Frenz/Miermeister
Bundesnotarordnung
Kommentar

BNotO

Bundesnotarordnung

mit BeurkG, Richtlinienempfehlungen BNotK, DONot

Kommentar

Herausgegeben von

Dr. Norbert Frenz
Notar in Kempen

Uwe Miermeister
Rechtsanwalt und Notar a. D. in Emden

Fortführung des von

Horst Eylmann † und **Dr. Hans-Dieter Vaasen**

begründeten Werkes

5., aktualisierte und überarbeitete Auflage 2020

C. H. BECK

Zitiervorschlag:
Frenz/Miermeister/*Bearbeiter* BNotO § 1 Rn. 1
Frenz/Miermeister/*Bearbeiter* BeurkG § 1 Rn. 1
Frenz/Miermeister/*Bearbeiter* RLEmBNotK I Rn. 1
Frenz/Miermeister/*Bearbeiter* DONot § 1 Rn. 1

www.beck.de

ISBN 978 3 406 74651 2

© 2020 Verlag C. H. Beck oHG
Wilhelmstraße 9, 80801 München
Satz, Druck und Bindung: Druckerei C. H. Beck Nördlingen
(Adresse wie Verlag)
Umschlaggestaltung: Druckerei C. H. Beck Nördlingen

chbeck.de/nachhaltig

Gedruckt auf säurefreiem, alterungsbeständigem Papier
(hergestellt aus chlorfrei gebleichtem Zellstoff)

Bearbeiterverzeichnis

Prof. Dr. Wolfgang Baumann
Rechtsanwalt und Notar a. D. in Wuppertal
Honorarprofessor an der Bergischen Universität Wuppertal

Joachim Blaeschke
Präsident des Landgerichts a. D.

Prof. Dr. Jens Bormann, LL. M. (Harvard)
Notar in Ratingen
Honorarprofessor an der Leibniz Universität Hannover
Präsident der Bundesnotarkammer

Dr. Till Bremkamp, LL. M. (Cambridge)
Notar in Bonn

Henning de Buhr
Rechtsanwalt
Geschäftsführer der Notarkammer für den OLG-Bezirk Oldenburg

Dr. Moritz von Campe
Notar in Schwerin
Präsident der Notarkammer Mecklenburg-Vorpommern

Dr. Peter Ellefret
Rechtsanwalt und Notar in Kriftel

Dr. Norbert Frenz
Notar in Kempen

Matthias Frohn
Notarassessor
Geschäftsführer der Bundesnotarkammer in Berlin

Dr. Tobias Genske
Notar in Erfurt

Christian Hertel, LL. M. (George Washington University)
Notar in Weilheim i. OB

Dominik Hüren
Notar in Köln

Dr. Martin Kindler
Notarassessor
Geschäftsführer der Rheinischen Notarkammer in Köln

Prof. Dr. Peter Limmer
Notar in Würzburg
Honorarprofessor an der Julius-Maximilians-Universität Würzburg

Justizrat Dr. Wolfgang Litzenburger
Notar in Mainz

Dr. Sebastian Löffler
Notarassessor
Stellvertretender Geschäftsführer der Bundesnotarkammer in Berlin

Thilo Lohmann
Rechtsanwalt in Berlin
Ständiger Vertreter des Leiters des Prüfungsamtes für die notarielle Fachprüfung
bei der Bundesnotarkammer

Uwe Miermeister
Rechtsanwalt und Notar a. D. in Emden
Ehrenpräsident der Notarkammer für den OLG-Bezirk Oldenburg

Dr. Katja Mihm
Rechtsanwältin
Geschäftsführerin des Deutschen Anwaltsinstituts (DAI)

Dr. Robert Mödl
Notar in Bergisch Gladbach

Rüdiger Müller
Notar in Freital

Dr. Ulrich Simon, LL. M. (Columbia)
Notar in Bayreuth

Michael Uerlings
Notar in Bonn

Dr. Axel Wilke
Notar in Ludwigshafen

Es haben bearbeitet:

Prof. Dr. Wolfgang Baumann	BNotO §§ 5, 7, 8, 9, 27, 75, 92–94; BeurkG §§ 22–35
Joachim Blaeschke	DONot §§ 2, 28–32
Prof. Dr. Jens Bormann	BNotO §§ 98–109, 110a
Dr. Till Bremkamp	BNotO §§ 10–11, 18, 25**, 26**, 26a, 47–55; RLEmBNotK Abschnitt IX
Henning de Buhr	BNotO §§ 16, 29; BeurkG §§ 3–7; RLEmBNotK Abschnitt VII; DONot § 15
Dr. Moritz von Campe	DONot §§ 1, 3–8, 13, 14, 16, 17, 24, 33
Dr. Peter Ellefret	RLEmBNotK Abschnitt II; DONot §§ 18–23
Dr. Norbert Frenz	BNotO Einleitung, §§ 1–4, 6–6b, 11a–15, 17, 19, 19a, 28, 30, 31, 120; BeurkG Einleitung, §§ 17–21; RLEmBNotK Einleitung, Abschnitt I, IV**, VI**, XI
Matthias Frohn	BNotO §§ 33–36, 78l–78n
Dr. Tobias Genske	BNotO §§ 65–74
Christian Hertel	BNotO §§ 23, 24; BeurkG §§ 57–62; RLEmBNotK Abschnitt III; DONot §§ 10–12, 25, 27, 34
Dominik Hüren	BNotO §§ 76–78, 78b, 78g, 98–109, 110a
Dr. Martin Kindler	BNotO §§ 32**, 64a**, 95–97*, 110*
Prof. Dr. Peter Limmer	BNotO §§ 20–22; BeurkG §§ 1, 2, 8–16, 36–54
Justizrat Dr. Wolfgang Litzenburger	BNotO §§ 78a–78f, 78o; DONot §§ 9, 26
Dr. Sebastian Löffler	BNotO §§ 78h–78k; BeurkG §§ 55, 56, 76
Thilo Lohmann	BNotO §§ 7a–7i
Uwe Miermeister	BNotO Einleitung, §§ 16, 29; BeurkG §§ 3–7; RLEmBNotK Einleitung, Abschnitt VII; DONot Einleitung, § 15
Dr. Katja Mihm	RLEmBNotK Abschnitt X
Dr. Robert Mödl	DONot § 2a
Rüdiger Müller	BNotO §§ 111–112
Dr. Ulrich Simon	BNotO §§ 79–91
Michael Uerlings	RLEmBNotK Abschnitt VIII
Dr. Axel Wilke	BNotO §§ 38–46, 56–64, 113–117b; RLEmBNotK Abschnitt V

Bearbeiterwechsel:

* BNotO §§ 95–97, 110: Bis zur 4. Aufl. bearbeitet von **Thilo Lohmann**.

Ausgeschiedene Bearbeiter:

** BNotO §§ 25, 26, 32, 64a; RLEmBNotK Abschnitt IV, VI: Bis zur 4. Aufl. bearbeitet von **Dr. Timm Starke**.

Vorwort

Als dieser Kommentar 1999 zum ersten Mal erschien, war die große Berufsrechtsreform, um die jahrelang gerungen worden war, gerade abgeschlossen. Für *Eylmann* und *Vaasen,* die die Reform des Berufsrechts geprägt hatten, verkörperte die Herausgabe des Kommentars einen Abschluss und zugleich einen Neubeginn: den Abschluss der Gesetzesarbeiten und den Beginn ihrer Umsetzung in der Praxis. Auf diese Weise ist ein Kommentar entstanden, in dem erstmals sowohl das Berufsrecht als auch das darauf aufbauende notarielle Verfahrensrecht praxisnah erläutert wurden und der sehr schnell zum Standardkommentar wurde.

Mehr als zwanzig Jahre später hat sich an dieser Zielsetzung der Praxisnähe bei der Erläuterung des notariellen Berufs- und Verfahrensrechts nichts geändert. Geändert hat sich die Ausgangslage. Die seinerzeit besonders umstrittenen berufsrechtlichen Fragen sind weitestgehend gelöst und unstrittig geworden. Im Fokus steht mehr denn je die Bewährung notarieller Pflichten und Verfahren im heutigen Umfeld und insbesondere die in immer größeren Schritten sich entwickelnde Digitalisierung des Rechts, für die die Schaffung der gesetzlichen Grundlagen für das Elektronische Urkundenarchiv nur ein, aber ein herausragendes, Beispiel ist. Die mit der Neuregelung einhergehenden Vorschriften, die zum 1. Januar 2020 in Kraft getreten sind, sind in dieser Auflage kommentiert; die Folgeänderungen, die zum 1. Januar 2022 in Kraft treten, sind überwiegend jedenfalls im Überblick erläutert. Im Zusammenhang mit den neuen Vorschriften für das Elektronische Urkundenarchiv werden zukünftig die wesentlichen Vorschriften der DONot durch eine neue Verordnung über die Führung notarieller Aktenverzeichnisse (NotAktVV) ersetzt werden. Der endgültige Text dieser Verordnung lag bei Redaktionsschluss noch nicht vor. Die Kommentierung wird in der 6. Auflage erfolgen.

Wir freuen uns besonders, dass wir mit dem für IT-Fragen zuständigen Geschäftsführer der Bundesnotarkammer, Herrn Notarassessor *Matthias Frohn,* sowie dem stellvertretenden Geschäftsführer der Bundesnotarkammer, Herrn Dr. *Sebastian Löffler,* zwei neue Mitarbeiter für das Autorenteam gewinnen konnten, die die Neuregelung und praktische Umsetzung in besonderer Weise geprägt haben und noch prägen werden.

Neu gewinnen konnten wir zudem als Mitautor Herrn Notarassessor Dr. *Martin Kindler,* den Geschäftsführer der Rheinischen Notarkammer. Aus dem Autorenteam ausgeschieden ist Herr Kollege Dr. *Timm Starke,* dem wir für die bisherige Mitarbeit danken.

Frau *Bettina Miszler,* unserer geschätzten Lektorin, gilt unser besonderer Dank für die umsichtige und mit großem Engagement erfolgte Begleitung der fünften Auflage.

Für irgendwelche Hinweise sind wir wie immer sehr dankbar.

Kempen/Emden im März 2020

Norbert Frenz
Uwe Miermeister

Inhaltsübersicht

Bearbeiterverzeichnis	V
Vorwort	IX
Inhaltsverzeichnis	XIII
Abkürzungsverzeichnis	XXIII
Literaturverzeichnis	XXIX
1. Bundesnotarordnung	1
2. Beurkundungsgesetz	1055
3. Richtlinienempfehlungen der Bundesnotarkammer	1495
4. Dienstordnung für Notarinnen und Notare	1569
Anhang 1: Musterformulare zur DONot	1759
Anhang 2: Revision des Europäischen Kodex des Standesrechts	1767
Sachverzeichnis	1773

Inhaltsverzeichnis

Bearbeiterverzeichnis V
Vorwort IX
Inhaltsübersicht XI
Abkürzungsverzeichnis XXIII
Literaturverzeichnis XXIX

1. Bundesnotarordnung

Einleitung 1

Erster Teil. Das Amt des Notars

1. Abschnitt. Bestellung zum Notar

§ 1	[Wesen und Aufgaben des Notars]	11
§ 2	[Beruf des Notars]	18
§ 3	[Hauptberufliche Notare; Anwaltsnotare]	22
§ 4	[Bedürfnis für die Bestellung eines Notars]	26
§ 5	[Befähigung zum Richteramt]	31
§ 6	[Eignung für das Amt des Notars]	42
§ 6a	[Versagung der Bestellung]	49
§ 6b	[Bewerbung]	50
§ 7	[Anwärterdienst]	53
§ 7a	[Notarielle Fachprüfung]	77
§ 7b	[Schriftliche Prüfung]	81
§ 7c	[Mündliche Prüfung]	83
§ 7d	[Bescheid; Zeugnis; Rechtsmittel]	86
§ 7e	[Rücktritt; Versäumnis]	87
§ 7f	[Täuschungsversuche; Ordnungsverstöße]	89
§ 7g	[Prüfungsamt]	91
§ 7h	[Gebühren]	94
§ 7i	[Verordnungsermächtigung zur notariellen Fachprüfung]	96
Anhang zu § 7i: Verordnung über die notarielle Fachprüfung (Notarfachprüfungsverordnung – NotFV)		96
§ 8	[Nebentätigkeit]	103
§ 9	[Verbindung zur gemeinsamen Berufsausübung]	119
§ 10	[Amtssitz]	141
§ 10a	[Amtsbereich]	181
§ 11	[Amtsbezirk]	181
§ 11a	[Zusammenarbeit mit einem im Ausland bestellten Notar]	207
§ 12	[Bestallungsurkunde]	209
§ 13	[Vereidigung]	213

2. Abschnitt. Ausübung des Amtes

§ 14	[Allgemeine Berufspflichten]	215
§ 15	[Verweigerung der Amtstätigkeit]	233

Inhaltsverzeichnis

§ 16	[Verbot der Mitwirkung als Notar; Selbstablehnung]	244
§ 17	[Gebühren]	245
§ 18	[Pflicht zur Verschwiegenheit]	250
§ 19	[Amtspflichtverletzung]	299
§ 19a	[Berufshaftpflichtversicherung]	314

3. Abschnitt. Die Amtstätigkeit

§ 20	[Beurkundungen und Beglaubigungen]	320
§ 21	[Sonstige Bescheinigungen]	355
§ 22	[Abnahme von Eiden; Aufnahme eidesstattlicher Versicherungen]	373
§ 22a	[aufgehoben]	376
§ 23	[Aufbewahrung und Ablieferung von Wertgegenständen]	376
§ 24	[Betreuung und Vertretung der Beteiligten]	403

4. Abschnitt. Sonstige Pflichten des Notars

§ 25	[Beschäftigung von Mitarbeitern]	422
§ 26	Förmliche Verpflichtung beschäftigter Personen	426
§ 26a	Inanspruchnahme von Dienstleistungen	435
§ 27	[Anzeigepflicht bei Verbindung zur gemeinsamen Berufsausübung]	451
§ 28	[Sicherstellung der Unabhängigkeit und Unparteilichkeit]	456
§ 29	[Werbeverbot]	459
§ 30	[Ausbildungspflicht]	469
§ 31	[Verhalten des Notars]	472
§ 32	[Bezug von Gesetzes- und Amtsblättern]	474
§ 33	Elektronische Signatur	476
§ 34	Meldepflichten	480

Abschnitt 4a. Führung der Akten und Verzeichnisse

§ 35	Führung der Akten und Verzeichnisse	483
§ 36	Verordnungsermächtigung zu Akten und Verzeichnissen	488
§ 37	[aufgehoben]	490

5. Abschnitt. Abwesenheit und Verhinderung des Notars. Notarvertreter

§ 38	[Anzeige von Abwesenheit oder Verhinderung]	490
§ 39	[Bestellung eines Vertreters]	494
§ 40	[Schriftliche Verfügung, Amtseid, Widerruf der Vertreterbestellung]	508
§ 41	[Amtsausübung des Vertreters]	511
§ 42	[Zuständigkeit für Streitigkeiten zwischen Notar und Notarvertreter]	516
§ 43	[Vergütung des von Amts wegen bestellten Vertreters]	517
§ 44	[Dauer der Amtsbefugnis des Vertreters]	518
§ 45	[Verwahrung bei Abwesenheit oder Verhinderung]	521
§ 46	[Amtspflichtverletzung des Vertreters]	525

6. Abschnitt. Erlöschen des Amtes. Vorläufige Amtsenthebung. Notariatsverwalter

§ 47	[Erlöschen des Amtes]	528
§ 48	[Entlassung]	536
§ 48a	[Altersgrenze]	542
§ 48b	[Vorübergehende Amtsniederlegung]	544

Inhaltsverzeichnis

§ 48c	[Erneute Bestellung am bisherigen Amtssitz]	544
§ 49	[Strafgerichtliche Verurteilung]	567
§ 50	[Amtsenthebung]	572
§ 51	[Verwahrung bei Erlöschen des Amtes oder Verlegung des Amtssitzes]	611
§ 51a	Ablieferung verwahrter Gegenstände [noch nicht in Kraft]	624
§ 52	[Weiterführung der Amtsbezeichnung]	625
§ 53	[Übernahme von Räumen oder Angestellten des ausgeschiedenen Notars]	633
§ 54	[Vorläufige Amtsenthebung]	637
§ 55	[Verwahrung und Amtshandlungen bei vorläufiger Amtsenthebung]	646
§ 56	[Notariatsverwalter]	650
§ 57	[Amtsausübung und Bestellung des Notariatsverwalters]	663
§ 58	[Fortführung der Amtsgeschäfte; Kostenforderungen]	667
§ 59	[Vergütung; Abrechnung mit Notarkammer]	672
§ 60	[Überschüsse aus Notariatsverwaltungen]	677
§ 61	[Amtspflichtverletzung des Notariatsverwalters]	678
§ 62	[Zuständigkeit für Streitigkeiten zwischen Notarkammer und Notariatsverwaltung]	681
§ 63	[Einsicht der Notarkammer]	683
§ 64	[Dauer der Amtsbefugnis des Notariatsverwalters; Kostenforderungen]	685

7. Abschnitt. Allgemeine Vorschriften für das Verwaltungsverfahren

§ 64a	[Anwendbarkeit des Verwaltungsverfahrensgesetzes; Übermittlung personenbezogener Informationen]	693

Zweiter Teil. Notarkammern und Bundesnotarkammer

1. Abschnitt. Notarkammern

§ 65	[Bildung; Sitz]	697
§ 66	[Satzung; Aufsicht; Tätigkeitsbericht]	703
§ 67	[Aufgaben]	706
§ 68	[Organe]	724
§ 69	[Vorstand]	727
§ 69a	[Verschwiegenheitspflicht; Aussagegenehmigung]	733
§ 69b	[Abteilungen]	737
§ 70	[Präsident]	740
§ 71	[Versammlung]	744
§ 72	[Regelung durch Satzung]	749
§ 73	[Erhebung von Beiträgen]	751
§ 74	[Auskunfts-, Vorlage- und Vorladerecht]	756
§ 75	[Ermahnung]	758

2. Abschnitt. Bundesnotarkammer

§ 76	[Bildung; Sitz]	763
§ 77	[Rechtsstatus; Aufsicht; Genehmigung der Satzung]	765
§ 78	Aufgaben	768
§ 78a	Zentrales Vorsorgeregister; Verordnungsermächtigung	780
Anhang zu § 78a:	Verordnung über das Zentrale Vorsorgeregister (Vorsorgeregister-Verordnung – VRegV)	784
§ 78b	Auskunft und Gebühren	786

Inhaltsverzeichnis

Anhang zu § 78b:	Vorsorgeregister-Gebührensatzung (VRegGebS)	794
§ 78c	Zentrales Testamentsregister; Verordnungsermächtigung	796
Anhang zu § 78c:	Verordnung zur Errichtung und Führung des Zentralen Testamentsregisters (Testamentsregister-Verordnung – ZTRV)	797
§ 78d	Inhalt des Zentralen Testamentsregisters	801
§ 78e	Sterbefallmitteilung	804
§ 78f	Auskunft aus dem Zentralen Testamentsregister	806
§ 78g	Gebühren des Zentralen Testamentsregisters	807
Anhang zu § 78g:	Testamentsregister-Gebührensatzung (ZTR-GebS)	812
§ 78h	Elektronisches Urkundenarchiv; Verordnungsermächtigung	813
§ 78i	Zugangsberechtigung zum Elektronischen Urkundenarchiv	818
§ 78j	Gebühren des Elektronischen Urkundenarchivs	820
§ 78k	Elektronischer Notaraktenspeicher; Verordnungsermächtigung	824
§ 78l	Notarverzeichnis	826
§ 78m	Verordnungsermächtigung zum Notarverzeichnis	831
§ 78n	Besonderes elektronisches Notarpostfach; Verordnungsermächtigung	833
Anhang zu §§ 78m, 78n:	Verordnung über das Notarverzeichnis und die besonderen elektronischen Notarpostfächer (Notarverzeichnis- und -postfachverordnung – NotVPV)	838
§ 78o	Beschwerde	844
§ 79	[Organe]	844
§ 80	[Präsidium]	847
§ 81	[Wahl des Präsidiums]	848
§ 81a	[Verschwiegenheitspflicht]	851
§ 82	[Aufgaben des Präsidenten und des Präsidiums]	852
§ 83	[Vertreterversammlung]	854
§ 84	[Vertretung in der Vertreterversammlung]	855
§ 85	[Einberufung der Vertreterversammlung]	857
§ 86	[Zusammensetzung und Beschlussfassung der Vertreterversammlung]	859
§ 87	[Bericht des Präsidiums]	866
§ 88	[Status der Mitglieder]	867
§ 89	[Regelung durch Satzung]	868
§ 90	[Auskunftsrecht]	869
§ 91	[Erhebung von Beiträgen]	870

Dritter Teil. Aufsicht. Disziplinarverfahren

1. Abschnitt. Aufsicht

§ 92	[Aufsichtsbehörden]	873
§ 93	[Befugnisse der Aufsichtsbehörden]	877
§ 94	[Missbilligungen]	887

2. Abschnitt. Disziplinarverfahren

§ 95	[Dienstvergehen]	891
§ 95a	[Verjährung]	900
§ 96	[Anwendung der Vorschriften des Bundesdisziplinargesetzes]	905
§ 97	[Disziplinarmaßnahmen]	915
§ 98	[Verhängung der Disziplinarmaßnahmen]	924
§ 99	[Disziplinargericht]	929

Inhaltsverzeichnis

§ 100	[Übertragung von Aufgaben des Disziplinargerichts durch Rechtsverordnung]	936
§ 101	[Besetzung des Oberlandesgerichts]	937
§ 102	[Bestellung der richterlichen Mitglieder]	939
§ 103	[Bestellung der notariellen Beisitzer]	941
§ 104	[Rechte und Pflichten der notariellen Beisitzer]	944
§ 105	[Anfechtung von Entscheidungen des Oberlandesgerichts]	948
§ 106	[Besetzung des Bundesgerichtshofs]	953
§ 107	[Bestellung der richterlichen Mitglieder]	954
§ 108	[Bestellung der notariellen Beisitzer]	955
§ 109	[Anzuwendende Verfahrensvorschriften]	957
§ 110	[Maßgebliches Verfahren]	961
§ 110a	[Tilgung von Disziplinareintragungen]	964

Vierter Teil. Übergangs- und Schlußbestimmungen

Vorbemerkungen zu den §§ 111 bis 111g		968
§ 111	[Sachliche Zuständigkeit]	970
§ 111a	[Örtliche Zuständigkeit]	973
§ 111b	[Verfahrensvorschriften]	976
§ 111c	[Beklagter]	1001
§ 111d	[Berufung]	1002
§ 111e	[Klagen gegen Wahlen und Beschlüsse]	1005
§ 111f	[Gebühren]	1009
Anlage zu § 111f Satz 1: Gebührenverzeichnis		1010
§ 111g	[Streitwert]	1014
§ 111h	[Rechtsschutz bei überlangen Gerichtsverfahren]	1015
§ 112	[Übertragung von Befugnissen der Landesjustizverwaltung]	1018
§ 113	[Notarkasse und Ländernotarkasse]	1019
§ 113a	[aufgehoben]	1036
§ 113b	[Notarkammern außerhalb der Tätigkeitsbereiche von Notarkasse und Ländernotarkasse]	1037
§ 114	[Sondervorschriften für das Land Baden-Württemberg]	1040
§ 115	[aufgehoben]	1047
§ 116	[Sondervorschriften für einzelne Länder]	1047
§ 117	[Gemeinschaftliches Oberlandesgericht für mehrere Länder]	1049
§ 117a	[Notarkammern im Oberlandesgerichtsbezirk Frankfurt am Main und in den neuen Bundesländern]	1050
§ 117b	[Sondervorschriften für Notarassessoren und Notare aus den neuen Bundesländern]	1051
§ 118	[aufgehoben]	1051
§ 118	Übergangsvorschrift für Akten, Bücher und Verzeichnisse [ab 1.1.2022]	1051
§ 119	[aufgehoben]	1052
§ 119	Übergangsvorschrift für bereits verwahrte Urkundensammlungen [ab 1.1.2022]	1052
§ 120	[Übergangsvorschrift zur Neuregelung des Zugangs zum Anwaltsnotariat]	1052
§ 120	Übergangsvorschrift für die Übernahme durch ein öffentliches Archiv [ab 1.1.2022]	1052
§ 121	[aufgehoben]	1053

Inhaltsverzeichnis

2. Beurkundungsgesetz

Einleitung 1055

Erster Abschnitt. Allgemeine Vorschriften

§ 1	Geltungsbereich	1058
§ 2	Überschreiten des Amtsbezirks	1076
§ 3	Verbot der Mitwirkung als Notar	1096
§ 4	Ablehnung der Beurkundung	1114
§ 5	Urkundensprache	1115

Zweiter Abschnitt. Beurkundung von Willenserklärungen

1. Ausschließung des Notars

§ 6	Ausschließungsgründe	1116
§ 7	Beurkundungen zugunsten des Notars oder seiner Angehörigen	1118

2. Niederschrift

§ 8	Grundsatz	1121
§ 9	Inhalt der Niederschrift	1129
§ 10	Feststellung der Beteiligten	1146
§ 11	Feststellungen über die Geschäftsfähigkeit	1157
§ 12	Nachweise für die Vertretungsberechtigung	1160
§ 13	Vorlesen, Genehmigen, Unterschreiben	1166
§ 13a	Eingeschränkte Beifügungs- und Vorlesungspflicht	1179
§ 14	Eingeschränkte Vorlesungspflicht	1185
§ 15	Versteigerungen	1192
§ 16	Übersetzung der Niederschrift	1194

3. Prüfungs- und Belehrungspflichten

§ 17	Grundsatz	1201
§ 18	Genehmigungserfordernisse	1221
§ 19	Unbedenklichkeitsbescheinigung	1222
§ 20	Gesetzliches Vorkaufsrecht	1223
§ 20a	Vorsorgevollmacht	1224
§ 21	Grundbucheinsicht, Briefvorlage	1225

4. Beteiligung behinderter Personen

§ 22	Hörbehinderte, sprachbehinderte und sehbehinderte Beteiligte	1230
§ 23	Besonderheiten für hörbehinderte Beteiligte	1235
§ 24	Besonderheiten für hör- und sprachbehinderte Beteiligte, mit denen eine schriftliche Verständigung nicht möglich ist	1238
§ 25	Schreibunfähige	1241
§ 26	Verbot der Mitwirkung als Zeuge oder zweiter Notar	1244

5. Besonderheiten für Verfügungen von Todes wegen

Vorbemerkungen zu §§ 27 bis 35		1248
§ 27	Begünstigte Personen	1248
§ 28	Feststellungen über die Geschäftsfähigkeit	1251
§ 29	Zeugen, zweiter Notar	1254
§ 30	Übergabe einer Schrift	1256

Inhaltsverzeichnis

§ 31	[aufgehoben]	1258
§ 32	Sprachunkundige	1258
§ 33	Besonderheiten beim Erbvertrag	1260
§ 34	Verschließung, Verwahrung	1261
§ 34a	Mitteilungs- und Ablieferungspflichten	1265
§ 35	Niederschrift ohne Unterschrift des Notars	1268

Dritter Abschnitt. Sonstige Beurkundungen
1. Niederschriften

§ 36	Grundsatz	1270
§ 37	Inhalt der Niederschrift	1275
§ 38	Eide, eidesstattliche Versicherungen	1286

2. Vermerke

§ 39	Einfache Zeugnisse	1290
§ 39a	Einfache elektronische Zeugnisse	1293
§ 40	Beglaubigung einer Unterschrift	1301
§ 41	Beglaubigung der Zeichnung einer Firma oder Namensunterschrift	1315
§ 42	Beglaubigung einer Abschrift	1316
§ 43	Feststellung des Zeitpunktes der Vorlegung einer privaten Urkunde	1321

Vierter Abschnitt. Behandlung der Urkunden

§ 44	Verbindung mit Schnur und Prägesiegel	1323
§ 44a	Änderungen in den Urkunden	1324
§ 44b	Nachtragsbeurkundung [noch nicht in Kraft]	1333
§ 45	Aushändigung der Urschrift	1336
§ 45a	Aushändigung der Urschrift [noch nicht in Kraft]	1339
§ 46	Ersetzung der Urschrift	1340
§ 47	Ausfertigung	1343
§ 48	Zuständigkeit für die Erteilung der Ausfertigung	1345
§ 49	Form der Ausfertigung	1346
§ 50	Übersetzungen	1350
§ 51	Recht auf Ausfertigungen, Abschriften und Einsicht	1352
§ 52	Vollstreckbare Ausfertigungen	1358
§ 53	Einreichung beim Grundbuchamt oder Registergericht	1376
§ 54	Rechtsmittel	1386
§§ 54a–54e	[nicht mehr belegt]	1388

Fünfter Abschnitt. Verwahrung der Urkunden

§ 55	Verzeichnis und Verwahrung der Urkunden [noch nicht in Kraft]	1388
§ 56	Übertragung der Papierdokumente in die elektronische Form; Einstellung der elektronischen Dokumente in die elektronische Urkundensammlung [noch nicht in Kraft]	1389

Sechster Abschnitt. Verwahrung

§ 57	Antrag auf Verwahrung	1392
§ 58	Durchführung der Verwahrung	1443
§ 59	Verordnungsermächtigung	1460
§ 59a	Verwahrungsverzeichnis [noch nicht in Kraft]	1460
§ 60	Widerruf	1464

Inhaltsverzeichnis

| § 61 | Absehen von Auszahlung | 1476 |
| § 62 | Verwahrung von Wertpapieren und Kostbarkeiten | 1481 |

Siebter Abschnitt. Schlußvorschriften
1. Verhältnis zu anderen Gesetzen

§ 63	Beseitigung von Doppelzuständigkeiten	1490
§ 64	Beurkundungen nach dem Personenstandsgesetz	1490
§ 65	Unberührt bleibendes Bundesrecht	1491
§ 66	Unberührt bleibendes Landesrecht	1491
§ 67	Zuständigkeit der Amtsgerichte, Zustellung	1492
§ 68	Übertragung auf andere Stellen	1492
§ 69	[aufgehoben]	1492
§ 70	Amtliche Beglaubigungen	1492
§ 71	Eidesstattliche Versicherungen in Verwaltungsverfahren	1492
§ 72	[Erklärungen juristischer Personen des öffentlichen Rechts]	1493
§ 73	Bereits errichtete Urkunden	1493
§ 74	Verweisungen	1493

2. Geltung in Berlin

| § 75 | Geltung in Berlin [gegenstandslos] | 1493 |

3. [bis 31.12.2021: Inkrafttreten] [ab 1.1.2022: Übergangsvorschrift]

| § 76 | [bis 31.12.2021: Inkrafttreten] | 1493 |
| § 76 | [ab 1.1.2022: Übergangsvorschrift zur Einführung des Elektronischen Urkundenarchivs] | 1493 |

3. Richtlinienempfehlungen der Bundesnotarkammer

Richtlinien für die Amtspflichten und sonstigen Pflichten der Mitglieder der Notarkammer

	Einleitung	1495
I.	Wahrung der Unabhängigkeit und Unparteilichkeit des Notars	1500
II.	Das nach § 14 Abs. 3 BNotO zu beachtende Verhalten	1500
III.	Wahrung fremder Vermögensinteressen	1522
IV.	Pflicht zur persönlichen Amtsausübung	1526
V.	Begründung, Führung, Fortführung und Beendigung der Verbindung zur gemeinsamen Berufsausübung oder sonstiger zulässiger beruflicher Zusammenarbeit sowie zur Nutzung gemeinsamer Geschäftsräume	1530
VI.	Die Art der nach § 28 BNotO zu treffenden Vorkehrungen	1534
VII.	Auftreten des Notars in der Öffentlichkeit und Werbung	1537
VIII.	Beschäftigung und Ausbildung der Mitarbeiter	1554
IX.	Grundsätze zu Beurkundungen außerhalb des Amtsbereichs und der Geschäftsstelle	1562
X.	Fortbildung	1563
XI.	Besondere Berufspflichten im Verhältnis zu anderen Notaren, zu Gerichten, Behörden, Rechtsanwälten und anderen Beratern seiner Auftraggeber	1568

Inhaltsverzeichnis

4. Dienstordnung für Notarinnen und Notare

Einleitung 1569

1. Abschnitt. Amtsführung im Allgemeinen

§ 1	Amtliche Unterschrift	1573
§ 2	Amtssiegel	1577
§ 2a	Qualifizierte elektronische Signatur	1583
§ 3	Amtsschild, Namensschild	1587
§ 4	Verpflichtung der bei der Notarin oder dem Notar beschäftigten Personen	1594
§ 5	Führung der Unterlagen, Dauer der Aufbewahrung	1596

2. Abschnitt. Bücher und Verzeichnisse

§ 6	Allgemeines	1606
§ 7	Bücher	1609
§ 8	Urkundenrolle	1611
§ 9	Erbvertragsverzeichnis	1622
§ 10	Gemeinsame Vorschriften für das Verwahrungsbuch und das Massenbuch	1624
§ 11	Eintragungen im Verwahrungsbuch	1634
§ 12	Eintragungen im Massenbuch; Anderkontenliste	1640
§ 13	Namensverzeichnisse	1645
§ 14	Führung der Bücher in Loseblattform	1648
§ 15	Dokumentationen zur Einhaltung von Mitwirkungsverboten	1650
§ 16	Kostenregister	1654
§ 17	Automationsgestützte Führung der Bücher und Verzeichnisse	1658

3. Abschnitt. Führung der Akten

§ 18	Aufbewahrung von Urkunden (Urkundensammlung)	1663
§ 19	Urkunden, deren Urschriften nicht notariell verwahrt werden	1674
§ 20	Verfügungen von Todes wegen und sonstige erbfolgerelevante Urkunden	1677
§ 21	Wechsel- und Scheckproteste	1685
§ 22	Nebenakten (Blattsammlungen und Sammelakten)	1686
§ 23	Generalakten	1693

4. Abschnitt. Erstellung von Übersichten

§ 24	Übersichten über die Urkundsgeschäfte	1697
§ 25	Übersichten über die Verwahrungsgeschäfte	1700

5. Abschnitt. Ergänzende Regelungen zur Abwicklung der Urkundsgeschäfte und der Verwahrungsgeschäfte

§ 26	Feststellung und Bezeichnung der Beteiligten bei der Beurkundung	1703
§ 27	Verwahrungsgeschäfte	1706

6. Abschnitt. Herstellung der notariellen Urkunden

§ 28	Allgemeines	1715
§ 29	Herstellung der Urschriften, Ausfertigungen und beglaubigten Abschriften	1720
§ 30	Heften von Urkunden	1729
§ 31	Siegeln von Urkunden	1732

Inhaltsverzeichnis

7. Abschnitt. Prüfung der Amtsführung

§ 32 [Prüfung der Amtsführung] 1734

8. Abschnitt. Notariatsverwaltung und Notarvertretung

§ 33 [Notariatsverwaltung und Notarvertretung] 1744

9. Abschnitt. In-Kraft-Treten

§ 34 [In-Kraft-Treten] 1754

Anhang 1: Musterformulare zur DONot 1759
Anhang 2: Revision des Europäischen Kodex des Standesrechts 1767

Sachverzeichnis 1773

Abkürzungsverzeichnis

aA	....	anderer Ansicht
aaO	....	am angegebenen Ort
ABl.	....	Amtsblatt
Abs.	....	Absatz
AcP	....	Archiv für die civilistische Praxis
aF	....	Alte Fassung
AG	....	Amtsgericht
AGBG	....	Gesetz zur Regelung des Rechts der Allgemeinen Geschäftsbedingungen
AktG	....	Aktiengesetz
Anh.	....	Anhang
Anm.	....	Anmerkung
AnwBl.	....	Anwaltsblatt
AnwG	....	Anwaltsgericht
AO	....	Abgabenordnung
AöR	....	Archiv für öffentliches Recht
AV	....	Allgemeine Verfügung
AVNot	....	Allgemeine Verfügung über die Angelegenheiten der Notare
BadNotZ	.....	Badische Notariatszeitung
BadRPrax	....	Badische Rechtspraxis
BAG	....	Bundesarbeitsgericht
BAnz.	....	Bundesanzeiger
BauGB	....	Baugesetzbuch
BayNotZ	.....	Bayerische Notarzeitschrift
BayObLG	....	Bayerisches Oberstes Landesgericht
BayObLGZ	..	Entscheidungen des BayObLG in Zivilsachen
BB	....	Betriebs-Berater (Zeitschrift)
BBG	....	Bundesbeamtengesetz
BDO	....	Bundesdisziplinarordnung
beA	....	besonderes elektronisches Anwaltspostfach
BeamtStG	....	Gesetz zur Regelung des Statusrechts der Beamtinnen und Beamten in den Ländern (Beamtenstatusgesetz)
Bek.	....	Bekanntmachung
Bem.	....	Bemerkung
beN	....	besonderes elektronisches Notarpostfach
betr.	....	betreffend
Betrieb	....	Der Betrieb (Zeitschrift)
BeurkG	....	Beurkundungsgesetz
BFH	....	Bundesfinanzhof
BGB	....	Bürgerliches Gesetzbuch
BGBl.	....	Bundesgesetzblatt
BGH	....	Bundesgerichtshof
BGHR	....	BGH-Rechtsprechung in Zivilsachen/Strafsachen
BGHSt	....	Entscheidungen des BGH in Strafsachen
BGHZ	....	Entscheidungen des BGH in Zivilsachen
BKR	....	Zeitschrift für Bank- und Kapitalmarktrecht
BMJ	....	Bundesminister der Justiz
BNotK	....	Bundesnotarkammer
BNotO	....	Bundesnotarordnung
BORA	....	Berufsordnung für Rechtsanwälte
BR	....	Bundesrat
BRAGO	......	Bundesgebührenordnung für Rechtsanwälte
BRAK	....	Bundesrechtsanwaltskammer
BRAO	....	Bundesrechtsanwaltsordnung

Abkürzungsverzeichnis

BR	....	Bundesrat
BR-Drs.	....	Bundesratsdrucksache
BRRG	....	Beamtenrechtsrahmengesetz
BStBl.	....	Bundessteuerblatt
BT	....	Bundestag
BT-Drs.	....	Bundestagsdrucksache
BtPrax	....	Betreuungsrechtliche Praxis
BVerfG	....	Bundesverfassungsgericht
BVerfGE	....	Entscheidungssammlung des Bundesverfassungsgerichts
BVerwG	....	Bundesverwaltungsgericht
BVerwGE	.....	Entscheidungssammlung des Bundesverwaltungsgerichts
BWNotZ	......	Zeitschrift für das Notariat in Baden-Württemberg
CR	....	Computer und Recht
DAV	....	Deutscher Anwaltverein
DDR	....	Deutsche Demokratische Republik
DFG	....	Deutsche Freiwillige Gerichtsbarkeit (Zeitschrift)
Diss.	....	Dissertation
DJ	....	Deutsche Justiz
DJZ	....	Deutsche Juristenzeitung
DNotI-Report	....	Informationsdienst des Deutschen Notarinstituts
DNotZ	....	Deutsche Notarzeitschrift
DO	....	Disziplinarordnung
DÖD	....	Der Öffentliche Dienst
DÖV	....	Die öffentliche Verwaltung
DONot	....	Dienstordnung für Notarinnen und Notare
DRiG	....	Deutsches Richtergesetz
DS-GVO	......	Datenschutz-Grundverordnung
DtZ	....	Deutsch-Deutsche Rechts-Zeitschrift
DVBl.	....	Deutsches Verwaltungsblatt (Zeitschrift)
DVO	....	Durchführungsverordnung
EG	....	Einführungsgesetz
EGBGB	....	Einführungsgesetz zum Bürgerlichen Gesetzbuch
EGH	....	Ehrengerichtshof
Einl.	....	Einleitung
EL	....	Ergänzungslieferung
eIDAS-VO	....	Verordnung über elektronische Identifizierung und Vertrauensdienste
Erl.	....	Erläuterungen
EuZW	....	Europäische Zeitschrift für Wirtschaftsrecht
eV	....	eingetragener Verein
EWiR	....	Entscheidungen zum Wirtschaftsstrafrecht
EWIV	....	Europäische wirtschaftliche Interessenvereinigung
EzA	....	Entscheidungssammlung zum Arbeitsrecht
FamFG	....	Gesetz über das Verfahren in Familiensachen und in den Angelegenheiten der freiwilligen Gerichtsbarkeit
FamRZ	....	Zeitschrift für das gesamte Familienrecht
ff.	....	folgende
FG	....	Finanzgericht
FGG	....	Gesetz über die Angelegenheiten der freiwilligen Gerichtsbarkeit
FGPrax	....	Praxis der freiwilligen Gerichtsbarkeit (Zeitschrift)
Fn.	....	Fußnote
FS	....	Festschrift
G	....	Gesetz
GBl.	....	Gesetzblatt
GBO	....	Grundbuchordnung

Abkürzungsverzeichnis

GenG	Gesetz betreffend die Erwerbs- und Wirtschaftsgenossenschaften
GewO	Gewerbeordnung
GG	Grundgesetz für die Bundesrepublik Deutschland
GI	Gerling Information für wirtschaftsprüfende, rechts- und steuerberatende Berufe
GmbHG	Gesetz betreffend die Gesellschaft mit beschränkter Haftung
GmS-OGB	Gemeinsamer Senat der Obersten Gerichtshöfe des Bundes
GNotKG	Gesetz über Kosten der freiwilligen Gerichtsbarkeit für Gerichte und Notare (Gerichts- und Notarkostengesetz)
GPR	Zeitschrift für Gemeinschaftsprivatrecht
GrdstVG	Grundstückverkehrsgesetz
GS	Gesetzsammlung
GVBl.	Gesetz- und Verordnungsblatt
GVG	Gerichtsverfassungsgesetz
GV. NRW.	Gesetz- und Verordnungsblatt Nordrhein-Westfalen
GVO	Grundstücksverkehrsordnung
GwG	Geldwäschegesetz
HGB	Handelsgesetzbuch
hM	herrschende Meinung
idF	in der Fassung
idR	in der Regel
IHK	Industrie- und Handelskammer
InVo	Insolvenz und Vollstreckung (Zeitschrift)
IPR	Internationales Privatrecht
IPrax	Praxis des Internationalen Privat- und Verfahrensrechts
iRd	im Rahmen des/der
iRv	im Rahmen von
iSd	im Sinne des/der
iSv	im Sinne von
iVm	in Verbindung mit
JFG	Jahrbuch für Entscheidungen in Angelegenheiten der freiwilligen Gerichtsbarkeit
JMBl.	Justizministerialblatt
JR	Juristische Rundschau
JurBüro	Das Juristische Büro (Zeitschrift)
JuS	Juristische Schulung (Zeitschrift)
JW	Juristische Wochenschrift
JWG	Jugendwohlfahrtsgesetz
JZ	Juristenzeitung
KG	Kammergericht, Kommanditgesellschaft
KGaA	Kommanditgesellschaft auf Aktien
KGJ	Jahrbuch für Entscheidungen des KG
KonsG	Konsulargesetz
KostO	Kostenordnung
KTS	Zeitschrift für Konkurs-, Treuhand- und Schiedsgerichtswesen
KV	Kammerversammlung
LDO	Landesdisziplinarordnung
LFGG	Landesgesetz über die freiwillige Gerichtsbarkeit
LG	Landgericht
Lit.	Literatur
LJKG	Landesjustizkostengesetz
LM	Nachschlagewerk des BGH in Zivilsachen, herausgegeben von Lindenmaier-Möhring
MaBV	Makler- und Bauträgerverordnung
MBl.	Ministerialblatt
MDR	Monatsschrift für deutsches Recht

Abkürzungsverzeichnis

MittBayNot ... Mitteilungen des Bayerischen Notarvereins
MittRhNotK .. Mitteilungen der Rheinischen Notarkammer
mwN .... mit weiteren Nachweisen

NdsRpflege ... Niedersächsische Rechtspflege (Zeitschrift)
NJW .... Neue Juristische Wochenschrift
NJW-RR .... NJW-Rechtsprechungs-Report Zivilrecht
notar .... Fachzeitschrift
NotBZ .... Zeitschrift für die notarielle Beratungs- und Beurkundungspraxis
NotK .... Notarkammer
NotVPV .... Notarverzeichnis und -postfachverordnung
NotZ .... Zeitschrift für das Notariat
nv .... nicht veröffentlicht
NW .... Nordrhein-Westfalen
NZ .... Österreichische Nationalzeitung
NZG .... Neue Zeitschrift für Gesellschaftsrecht

oÄ .... oder Ähnliches
OGHZ .... Entscheidungen des Obersten Gerichtshofes für die Britische Zone in Zivilsachen
OHG .... Offene Handelsgesellschaft
OLG .... Oberlandesgericht
OLGRspr ...... Die Rechtsprechung der Oberlandesgerichte auf dem Gebiete des Zivilrechts
OLGZ .... Entscheidungen der Oberlandesgerichte in Zivilsachen
OVG .... Oberverwaltungsgericht
OWiG .... Gesetz über Ordnungswidrigkeiten

PartGG .... Gesetz über Partnerschaftsgesellschaften Angehöriger freier Berufe (Partnerschaftsgesellschaftsgesetz)

RA .... Rechtsanwalt
RAK .... Rechtsanwaltskammer
RG .... Reichsgericht
RGBl. .... Reichsgesetzblatt
RGZ .... Entscheidungen des Reichsgerichts in Zivilsachen
RIW .... Recht der internationalen Wirtschaft
RLEmBNotK .... Richtlinienempfehlungen der Bundesnotarkammer
Rn. .... Randnummer(n)
RNotK .... Reichsnotarkammer
RNotO .... Reichsnotarordnung
RNotZ .... Rheinische Notarzeitschrift
Rpfleger ..... Rechtspfleger
Rspr. .... Rechtsprechung

S. .... Satz/Seite
s. .... siehe
StAnz. .... Staatsanzeiger
StGB .... Strafgesetzbuch
StPO .... Strafprozessordnung

uÄ .... und Ähnliches
UmwG .... Umwandlungsgesetz
UR-Nr. .... Urkundenrollennummer
Urt. .... Urteil
uU .... unter Umständen

VDG .... Vertrauensdienstegesetz
VersR .... Versicherungsrecht (Zeitschrift)
VGH .... Verwaltungsgerichtshof
vgl. .... vergleiche
VO .... Verordnung

Abkürzungsverzeichnis

VONot	Verordnung über die Tätigkeit von Notaren in eigener Praxis
Vorb.	Vorbemerkung/en
VV	Vertreterversammlung
VVaG	Versicherungsverein auf Gegenseitigkeit
VwGO	Verwaltungsgerichtsordnung
VwVfG	Verwaltungsverfahrensgesetz
WEG	Gesetz über das Wohnungseigentum und das Dauerwohnrecht
WG	Wechselgesetz
WM	Wertpapiermitteilungen (Zeitschrift)
zB	zum Beispiel
ZErb	Zeitschrift für die Steuer- und Erbrechtspraxis
ZEuS	Zeitschrift für europarechtliche Studien
ZEV	Zeitschrift für Erbrecht und Vermögensnachfolge
ZfIR	Zeitschrift für Immobilienrecht
ZfPW	Zeitschrift für die gesamte Privatrechtswissenschaft
ZGR	Zeitschrift für Unternehmens- und Gesellschaftsrecht
ZHR	Zeitschrift für das gesamte Handelsrecht
ZInsO	Zeitschrift für das gesamte Insolvenzrecht
ZIP	Zeitschrift für Wirtschaftsrecht
zit.	zitiert
ZMR	Zeitschrift für Miet- und Raumrecht
ZNotP	Zeitschrift für die Notarpraxis
ZPO	Zivilprozessordnung
ZRP	Zeitschrift für Rechtspolitik
ZVglRW	Zeitschrift für die vergleichende Rechtswissenschaft
ZZP	Zeitschrift für deutschen Zivilprozess

Literaturverzeichnis

Amann/Brambring/Hertel	*Amann/Brambring/Hertel*, Vertragspraxis nach neuem Schuldrecht, 2. Aufl. 2003
Armbrüster/Preuß/Renner/*Bearbeiter*	*Armbrüster/Preuß/Renner*, BeurkG/DONot, 8. Aufl. 2019 (Vorauflage: → *Huhn/v. Schuckmann*)
Arndt/Lerch/Sandkühler/*Bearbeiter*	*Arndt/Lerch/Sandkühler*, BNotO Bundesnotarordnung, 8. Aufl. 2016
Bamberger/Roth/*Bearbeiter*	*Bamberger/Roth*, BGB, 3. Aufl. 2012 (Folgeauflage: → BRHP/*Bearbeiter*; siehe auch → BeckOK BGB/*Bearbeiter*)
Bärmann	*Bärmann*, Freiwillige Gerichtsbarkeit und Notarrecht, 2013
Battis	*Battis*, BBG Bundesbeamtengesetz, 5. Aufl. 2017
Baumbach/Hueck/*Bearbeiter*	*Baumbach/Hueck*, GmbHG, 22. Aufl. 2019
Bauschke/Weber	*Bauschke/Weber*, Bundesdisziplinargesetz, 2003
BeckFormB ErbR/*Bearbeiter*	*Keim/Lehmann*, Beck´sches Formularbuch Erbrecht, 4. Aufl. 2019
BeckNotar-HdB/*Bearbeiter*	*Heckschen/Herrler/Münch*, Beck´sches Notar-Handbuch, 7. Aufl. 2019 (zitiert nach Paragrafen; Zitate mit Großbuchstaben verweisen auf die 6. Aufl. 2015)
BeckOGK/*Bearbeiter*	*Gsell/Krüger/Lorenz/Reimann*, beck-online.GROSSKOMMENTAR, fortlaufend aktualisiert
BeckOK BeamtenR Bund/*Bearbeiter*	*Brinktrine/Schollendorf*, Beck´scher Online-Kommentar Beamtenrecht Bund, 17. Edition (Stand: 15.11.2019)
BeckOK BeurkG/*Bearbeiter*	*Bremkamp/Kindler/Winnen*, Beck´scher Online-Kommentar BeurkG mit DONot, 2. Edition (Stand: 1.11.2019)
BeckOK BGB/*Bearbeiter*	*Bamberger/Roth/Hau/Poseck*, Beck´scher Online-Kommentar BGB, 52. Edition (Stand: 1.11.2019) (siehe auch → BRHP/*Bearbeiter* und → Bamberger/Roth/*Bearbeiter*)
BeckOK BNotO/*Bearbeiter*	*Schippel/Görk*, Beck´scher Online-Kommentar BNotO mit DONot und RLEmBNotK, 1. Edition (Stand: 1.10.2019) (Vorauflagen: → *Schippel/Bracker/Bearbeiter* und → *Seybold/Hornig*)
BeckOK BRAO/*Bearbeiter*	*Römermann*, Beck´scher Online-Kommentar BRAO, 5. Edition (Stand: 1.11.2019)
BeckOK FamFG/*Bearbeiter*	*Hahne/Schlögel/Schlünder*, Beck´scher Online-Kommentar FamFG, 33. Edition (Stand: 1.1.2020)
BeckOK GBO/*Bearbeiter*	*Hügel*, Beck´scher Online-Kommentar GBO, 37. Edition (Stand: 15.12.2019) (siehe auch → *Hügel/Bearbeiter*)
BeckOK GG/*Bearbeiter*	*Epping/Hillgruber*, Beck´scher Online-Kommentar Grundgesetz, 42. Edition (Stand: 1.12.2019)
BeckOK InsO/*Bearbeiter*	*Fridgen/Geiwitz/Göpfert*, Beck´scher Online-Kommentar InsO, 16. Edition (Stand: 15.10.2019)
BeckOK KostenR/*Bearbeiter*	*Dörndorfer/Neie/Wendtland/Gerlach*, Beck´scher Online-Kommentar Kostenrecht, 28. Edition (Stand: 1.12.2019)
BeckOK StGB/*Bearbeiter*	*von Heintschel-Heinegg*, Beck´scher Online-Kommentar StGB, 44. Edition (Stand: 1.11.2019)
BeckOK StPO/*Bearbeiter*	*Graf*, Beck´scher Online-Kommentar StPO mit RiStBV und MiStra, 35. Edition (Stand: 1.10.2019)
BeckOK VwGO/*Bearbeiter*	*Posser/Wolf*, Beck´scher Online-Kommentar VwGO, 51. Edition (Stand: 1.10.2019) (siehe auch → *Posser/Wolff/Bearbeiter*)
BeckOK VwVfG/*Bearbeiter*	*Bader/Ronellenfitsch*, Beck´scher Online-Kommentar VwVfG mit VwVG und VwZG, 45. Edition (Stand: 1.10.2019)
BeckOK ZPO/*Bearbeiter*	*Vorwerk/Wolf*, Beck´scher Online-Kommentar ZPO, 35. Edition (Stand: 1.1.2020)
Beuthien	*Beuthien*, Genossenschaftsgesetz, 16. Aufl. 2018

Literaturverzeichnis

Blaeschke	*Blaeschke*, Praxishandbuch Notarprüfung, 2. Aufl. 2010
BLAH/*Bearbeiter*	*Baumbach/Lauterbach/Albers/Hartmann/Gehle*, Zivilprozessordnung, 78. Aufl. 2020
Bohrer, Berufsrecht	*Bohrer*, Das Berufsrecht der Notare, 1991
Bormann/Diehn/Sommerfeldt/*Bearbeiter*	*Bormann/Diehn/Sommerfeldt*, GNotKG Gesetz über Kosten der freiwilligen Gerichtsbarkeit für Gerichte und Notare, 3. Aufl. 2019
BRHP/*Bearbeiter*	*Bamberger/Roth/Hau/Poseck*, BGB, 4. Aufl. 2019 (Vorauflage: → Bamberger/Roth/*Bearbeiter*; siehe auch → BeckOK BGB/*Bearbeiter*)
Bumiller/Harders/Schwamb/*Bearbeiter*	*Bumiller/Harders/Schwamb*, FamFG Familienverfahren Freiwillige Gerichtsbarkeit, 12. Aufl. 2019
Büttner/Frohn/Seebach/*Bearbeiter*	*Büttner/Frohn/Seebach*, Elektronischer Rechtsverkehr und Informationstechnologie im Notariat, 2019
Claussen/Benneke/Schwandt	*Claussen/Benneke/Schwandt*, Das Disziplinarverfahren, 6. Aufl. 2010
Claussen/Janzen	*Claussen/Janzen*, Bundesdisziplinarrecht, 9. Aufl. 2001
Demharter	*Demharter*, Grundbuchordnung, 31. Aufl. 2018
Diehn/*Bearbeiter*	*Diehn*, BNotO Bundesnotarordnung, 2. Aufl. 2019
Ebert/Schnell	*Ebert/Schnell*, Disziplinarrecht/Strafrecht/Beschwerderecht der Bundeswehr, 31. Aufl. 2018
Egerland	*Egerland*, Die Notarbestellung im hauptberuflichen Notariat, 2009
Erichsen/Ehlers	*Erichsen/Ehlers*, Allgemeines Verwaltungsrecht, 14. Aufl. 2010
Erman/*Bearbeiter*	*Erman*, BGB, 15. Aufl. 2017
Eyermann/*Bearbeiter*	*Eyermann*, VwGO Verwaltungsgerichtsordnung, 15. Aufl. 2019
Feuerich/Weyland/*Bearbeiter*	*Feuerich/Weyland*, BRAO Bundesrechtsanwaltsordnung, 9. Aufl. 2016 (Folgeauflage: → Weyland/*Bearbeiter*)
Firsching/Graf	*Firsching/Graf*, Nachlassrecht, 11. Aufl. 2019
Fischer	*Fischer*, Strafgesetzbuch, 67. Aufl. 2020
Frenz/*Bearbeiter*	*Frenz*, Neues Berufs- und Verfahrensrecht für Notare, 1999
Gaier/Wolf/Göcken/*Bearbeiter*	*Gaier/Wolf/Göcken*, Anwaltliches Berufsrecht, 3. Aufl. 2019
Ganter/Hertel/Wöstmann/*Bearbeiter*	*Ganter/Hertel/Wöstmann*, Handbuch der Notarhaftung, 4. Aufl. 2018
Grziwotz	*Grziwotz*, Erfolgreiche Verhandlungsführung und Konfliktmanagement durch Notare, 2001
Grziwotz/Heinemann/*Bearbeiter*	*Grziwotz/Heinemann*, BeurkG Beurkundungsgesetz, 3. Aufl. 2018
Habscheid	*Habscheid*, Freiwillige Gerichtsbarkeit, 7. Aufl. 1983
Haeder	*Haeder*, Die Neuordnung des Zugangs zum Anwaltsnotariat in Deutschland, 2009
Hartung/Scharmer/*Bearbeiter*	*Hartung/Scharmer*, BORA/FAO Berufs- und Fachanwaltsordnung, 6. Aufl. 2016
Haug/Zimmermann	*Haug/Zimmermann*, Die Amtshaftung des Notars, 4. Aufl. 2018
Heinemann	*Heinemann*, FamFG für Notare, 2009
Henssler/Prütting/*Bearbeiter*	*Henssler/Prütting*, BRAO Bundesrechtsanwaltsordnung, 5. Aufl. 2019
Hufen	*Hufen*, Verwaltungsprozessrecht, 11. Aufl. 2019
Hüffer/Koch	*Hüffer/Koch*, Aktiengesetz, 13. Aufl. 2018
Hügel/*Bearbeiter*	*Hügel*, GBO Grundbuchordnung, 4. Aufl. 2020 (siehe auch → BeckOK GBO/*Bearbeiter*)
Huhn/v. Schuckmann	*Huhn/von Schuckmann*, Beurkundungsgesetz und ergänzende Vorschriften, 3. Aufl. 1995 und 4. Aufl. 2003 (Folgeauflage: → Armbrüster/Preuß/Renner/*Bearbeiter*)

Literaturverzeichnis

Hummel/Köhler/Mayer/Baunack/*Bearbeiter*	*Hummel/Köhler/Mayer/Baunack*, BDG Bundesdisziplinargesetz und materielles Disziplinarrecht, 6. Aufl. 2016
Jansen	*Jansen*, Beurkundungsgesetz, 1971
Jarass/Pieroth/*Bearbeiter*	*Jarass/Pieroth*, GG Grundgesetz für die Bundesrepublik Deutschland, 15. Aufl. 2018
KEHE/*Bearbeiter*	*Keller/Munzig*, Grundbuchrecht, 8. Aufl. 2019
Keidel/*Bearbeiter*	*Keidel*, FamFG Gesetz über das Verfahren in Familiensachen und in den Angelegenheiten der freiwilligen Gerichtsbarkeit, 20. Aufl. 2020
Keim	*Keim*, Das notarielle Beurkundungsverfahren: Methodik und Praxis, 1990
Kersten/Bühling	*Kersten/Bühling*, Formularbuch und Praxis der Freiwilligen Gerichtsbarkeit, 26. Aufl. 2019
Kleine-Cosack	*Kleine-Cosack*, BRAO Bundesrechtsanwaltsordnung, 8. Aufl. 2020
Klingelhöffer	*Klingelhöffer*, Pflichtteilsrecht, 4. Aufl. 2014
Kopp/Ramsauer/*Bearbeiter*	*Kopp/Ramsauer*, VwVfG Verwaltungsverfahrensgesetz, 20. Aufl. 2020
Kopp/Schenke/*Bearbeiter*	*Kopp/Schenke*, VwGO Verwaltungsgerichtsordnung, 25. Aufl. 2019
Korintenberg/*Bearbeiter*	*Korintenberg*, GNotKG Gerichts- und Notarkostengesetz, 20. Aufl. 2017
Langenfeld	*Langenfeld*, Grundlagen der Vertragsgestaltung, 2. Aufl. 2010
Lerch	*Lerch*, Beurkundungsgesetz, Dienstordnung/Richtlinienempfehlungen der BNotK, 5. Aufl. 2016
Lutter/Hommelhoff/*Bearbeiter*	*Lutter/Hommelhoff*, GmbH-Gesetz, 20. Aufl. 2020
Maass	*Maass*, Haftungsrecht des Notars, 1994
Maurer	*Maurer*, Allgemeines Verwaltungsrecht, 19. Aufl. 2017
Mayer/Süß/Tanck/Bittler/*Bearbeiter*	*Mayer/Süß/Tanck/Bittler*, Handbuch Pflichtteilsrecht, 4. Aufl. 2017
Meikel/*Bearbeiter*	*Meikel*, GBO Grundbuchordnung, 11. Aufl. 2015
Meyer-Goßner/Schmitt	*Meyer-Goßner/Schmitt*, Strafprozessordnung, 62. Aufl. 2019
MüKoBGB/*Bearbeiter*	*Säcker/Rixecker/Oetker/Limperg*, Münchener Kommentar zum Bürgerlichen Gesetzbuch, 8. Aufl. 2018 f.
MüKoHGB/*Bearbeiter*	*K. Schmidt*, Münchener Kommentar zum Handelsgesetzbuch, 4. Aufl. 2016 ff.
MüKoZPO/*Bearbeiter*	*Krüger/Rauscher*, Münchener Kommentar zur Zivilprozessordnung, 5. Aufl. 2016 f.
Musielak/Voit/*Bearbeiter*	*Musielak/Voit*, ZPO Zivilprozessordnung, 16. Aufl. 2019
NK-NachfolgeR/*Bearbeiter*	*Kroiß/Horn/Solomon*, Nachfolgerecht, 2. Aufl. 2019
Palandt/*Bearbeiter*	*Palandt*, Bürgerliches Gesetzbuch, 79. Aufl. 2020
Plog/Wiedow/*Bearbeiter*	*Plog/Wiedow*, Bundesbeamtengesetz, Loseblatt (Stand: 2019)
Posser/Wolff/*Bearbeiter*	*Posser/Wolff*, VwGO, 2. Aufl. 2014 (siehe auch → BeckOK VwGO/*Bearbeiter*)
Reimann/Bengel/Mayer/*Bearbeiter*	*Reimann/Bengel/Mayer*, Testament und Erbvertrag, 6. Aufl. 2015
Reithmann, Notarpraxis	*Reithmann*, Notarpraxis, 9. Aufl. 2011
Reithmann, Rechtspflege	*Reithmann*, Vorsorgende Rechtspflege durch Notare und Gerichte, 1989
Reithmann, Urkundenrecht	*Reithmann*, Allgemeines Urkundenrecht – Begriffe und Beweisregeln, 1972
Reithmann/Martiny/*Bearbeiter*	*Reithmann/Martiny*, Internationales Vertragsrecht, 8. Aufl. 2015

Literaturverzeichnis

Reithmann/Röll/Geßele — *Reithmann/Röll/Geßele*, Handbuch der notariellen Vertragsgestaltung, 8. Aufl. 2001
Rinsche — *Rinsche*, Die Haftung des Rechtsanwalts und des Notars, 6. Aufl. 1998
Rohs/Heinemann — *Rohs/Heinemann*, Die Geschäftsführung der Notare, 11. Aufl. 2002
Rohs/Wedewer/Bearbeiter — *Rohs/Wedewer*, GNotKG Gerichts- und Notarkostengesetz, Loseblatt (Stand: 12/2019)
Roth/Altmeppen/Bearbeiter — *Roth/Altmeppen*, GmbHG Gesetz betreffend die Gesellschaften mit beschränkter Haftung, 9. Aufl. 2019

Saage — *Saage*, Bundesnotarordnung, 1961
Schenke — *Schenke*, Verwaltungsprozessrecht, 16. Aufl. 2019
Schippel/Bracker/Bearbeiter — *Schippel/Bracker*, Bundesnotarordnung, 9. Aufl. 2011 (Vorauflage: → *Seybold/Hornig*; Folgeauflage: → BeckOK BNotO/*Bearbeiter*)
Schmidt-Räntsch — *Schmidt-Räntsch*, Deutsches Richtergesetz, 6. Aufl. 2009
Schoch/Schneider/Bier/Bearbeiter — *Schoch/Schneider/Bier*, Verwaltungsgerichtsordnung, Loseblatt (Stand: 7/2019)
Scholz/Bearbeiter — *Scholz*, GmbHG, 12. Aufl. 2018
Schöner/Stöber — *Schöner/Stöber*, Grundbuchrecht, 15. Aufl. 2012
Schönke/Schröder/Bearbeiter — *Schönke/Schröder*, Strafgesetzbuch, 30. Aufl. 2019
Schütz/Maiwald/Bearbeiter — *Schütz/Maiwald*, Beamtenrecht des Bundes und der Länder, Loseblatt (Stand: 7/2019)
Schütz/Schmiemann/Bearbeiter — *Schütz/Schmiemann*, Disziplinarrecht des Bundes und der Länder, Loseblatt (Stand: 2/2019)
Seybold/Hornig — *Seybold/Hornig*, Reichsnotarordnung, 2. Aufl. 1939 und 3. Aufl. 1943 (Folgeauflagen: → Schippel/Bracker/*Bearbeiter* und → BeckOK BNotO/*Bearbeiter*)
Soergel/Bearbeiter — *Soergel*, Bürgerliches Gesetzbuch, 13. Aufl. 2002 ff.
Spindler/Stilz/Bearbeiter — *Spindler/Stilz*, AktG, 4. Aufl. 2019
Staudinger/Bearbeiter — *Staudinger*, J. von Staudingers Kommentar zum Bürgerlichen Gesetzbuch, Neubearbeitung 2006 ff.
Stein/Jonas/Bearbeiter — *Stein/Jonas*, Kommentar zur Zivilprozessordnung, 23. Aufl. 2009 ff.
Stelkens/Bonk/Sachs/Bearbeiter — *Stelkens/Bonk/Sachs*, VwVfG Verwaltungsverfahrensgesetz, 9. Aufl. 2018

Thomas/Putzo/Bearbeiter — *Thomas/Putzo*, ZPO Zivilprozessordnung, 40. Aufl. 2019

Weingärtner, Notarrecht — *Weingärtner*, Notarrecht, 9. Aufl. 2009
Weingärtner/Gassen/Sommerfeldt/Bearbeiter — *Weingärtner/Gassen/Sommerfeldt*, DONot Dienstordnung für Notarinnen und Notare, 13. Aufl. 2016
Weingärtner/Löffler/Bearbeiter — *Weingärtner/Löffler*, Vermeidbare Fehler im Notariat, 10. Aufl. 2018
Weingärtner/Wöstmann — *Weingärtner/Wöstmann*, Richtlinienempfehlungen BNotK/Richtlinien der Notarkammern, 2003
Weyland/Bearbeiter — *Weyland*, BRAO Bundesrechtsanwaltsordnung, 10. Aufl. 2020 (Vorauflage: → Feuerich/Weyland/*Bearbeiter*)
Winkler — *Winkler*, Beurkundungsgesetz, 19. Aufl. 2019
Wolfsteiner — *Wolfsteiner*, Die vollstreckbare Urkunde, 4. Aufl. 2019
Wurm/Wagner/Zartmann/Bearbeiter — *Wurm/Wagner/Zartmann*, Das Rechtsformularbuch, 17. Aufl. 2015
WürzNotar-HdB/Bearbeiter — *Limmer/Hertel/Frenz/Mayer*, Würzburger Notarhandbuch, 5. Aufl. 2017

Zimmermann/Bearbeiter — *Zimmermann*, Praxiskommentar Erbrechtliche Nebengesetze, 2017
Zöller/Bearbeiter — *Zöller*, Zivilprozessordnung, 33. Aufl. 2020

1. Bundesnotarordnung

Vom 24. Februar 1961 (BGBl. I 97),

zuletzt geändert durch Art. 12 des Gesetzes zur Änderung von Vorschriften über die außergerichtliche Streitbeilegung in Verbrauchersachen und zur Änderung weiterer Gesetze vom 30. November 2019 (BGBl. I 1942)

Einleitung

Übersicht

	Rn.
A. Notarrecht	1
B. Rechtsquellen des notariellen Berufsrechts	5
C. Entstehungsgeschichte der BNotO	8
I. Reichsnotariatsordnung von 1512 (RNO)	8
II. Die Entwicklung bis zur Reichsnotariatsordnung (RNotO)	9
III. Reichsnotariatsordnung von 1937 (RNotO)	12
IV. Ehemalige DDR	18
V. Bundesnotarordnung (BNotO)	20
VI. Änderungen der BNotO	24

A. Notarrecht

„Das Notarwesen steht in Blüte, das Notarrecht ist in beklagenswerten Zustand." stellte **1** *Bohrer* 1991 im Vorwort seiner Monographie zum notariellen Berufsrecht fest.[1] 25 Jahre später steht das Notarwesen immer noch in Blüte – mehr denn je zuvor –, das Notarrecht hat sich weiterentwickelt – nicht zuletzt aufbauend auf der zeitgemäßen Grundlegung durch Bohrer – und stellt sich heute ganz anders dar: nämlich als belastbares modernes **Berufsrecht,** in dem die einst weißen Flecken, die früher kaum hinterfragt wurden, heute geklärt sind auf der Basis einer eingehenden und ausdifferenzierten Selbstvergewisserung und Verortung im nationalen und europäischen Rechtssystem. Nicht zu leugnen ist, dass die Entwicklung des Notarrechts zu seinem heutigen Stand wesentliche Impulse durch die Rechtsprechung erhalten hat, insbesondere durch das BVerfG, ebenso aber durch den BGH und auch den EuGH. Diese Befassung mit dem Notarrecht durch die Rechtsprechung, gleichsam als Betrachtung von außen, mag für den Berufsangehörigen nicht immer in gleichem Maße akzeptabel sein, sie führt aber doch dazu, dass der Berufsstand gezwungen ist, für selbstverständlich gehaltene Regelungen auf ihre Tragfähigkeit bei sich ändernden gesellschaftlichen Verhältnissen zu überprüfen und gegebenenfalls anzupassen.

Notarielles Berufsrecht ist sich nicht Selbstzweck, sondern dient dazu, einen Vorhaben- **2** träger mit einem Pflichtenprogramm auszustatten, das geeignet ist, die Erfüllung der ihm übertragenen Aufgaben sicherzustellen, insbesondere die Zwecke notarieller Beurkundungen. Wäre das Pflichtenprogramm unzureichend, sind bestehende Zuständigkeiten in Frage gestellt und werden neue Zuständigkeiten sicher nicht begründet. Tatsächlich haben sich die Fälle notarieller Zuständigkeiten in der Vergangenheit enorm erweitert, egal ob man 1961, das Inkrafttreten der BNotO, oder 1991 *(Bohrer)* als Ausgangspunkt nimmt: Das gilt

---

[1] *Bohrer,* Das Berufsrecht der Notare, 1991, S. VII.

für Zuständigkeiten im Gesellschaftsrecht, etwa durch das UmwG, bei der Schaffung von vollstreckbaren Titeln, die nicht mehr nur auf Geldzahlung gerichtet sein müssen, die alleinige (wenn auch nicht sehr beliebte, weil verfahrenslose) Zuständigkeit bei Nachlassverzeichnissen etc bis hin zu einer nunmehr erreichten Verankerung des Notariats in Gesetzgebungsvorhaben der EU.[2] Diese „Blüte des Notarwesens" ist nur erklärbar, weil das heutige notarielle Berufsrecht in überzeugender Weise die Eignung und Leistungsfähigkeit des Notars als Vorhabenträger für solche Aufgaben gewährleistet.

3 Zweifellos hat dem Notariat bei all dem geholfen, dass es sehr früh die **Bereitschaft** gezeigt hat, **sich auf veränderte technische Möglichkeiten einzulassen** – das erste Projekt der Bundesnotarkammer zum elektronischen Rechtsverkehr wurde von der Vertreterversammlung im November 1992 beschlossen – und zu bewältigen, ohne die berufsrechtlichen Grundlagen aufzugeben, genauer: den notariellen Pflichtkanon gerade für die Benutzung neuer technischer Möglichkeit fruchtbar zu machen. Die außerordentliche erfolgreiche Einführung des elektronischen Handelsregisters wäre ohne die Fähigkeit der Notare, den Registern entsprechend vorbereitete Daten zu übermitteln, nicht möglich gewesen und die damit verbundenen Pflichten der Notare wären nicht umzusetzen gewesen, wenn die Notare nicht willens und in der Lage gewesen wären, über die entsprechenden Inhalte flächendeckend und nachhaltig den gesamten Berufsstand zu informieren und anzuleiten. Gleiches gilt für das elektronische Grundbuch. Die Filterfunktion notarieller Tätigkeit ist die Voraussetzung für das Funktionieren öffentlichen Register wie Handelsregister und Grundbuch, die für unser Rechtssystem von zentraler Bedeutung sind. Die Schaffung des Zentralen Vorsorgeregisters und des Zentralen Testamentsregisters und die damit einhergehende Einbindung der Notare, die erst die reibungslose und effektive Arbeit dieser Register ermöglichen, sind weitere Belege für die Notwendigkeit und Sinnhaftigkeit notarieller Leistungen unter den heute bestehenden technischen Rahmenbedingungen. Aufgrund des Gesetzes zur Neuordnung der Aufbewahrung von Notariatsunterlagen und zur Einrichtung des elektronischen Urkundenarchivs bei der Bundesnotarkammer sowie zur Änderung weiterer Gesetze[3], welches erhebliche Änderungen in der Bundesnotarordnung, des Beurkundungsgesetzes und in der Dienstordnung der Notarinnen und Notare nach sich zieht, installiert die Bundesnotarkammer zum 1.1.2022 mit erheblichem Aufwand das elektronische Urkundenarchiv. Ein weiterer Meilenstein wird die Online-Beurkundung für die GmbH-Gründung im Rahmen des digital law package der EU werden. Auch hier ist die Bundesnotarkammer mit deren Umsetzung bereits befasst.[4]

4 Damit ist ein weiteres entscheidendes Merkmal des heutigen notariellen Berufsrechts angesprochen: die **Stärkung der notariellen Selbstverwaltung.** In der Vergangenheit, bei der Erarbeitung der BNotO – „Konsens von 1961" –, in der Folgezeit und in besonderen Maße in der Zeit der Wiedervereinigung war der notarielle Berufsstand geprägt von Kontroversen zwischen den Vertretern der beiden Berufsformen Nurnotariat und Anwaltsnotariat. Diese Kontroversen forderten nicht nur Zeit und Kraft, sie verhinderten zugleich, oder erschwerten es zumindest, die Standesorganisationen so zu stärken, dass sie den einzelnen Berufsträger bei seiner täglichen Arbeit in der gebotenen Weise unterstützen konnten. Ein erstes Aufbrechen dieser erst mit der Berufsrechtsform 1998 beendeten Blockade erfolgte mit der Gründung des Deutschen Notarinstituts 1992. Heute, mehr als 25 Jahre später, ist das DNotI aus der notariellen Arbeit nicht weg zu denken; damals erforderte es erheblichen aber letztlich erfolgreichen Aufwand, sicherzustellen, dass die Idee des DNotI nicht zwischen den Mühlsteinen der Konfrontation der beiden Berufsformen unterging.[5] In der Folgezeit sind nunmehr durch die erfolgreiche und vertrauensvolle Zusammenarbeit über die Notariatsformen hinweg weitere Institutionen hinzugekommen,

---

[2] Vgl. nur das EU-Company Law Package und hierzu *Bormann/Stelmaszczyk* NZG 2019, 601.
[3] BGBl. I 1396.
[4] Vgl. zu all dem nunmehr anschaulich *Büttner/Frohn/Seebach,* Elektronischer Rechtsverkehr und Informationstechnologie im Notariat, 2019.
[5] Zur Gründungsgeschichte *Frenz* FS 25 Jahre DNotI 2018, 3.

die den Notaren bzw. ihrem beruflichen Nachwuchs dienen (wie zB das Notarprüfungsamt bei der BNotK), oder der Bevölkerung und einer Vielzahl von Behörden heute völlig selbstverständlich Teil unseres Rechtssystems sind, wie etwa das Zentrale Vorsorgeregister und das Zentrale Testamentsregister. Es ist unschwer vorherzusagen, dass die Zahl solcher bei der notariellen Selbstverwaltung angesiedelter Projekte in Zukunft noch steigen wird. Das elektronische Urkundenarchiv wird sicher nicht das letzte Projekt dieser Art sein. Sie dienen der Bewahrung und Stärkung der Leistungsfähigkeit des einzelnen Berufsangehörigen, sie behindern nicht seine Unabhängigkeit, sondern sichern die Stellung des Notars im deutschen und europäischen Rechtssystem.

B. Rechtsquellen des notariellen Berufsrechts

Die **Bundesnotarordnung** enthält die grundlegenden Bestimmungen des notariellen Berufsrechts. Diese werden ergänzt durch die als Satzung erlassenen Richtlinien der Notarkammern, die die gesetzlich verankerten Pflichten konkretisieren, ohne originäre Neuregelungen notarieller Berufspflichten schaffen zu können.[6] Den Richtlinien der Notarkammern liegt eine Richtlinienempfehlung der Bundesnotarkammer zugrunde.[7] 5

Das **Beurkundungsgesetz** enthält das für die öffentlichen Beurkundungen durch den Notar geltende Verfahrensrecht. 6

Weitere Rechtsquellen des notariellen Berufsrechts sind: 7

– **Rechtsverordnungen,** zu deren Erlass die Bundesnotarordnung ermächtigt (zB § 19a Abs. 7 – Rechtsverordnung des Bundes –, § 6 Abs. 4 – Rechtsverordnung des Landes);
– **Dienstordnung für Notarinnen und Notare** (DONot – es handelt sich um aufsichtsrechtliche Verwaltungsbestimmungen, die von den Bundesländern im Wesentlichen gleich lautend erlassen worden sind und die die Voraussetzungen und Maßstäbe der den Ländern gem. §§ 92 ff. obliegenden Rechtsaufsicht über die Notare konkretisieren);
– **Allgemeinverfügungen der Landesjustizverwaltungen** betreffend die Notare (AV-Not – in diesen Verwaltungsvorschriften der Länder werden insbesondere Fragen der Bedürfnisermittlung, des Bewerbungsverfahrens, des Auswahlverfahrens für Bewerber um ein Notaramt und sonstige Antrags- und Bescheidungsverfahren geregelt).

C. Entstehungsgeschichte der BNotO

I. Reichsnotariatsordnung von 1512 (RNO)

Der früheste Vorläufer der Bundesnotarordnung als der einheitlichen Kodifikation des Notarrechts in Deutschland war die auf dem Reichstag zu Köln im Jahre 1512 von Kaiser Maximilian I. erlassene **Reichsnotariatsordnung.**[8] Sie wurde aufgestellt, nachdem das Notariat als Folge der Rezeption römischen Rechts seit dem 13. Jahrhundert in Deutschland stärkere Verbreitung gefunden hatte. Die Reichsnotariatsordnung von 1512 verankerte den Notar als Organ der vorsorgenden Rechtspflege und traf zahlreiche Regelungen, die das Berufsbild des Lateinischen Notars bis heute prägen. Sie sah den Notar als „Diener gemeinen Nutzens" (§ 15 RNO), beschrieb die Voraussetzungen für die Bestellung des Notars durch eine offizielle Amtseinsetzung (§ 2 RNO) und enthielt verschiedene Bestimmungen des Beurkundungsrechts (§§ 3 ff. RNO: Form der öffentlichen Urkunde, Protokollführung, Urkundenherausgabe, Wille der Parteien, Schriftform der Rechtsgeschäfte, 8

---

[6] Näher die Erläuterungen zu → § 67 Rn. 35 ff.
[7] Die Richtlinienempfehlungen der Bundesnotarkammer (RLEmBNotK) sind abgedruckt im → 3. Teil dieses Kommentars. Vgl. ferner die Erläuterungen zu → § 78 Rn. 19 ff.
[8] Text und Erläuterungen bei *Grziwotz,* Kaiserliche Notariatsordnung von 1512, 1995.

Änderung und Ergänzung notarieller Verträge, Beurkundung vorbereiteter Urkunden, Protokollierung und Beachtung der Ortsform, Veränderungen und Einfügungen in den Urkunden, Urkundenmaterial, Sprache, Wiederherstellung verlorener Protokolle, Vermeidung von Irrtümern, Beseitigung von Fehlern der Urkunden).[9] Weitere Regelungen betreffen die Amtsbereitschaft (§ 3 RNO), die persönliche Amtsausübung und die Pflicht zur Verschwiegenheit (§§ 13, 14, 23 RNO), die Bindung des Notars an das Recht und an die „üblichen Klauseln" (§§ 9, 10 RNO), die Unparteilichkeit (§§ 10, 17 RNO).[10] Darüber hinaus wurden Bestimmungen über die vom Notar geforderte Aus- und Fortbildung (§§ 1, 45, 46 RNO) und die Verantwortlichkeit des Notars einschließlich der Haftung für Schäden (§ 1 RNO) getroffen.[11]

II. Die Entwicklung bis zur Reichsnotariatsordnung (RNotO)

9 Missstände vor allem im Verfahren der Ernennung kaiserlicher Notare durch die Hofpfalzgrafen führten – begünstigt durch die allgemeine Staats- und Rechtsentwicklung in Deutschland – im 17. und 18. Jahrhundert zu einer immer stärkeren **Partikulargesetzgebung,** die schließlich in der landesherrlichen Zulassung der Notare nach Ablegung einer Eignungsprüfung mündete. Dies schuf zugleich die Voraussetzung dafür, dass sich in Preußen als Folge der Reform des Gerichtsverfahrens unter Friedrich dem Großen (1740–1786) und Friedrich Wilhelm II. (1786–1797) die **Verbindung des Notariats mit dem Amt des Justizkommissars,** der für die außerprozessuale Rechtsberatung und Vertretung zuständig war, entwickeln konnte. Diese Verbindung blieb in Preußen auch dann erhalten, als das Amt des Justizkommissars immer stärker dem Beruf des freien Advokaten angenähert wurde und schließlich in ihm aufging.

10 Mit dem Ende des Deutschen Reichs (1806) gab es auch für das Notariat keine reichsrechtliche Grundlage mehr, so dass sich auf der Grundlage der Landesgesetzgebung **vier verschiedene Notariatsformen** herausbilden konnten:

– das hauptberufliche Notariat, das als öffentliches Amt ausgestaltet war, aber außerhalb der Gerichts- und Behördenorganisation ausgeübt wurde (unter starkem Einfluss des französischen Rechts bestehend in Rheinpreußen, dem ehemaligen Herzogtum Berg, Rheinbayern,[12] Rheinhessen und Hamburg),
– das Anwaltsnotariat (unter Einfluss des preußischen Rechts bestehend in Norddeutschland),
– das Richter-Notariat in Baden und Württemberg (in Württemberg als Sonderform des Bezirksnotariats bei zusätzlicher Bestellung von unabhängigen öffentlichen Notaren),
– das bayerische Behördennotariat.[13]

11 **Nach Neubegründung des Deutschen Reiches 1871** setzten alsbald Bestrebungen ein, das Notarrecht in Deutschland wieder zu vereinheitlichen. Sie standen jedoch zunächst im Schatten der großen Kodifikationsvorhaben um die Jahrhundertwende. Intensive Diskussionen um eine einheitliche Reichsnotarordnung prägten die deutschen Notartage von 1925, 1927 und 1929.[14] Die dort erörterten Vorschläge, insbesondere der Entwurf des Rechtsanwalts und Notars Oberneck, bildeten die Grundlage für die schließlich am

---

[9] Ein eigener Abschnitt ist der Errichtung von Testamenten gewidmet, §§ 25 ff. RNO.
[10] §§ 20, 17 RNO enthalten lediglich Hinweise auf die dem Notar gebotene Unparteilichkeit. Erst das Edikt Kaiser Karl V. vom 3.8.1548 schreibt ausdrücklich vor, dass der Notar in Angelegenheiten, in denen er als Notar tätig war, „sich Sollicitirens, Procurirens und dergleichen, gänzlich und allerdings entschlagen" soll. Vgl. näher *Grziwotz,* Kaiserliche Notariatsordnung von 1512, S. 58 f.
[11] Eine Besonderheit des gemeinrechtlichen Notariats war die enge Verknüpfung mit der streitigen Gerichtsbarkeit, vor allem der Reichskammergerichts, für das der Notar als Exekutiv- und Zustellungsorgan tätig war. S. hierzu näher *Conrad* DNotZ 1960, 3 (7 f.).
[12] Das 1899 in Bayern eingeführte Behördennotariat trat in Rheinbayern, dem späteren bayerischen Regierungsbezirk Pfalz, an die Stelle des bis dahin geltenden französischen Notariatsrechts.
[13] S. Fn. 12.
[14] DNV 1925, 363 (383 ff.); 1927, 574 (594 ff.); 1929, 565 (573 ff.).

III. Reichsnotariatsordnung von 1937 (RNotO)

Nachdem die Justizhoheit bereits mit Gesetz vom 24.1.1935[17] vollständig auf das Reich übergegangen war, bildete die Reichsnotarordnung den Abschluss der Rechtspflegeüberleitungsgesetzgebung des Dritten Reiches, in deren Zuge auch die Freiwillige Gerichtsbarkeit vereinheitlicht wurde.[18] In der berufspolitischen Diskussion stand die Frage der Notariatsverfassung im Vordergrund. Im Ergebnis entschied sich die Reichsnotarordnung für die **Einführung des freiberuflich ausgestalteten hauptberuflichen Notariats** in ganz Deutschland (§ 7 RNotO). Es sollten allerdings die bei Inkrafttreten der Verordnung bestellten Anwaltsnotare zunächst im Amt bleiben und bei Vorliegen eines entsprechenden Bedürfnisses vorläufig auch weiterhin noch Anwaltsnotare bestellt werden können (§§ 76 Abs. 1, 8 Abs. 2 RNotO). Den Besonderheiten des Behörden-, Richter- und Beamtennotariats wurde dadurch Rechnung getragen, dass in Bayern die Notariatskasse als öffentliche Körperschaft unter Beibehaltung und teilweiser Erweiterung ihrer Aufgaben fortbestand und in Württemberg die Bezirksnotare sowie in Baden die Richternotare vorläufig im Amt blieben und nicht den Vorschriften der RNotO unterstellt wurden. 12

Mit § 6 RNotO wurde für die Bestellung zum Notar erstmals reichseinheitlich das **Bedürfnissystem** eingeführt. Zwingende Voraussetzung sollte die Befähigung zum Richteramt sein (§ 3 RNotO).[19] Die Bestellung zum Notaramt setzte ferner in der Regel einen vierjährigen Vorbereitungsdienst voraus (§ 5 RNotO). 13

§§ 15 ff. RNotO enthielten nähere Bestimmungen über die Ausübung des Amtes und beschäftigten sich ua mit der Amtsgewährungspflicht (§§ 22 bis 24 RNotO), mit Ausschließungsgründen und Mitwirkungsverboten (§§ 15 bis 17 RNotO), der Verschwiegenheitspflicht (§ 19 RNotO) und der Haftung des Notars (§ 21 RNotO), die erstmals reichseinheitlich als Amtshaftung ausgestaltet war. 14

§§ 22 bis 24 RNotO enthielten einen Katalog der zur **Urkundstätigkeit** des Notars gehörenden Geschäfte, §§ 30 ff. RNotO regelten Abwesenheit, Verhinderung und Vertretung des Notars und §§ 37 ff. RNotO trafen Bestimmungen über das Erlöschen des Amtes und die vorläufige Amtsenthebung. 15

Die **Aufsicht** über die Notare wurde der Justizverwaltung übertragen. Sie unterstanden einer Dienststrafgerichtsbarkeit entsprechend derjenigen für die Richter (§§ 65 ff. RNotO). Sämtliche Notare des Reiches wurden in der **Reichsnotarkammer** zusammengeschlossen. Die fortbestehenden Notarkammern in den OLG-Bezirken waren örtliche Gliederungen dieser Reichsnotarkammer (§ 44 RNotO). 16

Im Zusammenhang mit dem Erlass der RNotO wurde diskutiert, die Beurkundungszuständigkeit des Notars als ausschließliche Zuständigkeit auszugestalten. Im Ergebnis verblieb es jedoch bei dem bisherigen Rechtszustand, der in den Ländern unterschiedlich ausgestaltete, konkurrierende Beurkundungsbefugnisse von Notaren, Gerichten und bestimmten Verwaltungsbehörden vorsah (§ 77 RNotO). Die Reichsnotarordnung blieb bis zum Ende des Zweiten Weltkriegs weitgehend unverändert in Kraft.[20] 17

---

[15] RGBl. I 191.
[16] RGBl. I 918.
[17] RGBl. I 68.
[18] *Jonas* DNotZ 1937, 175.
[19] Eine Sonderregelung in § 85 Abs. 2 RNO sollte es den nicht zum Richteramt befähigten Bezirksnotaren und Bezirksanwärtern in Württemberg ermöglichen, das Notaramt zu erlangen.
[20] Die wichtigsten Ergänzungsverordnungen sind in *Seybold/Hornig*, BNotO, 3. Aufl. 1943, abgedruckt.

IV. Ehemalige DDR

18 Nach Beendigung des Zweiten Weltkriegs und dem Zusammenbruch des Dritten Reiches wurde in der DDR im Zuge der Verwaltungs- und Justizreform des Jahres 1952 durch die „Verordnung über die Errichtung und Tätigkeit des staatlichen Notariats"[21] und die „Verordnung über die Übertragung der Freiwilligen Gerichtsbarkeit"[22] vom 15.10.1952 das **staatliche Notariat** eingerichtet. Gleichzeitig wurden die bisher der Freiwilligen Gerichtsbarkeit zugewiesenen Angelegenheiten entweder den Verwaltungsbehörden oder dem Staatsnotariat übertragen. Nach § 3 Abs. 2 NotariatsVO war das staatliche Notariat dem Justizminister unterstellt. Neben den Staatsnotariaten durften bereits bestellte freiberufliche Notare in beschränktem Umfang weiter tätig bleiben.[23] Nach Errichtung der Staatsnotariate wurden für viele Jahre keine freiberuflichen Einzelnotare mehr zugelassen. Erst das Notariatsgesetz vom 5.2.1976[24] schuf eine Zuständigkeitsnorm für die Bestellung von Einzelnotaren.

19 Als in der DDR zur Anpassung an rechtsstaatliche Verhältnisse und im Vorgriff auf die Wiedervereinigung 1990 erste Schritte zu einer umfassenden Justizreform unternommen wurden, ordnete man auch Aufgaben und Verfassung des Notariats neu. Die von der Regierung der DDR erlassene Verordnung über die Tätigkeit von Notaren in eigener Praxis vom 20.6.1990[25] sah eine **Überführung** der staatlichen Notariate **in freiberufliche, hauptberufliche Notariate** vor. Die NotVO, die sich im Übrigen eng an die Bestimmungen der BNotO anlehnte, wurde durch den Einigungsvertrag mit verschiedenen Maßgaben in das Recht der Bundesrepublik Deutschland überführt.[26] Sie galt bis zum Inkrafttreten des Dritten Gesetzes zur Änderung der BNotO und anderer Gesetze[27] am 8.9.1998 in den neuen Bundesländern (nicht dagegen in Ost-Berlin) fort.[28]

V. Bundesnotarordnung (BNotO)

20 In den westlichen Besatzungszonen Deutschlands galt die Reichsnotarordnung zunächst als Landesrecht fort. Mit Inkrafttreten des Grundgesetzes wurde sie nach Art. 123, 125 Nr. 1, 74 Nr. 1 GG Bundesrecht. Lediglich wenige Regelungen wurden wegen ihres nationalsozialistischen Gedankenguts oder wegen der geänderten staatsrechtlichen Verhältnisse außer Kraft gesetzt.[29]

21 Bereits 1949 begannen die **Vorarbeiten zu einer Bundesnotarordnung.** Sie wurden maßgeblich geprägt durch Vorschläge, die die Gemeinschaft des Deutschen Notariats – eine Arbeitsgemeinschaft der Notarkammern und Notarvereine des hauptberuflichen Notariats – unter Hinzuziehung von Vertretern des Anwaltsnotariats erarbeitet hatte. Am 11.1.1956 wurde dem Bundestag ein erster Entwurf eines Gesetzes über Maßnahmen auf dem Gebiet des Notarrechts vorgelegt.[30] Da die Beratungen in der zweiten Legislaturperiode nicht abgeschlossen werden konnten, wurde am 20.2.1958 ein kaum veränderter zweiter Entwurf

---

[21] GBl. DDR 1952 I 1055.
[22] GBl. DDR 1952 I 1057.
[23] Vgl. die Anordnung über den Amtsbezirk freiberuflicher Notare vom 22.1.1953, GBl. DDR 1953 I 141. S. ferner *Schulz* DNotZ 1965, 276; *Brand,* Der Rechtsanwalt und der Anwaltsnotar in der DDR, 1985, S. 147 ff.
[24] GBl. DDR I 93.
[25] GBl. DDR I 475, geändert und ergänzt durch die Verordnung vom 22.8.1990, GBl. DDR I 1332. Zur Frage der Notariatsverfassung nach der NotVO von 1990 vgl. *Zimmermann/Halle* NJ 1991, 56; *Treffkorn* NJ 1991, 304.
[26] Einigungsvertrag Anl. II Kap. III A Abschn. III Nr. 2.
[27] BGBl. I 2585.
[28] Die NotVO ist in Anh. 2 bei *Schippel,* BNotO, 6. Aufl., abgedruckt. Von der BNotO abweichende Bestimmungen sind dort bei den Kommentierungen der entsprechenden Vorschriften der BNotO erläutert.
[29] Hierzu *Weber* DNotZ 1952, 313; *Saage* DNotZ 1956, 4.
[30] BT-Drs. 2/2017.

eingebracht.³¹ Mit Verkündung des Gesetzes über Maßnahmen auf dem Gebiet des Notarrechts am 23.2.1961³² fand das Gesetzgebungsverfahren seinen Abschluss.

Im **Gesetzgebungsverfahren** bestand Einigkeit darüber, dass die Reichsnotarordnung 22 insgesamt nicht von nationalsozialistischem Gedankengut geprägt sei, sich im Übrigen in der Praxis bewährt habe und daher keine grundlegende Umgestaltung des Notarrechts erforderlich sei.³³ Im Mittelpunkt der berufspolitischen Diskussionen stand wiederum die Frage der Notariatsverfassung. Die Begründung des Regierungsentwurfs zur BNotO führt aus, dass das Anwaltsnotariat – anders als nach der RNotO vorgesehen – nicht nur als Übergangserscheinung aufrecht erhalten bleiben, sondern für die Zukunft wieder zu einer dem Nur-Notariat gleichstehenden Gestaltungsform des Notariats erhoben werden solle. Hierdurch solle allerdings nicht etwa eine Wertung zugunsten des Anwaltsnotariats vorgenommen, sondern nur den gegenwärtigen, tatsächlichen wirtschaftlichen Verhältnissen in den Anwaltsnotargebieten der Bundesrepublik Rechnung getragen werden.³⁴ Die BNotO hielt dementsprechend nach § 3 Abs. 2 das Anwaltsnotariat in Gerichtsbezirken aufrecht, in denen es am 1.4.1961 bestand. Auch die Notariatsverfassung in Baden-Württemberg blieb grundsätzlich unberührt (§§ 114, 115, 116 BNotO).

Im Gesetzgebungsverfahren zur BNotO wurde wiederum die Frage diskutiert, Beur- 23 kundungszuständigkeiten anderer Stellen als des Notars einzuschränken oder abzuschaffen. Nach Art. 7 des Gesetzes über Maßnahmen auf dem Gebiet des Notarrechts³⁵ blieben konkurrierende Beurkundungszuständigkeiten grundsätzlich erhalten. Eingeschränkt wurde allerdings die Möglichkeit, Verwaltungsbehörden die Zuständigkeit zur Beurkundung von Grundstücksgeschäften zu übertragen.³⁶

VI. Änderungen der BNotO

Die BNotO wurde seit 1961 mehrfach geändert. Folgende **Novellierungen** sind her- 24 vorzuheben.

Durch das **Beurkundungsgesetz** vom 28.8.1969,³⁷ das die weitgehende ausschließliche 25 Beurkundungszuständigkeit für das Notariat begründete, wurden die beurkundungsverfahrensrechtlichen Bestimmungen einschließlich der Ausschließungsgründe und Mitwirkungsverbote aus der BNotO herausgenommen und in das Beurkundungsgesetz eingefügt.

Das **erste Gesetz zur Änderung der Bundesnotarordnung vom 7.8.1981**³⁸ führte 26 die Pflicht des Notars zum Abschluss einer Berufshaftpflichtversicherung und der Notarkammern zum Abschluss von Gruppenanschlussversicherungen ein (§§ 19a, 67 Abs. 2 Nr. 3). Ferner wurde der Abschluss von Vertrauensschadenversicherungen gegen Schäden aus vorsätzlichen Handlungen zur Pflichtaufgabe der Notarkammern erklärt (§ 67 Abs. 2 Nr. 3).³⁹

Das **Gesetz zur Änderung des Berufsrechts der Notare und der Rechtsanwälte** 27 **vom 29.1.1991**⁴⁰ regelte entsprechend den vom BVerfG aufgestellten verfassungsrechtlichen Anforderungen⁴¹ den Zugang zum Notariat neu. Im Bereich des Anwaltsnotariats schaffte es die Möglichkeit ab, die Bedürfnisprüfung durch die Voraussetzung einer Wartezeit zu ersetzen und konkretisierte im Übrigen die gesetzlichen Berufszugangsvoraussetzungen (§ 6).⁴² Ferner wurden der Amtsbereich des Notars geregelt (§ 10a), eine Alters-

---

³¹ BT-Drs. 3/219.
³² BGBl. I 77. Zum Gesetzgebungsverfahren vgl. Schippel/Bracker/*Schäfer*/Bracker Überblick Rn. 1 ff.
³³ BT-Drs. 3/219, 218.
³⁴ BT-Drs. 3/219, 20; ähnlich der Bericht des Rechtsausschusses des Deutschen Bundestages, BT-Drs. 3/2128, 2.
³⁵ BGBl. 1961 I 93.
³⁶ Näher *Saage* DNotZ 1961, 139.
³⁷ BGBl. I 1513.
³⁸ BGBl. I 803.
³⁹ Näher *Zimmermann* DNotZ 1982, 4.
⁴⁰ BGBl. I 150.
⁴¹ BVerfG DNotZ 187, 121.
⁴² Näher *Bohrer* DNotZ 1991, 3.

grenze für die Berufsausübung eingeführt (§ 48a) und die gesetzliche Grundlage für den bereits 1981 gegründeten Vertrauensschadenfonds der Notarkammern ergänzt (§ 67 Abs. 3 Nr. 3).

28   Das **Dritte Gesetz zur Änderung der Bundesnotarordnung und anderer Gesetze** trat am 8.9.1998 in Kraft.[43] Die Reform hatte vor allem zwei Ziele. Einmal galt es, nach der Wiedervereinigung in Deutschland auch für das Berufsrecht der Notare einheitliche Rechtsverhältnisse herzustellen und die bisher für die neuen Bundesländer geltende VONot abzulösen. Das neu gefasste Berufsrecht gilt nun für alle Notare im Sinne der Bundesnotarordnung in Deutschland. Die zweite Aufgabe der Berufsrechtsnovelle war es, im Hinblick auf die Entscheidungen des BVerfG zum anwaltlichen Berufsrecht[44] einer Reihe von berufsrechtlichen Regelungen im Bereich des Notariats auch unter Berücksichtigung der Besonderheiten des öffentlichen Amtes eine zweifelsfreie rechtliche Grundlage zu geben.

29   Dies führte zu der **bisher umfassendsten Reform** der BNotO und des Beurkundungsgesetzes. Folgende Regelungen sind hervorzuheben:
– Durch Einbeziehung weiterer Berufsgruppen in den Anwendungsbereich von §§ 8, 9 wurden für den Anwaltsnotar weitere Möglichkeiten der Berufstätigkeit und Berufsverbindung eröffnet, insbesondere die Assoziierung mit dem Wirtschaftsprüfer.[45]
– Vor allem im Hinblick auf die erweiterten Berufsverbindungsmöglichkeiten des Anwaltsnotars kam es zugleich zu einer erheblichen Verschärfung der Mitwirkungsverbote in § 3 BeurkG.
– Im Bereich der Notarhaftpflicht wurden die Mindestversicherungssummen von 500.000 DM auf 1 Mio. DM, jetzt 500.000 EUR[46] erhöht (§§ 19a Abs. 2 S. 1, 67 Abs. 3 Nr. 3) und eine Vorleistungspflicht des Haftpflichtversicherers gegenüber dem Vertrauensschadenversicherer begründet (§ 19a Abs. 2 S. 2).
– Neu geregelt und insgesamt liberalisiert wurden die bisher nur in der DONot verankerten Werbebestimmungen (§ 29).
– Die Gebührengrundsätze (§ 17 Abs. 1) hat der Gesetzgeber dagegen weitgehend unverändert aus der DONot übernommen.
– Neu eingefügt wurde ferner eine Bestimmung über die grenzüberschreitende Zusammenarbeit von Notaren (§ 11a).
– Ebenfalls eine Neuregelung stellt die vorübergehende Amtsniederlegung wegen Angehörigenbetreuung (§§ 48b, 48c) dar.
– Auch die Fortbildungspflicht wurde neu eingeführt (§ 14 Abs. 6),
– ebenso eine Rechtsgrundlage für die Beschäftigung volljuristischer Mitarbeiter (§ 25 Abs. 1).

30   Durch das **Gesetz zur Änderung des Rechts der Vertretung durch Rechtsanwälte vor den Oberlandesgerichten** vom 23.7.2002, in Kraft getreten am 1.8.2002, wurde das BeurkG geändert.[47] Von besonderer Bedeutung für die Tätigkeit der Notare ist die Ergänzung des § 17 Abs. 2 BeurkG.[48]

31   Durch Gesetz vom 23.4.2004[49] wurden die §§ 78a bis 78c in die BNotO eingefügt. Mit diesen Vorschriften wurde die Grundlage für das Zentrale Vorsorgeregister bei der Bundesnotarkammer geschaffen. In diesem Register werden Vorsorgevollmachten registriert. Vormundschaftsgerichte (jetzt: Betreuungsgerichte) können sich so über das Bestehen einer Vollmacht unterrichten, um von der Bestellung eines Betreuers absehen zu können.

---

[43] BGBl. I 2585.
[44] BVerfGE 76, 143 (171).
[45] Der Gesetzgeber folgte insoweit einer Entscheidung des BVerfG (DNotZ 1998, 754).
[46] Vgl. Gesetz zur Einführung des Euro in Rechtspflegegesetzen v. 13.12.2001 (BGBl. I 3574).
[47] Art. 25 Abs. 4, BGBl. I 2850.
[48] Vgl. *Schmucker* DNotZ 2002, 510; *Bohrer* DNotZ 2002, 579; *Sorge* DNotZ 2002, 593.
[49] Gesetz zur Änderung der Vorschriften über die Anfechtung der Vaterschaft und das Umgangsrecht von Bezugspersonen des Kindes, zur Registrierung von Vorsorgeverfügungen und zur Einführung von Vordrucken für die Vergütung von Berufsbetreuern; BGBl. I 598.

Zur Ermöglichung des elektronischen Rechtsverkehrs in notariellen Angelegenheiten 32
wurden durch das **Gesetz über die Verwendung elektronischer Kommunikationsformen in der Justiz (Justizkommunikationsgesetz)** vom 22.3.2005[50] in den §§ 39a, 42 Abs. 4 BeurkG die Grundlagen für die Errichtung einfacher elektronischer Zeugnisse geschaffen. In der Folge wurde auch § 15 BNotO um einen Abs. 3 ergänzt. Danach muss der Notar die für den elektronischen Rechtsverkehr notwendigen technischen Einrichtungen vorhalten.

Eine tiefgreifende Reform erfuhr das Notariat in Baden-Württemberg sodann durch das 33
Gesetz zur Änderung der Bundesnotarordnung und anderer Gesetze vom 15.7.2009.[51] Danach wird das bisherige Nebeneinander verschiedener Berufsausübungsformen zum 1.1.2018 zugunsten eines selbstständig ausgeübten, hauptberuflichen Notariats nach § 3 Abs. 1 aufgegeben. Zu diesem Zweck wurde durch Änderung des § 114 und Aufhebung des § 115 bereits mit Wirkung ab 16.7.2009 die Möglichkeit geschaffen, auch im OLG-Bezirk Stuttgart selbstständig tätige, hauptberufliche Notare zu bestellen. Ab 1.1.2018 werden landesweit nur noch hauptberufliche Notare iSv § 3 Abs. 1 bestellt. Die bis dahin amtierenden Notare im Landesdienst werden in die Selbstständigkeit überführt.

Verschiedene Änderungen der Bundesnotarordnung erfolgten durch das **Zweite Gesetz** 34
zur Modernisierung der Justiz vom 22.12.2006.[52] Hervorzuheben ist hier die Klarstellung in § 67 Abs. 5, wonach die Notarkammern die Eigenschaft als Notar oder Notariatsverwalter für die Vergabe von qualifizierten Zertifikaten nach dem Signaturgesetz bestätigen können. Die Bestätigung ist notwendige Voraussetzung für die Ergänzung des Zertifikats mit einem Notarattribut, ohne das ein einfaches elektronisches Zeugnis gemäß § 39a BeurkG nicht erzeugt werden kann.

Eine bedeutende Änderung für den Zugang zum Anwaltsnotariat hat das **Gesetz zur** 35
Änderung der Bundesnotarordnung (Neuregelung des Zugangs zum Anwaltsnotariat) vom 2.4.2009[53] gebracht. Seit dem 1.5.2011 ist Voraussetzung für die Bestellung zum Notar im Bereich des Anwaltsnotariats gemäß § 6 Abs. 2 die erfolgreiche Ablegung einer notariellen Fachprüfung. Die Einrichtung eines Prüfungsamtes und die näheren Regelungen zum Prüfungsablauf sind in den §§ 7a ff. enthalten, die am 3.4.2009 in Kraft getreten sind.

Ferner griff eine weitere Änderung der Bundesnotarordnung zum 1.1.2010 Platz. Mit 36
dem **Gesetz zur Neuregelung des notariellen Disziplinarrechts** vom 17.6.2009[54] enthalten die §§ 96, 109 mit Wirkung seit dem 1.1.2010 nicht mehr die statische Verweisung auf die früheren Disziplinarordnungen der Länder und des Bundes, sondern eine einheitlich dynamische Verweisung auf das Bundesdisziplinargesetz.

Zum 1.9.2009 wurde eine umfassende Neuregelung des gerichtlichen Verfahrens und 37
des verwaltungsrechtlichen Verfahrens in Notarsachen in den §§ 64a, 111ff. durch **das Gesetz zur Modernisierung von Verfahren im anwaltlichen und notariellen Berufsrecht, zur Errichtung einer Schlichtungsstelle der Rechtsanwaltschaft sowie zur Änderung sonstiger Vorschriften** vom 30.7.2009[55] eingeführt. Durch dieses Gesetz wurde hinsichtlich des gerichtlichen Verfahrens die Verweisung auf die Vorschriften des FGG zugunsten einer Verweisung auf die Vorschriften der VwGO aufgegeben. Zugleich gilt seitdem für das Verfahren in Verwaltungsangelegenheiten der Notare das VwVfG.

Durch das **Gesetz zur Modernisierung des Benachrichtigungswesens in Nachlass-** 38
sachen durch Schaffung des Zentralen Testamentsregisters bei der Bundesnotarkammer und zur Fristverlängerung nach der Hofraumverordnung vom 22.12.2010[56] wurden

---

[50] BGBl. I 837.
[51] BGBl. I 1798.
[52] BGBl. I 3416.
[53] BGBl. I 696.
[54] BGBl. I 1282.
[55] BGBl. I 2449.
[56] BGBl. I 2255.

die §§ 78a bis 78c geändert und durch §§ 78d bis 78f ergänzt. Mit der Einrichtung des Zentralen Testamentsregisters zum 1.1.2012 trat gleichzeitig die Verordnung zur Einrichtung und Führung des Zentralen Testamentsregisters (Testamentsregister-Verordnung – ZTRV) in Kraft. Hierdurch wurde das Benachrichtigungswesen in Nachlasssachen völlig neu gestaltet.

39 Durch Art. 15 des **Gesetzes zur Verbesserung der Feststellung und Anerkennung im Ausland erworbener Berufsqualifikationen** vom 6.12.2011[57] wurde aufgrund der Entscheidung des EuGH vom 24.5.2011[58] der Staatsangehörigkeitsvorbehalt aufgegeben und die Voraussetzung der deutschen Staatsangehörigkeit in § 5 gestrichen.

40 Schließlich wurde durch das **Gesetz zur Stärkung des Verbraucherschutzes im notariellen Beurkundungsverfahren** vom 18.7.2013,[59] welches am 1.10.2013 in Kraft trat, § 17 Abs. 2a S. 2 BeurkG dahingehend geändert, dass der Entwurf eines Verbrauchervertrages, der der Beurkundungspflicht nach § 311 Abs. 1 S. 1 und Abs. 3 BGB unterliegt, vom beurkundenden Notar oder einem Notar, mit dem sich der beurkundende Notar zur gemeinsamen Berufsausübung verbunden hat, zur Verfügung gestellt werden muss.

41 Durch das **Gesetz zur Abwicklung der staatlichen Notariate in Baden-Württemberg** vom 23.11.2015[60] wurden die Voraussetzungen für ein Auslaufen der in Baden-Württemberg neben dem hauptberuflichen Notariat und dem Anwaltsnotariat bestehenden Notariatsformen geschaffen.

42 Von herausragender Bedeutung für das Notariat ist das **Gesetz zur Neuordnung der Aufbewahrung von Notariatsunterlagen und zur Einrichtung des elektronischen Urkundenarchivs bei der Bundesnotarkammer** vom 1.6.2017[61], durch das vor allem die elektronische Archivierung von notariellen Urkunden ermöglicht wird.

43 Durch das **Gesetz zur Änderung von Vorschriften über die außergerichtliche Streitbeilegung in Verbrauchersachen und zur Änderung weiterer Gesetze** vom 30.11.2019[62] wurde das Inkrafttreten einiger Vorschriften des in → Rn. 42 genannten Gesetzes vom 1.1.2020 auf den 1.1.2022 verschoben.

---

[57] BGBl. I 2515.
[58] NJW 2011, 2941 ff.
[59] BGBl. I 2378.
[60] BGBl. I 2090.
[61] BGBl. I 1396.
[62] BGBl. I 1942.

Erster Teil. Das Amt des Notars

1. Abschnitt. Bestellung zum Notar

§ 1 [Wesen und Aufgaben des Notars]

Als unabhängige Träger eines öffentlichen Amtes werden für die Beurkundung von Rechtsvorgängen und andere Aufgaben auf dem Gebiete der vorsorgenden Rechtspflege in den Ländern Notare bestellt.

Übersicht

	Rn.
A. Vorbemerkungen	1
B. Aufgaben	4
I. Vorbemerkungen	4
II. Insbesondere Beurkundungen	7
III. Sonstige vorsorgende Rechtspflege	11
C. Stellung	18
I. Träger eines öffentlichen Amtes	18
II. Die Unabhängigkeit des Notars	28
III. Bestellung durch die Länder	30

A. Vorbemerkungen

§ 1 beschreibt in wenigen Worten die Grundlagen der der BNotO unterliegenden **1** Notariatsformen und formuliert zugleich das Regelungsprogramm, das durch die weiteren Vorschriften der BNotO ausgestaltet wird. Die Beschreibung von Stellung und Aufgaben des Notars entspricht – von sprachtypischen Besonderheiten abgesehen – beinahe wortwörtlich den Regelungen in §§ 1, 2 S. 1 RNotO. Ihr Regelungsgehalt ist aber keine Erfindung oder Entdeckung der RNotO, sondern fasst weitgehend nur die immer schon vorhandenen Merkmale notarieller Tätigkeit zusammen. Diese Merkmale verkörpern zudem keine Besonderheiten des deutschen Notarrechts, sie finden sich vielmehr im Wesentlichen bei fast allen kontinental-europäischen Rechtsordnungen und den von ihnen geprägten außereuropäischen Rechtssystemen,[1] nur dass in einzelnen Rechtssystemen von den damit eröffneten Möglichkeiten notarieller Tätigkeiten in unterschiedlichem Maße Gebrauch gemacht wird.

Das Regelungsprogramm des § 1 schafft zugleich die Grundlage dafür, dass Vorschriften **2** des materiellen Rechts und ebenso des Verfahrensrechts auf notarielle Tätigkeit rekurrieren (können). Die mit der Beurkundungsbedürftigkeit von Rechtsgeschäften (zB § 311b BGB, § 15 GmbHG, §§ 5 ff. UmwG) gestellten Formerfordernisse sind nur sachgerecht, weil mit der Ausführung der in § 1 gemachten Aussagen des notariellen Amts- und Berufsrechts der BNotO ein Verfahrensträger geschaffen wird, der in der Lage ist, die mit den Formzwecken verbundenen Erwartungen zu erfüllen.[2] Gleiches gilt für die verfahrensrechtlichen Regelungen des BeurkG und der ZPO (wie zB §§ 418, 419, 794 Abs. 1 Nr. 4 ZPO) oder die Vermittlungsverfahren (etwa §§ 68 ff. SachenRBerG).

---

[1] Vgl. die eindrucksvolle Entschließung des Europäischen Parlaments vom 18.1.1994 zur „Lage und Organisation des Notarstandes in den 12 Mitgliedsstaaten der Gemeinschaft", abgedruckt in ZNotP 1997, 58 und hierzu *Pützer* FG Willi Weichler 1997, 27 ff.

[2] Zum Verhältnis von Formzwecken, Verfahrensrecht und Berufsrecht vgl. *Frenz* FG Willi Weichler 1997, 175 ff. Ähnlich jetzt Diehn/*Bormann* BNotO § 1 Rn. 10.

3 Die Bundesnotarkammer hatte vorgeschlagen, zur Beschreibung der Stellung des Notars in § 1 neben die Unabhängigkeit auch das Merkmal der Unparteilichkeit zu stellen, um der Bedeutung dieses gedanklich immer vorausgesetzten Kennzeichens notarieller Tätigkeit gerecht zu werden. Der Gesetzgeber der Berufsrechtsnovelle 1998 ist diesem Vorschlag nicht gefolgt. Die Nichtaufnahme in den Programmsatz des § 1 ändert aber nichts an der zentralen Bedeutung der Unparteilichkeit für die notarielle Amtsausübung und ist nur vertretbar, weil Unparteilichkeit als Kennzeichen und Unterscheidungsmerkmal des Notarberufs zu anderen Rechtspflegeberufen immer schon vorausgesetzt und mitgedacht wird. Die Rechtsprechung nennt daher zu Recht „Unabhängigkeit und Unparteilichkeit" immer als gemeinsame, das Notaramt prägende und das Berufsbild bestimmende Merkmale.[3] Die Verpflichtung zur Unparteilichkeit ist im übrigen Gegenstand des Notareides (§ 13) und durch die Bezugnahme auf den Eid in § 14 Abs. 1 als Grundsatz der Amtsausübung besonders hervorgehoben.

3a Die Rechtsprechung des EuGH hat die mit § 1 umrissene Notariatsverfassung nicht in Frage gestellt. Das BVerfG hat auch nach dem „Notar-Urteil"[4] des EuGH insbesondere den hoheitlichen Charakter der Notarfähigkeit mehrfach bekräftigt.[5] Siehe im Übrigen die Erläuterung zu § 5.

B. Aufgaben

I. Vorbemerkungen

4 Notarielles Berufs- und Amtsrecht ist sich nicht Selbstzweck, sondern in seiner Ausgestaltung abhängig von den Aufgaben, die dem Notar überantwortet sind.[6] § 1 RNotO – „Als Rechtswahrer auf dem Gebiet vorsorgender Rechtspflege, insbesondere für die Beurkundung von Rechtsvorgängen, werden Notare bestellt" – brachte die Vorrangigkeit der Aufgaben noch besser zum Ausdruck als § 1 BNotO.

5 Die Erhaltung und Sicherung der Fähigkeit zur Aufgabenerfüllung ist im Übrigen das leitende Kriterium für die Sachgerechtigkeit berufsrechtlicher Regelungen. Liberalisierungen des Berufsrechts sind ebenso wie Restriktionen im Vergleich zu anderen Berufsrechten daran zu messen, ob sie die Erfüllung der dem Notar übertragenen Aufgaben ermöglichen, erleichtern oder erschweren.

6 Die Zuständigkeiten des Notars werden in § 1 nur mit dem Oberbegriff der vorsorgenden Rechtspflege unter besonderer Herausstellung der Beurkundung genannt. Einzelheiten zu den Zuständigkeiten enthalten §§ 20 ff., die aber keineswegs abschließende Regelungen darstellen.

II. Insbesondere Beurkundungen

7 § 1 hebt die Zuständigkeit für Beurkundungen noch stärker hervor als § 1 RNotO, der in der Reihenfolge, anders als § 1 BNotO, die vorsorgende Rechtspflege in den Vordergrund stellte.

8 Beurkundungen von Rechtsvorgängen meint Beurkundungstätigkeit im weitesten Sinne, sofern sie nur rechtlich relevante Sachverhalte zum Gegenstand hat, also ebenso die Beurkundung rechtsgeschäftlicher Erklärungen wie die Beurkundung tatsächlicher Vorgänge, die Beglaubigung von Unterschriften, Handzeichen und Abschriften. Die Zuständigkeit ist spezifiziert in §§ 20 bis 22a.

---

[3] Vgl. etwa die „Wirtschaftsprüfer"-Entscheidung des BVerfG ZNotP 1998, 295 (298).
[4] NJW 2011, 2941.
[5] Vgl. zB BVerfG NJW 2012, 2639 (2641).
[6] Zum Vorrang der übertragenen Aufgaben für die Rechtsstellung des Amtsträgers vgl. auch *Leisner* AöR 93 (1968), 161 (181 ff.).

Sowohl § 1 als auch §§ 20 ff. nehmen mit dem Begriff der Beurkundung Bezug auf die **9**
verfahrensrechtlichen Bestimmungen des BeurkG. Auf beide Regelungskomplexe wird
insbesondere dann verwiesen, wenn Vorschriften des materiellen Rechtes die Wirksamkeit
von Rechtshandlungen abhängig machen von ihrer notariellen Beurkundung. Dieser Zusammenhang von Formerfordernissen, Beurkundungsverfahren und Beurkundungszuständigkeit wird in der berufsrechtlichen Literatur gelegentlich zu wenig berücksichtigt. Wenn
etwa *Zuck* konstatiert, „dass die Zeugnisfunktion der Beurkundung sich um zwei Elemente
erweitert hat: die sachverständige Beurteilung und Gestaltungsaufgabe",[7] so kann er sich
dabei zwar auf zumindest missverständliche Formulierungen von *Bohrer*[8] berufen, gleichwohl liegt darin eine Verkennung der Beurkundungsfunktion. Beurkundung wurde immer
schon, lange vor dem Inkrafttreten von BeurkG, BNotO und RNotO, nicht auf die Zeugnisfunktion beschränkt, sondern umfasst seit je her den durch das Beurkundungsverfahren
gewährleisteten Schutz der Beteiligten und die mit dem Verfahren verbundene Richtigkeitsgewähr.[9] Wenn daher § 1 Urkundstätigkeit als notarielle Aufgabe herausstellt, so wird
damit verwiesen auf das Beurkundungsverfahren und die mit ihm verbundenen Verfahrensziele, deren Bedeutung erst andere Vorschriften der BNotO (wie zB die Anforderung an
die Eignung etc) rechtfertigen. Soziologisierende Beschreibungen[10] sind daher nur zeitgemäße (?) Beschreibungen einer traditionellen Funktion der Beurkundung und damit einer
traditionellen notariellen Aufgabe.

Die Herausstellung der Beurkundung als notarielle Aufgabe betont damit zu Recht die **10**
Bedeutung des Beurkundungsverfahrens für die Rechtspflege, erfasst aber nicht nur die
Zeugnisfunktion, sondern alle mit der Beurkundung verbundenen Verfahrensziele als Aufgabe des Notars.

III. Sonstige vorsorgende Rechtspflege

Aufgabe des Notars ist aber nicht nur die Durchführung von Beurkundungsverfahren, **11**
sondern auch alle sonstigen Tätigkeiten der vorsorgenden Rechtspflege. Was im Einzelnen
außer dem Beurkundungsverfahren dem Bereich der vorsorgenden Rechtspflege zugeordnet werden kann, ist Gegenstand zahlreicher Bemühungen.[11] Im Grunde gelten aber immer
noch die früheren, zu § 1 RNotO, der erstmals den Begriff der vorsorgenden Rechtspflege
einführte, gemachten Feststellungen: Dem Notar obliegt diejenige Rechtsbetreuung, „die
durch rechtskundige Mitwirkung bei der Gestaltung privater Rechtsbeziehungen der
Rechtssicherheit und Streitverhütung dient".[12] Erschöpfende Aufzählungen der Einzelaufgaben im Rahmen der vorsorgenden Rechtspflege sind nicht möglich, der Begriff ist
vielmehr unter der genannten Zielvorgabe gegenstandsoffen[13] und damit auch in seinem
Inhalt verwendbar für neue Erscheinungen einer sich wandelnden Rechtsordnung.

Zur vorsorgenden Rechtspflege gehört unabhängig von allen Definitionsbemühungen **12**
die **Vertragsgestaltung,** und zwar auch in den Fällen, in denen keine gesetzlichen Formvorschriften bestehen.

Zur vorsorgenden Rechtspflege gehören ferner alle Maßnahmen zur rechtlichen Umsetzung **13**
von Rechtsgeschäften, die sog. **„Vollzugstätigkeit",** die bei Beurkundungen teilweise gesetzlich normiert ist (vgl. § 53 BeurkG), deren Bedeutung in der Praxis aber über
diesen „Pflichtvollzug" bei weitem hinausgehen. Die hierbei bestehenden Amtspflichten
sind für einen weiteren, besonders bedeutsamen Teilbereich, nämlich die notarielle Ver-

---

[7] FS Schippel 1996, 817 (825).
[8] Berufsrecht Rn. 65, 66.
[9] Vgl. *Frenz* FG Willi Weichler 1997, 175 ff.
[10] Vgl. *Bohrer,* Berufsrecht, Rn. 65, 66 Fn. 7: „notarielle Konfliktexploration und -prophylaxe".
[11] Vor allem von *Reithmann* etwa in „Vorsorgende Rechtspflege durch Notare und Gerichte", 1989, S. 1 ff.;
vgl. im Übrigen *Feyock* DNotZ 1952, 244; *Hieber* DNotZ 1954, 461; *Gonella* DNotZ 1956, 453; *Baumann*
MittRhNotK 1996, 1.
[12] *Seybold/Hornig,* 2. Aufl., RNotO § 1 Anm. I. 2.
[13] Ebenso schon *Seybold/Hornig* aaO.

wahrung, nach dem Inkrafttreten der Berufsrechtsnovelle 1998 spezialgesetzlich geregelt, während sie für andere Bereiche notgedrungen aus den Grundsätzen des § 14 und Rechtsgedanken der §§ 17 ff. BeurkG herzuleiten sind.

14 Soweit der Notar hierbei gegenüber **öffentlichen Registern** (vor allem Grundbuchamt und Handelsregister) tätig wird, beruht seine Einbeziehung regelmäßig auf Formvorschriften, für die auf diese Weise eine Entlastung der Registerverfahren und damit eine Entlastung der Gerichte erreicht wird. Besonders deutlich wird dies mit den Regelungen in § 378 Abs. 3 FamFG, § 15 Abs. 3 GBO, wonach der Notar Registeranmeldungen auf ihre Eintragungsfähigkeit zu überprüfen hat, womit die dem Notar obliegende präventive Rechtskontrolle in zentralen Lebensbereichen und seine Komplementärfunktion zu richterlicher Tätigkeit[14] besonders anschaulich wird.

15 Aber auch soweit es sich um **Betreuungstätigkeiten** gegenüber anderen Behörden oder Privaten handelt, ist diese Tätigkeit geprägt und in der Rechtswirklichkeit nur möglich durch die mit dem Notaramt verbundenen Pflichten und die Besonderheiten seiner Amtsstellung.

16 Gleiches gilt für die dem Notar ausdrücklich als Aufgabe zugewiesenen förmlichen **Vermittlungsverfahren** bei Erbauseinandersetzungen, soweit landesgesetzlich vorgesehen, sowie im Rahmen der Sachenrechtsbereinigung. Aus dieser Zuständigkeit ergibt sich, dass auch streitschlichtende Tätigkeiten zum Bereich der vorsorgenden Rechtspflege gehören und diese, wie die erbrechtliche Vermittlung zeigt, schon vor der RNotO – wenn auch mit regionalen Unterschieden – zum Berufsbild des Notars gehörten. Relevant sind die **streitschlichtenden Funktionen** heute vor allem im zwei Bereichen: zum einen für Mediationsverfahren, zum anderen für vertragsbegleitende Konfliktregularien. Bei allen Unterschieden bei der Bestimmung des Mediationsbegriffs: die Kernbestandteile der Mediation sind beinahe deckungsgleich mit den Grundregeln des Beurkundungsverfahrens.[15]

17 Die immer schon zum notariellen Aufgabenbereich zählenden Tätigkeit zur Feststellung der Identität und der auf Vollmacht und Registereintragungen beruhenden Vertretungsberechtigungen (vgl. §§ 20 Abs. 1, 21) finden schließlich völlig neue Anwendungsformen im Bereich des **elektronischen Rechtsverkehrs**, die nicht zuletzt darauf beruhen, dass der notarielle Berufsstand sich schon sehr früh mit elektronischem Rechtsverkehr und Digitalisierung befasst hat (erstmals auf der Vertreterversammlung am 6.11.1992) und durch zahlreiche realisierte und funktionierende Projekte (elektronisches Handelsregister und Grundbuch, Vorsorgeregister, Testamentsregister) gezeigt hat, dass das notarielle Pflichtenprogramm in neuen technischen Möglichkeiten erfolgreich umgesetzt werden kann.[16]

C. Stellung

I. Träger eines öffentlichen Amtes

18 **Amt** im Sinne von § 1 ist zunächst (abstrakt) eine verkürzende Bezeichnung für die Gesamtheit der Zuständigkeiten, die dem Notar auf dem Gebiet der vorsorgenden Rechtspflege übertragen sind.[17] Diese Tätigkeiten des Notars werden als Erfüllung staatlicher Aufgaben verstanden, woraus zugleich der Schluss gezogen wird, dass der Notar immer hoheitlich und nicht etwa privatrechtlich tätig wird. In diesem Sinne hat denn auch das BVerfG in ständiger Rechtsprechung ausgeführt, dass der Notar Zuständigkeiten wahr-

---

[14] Vgl. *Preuß* DNotZ 2008, 258 ff.; Diehn/*Bormann* BNotO § 1 Rn. 12 ff.
[15] Vgl. hierzu *Wilke* MittBayNot 1998, 1 und *Walz* Notar 1999, 2. Vgl. auch die Beiträge von *Wagner* zur notariellen Vertragsbegleitung als Beiträge zur Konfliktlösung, ZNotP 1998, Beilage 1, 2 ff. und DNotZ 1998, Sonderheft zum Notartag 1998, 7 ff.
[16] Vgl. hierzu jetzt umfassend *Büttner/Frohn/Seebach*, Elektronischer Rechtsverkehr und Informationstechnologie im Notariat, 2019.
[17] Ähnlich schon *Römer*, Notariatsverfassung und Grundgesetz, 1963, S. 18 ff.; Schippel/Bracker/*Bracker* BNotO § 1 Rn. 7; vor allem *Bohrer*, Berufsrecht, Rn. 6.

nehme, „die nach der geltenden Rechtsordnung hoheitlich ausgestaltet sein müssen".[18] Zum Teil wird dies auch aus der näher beschriebenen Stellung des Notars im Verhältnis zu anderen Rechtspflegeeinrichtungen abgeleitet, wobei andere Ableitungen[19] mitunter auch zu anderen Ergebnissen kommen. Die Frage, inwieweit die Aufgabenerfüllung durch den Notar hoheitlich erfolgt, ist von erheblicher Bedeutung für die Zukunft des Notariats, nämlich zum einen bei der Frage, inwieweit Notartätigkeit durch Art. 45 EG-Vertrag erfasst wird und zum anderen inwieweit ein zukünftiges Berufsbild des Notars möglicherweise auch privatrechtliche Tätigkeiten als Amtstätigkeiten ermöglicht. Beide Gesichtspunkte werden relevant vor allem bei der Einschätzung der Betreuungstätigkeit nach § 24, nicht zuletzt deshalb, weil früher, vor dem Inkrafttreten der RNotO – und vom RG zum Teil auch noch danach – diese Betreuungstätigkeit als privatrechtliche Amtsausübungsform angesehen wurde.[20]

Die Versuche, den hoheitlichen Charakter aller notariellen Tätigkeiten durch systematische, am Gesamtbild orientierte Ableitungen und Definitionen zu bestimmen, dürften heute nicht mehr befriedigen. Ob der Notar begrifflich der Gerichtsbarkeit oder der Verwaltung oder der Rechtspflegeverwaltung[21] zuzuordnen ist, verliert in demselben Maße an Bedeutung wie die Dauerhaftigkeit abstrakter Begrifflichkeiten in unserer nationalen und europäischen Rechtswirklichkeit. **19**

Für die Entscheidung über die Hoheitlichkeit notarieller Tätigkeit ist vielmehr maßgebend der Charakter ihrer einzelnen **Funktionen.** Diese segmentierende Betrachtung mag unerwünscht sein, sie ist nicht zuletzt mühsamer, weil begründungsaufwändiger, entspricht aber zunehmend der Rechtsprechung des BVerfG und vor allem der Sichtweise des EuGH,[22] aber auch der EU-Kommission, etwa in dem Vertragsverletzungsverfahren wegen des Staatsangehörigkeitsvorbehalts (§ 5).[23] Die (notwendige) funktionelle Betrachtung ist allerdings nur dann fruchtbar, wenn sie die jeweilige notarielle Tätigkeit nicht isoliert betrachtet, sondern sie auch in ihrer Funktion für das gesamte relevante Rechtssystem einordnet, anderenfalls würde ihr im Übrigen jedes Beurteilungskriterium fehlen. **20**

Die dem Notar als Verfahrensträger obliegenden **Beurkundungen** sind angesichts der mit der Beurkundung verbundenen Verfahrensziele und der daran anknüpfenden Beweisregeln als privatrechtliche Tätigkeit kaum vorstellbar. Die Beurkundung erzeugt Rechtswirkungen, die nicht auf das Verhältnis der Beteiligten begrenzt bleiben, sondern vor allem im Zusammenspiel mit den öffentlichen Registern (Grundbuch und insbesondere Handelsregister) die Grundlage für die konstitutive Wirkung und den Publizitätsschutz der Registereintragung bilden. Das Beurkundungsverfahren kann aber auch – worauf das BVerfG hinweist[24] – aufgrund der dem Notar aufgegebenen Pflichten (§ 4 BeurkG, § 14 Abs. 2) dazu führen, dass ein beurkundungsbedürftiges Rechtsgeschäft nicht zustande kommt, obwohl es die Beteiligten übereinstimmend wünschen. Auch dies ist nur möglich, wenn man Beurkundungstätigkeit als originäre Staatsaufgabe versteht. Ohne die mit dem vorgeschalteten Beurkundungsverfahren verbundene Richtigkeitsgewähr ließen sich zudem die auf Entlastung von Begründungszwängen zielende Rolle der öffentlichen Register kaum rechtfertigen. Beurkundung und Register bilden daher eine sachliche Einheit, die nur aus Gründen der Effizienz zwei Verfahrensträgern (Gericht und Notar) mit jeweils unterschiedlichen Aufgaben zugewiesen sind. Insoweit ist die Beurkundung immer sach- **21**

---

[18] BVerfGE 73, 280 (294); ebenso schon BVerfGE 17, 371 (376 ff.); bekräftigt vom BVerfG in der Entscheidung zur Hamburgischen Notarverordnung DNotZ 2009, 713 mAnm *Meyer;* weitgehend allgemeine Auffassung, vgl. nur *Bohrer,* Berufsrecht, Rn. 5, Schippel/Bracker/*Bracker* BNotO § 1 Rn. 8.
[19] ZB *Zuck* FS Schippel 1996, 817 ff.
[20] Vgl. zur historischen Entwicklung eingehend BGH ZNotP 1999, 247 (249 ff.).
[21] So *Zuck* FS Schippel 1996, 821.
[22] Vgl. hierzu vor allem *Bohrer,* Berufsrecht, Rn. 435 ff.; Diehn/*Bormann* BNotO § 5 Rn. 3 ff.; BVerfG NJW 2012, 2639 ff.
[23] Vgl. hierzu *Karpenstein/Liebach* EuZW 2009, 161. Vgl. ferner die Stellungnahme des Generalanwalts im Verfahren bzgl. des Staatsangehörigkeitsvorbehalts ZNotP 2010, 419; *Bormann* FS Stürner 2013, 983 ff.
[24] BVerfG ZNotP 2009, 239 (242); NJW 2012, 2639 (2641).

notwendig hoheitliche Tätigkeit. Der Zusammenhang von Beurkundungs- und Registerverfahren macht im Übrigen deutlich, dass eine isolierende Betrachtung, die in der Beurkundung nur die Zeugnisfunktion und in den vermeintlich „neuen" Funktionen der Belehrung und Beratung Aufgaben außerhalb des Amtes sehen will (so *Zuck*[25]) fehlgehen muss. Gerade umgekehrt rechtfertigt sich der besondere Beweiswert der notariellen Urkunde ebenso wie ihre Rolle als Voraussetzung für die Registereintragung nur aus den genannten Verfahrenszielen der Beurkundung. Die Verwirklichung dieser Verfahrensziele wurden von der notariellen (und früher auch der gerichtlichen) Beurkundung immer schon erwartet und eben deshalb von den materiell-rechtlichen Bestimmungen der Formbedürftigkeit instrumentalisiert.

22 Bestandteil des Beurkundungsverfahrens ist auch das an die eigentliche Beurkundung (Hauptverfahren) sich anschließende Nachverfahren, also das, was man herkömmlich als „**Vollzug** der Urkunde" bezeichnet.[26] Ohne Zweifel muss der „Vollzug der Urkunde" nicht zwingend von dem Notar durchgeführt werden. Dies können die Beteiligten oder von ihnen beauftragte Dritte, etwa Rechtsanwälte, ebenso vornehmen. Wenn aber der Notar den „Vollzug" betreibt, wie dies auch dem Grundmodell des Beurkundungsverfahrens entspricht (vgl. § 53 BeurkG), gelten für ihn alle Verfahrensregelungen des BeurkG und sonstigen Amtspflichten aus der BNotO mit der Folge, dass die durch seine Amtspflichten ausgestaltete Stellung als unabhängiger und unparteilicher Amtswalter auch insoweit von dem Gesetz nutzbar gemacht und damit privatrechtlichen Ansprüchen durch die Beteiligten verschlossen wird. Auf der anderen Seite unterliegt der Notar auch bei diesen Tätigkeiten der Dienstaufsicht und seine Entscheidungen sind rechtsmittelbewehrt (vgl. § 15 und die Erläuterungen hierzu).

23 Soweit der Notar **betreuende Vollzugstätigkeiten** über den gesetzlichen Pflichtvollzug nach § 53 BeurkG hinaus übernimmt, ist bislang nur ein Teilbereich, nämlich die notarielle Verwahrung, einer gesetzlichen Verfahrensregelung zugeführt (§§ 54a ff. BeurkG), woraus sich schon alleine die Hoheitlichkeit seiner Amtsausübung in diesem Bereich ergibt. Aber auch soweit es bisher an ausdrücklichen gesetzlichen Verfahrensbestimmungen fehlt,[27] bedeutet dies nicht, dass es sich um ungeregelte Abläufe handelt, vielmehr gelten insoweit die von der Rechtsprechung aus § 14 und den Wertungen des BeurkG entwickelten Grundsätze, aus denen sich im Ergebnis ein normiertes Verfahren ableitet, das von dem Notar in Ausübung seiner unabhängigen Stellung, begrenzt durch Dienstaufsicht und Rechtsmittel der Beteiligten durchgeführt wird.

24 Im Übrigen bilden die von dem Notar für die rechtliche Umsetzung eines Rechtsgeschäftes ausgeübten („Vollzugs"-)Tätigkeiten schon rein tatsächlich ein einheitliches Ganzes, das – auch soweit es an spezialgesetzlichen Regelungen fehlt – nur nach einheitlichen Prinzipien ausgestaltet und nicht in einen („größeren") hoheitlichen Teil und einen (verbleibenden) privatrechtlichen Teil unterschieden werden kann, will man nicht absurde Friktionen hinnehmen.

25 Die dem Notar zugewiesene **sonstige Betreuung,** die in keinem Zusammenhang mit Beurkundungsverfahren und Urkunden-„Vollzug" steht, zB rechtliche Beratung, würde bei einer privatrechtlichen Ausgestaltung ihre spezifische, durch die Unabhängigkeit und Unparteilichkeit des Notars geprägte Funktion verlieren, die die deutsche Rechtsordnung mit der Kompetenzzuweisung an den Notar gerade beabsichtigt.[28] Im Übrigen ist auch diese Tätigkeit, wie auch die Rechtsmittelfähigkeit des Amtsverhalten des Notars zeigt,

---

[25] *Zuck* FS Schippel 1996, 817 ff.
[26] Zu den Begriffen Vorverfahren, Hauptverfahren, Nachverfahren grundlegend *Marti,* Notariatsprozess, 1989, S. 97 ff., ihm folgend *Bohrer,* Berufsrecht, Rn. 33.
[27] Zur Notwendigkeit einer umfassenden gesetzlichen Regelung s. *Frenz* FG Willi Weichler 1997, 175 (183 f.).
[28] *Karpenstein/Liebach* EuZW 2009, 161 Fn. 23 weisen zu Recht darauf hin, dass dem deutschen Rechtssystem Beratungszuständigkeiten von Hoheitsträgern keineswegs fremd sind (zB § 25 VwVfG), die eben auch spezifisch, durch hoheitliche Pflichten, geprägt werden.

verfahrensgeleitet, wenn auch ohne spezielle gesetzliche Regelung, die aber angesichts der weiten Ergebnisspielräume auch bei Ausformulierung kaum über die anerkannten, aus § 14 abgeleiteten Grundsätze hinausgehen könnte.

Im Ergebnis ist daher die ganz überwiegende Auffassung zutreffend, wonach notarielle Tätigkeit immer, also auch im gesamten Bereich der Betreuung nach § 24 hoheitliches Handeln darstellt. Dieses Ergebnis war schon von der RNotO beabsichtigt und es rechtfertigt sich auch in einer gewandelten Rechtsordnung aus den Funktionen notarieller Tätigkeit. **26**

Der aus § 1 RNotO stammende Begriff der **Amtsträgerschaft** kann heute[29] als Kennzeichnung des **persönlichen** Notaramtes („Notaramt im konkreten Sinne")[30] verstanden werden, welches erlischt mit dem Ausscheiden (§ 47) und nicht übertragbar ist. Die häufig gebrauchte Bezeichnung des „Amtsnachfolgers" ist daher unpassend und erweckt falsche Vorstellungen, zB auch die unzutreffende Vorstellung, dass bei dem Wechsel des Amtsinhabers § 613a BGB anwendbar sei.[31] Die Fortführung der Amtsgeschäfte wird durch die Einrichtung des Notariatsverwalters (§ 56) und die Urkundenverwahrung (§ 51) sichergestellt, wobei die fehlende spezialgesetzliche Ausgestaltung der Betreuungstätigkeit sich auch darin äußert, dass insoweit eine Fortführung sich nur aus einer analogen Anwendung von § 45 herleiten lässt. **27**

II. Die Unabhängigkeit des Notars

Anders als seine Unparteilichkeit ist die Unabhängigkeit des Notars Bestandteil des Regelungsprogramms in § 1 (in § 1 RNotO war sie aus offensichtlich zeitbedingten Gründen noch nicht enthalten). Sie wird im Einzelnen ausgestaltet durch die Verleihung des Amtes auf Lebenszeit, abschließende Regelungen über das Erlöschen seines Amtes (§ 47), Sicherungen seines Einkommens durch eigene Gebührenerhebung (§ 17) und Beschränkung der Dienstaufsicht auf die Einhaltung von Amtspflichten (§§ 92 ff.), wobei die Aufsicht aus der amtlichen Tätigkeit im Bereich der vorsorgenden Rechtspflege folgt: Die Übertragung des öffentlichen Amtes auf Personen außerhalb der öffentlichen Verwaltung entlastet den Staat nicht von seiner Verantwortung für die ordnungsgemäße Erfüllung der damit verbundenen Aufgaben.[32] **28**

Die Unabhängigkeit des Notars betrifft zunächst seine Stellung gegenüber dem Staat und ist in diesem Sinne statusbeschreibend.[33] Sie wird gesichert durch die genannten Einzelregelungen in anderen Teilen der BNotO und entspricht insoweit im Wesentlichen der Unabhängigkeit des Richters.[34] Die Unabhängigkeit besteht selbstverständlich nur im Rahmen der Gesetze. Diese Bindung des Notars an das Gesetz gilt auch bei verfassungswidrigen Gesetzen, solange deren Verfassungswidrigkeit nicht durch das BVerfG festgestellt ist.[35] Darüber hinaus wird allgemein der Begriff der Unabhängigkeit auch für das Verhältnis des Notars gegenüber den Beteiligten verwandt.[36] Der Notar müsse, so wird gefordert, **29**

---

[29] Zu den zeitbedingten früheren Funktionen des „Amtsträger"-Begriffs vgl. *Leisner* AöR 93 (1968), 161 (170 ff.).
[30] *Bohrer*, Berufsrecht, Rn. 9.
[31] Vgl. hierzu zutreffend BAG DNotZ 2000, 540 mAnm *Hermanns/Bezani*. Vgl. zur Amtsnachfolge auch *Terner* RNotZ 2014, 523.
[32] So zu Recht BVerfG NJW 2012, 2639.
[33] *Bohrer*, Berufsrecht, Rn. 140, 141.
[34] Allgemeine Auffassung vgl. nur Diehn/*Bormann* BNotO § 1 Rn. 37.
[35] HM: vgl. Schippel/Bracker/*Bracker* BNotO § 1 Rn. 17.
[36] Vgl. Schippel/Bracker/*Bracker* BNotO § 1 Rn. 19; Arndt/Lerch/Sandkühler/*Lerch* BNotO § 1 Rn. 26; aus der früheren Literatur *Stürner* JZ 1974, 154; aus der Rechtsprechung vgl. nur die „Wirtschaftsprüfer"-Entscheidung des BVerfG ZNotP 1998, 295 (298 ff.); aA *Bohrer*, Berufsrecht, Rn. 140 ff., ihm im Ausgangspunkt folgend *Frenz* FG Willi Weichler 1997, 175 (186 ff.). Zur Gefährdung der Unabhängigkeit durch „verheimlichte" büroexterne Kooperationen zwischen Notaren und anderen Berufsgruppen kritisch *Jaeger* ZNotP 2003, 403 (407). Die Kritik richtet sich offensichtlich auch gegen die Auffassung der BNotK zu derartigen Kooperationen (ZNotP 2000, 386); kritisch hierzu bereits *Frenz* ZNotP 2000, 384; vgl. hierzu auch *Strunz* ZNotP 2003, 209.

auch gegenüber den Beteiligten in seiner rechtlichen Entscheidung unabhängig sein.[37] Gegen das Postulat, sich in der rechtlichen Entscheidung nicht von den Beteiligten unzulässig beeinflussen zu lassen, ist in der Sache nichts einzuwenden. Die Frage ist nur, ob es sachgerecht ist, diesen Aspekt § 1 entnehmen zu wollen. In jedem Fall ist zu berücksichtigen, dass es sich hierbei um eine völlig anders geartete Bedeutung der Unabhängigkeit handelt als bei der vorbeschriebenen Stellung des Notars gegenüber dem Staat.[38] Hier geht es nicht um die Beschreibung eines Status, sondern um die Aufstellung eines eigenen Pflichtenkreises, der die Selbstständigkeit der Amtsführung betrifft und im Wesentlichen durch Gesichtspunkte der dem Notar aufgegebenen Unparteilichkeit und Vermeidung schon des **Anscheins** der Parteilichkeit bestimmt wird.[39]

III. Bestellung durch die Länder

30 Die Einrichtung des Notaramtes (Art. 84 Abs. 1 GG) obliegt ebenso wie die Bestellung zum Notar den Ländern (vgl. auch § 12), denen im Übrigen auch alleine die Aufsichtsbefugnis zustehen.

§ 2 [Beruf des Notars]

[1] **Die Notare unterstehen, soweit nichts anderes bestimmt ist, ausschließlich den Vorschriften dieses Gesetzes.** [2] **Sie führen ein Amtssiegel und tragen die Amtsbezeichnung Notarin oder Notar.** [3] **Ihr Beruf ist kein Gewerbe.**

A. Vorbemerkung

1 § 2 S. 2 entspricht § 1 S. 2 RNotO, während § 2 S. 1 Hs. 1 schon in § 2 S. 1 RNotO enthalten war. Die Regelung über die Amtsbezeichnung (§ 2 S. 2 Hs. 2) wurde durch die Berufsrechtsnovelle 1998 eingeführt. § 2 S. 3 gilt unverändert seit der RNotO.

B. Geltung der BNotO

2 *Seybold/Hornig* bezeichneten die RNotO als das „Grundgesetz für die deutschen Notare".[1] Gleiches gilt für die BNotO, vor allem seit dem mit der Berufsrechtsnovelle 1998 die bis dahin im Beitrittsgebiet noch[2] fortgeltende VONot aufgehoben worden ist. Die früher bestehenden Besonderheiten für die speziellen Notariatsformen in Baden-Württemberg sind weggefallen.[3] Die Vorrangigkeit der BNotO bedeutet zugleich, dass für den Notar beamtenrechtliche Bestimmungen nicht gelten, da der der BNotO unterliegende Notar **nicht Beamter** ist.

3 Die Vorrangigkeit gilt allerdings nicht für die Ausgestaltung der **notariellen Verfahren.** Insoweit hat sich die bereits mit dem BeurkG[4] begonnene Entwicklung einer selbstständigen Kodifizierung erfreulicherweise mit der Berufsrechtsnovelle 1998 fortgesetzt. § 1 BeurkG öffnet nunmehr ausdrücklich das Gesetz auch für andere notarielle Verfahren als die Beurkundung und in §§ 54a ff. BeurkG ist die notarielle Verwahrung als weiteres Verfahren normiert. Dies erlaubt es, stärker als bisher einheitliche Grundsätze für **alle**

---

[37] Schippel/Bracker/*Bracker* BNotO § 1 Rn. 19.
[38] So zu Recht *Bohrer,* Berufsrecht, Rn. 140 ff.
[39] Vgl. daher auch die Ausführungen zu → § 14 Rn. 12 ff.
[1] 2. Aufl. 1939, RNotO § 1 Anm. II 1.
[2] Nach dem Einigungsvertrag in geänderter Form, vgl. hierzu *Bohrer,* Berufsrecht, Rn. 378 ff.; *Schippel* DNotZ 1991, 171.
[3] Vgl. §§ 114 ff. und die Erläuterungen dort.
[4] Vom 28.6.1969, BGBl. I 1513.

notariellen Verfahren zu erarbeiten. Die Entwicklung einer eigenständigen Kodifizierung des notariellen Verfahrensrechts und Herausnahme von genuinen Verfahrensvorschriften aus der BNotO ist damit aber – wie zB § 15 zeigt – noch keineswegs abgeschlossen.[5]

Verfahrensvorschriften eigener Art, die die Stellung des Notars in anderen Verfahren, insbesondere in Verfahren öffentlicher Register betreffen, ergeben sich aus dem FamFG, der GBO und der SchiffsRegO. Weitere Verfahrensregelungen ergeben sich schließlich aus dem SachenRBerG und den in § 20 Abs. 4 genannten sonstigen Vermittlungsverfahren, soweit sie landesgesetzlich zugelassen sind, ferner aus Vorschriften der ZPO (§ 797 Abs. 2 ZPO – Erteilung von Vollstreckungsklauseln).

Nicht zum **Berufsrecht** zählen und damit trotz des Vorrangs der BNotO für Notare geltende Vorschriften enthalten etwa das StGB (§ 11 Abs. 1 Nr. 2 – Notar als Amtsträger iSd StGB, § 203 – Bruch der Amtsverschwiegenheit) und § 811 Nr. 7 ZPO (Unpfändbarkeit der zur Berufsausübung benötigten Gegenstände). Daneben bestehen[6] aufgrund spezialgesetzlicher Vorschriften außerhalb der BNotO verschiedene Beistands-, Melde- und Mitteilungspflichten gegenüber Finanzbehörden, Standesämtern etc.

C. Amtssiegel

Als Zeichen seiner Amtsstellung führt der Notar ein Siegel, und zwar als Prägesiegel und als Farbdrucksiegel („Stempel"). Nach § 51 Abs. 2 sind Siegel und „Stempel" nach Erlöschen des Amtes und bei Amtssitzverlegung von dem zuständigen Amtsgericht zu vernichten. Prägesiegel und Farbdrucksiegel sind grundsätzlich gleichwertig, soweit nicht besondere Vorschriften (vgl. §§ 33, 34 BeurkG) etwas anderes bestimmen. Der **Inhalt** des Siegels ist in § 2 DONot geregelt. Die Möglichkeit einer missbräuchlichen Verwendung ist zu verhindern (§ 2 Abs. 3 DONot). Verlust und Kenntnis einer Fälschung sind dem LG-Präsidenten unverzüglich anzuzeigen (§ 2 Abs. 3 S. 2 DONot).

D. Amtsbezeichnung

Gesetzlich normiert ist seit der Berufsrechtsnovelle 1998 die zugelassene Amtsbezeichnung, wobei neben „Notar" ausdrücklich die weibliche Form „Notarin" zugelassen ist (was aber bei verständiger Auslegung schon bisher galt). Mit der Amtsbezeichnung ist ein strafrechtlich bewehrter Titelschutz verbunden (vgl. § 132a Abs. 1 Nr. 1 StGB).

Während nach der früheren Auffassung des BGH[7] die Untersagung der Verwendung gemeinsamer Briefbögen mit der Bezeichnung „Anwalts- und Notariatskanzlei" für rechtmäßig gehalten wurde, hat der BGH inzwischen entschieden, dass Briefbögen mit der Bezeichnung „Anwalts- und Notarkanzlei" zulässig sind, wenn im Briefkopf deutlich herausgestellt wird, wer (Rechtsanwalt und) Notar und wer (nur) Rechtsanwalt ist.[8]

E. Notarberuf

I. Kein Gewerbe

Der Feststellung, dass der Notar kein Gewerbe ausübt, bedürfte es im Grunde nicht, weil dies bereits aus seiner Stellung als Amtsträger hervorgeht. Sie ist im Übrigen beinahe gleichzeitig in die BRAO eingeführt worden, begründet also auch kein Unterscheidungsmerkmal gegenüber dem Beruf des Rechtsanwaltes.

---

[5] Vgl. hierzu *Frenz* FS Schlick 2015, 433 ff.
[6] Trotz § 18, vgl. daher auch die Erläuterungen dort.
[7] DNotZ 1984, 246.
[8] DNotZ 1999, 359 mAnm *Mihm*.

II. Freier Beruf?

10 Die Diskussion, ob der Notar einen freien Beruf ausübt oder nicht, ist schon deshalb wenig fruchtbar, weil der Begriff der Freiberuflichkeit keinen eindeutigen Inhalt hat,[9] sondern aus unterschiedlichen Blickwinkeln mit eigenen Bedeutungsinhalten verwandt wird: etwa in der Unterscheidung zwischen dem „freiberuflichen Notariat" und einem Staatsnotariat, im Hinblick auf Steuerfolgen (vgl. § 18 Abs. 1 Nr. 1 EStG, wonach der Notar einkommensteuerrechtlich als freier Beruf zu behandeln ist) oder aus einer soziologischen Betrachtungsweise, bei der Erscheinungsbild und Selbstdarstellung eine weitestgehende Vergleichbarkeit mit „anerkannten" freien Berufen offensichtlich werden lassen.

11 Wenn eine frühere Entscheidung des BVerfG den Notarberuf in Gegensatz stellte zu den freien Berufen,[10] kann dies nicht mehr als abschließende Klärung verstanden werden. Dies folgt schon daraus, dass der Begriff des freien Berufs mangels klarer Konturen nicht als Gegenbegriff taugt und das BVerfG sich immer nur mit einzelnen Aspekten der Berufsfreiheit und ihrer Geltung für den Notarberuf befasst hat. Vor allem aber ist zu berücksichtigen, dass die Einschätzung durch das BVerfG einem nicht unbeträchtlichen Wandel unterliegt, der seinen Grund auch in einem nicht zu bestreitenden, geänderten Erscheinungsbild des Notariats in einem stärker gewandelten „Rechtsbesorgungsmarkt" hat. Zwischen dieser Entscheidung des BVerfG und dessen Wirtschaftsprüferentscheidung,[11] in der das Erscheinungsbild des Notars in eine weitgehende Nähe zu dem Beruf des Wirtschaftsprüfers gebracht worden ist, liegen mehr als 35 Jahre, in denen auch das notarielle Selbstverständnis keineswegs statisch geblieben ist. Die jüngsten Entscheidungen des BVerfG sind wieder eher geprägt von dem Bemühen, die Funktionsfähigkeit des Notariats als Teil der Rechtspflege sicherzustellen. Aus der nicht tragenden, eher beiläufigen Feststellung des BVerfG: „Die Nur- und Anwaltsnotare sind selbstständige freiberufliche Unternehmer",[12] sollte nichts anderes abzuleiten sein.

III. Amt und Berufsfreiheit

12 Wieviel **Berufsfreiheit** das Notaramt verträgt, entscheidet das Verhältnis von Art. 12 zu Art. 33 Abs. 5 GG. Das BVerfG hat in ständiger Rechtsprechung aus dem Regelungsprogramm des § 1 und den darauf aufbauenden Vorschriften abgeleitet, dass Notare einen **staatlich gebundenen Beruf** ausüben, da sie als selbständige Berufsträger Aufgaben wahrnehmen, die der Gesetzgeber auch dem eigenen Verwaltungsapparat vorbehalten könnte. Ein großer Teil ihrer Aufgaben könnte auch durch Gerichte wahrgenommen werden. Gerade weil sie einen staatlich gebundenen Beruf ausüben, nämlich Staatsaufgaben im Bereich der vorsorgenden Rechtspflege wahrnehmen, müssen Notare hinnehmen, dass in Anlehnung an Art. 33 Abs. 5 GG Sonderregelungen den Schutz aus Art. 12 GG zurückdrängen.[13]

13 Fragen des **Berufszugangs** sind Gegenstand der ersten Entscheidungen des BVerfG gewesen.[14] In diesen Entscheidungen hat das BVerfG aufgrund der Nähe des Notars zum Beamten[15] bzw. Richter[16] darauf geschlossen, dass in Anlehnung an die aus Art. 33 Abs. 5 GG hergeleiteten Grundsätze Sonderregelungen für den Berufszugang Art. 12 GG nicht verletzen, sofern sachliche Gründe für sie angeführt werden können.[17] Die späteren Ent-

---

[9] So zu Recht *Bohrer*, Berufsrecht, Rn. 19 ff.; Schippel/Bracker/*Bracker* BNotO § 1 Rn. 14.
[10] Vor allem BVerfGE 17, 371 (380).
[11] BVerfG ZNotP 1998, 295.
[12] DNotZ 2017, 706.
[13] ZB BVerfG DNotZ 2012, 945; vgl. hierzu *Bracker* MittBayNot 2012, 429.
[14] BVerfGE 16, 6: Bestellung eines Rechtsanwaltes zum nebenberuflichen Notar; BVerfGE 17, 371: Zahl der Notarstellen; BVerfGE 17, 381: Notariatsverfassung.
[15] BVerfGE 16, 6.
[16] BVerfGE 17, 371.
[17] Ähnlich BVerfGE 17, 381.

scheidungen, die gleichfalls Berufszugangsfragen betreffen,[18] führen diese Argumentationslinie fort,[19] betonen aber, dass die Einschränkungen des Grundrechtes aus Art. 12 GG den Anforderungen des Rechtssatzvorbehaltes nach Art. 12 Abs. 1 S. 1 GG genügen müssen. Zugleich wendet sich das BVerfG gegen seine Kritiker, die befürchten, dass allein aus der definierten Nähe zum öffentlichen Dienst und der daraus möglichen Anwendung der Grundsätze nach Art. 33 Abs. 5 GG die Berufsfreiheit für die „gebundenen Berufe" in die Hand des (einfachen) Gesetzgebers gegeben werde.[20] Das BVerfG wendet hiergegen ein: „Staatliche Bindung ist nicht aus sich selbst heraus gerechtfertigt, sondern findet ihre Rechtfertigung in den wahrzunehmenden Funktionen",[21] womit der Übergang zu einer segmentierenden Betrachtungsweise (→ § 1 Rn. 20) gekennzeichnet ist.

Problematischer ist die Einschätzung von **Berufsausübungsregelungen:** Die erste Entscheidung des BVerfG[22] betraf die Frage der Zulässigkeit des Verbots der Soziierung eines Anwaltsnotars mit einem Wirtschaftsprüfer. Das BVerfG betonte die sachlich bedingte Nähe des Notars zum öffentlichen Dienst, die in Anlehnung an Art. 33 Abs. 5 GG auch im Bereich der Berufsausübungsregelung Sonderregelungen rechtfertige, wobei die Bewahrung eines einheitlichen Berufsbildes des Notars als Rechtfertigung für eine Berufsausübungsregelung angesehen wurde. Die Bedeutung der Einheitlichkeit des Berufsbildes wird aber in der nächsten Entscheidung[23] dahin abgeschwächt, dass sie eine Ungleichbehandlung nicht rechtfertigen könne. Zugleich wird die Bedeutung des Rechtssatzvorbehaltes zwar betont, aber durch den „Regelungszusammenhang" von §§ 1, 3 Abs. 1, 9 Abs. 1 und 14 als ausreichend angesehen. Anleihen an Art. 33 Abs. 5 GG macht das BVerfG schon nicht mehr, sondern verweist auf die Wahrung der Unabhängigkeit und Unparteilichkeit des Notaramtes als ausreichenden Gemeinwohlgesichtspunkt. 14

Vor der (neuerlichen) Wirtschaftsprüferentscheidung des BVerfG liegt seine Logo-Entscheidung,[24] die für den Rechtssatzvorbehalt zwar auch noch den „Regelungszusammenhang" von §§ 1, 2 S. 3, 4 S. 1, 8 und 14 Abs. 4 genügen lässt, Art. 33 Abs. 5 GG aber gleichfalls nicht mehr erwähnt und aus der Amtsträgerschaft stärkere Bindungen des Notars als des Rechtsanwaltes im Werbeverhalten herleitet. In der Wirtschaftsprüferentscheidung[25] werden nunmehr „Regelungszusammenhänge" in BNotO und BeurkG nicht mehr als ausreichend für die Anforderung des Rechtssatzvorbehaltes angesehen. Zum anderen wird Art. 3 GG für die inhaltliche Ausgestaltung der Berufsausübungsregelungen selbst angewandt und Argumentationen, die an die notwendige Einheitlichkeit des Berufsbildes anknüpfen, eine Abfuhr erteilt mit dem Hinweis, dass angesichts der verschiedenen Notariatsverfassungen (nicht zuletzt der speziellen in Baden-Württemberg) ohnehin nicht mehr von einem einheitlichen Berufsbild ausgegangen werden könne. Dieses Argument dürfte sich mit der Neuregelung des notariellen Berufsrechts in Baden-Württemberg erledigt haben, vgl. § 114. Das BVerfG spricht daher in seiner neuesten Entscheidung davon, dass das Notarwesen gemäß § 3 Abs. 1 durch hauptberufliche Notare geprägt werde.[26] Die Amtsträgerschaft des Notars wird in der Wirtschaftsprüferentscheidung in eine ziemlich weitgehende Vergleichbarkeit zu der Stellung des Wirtschaftsprüfers gebracht, der zwar kein öffentliches Amt bekleidet, aber doch in vergleichbarer Weise öffent- 15

---

[18] BVerfGE 73, 280: Auswahlmaßstäbe und Auswahlverfahren für den Notaranwärterdienst; BVerfGE 80, 257: Verfassungsmäßigkeit des Höchstalters für die Bestellung von Anwaltsnotaren; BVerfG ZNotP 2011, 191: Verfassungsmäßigkeit der Altersgrenze für Erlöschen des Amtes.
[19] Ausgeprägte Nachbarschaft zum öffentlichen Dienst BVerfGE 73, 280.
[20] So vor allem *Rupp* NJW 1965, 993; *Bethge,* Der verfassungsrechtliche Standort der „staatlich gebundenen Berufe", 1967, S. 15 ff.; *Leisner* AöR 93 (1968), 161.
[21] BVerfGE 73, 280 ff.
[22] BVerfGE 54, 237.
[23] BVerfGE 80, 269: Zulässigkeit der Sozietät des Anwaltsnotars mit einem Nur-Steuerberater.
[24] BVerfG DNotZ 1998, 69.
[25] BVerfG ZNotP 1998, 295. Bezeichnenderweise ist nach Auffassung von *Jaeger* ZNotP 2003, 402 (403) Vorsicht geboten, wenn man aus der vorhergehenden Rechtsprechung des BVerfG Belegstellen sucht, die Berufsausübungseinschränkungen betreffen.
[26] DNotZ 2017, 706.

lich eingebunden sei. Folgerichtig hat das BVerfG es abgelehnt, das Verbot von Auswärtsbeurkundungen auf den bloßen Regelungszusammenhang von Vorschriften der BNotO und des BeurkG zu stützen und statt dessen eine ausdrückliche gesetzliche Regelung gefordert[27] und die Versagung einer Nebentätigkeitserlaubnis als Aufsichtsratsmitglied von Banken, die Grundstücksgeschäfte betreiben, mangels gesetzlicher Grundlage abgelehnt.[28] In seiner Entscheidung zur Hamburgischen Notarverordnung[29] hat das BVerfG den Einschätzungsspielraum des Gesetzgebers bezüglich des Rechtssatzvorbehalts jedenfalls für Regelungen der Organisationsstruktur (Einrichtung, Ausgestaltung und Einziehung von Notarstellen, einschließlich der Genehmigung von Notarsozietäten) betont. Dieser Einschätzungsspielraum sei erst überschritten, wenn die gesetzgeberischen Erwägungen so fehlsam sind, dass sie vernünftigerweise keine Grundlage für derartige Maßnahmen abgeben können.

16 Der **größte Unterschied des Notarberufs zum öffentlichen Dienst** besteht darin, dass der Notar seinen Beruf wirtschaftlich eigenständig und auf eigenes Risiko ausübt. Insoweit geht Art. 12 GG Einschränkungen nach Art. 33 Abs. 5 GG vor. Entsprechendes gilt grundsätzlich auch für die (innere) Organisation der Geschäftsstelle und der dienstlichen Tätigkeiten. Der Vorrang von Art. 12 GG geht aber nicht soweit, dass der Aspekt der Kontrollmöglichkeiten durch die Dienstaufsicht ohne Belange wäre. Das BVerfG hat daher Dokumentationspflichten im Bereich der Verwahrung für verfassungsgemäß erklärt und die §§ 92 ff. als ausreichende gesetzliche Grundlage angesehen.[30] Anderseits geht der Grundrechtschutz des wirtschaftlich selbständigen Amtsträgers nicht soweit, dass es ins Belieben des Notars gestellt wäre, ob er anfallende Gebühren berechnet und beitreibt. Derartiges Verschaffen von Wettbewerbsvorteilen gefährdet die Versorgung der Bevölkerung mit notariellen Dienstleistungen.[31]

§ 3 [Hauptberufliche Notare; Anwaltsnotare]

(1) **Die Notare werden zur hauptberuflichen Amtsausübung auf Lebenszeit bestellt.**

(2) **In den Gerichtsbezirken, in denen am 1. April 1961 das Amt des Notars nur im Nebenberuf ausgeübt worden ist, werden weiterhin ausschließlich Rechtsanwälte für die Dauer ihrer Mitgliedschaft bei der für den Gerichtsbezirk zuständigen Rechtsanwaltskammer als Notare zu gleichzeitiger Amtsausübung neben dem Beruf des Rechtsanwalts bestellt (Anwaltsnotare).**

A. Einheitliche Vorgaben

1 Zur **geschichtlichen Entwicklung** → Einl. Rn. 8 ff.

2 Die **Funktionen des Notaramtes** (vgl. §§ 1, 2), auf die Formvorschriften und andere Zuständigkeitsregelungen Bezug nehmen, können nur einheitlich durch die beiden heute noch bestehenden Notariatsformen (Nur-Notariat und Anwaltsnotariat) erfüllt werden. Dies setzt voraus, dass in allen für die Funktionserfüllung entscheidenden Bereichen gleiche Bedingungen herrschen.

3 Dies gilt insbesondere für alle Regelungen, die die Unabhängigkeit und Unparteilichkeit des Notars als Hoheitsträger betreffen, das Verfahrens- und Kostenrecht, bezüglich des Berufszugangs für das Prinzip der Bestenauslese und die Bedürfnisprüfung, ebenso für das Haftungs- und Disziplinarrecht. Die danach noch verbleibenden **möglichen Regelungsunterschiede** zwischen den beiden Notariatsformen rechtfertigen es nicht, von zwei

---

[27] DNotZ 2000, 394 ff.
[28] DNotZ 2003, 65 ff.
[29] DNotZ 2009, 702 ff.
[30] DNotZ 2012, 945 ff.
[31] DNotZ 2015, 865 ff.

unterschiedlichen Berufsbildern zu sprechen, die dazu führen könnten,[1] die Einheitlichkeit des Systems der vorsorgenden Rechtspflege zu gefährden. Das BVerfG spricht jetzt davon, dass das Notariatswesen gemäß § 3 Abs. 1 BNotO durch hauptberufliche Notare geprägt wurde.[2]

B. Das hauptberufliche Notariat

I. Die Besonderheiten des hauptberuflichen Notariats

Der **hauptberufliche Notar** („Nurnotar") übt **ausschließlich sein Amt** als Notar[3] aus. 4
Er darf keinen weiteren Beruf ausüben (Grundsatz der Inkompatibilität – § 8 Abs. 2). Ein besoldetes Amt darf er nur in von der Aufsichtsbehörde zugelassenen Ausnahmefällen wahrnehmen, er darf dann aber sein Notaramt persönlich nicht ausüben (§ 8 Abs. 1). Nebentätigkeiten sind im Rahmen der Vorschriften des § 8 Abs. 2 und Abs. 3 zulässig. Charakteristisch für den hauptberuflichen Notar ist auch, dass er sich nur mit den an demselben Amtssitz bestellten Notaren zur gemeinsamen Berufsausübung verbinden oder mit ihnen gemeinsame Geschäftsräume haben darf. Der Amtscharakter des hauptberuflichen Notariats wird hiermit besonders unterstrichen.

Verfassungsrechtliche Bedenken gegen die Beschränkung ausschließlich auf das No- 5
taramt bestehen nicht. Da der Notar ein öffentliches Amt ausübt, ist dessen Ausgestaltung dem staatlichen Ermessen vorbehalten.[4]

Der hauptberufliche Notar wird auf **Lebenszeit** bestellt; sein Amt erlischt allerdings mit 6
Erreichen des Endes des Monates, in dem er das 70. Lebensjahr vollendet (Altersgrenze – § 48a und § 47 Nr. 1). Sein Amt erlischt ferner mit seiner Zustimmung durch Entlassung nach § 48 und beim Eintritt einer der in § 47 genannten Erlöschungsgründe. Zu den Wesensmerkmalen des hauptberuflichen Notariates gehört es auch, dass zum hauptberuflichen Notar in der Regel nur bestellt werden soll, wer einen dreijährigen Anwärterdienst als Notarassessor in dem Land geleistet hat, in dem er sich um die Bestellung als Notar bewirbt (§ 7 Abs. 1).

§ 3 Abs. 1 gilt auch für den **Notarassessor** (§ 7 Abs. 1), da er gem. § 7 Abs. 4 S. 2 7
dieselben allgemeinen Amtspflichten und sonstigen Pflichten hat wie der Notar, ausgenommen die sich aus § 19a ergebenden Verpflichtungen.

II. Räumliche Geltung des hauptberuflichen Notariats

Das hauptberufliche Notariat befindet sich in folgenden Teilen der Bundesrepublik 8
Deutschland:
- **Länder mit ausschließlicher Geltung des hauptberuflichen Notariats:**
  – Bayern
  – Brandenburg
  – Hamburg
  – Mecklenburg-Vorpommern
  – Rheinland-Pfalz
  – Saarland
  – Sachsen
  – Sachsen-Anhalt
  – Thüringen

---

[1] So noch BVerfG DNotZ 1998, 754 (766). Hiergegen vor allem *Löwer* MittRhNotK 1998, 310 ff.; wie hier auch Diehn/*Bormann* BNotO § 3 Rn. 5 ff.
[2] DNotZ 2017, 706 ff.
[3] Zur Kritik an dem Begriff Nurnotar im Vergleich zum Anwaltsnotar *Löwer* MittRhNotK 1998, 310 (312).
[4] BVerwG DNotZ 1962, 149 und 670; BGH DNotZ 1962, 606; BVerfG DNotZ 1964, 430.

- **In folgenden Teilen anderer Länder der Bundesrepublik Deutschland:**
  Landesteil Nordrhein von Nordrhein-Westfalen (OLG-Bezirk Köln und OLG-Bezirk Düsseldorf mit Ausnahme des LG-Bezirks Duisburg, wobei der durch die kommunale Neugliederung in die Stadt Duisburg eingemeindete linksrheinische Teil „Rheinhausen", der früher zum AG-Bezirk Kleve gehörte, zum Gebiet des Nurnotariats gehört).

9 In **Baden-Württemberg** gibt es seit 1.1.2018 die zur diesem Zeitpunkt bestellten Anwaltsnotare, ansonsten nur noch hauptberufliche Notare, vgl. § 114.

C. Das nebenberufliche Notariat (Anwaltsnotariat)

I. Die Besonderheiten des Anwaltsnotariats

10 **Anwaltsnotare** werden außerhalb Baden-Württembergs ausschließlich in den **Gerichtsbezirken bestellt,** in denen am **1.4.1961** das Amt des **Notars nur im Nebenberuf** ausgeübt worden ist, und zwar zur gleichzeitigen Amtsausübung neben dem Beruf des Rechtsanwalts. Der Gerichtsbezirk kann der OLG-Bezirk sein, zB OLG Hamm (Landesteil Westfalen von Nordrhein-Westfalen) oder der Bezirk eines Landgerichts zB LG-Bezirk Duisburg (gehört zum OLG Düsseldorf) oder der Bezirk eines Amtsgerichts zB AG Emmerich (gehört zum LG Kleve und zum OLG-Bezirk Düsseldorf). In den entsprechenden Gerichtsbezirken werden ausschließlich Anwaltsnotare bestellt; die Bestellung von hauptberuflichen Notaren ist unzulässig.

11 Zu den Voraussetzungen der Bestellung → § 6 Rn. 11 ff. Zu Baden-Württemberg → Rn. 9.

12 **Bestellung im Nebenberuf** bedeutet, dass der Anwaltsnotar wesentlich und hauptsächlich seiner Tätigkeit als Rechtsanwalt nachgeht und auch von daher seinen wesentlichen Lebensunterhalt bezieht. Allerdings kommt es in der Praxis häufig vor, dass sich die Gewichte in der Weise verschieben, dass Anwaltsnotare überwiegend eine notarielle Tätigkeit ausüben.

13 Der **Notar im Nebenberuf** wird auf die **Dauer seiner Zulassung als Rechtsanwalt** bei einem bestimmten Gericht bestellt. Da diese Zulassung auf seine Lebenszeit erfolgt, ist der praktische Unterschied zum hauptberuflichen Notar bezüglich der Dauer gering. Auch das Amt des Anwaltsnotars erlischt wie beim Nurnotar mit Erreichen der Altersgrenze und unter denselben Voraussetzungen wie beim Nurnotar gemäß § 47. Zusätzlich erlischt das Amt des Anwaltsnotars gem. § 47 Nr. 3 mit dem Wegfall der Zulassung als Rechtsanwalt.

14 Die **Sozietätsmöglichkeiten des Anwaltsnotars** sind, da der Beruf des Rechtsanwalts sein Hauptberuf ist, ungleich größer als beim hauptberuflichen Notar. Als Folge der Entscheidungen des Bundesverfassungsgerichts[5] dürfen sich Anwaltsnotare miteinander, mit anderen Mitgliedern einer Rechtsanwaltskammer, mit Patentanwälten, Steuerberatern, Steuerbevollmächtigten, Wirtschaftsprüfern und vereidigten Buchprüfern zur gemeinsamen Berufsausübung verbinden oder mit ihnen gemeinsame Geschäftsräume haben.

II. Räumliche Geltung des Anwaltsnotariats

15 Das Anwaltsnotariat befindet sich in folgenden Teilen der Bundesrepublik Deutschland:
- **Länder mit ausschließlicher Geltung des Anwaltsnotariats**
  – Berlin
  – Bremen
  – Hessen
  – Niedersachsen
  – Schleswig-Holstein
- **In folgenden Teilen anderer Bundesländer:**

---

[5] Zuletzt BVerfG DNotZ 1998, 754.

- Baden-Württemberg, soweit sie am 1.1.2018 bestellt waren
- Nordrhein-Westfalen
- OLG-Bezirk Hamm, OLG-Bezirk Düsseldorf mit dem LG-Bezirk Duisburg mit der Besonderheit Rheinhausen (→ Rn. 12) und dem AG-Bezirk Emmerich.

D. Statistische Zahlen

Zum 1.1.2019 gab es in der Bundesrepublik Deutschland **insgesamt 7.088 Notare,** davon **5.593 Anwaltsnotare** und **1.495 hauptberufliche Notare.** Die Bundesnotarkammer hat folgende **Notarstatistik (Anzahl der Notarinnen und Notare in den Jahren 2017 bis 2019 – Stichtag: jeweils 1.1.)** veröffentlicht:[6]

	2017	2018	2019
Notarkammer Baden-Württemberg[3]	104 [44/60]	338 [290/48]	333 [287/46]
Landesnotarkammer Bayern	480	478	484
Notarkammer Berlin[1]	716	713	692
Notarkammer Brandenburg	71	69	68
Notarkammer Braunschweig[1]	190	189	172
Bremer Notarkammer[1]	182	167	163
Notarkammer Celle[1]	666	659	642
Notarkammer Frankfurt[1]	829	856	862
Hamburgische Notarkammer	73	74	74
Notarkammer Kassel[1]	172	160	156
Notarkammer Koblenz	99	102	100
Notarkammer Mecklenburg-Vorpommern	55	53	52
Notarkammer Pfalz	53	53	53
Notarkammer Oldenburg[1]	453	449	422
Rheinische Notarkammer[2]	458 [304/154]	460 [305/155]	4448 [303/145]
Saarländische Notarkammer	36	36	36
Notarkammer Sachsen	122	121	122
Notarkammer Sachsen-Anhalt	69	68	65
Schleswig-Holsteinische Notarkammer[1]	664	634	618
Notarkammer Thüringen	73	70	70
Westfälische Notarkammer[1]	1472	1430	1413
Gesamt	7037	7179	7045
Hauptberufliche Notare	1479	1719	1714
Anwaltsnotare	5558	5460	5331

---

[6] DNotZ 2019, 241.

¹ In den Bereichen dieser Notarkammern werden gemäß § 3 Abs. 2 BNotO ausschließlich Rechtsanwälte für die Dauer ihrer Zulassung bei einem bestimmten Gericht als Notare zu gleichzeitiger Ausübung neben dem Beruf des Rechtsanwalts bestellt (Anwaltsnotare).

² Im Bereich der Rheinischen Notarkammer werden sowohl Notare zur Hauptberuflichen Amtsausübung (in den Bezirken des OLG Köln und des OLG Düsseldorf mit Ausnahme der rechtsrheinischen Bezirke des LG Duisburg und im Bereich des AG Emmerich) als auch Anwaltsnotare (in den rechtsrheinischen Bezirken des LG Duisburg und im Bereich des AG Emmerich) bestellt. Die Angaben in eckigen Klammern schlüsseln die Zahlen nach Notariatsform auf [hauptberufliche Notare/Anwaltsnotare].

³ Im Bereich der Notarkammer Baden-Württemberg sind sowohl Notare zur hauptberuflichen Amtsausübung als auch – beschränkt auf den Oberlandesgerichtsbezirk Stuttgart – Anwaltsnotare bestellt. Die Angaben in eckigen Klammern schlüsseln die Zahlen nach Notariatsform auf [hauptberufliche Notare/Anwaltsnotare].

§ 4 [Bedürfnis für die Bestellung eines Notars]

¹ **Es werden so viele Notare bestellt, wie es den Erfordernissen einer geordneten Rechtspflege entspricht.** ² **Dabei sind insbesondere das Bedürfnis nach einer angemessenen Versorgung der Rechtsuchenden mit notariellen Leistungen und die Wahrung einer geordneten Altersstruktur des Notarberufs zu berücksichtigen.**

A. Errichtung von Notarstellen als Ermessensentscheidung

1   Der Staat ist kraft seiner Organisationsgewalt befugt, die **Zahl der Notarstellen,** den Amtssitz und den Zuschnitt der Notariate (Amtsbereich) **nach seinem pflichtgemäßen Ermessen** zu bestimmen.[1] Die dementsprechend zu treffenden Entscheidungen der Landesjustizverwaltung sind keine Verwaltungsakte; sie haben keinen Regelungscharakter und sind lediglich verwaltungsinterne Vorgänge ohne eine unmittelbare Rechtswirkung für bestimmte oder unbestimmte Personen. Es gibt infolgedessen kein Recht auf Bestellung zum Notar, das Grundrecht auf freie Berufswahl ist insoweit und in verfassungsrechtlicher zulässiger Weise eingeschränkt. Die Berufsfreiheit beschränkt sich auf das Recht des gleichen Zugangs (Art. 33 GG).

2   Die Ausschreibung von Notarstellen hat sich allerdings an den **Erfordernissen einer geordneten Rechtspflege** zu orientieren. Das mit § 4 gegründete Zulassungssystem sichert die vom deutschen Rechtssystem vorausgesetzte Leistungs- und Funktionsfähigkeit des Notariats. Eine Überversorgung mit Notarstellen über die Bedarfsgrundsätze von § 4 hinaus in lukrativen Gebieten kann die vorsorgende Rechtspflege gefährden, da die dadurch entstehende Wettbewerbsdruck dazu führen kann, dass die Notare ihren gesetzlichen Pflichten nicht mehr nachkommen.[2] Außerdem führt eine bedarfsorientierte Zulassung von Notarstellen dazu, dass die bestellten Notare ausgelastet sind und wirtschaftlich bestehen können.[3] Die Justizverwaltung darf das ihr insoweit zustehende Ermessen nicht zu sachfremden Zwecken (nach Belieben) oder aus sachfremden Motiven (willkürlich) ausüben. Der Verpflichtung der Justizverwaltung, ihr insoweit eröffnetes Ermessen pflichtgemäß auszuüben, steht kein subjektives Recht von Bewerbern um eine Notarstelle gegenüber.[4] Die Ermessensbindung der Verwaltung dient nicht dazu, die Berufsaussichten der Interessenten am Notaramt abzusichern; sie dient ausschließlich dem Interesse der Allgemeinheit am Funktionieren der vorsorgenden Rechtspflege. Die Freiheit der Berufswahl nach Art. 12 Abs. 1 GG wird dadurch nicht tangiert, denn diese besteht nur nach Maßgabe der vom Staat zur Verfügung gestellten Ämter.[5] Eine Leistungsklage auf Stellenausschrei-

---

[1] BVerfG 80, 257 (263).
[2] BGH ZNotP 2015, 1917.
[3] BGH ZNotP 2015, 1917.
[4] BGH DNotZ 2008, 865.
[5] BVerfG 73, 280 (292); BGH NJW 2003, 2458.

bung hat der BGH aus den vorgenannten Gründen mangels Klagebedürfnis abgelehnt.[6] Es besteht auch kein Anspruch auf Ausschreibung einer Notarstelle in einem bestimmten Stadtteil gemäß § 10 Abs. 2 S. 2. Ebenso wenig ist es zu beanstanden, dass nach ordnungsgemäßer Bedarfsermittlung eine geringere Zahl von Notarstellen als dem tatsächlichen Bedarf entspricht, es sei denn das notarielle Leistungsangebot wäre gefährdet und die Funktionsfähigkeit der vorsorgenden Rechtspflege nicht mehr gesichert.

Aufgrund ihrer **Organisationsgewalt** kann die Justizverwaltung das Auswahlverfahren zur Besetzung einer Notarstelle abbrechen und die Ausschreibung zurücknehmen, wenn hierfür ein sachlicher Grund besteht.[7] Im konkreten vom BGH entschiedenen Fall hatte die Justizverwaltung einem Bewerber mitgeteilt, die Ausschreibung werde „im Hinblick auf den Zeitablauf seit der Ausschreibung, ein nicht mehr gewährleistetes objektives und hinreichend breites Auswahlverfahren und die abzuwartende Entwicklung des Urkundsaufkommens (…) zurückgenommen". Als sachlichen Grund hatte der BGH den Wegfall des konkreten Bedürfnisses für die Errichtung einer Notarstelle angesehen.

Zum Abbruch eines Auswahlverfahrens hat das BVerfG entschieden, dass die Tatsache, dass sich unter den Bewerbern kein Landeskind (§ 7 Abs. 1) befindet, für sich genommen nicht ausreicht, das Bewerbungsverfahren abzubrechen.[8] Es heißt in der zitierten Entscheidung auch, der Abbruch könne mit der mangelnden Eignung sämtlicher Bewerber unter Qualitätsgesichtspunkten, mit dem Erfordernis einer vorausschauenden Personalplanung (Recht der Notarassessoren) und der Wahrung einer geordneten Altersstruktur begründet werden. Solche Umstände müssten jedoch im Einzelfall konkretisiert werden.

Aus dem Charakter der **Errichtung der Notarstelle als verwaltungsinterner Vorgang** folgt auch, dass ein amtierender Notar sich nicht gegen die Errichtung einer Notarstelle wenden kann.[9] Einen solchen Antrag eines Notars nach § 111 hat der BGH allerdings als Unterlassungsantrag gegen die Bestellung eines weiteren Notars ausgelegt, da die Landesjustizverwaltung bei der Ausübung des ihr eingeräumten Organisationsermessens nach § 4 subjektive Rechte von Amtsinhabern insoweit zu wahren habe, als jedem Notar zur Erfüllung seiner öffentlichen Aufgaben als unabhängiger und unparteiischer Berater ein Mindestmaß an wirtschaftlicher Unabhängigkeit zu gewährleisten sei.[10] Dies ändere allerdings nichts daran, dass die Bestimmung der Zahl der Amtsinhaber und der Zuschnitt der Notariate der Organisationsgewalt des Staates vorbehalten sei und die Bedürfnisprüfung allein im Interesse der Allgemeinheit geschehe. Nur eine Schmälerung des Gebührenaufkommens ist nicht ausreichend, um einen Unterlassungsantrag zu rechtfertigen. Gegenüber dem Bewerber um ein Notaramt besteht keine Fürsorgepflicht, da er noch nicht Notar ist.[11] Diese Rechtsauffassung hat der BGH noch einmal mit dem Hinweis bekräftigt, dass das durch die Justizverwaltung ausgeübte Organisationsermessen im Rahmen staatlicher Bedarfsplanung nicht dazu diene, die Berufsaussichten notarieller Bewerber zu vergrößern.[12]

Andererseits war die Erhaltung der Lebensfähigkeit bestehender Notariate für den BGH[13] ein Grund, einem Antrag anderer ortsansässiger Notare stattzugeben, eine frei gewordene Notarstelle nicht wieder zu besetzen. Interessant ist, dass der BGH dies auch angenommen hat, obwohl im konkreten Fall die Ländernotarkasse den erforderlichen Bürobetrieb und das Mindesteinkommen des Notars in Höhe eines Richtergehaltes gesichert hat. Wegen der Erhaltung und Förderung dauerhaft lebensfähiger Notariate ist dies auch sachgerecht. Für eine bestehende, aber frei gewordene Stelle bedeutet dies, dass ihre Wiederbesetzung den

---

[6] BGH NJW 2003, 2458.
[7] BGH ZNotP 2015, 113; → § 6b Rn. 14 ff.
[8] BVerfG DNotZ 2002, 891 (893) mAnm *Starke;* vgl. auch *Schumacher* RNotZ 2002, 492.
[9] BGH DNotZ 1997, 889.
[10] BGH DNotZ 1996, 902 (904); MittBayNot 1998, 367; ZNotP 2009, 364.
[11] BGH DNotZ 1996, 902 (904); MittBayNot 1998, 367.
[12] BGH DNotZ 1999, 239 f.
[13] BGH DNotZ 2002, 70 mAnm *Lischka.*

Erfordernissen einer geordneten Rechtspflege nicht entspricht, wenn dadurch in einem Amtsgerichtsbezirk so viele Notarstellen besetzt wären, wie gerade noch oder nicht mehr lebensfähig sind.[14]

B. Erfordernisse einer geordneten Rechtspflege und angemessene Versorgung der Rechtsuchenden

I. Allgemeines

5 Das aus der **Organisationsgewalt** des Staates folgende pflichtgemäße Ermessen ist durch die **Erfordernisse einer geordneten Rechtspflege,** insbesondere das Bedürfnis nach einer angemessenen Versorgung der Rechtsuchenden mit notariellen Leistungen und die Wahrung einer geordneten Altersstruktur des Notariates begrenzt (§ 4 S. 2). Innerhalb dieses Rahmens bleibt es der jeweiligen Justizverwaltung vorbehalten, nach welchen Gesichtspunkten sie die Bedürfnisprüfung vornimmt; auch insoweit besteht ein Ermessensspielraum.[15] So kann zB der Bedarf am Ort oder im Amtsgerichtsbezirk der Bedürfnisprüfung zugrunde gelegt werden, wobei eine Sonderregelung für Orte mit besonderer wirtschaftlicher Bedeutung zulässig ist.[16] Eine geordnete Rechtspflege fordert nicht, dass dem Publikum an jedem beliebigen Ort ein Notariat zur Verfügung steht; der rechtsuchende Bürger muss nur von seinem Wohnort in zumutbarer Entfernung einen Notar erreichen können.[17]

6 **Sachgerechter Maßstab** der Bedürfnisprüfung ist der **Geschäftsanfall.**[18] Der Ermessensspielraum bei der Bedarfsermittlung darf jedoch nicht zur rechtswidrigen Steuerung des Bewerberkreises missbraucht werden.[19] Aus dem Ermessensspielraum bei der Bedürfnisprüfung ergibt sich auch, dass die Landesjustizverwaltungen nicht gehindert sind, unterschiedliche Schlüssel für die Annahme des Bedarfs einer neuen Notarstelle zugrunde zu legen.[20] Der BGH hat hierzu ausgeführt, dass eine Bedürfnisprüfung auf der Grundlage durchschnittlicher Richtzahlen immer nur – gleichgültig nach welcher Methode – beschränkten Aussagewert über die tatsächliche Belastung des einzelnen Notars habe. Auch die sog. bereinigten Nummern würden nichts über den Arbeitsaufwand, den ein Urkundsgeschäft im Einzelfall erfordere, aussagen. Die Frage sei deshalb nur, ob die aus allen Urkundsgeschäften gebildete Richtzahl zur Bedarfsermittlung geeignet sei. Auch der Gleichheitsgrundsatz werde durch eine in den Bundesländern unterschiedliche Art der Bedürfnisprüfung nicht verletzt. Er gebiete nur, da die jeweiligen Notare „Landes"-Notare seien, dass die jeweilige Landesjustizverwaltung innerhalb ihres Zuständigkeitsbereichs gleiche Maßstäbe anlege.[21]

Wenn es in einem Land keine Richtwerte (Schlüsselzahlen) gibt, kann die Landesjustizverwaltung in Ausübung des ihr zustehenden Ermessens in einem konkreten Fall auf das durchschnittliche Gebührenaufkommen pro Urkunde, auf das jährliche Urkundsaufkommen und eine durchschnittliche Kostenquote für die Wiederbesetzung einer Notarstelle abstellen.[22]

7 Wenn sich die Justizverwaltung mit der Ernennung eines Bewerbers über eine einstweilige Anordnung des Bundesverfassungsgerichtes hinwegsetzt, hat der gescheiterte Mitbewerber keinen Anspruch auf Übertragung dieser Stelle oder auf zusätzliche Bestellung.

---

[14] BGH ZNotP 2012, 192.
[15] BGH DNotZ 1982, 372 f.
[16] BGH DNotZ 1982, 372 f.
[17] BGH DNotZ 1982, 375 (377).
[18] BGH DNotZ 1980, 177 (179) und DNotZ 1980, 701 f.
[19] BGH ZNotP 2004, 410.
[20] BGH DNotZ 1983, 236 (239 f.).
[21] BGH DNotZ 1983, 236 (239 f.); ZNotP 2004, 326 (327) aE; DNotZ 2005, 947 (951).
[22] BGH ZNotP 2004, 326.

Der **Grundsatz der Ämterstabilität** schließt dies aus.[23] Eine neue Stelle könnte auch nur begründet werden, wenn nach dem pflichtgemäßen Ermessen der Justizverwaltung die Erfordernisse der Rechtspflege dies erfordern. Sie müsste auch nach §§ 6, 6b förmlich ausgeschrieben werden.

II. Hauptberufliches Notariat

Im **hauptberuflichen Notariat** ist eine **individuelle Bedürfnisprüfung** möglich und auch notwendig, da die Lebensfähigkeit einer neu einzurichtenden Notarstelle gesichert erscheinen muss und die Lebensfähigkeit der schon vorhandenen Notarstelle nicht gefährdet werden darf. Bei der Gefährdung der Lebensfähigkeit geht es um die Gefährdung der wirtschaftlichen Unabhängigkeit und nicht nur um eine drohende Schmälerung des Gebührenaufkommens.[24] Die Justizverwaltung hat den besonderen Gegebenheiten in einzelnen Bezirken Rechnung zu tragen. Die jeweilige Richtzahl für die Errichtung neuer Stellen darf nicht schematisch, sondern muss aufgrund einer konkreten Einzelfallbetrachtung angewendet werden.[25] Das kann dazu führen, dass die Errichtung einer neuen Notarstelle trotz Erreichens der Richtzahl zurückgestellt wird, weil ein besonders hohes Urkundsaufkommen aufgrund besonderer Umstände (zB Straßenlandabtretungen, Dienstbarkeiten für Versorgungsunternehmen, Privatisierung staatlicher Wohnungen) eingetreten ist. Die Sitzverlegung oder die Insolvenz eines großen Unternehmens können auch zu einem für die Lebensfähigkeit bestehender Notariate bedrohlichen Rückgang der Urkundsgeschäfte führen; in diesem Fall ist eine vakante Notarstelle einzuziehen.

Eine neue Notarstelle ist spätestens immer dann zu errichten, wenn in dem betreffenden Amtsgerichtsbezirk oder am Ort des Amtssitzes die Zahl der Notariatsgeschäfte so angewachsen ist, dass ihre ordnungsgemäße Abwicklung in angemessener Zeit durch die vorhandenen Notare bei durchschnittlichen Anforderungen an deren Gesundheit und Leistungsfähigkeit nicht mehr gewährleistet ist. Dabei ist zu beachten, dass nicht so viele Notarstellen geschaffen werden, wie gerade noch lebensfähig sind.[26] Andererseits sind die Landesjustizverwaltungen aber auch nicht gehalten, gerade die äußerste Grenze der Belastbarkeit eines Notars zum Kriterium dafür zu machen, ob Bedarf für eine weitere Notarstelle besteht. Maßgebend ist stets, dass eine rasche und ortsnahe notarielle Betreuung der rechtsuchenden Bevölkerung durch eine angemessene Zahl von Notaren sichergestellt ist, Notarstellen aber auch nicht in einem Umfang vermehrt werden, dass die Notare nicht mehr hinreichend in der Lage sind, die zur Ausführung ihres Amtes erforderliche vielseitige Erfahrung zu sammeln.

Ob ein **hoher Anteil** ausschließlich **auswärtiger Beteiligter** an Urkundsgeschäften eine Abweichung von der Richtzahl rechtfertigt, hängt ebenfalls von den individuellen Umständen ab.[27] Die Urkundsgeschäfte mit auswärtiger Beteiligung spielen bei der Bedürfnisprüfung deshalb eine besondere Rolle, weil nicht ohne weiteres damit gerechnet werden kann, dass die neu zu errichtende Notarstelle an den stets auf die Person des Notars bezogenen auswärtigen Aufträgen in dem gleichen Umfang partizipiert wie die bereits vorhandenen Notariate. Deshalb kann es geboten sein, die absolute Zahl der Urkundsgeschäfte um einen das gewöhnliche Maß übersteigenden Anteil auswärtiger Aufträge zu bereinigen. Für diese Bereinigung sind die Grenzen des Amtsbereichs maßgebend, die der neu zu bestellende Notar erhalten wird.[28]

§ 4 wirkt sich auch auf die Zahl der gem. § 7 zu bestellenden **Notarassessoren** aus.[29] Es müssen so viele Notarassessoren ernannt werden, dass die angemessene Versorgung der

---

[23] BGH DNotZ 2005, 154.
[24] BGH MittBayNot 1998, 367 f.
[25] *Bohrer,* Berufsrecht, Rn. 235.
[26] BGH DNotZ 2004, 230 (232).
[27] BGH MittBayNot 1998, 367 f.
[28] OLG Köln 4.9.1996 – 2 VA Not 2/96, nv.
[29] BGH ZNotP 2003, 470 (471); *Egerland* S. 59; *Starke* DNotZ 2002, 836.

Rechtsuchenden mit notariellen Leistungen gewährleistet ist, wenn Notare aus dem Amt scheiden oder neue Notarstellen errichtet werden.

III. Anwaltsnotariat

12 Da der Anwaltsnotar hauptberuflich Rechtsanwalt ist und nach den Vorstellungen des Gesetzes aus diesem Beruf sein wesentliches Einkommen bestreitet, ist die Gefährdung der wirtschaftlichen Unabhängigkeit des Notars bei der **Bedürfnisprüfung** in geringerem Umfang zu berücksichtigen. Zu beachten ist aber, dass eine **zu geringe Schlüsselzahl** insoweit nicht den Erfordernissen einer geordneten Rechtspflege entspricht, als die mangelnde Erfahrung der Amtsinhaber nicht das Bedürfnis nach einer angemessenen Versorgung der Rechtsuchenden mit notariellen Leistungen erfüllt. Im hoch spezialisierten Notarberuf hängt die Qualität der Leistung in besonderem Maße von der berufspraktischen Übung ab, wie auch der Blick auf den dreijährigen Anwärterdienst beim hauptberuflichen Notar zeigt (§ 7).[30] Durch zu geringe Schlüsselzahlen wird die Entstehung sog. Zwergnotariate gefördert. Deren Amtsinhaber haben kaum die Möglichkeit, Erfahrungen in der notariellen Tätigkeit zu sammeln. Ihnen werden oft die Motivation und die Möglichkeiten fehlen, notarspezifische Investitionen (zB notarspezifische Literatur und Computerprogramme) zu tätigen und im Notariat erfahrenes Personal zu beschäftigen.

C. Geordnete Altersstruktur

13 Die Wahrung einer geordneten Altersstruktur ist ein **Problem des hauptberuflichen und des Anwaltsnotariats** Das Erfordernis der Wahrung einer geordneten Altersstruktur will Fehlentwicklungen in der angemessenen Versorgung der Rechtsuchenden mit notariellen Leistungen vorbeugen. Die Wahrung der geordneten Altersstruktur ist dabei kein Selbstzweck, sondern sie ist nur insoweit zu berücksichtigen, als dies der geordneten Rechtspflege zugutekommt.[31]

14 Im hauptberuflichen Notariat ist das Problem der geordneten Altersstruktur bei der Stellenbesetzung im Zusammenhang mit der Berücksichtigung von landesfremden Seiteneinsteigern gegenüber Notarassessoren, die Landeskinder sind, akut geworden (vgl. § 7 Abs. 1). Das Bundesverfassungsgericht akzeptiert die Wahrung der geordneten Altersstruktur als abwägungsrelevanten Aspekt.[32] Der BGH[33] führt hierzu aus, dass zu einem funktionierenden Notariat auch ein geordnetes Notarassessorensystem gehöre. Gemäß § 4 Abs. 1 S. 2 sei die Wahrung einer geordneten Altersstruktur des Notarberufs bei der Organisationsentscheidung zu berücksichtigen. Diese werde insbesondere durch die Bestellung von Notarassessoren zu Notaren gewahrt, da dies idR zu einer Absenkung des Durchschnittsalters der Notare führe. Dies könne aber nur dann gewährleistet werden, wenn auch die Notarassessoren nicht überaltern. Neue und junge Notarassessoren könnten regelmäßig nur bestellt werden, wenn ältere durch Bestellung zum Notar die Assessorenzeit beendet haben.

15 Im Anwaltsnotariat konnten bis zum Erlass des 2. Gesetzes zur Änderung der Bundesnotarordnung vom 29.1.1991 (BGBl. I 150 – Berufsrechtsnovelle) Rechtsanwälte unabhängig von einer Bedürfnisprüfung nach einer in den Ländern unterschiedlichen Wartezeit von 10 bis 15 Jahren anwaltlicher Tätigkeit zum Notar ernannt werden. Es drohte die Gefahr, dass bei Anwendung der Richtlinien ein Bedürfnis für die Errichtung von Notarstellen auf längere Zeit vor allem in Ballungsräumen nicht besteht. Jüngere Notare könnten uU erst bei Erreichen der Altersgrenzen älterer Notare bestellt werden. Das Prinzip der Besten-

---

[30] *Bohrer*, Berufsrecht, Rn. 239.
[31] *Egerland* S. 86.
[32] DNotZ 2002, 891 (893).
[33] DNotZ 2004, 230; ZNotP 2012, 1446.

Auslese wäre dann nicht in gleichem Maße gewahrt wie bei einer kontinuierlichen Ernennung von Notaren. Diesen Umständen und der Altersbegrenzung nach § 48a können die Justizverwaltungen durch geeignete Maßnahmen, insbesondere durch sog. Altersstrukturstellen Rechnung tragen. Diese werden eingerichtet, wenn bestimmte niedrigere Richtzahlen nicht unterschritten werden (s. im Einzelnen die unterschiedlichen AVNot der Länder).

§ 5 [Befähigung zum Richteramt]

[1] Zum Notar darf nur bestellt werden, wer die Befähigung zum Richteramt nach dem Deutschen Richtergesetz erlangt hat. [2] Das Berufsqualifikationsfeststellungsgesetz ist nicht anzuwenden.

Übersicht

	Rn.
A. Normzweck	1
B. Regelungsinhalt	5
I. Deutsche Rechtsordnung	5
II. EU-Sonderregelungen	10
1. Vereinheitlichung der supranationalen Verfahrensregeln	10
2. Europarechtswidrigkeit des früheren Staatsangehörigkeitsvorbehalts	12
3. Künftiges europäisches Recht	21
III. Befähigung zum Richteramt	23
1. Erwerb der Befähigung zum Richteramt	23
2. Staatliche Notare der früheren DDR	24
3. Übergangsregelungen für Notare im Landesdienst	25
IV. Keine Anwendbarkeit des Berufsqualifikationsfeststellungsgesetzes	26
C. Fehlen oder Wegfall der Voraussetzungen	28

A. Normzweck

Nach deutschem Recht bestellte Notare nehmen staatliche Rechtspflegefunktionen der Bundesrepublik Deutschland wahr, obwohl sie nicht vom Bundesjustizministerium sondern von den Justizverwaltungen der Bundesländer bestellt und dienstrechtlich überwacht werden. Ihre Rechtspflegefunktionen ergeben sich aus den präventiven Verfahrensnormen der Freiwilligen Gerichtsbarkeit,[1] die – insbesondere in ihrer Ausprägung der Vorsorgenden Rechtspflege – nur in wenigen Ländern der Europäischen Union mit angelsächsischer Rechtstradition unbekannt ist, in allen anderen europäischen Staaten aber integrierter Bestandteil der staatsinternen Hoheitsgewalt ist. Die auf dem Gebiet der Vorsorgenden Rechtspflege dem Notar durch die Wahrnehmung originärer Staatsaufgaben übertragenen Zuständigkeiten müssen in der geltenden deutschen Rechtsordnung hoheitlich ausgestaltet sein.[2] Die den Notaren übertragenen öffentlichen Rechtspflegeaufgaben dienen der Wahrung und Erfüllung von Gemeinwohlbelangen,[3] die mit erheblichen – wegen des Gemeinwohlbezugs gerechtfertigten – Eingriffen in die durch Art. 12 GG verfassungsrechtlich geschützte Berufsfreiheit verbunden sind.[4]

---

[1] Die freiwillige Gerichtsbarkeit (ius voluntaria) beruht in allen Ländern, deren Rechtssysteme im Römischen Recht wurzeln, auf einer über zweitausend Jahre alten Rechtsentwicklung. Dazu *Wacke* DNotZ 1988, 732. Die Freiwillige Gerichtsbarkeit gehört zu den hoheitlichen Aufgaben des Staates iSv Art. 33 Abs. 4 GG.
[2] BVerfG DNotZ 2009, 702 (704 f.) mAnm *M. Meyer;* BVerfGE 73, 280 (293 f.).
[3] Zur regulativen Idee des Gemeinwohls in Bezug auf die Notarfunktionen *Isensee* notar 2009, 144 (149 ff.).
[4] BVerfG DNotZ 2009, 702 (707); BVerfGE 17, 371 (380) = DNotZ 1964, 424.

2 Als Funktionsträger des deutschen Staates sind Notare deutsche Hoheitsträger und dürfen ihre Aufgaben nur im Hoheitsgebiet der Bundesrepublik Deutschland wahrnehmen.[5] Die innerstaatliche Begrenztheit notarieller Funktionen wird dadurch verdeutlicht, dass notarielle Hoheitsakte nur auf deutschem Hoheitsgebiet wirksam ausgeübt werden können. Jedes Beurkundungs- oder Beglaubigungsverfahren eines nach deutschem Recht bestellten Notars außerhalb des Geltungsbereichs der deutschen Rechtsordnung hat eine nichtige Urkunde zur Folge. Außerhalb der Bundesrepublik Deutschland können die Hoheitsakte des Beurkundungsverfahrens der Vorsorgenden Rechtspflege nur von einem im jeweiligen ausländischen Staat akkreditierten deutschen Konsularbeamten wirksam wahrgenommen werden.

3 Wegen seiner hoheitlichen Staatsfunktionen[6] muss jeder nach deutschem Recht bestellte Notar vor seiner Ernennung, wie ein deutscher Richter, den Amtseid auf die verfassungsmäßige Ordnung der Bundesrepublik Deutschland ablegen. Die Übertragung staatlicher Rechtspflegeaufgaben auf den Notar erfordert eine besonders enge Treuebindung an den deutschen Staat, weil das öffentliche Amt des Notars nach der deutschen Rechtsordnung nicht mehr (bis 31.12.2017 gab es noch staatliche Notariate in Baden-Württemberg) in die unmittelbare Staatsorganisation (Gerichte, Behörden) eingegliedert ist,[7] da die vorsorgenden Rechtspflegefunktionen aus Gründen ökonomischer Effizienz auf staatlich überwachte, unabhängig organisierte Hoheitsträger übertragen sind. Die Integrität und die Unabhängigkeit des Notars müssen institutionell durch die Überwachung staatlicher Organe abgesichert sein. Wegen der außerhalb der unmittelbaren Staatsorganisation wahrgenommenen – von den Justizverwaltungen streng kontrollierten und überwachten – Rechtspflegeaufgaben mit zentralen gesellschaftlichen und staatlichen Funktionen[8] ist die Befähigung zum Richteramt nach dem Deutschen Richtergesetz unverzichtbar. Diese Befähigung ist wegen der richternahen und dem Richteramt teilweise kongruenten, teilweise komplementären Funktionen des Notars[9] geboten.[10] Sie muss dem Richteramt nach dem Deutschen Richtergesetz entsprechen, weil der Notar als Amtsträger in der Freiwilligen Gerichtsbarkeit der deutschen Rechtsordnung tätig wird.

4 In einem „Bundesstaat Europa" könnte künftig – nach entsprechenden europarechtlichen Vorgaben – ein „europäischer Notar" bestellt werden, der seine Amtsbefugnisse aus der Hoheitsgewalt der Europäischen Union als supranationalem Staat ableitet (→ Rn. 21 f.). Dieser „europäische Notar" als Hoheitsträger europäischer Staatsgewalt würde vor seiner rechtlichen Institutionalisierung die Abtretung von Souveränitätsrechten der Mitgliedstaaten durch fortschreitende Integration und damit verbunden die weitere Harmonisierung und Europäisierung von Verfahrensvorschriften der Freiwilligen Gerichtsbarkeit voraussetzen.[11]

---

[5] Arndt/Lerch/Sandkühler/*Lerch* BNotO § 5 Rn. 5 meint, der Begriff „öffentliche Gewalt" dürfe nicht mit „hoheitlicher Funktion" gleichgesetzt werden; „letztere übe der Notar ohne Zweifel nicht aus" (dazu auch Fn. 21). Nun mag der Begriff „hoheitliche Funktion" zwar veraltet klingen, weil er an feudale, obrigkeitsstaatliche Rechtsvorstellungen erinnert, deren Reststrukturen beseitigt wurden durch die vom Bundesverfassungsgericht als justiziabel herabgestuften „besonderen Gewaltverhältnisse". Letztlich kennzeichnet die hoheitliche Funktion nur staatliches Handeln, das auf Personen übertragen wird, die in einem Treueverhältnis zum Staat stehen „in der Regel Angehörige des öffentlichen Dienstes", so Art. 33 Abs. 4 GG. Die Argumentationstopoi *Lerchs* widersprechen sich. Einerseits weist *Lerch* in Fn. 10 zu Recht darauf hin, dass dem Notar „das Amt vom Staat verliehen" wird, andererseits wirft er ohne hinreichende Begründung in Fn. 12 „der gesamten verfassungsrechtlichen Literatur" und in seiner Kommentierung auch dem Bundesverfassungsgericht Differenzierungsdefizite vor.
[6] *Preuß*, Zivilrechtspflege durch externe Funktionsträger, 2005, S. 96 ff.
[7] *Preuß*, Zivilrechtspflege durch externe Funktionsträger, 2005, S. 8.
[8] *Bohrer*, Berufsrecht, S. 2 ff.; *Baumann* MittRhNotK 1996, 1; *Kanzleiter* DNotZ 2001, 69; *Ott* DNotZ 2001, 83; *Richter* DNotZ 2002, 29.
[9] BVerfG DNotZ 2012, 945; DNotZ 2009, 702; BVerfGE 17, 373 (377); BVerfGE 54, 237 (249 f.); BVerfGE 73, 280 (292); *Römer*, Notariatsverfassung und Grundgesetz, 1963; *Pfeiffer* DNotZ 1981, 5 ff.; *Odersky* DNotZ 1994, 1 ff.; *Pützer*, Das Notariat im Zivilrechtssystem, in: BNotK (Hrsg.), Das moderne Notariat, 1993, S. 8 „Notar als Richter im Vorfeld"; *Baumann* MittRhNotK 1996, 1 ff.; *Bilda* FS Rhein. Notariat 1998, 387 ff.
[10] Vgl. auch *Preuß* DNotZ 2008, 258 ff.
[11] So bereits *Baumann* Notarius International 1996, 20 ff.

Die Treuebindung des nach deutschem Recht bestellten Notars an den deutschen Staat bleibt in einem weitgehend vereinheitlichten europäischen Rechtsraum so lange rechtlich geboten, wie einheitliche europäische Verfahrensvorschriften der Freiwilligen Gerichtsbarkeit und der Vorsorgenden Rechtspflege nicht existieren, die Wahrnehmung dieser hoheitlichen Funktionen sich also aus den voneinander abweichenden Rechtsordnungen der Mitgliedstaaten ableitet und deswegen ein „europäischer Notar" noch nicht existieren kann.

B. Regelungsinhalt

I. Deutsche Rechtsordnung

Notar kann grundsätzlich jeder juristisch hinreichend qualifizierte deutsche oder ausländische Staatsangehörige werden. Die Vorschrift wurde durch das Gesetz zur Verbesserung der Feststellung und Anerkennung im Ausland erworbener Berufsqualifikationen (BQFGEG) v. 6.12.2011 (BGBl. I 2515) mit Wirkung seit dem 13.12.2011 durch Aufhebung des deutschen Staatsangehörigenvorbehalts geändert,[12] wobei klarstellend eingefügt wurde, dass das Berufsanerkennungsfeststellungsgesetz auf Notare nicht anzuwenden ist. Der Gesetzgeber hat den deutschen Staatsangehörigkeitsvorbehalt gänzlich aufgehoben, obwohl als europarechtskonforme Regelung ausgereicht hätte,[13] die „deutsche Staatsangehörigkeit" durch die „Unionsbürgerschaft" zu ersetzen.[14] Die unter → Rn. 12 ff. erläuterten Begründungen hätten die Bindung an das europäische Gemeinschaftsrecht durch europäische Staatsbürgerschaft nicht nur gerechtfertigt, sondern erfordert. 5

Notar in der Bundesrepublik Deutschland kann wegen der aus innerstaatlicher Hoheitsgewalt abgeleiteten Justizfunktionen nur werden, wer die Befähigung zum Richteramt nach dem Deutschen Richtergesetz besitzt. Das Deutsche Richtergesetz schreibt für Richter in der Bundesrepublik Deutschland die deutsche Staatsangehörigkeit zwingend vor (§ 9 Nr. 1 DRiG), für das Notaramt musste der deutsche Gesetzgeber als Folge des EuGH-Urteils vom 24.5.2011 zum von der Europäischen Kommission gegen 23 Mitgliedstaaten betriebenen Vertragsverletzungsverfahren[15] den deutschen Staatsangehörigkeitsvorbehalt aufgeben,[16] obwohl Notare in der deutschen Rechtsordnung im Bereich der Freiwilligen Gerichtsbarkeit eine den Richtern der Freiwilligen Gerichtsbarkeit komplementäre und teilweise sogar kongruente Funktion wahrnehmen[17] und Notare mit den ihnen übertragenen Funktionen „den Richtern nahestehen;[18] ein großer Teil der Notargeschäfte könnte „auch von den Gerichten erledigt werden".[19] 6

Die Tätigkeit des Notars ist als Teil der justiziellen Aufgaben[20] in Gestalt der Vorsorgenden Rechtspflege innerhalb der Freiwilligen Gerichtsbarkeit des deutschen Staates 7

---

[12] Unrichtig WürzNotar-HdB/*Bischoff* Teil 1 Kap. 1 Rn. 28, der 2018 noch behauptet, dass § 5 derzeit noch die deutsche Staatsangehörigkeit vorsehe.
[13] Andere europäische Rechtsordnungen (zB das spanische Recht) haben EuGH-konform nur zugelassen, dass ein europäischer Staatsbürger Notar in ihrem Staat werden kann.
[14] Zur Europarechtswidrigkeit des deutschen Staatsangehörigkeitsvorbehalts EuGH NJW 2011, 2941.
[15] Diehn/Bormann BNotO § 5 Rn. 4 ff. fasst den Inhalt und die Bedeutung des Vertragsverletzungsverfahrens im Rahmen seiner Analyse des EuGH-Urteils mit gebotener Sorgfalt prägnant zusammen.
[16] Gesetz v. 13.12.2011, BGBl. I 2415. Dazu ausführlich *Henssler/Kilian* FS Brambring 2011, 131; *dies.* NJW 2012, 481; *Henssler* DNotZ 2013, 37; *Dederer* EuR 2011, 865; *Huttenlocher/Wohlrab* EuzW 2012, 779; *Bracker* MittBayNot 2012, 429; *Waldhoff* ZZP 2014, 3.
[17] Dazu *Pfeiffer* DNotZ 1981, 5; *Odersky* DNotZ 1994, 1; *Bilda* FS Rhein. Notariat 1998, 387.
[18] BVerfG DNotZ 2012, 945 Rn. 44, 49.
[19] So ausdrücklich BVerfG DNotZ 2012, 945 Rn. 44; BVerfGE 17, 371 (377) = DNotZ 1964, 424.
[20] *Preuß* DNotZ 2008, 258. Im Laufe der Rechtsentwicklung ist zB durch alleinige Aufgabenübertragung der kongruenten oder komplementären Richter-Notar-Funktionen auf Notare in der Vorsorgenden Rechtspflege vielfach das Bewusstsein verloren gegangen, dass Notare Richterfunktionen im Bereich der Freiwilligen Gerichtsbarkeit ausüben.

„öffentliche Gewalt".[21] „Auf dem Gebiet der vorsorgenden Rechtspflege sind dem Notar durch die Wahrnehmung originärer Staatsaufgaben Zuständigkeiten übertragen, die nach der geltenden Rechtsordnung hoheitlich ausgestaltet sein müssen".[22] An dieser hoheitlichen Ausgestaltung der öffentlichen Notarämter in der deutschen Rechtsordnung hat sich nach dem EuGH-Urteil mit Ausnahme der Änderung in § 5 durch Wegfall des Staatsangehörigkeitsvorbehalts nichts geändert,[23] zumal auch der EuGH im Urteil hervorgehoben hat, dass die Klage „weder den Status und die Organisation des Notariats in der deutschen Rechtsordnung betrifft noch die Voraussetzungen, die neben der Staatsangehörigkeit für den Zugang zum Beruf des Notars in diesem Mitgliedsstaat bestehen".[24] Da der Notar vom jeweiligen Bundesland als staatlicher Funktionsträger deutscher Hoheitsgewalt bestellt wird, ist die Gebundenheit an die deutsche Rechtsordnung für diesen Berufsträger der Freiwilligen Gerichtsbarkeit zwingend erforderlich.[25] Wegen der „besonders ausgeprägten Nähe zum öffentlichen Dienst im engeren Sinne" kann der deutsche Gesetzgeber „für Notare Sonderregelungen in Anlehnung an beamtenrechtliche Grundsätze gemäß Art. 33 Abs. 5 GG" erlassen.[26]

8   Als staatlicher Hoheitsträger darf der nach deutschem Recht bestellte Notar nur im Inland tätig werden,[27] da er bei Ausübung des ihm vom deutschen Staat übertragenen öffentlichen Amtes[28] nicht in die Souveränitätsrechte anderer Staaten eingreifen darf. Daher sind alle Urkunden eines Notars, die auf einem Beurkundungsverfahren beruhen, das ganz oder teilweise außerhalb des staatlichen Geltungsbereichs der Bundesrepublik Deutschland vorgenommen wurden, nichtig.[29] Im Ausland sind die deutschen Konsularbeamten als staatliche Vertreter deutscher Hoheitsgewalt befugt, in Ausübung ihres Amtes Niederschriften oder Vermerke aufzunehmen, Willenserklärungen zu beurkunden sowie Unterschriften und Abschriften zu beglaubigen (§ 10 Abs. 1 KonsularG). Diese konsularischen Urkunden sind den notariellen Urkunden gleichgestellt (§ 10 Abs. 2 KonsularG).[30]

9   Von der unzulässigen Vornahme notarieller Hoheitsakte im Ausland ist die Verwendung notarieller Urkunden im Ausland zu unterscheiden.[31] Weil nach staatsrechtlichem Verständnis die in der Freiwilligen Gerichtsbarkeit geregelte Vorsorgende Rechtspflege als Akt der Ausübung von Hoheitsgewalt anerkannt ist, die der Souveränität des jeweiligen Staates vorbehalten bleiben muss, sind für den internationalen Rechtsverkehr durch völkerrechtliche und zwischenstaatliche Abkommen die Voraussetzungen und Verfahren für die An-

---

[21] *Preuß* ZEuP 2005, 295 (mwN in Fn. 15). Einen zu engen staatlichen Gewaltbegriff legt Arndt/Lerch/Sandkühler/*Lerch* BNotO § 5 Rn. 5 zugrunde (s. auch Fn 5). „Staatsgewalt" wird nicht nur durch innere Zwangsmaßnahmen oder äußere Gewaltanwendung ausgeübt, sondern im Rahmen der Legislative, Exekutive (nicht nur Eingriffsverwaltung) und Judikative durch alle Formen staatlichen Handelns, in denen die staatliche Organisationseinheit dem Bürger als Subordinationssubjekt gegenüber tritt oder in denen staatliche Funktionsträger die Bundesrepublik Deutschland nach außen vertreten, zB auch bei bi- oder multilateralen Abkommen. Nur das Gewaltmonopol des Staates rechtfertigt sich das (rechtsstaatlich zu kontrollierende) Über-/Unterordnungsverhältnis zwischen staatlichen Funktionsträgern und Bürgern, welches auch im Verhältnis zwischen Urkundenbeteiligten und Notar greift. Der Notar ist öffentlicher, staatlicher, nicht etwa privater „Dienstleister" und kann in seinem amtlichen notariellen Handeln nicht an Weisungen der Beteiligten gebunden sein. Zu den Kriterien des Gewaltbegriffs *Preuß* GPR 2008, 1 (7 f.).
[22] BVerfG DNotZ 2009, 702 (704 f.); BVerfGE 73, 280 (293 f.) = DNotZ 1987, 121; BVerfGE 17, 371 (376) = DNotZ 1964, 424.
[23] BVerfG DNotZ 2012, 945 Rn. 46 betont die – auch nach der EuGH-Entscheidung v. 24.5.2011 – unverändert gebliebene hoheitliche Ausgestaltung des Notarberufs in der deutschen Rechtsordnung.
[24] EuGH NJW 2011, 2941 Rn. 75.
[25] *Vaasen/Starcke* DNotZ 1998, 661 (664); Schippel/Bracker/*Görk* BNotO § 5 Rn. 2 ff.
[26] BVerfG DNotZ 2009, 702 (705); BVerfGE 73, 280 (292, 294) = DNotZ 1987, 121; BVerfGE 110, 304 (321) = DNotZ 2004, 560.
[27] BGHZ 138, 359 (361); BGHZ 196, 271 Rn. 19; *Wehrens* NZ 1994, 10 (12); *Geimer* IPRax 2000, 366 (368 f.).
[28] Zum Amtsbegriff *Isensee* notar 2009, 144 (145 ff.); dazu auch *Preuß* DNotZ 2008, 258 (266 ff.).
[29] *Blumenwitz* DNotZ 1968, 712 (716); *Winkler* DNotZ 1971, 140 (146).
[30] *Geimer* DNotZ 1978, 3 ff.; Staudinger/*Baumann*, 2018, BGB Vorb. zu §§ 2229 ff. Rn. 48 ff.
[31] Dazu *Stürner* DNotZ 1995, 343 ff.; *Reithmann* DNotZ 1995, 360 ff.

erkennung notarieller Leistungen im Ausland geschaffen worden.³² Wie bei ausländischen Urteilen gibt es für notarielle Urkunden im Interesse des internationalen Rechtsverkehrs festgelegte Anerkennungsverfahren des grenzüberschreitenden Rechtsverkehrs.³³

II. EU-Sonderregelungen

1. Vereinheitlichung der supranationalen Verfahrensregeln. Der freie Verkehr von 10 Waren und Dienstleistungen innerhalb des europäischen Binnenmarktes erfordert auch Lösungen im europäischen „notariellen" Binnenrechtsverkehr. Innerhalb der Europäischen Union fehlen noch Regelungen zur Harmonisierung der nationalen Beurkundungsverfahren, der Vorsorgenden Rechtspflege, des öffentlichen Registerwesens und der Verfahrensvorschriften der Freiwilligen Gerichtsbarkeit. Eine solche Harmonisierung ist anzustreben, weil sie Grundlage, aber auch notwendige Voraussetzung für einen unbeschränkten europäischen Urkundsverkehr ist und – nach vollzogener Harmonisierung – als Legitimation für die Übertragung der mitgliedstaatlichen Hoheitsbefugnisse auf die Europäische Union zur Einrichtung eines europäischen Hoheitsträgers „Notar" (→ Rn. 4) dienen könnte.³⁴ Die Bundesrepublik Deutschland könnte nach entsprechender Harmonisierung der einschlägigen materiell-rechtlichen und Verfahrensvorschriften – unter teilweiser Abtretung ihrer Souveränitätsrechte – ihre bisher innerstaatlichen Hoheitsbefugnisse der Vorsorgenden Rechtspflege auf einen „europäischen Bundesstaat" übertragen, der dann ein vereinheitlichtes Berufsrecht schaffen könnte. Vom europäischen Gesetzgeber vereinheitlichte Berufs- und Beurkundungsstandards könnten dann den „europäischen Notar" rechtfertigen, der seine Hoheitsbefugnisse aus den supranationalen Staatsbefugnissen der Europäischen Union ableitet. Faktisch sind über die europäischen Gremien der U.I.N.L. (der Internationalen Union des Notariats) nicht nur Harmonisierungsvoraussetzungen, sondern auch die Voraussetzungen für einen grenzüberschreitenden Rechtsverkehr mit der europaweit gültigen Anerkennung von Vollmachten vorbereitet worden. Als erste normative Lösung für den grenzüberschreitenden Rechtsverkehr innerhalb der Europäischen Union ist von der Konferenz der europäischen Notariate der Europäische Kodex des notariellen Standesrechts verabschiedet worden.³⁵ Dieser ermöglicht eine grenzüberschreitende notarielle Amtshilfe,³⁶ die eine unparteiische Rechtsberatung durch den Notar der jeweiligen Rechtsordnung gewährleistet, ohne die im Rahmen der Ausübung interner hoheitlicher Gewalt bestehenden Souveränitätsvorbehalte der Mitgliedstaaten zu verletzen.³⁷

Mit Rücksicht auf den Amtscharakter³⁸ der Notariate in allen Mitgliedstaaten der 11 Europäischen Union, die sich in der Tradition kodifizierter Zivilrechtsordnungen entwickelt haben, ist die Zusammenarbeit zwischen Notaren verschiedener Staaten nur im Wege der Amtshilfe möglich³⁹, weil die öffentlichen Urkunden ihre Entstehung und Wirkung auf die gesetzlichen Regelungen der jeweiligen Rechtsordnungen stützen. Im grenzüberschreitenden Rechtsverkehr haben die am Amtshilfeverfahren beteiligten Notare verschiedener Staaten die Regeln des europäischen Kodex des notariellen Standesrechts zu

---

³² Haager Übereinkommen zur Befreiung ausländischer Urkunden von der Legalisation v. 5.10.1961 (BGBl. 1965 II 876). Daneben existieren bilaterale Verträge. Vgl. Reithmann/Martiny Rn. 327 ff.; Eber DNotZ 1967, 469.

³³ Dies sind die Legalisation durch die zuständige Vertretung des ausländischen Staates in der Bundesrepublik Deutschland nach Überbeglaubigung durch den Präsidenten des Landgerichts, in seltenen Fällen noch die Endbeglaubigung durch das Bundesverwaltungsamt oder die vereinfachte Form der Apostille.

³⁴ Zum Verhältnis zwischen Europäischem Gemeinschaftsrecht und deutschem Berufsrecht des Notars Fleischhauer DNotZ 2002, 325.

³⁵ Erstfassung abgedruckt in DNotZ 1995, 329 ff.; Neufassung vom 9.11.2002 (ratifiziert vom deutschen Notariat am 4.4.2003) abgedruckt in DNotZ 2003, 722 ff. und als → Anhang 2 in diesem Buch.

³⁶ Schippel DNotZ 1995, 334 (340 f.).

³⁷ Schippel FS Lerche 1993, 509 f.; Wehrens ÖNotZ 1994, 12 ff.

³⁸ Isensee notar 2009, 144 (150 ff.) weist zu Recht darauf hin, dass die Ausübung des öffentlichen Amtes eines berufsrechtlichen Unterbaus bedarf.

³⁹ Schippel DNotZ 1995, 340 f.

beachten.⁴⁰ Damit werden innerhalb Europas zum Schutz des rechtsuchenden Verbrauchers einheitliche Mindeststandards notarieller Verhaltenspflichten sichergestellt.⁴¹ Der deutsche Notar hat darüber hinaus gem. § 11a S. 2 sämtliche ihm nach deutschem Recht obliegenden Pflichten zu beachten.⁴²

12 **2. Europarechtswidrigkeit des früheren Staatsangehörigkeitsvorbehalts.⁴³** Ein Staatsangehöriger eines anderen EU-Landes konnte bis zum Urteil des EuGH v. 24.5.2011 in Deutschland ebensowenig Notar werden, wie ein Deutscher in einem anderen EU-Land. Der Vorbehalt der deutschen Staatsangehörigkeit folgte aus dem Status des öffentlichen Amtes, das von der internen staatlichen Organisation der Rechtspflege abhängig ist.⁴⁴ Jeder Amtsträger unterliegt institutionellen Grundpflichten gegenüber seinem Staat.⁴⁵ Diejenigen Mitgliedstaaten der EU, in denen Notariate des kontinental-europäischen Rechtssystems⁴⁶ (Notariate römischer Rechtstradition) eingerichtet sind, hatten in ihren Notargesetzen einen Staatsangehörigkeitsvorbehalt.⁴⁷ Nachdem der Staatsangehörigkeitsvorbehalt aufgehoben wurde, muss die Treuebindung des öffentlichen Amtsträgers Notar an die deutsche Rechtsordnung weiterhin sichergestellt werden. Denn die besondere Treuebindung des extern (außerhalb des staatlichen Behördenaufbaus) tätigen Hoheitsträgers ist deshalb erforderlich, weil der Notar seine Funktionen ausschließlich aus der deutschen Rechtsordnung ableitet und sie ausschließlich zum Wohl der deutschen staatlichen Rechtsordnung erbringt. Die Wahrnehmung dieser Gemeinwohlinteressen hat der deutsche Staat auf staatlich gebundene Funktionsträger übertragen, die Teil des deutschen Justizwesens sind.⁴⁸ Es handelt sich (vielfach unverstanden) bei der Aufgabenübertragung auf Notare nicht um eine materielle Privatisierung, sondern um eine funktionale Ausgliederung aus der unmittelbaren staatlichen Behördenorganisation⁴⁹ unter Beibehaltung hoheitlicher Aufgaben mit staatlichen Organisations-, Aufsichts- und Disziplinarbefugnissen. Der nach deutschem Recht bestellte Notar muss als staatlicher Hoheitsträger wie der deutsche Richter die Gewähr dafür bieten, jederzeit die verfassungsmäßige Ordnung der Bundesrepublik Deutschland zu wahren.⁵⁰

13 Im Unterschied zum EuGH hatte das Europäische Parlament in seinen Entschließungen v. 18.1.1994⁵¹ und v. 23.3.2006⁵² festgestellt, dass das Notariat aus europarechtlicher Sicht in den Anwendungsbereich von Art. 51 AEUV (= Art. 45 EGV aF) falle. Bereits in den Protokollen zur Regierungskonferenz für den Gemeinsamen Markt aus dem Jahre 1957, die Grundlage der Römischen Verträge waren, findet sich eine Bereichsausnahme für

---

⁴⁰ *Schippel* DNotZ 1995, 341.
⁴¹ Zur europäischen Rechtsentwicklung des Notariats *Fessler* FS Rhein. Notariat 1998, 451 (461 ff.); *Wehrens* BWNotZ 1994, 131.
⁴² Dazu → § 11a Rn. 6 ff.
⁴³ Zum Vertragsverletzungsverfahren gegen 23 Mitgliedstaaten ausführlich *Preuß* GPR 2008, 1; *dies.* ZEuP 2005, 291; *Karpenstein/Liebach* EuZW 2009, 161; *Fleischhauer* DNotZ 2002, 325 (356 ff.). Zur Analyse des EuGH-Urteils Diehn/*Bormann* BNotO § 5 Rn. 4 ff.
⁴⁴ *Isensee* notar 2009, 144 (153).
⁴⁵ *Preuß* DNotZ 2008, 258 (267 ff.).
⁴⁶ Das in Kontinentaleuropa verbreitete Lateinische Notariat findet sich weltweit in über 90 Ländern, unter anderem auch in der Volksrepublik China und in Russland.
⁴⁷ *Hergeth,* Europäisches Notariat und Niederlassungsfreiheit nach dem EG-Vertrag, 1996, S. 57 ff.; *Vaasen/ Starke* DNotZ 1998, 661 (664). Dies galt auch für Spanien, das nach Aufforderung der EU-Kommission, den Staatsangehörigkeitsvorbehalt aufgehoben hat, faktisch aber über ein strenges Auswahl- und Prüfungssystem bisher nur spanische Staatsbürger zum öffentlichen Notaramt zulässt.
⁴⁸ Vgl. dazu auch die Stellungnahme der OECD in dem Konsultationspapier ihrer Financial Action Task Force on Money Laundering, Review of the FATF Forty Recommendations Consulting Paper v. 30.5.2002, S. 99 f.
⁴⁹ Zutreffend *Preuß* DNotZ 2008, 258 (273).
⁵⁰ BGH DNotZ 1983, 123.
⁵¹ Abgedruckt in ZNotP 1997, 58 ff.; dazu *Baumann* Notarius International 1996, 20 (24 f.); *Pützer* FG Weichler 1997, 191 ff.
⁵² Entschließung zu den Rechtsberufen und dem allgemeinen Interesse an der Funktionsweise der Rechtssysteme in Bulletin EU 3–2006, Ziff. 1.10.5.

§ 5 Befähigung zum Richteramt   14, 15 § 5 BNotO

Notare.[53] Auch die Berufsqualifikationsrichtlinie[54] führt aus, dass sie nicht „die Anwendung ... des Artikels 45 des Vertrages[55] ... auf Notare" berühre. Ebenso bestimmt die Richtlinie über Dienstleistungen im Binnenmarkt[56] in Art. 2 Abs. 2 lit. l: „Diese Richtlinie findet ... keine Anwendung" auf „Tätigkeiten von Notaren ... die durch staatliche Stellen bestellt werden" und nimmt in Art. 17 Abs. 12 „Handlungen, für die die Mitwirkung eines Notars vorgeschrieben ist", von der Geltung des Herkunftslandprinzips aus.

Die Tätigkeit des deutschen Notars bleibt als Teil der Vorsorgenden Rechtspflege weiterhin hoheitliche Tätigkeit und unterliegt den sich daraus ergebenden gesetzlichen Beschränkungen,[57] weil die Notare in der Freiwilligen Gerichtsbarkeit den Aufgaben der Richter teilweise komplementäre, teilweise überschneidende und teilweise sogar kongruente Funktionen erfüllen.[58] Die Notariatsakte als öffentliche Urkunden binden andere staatliche Stellen und die Gerichte hinsichtlich ihrer Tatsachenfeststellung.[59] Der deutsche Notar nimmt im gesamten Spektrum seiner Tätigkeiten, auch bei beratenden und rechtsbetreuenden Tätigkeiten als unabhängiger und zur Unparteilichkeit verpflichteter Träger eines öffentlichen Amtes hoheitliche staatliche Funktionen für die Bundesrepublik Deutschland wahr,[60] so dass eine Aufspaltung der deutschen Notarfunktionen in amtliche und private Tätigkeiten nicht in Betracht kommt. Eine Abspaltung kann insbesondere nicht für notarielle Rechtsberatungen gelten, die integrierte Bestandteile des öffentlichen Beurkundungsverfahrens sind. Die Amtsausübungs- und Amtsgewährleistungspflicht des Notars gilt funktional auch für seine beratenden Tätigkeiten, dh der Notar muss seine Amtspflichten wahrnehmen, es sei denn, es lägen gesetzliche Verweigerungsgründe vor. Alle staatlichen Stellen, die Kontakt zum Bürger haben, wie Behörden und Gerichte, beraten oder erteilen als Hoheitsträger Rechtsauskünfte, ohne dass deshalb eine Abspaltung dieser Tätigkeiten aus dem Hoheitsbereich in Erwägung gezogen würde. Dass notarielle Rechtsakte einer gerichtlichen Verfahrens- und materiellrechtlichen Inhaltskontrolle unterliegen, widerspricht den hoheitlichen Wirkungen der notariellen Urkunden nicht, da in einem Rechtsstaat jeder staatliche Hoheitsakt einer gerichtlichen Kontrolle unterliegt.

Dem Hoheitsträger Notar ist es untersagt, Teile seiner Berufstätigkeit privatnützig auszuüben. Wäre die Berufsausübung des Notars nur teilweise hoheitlich, könnte er seinen Tätigkeitsschwerpunkt unter werbender Ausnutzung des Amtsbonus privatnützig verändern und sich damit der Aufsichts-, Dienst- und Disziplinargewalt der deutschen Justizbehörden in weiten Teilen seines Tätigkeitsspektrums entziehen. Deshalb sind Nebentätigkeiten des Notars nur als Ausnahmen zulässig (→ § 8 Rn. 17 ff.). Missbräuche staatlicher Funktionen

---

[53] Nachweis bei *Karpenstein/Liebach* EuZW 2009, 161 (164).
[54] 2005/36/EG (Berufsqualifikationsrichtlinie v. 7.9.2005) – ABl. 2005 L 255, 22, Erwägungsgrund Nr. 41. Bestätigt vom Generalanwalt in seinen Schlussanträgen v. 14.9.2010 (C-54/08).
[55] Jetzt Art. 51 AEUV.
[56] 2006/123/EG (Richtlinie über Dienstleistungen im Binnenmarkt v. 12.12.2006). Die Richtlinie lässt Art. 45 EG unberührt und klammert die gesamte Tätigkeit des Notars sogar ausdrücklich aus ihrem Anwendungsbereich aus (Art. 2 Abs. 2 lit. e; ABl. 2006 L 376, 36).
[57] BVerfG DNotZ 2012, 945; BGHZ 196, 271; *Geiger* EGV Art. 45 Rn. 4; *Oppermann*, Europarecht, 3. Aufl. 2005, § 26 Rn. 55; *Dauses/Roth*, Handbuch des EU-Wirtschaftsrechts, 17. Lief. 10/06, E. I. Rn. 43; Münch/Kunig/*Versteyl*, Grundgesetz-Kommentar, 2003, GG Art. 138 Rn. 20; *Fischer* DNotZ 1989, 467 (500 f.); *Wehrens* NZ 1994, 10 (11); *Richter* MittBayNot Sonderheft 1990, 20 ff.; *Bohrer*, Berufsrecht, S. 142; *Schippel* FS Lerche 1993, 499 (507 f.); *Ott* DNotZ Sonderheft 2001, 83 (87); Schippel/*Schippel*, 7. Aufl., BNotO § 5 Rn. 2; Schippel/Bracker/*Görk* BNotO § 5 Rn. 2; *Preuß* GPR 2008, 1 (5 ff.); *Karpenstein/Liebach* EuZW 2009, 161 (162 ff.); *Egerland*, Die Notarbestellung im hauptberuflichen Notariat, 2009, S. 194 ff. mwN.
[58] BVerfG DNotZ 2012, 945 Rn. 44; DNotZ 2009, 702; BVerfGE 17, 373 (377); BVerfGE 54, 237 (249 f.); BVerfGE 73, 280 (292); *Römer*, Notariatsverfassung und Grundgesetz, 1963; *Pfeiffer* DNotZ 1981, 5; *Odersky* DNotZ 1994, 1; *Pützer*, Das Notariat im Zivilrechtssystem, S. 8 „Notar als Richter im Vorfeld" in: BNotK (Hrsg.), Das moderne Notariat, 1993; *Baumann* MittRhNotK 1996, 1; *Bilda* FS Rhein. Notariat 1998, 387 f.
[59] *Karpenstein/Liebach* EuZW 2009, 161 (166 f.).
[60] Vgl. hierzu die Ausführungen zur Dienstaufsicht bei Arndt/Lerch/Sandkühler/*Lerch* BNotO § 93 Rn. 2 ff.

durch Verlagerungen hoheitlicher Tätigkeiten in private Bereiche könnten bei gemischten Aufgabenzuweisungen nicht verhindert werden, weil nur hoheitliche Tätigkeiten eines Berufsträgers der öffentlichen Aufsichts-, Dienst- und Disziplinargewalt der Justizverwaltung unterliegen können. Die staatliche Dienstaufsicht ginge weitgehend ins Leere, weil zB bei Geschäftsprüfungen der Justizbehörden nur noch Teilbereiche kontrolliert werden könnten und sich Grauzonen zwischen hoheitlichen und privatnützigen Tätigkeiten bilden würden.

16 Dass der nach deutschem Recht bestellte Notar **in allen Bereichen** seiner Berufsausübung funktional **hoheitlich** handelt, wird auch durch die seit Jahrzehnten gefestigte höchstrichterliche deutsche Judikatur zur Amtshaftung in ständiger Rechtsprechung bestätigt, wonach zB auch für Beratungs- und Betreuungstätigkeiten Amtshaftungsgrundsätze gelten.[61] Darüber hinaus entscheiden Notare nach der deutschen Rechtsordnung im Rahmen ihrer Amtstätigkeiten hoheitlich und verbindlich über die Wirksamkeit von Rechtsgeschäften.[62] „Wegen der hierin gründenden besonders ausgeprägten Nähe zum öffentlichen Dienst im engeren Sinne sind für Notare Sonderregelungen in Anlehnung an beamtenrechtliche Grundsätze gemäß Art. 33 Abs. 5 GG"[63] in der deutschen Rechtsordnung getroffen worden, die in Einzelregelungen zum Wohl der staatlichen Rechtspflege tief in die Grundrechte der Notare eingreifen.[64]

17 Der EuGH[65] hat die Urkundstätigkeit der deutschen Notare nicht als diejenige Ausübung öffentlicher Gewalt iSd Art. 45 Abs. 1 EG (= Art. 51 Abs. 1 AEUV) qualifiziert, die von der Niederlassungsfreiheit des Art. 43 EG (= Art. 49 AEUV) ausgenommen ist. Der EuGH hat sich deshalb mit der Aufhebung des Staatsangehörigkeitsvorbehalts für Notare – wenn auch nur moderat – gegen die tradierte eigenständige kontinental-europäische Rechtskultur (Civil-Law) zugunsten des anglo-amerikanischen Rechtssystems (Common-Law) entschieden, aber keineswegs ausgeschlossen, dass die Aufgaben des deutschen Notars nach der Ausgestaltung der deutschen Rechtsordnung mit der Ausübung öffentlicher Gewalt verbunden sind.[66] Der EuGH[67] hat somit die **Ausgestaltung des deutschen Notarberufs als hoheitlicher Träger eines öffentlichen Amtes** nicht infrage gestellt.[68] Eine weitere Liberalisierung des Notariats und damit eine Aufhebung seiner öffentlichen Funktionen widerspräche allen empirischen Erkenntnissen der Institutionenökonomik.[69] Die durch die neoliberalistische Ökonomik ausgelöste Deregulierung der Rechtsberatungsberufe und der justiziellen Institutionen ist nach den Folgen der Finanz- und Weltwirtschaftskrise mit Bankenpleiten und Staatsverschuldung zu Lasten der steuerzahlenden Bürger rechtspolitisch auf den Prüfstand zu stellen.[70] Der Notar trägt zu einem wesentlich effizienteren und kostengünstigeren Rechtssystem bei als zB die notarlosen Rechtssysteme der meisten USA-Bundesstaaten, in denen die Transaktionskosten um ein Vielfaches höher sind.[71] Diese Erkenntnis verbietet, das den Bürger schützende System der Freiwilligen Gerichtsbarkeit durch punktuelle Aufweichungen leichtfertig aufzugeben bzw. zu kommerzialisieren.

---

[61] ZB BGH DNotZ 1960, 265; LM § 19 BNotO Nr. 1; NJW 1974, 692; DNotZ 1983, 509; WM 1987, 1205.
[62] BVerfG DNotZ 2009, 702 (705).
[63] BVerfGE 73, 280 (292, 294) = DNotZ 1987, 121; BVerGE 110, 304 (321) = DNotZ 2004, 560; BVerfG DNotZ 2009, 702 (705).
[64] Zur Bedeutung und Reichweite von Eingriffen in die Freiheit der Berufsausübung der Notare BVerfGE 7, 377 (405); BVerfGE 54, 237 (245 ff.) = DNotZ 1980, 556; BVerfGE 80, 269 (278) = DNotZ 1989, 627; BVerfGE 98, 49 (62) = DNotZ 1998, 754; BVerfGE 110, 304 (326 ff.) = DNotZ 2004, 560.
[65] EuGH NJW 2011, 2941.
[66] BVerfG DNotZ 2012, 945; BGH DNotZ 2013, 76; *Lorz* NJW 2012, 3406 (3407 f.).
[67] EuGH NJW 2011, 2941 Rn. 75: die Rüge betrifft „weder den Status und die Organisation des Notariats in der deutschen Rechtsordnung, noch die Voraussetzungen, die neben der Staatsangehörigkeit für den Zugang zum Beruf des Notars in diesem Mitgliedstaat bestehen".
[68] BVerfG DNotZ 2012, 945; KG NotBZ 2012, 358; *Eickelberg* NotBZ 2012, 338 (342 f.).
[69] Ausführlich dazu *Woschnak*, Binnenmarkt und Notariat, 2015.
[70] *Stürner*, Markt und Wettbewerb über alles?, 2007.
[71] Vgl. nur *Knieper*, Die ökonomische Analyse des Notariats, 2010, mwN.; *ders.* RNotZ 2011, 197; *Woschnak*, Binnenmarkt und Notariat, 2015.

Die allein auf die Aufhebung des Staatsangehörigkeitsvorbehalts beschränkte, gleichwohl **18** kritikwürdige Entscheidung des EuGH mag von berechtigten europäischen Harmonisierungszielen geleitet sein, berücksichtigt aber nicht hinreichend, dass sich innerhalb der Europäischen Union trotz Brexit zwei weltweit verbreitete Zivilrechtskreise in der offenen Auseinandersetzung um die Vorherrschaft der Rechts- und Wirtschaftssysteme gegenüberstehen.[72] Dem kodifizierten Zivilrecht (Civil Law) steht das weitgehend **nicht kodifizierte** Common Law des **anglo-amerikanischen** Rechtskreises gegenüber, sowie die Regelungen des durch angelsächsisches Recht beeinflussten skandinavischen Rechtskreises. Diese Rechtssysteme kennen keinen Notar römisch-rechtlicher Prägung,[73] haben gleichwohl die Berufsbezeichnung „Notar"[74] übernommen. Die Wortidentität trotz Begriffsverschiedenheit darf bei unzureichender Kenntnis der Bedeutung und Funktionsweise der Freiwilligen Gerichtsbarkeit nicht zu oberflächlich durchdachten Harmonisierungsbestrebungen verleiten. Das heutige kontinentaleuropäische Rechtssystem, das im Römischem Recht – auf den in der Ethik griechischer Philosophie und damit den Wurzeln europäischen Denkens entwickelten Werten – begründet wurde, beruht auf kodifiziertem Zivilrecht und kennt eine Freiwillige Gerichtsbarkeit sowie vorsorgende Rechtspflegeeinrichtungen. Zu letzteren gehören die Notariate als öffentliche Amtseinrichtungen mit gesetzlich vorgesehener Amtsbereitschaft, Amtsausübung und Justizgewährleistungspflicht notarieller Leistungen. Notare nehmen in den kontinentaleuropäischen Ländern staatliche Aufgaben der Vorsorgenden Rechtspflege im Bereich der Freiwilligen Gerichtsbarkeit wahr.[75] Die Freiwillige Gerichtsbarkeit hat seit alters her justizförmige Verfahren zum Gegenstand, die im Zusammenspiel mit prozessualen Vorschriften von Organen der Justiz durchgeführt werden.[76] Die Notare unterliegen dementsprechend beim Berufszugang und bei der Berufsausübung der staatlichen Überwachung der zuständigen Justizverwaltungen. Deshalb war für Notare ebenso – wie nach geltendem Recht immer noch für Richter – ein Staatsangehörigkeitsvorbehalt vorgesehen.

Von einzelnen Autoren ist gefolgert worden, auch für Dienstleistungsfreiheit (Art. 56 **19** Abs. 1 AEUV) greife hinsichtlich der notariellen Urkundstätigkeit die Bereichsausnahme zugunsten der „Ausübung öffentlicher Gewalt" (Art. 51 Abs. 1 iVm Art. 62 AEUV) nicht mehr ein, so dass deutsche Notare zB im Ausland beurkunden dürfen.[77] Zu Recht vertritt das die öffentlichen Rechtspflegefunktionen des Notars beachtende Schrifttum[78] die Auffassung, dass die Erwägungen des EuGH zum Staatsangehörigkeitsvorbehalt für Notare nicht auf die Frage übertragbar sind, ob der in der deutschen Rechtsordnung ausgestaltete hoheitliche Charakter der notariellen Beurkundungstätigkeit und das Territorialitätsprinzip eine Beschränkung des – möglicherweise betroffenen – Rechts aus Art. 56 AEUV rechtfertigen, die in der Versagung einer Urkundstätigkeit im EU-Ausland liegen könnte. Der EuGH hat ausdrücklich hervorgehoben, dass die von ihm zu behandelnde Rüge der

---

[72] Zur Globalisierung des Rechts *Baumann* MittRhNotK 2000, 1 ff. Im Wettbewerb der Rechtssysteme, der von den USA mit erheblichen staatlichen Mitteln gefördert wird, haben zB China und Russland sich für das kontinental-europäische Rechtssystem mit Notariaten der Vorsorgenden Rechtspflege entschieden.

[73] *Böttcher* RNotZ 2013, 285 (286 ff.).

[74] Die Rechtslage kann hier nicht umfassend dargestellt werden. Auch im anglo-amerikanischen Rechtskreis ist zu differenzieren, da das Rechtssystem in Großbritannien sich – zumindest hinsichtlich der Beweiswirkungen öffentlicher Urkunden – den kontinentaleuropäischen Rechtssystemen schrittweise angenähert hat und die Notarfunktionen in England/Wales, Schottland und Irland erheblich voneinander abweichen. Auch kommt den Scrivener Notaries in London eine spezifische Funktion für den grenzüberschreitenden Rechtsverkehr mit dem kontinental-europäischen Rechtssystem zu.

[75] *Preuß* DNotZ 2008, 258 (262 ff.): „Notartätigkeit als staatliche Rechtspflege".

[76] *Fessler* FS Weißmann 2003, 237; *Ott* notar 2003, 159; *Hofmeister* NZ 1982, 97.

[77] *Hamacher* AnwBl. 2011, 913 (914, 916 f.); *Pohl* EWS 2011, 353 (354, 358); *Ritter* EuZW 2011, 707 (708, 710); *Schmidt/Pinkel* NJW 2011, 2928 (2930).

[78] *Dederer* EuR 2011, 865; *Fuchs* EuZW 2011, 475 f.; *Pelikan* notar 2011, 259 (260); *Preuß* ZNotP 2011, 322 (325 f.); *Henssler/Kilian* FS Brambring 2011, 131; *Lorz* DNotZ 2011, 491; *Bracker* MittBayNot 2012, 429; *Henssler/Kilian* NJW 2012, 481 (484 f.); *Huttenlocher/Wohlrab* EuZW 2012, 779; *Bredthauer* ZEuP 2012, 171; *Spickhoff* JZ 2012, 333; *Schwarze* EuR 2013, 253; *Henssler* DNotZ 2013, 37; *Waldhoff* ZZP 2014, 3; *Roth* EuZW 2015, 734.

Kommission weder den Status noch die Organisation des Notariats in der deutschen Rechtsordnung[79] oder die Anwendungen der Bestimmungen über den freien Dienstverkehr betreffe.[80] Das Bundesverfassungsgericht hat im Beschluss v. 19.6.2012[81] bestätigt, dass die Entscheidung des EuGH der Qualifizierung der notariellen Tätigkeit als hoheitlich und den daraus folgenden Beschränkungen der Berufsausübung nicht entgegen stehe.[82]

20 Der nach deutschem Recht bestellte Notar ist als Hoheitsträger ab dem Berufszugang, während der Amtsausübung und bis zur Beendigung seiner Amtstätigkeit in die staatliche Organisation eingebunden (→ Rn. 6 f.). Er ist durch die staatliche Ernennung zum hoheitlichen Amtsträger mit Sonderbefugnissen ausgestattet,[83] die Privaten nicht zur Verfügung stehen und nicht auf Private übertragen werden können. Dies ist vom Europäischen Parlament durch Entschließung v. 18.1.1994 über die Lage und Organisation des Notarstandes in den Mitgliedstaaten der Gemeinschaft[84] in Abschnitt II Ziff. 1 unter Rn. 28 anerkannt worden.[85] Soweit der (spanische) Generalanwalt[86] zwar anerkannt hatte, dass der deutsche Notar öffentliche Gewalt ausübt, den Staatsangehörigkeitsvorbehalt als Bereichsausnahme aber für unverhältnismäßig hielt, hatte er die nach deutschem Rechtsordnung wesentlich stärkere Einbindung der Notare in das Justizwesen der Freiwilligen Gerichtsbarkeit und die Nähe des deutschen Notarberufs zum Richterberuf[87] nicht hinreichend gewürdigt.

21 **3. Künftiges europäisches Recht.** Im Rahmen einer fortschreitenden Europäisierung und Rechtsvereinheitlichung mit einer aus europäischer Staatsgewalt abgeleiteten Zivilgerichtsbarkeit kann für die Zukunft eine Harmonisierung der Freiwilligen Gerichtsbarkeit und auch ein „europäischer Notar" gefordert werden,[88] der seine hoheitlichen Befugnisse aus dem Bundesstaat „Europäische Union" ableitet und seine Funktionen als Organ einer europäischen Freiwilligen Gerichtsbarkeit wahrnimmt (→ Rn. 4). Europäische Notare setzen aber ein vereinheitlichtes europäisches Recht der Freiwilligen Gerichtsbarkeit und der mit ihnen korrespondierenden materiell-rechtlichen Vorschriften, der europäischen Register und der beurkundungsrechtlichen Verfahrensvorschriften voraus. Die Internationale Union des Lateinischen Notariats bemüht sich seit Jahrzehnten in ihren europäischen Kommissionen schrittweise um eine Harmonisierung dieser Rechtsgebiete in Europa.[89]

22 Schwierigkeiten bereitet eine anzustrebende Harmonisierung der Freiwilligen Gerichtsbarkeit deswegen, weil innerhalb der EU zwei unterschiedliche Rechtssysteme miteinander konkurrieren (→ Rn. 17 f.). Deshalb stehen der Angleichung materiell-rechtlicher und prozessual-verfahrensrechtlicher Vorschriften hohe Hürden entgegen. Ohne diese Harmonisierung macht aber ein berufsrechtlich einheitlich geregelter europäischer Notar keinen Sinn, weil die hoheitlichen Aufgabenfunktionen des Notarberufs und die staatlichen Organisations-, Aufsichts- und Disziplinarfunktionen sich aus dem materiell-rechtlichen und prozessual-verfahrensrechtlichen Regelungsinhalt der jeweiligen Rechtsordnungen ableiten. Eine europaweite Anerkennung gleichwertiger notarieller Urkunden setzt voraus, dass

---

[79] EuGH NJW 2011, 2941 Rn. 75.
[80] EuGH NJW 2011, 2941 Rn. 76.
[81] BVerfG DNotZ 2012, 945 Rn. 46 ff.
[82] BGHZ 196, 271 Rn. 19.
[83] BVerfG DNotZ 2012, 945 Rn. 44 ff.; zuvor bereits *Bormann/Böttcher* NJW 2011, 2758.
[84] Dazu auch *Pützer* FG Weichler 1997, 191.
[85] Abgedruckt in ZNotP 1997, 58.
[86] Schlussanträge des Generalanwalts Pedro Cruz Villalón v. 14.9.2010 in der Rechtssache C-54/08. Zu diesen Schlussanträgen Diehn/*Bormann* BNotO § 5 Rn. 7.
[87] BVerfG DNotZ 2012, 945 Rn. 44; BVerfGE 17, 371 (377) = DNotZ 1964, 424; *Römer*, Notariatsverfassung und Grundgesetz, 1963; *Pfeiffer* DNotZ 1981, 5; *Odersky* DNotZ 1994, 1; *Pützer*, Das Notariat im Zivilrechtssystem, in: BNotK (Hrsg.), Das moderne Notariat, 1993, S. 8 „Notar als Richter im Vorfeld"; *Baumann* MittRhNotK 1996, 1; *Bilda* FS Rhein. Notariat 1998, 387; *Bormann/Böttcher* NJW 2011, 2758 (2759).
[88] Dazu bereits *Baumann* Notarius International 1996, 20 ff.
[89] *Wehrens* BWNotZ 1994, 131; *Fessler* FS Rhein. Notariat 1998, 451 (461 ff.); *Fleischhauer* DNotZ 2002, 325.

sie zum Schutz des Verbrauchers nach denselben Beurkundungsstandards (im vereinheitlichten Beratungs-, Belehrungs-, Betreuungs- und Haftungssystem) errichtet worden sind.

III. Befähigung zum Richteramt

1. Erwerb der Befähigung zum Richteramt. Die Befähigung zum deutschen Richteramt wird durch die Ablegung der beiden juristischen Staatsprüfungen (§§ 5–7 DRiG) oder – auch ohne zweites Staatsexamen – durch die Berufung als ordentlicher Professor der Rechte an eine deutsche Universität (§ 7 DRiG) erlangt.[90] Die näheren Bestimmungen über die beiden Staatsprüfungen sind in §§ 5a–d, 6 DRiG und in den Ausbildungsgesetzen der Länder enthalten. Inwieweit eine weitere Umsetzung des Bologna-Prozesses im EU-Raum zu einer Veränderung der Curricula, der damit verbundenen Studienabschlüsse der Rechtswissenschaften (Bachelor, Master), eventuell sogar zur Aufgabe des Einheitsjuristen führen wird, bleibt abzuwarten. Die Umstrukturierung könnte für Notare einen (Master-)Spezialstudiengang (Kautelarjurisprudenz) zur Folge haben, der als entsprechend qualifizierter Studienabschluss die Chance der Zulassung zum notariellen Anwärterdienst eröffnen könnte. 23

2. Staatliche Notare der früheren DDR. Notaren des Staatlichen Notariats der DDR wurde für einen Übergangszeitraum nach § 5 VONot die Möglichkeit eröffnet, als Diplom-Juristen ohne 2. juristische Staatsprüfung zu Notaren in eigener Praxis berufen zu werden.[91] Die VONot wurde durch Art. 13 Abs. 1 Ziff. 1 des 3. Gesetzes zur Änderung der Bundesnotarordnung v. 31.8.1998 (BGBl. I 2585) aufgehoben und ersetzt. Als Gebot des Gleichheitssatzes wurde vom BVerfG abgeleitet, in Berlin Diplom-Juristen auch zu Anwaltsnotaren zu bestellen.[92] Das erste Gesetz über die Bereinigung von Bundesrecht im Zuständigkeitsbereich des Bundesministeriums der Justiz v. 19.4.2006 (BGBl. I 866) hob die in Art. 13 des 3. Gesetzes zur Änderung der Bundesnotarordnung enthaltene, als verfassungswidrig festgestellte, räumliche Beschränkung des Anwendungsbereichs dieser Vorschrift auf und übernahm die Regelungen in § 117b Abs. 1 BNotO.[93] 24

3. Übergangsregelungen für Notare im Landesdienst. Eine zeitlich befristete Ausnahme[94] von dem Erfordernis der Befähigung zum Richteramt gilt nach § 114 noch übergangsweise für die Notare im Landesdienst und Notaranwärter in Baden-Württemberg.[95] Durch das Gesetz zur Änderung der Bundesnotarordnung und anderer Gesetze v. 15.7.2009 (BGBl. I 1798), zuletzt geändert durch Art. 5 des Gesetzes v. 5.12.2014 (BGBl. I 1962) ist § 114 mit Wirkung seit dem 1.1.2018 durch weitere Übergangsregelungen geändert worden.[96] Alle staatlichen Notariate in Baden-Württemberg wurden zum 1.1.2018 aufgelöst. 25

IV. Keine Anwendbarkeit des Berufsqualifikationsfeststellungsgesetzes

S. 2 stellt klar, dass für die Befähigung zum Amt des Notars das Berufsqualifikationsfeststellungsgesetz v. 6.12.2011 (BGBl. I 2015) nicht anzuwenden ist. Daher muss auch ein Jurist mit ausländischer Staatsangehörigkeit, der Notar werden will, zwingend die Befähigung zum Richteramt nach dem deutschen Richtergesetz erlangt haben.[97] Dies ist folgerichtig, weil die entsprechende Richterqualifikation in einer fremden Rechtordnung ein 26

---

[90] Arndt/Lerch/Sandkühler/*Lerch* BNotO § 5 Rn. 20 ff.; BeckOK BNotO/*Görk* BNotO § 5 Rn. 1.
[91] Einzelheiten bei Schippel/Bracker/*Görk*, 8. Aufl., BNotO § 5 Rn. 7 mwN.
[92] So BVerfG ZNotP 2001, 436; aA BGH NJW-RR 1999, 355.
[93] → § 117b Rn. 2; Schippel/Bracker/*Görk* BNotO § 117b Rn. 4; Diehn/*Bormann* BNotO § 5 Rn. 2.
[94] Diehn/*Bormann* BNotO § 5 Rn. 2.
[95] Dazu → § 114 Rn. 5 ff.; BGHZ 199, 148 = notar 2014, 300.
[96] Dazu auch *Hager/Müller-Teckhof* NJW 2011, 1716 (1720); *Büttner* BWNotZ 2015, 166.
[97] Diehn/*Bormann* BNotO § 5 Rn. 1; Arndt/Lerch/Sandkühler/*Lerch* BNotO § 5 Rn. 20 ff.

„aluid" ist und die Ausübung der Notarfunktionen sichere Rechtskenntnisse in der deutschen Rechtsordnung voraussetzt.

27 Andere Befähigungen als die zum deutschen Richteramt können als grundlegende Qualifikationsvoraussetzung für nach deutschem Recht bestellte Notare nicht in Betracht kommen. Die Berufsqualifikationsrichtlinie[98] kann auf Notare keine Anwendung finden. Erwägungsgrund Nr. 36 der Berufsqualifikationsrichtlinie lautet: „Diese Richtlinie berührt nicht die Anwendung des Art. 39 Abs. 4 und des Artikels 45 des Vertrages, insbesondere auf Notare".[99] Ausländische Hochschuldiplome können für die Zulassung zum Notarberuf nur anerkannt werden, wenn die ausländische Hochschule, die einer deutschen rechtswissenschaftlichen Fakultät materiell-rechtlich vergleichbare Ausbildung anbietet und das Hochschuldiplom inhaltlich den Prüfungsanforderungen des Ersten deutschen juristischen Staatsexamens entsprechen. Bestätigt das Hochschuldiplom nur Prüfungsleistungen in einer ausländischen Rechtsordnung, so handelt es sich beim Qualifikationsnachweis um ein aliud, das ebenso wenig als Befähigung zum Richteramt nach dem Deutschen Richtergesetz anerkannt werden kann, wie ein Hochschuldiplom in einem anderen Fachbereich (zB Wirtschafts- oder Staatswissenschaften, selbst wenn letztere an einer deutschen Hochschule erworben worden wären). Wegen der Qualifikationsvoraussetzung „Kenntnisse der deutschen Rechtsordnung" einschließlich der deutschen Rechtsprechung und der ihr zugrunde liegenden Rechtsmethodik muss für die Berufszulassung des nach deutschem Recht bestellten Notars und schon für den im Vorbereitungsdienst einzustellenden Notarassessor zwingend das nach dem Deutschen Richtergesetz erforderliche Erste und Zweite juristische Staatsexamen verlangt werden. Es wäre für die staatliche Rechtsordnung der Bundesrepublik Deutschland nicht zumutbar, wenn aufgrund der Berufsqualifikationsrichtlinie ein – zB ausschließlich im französischen Recht ausgebildeter Jurist ohne Kenntnisse der deutschen Rechtsordnung – in Deutschland als Richter im Namen des deutschen Volkes entscheiden oder als Notar öffentliche Urkunden errichten könnte. Aus den staatlichen Funktionen des Notars folgt, dass die Berufsqualifikationsrichtlinie auf Notare keine Anwendung finden kann, da Notare im Beurkundungsverfahren ausschließlich das deutsche Recht anzuwenden haben und sich ihre Qualifikation auf die deutsche Rechtsordnung erstrecken muss, die allerdings auch von ausländischen Bewerbern erfüllt werden kann.

C. Fehlen oder Wegfall der Voraussetzungen

28 Stellt sich nachträglich heraus, dass die Befähigung zum Richteramt nach dem Deutschen Richtergesetz nicht vorliegt, so ist der Notar sofort seines Amtes zu entheben (§ 50 Abs. 1 Nr. 1). Zum Schutz des Rechtsverkehrs muss die staatliche Notarbestellung, die an den wirksamen Ernennungsakt anknüpft, bis zur Amtsenthebung rechtswirksam bleiben. Daher sind an die Prüfung der Voraussetzungen des § 5 hohe Anforderungen zu stellen. Ist das Notaramt erloschen, kann ein künftiges Innehaben des Amtes nur durch erneute Bestellung gemäß §§ 5 ff. BNotO erfolgen.[100]

§ 6 [Eignung für das Amt des Notars]

(1) ¹**Nur solche Bewerber sind zu Notaren zu bestellen, die nach ihrer Persönlichkeit und ihren Leistungen für das Amt des Notars geeignet sind.** ²**Bewerber können nicht erstmals zu Notaren bestellt werden, wenn sie bei Ablauf der Bewerbungsfrist das sechzigste Lebensjahr vollendet haben.**

---

[98] ABl. 2005 L 255, 22.
[99] Zum Vorläufer „Diplomanerkennungsrichtlinie" RL 89/48/EG (ABl. 1989 L 19, 16) *Schippel* FS Lerche 1993, 508; Schippel/Bracker/*Görk* BNotO § 5 Rn. 5.
[100] BGH DNotZ 2015, 872 (874).

(2) ¹Im Fall des § 3 Abs. 2 soll als Notar nur bestellt werden, wer nachweist, dass er bei Ablauf der Bewerbungsfrist
1. mindestens fünf Jahre in nicht unerheblichem Umfang für verschiedene Auftraggeber als Rechtsanwalt tätig war,
2. die Tätigkeit nach Nummer 1 seit mindestens drei Jahren ohne Unterbrechung in dem in Aussicht genommenen Amtsbereich ausübt,
3. die notarielle Fachprüfung nach § 7a bestanden hat und
4. ab dem auf das Bestehen der notariellen Fachprüfung folgenden Kalenderjahr im Umfang von mindestens 15 Zeitstunden jährlich an von den Notarkammern oder Berufsorganisationen durchgeführten notarspezifischen Fortbildungsveranstaltungen teilgenommen hat.

²Vor der Bestellung zum Notar hat der Bewerber darüber hinaus nachzuweisen, dass er mit der notariellen Berufspraxis hinreichend vertraut ist; dieser Nachweis soll in der Regel dadurch erbracht werden, dass der Bewerber nach Bestehen der notariellen Fachprüfung 160 Stunden Praxisausbildung bei einem Notar, den die für den in Aussicht genommenen Amtsbereich zuständige Notarkammer bestimmt, durchläuft. ³Die Praxisausbildung kann auf bis zu 80 Stunden verkürzt werden, wenn der Bewerber vergleichbare Erfahrungen als Notarvertreter oder Notariatsverwalter oder durch die erfolgreiche Teilnahme an von den Notarkammern oder den Berufsorganisationen durchgeführten Praxislehrgängen nachweist. ⁴Die Einzelheiten zu den Sätzen 2 und 3 regelt die Notarkammer in einer Ausbildungsordnung, die der Genehmigung der Landesjustizverwaltung bedarf. ⁵Auf die Tätigkeit nach Satz 1 Nr. 1 werden auf Antrag Zeiten nach Absatz 4 und Zeiten eines vorübergehenden Verzichts auf die Zulassung zur Rechtsanwaltschaft wegen Schwangerschaft oder Betreuung eines Kindes oder eines pflegebedürftigen Angehörigen bis zur Dauer von zwölf Monaten angerechnet. ⁶Unterbrechungen der Tätigkeiten nach Satz 1 Nr. 1 und 2 auf Grund von Ereignissen des täglichen Lebens bleiben außer Betracht. ⁷Nicht als Unterbrechung der Tätigkeit nach Satz 1 Nr. 2 gelten die in Satz 5 genannten Zeiten für die Dauer von bis zu zwölf Monaten.

(3) ¹Die Reihenfolge bei der Auswahl unter mehreren geeigneten Bewerbern richtet sich nach der persönlichen und der fachlichen Eignung unter Berücksichtigung der die juristische Ausbildung abschließenden Staatsprüfung und der bei der Vorbereitung auf den Notarberuf gezeigten Leistungen. ²Im Fall des § 3 Abs. 1 ist die Dauer des Anwärterdienstes angemessen zu berücksichtigen. ³Im Fall des § 3 Abs. 2 wird die fachliche Eignung nach Punkten bewertet; die Punktzahl bestimmt sich zu 60 Prozent nach dem Ergebnis der notariellen Fachprüfung und zu 40 Prozent nach dem Ergebnis der die juristische Ausbildung abschließenden Staatsprüfung, soweit nicht bei einem Bewerber, der Notar ist oder war, im Einzelfall nach Anhörung der Notarkammer ausnahmsweise besondere, die fachliche Eignung vorrangig kennzeichnende Umstände zu berücksichtigen sind. ⁴Bei gleicher Punktzahl ist im Regelfall auf das Ergebnis der notariellen Fachprüfung abzustellen.

(4) ¹Die Landesregierungen werden ermächtigt, durch Rechtsverordnung Bestimmungen über die Anrechnung von Wehr- und Ersatzdienstzeiten, Zeiten eines Beschäftigungsverbotes nach Mutterschutzvorschriften und Zeiten der Beurlaubung wegen Inanspruchnahme von Elternzeit auf die Dauer des Anwärterdienstes nach Absatz 3 Satz 2 sowie bei einer erneuten Bestellung über die Zeiten einer vorübergehenden Amtsniederlegung nach § 48b auf die bisherige Amtstätigkeit zu treffen. ²Sie können die Ermächtigung durch Rechtsverordnung auf die Landesjustizverwaltungen übertragen.

A. Vorbemerkungen

1 Während § 5 die allgemeine Befähigung zum Richteramt als Bestellungsvoraussetzung aufstellt, formuliert § 6 die konkreten Eignungsanforderungen für die Bestellung zum Notar, nämlich die **persönliche und fachliche Eignung** für das Notaramt. Das Verfahren für die Gewinnung der Bewerber ist in § 6b geregelt.

2 Die besonderen Anforderungen an die Eignung folgen aus dem Umstand, dass der Staat mit der Übertragung von Aufgaben auf Verfahrensträger, die selbst nicht Teil der staatlichen Organisation sind, zugleich sicherstellen muss, dass die Verfahrensträger über die zur Aufgabenerfüllung erforderliche Eignung verfügen.[1] Ansonsten wäre die Einsetzung notarieller Verfahren zur Verwirklichung etwa der Formzwecke nicht gerechtfertigt.[2] Zugleich dienen die Anforderungen der Erleichterung der Aufsicht.[3] Eine bloße nachgelagerte Aufsicht ohne Eignungsanforderung würde die mit der Aufgabenauslagerung verfolgten Zwecke konterkarieren.

3 Der Grundsatz der Eignungsanforderung ist in Abs. 1 enthalten, ebenso eine Mindestalterbestimmung für die Erstbestellung. Abs. 2 regelt besondere Voraussetzungen für die Bestellung zum Anwaltsnotar. Die Regelungen bilden gleichsam das Pendant zum Notaranwärterdienst als besondere Voraussetzung für die Bestellung als hauptberuflicher Notar (§ 7). Diese 2009 neu geschaffene Regelung beruht auf einer Entscheidung des BVerfG.[4] Die Neuregelung[5] hat die besonderen Voraussetzungen für die Bestellung zum Anwaltsnotar denjenigen zur Bestellung als hauptberuflicher Notar stärker angenähert. Abs. 3 enthält Regelungen zur Auswahl unter mehreren Bewerbern, die zum Teil für alle Notariatsformen gelten (S. 2 und S. 3). Abs. 4 enthält eine Verordnungsermächtigung über die Anrechnung bestimmter Zeiten.

B. Persönliche Eignung

4 Die in Abs. 1 geforderte persönliche Eignung gilt für beide Notariatsformen. Zu bejahen ist die persönliche Eignung, **wenn die Eigenschaften des Bewerbers,** wie sie sich insbesondere in seinem äußeren Verhalten offenbaren, **keine begründeten Zweifel aufkommen lassen, dass er die Aufgaben und Pflichten eines Notars gewissenhaft erfüllen werde.**[6] Zu den Amtspflichten, an denen die persönliche Eignung zu messen ist, gehören die Gebote
– der Unabhängigkeit (§ 1),
– der Gewissenhaftigkeit (§ 14 Abs. 1),
– der Redlichkeit und Lauterkeit (§ 14 Abs. 2),
– der Wahrung der Berufswürde (§ 14 Abs. 2) und
– der verfassungsmäßigen Ordnung (§§ 13 Abs. 1, 14 Abs. 1 S. 1).[7]

5 Mit Rücksicht auf die Bedeutung und Schwierigkeiten der Aufgaben, die der Notar als unabhängiger Träger eines öffentlichen Amtes auf dem Gebiete der vorsorgenden Rechtspflege zu erfüllen hat (§ 1), darf der an die persönlichen Eigenschaften des Bewerbers anzulegende Maßstab nicht zu milde sein.[8] Die erhöhten Anforderungen rechtfertigen sich daraus, dass die Leistungsfähigkeit der vorsorgenden Rechtspflege, in deren Rahmen der

---

[1] Ebenso Diehn/*Bormann* BNotO § 6 Rn. 1.
[2] Vgl. zum Verhältnis von Berufsrecht und Formzwecken *Frenz* FG Weichler 1997, 175 ff.
[3] Vgl. BGH NJW 2012, 2972.
[4] DNotZ 2004, 520.
[5] BGBl. 2009 I 696.
[6] BGH NJW 2012, 2972.
[7] BGH DNotZ 1997, 884.
[8] BGH ZNotP 2011, 36; NJW 2012, 2972.

Notar wichtige Funktionen wahrnimmt, wesentlich vom Vertrauen der Rechtsuchenden in die Rechtspflegeorgane abhängt und dafür unbedingte **Integrität der Amtspersonen** erforderlich ist. Wesentliche Voraussetzungen dafür, dass der rechtsuchende Bürger dem Notar Achtung und Vertrauen entgegenbringen kann, sind nicht nur Fähigkeiten wie Urteilsvermögen, Entschlusskraft, Standfestigkeit, Verhandlungsgeschick und wirtschaftliches Verständnis, sondern vor allem **uneingeschränkte Wahrhaftigkeit und Redlichkeit.**[9] Auf Wahrhaftigkeit und Redlichkeit kommt es auch im Verhältnis zu den Aufsichtsbehörden an. Die Aufsichtsbehörden müssen sich darauf verlassen können, dass der Notar ihnen vollständige und wahrheitsgemäße Auskünfte erteilt, damit sie die für die Funktionsfähigkeit der Aufsicht wesentlichen Aufsichtsbefugnisse wahrnehmen können.[10] Die Anforderungen dürfen aber nicht überspannt werden. Erforderlich ist die **Gesamtbewertung aller,** gemessen an den persönlichen Anforderungen an einen Notar aussagekräftigen **Umstände, die in der Persönlichkeit und in dem früheren Verhalten des Bewerbers zutage treten.** Nicht ausräumbare Zweifel an der persönlichen Eignung können auch durch Zusammentreffen von Verhaltensweisen und Auffälligkeiten begründet sein, die alleine betrachtet eine negative Bewertung nicht tragen würden.[11] Ein früheres Fehlverhalten als Rechtsanwalt oder Notarvertreter darf und muss einbezogen werden,[12] und zwar auch dann, wenn strafrechtliche Ermittlungsverfahren aus irgendeinem Grunde eingestellt worden sind, da es hier nicht um die strafrechtliche Bewertung, sondern um die unabhängig davon zu prüfende Frage geht, welche Schlüsse aus dem Verhalten für die erhöhten Anforderungen an die persönliche Eignung für das Notaramt zu ziehen sind.[13] Die Eignung ist in jedem Fall zu verneinen, wenn das Verhalten eine auch nur vorläufige Entfernung aus dem Amt rechtfertigen würde.[14]

Die **Entscheidung** über die persönliche Eignung ist **teilweise nur in beschränktem Umfang gerichtlich überprüfbar.**[15]

– Überprüfbar sind **uneingeschränkt** die **tatsächlichen Grundlagen,** von denen die Justizverwaltung ausgegangen ist und die Zuordnung des Sachverhaltes, zB ob ein Sachverhalt für die Eignung überhaupt von Bedeutung ist, welches Gewicht ihm im Einzelfall zukommt, ob und in welchem Umfang bei einer Verfehlung ein zwischenzeitliches Wohlverhalten zu berücksichtigen ist und welche Auswirkungen die Tilgung oder Tilgungsreste in Registern oder die Einstellung eines Straf- und ehrengerichtlichen Verfahrens hat.[16]

– Die Feststellung der persönlichen Eignung enthält aber auch ein deutlich **prognostisches Element.**[17] Insoweit ist eine **Überprüfung nur eingeschränkt möglich** und beschränkt sich auf die Kontrolle der Vertretbarkeit oder Plausibilität der Eignungsprognose.[18]

Die persönliche Eignung muss von der Justizverwaltung **positiv festgestellt** werden. Verbleiben nicht ausräumbare Zweifel, ist sie zu verneinen. Die **Feststellungslast trägt der Bewerber.**[19]

Einzelfälle, in denen in der Rechtsprechung eine persönliche Eignung verneint wurde:

– Beteiligung als alleiniger Gesellschafter an einer GmbH, deren Gegenstand die Vermittlung von Grundstücksgeschäften ist;[20]

---

[9] BGH NJW 2012, 2972.
[10] BGH NJW 2012, 2972.
[11] BGH DNotZ 2014, 311.
[12] BGH DNotZ 2014, 311.
[13] BGH DNotZ 2014, 311.
[14] Diehn/*Bormann* BNotO § 6 Rn. 8.
[15] Vgl. Schippel/Bracker/*Görk* BNotO § 6 Rn. 7; Diehn/*Bormann* BNotO § 6 Rn. 5.
[16] BGH DNotZ 1997, 884.
[17] *Bohrer,* Berufsrecht, S. 78; zustimmend BGH DNotZ 1997, 884.
[18] BGH DNotZ 1997, 884.
[19] BGH DNotZ 2000, 943; Diehn/*Bormann* BNotO § 6 Rn. 6.
[20] BGH DNotZ 1996, 185.

- Alleingesellschafter einer Steuerberatungs-GmbH;[21]
- Verstrickung in eine uneidliche Falschaussage eines früheren Mandanten;[22]
- Täuschung über Dauer der persönlichen Anwesenheit bei Fortbildungsveranstaltungen;[23]
- falsche Angabe gegenüber der Justizverwaltung im Bewerbungsverfahren;[24]
- Falschbeurkundung als Notarvertreter;[25]
- beleidigende oder unsachliche ausländerfeindliche Erklärungen als Rechtsanwalt;[26]
- überhöhte Gebührenerhebung als Rechtsanwalt oder Notarvertreter;[27]
- Belästigung der Allgemeinheit und falsche Namensangabe im Strafverfahren wegen fahrlässiger Trunkenheit im Straßenverkehr;[28]
- Trunkenheit im Verkehr mit anschließender Unfallflucht;[29]
- Mitwirkung in einem verfassungsfeindlichen Aktionsprogramm;[30]
- Vornahme zahlreicher Beurkundungen unter Überschreitung der Drei-Monatsfrist des § 56 Abs. 2 S. 3.[31]

C. Fachliche Eignung

I. Hauptberufliches Notariat

9 Die fachliche Eignung wird im hauptberuflichen Notariat erzielt durch den **Anwärterdienst** als Notarassessor gemäß § 7. Der Notaranwärterdienst erstreckt sich im Regelfall über mindestens drei Jahre. Der Notarassessor wird in dieser Zeit von der Notarkammer und der Justizverwaltung beurteilt bzw. überbeurteilt. Er kann aus dem Anwärterdienst unter anderem dann entlassen werden, wenn er sich als ungeeignet erweist (§ 7 Abs. 7 S. 2 Nr. 1).

II. Anwaltsnotariat

10 Die fachliche Eignung im Anwaltsnotariat wird vor allem durch zwei Elemente gebildet:
- Zum einen durch den gemäß Abs. 2 Nr. 3 aufgegebenen erfolgreichen **Abschluss der notariellen Fachprüfung** nach §§ 7a ff. **und die Fortbildungspflicht** nach Abs. 2 S. 1 Nr. 4. Die Fortbildung muss jeweils vor Ablauf des Kalenderjahres erfolgt sein. Endet die Bewerbungsfrist vor Ablauf des Kalenderjahres, muss eine Fortbildung für das Jahr der Bewerbung nicht nachgewiesen werden.[32]
- Zum anderen durch den **Nachweis, sich hinreichend mit der notariellen Berufspraxis vertraut gemacht zu haben** (Abs. 2 S. 2). Der Nachweis soll in der Regel durch 160 Stunden Praxisausbildung nach Abschluss der notariellen Fachprüfung bei einem von der Notarkammer benannten Ausbildungsnotar (Nurnotar oder Anwaltsnotar) erbracht werden (Abs. 2 S. 2 Hs. 2) Die Dauer kann auf bis zu 80 Stunden verkürzt werden durch vergleichbare Erfahrungen als Notarvertreter oder Notariatsverwalter oder erfolgreiche Teilnahme an von der Notarkammer oder den Berufsorganisationen durchgeführten Praxislehrgängen (Abs. 2 S. 3). Einzelheiten ergeben sich aus den von der

---

[21] BGH ZNotP 2002, 118.
[22] BGH DNotZ 1996, 200.
[23] BGH DNotZ 1996, 210.
[24] BGH ZNotP 2009, 29; 2012, 275 und 2012, 349; DNotZ 2014, 870 und 2014, 872.
[25] BGH DNotZ 1994, 202.
[26] BGH DNotZ 1999, 521.
[27] BGH DNotZ 1997, 884; 1994, 202.
[28] BGH DNotZ 1997, 891.
[29] BGH DNotZ 2001, 573.
[30] BGH DNotZ 1991, 890.
[31] BGH DNotZ 2014, 311; zu subjektiven Anforderungen OLG Köln 8.5.2017 – 2 VA (Not) 5/16, zitiert nach juris.
[32] BGH DNotZ 2016, 630.

Kammer mit Genehmigung der Aufsichtsbehörden beschlossenen Ausbildungsverordnungen (Abs. 2 S. 4).

D. Besondere Voraussetzungen im Bereich des Anwaltsnotariats

Nach Abs. 2 S. 1 Nr. 1 und Nr. 2 muss der angehende Anwaltsnotar Anwaltserfahrungen im näher geregelten Umfang nachweisen. Hier wie üblich von **„Wartezeiten"**[33] zu sprechen, ist wenig glücklich. Es geht nicht um Abwarten, sondern um das Sammeln von Erfahrungen im Anwaltsbereich, wenn und soweit sie geeignet sind, Grundlagen für die zukünftige Tätigkeit als Notar zu legen. Der Begriff **„Erfahrungszeiten"** – so der Vorschlag von *Bormann*[34] – würde die Sache deutlich besser treffen.

Das BVerfG hat entschieden, dass derartige Bestellungskriterien, die darauf abzielen, eine Vertrautheit der Bewerber mit der Praxis der Rechtsbesorgung und deren organisatorischer Bewältigung, Sicherheit im Umgang mit dem rechtssuchenden Bürger und durch Erfahrung vermitteltes Verständnis für dessen Anliegen keinen verfassungsrechtlichen Bedenken begegnen.[35] Es hat zugleich festgestellt, dass es in den Gestaltungsspielraum des Gesetzgebers fällt, ob die geforderte Berufserfahrung länger oder kürzer als fünf Jahre ist.[36] Das Erfordernis der allgemeinen und örtlichen Erfahrungszeiten ist der Auswahl unter mehreren geeigneten Bewerbern (Abs. 3) vorgelagert. Eine Auswahl nach der besseren Eignung und Befähigung hat daher grundsätzlich nur unter den Bewerbern stattzufinden, die die Voraussetzungen nach Abs. 1 S. 1 erfüllen.[37]

Nach Abs. 2 S. 1 Nr. 1 ist Regelvoraussetzung[38] eine **mindestens fünfjährige Tätigkeit** in nicht unerheblichem Umfang **für verschiedene Auftraggeber.** Die frühere Fassung von Abs. 2 S. 1 Nr. 1 forderte nur eine fünfjährige Zulassung zur Rechtsanwaltschaft. Die jetzige Fassung macht deutlich, dass entscheidend nicht die Zulassung, sondern die Berufsausübung ist, da es um die zu gewinnende Erfahrung geht. Die erforderliche Erfahrungsbreite kann auch nur erreicht werden, wenn die Tätigkeit entsprechend der gesetzlichen Regelung für verschiedene Auftraggeber ausgeübt wird. Die Tätigkeit für nur einen Auftraggeber kann die künftige Verpflichtung des Notars zur Amtstätigkeit, die nur ausnahmsweise versagt werden kann (§ 15 Abs. 1), nicht annähernd abbilden. Aus diesem Grund **erfüllt** auch **die Tätigkeit als Syndikusanwalt nicht die** von Abs. 1 S. 1 Nr. 1 **geforderte Erfahrung.**[39] Dies gilt auch nach der Neuregelung des Rechts der Syndikusanwälte;[40] ganz abgesehen davon, dass durch Änderungen der BRAO nicht Zulassungsvoraussetzungen der BNotO geändert werden können. Die Neuregelung führt zwar aus rentenrechtlichen Gründen zu einer gesetzlichen Definition des Syndikusanwalts (§ 46a BRAO) und einer gesetzlichen Anpassung des Berufsbildes mit einer spezifischen Unabhängigkeitsregelung (§ 46 Abs. 4 BRAO). All dies führt aber nicht dazu, Tätigkeiten als Syndikusanwalt als Erfahrungen, wie sie von Abs. 2 S. 1 Nr. 1 gefordert werden, anzusehen. Entscheidend für die bisherige Nichtanerkennung war, dass die Ausschließlichkeit der Tätigkeit für einen Auftraggeber aber auch die organisatorische und sonstige Einbindung in die Strukturen eines Arbeitgebers, der selbst nicht Rechtsanwalt ist, mit dem späteren Notaramt in keiner Weise vergleichbar ist, so dass auch die hierbei gewonnene Erfahrung nichts für die Bewältigung der besonderen Anforderungen, die mit dem Notaramt verbunden sind, beitragen können. Dies gilt unverändert. Soweit der Syndikusanwalt über eine Zulassung als Rechtsanwalt verfügt, muss auch die nicht als Syndikusanwalt ausgeübte

---
[33] So auch die Rechtsprechung, vgl. nur BGH NJW 2012, 1888.
[34] Diehn/*Bormann* BNotO § 6 Rn. 19.
[35] BVerfG DNotZ 2003, 375.
[36] BVerfG DNotZ 2003, 375.
[37] BGH AnwBl. 2013, 151.
[38] Zu Ausnahmen → Rn. 15 f.
[39] BGH WM 2016, 234; Diehn/*Bormann* BNotO § 6 Rn. 19.
[40] BGBl. 2015 I 2517; vgl. *Henssler/Deckenbrock* DB 2016, 215 Fn. 10.

Tätigkeit den Anforderungen von Abs. 2 S. 1 Nr. 1 genügen.[41] Vorausgesetzt wird ferner, dass die anwaltliche Tätigkeit während der Wartezeit **einen nicht unerheblichen Umfang** gehabt haben muss. Eine Tätigkeit von 35 Tagen im Jahr genügt hierfür nicht.[42]

14   Zusätzlich ist im Regelfall[43] erforderlich, dass der Bewerber seine Tätigkeit nach Abs. 2 S. 1 Nr. 2 mindestens **drei Jahre ohne Unterbrechung in dem in Aussicht genommenen Amtsbereich** ausübt. Der zukünftige Notar soll zum einen mit den örtlichen Gegebenheiten vertraut sein. Zum anderen muss der Bewerber die erforderlichen wirtschaftlichen Grundlagen für die angestrebte Notarpraxis gelegt haben, um seine persönliche Unabhängigkeit zu gewährleisten.[44] Darüber hinaus soll eine gleichmäßige Behandlung aller Bewerber gewährleistet und verhindert werden, dass Bewerber, die allgemeine Wartezeit nach Nr. 1 erreicht haben, sich für die Bestellung zum Notar den hierfür am günstigsten erscheinenden Ort ohne Rücksicht auf dort bereits ansässige Rechtsanwälte aussuchen.[45] Daher erfüllt ein Bewerber, der in dem in Aussicht genommenen Amtsgericht nur eine Zweigstelle unterhält, die eigentlichen Grundlagen aber am Hauptsitz seiner in einem anderen Amtsgerichtsbezirk gelegenen Kanzlei erwirtschaftet, nicht Abs. 2 Nr. 2. Abzustellen ist vielmehr unter dem Gesichtspunkt der Schaffung der erforderlichen Grundlagen nur auf die laufenden Mittel für den künftigen Notariatsbetrieb, die im künftigen Amtsbereich erzielt werden.[46]

15   Ein **Absehen von den Erfahrungszeiten** nach Nr. 1 und Nr. 2 kann **nur in seltenen Ausnahmefällen** in Betracht kommen, wenn angesichts eines ganz außergewöhnlichen Sachverhalts die Abkürzung der Regelzeiten aus Gerechtigkeitsgründen oder aus Bedarfsgründen zwingend erscheint.[47] Die Gründe sind bis zum Ablauf der Bewerbungsfrist hinreichend zu belegen.[48] Auch dann muss den Zwecken der örtlichen Wartezeit auf andere Weise Genüge getan sein. Erforderlich ist die Vertrautheit des Bewerbers mit den örtlichen Verhältnissen, die Schaffung der wirtschaftlichen Grundlagen für die Notarpraxis und der organisatorischen Voraussetzungen für die Notarpraxis. Je kürzer die Dauer der anwaltlichen Tätigkeit im Bereich der angestrebten Amtsstelle, umso strikter sind die Ausnahmen zu handhaben.[49] Stehen genügend Bewerber zur Verfügung, die persönlich und fachlich geeignet sind, besteht kein Anlass, von der Regelfrist abzuweichen. Allerdings kann unter dem Gesichtspunkt der Bestenauslese eine Abweichung möglich sein, aber nur dann, wenn die Bevorzugung eines Bewerbers, der die Zeiten nach nicht erfüllt hat, aufgrund eines außergewöhnlichen Sachverhaltes zwingend erscheint.[50] Andernfalls würde nicht dem Umstand Rechnung getragen, dass die Erfüllung der Anforderungen nach Abs. 2 S. 1 der Bewerberauswahl nach Abs. 3 vorgelagert ist.[51]

16   Eine **Anrechnung der Zeiten** kann sich außerdem nach Abs. 2 S. 5 bis S. 7 ergeben (Schwangerschaft oder Betreuung eines Kindes oder pflegebedürftigen Angehörigen). Dabei hat eine Anrechnung in diesen Fällen nach Auffassung des BGH entgegen dem Wortlaut auch dann zu erfolgen, wenn auf die Zulassung als Rechtsanwalt nicht verzichtet wurde.[52]

---

[41] Ebenso wohl *Koch* DNotZ 2018, 84.
[42] BGH DNotZ 2016, 879.
[43] Zu Ausnahmen → Rn. 15 f.
[44] BGH ZNotP 2013, 33.
[45] BGH ZNotP 2013, 33; NJW 2012, 1888.
[46] BGH NJW 2012, 1888; ZNotP 2013, 33.
[47] BGH DNotZ 2000, 941; ZNotP 2013, 33.
[48] BGH NJW 2011, 1517.
[49] BGH ZNotP 2019, 216.
[50] BGH DNotZ 2002, 552; ZNotP 2013, 33.
[51] BGH ZNotP 2013, 33.
[52] BGH WM 2016, 234.

E. Höchstalter

Nach Abs. 1 S. 2 kann nicht erstmals zum Notar bestellt werden, wer bei Ablauf der Bewerbungsfrist das **60. Lebensjahr vollendet** hat. Ein Ermessensspielraum der Justizverwaltung besteht hierbei nicht.[53] Die Altersgrenze ist durch die Funktionsfähigkeit der vorsorgenden Rechtspflege gerechtfertigt. Im Vordergrund steht hierbei neben der Sicherstellung der Qualität der vorsorgenden Rechtspflege die geordnete Altersstruktur der Notare und die Kontinuität der Amtsführung.[54] Da der Notar mit 70 Jahren aus dem Amt ausscheidet, wird durch die Festlegung einer Altershöchstgrenze für die Erstbestellung einem häufigen Wechsel der Amtsträger entgegen gewirkt und eine Mindestverweildauer gesichert. Die Regelung ist daher verfassungsrechtlich nicht zu beanstanden.[55] Sie verstößt auch nicht gegen das Diskriminierungsverbot der EU-Grundrechts-Charta und sie stellt keine unzulässige Diskriminierung iSv Art. 1 der Richtlinie 2000/78/EG dar.[56]

17

F. Mehrere Bewerber

Unter mehreren Bewerbern bestimmt sich die Reihenfolge iSd **Bestenauslese** gem. Abs. 3 S. 1 nach der persönlichen und fachlichen Eignung unter Berücksichtigung der 2. juristischen Staatsprüfung und der bei der Vorbereitung auf den Notarberuf gezeigten Leistungen. Zu den **Bewerberkonstellationen im hauptberuflichen Notariat** → § 10 Rn. 29 ff.

18

Im Bereich des **Anwaltsnotariates** wird die fachliche Eignung nach dem in Abs. 3 S. 3 beschriebenen **Punktesystem** bewertet. Hierbei ist die Gesamtpunktzahl rechnerisch nur bis auf zwei Dezimalstellen zu ermitteln.[57] Im Einzelfall können nach Anhörung der Kammer ausnahmsweise besondere, die fachliche Eignung belegende Umstände, vorrangig berücksichtigt werden. Denkbar ist dies zB bei der Amtssitzverlegung eines Notars, der keine Fachprüfung nach §§ 7a ff. absolviert hat, wenn er seine Eignung durch entsprechende Amtsführung in der Vergangenheit bewiesen hat.[58] Denkbar ist dies auch in den Fällen von § 48b, wenn nach Amtsniederlegung wegen Kinderbetreuung vor mehr als einem Jahr eine Wiederbestellung unternommen wird.[59]

19

§ 6a [Versagung der Bestellung]

Die Bestellung muß versagt werden, wenn der Bewerber weder nachweist, daß eine Berufshaftpflichtversicherung (§ 19a) besteht, noch eine vorläufige Deckungszusage vorliegt.

§ 6a erhält vom Wortlaut her und durch die Verweisung auf § 19a eine völlig eindeutige Aussage: **kein Bewerber** soll **ohne Berufshaftpflichtversicherung** oder vorläufige Deckungszusage zum Notar bestellt werden. Notare unterliegen der Amtshaftung; es gibt keine Staatshaftung. Damit durch den Notar verschuldete Schäden ausgeglichen werden können, ist die Berufshaftpflichtversicherung unerlässlich (Erläuterungen bei § 19a).

1

Um den **Vollzug der Vorschrift** zu gewährleisten, bestimmen die in den einzelnen Ländern erlassenen Verordnungen zur Ausführung der BNotO **(AVNot)**, dass die Bestel-

2

---

[53] BGH DNotZ 2016, 231.
[54] BGH ZNotP 2019, 387.
[55] BVerfG DNotZ 2008, 550.
[56] BGH ZNotP 2019, 387.
[57] BGH DNotZ 2016, 630.
[58] Diehn/Bormann BNotO § 6 Rn. 40.
[59] BVerfG DNotZ 2014, 298.

BNotO § 6b 1, 2   Erster Teil. Das Amt des Notars

lungsurkunde nur ausgehändigt wird, wenn der Bewerber einen Nachweis nach § 6a geführt hat (zB § 7 Abs. 2 AVNot Niedersachsen oder § 14 Abs. 2 AVNot NRW).

3   Ist dem Bewerber **irrtümlich die Bestellungsurkunde** ausgehändigt worden, **ohne dass ein Nachweis** gem. § 6a geführt worden ist, bleibt die Wirksamkeit der Ernennung hiervon unberührt. Die Aufsichtsbehörde hat den Bewerber, um Schäden der Rechtsuchenden zu vermeiden, sehr kurzfristig zur Erfüllung seiner Verpflichtung nach § 19a aufzufordern, ihm das Amtsenthebungsverfahren nach § 50 Abs. 1 Nr. 10 anzudrohen und dieses Verfahren durchzuführen. Auch eine vorläufige Amtsenthebung nach § 54 Abs. 1 Nr. 2 ist angebracht, damit eventuelle Amtshaftungsansprüche gegen die Aufsichtsbehörde vermieden werden. Infolgedessen sollte auch kein Vertreter nach § 56 Abs. 4, sondern es sollte ein Verwalter bestellt werden. Normalerweise wird die Androhung dieser Maßnahmen den Bewerber zum Abschluss der Versicherung veranlassen, damit er auf Dauer sein Notaramt ausüben kann.

§ 6b [Bewerbung]

(1) Die Bewerber sind durch Ausschreibung zu ermitteln; dies gilt nicht bei einer erneuten Bestellung nach einer vorübergehenden Amtsniederlegung gemäß § 48c.

(2) Die Bewerbung ist innerhalb der in der Ausschreibung gesetzten oder von der Landesjustizverwaltung allgemein bekanntgegebenen Frist einzureichen.

(3) [1] War ein Bewerber ohne sein Verschulden verhindert, die Frist einzuhalten, so ist ihm auf Antrag Wiedereinsetzung in den vorigen Stand zu gewähren. [2] Der Antrag ist innerhalb von zwei Wochen nach Wegfall des Hindernisses zu stellen. [3] Die Tatsachen zur Begründung des Antrags sind glaubhaft zu machen. [4] Die Bewerbung ist innerhalb der Antragsfrist nachzuholen.

(4) [1] Bei der Auswahl unter mehreren Bewerbern nach § 6 Abs. 3 sind nur solche Umstände zu berücksichtigen, die bei Ablauf der Bewerbungsfrist vorlagen. [2] Die Landesjustizverwaltung kann für den Fall des § 7 Abs. 1 einen hiervon abweichenden Zeitpunkt bestimmen.

A. Sinn und Zweck der Ausschreibung

1   Während die §§ 5 und 6 die Erfordernisse der Eignung der Bewerber für das Notaramt regeln, befasst sich § 6b mit dem **Verfahren der Ermittlung desjenigen Bewerbers,** der am besten geeignet ist. Dieses Verfahren soll einerseits durch die Auswahl des besten Bewerbers den Erfordernissen der Rechtspflege dienen; andererseits muss das Verfahren rechtsstaatlichen Grundsätzen genügen, um den verfassungsgerechten Zugang zum öffentlichen Amt zu gewährleisten (Art. 33 GG). Die Vorschrift beruht auf einer Vorgabe des Bundesverfassungsgerichts[1] und ist durch die sog. Zugangsnovelle (Gesetz zur Änderung des Berufsrechts der Notare und der Rechtsanwälte vom 29.1.1991)[2] mit ihrem Abs. 1 Hs. 1 in die BNotO eingefügt worden.

2   Die Wahrung der Rechte der Notarbewerber aus Art. 12 GG muss auch beim Auswahlverfahren beachtet werden. Dies hat das Bundesverfassungsgericht in zwei Entscheidungen ausdrücklich betont. Zwar hat die Landesjustizverwaltung ein weites Organisationsermessen, aber gerade deshalb muss das Verfahren gewährleisten, dass eine Orientierung an sachfremden Interessen unterbleibt und eine an den Erfordernissen der Rechtspflege orientierte und im Übrigen unparteiische Entscheidung erfolgt. Dies gilt für das gesamte Verfahren der Notarauswahl insbesondere für die Art der Bekanntgabe der offenen Stellen und

---

[1] BVerfG DNotZ 1987, 121 (122).
[2] BGBl. I 150.

die Terminierung von Bewerbungen und Besetzungen aber auch den Abbruch von laufenden Verfahren.³

Auszuschreiben ist die Notarstelle, die gem. § 4 S. 1 errichtet worden ist. Der Begriff 3 „Notarstelle" bezeichnet eine **abstrakte organisationsrechtliche Einheit;**⁴ sie ist von dem konkreten Notaramt, insbesondere der Kanzlei, zu unterscheiden.⁵ Die Landesjustizverwaltung darf auch eine Notarstelle in einer Sozietät mit einer neu zu errichtenden Stelle ausschreiben. Es besteht hierdurch die Möglichkeit, eine weitere lebensfähige Notarstelle neu einzurichten. Dies steht mit den Interessen einer geordneten Rechtspflege im Einklang, da durch eine Vermehrung der Notarstellen unter gegebenen Umständen eine bessere Versorgung der rechtsuchenden Bevölkerung mit notariellen Dienstleistungen erreicht wird.⁶

§§ 48b und 48c erleichtern Notarinnen und Notaren die **Vereinbarkeit von Beruf** 4 **und Familie.** Damit die nur für ein Jahr ausgeschiedene Notarin (der nur für ein Jahr ausgeschiedene Notar – § 48c Abs. 1) die Möglichkeit hat, auf jeden Fall die bisherige Notarstelle wieder zu besetzen, verzichtet das Gesetz für diesen Fall auf die Ausschreibung dieser für ein Jahr nach § 56 Abs. 3 verwalteten Notarstelle (Abs. 1 Hs. 2). Eine Bestellung auf einen anderen Amtssitz ist nur im Rahmen eines Ausschreibungsverfahrens möglich.⁷

B. Regelung des Ausschreibungs- und Bewerbungsverfahrens

I. Bewerbungsfrist (Abs. 2)

Die Vorschrift ist durch die Berufsrechtsnovelle (Drittes Gesetz zur Änderung der 5 Bundesnotarordnung und anderer Gesetze vom 31.12.1998, BGBl. I 150 ff.) eingefügt. Ein **geregeltes Verfahren verlangt eine Frist,** innerhalb derer die Bewerbungen bei den durch die Landesjustizverwaltung angegebenen Stellen eingegangen sein müssen. Die Frist kann allgemein (in einer AVNot) oder im Einzelfall in der Ausschreibung bestimmt werden; letzteres erscheint unzweckmäßig. Auf die allgemein bestimmte Frist sollte jedoch bei der Ausschreibung hingewiesen werden.

Die Frist ist eine **Ausschlussfrist;** das Verfahren wird auf diese Weise durchschaubar und 6 berechenbar⁸ und zwar sowohl für den Bewerber als auch für die Landesjustizverwaltung und die Notarkammer, damit die vorübergehende Wahrnehmung des erloschenen Amtes durch die Notariatsverwalterschaft gem. § 56 möglichst kurz ist. Von Seiten der Landesjustizverwaltung sollte deshalb auch ein Amt nach seinem Erlöschen möglichst schnell ausgeschrieben und die Besetzung von ihr und der Notarkammer zügig betrieben werden. Notariatsverwalterschaften führen immer zu Verunsicherungen bei der rechtsuchenden Bevölkerung. Sie sollten deshalb möglichst kurz sein. Lange Verwalterschaften werden in der Regel den Bedürfnissen der Rechtspflege widersprechen. Der BGH hat schon nach altem Recht die in einigen Ländern in der AVNot geregelten Ausschlussfristen gebilligt⁹ und dies auch dann bejaht, wenn eine Auswahlentscheidung wegen der geringen Zahl der Bewerber nicht in Betracht kommt.¹⁰

---

³ BVerfG DNotZ 2002, 889 (891) mit ausführlicher Besprechung durch *Starke* DNotZ 2002, 831 und *Schumacher* RNotZ 2002, 492.
⁴ *Bohrer,* Berufsrecht, Rn. 22.
⁵ *Bohrer,* Berufsrecht, Rn. 23.
⁶ OLG Köln 15.6.1994 – 2 VA Not 15/93, nv.
⁷ DNotZ 2017, 307; *Galke* ZNotP 2018, 252.
⁸ Amtl. Begr. Nr. 3; vgl. VerfG DVBl. 2018, 521.
⁹ BGH DNotZ 1996, 173 (177); 1996, 207 (208); 1997, 908 (909).
¹⁰ BGH NJW-RR 1997, 696; *Jaspert/Rinne* ZNotP 1998, 434.

II. Wiedereinsetzung in den vorigen Stand (Abs. 3)

7 Da § 111 Abs. 1 für die Anfechtung von Verwaltungsakten nach der Bundesnotarordnung die Zuständigkeit der Oberlandesgerichte bestimmt, findet die Vorschrift des **§ 32 VwVfG für die Tätigkeiten der Justizverwaltung** im Bereich des Notarrechts **keine Anwendung** (§ 2 Abs. 3 Nr. 1 VwVfG). Die Vorschrift des § 6b Abs. 3 ist infolgedessen notwendig, um die Wiedereinsetzung in den vorigen Stand zu regeln.

8 Die Wiedereinsetzung in den vorigen Stand ist nur zulässig, wenn der **Bewerber ohne sein Verschulden** verhindert war, die Frist einzuhalten. Die Umstände, die ihn an der Fristeinhaltung hinderten, müssen kausal für die Versäumung der Frist gewesen sein und dürfen von dem Bewerber nicht verschuldet sein. Ein **Verschulden liegt** dann **vor,** wenn der Bewerber die nach objektiven Maßstäben gebotene Sorgfalt nicht eingehalten hat und ihm nach den Umständen des Falles die Einhaltung der Frist zumutbar gewesen wäre. § 6b bestimmt im Unterschied zu § 32 Abs. 1 S. 3 VwVfG nicht, dass dem Bewerber das Verschulden eines Vertreters zuzurechnen ist; Grund hierfür dürfte sein, dass der Bewerber die Bewerbung höchstpersönlich abzugeben hat.[11]

9 Die Wiedereinsetzung erfolgt entweder auf Antrag oder von Amts wegen; der Antrag muss innerhalb einer Frist von zwei Wochen gestellt werden. Wenn die Voraussetzungen für die Wiedereinsetzung gegeben sind, hat der Bewerber einen Anspruch auf Wiedereinsetzung. Die Zwei-Wochen-Frist beginnt nach dem Wegfall des Hindernisses bzw. der Kenntnis des Antragstellers von dem Hindernis.

10 Die **Tatsachen,** die zur Begründung der Wiedereinsetzung führen, muss der Bewerber benennen und **glaubhaft** machen. Dies bedeutet, dass ihm hierzu alle Beweismittel zur Verfügung stehen, aber auch die eidesstattliche Versicherung nach § 294 ZPO.

11 Der Bewerber hat die **Bewerbung innerhalb der Antragsfrist nachzuholen.** Wenn bei der Landesjustizverwaltung offenkundig ist, dass die Voraussetzungen der Wiedereinsetzung in den vorigen Stand gegeben sind, kann diese auch ohne Antrag gewährt werden. Die Landesjustizverwaltung entscheidet über den Antrag auf Wiedereinsetzung in den vorigen Stand. Diese Entscheidung unterliegt der Anfechtung nach § 111.

III. Zeitpunkt der Auswahl und zu berücksichtigende Umstände (Abs. 4)

12 § 6b Abs. 4 bestimmt, dass nur solche Umstände bei der Auswahl unter mehreren Bewerbern berücksichtigt werden dürfen, die bei Ablauf der Bewerbungsfrist vorlagen. Dies entspricht dem Sinn der Ausschlussfrist und sichert die Chancengleichheit der Bewerber.[12] Grundsätzlich muss es auf die persönliche und fachliche Qualifikation bei Ablauf der Bewerbungsfrist ankommen; sonst könnte durch den Vortrag weiterer Qualifikationsmerkmale durch einzelne Bewerber das Verfahren verlängert und erschwert werden. Einzelnen Bewerbern soll nicht die Möglichkeit eröffnet werden, „in die Eignung hinein zu wachsen".[13] Die zu berücksichtigenden Umstände müssen bis zum Ablauf der Bewerbungsfrist nachgewiesen sein.[14]

13 Abweichend von § 6b Abs. 4 S. 1 kann die Landesjustizverwaltung für den Fall des § 7 Abs. 1 (Bestellung des hauptberuflichen Notars) einen anderen Zeitpunkt für die Berücksichtigung von Umständen bestimmen, als den Ablauf der Bewerbungsfrist. Es soll vermieden werden können, dass es durch das Abstellen auf den Zeitpunkt des Ablaufs der Bewerbungsfrist in Einzelfällen zu einer faktischen Verlängerung der Mindestanwärterzeit nach § 7 Abs. 1 von drei Jahren kommen kann.[15] Die Landesjustizverwaltung kann also bestimmen, dass es für den Zeitpunkt des Ablaufs der Bewerbungsfrist auf den Zeitpunkt

---

[11] BGH DNotZ 2008, 554.
[12] Amtl. Begr. Nr. 3.
[13] BGH DNotZ 2000, 145 (147 f.).
[14] BGH DNotZ 1997, 908.
[15] Amtl. Begr. Nr. 3 aE.

ihrer Entscheidung oder den frühesten Zeitpunkt der Bestellung ankommt. Letzteres würde gelten, wenn nach dem Erlöschen des Notaramtes durch Entlassung aus dem Amt zu einem bestimmten Zeitpunkt (§ 48) der Bewerber auf den Tag nach diesem Zeitpunkt (Niederlegungsdatum) bestellt wird.

C. Abbruch des Besetzungsverfahrens

Die Justizverwaltung ist aufgrund ihrer Organisationsgewalt grundsätzlich berechtigt, ein Stellenbesetzungsverfahren aus sachlichen Gründen zu beenden.[16] Die Ausschreibung zwingt nicht zur Stellenbesetzung. Die auf dem Organisationsrecht beruhende Abbruchentscheidung berührt grundsätzlich nicht die Rechtsstellung des Bewerbers. Das für den Abbruch maßgebende Ermessen ist nicht identisch mit dem Auswahlermessen bei der Stellenbesetzung.   14

Erforderlich für den Abbruch des Auswahlverfahrens ist zum einen das Vorliegen eines sachlichen Grundes. Ein **sachlicher Grund** kann sich insbesondere aus §§ 4, 5 bis 7 ergeben, etwa wenn sich kein geeigneter Bewerber gefunden hat.[17]   15

Weitere Voraussetzungen für die Rechtmäßigkeit des Abbruchs ist, dass die vom Verfahren Betroffenen von dem Abbruch **Kenntnis** erlangen. Dies kann durch Mitteilung an die betroffene Person geschehen aber auch durch die erneute Ausschreibung der Stelle.[18]   16

D. Verfahrensverstöße

Im Interesse der Rechtssicherheit ist die Bestellung eines Notars auch dann wirksam, wenn gegen die Vorschrift des § 6b oder eine ihrer Einzelbestimmungen verstoßen worden ist (Grundsatz der Ämterstabilität; → § 4 Rn. 7). Benachteiligte Bewerber sind auf die Ansprüche nach § 839 BGB, Art. 34 GG verwiesen.[19]   17

§ 7 [Anwärterdienst]

(1) **Zur hauptberuflichen Amtsausübung als Notar (§ 3 Abs. 1) soll in der Regel nur bestellt werden, wer einen dreijährigen Anwärterdienst als Notarassessor geleistet hat und sich im Anwärterdienst des Landes befindet, in dem er sich um die Bestellung bewirbt.**

(2) ¹Die Auswahl unter mehreren geeigneten Bewerbern um die Aufnahme in den Anwärterdienst ist nach der persönlichen und fachlichen Eignung unter besonderer Berücksichtigung der Leistungen in der die juristische Ausbildung abschließenden Staatsprüfung vorzunehmen. ²Bewerber sind durch Ausschreibung zu ermitteln; § 6b Abs. 2 bis 4 gilt entsprechend. ³Sie können auch dadurch ermittelt werden, daß ihnen die Landesjustizverwaltung die Eintragung in eine ständig geführte Liste der Bewerber für eine bestimmte Dauer ermöglicht. ⁴Die Führung einer solchen Liste ist allgemein bekanntzugeben.

(3) ¹Der Notarassessor wird von der Landesjustizverwaltung nach Anhörung der Notarkammer ernannt. ²Der Präsident der Notarkammer überweist den Notarassessor einem Notar. ³Er verpflichtet den Notarassessor durch Handschlag auf gewissenhafte Pflichterfüllung.

(4) ¹Der Notarassessor steht während des Anwärterdienstes in einem öffentlich-rechtlichen Dienstverhältnis zum Staat. ²Er hat mit Ausnahme des § 19a dieselben

---

[16] St. Rspr., zuletzt BGH ZNotP 2015, 113.
[17] BGH ZNotP 2015, 113.
[18] BGH ZNotP 2015, 113.
[19] *Bohrer*, Berufsrecht, Rn. 262.

allgemeinen Amtspflichten und sonstige Pflichten wie der Notar. ³Er erhält vom Zeitpunkt der Zuweisung ab für die Dauer des Anwärterdienstes von der Notarkammer Bezüge, die denen eines Richters auf Probe anzugleichen sind. ⁴Die Notarkammer erläßt hierzu Richtlinien und bestimmt allgemein oder im Einzelfall, ob und in welcher Höhe der Notar, dem der Notarassessor überwiesen ist, ihr zur Erstattung der Bezüge verpflichtet ist.

(5) ¹Der Notarassessor ist von dem Notar in einer dem Zweck des Anwärterdienstes entsprechenden Weise zu beschäftigen. ²Die näheren Bestimmungen über die Ausbildung des Notarassessors trifft die Landesregierung oder die von ihr durch Rechtsverordnung bestimmte Stelle durch Rechtsverordnung.

(6) Der Anwärterdienst endet
1. mit der Bestellung zum Notar,
2. mit der Entlassung aus dem Dienst.

(7) ¹Der Notarassessor ist aus dem Dienst zu entlassen, wenn er seine Entlassung beantragt. ²Er kann entlassen werden, wenn er
1. sich zur Bestellung zum Notar als ungeeignet erweist,
2. ohne hinreichenden Grund binnen einer von der Landesjustizverwaltung zu bestimmenden Frist, die zwei Monate nicht übersteigen soll, den Anwärterdienst nicht antritt,
3. nach Ableistung des dreijährigen Anwärterdienstes sich ohne hinreichenden Grund um eine ihm von der Landesjustizverwaltung angebotene Notarstelle nicht bewirbt, die zuvor ausgeschrieben worden ist und die mangels geeigneter Bewerber nicht besetzt werden konnte.

Übersicht

	Rn.
A. Normzweck	1
B. Regelungsinhalt	4
I. Erwerb der Bestellungsvoraussetzungen als Notar (Abs. 1)	4
1. Allgemeines	4
2. Dreijähriger Anwärterdienst (Abs. 1 Voraussetzung 1)	9
3. Landesspezifische Ausbildung (Abs. 1 Voraussetzung 2)	12
4. Ausnahmen vom dreijährigen Anwärterdienst im Bundesland	15
II. Zugang zum Anwärterdienst (Abs. 2)	22
1. Zugangsvoraussetzungen	22
2. Zugangsbeschränkung (numerus clausus)	23
3. Auswahlmaßstäbe	25
4. Ausschreibungsverfahren (Abs. 2 S. 2–4)	27
5. Bewerbungsverfahren	30
C. Ernennung des Notarassessors und Überweisung (Abs. 3)	32
I. Ernennung (Abs. 3 S. 1)	32
II. Überweisung (Abs. 3 S. 2)	34
III. Verpflichtung (Abs. 3 S. 3)	35
D. Dienst- und Ausbildungsverhältnis (Abs. 4)	36
I. Allgemeines	36
II. Dienstverhältnis zum Staat (Abs. 4 S. 1)	39
III. Amtspflichten des Notarassessors (Abs. 4 S. 2)	40
IV. Dienst- und Ausbildungsverhältnis zur Notarkammer (Abs. 4 S. 3, S. 4)	43
1. Rechtliches Grundverhältnis	43
2. Dienstbezüge, Urlaub	45
E. Ausbildung (Abs. 5)	46
I. Allgemeine Regeln	46
II. Ausbildung durch den Notar (Abs. 5)	47
F. Beendigung des Anwärterdienstes (Abs. 6)	51
I. Allgemeines	51

	Rn.
II. Entlassung aus dem Anwärterdienst (Abs. 7)	52
1. Entlassung auf Antrag (Abs. 7 S. 1)	52
2. Ungeeignetheit des Notarassessors (Abs. 1 S. 2 Nr. 1)	53
3. Kein Dienstantritt (Abs. 7 S. 2 Nr. 2)	54
4. Unterbliebene Bewerbung (Abs. 7 S. 2 Nr. 3)	55
III. Entlassungsverfahren	59

A. Normzweck

Übergeordneter Normzweck der Vorschrift ist die Qualitätssicherung des Notariats als Institution staatlicher Rechtspflege. Zur Erfüllung dieses Zwecks regelt § 7 die Grundlagen einer staatlich geordneten Ausbildung zum Beruf des hauptberuflichen Notars und normiert die Voraussetzungen des Zugangs, der Ausübung und der Beendigung des **Anwärterdienstes** als Ausbildungszeit zur Vorbereitung auf das öffentliche Amt des Notars. 1

Der Normzweck „Qualitätssicherung der nachwachsenden Generation der Notaranwärter" bestimmt die Voraussetzungen zur Vorbereitung auf den Notarberuf. Die rechtsgestaltende Tätigkeit des Notars erfordert über die allgemeine juristische Ausbildung hinausgehende, fundierte Kenntnisse in allen notar-spezifischen materiell-rechtlichen Fachgebieten, in verfahrensrechtlichen Bereichen der Freiwilligen Gerichtsbarkeit unter besonderer Berücksichtigung des notariellen Verfahrensrechts (Beurkundungsgesetz), des Berufsrechts und spezifische Fähigkeiten in kautelarjuristischer Methodenlehre; die selbstständige Führung des Amtes unter eigener organisatorischer und wirtschaftlicher Verantwortung verlangt von jedem Notar erlernte Fähigkeiten der Betriebs- und Personalführung sowie notariatsspezifische Organisationskenntnisse, die erst aufgrund entsprechender Berufserfahrung erworben werden können. Der Anwärterdienst dient als **Sonderausbildung** zur Vorbereitung auf den Notarberuf dazu, dem Notarassessor die zur späteren Berufsausübung erforderlichen **Kenntnisse und Fertigkeiten** zu vermitteln.[1] Mit der in den vergangenen Jahrzehnten stetig gewachsenen Komplexität notarieller Amtsaufgaben ist die Vorbereitungszeit als Notarassessor zum unverzichtbaren Bestandteil des Berufsbilds „hauptberuflicher Notar" geworden.[2] 2

Aus staatsorganisatorischer Sicht bezweckt die Vorschrift mit einem geregelten Anwärterdienst die im Interesse geordneter Rechtspflege vorzunehmende staatliche Steuerung des Zugangs zum Hauptberuf „Notar".[3] Der Notar ist als öffentlicher Amtsträger im Funktionsbereich der Vorsorgenden Rechtspflege Teil der staatlichen Freiwilligen Gerichtsbarkeit. Der Staat überwacht und steuert daher den **Zugang zum öffentlichen Amt des Notars** mit dem höherrangigen Ziel, durch eine geordnete präventive Rechtspflege Schäden im Privatrechtsverkehr zu vermeiden. Durch die den Landesjustizverwaltungen eingeräumte Organisationshoheit wird eine geregelte Personalplanung ermöglicht.[4] Wegen der hoheitlichen Funktionen des Notars kann dessen Berufsausübung nicht von jedem Interessenten nach Belieben wahrgenommen werden, selbst wenn er juristisch herausragend qualifiziert ist, ebenso wenig wie jeder hoch qualifizierte Jurist andere staatliche Funktionen nach eigenem Gutdünken ausüben darf. Gewährleistet muss aber gem. Art. 12 GG für jeden Bewerber ein gleicher Zugang zum Notarberuf sein, der nur nach den objektiven Kriterien einer Bestenauslese jedem Bewerber gleiche Chancen entsprechend den nachgewiesenen Leistungen eröffnet.[5] 3

---

[1] *Römer*, Notariatsverfassung und Grundgesetz, 1963, S. 123 ff.; Diehn/Bormann BNotO § 7 Rn. 2; BeckOK BNotO/*Bracker* BNotO § 7 Rn. 5.
[2] Dazu BVerfG DNotZ 2005, 473 mAnm *Görk* DNotZ 2005, 477.
[3] Schippel/Bracker/*Bracker* BNotO § 7 Rn. 7; Diehn/Bormann BNotO § 7 Rn. 1; *Egerland*, Die Notarbestellung im hauptberuflichen Notariat, 2009.
[4] Diehn/*Bormann* BNotO § 7 Rn. 1; *Linke* DNotZ 2005, 411 (417 ff.).
[5] Grundlegend BVerfGE 17, 371. Eine Klage auf Ausschreibung von Assessorenstellen ist unzulässig: BVerfG NJW-RR 2009, 555 f.

B. Regelungsinhalt

I. Erwerb der Bestellungsvoraussetzungen als Notar (Abs. 1)

4 **1. Allgemeines.** Die Vorschrift regelt unmittelbar den Zugang, die Ausübung und das Ende des Anwärterdienstes, daher mittelbar den Zugang zum Notarberuf.[6] Mit dem in Abs. 1 geregelten Inhalt, der rechtssystematisch besser in § 6 geregelt wäre, gibt § 7 die Zugangsvoraussetzungen zum Beruf des hauptberuflichen Notars vor.[7] Für Anwaltsnotare gelten Sonderregelungen in §§ 7a–7i, ebenso für die Notarbestellungen aufgrund der landesweiten Umstellung auf ein selbstständiges Notariat in Baden-Württemberg (→ § 114).[8]

5 Der Notar übt sein öffentliches Amt aus, ohne in die unmittelbare Staatsorganisation eingegliedert zu sein. Die aus den Behördeninstanzen ausgegliederten Notarämter ersparen dem Staat Personal- und Sachkosten und erfüllen damit die Effizienzkriterien der Institutionenökonomik. Der Notar nimmt seine staatlichen Aufgaben außerhalb der Behördeninstanzen „dereguliert" wahr. Da die Notare als Hoheitsträger trotz ihrer organisatorischen Ausgliederung aus der unmittelbaren Justizverwaltung staatliche Rechtspflegefunktionen wahrnehmen müssen, unterliegen der Zugang und die Ausbildung zum Notarberuf (wie auch die spätere Berufsausübung) einer strengen staatlichen Überwachung und Kontrolle der Justizverwaltungen der jeweiligen Bundesländer.[9] Die Ausgliederung des öffentlichen Notaramtes aus der unmittelbaren Staatsorganisation rechtfertigt diese besonderen Kontroll- und Überwachungsmechanismen und die damit verbundenen Beschränkungen der Berufsfreiheit aus Art. 12 GG schon für den vorbereitenden Anwärterdienst.[10]

6 Da der Berufszugang zu staatlichen Stellen von einer objektiven Bedürfnisprüfung abhängig sein muss,[11] ist auch die Zahl der öffentlichen Notarämter nach gesetzlich festgelegten Bedarfskriterien zu begrenzen.[12] Ein Unterschreiten der Bedarfszahl ist unbedenklich, wenn ausreichend geeignete Bewerber nicht zur Verfügung stehen, da die rechnerisch ermittelte Bedarfszahl nur die Obergrenze der zu besetzenden Notarstellen bildet.[13] Mit den Erfordernissen einer geordneten Rechtspflege nicht zu vereinbaren wäre, gerade so viele Notarstellen zu errichten und zu erhalten, wie noch lebensfähig wären.[14] Der numerus clausus öffentlicher Notarämter hat bereits bei der Festlegung der Zahl der Notarassessoren eine **objektive Bedürfnisprüfung** zur Folge.[15] Die Zahl der Notarstellen hat auf das wirtschaftliche Auskommen der öffentlichen Amtsträger einschließlich der Notariatsbediensteten Rücksicht zu nehmen, damit die Notarämter trotz stetig steigenden Personal- und Sachaufwands mit der im öffentlichen Interesse gebotenen Unabhängigkeit und Unparteilichkeit geführt werden können.[16] Die rechtsuchende Bevölkerung muss flächendeckend, entsprechend dem nachgefragten Bedarf, mit notariellen Leistungen versorgt werden.[17] Die Zahl der Anwärterdienststellen hat sich an der Zahl der Notarstellen, der für

---

[6] Zur Verfassungsmäßigkeit des § 7 Abs. 1 BVerfG DNotZ 2005, 473 mAnm *Görk* DNotZ 2005, 477.
[7] BeckNotar-HdB/*Bremkamp* § 32 Rn. 23 ff.
[8] Schippel/Bracker/*Bracker* BNotO § 7 Rn. 13.
[9] Zur staatlichen Bestellungsverantwortung *Preuß* DNotZ 2008, 258 (273 ff.).
[10] Zur Dienstaufsicht der Justizverwaltung → §§ 92 ff.
[11] BVerfG DNotZ 1964, 424.
[12] Hier steht der Justizverwaltung ein durch die Erfordernisse einer geordneten Rechtspflege begrenztes Organisationsermessen und ein damit korrespondierender Einschätzungsspielraum im Hinblick auf die Zahl der Notariate zu; so BVerfG DNotZ 2009, 702 (705) unter Hinweis auf BVerfGE 17, 371 (379) = DNotZ 1964, 424; BVerfGE 73, 280 (294) = DNotZ 1987, 121.
[13] BGH DNotZ 2013, 231; WürzNotar-HdB/*Bischoff* Teil 1 Kap. 1 Rn. 25.
[14] BGH DNotZ 2008, 862; WürzNotar-HdB/*Bischoff* Teil 1 Kap. 1 Rn. 24.
[15] BVerfGE 73, 280 = DNotZ 1987, 121; BGHZ 38, 208 = DNotZ 1963, 242; BGH DNotZ 1965, 186; 1967, 705; 1981, 59; 1981, 633.
[16] BGH ZNotP 2004, 410; 2010, 316; DNotZ 2011, 391.
[17] WürzNotar-HdB/*Bischoff* Teil 1 Kap. 1 Rn. 24.

die Nachfolge erforderlichen Zahl geeigneter Bewerber, am gleichmäßigen Altersaufbau der Notarämter[18] und am landesgebundenen (in NRW kammergebundenen) Besetzungsverfahren zu orientieren.[19] Die Bindung des Ermessensspielraums der Justizverwaltung soll jedem Notaranwärter gewährleisten, seine Ausbildungszeit als Notarassessor nicht als dauerhaften Hauptberuf ausüben zu müssen. Er darf darauf vertrauen, entsprechend einer Bedarfsprognose der Justizverwaltung, die nicht auf einem offensichtlichen Ermessensfehlgebrauch beruht, nach seinem dreijährigen Anwärterdienst in angemessener Zeit zum Notar ernannt zu werden (→ Rn. 9 ff., 15). Eine Anwartschaft innerhalb eines bestimmten Zeitraums ernannt zu werden, erwächst dem Anwärter nicht.

Da die öffentlichen Notarämter auch bei unvermeidbarer (zB krankheits- oder urlaubsbedingter) Abwesenheit des Amtsträgers oder nach seinem Tod ohne Unterbrechung besetzt sein müssen, garantiert die Einrichtung des Anwärterdienstes – als gesetzlicher Nebenreflex – die lückenlose Versorgung der rechtsuchenden Bevölkerung mit notariellen Dienstleistungen bei der Übernahme von Vertretungen gem. § 39 Abs. 3 S. 2 und Notariatsverwaltungen gem. § 56 Abs. 5.[20]

Im Anwaltsnotariat haben die Novellierungen der Bundesnotarordnung entgegen der Kritik an der unterschiedlichen Vorbereitung auf den Notarberuf[21] zu einer weitgehenden Rechtsangleichung geführt, die auf der Grundlage angehobener Qualifikationsanforderungen (vgl. § 6 Abs. 3) zu einer Bestenauslese[22] führen soll.[23] Daher regeln §§ 7a–d das Prüfungsverfahren für Anwaltsnotare.[24] Zum Schutz der vorsorgenden Rechtspflege,[25] der rechtsuchenden Bevölkerung und der Qualitätssicherung wegen der nachhaltigen Bedeutung öffentlicher Urkunden ist zu erwägen, die aktuellen Kenntnisse und Fähigkeiten der Anwaltsnotare – wie dann in gleicher Weise der Nurnotare – in regelmäßigen Zeitabständen durch berufsbegleitende Fortbildungen mit Prüfungen zu überwachen.[26]

2. Dreijähriger Anwärterdienst (Abs. 1 Voraussetzung 1). Die Vorschrift verlangt von Bewerbern auf **hauptberufliche Notarstellen** neben den in §§ 5, 6 Abs. 1 definierten allgemeinen Voraussetzungen den **erfolgreich geleisteten Anwärterdienst** als Notarassessor von „in der Regel" drei Jahren.[27] Dieser Anwärterdienst muss im Hauptberuf ausgeübt werden (Abs. 1 iVm § 3 Abs. 1).[28] Die Mindestausbildungszeit von drei Jahren darf nur in begründeten Ausnahmefällen unterschritten werden.[29] Ausreichend ist die Erfüllung der Drei-Jahresfrist im Zeitpunkt der Ernennung zum Notar,[30] so dass Notar-

---

[18] Zur Wahrung einer geordneten Altersstruktur als Wertungstopos im Bewerbungsverfahren BGH NJW-RR 2009, 202 (203).
[19] *Linke* DNotZ 2005, 411 (417 ff.).
[20] BGH ZNotP 2003, 470 (471).
[21] *Jaeger*, Zur Entwicklung des notarialen Berufsrechts in der Rechtsprechung des Bundesverfassungsgerichts, ZNotP 2003, 402: „Ein 3-jähriger berufsspezifischer Vorbereitungsdienst im Anschluss an ein oberes Examensergebnis weist evident auf ein anderes Leistungsniveau als die genannten Minimalerfordernisse" beim Zugang zum Anwaltsnotariat. Zweifel an der Gleichwertigkeit auch in BVerfG DNotZ 2004, 560 (562).
[22] BeckNotar-HdB/*Sandkühler* § 33 Rn. 26.
[23] BeckNotar-HdB/*Sandkühler* § 33 Rn. 26 zur BNotO-Novelle (2009) sowie Rn. 32 ff., 38 ff.; zur schon früheren Rechtsangleichung *Bohrer* DNotZ 1991, 3; zur Fortbildungspflicht *Jerschke* FS Schippel 1996, 667; *Baumann* Notarius International 2000, 116; *Jerschke* FS 50 Jahre Deutsches Anwaltsinstitut 2003, 71.
[24] Dazu §§ 7a–d BNotO.
[25] Zur staatlichen Kontrollverantwortung *Preuß* DNotZ 2008, 258 (275 f.).
[26] *Baumann* Notarius International 2000, 116 (123).
[27] BGH DNotZ 2007, 154; Diehn/*Bormann* BNotO § 7 Rn. 3 ff.
[28] Vgl. BGHZ 38, 208 = DNotZ 1963, 242.
[29] BVerfG DNotZ 2005, 473 (475) mAnm *Görk* DNotZ 2005, 477 (479) zur begründeten Unterschreitung der dreijährigen Ausbildungszeit in Ausnahmefällen; BGH DNotZ 1997, 900; 2003, 231; ZNotP 2008, 415; DNotZ 2014, 307 (309); Arndt/Lerch/Sandkühler/*Lerch* BNotO § 7 Rn. 4: „… Minimum, das nicht unterschritten werden darf", wobei die Ausführungsbestimmungen der Länder die Anrechnung anderer Dienstzeiten zulassen können.
[30] *Schumacher* RNotZ 2002, 492 (499); anders BGH DNotZ 2007, 154 (156), wonach maßgeblicher Zeitpunkt das Ende der Bewerbungsfrist sein soll.

assessoren, die sich vor Ablauf dieser Frist bewerben, in begründeten Einzelfällen auch ernannt werden können.[31]

10   Angerechnet werden neben der reinen Ausbildung auch während des Anwärterdienstes ausgeübte Tätigkeiten als Notarvertreter, Notariatsverwalter oder innerhalb der Standesorganisationen, die der Vorbereitung auf den Notarberuf dienen.[32] Die nach § 6 Abs. 3 S. 4 anrechenbaren Zeiten können nicht zu einer Verkürzung der Mindestausbildungszeiten führen, weil die Notwendigkeit der ausreichenden Berufsvorbereitung Vorrang genießt.[33] Anwärterzeiten, die in einem anderen Bundesland erworben wurden, sind anzurechnen, wenn der Bewerber im Zeitpunkt seiner Bewerbung seinen Anwärterdienst im Bundesland der Bewerbung leistet.[34] Übliche Urlaubs-, vertretbare Krankheitszeiten und schwangerschaftsbedingte Fehlzeiten sind aus der Dauer des Anwärterdienstes nicht herauszurechnen.

11   Nach erfolgreicher Ableistung des dreijährigen Anwärterdienstes erwirbt der Notarassessor ein öffentlich-rechtliches Anwartschaftsrecht[35] auf ermessensfehlerfreie Berücksichtigung im Bewerbungsverfahren,[36] wobei der Dauer des Anwärterdienstes gem. § 6 Abs. 3 S. 3 erhebliches Gewicht zukommt, weil der Berufserfahrung bei der Ausübung des Notarberufs besondere Bedeutung zukommt.[37] Der Landesjustizverwaltung steht bei der Gewichtung der Auswahlkriterien im Besetzungsverfahren im Rahmen der beschriebenen Bindung an die öffentlichen Bedarfskriterien einer geordneten Rechtspflege ein weiter Ermessensspielraum zu,[38] wobei die Entscheidungsgründe transparent sein müssen, um einen Ermessensfehlgebrauch auszuschließen. Der Anwärterdienst gewährt keinen Anspruch auf Ernennung zum Notar zu einem bestimmten Zeitpunkt.[39] Er gibt aber auch dem jüngsten Notaranwärter ein Anwartschaftsrecht, in einem sachgerechten Besetzungsverfahren der Landesjustizverwaltung mit zunehmenden Dienstalter mit seinen Bewerbungschancen aufzurücken,[40] weshalb das Vorrücksystem zwangsläufig länderbezogen (oder bei verschiedenen Kammern in einem Bundesland sogar kammerbezogen[41]) gestaltet sein muss.[42] Andernfalls könnte das Zwangsbewerbungsverfahren zur Besetzung von Notarstellen in wirtschaftlich strukturschwachen Regionen verbunden mit der Entlassung des Notarassessors nach Abs. 7 Nr. 3 nicht durchgeführt werden. Zur Sicherung eines geordneten Altersaufbaus der Berufsträger der jeweiligen Notarämter kann die Justizverwaltung nach entsprechender Ermessensabwägung im Besetzungsverfahren einem Notarassessor in Ausnahmefällen den Vorzug vor einem bereits bestellten Notar geben, der nach § 10 Abs. 1 S. 3 eine Amtssitzverlegung begehrt,[43] wenn andernfalls die Ernennung von Notarassessoren zu Notaren auf absehbare Zeit ausgeschlossen wäre. Im Regelfall ist aber dem bereits im selben Bundesland bestellten hauptberuflichen Notar, der seinen Amtssitz verlegen will,

---

[31] BGH RNotZ 2003, 140 mAnm *Baumann*.
[32] BGH DNotZ 1965, 186; 1975, 496; *Schlick* ZNotP 2009, 450 (451); Diehn/*Bormann* BNotO § 7 Rn. 7.
[33] Ebenso Schippel/Bracker/*Bracker* BNotO § 7 Rn. 98.
[34] WürzNotar-HdB/*Bischoff* Teil 1 Kap. 1 Rn. 36; Schippel/Bracker/*Bracker* BNotO § 7 Rn. 22.
[35] Grundlage dieses Anwartschaftsrechts ist der durch das Rechtsstaatsprinzip des Grundgesetzes gewährleistete Vertrauensschutz; BVerfG DNotZ 2005, 473 (475 f.); *Egerland* S. 57 ff.
[36] BVerfG DNotZ 2005, 473 (475 f.); BGH DNotZ 2003, 228 (229); *Egerland/Gergaut* NotBZ 2005, 190; *Egerland* S. 57.
[37] BGH DNotZ 2013, 224.
[38] Zur Frage der Gewichtung der Ergebnisse der zweiten juristischen Staatsprüfung im Verhältnis zu den dienstlichen Beurteilungen BGH ZNotP 2012, 354.
[39] *Schlick* ZNotP 2009, 450 (451); BGH DNotZ 2007, 154; 2010, 467 (468); NJW-RR 2012, 53 f.
[40] Ähnlich Arndt/Lerch/Sandkühler/*Lerch* BNotO § 7 Rn. 6.
[41] BGH DNotZ 2001, 730.
[42] BVerfG DNotZ 2005, 473 mAnm *Görk*; BGH DNotZ 2005, 149; 2007, 154.
[43] BGH DNotZ 2004, 230; NJW-RR 2012, 53; Arndt/Lerch/Sandkühler/*Lerch* BNotO § 7 Rn. 56 weist zu Recht auf die Notwendigkeit einer gesetzlichen Regelung des Vorrücksystems hin. Das Vorrücksystem als einzige berufliche „Aufstiegsmöglichkeit" des Notars in seinem öffentlichen Amt kann nicht ernsthaft in Frage gestellt, sollte aber – so die berechtigte Forderung von *Lerch* – auf eine gesetzliche Grundlage gestellt werden.

der Vorzug vor Notarassessoren zu geben,[44] sofern er die Mindestverweildauer von fünf Jahren auf seiner Amtsstelle geleistet hat.[45] Nur so können ertragsschwache Landnotaramtsstellen besetzt werden, indem das Vorrücksystem den auf solchen Ämtern (möglicherweise sogar nach Zwangsbewerbung) bestellten Notaren bei späteren Bewerbungen die Perspektive auf ein ertragsstärkeres Amt eröffnet. Notarassessoren werden durch das Vorrücksystem nicht benachteiligt; das Freiwerden jedes ertragsschwachen Notaramts eröffnet aufgrund des Vorrücksystems allen Notarassessoren den Berufseinstieg als Notar mit der Perspektive der „Beförderung" auf ein ertragsstärkeres Notaramt.[46]

3. Landesspezifische Ausbildung (Abs. 1 Voraussetzung 2). Der Notarbewerber **12** muss sich nach dem Willen des Gesetzgebers (Abs. 1) im Zeitpunkt seiner Bewerbung im Anwärterdienst des Landes befinden, in dem er die Notarbestellung anstrebt.[47] Die Bindung des Anwärterdienstes an das Land der späteren Bestellung ist Folge der Justizhoheit der Bundesländer. Der Landesjustizverwaltung steht insoweit ein durch die Gerichte nur auf Ermessensfehlentscheidungen überprüfbares Auswahlermessen zu, das selbst Notarassessoren, die den dreijährigen Anwärterdienst zum Zeitpunkt der Bewerbung noch nicht vollendet haben[48] den Vorrang gegenüber externen Bewerbern einräumen kann, zumal auch hier die Anwartschaftsrechte aller landeseigenen (kammerbezogenen) Notaranwärter bis zum jüngsten Notarassessor bei Nichtberücksichtigung der landeseigenen Anwärter tangiert werden. Die Landesjustizverwaltung hat daher bei externen Stellenbesetzungsverfahren die tangierten Anwartschaftsrechte aller Notarassessoren des betroffenen Kammerbezirks zu berücksichtigen.[49] Die Landesjustizverwaltung kann aus sachlichen Organisationsgründen ein eingeleitetes Bewerbungs- und Ausschreibungsverfahren jederzeit beenden und von einer ursprünglich geplanten Stellenbesetzung ganz absehen[50] oder die Notarstelle vor einer Besetzung mit externen bzw. landesfremden Bewerbern neu ausschreiben.[51] Der Landesjustizverwaltung steht insoweit ein Organisationsermessen zu, das an den Erfordernissen einer geordneten Rechtspflege auszurichten ist.[52] Diese Grundsätze gelten auch innerhalb desselben Bundeslandes, wenn die Landesjustizverwaltung von ihrem Organisationsermessen durch Bildung getrennter Kammerbezirke Gebrauch gemacht hat. Da die Bedarfsprognose der Landesjustizverwaltung über die Besetzung von Notarstellen und die Vorhaltung von Notaranwärterstellen nur erfolgen kann, wenn das Angebot der prognostizierten Notar-

---

[44] AA Arndt/Lerch/Sandkühler/*Lerch* BNotO § 7 Rn. 49, der die Ansicht vertritt, dem Notarassessor gebühre grundsätzlich der Vorrang gegenüber einem bereits im Amt befindlichen Nurnotar. Die Ansicht von *Lerch* ist nur zutreffend, soweit sich ein Nurnotar aus einem anderen Bundesland bewirbt (so richtig Arndt/Lerch/Sandkühler/*Lerch* BNotO § 7 Rn. 50). Zu Fehlern der Landesjustizverwaltung bei der Auswahlentscheidung BGH DNotZ 2007, 154. BGH DNotZ 2007, 154 (155) überlässt die Entscheidung, ob dem Notarassessor oder dem Notar der Vorrang einzuräumen ist, dem organisationsrechtlichen und personalwirtschaftlichen Ermessen der Landesjustizverwaltung, allerdings ohne angemessene Würdigung des Vorrücksystems; noch weitergehend BGH DNotZ 2010, 467 mAnm *von Campe,* wo in einem Sonderfall dem Notarassessor der Vorrang eingeräumt worden ist. *Von Campe* arbeitet zutreffend die Besonderheiten des Falles heraus, die in diesem Fall eine Vernachlässigung des Vorrücksystems ausnahmsweise rechtfertigen. Dazu auch → Rn. 56.
[45] BGH DNotZ 2015, 876, wobei hier die Bewerbung sogar in ein anderes Bundesland erfolgte.
[46] Die abweichende Argumentation von *Schlick* ZNotP 2009, 450 (451), die eine Bevorzugung von Notarassessoren begründet, kann nur in Ausnahmefällen überzeugen, weil jeder Amtssitzwechsel eines Notars innerhalb des Bundeslandes (bzw. Ausschreibungsgebietes) ein freies Notaramt für Notarassessoren als Eingangsstelle eröffnet.
[47] BeckNotar-HdB/*Bremkamp* § 32 Rn. 23; anders Arndt/Lerch/Sandkühler/*Lerch* BNotO § 7 Rn. 20 ff., der allerdings für die Länder des „Nurnotariats" ein abweichendes Bedürfnis wegen der Personalplanung und Stellenbesetzung mit öffentlich bediensteten Notarassessoren anerkennt.
[48] BVerfG DNotZ 2005, 473 mAnm *Görk;* BGH DNotZ 2003, 228 = RNotZ 2003, 140 mAnm *Baumann; Schumacher* RNotZ 2002, 492; *ders.* ZNotP 2003, 139 (141).
[49] BGH DNotZ 2004, 230; 2007, 154; 2008, 862 f.; 2010, 467 (469); NJW-RR 2012, 53 (54).
[50] BGH NJW-RR 2012, 1454.
[51] BVerfG RNotZ 2002, 504; OLG Köln DNotZ 2001, 731; *Linke* DNotZ 2005, 411; *Schumacher* RNotZ 2002, 492.
[52] BGH NJW-RR 2012, 1446 konkret zur Bedürfnisprüfung bei der Entscheidung über die Ausschreibung und Wiederbesetzung einer Notarstelle.

stellen dem Angebot der vorgehaltenen Notaranwärterstellen entspricht, kann ein ordnungsgemäßes Stellenbesetzungs- und -vorrückverfahren nur bei länderbezogenem Anwärterdienst (bzw. kammerbezogenen Anwärterdienst[53]) gewährleistet werden.[54] In besonderen Fällen kann sogar geboten sein, dass trotz des Vorrücksystems – der einzigen beruflichen „Aufstiegschance des Notars – einem Notarassessor bei Bewerberkonkurrenz mit einem Notar aus demselben Bundesland der Vorzug zu geben ist, insbesondere wenn nur auf diese Weise dem Notarassessor ein beruflicher Einstieg als Notar ermöglicht werden kann.[55] Nur die Beschränkung der Notarstellenbewerber auf das jeweilige Bundesland ermöglicht der Justizverwaltung die wegen der Ortsgebundenheit der Notarstellen erforderliche landesbezogene Bedürfnisprüfung und die Errichtung von Planstellen gem. § 4. Da die Notare von den jeweiligen Landesjustizverwaltungen bestellt werden, ist Regelungszweck des Landesvorbehalts also nicht ein „Gebietsschutz" des im Bundesland geförderten eigenen Nachwuchses,[56] sondern notwendiges Gebot einer landesbezogenen Personalplanung mit einer nur für das Bundesland möglichen Bedarfsprognose.[57] Die durch Art. 12 GG geschützte Freiheit der Berufsausübung eines externen Bewerbers kann durch die Regelvoraussetzung des Abs. 1 in zulässiger Weise eingeschränkt werden, wenn im Bestellungsverfahren zum Notar geprüft wird, ob die Stellenbesetzung der landesbezogenen Personalbedarfsplanung entspricht.[58]

13 Für den Anwärter wird durch die Ausbildung im Bundesland seines späteren Notaramtes sichergestellt, dass er bereits im Zeitpunkt seines Dienstantritts als Notar umfassend auch mit den jeweiligen notarspezifischen Landesgesetzen vertraut ist,[59] um die Rechtsuchenden sachgerecht beraten zu können (so sind zB Baulasten nur in einzelnen Bundesländern bekannt; landesrechtliche Vorkaufsrechte richten sich ebenso wie landesrechtliche Genehmigungserfordernisse bei Grundstückskaufverträgen nach spezifischen Landesgesetzen; es gibt unterschiedliche Regelungen in den Landesbauordnungen oder im öffentlich-rechtlichen Erschließungsrecht, die jeweils Auswirkungen auf die notarielle Praxis haben; im Erbrecht haben nicht alle Bundesländer gesetzliche Regelungen einer Höfeordnung; die aufgeführten Beispiele für Abweichungen gesetzlicher Regelungen zwischen den einzelnen Bundesländern sind nicht abschließend).

14 Die Länderbegrenzung (Abs. 1) sollte in § 7 präziser geregelt werden, kann aber wegen der nur ortsbezogen möglichen Bedürfnisprüfung[60] – aufgrund der Landesjustizhoheit der Bundesländer, von denen einzelne sich für das nebenberufliche Anwaltsnotariat entschieden haben – und der örtlich gebundenen Dienst- und Disziplinaraufsicht nicht aufgegeben werden, auch wenn es zum Abbruch eines Bewerbungsverfahrens nicht als alleiniges Kriterium ausreicht, dass sich kein Landeskind beworben hat.[61] Die örtliche Gebundenheit

---

[53] BGH DNotZ 2001, 70.
[54] Diehn/*Bormann* BNotO § 7 Rn. 9.
[55] BGH DNotZ 2010, 467 mAnm *von Campe*. *Von Campe* spricht sich bei der Auswahlentschädigung für einen Verzicht von Eignungskriterien aus und fordert die Besetzung nur nach organisationsrechtlichen Kriterien zu entscheiden. Die besondere Situation, die der BGH-Entscheidung im Land Brandenburg zugrunde lag, ist jedoch nicht verallgemeinerungsfähig.
[56] Arndt/Lerch/Sandkühler/*Lerch* BNotO § 7 Rn. 50 mit anderer Begründung. Nicht lösbare Organisationsprobleme würden eintreten (zB beim Zwangsbewerbungsverfahren), wenn die Landesjustizverwaltungen (nicht eingeplante und nicht planbare) externe Bewerber im Stellenbesetzungsverfahren berücksichtigen müssten und zugleich den „landeseigenen Nachwuchs" auf Notarstellen in strukturschwachen Gebieten „zwingen" würden und die „Zwangsbewerber" bei späteren Bewerbungsverfahren als Notare gegenüber externen Bewerbern erneut benachteiligt würden. Die Organisation der Stellenausschreibung und Stellenbesetzung von Notarstellen obliegt allein den Landesjustizverwaltungen.
[57] BGH DNotZ 2005, 149; BVerfG ZNotP 2005, 397 (399).
[58] BVerfG DNotZ 2005, 473 mAnm *Görk*.
[59] BGH NJOZ 2015, 59 zur Berücksichtigung der landesrechtlichen Kenntnisse beim Gleichstellungsgebot nach § 114 Abs. 2; zuvor *Linke* DNotZ 2005, 411 (417).
[60] Je großflächiger die Bedürfnisprüfung erfolgt, desto schwieriger ist die Bedarfsprognose insbesondere für strukturschwache Regionen, aber auch die Verteilung der Planstellen auf Bezirke mit höherem Beurkundungsbedarf vorzunehmen.
[61] Dazu BVerfG DNotZ 2002, 891 = NotBZ 2002, 447 mAnm *Lischka; Trittel* NotBZ 2002, 321 (325); *Schumacher* RNotZ 2002, 492.

der Notarämter und die damit von den Landesjustizverwaltungen vorzunehmenden regionalen Bedürfnisprüfungen können bei Bewerbungen von Seiteneinsteigern im Rahmen der Ausübung des pflichtgemäßen Ermessens im Stellenbesetzungsverfahren als Wertungstopoi nicht unberücksichtigt bleiben. Der Wechsel des Amtssitzes in ein anderes Bundesland muss Ausnahmefällen vorbehalten bleiben. Streng geregelte Ausnahmen könnten bei Mangelsituationen und bei einem Tausch von Stellenbewerbern zwischen zwei Bundesländern vorgesehen werden,[62] wobei sichergestellt werden müsste (zB durch eine vorgeschaltete Prüfung im Bewerbungsverfahren), dass die landesspezifischen Kenntnisse vom Bewerber erworben worden sind.

4. Ausnahmen vom dreijährigen Anwärterdienst im Bundesland. a) Allgemeines. Abs. 1 enthält eine Sollbestimmung mit Regelcharakter („in der Regel"). Damit wird der Landesjustizverwaltung das Recht eingeräumt, in begründeten Ausnahmefällen vom Gesetzeswortlaut abweichende Stellenbesetzungen vorzunehmen.[63] Das insoweit auszuübende Ermessen der Justizverwaltung wird eingeschränkt durch das übergeordnete, am Wohl der Rechtspflege orientierte Ziel einer bedarfsgerechten Personalplanung der öffentlichen Notarämter und durch den Normzweck des § 7, einen geregelten Anwärterdienst mit angemessener Berufsperspektive für die Notarassessoren aufrecht zu erhalten. Bei von der Sollbestimmung abweichenden Stellenbesetzungen durch Seiteneinsteiger sind auch die Folgewirkungen auf spätere Zwangsbewerbungsverfahren auf ertragsschwache Notarstellen zu berücksichtigen; vom Zwangsbewerbsverfahren mit Entlassungsfolgen können nur Notaranwärter nach dreijähriger Ausbildung im Anwärterdienst des Bestellungslandes betroffen sein, nicht dagegen Seiteneinsteiger (→ Rn. 55 ff.).

b) Ausnahmen von der Regelfrist. In besonders begründeten Ausnahmefällen[64] kann zum hauptberuflichen Notar bestellt werden, wer weniger als drei Jahre Anwärterdienst geleistet hat.[65] Die Entscheidung wird – in diesen Fällen in Abweichung vom gesetzlichen Grundsatz – nach **pflichtgemäßem Ermessen** der Landesjustizverwaltung getroffen.[66] In dieses Ermessen ist die bedarfsbezogene Personalplanung der Landesjustizverwaltung, die wegen der Ortsgebundenheit der Notarämter regional beschränkt ist, einzubeziehen. Diese Personalplanung der Landesjustizverwaltungen wird gestört bzw. sind zuverlässige Bedarfsprognosen nicht möglich, wenn externe Bewerber (Seitenbewerber) im Bewerbungsverfahren auf Notarstellen berücksichtigt werden. Bei Bewerbung und Ernennung von Seiteneinsteigern (auch Notaren), die im Planungsgebiet[67] keine Notarstelle zur Neubewerbung freigeben, werden die Anwartschaftsrechte aller in dem Notarkammerbezirk tätigen Notarassessoren tangiert, nach angemessener Zeit zum Notar bestellt zu werden,[68] also ihre Grundrechte auf Berufszugang aus Art. 12 GG. Demgegenüber werden bei Zurückweisung von Seiteneinsteigern mit Amtssitzwechsel (Notaren) nur deren Rechte auf Berufsausübung aus Art. 12 GG berührt, da sie ihren bereits ausgeübten Notarberuf am anderen Amtssitz fortsetzen könnten.[69] Die mögliche „Beförderung" der Notare von ertragsschwachen auf ertragsstärkere Notarstellen in einem landesbezogenen Vorrücksystem (→ Rn. 11) wird bei Besetzung mit Seiteneinsteigern ausgehebelt. Vor der Besetzung mit Seiteneinsteigern hat die Landesjustizverwaltung gem. Abs. 7 Nr. 3 ein Zwangsbewerbungsverfahren einzuleiten (→ Rn. 19, 55 ff.), damit nachrangige Notarassessoren in späteren Verfahren nicht eine Ungleichbehandlung und eine Verletzung ihrer Anwartschaftsrechte im Vorrücksystem durch die frühere Berücksichtigung von Seiteneinsteigern geltend machen können.

---

[62] *Trittel* NotBZ 2002, 321 (325).
[63] BGH DNotZ 2018, 469 (472); BeckOK BNotO/*Bracker* BNotO § 7 Rn. 19 f.
[64] BGH DNotZ 1997, 900; 2003, 231.
[65] BVerfG DNotZ 2005, 473 (476) mAnm *Görk;* BGH DNotZ 2018, 469 (472).
[66] BGH RNotZ 2003, 140 mAnm *Baumann.*
[67] Grundsätzlich das Bundesland, in NRW der Notarkammerbezirk.
[68] Vgl. hierzu schon BGH DNotZ 1967, 705; 1970, 751; 1983, 448.
[69] BGH DNotZ 2009, 155 (156).

17 Die Landesjustizverwaltung übt ihr Ermessen pflichtgemäß aus, wenn sie einem Notarassessor als Mitbewerber, der seinen dreijährigen Anwärterdienst noch nicht vollständig absolviert hat, den Vorzug vor Seiteneinsteigern einräumt.[70] Allerdings bedarf es einer herausragenden Qualifikation des Notaranwärters und einer besonderen Begründung, warum der Regelanwärterdienst ausnahmsweise nicht vollständig absolviert sein muss.[71] Die Bevorzugung des Notarassessors darf trotz der hohen Bedeutung des Vorrücksystems für den geordneten Aufbau der Rechtspflege und des damit verbundenen Regelvorrangs nicht schematisch erfolgen.[72] Die Ernennung von Bewerbern unterhalb der Regelausbildungszeit ist wegen der Beeinträchtigung des am Dienstalter orientierten Besetzungssystems auf solche Ausnahmefälle zu beschränken, in denen ein unabwendbares Bedürfnis der Rechtspflege für die sofortige Besetzung des Notaramtes besteht und Zwangsbewerbungsmaßnahmen nach Abs. 7 Nr. 3 mangels geeigneter Anwärter in einem überschaubaren Zeitraum nicht in Betracht kommen,[73] und von dem Notaranwärter aufgrund seiner Beurteilungen zu erwarten ist, dass er trotz Unterschreitung des grds. gebotenen dreijährigen Anwärterdienstes bereits zur selbstständigen Führung einer Notarkanzlei in der Lage ist. Die mit zunehmender Komplexität unseres Rechts-, Gesellschafts- und Wirtschaftsystems steigenden Qualifikationsanforderungen an die Kenntnisse und Fähigkeiten des Notars setzen praktische Erfahrungen in Beurkundungs-, und Verhandlungstechnik, Büroorganisation und -leitung voraus, für die auch ein dreijähriger Vorbereitungsdienst[74] knapp bemessen ist, so dass selbst überragende juristische Kenntnisse und Fähigkeiten die Erfahrungen einer nurnotariellen Praxis nicht ersetzen können. Handelt es sich bei Seitenbewerbern um Nichtnotare, so fehlt ihnen die erforderliche Berufsqualifikation. Die Justizverwaltung handelt ermessensfehlerfrei, wenn sie mangels vorhandener Notaranwärter mit dreijähriger Ausbildungszeit von einer Besetzung der Notarstelle vorläufig absieht.[75] Nur wenn die Gefährdung der Vorsorgenden Rechtspflege zu befürchten wäre, kann in Ausnahmesituationen ein Bewerber ohne Anwärterdienst ernannt werden (historisches Beispiel: Aufbau der freien Notariate nach dem Beitritt der neuen Bundesländer).

17a Der erfolgreiche Abschluss der notariellen Fachprüfung nach § 6 Abs. 2 S. 1 Nr. 3; §§ 7a ff. kann die Ausbildung im Anwärterdienst nicht ersetzen.[76] Es handelt sich hierbei um Sonderregelungen, die nach dem gesetzgeberischen Normzweck nur den Zugang zum Beruf des „Anwaltsnotars" eröffnen.[77]

18 **c) Ausnahmen von der landesspezifischen Ausbildung.** Da das Gesetz dem Notaramt den beamtenähnlichen Anwärterdienst als Sonderausbildung vorschaltet und damit eine Vorauswahl für die Notarbestellung getroffen wird, muss dieser Vorauswahl der Landesjustizverwaltung der Vorrang vor Seitenbewerbern eingeräumt werden.[78] Die Landesjustizverwaltung darf jedoch – trotz des anzuerkennenden Regelvorrangs – nicht schematisch[79] ohne hinreichende Prüfung und Begründung die im Kammerbezirk ausgebildeten Notarassessoren vor externen Bewerbern bevorzugen.[80] Jedes rechtsstaatliche Besetzungsverfahren erfordert eine Prüfung und Begründung der Auswahlentscheidung. Eine Ausnahme vom Regelvorrang des landeseigenen Bewerbers vor externen Mitbewerbern könnte in Betracht

---

[70] BGH ZNotP 2008, 414 (415).
[71] BGH ZNotP 2008, 414 (415) unter Hinweis auf BVerfG ZNotP 2005, 316 (319).
[72] BVerfG DNotZ 2005, 473; BGH DNotZ 2009, 155.
[73] Vgl. dazu schon BGH DNotZ 1970, 751.
[74] Der dreijährige Anwärterdienst beruht noch auf Erfahrungswerten aus einer Zeit, in der die Anforderungen an die Ausübung des Notarberufs geringer waren.
[75] Schippel/Bracker/*Bracker* BNotO § 7 Rn. 21 weist zu Recht darauf hin, dass selbst überragende Kenntnisse und Fähigkeiten keine abweichende Ermessungsausübung erfordern.
[76] *Jaeger* ZNotP 2003, 402; Schippel/Bracker/*Bracker* BNotO § 7 Rn. 12; Diehn/*Bormann* BNotO § 7 Rn. 5.
[77] → § 6 Rn. 46a.
[78] BVerfG DNotZ 2005, 473; BGH DNotZ 2001, 731 (732); 2003, 228; 2007, 154.
[79] OLG München MittBayNot 2006, 442.
[80] BVerfG DNotZ 2005, 473 (476); BGH DNotZ 2009, 155.

kommen, „wenn das Interesse an einer geordneten Rechtspflege im konkreten Fall den Vorrang nicht erfordert".[81] In diesem Fall hat die Justizverwaltung einen Eignungsvergleich unter Einbeziehung aller Bewerber zu treffen.[82] Die insoweit mögliche Öffnung der Abwägungskriterien bei der Ausübung pflichtgemäßen Ermessens darf aber durch die mit dem Maßstab der Einzelfallgerechtigkeit verbundene Rechtsunsicherheit nicht dazu führen, dass die Zahl der Prozesse in Stellenbesetzungsverfahren die Funktionsfähigkeit der Rechtspflege durch einstweilige Anordnungen des BVerfG beeinträchtigt.[83] Die Ausübung des pflichtgemäßen Ermessens hat sich mit rechtsstaatlich nachvollziehbaren und Rechtssicherheit gewährleistenden Entscheidungskriterien am Wohle eines ordnungsgemäßen Aufbaus der öffentlichen Ämter zu orientieren.[84]

Der Notarassessor wird in seinem öffentlich rechtlichen Anwärterdienst ausschließlich **19** auf den Beruf des Notars ausgebildet und erwirbt mit steigendem Dienstalter – nach den Kriterien des öffentlichen Dienstes – ein wachsendes Anwartschaftsrecht, zum Notar ernannt zu werden, jedoch weder den Anspruch auf eine bestimmte Notarstelle noch auf Ernennung zu einem gewissen Zeitpunkt. Regelmäßig werden Seitenbewerbern die berufsspezifischen Kenntnisse und die in der Praxis des Anwärterdienstes vermittelten praktischen Fertigkeiten (insbesondere kautelarjuristischer Methodik) zur Ausübung des Notarberufs fehlen. Selbst herausragende juristische Kenntnisse und Fähigkeiten eines Seitenbewerbers verpflichten die Landesjustizverwaltung nicht, diesen zum Notar zu bestellen,[85] weil die durch Art. 3 GG gebotene Chancengleichheit beim Berufszugang allein im Bewerbungsverfahren der Anwärter zu gewähren ist. Die beim Berufszugang verfassungsrechtlich gebotene Chancengleichheit würde beseitigt, wenn andere Kriterien als der erfolgreich geleistete Anwärterdienst im späteren Verfahren die Bewerbungschancen auf eine Notarstelle erhöhen könnten.[86] Daher können zB Berufserfahrungen im Anwaltsnotariat bei einer Bewerbung auf eine hauptberufliche Notarstelle grundsätzlich kein Bewertungskriterium sein. Die Landesjustizverwaltung sollte ihr Ermessen selbst dann rechtsfehlerfrei ausüben können, wenn sie einen Seitenbewerber nicht berücksichtigt, obwohl aufgrund eines Sonderfalls sachliche Gesichtspunkte eine Ausnahme rechtfertigen könnten,[87] solange die im Amtsbereich bestellten Notare und Notariatsverwalter eine ordnungsgemäße Wahrnehmung ihrer Rechtspflegefunktionen noch gewährleisten können.[88] Die Landesjustizverwaltung hat in der Ermessensausübung auch ein ordnungsgemäßes Vorrücksystem als Beförderungschance für diejenigen Notare, die ihren Amtsdienst in wirtschaftlich strukturschwachen Landnotariaten angetreten haben, aufrecht zu erhalten, indem sie das Zwangsbewerbungsverfahren nach ausbleibenden Bewerbungen durchführt. Das Ausschreibungsverfahren einer Notarstelle kann abgebrochen werden, wenn sich nur „Seiteneinsteiger" bewerben.[89] Die Justizverwaltung kann ermessensfehlerfrei abwarten, bis ein Notarassessor die dreijährige Mindestanwärterzeit vollendet hat. Das BVerfG[90] hat die Ermessensausübung beim Abbruch des Besetzungsverfahrens dahingehend eingeschränkt, dass ein Abbruch nur in Betracht komme, wenn der Seiteneinsteiger als nicht geeignet iSd

---

[81] BVerfG DNotZ 2005, 473 (476); OLG München MittBayNot 2006, 442.
[82] BGH DNotZ 2007, 154; 2010, 467 (469); NJW-RR 2012, 53 (54); Arndt/Lerch/Sandkühler/*Lerch*, 7. Aufl., BNotO § 7 Fn. 33 verweist unter Hinweis auf das Amtsrecht der Richter auf die Möglichkeit, entsprechende gerichtsfeste, aber unwahre Beurteilungen zu schreiben. Ein solcher Weg sollte im notariellen Amtsrecht nicht beschritten werden. Da die Bedürfnisprüfung der Stellenbesetzungen nur landesbezogen erfolgen kann, sollte der Bundesgesetzgeber eine klarstellende, verfassungsrechtlich unbedenkliche Regelung schaffen.
[83] Vgl. dazu BVerfG NJW 2003, 2084; DNotZ 2004, 339; *Wöstmann* ZNotP 2005, 402.
[84] BGH DNotZ 2006, 790; 2008, 862; 2009, 155.
[85] BGH DNotZ 1970, 751.
[86] Dazu auch BVerfG DNotZ 2005, 473 mAnm *Görk*; BVerfG ZNotP 2005, 397.
[87] BGH DNotZ 1983, 448.
[88] BGHZ 73, 54 = DNotZ 1979, 688.
[89] BGH DNotZ 2001, 731 (732).
[90] BVerfG DNotZ 2002, 891 = NotBZ 2002, 447 mAnm *Lischka*; dazu *Schumacher* RNotZ 2002, 492; *Trittel* NotBZ 2002, 321; vgl. auch BVerfG DNotZ 2002, 889.

§ 7 Abs. 2 einzustufen sei. In dieser Entscheidung ist jedoch das Vorrücksystem der notariellen Planstellen als tragender Bestandteil eines ordnungsgemäßen Aufbaus der öffentlichen Notarämter nicht hinreichend berücksichtigt.[91] Die Entscheidung des BVerfG ist daher dahingehend zu interpretieren, dass bei Geeignetheit des Seiteneinsteigers[92] das Besetzungsverfahren dann nicht abgebrochen werden darf, wenn durch die Verzögerung der Besetzung der Notarstelle eine Gefährdung der Vorsorgenden Rechtspflege durch Unterversorgung der rechtsuchenden Bevölkerung zu erwarten ist. Die verfassungsrechtlich gebotene Gleichbehandlung beim Zugang zum Notarberuf hat bei der Einstellung in den Anwärterdienst stattzufinden und muss – nach ordnungsgemäß durchgeführtem Stellenbesetzungsverfahren der Notaranwärter – eine Bevorzugung von Notarassessoren gegenüber Seiteneinsteigern bei der Besetzung von Notarstellen zur Folge haben, weil bei einer „Dauerbenachteiligung" die Rechtsfolgen eines Zwangsbewerbungsverfahrens rechtsstaatlich nicht zu rechtfertigen wären. Hat sich nach ordnungsgemäßer Ausschreibung kein Notarassessor mit mehr als dreijährigem Anwärterdienst auf die ausgeschriebene Notarstelle beworben, so hat die Landesjustizverwaltung nach **Abs. 7 Nr. 3 vorrangig Notarassessoren** zur Abgabe einer Bewerbung mit der Androhung der Entlassung **aufzufordern.**[93] Dies ist auch deshalb geboten, weil die Landesjustizverwaltung bei vorrangiger Besetzung mit Seitenbewerbern ihr Organisationsermessen bei der Planung und Besetzung von Notarassessorenstellen (→ Rn. 22 ff., 25 ff.) nicht ordnungsgemäß ausüben könnte und bei späteren Besetzungsverfahren jeder betroffene Notarassessor wegen der Veränderung der Vorrücksituation eine Verletzung seines öffentlich-rechtlichen Anwartschaftsrechts durch das gegen ihn gerichtete Zwangsbewerbungsverfahren geltend machen könnte.[94] Würden Seiteneinsteiger nach dem Prinzip der „Bestenauslese"[95] im Stellenbesetzungsverfahren berücksichtigt, wären landeseigene Notaranwärter als potentielle Zwangsbewerber benachteiligt. Externe würden gegenüber den landeseigenen Notaranwärtern deshalb bevorzugt, weil sie nicht zur Zwangsbewerbung aufgefordert werden können und sich aus risikoloser Position bewerben. Den landeseigenen Notaranwärtern blieben nur die Notarstellen, die nicht von besseren Externen besetzt würden. Das nicht berücksichtigte „sog. Landeskind" hätte auch in späteren Bewerbungsverfahren keinen Anspruch auf bevorzugte Behandlung, weshalb die Justizverwaltung im Rahmen ihrer Organisationsentscheidung die Belange einer geordneten Altersstruktur der besetzten Notarstellen zu beachten hat.[96]

20 In Sondersituationen darf die Landesjustizverwaltung landesfremde Bewerber ohne Einzelfallprüfung vom Besetzungsverfahren für Notarstellen nicht ausschließen.[97] Solche Sondersituationen galten für die Umstrukturierung des staatlichen Notariats in Baden-Württemberg nach § 114 Abs. 3[98] und galten für die Neueinrichtung freier Notariate im Beitrittsgebiet der neuen Bundesländer.

21 Die dargelegten Grundsätze bei Bewerbung von Seiteneinsteigern gelten für eine eigenständige Personalplanung und einen nach Dienstalter geordneten Aufbau der vorsorgenden Rechtspflege entsprechend, wenn sich innerhalb desselben Bundeslandes Bewerber aus einem anderen Kammerbezirk bewerben.[99]

---

[91] Dazu BGH NJW-RR 2009, 202 (203).
[92] Dazu BVerfG DNotZ 2005, 473 (475); BGH DNotZ 2007, 154; 2010, 467 (469); NJW-RR 2012, 53 (54).
[93] BGH DNotZ 2001, 731.
[94] *Baumann* RNotZ 2003, 143.
[95] Nach BGH NJW-RR 2012, 53 sollen Externe nur bei auffälligen, erheblichen Leistungsunterschieden im Stellungsbesetzungsverfahren zu berücksichtigen sein. Damit dürfte die praktische Bedeutung der „externen Bestenauslese" wegen der strengen Auswahl und den hohen Qualifikationsanforderungen der von der Justizverwaltung ausgewählten Notaranwärter gering sein. Dennoch handelt die Landesjustizverwaltung ermessensfehlerfrei, wenn sie das Ausschreibungsverfahren im Interesse eines geordneten Stellenaufbaus und Nachrücksystems abbricht, bevor sie Notarstellen mit externen Bewerbern besetzt.
[96] BGH DNotZ 2008, 862 (863).
[97] BGH ZNotP 2006, 37 für die Umstrukturierung in Württemberg.
[98] Dazu Diehn/*Bormann* BNotO § 7 Rn. 8.
[99] BGH DNotZ 2001, 730.

II. Zugang zum Anwärterdienst (Abs. 2)

1. Zugangsvoraussetzungen. Der Bewerber zum Anwärterdienst muss zwingend die 22 Berufszugangsvoraussetzungen zum öffentlichen Notaramt gem. § 5 erfüllen: er muss die Befähigung zum Richteramt nach dem deutschen Richtergesetz erlangt haben und als Angehöriger des öffentlichen Dienstes die Gewähr dafür bieten, jederzeit die verfassungsmäßige Ordnung der Bundesrepublik Deutschland zu wahren[100] sowie gem. § 6 Abs. 1 für das angestrebte Amt als Notar kraft Persönlichkeit und Leistung geeignet sein.[101] Dies gilt für hauptberufliche Notare und Anwaltsnotare in gleicher Weise, so dass die Berufszugangsvoraussetzungen einer Bestenauslese sich seit der Zulassungsnovelle vom 29.1.1991 sehr stark angenähert haben.[102] Die Befähigung zur Anstellung als württembergischer Bezirksnotar ersetzt die Befähigung zum Richteramt nicht.[103]

2. Zugangsbeschränkung (numerus clausus). Da über den Anwärterdienst der Zugang zum Notaramt gesteuert wird, muss die Zahl der Notarassessoren den Bedürfnissen 23 der vorsorgenden Rechtspflege entsprechen.[104] Wegen der ausschließlich auf den Notarberuf ausgerichteten Sonderausbildung des Notarassessors[105] lassen sich die für den Beruf des Notars geltenden, aus der staatlichen Gebundenheit des öffentlichen Amtes folgenden Schranken der Berufswahl[106] auf den Beruf des Notarassessors übertragen.[107] Der **Anwärterdienst** ist beamtenähnlicher, **öffentlicher Dienst** iSv Art. 33 GG und weitestgehend dem Status des Richters auf Probe angenähert. Da der Staat nicht jedem Bürger freien, sondern nur gleichen, dh nach rechtsstaatlich objektiv nachprüfbaren gleichen Kriterien, Zugang zu öffentlichen Ämtern gewährleisten kann,[108] muss die durch Art. 12 Abs. 1 GG jedem Deutschen garantierte Freiheit der Berufswahl schon beim Berufszugang zum öffentlichen Anwärterdienst als Vorstufe des öffentlichen Notaramtes durch objektive Zulassungsvoraussetzungen vom Gesetzgeber beschränkt werden.[109] Jedem Bewerber auf den Anwärterdienst (Art. 3 Abs. 1 GG) und auf das öffentliche Amt des Notars (Art. 33 Abs. 2 GG) muss Chancengleichheit im Bewerbungsverfahren zustehen.[110]

Die Entscheidung über die Zahl der Notarassessorenstellen liegt in Ausübung staatlicher 24 Organisationsgewalt im pflichtgemäßen Ermessen der Landesjustizverwaltung.[111] Die bei der Bedarfsprognose vorzunehmenden Schätzungen können künftige Veränderungen nicht hinreichend einplanen, wie derzeitige Entwicklungen und die mit ihnen verbundenen Probleme im Besetzungsverfahren in den neuen Bundesländern bestätigen.[112] Da „dem Notar durch die Wahrnehmung originärer Staatsaufgaben Zuständigkeiten übertragen sind, die nach der geltenden Rechtsordnung hoheitlich ausgestaltet sein müssen",[113] ist der Justizverwaltung ein durch die Erfordernisse einer geordneten Rechtspflege begrenztes

---

[100] Vgl. BGH DNotZ 1983, 123.
[101] BGHZ 38, 208 = DNotZ 1963, 242; BGH DNotZ 1981, 59; allgemein zur Eignung als Notar vgl. BGHZ 53, 95 = DNotZ 1970, 311; BGH DNotZ 1986, 305; 1994, 202; zu Zweifeln an der persönlichen Eignung bei wahrheitswidrig unvollständigen Angaben im Bewerbungsverfahren BGHZ 194, 165.
[102] *Bohrer* DNotZ 1991, 3; BeckNotar-HdB/*Bremkamp* § 32 Rn. 23; BeckNotar-HdB/*Sandkühler* § 33 Rn. 26 ff.
[103] OLG Köln DNotZ 1975, 742.
[104] Zur notwendigen Bedarfsprognose Arndt/Lerch/Sandkühler/*Lerch* BNotO § 7 Rn. 60 ff.
[105] Schippel/Bracker/*Bracker* BNotO § 7 Rn. 14.
[106] BVerfGE 17, 371 = DNotZ 1964, 424.
[107] Arndt/Lerch/Sandkühler/*Lerch* BNotO § 7 Rn. 17 „... unterliegt denselben Grundsätzen ...".
[108] BVerfG DNotZ 1968, 313; BVerfGE 73, 280 = DNotZ 1987, 121; BVerfGE 80, 257; BVerfG NJW 1994, 1718.
[109] BVerfGE 73, 280 = DNotZ 1987, 121.
[110] *M. Meyer* DNotZ 2009, 714 (Anm. zu BVerfG DNotZ 2009, 702).
[111] BVerfGE 73, 280; BGHZ 38, 208 = DNotZ 1963, 242; BGH DNotZ 1965, 186; 1981, 59; 1981, 633. Zu den Problemen *Lischka* DNotZ 2002, 71 (73 ff.).
[112] Dazu *Schlick* ZNotP 2009, 450 (451).
[113] BVerfG DNotZ 2009, 702 (704 f.) unter Hinweis auf BVerfGE 73, 280 (293 f.) = DNotZ 1987, 121; BVerfGE 17, 371 (376) = DNotZ 1964, 424.

Organisationsermessen und ein damit korrespondierender Einschätzungsspielraum im Hinblick auf die Zahl der Notarstellen – und damit verbunden auf die Zahl der Notarassessorenstellen – eröffnet.[114] Die zuständige Notarkammer ist gem. Abs. 3 S. 1 anzuhören, weil sie aufgrund der Sachnähe über die notwendige Fachkenntnis verfügt und als Trägerin staatlicher Hoheitsgewalt (Körperschaft des öffentlichen Rechts; vgl. § 66 Abs. 1 S. 1) die von der Justizverwaltung bestellten Notarassessoren auszubilden und zu besolden hat. Das von der Justizverwaltung auszuübende Ermessen hat sich nach § 4 an den Erfordernissen einer geordneten Rechtspflege auszurichten.[115] Da der ausbildungsbezogene Anwärterdienst nur zur Vorbereitung des Hauptberufs Notar dient und daher **nicht zum endgültigen Berufsbild** verstetigt werden darf, muss sich die Zahl der Notarassessoren an der Bedarfsprognose der Landesjustizverwaltung ausrichten.[116] Ermessensfehlerhaft wäre, die Zahl der Notarassessoren nur nach anderen Wertungskriterien zu ermitteln, wie dem Bedarf der Notarkammer an ständigen Vertretern oder Notariatsverwaltern oder anderer Einrichtungen (zB des Deutschen Notarinstituts an juristischen Mitarbeitern). Solche Kriterien können aber bei der Ermessensausübung für die Festlegung einer Mindestzahl von Notarassessoren maßgebend sein, sofern diese Mindestzahl die Bedarfsprognose für künftige Stellenbesetzungen nicht unangemessen übersteigt. Die Bereitschaft der Notare, Assessoren auszubilden, ist ebenfalls kein tragendes Kriterium für die Festlegung der Zahl der Notarassessoren;[117] bei der Ermessensausübung kann sie iVm der Entwicklung der Geschäftszahlen gleichwohl ein Indiz für ein fehlendes Bedürfnis zur Errichtung weiterer Notarstellen sein. Berücksichtigt werden muss vorrangig die Alterspyramide der Notare, da die Justizverwaltung zur Erhaltung einer geordneten Rechtspflege einen möglichst gleichmäßigen Altersaufbau der Notarämter zu sichern hat. Damit wird das Bedürfnis der Rechtsuchenden erfüllt, in persönlichen Vertrauensangelegenheiten juristische Berater des Alters anzubieten, das den Erwartungen der jeweiligen Klientengeneration entspricht.

25 **3. Auswahlmaßstäbe (Abs. 2 S. 1).** Über die Auswahl zur Aufnahme in den Anwärterdienst entscheiden gem. Abs. 2 S. 1 die Eignung, die Befähigung und die fachlichen Leistungen des Bewerbers. Bei der Prognose der Geeignetheit für den Anwärterdienst steht der Landesjustizverwaltung ein Beurteilungsspielraum zu.[118] Grundlegender Auswahlmaßstab ist das in Art. 33 Abs. 2 GG verankerte Prinzip der chancengleichen Bestenauslese.[119] Der Examensnote der zweiten juristischen Staatsprüfung kommt gem. Abs. 2 S. 1 aus Gründen der Chancengleichheit herausragende Bedeutung zu.[120] Daher übt die Landesjustizverwaltung ihr Ermessen rechtsfehlerfrei aus, wenn sie aus Gründen der Gleichbehandlung die nach dem zweiten Staatsexamen gesammelten Berufserfahrungen nicht berücksichtigt,[121] wobei nachweislich herausragende Berufserfahrungen, die sogar über die notarspezifischen Ausbildungserfahrungen eines durchschnittlichen Anwärters hinausgehen, eine Berücksichtigung verdienen können. Die **Gewichtung und Bewertung** der einzelnen Auswahlkriterien liegt im **pflichtgemäßen Ermessen** der Landesjustizverwaltung,[122]

---

[114] BVerfG DNotZ 2009, 702 (705).
[115] BVerfG DNotZ 2009, 702 (705); Arndt/Lerch/Sandkühler/*Lerch* BNotO § 7 Rn. 13.
[116] BGHZ 38, 208 = DNotZ 1963, 242; BGH DNotZ 1965, 186; 1967, 705; BGHZ 69, 224 = DNotZ 1978, 46; BGH DNotZ 1981, 633.
[117] BGH DNotZ 1965, 186.
[118] BGH 134, 137 (140 f.).
[119] BVerfG DNotZ 2009, 702 (708) unter Hinweis für das Anwaltsnotariat auf BVerfGE 110, 304 (326 ff.) = DNotZ 2004, 560.
[120] BGH BWNotZ 2019, 171. Ob die weitere Umsetzung des Bologna-Prozesses künftig im EU-Raum zu einer Veränderung der rechtswissenschaftlichen Curricula, der damit verbundenen Abschlüsse des Jurastudiums (Bachelor, Master), eventuell sogar zur Aufgabe der Einheitsjuristen führen wird, bleibt abzuwarten. Eine Umstrukturierung könnte einen (Master-)Spezialstudiengang (Kautelarjurisprudenz) zur Folge haben, der als entsprechend qualifizierter Abschluss für alle Bewerber ihren Qualifikationen entsprechend gleiche Chancen der Zulassung zum notariellen Anwärterdienst eröffnen könnte.
[121] BVerfGE 73, 280 = DNotZ 1987, 121; BGH DNotZ 1965, 186; 1981, 59; BGH BWNotZ 2019, 171.
[122] BGH DNotZ 1965, 186; 1981, 59; 1981, 633; vgl. auch BVerfG DNotZ 1968, 313.

dessen Maßstab eine hochqualifizierte, altersmäßig abgestuft geordnete Besetzung der vorsorgenden Rechtspflegeorgane sein sollte.[123]

Zur Sicherung einer ordnungsgemäßen Ausübung der dem Notar in eigener Verantwortung zugewiesenen Rechtspflegeaufgaben müssen an die fachliche und die persönliche Qualifikation dieser staatlicher Funktionsträger sehr **hohe Anforderungen** gestellt werden. Ungeeignete Assessoren sind im Ausbildungsstadium aus dem Anwärterdienst zu entlassen (Abs. 7 S. 2 Nr. 1). Der Notarberuf erfordert ausgeprägte Charaktereigenschaften,[124] wie die Bereitschaft zur Selbstbeschränkung aufgrund des öffentlichen Amtes, zur Unabhängigkeit, Selbstständigkeit, Unparteilichkeit, Redlichkeit, Verschwiegenheit und neben herausragenden fachlichen Kenntnissen vor allem die Fähigkeit vorausschauend sowie besonders gründlich, juristisch fundiert und – selbst bei vermeintlichen Belanglosigkeiten – sorgfältig und präzise zu arbeiten. Darüber hinaus muss der Notar sich auf die unterschiedlichen Bevölkerungsschichten und Persönlichkeiten (Charaktere) der Rechtsuchenden einstellen, um sie beratend zu betreuen. Dies erfordert Freude am Umgang mit Menschen sowie die Fähigkeit, das Vertrauen anderer zu gewinnen, um Sachverhalte hinreichend aufzuklären, ferner die Fähigkeit Verhandlungen zu leiten und streitige Sachverhalte zwischen Beteiligten mit sich widersprechenden Interessen durch Vermittlung zum Ausgleich zu führen. Der Notar muss soziales Engagement und Gespür für gesellschaftliche Entwicklungen – auch im Hinblick auf künftige Rechtsveränderungen bedingt durch technische Innovationen und naturwissenschaftliche Forschungsergebnisse – besitzen. Der Notar muss innerlich über ein hohes Berufsethos verfügen und nach außen ein der Achtung und dem Vertrauen in die Berufswürde entsprechendes Verhalten zeigen.[125] Dies erfordert die Bereitschaft zur Mäßigung und Zurückhaltung innerhalb und außerhalb des Amtes. Körperliche und geistige Leistungsfähigkeit[126] sind für die freie, im Krankheits- oder Invaliditätsfall durch staatliche Versorgungen nicht abgesicherte, Berufsausübung erforderlich, wobei die Landesjustizverwaltung aus sozialstaatlichen Gründen körperlich schwerbehinderte Bewerber im Aufnahmeverfahren bevorzugen kann,[127] sofern die Behinderung der ordnungsgemäßen Erfüllung notarieller Aufgaben nicht entgegensteht und dem Behinderten die physischen und psychischen Belastungen zugemutet und zugetraut werden können, das öffentliche Amt des Notars mit eigenständiger Büroorganisation, Verantwortlichkeit gegenüber Notariatsangestellten und der ständigen Bereitschaft zur eigenen Fort- und Weiterbildung selbstverantwortlich wahrzunehmen. Ausgeschlossen ist die Ernennung zB bei blinden, tauben oder stummen Bewerbern, weil ein in dieser Weise behinderter Notar seine hoheitlichen Aufgaben nicht selbst, sondern nur unter Mithilfe Dritter wahrnehmen könnte.

4. Ausschreibungsverfahren (Abs. 2 S. 2–4). Abs. 2 S. 2 schreibt die **Ausschreibung von Anwärterdienststellen** vor[128] und verweist auf § 6b Abs. 2–4.[129] Die Ausschreibung ist nur rechtswirksam erfolgt, wenn sie in den dafür vorgesehenen Publikationsorganen veröffentlicht ist.[130] Eine konkrete Zahl der ausgeschriebenen Anwärterstellen muss in der Ausschreibung nicht genannt werden, da diese Zahl für den Zweck, Kandidaten zur Bewerbung aufzufordern, ohne Belang ist.[131] In der Ausschreibung ist den Bewerbern eine **angemessene Überlegungs- und Entscheidungsfrist** einzuräumen.[132] Durch die

---

[123] Zum Auswahlverfahren der Bewerber nach erfolgter Ausschreibung BeckNotar-HdB/*Bremkamp* § 32 Rn. 25 ff.
[124] Zum Anforderungsprofil für Notare und Notarassessoren in Bayern vgl. MittBayNot 2004, 1 ff. mit Vorwort von Staatsministerin der Justiz Dr. Merk.
[125] BGH DNotZ 1994, 202 (203).
[126] Vgl. die Ausführungen → § 50 Rn. 67 ff.
[127] Vgl. BGH DNotZ 1987, 51; 1987, 448.
[128] Zu den Anforderungen an eine dem Grundrechtsschutz angemessene Gestaltung der Ausschreibungspraxis für Notarstellen BVerfG NotBZ 2002, 331.
[129] Vgl. die Ausführungen → § 6b.
[130] BGH ZNotP 1999, 450 (451).
[131] WürzNotar-HdB/*Bischoff* Teil 1 Kap. 1 Rn. 39.
[132] Arndt/Lerch/Sandkühler/*Lerch* BNotO § 7 Rn. 29.

Verweisung auf § 6b Abs. 4 ist klargestellt, dass bei jedem Bewerber nur die Umstände zu berücksichtigen sind, die bei Ablauf der Bewerbungsfrist vorliegen.[133] Die Justizverwaltung kann das Stellenbesetzungsverfahren ermessensfehlerfrei abbrechen, wenn sich nur ungeeignete Personen um die Aufnahme in den Anwärterdienst beworben haben.[134]

28 Um einen gleichmäßigen Altersaufbau der besetzten Notarstellen sicherzustellen, kann die Bewerbungszeit nach Abschluss des zweiten Staatsexamens[135] begrenzt werden,[136] ebenso kann ein angemessenes Höchsteintrittsalter in den Ausbildungsdienst[137] festgelegt werden. Deshalb ist auch das bayerische Prüfungsjahrgangsprinzip nicht zu beanstanden.[138]

29 Nach Abs. 2 S. 3 können Interessenten alternativ in eine Vormerkliste eingetragen werden.[139] Durch die nach S. 4 vorgeschriebene allgemeine Bekanntgabe der Vormerkliste ist die Chancengleichheit jedes Interessenten beim Berufszugang gewahrt.

30 **5. Bewerbungsverfahren.** Jede fristgerecht eingehende Bewerbung muss bei gleicher Qualifikation Chancengleichheit eröffnen. Fristgerecht ist eine Bewerbung nur, wenn die notwendigen Bewerbungsunterlagen innerhalb der Frist vollständig eingereicht sind.

31 Ist eine Assessorenstelle nach dem Verfahren der Vormerkliste zu besetzen, so hat die Landesjustizverwaltung bei gleicher Eignung der vorgemerkten Bewerber denjenigen aus der Liste zu ernennen, der die längste Wartezeit hat. Nach Ablauf der mit der Bekanntgabe der Vormerkliste bestimmten Dauer der Vormerkzeit können Bewerber aus der Liste gestrichen werden, wenn keine Assessorenstellen frei geworden sind. Die Befristung der Aufnahme und Verweildauer in der Vormerkliste ist aus denselben Gründen gerechtfertigt wie die zeitliche Begrenzung der Bewerbungsfrist nach Abschluss der zweiten juristischen Staatsprüfung.[140]

C. Ernennung des Notarassessors und Überweisung (Abs. 3)

I. Ernennung (Abs. 3 S. 1)

32 Zur Ernennung eines Notarassessors ist die Landesjustizverwaltung nach Anhörung der zuständigen Notarkammer zuständig. Die Ernennung des Notarassessors ist ein formlos gültiger mitwirkungsbedürftiger Verwaltungsakt. Der **Anwärterdienst beginnt** mit dem von der Landesjustizverwaltung festgesetzten Zeitpunkt, mangels ausdrücklicher Festsetzung mit dem Zugang des Verwaltungsakts bzw. Aushändigung der Ernennungsurkunde.[141]

33 Gemäß Abs. 3 S. 1 erfolgt die Ernennung erst nach Anhörung der zuständigen Notarkammer. Wegen der Sachkompetenz der Notarkammer kann sich die Landesjustizverwaltung über deren begründete Einwände oder Vorbehalte gegen einen Bewerber nur nach besonders sorgfältiger Ermessensabwägung hinwegsetzen. Die Stellungnahme der Notarkammer erfolgt durch den Vorstand (§ 69), der diese Befugnis auf seinen Präsidenten übertragen kann (§ 70 Abs. 4). Um die aus rechtsstaatlichen Gründen notwendige Transparenz zu schaffen, kann und sollte die Auswahlentscheidung von einem Gremium getroffen werden, das sowohl mit Vertretern der Justizverwaltung als auch der Notarkammer besetzt wird. Findet die Stellungnahme der Notarkammer keine angemessene Berück-

---

[133] Dazu Schippel/Bracker/*Bracker* BNotO § 7 Rn. 35 f.
[134] BGH BWNotZ 2019, 171.
[135] Bei einphasigen Juristenausbildungsmodellen des Abschlussexamens.
[136] BVerfG DNotZ 1968, 313; BGH DNotZ 1967, 705; 1968, 314; NJW-RR 1998, 637.
[137] Unbedenklich können die im öffentlichen Dienst entwickelten Grundsätze auch auf Notare angewendet werden; aA Arndt/Lerch/Sandkühler/*Lerch* BNotO § 7 Rn. 4.
[138] BGH NJW-RR 1998, 637; Diehn/*Bormann* BNotO § 67 Rn. 15; Arndt/Lerch/Sandkühler/*Lerch* BNotO § 7 Rn. 26, wobei das Prüfungsjahrgangsprinzip entgegen der Kommentarsystematik von *Lerch* nicht für das Auswahlverfahren zum Notar gilt.
[139] Arndt/Lerch/Sandkühler/*Lerch* BNotO § 7 Rn. 30; Diehn/*Bormann* BNotO § 7 Rn. 16.
[140] BGH DNotZ 1981, 633; Arndt/Lerch/Sandkühler/*Lerch* BNotO § 7 Rn. 28.
[141] Diehn/*Bormann* BNotO § 7 Rn. 19.

sichtigung, steht dieser bzw. der für die Besoldung der Notarassessoren zuständigen Notarkasse gegen die Entscheidung der Landesjustizverwaltung als unmittelbar Betroffener[142] das Recht zu, Anfechtungsklage zu erheben.[143]

II. Überweisung (Abs. 3 S. 2)

Abs. 3 S. 2 gibt dem Präsidenten der Notarkammer das Recht und die Pflicht, den **34** Notarassessor einem Notar zur Ausbildung zu überweisen. Diese Zuständigkeit umfasst die Pflicht zur Überwachung der Ausbildung sowie das Recht zur erstmaligen und zu allen späteren Überweisungen, insbesondere auch zu Vertretungen, Notariatsverwaltungen und zur Wahrnehmung von Funktionen in den Standesorganisationen (zB Geschäftsstelle der Notarkammer, BNotK, DNotI, NotarNet-GmbH, DNotV), soweit solche Tätigkeiten vom Ausbildungszweck gedeckt sind. Die Überweisung des Notarassessors gemäß Abs. 3 S. 2 ist kein Verwaltungsakt, sondern eine „an den Maßstäben für eine beamtenrechtliche Umsetzung auszurichtende Organisationsmaßnahme".[144] Über die Auswahl des Ausbildungsnotars hat der Präsident der Notarkammer gem. Abs. 3 S. 2 nach pflichtgemäßem Ermessen[145] zu entscheiden. Da sich das Ermessen am Ausbildungszweck zu orientieren hat, ist bei der Ermessensausübung vorrangig die Ausbildungseignung des Notars zu berücksichtigen; daneben können aber auch andere Kriterien, wie zB die zeitliche Belastung durch ehrenamtliche Funktionen im Interesse des Berufsstandes herangezogen werden. Der Anwärterdienst dient nicht der Befriedigung eines etwaigen Bedarfs eines Notars an juristischen Mitarbeitern oder Vertretern. Weder Notar noch Notarassessor haben einen Anspruch auf eine gewünschte Überweisung.[146] Nur schwerwiegende persönliche Gründe oder außergewöhnliche Härten in der Person des Notarassessors können einer Überweisung entgegenstehen; dazu reichen weder eine Schwangerschaft der Ehefrau noch die Aufgabe des Lebensmittelpunkts der Familie des Notarassessors oder ein wöchentliches Pendeln zwischen Wohnort und Dienstort aus.[147] Die Entscheidung des Präsidenten kann daher nur auf fehlerfreie Ermessensausübung im Verfahren nach § 111 überprüft werden.[148]

III. Verpflichtung (Abs. 3 S. 3)

Die **Verpflichtung** des Notarassessors (Abs. 3 S. 3) durch den Präsidenten der jeweiligen **35** Notarkammer dient der Einbindung des Notarassessors in den Berufsstand, hat aber keine berufsrechtlichen Folgen.[149] Der Notarassessor ist über die standesrechtlichen Pflichten eines Notars eingehend zu belehren. Der Notarassessor ist auch ohne Verpflichtung ab seiner Ernennung an alle Amts- und sonstigen Pflichten eines Notars und – weitergehend – eines Notaranwärters gebunden. Die Verpflichtung ersetzt nicht den Amtseid, den der Notarassessor als Notarvertreter und als Notariatsverwalter jeweils leisten muss.

---

[142] Diehn/*Bormann* BNotO § 7 Rn. 18.
[143] Schippel/Bracker/*Bracker* BNotO § 7 Rn. 62; Diehn/*Bormann* BNotO § 7 Rn. 18; aA BGH Urt. v. 17.11.2008 – NotZ 7/08, BeckRS 2008, 24830.
[144] OLG Naumburg MittBayNot 2019, 76 mwN; anders die früher hM, vgl. 4. Aufl. Rn. 33; Schippel/Bracker/*Bracker* BNotO § 7 Rn. 63 „Verwaltungsakt der Notarkammer"; WürzNotar-HdB/*Bischoff* Teil 1 Kap. 1 Rn. 40; unverändert mit Begründung der Rechtsansicht, es handle sich um einen Verwaltungsakt, BeckOK BNotO/*Bracker* BNotO § 7 Rn. 69.
[145] BGH DNotZ 1975, 496; 1984, 189.
[146] BGH DNotZ 1984, 189.
[147] OLG Naumburg MittBayNot 2019, 76.
[148] BGH DNotZ 1975, 496.
[149] Diehn/*Bormann* BNotO § 7 Rn. 19.

D. Dienst- und Ausbildungsverhältnis (Abs. 4)

I. Allgemeines

36 Der Anwärterdienstes begründet ein öffentlich-rechtliches Dienstverhältnis zum Staat und zur Notarkammer – in Bayern und der Pfalz, Brandenburg, Mecklenburg-Vorpommern, Sachsen, Sachsen-Anhalt und Thüringen auch zur Notarkasse (§§ 113, 113a). Dienstvorgesetzte des Notarassessors sind sowohl die Aufsichtsbehörden (vgl. § 92) als auch die Notarkammer. Der Ausbildungsnotar ist nicht Dienstvorgesetzter, als Erfüllungsgehilfe der Notarkammer im Rahmen der Ausbildung dem Notarassessor aber sachlich weisungsbefugt, wobei der Notarassessor in seiner Funktion als Notariatsverwalter oder Notarvertreter wegen der Unabhängigkeit des ihm auf Zeit von der Justizverwaltung zugewiesenen Amtes eigenverantwortlich handelt und keinen Weisungen unterliegt, bei einem Fehlverhalten aber von seinem auf Zeit zugewiesenen Amt entbunden werden kann (→ Rn. 42).

37 Der Notarassessor ist nicht – wie der Notar – unabhängiger Träger von staatlichen Hoheitsbefugnissen und darf grds. keine notariellen Amtsgeschäfte vornehmen, auch nicht mit Ermächtigung des Ausbildungsnotars. Die Wahrnehmung hoheitlicher Aufgaben als Notarvertreter oder Notariatsverwalter ermöglicht allein ein Bestellungsakt der Landesjustizverwaltung, mit welchem hoheitliche Aufgaben zeitlich befristet übertragen werden. Da die Tätigkeiten des Notarassessors während seiner Ausbildung darauf beschränkt sind, den Notar zu unterstützen, darf er eigenverantwortliche Aufgaben im Beurkundungsvor-, -haupt- und -nachverfahren nur nach amtlicher Bestellung zum Notarvertreter oder Notariatsverwalter wahrnehmen. Der Notar selbst bleibt bei Wahrnehmung delegierter Aufgaben des nur zur Ausbildung zugewiesenen Notarassessors immer verantwortlicher Träger des Verfahrens. Ohne Bestellungsakt der Landesjustizverwaltung kann der Notarassessor vorbereitende Besprechungen (Beurkundungsvorverfahren) und Abwicklungstätigkeiten unter der verantwortlichen Aufsicht des Notars übernehmen. Ohne wirksamen Bestellungsakt der Landesjustizverwaltung vorgenommene Amtshandlungen des Notarassessors im Beurkundungshauptverfahren (Beurkundungen, Beglaubigungen) sind unwirksam. Ist der Notarassessor zum amtlichen Vertreter (auch des Ausbildungsnotars) bestellt, so ist er selbst zum unabhängigen Amtsträger (auf Zeit) ernannt und frei von Weisungsbefugnissen Dritter, soweit seine Amtsführung betroffen ist.

38 Der Notarassessor muss seinen Beruf als Hauptberuf – wie der hauptberufliche Notar – ausüben. Für Nebentätigkeiten bedarf er im selben Umfang – wie andere öffentlich Bedienstete – einer Nebentätigkeitsgenehmigung.

II. Dienstverhältnis zum Staat (Abs. 4 S. 1)

39 Das öffentlich-rechtliche Dienstverhältnis des Notaranwärters zum Staat (Abs. 4 S. 1) beginnt mit seiner Ernennung (→ Rn. 32). Soweit die Bundesnotarordnung keine spezifischen Regelungen enthält, finden die Vorschriften des Beamtenrechts entsprechende Anwendung, wobei die Dienststellung des Notarassessors der eines Richters auf Probe weitgehend angeglichen ist. Ein Beamtenverhältnis des Notarassessors im Sinne der Beamtengesetze wird nicht begründet,[150] sondern ein Dienstverhältnis besonderer Art. Die Durchführung und Besoldung des öffentlich-rechtlichen Dienstverhältnisses des Notarassessors zum Staat ist zum überwiegenden Teil auf die zuständige Notarkammer delegiert (Abs. 3 S. 2, Abs. 4 S. 3 und S. 4),[151] wobei die übergeordnete Dienst- und Disziplinaraufsicht bei der Landesjustizverwaltung verbleibt.[152]

---

[150] Schippel/Bracker/*Bracker* BNotO § 7 Rn. 47.
[151] Diehn/*Bormann* BNotO § 7 Rn. 22.
[152] Diehn/*Bormann* BNotO § 7 Rn. 25.

III. Amtspflichten des Notarassessors (Abs. 4 S. 2)

Den Notarassessor treffen dieselben allgemeinen Amtspflichten und sonstigen Pflichten **40**
wie den Notar,[153] mit Ausnahme derjenigen Vorschriften, die aufgrund ihres Norminhalts
auf ihn nicht anwendbar sind, insbesondere die Pflichten nach § 19a. Die allgemeinen
Amtspflichten werden ergänzt durch die sonstigen Pflichten gemäß §§ 25 ff., insbesondere
die §§ 28, 29 und 31, die der Notarassessor nach Abs. 4 S. 2 zu beachten hat. Darüber
hinaus gelten für ihn als sonstige Pflichten auch die Rechtsverordnungen der Länder, die
jeweiligen Richtlinien zur Berufsausübung der Notare der Bundesnotarkammer und der
regionalen Notarkammern, die Verwaltungsvorschriften und Einzelweisungen der Justizverwaltungen, insbesondere auch die Dienstordnung für Notarinnen und Notare,[154] sowie
die Ausbildungsordnungen für Notarassessoren.[155]

Da das öffentliche Amt des Notars in das Privatleben des Amtsträgers ausstrahlt, hat schon **41**
der Notarassessor sich auch außerhalb seines Dienstes so zu verhalten, wie es der Achtung
und dem Vertrauen entspricht, die dem Notar als öffentlichem Amtsträger vom Rechtsuchenden entgegengebracht wird (§ 14 Abs. 3 S. 1). Der Notarassessor hat seine Mitwirkung bei allen Tätigkeiten zu versagen, die mit seinen Pflichten nicht vereinbar wären
(§ 14 Abs. 2). Er ist aufgrund seines öffentlich-rechtlichen Dienstverhältnisses zur Unparteilichkeit verpflichtet (§ 14 Abs. 1 S. 2), darf keine der in § 14 Abs. 4 erwähnten Tätigkeiten ausüben und keine mit dem Notaramt unvereinbare Gesellschaftsbeteiligung übernehmen (§ 14 Abs. 5). Er unterliegt der Verschwiegenheitspflicht über die ihm beruflich
anvertrauten Tatsachen (§ 18).

Der Notarassessor ist der staatlichen Aufsicht und der disziplinarrechtlichen Verantwor- **42**
tung wie ein Notar unterworfen (vgl. §§ 92, 93). Unterschiede bestehen beim Höchstbetrag möglicher Geldbußen (§ 97 Abs. 4).[156] Die Weisungsbefugnis der Aufsichtsbehörden
(auch der Notarkammer) gegenüber dem Notarassessor wird durch die **sachliche Unabhängigkeit** des Ausbildungsnotars begrenzt. Der Ausbildungsnotar bleibt auch für die
einem Notarassessor übertragenen Aufgaben allein verantwortlich. Als Notarvertreter oder
Notariatsverwalter ist der Notarassessor hingegen unabhängiger Amtsträger, so dass ihn die
Verantwortung und Haftung für seine Amtsführung selbst trifft. Schwerwiegende Verstöße
gegen Dienstpflichten führen wegen Ungeeignetheit für den Notarberuf zur Entlassung aus
dem Anwärterdienst.[157]

IV. Dienst- und Ausbildungsverhältnis zur Notarkammer (Abs. 4 S. 3, S. 4)

1. Rechtliches Grundverhältnis. Der Notarassessor ist nicht Mitglied der Notarkam- **43**
mer. Der Notarassessor unterliegt aber der **Berufsaufsicht** und Weisungsbefugnis (§ 67
Abs. 1 S. 2) der Notarkammer, deren **Weisungen und Anordnungen** er zu folgen hat.
Die Weisungsabhängigkeit gilt auch für die Übernahme von Notarvertretungen und Notariatsverwaltungen, was § 56 Abs. 5 für letztere wegen der damit verbundenen Haftungsrisiken ausdrücklich regelt. Die Notarkammer ist in ihrem Weisungsrecht beschränkt durch
die sachliche Unabhängigkeit des Ausbildungsnotars und durch die sachliche Unabhängigkeit des Notarassessors, soweit dieser durch die Landesjustizverwaltung als Notarvertreter
oder Notariatsverwalter bestellt ist.

Das öffentlich-rechtliche Verhältnis zwischen Notarkammer und Notarassessor begründet **44**
Fürsorgepflichten der Kammer und gegenseitige Treuepflichten. Die Notarkammer
gestaltet im wesentlichen den konkreten Ablauf des Anwärterdienstes.[158] Hierzu gehören

---
[153] Arndt/Lerch/Sandkühler/*Lerch* BNotO § 7 Rn. 35 ff.
[154] Dazu *Bettendorf* RNotZ Sonderheft 10/2001, 1 ff.
[155] Überblick bei Schippel/Bracker/*Bracker* BNotO § 7 Rn. 50.
[156] Arndt/Lerch/Sandkühler/*Lerch* BNotO § 7 Rn. 38; Schippel/Bracker/*Bracker* BNotO § 7 Rn. 61.
[157] Schippel/Bracker/*Bracker* BNotO § 7 Rn. 61.
[158] Einzelheiten bei BeckOK BNotO/*Bracker* BNotO § 7 Rn. 51 ff.

von der Notarkammer oder den Berufsorganisation regelmäßig durchzuführende Ausbildungs- und Fortbildungsveranstaltungen.¹⁵⁹ Auch die Zuweisung zu verschiedenen Ausbildungsnotaren, zu Notarvertretungen und Notariatsverwaltungen ist Bestandteil des Ausbildungsplans und liegt im Ermessen des Präsidenten der Notarkammer.¹⁶⁰ Das Ermessen hat sich am Zweck des Anwärterdienstes zu orientieren, den Notarassessor bestmöglich auf den Notarberuf vorzubereiten. Sachfremd wäre, die Zuweisung zB nach dem Entlastungsbedarf einzelner Notare vorzunehmen.¹⁶¹

45 **2. Dienstbezüge, Urlaub.** Nach Abs. 4 S. 4 kann die Notarkammer Besoldungsrichtlinien erlassen, die insbesondere die Art und Weise der Berechnung und Zahlung des Gehalts regeln können.¹⁶² Da Abs. 4 S. 3 die Angleichung an die Bezüge des Richters auf Probe ausdrücklich vorschreibt, ist die Notarkammer insoweit gebunden. Das öffentlich-rechtliche Dienstverhältnis zur Notarkammer bzw. zur Notarkasse (vgl. § 113 Abs. 3 Nr. 7) ist grds. sozialversicherungspflichtig, soweit sich nicht durch landesrechtliche Vorschriften oder Einbindungen in berufsständische Versorgungswerke Befreiungstatbestände ergeben.¹⁶³ Die Gewährung von Urlaub ist den für Richter auf Probe geltenden Vorschriften anzugleichen. Die Gestaltung der Erstattungspflicht des Ausbildungsnotars für Tätigkeiten des Notarassessors liegt im Ermessen der Notarkammer (Abs. 4 S. 4), die idR die Höhe der Erstattungspflicht nach dem Dienstalter des Notarassessors staffelt und nach Tagessätzen abrechnet.

E. Ausbildung (Abs. 5)

I. Allgemeine Regeln

46 Das Gesetz überlässt in Abs. 5 die Ausgestaltung des notariellen Vorbereitungsdienstes der jeweils zuständigen Landesregierung.¹⁶⁴ Abs. 5 S. 2 ist Ermächtigungsgrundlage iSv Art. 80 GG.¹⁶⁵ Die Regelungen über Beurteilung, Anrechnungszeiten, Dienstunfähigkeit und Urlaub sind weitestgehend den für Richter auf Probe geltenden Bestimmungen anzugleichen, da die Rechtspflegefunktionen des Notars denen eines Richters vergleichbar sind.¹⁶⁶ Wegen der Besoldung verweist Abs. 4 S. 3 sogar ausdrücklich auf die Regelungen des Richters auf Probe.

II. Ausbildung durch den Notar (Abs. 5)

47 Zwischen Notarassessor und Ausbildungsnotar besteht weder ein öffentlich-rechtliches¹⁶⁷ noch ein privatrechtliches Ausbildungsverhältnis. Der Ausbildungsnotar ist nur „öffentlich-

---

¹⁵⁹ Diehn/*Bormann* BNotO § 7 Rn. 30.
¹⁶⁰ BGH DNotZ 1975, 496; 1984, 189; Arndt/Lerch/Sandkühler/*Lerch*, 7. Aufl., BNotO § 7 Rn. 34 sieht ein Zuweisungsrecht der Landesjustizverwaltung.
¹⁶¹ Zutreffend WürzNotar-HdB/*Bischoff* Teil 1 Kap. 1 Rn. 40.
¹⁶² Diehn/*Bormann* BNotO § 7 Rn. 31 ff.
¹⁶³ Einzelheiten bei Schippel/Bracker/*Bracker* BNotO § 7 Rn. 76 ff.
¹⁶⁴ Schippel/Bracker/*Bracker* BNotO § 7 Rn. 48 ff.
¹⁶⁵ Vgl. BVerfGE 19, 354. Zu den jeweiligen Verordnungen in den einzelnen Bundesländern vgl. Schippel/Bracker/*Bracker* BNotO § 7 Rn. 50.
¹⁶⁶ BVerfGE 17, 373 (377); 54, 237 (249 f.); 73, 280 (292); *Römer*, Notariatsverfassung und Grundgesetz, 1963; *Pfeiffer* DNotZ 1981, 5; *Odersky* DNotZ 1994, 1; *Pützer*, Das Notariat im Zivilrechtssystem, in: BNotK (Hrsg.), Das moderne Notariat, 1993, S. 8 „Notar als Richter im Vorfeld"; *Baumann* MittRhNotK 1996, 1; *Bilda* FS Rhein. Notariat 1998, 387 f.; *Preuß* DNotZ 2008, 258 ff.
¹⁶⁷ WürzNotar-HdB/*Bischoff* Teil 1 Kap. 1 Rn. 40; aA Schippel/Bracker/*Bracker* BNotO § 7 Rn. 46, 82 ff.; Arndt/Lerch/Sandkühler/*Lerch* BNotO § 7 Rn. 43; Diehn/*Bormann* BNotO § 7 Rn. 35; bis zur 2. Aufl. Rn. 25 auch *Baumann*, der sich seit der 3. Aufl. der rechtlichen Begründung *Bischoffs* angeschlossen hat. Diese Autoren nehmen ein öffentlich-rechtliches Ausbildungsverhältnis zwischen Ausbildungsnotar und Notarassessor an, für das jedoch eine Rechtsgrundlage fehlt. Auch der „Verwaltungsakt" der Überweisung (→ Rn. 33) begründet kein öffentlich-rechtliches Ausbildungsverhältnis zum Ausbildungsnotar; so aber Diehn/*Bormann* BNotO § 7 Rn. 35.

rechtlicher Erfüllungsgehilfe" der Notarkammer[168] und hinsichtlich der Ausbildung den Weisungen der Notarkammer unterworfen, wobei die Weisungsbefugnis begrenzt wird durch die sachliche Unabhängigkeit des Ausbildungsnotars. Die umfassende Ausbildung des zugewiesenen Notarassessors im notariellen Tätigkeitsbereich ist nach Abs. 5 S. 1 und § 30 Abs. 1 Dienstpflicht des Ausbildungsnotars.[169]

Der Notarassessor hat – soweit er Tätigkeiten bei seinem Ausbildungsnotar ausübt – dessen **dienstliche Weisungen** als Erfüllungsgehilfen der Notarkammer verfahrens- und materiell-rechtlich zu befolgen, soweit sie nicht seine allgemeinen Dienstpflichten und sonstigen Pflichten tangieren. Diese dienstliche Weisungsbefugnis besteht nicht, wenn der Notarassessor als amtlich bestellter Vertreter seines Ausbildungsnotars oder anderer Notare in eigener Verantwortung die notariellen Amtsgeschäfte führt. 48

Der Notarassessor ist vom Ausbildungsnotar mit allen notariellen Aufgaben vertraut zu machen, wobei besonderes Gewicht auf kautelarjuristische Methodenlehre, wie Entwurfstechnik, Beratungs-, Belehrungs- und Betreuungstätigkeiten unter Berücksichtigung des notariellen Berufsrechts und des Beurkundungsverfahrensrechts zu legen ist. Einzelheiten sind nach S. 2 in den Ausbildungsordnungen der Bundesländer geregelt.[170] 49

Die **Überweisung** an den Ausbildungsnotar ist kein Verwaltungsakt, sondern eine „an den Maßstäben für eine beamtenrechtliche Umsetzung auszurichtende Organisationsmaßnahme"[171] (→ Rn. 34). Das **Ausbildungsverhältnis endet,** wenn die Überweisung an den Ausbildungsnotar zurückgenommen wird, zB durch Überweisung an einen anderen Notar. Jeder Ausbildungsnotar muss einen Notarassessor auf Anfordern des Präsidenten der Notarkammer jederzeit zur anderweitigen Dienstleistung freistellen, weil der Notar die Ausbildung nur als „öffentlich-rechtlicher Erfüllungsgehilfe" der Notarkammer wahrnimmt.[172] 50

F. Beendigung des Anwärterdienstes (Abs. 6)

I. Allgemeines

Der Anwärterdienst ist nicht auf eine bestimmte Ausbildungsdauer befristet. Der Anwärterdienst endet mit dem Tod des Notarassessors oder gem. Abs. 6 Nr. 2 mit der Entlassung des Notarassessors aus dem Dienst oder gem. Abs. 6 Nr. 1 **mit der Bestellung zum Notar** (§ 12). Beim Tod des Ausbildungsnotars wird der Anwärterdienst nach Überweisung bei einem anderen Ausbildungsnotar fortgesetzt. 51

II. Entlassung aus dem Anwärterdienst (Abs. 7)

1. Entlassung auf Antrag (Abs. 7 S. 1). Beantragt der Notarassessor die Entlassung nach Abs. 7 S. 1, so ist die Justizverwaltung verpflichtet, das öffentlich-rechtliche Dienstverhältnis durch Verwaltungsakt zu beenden. Dagegen können Ausbildungsnotar und Notarassessor das Ausbildungsverhältnis weder einseitig noch einvernehmlich beenden, sondern nur die Zurücknahme der Überweisung bei der Notarkammer beantragen. Einem derartigen, auch einseitig gestellten Antrag auf Beendigung des Ausbildungsverhältnisses hat der Präsident der Notarkammer zu entsprechen, sofern ein wichtiger Grund vorliegt, ohne dass damit eine Entlassung aus dem Anwärterdienst verbunden ist. 52

2. Ungeeignetheit des Notarassessors (Abs. 1 S. 2 Nr. 1). Die **Entlassung** nach Abs. 7 S. 2 Nr. 1 steht im pflichtgemäßem Entscheidungsermessen der Justizverwaltung, 53

---

[168] WürzNotar-HdB/*Bischoff* Teil 1 Kap. 1 Rn. 40.
[169] Arndt/Lerch/Sandkühler/*Lerch* BNotO § 7 Rn. 44 weist zu Recht auf die Analogie zur Regelung im Richterdienstverhältnis hin.
[170] Dazu Schippel/Bracker/*Bracker* BNotO § 7 Rn. 49 ff.; Diehn/*Bormann* BNotO § 7 Rn. 21.
[171] OLG Naumburg MittBayNot 2019, 76 mwN; aA die früher hM, vgl. Fn. 144.
[172] WürzNotar-HdB/*Bischoff* Teil 1 Kap. 1 Rn. 40.

wenn sich herausstellt, dass der Notarassessor zur Bestellung zum Notar **ungeeignet** ist.[173] Bei Ungeeignetheit – insbesondere aufgrund disziplinarrechtlich relevanter Verstöße gegen Dienstpflichten – wird regelmäßig eine Ermessensreduzierung auf Null anzunehmen sein.[174] Die Notarkammer kann die Entlassung anregen, zB nach S. 2 Nr. 1, wenn sich aufgrund der dienstlichen Beurteilungen ausreichende Anhaltspunkte für die fehlende Eignung ergeben. **Ungeeignet** für die Bestellung zum Notar (Abs. 7 S. 2 Nr. 1) ist ein Notarassessor, dessen Leistungen während des Anwärterdienstes erkennen lassen, dass er den besonderen **Anforderungen** für das Notaramt **nicht gewachsen** ist. Die fehlende Eignung zum Notarberuf kann auf persönlichen Eigenschaften (zB Unzuverlässigkeit, Flüchtigkeit der Arbeitsweise, fehlende Organisationsfähigkeit, fehlende Kommunikationsfähigkeit, fehlende Belastbarkeit), fehlender fachlicher Qualifikation oder im Gesetz ausdrücklich aufgeführten Gründen (§§ 5, 6 Abs. 1, 49, 50, 97) beruhen.

54 **3. Kein Dienstantritt (Abs. 7 S. 2 Nr. 2).** Die Landesjustizverwaltung kann den Notarassessor entlassen, wenn er den Dienst nach Ernennung ohne hinreichenden Grund nicht antritt (Abs. 7 S. 2 Nr. 2). Ein **hinreichender Grund** liegt nur vor, wenn der Notarassessor verhindert ist, den Dienst sofort anzutreten, zB aufgrund der Folgen eines Unfalls oder einer Krankheit. Ist der Notarassessor auf Dauer dienstunfähig, kommt eine Entlassung nach Abs. 7 S. 2 Nr. 1 in Betracht. Die Landesjustizverwaltung hat dem Notarassessor für den Dienstantritt gem. S. 2 Nr. 2 eine Frist von höchstens zwei Monaten zu setzen; die Fristsetzung kann in der Mitteilung der Ernennung erfolgen und mit der Entlassungsandrohung verbunden sein, dass er wegen Nichtantritts gem. § 7 Abs. 7 Nr. 2 entlassen ist. Obwohl das Gesetz eine erneute Bewerbung nicht ausschließt, folgt aus dem Normzweck und der systematischen Auslegung dieser Vorschrift, dass die – als Verwaltungsakt anfechtbare – Entlassungsfügung eine endgültige Entscheidung ist. Deshalb sollte der Bewerber auf diese Rechtsfolge bereits in der Fristsetzung hingewiesen werden. Ein unbegründeter Nichtantritt des Dienstes lässt im übrigen erhebliche Zweifel an der für den Notarberuf gebotenen Zuverlässigkeit und damit Geeignetheit des Bewerbers bestehen.

55 **4. Unterbliebene Bewerbung (Abs. 7 S. 2 Nr. 3).** Nach Abs. 7 S. 2 Nr. 3 kann der Notarassessor **wegen unterbliebener Bewerbung** auf Notarstellen entlassen werden.[175] Normzweck dieser Regelung ist, eine Besetzung der öffentlichen Notarämter auch in wirtschaftlich strukturschwachen Gebieten erzwingen zu können, damit die öffentlichen Rechtspflegefunktionen der Notariate zur Versorgung der Bevölkerung mit notariellen Leistungen flächendeckend wahrgenommen werden. Die Entlassung setzt voraus, dass sich auf eine Notarstelle kein Notarassessor mit mehr als dreijähriger Anwärterzeit beworben hat. Die Landesjustizverwaltung kann gleichzeitig mehrere Assessoren zur Bewerbung auffordern und ihnen die Entlassung mit einer angemessenen Frist androhen.[176] Die gleichzeitige Aufforderung mehrerer Notarassessoren ist zweckmäßig, weil während des Zwangsbewerbungsverfahrens aufgeforderte Kandidaten ausscheiden können,[177] zB weil sie sich bereits zuvor auf eine andere Notarstelle beworben haben, die ihnen nach der Bestenauslese zuzuweisen ist. Aufzufordern sind diejenigen Notarassessoren, die sich aufgrund ihres Dienstalters[178] erfolg-

---

[173] Zur Geeignetheit OLG Köln BeckRS 2012, 731.
[174] WürzNotar-HdB/*Bischoff* Teil 1 Kap. 1 Rn. 42.
[175] Dazu *Schlick* ZNotP 2009, 450 (452), dessen Einschätzung, die praktische Bedeutung dieser Vorschrift sei gering, nicht geteilt werden kann. Die praktische Bedeutung des normierten Zwangsbewerbungsverfahrens kann nicht am Indikator der Zahl der Gerichtsentscheidungen zu § 7 Abs. 7 Nr. 3 gemessen werden. Nur wirkungsschwache Normen lassen ihre Bedeutung allein an der forensischen Praxis messen, wirkungsstarke, den Gesetzesadressaten leitende Normen vermeiden rechtsprophylaktisch, dass die Betroffenen oder Beteiligten sich auf den Inhalt der Gesetze nach Verstoß berufen müssen. Die praktische Bedeutung des § 7 Abs. 7 Nr. 3 in dem erzeugten Bewerbungsdruck und den Folgewirkungen der Aufforderungsschreiben ist für die betroffenen Notarassessoren erheblich und begleitet ihren Ausbildungsweg bis zur Ernennung zum Notar.
[176] *Schlick* ZNotP 2009, 450 (454).
[177] Diehn/*Bormann* BNotO § 7 Rn. 45.
[178] Im Regelfall sind dies die dienstältesten Notaranwärter.

reich um die ausgeschriebene Stelle bewerben könnten, also mindestens den Regelanwärterdienst absolviert haben. Ein Notarassessor, der sich auf eine andere, vor der Aufforderung ausgeschriebene Notarstelle beworben hat und diese Notarstelle nach den üblichen Besetzungskriterien[179] vor der Entscheidung über die Zwangsbesetzung erhalten würde, kann im Zwangsbesetzungsverfahren nicht berücksichtigt werden, wenn er sich für die zuvor ausgeschriebene und ihm zugewiesene Notarstelle entscheidet; er kann aber – solange die Entscheidung über die Besetzung der beworbenen Notarstelle nicht gefallen ist – gleichwohl vorsorglich aufgefordert werden und nimmt am Zwangsbewerbungsverfahren teil, falls er die freiwillig beworbene Notarstelle nicht zugewiesen erhält. Für freiwillige Bewerbungen des aufgeforderten Notarassessors, die zeitlich nach dem Zwangsbewerbungsverfahren erfolgen, hat das Zwangsbewerbungsverfahren eine „Sperrwirkung". Erst wenn über das zeitlich vorrangige Zwangsbewerbungsverfahren von der Landesjustizverwaltung entschieden ist, kann der primär (dh nach den Besetzungskriterien) Aufgeforderte im zeitlich nachrangigen freiwilligen Bewerbungsverfahren berücksichtigt werden. Der im Zwangsbewerbungsverfahren Aufgeforderte kann das Zwangsbewerbungsverfahren nicht dadurch blockieren, dass er sich nach der Aufforderung freiwillig auf andere Notarstellen bewirbt, ebenso wenig wie er die Besetzung zeitlich nach dem Zwangsbewerbungsverfahren ausgeschriebener Notarstellen durch Klagen gegen das Aufforderungsverfahren hinausschieben kann.

56 Abs. 7 S. 2 Nr. 3 greift tief in die Grundrechte des Notarassessors ein. Dieser Grundrechtseingriff in die Freiheit der Berufsausübung gem. Art. 12 GG ist gerechtfertigt,[180] weil Notare als öffentliche Amtsträger auch bereit sein müssen, im Interesse einer geordneten Rechtspflege notarielle Amtsstellen in wirtschaftlich strukturschwachen Gebieten zu besetzen. Mit der Bereitschaft des Notarassessors in die Laufbahn des öffentlichen Vorbereitungsdienstes als Anwärter auf den Notarberuf einzutreten, ist auch die Verpflichtung verbunden, die mit diesem öffentlichen Amt verbundenen Nachteile in Kauf zu nehmen. Das Zwangsbewerbungsverfahren ist ein „geeignetes und verhältnismäßiges Mittel", um die Funktionsfähigkeit öffentlicher Notarämter als Teil der Vorsorgenden Rechtspflege zu gewährleisten.[181] Dieser Normzweck („Funktionsfähigkeit der Notarämter") setzt voraus, dass die zu besetzende Notarstelle nach dem Maßstab der örtlichen Bedürfnisprüfung gem. § 4 BNotO ertragsfähig sein kann (also nach Abzug der für Leistungen des Notars in Rechnung gestellten Gebühren, staatlichen Einnahmen von fast 1/5 des Umsatzes – 19 % Umsatzsteuer – mehr als die jährlich wachsenden Personal- und Sachkosten abwerfen kann).[182] Das Aufforderungsverfahren ist als staatlicher Eingriff in die grundrechtlich geschützte Freiheit der Berufsausübung verfassungsrechtlich nur zu rechtfertigen, wenn dem Notarassessor mit zunehmenden Dienstalter und mit jeder frei werdenden Notarstelle und ordnungsgemäßer Amtsführung eine stetig höhere Anwartschaft auf Ernennung zum Notar zuwächst und ein späterer Stellenwechsel des Notars innerhalb desselben Kammerbezirks unter Berücksichtigung seines Dienstalters möglich ist.[183] Daher ist das Zwangsbewerbungsverfahren verfassungsrechtlich nur vertretbar, wenn in allen Besetzungsverfahren, nicht nur im Zwangsbesetzungsverfahren nach Abs. 1 die landesintern ausgebildeten Notarassessoren bevorzugt werden und nach dem „Regelvorrang" die externe Besetzung nur im Ausnahmefall Anwendung findet. Ernennt die Justizverwaltung Seiteneinsteiger auf eine freie Notarstelle statt ein mögliches[184] Zwangsbewerbungsverfahren einzuleiten, so könnten aufgrund des Eingriffs in das Vorrücksystem die von nachfolgenden Zwangsbewerbungsverfahren Betrof-

---

[179] Hierbei sollten aus Gleichbehandlungsgründen exakt dieselben Besetzungskriterien wie bei freiwilligen Bewerbungen gelten, also auch Anrechnungszeiten (wie geleisteter Wehrdienst) berücksichtigt werden, wobei im Aufforderungsverfahren die Regelanwärterzeit auch in Ausnahmefällen nicht unterschritten werden darf.
[180] Ebenso mit anderer Begründung OLG Köln 29.2.2008 – 2 VA (Not) 14/07, openjur.de; *Schlick* ZNotP 2009, 450 (452).
[181] *Schlick* ZNotP 2009, 450 (452).
[182] Ebenso *Schlick* ZNotP 2009, 450 (453).
[183] Deshalb ist § 7 Abs. 1 (sog. Landeskinderklausel) zu beachten.
[184] Seiteneinsteiger als alleinige Bewerber können von der Landesjustizverwaltung zu berücksichtigen sein, wenn ein Zwangsbewerbungsverfahren nicht möglich ist, weil Notarassessoren mit Regelausbildungszeit nicht

fenen die eigene Verletzung ihrer öffentlich-rechtlichen Anwartschaftsrechte wegen der Veränderung der Vorrücksituation mit Folgewirkungen für ein später mögliches Zwangsbewerbungsverfahren geltend machen. Die Justizverwaltung hat aufgrund der im Vorrücksystem angelegten Chancengleichheit immer vorrangig ein Zwangsbewerbungsverfahren durchzuführen, bevor sie Seiteneinsteigern eine ausgeschriebene Notarstelle zuweist (→ Rn. 15 f., 19). Bedenklich ist, wenn die Landesjustizverwaltung kein nachhaltiges Vorrück- und internes Aufstiegssystem gewährleistet, indem sie bei Neubesetzungen von Notarstellen Seiteneinsteigern Vorrang vor Notarassessoren oder Notarassessoren Vorrang vor Notaren, die sich um eine Amtssitzverlegung bewerben[185] gewährt. In solchen Fällen kann ein vom „Zwangsbewerbungsverfahren" betroffener Notaranwärter aufgrund bevorzugter Einstellung von externen Bewerbern nach einer in diesem Vergleich kaum objektivierbaren[186] „Bestenauslese" in seinen öffentlich-rechtlichen Anwartschaftsrechten auf Notarbestellung verletzt sein.[187]

57 Zur Androhung der Entlassung aus dem Anwärterdienst genügt die einmalig unterbliebene Bewerbung um eine einzige zu besetzende Notarstelle.[188] Die **Auswahl** des Notarassessors, dem die Notarstelle mit der Androhung der Entlassung angeboten wird, liegt im Ermessen der Landesjustizverwaltung, die vor ihrer Entscheidung die Notarkammer wie bei jedem ordnungsgemäßen Besetzungsverfahren anzuhören hat. Die Landesjustizverwaltung hat das Ermessen im Zwangsbewerbungsverfahren nach denselben Grundsätzen wie bei jeder Besetzung einer Notarstelle nach Ausschreibung und Bewerbung auszuüben.[189] Daher darf die Justizverwaltung nach dem Zwangsbewerbungsverfahren die Stelle nur demjenigen Notarassessor zuweisen, dem sie in einem potenziellen ordnungsgemäßen Bewerbungsverfahren aller bewerbungsfähigen Notarassessoren die Notarstelle zugewiesen hätte,[190] wobei Assessoren (als nicht bewerbungsfähige die sich aus hinreichenden Gründen nicht bewerben können; → Rn. 58) schon im Aufforderungsverfahren unberücksichtigt bleiben. Ein anderes Auswahlverfahren wäre für den letztlich von der Entlassung betroffenen Notarassessor (insbesondere wenn zeitgleich mehrere Assessoren aufgefordert werden) nicht vorhersehbar, könnte wegen des Fehlens klarer Auswahlmaßstäbe willkürlich sein und wäre wegen der harten Folgen für die Betroffenen und der Beschränkungen ihrer Grundrechte nicht vertretbar.[191] Befindet sich der aufgeforderte Notarassessor erfolgreich in einem bereits zuvor ausgeschriebenen Besetzungsverfahren, so gelten auch hier die Regeln, dass zunächst die zuerst ausgeschriebene und beworbene Stelle zu besetzen ist.

58 Der Notarassessor ist zu entlassen, wenn er sich trotz Aufforderung nicht bewirbt oder die ihm durch Zwangsbewerbung zugewiesene Stelle nicht antritt. Die Entlassung des in der vorbeschriebenen Weise ermittelten Notarassessors darf nur dann nicht erfolgen, wenn

---

zur Verfügung stehen und die Funktionsfähigkeit der vorsorgenden Rechtspflege wegen der Nichtbesetzung der Amtsstelle gefährdet ist.

[185] Abweichend *Schlick* ZNotP 2009, 450 (451), soweit er – wenn auch eingeschränkt – eine vorrangige Berücksichtigung der Bewerbungsinteressen des Notarassessors begründet; ähnlich *Schlick* ZNotP 2010, 362 (366); differenzierter *von Campe* DNotZ 2010, 472 mit zutreffender Würdigung des Vorrücksystems.

[186] Selbst Examensergebnisse mit „sehr gut" sind bis zu einem objektiv kaum feststellbaren Prozentsatz Zufällen geschuldet, zB dass Prüfungsarbeiten im Spezialgebiet des Prüflings gestellt waren. Ob der „sehr gute" externe Kandidat deshalb „besser" als ein gut ausgebildeter landeseigener Notarassessor ist, kann deshalb in Frage gestellt werden.

[187] *Baumann* RNotZ 2003, 143.

[188] Anders hier noch die 2. Aufl. Rn. 36, wo wegen des Eingriffs in die Grundrechte des Notarassessors die zweimalige Ausschreibung der Stelle gefordert wurde. Das Erfordernis, der Aufrechterhaltung einer ordnungsgemäßen Rechtspflege hat bei öffentlichen Ämtern Vorrang vor den Individualgrundrechten der Bewerber und muss der Justizverwaltung die Möglichkeit belassen, die öffentlichen Notarämter ohne Verzug schon nach der ersten Ausschreibung mit Bewerbern zu besetzen. Ebenso Arndt/Lerch/Sandkühler/*Lerch* BNotO § 7 Rn. 72, der auf die Nähe des Notarberufs zum öffentlichen Dienst hinweist. Dazu auch Schippel/Bracker/*Bracker* BNotO § 7 Rn. 109 ff.

[189] Ähnlich *Schlick* ZNotP 2009, 450 (453): „Dienstältesten".

[190] Ebenso Schippel/Bracker/*Bracker* BNotO § 7 Rn. 111; BeckOK BNotO/*Bracker* BNotO § 7 Rn. 120; ähnlich Arndt/Lerch/Sandkühler/*Lerch* BNotO § 7 Rn. 73.

[191] Ebenso Schippel/Bracker/*Bracker* BNotO § 7 Rn. 111.

er sich aus hinreichenden Gründen nicht beworben hat. Ein hinreichender Grund für die unterlassene Bewerbung kann vorliegen, wenn es dem Notarassessor zum gegenwärtigen Zeitpunkt unzumutbar ist, ein Notaramt anzutreten (zB Schwangerschaft; Elternzeit; längere schwere Erkrankung; vertragliche Bindung, für einen festgelegten Zeitraum in Gremien der Standesorganisation zu arbeiten). Es muss sich für einen vorübergehenden Umstand handeln, da der Notarassessor bei einer dauerhaften Verhinderung nach Abs. 7 S. 2 Nr. 1 als ungeeignet zu entlassen ist. Hat der Notarassessor sich aus der Elternzeit erfolglos auf eine ausgeschriebene Notarstelle beworben und damit seine Dienstbereitschaft zu erkennen gegeben, so kann er sich nach dieser freiwilligen Bewerbung in einem folgenden Aufforderungsverfahren nicht erneut auf den Bewerbungsschutz derselben Elternzeit berufen, selbst wenn die rechtlichen Voraussetzungen dieser Elternzeit noch vorliegen.

III. Entlassungsverfahren

Die Aufforderung zur Bewerbung verbunden mit der Entlassungsandrohung gem. Abs. 7 S. 2 Nr. 3 und die Entlassungsverfügung sind Verwaltungsakte, die im Verfahren des § 111 anfechtbar sind und zwar als Beschwerter nicht nur vom betroffenen Notaranwärter sondern auch von der Notarkammer, weil diese in ihrem Vorschlag zur Auswahlentscheidung und in ihrer Personalplanung der von ihr angestellten Notarassessoren belastet wird.[192] Diese Verwaltungsakte wird die Justizverwaltung nur nach Anhörung der Notarkammer erlassen, weil die Notarkammer aufgrund ihrer Sachnähe die zu einer ermessensfehlerfreien Entscheidung maßgebenden Wertungstopoi beibringen kann.[193]

59

§ 7a [Notarielle Fachprüfung]

(1) **Zur notariellen Fachprüfung wird auf Antrag zugelassen, wer seit drei Jahren zur Rechtsanwaltschaft zugelassen ist und die Voraussetzungen für die Bestellung zum Notar gemäß § 5 erfüllt.**

(2) ¹**Die notarielle Fachprüfung dient dem Nachweis, dass und in welchem Grad ein Rechtsanwalt für die Ausübung des Notaramtes als Anwaltsnotar fachlich geeignet ist.** ²**Sie gliedert sich in einen schriftlichen und einen mündlichen Teil.**

(3) ¹**Die notarielle Fachprüfung dient der Bestenauslese.** ²**Die Einheitlichkeit der Prüfungsanforderungen und der Leistungsbewertung ist zu gewährleisten.** ³**Die Prüfung kann an verschiedenen Orten durchgeführt werden.**

(4) ¹**Der Prüfungsstoff der schriftlichen und der mündlichen Prüfung umfasst den gesamten Bereich der notariellen Amtstätigkeit.** ²**Die Prüfungsgebiete regelt das Bundesministerium der Justiz und für Verbraucherschutz durch Rechtsverordnung, die der Zustimmung des Bundesrates bedarf.**

(5) **Für die von den einzelnen Prüfern vorzunehmenden Bewertungen und die Bildung der Prüfungsgesamtnote gelten die §§ 1 und 2 der Verordnung über eine Noten- und Punkteskala für die erste und zweite juristische Staatsprüfung vom 3. Dezember 1981 (BGBl. I S. 1243) entsprechend.**

(6) ¹**Die schriftliche Prüfung ist mit einem Anteil von 75 Prozent, die mündliche Prüfung ist mit einem Anteil von 25 Prozent bei dem Ergebnis der notariellen Fachprüfung zu berücksichtigen.** ²**Die notarielle Fachprüfung ist bestanden, wenn der Prüfling mindestens die Gesamtpunktzahl 4,00 erreicht hat.**

(7) ¹**Ist die Prüfung nicht bestanden oder für nicht bestanden erklärt worden, kann sie einmal wiederholt werden.** ²**Eine bestandene Prüfung kann frühestens nach drei**

---
[192] Schippel/Bracker/*Bracker* BNotO § 7 Rn. 113.
[193] Ähnlich WürzNotar-HdB/*Bischoff* Teil 1 Kap. 1 Rn. 43.

Jahren ab Bekanntgabe des Bescheides über das Ergebnis der notariellen Fachprüfung mit dem Ziel der Notenverbesserung einmal wiederholt werden.

A. Bedeutung der §§ 7a–7i

1 §§ 7a–7i sind durch das Gesetz zur Änderung der Bundesnotarordnung (Neuregelung des Zugangs zum Anwaltsnotariat) vom 2.4.2009[1] in die BNotO eingefügt worden. Sie regeln die notarielle Fachprüfung, deren Bestehen seit 1.5.2011 regelmäßig Voraussetzung für die Bestellung zum Anwaltsnotar ist (§ 6 Abs. 2 S. 1 Nr. 3 idF v. 1.5.2011). Für die Durchführung der Prüfung ist auf Grundlage von § 7g bei der Bundesnotarkammer eigens ein „Prüfungsamt für die notarielle Fachprüfung" eingerichtet worden, das zu Jahresbeginn 2010 seine Arbeit aufgenommen hat.

2 Einzelheiten der Organisation und des Geschäftsablaufs des Prüfungsamtes sowie des Prüfungsverfahrens sind auf der Grundlage von §§ 7a Abs. 4 S. 2, 7g Abs. 2 S. 2 und 7i in der Verordnung über die notarielle Fachprüfung[2] geregelt.

B. Zulassung zur Prüfung

3 Durch Abs. 1 wird klargestellt, dass für die Teilnahme an der Prüfung eine vorherige Zulassung erforderlich ist. Diese erteilt auf Antrag die Leitung des Prüfungsamtes für die notarielle Fachprüfung bei der Bundesnotarkammer (§ 8 Abs. 3 S. 1 NotFV). Bei der Entscheidung über die Zulassung handelt es sich um eine **gebundene Entscheidung** des Prüfungsamtes. Die Zulassung ist auszusprechen, wenn die in Abs. 1 genannten Voraussetzungen vorliegen und gem. § 8 Abs. 1 S. 2 NotFV nachgewiesen sind. Eine weitere Zulassungsvoraussetzung enthält § 7h Abs. 1 S. 2, wonach die Zulassung erst erfolgen kann, wenn die Prüfungsgebühren bei der Bundesnotarkammer eingegangen sind.

4 Voraussetzung für die Zulassung ist zunächst, dass die Bewerberin oder der Bewerber **seit drei Jahren zur Rechtsanwaltschaft zugelassen** ist.[3] Die Wartefrist soll sicherstellen, dass die Bewerber vor der Zulassung zur Prüfung bereits berufspraktische Erfahrungen aus ihrer anwaltlichen Tätigkeit gesammelt haben; außerdem rücken durch die Einhaltung der Wartefrist der Nachweis der spezifischen Berufskenntnisse und die Auswahlentscheidung zwischen mehreren geeigneten Bewerbern um eine Notarstelle zeitlich näher aneinander.[4] Aus dem Normzweck folgt, dass entgegen der missverständlichen Formulierung von § 8 Abs. 1 S. 2 Nr. 2 NotFV die Rechtsanwaltszulassung nicht etwa seit drei Jahren ohne Unterbrechung bestanden haben muss; es genügt vielmehr eine Zulassungsdauer von insgesamt drei Jahren (nach Abzug von Unterbrechungen).[5] Anders als bei den sog. „Wartezeiten" gem. § 6 Abs. 2 S. 1 Nr. 1 und Nr. 2 ist auch weder eine anwaltliche Tätigkeit für verschiedene Auftraggeber noch eine ortsbezogene Berufsausübung in dem in Aussicht genommenen Amtsbereich nachzuweisen.[6] Ausnahmen von der dreijährigen Wartefrist sind indes – anders als bei den anwaltlichen Wartezeiten gem. § 6 Abs. 2 S. 1 Nr. 1 und Nr. 2[7] – nicht vorgesehen.

---

[1] BGBl. I 696.
[2] Notarfachprüfungsverordnung – NotFV v. 7.5.2010 (BGBl. I 576) idF v. 31.8.2015 (BGBl. I 1474), vollständig abgedruckt im → Anh. § 7i.
[3] Vgl. § 12 BRAO; nicht erfasst sind eine anwaltliche Zulassung im Ausland oder eine quasi-anwaltliche Tätigkeit, die von einem anwaltlichen Arbeitgeber bescheinigt wird.
[4] Vgl. Beschlussempfehlung des Bundesrates zu § 7a Abs. 1, BT-Drs. 16/11906, 13 f. und Stellungnahme der Bundesregierung zum Gesetzentwurf des Bundesrates zu § 7a Abs. 1, BT-Drs. 16/4972, 15; der Gesetzentwurf des Bundesrates hatte von einer Wartefrist noch ausdrücklich abgesehen, vgl. BT-Drs. 16/4972, Begr. zu Nr. 2, S. 12.
[5] BeckOK BNotO/*Teschner* BNotO § 7a Rn. 3.
[6] BeckOK BNotO/*Teschner* BNotO § 7a Rn. 3.
[7] → § 6 Rn. 15 f.

Der **maßgebliche Zeitpunkt für die Einhaltung der Wartefrist** ist nicht ausdrücklich geregelt. Aus Abs. 1 folgt jedoch, dass die Zulassung nicht ausgesprochen werden kann, solange die Wartefrist noch nicht erfüllt ist. Da das Prüfungsamt die Zulassungsbescheide idR zeitgleich mit den Ladungen versendet, können Zulassungsanträge idR nur dann positiv beschieden werden, wenn nachgewiesen wurde, dass die dreijährige Wartefrist rechtzeitig vor Beginn der schriftlichen Prüfung abläuft.[8] 5

Weitere Voraussetzung für die Zulassung zur Prüfung ist, dass die Bewerberin oder der Bewerber die **Voraussetzungen für die Bestellung zum Notar gem. § 5** erfüllt, dh die Befähigung zum Richteramt nach dem Deutschen Richtergesetz erlangt hat.[9] 6

§ 8 NotFV regelt, auf welche Weise der Antrag zu stellen ist und die Voraussetzungen des Abs. 1 nachzuweisen sind. Das Prüfungsamt stellt auf seiner Internetseite[10] ein Antragsformular zum Download zur Verfügung und informiert über die vorzulegenden Nachweise. Die **Antragsfrist** endet gem. § 8 Abs. 2 S. 1 NotFV acht Wochen vor dem Beginn des schriftlichen Teils einer Prüfung und wird gleichzeitig mit dem Prüfungstermin spätestens vier Monate vor Beginn der schriftlichen Prüfung in der Deutschen Notar-Zeitschrift bekannt gegeben; daneben erfolgt eine Bekanntgabe auf der Internetseite des Prüfungsamtes. Gemäß § 8 Abs. 1 S. 1 NotFV ist der Antrag schriftlich zu stellen. Das Prüfungsamt geht in ständiger Verwaltungspraxis von einem fristgerecht eingegangenen Antrag aus, wenn das ausgefüllte und unterschriebene Antragsformular per Telefax und ohne die in § 8 Abs. 1 S. 2 NotFV genannten Unterlagen eingeht. Das Original des Antrags und die Anlagen sind in diesem Fall unverzüglich nachzureichen. 7

C. Zweck, Form und Ort der Prüfung

Abs. 2 S. 1 stellt klar, dass die notarielle Fachprüfung dem **Nachweis der fachlichen Eignung** für die Ausübung des Notaramtes und des Grades dieser Eignung als Kriterium für die Auswahl unter mehreren geeigneten Bewerbern um eine Anwaltsnotarstelle dient (vgl. § 6 Abs. 3); der Wettbewerbscharakter der Prüfung wird zusätzlich durch Abs. 3 S. 1 zum Ausdruck gebracht. Der Gesetzgeber dokumentiert damit seine Absicht, den Vorgaben des Bundesverfassungsgerichts aus dessen Entscheidung vom 20.4.2004[11] zu genügen.[12] 8

Die Prüfung besteht – wie die juristischen Staatsprüfungen – aus einem **schriftlichen und einem mündlichen Teil** (Abs. 2 S. 2). Der schriftliche Teil findet zuerst statt; die mündliche Prüfung folgt idR einige Monate später. Einzelheiten zu den beiden Prüfungsabschnitten regeln § 7b und § 7c sowie §§ 10–15 NotFV. 9

Die Prüfung kann an **verschiedenen Orten** durchgeführt werden (Abs. 3 S. 3). Dadurch soll den Prüfungsteilnehmern eine ortsnahe Erbringung der Prüfungsleistungen ermöglicht werden.[13] § 7 Abs. 1 NotFV gibt dem Prüfungsamt die dezentrale Durchführung der Prüfungen in Gestalt einer Soll-Vorschrift auf und stellt die Auswahl der Prüfungsorte in sein pflichtgemäßes Ermessen. § 7 Abs. 2 NotFV stellt jedoch klar, dass die Prüflinge keinen Anspruch haben, die Prüfung an einem bestimmten Ort abzulegen. In der bisherigen Praxis bietet das Prüfungsamt die schriftliche Prüfung je nach Anzahl und regionaler Herkunft der zu prüfenden Bewerber an vier bis fünf verschiedenen, über das Gebiet des Anwaltsnotariats verteilten Orten an; Ortswünsche (Erst- und Zweitwunsch) können bei der Antragstellung vermerkt werden und werden nach Verfügbarkeit berücksichtigt. Die mündlichen Prüfungen finden bisher regelmäßig in bis zu zehn verschiedenen 10

---

[8] AA Diehn/*Zimmermann* BNotO § 7a Rn. 9 (Ablauf der Antragsfrist).
[9] → § 5 Rn. 6; zu den Ausnahmen für „Diplom-Juristen" nach der Prüfungsordnung der DDR BGH DNotZ 2008, 874.
[10] www.pruefungsamt-bnotk.de.
[11] BVerfG DNotZ 2004, 560 (561).
[12] Vgl. die amtl. Begr., BR-Drs. 16/4972, 9–12.
[13] Amtl. Begr. zu § 7a Abs. 3, BT-Drs. 16/4972, 12.

Städten (Berlin, Braunschweig, Bremen, Celle, Frankfurt a. M., Hamm, Kassel, Oldenburg, Schleswig und Wiesbaden) statt.

D. Grundsatz der Chancengleichheit

11 Aus dem Wettbewerbscharakter der Prüfung (→ Rn. 8) folgt die Verpflichtung, für gleichmäßige Wettbewerbsbedingungen zu sorgen, wie Abs. 3 S. 2 ausdrücklich klarstellt. Der **prüfungsrechtliche Gleichbehandlungsgrundsatz,** wonach für vergleichbare Prüflinge so weit wie möglich vergleichbare Leistungsanforderungen, Prüfungsbedingungen und Bewertungskriterien gelten müssen,[14] beansprucht für die notarielle Fachprüfung uneingeschränkt Geltung. BNotO und NotFV enthalten zahlreiche Regelungen zur Gewährleistung dieses Grundsatzes. So sind die Prüfungsanforderungen vor allem durch Abs. 4 und § 5 NotFV einheitlich definiert. Den Maßstab für eine vergleichbare Leistungsbewertung liefert Abs. 5, der auf §§ 1 und 2 der Verordnung über eine Noten- und Punkteskala für die erste und zweite juristische Staatsprüfung vom 3.12.1981 verweist. Dem Prüfungsamt kommt die Aufgabe zu, dafür Sorge zu tragen, dass für alle Prüflinge vergleichbare äußere Prüfungsbedingungen herrschen (vgl. zB §§ 11 Abs. 1 und Abs. 2, 16 NotFV), Störungen des Prüfungsablaufs nach Möglichkeit verhindert oder ausgeglichen werden (vgl. zB § 11 Abs. 5 NotFV) und die Anonymität der Prüflinge bei der Begutachtung ihrer Aufsichtsarbeiten durch die Prüfer gewahrt bleibt (vgl. § 10 Abs. 1 S. 5 NotFV).

E. Prüfungsstoff

12 Dem Zweck der Prüfung entsprechend definiert Abs. 4 S. 1 den **gesamten Bereich der notariellen Amtstätigkeit** als Prüfungsstoff; umgekehrt gilt damit, dass Rechtsgebiete und Teile von Rechtsgebieten, die für die notarielle Amtsführung nicht bedeutsam sind, auch nicht zum Prüfungsstoff zählen. Dadurch unterscheidet sich die notarielle Fachprüfung wesentlich von den Staatsprüfungen gem. § 5d DRiG; sie ist **kein „drittes Staatsexamen".** Die einzelnen Prüfungsgebiete sind auf Grundlage von Abs. 4 S. 2 in § 5 NotFV geregelt. Einzelne für die notarielle Praxis bedeutsame Rechtsmaterien wie zB das Steuerrecht, das Internationale Privatrecht oder das Insolvenzrecht sind in § 5 Abs. 1 NotFV nicht aufgeführt, können aber über § 5 Abs. 2 NotFV in den Prüfungsstoff einbezogen werden, wenn sie typischerweise im Zusammenhang mit dem der im Einzelfall geprüften Materie auftreten und Einzelwissen nicht vorausgesetzt wird.[15]

F. Bewertungsmaßstab

13 Abs. 5 verweist für die Bewertung der einzelnen Prüfungsleistungen und für die Bildung der Abschlussnote auf die Verordnung über eine Noten- und Punkteskala für die erste und zweite juristische Prüfung vom 3.12.1981.[16] In der notariellen Fachprüfung gilt damit ein bei juristischen Prüfungen weithin bekannter und bewährter **Maßstab für vergleichbare Leistungsbewertungen.**

---

[14] BVerfGE 84, 34; BVerwG DÖV 1984, 809; ausführlich hierzu *Niehues/Fischer/Jeremias,* Prüfungsrecht, 7. Aufl. 2018, Rn. 4, 130, 402.
[15] Diehn/*Zimmermann* BNotO § 7a Rn. 21.
[16] BGBl. I 1243.

G. Prüfungsergebnis

Abs. 6 S. 1 bestimmt, mit welchem Anteil die schriftliche und die mündliche Prüfung in **14** das Prüfungsergebnis einfließen. Die Gewichtung von 75 Prozent (schriftliche Prüfung) zu 25 Prozent (mündliche Prüfung) entspricht in etwa derjenigen in den juristischen Staatsprüfungen. In Satz 2 ist festgelegt, welche Mindestpunktzahl für das Bestehen der notariellen Fachprüfung erforderlich ist. Auch insoweit lehnt sich die Vorschrift an die entsprechenden Regelungen zu den juristischen Staatsexamina an.[17]

H. Wiederholungsversuch

Abs. 7 regelt die Voraussetzungen, unter denen die Prüfung wiederholt werden kann; **15** Einzelheiten bestimmt § 19 NotFV. Nach Abs. 7 S. 1 kann eine nicht bestandene oder gem. §§ 7e Abs. 1 S. 1 und 7f Abs. 1 S. 2, Abs. 2 und Abs. 3 S. 3 BNotO für nicht bestanden erklärte Prüfung einmal wiederholt werden. Satz 2 eröffnet den Prüfungsabsolventen die Möglichkeit, eine im ersten oder zweiten Versuch bestandene Prüfung frühestens nach drei Jahren mit dem Ziel der **Notenverbesserung** einmal zu wiederholen. Damit hat der Gesetzgeber berücksichtigt, dass die fachliche Eignung der Absolventen durch Fortbildung, praktische Erfahrungen als Notarvertreter und ähnliche Vorbereitungsleistungen im Laufe der Zeit steigen kann.[18] Nicht nachvollziehbar ist indes, weshalb mit Blick auf diesen Regelungsgedanken die Zahl der Verbesserungsversuche auf einen begrenzt ist, denn es ist durchaus vorstellbar, dass sich die fachliche Eignung auch nach zwei abgelegten Prüfungen durch zusätzliche berufspraktische Erfahrung noch verbessern kann.[19]

In beiden Fällen von Abs. 7 ist die Prüfung im gesamten Umfang zu wiederholen (§ 19 **16** Abs. 2 NotFV); die Prüfungsgebühr (§ 7h) fällt in voller Höhe erneut an. Im Fall von § 7a Abs. 7 S. 1 wird die erneute Zulassung zur Prüfung vorläufig ausgesprochen, solange der Bescheid über das Nichtbestehen der Prüfung im ersten Versuch infolge eines noch nicht abgeschlossenen Rechtsbehelfsverfahrens nicht bestandskräftig ist. Die Dreijahresfrist nach Satz 2 beginnt mit der Bekanntgabe des Bescheides über das Ergebnis der ersten bestandenen Prüfung zu laufen und muss bis zum Zeitpunkt der Zulassung zur Wiederholungsprüfung abgelaufen sein.[20] Aus dem Zweck des Wiederholungsversuches folgt, dass eine im ersten (oder im Falle des Satz 1 zweiten) Versuch bestandene Prüfung bei der Bewerbung um eine Notarstelle noch geltend gemacht werden kann, wenn die Prüfung im „Verbesserungsversuch" nicht oder mit einem schlechteren Ergebnis bestanden wird; ein Zeugnis (§ 7d Abs. 1 S. 2) wird deswegen nur im Fall der gelungenen Notenverbesserung erteilt.[21]

§ 7b [Schriftliche Prüfung]

(1) ¹Die schriftliche Prüfung umfasst vier fünfstündige Aufsichtsarbeiten. ²Sie dient der Feststellung, ob der Prüfling die für die notarielle Tätigkeit notwendigen Fachkenntnisse erworben hat und ob er fähig ist, in begrenzter Zeit mit vorgegebenen Hilfsmitteln eine rechtlich einwandfreie und zweckmäßige Lösung für Aufgabenstellungen der notariellen Praxis zu erarbeiten.

(2) ¹Jede Aufsichtsarbeit wird von zwei Prüfern nacheinander bewertet. ²Die Namen der Prüflinge dürfen den Prüfern vor Abschluss der Begutachtung der Aufsichtsarbeiten nicht bekannt werden. ³An der Korrektur der Bearbeitungen jeder einzelnen Aufgabe soll mindestens ein Anwaltsnotar mitwirken. ⁴Weichen die Bewertungen

---

[17] Vgl. zB § 34 Abs. 3 BayJAPO, § 18 Abs. 2 JAG NW.
[18] Amtl. Begr. zu § 7a Abs. 7, BT-Drs. 16/4972, 12.
[19] So zutreffend auch Diehn/*Zimmermann* BNotO § 7a Rn. 27.
[20] → Rn. 5.
[21] → § 7d Rn. 3.

einer Aufsichtsarbeit um nicht mehr als drei Punkte voneinander ab, so gilt der Mittelwert. ⁵Können sich die Prüfer bei größeren Abweichungen nicht einigen oder bis auf drei Punkte annähern, so entscheidet ein weiterer Prüfer; er kann sich für die Bewertung eines Prüfers entscheiden oder eine zwischen den Bewertungen liegende Punktzahl festsetzen.

(3) ¹Die Bewertungen der Aufsichtsarbeiten werden dem Prüfling mit der Ladung zur mündlichen Prüfung bekannt gegeben. ²Wird mehr als eine Aufsichtsarbeit mit weniger als 4,00 Punkten bewertet oder liegt der Gesamtdurchschnitt aller Aufsichtsarbeiten unter 3,50 Punkten, so ist der Prüfling von der mündlichen Prüfung ausgeschlossen und hat die notarielle Fachprüfung nicht bestanden.

A. Schriftliche Prüfung

1 § 7b regelt Umfang, Zweck und Bewertung des schriftlichen Teils der notariellen Prüfung; ergänzend dazu bestimmen §§ 10–12 NotFV[1] Einzelheiten zur Vorbereitung und Durchführung der Prüfung.

B. Umfang und Zweck (Abs. 1)

2 Im Rahmen der schriftlichen Prüfung sind gemäß Satz 1 vier Aufsichtsarbeiten anzufertigen. Diese werden an vier Wochentagen innerhalb einer Kalenderwoche (Montag, Dienstag, Donnerstag und Freitag) geschrieben und sind an allen Prüfungsorten inhaltsgleich (§ 11 Abs. 1 S. 2 NotFV). Die **Bearbeitungszeit** beträgt entsprechend den gängigen Regelungen zu den juristischen Staatsprüfungen fünf Stunden; sie kann bei behinderten Prüflingen auf Antrag um bis zu zwei Stunden für jede Aufsichtsarbeit verlängert werden (§ 16 NotFV).

3 Satz 2 bestimmt den Zweck der schriftlichen Prüfung. Aus diesem können Anforderungen an die Aufgabenstellung („aus der notariellen Praxis") sowie ein Maßstab für die Bewertung der Leistung der Prüflinge („in begrenzter Zeit", „rechtlich einwandfreie und zweckmäßige Lösung") abgeleitet werden, die das Prüfungsamt, die Aufgabenkommission und die Prüfer binden. Die Aufgabenkommission[2] hat mit Rücksicht darauf Vorgaben für die äußere Form der Aufgabenstellungen in der schriftlichen Prüfung formuliert. Diese sowie eine Auswahl bereits verwendeter Prüfungsaufgaben sind auf der Internet-Seite des Prüfungsamtes veröffentlicht.[3]

4 Bei der Anfertigung der Aufsichtsarbeiten dürfen (nur) die von der Aufgabenkommission festgelegten und vom Prüfungsamt bekannt gegebenen Hilfsmittel verwendet werden; diese sind vom Prüfling selbst mitzubringen (§ 11 Abs. 4 S. 2 NotFV).

C. Bewertung (Abs. 2)

5 Abs. 2 bestimmt das Verfahren der Bewertung der Aufsichtsarbeiten; ergänzend ist § 12 NotFV zu beachten. Abs. 2 S. 1 ordnet die sog. **„offene" Zweitkorrektur** an, die in den meisten Bundesländern auch bei den Bewertungen der Klausuren zum Ersten und Zweiten Staatsexamen zur Anwendung kommt. Dabei erstellt der Zweitkorrektor seine Bewertung in Kenntnis von Bewertung und Notengebung durch den Erstkorrektor, was nach ständiger Rechtsprechung des Bundesverwaltungsgerichts unbedenklich ist.[4] Satz 3 ordnet an, dass

---

[1] Verordnung über die notarielle Fachprüfung (Notarfachprüfungsverordnung – NotFV) v. 7.5.2010 (BGBl. I 576) idF v. 31.8.2015 (BGBl. I 1474); abgedruckt im → Anh. § 7i.
[2] § 7g Abs. 4.
[3] www.pruefungsamt-bnotk.de.
[4] BVerwG NVwZ 1995, 788; NJW 2003, 1063; für Klagen gegen Entscheidungen im Verfahren gem. §§ 7a–7i ist allerdings nach § 111 der Zivilrechtsweg gegeben.

mindestens einer der beiden Prüfer Anwaltsnotar sein soll, um eine praxisgerechte Bewertung sicherzustellen.[5] Dieser Zweck würde allerdings auch durch die Mitwirkung eines zur hauptberuflichen Amtsausübung bestellten Notars erreicht. Die Nichtbeachtung der Soll-Vorschrift führt nicht zur Unwirksamkeit der Bewertung oder gar der Prüfung.[6]

Satz 2 schreibt die Anonymität der Klausurbewertungen vor. Zur Gewährleistung der Anonymität regeln §§ 10 Abs. 1 S. 5 und 11 Abs. 3 NotFV ein **Kennziffernsystem** nach dem bewährten Vorbild der landesrechtlichen Bestimmungen zu den juristischen Staatsprüfungen.[7] Hebt ein Prüfling die Anonymität auf, indem er zB die Klausur mit seinem Namen unterschreibt, kann das Prüfungsamt eine Neubewertung der Klausur durch einen anderen Prüfer veranlassen, nachdem der Name des Prüflings unkenntlich gemacht wurde.[8] **6**

Satz 4 und Satz 5 regeln das Verfahren zur **Ermittlung der Klausurnote** anhand der Bewertungen der beiden Prüfer. Das in Satz 4 angeordnete sog. „Mittelwertverfahren" ist verfassungskonform.[9] Die Ermittlung der Note einschließlich der Herbeiführung der Einigung oder Annäherung bzw. bei Bedarf des Stichentscheids durch einen dritten Prüfer (Satz 5) obliegt gem. § 12 S. 2 NotFV dem Prüfungsamt. **7**

D. Ergebnis (Abs. 3)

Abs. 3 regelt die Bekanntgabe der Klausurnoten und deren Bedeutung für das weitere Prüfungsverfahren. Ein Prüfling, der zwei oder mehr Aufsichtsarbeiten nicht bestanden hat oder bei dem der Gesamtdurchschnitt aller vier Aufsichtsarbeiten unter 3,50 Punkten liegt, erhält abweichend von Satz 1 anstelle der Ladung zur mündlichen Prüfung einen Bescheid darüber, dass er die notarielle Fachprüfung nicht bestanden hat (vgl. § 7d Abs. 1 S. 1). Die Regelung zum Nichtbestehen der Prüfung aufgrund mangelhafter Leistungen im schriftlichen Teil lehnt sich an entsprechende Vorschriften der Länder zur Ersten Prüfung und zur Zweiten Staatsprüfung iSv § 5 Abs. 1 DRiG an.[10] **8**

§ 7c [Mündliche Prüfung]

(1) ¹Die mündliche Prüfung umfasst einen Vortrag zu einer notariellen Aufgabenstellung und ein Gruppenprüfungsgespräch, das unterschiedliche Prüfungsgebiete zum Gegenstand haben soll. ²Das Prüfungsgespräch soll je Prüfling etwa eine Stunde dauern. ³In der Regel sollen nicht mehr als fünf Prüflinge gleichzeitig geprüft werden. ⁴In der mündlichen Prüfung soll der Prüfling neben seinen Kenntnissen insbesondere auch unter Beweis stellen, dass er die einem Notar obliegenden Prüfungs- und Belehrungspflichten sach- und situationsgerecht auszuüben versteht.

(2) ¹Die mündliche Prüfung wird durch einen Prüfungsausschuss abgenommen, der aus drei Prüfern besteht. ²Sie müssen während der gesamten Prüfung anwesend sein. ³Den Vorsitz führt ein auf Vorschlag der Landesjustizverwaltungen, in deren Bereich Anwaltsnotare bestellt werden, bestellter Prüfer. ⁴Ein Prüfer soll Anwaltsnotar sein.

(3) ¹Bei der mündlichen Prüfung können Vertreter der Notarkammern, der Bundesnotarkammer, des Prüfungsamtes, des Bundesministeriums der Justiz und für Verbraucherschutz und der Landesjustizverwaltungen anwesend sein. ²Das Prüfungsamt kann Personen, die zur notariellen Fachprüfung zugelassen worden sind, als Zuhörer zulassen. ³An den Beratungen nehmen nur die Mitglieder des Prüfungsausschusses teil.

---

[5] Amtl. Begr. zu § 7b Abs. 2, BT-Drs. 16/4972, 12.
[6] BeckOK BNotO/*Teschner* BNotO § 7b Rn. 17.
[7] Vgl. zB § 12 Abs. 3 S. 1 Hess. JAG, § 13 Abs. 2 S. 1 JAG NW.
[8] Vgl. *Zimmerling/Brehm* Rn. 865.
[9] BVerfG NVwZ 2004, 1375.
[10] Vgl. zB § 20 Abs. 1 Nr. 1 JAG NRW.

(4) ¹Im Anschluss an die mündliche Prüfung bewerten die Prüfer den Vortrag und das Prüfungsgespräch gemäß § 7a Abs. 5. ²Weichen die Bewertungen voneinander ab, so gilt der Mittelwert. ³Sodann gibt der Prüfungsausschuss dem Prüfling die Bewertungen bekannt. ⁴Eine nähere Erläuterung der Bewertungen kann nur sofort verlangt werden und erfolgt nur mündlich.

A. Mündliche Prüfung

1 § 7c regelt die wichtigsten Vorgaben zu Umfang, Zweck und Verfahren der mündlichen Prüfung. Ergänzende Bestimmungen enthalten §§ 13–15 NotFV.[1] Die mündliche Prüfung findet – mit einem Abstand von einigen Monaten – im Anschluss an die schriftliche Prüfung statt.

B. Umfang und Zweck (Abs. 1)

2 Ähnlich wie in der Zweiten Staatsprüfung einiger Bundesländer[2] besteht die mündliche Prüfung aus einem Vortrag und einem Gruppenprüfungsgespräch. Der **Vortrag** behandelt eine notarielle Aufgabenstellung; seine äußere Form richtet sich nach den Vorgaben der Aufgabenkommission.[3] Eine Auswahl bereits verwendeter Vortragsaufgaben steht ebenfalls auf der Internet-Seite des Prüfungsamtes zum Download bereit. Die Prüflinge erhalten zu Beginn der Prüfung eine Stunde Gelegenheit, sich auf den Vortrag unter Aufsicht vorzubereiten (§ 14 Abs. 3 S. 4 und S. 5 NotFV); die Vorbereitungszeit kann behinderten Prüflingen auf Antrag verlängert werden (§ 16 S. 2 NotFV). Der Vortrag selbst wird einzeln vor dem Prüfungsausschuss gehalten und darf die Dauer von zwölf Minuten nicht überschreiten (§ 14 Abs. 4 S. 6 NotFV); Fragen des Prüfungsausschusses im Anschluss an den Vortrag sind nicht vorgesehen.

3 An dem **Gruppenprüfungsgespräch** nehmen – anders als beim Vortrag – bis zu fünf Prüflinge gleichzeitig teil. Die Prüfungsgebiete richten sich nach § 7a Abs. 4 iVm § 5 NotFV; eine gesetzliche Vorgabe für die Aufteilung des Prüfungsgesprächs in Abschnitte, in denen bestimmte Rechtsgebiete behandelt werden, existiert nicht. Vielmehr soll die Gestaltung des Prüfungsgesprächs dem Prüfungsausschuss überlassen bleiben.[4] Die Dauer des Prüfungsgesprächs beträgt gemäß Satz 2 eine Stunde je Prüfling, insgesamt also bis zu fünf Stunden. Für die gleichmäßige Beteiligung der Prüflinge und die Einhaltung der Pausenregelung gem. § 14 Abs. 4 S. 4 NotFV sorgt der Vorsitzende des Prüfungsausschusses.

4 Satz 4 bestimmt den besonderen Zweck der mündlichen Prüfung. Während bei der schriftlichen Prüfung gem. § 7b Abs. 2 S. 2 der Nachweis notarieller Fachkenntnisse und praktischer Fertigkeiten im Mittelpunkt steht, soll die mündliche Prüfung daneben vor allem die Feststellung ermöglichen, ob und in welchem Maß ein Prüfling über die fachspezifischen **kommunikativen Fähigkeiten** verfügt, die für die notarielle Tätigkeit erforderlich sind.[5] Dies ist sowohl bei der Auswahl der Aufgabenstellung für den Vortrag und der Gestaltung des Gruppenprüfungsgesprächs, als auch bei der Bewertung der Leistungen der Prüflinge zu berücksichtigen.

---

[1] Verordnung über die notarielle Fachprüfung (Notarfachprüfungsverordnung – NotFV) v. 7.5.2010 (BGBl. I 576) idF v. 31.8.2015 (BGBl. I 1474), abgedruckt im → Anh. § 7i.
[2] Vgl. zB § 10 Abs. 3 JAG NRW, § 46 Abs. 1 Hess. JAG.
[3] Veröffentlicht auf der Internet-Seite des Prüfungsamtes (www.pruefungsamt-bnotk.de); → § 7g Rn. 4.
[4] Begr. der Beschlussempfehlung des Rechtsausschusses zu § 7c Abs. 1, BT-Drs. 16/11906, 14.
[5] Amtl. Begr. zu § 7c Abs. 1 S. 4, BT-Drs. 16/4972, 12.

C. Prüfungsausschuss (Abs. 2)

Die Abnahme und Bewertung der mündlichen Prüfung obliegt dem Prüfungsausschuss, der aus drei Prüfern iSv § 7g Abs. 6 besteht. Einzelheiten, insbesondere zu den besonderen Aufgaben des Vorsitzenden des Prüfungsausschusses, sind in § 14 NotFV geregelt. Dem **Vorsitzenden** kommt in der Prüfung eine leitende und ordnende Funktion zu, ohne dass seine Stimme für die Bewertung der Prüfungsleistungen von größerem Gewicht wäre als die der anderen Prüfer im Ausschuss (→ Rn. 8).

Um den staatlichen Einfluss auf die Prüfung zu gewährleisten, bestimmt Satz 3, dass den Vorsitz des Prüfungsausschusses stets ein auf Vorschlag der Landesjustizverwaltungen, in deren Bereich Anwaltsnotare bestellt werden, bestellter Prüfer führt. Dies ist grundsätzlich ein **Richter oder Beamter** mit der Befähigung zum Richteramt (§ 7g Abs. 6 S. 1 Nr. 1). Damit auch die Sichtweise eines Praktikers im Prüfungsausschuss zur Geltung kommt, soll daneben gem. Satz 4 ein Anwaltsnotar dem Prüfungsausschuss angehören.

D. Anwesenheit bei der Prüfung (Abs. 3)

Abs. 3 regelt, wer als **Zuhörer** bei der mündlichen Prüfung anwesend sein darf. Satz 1 verleiht den Vertretern der Körperschaften, die an der Prüfung und am Verfahren der Besetzung von Notarstellen beteiligt sind, einen gesetzlichen Anspruch auf Anwesenheit. Nach Satz 2 kann das Prüfungsamt ferner zur Prüfung zugelassenen Personen die Anwesenheit gestatten. Hierfür ist in der Regel ein **Antrag** erforderlich; ein Anspruch darauf, an einer bestimmten Prüfung als Zuhörer teilzunehmen, besteht für zur Prüfung zugelassene Personen im Gegensatz zu dem in Satz 1 genannten Personenkreis nicht. Satz 3 stellt klar, dass die Zuhörer an den Beratungen des Prüfungsausschusses nicht teilnehmen.

E. Bewertung (Abs. 4)

Abs. 4 bestimmt das Verfahren der Bewertung der mündlichen Prüfung. Nach Satz 1 bewerten die Prüfer die bei dem Vortrag und im Prüfungsgespräch gezeigten Leistungen des Prüflings, und zwar **jeder Prüfer jeweils einzeln.** Anschließend wird gemäß Satz 2 der Mittelwert der drei Punktzahlen ermittelt. Eine gemeinsame, etwa auf einer Einigung oder einem Mehrheitsbeschluss des Prüfungsausschusses beruhende Bewertung erfolgt nicht; zulässig und in der Praxis üblich ist indes die gemeinsame Beratung der Mitglieder. Ebenso gibt es in der mündlichen Prüfung keinen Stichentscheid bei weit auseinander fallenden Einzelnoten. Anders als in den juristischen Staatsprüfungen werden den Prüfern die Klausurergebnisse der Prüflinge nicht vorab vom Prüfungsamt mitgeteilt, damit sich die Prüfer ein möglichst unvoreingenommenes Bild von den Leistungen der Kandidaten in der mündlichen Prüfung machen können. Mit dieser Praxis nimmt das Prüfungsamt auf den ausgeprägten Wettbewerbscharakter der notariellen Fachprüfung[6] im Hinblick auf die Vergabe von Notarstellen Rücksicht.

Am Ende der Prüfung gibt der Prüfungsausschuss den Prüflingen gemäß Satz 3 die Bewertungen ihrer Leistungen aus dem Vortrag und dem Gruppenprüfungsgespräch bekannt. Ergänzend zu beachten ist § 15 NotFV, wonach der Prüfungsausschuss darüber hinaus die **Gesamtnote der mündlichen Prüfung** feststellt. Diese wird zu 20 Prozent aus der Note des Vortrags und zu 80 Prozent aus der im Gruppenprüfungsgespräch erzielten Punktzahl ermittelt. Auch wenn dies nicht ausdrücklich angeordnet ist, entspricht es der Praxis, dass der Prüfungsausschuss den Prüflingen die Gesamtnote der mündlichen Prüfung ebenfalls bekannt gibt. Die Ermittlung und Bekanntgabe der **Prüfungsgesamt-**

---

[6] → § 7a Rn. 8.

§ 7d [Bescheid; Zeugnis; Rechtsmittel]

(1) ¹Der Bescheid über das Ergebnis der notariellen Fachprüfung ist dem Prüfling zuzustellen. ²Über die bestandene notarielle Fachprüfung wird ein Zeugnis erteilt, aus dem die Prüfungsgesamtnote mit Notenbezeichnung und Punktwert ersichtlich ist. ³Bei Wiederholung der notariellen Fachprüfung wird ein Zeugnis nur im Fall der Notenverbesserung erteilt.

(2) Über einen Widerspruch entscheidet der Leiter des Prüfungsamtes.

A. Bedeutung der Vorschrift

1 § 7d regelt die Erteilung eines Bescheides über das Ergebnis der notariellen Fachprüfung sowie eines Zeugnisses bei bestandener Prüfung. Ferner enthält Abs. 2 eine Regelung zu Rechtsbehelfen gegen alle Prüfungsentscheidungen, für die im Übrigen §§ 111 ff. uneingeschränkt zur Anwendung kommen.

B. Bescheid und Zeugnis (Abs. 1)

2 Das Prüfungsamt teilt dem Prüfling nach Satz 1 das aufgrund von § 7a Abs. 6 ermittelte Prüfungsergebnis in Form eines **Bescheides** mit, aus dem auch hervorgeht, ob die notarielle Fachprüfung bestanden wurde oder nicht. Bei dem Bescheid handelt es sich um einen **Verwaltungsakt iSv § 35 VwVfG**; die Zustellung erfolgt nach den Vorschriften des VwZG. Satz 1 kommt nicht nur nach einem vollständig durchlaufenen Prüfungsverfahren zur Anwendung, sondern auch dann, wenn die Prüfung zB gem. § 7b Abs. 3 S. 2 nicht bestanden oder gem. § 7e Abs. 1 oder § 7f Abs. 1 S. 2, Abs. 2, Abs. 3 S. 3 für nicht bestanden erklärt wurde.

3 Das **Zeugnis** wird nach Satz 2 nur bei einer bestandenen Prüfung erteilt. Im Zeugnis wird lediglich die Prüfungsgesamtnote mit Notenbezeichnung und Punktwert ausgewiesen; eine Darstellung der Bewertungen der einzelnen Prüfungsleistungen erfolgt nicht. Das Zeugnis kann dem Prüfling gemeinsam mit dem Bescheid zugestellt oder mit einfacher Post übersandt werden. Da das Zeugnis in ständiger Verwaltungspraxis mit Hilfe automatischer Einrichtungen erlassen wird, ist eine Unterschrift auf dem Zeugnis oder auf entsprechend hergestellten beglaubigten Abschriften nicht zwingend erforderlich (vgl. § 37 Abs. 5 VwVfG). Bei einem bestandenen Wiederholungsversuch zur Notenverbesserung wird das Zeugnis gem. Satz 3 nur dann erteilt, wenn die Prüfungsnote tatsächlich besser als im ersten Versuch ist, da andernfalls kein nachvollziehbares Interesse des Prüflings an der Erteilung eines Zeugnisses besteht.

C. Rechtsmittel (Abs. 2)

4 Für Rechtsmittel gegen Entscheidungen des Prüfungsamtes gelten die §§ 111 ff. mit der Maßgabe, dass **Widerspruchsbehörde** gem. Abs. 2 nicht der Präsident der Bundesnotarkammer, sondern der Leiter (oder die Leiterin) des Prüfungsamtes ist. Das ist Ausdruck der rechtlichen Verselbstständigung des Prüfungsamtes im Verhältnis zur Bundesnotarkammer[1] und außerdem wegen der größeren Sachnähe des Leiters zweckmäßig. Ein Vorverfahren gem. § 111b Abs. 1 iVm § 68 VwGO ist nicht nur gegen Bescheide statthaft, denen eine

---

[1] § 7g Abs. 3 S. 1 und die Erläuterungen dort (→ § 7g Rn. 6 und 7).

Bewertung von Prüfungsleistungen zu Grunde liegt, sondern gegen alle Entscheidungen des Prüfungsamtes mit Verwaltungsaktqualität, also auch zB gegen die Nichtzulassung zur Prüfung.[2]

Auf den Widerspruch eines Prüflings gegen einen Prüfungsbescheid, dem eine Bewertung von Prüfungsleistungen zu Grunde liegt, führt das Prüfungsamt ein **Überdenkungsverfahren** durch, soweit in der Widerspruchsbegründung substantiierte Einwendungen gegen die Bewertungen vorgetragen werden.[3] Zu diesem Zweck holt das Prüfungsamt von den betreffenden Prüfern Stellungnahmen ein (§ 20 S. 1 NotFV); in besonderen Fällen – etwa wenn der Widerspruchsführer einen Fehler in dem der Aufgabe zugrunde liegenden Sachverhalt oder der Fragestellung rügt – kann außerdem eine Stellungnahme der Aufgabenkommission eingeholt werden (§ 20 S. 2 NotFV). Bei der Entscheidung über den Widerspruch darf das Prüfungsamt im Hinblick auf den Grundsatz der Unabhängigkeit der Prüfer[4] die prüfungsspezifischen Wertungen der Prüfer nicht aus eigener Sicht ersetzen; lediglich fachwissenschaftliche Einwände und Rügen, die Rechtsfehler im Bewertungsverfahren, offensichtlich willkürliche Bewertungen oder sonstige rechtserhebliche Verstöße gegen allgemeingültige Bewertungsgrundsätze betreffen, können überprüft und – idR durch Anordnung der Neubewertung durch dieselben Prüfer[5] – korrigiert werden.[6]

Hilft der Leiter des Prüfungsamtes dem Widerspruch nicht ab, ist gem. §§ 111 Abs. 1, 111a S. 1, 111b Abs. 1 iVm § 74 VwGO innerhalb eines Monats nach Zustellung des Widerspruchsbescheides **Klage** bei dem sachlich und örtlich zuständigen[7] Notarsenat bei dem Kammergericht zu erheben. Die Klage ist gegen den Leiter des Prüfungsamtes zu richten, § 111c Abs. 1 S. 2. Richtet sie sich gegen einen Prüfungsbescheid, dem eine Bewertung von Prüfungsleistungen zu Grunde liegt, ist die Klage als Bescheidungsklage (Unterart der Verpflichtungsklage) statthaft, § 111b Abs. 1 iVm § 113 Abs. 5 S. 2 VwGO. Die gerichtliche Kontrolle derartiger Prüfungsentscheidungenunterliegt im Hinblick auf den Bewertungsspielraum der Prüfer denselben Einschränkungen wie die Kontrollbefugnis des Prüfungsamtes im Vorverfahren.[8] Gegen das Urteil des Kammergerichts steht dem Kläger gem. § 111d S. 1 die **Berufung** beim Bundesgerichtshof zu, wenn diese vom Kammergericht oder vom Bundesgerichtshof zugelassen wird. Für das Berufungsverfahren gilt § 111d S. 2 iVm §§ 124 ff. VwGO.

Ein Prüfling, der nach Erlass eines Bescheides gem. § 7b Abs. 3 S. 2 im Hauptsacheverfahren die Bewertung seiner schriftlichen Arbeiten in der notariellen Fachprüfung angreift und im Wege des vorläufigen Rechtsschutzes seine Teilnahme an der nächsten mündlichen Prüfung begehrt, kann sich dafür nicht auf sein Interesse stützen, sein Prüfungswissen aktuell zu halten.[9]

§ 7e [Rücktritt; Versäumnis]

(1) **Die Prüfung gilt als nicht bestanden, wenn der Prüfling ohne genügende Entschuldigung nach der Zulassung zur Prüfung zurücktritt, eine Aufsichtsarbeit nicht oder nicht rechtzeitig abgibt oder zum Termin für die mündliche Prüfung nicht oder nicht rechtzeitig erscheint.**

---

[2] Anders noch der Gesetzentwurf des Bundesrates, vgl. BT-Drs. 16/4972, 6.
[3] Ausführlich zum Überdenkungsverfahren *Niehues/Fischer/Jeremias*, Prüfungsrecht, 7. Aufl. 2018, Rn. 789 mwN.
[4] § 7g S. 1 und die Erläuterungen dort (→ § 7g Rn. 6).
[5] *Niehues/Fischer/Jeremias*, Prüfungsrecht, 7. Aufl. 2018, Rn. 684 mwN.
[6] BVerfG NJW 1998, 323; *Niehues/Fischer/Jeremias*, Prüfungsrecht, 7. Aufl. 2018, Rn. 327.
[7] KG Urt. v. 15.8.2019 – Not 12/18.
[8] BVerfG NJW 1991, 2005; ausführlich hierzu *Niehues/Fischer/Jeremias*, Prüfungsrecht, 7. Aufl. 2018, Rn. 874 ff.
[9] KG DNotZ 2017, 955.

(2) ¹Wer nachweist, dass er aus einem von ihm nicht zu vertretenden Grund verhindert war, eine oder mehrere Aufsichtsarbeiten anzufertigen oder rechtzeitig abzugeben, kann die fehlenden Aufsichtsarbeiten erneut anfertigen; die bereits erbrachten Prüfungsleistungen bleiben unberührt. ²Wer nachweist, dass er aus einem von ihm nicht zu vertretenden Grund die mündliche Prüfung ganz oder teilweise versäumt hat, kann diese nachholen.

A. Bedeutung der Vorschrift

1 Die Vorschrift regelt die Rechtsfolgen bei einem Rücktritt des Prüflings von der notariellen Fachprüfung und bei der Versäumung von Prüfungsleistungen. Während Abs. 1 die Fälle nennt, in denen Rücktritt und Säumnis zur Fiktion des Nichtbestehens der gesamten Prüfung führen, regelt Abs. 2, unter welchen Voraussetzungen versäumte Prüfungsleistungen nachgeholt werden können, ohne dass die Sanktion gemäß Abs. 1 eintritt. Einzelheiten zum Verfahren bei Rücktritt und Säumnis regelt § 9 NotFV.[1]

B. Rücktritt

2 Die Rechtsfolge des Rücktritts von der notariellen Fachprüfung regelt Abs. 1 Alt. 1. Unter einem Rücktritt wird im Prüfungsrecht die bewusste Entscheidung und die zumindest konkludente Erklärung des Prüflings verstanden, nicht oder nicht weiter an der Prüfung teilzunehmen oder die bereits erbrachte Prüfungsleistung nicht gegen sich gelten lassen zu wollen.[2] Nach Abs. 1 Alt. 1 gilt die gesamte Prüfung zwingend als nicht bestanden, wenn der Rücktritt **ohne genügende Entschuldigung** erfolgt. Wann ein Rücktritt als genügend entschuldigt gilt, regelt das Gesetz nicht. Das BVerwG zieht in seiner Rechtsprechung zu vergleichbaren Normen, die ebenfalls den Rechtsbegriff der genügenden Entschuldigung verwenden,[3] den von ihm entwickelten allgemeinen Grundsatz heran, wonach mit Blick auf das Prinzip der Chancengleichheit stets der Nachweis eines wichtigen Grundes erforderlich ist, der die Teilnahme des Kandidaten an der Prüfung unzumutbar erscheinen lässt.[4] Das ist insbesondere bei akuten Erkrankungen oder unvorhergesehenen familiären Ereignissen der Fall, nicht hingegen bei chronischen Erkrankungen oder Behinderungen, die bei einem Prüfling regelmäßig auftreten.[5] Ein unentschuldigter Rücktritt führt dazu, dass der Prüfling nur unter den Voraussetzungen von § 7a Abs. 7 (Wiederholungsversuch) erneut zur Prüfung antreten kann.

3 Im Umkehrschluss zu Abs. 1 ist auch ein genügend entschuldigter Rücktritt von der Prüfung möglich. In diesem Fall steht es dem Prüfling frei, ob und wann er erneut die Zulassung zur Prüfung beantragt. Zu beachten ist indes, dass ein Rücktritt von der Prüfung auch dann, wenn er mit genügender Entschuldigung erfolgt, zu einer – je nach Verfahrensstand zum Zeitpunkt des Rücktritts – nur teilweisen Erstattung oder gar vollständigen Einbehaltung der Prüfungsgebühr durch das Prüfungsamt führt.[6]

4 Sanktionsbewehrt ist der Rücktritt nur dann, wenn er **nach der Zulassung zur Prüfung** erfolgt. Maßgeblicher Zeitpunkt ist das Datum der Zustellung des Zulassungsbescheides. Nimmt ein Bewerber seinen Antrag auf Zulassung zur Prüfung vorher zurück, bleibt dies für ihn ohne nachteilige Folgen.

---

[1] Verordnung über die notarielle Fachprüfung (Notarfachprüfungsverordnung – NotFV) v. 7.5.2010 (BGBl. I 576) idF v. 31.8.2015 (BGBl. I 1474), abgedruckt im → Anh. § 7i.
[2] Ausführlich zum Begriff des Rücktritts Niehues/Fischer/Jeremias, Prüfungsrecht, 7. Aufl. 2018, Rn. 267 ff.
[3] ZB § 16 Abs. 1 ZÄPro.
[4] BVerwG 22.6.1993 – 6 B 9/93, Buchholz 421.0 Prüfungswesen Nr. 316; 3.7.1995 – 6 B 34/95, Buchholz 421.0 Prüfungswesen Nr. 352.
[5] Diehn/Zimmermann BNotO § 7e Rn. 5.
[6] § 7h Abs. 1 S. 2–5 und die Erläuterungen dort (→ § 7h Rn. 2–5).

C. Säumnis

Die Rechtsfolgen der Säumnis sind in Abs. 1 Alt. 2 und Alt. 3 sowie in Abs. 2 geregelt. 5
Säumig ist der Prüfling, der eine Aufsichtsarbeit nicht oder nicht rechtzeitig, dh bis zum Ende der Bearbeitungszeit[7] abliefert (Abs. 1 Alt. 2, Abs. 2 S. 1) bzw. zum Termin für die mündliche Prüfung nicht oder nicht rechtzeitig erscheint (Abs. 1 Alt. 3, Abs. 2 S. 2). Erfolgt die Säumnis **ohne genügende Entschuldigung**,[8] gilt die Prüfung insgesamt als nicht bestanden (Abs. 1 Alt. 2 und Alt. 3).

Abs. 2 räumt dem säumigen Prüfling die Möglichkeit der **Nachholung** bzw. erneuten 6
Anfertigung der versäumten Prüfungsleistungen ein, sofern er nachweist, dass die Säumnis aus einem von ihm **nicht zu vertretenden Grund** erfolgt ist. Dieser Begriff ist nicht deckungsgleich mit dem Begriff der genügenden Entschuldigung iSv Abs. 1,[9] so dass nicht ausgeschlossen ist, dass einem Prüfling die Nachholung einer versäumten Prüfungsleistung verwehrt bleibt, ohne dass seine Prüfung insgesamt nach Abs. 1 Alt. 2 oder Alt. 3 für nicht bestanden erklärt wird. Die Anforderungen an den **Nachweis** regelt § 9 Abs. 1 S. 2–4 NotFV. Danach ist zB im Falle einer Krankheit grundsätzlich die Vorlage eines amtsärztlichen Attests erforderlich, das nicht später als am Prüfungstag ausgestellt wurde. In offensichtlichen Fällen, zB bei einem Krankenhausaufenthalt infolge eines Unfalls, kann ein einfaches Attest ausreichen. Aus dem amtsärztlichen Attest müssen sich die konkreten gesundheitlichen Beeinträchtigungen im Prüfungszeitraum ergeben. Die Wertung, ob die attestierten Beschwerden tatsächlich zur Annahme einer Prüfungsunfähigkeit bzw. eines nicht zu vertretenden Grundes iSv Abs. 2 führen, ist eine Rechtsfrage und kann ausschließlich vom Prüfungsamt vorgenommen werden.[10] Die Nachholung bzw. erneute Anfertigung der versäumten Prüfungsleistung ist gem. § 9 Abs. 2 NotFV in dem auf die ganz oder teilweise versäumte Prüfung folgenden Prüfungstermin zu erbringen. Die Zulassung zur Prüfung bleibt in diesem Fall aufrechterhalten; die Prüfungsgebühr muss nicht erneut gezahlt werden.

§ 7f [Täuschungsversuche; Ordnungsverstöße]

(1) [1]**Versucht ein Prüfling, das Ergebnis der notariellen Fachprüfung durch Benutzung nicht zugelassener Hilfsmittel, unzulässige Hilfe Dritter oder sonstige Täuschung zu beeinflussen, so ist die betroffene Prüfungsleistung mit null Punkten zu bewerten.** [2]**Im Fall eines schweren oder wiederholten Täuschungsversuchs ist die gesamte notarielle Fachprüfung für nicht bestanden zu erklären.**

(2) **Wird ein schwerer Täuschungsversuch nach der Verkündung der Prüfungsgesamtnote bekannt, kann die betroffene notarielle Fachprüfung für nicht bestanden erklärt werden.**

(3) [1]**Ein Prüfling, der erheblich gegen die Ordnung verstößt, kann von der Fortsetzung der Anfertigung der Aufsichtsarbeit oder der mündlichen Prüfung ausgeschlossen werden.** [2]**Wird der Prüfling von der Fortsetzung der Anfertigung einer Aufsichtsarbeit ausgeschlossen, so gilt diese als mit null Punkten bewertet.** [3]**Im Fall eines wiederholten Ausschlusses von der Anfertigung einer Aufsichtsarbeit oder des Ausschlusses von der mündlichen Prüfung gilt die notarielle Fachprüfung als nicht bestanden.**

---

[7] § 7b Abs. 1 S. 1 und die Erläuterungen dort (→ § 7b Rn. 2).
[8] → Rn. 2.
[9] BVerwG DVBl. 1996, 1379.
[10] BVerwG NVwZ 1997, 103; *Niehues/Fischer/Jeremias*, Prüfungsrecht, 7. Aufl. 2018, Rn. 277 f.

A. Bedeutung der Vorschrift

1 § 7f bestimmt die Rechtsfolgen von Täuschungsversuchen und Ordnungsverstößen durch Prüflinge bei der notariellen Fachprüfung. Die Vorschrift bezweckt insbesondere die **Sicherstellung gleicher Prüfungsbedingungen** für alle Kandidaten und lehnt sich inhaltlich an die vergleichbaren Regelungen der Bundesländer zu den juristischen Staatsprüfungen an.[1] Für die Auslegung kann demzufolge auf die allgemeine prüfungsrechtliche Literatur und Rechtsprechung der Verwaltungsgerichte zurückgegriffen werden.[2] Entscheidungen über die in § 7f geregelten Rechtsfolgen trifft nach § 7g Abs. 2 S. 1 ausschließlich das Prüfungsamt.

B. Täuschungsversuch

2 Abs. 1 S. 1 bestimmt, welches Verhalten des Prüflings als Täuschungsversuch geahndet wird (→ Rn. 4). Die Feststellung eines Täuschungsversuches und dessen Beurteilung als „einfach" oder „schwer" iSv Abs. 1 S. 2 und Abs. 2 obliegt dem Prüfungsamt aufgrund des Protokolls der Prüfung (§§ 11 Abs. 6, 14 Abs. 6 NotFV[3]) sowie der Angaben der am Prüfungsverfahren beteiligten Personen; der **Verhältnismäßigkeitsgrundsatz** ist hierbei stets zu beachten.[4] Für die Beurteilung eines Täuschungsversuchs als „schwer" kommt es zuvörderst auf die Qualität der Täuschungshandlung unabhängig von ihrem Erfolg an.[5] Die Feststellung des Prüfungsamtes, dass ein Täuschungsversuch vorliegt, und seine Beurteilung des Täuschungsversuchs als „einfach" oder „schwer" sind vom Gericht voll überprüfbar.

3 Die materielle **Beweislast** für die Tatsachen, die einen Täuschungsversuch begründen, trägt das Prüfungsamt;[6] allerdings finden die allgemeinen Regeln zu Beweiserleichterungen, wie zB der Grundsatz des „Beweises des ersten Anscheins", Anwendung.[7] Das Vorliegen eines Täuschungsversuchs setzt schon begrifflich nicht voraus, dass dem Prüfling die tatsächliche Benutzung des Täuschungsmittels nachgewiesen werden muss; ebenso wenig kommt es darauf an, dass der Prüfling hierdurch einen Vorteil erlangt hat.[8]

4 Die in Abs. 1 S. 1 genannten Tatbestände setzen auf subjektiver Seite jeweils voraus, dass der Prüfling es jedenfalls in Kauf genommen hat, beim Prüfer durch die betreffende Handlung den Irrtum zu erregen, der Prüfling habe die betreffende Prüfungsleistung regelgerecht erbracht; eine **Täuschungsabsicht** ist nicht erforderlich.[9] Die versuchte Benutzung **nicht zugelassener Hilfsmittel** (Abs. 1 S. 1 Alt. 1) setzt ferner die Bekanntgabe der (ausschließlich) zugelassenen Hilfsmittel an den Prüfling vor der Prüfung voraus. Diese erfolgt gleichzeitig mit der Ladung (§§ 11 Abs. 1 S. 4, 13 S. 3 NotFV); daneben sind die erlaubten Hilfsmittel (Gesetzestexte und Kommentarwerke) auf der Internetseite des Prüfungsamtes veröffentlicht.[10]

5 Zwingende Rechtsfolge eines bis zur Verkündung der Prüfungsgesamtnote festgestellten (einfachen) Täuschungsversuchs ist die Bewertung der betroffenen Prüfungsleistung mit

---

[1] Vgl. zB § 24 JAPrO BW, § 11 BayJAPO, § 15 JAO Bln, § 15 NJAG, § 22 JAG NW.
[2] Vgl. hierzu *Niehues/Fischer/Jeremias*, Prüfungsrecht, 7. Aufl. 2018, Rn. 228 ff.; für Klagen gegen das Prüfungsverfahren gem. §§ 7a–7i ist allerdings gem. § 111 Abs. 1 der Zivilrechtsweg gegeben.
[3] Verordnung über die notarielle Fachprüfung (Notarfachprüfungsverordnung – NotFV) v. 7.5.2010 (BGBl. I 576) idF v. 31.8.2015 (BGBl. I 1474), abgedruckt im → Anh. § 7i.
[4] VGH München NVwZ-RR 2005, 254; ausführlich *Niehues/Fischer/Jeremias*, Prüfungsrecht, 7. Aufl. 2018, Rn. 240 ff.
[5] Diehn/*Zimmermann* BNotO § 7f Rn. 5.
[6] Vgl. BVerwG DÖV 1979, 602; DVBl. 1983, 997; *Niehues/Fischer/Jeremias*, Prüfungsrecht, 7. Aufl. 2018, Rn. 236.
[7] BVerwG NVwZ 1985, 191; *Niehues/Fischer/Jeremias*, Prüfungsrecht, 7. Aufl. 2018, Rn. 237.
[8] VG Berlin NJW 2003, 1545.
[9] *Niehues/Fischer/Jeremias*, Prüfungsrecht, 7. Aufl. 2018, Rn. 235.
[10] www.pruefungsamt-bnotk.de.

null Punkten (Abs. 1 S. 1); das Prüfungsamt hat hierbei **kein Ermessen.** Erachtet das Prüfungsamt den Täuschungsversuch als schwerwiegend oder wird zum wiederholten Male ein Täuschungsversuch desselben Prüflings festgestellt, ist die gesamte notarielle Fachprüfung für nicht bestanden zu erklären (Abs. 1 S. 2). In diesem Fall muss der Prüfling, der einen Anspruch auf Bewertung seiner Prüfungsleistungen durchsetzen will, gegebenenfalls im Wege des vorläufigen Rechtsschutzes die Fortsetzung der Prüfung erwirken.[11]

Wird ein schwerer Täuschungsversuch **erst nach Verkündung der Prüfungsgesamt-** 6 **note** festgestellt, kann die Prüfung gemäß Abs. 2 auch noch nachträglich für nicht bestanden erklärt werden; anders als in den Fällen des Abs. 1 entscheidet das Prüfungsamt hierüber nach pflichtgemäßem Ermessen. Eine zeitliche Beschränkung für die nachträgliche Aberkennung der Prüfung besteht nicht. Ist der Prüfling schon zum Notar bestellt, geht das Amtsenthebungsverfahren gem. § 50 Abs. 1 Nr. 2 vor.[12]

C. Ordnungsverstoß

Die in Abs. 1 und Abs. 3 vorgenommene Differenzierung zwischen einem Täuschungs- 7 versuch einerseits und einem Ordnungsverstoß andererseits entspricht den Regelungen einiger Bundesländer zu den juristischen Staatsprüfungen;[13] gelegentlich wird die Täuschungshandlung auch als qualifizierter Ordnungsverstoß legal definiert.[14] Ein Ordnungsverstoß wird in der prüfungsrechtlichen Praxis in der Regel dann angenommen, wenn ein Prüfling durch sein Verhalten andere Prüflinge erheblich stört oder wenn die Wertung seines Verhaltens als Täuschungsversuch wegen der damit verbundenen schärferen Sanktion unverhältnismäßig wäre.[15]

Stellt das Prüfungsamt einen erheblichen Ordnungsverstoß durch einen Prüfling fest, 8 steht ihm anders als im Falle einer festgestellten Täuschungshandlung bezüglich der von Abs. 3 S. 1 und S. 2 vorgeschriebenen Sanktion **Ermessen** zu. Im Rahmen des bei der Ermessensausübung strikt zu beachtenden Verhältnismäßigkeitsgrundsatzes hat danach das Prüfungsamt danach zu differenzieren, inwieweit das Verhalten des Prüflings geeignet war, die Chancengleichheit im Prüfungswettbewerb zu beeinträchtigen.[16] Eine wiederholte Sanktion nach Abs. 3 S. 1 und S. 2 hat zur Folge, dass die notarielle Fachprüfung insgesamt als nicht bestanden gilt.

§ 7g [Prüfungsamt]

(1) Die Durchführung der Prüfung obliegt dem bei der Bundesnotarkammer errichteten „Prüfungsamt für die notarielle Fachprüfung bei der Bundesnotarkammer" (Prüfungsamt).

(2) [1]**Das Prüfungsamt entscheidet über die Zulassung zur Prüfung, bestimmt die Prüfer einschließlich des weiteren Prüfers (§ 7b Abs. 2 Satz 5) sowie die Prüfungsausschüsse, setzt die Prüfungstermine fest, lädt die Prüflinge, stellt das Prüfungsergebnis fest, erteilt das Prüfungszeugnis, entscheidet über die Folgen eines Prüfungsverstoßes und über Widersprüche nach § 7d Abs. 2 Satz 1.** [2]**Die näheren Einzelheiten regelt das Bundesministerium der Justiz und für Verbraucherschutz durch Rechtsverordnung, die der Zustimmung des Bundesrates bedarf.**

(3) [1]**Der Leiter des Prüfungsamtes vertritt das Amt im Zusammenhang mit der notariellen Fachprüfung im Verwaltungsverfahren und im gerichtlichen Verfahren.**

---

[11] OVG Münster NVwZ 1985, 593.
[12] Diehn/Zimmermann BNotO § 7f Rn. 13.
[13] ZB § 15 Abs. 1, Abs. 3 JAO Bln, § 15 Abs. 1, Abs. 3 NJAG.
[14] Vgl. § 22 Abs. 1 S. 1 JAG NW.
[15] Ausführlich mit Fallbeispielen Niehues/Fischer/Jeremias, Prüfungsrecht, 7. Aufl. 2018, Rn. 221.
[16] OVG Münster NVwZ 1988, 462; VGH Kassel NVwZ-RR 1996, 654.

²Der Leiter und sein ständiger Vertreter müssen die Befähigung zum Richteramt haben. ³Sie werden im Einvernehmen mit den Landesjustizverwaltungen, in deren Bereich Anwaltsnotare bestellt werden, nach Anhörung der Bundesnotarkammer durch das Bundesministerium der Justiz und für Verbraucherschutz für die Dauer von fünf Jahren bestellt. ⁴Eine erneute Bestellung ist möglich.

(4) ¹Bei dem Prüfungsamt wird eine Aufgabenkommission eingerichtet. ²Sie bestimmt die Aufgaben für die schriftliche Prüfung, entscheidet über die zugelassenen Hilfsmittel und erarbeitet Vorschläge für die mündlichen Prüfungen. ³Die Mitglieder der Aufgabenkommission müssen über eine der in Absatz 6 Satz 1 aufgeführten Qualifikationen verfügen. ⁴Sie werden von dem Leiter des Prüfungsamtes im Einvernehmen mit dem Verwaltungsrat für die Dauer von fünf Jahren bestellt. ⁵Eine erneute Bestellung ist möglich. ⁶Die Mitglieder der Aufgabenkommission erhalten für ihre Tätigkeit eine angemessene Vergütung.

(5) ¹Bei dem Prüfungsamt wird ein Verwaltungsrat eingerichtet. ²Er übt die Fachaufsicht über den Leiter des Prüfungsamtes und die Aufgabenkommission aus. ³Der Verwaltungsrat besteht aus einem vom Bundesministerium der Justiz und für Verbraucherschutz, einem von der Bundesnotarkammer und drei einvernehmlich von den Landesjustizverwaltungen, in deren Bereich Anwaltsnotare bestellt werden, benannten Mitgliedern.

(6) ¹Zu Prüfern werden vom Prüfungsamt für die Dauer von fünf Jahren bestellt:
1. Richter und Beamte mit der Befähigung zum Richteramt, auch nach Eintritt in den Ruhestand, auf Vorschlag des Bundesministeriums der Justiz und für Verbraucherschutz und der Landesjustizverwaltungen, in deren Bereich Anwaltsnotare bestellt werden,
2. Notare und Notare außer Dienst auf Vorschlag der Notarkammern und
3. sonstige Personen, die eine den in den Nummern 1 und 2 genannten Personen gleichwertige Befähigung haben, im Einvernehmen mit dem Bundesministerium der Justiz und für Verbraucherschutz und den Landesjustizverwaltungen, in deren Bereich Anwaltsnotare bestellt werden.

²Eine erneute Bestellung ist möglich. ³Die Bestellung kann aus wichtigem Grund widerrufen werden. ⁴Mit Vollendung des 70. Lebensjahres scheiden die Prüfer aus; unberührt hiervon bleibt die Mitwirkung in einem Widerspruchsverfahren.

(7) ¹Die Prüfer sind bei Prüfungsentscheidungen sachlich unabhängig und an Weisungen nicht gebunden. ²Im Übrigen unterstehen sie in ihrer Eigenschaft als Prüfer der Aufsicht des Prüfungsamtes. ³Für ihre Tätigkeit erhalten sie eine angemessene Vergütung.

A. Bedeutung der Vorschrift

1   Anders als die juristischen Staatsprüfungen wird die notarielle Fachprüfung nicht von den jeweiligen Landesjustizprüfungsämtern, sondern von einem bei der Bundesnotarkammer eingerichteten Prüfungsamt unter Mitwirkung angeschlossener Gremien und Einzelpersonen und unter staatlicher Aufsicht durchgeführt. § 7g regelt die wesentlichen Vorgaben zu Funktion und Aufbau des Prüfungsamtes sowie zu den sonstigen am Prüfungsverfahren beteiligten Gremien und Personen. Weitergehende Regelungen hierzu enthalten §§ 1–4 NotFV.[1]

---

[1] Verordnung über die notarielle Fachprüfung (Notarfachprüfungsverordnung – NotFV) v. 7.5.2010 (BGBl. I 576) idF v. 31.8.2015 (BGBl. I 1474), abgedruckt im → Anh. § 7i.

B. Prüfungsamt

Die Durchführung der notariellen Fachprüfung ist gemäß Abs. 1 dem unter dem Dach der Bundesnotarkammer eingerichteten Prüfungsamt übertragen. Die Entscheidung über die Bestellung der Notare verbleibt dagegen allein bei der jeweils zuständigen Landesjustizverwaltung. Verfassungsrechtliche Hindernisse, die Bundesnotarkammer als Körperschaft des öffentlichen Rechts (§ 77 Abs. 1) mit der Durchführung der notariellen Fachprüfung zu betrauen, bestehen daher nicht,[2] zumal das Prüfungsamt als **rechtlich selbstständige Verwaltungseinheit** unter dem organisatorischen Dach der Bundesnotarkammer ausgestaltet ist und anders als diese der **Fachaufsicht** des überwiegend mit Justizangehörigen besetzten Verwaltungsrates untersteht.[3] Die wesentlichen Aufgaben des Prüfungsamtes regeln Abs. 2 sowie die einzelnen Bestimmungen der NotFV.

Das Prüfungsamt wird von seinem **Leiter** bzw. seiner Leiterin – und nicht von dem Präsidenten der Bundesnotarkammer – im Zusammenhang mit der notariellen Fachprüfung gerichtlich und außergerichtlich vertreten (Abs. 3 S. 1). Dadurch wird die rechtliche Eigenständigkeit des Prüfungsamtes gegenüber der Bundesnotarkammer im Rahmen seiner Zuständigkeit (Abs. 1) zum Ausdruck gebracht. Gemäß Abs. 3 S. 3 wird der Leiter vom Bundesministerium der Justiz im Einvernehmen mit den Landesjustizverwaltungen aus dem Bereich des Anwaltsnotariats bestellt; die Bundesnotarkammer wird durch Anhörung am Auswahlverfahren beteiligt.[4] Dadurch wird der staatliche Einfluss auf das Prüfungsamt zusätzlich sichergestellt. Der Leiter und sein ständiger Vertreter müssen die Befähigung zum Richteramt besitzen (Abs. 3 S. 2) und sind Angestellte des öffentlichen Dienstes auf Grund von befristeten Arbeitsverträgen mit der Bundesnotarkammer. Die Aufgaben des Leiters sind in § 1 sowie in weiteren Bestimmungen der NotFV geregelt (zB §§ 6 Abs. 2 S. 1, 8 Abs. 3 S. 1, 9 Abs. 1 S. 1).

C. Aufgabenkommission

Die Prüfungsaufgaben werden von einer acht- bis zehnköpfigen, mehrheitlich aus Notaren zusammengesetzten (§ 3 Abs. 1 NotFV) Kommission ausgewählt. Dadurch wird sichergestellt, dass die Prüfungsaufgaben einen engen Bezug zur notariellen Praxis aufweisen. Die Aufgabenkommission kann auf Vorschläge externer Aufgabensteller zurückgreifen, die bei dem Prüfungsamt eingereicht werden.[5] Die Aufgabenkommission beschließt hierzu Vorgaben für die äußere Gestaltung von Aufgabenvorschlägen, an denen sich die Aufgabensteller zu orientieren haben.[6] Die Kommission entscheidet ferner über die zugelassenen Hilfsmittel in der schriftlichen und mündlichen Prüfung (S. 2 Alt. 2).[7] Die Aufgabenkommission ist fachlich selbstständig und nicht den Weisungen des Leiters des Prüfungsamtes unterworfen; ihre Mitglieder unterstehen indes wie dieser der uneingeschränkten Fachaufsicht des Verwaltungsrates, der dadurch Einfluss auf das Niveau der Prüfung nehmen kann.

---

[2] Amtl. Begr. zu § 7g Abs. 1, BT-Drs. 16/4972, 13.
[3] Vgl. Abs. 5 und die Erläuterungen hierzu (→ Rn. 5); ausführlich zum Status des Prüfungsamtes als „staatlich überwachte Einrichtung der Selbstverwaltung" BeckOK BNotO/*Teschner* BNotO § 7g Rn. 2.3.
[4] Zur Beteiligung der Bundesnotarkammer am Auswahlverfahren BeckOK BNotO/*Teschner* BNotO § 7g Rn. 5.
[5] § 8 der Satzung über die Gebühren in Angelegenheiten des Prüfungsamtes für die notarielle Fachprüfung bei der Bundesnotarkammer (NotFGebS) v. 30.11.2009 (DNotZ 2009, 881), geändert durch Satzungen v. 1.12.2010 (DNotZ 2011, 1) und v. 29.8.2017 (DNotZ 2017, 883).
[6] Veröffentlicht auf der Internetseite des Prüfungsamtes (www.pruefungsamt-bnotk.de).
[7] → § 7f Rn. 4 (zu § 7f Abs. 1).

D. Verwaltungsrat

5 Abs. 5 regelt die Einrichtung des fünfköpfigen Verwaltungsrates, der die Fachaufsicht über den Leiter des Prüfungsamtes und die Aufgabenkommission, nicht jedoch über die Prüfer ausübt. Die Fachaufsicht beinhaltet ein **Weisungsrecht im Einzelfall,** wie § 2 Abs. 1 NotFV ausdrücklich klarstellt. Nach Satz 3 gehören dem Verwaltungsrat drei Vertreter der Landesjustizverwaltungen aus dem Bereich des Anwaltsnotariats, ein Vertreter des Bundesministeriums der Justiz und ein Vertreter der Bundesnotarkammer an. Der Verwaltungsrat fasst seine Beschlüsse mit der Mehrheit der Stimmen seiner Mitglieder (§ 2 Abs. 4 S. 1 NotFV). Zusammensetzung und Funktion des Verwaltungsrates stellen sicher, dass die Landesjustizverwaltungen, die für die Bestellung der Anwaltsnotare zuständig sind, und das Bundesministerium der Justiz und für Verbraucherschutz maßgeblichen Einfluss auf die Ordnungsmäßigkeit des Prüfungswesens und das Niveau der notariellen Fachprüfung besitzen.[8]

E. Prüfer

6 Als Prüfer in der notariellen Fachprüfung sind Angehörige der in Abs. 6 S. 1 Nr. 1–3 genannten Personenkreise tätig. In der Praxis werden vorwiegend Anwaltsnotare, hauptberufliche Notare und Richter zu Prüfern bestellt. Für die Bestellung der Prüfer und ihre Zuweisung zu den einzelnen Prüfungen ist das Prüfungsamt zuständig (Abs. 2 S. 1, § 4 Abs. 1 NotFV); dabei hat es sich an den gesetzlichen Vorgaben (§§ 7b Abs. 2 S. 3, 7c Abs. 2 S. 3 und S. 4) zu orientieren und auf Termin- sowie Interessenkonflikte im Einzelfall Rücksicht zu nehmen. Voraussetzung für die Bestellung der in Abs. 6 Nr. 1–3 genannten Personen zu Prüfern ist jeweils ein Vorschlag durch die dort genannten Körperschaften. Trotz des nicht eindeutigen Wortlauts ist es nicht erforderlich, dass die Prüfer jeweils von allen in Abs. 6 Nr. 1 und Nr. 2 genannten Körperschaften im gesamten Bundesgebiet vorgeschlagen werden; vielmehr genügt ein Vorschlag durch diejenige Körperschaft, der die vorgeschlagene Person angehört.

7 Bei ihren Prüfungsentscheidungen sind die Prüfer **sachlich unabhängig** und weder dem Prüfungsamt noch dem Verwaltungsrat gegenüber weisungsgebunden (Abs. 7 S. 1). Die Prüfer erhalten für ihre Prüfungstätigkeit eine angemessene Vergütung.[9] Mit Vollendung des 70. Lebensjahres scheiden sie als Prüfer aus (Abs. 6 S. 4).

§ 7h [Gebühren]

(1) [1] **Für die Prüfung und für das erfolglose Widerspruchsverfahren sind Gebühren an die Bundesnotarkammer zu zahlen.** [2] **Die Zulassung zur Prüfung erfolgt erst, wenn die Prüfungsgebühren bei der Bundesnotarkammer eingegangen sind.** [3] **Tritt der Bewerber vor Antritt der Prüfung zurück, wird die Gebühr für die Prüfung zu drei Vierteln erstattet.** [4] **Tritt der Bewerber bis zum Ende der Bearbeitungszeit für die letzte Aufsichtsarbeit zurück, ist die Gebühr zur Hälfte zu erstatten.** [5] **Eine Erstattung von Gebühren im Fall des § 7f ist ausgeschlossen.**

(2) **Die Bundesnotarkammer bestimmt die Höhe der Gebühren nach Absatz 1, die Einzelheiten der Gebührenerhebung sowie die Vergütung des Leiters und der Bediensteten des Prüfungsamtes, der Mitglieder der Aufgabenkommission und der Prüfer durch Satzung, die der Genehmigung des Bundesministeriums der Justiz und für Verbraucherschutz bedarf.**

---

[8] Amtl. Begr. zu § 7g Abs. 5, BT-Drs. 16/4972, 13.
[9] §§ 9, 10 NotFGebS.

A. Prüfungsgebühr

Die notarielle Fachprüfung wird durch Gebühren finanziert, die sämtliche **Kosten des** **Prüfungsverfahrens vollständig decken** sollen.[1] Diese betragen derzeit 2.700 EUR für die Prüfung (Prüfungsgebühr) und 750 EUR bzw. 375 EUR für erfolglos eingelegte Widersprüche (Widerspruchsgebühr, → Rn. 4).[2] Die Höhe der Gebühren beruht auf einer Kalkulation durch die Bundesnotarkammer; abhängig von der Entwicklung der Zahl der an der Prüfung teilnehmenden Kandidaten einerseits und des für die Durchführung der Prüfung erforderlichen Aufwands andererseits wird die Kalkulation in angemessenen Abständen angepasst. Die Zahlung der Prüfungsgebühr ist Voraussetzung für die Zulassung zur notariellen Fachprüfung (Abs. 1 S. 2).[3]

B. Erstattungsregeln

Da die Prüfungsgebühr bereits vor Zulassung zur Prüfung zu zahlen ist, folgt aus dem gebührenrechtlichen **Äquivalenzprinzip**[4] die Notwendigkeit einer (Teil-)Erstattung der Gebühr für den Fall, dass der Prüfling das Prüfungsverfahren anschließend nicht oder nicht vollständig durchläuft.

Nach Abs. 1 S. 3 wird die Gebühr zu drei Vierteln erstattet, wenn der Bewerber nach Zulassung zur Prüfung (§ 7a Abs. 1), aber vor deren Antritt (dh bis zum Beginn der Bearbeitungszeit der ersten Aufsichtsarbeit) **zurücktritt**.[5] Auf den Grund für den Rücktritt kommt es (anders als bei § 7e Abs. 1) nicht an. Mit dem vom Prüfungsamt einbehaltenen Teilbetrag von einem Viertel der Prüfungsgebühr wird das Verfahren der Zulassung und Prüfungsvorbereitung bis zum Rücktritt des Bewerbers abgegolten. Nach denselben Grundsätzen erfolgt eine hälftige Erstattung der Prüfungsgebühr im Falle eines Rücktritts bis zum Ende der Bearbeitungszeit für die letzte Klausur (Abs. 1 S. 4). Bei einem noch späteren Rücktritt wird die Prüfungsgebühr vollständig einbehalten; in diesem Fall ist der vom Prüfling verursachte Aufwand nur noch unwesentlich geringer als bei einem Bewerber, der das Prüfungsverfahren vollständig durchläuft.[6]

Im Fall der **Säumnis** erfolgt keine Erstattung der Prüfungsgebühr. Kann der Prüfling die versäumten Prüfungsleistungen gem. § 7e Abs. 2 nachholen, muss er vor dem Nachholtermin die Prüfungsgebühr allerdings nicht erneut zahlen.

Abs. 1 S. 5 stellt klar, dass ein Prüfling den Erstattungsanspruch verwirkt, wenn er einen Täuschungsversuch oder einen erheblichen Ordnungsverstoß begeht.

C. Widerspruchsgebühr

Neben dem Prüfungsverfahren ist auch das Widerspruchsverfahren gebührenpflichtig, sofern es aus der Sicht des Widerspruchsführers erfolglos verläuft (Abs. 1 S. 1). Die Gebühr wird von der Bundesnotarkammer gesondert kalkuliert und durch Satzung festgelegt. § 3 NotFGebS differenziert danach, ob sich der erfolglose Widerspruch gegen eine Entschei-

---

[1] Amtl. Begr. zu § 7h Abs. 1, BT-Drs. 16/4972, 13.
[2] §§ 2, 3 der Satzung über die Gebühren in Angelegenheiten des Prüfungsamtes für die notarielle Fachprüfung bei der Bundesnotarkammer (NotFGebS) v. 30.11.2009 (DNotZ 2009, 881), zuletzt geändert durch Satzung v. 29.8.2017 (DNotZ 2017, 883).
[3] Zu den weiteren Voraussetzungen für die Zulassung § 7a Abs. 1 und die Erläuterungen dort (→ § 7a Rn. 3 ff.).
[4] BVerfGE 20, 270; 42, 223 (228); BVerwGE 12, 162 (164).
[5] Zum Begriff des Rücktritts § 7e Abs. 1 und die Erläuterungen dort (→ § 7e Rn. 2). Bei einer Rücknahme des Antrags vor Zulassung zur Prüfung erfolgt ggf. eine Erstattung der Gebühr in voller Höhe.
[6] Diehn/*Zimmermann* BNotO § 7h Rn. 3.

dung im Verfahren der Zulassung zur Prüfung (375 EUR Gebühr) oder gegen eine Entscheidung im Prüfungsverfahren (750 EUR Gebühr) gerichtet hat.

D. Satzungsermächtigung

7 Abs. 2 ermächtigt die Bundesnotarkammer, die Höhe der Prüfungs- und Widerspruchsgebühr und die Einzelheiten der Gebührenerhebung durch Satzung zu bestimmen. Die Regelung trägt dem Umstand Rechnung, dass die Kosten des Prüfungsverfahrens im Gesetzgebungsverfahren zu den §§ 7a–7i noch nicht abschätzbar waren und abhängig von der Entwicklung der Teilnehmerzahlen und des für die Durchführung der Prüfung entstehenden Aufwands im Laufe der Zeit auch Gebührenanpassungen erforderlich werden können.[7] Die Bundesnotarkammer hat von der Ermächtigung in Form der „Satzung über die Gebühren in Angelegenheiten des Prüfungsamtes für die notarielle Fachprüfung bei der Bundesnotarkammer" vom 30.11.2009[8] (NotFGebS) Gebrauch gemacht. In der Satzung sind im Einklang mit Abs. 2 auch die Vergütung des Leiters und der Bediensteten des Prüfungsamtes und die Vergütungen der sonstigen am Prüfungsverfahren beteiligten Personen (Prüfer, Mitglieder der Aufgabenkommission und andere) abschließend geregelt.

§ 7i [Verordnungsermächtigung zur notariellen Fachprüfung]

Das Bundesministerium der Justiz und für Verbraucherschutz regelt durch Rechtsverordnung mit Zustimmung des Bundesrates nähere Einzelheiten der Organisation und des Geschäftsablaufs des Prüfungsamtes, der Auswahl und der Berufung der Prüfer, des Prüfungsverfahrens sowie des Verfahrens zur Beschlussfassung im Verwaltungsrat.

1 Die Vorschrift ermächtigt das Bundesministerium der Justiz und für Verbraucherschutz, zur Regelung von Einzelheiten zur Einrichtung und zum Betrieb des Prüfungsamtes sowie zum Ablauf des Prüfungsverfahrens, die vom Gesetzgeber nicht ausdrücklich normiert wurden, eine Rechtsverordnung zu erlassen. Hiervon hat das Bundesjustizministerium durch die Verordnung über die notarielle Fachprüfung (Notarfachprüfungsverordnung – NotFV) v. 7.5.2010 (BGBl. I 576), geändert durch Art. 138 der Verordnung v. 31.8.2015 (BGBl. I 1474), Gebrauch gemacht. Soweit die Verordnungsermächtigung Regelungen zu Organisation und Geschäftsablauf des Prüfungsamtes umfasst, deckt sie sich mit § 7g Abs. 2 S. 2.

Anhang zu § 7i: Verordnung über die notarielle Fachprüfung (Notarfachprüfungsverordnung – NotFV)

Vom 7. Mai 2010

(BGBl. I S. 576)

FNA 303-1-2

geändert durch Art. 138 Zehnte ZuständigkeitsanpassungsVO v. 31.8.2015 (BGBl. I S. 1474)

---

[7] Amtl. Begr. zu § 7h Abs. 1, BT-Drs. 16/4972, 13.
[8] DNotZ 2009, 881; geändert durch Satzungen v. 1.12.2010 (DNotZ 2011, 1) und v. 29.8.2017 (DNotZ 2017, 883).

Auf Grund des § 7a Absatz 4 Satz 2, § 7g Absatz 2 Satz 2 und des § 7i der Bundesnotarordnung, die durch Artikel 1 Nummer 2 des Gesetzes vom 2. April 2009 (BGBl. I S. 696) eingefügt worden sind, verordnet das Bundesministerium der Justiz:

Inhaltsübersicht

Teil 1. Prüfungsamt für die notarielle Fachprüfung bei der Bundesnotarkammer
    § 1 Leitung des Prüfungsamtes
    § 2 Verwaltungsrat
    § 3 Aufgabenkommission
    § 4 Prüferinnen und Prüfer

Teil 2. Notarielle Fachprüfung
    § 5 Prüfungsgebiete
    § 6 Prüfungstermine
    § 7 Prüfungsorte
    § 8 Zulassung zur Prüfung
    § 9 Rücktritt und Versäumnis
    § 10 Vorbereitung der schriftlichen Prüfung
    § 11 Anfertigung der Aufsichtsarbeiten
    § 12 Bewertung der Aufsichtsarbeiten
    § 13 Ladung zur mündlichen Prüfung
    § 14 Mündliche Prüfung
    § 15 Bewertung der mündlichen Prüfung
    § 16 Nachteilsausgleich
    § 17 Einsicht in Prüfungsunterlagen
    § 18 Mängel im Prüfungsverfahren
    § 19 Wiederholungsprüfung
    § 20 Widerspruchsverfahren

Teil 3. Schlussvorschriften
    § 21 Aufbewahrungsfristen
    § 22 Inkrafttreten

Teil 1. Prüfungsamt für die notarielle Fachprüfung bei der Bundesnotarkammer

§ 1 Leitung des Prüfungsamtes

(1) Die Leiterin oder der Leiter des Prüfungsamtes sorgt für den ordnungsgemäßen Geschäftsbetrieb des Prüfungsamtes.

(2) Die Leitung des Prüfungsamtes schlägt im Einvernehmen mit dem Verwaltungsrat den Haushalt des Prüfungsamtes der Vertreterversammlung der Bundesnotarkammer zur Beschlussfassung vor.

(3) Dauerhaft Beschäftigte des Prüfungsamtes sind von der Leitung des Prüfungsamtes im Einvernehmen mit dem Verwaltungsrat heranzuziehen.

(4) Die Leitung des Prüfungsamtes erstattet dem Verwaltungsrat jedes Jahr schriftlich Bericht über die Tätigkeit des Prüfungsamtes. Sie ist verpflichtet, dem Verwaltungsrat auf Anforderung jederzeit Auskunft über Angelegenheiten des Prüfungsamtes zu erteilen und Akteneinsicht zu gewähren.

§ 2 Verwaltungsrat

(1) Der Verwaltungsrat kann der Leitung des Prüfungsamtes und den Mitgliedern der Aufgabenkommission im Einzelfall Weisungen erteilen.

(2) Die Mitglieder des Verwaltungsrates werden für einen Zeitraum von drei Jahren benannt. Die erste Benennung erfolgt für den Zeitraum bis 31. Dezember 2012. Eine erneute Benennung ist möglich. Nach dem Ende des Zeitraums, für den ein Mitglied benannt ist, bleibt es bis zur Benennung einer Nachfolgerin oder eines Nachfolgers im Amt. Scheidet ein Mitglied vor Ablauf des Zeitraums aus, für den es benannt wurde, so hat die Stelle, die das ausscheidende Mitglied

benannt hat, für die restliche Dauer der Amtszeit unverzüglich eine Nachfolgerin oder einen Nachfolger zu benennen.

(3) Sobald die Mitglieder benannt sind, tritt der Verwaltungsrat zu seiner konstituierenden Sitzung zusammen und bestimmt eines seiner Mitglieder zur Vorsitzenden oder zum Vorsitzenden. Der Vorsitz hat die Aufgabe, den Verwaltungsrat einzuberufen und die Sitzungen zu leiten.

(4) Der Verwaltungsrat fasst seine Beschlüsse mit der Mehrheit der Stimmen seiner Mitglieder. In Sitzungen können abwesende Mitglieder dadurch an der Beschlussfassung teilnehmen, dass sie ihre schriftliche Stimme durch ein anderes Mitglied überreichen lassen. Schriftliche, fernmündliche oder andere vergleichbare Formen der Beschlussfassung sind nur zulässig, wenn kein Mitglied diesem Verfahren widerspricht.

(5) Die Mitglieder des Verwaltungsrates sind ehrenamtlich tätig. Sie erhalten für den Aufwand, der mit ihrer Teilnahme an den Sitzungen des Verwaltungsrates und an sonstigen Sitzungen und Tagungen verbunden ist, eine Entschädigung sowie Ersatz ihrer notwendigen Auslagen. Die Bundesnotarkammer bestimmt Voraussetzungen und Höhe der Zahlungen nach Satz 2 durch Satzung, die der Genehmigung des Bundesministeriums der Justiz und für Verbraucherschutz bedarf.

§ 3 Aufgabenkommission

(1) Die Aufgabenkommission besteht aus mindestens acht und höchstens zehn Mitgliedern. Mindestens sechs der Mitglieder sollen Notarin oder Notar sein.

(2) Die Bestellung eines Mitgliedes kann von der Leitung des Prüfungsamtes im Einvernehmen mit dem Verwaltungsrat aus wichtigem Grund widerrufen werden.

(3) Die Aufgabenkommission bestimmt jeweils eines ihrer Mitglieder zur Vorsitzenden oder zum Vorsitzenden und zur stellvertretenden Vorsitzenden oder zum stellvertretenden Vorsitzenden. Der Vorsitz hat die Aufgabe, die Aufgabenkommission einzuberufen, die Sitzungen zu leiten und die Aufgabenkommission gegenüber der Leitung des Prüfungsamtes und dem Verwaltungsrat zu vertreten.

(4) Die Aufgabenkommission fasst ihre Beschlüsse mit der Mehrheit der Stimmen ihrer Mitglieder. § 2 Absatz 4 Satz 2 und 3 gilt entsprechend. Außerhalb von Sitzungen ist der Vorsitz befugt, unaufschiebbare Entscheidungen allein zu treffen. Die Aufgabenkommission muss über diese Entscheidungen spätestens in ihrer nächsten Sitzung informiert werden.

(5) Die Mitglieder der Aufgabenkommission haben über die ihnen bei ihrer Tätigkeit bekannt gewordenen Tatsachen Verschwiegenheit zu bewahren. Die Mitglieder sind bei ihrer erstmaligen Berufung von der Leitung des Prüfungsamtes zur gewissenhaften Erfüllung ihrer Obliegenheiten zu verpflichten.

(6) Die Mitglieder der Aufgabenkommission sind verpflichtet, dem Verwaltungsrat auf Anforderung Auskunft zu erteilen und Akteneinsicht zu gewähren.

§ 4 Prüferinnen und Prüfer

(1) Das Prüfungsamt bestellt die erforderliche Anzahl von Prüferinnen und Prüfern, um eine ordnungsgemäße Durchführung der Prüfungen zu gewährleisten.

(2) Die Prüferinnen und Prüfer haben über die ihnen bei ihrer Tätigkeit bekannt gewordenen Tatsachen Verschwiegenheit zu bewahren. Sie sind bei ihrer erstmaligen Berufung von der Leitung des Prüfungsamtes zur gewissenhaften Erfüllung ihrer Obliegenheiten zu verpflichten.

Teil 2. Notarielle Fachprüfung

§ 5 Prüfungsgebiete

(1) Der Prüfungsstoff umfasst, soweit diese Rechtsgebiete für die notarielle Amtstätigkeit von Bedeutung sind,
1. das bürgerliche Recht mit Nebengesetzen, insbesondere mit Wohnungseigentumsgesetz und Erbbaurechtsgesetz,

2. das Recht der Personengesellschaften und Körperschaften einschließlich der Grundzüge des Umwandlungs- und Stiftungsrechts,
3. das Recht der freiwilligen Gerichtsbarkeit, insbesondere das Beurkundungsrecht, das Grundbuchrecht und das Verfahrensrecht in Betreuungs- und Unterbringungssachen, in Nachlass- und Teilungssachen sowie in Registersachen,
4. das notarielle Berufsrecht,
5. das notarielle Kostenrecht,
6. das Handelsrecht sowie
7. die allgemeinen Voraussetzungen der Zwangsvollstreckung und der Zwangsvollstreckung in Grundstücke.

(2) Andere Rechtsgebiete dürfen im Zusammenhang mit dem Prüfungsstoff zum Gegenstand der Prüfung gemacht werden, wenn sie in der notariellen Praxis typischerweise in diesem Zusammenhang auftreten oder soweit lediglich Verständnis und Arbeitsmethode festgestellt werden sollen und Einzelwissen nicht vorausgesetzt wird.

§ 6 Prüfungstermine

(1) Es sollen mindestens zwei Prüfungstermine im Kalenderjahr angeboten werden.

(2) Die Prüfungstermine sind von der Leitung des Prüfungsamtes festzulegen. Sie sind spätestens vier Monate vor Beginn der schriftlichen Prüfung in der Deutschen Notar-Zeitschrift bekannt zu geben. Daneben soll eine Bekanntgabe auf der Internetseite des Prüfungsamtes erfolgen.

§ 7 Prüfungsorte

(1) Prüfungen sollen an verschiedenen Orten im Gebiet des Anwaltsnotariats durchgeführt werden. Das Prüfungsamt wählt die Prüfungsorte nach pflichtgemäßem Ermessen aus. Bei der Auswahl soll das Prüfungsamt die Notarkammern aus dem Bereich des Anwaltsnotariats einbeziehen.

(2) Ein Anspruch, die Prüfung an einem bestimmten Ort abzulegen, besteht nicht.

§ 8 Zulassung zur Prüfung

(1) Die Zulassung zur notariellen Fachprüfung ist in schriftlicher Form beim Prüfungsamt zu beantragen. Dem Antrag sind beizufügen
1. eine Ablichtung des Zeugnisses über die bestandene zweite juristische Staatsprüfung der Antragstellerin oder des Antragstellers,
2. eine Bescheinigung der zuständigen Rechtsanwaltskammer über die Zulassung der Antragstellerin oder des Antragstellers zur Rechtsanwaltschaft und über den Tag, seit dem die Zulassung ohne Unterbrechung besteht; die Bescheinigung muss weniger als drei Monate vor Stellung des Antrags auf Zulassung zur notariellen Fachprüfung ausgestellt worden sein.

(2) Die Antragsfrist für die Zulassung zur Prüfung endet acht Wochen vor dem Beginn des schriftlichen Teils eines Prüfungstermins. Die Frist wird gleichzeitig mit dem Prüfungstermin spätestens vier Monate vor Beginn der schriftlichen Prüfung in der Deutschen Notar-Zeitschrift bekannt gegeben. Daneben soll eine Bekanntgabe auf der Internetseite des Prüfungsamtes erfolgen. Maßgeblich für die Einhaltung der Antragsfrist ist das Datum des Eingangs des Antrags beim Prüfungsamt.

(3) Über den Antrag auf Zulassung zur notariellen Fachprüfung entscheidet die Leitung des Prüfungsamtes. Der Antrag ist abzulehnen, wenn
1. die Voraussetzungen des Absatzes 1 nicht erfüllt sind,
2. im Falle eines Antrags auf Zulassung zur Wiederholungsprüfung die Voraussetzungen des § 7a Absatz 7 der Bundesnotarordnung nicht nach Maßgabe des § 19 Absatz 1 hinreichend nachgewiesen sind.

Der Antrag kann abgelehnt werden, wenn die Antragsfrist nach Absatz 2 verstrichen ist. Die Entscheidung über die Zulassung umfasst nur die Zulassung zum schriftlichen Teil der Prüfung. Sie ist der Antragstellerin oder dem Antragsteller schriftlich mitzuteilen. Der Bescheid über eine

Ablehnung der Zulassung ist mit einer Rechtsbehelfsbelehrung zu versehen und der Antragstellerin oder dem Antragsteller zuzustellen.

§ 9 Rücktritt und Versäumnis

(1) Über das Vorliegen von Rücktritt und Versäumnis und deren Rechtsfolgen gemäß § 7e der Bundesnotarordnung entscheidet die Leitung des Prüfungsamtes durch Bescheid, der mit einer Rechtsbehelfsbelehrung zu versehen und der Antragstellerin oder dem Antragsteller zuzustellen ist. Die Nachweise gemäß § 7e Absatz 2 der Bundesnotarordnung sind unverzüglich beim Prüfungsamt einzureichen. Im Fall einer Krankheit ist der Nachweis grundsätzlich durch ein Zeugnis eines Gesundheitsamtes zu erbringen, das in der Regel nicht später als am Prüfungstag ausgestellt sein darf. In offensichtlichen Fällen kann auf die Vorlage eines Zeugnisses verzichtet werden.

(2) Prüfungsleistungen, die gemäß § 7e Absatz 2 der Bundesnotarordnung erneut angefertigt oder nachgeholt werden dürfen, sind in dem Prüfungstermin zu erbringen, der auf die ganz oder teilweise versäumte Prüfung folgt.

§ 10 Vorbereitung der schriftlichen Prüfung

(1) Die Prüflinge sind spätestens vier Wochen vor Beginn der schriftlichen Prüfung schriftlich zu laden. Maßgeblich für die Einhaltung der Frist ist das Datum des Poststempels. Die Ladung erfolgt an die vom Prüfling in seinem Antrag auf Zulassung angegebene Adresse, sofern der Prüfling nicht vor Versendung der Ladung eine andere Adresse mitteilt. Die Ladung muss Zeit und Ort der einzelnen Prüfungsarbeiten enthalten und die zugelassenen Hilfsmittel benennen. Ferner wird jedem Prüfling mit der Ladung eine individuelle Kennziffer zugeteilt und bekannt gegeben.

(2) Für jeden Prüfungsort bestimmt die Leitung des Prüfungsamtes je Prüfungstermin eine örtliche Prüfungsleiterin oder einen örtlichen Prüfungsleiter, die oder der die Befähigung zum Richteramt haben muss. Die örtliche Prüfungsleitung hat im Auftrag der Leitung des Prüfungsamtes für die ordnungsgemäße Durchführung der schriftlichen Prüfung an dem jeweiligen Prüfungsort Sorge zu tragen und die erforderlichen Aufsichtspersonen auszuwählen und bereitzustellen.

(3) Das Prüfungsamt bestimmt vor Beginn der Prüfung, welche Prüferinnen und Prüfer die Aufsichtsarbeiten bewerten. Gleichzeitig sind für den Fall der Verhinderung der eingeteilten Personen Ersatzprüferinnen und Ersatzprüfer zu bestimmen.

§ 11 Anfertigung der Aufsichtsarbeiten

(1) Die Aufsichtsarbeiten sind innerhalb einer Kalenderwoche an den Wochentagen Montag, Dienstag, Donnerstag und Freitag anzufertigen. An allen Prüfungsorten werden je Prüfungstermin dieselben Prüfungsaufgaben zur selben Zeit bearbeitet.

(2) Vor Beginn der Anfertigung der Aufsichtsarbeiten haben sich die Prüflinge an jedem Tag der Prüfung gegenüber der Aufsichtsperson durch gültigen Bundespersonalausweis oder Reisepass auszuweisen. Ferner haben sich die Prüflinge in eine von der Aufsichtsperson bereitgestellte Anwesenheitsliste einzutragen.

(3) Die Aufsichtsarbeiten sind von den Prüflingen mit der ihnen zugeteilten Kennziffer zu versehen. Außer der Kennziffer dürfen die Aufsichtsarbeiten keine sonstigen Hinweise auf die Person des Prüflings enthalten.

(4) Bei der Anfertigung der Aufsichtsarbeiten dürfen nur die von der Aufgabenkommission zugelassenen Hilfsmittel verwendet werden. Die zugelassenen Hilfsmittel werden nicht vom Prüfungsamt zur Verfügung gestellt.

(5) Bei Störungen des ordnungsgemäßen Ablaufs eines Termins zur Anfertigung einer Aufsichtsarbeit kann die örtliche Prüfungsleitung nach Rücksprache mit der Leitung des Prüfungsamtes die Bearbeitungszeit angemessen verlängern. § 18 bleibt unberührt.

(6) Über jeden Termin zur Anfertigung einer Aufsichtsarbeit wird von der Aufsichtsperson eine Niederschrift angefertigt, in die die teilnehmenden Prüflinge, der Zeitpunkt des Beginns und der Abgabe der Aufsichtsarbeiten, etwaige Ordnungsverstöße sowie alle sonstigen wesentlichen Vorkommnisse aufzunehmen sind. Die Niederschrift ist von der örtlichen Prüfungsleitung zu unterschreiben.

§ 12 Bewertung der Aufsichtsarbeiten

Das Prüfungsamt leitet die Aufsichtsarbeiten unverzüglich den für die Bewertung bestimmten Prüferinnen und Prüfern zu. Es ermittelt die Bewertungen der einzelnen Aufsichtsarbeiten nach Maßgabe des § 7b Absatz 2 Satz 4 der Bundesnotarordnung und führt die Einigung sowie bei Bedarf den Stichentscheid gemäß § 7b Absatz 2 Satz 5 der Bundesnotarordnung herbei.

§ 13 Ladung zur mündlichen Prüfung

Die Prüflinge sind spätestens vier Wochen vor dem Termin der mündlichen Prüfung schriftlich zu laden. § 10 Absatz 1 Satz 2 und 3 gilt entsprechend. Die Ladung muss Zeit und Ort der mündlichen Prüfung enthalten und die zugelassenen Hilfsmittel benennen.

§ 14 Mündliche Prüfung

(1) Die Vorsitzende oder der Vorsitzende des Prüfungsausschusses leitet die mündliche Prüfung und sorgt für die Einhaltung der Prüfungsbestimmungen und für die Aufrechterhaltung der Ordnung.

(2) Zu Beginn der mündlichen Prüfung haben sich die Prüflinge gegenüber der Vorsitzenden oder dem Vorsitzenden des Prüfungsausschusses durch gültigen Personalausweis oder Reisepass auszuweisen.

(3) Die mündliche Prüfung beginnt mit dem Vortrag des Prüflings zu einer notariellen Aufgabenstellung. Für den Vortrag erhalten alle an einem Tag geprüften Prüflinge dieselbe Aufgabenstellung. Das Prüfungsamt wählt die Aufgabenstellung aus den von der Aufgabenkommission erarbeiteten Vorschlägen aus und übergibt sie dem Prüfling am Prüfungstag. Nach Erhalt der Aufgabenstellung hat der Prüfling Gelegenheit, den Vortrag unter Aufsicht vorzubereiten. Die Vorbereitungszeit beträgt eine Stunde. Die Dauer des Vortrags beträgt höchstens zwölf Minuten.

(4) Im Anschluss an die Vorträge aller Prüflinge findet das Gruppenprüfungsgespräch statt. An dem Prüfungsgespräch nehmen alle für diesen Termin geladenen Prüflinge gleichzeitig teil. Die Vorsitzende oder der Vorsitzende des Prüfungsausschusses hat darauf zu achten, dass die Befragung der Prüflinge in geeigneter Weise erfolgt und dass jeder Prüfling zu gleichen Anteilen an dem Gespräch beteiligt wird. Das Prüfungsgespräch ist durch eine angemessene Pause zu unterbrechen.

(5) Bei der mündlichen Prüfung und der Vorbereitung des Vortrags dürfen nur die von der Aufgabenkommission zugelassenen Hilfsmittel verwendet werden. Die zugelassenen Hilfsmittel werden nicht vom Prüfungsamt zur Verfügung gestellt.

(6) Über die mündliche Prüfung ist eine Niederschrift anzufertigen, in die Ort und Zeit der Prüfung, die Zusammensetzung des Prüfungsausschusses, die Namen der anwesenden Prüflinge, die Gegenstände des Prüfungsgesprächs, die Bewertung der Leistungen in der mündlichen Prüfung, die Punktwerte für die Gesamtnoten der mündlichen Prüfung, alle sonstigen Entscheidungen des Prüfungsausschusses und die Verkündung der Entscheidungen des Prüfungsausschusses aufzunehmen sind. Die Niederschrift ist von der Vorsitzenden oder dem Vorsitzenden des Prüfungsausschusses zu unterschreiben.

§ 15 Bewertung der mündlichen Prüfung

Der Prüfungsausschuss stellt die Gesamtnote der mündlichen Prüfung fest. Bei der Ermittlung der Gesamtnote werden der Vortrag mit 20 Prozent und das Gruppenprüfungsgespräch mit 80 Prozent berücksichtigt.

§ 16 Nachteilsausgleich

Die Leitung des Prüfungsamtes kann behinderten Prüflingen die Bearbeitungszeit für die Anfertigung der Aufsichtsarbeiten auf Antrag je nach Schwere der Behinderung um bis zu zwei Stunden für jede Aufsichtsarbeit verlängern. Sie kann für die mündliche Prüfung behinderten Prüflingen die Vorbereitungszeit für den Vortrag auf Antrag je nach Schwere der Behinderung um bis zu eine Stunde verlängern. Hilfsmittel und die Inanspruchnahme von Hilfeleistungen Dritter, die die besonderen Verhältnisse behinderter Menschen berücksichtigen, können durch die Leitung des Prüfungsamtes auf Antrag zugelassen werden. Die Anträge nach den Sätzen 1 bis 3 sind gleichzeitig mit dem Antrag auf Zulassung zur notariellen Fachprüfung beim Prüfungsamt zu stellen. Dem Prüfungsamt ist auf Verlangen ein amtsärztliches Zeugnis vorzulegen, aus dem im Falle von Satz 1 und Satz 2 auch hervorgeht, inwieweit die Behinderung die Fähigkeit des Prüflings einschränkt, die vorgeschriebene Bearbeitungszeit oder Vorbereitungszeit einzuhalten.

§ 17 Einsicht in Prüfungsunterlagen

Dem Prüfling ist auf Antrag die Einsicht in seine schriftlichen Prüfungsarbeiten einschließlich der Gutachten der Prüferinnen und Prüfer zu gestatten. Der Antrag ist binnen eines Monats nach Bekanntgabe der Prüfungsgesamtnote bei dem Prüfungsamt zu stellen. Die Einsicht erfolgt in den Räumen des Prüfungsamtes.

§ 18 Mängel im Prüfungsverfahren

(1) War das Prüfungsverfahren mit Mängeln behaftet, die die Chancengleichheit der Prüflinge erheblich verletzt haben, so kann die Leitung des Prüfungsamtes auf Antrag eines Prüflings anordnen, dass die notarielle Fachprüfung oder einzelne Teile der Prüfung von den Prüflingen zu wiederholen sind, die durch den Mangel beschwert sind.

(2) Ein Antrag nach Absatz 1 ist innerhalb eines Monats, nachdem die Antragstellerin oder der Antragsteller Kenntnis von dem Mangel erlangt hat, schriftlich beim Prüfungsamt zu stellen. Er darf keine Bedingungen enthalten und kann nicht zurückgenommen werden.

§ 19 Wiederholungsprüfung

(1) Für den Antrag auf Zulassung zur Wiederholungsprüfung gilt § 8. Mit dem Antrag ist zu erklären, ob eine Wiederholung gemäß § 7a Absatz 7 Satz 1 oder Satz 2 der Bundesnotarordnung beantragt wird. Bei Antragstellung innerhalb von fünf Jahren nach Abschluss des letzten Prüfungsverfahrens braucht der Nachweis gemäß § 8 Absatz 1 Nummer 1 nicht nochmals erbracht zu werden.

(2) Die Prüfung ist im gesamten Umfang zu wiederholen.

(3) Die Vorsitzende oder der Vorsitzende des Prüfungsausschusses für die mündliche Prüfung muss bei der Wiederholungsprüfung eine andere Person sein als im Termin der ersten Prüfung.

§ 20 Widerspruchsverfahren

Die Leiterin oder der Leiter des Prüfungsamtes holt Stellungnahmen der beteiligten Prüferinnen und Prüfer ein, bevor über einen Widerspruch gegen einen Bescheid entschieden wird, dem eine Bewertung von Prüfungsleistungen zugrunde liegt. Eine Stellungnahme der Aufgabenkommission kann eingeholt werden, wenn dies für die Entscheidung über den Widerspruch erforderlich ist.

Teil 3. Schlussvorschriften

§ 21 Aufbewahrungsfristen

(1) Der Antrag auf Zulassung zur notariellen Fachprüfung und die beigefügten Unterlagen sind für einen Zeitraum von fünf Jahren nach Abschluss des Prüfungsverfahrens bei dem Prüfungsamt aufzubewahren und anschließend zu vernichten. Wird der Antrag auf Zulassung abgelehnt, ist für den Beginn der Frist der Tag nach der rechtskräftigen Entscheidung über die Ablehnung maßgeblich.

(2) Die schriftlichen Prüfungsarbeiten einschließlich der Prüfungsgutachten sind fünf Jahre, die übrigen Prüfungsunterlagen sind 30 Jahre aufzubewahren. Die Frist beginnt mit dem Ablauf des Jahres, in dem die Bekanntgabe des Prüfungsergebnisses an den Prüfling erfolgt.

§ 22 Inkrafttreten

Diese Verordnung tritt am Tag nach der Verkündung in Kraft.

§ 8 [Nebentätigkeit]

(1) ¹Der Notar darf nicht zugleich Inhaber eines besoldeten Amtes sein. ²Die Landesjustizverwaltung kann im Einzelfall nach Anhörung der Notarkammer jederzeit widerrufliche Ausnahmen zulassen; der Notar darf in diesem Fall sein Amt nicht persönlich ausüben.

(2) ¹Der Notar darf keinen weiteren Beruf ausüben; § 3 Abs. 2 bleibt unberührt. ²Der Anwaltsnotar darf zugleich den Beruf des Patentanwalts, Steuerberaters, Wirtschaftsprüfers und vereidigten Buchprüfers ausüben.

(3) ¹Der Notar bedarf der Genehmigung der Aufsichtsbehörde
1. zur Übernahme einer Nebenbeschäftigung gegen Vergütung, insbesondere zu einer gewerblichen Tätigkeit,
2. zum Eintritt in den Vorstand, Aufsichtsrat, Verwaltungsrat oder in ein sonstiges Organ einer auf Erwerb gerichteten Gesellschaft, Genossenschaft oder eines in einer anderen Rechtsform betriebenen wirtschaftlichen Unternehmens.

²Die Genehmigung ist zu versagen, wenn die Tätigkeit nach Satz 1 mit dem öffentlichen Amt des Notars nicht vereinbar ist oder das Vertrauen in seine Unabhängigkeit oder Unparteilichkeit gefährden kann. ³Vor der Entscheidung über die Genehmigung ist die Notarkammer anzuhören. ⁴Die Genehmigung kann mit Auflagen verbunden oder befristet werden.

(4) Nicht genehmigungspflichtig ist die Übernahme des Amtes als Testamentsvollstrecker, Insolvenzverwalter, Schiedsrichter oder Vormund oder einer ähnlichen auf behördlicher Anordnung beruhenden Stellung sowie eine wissenschaftliche, künstlerische oder Vortragstätigkeit.

Übersicht

	Rn.
A. Normzweck	1
B. Allgemeines	2
I. Bedeutung der Vorschrift	2
II. Notare im Nebenberuf	3
C. Anwendungsbereich	5
D. Besoldetes Amt (Abs. 1)	7
I. Grundsätze	7
II. Dispens (Abs. 1 S. 2)	10
E. Weitere Berufe (Abs. 2)	11
I. Grundsätzliches	11
II. Notar und Rechtsanwalt	12
III. Notar und Syndikusrechtsanwalt	12a
IV. Notar und Patentanwalt	13
V. Notar und Steuerberater	14
VI. Notar und Wirtschaftsprüfer, vereidigter Buchprüfer	15
F. Genehmigungspflichtige Nebentätigkeiten (Abs. 3)	17
I. Nebentätigkeit (S. 1)	17
1. Vergütete Nebenbeschäftigung (Nr. 1)	17
2. Organmitgliedschaft (Nr. 2)	23
II. Genehmigung	25
1. Genehmigungsvoraussetzungen	25
2. Genehmigungsverfahren	27
3. Widerruf der Genehmigung	28
G. Genehmigungsfreie Nebentätigkeiten (Abs. 4)	29
H. Verstöße gegen § 8	34

A. Normzweck

1 Als Träger eines – von staatlicher Weisungsbefugnis weitgehend unabhängig ausgestalteten – öffentlichen Amtes unterliegt der Notar strengen Berufsausübungsregelungen. Diese gesetzlichen Schranken könnten umgangen werden, wenn der Notar im Rahmen von Nebentätigkeiten Handlungen vornehmen dürfte, die ihm in Ausübung seiner Amtstätigkeit verboten sind. Die Unabhängigkeit (§ 1), die Unparteilichkeit und die Verpflichtung zur Amtsbereitschaft und Amtsausübung (§ 15) des Notars könnten gefährdet werden, wenn er neben seinem Amt andere berufliche Tätigkeiten ausüben würde. Wer den – zB durch Zugangsbeschränkungen (numerus clausus) privilegierten – Beruf des Notars gewählt hat, muss als Träger eines öffentlichen Amtes als Kehrseite derselben „Medaille" Beschränkungen seiner Berufsfreiheit akzeptieren. Weitere Hauptberufe dürfen neben dem Notarberuf nicht ausgeübt werden, soweit die Vorschrift keine Ausnahmen zulässt, um die ordnungsgemäße Wahrnehmung der Rechtspflegeaufgaben nicht zu gefährden.[1] Jede Nebentätigkeit eines Notars bedarf der staatlichen Überwachung. Die mit diesen Beschränkungen verbundenen tiefen Eingriffe in die Berufsfreiheit sind die zwingende Folge der hoheitlichen Funktionen und der mit öffentlichen Ämtern verbundenen Privilegien. Weil Notare öffentliche Ämter außerhalb der unmittelbaren Staatsorganisation ausüben, müssen sie einer strengen staatlichen Aufsichtskontrolle unterliegen. Die Ausübung weiterer Berufe ist lediglich den Notaren im Nebenberuf (§ 3 Abs. 2) gestattet, die außer dem Hauptberuf des Rechtsanwalts noch die Hauptberufe des Patentanwalts, Steuerberaters, Wirtschaftsprüfers und vereidigten Buchprüfers ausüben dürfen. Um die Kontrolle der Dienstaufsicht über die öffentlichen Notarämter zu ermöglichen, sind alle Nebentätigkeiten des Notars gem. Abs. 3 anzeige- und genehmigungspflichtig.

B. Allgemeines

I. Bedeutung der Vorschrift

2 Die Tätigkeitsverbote und Genehmigungsvorbehalte des § 8 schränken das Grundrecht des Notars aus Art. 12 GG auf freie Berufswahl und Berufsausübung ein. Die Vorschrift wird durch § 14 Abs. 4 und Abs. 5 ergänzt. Für die dort beschriebenen Tätigkeiten kann eine Genehmigung der Aufsichtsbehörde nicht erteilt werden. Die Vorschrift steht im engen Kontext mit § 9 (Berufsverbindungsverbote) und § 3 BeurkG (Mitwirkungsverbote). Die sehr weitgehenden Beschränkungen des Notarberufs sind Folge seines – vielfach unverstandenen – öffentlichen Amtscharakters,[2] dem dem Notar übertragenen hoheitlichen, staatlichen Funktionen,[3] die scharfe Eingriffe in die durch Art. 12 GG geschützte Berufsfreiheit sowohl bei der Berufswahl als auch bei der Berufsausübung rechtfertigen.[4] Da der Notar als zur Unparteilichkeit verpflichtetes Organ der vorsorgenden Rechtspflege, richterähnliche Funktionen wahrnimmt,[5] lehnt sich § 8 an die entsprechenden Regelungen der §§ 4, 40 bis 42 DRiG an und dient somit durch die festgelegten Inkompatibilitäten der Wahrung und Sicherung des öffentlichen Notaramts. Vor allem sollen die Unabhängigkeit und Unparteilichkeit des Notars geschützt werden und die staatlichen Rechtspflegefunk-

---

[1] Diehn/Bormann BNotO § 8 Rn. 1 weist zutreffend darauf hin, dass zB auch die Bedürfnisprüfung nur funktioniert, wenn jeder Notar bei der Amtsausübung seine volle Arbeitskraft einbringt.
[2] Bohrer, Berufsrecht, S. 2 ff.; Baumann MittRhNotK 1996, 1 ff.
[3] BVerfGE 16, 6 (22 ff.); 17, 371 (379 ff.); 17, 381 (387); 54, 237 (246 ff.) = DNotZ 1980, 556 (559 ff.).
[4] Grundlegend Römer, Notariatsverfassung und Grundgesetz, 1963.
[5] BVerfGE 17, 373 (377); 54, 237 (249 f.); 73, 280 (292); Römer, Notariatsverfassung und Grundgesetz, 1963; Pfeiffer DNotZ 1981, 5; Odersky DNotZ 1994, 1; Pützer, Das Notariat im Zivilrechtssystem, in: BNotK (Hrsg.), Das moderne Notariat, 1993, S. 8 „Notar als Richter im Vorfeld"; Baumann MittRhNotK 1996, 1; Stern MittRhNotK 1999, 365; Preuß DNotZ 2008, 258; Isensee notar 2009, 13.

tionen freigehalten werden von Verfremdungen, Durchdringungen und Vermengungen mit kommerziellen Tätigkeiten.[6] Die Verlockung, Unparteilichkeit und Unabhängigkeit beim Erstellen öffentlicher Urkunden zu vernachlässigen, kann für einen Notar deshalb größer sein als für den Richter beim Erstellen öffentlicher Urteile und Beschlüsse, weil der Notar im Unterschied zum Richter seine Vergütung unmittelbar von den Rechtsuchenden erhält. Der Wahrheitsgehalt einer notariellen Urkunde und ihre öffentliche Beweiswirkung, zB in forensischen Verfahren, kann für die staatliche Rechtsordnung nur bei unparteiischer Amtswahrnehmung des „Urkundsbeamten" garantiert werden. Deshalb bedarf die mit dem öffentlichen Notaramt verbundene Pflicht zur Unparteilichkeit (§ 14 Abs. 1) institutionalisierter Absicherungen. Wird diese institutionalisierte Absicherung der Unparteilichkeit – etwa durch Auflockerung der Berufsverbindungsverbote und die Zulassung weiterer Hauptberufe – geschwächt, kann auch der nachhaltige Beweiswert notarieller Urkunden tangiert sein.[7]

II. Notare im Nebenberuf

Sonderregeln gelten gem. Abs. 2 für den Notar im Nebenberuf (§ 3 Abs. 2). Dieser darf **3** neben dem Hauptberuf des Rechtsanwalts noch vier weitere Hauptberufe ausüben (→ Rn. 4). Im Übrigen gelten für den Notar im Nebenberuf (Anwaltsnotar) dieselben Beschränkungen seiner Berufsfreiheit wie für den hauptberuflichen Notar, da dem Anwaltsnotar identische hoheitliche Aufgaben wie dem hauptberuflichen Notar übertragen sind und der Anwaltsnotar aufgrund der zugewiesenen staatlichen Funktionen eine in jeder Hinsicht gleichwertige staatliche Tätigkeit ausübt, die deshalb derselben institutionellen Absicherung der öffentlichen und sozialen Funktionen des Notaramtes bedarf.

Die Ausübung des **Rechtsanwalts-, Patentanwalts-, Steuerberater-, Wirtschafts-** **4** **prüfer- und vereidigten Buchprüferberufs** ist für den Anwaltsnotar ausdrücklich nicht als Nebentätigkeit iSv § 8 definiert. Diese Tätigkeiten richten sich vielmehr nach § 3 Abs. 2 und Abs. 3 und erweitern damit das in Bezug auf die Berufswahl des Notars eingeschränkte Grundrecht aus Art. 12 GG.[8] Die vom Gesetzgeber ursprünglich nicht gewollten,[9] aufgrund der geänderten Rechtsprechung des Bundesverfassungsgerichts[10] aber seit der – im Schnellverfahren angepassten – Novelle der Bundesnotarordnung v. 8.9.1998 gestatteten Ausdehnung von Tätigkeiten, die neben dem Notaramt als Hauptberufe ausgeübt werden können, steht in krassem Gegensatz zur vom modernen Wirtschafts- und Rechtsverkehr geforderten Fachkompetenz und stetig wachsenden Notwendigkeit stärkerer Spezialisierung der juristischen Berater. Die durch die Vervielfachung der Berufsfelder bewirkte Aufteilung der Arbeitskraft des nebenberuflichen Notars birgt die Gefahr, dass der Titel „Notar" nur zu Werbezwecken für die anderen hauptberuflichen Tätigkeiten eingesetzt wird, das Notaramt beruflich beim Amtsträger in den Hintergrund gerät und die für eine ordnungsgemäße vorsorgende Rechtspflege wichtige Praxis und Erfahrung im Notariat vom Amtsträger wegen der Vielfalt

---

[6] Vgl. BVerfGE 21, 173 (181).
[7] Arndt/Lerch/Sandkühler/*Lerch* BNotO § 8 Rn. 11 verkennt die Bedeutung der institutionellen Absicherung der notariellen Amtspflichten (zB durch die Dienstaufsicht und Disziplinargewalt der Justizverwaltungen) für die öffentlichen Ämter und die öffentlichen Funktionen der dort errichteten Urkunden, wenn er ausführt, „die Nurnotare verspüren kein Bedürfnis, einen weiteren Beruf daneben auszuüben". Einzelne Berufsträger mögen auch aus wirtschaftlichen Gründen durchaus ein solches Bedürfnis verspüren. Sie werden aber von der Rechtsordnung an der Umsetzung solcher Wünsche gehindert, weil öffentliche Urkunden dem Rechtsstaat und der Gesellschaft dienen und eine Erosion der öffentlichen Notarämter den Wert öffentlicher Urkunden mindert. Der gesetzlich verordnete „Verzicht" hauptberuflicher Notare auf weitere Berufe sichert daher die notariellen Amtspflichten zum Wohl der Rechtspflege, so wie auch ein Richter nicht zugleich Wirtschaftsprüfer, Steuerberater, Patentanwalt oder Rechtsanwalt sein kann, selbst wenn er aus wirtschaftlichen Gründen „dieses Bedürfnis verspürt".
[8] Grundlegend zur verfassungsrechtlichen Einordnung des Notarberufs *Römer*, Notariatsverfassung und Grundgesetz, 1963, S. 50 ff.
[9] Vgl. Beschlussempfehlung und Bericht des Rechtsausschusses (6. Ausschuss) zum Gesetzesentwurf der BR-Drs. 13/4184 und der BT-Drs. 13/2023, 47.
[10] BVerfG DNotZ 1998, 754.

seiner beruflichen Tätigkeiten nicht mehr gewährleistet werden kann. Darüber hinaus sind bei der Fülle der ausübbaren Berufe die notariellen Amtspflichten zur Amtsbereitschaft (§ 10 Abs. 2 und Abs. 3) und Amtsausübung (§ 15) gefährdet. Mit der Erweiterung der Berufsausübungsmöglichkeiten der Anwaltsnotare haben sich hauptberufliches Notariat und Anwaltsnotariat extrem auseinanderentwickelt.[11] Mit dieser Ausdehnung der Berufsausübungsmöglichkeiten sind erhebliche Risiken für die weitere Entwicklung der Vorsorgenden Rechtspflege und den dauerhaften Fortbestand des Anwaltsnotariats verbunden.[12]

C. Anwendungsbereich

5 Die Vorschrift findet auf Notare, gem. § 7 Abs. 4 S. 2 auf Notarassessoren, gem. § 39 Abs. 4 auf Notarvertreter und gem. § 57 Abs. 1 auf Notariatsverwalter Anwendung. Notarassessoren, Notarvertreter und Notariatsverwalter dürfen nicht ernannt werden, wenn sie nach § 8 nicht erlaubte Nebentätigkeiten ausüben.

6 Die Ausübung der Rechtsanwalts-, Steuerberatungs-, Wirtschaftsprüfungs-, vereidigte Buchprüfungs- oder Patentanwaltstätigkeit ist keine Nebentätigkeit sondern eine neben dem öffentlichen Notaramt den nebenberuflichen Notaren erlaubte hauptberufliche Tätigkeit. Sie unterliegt in ihrer Ausübung gewissen Einschränkungen, die in § 3 BeurkG niedergelegt sind, wobei Zweifel bestehen, ob verfahrensrechtliche Schranken ausreichen, die Unabhängigkeit und Unparteilichkeit des Notars zu sichern.

D. Besoldetes Amt (Abs. 1)

I. Grundsätze

7 Nach Abs. 1 S. 1 dürfen weder hauptberufliche Notare noch Anwaltsnotare zugleich Inhaber eines besoldeten Amtes sein, auch nicht als Wahlbeamte (Bürgermeister, Beigeordnete) oder besoldete Hochschullehrer.[13] Abs. 1 bezieht sich auf öffentlich-rechtliche Dienst- oder Amts-, insbesondere Beamtenverhältnisse, aber auch auf die Begründung öffentlicher Dienst- oder Amtsverhältnisse ohne Beamtenstatus (zB als Richter). Ein besoldetes öffentliches Amt ist mit dem Notaramt nicht kompatibel, weil aufgrund der Weisungsabhängigkeit von einem Dienstherrn Unabhängigkeit (§ 1) und Unparteilichkeit (§ 14 Abs. 1 S. 2) des Notars gefährdet würden. Die Besoldung einer Amtstätigkeit wird regelmäßig in wiederkehrenden Dienstbezügen, kann aber auch in einer tätigkeits-, ergebnis- oder erfolgsbezogenen Besoldung liegen.[14] Maßgebend ist allein, ob die Besoldung für ein Amt erfolgt. Die Übernahme eines unbesoldeten Amts, insbesondere die Berufung zum **Ehrenbeamten,** zum ehrenamtlichen Richter (Notarsenat), Honorarprofessor[15] oder Honorarkonsul fällt nicht unter Abs. 1, ebenso wenig die Berufung zum nebenamtlichen Prüfer in den juristischen Prüfungsämtern, da der Prüfer keine Besoldung, sondern eine Vergütung erhält. Ein Angestelltenverhältnis im öffentlichen Dienst fällt nicht unter Abs. 1, da es an einem „Amt" fehlt, sondern unter Abs. 3.[16]

8 Kein besoldetes Amt ist die Übernahme eines Mandats im **Wahlorgan einer Gebietskörperschaft** (Bundestag, Landtag, Kreistag, Gemeinderat, Bezirksvertretung).[17] Mit den

---

[11] BVerfG DNotZ 1998, 754 (766).
[12] Der damalige Präsident des BVerfG *Papier* (notar 2002, 7 (12)) hat die Gesetzesänderungen als mögliche Fehlinterpretation der Rechtsprechung des BVerfG durch den Gesetzgeber bezeichnet. Die erheblichen Eingriffe in das notarielle Berufsrecht der öffentlichen Notarämter stehen im krassen Gegensatz zur Praxisrelevanz solcher Berufsausübungen. Dazu → § 14 Fn. 15.
[13] Diehn/*Bormann* BNotO § 8 Rn. 2.
[14] AA Schippel/Bracker/*Schäfer* BNotO § 8 Rn. 8 (nicht bei Vergütung „von Fall zu Fall").
[15] Anders beim Professor im Anstellungsverhältnis; KG NJW-RR 2013, 432.
[16] Schippel/Bracker/*Schäfer* BNotO § 8 Rn. 8.
[17] Schippel/Bracker/*Schäfer* BNotO § 8 Rn. 10.

Grundsätzen unserer freiheitlichen Staats- und Gesellschaftsordnung wäre nicht vereinbar, die Übernahme solcher Mandate für Notare von einem Dispens abhängig zu machen. Der Mandatsträger bleibt bei Wahrnehmung seiner demokratischen Rechte weisungsunabhängig im Unterschied zum Inhaber eines besoldeten Amtes. Allerdings sind bei einer Mandatsübernahme vom Notar und allen Mitgliedern seiner Berufsverbindung die Mitwirkungsverbote des § 3 Abs. 3 Nr. 2 BeurkG zu beachten.

Von Abs. 1 S. 1 erfasst sind neben Beamten- oder öffentlich-rechtlichen Dienstverhältnissen auch Wahlen zum besoldeten Bürgermeister/Landrat oder die Ernennung zum Landes- oder Bundesminister oder zum besoldeten Hochschullehrer.[18]

II. Dispens (Abs. 1 S. 2)

Die Justizverwaltung kann dem Notar nach Anhörung der Notarkammer in Sonderfällen gem. Abs. 1 S. 2 durch jederzeit widerrufliche Dispenserteilung die Übernahme eines besoldeten Amts gestatten, sofern ein staatliches Interesse an der Übernahme des Amts durch den Notar besteht und ihm nicht zugemutet werden kann, auf sein Notaramt zu verzichten.[19] Eine solche Dispenserteilung kommt bei Ämtern in Betracht, die von herausragendem staatlichen Interesse sind, zB bei kommunalen Wahlbeamten, Staatssekretären, bei Minister- bzw. Senatorenämtern oder bei Ernennung zum (besoldeten) Hochschullehrer.[20] Die Ausnahmebewilligung ist mit Auflagen oder Bedingungen zu verbinden.[21] Der Dispens ist jederzeit widerruflich. Während der Dauer des Dispenses darf der Notar sein Notaramt **nicht** ausüben und die Amtsbezeichnung „Notar" nicht führen, wohl aber die Bezeichnung „Notar a. D.". Eine bloße Notarvertretung ist bei Dispenserteilung unzulässig. Für einen hauptberuflichen Notar muss gem. § 56 Abs. 1 ein Notariatsverwalter bestellt werden.[22] Da der Notar nach Abs. 1 S. 2 Hs. 2 sein Amt nicht persönlich ausüben darf, kann die Justizverwaltung von der Bestellung eines Notariatsverwalters nicht absehen. Für einen Anwaltsnotar ist eine Notariatsverwaltung in § 56 Abs. 1 nicht vorgesehen, obwohl Abs. 2 die Notariatsverwaltung auch beim Anwaltsnotar kennt.[23] Eine Dispenserteilung muss – unter denselben Voraussetzungen wie beim hauptberuflichen Notar – auch dem Anwaltsnotar gewährt werden. Der Anwaltsnotar muss entweder das von ihm neben dem Anwaltsberuf ausgeübte Notaramt für die Dauer des Dispenses aufgeben; darin liegt keine unangemessene Härte, weil er seinen Hauptberuf als Rechtsanwalt und alle anderen ihm als Anwaltsnotar gestatteten Hauptberufe nach Maßgabe der einschlägigen berufsrechtlichen Vorschriften – sogar durch ihn vertretende Sozien – weiter ausüben kann, soweit das von ihm hauptamtlich übernommene Staatsamt dies zulässt und er nach Ausscheiden aus dem besoldeten Amt auch sein Notaramt wieder ausüben darf; oder – und das wäre der mildere berufsrechtliche Eingriff – es wird an Stelle des an der Berufsausübung gehinderten Anwaltsnotars analog § 56 Abs. 1 und Abs. 2 ein Notariatsverwalter für die Dauer des

---

[18] BeckNotar-HdB/*Bremkamp* § 32 Rn. 88.
[19] BeckNotar-HdB/*Bremkamp* § 32 Rn. 88 ff.
[20] BeckNotar-HdB/*Bremkamp* § 32 Rn. 88.
[21] Arndt/Lerch/Sandkühler/*Lerch* BNotO § 8 Rn. 6: „… kann mit Auflagen verbunden werden".
[22] BGH DNotZ 1964, 728.
[23] AA Schippel/Bracker/*Schäfer* BNotO § 8 Rn. 13. *Schäfer* schlägt vor, einen Notarvertreter nach § 39 zu bestellen. Das wirft weitere Probleme auf, weil der Notarvertreter in den Urkunden als amtlich bestellter Vertreter des Notars a. D. auftritt, der – wenn auch zeitlich befristet – gar kein Amt mehr hat und deshalb ohne das personenbezogene, ihm übertragene hoheitliche Amt nicht vertreten werden kann. Der – wenn auch auf Zeit, mit dem Recht auf Wiederernennung – ausgeschiedene Notar würde über einen „Vertreter" sein eigenes Amt fortführen. So müsste zB die Urkundenrolle des aus dem Amt ausgeschiedenen Notars (dessen Recht auf Neubestellung bliebe unberührt) auf seinen Namen lauten mit entsprechenden Vertretervermerken. Außerdem würden die Urkunden für den Notar a. D., der zB Oberbürgermeister ist, fortgeführt, was bei der rechtsuchenden Bevölkerung den Eindruck erwecken würde, der vertretene Notar (zB Oberbürgermeister) sei noch Amtsinhaber und würde nur vertreten, während dies beim Notariatsverwalter iSd Normzwecks des § 8 neutralisiert wird. BeckOK BNotO/*Frisch* BNotO § 8 Rn. 23 weist darauf hin, dass ein Anspruch auf Bestellung eines Vertreters nicht besteht. Als milderes Mittel scheint eine auf die Dauer des Dispenses bestellte Notariatsverwaltung angemessen.

besoldeten Amtes bestellt (zB ein Sozius, der die Voraussetzungen als Notariatsverwalter erfüllt).[24] Die Landesjustizverwaltung kann den Dispens mit der Auflage verbinden, dass auch nach Ausscheiden aus dem besoldeten Amt für einen bestimmten Zeitraum (angemessen sind fünf Jahre) die Beurkundung für die jeweilige Körperschaft oder Einrichtung durch den Notar und seine Berufsverbindungsmitglieder unzulässig ist.[25] Der Notariatsverwalter und alle Berufsverbindungsmitglieder haben darüber hinaus die Mitwirkungsverbote des § 3 Abs. 3 BeurkG zu beachten.

E. Weitere Berufe (Abs. 2)

I. Grundsätzliches

11 Der Notar darf nach Abs. 2 S. 1 keinen weiteren Beruf ausüben,[26] insbesondere nicht in einem festen Anstellungsverhältnis stehen.[27] Die Grenze von der Nebentätigkeit zum weiteren Beruf wird überschritten, wenn der Notar seine Nebentätigkeit auf Dauer anlegt und diese nach Umfang und Ertrag nicht unmaßgeblich zur Schaffung und Erhaltung der Lebensgrundlage beiträgt.[28] Die mit dem Notaramt verbundenen staatlichen Funktionen verbieten dem Notar, seine Tätigkeit als Zweitberuf auszuüben. Ausnahmen gelten für hauptberufliche Rechtsanwälte, die „das Amt des Notars nur im Nebenberuf" ausüben (§ 3 Abs. 2). Die historisch gewachsene und in unserer Rechtsordnung dem hauptberuflichen Notariat ebenbürtige Form des Anwaltsnotariats wurde durch die Rechtsprechung des Bundesverfassungsgerichts und die ihr folgenden Entscheidungen des Gesetzgebers in den letzten Jahren aufgrund erweiterter Berufsausübungsmöglichkeiten, erweiterter Berufsverbindungsmöglichkeiten und der Lockerungen von Werbeverboten,[29] die dem öffentlichen Amt widersprechen, zunehmend vom hauptberuflichen Notariat entfernt.[30] Der Anwaltsnotar darf neben dem Hauptberuf des Rechtsanwalts noch im Hauptberuf Patentanwalt, Steuerberater, Wirtschaftsprüfer und vereidigter Buchprüfer sein und darüber hinaus sogar noch weitergehende Berufsverbindungen eingehen (→ § 9 Rn. 33 ff.). Alle genannten

---

[24] Zum Notariatsverwalter könnte ein Rechtsanwalt (auch derselben Sozietät) bestellt werden, der die Zulassungsvoraussetzungen zum Anwaltsnotar erfolgreich abgeschlossen hat, dem aber noch keine eigene Notarstelle zugewiesen wurde. Die eingenommenen Notargebühren könnten der Notarkammer zufließen, die den Notariatsverwalter für seine Tätigkeit zu vergüten und die Auslagen zu ersetzen hätte.

[25] Diehn/*Bormann* BNotO § 8 Rn. 4.

[26] Zur europarechtlichen Unbedenklichkeit dieses Verbots Diehn/*Bormann* BNotO § 8 Rn. 8.

[27] KG NJW-RR 2013, 432.

[28] BVerfGE 54, 301 (313).

[29] BVerfG DNotZ 1998, 69 mAnm *Schippel*.

[30] Kritisch auch *Lerch* NJW 1999, 401 (403); Arndt/Lerch/Sandkühler/*Lerch* BNotO § 8 Rn. 10 hält es aus verfassungsrechtlichen Gründen für bedenklich, dass dem hauptberuflichen Notar weitere Berufe verschlossen bleiben. Diese in sich widerspruchsfreie Kritik unterstreicht, dass durch den Paradigmenwechsel in der Rechtsprechung des BVerfG (1998) gegenüber der Rechtsprechung des BVerfG (1989) eine Entwicklung des Berufsrechts der an das öffentliche Amt gebundenen Notare eingeleitet worden ist, die unter dem zunehmenden Einfluss des anglo-amerikanischen Rechts zu einer Erosion der Freiwilligen Gerichtsbarkeit führen kann; dazu schon *Baumann* MittRhNotK 2000, 1 ff. Für leistungsfähige hauptberufliche Notare mag es – wie für leistungsfähige Träger anderer Berufe – verlockend sein, weitere Berufe, neben ihrem Hauptberuf, auszuüben. Dem in der Bundesnotarordnung und dem Beurkundungsgesetz angelegten Verständnis eines hoheitlichen, einem Richter vergleichbar zur Unparteilichkeit verpflichteten Amtsträgers wird eine Vermischung der notariellen Berufstätigkeiten mit nicht hoheitlichen Tätigkeiten wegen der damit verbundenen Kommerzialisierung der Notarämter langfristig schaden und zu einer Gefährdung staatlicher Rechtspflegefunktionen führen. In den USA werden die Missstände einer Kommerzialisierung des „Rechtsberatungsmarktes" der Anwälte von der Mehrheit der Bevölkerung und von Wirtschaftsunternehmen und Wirtschaftsverbänden beklagt (dazu schon *Baumann* MittRhNotK 2000, 1 ff.). Veränderungen sind aber gegen die ökonomisch und politisch zu starke Lobby der US-Anwaltsfirmen, als einer der größten Wahlkampfspender in den USA, nicht durchsetzbar, wobei in den USA in gewissem Umfang die Rechtspflegeorgane sogar besser als in Deutschland von der Kommerzialisierung freigehalten werden, weil nicht einmal ein US-Rechtsanwalt zugleich den Beruf des Wirtschaftsprüfers ausüben darf. Zur Überlegenheit des öffentlichen Notariats gegenüber dem System der meisten US-Staaten, die kein Notariatssystem kennen, *Knieper*, Eine ökonomische Analyse des Notariats, 2010; *ders.* RNotZ 2011, 197; *Woschnak*, Binnenmarkt und Notariat, 2015.

Berufe dürfen neben dem Notarberuf ausgeübt werden. Trotz der Vielfalt der wahrgenommenen unterschiedlichen Tätigkeiten sollen nach der Vorstellung des Gesetzgebers die öffentlichen Rechtspflegefunktionen des nebenberuflichen Notars nicht leiden. Auch für den Anwaltsnotar gelten daher ohne Einschränkung alle notariellen Amtspflichten (§§ 14 ff.), insbesondere die Pflicht zur Amtsbereitschaft (§ 15 Abs. 1 S. 2) und Amtsausübung und alle sonstigen Amts- und Dienstpflichten (vgl. §§ 25 ff.). Daher sind Anwaltsnotariat und hauptberufliches Notariat funktional bei der Wahrnehmung ihrer hoheitlichen Rechtspflegeaufgaben absolut gleichwertig.[31]

II. Notar und Rechtsanwalt

Der Anwaltsnotar (rechtlich treffender: „Rechtsanwalt und Notar"), hat zwei eigenständige juristische Berufe,[32] da dieser Berufsträger keine durch seine Anwaltstätigkeit beeinflusste Notartätigkeit, sondern als Notar im Nebenberuf (§ 3 Abs. 2) eine im Vergleich zum hauptberuflichen Notar funktional gleichwertige Notartätigkeit ausübt. Auch beim Anwaltsnotar muss die Unabhängigkeit des Notaramts gewährleistet sein, weshalb dem angestellten, personell weisungsabhängigen Rechtsanwalt das Notaramt verschlossen bleibt.[33] Da die notariellen Tätigkeiten den strengeren haftungs- und berufsrechtlichen Vorschriften und der Kontrolle durch die Dienstaufsicht unterliegen,[34] aber nur nach den niedrigeren Gebühren der Kostenordnung abgerechnet werden können, darf der Anwaltsnotar keine Tätigkeiten als Rechtsanwalt ausüben, die kraft Gesetzes seinem amtlichen Aufgabenbereich als Notar zugewiesen sind. Abgrenzungsprobleme zwischen beiden Tätigkeitsbereichen können vor allem im Bereich der Rechtsberatung auftreten. Unzulässig ist, Tätigkeiten aufzuspalten, die aufgrund Beurkundungszuständigkeit in den notariellen Aufgabenbereich fallen, indem zB zunächst die Beratung und Betreuung als Rechtsanwalt, Patentanwalt, Steuerberater, Wirtschaftsprüfer oder vereidigter Buchprüfer und daran an-

---

[31] So schon in den Vorauflagen. Zu Unrecht unterstellt Schippel/Bracker/*Schäfer* BNotO § 8 Rn. 2, es werde von Literaturstimmen (angeblich auch in der 3. Aufl. dieses Kommentars) eine „Aufweichung des Berufsbildes des Notars erwartet". Laut Arndt/Lerch/Sandkühler/*Lerch* BNotO § 5 Rn. 10 entspricht dies allenfalls dem „Wunschdenken anwaltlicher Berufsverbände". Die Berufsverbände der Nurnotare wünschen sich (ebenso wie der Kommentator) eine dauerhafte Stabilität des historisch gewachsenen Anwaltsnotariats. Gleichwohl gefährdet eine Entfernung vom hoheitlichen Amtsverständnis den künftigen Bestand des Anwaltsnotariats unnötig. Unstreitig betonen sowohl die neuere Rspr. des BVerfG (zB DNotZ 2012, 945 Rn. 44, 49; 2009, 702 (704 f.)) als auch alle deutschen Notarkammern unverändert die hoheitlichen Funktionen des Notarberufs. Ebenso unstreitig sind durch die erweiterten Berufsausübungs- und verbindungsmöglichkeiten des Anwaltsnotars die Gefährdungsrisiken für die Berufsausübung das öffentlichen Amtes gestiegen (Arndt/Lerch/Sandkühler/*Lerch* BNotO § 8 Rn. 32 ff., 35). Zudem werden wegen der nur in der deutschen Rechtsordnung einem Notar möglichen Berufsverbindung mit einem Wirtschaftsprüfer oder auch der möglichen Beteiligung eines Anwaltsnotars an einer Anwalts-GmbH im Ausland, nicht nur im europäischen Rechtsraum, Stimmen laut, die dem deutschen Notariat diese Sonderwege als Kommerzialisierung (vgl. auch Arndt/Lerch/Sandkühler/*Lerch* BNotO § 27 Rn. 10, der mit gewisser Berichtigung kritisch darauf hinweist, dass Anwälte als wirtschaftliche Unternehmer angesehen werden) der notariellen Berufsausübung vorwerfen. Inzwischen dürfen Rechtsanwälte nach deutschem Recht sogar Sozietäten mit Ärzten und Apothekern und damit auch mit anderen nichtjuristischen Berufen eingehen (BGH NJW 2013, 2674). Mit solchen interprofessionellen Berufsverbindungen verlassen Rechtsanwälte das bisherige Berufsverständnis, als Organe der Rechtspflege nur dem geordneten Rechtsstaat verpflichtet zu sein und treten mit wirtschaftlichen Interessen in jeden beliebigen Dienstleistungsmarkt ein, der hoheitlichen Richter- und Notarämtern dauerhaft verschlossen sein muss, wenngleich „Marktöffnungen" mit „privaten Schiedsgerichten" auch unter Beteiligung von Richtern gefordert worden sind.
[32] BGHZ 64, 214 = DNotZ 1975, 572; BGHZ 75, 296 (297); DNotZ 1996, 900; BVerfGE 17, 371 (380) = DNotZ 1964, 424; BVerfGE 54, 237 (247) = DNotZ 1980, 556; BeckOK BNotO/*Frisch* BNotO § 8 Rn. 2.
[33] *Koch* DNotZ 2018, 84 (94 f.).
[34] Arndt/Lerch/Sandkühler/*Lerch* BNotO § 92 Rn. 2 stellt zur Dienstaufsicht des Notars zutreffend fest, „dass der Beruf des Rechtsanwalts und des Notars grundverschieden sind und insoweit schwer in einer Person in Übereinstimmung zu bekommen sind, wie dies beim Anwaltsnotar i. S. v. Abs. 2 der Fall ist". Gleichwohl kann die Berufsverbindung aufgrund der historischen Entwicklungen des Anwaltsnotariats dann beibehalten werden, wenn die staatlich kontrollierte Amtsführung des Notars eine Trennung der öffentlichen Ämter von den Anwaltstätigkeiten gewährleistet.

schließend das Beurkundungshauptverfahren als Notar durchgeführt wird. Das notarielle Beglaubigungs- und Beurkundungsverfahren ist ein untrennbares und einheitliches, in welches die Beratung aufgrund der Amtspflichten aus § 17 BeurkG als Bestandteil integriert ist. Die Unteilbarkeit notarieller Amtshandlungen trifft – selbst juristischen Laien erkennbar – sowohl im Kostenrecht als auch im Haftungsrecht und letztlich im Dienstaufsichts- und Disziplinarrecht des Notars offen erkennbar zutage. Zur Beratung und Belehrung aller Urkundsbeteiligten schon vor der Beurkundung ist der Notar nach § 17 BeurkG verpflichtet, ohne bei nachfolgender Beurkundung (Beglaubigung) für diese Beratung einen Gebührenanspruch (zB für Arbeits- und Zeitaufwand) zu haben.

III. Notar und Syndikusrechtsanwalt

12a Durch das Gesetz zur Neuordnung des Rechts der Syndikusanwälte[35] wurde mit Wirkung seit dem 1.1.2016 das Berufsbild des Syndikusrechtsanwalts durch eine Neufassung der §§ 46 ff. BRAO geändert. Obwohl § 46 Abs. 3 BRAO eine fachliche Unabhängigkeit des Syndikusanwalts vorgibt, bleibt der Syndikusanwalt von persönlichen Weisungen seines Arbeitgebers, zB bezogen auf Arbeitszeiten und Vornahme bestimmter Tätigkeiten, abhängig. Rechtsanwälten im Angestelltenverhältnis und somit insbesondere Syndikusanwälten bleibt der Zugang zum Notaramt auch als Anwaltsnotar verschlossen, weil die weisungslose Unabhängigkeit des Notars zentrales Berufsmerkmal und unabdingbare Voraussetzung für die Amtspflicht zur Unparteilichkeit ist.[36]

IV. Notar und Patentanwalt

13 Der Anwaltsnotar darf seit der Novelle v. 31.8.1998 auch den Beruf des Patentanwalts ausüben, obwohl dieser Beruf keine volljuristische Ausbildung, sondern ein naturwissenschaftliches oder technisches Studium und nur eine juristische Grundausbildung voraussetzt. Damit werden Tätigkeiten über den Bereich der Rechtsberatung hinaus gestattet, die den Anwaltsnotar von seinen staatlichen Funktionen entfernen.[37]

V. Notar und Steuerberater

14 Steuerberatung ist Rechtsberatung, selbst wenn sie von einem ohne juristisches Studium vorgebildeten Steuerberater ausgeübt wird. Aufgrund historischer Entwicklung wurde der Berufszugang zum steuerrechtlichen Rechtsberatungsbereich auch Nichtjuristen mit entsprechender fachbezogener Rechtsausbildung eröffnet. Die steuerrechtliche Beratung kann von jedem Rechtsanwalt ohne Steuerberaterzulassung ausgeübt werden. Steuerberatung ist bloßer Ausschnitt der Tätigkeit des Rechtsanwalts.[38] Die Zulassung als Steuerberater ist nur eine zusätzliche Qualifikation ähnlich dem „Fachanwalt für Steuerrecht".[39] Auch der Notar darf die Steuerberatung als Rechtsberatung übernehmen, hat aber nur im Erbschaft- und Schenkungsteuerrecht sowie im Grunderwerbsteuerrecht steuerrechtliche Hinweispflichten. Die Tätigkeit eines Notars als Geschäftsführer einer Steuerberatungsgesellschaft ist dagegen unvereinbar mit dem „Berufsbild des Notars"[40] und auch nach der Novelle v. 31.8.1998, die zu dieser Rechtslage keine Änderung herbeigeführt hat, nicht genehmigungsfähig.[41]

---

[35] Gesetz zur Änderung des Rechts der Syndikusanwälte und zur Änderung der Finanzgerichtsordnung v. 21.12.2015, BGBl. I 2517.
[36] Ebenso *Koch* DNotZ 2018, 84 (94 f.); Arnd/Lerch/Sandkühler/*Lerch* BNotO § 8 Rn. 49; etwas abweichend BeckOK BNotO/*Frisch* BNotO § 8 Rn. 47, der auf den Umfang der Tätigkeit des Syndikusanwalts abstellt.
[37] Dazu → § 9 Rn. 40.
[38] BVerfG DNotZ 1989, 627 (629).
[39] BGHZ 53, 103 = DNotZ 1970, 252; BGH DNotZ 1989, 330; s. auch BVerfG DNotZ 1989, 627.
[40] BGH DNotZ 1990, 515.
[41] Bedenken auch bei Arndt/Lerch/Sandkühler/*Lerch* BNotO § 8 Rn. 32 ff., der zutreffend auf die Weisungsgebundenheit aufgrund von Gesellschafterbeschlüssen hinweist, die eine Abhängigkeit erzeugen, die sich mit der vom Gesetz geforderten Unabhängigkeit des Notaramtes nicht vereinbaren lässt.

VI. Notar und Wirtschaftsprüfer, vereidigter Buchprüfer

Die Ausübung des Wirtschaftsprüferberufs durch einen nebenberuflichen Notar wurde 15 von den Gesetzgebungsorganen[42] und auch vom Bundesverfassungsgericht[43] noch 1989 im Einklang mit der Rechtsprechung aller Obergerichte – wie in allen europäischen Staaten – als mit dem Notaramt unvereinbar angesehen.[44] Das Verbot dieser Berufswahl sollte möglichen Gefährdungen des Notaramtes als Teil der Freiwilligen Gerichtsbarkeit im Rahmen der vorsorgenden Rechtspflege begegnen.[45] Dem Anwaltsnotar war auch die Berufsausübung als vereidigter Buchprüfer untersagt.[46] Der Gesetzgeber wollte mit der Novellierung der Bundesnotarordnung (1998) die Berufsausübungsmöglichkeiten ausdrücklich auf den Steuerberaterberuf beschränken und damit die Wirtschaftsprüfer- und vereidigte Buchprüfertätigkeit als Berufsausübungsmöglichkeit für den Notar ausschließen. Kurz vor Inkrafttreten der Novelle zur Bundesnotarordnung hat das BVerfG (1998) – in Abkehr von der Rechtsprechung des BVerfG (1989)[47] – jedoch eine Differenzierung zwischen Steuerberater und Wirtschaftsprüfer als Verletzung des Gleichheitsgrundsatzes aus Art. 3 GG angesehen, weil „die Unterschiede zwischen einem Steuerberater und einem Wirtschaftsprüfer" nicht von solcher Art und solchem Gewicht seien, dass sie „die Ungleichbehandlung rechtfertigen könnten".[48] Der Gesetzgeber hat daraufhin dem Anwaltsnotar durch Abänderung des ursprünglichen Entwurfs der Novelle v. 31.8.1998 gestattet, auch den Beruf des Wirtschaftsprüfers bzw. vereidigten Buchprüfers auszuüben.[49] Diese Erweiterung der Berufsausübungsmöglichkeiten war aufgrund der Entscheidung des BVerfG keinesfalls geboten[50] und hat die Berufsbilder des Anwaltsnotars und des hauptberuflichen Notar noch weiter voneinander entfernt.[51] Die gleichzeitige Berufsausübung der Berufe „Notar und Wirtschaftsprüfer" steht im Widerspruch zu allen anderen Rechtsordnungen, in denen ein von kontinental-europäischer, griechisch-römischer Rechtskultur geprägtes Notariat existiert. Andere Rechtsordnungen – selbst die US-amerikanischen – untersagen sogar Berufsverbindungen zwischen Wirtschaftsprüfern und Rechtsanwälten. Das in den Niederlanden geltende Berufsverbindungsverbot zwischen Rechtsanwälten und Wirtschaftsprüfern entspricht nach der Rechtsprechung des EuGH dem europäischen Gemeinschaftsrecht.[52] Vorfälle bei US-amerikanischen Wirtschaftsprüfungsgesellschaften in den letzten Jahrzehnten[53] haben ein spezifisches Gefährdungspotential der Wirtschaftsprüfertätigkeiten bestätigt, in das Rechtsberatungsberufe – insbesondere öffentliche Notarämter – zum Schutz einer geordneten Rechtspflege nicht hineingezogen werden dürfen. Die Weltfinanzkrise 2008

---

[42] Vgl. dazu BT-Drs. 13/4184, 5.
[43] BVerfGE 54, 237 (249); 80, 269 (279).
[44] EuGH NJW 2002, 877 hat sogar das in den Niederlanden geltende Sozietätsverbot zwischen Rechtsanwälten und Wirtschaftsprüfern aus Gründen des Allgemeinwohls für gerechtfertigt gehalten, obwohl Rechtsanwälte keine den Notaren vergleichbaren staatlichen Funktionen wahrnehmen. Auch in den USA gilt, dass Rechtsanwälte nicht zugleich Wirtschaftsprüfer sein können; ebenso sind Sozietäten zwischen Rechtsanwälten und Wirtschaftsprüfern unzulässig.
[45] BVerfG DNotZ 1980, 556; 1981, 145; 1989, 627; BGH DNotZ 1989, 330; NJW 1992, 1179; vgl. BGHZ 64, 214 (219); 75, 296 (299); OLG Frankfurt a. M. DNotZ 1975, 236; OLG Köln DNotZ 1975, 241 (244) und BNotK DNotZ 1972, 260.
[46] BGH DNotZ 1993, 268.
[47] BVerfG DNotZ 1980, 556; BVerfGE 80, 269 (279); DNotZ 1989, 627 (630).
[48] BVerfG NJW 1998, 2269 (2271).
[49] *Papier* notar 2002, 7 (12) hat diese Erweiterung der Berufsfelder als Fehlinterpretation der Rechtsprechung des BVerfG durch den Gesetzgeber bezeichnet, weil die verfassungsrechtlich gerügte Ungleichbehandlung des Wirtschaftsprüferberufs mit dem Beruf des Steuerberaters zum Schutz der öffentlichen Notarämter ein Verbot weiterer Berufe des Rechtsanwalts und Notars hätte zur Folge haben können. Dazu auch Diehn/Bormann BNotO § 8 Rn. 8.
[50] *Papier* FS Lorenz 2001, 35 (44, 45 f.).
[51] Dazu → § 9 Rn. 33 ff.
[52] EuGH NJW 2002, 877.
[53] ZB der Enron-Skandal im Jahr 2002, der zur Betriebsaufgabe und Auflösung von Arthur Andersen LLP führte. Vgl. auch die Skandale um FlowTex, Phoenix, Madoff. Dazu *Roscher-Meinel* DNotZ 2014, 643 (651).

und die dadurch ausgelöste Weltwirtschaftskrise haben im Bereich der Rechtspflege zur Einsicht geführt, dass allen Rechtspflegeinstitutionen größeres Gewicht beizulegen ist und Recht und Gerechtigkeit nicht am Maßstab ökonomischer Effizienz ausgerichtet werden können.[54] Deshalb sollte über ein Berufsausübungs- bzw. Berufsverbindungsverbot des Notars als bzw. mit einem Wirtschaftsprüfer neu nachgedacht werden.[55]

16 Die inhaltlich der Rechtsprechung des EuGH[56] und der eigenen Rechtsprechung[57] widersprechende Entscheidung des Bundesverfassungsgerichts (1998)[58] (und das damit verbundene veränderte Verfassungs- und Grundrechtsverständnis) innerhalb von nur neun Jahren wurde von der damaligen Richterin und Berichterstatterin Jaeger verantwortet (zur Kritik → § 9 Rn. 36). Aus heutiger Sicht bedarf es einer Überprüfung dieser Verfassungsrechtsprechung (1998), weil diese Entscheidung des Bundesverfassungsgerichts offenkundig nicht von der Zielsetzung einer geordneten Rechtspflege sondern von zum Zeitpunkt der Entscheidung vorherrschenden Einflüssen der neoliberalistischen Institutionenökonomik geleitet wurde.[59] Angesichts der zwischenzeitlich gesammelten internationalen Erfahrungen nach der Weltfinanzkrise 2008 und der nachfolgenden Weltwirtschaftskrise ist zu erwarten, dass das Bundesverfassungsgericht aus heutiger Sicht die Bedeutung der rechtlichen Institutionen neu bewertet und einer Berufsverbindung zwischen Notaren und Wirtschaftsprüfern kritisch gegenüber steht, zumal im „Vorbild" USA nicht einmal die Berufsverbindung zwischen Rechtsanwälten und Wirtschaftsprüfern erlaubt ist und der EuGH das Berufsverbot zwischen Rechtsanwälten und Wirtschaftsprüfern in den Niederlanden als europarechtskonform bestätigt hat.[60]

F. Genehmigungspflichtige Nebentätigkeiten (Abs. 3)

I. Nebentätigkeit (S. 1)

17 **1. Vergütete Nebenbeschäftigung (Nr. 1).** Eine Nebenbeschäftigung ist jede neben dem Notarberuf – nicht rein ehrenamtlich – ausgeübte Tätigkeit im privaten oder öffentlichen Bereich, unabhängig von Art, Dauer, Zeit oder Arbeitsaufwand, mit Ausnahme der in Abs. 1 geregelten Übernahme eines besoldeten Amtes und der dem Anwaltsnotar erlaubten Tätigkeiten als Rechtsanwalt, Patentanwalt, Steuerberater, Wirtschaftsprüfer und/oder vereidigter Buchprüfer. In Abgrenzung zum „weiteren Beruf" dürfen Art, Dauer, Zeit oder Arbeitsaufwand der „Nebenbeschäftigung" nach der Verkehrsauffassung nicht einer hauptberuflichen Tätigkeit entsprechen. Die Abgrenzung der Nebenbeschäftigung vom notariellen Hauptberuf ist vor allem berufsrechtlich, haftungsrechtlich und gebührenrechtlich bedeutsam: Für alle notariellen Tätigkeiten darf der Notar nur die im Vergleich zu den Tarifen anderer Rechtsberatungsberufe **niedrigeren Gebühren des GNotKG** erheben, während er **Vergütungen für Nebenbeschäftigungen frei vereinbaren** kann. Schon deswegen bedürfen Nebentätigkeiten des Notars der Kontrolle der Dienstaufsicht,

---

[54] Dazu *Baumann* RNotZ 2007, 297; allgemein kritisch zu einer Überbewertung ökonomischer Effizienzkriterien *Stürner*, Markt und Wettbewerb über alles?, 2007.
[55] Große praktische Verbreitung haben die Berufserweiterungsmöglichkeiten des Anwaltsnotars nicht erfahren; dazu *Roscher-Meinel* DNotZ 2014, 643. Dennoch trägt die deutsche Sonderregelung mit der Berufsausübungs- und -verbindungsmöglichkeit Notar-Wirtschaftsprüfer dazu bei, den Amtsträger Notar – vor allem in der maßgebenden europarechtlichen Wertung – in die Nähe privater gewerblicher Dienstleister zu rücken; so zutreffend *Roscher-Meinel* DNotZ 2014, 643 (651). Ob die nur von einem sehr kleinen Kreis der Anwaltsnotare genutzte Erweiterung der Berufsausübungs- und Berufsverbindungsmöglichkeiten die potentielle Gefährdung der öffentlichen Notarämter bzw. des Anwaltsnotariats und den damit verbundenen erhöhten Kontrollaufwand der Aufsichtsbehörden rechtfertigt, muss bezweifelt werden.
[56] Zum Berufsverbindungsverbot zwischen Rechtsanwälten und Wirtschaftsprüfern EuGH NJW 2002, 877.
[57] BVerfG DNotZ 1989, 627.
[58] BVerfG DNotZ 1998, 69 mAnm *Schippel*.
[59] Kritisch dazu *Baumann* FS Woschnak 2010, 15 ff.; *Woschnak*, Binnenmarkt und Notariat, 2015.
[60] EuGH NJW 2002, 877.

damit der Arbeitsschwerpunkt nicht auf lukrative Nebentätigkeiten unter missbräuchlich werbender Nutzung des Notaramtes verlagert wird. Im gesamten Spektrum notarieller Aufgaben haftet der Notar persönlich und unbegrenzt. Bei Nebentätigkeiten hingegen kann er seine persönliche Haftung im Rahmen zivilrechtlicher Gestaltungsschranken begrenzen oder sogar ausschließen. Zum notariellen Beurkundungsverfahren zählen alle vorbereitenden und nachsorgenden Beratungs- und Betreuungstätigkeiten im Bereich der vorsorgenden Rechtspflege. Abgrenzungsfragen ergeben sich bei allen über die Urkundstätigkeit hinausgehenden Rechtsbetreuungstätigkeiten. Nach § 1 und § 24 Abs. 1 hat der Notar rechtsbetreuende Funktionen nur im Bereich der „vorsorgenden Rechtspflege" wahrzunehmen. Eine weitergehende Rechtsbetreuung ist dem Notar als unzulässige Nebenbeschäftigung untersagt.[61] Über die vorsorgende Rechtspflege hinausgehende Rechtsbetreuungen können auch nicht als Nebenbeschäftigungen genehmigt werden, da solche Tätigkeiten mit dem im Gesetz festgelegten Zuständigkeitsbereich und Berufsbild des Notars unvereinbar wären. Das gilt insbesondere für Parteivertretungen in streitigen Verfahren.[62]

18 Das Nebentätigkeitsverbot gilt in gleicher Weise für den hauptberuflichen Notar wie für den Anwaltsnotar. Abgrenzungsschwierigkeiten können sich ergeben, weil dem Anwaltsnotar seit der Novelle v. 31.8.1998 neben dem Notaramt die Ausübung fünf weiterer (Haupt-)Berufe gestattet ist. Bei Ausübung dieser Berufe sind die verschärften Mitwirkungsverbote des § 3 BeurkG besonders zu beachten, die durch Tätigkeitsverlagerung in andere Berufe oder in „Nebentätigkeiten" nicht umgangen werden dürfen. Der Notar darf zB Vermögensverwahrungen und Treuhandtätigkeiten im Bereich der vorsorgenden Rechtspflege nicht als Nebentätigkeiten deklarieren und damit solche Treuhandtätigkeiten dem strengeren notariellen Berufsrecht – insbesondere der staatlichen Dienstaufsicht –, der Amtshaftung und/oder den öffentlich-rechtlichen Gebührenvorschriften entziehen. Beim Anwaltsnotar gehört die Verwahrung fremden Vermögens nicht zum Anwaltsberuf, sondern unterliegt den strengen Anforderungen der notariellen Hinterlegungsvorschriften. Die Vermögensverwahrung und Treuhandtätigkeit des Anwaltsnotars ist im Zweifel dem notariellen Aufgabenbereich zuzurechnen; will der Anwaltsnotar solche Tätigkeiten außerhalb des Amtes ausüben, bedarf er der Nebentätigkeitsgenehmigung, die nur erteilt werden kann, wenn kein Bezug zur vorsorgenden Rechtspflege besteht. So bedarf zB die entgeltliche Vermittlung von Vorratsgesellschaften der Genehmigung durch die Aufsichtsbehörde.

19 § 8 Abs. 3 erfasst **jede entgeltliche Nebenbeschäftigung,** unabhängig davon ob sie selbstständig, unselbstständig, befristet oder unbefristet ausgeübt wird. Eine Nebenbeschäftigung des Notars ist immer – soweit sie nicht unter Abs. 4 fällt – genehmigungsbedürftig, wenn sie gegen Vergütung übernommen wird. Vergütung ist jede Gegenleistung, die über den Ersatz von Auslagen hinausgeht.[63] Dem Notar zu ersetzende Auslagen für diese Nebenbeschäftigung dürfen den im öffentlichen Dienst gesetzten Rahmen nicht übersteigen.

20 Auch Nebenbeschäftigungen gegen eine **„verdeckte Vergütung"** bedürfen der Genehmigung, wie zB Tätigkeit gegen Darlehnsgewährung zu besonders günstigen Zinsen oder gegen Beurkundungsaufträge, die ohne die „unentgeltlich" geleistete Nebenbeschäftigung nicht erteilt worden wären.[64]

21 Als Sonderfall der „Nebenbeschäftigung gegen Vergütung" nennt Abs. 3 Nr. 1 die **„gewerbliche Tätigkeit",** wobei mit Vergütung jedes Entgelt und damit auch jede selbstständige, auf Gewinnerzielung gerichtete Tätigkeit erfasst wird.[65] Eine gewerbliche Tätigkeit liegt zB schon in der unentgeltlichen Mitarbeit eines Notars im Gewerbebetrieb seiner

---

[61] Vgl. OLG Stuttgart Die Justiz 1964, 38. Unverständlich Arndt/Lerch/Sandkühler/*Lerch* BNotO § 8 Rn. 51, weil der Anwaltsnotar selbstverständlich als Rechtsanwalt außerhalb der Freiwilligen Gerichtsbarkeit tätig sein kann.
[62] BGH DNotZ 1969, 503; Diehn/*Bormann* BNotO § 8 Rn. 10.
[63] Schippel/Bracker/*Schäfer* BNotO § 8 Rn. 20.
[64] Schippel/Bracker/*Schäfer* BNotO § 8 Rn. 20.
[65] So auch BGH DNotZ 1967, 701 (704); Schippel/Bracker/*Schäfer* BNotO § 8 Rn. 21.

Ehefrau oder eines nahen Angehörigen.[66] Entscheidend ist die Gewinnerzielungsabsicht, nicht die Dauer der Tätigkeit.[67] Eine gelegentliche Betätigung ist nicht als „gewerbliche Tätigkeit" anzusehen, da die Absicht der Dauer fehlt.

22 Obwohl die Verwaltung und Verwertung eigenen Vermögens bzw. das der engsten Familienmitglieder (Ehefrau und Verwandte auf- und absteigender Linie)[68] nicht genehmigungspflichtig ist, sind auch hier die Grenzen des öffentlichen Amtes und der Amtspflicht zur Unparteilichkeit zu beachten. So geht es über die bloße „Verwaltung" hinaus, wenn der Notar zB als Betriebsleiter im Unternehmen seiner Ehefrau tätig wird. Die entgeltliche Verwaltung von Grundbesitz oder anderem Vermögen, an dem der Notar oder seine engsten Familienmitglieder nur mitbeteiligt sind, bedarf immer der Genehmigung.

23 **2. Organmitgliedschaft (Nr. 2).** Nach Abs. 3 Nr. 2 bedarf der Eintritt in das Vertretungs-, Aufsichts-, Verwaltungs- oder sonstiges Organ eines wirtschaftlichen Unternehmens immer der Genehmigung der Aufsichtsbehörde,[69] auch wenn sie nicht vergütet wird.[70] Dies gilt wegen der Weisungsgebundenheit an Gesellschafterbeschlüsse und der damit verbundenen Abhängigkeit auch für Organmitgliedschaften in Berufsgesellschaften der nach Abs. 2 für den Anwaltsnotar zulässigen weiteren Berufe.[71] Hier kommt jedoch statt einer Versagung der Genehmigung als milderer Grundrechtseingriff eine eingeschränkte Genehmigung mit Auflage (→ Rn. 26) in Betracht, dass der Notar für die Dauer der Organtätigkeit das öffentliche Notaramt nicht ausübt. Nebentätigkeiten sind unzulässig und daher nicht genehmigungsfähig, wenn sie das Vertrauen der Rechtsuchenden in die Unparteilichkeit und Unabhängigkeit des Notars beeinträchtigen.[72] Die Nebentätigkeit des Notars als Träger eines öffentlichen Amtes ist am Integritäts- und Anscheinsverbot des Art. 14 Abs. 3 zu messen.[73] Das gilt insbesondere für Tätigkeiten in Organen von Wohnungsbaugesellschaften[74] oder von kommunalen Banken oder Sparkassen[75] und eines Anwaltsnotars als Geschäftsführer einer Unternehmens- und Wirtschaftsberatungs-GmbH,[76] wobei als Verbotsziel nicht ausreichen soll, allein den bösen Schein der Gefährdung der Unparteilichkeit zu vermeiden,[77] weshalb als geringerer Eingriff in die Berufsausübungsfreiheit zum Schutz der amtlichen Unparteilichkeit in diesen Fällen auch die Auflage ausreichen kann,[78] dass der Notar für die Dauer einer leitenden Organmitgliedschaft sein öffentliches Notaramt nicht ausübt oder bei untergeordneten Organfunktionen (Aufsichtsrat)[79] der Notar selbst

---

[66] Ebenso Schippel/Bracker/*Schäfer* BNotO § 8 Rn. 21.
[67] Unklar BGH DNotZ 1967, 701 (705).
[68] Ebenso § 66 Abs. 1 Nr. 1 BBG; vgl. auch BGH DNotZ 1967, 701 (705).
[69] Arndt/Lerch/Sandkühler/*Lerch* BNotO § 8 Rn. 28; Schippel/Bracker/*Schäfer* BNotO § 8 Rn. 22; BeckOK BNotO/*Frisch* BNotO § 8 Rn. 36.
[70] BeckNotar-HdB/*Bremkamp* § 32 Rn. 86.
[71] Dazu auch Arndt/Lerch/Sandkühler/*Lerch* § 8 Rn. 32 ff.
[72] BGH DNotZ 1994, 336.
[73] Dazu *Limmer* DNotZ 2004, 334 (335 ff.).
[74] BGH DNotZ 1996, 219; BeckOK BNotO/*Frisch* BNotO § 8 Rn. 37.
[75] Vgl. BGH DNotZ 2005, 951: Geschäftsführer einer Unternehmens- und Wirtschaftsberatungs-GmbH; BGH ZNotP 2001, 116: Verwaltungsrat in einer Sparkasse; dazu auch Arndt/Lerch/Sandkühler/*Lerch* BNotO § 8 Rn. 31; BGHZ 145, 59 = DNotZ 2000, 951: Aufsichtsrat einer Kreditgenossenschaft, die sich satzungsgemäß mit Grundstücksgeschäften und deren Vermittlung befasst; BGH DNotZ 1994, 336: Aufsichtsrat einer Aktiengesellschaft, die sich satzungsgemäß mit Grundstücksgeschäften befasst; OLG Celle NdsRpfleger 2001, 262; zur Problematik BVerfG DNotZ 2003, 65 mAnm *Vollhardt*, wonach als Verbotsbegründung nicht schon ausreichen soll, den Anschein der Gefährdung von Unabhängigkeit und Unparteilichkeit zu vermeiden. Dazu *Vollhardt* DNotZ 2003, 69; *Kleine-Cosack* DNotZ 2004, 327; *Limmer* DNotZ 2004, 65.
[76] BGH ZNotP 2005, 475 unter Beachtung von BVerfG DNotZ 2003, 65 mAnm *Vollhardt*.
[77] BVerfG DNotZ 2003, 65.
[78] Arndt/Lerch/Sandkühler/*Lerch* BNotO § 8 Fn. 24 weist darauf hin, dass „in Ausnahmefällen auch eine Auflage ausreichen kann, um die Interessengefahr auszuschließen". Im Regelfall sollte ein Nebentätigkeitsverbot ausgesprochen werden, da die Privilegien des öffentlichen Amtes nicht durch unbegrenzt mögliche Nebentätigkeiten zu erweitern sind.
[79] Dazu BVerfG DNotZ 2003, 65 mAnm *Vollhardt;* krit. BGH ZIP 2004, 1741.

und seine Sozien keine Beurkundungen für die Gesellschaft vornehmen, wobei die letztere Auflage in den meisten Fällen nicht ausreicht, den konkreten Vertrauensverlust der rechtsuchenden Bevölkerung in die Unabhängigkeit und Unparteilichkeit des betroffenen Notaramtes auszugleichen. Der Gesetzgeber muss weitergehend die Möglichkeit haben, durch Handlungsgebote, -verbote und Regulierungen von der staatlichen Rechtsordnung gewünschte Ziele zu erreichen und abzusichern. Daher müssen dem Gesetzgeber auch Regelungsmöglichkeiten offen stehen, unerwünschte Ausübungen und Missbräuche der öffentlichen Amtswahrnehmung des Notars durch Verbote präventiv zu untersagen, wie zB durch das in § 14 Abs. 4 normierte strikte Verbot der Maklertätigkeiten und der Vermittlung von Finanzierungen. Andernfalls würde die Legislative dahingehend eingeschränkt, erst bei Unzuträglichkeiten und Verletzungen der Unparteilichkeit nachträglich zu reagieren. Der Souverän hat jedoch vorausschauend, prophylaktisch und nicht repressiv zu handeln und kann daher dem Amtsträger Notar Maklertätigkeiten generell verbieten (§ 14 Abs. 4), selbst wenn solche Tätigkeiten im Einzelfall seine Unparteilichkeit nicht tangieren.[80] „Dem Gesetzgeber steht es im Rahmen des Art. 12 Abs. 1 GG weitgehend frei, wie er erkennbaren Gefährdungen für die Unabhängigkeit und Unparteilichkeit der Notare vorbeugt. Er muss die Gefährdungen einschätzen und ihnen durch Berufsausübungsregeln begegnen"[81] und dabei nur das Verhältnismäßigkeitsprinzip und den allgemeinen Gleichheitssatz des Art. 3 Abs. 1 GG wahren.[82] Auch die Dienstaufsichtsbehörden müssen durch präventive Maßnahmen angemessen handeln können, um die Unabhängigkeit und Unparteilichkeit der öffentlichen Notarämter zu wahren. Die Notare haben als – schon durch den „numerus clausus" – privilegierte Träger eines öffentlichen Amtes die mit dem öffentlichen Amt verbundenen beruflichen Restriktionen zu dulden und können nicht einerseits die Privilegien des öffentlichen Amtes genießen und andererseits sich auf den allgemeinen Gleichheitsschutz berufen und den Abbau von Berufsbeschränkungen bei Nebentätigkeiten fordern.

Organmitgliedschaften in Körperschaften, die gemeinnützige, wissenschaftliche, künstlerische oder gesellige Zwecke verfolgen, sind nicht genehmigungsbedürftig, außer wenn sie gegen Vergütung ausgeübt werden[83] oder die gemeinnützige Körperschaft Anteilseignerin einer auf Gewinnerzielung ausgerichteten Gesellschaft ist.[84] 24

II. Genehmigung

1. Genehmigungsvoraussetzungen. Der Notar darf eine Nebenbeschäftigung gegen 25 Vergütung (Nr. 1) und Organfunktionen (Nr. 2) nur ausüben, wenn die Aufsichtsbehörde dies **vorher** genehmigt hat.[85] Die Genehmigung kann nur erteilt werden, wenn die präventive Prüfung der Justizverwaltung ergeben hat, dass die Nebentätigkeit mit dem öffentlichen Amt des Notars vereinbar ist (S. 2 Alt. 1), insbesondere Amtsbereitschaft und Amtsausübung gewährleistet sowie Unabhängigkeit und Unparteilichkeit des Notars gewahrt bleiben[86] und mit der Nebentätigkeit keine dem öffentlichen Amt widersprechende Werbung (vgl. § 29 Abs. 1, Abs. 2) verbunden ist.[87] Die Genehmigung ist zu versagen, wenn die Nebentätigkeit das Vertrauen in die Unabhängigkeit des Notars gefährden kann (S. 2 Alt. 2).[88] Dabei sind strenge Maßstäbe anzulegen, weil im Interesse

---

[80] In Frankreich und Belgien sind die Notare auch als Makler und Gutachter für Immobilien tätig. In Deutschland sind diese wirtschaftlich durchaus lukrativen Nebentätigkeiten den Notaren zum Schutz ihrer öffentlichen Amtsfunktionen als Organen der Vorsorgenden Rechtspflege aus guten Gründen verboten.
[81] *Jaeger* ZNotP 2003, 402 (406).
[82] BVerfGE 29, 166 (177 f.).
[83] BeckNotar-HdB/*Bremkamp* § 32 Rn. 86.
[84] BGH NJW-RR 2013, 1396.
[85] BeckOK BNotO/*Frisch* BNotO § 8 Rn. 51.
[86] BGH DNotZ 1987, 160; 1994, 336.
[87] Vgl. BGH DNotZ 1994, 336.
[88] Dazu BGHZ 145, 59 = DNotZ 2000, 951.

der Freiwilligen Gerichtsbarkeit und des Vertrauens des Rechtsverkehrs auf die Richtigkeitsgewähr öffentlicher Urkunden aufgrund der amtlichen Neutralität ihrer Verfasser schon der Anschein möglicher Interessenkonflikte zu vermeiden ist. Die Wahrnehmung der staatlichen Funktionen des Notars darf durch die Nebenbeschäftigung nicht beeinträchtigt werden. Erfordert die Nebenbeschäftigung einen zeitlichen Arbeitsaufwand, der die Ausübung des Notaramts negativ beeinflusst, so ist die Genehmigung zu versagen.[89] Der Notar hat deshalb bei der Beantragung der Nebentätigkeitsgenehmigung darzulegen, welchen zeitlichen Aufwand die Nebentätigkeit erfordert.[90] Nebentätigkeiten, die mit der Unabhängigkeit und Unparteilichkeit nicht vereinbar sind, können – unabhängig vor der zeitlichen Inanspruchnahme – ebenfalls nicht genehmigt werden. Daher ist ein weisungsabhängiges Angestelltenverhältnis nicht genehmigungsfähig,[91] ebenso wenig[92] eine selbstständige erwerbswirtschaftliche Tätigkeit.[93] Nicht genehmigungsfähig ist die Tätigkeit als Mitglied eines Umlegungsausschusses (§ 46 Abs. 2 BauGB) oder eines Gutachterausschusses (§§ 192 ff. BauGB).[94] Die Genehmigung zu einer rechtsberatenden Nebentätigkeit ist dem hauptberuflichen Notar immer, dem Anwaltsnotar im Bereich der Vorsorgenden Rechtspflege[95] immer, in anderen Rechtsbereichen nur zu versagen, wenn der Anwaltsnotar sie in einem ständigen Anstellungsverhältnis ausüben will.[96] Syndikusanwälte und Justitiare, die eine Anwaltszulassung haben, können ihre Angestelltentätigkeiten nicht als Nebentätigkeiten des Notarberufs ausüben.[97] Dieselbe mit dem Notaramt nicht zu vereinbarende Abhängigkeit ergibt sich für einen in einer Kanzlei angestellten Rechtsanwalt, der den Beruf des Notars im Nebenberuf ausüben will (§ 3 Abs. 2).[98]

26 Die Genehmigung kann befristet sein oder mit Auflagen verbunden werden (Abs. 3 S. 4),[99] zB dass der Notar für die Dauer der Nebenbeschäftigung sein Notaramt nicht ausübt oder sich der Beurkundung bei Beteiligung bestimmter natürlicher oder juristischer Personen enthält.[100] Lässt sich die Unabhängigkeit und Unparteilichkeit des Notars durch Auflagen – zB dass der Notar für die Dauer der Nebenbeschäftigung sein Notaramt nicht ausübt – erreichen, so ist die Genehmigung mit einer Auflage zu erteilen statt eines Nebentätigkeitsverbots, da im Wirkungsbereich des Art. 12 Abs. 1 GG immer die mildesten und nicht die schärfsten Mittel anzuwenden sind.[101] Es ist aber nicht ermessensfehlerhaft, die Genehmigung zu versagen, wenn die Gefährdung der Unabhängigkeit und Unparteilichkeit des Notars, durch Auflagen nicht verlässlich zu sichern ist.[102] Das Nebentätigkeits-

---

[89] Schippel/Bracker/*Schäfer* BNotO § 8 Rn. 26.
[90] WürzNotar-HdB/*Bischoff* Teil 1 Kap. 1 Rn. 49.
[91] Weitere Versagungsgründe bei Arndt/Lerch/Sandkühler/*Lerch* BNotO § 8 Rn. 21.
[92] BGHZ 35, 110 = NJW 1961, 1468.
[93] Vgl. BGH NJW 1961, 921.
[94] DNotZ 1963, 642 und DNotZ 1963, 707; Schippel/Bracker/*Schäfer* BNotO § 8 Rn. 28.
[95] Der Anwaltsnotar nimmt im Bereich der Vorsorgenden Rechtspflege dieselben Aufgaben wie der hauptberufliche Notar mit funktionaler Gleichwertigkeit wahr. Deshalb kann er in diesem Bereich – wie der hauptberufliche Notar – keine Nebentätigkeiten ausüben. AA Arndt/Lerch/Sandkühler/*Lerch*, 6. Aufl., BNotO § 8 Rn. 51, der hier den öffentlichen Charakter des Notaramtes nicht hinreichend würdigt.
[96] Tätigkeitsbericht BNotK DNotZ 1971, 323 (324).
[97] Ebenso Arndt/Lerch/Sandkühler/*Lerch* BNotO § 8 Rn. 49; *Kilian* Anm. zu BGH DNotZ 2003, 790. Der BGH hatte vor der Frage zu befassen, ob Syndikusanwälte als Bewerber im Anwaltsnotariat durch ihre Tätigkeit notarspezifische Kenntnisse erworben haben können.
[98] Ebenso Schippel/Bracker/*Schäfer* BNotO § 8 Rn. 35; aA Arndt/Lerch/Sandkühler/*Lerch* BNotO § 8 Rn. 50; offen gelassen bei *Lerch*, ebenda Rn. 53 für Anstellung in einer Steuerberatungs- oder Wirtschaftsprüfungskanzlei.
[99] Dazu BGH ZNotP 2004, 413.
[100] BeckNotar-HdB/*Starke*, 6. Aufl. 2014, L I. Rn. 32.
[101] BVerfG DNotZ 2003, 65 mAnm *Vollhardt;* BGH DNotZ 2005, 74; BeckOK BNotO/*Frisch* BNotO § 8 Rn. 20.
[102] OLG Celle 25.1.2007 – Not 13/06, nv: Geschäftsführer einer Treuhandgesellschaft mbH; OLG Celle NdsRpfleger 2000, 109; Arndt/Lerch/Sandkühler/*Lerch* BNotO § 8 Rn. 20. Dies müsste auch gelten, wenn zB bei einer Tätigkeit als Aufsichtsrat in der Immobiliengesellschaft einer Bank durch Auflagen nicht gesichert werden kann, dass der Notar als öffentlicher Amtsträger seine gesetzliche Verpflichtung zur Unabhängigkeit

verbot kann aber aus anderen Gründen – zB einer zu starken zeitlichen Inanspruchnahme[103] – ausgesprochen werden. Eine befristete Genehmigung erlischt durch Zeitablauf. Der Notar hat seine Nebenbeschäftigung auf die Befristung einzurichten.

2. Genehmigungsverfahren. Der Antrag auf Erteilung der Genehmigung ist vor der Übernahme der Nebenbeschäftigung zu stellen. Die Nebenbeschäftigung darf erst nach Erteilung der Genehmigung aufgenommen werden. Die Entscheidung über die Genehmigung nach Abs. 3 trifft die Landesjustizverwaltung nach pflichtgemäßem Ermessen,[104] wobei die Genehmigung – gerichtlich nachprüfbar[105] – zu versagen ist, wenn das Vertrauen in die Unabhängigkeit des Notars gefährdet sein könnte[106] oder die Nebentätigkeit mit dem Amt des Notars nicht vereinbar ist.[107] Die Notarkammer hat ein Anhörungsrecht (Abs. 3 S. 2) dem besonderes Gewicht beizulegen ist, weil sie über weitergehende Personalkenntnisse verfügt.[108]

27

3. Widerruf der Genehmigung. Die Genehmigung kann als begünstigender Verwaltungsakt jederzeit widerrufen werden, wenn die Aufsichtsbehörde bei der Erteilung der Genehmigung von einem unrichtigen Sachverhalt ausgegangen ist und den Notar hieran ein Verschulden trifft oder wenn der Sachverhalt sich nachträglich so geändert hat, dass die Erteilung einer Genehmigung zu versagen wäre. Ein Widerruf kann auch damit gerechtfertigt werden, dass der Notar durch die zu starke Inanspruchnahme mit Nebentätigkeiten an der ordnungsgemäßen Wahrnehmung seiner Amtspflichten gehindert ist,[109] was sich als Ergebnis von Geschäftsprüfungen, Beanstandungen, Beschwerden oder Regressverfahren herausstellen kann. Vor dem Widerruf ist dem Notar rechtliches Gehör zu gewähren.

28

G. Genehmigungsfreie Nebentätigkeiten (Abs. 4)

Genehmigungsfrei ist grds. die Übernahme von unentgeltlichen Nebenbeschäftigungen, Ehrenämtern und Ämtern in politischen Parteien, sofern diese mit den Amts- und sonstigen Pflichten des Notars vereinbar sind, nicht aber als politische Wahlbeamte, die unter Abs. 1 fallen (→ Rn. 9). Die generelle Freistellung sieht das Gesetz vor, weil die in Abs. 4 genannten Ämter und Funktionen die unabhängige und unparteiliche Amtsführung nicht gefährden. Dennoch kann die Justizverwaltung nach pflichtgemäßem Ermessen in begründeten Ausnahmefällen solche Nebentätigkeiten des Notars untersagen, insbesondere wenn die unabhängige und unparteiliche Amtsausübung gefährdet sind.[110] Tätigkeiten in Berufsorganisationen (Notarkammer, Notarkasse, Notarinstitut, Versorgungswerk) oder in Berufsverbänden (Internationale Union des Notariats [U. I. N. L.], Notarbund, Notarverein, Verband freier Berufe ua) sind ebenfalls genehmigungsfrei.[111] Die Organmitgliedschaft in gemeinnützigen,[112] künstlerischen, wissenschaftlichen, politischen oder geselligen Vereinigungen ist bei unentgeltlicher Tätigkeit genehmigungsfrei; wird eine Vergütung gewährt, so bedarf sie der Genehmigung nach Abs. 2 Nr. 1. Organmitgliedstätigkeiten in einem wirtschaftlichen Unternehmen sind stets genehmigungsbedürftig, selbst wenn der Notar

29

---

und Unparteilichkeit wahrt. Dazu BGH DNotZ 2000, 951; BVerfG DNotZ 2003, 65, wonach als Verbotsziel nicht die Vermeidung des bloßen Scheins der Gefährdung ausreicht.
[103] Schippel/Bracker/*Schäfer* BNotO § 8 Rn. 26.
[104] DNotZ 1995, 219 (221); 1969, 312 f.; BeckNotar-HdB/*Starke*, 6. Aufl. 2014, L I. Rn. 31; zu den in Allgemeinverfügungen der Landesjustizverwaltungen konkretisierten ermessensleitenden Gesichtspunkten BGH DNotZ 2000, 148; ZNotP 2005, 475.
[105] Zum Umfang der gerichtlichen Nachprüfung BVerfG DNotZ 2003, 65; BGHZ 145, 59 (60).
[106] BGH DNotZ 1994, 336; 1996, 219.
[107] BGHZ 145, 59 = DNotZ 2000, 951; dazu aber BVerfG DNotZ 2003, 65 mAnm *Vollhardt*.
[108] Noch weiter gehend BeckOK BNotO/*Frisch* BNotO § 8 Rn. 52.
[109] Ebenso Arndt/Lerch/Sandkühler/*Lerch* BNotO § 8 Rn. 21.
[110] WürzNotar-HdB/*Bischoff* Teil 1 Kap. 1 Rn. 50.
[111] BGH DNotZ 1987, 160.
[112] BGH DNotZ 2014, 551, wenn der Verein keinen wirtschaftlichen Geschäftsbetrieb unterhält.

keine Vergütung erhält (zB in EWIV, Stiftung), auch wenn der Notar ehrenamtlich im Vorstand der Mutterkörperschaft (Stiftung) des gewinnorientierten Unternehmens tätig ist.[113]

30   Nicht genehmigungsbedürftig sind die Tätigkeiten als Testamentsvollstrecker, Insolvenzverwalter, Schiedsrichter[114] oder Vormund sowie vergleichbare auf behördlicher Anordnung beruhende Tätigkeiten, zB die Tätigkeit als Zwangsverwalter, Mitglied des Gläubigerausschusses oder Gläubigerbeirats, Pfleger, Betreuer, usw. Zum Amt des Notars gehören diese Tätigkeiten nicht,[115] auch nicht die Tätigkeit als Schiedsrichter für den vom Deutschen Notarverein initiierten Schlichtungs- und Schiedsgerichtshof (SGH). Insbesondere nimmt der Notar schiedsrichterliche Funktionen nicht als hoheitlicher Amtsträger wahr;[116] dies hat sowohl disziplinar-, haftungs- als auch gebührenrechtliche Konsequenzen, weil das GNotKG auf schiedsrichterliche Tätigkeiten keine Anwendung findet. Betreibt der Testamentsvollstrecker als Treuhänder oder Bevollmächtigter[117] des Erben ein zum Nachlass gehörendes Handelsgeschäft, so geht dies über die genehmigungsfreie Testamentsvollstreckertätigkeit des Notars hinaus. Alle vorgenannten Tätigkeiten sind dem Notar untersagt, wenn Tatbestände in entsprechender Anwendung des § 3 BeurkG vorliegen. Als Mediator, Schlichter oder Gütestelle (§ 794 Abs. 1 Nr. 1 ZPO, § 15a EGZPO) übt der Notar Amtstätigkeiten nach § 24 aus,[118] die nach § 126 Abs. 1 GNotKG abzurechnen sind.[119]

31   Genehmigungsfrei ist auch die Verwaltung eigenen Vermögens oder das nächster Angehöriger (Ehefrau,[120] Kinder, Eltern). Problematisch kann diese Tätigkeit werden, wenn zum Vermögen ein Gewerbebetrieb gehört. Die Mitarbeit des Notars in einem Gewerbebetrieb ist in allen Fällen (auch bei Vermögensverwaltung für nächste Angehörige) anzeige- und genehmigungspflichtig[121] und, sofern sie als selbstständige erwerbswirtschaftliche Tätigkeit ausgeübt wird, nur in Ausnahmefällen genehmigungsfähig.

32   Rechtsgutachten des Notars bedürfen keiner Genehmigung,[122] auch wenn sie nicht auf dem Gebiet der vorsorgenden Rechtspflege erstellt werden, da der Notar Rechtsgutachten nach Abs. 4 auch außerhalb der vorsorgenden Rechtspflege als wissenschaftliche Tätigkeit genehmigungsfrei erstellen darf.[123] Gutachten im notariellen Aufgabenbereich müssen – auch vom Anwaltsnotar – als notarielle Aufgaben nach den niedrigeren Gebühren des GNotKG abgerechnet werden, wenn sie vom Auftraggeber nicht ausdrücklich für wissenschaftliche Zwecke verlangt werden; im letzteren Fall ist das Honorar wie bei wissenschaftlichen Publikationen frei vereinbar. Die Vorschriften des GNotKG dürfen auch nicht durch Übertragung der Tätigkeiten auf Berufsverbindungsmitglieder umgangen werden.

---

[113] BGH NJW-RR 2013, 1396.
[114] Schippel/Bracker/*Schäfer* BNotO § 8 Rn. 42; *Keim* MittBayNot 1994, 2; *Wagner* BB 1997, 53; *ders.* ZNotP 1999, 22.
[115] BayObLG DNotZ 1972, 372.
[116] AA *Wagner* DNotZ Sonderheft Deutscher Notartag 1998, 75; *ders.* ZNotP 1999, 22 (23 f.).
[117] BGHZ 12, 100.
[118] Schippel/Bracker/*Reithmann* BNotO Anh. § 24 Rn. 58 ff.; BeckNotar-HdB/*Starke,* 6. Aufl. 2014, L I. Rn. 34; Güteordnung der Bundesnotarkammer DNotZ 2000, 1.
[119] Diehn/*Bormann* BNotO § 8 Rn. 18.
[120] Nach § 9 Abs. 4 RNotO war sogar der Gewerbebetrieb eines Ehegatten des Notars genehmigungsbedürftig. Die Regelung belegt das historisch fundierte Amtsverständnis des Notarberufs.
[121] So auch Schippel/Bracker/*Schäfer* BNotO § 8 Rn. 21; Arndt/Lerch/Sandkühler/*Lerch* BNotO § 8 Rn. 26, 45; BeckOK BNotO/*Frisch* BNotO § 8 Rn. 39.
[122] So für Gutachten auf dem Gebiet der vorsorgenden Rechtspflege auch Diehn/*Bormann* BNotO § 8 Rn. 18; ähnlich differenzierend BeckOK BNotO/*Frisch* BNotO § 8 Rn. 61.
[123] AA Schippel/Bracker/*Schäfer* BNotO § 8 Rn. 38; Diehn/*Bormann* BNotO § 8 Rn. 18, die das Erstellen von Gutachten nicht als wissenschaftliche Tätigkeit (Abs. 4) sondern als entgeltliche Nebenbeschäftigung (Abs. 3 S. 1 Nr. 1) einordnen. Dem dürfte dann zuzustimmen sein, wenn es sich um eine auf Dauer angelegte, regelmäßige, entgeltliche Gutachtentätigkeit für denselben Auftraggeber handelt oder wenn bei einem Einzelfall nicht die rechtswissenschaftliche Arbeitsmethode Grundlage des Gutachtens ist. Angesichts der Abgrenzungsfragen ist dem Notar dringend anzuraten, vor der Erstellung von entgeltlichen Rechtsgutachten außerhalb des notariellen Aufgabenbereichs, die nicht reinen Publikationszwecken dienen, die Entscheidung der zuständigen Aufsichtsbehörde einzuholen, um Disziplinarmaßnahmen zu vermeiden.

Genehmigungsfrei ist eine wissenschaftliche, künstlerische, schriftstellerische oder Vortragstätigkeit,[124] soweit sie nicht in einem besoldeten Amt gem. Abs. 1 wahrgenommen wird oder wegen eines dauerhaften Beschäftigungsverhältnisses nicht nach Abs. 3 Nr. 1 der Genehmigung bedarf.[125] Genehmigungsfrei ist hiernach insbesondere die Tätigkeit als Lehrbeauftragter,[126] Arbeitsgemeinschaftsleiter in der Referendarausbildung oder als Prüfer in juristischen Staatsexamina.[127] Vortragstätigkeiten des Notars sind in der Weise wahrzunehmen, dass der Anschein von Werbung (§ 29 Abs. 1) vermieden wird. Ist mit einer der vorgenannten Tätigkeiten eine gewerbliche Herstellung oder ein Vertrieb verbunden, so ist eine Genehmigung erforderlich. 33

H. Verstöße gegen § 8

Verstößt der Notar gegen § 8, indem er ein besoldetes Amt übernimmt, eine weitere berufliche Tätigkeit ausübt oder ohne Genehmigung eine genehmigungspflichtige Tätigkeit ausübt, so ist er nach § 50 Abs. 1 Nr. 4 und Nr. 5 des Amtes zu entheben. Wird die Zulassung nach § 8 Abs. 1 S. 2 oder die nach § 8 Abs. 3 erforderliche Genehmigung noch vor der Entschließung der Landesjustizverwaltung über die Amtsenthebung erteilt, greift § 50 nicht; der Gesetzesverstoß durch Beginn einer erst später genehmigten Tätigkeit ist aber disziplinarrechtlich zu ahnden. 34

Der Notar muss über den Anwendungsbereich des § 8 hinaus auch genehmigungsfreie Nebentätigkeiten grds. ablehnen, wenn sie mit seinen Amtspflichten oder dem Ansehen seines Berufs nicht vereinbar wären (§ 14); dies gilt insbesondere, wenn diese Tätigkeiten gegen seine sonstigen Pflichten aus §§ 28, 29, 31 verstoßen würden. Die Aufsichtsbehörde ist auch in diesen Fällen befugt und verpflichtet, dem Notar die unerlaubten Tätigkeiten zu untersagen und Verstöße disziplinarrechtlich zu ahnden. 35

§ 9 [Verbindung zur gemeinsamen Berufsausübung]

(1) ¹Zur hauptberuflichen Amtsausübung bestellte Notare dürfen sich nur mit am selben Amtssitz bestellten Notaren zur gemeinsamen Berufsausübung verbinden oder mit ihnen gemeinsame Geschäftsräume haben. ²Die Landesregierungen oder die von ihnen durch Rechtsverordnung bestimmten Stellen werden ermächtigt, um den Erfordernissen einer geordneten Rechtspflege insbesondere im Hinblick auf die örtlichen Bedürfnisse und Gewohnheiten Rechnung zu tragen, durch Rechtsverordnung zu bestimmen,
1. daß eine Verbindung zur gemeinsamen Berufsausübung oder eine gemeinsame Nutzung der Geschäftsräume nach Satz 1 nur mit Genehmigung der Aufsichtsbehörde, die mit Auflagen verbunden oder befristet werden kann, und nach Anhörung der Notarkammer zulässig ist;
2. die Voraussetzungen der gemeinsamen Berufsausübung oder die gemeinsame Nutzung der Geschäftsräume, insbesondere zur Höchstzahl der beteiligten Berufsangehörigen sowie die Anforderungen an die Begründung, Führung, Fortführung und Beendigung der Verbindung zur gemeinsamen Berufsausübung oder Nutzung gemeinsamer Geschäftsräume.

(2) Anwaltsnotare dürfen sich nur miteinander, mit anderen Mitgliedern einer Rechtsanwaltskammer, Patentanwälten, Steuerberatern, Steuerbevollmächtigten, Wirtschaftsprüfern und vereidigten Buchprüfern zur gemeinsamen Berufsausübung verbinden oder mit ihnen gemeinsame Geschäftsräume haben.

---

[124] Dazu BGH DNotZ 2000, 148 (151); ZNotP 2014, 113.
[125] BGH NJW-RR 2015, 57.
[126] Nicht jedoch als hauptberuflicher Professor; dazu KG NJW-RR 2013, 432.
[127] Ebenso Arndt/Lerch/Sandkühler/*Lerch* BNotO § 8 Rn. 43.

(3) **Die Verbindung zur gemeinsamen Berufsausübung oder die gemeinsame Nutzung der Geschäftsräume ist nur zulässig, soweit hierdurch die persönliche und eigenverantwortliche Amtsführung, Unabhängigkeit und Unparteilichkeit des Notars nicht beeinträchtigt wird.**

Übersicht

	Rn.
A. Normzweck	1
B. Anwendungsbereich	5
C. Allgemeine Regelungen für haupt- und nebenberufliche Notare	8
I. Grundlagen der Berufsverbindungsmöglichkeiten	8
II. Überörtliche Berufsverbindungen	11
III. Genehmigung (Abs. 1 S. 2 Nr. 1)	13
1. Genehmigungspflicht	13
2. Widerruf der Genehmigung	17
3. Unzulässige oder fehlende Genehmigung	18
IV. Arten der Berufsverbindungen	19
1. Gemeinschaftsverträge	19
2. Notaramt in Kapitalgesellschaft	20
3. Partnerschaft	21
4. EWIV	22
5. Kooperationen	23
6. Grenzüberschreitende Berufsverbindung	24
D. Berufsverbindungen des hauptberuflichen Notars (Abs. 1)	25
I. Grundlagen	25
II. Zwei Grundformen der Berufsverbindung	26
1. Allgemeines	26
2. Sozietät	27
3. Bürogemeinschaft	28
E. Berufsverbindungen des Anwaltsnotars (Abs. 2)	29
I. Zulässige Verbindungen zwischen Anwälten und Notaren	29
II. Verbindung mit anderen Berufsträgern (Abs. 2)	33
1. Allgemeines	33
2. Notar und Steuerberater	34
3. Notar und Wirtschaftsprüfer	36
4. Notar und Patentanwalt	40
F. Mindestzulässigkeitsvoraussetzungen für Berufsverbindungen (Abs. 3)	41

A. Normzweck

1 Die im Spannungsfeld zur Berufsausübungsfreiheit (die unser Grundgesetz jedem Deutschen in Art. 12 GG garantiert) stehenden Beschränkungen der Berufsverbindungsmöglichkeiten des Notars sind als Folge seiner staatlichen Funktionen zwingend geboten.[1] Im staatlichen Aufgabenbereich der Vorsorgenden Rechtspflege sind dem Notar Zuständigkeiten übertragen, für die wegen der gebotenen hoheitlichen Ausgestaltung des öffentlichen Amtes[2] von dem Berufsträger „Notar" tiefgreifende Einschränkungen der Berufsfreiheit in Kauf genommen werden müssen. Diese Einschränkungen gehen über umfangreiche Regelungen der Berufsausübung hinaus und begrenzen sogar das Grundrecht auf freie Berufswahl. Für Notare als Inhaber eines öffentlichen Amtes[3] mit tiefgreifenden Einschränkungen der Berufsausübungsfreiheit gelten in Anlehnung an Art. 33 Abs. 5 GG[4] für Berufsverbin-

---

[1] Zur Bedeutung und Reichweite von Eingriffen in die Freiheit der Berufsausübung der Notare BVerfGE 7, 377 (405); 54, 237 (245 ff.) = DNotZ 1980, 556; BVerfGE 80, 269 (278) = DNotZ 1989, 627; BVerfGE 98, 49 (62) = DNotZ 1998, 754; BVerfGE 110, 304 (326 ff.) = DNotZ 2004, 560.
[2] BVerfG DNotZ 2012, 945; 2009, 702 (704 f.); BVerfGE 73, 280 (293 f.) = DNotZ 1987, 121.
[3] BVerfGE 7, 377 (398); BVerfG DNotZ 2009, 702 (704).
[4] Vgl. BVerfGE 73, 280 (292, 294) = DNotZ 1987, 121; BVerfGE 110, 304 (321) = DNotZ 2004, 560.

dungen Sonderregelungen, die wegen der in Anspruch genommenen Privilegien Auswirkungen auf den Grundrechtsschutz aus Art. 12 GG haben können.[5] Daher stehen alle Berufsverbindungen des Notars – auch des Notars im Nebenberuf (Anwaltsnotars; vgl. § 3 Abs. 2) – unter dem gesetzlichen Vorbehalt des Abs. 3, wonach **durch Berufsverbindungen die persönliche und eigenverantwortliche Amtsführung sowie die Unabhängigkeit und Unparteilichkeit des Notars nicht beeinträchtigt werden dürfen.**[6] Die öffentlich-rechtlichen Verbindungsverbote sichern die institutionellen Grundlagen des Notaramts und den staatlichen Organisationsvorbehalt. Diese zum Wohle einer geordneten Rechtspflege erforderlichen Einschränkungen stehen im Spannungsfeld zur durch Art. 12 GG garantierten Berufsfreiheit des Notars, die auch die Freiheit umfasst, seinen Beruf gemeinsam mit anderen auszuüben.[7] Die Organisationserfordernisse öffentlicher Ämter räumen der Justizverwaltung ein durch die Erfordernisse einer geordneten Rechtspflege begrenztes Organisationsermessen ein und einen damit korrespondierenden Einschätzungsspielraum im Hinblick auf den Zuschnitt der Notariate sowie auf alle Maßnahmen, welche die Errichtung, Ausgestaltung und Einziehung von Notarstellen betreffen.[8]

Das öffentliche Amt des Notars schließt jede Form von Fremdverantwortlichkeit aus,[9] ist vom Amtsträger nicht abspaltbar und daher nicht sozietätsfähig.[10] Ausdruck dieser fehlenden Sozietätsfähigkeit sind ua die persönliche Amtsführung (zB sind von zwei oder mehreren beruflich verbundenen Notaren jeweils getrennte Urkundensammlungen, Urkundenrollen, Bücher, Verzeichnisse, Karteien, Listen, Akten und Register zu führen) und die – trotz gemeinsamer Berufsausübung – getrennte disziplinar- und haftungsrechtliche Verantwortlichkeit jedes einzelnen Notars. Die Anzeige- und Mitteilungspflichten gegenüber der Aufsichtsbehörde betreffen immer den jeweiligen Amtsträger.

Die Personenbezogenheit des Notaramts kann bei Berufsverbindungen mit Rechtsanwälten, Rechtsbeiständen, Patentanwälten, Steuerberatern, vereidigten Buchprüfern und Wirtschaftsprüfern nicht zu einer Abspaltung des Notaramts führen. Alleiniger Träger des Amtes ist der jeweilige Notar, niemals die Berufsverbindung. Lediglich die Berufsausübung erfolgt parallel gemeinsam organisiert unter Führung getrennter Ämter.

Die Art der Ausübung des öffentlichen Notaramts kann nicht Gegenstand privater Vereinbarungen sein, da schuldrechtliche Bindungen hinsichtlich der Amtsausübung unzulässig und unwirksam sind. Der Notar kann zB die Vorbereitung oder den Vollzug der Beurkundung nicht auf einen anderen Berufsträger übertragen. Er kann sich von seiner Verantwortung und Amtshaftung gegenüber den Urkundsbeteiligten nicht befreien. Daraus folgt, dass dem Notar bei allen amtsbezogenen Maßnahmen – außerhalb der staatlichen Dienstaufsicht – auch in Berufsverbindungen keine Weisungen durch Dritte[11] erteilt werden können, was mit den Berufsrechten der Steuerberater[12] und Wirtschaftsprüfer[13] kollidiert. Die Unabhängigkeit und Unparteilichkeit des Notars ist trotz seiner richterähnlichen Funktionen stärker als beim Richter gefährdet und bedarf zur Absicherung staatlicher Regulierung und Überwachung, weil der Notar im Unterschied zum Richter von den Rechtsuchenden unmittelbar vergütet wird. Die Bindung der Berufsausübung

---

[5] *Jaeger* ZNotP 2003, 402 (403) unter Hinweis auf BVerfGE 73, 280 (292). Vgl. BVerfGE 54, 237 (246) = DNotZ 1980, 556.
[6] *Diehn/Bormann* BNotO § 9 Rn. 1: „Sicherung der eigenverantwortlichen Amtsführung, Unabhängigkeit und Unparteilichkeit des Notars" zum „Schutz wesentlicher Funktionen der vorsorgenden Rechtspflege".
[7] BVerfGE 54, 237 (245 ff.) = DNotZ 1980, 556; BVerfGE 80, 269 (278) = DNotZ 1989, 627; BVerfGE 98, 49 (62) = DNotZ 1998, 754; BVerfG DNotZ 2009, 702 (704).
[8] BVerfG DNotZ 2009, 702 (705) mAnm *M. Meyer*.
[9] *Baumann* MittRhNotK 1996, 1 (13 ff.).
[10] *Bohrer*, Berufsrecht, Rn. 312; BeckNotar-HdB/*Bremkamp* § 32 Rn. 89, 35; BeckNotar-HdB/*Sandkühler* § 33 Rn. 55; WürzNotar-HdB/*Bischoff* Teil 1 Kap. 1 Rn. 51; *Baumann* MittRhNotK 1996, 1 (13 f.).
[11] Bedenklich daher die aufgrund fremder Berufsordnungen vorgegebenen Leitungsfunktionen von Steuerberatern (→ Rn. 35) und Wirtschaftsprüfern (→ Rn. 39).
[12] → Rn. 35.
[13] → Rn. 39.

eines öffentlichen Amtes an privatwirtschaftliche Strukturen wirft seit der Ausdehnung der Berufsverbindungsmöglichkeiten infolge des Paradigmenwechsels der „Wirtschaftsprüfer"-Entscheidung des BVerfG[14] erhöhte Probleme bei der Amtsausübung auf, vor allem bei der Beachtung der verschärften Mitwirkungsverbote gem. § 3 BeurkG[15] und bei der Dienstaufsicht. § 9 ist die problematischste Bestimmung der Bundesnotarordnung, weil vertraglich begründete Berufsverbindungen des Notars mit Nichtamtsträgern seine Unabhängigkeit und Unparteilichkeit gefährden und zu einer „schleichenden Erosion des Amtsverständnisses" führen können.[16]

B. Anwendungsbereich

5   Die Vorschrift erfasst alle partnerschaftlichen Berufsverbindungen des Notars,[17] und beschränkt die im Gesellschaftsrecht geltende Privatautonomie wegen der hoheitlichen Funktionen des Notars[18] in verfassungsrechtlich zulässiger Weise.[19] Abs. 1 S. 2 Nr. 1 und Nr. 2 sind Ermächtigungsgrundlagen für Rechtsverordnungen, in denen Einzelheiten für die Ausgestaltung der Berufsverbindungen geregelt werden können. Regelungen der Berufsausübung müssen dem Grundrechtsvorbehalt des Art. 12 Abs. 1 S. 2 GG genügen, durch vernünftige Gründe des Gemeinwohls gedeckt sein und den Grundsatz der Verhältnismäßigkeit wahren.[20] Da nicht das Recht zum Berufszugang, sondern nur das Recht des Notars, seine beruflichen Aufgaben in einer bestimmten Weise wahrzunehmen, durch Rechtsverordnungen über Berufsverbindungen eingeschränkt wird,[21] steht dem Verordnungsgeber verfassungsrechtlich ein weiter Einschätzungsspielraum zu. Dieser Einschätzungsspielraum ist auch auf Maßnahmen die den Zuschnitt der Notariate sowie deren Errichtung und Ausgestaltung betreffen, eröffnet.[22] Zu diesen Maßnahmen zählt auch der in Wahrnehmung der Verordnungsermächtigung des § 9 Abs. 1 S. 2 in Rechtsverordnungen festgelegte Genehmigungsvorbehalt für Berufsverbindungen der Notare,[23] weil die Aufsichtsbehörden zu überwachen haben, dass durch die organisatorische Verbindung der Notariate die Unabhängigkeit der selbstständig bleibenden Notarämter unberührt bleibt. Die Verordnungsermächtigung der Landesregierungen und der Genehmigungsvorbehalt[24] der notariellen Berufsverbindungen sind wegen der zwingend hoheitlich auszugestaltenden Notarämter verfassungsrechtlich unbedenklich.[25]

6   Die Gesetzesfassung ist nicht geglückt, da S. 2 aufgrund seines Inhalts als eigenständiger Absatz gegliedert sein müsste und nicht nur für Verordnungen des hauptberuflichen Notariats gelten kann. Die Eingliederung in Abs. 1 und die Erwägungen des historischen Gesetzgebers[26] legen nahe, dass nur die Landesregierungen im Geltungsbereich des hauptberuflichen Notariats ermächtigt werden sollen. Fraglich ist schon, ob der Bundesgesetzgeber einzelne Landesregierungen von der Befugnis ausschließen kann, Rechtsverordnungen aufgrund eines Bundesgesetzes zum Wohle der landesbezogenen Rechtspflege zu

---

[14] BVerfG DNotZ 1998, 754 gegen BVerfG DNotZ 1980, 556; 1989, 627.
[15] Dazu *Mihm* DNotZ 1999, 8 ff.
[16] Davor warnt bereits *Zuck* FS Schippel 1996, 817 (825); ähnliche Beobachtungen bei *Schill* NJW 2007, 2014 (2018).
[17] Arndt/Lerch/Sandkühler/*Lerch* BNotO § 9 Rn. 3.
[18] BVerfG DNotZ 2012, 945; 2009, 702.
[19] BVerfG DNotZ 1980, 556 (561); 1989, 623 (628).
[20] BVerfGE 7, 377 (405); BVerfG DNotZ 2009, 702 (704).
[21] BVerfGE 54, 237 (246) = DNotZ 1980, 556; BVerfGE 80, 269 (278) = DNotZ 1989, 626; BVerfGE 98, 49 (59) = DNotZ 1998, 754; BVerfG DNotZ 2009, 702 (704).
[22] BVerfG DNotZ 2009, 702 (705); BGHZ 127, 83 (90) = DNotZ 1996, 179.
[23] BVerfG DNotZ 2009, 702 (705); BGHZ 59, 274 (279) = DNotZ 1973, 429; BGH DNotZ 2005, 870; NJW-RR 2005, 1722 (1723).
[24] BVerfG DNotZ 1973, 493; *Michalski* ZIP 1996, 11 (16).
[25] BVerfG DNotZ 2009, 702 (705 f.) mAnm *M. Meyer.*
[26] BT-Drs. 13/4184, 22.

erlassen, und – insoweit gegen das Gebot der Gleichbehandlung verstoßend – nur einzelne Landesregierungen ermächtigen kann, Rechtsverordnungen nach Bundesgesetzen zum Wohl der landesbezogenen Rechtspflege zu erlassen. Nach dem objektiven Regelungsziel der Bundesnotarordnung sind das hauptberufliche und das Anwaltsnotariat als gleichwertig zu behandeln. Daher dürfen die Landesregierungen im Geltungsbereich des Anwaltsnotariats durch die Ermächtigung des Bundesgesetzgebers, Rechtsverordnungen zur inhaltlichen Ausgestaltung der Berufsverbindungen zu erlassen, nicht schlechter gestellt werden als im Geltungsbereich des hauptberuflichen Notariats, da sie dasselbe Regelungsziel im Interesse der Rechtspflege verfolgen. Auch im Geltungsbereich des Anwaltsnotariats ist, wie Abs. 1 S. 1 und Abs. 3 vorsehen, „einer geordneten Rechtspflege" Rechnung zu tragen. Deshalb muss Abs. 1 S. 2 für die Landesregierungen aller deutschen Bundesländer gelten.

Die inhaltliche Ausgestaltung der Rechtsverordnungen hat sich im Interesse der vorsorgenden Rechtspflege – trotz der Justizhoheit der Länder – nach den bundesgesetzlichen Vorgaben der Bundesnotarordnung zu richten. Dem Verordnungsgeber steht ein weiter Einschätzungs- und Prognosespielraum zu.[27] **7**

C. Allgemeine Regelungen für haupt- und nebenberufliche Notare

I. Grundlagen der Berufsverbindungsmöglichkeiten

§ 9 behandelt sämtliche Berufsverbindungsmöglichkeiten der Notare, die zur hauptberuflichen Amtsausübung bestellt sind, und der Notare, die das Amt gem. § 3 Abs. 2 „nur im Nebenberuf ausüben" (Anwaltsnotare). Die Vorschrift unterscheidet zwischen Verbindungen zur gemeinsamen Berufsausübung und Berufsausübungen in gemeinsamen Geschäftsräumen. Bei gemeinsamer Berufsausübung können die Notare und ihre Berufspartner in gemeinsamen Geschäftsräumen nach außen auf Kanzleischildern, Briefbögen, Stempeln und Postalia gemeinschaftlich auftreten.[28] In dieser Weise verbundene Notare dürfen gemeinsame Urkundendeckblätter und Vordrucke für Kostenrechnungen verwenden, sofern die amtliche Tätigkeit dem jeweils beurkundenden Notar zugeordnet werden kann. Wird der Beruf des Notars nur in gemeinsamen Geschäftsräumen ausgeübt, so beschränkt sich die Verbindung auf die gemeinsame Nutzung der Geschäftsräume und – falls vereinbart – bestimmter Büroeinrichtungen und Organisationsmittel. **8**

Alle partnerschaftlichen Verbindungen des Notars finden ihre Grenze darin, dass das öffentliche Amt – aus der unmittelbaren Staatsorganisation ausgegliedert – nur einer individuellen Person als öffentlichem Amtsträger übertragen wird. Daher müssen Berufsverbindungen die Selbstständigkeit und Eigenverantwortlichkeit des Notars als Amtsträger unberührt lassen (Abs. 3). Das öffentliche Notaramt kann ebenso wenig wie die Amtstätigkeit des Notars als staatliche Funktionsausübung Gegenstand privatrechtlicher Vereinbarungen sein. Die Amtsausübung kann und darf – wie die Wahrnehmung anderer staatlicher Funktionen – nicht durch privatrechtliche Vereinbarungen beschränkt werden. Deshalb richtet sich ein Beurkundungsauftrag als verfahrensrechtlicher Akt des Beurkundungsrechts nicht an die Berufsverbindung, sondern immer nur an den jeweiligen Amtsträger Notar. Der beauftragte Notar bleibt alleiniger Träger der von ihm übernommenen Amtspflichten. Eine Weisungsbefugnis von Berufsverbindungsmitgliedern gegenüber einem Notar ist aufgrund der gesetzlich vorgeschriebenen und staatlich garantierten Unabhängigkeit des Amtes auch zwischen Nurnotaren ausgeschlossen. Der bürgerlich rechtliche (Sozietäts-)Vertrag darf sich deshalb immer nur auf den wirtschaftlichen und organisatorischen Bereich beziehen, der die Voraussetzungen für die Ausübung des Amtes innerhalb der Berufsverbindung schaffen soll. **9**

---

[27] BVerfGE 53, 135 (145); BVerfG DNotZ 2009, 702 (704) mAnm *M. Meyer.*
[28] *Bohrer*, Berufsrecht, Rn. 321.

10 Diese Unabhängigkeit muss beim Anwaltsnotar in gleicher Weise wie beim hauptberuflichen Notar gewährleistet bleiben. Die Ausführungen des BVerfG, es gäbe unterschiedliche Berufsbilder des Anwaltsnotars und des hauptberuflichen Notars,[29] dürfen nicht dahingehend missverstanden werden, dass der Anwaltsnotar kein öffentliches Amt wahrnimmt; andernfalls wären dessen hoheitliche Funktionen, die Wirksamkeit seiner öffentlichen Urkunden und damit dieses Berufsbild insgesamt in Frage gestellt. Vielmehr ist der Anwaltsnotar als Träger eines öffentlichen Amtes dem hauptberuflichen Notar nach den Regelungen der Bundesnotarordnung ohne Einschränkungen ebenbürtig und nimmt dieselben staatlichen Funktionen wahr. Daher müssen für den Anwaltsnotar dieselben Berufsausübungsschranken wie für den hauptberuflichen Notar gelten, soweit die Bundesnotarordnung nicht ausdrückliche Ausnahmen bei der Ausübung weiterer Berufe und bei den Berufsverbindungen zulässt.[30]

II. Überörtliche Berufsverbindungen

11 Abs. 2 räumt als Ausnahmetatbestand den Anwaltsnotaren zwar ausdrücklich das Recht ein, mit den dort genannten Berufen interprofessionelle Berufsverbindungen einzugehen. Zu überörtlichen **Berufsverbindungen zwischen Notaren mit verschiedenen Amtssitzen** enthält die Bundesnotarordnung keinen geregelten Ausnahmetatbestand.[31] Zwar wiederholt Abs. 2 nicht den Wortlaut des Abs. 1 S. 1 („am selben Amtssitz"); hieraus könnte gefolgert werden, dass überörtliche Sozietäten zwischen Anwaltsnotaren zulässig sind.[32] Eine solche grundlegende Durchbrechung des allgemeinen Verbots überörtlicher Berufsverbindungen gem. Abs. 1 müsste aber in Abs. 2 ausdrücklich geregelt sein, um die Berufsbilder des „nebenberuflichen" Anwaltsnotars und des hauptberuflichen Notars bei identischen Amtsfunktionen nicht weiter auseinander zu treiben. Abs. 2 beschränkt sich jedoch auf die Zulassung interprofessioneller Berufsverbindungen des Notars, regelt dagegen nicht die Zulässigkeit überörtlicher Sozietäten. Das spricht eindeutig dafür, auch § 29 Abs. 3 nur auf interprofessionelle Sozietäten zu beziehen. Jeder Notar – auch der Anwaltsnotar – hat nur eine Geschäftsstelle (§ 10 Abs. 2 S. 1) und darf nur in von der Aufsichtsbehörde genehmigten Ausnahmefällen (insbesondere in ländlichen Regionen zur Versorgung der rechtssuchenden Bevölkerung) regelmäßige auswärtige Sprechtage durchzuführen. Wegen der Ortsbezogenheit der öffentlichen Notarämter, der regionalen Bedarfsplanung öffentlicher Ämter und der grds. am Amtssitz des Notars auszuübenden Dienstaufsicht[33] sprechen im (Anwalts-)Notariat erhebliche rechtliche Bedenken gegen die Zulässigkeit von „überörtlichen Notarsozietäten" (Beteiligung von Notaren mit verschie-

---

[29] BVerfG DNotZ 1998, 754 (766).
[30] Entgegen Arndt/Lerch/Sandkühler/*Lerch* BNotO § 9 Rn. 3 wird weder von den Notarkammern noch im Schrifttum des Nurnotariats die Abschaffung des historisch gewachsenen und durchaus bewährten Anwaltsnotariats gefordert, sondern nur die Geltung identischen Berufsrechts, was mit oder Erweiterung der Berufsfelder des Anwaltsnotars schwieriger wird und zu einer endgültigen Auseinanderentwicklung führen kann. Die Notarkammern des Anwaltsnotariats steuern solchen Entwicklungen entgegen. Dazu Schippel/Bracker/*Schäfer* BNotO § 8 Rn. 2 aE: „Die Erkenntnis, dass die notarielle Tätigkeit öffentlich-rechtlich geprägt ist, ist bei allen Notarkammern des Anwaltsnotariats gewachsen".
[31] Auch § 29 Abs. 3 spricht nicht von Notarsozietäten mit verschiedenen Amtssitzen.
[32] So zB *Maaß* ZNotP 2005, 330 (333). Ähnlich WürzNotar-HdB/*Bischoff* Teil 1 Kap. 1 Rn. 57: „Dem Anwaltsnotar sind auch **überörtliche Berufsverbindungen** nicht ausdrücklich verboten." Wäre diese Auffassung *Bischoffs* zutreffend, könnte jeder Anwaltsnotar sogar im Bereich des hauptberuflichen Notariats überörtliche Berufsverbindungen eingehen. Das Notaramt lässt auch beim Anwaltsnotar solche Berufsverbindungen des öffentlichen Notaramtes nicht zu. Jede überörtliche Berufsverbindung des Anwaltsnotars als Rechtsanwalt muss sicherstellen, dass der Notar seine örtliche Amtsbezogenheit nicht überschreitet, wie sich trotz Nichtregelung in § 9 sehr eindeutig aus § 29 Abs. 3 ergibt. Hierauf haben die Aufsichtsbehörden ein besonderes Augenmerk bei den Geschäftsführungen zu legen. Die abweichende Meinung von *Maaß* und *Bischoff* beruht auf dem Missverständnis, dass der Anwaltsnotar seinen Beruf als Rechtsanwalt auch überörtlich ausüben kann, nicht aber das öffentliche ortsbezogene Notaramt.
[33] Vgl. nur zu den Problemen bei den Auskunfts- und Vorlagepflichten gem. § 27 Arndt/Lerch/Sandkühler/*Lerch* BNotO § 27 Rn. 3 ff. und § 93 Rn. 39 ff.

denen Amtssitzen). Der Normzweck objektiver Zulassungsschranken zum Notaramt widerspricht interlokalen Berufsverbindungen der Notare.[34] Die Ortsbezogenheit der öffentlichen Notarämter, die ihre Grundlage in der objektiven Bedürfnisprüfung gem. § 4 aufgrund des ortsbezogenen Urkundsaufkommens hat und mit der die Zuständigkeit der notariellen Dienstaufsicht (§§ 92 ff.) und der staatlichen Organisations- und Disziplinargewalt verknüpft, findet auf haupt- wie nebenberufliche (Anwalts-)Notare in gleicher Weise Anwendung. Das für die objektiven Zulassungsschranken und die Bedarfsplanung der staatlich gebundenen Notarämter zum Aufbau einer geordneten Rechtspflege maßgebende Urkundsaufkommen darf weder im Nurnotariat noch im Anwaltsnotariat durch überörtliche Berufsverbindungen verfälscht werden. Wegen der Länderorganisationsvorbehalte sprechen darüber hinaus verfassungsrechtliche Bedenken gegen überörtliche Berufsverbindungen von Notaren, die in verschiedenen Bundesländern Kanzleiräume – auch wenn es sich um andere Berufsträger handelt – unterhalten. Überörtliche Berufsverbindungen verfälschen durch mögliche oder sogar gewollte Verlagerung des Urkundsaufkommens die zur ortsbezogenen Bedarfsberechnung der öffentlichen Notarämter für die Landesjustizverwaltungen notwendigen Vergleichszahlen.[35] Die Beschränkung der Berufsverbindungen auf den Amtssitz soll eine flächendeckende Versorgung der Bevölkerung mit notariellen Leistungen gewährleisten und der Landesjustizverwaltung eine gleichmäßige Besetzung von öffentlichen Notarämtern den örtlichen Bedürfnissen entsprechend ermöglichen. Im Geltungsbereich des Anwaltsnotariats wird praktiziert (§ 29 Abs. 3), dass Berufsverbindungsmitglieder der anderen Berufe an verschiedenen Orten Niederlassungen unterhalten, obwohl wegen der Ortsbezogenheit des Notaramtes auch hiergegen Bedenken bestehen. Als gesetzliche Mindestschranke sind die Werbeverbote gem. § 29 Abs. 3 zu beachten. Der Notar darf in diesen Fällen sein Amtsschild nur an seinem Amtssitz verwenden[36] und hat in den Berufsverbindungsverträgen sicherzustellen, dass auch seine (an anderen Orten praktizierenden) Berufspartner diese Pflicht beachten und die Mitarbeiter sämtlicher Kanzleiräume – wegen des schon aus Gründen des § 3 BeurkG notwendigen Datenaustauschs – auf ihre Verschwiegenheit verpflichtet werden.[37] Der Anwaltsnotar muss nach § 27 BRAO und §§ 10, 47 zwingend Mitglied der Rechtsanwaltskammer sein, in deren Bezirk er seine notariellen Amtsräume unterhält.[38]

Supranationale Berufsverbindungen eines Notars sind im Gesetz nicht vorgesehen und deswegen unzulässig, weil die hoheitlichen Funktionen des Notars, die nur innerhalb der Bundesrepublik Deutschland wirksam ausgeübt werden können, eine grenzüberschreitende Berufsverbindung nur aufgrund bi- oder multilateraler staatlicher Abkommen gestatten könnten,[39] mit denen zugleich der innerstaatlich begrenzte Wirkungsbereich des Notars zu erweitern wäre.

III. Genehmigung (Abs. 1 S. 2 Nr. 1)

1. Genehmigungspflicht. Abs. 1 S. 2 gewährt den Landesregierungen die Ermächtigungsgrundlage, durch Rechtsverordnung Voraussetzungen und weitere Einzelheiten notarieller Berufsverbindungen zu regeln, diese insbesondere zu beschränken[40] und unter Genehmigungsvorbehalte[41] zu stellen.[42] Die Landesregierungen können in der Rechtsver-

---

[34] AA *Maaß* ZNotP 2005, 331 (333).
[35] Zu den Risiken überörtlicher Berufsverbindungen WürzNotar-HdB/*Bischoff* Teil 1 Kap. 1 Rn. 57.
[36] BVerfG DNotZ 2009, 792 mAnm *Görk*; KG DNotZ 2008, 632 (633 ff.); anders zu Briefbögen BVerfG DNotZ 2005, 931 mit zu Recht krit. Anm. *Armasow*. Vgl. aber § 29 Abs. 3.
[37] Arndt/Lerch/Sandkühler/*Lerch* BNotO § 93 Rn. 40 zur vertraglich zu vereinbarenden Mitwirkungspflicht bei Dienstaufsichtsmaßnahmen der Sozietätsmitglieder.
[38] *Bremkamp* NJW 2017, 1802.
[39] *Schippel* DNotZ 1995, 334 ff.
[40] Zur verfassungsrechtlichen Unbedenklichkeit dieser Ermächtigungsgrundlage BVerfG DNotZ 2009, 702.
[41] Dazu Schippel/Bracker/*Görk* BNotO § 9 Rn. 16 ff.
[42] BGH DNotZ 2005, 870 (unter Hinweis auf BVerfGE 17, 371 (379); 73, 280 (292); BVerfG DNotZ 2002, 891 (892); BGHZ 127, 83 (90)); BGH NJW-RR 2008, 569.

ordnung – verfassungsrechtlich unbedenklich – die Erteilung der Genehmigung einer Berufsverbindung in das Ermessen der jeweiligen Landesjustizverwaltung stellen.[43] Das landesrechtliche Genehmigungsverfahren dient der präventiven Kontrolle unzulässiger Berufsverbindungen.[44] Mit der staatlichen Genehmigungspflicht soll verhindert werden, dass den natürlichen Personen als Amtsträgern anvertraute öffentliche Ämter kommerzialisiert werden, indem zB das unveräußerliche und unvererbliche Notaramt über einen Berufsverbindungsvertrag wirtschaftlich ausgehöhlt und auf Dritte übertragen wird. Die Prüfung der Sozietätsverträge hat zu beachten, dass dem öffentlichen Amt unvereinbare Tätigkeiten nicht von Dritten, auch nicht von beruflich verbundenen anderen Berufsträgern ausgeübt werden.[45] Ferner darf durch Sozietätsverträge nicht die Unabhängigkeit des einzelnen Amtsträgers tangiert werden (→ Rn. 9 f.).[46] Der Inhalt des Sozietätsvertrages hat eine unzulässige Kommerzialisierung des Notaramtes zu verhindern.[47]

14 Die Landesregierungen oder die von ihnen bestimmten Stellen sind nach Abs. 1 S. 2 ermächtigt, die Genehmigungsvoraussetzungen einer Berufsverbindung des Notars durch Rechtsverordnung festzusetzen. Die Verordnungsermächtigung mit dem Genehmigungsvorbehalt beinhaltet ein präventives Verbot von Berufsverbindungen der öffentlichen Notarämter mit Erlaubnisvorbehalt.[48] Damit werden die Berufsverbindungen der Notare – wegen ihrer hoheitlichen Funktionen – einer präventiven Zulassung und Kontrolle der Aufsichtsbehörden unterstellt.[49] Berufsverbindungen begründen – trotz zahlreicher organisatorischer Vorteile für die betroffenen Notare und auch die Klienten[50] – eine potenzielle Gefahr für die Unabhängigkeit des einzelnen Amtsträgers. Wirtschaftliche Abhängigkeiten können aus Sozietätsverträgen, insbesondere aus Altersversorgungsregelungen für die älteren Partner, folgen. Wegen der finanziellen Belastungen für den eintretenden Partner können sie einem unzulässigen Verkauf des Notaramtes auf Rentenbasis ähneln.[51] Deshalb ist es gerechtfertigt, nur auf Dauer angelegte Gemeinschaftsverträge zu genehmigen und die Genehmigung zu versagen, sobald einer der Partner ein von der Aufsichtsbehörde angemessen festgelegtes Alter überschritten hat,[52] da sog. Abbruchsozietäten, die das baldige Ausscheiden eines Sozius vorsehen, die Genehmigung zu versagen ist.[53] Öffentliche Notarämter dürfen nicht der Gefahr einer Kommerzialisierung ausgesetzt werden.[54] Die persönliche und eigenverantwortliche Amtsführung sowie die Unabhängigkeit und Unparteilichkeit des einzelnen Notars darf durch die Berufsverbindung nicht beeinträchtigt werden. Unzulässige Einflussnahmen auf die Neubesetzung von Notarstellen bei Berufsverbindungen müssen vom Verordnungsgeber verhindert werden.[55] Daher dürfen beim Ausscheiden eines Notars aus einer Berufsverbindung die verbliebenen Mitglieder der Berufsverbindung keinen unangemessenen Einfluss auf die Entscheidung der Ernennungsbehörde über die Amtsnachfolge ausüben können. Motive wie persönliche Beziehungen oder finanzielle Zuwendungen, die nicht den Erfordernissen einer geordneten Rechtspflege entsprechen, sind als Einflussfaktoren einer Stellenbesetzung auszuschließen. Die Berufsverbindung kann, um die Wahrnehmung der Dienstaufsicht zum Schutz der vorsorgenden Rechtspflege zu erleichtern, nach S. 2 Nr. 1 von der Genehmigung der

---

[43] BVerfG DNotZ 2009, 702 (706) mAnm *M. Meyer.*
[44] BVerfG DNotZ 2009, 702 mAnm *M. Meyer.*
[45] BGH DNotZ 2001, 574; keine Maklertätigkeit des Rechtsanwalts.
[46] Schippel/Bracker/*Görk* BNotO § 9 Rn. 12b.
[47] BVerfG DNotZ 2009, 702 (707) mAnm *Meyer.*
[48] BVerfG DNotZ 2009, 702 (706); *Michalski* ZIP 1996, 11 (12).
[49] BVerfG DNotZ 2009, 702, 706.
[50] Schippel/Bracker/*Görk* BNotO § 9 Rn. 4; Arndt/Lerch/Sandkühler/*Lerch* BNotO § 9 Rn. 22.
[51] BVerfG DNotZ 2009, 702 (709) unter Hinweis auf BGHZ 59, 274 (282) = DNotZ 1973, 429; Schippel/Bracker/*Görk* BNotO § 9 Rn. 4; Arndt/Lerch/Sandkühler/*Lerch* BNotO § 9 Rn. 25.
[52] BVerfG DNotZ 1973, 493; BGHZ 46, 29 = DNotZ 1966, 759; BGH DNotZ 1973, 429; OLG Köln DNotZ 1974, 762.
[53] BGH DNotZ 2005, 870 (875); Schippel/Bracker/*Görk* BNotO § 9 Rn. 17.
[54] BVerfG DNotZ 2009, 702 (707) mAnm *M. Meyer* DNotZ 2009, 713.
[55] BGH DNotZ 2005, 870 (873 f.); dazu auch *Grziwotz* DVBl. 2008, 1159 (1162).

Aufsichtsbehörde abhängig gemacht werden. Vor Erteilung der Genehmigung ist die Notarkammer anzuhören, deren Stellungnahme wegen der größeren Sachnähe besondere Bedeutung zukommt. Die Genehmigung kann mit Auflagen[56] verbunden oder befristet werden (zB auf die Dauer eines Dispenses gem. § 8 Abs. 1).

Der Erlaubnisvorbehalt soll auch verhindern, dass die öffentlichen Notarämter veräußerlich oder vererblich gestaltet werden. Die Bestellung der Notare auf öffentliche Ämter soll sich nicht nach privaten Interessen sondern allein nach den Erfordernissen einer geordneten Rechtspflege (§§ 12, 4 Abs. 1) richten. Da jedoch die Entwicklungen und Erfahrungen in den Bundesländern unterschiedlich sind, ist es den Landesjustizverwaltungen überlassen, „entsprechend den örtlichen Gewohnheiten und Bedürfnissen" die Verbindung zur gemeinsamen Berufsausübung oder eine gemeinsame Nutzung der Geschäftsräume durch Rechtsverordnung von einer Genehmigung abhängig zu machen, die mit Auflagen verbunden oder befristet werden kann. **15**

Die Landesjustizverwaltung kann die Höchstzahl der an der Berufsverbindung beteiligten Berufsangehörigen durch Rechtsverordnung festsetzen.[57] Eine Höchstzahlbegrenzung durch Rechtsverordnung der Landesjustizverwaltung ist verfassungsrechtlich gerechtfertigt, sofern die Regelungen dem Rechtssatzvorbehalt des Art. 12 Abs. 1 S. 2 GG genügen und durch vernünftige Gründe des Gemeinwohls gedeckt sind.[58] Normative Beschränkungen der Berufsverbindungen müssen zur Erreichung des mit der Verordnung verfolgten Zwecks erforderlich sein und die Grenze der Angemessenheit und Zumutbarkeit wahren.[59] Bei der Festlegung dieser Höchstzahl sind sowohl die Einflussmöglichkeiten der verbleibenden Berufsverbindungsmitglieder auf die Ernennung eines Amtsnachfolgers, als auch die Möglichkeit der Bevölkerung in kleineren Gemeinden eine freie Notarwahl zu ermöglichen, zu berücksichtigen.[60] Sowohl dem Gesetz als auch dem Verordnungsgeber steht bei der Festlegung der inhaltlichen Ausgestaltung der Regelungsziele ein weiter Einschätzungs- und Prognosespielraum zu,[61] der vom BVerfG inhaltlich nur begrenzt überprüft werden kann.[62] Da der Notar Träger eines öffentlichen Amtes ist und einen staatlich gebundenen Beruf ausübt,[63] kommt dem Einschätzungsspielraum des Normgebers im Notarrecht besondere Bedeutung zu.[64] **16**

2. Widerruf der Genehmigung. Die Genehmigung kann unter Auflagen oder befristet, dagegen nicht unter Widerrufsvorbehalt oder unter einer auflösenden Bedingung erteilt werden. Da die wirtschaftlichen Folgen eines Widerrufs einschneidend sind, ist ein Widerrufsvorbehalt nur zulässig, wenn eine Auflage nicht erfüllt wird. Die Genehmigung kann jedoch von der Aufsichtsbehörde jederzeit widerrufen werden, wenn Verstöße festgestellt werden, die das öffentliche Notaramt in seiner Unabhängigkeit gefährden. Dies gilt insbesondere, wenn bei Geschäftsprüfungen festgestellt wird, dass die Mitwirkungspflichten gem. § 93 Abs. 2 S. 2 nicht wirksam vereinbart sind und daher eine effektive Prüfung behindert wird.[65] **17**

3. Unzulässige oder fehlende Genehmigung. Die Genehmigung kann nur für die konkrete Verbindung bestimmter Notare erteilt werden. Blankogenehmigungen sind un- **18**

---

[56] Zur Auflage, die Einhaltung der Gebote des § 3 BeurkG vertraglich sicherzustellen OLG Celle NdsRpfl. 2006, 152 ff.
[57] BVerfG Nichtannahmebeschl. v. 24.10.1994 – 1 BvR 1793/94, nv; BVerfG DNotZ 2009, 702; BGH MittRhNotK 1994, 258. Überblick über die jeweils erlassenen Verordnungen bei Schippel/Bracker/*Görk* BNotO § 9 Rn. 14a.
[58] BVerfG DNotZ 2009, 702 (704).
[59] BVerfGE 103, 1 (10); 106, 181 (191 f.); BVerfG DNotZ 2009, 702 (704).
[60] OLG Köln DNotZ 1974, 760 (762); BGHZ 127, 83 = NJW 1995, 529; *Michalski* ZIP 1996, 11 ff.
[61] BVerfG DNotZ 2009, 702 (704) unter Hinweis auf BVerfGE 50, 290 (332 ff.); 53, 135 (145); 88, 203 (262); 110, 141 (157).
[62] BVerfG DNotZ 2009, 702 (704) unter Hinweis auf BVerfGE 77, 170 (214 f.); 90, 145 (173).
[63] BVerfG DNotZ 2009, 702 unter Hinweis auf BVerfGE 7, 377 (398).
[64] BVerfG DNotZ 2009, 702 (704) unter Hinweis auf BVerfGE 98, 49 (62) = DNotZ 1998, 754.
[65] Dazu *Fabian* ZNotP 2003, 14 (17 f.).

zulässig.⁶⁶ Ein Sozietätsvertrag, der ohne die gem. Rechtsverordnung erforderliche aufsichtsbehördliche Genehmigung geschlossen worden ist, ist unwirksam.

IV. Arten der Berufsverbindungen

19 **1. Gemeinschaftsverträge.** Da die gemeinsame Berufsausübung und die Nutzung gemeinsamer Geschäftsräume die persönliche Verantwortung des jeweiligen Amtsträgers Notar nicht berühren, darf die Gestaltung der Gemeinschaftsverträge nicht Sachverhalte schaffen, die zu Gefährdungen der Amtspflichten und sonstigen Pflichten des Notars, vor allem seiner Unabhängigkeit und Unparteilichkeit, führen könnten. Jeder Notar muss die Organisation seines Amtes selbst bestimmen; er darf nicht weisungsabhängig sein. Deshalb sind Gemeinschaftsverträge in Bezug auf die Eigenverantwortlichkeit und die selbständige Amtsführung jedes Partners, sowie auf die vertragliche Absicherung der Mitwirkungsverbote gem. § 3 BeurkG und der Mitwirkungspflichten gem. § 93 Abs. 4 auch der Nichtnotare von den Aufsichtsbehörden und den Notarkammern zu prüfen. Diese Prüfung wird durch die Anzeige- und Vorlagepflicht gem. § 27 ermöglicht. Dogmatisch sind die Gemeinschaftsverträge als aufgrund der Vertragsfreiheit zulässige „schuldrechtliche Verträge sui generis" einzuordnen. Die Regeln des Gesellschaftsrechts passen – schon wegen der öffentlich-rechtlichen Amtshaftung des Notarberufs aber auch wegen der öffentlichen Amtsträgerschaft und der damit verbundenen staatlichen Funktionen – überwiegend nicht. Die gemeinsame Berufsausübung begründet daher keine Gesellschaft iSv §§ 705 ff. BGB. Gesellschaftszweck einer BGB-Gesellschaft, an der ein Notar beteiligt ist, kann nur die gemeinsame Nutzung von Büroräumen und Büroausstattung sowie das gemeinsame Betreiben einer wirtschaftlichen Organisationsform mit entsprechendem Mitarbeiterpersonal sein, unter ausdrücklichem Ausschluss des öffentlichen Amtes. Anwaltsnotare haben deshalb darauf zu achten, dass sie eine Sozietät nur in Bezug auf ihre anwaltliche Berufsausübung eingehen dürfen, was § 59a Abs. 1 S. 3 BRAO ausdrücklich zulässt, während das Notaramt nur in Form einer Bürogemeinschaft in die Berufsverbindung einbezogen werden darf,⁶⁷ weil nach § 59a Abs. 1 S. 4 BRAO insoweit die Bestimmungen und Anforderungen des notariellen Berufsrechts gelten.

20 **2. Notaramt in Kapitalgesellschaft.** Das Notaramt kann nicht in einer Kapitalgesellschaft (GmbH oder AG)⁶⁸ ausgeübt werden.⁶⁹ Schon die unbeschränkte persönliche Amtshaftung des Notars verbietet die Einbringung des Notaramtes in eine Wirtschaftsprüfungs-, Steuerberatungs- oder Rechtsanwalts-Kapitalgesellschaft.⁷⁰ Auch die Beteiligung eines Anwaltsnotars an einer Steuerberatungs- oder Wirtschaftsprüfungs-Kapitalgesellschaft zum Zweck der Berufsausübung ist nach § 9 unzulässig.⁷¹ Die Beteiligung des Anwaltsnotars mit seinem Beruf als Rechtsanwalt an einer Rechtsanwalts-GmbH hat der Gesetzgeber nicht verboten⁷² und damit eine weitere Auseinanderentwicklung des nebenberuflichen

---

⁶⁶ OLG Köln DNotZ 1974, 760 (761).
⁶⁷ Zutreffend BeckNotar-HdB/*Starke*, 6. Aufl. 2016, L I. Rn. 41; BeckNotar-HdB/*Bremkamp* § 32 Rn. 89.
⁶⁸ Zur Anwalts-AG vgl. BGH NJW 2005, 1568.
⁶⁹ Zur gesetzlich geregelten Rechtsanwalts-GmbH ausführlich Schippel/Bracker/*Görk* BNotO § 9 Rn. 12a.
⁷⁰ Auch *Maaß* ZNotP 2005, 330 (334) stellt zutreffend fest, dass die Einbringung des Notaramtes in eine Kapitalgesellschaft wegen der höchstpersönlichen Natur des Notaramtes unzulässig ist. Er hält jedoch eine Trennung der beiden Berufe dergestalt für zulässig, dass der Anwaltsnotar nur seine anwaltliche Tätigkeit in eine Kapitalgesellschaft einbringt und das Notaramt unabhängig führt. Zwar wird die von *Maaß* intendierte scharfe Trennung beider Berufstätigkeiten den unterschiedlichen berufsrechtlichen Anforderungen gerecht, gleichwohl bestehen erhebliche Bedenken für die Unabhängigkeit öffentlicher Notarämter, wenn derselbe Berufsträger zugleich als öffentlicher Amtsträger handelt und über seine Beteiligung als Kapitalgesellschafter rechtliche Dienstleistungen erbringt.
⁷¹ Schippel/Bracker/*Kanzleiter* BNotO § 14 Rn. 68; *Roscher-Meinel* DNotZ 2014, 643; aA Arndt/Lerch/Sandkühler/*Sandkühler* BNotO § 14 Rn. 332 ff.
⁷² Schippel/Bracker/*Görk* BNotO § 9 Rn. 12a.

vom hauptberuflichen Notariat ermöglicht. Die Einbindung des Anwaltsnotars, der in den Geschäftsräumen einer GmbH sein öffentliches Amt ausübt, gefährdet seine Unabhängigkeit und Unparteilichkeit und erweckt bei der rechtsuchenden Bevölkerung den Eindruck, auch der Notar sei Gesellschafter einer vollkaufmännischen GmbH. Die „notarielle Amtsausübung" – bei Aufrechterhaltung der persönlichen Haftung des Notars – in einer „Notar-GmbH" oder „Notar-AG" bleibt nach Abs. 3 unzulässig.[73] Die staatlichen, richterähnlichen Funktionen des Amtsträgers Notar[74] können nicht auf eine Kapitalgesellschaft übertragen werden. Der Grundsatz der höchstpersönlichen und eigenverantwortlichen Amtsausübung, die Amtspflichten der Unabhängigkeit und Unparteilichkeit des einer natürlichen Person als verantwortlichem Amtsträger zugewiesenen öffentlichen Amtes sind mit den gesellschaftsrechtlichen Strukturmerkmalen einer Kapitalgesellschaft unvereinbar. Darüber hinaus ist das dem Notar vom Staat zugewiesene öffentliche Amt auch nicht in Teilen abspaltbar oder verfügbar und kann daher auch nicht hinsichtlich einzelner Funktionen in eine Kapitalgesellschaft eingebracht werden. Alleiniger Verfahrensträger der notariellen Amtstätigkeiten ist ausschließlich der jeweilige Inhaber des öffentlichen Amtes[75] (→ Rn. 2 f.). Beteiligt sich ein Anwaltsnotar nur als Rechtsanwalt an einer Rechtsanwalts-GmbH,[76] so muss als Mindestanforderung zur Wahrung der Unabhängigkeit auf Briefbögen, Kanzleischildern und auch in den Amtsräumen für den Rechtsuchenden sofort erkennbar sein, dass der Notar als öffentlicher Amtsträger mit der GmbH nicht verbunden ist.

3. Partnerschaft. § 1 Abs. 2 PartGG erwähnt die Notare nicht als partnerschaftsfähig. **21** Nach der Entwurfsbegründung des PartGG schließen die auf ihre öffentlichen Ämter bezogenen, berufsrechtlichen Regelungen der Notare eine Beteiligung an der Partnerschaftsgesellschaft aus.[77] Insbesondere widersprechen die Vertretungs- und Haftungsregeln der Partnerschaft dem öffentlichen Amt des Notars und seiner persönlichen Verantwortung. Das öffentliche Amt kann nicht in eine Partnerschaft eingebracht werden.[78] Die Regeln des Gesellschaftsrechts passen auf die Berufsverbindungen der öffentlichen Notarämter nicht[79] (→ Rn. 19). Anwaltsnotare dürfen in ihrer Eigenschaft als Rechtsanwälte[80] oder als Berufsträger der anderen in § 8 Abs. 2 genannten Berufe Mitglieder einer Partnerschaft sein, nicht in ihrer Eigenschaft als Notare.[81] Deshalb darf die Berufsbezeichnung „Notar" im Namen einer Partnerschaft nicht geführt werden.[82]

---

[73] Vgl. auch § 59e Abs. 1 S. 3 BRAO iVm § 59a Abs. 1 S. 3 und S. 4 BRAO.
[74] BVerfG DNotZ 2012, 945 Rn. 44, 49.
[75] Dies wird selbst juristischen Laien bei Notarvertretungen und Notariatsverwaltungen deutlich.
[76] Dazu BeckNotar-HdB/*Sandkühler* § 33 Rn. 60 f.
[77] Begr. RegE BT-Drs. 12/6152, 10; ebenso *Mahnke* WM 1996, 1031 (1032); MüKoBGB/*Ulmer*, 3. Aufl., PartGG § 1 Rn. 36; BeckNotar-HdB/*Starke*, 6. Aufl. 2014, L I. Rn. 45; Schippel/Bracker/*Görk* BNotO § 9 Rn. 5; Arndt/Lerch/Sandkühler/*Lerch* BNotO § 9 Rn. 32 f. Die Ausführungen von *Lerch* in Rn. 33 erwecken den Eindruck, dass der Notar zwar die Privilegien des öffentlichen Amtes in Anspruch nehmen darf, aber die im deutschen Recht besonders tief verankerten Pflichten und Einschränkungen des öffentlichen Amtes ihn nicht treffen sollen.
[78] OLG Stuttgart NJW 2007, 307; ebenso OLG Celle BRAK-Mitt. 2007, 231 (234). AA *Maaß* ZNotP 2005, 330 (333 f.), der in Fn. 22 darauf hinweist, die hier dargelegten Rechtsausführungen berücksichtigten nicht die sich aus § 59a BRAO ergebenden Besonderheiten. Bestimmungen des anwaltlichen Berufsrechts können jedoch nicht die Schranken des öffentlich gebundenen Notaramtes aufheben.
[79] AA MüKoBGB/*Schäfer* PartGG § 1 Rn. 80, der zwar im Gegensatz zu Vorauflagen die hoheitlichen Funktionen und Berufsschranken des öffentlichen Notaramtes (vgl. nur BVerfG DNotZ 2012, 945 Rn. 45 ff.) anerkennt, aber jetzt in Fn. 91 behauptet, alle Kommentatoren der BNotO hätten von der Änderung des § 9 im Jahr 1998 keine Kenntnis genommen: 1. Für hauptberufliche Notare wurde 1998 in § 9 gar nichts geändert. 2. Die Erweiterung der Berufsverbindungsmöglichkeiten für Anwaltsnotare hat das öffentliche Amt und die hoheitlichen Funktionen des Anwaltsnotars nicht verändert. Das öffentliche Amt des Notars bleibt weiterhin getrennt von den anderen Berufen und ist nicht sozietätsfähig. *Schäfer* übersieht § 14 Abs. 1 S. 1, der ebenfalls 1998 neu eingefügt wurde.
[80] BeckNotar-HdB/*Sandkühler* § 33 Rn. 59.
[81] BeckNotar-HdB/*Sandkühler* § 33 Rn. 59.
[82] OLG Bremen MDR 1997, 1172; OLG Stuttgart NJW 2007, 307.

22 **4. EWIV.** Die Berufseinbindung eines Notars in eine EWIV ist schon deswegen problematisch, weil der Notar mit seiner Amtstätigkeit auf den Geltungsbereich der Bundesrepublik Deutschland beschränkt ist. Darüber hinaus lässt das öffentliche Amt des Notars die Einbringung in eine Gesellschaft – und damit auch in eine EWIV – nicht zu.[83] Problematisch ist auch die – außerhalb der Amtsausübung berufsbezogene – Beteiligung eines Notars an einer EWIV, an der auch Nichtnotare beteiligt sind.[84] Zulässig kann die Beteiligung an einer EWIV mit ausländischen Notaren zur Unterstützung beruflicher Aktivitäten ihrer Mitglieder[85] in dem Rahmen sein, in dem eine Mitgliedschaft des Notars in einem **eingetragenen Verein** (Beispiel: Notarbund, Notarverein) zulässig wäre. So können sich Notare zB zur Unterhaltung einer gemeinsamen juristischen Datenbank oder zur effizienteren Entwicklung und Nutzung von EDV-Software in einem eingetragenen Verein und im selben Rahmen in einer EWIV zusammenschließen, soweit die Vereinssatzung bzw. Satzung der EWIV eine Mitgliedschaft anderer Notare derselben Notarkammer nicht ausschließt. Mit derselben Grenzziehung – Beitrittsmöglichkeit aller Mitglieder einer Notarkammer zu gleichen Bedingungen – ist die Mitgliedschaft in einer EWIV zulässig zur Verfolgung den öffentlichen Ämtern nicht widersprechender Zwecke bzw. nicht zulässig zur Verfolgung von Zwecken, die der öffentlichen Amtsausübung vorbehalten sind. Die jeweilige EWIV darf (wie der Verein) kein geschlossener, einzelne Notare ausgrenzender Verband sein, sondern muss allen interessierten Notaren – zumindest desselben Kammerbezirks (zB bei internationalem Austausch zulässiger Ziele und Zwecke mit Notaren eines angrenzenden Nachbarlandes) – zum Beitritt zu gleichen Bedingungen offen stehen. Eine Werbung durch Verlautbarung der Mitgliedschaft in einer EWIV ist dem Notar ebenso wenig gestattet wie die Verlautbarung der Mitgliedschaft in einem Verein. Unzulässig bleibt, die staatlichen notariellen Tätigkeiten oder dem Notar untersagte Tätigkeiten zur Ausübung in eine EWIV zu verlagern.

23 **5. Kooperationen.** Die von anwaltlichen Interessenverbänden geforderte Zulässigkeit von **Kooperationsvereinbarungen unter Beteiligung von Notaren**[86] begegnet Bedenken.[87] Der Begriff „Kooperation" entzieht sich einer klaren rechtlichen Zuordnung, weil es sich um eine begrifflich diffuse, graduell stark voneinander abweichende Zusammenfassung unterschiedlicher Formen der Zusammenarbeit handelt, die gesetzlich nicht geregelt sind.[88] Der Notar muss – wie jeder Berufsträger in unserer arbeitsteiligen Wirtschaftsordnung – mit anderen Berufsträgern zusammenarbeiten („kooperieren"). Ein in unserer Rechtsordnung nicht definierter, nur in § 8 S. 1 der Berufsordnung für Rechtsanwälte (BORA) erwähnter Begriff darf aber nicht dazu verwendet werden, die für das öffentliche Notaramt geltenden Berufsschranken zum Schutz der eigenverantwortlichen Amtsführung, der amtlichen Unabhängigkeit und Unparteilichkeit (so ausdrücklich Abs. 3) zu unterlaufen.[89] Daher sind alle als „Kooperationen" bezeichneten Vereinbarungen oder durch tatsächliche Ausübung verfestigten Strukturen[90] unzulässig,[91] die gegen § 9 verstoßen oder zur Umgehung des Regelungsinhalts dieser Vorschrift

---

[83] So ausdrücklich der Gesetzgeber in BT-Drs. 11/352, 10 zu § 16 und BT-Drs. 11/1807, 8 zu § 16; Arndt/Lerch/Sandkühler/*Lerch* BNotO § 9 Rn. 34.
[84] BeckNotar-HdB/*Starke*, 6. Aufl. 2014, L I. Rn. 47.
[85] *Maaß* ZNotP 2005, 330 (337).
[86] Vgl. BNotK DNotZ 2001, 500.
[87] Ablehnend auch BGH DNotZ 2005, 870 ff. mit Bestätigung durch Nichtannahmebeschl. des BVerfG v. 15.9.2005 – 1 BvR 1806/05, nv.
[88] *Maaß* ZNotP 2005, 330 (336).
[89] Ebenso BeckNotar-HdB/*Starke*, 6. Aufl. 2014, L I. Rn. 50; BeckNotar-HdB/*Sandkühler* § 33 Rn. 62.
[90] *Strunz* ZNotP 2003, 209.
[91] Die Ausführungen von Arndt/Lerch/Sandkühler/*Lerch* BNotO § 9 Rn. 36 liegen deshalb neben der Sache, weil sie weder die kritisierte Kommentierung richtig wiedergeben, noch berücksichtigen, dass der Notar wegen der ihm durch das öffentliche Amt eingeräumten staatlichen Privilegien als öffentlicher Amtsträger auch dessen Nachteile in Kauf nehmen muss.

führen⁹² oder gar weitergehend zur Umgehung von Amtspflichten und Verboten, wie der Vermittlung von Urkundsgeschäften (§ 14 Abs. 4).⁹³ Die engen Schranken der Berufsausübung der Notare gelten auch für Kooperationen, an denen ausschließlich hauptberufliche Notare beteiligt sind,⁹⁴ so dass die Umgehung der Begrenzung der Zahl der Sozietätsmitglieder unter hauptberuflichen Notaren durch Kooperationen unzulässig ist. § 9 setzt dem öffentlichen Amt des Notars Grenzen der Berufsausübungsfreiheit, die nicht durch die Wortwahl „Kooperation" umgangen werden können.⁹⁵

6. Grenzüberschreitende Berufsverbindung. Grenzüberschreitende Berufsverbindungen sind den Notaren verschlossen (Ausnahme: EWIV, die allen Mitgliedern einer Notarkammer offen steht und keine den öffentlichen Ämtern vorbehaltenen Aufgaben und keine berufswidrigen Zwecke verfolgt; → Rn. 22). Da eine Dienstaufsicht nur im Hoheitsgebiet der Bundesrepublik Deutschland erfolgen kann und der Notar im Sozietätsvertrag nach § 93 Abs. 4 S. 2 und S. 3 die Mitwirkung der berufsfremden Sozietätsmitglieder – bei Geschäftsprüfungen (die im Ausland gar nicht vorgenommen werden dürften) – ua auch wegen der Einhaltung der beurkundungsrechtlichen Mitwirkungsverbote sicherzustellen hat, sind grenzüberschreitende Berufsverbindungen des Anwaltsnotars auch dann unzulässig, wenn nur die anwaltliche Tätigkeit in die multinationale Sozietät eingebracht wird. Eine Zulassung multinationaler Sozietäten unter Beteiligung von Anwaltsnotaren würde den deutschen Justizverwaltungen die Kontrollmöglichkeiten der staatlichen Dienstaufsicht über die auf das Hoheitsgebiet der Bundesrepublik Deutschland beschränkten Notarämter entziehen.⁹⁶

D. Berufsverbindungen des hauptberuflichen Notars (Abs. 1)

I. Grundlagen

Das Gesetz regelt in Abs. 1 S. 1, dass der hauptberufliche Notar keine interprofessionellen oder überörtlichen Berufsverbindungen eingehen darf.⁹⁷ Dem hauptberuflichen Notar sind Berufsverbindungen daher ausschließlich mit hauptberuflichen Notaren am selben Amtssitz gestattet (Abs. 1 S. 1).⁹⁸ Die Landesregierungen oder die von ihnen bestimmten Stellen können in einer Rechtsverordnung⁹⁹ auch die Höchstzahl der Berufsverbindungsmitglieder (Zweiersozietäten, ggf. Dreiersozietäten)¹⁰⁰ festlegen.¹⁰¹ Alle interprofessionellen

---

⁹² WürzNotar-HdB/*Bischoff* Teil 1 Kap. 1 Rn. 58 hält bei verfestigten Kooperationen darüberhinausgehend die entsprechende Anwendung der Mitwirkungsverbote des § 3 BeurkG für geboten; ähnlich Schippel/Bracker/*Görk* BNotO § 9 Rn. 1; BeckOK BNotO/*Görk* BNotO § 9 Rn. 3.
⁹³ BeckNotar-HdB/*Sandkühler* § 33 Rn. 62.
⁹⁴ BGH DNotZ 2005, 870.
⁹⁵ Beispiel: Der Notar kann nicht durch Vereinbarung einer „Kooperation" das für ihn und seine Angestellten geltende gesetzliche Verbot der Maklertätigkeiten nach § 14 Abs. 4 umgehen.
⁹⁶ AA *Maaß* ZNotP 2005, 330 (338 ff.), der jedoch weder die gebotene Dienstaufsicht der Justizverwaltung über die öffentlichen Notarämter auch in Bezug auf Berufsverbindungen noch allgemein die hoheitlichen Funktionen des Notars (vgl. BVerfG DNotZ 2009, 702 ff.) in seine Betrachtungen zum anwaltlichen Berufsrecht einbezieht.
⁹⁷ WürzNotar-HdB/*Bischoff* Teil 1 Kap. 1 Rn. 53 f., der zu Recht auf den Normzweck hinweist, mit diesem Verbot die objektiven Zulassungsschranken zum Notaramt staatlich kontrollieren zu können. Überörtliche Sozietäten könnten durch Verlagerung des Urkundsaufkommens die ortsbezogenen Vergleichszahlen manipulieren und damit die staatliche Bedürfnisplanung sachfremd steuern.
⁹⁸ BeckNotar-HdB/*Bremkamp* § 32 Rn. 980.
⁹⁹ BVerfG DNotZ 2009, 702.
¹⁰⁰ In Bundesländern mit hauptberuflichem Notariat sind überwiegend Zweiersozietäten, in Hamburg höchstens Dreiersozietäten seit der am 1.8.2005 in Kraft getretenen (bisher folgenlosen) Verordnung v. 5.7.2005 (HmbGVBl. 274) zugelassen. Zur amtlichen Begründung des Verordnungsentwurfs vgl. ZNotP 2005, 304. Zur Vereinbarkeit dieser Verordnung mit dem Grundgesetz vgl. BGH NJW-RR 2008, 569; BVerfG DNotZ 2009, 702. Überblick über die Verordnungen der einzelnen Bundesländer bei Schippel/Bracker/*Görk* BNotO § 9 Rn. 14a. Zu Bedenken gegen Großsozietäten BeckOK BNotO/*Görk* BNotO § 9 Rn. 50 ff.
¹⁰¹ BGHZ 127, 83 = DNotZ 1996, 179; ausführlich *Michalski* ZIP 1996, 11 ff.; BGH NJW-RR 2008, 569; BVerfG DNotZ 2009, 702.

Berufsverbindungen sind hauptberuflichen Notaren verschlossen.[102] Insofern unterscheiden sich das Anwalts- und das hauptberufliche Notariat nach gegenwärtiger Rechtslage tiefgreifend.[103] Das BVerfG hat daraus gefolgert, dass der Gesetzgeber das Anwaltsnotariat verbieten könne, wenn es sich durch fremde Berufseinflüsse vom Berufsbild des hauptberuflichen Notars entferne.[104] Daher ist der Anwendungsbereich des § 9 von grundlegender Bedeutung für das berechtigte Bemühen der haupt- und nebenberuflichen Notare im Interesse des Berufsstandes, eine weitere Auseinanderentwicklung der Berufsbilder mit den damit verbundenen Nachteilen für die Rechtspflege zu verhindern. Um diese Auseinanderentwicklung der Berufsbilder auszuschließen, könnte der Gesetzgeber – vor einem gänzlichen Verbot des Anwaltsnotariats – als milderes Mittel die Sozietätsverbote des Nur-Notariats auch auf die Anwaltsnotare – mit den notwendigen Modifikationen – erstrecken.[105]

II. Zwei Grundformen der Berufsverbindung

26   **1. Allgemeines.** Das Gesetz unterscheidet in Abs. 1 zwei Grundformen der Berufsverbindung des Notars:
– die Verbindung zur gemeinsamen Berufsausübung (auch „Sozietät" genannt),
– die Nutzung gemeinsamer Geschäftsräume (auch „Bürogemeinschaft" genannt).
Andere Gestaltungen der Berufsverbindungen sind unzulässig.

27   **2. Sozietät.** Die „Sozietät" ist die engste Form der Berufsverbindung. Neben der gemeinsamen Führung des Personals und der Nutzung aller sachbezogenen Betriebsmittel des Notariats einschließlich gemeinsamer Büroräume werden zB Vereinbarungen über die gegenseitige Vetretung getroffen und die Einnahmen und Ausgaben zwischen den Notaren geteilt.[106] Trotz dieser engen Form der Berufsverbindung zwischen Notaren bleiben aber die der Person des jeweiligen Notars übertragenen öffentlichen Notarämter mit allen amtsbezogenen Rechten und Pflichten getrennt.[107]

28   **3. Bürogemeinschaft.** Bei der Bürogemeinschaft werden **nur die Geschäftsräume** gemeinsam genutzt. Das Personal und die sachbezogenen Betriebsmittel bleiben grds. getrennt, können auch auf die gemeinschaftliche Nutzung personeller (zB Personal für Botengänge, Büroreinigung, Vertretung von Mitarbeitern im Krankheitsfall) vertraglich ausgedehnt werden. Die Ausgaben werden nur hinsichtlich der gemeinsamen Nutzung der Büroräume und eventuell weiterer gemeinsam genutzter personenbezogener Ausgaben und sachbezogener Einrichtungen (zB Computeranlage, Telefonanlage) geteilt.[108] Ein Anspruch auf Teilung der öffentlichen Gebühren besteht nicht.

---

[102] WürzNotar-HdB/*Bischoff* Teil 1 Kap. 1 Rn. 54 weist zutreffend darauf hin, dass das Verbot interprofessioneller Sozietäten „das Vertrauen in eine unabhängige und unparteiliche Amtsführung" schützen soll. Bei interprofessionellen Sozietäten gefährden die möglichen Einflussnahmen anderer Berufsträger die unparteiliche Amtsführung.
[103] Dazu BVerfG DNotZ 1998, 754 (766): „kaum möglich von einem einheitlichen Berufsbild des Notars auszugehen".
[104] BVerfG DNotZ 1989, 627 (632).
[105] *Jaeger* ZNotP 2003, 402 (406).
[106] Diehn/*Bormann* BNotO § 9 Rn. 35; zur Zulässigkeit solcher Gebührenteilungen zwischen beruflich verbundenen Notaren OLG Celle NJW 2007, 2929 (2931).
[107] WürzNotar-HdB/*Bischoff* Teil 1 Kap. 1 Rn. 51. Dies gilt für Anwaltsnotare in gleicher Weise, weil auch jeder Anwaltsnotar sein eigenes Notaramt ausübt, das von anderen Notarämtern in derselben Berufsverbindung getrennt ist.
[108] Anders Diehn/*Bormann* BNotO § 9 Rn. 7 f.

E. Berufsverbindungen des Anwaltsnotars (Abs. 2)

I. Zulässige Verbindungen zwischen Anwälten und Notaren

Hauptberufliche Notare dürfen keine Berufsverbindung oder verfestigte Kooperation **29** (→ Rn. 23) mit anderen Berufsträgern eingehen, außer mit Genehmigung der Justizverwaltung mit hauptberuflichen Notaren (Abs. 1).[109] Der Notar, der außer dem Hauptberuf des Rechtsanwalts im Nebenberuf das Notaramt ausübt (§ 3 Abs. 2), darf sich mit Rechtsanwälten, Rechtsbeiständen, Patentanwälten, Steuerberatern, Steuerbevollmächtigten, Wirtschaftsprüfern und vereidigten Buchprüfern zur gemeinsamen Berufsausübung verbinden oder mit Angehörigen einer oder aller dieser Berufsgruppen gemeinsame Geschäftsräume haben.[110] Das Gesetz lässt mit dieser Regelung für den Anwaltsnotar als weitgefasste Ausnahme interprofessionelle Berufsverbindungen zu. Keine ausdrückliche Ausnahme sieht das Gesetz vom Verbot (Abs. 1 S. 1) einer überörtlichen Berufsverbindung zwischen Notaren vor. Daher sind überörtliche „Notarsozietäten", also unter Beteiligung von Notaren an verschiedenen Amtssitzen, auch für Anwaltsnotare unzulässig.[111] Äußerst zweifelhaft ist wegen der Ortsbezogenheit des Notaramtes, ob die anderen Berufsverbindungsmitglieder des Anwaltsnotars überörtlich assoziiert sein dürfen. Soweit eine überörtliche Berufsverbindung der anderen Berufsangehörigen für zulässig erachtet wird, stellen sich der Dienstaufsicht erhebliche Probleme, da sämtliche Kanzleiräume einer Berufsverbindung in die Geschäftsprüfung des Notars einzubeziehen sind.[112]

Da die notarielle Amtstätigkeit vom Amtsträger persönlich vorgenommen werden muss, **30** wäre es unzulässig, wenn der Notar seine im Beurkundungsvor- und/oder -nachverfahren gebührenfrei oder gebührenermäßigt vorzunehmenden Vorbereitungs- oder Vollzugsgeschäfte auf einen anderen Berufsträger (Wirtschaftsprüfer, Steuerberater, Rechtsanwalt) zur selbstständigen Bearbeitung übertragen würde. Dem Rechtsuchenden, der einen Notar beauftragt, dürfen keine Mehrkosten entstehen, wenn der Notar einen anderen Berufsträger an der Rechtsgestaltung beteiligt; auch lässt sich die Haftung des Notars nicht auf Dritte übertragen. Eine Weitergabe von Rechtsberatungsaufgaben, die in den Zuständigkeitsbereich des Notars fallen, an einen berufsverbundenen Nichtnotar ist nur zulässig, wenn die Beteiligten – nach Belehrung über die gebührenrechtlichen Folgen – dies ausdrücklich wünschen. Andernfalls könnten die sozialen Funktionen des öffentlichen Notaramtes vollständig ausgehöhlt werden.[113]

In der Praxis des Anwaltsnotariats ist zwar verbreitet, aber nicht allgemein üblich, dass die **31** öffentlichen Notargebühren mit anderen Mitgliedern der Berufsausübungsgemeinschaft nach einem vereinbarten Schlüssel geteilt werden.[114] Für diese Praxis fehlt eine gesetzliche Grundlage. Zwar können Notare – aufgrund der großzügigeren Gebührenordnungen der Rechtsanwälte, Steuerberater und Wirtschaftsprüfer – von einer solchen Regelung profitieren; gleichwohl sind solche Vereinbarungen bedenklich, weil sie nicht nur den bloßen Anschein der Abhängigkeit öffentlicher Notarämter erwecken können, sondern konkret durch Beteiligung Berufsfremder an den öffentlichen Notargebühren die Unabhängigkeit des öffentlichen Notaramtes gefährden und die Unparteilichkeit des Notars bei öffentlichen Beurkundungen beeinträchtigen können. Die nach § 125 GNotKG (früher § 140 KostO) nicht verhandelbaren und nicht teilbaren Gebühreneinnahmen des Notars dienen der Sicherung der Unabhängigkeit und der Unparteilichkeit des öffentlichen Notaramtes und

---

[109] Schippel/Bracker/Görk BNotO § 9 Rn. 8.
[110] Dazu Vaasen/Starke DNotZ 1998, 661 (664 ff.); BeckNotar-HdB/Sandkühler § 33 Rn. 52 ff.
[111] → Rn. 11.
[112] → § 93 Rn. 12.
[113] Dazu Baumann MittRhNotK 1996, 1 (21 ff.).
[114] Zu den Risiken einer Gebührenteilung für die Unabhängigkeit des Notars BeckOK BNotO/Görk BNotO § 9 Rn. 56 ff., 64.

werden deshalb als Amtspflicht gem. § 17 Abs. 1 S. 4[115] gesetzlich vorgeschrieben. Jede Gebührenvereinbarung oder Gebührenteilung zwischen einem Notar und einem Nichtnotar ist als Verstoß gegen die nicht abdingbaren gesetzlichen Verbote des § 125 GNotKG (früher § 140 KostO) unzulässig und berufsrechtlich eine disziplinarrechtlich nach § 17 Abs. 1 zu würdigende Verletzung der Amtspflichten, die deshalb auch im Verhältnis zwischen (Anwalts-)Notaren (mit öffentlichrechtlichem Gebührenaufkommen) und ihren Sozietätsmitgliedern gilt.[116] Das Gebührenteilungsverbot ist eine zwingende Folge der – von staatlicher Disziplinargewalt überwachten – Amtspflichten des Notars und der Unübertragbarkeit seiner öffentlich-rechtlichen Amtshaftung.[117] Die Vorbereitung einer Urkunde durch einen Rechtsanwalt befreit den Notar in keinem Fall von seiner Verantwortung für deren Inhalt. Die Gebührenteilung kann nach geltender Rechtslage des Teilungsverbots der Gebühren öffentlicher Notarämter auch nicht statthaft sein, wenn der beurkundende Notar mit einem Rechtsanwalt über eine Bürogemeinschaft verbunden ist, weil jede Beteiligung eines Dritten (Nichtnotars) am öffentlichen Gebührenaufkommen die Unabhängigkeit des öffentlichen Amtsträgers tangiert. Die Gebührenteilung wird zwar aufgrund eines Beschlusses der Reichsnotarkammer aus dem Jahr 1936 bis heute[118] nicht mehr hinterfragt und wurde daher ohne gesetzliche Grundlage als zulässig angesehen, wenn der Anwaltsnotar mit einem Nurrechtsanwalt zur gemeinsamen Berufsausübung verbunden war;[119] an einer gesetzlichen Grundlage für die Zulässigkeit der Teilung öffentlicher Notargebühren zwischen Nurrechtsanwalt und Anwaltsnotar fehlt es bis heute. Fraglich ist, ob der Gesetzgeber eine Gebührenteilung öffentlicher Gebühren zwischen Amtsträgern und Nicht-Hoheitsträgern zulassen darf, weil er durch Beteiligung Privater an den öffentlichen Gebühreneinnahmen die staatlichen Interessen der Vorsorgenden Rechtspflege einer privaten Kommerzialisierung preisgibt.[120] Mit der Feststellung eines Gesetzesverstoßes ist noch nicht die Frage beantwortet, wie eine angemessene Kostenbeteiligung für die in einer nach § 9 statthaften Berufsverbindung in Anspruch genommenen gemeinsamen Betriebsmittel zu erfolgen hat. Hier sollte der Gesetzgeber den Anwaltsnotaren in Sozietäten einen Gestaltungsspielraum einräumen, der zwar zur angemessenen Beteiligung der Nutzung von Betriebseinrichtungen jedoch weder zur Umgehung des Verbots der Teilung öffentlicher Gebühren mit Nichtberufsträgern noch zur Beeinträchtigung der Unabhängigkeit des Notars missbraucht werden darf.[121] Die Frage kann – angesichts der kontroversen Rechtsprechung – allein vom Gesetzgeber beantwortet werden und bedarf sorgfältiger Abwägung. Die Unabhängigkeit des Notars wird vom Gesetz geschützt, indem ihm die unabhängige Amtsausübung mit öffentlichen Gebühreneinnahmen gewährleistet ist – in Großsozietäten von Anwaltsnotaren auch vor dem Einfluss der Nuranwälte, Wirtschaftsprüfer, Steuerberater, Patentanwälte, wobei die Verlockung höherer Honorareinnahmen durch die Sozietät ebenso wenig die Unabhängigkeit seiner Amtsausübung beeinträchtigen darf.[122]

---

[115] → § 17 Rn. 8: „Sicherung einer funktionsfähigen Rechtspflege".
[116] OLG Celle NJW 2007, 2929; anders OLG Celle DNotI-Report 2010, 27.
[117] Vgl. auch Schippel/Bracker/*Görk* BNotO § 9 Rn. 22 ff.
[118] Ausnahme: Entscheidung des OLG Celle NJW 2007, 2929.
[119] Gestützt auf einen Beschluss der Reichsnotarkammer v. 2.4.1936 (DNotZ 1936, 318). Vgl. aber auch den Beschluss der RNotK v. 8.3.1935 (DNotZ 1935, 268) und die Bekanntmachung des Präsidenten der RNotK v. 24.5.1935 (DNotZ 1935, 442).
[120] Die Zulässigkeit einer vertraglichen Gebührenteilung zu Recht ablehnend OLG Celle NJW 2007, 2929 = BRAK-Mitt. 2007, 231 mAnm *Bohnenkamp,* der zwar „die spezielle berufliche Stellung des Anwaltsnotars innerhalb seiner Sozietät hervorhebt" (S. 236), aber die amtlichen Notarfunktionen nicht hinreichend beleuchtet. Anders, der Literaturkritik von *Maaß* AnwBl. 2007, 702 und *Bohnenkamp* BRAK-Mitt. 2007, 235 folgend, jetzt OLG Celle DNotI-Report 2010, 27, wonach die Gewinnverteilung nur noch am Maßstab des § 9 Abs. 3 zu messen sei. Notargebühren sind mit Anwaltsgebühren nicht vergleichbar, wie – aus Anwaltssicht – zB die Abtretbarkeit der Anwaltsgebühren ohne Zustimmung des Mandanten bestätigt; dazu BGH MDR 2007, 807.
[121] Ähnlich Schippel/Bracker/*Görk* BNotO § 9 Rn. 24 f.
[122] Zutreffend hält deshalb *Roscher-Meinel* ZNotP 2014, 206 (211), eine Beteiligung von Steuerberatungs- und Wirtschaftsprüfungsgesellschaften an den Notargebühren, selbst dann nicht für zulässig, wenn der Anwaltsnotar am Gewinn der Gesellschaft beteiligt ist.

Eine Gebührenteilung zwischen hauptberuflichen Notaren ist nach geltendem Recht nur **32** zulässig, wenn diese Notare sich zur gemeinsamen Berufsausübung verbunden haben. Eine Gebührenteilung des Notars mit Dritten ist unzulässig, auch eine Gebührenteilung zwischen Notar und Notarvertreter.

II. Verbindung mit anderen Berufsträgern (Abs. 2)

1. Allgemeines. Auch die Zulässigkeit einer Berufsverbindung von Anwaltsnotaren **33** richtet sich allein nach § 9. Da der Rechtsanwalt seine Rechtspflegefunktionen nicht als Träger eines öffentlichen Amtes wahrnimmt, kann ihm die Ausübung von Nebenberufen und die Verbreitung mit anderen Berufsträgern weitergehend als dem Notar (Anwaltsnotar) gestattet sein.[123] Da § 9 Abs. 2 den Katalog der Berufsverbindungsmöglichkeiten abschließend beschreibt, darf dieser Katalog auch nicht dadurch umgangen werden, dass zB ein berufsverbundener Patentanwalt als Dipl.-Ing. noch einen technischen Nebenberuf ausübt, selbst wenn seine eigene Berufsordnung dies zulässt.[124] Auch sind dem Anwaltsnotar Berufsverbindungen mit Ärzten, Apothekern oder anderen Freiberuflern untersagt, wie dies nach der neueren Rechtsprechung des Bundesgerichtshofs[125] für „Nur-Rechtsanwälte" möglich sein soll. Eine weitere Öffnung der Berufsverbindungen ohne Bezug zur Rechtsberatung wäre mit den hoheitlichen Notarämtern als Organen der Freiwilligen Gerichtsbarkeit nicht vereinbar. Der „Anwaltsnotar" (richtig: Rechtsanwalt und Notar) übt zwei Berufe aus. Beide Berufe sind berufsrechtlich, disziplinarrechtlich, haftungsrechtlich und gebührenrechtlich getrennt und deutlich voneinander abweichend geregelt.[126] Der Notarberuf des Anwaltsnotars ist dagegen mit dem des hauptberuflichen Notars identisch und in sämtlichen Funktionen gleichwertig. Daher können Nebentätigkeiten, die berufsrechtlich für den Rechtsanwalt unbedenklich sind, dem Anwaltsnotar untersagt werden bzw. zum Verbot einer Berufsverbindung führen.[127]

Um die unabhängige und neutrale Amtsführung des Notars, der in einer Sozietät mit **33a** einem Rechtsanwalt verbunden ist, zu schützen,[128] sind die Mitwirkungsverbote bei Beteiligung oder anwaltlicher Vorbefassung der Sozien nach § 3 Abs. 1 Nr. 4, Nr. 7 BeurkG zu beachten. Zugleich ist zu beachten, dass auch bei diesen Berufsverbindungen gilt: **Das öffentliche Amt des Notars ist nicht sozietätsfähig.** Der Anwaltsnotar kann nur seinen Hauptberuf als Rechtsanwalt in eine Sozietät mit weiteren Berufen einbringen.[129] Diese Berufsverbindungen dürfen aber nicht zu einer Gefährdung der Unabhängigkeit und Unparteilichkeit des Notars führen.

2. Notar und Steuerberater. Weil dem Anwaltsnotar die Tätigkeit als Steuerberater **34** gestattet war,[130] wurde ab 1989 Anwaltsnotaren aus Gründen der Gleichbehandlung auch die Sozietät mit einem Nur-Steuerberater gestattet.[131] Damit wurde eine vorher bereits gefestigte Rechtsprechung aufgegeben, derzufolge Berufsverbindungen zwischen Notaren und „Nur-Steuerberatern" unzulässig waren.[132] Wegen der Aufgabe dieser Rechtsprechung hatte das BVerfG aber ausdrücklich festgestellt, dass der Gesetzgeber – aufgrund der Ein-

---

[123] BVerfG NJW 1993, 317.
[124] Zu weiteren Berufen, mit denen sich zB Wirtschaftsprüfer verbinden dürfen, *Roscher-Meinel* DNotZ 2014, 643 (657). Den Überwachungsaufgaben der Aufsichtsbehörden ist damit eine erhöhte Komplexität zugewachsen.
[125] BVerfG NJW 2016, 700; BGH NJW 2013, 2674; BGH DStRE 2017, 185.
[126] BVerfGE 17, 371 (380) = DNotZ 1964, 424; DNotZ 1980, 556; 1989, 627.
[127] BeckNotar-HdB/*Bremkamp* § 33 Rn. 84 ff.; *Diehn/Bormann* BNotO § 9 Rn. 11 weisen auf die gebotene Anwendbarkeit des strengeren notariellen Berufsrechts hin.
[128] Zum gebotenen Schutz auch Schippel/Bracker/*Görk* BNotO § 9 Rn. 12b.
[129] *Roscher-Meinel* DNotZ 2014, 643 (658); Schippel/Bracker/*Görk* BNotO § 9 Rn. 2, 9, 12.
[130] → § 8 Rn. 14.
[131] BVerfGE 80, 269 (280) = DNotZ 1989, 627.
[132] BGHZ 64, 214 = DNotZ 1975, 572; BGHZ 75, 276 = DNotZ 1980, 174; BGHZ 78, 237 = DNotZ 1981, 133; BGH DNotZ 1986, 307; OLG Schleswig DNotZ 1977, 125; 1987, 57; OLG Frankfurt a. M. DNotZ 1981, 65.

bindung des Notaramts in das System staatlicher Rechtspflege – von Verfassungs wegen nicht gehindert sei, „Anwaltsnotaren die Sozietät mit Angehörigen anderer freier Berufe, sogar mit dem Rechtsanwalt, vollständig zu verbieten".[133]

35 Nach § 14 Abs. 5 ist es dem Notar verboten, sich an einer Steuerberatungsgesellschaft zu beteiligen, wenn der Notar allein oder zusammen mit den Personen, mit denen er sich zur beruflichen Zusammenarbeit verbunden oder mit denen er gemeinsame Geschäftsräume hat, mittelbar oder unmittelbar einen beherrschenden Einfluss ausübt.[134] Diese Regelung dient der Anpassung an das Berufsrecht der Steuerberater, die nach ihren berufsrechtlichen Regelungen den bestimmenden Einfluss in der Gesellschaft haben müssen (§§ 32 Abs. 3 S. 2, 50 Abs. 1–4 StBerG). Der Vorrang des Berufsrechts der Steuerberater vor dem Berufsrecht des staatlichen Amtsträgers Notar in einer „Sozietät" und die damit verbundene, nicht nur mögliche, sondern nach den Berufsrechten der Steuerberater sogar gebotene Fremdbestimmung des Notars bei der gemeinsamen Berufsausübung[135] stellt eine abstrakte Gefährdung der Unabhängigkeit des hoheitlichen Notaramtes dar, wenn ein Notar eine Berufsverbindung mit Steuerberatern eingeht,[136] und unterstreicht, dass das in die Freiwillige Gerichtsbarkeit eingebundene öffentliche Notaramt mit dem Steuerberaterberuf in unserer Rechtsordnung nicht berufsverbindungsfähig sein sollte.[137]

36 **3. Notar und Wirtschaftsprüfer.** Obwohl das Bundesverfassungsgericht noch im Jahre 1989 von der Verfassungswidrigkeit einer Berufsverbindung zwischen Notaren und Wirtschaftsprüfern ausgegangen war,[138] wurde dem Grundgesetz nur neun Jahre später vom BVerfG gegen die einhellige Rechtsprechung aller Fachgerichte[139] entnommen, dass das Berufsverbindungsverbot zwischen Notaren und Wirtschaftsprüfern verfassungswidrig sei.[140] Zum damaligen Zeitpunkt fehlte ein ausdrückliches Verbot einer solchen Berufsverbindung in unserer Rechtsordnung. Das BVerfG (1980, 1989) hatte die Beschränkung der Berufsausübungsregelungen trotz fehlender ausdrücklicher Normierung als hinreichend bestimmt und den Anforderungen eines Gesetzesvorbehalts für eine zulässige Berufsausübungsregelung[141] genügend aus der Gesamtregelung der Bundesnotarordnung und des Beurkundungsgesetzes abgeleitet.[142] Das Verbot sei durch einen vernünftigen Zweck des Allgemeinwohls gerechtfertigt[143] und verletze nicht den Grundsatz der Verhältnismäßigkeit. Der Gesetzgeber hatte (1998) die gesetzliche Regelungslücke erkannt, wollte die Beschränkung der Berufsausübung durch Normierung in § 9 den Anforderungen des Gesetzesvorbehalts anpassen und die für den Anwaltsnotar zulässigen Berufsverbindungen ausdrücklich regeln, ohne den Wirtschaftsprüfer- und vereidigten Buchprüferberuf einzubeziehen. Die Möglichkeit einer gemeinsamen Berufsausübung sollte nur mit Angehörigen von Berufen bestehen, deren Ausübung im Kern einen Ausschnitt aus der anwaltlichen Tätig-

---

[133] BVerfG DNotZ 1989, 632. Diese Möglichkeit, auch das Urteil des BVerfG (1998) so auszulegen, legt *Papier* notar 2002, 7 (12) nahe.
[134] Dazu *Roscher-Meinel* DNotZ 2014, 643 (655 ff.); BeckNotar-HdB/*Sandkühler* § 33 Rn. 67.
[135] Zu gesellschaftlichen Regelungsmöglichkeiten, die Unabhängigkeit des Notars zu wahren *Roscher-Meinel* DNotZ 2014, 643 (655 ff.).
[136] Zu den notarrechtlichen Anforderungen an solche Berufsverbindungen *Roscher-Meinel* DNotZ 2014, 643 (658 ff.).
[137] Auf die fehlerhafte Lesart der Entscheidung BVerfG DNotZ 1998, 754 des Gesetzgebers hat *Papier* notar 2002, 7 (12) hingewiesen.
[138] BVerfG DNotZ 1980, 556 (561): hier wurde die Verfassungswidrigkeit einer solchen Berufsverbindung festgestellt; BVerfGE 80, 269 = DNotZ 1989, 627 bestätigte diese Rechtsprechung.
[139] BGHZ 35, 385 (388); BGH DNotZ 1975, 572 = NJW 1975, 1414; OLG Frankfurt a. M. DNotZ 1975, 236; 1975, 432; OLG Köln DNotZ 1975, 241; BGH DNotZ 1993, 263; 1996, 900; 1996, 913; 1996, 916.
[140] BVerfG DNotZ 1998, 754.
[141] Vgl. BVerfGE 46, 246 (256); 51, 166 (176).
[142] BVerfG DNotZ 1980, 556 (561); BVerfGE 80, 269 = DNotZ 1989, 627.
[143] Ähnlich der EuGH zum niederländischen Sozietätsverbot zwischen Anwälten und Wirtschaftsprüfern, NJW 2002, 877.

keit darstellt.[144] Unmittelbar vor Inkrafttreten der Gesetzesnovelle sah das BVerfG[145] jedoch das Berufsverbindungsverbot zwischen Anwaltsnotar und Wirtschaftsprüfer als Verstoß gegen Art. 3 GG an mit der Begründung, die Unterschiede zwischen Steuerberater und Wirtschaftsprüfer könnten keine unterschiedliche Behandlung rechtfertigen. Diese Entscheidung des BVerfG stößt trotz späterer Interpretationsversuche[146] auf Skepsis, weil der Anwaltsnotar ein dem hauptberuflichen Notar hinsichtlich aller öffentlichen Funktionen gleichwertiges öffentliches Amt wahrnimmt, und nicht – wie das BVerfG meint – zwei verschiedene Berufsbilder vorliegen. Dem öffentlichen Notaramt dürfen keine kommerziellen, marktorientierten Berufe verbunden werden. Andernfalls würden die sozialen und staatlichen Rechtspflegefunktionen des Notariats tangiert.[147] Daher sind im Sonderfall des Anwaltsnotariats Grenzziehungen entsprechend der früheren Rechtsprechung und den Vorstellungen des Gesetzgebers berechtigt, wonach Berufsverbindungen nur mit rechtsberatenden Berufen zulässig sein dürfen. Diese Grenzziehung war nach dem vor 1998 geltenden Recht für Berufsverbindungen mit Steuerberatern als Rechtsberatern noch eingehalten, weil der Steuerberater „Rechtsberater" ist; diese Grenze ist überschritten, wenn der rechtsberatende Steuerberater auch vereidigter Buchprüfer oder Wirtschaftsprüfer ist und damit über die Rechtsberatung hinausgehende Aufgaben übernimmt. Eine solche Grenzziehung ist nicht willkürlich, sondern sachbezogen, weil auch der Rechtsanwalt im Steuerrecht, im selben Umfang wie ein Steuerberater, beratend und vor den Finanzgerichten vertretend tätig sein darf. Dagegen darf der Rechtsanwalt keine wirtschaftsprüfenden Tätigkeiten vornehmen, die ausschließlich vereidigten Buchprüfern und Wirtschaftsprüfern vorbehalten sind. Auch ist die Meinung des BVerfG (1998) erstaunlich und sogar abwegig, zwischen den Berufen der Steuerberater und Wirtschaftsprüfer lasse sich nicht hinreichend abgrenzen; in unserer deutschen Rechtsordnung lassen sich deutliche Unterschiede zwischen Steuerberatern und Wirtschaftsprüfern in der Berufsausbildung, in den Zulassungsprüfungen und in den jeweiligen Tätigkeitsfeldern nachweisen. Von identischen Berufsbildern des Steuerberaters und des Wirtschaftsprüfers kann nicht gesprochen werden,

---

[144] Vgl. Beschlussempfehlung und Bericht des Rechtsausschusses (6. Ausschuss) zum Gesetzesentwurf der BReg-Drs. 13/4184 und BR-Drs. 13/2023, 47.
[145] *Lerch* NJW 1999, 401 führt dies zu Recht auf die veränderte Zusammensetzung des Senats zurück. Die Berichterstatterin und Richterin am Bundesverfassungsgericht *Jaeger* hatte sich schon vor dem Urteil in mehreren Presseveröffentlichungen und öffentlichen Vorträgen auf eine Lockerung der Berufsrechte freier Berufe festgelegt und das Notariat den freien Berufen zugeordnet, ohne dessen hoheitliche Rechtspflegefunktionen zu würdigen und ohne sich mit den Grundlagen der Freiwilligen Gerichtsbarkeit und der Vorsorgenden Rechtspflege auseinander zu setzen, die ihr offenkundig nicht hinreichend bekannt waren. *Jaeger* war geleitet von einem damals nicht nur in Deutschland, sondern europaweit vorherrschenden „mainstream" eines das Recht determinierenden ökonomischen Neoliberalismus (kritisch dazu *Stürner*, Markt und Wettbewerb über alles?, 2007), der seine Zuspitzung in den von *Posner* (Economic Analysis of Law, 9. Aufl. 2014) im US-amerikanischen Recht zur ökonomischen Analyse des Rechts entwickelten Thesen fand, dass die gesamte Rechtsordnung einschließlich ihrer Rechtspflege nach Kriterien der Effizienz neu geordnet werden müssen (*Baumann* RNotZ 2007, 297; *ders.* FS Woschnak 2010, 15; *ders.* FS Fessler 2012, 1; *Woschnak*, Binnenmarkt und Notariat, 2015). Die Ziele des Rechts und der Gerechtigkeit sind jedoch nicht allein an ökonomischer Effizienz zu vermessen (so die radikalen Thesen *Posners*, der auch den Schutz von Menschenleben rein ökonomisch bewertet). *Knieper* (Eine ökonomische Analyse des Notariats, 2010; *ders.* RNotZ 2011, 197) hat dargelegt, dass die öffentlichen Notarämter des deutschen Rechtssystems auch nach den Kriterien ökonomischer Effizienz anderen Rechtssystemen überlegen sind. Betroffen von dieser – von *Jaeger* geprägten – trotz gegen die Wertungen kantischer Deontik auf das Grundgesetz gestützten, aber aus dem Grundgesetz nicht ableitbaren Rechtsprechung des BVerfG waren ua Veränderungen des Berufsrechts der Rechtsanwälte, die den Anwalt vom freien Berufsträger in die Nähe eines gewerblichen Dienstleisters gerückt haben (dazu *Stürner/Bormann* NJW 2004, 1481 und demgegenüber *Jaeger* NJW 2004, 1492). Das Grundgesetz, das laut Bundesverfassungsgericht 1989 noch die Sozietät zwischen Notaren und Wirtschaftsprüfern verbot (in den USA ist sogar die Sozietät zwischen Rechtsanwälten und Wirtschaftsprüfern verboten), gebot angeblich trotz unverändertem Wortlaut unserer Grundrechte nur neun Jahre später, dass Notare sich mit Steuerberatern, Wirtschaftsprüfern, vereidigten Buchprüfern und sogar Patentanwälten zusammenschließen könnten. Zurückhaltender *Jaeger* ZNotP 2003, 402; sich von der Schlussfolgerung des Gesetzgebers distanzierend *Papier* notar 2002, 7 (12).
[146] *Papier* FS Lorenz 2001, 41; *ders.* notar 2002, 7 (12); *Jaeger* ZNotP 2003, 402 (407).
[147] Zu diesen Funktionen *Baumann* MittRhNotK 1996, 1.

so dass die vom Gesetzgeber ursprünglich unmittelbar vor der Entscheidung des BVerfG (1998) beabsichtigte Grenzziehung – bezogen auf Art. 3 GG keineswegs willkürlich erscheint. Andernfalls wäre nicht nachvollziehbar, dass der EuGH Sozietätsverbote zwischen Wirtschaftsprüfern und Rechtsanwälten in den Niederlanden für mit dem Europäischen Gemeinschaftsrecht konform ansieht.[148] Daher ist die angebliche Verfassungswidrigkeit des Verbotes einer solchen Berufsverbindung bei hinreichender Würdigung der öffentlichen Rechtspflegefunktionen des Notars nicht nachvollziehbar, umso weniger als aufgrund der judikativen Aufgaben des Notariats in keinem der EU-Staaten die Berufsverbindung zwischen Notaren und Wirtschaftsprüfern gestattet ist. Die Entscheidung des BVerfG (1998) lässt im Unterschied zur Entscheidung des BVerfG (1989) nicht erkennen, dass die staatlichen Funktionen des Notars im Bereich der Vorsorgenden Rechtspflege und der Freiwilligen Gerichtsbarkeit von den Verfassungsrichtern in die Wertung einbezogen worden sind. Obiter dicta, wie die Gleichsetzung des Wirtschaftsprüfersiegels mit dem Staatssiegel des Notars, lassen auf fehlende Rechtskenntnisse der Senatsmitglieder schließen. Die vergleichenden Ausführungen zur Unparteilichkeit lassen an der gebotenen Tiefe der normativen Abwägung der Entscheidung des BVerfG (1998) und an hinreichenden Kenntnissen der Urteilsverfasser über die gesellschaftlichen und staatlichen Wirkungen der Freiwilligen Gerichtsbarkeit und der Vorsorgenden Rechtspflege zweifeln. Auch das später hervorgehobene Argument *Papiers*,[149] die Entscheidung sei damit zu rechtfertigen, dass sich die Aufgabenbereiche des Wirtschaftsprüfers und Steuerberaters weitgehend überschneiden, rechtfertigt das Urteil nicht hinreichend, weil die nach Art. 3 GG gebotenen Differenzierungen möglich sind, was die europäische Rechtsentwicklung, insbesondere die Rechtsprechung des EuGH,[150] bestätigt und vor allem weil selbst sehr weitgehende Überschneidungen der Wirtschaftsprüfer- und Steuerberaterberufe nicht ausschließen würden, dass es wesentliche Unterschiede zwischen den zwei Berufen gibt, die eine Ungleichbehandlung der verschiedenen Berufe nach Art. 3 GG rechtfertigen.[151] Das Bundesverfassungsgericht (1998) hat das Sozietätsverbot zwischen Wirtschaftsprüfern und den Notaren als staatlichen Organen der vorsorgenden Rechtspflege als grundgesetzwidrig angesehen. Im Unterschied zu den Wertungen des BVerfG (1998) hat der EuGH[152] das niederländische Verbot einer Sozietät von Rechtsanwälten und Wirtschaftsprüfern für zulässig erachtet, „da diese Regelung bei vernünftiger Betrachtung als für die ordnungsgemäße Ausübung des Rechtsanwaltsberufs, wie er in dem betreffenden Staat geordnet ist, erforderlich angesehen werden konnte".[153] Die Entscheidung des EuGH entspricht dem weltweit gültigen Berufsverbindungsverbot zwischen Notaren und Wirtschaftsprüfern und dem zB in den USA ausdrücklich angeordneten Verbot der Berufsverbindung zwischen Rechtsanwälten und Wirtschaftsprüfern. Nach den Erfahrungen aus der Weltfinanzkrise des Jahres 2008 für die Bedeutung der unabhängigen Rechtspflegeorgane sollten die von neoliberalistischen Deregulierungsbestrebungen geleiteten, von *Jaeger* maßgeblich beeinflussten Entscheidungen des Bundesverfassungsgerichts als verfehlte Entwicklungen erkannt und neu überdacht werden und von falschen ökonomischen Analysen zur auf den deontischen Grundwerten unserer Verfassung beruhenden Rechtsprechung des Bundesverfassungsgerichts aus dem Jahr 1989 zurückgeführt bzw. an der geltenden – das öffentliche Amt des Notars im Lichte des Grundgesetzes zutreffend würdigenden – Rechtsprechung des Bundesverfassungsgerichts

---

[148] EuGH NJW 2002, 877.
[149] *Papier* FS Lorenz 2001, 41.
[150] EuGH NJW 2002, 877.
[151] Dass es tiefgreifende Unterschiede zwischen beiden Berufen gibt, ist unstreitig und wird zB bei Berufsausübungsschranken in Berufsverbindungen zwischen Wirtschaftsprüfern und Steuerberatern deutlich. So gelten zB für die Anerkennung einer Wirtschaftsprüfungs-GmbH strenge, nicht abdingbare Berufsregeln (zB §§ 1 Abs. 3, 2, 28, 32, 43a Abs. 4, 47 WPO), die mit den Berufsregeln einer reinen Steuerberatungs-GmbH nicht übereinstimmen und einen Vorrang der Wirtschaftsprüfertätigkeit festschreiben.
[152] EuGH NJW 2002, 877.
[153] Sozietäten zwischen Rechtsanwälten und Wirtschaftsprüfern sind nicht einmal in den USA zulässig.

ausgerichtet werden,[154] was in allen jüngeren Entscheidungen des BVerfG bestätigt worden ist.[155]

Der Gesetzgeber ist aufgrund der Entscheidung des BVerfG (1998) den Forderungen der 37 Wirtschaftsprüfer und Steuerberater in Großsozietäten nachgekommen,[156] indem er die Berufsverbindungsmöglichkeiten der nebenberuflichen Notare weiter ausgedehnt und trotz erheblicher, rein sachbezogener Bedenken von Seiten der mit der Dienstaufsicht betrauten Justizverwaltungen[157] die Berufsverbindung zwischen Anwaltsnotaren und Wirtschaftsprüfern bzw. vereidigten Buchprüfern zugelassen hat.[158] Der Gesetzgeber hätte nach den Vorgaben des BVerfG die Sozietätsverbote des Nur-Notariats auch auf das Anwaltsnotariat ausdehnen können, um die vom BVerfG angenommene Ungleichbehandlung zwischen Wirtschaftsprüfern und Steuerberatern auszuschließen.[159] Mit der Ausdehnung der Berufsverbindungsmöglichkeiten hat der Gesetzgeber das Anwaltsnotariat der Gefahr ausgesetzt, dass das öffentliche Amt durch die Berufsverbindung unter sachfremde Einflüsse gerät.[160] Mit seiner Öffnung der Berufsverbindungsmöglichkeiten hat der Gesetzgeber die öffentlichen Notarämter dem Sog einer zunehmenden Kommerzialisierung der Rechtspflegeberufe ausgesetzt.[161] Zugleich sind zwischen hauptberuflichen Notaren und Anwaltsnotaren durch unterschiedliche Möglichkeiten der Berufsverbindungen tiefgreifende Unterschiede in der Berufsausübung geschaffen worden,[162] obwohl im Anwalts- wie im Nurnotariat gleiche Berufsanforderungen für gleichwertige öffentliche Urkundsleistungen gelten.

Die Zulassung der Berufsverbindung eines Anwaltsnotars mit einem Wirtschaftsprüfer 38 soll durch das Mitwirkungsverbot des § 3 Abs. 1 Nr. 7 BeurkG gemildert werden.[163] Da der Wirtschaftsprüfer regelmäßig eine umfassende mandantenbezogene Beratungs- und Prüfungstätigkeit wahrnimmt, ist den mit ihm berufsverbundenen Notaren jegliche Beurkundungstätigkeit für diese Mandanten untersagt. Die Schwierigkeiten der Kontrolle dieser Mitwirkungsverbote treten bei der Wahrnehmung der Dienstaufsicht auf, weil Verletzungen der Mitwirkungsverbote regelmäßig nur in späteren Streitfällen der Urkundsbeteiligten bekannt werden. Durch die Ausdehnung der Berufsverbindungsmöglichkeiten wird die staatliche Dienstaufsicht über die öffentlichen Amtstätigkeiten des Notars seit der Novellie-

---

[154] Vgl. auch *Knieper,* Eine ökonomische Analyse des Notariats, 2010, der fundiert belegt, dass sowohl anhand der makroökonomischen Modellannahmen der neoklassischen Volkswirtschaftslehre als auch nach dem mikroökonomischen Ansatz der Institutionenökonomik die Konstruktion eines öffentlichen, mit Hoheitsbefugnissen ausgestatteten Amtes neutraler Vertragsbegleiter ein wesentlicher Beitrag zur Effizienz der Marktbeziehungen ist; *ders.* RNotZ 2011, 197.
[155] BVerfG DNotZ 2012, 945; 2009, 702.
[156] *Eylmann,* Deutscher Bundestag, Stenographische Berichte 11, Wahlperiode, 233. Sitzung, S. 1862 ff. „in letzter Minute"; der Gesetzgeber habe „nie schneller auf eine Entscheidung des Bundesverfassungsgerichts reagiert". Kritisch zu dieser übereilten Entscheidung des Gesetzgebers *Papier* FS Lorenz 2001, 45 f.; *ders.* notar 2002, 7 (12).
[157] Protokoll der 92. Sitzung des Rechtsausschusses des Deutschen Bundestages v. 25.6.1997, S. 4.
[158] Dazu *Vaasen/Starke* DNotZ 1998, 661 (664 ff.).
[159] *Papier* FS Lorenz 2001, 41 ff.; *Jaeger* ZNotP 2003, 402 (407).
[160] Insoweit instruktiv BVerfG DNotZ 2009, 702, wo der Einfluss von Großsozietäten sogar im Nurnotariat als Gefährdung der Unabhängigkeit und Unparteilichkeit des einzelnen Amtsträgers zutreffend erkannt wird.
[161] Kritisch dazu *Zuck* BB 48/1998, „Die erste Seite".
[162] *Papier* notar 2002, 7 (12) hat die Gesetzesänderungen mit ihren Erweiterungen der Berufsverbindungsverbote der öffentlichen Notarämter als mögliche Fehlinterpretation der Rechtsprechung des Bundesverfassungsgerichts durch den Gesetzgeber bezeichnet, weil die verfassungsrechtlich gerügte Ungleichbehandlung des Wirtschaftsprüferberufs mit dem Beruf des Steuerberaters zum Schutz der öffentlichen Notarämter auch weitergehende Berufsverbindungsverbote hätte zur Folge haben können. Möglicherweise gab es hier einen Dissens zwischen dem Präsidenten des BVerfG *Papier* und seiner Berichterstatterin *Jaeger,* die in zahlreichen Vorträgen in allen juristischen Bereichen keine Ausrichtung am Ziel unserer deontischen Rechtsordnung sondern an einem ökonomisch-konsequentialismus forderte. Rechtshistorisch könnten diese Entscheidungen als Beispiele für politische Paradigmenwechsel des BVerfG (die sich schon nach wenigen Jahren als Fehlentwicklungen gezeigt haben) dienen, wie spätere Entscheidungen belegen: BVerfG DNotZ 2009, 702; 2012, 945.
[163] Diese sind zur Sicherung der Unparteilichkeit und Unabhängigkeit der Notare verfassungskonform. Vgl. BVerfG DNotZ 2000, 936; *Jaeger* ZNotP 2003, 402 (407).

rung erheblich erschwert,[164] wahrscheinlich sogar überfordert. Zum Schaden des deutschen Notariats ist zu befürchten, dass das BVerfG bei tieferer Durchdringung der Funktionen der jeweiligen Berufe in künftigen Entscheidungen aufgrund der gesetzgeberischen Entscheidung die endgültige Auseinanderentwicklung zwischen hauptberuflichem Notariat und Anwaltsnotariat konstatiert und dem Gesetzgeber aufgibt, im Interesse der Vorsorgenden Rechtspflege das nur in Deutschland und einigen Kantonen der Schweiz bestehende Anwaltsnotariat abzuschaffen.[165] Diese Gefahr droht umso mehr, als das BVerfG schon vor der Entscheidung des Gesetzgebers formuliert hatte, es sei kaum noch möglich, von einem einheitlichen Berufsbild des Notars auszugehen.[166] Das historisch gewachsene und schützenswerte Anwaltsnotariat sollte jedoch erhalten bleiben, indem die Berufsverbindungsmöglichkeiten möglichst restriktiv gehandhabt werden und hauptberufliche Notare und Anwaltsnotare sich verstärkt um einheitliche Berufsausübungsregeln bemühen.

39 Dem Notar ist es nach § 14 Abs. 5 verboten, sich an einer Wirtschaftsprüfungsgesellschaft zu beteiligen, wenn der Notar allein oder zusammen mit den Personen, mit denen er sich zur beruflichen Zusammenarbeit verbunden oder mit denen er gemeinsame Geschäftsräume hat, mittelbar oder unmittelbar einen beherrschenden Einfluss ausübt.[167] Diese Regelung dient der Anpassung an das Berufsrecht der Wirtschaftsprüfer, die nach ihren berufsrechtlichen Regelungen den bestimmenden Einfluss in der Gesellschaft haben müssen (§ 28 Abs. 4 WPO; vgl. auch §§ 1 Abs. 3, 2, 28, 32, 43a Abs. 4, 47 WPO). Der in einer Sozietät zwischen Notaren und Wirtschaftsprüfern nach der WPO vorgeschriebene Vorrang des Berufsrechts der Wirtschaftsprüfer vor dem Berufsrecht der Notare und die damit verbundene sozietätsvertragliche zwingende Fremdbestimmung stellt eine abstrakte Gefährdung der Unabhängigkeit des Notars dar, wenn dieser eine Berufsverbindung mit einem Wirtschaftsprüfer eingeht, und unterstreicht, dass das in die Freiwillige Gerichtsbarkeit eingebundene Notaramt mit dem Wirtschaftsprüferberuf nicht kompatibel ist und deshalb – entgegen der geltenden Gesetzeslage – nicht in einer gemeinsamen Sozietät ausgeübt werden darf.[168]

40 **4. Notar und Patentanwalt.** Ebenso problematisch ist die vom Gesetzgeber neu eingeführte Berufsverbindungsmöglichkeit mit Patentanwälten. Dieser Beruf setzt kein juristisches Staatsexamen voraus, sondern einen Hochschulabschluss in naturwissenschaftlichen oder technischen Fachbereichen und ergänzend eine juristische Elementarausbildung. Damit wird die interprofessionelle Berufsverbindungsmöglichkeit des Anwaltsnotars so weit ausgedehnt, dass die Konturen des öffentlichen, aus Justizfunktionen abgeleiteten Amtes bis zur Unkenntlichkeit verschwimmen. Wie soll durch Überwachung der staatlichen Dienstaufsichtsbehörde des Notars ausgeschlossen werden, dass der zB als Dipl.-Ing. technisch ausgebildete Patentanwalt auch eine weitere technische Tätigkeit ausübt? Ist diese „Nebentätigkeit" des Patentanwalts aber zulässig, warum soll dann nicht die Berufsverbindung des Anwaltsnotars nach den Grundsätzen des BVerfG (1998) zu Art. 3 GG mit jedem Techniker zulässig sein? Mit welchen Berufen soll eine Berufsverbindung des Notars überhaupt noch ausgeschlossen sein? Sind Berufsverbindungen des Notars mit naturwissenschaftlichen oder technischen Berufen möglich, warum sollen dann Ärzte, Handwerker, Architekten, Stati-

---

[164] *Bilda* FS Rhein. Notariat 1998, 387 (401).
[165] Hierzu auch *Papier* FS Lorenz 2001, 44.
[166] BVerfG DNotZ 1998, 754 (766).
[167] BeckNotar-HdB/*Sandkühler* § 33 Rn. 67.
[168] *Papier* notar 2002, 7 (12) zur Fehlinterpretation des Urteils des Bundesverfassungsgerichts durch den Gesetzgeber, die nach dieser Rechtsentwicklung besser auch ein Ausübungs- und Verbindungsverbot des (Anwalts-)Notar mit dem Steuerberater hätte zur Folge haben sollen. *Roscher-Meinel* DNotZ 2014, 643 hält die beiden Berufe dann für kompatibel, wenn im Gesellschaftsvertrag Regelungen vereinbart sind, die der Unabhängigkeit des Notaramtes dienen. Diese gebotene Wahrung der Unabhängigkeit des Notaramtes hält *Roscher-Meinel* nur in kleineren Wirtschaftsprüfungsgesellschaften für möglich. Da hoheitliche Funktionen nicht von privatrechtlichen Vereinbarungen abhängig sein können, muss der Gesetzgeber entweder den Vorrang der Berufsausübung hoheitlicher Notarämter regeln oder die Berufsverbindung zwischen Notaren und Wirtschaftsprüfern verbieten, wie in allen anderen Rechtsordnungen weltweit.

ker, öffentlich vereidigte Vermesser oder irgendwelche anderen Berufe von der Berufsverbindung ausgeschlossen sein? Die ursprünglich sinnvolle Grenzziehung der Berufsausübungs- und Berufsverbindungsmöglichkeiten innerhalb der Rechtsberatung hat seit der Wirtschaftsprüferentscheidung des BVerfG (1998) und der durch sie ausgelösten Gesetzesänderung im Geltungsbereich des Anwaltsnotariats zu einer Öffnung gegenüber Berufen außerhalb des Bereichs der Rechtspflege geführt, die für das Anwaltsnotariat in einer berufspolitisch unerwünschten Entfernung vom öffentlichen Notaramt enden und Gefährdungen der Rechtspflege nach sich ziehen kann. Aufgrund der erweiterten Verbindungsmöglichkeiten fällt den Justizverwaltungen als staatlichen Aufsichtsbehörden mehr als bisher die Aufgabe zu, die Berufsverbindungsverträge, dahingehend zu prüfen, dass gem. § 9 Abs. 3 die persönliche und eigenverantwortliche Amtsführung, Unabhängigkeit und Unparteilichkeit des Notars nicht beeinträchtigt wird. Je weiter die verbundenen Berufe sich aber von Rechtspflegefunktionen entfernen, desto weniger besteht die Möglichkeit sachgerechter Kontrolle durch die Justizverwaltung. Aus ihrer Sachkenntnis heraus hatten sich die Landesjustizverwaltungen als Dienstaufsichtsbehörden vor der Entscheidung des BVerfG (1998) und der folgenden Gesetzesnovellierung[169] ausnahmslos gegen eine Ausdehnung der Berufsfelder und Berufsverbindungsmöglichkeiten ausgesprochen.

F. Mindestzulässigkeitsvoraussetzungen für Berufsverbindungen (Abs. 3)

Nach Abs. 3 kann die Genehmigung nur erteilt werden, wenn durch die gemeinsame 41
Berufsausübung oder die gemeinsame Nutzung der Geschäftsräume **die persönliche und eigenverantwortliche Amtsführung, Unabhängigkeit und Unparteilichkeit des Notars nicht beeinträchtigt werden.**[170] Mit diesen Mindestanforderungen sollen nach dem Willen des Gesetzgebers das öffentliche Amt des Notars und die Unabhängigkeit des Amtsträgers geschützt werden. Die Rechtspflegefunktionen dürfen nicht wirtschaftlichen Interessen weichen. Da das Genehmigungserfordernis für Berufsverbindungen der Notare der Bekämpfung abstrakter Gefahrensituationen für die öffentlichen Notarämter dient, sollte die abstrakte Möglichkeit der Gefährdung einer geordneten Rechtspflege genügen, um die Genehmigung zu versagen.[171]

§ 10 [Amtssitz]

(1) ¹Dem Notar wird ein bestimmter Ort als Amtssitz zugewiesen. ²In Städten von mehr als hunderttausend Einwohnern kann dem Notar ein bestimmter Stadtteil oder Amtsgerichtsbezirk als Amtssitz zugewiesen werden. ³Der Amtssitz darf unter Beachtung der Belange einer geordneten Rechtspflege nach Anhörung der Notarkammer mit Zustimmung des Notars verlegt werden. ⁴Für die Zuweisung eines anderen Amtssitzes auf Grund disziplinargerichtlichen Urteils bedarf es der Zustimmung des Notars nicht.

(2) ¹Der Notar hat an dem Amtssitz seine Geschäftsstelle zu halten. ²Er hat seine Wohnung so zu nehmen, daß er in der ordnungsgemäßen Wahrnehmung seiner Amtsgeschäfte nicht beeinträchtigt wird; die Aufsichtsbehörde kann ihn anweisen, seine Wohnung am Amtssitz zu nehmen, wenn dies im Interesse der Rechtspflege geboten ist. ³Beim Anwaltsnotar müssen die Geschäftsstelle und eine Kanzlei nach § 27 Absatz 1 oder 2 der Bundesrechtsanwaltsordnung örtlich übereinstimmen.

---
[169] Drittes Gesetz zur Änderung der Bundesnotarordnung (BGBl. 1998 I 2585).
[170] Dazu BeckNotar-HdB/*Bremkamp* § 32 Rn. 91. So auch die Begründung zum Regierungsentwurf des Dritten Gesetzes zur Änderung der BNotO, BT-Drs. 13/4184, 22.
[171] BGH DNotZ 1973, 429 (433); bestätigt durch BVerfG DNotZ 1973, 493; BGH DNotZ 2005, 870 (875).

(3) **Der Notar soll seine Geschäftsstelle während der üblichen Geschäftsstunden offen halten.**

(4) [1] **Dem Notar kann zur Pflicht gemacht werden, mehrere Geschäftsstellen zu unterhalten; ohne Genehmigung der Aufsichtsbehörde ist er hierzu nicht befugt.** [2] **Das gleiche gilt für die Abhaltung auswärtiger Sprechtage.** [3] **Die Genehmigung kann mit Auflagen verbunden und mit dem Vorbehalt des Widerrufs erteilt sowie befristet werden.** [4] **Vor der Erteilung oder der Aufhebung der Genehmigung ist die Notarkammer zu hören.**

Schrifttum: *Egerland,* Die Notarbestellung im hauptberuflichen Notariat, 2007; *Grete,* Die Verfassungsmäßigkeit berufsrechtlicher Residenzpflichten der deutschen Rechtsordnung, 1999.

Übersicht

	Rn.
A. Allgemeines	1
B. Amtssitz (Abs. 1)	2
I. Amtssitzzuweisung (S. 1 und S. 2)	4
1. Rechtsnatur	5
2. Zuweisung in einen Ort (S. 1)	6
3. Zuweisung in einen Stadtteil (S. 2)	13
II. Amtssitzverlegung	23
1. Rechtsnatur	25
2. Amtssitzverlegung in einen anderen Amtsbereich (S. 3)	27
3. Amtssitzverlegung innerhalb des Amtsbereichs (S. 3)	48
4. Amtssitzverlegung aufgrund disziplinargerichtlichen Urteils (S. 4)	51
C. Geschäftsstelle (Abs. 2 bis Abs. 4)	52
I. Verhältnis zum Amtssitz (Abs. 2 S. 1)	53
II. Verhältnis zur Wohnung (Abs. 2 S. 2)	55
1. Zweck der Residenzpflicht	56
2. Allgemeine Residenzpflicht (Hs. 2)	58
3. Residenzpflicht auf Weisung (Hs. 2)	62
4. Rechtsfolgen eines Amtspflichtverstoßes (Hs. 1 und Hs. 2)	65
III. Verhältnis zur Kanzlei und Zweigstelle (Abs. 2 S. 3)	67
1. Entwicklung der Norm	68
2. Örtliche Übereinstimmung mit einer Kanzlei	70
3. Räumliche Übereinstimmung mit der Zulassungskanzlei	73
IV. Öffnungszeiten (Abs. 3)	74
V. Mehrere Geschäftsstellen und auswärtige Sprechtage (Abs. 4)	77
1. Geschäftsstellen- und Sprechtagsbegriff	79
2. Verbot	82
3. Dispens	85

A. Allgemeines

1 Die Vorschrift setzt der Amtsausübung des Notars Grenzen. § 10 regelt in Abs. 1 zunächst den **Amtssitz** und damit den rechtlichen Ankerpunkt für die geographischen Schranken notarieller Amtstätigkeit. Diese Schranken lassen sich in drei unterschiedlich große Grenzkreise unterteilen: Die **Geschäftsstelle** als der kleinste, der **Amtsbereich** und sodann der **Amtsbezirk** als der jeweils größere Grenzkreis.[1] Diese drei geographischen Schranken der Amtstätigkeit des Notars bestimmen sich sämtlich nach dem ihm von der Landesjustizverwaltung zugewiesenen Amtssitz. Die Geschäftsstelle als Mittelpunkt seiner Amtstätigkeit hat der Notar innerhalb der ihm als Amtssitz zugewiesenen politischen Gemeinde zu unterhalten, seine Urkundstätigkeit hat er grundsätzlich auf den für diese politische Gemeinde maßgeblichen Amtsgerichts- und Oberlandesgerichtsbezirk zu be-

---

[1] → §§ 10a, 11 Rn. 2.

schränken.² In Abs. 2 bis Abs. 4 enthält § 10 sodann nähere Regelungen zur notariellen Geschäftsstelle als dem kleinsten Grenzkreis notarieller Amtstätigkeit. Der Amtsbereich und der Amtsbezirk als die nächst größeren Grenzkreise notarieller Urkundstätigkeit finden sich sodann in den folgenden Vorschriften der §§ 10a und 11 näher geregelt. Die vom Gesetz durch § 10 Abs. 1 (Amtssitz), § 10 Abs. 2 bis Abs. 4 (Geschäftsstelle), § 10a (Amtsbereich) und § 11 (Amtsbezirk) vorgegebene Regelungsreihenfolge ist vor diesem Hintergrund unmittelbar nachvollziehbar.

B. Amtssitz (Abs. 1)

Der in § 10 Abs. 1 geregelte Amtssitz hat zentrale Bedeutung für die **Notarstellen-** 2 **planung**. Durch die Möglichkeit der Zuweisung eines Notars in eine bestimmte politische Gemeinde (§ 10 Abs. 1 S. 1) oder in einen bestimmten Stadtteil (§ 10 Abs. 1 S. 2) wird der Landesjustizverwaltung eine Notarstellenplanung sowohl der **Menge** als auch dem **Raume** nach erst eröffnet. Vom Amtssitz des Notars leiten sich wiederum die Grenzen des Amtsbereichs und Amtsbezirks ab, auf die der Notar seine Urkundstätigkeit grundsätzlich zu beschränken hat (§§ 10a Abs. 1 S. 1, 11 Abs. 1). Ferner richtet sich die örtliche Zuständigkeit der Landgerichte in Notarbeschwerde- und Notarkostensachen (§ 15 Abs. 2 S. 2, § 54 Abs. 2 S. 2 BeurkG, § 127 Abs. 1 GNotKG), der Aufsichtsbehörden (§ 92) und der Notarkammern (§ 65 Abs. 1) nach dem Amtssitz des Notars.

Aufgrund der Zulässigkeit einer späteren **Verlegung** des Amtssitzes (§ 10 Abs. 1 S. 3) 3 kann die Landesjustizverwaltung ihren Notarassessoren einen Anreiz dafür bieten, sich auch auf solche Notarstellen zu bewerben, die nach Gebührenaufkommen und Arbeitsbedingungen eine vermeintlich geringere Anziehungskraft besitzen, und dadurch auch im Bereich des hauptberuflichen Notariates eine Versorgung der Bevölkerung mit notariellen Leistungen in der Fläche sicherstellen. Vor diesem Hintergrund hat die Vorschrift neben § 6 Abs. 3 und Art. 33 Abs. 2 GG auch maßgebliche Bedeutung für die **Auswahlentscheidung** bei der Besetzung von Notarstellen im Bereich des hauptberuflichen Notariates.

I. Amtssitzzuweisung (S. 1 und S. 2)

Die Anzahl der Notare ist gem. § 4 S. 1 nach den Erfordernissen einer geordneten 4 Rechtspflege auszurichten. Ob eine geordnete Rechtspflege gewährleistet ist, hängt jedoch „nicht nur davon ab, *wie viele* (sic!) Notare bestellt werden (…), sondern auch davon, *wo* (sic!) jeweils das Notaramt ausgeübt wird."³ Eine geordnete Rechtspflege iSd § 4 S. 1 verlangt daher nicht nur eine zahlenmäßige, sondern stets auch eine **räumliche Festsetzung** der Notare.⁴ Eine angemessene Versorgung der Rechtsuchenden mit notariellen Leistungen iSd § 4 S. 2 setzt nicht nur voraus, dass eine hinreichende Anzahl an Notaren bestellt sind, sondern auch dass diese Notare in räumlich angemessener Entfernung zur Verfügung stehen. Folglich sind die Erfordernisse einer geordneten Rechtspflege iSd § 4 S. 1, insbesondere eine angemessene Versorgung der Rechtsuchenden mit notariellen Leistungen iSd § 4 S. 2, das allein maßgebliche Kriterium für die Ausübung der gem. § 10 Abs. 1 S. 1 und S. 2 der Justizverwaltung eingeräumten Ermächtigung, dem Notar einen bestimmten Ort oder einen bestimmten Stadtteil als Amtssitz zuzuweisen.⁵

1. Rechtsnatur. Die Zuweisung des Amtssitzes ist ein selbständiger **Verwaltungsakt** 5 iSd § 35 S. 1 VwVfG.⁶ Weder die BNotO noch die Rechtsprechung des Bundesgerichts-

---

² → §§ 10a, 11 Rn. 4 ff. und 20 ff.
³ BGH 19.1.1981 – NotZ 14/80, DNotZ 1981, 521 (522).
⁴ *Bohrer*, Berufsrecht, Rn. 22, 235; *Egerland* S. 60; *Diehn/Bormann* BNotO § 10 Rn. 1; Schippel/Bracker/*Püls* BNotO § 10 Rn. 2.
⁵ Vgl. BGH 19.1.1981 – NotZ 14/80, DNotZ 1981, 521 (522); *Bohrer*, Berufsrecht, Rn. 283; *Egerland* S. 60: „§ 4 S. 1 BNotO steht im engen Zusammenhang mit § 10 Abs. 1 S. 1 und 2 BNotO".
⁶ *Egerland* S. 175.

hofs stehen dieser rechtlichen Qualifikation entgegen. Gemäß § 12 S. 2 soll der Verwaltungsakt der Bestellung zum Notar lediglich äußerlich mit dem Verwaltungsakt der Zuweisung eines Amtssitzes verbunden werden. Nur auf diese äußerliche Verbundenheit beider Verwaltungsakte in einer Urkunde nimmt der Bundesgerichtshof Bezug, wenn er darauf abstellt, dass die Zuweisung eines Amtssitzes „Bestandteil der Bestellung zum Notar" ist.[7] Eine rechtliche Qualifikation der Amtssitzzuweisung etwa als **Inhaltsbestimmung** oder unselbständige **Nebenbestimmung** des Verwaltungsaktes der Bestellung zum Notar kommt nicht in Betracht, da eine Amtssitzverlegung innerhalb eines Bundeslandes gem. § 10 Abs. 2 S. 3 oder S. 4 dann entgegen der Auffassung des Notarsenates beim Bundesgerichtshof[8] stets nur durch Aufhebung der Bestellung (§ 47) unter gleichzeitiger Wiederbestellung zum Notar (§ 6) an einem anderen Amtssitz erfolgen könnte.[9]

6 **2. Zuweisung in einen Ort (S. 1).** Ort iSd § 10 Abs. 1 S. 1 ist das Gebiet einer politischen Gemeinde.[10] Maßgeblich ist die in der Bestallungsurkunde gem. § 12 S. 2 bezeichnete **politische Gemeinde.** Soweit in der Bestallungsurkunde nicht anders bestimmt, wird auf die politische Gemeinde in ihrer jeweiligen aktuellen Größe Bezug genommen. Ändert sich ihr Zuschnitt (bspw. durch Eingemeindungen), ändern sich auch die räumlichen Grenzen des Amtssitzes.[11]

7 Die Zuweisung eines Amtssitzes in einen bestimmten Ort erfolgt gem. § 4 S. 1 nach den Erfordernissen einer geordneten Rechtspflege. Ausgangspunkt dieser staatlichen Bedarfsplanung ist gem. § 4 S. 2 zunächst der tatsächliche Bedarf nach notariellen Leistungen, welchen die Landesjustizverwaltungen anhand einer **Bedürfnisprüfung** für bestimmte Bedarfsplanbereiche ihres Hoheitsgebietes feststellen (Mengenbedarfsplanung).[12] Nachdem anhand dieser Bedürfnisprüfung die Sollzahl an Notarstellen ermittelt wurde, erfolgt innerhalb des jeweiligen **Bedarfsplanbereichs** eine Verteilung dieser Notarstellen durch Zuweisung der Amtssitze in die verschiedenen Orte gem. § 10 Abs. 1 S. 1 (Raumbedarfsplanung). Die für die Mengenbedarfs- und die Raumbedarfsplanung maßgeblichen Bedarfsplanbereiche entsprechen nach der durch den Gesetzgeber und die Rechtsprechung anerkannten ständigen Verwaltungspraxis der Landesjustizverwaltungen den jeweiligen Amtsbereichen iSd § 10a Abs. 1.[13]

8 **a) Mengenbedarfsplanung.** Die Ermittlung der in den Amtsbereichen iSd § 10a Abs. 1 benötigten Anzahl an Notarstellen erfolgt anhand eines normativen **Bedürfnisschlüssels.**[14] Durch diesen Bedürfnisschlüssel bestimmt die jeweilige Justizverwaltung für ihr Hoheitsgebiet, wie viele gewichtete Urkunden einer hauptberuflichen Notarstelle bzw.

---

[7] BGH 30.4.1980 – V ZR 56/79, DNotZ 1981, 521. AA *Egerland* S. 175.
[8] BGH 2.12.2002 – NotZ 13/02, DNotZ 2003, 228; 26.3.2001 – NotZ 31/00, DNotZ 2001, 731; 5.12.1988 – NotZ 7/88, DNotZ 1989, 328 („Die Verlegung des Amtssitzes berührt nicht den Bestand des dem Notar übertragenen öffentlichen Amtes").
[9] Vgl. auch *Egerland* S. 146.
[10] Diehn/*Bormann* BNotO § 10 Rn. 2; Schippel/Bracker/*Püls* BNotO § 10 Rn. 3; *Bohrer,* Berufsrecht, Rn. 283; Arndt/Lerch/Sandkühler/*Lerch* BNotO § 10 Rn. 4.
[11] Eine derartige dynamische Grenzziehung des Amtssitzes sah schon § 10 Abs. 2 S. 2 des Oberneck'schen Entwurfs eines Reichsnotariatsgesetzes vor, abgedruckt in: Schubert (Hrsg.), Materialien zur Vereinheitlichung des Notarrechts, 2004, S. 234. Ebenso Diehn/*Bormann* BNotO § 10 Rn. 2; Schippel/Bracker/*Püls* BNotO § 10 Rn. 3.
[12] Da durch diese Mengenbedarfsplanung zugleich auch eine räumliche Verteilung der Notare auf die einzelnen Amtsbereiche des Hoheitsgebietes erfolgt, könnte auch von einer „Raumbedarfsplanung im weiteren Sinne" (im Gegensatz zu der unter → Rn. 10 ff. dargestellten „Raumbedarfsplanung im engeren Sinne") gesprochen werden.
[13] Vgl. dazu nur BGH 5.4.1976 – NotZ 10/75, DNotZ 1976, 624, wonach dies „der geschichtlichen Entwicklung und der in Rechtsprechung und Schrifttum herrschenden Auffassung" entspreche. Vgl. ferner die Begründung zur gesetzlichen Regelung der Amtsbereiche in § 10a in BT-Drs. 11/8307, 18: „Die Einrichtung von Amtsbereichen (…) ist unentbehrlich, um die einzelnen Notarstellen lebensfähig und möglichst gleichbleibend leistungsfähig zu erhalten und das Notariat insgesamt bedarfsgerecht und flächendeckend zu organisieren." Vgl. auch *Bohrer,* Berufsrecht, Rn. 237, 297.
[14] Vgl. *Bohrer,* Berufsrecht, Rn. 237 und *ders.* DNotZ 1991, 3 (10 ff.).

einer Anwaltsnotarstelle entsprechen.[15] Bei der Bestimmung des Bedürfnisschlüssels hat die Landesjustizverwaltung darauf „Bedacht zu nehmen, dem einzelnen Notar eine Berufsausübung entsprechend dem gesetzlichen Leitbild zu ermöglichen. Seine Aufgabe, als unabhängiger und unparteiischer Berater der Beteiligten (vgl. § 14) auf eine möglichst gerechte Gestaltung ihrer Rechtsbeziehungen hinzuwirken, kann er nur erfüllen, wenn ihm ein solches Maß an wirtschaftlicher Unabhängigkeit gewährleistet ist, dass er nötigenfalls wirtschaftlichem Druck widerstehen kann."[16] Anhand der Gesamtzahl der durch die im Amtsbereich amtierenden Notare errichteten **gewichteten Urkundenzahlen** wird sodann die Sollzahl der Notarstellen berechnet, für die im konkreten Amtsbereich ein Bedarf besteht. Entspricht diese Sollzahl der Istzahl an Notarstellen im Amtsbereich, spricht dies für eine ausgewogene mengenmäßige Bedarfsplanung im Amtsbereich. Liegt die Sollzahl über der Istzahl besteht ein Notarunterhang, der für die **Errichtung**[17] einer weiteren Notarstelle im Amtsbereich spricht. Liegt die Sollzahl unter der Istzahl existiert ein Notarüberhang, auf den bei Freiwerden einer Notarstelle im Amtsbereich mit deren **Einziehung**[18] reagiert werden kann.

Der Bedürfnisschlüssel ist ein wichtiger, aber insbesondere in den Bereichen des hauptberuflichen Notariates nicht der alleinige Maßstab für die Mengenbedarfsplanung im Amtsbereich.[19] Wird in den Bereichen des hauptberuflichen Notariates eine Notarstelle frei, entspricht es aufgrund des hier praktizierten **Prinzips der Amtsnachfolge**[20] in der Regel einer geordneten Rechtpflege iSd § 4, diese Notarstelle wieder einzurichten. Der Grundsatz der Amtsnachfolge kann daher als gewichtiger Belang einer geordneten Rechtpflege der Justizverwaltung Anlass geben, eine freiwerdende Notarstelle trotz eines auf Grundlage des Bedürfnisschlüssels im Amtsbereich errechneten Notarüberhanges wieder auszuschreiben.[21] Dies gilt insbesondere für Amtsbereiche mit einem hohen Urkundenaufkommen, in denen bereits verhältnismäßig geringe Schwankungen der Urkundszahlen große Auswirkungen auf den anhand des Bedürfnisschlüssels ermittelten Notarbedarf haben können. Den gewichteten Urkundszahlen kann folglich in Amtsbereichen mit hohem Urkundenaufkommen nur eine geringere Aussagekraft beigemessen werden als in Amtsbereichen mit geringem Urkundenaufkommen. Die Einziehung einer hauptberuflichen Notarstelle wird hier regelmäßig nur dann in Betracht kommen, wenn ein erheblicher Notarüberhang festzustellen ist und wenn sich dieser Notarüberhang auch prognostisch weiter verschärfen wird. Dies gilt insbesondere vor dem Hintergrund, dass die Einrichtung von so genannten „**Nullstellen**" in Amtsbereichen des hauptberuflichen Notariates mit hohem Urkundenaufkommen unbedingt vermieden werden sollte, da deren Besetzung mit landeseigenen Notarassessoren (§ 7 Abs. 1 Alt. 2) aufgrund der damit zusammenhängenden vermeintlichen Risiken im Amtsgerichtsbezirken mit entsprechend vielen Notaren in der Regel mit erheblichen Schwierigkeiten (vgl. § 7 Abs. 7 S. 2 Nr. 3) verbunden ist.

---

[15] Beispielsweise entsprechen in Nordrhein-Westfalen gem. § 10a AVNot NRW 1.350 gewichtete Urkundennummern im Kalenderjahr einer hauptberuflichen Notarstelle sowie gem. § 15 AVNot NRW 350 gewichtete Urkundennummern im Kalenderjahr einer Anwaltsnotarstelle. Hierbei werden in Nordrhein-Westfalen Niederschriften mit dem Faktor 1,0, Beglaubigungen mit Entwurf mit dem Faktor 0,5 und Beglaubigungen ohne Entwurf mit dem Faktor 0,1 gewichtet.
[16] BGH 14.4.2008 – NotZ 114/07, DNotZ 2008, 862. Ebenso BGH 14.7.2003 – NotZ 47/02, DNotZ 2004, 230.
[17] Im Sinne einer organisationsrechtlichen Entscheidung der Landesjustizverwaltung, eine Notarstelle im Amtsbereich erstmalig bzw. erneut als abstrakte organisatorische Einheit zu schaffen, vgl. hierzu *Bohrer*, Berufsrecht, Rn. 243.
[18] Im Sinne einer organisationsrechtlichen Entscheidung der Landesjustizverwaltung, eine Notarstelle im Amtsbereich als abstrakte organisatorische Einheit nicht wieder auszuschreiben, vgl. *Bohrer*, Berufsrecht, Rn. 243.
[19] So auch BT-Drs. 11/6007, 10 und 11/8307, 17. Für weitere grundsätzliche Kriterien der Mengenbedarfsplanung vgl. *Bohrer*, Berufsrecht, Rn. 238.
[20] Vgl. hierzu → § 51 Rn. 1 ff.; → § 18 Rn. 126 ff. mwN. In den Bereichen des Anwaltsnotariates wird das Prinzip der Amtsnachfolge hingegen grundsätzlich nicht praktiziert, vgl. → § 51 Rn. 3; *Bohrer*, Berufsrecht, Rn. 244.
[21] So auch *Bohrer*, Berufsrecht, Rn. 244.

10 **b) Raumbedarfsplanung.** Nachdem der mengenmäßige Bedarf an Notarstellen im Amtsbereich ermittelt wurde, ist diese Anzahl an Notarstellen räumlich durch die **Zuweisung von Amtssitzen** gem. § 10 Abs. 1 S. 1 im Amtsbereich zu verteilen.[22] Diese räumliche Verteilung der Notarstellen in die sich im Amtsbereich befindlichen politischen Gemeinden erfolgt wiederum ausschließlich anhand den Erfordernissen einer geordneten Rechtspflege iSd § 4 S. 1. Hierbei spielen zunächst die tatsächlichen Verhältnisse der Bevölkerung eine Rolle, so dass Verkehrsströme, Verkehrsanbindungen, geographische Grenzen und kleinräumige Zugehörigkeiten zu berücksichtigen sind.[23] Ferner ist bei der Amtssitzzuweisung sicherzustellen, dass die Notarstelle in dem zugewiesenen örtlichen Umfeld auch wirtschaftlich dauerhaft bestehen kann. Auch ist im Rahmen dieser Organisationsentscheidung Raum für die Berücksichtigung strukturpolitischer Leitvorstellungen, wie etwa eine konzentrierte Bereitstellung von notariellen Leistungen in zentralen Ortschaften des Amtsbereichs.[24]

11 Für die Notarstellen im Bereich des hauptberuflichen Notariates spielt auch im Rahmen der Raumbedarfsplanung wiederum der **Grundsatz der Amtsnachfolge** als Belang einer geordneten Rechtspflege iSd § 4 S. 1 eine gewichtige Rolle.[25] Wird eine hauptberufliche Notarstelle zur Wiederbesetzung frei, entspricht es regelmäßig dem örtlichen Bedürfnis nach einer angemessenen Versorgung mit notariellen Leistungen iSd § 4 S. 2, diese Notarstelle mit derselben Amtssitzzuweisung wieder einzurichten und gem. § 6b Abs. 1 auszuschreiben. Hierdurch wird eine lückenlose und kontinuierliche Versorgung der örtlichen und umliegenden Bevölkerung mit notariellen Leistungen sichergestellt, da der Amtsnachfolger in diesen Fällen regelmäßig die Mitarbeiter, Ausstattung und Akten (§ 51 Abs. 1 S. 2) des ausgeschiedenen Amtsvorgängers übernimmt und die Notarstelle somit in der Regel personell und sachlich fortführt. Die Zuweisung des Amtssitzes einer zur Wiederbesetzung freiwerdenden hauptberuflichen Notarstelle in eine andere politische Gemeinde stellt daher einen Ausnahmefall dar, für den besondere Erfordernisse der geordneten Rechtspflege iSd § 4 S. 1 im Amtsbereich vorhanden sein müssen, denen auch nicht mit der Einrichtung eines auswärtigen Sprechtages oder einer weiteren Geschäftsstelle gem. § 10 Abs. 4 begegnet werden kann.[26]

12 Für Notarstellen im Bereich des **Anwaltsnotariates** kann es aufgrund der durch den geringeren Bedürfnisschlüssel begründeten größeren Anzahl an Notaren im Amtsbereich zulässig und angezeigt sein, lediglich eine Mengenbedarfsplanung vorzunehmen und eine Raumbedarfsplanung zunächst zu unterlassen. Die anhand der Mengenbedarfsplanung im Amtsbereich zu errichtenden Notarstellen werden in diesen Fällen als Notarstellen im Amtsbereich gem. § 6b Abs. 1 ausgeschrieben und die Zuweisung des Amtssitzes gem. § 10 Abs. 1 S. 1 erfolgt sodann in den Ort im ausgeschriebenen Amtsbereich, in dem der im Auswahlverfahren erfolgreiche Bewerber seinen rechtsanwaltlichen **Kanzleisitz** hat (vgl. § 10 Abs. 2 S. 3).[27] Dieses Verfahren entspricht den Belangen einer geordneten Rechtspflege iSd § 4 S. 1 insbesondere dann, wenn im Falle einer organisationsrechtlichen Bestimmung des Amtssitzes bereits durch die Ausschreibung iSd § 6b Abs. 1 zu befürchten ist, dass nicht sämtliche Notarstellen im Amtsbereich mit geeigneten Bewerbern iSd § 6 Abs. 2 Nr. 1 bis Nr. 4 besetzt werden können. Aufgrund der größeren Anzahl an Anwaltsnotarstellen wird in der Regel auch bei einer unterlassenen Raumbedarfsplanung im Amtsbereich in der Regel eine angemessene Versorgung der rechtsuchenden Bevölkerung mit notariellen Leistungen iSd § 4 S. 2 gewährleistet sein. Erscheint eine derartige Versorgung in Teilen des Amtsbereichs allerdings im Einzelfall gefährdet, wird die Justizverwaltung nach Maßgabe von § 4 gleich-

---

[22] Diehn/*Bormann* BNotO § 10 Rn. 1.
[23] *Bohrer*, Berufsrecht, Rn. 235.
[24] *Bohrer*, Berufsrecht, Rn. 235. Vgl. hierzu auch BGH 28.5.1962 – NotZ 4/62, NJW 1962, 1619: „Die Einteilung der Bezirke der Gerichte, der Behörden und der sonstigen Amtsträger bringt es notwendig mit sich, daß die Amtsstellen nicht von allen Orten des Bezirks mit nur ganz geringem Zeitverlust aufgesucht werden können."
[25] Vgl. hierzu → § 51 Rn. 1 ff.; → § 18 Rn. 126 ff. mwN.
[26] → Rn. 85 ff.
[27] → Rn. 69 f.

3. Zuweisung in einen Stadtteil (S. 2). In Großstädten (mindestens hunderttausend 13
Einwohner)[28] räumt § 10 Abs. 1 S. 2 der Justizverwaltung die zusätzliche Möglichkeit ein,
im Rahmen der Raumbedarfsplanung die räumlichen Grenzen eines Amtssitzes abweichend von der Stadtgrenze auf einen **„bestimmten Teil der Stadt"**[29] festzulegen.[30]
Durch die Zuweisung des Amtssitzes in einen bestimmten Stadtteil soll die Versorgung der
dort ansässigen Bevölkerung mit notariellen Leistungen sichergestellt werden können,
wenn die Belange einer geordneten Rechtspflege iSd § 4 dies erfordern. Das ist insbesondere dann anzunehmen, wenn eine **Konzentration der Geschäftsstellen** er in einer
Großstadt bestellten Notare in einem bestimmten Stadtteil (bspw. im Stadtzentrum) zu
befürchten ist und daher die Versorgung der rechtsuchenden Bevölkerung in anderen
Stadtteilen (bspw. in Randbezirken) nicht hinreichend gewährleistet erscheint.

a) Bestimmung eines Stadtteils. Als räumliche Begrenzungen des Amtssitzes inner- 14
halb einer Stadtgrenze sieht § 10 Abs. 1 S. 2 ausdrücklich nur den **„Stadtteil"** oder den
„Amtsgerichtsbezirk" vor. Die Möglichkeit der Bestimmung eines Stadtteils als Amtssitz
enthielt bereits § 11 Abs. 3 Reichsnotariatsordnung.[31] Diese Regelung wurde unverändert
1961 in die Bundesnotarordnung überführt.[32] Im Jahre 1998 wurde die Vorschrift „im
Hinblick auf praktische Bedürfnisse in manchen Großstädten"[33] um die Möglichkeit
erweitert, den Amtssitz eines Notars auch einem bestimmten Amtsgerichtsbezirk zuzuweisen. Bis heute werden Notarämter mit Zuweisung in einen bestimmten Stadtteil oder
Amtsgerichtsbezirk allgemein als **Stadtteilnotariate** bezeichnet.

Zulässig ist auch die Zuweisung des Amtssitzes in einen **Stadtbezirk**. Die räumlichen 15
Grenzen eines Stadtbezirks sind durch städtische Satzung und damit ebenso wie die
Grenzen eines Stadtteils oder eines Amtsgerichtsbezirks abstrakt generell bestimmt.[34] Unerheblich ist, dass § 10 Abs. 1 S. 2 die Möglichkeit der Zuweisung in einen Stadtbezirk
nicht ausdrücklich nennt. Die Unterteilung des Stadtgebietes in Stadtteile und Stadtbezirke
ist erst Mitte der Siebzigerjahre in die Gemeindeordnungen der Bundesländer aufgenommen worden. Es ist nicht ersichtlich, dass der Gesetzgeber im Rahmen der Erweiterung des
§ 10 Abs. 1 S. 2 um die Möglichkeit der Zuweisung des Amtssitzes in einen Amtsgerichtsbezirk im Jahre 1998 von der Aufnahme der Zuweisung in einen bewusst Stadtbezirk
abgesehen hat.[35] Vielmehr ist der in § 10 Abs. 1 S. 2 verwendete Begriff des Stadtteils
weiterhin untechnisch im Sinne eines **„bestimmten Teils der Stadt"**[36] zu verstehen.

Ist im Einzelfall nicht eindeutig feststellbar, ob die Zuweisung eines Amtssitzes in einen 16
bestimmten Stadtteil oder einen bestimmten Stadtbezirk erfolgte (bspw. in den Stadtteil
Köln-Mülheim oder in den gleichnamigen Stadtbezirk), ist der Verwaltungsakt anhand der

---

[28] Gemäß einer Begriffsbestimmung der Internationalen Statistikkonferenz im Jahre 1887, vgl. Statistisches Bundesamt 2013, Großstädte in Deutschland nach Bevölkerung am 31.12.2011 auf Grundlage des Zensus 2011 und früherer Zählungen, wonach es insgesamt 76 Großstädte in Deutschland gibt, von denen allein 28 in Nordrhein-Westfalen liegen. Vgl. auch Diehn/*Bormann* BNotO § 10 Rn. 2; Schippel/Bracker/*Püls* BNotO § 10 Rn. 3.
[29] So noch treffend § 10 Abs. 3 des Oberneck'schen Entwurfs eines Reichsnotariatsgesetzes in: Schubert (Hrsg.), Materialien zur Vereinheitlichung des Notarrechts, 2004, S. 234.
[30] Unzutreffend Arndt/Lerch/Sandkühler/*Lerch* BNotO § 10 Rn. 5, wonach keine Landesjustizverwaltung davon Gebrauch gemacht habe.
[31] RGBl. 1937 I 191 (192).
[32] BGBl. 1961 I 77. Vgl. auch BT-Drs. 03/219, 3 und 22.
[33] BT-Drs. 13/4184, 6 und 23.
[34] Noch weitergehend Diehn/*Bormann* BNotO § 10 Rn. 2, wonach die Landesjustizverwaltungen an abstrakt generell bestimmte Grenzen nicht gebunden sei und die Stadtteilgrenzen selbst vorgeben könne.
[35] Im Gegenteil, aus der Gesetzesbegründung (BT-Drs. 13/4184, 23) ist vielmehr zu entnehmen, dass insoweit keinerlei Problembewusstsein vorhanden war.
[36] So im Vergleich zu § 10 Abs. 1 S. 2 treffender formuliert in § 10 Abs. 3 des Oberneck'schen Entwurfs eines Reichsnotariatsgesetzes, abgedruckt in: Schubert (Hrsg.), Materialien zur Vereinheitlichung des Notarrechts, 2004, S. 234.

Umstände des Einzelfalles unter Berücksichtigung der Belange der rechtsuchenden Bevölkerung (§ 4) analog §§ 133, 157 BGB[37] auszulegen. Um derartige Zweifel von vornherein zu vermeiden, sollte in der Bestallungsurkunde (§ 12) oder zumindest im Text der Ausschreibung (§ 6b) deutlich gemacht werden, ob eine Zuweisung in den Stadtteil oder Stadtbezirk erfolgt.

17 b) **Auswirkungen einer Stadtteilzuweisung.** Die Einrichtung eines Stadtteilnotariates in einer Stadt wirkt sich sowohl auf die Notare mit Stadtteilzuweisung als auch auf die Notare ohne Stadtteilzuweisung aus. Auf der einen Seite hat der Notar, dessen Amtssitz einem bestimmten Stadtteil (bspw. Köln-Mülheim) zugewiesen wurde, seine Geschäftsstelle gem. § 10 Abs. 2 S. 1 innerhalb der Grenzen dieses Stadtteils zu unterhalten. Auf der anderen Seite darf der Notar, dessen Amtssitz der Stadt (Köln) zugewiesen wurde, seine Geschäftsstelle nicht innerhalb der Grenzen dieses Stadtteils (Köln-Mülheim) unterhalten. Letzteres, die so genannte „**Abschirmwirkung** einer Stadtteilzuweisung", folgt aus dem Sinn und Zweck des Stadtteilnotariates. Erfordern die Belange der geordneten Rechtspflege (§ 4) die Einrichtung eines Stadtteilnotariates, soll der dortige Bedarf an notariellen Leistungen grundsätzlich mit denjenigen Notaren gedeckt werden, deren Amtssitze diesem Stadtteil gem. § 10 Abs. 1 S. 2 zugewiesen wurden. Das wiederum setzt voraus, dass der Bedarf an notariellen Leistungen außerhalb dieses Stadtteils mit den Notaren gedeckt werden kann, deren Amtssitze nicht gem. § 10 Abs. 1 S. 2 diesem Stadtteil zugewiesen wurde. Die Einrichtung eines Stadtteilnotariates setzt daher stets eine **zweigeteilte Bedarfsplanung** iSd § 4 innerhalb einer politischen Gemeinde voraus. Dieser Bedarfsplanung folgend sind auch die Geschäftsstellen innerhalb der Grenzen des jeweiligen Bedarfsplanbereichs zu unterhalten.

18 Durch die Einrichtung eines Stadtteilnotariates gem. § 10 Abs. 1 S. 2 bringt die Justizverwaltung zum Ausdruck, dass die rechtsuchende Bevölkerung dieses Stadtteils durch einen oder mehrere bestimmte Notare versorgt werden sollen. Wird eine Notarstelle mit Stadtteilzuweisung im Bereich des hauptberuflichen Notariates (§ 3 Abs. 1) eingezogen, so entspricht es im Regelfall den Belangen der geordneten Rechtspflege, die Akten des ausgeschiedenen Notars gem. § 51 Abs. 1 S. 2 einem Notar mit Amtssitz in diesem Stadtteil zur Verwahrung zu übertragen.

19 Dem Notar mit einer Amtssitzzuweisung in einen bestimmten Stadtteil kann in der Umschriftung seines Amtssiegels gem. § 2 Abs. 1 S. 2 DONot entweder den Ort oder den Stadtteil angeben.[38] Wählt er die Angabe des Stadtteiles, hat er im Falle der Aufhebung der Stadtteilzuweisung entgegen § 51 Abs. 4 S. 2 das Amtssiegel an das Amtsgericht zur Vernichtung abzuliefern und ein neues Siegel mit Angabe des Ortes zu führen.

20 c) **Aufhebung einer Stadtteilzuweisung.** Der Notar hat **keinen Rechtsanspruch** auf Zuweisung eines bestimmten Ortes oder Stadtteils als Amtssitz.[39] Würde die Bestellung zum Notar entgegen § 12 S. 2 ohne gleichzeitige Zuweisung eines Amtssitzes erfolgen, könnte der Notar innerhalb der Grenzen des die Bestellung aussprechenden Hoheitsträgers seinen Amtssitz unterhalten.[40] Der Verwaltungsakt der Amtssitzzuweisung begründet oder bestätigt daher weder ein Recht noch einen rechtlich erheblichen Vorteil und ist somit auch **kein begünstigender Verwaltungsakt** iSd § 48 Abs. 1 S. 2 VwVfG.[41] Die Justizverwaltung kann den Verwaltungsakt der Stadtteilzuweisung daher grundsätzlich auf Grundlage

---

[37] Vgl. BVerwG 21.6.2006 – 6 C 19/06, NJW 2006, 3299 Rn. 52; BeckOK VwVfG/*von Alemann/ Scheffczyk* VwVfG § 35 Rn. 46.
[38] AA Weingärtner/Gassen/*Weingärtner* DONot § 2 Rn. 13 und Armbrüster/Preuß/Renner/*Renner* DONot § 2 Rn. 13, wonach stets der Ort anzugeben ist.
[39] BGH 25.11.2013 – NotZ (Brfg) 9/13, DNotZ 2014, 307; 18.7.2011 – NotZ (Brfg) 1/11, NJW-RR 2012, 53; 11.8.2009 – NotZ 4/09, DNotZ 2010, 467; 14.4.2008 – NotZ 114/07, DNotZ 2008, 862; 7.12.2006 – NotZ 24/06, DNotZ 2007, 154; 5.2.1996 – NotZ 25/95, DNotZ 1996, 906; 13.12.1993 – NotZ 60/92, DNotZ 1994, 333; 28.3.1991 – NotZ 27/90, NJW 1993, 1591.
[40] *Egerland* S. 175.
[41] Vgl. hierzu nur BeckOK VwVfG/*J. Müller* VwVfG § 48 Rn. 23.

von § 49 Abs. 1 VwVfG widerrufen.[42] Eine spezialgesetzliche Ermächtigungsgrundlage zur Aufhebung einer Stadtteilzuweisung enthält die BNotO nicht. Die Aufhebung einer Stadtteilzuweisung ist insbesondere **keine Amtssitzverlegung** iSd § 10 Abs. 1 S. 3, sondern vielmehr eine **Amtssitzerweiterung** im Sinne einer Vergrößerung der räumlichem Grenzen des Amtssitzes; im Unterschied zur Amtssitzverlegung kann der Notar bei Aufhebung einer Stadtteilzuweisung seine Geschäftsstelle an Ort und Stelle beibehalten.[43]

Der **Widerruf** des Verwaltungsaktes der Stadtteilzuweisung auf Grundlage von § 49 Abs. 1 VwVfG erfolgt aufgrund einer **Ermessensentscheidung.** Die Justizverwaltung hat sich hierbei am Zweck der Ermächtigung zum Erlass des zu widerrufenden Verwaltungsaktes zu orientieren.[44] Eine Aufhebung eines Stadtteilnotariates kommt daher insbesondere dann in Betracht, wenn die **Einwohnerzahl** in einer Stadt unter einhunderttausend sinkt und Stadtteilzuweisungen daher gem. § 10 Abs. 1 S. 2 grundsätzlich nicht mehr möglich sein würden. Die Unterschreitung dieser Einwohnerschwelle führt zwar nicht zu einer Ermessensreduzierung auf Null, stellt jedoch einen gewichtigen Grund für die Aufhebung eines Stadtteilnotariates dar. Ferner kommt eine Aufhebung eines Stadtteilnotariates in Betracht, wenn die für deren Einrichtung maßgeblichen Belange der geordneten Rechtspflege (§ 4) nicht mehr vorhanden sind. Das ist insbesondere dann der Fall, wenn eine **Konzentration der Geschäftsstellen** der in einer Großstadt bestellten Notare in einem bestimmten Stadtteil (bspw. im Stadtzentrum) nicht mehr zu befürchten ist und somit die Versorgung der rechtsuchenden Bevölkerung in anderen Stadtteilen (bspw. in Randbezirken) auch ohne Stadtteilzuweisungen gewährleistet erscheint. Dies wird in der Regel dann anzunehmen sein, wenn sich die konkrete Stadtteilzuweisung aufgrund veränderter Umstände nunmehr als ein Gebietsschutz für die Notare mit Stadtteilzuweisung darstellt und damit den für die Errichtung eines Stadtteilnotariates allein maßgeblichen Belangen einer geordneten Rechtspflege (§ 4) zuwiderläuft.

Mit der Bekanntgabe der Aufhebung der Stadtteilzuweisung sollte zugleich der Verwaltungsakt der Zuweisung des Amtssitzes gem. § 10 Abs. 1 S. 1 in den Ort erlassen werden (vgl. § 97 Abs. 2 S. 2). Erfolgt keine Zuweisung in den Ort, kann der Notar innerhalb der Grenzen des die Bestellung aussprechenden Hoheitsträgers seinen Amtssitz unterhalten.[45] Erfolgt eine Zuweisung in einen anderen Ort, handelt es sich um eine **Amtssitzverlegung** gem. § 10 Abs. 1 S. 3, die grundsätzlich nur mit Zustimmung des betroffenen Notars erfolgen darf. Erfolgt eine **Aufhebung** der Stadtteilzuweisung **nicht für sämtliche** Notare mit Zuweisung ihres Amtssitzes in diesen Stadtteil, findet § 10 Abs. 1 S. 3 **analoge Anwendung.** Solange die Stadtteilzuweisung auch nur eines Notars bestehen bleibt, haben die Notare mit aufgehobener Stadtteilzuweisung ihre Geschäftsstellen aufgrund der oben beschriebenen **Abschirmwirkung** außerhalb der Grenzen Stadtteils zu verlegen. Es ist daher angezeigt, eine insoweit nur **teilweise Aufhebung** eines Stadtteilnotariates **wie eine Amtssitzverlegung** zu behandeln und analog § 10 Abs. 1 S. 3 nur mit Zustimmung des betroffenen Notars zuzulassen.

II. Amtssitzverlegung

Gemäß § 1 ist der Notar unabhängiger Träger eines öffentlichen Amtes. Zur Sicherung dieser verfassungsrechtlich gebotenen[46] Unabhängigkeit sehen § 10 Abs. 1 S. 3 und S. 4 vor, dass der Amtssitz des Notars grundsätzlich nur **einvernehmlich** oder in Form einer **Disziplinarmaßnahme** in einen anderen Ort desselben Bundeslandes verlegt werden darf.

---

[42] Ebenso Diehn/*Bormann* BNotO § 10 Rn. 2.
[43] Diehn/*Bormann* BNotO § 10 Rn. 2; vgl. aber die Einschränkung → Rn. 22 aE.
[44] *Kopp* VwVfG § 49 Rn. 23.
[45] *Egerland* S. 175.
[46] *Bormann/König* notar 2008, 256.

24 Die Verlegung des Amtssitzes in ein **anderes Bundesland** regelt § 10 Abs. 1 S. 3 und S. 4 **nicht**.[47] Eine bundesländerübergreifende Amtssitzverlegung setzt vielmehr stets voraus, dass der Notar in dem einen Bundesland aus dem Notaramt gem. §§ 47 Nr. 2, 48 **entlassen** und in dem anderen Bundesland gem. § 12 unter Zuweisung eines neuen Amtssitzes erneut zum Notar **bestellt** wird.[48]

25 **1. Rechtsnatur.** Die Zuweisung des Amtssitzes ist ein selbständiger Verwaltungsakt iSd § 35 S. 1 VwVfG.[49] Die Amtssitzverlegung stellt sich daher als ein **Widerruf** dieses Verwaltungsaktes unter **gleichzeitigem Erlass** des Verwaltungsaktes der Zuweisung des Amtssitzes in einen anderen Ort dar.[50] Der Verwaltungsakt der Bestellung zum Notar wird davon nicht berührt.[51] Im Unterschied zum Verwaltungsakt der Bestellung zum Notar gem. § 12 S. 1 ist der Widerruf und der Erlass des Verwaltungsaktes der Amtssitzzuweisung nicht **formgebunden.** In der Praxis erfolgt in der Regel ausdrücklich nur die Zuweisung des Amtssitzes in einen anderen Ort, womit allerdings zugleich stets auch konkludent der Widerruf der bisherigen Amtssitzzuweisung erklärt wird.

26 Mit der Bekanntgabe des Verwaltungsaktes der Zuweisung des Amtssitzes in einen anderen Ort gegenüber dem Notar gem. § 41 Abs. 1 S. 1 VwVfG wird dieser gem. § 43 Abs. 1 S. 1 VwVfG wirksam. Auch für den Verwaltungsakt der Zuweisung des Amtssitzes in einen anderen Ort findet der für den Verwaltungsakt der Bestellung zum Notar anerkannte **Grundsatz der Ämterstabilität**[52] Anwendung mit der Folge, dass dieser mit seinem Wirksamwerden grundsätzlich[53] nicht mehr im Wege einer Konkurrentenklage (Anfechtung- bzw. Verpflichtungsklage) beseitigt werden kann. Anders als bei der Bestellung zum Notar findet der Grundsatz der Ämterstabilität hier seine gesetzliche Grundlage in der abschließenden Regelung der Gründe für eine Amtssitzverlegung in § 10 Abs. 1 S. 3 und S. 4.[54]

27 **2. Amtssitzverlegung in einen anderen Amtsbereich (S. 3).** Gemäß § 10 Abs. 1 S. 3 darf der Amtssitz eines Notars unter Beachtung der Belange einer geordneten Rechtspflege iSd § 4[55] nach Anhörung der Notarkammer mit Zustimmung des Notars verlegt werden.[56] Die Verlegung des Amtssitzes in einen anderen Amtsbereich

---

[47] BVerfG 28.6.2005 – 1 BvR 1506/04, DNotZ 2005, 939; BGH 2.12.2002 – NotZ 13/02, DNotZ 2003, 228; 26.3.2001 – NotZ 31/00, DNotZ 2001, 731; 5.12.1988 – NotZ 7/88, DNotZ 1989, 328; *Egerland* S. 146 f.; *Bohrer*, Berufsrecht, Rn. 285.

[48] *Bohrer*, Berufsrecht, Rn. 285; *ders.* DNotZ 1991, 3 (13); *Egerland* S. 146 f.

[49] → Rn. 5.

[50] Vgl. dogmatisch so auch ausdrücklich § 97 Abs. 2 S. 2 bei einer Amtssitzverlegung aufgrund eines disziplinargerichtlichen Urteils; vgl. auch *Kopp* VwVfG § 49 Rn. 5.

[51] BVerfG 28.6.2005 – 1 BvR 1506/04, DNotZ 2005, 939; BGH 2.12.2002 – NotZ 13/02, DNotZ 2003, 228; 26.3.2001 – NotZ 31/00, DNotZ 2001, 731; 5.12.1988 – NotZ 7/88, DNotZ 1989, 328; *Egerland* S. 146 f.; *Bohrer*, Berufsrecht, Rn. 285.

[52] Vgl. dazu nur → § 47 Rn. 2 und BGH 10.8.2004 – NotZ 28/03, DNotZ 2005, 154 und BVerfG 29.3.2006 – 1 BvR 133/06, DNotZ 2006, 790, jeweils mwN.

[53] Nach der neueren Rechtsprechung des BVerwG (4.11.2010 – 2 C 16/09, NJW 2011, 695) greift der Grundsatz der Ämterstabilität nur dann, wenn die Justizverwaltung den vorläufigen Rechtsschutz des unterliegenden Bewerbers nicht dadurch verkürzt hat, dass „vor Ablauf der Wartefrist für den Antrag auf Erlass einer einstweiligen Anordnung, der gesetzlichen Frist für die Beschwerde an das OVG oder der Wartefrist für die Anrufung des BVerfG" der Verwaltungsakt bekannt gegeben wird. Vgl. hierzu *Custodis* FS Schlick 2015, 413 ff.; *Hufen* JuS 2011, 957.

[54] Bei der Bestellung zum Notar findet der Grundsatz der Ämterstabilität nach der höchstrichterlichen Rechtsprechung „seine gesetzliche Grundlage in der abschließenden Regelung der Gründe für das Erlöschen des Notaramtes in § 47; insbesondere stellt es nach § 50 keinen Grund für die in § 47 Nr. 5 aufgeführte Amtsenthebung eines Notars dar, dass er unter Missachtung einer einstweiligen Anordnung bestellt worden ist" (BVerfG 29.3.2006 – 1 BvR 133/06, DNotZ 2006, 790).

[55] Der Zusatz „unter Beachtung der Belange einer geordneten Rechtspflege" wurde zur Klarstellung durch das Zweite Gesetz zur Änderung der Bundesnotarordnung mit Wirkung zum 3.2.1991 in die BNotO eingefügt, vgl. BT-Drs. 11/6007, 12.

[56] BGH 21.11.2016 – NotZ (Brfg) 1/16, NJW 2017, 1325 Rn. 15.

setzt stets voraus, dass an dem in Aussicht genommenen Amtsbereich nach Maßgabe einer Mengenbedarfsplanung[57] der Bedarf für die Errichtung einer neu zu besetzenden Notarstelle besteht.[58] Um alle in Betracht kommenden Personen auf die Möglichkeit einer Bewerbung auf diese neu zu besetzende Notarstelle hinzuweisen, ist nach § 6b Abs. 1 stets eine **Ausschreibung** durchzuführen.[59] Folglich kommt eine Amtssitzverlegung in einen anderen Amtsbereich nur dann in Betracht, wenn sich der Notar auf eine von der Justizverwaltung ausgeschriebene Notarstelle bewirbt und in dem sich anschließenden Auswahlverfahren den Vorzug vor allen anderen Mitbewerbern erhält.[60]

Nach der ständigen Rechtsprechung des Bundesgerichtshofs weist das **Auswahlverfahren** zur Besetzung einer Notarstelle eine „**Doppelnatur**"[61] auf. Die Auswahl hat stets in zwei voneinander getrennten Prüfungsschritten zu erfolgen.[62] In der Praxis spielen die im Rahmen dieser zweistufen Auswahlentscheidung entwickelten und im Folgenden näher darzulegenden Grundsätze allerdings nur für die Besetzung von Notarstellen im Bereich des **hauptberuflichen Notariats** (§ 3 Abs. 1) eine Rolle.[63] Im Bereich des **Anwaltsnotariates** (§ 3 Abs. 2) kommen Amtssitzverlegungen gem. § 10 Abs. 1 S. 3 in der Regel nur innerhalb desselben Amtsbereichs vor.[64] Aufgrund des Bestellungserfordernisses der mindestens dreijährigen rechtsanwaltlichen Tätigkeit in dem in Aussicht genommenen Amtsbereich gem. § 6 Abs. 2 Nr. 2 ist ein Amtssitzwechsel in einen Ort eines anderen Amtsbereichs in der Regel ausgeschlossen.[65] Da die rechtsanwaltliche Tätigkeit gem. § 6 Abs. 2 Nr. 1 in nicht unerheblichem Umfang in dem in Aussicht gestellten Amtsbereich ausgeübt werden muss, wird auch eine Tätigkeit in einer sich dort befindlichen anwaltlichen Zweigstelle nur in besonders gelagerten Ausnahmefällen ausreichen.[66]

a) Erste Stufe der Auswahlentscheidung. Die Besonderheit der zweistufigen Auswahlentscheidung zur Besetzung von Notarstellen besteht darin, dass auf der ersten Stufe eine bestimmte Bewerbergruppe von vornherein, also zunächst ohne Eintritt in einen Eignungsvergleich iSd § 6 Abs. 3, Art. 33 Abs. 2 GG, aus dem Bewerberkreis ausgesondert wird.[67] Auf dieser ersten Stufe erfolgt eine Auswahl ausschließlich anhand **organisationsrechtlicher und personalwirtschaftlicher Erwägungen**. Hierbei ist der Justizverwal-

---

[57] → Rn. 8 f.
[58] BGH 21.11.2016 – NotZ (Brfg) 1/16, DNotZ 2017, 307 Rn. 15.
[59] BGH 21.11.2016 – NotZ (Brfg) 1/16, DNotZ 2017, 307 Rn. 8. Zu diesem Zweck des 1991 eingefügten § 6b Abs. 1 vgl. BT-Drs. 11/6007, 11. Vgl. auch die Entscheidung, die zur Einfügung des § 6b Abs. 1 den Anlass gegeben hat, BVerfG 18.6.1986 – 1 BvR 787/80, NJW 1987, 887.
[60] Diehn/Bormann BNotO § 10 Rn. 4; Egerland S. 147; Bohrer, Berufsrecht, Rn. 285; Arndt/Lerch/Sandkühler/Lerch BNotO § 10 Rn. 9.
[61] BGH 5.2.1996 – NotZ 25/95, DNotZ 1996, 906. Vgl. jüngst OLG Celle BeckRS 2016, 112742 Rn. 20 f.
[62] BGH 25.11.2013 – NotZ (Brfg) 9/13, DNotZ 2014, 307; 18.7.2011 – NotZ (Brfg) 1/11, NJW-RR 2012, 53; 11.8.2009 – NotZ 4/09, DNotZ 2010, 467; 14.4.2008 – NotZ 114/07, DNotZ 2008, 862; 28.7.2008 – NotZ 3/08, NJW-RR 2009, 202; 7.12.2006 – NotZ 24/06, DNotZ 2007, 154; 14.7.2003 – NotZ 47/02, DNotZ 2004, 230; 5.2.1996 – NotZ 25/95, DNotZ 1996, 906. Zur Vereinbarkeit dieser zweistufigen Prüfung mit Art. 33 Abs. 2 GG und § 6 Abs. 3 vgl. nur Egerland S. 302 ff.; vgl. hierzu auch Diehn/Bormann BNotO § 10 Rn. 7 ff.; Schippel/Bracker/Püls BNotO § 10 Rn. 10 f.
[63] Diehn/Bormann BNotO § 10 Rn. 6.
[64] → Rn. 48 ff. Vgl. aber OLG Celle BeckRS 2016, 112742 Rn. 20.
[65] § 6 Abs. 3 Nr. 2 gilt seinem Wortlaut nach zwar nur für die erstmalige Bestellung zum Anwaltsnotar. Dem Sinn und Zweck der Vorschrift nach (Vertrautmachen mit den Besonderheiten der örtlichen Verhältnisse) muss diese Regelvoraussetzung auch für eine Amtssitzverlegung als Belang einer geordneten Rechtspflege gem. § 10 Abs. S. 3 gelten. Zu den Möglichkeiten einer Kanzlei- und Amtssitzverlegung eines Anwaltsnotars ausführlich auch → § 47 Rn. 17 ff.
[66] Zur Zweigstelle → Rn. 71 ff.
[67] So treffend Egerland S. 301; nach BVerfG 28.6.2005 – 1 BvR 1506/04, DNotZ 2005, 939 (zur Mindestverweildauer) wird der Bewerber „von der Auswahlentscheidung ausgeschlossen".

tung im Rahmen ihrer Organisationshoheit ein erheblicher und gerichtlich nur eingeschränkt überprüfbarer Entscheidungsspielraum eingeräumt.[68]

30 **aa) Vorrücksystem.** Mittlerweile besteht in den Bereichen sämtlicher[69] Landesjustizverwaltungen des hauptberuflichen Notariates ein organisationsrechtliches und personalwirtschaftliches Bedürfnis, die in den Anwärterdienst übernommenen hochqualifizierten **Notarassessoren zu Bewerbungen** auch auf solche Notarstellen **zu veranlassen,** die nach Gebührenaufkommen und Arbeitsbedingungen eine vergleichsweise **geringe Anziehungskraft** besitzen. Das nach der Verwaltungspraxis dieser Justizverwaltungen im Rahmen der ersten Stufe der Auswahlentscheidung geübte und von der ständigen höchstrichterlichen Rechtsprechung anerkannte **Vorrücksystem** dient diesem personalwirtschaftlichen Belang.[70] Danach ist bei einer Bewerberkonkurrenz zwischen Notaren und Notarassessoren **grundsätzlich den Notaren der Vorzug** zu gegeben.[71] Durch die Anwendung dieses Auswahlgrundsatzes wird den Notarassessoren in diesen Ländern in Aussicht gestellt, sich nach Ablauf einer bestimmten Mindestverweildauer[72] auf eine Notarstelle mit besseren Rahmenbedingungen bewerben zu können („hochzudienen")[73], ohne sich erneut gegenüber anderen hochqualifizierten Notarassessoren im Rahmen eines Eignungsvergleichs durchsetzen zu müssen. Erst die **Schaffung dieses Anreizes** ermöglicht in der Praxis die lückenlose Besetzung auch der weniger attraktiv erscheinenden Notarstellen in Bereichen der Landesjustizverwaltungen des hauptberuflichen Notariates und gewährleistet darüber hinaus, dass das Interesse hochqualifizierter Bewerber am Notarberuf in diesen Bundesländern nicht nachlässt.[74] Ferner trägt das Vorrücksystem in der Regel dazu bei, dass vermeintlich attraktivere und damit regelmäßig urkundsstärkere Notarstellen mit tendenziell höheren Anforderungen an die fachliche und persönliche Eignung durch berufserfahrenere Notare besetzt werden.[75]

31 Das **Vorrücksystem** ist nach der Verwaltungspraxis mancher Landesjustizverwaltungen so ausgestaltet, dass sich Notare nur im Rahmen ihrer **ersten Amtssitzverlegung** iSd § 10 Abs. 1 S. 3 darauf berufen können.[76] Ein **Vorrücken** auf eine Notarstelle mit vermeintlich

---

[68] BGH 25.11.2013 – NotZ (Brfg) 9/13, DNotZ 2014, 307; 18.7.2011 – NotZ (Brfg) 1/11, NJW-RR 2012, 53; 14.4.2008 – NotZ 114/07, DNotZ 2008, 862; 28.7.2008 – NotZ 3/08, NJW-RR 2009, 202; 7.12.2006 – NotZ 24/06, DNotZ 2007, 154; 14.7.2003 – NotZ 47/02, DNotZ 2004, 230; 5.2.1996 – NotZ 25/95, DNotZ 1996, 906.

[69] Einige Landesjustizverwaltungen der neuen Bundesländer hatten sich in der Vergangenheit gegen ein „Vorrücksystem" und statt dessen für ein „Anwartschaftssystem" entschieden, um den im Anwärterdienst dieser Länder befindlichen und iSd § 7 Abs. 1 anstellungsreifen Notarassessoren den beruflichen Einstieg zu ermöglichen. Aufgrund eines in der Vergangenheit bestehenden Überhanges an Notarassessoren drohte den Notarassessoren in diesen Bundesländern aufgrund häufig angestrebter Amtssitzwechsel der dort amtierenden Notare und einer nachfolgenden Einziehung der durch den Amtssitzwechsel freiwerdenden Notarstellen, auf absehbare Zeit nicht zu Notaren ernannt werden zu können. Um dem entgegen zu wirken, wurde auf der ersten Stufe des Auswahlentscheidung die Gruppe der Notarassessoren der Gruppe der Notare vorgezogen (vgl. hierzu nur *Schlick* ZNotP 2009, 450 f.; *Diehn/Bormann* BNotO § 10 Rn. 11 und die umfangreiche Rechtsprechung, die diese personalwirtschaftliche Entscheidung zugunsten der landeseigenen Notarassessoren auf der ersten Stufe der Auswahlentscheidung gestützt hat, BGH 11.8.2009 – NotZ 4/09, DNotZ 2010, 467; 14.4.2008 – NotZ 114/07, DNotZ 2008, 862; 28.7.2008 – NotZ 3/08, NJW-RR 2009, 202; 7.12.2006 – NotZ 24/06, DNotZ 2007, 154; 14.7.2003 – NotZ 47/02, DNotZ 2004, 230). Da der Notarüberhang in diesen Bundesländern mittlerweile abgebaut wurde, sind sie nunmehr zu einem Vorrücksystem zurückgekehrt bzw. haben ein solches eingeführt.

[70] BGH 5.2.1996 – NotZ 25/95, DNotZ 1996, 906. Vgl. auch BGH 14.4.2008 – NotZ 114/07, DNotZ 2008, 862; 14.7.2003 – NotZ 47/02, DNotZ 2004, 230; 13.12.1993 – NotZ 60/92, DNotZ 1994, 333; vgl. hierzu auch Diehn/*Bormann* BNotO § 10 Rn. 9 ff.

[71] Vgl. statt vieler nur instruktiv BGH 5.2.1996 – NotZ 25/95, DNotZ 1996, 906 und Diehn/*Bormann* BNotO § 10 Rn. 9.

[72] → Rn. 33 ff.

[73] BGH 5.2.1996 – NotZ 25/95, DNotZ 1996, 906.

[74] Auf letzteres zu Recht hinweisend *Egerland* S. 297.

[75] *Egerland* S. 297.

[76] Diehn/*Bormann* BNotO § 10 Rn. 9. Nach der höchstrichterlichen Rechtsprechung kann die Landesjustizverwaltung aus jedem „vertretbaren" bzw. „sachlichen" Grund ein durch Selbstbindung der Verwaltung

besseren Rahmenbedingungen wird danach **nur ein einziges Mal,** für den so genannten **„Zweitstellenbewerber"**, nach den Grundsätzen des Vorrücksystems privilegiert. Der Bewerber, der bereits einmal oder mehrmals auf Grundlage des Vorrücksystems seinen Amtssitz als Notar verlegt hat, nimmt an den Grundsätzen des Vorrücksystems hingegen nicht mehr teil. Der sachliche Grund für diese **Modifizierung des Vorrücksystems** liegt darin, dass in den Bereichen dieser Landesjustizverwaltungen nur eine verhältnismäßig geringe Anzahl weniger attraktiv erscheinender Notarstellen vorhanden ist und daher von vornherein kein personalplanerisches Bedürfnis für die Anwendung der Grundsätze des Vorrücksystems auf sämtliche Amtssitzverlegungen besteht. Eine Privilegierung der **ersten Amtssitzverlegung** iSd § 10 Abs. 1 S. 3 ist hier vielmehr **ausreichend,** um die Notarassessoren zu Bewerbungen auch auf weniger attraktive Notarstellen zu veranlassen und dadurch die Besetzung sämtlicher Notarstellen sicherstellen zu können. Zugleich bewirkt eine derartige Ausgestaltung des Vorrücksystems eine **Erhöhung des Anreizes** zu Bewerbungen auf die wenigen vorhandenen vermeintlich unattraktiven Notarstellen und damit eine Stärkung des Vorrücksystems: Den Notarassessoren dieser Landesjustizverwaltungen wird nämlich nicht nur in Aussicht gestellt, nach ihrer Bestellung zum Notar und Ablauf einer bestimmten **Mindestverweildauer** sich nicht mehr nur gegenüber anderen hochqualifizierten Notarassessoren im Rahmen eines konkreten Eignungsvergleichs auf der zweiten Stufe der Auswahlentscheidung durchsetzen zu müssen. Ihnen wird **darüber hinaus** vielmehr auch **in Aussicht gestellt,** all denjenigen Notaren auf der ersten Stufe der Auswahlentscheidung vorgezogen zu werden, **die bereits einmal** gem. § 10 Abs. 1 S. 3 ihren **Amtssitz verlegt** haben.

Nach der höchstrichterlichen Rechtsprechung hat das Vorrücksystems keinen besonderen Vorrang vor **anderen personalwirtschaftlichen oder organisationsrechtlichen Belangen.**[77] Das Vorrücksystem kann nach der ständigen Verwaltungspraxis der Justizverwaltungen auf der ersten Stufe der Auswahlentscheidung zurücktreten, wenn sich ein Notarassessor um eine Notarstelle bewirbt, der sich gegenüber seiner Notarkammer für einen längeren Zeitraum als **Geschäftsführer einer Standesorganisation** verpflichtet hat.[78] Die Notarkammern des hauptberuflichen Notariates und die Bundesnotarkammer legen besonderen Wert darauf, dass ihre Geschäfte nicht durch einen festangestellten Geschäftsführer, sondern **durch einen Notarassessor** für einen jeweils begrenzten Zeitraum geführt werden. Die Geschäftsführung einer Notarkammer setzt gleichwohl stets ein gewisses Maß an personeller **Kontinuität und Präsenz** voraus. Dem Notarassessor wird daher abverlangt, dass er sich für einen längeren Zeitraum – im Bereich der Rheinischen Notarkammer beispielsweise im Regelfall mindestens vier Jahre – dazu verpflichtet, der Notarkammer als Geschäftsführer zur Verfügung zu stehen und in dieser Zeit auf jede Bewerbung um ausgeschriebene Notarstellen zu verzichten.[79] Von dem Notarassessor wird ferner erwartet, dass er seine **ganze Arbeitskraft** der Geschäftsführung der Notarkammer widmet und somit vollständig auf eine weitere praktische Ausbildung in einem Notariat sowie auf Notarvertretungen und Notariatsverwaltungen verzichtet.[80] Vor diesem Hinter-

---

bestehendes Vorrücksystem modifizieren oder auch ganz aufgeben, vgl. nur BGH 14.7.2003 – NotZ 47/02, DNotZ 2004, 230; 28.3.1991 – NotZ 27/90, NJW 1993, 1591.
[77] BGH 11.8.2009 – NotZ 4/09, DNotZ 2010, 467; 14.4.2008 – NotZ 114/07, DNotZ 2008, 862; 14.7.2003 – NotZ 47/02, DNotZ 2004, 230; vgl. auch BGH 18.7.2011 – NotZ (Brfg) 1/11, NJW-RR 2012, 53; BGH 11.8.2009 – NotZ 4/09, DNotZ 2010, 467 und 7.12.2006 – NotZ 24/06, DNotZ 2007, 154, wonach im Fall der Konkurrenz zwischen einem Notarassessor und einem bereits amtierenden Notar letzterem nicht etwa grundsätzlich der Vorrang zukomme.
[78] Diehn/*Bormann* BNotO § 10 Rn. 10. Vgl. hierzu auch BGH 14.7.2003 – NotZ 47/02, DNotZ 2004, 230, wonach „sich die Landesjustizverwaltung aus sachlichen Gründen für ein solches System (gemeint ist das Vorrücksystem), je nach Lage auch dagegen entscheiden kann."
[79] Diehn/*Bormann* BNotO § 10 Rn. 10; vgl. hierzu auch BGH 11.8.2009 – NotZ 4/09, DNotZ 2010, 467, wonach die Übernahme der Geschäftsführung unter „Inkaufnahme der damit faktisch ohnehin regelmäßig verbundenen längeren Assessorenzeit" erfolge.
[80] Nach BGH 11.8.2009 – NotZ 4/09, DNotZ 2010, 467 ist die Tätigkeit eines Notarassessors als Geschäftsführer einer Standesorganisation mit den üblicherweise von Notarassessoren im Anwärterdienst

grund können für eine Tätigkeit als Geschäftsführer einer Standesorganisation geeignete Notarassessoren nur gewonnen werden, wenn ihnen **in Aussicht gestellt** werden kann und sie **damit rechnen dürfen**, bei einer späteren Bewerbung um eine Notarstelle in angemessenem Umfang den Vorrang gegenüber Mitbewerbern eingeräumt zu bekommen.[81] Hierbei entspricht es der ständigen Verwaltungspraxis dieser Justizverwaltungen, dem Geschäftsführer in angemessenem Maße auch den **Vorrang vor konkurrierenden Notaren** einzuräumen.[82] Eine schematische Privilegierung des Geschäftsführers in Besetzungsverfahren ist damit nicht verbunden.[83] Vielmehr müssen in jedem Einzelfall die Gründe, die für einen **Nachteilsausgleich**[84] und damit für einen Vorrang des für den Geschäftsführer streitenden personalwirtschaftlichen Belanges sprechen, mit dem für den konkurrierenden Notarbewerber streitenden personalwirtschaftlichen Belang des Vorrücksystems gegeneinander abgewogen werden.

33 bb) Mindestverweildauer. Es besteht ein organisationsrechtliches und personalwirtschaftliches Bedürfnis, ein bestimmtes Maß an persönlicher **Kontinuität der Amtsführung**[85] auch für solche Notarstellen zu gewährleisten, die nach Gebührenaufkommen und Arbeitsbedingungen eine vergleichsweise **geringe Anziehungskraft** besitzen und bei denen die Amtsinhaber daher regelmäßig nach bereits verhältnismäßig kurzer Amtszeit eine Amtssitzverlegung anstreben. „Zu den wesentlichen Bedingungen einer geordneten vorsorgenden Rechtspflege gehört die **Gewährleistung einer Kontinuität** in der persönlichen Amtsausübung des Notaramts."[86] Die nach der Verwaltungspraxis sämtlicher Justizverwaltungen des hauptberuflichen Notariates im Rahmen der ersten Stufe der Auswahlentscheidung geübte und von der höchstrichterlichen Rechtsprechung anerkannte Mindestverweildauer dient diesem personalwirtschaftlichen Belang.[87] Danach findet die Bewerbung eines Notars grundsätzlich keine Berücksichtigung, wenn er nicht einen von der Justizverwaltung durch **Verwaltungspraxis** oder **Verwaltungsvorschrift**[88] allgemein festgelegten Zeitraum von in der Regel **fünf Jahren**[89] an seinem derzeitigen Amtssitz als

---

ausgeübten Tätigkeiten gleichwertig und führt nicht etwa zu einer geringeren fachlichen Eignung; vgl. hierzu auch die Anmerkungen des Vorsitzenden des entscheidenden Notarsenates *Schlick* ZNotP 2009, 450 (451).

[81] Diehn/*Bormann* BNotO § 10 Rn. 10.
[82] Diehn/*Bormann* BNotO § 10 Rn. 10.
[83] Eine solche schematische Privilegierung wäre auch unzulässig, vgl. nur BGH 18.7.2011 – NotZ (Brfg) 1/11, NJW-RR 2012, 53 und BVerfG 28.6.2005 – 1 BvR 1506/04, DNotZ 2005, 939.
[84] Vgl. hierzu BGH 11.8.2009 – NotZ 4/09, DNotZ 2010, 467, wonach es einem Notarassessor nicht zum „Nachteil gereichen (dürfe)", wenn er sich bereitgefunden hat, diese im Interesse aller Notare in den neuen Ländern liegende Tätigkeit (hier die Geschäftsführung der Ländernotarkasse) ... auszuüben."
[85] „Diese Kontinuität gehört zu den wesentlichen Bedingungen einer geordneten Rechtspflege", BGH 21.11.2016 – NotZ (Brfg) 1/16, NJW 2017, 1325 Rn. 9.
[86] BGH 21.11.2016 – NotZ (Brfg) 1/16, DNotZ 2017, 307 Rn. 9; 28.3.1991 – NotZ 27/90, NJW 1993, 1591.
[87] BVerfG 28.6.2005 – 1 BvR 1506/04, DNotZ 2005, 939; BGH 25.11.2013 – NotZ (Brfg) 9/13, DNotZ 2014, 307 Rn. 12 ff.; 13.12.1993 – NotZ 60/92, DNotZ 1994, 333; 28.3.1991 – NotZ 27/90, NJW 1993, 1591. Auch der Gesetzgeber ging im Rahmen der Berufsrechtsnovelle 1991 von der Geltung einer Mindestverweildauer aus, BT-Drs. 11/6007, 12: „Dem jungen Notar steht es frei, sich nach einiger Zeit der Berufsausübung um eine andere Notarstelle zu bewerben." Vgl. hierzu auch Diehn/*Bormann* BNotO § 10 Rn. 15; Schippel/Bracker/*Püls* BNotO § 10 Rn. 6.
[88] Im Bereich der Rheinischen Notarkammer und der Notarkammern Bayern, Baden-Württemberg und Thüringen gilt die Mindestverweildauer im Rahmen der Selbstbindung der Verwaltung durch ständige Verwaltungspraxis. Die Notarkammern Brandenburg, Mecklenburg-Vorpommern, Koblenz, Pfalz, Saarland, Sachsen-Anhalt und Sachsen haben die Mindestverweildauer durch Verwaltungsvorschrift geregelt. Zur Zulässigkeit der Bestimmung einer Mindestverweildauer im Wege einer Selbstbindung der Verwaltung durch ständige Verwaltungspraxis vgl. BGH 13.12.1993 – NotZ 60/92, DNotZ 1994, 333.
[89] Im Bereich der Rheinischen Notarkammer und der Notarkammern Baden-Württemberg, Brandenburg, Koblenz, Mecklenburg-Vorpommern, Pfalz, Sachsen-Anhalt, Sachsen und Thüringen besteht eine Mindestverweildauer von fünf Jahren. Im Bereich der Notarkammer Saarland besteht eine Mindestverweildauer von zwei Jahren. Im Bereich der Notarkammer Bayern beträgt die Mindestverweildauer für das erste Amt fünf Jahre, für das zweite und jedes weitere Amt vier Jahre und für eine „Nullstelle" drei Jahre. Vgl. hierzu BVerfG 28.6.2005 – 1 BvR 1506/04, DNotZ 2005, 939: Mit einem „Zeitraum von fünf Jahren (wird) die Grenze der

Notar amtiert hat. Die durch die Mindestverweildauer sichergestellte **Beständigkeit der Amtsführung** fördert das Vertrauen der Rechtsuchenden in die Amtsausübung des Notars sowie die Vertrautheit des Notars mit den Besonderheiten seines Amtssitzes. Beides trägt zu einer **Steigerung der Qualität** der vorsorgenden Rechtspflege bei und dient folglich den Belangen einer geordneten Rechtspflege iSd § 10 Abs. 1 S. 3.

In Anknüpfung an § 6b Abs. 4 S. 1 ist für die Berechnung der Mindestverweildauer grundsätzlich auf den **Ablauf des Tages der Bewerbungsfrist** abzustellen.[90] Die grundsätzliche Maßgeblichkeit dieses Zeitpunkts liegt im Interesse der Gleichbehandlung aller Bewerber. Hierdurch entfällt die Möglichkeit, dass ein Bewerber im laufenden Besetzungsverfahren aufgrund einer überlangen Verfahrensdauer (etwa durch die Einlegung eines Rechtsmittels) in die Frist „hineinwächst" und folglich eine neue Besetzungsentscheidung erforderlich würde.[91] Dieser „Gefahr für eine geordnete Rechtspflege" kann durch die Anknüpfung an den Ablauf der Bewerbungsfrist „begegnet werden".[92] Es steht allerdings im personalplanerischen Ermessen der Justizverwaltung, einen davon **abweichenden Zeitpunkt** für die Berechnung der Mindestverweildauer zu bestimmen, beispielsweise den Ablauf des Tages des voraussichtlichen (und auch insoweit objektivierten) Amtsantritts. § 6b Abs. 4 S. 1 findet unmittelbare Anwendung nur für Zwecke des konkreten Eignungsvergleichs iSd § 6 Abs. 3, Art. 33 Abs. 2 GG auf der zweiten Stufe der Auswahlentscheidung. Im Rahmen der allein organisationsrechtlich und personalwirtschaftlich geprägten ersten Stufe der Auswahlentscheidung kommt dieser Vorschrift lediglich die Bedeutung einer ergänzenden Auslegung der Verwaltungspraxis zu. Die Landesjustizverwaltung sollte daher einen von § 6b Abs. 4 S. 1 **abweichenden Zeitpunkt** für die Berechnung der Mindestverweildauer im **Ausschreibungstext** ausdrücklich zum Ausdruck zu bringen, wenn sie von dem grundsätzlich für die Berechnung der Mindestverweildauer zugrunde zu legenden Tag des Ablaufs der Bewerbungsfrist abweichen möchte. 34

Die **Mindestverweildauer** ist „von jedem Notar grundsätzlich **in voller Länge einzuhalten.**"[93] Es ist jedem Notar bekannt, dass er vor einer Amtssitzverlegung sein Amt an dem ihm zugewiesenen Amtssitz in der von der Landesjustizverwaltung bestimmten Zeitraum ausgeübt haben muss. Die Mindestverweildauer ist ein allen Bewerbern „einsichtiges, äußerlich leicht feststellbares Merkmal, auf das der angesprochene Personenkreis seine berufliche Planung ausrichten kann."[94] Für eine **Unterschreitung der Mindestverweildauer** bedarf es vor diesem Hintergrund besonderer Gründe, die eine Abweichung von der im Regelfall geübten Verwaltungspraxis rechtfertigen.[95] Die durch die Mindestverweildauer geschützten Belange der geordneten Rechtspflege müssen hinter diese besonderen Gründe zurücktreten.[96] Die Belange einer geordneten Rechtspflege iSd § 10 Abs. 1 S. 3 erfordern die Einhaltung einer Mindestverweildauer in der Regel dann nicht, wenn die konkrete Notarstelle des Bewerbers nach seiner Amtssitzverlegung nicht wieder ausgeschrieben und **eingezogen** werden 35

Zumutbarkeit für den betroffenen Notar nicht überschritten."; vgl. ferner hierzu BGH 28.3.1991 – NotZ 27/90, NJW 1993, 1591: „Bei der Beurteilung, welche Zeitdauer notwendig ist, um die für eine geordnete Rechtspflege gebotene Kontinuität der Amtsausübung zu sichern, muss der Landesjustizverwaltung ein weiter Spielraum eingeräumt werden, innerhalb dessen mehrere Entscheidungen vertretbar sind."

[90] BGH 13.12.1993 – NotZ 60/92, DNotZ 1994, 333.
[91] BGH 13.12.1993 – NotZ 60/92, DNotZ 1994, 333.
[92] BGH 13.12.1993 – NotZ 60/92, DNotZ 1994, 333.
[93] BGH 13.12.1993 – NotZ 60/92, DNotZ 1994, 333.
[94] BGH 13.12.1993 – NotZ 60/92, DNotZ 1994, 333.
[95] BGH 20.7.2015 – NotZ (Brfg) 1/15, NJOZ 2016, 55 Rn. 4; 28.3.1991 – NotZ 27/90, NJW 1993, 1591; BVerfG 28.6.2005 – 1 BvR 1506/04, DNotZ 2005, 939.
[96] BVerfG 28.6.2005 – 1 BvR 1506/04, DNotZ 2005, 939. Kein besonderer Grund ist nach BGH 28.3.1991 – NotZ 27/90, NJW 1993, 1591, eine lange Kontinuität des Amtsvorgängers des Bewerbers oder eine Betreuungsbedürftigkeit des Vaters des Bewerbers. Kein besonderer Grund ist nach BGH 13.12.1993 – NotZ 60/92, DNotZ 1994, 333, ferner eine geplante Sozietät am in Aussicht genommenen Amtssitz oder eine Gräserallergie der Ehefrau des Bewerbers.

würde.⁹⁷ In diesem Falle wird regelmäßig das öffentliche Interesse an einer nach den Bedürfnissen der Rechtsuchenden ausgerichteten Anzahl an Notaren (§ 4 S. 2), welches für eine Einziehung spricht, dem personalwirtschaftlichen Belang der Kontinuität der Amtsführung überwiegen.⁹⁸

36 Nach der höchstrichterlichen Rechtsprechung wird der nach der Verwaltungspraxis der Justizverwaltung eines Bundeslandes geübte Rechtspflegebelang der Mindestverweildauer „durch das Gebot bundesfreundlichen Verhaltens zu einem Gemeinwohlgut", das auch die **Justizverwaltungen anderer Bundesländer** in ihren Auswahlentscheidungen zulässigerweise berücksichtigen können.⁹⁹ „Die im Verhältnis der Länder untereinander geschuldete **Rücksichtnahme und Zusammenarbeit** verbietet es, einem Land mit Blick auf die eigene Justizhoheit zu verwehren, das Ziel einer geordneten Rechtspflege in einem anderen Land trotz hinreichender Informationen zu beachten."¹⁰⁰ Eine **Amtssitzverlegung über die Ländergrenzen** hinweg¹⁰¹ ist daher in der Regel ebenfalls erst nach Ablauf der nach der Verwaltungspraxis des abgebenden Bundeslandes einschlägigen **Mindestverweildauer** möglich. Bewirbt sich ein Notar aus einem anderen Bundesland, gebietet die im Verhältnis der Länder untereinander geschuldete Rücksichtnahme und Zusammenarbeit eine Anfrage der Justizverwaltung des ausschreibenden Bundeslandes, ob der Berücksichtigung des Bewerbers im Auswahlverfahren Belange der geordneten Rechtspflege des abgebenden Bundeslandes entgegenstehen. Dem Gebot der Rücksichtnahme und Zusammenarbeit wird hierbei in hinreichendem Maße genügt, wenn die gem. § 10 Abs. 1 S. 3 stets anzuhörende **aufnehmende Notarkammer** diese Anfrage bei der abgebenden Notarkammer stellt.¹⁰²

37 cc) **Nachbarschaftseinwand.** Es besteht ein organisationsrechtliches und personalwirtschaftliches Bedürfnis, die Wiederbesetzung der nach einem Amtssitzwechsel frei werdende Notarstelle mit einem geeigneten Bewerber zu gewährleisten. Der nach der Verwaltungspraxis vieler Justizverwaltungen im Rahmen der ersten Stufe der Auswahlentscheidung geübte und von der höchstrichterlichen Rechtsprechung anerkannte **Nachbarschaftseinwand** dient diesem personalwirtschaftlichen Belang.¹⁰³ Danach findet die Bewerbung eines Notars grundsätzlich keine Berücksichtigung, wenn der angestrebte Amtssitzwechsel die **konkrete Gefahr** einer nachhaltigen und erheblichen **Beeinträchtigung der Leistungsfähigkeit** der frei werdenden Notarstelle begründet. Lassen die Umstände des konkreten Einzelfalles eine derartige „**Aushöhlung der Altstelle**"¹⁰⁴ befürchten, könnten geeignete Interessenten von einer Bewerbung auf die frei werdende Notarstelle abgehalten werden. Dieser Umstand wiederum begründet die Besorgnis, dass die Rechtsuchenden am Amtssitz des Bewerbers nach einer Amtssitzverlegung nicht mehr angemessenen mit notariellen Leistungen (§ 4 S. 2) versorgt werden können.

38 Die Prognose einer nachhaltigen und erheblichen **Minderung der Leistungsfähigkeit** der Altstelle setzt stets eine gewisse **räumliche Nähe** des derzeitigen und des in Aussicht genommenen Amtssitzes des Bewerbers voraus, die sich aus der **Wegstrecke** zwischen den Amtssitzen oder auch aus einer unmittelbaren **Angrenzung der Amtsbereiche** beider

---

[97] BVerfG 28.6.2005 – 1 BvR 1506/04, DNotZ 2005, 939. Vgl. auch BGH 13.12.1993 – NotZ 60/92, DNotZ 1994, 333, wonach es für die Mindestverweildauer auf die „Abkömmlichkeit" des Notars vom bisherigen Amtssitz ankomme.
[98] BVerfG 28.6.2005 – 1 BvR 1506/04, DNotZ 2005, 939. So auch *Egerland* S. 312.
[99] BGH 20.7.2015 – NotZ (Brfg) 1/15, NJOZ 2016, 55 Rn. 5; 25.11.2013 – NotZ (Brfg) 9/13, DNotZ 2014, 307 Rn. 15; 18.7.2011 – NotZ (Brfg) 1/11, NJW-RR 2012, 53 Rn. 14; BVerfG 28.6.2005 – 1 BvR 1506/04, DNotZ 2005, 939.
[100] BVerfG 28.6.2005 – 1 BvR 1506/04, DNotZ 2005, 939.
[101] → Rn. 24.
[102] Vgl. BGH 20.7.2015 – NotZ (Brfg) 1/15, NJOZ 2016, 55 Rn. 3, 5; 25.11.2013 – NotZ (Brfg) 9/13, DNotZ 2014, 307 Rn. 13.
[103] BGH 23.7.2012 – NotZ (Brfg) 17/11, DNotZ 2013, 307; 24.7.2006 – NotZ 1/06, NJW-RR 2007, 274. Vgl. auch BGH 28.3.1991 – NotZ 27/90, NJW 1993, 1591 und 13.12.1993 – NotZ 60/92, DNotZ 1994, 333; vgl. hierzu auch Diehn/*Bormann* BNotO § 10 Rn. 14.
[104] BGH 24.7.2006 – NotZ 1/06, NJW-RR 2007, 274 Rn. 7.

Amtssitze ergeben kann.[105] Erst eine derartige räumliche Nähe rechtfertigt die Annahme, dass ein gewisser Teil der von dem Bewerber an seinem derzeitigen Amtssitz betreuten Klienten ihn auch an seinem neuen Amtssitz für notarielle Leistungen aufsuchen wird. Dieser **befürchtete Mitzug** der bisherigen Klienten des Bewerbers ist wiederum Grundlage für die erforderliche Prognose einer **Aushöhlung der Altstelle.** Ferner wird es für diese Prognose maßgeblich auch auf das Urkundenaufkommen der zur Wiederbesetzung frei werdenden Notarstelle ankommen.[106] Je geringer die Urkundszahlen der Altstelle sind, desto weniger stark muss der zu erwartende Mitzug von Klienten des Bewerbers ausfallen, um von einer nachhaltigen und erheblichen Minderung der Leistungsfähigkeit der Altstelle ausgehen zu können. Auch die **räumliche Orientierung** der Bevölkerung am derzeitigen Amtssitz des Bewerbers, etwa in Richtung bestimmter Ballungszentren, kann Auswirkungen auf den zu erwartenden Mitzug und damit auf die Beeinträchtigung der Leistungsfähigkeit der Altstelle haben.[107] Schließlich kann es für die Prognose der Aushöhlung der Altstelle maßgeblich sein, ob und in welchem Umfang der Notarbewerber beabsichtigt, seine an seinem bisherigen Amtssitz beschäftigten **Mitarbeiter** auch an dem in Aussicht genommenen Amtssitz weiter zu beschäftigen; hierzu kann die vor einer Besetzungsentscheidung anzuhörende Notarkammer (vgl. § 12 S. 1 AVNot NRW) eine Auskunft bei dem Bewerber gem. § 74 Abs. 1 einholen.

Rechtfertigen die Umstände des konkreten Einzelfalles anhand den zuvor genannten **39** Kriterien die **Prognose** einer nachhaltigen und erheblichen **Beeinträchtigung der Leistungsfähigkeit** der zur Wiederbesetzung frei werdenden Notarstelle folgt daraus ohne Weiteres die Befürchtung, das geeignete Interessenten von einer Bewerbung abgehalten werden und daher die Rechtsuchenden am Amtssitz des Bewerbers nicht mehr angemessen mit notariellen Leistungen versorgt werden. Mit den von der Rechtsprechung in Bezug genommenen „geeigneten Interessenten"[108] werden dabei **allein die Notarassessoren** im Bereich der **jeweiligen Landesjustizverwaltung** in Bezug genommen, mit denen gem. § 7 Abs. 1 die Notarstellen im hauptberuflichen Notariat besetzt werden sollen. Das etwaige Vorhandensein **auswärtiger Bewerber** steht der Anwendung des Nachbarschaftseinwandes daher nicht entgegen.

In Anknüpfung an die Rechtsprechung zur bundesländerübergreifenden Berücksichti- **40** gungsfähigkeit der Mindestverweildauer[109] wirkt auch der Nachbarschaftseinwand **über die Ländergrenzen** hinaus. Auch dieser personalwirtschaftliche Belang der Justizverwaltung des abgebenden Bundeslandes wird durch das **Gebot bundesfreundlichen Verhaltens** zu einem Gemeinwohlgut, das die Justizverwaltung des ausschreibenden Bundeslandes auf der ersten Stufe ihrer Auswahlentscheidung berücksichtigen kann. Bewirbt sich ein Notar aus einem anderen Bundesland, gebietet die im Verhältnis der Länder untereinander geschuldete Rücksichtnahme und Zusammenarbeit eine **Anfrage der Justizverwaltung** des ausschreibenden Bundeslandes, ob der Berücksichtigung des Bewerbers im Auswahlverfahren Belange der geordneten Rechtspflege des abgebenden Bundeslandes entgegenstehen. Dem Gebot der Rücksichtnahme und Zusammenarbeit wird hierbei in hinreichendem Maße genügt, wenn die gem. § 10 Abs. 1 S. 3 stets anzuhörende aufnehmende Notarkammer diese Anfrage bei der **abgebenden Notarkammer** stellt.[110]

Da der Nachbarschaftseinwand die Wiederbesetzung der aufgrund Amtssitzverlegung frei **41** werdenden Notarstelle sicherstellen soll, kann er von vornherein keine Anwendung finden, wenn die Notarstelle des Bewerbers nach seiner Amtssitzverlegung nicht wieder aus-

---

[105] Vgl. Diehn/*Bormann* BNotO § 10 Rn. 14.
[106] Vgl. Diehn/*Bormann* BNotO § 10 Rn. 14.
[107] Vgl. Diehn/*Bormann* BNotO § 10 Rn. 14.
[108] BGH 23.7.2012 – NotZ (Brfg) 17/11, DNotZ 2013, 307; 24.7.2006 – NotZ 1/06, NJW-RR 2007, 274.
[109] Vgl. → Rn. 36; BGH 25.11.2013 – NotZ (Brfg) 9/13, DNotZ 2014, 307 Rn. 15; 18.7.2011 – NotZ (Brfg) 1/11, NJW-RR 2012, 53 Rn. 14; BVerfG 28.6.2005 – 1 BvR 1506/04, DNotZ 2005, 939.
[110] Vgl. BGH 25.11.2013 – NotZ (Brfg) 9/13, DNotZ 2014, 307 Rn. 13.

geschrieben und **eingezogen** werden würde. In diesem Falle ist ein personalwirtschaftliches Bedürfnis für die Nichtberücksichtigung des Bewerbers im Auswahlverfahren nicht ersichtlich. Zur Vermeidung eines **Zirkelschlusses** ist die Frage einer möglichen Einziehung hierbei **ohne Berücksichtigung** Umstandes der aufgrund der Amtssitzverlegung prognostizierten Beeinträchtigung der Leistungsfähigkeit der Altstelle zu beantworten; die Altstelle muss vielmehr **bereits jetzt** schon so urkundsschwach sein, dass deren Einziehung im konkreten Einzelfall auch im Falle eines Ausscheidens des Bewerbers aus dem Notaramt vorgenommen werden würde.

42   dd) **Mindestanwärterzeit, Landeskinderklausel.** Gemäß § 7 Abs. 1 soll zum hauptberuflichen Notar in der Regel nur bestellt werden, wer **erstens** einen dreijährigen Anwärterdienst als Notarassessor geleistet hat und sich **zweitens** im Anwärterdienst des Landes befindet, in dem er sich um die Bestellung bewirbt. Beides sind als vom Gesetz ausdrücklich vorgesehene personalwirtschaftliche und organisationsrechtliche Belange der ersten Stufe der Auswahlentscheidung zu begreifen, die in der Regel zu einer Nichtberücksichtigung des noch nicht dreijährigen Notarassessors im Auswahlverfahren **(Mindestanwärterzeit)** bzw. zu einer Nichtberücksichtigung eines landesfremden Bewerbers im Auswahlverfahren **(Landeskinderklausel)**[111] führen.[112] Sie sind an dieser Stelle lediglich der Vollständigkeit halber zu nennen; für den näheren Inhalt dieser personalwirtschaftlichen und organisationsrechtlichen Belange ist auf die Erläuterungen zu § 7 in diesem Kommentar zu verweisen.[113]

42a   ee) **Sperrwirkung einer Aufforderung.** Gemäß § 7 Abs. 7 S. 2 Nr. 3 kann ein Notarassessor aus dem Anwärterdienst entlassen werden, wenn er sich ohne hinreichenden Grund um eine ihm von der Landesjustizverwaltung angebotene und zuvor ausgeschriebene Notarstelle nicht bewirbt. In der Praxis der Landesjustizverwaltungen stellt sich die bislang nicht abschließend durch die Rechtsprechung geklärte Frage, ob die an einen Notarassessor gerichtete **Aufforderung zur Bewerbung** auf eine ausgeschriebene Notarstelle (das „Angebot" iSd § 7 Abs. 7 S. 2 Nr. 3)[114] dazu führt, dass Bewerbungen des aufgeforderten Notarassessors auf andere ausgeschriebene Notarstellen auf der ersten Stufe der Auswahlentscheidung aufgrund eines **organisationsrechtlichen und personalwirtschaftlichen Belanges** in diesen anderen Stellenbesetzungsverfahren aus dem Bewerberkreis ausgesondert werden können.

42b   Der Notarsenat des **Oberlandesgerichts Köln** hat eine sich aus der Aufforderung iSd § 7 Abs. 7 S. 2 Nr. 3 folgende **Sperrwirkung für Bewerbungen** in anderen Stellenbesetzungsverfahren abgelehnt: „Allein in der ungestörten Durchführung des durch den Präsidenten des Oberlandesgerichts Köln eingeleiteten Aufforderungsverfahrens kann kein wesentlicher Belang der Rechtspflege gesehen werden, der für einen Ausschluss des aufgeforderten Bewerbers von weiteren Bewerbungen herangezogen werden könnte."[115] Der **Bundesgerichtshof** hat dem – nach Erledigung der Hauptsache in dem vorgenannten Verfahren in der sodann veranlassten Kostenentscheidung – in einem *obiter dictum* **widersprochen:** Es treffe zu, „dass sich das insoweit eingeleitete Aufforderungsverfahren hin-

---

[111] Vgl. hierzu insbesondere BVerfG 28.4.2005 – 1 BvR 2231/02, 1 BvR 572/03, 1 BvR 629/03, DNotZ 2005, 473 und BGH 13.11.2017 – NotZ (Brfg) 2/17, MittBayNot 2018, 272.
[112] So auch Diehn/*Bormann* BNotO § 10 Rn. 12 f.
[113] → § 7 Rn. 9 ff.
[114] Das Angebot ist ein Verwaltungsakt iSd § 35 VwVfG (OLG Köln 29.2.2008 – 2 VA (Not) 24/07, BeckRS 2008, 7012), der jedoch eine nicht selbständig anfechtbare Verfahrenshandlung iSd § 44a VwGO darstellt (*Schlick* ZNotP 2009, 450 (452); aA OLG Köln wie vorstehend). Bei dem Angebot handelt sich um eine Verfahrenshandlung der Landesjustizverwaltung, die im Laufe eines Verwaltungsverfahrens ergeht und zu dessen Förderung geeignet ist, ohne das Verfahren selbst abzuschließen (vgl. VGH München NVwZ 1998, 742; OVG Münster DVBl. 2000, 572 (573); Stelkens/Bonk/Sachs/*Stelkens* VwGO Rn. 8; Kopp/*Schenke* VwGO Rn. 3; BeckOK VwGO/*Posser* VwGO § 44a Rn. 12). Dass es sich bei dem Angebot um einen Verwaltungsakt iSd § 35 VwVfG handelt, ist für die prozessuale Qualifikation iSd § 44a VwGO unerheblich.
[115] Beschl. v. 29.2.2008 – 2 VA (Not) 24/07, BeckRS 2008, 7012 Rn. 13.

sichtlich des Antragstellers erledigt, wenn er vor einer Entlassung aus dem Dienst gemäß § 7 Abs. 7 Satz 2 Nr. 3 BNotO in D.[üsseldorf] zum Notar bestellt wird [...]". Vor diesem Hintergrund erscheine es „zumindest nicht ausgeschlossen, dass ein solches Leerlaufen des eingeleiteten Aufforderungsverfahrens letztlich nachteilige Folgen für die Sicherstellung der notariellen Betreuung der rechtsuchenden Bevölkerung und eine geordnete vorsorgende Rechtspflege in K.[öln] hat."[116]

Auch wenn sich der Bundesgerichtshof in dieser Rechtsfrage noch nicht abschließend positioniert hat,[117] stellt das Angebot iSd § 7 Abs. 7 S. 2 Nr. 3 richtigerweise in anderen Stellenbesetzungsverfahren einen **personalwirtschaftlichen Belang** dar, der eine Nichtberücksichtigung der Bewerbungen des aufgeforderten Notarassessors auf der ersten Stufe der Auswahlentscheidung rechtfertigt. Durch die Ausschreibung der Notarstelle hat die Landesjustizverwaltung festgestellt, dass im konkreten Amtsbereich ein **Bedarf für diese Notarstelle** besteht. Durch das nachfolgende Angebot dieser Notarstelle gegenüber einem Notarassessor beabsichtigt die Landesjustizverwaltung, die **Deckung dieses Bedarfs** nach notarieller Versorgung auch **sicherzustellen.** Durch die zunächst erfolglose Ausschreibung und das sodann nachfolgende[118] Angebot äußert die Landesjustizverwaltung die konkrete Sorge, dass die Rechtsuchenden im Amtsbereich ohne Besetzung der Notarstelle nicht mehr angemessenen mit notariellen Leistungen (§ 4 S. 2) versorgt werden. Diese **personalplanerische Sorge** ist im Rahmen des „Nachbarschaftseinwands"[119] ein seit langem praktizierter und anerkannter Belang, der es rechtfertigt, eine Bewerbung auf der ersten Stufe der Auswahlentscheidung unberücksichtigt zu lassen. Auch nach einem Angebot einer Notarstelle iSd § 7 Abs. 7 S. 2 Nr. 3 rechtfertigt diese **personalplanerische Sorge,** Bewerbungen des aufgeforderten Notarassessors auf andere Notarstellen in diesen Stellenbesetzungsverfahren unberücksichtigt zu lassen, um die **Besetzung der angebotenen Stelle sicherzustellen.**[120]

b) Zweite Stufe der Auswahlentscheidung. Auf der zweiten Stufe der Auswahlentscheidung erfolgt ein **Eignungsvergleich** unter den Bewerbern. Der Maßstab dieses **Eignungsvergleichs** wird durch die auf der ersten Stufe getroffene Auswahlentscheidung determiniert. Eine Auswahl unter den auf der ersten Stufe aufgrund eines organisationsrechtlichen oder personalwirtschaftlichen Belanges **vorrangig** zu berücksichtigenden Bewerbern erfolgt anhand des in § 6 Abs. 3, Art. 33 Abs. 2 GG vorgegebenen **Prinzips der Bestenauslese** (Leistungsgrundsatz); derselbe Maßstab gilt selbstredend auch dann, wenn auf der ersten Stufe mangels einschlägigem organisationsrechtlichen oder personalwirtschaftlichem Belang kein Bewerber vorrangig zu berücksichtigen ist (hierzu → Rn. 44 ff.). Nach der höchstrichterlichen Rechtsprechung ist dem Prinzip der Bestenauslese auf der zweiten Stufe der Auswahlentscheidung stets auch im Verhältnis zu den aufgrund eines organisationsrechtlichen oder personalwirtschaftlichen Belanges auf der ersten Stufe **nachrangig** zu berücksichtigenden Bewerbern in modifizierter Form Geltung zu verschaffen (hierzu → Rn. 46 ff.).

aa) Eignungsvergleich. Kommen für eine Stellenbesetzung nach der ersten Stufe **vorrangig Notarassessoren** in Betracht oder haben sich ausschließlich Notarassessoren

---

[116] Beschl. v. 17.11.2008 – NotZ 7/08, BeckRS 2008, 24830 Rn. 9.
[117] Darauf ausdrücklich hinweisend der damalige Vorsitzende des Notarsenats beim BGH *Schlick* ZNotP 2009, 450 (453).
[118] Die Notarstelle muss nach einer erstmaligen erfolglosen Ausschreibung iSd § 6b Abs. 1 nicht noch ein zweites Mal gem. § 6b Abs. 1 zum Zwecke der Unterbreitung eines Angebotes iSd § 7 Abs. 1 S. 2 Nr. 3 ausgeschrieben werden. Durch die erstmalige erfolglose Ausschreibung wurden bereits sämtliche in Betracht kommenden Personen auf die Möglichkeit einer Bewerbung auf die konkrete Notarstelle hingewiesen. Der aus Art. 12 Abs. 1 GG folgenden Pflicht zur Ausschreibung wurde im Hinblick auf diese Notarstelle damit Genüge getan (vgl. zu diesem Sinn und Zweck der Ausschreibung BT-Drs. 11/6007, 11).
[119] → Rn. 37.
[120] So iErg auch → § 7 Rn. 54; Diehn/*Bormann* BNotO § 7 Rn. 46; Schippel/*Bracker* BNotO § 7 Rn. 111a.

beworben, erfolgt eine Auswahl unter ihnen gem. § 6 Abs. 3 S. 1 zunächst am Maßstab der **persönlichen und fachlichen Eignung,** wobei die fachliche Eignung nach dem Gesetzeswortlaut insbesondere anhand des Ergebnisses des zweiten Staatsexamens sowie den im Anwärterdienst gezeigten fachlichen Leistungen zu bestimmen ist. Auf dieser gesetzlichen Grundlage bietet es sich an, das **Ergebnis des zweiten Staatsexamens**[121] und das sich aus der dienstlichen Beurteilung ergebende Ergebnis der im Anwärterdienst erzielten fachlichen Leistungen zunächst in Anlehnung an § 6 Abs. 3 S. 3 zu gewichten (dh das Ergebnis des zweiten Staatsexamens mit 40 % und das Ergebnis der fachlichen Leistungen mit 60 %),[122] um auf diese Weise einen **Richtwert in Punkten** zu erhalten, der die fachliche Eignung des jeweiligen Notarassessors objektiviert abbildet.[123] Hierzu hat der Bundesgerichtshof im Hinblick auf das sich zunehmend verstärkende **Anwartschaftsrecht der Notarassessoren**[124] festgestellt, dass mit zunehmender beruflicher Tätigkeit und fortschreitendem zeitlichen Abstand die Aussagekraft des Ergebnisses des Staatsexamens gegenüber den im Anwärterdienst gezeigten fachlichen Leistungen nachlässt.[125] Danach erscheint es angezeigt, die **Gewichtung** des Ergebnisses des zweiten Staatsexamens und des Ergebnisses der fachlichen Leistungen mit zunehmender **Dauer des Anwärterdienstes** sukzessive zugunsten des Ergebnisses der fachlichen Leistungen **zu verschieben.**[126] Sind die zu vergleichenden Notarassessoren nach ihrer persönlichen und fachlichen Eignung anhand der vorstehend skizzierten Kriterien als „annähernd gleich geeignet" (Punktwertdifferenz von nicht mehr als 0,5 Punkte)[127] zu betrachten, ist es nach Maßgabe von § 6 Abs. 3 S. 2 sowie der höchstrichterlichen Rechtsprechung zulässig, dem **höheren Dienstalter** des Notarassessors[128] den Ausschlag für die Auswahlentscheidung geben zu lassen.

---

[121] In der Note des zweiten Staatsexamens spiegelt sich wider, „was die Bewerber unter Anspannung aller Kräfte fachlich zu leisten vermögen […]". Darin komme „[…] – ihre Bedeutung unabhängig vom Zeitablauf behaltende – Fähigkeit des Prüflings zum Ausdruck […], in juristischen Kategorien zu denken und unbekannte Sachverhalte innerhalb vertretbarer Zeit einer angemessenen Lösung zuzuführen", BGH 13.11.2017 – NotZ (Brfg) 2/17, MittBayNot 2018, 272 Rn. 27.
[122] In Anknüpfung an die Rechtsprechung zu § 6 Abs. 3 S. 3 (Auswahlentscheidung im Anwaltsnotariat) ist es hierbei zulässig, die aus den beiden Werten ermittelte „Gesamtpunktzahl rechnerisch nur bis auf zwei Dezimalstellen [zwei Stellen hinter dem Komma ohne Auf- oder Abrundung] zu ermitteln", BGH 14.3.2016 – NotZ (Brfg) 6/15; DNotZ 2016, 630 Rn. 3.
[123] Ein derartiges Punktwertsystem bietet die Möglichkeit, eine „transparente und objektiv nachvollziehbare Reihenfolge der Bewerber aufstellen zu können", BGH 14.3.2016 – NotZ (Brfg) 6/15; DNotZ 2016, 630 Rn. 6. Zur Zulässigkeit der Bildung eines Punktwertsystems auch im Bereich des hauptberuflichen Notariats (hier zum „50-Punkte-System" in Bayern) ausdrücklich BGH 13.11.2017 – NotZ (Brfg) 2/17, MittBayNot 2018, 272 Rn. 19 ff.
[124] Vgl. hierzu BVerfG 28.4.2005 – 1 BvR 2231/02, 1 BvR 572/03, 1 BvR 629/03, DNotZ 2005, 473; → § 7 Rn. 11.
[125] BGH 13.11.2017 – NotZ (Brfg) 2/17, MittBayNot 2018, 272 Rn. 27; 23.7.2012 – NotZ (Brfg) 4/12, DNotZ 2013, 224 Rn. 12 und 23.7.2012 – NotZ (Brfg) 3/12, NJW-RR 2012, 1452 Rn. 12 mwN.
[126] Es bietet sich insoweit an, nach Vollendung des vierten Dienstjahres (ein Jahr nach Vollendung des Regelanwärterdienstes iSd § 7 Abs. 1) das Ergebnis des zweiten Staatsexamens zu 30 % und das Ergebnis der fachlichen Leistungen zu 70 % und nach Vollendung des fünften Dienstjahres (zwei Jahre nach Vollendung des Regelanwärterdienstes iSd § 7 Abs. 1) das Ergebnis des zweiten Staatsexamens zu 20 % und das Ergebnis der fachlichen Leistungen zu 80 % zu gewichten. Auf diese Weise wird insbesondere mit Blick auf Notarassessoren mit vergleichsweise weniger guten Examensnoten sichergestellt, dass diese nicht dauerhaft von Notarassessoren mit vergleichsweise besseren Examensnoten überholt werden (Verhinderung eines „ewigen Notarassessors").
[127] Es bietet sich an, von einer annähernd fachlichen Eignung der Notarassessoren dann auszugehen, wenn die nach dem vorstehenden Maßstab gewichteten Punktwerte der Notarassessoren **nicht mehr als 0,5 Punkte** voneinander abweichen.Vgl. hierzu BGH 13.12.1993 – NotZ 58/92, DNotZ 1994, 332, wonach bei einer **Punktedifferenz von 0,69 Punkten** bezogen auf das zweite Staatsexamen (nicht auf einen gewichteten Punktwert!) von einer annähernd gleichen Eignung der Bewerber ausgegangen werden kann. Diese Rechtsprechung bestätigend BGH 14.3.2016 – NotZ (Brfg) 6/15, DNotZ 2016, 630 Rn. 6.
[128] Gemäß § 6 Abs. 4 unter Anrechnung der dort bestimmten Zeiten (Wehr- und Ersatzdienstzeiten, Zeiten eines Beschäftigungsverbotes nach dem Mutterschutzgesetz und Elternzeiten), wenn die Landesregierung oder Landesjustizverwaltung eine entsprechende Rechtsverordnung geschaffen hat.

Kommen für eine Stellenbesetzung nach der ersten Stufe **vorrangig amtierende** 45
Notare in Betracht oder haben sich nur amtierende Notare beworben, findet das in § 6
Abs. 3 S. 1 enthaltene Prinzip der Bestenauslese seinem Wortlaut nach **keine unmittelbare Anwendung.** Nach der höchstrichterlichen Rechtsprechung folgt zudem aus § 10
Abs. 1 S. 2, dass „die rechtlichen Grundsätze für die Auswahl im Falle der Erstbestellung
zum Notar (vgl. § 6 Abs. 3) nicht uneingeschränkt auf die Entscheidung bei der Konkurrenz mehrerer Notare um eine Amtssitzverlegung übertragen werden können."[129]
Nach Auffassung des Notarsenates beim Bundesgerichtshof ist die Amtssitzverlegung in
rechtlicher Hinsicht vielmehr mit der nicht vom Prinzip der Bestenauslese bestimmten
beamtenrechtlichen Versetzung zu vergleichen, gleichwohl sei nicht zu verkennen,
dass eine Amtssitzverlegung in tatsächlicher Hinsicht („höheres Gebührenaufkommen",
„günstigere Arbeits- und Lebensbedingungen") auch Parallelen zu einer nach diesem
Prinzip bestimmten **beamtenrechtlichen Beförderung** aufweise.[130] Auf dieser Grundlage ist nach Auffassung des Notarsenates für eine Auswahl unter mehreren miteinander
konkurrierenden Notaren zunächst anhand der Eignung, Befähigung und fachlichen
Leistung iSd Art. 33 Abs. 2 GG festzustellen, ob diese „annähernd gleich geeignet"
sind.[131] Zur Beurteilung dieser Frage ist der Justizverwaltung in weitaus größerem Maße
als bei der Auswahl unter mehreren Notarassessoren gem. § 6 Abs. 3 S. 1 ein Ermessensspielraum eingeräumt. Die **beiden Stufen der Auswahlentscheidung** sind bei einer
Auswahl unter mehreren amtierenden Notaren **nicht „klar getrennt".**[132] Auch auf der
vom Leistungsgedanken beherrschten zweiten Stufe der Auswahlentscheidung können
daher Gesichtspunkte des organisationsrechtlichen und personalplanerischen Ermessens,
wie etwa der dem **Vorrücksystem** zugrunde liegende Gedanke, berücksichtigt werden.[133]
Vor diesem Hintergrund ist es nicht zu beanstanden, wenn eine Landesjustizverwaltung
hinsichtlich in ihrem Bereich amtierender Notare, deren Amtsführung in der Vergangenheit zu keinen Beanstandungen geführt hat,[134] in der Regel von einem **„annähernden
Gleichstand"**[135] ausgeht.[136] Der Notarsenat hat insoweit festgestellt, dass die Staatsexamensergebnisse „zwar nicht völlig vernachlässigt werden" dürfen, diese jedoch „mit
zunehmender Berufspraxis an Bedeutung hinter den Beurteilungen aufgrund der Amtstätigkeit als Notar immer weiter" zurücktreten.[137] Bei festgestellter annähernd gleicher
Eignung mehrerer Notarbewerber ist sodann das **höhere Dienstalter** des Notars[138] für
die Bewerberauswahl entscheidend.[139]

bb) Modifizierter Eignungsvergleich. Nach der Rechtsprechung des Bundes- 46
gerichtshof ist dem Prinzip der Bestenauslese auf der **zweiten Stufe** der Auswahl-

---

[129] BGH 5.2.1996 – NotZ 25/95, DNotZ 1996, 906.
[130] BGH 5.2.1996 – NotZ 25/95, DNotZ 1996, 906.
[131] BGH 5.2.1996 – NotZ 25/95, DNotZ 1996, 906.
[132] BGH 5.2.1996 – NotZ 25/95, DNotZ 1996, 906.
[133] BGH 5.2.1996 – NotZ 25/95, DNotZ 1996, 906.
[134] Zur Erforderlichkeit der Berücksichtigung der Ergebnisse der regelmäßigen Prüfungsberichte betreffend
die Amtsführung des Notars vgl. BGH 5.2.1996 – NotZ 25/95, DNotZ 1996, 906. Dort auch ausführlich zu
dem beizumessenden Gewicht einzelner Verfehlungen im Rahmen der Beurteilung einer annähernd gleichen
Eignung.
[135] BGH 5.2.1996 – NotZ 25/95, DNotZ 1996, 906.
[136] So iE auch Diehn/*Bormann* BNotO § 10 Rn. 9; Schippel/Bracker/*Püls* BNotO § 10 Rn. 11.
[137] BGH 5.2.1996 – NotZ 25/95, DNotZ 1996, 906. Vgl. ebenso BGH 18.7.2011 – NotZ (Brfg) 1/11,
NJW-RR 2012, 53.
[138] Gemäß § 6 Abs. 4 kann die Landesregierung oder Landesjustizverwaltung durch Rechtsverordnung die
Anrechnung von Zeiten einer vorübergehenden Amtsniederlegung des Bewerbers gem. § 48b auf die
bisherige Amtstätigkeit vorsehen. So etwa wird eine vorübergehende Amtsniederlegung eines in Nordrhein-
Westfalen amtierenden Notars gem. §§ 3, 4 der Verordnung über die Anrechnung von Zeiten über einen
Zeitraum von bis zu zwei Jahren auf das Dienstalter angerechnet. Vgl. zur Anrechnung dieser Zeiten
eingehend → §§ 48b, 48c Rn. 45 f., 80 f.
[139] BGH 5.2.1996 – NotZ 25/95, DNotZ 1996, 906 unter Verweis auf das Hilfskriterium des Dienstalters
bei beamtenrechtlichen Entscheidungen.

entscheidung auch im Verhältnis zu den aufgrund eines organisationsrechtlichen oder personalwirtschaftlichen Belanges auf der ersten Stufe **nachrangig** zu berücksichtigenden Bewerbern stets[140] Geltung zu verschaffen. Dieses Prinzip komme im Verhältnis zu den auf der ersten Stufe vor- und nachrangigen Bewerbern jedoch auf der zweiten Stufe der Auswahlentscheidung nur „**in eingeschränktem Umfang** als Entscheidungskriterium zum Tragen".[141] Der Beurteilungsmaßstab sei „dahingehend modifiziert, dass bei auffälligen, erheblichen Eignungsunterschieden die Art. 3, 12, 33 Abs. 2 GG zu berücksichtigen sind und damit das Prinzip der Bestenauslese Beachtung zu finden hat."[142]

47 Wird auf der ersten Stufe der Auswahlentscheidung ein Bewerber aus organisationsrechtlichen oder personalwirtschaftlichen Gründen vorgezogen, so ist im Hinblick auf diesen Bewerber stets auf der zweiten Stufe der Auswahlentscheidung zu prüfen, ob ein **auffälliger und erheblicher Eignungsunterschied** besteht. Bejahendenfalls ist dem Prinzip der Bestenauslese dadurch Geltung zu verschaffen, dass der auf der ersten Stufe nachrangige Bewerber auf der zweiten Stufe der Auswahlentscheidung dem auf der ersten Stufe vorrangigem Bewerber **gleichwohl vorgezogen** wird. Der Notarsenat bei Bundesgerichtshof hat im Hinblick auf diese auf der zweite Stufe anzustellenden Prüfung festgestellt, dass ein auffälliger und erheblicher Eignungsunterschied **keinesfalls mit einer größeren Berufserfahrung** begründet werden kann.[143] Vielmehr müsse sich ein auffälliger und erheblicher Eignungsunterschied, der die Vorentscheidung auf der ersten Stufe der Auswahlentscheidung wieder umkehrt, im konkreten Einzelfall aus einer „**besonderen Qualität** der Amtsführung des Notars" oder einer „**herausragenden Leistung** des Notarassessors" ergeben, wobei auch „stark divergierende Ergebnisse der Staatsprüfungen" in diese Beurteilung mit einfließen können.[144]

48 **3. Amtssitzverlegung innerhalb des Amtsbereichs (S. 3).** Schon nach dem Wortlaut des § 10 Abs. 1 S. 3 setzt eine Amtssitzverlegung **keine** erfolgreiche Bewerbung des Notars auf eine ausgeschriebene Notarstelle, sondern lediglich dessen Zustimmung voraus. Bereits aus dem Wortlaut der Norm folgt daher, dass eine Amtssitzverlegung grundsätzlich auch **ohne vorherige Ausschreibung** gem. § 6b Abs. 1 zulässig ist.

49 Die Verlegung des Amtssitzes eines Notars innerhalb seines Amtsbereichs iSd § 10a Abs. 1 setzt anders als die Verlegung des Amtssitzes in einen anderen Amtsbereich **nicht voraus,** dass ein Bedarf für die Errichtung einer neu zu besetzenden Notarstelle besteht.[145] Die Verlegung des Amtssitzes innerhalb des Amtsbereiches berührt somit von vornherein nicht die Mengenbedarfsplanung, sondern allein die **Raumbedarfsplanung** der Justizverwaltung im Amtsbereich.[146] Vor einer Amtssitzverlegung innerhalb des Amtsbereichs wird mithin **keine neue Notarstelle** errichtet, für die sicherzustellen wäre, dass alle in Betracht kommenden Bewerber auf die Möglichkeit einer Bewerbung hingewiesen werden. Nach

---

[140] So ausdrücklich BGH 18.7.2011 – NotZ (Brfg) 1/11, NJW-RR 2012, 53.
[141] BGH 11.8.2009 – NotZ 4/09, DNotZ 2010, 467.
[142] BGH 18.7.2011 – NotZ (Brfg) 1/11, NJW-RR 2012, 53; 11.8.2009 – NotZ 4/09, DNotZ 2010, 467; 14.4.2008 – NotZ 114/07, DNotZ 2008, 862; 28.7.2008 – NotZ 3/08, NJW-RR 2009, 202; 7.12.2006 – NotZ 24/06, DNotZ 2007, 154; 14.7.2003 – NotZ 47/02, DNotZ 2004, 230; vgl. hierzu auch BVerfG 28.4.2005 – 1 BvR 2231/02, 1 BvR 572/03, 1 BvR 629/03, DNotZ 2005, 473 und Diehn/*Bormann* BNotO § 10 Rn. 16 ff.
[143] BGH 13.11.2017 – NotZ (Brfg) 2/17, MittBayNot 2018, 272 Rn. 24 ff.; 11.8.2009 – NotZ 4/09, DNotZ 2010, 467; 14.4.2008 – NotZ 114/07, DNotZ 2008, 862; 14.7.2003 – NotZ 47/02, DNotZ 2004, 230. Als Begründung führt der Notarsenat hierzu aus, dass dies ansonsten „den Vergleich zwischen Notarassessor und amtierendem Notar stets zugunsten des Letzteren ausgehen lassen und dem Assessor damit jede Chance auf die Bestellung nehmen (würde)." Vgl. auch Diehn/*Bormann* BNotO § 10 Rn. 17.
[144] BGH 11.8.2009 – NotZ 4/09, DNotZ 2010, 467 und 14.7.2003 – NotZ 47/02, DNotZ 2004, 230; vgl. auch BGH 18.7.2011 – NotZ (Brfg) 1/11, NJW-RR 2012, 53.
[145] So iErg auch BGH 21.11.2016 – NotZ (Brfg) 1/16, NJW 2017, 1325 Rn. 16.
[146] Zur Mengenbedarfs- und Raumbedarfsplanung im Amtsbereich → Rn. 8 ff.

Sinn und Zweck des § 6b Abs. 1[147] hat daher einer Amtssitzverlegung innerhalb des Amtsbereiches eine Ausschreibung **nicht** voranzugehen.[148]

Ein **Anspruch** auf Verlegung des Amtssitzes gem. § 10 Abs. 1 S. 3 **besteht nicht**.[149] Vor 50 dem Hintergrund der Zustimmungsbedürftigkeit einer Amtssitzverlegung eröffnet der **Antrag auf Verlegung** des Amtssitzes innerhalb des Amtsbereichs der Justizverwaltung jedoch erneut ein **Ermessen** zur Ausübung der Raumbedarfsplanung durch Zuweisung eines Amtssitzes. Die Kriterien für die Ausübung dieses Ermessens entsprechen folglich denjenigen der **Raumbedarfsplanung**.[150] Um eine möglichst breite Entscheidungsgrundlage für eine Amtssitzverlegung innerhalb des Amtsbereichs zu haben sowie um etwaigen Rechtsbehelfen vorzubeugen sollten **die Notare im Amtsbereich** vor einer Entscheidung **angehört** werden. Diese Anhörung kann auch durch die gem. § 10 Abs. 1 S. 3 stets anzuhörende Notarkammer erfolgen, welche die Stellungnahmen der angehörten Notare in ihrer Stellungnahme gegenüber der Justizverwaltung berücksichtigt.[151] Eine Verpflichtung zur Anhörung nach § 28 Abs. 1 VwVfG besteht allerdings nicht.[152]

4. Amtssitzverlegung aufgrund disziplinargerichtlichen Urteils (S. 4). Gemäß 51 § 10 Abs. 1 S. 4 kann der Amtssitz eines Notars ohne seine Zustimmung nur aufgrund eines disziplinargerichtlichen Urteils (§ 98 Abs. 1 S. 2) verlegt werden. Die Vorschrift hat lediglich **klarstellende Bedeutung,** erfüllt aber selbst diese Funktion nicht richtig. Dass eine Amtssitzverlegung auch Disziplinarmaßnahme sein kann, die naturgemäß nicht der Zustimmung des betroffenen Notars bedarf, ist in § 97 Abs. 2 S. 1 und S. 2 bestimmt. Eine Amtssitzverlegung kommt nach dieser Vorschrift allerdings nur als Disziplinarmaßnahme gegenüber einem **hauptberuflichen Notar** (§ 3 Abs. 1) in Betracht.[153] Die Verlegung des Amtssitzes eines **Anwaltsnotars** (§ 3 Abs. 2) setzt mithin immer seine Zustimmung voraus, was in § 10 Abs. 1 S. 4 aber nicht zum Ausdruck kommt.

C. Geschäftsstelle (Abs. 2 bis Abs. 4)

Die in § 10 Abs. 2 bis Abs. 4 enthaltenen Bestimmungen zur Geschäftsstelle setzen dem 52 Notar sowohl **beruflich** als auch **persönlich Grenzen.** Der Notar hat seine **Geschäftsstelle** innerhalb der geographischen Grenzen des ihm zugewiesenen Amtssitzes zu halten (§ 10 Abs. 2 S. 1) und seine **Wohnung** in einer solchen Entfernung zur Geschäftsstelle zu nehmen, dass er in der ordnungsgemäßen Wahrnehmung seiner Amtsgeschäfte nicht beeinträchtigt wird (§ 10 Abs. 2 S. 2). Der **Anwaltsnotar** musste darüber hinaus bis zur Änderung der Vorschrift im Jahre 2017 auch den **Schwerpunkt** seiner rechtsanwaltlichen Tätigkeit am notariellen Amtssitz und somit faktisch in der notariellen Geschäftsstelle ausüben; diese Beschränkung wurde jedoch zwischenzeitlich aufgehoben und dadurch

---

[147] Vgl. zum Zweck des 1991 eingefügten § 6b Abs. 1 BT-Drs. 11/6007, 11: „Durch den neuen § 6b BNotO wird sichergestellt, dass alle in Betracht kommenden Personen auf die Möglichkeit hingewiesen werden, sich um die Bestellung zum Notar zu bewerben."
[148] Ebenso *Egerland* S. 148 f. und Schippel/Bracker/*Püls* BNotO § 10 Rn. 8.
[149] BGH 21.11.2016 – NotZ (Brfg) 1/16, DNotZ 2017, 307 Rn. 15; 25.11.2013 – NotZ (Brfg) 9/13, DNotZ 2014, 307; 18.7.2011 – NotZ (Brfg) 1/11, NJW-RR 2012, 53; 11.8.2009 – NotZ 4/09, DNotZ 2010, 467; 14.4.2008 – NotZ 114/07, DNotZ 2008, 862; 7.12.2006 – NotZ 24/06, DNotZ 2007, 154; 5.2.1996 – NotZ 25/95, DNotZ 1996, 906; 13.12.1993 – NotZ 60/92, DNotZ 1994, 333; 28.3.1991 – NotZ 27/90, NJW 1993, 1591. Vgl. auch OLG Celle BeckRS 2016, 112742 Rn. 18.
[150] → Rn. 10 ff.
[151] So auch Schippel/Bracker/*Püls* BNotO § 10 Rn. 8.
[152] Die Notare im Amtsbereich sind nämlich in der Regel mangels Hinzuziehung gem. § 13 Abs. 1 Nr. 4 iVm Abs. 2 VwVfG keine anzuhörenden Verfahrensbeteiligten iSd § 28 Abs. 1 VwVfG. Da die Amtssitzverlegung eines Notars für die anderen Notare im Amtsbereich keine rechtsgestaltende Wirkung hat, sind diese auch nicht gem. § 13 Abs. 2 S. 2 VwVfG zu benachrichtigen und auf Antrag notwendig hinzuzuziehen, vgl. hierzu BeckOK VwVfG/*Herrmann* VwVfG § 28 Rn. 14 und § 13 Rn. 12 ff. sowie Stelkens/Bonk/Sachs/*Schmitz* VwVfG § 13 Rn. 40 ff.
[153] Vgl. auch Schippel/Bracker/*Püls* BNotO § 10 Rn. 12.

ersetzt, dass sich die Zulassungskanzlei und die notarielle Geschäftsstelle des Anwaltsnotars im Bezirk derselben Rechtsanwaltskammer befinden müssen (§ 10 Abs. 2 S. 3 nF). Der Notar hat seine **Geschäftsstelle** zu bestimmten Uhrzeiten für die rechtsuchende Bevölkerung **offen zu halten** (§ 10 Abs. 3), darf grundsätzlich nur **eine einzige Geschäftsstelle** unterhalten und auch das regelmäßige Angebot notarieller Leistungen in einer anderen Räumlichkeit ist ihm grundsätzlich untersagt (§ 10 Abs. 4).

I. Verhältnis zum Amtssitz (Abs. 2 S. 1)

53 Gemäß § 10 Abs. 2 S. 1 hat der Notar am Amtssitz seine Geschäftsstelle zu halten. Durch diese Vorschrift werden die **geografischen Grenzen** bestimmt, innerhalb dessen der Notar seine Diensträume zu nehmen hat. Wurde dem Notar gem. § 10 Abs. 1 S. 1 ein Ort als Amtssitz zugewiesen, so hat er seine Diensträume innerhalb der geografischen Grenzen dieser **politischen Gemeinde** zu unterhalten.[154] Ist dem Notar gem. § 10 Abs. 1 S. 2 ein bestimmter **Teil einer Stadt** (bspw. Stadtteil, Stadtbezirk, Amtsgerichtsbezirk) als Amtssitz zugewiesen, so müssen sich die Diensträume innerhalb des in der Zuweisung in Bezug genommenen **geografischen Teilgebiets** befinden.[155] Maßgeblich ist das geografische Gebiet in der jeweils aktuellen Ausdehnung, nicht hingegen in der Ausdehnung im Zeitpunkt der Zuweisung des Amtssitzes.[156]

54 Die aus § 10 Abs. 2 S. 1 folgende Pflicht zur Unterhaltung der Geschäftsstelle innerhalb der durch den Amtssitz bestimmten geografischen Grenzen ist eine **gewichtige Amtspflicht.** Sie soll sicherstellen, dass der **Bedarfsplanung** der Justizverwaltung hinsichtlich der Anzahl und der Verteilung der Notarstellen im jeweiligen Hoheitsgebiet (§ 4) auch **tatsächlich entsprochen** wird. Eine nach einem entsprechenden Hinweis, einer Ermahnung (§ 75) oder Missbilligung (§ 94) der Notarkammer oder der Justizverwaltung fortgesetzte Verletzung dieser Amtspflicht berührt daher die Bedarfsplanung insgesamt, ist in der Regel nicht hinnehmbar und erfordert somit regelmäßig eine **scharfe Disziplinarmaßnahme** iSd §§ 97 Abs. 1 bis Abs. 3.

II. Verhältnis zur Wohnung (Abs. 2 S. 2)

55 § 10 Abs. 2 S. 2 sieht für den Notar eine Residenzpflicht im Sinne einer geschäftsstellennahen Wohnungsnahme vor. Neben dieser kennt die deutsche Rechtsordnung eine entsprechende Residenzpflicht für den Beamten (§ 72 BBG) und für den Soldaten (§ 7 SG). Die Residenzpflichten des Rechtsanwalts (§ 27 Abs. 1 BRAO aF) und des Patentanwaltes (§ 26 Abs. 1 PAO aF) sind im Jahre 1994 aufgehoben worden.[157]

55a Die Vorschrift ist gem. § 7 Abs. 4 S. 2 auch auf den Notarassessor anzuwenden und verpflichtet ihn dazu, seine Wohnung so zu nehmen, dass er in der ordnungsgemäßen Wahrnehmung der ihm übertragenen Aufgaben nicht beeinträchtigt wird.[158] Die in → Rn. 60 f. aufgeführten Beurteilungskriterien sind bei einem Notarassessor hierbei allein anzuwenden auf die Geschäftsstelle des Notars, dem er zur Ausbildung zugewiesen ist oder zu dessen Verwalter er bestellt ist; zeitlich beschränkte Vertretungsaufgaben des Notarassessors bei anderen Notaren fallen hingegen nach Sinn und Zweck nicht in den Anwendungsbereich der Norm.

---

[154] → Rn. 6.
[155] → Rn. 17.
[156] Eine derartige dynamische Grenzziehung sah schon § 10 Abs. 2 S. 2 des Oberneck'schen Entwurfs eines Reichsnotariatsgesetzes vor, abgedruckt in: Schubert (Hrsg.), Materialien zur Vereinheitlichung des Notarrechts, 2004, S. 234.; vgl. auch Diehn/*Bormann* BNotO § 10 Rn. 2; Schippel/Bracker/*Püls* BNotO § 10 Rn. 3.
[157] Durch das Gesetz zur Neuordnung des Berufsrechts der Rechtsanwälte und der Patentanwälte vom 2.9.1994 (BGBl. I 2276). Vgl. hierzu auch *Grete* S. 1.
[158] OLG Naumburg MittBayNot 2019, 76 Rn. 14.

1. Zweck der Residenzpflicht. Bis zum Inkrafttreten des Dritten Gesetzes zur Änderung der Bundesnotarordnung am 8.9.1998[159] war die Residenzpflicht des Notars in § 10 Abs. 2 S. 2 aF noch wie folgt ausgestaltet: **56**

> „Er hat am gleichen Ort auch seine Wohnung zu nehmen; die Aufsichtsbehörde kann ihm aus besonderen Gründen gestatten, außerhalb des Amtssitzes zu wohnen."

Diese Verpflichtung des Notars zur Begründung seines **Hauptwohnsitzes**[160] innerhalb der Grenzen der politischen Gemeinde, die ihm als Amtssitz zugewiesen wurde, sah bereits § 11 Abs. 2 S. 2 RNotO vor und war schon im Zeitpunkt des Inkrafttretens der RNotO im Jahre 1937 weitaus strenger ausgestaltet als die Residenzpflicht für Beamte.[161] In Anknüpfung an die zu § 11 Abs. 2 S. 2 RNotO erlassene Allgemeinverfügung zur Ausführung der Reichsnotariatsordnung[162] sollten mit § 10 Abs. 2 S. 2 aF insgesamt **vier Zwecke** erreicht werden: Die **ständige Amtsbereitschaft** des Notars sollte sichergestellt, **unangemessener Wettbewerb** zwischen den Notaren und **unzulässige Auswärtsbeurkundungen** sollten verhindert und die **Kenntnisse des Notars** von den örtlichen Lebensverhältnissen und Bedürfnissen der Bevölkerung sollten gewährleistet werden.[163] Der Bundesgerichtshof betonte hierbei schon früh, dass die Sicherung der **ständigen Amtsbereitschaft** des Notars **wichtigster Zweck** der Residenzpflicht alter Fassung sei.[164] Das Bundesverfassungsgericht stellte schließlich im Rahmen einer Entscheidung zur Verfassungsmäßigkeit des § 10 Abs. 2 S. 2 aF **ausschließlich** auf den damit verfolgten Zweck der **Sicherung der generellen Amtsbereitschaft** ab.[165]

Im Anschluss an die Wiedervereinigung sollte auch die Rechtseinheit auf dem Gebiet des Berufsrechts der Notare wiederhergestellt werden. Diese Gelegenheit hat der Gesetzgeber genutzt, die **Residenzpflicht** der Notare inhaltlich **neu auszugestalten.**[166] „Im Hinblick auf die angesichts der heute bestehenden Verkehrs- und Kommunikationsmöglichkeiten gewährleisteten Erreichbarkeit" sah ein Gesetzentwurf der Bundesregierung aus dem Jahr 1996 zunächst nur eine **„maßvolle Lockerung"** der Residenzpflicht alter Fassung vor.[167] Dem Notar sollte danach auch die Wohnsitznahme in einer unmittelbar an seinen Amtssitz angrenzenden politischen Gemeinde ermöglicht werden.[168] Dem Bundesrat ging diese Liberalisierung nicht weit genug und schlug die schließlich am 8.9.1998 Gesetz gewordene heutige Ausgestaltung der Residenzpflicht der Notare vor. Zur Begründung dieser **„weiteren Liberalisierung"** führte auch der Bundesrat maßgeblich aus, dass „die jederzeitige Erreichbarkeit des Notars (…) bei den heute bestehenden Verkehrsverhältnissen und Kommunikationsmöglichkeiten in der Regel auch dann gewährleistet (ist), wenn der Notar seine Wohnung nicht am Amtssitz hat".[169] Entsprechend der beamtenrechtlichen und soldatenrechtlichen Residenzpflicht (§ 72 BBG, § 7 SG) sieht § 10 Abs. 2 S. 2 in der heute **57**

---

[159] BGBl. I 2585.
[160] BGH 30.7.1990 – NotZ 22/89, DNotZ 1991, 333 Rn. 13; *Grete* S. 57 mwN.
[161] § 19 DBG aus dem Jahre 1937 entsprach bereits vollständig dem heutigen § 72 BBG; vgl. ausführlich zur Entwicklungsgeschichte der beamtenrechtlichen Residenzpflicht *Grete* S. 9.
[162] Ziff. C I 2b AVNot vom 14.6.1934, DJ S. 914.
[163] BGH 6.12.1984 – NotZ 13/83, DNotZ 1984, 772 Rn. 7; 30.7.1990 – NotZ 22/89, DNotZ 1991, 333 Rn. 7; *Bohrer*, Berufsrecht, Rn. 292; *Ketteler* AnwBl. 1984, 474 (475); *Grete* S. 57; Sammelschreiben der Rheinischen Notarkammer Nr. 18/1982.
[164] BGH 6.12.1984 – NotZ 13/83, DNotZ 1984, 772 Rn. 9 und 30.7.1990 – NotZ 22/89, DNotZ 1991, 333 Rn. 8.
[165] BVerfG 3.12.1991 – 1 BvR 1477/90, DNotZ 1993, 259 Rn. 4.
[166] *Grete* S. 68: „Die ehemalige notarielle Residenzpflicht hatte beinahe schikanösen Charakter und glich eher einer vorbeugenden Kollektivstrafe."
[167] BT-Drs. 13/4184, 23 und 50: „Da der Notar ein wichtiges, öffentliches Amt im Bereich der vorsorgenden Rechtspflege wahrnimmt, erscheint eine im Vergleich zu den Beamten etwas stärkere Reglementierung seiner Wohnsitzpflicht (…) gerechtfertigt."
[168] BT-Drs. 13/4184, 6. Der Vorschlag des Gesetzestextes des § 10 Abs. 2 S. 2 der Bundesregierung lautete: „Er hat am gleichen Ort oder in einer unmittelbar angrenzenden Gemeinde seinen Wohnsitz zu nehmen; die Aufsichtsbehörde kann aus besonderen Gründen Ausnahmen gestatten."
[169] BT-Drs. 13/4184, 43.

geltenden Fassung nurmehr vor, dass der Notar seine Wohnung so zu nehmen hat, dass er in der ordnungsgemäßen Wahrnehmung seiner Amtsgeschäfte nicht beeinträchtigt wird. Diese **liberalisierte Residenzpflicht** des Notars dient auf Grundlage der Gesetzesbegründung ausschließlich dem Zweck der **Sicherstellung der ständigen Amtsbereitschaft**.[170] Sämtliche weiteren Zwecke, die noch zur Rechtfertigung der Residenzpflicht alter Fassung herangezogen wurden (Verhinderung von Wettbewerb, Auswärtsbeurkundungen und der Unkenntnis der örtlichen Bedürfnisse), waren schon damals wenig überzeugend[171] und können zur Rechtfertigung der liberalisierten Residenzpflicht keinen Beitrag mehr leisten.

58 2. **Allgemeine Residenzpflicht (Hs. 2).** Ob der Notar aufgrund der räumlichen Entfernung zwischen seiner Wohnung und seiner Geschäftsstelle in der **ordnungsgemäßen Wahrnehmung seiner Amtsgeschäfte** iSd § 10 Abs. 2 S. 2 Hs. 1 beeinträchtigt wird, ist auf Grundlage der vorstehenden Ausführungen allein am Maßstab der Pflicht zur ständigen Amtsbereitschaft zu beurteilen.

59 Die mit der Ausgestaltung des Notarberufs als ein öffentliches Amt begründete **Pflicht zur ständigen Amtsbereitschaft** dient dem allgemeinen Interesse an einer geordneten und funktionsfähigen Rechtspflege.[172] Diese Pflicht beinhaltet allerdings nicht, dass der Notar, einem ärztlichen Notfalldienst vergleichbar, rund um die Uhr auf Wunsch der Rechtsuchenden zur Aufnahme seiner Amtstätigkeit verfügbar sein muss; **Amtsbereitschaft ist kein Bereitschaftsdienst**.[173] Gemäß § 10 Abs. 3 soll der Notar seine Geschäftsstelle lediglich während den üblichen Geschäftsstunden offenhalten, wobei es „dem Notar überlassen bleiben (soll), zu welchen Zeiten er seine Dienstleistungen anbietet und erbringt".[174] Ferner sieht § 38 vor, dass der Notar der Aufsichtsbehörde seine Abwesenheit erst dann anzuzeigen hat, wenn sie länger als eine Woche dauert; genehmigungsbedürftig ist eine Abwesenheit des Notars danach erst ab einer Dauer von einem Monat. Gemäß § 54 Abs. 1 Nr. 3 kann die Aufsichtsbehörde den Notar erst dann vorläufig seines Amtes entheben, wenn er sich länger als zwei Monate ohne Zustimmung der Aufsichtsbehörde außerhalb seines Amtssitzes aufhält. Vor diesem Hintergrund kann die notarielle Pflicht zur ständigen Amtsbereitschaft dahingehend näher konkretisiert werden, dass während der üblichen Öffnungszeiten eine **kurzfristige Erreichbarkeit** des Notars in seiner Geschäftsstelle und außerhalb der üblichen Öffnungszeiten lediglich eine **im Grundsatz bestehende Erreichbarkeit** des Notars in seiner Geschäftsstelle gewährleistet sein muss.[175]

60 Die allgemeine Residenzpflicht gem. § 10 Abs. 2 S. 2 Hs. 1 verlangt daher zunächst eine **kurzfristige Erreichbarkeit** des Notars in seiner Geschäftsstelle während den **üblichen Öffnungszeiten** iSd § 10 Abs. 3. Hierzu können die zu der Residenzpflicht der Beamten gem. § 72 BBG entwickelten Grundsätze herangezogen werden: Danach hat der Beamte seine Wohnung so zu wählen, dass er seinen Dienst **pünktlich und ausgeruht** antreten kann.[176] Er muss in der Lage sein, seine Dienststelle **rechtzeitig und voll leistungsfähig** zu erreichen; die Leistungskraft kann dabei insbesondere durch zwangsläufige Übermüdung infolge einer übermäßig anstrengenden Anreise beeinträchtigt werden. Hierbei spielt die **Entfernung** von der Wohnung zur Dienststelle eine **maßgebliche Rolle,** aber auch, ob der Beamte den Weg in der Regel mit öffentlichen Verkehrsmitteln oder mit dem privaten Pkw zurücklegt und ob auf der Wegstrecke regelmäßige Störungen (Staugefahr in Ballungs-

---

[170] Die Residenzpflicht ist damit ein Ausschnitt der sich aus mehreren Normen der BNotO zusammensetzenden Pflicht zur generellen Amtsbereitschaft, vgl. Schippel/Bracker/*Reithmann* BNotO § 15 Rn. 8.
[171] Vgl. zur unmaßgeblichen Bedeutung des Zwecks des Konkurrenzschutzes zur Rechtfertigung von § 10 Abs. 2 S. 2 aF bereits BGH 16.3.1998 – NotZ 22/97, NJW-RR 1998, 1215 Rn. 9 f. Vgl. zur Bedeutungslosigkeit auch der anderen weiteren Zwecke ausführlich *Grete* S. 63 ff.
[172] BVerfG 3.12.1991 – 1 BvR 1477/90, DNotZ 1993, 259.
[173] *Grete* S. 59; *Ketteler* AnwBl. 1984, 774 (776).
[174] BT-Drs. 13/11034, 38; → Rn. 74 ff.
[175] So iE auch *Grete* S. 62.
[176] OLG Naumburg MittBayNot 2019, 76 Rn. 14.

gebieten, ungünstige Witterungsverhältnisse im Winter) zu erwarten sind.[177] Die Aufstellung eines fixen zeitlichen Rahmens, etwa im Sinne einer Erreichbarkeit der Geschäftsstelle vom Wohnsitz innerhalb von mindestens 30 Minuten, verbietet sich.[178] Vielmehr ist mit Blick auf den konkreten Einzelfall zu beurteilen, ob der Notar während den üblichen Öffnungszeiten in der Regel pünktlich und voll Leistungsfähig für die Rechtsuchenden in seiner Geschäftsstelle erreichbar ist.[179] Dem kann der Notar auch dadurch nachkommen, dass er am Amtssitz eine **Zweitwohnung** unterhält, die er nur unter der Woche bewohnt.[180]

Die allgemeine Residenzpflicht gem. § 10 Abs. 2 S. 2 Hs. 1 verlangt darüber hinaus auch eine zumindest im **Grundsatz bestehende Erreichbarkeit** des Notars außerhalb der üblichen Öffnungszeiten iSd § 10 Abs. 3. An die Erreichbarkeit **außerhalb der üblichen Öffnungszeiten** ist dabei ein im Vergleich zur Erreichbarkeit während der üblichen Öffnungszeiten weniger strenger Maßstab anzulegen. Dem Notar muss es unter Berücksichtigung der Verkehrsanbindung von Wohnung und Geschäftsstelle und der dort außerhalb der üblichen Geschäftszeiten regelmäßig herrschenden Verkehrsverhältnisse **grundsätzlich möglich** sein, auch in dringenden Ausnahmefällen innerhalb **angemessener Zeit** seine Amtstätigkeit in seiner Geschäftsstelle auszuüben. Zur Beurteilung dieser Frage wird hierbei regelmäßig auf den **Hauptwohnsitz**, an dem der Notar bei natürlicher Betrachtung seinen Lebensmittelpunkt hat, abzustellen sein. 61

3. Residenzpflicht auf Weisung (Hs. 2). Gemäß § 10 Abs. 2 S. 2 Hs. 2 kann die Aufsichtsbehörde den Notar – und auch den Notarassessor[181] – **anweisen**, seine Wohnung am Amtssitz zu nehmen, wenn dies im Interesse der Rechtspflege geboten ist. Eine aufgrund der Entfernung zwischen Wohnung und Geschäftsstelle begründete Beeinträchtigung der ordnungsgemäßen Wahrnehmung der Amtspflichten stellt gem. § 10 Abs. 2 S. 2 Hs. 1 eine **Amtspflichtverletzung** dar. Diese Amtspflichtverletzung ist Grundlage für eine **Anweisung** zur Verlegung der Wohnung an den Amtssitz gem. § 10 Abs. 2 S. 2 Hs. 2, rechtfertigt für sich allein genommen jedoch noch nicht den Erlass eines derartigen Verwaltungsaktes. Insoweit ist zu berücksichtigen, dass eine derartige Weisung stets einen Eingriff in den **Schutzbereich der Berufsausübungsfreiheit** gem. Art. 12 Abs. 1 GG[182] sowie in den **Schutzbereich der Freizügigkeit** gem. Art. 11 Abs. 1 GG[183] darstellt, dessen verfassungsrechtliche Rechtfertigung eine Güterabwägung unter Berücksichtigung der persönlichen, familiären und wirtschaftlichen Belange des betroffenen Notars voraussetzt.[184] 62

Der Verwaltungsakt der Anweisung, die Wohnung am Amtssitz zu nehmen, setzt somit stets eine **zweistufige Prüfung** voraus.[185] **Erstens** bedarf es der Feststellung, dass der Notar aufgrund der räumlichen Entfernung zwischen seiner Wohnung und seiner Ge- 63

---

[177] Vgl. *Grete* S. 13 f. mwN.
[178] So BGH 30.7.1990 – NotZ 22/89, DNotZ 1991, 333 Rn. 10 zu den im Bereich einer Landesjustizverwaltung von der dortigen Notarkammer aufgestellten „Grundsätzen zur Residenzpflicht", wonach die Erteilung einer Ausnahmegenehmigung gem. § 10 Abs. 2 S. 2 Hs. 2 aF bei einer Anfahrtsdauer zwischen Wohnung und Geschäftsstelle von mehr als 30 Minuten schlechthin ausgeschlossen sein sollte.
[179] *Grete* S. 75.
[180] *Diehl/Bormann* BNotO § 10 Rn. 32; *Grete* S. 73. Nach BGH 30.7.1990 – NotZ 22/89, DNotZ 1991, 333 Rn. 13 genügte eine Zweitwohnung zur Erfüllung der Residenzpflicht alter Fassung (§ 10 Abs. 2 S. 2 aF) nicht. Zur (Nicht)Befreiung von der Zweitwohnsitzsteuer im Falle der Begründung eines Zweitwohnsitzes, um der Pflicht zur ständigen Amtsbereitschaft gem. § 10 Abs. 2 S. 2 nachzukommen, vgl. VGH München 11.12.2008 – M 10 K 08.517, BeckRS 2008, 46349 Rn. 35 f.
[181] → Rn. 55 a.
[182] *Grete* S. 86 ff., inbes. S. 100 ff.
[183] *Grete* S. 109 ff., insbes. S. 117 ff.
[184] Vgl. BVerfG 3.12.1991 – 1 BvR 1477/90, DNotZ 1993, 259 und BGH 30.7.1990 – NotZ 22/89, DNotZ 1991, 333, zum Prüfungsumfang der Ausnahmegenehmigung auf Grundlage von § 10 Abs. 2 S. 2 Hs. 2 aF.
[185] So auch BGH 30.7.1990 – NotZ 22/89, DNotZ 1991, 333 Rn. 9, zur Prüfung der Ausnahmegenehmigung auf Grundlage von § 10 Abs. 2 S. 2 Hs. 2 aF.

schäftsstelle anhand der vorstehend dargelegten Maßstäbe in der ordnungsgemäßen Wahrnehmung seiner Amtsgeschäfte iSd § 10 Abs. 2 S. 2 Hs. 1 beeinträchtigt wird.[186] **Zweitens** bedarf es darüber hinaus der Feststellung, dass etwaige für die Beibehaltung der derzeitigen Wohnung des Notars streitende Belange in Anbetracht des konkreten Umfanges der Beeinträchtigung seiner Pflicht zur ständigen Amtsbereitschaft der Anweisung zur Verlegung der Wohnung an dem Amtssitz nicht überwiegen und die Weisung daher gem. § 10 Abs. 2 S. 2 Hs. 1 im Interesse der Rechtspflege geboten ist.[187] Der **erste** Prüfungsschritt ist Ausübung von gerichtlich nur eingeschränkt überprüfbarem Verwaltungsermessen, der **zweite** Prüfungsschritt ist hingegen eine vollumfänglich gerichtlich überprüfbare Rechtsfrage.[188] Spätestens im Rahmen des zweiten Prüfungsschrittes ist der Notar anzuhören.[189]

64 Als in die **Güterabwägung** für den Notar streitende Belange kommen beispielsweise in Betracht, dass der Notar oder sein Ehegatte bzw. Lebenspartner **Eigentümer** der derzeitigen Wohnung ist,[190] dass der Notar am derzeitigen Wohnsitz einen Familienangehörigen in den Abend- und Nachtstunden **tatsächlich betreut**,[191] dass einem Kind des Notars für einen bestimmten Zeitraum, etwa für die Vorbereitung auf bevorstehende wichtige Schulprüfungen, der Besuch der bisherigen Schule ermöglicht werden soll[192] oder dass am Amtssitz des Notars ein weiterer Notar amtiert, der aufgrund der kurzen Entfernung zwischen seiner Wohnung und seiner Geschäftsstelle auch außerhalb der üblichen Dienstzeiten in dringenden Ausnahmefällen kurzfristig für die dort Rechtsuchenden zur Verfügung steht.[193] Regelmäßig wird die Landesjustizverwaltung an einer Weisung allerdings nicht schon deshalb gehindert sein, weil dadurch der Notar oder Notarassessor und seine Familie vor die Notwendigkeit gestellt werden, durch Umzug das bisherige persönliche Umfeld, die Schule oder die Ausbildungsstelle der Kinder und den Arbeitsplatz des Ehegatten aufzugeben.[194]

65 **4. Rechtsfolgen eines Amtspflichtverstoßes (Hs. 1 und Hs. 2).** Kommt eine **Weisung** zur Wohnsitznahme am Amtssitz gem. § 10 Abs. 2 S. 2 Hs. 1 nach den vorstehend dargelegten Grundsätzen **nicht in Betracht**, bleibt eine Verletzung der Pflicht zur ständigen Amtsbereitschaft gem. § 10 Abs. 2 S. 2 Hs. 1 **disziplinarrechtlich folgenlos**. Dies ergibt sich daraus, dass das Gesetz als disziplinare Maßnahme zur Sanktionierung dieser Pflichtverletzung **abschließend** eine **Residenzpflicht auf Weisung** gem. § 10 Abs. 2 S. 2 Hs. 2 vorsieht.[195] Mit den in § 97 aufgeführten Disziplinarmaßnahmen (Verweis, Geldbuße, Entfernung vom Amtssitz oder aus dem Amt) kann daher ein Verstoß gegen die allgemeine Residenzpflicht gem. § 10 Abs. 2 S. 2 Hs. 1 **nicht sanktioniert** werden. Möglich bleiben als Reaktion allein die nichtdisziplinaren Maßnahmen eines Hinweises oder einer Ermahnung durch die Notarkammer (§ 75) sowie einer Missbilligung durch die Justizverwaltung (§ 94), um den Notar zu einer ordnungsgemäßen Wohnsitznahme anzuhalten.

66 Ist eine **Weisung** zur Wohnsitznahme gem. § 10 Abs. 2 S. 2 Hs. 1 hingegen möglich, hat dieser Weisung nach dem Grundsatz der Verhältnismäßigkeit in der Regel eine **inner-**

---

[186] → Rn. 59 f.
[187] OLG Naumburg MittBayNot 2019, 76 Rn. 15.
[188] Vgl. ebenso *Grete* S. 16 (zum ersten Prüfungsschritt) und S. 77 (zum zweiten Prüfungsschritt).
[189] Vgl. *Battis*, Bundesbeamtengesetz, 4. Aufl. 2009, § 72 Rn. 4 aE.
[190] Vgl. BGH 6.2.1984 – NotZ 13/83, DNotZ 1984, 772.
[191] Vgl. BGH 16.3.1998 – NotZ 22/97, NJW-RR 1998, 1215; vgl. zum Notarassessor OLG Naumburg MittBayNot 2019, 76 Rn. 15.
[192] Vgl. OLG Naumburg MittBayNot 2019, 76 Rn. 15.
[193] Ein Anspruch auf die Amtsbereitschaft eines bestimmten Notars besteht nicht, vgl. BGH 4.10.1956 – III ZR 41/55, DNotZ 1958, 33; *Grete* S. 62.
[194] Vgl. OLG Naumburg MittBayNot 2019, 76 Rn. 15.
[195] Vgl. BGH 18.7.2011 – NotZ (Brfg) 1/11, NJW-RR 2012, 53 und BT-Drs. 13/4184, 43: „Sollte die Wahl des Wohnsitzes einer Notarin oder eines Notars ausnahmsweise doch einmal die Belange der Rechtspflege beeinträchtigen, steht der Aufsichtsbehörde die Befugnis zu, eine Wohnsitznahme am Amtssitz anzuordnen."

dienstliche Weisung vorauszugehen, der Pflicht zur ständigen Amtsbereitschaft gem. § 10 Abs. 2 S. 2 Hs. 1 binnen angemessener Frist nachzukommen.[196] Dadurch wird dem Notar zunächst die **Möglichkeit eröffnet,** seinen Hauptwohnsitz in eine zur Geschäftsstelle näheren Ortschaft seiner Wahl zu verlegen und bzw. oder sich am Amtssitz eine Zweitwohnung zu nehmen, um seiner Pflicht zur ständigen Amtsbereitschaft beeinträchtigungsfrei nachkommen zu können und damit einer Residenzpflicht auf Weisung die Grundlage zu entziehen. Erst wenn der Notar dieser innerdienstlichen Weisung keine Folge leistet, kommt eine **Weisung** zur Wohnsitznahme am Amtssitz gem. § 10 Abs. 2 S. 2 Hs. 2 in Betracht. Deren Nichtbefolgung kann die Aufsichtsbehörde schließlich mit den in § 97 aufgeführten Disziplinarmaßnahmen (Verweis, Geldbuße, Entfernung vom Amtssitz oder aus dem Amt) sanktionieren.[197]

III. Verhältnis zur Kanzlei und Zweigstelle (Abs. 2 S. 3)

§ 10 Abs. 2 S. 3 ist eine Reaktion des Gesetzgebers auf die Liberalisierung des rechtsanwaltlichen Berufsrechts. Die Vorschrift wurde 2007 eingeführt, um für den Anwaltsnotar die **örtliche Übereinstimmung** von rechtsanwaltlicher und notarieller **Geschäftsstelle** trotz Liberalisierung des anwaltlichen Berufsrechts weiterhin zur Amtspflicht zu machen (→ Rn. 68 f.). Mit fortschreitender Liberalisierung des rechtsanwaltlichen Berufsrechts wurde die Norm im Jahre 2017 angepasst und verlangt vom Anwaltsnotar **heute nicht mehr,** dass er seine rechtsanwaltliche und notarielle Tätigkeit im **Schwerpunkt** an demselben Ort auszuüben hat (→ Rn. 70 ff.). Der Anwaltsnotar sollte im Umgang mit der Norm allerdings Vorsicht walten lassen: § 10 Abs. 2 S. 3 suggeriert, dass er seine Zulassungskanzlei und damit seine Mitgliedschaft in einer Rechtsanwaltskammer nach Belieben und unabhängig von seinem Notaramt ändern kann. Das ist allerdings nicht der Fall: Vielmehr hat der **Wechsel** von einer in die andere Rechtsanwaltskammer gem. § 3 Abs. 2 **auch heute noch** zur Folge, dass er sein **Notaramt verliert** (→ Rn. 73 ff.).[198]

1. Entwicklung der Norm. Bis zum 1.6.2007 musste ein Rechtsanwalt gem. § 18 BRAO aF noch bei einem bestimmten Gericht der ordentlichen Gerichtsbarkeit zugelassen sein und gem. § 27 BRAO aF an dem Ort dieses Gerichtes seine **rechtsanwaltliche Kanzlei** einrichten. Da die Bestellung zum Anwaltsnotar schon zum damaligen Zeitpunkt voraussetzte, dass der Bewerber an dem in Aussicht genommenen Amtssitz bereits seit mindestens drei Jahren als Rechtsanwalt tätig war (§ 6 Abs. 2 Nr. 2 aF), wurde durch die §§ 18, 27 BRAO aF **faktisch gewährleistet,** dass die **rechtsanwaltliche Kanzlei** und die **notarielle Geschäftsstelle** örtlich dauerhaft übereinstimmten. Mit Wirkung zum 1.6.2007 wurde die Lokalisation der Rechtsanwälte bei einem bestimmten Gericht abgeschafft. § 18 BRAO aF wurde vollständig gestrichen; § 27 BRAO aF wurde dahingehend geändert, dass ein Rechtsanwalt nunmehr seine rechtsanwaltliche Kanzlei lediglich in den Grenzen des Bezirks seiner Rechtsanwaltskammer unterhalten muss.[199] Die dadurch entstandene **Lücke der faktischen Gewährleistung** einer dauerhaften örtlichen Übereinstimmung von **rechtsanwaltlicher Kanzlei** und **notarieller Geschäftsstelle** eines Anwaltsnotars wurde mit demselben Gesetz durch **Einfügung von § 10 Abs. 2 S. 3 aF** rechtlich geschlossen.[200]

---

[196] So auch *Grete* S. 78.
[197] Vgl. BGH 18.7.2011 – NotZ (Brfg) 1/11, NJW-RR 2012, 53.
[198] *Bremkamp* NJW 2018, 1802.
[199] Gesetz zur Stärkung der Selbstverwaltung der Rechtsanwaltschaft (BGBl. 2007 I 358); vgl. dazu BT-Drs. 16/513, 6, 12, 14 und 22.
[200] Diese Norm wurde erst aufgrund eines im ursprünglichen Gesetzentwurf nicht vorgesehenen Vorschlags der Bundesregierung eingefügt (BT-Drs. 16/513, 25) und in einem späteren Gesetzgebungsverfahren im Jahre 2009, in dem die Notwendigkeit der Schließung dieser Lücke weiterhin gesehen und ein entsprechender Änderungsvorschlag unterbreitet wurde, kuriorserweise zunächst übersehen (BT-Drs. 16/11906, 10 und 14).

69 Bis zum 17.5.2017 musste ein Anwaltsnotar gem. § 10 Abs. 2 S. 3 aF seine **notarielle Geschäftsstelle** und seine **rechtsanwaltliche Kanzlei** am selben Ort unterhalten (§ 10 Abs. 2 S. 3 aF lautete bis zum 17.5.2017 noch: „Beim Anwaltsnotar müssen die Geschäftsstelle und **die Kanzlei** nach § 27 **Abs. 1** der Bundesrechtsanwaltsordnung örtlich übereinstimmen"). Die Unterhaltung **lediglich** einer **rechtsanwaltlichen Nebenstelle** („„Zweigstelle" iSd § 27 Abs. 2 BRAO aF)[201] am Ort der notariellen Geschäftsstelle war **bislang unzulässig.** Hierdurch wurden zwei Dinge sichergestellt: **Erstens,** dass der Anwaltsnotar seine rechtsanwaltliche Tätigkeit im **Schwerpunkt** in dem Ort ausübt, in dem er auch als Notar tätig ist. **Zweitens,** dass die **Dienstaufsicht** von der Rechtsanwalts- und Notarkammer desselben Bezirks ausgeübt wird. Diese Rechtslage hat sich mit Wirkung zum 18.5.2017 geändert.[202] Gemäß § 10 Abs. 2 S. 3 BNotO in der heute geltenden Fassung kann der Anwaltsnotar am Ort seiner notariellen Geschäftsstelle nunmehr wahlweise seine „Zulassungskanzlei" iSd § 27 **Abs. 1** BRAO oder seine „weitere Kanzlei" iSd § 27 **Abs. 2** BRAO unterhalten (§ 10 Abs. 2 S. 3 wurde insoweit lediglich durch einen Verweis auf § 27 **Abs. 2** BRAO ergänzt). Dadurch ist es dem Anwaltsnotar seit dem 18.5.2017 möglich, den **Schwerpunkt** seiner **rechtsanwaltlichen Tätigkeit** nicht mehr am Ort seiner notariellen Geschäftsstelle ausüben zu müssen und seinen anwaltlichen Schwerpunkt in eine an einem anderen Ort unterhaltene Kanzlei zu verlagern (→ Rn. 70 ff.). Dass die **Dienstaufsicht** von der Rechtsanwalts- und Notarkammer desselben Bezirks ausgeübt wird, stellt heute eine **andere Norm** sicher (→ Rn. 73 ff.).

70 **2. Örtliche Übereinstimmung mit einer Kanzlei.** Gemäß § 10 Abs. 2 S. 3 müssen die notarielle Geschäftsstelle iSd § 10 Abs. 2 S. 1 und entweder die so genannte rechtsanwaltliche „Zulassungskanzlei"[203] iSd § 27 Abs. 1 BRAO oder die rechtsanwaltliche „weitere Kanzlei" iSd § 27 Abs. 2 BRAO eines Anwaltsnotars (§ 3 Abs. 2) örtlich übereinstimmen. Im Regelfall führt diese Pflicht zur örtlichen Übereinstimmung dazu, dass Geschäftsstelle und Kanzlei in denselben Räumlichkeiten unterhalten werden. Zwingend ist das nach dem Wortlaut der Norm hingegen nicht.[204] Eine örtliche Übereinstimmung iSd § 10 Abs. 2 S. 3 ist vielmehr auch dann gegeben, wenn der Anwaltsnotar seine notarielle Geschäftsstelle und seine rechtsanwaltliche Kanzlei zwar in getrennten Räumen, aber **in demselben Ort,** dh innerhalb der Grenzen derselben politischen Gemeinde, unterhält. Das ließ die bis zum 1.7.2007 geltende Rechtslage gem. §§ 18, 27 BRAO bereits zu, an der durch die Einfügung von § 10 Abs. 3 S. 3 nichts geändert werden sollte.[205] Es ist ferner kein Grund ersichtlich, weshalb der Begriff des Ortes in § 10 Abs. 2 S. 3 eine andere Bedeutung als in § 10 Abs. 1 S. 1 haben sollte.[206]

71 § 10 Abs. 2 S. 3 in der seit dem 18.5.2017 geltenden Fassung stellt vor diesem Hintergrund **weiterhin sicher,** dass der Anwaltsnotar seine notarielle Geschäftsstelle innerhalb der Grenzen der politischen Gemeinde unterhält, in denen er auch **eine seiner rechtsanwaltlichen Kanzleien** (Zulassungskanzlei iSd § 27 Abs. 1 BRAO oder weitere Kanzlei iSd § 27 Abs. 2 Alt. 1 BRAO) unterhält. Dadurch wird **erstens** die Berufsausübungsform des Anwaltsnotariates (§ 3 Abs. 2) geschützt und einer Vermischung der Notariatsverfassungen entgegengewirkt: Die Pflicht zur Unterhaltung einer rechtsanwaltlichen Kanzlei im Ort der notariellen Geschäftsstelle führt dazu, dass die rechtsuchende

---

[201] Die gemäß dem heute geltenden § 27 Abs. 2 BRAO darüber hinaus mögliche Unterhaltung einer „weiteren Kanzlei" des Rechtsanwaltes gab es bis zum 17.5.2017 noch nicht.
[202] Durch das Gesetz zur Umsetzung der Berufsanerkennungsrichtlinie und zur Änderung weiterer Vorschriften im Bereich der rechtsberatenden Berufe (BGBl. 2017 I 1121).
[203] So ausdrücklich BR-Drs. 431/16, 116 f.
[204] Gemäß einem irrtümlichen Gesetzgebungsvorschlag, der den zu diesem Zeitpunkt bereits bestehenden § 10 Abs. 2 S. 3 übersah (vgl. Fn. 200), hieß es insoweit strenger: „Im Fall des § 3 Abs. 2 ist die Geschäftsstelle räumlich zusammen mit der Kanzlei (§ 27 Abs. 1 der Bundesrechtsanwaltsordnung) zu halten."
[205] Vgl. BT-Drs. 16/513, 25.
[206] → Rn. 6.

Bevölkerung diesen Amtsträger auch stets als Anwaltsnotar wahrnimmt. **Zweitens** bleibt durch die Pflicht zur Unterhaltung einer rechtsanwaltlichen Kanzlei weiterhin sichergestellt, dass der Anwaltsnotar am Ort der Kanzlei auch sämtliche **technischen, organisatorischen und personellen Mittel** vorhält, um das ihm verliehene öffentliche Amt des Notars ordnungsgemäß ausüben zu können. Die Unterhaltung lediglich einer rechtsanwaltlichen Zweigstelle iSd § 27 Abs. 2 Alt. 2 BRAO am Ort der notariellen Geschäftsstelle bleibt ihm nämlich auch auf Grundlage des § 10 Abs. 2 S. 3 nF weiterhin untersagt. Weitere Kanzlei iSd § 27 Abs. 2 Alt. 1 BRAO und Zweigstelle iSd § 27 Abs. 2 Alt. 2 BRAO unterscheiden sind nach der Gesetzesbegründung maßgeblich danach voneinander, ob der zusätzliche rechtsanwaltliche Standort von der Zulassungskanzlei iSd § 27 Abs. 1 BRAO abhängig und an diese – technisch, organisatorisch und personell – angegliedert (dann Zweigniederlassung) oder aber von dieser vollkommen unabhängig ist (dann weitere Kanzlei).[207] Nur wenn der zusätzliche rechtsanwaltliche Standort technisch, organisatorisch und personell von einem weiteren rechtsanwaltlichen Standort unabhängig ist, kann der Anwaltsnotar dort gem. § 10 Abs. 2 S. 3 auch zugleich sein Notaramt ausüben.

§ 10 Abs. 2 S. 3 in der seit dem 18.5.2017 geltenden Fassung verpflichtet den Anwalts- **72** notar demgegenüber heute **nicht mehr dazu,** im Ort seiner notariellen Tätigkeit zugleich auch im **Schwerpunkt** als Rechtsanwalt tätig sein zu müssen:[208] Der Anwaltsnotar kann heute gem. § 27 Abs. 1 und Abs. 2 Alt. 1 BRAO an mehreren Orten seine rechtsanwaltliche Kanzlei betreiben und damit seinen rechtsanwaltlichen **Schwerpunkt** auch außerhalb der politischen Gemeinde einrichten, in der er als Notar tätig ist. Nach dem rechtsanwaltlichen Berufsrecht ist es ihm sogar unbenommen, seinen rechtsanwaltlichen Schwerpunkt nicht in seiner Zulassungskanzlei iSd § 27 Abs. 1 BRAO, sondern in seiner weiteren Kanzlei iSd § 27 Abs. 2 Alt. 1 BRAO auszuüben; eine Pflicht des Rechtsanwaltes, seine Zulassungskanzlei iSd § 27 Abs. 1 BRAO stets dort zu halten, wo er schwerpunktmäßig als Rechtsanwalt tätig ist, besteht nach dem ausdrücklichen Willen des Gesetzgebers nicht.[209]

3. Räumliche Übereinstimmung mit der Zulassungskanzlei. Obwohl es § 10 **73** Abs. 3 S. 2 nF nicht zu entnehmen ist, hat der Anwaltsnotar **auch heute noch** seine **Zulassungskanzlei** iSd § 27 **Abs. 1** BRAO innerhalb des **Bezirks der Rechtsanwaltskammer** zu unterhalten, in der sich seine **notarielle Geschäftsstelle** befindet.[210] Die Zulassungskanzlei iSd § 27 Abs. 1 BRAO ist die Kanzlei, die sich im Bezirk der Rechtsanwaltskammer befindet, in welcher der Rechtsanwalt Mitglied ist und welche die Aufsicht über den Rechtsanwalt ausübt.[211] **Verlegt** der Anwaltsnotar seine **Zulassungskanzlei** iSd § 27 Abs. 1 BRAO in den Bezirk einer neuen Rechtsanwaltskammer und wird Mitglied dieser neuen Rechtsanwaltskammer, **erlischt sein Notaramt.** Die Zulassungskanzlei iSd § 27 Abs. 1 BRAO und die notarielle Geschäftsstelle müssen sich daher auch heute noch **räumlich im Bezirk derselben Rechtsanwaltskammer** befinden.

Diese im Gesetzgebungsverfahren zur Änderung des § 10 Abs. 3 S. 2 offenbar **über- 73a sehene Konsequenz** folgt unmittelbar aus § 3 Abs. 2.[212] Danach ist der Anwaltsnotar **gesetzlich zwingend** lediglich für die Dauer seiner Mitgliedschaft bei der für den Gerichtsbezirk zuständigen Rechtsanwaltskammer, in dem er seine notarielle Geschäftsstelle unterhält, zu bestellen. Dementsprechend wird der **Verwaltungsakt der Bestellung** zum Anwaltsnotar nach der ausdrücklichen Vorgabe des § 12 S. 2 Alt. 3 stets gem. § 64a Abs. 1 BNotO iVm § 36 Abs. 2 Nr. 2 VwVfG unter der **auflösenden Bedingung** der Mitgliedschaft bei der für den Gerichtsbezirk zuständigen Rechtsanwaltskammer, in dem er

---

[207] BT-Drs. 16/513, 118.
[208] So ausdrücklich BT-Drs. 16/513, 259 f: „[…] insbesondere der Schwerpunkt der Tätigkeit nicht mehr zwingend am Ort der Zulassungskanzlei liegen muss" und insbesondere auch S. 119.
[209] BT-Drs. 16/513, 119.
[210] Hierzu auch ausführlich → § 47 Rn. 9 ff.
[211] BT-Drs. 16/513, 118 f.
[212] *Bremkamp* NJW 2018, 1802.

seine notarielle Geschäftsstelle unterhält, erlassen. Sobald der Anwaltsnotar mit notarieller Geschäftsstelle etwa in Oberhausen Mitglied der Rechtsanwaltskammer in Hamburg wird, tritt die im Verwaltungsakt der Bestellung selbst enthaltene auflösende Bedingung ein mit der Folge, dass sein **Notaramt erlischt**.

73b An diesem, nach der gesetzlichen Vorgabe der §§ 3 Abs. 2, 12 S. 2 Alt. 3 im Verwaltungsakt der Bestellung zum Anwaltsnotar selbst begründeten rechtlichen Ergebnis kann auch eine weitere, erst auf Vorschlag des Rechtsausschusses im Bundestag im Gesetzgebungsverfahren zur Änderung des § 10 Abs. 2 S. 2 aufgenommene Änderung des notariellen Berufsrechts nichts ändern: § 47 Nr. 3 aF bestimmte bislang **spiegelbildlich** zu § 3 Abs. 2 klarstellend, dass das Amt des Anwaltsnotars mit dem Wegfall der Mitgliedschaft bei der für den Gerichtsbezirk zuständigen Rechtsanwaltskammer erlischt. Nunmehr bestimmt § 47 Nr. 4 nF, dass das Amt des Anwaltsnotars mit dem Wegfall der Mitgliedschaft „in **einer** Rechtsanwaltskammer" erlischt. Auch wenn der Gesetzgeber durch diese Änderung ausdrücklich **beabsichtigt** hat, den Fortbestand des Notaramtes auch bei einem Wechsel des Anwaltsnotars in eine andere Rechtsanwaltskammer zu gewährleisten,[213] hat er letztlich an der **falschen** – nämlich bloß klarstellenden – **Norm** des notariellen Berufsrecht **angesetzt** und sein **Ziel verfehlt**.[214]

IV. Öffnungszeiten (Abs. 3)

74 Die Amtspflicht des Notars, seine Geschäftsstelle während den üblichen Öffnungszeiten offen zu halten, ist erst im **Jahre 1998** „wegen ihrer Bedeutung für die Erreichbarkeit des Notars"[215] in die BNotO eingefügt worden.[216] Der ursprüngliche Gesetzentwurf der Bundesregierung sah darüber hinaus vor, dass der Notar auch **Beurkundungen** grundsätzlich während den üblichen Öffnungszeiten vornehmen soll.[217] Diese Amtspflicht wurde am Ende nicht Gesetz, da man zu der Überzeugung gelangte, dass es „insofern dem Notar überlassen sein (soll), zu welchen Zeiten er seine Dienstleistungen anbietet und erbringt."[218] Bereits der Entstehungsgeschichte der Norm kann daher entnommen werden, dass aus § 10 Abs. 3 eine Pflicht zur ständigen **persönlichen Amtsbereitschaft** des Notars während den üblichen Öffnungszeiten **gerade nicht** folgt.[219] Vielmehr hat der Notar gem. § 10 Abs. 3 lediglich dafür Sorge zu tragen, dass seine **Geschäftsstelle als organisatorische Einheit** und „Tür" zur notariellen Amtstätigkeit während den üblichen Öffnungszeiten für Rechtsuchende erreichbar ist.

75 Welche Öffnungszeiten üblich sind, ist ausschließlich anhand den **örtlichen Gepflogenheiten am Amtssitz** zu beurteilen.[220] Lediglich eine Orientierungshilfe zur Beurteilung der üblichen Öffnungszeiten bietet hierbei Nr. 26000 KV GNotKG, wonach für Tätigkeiten an Arbeitstagen vor 8 Uhr und nach 18 Uhr eine Zusatzgebühr anfällt. Allgemeinübliche Öffnungszeiten für die notarielle Geschäftsstelle können Nr. 26000 KV GNotKG hingegen nicht entnommen werden, da diese Kostenvorschrift an die **Amtstätigkeit des Notars** anknüpft, die wie vorstehend dargestellt gerade nicht Regelungsgegenstand von § 10 Abs. 3 ist.[221] Vor diesem Hintergrund ist es beispielsweise nicht zu beanstanden, wenn

---

[213] BT-Drs. 18/11468, 5 und 14.
[214] *Bremkamp* NJW 2018, 1802.
[215] BT-Drs. 13/4184, 22.
[216] Durch das Dritte Gesetz zur Änderung der Bundesnotarordnung und anderer Gesetze vom 31.8.1998, BGBl. 1998 I 2585 ff.; diese Regelung war bis dahin wortgleich in § 5 Abs. 1 S. 1 DONot aF enthalten.
[217] § 10 Abs. 3 S. 2 BNotO-E, vgl. BT-Drs. 13/4184, 6.
[218] So die Begründung des Rechtsausschusses zur vorgeschlagenen Streichung dieser Regelung, vgl. BT-Drs. 13/11034, 7, 38.
[219] Zu dem aus dem Prinzip der ständigen Amtsbereitschaft folgenden Amtspflicht einer kurzfristen Erreichbarkeit des Notars während den üblichen Öffnungszeiten → Rn. 60. Anders aber Diehn/*Bormann* BNotO § 10 Rn. 21, wonach der Notar in diesen Zeiten grundsätzlich anwesend sein müsse.
[220] Diehn/*Bormann* BNotO § 10 Rn. 21.
[221] Darüber hinaus müsste Nr. 26000 KV GNotKG entnommen werden, dass auch an Samstagen zwischen 8 Uhr und 13 Uhr von einer allgemein üblichen Öffnungszeit einer notariellen Geschäftsstelle auszugehen ist.

die Geschäftsstelle eines Notars mit Amtssitz in Köln an Weiberfastnacht ab elfuhrelf nicht mehr und am Rosenmontag überhaupt nicht erreichbar ist. Eine derartige Bestimmung der üblichen Öffnungszeiten iSd § 10 Abs. 3 anhand der örtlichen Gepflogenheiten am Amtssitz entspricht dem Sinn und Zweck der Vorschrift, die eine grundsätzliche Erreichbarkeit der notariellen Geschäftsstelle während solchen Zeiten gewährleisten soll, in denen die **Rechtsuchenden vor Ort** auch mit einer **grundsätzlichen Erreichbarkeit** der notariellen Geschäftsstelle **rechnen.** Unter Berücksichtigung dieses Zwecks der Norm ist § 10 Abs. 3 folglich auch dann nicht verletzt, wenn der Notar seine Geschäftsstelle an wenigen ausgewählten Arbeitstagen im Jahr geschlossen hält, um beispielsweise einen **Betriebsausflug** mit allen Mitarbeitern zu veranstalten oder um allen seinen Mitarbeitern nach einer arbeitsintensiven und urlaubsfreien Phase eine verlängerte Auszeit (etwa über einen **Brückentag**) zu ermöglichen. Auch das sind durchaus übliche Ereignisse in einem Notariat, mit denen die Rechtsuchenden rechnen und an denen folglich von einer grundsätzlichen Erreichbarkeit des Notars nicht ausgegangen werden kann.

§ 10 Abs. 3 soll lediglich ein **Mindestmaß** an Öffnungszeiten entsprechend den örtlichen Gepflogenheiten gewährleisten. Dem Notar bleibt daher es daher auf Grundlage von § 10 Abs. 3 unbenommen, die Geschäftsstelle auch über die ortsüblichen Öffnungszeiten hinaus für die Rechtsuchenden offen zu halten.[222] Ein berufsrechtliches **Höchstmaß** der üblichen Öffnungszeiten eines Notariates kann sich allerdings aus §§ 29 Abs. 1, 14 Abs. 3 ergeben, wonach der Notar jedes gewerbliche Verhalten zu unterlassen und jeden Anschein einer Abhängigkeit zu vermeiden hat. Anhand dieses Maßstabes würde beispielsweise eine vollumfängliche Anpassung der Öffnungszeiten der notariellen Geschäftsstelle an die liberalisierten gewerblichen Ladenöffnungszeiten berufsrechtlichen Bedenken begegnen.

V. Mehrere Geschäftsstellen und auswärtige Sprechtage (Abs. 4)

Ob eine geordnete Rechtspflege iSd § 4 gewährleistet ist, hängt „nicht nur davon ab, *wie viele* Notare bestellt werden ... sondern auch davon, *wo* jeweils das Notaramt ausgeübt wird."[223] Die für eine geordnete Rechtspflege iSd § 4 erforderliche räumliche Festsetzung der Notare erfolgt hierbei gem. § 10 Abs. 1 S. 1 durch die Zuweisung eines bestimmten Amtssitzes, innerhalb dessen geographischer Grenzen der Notar gem. § 10 Abs. 2 S. 1 seine Geschäftsstelle zu unterhalten hat.[224] Damit ist jedoch noch nicht gewährleistet, dass der Notar seine Amtstätigkeit auch grundsätzlich **in der Geschäftsstelle** iSd § 10 Abs. 2 S. 1 und nicht regelmäßig auch **in anderen Räumlichkeiten** ausübt. Dieser **letzte normative Baustein** zur **räumlichen Festsetzung** der Notare findet sich – neben den §§ 11, 10a und Abschnitt IX. RLEmBNotK[225] – in § 10 Abs. 4, dessen erster Satz einmal wie folgt lauten sollte: „Der Notar soll die Amtstätigkeit in der Regel in seiner Geschäftsstelle vornehmen."[226] Diese Amtspflicht wurde nicht in die BNotO aufgenommen, um „übersteigerten Begründungspflichten zu Lasten des Notars" zu begegnen.[227]

§ 10 Abs. 4 enthält mithin nicht, wie einmal vorgesehen, eine positive **Amtspflicht zur regelmäßigen Ausübung der Amtstätigkeit in der Geschäftsstelle,** gewährleistet diese Amtspflicht jedoch – neben §§ 11, 10a und Abschnitt IX. RLEmBNotK[228] – negativ durch das in § 10 Abs. 4 S. 1 Hs. 2 und S. 2 ausgesprochene grundsätzliche Verbot der Unterhaltung von mehr als einer Geschäftsstelle und des Abhaltens von auswärtigen Sprechtagen.[229]

---

[222] Diehn/*Bormann* BNotO § 10 Rn. 21.
[223] BGH 19.1.1981 – NotZ 14/80, DNotZ 1981, 521 (522).
[224] → Rn. 6 f., 53 f.
[225] Hierzu → §§ 10a, 11 Rn. 2.
[226] § 10 Abs. 4 S. 1 BNotO-E des Regierungsentwurfes des Dritten Gesetzes zur Änderung der Bundesnotarordnung aus dem Jahr 1998, vgl. BT-Drs. 13/4184, 6.
[227] BT-Drs. 13/11034, 38.
[228] Hierzu → §§ 10a, 11 Rn. 2.
[229] Klarer in dieser Hinsicht war auch noch § 10 Abs. 4 des Oberneck'schen Entwurf eines Reichsnotariatsgesetzes: „Außerhalb des Amtssitzes darf der Notar keine Geschäftsräume und innerhalb desselben

Die **negative Gewährleistung** der Amtspflicht zur regelmäßigen Ausübung der Amtstätigkeit in der Geschäftsstelle und somit die Sicherstellung der von der Justizverwaltung nach den Erfordernissen einer geordneten Rechtspflege vorgenommenen räumlichen Festsetzung der Notare ist mithin Sinn und Zweck des § 10 Abs. 4.[230] Anhand dieses Sinns und Zwecks sind die in § 10 Abs. 4 enthaltenen Begriffe auszulegen (→ Rn. 79 ff.), der Umfang des Verbots (→ Rn. 82 ff.) sowie die Voraussetzungen und der Inhalt eines Dispenses (→ Rn. 85 ff.) zu bestimmen.

79 **1. Geschäftsstellen- und Sprechtagsbegriff.** Weder der Begriff der Geschäftsstelle noch der Begriff des auswärtigen Sprechtages ist gesetzlich definiert. Nach Sinn und Zweck des § 10 Abs. 4 setzen beide Begriffe mindestens das Vorhandensein einer **Räumlichkeit** voraus, in welcher der Notar regelmäßig seine Amtstätigkeit ausübt oder anbietet. Im Übrigen haben beide Begriffe unterschiedliche Bezugspunkte: Die Geschäftsstelle ist eine zu bestimmende Räumlichkeit, der auswärtige Sprechtag hingegen ein zu bestimmendes Ereignis. Dementsprechend sind beide Begriffe unterschiedlich zu definieren.

80 Die **Geschäftsstelle** ist nach Sinn und Zweck der Norm eine Räumlichkeit, in welcher der Notar sämtliche technischen, organisatorischen und personellen Mittel vorhält, um das ihm verliehene öffentliche Amt ordnungsgemäß ausüben zu können.[231] Die Geschäftsstelle muss zunächst für die rechtsuchende Bevölkerung eindeutig als solche **erkennbar** und **erreichbar** sein.[232] Sie setzt daher mindestens das Vorhandensein eines Amtsschildes bzw. Namensschildes (§ 3 DONot), eines Telefon- und Internetanschlusses sowie eines Briefkastens voraus.[233] In der Geschäftsstelle müssen ferner alle zur ordnungsgemäßen Durchführung und Abwicklung der Urkundstätigkeit erforderlichen **Einrichtungen,** wie zB Siegel (§ 2 DONot), Siegelpresse, laufende Akten, Bücher und Verzeichnisse (§ 5 DONot) etc, vorgehalten werden.[234]

81 Der Notar hält nach Sinn und Zweck der Norm einen **auswärtigen Sprechtag** ab, wenn er in einer bestimmten Räumlichkeit außerhalb seiner Geschäftsstelle in einem solchen Umfang seine Amtstätigkeit ausübt oder anbietet, dass er aus Sicht der rechtsuchenden Bevölkerung an dieser Örtlichkeit in regelmäßigen Abständen für notarielle Amtsgeschäfte zur Verfügung steht.[235] Ein derartiger Umfang und somit das Abhalten eines auswärtigen Sprechtages ist hierbei **zu vermuten,** wenn die in dieser Örtlichkeit errichteten Urkunden 20 % der von dem Notar in einem Jahr insgesamt errichteten gewichteten Urkundennummern ausmachen (**„Zwanzigprozentschwelle"**).[236] Eine solche **typisierende Betrachtung** entspricht zum einen den Bedürfnissen der Praxis – insbesondere in den Bereichen des Anwaltsnotariates – nach festen Anhaltspunkten, zum anderen aber auch dem Sinn und Zweck des § 10 Abs. 4 im Sinne einer Gewährleistung der von der Justizverwaltung nach den Erfordernissen einer geordneten Rechtspflege vorgenommenen

---

nicht mehrere haben" (abgedruckt in Schubert (Hrsg.), Materialien zur Vereinheitlichung des Notarrechts, 2004, S. 234).

[230] Vgl. so iE auch Diehn/*Bormann* BNotO § 10 Rn. 23; Schippel/Bracker/*Püls* BNotO § 10 Rn. 18; aA aber offenbar Arndt/Lerch/Sandkühler/*Lerch* BNotO § 10 Rn. 33, wonach die Regelung keine „große praktische Bedeutung" habe.

[231] Vgl. Diehn/*Bormann* BNotO § 10 Rn. 20; Schippel/Bracker/*Püls* BNotO § 10 Rn. 14.

[232] Vgl. Diehn/*Bormann* BNotO § 10 Rn. 20; Schippel/Bracker/*Püls* BNotO § 10 Rn. 14. Für die rechtsanwaltliche Kanzlei iSd § 27 BRAO ähnlich Henssler/Prütting/*Prütting* BRAO § 27 Rn. 4, 7.

[233] So zur rechtsanwaltlichen Kanzlei Henssler/Prütting/*Prütting* BRAO § 27 Rn. 4; vgl. hierzu auch Schippel/Bracker/*Püls* BNotO § 10 Rn. 14.

[234] Diehn/*Bormann* BNotO § 10 Rn. 20; Schippel/Bracker/*Püls* BNotO § 10 Rn. 14. Vgl. auch OLG Frankfurt a. M. BeckRS 2018, 43113 Rn. 6, 36.

[235] Vgl. ähnlich Diehn/*Bormann* BNotO § 10 Rn. 27; vgl. für den auswärtigen Sprechtag des Rechtsanwaltes Henssler/Prütting/*Prütting* BRAO § 27 Rn. 27. Vgl. auch OLG Frankfurt a. M. BeckRS 2018, 43113 Rn. 6, 36.

[236] BNotK-Rundschreiben Nr. 24/2010 vom 5.10.2010 Abschnitt III Ziff. 2b); Diehn/*Bormann* BNotO § 10 Rn. 28; *Terner* DNotZ 2010, 949 (957 aE); vgl. hierzu auch OLG Köln 20.6.2007 – 2 X (Not) 15/06, DNotZ 2008, 149, wonach „annähernd 20 %" nicht für die Annahme eines auswärtigen Sprechtages ausreichen.

räumlichen Festsetzung der Notare.[237] Diese kann bei typisierender Betrachtung als potentiell beeinträchtigt angesehen werden, wenn **20 % des Gesamturkundenaufkommens** eines Notars in einer Örtlichkeit außerhalb seiner Geschäftsstelle errichtet werden. Weitere Indizien für die Abhaltung eines auswärtigen Sprechtages können ferner sein:[238] Das (berufsrechtswidrige) Vorhalten von einzelnen Akten, Büchern oder Verzeichnissen iSd § 5 Abs. 1 DONot oder die Beschäftigung von gem. § 26 förmlich zu verpflichtenden Personen an dieser Örtlichkeit[239] oder auch das systematische Nichterheben einer Zusatzgebühr nach Nr. 26002 KV GNotKG bei Beurkundungen an dieser Örtlichkeit.[240]

2. Verbot. Gemäß § 10 Abs. 4 S. 1 Hs. 2 ist es dem Notar grundsätzlich untersagt, mehr 82 als eine Geschäftsstelle zu unterhalten.[241] Gemäß § 10 Abs. 4 S. 2 iVm S. 1 Hs. 2 ist es dem Notar ferner grundsätzlich untersagt, auswärtige Sprechtage abzuhalten.[242] Mit diesen beiden Verboten wird gesetzlich gewährleistet, dass der Notar seine **Amtstätigkeit in der Regel in seiner Geschäftsstelle** iSd § 10 Abs. 2 S. 1 und damit auch an dem ihm von der Justizverwaltung nach den Erfordernissen einer geordneten Rechtspflege (§ 4) zugewiesenen Amtssitz ausübt. Die Richtlinien der Notarkammern bestimmen hierzu flankierend, dass eine Amtstätigkeit außerhalb der Geschäftsstelle seine Grenze in den in Abschnitt IX. Nr. 3 RLEmBNotK genannten Unzulässigkeitsgründen findet.[243] Eine Urkundstätigkeit außerhalb der Geschäftsstelle löst darüber hinaus eine Zusatzgebühr iHv 50 EUR pro angefangener halben Stunde nach Nr. 26002 KV GNotKG aus.[244] Um eine effektive Überprüfung dieser Amtspflichten zu ermöglichen, sieht § 8 Abs. 4 DONot die Angabe des Ortes der Beurkundung in Spalte 2a der Urkundenrolle vor.

Der Notar, der ohne vorherige **Dispenserteilung** durch die Justizverwaltung mehr als 83 eine Geschäftsstelle unterhält oder einen auswärtigen Sprechtag abhält, handelt **amtspflichtwidrig.** Anwaltsnotare mit rechtsanwaltlicher Zweigstelle iSd § 27 BRAO laufen in besonderer Weise Gefahr, sich derart amtspflichtwidrig zu verhalten. Die rechtsanwaltliche Zweigstelle darf zum einen technisch, organisatorisch und personell nicht dergestalt ausgestattet sein, dass der Anwaltsnotar dort eine weitere notarielle Geschäftsstelle unterhält. Zum anderen darf der Anwaltsnotar in der rechtsanwaltlichen Zweigstelle seine notarielle Amtstätigkeit nicht in einem solchen Umfang ausüben oder anbieten, dass er dort aus Sicht der rechtsuchenden Bevölkerung in regelmäßigen Abständen auch für notarielle Amtsgeschäfte zur Verfügung steht und folglich dort einen notariellen auswärtigen Sprechtag abhält.[245] Beurkundungen in der rechtsanwaltlichen Zweigstelle müssen daher die Ausnahme bleiben und lösen zwingend eine Zusatzgebühr nach Nr. 26002 KV GNotKG aus. Hierbei ist grundsätzlich **zu vermuten,** dass der Anwaltsnotar in der rechtsanwaltlichen Zweigstelle einen auswärtigen Sprechtag abhält, wenn die dort errichteten Urkunden **20 % der jährlichen gewichteten Gesamturkundenzahlen** betragen.[246] Ein weiteres Indiz für die Abhaltung eines auswärtigen Sprechtages kann ferner die Nichterhebung der Zu-

---

[237] → Rn. 6 ff.
[238] AA BNotK-Rundschreiben Nr. 24/2010 vom 5.10.2010 Abschnitt III Ziff. 2c), wonach die folgenden Kriterien zur Feststellung der Abhaltung eines auswärtigen Sprechtages nicht geeignet seien.
[239] OLG Köln 20.6.2007 – 2 X (Not) 15/06, DNotZ 2008, 149 Rn. 24; zweifelnd *Terner* DNotZ 2010, 949 (956).
[240] OLG Frankfurt a. M. BeckRS 2018, 43113 Rn. 6, 36; OLG Celle 25.5.2010 – Not 19/09, DNotZ 2010, 949 Rn. 23; vgl. hierzu Diehn/*Bormann* BNotO § 10 Rn. 29 und zustimmend *Terner* DNotZ 2010, 949 (957).
[241] Diehn/*Bormann* BNotO § 10 Rn. 23; Schippel/Bracker/*Püls* BNotO § 10 Rn. 18.
[242] Diehn/*Bormann* BNotO § 10 Rn. 23; Schippel/Bracker/*Püls* BNotO § 10 Rn. 18.
[243] Hierzu → §§ 10a, 11 Rn. 68 f.
[244] Die wiederum bei der Beurkundung von Verfügungen von Todes wegen, Vorsorgevollmachten und Betreuungs- und Patientenverfügungen nach Nr. 26003 KV GNotKG auf 50 EUR gedeckelt ist.
[245] Vgl. Diehn/*Bormann* BNotO § 10 Rn. 27.
[246] So auch BNotK-Rundschreiben Nr. 24/2010 vom 5.10.2010 Abschnitt III Ziff. 2b); Diehn/*Bormann* BNotO § 10 Rn. 28; *Terner* DNotZ 2010, 949 (957). Hierzu auch → Rn. 81.

satzgebühr nach Nr. 26002 KV GNotKG für Beurkundungen an der rechtsanwaltlichen Zweigstelle sein.[247]

84 Die aus § 10 Abs. 2 S. 2 folgenden Verbote der Unterhaltung mehrerer Geschäftsstellen und des Abhaltens auswärtiger Sprechtage sind **gewichtige Amtspflichten**. Sie sollen sicherstellen, dass der räumlichen Bedarfsplanung der Justizverwaltung iSd § 4 auch tatsächlich entsprochen wird. Eine nach einem entsprechenden Hinweis, einer Ermahnung (§ 75) oder Missbilligung (§ 94) der Notarkammer oder der Justizverwaltung fortgesetzte Verletzung dieser Amtspflichten berührt daher die Bedarfsplanung insgesamt, ist in der Regel nicht hinnehmbar und erfordert somit regelmäßig eine **scharfe Disziplinarmaßnahme** iSd §§ 97 Abs. 1, 98 Abs. 1 S. 2.

85 **3. Dispens.** § 10 Abs. 4 S. 1 Hs. 1 und S. 2 enthalten Ermächtigungsgrundlagen zur Erteilung eines Dispenses vom Verbot des Unterhaltens mehrerer Geschäftsstellen sowie des Abhaltens auswärtiger Sprechtage. § 10 Abs. 4 S. 3 ermächtigt die Justizverwaltung, diese Verwaltungsakte mit einer Nebenbestimmung iSd § 36 Abs. 2 Nr. 1, Nr. 3 und Nr. 4 VwVfG zu versehen.

86 **a) Voraussetzungen.** Ein Dispens kann nach dem eindeutigen Wortlaut des § 10 Abs. 4 S. 1 Hs. 1 **auch ohne Zustimmung** des betroffenen Notars erfolgen. Ein **Anspruch** auf Erteilung eines Dispenses folgt aus der Norm **nicht**.[248] Ein Antrag auf Erteilung eines Dispenses veranlasst die Justizverwaltung daher lediglich zur Ausübung des ihr eingeräumten Ermessens.[249]

87 **aa) Kriterien für das Entschließungsermessen.** Nach Sinn und Zweck des Verbotes des Unterhaltens mehrerer Geschäftsstellen sowie des Abhaltens auswärtiger Sprechtage erfordert ein Dispens nach § 10 Abs. 4 S. 1 oder S. 2, dass in einem bestimmten Ort eine angemessene **Versorgung der rechtsuchenden Bevölkerung** mit notariellen Leistungen iSd § 4 nicht in dem erforderlichen Umfang gewährleistet ist, die Bestellung eines neuen Notars an diesem Ort jedoch auf Grundlage der Mengenbedarfsplanung der Justizverwaltung anhand der in dem maßgeblichen Amtsbereich errichteten gewichteten Urkundenzahlen nicht in Betracht kommt.[250] An die Erteilung eines Dispenses sind aufgrund seiner Auswirkungen auf die Notarstellenplanung **hohe Anforderungen** zu stellen.[251] Im Anschluss an die ständige höchstrichterliche Rechtsprechung[252] fordern die Allgemeinverfügungen der Länder, dass die Erfordernisse einer geordneten Rechtspflege iSd § 4 die Erteilung eines Dispenses **dringend gebieten**.[253]

88 Als maßgebliches Kriterium für die Feststellung, ob an dem in Aussicht genommenen Ort ein **dringendes Bedürfnis** der Rechtspflege für die Abhaltung eines auswärtigen Sprechtages oder die Unterhaltung einer weiteren Geschäftsstelle gegeben ist (Entschließungsermessen), kommt nach der höchstrichterlichen Rechtsprechung insbesondere eine **unzureichende Anbindung** des betreffenden Ortes an einen Notar mit öffentlichen oder privaten Verkehrsmitteln in Betracht.[254] Das Aufsuchen eines Notars muss für die Recht-

---

[247] So auch OLG Celle 25.5.2010 – Not 19/09, DNotZ 2010, 949 Rn. 23 und *Terner* DNotZ 2010, 949 (957). Vgl. auch Diehn/*Bormann* BNotO § 10 Rn. 29.
[248] BGH 28.5.1962 – NotZ 4/62, NJW 19062, 1619; Schippel/Bracker/*Püls* BNotO § 10 Rn. 19.
[249] BGH 10.3.1997 – NotZ 17/96, DNotZ 1997, 824; Schippel/Bracker/*Püls* BNotO § 10 Rn. 19.
[250] Diehn/*Bormann* BNotO § 10 Rn. 24. Hierzu auch → Rn. 8 f.
[251] BNotK-Rundschreiben Nr. 1/2009 vom 2.1.2009, S. 3. Vgl. auch Schippel/Bracker/*Püls* BNotO § 10 Rn. 19, wonach nur „außergewöhnliche Umstände eine solche Ausnahme rechtfertigen."
[252] So die bereits zum identischen § 11 Abs. 4 RNotO „unbestrittene" Auffassung, die BGH 28.5.1962 – NotZ 4/62, NJW 19062, 1619 für § 10 Abs. 4 mit grundlegenden Erwägungen übernommen hat. Aus neuerer Zeit vgl. BGH 10.3.1997 – NotZ 17/96, DNotZ 1997, 824 mwN.
[253] So etwa § 31 Nr. 1 AVNot NRW; vgl. auch BNotK-Rundschreiben Nr. 1/2009 vom 2.1.2009, S. 3.
[254] Nach BGH 10.3.1997 – NotZ 17/96, DNotZ 1997, 824 besteht kein dringendes Bedürfnis für die Abhaltung eines auswärtigen Sprechtages, wenn täglich 10 bis 13 Bahn- und 11 Busverbindungen existieren und mit dem Pkw eine Strecke von 10 bzw. 12 km mit einem Höhenunterschied von 60 Metern ohne Schwierigkeiten in kurzer Zeit zu bewältigen ist. Nach BGH 9.5.1988 – NotZ 8/87, DNotZ 1989, 314

suchenden an dem in Aussicht genommenen Ort mit unverhältnismäßigen Schwierigkeiten verbunden sein.[255] Hierbei spielt insbesondere die **Entfernung** (Kilometer) und **Wegstrecke** (Zeit)[256] zu sämtlichen umliegenden Notaren, ohne Rücksicht auf die jeweilige Amtsbereichszugehörigkeit, eine Rolle. Zu berücksichtigen ist auch der nicht motorisierte Teil der Bevölkerung an dem in Aussicht genommenen Ort, so dass regelmäßig eine Auswertung von Fahrplänen des öffentlichen Nahverkehrsnetzes zwischen dem betreffenden Ort und den Amtssitzen der umliegenden Notare angezeigt ist.[257] In diesem Zusammenhang kann etwa auch eine festgestellte überwiegend ältere Bevölkerungsstruktur in dem in Aussicht genommenen Ort ein Kriterium des Entschließungsermessens sein.[258]

bb) Kriterien für das Auswahlermessen. Für die sich an die Feststellung eines dringenden Bedürfnisses der Rechtspflege anschließende Ermessensentscheidung, **welchem der umliegenden Notare** ein Dispens zu erteilen ist (Auswahlermessen), sind insbesondere die wirtschaftlichen Belange der betroffenen Notare, wie sie in den gewichteten Urkundenzahlen zum Ausdruck kommen, zu berücksichtigen. Auch spielt in diesem Zusammenhang eine gewichtige Rolle, ob sich einer der umliegenden Notare zur Abhaltung eines auswärtigen Sprechtages oder zur Unterhaltung einer weiteren Geschäftsstelle in den in Aussicht genommenen Ort ausdrücklich **bereit erklärt.** Ferner kann die geographische Verortung der umliegenden Notare, etwa in landwirtschaftlichen oder industriell geprägten Teilen, in die Ermessensentscheidung mit einbezogen werden.[259] Die Erteilung eines Dispenses zur Abhaltung eines auswärtigen Sprechtages **an mehrere** sich jeweils **abwechselnde Notare,** etwa ein Notar in der ersten und ein weiterer Notar in der dritten Woche im Monat, wird in der Regel den örtlichen Belangen einer geordneten Rechtspflege nicht entsprechen. 89

Weder der Wortlaut noch der Sinn und Zweck des § 10 Abs. 4 S. 1 und S. 2 erfordern, dass der für einen Dispens vorgesehene Notar seinen **Amtssitz im Amtsbereich des in Aussicht genommenen Sprechtags- oder Geschäftsstellenortes** hat.[260] Dem Sinn und Zweck der Norm entspricht es vielmehr, dem Auswahlermessen der Justizverwaltung hinsichtlich des für die Abhaltung eines auswärtigen Sprechtages geeigneten Notars nicht durch die Grenzen des Amtsbereiches des in Aussicht genommenen Ortes künstlich Grenzen zu ziehen.[261] Ist ein Notar mit Amtssitz in einem angrenzenden Amtsbereich zur Herstellung einer angemessenen Versorgung der Rechtsuchenden nach den zuvor genannten Kriterien besser geeignet,[262] als Notare mit Amtssitz im Amtsbereich des betreffenden Ortes, so kann die Justizverwaltung als Trägerin der Notarstellenplanung diesem Notar auf Grundlage von § 10 Abs. 4 einen Dispens erteilen. Die Justizverwaltungen können ihr 90

---

besteht kein dringendes Bedürfnis für die Abhaltung eines auswärtigen Sprechtages, wenn die jeweils 20 km vom Sprechtagsort entfernt liegenden Notare mit öffentlichen oder privaten Verkehrsmitteln ohne größere Schwierigkeiten zu erreichen sind. Vgl. auch Schippel/Bracker/*Püls* BNotO § 10 Rn. 19.

[255] Grundlegend BGH 28.5.1962 – NotZ 4/62, NJW 19062, 1619, wonach die Zuweisung der Notare in bestimmte Amtssitze mit dazugehörigen Amtsbereichen es notwendig mit sich bringe, dass die Notarstellen nicht von allen Orten des Amtsbereiches mit „nur ganz geringem Zeitverlust aufgesucht werden können." Ansonsten könnte „in fast jeder nicht an einer Hauptverkehrsstrecke gelegenen größeren Landgemeinde die Abhaltung von Notarsprechtagen gerechtfertigt werden. Das aber würde offensichtlich dem Zweck des § 10 Abs. 4 … widerstreiten."

[256] Auch Höhenunterschiede und regelmäßige Witterungsverhältnisse im Winter können nach der Rechtsprechung hierbei eine Rolle spielen, vgl. etwa BGH 10.3.1997 – NotZ 17/96, DNotZ 1997, 824.

[257] BGH 10.3.1997 – NotZ 17/96, DNotZ 1997, 824.

[258] BGH 10.3.1997 – NotZ 17/96, DNotZ 1997, 824.

[259] BGH 10.3.1997 – NotZ 17/96, DNotZ 1997, 824.

[260] So auch BGH 9.5.1988 – NotZ 8/87, DNotZ 1989, 314; aA ohne nähere Begründung BNotK-Rundschreiben Nr. 1/2009 vom 2.1.2009, S. 3 und Schippel/Bracker/*Püls* BNotO § 10 Rn. 19.

[261] Auch im Rahmen des Entschließungsermessens kann eine gute verkehrstechnische Anbindung des Ortes an einen Notar mit Amtssitz in einem anderen Amtsbereich der Annahme eines dringenden Bedürfnisses der Rechtspflege entgegenstehen, → Rn. 88.

[262] Insbesondere dann, wenn nur dieser „amtsbereichsfremde" Notar sich zur Abhaltung eines auswärtigen Sprechtages ausdrücklich bereit erklärt hat.

Auswahlermessen aber gleichwohl durch **Allgemeinverfügung** dergestalt binden, dass **in der Regel** nur Notare mit Amtssitz in dem Amtsbereich für die Erteilung eines Dispens in Betracht kommen, in dem der für einen auswärtigen Sprechtag oder einer weiteren Geschäftsstelle in Aussicht genommenen Ort liegt.[263]

91 Die Ermessensentscheidung, ob ein Dispens vom Verbot des Abhaltens eines **auswärtigen Sprechtages** gem. § 10 Abs. 4 S. 2 **oder** vom Verbot der Unterhaltung einer **weiteren Geschäftsstelle** gem. § 10 Abs. 4 S. 1 zu erteilen ist (Auswahlermessen), hängt maßgeblich von dem Umfang des Bedarfs an notariellen Leistungen in dem in Aussicht genommenen Ort ab. Hierbei ist insbesondere bei fehlendem Einverständnis des in Aussicht genommenen Notars zu berücksichtigen, dass die Abhaltung eines auswärtigen Sprechtages in der Regel das **mildere Mittel** gegenüber der Unterhaltung einer weiteren Geschäftsstelle ist. Ein Dispens zur Unterhaltung einer weiteren Geschäftsstelle wird daher, insbesondere auch wegen der in § 10 Abs. 4 S. 3 vorgesehenen Möglichkeit der Dispenserteilung mit Auflagen,[264] in der Regel nicht erforderlich sein.

92 **b) Verfahren.** Die von der Justizverwaltung für die Erteilung eines Dispenses in Aussicht genommenen Notare sowie die Notare, auf deren Amtstätigkeit sich die Erteilung eines Dispenses gegenüber einem anderen Notar potentiell auswirken könnte, sollten vor der Erteilung eines Dispenses **angehört** werden.[265] Nach gefestigter höchstrichterlicher Rechtsprechung können die umliegenden Notare durch die Erteilung eines Dispenses nämlich möglicherweise in ihren **subjektiven Rechten verletzt** werden.[266] Eine Verpflichtung zur Anhörung nach § 28 Abs. 1 VwVfG besteht allerdings nicht.[267] Eine Anhörung kann auch durch die gem. § 10 Abs. 4 S. 4 stets anzuhörende Notarkammer erfolgen, welche die etwaigen Stellungnahmen der angehörten Notare in ihrer Stellungnahme gegenüber der Justizverwaltung berücksichtigt.

93 Eine Anhörung umliegender Notare kann in der Regel unterbleiben, wenn die Erteilung des Dispenses im Bereich des hauptberuflichen Notariates (§ 3 Abs. 1) gegenüber einem **Amtsnachfolger** erfolgt und dem Amtsvorgänger bereits ein inhaltsgleicher Dispens erteilt worden ist. In diesen Fällen wurde regelmäßig bereits bei Erteilung eines Dispenses gegenüber dem **Amtsvorgänger** eine umfassende Ermessensentscheidung unter Berücksichtigung sämtlicher Belange der umliegenden Notare getroffen, die bei unveränderter Sachlage gegenüber dem Amtsnachfolger **faktisch nur wiederholt** wird. Die Notare mit umliegenden Amtssitzen können daher in der Regel nicht mehr als vor der Amtsnachfolge beeinträchtigt werden. Im Rahmen einer aufgrund eines Amtssitzverlegung gem. § 10 Abs. 1 S. 3 veranlassten faktischen Wiederholung der Erteilung eines Dispenses ist auch das

---

[263] So etwa in § 31 Nr. 1 AVNot NRW. Zur Zulässigkeit einer derartigen Selbstbindung vgl. BGH 9.5.1988 – NotZ 8/87, DNotZ 1989, 314.

[264] → Rn. 100.

[265] BeckOK VwVfG/*Herrmann* VwVfG § 28 Rn. 8: „Auch wenn die Behörde zur Anhörung gem. § 28 VwVfG nicht verpflichtet ist, bleibt es ihr unbenommen, gleichwohl eine Anhörung durchzuführen. Dies kann auch empfehlenswert sein, um etwa den Sachverhalt weiter aufzuklären, aber auch, um einen Befriedungseffekt herbeizuführen. Werden die Argumente, die der Betroffene gegen eine beabsichtigte Maßnahme vorbringen will, bereits bei deren Erlass berücksichtigt, verzichtet er möglicherweise auf die Einlegung von Rechtsbehelfen."

[266] BGH 10.3.1997 – NotZ 17/96, DNotZ 1997, 824 zur Zulässigkeit eines Antrages eines Notars auf gerichtliche Nachprüfung eines gegenüber einem anderen Notar erteilten Dispenses gem. § 111. Darin erachtete der Senat es als im Zusammenhang der Dispenserteilung „bezeichnend …, dass der Antragsgegner den im gleichen AG-Bezirk amtierenden Antragsteller nicht gehört und dieser daher erst aus der Lokalpresse von dem Vorgang Kenntnis erlangt hat".

[267] Die umliegenden Notare sind in der Regel mangels Hinzuziehung gem. § 13 Abs. 1 Nr. 4 iVm Abs. 2 VwVfG keine anzuhörenden Verfahrensbeteiligte iSd § 28 Abs. 1 VwVfG. Da die Erteilung eines Dispenses für die insoweit nicht dispensierten Notare keine rechtsgestaltende Wirkung hat, sind diese Notare auch nicht gem. § 13 Abs. 2 S. 2 VwVfG zu benachrichtigen und auf Antrag notwendig hinzuzuziehen, vgl. hierzu BeckOK VwVfG/*Herrmann* VwVfG § 28 Rn. 14 und § 13 Rn. 12 ff. sowie Stelkens/Bonk/Sachs/*Schmitz* VwVfG § 13 Rn. 40 ff.

schützenswerte Interesse an einer Kontinuität der vorsorgenden Rechtspflege in dem betreffenden Ort zu berücksichtigen.[268]

c) Rechtsfolgen. Der Dispens gem. § 10 Abs. 4 S. 1 und S. 2 ist stets ein **gemischter Verwaltungsakt**. Er hat **belastende** Wirkung insoweit, als dass der Notar zur Unterhaltung einer weiteren Geschäftsstelle oder zur Abhaltung eines auswärtigen Sprechtages **verpflichtet** wird.[269] Zugleich wirkt er aber auch **begünstigend** insoweit, als dass dem Notar regelmäßige Beurkundungen in einer bestimmten Räumlichkeit außerhalb seiner Geschäftsstelle **genehmigt** werden.[270] Diese **Doppelnatur** eines Dispenses ergibt sich zum einen aus dem Wortlaut der Ermächtigungsgrundlage, nach der ein Dispens sowohl „Verpflichtung" (§ 10 Abs. 4 S. 1 Hs. 1) als auch „Genehmigung" (§ 10 Abs. 4 S. 1 Hs. 2) ist. Zum anderen folgt diese **Mischwirkung** aus dem Sinn und Zweck der Erteilung eines Dispenses: Erfordert die angemessene Versorgung der Rechtsuchenden einen auswärtigen Sprechtag oder eine weitere notarielle Geschäftsstelle, so kann es nicht im freien Belieben des betroffenen Notars stehen, diesen Dispens auch tatsächlich wahrzunehmen bzw. umzusetzen.

Für die **weitere Geschäftsstelle** iSd § 10 Abs. 4 S. 1 findet die Vorschrift betreffend die Öffnungszeiten gem. § 10 Abs. 3 entsprechende Anwendung. Für die Regelmäßigkeit der Abhaltung eines **auswärtigen Sprechtages** iSd § 10 Abs. 4 S. 2 finden sich keine gesetzliche Vorgaben, so dass es, soweit keine Auflagen in dieser Hinsicht erteilt wurden,[271] im durch die Justizverwaltung überprüfbarem Ermessen des Notars steht, seiner Verpflichtung in ausreichendem Maße nachzukommen. Die in § 10 Abs. 2 enthaltenen Vorschriften beziehen sich allein auf die erste Geschäftsstelle iSd § 10 Abs. 2 S. 1 und finden weder auf die weitere Geschäftsstelle iSd § 10 Abs. 4 S. 1 noch auf den auswärtigen Sprechtag entsprechende Anwendung.

Für Beurkundungen in der weiteren Geschäftsstelle oder in den Räumlichkeiten des auswärtigen Sprechtages außerhalb des Amtsbereiches bedarf es, soweit sich die Amtshandlung im Rahmen des gegebenenfalls mit einer einschränkenden Auflage versehenen Dispenses hält, keines besonderen berechtigten Interesses der Rechtsuchenden gem. § 10a Abs. 2. Es handelt sich ferner nicht um eine Urkundstätigkeit, für die eine **Zusatzgebühr** nach Nr. 26002 oder Nr. 26003 KV GNotKG zu erheben ist.[272]

d) Nebenbestimmungen. § 10 Abs. 4 S. 3 ermächtigt die Justizverwaltung, den Verwaltungsakt des Dispenses mit einer **Nebenbestimmung** iSd § 36 Abs. 2 Nr. 1, Nr. 3 und Nr. 4 VwVfG zu versehen. Die Vorschrift ist erst im Jahre 2009 in die BNotO aufgenommen worden.[273] Auch vorher konnte und wurde in der Praxis der Dispens auf Grundlage des § 36 Abs. 2 VwVfG mit Nebenbestimmungen versehen. Die Einfügung einer fachgesetzlichen Ermächtigungsgrundlage zum Erlass von Nebenbestimmungen hat eine insoweit bestehende Rechtsunsicherheit beseitigt[274] und zugleich die **Anzahl an zulässigen Nebenbestimmungen begrenzt**.

Der Verwaltungsakt des Dispenses kann zunächst iSd § 36 Abs. 2 Nr. 1 VwVfG zeitlich dergestalt **befristet** werden, dass er in einem in der Zukunft liegenden Zeitpunkt endet.

---

[268] Zum Erfordernis des Widerrufs des Dispenses gegenüber dem Amtsvorgänger im Falle seines Amtssitzwechsels → Rn 101.
[269] Diehn/*Bormann* BNotO § 10 Rn. 23; Schippel/Bracker/*Püls* BNotO § 10 Rn. 19.
[270] AA Schippel/Bracker/*Püls* BNotO § 10 Rn. 20.
[271] → Rn. 100.
[272] Schippel/Bracker/*Püls* BNotO § 10 Rn. 21.
[273] Durch das Gesetz zur Modernisierung von Verfahren im anwaltlichen und notariellen Berufsrecht, BGBl. 2009 I 2249.
[274] Nämlich die umstrittene Rechtsfrage, ob § 36 Abs. 2 VwVfG eine eigene materiell-rechtliche Ermächtigungsgrundlage zum Erlass von Nebenbestimmungen darstellt oder ob eine derartige Ermächtigung in dem jeweiligen Fachgesetz enthalten sein muss, vgl. hierzu nur BeckOK VwVfG/*Tiedemann* VwVfG § 36 Rn. 7, 17 mwN; nach BT-Drs. 16/11385, 51 schaffe erst § 10 Abs. 4 S. 3 „die Voraussetzungen dafür, dass diese Genehmigungen nach den Bestimmungen des VwVfG widerrufen werden können."

Die Befristung ist eine unselbständige Nebenbestimmung zum Dispens[275] und kommt in Betracht, wenn die Justizverwaltung die Erforderlichkeit der Abhaltung eines auswärtigen Sprechtages nach Ablauf eines gewissen Zeitraums **noch einmal überprüfen** möchte.[276] In der Praxis wird von einer Befristung aufgrund des Automatismus des Erlöschens und des Erfordernisses der Neuerteilung des Dispenses in der Regel keinen Gebrauch gemacht.

99 Der Dispens kann ferner mit einem **Widerrufsvorbehalt** iSd § 36 Abs. 2 Nr. 3 VwVfG verbunden werden. Dadurch wird das **Vertrauen** des Notars in den Bestand des Verwaltungsaktes **schutzlos gestellt** und es der Justizverwaltung ermöglicht, den Verwaltungsakt auf Grundlage von § 49 Abs. 2 Nr. 1 VwVfG für die Zukunft zu widerrufen.[277] Die Gründe für den Widerruf müssen nach richtiger Auffassung nicht schon im Dispens selbst benannt werden.[278] Ein Widerruf nach § 49 Abs. 2 Nr. 1 VwVfG darf grundsätzlich nur aus Gründen erfolgen, die im Rahmen des Zwecks der dem Verwaltungsakt zugrunde liegenden Rechtsvorschriften liegen.[279] Der Widerruf eines Dispenses kommt daher beispielsweise dann in Betracht, wenn aufgrund von Verbesserungen der verkehrstechnischen Anbindung (bspw. Fertigstellung einer Autobahn) oder der Errichtung einer neuen Notarstelle die Abhaltung eines auswärtigen Sprechtages oder die Unterhaltung einer weiteren Geschäftsstelle für eine angemessene Versorgung der Rechtsuchenden vor Ort nicht mehr erforderlich ist.[280] Die **Allgemeinverfügungen** einiger Justizverwaltungen sehen vor, dass der Dispens **stets** mit einem derartigen Widerrufsvorbehalt verbunden werden soll.[281] Ist dies im Einzelfall nicht geschehen, kommt der Widerruf eines Dispenses in der Regel auch auf Grundlage von § 49 Abs. 2 Nr. 3 VwVfG in Betracht.

100 Schließlich kann der Verwaltungsakt des Dispenses mit einer **Auflage** iSd § 36 Abs. 2 Nr. 4 VwVfG verbunden werden. Die Auflage ist ein selbständiger Verwaltungsakt, mit dem die Justizverwaltung ein bestimmtes Tun oder Unterlassen hoheitlich anordnet.[282] Als Auflage kommt beispielsweise die Verpflichtung und Genehmigung zur Abhaltung eines auswärtigen Sprechtages **an einem Tag in der Woche** in Betracht. Mit einer derartigen Auflage kann die Justizverwaltung eine Feinsteuerung[283] der ihrer Ansicht nach angemessenen Versorgung der Rechtsuchenden vor Ort vornehmen. Erfolgt eine solche Auflage nicht, steht es im durch die Justizverwaltung überprüfbarem Ermessen des Notars, diese Feinsteuerung zur Erfüllung seiner Verpflichtung zur Abhaltung eines auswärtigen Sprechtages selbst vorzunehmen. Im Falle der Nichtbeachtung der Auflage kann die Justizverwaltung den Dispens gem. § 49 Abs. 2 Nr. 2 VwVfG widerrufen.

101 e) **Erledigung.** Der Dispens bleibt gem. § 43 Abs. 2 VwVfG wirksam, solange und soweit er nicht zurückgenommen (§ 48 Abs. 1 VwVfG), widerrufen (§ 49 Abs. 2 Nr. 1, Nr. 2 oder Nr. 3 VwVfG) oder durch Zeitablauf (§ 36 Abs. 2 Nr. 1 VwVfG) erledigt ist. Auf andere Weise iSd § 43 Abs. 2 VwVfG erledigt sich der Verwaltungsakt des Dispenses nur durch ein **Ausscheiden** des dispensierten Notars aus dem Amt. Eine Erledigung iSd § 43 Abs. 2 VwVfG liegt hingegen nicht vor, wenn der dispensierte Notar lediglich seinen **Amtssitz** gem. § 10 Abs. 2 S. 3 in einen anderen Amtsbereich **verlegt.** Nach richtiger Auffassung entspricht es nämlich weder dem Wortlaut noch dem Sinn und Zweck des § 10 Abs. 4, dass sich der Ort des auswärtigen Sprechtages oder der weiteren Geschäftsstelle

---

[275] Vgl. dazu Stelkens/Bonk/Sachs/*Stelkens* VwVfG § 36 Rn. 19; BeckOK VwVfG/*Tiedemann* VwVfG § 36 Rn. 1, 40.
[276] So etwa in dem BGH 9.5.1988 – NotZ 8/87, DNotZ 1989, 314 zugrunde liegenden Sachverhalt.
[277] BeckOK VwVfG/*Tiedemann* VwVfG § 36 Rn. 50.
[278] Stelkens/Bonk/Sachs/*Stelkens* VwVfG § 36 Rn. 79; VGH München 27.12.1985 – 22 B 81 A. 117, NJW 1986, 1564 (1566); aA BeckOK VwVfG/*Tiedemann* VwVfG § 36 Rn. 57.
[279] Stelkens/Bonk/Sachs/*Stelkens* VwVfG § 36 Rn. 79; BeckOK VwVfG/*Tiedemann* VwVfG § 49 Rn. 34 mwN; aA aber offenbar Schippel/Bracker/*Püls* BNotO § 10 Rn. 19, wonach der Dispens „frei widerruflich" sei.
[280] Schippel/Bracker/*Püls* BNotO § 10 Rn. 20.
[281] So etwa § 31 AVNot NRW.
[282] BeckOK VwVfG/*Tiedemann* VwVfG § 36 Rn. 59 f., 67 mwN.
[283] So treffend BeckOK VwVfG/*Tiedemann* VwVfG § 36 Rn. 65.

zwingend innerhalb des Amtsbereichs des dispensierten Notars befinden muss.[284] Vielmehr kann und wird die Justizverwaltung im Falle einer Amtssitzverlegung den Dispens regelmäßig gem. § 49 Abs. 2 Nr. 1 oder Nr. 3 VwVfG **widerrufen,** insbesondere wenn der Dispens nach der Selbstbindung der Justizverwaltung, etwa durch eine entsprechende Allgemeinverfügung,[285] nur an Notare mit Amtssitz im Amtsbereich des betreffenden Ortes erteilt werden soll.

§ 10a [Amtsbereich]

(1) ¹Der Amtsbereich des Notars ist der Bezirk des Amtsgerichts, in dem er seinen Amtssitz hat. ²Die Landesjustizverwaltung kann nach den Erfordernissen einer geordneten Rechtspflege die Grenzen des Amtsbereichs allgemein oder im Einzelfall mit der Zuweisung des Amtssitzes abweichend festlegen und solche Festlegungen, insbesondere zur Anpassung an eine Änderung von Gerichtsbezirken, ändern.

(2) Der Notar soll seine Urkundstätigkeit (§§ 20 bis 22) nur innerhalb seines Amtsbereichs ausüben, sofern nicht besondere berechtigte Interessen der Rechtsuchenden ein Tätigwerden außerhalb des Amtsbereichs gebieten.

(3) Urkundstätigkeiten außerhalb des Amtsbereichs hat der Notar der Aufsichtsbehörde oder nach deren Bestimmungen der Notarkammer, der er angehört, unverzüglich und unter Angabe der Gründe mitzuteilen.

§ 11 [Amtsbezirk]

(1) Der Amtsbezirk des Notars ist der Oberlandesgerichtsbezirk, in dem er seinen Amtssitz hat.

(2) Der Notar darf Urkundstätigkeiten außerhalb seines Amtsbezirks nur vornehmen, wenn Gefahr im Verzuge ist oder die Aufsichtsbehörde es genehmigt hat.

(3) Ein Verstoß berührt die Gültigkeit der Urkundstätigkeit nicht, auch wenn der Notar die Urkundstätigkeit außerhalb des Landes vornimmt, in dem er zum Notar bestellt ist.

Vgl. hierzu auch → RLEmBNotK Abschnitt IX.

Schrifttum: *Weingärtner/Wöstmann,* Richtlinienempfehlungen der BNotK, Richtlinien der Notarkammern, 2004.

Übersicht

	Rn.
A. Allgemeines	1
B. Urkundstätigkeit außerhalb des Amtsbezirks (§ 11 Abs. 2)	4
I. Genehmigung (Alt. 2)	7
1. Voraussetzungen	8
2. Verfahren	10
II. Gefahr im Verzug (Alt. 1)	13
1. Schadensprognose	15
2. Unerreichbarkeitsprognose	17
C. Urkundstätigkeit außerhalb des Amtsbereichs (§ 10 Abs. 2, Abschnitt IX Nr. 1 RLEmBNotK)	20
I. Gefahr im Verzug (Nr. 1a)	23
II. Urkundsentwurf gefertigt (Nr. 1b)	26
1. Privilegierter Zeitpunkt	28

---

[284] → Rn. 90.
[285] Vgl. etwa § 31 Nr. 1 AVNot NRW.

	Rn.
2. Objektiver Grund	30
3. Subjektive Unvorhersehbarkeit	33
III. Unrichtige Sachbehandlung (Nr. 1c)	35
IV. Besondere Vertrauensbeziehung (Nr. 1d)	37
1. Vertrauensbeziehung	39
2. Kausalitätszusammenhang	49
3. Unzumutbarkeit	52
V. Weitere unbestimmte Sachlagen	60
1. Bei Gelegenheit	61
2. Nachlassverzeichnis	62
3. Rechtmäßiges Alternativverhalten	64
D. Amtstätigkeit außerhalb der Geschäftsstelle (Abschnitt IX Nr. 2 und Nr. 3 RLEmBNotK)	65
E. Mitteilungspflichten (§ 10a Abs. 3)	71
F. Rechtsfolgen (§ 11 Abs. 3)	74
G. Muster	77
I. Amtsbezirksüberschreitungen	77
II. Amtsbereichsüberschreitungen	79

A. Allgemeines

1 **Sinn und Zweck** der §§ 11, 10a sowie des von den Notarkammern gem. § 67 Abs. 2 S. 3 Nr. 9 als Satzungsrecht übernommenen[1] Abschnitts IX der Richtlinienempfehlung der Bundesnotarkammer (RLEmBNotK)[2] ist die Gewährleistung der von den jeweiligen Landesjustizverwaltungen nach den Erfordernissen einer geordneten Rechtspflege (§§ 4 S. 1, 10 Abs. 1 S. 2, 10a Abs. 1 S. 2) vorgenommenen **räumlichen Verteilung** der Notarstellen und damit zugleich die **Sicherung ihrer Lebensfähigkeit** und gleichbleibenden Leistungsfähigkeit.[3] Diese räumliche Verteilung erfolgt durch die Zuweisung eines Amtssitzes gem. § 10 Abs. 1 S. 1, dh durch die Zuweisung eines Notars in eine bestimmte politische Gemeinde.[4] Innerhalb der Grenzen dieser politischen Gemeinde hat er gem. § 10 Abs. 2 S. 1 seine Geschäftsstelle zu unterhalten. Damit ist allerdings noch nicht gewährleistet, dass der Notar seine Amtstätigkeit auch regelmäßig an der ihm von der Justizverwaltung zugewiesenen Stelle ausübt. Diese Funktion übernehmen die im Folgenden gemeinsam zu kommentierenden §§ 11, 10a und Abschnitt IX RLEmBNotK.[5] Ohne diese Normen würde die staatliche Notarstellenplanung „illusorisch gemacht, wenn beispielsweise ein Notar, der in einem kleinen Ort wegen des dort bestehenden Bedürfnisses bestellt ist, etwa das Schwergewicht seiner Tätigkeit nach der im gleichen Bezirk gelege-

---

[1] Eine Übersicht über die Abweichungen des Satzungsrechtes der einzelnen Notarkammern von den Richtlinienempfehlungen findet sich bei *Weingärtner/Wöstmann* D. IX. Rn. 41 ff. und bei Schippel/Bracker/*Görk* RLEmBNotK IX Rn. 8.

[2] Die Grundlage für den Erlass derartiger Empfehlungen „zur Erhaltung eines einheitlichen Berufsbildes und zur Wahrung kammerübergreifender Gesichtspunkte" (BT-Drs. 13/4184, 31) findet sich in § 78 Abs. 1 S. 2 Nr. 5.

[3] BT-Drs. 11/8307, 18; BGH 16.3.2015 – NotZ (Brfg) 9/14, NJW-RR 2016, 182 Rn. 3; 4.3.2013 – NotZ (Brfg) 9/12, DNotZ 2013, 630; Diehn/*Bormann* BNotO § 10a Rn. 1 f.; Schippel/Bracker/*Püls* BNotO § 10a Rn. 2; *Weingärtner/Wöstmann* D. IX. Rn. 1.

[4] → § 10 Rn. 6 ff.

[5] Die Kohärenz dieser Normen hervorhebend auch BGH 4.3.2013 – NotZ (Brfg) 9/12, DNotZ 2013, 630. Für die Erforderlichkeit einer kohärenten, systematischen und objektiven Regelung der Beschränkung der Anzahl und örtlichen Zuständigkeit vgl. EuGH 1.6.2010 – C-570/07 und C-571/07, EuZW 2010, 578 Rn. 94; 13.2.2014 – C-367/12, EuZW 2014, 307. Dieselbe Funktion hat iÜ auch das in § 10 Abs. 4 enthaltene Verbot der Abhaltung auswärtiger Sprechtage und der Unterhaltung mehrerer Geschäftsstellen, hierzu → § 10 Rn. 77 ff.

nen Großstadt verlegen könnte."[6] Das in diesen Normen verankerte so genannte „**Amtsbereichsprinzip**"[7] ist ein **elementarer Baustein der deutschen Notariatsverfassung**.[8]

Die §§ 11, 10a und Abschnitt IX RLEmBNotK ziehen um die jeweilige notarielle **2** Geschäftsstelle **drei unterschiedlich große Grenzkreise** und verhindern dadurch die Etablierung eines „Reisenotariats"[9]. Für jeden dieser Grenzkreise sind jeweils unterschiedlich hohe Zäune eingezogen. Eine Amtstätigkeit außerhalb der **Geschäftsstelle** ist dem Notar gemäß Abschnitt IX Nr. 3 und Nr. 2 RLEmBNotK untersagt, wenn dadurch der Anschein amtswidriger Werbung, der Abhängigkeit oder der Parteilichkeit entsteht oder der Schutzzweck des Beurkundungserfordernisses gefährdet wird (erster Grenzkreis). Für eine Urkundstätigkeit außerhalb des **Amtsbereichs** bedarf es gem. § 10a Abs. 2 stets besonderer berechtigter Interessen der Rechtsuchenden, die eine Amtsbereichsüberschreitung gebieten (zweiter Grenzkreis). Außerhalb seines **Amtsbezirks** darf der Notar eine Urkundstätigkeit schließlich gem. § 11 Abs. 2 nur dann vornehmen, wenn die Urkundstätigkeit aufgrund von Gefahr im Verzug geboten ist oder aber wenn diese Grenzüberschreitung von der Aufsichtsbehörde vorab genehmigt wurde (dritter Grenzkreis). Um eine effektive Überprüfung der Einhaltung der jeweiligen Grenzen zu ermöglichen, ist die Aufsichtsbehörde gem. § 10a Abs. 3 unverzüglich und unter Mitteilung der die Amtsbereichs- oder Amtsbezirksüberschreitung rechtfertigenden Gründe zu benachrichtigen sowie in Spalte 2a der Urkundenrolle der Ort des Amtsgeschäfts einzutragen. Eine unüberwindbare Grenze der notariellen Amtstätigkeit bildet schließlich, auch unter Berücksichtigung der europäischen Niederlassungs- und Dienstleistungsfreiheit gem. Art. 49, 56 AEUV, die **Hoheitsgrenze** der Bundesrepublik Deutschland.[10]

Der **Amtsbezirk** war schon in der Reichsnotariatsordnung gesetzlich geregelt und **3** wurde in § 11 mit nur geringfügigen sprachlichen Änderungen übernommen.[11] Demgegenüber hat der **Amtsbereich** gem. § 10a erst im Januar 1991 Eingang in das Gesetz gefunden, um die durch die Amtsbereichsbegrenzung begründete Beschränkung der Berufsausübungsfreiheit gem. Art. 12 Abs. 1 S. 2 GG einer „rechtlich zweifelsfreien gesetzlichen Regelung" zuzuführen.[12] Bis dahin war dieser „engere räumliche Amtsbereich des Notars, auf den sich der Notar bei seiner Urkundstätigkeit beschränken soll"[13] zunächst nur in der Verwaltungspraxis[14] und später in den Richtlinien der Notarkammern als Satzungsrecht verankert.[15] Dabei dient der Amtsbereich iSd § 10a im Gegensatz zum Amtsbezirk iSd § 11 nicht allein durch seine räumliche Grenzziehung der Urkundstätigkeit der staatli-

---

[6] So bereits *Seybold/Hornig* RNotO § 12 Ziff. I 2, zur Rechtfertigung des Amtsbereichsprinzips, das zu dieser Zeit lediglich in einer ständigen Verwaltungspraxis seine Grundlage hatte; vgl. ebenso auch BGH 4.3.2013 – NotZ (Brfg) 9/12, DNotZ 2013, 630; aA noch *Eylmann* in der 3. Auflage, § 10a Rn. 1 und 9, der die Notwendigkeit der mit § 10a Abs. 2 BNotO verbundenen „kleinterritorialen Beschränkung der Beurkundungstätigkeit" zur Erreichung des Sinns und Zwecks der Norm hinterfragte.

[7] Das ist, weil nur den Amtsbereich als gesetzliche Beschränkung der notariellen Urkundstätigkeit nennend; „Amtsbezirks- und Amtsbereichsprinzip" ist daher treffender.

[8] Vgl. hierzu nur BGH 13.3.2017 – NotSt (Brfg) 1/16, NJW-RR 2017, 829 Rn. 9 und 4.3.2013 – NotZ (Brfg) 9/12, DNotZ 2013, 630, wonach die durch das Amtsbereichsprinzip begründete Beschränkung der örtlichen Zuständigkeit der Notare auf Grundlage der Entscheidung des EuGH 24.5.2011 – C-54/08, NJW 2011, 2941 offensichtlich als zwingender Grund des Allgemeininteresses Beschränkungen der Niederlassungs- und Dienstleistungsfreiheit rechtfertige und daher eine Vorlage dieser Rechtsfrage an den Europäischen Gerichtshof nicht veranlasst sei. Ebenso OLG Frankfurt a. M. BeckRS 2018, 43113 Rn. 39.

[9] BGH 4.3.2013 – NotZ (Brfg) 9/12, DNotZ 2013, 630.

[10] Vgl. BGH 4.3.2013 – NotZ (Brfg) 9/12, DNotZ 2013, 630; *Winkler* BeurkG Einl. Rn. 40.

[11] Vgl. *Seybold/Hornig* RNotO § 12 Abs. 1.

[12] Vgl. BT-Drs. 11/8307, 6, 18 und BVerfG 9.8.2000 – 1 BvR 647/98, NJW 2000, 3486 (3487).

[13] BT-Drs. 11/8307, 18.

[14] Vgl. hierzu *Seybold/Hornig* RNotO § 12 Ziff. I 2: „Wie in dem Bescheid des LGPräs. in Berlin zutreffend hervorgehoben ist, wird der Notar seine Amtstätigkeit regelmäßig auf den Bezirk des Amtsgerichts zu beschränken haben. Ausnahmen von diesem Grundsatz können nur (…) im Interesse der Rechtsuchenden gerechtfertigt sein (…). Diese Grundsätze entsprechen einer langjährigen Übung im preußischen Rechtsgebiet."

[15] Vgl. § 8 Abs. 1 RLNot 1962; Schippel/Bracker/*Püls* BNotO § 10a Rn. 1.

chen Notarstellenplanung. Der Amtsbereich iSd § 10a ist vielmehr zugleich auch maßgeblicher Bezugspunkt für die **Mengenbedarfs- und Raumbedarfsplanung** der Landesjustizverwaltungen: Der jeweilige Amtsbereich stellt den räumlichen Bedarfsplanbereich dar, innerhalb dessen nach Maßgabe der Erfordernisse einer geordneten Rechtspflege iSd § 4 S. 1 die Anzahl der Notarstellen festgelegt und die räumliche Verortung dieser Notarstellen vorgenommen wird.[16] Daher sieht § 10a Abs. 1 S. 2 im Gegensatz zu § 11 Abs. 1 auch ergänzend vor, dass die Landesjustizverwaltungen die Grenzen der einzelnen Amtsbereiche und somit auch die Grenzen der jeweiligen Bedarfsplanbereiche nach den Erfordernissen einer geordneten Rechtspflege allgemein oder im Einzelfall durch **Verwaltungsakt**[17] abweichend von den Grenzen des Amtsgerichtsbezirks festgelegen können. Erwägt die Landesjustizverwaltung eine solche vom Amtsgerichtbezirk abweichende Festlegung eines Amtsbereichs am Maßstab der Belange der geordneten Rechtspflege, sind nach der Rechtsprechung des Bundesgerichtshofs auch die wirtschaftlichen Interessen der insoweit betroffenen Notare in die Ermessensentscheidung mit einzubeziehen.[18]

B. Urkundstätigkeit außerhalb des Amtsbezirks (§ 11 Abs. 2)

4   Die in § 11 Abs. 2 iVm Abs. 1 enthaltene grundsätzliche räumliche Beschränkung der notariellen Tätigkeit auf den jeweiligen Amtsbezirk bezieht sich, anders als noch die Vorgängervorschrift der Reichsnotariatsordnung[19] und die bis zum Januar 1991 geltende Fassung von § 11 Abs. 2[20] nicht auf jede Amtstätigkeit, sondern nur auf **Urkundstätigkeiten**.[21]

5   Die Amtstätigkeit der Notare lässt sich unterteilen in **Urkundstätigkeit** (§§ 20 bis 22) einerseits und **Betreuungstätigkeit** (§§ 23, 24) andererseits.[22] In diesem Sinne findet sich in § 10a Abs. 2 eine Legaldefinition des Begriffs der Urkundstätigkeit als sämtliche von §§ 20 bis 22 erfasste Tätigkeiten.[23] Von der Amtsbezirksbeschränkung gem. § 11 Abs. 2 erfasste Urkundstätigkeiten sind somit insbesondere Beurkundungen von Willenserklärungen (§§ 6 ff. BeurkG) und Tatsachen (§§ 36, 37 BeurkG) sowie Unterschrifts- und Abschriftsbeglaubigungen (§§ 39, 42 BeurkG), aber auch Registerbescheinigungen (§ 21) und die Aufnahme eidesstattlicher Versicherungen (§ 22).[24] Betreuungstätigkeiten iSd §§ 23, 24 werden von der Amtsbezirksbeschränkung gem. § 11 Abs. 2 hingegen nicht erfasst.

6   Bei der Beurkundung von **tatsächlichen Vorgängen** (§§ 36 ff. BeurkG) setzt sich die Urkundstätigkeit aus der **Wahrnehmung** von Tatsachen oder Vorgängen (zB die Entgegennahme einer Unterschrift) und der **Anfertigung** der Niederschrift oder des Vermerks (zB dem Beglaubigungsvermerk) zusammen.[25] Die Beschränkung der notariellen Tätigkeit

---

[16] → § 10 Rn. 7 ff.
[17] Vgl. zB § 3 Abs. 1 AVNot NRW oder die Allgemeinverfügung über die Festlegung der Grenzen der Amtsbereiche der Notare vom 5.1.2000, SächsJMBl. Nr. 2 vom 28.2.2001, S. 10; vgl. auch Schippel/Bracker/*Püls* BNotO § 10a Rn. 3.
[18] BGH 28.11.2005 – NotZ 36/05, DNotZ 2006, 393; vgl. hierzu auch jeweils ausführlicher Diehn/*Bormann* BNotO § 10a Rn. 5; Schippel/Bracker/*Püls* BNotO § 10a Rn. 3; BGH 5.4.1976 – NotZ 10/75, DNotZ 1976, 624.
[19] Vgl. *Seybold/Hornig* RNotO § 12 Abs. 1.
[20] Vgl. BT-Drs. 11/8307, 7.
[21] Als Begründung für diese Änderung findet sich in BT-Drs. 11/8307, 18, lediglich der Hinweis, dass die Änderung des Wortlauts „Folge der Einfügung des § 10a und der dort enthaltenen Legaldefinition der Urkundstätigkeit" sei; nach Schippel/Bracker/*Püls* BNotO § 11 Rn. 2 wurde die bis 1991 geltende Gesetzesfassung gegen den Wortlaut bereits in dieser Weise ausgelegt, was wiederum die knappe Gesetzesbegründung erklären mag.
[22] → § 24 Rn. 3.
[23] Vgl. BT-Drs. 11/8307, 18; Schippel/Bracker/*Reithmann* BNotO Vor §§ 20–24 Rn. 47; → § 24 Rn. 3.
[24] Vgl. hierzu nur Schippel/Bracker/*Reithmann* BNotO Vor §§ 20–24 Rn. 47 ff. mwN.
[25] Vgl. hierzu grundlegend *Winkler* BeurkG Einl. Rn. 46. Danach komme es für die Wirksamkeit einer Tatsachenbeurkundung nur auf die Niederschrift im Inland an, die Tatsachenwahrnehmung könne im Aus-

auf den Amtsbezirk gem. § 11 Abs. 1 bezieht sich nach der höchstrichterlichen Rechtsprechung auf **beide Teilakte,** so dass der Notar beide Teilakte innerhalb der Grenzen seines Amtsbezirks vorzunehmen hat.[26] Der Notar verstößt daher gegen seine Amtspflicht, wenn er zwar den Vermerk in seiner Geschäftsstelle fertigt, die dem zugrunde liegenden Tatsachen oder Vorgänge jedoch zuvor außerhalb seines Amtsbezirks wahrgenommen hat, ohne dass ein Rechtfertigungsgrund aus § 11 Abs. 2 einschlägig ist.[27]

I. Genehmigung (Alt. 2)

Der in § 11 Abs. 2 Alt. 2 enthaltene Genehmigungsvorbehalt für eine nicht aufgrund **7** Gefahr im Verzug gerechtfertigte Urkundstätigkeit außerhalb des Amtsbezirks genügt dem rechtsstaatlichen Bestimmtheitsgebot, obgleich die Voraussetzungen für die Erteilung einer Genehmigung im Gesetz selbst nicht näher definiert sind.[28] Nach Auffassung des Bundesgerichtshofes lassen sich „die – restriktiven – Anforderungen" für eine Genehmigung zur Vornahme einer Urkundstätigkeit außerhalb des Amtsbezirks mit der notwendigen Klarheit ableiten „aus dem Sinn des § 11 Abs. 2, die Beschränkungen des § 11 Abs. 1 und damit die einer den Erfordernissen einer geordneten Rechtspflege entsprechenden Versorgung der Rechtsuchenden mit notariellen Leistungen zu sichern (§ 4), sowie aus der Regelung, dass bei Gefahr im Verzug eine berechtigte auswärtige Urkundstätigkeit (§ 11 Abs. 2 Alt. 1) vorliegen kann."[29]

1. Voraussetzungen. Eine Genehmigung gem. § 11 Abs. 2 setzt nach der höchstrich- **8** terlichen Rechtsprechung stets „voraus, dass ein besonderer Ausnahmefall vorliegt."[30] Dem entsprechend sehen auch die Allgemeinverfügungen der Bundesländer vor, dass die Genehmigung einer Urkundstätigkeit außerhalb des Amtsbezirks nur in **besonderen Ausnahmefällen** erteilt werden soll.[31] Nach Auffassung des Bundesgerichtshofes liegt ein solcher besonderer Ausnahmefall vor, „wenn es sich um objektiv gewichtige Interessen der Urkundsbeteiligten handelt, die gefährdet sind, wenn nicht ein Notar ihres Vertrauens tätig werden kann (…). Maßgeblich sind nicht die Interessen des Notars oder die Wünsche seiner Auftraggeber, sondern allein in der beabsichtigten vorsorgenden Rechtspflege, das heißt in der Sache selbst liegende zwingende Gründe."[32] Anhand dieses Maßstabes zur Annahme eines besonderen Ausnahmefalles führt der Bundesgerichtshof sodann weiter **exemplarisch** aus, dass ein derartiger, in der beabsichtigten vorsorgenden Rechtspflege liegender zwingender Grund etwa dann vorliegen kann, „wenn ein Notar ein schwieriges Vertragswerk in langen Beratungen vorbereitet hat, bei der Beurkundung die Kenntnis der Verhältnisse bedeutsam sind und die Beurkundung aus unvorhersehbaren Gründen außerhalb des Bezirks erfolgen muss."[33]

Die vom Bundesgerichtshof beispielhaft genannten Voraussetzungen für die Annahme **9** eines besonderen Ausnahmefalles, die schon vor der hier zitierten Entscheidung in der Kommentarliteratur entwickelt wurden,[34] werden **in der Praxis** durch die Aufsichtsbehör-

---

land vorgenommen werden. Die notwendigen Teilakte einer Beurkundung von Willenserklärungen gem. § 8 ff. BeurkG müssen nach BGH 30.4.1998 – IX ZR 150/97, DNotZ 1999, 346 hingegen vollständig im Inland vorgenommen werden.
[26] BGH 13.12.1971 – NotSt (Brfg) 3/70, DNotZ 1973, 174 (176). So auch *Weingärtner/Wöstmann* D. IX. Rn. 8; *Zimmer* ZErb 2012, 5 (6 f.); *Schreinert* RNotZ 2008, 61 (67).
[27] Schippel/Bracker/*Püls* BNotO § 11 Rn. 2 aE; vgl. auch *Winkler* BeurkG Einl. Rn. 47 aE.
[28] BGH 4.3.2013 – NotZ (Brfg) 9/12, DNotZ 2013, 630.
[29] BGH 4.3.2013 – NotZ (Brfg) 9/12, DNotZ 2013, 630.
[30] BGH 4.3.2013 – NotZ (Brfg) 9/12, DNotZ 2013, 630.
[31] So etwa in Nordrhein-Westfalen (§ 31 Ziff. 2 AVNot), Berlin (Ziff. VII, Rn. 21 (1) AVNot), Rheinland-Pfalz (Ziff. 3.10.1 VVNot), Saarland (§ 26 Abs. 1 Nr. 2c NotA) und Schleswig-Holstein (§ 23 Abs. 3 AVNot).
[32] BGH 4.3.2013 – NotZ (Brfg) 9/12, DNotZ 2013, 630.
[33] BGH 4.3.2013 – NotZ (Brfg) 9/12, DNotZ 2013, 630.
[34] Schippel/Bracker/*Püls* BNotO § 11 Rn. 3.

den in der Regel zuallererst für die Prüfung der Genehmigungsfähigkeit eines Antrages nach § 11 Abs. 2 Alt. 2 herangezogen. Zusammengefasst wird demnach in aller Regel zunächst geprüft, ob es sich bei der beabsichtigten Urkundtätigkeit

1. um eine schwierige Rechtsangelegenheit handelt, die
2. durch den Notar auf Grundlage von langen Verhandlungen vorbereitet wurde, bei der
3. die beim Notar vorhandenen Kenntnisse der der Urkundtätigkeit zugrunde liegenden Verhältnisse bedeutsam sind[35] und die
4. aus unvorhersehbaren Gründen außerhalb des Amtsbezirks des Notars erfolgen muss.[36]

Anhand des vom Bundesgerichtshof entwickelten Maßstabs kann aber selbstredend auch in anderen, nicht unter diese konkreten Voraussetzungen subsumierbaren Fallkonstellationen ein besonderer Ausnahmefall gegeben sein.

10 **2. Verfahren.** Betreffend das Verfahren zur Erteilung der Genehmigung sehen die meisten Allgemeinverfügungen der Länder vor, dass der **Präsident des Oberlandesgerichts** über die Genehmigung entscheidet, dessen Dienstaufsicht der Notar untersteht.[37] Den Antrag auf Genehmigung einer Amtsbezirksüberschreitung hat der Notar daher gegenüber „seinem" Oberlandesgerichtspräsidenten zu stellen. Dieser wird wiederum nach den Allgemeinverfügungen der Länder im Rahmen des Genehmigungsverfahrens in der Regel den Präsidenten des Oberlandesgerichts anhören, in dessen Bezirk die Urkundtätigkeit vorgenommen werden soll. Beide Oberlandesgerichtspräsidenten werden darüber hinaus in der Regel auch die jeweiligen Notarkammern gem. § 67 Abs. 6 um eine Stellungnahme bitten.[38]

11 Eine Genehmigung gem. § 11 Abs. 2 kann, anders als es der Wortlaut zunächst vermuten lässt (vgl. § 184 Abs. 1 BGB), nur **vor der Vornahme der Urkundtätigkeit** erteilt werden. Das hat der Gesetzgeber durch eine Änderung des Wortlauts der Norm im Jahre 1998, wonach anstelle von „genehmigt" nunmehr von „genehmigt hat" die Rede ist, noch einmal klargestellt.[39] Für eine nachträgliche Genehmigung und damit eine nachträgliche Rechtfertigung einer Urkundtätigkeit außerhalb des Amtsbezirks ist daher kein Raum.

12 Aufgrund des Erfordernisses des Vorliegens eines besonderen Ausnahmefalles kann eine Genehmigung gem. § 11 Abs. 2 von vornherein nur betreffend **eine bestimmte Urkundtätigkeit** in einem konkreten Einzelfall erteilt werden. Eine generelle Genehmigung von sämtlichen oder bestimmten Urkundtätigkeiten für einen bestimmten Auftraggeber kommt daher, wie der Bundesgerichtshof hervorgehoben hat, nicht in Betracht.[40]

II. Gefahr im Verzug (Alt. 1)

13 Gemäß § 11 Abs. 2 Alt. 1 ist dem Notar eine Urkundtätigkeit außerhalb der Grenzen des eigenen Amtsbezirks ohne vorherige Genehmigung durch seine Aufsichtsbehörde nur gestattet, wenn Gefahr im Verzug ist. Gefahr im Verzug beschreibt nach **allgemei-**

---

[35] Es handelt sich genau besehen um das Erfordernis des Bestehens eines Kausalitätszusammenhanges zwischen den Kenntnissen des Notars und der beabsichtigten Urkundtätigkeit. Insoweit kann auf die Kommentierung → Rn. 49 ff. zum Kausalitätszusammenhang zwischen der besonderen Vertrauensbeziehung und der beabsichtigten Urkundtätigkeit iSd Abschnitts IX Nr. 1 lit. d RLEmBNotK entsprechend verwiesen werden.
[36] Für diese Voraussetzung kann auf die Kommentierung → Rn. 30 ff., 33 f. zu den unvorhersehbaren zwingenden Gründen iSd Abschnitts IX Nr. 1 lit. b RLEmBNotK verwiesen werden.
[37] So etwa in Nordrhein-Westfalen (§ 31 Nr. 2 S. 2 AVNot), Berlin (Ziff. VII, Rn. 21 (2) AVNot), Rheinland-Pfalz (Ziff. 3.10.1 VVNot), Saarland (§ 26 Abs. 1 Nr. 2c NotA). In Schleswig-Holstein ist hingegen der Präsident des Landgerichts für die Erteilung der Genehmigung zuständig (§ 23 Abs. 1 Nr. 3 AVNot).
[38] Vgl. zu diesem Verfahren auch Diehn/*Bormann* BNotO § 11 Rn. 3; Arndt/Lerch/Sandkühler/*Lerch* BNotO § 11 Rn. 9.
[39] BT-Drs. 13/4184, 23.
[40] BGH 4.3.2013 – NotZ (Brfg) 9/12, DNotZ 2013, 630.

ner öffentlich-rechtlicher Systematik eine Sachlage, bei der ein Schaden eintreten würde, wenn anstelle der zuständigen Behörde nicht unverzüglich eine unzuständige Behörde tätig wird.[41] Übertragen auf die Beschränkung der notariellen Amtstätigkeit auf den Amtsbezirk gem. § 11 Abs. 2 setzt Gefahr im Verzug mithin eine Sachlage voraus, bei der ein Schaden eintreten würde, wenn anstelle eines nach den Regelungen der §§ 11, 10a, Abschnitt IX RLEmBNotK zuständigen Notars nicht unverzüglich an Ort und Stelle der insoweit unzuständige Notar die beabsichtigte Urkundstätigkeit vornimmt.[42]

Die gem. § 11 Abs. 2 Alt. 1 vom Notar selbst zu treffende **Prognoseentscheidung** 14 betreffend das Vorliegen einer Gefahr im Verzug hat somit stets in **zwei Schritten** zu erfolgen: Erstens bedarf es der Prognose, dass bei unterlassener unverzüglicher Urkundstätigkeit an Ort und Stelle ein Schaden eintreten würde (Schadenprognose). Zweitens bedarf es der Prognose, dass ein nach den Regelungen der §§ 11, 10a, Abschnitt IX RLEmBNotK zuständiger Notar für diese Urkundstätigkeit nicht rechtzeitig zur Verfügung stehen würde (Unerreichbarkeitsprognose).[43] Vor dem Hintergrund des Schutzzwecks der §§ 11, 10a, Abschnitt IX RLEmBNotK, der Sicherstellung der bedarfsgerechten und flächendeckenden Organisation des Notariates und dadurch zugleich der Sicherung der Lebensfähigkeit und gleichbleibenden Leistungsfähigkeit der Notarstellen,[44] sowie unter Berücksichtigung der die Kohärenz dieser Normen hervorhebenden Rechtsprechung des Bundesgerichtshofs[45] sind an diese Prognoseentscheidungen hohe „– restriktive – Anforderungen"[46] zu stellen. Bei der von § 11 Abs. 2 Alt. 1 erfassten Sachlage muss es sich stets um einen „besonderen Ausnahmefall"[47] handeln.

1. Schadensprognose. Die zunächst erforderliche Prognose des Eintritts eines Schadens 15 bei unterlassener unverzüglicher Urkundstätigkeit an Ort und Stelle ist regelmäßig nur dann möglich, wenn die Urkundstätigkeit an sich ansonsten überhaupt nicht mehr vorgenommen werden könnte und damit der **Urkundsgewährungsanspruch**[48] des Auftraggebers unmöglich gemacht würde.[49] Das ist beispielsweise dann der Fall, wenn ein im Sterben liegender Beteiligter die Beurkundung einer Verfügung von Todes wegen verlangt. Der drohende Schaden liegt hier bereits in der voraussichtlich nicht mehr möglichen Beurkundung des Willens des im Sterben liegenden Beteiligten und damit der voraussichtlichen Unmöglichkeit des Urkundsgewährungsanspruchs. Ist die Urkundstätigkeit an sich hingegen auch bei nicht unverzüglicher Vornahme an Ort und Stelle noch zu einem späteren Zeitpunkt möglich, wird die Prognose des Eintritts eines Schadens an einem anderen Rechtsgut (Leib, Leben, Wirtschaftsgut, Vermögen) regelmäßig nicht gelingen.

---

[41] Vgl. Art. 13 Abs. 2 GG, §§ 98 Abs. 1 S. 1, 105 Abs. 1 S. 1 StPO, §§ 1629 Abs. 1 S. 4, 1687 Abs. 1 S. 5, 1687a BGB; vgl. auch BeckOK GG/*Fink* GG Art. 13 Rn. 14; BeckOK StPO/*Ritzert* StPO § 98 Rn. 2a; BeckOK StPO/*Hegmann* StPO § 105 Rn. 6.
[42] BGH 13.3.2017 – NotSt (Brfg) 1/16, NJW-RR 2017, 829 Rn. 3. Ähnlich auch Diehn/*Bormann* BNotO § 10a Rn. 9; Schippel/Bracker/*Püls* BNotO § 10a Rn. 6; Schippel/Bracker/*Görk* RLEmBNotK IX Rn. 3; Arndt/Lerch/Sandkühler/*Lerch* BNotO § 11 Rn. 8; *Weingärtner/Wöstmann* D. IX. Rn. 12.
[43] Vgl. BGH 13.3.2017 – NotSt (Brfg) 1/16, NJW-RR 2017, 829 Rn. 4 f. So iE auch Diehn/*Bormann* BNotO § 10a Rn. 9 f.
[44] → Rn. 1.
[45] Vgl. BGH 4.3.2013 – NotZ (Brfg) 9/12, DNotZ 2013, 630. Für die Erforderlichkeit einer kohärenten, systematischen und objektiven Regelung der Beschränkung der Anzahl und örtlichen Zuständigkeit vgl. EuGH 1.6.2010 – C-570/07 und C-571/07, EuZW 2010, 578 Rn. 94; 13.2.2014 – C-367/12, EuZW 2014, 307.
[46] Vgl. BGH 4.3.2013 – NotZ (Brfg) 9/12, DNotZ 2013, 630 zu den Anforderungen an eine Genehmigung gem. § 11 Abs. 2 Alt. 2. So auch BGH 16.3.2015- NotSt (Brfg) 9/14, NJW-RR 2016, 182 Rn. 3 zu den Anforderungen an eine Überschreitung des Amtsbereichs gem. § 10a Abs. 2.
[47] Vgl. BGH 4.3.2013 – NotZ (Brfg) 9/12, DNotZ 2013, 630 zu den Anforderungen an eine Genehmigung gem. § 11 Abs. 2 Alt. 2; so auch BGH 16.3.2015- NotSt (Brfg) 9/14, NJW-RR 2016, 182 Rn. 3 zu den Anforderungen an eine Überschreitung des Amtsbereichs gem. § 10a Abs. 2.
[48] Zu diesem Begriff → § 15 Rn. 6.
[49] Diehn/*Bormann* BNotO § 10a Rn. 9.

16 In der Praxis wird häufig vorgetragen, dass bei unterlassener unverzüglicher Vornahme der Urkundstätigkeit außerhalb des Amtsbezirks bei einem Beteiligten ein konkreter **Vermögensschaden** eingetreten wäre. Als Beispiele können etwa genannt werden die Beurkundung eines Grundstückskaufvertrages außerhalb des Amtsbezirks am letzten Tag vor dem Inkrafttreten einer Grunderwerbsteuererhöhung oder die Beglaubigung einer Handelsregisteranmeldung (bspw. Ergebnisabführungsvertrag, Umwandlung) außerhalb des Amtsbezirks am letzten Tag einer Einreichungsfrist. Erforderlich ist in allen diesen Fällen jedoch stets, dass es einer unverzüglichen Vornahme dieser Urkundstätigkeiten **an Ort und Stelle,** nämlich außerhalb des Amtsbezirks, bedurfte. Das wird in der Regel nur dann anzunehmen sein, wenn dem Beteiligten ein Aufsuchen des Notars in seiner Geschäftsstelle im konkreten Fall nicht zuzumuten war. Für die zu einer derartigen Unzumutbarkeit führenden Gründe kann vollumfänglich auf die untenstehenden Ausführungen zu Abschnitt IX Nr. 1 S. 2 lit. d RLEmBNotK verwiesen werden.[50]

17 **2. Unerreichbarkeitsprognose.** Die weitere für die Annahme von Gefahr im Verzug erforderliche Prognose, dass ein nach den Regelungen der §§ 11, 10a, Abschnitt IX RLEmBNotK zuständiger Notar für eine unverzügliche Urkundstätigkeit nicht rechtzeitig zur Verfügung steht, richtet sich maßgeblich nach dem für die Vornahme der beabsichtigten Urkundstätigkeit tatsächlich zur Verfügung stehenden **zeitlichen Korridor.**[51]

18 Duldet die Urkundstätigkeit **keinerlei Aufschub,** etwa aufgrund eines besonders kritischen gesundheitlichen Zustands des Auftraggebers, kann der Auftraggeber nicht darauf verwiesen werden, sich zunächst an einen nach den Regelungen der §§ 11, 10a, Abschnitt IX RLEmBNotK zuständigen Notar zu halten. Ist ein gegebenenfalls auch nur **geringer Aufschub** der Urkundstätigkeit möglich, ohne zugleich das für das Vorliegen von Gefahr im Verzug stets erforderliche Unverzüglichkeitserfordernis in Frage zu stellen, hat der Notar darauf hinzuwirken, dass der Auftraggeber sich zunächst an einen nach den Regelungen der §§ 11, 10a, Abschnitt IX RLEmBNotK zuständigen Notar hält.

19 Den Notar trifft hierbei keine Verpflichtung, selbst einen oder gar sämtliche in diesem Sinne zuständige Notare zu kontaktieren.[52] Der Notar kann vielmehr grundsätzlich auf die **Angaben des Auftraggebers** vertrauen, etwa wenn dieser mitteilt, dass es ihm trotz redlichen Bemühens nicht gelungen sei, einen zuständigen Notar mit der unverzüglichen Urkundstätigkeit zu beauftragen. Zuständiger Notar nach den Regelungen der §§ 11, 10a, Abschnitt IX RLEmBNotK ist hierbei jeder Notar mit Amtssitz innerhalb des Amtsbereiches gem. § 10a Abs. 1, in dem die beabsichtigte Urkundstätigkeit vorgenommen werden soll.

C. Urkundstätigkeit außerhalb des Amtsbereichs (§ 10 Abs. 2, Abschnitt IX Nr. 1 RLEmBNotK)

20 Die in § 10a Abs. 2 iVm Abs. 1 enthaltene grundsätzliche räumliche Beschränkung der notariellen Tätigkeit auf den jeweiligen Amtsbereich bezieht sich, wie auch die Beschränkung auf den Amtsbezirk gem. § 11 Abs. 2 iVm Abs. 1, ausschließlich auf **Urkundstätigkeiten** iSd §§ 20 bis 22 und nicht auf Betreuungstätigkeiten iSd §§ 23, 24.[53] Insoweit kann ergänzend vollumfänglich auf die obigen Ausführungen verwiesen werden.[54]

21 Gemäß § 10 Abs. 2 darf der Notar eine Urkundstätigkeit außerhalb seines Amtsbereiches nur dann vornehmen, wenn besondere berechtigte Interessen der Rechtsuchenden ein Tätigwerden außerhalb des Amtsbereichs gebieten. Vor dem Hintergrund des Schutzzwecks

---

[50] → Rn. 52 ff.; vgl. hierzu auch *Weingärtner/Wöstmann* D. IX. Rn. 13.
[51] IE ebenso Diehn/*Bormann* BNotO § 10a Rn. 11.
[52] IE ebenso Diehn/*Bormann* BNotO § 10a Rn. 10.
[53] Diehn/*Bormann* BNotO § 10a Rn. 4; Schippel/Bracker/*Püls* BNotO § 10a Rn. 5; *Weingärtner/Wöstmann* D. IX. Rn. 5.
[54] → Rn. 5 f.

der §§ 11, 10a, Abschnitt IX RLEmBNotK, der Sicherstellung der bedarfsgerechten und flächendeckenden Organisation des Notariates und dadurch zugleich der Sicherung der Lebensfähigkeit und gleichbleibenden Leistungsfähigkeit der Notarstellen,[55] sowie unter Berücksichtigung des klaren und im Jahre 1998 noch einmal verschärften[56] Wortlauts des § 10 Abs. 2 („besondere" und „gebieten") sind nach Auffassung des Bundesgerichtshofs „hohe Anforderungen an die Zulässigkeit der Überschreitung des Amtsbereichs zu stellen."[57] Die Überschreitung des Amtsbereichs hat sich auf **„Ausnahmefälle"** zu beschränken.[58]

Der von den Notarkammern auf Grundlage von § 67 Abs. 2 Nr. 9 als Satzungsrecht **22** übernommene Abschnitt IX Nr. 1 S. 2 lit. a bis lit. d RLEmBNotK[59] konkretisiert beispielhaft den Begriff der besonderen berechtigten Interessen iSd § 10 Abs. 2. Bei Vorliegen einer der unter Abschnitt IX Nr. 1 S. 2 lit. a bis lit. d RLEmBNotK beschriebenen Sachlagen ist stets von einem besonderen berechtigten Interesse der Rechtsuchenden auszugehen, dass eine Urkundstätigkeit außerhalb des Amtsbereichs gebietet.[60] Eine abschließende Definition des Begriffes des besonderen berechtigten Interesses iSd § 10a Abs. 2 kann das im Folgenden zunächst zu kommentierende Satzungsrecht der jeweiligen Notarkammern hingegen von vornherein, wie der Bundesgerichtshof hervorgehoben hat, nicht enthalten.[61] Eine iSd § 10a Abs. 2 gerechtfertigte Amtsbereichsüberschreitung kann daher auch in von der Richtlinie nicht genannten weiteren Ausnahmefällen möglich sein.

I. Gefahr im Verzug (Nr. 1a)

Gemäß § 10a Abs. 2 iVm Abschnitt IX Nr. 1 S. 2 lit. a RLEmBNotK ist dem Notar **23** eine Urkundstätigkeit außerhalb der Grenzen seines Amtsbereichs gestattet, wenn Gefahr im Verzug ist. Gefahr im Verzug beschreibt nach allgemeiner **öffentlich-rechtlicher Systematik** eine Sachlage, bei der ein Schaden eintreten würde, wenn anstelle der zuständigen Behörde nicht unverzüglich eine unzuständige Behörde tätig wird.[62] Übertragen auf die Beschränkung der notariellen Amtstätigkeit auf den Amtsbereich gem. § 10a Abs. 2 setzt Gefahr im Verzug mithin eine Sachlage voraus, bei der ein Schaden eintreten würde, wenn anstelle eines nach den Regelungen der §§ 11, 10a, Abschnitt IX RLEmBNotK zuständigen Notars nicht unverzüglich an Ort und Stelle der insoweit unzuständige Notar die beabsichtigte Urkundstätigkeit vornimmt.[63]

Die gem. § 10a Abs. 2 iVm Abschnitt IX Nr. 1 S. 2 lit. a RLEmBNotK vom Notar **24** selbst zu treffende **Prognoseentscheidung** betreffend das Vorliegen einer Gefahr im Verzug hat somit stets in **zwei Schritten** zu erfolgen: Erstens bedarf es der Prognose, dass bei unterlassener unverzüglicher Urkundstätigkeit an Ort und Stelle ein Schaden eintreten würde (Schadenprognose). Zweitens bedarf es der Prognose, dass ein nach den Regelungen der §§ 11, 10a, Abschnitt IX RLEmBNotK zuständiger Notar für diese Urkundstätigkeit

---

[55] → Rn. 1.
[56] Durch die BNotO-Novelle 1998 wurde in § 10a Abs. 2 das Wort „rechtfertigt" durch „gebieten" ersetzt, um „den Ausnahmecharakter einer Urkundstätigkeit außerhalb des Amtsbereichs deutlicher" herauszustellen, BT-Drs. 13/4184, 23; vgl. hierzu auch Schippel/Bracker/*Püls* BNotO § 10 Rn. 5.
[57] BGH 16.3.2015 – NotSt (Brfg) 9/14, NJW-RR 2016, 182; vgl. so auch BT-Drs. 13/4184, 23.
[58] BGH 16.3.2015 – NotSt (Brfg) 9/14, NJW-RR 2016, 182 aE; ebenso Diehn/*Bormann* BNotO § 10a Rn. 6.
[59] Zu den Abweichungen der einzelnen Richtlinien der Landesnotarkammern von den RLEmBNotK vgl. die Zusammenstellung bei Weingärtner/*Wöstmann* D. IX. Rn. 41 ff. und bei Schippel/Bracker/*Görk* RLEmBNotK IX Rn. 8.
[60] Weingärtner/*Wöstmann* D. IX. Rn. 4.
[61] BGH 16.3.2015 – NotSt (Brfg) 9/14, NJW-RR 2016, 182.
[62] Vgl. Art. 13 Abs. 2 GG, §§ 98 Abs. 1 S. 1, 105 Abs. 1. S. 1 StPO, §§ 1629 Abs. 1 S. 4, 1687 Abs. 1 S. 5, 1687a BGB; vgl. auch BeckOK GG/*Fink* GG Art. 13 Rn. 14; BeckOK StPO/*Ritzert* StPO § 98 Rn. 2a; BeckOK StPO/*Hegmann* StPO § 105 Rn. 6.
[63] BGH 13.3.2017 – NotSt (Brfg) 1/16, NJW-RR 2017, 829 Rn. 3. Ähnlich auch Diehn/*Bormann* BNotO § 10a Rn. 9; Schippel/Bracker/*Püls* BNotO § 10a Rn. 6; Schippel/Bracker/*Görk* RLEmBNotK IX Rn. 3; Arndt/Lerch/Sandkühler/*Lerch* BNotO § 11 Rn. 8; Weingärtner/*Wöstmann* D. IX. Rn. 12.

nicht rechtzeitig zur Verfügung stehen würde (Unerreichbarkeitsprognose). An diese Prognoseentscheidung sind nach der zuvor dargestellten Auffassung des Bundesgerichtshofs sowie angesichts des Schutzzwecks **hohe Anforderungen** zu stellen.[64]

25 Es kann an dieser Stelle ergänzend vollumfänglich auf die weitergehenden obigen Ausführungen zur Rechtfertigung einer Amtsbezirksüberschreitung gem. § 11 Abs. 2 aufgrund von Gefahr im Verzug verwiesen werden.[65] Der Begriff der Gefahr im Verzug iSd § 10a Abs. 2 iVm Abschnitt IX Nr. 1 S. 2 lit. a RLEmBNotK ist nicht anders auszulegen als im Rahmen des § 11 Abs. 2.[66]

II. Urkundsentwurf gefertigt (Nr. 1b)

26 Gemäß § 10a Abs. 2 iVm Abschnitt IX Nr. 1 S. 2 lit. b RLEmBNotK ist dem Notar eine Urkundstätigkeit außerhalb der Grenzen seines Amtsbereichs gestattet, wenn der Notar auf Erfordern einen Urkundsentwurf gefertigt hat und sich danach aus unvorhersehbaren Gründen ergibt, dass die Beurkundung außerhalb des Amtsbereichs erfolgen muss.

27 Das besondere berechtigte Interesse des Rechtsuchenden iSd § 10a Abs. 2 liegt hier in der **Vermeidung zusätzlicher Gebühren** für das Beurkundungsverfahren vor einem anderen Notar mit Amtssitz im Amtsbereich, in dem die Urkundstätigkeit vorgenommen wird.[67] Nach der der Richtlinie noch zugrunde liegenden Systematik der bis zum 31.7.2013 geltenden KostO löste die Fertigung und Aushändigung eines Entwurfs auf Erfordern des Beteiligten gem. § 145 Abs. 3 KostO eine Gebühr aus, auch wenn die Beurkundung unterblieb (Aktgebühr). Diese Sachlage nimmt Abschnitt IX Nr. 1 S. 2 lit. b RLEmBNotK in Bezug.[68]

28 **1. Privilegierter Zeitpunkt.** Nach der Systematik des GNotKG löst bereits die Beauftragung des Notars mit der Beurkundung nach Nr. 21300 KV GNotKG eine Festgebühr iHv 20 EUR aus (Verfahrensgebühr). Gleichwohl ist auch nach dem GNotKG der Zeitpunkt des **Versands** (Nr. 21300 Ziff. 1 KV GNotKG) bzw. der **Übermittlung** (Nr. 21300 Ziff. 2 KV GNotKG) eines gefertigten Entwurfs maßgeblich für die Höhe der Gebühr bei vorzeitiger Beendigung des Beurkundungsverfahrens. Erfolgt eine Beendigung des Beurkundungsverfahrens nach diesem „privilegierten"[69] Zeitpunkt, entsteht gem. Nr. 21302 bis 21034 KV GNotKG eine **Rahmengebühr,** die gem. § 98 Abs. 2 GNotKG häufig der Gebühr für ein abgeschlossenes Beurkundungsverfahren entspricht. Vor diesem Hintergrund ist es auch weiterhin gerechtfertigt, an den privilegierten Zeitpunkt der Fertigung und Versendung bzw. Übermittlung eines Entwurfs als Voraussetzung für die Annahme eines die Amtsbereichsüberschreitung gebietenden besonderen berechtigten Interesses des Auftraggebers iSd § 10a Abs. 2 anzuknüpfen. Da das GNotKG allerdings, im Gegensatz zu § 145 Abs. 3 KostO, eine Versendung bzw. Übermittlung auch ohne ein Anfordern des Auftraggebers für die Entstehung der höheren Rahmengebühr genügen lässt,[70] kann es auf das von der Richtlinie noch genannte Merkmal „auf Erfordern" heute nicht mehr ankommen.

29 Neben dem Versenden eines Entwurfs iSd Nr. 21300 Ziff. 1 KV GNotKG und der Übermittlung eines Entwurfs iSd Nr. 21300 Ziff. 2 KV GNotKG sieht das GNotKG noch

---

[64] → Rn. 21.
[65] → Rn. 15 ff.
[66] Vgl. *Weingärtner/Wöstmann* D. IX. Rn. 12.
[67] Schippel/Bracker/*Püls* BNotO § 10a Rn. 7; Schippel/Bracker/*Görk* RLEmBNotK IX Rn. 4; *Weingärtner/Wöstmann* D. IX. Rn. 15. Eine Anrechnung einer Gebühr für die vorzeitige Beendigung des Beurkundungsverfahrens oder für die Entwurfsfertigung kommt gem. Vorb. 2 Abs. 1 KV GNotKG nur für den Amtsnachfolger und den Sozius in Betracht, vgl. hierzu Fackelmann/Heinemann/*Fackelmann* GNotKG KV Vorb. 2 Rn. 8.
[68] *Weingärtner/Wöstmann* D. IX. Rn. 15. Die Richtlinie stellt insoweit nicht ganz präzise nur auf die Fertigung und nicht auch auf die Aushändigung des Entwurfs ab.
[69] BeckOK KostR/*Hagedorn* GNotKG KV 21302 Rn. 1.
[70] BeckOK KostR/*Hagedorn* GNotKG KV 21300 Rn. 2.

zwei weitere privilegierte Zeitpunkte vor, nach denen anstelle der Festgebühr eine **Rahmengebühr** im Falle der vorzeitigen Beendigung des Beurkundungsverfahrens entsteht. Das ist nach Nr. 21300 Ziff. 3 KV GNotKG zum einen der Zeitpunkt der **Verhandlung** des Notars mit den Beteiligten auf Grundlage eines von ihm gefertigten, im Voraus nicht versandten bzw. übermittelten Entwurfs in einem zum Zwecke der Beurkundung vereinbarten Termin. Das ist zum anderen nach Nr. 21301 KV GNotKG der Zeitpunkt, in dem der Notar den Auftraggeber persönlich oder schriftlich im Hinblick auf das beabsichtigte Rechtsgeschäft **berät**, ohne das er bereits einen Entwurf gefertigt hat.[71] Vor dem Hintergrund des oben dargelegten und auf die Systematik des GNotKG zu übertragenden Regelungszwecks von Abschnitt IX Nr. 1 S. 2 lit. b RLEmBNotK gebieten auch nach den in Nr. 21300 Ziff. 2 und Nr. 21301 KV GNotKG genannten privilegierten Zeitpunkten besondere berechtigte Interessen des Auftraggebers iSd § 10a Abs. 2 eine Urkundstätigkeit des beauftragten Notars außerhalb seines Amtsbereiches, wenn auch die weiteren, im Folgenden näher dargestellten Tatbestandsvoraussetzungen von Abschnitt IX Nr. 1 S. 2 lit. b RLEmBNotK vorliegen.

2. Objektiver Grund. Hat der Notar einen Entwurf gefertigt und versandt bzw. übermittelt, so bedarf es für die Annahme eines eine Amtsbereichsüberschreitung gebietenden besonderen berechtigten Interesses iSd § 10a Abs. 2 nach Abschnitt IX Nr. 1 S. 2 lit. b RLEmBNotK ferner, dass die Beurkundung außerhalb des Amtsbereichs erfolgen muss. Erforderlich ist mithin ein **objektiver Grund** dafür, dass der Notar nicht innerhalb seines Amtsbereiches die Beurkundung vornehmen kann.[72] Die in Abschnitt IX Nr. 1 S. 2 lit. b RLEmBNotK genannte Voraussetzung, dass eine Beurkundung außerhalb des Amtsbereichs erfolgen muss, ist hierbei nicht gleichzusetzen mit der von Abschnitt IX Nr. 1 S. 2 lit. d RLEmBNotK in Bezug genommenen Unzumutbarkeit des Aufsuchens des Notars in seiner Geschäftsstelle. 30

Denkbar ist ein derart objektiver Grund für eine Amtsbereichsüberschreitung insbesondere dann, wenn ein Beteiligter aufgrund seiner **körperlichen bzw. gesundheitlichen Verfassung** nicht von sich aus in der Lage ist, die Geschäftsstelle des Notars aufzusuchen. Exemplarisch kann der Beteiligte genannt werden, der in ein Krankenhaus eingeliefert wurde und vor einer bevorstehenden Operation die Errichtung einer Vorsorgevollmacht oder eines Testamentes verlangt. Allein das Angewiesen sein des Beteiligten auf eine Fortbewegungshilfe (Rollstuhl, Rollator) stellt hingegen einen objektiven Grund für eine Auswärtsbeurkundung in der Regel nicht dar. Eine zwingende Beurkundung außerhalb des Amtsbereichs kann in diesen Fällen regelmäßig nur dann angenommen werden, wenn der Beteiligte darüber hinaus insgesamt eine schwache körperliche Konstitution aufweist, etwa wegen des hohen Alters des Beteiligten, der in der Gesamtschau die Annahme einer zwingenden Urkundstätigkeit außerhalb der Geschäftsstelle rechtfertigt. 31

Andere als in der Gesundheit eines Beteiligten liegende Gründe für eine zwingende Beurkundung außerhalb des Amtsbereichs werden sich schwerlich finden lassen.[73] Dass eine Beurkundung außerhalb des Amtsbereichs objektiv zwingend erfolgen muss, kann jedenfalls nicht allein mit **Terminfindungsschwierigkeiten** begründet werden.[74] Eine zwingend erforderliche Beurkundung außerhalb des Amtsbereichs ist bei einem zeitlich sehr eingebundenen Beteiligten nur denkbar, wenn die Beurkundung zwingend bis zu einem bestimmten Zeitpunkt erfolgen muss und der Beteiligte bis dahin nur in einem bestimmten zeitlichen Rahmen für diese Beurkundung zur Verfügung steht, der ein Aufsuchen des 32

---

[71] Vgl. dazu BeckOK KostR/*Hagedorn* GNotKG KV 21301 Rn. 1.
[72] Diehn/*Bormann* BNotO § 10a Rn. 12; Schippel/Bracker/*Püls* BNotO § 10a Rn. 7; Schippel/Bracker/ *Görk* RLEmBNotK IX Rn. 4.
[73] Schippel/Bracker/*Püls* BNotO § 10a Rn. 7 nennt zwar den Fall der Beurkundung komplizierter gesellschaftsrechtlicher Vorgänge außerhalb des Amtsbereichs, verweist hinsichtlich der diese gebietenden zwingenden Gründe wiederum auf „verschiedene Gründe".
[74] So auch Diehn/*Bormann* BNotO § 10a Rn. 12; Schippel/Bracker/*Püls* BNotO § 10a Rn. 7; Schippel/ Bracker/*Görk* RLEmBNotK IX Rn. 4; *Weingärtner/Wöstmann* D. IX. Rn. 15.

Notars in seiner Geschäftsstelle nicht zulässt. Die Anforderungen an derartige terminliche Gründe für eine zwingende Auswärtsbeurkundung sind daher noch einmal höher als für die Annahme einer Unzumutbarkeit im Rahmen des in Abschnitt IX Nr. 1 S. 2 lit. d RLEmBNotK enthaltenen Rechtfertigungsgrundes.[75]

33   **3. Subjektive Unvorhersehbarkeit.** Gemäß Abschnitt IX Nr. 1 S. 2 lit. b RLEmBNotK muss sich der für eine Amtsbereichsüberschreitung objektiv zwingende Grund ferner **nach dem Versand bzw. nach der Übermittlung** des Entwurfs für den Notar unvorhersehbar ergeben. Bezug genommen wird mit diesem zusätzlichen Tatbestandsmerkmal der Unvorhersehbarkeit auf die unverschuldete subjektive Unkenntnis des Notars im privilegierten Zeitpunkt von dem Grund, der eine Auswärtsbeurkundung erforderlich macht.[76] Hierdurch soll vermieden werden, dass der Notar sich die Voraussetzungen für eine gerechtfertigte Amtsbereichsüberschreitung selbst schaffen kann.

34   Der objektiv zwingende Grund für eine Amtsbereichsüberschreitung kann daher durchaus bereits **vor dem Versand bzw. der Übermittlung** tatsächlich gegeben sein.[77] Hat der Notar von diesem objektiv zwingenden Grund allerdings im Zeitpunkt des Versands bzw. der Übermittlung des Entwurfs subjektive Kenntnis oder verschließt er sich in diesem Zeitpunkt dieser Kenntnis in fahrlässiger Weise, kommt eine gerechtfertigte Amtsbereichsüberschreitung von vornherein nicht in Betracht.[78] Beauftragt etwa ein in einem anderen Amtsbereich befindlicher, nicht transportfähiger Mandant einen Notar mit der Beurkundung eines Testamentes und hat der Notar im Zeitpunkt des Versands des Entwurfs keine Anhaltspunkte für dessen Transportunfähigkeit, so war der im privilegierten Zeitpunkt bereits vorliegende Grund für eine Amtsbereichsüberschreitung für den Notar unvorhersehbar iSv Abschnitt IX Nr. 1 S. 2 lit. b RLEmBNotK.

III. Unrichtige Sachbehandlung (Nr. 1c)

35   Gemäß § 10a Abs. 2 iVm Abschnitt IX Nr. 1 S. 2 lit. c RLEmBNotK ist dem Notar eine Urkundstätigkeit außerhalb der Grenzen seines Amtsbereichs gestattet, wenn er eine nach § 21 GNotKG (vormals § 16 KostO) zu behandelnde Urkundstätigkeit (**„Reparatururkunde"**) vornimmt.

36   Das besondere berechtigte Interesse des Rechtsuchenden iSd § 10a Abs. 2 liegt auch hier in der **Vermeidung zusätzlicher Gebühren** für die aufgrund der unrichtigen Sachbehandlung des einen Notars erforderliche Urkundstätigkeit eines anderen Notars mit Amtssitz im Amtsbereich, in dem die Urkundstätigkeit vorgenommen wird.[79] Dem Beteiligten ist es in solchen Sachlagen, in denen die erneute Urkundstätigkeit aufgrund einer vorangegangenen unrichtigen Sachbehandlung des Notars veranlasst ist, nach der in Abschnitt IX Nr. 1 S. 2 lit. c RLEmBNotK enthaltenen Wertung nicht zuzumuten, den Notar noch einmal in seiner Geschäftsstelle aufzusuchen.[80]

IV. Besondere Vertrauensbeziehung (Nr. 1d)

37   § 10a Abs. 2 iVm Abschnitt IX Nr. 1 S. 2 lit. d RLEmBNotK ist der in Praxis der bedeutsamste Rechtfertigungsgrund einer Amtsbereichsüberschreitung. Danach ist dem Notar eine

---

[75] → Rn. 57 f.
[76] Diehn/*Bormann* BNotO § 10a Rn. 12; Schippel/Bracker/*Püls* BNotO § 10a Rn. 7; Schippel/Bracker/ Görk RLEmBNotK IX Rn. 4; Weingärtner/*Wöstmann* D. IX. Rn. 15.
[77] AA Diehn/*Bormann* BNotO § 10a Rn. 12 mit dem mE unzutreffenden Verweis auf den insoweit „eindeutigen Wortlaut der Richtlinienempfehlungen"; der objektiv zwingende Grund muss sich nach dem Wortlaut lediglich nach dem privilegierten Zeitpunkt subjektiv für den Notar ergeben.
[78] Diehn/*Bormann* BNotO § 10a Rn. 12; Schippel/Bracker/*Püls* BNotO § 10a Rn. 7.
[79] Schippel/Bracker/*Görk* RLEmBNotK IX Rn. 5; Weingärtner/*Wöstmann* D. IX. Rn. 16. Eine Nichterhebung von Kosten auf Grundlage von § 21 GNotKG ist nur dem Notar möglich, der die Sache zuvor unrichtig behandelt hat, vgl. Korintenberg/*Tiedtke* GNotKG § 21 Rn. 33.
[80] Vgl. Diehn/*Bormann* BNotO § 10a Rn. 13; Schippel/Bracker/*Püls* BNotO § 10a Rn. 8; Weingärtner/ *Wöstmann* D. IX. Rn. 16.

Urkundstätigkeit außerhalb der Grenzen seines Amtsbereichs gestattet, wenn eine besondere Vertrauensbeziehung zwischen dem Notar und den Beteiligten, deren Bedeutung durch die Art der vorzunehmenden Amtstätigkeit unterstrichen werden muss, dies rechtfertigt und es den Beteiligten unzumutbar ist, den Notar in seiner Geschäftsstelle aufzusuchen.

Mit dem Begriff des Beteiligten in Abschnitt IX Nr. 1 S. 2 lit. d RLEmBNotK wird allein der **formell Beteiligte** iSd § 6 Abs. 2 BeurkG, der vor dem Notar im eigenen oder fremdem Namen eine Erklärung abgibt, in Bezug genommen. Auf den materiell Beteiligten iSd § 3 BeurkG, dessen Rechte und Pflichten durch den Urkundsvorgang betroffen werden, kommt es nicht an.[81] Das folgt bereits aus dem Wortlaut der Vorschrift, wonach dem Beteiligten das Aufsuchen des Notars unzumutbar sein muss. Nur der formell Beteiligte erscheint gem. § 6 Abs. 2 BeurkG vor dem Notar, so dass sich nur für ihn die Frage einer Unzumutbarkeit des Aufsuchens des Notars in seiner Geschäftsstelle stellen kann. 38

1. Vertrauensbeziehung. Für die Annahme einer nach Abschnitt IX Nr. 1 S. 2 lit. d RLEmBNotK zunächst erforderlichen besonderen Vertrauensbeziehung ist maßgeblich, ob aus **Sicht des Beteiligten** der beabsichtigten Urkundstätigkeit dem Notar in besonderer Weise Vertrauen entgegengebracht wird. Dieses Vertrauen in den beauftragten und nach den Regelungen der §§ 11, 10a, Abschnitt IX RLEmBNotK unzuständigen Notar muss größer sein, als das Vertrauen des Beteiligten in die insoweit zuständigen Notare mit Amtssitz im Amtsbereich der beabsichtigten Urkundstätigkeit. 39

a) Vorangegangene Amtstätigkeit. Eine besondere Vertrauensbeziehung kann zunächst durch eine vorangegangene Amtstätigkeit (Urkunds- oder Betreuungstätigkeit iSd §§ 20 bis 24) des beauftragten Notars für den Beteiligten der beabsichtigten Urkundstätigkeit entstanden sein.[82] Maßgeblich ist allein die Sicht des Beteiligten, die der Notar im Rahmen seiner Anzeige gem. § 10a Abs. 3 gegenüber der Notarkammer plausibel darzulegen hat. Die Anforderungen an diese Plausibilisierung fallen dabei umso höher aus, je weniger die vorangegangene Amtstätigkeit bei **typisierender Betrachtung** geeignet erscheint, eine besondere Vertrauensbeziehung entstehen lassen zu können. 40

Handelt es sich bei der vorangegangenen Amtstätigkeit nur um eine **Abschriftsbeglaubigung** oder eine **Beglaubigung ohne Entwurf,** wird aus Sicht des Beteiligten allein aus dieser Amtstätigkeit typischerweise eine besondere Vertrauensbeziehung iSd Abschnitt IX Nr. 1 S. 2 lit. d RLEmBNotK nicht erwachsen.[83] Handelt es sich bei der vorangegangenen Amtstätigkeit um eine **Beglaubigung mit Entwurf,** kann dies je nach Umfang der vorangegangenen entfalteten Entwurfstätigkeit durchaus für ein dem Notar entgegengebrachtes besonderes Vertrauen sprechen. Hat der Notar für den Beteiligten im Vorfeld bereits eine **Niederschrift** errichtet oder ist er für ihn iSd § 24 **betreuend tätig** gewesen, liegt aus Sicht des Beteiligten typischerweise eine besondere Vertrauensbeziehung zwischen ihm und dem Notar vor.[84] 41

b) Tatsächliche Umstände. Eine besondere Vertrauensbeziehung kann ferner auch ohne vorherige Amtstätigkeit des beauftragten Notars für den Beteiligten des beabsichtigten Rechtsgeschäfts aus rein tatsächlichen Umständen entstanden sein. Maßgeblich ist auch hier allein die Sicht des Beteiligten, wobei die Gründe für das Entstehen von besonderem Vertrauen außerhalb einer vorangegangenen Amtstätigkeit sowohl durch **tatsächliche Umstände** begründet als auch in der **Person des Beteiligten** liegen können. Ein tatsächlicher Umstand, der ein besonderes Vertrauen in den Notar entstehen lässt, kann etwa eine ausführliche persönliche Vorbesprechung der beabsichtigten Niederschrift zwischen dem Notar und dem Beteiligten sein. 42

---

[81] Vgl. zu beiden Beteiligtenbegriffen nur *Winkler* BeurkG § 6 Rn. 5 und § 3 Rn. 23 ff., 122 ff. mwN.
[82] Diehn/*Bormann* BNotO § 10a Rn. 18 ff.
[83] Vgl. iE ebenso Diehn/*Bormann* BNotO § 10a Rn. 19.
[84] Vgl. iE ebenso Diehn/*Bormann* BNotO § 10a Rn. 20.

43 Besonderes Vertrauen kann ferner durch eine persönliche Nähebeziehung des Beteiligten zum Notar begründet sein.[85] Die Anforderungen an die im Rahmen der Anzeige gem. § 10 Abs. 3 erforderlichen Plausibilisierung dieser persönlichen Nähebeziehung fallen hierbei umso höher aus, je entfernter die Nähebeziehung (Verwandtschaft, Bekanntschaft) zwischen dem Beteiligten und dem Notar bei typisierender Betrachtung ist. Typischerweise wird beispielsweise der Neffe des Notars diesem allein aufgrund der Verwandtschaftsbeziehung ein größeres Vertrauen entgegenbringen als etwa der unverwandte Nachbar des Notars, so dass die eine besondere Vertrauensbeziehung zwischen Notar und Nachbar begründenden Umstände regelmäßig ausführlich begründet werden müssen.

44 **c) Vermitteltes Vertrauen.** Nach der Verwaltungspraxis in einigen Kammerbezirken soll eine besondere Vertrauensbeziehung auch von einer dritten, an der beabsichtigten Urkundstätigkeit nicht beteiligten Mittelsperson abgeleitet werden können.[86] Eine die Beurkundung außerhalb des Amtsbereichs rechtfertigende Vertrauensbeziehung zwischen dem beurkundenden Notar und dem formell Beteiligten soll auch dadurch entstehen können, dass eine **dritte nicht formell beteiligte Person** zu dem beurkundenden Notar aufgrund vorangegangener Amtstätigkeit oder aufgrund tatsächlicher Umstände eine besondere Vertrauensbeziehung hat und diese Vertrauensbeziehung dem formell Beteiligten vermittelt.

45 Durch die Anerkennung einer vermittelten Vertrauensbeziehung besteht die Gefahr, dass dieses Tatbestandsmerkmal vollständig bedeutungslos und für die Beurkundung außerhalb des Amtsbereichs eine wichtige und iSd § 10a Abs. 2 gebotene Schranke faktisch aufgehoben wird. So könnte beispielsweise ein **Rechtsanwalt** oder ein **Steuerberater,** die zu dem beurkundenden Notar aufgrund vorangegangener Urkundstätigkeit oder aufgrund tatsächlicher Umstände ein besonderes Vertrauensverhältnis haben, dieses Vertrauensverhältnis jedem ihrer **Mandanten** vermitteln mit der Folge, dass der Notar für die Mandanten dieses Rechtsanwaltes oder Steuerberaters (Kausalitätszusammenhang und Unzumutbarkeit vorausgesetzt)[87] stets außerhalb seines Amtsbereichs beurkunden dürfte. Diese Gefahr wird von den Befürwortern von vermitteltem Vertrauen auch erkannt und deren Anerkennung auf „nahe Angehörige"[88] bzw. auf „Familienangehörige"[89] beschränkt.

46 Die Anerkennung von vermitteltem Vertrauen ist **abzulehnen.** Abschnitt IX Nr. 1 S. 2 lit. d RLEmBNotK verlangt eine „besondere Vertrauensbeziehung zwischen Notar und Beteiligten". Eine solche besondere Vertrauensbeziehung kann nur entstehen, wenn zwischen dem formell Beteiligten und dem beurkundenden Notar vor der in Frage stehenden Beurkundung ein **unmittelbarer Kontakt** bestand. Dieser unmittelbare Kontakt ist Grundvoraussetzung dafür, dass das gem. § 10a Abs. 2 erforderliche besondere berechtigte Interesse des formell Beteiligten an einer Urkundstätigkeit des Notars außerhalb seines Amtsbereichs überhaupt entstehen kann. Gegen die Anerkennung von vermitteltem Vertrauen im Rahmen von Abschnitt IX Nr. 1 S. 2 lit. d RLEmBNotK spricht darüber hinaus, dass eine Einschränkung auf bestimmte vermittelnde Personenkreise nicht plausibel zu begründen ist und das Tatbestandsmerkmal der Vertrauensbeziehung somit faktisch preisgegeben würde. Es mangelt an einer nachvollziehbaren Begründung, weshalb das durch einen nahen Angehörigen vermittelte Vertrauen ein besonderes berechtigtes Interesse des

---

[85] AA Diehn/*Bormann* BNotO § 10a Rn. 24.
[86] Bspw. Rundschreiben der Rheinischen Notarkammer Nr. 2/2008 vom 25.7.2008. Vgl. auch Diehn/*Bormann* BNotO § 10a Rn. 25.
[87] → Rn. 49 ff.
[88] Rundschreiben der Rheinischen Notarkammer Nr. 2/2008 vom 25.7.2008: „Demgegenüber reiche es nicht aus, wenn beispielsweise ein Rechtsanwalt, ein Steuerberater oder ein privater Bekannter, der zu dem Notar besonderes Vertrauen hat, dem Urkundsbeteiligten den Notar als besonders vertrauenswürdig empfohlen hat."
[89] Diehn/*Bormann* BNotO § 10a Rn. 25: ein „Rechtsanwalt, Steuerberater oder Freund" des Urkundsbeteiligten könne hingegen nicht taugliche Mittelsperson sein.

formell Beteiligten iSd § 10 Abs. 2 begründen kann, das durch einen Rechtsanwalt oder Steuerberater vermittelte Vertrauen hingegen nicht.

d) Vertrauensbeziehung bei Gesellschaften. Ist eine Gesellschaft (Körperschaft, Personengesellschaft) materiell Beteiligte der Urkundstätigkeit stellt sich die Frage, ob zwischen der Gesellschaft und dem Notar eine Vertrauensbeziehung iSd Abschnitt IX Nr. 1 S. 2 lit. d RLEmBNotK bestehen kann. Die Gesellschaft selbst kann als **abstrakte Rechtsform** dem Notar kein Vertrauen entgegenbringen, so dass durch eine vorangegangene Amtstätigkeit des Notars für die Gesellschaft eine Vertrauensbeziehung zu ihr von vornherein nicht entstehen und folglich auch damit nicht begründet werden kann.

Eine Vertrauensbeziehung iSd Abschnitt IX Nr. 1 S. 2 lit. d RLEmBNotK ist vielmehr nur denkbar zwischen dem Notar und der für die Gesellschaft bei der konkret in Frage stehenden auswärtigen Urkundstätigkeit **handelnden natürlichen Person** (Organ, Vertreter). Ist eine solche Vertrauensbeziehung zwischen der für die Gesellschaft handelnden natürlichen Person und dem Notar nach den vorstehenden Maßstäben zu bejahen, ist diese Vertrauensbeziehung ausreichend aber auch erforderlich. Das folgt aus dem bereits oben dargelegten Umstand, dass es im Rahmen von Abschnitt IX Nr. 1 S. 2 lit. d RLEmBNotK allein auf eine Vertrauensbeziehung zwischen dem iSd § 6 Abs. 2 BeurkG **formell Beteiligten,** dh hier dem **organschaftlichen oder rechtsgeschäftlichen Vertreter** der Gesellschaft, und dem Notar ankommt.[90]

e) Vertrauensbeziehung bei Tatsachenbeurkundungen. Nimmt der Notar eine Tatsachenbeurkundung iSd §§ 36 ff. BeurkG vor (beispielsweise eine Niederschrift über eine Gesellschafterversammlung oder eine Hauptversammlung oder einen Vermerk über eine Unterschriftsbeglaubigung), kann die besondere Vertrauensbeziehung iSd § 10a Abs. 2 iVm Abschnitt IX Nr. 1 S. 2 lit. d RLEmBNotK **nicht** Rechtfertigungsgrund für eine Amtsbereichsüberschreitung sein. Das folgt aus dem Umstand, dass die besondere Vertrauensbeziehung zwischen dem Notar und dem **formell Beteiligten** iSd § 6 Abs. 2 BeurkG bestehen muss.[91] Das Beurkundungsverfahren zur Aufnahme anderer Tatsachen als Willenserklärungen gem. §§ 36 ff. BeurkG sieht einen formell Beteiligten jedoch nicht vor und stellt ausschließlich auf die Wahrnehmungen des Notars ab.[92]

Dass für Tatsachenbeurkundungen mangels vorhandenem formell Beteiligten auch **nicht alternativ** auf den **materiell Beteiligten** iSd § 3 BeurkG (dessen Rechte und Pflichten durch den Beurkundungsvorgang unmittelbar betroffen werden) abgestellt werden kann, folgt aus einer weiteren Überlegung: Gemäß § 10a Abs. 2 iVm Abschnitt IX Nr. 1 S. 2 lit. d RLEmBNotK muss es dem (dann materiell) Beteiligten unzumutbar sein, den Notar in seiner Geschäftsstelle aufzusuchen. Die Tatsachenbeurkundung setzt jedoch eine zu beurkundende Handlung des materiell Beteiligten nicht voraus, so dass auch dieses **weitere Tatbestandsmerkmal** des besonderen Rechtfertigungsgrundes für eine Amtsbereichsüberschreitung von vornherein kein einschlägiger Maßstab sein kann.

Festzuhalten ist demnach, dass der Rechtfertigungsgrund einer besonderen Vertrauensbeziehung iSd § 10a Abs. 2 iVm Abschnitt IX Nr. 1 S. 2 lit. d RLEmBNotK für eine Tatsachenbeurkundung außerhalb des Amtsbereichs, insbesondere der Niederschrift einer Gesellschafterversammlung oder einer Hauptversammlung, **kein Rechtfertigungsgrund sein kann.** Dem steht auch nicht die Überlegung entgegen, dass es dem Notar – gerade bei Gesellschafterversammlungen – auch grundsätzlich möglich ist, Tatsachenbeurkundungen verfahrensrechtlich nach den Vorschriften über die **Beurkundung von Willenserklärungen** gem. §§ 8 ff. BeurkG aufzunehmen: Wenn der Notar dieses Verfahren wählt, weil es aufgrund des Beurkundungsgegenstandes (Erklärungen werden abgegeben) und der Umstände (Personenkreis ist überschaubar) tatsächlich möglich ist, ist gegen die Einschlägigkeit

---

[90] → Rn. 38.
[91] → Rn. 38.
[92] BeckOK BeurkG/*Boor* BeurkG § 37 Rn. 4; *Winkler* BeurkG Vor § 26 Rn. 13.

des Rechtfertigungsgrundes der besonderen Vertrauensbeziehung für die Amtsbereichsüberschreitung, insbesondere bei Unzumutbarkeit des Aufsuchens des dann formell Beteiligten in der Geschäftsstelle, nichts entgegenzuhalten. Das die Einschlägigkeit des Rechtfertigungsgrundes in diesem Falle an der (richtigen) Wahl des Beurkundungsverfahrens hängt, ist **hinzunehmen**.

49 **2. Kausalitätszusammenhang.** Besteht anhand der zuvor genannten Maßstäbe eine besondere Vertrauensbeziehung, muss nach Abschnitt IX Nr. 1 S. 2 lit. d RLEmBNotK die Bedeutung dieser besonderen Vertrauensbeziehung durch die Art der vorzunehmenden Amtstätigkeit unterstrichen werden. Mit anderen Worten muss die besondere Vertrauensbeziehung für die beabsichtigte Urkundstätigkeit von **besonderer Bedeutung** sein.[93] Die Richtlinie verlangt daher für die Rechtfertigung einer Amtsbereichsüberschreitung zusätzlich das Bestehen eines Kausalitätszusammenhanges zwischen der besonderen Vertrauensbeziehung und der beabsichtigten Urkundstätigkeit.[94]

50 Für diesen Kausalitätszusammenhang ist wiederum allein die **Sicht des Beteiligten** der beabsichtigten Urkundstätigkeit maßgeblich. Der Notar hat insoweit im Rahmen seiner Anzeige gem. § 10 Abs. 3 nachvollziehbar darzulegen, dass die bestehende besondere Vertrauensbeziehung gerade für die beabsichtigte Urkundstätigkeit außerhalb seines Amtsbereiches von besonderer Bedeutung ist. Die Anforderungen an diese Plausibilisierung fallen dabei umso höher aus, je weniger die beabsichtigte Urkundstätigkeit bei **typisierender Betrachtung** eine besondere Vertrauensbeziehung zwischen dem Beteiligten und dem Notar erfordert.

51 So wird etwa die beabsichtigte Errichtung einer **Niederschrift** aus Sicht des Beteiligten typischerweise eine besondere Vertrauensbeziehung zum Notar erfordern.[95] Eine **Beglaubigung mit Entwurf** kann je nach Umfang der zu entfaltenden Entwurfs- oder Belehrungstätigkeit[96] gegebenenfalls eine besondere Vertrauensbeziehung zwischen dem Beteiligten und dem Notar erfordern. Das ist insbesondere dann der Fall, wenn der Notar außerhalb seines Amtsbereichs die von ihm entworfene Genehmigung zu einem von ihm zuvor beurkundeten Rechtsgeschäft beglaubigt und den Genehmigenden hierbei umfassend über den Inhalt und die Wirkungen des zu genehmigenden Rechtsgeschäfts belehrt. Aus Sicht des Genehmigenden wird hier typischerweise eine besondere Vertrauensbeziehung zum Notar erforderlich sein. Die Vornahme einer **Beglaubigung ohne Entwurf** oder einer **Abschriftsbeglaubigung** erfordert hingegen typischerweise eine besondere Vertrauensbeziehung zwischen dem Beteiligten und dem Notar nicht.[97]

52 **3. Unzumutbarkeit.** Liegt zwischen dem Notar und dem Beteiligten eine besondere Vertrauensbeziehung vor, die für die beabsichtigte Urkundstätigkeit außerhalb des Amtsbereichs von besonderer Bedeutung ist, so muss es schließlich für eine nach Abschnitt IX Nr. 1 S. 2 lit. d RLEmBNotK gerechtfertigte Amtsbereichsüberschreitung für den Beteiligten unzumutbar sein, den Notar in seiner Geschäftsstelle aufzusuchen.

53 Vor dem Hintergrund, dass die Urkundstätigkeit außerhalb des Amtsbereichs nach höchstrichterlicher Rechtsprechung gemäß dem Sinn und Zweck der §§ 11 Abs. 2, 10a Abs. 2, Abschnitt IX RLEmBNotK auf Ausnahmefälle beschränkt bleiben muss,[98] ist dieses letzte Tatbestandsmerkmal **objektiv zu bestimmen**. Kein tauglicher Maßstab kann an

---

[93] So treffend der Text der Richtlinie der Rheinischen Notarkammer; vgl. auch Diehn/*Bormann* BNotO § 10a Rn. 27.
[94] Diehn/*Bormann* BNotO § 10a Rn. 27.
[95] Vgl. *Weingärtner/Wöstmann* D. IX. Rn. 21.
[96] Entwirft der Notar die Urkunde, unter der er eine Unterschrift beglaubigt, so treffen ihn nach der höchstrichterlichen Rechtsprechung dieselben Prüfungs- und Belehrungspflichten aus § 17 BeurkG wie bei der Beurkundung von Willenserklärungen, vgl. nur *Winkler* BeurkG § 40 Rn. 48 mwN.
[97] Vgl. Diehn/*Bormann* BNotO § 10a Rn. 27; Schippel/Bracker/*Püls* BNotO § 10a Rn. 9; Schippel/Bracker/*Görk* RLEmBNotK IX Rn. 6; *Weingärtner/Wöstmann* D. IX. Rn. 20.
[98] → Rn. 21.

dieser Stelle sein, ob das Aufsuchen der Geschäftsstelle des Notars aus der subjektiven Sicht des Beteiligten unzumutbar erscheint.

Nachfolgend werden lediglich die in der Praxis am häufigsten angeführten Unzumutbarkeitsgründe kommentiert. Eine Unzumutbarkeit des Aufsuchens des Notars an seiner Geschäftsstelle iSd Abschnitts IX Nr. 1 S. 2 lit. d RLEmBNotK kann sich aber selbstredend nicht nur aus gesundheitlichen, terminlichen oder räumlichen Gründe ergeben. Auch andere in der Person des Beteiligten oder in den äußeren Umständen liegende Gründe können zu einer Unzumutbarkeit führen.

a) Gesundheitliche Gründe. Eine objektive Unzumutbarkeit liegt immer dann vor, wenn der Beteiligte aufgrund seiner **körperlichen Verfassung** bzw. seiner Gesundheit nicht von sich aus in der Lage ist, die Geschäftsstelle des Notars aufzusuchen. Exemplarisch kann der Beteiligte genannt werden, der in ein Krankenhaus eingeliefert wurde und vor einer bevorstehenden Operation die Errichtung einer Vorsorgevollmacht verlangt. Die Beförderung des Beteiligten aus dem Krankenhaus in die notarielle Geschäftsstelle ist für den Beteiligten in der Regel unzumutbar.

Auf der anderen Seite wird allein das Angewiesensein des körperlich beeinträchtigten Beteiligten auf eine Fortbewegungshilfe (Rollstuhl, Rollator) das Aufsuchen des Notars in seiner Geschäftsstelle regelmäßig nicht unzumutbar machen. Hinzukommen muss in diesen Fällen stets ein weiterer Grund, wie etwa eine insgesamt schwache körperliche Konstitution, etwa wegen des hohen Alters des Beteiligten, der in der Gesamtschau die Annahme einer Unzumutbarkeit des Aufsuchens des Notars in seiner Geschäftsstelle rechtfertigt.

b) Terminliche Gründe. In der Praxis wird eine objektive Unzumutbarkeit häufig mit Terminfindungsschwierigkeiten des formell Beteiligten des beabsichtigten Urkundsgeschäftes begründet. Vor dem Hintergrund des höchstrichterlichen Erfordernisses des Vorliegens eines Ausnahmefalles für die Überschreitung des Amtsbereichs kann allein eine **allgemein geringe zeitliche Verfügbarkeit** des formell Beteiligten eine Unzumutbarkeit des Aufsuchens des Notars in seiner Geschäftsstelle nicht begründen.[99] Vielmehr muss die Findung eines Beurkundungstermins in der Geschäftsstelle des Notars unter Berücksichtigung sämtlicher Umstände des konkreten Einzelfalls für den formell Beteiligten sich anhand eines objektiven Maßstabs als unzumutbar darstellen.

An eine durch Terminfindungsschwierigkeiten begründete objektive Unzumutbarkeit sind **hohe Anforderungen** zu stellen.[100] Diesen hohen Anforderungen muss der Notar im Rahmen der nach § 10 Abs. 3 erforderlichen Anzeige durch eine hinreichende Plausibilisierung nachkommen. Die folgenden beispielhaft genannten Umstände können hierbei für eine Unzumutbarkeit aufgrund von Terminfindungsschwierigkeiten sprechen: Eine größere Anzahl von zeitlich sehr eingebundenen Beteiligten kommt zu einem bestimmten Zweck an einem bestimmten Ort für einen kurzen Zeitraum zusammen (bspw. zu einer Gesellschafterversammlung) und nur in diesem zeitlichen Rahmen ist die beabsichtigte Urkundstätigkeit durchführbar; ein zeitlich sehr eingebundener Beteiligter befindet sich nur für einen sehr kurzen Zeitraum an einem bestimmten Ort innerhalb des Amtsbezirks des Notars, verreist danach für längere Zeit ins Ausland und die Urkundstätigkeit kann nach seiner Rückkehr nicht mehr vorgenommen werden.[101]

c) Räumliche Gründe. Insbesondere in gesellschaftsrechtlichen Angelegenheiten wird in der Praxis häufig vorgetragen, dass eine Beurkundung mit der erforderlichen Anzahl an formell Beteiligten in den Räumen der notariellen Geschäftsstelle, etwa bei der Protokollierung einer Gesellschafter- oder Hauptversammlung,[102] nicht möglich gewesen sei. Die man-

---

[99] Diehn/*Bormann* BNotO § 10a Rn. 29.
[100] IE ebenso Diehn/*Bormann* BNotO § 10a Rn. 29; nach Schippel/Bracker/*Görk* RLEmBNotK IX Rn. 6, können Terminschwierigkeiten per se keine Unzumutbarkeit begründen.
[101] Vgl. auch Diehn/*Bormann* BNotO § 10a Rn. 29.
[102] Vgl. hierzu Diehn/*Bormann* BNotO § 10a Rn. 29.

gelnde Größe der Räume der notariellen Geschäftsstelle kann für sich genommen eine objektive Unzumutbarkeit nicht begründen. Ansonsten würde an die Unzumutbarkeit iSd Abschnitts IX Nr. 1 S. 2 lit. d RLEmBNotK ein unterschiedlicher Maßstab angelegt, nämlich die individuelle Größe des Beurkundungszimmers des jeweiligen Notars. Erforderlich für eine durch eine große Anzahl an formell Beteiligten begründete Unzumutbarkeit ist vielmehr, dass diese Anzahl bei **typisierender Betrachtung** üblicherweise nicht in einem Beurkundungszimmer unterzubringen sind[103] und dass die Nutzung anderer Räume im Amtsbereich (Hotelräume, Veranstaltungsräume etc) nicht möglich oder nicht zumutbar ist.[104]

V. Weitere unbestimmte Sachlagen

60 Die bis hierher kommentierten, in Abschnitt IX Nr. 1a) bis d) besonders bestimmten Sachlagen, bei deren Einschlägigkeit eine Urkundstätigkeit außerhalb des Amtsbereichs gerechtfertigt ist, sind **nicht abschließend**.[105] Daneben sind weitere und insoweit unbestimmte Sachlagen möglich, in denen besondere berechtigte Interessen der Rechtsuchenden eine Urkundstätigkeit des Notars außerhalb des Amtsbereichs gem. § 10a Abs. 2 gebieten.

61 **1. Bei Gelegenheit.** In der Praxis kommt es gelegentlich vor, dass der Notar eine nach Abschnitt IX Nr. 1 S. 2 lit. a bis lit. d RLEmBNotK gerechtfertigte Urkundstätigkeit außerhalb seines Amtsbereiches vornimmt und bei dieser Gelegenheit eine weitere Urkundstätigkeit unternimmt, die **isoliert betrachtet** nach Abschnitt IX Nr. 1 S. 2 lit. a bis lit. d RLEmBNotK nicht gerechtfertigt ist. Exemplarisch sei die Situation genannt, in welcher der Notar aufgrund in einer von der Richtlinie genannten Sachlage eine Vorsorgevollmacht außerhalb seines Amtsbereiches beurkundet und bei dieser Gelegenheit der bei der Beurkundung bevollmächtigte und anwesende Sohn der Erblasserin die Beglaubigung seiner Unterschrift unter einem anderen Dokument verlangt, ohne dass betreffend diese letztere Urkundstätigkeit eine von der Richtlinie genannte Sachlage eingreift. Wenn in einem solchen Fall die weitere Urkundstätigkeit die eigentliche Urkundstätigkeit von **Bedeutung und Umfang nicht in den Hintergrund** drängt, ist es aus Sicht des Beteiligten der weiteren Urkundstätigkeit nicht nachvollziehbar und auch nicht erläuterbar, weshalb der bereits außerhalb seines Amtsbereiches tätige Notar nicht zugleich bei dieser Gelegenheit auch eine vergleichsweise unbedeutendere und weniger umfangreiche Urkundstätigkeit vornehmen kann. Unter der Voraussetzung, dass die nach Abschnitt IX Nr. 1 S. 2 lit. a bis lit. d RLEmBNotK gerechtfertigte Urkundstätigkeit durch die bei Gelegenheit vorgenommene Urkundstätigkeit nach Bedeutung und Umfang nicht in den Hintergrund gedrängt wird, gebieten daher besondere berechtigte Interessen der Rechtsuchenden auch die bei dieser Gelegenheit vorgenommene Urkundstätigkeit außerhalb des Amtsbereichs gem. § 10a Abs. 2.[106]

62 **2. Nachlassverzeichnis.** In der Praxis steht der von einem Erben mit der Aufnahme eines Nachlassverzeichnisses iSd § 2314 Abs. 1 S. 3 BGB beauftragte Notar häufig vor der Notwendigkeit, von ihm nach §§ 36, 37 BeurkG zu protokollierende Wahrnehmungen, wie etwa die Aufnahme von Vermögensbeständen, außerhalb seines Amtsbereiches tätigen zu müssen.[107] Aus Sicht des Erben besteht ein besondere berechtigte Interesse an der Erstellung eines **einheitlichen** notariellen Nachlassverzeichnisses.[108] Dem Erben ist es auf

---

[103] Für Diehn/*Bormann* BNotO § 10a Rn. 30 ist diese Schwelle bei 20 bis 25 formell am Urkundsgeschäft Beteiligten erreicht; auf ebenfalls anwesende anwaltliche oder steuerliche Berater komme es nicht an.
[104] Vgl. auch Diehn/*Bormann* BNotO § 10a Rn. 30.
[105] BGH 16.3.2015 – NotSt (Brfg) 9/14, NJW-RR 2016, 182.
[106] AA Diehn/*Bormann* BNotO § 10a Rn. 31, der auf einen „wirtschaftlichen und sachlichen Zusammenhang" abstellt.
[107] → Rn. 6.
[108] Vgl. hierzu auch *Zimmer* ZErb 2012, 5 (8), der mit Blick auf die Urkundsgewährungspflicht aus § 15 Abs. 1 dem Notar ein Ermessen einräumt, ob er die Urkundstätigkeit außerhalb seines Amtsbereichs vornimmt.

der anderen Seite zuzumuten, den Notar mit der Aufnahme eines notariellen Nachlassverzeichnisses zu beauftragen, in dessen Amtsbereich sich die meisten Nachlassgegenstände des Erblassers befinden. Vor diesem Hintergrund gebieten in der Regel besondere berechtigte Interessen der Rechtsuchenden die für die Erstellung eines notariellen Nachlassverzeichnisses erforderlichen Wahrnehmungen außerhalb des Amtsbereichs gem. § 10a Abs. 2, wenn der **Schwerpunkt** der für die Erfassung der Nachlassgegenstände erforderlichen Wahrnehmungen des Notars in seinem Amtsbereich erfolgt.

Wurde der Notar gem. § 2003 BGB durch das **Nachlassgericht** zur Aufnahme des Nachlassinventars beauftragt, kann es für die Annahme eines besonderen berechtigten Interesses an einem einheitlichen Nachlassverzeichnis hingegen auf den Schwerpunkt der Urkundstätigkeit nicht ankommen. Da Regelungen fehlen, welcher Notar mit der Inventarisierung zu beauftragen ist, insbesondere die §§ 11, 10a, Abschnitt IX RLEmBNotK das Nachlassgericht insoweit nicht binden können, hat das Gericht die Auswahl nach Zweckmäßigkeitsgesichtspunkten zu treffen.[109] Nimmt der Notar im Rahmen einer derartigen Beauftragung eine Urkundstätigkeit außerhalb seines Amtsbereiches vor, ist diese mithin stets gem. § 10a Abs. 2 gerechtfertigt.[110] 63

3. Rechtmäßiges Alternativverhalten. Eine weitere von der Richtlinie nicht unmittelbar erfasste Sachlage, bei der ein besonderes berechtigtes Interesse des Rechtsuchenden eine Amtsbereichsüberschreitung gem. § 10a Abs. 2 gebietet, ist der Fall des rechtmäßigen Alternativverhaltens. Hier beglaubigt der Notar außerhalb seines Amtsbereiches etwa die Unterschrift unter einer von ihm entworfenen Genehmigung, ohne dass einer der in Abschnitt IX S. 2 Nr. 1 lit. a bis lit. d RLEmBNotK Rechtfertigungsgründe einschlägig ist. Gleichwohl hätte der Notar **das zu genehmigende Rechtsgeschäft** beispielsweise nach Abschnitt IX S. 2 Nr. 1 lit. b RLEmBNotK („Entwurf gefertigt") außerhalb seines Amtsbereiches beurkunden dürfen. Aus Sicht der Beteiligten wäre es nicht nachvollziehbar und auch nicht erläuterbar, weshalb der Notar zwar die eigentliche Beurkundung des Rechtsgeschäfts, nicht aber die nachfolgende Beglaubigung der Genehmigung dieses Rechtsgeschäfts außerhalb seines Amtsbereichs vornehmen darf. Wenn der Notar die zu genehmigende Urkundstätigkeit nach Abschnitt IX S. 2 Nr. 1 lit. a bis lit. d RLEmBNotK außerhalb seines Amtsbereichs hätte vornehmen dürfen (rechtmäßiges Alternativverhalten), gebieten demnach besondere berechtigte Interessen der Rechtsuchenden die für die Genehmigung dieses Rechtsgeschäfts erforderliche Urkundstätigkeit außerhalb des Amtsbereichs gem. § 10a Abs. 2. 64

D. Amtstätigkeit außerhalb der Geschäftsstelle (Abschnitt IX Nr. 2 und Nr. 3 RLEmBNotK)

Der Regierungsentwurf der BNotO-Novelle des Jahres 1998 sah für § 10 Abs. 4 noch den folgenden Satz 1 vor: „Der Notar soll die Amtstätigkeit in der Regel in seiner Geschäftsstelle vornehmen."[111] Der Rechtsausschuss des Bundestages sprach sich gegen eine gesetzliche Verankerung dieser Regel aus, um „übersteigerten Begründungspflichten zu Lasten des Notars" zu begegnen, und verwies in diesem Zusammenhang auf die mit der BNotO-Novelle zugleich neu geschaffene Ermächtigungsgrundlage des § 67 Abs. 2 S. 3 Nr. 9.[112] Hierzu stellte der Gesetzgeber fest, dass diese neue Ermächtigungsgrundlage zwar die regionalen Notarkammern ermächtige, „die beruflichen Pflichten ihrer Mitglieder durch Satzung näher zu regeln", hierbei könne es jedoch „lediglich um eine Konkretisierung der gesetzlich bereits verankerten Pflichten handeln; eine Möglichkeit, originäre Neuregelungen notarieller Berufspflichten zu schaffen", werde hingegen nicht eröffnet.[113] 65

---

[109] So auch DNotI-Gutachten Nr. 37118.
[110] Vgl. DNotI-Gutachten Nr. 37118.
[111] BT-Drs. 13/4184, 6.
[112] BT-Drs. 13/11034, 38.
[113] BT-Drs. 13/4184, 31.

Von dieser Ermächtigung haben die Notarkammern durch Übernahme von Abschnitt IX Nr. 2 und Nr. 3 RLEmBNotK in ihre jeweiligen Richtlinien Gebrauch gemacht.

66 Das Satzungsrecht des Abschnitts IX Nr. 2 und Nr. 3 RLEmBNotK kann ein **grundsätzliches Verbot** der Amtstätigkeit des Notars außerhalb der Geschäftsstelle nicht enthalten.[114] Das Bundesverfassungsgericht hat zwei Jahre nach Inkrafttreten der BNotO-Novelle festgestellt, dass ein grundsätzliches Verbot der Amtstätigkeit außerhalb der Geschäftsstelle aufgrund des damit einhergehenden empfindlichen Eingriffs in die Berufsausübungsfreiheit des Notars gem. Art. 12 Abs. 1 GG nach dem verfassungsrechtlichen Wesentlichkeitsgrundsatz einem **Parlamentsvorbehalt** unterliegt.[115] Der Gesetzgeber hat daher ein derartiges Verbot durch ein förmliches Gesetz selbst zu regeln und kann diese Entscheidung nicht anderen Normgebern, dh den Notarkammern, überlassen.[116] Für eine Urkundstätigkeit außerhalb des Amtsbereichs und des Amtsbezirks gem. §§ 10a Abs. 1, 11 Abs. 2 hat der Gesetzgeber ein derartiges grundsätzliches Verbot durch ein förmliches Gesetz aufgestellt. Ein grundsätzliches Verbot von Amtsgeschäften außerhalb der Geschäftsstelle findet sich in der BNotO hingegen nicht.[117] Abschnitt IX Nr. 2 und Nr. 3 RLEmBNotK bedarf daher einer **verfassungskonformen Auslegung**.[118]

67 Eine verfassungskonforme Auslegung von Abschnitt IX Nr. 2 und Nr. 3 RLEmBNotK erfordert, als maßgeblichen Grundsatz für eine Amtstätigkeit des Notars außerhalb seiner Geschäftsstelle iSd § 67 Abs. 2 S. 3 Nr. 9 zunächst die Regelung der Abschnitt IX Nr. 3 RLEmBNotK heranzuziehen.[119] Danach ist, worauf auch das Bundesverfassungsgericht in dem zuvor genannten Beschluss hingewiesen hat,[120] die **äußerste Grenze** der Zulässigkeit einer Amtstätigkeit außerhalb der Geschäftsstelle überschritten, wenn hierdurch der Anschein von amtswidriger Werbung, der Abhängigkeit oder der Parteilichkeit entsteht oder der Schutzzweck des Beurkundungserfordernisses gefährdet wird. In diesem Kontext ist sodann die Regelung der Abschnitt IX Nr. 2 RLEmBNotK dahingehend auszulegen, dass der Notar ein Amtsgeschäft außerhalb der Geschäftsstelle jedenfalls dann vornehmen darf, wenn ein **sachlicher Grund** vorliegt.[121] Liegt ein sachlicher Grund für eine Amtstätigkeit außerhalb der Geschäftsstelle vor, kann nämlich die in Abschnitt IX Nr. 3 RLEmBNotK geregelte äußerste Zulässigkeitsgrenze nicht überschritten sein. Eine Auslegung von Abschnitt IX Nr. 2 RLEmBNotK dahingehend, dass der Notar eine Amtstätigkeit außerhalb seiner Geschäftsstelle nur dann vornehmen darf, wenn hierfür ein sachlicher Grund vorliegt, wäre hingegen aufgrund eines damit durch Satzungsrecht statuierten grundsätzlichen Verbotes der Amtstätigkeit außerhalb der Geschäftsstelle verfassungswidrig.[122]

---

[114] Schippel/Bracker/*Görk* RLEmBNotK IX Rn. 11; vgl. hierzu auch umfassend und kritisch *Weingärtner/Wöstmann* D. IX. Rn. 25 ff.

[115] BVerfG 9.8.2000 – 1 BvR 647/98, NJW 2000, 3486; vgl. hierzu auch *Jaeger* ZNotP 2001, 2 f.

[116] BVerfG 9.8.2000 – 1 BvR 647/98, NJW 2000, 3486; vgl. hierzu auch *Jaeger* ZNotP 2001, 2 f.

[117] So dezidert BVerfG 9.8.2000 – 1 BvR 647/98, NJW 2000, 3486: Die „§§ 10, 10a, und 11 BNotO (...) enthalten kein Verbot von Auswärtsbeurkundungen innerhalb des dem Notar zugewiesenen Amtsbereichs." Dieses Verbot lässt „sich auch nicht aus dem Regelungszusammenhang der §§ 1, 4, 10 und 14 Abs. 1 S. 2 BNotO gewinnen." An anderer Stelle stellt der Senat hierzu ferner fest: „Ersichtlich ging auch der Gesetzgeber nicht davon aus, dass diese Regelung" gilt. Vgl. auch *Jaeger* ZNotP 2001, 2 f.; aA. hingegen *Terner* DNotZ 2010, 949 (955).

[118] So ausdrücklich auch die Gremien der BNotK, die sich im Lichte der vorgenannten Entscheidung des BVerfG, die erst nach dem Erlass der Richtlinien im Jahre 1999 verkündet wurde, mit der Notwendigkeit einer Änderung der Richtlinienempfehlung befasst haben; vgl. DNotZ, 2002, 481 (485).

[119] In diesem Sinne sind die Notarkammern Baden-Württemberg, Berlin, Braunschweig, Bremen, Celle, Oldenburg, Sachsen, Schleswig-Holstein und die Westfälische Notarkammer verfahren, in dem Sie lediglich Abschnitt IX Nr. 3 RLEmBNotK in ihre Richtlinien gem. § 67 Abs. 2 S. 3 Nr. 9 übernommen und auf eine Übernahme des Abschnitts IX Nr. 2 RLEmBNotK vollständig verzichtet haben; vgl. auch Schippel/Bracker/*Görk* RLEmBNotK IX Rn. 13.

[120] BVerfG 9.8.2000 – 1 BvR 647/98, NJW 2000, 3486. IE so auch der Gesetzgeber im Rahmen der Schaffung der Ermächtigungsgrundlage des § 67 Abs. 2 S. 3 Nr. 9 in BT-Drs. 13/11034, 39: „Für Beurkundungen außerhalb der Geschäftsstelle ergeben sich Einschränkungen aus den allgemeinen Berufspflichten des Notars, namentlich der Verpflichtung der Unabhängigkeit und Unparteilichkeit."

[121] So auch Schippel/Bracker/*Görk* RLEmBNotK IX Rn. 12.

[122] Schippel/Bracker/*Görk* RLEmBNotK IX Rn. 11 f.; aA. *Terner* DNotZ 2010, 949 (955).

Festzuhalten ist somit zunächst, dass der Notar bei verfassungskonformer Auslegung **68** von § 67 Abs. 2 S. 3 Nr. 9 iVm Abschnitt IX Nr. 3 und Nr. 2 RLEmBNotK Amtstätigkeiten (Urkundstätigkeiten iSd §§ 20 bis 22 und Beratungstätigkeiten iSd §§ 23, 24)[123] außerhalb seiner Geschäftsstelle und innerhalb seines Amtsbereichs stets vornehmen darf, wenn nicht einer der in Abschnitt IX Nr. 3 RLEmBNotK genannten **Unzulässigkeitsgründe** einschlägig ist.[124] Durch eine Beurkundung außerhalb der Geschäftsstelle entsteht der Anschein von **amtswidriger Werbung** iSd Abschnitts IX Nr. 3 Alt. 1 RLEmBNotK beispielsweise dann, wenn der Notar dem Rechtsuchenden seine Dienste außerhalb der Geschäftsstelle vorab besonders angeboten hat.[125] Eine Beurkundung außerhalb der Geschäftsstelle begründet den Anschein einer **Abhängigkeit und Parteilichkeit** iSd Abschnitts IX Nr. 3 Alt. 2 RLEmBNotK etwa dann, wenn der Notar einen Grundstückskaufvertrag in den Räumen des beteiligten Bauträgers oder vermittelnden Maklers beurkundet.[126] Der **Schutzzweck des Beurkundungserfordernisses** kann beispielsweise dann iSd Abschnitts IX Nr. 3 Alt. 3 RLEmBNotK gefährdet sein, wenn die Beurkundung außerhalb der Geschäftsstelle in Räumen mit Publikumsverkehr erfolgt und der Notar deshalb seinen Aufklärungs- und Beratungspflichten nach § 17 Abs. 1 BeurkG oder seiner Verschwiegenheitspflicht nach § 18 Abs. 1 nicht in dem erforderlichen Maße nachkommen kann.[127]

Festzuhalten ist ferner, dass die in Abschnitt IX Nr. 3 RLEmBNotK genannten Un- **69** zulässigkeitsgründe gem. Abschnitt IX Nr. 2 RLEmBNotK jedenfalls dann nicht vorliegen, wenn ein **sachlicher Grund** für die Amtstätigkeit außerhalb der Geschäftsstelle vorhanden ist. Als derart sachliche Gründe kommen zunächst sämtliche Gründe in Betracht, die auch eine Amtsbezirks- und Amtsbereichsüberschreitung rechtfertigen.[128] Ferner liegt ein sachlicher Grund vor, wenn die Amtstätigkeit bereits **ihrer Natur nach** außerhalb der Geschäftsstelle vorgenommen werden muss (Wechselproteste, Versteigerungen, Versammlungen, Verlosungen, Siegelungen, Nachlassverzeichnisse).[129] Wenn aufgrund einer **Vielzahl an Beteiligten** eines Rechtsgeschäfts eine Beurkundung in den Räumen der Geschäftsstelle nicht möglich ist oder unzweckmäßig erscheint ist ein sachlicher Grund für eine Beurkundung außerhalb der Geschäftsstelle ebenfalls zu bejahen.[130] Der generelle Aufwand für das Aufsuchen des Notars (fehlende Fahrerlaubnis oder fehlender Pkw, Parkplatznot, Witterungsbedingungen oder schlechte Verbindungen mit dem öffentlichen Verkehrsnetz) scheidet hingegen als sachlicher Grund aus.[131]

Schließlich findet eine Amtstätigkeit des Notars außerhalb seiner Geschäftsstelle seine **70** Grenzen in dem in § 10 Abs. 4 statuierten grundsätzlichen Verbot des Abhaltens **auswärtiger Sprechtage** und des Unterhaltens **mehrerer Geschäftsstellen**.[132] Ist die Auswärtstätigkeit nach den in der Kommentierung zu § 10 Abs. 4 näher dargelegten Kriterien als ein auswärtiger Sprechtag oder als eine weitere Geschäftsstelle zu qualifizieren und liegt hierfür eine Genehmigung nicht vor, so verstößt der Notar gegen seine Amtspflichten aus § 10 Abs. 4.[133]

---

[123] → Rn. 5.
[124] So auch OLG Köln 20.6.2007 – 2 X (Not) 15/06, DNotZ 2008, 149.
[125] *Terner* DNotZ 2010, 949 (954 f.); Schippel/Bracker/*Görk* RLEmBNotK IX Rn. 15; *Weingärtner/Wöstmann* D. IX. Rn. 39.
[126] *Terner* DNotZ 2010, 949 (954 f.); Schippel/Bracker/*Görk* RLEmBNotK IX Rn. 16; *Weingärtner/Wöstmann* D. IX. Rn. 38.
[127] *Terner* DNotZ 2010, 949 (954 f.); Schippel/Bracker/*Görk* RLEmBNotK IX Rn. 17; *Weingärtner/Wöstmann* D. IX. Rn. 40.
[128] *Weingärtner/Wöstmann* D. IX. Rn. 34; *Wöstmann* ZNotP 2003, 138.
[129] *Weingärtner/Wöstmann* D. IX. Rn. 35; *Wöstmann* ZNotP 2003, 138.
[130] *Weingärtner/Wöstmann* D. IX. Rn. 35; *Wöstmann* ZNotP 2003, 138.
[131] *Weingärtner/Wöstmann* D. IX. Rn. 35; *Wöstmann* ZNotP 2003, 138.
[132] Vgl. ebenso Schippel/Bracker/*Püls* BNotO § 10a Rn. 2.
[133] Hierzu → § 10 Rn. 82 ff.

E. Mitteilungspflichten (§ 10a Abs. 3)

71 Gemäß § 10a Abs. 3 hat der Notar eine Urkundstätigkeit außerhalb seines Amtsbereichs seiner Aufsichtsbehörde oder nach deren Bestimmung seiner Notarkammer **unverzüglich** und unter **Angabe der Gründe** mitzuteilen. Da eine Urkundstätigkeit außerhalb des Amtsbezirks stets auch eine Urkundstätigkeit außerhalb des Amtsbereichs darstellt, greift die gesetzliche Mitteilungspflicht gem. § 10a Abs. 3 sowohl bei einer Überschreitung des **Amtsbereichs** iSd § 10a Abs. 1 als auch bei einer Überschreitung des **Amtsbezirks** iSd § 11 Abs. 1. Sinn und Zweck der Norm ist es, den Aufsichtsbehörden eine effektive Überprüfung der Einhaltung der durch §§ 10a, 11 aufgestellten Grenzen zu ermöglichen.[134] Diesem Sinn und Zweck dient ergänzend auch der in Spalte 2a der Urkundenrolle einzutragende Ort des Amtsgeschäfts. Eine Verpflichtung zur Mitteilung der Vornahme einer Amtstätigkeit außerhalb der **Geschäftsstelle** besteht nicht.

72 Die Allgemeinverfügungen einiger Länder sehen vor, dass der Notar eine Urkundstätigkeit außerhalb des **Amtsbereichs** iSd § 10a Abs. 1 nicht seiner Aufsichtsbehörde, sondern **allein der Notarkammer** mitzuteilen und er eine Abschrift von dieser Mitteilung zu seinen Generalakten zu nehmen hat.[135] Erfolgt eine Urkundstätigkeit außerhalb des **Amtsbezirks** iSd § 11 Abs. 1 sehen die Allgemeinverfügungen dieser Länder zum Teil wiederum abweichend davon vor, dass der **Präsident des zuständigen Landgerichts** Adressat dieser Mitteilung und die Notarkammer lediglich zu benachrichtigen ist.[136] Auch wenn dies in den Allgemeinverfügungen der Länder ggf. nicht ausdrücklich geregelt ist, sollte gem. § 23 Abs. 1 DONot auch eine Abschrift dieser Mitteilung betreffend eine Amtsbezirksüberschreitung zu den Generalakten genommen werden. Ferner sehen einige Allgemeinverfügungen der Länder einschränkend vor, dass der Notar eine Urkundstätigkeit außerhalb des Amtsbezirks iSd § 11 Abs. 1 nur dann mitzuteilen hat, wenn ihm diese Amtsbezirksüberschreitung nicht vorab durch die Aufsichtsbehörde genehmigt worden ist.[137] Diese einschränkende Auslegung von § 10a Abs. 3 folgt bereits aus dem Sinn und Zweck der Norm, da in Betreff einer zuvor von der Aufsichtsbehörde genehmigten Amtsbezirksüberschreitung von vornherein kein zusätzliches Überprüfungsbedürfnis besteht.

73 Die Mitteilung einer Amtsbereichs- und Amtsbezirksüberschreitung hat gem. § 10a Abs. 3 unverzüglich, dh **ohne schuldhaftes Zögern** (§ 121 Abs. 1 BGB) zu erfolgen. Die Mitteilung hat grundsätzlich unverzüglich nach der Beurkundung zu erfolgen. Abweichend davon sehen die Richtlinien einiger Länder vor, dass die Mitteilung allgemein oder in bestimmten Fällen vor der Beurkundung zu erfolgen hat.[138] In der Mitteilung sind nach dem in dieser Hinsicht durch die BNotO-Novelle im Jahr 1998 verschärften Wortlaut des § 10a Abs. 3[139] ferner die **Gründe anzugeben**, welche die Urkundstätigkeit außerhalb des Amtsbereichs oder des Amtsbezirks rechtfertigen. In der Praxis erfolgt eine Mitteilung gem. § 10a Abs. 3 häufig unter bloßer Wiedergabe des in Abschnitt IX RLEmBNotK vermeintlich einschlägigen Tatbestandes. Eine bloße Wiedergabe von Tatbestandsmerkmalen oder die pauschale Behauptung der Einschlägigkeit von Tatbestandsmerkmalen genügt

---

[134] Vgl. BT-Drs. 13/4184, 32.
[135] So etwa in Nordrhein-Westfalen (§ 3 Abs. 2 AVNot NRW), Baden-Württemberg (Ziff. 2.2 VwV BNotO), Berlin (Ziff. VII, Rn. 21 (2) AVNot Berlin), Rheinland-Pfalz (Ziff. 3.10.3 VVNot), ähnlich auch in Sachsen (Ziff. V, 19, b S. 2 VwV).
[136] So etwa in Nordrhein-Westfalen (§ 31 Nr. 2 S. 3 AVNot NRW) und in Berlin (Ziff. VII, Rn. 21 (3) AVNot Berlin).
[137] Vgl. § 31 Nr. 2 S. 3 AVNot NRW, worin diese Regel nicht negativ sondern positiv dahingehend formuliert ist, dass der Notar eine Amtsbezirksüberschreitung bei Vorliegen von Gefahr im Verzug mitzuteilen hat.
[138] Vgl. Richtlinien der Notarkammern Thüringen und Sachsen (IX.1.2.); vgl. hierzu Schippel/Bracker/*Görk* RLEmBNotK IX Rn. 8.
[139] Vgl. BT-Drs. 13/4184, 23.

einer Mitteilung iSd § 10a Abs. 3 hingegen nicht.[140] Eine Mitteilung erfüllt ihren Sinn und Zweck nur dann, wenn anhand der darin gemachten Angaben auch durch die Notarkammer oder die Aufsichtsbehörde tatsächlich **geprüft werden kann,** ob einer der in Abschnitt IX RLEmBNotK einschlägigen Tatbestände erfüllt ist. Am Ende dieser Kommentierung finden sich Muster für Mitteilungen iSd § 10a Abs. 3.[141]

F. Rechtsfolgen (§ 11 Abs. 3)

Gemäß § 11 Abs. 3 berührt eine ungerechtfertigte **Amtsbezirksüberschreitung** iSd § 11 die Gültigkeit der Urkundstätigkeit nicht. Daraus folgt zugleich, dass auch eine ungerechtfertigte **Amtsbereichsüberschreitung** iSd § 10a die Gültigkeit der Urkundstätigkeit nicht berührt. § 11 Abs. 3 enthält mithin eine Klarstellung, dass eine ungerechtfertigte Überschreitung sowohl des Amtsbezirks als auch des Amtsbereichs für das **materielle Recht irrelevant** ist.[142] Eine identische Klarstellung enthält § 2 BeurkG.

Die Verletzung der §§ 11, 10a und Abschnitt IX RLEmBNotK stellt ein **Dienstvergehen** iSd § 95 dar.[143] Eine Verletzung dieser Normen begründet hierbei nicht nur die ungerechtfertigte **Überschreitung** des Amtsbereichs oder des Amtsbezirks oder die unzulässige Amtstätigkeit außerhalb der Geschäftsstelle, sondern auch das Unterlassen einer unverzüglichen **Mitteilung** gem. § 10a Abs. 3.[144] Das Risiko der rechtlichen Beurteilung, ob eine Urkundstätigkeit außerhalb des Amtsbereichs oder des Amtsbezirks gerechtfertigt oder eine Amtstätigkeit außerhalb der Geschäftsstelle zulässig ist, trägt der Notar grundsätzlich selbst.[145] Lediglich bei einer Urkundstätigkeit außerhalb des Amtsbezirks steht dem Notar gem. § 11 Abs. 2 ein Genehmigungsverfahren zur Verfügung, dass ihm Rechtssicherheit im Hinblick auf die rechtliche Beurteilung durch seine Aufsichtsbehörde gibt.

Der gesetzlichen Beschränkung der notariellen Urkunds- und Amtstätigkeit kommt unter Berücksichtigung seines Schutzzweckes nach Auffassung des Bundesgerichtshofs ein „**nicht unerhebliches Gewicht**" zu.[146] Bereits aus den vergleichsweise engeren gesetzlichen Rechtfertigungsgründen einer Amtsbezirksüberschreitung folgt, dass ein Verstoß gegen die Amtsbezirksbeschränkung gem. § 11 in der Regel schwerer wiegt als ein Verstoß gegen die Amtsbereichsbeschränkung gem. § 10a. Vor diesem Hintergrund kann bereits ein einmaliger Verstoß gegen die Amtsbezirksbeschränkung eine scharfe Disziplinarmaßnahme iSd § 97 Abs. 1 bis Abs. 3 rechtfertigen.[147]

G. Muster

I. Amtsbezirksüberschreitungen

Antrag auf Genehmigung (§ 11 Abs. 2 Alt. 2)

Adressat: Präsident des „eigenen" Oberlandesgerichts (→ Rn. 10)

Kopie: Generalakte, Notarkammer

Antrag auf Genehmigung einer Amtsbezirksüberschreitung gem. § 11 Abs. 2 BNotO

Sehr geehrter Herr Präsident,

---

[140] Vgl. BGH 16.3.2015 – NotSt (Brfg) 9/14, NJW-RR 2016, 182.
[141] → Rn. 77 ff.
[142] Vgl. Schippel/Bracker/Püls BNotO § 11 Rn. 5.
[143] Vgl. BGH 13.3.2017 – NotSt (Brfg) 1/16, NJW-RR 2017, 829 Rn. 3 ff. zu einem Verstoß gegen § 11 Abs. 2; BGH 16.3.2015 – NotSt (Brfg) 9/14, NJW-RR 2016, 182 zu einem Verstoß gegen § 10a Abs. 2.
[144] Vgl. BGH 16.3.2015 – NotSt (Brfg) 9/14, NJW-RR 2016, 182.
[145] Vgl. Diehn/Bormann BNotO § 10a Rn. 8; Schippel/Bracker/Püls BNotO § 10a Rn. 5.
[146] BGH 16.3.2015 – NotSt (Brfg) 9/14, NJW-RR 2016, 182 zu einem Verstoß gegen § 10a Abs. 2.
[147] Vgl. auch Schippel/Bracker/Püls BNotO § 11 Rn. 4.

hiermit beantrage ich, mir gem. § 11 Abs. 2 Alt. 2 BNotO eine Beurkundung außerhalb meines Amtsbezirks zu genehmigen. Die beabsichtigte Urkundstätigkeit, die Beurkundung eines ***, soll am *** außerhalb meines Amtsbezirks, in ***, vorgenommen werden. Aus den im Folgenden näher darzulegenden, in der Sache selbst liegenden objektiv gewichtigen Gründen liegt der beabsichtigten Urkundstätigkeit ein besonderer Ausnahmefall zugrunde.

Es handelt sich bei der beabsichtigten Beurkundung um eine schwierige Rechtsangelegenheit. Die Schwierigkeit ist darin begründet, dass *** (*Begründung, → Rn. 8f.*).

Ich habe den Entwurf der beabsichtigten Beurkundung in langen Verhandlungen vorbereitet. Die erste Besprechung zu der beabsichtigen Beurkundung erfolgte am *** (*Begründung, → Rn. 8f.*).

Meine Kenntnisse sind für die Vornahme der beabsichtigten Beurkundung von Bedeutung. Ich betreue den Beteiligten bereits seit *** (*Begründung, → Rn. 8f. und → Rn. 49ff.*).

Die beabsichtigte Beurkundung muss aus bei Annahme des Beurkundungsauftrages unvorhersehbaren Gründen außerhalb meines Amtsbezirks erfolgen. Der Beteiligte kann mich nicht in meiner Geschäftsstelle aufsuchen, da *** (*Begründung, → Rn. 8f. und → Rn. 30ff.*). Dieser objektiv zwingende Grund für eine Beurkundung außerhalb meines Amtsbezirks war mir bei Annahme des Beurkundungsauftrages noch nicht bekannt *** (*Begründung, → Rn. 8f. und → Rn. 33f.*).

Für Rückfragen stehe ich Ihnen gerne zur Verfügung.

Mit freundlichen Grüßen

(Notar)

78 Gefahr im Verzug (§ 11 Abs. 2 Alt. 1)

Adressat: Präsident des Landgerichts (→ Rn. 72)

Kopie: Generalakte, Notarkammer

Mitteilung einer Amtsbezirksüberschreitung gem. §§ 10a Abs. 3, 11 Abs. 2 BNotO

Sehr geehrter Herr Präsident,

hiermit teile ich Ihnen mit, dass ich am *** außerhalb meines Amtsbezirks, in ***, die Beurkundung eines *** vorgenommen habe. Die Überschreitung meines Amtsbezirks war aufgrund von Gefahr im Verzuge gem. § 11 Abs. 2 Alt. 1 BNotO gerechtfertigt.

Ohne meine unverzügliche Beurkundung an Ort und Stelle wäre dem Beteiligten ein Schaden entstanden. Die Beurkundung wäre zu einem späteren Zeitpunkt nicht mehr möglich gewesen, da *** (*Begründung, → Rn. 15f.*).

Ein Notar mit Amtssitz innerhalb des Amtsbereichs, in dem ich die Beurkundung vorgenommen habe, stand für eine unverzügliche Beurkundung nicht zur Verfügung. Der Beteiligte hat mir versichert, sich vorab bei sämtlichen Notaren im Amtsbereich vergeblich um einen Termin für eine unverzügliche Beurkundung bemüht zu haben / Der Gesundheitszustand des Beteiligten war derart kritisch, dass ein anderer Notar mit Amtssitz im Amtsbereich nicht mehr kontaktiert werden konnte. (*Begründung, → Rn. 17f.*).

Für Rückfragen stehe ich Ihnen gerne zur Verfügung.

Mit freundlichen Grüßen

(Notarin)

II. Amtsbereichsüberschreitungen

Gefahr im Verzug (Abschnitt IX Nr. 1 lit. a RLEmBNotK) 79

Adressat: Präsident der Notarkammer (→ Rn. 72)

Kopie: Generalakte

Mitteilung einer Amtsbereichsüberschreitung gem. § 10a Abs. 3 BNotO

Sehr geehrter Herr Präsident,

hiermit teile ich Ihnen mit, dass ich am *** außerhalb meines Amtsbezirks, in ***, die Beurkundung eines *** vorgenommen habe. Die Überschreitung meines Amtsbezirks war aufgrund von Gefahr im Verzuge gem. § 10a Abs. 2 BNotO iVm Abschnitt IX Nr. 1a der Richtlinien der Notarkammer *** gerechtfertigt.

Ohne meine unverzügliche Beurkundung an Ort und Stelle wäre dem Beteiligten ein Schaden entstanden. Die Beurkundung wäre zu einem späteren Zeitpunkt nicht mehr möglich gewesen, da *** (*Begründung,* → *Rn. 25 und* → *Rn. 15 f.*).

Ein Notar mit Amtssitz innerhalb des Amtsbereichs, in dem ich die Beurkundung vorgenommen habe, stand für eine unverzügliche Beurkundung nicht zur Verfügung. Der Beteiligte hat mir versichert, sich vorab bei sämtlichen Notaren im Amtsbereich vergeblich um einen Termin für eine unverzügliche Beurkundung bemüht zu haben / Der Gesundheitszustand des Beteiligten war derart kritisch, dass ein anderer Notar mit Amtssitz im Amtsbereich nicht mehr kontaktiert werden konnte. (*Begründung,* → *Rn. 25 und* → *Rn. 17 f.*).

Für Rückfragen stehe ich Ihnen gerne zur Verfügung.

Mit freundlichen Grüßen

(Notar)

Urkundsentwurf gefertigt (Abschnitt IX Nr. 1 lit. b RLEmBNotK) 80

Adressat: Präsident der Notarkammer (→ Rn. 72)

Kopie: Generalakte

Mitteilung einer Amtsbereichsüberschreitung gem. § 10a Abs. 3 BNotO

Sehr geehrter Herr Präsident,

hiermit teile ich Ihnen mit, dass ich am *** außerhalb meines Amtsbereiches, in ***, eine Beurkundung vorgenommen habe. Die Überschreitung meines Amtsbezirks war gem. § 10a Abs. 2 BNotO iVm Abschnitt IX Nr. 1b der Richtlinien der Notarkammer *** gerechtfertigt.

Am *** wurde mir ein Auftrag zur Beurkundung eines *** erteilt. Am *** habe ich den Entwurf der beabsichtigten Beurkundung an die Beteiligten versandt. Im Zeitpunkt des Versands des Entwurfes hatte ich noch keine Anhaltspunkte dafür, dass die Beurkundung außerhalb meines Amtsbereiches vorgenommen werden musste.

Eine Beurkundung außerhalb meines Amtsbezirks musste erfolgen, da *** (*Begründung,* → *Rn. 30 ff.*).

Für Rückfragen stehe ich Ihnen gerne zur Verfügung.

Mit freundlichen Grüßen

(Notar)

Unrichtige Sachbehandlung (Abschnitt IX Nr. 1 lit. c RLEmBNotK) 81

Adressat: Präsident der Notarkammer (→ Rn. 72)

Kopie: Generalakte

Mitteilung einer Amtsbereichsüberschreitung gem. § 10a Abs. 3 BNotO

Sehr geehrter Herr Präsident,

hiermit teile ich Ihnen mit, dass ich am *** außerhalb meines Amtsbereiches, in ***, die Beurkundung eines *** vorgenommen habe. Die Überschreitung meines Amtsbereichs war gem. § 10a Abs. 2 BNotO iVm Abschnitt IX Nr. 1c der Richtlinien der Notarkammer *** gerechtfertigt. Bei der Beurkundung handelt es sich um eine gem. § 21 GNotKG zu behandelnde Urkundstätigkeit.

Für Rückfragen stehe ich Ihnen gerne zur Verfügung.

Mit freundlichen Grüßen

(Notar)

82   Besondere Vertrauensbeziehung (Abschnitt IX Nr. 1 lit. d RLEmBNotK)

Adressat: Präsident der Notarkammer (→ Rn. 72)

Kopie: Generalakte

Mitteilung einer Amtsbereichsüberschreitung gem. § 10a Abs. 3 BNotO

Sehr geehrter Herr Präsident,

hiermit teile ich Ihnen mit, dass ich am *** außerhalb meines Amtsbereiches, in ***, die Beurkundung eines *** vorgenommen habe. Die Überschreitung meines Amtsbereichs war gem. § 10a Abs. 2 BNotO iVm Abschnitt IX Nr. 1d der Richtlinien der Notarkammer *** gerechtfertigt.

Zwischen dem Beteiligten der Beurkundung und mir besteht eine besondere Vertrauensbeziehung. Diese ist darin begründet, dass *** (*Begründung, → Rn. 39 ff.*).

Die bestehende besondere Vertrauensbeziehung war für die vorgenommene Beurkundung von besonderer Bedeutung. Es handelte sich bei der Beurkundung um die Errichtung einer Niederschrift iSd § 8 BeurkG. Der Beteiligte legte besonderen Wert auf eine Beurkundung durch mich. (*Begründung in den Fällen einer Beglaubigung iSd §§ 39 ff. BeurkG, → Rn. 49 ff.*).

Es war dem Beteiligten unzumutbar, mich für die Beurkundung in meiner Geschäftsstelle aufzusuchen. Die Unzumutbarkeit lag darin begründet, dass *** (*Begründung, → Rn. 52 ff.*).

Für Rückfragen stehe ich Ihnen gerne zur Verfügung.

Mit freundlichen Grüßen

(Notar)

83   Weitere unbestimmte Sachlagen

Adressat: Präsident der Notarkammer (→ Rn. 72)

Kopie: Generalakte

Mitteilung einer Amtsbereichsüberschreitung gem. § 10a Abs. 3 BNotO

Sehr geehrter Herr Präsident,

hiermit teile ich Ihnen mit, dass ich am *** außerhalb meines Amtsbereiches, in ***, die Beurkundung eines *** vorgenommen habe. Die Überschreitung meines Amtsbereichs war gem. § 10a Abs. 2 BNotO gerechtfertigt.

Zwar lag keiner der in Abschnitt IX Nr. 1a bis d der Richtlinien der Notarkammer *** genannten besonderen berechtigten Interessen der Rechtsuchenden vor. Gleichwohl war eine Beurkundung außerhalb meines Amtsbereichs aufgrund des Vorliegens anderer besonderer berechtigter Interessen der Beteiligten iSd § 10a Abs. 2 BNotO geboten.

> Die besonderen berechtigten Interessen der Beteiligten der Beurkundung lagen darin begründet, dass *** (*Begründung*, → Rn. 60 ff.).
>
> Für Rückfragen stehe ich Ihnen gerne zur Verfügung.
>
> Mit freundlichen Grüßen
>
> (Notar)

§ 11a [Zusammenarbeit mit einem im Ausland bestellten Notar]

¹ Der Notar ist befugt, einen im Ausland bestellten Notar auf dessen Ersuchen bei seinen Amtsgeschäften zu unterstützen und sich zu diesem Zweck ins Ausland zu begeben, soweit nicht die Vorschriften des betreffenden Staates entgegenstehen. ² Er hat hierbei die ihm nach deutschem Recht obliegenden Pflichten zu beachten. ³ Ein im Ausland bestellter Notar darf nur auf Ersuchen eines inländischen Notars im Geltungsbereich dieses Gesetzes kollegiale Hilfe leisten; Satz 1 gilt entsprechend. ⁴ Er hat hierbei die für einen deutschen Notar geltenden Pflichten zu beachten.

Vgl. hierzu auch → RLEmBNotK Abschnitt XI. Nr. 4.

A. Vorbemerkungen

Die Vorschrift ist auf Vorschlag der Bundesnotarkammer im Rahmen der Berufsrechtsnovelle 1998 neu in die BNotO eingefügt worden. Ihr Wortlaut entspricht beinah vollständig, die Gesetzesbegründung in wesentlichen Teilen, den entsprechenden, von der Bundesnotarkammer vorgelegten Texten.[1] Darüber hinaus sind in etwa vergleichbare Regelungen auch in den Europäischen Kodex des notariellen Standesrechtes aufgenommen worden, dessen erste Fassung die Konferenz der Notariate der Europäischen Union auf ihrer Sitzung vom 3./4.2.1995 in Neapel verabschiedet hat.[2] Die jetzige Fassung (abgedruckt als → Anhang 2) wurde von der CNUE am 11.12.2009 angenommen. Es handelt sich allerdings nur um unverbindliche Empfehlungen.[3]

Notarielle Amtsausübung ist als hoheitliche Tätigkeit begrenzt auf das Gebiet des Bestellungsstaates. Amtsbefugnisse außerhalb des Bestellungsstaates bestehen nicht mit der Folge, dass zB Beurkundungen eines deutschen Notars im Ausland unwirksam sind. Dies gilt auch nach dem „Notar-Urteil" des EuGH,[4] da auch nach dem EuGH die mit notariellen Amtstätigkeiten verfolgten Zwecke Beschränkungen der Grundfreiheiten rechtfertigen. Die von einem Mitgliedstaat verliehenen Amtsbefugnisse bleiben auf das Hoheitsgebiet des jeweiligen Mitgliedstaates beschränkt.[5] Amtsbefugnisse enden an den Grenzen des verleihenden Staates. Die mit den Regelungen in § 11a verbundenen Beschränkungen der Berufs- (Art. 12 GG), der Niederlassungs- (Art. 49 AEUV) und der Dienstleistungsfreiheit (Art. 56 AEUV) sind daher durch die zu schützenden Gemeinwohlbelange der Sicherung der Funktionsfähigkeit der vorsorgenden Rechtspflege gerechtfertigt.[6] Angesichts einer zunehmenden Zahl grenzüberschreitender Sachverhalte soll aber gleichwohl auch den Notaren die Möglichkeit einer transnationalen Zusammenarbeit eröffnet werden unter Berücksichtigung der Einschränkungen, die sich aus dem Charakter des Notaramtes er-

---

[1] Vorschläge der Bundesnotarkammer zur Reform des notariellen Berufsrechts, Köln, 1992, jeweils zu § 9a BNotO.
[2] Abgedruckt in DNotZ 1995, 329; siehe hierzu *Schippel* DNotZ 1995, 334.
[3] So zur Recht Diehn/*Bormann* BNotO § 11a Rn. 8 mwN.
[4] NJW 2011, 2941.
[5] *Waldhoff* NJW 2015, 3039; NJW 2011, 2941.
[6] So zu Recht BGH DNotZ 2013, 630 zur Tätigkeit eines deutschen Notars im Ausland und DNotZ 2015, 945 mAnm *Rachlitz* zur Tätigkeit eines ausländischen Notars in Deutschland; zustimmend auch *Waldhoff* NJW 2015, 3039.

geben. § 11a knüpft hierzu an Elemente des grenzüberschreitenden Rechtshilfeverkehrs an, was insofern naheliegend ist, als auch hier Hoheitsträger transnational verkehren.

3   Angesichts heutiger technischer Möglichkeiten dürfte mehr und mehr in tatsächlicher Hinsicht eine transnationale unterstützende Zusammenarbeit über das vom CNUE entwickelte „European National Network" (http://www.enn-rne-online.eu/homepage/) von Bedeutung sein.

4   Im Übrigen leidet die Regelung (derzeit) darunter, dass – anders als im Bereich der Rechtshilfe – für notarielle Tätigkeiten keine zwischenstaatlichen Abkommen bestehen, wie sie für das Tätigwerden eines Hoheitsträgers im Ausland eigentlich erforderlich wären. Die Gesetzesbegründung versucht dieser Regelungslücke mit der Behauptung zu entgehen, dass auch bei der nach § 11a zugelassenen Auslandstätigkeit des Notars hoheitliche Funktionen nicht wahrgenommen werden, da der Notar nur gegenüber dem ausländischen Notar, nicht aber gegenüber den Beteiligten tätig werde.[7] Der Notar wird jedenfalls – ebenso wie ein Beamter in Fällen der Rechtshilfe – nicht als Privatmann tätig, vielmehr treffen ihn alle nach deutschem Recht bestehenden Amtspflichten unverändert (§ 11a S. 2).

5   Die Vorschrift gilt im Übrigen nicht nur für die Auslandstätigkeit des deutschen Notars, sondern ebenso für die Tätigkeit des ausländischen Notars in Deutschland (§ 11a S. 3, S. 4).

B. Tätigkeit eines deutschen Notars im Ausland (§ 11a S. 1, S. 2)

6   Die in § 11a S. 1 zunächst eingeräumte Befugnis, einen ausländischen Notar zu unterstützen, ist selbstverständlich und bedürfte keiner besonderen Regelung. Entscheidend ist vielmehr die gesetzliche Erlaubnis, sich hierzu ins Ausland zu begeben. Diese Erlaubnis wird in zweifacher Hinsicht eingeschränkt:

7   Gestattet ist eine Auslandstätigkeit immer nur dann, wenn der ausländische Notar ein entsprechendes **Ersuchen** an den deutschen Notar gerichtet hat. Eine besondere Form für ein solches Ersuchen ist nicht erforderlich. Schriftform dürfte schon zum Zwecke der Dokumentation der Einhaltung der aus § 11a sich ergebenden Amtspflichten sinnvoll sein. **Nicht** ausreichend ist der Antrag eines Beteiligten, da nur die Unterstützung des Notar-Kollegen erreicht und daher seine Verfahrensleitung und -verantwortung nicht tangiert werden soll. Auf der anderen Seite bestehen keine zusätzlichen Genehmigungserfordernisse seitens der Aufsichtsbehörden oder der Notarkammer oder auch nur Anzeigepflichten bezüglich einer solchen Auslandstätigkeit.

8   Da eine Erlaubnis nach deutschem Recht naturgemäß nicht zugleich ihre Zulässigkeit nach dem Recht des Landes zur Folge hat, in dem der deutsche Notar tätig werden will, steht die gesetzliche Erlaubnis unter dem weiteren Vorbehalt, dass die Auslandstätigkeit nach den Vorschriften des betreffenden Staates zulässig ist. Außerhalb von § 11a und § 31 Abs. 3 der österreichischen Notarordnung sind derartige Zulassungen nicht bekannt. Die Einhaltung dieser ausländischen Vorschriften ist durch § 11a S. 1 dem deutschen Notar als (deutsche) Amtspflicht aufgegeben. Er tut daher gut daran, vor einer Auslandstätigkeit sich genauestens über Art und Umfang einer etwa zugelassenen Tätigkeit zu vergewissern.

9   In welcher Form die **Unterstützung** erfolgen kann, wird von dem Gesetz nicht weiter geregelt. In jedem Fall muss die Tätigkeit die Verfahrensleitung und -verantwortung des ausländischen Kollegen berücksichtigen, ohne die nach deutschem Recht fortbestehenden Amtspflichten zu verletzen. In diesem Rahmen sind alle denkbaren Unterstützungshandlungen zulässig, auch gemeinsame Beratungen mit den Beteiligten, sofern dies von dem ausländischen Notar gewünscht wird, nicht jedoch aus eigener Entscheidung des deutschen Notars ohne Abstimmung mit dem ausländischen Kollegen. Der deutsche Notar hat aber auch hierbei seiner nach deutschem Recht bestehenden Pflicht zur Unparteilichkeit und

---

[7] Gesetzesbegründung zu § 11a, abgedruckt bei *Frenz* S. 207.

seinen übrigen Amtspflichten zu genügen. Sollten für ihn nach ausländischem Recht Pflichten bestehen, die seinen deutschen Amtspflichten widersprechen, hat er seine Tätigkeit zu unterlassen. Beurkundungstätigkeiten gehen in jedem Fall über den Charakter einer bloßen Unterstützung hinaus und sind daher unverändert unzulässig.

C. Tätigkeit eines ausländischen Notars in Deutschland (§ 11a S. 3, S. 4)

Unabhängig von staatlichen Vereinbarungen erlaubt § 11a aber auch dem ausländischen Notar die Unterstützung eines deutschen Kollegen auf dessen Ersuchen, und zwar unter den gleichen Voraussetzungen, unter denen ein deutscher Notar im Ausland tätig sein darf. Die Erläuterungen zu → Rn. 6 ff. gelten daher für diesen Fall in gleicher Weise. Zu beachten ist, dass seine Tätigkeit auch dann zugelassen ist, wenn umgekehrt in seinem Bestellungsstaat die Tätigkeit eines deutschen Notars unzulässig wäre. 10

Dem ausländischen Notar ist die Befolgung der für den deutschen Notar bestehenden Amtspflichten aufgegeben (§ 11a S. 4). Daher sehen die Richtlinienempfehlungen der Bundesnotarkammer vor, dass der ersuchende Notar den ausländischen Notar „in gebotenem Maße" über die für ihn selbst, also den deutschen Notar, geltenden berufsrechtlichen Bestimmungen informiert. 11

Ob der ausländische Notar auch der deutschen Notaraufsicht unterliegt, ist nicht ausdrücklich geregelt, dürfte aber insofern zu bejahen sein, als ihm – obwohl er nicht hoheitliche Funktionen ausübt – durch § 11a Verpflichtungen aufgegeben werden, die ebenso wie das Vorliegen der Tätigkeitsvoraussetzungen grundsätzlich einer Überprüfung zugänglich sein müssen. 12

§ 12 [Bestallungsurkunde]

¹Die Notare werden von der Landesjustizverwaltung nach Anhörung der Notarkammer durch Aushändigung einer Bestallungsurkunde bestellt. ²Die Urkunde soll den Amtsbezirk und den Amtssitz des Notars bezeichnen und die Dauer der Bestellung (§ 3 Abs. 1 und 2) angeben.

Übersicht

	Rn.
A. Vorbemerkungen	1
I. Geltung des Urkundsprinzips	1
II. Abgrenzung zum Bewerbungsverfahren	2
III. Beginn des Notaramtes	3
IV. Bestellung zum Notarvertreter oder Notariatsverwalter	4
B. Anhörung der Notarkammer	5
C. Bestellung als Verwaltungsakt	7
I. Zuständigkeit	7
II. Rechtsgestaltung	8
III. Form	10
IV. Mitwirkungsbedürftigkeit	16
D. Fehlerhafte Bestellungen	17

A. Vorbemerkungen

I. Geltung des Urkundsprinzips

1 § 12 S. 1 übernimmt für die Begründung des Notaramtes das Urkundsprinzip des Beamten- und Richterrechts.[1] Die Bestellung zum Notar setzt die Aushändigung der Bestallungsurkunde voraus. Die Anknüpfung an den formalen Akt der Urkundenaushändigung erlaubt die zweifelsfreie Feststellung des Amtsbeginns.[2] Das Urkundsprinzip hat im notariellen Bereich eine noch größere Bedeutung als im Beamten- und Richterrecht, da Umstände, die nach BBG und DRiG trotz Urkundenaushändigung zur Unwirksamkeit der Ernennung führen,[3] die Unwirksamkeit der Bestellung zum **Notar** unberührt lassen und lediglich zu einer nachträglichen (allerdings zwingenden) Amtsenthebung führen (vgl. § 50). § 12 S. 1 ist im Übrigen die (neben § 10 Abs. 1 S. 3 für den Fall der Amtssitzverlegung) einzige Vorschrift der BNotO, in der die Beteiligung der Notarkammer im Verfahren vor dem Ausspruch der Bestellung festgeschrieben ist.

II. Abgrenzung zum Bewerbungsverfahren

2 Der Bestellung soll nach §§ 6 ff. ein Bewerbungsverfahren vorausgehen, dessen Ablauf dort und in den hierzu ergangenen AVNot der Länder detailliert geregelt sind, und zwar für die hauptberuflichen ebenso wie für die nebenberuflichen Notare. Wirkungen und Wirksamkeit der Bestellung nach § 12 sind von der ordnungsgemäßen Durchführung des Bewerbungsverfahrens unabhängig; auch wenn der Bestellung kein Bewerbungsverfahren vorausgegangen wäre, bliebe die Bestellung wirksam. Wegen des Grundsatzes der **Ämterstabilität** darf die Bestallungsurkunde erst ausgehändigt werden, wenn unterlegenen Bewerbern Gelegenheit zur Ausschöpfung der Rechtsschutzmöglichkeiten gegeben worden ist.[4]

III. Beginn des Notaramtes

3 Mit dem Zeitpunkt der mit seiner Zustimmung erfolgenden Aushändigung der Bestallungsurkunde ist der Bestellte Notar und beginnen seine Amtsbefugnisse und -pflichten. Die Eidesleistung (vgl. hierzu § 13) setzt die erfolgte Bestellung voraus. Möglich ist allerdings auch, dass in der Bestallungsurkunde der Zeitpunkt der Bestellung auf einen nach der Aushändigung der Ernennungsurkunde liegenden Zeitpunkt festgesetzt wird. In diesem Fall erfolgt die Statusbegründung erst nach Aushändigung **und** Eintritt des angegebenen Zeitpunktes (sog. innere Wirksamkeit des Verwaltungsaktes). Von der inneren Wirksamkeit des Verwaltungsaktes der Bestellung ist nach der Rechtsprechung des BVerwG seine äußere Wirksamkeit zu unterscheiden: Äußere Wirksamkeit tritt ein mit der dem Gesetz entsprechenden Aushändigung. Ab diesem Zeitpunkt handelt es sich nicht mehr nur um ein Internum der Justizverwaltung. Eine Rücknahme wäre nur noch unter den Voraussetzungen des Amtsenthebungsverfahrens nach § 50 möglich. Die Eidesleistung kann in diesen Fällen erst nach Eintritt der inneren Wirksamkeit erfolgen.

3a Folglich liegt in der bloßen **Ankündigung** der Justizverwaltung an den Notarbewerber, ihn zum Notar zu bestellen, noch kein Verwaltungsakt mit unmittelbarer Außenwirkung.[5] Es kann sich um eine Zusicherung (vgl. § 38 Abs. 1 VwVfG) handeln, an die die Justiz-

---

[1] Vgl. § 10 Abs. 2 BBG, § 17 DRiG, in denen die Begriffe „Ernennung" und „Ernennungsurkunde" verwendet werden; die unterschiedliche Begriffswahl ist ohne Bedeutung.
[2] Vgl. zur historischen Bedeutung des Urkundsprinzips im Beamtenrecht *Günther* DÖD 1990, 281.
[3] Vgl. § 13 BBG, § 18 DRiG.
[4] Vgl. Diehn/*Bormann* BNotO § 12 Rn. 6 unter Hinweis auf BVerfG NVwZ 2014, 329.
[5] BGH ZNotP 2006, 114; vgl. auch BGH ZNotP 2001, 360.

verwaltung aber nicht gebunden ist, wenn sich nach Zusicherung die Sach- und Rechtslage iSv § 38 Abs. 3 VwVfG ändert.[6]

IV. Bestellung zum Notarvertreter oder Notariatsverwalter

Zur Bestellung eines Notarvertreters vgl. § 40, zur Bestellung des Notariatsverwalters (früher Notariatsverweser) vgl. § 57. **4**

B. Anhörung der Notarkammer

Die Justizverwaltung hat vor der Bestellung die Notarkammer anzuhören, in deren **5** Bereich der zukünftige Amtssitz des Notars liegt. Die Anhörung dient der Unterstützung der Justizverwaltung bei ihrer Entscheidung und soll es der Notarkammer ermöglichen, ihre spezifischen eigenen Erfahrungen in den Entscheidungsprozess einzubringen. Die Anhörung erstreckt sich auf alle Aspekte des Besetzungsverfahrens, insbesondere auf die persönliche und fachliche Eignung der Bewerber und die Reihenfolge bei der Auswahl unter mehreren Bewerbern.

Die Stellungnahme der Notarkammer erfolgt nur gegenüber der Justizverwaltung, nicht **6** etwa gegenüber den einzelnen Bewerbern. Der Bewerber kann daher hieraus keinerlei Rechte gegenüber der Notarkammer oder gegenüber der Justizverwaltung herleiten. Die Justizverwaltung ist an die Stellungnahme nicht gebunden. Weicht die Justizverwaltung bei ihrer Entscheidung von der Stellungnahme der Notarkammer ab oder unterbleibt die Anhörung entgegen § 12 S. 1 völlig, so hat dies auf die Wirksamkeit der Bestellung keinen Einfluss.

C. Bestellung als Verwaltungsakt

I. Zuständigkeit

Nach der Kompetenzverteilung des GG obliegt den Ländern die Verwaltung des Notar- **7** wesens (Art. 81 und 84 GG). **Zuständig** für die Bestellung ist die Justizverwaltung des jeweiligen Landes, in dem der Amtssitz des Notars liegen soll. Die Landesjustizverwaltung kann die Befugnis auf nachgeordnete Behörden übertragen (vgl. § 112).[7] Eine zukünftig denkbare Befugnis der Notarkammer zur Bestellung der Notare bedürfte einer über § 112 hinausgehenden Übertragungskompetenz.

II. Rechtsgestaltung

Bei der Bestellung handelt es sich wie bei der Ernennung zum Beamten oder Richter **8** um einen rechtsgestaltenden, formgebundenen und mitwirkungsbedürftigen Verwaltungsakt, der bedingungsfeindlich ist.[8]

Die rechtsgestaltende Wirkung liegt in der Statusbegründung. Erst mit der Bestellungs- **9** urkunde und nur durch sie wird das Notaramt in der Person des Bestellten begründet, entstehen notarielle Amtspflichten und -befugnisse.

III. Form

Im Interesse der Rechtssicherheit ist die Bestellung **formgebunden.** Nur durch die **10** **Aushändigung** der Bestallungsurkunde kann der Notarstatus begründet werden. Eine Ernennung ohne Urkundenaushändigung entfaltet keinerlei Wirkung, sondern wäre ein

---

[6] BGH ZNotP 2006, 114.
[7] Dies übersieht Arndt/Lerch/Sandkühler/*Lerch* BNotO § 12 Rn. 3.
[8] Vgl. zum Beamtenrecht *Battis* BBG § 10 Rn. 3; zum Richterrecht *Schmidt-Räntsch* DRiG § 17 Rn. 3 ff.

nichtiger Verwaltungsakt, der auch einer späteren *ex-tunc*-Heilung durch nachträgliche Aushändigung nicht zugänglich ist.

11 Für den **Inhalt** der Bestallungsurkunde bestehen – anders als im Beamten- und Richterrecht[9] – keine weiteren speziellen Vorschriften, deren Verletzung die Unwirksamkeit der Bestellung zur Folge hätte.

12 In jedem Fall muss die Urkunde – um wirksame Bestallungsgrundlage zu sein – schon nach dem Wortlaut von § 12 S. 1 die Landesjustizverwaltung als bestellende Behörde, die Person des künftigen Amtsinhabers und den Ausspruch ihrer Bestellung zum Notar enthalten. Sie muss ferner wegen ihres Urkundscharakters von dem zuständigen Organ, seinem Vertreter oder einem beauftragten Beamten eigenhändig unterschrieben sein.[10] Fehlt es an einer dieser Vorgaben, liegt keine ausreichende Urkunde im Sinne von § 12 S. 2 und damit kein wirksamer Bestallungsakt vor.

13 Die Urkunde **soll** darüber hinaus enthalten

– den Amtsbezirk (vgl. § 11),
– den Amtssitz (vgl. § 10),
– die Dauer der Bestellung (auf Lebenszeit bei hauptberuflichen Notaren, § 3 Abs. 1; auf die Dauer ihrer Zulassung bei einem bestimmten Gericht bei Anwaltsnotaren, § 3 Abs. 2).

Ein Verstoß gegen diese Soll-Vorgaben berührt die Wirksamkeit der Bestellung nicht. Sonstige zwingende oder nicht zwingende Anforderungen an den Inhalt der Urkunde bestehen nicht.

14 Wirksam wird die Urkunde erst, wenn sie **ausgehändigt** ist. Aushändigung erfordert – wie im Beamten- und Richterrecht, wo der Begriff ebenso wie in der BNotO allerdings nicht gesetzlich definiert ist – die willentliche Verschaffung des körperlichen Besitzes der Originalurkunde seitens der zur Bestellung zuständigen Stelle an den vorbehaltlos annehmenden zu Bestellenden.[11]

15 Vor der Aushändigung ist die Bestallungsurkunde ein Internum ohne Außenwirkung.[12] Die Bestellung kann jederzeit noch angehalten werden oder endgültig unterbleiben. Eine Bindung an die in der Urkunde manifestierte Bestellungsentscheidung besteht vor ihrer Aushändigung nicht, sofern es sich nicht um eine bindend gewordene Zusicherung iSv § 38 VwVfG handelt (→ Rn. 3a). Aushändigung setzt im Übrigen Übergabe des Originals voraus, die Aushändigung einer Abschrift genügt nicht.[13]

IV. Mitwirkungsbedürftigkeit

16 Niemandem kann das Notaramt ohne seine Einwilligung übertragen werden. Die Bestellung bedarf als **mitwirkungsbedürftiger Verwaltungsakt** vielmehr der Zustimmung des zu Bestellenden. Solange die Zustimmung noch nicht vorliegt, fehlt es an einer wirksamen Bestellung. Bei der Zustimmung handelt es sich um eine empfangsbedürftige Willenserklärung. Die Zustimmung muss zum Zeitpunkt der Aushändigung vorliegen. Die Bewerbung um eine Notarstelle enthält noch nicht, auch nicht konkludent, die für die Wirksamkeit der Bestellung erforderliche Zustimmung.[14] Auf der anderen Seite ist eine besondere Form für die Zustimmung nicht erforderlich. Die vorbehaltlose Entgegennahme der Urkunde genügt,[15] nicht aber eine Entgegennahme lediglich zur Prüfung ihres Inhaltes.

---

[9] Vgl. § 10 Abs. 2 BBG, § 17 Abs. 3 DRiG.
[10] OVG Münster DÖV 1961, 271.
[11] OVG Saarlouis ZBR 1985, 274; *Battis* BBG § 10 Rn. 5 mwN.
[12] BVerwG DÖD 1978, 272 (273).
[13] OVG Münster DÖV 1961, 271.
[14] AA: Schippel/Bracker/*Görk* BNotO § 12 Rn. 2, der aber die Zustimmung als widerruflich einschätzt; Arndt/Lerch/Sandkühler/*Lerch* BNotO § 12 Rn. 9. Offengelassen von Diehn/*Bormann* BNotO § 12 Rn. 3.
[15] Vgl. BVerwGE 34, 171.

Die AVNot der Länder sehen regelmäßig vor, dass die Aushändigung durch den Präsidenten des Landgerichts erfolgt, in dessen Bezirk der zukünftige Amtssitz liegt, und dass über die Aushändigung eine Niederschrift aufgenommen wird.

D. Fehlerhafte Bestellungen

Zu den Folgen einer **fehlerhaften** Bestellung vgl. zunächst die vorstehenden Erläuterungen. 17

Nichtig ist eine Bestellung nur, wenn 18
– die Bestellungsurkunde nicht den notwendigen Mindestinhalt aufweist (→ Rn. 12) oder
– eine Aushändigung eines Originals durch die zuständige Stelle nicht erfolgt (→ Rn. 14) oder
– die Zustimmung des Bestellten fehlt (→ Rn. 16).

In allen anderen Fällen (zB fehlende deutsche Staatsangehörigkeit, keine Befähigung zum 19 Richteramt) tangiert die Fehlerhaftigkeit des Bestellungsaktes die Wirksamkeit der Bestellung nicht, sondern kann nur eine Amtsenthebung nach § 50 zur Folge haben, sofern die dort aufgeführten Voraussetzungen gegeben sind.

Die Regelungen in § 12 sind (iVm § 50) insbesondere was die Wirksamkeit der Bestel- 20 lung und die Folgen von Verfahrensfehlern betrifft, erschöpfend und gegenüber allgemeinen Verwaltungsvorschriften **abschließend.**[16] Für eine Anwendung etwa von § 44 VwVfG ist daneben kein Raum.

§ 13 [Vereidigung]

(1) ¹Nach Aushändigung der Bestallungsurkunde hat der Notar folgenden Eid zu leisten:
„Ich schwöre bei Gott, dem Allmächtigen und Allwissenden, die verfassungsmäßige Ordnung zu wahren und die Pflichten eines Notars gewissenhaft und unparteiisch zu erfüllen, so wahr mir Gott helfe!" ²Wird der Eid von einer Notarin geleistet, so treten an die Stelle der Wörter „eines Notars" die Wörter „einer Notarin".

(2) ¹Gestattet ein Gesetz den Mitgliedern einer Religionsgesellschaft, an Stelle der Worte „Ich schwöre" andere Beteuerungsformeln zu gebrauchen, so kann der Notar, der Mitglied einer solchen Religionsgesellschaft ist, diese Beteuerungsformel sprechen. ²Der Eid kann auch ohne religiöse Beteuerung geleistet werden.

(3) ¹Der Notar leistet den Eid vor dem Präsidenten des Landgerichts, in dessen Bezirk er seinen Amtssitz hat. ²Vor der Eidesleistung soll er keine Amtshandlung vornehmen.

A. Vorbemerkungen

Abs. 1 begründet die Verpflichtung zur Eidesleistung und bestimmt die Eidesformel. Die 1 Eidesformel unterscheidet sich vom Beamten- und Richtereid,[1] ist aber beinahe wortidentisch mit der des Rechtsanwalts.[2] Aus religiösen Gründen kann auf das Schwören[3] und die religiöse Beteuerung (§ 13 Abs. 2 S. 2) verzichtet werden. Der Eid ist vor dem Präsidenten

---

[16] Vgl. zum gleichgelagerten Verhältnis von BBG und Allgemeinem Verwaltungsrecht ebenso BVerwG DÖD 1978, 272 (273).
[1] Vgl. § 64 Abs. 1 BBG, § 38 Abs. 1 DRiG.
[2] Vgl. § 12 Abs. 1 BRAO; kritisch zum Anwaltseid – „unzulässig und überflüssig" – vor allem *Redeker* DVBl. 1987, 200.
[3] § 13 Abs. 2 S. 1 BNotO, „Sektenprivileg".

des zuständigen Landgerichts zu leisten und soll dem Beginn der Amtsausübung vorausgehen (§ 13 Abs. 3).

2 Zum Eid des **Notarvertreters** vgl. § 40 Abs. 1 S. 2, zum Eid des **Notariatsverwalters** vgl. § 57 Abs. 2 S. 2.

2a Die Eidespflicht hat ebenso wie etwa die Eidespflichten der Richter und Rechtsanwälte einen hohen Symbolwert. Sie soll dem Notar die Bedeutung seines Berufs und der übernommenen Pflichten vor Augen führen und jedenfalls eine psychologische Hemmschwelle gegen die Verletzung der notariellen Pflichten aufbauen.[4]

B. Verpflichtung zur Eidesleistung

3 Verpflichtet zur Leistung des Eides ist nur, wer zum Notar bestellt worden ist. Eidesleistung setzt – wie im Beamten- und Richterrecht[5] – die erfolgte Statusbegründung durch Bestellung zum Notar voraus. Die Verpflichtung, den Eid zu leisten, ist daher (erste) Amtspflicht des Notars. Kommt der Notar dieser Amtspflicht nicht nach, ist er seines Amtes zu entheben (§ 50 Abs. 1 Nr. 3), woraus sich wiederum ergibt, dass eine aus welchen Gründen auch immer unterbliebene Eidesleistung auf die Wirksamkeit der Bestellung keinen Einfluss hat. Durch den Eid soll der mit der Übernahme des Amtes bereits erklärte Wille zur Erfüllung der Amtspflichten in feierlicher Form bekräftigt werden.

4 Der Eid bindet den Notar für die Dauer seines Amtes. Folglich muss ein **früherer Notar,** der wieder zum Notar bestellt wird, den Eid erneut leisten.[6] Ein Hinweis auf den früher geleisteten Eid genügt – anders als beim Vertreter oder Notariatsverwalter – nicht, da eine §§ 40 Abs. 1 S. 2, 57 Abs. 2 S. 3 entsprechende Regelung fehlt. Ein als **Notarvertreter** oder **Notariatsverwalter** geleisteter Eid entbindet nicht von der mit der Bestellung zum Notar verbundenen Eidesleistung, ebenso wenig ein früherer etwa als Beamter, Richter oder Rechtsanwalt geleisteter Eid.

C. Die Eidesformel

5 Die Eidesformel umfasst einen Verfassungseid und einen Amtseid. Insoweit ergeben sich keine grundsätzlichen Unterschiede zum Richtereid, auch nicht zum Diensteid des Beamten, der ebenfalls keinen Treueeid mehr umfasst. Der **Verfassungseid** – Wahrung der verfassungsmäßigen Ordnung – verlangt aktive Einsetzung für ihre Verwirklichung. Der **Amtseid** – gewissenhafte und unparteiische Erfüllung der notariellen Pflichten – stellt die unparteiische Ausübung in besonderer Weise heraus und enthält damit seltsamerweise die einzige Stelle im ersten Abschnitt der BNotO, in der dieses besondere Merkmal notarieller Tätigkeit ausdrücklich im Gesetz erwähnt wird.

6 Im Vergleich zu anderen Eiden ist der Notareid – ebenso wie der Anwaltseid – in der Aussage eher blass und durch eine besondere starke religiöse Bekräftigung („bei Gott, dem Allmächtigen und Allwissenden") gekennzeichnet, die sowohl dem Richtereid als auch dem Diensteid des Beamten fremd ist.

7 § 13 Abs. 2 S. 2 ermöglicht es, von diesen religiösen Beteuerungen abzusehen. Anders als beim Richtereid gilt für den Notareid (ebenso wie bei dem Diensteid des Beamten, § 64 Abs. 3 BBG) das sog. Sektenprivileg, das es ermöglicht, statt der Worte „ich schwöre" eine andere Beteuerungsformel zu verwenden.

---

[4] Vgl. entsprechend zur anwaltlichen Eidespflicht Gaier/Wolf/Göcken/*Schmidt-Räntsch,* Anwaltliches Berufsrecht, 3. Aufl. 2019, BRAO § 12 Rn. 2.
[5] Vgl. § 64 Abs. 2 BBG, § 38 Abs. 1 DRiG.
[6] Schippel/Bracker/*Görk* BNotO § 13 Rn. 3.

D. Abnahme des Eides

Zuständig ist der Präsident des Landgerichtes, in dessen Bezirk der Amtssitz (§ 10) des **8** Notars liegt. Eine öffentliche Abnahme ist anders als beim Richter[7] oder früher beim Rechtsanwalt[8] nicht vorgesehen und daher wohl auch nicht zulässig.[9] Die AVNot der Länder sehen regelmäßig vor, dass über die Aushändigung der Bestallungsurkunde und die Abnahme des Eides eine einheitliche Niederschrift aufzunehmen ist, was mit dazu beitragen mag, eine Bestellung ohne unmittelbar nachfolgende Eidesleistung und damit zugleich gemäß § 13 Abs. 3 S. 2 Amtshandlungen vor Eidesleistung zu verhindern.

2. Abschnitt. Ausübung des Amtes

§ 14 [Allgemeine Berufspflichten]

(1) ¹Der Notar hat sein Amt getreu seinem Eide zu verwalten. ²Er ist nicht Vertreter einer Partei, sondern unabhängiger und unparteiischer Betreuer der Beteiligten.

(2) Er hat seine Amtstätigkeit zu versagen, wenn sie mit seinen Amtspflichten nicht vereinbar wäre, insbesondere wenn seine Mitwirkung bei Handlungen verlangt wird, mit denen erkennbar unerlaubte oder unredliche Zwecke verfolgt werden.

(3) ¹Der Notar hat sich durch sein Verhalten innerhalb und außerhalb seines Amtes der Achtung und des Vertrauens, die dem Notaramt entgegengebracht werden, würdig zu zeigen. ²Er hat jedes Verhalten zu vermeiden, das den Anschein eines Verstoßes gegen die ihm gesetzlich auferlegten Pflichten erzeugt, insbesondere den Anschein der Abhängigkeit oder Parteilichkeit.

(4) ¹Dem Notar ist es abgesehen von den ihm durch Gesetz zugewiesenen Vermittlungstätigkeiten verboten, Darlehen sowie Grundstücksgeschäfte zu vermitteln, sich an jeder Art der Vermittlung von Urkundsgeschäften zu beteiligen oder im Zusammenhang mit einer Amtshandlung eine Bürgschaft oder eine sonstige Gewährleistung zu übernehmen. ²Er hat dafür zu sorgen, daß sich auch die bei ihm beschäftigten Personen nicht mit derartigen Geschäften befassen.

(5) ¹Der Notar darf keine mit seinem Amt unvereinbare Gesellschaftsbeteiligung eingehen. ²Es ist ihm insbesondere verboten, sich an einer Gesellschaft, die eine Tätigkeit im Sinne des § 34c Abs. 1 der Gewerbeordnung ausübt, sowie an einer Steuerberatungs- oder Wirtschaftsprüfungsgesellschaft zu beteiligen, wenn er alleine oder zusammen mit den Personen, mit denen er sich nach § 9 verbunden oder mit denen er gemeinsame Geschäftsräume hat, mittelbar oder unmittelbar einen beherrschenden Einfluß ausübt.

(6) Der Notar hat sich in dem für seine Amtstätigkeit erforderlichen Umfang fortzubilden.

Vgl. hierzu auch → RLEmBNotK Abschnitt I, → RLEmBNotK Abschnitt II und → RLEmBNotK Abschnitt X.

---

[7] In öffentlicher Sitzung, § 38 Abs. 1 DRiG.
[8] § 26 Abs. 1 BRAO aF, weggefallen mit der Aufgabe des Lokalisationsprinzip zum 1.6.2007.
[9] Zustimmend Arndt/Lerch/Sandkühler/*Lerch* BNotO § 13 Rn. 7. Eine gesetzliche Dokumentationsregelung wie § 12a Abs. 6 BRAO besteht nicht.

Übersicht

	Rn.
A. Vorbemerkungen	1
B. Unabhängige und unparteiische Amtsführung, Abs. 1	4
I. Getreu dem Notareid, Abs. 1 S. 1	4
II. Unparteilichkeit	7
III. Unabhängigkeit	13
1. Gegenüber der bestellenden Körperschaft	13
2. Gegenüber Dritten	14
C. Integrität und Anscheinsverbot	16
I. Grundlagen	16
1. Integrität („Redlichkeit")	16
2. Anscheinsverbot	17
3. Richtlinien-Empfehlungen der Bundesnotarkammer	18
II. Einzelheiten zum Integritäts-(„Redlichkeits"-)Gebot	19
III. Versagungspflicht, Abs. 2	28
1. Allgemeines	28
2. Versagung wegen Nichtigkeit oder anderer Amtspflichten	29
3. Verfolgung unerlaubter oder unredlicher Zwecke	34
4. Pflichteninhalte	36
IV. Außerdienstliches Verhalten	38
D. Vermittlungs- und Gewährleistungsverbot, Abs. 4	39
I. Vorbemerkungen	39
II. Vermittlungsverbot	43
III. Gewährleistungsverbot	45
IV. Vermittlung und Gewährleistung durch Hilfspersonen	46
E. Beteiligungsverbote, Abs. 5	47
I. Vorbemerkungen	47
II. Verbotsinhalt	48
F. Fortbildungspflicht	51

A. Vorbemerkungen

1 Die Vorschrift entspricht in Abs. 1, Abs. 2 und Abs. 3 S. 1 weitgehend § 15 RNotO, die Regelung in Abs. 4 war früher in § 28 RNotO enthalten, Abs. 5 und Abs. 6 wurden neu in die BNotO aufgenommen durch die Berufsrechtsnovelle 1998. Ursprünglich beschrieb § 14 (bzw. § 15 RNotO) entsprechend seinem Standort als einleitender Vorschrift des mit „Ausübung des Amtes" überschriebenen zweiten Abschnitts der BNotO die **allgemeinen Amtspflichten** des Notars. Die Vorschrift war darin vergleichbar etwa §§ 43, 43a BRAO, mit deren Regelungen § 14 Abs. 1 S. 1, Abs. 2 und Abs. 3 S. 1 teilweise übereinstimmen. In seiner jetzigen Fassung enthält er vor allem in den Abs. 4, 5 und 6 Regelungen von untergeordneter Bedeutung. Diese Zusätze tragen zum Verständnis der in den übrigen Teilen der Vorschrift enthaltenen Grundlegungen wenig bei. Abs. 1 S. 2 ist in der Fassung: „Er ist nicht Vertreter einer Partei, sondern unparteiischer Betreuer der Beteiligten" bereits bei Inkrafttreten der BNotO eingefügt worden. Die Berufsrechtsnovelle hat diese Formulierung um den Zusatz „(...) unabhängiger und (...)" ergänzt. Die Berufsrechtsnovelle 1998 hat ferner die bisherige Regelung von § 14 Abs. 3 S. 2, wonach der Notar Einfluss auf amtsgerechtes Verhalten der Mitglieder seines Hausstandes nehmen sollte, aus verfassungsrechtlichen Gründen aufgegeben. Stattdessen wurde das Verbot des Anscheins, das bisher in den Standesrichtlinien (§ 1 Abs. 2 S. 1) enthalten war, als neuer Abs. 3 S. 2 zum Gesetzesinhalt erhoben. Die Notarkammern haben die Möglichkeit, durch Standesrichtlinien aus den Generalklauseln des § 14 abzuleitende Pflichten aufzustellen (§ 67 Abs. 2 S. 3 Nr. 1 und Nr. 2).

2 Die benutzten Rechtsbegriffe sind nicht immer einheitlich verwandt. Dies gilt schon für den Begriff „Betreuer" in § 14 Abs. 1 S. 2, da Betreuungstätigkeiten herkömmlich Amtsgeschäfte nach §§ 23, 24, nicht aber Urkundstätigkeiten nach §§ 20 bis 22 darstellen. Dies gilt erst recht für die Richtlinien-Empfehlungen, zB wenn in Abschnitt I. Nr. 1.1 von „Rechtsberater und Betreuer" die Rede ist, während das Gesetz die Rechtsberatung als Unterfall der Betreuung einstuft (vgl. § 24 Abs. 1 S. 1).

Anders als im anwaltlichen Berufsrecht wird seltsamerweise über die gesetzessystematische Bedeutung der allgemeinen Amtspflichten kaum gestritten, sondern vorrangig über die Pflichteninhalte, die aus dem Gebot einer unparteilichen und unabhängigen Amtsführung folgen.[1] Vor allem *Bohrer* hat zu Recht darauf hingewiesen, dass die Gebote der Unparteilichkeit und Redlichkeit die institutionelle Ausgestaltung des Notaramtes absichern und dass sehr sorgfältig im Einzelfall zu prüfen ist, ob aus ihnen überhaupt unmittelbar verpflichtende Inhalte ableitbar sind oder ob sie nur das Motiv oder den Zweck darstellen, die für die Auslegung anderweitig normierter Pflichten nutzbar gemacht werden können.[2]

B. Unabhängige und unparteiische Amtsführung, Abs. 1

I. Getreu dem Notareid, Abs. 1 S. 1

Inhalt des Notareides ist nach § 13 Abs. 1 S. 1 zunächst die gelobte Wahrung der verfassungsmäßigen Ordnung und die gewissenhafte und unparteiische Erfüllung der Notarpflichten. Hieran knüpft § 14 Abs. 1 S. 1 an, wonach der Notar sein Amt getreu seinem Eide zu verwalten hat.

Zu den Folgerungen, die sich aus der verlangten Wahrung der **verfassungsmäßigen Ordnung** ergeben, → § 13 Rn. 5.

Die geforderte **Gewissenhaftigkeit** der Pflichterfüllung appelliert zum einen an das Berufsethos des Notars, sich bei der Amtsführung der Bedeutung der ihm anvertrauten Aufgaben und seiner Stellung im Rechtsleben bewusst zu sein. Sie ist aber als Leitmaxime auch von Bedeutung für das Bild des Ideal-Notars, an dem sich Sorgfaltsanforderungen und damit auch Fahrlässigkeitsmaßstäbe orientieren. Einzelpflichten lassen sich hieraus kaum ableiten.

II. Unparteilichkeit

Das **Gebot der Unparteilichkeit** ist „ein schlechthin prägendes Wesensmerkmal des Notaramtes".[3] Es gilt wie alle allgemeinen Amtspflichten für sämtliche Tätigkeiten des Notars, auch für die von ihm ausgeübten Betreuungstätigkeiten nach §§ 23, 24 und unterscheidet ihn auch in diesem Bereich gemeinsamer Zuständigkeiten von dem Rechtsanwalt, dem gerade die parteiliche Interessenwahrnehmung obliegt. Darin könnte eine Berechtigung der zusätzlichen Regelungen in § 14 Abs. 1 S. 2 liegen, die auf Betreuungstätigkeiten abstellen und diesen entscheidenden Unterschied hervorheben, aber seit der Berufsrechtsnovelle 1998 durch den Zusatz unabhängiger und unparteiischer Betreuer ihre eigentliche Bedeutung wieder verloren haben, da die Wahrung der Unabhängigkeit auch für den Rechtsanwalt zu dessen allgemeinen Berufspflichten gehört.

Die Pflicht zur Unparteilichkeit resultiert **aus der Stellung** des Notars **als Hoheitsträger.** Rechtmäßiges hoheitliches Handeln ist in einer rechtsstaatlichen Ordnung als parteiisches Verhalten nicht vorstellbar.[4] Jeder Hoheitsträger, der das Gebot der Unparteilichkeit missachtete, würde die ihm verliehene Staatsgewalt missbrauchen. Den Notar treffen insoweit keine weitergehenden Pflichten als andere Institutionen der vorsorgenden Rechts-

---

[1] Vgl. hingegen zu dem Meinungsstreit im Anwaltsrecht Henssler/Prütting/*Prütting*/*Henssler* BRAO §§ 43 ff.; Hartung/Holl/*Hartung* vor § 2 Rn. 1 ff., 9 ff., jeweils mwN.
[2] *Bohrer*, Berufsrecht, Rn. 87 ff.
[3] *Bohrer*, Berufsrecht, Rn. 95.
[4] Vgl. zu den allgemeinen Amtspflichten eines Amtsträgers Staudinger/*Wöstmann* BGB § 839 Rn. 117 ff.

pflege, wie etwa Register-, Vormundschaftsgericht etc. Letztlich bildet somit auch die hoheitliche Aufgabenwahrnehmung durch den Notar das entscheidende Abgrenzungsmerkmal zur anwaltlichen Tätigkeit. Die Unparteilichkeitpflicht folgt aus der Amtsstellung.

9 Das Gebot der Unparteilichkeit prägt **alle Amtstätigkeiten** des Notars und ist in diesem Sinne Kriterium für die Bestimmung (auch die Begrenzung) von Amtspflichten. Unparteilichkeit ist somit immer bezogen auf ein einzelnes Amtsgeschäft. Ohne diesen Bezug fehlt dem Gebot die konkrete Handlungsanweisung.

10 Im Einzelnen folgt hieraus: Bei **Beurkundungen** gilt der Grundsatz der Unparteilichkeit für alle Verfahrensstadien, also sowohl für die Phase der Vorbereitung der eigentlichen Beurkundung (Vorverfahren), die Beurkundung selbst (Hauptverfahren) und ebenso für den späteren sog. „Vollzug" der beurkundeten Erklärungen (Nachverfahren). Er umfasst als **Vorbereitungshandlungen** die Gleichbehandlung bei der Terminvergabe und der Möglichkeit der persönlichen Beratung durch den Notar. Im Rahmen der eigentlichen Beurkundung **(Hauptverfahren)** begrenzt die Pflicht zur Unparteilichkeit die Belehrungspflichten des Notars, wobei die Grenzen zwischen Belehrungspflicht und Neutralitätspflicht oftmals Schwierigkeiten bereiten. Es ist jedenfalls nicht Aufgabe des Notars, einen Beteiligten auf ihm bekannte Zahlungsschwierigkeiten eines anderen Vertragsbeteiligten aufmerksam zu machen. Der Notar würde daher gegen seine Neutralitätspflicht verstoßen, wenn er die Bonität eines Vertragspartners unter Hinweis auf einen gelöschten Zwangsversteigerungsvermerk in Zweifel zöge.[5] Ist allerdings ein Zwangsversteigerungsvermerk noch eingetragen, muss er bei der Gestaltung und Belehrung dies entsprechend berücksichtigen. Der Notar verstößt zudem nicht gegen seine Neutralitätspflicht, wenn er auf die Risiken einer ungesicherten Vorleistung hinweist,[6] wohl aber, wenn er Sicherungen vorschlägt, die im Widerspruch zum erkennbaren Willen eines Beteiligten stehen[7] oder aber er von sich aus Nachforschungen anstellt, ob eine Spekulationsgeschäft vorliegt.[8] Die Neutralitätspflicht endet nicht mit der Beurkundung.[9] Der Notar soll nicht seinen Willen an die Stelle des übereinstimmenden Willens der Beteiligten setzen. Zweifelhaft ist daher im sog. Altenteilsfall, ob es tatsächlich noch der Neutralitätspflicht entspricht, wenn der BGH vom Notar verlangt, bei einem mit der finanzierenden Bank abgesprochenen Konzept einer Grundstücksübertragung mit Altenteilsrecht zur Sicherung des Veräußerers die Übertragung nur einer Teilfläche vorzuschlagen.[10] Das Gebot der Unparteilichkeit wird verletzt durch Verwendung von irreführenden Maklerklauseln, die den Makler begünstigen; es kann auch verletzt werden durch Grundbucheinsichten für Makler, ohne dass das Einverständnis des Eigentümers besteht.[11]

11 Bei **unerfahrenen und ungewandten Beteiligten** hat der Notar nach § 17 Abs. 1 S. 2 BeurkG darauf zu achten, dass sie nicht benachteiligt werden. Hieraus ergeben sich keine inhaltlich andersartigen Belehrungspflichten, vielmehr gilt insoweit – aber auch nur insoweit – die Neutralitätspflicht nicht.

12 Im Bereich des **Urkundenvollzugs** (Nachverfahren), bei dem es sich, soweit er über den Pflichtvollzug nach BeurkG hinausgeht, um selbstständige Betreuungstätigkeiten nach § 24 handelt, darf der Notar nicht einen Vertragsbeteiligten besser oder schlechter behandeln als die übrigen Vertragsbeteiligten, etwa der einen Vertragsseite die Verweigerung einer behördlichen Genehmigung, die für die Wirksamkeit erforderlich gewesen wäre, eher mitteilen als der anderen. Dies gilt im Übrigen auch – wie die Richtlinien-Empfehlungen herausstellen (Abschnitt I. Nr. 1.2; so auch schon die früheren Richtlinien; Abschnitt

---

[5] DNotZ 2019, 37.
[6] Vgl. BGH ZNotP 1999, 330.
[7] BGH WM 1986, 1283 (1285).
[8] BGH WM 1985, 523 f.
[9] BGH DNotZ 2016, 31.
[10] BGH NJW 1996, 522; zu Recht ablehnend *Haug* Rn. 428.
[11] BGH DNotZ 2015, 461 (Maklerklauseln); ZNotP 2012, 196 (Grundbucheinsichten).

I. Nr. 1 ist hingegen angesichts des Wortlautes von § 14 Abs. 1 S. 2 ohne eigenen Regelungsinhalt) – bei **sonstigen Betreuungstätigkeiten,** die also nicht im Zusammenhang mit einem Beurkundungsverfahren stehen. Betroffen sind nicht nur Fälle der Beratungsoder Entwurfstätigkeit für mehrere Vertragsbeteiligte, sondern ebenso Fälle einer einseitigen Antragstellung, die eben nicht zu einer einseitigen und damit parteiischen Betreuung führen dürfen, ansonsten wäre die notarielle Tätigkeit in diesem Bereich von der anwaltlichen Betreuung nicht zu unterscheiden. Die Pflicht zur Unparteilichkeit bewährt sich vielmehr gerade bei der Betreuung und verleiht der Betreuung durch den Notar als Hoheitsträger eine andere Qualität, die folglich auch zu anderen Inhalten führt oder jedenfalls führen kann.[12] Maßstab für die Gestaltung der notariellen Betreuung kann sein, die Antragstellung auch für die andere Vertragsseite zu unterstellen. Ähnliches gilt für die zulässige Vertretung in Verfahren vor Behörden und Gerichten. Der Notar muss sich auch hierbei bewusst sein, dass er als Amtsträger gegenüber einer anderen staatlichen Stelle auftritt und seiner Stellung als Hoheitsträger gerecht wird (vgl. auch die Erläuterungen bei § 24).

III. Unabhängigkeit

1. Gegenüber der bestellenden Körperschaft. Die Unabhängigkeit des Notars ist **13** bereits in § 1 als Wesensmerkmal seiner Amtsstellung enthalten (vgl. daher → § 1 Rn. 29). Sie kennzeichnet zunächst die Stellung des Notars gegenüber dem Land als bestellender Körperschaft, der auch die Aufsichtsbefugnisse zugeordnet sind. Unabhängigkeit in diesem Sinne ist statusbeschreibend und löst keine weiteren Amtspflichten aus.[13] Sie ist die Grundlage für die Einschränkung der dienstaufsichtlichen Befugnisse, die eben nicht die Kompetenz zur Einzelanweisung umfasst, sondern auf die Überprüfung des Amtsverhaltens auf schuldhafte Pflichtverletzungen beschränkt ist. Der Status des Notars entspricht insoweit am ehesten dem des Richters und unterscheidet ihn von dem Beamten, der zwar auch „seine Aufgaben unparteiisch" zu erfüllen hat (§ 60 Abs. 1 S. 2), aber zum Gehorsam gegenüber seinem Vorgesetzten verpflichtet ist (§ 62 BBG). Verstärkt wird die Stellung des Notars dabei noch dadurch, dass er nicht auf staatliche Besoldung verwiesen ist, sondern über ein eigenes Gebührenaufkommen verfügt (vgl. § 17 S. 1 aF und hierzu sowie zu der Neufassung von § 17 S. 1 durch die Berufsrechtsnovelle 1998 die Erläuterungen bei → § 17 Rn. 1). Die Bewahrung der Unabhängigkeit ist auch der Grund für das grundsätzliche Verbot, außer dem Notaramt noch ein anderes besoldetes Amt innezuhaben (§ 8 Abs. 1 S. 1).

2. Gegenüber Dritten. Die herrschende Meinung in der Literatur und eine einheitli- **14** che Rechtsprechung[14] verknüpft aber mit dem Begriff der Unabhängigkeit noch einen weiteren, völlig anders gearteten Inhalt, dessen Bedeutungsgrenzen keineswegs immer klar sind. Unabhängigkeit in diesem Sinne meint zum einen das Verhältnis des Notars zu den beteiligten Parteien und weiteren Dritten. Die Parteien können zwar dem Notar in den gesetzlichen Grenzen Weisungen erteilen, jedenfalls im sog. „Urkunden-Vollzug". Solche Weisungsbefugnisse hindern aber nicht, von dem Notar zu verlangen, sich nicht in Abhängigkeit der Parteien zu begeben, insbesondere auch dann nicht, wenn es sich um eine Partei handelt, die den Notar regelmäßig mit gebührenintensiven Beurkundungen betraut. Der Notar muss außerdem auch gegenüber den Mitarbeitern seiner Geschäftsstelle, aber vor allem gegenüber den mit ihm verbundenen Sozien seine Unabhängigkeit wahren. Dies gilt grundsätzlich für alle Berufsverbindungen, auch bei der Verbindung mehrerer Nur-Notare zur gemeinsamen Berufsausübung, insbesondere aber für den Anwalts-Notar, der nach der

---

[12] Vgl. *Bohrer,* Berufsrecht, Rn. 93.
[13] Grundlegend *Bohrer,* Berufsrecht, Rn. 140 ff.
[14] Vgl. Schippel/Bracker/*Bracker* BNotO § 1 Rn. 18; Diehn/*Seger* BNotO § 14 Rn. 18; aus der Rechtsprechung etwa BVerfG ZNotP 1998, 295; zuletzt BVerfG DNotZ 2015, 865; BGH DNotZ 2015, 461.

Berufsrechtsnovelle 1998 weitgehend frei ist in der Beteiligung an solchen Verbindungen, deren organisatorische Komplexität angesichts der Anzahl der verbundenen Mitglieder, ihrer möglichen Berufe und ihrer ortsungebundenen Tätigkeiten konzernartige Formen annehmen kann. In solchen organisatorischen Zusammenhängen die Amtsausübungen frei von allen Weisungen Dritter zu halten, stellt den einzelnen Amtsinhaber vor besondere Anforderungen. Aus diesem Grunde gingen bis zur Wirtschaftsprüfer-Entscheidung des BVerfG[15] die Bemühungen dahin, die Verbindungsmöglichkeiten des Anwaltsnotars einzuschränken und auf diese Weise seine Unabhängigkeit zu sichern. Allerdings litten diese Überlegungen von Anfang an unter der Inkonsequenz, dass sich die Tätigkeiten eines Anwalts und eines Steuerberaters teilweise überschneiden und nach Zulassung der Verbindung des Anwalts-Notars mit dem Steuerberater sich die Unzulässigkeit[16] einer Verbindung mit dem Wirtschaftsprüfer kaum begründen lässt[17] und im Übrigen eine Einschränkung der Verbindungsmöglichkeiten eines Anwalts-Notars zu einer überörtlichen oder transnationalen Sozietät nie ernsthaft betrieben wurde. Nach der Wirtschaftsprüfer-Entscheidung sind Lösungen auf der Ebene einer generellen Einschränkung der Verbindungsmöglichkeiten obsolet geworden; es verbleibt stattdessen nur der Weg, über Berufsausübungsregelungen die (in diesem Sinne verstandene) Unabhängigkeit des Notars zu sichern. Ob solche Regelungen genügen, ob sie den Anforderungen an eine effektive Dienstaufsicht gerecht werden, muss sich erst noch erweisen.

15 Die Bedeutung und grundsätzliche Berechtigung solcher Pflichteninhalte sind kaum bestritten. Fraglich ist nur, ob sie tatsächlich aus dem Merkmal der Unabhängigkeit abzuleiten sind. In jedem Fall sind sie nicht statusbegründend, sondern formulieren institutionelle Pflichten, die die Selbstständigkeit der Amtsführung betreffen und der Gefahr einer Parteilichkeit des Notars vorgreifen wollen. Zu Recht hat das BVerfG diesen Aspekt der Unabhängigkeit darauf bezogen, dass jeder Beeinflussung der Unparteilichkeit durch wirtschaftliche Interessen entgegengetreten werden solle.[18]

C. Integrität und Anscheinsverbot

I. Grundlagen

16 **1. Integrität ("Redlichkeit").** Die Pflicht des Notars, sich integer ("redlich") zu verhalten ist – auch wenn die Bezeichnungen wechseln – unbestritten, ebenso ihre das Notaramt prägende Bedeutung.[19] Prüft man jenseits tradierter Grundsätze die notwendige gesetzliche Grundlage der Integritätspflicht, auf deren Verletzung zahllose Haftpflichtansprüche beruhen, wird man entweder auf § 14 Abs. 2 verwiesen[20] oder auf § 14 Abs. 3 S. 1.[21] § 14 Abs. 2 spricht weder direkt, noch indirekt von einer Redlichkeitspflicht des Notars, verwendet immerhin das Wort redlich, aber nur in der Konstituierung der Unterlassungspflicht, bei erkennbar unerlaubten oder unredlichen Zwecken die Amtstätigkeit zu ver-

---

[15] ZNotP 1998, 295. Die befürchtete bzw. erwartete große Verbindungswelle ist aber offensichtlich ausgeblieben. Nach *Roscher-Meinel* ist kein einziger Wirtschaftsprüfer im Berufsregister der WPK verzeichnet, der zugleich Anwaltsnotar ist, und keine WP-Gesellschaften, in denen Anwaltsnotare tätig sind; lediglich elf Mitglieder der WPK stehen danach in Verbindungen mit Anwaltsnotaren tätig (DNotZ 2014, 643). Dort auch ausführlich zu den berufsrechtlichen Voraussetzungen einer Verbindung. Vgl. ferner *Roscher-Meinel* ZNotP 2014, 206 zu den Zulässigkeitsvoraussetzungen von Beschäftigungsverhältnissen des Anwaltsnotars in Berufsausübungsgesellschaften.
[16] BVerfGE 80, 269.
[17] BVerfG ZNotP 1998, 295 (298 ff.).
[18] BVerfG DNotZ 1989, 627 (628.).
[19] *Bohrer,* Berufsrecht, Rn. 101; Arndt/Lerch/Sandkühler/*Sandkühler* BNotO § 14 Rn. 79 ff.
[20] So Arndt/Lerch/Sandkühler/*Sandkühler* BNotO § 14 Rn. 79 ff., der allerdings zwischen Redlichkeit – § 14 Abs. 2 – und Integrität – § 14 Abs. 3 S. 1 – unterscheidet und Redlichkeit als berufsrechtliche Ausformung des Integritätsgebotes versteht. Die BGH-Rspr. gründet die hieraus folgenden Pflichten auf § 14 Abs. 1 S. 2.
[21] So *Bohrer,* Berufsrecht, Rn. 101.

sagen. Dieses, nur eine bestimmte Sachverhaltsgruppe erfassendes Verbot, ist aber nicht gleichzusetzen mit dem allgemeinen Gebot der integren Amtsführung, sondern kann aus diesem Gebot höchstens als verfahrensrechtliche Konkretisierung abgeleitet werden. Nach Ansicht von *Bohrer* ist das Integritäts-("Redlichkeits"-)Gebot daher in § 14 Abs. 3 S. 1 niedergelegt.[22] Allerdings könne „der Inhalt des Integritäts-Gebotes nur aus der Funktion der Berufsleistung des Berufsträgers im System der Rechtspflege erschlossen werden".[23] Tatsächlich gilt dies nicht nur für den Gebots-Inhalt, sondern schon für das Gebot selbst. § 14 Abs. 3 S. 1 spricht nicht von Integrität oder Redlichkeit, sondern von der Achtung und dem Vertrauen, die dem Notaramt entgegengebracht werden. Der Notar wird verpflichtet, sich dieser Achtung und diesem Vertrauen würdig zu erweisen sowohl bei seiner Amtsführung als auch außerhalb seines Amtes. Von der Redlichkeit seines Amtes gerade bei der Amtsführung ist im Gesetz nicht die Rede. Der Hinweis auf die Gefahr zirkulärer Ableitungen[24] ist daher mehr als berechtigt, nur muss er bereits der Ableitung des Gebotes selbst gelten und nicht erst der Konkretisierung seiner einzelnen Inhalte. § 14 Abs. 3 S. 1 ist Teil der allgemeinen Berufs- oder Amtspflichten und ist in seinem Wortlaut fast identisch mit der entsprechenden Regelung für Rechtsanwälte (§ 43 S. 2 BRAO), und sehr ähnlich vergleichbaren beamtenrechtlichen Bestimmungen (§ 60 Abs. 1 S. 2 BBG).[25] Zu den allgemeinen Berufspflichten des Anwaltes (§§ 43, 43a BRAO) ist strittig, ob sich aus ihnen selbstständige justiziable Pflichten ableiten lassen, wenn sie nicht in anderen Gesetzen oder der Berufsordnung konkretisiert sind.[26] Das damit angesprochene sachliche Problem ist auf das notarielle Berufsrecht nicht unverändert zu übertragen, vielmehr sind die Besonderheiten der notariellen Amtsstellung zu berücksichtigen: Das notarielle Amt ist als Bezugspunkt für das notarielle Verhalten in § 14 Abs. 3 S. 1 genannt.[27] Es ist (wiederum) die mit dem Amt verbundene hoheitliche Tätigkeit des Notars, aus dem das Integritäts-Gebot folgt. Dies mag man bedauern, weil Ableitungen derart grundsätzlicher Pflichten aus bloßen Strukturmerkmalen bei den heutigen Erwartungen an Verrechtlichung wenig befriedigen, ändert aber am Befund nichts. Hoheitliches Handeln muss in einem rechtsstaatlichen System zwingend „redlich", „integer" sein, anderenfalls würde es die Legitimationsbasis für staatliche Gewalt verlieren. Daher werden auch für sonstige hoheitliche Verhalten ähnliche allgemeine Anforderungen gestellt (etwa Erfordernisse eines sachlichen, wahrhaften und sachdienlichen Verhaltens von Amtsträgern),[28] ohne dass hierzu gesetzliche Konkretisierungen bestünden. Dieser entscheidende Unterschied zu dem anwaltlichen Berufsrecht, die Ableitung aus dem hoheitlichen Charakter der notariellen Amtstätigkeit, vermag allerdings die Frage der Justiziabilität der Einzelnen, aus dem Redlichkeits-Gebot abgeleiteten Pflichten nicht im vollen Umfange befriedigend zu beantworten: Soweit es sich um Beurkundungsverfahren handelt, sind die im BeurkG enthaltenen Pflichten ohnehin vorrangig und in der Regel auch abschließend. Gleiches gilt nach der Berufsrechtsnovelle 1998 für die Verwahrungsverfahren (§§ 54a ff. BeurkG). Eine verfahrensrechtliche Sonderregelung hat daneben die Pflicht zur Amtsverweigerung nach § 14 Abs. 2 erfahren, die für alle Amtstätigkeiten gilt, also auch soweit es sich nicht um Beurkundungsverfahren handelt. Weitere vorrangige Regelungen ergeben sich aus speziellen verfahrensrechtlichen Bestimmungen, etwa im Bereich des SachenRBerG, der ZPO etc. Ein Bereich aber, der für die notarielle Tätigkeit und auch für die Amtshaftung des Notars von besonderer Bedeutung ist, bleibt nach wie vor völlig ungeregelt, nämlich die notarielle Betreuungstätigkeit nach § 24, für

---

[22] *Bohrer*, Berufsrecht, Rn. 101.
[23] *Bohrer*, Berufsrecht, Rn. 102.
[24] *Bohrer*, Berufsrecht, Rn. 102.
[25] Vgl. auch § 39 DRiG als Grundpflicht für die richterliche Tätigkeit.
[26] Vgl. die Nachw. in Fn. 1.
[27] Jedenfalls mit der Berufsrechtsnovelle 1998; aus dem vorher benutzten Begriff des „Notarberufs" würde sich aber nichts anderes ergeben.
[28] Vgl. BGH WM 1970, 1252; 1994, 430; vgl. ferner Staudinger/*Wöstmann* BGB § 839 Rn. 120 ff. zur Amtspflicht eines jeden Amtsträgers „sein Amt sachlich, unparteiisch und im Einklang mit den Forderungen von Treu und Glauben sowie guter Sitte auszuüben".

die es nur diese Zuständigkeitsnorm gibt, aber (außer § 14 Abs. 2) keine weiteren spezialgesetzlichen Pflichtenbestimmungen. Dies ist – worauf schon an anderer Stelle hingewiesen wurde[29] – auf Dauer kein Zustand, der heutigen Anforderungen an die Verrechtlichung von Pflichten genügen würde. Ob etwa aus dem hoheitlichen Charakter der Betreuung und dem daraus abgeleiteten Gebot des redlichen Verhaltens im Einzelfall abgeleitet werden kann, der Notar müsse am Freitagnachmittag, nachdem er einen nicht durchführbaren Treuhandauftrag eines Kreditinstitutes erhalten hat, nicht nur mit diesem Kreditinstitut telefonische Verhandlungen führen, sondern in gleicher Weise auch die hiervon negativ betroffene Vertragspartei unterrichten und zu eigenen Bemühungen anhalten,[30] ist – vorsichtig gesagt – unter rechtsstaatlichen Anforderungen an die Erkennbarkeit einer Pflicht, deren Befolgung von dem Notar verlangt wird, zweifelhaft.

17 **2. Anscheinsverbot.** Die früheren Standesrichtlinien der Bundesnotarkammer enthielten in § 1 Abs. 2 bereits ein Anscheinsverbot. Das Verbot war allerdings bezogen auf die Grundpflicht zur Unparteilichkeit und verpflichtete den Notar „schon den Anschein einer Parteilichkeit zu vermeiden". Die Präambel der Standesrichtlinien enthielt darüber hinaus in Abs. 3 S. 2 ein allgemeines Anscheinsverbot bezogen auf Verstöße gegen Gesetz oder Standesrecht. *Bohrer* hat zu Recht darauf hingewiesen, dass der Inhalt der damit begründeten Pflichten „nahezu konturenlos" ist.[31] Durch die Berufsrechtsnovelle 1998 wurde das (konturenlose) Anscheinsverbot nicht nur „in den Katalog der grundlegenden, durch Gesetz geregelten Amtspflichten aufgenommen",[32] sondern von der Beschränkung auf die Unparteilichkeit entsprechend der früheren Präambel zu einem generellen Anscheinsverbot erweitert: Verboten ist nunmehr die Erzeugung des Anscheins eines Verstoßes gegen irgendeine gesetzliche Pflicht des Notars, wobei der Anschein der Unabhängigkeit oder Unparteilichkeit nochmals besonders hervorgehoben werden. Man wird nicht sagen können, dass das Anscheinsverbot hierdurch an Konturen gewonnen hat. Davon geht offensichtlich auch die Gesetzesbegründung aus, denn nach ihr bleibt „die nähere Bestimmung dieser Amtspflicht" satzungsmäßigen Regelungen durch die einzelnen Notarkammern (§ 67 Abs. 2 S. 3 Nr. 1, Nr. 2) „überlassen".[33] Das Anscheinsverbot entfaltet verpflichtende Wirkungen somit nur insoweit, als es durch Satzungsbestimmungen der Notarkammer konkretisiert wurde. Soweit die Satzungen keine Regelungen enthalten, bestehen aus § 14 Abs. 3 S. 2 mangels Bestimmbarkeit der aufgegebenen Verhaltensweisen keine eigenständigen notariellen Amtspflichten. Rechtsstaatlich erforderliche Konturen justiziabler Inhalte werden erst durch die Satzungen geschaffen.[34] Dies hindert allerdings nicht, das Anscheinsverbot bei der Auslegung anderweitig geregelter Amtspflichten zu berücksichtigen.

18 **3. Richtlinien-Empfehlungen der Bundesnotarkammer.** Die Richtlinien-Empfehlungen der Bundesnotarkammer enthalten in Abschnitt II. einen Pflichtenkatalog für „das nach § 14 Abs. 3 BNotO zu beachtende Verhalten". Die Empfehlungen gelten für den einzelnen Notar nur, wenn sie von der Notarkammer als Satzung beschlossen und von der Justizverwaltung genehmigt wurden. Inhaltlich formen sie die Anforderungen aus § 17 Abs. 2a BeurkG aus, die wiederum die unparteiliche und unabhängige Durchführung des

---

[29] *Frenz* FG Willi Weichler 1997, 175 und FS Schlick 2015, 433.
[30] So der BGH DNotZ 1995, 489 mAnm *Haug*.
[31] *Bohrer,* Berufsrecht, Rn. 101. Die Rechtsprechung des BGH ist allerdings von der Geltung des Anscheinsverbotes ausgegangen, etwa im Fall des Anscheins unzulässiger Werbung, BGH DNotZ 1989, 324. Angesichts der Neuregelung der Werbung in § 29 und der hierzu ergangenen Richtlinien-Empfehlungen dürfte dieser Anwendungsbereich mit der Berufsrechtsnovelle 1998 ohnehin weggefallen sein. Vgl. auch BVerfG DNotZ 2003, 65, wonach eine Aufsichtsratstätigkeit eines Notars nicht allein deshalb untersagt werden kann, weil anderenfalls der böse Schein eines Verstoßes gegen Amtspflichten entstehen könnte.
[32] Gesetzesbegründung zu § 14 Abs. 3, abgedr. bei *Frenz* S. 208.
[33] Gesetzesbegründung, abgedr. bei *Frenz* S. 208.
[34] Nur folgerichtig lehnen Hartung/Holl/*Hartung* vor § 2 Rn. 15 und Henssler/Prütting/*Prütting* BRAO § 43 Rn. 17 mit ähnlichen Argumenten die Ableitbarkeit von anwaltlichen Berufspflichten allein aus § 43 BRAO ab. Sehr zurückhaltend gegenüber der Aufstellung zusätzlicher Pflichten zur Begegnung des bösen Scheins auch *Jaeger* ZNotP 2003, 402 (406).

Beurkundungsverfahrens sicherstellen wollen. Die Empfehlungen versuchen dabei, die einzelnen früheren Rundschreiben, vor allem der Regionalkammern zum standesgemäßen Verhalten bei bestimmten, besonders konstruierten Rechtsgeschäften in generalisierende Verhaltenspflichten umzuwandeln. Man könnte bezweifeln, ob die Notarkammern überhaupt durch Satzung verfahrensrechtliche Pflichten des Notars aufstellen können. Andererseits vollzieht sich notarielle Amtstätigkeit immer – wie jede hoheitliche Maßnahme – in Verfahrensabläufen (→ § 1 Rn. 20 ff.), nur die Regelungsdichte der jeweiligen Verfahrensarten differiert. Konkretisierungen von Amtspflichten, die den Kammern durch Satzung aufgegeben ist, müssen daher zwangsläufig immer auch verfahrensrechtliche Auswirkungen haben. Soweit es das Beurkundungsverfahren betrifft, verbleibt den Regelungen des BeurkG stets der Vorrang. Berufs- und Amtspflichten dienen nur dazu, einen geeigneten Vorhabenträger zu schaffen zur Durchführung von Beurkundungsverfahren. Notarielles Berufsrecht dient daher der Verwirklichung des BeurkG, ebenso wie das Beurkundungsverfahren der Verwirklichung des materiellen Rechtes, insbesondere den mit den Formvorschriften verbundenen Zwecken dient.[35] Die Satzungen der Notarkammern können daher weder Vorschriften des BeurkG außer Kraft setzen, noch Pflichten aufstellen, die im Widerspruch zu Regelungen des BeurkG stehen. Die Satzungsgewalt erschöpft sich daher darin, im Gesetz angelegte Berufspflichten zu konkretisieren. Weder kann durch die Satzung mit dem Gesetz unvereinbares Verhalten zugelassen, noch nach dem Gesetz zugelassenes Verhalten durch Satzung als berufsrechtswidrig deklariert werden.[36] Die Richtlinien-Empfehlungen betreffen im Übrigen ausschließlich das Beurkundungsverfahren. Amtspflichten zu sonstigen notariellen Amtstätigkeiten enthalten sie nicht. Wegen des Sachzusammenhangs werden sie daher im Rahmen von § 17 Abs. 2a BeurkG erläutert.

II. Einzelheiten zum Integritäts-("Redlichkeits"-)Gebot

Zu den allgemeinen Amtspflichten des Notars gehört es, die Amtsgeschäfte **sorgfältig** zu führen. Dazu zählt die Beachtung einschlägiger Vorschriften, insbesondere – aber keineswegs nur – wenn es um die Einhaltung gesetzlicher Formvorschriften geht. Dazu ist ferner zu rechnen die Verpflichtung des Notars, **wahr zu bezeugen,** bei seinen Äußerungen mögliche Missverständnisse zu vermeiden und offensichtlich eingetretenen Missverständnissen entgegenzuwirken.[37] Die Pflicht des Notars, gegenüber Kollegen, Behörden, Gerichten etc sich **sachlich** und **höflich** zu verhalten, ist nach der Berufsrechtsnovelle 1998 in § 31 speziell geregelt. Diese Verpflichtung gilt ebenso im Verhältnis zu allen Dritten, auch soweit sie nicht in § 31 aufgeführt sind (→ § 31 Rn. 4 ff., 8 ff.). Soweit sich der Notar bei seiner Amtstätigkeit bürointern der Hilfe von **Mitarbeitern** bedient, muss er „durch wirksame Einrichtungen und eine wirksame Kontrolle die reibungslose Ausübung sicherstellen".[38] Persönlich wahrzunehmende Aufgaben darf er nicht seinen Mitarbeitern übertragen. Es ist daher seine Aufgabe, sicherzustellen, dass ihm alle von den Beteiligten eingereichte Unterlagen vorgelegt werden; dies darf nicht der Entscheidungsbefugnis des Bürovorstehers überlassen sein.[39] Auf der anderen Seite muss sich der Notar solcher Amtshandlungen enthalten, durch die unmittelbar oder mittelbar wirtschaftliche Vorteile für bei ihm Beschäftigte begründet werden.[40] Mit dieser Rechtsprechung des BGH dürfte auch die Einsetzung von Mitarbeitern als Testamentsvollstrecker in von dem Notar beurkundete Testamente nicht mehr zulässig sein.

---

[35] Vgl. zum Verhältnis von Berufsrecht, Beurkundungsverfahren und Formzwecken *Frenz* FG Willi Weichler 1997, 175 ff.; zum Verhältnis von Beurkundungsverfahren (insbesondere § 17 Abs. 2a BeurkG) und materiellem Recht ferner Frenz/*Winkler* Rn. 301 ff.
[36] BGH DNotZ 2016, 72 (Grundschuldbestellung durch bevollmächtigte Notariatsmitarbeiter).
[37] BGH WM 1983, 123 f.; DNotZ 1992, 819 f.
[38] BGH DNotZ 1960, 260 (263).
[39] BGH WM 1988, 1853; ebenso KG MDR 2015, 124.
[40] ZNotP 2018, 489; *Galke* ZNotP 2018, 387.

20 Der Notar hat seine Amtsgeschäfte **ohne schuldhafte Verzögerung** (vgl. § 53 BeurkG und § 121 BGB) vorzunehmen, wobei die zulässige Erledigungsdauer abhängen muss von der Schwierigkeit des Amtsgeschäftes, seiner Dringlichkeit und der Anzahl, Schwierigkeit und Dringlichkeit anderer ihm obliegender Amtstätigkeiten. Verbindliche Bearbeitungszeiten vorzugeben, ist danach kaum möglich. Mit der herrschenden Auffassung, sollte eine Bearbeitungsdauer von acht bis zehn Arbeitstagen noch als ausreichend angesehen werden.[41] Eilbedürftige Angelegenheiten, zB die Testamentsbeurkundung eines lebensbedrohend Erkrankten, Haftungsausschlüsse nach §§ 25, 176 HGB, die übernommene Veranlassung der Zustellung eines Erbvertrags-Rücktritts und Widerrufe gemeinschaftlicher Testamente müssen vorrangig erledigt werden, mehrere vorrangige Tätigkeiten sind untereinander grundsätzlich gleichrangig. Die Zeitschemata gelten wiederum nicht, wenn die Schwierigkeit des Amtsgeschäftes eine längere Vorbereitungszeit verlangt, um die mit der notariellen Tätigkeit verbundene Richtigkeitsgewähr erreichen zu können. Erfordern etwa die Erstellung eines Erbvertragsentwurfs, der Entwurf einer gesellschaftsvertraglichen oder sonstigen Vereinbarung oder aber die Abwicklung komplizierter Vertragswerke von dem Notar eingehendere Vorarbeiten, etwa die Erarbeitung neuer Gesetze etc, so können die genannten Bearbeitungszeiten ohne weiteres überschritten werden, ohne dass hieraus dem Notar ein Vorwurf zu machen wäre. Der Notar tut in solchen Fällen gut daran, die Beteiligten vorab darauf hinzuweisen. Selbstverständlich können sich von dem Notar nicht zu vertretende Verzögerungen daraus ergeben, dass die Parteien selbst notwendige Informationen nicht rechtzeitig an den Notar weiterreichen oder Dritte, die auf Seiten der Vertragsparteien tätig sind, nachlässig arbeiten. Sollte hierdurch das Erreichen eines Vertragsziels, etwa die vorgesehene Kaufpreisfälligkeit, in Gefahr geraten, kann eine Unterrichtung der betroffenen Vertragspartei angebracht sein, um ihr die Möglichkeit zu geben, selbst zur Beschleunigung beizutragen. Beabsichtigt der Notar, ein Amtsgeschäft nicht auszuführen, auf dessen Vollzug der Beteiligte erkennbar dringlich wartet, so hat der Notar ihn unverzüglich über die beabsichtigte Nichtvornahme des Amtsgeschäftes zu unterrichten.[42] Gleiches gilt, wenn der Beteiligte erkennbar der irrigen Auffassung ist, der Notar werde von sich aus wegen eines Beurkundungstermins tätig werden, während der Notar von einer Terminvereinbarung seitens des Beteiligten ausgeht.[43]

21 Im Bereich der Beamtenhaftung entspricht es ständiger Rechtsprechung, dass ein Beamter nicht sehenden Auges zulassen darf, dass ein Bürger einen Schaden erleidet, den der Beamte „durch einen kurzen Hinweis, eine Belehrung mit wenigen Worten oder eine entsprechende Aufklärung über die Sach- oder Rechtslage" vermeiden könnte, wenn der Bürger bei der Behörde vorgesprochen hat und erkennbar belehrungsbedürftig ist. Ein entsprechendes Verhalten wird auch verlangt, wenn der Bürger in einer ständigen Verbindung mit der Behörde steht und die Behörde ohne jede Mühe einen dem Bürger drohenden schweren Schaden abwenden könnte.[44] Ähnliche Pflichten bestehen nach der Haftungsrechtsprechung des BGH auch für Notare, wobei solche Hinweis- und Verfahrenspflichten auf eine von dem Notar geschuldete „Betreuung" gestützt werden.[45] Die hieraus resultierenden Amtspflichten sind verfahrensunabhängig, gelten also nicht nur für Beurkundungsverfahren, sondern bei allen Amtsgeschäften des Notars und werden als Ausdruck der dem Notar übertragenen sozialen Funktionen angesehen.[46] Tatsächlich treffen sie – wie das Beispiel der beamtenrechtlichen Pflichten zeigt – alle Hoheitsträger und eben deshalb auch den Notar als Amtsträger. Ob es sinnvoll ist, derartige Pflichten als „Betreuungs-

---

[41] *Kanzleiter* DNotZ 1979, 314; *Schippel* MittBayNot 1979, 35; *Haug* Rn. 646; zweifelhaft BGH VersR 1969, 282, wo ein Zeitraum von zehn Tagen für die Beantragung einer Auflassungsvormerkung nicht mehr als ausreichend angesehen wurde.
[42] BGH WM 1993, 1518.
[43] BGH 28.9.1995 – IX ZR 13/95, nv, mitgeteilt von *Ganter* WM 1996, 701 (705); DNotZ 1997, 791 f.
[44] BGH NJW 1985, 1335 (1337); NVwZ 1996, 512 (514).
[45] Vgl. nur *Ganter* WM 1996, 701 (705); *Haug* Rn. 533 ff.
[46] So *Haug* Rn. 533.

pflicht" zu bezeichnen, kann man bezweifeln. Der Begriff der Betreuung sollte auf die Kennzeichnung der Tätigkeiten nach § 24 beschränkt bleiben.[47] Wenn damit lediglich gesagt werden soll, dass allgemeine Hilfs- und Warnpflichten des Notars nur bestehen, wenn die Beteiligten mit dem Notar in Kontakt getreten sind, so folgt dies ohnehin aus dem Pflichteninhalt selbst und fordert nicht eine derartige Kennzeichnung. Voraussetzung solcher Pflichten des Notars ist nach der Rechtsprechung des BGH immer, dass der Notar aufgrund besonderer Umstände des Falles Anlass zu der Besorgnis haben muss, einem Beteiligten entstehe ein Schaden, weil er sich wegen mangelnder Kenntnis der Rechtslage oder von Sachumständen, welche die Bedeutung des betreffenden Rechtsgeschäftes für seine Vermögensinteressen beeinflussen, einer Gefährdung dieser Interessen nicht bewusst wird.[48] Im Einzelfall können sich solche Pflichten mit der Pflicht zur Amtsverweigerung und hieraus resultierenden weiteren Warn- und Hinweispflichten nach § 14 Abs. 2 berühren. Vgl. daher auch die Ausführungen bei → Rn. 27 ff.

Einzelfälle nach der Rechtsprechung, in denen entsprechende Pflichten bejaht wurden: **22**
– rechtliche und wirtschaftliche Gefahren, die sich aus einem Bauherrenmodell ergeben;[49]
– Risiken, die aus der Sicherung einer Kaufpreisforderung durch Scheck-Hinterlegung folgen;[50]
– Risiken des Kreditgebers, wenn der Antrag auf Eintragung der im Voraus an ihn abgetretenen Eigentümergrundschuld vom Sicherungsgeber zurückgezogen wird;[51]
– Unkenntnis über nachteilige Steuerfolgen, die dem Notar bekannt sind, zu denen er also nicht erst Ermittlungen anstellen muss;[52]
– positive Kenntnis des Notars von einem Grundstücksmangel, für den der Verkäufer offenbarungspflichtig ist und der für den Käufer erhebliche Schäden verursachen kann, wenn der Notar den Grundstückskaufvertrag mit einem Haftungsausschluss beurkundet;[53]
– positive Kenntnis des Notars, dass es sich bei dem vom Käufer zum ständigen Wohnen gekauften Grundstück baurechtlich um ein Wochenendgrundstück handelt.[54]

In diese Pflichtenkategorie hat der BGH früher auch Fälle von Vorleistungen einge- **23** ordnet, dies aber inzwischen zu Recht aufgegeben, da es sich um Fragen des vertraglichen Synallagmas und damit um Fragen der Rechtsbelehrungspflicht nach § 17 BeurkG handelt.[55] Etwas anderes gilt, wenn besondere Umstände (unklare Vertretungsverhältnisse bei einer kaufenden englischen Gesellschaft) die Gefahr eines Scheiterns des Vertrages möglich machen bezüglich der eingeschränkten Möglichkeit zur Weiterverwertung des Grundstücks, solange die Auflassungsvormerkung für den Käufer eingetragen ist.[56]

Keine Pflichten des Notars wurden zB im folgenden Fällen angenommen: **24**
– Risiko, dass von Dritten zu Unrecht Ansprüche geltend gemacht werden;[57]
– größeres Risiko bei der Kaufpreisabwicklung über Fremd-Treuhänder als über notarielles Treuhandkonto;[58]
– Risiken aus Rückgewähransprüchen als zusätzliches Sicherungsmittel nachrangiger Gläubiger.[59]

---

[47] Ebenso Ganter/Hertel/Wöstmann/*Ganter* Rn. 433.
[48] Vgl. nur BGH WM 1991, 1046 (1049); Gauter/Hertel/Wöstmann/*Ganter* Rn. 433.
[49] BGH WM 1992, 1662 (1697).
[50] BGH WM 1982, 452.
[51] BGH WM 1989, 1466.
[52] BGH WM 1988, 1853 f.; DNotZ 1992, 813 (817).
[53] BGH 6.7.1995 – IX Z 205/94, nv, mitgeteilt von *Ganter* WM 1996, 701 (705).
[54] BGH WM 1995, 1883.
[55] Seit BGH WM 1988, 337 stRspr; vgl. BGH ZNotP 1999, 330.
[56] BGH WM 1993, 1513.
[57] BGH WM 1990, 1164.
[58] BGH 10.7.1986 – IX ZR 82/86, nv, mitgeteilt von *Ganter* WM 1993, Beilage 1, 7.
[59] BGH WM 1988, 722.

25 Der **Inhalt** der Pflicht, die dem Notar in einer derartigen Sondersituation obliegt, richtet sich nach der konkreten Gefahrlage. Die aufgegebene Belehrung muss geeignet sein, die Gefahr zu bannen.[60] Hierfür würde regelmäßig ein entsprechender Hinweis des Notars genügen. Bei Bauherrenmodellen, bei denen ein einheitlicher Erwerbsvorgang in mehrere Rechtsgeschäfte aufgeteilt ist, wobei der eigentliche Kaufvertrag durch den bevollmächtigten Betreuer abgeschlossen wird, hat der BGH den Notar für verpflichtet gehalten, den Käufer unter Beifügung eines Vertragsentwurfs von dem geplanten Beurkundungstermin zu unterrichten.[61]

26 In keinem Fall aber ist der Notar verpflichtet, von sich aus Ermittlungen anzustellen, die erst das Vorliegen besonderer, die Belehrungspflicht auslösende Umstände ergeben würde.[62] Er muss auch nicht etwa durch büroorganisatorische Maßnahmen sicherstellen, dass steuerrelevante Tatsachen (der Zeitpunkt des Eigentumserwerbs wegen eine etwaigen Spekulationsgewinns) festgestellt werden.[63]

27 Amtspflichten im Bereich der **Betreuung nach § 24** sind zunächst abhängig von der jeweils übernommenen Tätigkeit. Für alle Tätigkeiten gelten die beschriebenen allgemeinen Amtspflichten der sorgfältigen und unverzüglichen Amtsführung, die Pflicht, wahr zu bezeugen, und eine entsprechende Büroorganisation sicherzustellen.[64] Daraus folgt etwa die Verpflichtung, bei Kaufpreisfälligkeitsmitteilungen oder Umschreibungsüberwachungen sich strikt an die hierfür getroffenen Vereinbarungen der Beteiligten und ihre übereinstimmenden Anweisungen zu halten, die Auflagen abzulösender Kreditinstitute einzuhalten und undurchführbare Weisungen nicht anzunehmen. Wird einer gemeinsam von den Vertragsparteien erteilten Weisung mit beachtlichen Gründen gegen deren Wirksamkeit widersprochen, erfordert das Gebot der Unparteilichkeit nicht, die Weisung nicht auszuführen und die Beteiligten auf den Prozessweg zu verweisen. Vielmehr muss der Notar den beabsichtigten Vollzug durch Vorbescheid ankündigen, wenn eine Seite dem Vollzug widerspricht.[65] Hierzu zählt schließlich auch die allgemeine Amtspflicht, bei Vorliegen besonderer Umstände, nicht sehenden Auges zuzulassen, das bei einem Beteiligten ein erheblicher Schaden eintritt.[66] Betrifft die übernommene Betreuung ein Rechtsgeschäft, dass auch Gegenstand eines Beurkundungsverfahrens sein könnte, aber – etwa weil kein gesetzliches Formerfordernis eingreift – nicht im förmlichen Beurkundungsverfahren durchgeführt wird, gelten die Regelungen nach §§ 17 ff. BeurkG entsprechend.[67] Beispielsfall hierfür ist etwa die Erstellung und Beratung zu einem später privatschriftlich unterzeichneten Vertrag oder einem sonstigen Rechtsgeschäft, zu dessen Wirksamkeit die privatschriftliche Form genügt. Ist der Notar lediglich beauftragt, die Unterschrift unter einer von anderer Seite entworfene Genehmigungserklärung zu beglaubigen, entstehen keine Belehrungspflichten. Anders aber verhält es sich, wenn der Notar anlässlich einer Unterschriftsbeglaubigung unter eine Vereinbarung einen umfassenden Beratungsauftrag hinsichtlich des betreffenden Rechtsgeschäftes angenommen hat. Ergibt sich hierbei die Beurkundungsbedürftigkeit der Vereinbarung, hat er darüber zu belehren.[68] Auch im Übrigen wird man bei der übernommenen rechtlichen Prüfung von Entwürfen, die etwa von einem anderen Notar beurkundet werden sollen, §§ 17 ff. BeurkG entsprechend anzuwenden haben. Übernimmt der Notar im Rahmen von § 24 eine steuerrechtliche Beratung, so dürfen sich gleichfalls die (steuer-)rechtlichen Belehrungspflichten noch am ehesten an einer analogen Anwendung von §§ 17 ff. BeurkG orientieren.

---

[60] *Ganter* WM 1993, Beilage 1, 8.
[61] BGH 22.9.1994 – IX ZR 13/95, nv, mitgeteilt von *Ganter* WM 1996, 701 (704).
[62] BGH WM 1985, 523 f.
[63] BGH WM 1995, 1502.
[64] BGH WM 1983, 123 f.; DNotZ 1992, 819 f.; 1995, 489 mit Anm. *Haug*.
[65] BGH NJW 2020, 610 unter Aufgabe von BGH DNotZ 2016, 151; vgl. im Übrigen zur Weisungsgebundenheit zuletzt BGH DNotZ 2015, 545.
[66] BGH DNotZ 1995, 489.
[67] BGH DNotZ 1993, 459 f.; NJW 1996, 1675; *Haug* Rn. 417.
[68] BGH WM 1992, 1662.

III. Versagungspflicht, Abs. 2

1. Allgemeines. § 14 Abs. 2 enthält eine besondere verfahrensrechtliche Folge der allgemeinen Amtspflicht des Notars zu integrem Verhalten. Der Notar wird verpflichtet, Tätigkeiten, die mit seinen Amtspflichten nicht vereinbar sind, zu unterlassen. Die Pflicht gilt ebenso wie das Integritäts-Gebot für alle Amtshandlungen des Notars. Sie wird für das Beurkundungsverfahren in § 4 BeurkG lediglich noch einmal wiederholt. Im Beurkundungsverfahren kommt der Versagungs- bzw. Ablehnungspflicht insofern eine besondere Bedeutung zu, als der Notar Urkundstätigkeiten nach § 15 Abs. 1 S. 1 nicht ohne ausreichenden Grund verweigern darf. Soweit § 14 Abs. 2 bzw. § 4 BeurkG eingreifen, liegt immer ein ausreichender Grund vor. Beurkundungen, die im Widerspruch zu seinen Amtspflichten stehen, darf der Notar nicht durchführen. Darüber hinaus können in den Fällen nach §§ 14 Abs. 2 auch Hinweis- und Warnpflichten des Notars entstehen, so dass von dem Notar mehr verlangt sein kann, als die bloße Unterlassung von Amtsgeschäften (→ Rn. 36).

2. Versagung wegen Nichtigkeit oder anderer Amtspflichten. Die Tätigkeit des Notars muss im Beurkundungsverfahren, aber auch bei der Entwurfsfertigung nicht beurkundungsbedürftiger Rechtsgeschäfte auf die Wirksamkeit der Willenserklärung gerichtet sein. Er hat daher es abzulehnen, Erklärungen zu beurkunden oder auch nur zu entwerfen, wenn sie nach seiner Überzeugung nichtig sind. Hat er lediglich Zweifel an der Wirksamkeit, muss er – soweit es sich um eine Beurkundung handelt – die Zweifel mit den Beteiligten erörtern und seine Bedenken gegebenenfalls in einer Niederschrift dokumentieren. Handelt es sich um nicht zu beurkundende Erklärungen, sollte er in ähnlicher Weise verfahren und seine Zweifel außerhalb des Erklärungstextes festhalten.

Nichtigkeitsgründe können sein:
- Geschäftsunfähigkeit eines Beteiligten;
- Willensmängel nach §§ 116 ff. BGB;
- Verstoß gegen gesetzliche Verbote (§ 134 BGB, zB Verstöße gegen MaBV);
- Sittenwidrigkeit (§ 138 Abs. 1 BGB);
- Wucher (§ 138 Abs. 2 BGB);
- anfängliche objektive Unmöglichkeit;
- fehlende Vertretungs- oder Verfügungsmacht, sofern eine Genehmigung durch die Berechtigten nicht möglich ist;[69]
- Ausschluss des Notars nach §§ 6, 7;
- Amtstätigkeiten des Notars im Ausland außerhalb von § 11a.[70]

Unterfällt das Rechtsgeschäft den §§ 305 ff. BGB, müssen die Vertragsklauseln den entsprechenden Vorschriften genügen. Ist zweifelhaft, ob sie genügen, sind die Zweifel zu erörtern und zu dokumentieren. Ist der Notar davon überzeugt, dass die Klauseln nach §§ 305 ff. BGB unwirksam sind, hat er die Beurkundung abzulehnen.[71]

Handelt es sich um lediglich **schwebend unwirksame** Rechtsgeschäfte, greift § 14 Abs. 2 nicht ein, solange die Genehmigung noch erreicht werden kann.

Weitere Ablehnungspflichten können sich ergeben aus
- § 11 Abs. 2 (Amtshandlungen außerhalb des Amtsbezirks);
- § 925a BGB (Auflassung nur bei gleichzeitiger Errichtung einer Vorlage des zugrundeliegenden Rechtsgeschäftes);
- Mitteilungspflichten des Notars gegenüber Dritten, wenn die Beteiligten solche Mitteilungen nicht wünschen;

---
[69] BGH NJW-RR 2018, 443.
[70] Die Einzelfälle sind unstrittig, vgl. nur *Winkler* BeurkG § 4 Rn. 9 ff.; Arndt/Lerch/Sandkühler/*Sandkühler* BNotO § 14 Rn. 90 f.
[71] Vgl. *Braunfels* DNotZ 1997, 356; *Heinrichs* NJW 1996, 1817; *Brambring* FS Heinrichs 1998, 39 ff.; *Kappus* NJW 1994, 1847.

– Mitwirkungsverbote nach § 3 BeurkG, die über § 16 Abs. 1 für alle Amtstätigkeiten gelten;
– § 10 Abs. 9 S. 4 GwG.

34 **3. Verfolgung unerlaubter oder unredlicher Zwecke.** Über die auf Abgabe rechtswirksamer Willenserklärungen gerichteten Amtspflichten des Notars hinaus können sich weitere Amtspflichten aus den für ihn erkennbaren Zwecken der Beteiligten ergeben, sofern diese weiteren Zwecke unerlaubt oder unredlich sind. Die hierfür regelmäßig angeführten **Scheinbeurkundungen,** etwa die Beurkundung eines erkennbar unzutreffenden Kaufpreises zur Ersparung der Grunderwerbsteuer, zum Kreditbetrug oder zur Geldwäsche,[72] sind schon wegen der Nichtigkeit des Rechtsgeschäftes selbst dem Notar untersagt. Relevanter sind Fälle, in denen die Mitwirkung des Notars erkennbar dazu dient, den Anschein der Seriosität zu erwecken, insbesondere Sicherheiten vorzutäuschen, die tatsächlich nicht vorhanden sind, und hier durch Dritte entsprechend zu täuschen. Auch wenn in diesen Fällen Straftatbestände noch nicht verwirklicht sein sollten, hat der Notar seine Mitwirkung hieran zu versagen.[73] Entsprechendes gilt für die Beurkundung von Kettenkaufverträgen mit unerklärlichen Preissteigerungen oder von Geschäftsanteilsübertragen, die erkennbar auf „Firmenbestattung" abzielen.[74]

35 Bei **Rechtsgeschäften,** die lediglich **anfechtbar** sind, ist zu unterscheiden: Bei erkennbarer Anfechtbarkeit wegen arglistiger Täuschung oder Drohung (§ 123 BGB) hat der Notar seine Mitwirkung zu versagen. Wegen Gläubigerbenachteiligung anfechtbare Rechtsgeschäfte lösen Amtsverweigerungspflichten nur dann aus, wenn zusätzliche Gesichtspunkte erkennbar sind, aus denen sich ihre Unerlaubtheit ergibt (etwa Sittenwidrigkeit oder Scheingeschäft).[75]

36 **4. Pflichteninhalte.** Der Notar hat zum einen die Amtstätigkeit in den genannten Fällen zu unterlassen. Erkennt er während der Beurkundung, dass ein Versagungsgrund vorliegt, muss er die Beurkundung unter Hinweis auf die Gründe abbrechen.[76] Erkennt er später den Versagungsgrund, hat er seine weitere Mitwirkung einzustellen, einen begonnenen Urkundenvollzug, einschließlich der Erteilung von Ausfertigungen etc aufzugeben und muss versuchen, den Eintritt eines schädigenden Erfolges zu verhindern.[77]

37 Daneben können in diesen Fällen auch sog. **außerordentliche Aufklärungspflichten** erwachsen, die darauf gerichtet sind, die Beteiligten über die ihnen drohenden Schäden zu informieren und ihnen die Möglichkeit zur Schadensabwendung zu geben[78] oder einen bei ihnen entstandenen falschen Anschein richtigzustellen. Im Ausnahmefall kann hierzu auch die Pflicht gehören, einen Beteiligten über die Zuverlässigkeit eines Vertragspartner aufzuklären, wenn der Notar konkrete Anhaltspunkte dafür hat, dass dieser ihn betrügen oder die ihm anvertrauten Vermögenswerte veruntreuen will.[79]

IV. Außerdienstliches Verhalten

38 Ähnlich wie der Beamte (vgl. § 61 Abs. 1 S. 2 BBG) hat der Notar sich auch außerhalb seiner Amtstätigkeit vertrauens- und achtungswürdig zu verhalten. Verlangt wird damit vom Notar nicht eine musterhafte Lebensführung. Vielmehr wird von ihm ein Verhalten verlangt, dass das **Vertrauen der Öffentlichkeit** in die Erfüllung der notariellen Amts-

---

[72] Arndt/Lerch/Sandkühler/*Sandkühler* BNotO § 14 Rn. 99; *Winkler* BeurkG § 4 Rn. 28.
[73] Vgl. nur BGH WM 1991, 1869.
[74] BGH DNotZ 2014; 301 (Kettenkaufverträge); BGH DNotZ 2019, 838; 2016, 227 (Firmenbestattungen).
[75] *Winkler* BeurkG § 4 Rn. 10; Arndt/Lerch/Sandkühler/*Sandkühler* BNotO § 14 Rn. 104; Armbrüster/Preuß/Renner/*Preuß* BeurkG § 4 Rn. 21.
[76] *Winkler* BeurkG § 4 Rn. 44; *Jansen* BeurkG § 4 Rn. 8.
[77] *Winkler* BeurkG § 4 Rn. 44; OLG Zweibrücken MittBayNot 1995, 162 f.
[78] Vgl. BGH WM 1987, 76.
[79] BGH 17.3.1994 – IX ZA 3/93, nv, mitgeteilt von *Ganter* WM 1996, 701 (706).

pflichten nicht beeinträchtigt. Pflichtwidrig sind insoweit unabhängig von § 49 zunächst **Straftaten** im Sinne des StGB. Eine Verurteilung wegen Meineides, Betrug oder (privater) Urkundenfälschung etwa ist in besonderer Weise geeignet das Vertrauen der Öffentlichkeit an die pflichtgemäße Amtsführung des Notars zu beeinträchtigen, da solche Straftatbestände zwangsläufig den Eindruck erwecken müssen, der Notar werde sich auch bei seiner Amtsführung von den Pflichten zur wahrheitsgemäßen Bezeugung etc nicht leiten lassen. Ähnliches gilt angesichts der Mitteilungspflichten des Notars gegenüber der Steuerverwaltung bei **Steuerhinterziehungen**.[80] **Ordnungswidrigkeiten** hingegen berühren regelmäßig nicht die Stellung des Notars in der Öffentlichkeit. Aber auch nachhaltige oder besonders schwerwiegende Verletzung zivilrechtlicher Pflichten, die den Notar als Privatperson treffen, können einen Verstoß gegen seine Verpflichtung zu standesgemäßem Verhalten darstellen, etwa querulatorisches Verhalten gegenüber Nachbarn, grob nachlässige Erfüllung von Zahlungspflichten, etwa bei Unterhaltszahlungen. **Sittliche Verhaltenserwartungen** sind mehr denn je zeitbedingten Wertungen unterworfen. Übermäßigen Wirtshausbesuch wird man daher heute kaum noch beanstanden können,[81] wohl aber Trunk- oder Spielsucht oder auch Ausnutzung der Abhängigkeit von Angestellten.[82]

D. Vermittlungs- und Gewährleistungsverbot, Abs. 4

I. Vorbemerkungen

§ 28 RNotO enthielt erstmals ein ausdrückliches Verbot, Darlehen- oder Grundstücks- **39** geschäfte zu vermitteln und Bürgschaften zu übernehmen. Damit wurde eine Vereinheitlichung des Notarrechts erreicht, da einzelne Landesnotarrechte solche Vermittlungstätigkeiten zuließen und in manchen Gegenden auch Gewährleistungen bei Versteigerungen gestattet waren. Solche Ausnahmen wurden mit § 28 RNotO beseitigt. Seit der Geltung der BNotO sind diese Verbote nach § 14 übernommen worden. Durch das SachenRÄndG vom 21.9.1994 (BGBl. I 2457) ist in § 14 Abs. 1 S. 1 klargestellt worden, dass das Verbot nicht für ausdrücklich zugewiesene Tätigkeiten gilt. Im Zuge der Berufsrechtsnovelle 1998 wurde der Kreis der verbotenen Vermittlungsobjekte um Urkundsgeschäfte erweitert.

Zweck der Vorschrift ist die Wahrung der Unparteilichkeit des Notars, die beeinträchtigt **40** sein könnte, wenn für den Notar aufgrund der genannten verbotenen Tätigkeiten ein eigenes, besonderes wirtschaftliches Interesse an dem Geschäft bestünde.[83] Ähnliche Beweggründe liegen auch der durch die Berufsrechtsnovelle 1998 erfolgten Erweiterung der Verbotstatbestände zugrunde, da die Unparteilichkeit des Notars, aber auch seine Unabhängigkeit in gleicher Weise betroffen ist, wenn er an seiner eigenen Beauftragung „mitgewirkt oder diese beeinflusst hat".[84] Gleichermaßen erfasst werden sollen damit (unabhängig von den Mitwirkungsverboten nach § 3 BeurkG) die gerade bei überörtlichen und interprofessionellen Sozietäten nahe liegenden Verhaltensweisen, „Beurkundungsaufkommen ohne sachlichen Grund zu verlagern und einem soziierten – evtl. anderorts ansässigen – Notar zuzuweisen".[85]

Die mit dem SachRÄndG erfolgt Einfügung in § 14 Abs. 1 S. 2 Hs. 1 gründet auf den **41** unterschiedlichen Bedeutungen von „vermitteln". Während die verbotenen Vermittlungstätigkeiten auf den Nachweis von vorher nicht bekannten Geschäftsabschlüssen zielen, geht es bei den zugelassenen Vermittlungstätigkeiten (etwa nach dem SachenRBerG oder §§ 363 ff. FamFG) um streitvermittelnde Maßnahmen, die darauf gerichtet sind, zur Entlastung der Gerichte eine einvernehmliche Beilegung von Streitigkeiten oder streitgeneig-

---

[80] Vgl. BGH DNotZ 1985, 489.
[81] Anders noch Schippel/*Schippel* BNotO § 14 Rn. 56.
[82] Schippel/Bracker/*Lemke* BNotO § 95 Rn. 24.
[83] Schippel/Bracker/*Kanzleiter* BNotO § 14 Rn. 62.
[84] Gesetzesbegründung zu § 15, abgedr. bei *Frenz* S. 208.
[85] Gesetzesbegründung, abgedr. bei *Frenz* S. 208.

ten Situationen zu erreichen. Beide Bedeutungsinhalte, die sachlich nichts verbindet, in einer gesetzlichen Vorschrift als Verbots- und Ausnahmetatbestände zu formulieren, ist nicht besonders glücklich.

42 Verbotswidrige Vereinbarungen sind wegen Verstoßes gegen ein Verbotsgesetz unwirksam. Die Unwirksamkeit sollte unabhängig davon angenommen werden, ob der Notar das vermittelte Rechtsgeschäft später selbst beurkundet oder nicht.[86]

II. Vermittlungsverbot

43 Verpflichtet ist der Nur-Notar ebenso wie der Anwalts-Notar, und zwar unabhängig davon, ob die Tätigkeit im Rahmen eines Amtsgeschäftes erfolgt oder als private Tätigkeit. Der Anwalts-Notars darf die genannten Vermittlungen auch nicht als Rechtsanwalt oder in einem anderen Beruf ausüben.

44 Unter **Vermittlung** im Sinne des Verbotes ist jede Tätigkeit zu verstehen, die darauf abzielt, Darlehens- und Kaufparteien zusammenzuführen[87] oder – bei der Vermittlung von Urkundsgeschäften – darauf abzielt, Urkundsaufträge ohne sachlichen Grund einem bestimmten Notar zukommen zu lassen. Ob die Tätigkeit erfolgreich war, ob sie entgeltlich oder unentgeltlich vorgenommen wurde, gelegentlich oder gewerbsmäßig, ist irrelevant.[88] Eine unzulässige Vermittlung von Urkundsaufkommen ist auch bei sog. „Über-Kreuz-Vereinbarungen" anzunehmen, bei denen Notare sich wechselseitig Urkundsgeschäfte zuzuweisen versuchen, an deren Beurkundung sie selbst durch Mitwirkungsverbote gehindert sind.[89] Gleiches würde gelten für entsprechende „Kooperations-Vereinbarungen".[90] Nicht erfasst werden gelegentliche Gefälligkeitshinweise[91] und die bloße auf Anfrage geäußerte Empfehlung eines Kollegen.[92] Nicht erfasst werden auch Fälle, in denen etwa ein Anwaltsnotar als Anwalt ein Bauträger- oder sonstiges Vorhaben begleitet, bei dem die Verträge zur erleichterten Abwicklung bei einem einzelnen Notar beurkundet werden.

III. Gewährleistungsverbot

45 Im Zusammenhang mit Amtshandlungen darf der Notar keine Bürgschaften oder sonstige Gewährleistungen übernehmen. Das Verbot zielt entsprechend seinem gesetzeshistorischen Anlass (→ Rn. 38) ab auf rechtsgeschäftliche Verpflichtungen der Beteiligten untereinander.[93] Davon zu unterscheiden sind zulässige Bestätigungen, Bescheinigungen oder Gutachten, die der Notar im Rahmen von betreuenden Tätigkeit über die Belastungsverhältnisse an Grundstücken, bestehender Anträge etc (sog. Rangbescheinigungen oder Rangberichte) erteilt. Die von dem Notar verlangte Gewähr, etwa Löschungsunterlagen nur unter bestimmten Voraussetzungen zu verwenden, ist als Antrag auf Übernahme einer Betreuungstätigkeit nach § 24, nicht aber nach § 14 Abs. 1 S. 1 als unzulässige Gewährleistung zu verstehen.[94] Kostenstarksagungen sind zulässig.[95]

---

[86] Offengelassen von BGH DNotZ 1991, 318; aA Schippel/Bracker/*Kanzleiter* BNotO § 14 Rn. 64; wie hier Arndt/Lerch/Sandkühler/*Sandkühler* BNotO § 14 Rn. 314.
[87] Schippel/Bracker/*Kanzleiter* BNotO § 14 Rn. 65.
[88] Schippel/Bracker/*Kanzleiter* BNotO § 14 Rn. 65; Arndt/Lerch/Sandkühler/*Sandkühler* BNotO § 14 Rn. 314.
[89] Frenz/*Sandkühler* Rn. 112.
[90] Arndt/Lerch/Sandkühler/*Sandkühler* BNotO § 14 Rn. 317.
[91] Schippel/Bracker/*Kanzleiter* BNotO § 14 Rn. 65.
[92] Gesetzesbegründung, abgedr. bei *Frenz* S. 208.
[93] Schippel/Bracker/*Kanzleiter* BNotO § 14 Rn. 66.
[94] Schippel/Bracker/*Kanzleiter* BNotO § 14 Rn. 66.
[95] Gesetzesbegründung, abgedr. bei *Frenz* S. 208; Schippel/Bracker/*Kanzleiter* BNotO § 14 Rn. 66; Arndt/Lerch/Sandkühler/*Sandkühler* BNotO § 14 Rn. 325.

IV. Vermittlung und Gewährleistung durch Hilfspersonen

Auch die bei dem Notar beschäftigten Personen sollen die ihm selbst verbotenen Geschäfte nicht vornehmen. Die Erfüllung der dem Notar obliegenden Pflicht, hierfür Sorge zu tragen, wird ihm dadurch erleichtert, dass er entsprechend § 6 DONot seine Hilfskräfte bei der Einstellung auf die Verpflichtung nach § 14 Abs. 4 S. 2 hinweist. Kommt der Mitarbeiter der Verpflichtung auch nach Abmahnung nicht nach, muss der Notar ihn ggf. entlassen. Aus der Wertung von Abs. 4 folgt zugleich, dass der Notar keine Beurkundungen vornehmen darf, durch die für einen Mitarbeiter unmittelbar wirtschaftliche Vorteile begründet werden.[96] Für den Notarassessor gilt die Verpflichtung aus § 14 Abs. 4 S. 1 unmittelbar (§ 7 Abs. 3 S. 2). 46

E. Beteiligungsverbote, Abs. 5

I. Vorbemerkungen

Die Vorschrift ist durch die Berufsrechtsnovelle 1998 in das Gesetz eingefügt worden. Nach der Gesetzesbegründung soll mit ihr vor allem Gefährdungen der Unparteilichkeit und Unabhängigkeit des Notars durch die geänderten Möglichkeiten zu beruflichen Verbindungen begegnet werden.[97] Sie ergänzt aber gleichzeitig § 8, indem auch bestimmte Gesellschaftsbeteiligungen, deren Übernahme noch nicht § 8 Abs. 2 oder Abs. 3 unterfallen, dem Notar untersagt werden.[98] 47

II. Verbotsinhalt

Wann Gesellschaftsbeteiligungen mit dem Notaramt unvereinbar sind, muss zunächst aus den Funktionen des Notaramtes beantwortet werden. Nach der Gesetzesbegründung soll außer der bereits aus § 8 erfassten Übernahme einer organschaftlichen Stellung in einer Gesellschaft auch die bloße Beteiligung, insbesondere an einer erwerbswirtschaftlich tätigen Gesellschaft, untersagt sein. Allerdings soll dem Notar nicht schlechthin verboten werden, sich zum Zwecke der Vermögensanlage zu beteiligen. 48

Maßgebend sei der Gesellschaftszweck und die rechtliche oder wirtschaftliche Position des Notars innerhalb der Gesellschaft. Genannt wird als Beispiel, dass dem Notar aufgrund seiner Anteile ein maßgeblicher Einfluss auf die Tätigkeit der Gesellschaft zuwächst.[99] 49

Legt man diese Kriterien zugrunde und berücksichtigt man die geschilderten Gesetzeszwecke, so ergeben sich etwa folgende Leitlinien: Die Beteiligung an bloßen Besitzgesellschaften ist immer zulässig, unabhängig von der Beteiligungshöhe, unabhängig auch, welches Gewerbe auf den von der Gesellschaft gehaltenen Vermögenswerten ausgeübt wird und unabhängig schließlich von der Rechtsform der Gesellschaft. Die Beteiligung an einer erwerbswirtschaftlichen Gesellschaft mit einem Unternehmensgegenstand, der als Nebentätigkeit nach § 8 nicht genehmigungsfähig wäre, ist unzulässig, wenn der Notar direkt oder indirekt die Mehrheit der Stimmen hält und damit einen beherrschenden Einfluss ausübt (vgl. § 17 AktG).[100] In diesen Fällen ist die Gesellschaftsbeteiligung faktisch nur eine Umgehung des Verbots nach § 8 Abs. 2. Von daher ist es gerechtfertigt, solche Beteiligungen einer eigenen erwerbswirtschaftlichen Tätigkeit des Notars gleichzustellen. Dies trifft darüber hinaus auch dann zu, wenn nach den Stimmrechtsverhältnissen alle wesentlichen Geschäftsführungsmaßnahmen der Zustimmung des Notars als Gesellschafter bedürfen. Kann der Notar hingegen mit seinen Stimmen nur Grundlagenentscheidungen, wie etwa 50

---

[96] ZNotP 2018, 489; *Galke* ZNotP 2018, 387.
[97] Gesetzesbegründung, abgedr. bei *Frenz* S. 208.
[98] Gesetzesbegründung, abgedr. bei *Frenz* S. 208.
[99] Gesetzesbegründung, abgedr. bei *Frenz* S. 208.
[100] Vgl. hierzu die Erläuterungen bei → § 8 Rn. 13 ff.

Änderungen des Gesellschaftsvertrages oder Umstrukturierungen beeinflussen, handelt es sich nicht um eine unzulässige Beteiligung. Bei Bauträger-, Steuerberatungs- oder Wirtschaftsprüfergesellschaften greift das Beteiligungsverbot bereits dann ein, wenn der Notar zwar nicht alleine, wohl aber zusammen mit seinen Sozien einen beherrschenden Einfluss ausüben kann. Wann ein derartiger beherrschender Einfluss vorliegt, wird man wiederum anhand von § 17 AktG zu entscheiden haben. *Christoph Sandkühler* hat vorsichtig Vorbehalte bezüglich der Vereinbarkeit dieses Verbotsinhaltes mit „höherrangigem Recht" geltend gemacht.[101] Angesichts der Wirtschaftsprüfer-Entscheidung des BVerfG[102] sind diese Vorbehalte nur zu verständlich. Spätestens mit der Zulassung der Anwalts-GmbH und der möglichen Beteiligung des Anwalts-Notars (in seiner Eigenschaft als Rechtsanwalt) an einer solchen Gesellschaft bedarf es zusätzlicher Argumente, um dem Anwalts-Notar die Beteiligung an einer Steuer- oder Wirtschaftsprüfergesellschaft mit beherrschendem Einfluss zu untersagen. *Roscher-Meinel* hat dies mit guten Argumenten unternommen.[103]

F. Fortbildungspflicht

51 Ebenso wie für Anwälte (§ 43a Abs. 6 BRAO) und für Wirtschaftsprüfer (§ 43 Abs. 2 WPO) enthält die BNotO seit der Berufsrechtsnovelle 1998 auch eine gesetzliche Verpflichtung des Notars, sich fortzubilden. Zu § 43a Abs. 6 BRAO ist zumindest umstritten, ob aus der allgemeinen Fortbildungspflicht sich justiziable Verhaltensanforderungen ableiten lassen.[104] Jedenfalls besteht insoweit keine Kompetenz der anwaltlichen Satzungsversammlung zu näherer Konkretisierung. Anders die Regelungen im notariellen Berufsrecht: § 67 Abs. 2 S. 3 Nr. 10 ermächtigt die Kammern, den erforderlichen Umfang der Fortbildungspflicht näher zu bestimmen. Die Richtlinien-Empfehlungen der Bundesnotarkammer unternehmen dies in Abschnitt X.

52 Die Fortbildungspflicht des Notars[105] hat einen grundsätzlich anderen Rang als beim Anwalt: Der Rechtsverkehr ist bei den Formvorschriften auf die Tätigkeit des Notars angewiesen, ohne ihn können bestimmte Rechtsgeschäfte nicht wirksam vorgenommen werden. Dem entspricht die grundsätzliche Verpflichtung zur Urkundstätigkeit (§ 15 Abs. 1). Die damit verfolgten Zwecke sind aber nur zu verwirklichen, wenn der Notar nicht nur bei seiner Bestellung, sondern auch während der gesamten Amtsdauer über die dafür notwendige Kompetenz verfügt. Belehrungspflichten setzen Belehrungsfähigkeit in der Person des Verfahrensträgers Notar voraus.[106] Dies unterscheidet den Notar auch im Bereich der Fortbildung von der Situation des Rechtsanwalts, der zur Übernahme des ihm übertragenen Mandates nicht verpflichtet ist.

53 Den Kammern ist daher durchaus zu Recht die Befugnis zur Konkretisierung der Fortbildungspflicht eingeräumt worden.[107] Der von der Bundesnotarkammer in Abschnitt X. RLEmBNotK unternommene Versuch ist hierfür aber untauglich. Die Anforderungen nach Abschnitt X. Nr. 1 sind kaum konkreter als die gesetzliche Formulierung. Die in Abschnitt X. Nr. 2 eingeräumte Befugnis wird von der Satzungsermächtigung wohl nicht gedeckt. Es verbleibt daher bei der nicht justiziablen Allgemeinregelung in § 14 Abs. 5, deren beabsichtigte Wirkung eher durch die Folgen der für den Notar bestehenden Haftungsrisiken erreicht werden dürfte.

---

[101] Frenz/*Sandkühler* Rn. 84.
[102] ZNotP 1998, 295.
[103] DNotZ 2014, 643. Zur praktischen Relevanz Fn. 13.
[104] Vgl. Henssler/Prütting/*Henssler* BRAO § 43a Rn. 172 ff.; Hartung/Holl/*Hartung* § 1 Rn. 71.
[105] Vgl. hierzu grundlegend *Jerschke* FS Schippel 1996, 667 ff.
[106] Vgl. *Frenz* FG Willi Weichler 1997, 175 (180).
[107] Zu der Ausformulierung in den Richtlinien der Kammer Celle vgl. OLG Celle 30.11.2011 – Not 5/11, juris.

§ 15 [Verweigerung der Amtstätigkeit]

(1) ¹Der Notar darf seine Urkundstätigkeit nicht ohne ausreichenden Grund verweigern. ²Zu einer Beurkundung in einer anderen als der deutschen Sprache ist er nicht verpflichtet.

(2) ¹Gegen die Verweigerung der Urkunds- oder sonstigen Tätigkeit des Notars findet die Beschwerde statt. ²Beschwerdegericht ist eine Zivilkammer des Landgerichts, in dessen Bezirk der Notar seinen Amtssitz hat. ³Für das Verfahren gelten die Vorschriften des Gesetzes über das Verfahren in Familiensachen und in den Angelegenheiten der freiwilligen Gerichtsbarkeit.

Übersicht

	Rn.
A. Allgemeines	1
I. Entwicklung	1
II. Heutiger Stand	3
III. Begriffliches	6
B. Berechtigte Verweigerung einer Urkundstätigkeit, Abs. 1 S. 1	7
I. Urkundstätigkeit	7
II. Amtsverweigerung	18
III. Berechtigung zur Verweigerung	24
C. Verweigerung sonstiger Amtstätigkeiten	27
D. Rechtsmittel bei Verweigerungen, Abs. 2	31
I. Entwicklung	31
II. Beschwerdeverfahren	33
III. Rechtsbeschwerde	51
IV. Folgen für die notarielle Haftung	54

A. Allgemeines

I. Entwicklung

Die Berufsrechtsnovelle 1998 hat die Entwicklung der Rechtsprechung, nach der gegen 1 alle Amtsverweigerungen die Beschwerde nach § 15 eröffnet ist, durch eine Neufassung von § 15 Abs. 2 gesetzlich nachvollziehen wollen. Da zugleich der bisherige § 22a in geänderter Form Bestandteil von § 21 geworden ist, verweist § 10a – und damit indirekt auch § 15 – zur Erläuterung der „Urkundstätigkeit" auf §§ 20 bis 22.

Die Festlegung auf die deutsche Sprache als grundsätzliche Verfahrenssprache (heute § 15 2 Abs. 1 S. 2) erfolgte bereits mit dem BeurkG (damals § 15 Abs. 2). Abs. 2 ist durch das FamFG vom 17.12.2008 neu gefasst worden (BGBl. I 2586).

II. Heutiger Stand

In der heutigen Form enthält die Vorschrift mit § 15 Abs. 1 auf der einen Seite und § 15 3 Abs. 2 auf der anderen Seite sachlich nicht zusammengehörige Regelungen, die zu einem Teil, nämlich Abs. 1, zudem nur beurkundungsverfahrensrechtlichen Charakter haben, und daher in der BNotO am falschen Platze stehen. Sie gehören sachlich in das BeurkG.

Von herausragender Bedeutung ist die in § 15 Abs. 1 S. 1 als Grundsatz festgelegte 4 Verpflichtung des Notars, Beurkundungen vorzunehmen. Sie ist zu unterscheiden von der Pflicht des Notars zur generellen **Amtsbereitschaft.** Beide Pflichten verkörpern auf der Seite des Notars unterschiedliche Anforderungen, die sich aus der Stellung des Notars im Rahmen der vorsorgenden Rechtspflege ergeben: Insbesondere die Verweisung des Rechtsverkehrs auf die Beurkundung als Wirksamkeitsvoraussetzung bestimmter Rechtsgeschäfte und die seit dem BeurkG bestehende Konzentration des Beurkundungswesens in den Händen der Notare führt nicht nur zur Verpflichtung der Länder, eine ausreichende, leistungsstarke notarielle Versorgung zu gewährleisten, sondern auch zur Verpflichtung des einzelnen Notars, seine Amtsbereitschaft sicherzustellen. Diese Verpflichtung, die durch verschiedene Vorschriften angesprochen wird, umfasst die Pflicht zur Unterhaltung einer Geschäftsstelle, Bestellung eines Vertreters bei Amtsverhinderung etc. Sie betrifft jedoch die **generelle Amtsbereitschaft** des Notars und ist **nicht** Gegenstand des § 15 Abs. 1 S. 1.

5 Gegenstand von § 15 Abs. 1 S. 1 ist vielmehr die dort nur negativ ausformulierte Amtspflicht des Notars, einem konkreten Antrag auf Durchführung eines Beurkundungsverfahrens nachzukommen, sofern dem nicht ausnahmsweise ausreichende Gründe entgegenstehen (→ Rn. 7 ff.). Inwieweit sich vergleichbare Pflichten bei anderen Amtstätigkeiten ergeben, ist in § 15 nicht ausdrücklich beschrieben (→ Rn. 27 ff.). Einheitlich geregelt sind nunmehr die bestehenden Rechtsbehelfe, und zwar für alle Amtstätigkeiten (→ Rn. 31 ff.).

III. Begriffliches

6 Oftmals wird die § 15 Abs. 1 S. 1 zugrundeliegende Amtspflicht des Notars mit dem Schlagwort der „Urkundsgewährungspflicht" benannt und mit der Justizgewährungspflicht des Staates verglichen.[1] So naheliegend diese Parallelisierung der Begriffe auch sein mag, sie führt nur auf Abwege. Mit ihr wird leicht die Beurkundung mit der papierenen Form der notariellen Niederschrift verwechselt. „Urkundsansprüche" dieser Art meint § 15 nicht. Es werden keine Urkunden gewährt, sondern der Anspruch auf ordnungsgemäße Durchführung eines Beurkundungs**verfahrens** gesichert. Ob das Verfahren mit einer Urkunde endet, kann nicht garantiert werden, sondern ist von einer Vielzahl von Umständen abhängig, nicht zuletzt von dem Willen der Beteiligten.[2]

B. Berechtigte Verweigerung einer Urkundstätigkeit, Abs. 1 S. 1

I. Urkundstätigkeit

7 Urkundstätigkeit meint, wie ausgeführt (→ Rn. 1 ff.), nicht die bloße, wie auch immer erfolgende Erstellung der notariellen Niederschrift, sondern die **ordnungsgemäße Durchführung** eines Beurkundungs**verfahrens** nach den Vorschriften des **BeurkG**.

8 Aus der Gesetzesgeschichte (→ Rn. 1 ff.) ergibt sich, dass zur näheren **Bestimmung der Verfahren** auf den Klammerzusatz in § 10a abgestellt werden kann, der auf §§ 20 bis 22 verweist. Die Verweisung gilt in gleicher Weise für den Anwendungsbereich von § 15. Allerdings ist die Verweisung inhaltlich nur auf die genannten Zuständigkeitsnormen gerichtet, während die Verfahren selbst, um deren Verweigerung es in § 15 geht, vor allem im BeurkG geregelt sind. Im Einzelnen handelt es sich um folgende Verfahren:
– Beurkundungen jeder Art, einschließlich der Beglaubigung von Unterschriften, Handzeichen und Abschriften (§ 20 Abs. 1);
– Entgegennahme von Auflassungen und Ausstellung von Teilhypotheken- und Teilgrundschuldbriefen (§ 20 Abs. 2);
– Durchführung von freiwilligen Versteigerungen (§ 20 Abs. 3);
– Vermittlung von Nachlass- und Gesamtgutauseinandersetzungen, Nachlasssicherungsmaßnahmen (§ 20 Abs. 4);
– Vertretungs- und Registerbescheinigungen (§ 21);
– Abnahme von Eiden und Aufnahme Eidesstattlicher Versicherungen (§ 22).

9 Alle genannten Beurkundungsverfahren lassen sich in ihrem Ablauf gliedern in die Verfahrensabschnitte Vorverfahren, Hauptverfahren und Nachverfahren.[3] Die in § 15

---
[1] Arndt/Lerch/Sandkühler/*Sandkühler* BNotO § 15 Rn. 3.
[2] Ebenso jetzt Schippel/Bracker/*Reithmann* BNotO § 15 Rn. 17; Diehn/*Seger* BNotO § 15 Rn. 5.
[3] Vgl. hierzu *Bohrer*, Berufsrecht, Rn. 33 ff.; s. auch *Frenz* FG Weichler 1997, 175 (183 ff.).

Abs. 1 S. 1 normierte Pflicht zur Amtsausübung gilt im Grundsatz für alle Verfahrensabschnitte. **Inhalt und Umfang der Amtspflichten,** deren Ausübung § 15 Abs. 1 S. 1 verlangt, sind abhängig von dem jeweiligen, in §§ 20 bis 22 genannten Verfahren und bestimmen sich nach den entsprechenden verfahrensrechtlichen Vorschriften, insbesondere dem Beurkundungsgesetz (s. daher insoweit die Erläuterung zu den einschlägigen Vorschriften des BeurkG).

Probleme bereiten die Grenzen der Amtsausübungspflichten nach § 15 Abs. 1 S. 1 im **Nachverfahren,** (das herkömmlich mit „Vollzugstätigkeit", „Urkundenvollzug", „Vollzugsgeschäft" bezeichnet wird), insbesondere ihre Differenzierung gegenüber der Betreuungstätigkeit iSv § 24. Die Abgrenzungsprobleme bestehen in gleicher Weise bei der Eingrenzung der Subsidiärhaftung durch § 19 Abs. 1 S. 1, da dort „Amtsgeschäfte der in §§ 23, 24 bezeichneten Art" von der Subsidiärhaftung ausdrücklich ausgenommen werden, und bei den kostenrechtlichen Vorschriften. Nach allgemeiner Auffassung soll die Grenze zwischen „unselbständiger Betreuung" (dann Amtsausübungspflicht iSv § 15 Abs. 1 S. 1) und „selbständiger Betreuung" (dann nur § 24 mit der Folge: keine Pflicht zur Amtsausübung und daher grds. keine Anwendung von § 15) verlaufen, wobei die kostenrechtlichen Vorschriften als Richtschnur empfohlen werden.[4] Die empfohlene Bezugnahme auf kostenrechtliche Vorschriften erscheint schon vom Ansatz her problematisch, da diese Vorschriften von der Gesetzessystematik her eigenständig anknüpfen und Amtspflichten schlecht aus wie auch immer gearteten Kostenfolgen bestimmt werden können. 10

Die Abgrenzungsschwierigkeiten hängen damit zusammen, dass das Nachverfahren (die notarielle „Vollzugstätigkeit") und damit auch die hierbei bestehenden notariellen Amtspflichten im BeurkG völlig unzureichend geregelt sind.[5] 11

Die Vorschriften des BeurkG beschränken sich insoweit auf wenige Vorschriften, die die Anzeigepflichten und die Einreichung von Urkunden bei Registern (§ 53 BeurkG) betreffen. Die tatsächlich vom Notar regelmäßig übernommenen Vollzugsleistungen überschreiten diesen Pflichtvollzug bei weitem und machen einen erheblichen Teil der notariellen Tätigkeit aus. Sie umfassen die Einholung von Löschungsunterlagen, die Kaufpreisfälligkeitsmitteilung, die Einholung einer Schuldhaftentlassung, Einholung von Genehmigungen, notarielle Verwahrung von Geldern etc. Die notarielle Verwahrung ist[6] gesetzlich normiert in §§ 54a ff. BeurkG. Im Übrigen aber fehlen spezielle Regelungen der hierbei für den Notar bestehenden Amtspflichten. Sie ergeben sich nicht aus einer direkten Anwendung des BeurkG. Die BNotO enthält in § 24 nur eine bloße Zuständigkeitsnorm. Somit verbleiben zur Pflichtbestimmung nur die allgemeinen Regelungen, wie sie sich aus § 14 ergeben. Deren Abstraktionsgrad ist aber so hoch, dass sie eine stringente Ableitung der Amtspflichten in den völlig unterschiedlichen Tätigkeitsbereichen kaum erlauben. Es ist daher nicht verwunderlich, dass die Rechtsprechung, die dieses Regelungsvakuum vor allem mit Hilfe von § 14 auszufüllen sucht, keineswegs immer einheitlich oder eindeutig ist.[7] 12

Für die Auslegung von § 15 kommt hinzu, dass die Rechtsprechung zur Abgrenzung der Urkundstätigkeit von der Betreuung ausschließlich zu Sachverhalten ergangen ist, bei denen es um die Grenzen der Subsidiärhaftung iSv § 19 ging. 13

Für die **Praxis** sollte davon ausgegangen werden, dass nach der Rechtsprechung alle Tätigkeiten, die über den bloßen **Pflichtvollzug** des BeurkG hinausgehen, als Betreuung iSv § 24 gewertet werden und damit auch nicht Urkundstätigkeiten iSv § 15 darstellen. **Keine** Urkundstätigkeiten sind danach insbesondere: 14

---

[4] So zB *Haug* Rn. 176; Arndt/Lerch/Sandkühler/*Sandkühler* BNotO § 15 Rn. 16.
[5] Vgl. hierzu bereits *Frenz* FG Weichler 1997, 175 (183 ff.); FS Schlick 2015, 433 ff. und ZNotP 2018, 48 ff.
[6] Endlich, vgl. schon *Bohrer*, Berufsrecht, Rn. 84.
[7] Vgl. *Frenz* FS Schlick 2015, 433 ff. und ZNotP 2018, 48 ff.

- die Fälligkeitsmitteilung des Notars, gleichviel ob sie die Fälligkeit selbst herbeiführt oder ob (zusätzlich) die in der Mitteilung genannten Voraussetzungen tatsächlich vorliegen müssen;[8]
- die Einholung von Teilungsgenehmigungen durch den Notar;[9]
- Einholung von Genehmigungen nach dem GrdStVG;[10]
- die Einholung sonstiger Genehmigungen (etwa nach § 12 WEG);
- die Einholung von Löschungsunterlagen;
- die Überwachung etwa der Kaufpreiszahlung;
- Einholung von Personenstandsurkunden (etwa bei Erbscheinsanträgen etc).

15 **Keine** Urkundstätigkeit stellt schon aufgrund des Wortlautes von § 10a, auf den § 15 Abs. 2 S. 2 verweist, die notarielle Verwahrung dar. Amtsverweigerungen hierbei sind im Übrigen durch §§ 54a ff. BeurkG gesetzlich speziell geregelt.

16 Für § 15 folgt hieraus, dass dem Notar **keine Pflicht** obliegt zur **Übernahme** von derartigen Vollzugstätigkeiten, die eben nicht Urkundstätigkeiten iSv § 15 Abs. 1 S. 1 darstellen. Er kann sie somit auch „ohne ausreichenden Grund" ablehnen (→ Rn. 27 ff.).

17 Spezialgesetzlich geregelt und daher nicht unter § 15 Abs. 1 fallen die in § 54 Abs. 1 BeurkG genannten „Amtsverweigerungen" (Ablehnung der Erteilung einer Vollstreckungsklausel, Ablehnung der Aushändigung der Urschrift, Ersetzung der Urschrift, Erteilung von Ausfertigungen, Abschriften und Einsichtnahme in die Urschrift). Die insoweit bestehenden Amtspflichten sind in den entsprechenden Bestimmungen des BeurkG bzw. der ZPO normiert. Gegen ablehnende Entscheidungen ist über § 54 Abs. 2 S. 1 BeurkG ebenso wie nach § 15 Abs. 2 das Beschwerdeverfahren nach FamFG eröffnet. Für die unterschiedlichen Standorte der gesetzlichen Normierungen bestehen eher historische, nicht aber sachliche Gründe.

II. Amtsverweigerung

18 Eine Amtsverweigerung liegt vor, wenn der Notar die Erfüllung einer ihm in den §§ 20 bis 22 zugewiesenen Aufgabe ablehnt. Die Ablehnung kann vor der Durchführung des Beurkundungsverfahrens oder während oder nach Beendigung der Beurkundung erfolgen, entsprechend den Verfahrensstadien Vor-, Haupt- und Nachverfahren. Es kann sich um die Ablehnung der Beurkundung handeln, weil nach Überzeugung des Notars die angetragene Beurkundung sittenwidrig ist; es kann ebenso der Abbruch der Beurkundung sein, weil der Notar während der Verhandlung die Überzeugung gewinnt, dass ein Beteiligter geschäftsunfähig ist. Die Ablehnung kann schließlich auch den „Vollzug" der Urkunde betreffen, wenn der Notar nach Erstellung der Niederschrift davon Kenntnis erlangt, dass der beurkundete Kaufpreis mit dem tatsächlich vereinbarten nicht übereinstimmt und er daraufhin die ihm nach § 53 BeurkG obliegende Einreichung zum Grundbuchamt ablehnt.

19 Die Ablehnung ist immer **Verfahrensentscheidung** des Notars. Sie kann daher nur von ihm persönlich und nicht etwa von seinen Mitarbeitern ausgesprochen werden. Die Ablehnung bedarf keiner **Form.**[11] Welche Form gewählt wird, ist daher dem Notar überlassen. Die sachgerechte Form dürfte nicht zuletzt von dem jeweiligen Verfahrensstadium abhängen, in dem die Ablehnung erfolgt. Ablehnungen im Rahmen des Nachverfahrens („Urkundenvollzug") sollten regelmäßig schriftlich erfolgen, beim Abbruch einer Beurkundung kann ebenfalls ein (bestätigender) schriftlicher Bescheid sinnvoll sein. Bei der Ablehnung von Anträgen auf Einleitung eines Beurkundungsverfahrens wird regelmäßig die mündliche Erklärung gegenüber dem Antragsteller genügen, gleichwohl kann es für ein

---

[8] BGH DNotZ 1998, 406 (407); WM 1999, 1642; OLG Hamm MittRheinNotK 1996, 59 und 1996, 360; OLG Düsseldorf VersR 1976, 1079.
[9] BGH WM 1995, 1883 (1884); *Ganter* WM 1996, 701 (708).
[10] BGHZ 123, 1 (13).
[11] Ebenso Diehn/*Seger* BNotO § 15 Rn. 21.

sich anschließendes Beschwerde- oder Aufsichtsverfahren empfehlenswert sein, entsprechende Aktenvermerke zu fertigen.

Empfohlen wird zu Recht, die beabsichtigte Amtsverweigerung den Beteiligten durch **20** Vorbescheid anzukündigen.[12] Die Befugnis des Notars zur Erteilung eines Vorbescheides ist in der Rechtsprechung anerkannt und besteht gemäß richtiger Auffassung auch nach dem FamFG.[13] Auf der anderen Seite ist der Notar zum Erlass eines Vorbescheides nicht verpflichtet.[14] Ein Vorbescheid ist vor allem angebracht bei Amtsverweigerung im Pflichtvollzug nach § 53 BeurkG, aber auch bei Amtsverweigerungen außerhalb der Urkundstätigkeit iSv § 10a (→ Rn. 27 ff.). Ergeht ein Vorbescheid, so ist er Grundlage des Beschwerdeverfahrens nach § 15 Abs. 2, auch wenn es sich nicht um eine Entscheidung iSv § 58 FamFG handelt.[15]

Eine Ablehnung kann auch in einem andauernden Untätigbleiben liegen.[16] Die Ver- **21** weisung des Verfahrensbeteiligten im Falle des Untätigbleibens an die Aufsichtsbehörde (§ 93 Abs. 1) oder die Notarkammer (§ 67 Abs. 1. S. 2), wie sie früher von *Reithmann* vertreten wurde,[17] ergibt sich nicht aus dem Gesetzeswortlaut. Sie wird auch dem Rechtsschutzbedürfnis der Betroffenen nicht gerecht und nimmt ohne Not in diesen Fällen den mit der BNotO erreichten Schritt zu einem einheitlichen Rechtsweg gegen notarielle Verfahrensmaßnahmen zurück. Eine andere Frage ist, wann ein andauerndes Untätigbleiben angenommen werden kann. Man wird hierfür darauf abzustellen haben, wann der Verfahrensbeteiligte nach Lage des Falls eine Verfahrenshandlung des Notars erwarten konnte.[18]

Die Angabe von Gründen ist ebenfalls nicht zwingend vorgesehen. Gleichwohl sollten **22** die Gründe immer angegeben werden, um den Beteiligten die Entscheidung über die Einlegung der Beschwerde oder die Einleitung von Aufsichtsmaßnahmen zu erleichtern. Dies gilt schon für die Ablehnung der beantragten Einleitung eines Beurkundungsverfahrens, erst recht aber für einen etwaigen Abbruch der Beurkundung oder die Ablehnung von Amtshandlungen im Nachverfahren.[19]

In jedem Fall empfiehlt sich ein Hinweis auf die Möglichkeit, nach § 15 Abs. 2 Rechts- **23** mittel einzulegen.

III. Berechtigung zur Verweigerung

Eine Verweigerung der Amtstätigkeit ist nur zulässig, wenn sie auf einen ausreichenden **24** Grund gestützt werden kann.[20] Ein ausreichender Grund ist selbstverständlich **immer** gegeben, wenn der Notar aufgrund ausdrücklicher Amtspflichten **verpflichtet** ist, seine Amtstätigkeit zu verweigern. Dies sind **alle Fälle iSv § 14 Abs. 2,** in denen das so beantragte Tätigwerden mit den Amtspflichten des Notars nicht vereinbar wäre. Ein ausreichender Grund ist nach der Rechtsprechung des BGH[21] daher auch dann gegeben, wenn der Notar mit der Amtstätigkeit zum Vertreter einer Partei und damit seinen Auf-

---

[12] Vgl. *Winkler* MittBayNot 1998, 141 (147); OLG Zweibrücken ZNotP 2001, 165; hierzu ausführlich *Hertel* FS 200 Jahre Notarkammer Pfalz 2003, 163 ff. und *Hariefeld* RNotZ 2019, 365 ff.
[13] Zum früheren Rechtszustand vgl. BayObLG MittBayNot 1998, 200 f.; zum Rechtszustand nach dem FamFG vgl. zutreffend *Sandkühler* DNotZ 2009, 595; *Reithmann* ZNotP 2009, 370 f.; *Preuß* DNotZ 2010, 265 (271); Diehn/*Seger* BNotO § 15 Rn. 27.
[14] OLG Frankfurt a. M. ZNotP 1999, 83.
[15] Vgl. die Nachweise zum FamFG bei → Fn. 13; BGH AnwBl. 2016, 80.
[16] Ebenso *Bohrer*, Berufsrecht, Rn. 63; Arndt/Lerch/Sandkühler/*Sandkühler* BNotO § 15 Rn. 47 f.; OLG Düsseldorf ZNotP 1998, 81.
[17] Schippel/*Reithmann* BNotO § 15 Rn. 49, sofern es sich nicht um ein Untätigbleiben beim Vollzug einer von ihm aufgenommenen Urkunde handelt.
[18] Ähnlich Arndt/Lerch/Sandkühler/*Sandkühler* BNotO § 15 Rn. 47 f., wie hier Diehn/*Seger* BNotO § 15 Rn. 23.
[19] Ebenso Arndt/Lerch/Sandkühler/*Sandkühler* BNotO § 15 Rn. 47 f.
[20] Zu den Grenzen der gerichtlichen Überprüfbarkeit der notariellen Entscheidung → Rn. 44 ff.
[21] BGH DNotZ 2016, 151 ff. mwN.

gaben nach § 14 Abs. 2 nicht gerecht würde und zwar auch dann, wenn der Amtstätigkeit eine gemeinsame Anweisung in einem Kaufvertrag zugrunde liegt und bei ihrer Ausführung die gerichtliche Entscheidung der Beteiligten faktisch vorweggenommen wird. Dies gilt einmal bei unvollständigen oder unklaren Weisungen. Dies gilt aber auch dann, wenn eine Partei die Durchführung einer Anweisung verlangt zur Durchsetzung eines streitigen Anspruchs und die Durchführung dem widersprechenden Beteiligten unter Umständen seine Rechte nähme, sofern die gegen die Wirksamkeit der Weisung erhobenen Bedenken nicht offensichtlich unbegründet sind. Ferner alle Fälle, in denen ihm das BeurkG eine Amtsausübung untersagt, und zwar nicht nur im Bereich der sog. Muss-Vorschriften, sondern **auch bei Eingreifen von Soll-Vorschriften**,[22] da beide Vorschrifts-Arten Amtspflichten begründen und nur ihre Rechtsfolgen für die Wirksamkeit der Beurkundung divergieren. Hierzu zählen etwa § 4 BeurkG (der § 14 Abs. 2 entspricht), die Mitwirkungsverbote von § 3 Abs. 1 BeurkG, § 11 Abs. 1 S. 1 bei Überzeugung des Notars vom Fehlen der erforderlichen Geschäftsfähigkeit, § 40 Abs. 1, § 925a BGB (Beurkundung der Auflassung nur bei vorangegangener oder gleichzeitiger Beurkundung des zugrundeliegenden Verpflichtungsgeschäftes). Gleiches gilt, wenn die Beteiligten von dem Notar eine Abweichung von für ihn zwingenden Verfahrensbestimmungen des BeurkG verlangen, gleichviel, ob diese Vorschriften das Hauptverfahren oder die notariellen Pflichtvollzug (etwa Anzeigepflichten gegenüber der Finanzverwaltung) betreffen. In all diesen Fällen besteht immer ein zwingender und damit ausreichender Grund für eine Amtsverweigerung. Nach Auffassung des BGH besteht eine Verpflichtung zur Amtsverweigerung auch dann, wenn im Falle von § 17 Abs. 2a S. 2 Nr. 2 Hs. 2 BeurkG die einzuhaltende **14-Tages-Frist** noch nicht verstrichen ist. Ob diese Entscheidung zutreffend ist, kann man mit einigen Argumenten angesichts des gesetzlich nicht gelösten Konkurrenzverhältnisses zwischen der Vorbereitungs- und Urkundsgewährungspflicht bezweifeln. Der BGH hat das Konkurrenzverhältnis jedenfalls für den Regelfall nunmehr entschieden.[23] Nach der geänderten Bedeutung der Standesrichtlinien, die aufgrund § 67 Abs. 2 von den Notarkammern zu beschließen sind, können sich auch hieraus zwingende Versagungsgründe ergeben.

24a Im Bereich des **Geldwäschegesetzes** ist ein Verbot des Tätigwerdens jetzt ausdrücklich in § 10 Abs. 9 S. 4 GWG für den Fall normiert, dass der Beteiligte seiner Pflicht zur Dokumentation der Eigentums- und Kontrollstruktur nicht nachkommt. Insoweit besteht die (geldwäscherechtliche) Besonderheit, dass § 15 Abs. 2 für ausdrücklich anwendbar erklärt wird, während bei Eingreifen von § 43 GWG eine Verweigerung einhergeht mit der im Verfahren nach § 15 Abs. 2 gerade unzulässigen, hier aber verpflichtenden Informationsuntersagung (§ 47 GWG). Bei Fällen, die der Verordnung nach § 43 Abs. 6 GWG unterfallen, besteht gleichfalls eine Verpflichtung zur Verweigerung der Urkundstätigkeit mit dem Informationsverbot nach § 47 GWG, ferner auch dann, wenn der Notar positive Kenntnis von einem dem GWG unterfallenden Sachverhalt hat; ein bloßer Verdacht genügt nicht. Ob die Pflicht zur Amtsverweigerung schon beim Vorverfahren oder erst mit dem Nachverfahren beginnt, hat der Notar nach pflichtgemäßen Ermessen zu entscheiden. Wie § 46 Abs. 2 GWG zeigt, sind auch Fälle denkbar, in denen eine Verweigerung der Amtstätigkeit den Zielen des GWG gerade widerspricht. Wenn allerdings mit der Beurkundung selbst die Transaktion abgeschlossen wird (zB bei der sofort wirksam werdenden Abtretung von Gesellschaftsbeteiligungen), dürfte nur in außergewöhnlichen Fallgestaltungen eine Urkundstätigkeit noch nach GWG zulässig sein.

25 Für einen **eigenen Entscheidungsspielraum** des Notars zur Verweigerung seiner Amtstätigkeit verbleiben damit nur noch wenige, aber allgemein anerkannte Fälle,[24] nämlich etwa:

– Enthaltung wegen Befangenheit nach § 16 Abs. 2;

---

[22] Ebenso Diehn/*Seger* BNotO § 15 Rn. 32.
[23] BGH DNotZ 2013, 552 ff.
[24] Vgl. vor allem *Winkler* MittBayNot 1998, 141; Schippel/Bracker/*Reithmann* BNotO § 15 Rn. 49 ff.

- Beurkundung in fremder Sprache, und zwar auch dann, wenn der Notar sie beherrscht;
- nicht zu beseitigende Zweifel rechtlicher oder tatsächlicher Art, etwa bei nahe liegender Gefahr der Schädigung einer geschäftsungewandten Person oder nicht weiter klärbarer Geltung vorgreiflicher Vereinbarungen;
- Nichtleistung eines berechtigterweise angeforderten Kostenvorschusses gemäß § 15 GNotKG;
- Verhinderung aus tatsächlichen Gründen (Krankheit, vorrangige andere Amtsgeschäfte);
- wenn sich der Notar einer Gefahr für Leib oder Leben aussetzen würde, zB bei einer hochansteckenden Krankheit des Beteiligten ohne ausreichende Schutzmöglichkeit für den Notar.

Auch aus dem Fehlen einer erforderlichen eigenen Fachkompetenz des Notars kann sich in einem Teilbereich ein Ablehnungsrecht ergeben: Wenn etwa Beteiligte die Beurkundung eines Rechtsgeschäftes wünschen, dessen Beurkundung zu seiner Wirksamkeit nicht erforderlich ist, sondern aus anderen Gründen gewünscht wird und die Regelungsmaterie dem Notar nicht vertraut ist. Die angetragene Beurkundung etwa eines Franchising-Vertrages, eines Arbeitsvertrages, eines Industrieanlagenvertrages etc abzulehnen, wenn der angesuchte Notar nicht über die hierfür erforderlichen Spezialkenntnisse verfügt, muss dem Notar nach § 15 Abs. 1 S. 1 in jedem Falle möglich sein.

C. Verweigerung sonstiger Amtstätigkeiten

Bezüglich sonstiger, nicht unter § 10a (Urkundstätigkeit) fallender Amtshandlungen besteht weitestgehend Einvernehmen, dass jedenfalls willkürliche Amtsverweigerungen nicht statthaft sind, sondern der Notar nach pflichtgemäßen Ermessen zu entscheiden hat.[25]

Praxisrelevant wird die Frage vor allem bei allen Amtstätigkeiten einer Betreuung iSv § 24. Dabei sind zwei Ausgangssituationen zu unterscheiden:
- Der Notar ist nicht verpflichtet, einem Antrag auf Durchführung einer notariellen Verwahrung zu entsprechen, es sei denn, er würde bei der Ablehnung willkürlich entscheiden. Gleiches gilt für alle ihm angesonnenen Maßnahmen, die über den „Pflichtvollzug" (→ Rn. 14 ff.) hinausgehen, also etwa den Antrag, die Kaufpreisfälligkeit mitzuteilen, und die hierfür erforderlichen Maßnahmen (Einholung von Genehmigungen, Löschungsunterlagen etc) vorzunehmen oder die Eigentumsumschreibung zu überwachen, um einen Eigentumsverlust des Verkäufers ohne Kaufpreiserhalt zu vermeiden.
- Völlig anders aber sind die Fälle zu beurteilen, in denen der Notar gegenüber den Beteiligten Betreuungstätigkeiten übernommen hat und anschließend die Vornahme einer von ihm als Betreuung übernommenen Amtstätigkeit verweigern will.

Beispiel: Kaufvertraglich ist vorgesehen, dass die Kaufpreisfälligkeit durch den Notar mitgeteilt werden soll. Kann der Notar nach der Beurkundung die Durchführung der für die Kaufpreisfälligkeit erforderlichen Schritte verweigern? Darf er die Verweigerung nur in den Grenzen des Willkürverbots erklären?

Fast alle zu § 15 ergangenen Entscheidungen betrafen Sachverhalte, bei denen es um „Vollzugstätigkeiten" ging, und zwar vor allem außerhalb des Pflichtvollzug nach BeurkG, also im Rahmen der Betreuung nach § 24. Es ist aber keine Entscheidung ersichtlich, bei der ein Gericht im Rahmen von § 24 davon ausgegangen wäre, dass der Notar ohnehin die streitgegenständliche Amtshandlung (frei oder in den Grenzen des Willkürverbotes) unterlassen könnte. Tatsächlich ist vielmehr in allen Fällen, in denen der Notar eine betreuende Tätigkeit einmal übernommen hat, eine **Amtsverweigerung nach Übernahme** nur noch in den Grenzen von § 15 Abs. 1 S. 1 zulässig. Selbstverständlich kann der Notar im

---

[25] So vor allem *Bohrer*, Berufsrecht, Rn. 205; ebenso Arndt/Lerch/Sandkühler/*Sandkühler* BNotO § 15 Rn. 7.

Vorhinein bei der Übernahme einer betreuenden Tätigkeit etwas anderes bestimmen. Tut er dies jedoch nicht, muss er sich in den Grenzen von § 15 Abs. 1 S. 1 an der übernommenen Amtspflicht festhalten lassen.[26]

30   Für den Bereich der **notariellen Verwahrung** gelten im Übrigen mit der Berufsrechtsnovelle 1998 die besonderen Regelungen nach §§ 54a ff. BeurkG, die – soweit sie reichen – gegenüber dem hier Gesagten Vorrang haben.

D. Rechtsmittel bei Verweigerungen, Abs. 2

I. Entwicklung

31   Nach dem früheren, vor dem Inkrafttreten der Berufsrechtsnovelle 1998 geltenden Wortlaut der Vorschrift war ein Rechtsmittel nur bei Verweigerung einer Urkundstätigkeit (iSv § 10a) gegeben, nicht aber bei Verweigerung einer sonstigen Amtstätigkeit. Im Interesse des von Art. 19 Abs. 4 GG geforderten lückenlosen Rechtsschutzes, hat die Rechtsprechung aber schon seit langem in analoger Anwendung von § 15 Abs. 1 S. 2 BNotO aF auch in den Fällen sonstiger Amtstätigkeit das Rechtsmittel der Beschwerde zugelassen.[27]

32   Mit der ersten Neufassung von § 15 Abs. 2 ist diese Rechtsprechung auf Vorschlag der Bundesnotarkammer in das Gesetz übernommen worden. Nunmehr ist gegen die Verweigerung jeder Amtstätigkeit, auch wenn es sich um die Übernahme einer Betreuungstätigkeit oder eine Einzelmaßnahme nach Übernahme einer Betreuungstätigkeit handelt, das Rechtsmittel der Beschwerde eröffnet. Zu den Rechtmitteln in den Fällen von § 54 Abs. 1 BeurkG → Rn. 17 und die Erläuterungen zu § 54 BeurkG, deren Vorrang ebenso wie bei der Kostenbeschwerde nach § 127 GNotKG trotz der weiten Formulierung in § 15 Abs. 2 unverändert geblieben ist.

II. Beschwerdeverfahren

33   Im Beschwerdeverfahren ist der Notar nicht Verfahrensbeteiligter, sondern hat die Rechtsstellung einer ersten Instanz.[28] Gegenstand des Verfahrens ist der Anspruch des Antragstellers auf Vornahme einer Amtshandlung. Hat der Notar einen Vorbescheid erlassen (zur Zulässigkeit → Rn. 20) ist Verfahrensgegenstand der Vorbescheid.[29]

34   Beschwerdefähig ist jede Amtsverweigerung des Notars, auch ein bloßes Unterlassen einer Amtshandlung.[30] Gemeinhin wird vertreten eine bereits **beendete** Amtshandlung könne nicht mehr beschwerdefähig sein.[31] Dies ist jedenfalls dann zutreffend, wenn die mit der Amtshandlung verbundenen Rechtswirkungen bereits eingetreten sind: Ist die Auszahlung des verwahrten Geldes bereits erfolgt, kann durch eine Beschwerde die Auszahlung schon aus tatsächlichen Gründen nicht mehr rückgängig gemacht werden. Insoweit würde es in der Tat an einer Beschwerdefähigkeit fehlen, trägt der Beschwerdeführer daher etwa selbst die Auszahlung vor, wäre seine Beschwerde unzulässig, anderenfalls wäre sie unbegründet.[32] Ist jedoch etwa der Antrag auf Eigentumsumschreibung gestellt, eine Rücknahme des Antrages aber noch möglich, so ist die Amtshandlung vielleicht „beendet", gleichwohl aber die Beschwerde noch möglich.[33] Die Verweigerung einer Auskunftsertei-

---

[26] Ebenso *Haug* Rn. 730.
[27] Vgl. BGHZ 76, 9 (14), seitdem stRspr, vgl. Arndt/Lerch/Sandkühler/*Sandkühler* BNotO § 15 Rn. 77 mwN. Zu § 15 Abs. 2 ausführlich *Hertel* FS 200 Jahre Notarkammer Pfalz 2003, 163 ff.
[28] Allgemeine Auffassung, vgl. BGH NJW 2001, 2181; BVerfG NJW 2013, 1588 zur entsprechenden Regelung in § 54 Abs. 2 BeurkG; *Haug* DNotZ 1992, 18; Schippel/Bracker/*Reithmann* BNotO § 15 Rn. 82; Arndt/Lerch/Sandkühler/*Sandkühler* BNotO § 15 Rn. 104; *Gaier* ZNotP 2013, 322 ff.
[29] Vgl. nur *Haug* Rn. 737; BayObLG ZNotP 1998, 203.
[30] *Haug* Rn. 736, ebenso *Preuß* DNotZ 2010, 265 (270).
[31] Vgl. Arndt/Lerch/Sandkühler/*Sandkühler* BNotO § 15 Rn. 96; *Bohrer*, Berufsrecht, Rn. 203.
[32] So zu Recht *Bohrer*, Berufsrecht, Rn. 203.
[33] Dass die Rücknahme des Antrags keine Urkundstätigkeit iSd Vorschrift darstellt – so Arndt/Lerch/Sandkühler/*Sandkühler* BNotO § 15 Rn. 96 im Anschluss an OLG Köln FGPrax 2001, 128 – ist unerheblich,

lung kann auch dann beschwerdefähig sein, wenn sie eine Beurkundung betrifft, deren Vollzug schon abgeschlossen ist.[34]

Zuständig für das Beschwerdeverfahren ist das Landgericht, in dessen Bezirk der Notar 35 seinen Amtssitz hat, Beschwerdegericht ist die nach dem Geschäftsverteilungsplan zuständige Zivilkammer (§ 15 Abs. 2 S. 1).

Die Beschwerde kann beim Notar schriftlich oder zu dessen Protokoll oder beim 36 zuständigen Landgericht schriftlich oder zu Protokoll der Geschäftsstelle eingelegt werden (§ 15 Abs. 2 S. 3 iVm § 68 Abs. 1 S. 1 FamFG)

Umstritten war, ob die Beschwerde entsprechend den Vorschriften des FamFG frist- 37 gebunden nach § 63 FamFG ist. Zutreffend erscheint die Auffassung, dass § 63 FamFG für das Notarverfahren nicht gilt, zum einen, weil notarielle Entscheidungen nicht in Rechtskraft erwachsen und zum anderen, weil bei bloßer Untätigkeit kein Fristbeginn erkennbar ist.[35] Die Wertgrenze nach § 61 Abs. 1 FamFG (600,– EUR) sollte für die Beschwerde im Notarverfahren ebenfalls nicht gelten, da sie mit der grundsätzlichen Verpflichtung des Notars zur Urkundsgewähr nicht vereinbar ist: lehnt etwa der Notar die Beurkundung eines Straßenlandvertrages (Wert 500,– EUR) grundlos ab, muss hiergegen die Beschwerde zulässig sein. Alles andere würde dem Beurkundungsmonopol des Notars nicht gerecht werden.[36] Die Beschwerde hat keine aufschiebende Wirkung.[37]

Der Notar kann einer bei ihm eingelegten Beschwerde abhelfen, falls sie berechtigt ist, 38 anderenfalls hat er die Beschwerde dem Landgericht zur Entscheidung vorzulegen (§ 15 Abs. 2 S. 3 iVm § 68 Abs. 1 FamFG).

Die Beschwerde ist nur zulässig, wenn in der Person des Beschwerdeführers eine Be- 39 schwerdeberechtigung vorliegt. Über § 15 Abs. 2 S. 3 bestimmt sich die Beschwerdeberechtigung nach § 59 Abs. 1 FamFG. Voraussetzung ist daher immer, dass der Beschwerdeführer durch die Amtstätigkeit in seinen Rechten beeinträchtigt ist. Hat ein Vertreter gehandelt, kommt es auch die Person des Vertretenen an.[38] Grundsätzlich muss die Rechtsbeeinträchtigung tatsächlich gegeben sein bzw. – bei einem Vorbescheid – aus der angekündigten Amtshandlung sich ergeben, wobei nur im Rahmen der Begründetheit zu prüfen ist, ob die Rechtsbeeinträchtigung rechtswidrig war oder nicht.[39] Wendet sich etwa der finanzierende Gläubiger gegen eine vom Notar angekündigte Auszahlung des von ihm verwahrten Geldes, so ist eine Rechtsbeeinträchtigung – Verlust des Geldes – und damit die Beschwerdeberechtigung zu bejahen, während es eine Frage der Begründetheit ist, ob die Beeinträchtigung rechtmäßig oder rechtswidrig ist.

Sind allerdings die von dem Beschwerdeführer für die Rechtsbeeinträchtigung behaup- 40 teten Tatsachen identisch mit den Tatsachen, von denen die Begründetheit abhängt, ist ihre Richtigkeit für die Prüfung der Beschwerdeberechtigung nach allgemeinen Verfahrensgrundsätzen zu unterstellen,[40] etwa wenn vorgetragen wird, der Notar habe willkürlich die Übernahme eines Betreuungsgeschäftes abgelehnt. Von mehreren Beteiligten ist jeder Einzelne für sich beschwerdebefugt.

---

da der Anwendungsbereich von § 15 Abs. 2 schon seinem Wortlaut nach – anders als § 15 Abs. 1 S. 1 – sich nicht auf Urkundstätigkeiten beschränkt. Wie hier auch *Hertel* FS 200 Jahre Notarkammer Pfalz 2003, 163 (174).
[34] ZB Arndt/Lerch/Sandkühler/*Sandkühler* BNotO § 15 Rn. 5 ff.; ähnlich Schippel/Bracker/*Reithmann* BNotO § 15 Rn. 16 ff.; *Hertel* FS 200 Jahre Notarkammer Pfalz 2003, 163 (168).
[35] So zu Recht *Preuß* DNotZ 2010, 265 (279) gegen *Heinemann* DNotZ 2009, 6 (37) und *Müller-Magdeburg* ZNotP 2009, 216; ebenso jetzt BGH DNotZ 2016, 220.
[36] IE ebenso *Preuß* DNotZ 2010, 265 (273 ff.) und BGH DNotZ 2016, 220.
[37] *Hertel* FS 200 Jahre Notarkammer Pfalz 2003, 163 (187).
[38] *Jansen* BeurkG § 20 Rn. 5; anderes offenbar Arndt/Lerch/Sandkühler/*Sandkühler* BNotO § 15 Rn. 102, der einem Vertreter, der Willenserklärungen für einen Vertretenen abgegeben hat, immer ein eigenes Beschwerderecht zugesteht.
[39] Vgl. *Jansen* BeurkG § 20 Rn. 7.
[40] Vgl. *Jansen* BeurkG § 20 Rn. 7.

41 Wird der Notar – wie regelmäßig – auf Antrag tätig, so ist beschwerdeberechtigt grundsätzlich nur (vgl. § 59 Abs. 2 FamFG) der Antragsteller, sofern in seiner Person eine Rechtsbeeinträchtigung vorliegt. **Alleine** die Antragstellung genügt jedoch für die Bejahung der Beschwerdebefugnis nicht.[41]

42 Vielfach wird die Beschwerdebefugnis **nur** für den Antragsteller bejaht.[42] Es lassen sich jedoch auch Fallgestaltungen denken, in denen eine Beschwerdebefugnis nach § 59 Abs. 1 FamFG also unabhängig von einer Antragstellung möglich ist, nämlich dann, wenn der Notar aufgrund eines Antrages gegenüber einem Dritten tätig geworden ist. Holt zB der Notar im Rahmen der Kaufvertragsabwicklung Löschungsunterlagen bei abzulösenden Gläubigern ein, so ist eine Rechtsbeeinträchtigung und damit auch eine Beschwerdebefugnis dieser Gläubiger, die selbst keinen Antrag gestellt haben, denkbar. Der Sache nach anerkannt ist dies im Übrigen für den Zessionar oder Pfändungsgläubiger eines Verfahrensbeteiligten.[43]

43 Die Beschwerde ist begründet, wenn der Beschwerdeführer durch das Verhalten des Notars bzw. – im Falle eines Vorbescheides – sein angekündigtes Verhalten rechtswidrig in seinen Rechten beeinträchtigt wird. Ob eine Verhinderung bzw. Beseitigung der Verletzung durch Anweisung des Beschwerdegerichts noch möglich ist, dürfte eher eine Frage der Zulässigkeit sein.[44]

44 Der Umfang der Prüfungsbefugnis des Beschwerdegerichts ist dabei in Teilen umstritten. Überwiegend wird vertreten, dass Beschwerdegericht müsse nur prüfen, ob die Amtsverweigerung nach den Maßstäben der Rechts- und Sittenordnung auf vertretbaren Erwägungen beruht und nicht etwa willkürlich oder rechtsmissbräuchlich ist[45] bzw. ob „sich der Notar nach gewissenhafter Prüfung der gegebenen Rechts- und Sachlage begründet zu der im Beschwerdeverfahren angefochtenen Verhaltensweise verpflichtet fühlt".[46] Begründet wird diese eingeschränkte Überprüfbarkeit vor allem mit der Unabhängigkeit des Notars.[47] Andere differenzieren zwischen den Fällen, in denen der Notar zur Amtsverweigerung verpflichtet ist – in diesen Fällen soll eine umfassende Prüfung durch das Beschwerdegericht möglich sein – und den Fällen einer nur fakultativ möglichen Amtsverweigerung, in denen lediglich eine Überprüfung auf Ermessensfehler des Notars bei seiner Entscheidung erfolgen soll.[48]

45 Zutreffend dürfte folgendes sein: Eine Amtspflicht des Notars kann sich immer nur auf der Basis der dem Notar erkennbaren Tatsachen ergeben. Aus Tatsachen, die ihm nicht zugänglich sind, kann eine Amtspflichtverletzung nicht hergeleitet werden. Im Rahmen von § 15 Abs. 2 steht aber nicht eine Amtspflichtverletzung im Vordergrund, sondern die Frage der Verletzung der Rechte des Beschwerdeführers. Eine nicht hinzunehmende Verletzung kann auch dann gegeben sein, wenn (etwa mangels Erkennbarkeit der Tatsachen durch den Notar) es an einer Amtspflichtverletzung des Notars fehlt. Tatsächlich tritt wie auch in allen anderen Fällen der Beschwerde nach FamFG an die Stelle des Notars in vollem Umfang das Beschwerdegericht ein und hat daher das gesamte Sach- und Rechtsverhältnis, so wie es sich zum Zeitpunkt der Entscheidung des Beschwerdegerichts darstellt, zu berücksichtigen.[49] Es hat hierbei insbesondere neue Tatsachen zu berücksichtigen. Das Beschwerdegericht kann eine vergangene Entscheidung des Notars auch auf andere Gesichtspunkte stützen und mit dieser Begründung die Beschwerde ablehnen. Der Grundsatz

---

[41] *Jansen* BeurkG § 20 Rn. 22 ff.
[42] Etwa Arndt/Lerch/Sandkühler/*Sandkühler* BNotO § 15 Rn. 101; wie hier Schippel/Bracker/*Reithmann* BNotO § 15 Rn. 83.
[43] Vgl. OLG Frankfurt a. M. DNotZ 1992, 61; BGH DNotZ 1985, 633.
[44] AA *Bohrer*, Berufsrecht, Rn. 204 und Arndt/Lerch/Sandkühler/*Sandkühler* BNotO § 15 Rn. 111.
[45] BGH DNotZ 1970, 444 (446).
[46] So *Haug* Rn. 739.
[47] Schippel/Bracker/*Reithmann* BNotO § 15 Rn. 83.
[48] So Arndt/Lerch/Sandkühler/*Sandkühler* BNotO § 15 Rn. 114 f.
[49] Ebenso Schippel/Bracker/*Reithmann* BNotO § 15 Rn. 91 f.

der *reformatio in peius* kann insoweit nicht gelten, da anderenfalls der Notar zu einer Amtshandlung angewiesen werden könnte, die seinen Amtspflichten widersprechen würde.

Der Gegenansicht, die nur eine eingeschränkte Überprüfbarkeit durch das Beschwerdegericht annimmt, könnte nur zugestimmt werden, wenn es sich bei der Beschwerde nach § 15 Abs. 2 um eine Dienstaufsichtsbeschwerde, und nicht um ein Rechtsmittel, bei dem der Notar die Stellung einer ersten Instanz hat. Aus der Unabhängigkeit des Notars lässt sich demgegenüber nichts anderes herleiten. Mit der Eröffnung des Beschwerdeverfahrens ist die Stellung insoweit nicht anders als die eines erstinstanzlichen Gerichtes.

Der Prüfungsumfang durch das Beschwerdegericht gilt im Übrigen sowohl für eine zwingende Amtsverweigerung,[50] als auch in den Fällen einer fakultativen Amtsverweigerung.[51] Auch bei einer fakultativen Amtsverweigerung[52] kann sich aufgrund neuer Umstände ergeben, dass die Amtsverweigerung den Beschwerdeführer in seinen Rechten verletzt. Die Annahme, der Notar könne in diesen Fällen nicht zur Vornahme der versagten Amtshandlung angewiesen werden, ist abzulehnen.

Das Beschwerdegericht kann in seiner Entscheidung
– die Beschwerde als unzulässig oder unbegründet zurückweisen oder
– den Notar anweisen, eine bestimmte Amtshandlung vorzunehmen oder
– den Notar anweisen, eine bestimmte Amtshandlung nicht vorzunehmen.

Das Beschwerdegericht kann im Übrigen vor seiner Entscheidung gemäß § 64 Abs. 3 FamFG eine einstweilige Anordnung treffen und ebenso die Vollziehung der Amtshandlung durch den Notar aussetzen.[53]

Die Entscheidung des Beschwerdegerichts ist für den Notar bindend. Rechtsmittel stehen ihm nicht zu, da er nicht Verfahrensbeteiligter, sondern Erstinstanz ist.

III. Rechtsbeschwerde

Gegen die Entscheidung des Beschwerdegerichts ist nach dem FamFG (§ 70) die Möglichkeit einer Rechtsbeschwerde zum BGH eröffnet, sofern das Beschwerdegericht sie zugelassen hat (§ 70 Abs. 1 FamFG). Die Nichtzulassung kann nicht angefochten werden (§ 70 Abs. 4 FamFG). Form und Frist der Rechtsbeschwerde bestimmen sich nach § 71 FamFG.

Im Verfahren der Rechtsbeschwerde wird nur geprüft, ob die getroffene Entscheidung auf Rechtsfehlern beruht (§§ 72 ff. FamFG). Das Beschwerdegericht hat daher von dem durch das Landgericht festgestellten Sachverhalt auszugehen und ihn nur auf ausreichende Ermittlung und Einhaltung der Beschwerdeverfahrensvorschriften zu überprüfen.

Das Beschwerdegericht kann:
– die Beschwerde als unzulässig oder unbegründet zurückweisen,
– der Beschwerde stattgeben und den Notar zur Vornahme bzw. Unterlassung einer Amtshandlung anweisen,
– an das Landgericht zurückverweisen bei unzureichender Tatsachenermittlung oder nicht Einhaltung der Beweisverfahrensvorschriften.[54]

IV. Folgen für die notarielle Haftung

Haftungsrechtlich ist das Beschwerdeverfahren nach § 15 Abs. 2 für den Notar aus verschiedenen Gesichtspunkten von zentraler Bedeutung:

---

[50] So auch Arndt/Lerch/Sandkühler/*Sandkühler* BNotO § 15 Rn. 113.
[51] AA Arndt/Lerch/Sandkühler/*Sandkühler* BNotO § 15 Rn. 114.
[52] Zu den Voraussetzungen → Rn. 25.
[53] *Haug* DNotZ 1992, 18 (24); Arndt/Lerch/Sandkühler/*Sandkühler* BNotO § 15 Rn. 117; zu § 64 Abs. 3 FamFG ebenso *Preuß* DNotZ 2010, 265 (283).
[54] Vgl. zum Verfahren ausführlich *Heinemann*, FamFG für Notare, 2009, S. 208.

– Wird dem Notar eine Anweisung erteilt, kann ihm – da die Entscheidung bindend und damit amtspflichtbegründend ist – aus einer Befolgung der Anweisung nicht der Vorwurf einer Amtspflichtverletzung gemacht werden.[55]
– Hat die Anweisung eine vom Notar bisher verweigerte Amtshandlung zum Gegenstand, kann sich ein Haftungsanspruch aus der bisherigen Nichtvornahme der Amtshandlung ergeben. Für die hierauf begründete Haftungsklage ist durch die anweisende Entscheidung des Beschwerdegerichts die Amtspflichtverletzung noch nicht entschieden, da der Entscheidung keine Rechtskrafterstreckung für das völlig anders strukturierte Haftpflichtverfahren gegen den Notar zukommt.[56]

§ 16 [Verbot der Mitwirkung als Notar; Selbstablehnung]

(1) **Soweit es sich bei Amtstätigkeiten des Notars nicht um Beurkundungen nach dem Beurkundungsgesetz handelt, gilt § 3 des Beurkundungsgesetzes entsprechend.**

(2) **Der Notar kann sich der Ausübung des Amtes wegen Befangenheit enthalten.**

A. Ausschließung von der Amtsausübung

1 § 16 Abs. 1 erstreckt die Geltung der für Beurkundungen unmittelbar anzuwendenden §§ 3, 6, 7, 27 BeurkG auf **alle** übrigen notariellen **Amtstätigkeiten;** die frühere Beschränkung auf Amtsgeschäfte nach den §§ 20 bis 22a wurde durch die Novelle 1998 „im Hinblick auf die hohe Bedeutung einer unabhängigen und unparteiischen Amtsausübung des Notars" gestrichen.[1] Die Mitwirkungsverbote sind insbesondere auch bei Bescheinigungen des Notars (§ 21), Verwahrungsgeschäften (§ 23), der vorsorgenden Rechtsbetreuung (§ 26), der Vollstreckbarkeitserklärung eines Anwaltsvergleichs (§ 796c ZPO), eines Schiedsspruchs (§ 1053 Abs. 4 ZPO) und der Erteilung von vollstreckbaren Ausfertigungen notarieller Urkunden (§ 796 Abs. 2 ZPO) zu beachten. Auf die Kommentierung der §§ 3, 6, 7 und 27 BeurkG kann uneingeschränkt verwiesen werden. Von der notariellen Amtstätigkeit sind privater Rat und familiäre Gefälligkeiten zu unterscheiden; sie fallen nicht unter § 16.[2]

B. Selbstablehnung wegen Befangenheit

I. Einschränkung der Urkundsgewährungspflicht

2 § 16 Abs. 2 schränkt die in § 15 Abs. 1 S. 1 statuierte Urkundsgewährungspflicht des Notars ein: Seine **Befangenheit** rechtfertigt es, die **Amtstätigkeit** zu **verweigern.** Die Vorschrift entspricht § 6 Abs. 2 FGG aF, der durch das FGG-Reform-Gesetz vom 17.12.2008 gestrichen und durch den Verweis in § 6 Abs. 1 FamFG auf §§ 41 bis 49 ZPO ersetzt worden ist.

II. Keine Pflicht zur Selbstablehnung

3 § 16 Abs. 2 gibt dem Notar nur die **Befugnis** zur Selbstablehnung. Ob eine **Verpflichtung,** dies im Falle der Befangenheit zu tun, aus § 14 Abs. 3 S. 2 hergeleitet werden kann, ist umstritten.[3] Formell Beteiligte werden die Amtstätigkeit des Notars nicht in Anspruch

---

[55] Allgemeine Ansicht vgl. nur Schippel/Bracker/*Reithmann* BNotO § 15 Rn. 99 mwN.
[56] Vgl. hierzu *Haug* Rn. 741 ff. mwN.
[1] BT-Drs. 13/4184, 25.
[2] Schippel/Bracker/*Schäfer* BNotO § 16 Rn. 14.
[3] Gegen die Ablehnungspflicht Arndt/Lerch/Sandkühler/*Sandkühler* BNotO § 16 Rn. 112, es sei denn beim Anschein der Parteilichkeit, für eine Pflicht des Notars, der Betreuung der Bevölkerung den Vorrang einzuräumen, Schippel/Bracker/*Reithmann* BNotO § 15 Rn. 51 ff.

nehmen, wenn sie an seiner Neutralität zweifeln. Anders als beim Richter, den die Prozessparteien nicht auswählen können, braucht sich der Notar somit nicht mit der Frage auseinanderzusetzen, ob die Beteiligten hinreichend Anlass haben, Bedenken gegen seine Unparteilichkeit zu hegen, es sei denn, ihnen sind wesentliche Tatsachen unbekannt. In diesem Fall muss er sie aufklären.[4] Fühlt er sich subjektiv befangen, muss die Entscheidung, ob er seine Amtstätigkeit versagt oder sich mit besonderer Sorgfalt um eine objektive Amtsausübung bemüht, ihm überlassen bleiben. Eine über die im Beurkundungsgesetz normierten Mitwirkungsverbote hinausgehende Pflicht zur Amtsverweigerung, deren Verletzung berufsrechtlich geahndet werden könnte, ist deshalb zu verneinen. Dagegen spricht auch nicht die in § 14 Abs. 3 aufgenommene Pflicht, den Anschein eines Verstoßes gegen gesetzlich auferlegte Pflichten zu vermeiden. Wünschen die – über etwaige Befangenheitsgründe unterrichteten – Beteiligten die Amtstätigkeit des Notars, erscheint er ihnen auch nicht befangen. Selbst wenn die Beteiligten im Rahmen des Urkundenvollzugs dem Notar den Auftrag nicht mehr entziehen können, können sie nicht im Beschwerdeweg ein Tätigkeitsverbot wegen angeblicher Befangenheit durchsetzen.[5] Richtigerweise ist entsprechend § 15 Abs. 2 eine Beschwerde mit dem Ziel zu erheben, den für befangen gehaltenen Notar zu einem bestimmten Tun oder Unterlassen zu verpflichten.[6]

Allerdings trägt der Notar das **Risiko,** dass das Ergebnis seiner Amtstätigkeit seiner 4 Verpflichtung zur Unparteilichkeit widerspricht, seinen Ruf beschädigt und Konsequenzen berufs- und zivilrechtlicher Art nach sich zieht. Diese Gefahr sollte ihn veranlassen, sich in Befangenheitssituationen aus dem Gesichtspunkt des **Selbstschutzes** im Zweifel für eine Amtsenthaltung zu entscheiden. Dies gilt vor allem bei komplizierten Notariatsgeschäften, die ein hohes Fehlerpotential aufweisen.

§ 17 [Gebühren]

(1) ¹Der Notar ist verpflichtet, für seine Tätigkeit die gesetzlich vorgeschriebenen Gebühren zu erheben. ²Soweit nicht gesetzliche Vorschriften die Gebührenbefreiung oder –ermäßigung oder die Nichterhebung von Kosten wegen unrichtiger Sachbehandlung vorsehen, sind Gebührenerlaß und Gebührenermäßigung nur zulässig, wenn sie durch eine sittliche Pflicht oder durch eine auf den Anstand zu nehmende Rücksicht geboten sind und die Notarkammer allgemein oder im Einzelfall zugestimmt hat. ³In den Tätigkeitsbereichen der Notarkasse und der Ländernotarkasse treten diese an die Stelle der Notarkammern. ⁴Das Versprechen und Gewähren von Vorteilen im Zusammenhang mit einem Amtsgeschäft sowie jede Beteiligung Dritter an den Gebühren ist unzulässig.

(2) Einem Beteiligten, dem nach den Vorschriften der Zivilprozeßordnung die Prozeßkostenhilfe zu bewilligen wäre, hat der Notar seine Urkundstätigkeit in sinngemäßer Anwendung der Vorschriften der Zivilprozeßordnung vorläufig gebührenfrei oder gegen Zahlung der Gebühren in Monatsraten zu gewähren.

Vgl. hierzu auch → RLEmBNotK Abschnitt VI. Nr. 3.1. bis Nr. 3.3.

A. Vorbemerkungen

Die Vorschrift ist gegenüber der Vorgängerregelung in § 18 RNotO mehrfach geändert 1 worden. Abs. 1 wurde vollständig neu gefasst durch die Berufsrechtsnovelle 1998. Hierbei ist der Wortlaut der bis dahin einschlägigen Standesrichtlinie der Bundesnotarkammer (§ 13) beinahe unverändert in das Gesetz übernommen worden. Abs. 2 wurde vor allem

---

[4] Schippel/Bracker/*Schäfer* BNotO § 16 Rn. 87.
[5] AA OLG Hamm DNotZ 1996, 703 mAnm *Kawohl*.
[6] Arndt/Lerch/Sandkühler/*Sandkühler* BNotO § 16 Rn. 111, Diehn/*Seger* BNotO § 16 Rn. 82.

durch die Anpassungen an die Vorschriften der Prozesskostenhilfe in der ZPO und den Verzicht auf eine Definition der Urkundstätigkeit, die sich nunmehr alleine aus der Regelung in § 10a Abs. 2 ergibt, geändert.

2 Einzelne Pflichten werden durch die Richtlinienempfehlungen der Bundesnotarkammer konkretisiert, die nur gelten, soweit sie von den einzelnen Notarkammern gemäß § 67 Abs. 2 S. 3 beschlossen werden. Eine besondere Ermächtigung, Richtlinien zu § 17 zu erlassen, sieht der Katalog von § 67 Abs. 2 S. 3 allerdings nicht vor. Die Richtlinien-Empfehlungen nehmen daher Bezug auf § 28, zu dem in § 67 Abs. 2 S. 3 Nr. 6 eine Ermächtigungsgrundlage für Standesrichtlinien besteht. § 28 gibt dem Notar jedoch nur auf, Vorkehrungen zur Einhaltung von näher bezeichneten Pflichten zu treffen. Dementsprechend führt auch die Ermächtigungsgrundlage in § 67 Abs. 2 S. 3 Nr. 6 nur „die Art der nach § 28 zu treffenden Vorkehrungen" an. Die Richtlinienempfehlungen benennen in Abschnitt VI. Nr. 3.1 und Nr. 3.2 nicht die Art geeigneter Vorkehrungen, sondern formulieren aus § 17 abgeleitete „Unterpflichten" als Standesrichtlinien. Dass dies durch § 67 Abs. 2 S. 3 Nr. 6 als Ermächtigungsgrundlage abgedeckt wird, muss bezweifelt werden.[1] Die fehlende Ermächtigungsgrundlage ist weitgehend unschädlich, da sich die entsprechenden Pflichten bereits aus § 17 selbst ergeben. Anderes dürfte für die Regelung in Abschnitt VI. Nr. 3.3 RLEmBNotK gelten. Hierbei handelt es sich um vorsorgende organisatorische Maßnahmen und damit um Vorkehrungen iSv § 28. Vgl. daher insoweit die Erläuterungen zu § 28.

3 § 17 Abs. 1 in der Fassung vor der Berufsrechtsnovelle 1998 enthielt (wortgleich mit § 18 Abs. 1 RNotO) noch die Feststellung: „Der Notar erhält für seine Tätigkeit Gebühren". Diese Feststellung ist sprachlich durch die Neuregelung untergegangen, die darauf abzielte, die bisherigen in Standesrichtlinien enthaltene Gebührenerhebungspflicht wegen ihres „statusbildenden Charakters" einer gesetzlichen Regelung zuzuführen.[2] Tatsächlich ist statusbildend nicht die Erhebungspflicht, sondern der in der ursprünglichen Fassung enthaltene Anspruch des Notars. Der Gebührenanspruch ist die notwendige Ergänzung zur Stellung des Notars als unabhängiger Rechtsträger, der einer summenmäßig nicht begrenzbaren Haftung ausgesetzt und zur Urkundstätigkeit verpflichtet ist.

B. Der Gebührenanspruch

4 Der Notar erhält – anders als Beamte oder Richter – keine staatliche Besoldung. Die sachgerechte Erfüllung der ihm delegierten Aufgaben setzt voraus, dass er in die Lage versetzt wird, Einnahmen zu erzielen, die für eine effiziente Erfüllung der Aufgaben notwendig sind. Er muss insbesondere in der Lage sein, sich die personellen und sachlichen Mittel zu verschaffen zur Umsetzung der ihm nach § 14 iVm den darauf aufbauenden Zuständigkeitsnormen obliegenden Pflichtenprogramme. Das setzt voraus, dass die Mittel ausreichen für die angemessene Ausstattung der Notarstelle und die laufende Anpassung an technische und rechtliche sich ändernde Anforderungen, die Fortbildung und Schulung der Mitarbeiter sowie auch die Finanzierung berufsständischer Strukturen (zB DNotI), ohne die notarielle vorsorgende Rechtspflege heute nicht vorstellbar ist. Es ist Aufgabe des Gesetzgebers, die dafür erforderlichen wirtschaftlichen Grundlagen durch nach Art und Höhe angemessene Gebühren, die der allgemeinen Einkommensentwicklung anzupassen sind, zu wahren und hierdurch ein seinen Zuständigkeiten entsprechendes leistungsfähiges Notariat zu sichern.[3] Dies schließt es nicht aus, im Einzelfall dem Notar auch die Vornahme gebührenbefreiter Geschäfte zuzumuten, wenn sie insgesamt keinen nennenswerten Umfang erreichen.[4] Die

---

[1] Ebenso *Weingärtner/Wöstmann* VI. Rn. 26; Arndt/Lerch/Sandkühler/*Sandkühler* BNotO § 17 Rn. 2.; aA Diehn/*Diehn* BNotO § 17 Rn. 10.
[2] So die Gesetzesbegründung zu § 17, abgedruckt bei *Frenz* S. 209.
[3] Im Ergebnis ebenso Diehn/*Diehn* BNotO § 17 Rn. 5 ff.; Schippel/Bracker/*Schäfer* BNotO § 17 Rn. 1.
[4] Vgl. hierzu BVerfG DNotZ 1978, 412.

grundlegende Bedeutung des eigenen Gebührenaufkommens als einziger Einkommensquelle des Notars gilt auch unter der geänderten Fassung von Abs. 1 und wird bei der jetzt bestehenden Beschränkung auf die Erhebungspflicht gedanklich immer schon vorausgesetzt.

C. Erhebungspflicht

I. Grundsatz

Höhe, Anfall und Fälligkeit der Kosten (Gebühren und Auslagen, § 1 GNotKG) ergeben 5 sich seit dem 1.8.2013 abschließend aus dem GNotKG. Sie sind somit **gesetzlich festgelegt,** und zwar auch dann, wenn Ermessensspielräume bestehen und als öffentlich-rechtlicher Anspruch[5] von vornherein jeder Disposition des Notars oder der Beteiligten grundsätzlich entzogen. Der in der Vorschrift verwendete Gebührenbegriff ist öffentlich-rechtlich zu verstehen und umfasst daher Gebühren und Auslagen iSd GNotKG, nicht aber Zinsen.[6] Die gesetzliche Vorgabe der Gebührenhöhe schließt die Geltendmachung anderer Entgelte ebenso aus, wie das Verlangen höherer oder niedrigerer Gebühren, Zugrundelegung anderer Gebührensätze, abweichender Geschäftswerte oder „Verzichte" auf die gesamtschuldnerische Haftung der Beteiligten. Vereinbarungen über den Kostenanspruch sind daher nach § 125 Hs. 1 GNotKG unwirksam, soweit es sich nicht ausnahmsweise um einen Vertrag nach § 126 GNotKG handelt.

Der Gebührenanspruch steht dem **Notar** zu, der das jeweilige Amtsgeschäft durchgeführt 6 hat. Nur ihn trifft die jetzt gesetzlich begründete Erhebungspflicht, nicht etwa seine Mitarbeiter oder seinen Sozius.

Die Pflicht zur Erhebung ist nicht mit der Ausstellung der Kostenrechnung erfüllt, 7 sondern umfasst auch die ggf. erforderliche **Eintreibung** nicht gezahlter Kosten (vgl. Abschnitt VI. Nr. 3.1 RLEmBNotK). Eine Eintreibungspflicht entfällt – außerhalb des Anwendungsbereichs von § 17 Abs. 2 – nur, soweit sie offensichtlich sinnlos ist oder soweit die damit verbundenen Kosten, die bei Erfolglosigkeit dem Notar verblieben, in keinem Verhältnis zur Kostenforderung stehen.[7] Erhebungs- und Eintreibungspflichten bestehen auch dann, wenn sich die Kostentragung aus der gemeinsamen Haftung der Urkundsbeteiligten ergibt. Zahlt zB der Käufer die Kosten der von ihm aufgrund Beleihungsvollmacht erklärten Grundschuldbestellung nicht, sind die Kosten vom Verkäufer zu erheben und einzutreiben. Über den Wortlaut der Vorschrift hinaus sind im Übrigen nicht nur Gebühren, sondern auch Auslagen zu erheben. § 93 Abs. 3 S. 3 stellt daher in der Neufassung nach der Berufsrechtsnovelle 1998 neben der richtigen Kostenberechnung auch den Kosteneinzug als Gegenstand der Amtsprüfung besonders heraus.

Die Erhebungspflicht soll verhindern, dass es zu einem **Verdrängungswettbewerb** 8 unter Notaren kommt. Sie bezweckt die Sicherung einer funktionsfähigen Rechtspflege, indem leistungsfähige Notariate und die Versorgung der Bevölkerung mit notariellen Dienstleistungen gesichert werden sollen. Dieser Gemeinwohlbelang wäre gefährdet, wenn sich ein Notar dadurch Wettbewerbsvorteile verschafft, dass er Zusatzgebühren systematisch vereitelt, um auf diese Weise seine Amtstätigkeit zu geringeren Kosten anzubieten oder Kosten zwar zu berechnen, dann jedoch systematisch nicht oder jedenfalls nicht vollständig beizutreiben.[8] Im Einzelfall kann dies auch Straftatbestände verwirklichen.[9]

---

[5] BGH DNotZ 1990, 313.
[6] Diehn/*Diehn* BNotO § 17 Rn. 21.
[7] Ebenso *Starke* ZNotP, Sonderheft zum 26. Deutschen Notartag, 19.
[8] St. Rspr., BVerfG ZNotP 2015, 71; vgl. auch *Gaier* ZNotP 2015, 282; DNotZ 2015, 865.
[9] BGH DNotZ 2018, 708 mAnm *Böttcher*.

II. Zwingende Ausnahmen

9 Da die Höhe des Kostenanspruchs abhängig ist von den einschlägigen Vorschriften des GNotKG, sind selbstverständlich auch die dort geltenden Gebührenermäßigungen oder -befreiungen von dem Notar zu berücksichtigen. Der besonderen Regelung in Abs. 1 S. 2 Hs. 1 bedürfte es hierfür nicht.

10 Eine weitere zwingende, allerdings nicht in Abs. 1 S. 2 erwähnte Ausnahme von der Erhebungspflicht resultiert aus dem von der Rechtsprechung anerkannten Prozessvergleich über die Kostenforderung, der unter qualifizierter Mitwirkung des Gerichts zustande gekommen ist.[10] Erforderlich hierfür ist eine maßgebliche Einflussnahme des Gerichtes auf den Vergleichsinhalt.[11] Sollte die Kostenforderung tatsächlich höher sein, ist mit der Wirksamkeit des Vergleichs eine Erhebung in der ursprünglichen Höhe unzulässig geworden. Dies gilt jedoch nicht für außergerichtliche Vergleiche über eine Kostenforderung, die vielmehr unter § 125 Hs. 1 GNotKG fallen, und damit unwirksam sind.[12]

III. Fakultative Ausnahmen (Abs. 1 S. 2 Hs. 2)

11 Die etwas altertümlich anmutende Beschreibung der Fälle, in denen der Notar auf die Erhebung von Gebühren verzichten darf („sittliche Pflicht oder eine auf den Anstand zu nehmende Rücksicht") wird in der Praxis durch die ohnehin kumulativ erforderliche allgemeine oder für den Einzelfall erklärte Zustimmung der Notarkammer konkretisiert. Im Bereich der Notarkasse oder der Ländernotarkasse ist deren Zustimmung maßgeblich (Abs. 1 S. 3). Regelmäßig handelt es sich hierbei derzeit (noch) um die Beurkundung für einen Notarkollegen oder -mitarbeiter, teilweise sind auch deren Ehepartner und Kinder miterfasst. Soweit eine generelle Zustimmung der Notarkammer vorliegt, muss nicht noch im Einzelfall die sittliche Pflicht oder der gebotene Anstand geprüft werden. Die allgemein erklärten Zustimmungen gelten vielmehr unabhängig von den Besonderheiten des Einzelfalls. Die Verzichtsmöglichkeit gilt entsprechend dem Wortlaut nur für Gebühren, nicht aber für entstandene Auslagen.

D. Verbot der Vorteilsgewährung (Abs. 1 S. 4)

12 Abs. 1 S. 4 beruht auf § 13 Abs. 3 der früheren Standesrichtlinien der Bundesnotarkammer, die wie folgt lautete: „Das Versprechen und Gewähren von Vorteilen im Zusammenhang mit einem Amtsgeschäft, insbesondere jede Gebührenteilung außerhalb einer Sozietät ist standeswidrig." Die Gesetzesfassung unterscheidet sich daher von den früheren Standesrichtlinien in zwei Punkten: Zum einen formuliert Abs. 1 S. 4 nunmehr zwei Verbote, während § 13 der Standesrichtlinien die Gebührenbeteiligung noch als Unterfall der Vorteilsgewährung auffasste. Hieran sollte auch trotz des Gesetzeswortlauts festgehalten werden, da Vorteil als weitergehender Begriff die Gebührenbeteiligung mitumfasst und anders als der Wortlaut glauben machen mag, nicht nur die erfolgte Beteiligung, sondern auch das Versprechen der Beteiligung als Versprechen eines Vorteils untersagt ist. Zum anderen wurde nicht in das Gesetz übernommen die in der Standesrichtlinie noch enthaltene Einschränkung bezüglich der Gebührenbeteiligung bei Sozietäten. Nach der Gesetzesbegründung soll diese Einschränkung des Verbotes jedoch unverändert fortgelten.[13] Tatsächlich wird dies sowohl im Bereich des Anwaltsnotariats als auch des Nur-Notariats bei Verbindungen zur gemeinsamen Berufsausübung auch praktiziert. Diese Praxis sollte durch die Neufassung des Gesetzes nicht eingeschränkt werden. Dies ergibt sich im Übrigen auch

---

[10] BGH DNotZ 1998, 448; ausführlich hierzu Arndt/Lerch/Sandkühler/*Sandkühler* BNotO § 17 Rn. 66 ff.
[11] BGH DNotZ 1998, 448.
[12] BGH DNotZ 1998, 448; Arndt/Lerch/Sandkühler/*Sandkühler* BNotO § 17 Rn. 66.
[13] Begründung zu § 17, abgedruckt bei *Frenz* S. 209.

aus dem Zweck der Vorschrift, die die Unabhängigkeit und Unparteilichkeit des Notars sichern will und damit auf die Stellung des Notars gegenüber Dritten abzielt, nicht aber auf die internen Regelungen einer Berufsverbindung.[14]

Vorteil ist im weitesten Sinne zu verstehen und meint sowohl Geldleistungen (auch in Form der Rückerstattung gezahlter Gebühren, vgl. Abschnitt VI. Nr. 3.2 lit. a RLEmBNotK) als auch die Zuwendung sonstiger Vermögenswerte, wie etwa die kostenlose Verschaffung eines Urlaubes und anderer Geschenke, die über den normalen gesellschaftlichen Verkehr hinausgehen. Eine unzulässige Vorteilsgewährung liegt auch dann vor, wenn der Notar auf Aufforderung des Bauträgers eine Einheit aus einer Baumaßnahme käuflich erwirbt, sofern der Bauträger hiervon die Abwicklung einer Maßnahme bei dem Notar abhängig gemacht hat.[15] Verboten sind solche Zuwendungen, wenn sie im **Zusammenhang mit einem Amtsgeschäft** stehen. Hierbei kann es sich um ein einzelnes Amtsgeschäft handeln, denkbar und vom Verbot erfasst sind aber auch „belohnende Zuwendungen" für eine Reihe von mehreren Amtsgeschäften, etwa gegenüber dem Bauträger nach Abschluss einer Baumaßnahme. Die unzulässige Vorteilsgewähr kann auch gegenüber einem Dritten, der nicht am Amtsgeschäft beteiligt ist, erfolgt sein, zB gegenüber dem Makler oder dem Rechtsanwalt oder Steuerberater, der die Beteiligten an den Notar verwiesen hat. Unzulässig ist nicht erst das **Gewähren,** sondern schon das **Versprechen,** da bereits damit der Anschein der Parteilichkeit und Abhängigkeit des Notars entsteht. Eine unzulässige Vorteilsgewährung durch **Gebührenteilung** liegt insbesondere dann vor, wenn der Notar Urkundsentwürfe vergütet, die die Rechtsberater der Beteiligten oder auch die Beteiligten selbst erstellt haben.[16] Gleiches gilt für eine Vergütung einer Unterstützung bei der Entwurfserstellung (zB durch gutachterliche Stellungnahmen) durch den vorgenannten Personenkreis. Nicht zutreffend dürfte es sein, darüber hinausgehend jede Vergütung von durch Dritte erstellte Entwürfe unter Abs. 1 S. 4 zu subsumieren.[17] Denkbar und zulässig sind Fälle, in denen der Notar zur Unterstützung seiner Amtstätigkeit Dritte, die in keiner Verbindung zu den Urkundsbeteiligten stehen, heranzieht und von ihnen auch Vorschläge zu einzelnen Klauseln erarbeiten lässt und vergütet. Hiervon wird die Unabhängigkeit und Unparteilichkeit des Notars in keiner Weise berührt. Es wird auch kein verbotener Anschein erweckt. Solches Verhalten ist daher dem Notar durch Abs. 1 S. 4 nicht verboten. Von dem Vorstehenden nicht gedeckt sind selbstverständlich Kick-Back-Vereinbarungen etc, bei denen die Vergütung eines Entwurfs mit der Übertragung von Beurkundungsmandaten verbunden wird.[18]

E. Gebührenhilfe

Abs. 2 begründet einen öffentlich-rechtlichen Anspruch auf Gewährung vorläufiger Gebührenbefreiung oder Ratenzahlung entsprechend den Vorschriften zur Prozesskostenhilfe (§§ 114 ff. ZPO). Der Anspruch besteht nur für **Urkundstätigkeiten,** erfasst werden somit alle in §§ 20 bis 22 genannten Amtsgeschäfte (vgl. § 10a Abs. 2). Nicht erfasst werden Betreuungstätigkeiten nach §§ 23, 24. Die Einschränkung kann damit begründet werden, dass der Antragsteller im Bereich der Urkundstätigkeit angesichts der Konzentration der Beurkundungsaufgaben beim Notar auf dessen Amtsausübung zwingend angewiesen ist, während die Tätigkeit nach §§ 23, 24 auch durch Dritte, insbesondere Rechtsanwälte hätte vorgenommen werden können, allerdings nach den für sie geltenden Berufspflichten. Die Bundesnotarkammer hat gleichwohl beschlossen,[19] dass der Notar auch in diesem Bereich als *nobile*

---

[14] Zutreffend Frenz/*Sandkühler* S. 50. Dies verkennt OLG Celle NJW 2007, 2929 (2931), das zu Unrecht § 17 Abs. 1 S. 4 als Maßstab für eine sozietätsinterne Vereinbarung anwenden will.
[15] Ebenso *Weingärtner/Wöstmann* D. VI. Rn. 33.
[16] Zutreffend *Vaasen/Starke* DNotZ 1998, 661 (685).
[17] So aber offenbar *Vaasen/Starke* DNotZ 1998, 661 (685), ähnlich auch Abschnitt VI. Nr. 3.2. lit. c RLEmBNotK und Rundschreiben der BNotK Nr. 37/96.
[18] Vgl. hier Diehn/*Diehn* BNotO § 17 Rn. 62.
[19] DNotZ 1976, 261.

officium entsprechend Abs. 2 tätig werden darf. Eine Übernahmepflicht besteht in diesem Bereich ohnehin nicht, sofern der Grundsatz des Willkürverbotes eingehalten wird. Betroffen sind schließlich nur Gebühren, nicht aber Auslagen. Die Gewährung setzt nach § 117 Abs. 2 ZPO eine Erklärung des Antragstellers über seine persönlichen und wirtschaftlichen Verhältnisse und die Vorlage entsprechender Belege voraus. Der Notar kann sich jedoch mit entsprechenden mündlichen Angaben zufriedengeben.[20] Möglich ist die Gewährung von angemessenen Ratenzahlungen (§ 120 ZPO) oder das vorläufige Absehen der Gebührenerhebung insgesamt. Sollten sich später – etwa im Zuge der Abwicklung des beantragten Amtsgeschäftes – die Vermögensverhältnisse ändern, ist der Antragsteller entweder zur Nachzahlung verpflichtet oder hat eine Anpassung der Raten hinzunehmen (§ 120 Abs. 4 ZPO).

§ 18 [Pflicht zur Verschwiegenheit]

(1) ¹Der Notar ist zur Verschwiegenheit verpflichtet. ²Diese Pflicht bezieht sich auf alles, was ihm bei Ausübung seines Amtes bekannt geworden ist. ³Dies gilt nicht für Tatsachen, die offenkundig sind oder ihrer Bedeutung nach keiner Geheimhaltung bedürfen.

(2) Die Pflicht zur Verschwiegenheit entfällt, wenn die Beteiligten Befreiung hiervon erteilen; ist ein Beteiligter verstorben oder eine Äußerung von ihm nicht oder nur mit unverhältnismäßigen Schwierigkeiten zu erlangen, so kann an seiner Stelle die Aufsichtsbehörde die Befreiung erteilen.

(3) ¹Bestehen im Einzelfall Zweifel über die Pflicht zur Verschwiegenheit, so kann der Notar die Entscheidung der Aufsichtsbehörde nachsuchen. ²Soweit diese die Pflicht verneint, können daraus, daß sich der Notar geäußert hat, Ansprüche gegen ihn nicht hergeleitet werden.

(4) Die Pflicht zur Verschwiegenheit bleibt auch nach dem Erlöschen des Amtes bestehen.

Übersicht

	Rn.
A. Allgemeines	1
I. Schutzzweck	2
II. Strafrechtlicher Schutz	3
III. Verfahrensrechtlicher Schutz	5
B. Inhalt (Abs. 1)	9
I. Persönlicher Inhalt (S. 1)	10
1. Jedermann	11
2. Geschützter Personenkreis	12
3. Verpflichteter Personenkreis	13
II. Sachlicher Inhalt (S. 2 und S. 3)	14
1. Alles	15
2. Amtliche Kenntniserlangung	16
3. Offenkundiges	19
4. Bedeutungsloses	22
C. Befreiung (Abs. 2)	25
I. Befreiung durch die Beteiligten (Hs. 1)	26
1. Erklärung	27
2. Beteiligte	32
3. Befreiung durch den Rechtsnachfolger	39
4. Befreiung durch den Vertreter	42
5. Befreiung durch die Partei kraft Amtes	45
II. Befreiung durch die Aufsichtsbehörde (Hs. 2)	48
1. Antrag	50

---

[20] Arndt/Lerch/Sandkühler/*Sandkühler* BNotO § 17 Rn. 113.

	Rn.
2. Zulässigkeit	51
3. Begründetheit	54
4. Rechtsmittel	57
D. Gesetzliche Offenbarungstatbestände	65
I. Offenbarung gegenüber Beteiligten	66
II. Offenbarung gegenüber gewillkürten und gesetzlichen Vertretern	68a
1. Offenbarung von Informationen in der Urkunde	69
2. Offenbarung von Informationen außerhalb der Urkunde	71
III. Offenbarung gegenüber Rechtsnachfolgern	74
IV. Offenbarung gegenüber der Partei kraft Amtes	77
V. Offenbarung gegenüber Vorkaufsberechtigten	80
VI. Offenbarung gegenüber der Aufsichtsbehörde	82
VII. Offenbarung gegenüber der Landesnotarkammer	84
VIII. Offenbarung gegenüber der Bundesnotarkammer	86
IX. Offenbarung gegenüber der Zentralstelle für Finanztransaktionsuntersuchungen (GwG)	87
X. Offenbarung gegenüber der Deutschen Bundesbank (AWV)	90
XI. Offenbarung gegenüber dem Landgericht	91
1. Notarbeschwerde	92
2. Kostenbeschwerde	96
XII. Offenbarung gegenüber dem Finanzamt	100
XIII. Offenbarung gegenüber dem Gutachterausschuss	105
XIV. Offenbarung gegenüber dem Standesamt	108
XV. Offenbarung gegenüber dem Jugendamt	109
XVI. Offenbarung gegenüber der Strafverfolgungsbehörde	111
1. Beschlagnahmen	112
2. Durchsuchungen	120
3. Zusammenfassung	123
XVII. Offenbarung im Rahmen der Amtsnachfolge	126
1. Offenbarung gegenüber dem Amtsnachfolger	128
2. Offenbarung gegenüber dem Amtsvorgänger	129
XVIII. Offenbarung gegenüber Dienstleistern	131a
E. Notstand und berechtigte Eigeninteressen	132
I. Offenbarung zur Verhinderung einer Straftat	133
II. Offenbarung zur Verhinderung eines Schadens	136
III. Offenbarung gegenüber Mitarbeitern	138
IV. Offenbarung zur Beitreibung von Kostenforderungen	146
V. Offenbarung zur Zivil- und Strafverteidigung	150
F. Offenbarung	153
G. Zweifel (Abs. 3)	159
H. Fortgeltung (Abs. 4)	162
I. Verhältnis zum Informationsfreiheitsrecht	166

A. Allgemeines

Der Notar kann seine hoheitliche Amtstätigkeit im Rahmen der vorsorgenden Rechts- **1** pflege nur erfüllen, wenn er Vertrauen genießt. Vertrauen kann der Notar nur erwarten, wenn er über das ihm Anvertraute schweigt. Die Wahrung der Vertraulichkeit ist daher eine seiner **wichtigsten Amtspflichten** und gehört zum Kreis der so genannten „**Kardinalpflichten**" des Notars. Ein Verstoß hiergegen zieht in der Regel **scharfe Sanktionen** nach sich.

I. Schutzzweck

Schutzzweck der berufsrechtlichen Pflicht zur Verschwiegenheit gem. § 18 ist das gem. **2** Art. 2 Abs. 1 iVm Art. 1 GG verfassungsrechtlich garantierte **informationelle Selbst-**

bestimmungsrecht als Ausschnitt des allgemeinen Persönlichkeitsrechts.[1] Die durch die Verschwiegenheitspflicht geschützte Person soll selbst darüber entscheiden, wann und in welchen Grenzen dem Notar anvertraute Informationen offenbart werden dürfen. Allenfalls mittelbar und als Reflex schützt die notarielle Verschwiegenheitspflicht zugleich auch das allgemeine Vertrauen in die Verschwiegenheit des Notars und damit das Allgemeininteresse an einer funktionsfähigen vorsorgenden Rechtspflege.[2]

II. Strafrechtlicher Schutz

3   Gemäß § 203 Abs. 1 Nr. 3 und Abs. 2 Nr. 1 StGB[3] wird mit **Freiheitsstrafe** bis zu einem Jahr oder **Geldstrafe** bestraft, wer ein fremdes Geheimnis offenbart, das ihm als Notar anvertraut oder sonst bekannt worden ist. Ein Verstoß gegen diesen Straftatbestand kann gem. §§ 47 Nr. 4, 49 iVm § 24 Abs. 1 Nr. 1 BeamtStG zu einem **Verlust des Notaramtes** führen. Handelt der Notar mit Bereicherungs- oder Schädigungsabsicht kommt gem. § 203 Abs. 5 StGB darüber hinaus eine Freiheitsstrafe von bis zu zwei Jahren und gem. § 41 StGB ggf. daneben eine Geldstrafe in Betracht. Die Verfolgung einer Straftat nach § 203 StGB setzt gem. § 205 Abs. 1 S. 1 StGB stets einen **Strafantrag** der verletzten Person voraus.

4   Der Straftatbestand der Verletzung von Privatgeheimnissen gem. § 203 StGB und die notarielle Verschwiegenheitspflicht gem. § 18 sind auf das ein und dasselbe Ziel gerichtet, den Schutz des informationellen Selbstbestimmungsrechts.[4] Die strafrechtliche Norm des § 203 StGB flankiert insoweit die berufsrechtliche Norm des § 18. Eine derart enge tatbestandliche Verzahnung von notariellem Berufsrecht und Strafrecht ist im notariellen Standesrecht **einzigartig.** Sie trägt dem Umstand Rechnung, dass eine Inanspruchnahme notarieller Leistungen häufig eine Offenlegung von Details aus der Privat- und Intimsphäre voraussetzt und ein Schutz vor Indiskretionen auf anderem Wege als über die Androhung scharfer berufsrechtlicher und zugleich strafrechtlicher Sanktionen nicht effektiv möglich ist[5] – „Verschwiegenheit fordern, ist nicht das Mittel, sie zu erlangen."[6] Die **Statistik** der auf Grundlage von § 203 StGB erfolgten Verurteilungen in den vergangenen Jahren spricht dafür, dass dieser Schutzmechanismus auch tatsächlich funktioniert.[7]

III. Verfahrensrechtlicher Schutz

5   Gemäß § 53 Abs. 1 Nr. 3 StPO und § 383 Abs. 1 Nr. 6 ZPO sowie den darauf Bezug nehmenden Regelungen anderer Verfahrens- und Prozessordnungen (zB § 29 Abs. 2 FamFG, § 98 VwGO, § 65 Abs. 1 VwVfG, § 46 Abs. 2 ArbGG, § 118 SGG, § 21 Abs. 3 SGB X) ist der Notar in einem gerichtlichen Verfahren zur **Verweigerung des Zeug-**

---

[1] BGH 17.7.2014 – III ZR 514/13, DNotZ 2014, 837; 14.7.1986 – NotZ 4/86, DNotZ 1987, 162; Schippel/Bracker/*Kanzleiter* BNotO § 18 Rn. 2; Arndt/Lerch/Sandkühler/*Sandkühler* BNotO § 18 Rn. 2; Diehn/*Schwipps* BNotO § 18 Rn. 2 ff.

[2] AA noch *Eylmann* in der 3. Auflage, Rn. 3, der in erster Linie das Vertrauen der Allgemeinheit in die Verschwiegenheit der Notare als Schutzgut ansah. So auch ausdrücklich zum Schutzzweck des § 203 StGB Schönke/Schröder/*Lenckner/Eisele* StGB § 203 Rn. 3.

[3] Notare sind in § 203 Abs. 1 Nr. 3 StGB nur wegen der Einbeziehung ihrer Mitarbeiter gem. § 203 Abs. 3 S. 2 StGB ausdrücklich genannt, werden aber als Amtsträger iSd § 11 Abs. 1 Nr. 2b StGB auch von § 203 Abs. 2 Nr. 1 StGB tatbestandlich erfasst, vgl. Schönke/Schröder/*Lenckner/Eisele* StGB § 203 Rn. 37.

[4] Vgl. BeckOK StGB/*Weidemann* StGB § 203 Rn. 2; Schönke/Schröder/*Lenckner/Eisele* StGB § 203 Rn. 3 mwN.

[5] Vgl. BeckOK StGB/*Weidemann* StGB Vor § 203 Rn. 1.

[6] *Goethe*, Wilhelm Meisters Wanderjahre (I, 5), Hamburger Ausgabe 1948, Band 8, 63.

[7] Ohne Differenzierung nach den in § 203 Abs. 1 StGB genannten Berufsgruppen erfolgten im Jahr 2013 insgesamt 5 Verurteilungen (Geldstrafen), im Jahr 2012 insgesamt 6 Verurteilungen (Geldstrafen), im Jahr 2011 insgesamt 10 Verurteilungen (Geldstrafen). Zahlen entnommen aus BeckOK StGB/*Weidemann* StGB § 203 Rn. 55.1, der darauf hinweist, dass die statistisch gesehen geringe Anzahl von Verurteilungen auch mit Nachweisschwierigkeiten sowie dem Antragserfordernis zusammenhängen dürfte.

nisses befugt, soweit seine notarielle Verschwiegenheitspflicht reicht.[8] Gemäß § 102 Abs. 1 Nr. 3b AO steht dem Notar darüber hinaus in diesem Umfang ein **Auskunftsverweigerungsrecht** gegenüber den Finanzbehörden zu.[9] Aus seiner berufsrechtlichen Pflicht zur Verschwiegenheit gem. § 18 Abs. 1 S. 1 folgt eine **amtliche Pflicht** zur Wahrnehmung dieser ihm eingeräumten Befugnisse, dh eine amtliche Pflicht zur Verweigerung des Zeugnisses vor Gericht sowie der Auskunft gegenüber Finanzbehörden. Der Notar ist unter den Voraussetzungen des **§ 386 Abs. 3 ZPO** sogar von **seiner Pflicht befreit,** als **Zeuge vor Gericht zu erscheinen.**[10] Ist der Notar hingegen von seiner Verschwiegenheitspflicht gem. § 18 Abs. 2 entbunden, darf er gem. § 53 Abs. 2 S. 1 StPO, § 385 Abs. 2 ZPO und den darauf Bezug nehmenden Regelungen anderer Prozessordnungen sowie gem. § 102 Abs. 3 S. 1 AO das Zeugnis und die Auskunft nicht verweigern. Vor Gericht und den Finanzbehörden ist der Notar mithin entweder verpflichtet zu schweigen oder aber verpflichtet auszusagen; ein eigener Entscheidungsspielraum steht ihm nicht zu.

Damit das Zeugnis- und Auskunftsverweigerungsrecht und somit zugleich die notarielle Verschwiegenheitspflicht nicht durch **Ermittlungsmaßnahmen** der Strafverfolgungsbehörden unterwandert wird, sieht § 160a Abs. 2 StPO eine besondere Verhältnismäßigkeitsprüfung für die Anordnung von Ermittlungshandlungen gegen Notare sowie für die Verwertung der hieraus gewonnenen Erkenntnisse vor.[11] Danach ist eine Ermittlungshandlung gegen einen Notar, beispielsweise eine **Durchsuchung** seiner Geschäftsstelle iSd § 103 Abs. 1 StPO,[12] nur dann zulässig, wenn im konkreten Einzelfall das öffentliche Interesse an einer wirksamen Strafverfolgung das individuelle Interesse an der Geheimhaltung der einem Notar anvertrauten oder bekannt gewordenen Tatsachen überwiegt.[13] Betrifft die Ermittlungsmaßnahme keine **Straftat von erheblicher Bedeutung,** überwiegt gem. § 160a Abs. 2 S. 1 Hs. 2 StPO das öffentliche Interesse an einer wirksamen Strafverfolgung in der Regel nicht, so dass eine Ermittlungshandlung gegen den Notar unzulässig ist. Unternimmt die Strafverfolgungsbehörde in diesem Falle dennoch eine Ermittlungsmaßnahme gegen den Notar, unterliegen die daraus gewonnen Erkenntnisse gem. § 160a Abs. 2 S. 3 StPO in der Regel einem **Beweisverwertungsverbot.**[14]

Unabhängig von diesen besonderen Voraussetzungen für die Anordnung von Ermittlungsmaßnahmen gegen einen Notar gem. § 160a Abs. 2 StPO dürfen die Strafverfolgungsbehörden im Rahmen dieser Ermittlungsmaßnahmen gem. § 97 Abs. 1 Nr. 1 bis Nr. 3 StPO grundsätzlich keinen Zugriff auf den **Schriftverkehr** zwischen dem Notar und dem Beteiligten, auf die vom Beteiligten an den Notar übergebenen **Unterlagen** sowie auf die **Aufzeichnungen** des Notars betreffend den Beteiligten einschließlich seiner

---

[8] Nach BGH 9.12.2004 – IX ZB 279/03, DNotZ 2005, 288, nehmen diese Vorschriften vollumfänglich auf sämtliche der notariellen Verschwiegenheitspflicht gem. § 18 Abs. 1 S. 1 unterfallende Informationen Bezug. Eine engere Auslegung aufgrund der in § 53 StPO, § 383 ZPO enthaltenen Beschränkung auf „anvertraute" Informationen ist danach abzulehnen. Die Zeugnisverweigerungsrechte gewähren auf dieser Grundlage einen vollumfänglichen verfahrensrechtlichen Schutz der notariellen Verschwiegenheit; vgl. auch hierzu Schippel/Bracker/*Kanzleiter* BNotO § 18 Rn. 58a.
[9] Vgl. zu den Offenbarungspflichten gegenüber den Finanzbehörden → Rn. 100 ff.
[10] OLG Jena 1.6.2018 – 4 W 562/17, BeckRS 2018, 11657 Rn. 23 ff. und auch BFH 27.1.2004 – II B 120/02, BeckRS 2004, 25003041. Erforderlich und ausreichend für § 386 Abs. 3 ZPO ist danach eine Erklärung des Notars, dass er aufgrund seiner Verschwiegenheitspflicht gem. § 18 Abs. 1 S. 1 ohne eine Befreiung gem. § 18 Abs. 2 nicht aussagen könne. Der Notar ist aufgrund dieser Erklärung „solange von seiner Pflicht, vor Gericht zu erscheinen befreit, bis im Zwischenstreit über die Zeugnisverweigerung nach § 387 ZPO rechtskräftig sein Verweigerungsgrund für unberechtigt erklärt und er sodann erneut als Zeuge geladen ist (…). Ein Zeuge, der sich nach § 386 Abs. 1 ZPO ordnungsgemäß auf ein Zeugnisverweigerungsrecht berufen hat, kann auch ohne ausdrückliche Genehmigung des Gerichts dem Termin fernbleiben." Vgl. hierzu auch OLG Dresden 1.12.2017 – 8 U 1278/17, BeckRS 2017, 139540 Rn. 30, wonach die Ladung des Notars als Zeuge bei feststehender Nichtbefreiung von der Verschwiegenheitspflicht „reine Förmelei" sei.
[11] Vgl. hierzu KK-StPO/*Griesbaum* § 160a Rn. 1.
[12] → Rn. 120 ff.
[13] BT-Drs. 16/5846, 36; BeckOK StPO/*Sackreuther* StPO § 160a Rn. 10.
[14] Vgl. hierzu BeckOK StPO/*Sackreuther* StPO § 160a Rn. 12.

Urkundsentwürfe nehmen.¹⁵ § 97 Abs. 1 Nr. 1 bis Nr. 3 StPO sieht im Hinblick auf diese Gegenstände ein **Beschlagnahme- und Verwertungsverbot** vor.¹⁶ Kurioserweise sollen allerdings notarielle Urkunden nach der höchstrichterlichen Rechtsprechung keinem Beschlagnahmeverbot nach § 97 Abs. 1 StPO unterliegen.¹⁷ Auch dieses im Verhältnis zu § 160a Abs. 2 StPO speziellere Verbot der Ermittlungshandlung der Beschlagnahme bestimmter, im Gewahrsam des Notars befindlicher Gegenstände gem. § 97 Abs. 1 Nr. 1 bis Nr. 3 StPO soll eine Umgehung des Zeugnisverweigerungsrechts des Notars und damit zugleich eine Unterwanderung der notariellen Verschwiegenheitspflicht verhindern.¹⁸

8   Sinn und Zweck der Zeugnis- und Auskunftsverweigerungsrechte, des relativen Beweiserhebungsverbotes, des Beschlagnahmeverbots sowie der daraus jeweils folgenden Verwertungsverbote ist die **verfahrensrechtliche Gewährleistung** des durch § 18 Abs. 1 S. 1, § 203 Abs. 1 Nr. 2 StGB geschützten informationellen Selbstbestimmungsrechts. Die notarielle Verschwiegenheitspflicht soll nicht über die Beschreitung des Prozess-, Ermittlungs- oder Beschlagnahmeweges unterwandert werden können. Die verfahrensrechtlichen Normen der § 53 Abs. 1 Nr. 3 StPO, § 383 Abs. 1 Nr. 6 ZPO, § 102 Abs. 1 Nr. 3b AO, §§ 160a Abs. 2, 97 Abs. 1 StPO flankieren insoweit die berufsrechtliche Norm des § 18 Abs. 1 S. 1. Eine derart enge Verzahnung von notariellem Berufsrecht und Verfahrensrecht findet sich an sonst keiner anderen Stelle und ist im notariellen Standesrecht einmalig.¹⁹

B. Inhalt (Abs. 1)

9   „Jedermann gegenüber, alle in amtlicher Funktion erlangten Informationen." Darauf lässt sich der grundsätzliche Inhalt der notariellen Verschwiegenheitspflicht reduzieren. Die notarielle Verschwiegenheitspflicht bedarf dennoch sowohl in persönlicher als auch in sachlicher Hinsicht näherer Konkretisierung.

I. Persönlicher Inhalt (S. 1)

10   Gemäß § 18 Abs. 1 S. 1 ist der Notar zur Verschwiegenheit verpflichtet. Die Norm benennt nur den zur Verschwiegenheit Verpflichteten, beantwortet hingegen nicht, wem gegenüber er die Verschwiegenheit zu wahren hat und wem gegenüber er zur Verschwiegenheit verpflichtet ist.

11   **1. Jedermann.** Der Notar hat die Verschwiegenheit gegenüber Jedermann zu wahren.²⁰ Dieser Grundsatz ist zwar an keiner Stelle ausdrücklich gesetzlich geregelt, ergibt sich aber ohne Weiteres aus dem Schutzzweck der notariellen Verschwiegenheitspflicht. Die von der Norm geschützte Person soll selbst darüber befinden, wem gegenüber dem Notar anvertraute Informationen offengelegt werden. Das ist nur dann gewährleistet, wenn der Notar grundsätzlich gegenüber Jedermann, auch gegenüber Ehegatten, Verwandten, Verschwägerten, Behörden und Gerichten, die Verschwiegenheit zu wahren hat. Ausnahmen von diesem Grundsatz bedürfen stets einer gesetzlichen Grundlage und sind unten im Einzelnen kommentiert.²¹

12   **2. Geschützter Personenkreis.** Der Notar ist gegenüber den **Beteiligten** zur Verschwiegenheit verpflichtet. Dieser Grundsatz ist § 18 Abs. 2 Hs. 1 zu entnehmen. Nach dieser Vorschrift entfällt die Pflicht zur Verschwiegenheit, wenn die Beteiligten dem Notar

---

¹⁵ → Rn. 112 ff.
¹⁶ Vgl. KK-StPO/*Greven* § 97 Rn. 9; BeckOK StPO/*Ritzert* StPO § 97 Rn. 25 mwN.
¹⁷ Vgl. hierzu KK-StPO/*Greven* StPO § 97 Rn. 12; → Rn. 115 ff. mwN.
¹⁸ Zu diesem Spezialitätsverhältnis von § 97 zu § 160a StPO vgl. nur *Dann* NJW 2015, 2609 (2613 f.) mwN.
¹⁹ Diese enge Verzahnung betonend BGH 9.12.2004 – IX ZB 279/03, DNotZ 2005, 288.
²⁰ Schippel/Bracker/*Kanzleiter* BNotO § 18 Rn. 7; Diehn/*Schwipps* BNotO § 18 Rn. 9.
²¹ → Rn. 65 ff., 132 ff.

Befreiung hiervon erteilen. Die Beteiligten sind mithin dispositionsbefugt im Hinblick auf die Pflicht zur notariellen Verschwiegenheit und daher als die von der Norm geschützten Rechtsträger anzusehen.[22] Für den **Begriff** des Beteiligten iSd § 18 Abs. 2 Hs. 1, der eigenständig anhand des Schutzzwecks der notariellen Verschwiegenheitspflicht zu definieren ist und nicht mit dem durch das Beurkundungsgesetz geprägten formellen oder materiellen Beteiligtenbegriff übereinstimmt, ist auf die dortige Kommentierung zu verweisen.[23]

3. Verpflichteter Personenkreis. Als Adressaten der Verschwiegenheitspflicht benennt § 18 Abs. 1 S. 1 ausschließlich den **Notar.** Da diese Vorschrift gem. §§ 7 Abs. 4 S. 2, 39 Abs. 4, 57 Abs. 1 auf den **Notarassessor,**[24] **Notarvertreter** und **Notariatsverwalter** entsprechend anzuwenden ist, sind auch sie Verpflichtete iSd § 18 Abs. 1 S. 1. Auch der gem. §§ 22, 25, 29 BeurkG hinzugezogene zweite Notar ist unmittelbarer Adressat der Verschwiegenheitspflicht, da seine Mitwirkung für ihn Amtsausübung ist.[25] Weitere Adressaten der notariellen Verschwiegenheitspflicht sieht das Gesetz nicht vor, so dass insbesondere die **Mitarbeiter** des Notars,[26] hinzugezogene Zeugen und Vertrauenspersonen (§§ 22, 24 ff., 29 BeurkG), Dolmetscher (§ 16 Abs. 3 BeurkG) und andere hinzugezogene Dritte wie beispielsweise Sachverständige, Berater oder Makler nicht der berufsrechtlichen Verschwiegenheitspflicht gem. § 18 Abs. 1 S. 1 unterliegen.[27]

13

II. Sachlicher Inhalt (S. 2 und S. 3)

Der sachliche Inhalt der Verschwiegenheitspflicht ergibt sich aus § 18 Abs. 1 S. 2 und S. 3. Danach bezieht sich die notarielle Verschwiegenheitspflicht auf alle nicht offenkundigen und nicht bedeutungslosen Informationen, die dem Notar bei Ausübung seines Amtes bekannt geworden sind.

14

1. Alles. Gemäß § 18 Abs. 1 S. 2 bezieht sich die Pflicht zur notariellen Verschwiegenheit auf alles, was dem Notar bei Ausübung seines Amtes bekannt geworden ist. Die notarielle Verschwiegenheitspflicht ist **weiter gefasst** als der flankierende Straftatbestand des § 203 Abs. 1 Nr. 3 StGB, der tatbestandlich enger nur fremde Geheimnisse schützt.[28] Schutzgut des § 18 Abs. 1 S. 1 ist nicht nur ein fremdes Geheimnis im Sinne einer

15

---

[22] Diehn/*Schwipps* BNotO § 18 Rn. 4.
[23] → Rn. 32 ff.
[24] Den Notarassessor trifft darüber hinaus aus dem gem. § 7 Abs. 4 S. 1 öffentlich-rechtlichen Dienstverhältnis zum Staat keine über § 18 Abs. 1 S. 1 hinausgehende Amtsverschwiegenheitspflicht in dem Sinne, dass er wie ein Beamter einer Aussagegenehmigung seines Dienstherrn bedarf, vgl. Schippel/Bracker/*Kanzleiter* BNotO § 18 Rn. 4.
[25] Schippel/Bracker/*Kanzleiter* BNotO § 18 Rn. 3; Arndt/Lerch/Sandkühler/*Sandkühler* BNotO § 18 Rn. 6.
[26] Nach überwiegender Ansicht in der Literatur sollen die Mitarbeiter des Notars hingegen in die berufsrechtliche Verschwiegenheitspflicht mit einbezogen sein, vgl. Arndt/Lerch/Sandkühler/*Sandkühler* BNotO § 18 Rn. 7 („§ 203 Abs. 3 StGB führt im Ergebnis zu einer Erweiterung des Kreises"); Diehn/*Schwipps* BNotO § 18 Rn. 16 („ergibt sich aus § 203 Abs. 3 S. 2 StGB"); iE ebenso Schippel/Bracker/*Kanzleiter* BNotO § 18 Rn. 4 und auch noch Eylmann in der 3. Auflage, Rn. 13, 15. Richtigerweise können die Mitarbeiter mangels Berufsträgereigenschaft keine Adressaten des § 18 Abs. 1 S. 1 sein, unterliegen aber bei förmlicher Verpflichtung gem. § 203 derselben Strafandrohung wie der Notar; → Rn. 138 ff.
[27] Vgl. Arndt/Lerch/Sandkühler/*Sandkühler* BNotO § 18 Rn. 14. Eylmann hat in der 3. Auflage, Rn. 16, 17 treffend darauf hingewiesen, dass der Nichteinbezug von Zeugen, Vertrauenspersonen und Dolmetschern, deren Hinzuziehung in bestimmten Fällen gesetzlich vorgeschrieben ist, unbefriedigend ist und sie de lege ferenda in die notarielle Verschwiegenheitspflicht einbezogen werden sollten. Nicht nachvollziehbar ist, auf welcher Grundlage Schippel/Bracker/*Kanzleiter* BNotO § 18 Rn. 3 und 4 die notarielle Verschwiegenheitspflicht gem. § 18 Abs. 1 auch auf den Rechtsanwalts-Sozius, Zeugen, Dolmetscher und alle anderen zugezogenen Personen eines Notars erstrecken möchte. Die dort in Bezug genommene Entscheidung des OLG Hamm DNotZ 1969, 543 (544) lässt sich für diesen pauschalen Einbezug jedenfalls nicht anführen, da in dem konkret zugrunde liegenden Sachverhalt offenbar eine Verpflichtung des Rechtsanwalts-Sozius aus §§ 57 Abs. 1, 18 Abs. 1 folgte („Abwicklung der Notariatspraxis").
[28] So auch die überwiegende Auffassung für die rechtsanwaltliche Verschwiegenheitspflicht gem. § 43a Abs. 2 BRAO, vgl. nur *Rubenbauer,* Reichweite und Bedeutung der berufsrechtlichen und strafrechtlichen

Tatsache, an deren Geheimhaltung der Geheimnisgeschütze ein sachlich begründetes Interesse hat.[29] Auf ein **objektives Geheimhaltungsinteresse** oder gar einen **subjektiven Geheimhaltungswillen**[30] der von § 18 Abs. 1 S. 1 geschützten Person kommt es nicht an. Die berufsrechtliche Verschwiegenheitspflicht erstreckt sich vielmehr auf jede dem Notar noch so unwichtig oder gleichgültig erscheinende Tatsache oder Erkenntnis, die er in Betreff der geschützten Person wahrnimmt und erfährt.[31] Beispielsweise fallen unter die notarielle Verschwiegenheitspflicht bereits „Tatsache, Zeit und Ort einer Inanspruchnahme des Notars als Amtsträger sowie die Identität der betreffenden Personen. Auch der Inhalt von Gesprächen zwischen den Urkundsbeteiligten und dritten Personen, die bei der Verhandlung zugegen sind, fällt darunter. Der Schweigepflicht unterliegen schließlich grundsätzlich auch die eigenen Erklärungen und Handlungen des Notars."[32]

16   **2. Amtliche Kenntniserlangung.** Gemäß § 18 Abs. 1 S. 2 muss dem Notar die Information bei Ausübung seines Amtes bekannt geworden sein, um der notariellen Verschwiegenheitspflicht zu unterliegen. Erforderlich ist mithin ein **innerer Zusammenhang** zwischen der in Frage stehenden Information und der Amtstätigkeit des Notars.[33]

17   Ein derartiger innerer Zusammenhang entsteht spätestens dann, wenn die geschützte Person den Notar in seiner amtlichen Eigenschaft **aufsucht.**[34] Mit der Inanspruchnahme des Notars als öffentlichen Amtsträger unterfallen sämtliche für die konkrete notarielle Amtstätigkeit maßgeblichen Informationen betreffend die geschützte Person der notariellen Pflicht zur Verschwiegenheit, und zwar unabhängig davon, ob der Notar diese Tatsachen oder Erkenntnisse bereits vor oder erst nach seiner Inanspruchnahme wahrgenommen oder erlangt hat. Vom Notar zunächst nur als Privatperson oder im Rahmen einer Nebentätigkeit iSd § 8 erlangte und insoweit zunächst ungeschützte Informationen können demnach aufgrund einer späteren Beauftragung als Notar zu gem. § 18 Abs. 1 S. 1 geschützten Informationen werden, soweit sie für die konkrete notarielle Tätigkeit eine Rolle spielen.

18   Auch ohne eine unmittelbare Inanspruchnahme des Notars durch die geschützte Person kann der erforderliche Zusammenhang zwischen Information und Amtstätigkeit gegeben sein, etwa wenn der Notar im Rahmen seiner Amtstätigkeit Informationen über eine an der notariellen Tätigkeit nicht unmittelbar beteiligten Person erlangt **(Drittinformationen).**[35] Die dritte Person wird durch die Kenntniserlangung des Notars im inneren Zusammenhang mit einer anderen Amtstätigkeit selbst Beteiligte iSd § 18 Abs. 2 Hs. 1.[36]

19   **3. Offenkundiges.** Gemäß § 18 Abs. 1 S. 3 Alt. 1 unterliegen offenkundige Tatsachen nicht der notariellen Verschwiegenheitspflicht. Offenkundiges lässt sich nicht mehr offen-

---

Verschwiegenheitspflicht des Rechtsanwaltes, 2014, S. 12 mwN; aA aber Henssler/Prütting/*Henssler* BRAO § 43a Rn. 45.

[29] So die hM zu § 203 Abs. 1 StGB; vgl. Schönke/Schröder/*Lenckner/Eisele* StGB § 203 Rn. 5; BeckOK StGB/*Weidemann* StGB § 203 Rn. 4, jeweils mwN.

[30] So zum Teil in der Literatur für den Tatbestand des § 203 StGB verlangend, vgl. hierzu aber zutreffend kritisch Schönke/Schröder/*Lenckner/Eisele* StGB § 203 Rn. 5.

[31] So bereits *Seybold/Hornig* RNotO § 19 Ziff. II.; vgl. auch Schippel/Bracker/*Kanzleiter* BNotO § 18 Rn. 6; Diehn/*Schwipps* BNotO § 18 Rn. 7.

[32] BGH 9.12.2004 – IX ZB 279/03, DNotZ 2005, 288; vgl. auch BGH 31.1.2013 – V ZB 168/12, DNotZ 2013, 711; *Seybold/Hornig* RNotO § 19 Ziff. II; Arndt/Lerch/Sandkühler/*Sandkühler* BNotO § 18 Rn. 17, 18; Diehn/*Schwipps* BNotO § 18 Rn. 6.

[33] Auf einen solchen „inneren Zusammenhang" auch für den Tatbestand des § 203 Abs. 1 StGB abstellend Schönke/Schröder/*Lenckner/Eisele* StGB § 203 Rn. 13.

[34] Ebenso in Betreff der rechtsanwaltlichen Verschwiegenheitspflicht *Rubenbauer*, Reichweite und Bedeutung der berufsrechtlichen und strafrechtlichen Verschwiegenheitspflicht des Rechtsanwaltes, 2014, S. 13, die ein „Mandatsverhältnis" verlangt.

[35] Arndt/Lerch/Sandkühler/*Sandkühler* BNotO § 18 Rn. 17; ebenso auch zu § 203 Abs. 1 StGB Schönke/Schröder/*Lenckner/Eisele* StGB § 203 Rn. 13 aE; vgl. auch OLG Dresden 8.8.2011 – 4 W 624/11, MittBayNot 2012, 159, wonach ehrenrührige Äußerungen über Dritte gegenüber einem Notar aufgrund des Unterfallens dieser Äußerungen unter die notarielle Verschwiegenheitspflicht „von jeder Rechtsverfolgung ausgeschlossen und damit privilegiert" sind.

[36] → Rn. 35.

baren; insoweit drückt das Gesetz eine Selbstverständlichkeit aus. Der Begriff der Offenkundigkeit ist in Anlehnung an den im Zivil- und Strafprozessrecht zu § 291 ZPO, § 244 Abs. 3 S. 2 StPO entwickelten und gefestigten Begriff der **objektiven Allgemeinkundigkeit** zu definieren.[37]

Allgemeinkundig sind Tatsachen, von denen verständige und lebenserfahrene Menschen in der Regel Kenntnis haben oder über die sie sich ohne besondere Sachkunde mit Hilfe allgemein zugänglicher Erkenntnismittel jederzeit zuverlässig unterrichten können.[38] Die Allgemeinkundigkeit wird hierbei nicht dadurch ausgeschlossen, dass die Kenntnis der Tatsache örtlich, zeitlich oder dem Personenkreis nach beschränkt ist.[39] Allgemeinkundig sind daher beispielsweise sämtliche im **Handelsregister** vorhandene Informationen, da sie für jedermann ohne besondere Sachkunde über das Internet[40] zugänglich sind.[41] Nicht allgemeinkundig sind hingegen die im **Grundbuch** vorhandenen Informationen, da dieses öffentliche Register gem. § 12 GBO nicht für jedermann zugänglich ist.[42] 20

Ob die in Frage stehende Information derjenigen Person **tatsächlich subjektiv bekannt** ist, der gegenüber der Notar die Information offengelegt hat bzw. offenzulegen beabsichtigt, ist für die Qualifizierung der betreffenden Information als eine offenkundige unerheblich.[43] 21

4. Bedeutungsloses. Gemäß § 18 Abs. 1 S. 3 Alt. 2 werden ferner auch solche Tatsachen aus dem Schutzbereich der notariellen Verschwiegenheitspflicht herausgenommen, die ihrer Bedeutung nach keiner Geheimhaltung bedürfen. Diese unglückliche Regelung kann in der notariellen Praxis von vornherein **keine praktische Relevanz** haben. 22

Bedeutungslosigkeit setzt stets eine subjektive Bewertung einer Information voraus, beurteilt sich mithin zwingend anhand eines **subjektiven Maßstabs.**[44] Angesichts des Sinns und Zwecks der notariellen Verschwiegenheitspflicht, dem Schutz des informationellen Selbstbestimmungsrechts, kann es hierbei auf die subjektive Bewertung des Notars nicht ankommen, da er ansonsten über den Umfang der ihm obliegenden Verschwiegenheitsverpflichtung frei bestimmen könnte. Daher verbleibt als Maßstab der Bedeutungslosigkeit einer Information allein die subjektive Bewertung durch die geschützte Person.[45] 23

Die subjektive Bewertung von Informationen durch die geschützte Person ist dem Notar in der Regel nicht bekannt. Es ist zudem im Regelfall auszuschließen, dass die geschützte Person dem Notar nach ihrer Bewertung bedeutungslose Informationen mitteilt. Schließlich wird die geschützte Person, sofern sie an der Geheimhaltung der Information aufgrund ihrer Bedeutungslosigkeit kein Interesse haben sollte, den Notar in der Regel in Bezug auf diese Informationen zugleich **konkludent** von seiner Verschwiegenheitspflicht gem. § 18 Abs. 2 Hs. 1 **befreien.** Ein Anwendungsbereich der „eng gefassten Ausnahmevorschrift"[46] des § 18 Abs. 1 S. 3 verbleibt vor diesem Hintergrund in der notariellen Praxis nicht. 24

---

[37] Ebenso für § 43a Abs. 2 S. 3 BRAO *Rubenbauer,* Reichweite und Bedeutung der berufsrechtlichen und strafrechtlichen Verschwiegenheitspflicht des Rechtsanwaltes, 2014, S. 14.
[38] Vgl. für § 244 Abs. 3 S. 2 StPO KK-StPO/*Krehl* § 244 Rn. 132 sowie für § 291 ZPO nur Musielak/*Huber* ZPO § 291 Rn. 1 jeweils mwN; vgl. auch Diehn/*Schwipps* BNotO § 18 Rn. 12.
[39] Vgl. für § 244 Abs. 3 S. 2 StPO KK-StPO/*Krehl* § 244 Rn. 132 sowie für § 291 ZPO Musielak/*Huber* ZPO § 291 Rn. 1.
[40] Zum Internet als allgemeinzugängliche Quelle vgl. KK-StPO/*Krehl* § 244 Rn. 133.
[41] Diehn/*Schwipps* BNotO § 18 Rn. 13.
[42] Diehn/*Schwipps* BNotO § 18 Rn. 13.
[43] Ebenso ist dieser Umstand für eine Offenbarung iSd § 18 Abs. 1 ohne Bedeutung → Rn. 158.
[44] Diehn/*Schwipps* BNotO § 18 Rn. 14.
[45] Diehn/*Schwipps* BNotO § 18 Rn. 14. So auch für § 43a Abs. 2 BRAO Henssler/Prütting/*Henssler* BRAO § 43a Rn. 56; *Rubenbauer,* Reichweite und Bedeutung der berufsrechtlichen und strafrechtlichen Verschwiegenheitspflicht des Rechtsanwaltes, 2014, S. 15.
[46] BGH 9.12.2004 – IX ZB 279/03, DNotZ 2005, 288.

C. Befreiung (Abs. 2)

25 Durch das Dritte Gesetz zur Änderung der Bundesnotarordnung im Jahre 1998 wurden die bis dahin in § 18 Abs. 1 S. 2 enthaltenen Voraussetzungen für eine Befreiung von der notariellen Verschwiegenheitspflicht „im Hinblick auf die Bedeutung, die ihnen zukommt, in einem eigenen Absatz 2"[47] geregelt. Inhaltlich erfuhr der bereits in 19 Abs. 1 S. 2 RNotO inhaltsgleich enthaltene Befreiungstatbestand dadurch keine Veränderung.

I. Befreiung durch die Beteiligten (Hs. 1)

26 Gemäß § 18 Abs. 2 Hs. 1 entfällt die Pflicht zur Verschwiegenheit, wenn die Beteiligten Befreiung hiervon erteilen. Die Regelung erscheint auf den ersten Blick klar und eindeutig, wirft jedoch in der notariellen Praxis viele Fragen auf. Klärungsbedürftig sind sowohl die rechtlichen Anforderungen an eine Befreiungserklärung (→ Rn. 27 ff.) als auch die zur Erteilung einer Befreiung berechtigten Personen (→ Rn. 32 ff.).

27 **1. Erklärung.** Die Erteilung der Befreiung iSd § 18 Abs. 2 Hs. 1 ist eine Erklärung, die dem Notar die Offenbarung der ihm anvertrauten Information **gestattet** und eine Durchbrechung der notariellen Verschwiegenheitspflicht **rechtfertigt**.[48] Es handelt sich nicht um eine rechtsgeschäftliche, sondern um eine **verfahrensrechtliche Erklärung**.[49] Ausreichend ist daher eine **natürliche Einsichts- und Urteilsfähigkeit** bei Abgabe der Befreiungserklärung; der Beteiligte muss nicht iSd § 104 BGB geschäftsfähig sein.[50] Fehlt dem Beteiligten die natürliche Einsichts- und Urteilsfähigkeit, kann allein die Aufsichtsbehörde gem. § 18 Abs. 2 Hs. 2 an seiner Stelle Befreiung erteilen.[51]

28 Bei **mehreren Beteiligten** muss jeder Beteiligte eine entsprechende verfahrensrechtliche Erklärung gegenüber dem Notar abgeben.[52] Ob mehrere Beteiligte vorhanden sind, richtet sich allein nach der im konkreten Einzelfall offenbarten bzw. zu offenbarenden Information.[53] Beispielsweise beziehen sich die Informationen des Notars zum Inhalt eines Kaufvertrages (Kaufpreis, Kaufgegenstand, Gewährleistung etc.) sowohl auf die Person des Verkäufers als auch die Person des Käufers, so dass der Notar diese Informationen einem Dritten nur bei Vorliegen einer Befreiungserklärung beider Beteiligter offenbaren darf. Selbstredend ist auch die Einsichtnahme in die **Nebenakten** des Notars, auf die kein Anspruch besteht,[54] nur bei einer Befreiung aller im vorstehenden Sinne Beteiligter zulässig.[55] Ferner ist bei **Sammelbeurkundungen** iSd § 13 Abs. 2 S. 1 BeurkG eine Verlesung von Informationen betreffend

---

[47] BT-Drs. 13/4184, 25.
[48] Auch im Rahmen des § 203 StGB führt das Einverständnis der geschützten Person zu einem Ausschluss der Rechtswidrigkeit, vgl. BeckOK StGB/*Weidemann* StGB § 203 Rn. 33 f.
[49] Diehn/*Schwipps* BNotO § 18 Rn. 26; Arndt/Lerch/Sandkühler/*Sandkühler* BNotO § 18 Rn. 103. Ebenso zur Entbindung gem. § 53 Abs. 2 S. 1 StPO BeckOK StPO/*Huber* StGB § 53 Rn. 39; aA hingegen Schippel/Bracker/*Kanzleiter* BNotO § 18 Rn. 51, wonach es sich um eine Willenserklärung handeln soll.
[50] Beschränkt auf persönliche Angelegenheiten ebenso Arndt/Lerch/Sandkühler/*Sandkühler* BNotO § 18 Rn. 103. Ebenso zu § 203 StGB BeckOK StGB/*Weidemann* StGB § 203 Rn. 34; ebenso zu § 43a Abs. 2 BRAO Henssler/Prütting/*Henssler* BRAO § 43a Rn. 71; ebenso zu § 53 StPO KK-StPO/*Senge* § 53 Rn. 48; aA Schippel/Bracker/*Kanzleiter* BNotO § 18 Rn. 51, der volle Geschäftsfähigkeit verlangt.
[51] → Rn. 54; aA Arndt/Lerch/Sandkühler/*Sandkühler* BNotO § 18 Rn. 103, wonach der gesetzliche Vertreter die Befreiung erteilen könne; er verkennt die höchstrichterliche Rechtsprechung zur Höchstpersönlichkeit der Befreiungserklärung → Rn. 42 ff.
[52] BGH 30.11.1989 – III ZR 112/88, DNotZ 1990, 392; Schippel/Bracker/*Kanzleiter* BNotO § 18 Rn. 51; Arndt/Lerch/Sandkühler/*Sandkühler* BNotO § 18 Rn. 99; so auch zu § 53 Abs. 2 StPO BeckOK StPO/*Huber* StPO § 53 Rn. 40; KK-StPO/*Senge* § 53 Rn. 46; ebenso zu § 585 Abs. 2 ZPO BeckOK ZPO/*Scheuch* ZPO § 385 Rn. 10.
[53] → Rn. 34; so auch zu § 53 Abs. 2 StPO BeckOK StPO/*Huber* StPO § 53 Rn. 40.
[54] So zuletzt LG Frankfurt a. M. 13.11.2014 – 2–17 OH 1/14, 1/17 OH 1/14, NotBZ 2015, 117 mwN. Vgl. auch BGH NJW 1990, 510 (513); OLG Zweibrücken DNotZ 2003, 125 (126); *Winkler* BeurkG § 51 Rn. 37.
[55] Vgl. BGH 31.1.2013 – V ZB 168/12, DNotZ 2013, 711.

die einzelnen Beteiligten gem. § 13 Abs. 2 S. 2 BeurkG iVm § 18 Abs. 2 Hs. 1 nur bei einer entsprechenden Befreiung des jeweils betroffen Beteiligten zulässig.[56]

Die verfahrensrechtliche Erklärung kann ausdrücklich oder **konkludent** abgegeben werden und muss dem Notar entsprechend § 130 BGB zugehen.[57] Eine besondere **Form** ist nicht vorgesehen;[58] der Notar sollte angesichts der Bedeutung und scharfen Sanktion bei einem Verstoß gegen die notarielle Verschwiegenheitspflicht jedoch stets auf eine Erklärung in Schrift- oder Textform bestehen. 29

Der **mutmaßliche Wille** eines Beteiligten kann die verfahrensrechtliche Erklärung keinesfalls ersetzen und daher eine Befreiung gem. § 18 Abs. 2 Hs. 1 nicht bewirken.[59] Strikt **abzulehnen** ist daher die vereinzelt in der Literatur[60] und in der obergerichtlichen Rechtsprechung[61] geäußerte Auffassung, dass es dem mutmaßlichen Willen eines Erblassers entspräche, dass Tatsachen über die Willensbildung des Erblassers und das Zustandekommen der letztwilligen Verfügung durch den Notar offenbart werden und insoweit die Verschwiegenheitspflicht grundsätzlich nicht bestehe. Diese Auffassung verkennt die im Standesrecht der Berufsgeheimnisträger einzigartige Möglichkeit der Befreiung des Notars von seiner Verschwiegenheitspflicht gem. § 18 Abs. 2 Hs. durch seine Aufsichtsbehörde.[62] 30

Die Befreiung von der Verschwiegenheit kann auf einzelne Tatsachenkomplexe bzw. Vorgänge, nicht hingegen auf einzelne Tatsachen beschränkt werden.[63] Die Grenze der Beschränkbarkeit der Befreiung verläuft dort, wo eine unvollständige Offenbarung zu einer unwahren Aussage führen würde.[64] Die Erklärung ist jederzeit widerruflich; § 133 Abs. 1 S. 2 BGB findet keine entsprechende Anwendung.[65] 31

2. Beteiligte. Als Berechtigten zur Erteilung einer Befreiung bestimmt § 18 Abs. 2 Hs. 1 den Beteiligten. Den Begriff des Beteiligten definiert die Norm allerdings nicht. Auf den durch das Beurkundungsgesetz geprägten Begriff des **formell oder materiell Beteiligten** kann richtigerweise **nicht** zurückgegriffen werden. Der Begriff des Beteiligten ist vielmehr **eigenständig** anhand des Schutzzwecks der Norm zu bestimmen. 32

a) Formeller und materieller Beteiligtenbegriff. Weder der formelle noch der materielle Beteiligtenbegriff können zur Bestimmung des Beteiligten iSd § 18 Abs. 2 Hs. 1 33

---

[56] Arndt/Lerch/Sandkühler/*Sandkühler* BNotO § 18 Rn. 43; vgl. hierzu auch OLG Zweibrücken 12.9.2000 – 3 W 201/00, MittBayNot 2000, 577.
[57] Diehn/*Schwipps* BNotO § 18 Rn. 26; Schippel/Bracker/*Kanzleiter* BNotO § 18 Rn. 51; ebenso zu § 203 StGB BeckOK StGB/*Weidemann* StGB § 203 Rn. 34; Schönke/Schröder/*Lenckner/Eisele* StGB § 203 Rn. 24b; ebenso zu § 43a Abs. 2 BRAO Henssler/Prütting/*Henssler* BRAO § 43a Rn. 66; ebenso zu § 53 Abs. 2 StPO BeckOK StPO/*Huber* StPO § 53 Rn. 42; ebenso zu § 385 Abs. 2 ZPO BeckOK ZPO/*Scheuch* ZPO § 385 Rn. 12.
[58] Diehn/*Schwipps* BNotO § 18 Rn. 26. Für bestimmte Erklärungen zur Befreiung von der Verschwiegenheitspflicht anderer Berufsgruppen, nämlich für die Einwilligung zur Abtretung oder Übertragung zur Einziehung von Honoraransprüchen, ist zum Teil Schriftform gesetzlich vorgesehen, vgl. etwa § 49b Abs. 4 S. 2 BRAO, § 43a Abs. 2 S. 2 PAO, § 64 Abs. 2 S. 2 StBerG.
[59] So auch dezidiert Schippel/Bracker/*Kanzleiter* BNotO § 18 Rn. 52, 53; anders aber wiederum *ders.* zuvor § 18 Rn. 7 und sodann unter § 18 Rn. 54 für die „praktische Bedeutung" unverständlicherweise relativierend. So auch zu § 53 Abs. 2 StPO BeckOK StPO/*Huber* StPO § 53 Rn. 42; KK-StPO/*Senge* § 53 Rn. 50. Anders aber im Rahmen der Rechtswidrigkeit von § 203 StGB, vgl. BeckOK StGB/*Weidemann* StGB § 203 Rn. 39; Schönke/Schröder/*Lenckner/Eisele* StGB § 203 Rn. 27.
[60] Arndt/Lerch/Sandkühler/*Sandkühler* BNotO § 18 Rn. 60.
[61] OLG Frankfurt a. M. 19.2.1997 – 20 W 409/94, DNotZ 1998, 216 Rn. 27.
[62] → Rn. 49. Nur im Rahmen der Prüfung der Befreiung durch die Aufsichtsbehörde gem. § 18 Abs. 2 Hs. 2 hat der mutmaßliche Wille seinen Platz → Rn. 55.
[63] Schippel/Bracker/*Kanzleiter* BNotO § 18 Rn. 101; Arndt/Lerch/Sandkühler/*Sandkühler* BNotO § 18 Rn. 101; ebenso zu § 53 Abs. 2 StPO BeckOK StPO/*Huber* StPO § 53 Rn. 43; OLG Hamburg NJW 1962, 689. Vgl. auch zu § 43a Abs. 2 BRAO Henssler/Prütting/*Henssler* BRAO § 43a Rn. 72. Ebenso zu § 203 StGB Schönke/Schröder/*Lenckner/Eisele* StGB § 203 Rn. 24d.
[64] KK-StPO/*Senge* § 53 Rn. 52.
[65] Ebenso zu § 43a Abs. 2 BRAO Henssler/Prütting/*Henssler* BRAO § 43a Rn. 73. Ebenso zu § 53 Abs. 2 StPO BeckOK StPO/*Huber* StPO § 53 Rn. 43; KK-StPO/*Senge* § 53 Rn. 54. Ebenso zu § 585 Abs. 2 ZPO BeckOK ZPO/*Scheuch* ZPO § 385 Rn. 12.

herangezogen werden.⁶⁶ **Formell** beteiligt sind gem. § 6 Abs. 2 BeurkG die vor dem Notar Erschienen, die im eigenen oder fremden Namen Erklärungen abgeben. **Materiell** beteiligt sind gem. § 3 BeurkG diejenigen, deren Rechte und Pflichten durch den Urkundsvorgang betroffen werden.⁶⁷ Zur Bestimmung des Beteiligten iSd § 18 Abs. 2 Hs. 1 ist der formelle Beteiligtenbegriff **zu eng**⁶⁸ und der materielle Beteiligtenbegriff **zu weit.** Würde eine Befreiung des formell Beteiligten ausreichen, hätte es beispielsweise der rechtsgeschäftliche Vertreter in der Hand, welche Informationen der Notar über den Vertretenen gegenüber Dritten offenbart. Würde eine Befreiung des materiell Beteiligten erforderlich sein, dürfte der Notar beispielsweise zu seinen Erkenntnissen zur Testierfähigkeit des Erblassers während der Beurkundung eines Testamentes vor Gericht nur dann als Zeuge aussagen, wenn auch der im Testament eingesetzte Erbe den Notar von der Verschwiegenheitspflicht entbindet.⁶⁹

34   b) **Verschwiegenheitsrechtlicher Beteiligtenbegriff.** Sinn und Zweck der notariellen Pflicht zur Verschwiegenheit ist der Schutz des informationellen **Selbstbestimmungsrechts** als Ausschnitt des allgemeinen Persönlichkeitsrechts.⁷⁰ Die durch die Verschwiegenheitspflicht geschützte Person soll autonom über das ob und wie der Offenlegung der dem Notar anvertrauten Information entscheiden können. Unter Berücksichtigung dieses Schutzzwecks ist der Beteiligte iSd § 18 Abs. 2 Hs. 1 ausschließlich anhand der jeweiligen konkret in Frage stehenden **Information** zu bestimmen.⁷¹ Maßgeblich für eine **Beteiligtenstellung** iSd § 18 Abs. 2 Hs. 1 ist mithin allein die Frage, auf welche Person sich die konkret offenbarte bzw. zu offenbarende Information bezieht. Nur die Person, aus deren **Sphäre** die in Frage stehende Information stammt und die insoweit als **Herrin** über diese Information anzusehen ist, ist als dispositionsbefugt über diese Information und somit als Beteiligte iSd § 18 Abs. 2 Hs. 1 anzusehen.

35   Erlangt der Notar in seiner amtlichen Eigenschaft **Informationen über einen Dritten,** ohne dass dieser Dritte ihm die Information selbst anvertraut hat **(Drittinformation),**⁷² so ist **allein der Dritte** als Beteiligter iSd § 18 Abs. 2 Hs. 1 und als dispositionsbefugt über diese Information anzusehen. Auf eine zusätzliche Befreiung derjenigen Person, der dem Notar die Drittinformation anvertraut hat **(Informant),** kommt es auf Grundlage der hier gewählten Begriffsdefinition **nicht an;** diese Person ist im Hinblick auf die Drittinformation nicht Beteiligte iSd § 18 Abs. 2 Hs. 1.⁷³ Allerdings ist auch die Tatsache, dass der Informant dem Notar in seiner amtlichen Eigenschaft eine Drittinformation anvertraut hat, eine geschützte Information über die wiederum allein der Informant dispositionsbefugt ist.⁷⁴

36   In der Praxis wird beispielsweise häufig die Frage aufgeworfen, ob der Notar vor Gericht zu seinen Erkenntnissen während der Beurkundung einer **Verfügung von Todes wegen** neben der Befreiung durch die Aufsichtsbehörde an Stelle des Erblasser zusätzlich auch der **Befreiung der Erben** bedarf.⁷⁵ Die Erkenntnisse des Notars während der Beurkundung

---

⁶⁶ AA Arndt/Lerch/Sandkühler/*Sandkühler* BNotO § 18 Rn. 98; *Klingler* RNotZ 2013, 57 (68).
⁶⁷ Vgl. zu beiden Beteiligtenbegriffen nur *Winkler* BeurkG § 6 Rn. 5 und § 3 Rn. 23 ff., 122 ff. mwN.
⁶⁸ So auch OLG Stuttgart 21.10.2015 – 14 U 4/14, NJOZ 2016, 711 Rn. 11 f.
⁶⁹ Gegen eine Stellung des Erben als Beteiligter iSd § 18 Abs. 2 Hs. 1 ausdrücklich BGH 25.11.1974 – NotZ 4/74, NJW 1975, 930. Zur materiellen Beteiligung des Erben an einer Verfügung von Todes wegen gem. § 3 BeurkG vgl. *Winkler* BeurkG § 3 Rn. 29; Grziwotz/Heinemann/*Grziwotz* BeurkG § 3 Rn. 9.
⁷⁰ → Rn. 2.
⁷¹ So auch zur Entbindungserklärung § 53 Abs. 2 StPO BeckOK StPO/*Huber* StPO § 53 Rn. 420; KK-StPO/*Senge* § 53 Rn. 45. Auch Schippel/Bracker/*Kanzleiter* BNotO § 18 Rn. 51 und Diehn/*Schwipps* BNotO § 18 Rn. 24 definieren den Beteiligten anhand des Schutzzwecks der Norm, allerdings anders als hier, als die Person, „deren persönliche oder wirtschaftliche Angelegenheiten dem Notar bei seiner Amtshandlung bekannt geworden sind."
⁷² → Rn. 18.
⁷³ Zu diesem im Rahmen von § 203 StGB geführten Streitstand vgl. BeckOK StGB/*Weidemann* StGB § 203 Rn. 35 f.; Schönke/Schröder/*Eisele/Lenckner* StGB § 203 Rn. 23 mwN.
⁷⁴ Vgl. so auch zu § 203 StGB Schönke/Schröder/*Eisele/Lenckner* StGB § 203 Rn. 23.
⁷⁵ Vgl. hierzu auch → Rn. 56 f.

einer Verfügung von Todes wegen, etwa zur Testierfähigkeit des Erblassers oder zu seinen Äußerungen während der Verhandlung, beziehen sich **ausschließlich auf die Sphäre des Erblassers**. Auf Grundlage der hier gewählten Definition ist daher allein der Erblasser Beteiligter iSd § 18 Abs. 2 Hs. 1, so dass es allein auf seine Befreiung ankommt.[76]

In der Praxis wurde beispielsweise ferner die Frage gestellt, ob der Notar für eine Zeugenaussage vor Gericht über **die Äußerungen eines** bei der Beurkundung gem. § 16 Abs. 3 BeurkG zugezogenen **Dolmetschers**, die über die Übersetzung der Erklärungen der Urkundsbeteiligten und des Notars hinaus gehen, dessen Befreiung bedarf. Derartige **über die eigentliche Übersetzung hinausgehende** Äußerungen des Dolmetschers entspringen **allein seiner Sphäre**; nur er ist als Herr über diese Informationen anzusehen. Auf Grundlage der hier gewählten Definition ist der **Dolmetscher** diesbezüglich als **Beteiligter** iSd § 18 Abs. 2 Hs. 1 und somit als von der notariellen Verschwiegenheitspflicht geschützte Person anzusehen, so dass der Notar für eine Offenbarung diese Äußerungen der **Befreiung des Dolmetschers** bedarf.[77] Handelt es sich hingegen bei der in Frage stehenden Information ausschließlich um die übersetzte Erklärung eines Urkundsbeteiligten, ist allein dieser als Beteiligter iSd § 18 Abs. 2 Hs. 1 anzusehen, so dass es einer zusätzlichen Befreiung durch den Dolmetscher nicht bedarf.

Die Frage, wer Beteiligter und damit Berechtigter zur Erteilung der Befreiung von der notariellen Verschwiegenheit ist, wird für den Notar in der Praxis angesichts der in der Kommentarliteratur vorherrschenden uneinheitlichen Begriffsdefinition **häufig zweifelhaft** bleiben, so dass sich das Ersuchen einer Entscheidung seiner Aufsichtsbehörde gem. § 18 Abs. 3 anbietet. In der notariellen Praxis erfolgt ein derartiges Ersuchen regelmäßig dann, wenn der Notar von einem Gericht als Zeuge geladen ist und ein Zeugnisverweigerungsrecht gem. § 53 Abs. 1 Nr. 3 StPO, § 383 Abs. 1 Nr. 6 ZPO im Raum steht.

3. Befreiung durch den Rechtsnachfolger. Gemäß § 18 Abs. 2 Hs. 2 tritt an die Stelle eines verstorbenen Beteiligten die für den Notar zuständige Aufsichtsbehörde. Nach Auffassung des Bundesgerichtshofs ist das eine „eindeutige, klare Regelung" dahingehend, „dass die Befreiung des Notars von der Verschwiegenheitspflicht nach dem Tode eines Beteiligten *allein der Aufsichtsbehörde* (sic!) obliegt".[78]

Nach Überzeugung des Notarsenates beim Bundesgerichtshof stellt die Berechtigung des Beteiligten gem. § 18 Abs. 2 Hs. 1 mithin **keine übertragbare Rechtsposition** dar, und zwar unabhängig davon, ob es sich bei der in Frage stehenden Information um eine „vermögensrechtliche oder persönliche Angelegenheit des Erblassers" handelt.[79] Das der Erbe nach dem Tode des Beteiligten keine Berechtigung zur Erteilung einer Befreiung gem. § 18 Abs. 2 Hs. 1 habe sei auch „sachgerecht", da mit der „ausnahmslosen Einschaltung der Aufsichtsbehörde der Fall befriedigend gelöst (wird), der die schwerwiegendsten Bedenken dagegen aufwirft, das Recht zur Befreiung von der Verschwiegenheitspflicht nach dem Tode eines Beteiligten von dessen Erben ausüben zu lassen." Der Fall „nämlich, in dem die Erben noch nicht feststehen, in dem vielmehr um die Erbfolge gekämpft wird. Es wäre unerträglich, wenn es ein Erbprätendent, dessen endgültiges Recht am Nachlass noch ungewiss ist, in der Hand hätte, einen für die Ermittlung des letzten Willens des Erblassers möglicherweise wichtigen Zeugen (im konkreten Fall den das auslegungsbedürftige Testament beurkundende Notar) auszuschalten."[80] Diese Rechtsauffassung überzeugt und ist im Übrigen auch herrschende Auffassung für die Entbindung von der Verschwie-

---

[76] So auch BGH 20.4.2009 – NotZ 23/08, DNotZ 2009, 876; 25.11.1974 – NotZ 4/74, NJW 1975, 930. AA OLG Hamm 7.5.1968 – VA 1/68, OLGZ 1968, 475.
[77] IE ebenso Arndt/Lerch/Sandkühler/*Sandkühler* BNotO § 18 Rn. 44.
[78] BGH 25.11.1974 – NotZ 4/74, NJW 1975, 930 sowie diese Rechtsauffassung ausdrücklich bestätigend BGH 20.4.2009 – NotZ 23/08, DNotZ 2009, 876.
[79] BGH 25.11.1974 – NotZ 4/74, NJW 1975, 930.
[80] BGH 25.11.1974 – NotZ 4/74, NJW 1975, 930.

genheitspflicht im Rahmen der straf- und zivilprozessualen Zeugnisverweigerungsrechte gem. § 53 Abs. 2 S. 1 StPO, § 385 Abs. 2 ZPO.[81]

41 § 18 Abs. 2 Hs. 2 lässt sich nach dem Vorstehenden allgemein entnehmen, dass die dem Beteiligten gem. § 18 Abs. 2 Hs. 1 eingeräumte Berechtigung zur Befreiung des Notars von seiner Verschwiegenheitspflicht keine übertragbare Rechtsposition darstellt.[82] Zwar beschränkt sich die „eindeutige, klare Regelung" des § 18 Abs. 2 Hs. 2 darauf, für den Fall des Versterbens des Beteiligten und somit für den Fall der Gesamtrechtsnachfolge gem. § 1922 Abs. 1 BGB eine ausschließliche Zuständigkeit der Aufsichtsbehörde anzuordnen. Gleichwohl folgt aus dieser Regelung über den Wortlaut hinaus für **jeden Gesamt- und Sonderrechtsnachfolger** eines Beteiligten, dass er nicht berechtigt ist, dem Notar gem. § 18 Abs. 2 Hs. 1 Befreiung zu erteilen.

42 **4. Befreiung durch den Vertreter.** Auch zu der Frage, ob die verfahrensrechtliche Erklärung der Befreiung gem. § 18 Abs. 2 Hs. 1 von der notariellen Verschwiegenheitspflicht durch einen Vertreter entsprechend § 164 Abs. 1 BGB im Namen des Beteiligten abgegeben werden kann, hat sich der Bundesgerichtshof bereits positioniert. Nach Auffassung des Notarsenates handelt es sich bei der dem Beteiligten gem. § 18 Abs. 2 Hs. 1 eingeräumten Berechtigung zur Befreiung um ein **„höchstpersönliches Recht"** für das **„eine Vertretung im Willen unzulässig"** ist.[83] Eine gewillkürte oder gesetzliche Vertretung (etwa durch den Vormund, Pfleger, Nachlasspfleger oder Betreuer)[84] bei der Abgabe der verfahrensrechtlichen Erklärung entsprechend § 164 Abs. 1 BGB ist demnach **nicht möglich,** sei es, wie der Bundesgerichtshof zur gewillkürten Vertretung hervorgehoben hat, „aufgrund einer Prozessvollmacht (...) oder (...) aufgrund einer Generalvollmacht."[85]

43 Mit Blick auf den Schutzzweck der notariellen Verschwiegenheitspflicht, dem Schutz des informationellen Selbstbestimmungsrechts des Beteiligten, überzeugt auch diese höchstrichterliche Rechtsauffassung. Für den Fall einer **tatsächlichen Verhinderung** des Beteiligten, für den typischerweise eine Vollmacht erteilt wird, eröffnet das Gesetz in § 18 Abs. 2 Hs. 2 die Möglichkeit der Befreiung durch die für den Notar zuständige **Aufsichtsbehörde.** Darüber hinaus entspricht es auch im Rahmen der straf- und zivilprozessualen Zeugnisverweigerungsrechte gem. § 53 Abs. 2 S. 1 StPO, § 385 Abs. 2 ZPO der herrschenden Auffassung, dass es sich bei der Entbindung von der Verschwiegenheitspflicht um ein **höchstpersönliches Recht** handelt und daher eine gewillkürte oder gesetzliche Vertretung unzulässig ist.[86]

44 Für eine **juristische Person** folgt aus dem Umstand der **Höchstpersönlichkeit** der Befreiungserklärung, dass die Erklärung zur Befreiung von der Verschwiegenheitspflicht stets durch das **vertretungsberechtigte Organ** und nicht etwa durch einen Vertreter desselben zu erfolgen hat.[87]

45 **5. Befreiung durch die Partei kraft Amtes.** Die Partei kraft Amtes (Insolvenzverwalter, Nachlassverwalter, Testamentsvollstrecker, Zwangsverwalter) ist **nicht dazu befugt,** im eigenen Namen das Recht des Beteiligten zur Befreiung des Notars von seiner Verschwiegenheitspflicht gem. § 18 Abs. 2 Hs. 1 wahrzunehmen. Die Partei kraft Amtes kann den Notar mithin **nicht an Stelle des Beteiligten** von seiner Verschwiegenheitspflicht

---

[81] Vgl. zu § 53 Abs. 2 StPO nur StPO KK-StPO/*Senge* § 53 Rn. 49, 49a; vgl. zu § 385 Abs. 2 ZPO nur BeckOK ZPO/*Scheuch* ZPO § 383 Rn. 28 ff., jeweils mwN.

[82] Anders aber die hM zu § 203 StGB, die eine Befugnis des Rechtsnachfolgers hinsichtlich Informationen betreffend vermögensrechtliche Angelegenheiten annimmt, vgl. Schönke/Schröder/*Lenckner/Eisele* StGB § 203 Rn. 25 mwN. Gegen eine Übertragung dieser Auffassung für die notarielle Verschwiegenheitspflicht dezidiert Schippel/Bracker/*Kanzleiter* BNotO § 18 Rn. 52 ff.

[83] BGH 20.4.2009 – NotZ 23/08, DNotZ 2009, 876.

[84] BeckOK BeurkG/*Bremkamp* BeurkG § 12 Rn. 110, 133.

[85] BGH 20.4.2009 – NotZ 23/08, DNotZ 2009, 876.

[86] Zu § 53 Abs. 2 S. 1 StPO vgl. BeckOK StPO/*Huber* StPO § 53 Rn. 42; KK-StPO/*Senge* § 53 Rn. 48. Zu § 385 Abs. 2 ZPO vgl. Musielak/*Huber* ZPO § 385 Rn. 7.

[87] Ebenso zu § 203 StGB BeckOK StGB/*Weidemann* StGB § 203 Rn. 34; Schönke/Schröder/*Eisele/Lenckner* StGB § 203 Rn. 23a.

befreien. Das folgt ohne Weiteres aus der zuvor wiedergegebenen Rechtsprechung des Notarsenates beim Bundesgerichtshof zur Befreiung des Notars von seiner Verschwiegenheitspflicht durch den Erben sowie den Vertreter des Beteiligten.

Der Notarsenat beim Bundesgerichtshof qualifiziert die Befugnis gem. § 18 Abs. 2 Hs. 1 **46** als eine **nicht übertragbare höchstpersönliche Rechtsposition** und zwar ausdrücklich unabhängig davon, ob es sich bei der in Frage stehenden Information um eine **vermögensrechtliche** oder **persönliche** Angelegenheit des Beteiligten handelt.[88] Auf Grundlage dieser höchstrichterlichen Rechtsprechung des Notarsenates zur notariellen Verschwiegenheitspflicht ist für die in der Literatur vertretene Auffassung, wonach die Partei kraft Amtes zur Befreiung von der Verschwiegenheitspflicht in den ihr übertragenen vermögensrechtlichen Angelegenheiten berechtigt ist, kein Raum.[89]

Für die notarielle Verschwiegenheitspflicht ist zu dieser höchstrichterlichen Rechtspre- **47** chung ergänzend hinzuzufügen, dass das notarielle Berufsrecht eine unter den Berufsgeheimnisträgern **einzigartige Befugnis der Aufsichtsbehörde** gem. § 18 Abs. 2 Hs. 2 vorsieht, an Stelle des Beteiligten im Falle seines Todes und seiner Verhinderung den Notar von seiner Verschwiegenheitspflicht zu befreien.[90] Diese Berechtigung besteht bezüglich anderer zur Verschwiegenheit verpflichteter Berufsgruppen nicht, so dass eine Übertragung des für den Erben und den Vertreter angelegten **strengen Maßstabs** des Notarsenates beim Bundesgerichtshof auf die Partei kraft Amtes im Rahmen der notariellen Verschwiegenheitspflicht gerechtfertigt und angezeigt ist. Ist der Beteiligte, dessen Vermögen durch die Partei kraft Amtes treuhänderisch verwaltet wird, weder verstorben noch verhindert iSd § 18 Abs. 2 Hs. 2 und erteilt er dem Notar keine Befreiung, so ist diese höchstpersönliche Entscheidung für die notarielle Verschwiegenheitspflicht maßgebend und von der Partei kraft Amtes hinzunehmen.

II. Befreiung durch die Aufsichtsbehörde (Hs. 2)

Gemäß § 18 Abs. 2 Hs. 2 kann dem Notar an Stelle des Beteiligten die Aufsichtsbehörde **48** Befreiung von der Verschwiegenheitspflicht erteilen, wenn der Beteiligte verstorben oder eine Äußerung von ihm nicht oder nur mit unverhältnismäßigen Schwierigkeiten zu erlangen ist. Diese bereits in § 19 Abs. 1 S. 2 Hs. 2 RNotO enthaltene Möglichkeit der **Ersetzung der Befreiungserklärung** der geschützten Person durch eine Befreiungserklärung der Aufsichtsbehörde des Notars ist **einzigartig** unter den zur Verschwiegenheit verpflichteten Berufsgruppen.

Den Rechtsanwalt (§ 43a Abs. 2 BRAO), Steuerberater (§ 9 BOStB) oder Arzt (§ 9 **49** MusterBO) kann stets nur die von der jeweiligen Verschwiegenheitspflicht geschützte Person von der Verschwiegenheitspflicht befreien; eine Befreiung durch die Aufsichtsorgane dieser Berufsgeheimnisträger sehen die jeweiligen standesrechtlichen Regelungen nicht vor. Das durch § 18 Abs. 2 Hs. 2 insoweit begründete **Alleinstellungsmerkmal** des Notars unter den **Berufsgeheimnisträgern** rechtfertigt an vielen Stellen eine **abweichende** und zum Teil deutlich **striktere** Handhabung der Verschwiegenheitspflicht des Notars gegenüber den Verschwiegenheitspflichten anderer Berufsgeheimnisträger.

1. Antrag. Jedermann kann gegenüber der Aufsichtsbehörde des Notars den Antrag **50** stellen, ihn von seiner Verschwiegenheitspflicht gem. § 18 Abs. 2 Hs. 2 zu befreien.[91] Dieser

---

[88] Vgl. BGH 20.4.2009 – NotZ 23/08, DNotZ 2009, 876; 25.11.1974 – NotZ 4/74, NJW 1975, 930. Hierzu auch → Rn. 39 ff., 42 ff.
[89] Vgl. so aber Schippel/Bracker/*Kanzleiter* BNotO § 18 Rn. 51; Diehn/*Schwipps* BNotO § 18 Rn. 27 und auch noch *Eylmann* in der 3. Auflage, Rn. 36. Vgl. ebenso zu § 203 StGB Schönke/Schröder/*Eiselе*/ *Lenckner* StGB § 203 Rn. 23a und ebenso zu § 585 Abs. 2 ZPO BeckOK ZPO/*Scheuch* ZPO § 385 Rn. 11.
[90] → Rn. 49.
[91] AA Schippel/Bracker/*Kanzleiter* BNotO § 18 Rn. 55 und Diehn/*Schwipps* BNotO § 18 Rn. 31, wonach nur ein Beteiligter antragsberechtigt sei, der geltend macht, dass die Befreiung der Geltendmachung seiner Rechte diene.

Antrag muss lediglich **hinreichend bestimmt** sein. Er hat den **Notar** sowie die Person des **Beteiligten** zu bezeichnen, dessen Befreiungserklärung ersetzt werden soll. Darüber hinaus ist in dem Antrag „mitzuteilen, welcher tatsächliche **Vorgang**, über den durch die Auskunft des Notars nähere Informationen erstrebt werden, Gegenstand der Befreiung sein soll. Aufgrund der Angaben des Antragstellers muss es möglich sein, diesen Vorgang als solchen in zeitlicher und sachlicher Hinsicht zu individualisieren. Nur dann ist die Aufsichtsbehörde in der Lage und berechtigt, vom Notar die für ihre Entscheidung notwendigen Auskünfte und Unterlagen anzufordern. Den Aufsichtsbehörden ist weder allgemein nach § 93 noch im Verfahren nach § 18 Abs. 2 Hs. 2 das Recht eingeräumt, vom Notar ‚praktisch grenzenlos' jede Art von Auskunft zu verlangen (…). Es ist insbesondere nicht Zweck des Befreiungsverfahrens zu ermitteln, ob es im Aktenbestand des Notars überhaupt irgendwelche Vorgänge gibt, die Gegenstand der Befreiung sein können. Ein darauf gerichteter Antrag darf von der Aufsichtsbehörde mangels sachlicher Prüfbarkeit abgelehnt werden."[92]

51   **2. Zulässigkeit.** Die Beschwerden gem. § 15 Abs. 2 S. 1, § 54 Abs. 2 BeurkG stellen eine abschließende Regelung des Rechtsschutzes gegen die Verweigerung notarieller Amtstätigkeit dar.[93] Ein Antrag auf Befreiung des Notars von seiner Verschwiegenheitspflicht gem. § 18 Abs. 2 Hs. 2 ist daher **nicht statthaft,** wenn der Notar hierdurch zu einer **Amtstätigkeit** angewiesen werden soll. Stellt sich die vom Antragsteller begehrte Auskunftshandlung des Notars als eine notarielle Amtstätigkeit dar, ist mithin die Aufsichtsbehörde für dieses Begehren nicht zuständig und hat den Antragsteller entsprechend § 17a Abs. 2 GVG an das Beschwerdegericht zu verweisen. Zuständig für die Beschwerde ist gem. § 15 Abs. 2 S. 2, § 54 Abs. 2 S. 2 BeurkG eine Zivilkammer des Landgerichts, in dessen Bezirk der Notar seinen Sitz hat.[94]

52   Nach der Rechtsprechung des Bundesgerichtshofes kann eine Auskunftserteilung notarielle Amtstätigkeit sein. Entscheidend für die Einordnung als Amtstätigkeit sei hierbei „nicht der Zeitpunkt der Auskunftserteilung, sondern die Antwort auf die Frage, ob der Notar grundsätzlich in diesem Zeitpunkt die **Auskunft erteilen muss.** Wird diese Frage bejaht, ist das Beschwerdeverfahren nach § 15 Abs. 2 der richtige Weg, um die Erteilung der Auskunft gerichtlich durchzusetzen."[95] Ist der Notar aufgrund eines gesetzlichen Offenbarungstatbestandes zu der beantragten Auskunft gegenüber dem Antragsteller verpflichtet, ist diese Auskunft demnach als eine notarielle Amtstätigkeit zu qualifizieren. Besteht bereits ein **gesetzlicher Anspruch** auf die Information,[96] bedarf es einer Befreiung gem. § 18 Abs. 2 von vornherein nicht.

53   Lehnt der Notar trotz einer bestehenden gesetzlichen Offenbarungspflicht die erbetene Auskunft und damit die beantragte Amtstätigkeit unter Verweis auf seine Verschwiegenheitspflicht ab, ist ein daraufhin gestellter Antrag auf Entbindung des Notars von seiner Verschwiegenheitspflicht gem. § 18 Abs. 2 Hs. 2 **unzulässig.** Dies wäre beispielsweise der Fall, wenn ein Erbe die Einsichtnahme in eine vom Erblasser errichtete Urschrift (Testament, Kaufvertrag etc) verlangt und der Notar diesem aus § 51 Abs. 3 BeurkG folgenden Anspruch unter Berufung auf seine Verschwiegenheitspflicht nicht nachkommt. Einen Antrag des Erblassers auf Befreiung des Notars gem. § 18 Abs. 2 Hs. 2 müsste die Aufsichtsbehörde wegen Unzuständigkeit ablehnen und den Erblasser entsprechend § 17a Abs. 2 GVG auf den Beschwerdeweg nach § 54 Abs. 2 BeurkG verweisen.[97] Vor einer

---

[92] BGH 10.3.2003 – NotZ 23/02, DNotZ 2003, 780. So auch LG Freiburg 28.4.2015 – 4 T 254/14, BeckRS 2015, 12319 zu den Anforderungen an einen Antrag gegenüber dem Notar gem. § 51 BeurkG.
[93] Vgl. nur *Regler* MittBayNot 2010, 261. Zum Verhältnis dieser beiden Rechtsbehelfe zueinander → Rn. 92 ff.
[94] Umgekehrt ist eine Beschwerde gem. §§ 15 Abs. 2, 54 Abs. 2 nicht statthaft, wenn die begehrte Auskunftshandlung keine notarielle Amtstätigkeit darstellt, vgl. *Regler* MittBayNot 2010, 261 (262).
[95] BGH 31.1.2013 – V ZB 168/12, DNotZ 2013, 711.
[96] Vgl. hierzu die Offenbarungstatbestände → Rn. 65 ff.
[97] Die Beschwerde gem. § 54 Abs. 2 BeurkG ist gegenüber der Beschwerde gem. § 15 Abs. 2 BNotO der speziellere Rechtsbehelf, vgl. BGH 31.1.2013 – V ZB 168/12, DNotZ 2013, 711.

solchen Verweisung wird die Aufsichtsbehörde den Notar allerdings im Regelfall auf seine Auskunftspflicht hinweisen und bereits hierdurch regelmäßig Abhilfe schaffen können.

3. Begründetheit. Im Rahmen der Prüfung der Begründetheit des Befreiungsantrages **54** hat die Aufsichtsbehörde zunächst als „tatbestandliche Voraussetzung für ihr Tätigwerden"[98] zu prüfen, ob der im Antrag bestimmte Beteiligte verstorben oder eine Äußerung von ihm überhaupt nicht bzw. nur mit unverhältnismäßigen Schwierigkeiten zu erlangen ist. Eine Äußerung ist von dem Beteiligten beispielsweise überhaupt nicht zu erlangen, wenn er die für die Befreiungserklärung erforderliche natürliche **Einsichts- und Urteilsfähigkeit**[99] nicht hat, da sein gesetzlicher Vertreter diese höchstpersönliche Erklärung nicht in seinem Namen abgeben kann.[100] Eine Äußerung ist von dem Beteiligten nur mit unverhältnismäßigen Schwierigkeiten zu erlangen, wenn sein **Aufenthaltsort nicht ermittelt** werden kann oder er verschollen im Sinne des Verschollenheitsgesetzes ist. Ist eine zwischenzeitlich liquidierte und im Handelsregister **gelöschte Gesellschaft** Beteiligte, so kann eine Befreiung **durch einen Nachtragsliquidator** erklärt werden.[101] Vor dem Hintergrund, dass die Bestellung eines Nachtragsliquidators aufgrund eines **formlosen Antrages** unter Glaubhaftmachung der Gründe für die Notwendigkeit der Bestellung **möglich ist,**[102] kann eine Äußerung von der liquidierten und gelöschten Gesellschaft auch **nicht nur mit unverhältnismäßigen** Schwierigkeiten erlangt werden.

Liegen die vorgenannten Tatbestandsvoraussetzungen für eine Befreiung anstelle des **55** Beteiligten gem. § 18 Abs. 2 Hs. 2 vor, hat die Aufsichtsbehörde nach der höchstrichterlichen Rechtsprechung sodann „nach **pflichtgemäßem Ermessen** zu entscheiden, ob der verstorbene (bzw. nicht erreichbare) Beteiligte, wenn er noch lebte (bzw. wenn er erreichbar wäre), bei verständiger Würdigung der Sachlage die Befreiung **erteilen würde** oder ob unabhängig hiervon durch den Todesfall (bzw. durch die Unerreichbarkeit) das **Interesse** an einer weiteren Geheimhaltung **entfallen** ist."[103] Der Bundesgerichtshof hat hierzu klargestellt, dass es sich hierbei um **zwei Alternativen** handelt und die Aufsichtsbehörde eine Befreiung erteilen kann, wenn **entweder** (1) der Beteiligte bei verständiger Würdigung der Sachlage Befreiung erteilen würde **oder** (2) durch den Todesfall bzw. Unerreichbarkeit das Interesse des Beteiligten an einer weiteren Geheimhaltung entfallen ist.[104] Im Rahmen der Prüfung der **ersten Alternative** – aber **nur hier** (!)[105] – hat der **mutmaßliche Wille** des Beteiligten im Rahmen von § 18 **seinen Platz**. Damit die Aufsichtsbehörde ihr Ermessen pflichtgemäß ausüben kann, wird Sie in der Regel den **Notar anhören** und um Mitteilung der ihm vorliegenden Informationen betreffend den Beteiligten bitten. Der Notar ist gegenüber seiner Aufsichtsbehörde iSd § 92 nicht zur Verschwiegenheit verpflichtet.[106] Ferner wird die Aufsichtsbehörde in vielen Fällen auch die **Notarkammer** gem. § 67 Abs. 6 um **Stellungahme** bitten.

Die überwiegende Zahl an Befreiungsanträgen von Notaren betrifft solche Fälle, in **56** denen **der Notar** von einem **Nachlassgericht als Zeuge** zu der Frage der **Testierfähigkeit** eines Erblassers oder zu der Frage der **Auslegung** einer bestimmten testamentarischen oder erbvertraglichen Regelung vernommen werden soll.[107] Hat der als Zeuge geladene Notar das in Frage stehende Testament oder den in Frage stehenden Erbvertrag beurkundet, entspricht es in diesen Fällen **regelmäßig dem mutmaßlichen Willen** des Erblassers, den

---

[98] BGH 10.3.2003 – NotZ 23/02, DNotZ 2003, 780.
[99] → Rn. 27.
[100] → Rn. 42 ff.
[101] Vgl. *Hüffer* AktG § 273 Rn. 14, 35; Hölters/*Hirschmann*, 2. Aufl. 2014, AktG § 273 Rn. 12.
[102] Vgl. *Hüffer/Koch* AktG § 273 Rn. 15.
[103] BGH 10.3.2003 – NotZ 23/02, DNotZ 2003, 780.
[104] BGH 18.11.2019 – NotZ (Brfg) 1/19, BeckRS 2019, 30183 Rn. 2.
[105] Auf den mutmaßlichen Willen des Beteiligten kommt es insbesondere im Rahmen des § 18 Abs. 2 Hs. 1 nicht an, → Rn. 30.
[106] → Rn. 82 f.
[107] ZB OLG München 4.3.2009 – 31 Wx 73/08, NJW-RR 2009, 878.

Notar von seiner Verschwiegenheitspflicht zu befreien. Bei verständiger Würdigung der Sachlage würde der Erblasser dem Notar Befreiung erteilen, da er im Regelfall **gerade zum Zwecke der Feststellung seiner Testierfähigkeit** durch den Notar (§§ 11 Abs. 1, 28 BeurkG) sowie zum Zwecke der zweifelsfreien Niederlegung seines wirklichen Willens (§ 17 Abs. 1 BeurkG) einen Notar mit der Aufnahme der Verfügung von Todes wegen beauftragt.[108] Soll der Notar als Zeuge zur Auslegung einer in einem **Erbvertrag** enthaltenen vertragsmäßigen Verfügung in einem gerichtlichen Verfahren aussagen, ist insoweit die Befreiung **beider Vertragsparteien** erforderlich.

56a Wird der Notar demgegenüber **nicht als Zeuge vor Gericht** zur Frage der Testierfähigkeit des Erblassers, der Auslegung einer bestimmten Verfügung oder zu den Hintergründen der Beurkundung befragt, wird es im Regelfall **nicht dem mutmaßlichen Willen des Erblassers** entsprechen, den Notar von seiner Verschwiegenheitspflicht zu befreien. Auch kann **nicht** grundsätzlich davon ausgegangen werden, dass durch den Tod des Erblassers sein **Geheimhaltungsinteresse** an diesen Begleitumständen **entfallen** ist. In diesen Fällen geht es nämlich regelmäßig **gerade nicht darum,** die Testierfähigkeit des Erblassers oder die Auslegung der Verfügung von Todes wegen im Sinne des Willens des Erblassers **neutral (gerichtlich) festzustellen.** Mit derartigen Anfragen – etwa von übergangenen gesetzlichen Erben oder anderen interessierten dritten Personen – werden vielmehr regelmäßig **einseitige Interessen** verfolgt, die dem **Interesse des Erblassers** an einer wirksamen und eindeutigen Verfügung von Todes wegen regelmäßig **entgegenstehen.** Die Aufsichtsbehörde hat daher in derartigen Fällen in der Regel davon auszugehen, dass das Geheimhaltungsinteresse an derartigen Begleitumständen durch seinen Tod **nicht entfallen** ist und der Erblasser auch eine Befreiung von der Verschwiegenheitspflicht mutmaßlich **nicht erteilt hätte.** Es entspricht folglich dem pflichtgemäßen Ermessen der Aufsichtsbehörde, in derartigen Konstellationen einen **Befreiungsantrag abzulehnen.**

57 **4. Rechtsmittel.** Die durch den Präsidenten des Landgerichts als Aufsichtsbehörde erteilte Befreiung des Notars von seiner Verschwiegenheitspflicht ist ein **Verwaltungsakt** gem. § 35 VwVfG.[109] Eine Befreiung hat für den daher Notar so lange rechtfertigende Wirkung, bis dass sie entweder gem. § 64a Abs. 1 iVm § 49 Abs. 1 VwVfG widerrufen oder aber erfolgreich angefochten wurde (→ Rn. 58 ff.); eine Rücknahme des Verwaltungsaktes durch den Beteiligten ist selbstredend nicht möglich.[110] Lehnt die Aufsichtsbehörde den Antrag auf Erteilung einer Befreiung hingegen ab, steht dem Antragsteller hiergegen das Rechtsmittel der Verpflichtungsklage zur Verfügung (→ Rn. 61 ff.).

58 **a) Anfechtungsklage.** Befreit die Aufsichtsbehörde den Notar von seiner Verschwiegenheitspflicht, kann dieser Verwaltungsakt Gegenstand einer Anfechtungsklage § 111b Abs. 1 S. 1 iVm § 42 Abs. 1 VwGO sein. Ist der Notar von einem Zivil- oder Strafgericht als **Zeuge** geladen, führt die Befreiung dazu, dass das Zeugnisverweigerungsrecht des Notars entfällt und er gem. § 53 Abs. 2 S. 1 StPO, § 385 Abs. 2 ZPO zu einer Aussage vor Gericht verpflichtet ist. Insbesondere in derartigen Fällen kann etwa ein durch notarielles Testament eingesetzter **Erbe** ein Interesse daran haben, dass der Notar nicht zu der vom Gericht aufgeworfenen Frage über das Zustandekommen dieser letztwilligen Verfügung aussagt. Ein **Generalbevollmächtigter,** der mit dem zwischenzeitlich verstorbenen Vollmachtgeber einen notariellen Grundstückskaufvertrag geschlossen hat, kann ein Interesse daran haben, dass der Notar nicht zu der vom Gericht aufgeworfenen Frage über die Umstände des Zustandekommens dieses Kaufvertrages aussagt. Schließlich kann auch der **Notar** ein Interesse daran haben, nicht vor Gericht als Zeuge erscheinen zu müssen.[111]

---

[108] Vgl. Diehn/*Schwipps* BNotO § 18 Rn. 33.
[109] BGH 20.4.2009 – NotZ 23/08, DNotZ 2009, 876; 10.3.2003 – NotZ 23/02, DNotZ 2003, 780; 14.7.1986 – NotZ 4/86, DNotZ 1987, 162; 25.11.1974 – NotZ 4/74, NJW 1975, 930; Schippel/Bracker/*Kanzleiter* BNotO § 18 Rn. 55.
[110] So aber offenbar Schippel/Bracker/*Kanzleiter* BNotO § 18 Rn. 56; anders aber wiederum in Rn. 55 aE.
[111] Zu dem Entfallen dieser Pflicht bei bestehender Verschwiegenheitspflicht → Rn. 5.

Der Bundesgerichtshof musste sich als Berufungsinstanz bereits mit den Anfechtungsklagen des Erben, Bevollmächtigten und Notars in sämtlichen vorbezeichneten Sachverhalten auseinandersetzen. Der Notarsenat hat in allen drei Fällen die **Klagebefugnis** gem. § 111b Abs. 1 S. 1 iVm § 42 Abs. 2 VwGO verneint und die jeweilige Anfechtungsklage für unzulässig erklärt. Der **Erbe** des Beteiligten könne durch den Verwaltungsakt nicht in seinen Rechten verletzt sein, da die dem Beteiligten gem. § 18 Abs. 2 Hs. 1 eingeräumte Berechtigung keine übertragbare Rechtsposition darstelle und der Erbe insoweit keine eigenen Rechte habe.[112] Der **Vertreter** des Beteiligten könne durch den Verwaltungsakt nicht in seinen Rechten als Vertreter verletzt sein, da es sich bei der dem Recht des Beteiligten gem. § 18 Abs. 2 Hs. 1 um ein höchstpersönliches und insoweit keiner Vertretung zugängliches Recht handele.[113] Der **Notar** schließlich könne durch den Verwaltungsakt nicht in seinen Rechten verletzt sein, da die Verschwiegenheitspflicht allein dem Schutz des Beteiligten diene und es ihm als unparteiischen Betreuer der Beteiligten gem. § 14 Abs. 1 S. 2 von vornherein verwehrt sei, auf den Ausgang eines schwebenden Rechtsstreits Einfluss zu nehmen.[114]

Festzuhalten ist demnach, dass auf Grundlage der höchstrichterlichen Rechtsprechung der Sonder- und Gesamtrechtsnachfolger, der gesetzliche und gewillkürte Vertreter sowie der Notar mangels Klagebefugnis gem. § 42 Abs. 2 VwGO die Aufhebung des Verwaltungsaktes der Befreiung gem. § 18 Abs. 2 Hs. 2 nicht begehren können. Ergänzend ist hinzuzufügen, dass auf Grundlage der vorbezeichneten Rechtsprechung auch die Anfechtungsklage einer **Partei kraft Amtes** wegen mangelnder Klagebefugnis gem. § 42 Abs. 2 VwGO unzulässig ist, da das unübertragbare höchstpersönliche Recht der Befreiung gem. § 18 Abs. 2 Hs. 1 nicht in ihre Verwaltungsbefugnis übergehen kann und daher auch insoweit eine Verletzung eigener Rechte ausscheidet.

b) Verpflichtungsklage. Lehnt es die Aufsichtsbehörde gegenüber dem Antragsteller ab, den begehrten Verwaltungsakt der Befreiung des Notars von seiner Verschwiegenheitspflicht zu erlassen, kann der Antragsteller eine Verpflichtungsklage gem. § 111b Abs. 1 S. 1 iVm § 42 Abs. 1 VwGO erheben. Hierzu hat der Notarsenat am Bundesgerichtshof in ausdrücklicher **Abgrenzung** zu seiner zur Anfechtungsklage ergangenen Rechtsprechung festgestellt, dass der **Erbe** eines Beteiligten klagebefugt und eine durch ihn erhobene Verpflichtungsklage zulässig sei. Die Ablehnung einer durch den Erben beantragten Befreiung könne geeignet sein, die Durchsetzung erbrechtlicher Ansprüche zu beeinträchtigen. Der Erbe eines Beteiligten ist daher bei abschlägiger Bescheidung seines Antrages gem. § 42 Abs. 2 VwGO möglicherweise in seinen Rechten verletzt.[115]

Diese Argumentation des Notarsenates lässt sich nicht nur auf jede Sonderrechts- und Gesamtrechtsnachfolge, sondern ohne Weiteres auch auf die **Partei kraft Amtes** übertragen. Auch die Ablehnung einer durch die Partei kraft Amtes beantragten Befreiung des Notars von seiner Verschwiegenheitspflicht kann geeignet sein, die Durchsetzung von der Verwaltung der Partei kraft Amtes unterliegender Ansprüche zu beeinträchtigen. Die Partei kraft Amtes kann daher durch eine abschlägige Bescheidung der Aufsichtsbehörde möglicherweise in ihren Rechten gem. § 42 Abs. 2 VwGO verletzt sein, so dass auch eine durch sie erhobene Verpflichtungsklage zulässig ist.

Unter Berücksichtigung dieser eine Anfechtungs- von einer Verpflichtungssituation grundsätzlich voneinander abgrenzenden höchstrichterlichen Rechtsprechung ist auch der gesetzliche oder gewillkürte **Vertreter** eines Beteiligten als für die Erhebung einer Verpflichtungsklage klagebefugt gem. § 42 Abs. 2 VwGO anzusehen. Die Ablehnung der durch den Vertreter im Namen des Beteiligten bei der Aufsichtsbehörde beantragten Befreiung kann geeignet sein, die Durchsetzung von Ansprüchen oder Rechten des ver-

---

[112] BGH 25.11.1974 – NotZ 4/74, NJW 1975, 930.
[113] BGH 20.4.2009 – NotZ 23/08, DNotZ 2009, 876.
[114] BGH 14.7.1986 – NotZ 4/86, DNotZ 1987, 162.
[115] BGH 10.3.2003 – NotZ 23/02, DNotZ 2003, 780.

tretenen Beteiligten zu beeinträchtigen. Anders als in einer Anfechtungssituation geht es in einer Verpflichtungssituation gerade nicht um die Beseitigung einer bereits bestehenden höchstpersönlichen und insoweit keiner Vertretung zugänglichen Rechtsposition des Beteiligten.

64 Der **Notar** hingegen kann durch die Ablehnung seiner Befreiung nicht in seinen Rechten verletzt sein, da die notarielle Verschwiegenheitspflicht allein dem Schutz des Beteiligten dient, so dass eine durch ihn erhobene Verpflichtungsklage gem. § 42 Abs. 2 VwGO unzulässig ist. Darüber hinaus ist es ihm als unparteiischem Betreuer der Beteiligten nach § 14 Abs. 1 S. 2 verwehrt, auf den Ausgang eines schwebenden Rechtsstreits der Beteiligten durch Erhebung einer Verpflichtungsklage Einfluss zu nehmen.[116]

D. Gesetzliche Offenbarungstatbestände

65 Die notarielle Verschwiegenheitspflicht besteht ausnahmslos, soweit nicht ein Gesetz dem Notar die Offenbarung einer Information gestattet. Ein derartiger Offenbarungstatbestand bedarf stets einer **gesetzlichen Grundlage.** Verwaltungserlasse, Richtlinien oder auch die Dienstordnungen können eine Ausnahme von der gesetzlich statuierten notariellen Verschwiegenheitspflicht nicht begründen.[117] In der Regel begründen die Offenbarungstatbestände nicht nur das **Recht,** sondern zugleich auch die **Pflicht** des Notars zur Offenbarung. Vor dem Hintergrund der überragenden Bedeutung der Verschwiegenheitspflicht unter den berufsrechtlichen Pflichten des Notars ist eine **restriktive Auslegung** der sie durchbrechenden Offenbarungstatbestände geboten.[118]

I. Offenbarung gegenüber Beteiligten

66 Sind an einem Amtsgeschäft **mehrere Personen** beteiligt, werden die **von einem Beteiligten** dem Notar **und den anderen Beteiligten** etwa in einer gemeinsamen Besprechung oder Verhandlung mitgeteilten Informationen zur **Angelegenheit eines jeden Beteiligten.** Eine Verschwiegenheitspflicht des Notars gegenüber den anderen Beteiligten besteht betreffend solcher Informationen nicht. Ein insoweit etwaig bestehendes „Interesse der anderen Urkundsbeteiligten an der Geheimhaltung ihrer persönlichen oder wirtschaftlichen Verhältnisse ist **nicht schutzwürdig.**"[119] Dem entsprechend statuiert § 51 Abs. 1, Abs. 3 BeurkG einen Anspruch auf Erteilung einer Ausfertigung und Abschrift sowie auf Einsicht in die diese Informationen enthaltenden Urschrift für jeden, der in der Verhandlung zur Niederschrift eine Erklärung abgegeben hat. Die Vorschrift des § 51 Abs. 1, Abs. 3 BeurkG ist vor diesem Hintergrund als **gesetzlicher Offenbarungstatbestand** zur notariellen Verschwiegenheitspflicht gem. § 18 Abs. 1 S. 1 zu begreifen.

67 Sind an einem Amtsgeschäft **mehrere Personen** beteiligt und hat **ein Beteiligter nur dem Notar** und nicht zugleich auch den anderen Beteiligten, etwa außerhalb einer gemeinsamen Besprechung oder Verhandlung, **eine Information anvertraut,** wird diese Information **nicht zur Angelegenheit eines jeden Beteiligten.** Der Notar ist betreffend dieser Information gegenüber den **anderen Beteiligten** daher gem. § 18 Abs. 1 S. 1 **zur Verschwiegenheit** verpflichtet, soweit sie nicht Inhalt der Urschrift geworden ist.[120] Sollte die insoweit bestehende Verschwiegenheitsverpflichtung gegenüber den anderen Beteiligten den Notar daran hindern, seiner Pflicht zur unabhängigen und unparteiischen Betreu-

---

[116] BGH 14.7.1986 – NotZ 4/86, DNotZ 1987, 162.
[117] Schippel/Bracker/*Kanzleiter* BNotO § 18 Rn. 9; Diehn/*Schwipps* BNotO § 18 Rn. 36; *Küpperkoch* RNotZ 2002, 297 (298).
[118] *Küpperkoch* RNotZ 2002, 297 (298).
[119] BGH 31.1.2013 – V ZB 168/12, DNotZ 2013, 711.
[120] BGH 31.1.2013 – V ZB 168/12, DNotZ 2013, 711; Schippel/Bracker/*Kanzleiter* BNotO § 18 Rn. 7.

ung gem. § 14 Abs. 1 S. 2 nachzukommen, hat er seine Amtstätigkeit[121] gem. § 15 Abs. 1 S. 1 zu **verweigern**.[122]

So verhält es sich beispielsweise, wenn dem Notar außerhalb einer gemeinsamen Besprechung oder Verhandlung von dem Verkäufer der vertragsgegenständlichen Immobilie mitgeteilt wird, dass diese **baurechtlich nicht genehmigt** ist. Dem Notar ist es aufgrund seiner Verschwiegenheitspflicht nicht gestattet, den Käufer hierüber in Kenntnis zu setzen. Eine Offenbarung entsprechend § 34 StGB zur Verhinderung eines Schadens des Käufers kommt nicht in Betracht.[123] Der Notar kann die Parteien mit diesem Wissen **jedoch nicht mehr unparteiisch betreuen** und hat daher gem. § 14 Abs. 2 seine **weitere Amtstätigkeit** in dieser Angelegenheit **zu verweigern,** wenn der Verkäufer dem Käufer diesen Umstand nicht offenlegt oder den Notar von seiner insoweit bestehenden Verschwiegenheitspflicht befreit. **68**

II. Offenbarung gegenüber gewillkürten und gesetzlichen Vertretern

Verlangt ein gewillkürter (Bevollmächtigter) oder gesetzlicher (Vormund, Pfleger, Nachlasspfleger, Betreuer)[124] Vertreter eines Beteiligten eine Ausfertigung oder Abschrift einer Urkunde (→ Rn. 69 f.) oder Informationen über das Beurkundungsverfahren, die nicht in der Urkunde selbst enthalten sind (→ Rn. 71 ff.), stellt sich die Frage, ob diesem Verlangen des gewillkürten oder gesetzlichen Vertreters die notarielle Verschwiegenheitspflicht entgegensteht. **68a**

1. Offenbarung von Informationen in der Urkunde. Der **gewillkürte** und **gesetzliche** Vertreter kann grundsätzlich **im Namen des Beteiligten** dessen Anspruch gem. § 51 Abs. 1, Abs. 3 BeurkG auf Erteilung einer Ausfertigung oder Abschrift sowie auf Einsichtnahme in die Urschrift geltend machen, wenn seine Vertretungsmacht im Einzelfall soweit reicht.[125] Das ist bei einem **gesetzlichen Vertreter** sowie einem **General- oder Prozessbevollmächtigten** stets der Fall. Der Notar kann daher auf Grundlage des spezialgesetzlichen Offenbarungstatbestandes des § 51 Abs. 1, Abs. 3 BeurkG dem gesetzlichen Vertreter sowie dem General- oder Prozessbevollmächtigten eines Beteiligten **Ausfertigungen und Abschriften der Urschrift** stets übersenden und **Einsichtnahmen in die Urschrift** grundsätzlich gewähren. **69**

Das aus § 51 Abs. 1, Abs. 3 BeurkG folgende Recht auf Erteilung einer Ausfertigung und Abschrift sowie auf Einsicht in die Urkunde kann durch den **gesetzlichen** oder **gewillkürten** Vertreter nach vorherrschender Auffassung in der Literatur[126] sowie der obergerichtlichen Rechtsprechung[127] hingegen **nicht** geltend gemacht werden, wenn die Urkunde ein **höchstpersönliches Rechtsgeschäft** (insbesondere Verfügung von Todes wegen, §§ 2064, 2274 BGB) enthält. So kann beispielsweise ein Betreuer die Rechte aus § 51 Abs. 1, Abs. 3 BeurkG nicht für den Betreuten geltend machen, wenn es sich bei der betroffenen Urkunde um ein Testament handelt. Das **Gebot der Höchstpersönlichkeit** gem. § 2064 BGB für die Errichtung des Testamentes setze sich zu Lebzeiten des Betreuten in dem Recht aus § 51 Abs. 1, Abs. 3 BeurkG fort, so dass zu Lebzeiten nur der Betreute selbst dieses Recht gegenüber dem Notar ausüben könne. Dem entsprechend kann in diesen Fällen auch eine **konkludente Befreiungserklärung nicht** angenommen werden, **70**

---

[121] Vgl. hierzu nur → § 15 Rn. 27 ff.
[122] Ebenso Schippel/Bracker/*Kanzleiter* BNotO § 18 Rn. 7.
[123] → Rn. 136 f.
[124] BeckOK BeurkG/*Bremkamp* BeurkG § 12 Rn. 110, 133.
[125] *Winkler* BeurkG § 51 Rn. 9; Armbrüster/Preuß/Renner/*Preuß* BeurkG § 51 Rn. 9; Grziwotz/Heinemann/*Heinemann* BeurkG § 51 Rn. 18; Arndt/Lerch/Sandkühler/*Sandkühler* BNotO § 18 Rn. 51; Diehn/*Schwipps* BNotO § 18 Rn. 27, jeweils mwN.
[126] *Winkler* BeurkG § 51 Rn. 10 aE; Grziwotz/Heinemann/*Heinemann* BeurkG § 51 Rn. 19; Arndt/Lerch/Sandkühler/*Sandkühler* BNotO § 18 Rn. 51; Diehn/*Schwipps* BNotO § 18 Rn. 27; DNotI-Report 2004, 112 (113).
[127] LG Passau 8.11.2005 – 2 T 207/05, MittBayNot 2006, 167.

so dass der Notar hier vollumfänglich gem. § 18 Abs. 1 S. 1 zur Verschwiegenheit verpflichtet ist. Kann der Betreute sein Recht aus § 51 Abs. 1, Abs. 3 BeurkG nicht mehr ausüben oder eine Befreiung gem. § 18 Abs. 2 Hs. 1 nicht mehr erteilen, bleibt für den Betreuer nur ein Antrag gegenüber der Aufsichtsbehörde gem. § 18 Abs. 2 Hs. 2.[128]

71 **2. Offenbarung von Informationen außerhalb der Urkunde.** Für den **gewillkürten** Vertreter – nicht hingegen für den **gesetzlichen** Vertreter (→ Rn. 73a) – kann **darüber hinaus** in der Regel **angenommen** werden, dass das **Rechtsgeschäft der Bevollmächtigung** gem. § 167 Abs. 1 BGB zugleich auch eine **konkludente** Befreiungserklärung gem. § 18 Abs. 2 Hs. 1 enthält. Der Notar darf daher regelmäßig dem gewillkürten Vertreter gegenüber auch solche den Beteiligten betreffende Informationen offenbaren, die **nicht in der Urschrift** selbst enthalten sind und **darüber hinausgehen**. Eine derart umfassende konkludente Befreiungserklärung des Beteiligten ist hierbei stets bei der Erteilung einer General- oder Prozessvollmacht anzunehmen, so dass der Notar dem **General- oder Prozessbevollmächtigten** gegenüber grundsätzlich sämtliche den Beteiligten betreffenden Informationen offenbaren darf. Enthält die Urkunde hingegen ein **höchstpersönliches Rechtsgeschäft** und ist daher bereits eine Offenbarung von Informationen **in der Urkunde** gem. § 51 Abs. 1, Abs. 3 BeurkG gegenüber einem gewillkürten Vertreter ausgeschlossen (→ Rn. 70), kann auch für die Annahme einer konkludenten Befreiungserklärung **kein Raum** sein.

72 Die in der Bevollmächtigung regelmäßig enthaltene **Befreiungserklärung** – für Rechtsgeschäfte, die nicht höchstpersönlicher Natur sind – betrifft allerdings grundsätzlich nur **den die Vollmacht erteilenden Beteiligten.** Die Offenbarung einer Information gegenüber dem gewillkürten Vertreter kommt daher auf Grundlage einer konkludenten Befreiungserklärung grundsätzlich nur insoweit in Betracht, als dass im Hinblick auf diese Information nicht auch eine **andere Person** als Beteiligte anzusehen ist.[129] Betrifft die konkrete Information auch einen so muss mithin auch dieser den Notar von seiner Verschwiegenheitspflicht gem. § 18 Abs. 2 befreien. Erteilt der weitere Beteiligte oder an seiner statt die Aufsichtsbehörde diese Befreiung nicht, so hat der Notar insoweit zu schweigen.

73 Hat bei einer **vertraglichen Einigung** die eine Partei Kenntnis davon, dass sich die andere Partei durch eine dritte Person beim Vertragsschluss oder im Rahmen der Abwicklung des Vertrages vertreten lässt, so enthält die Abgabe rechtsgeschäftlicher Erklärungen der Partei in Kenntnis dieser Sachlage in der Regel zugleich eine **konkludente Befreiung** gem. § 18 Abs. 2 Hs. 1 betreffend den Vertreter. Weiß beispielsweise der Verkäufer, dass der Käufer einer dritten Person eine Vollmacht in dieser Angelegenheit erteilt hat, so enthält seine in Kenntnis dieser Sachlage in der Verhandlung abgegebene rechtsgeschäftliche Erklärung im Regelfall eine konkludente Befreiung des Notars von seiner gegenüber dem Bevollmächtigten bestehenden Verschwiegenheitspflicht gem. § 18 Abs. 2 Hs. 1.

73a Dem **gesetzlichen Vertreter** (Vormund, Pfleger, Nachlasspfleger, Betreuer) gegenüber darf der Notar Informationen, die **nicht in der Urschrift** selbst enthalten sind und **darüber hinausgehen**, grundsätzlich nur erteilen, wenn eine **ausdrückliche Befreiungserklärung** des Beteiligten oder der Aufsichtsbehörde iSd § 18 Abs. 2 vorliegt. Für die Annahme einer **konkludenten Befreiungserklärung** ist bei der gesetzlichen Vertretung **kein Raum,** da es an einem rechtsgeschäftlichen Bestellungsakt – in dem regelmäßig eine konkludente Befreiungserklärung liegt – fehlt.

III. Offenbarung gegenüber Rechtsnachfolgern

74 § 51 Abs. 1, Abs. 3 BeurkG lässt das Recht des Beteiligten auf Erteilung einer Ausfertigung oder Abschrift einer Urschrift sowie auf Einsichtnahme in die Urschrift auf seinen

---

[128] So ausdrücklich LG Passau 8.11.2005 – 2 T 207/05, MittBayNot 2006, 167.
[129] → Rn. 28.

Sonder- oder Gesamtrechtsnachfolger übergehen.[130] Dem Rechtsnachfolger eines Beteiligten steht mithin das Recht zu, über eine **Einsichtnahme in die Urschrift** der notariellen Verschwiegenheitspflicht unterfallende Informationen zur Kenntnis zu nehmen.[131] Der Notar kann sich dem Anspruch des Rechtsnachfolgers auf Erteilung einer Ausfertigung oder Abschrift und auf Einsichtnahme in die Urschrift nicht unter Berufung auf seine Verschwiegenheitspflicht entziehen. Vielmehr muss der Notar „einem solchen Verlangen (…) nachkommen, ohne dass andere Beteiligte ihn von der Verschwiegenheitspflicht entbinden."[132] § 51 Abs. 1, Abs. 3 BeurkG ist daher im Hinblick auf den Rechtsnachfolger eines Beteiligten als **gesetzlicher Offenbarungstatbestand** zur notariellen Verschwiegenheitspflicht gem. § 18 Abs. 1 S. 1 zu begreifen. Rechtsnachfolger in diesem Sinne ist auch ein **Miterbe;** jeder Miterbe kann den Anspruch aus § 51 Abs. 1, Abs. 3 BeurkG ohne Mitwirkung der anderen Miterben selbständig geltend machen.[133]

Angesichts des Schutzzwecks der notariellen Verschwiegenheitspflicht sind spezialgesetzliche Offenbarungstatbestände eng auszulegen. Diesem Grundsatz entsprechend hat der Bundesgerichtshof einen über den Wortlaut des § 51 Abs. 1, Abs. 3 BeurkG **hinausgehenden Auskunftsanspruch** eines Rechtsnachfolgers abgelehnt.[134] Die notarielle Verschwiegenheitspflicht gem. § 18 Abs. 1 S. 1 stehe einem Anspruch auf Informationen, die **nicht in der Urschrift selbst enthalten** sind, **entgegen.**[135] Vor diesem Hintergrund kann der Notar dem Rechtsnachfolger eines Beteiligten gem. § 51 Abs. 1, Abs. 3 BeurkG lediglich den **Inhalt der Urschrift offenbaren,** ohne gegen seine Verschwiegenheitspflicht zu verstoßen. Offenbart er dem Rechtsnachfolger **darüber hinausgehende Informationen,** die nicht in der Urschrift selbst enthalten sind, verstößt er gegen seine Verschwiegenheitspflicht gem. § 18 Abs. 1 S. 1.

Auf Grundlage der vorstehenden Ausführungen ist die Literatur vertretene Auffassung, wonach der Notar dem Rechtsnachfolger sämtliche **vermögensrechtliche** Informationen offenbaren darf,[136] abzulehnen. Nicht nur fehlt es hierfür an einer Rechtsgrundlage, vielmehr hat der Notarsenat bereits an anderer Stelle zu verstehen gegeben, dass für eine Abgrenzung zwischen vermögensrechtlichen und persönlichen Informationen im Rahmen von § 18 kein Raum ist.[137] Darüber hinaus ist eine derartige Abgrenzung für die notarielle Praxis auch nicht praktikabel, da die Grenzen zwischen persönlichen- und vermögensrechtlichen Informationen in der Regel fließend und daher für den Notar schwer bis gar nicht voneinander abzugrenzen sein dürften.

IV. Offenbarung gegenüber der Partei kraft Amtes

Die Partei kraft Amtes (Insolvenzverwalter, Nachlassverwalter, Testamentsvollstrecker, Zwangsverwalter) wird nach allgemeiner Auffassung wie der **Rechtsnachfolger** iSd § 51 Abs. 1, Abs. 3 BeurkG behandelt.[138] Der Partei kraft Amtes steht demnach ein eigenes Recht auf **Erteilung einer Ausfertigung und Abschrift** sowie auf **Einsichtnahme**

---

[130] Grziwotz/Heinemann/*Heinemann* BeurkG § 51 Rn. 21; Armbrüster/Preuß/Renner/*Preuß* BeurkG § 51 Rn. 14; *Winkler* BeurkG § 51 Rn. 13.
[131] Hierbei steht jedem Mitglied einer Gesamthandsgemeinschaft (Erbengemeinschaft, Gütergemeinschaft) der Anspruch aus § 51 Abs. 1, Abs. 3 BeurkG selbst zu, vgl. Grziwotz/Heinemann/*Heinemann* BeurkG § 51 Rn. 22; Armbrüster/Preuß/Renner/*Preuß* BeurkG § 51 Rn. 15; *Winkler* BeurkG § 51 Rn. 14.
[132] BGH 31.1.2013 – V ZB 168/12, DNotZ 2013, 711.
[133] Vgl. BeckOK BeurkG/*Kleba* BeurkG § 51 Rn. 12.
[134] BGH 31.1.2013 – V ZB 168/12, DNotZ 2013, 711. Im konkreten Fall ging es um ein Auskunftsbegehren eines Testamentsvollstreckers, der wie ein Rechtsnachfolger iSd § 51 Abs. 1, Abs. 3 BeurkG zu behandeln ist, → Rn. 77.
[135] BGH 31.1.2013 – V ZB 168/12, DNotZ 2013, 711.
[136] Schippel/Bracker/*Kanzleiter* BNotO § 18 Rn. 7 und Arndt/Lerch/Sandkühler/*Sandkühler* BNotO § 18 Rn. 45, beide offenbar anknüpfend an die im Rahmen des § 203 Abs. 1 StGB vertretene Auffassung, vgl. BeckOK StGB/*Weidemann* StGB § 203 Rn. 8.
[137] Vgl. BGH 25.11.1974 – NotZ 4/74, NJW 1975, 930.
[138] *Winkler* BeurkG § 51 Rn. 13, 10; Grziwotz/Heinemann/*Heinemann* § 51 Rn. 24, 19; Armbrüster/Preuß/Renner/*Preuß* BeurkG § 51 Rn. 19, 10; Arndt/Lerch/Sandkühler/*Sandkühler* BNotO § 18 Rn. 50.

solcher Urschriften zu, deren Gegenstand zu der von ihr verwalteten Vermögensmasse gehört. Der Notar kann sich diesem Anspruch nicht unter Berufung auf seine Verschwiegenheitspflicht entziehen und hat der Partei kraft Amtes auf Grundlage dieses spezialgesetzlichen Offenbarungstatbestandes die in der Urschrift enthaltenen Informationen zu offenbaren.

77a Im Hinblick auf den **Insolvenzverwalter** ist jedoch stets **im Einzelfall zu prüfen,** ob er die Rechte aus § 51 Abs. 1, Abs. 3 BeurkG auch tatsächlich geltend machen kann. Mit der **Eröffnung des Insolvenzverfahrens** und dem damit gem. § 80 Abs. 1 InsO einhergehenden Übergang der Verwaltungs- und Verfügungsbefugnis geht auch das Recht aus § 51 Abs. 1, Abs. 3 BeurkG, Ausfertigungen und Abschriften zu verlangen und Einsicht in die Urschrift zu nehmen, auf den Insolvenzverwalter über. Gleiches gilt im Hinblick auf den **vorläufigen (starken) Insolvenzverwalter,** wenn das Insolvenzgericht gem. § 21 Abs. 1 S. 1 InsO ein allgemeines Verfügungsverbot gegen den Schuldner verhängt hat. Hat das Insolvenzgericht hingegen nur einen **vorläufigen (schwachen) Insolvenzverwalter** bestellt, ohne zugleich ein allgemeines Verfügungsverbot gem. § 21 Abs. 1 S. 1 InsO gegen den Schuldner zu verhängen, stehen diesem die Rechte aus § 51 Abs. 1, Abs. 3 BeurkG **nicht zu;** eine Ausnahme hiervon gilt wiederum in dem Falle, dass das Insolvenzgericht ihn ermächtigt, über einen **einzelnen Vermögensgegenstand** zu verfügen und dieser Vermögensgegenstand wiederum Gegenstand der notariellen Urkunde ist.[139]

78 Einen über den Wortlaut des § 51 Abs. 1, Abs. 3 BeurkG **hinausgehenden Auskunftsanspruch** einer Partei kraft Amtes hat der Bundesgerichtshof ausdrücklich abgelehnt.[140] Der Partei kraft Amtes steht daher ebenso wenig wie dem Rechtsnachfolger ein Anspruch auf solche Informationen zu, die nicht in der Urschrift selbst enthalten sind. Diese Informationen unterliegen mangels bestehendem gesetzlichem Ausnahmetatbestand vollumfänglich der notariellen Verschwiegenheitspflicht gem. § 18 Abs. 1 S. 1. Vor diesem Hintergrund kann der Notar einer Partei kraft Amtes gem. § 51 Abs. 1, Abs. 3 BeurkG ausschließlich den Inhalt der betreffenden Urschrift offenbaren, ohne gegen seine Verschwiegenheitspflicht zu verstoßen. Offenbart er ihr darüber hinausgehende Informationen betreffend den Beteiligten, die nicht in der Urschrift selbst enthalten sind, verstößt er gegen seine Verschwiegenheitspflicht gem. § 18 Abs. 1 S. 1.

79 Die in der Literatur vertretene Ansicht, wonach der Notar der Partei kraft Amtes sämtliche **vermögensrechtliche** Informationen offenbaren darf,[141] ist bereits mangels Rechtsgrundlage abzulehnen. Darüber hinaus ist auch nach Auffassung des Bundesgerichtshofs im Rahmen von § 18 für eine Abgrenzung zwischen vermögensrechtlichen und persönlichen Informationen kein Raum,[142] zumal dem Notar in der Praxis eine solche Abgrenzung in der Regel nur schwer bis gar nicht gelingen wird.

V. Offenbarung gegenüber Vorkaufsberechtigten

80 Besteht an einem Grundstück ein **gesetzlich** oder **rechtsgeschäftlich** begründetes Vorkaufsrecht, hat der Verkäufer oder der Käufer beispielsweise gem. § 28 Abs. 1 S. 1 BauGB oder gem. § 66 Abs. 3 S. 4 BNatSchG, § 469 Abs. 1 BGB[143] dem Vorkaufsberechtigten den **Inhalt des Grundstückskaufvertrages** mitzuteilen. Der den Grundstückskaufvertrag beurkundende Notar wird gesetzlich **nicht** zu einer Mitteilung verpflichtet, so dass

---

[139] BeckOGK/*Regler* BeurkG § 51 Rn. 24.1 ff.
[140] BGH 31.1.2013 – V ZB 168/12, DNotZ 2013, 711. Im konkreten Fall ging es um ein Auskunftsbegehren eines Testamentsvollstreckers.
[141] Schippel/Bracker/*Kanzleiter* BNotO § 18 Rn. 7 und Arndt/Lerch/Sandkühler/*Sandkühler* BNotO § 18 Rn. 46, beide offenbar anknüpfend an die im Rahmen des § 203 Abs. 1 StGB vertretene Auffassung, vgl. BeckOK StGB/*Weidemann* StGB § 203 Rn. 8
[142] Vgl. BGH 25.11.1974 – NotZ 4/74, NJW 1975, 930.
[143] Auch bestehende landesrechtliche Vorkaufsrechte nehmen im Regelfall auf § 469 Abs. 1 BGB Bezug. Eine Übersicht über die jeweiligen Vorkaufsrechte nach Landesrecht stellt das DNotI jahresaktuell zusammen und ist abrufbar unter www.dnoti.de (Arbeitshilfen – Immobilienrecht).

diese Normen **keinen gesetzlichen Offenbarungstatbestand** zur Durchbrechung der notariellen Verschwiegenheitspflicht enthalten.

Im Regelfall wird der Notar allerdings **von den Vertragsparteien** im Grundstückskauf- 81 vertrag zur Vornahme dieser Mitteilung im Namen der Vertragsparteien bevollmächtigt und beauftragt, dem Vorkaufsberechtigten eine **Abschrift des Grundstückskaufvertrages** zur Verfügung zu stellen. Die Bevollmächtigung enthält eine **Befreiung des Notars** von seiner Verschwiegenheitspflicht gegenüber dem Vorkaufsberechtigten gem. § 18 Abs. 2 Hs. 1, die Beauftragung eine Bestimmung gem. § 51 Abs. 2 BeurkG. Enthält der Grundstückskaufvertrag **keine Befreiung** der Beteiligten gem. § 18 Abs. 2 Hs. 1, darf der Notar einem Vorkaufsberechtigten **weder dem Umstand des Abschlusses** eines Kaufvertrages **noch den Inhalt des Kaufvertrages** gem. § 18 Abs. 1 S. 1, § 203 Abs. 1 Nr. 3 StGB offenbaren.[144]

VI. Offenbarung gegenüber der Aufsichtsbehörde

Gemäß § 93 Abs. 1 S. 1 obliegt der Aufsichtsbehörde die Überwachung der Amtsfüh- 82 rung des Notars. Die Bundesnotarordnung enthält keine erschöpfende Umschreibung der Aufsichtsbefugnisse und Aufsichtsmittel.[145] Eine **Überwachung der Amtsführung** ist nur möglich, wenn die Aufsichtsbehörde die Urkunden und Nebenakten des Notars einsehen und auch darüber hinausgehende Auskünfte zu den einzelnen Amtsgeschäften vom Notar verlangen kann. § 93 Abs. 1 S. 1 enthält nach Auffassung des Notarsenates beim Bundesgerichtshof folglich eine Ermächtigungsgrundlage, auf Grund derer die Aufsichtsbehörde die Offenbarung von Informationen durch **Verwaltungsakt** anordnen kann.[146] Der Notar ist demnach verpflichtet, die von der Aufsichtsbehörde auf Grundlage von § 93 Abs. 1 S. 1, Abs. 4 S. 1 verlangten Informationen zu offenbaren.[147]

Vor diesem Hintergrund enthält § 93 Abs. 1 S. 1, Abs. 4 S. 1 eine **spezialgesetzliche** 83 **Offenbarungspflicht** des Notars gegenüber seiner Aufsichtsbehörde. Durch die Offenbarung von geschützten Informationen gegenüber seiner Aufsichtsbehörde kann der Notar daher nicht gegen seine Verschwiegenheitspflicht gem. § 18 Abs. 1 S. 1 verstoßen und sich nicht gem. § 203 Abs. 1 Nr. 3 StGB strafbar machen.[148] Dies gilt auch dann, wenn der Notar der Aufsichtsbehörde eine geschützte Information offenbart, **ohne** hierzu durch Verwaltungsakt **verpflichtet** oder auch nur informell **aufgefordert** worden zu sein. Zum einen folgt dies aus dem Umstand, dass eine effektive Aufsicht gem. § 93 Abs. 1 S. 1 voraussetzt, dass der Notar ihr gegenüber **jederzeit** sämtliche geschützten Informationen offenbaren darf. Zum anderen folgt das Nichtbestehen der notariellen Verschwiegenheitspflicht gegenüber der Aufsichtsbehörde aus § 18 Abs. 3, wonach der Notar in Zweifelsfällen die Entscheidung der Aufsichtsbehörde nachsuchen darf; eine Entscheidung der Aufsichtsbehörde setzt aber stets eine Offenbarung des die Zweifel begründenden Sachverhaltes voraus.

---

[144] Ob der Notar daher, wie zum Teil (Arndt/Lerch/Sandkühler/*Sandkühler* BNotO § 18 Rn. 85) gefordert, zweistufig (zunächst nur eine Mitteilung der Tatsache des Verkaufs, sodann nach feststehendem Vorkaufsrecht den Vertrag übersenden) verfährt, hängt demnach allein von seiner Urkundsgestaltung ab und folgt nicht aus der notariellen Verschwiegenheitspflicht selbst.
[145] BGH 14.7.1986 – NotZ 7/86, DNotZ 1987, 438.
[146] Nach BGH 14.7.1986 – NotZ 7/86, DNotZ 1987, 438, hat die Aufsichtsbehörde ihr Ermessen dabei wie folgt auszuüben: Im Rahmen der turnusmäßigen Prüfung kann die Aufsichtsbehörde nach pflichtgemäßem Ermessen und außerhalb turnusmäßiger Prüfung nur aus begründetem Anlass Auskünfte vom Notar verlangen.
[147] Gemäß § 96 BNotO iVm § 20 Abs. 1 S. 3 BDG ist der Notar lediglich in einem Disziplinarverfahren berechtigt, die Auskunft zu verweigern, vgl. Arndt/Lerch/Sandkühler/*Sandkühler* BNotO § 18 Rn. 74. Die bloße Möglichkeit, dass die Äußerung des Notars in einem gegen ihn gegebenenfalls einzuleitenden Disziplinarverfahren verwandt werden könnte, berechtigt ihn nicht zur Auskunftsverweigerung, vgl. OLG Köln 27.6.1983 – 2 VA (Not) 2/83, MittRhNotK 1983, 165.
[148] Schippel/Bracker/*Kanzleiter* BNotO § 18 Rn. 36; Arndt/Lerch/Sandkühler/*Sandkühler* BNotO § 18 Rn. 72 ff.; Diehn/*Schwipps* BNotO § 18 Rn. 42; OLG Hamm 5.2.2004 – 15 W 475/03, MittBayNot 2004, 465 Rn. 22.

VII. Offenbarung gegenüber der Landesnotarkammer

84 Gemäß § 74 Abs. 1 S. 1 kann die Notarkammer in Ausübung ihrer Befugnisse **Auskünfte sowie die Vorlage von Büchern und Akten verlangen.** Die Befugnisse der Notarkammer sind in § 67 Abs. 1 S. 2 bestimmt. Danach hat die Notarkammer über Ehre und Ansehen ihrer Mitglieder zu wachen, die Aufsichtsbehörden bei ihrer Tätigkeit zu unterstützen, die Pflege des Notariatsrechts zu fördern und für eine gewissenhafte und lautere Berufsausübung der Notare zu sorgen. Ordnet die Notarkammer in Ausübung dieser Befugnisse den Notar durch **Verwaltungsakt**[149] die **Offenbarung von Informationen** an, ist der Notar hierzu **verpflichtet.**[150] Kommt er dieser Verpflichtung nicht nach, kann die Notarkammer gem. § 74 Abs. 2 S. 1 zur **Erzwingung der Offenbarung** ein Zwangsgeld festsetzen.

85 Vor diesem Hintergrund enthält § 74 Abs. 1 S. 1 eine **spezialgesetzliche Offenbarungspflicht** des Notars gegenüber seiner Notarkammer. Durch die Offenbarung von geschützten Informationen gegenüber seiner Notarkammer kann der Notar daher **nicht** gegen seine Verschwiegenheitspflicht gem. § 18 Abs. 1 S. 1 verstoßen und sich **nicht** gem. § 203 Abs. 1 Nr. 3 StGB strafbar machen.[151] Dies gilt auch dann, wenn der Notar der Aufsichtsbehörde eine geschützte Information offenbart, **ohne** hierzu durch Verwaltungsakt **verpflichtet** oder auch nur informell **aufgefordert** worden zu sein.[152] Eine effektive Wahrnehmung der Befugnisse aus § 67 Abs. 1 S. 2 setzt voraus, dass der Notar gegenüber seiner Notarkammer **jederzeit** sämtliche geschützten Informationen offenbaren darf.

85a Die **Organe der Landesnotarkammer** sind wiederum gem. § 69a zur Verschwiegenheit gegenüber jedermann verpflichtet, so dass die von dem Notar gegenüber der Landesnotarkammer offenbarten Informationen weiterhin einem **hohen Geheimnisschutz unterliegen** – § 69a ist insoweit „das Pendant der Verschwiegenheitspflicht" des Notars gem. § 18 Abs. 1.[153] Insbesondere darf die Landesnotarkammer in einer **Beschwerdeangelegenheit** die von einem Notar ihr gegenüber offenbarten Informationen nicht ohne dessen Zustimmung an den Beschwerdeführer weiterleiten.[154]

VIII. Offenbarung gegenüber der Bundesnotarkammer

86 Die Bundesnotarkammer übt **keine Aufsicht** über die Notare aus und hat daher, anders als die Landesnotarkammer und die Aufsichtsbehörde, auch **keinerlei Auskunftsrechte** gegenüber dem Notar. Der Notar ist folglich der Bundesnotarkammer gegenüber zur Verschwiegenheit verpflichtet. Im Gesetz findet sich **eine Ausnahme** von diesem Grundsatz: Gemäß § 34a Abs. 1 BeurkG hat der Notar nach der Errichtung einer erbfolgerelevanten Urkunde die dazugehörigen Verwahrangaben elektronisch an die Bundesnotarkammer als die das Zentrale Testamentsregister gem. § 78 Abs. 2 Nr. 2 führende Registerbehörde zu übersenden. **Erbfolgerelevante Urkunden** sind gem. § 78b Abs. 2 S. 1 Testamente, Erbverträge und alle Urkunden mit Erklärungen, welche die Erbfolge beeinflussen können. Die **Verwahrangaben** sind in § 78b Abs. 2 S. 2 als Angaben, die zum Auffinden erbfolgerelevanter Urkunden erforderlich sind definiert und in § 2 Abs. 2 S. 1 iVm § 1 ZTRV im Einzelnen aufgeführt. Eine Übersendung einer **Abschrift** der erbfolgerelevanten Urkunde an die Bundesnotarkammer ist gem. § 18 Abs. 1 S. 1 unzulässig und erfüllt den objektiven Tatbestand des § 203 Abs. 1 Nr. 3 StGB.

---

[149] Schippel/Bracker/*Püls* BNotO § 74 Rn. 11.
[150] Nach OLG Köln 27.6.1983 – 2 VA (Not) 2/83, MittRhNotK 1983, 165, steht der Notarkammer „bei der Ausübung ihrer berufsständischen Aufsichtsbefugnis ein weiter Spielraum für das Auskunftsverlangen zu."
[151] Schippel/Bracker/*Püls* BNotO § 74 Rn. 7; Schippel/Bracker/*Kanzleiter* BNotO § 18 Rn. 36; Arndt/Lerch/Sandkühler/*Sandkühler* BNotO § 18 Rn. 71 ff.
[152] AA aber offenbar Schippel/Bracker/*Püls* BNotO § 74 Rn. 7.
[153] Vgl. BGH 11.1.2016 – AnwZ (Brfg) 42/14, BeckRS 2016, 05278 Rn. 32.
[154] Vgl. BGH 11.1.2016 – AnwZ (Brfg) 42/14, BeckRS 2016, 05278.

IX. Offenbarung gegenüber der Zentralstelle für Finanztransaktionsuntersuchungen (GwG)

Gemäß § 2 Abs. 1 Nr. 10 GwG treffen den Notar im Falle seiner Mitwirkung an den dort im Einzelnen aufgeführten Geschäften die in §§ 10 ff. GwG im Einzelnen aufgeführten Sorgfaltspflichten. Stellt der Notar hierbei Tatsachen fest, die ihm die **positive Kenntnis** vermitteln, dass der formell Beteiligte die Beurkundung für den Zweck der Geldwäsche, der Terrorismusfinanzierung oder einer anderen Straftat genutzt hat oder nutzt, ist der Notar gem. § 43 Abs. 1 iVm Abs. 2 S. 2 GwG zur Meldung des Sachverhaltes gegenüber der **Zentralstelle für Finanztransaktionsuntersuchungen** verpflichtet („**Wissensmeldung**"). 87

Gemäß § 43 Abs. 6 GwG kann das Bundesministerium der Finanzen im Einvernehmen mit dem Bundesministerium der Justiz und für Verbraucherschutz dem Notar weitere Meldepflichten durch **Rechtsverordnung** auferlegen. § 43 Abs. 6 GwG ist **gesetzliche Grundlage** für eine erst durch eine weitere ministeriale Rechtsverordnung konkretisierte Offenbarungspflicht der Notare. Durch die Einschränkung der Verordnungsermächtigung auf „Sachverhalte bei Erwerbsvorgängen nach § 1 des Grunderwerbsteuergesetzes" ist die gesetzliche Grundlage **hinreichend bestimmt.** Die auf dieser Grundlage erlassene „GwG-Meldepflichtverordnung-Immobilien" sieht eine Meldepflicht an die **Zentralstelle für Finanztransaktionsuntersuchungen** iSd § 43 Abs. 1 GwG vor, wenn bei der Vorbereitung, Beurkundung oder beim Vollzug eines Grundstückskaufvertrages bestimmte abstrakte Risikofaktoren vorhanden sind (**„Verdachtsmeldung"**). 88

Nimmt der Notar eine **Wissensmeldung** oder **Verdachtsmeldung** gegenüber der **Zentralstelle für Finanztransaktionsuntersuchungen** vor, ohne hierzu gem. § 43 Abs. 1 iVm Abs. 2 S. 2 GwG (Wissensmeldung) bzw. gem. § 43 Abs. 6 GwG iVm §§ 1 ff. GwGMeldV-Immobilien (Verdachtsmeldung) verpflichtet zu sein, verstößt er gem. § 48 Abs. 1 GwG in der Regel **nicht** gegen seine **Verschwiegenheitspflicht** gem. § 18 Abs. 1 S. 1 und macht sich in der Regel auch **nicht** gem. § 203 Abs. 1 Nr. 3 StGB **strafbar.** Gemäß § 48 Abs. 1 GwG kann der Notar aufgrund der Abgabe einer Meldung nämlich „**nicht verantwortlich** gemacht werden, es sei denn, die Meldung […] ist vorsätzlich oder grob fahrlässig unwahr erstattet worden." Hat der Notar eine Meldung vorgenommen, muss er gem. § 46 Abs. 1 GwG den weiteren **Vollzug der Urkunde** für mindestens drei Werktage einstellen. 89

X. Offenbarung gegenüber der Deutschen Bundesbank (AWV)

Gemäß §§ 67 Abs. 1 Nr. 1 und Nr. 2, Abs. 2 Nr. 1 AWV (Außenwirtschaftsverordnung) hat der Notar **Zahlungen von oder an Ausländer über 12.500 EUR** der Deutschen Bundesbank innerhalb **kurzer Frist** (§ 71 Abs. 7 AWV) nach einem bestimmten **Muster** (Anlage 5 der AWV) anzuzeigen. Die zur Durchbrechung des § 18 Abs. 1 **erforderliche**[155] **gesetzliche Grundlage** dieser Meldepflicht findet sich in § 11 Abs. 2 AWG (Außenwirtschaftsgesetz). Diese Meldepflicht trifft den Notar zum einen, wenn er gegenüber einem Ausländer eine **notarielle Kostenrechnung von brutto**[156] **12.500 EUR** erteilt und der Ausländer diese auf das Geschäftskonto des Notar zahlt und zum anderen, wenn ein Ausländer einen Betrag von **12.500 EUR auf ein Notaranderkonto einzahlt** oder der Notar einen Betrag von **12.500 EUR von seinem Notaranderkonto an einen Ausländer auszahlt;** letzteres ist hierbei auch dann der Fall, wenn der Notar von seinem Notaranderkonto auf ein inländisches Konto überweist, dessen Kontoinhaber ein Ausländer ist.[157] Nach den Erläuterungen und Anwendungshinweisen der 90

---

[155] → Rn. 65.
[156] Erläuterungen und Auslegung der Meldepflichten der Deutschen Bundesbank Ziff. I, 10 (abrufbar unter: https://www.bundesbank.de/de/service/meldewesen/aussenwirtschaft/faq-merkblaetter/haeufig-gestellte-fragen-und-merkblaetter-611758).
[157] Erläuterungen und Auslegung der Meldepflichten der Deutschen Bundesbank Ziff. I, 3.

BNotO § 18 91–94

Deutschen Bundesbank soll der Notar zur Vermeidung von Doppelmeldungen bei Ein- und Auszahlungen auf ein Notaranderkonto die Meldung als **„Dritteinreicher in offener Stellvertretung"** für den ebenfalls meldepflichtigen Beteiligten vornehmen,[158] was jedoch eine entsprechende Bevollmächtigung durch den Beteiligten – und damit zugleich konkludente Befreiung iSd § 18 Abs. 2 Hs. 1 – voraussetzt. Liegt diese Bevollmächtigung nicht vor, hat der Notar in Erfüllung seiner aus § 67 AWV folgenden gesetzlichen Meldepflicht im eigenen Namen zu melden.

XI. Offenbarung gegenüber dem Landgericht

91 In Notarbeschwerdeverfahren gem. § 15 Abs. 2, § 54 Abs. 2 BeurkG sowie in Kostenbeschwerdeverfahren gem. § 127 Abs. 1 S. 1 GNotKG stellt sich für den Notar stets die Frage, ob und in welchem Umfang er gegenüber der angerufenen Zivilkammer seines Landgerichts gem. § 18 Abs. 1 S. 1 zur Verschwiegenheit verpflichtet ist.

92 **1. Notarbeschwerde.** Gemäß § 15 Abs. 2 kann gegen die **Verweigerung**[159] der Amtstätigkeit des Notars Beschwerde erhoben werden. Gemäß § 54 Abs. 2 kann gegen die **Ablehnung** der Erteilung einer Vollstreckungsklausel[160] oder einer Amtshandlung nach den §§ 45, 46, 51 BeurkG sowie gegen die Ersetzung einer Urschrift Beschwerde erhoben werden.[161] Zuständig für diese Notarbeschwerden ist gem. § 15 Abs. 2 S. 2, § 54 Abs. 2 S. 2 BeurkG jeweils eine Zivilkammer des Landgerichts, in dessen Bezirk der Notar seinen Amtssitz hat. Als maßgebliche Verfahrensvorschriften wird für beide Beschwerdeverfahren in § 15 Abs. 2 S. 3, § 54 Abs. 2 S. 1 BeurkG auf die Regelungen des FamFG verwiesen.

93 In den Beschwerdeverfahren nach § 15 Abs. 2, § 54 Abs. 2 BeurkG nimmt der Notar die Stellung der **ersten Instanz** ein; er ist weder Beschwerdegegner noch Verfahrensbeteiligter. Die Beschwerde ist folglich gem. § 64 Abs. 1 FamFG ausschließlich beim Notar einzulegen.[162] Gemäß § 68 Abs. 1 FamFG hat er der Beschwerde entweder abzuhelfen oder aber im Wege eines begründeten Nichtabhilfebeschlusses dem Beschwerdegericht vorzulegen.[163] Das Beschwerdegericht entscheidet sodann als **zweite Instanz** gem. § 69 Abs. 1 S. 1 FamFG über den gesamten Sach- und Rechtsstand, so wie er sich im Zeitpunkt der Entscheidung des Gerichts darstellt.[164]

94 Damit die Zivilkammer des Landgerichts als zweite Instanz eine Entscheidung treffen kann, muss sie den zugrundeliegenden Sachverhalt kennen. Diesen Sachverhalt hat ihr gem. § 68 Abs. 1 S. 1 Hs. 2 FamFG der Notar als erste Instanz zu vermitteln. § 68 Abs. 1 S. 1 Hs. 2 FamFG enthält folglich einen **Offenbarungstatbestand,** aufgrund dessen der Notar dem Beschwerdegericht iSd § 15 Abs. 2, § 54 Abs. 2 BeurkG Informationen offenbaren darf.[165] Der Notar darf der Zivilkammer hierbei nach Sinn und Zweck des Beschwerde-

---

[158] Erläuterungen und Auslegung der Meldepflichten der Deutschen Bundesbank Ziff. I, 4 aE.
[159] Mit dieser Beschwerde kann der Notar sowohl zu einer Vornahme als auch zu einem Unterlassen einer per Vorbescheid angekündigten Amtshandlung veranlasst werden, vgl. *Regler* MitBayNot 2010, 261; *Preuß* DNotZ 2010, 265 (270 f.); Schippel/Bracker/*Reithmann* BNotO § 15 Rn. 78; LG Hildesheim 12.12.2011 – 5 T 278/11, NJW 2013, 297.
[160] Anders als im Rahmen der Beschwerde gem. § 15 Abs. 2 (vgl. vorherige Fn.) kann der Notar nicht zu einem Unterlassen der Erteilung einer Vollstreckungsklausel veranlasst werden; der Schuldner hat sich vielmehr der vollstreckungsrechtlichen Rechtsbehelfe gem. §§ 797 Abs. 3, 795, 732 ZPO zu bedienen, vgl. OLG München 9.5.2008 – 31 Wx 31/08, FGPrax 2008, 174; Armbrüster/Preuß/Renner/*Preuß* BeurkG § 54 Rn. 6.
[161] § 54 BeurkG ist gegenüber § 15 Abs. 2 BNotO der speziellere Rechtsbehelf, wobei die Differenzierung nach zwei Beschwerdeverfahren keinen sachlichen, sondern ausschließlich historische Gründe hat, vgl. Armbrüster/Preuß/Renner/*Preuß* BeurkG § 54 Rn. 2; → § 15 Rn. 17.
[162] Schippel/Bracker/*Reithmann* BNotO § 15 Rn. 82, 90; *Preuß* DNotZ 2010, 265 (280 f.); *Regler* MittBayNot 2010, 26, (263); → § 15 Rn. 33.
[163] *Preuß* DNotZ 2010, 265 (281); Regler MittBayNot 2010, 261 (266).
[164] *Regler* MittBayNot 2010, 261 (266); Schippel/Bracker/*Reithmann* BNotO § 15 Rn. 93; → § 15 Rn. 45.
[165] So ausdrücklich OLG Hamm 5.2.2004 – 15 W 475/03, MittBayNot 2004, 465 Rn. 22: „Mit der ihn in seiner verfahrensrechtlichen Stellung treffenden Verpflichtung zur Begründung seiner Entscheidung wäre

verfahrens sämtliche Informationen zur Kenntnis bringen, die für ihre Entscheidung **relevant** sein können, ohne hierdurch gegen seine Pflicht zur Verschwiegenheit gem. § 18 Abs. 1 S. 1 zu verstoßen oder sich gem. § 203 Abs. 1 Nr. 3 StGB strafbar zu machen.[166] Solche Informationen hingegen, welche die Entscheidung des Beschwerdegerichts von vornherein **nicht beeinflussen** können, unterliegen auch gegenüber dem Beschwerdegericht der notariellen Verschwiegenheitspflicht.

Zweifelt der Notar, ob eine bestimmte Information für die Beschwerdeentscheidung 95 relevant sein kann und daher gem. § 68 Abs. 1 S. 1 Hs. 2 FamFG nicht der Verschwiegenheitspflicht unterliegt, sollte er gem. § 18 Abs. 3 die Entscheidung seiner Aufsichtsbehörde nachsuchen. In der Praxis fordern die Beschwerdegerichte häufig die **vollständigen Nebenakten** des Notars zu der beschwerdegegenständlichen Amtshandlung an. Der Notar sollte in solchen Fällen den Nebenakten sämtliche entscheidungsrelevante Informationen entnehmen und diese dem Beschwerdegericht mit dem Hinweis übersenden, dass eine Zurverfügungstellung der vollständigen Nebenakte wegen seiner Verschwiegenheitspflicht gem. § 18 Abs. 1 S. 1 nicht in Betracht kommt.

2. Kostenbeschwerde. Gemäß § 127 Abs. 1 GNotKG kann der Kostenschuldner gegen 96 die Kostenrechnung des Notars einen Antrag auf gerichtliche Entscheidung bei einer Zivilkammer des Landgericht stellen, in dessen Bezirk der Notar seinen Amtssitz hat. Es handelt sich hierbei **nicht um ein Beschwerdeverfahren** im engeren Sinne, sondern um ein erstinstanzliches Kostenprüfverfahren, in dem der Notar die Stellung einer **Partei** hat.[167] Der Notar ist trotz der gem. § 127 Abs. 1 S. 2 GNotKG dem Kostenschuldner eingeräumten Möglichkeit einer vorherigen Beanstandung der Kostenrechnung unmittelbar bei ihm **nicht erste Instanz** in diesem Verfahren.[168] Anders als in den Notarbeschwerdeverfahren gem. § 15 Abs. 2, § 54 Abs. 2 BeurkG kann eine Ausnahme von der Verschwiegenheitspflicht mit Vorschriften zum Instanzenzug demnach nicht begründet werden.

Gemäß § 128 Abs. 1 S. 1 GNotKG soll das Landgericht vor der Entscheidung unter 97 anderem die Beteiligten hören. Beteiligter der Kostenbeschwerde ist gem. § 130 Abs. 3 S. 1 GNotKG iVm § 7 Abs. 2 Nr. 1 FamFG stets der Notar.[169] Da es sich bei der Anhörung des Notars als Beteiligten um sein gem. Art. 103 Abs. 1 GG verfassungsrechtlich zu gewährleistendes **rechtliches Gehör** handelt, ist § 128 Abs. 1 S. 1 GNotKG bezüglich der Anhörung des Notars als eine Mussvorschrift zu lesen.[170] Dieses Verfassungsrecht auf rechtliches Gehör in einem Kostenbeschwerdeverfahren kann der Notar nur dann effektiv wahrnehmen, wenn er sämtliche für die Entscheidung relevanten Informationen dem Gericht gegenüber offenbaren darf, ohne daran aufgrund der notariellen Verschwiegenheitspflicht gehindert zu sein.

§ 128 Abs. 1 S. 1 GNotKG iVm Art. 103 Abs. 1 GG enthalten folglich einen **Offenbarungstatbestand** im Kostenbeschwerdeverfahren, aufgrund dessen der Notar dem Gericht iSd § 127 Abs. 1 S. 1 GNotKG Informationen offenbaren darf.[171] Der Notar darf der 98

---

es unvereinbar, zur Beurteilung seiner Entscheidung notwendige Tatsachenfeststellungen aufgrund eigener Kenntniserlangung mit Rücksicht auf seine Verschwiegenheitspflicht zurückhalten zu müssen."

[166] IE ebenso Schippel/Bracker/*Kanzleiter* BNotO § 18 Rn. 36 aE.
[167] *Preuß* MittBayNot 2010, 261 (285 f.); BeckOK KostR/*Schmidt-Räntsch* GNotKG § 127 Rn. 1; Bormann/Diehn/Sommerfeld/*Neie* GNotKG § 127 Rn. 2.
[168] Zum einen ist, anders als im Beschwerdeverfahren gem. § 64 Abs. 1 S. 1 FamFG, eine Beanstandung der Kostenrechnung bei dem Notar keine Verfahrensvoraussetzung. Zum anderen hat der Notar nach einer Beanstandung, anders als im Beschwerdeverfahren gem. § 68 Abs. 1 S. 1 Hs. 2 FamFG, die Beanstandung des Kostenschuldners nicht an das Landgericht weiterzuleiten; leitet er die Beanstandung weiter, handelt es sich um einen weitergeleiteten Antrag des Kostenschuldners, vgl. nur BeckOK KostR/*Schmidt-Räntsch* GNotKG § 127 Rn. 26 bis 28 und 29.
[169] Bormann/Diehn/Sommerfeldt/*Neie* GNotKG § 128 Rn. 3 f.; BeckOK KostR/*Schmidt-Räntsch* GNotKG § 127 Rn. 12; Korintenberg/*Sikora* GNotKG § 127 Rn. 8.
[170] Bormann/Diehn/Sommerfeldt/*Neie* GNotKG § 128 Rn. 3; BeckOK KostR/*Schmidt-Räntsch* GNotKG § 127 Rn. 11; Korintenberg/*Sikora* GNotKG § 128 Rn. 7.
[171] Bormann/Diehn/Sommerfeldt/*Neie* GNotKG § 128 Rn. 5; BeckOK KostR/*Schmidt-Räntsch* GNotKG § 127 Rn. 12, jeweils mwN.

Zivilkammer hierbei sämtliche Informationen zur Kenntnis bringen, die für ihre Entscheidung **relevant** sein können, ohne hierdurch gegen seine Pflicht zur Verschwiegenheit gem. § 18 Abs. 1 S. 1 zu verstoßen oder sich gem. § 203 Abs. 1 Nr. 3 StGB strafbar zu machen. Solche Informationen hingegen, welche die Entscheidung des Gerichts von vornherein **nicht beeinflussen** können, unterliegen weiterhin der notariellen Verschwiegenheitspflicht.

99 Zweifelt der Notar, ob eine bestimmte Information für die Entscheidung relevant sein kann und daher gem. § 128 Abs. 1 S. 1 GNotKG iVm Art. 103 Abs. 1 GG nicht der Verschwiegenheitspflicht unterliegt, sollte er gem. § 18 Abs. 3 die Entscheidung seiner Aufsichtsbehörde nachsuchen. In der Praxis fordern Zivilkammern in Kostenbeschwerdeverfahren häufig die **vollständigen Nebenakten** des Notars zu der beschwerdegegenständlichen Kostenrechnung an. Der Notar sollte in solchen Fällen den Nebenakten sämtliche entscheidungsrelevante Informationen entnehmen und diese dem Landgericht mit dem Hinweis übersenden, dass eine Zurverfügungstellung der vollständigen Nebenakte wegen seiner Verschwiegenheitspflicht gem. § 18 Abs. 1 S. 1 nicht in Betracht kommt.

XII. Offenbarung gegenüber dem Finanzamt

100 Zur Sicherung der Besteuerung hat der Notar der Finanzbehörde auf Anfordern gem. § 93 Abs. 1 S. 1 AO grundsätzlich die zur Feststellung eines für die Besteuerung erheblichen Sachverhalts erforderlichen Auskünfte zu erteilen.[172] Der Notar kann gem. § 102 Abs. 1 Nr. 3b AO die Erteilung einer angeforderten Auskunft gegenüber der Finanzbehörde allerdings hinsichtlich **solcher Informationen verweigern,** die ihm in seiner Eigenschaft als Notar bekannt geworden sind und die somit seiner **Verschwiegenheitspflicht unterliegen.**[173] Aus seiner berufsrechtlichen Pflicht zur Verschwiegenheit gem. § 18 Abs. 1 S. 1 folgt zugleich eine amtliche Pflicht zur Wahrnehmung dieser ihm eingeräumten Befugnis, dh eine amtliche **Pflicht zur Verweigerung** der Auskunft gegenüber der Finanzbehörde.[174] Ist der Notar von seiner Verschwiegenheitspflicht gem. § 18 Abs. 2 entbunden, darf er hingegen gem. 102 Abs. 3 S. 1 AO die angeforderte Auskunft nicht verweigern. Gegenüber der Finanzbehörde ist der Notar mithin entweder verpflichtet zu schweigen oder aber verpflichtet auszusagen; ein eigener Entscheidungsspielraum steht ihm nicht zu.

101 Von dieser grundsätzlichen verfahrensrechtlichen Schutzvorschrift, die entsprechend den oben bereits näher dargestellten prozessrechtlichen Vorschriften das gem. § 18 Abs. 1 S. 1, § 203 Abs. 1 Nr. 3 StGB geschützte informationelle Selbstbestimmungsrecht flankieren und gewährleisten soll, bleiben gem. § 104 Abs. 1 S. 1 AO die „**gesetzlichen Anzeigepflichten** der Notare (...) unberührt." Den Notar trifft eine derartige gesetzliche Anzeigepflicht, wenn er eine Beurkundung[175] mit Relevanz für die Erhebung der **Grunderwerbsteuer** oder der **Erbschaft- und Schenkungsteuer** oder der **Ertragsteuer** vornimmt. Die anzeigepflichtigen Beurkundungen sind in den insgesamt **drei Anzeigetatbeständen** der jeweiligen Steuergesetze und -verordnungen im Einzelnen bestimmt (vgl. § 18 Abs. 1 GrEStG, § 34 Abs. 1 und Abs. 2 ErbStG iVm §§ 7 Abs. 1, 8 Abs. 1 ErbStDV und § 54 Abs. 1 EStDV). Zu diesen Anzeigetatbeständen haben die Oberfinanzdirektionen der Bundesländer erläuternde Merkblätter herausgegeben.[176]

---

[172] Schippel/Bracker/*Kanzleiter* BNotO § 18 Rn. 11.
[173] Vgl. BFH 27.1.2004 – II B 120/02, BeckRS 2004, 25003041.
[174] → Rn. 5.
[175] Für die Anzeigepflicht nach dem GrEStG ist dem Wortlaut des Anzeigetatbestandes zu entnehmen, dass eine Anzeigeverpflichtung bei Unterschriftsbeglaubigungen nur dann besteht, wenn der Notar den Text, unter dem er eine Unterschrift beglaubigt, auch entworfen hat. Die Anzeigepflicht nach dem ErbStG hingegen knüpft davon abweichend lediglich an eine „Beurkundung" an, so dass nach Auffassung des BMF (veröffentlicht in ZEV 2015, 128) eine Anzeigepflicht auch bei bloßen Unterschriftsbeglaubigungen besteht.
[176] Vgl. zB „Merkblatt über die steuerlichen Beistandspflichten der Notare auf den Rechtsgebieten Grunderwerbsteuer, Erbschaftsteuer (Schenkungssteuer), Ertragsteuern" (Az. S 4540 – 2014/0006 – St 257) der Oberfinanzdirektion Nordrhein-Westfalen, in der jeweils aktuellen Fassung abrufbar unter www.fm.nrw.de/go/notare.

Übereinstimmend regeln die vorbezeichneten **Anzeigetatbestände**, dass der Notar **102** (1) dem jeweils zuständigen Finanzamt neben der Anzeige eine **beglaubigte**[177] Abschrift der betreffenden Urkunde zu übersenden hat,[178] dass er (2) die Absendung der Anzeige an das Finanzamt auf der Urschrift bzw. der zurückbehaltenen beglaubigten Abschrift **zu vermerken** hat[179] und – mit Ausnahme der erbschaft- und schenkungssteuerrechtlich relevanten Urkunden – dass er (3) Ausfertigungen und beglaubigte (nicht lediglich einfache)[180] Abschriften der Urkunde an die Beteiligten **erst aushändigen darf**, wenn er unter anderem eine Abschrift der Urkunde an das Finanzamt **abgesandt hat**.[181]

Über die in der Urkunde selbst enthaltenen Informationen hinaus darf der Notar **102a** gegenüber dem Finanzamt **nicht offenbaren**. Insbesondere hat der Notar eine Anfrage des Finanzamtes, eine über die in der Urkunde selbst enthaltenen Informationen hinausgehende Informationen mitzuteilen, **zu verweigern**. Ist in der dem Finanzamt übersandten Urkunde beispielsweise die **Kontonummer** eines Beteiligten nicht aufgenommen und verlangt das Finanzamt vom Notar die Offenlegung dieser Kontonummer, ist dieses Informationsverlangen von den – die notarielle Verschwiegenheitspflicht durchbrechenden – Anzeigetatbeständen nicht mehr erfasst und der Notar hat diese Auskunft unter Berufung auf seine Verschwiegenheitspflicht zu verweigern.

Soweit § 8 Abs. 1 S. 2 ErbStDV und Muster 6 ErbStDV eine **über die Anzeige hinausgehende Ermittlungspflicht** des Notars insbesondere hinsichtlich des persönlichen Verhältnisses des Erwerbes zum Schenker sowie hinsichtlich des Wertes der Zuwendung vorsieht, ist diese Ermittlungspflicht nicht mehr von der Ermächtigungsgrundlage des § 36 Abs. 1 Nr. 1e) ErbStG umfasst und daher **unwirksam**.[182] Darüber hinaus kann Muster 6 ErbStDV auf Grundlage von § 36 Abs. 1 Nr. 1e) ErbStG den Notar nicht wirksam zu einer bestimmten **Aufbereitung** der Anzeige dahingehend verpflichten, dass bereits aus der übersandten Urkunde ersichtliche Umstände nochmals in einen Vordruck einzutragen sind.[183]

In der Praxis stellt sich bei **zusammengesetzten Verträgen**, etwa bei Scheidungs- **104** folgenvereinbarungen mit Grundstücksübertragungen, häufig die Frage, ob der Notar dem Finanzamt gem. § 18 Abs. 1 Nr. 1 GrEStG die **vollständige** oder eine nur **auszugsweise Abschrift** der Urkunde übersenden darf bzw. zu übersenden hat. Gemäß § 18 Abs. 1 S. 2 GrEStG hat der Notar eine „Abschrift der Urkunde" zu übersenden, so dass er bei Übersendung einer vollständigen Abschrift jedenfalls nicht gegen seine Verschwiegenheitspflicht gem. § 18 Abs. 1 S. 1 verstoßen und sich auch nicht gem. § 203 Abs. 1 Nr. 3 StGB strafbar machen kann. Ob zur Erfüllung der grunderwerbsteuerlichen Anzeigepflicht aus § 18 Abs. 1 S. 1 GrEStG die Übersendung einer auszugsweisen Abschrift einer Niederschrift ausreicht, hängt davon ab, ob der Notar die grunderwerbsteuerliche Relevanz des nicht übersandten Teiles des Vertrages **mit Gewissheit ausschließen** kann.[184] Unerheblich ist, ob es sich bei dem zusammengesetzten Vertrag um **eine Niederschrift** handelt, die der Notar auszugsweise übersendet, oder ob es sich um miteinander verknüpfte **gesonderte Niederschriften** handelt, von denen der Notar nur eine übersendet.[185] Ob die vertrag-

---

[177] Die Übersendung einer einfachen Abschrift genügt nur bei einer Anzeige gem. § 18 Abs. 1 GrEStG.
[178] § 18 Abs. 1 S. 2 GrEStG, §§ 7 Abs. 1 S. 1, 8 Abs. 1 S. 1 ErbStDV, § 54 Abs. 1 S. 1 EStDV.
[179] § 18 Abs. 4 GrEStG, §§ 7 Abs. 1 S. 4, 8 Abs. 1 S. 5 ErbStDV, § 54 Abs. 2 S. 3 EStDV.
[180] DNotI-Report 2016, 49 (50).
[181] § 21 GrEStG (erforderlich ist in allen Teilen vollständige Anzeige iSd §§ 18 und 20 GrEStG), § 54 Abs. 3 EStDV. Dazu und insbesondere zu der Frage, ob auch die Mitteilung der Steuer-ID der Beteiligten zu einer vollständigen Anzeige gehört, vgl. DNotI-Report 2016, 49 ff.
[182] *Meincke*, 13. Aufl. 2002, ErbStG § 36 Rn. 1.
[183] So auch Teil C Ziff. 4.1 S. 3 des Merkblattes der Oberfinanzdirektion Nordrhein-Westfalen, wonach bei Übersendung der Abschriften die für die Erbschafts- und Schenkungssteuer erheblichen Umstände nur mitzuteilen sind, „soweit sie sich nicht schon aus dem Inhalt der Beurkundung ergeben".
[184] So auch im Ergebnis Teil B Ziff. 2.1.12 des Merkblattes der Oberfinanzdirektion Nordrhein-Westfalen, vgl. aber die folgende Fn.
[185] AA hingegen fälschlicherweise Teil B Ziff. 2.1.12 des Merkblattes der Oberfinanzdirektion Nordrhein-Westfalen, wonach das auch hier als maßgeblich erachtete Abgrenzungskriterium (Der Notar kann die

lichen Regelungen mit grunderwerbsteuerrechtlicher Relevanz in einer Niederschrift zusammengefasst oder in zwei gesonderten Niederschriften aufgenommen werden ist steuerrechtlich irrelevant und kann daher kein maßgebliches Abgrenzungskriterium für den Mindestumfang der Übersendungspflicht gem. § 18 Abs. 1 S. 2 GrEStG sein.

XIII. Offenbarung gegenüber dem Gutachterausschuss

105 Gemäß § 195 Abs. 1 BauGB hat der Notar **jeden Vertrag,** durch den sich jemand verpflichtet, **Eigentum an einem Grundstück gegen Entgelt,**[186] auch im Wege des Tausches, zu übertragen oder ein Erbbaurecht erstmals oder erneut zu bestellen, in Abschrift dem **Gutachterausschuss** (§ 192 BauGB) zu übersenden.[187] Teilentgeltlichkeit ist ausreichend;[188] nur unentgeltliche Übertragungen fallen nicht unter die Offenbarungspflicht. Die Offenbarungspflicht entsteht mit **Abschluss des schuldrechtlichen Verpflichtungsgeschäftes;** auf die Auflassung und Eintragung der Rechtsänderung im Grundbuch kommt es nicht an.[189]

106 In der Praxis stellt sich insbesondere bei **zusammengesetzten Verträgen** die Frage, ob der Notar dem Gutachterausschuss gem. § 195 Abs. 1 BauGB die vollständige oder eine nur **auszugsweise Abschrift** der Urkunde übersenden darf bzw. zu übersenden hat. Gemäß § 195 Abs. 1 BauGB ist „jeder Vertrag (…) in Abschrift" zu übersenden, so dass der Notar bei Übersendung einer **vollständigen Abschrift** jedenfalls nicht gegen seine Verschwiegenheitspflicht gem. § 18 Abs. 1 S. 1 verstoßen und sich auch nicht gem. § 203 Abs. 1 Nr. 3 StGB strafbar machen kann.

107 Ob zur Erfüllung der Offenbarungspflicht gegenüber dem Gutachterausschuss die Übersendung einer auszugsweisen Niederschrift ausreicht, hängt wie bei der Offenbarungspflicht gegenüber dem Finanzamt[190] davon ab, ob der Notar die Relevanz des nicht übersandten Teiles des Vertrages für die Kaufpreissammlung **mit Gewissheit ausschließen** kann. Welche Inhalte für die **Kaufpreissammlung** iSd § 195 BauGB im Einzelnen relevant sind, ergibt sich hierbei aus den auf Grundlage von § 199 Abs. 2 BauGB erlassenen Rechtsverordnungen der Landesregierungen.[191] § 8 Abs. 3 S. 6 der Verordnung über die Gutachterausschüsse für Grundstückswerte Nordrhein-Westfalen sieht beispielsweise vor, dass nur die in Anlage 1 zu dieser Verordnung im Einzelnen aufgeführten Daten in die Kaufpreissammlung übernommen werden dürfen.[192] Kann der Notar **mit Gewissheit ausschließen,** dass ein Teil seiner Urkunde keine dieser Daten enthält, ist er gem. § 195 Abs. 1 BauGB zu

---

grunderwerbsteuerliche Relevanz der nicht übersandten vertraglichen Regelung mit Gewissheit ausschließen) auf zwei miteinander verknüpfte gesonderte Niederschriften beschränkt sein soll. Da nur gesetzliche Vorschriften einen § 18 Abs. 1 durchbrechenden Offenbarungstatbestand schaffen können, ist das Merkblatt der Oberfinanzdirektion im Lichte des § 18 Abs. 1 S. 2 GrEStG dahingehend auszulegen, dass stets und unabhängig von der konkreten Vertragsgestaltung eine eigenverantwortliche Prüfung des Notars für die Erfüllung der Übersendungspflicht maßgeblich ist.

[186] „Nicht nur die Zahlung einer Geldsumme, des typischen Kaufpreises, sondern auch der Erlaß einer Schuld, der Verzicht auf eine Forderung, die Zahlung einer Rente oder die Einräumung eines Wohnrechtes fallen unter den Begriff des Entgeltes"; *Schröder*, 5. Aufl. 1992, BauGB § 195 Rn. 2.

[187] Nach Ernst/Zinkahn/Bielenberg/*Kleiber*, EL 98 (Januar 2011), BauGB § 195 Rn. 7, bricht diese Offenbarungspflicht „als lex specialis § 18 der Bundesnotarordnung (…). Der Vertrauensschutz der Betroffenen bleibt hierbei gewahrt, denn die Gutachterausschüsse sind verpflichtet, die sich aus den Vorgängen ergebenden persönlichen und wirtschaftlichen Verhältnisse anderer geheim zu halten."

[188] Nach Ernst/Zinkahn/Bielenberg/*Kleiber*, EL 98 (Januar 2011), BauGB § 195 Rn. 12, kommt es nicht darauf an, dass das vereinbarte Entgelt „angemessen" ist; die Übersendungspflicht werde bereits ausgelöst, wenn „irgendein Entgelt vereinbart worden ist".

[189] Vgl. Ernst/Zinkahn/Bielenberg/*Kleiber*, EL 98 (Januar 2011), BauGB § 195 Rn. 8; *Küpperkoch* RNotZ 2002, 297 (311).

[190] → Rn. 104.

[191] Vgl. die Übersicht in Ernst/Zinkahn/Bielenberg/*Kleiber*, EL 98 (Januar 2011), BauGB § 199 Rn. 10. Danach enthalten alle Länderverordnungen Regelung für die Führung der Kaufpreissammlung gem. § 199 Abs. 2 Nr. 4 BauGB, vgl. ebenda, § 199 Rn. 23.

[192] Die Verordnung ist mit Anlage online abrufbar unter www.nrw.recht.de.

einer vollständigen Übersendung der Niederschrift nicht verpflichtet und kann sich auf eine auszugsweise Übersendung beschränken.[193]

XIV. Offenbarung gegenüber dem Standesamt

Beurkundet der Notar die **Anerkennung der Vaterschaft** gem. § 1592 Nr. 2 BGB **108** oder die **Zustimmung** der Mutter, des Kindes oder eines gesetzlichen Vertreters hierzu gem. §§ 1595, 1596 BGB, hat er gem. § 1597 Abs. 2 BGB dem Vater, der Mutter, dem Kind und dem **Standesamt** eine beglaubigte Abschrift der betreffenden Urkunde zu übersenden.[194] Durch diese den Notar treffende Offenbarungspflicht sollen die Beteiligten und das Standesamt (§ 44 Abs. 3 PStG) Kenntnis davon erlangen und jeder für sich nachweisen können, dass und ab welchem Zeitpunkt eine wirksame Vaterschaftsanerkennung vorliegt.[195] Das **Standesamt** kann gem. §§ 27 Abs. 1, 44 Abs. 3 S. 1 PStG erst aufgrund der Mitteilung die Vaterschaft **deklaratorisch** beim Geburtseintrag im Geburtenregister beurkunden. Für die jeweils anderen Beteiligten ist die Benachrichtigung für den Beginn ihrer Anfechtungsfristen gem. § 1600b Abs. 2 S. 1 BGB von Bedeutung. Die Offenbarungspflicht ist unabdingbar.[196]

XV. Offenbarung gegenüber dem Jugendamt

Hat der Notar eine **Sorgeerklärung** oder die **Zustimmung** des gesetzlichen Vertreters **109** gem. §§ 1626a Abs. 1 Nr. 1, 1626c Abs. 2, 1626d Abs. 1 BGB beurkundet, ist er gem. § 1626d Abs. 2 BGB zur Mitteilung dieser Erklärungen gegenüber dem für den Geburtsort des Kindes zuständigen **Jugendamt** (§ 87c Abs. 6 S. 2 SGB VIII) verpflichtet. Gemäß § 58a Abs. 1 S. 2 Nr. 1 SGB VIII trägt das Jugendamt aufgrund dieser Mitteilung die Abgabe einer Sorgeerklärung in ein von dem für die Geburt des Kindes zuständigen Jugendamt geführtes Sorgeregister ein. Diese **Eintragung verhindert,** dass die mit dem Vater des Kindes nicht verheiratete **Mutter** ein **Negativattest** vom Jugendamt im Bereich ihres gewöhnlichen Aufenthaltes (§ 87c Abs. 6 S. 1 SGB VIII) **erhält,** mit der ihr der **Nachweis ihrer alleinige Vertretungsbefugnis** gem. § 1626a Abs. 3 BGB ermöglicht wird.[197]

Gemäß § 1626d Abs. 2 BGB hat der Notar die **Abgabe der Erklärungen** unter Angabe **110** des **Geburtsdatums** und des **Geburtsorts** des Kindes sowie des **Namens,** den das Kind zur Zeit der Beurkundung seiner Geburt geführt hat, mitzuteilen. Die Übersendung einer **Abschrift** sieht § 1626d Abs. 2 BGB **nicht vor,** so dass aufgrund der gebotenen restriktiven Auslegung eines Offenbarungstatbestandes davon auszugehen ist, dass nur die genannten Angaben ohne Verstoß gegen § 18 Abs. 1 S. 1, § 203 Abs. 1 Nr. 3 StGB offenbart werden dürfen.[198] Es empfiehlt sich daher, in die Anerkennungsurkunde eine Bestimmung gem. § 51 Abs. 2 BeurkG aufzunehmen, wonach dem Notar die Übersendung einer Abschrift an das für den Geburtsort des Kindes zuständige Standesamt **gestattet** wird.

---

[193] Das gilt beispielsweise nicht für eine als Anlage zu einem Grundstückskaufvertrag genommene Mietaufstellung. Diese enthält stets relevante Daten wertbeeinflussender Belastungen und Rechte des Grundstücks gem. § 6 Abs. 2 ImmoWertV sowie relevante Daten zur Wertermittlung bebauter Grundstücke nach dem Ertragswertverfahren gem. §§ 17 bis 20 ImmoWertV, ist daher gem. Anlage 1, Ziff. 5 und 9b) Gutachterausschussverordnung NRW eine für die Kaufpreissammlung relevante Information und folglich gem. § 195 Abs. 1 BauGB dem Gutachterausschuss mit dem Grundstückskaufvertrag stets mit zu übersenden.
[194] Da die Anerkennung und Zustimmung keine empfangsbedürftigen Willenserklärungen sind, führt eine fehlende Übersendung durch den Notar nach hA nicht zu einer Unwirksamkeit der Anerkennung, vgl. MüKoBGB/*Wellenhofer* BGB § 1597 Rn. 8.
[195] BeckOK BGB/*Hahn* BGB § 1597 Rn. 3; MüKoBGB/*Wellenhofer* BGB § 1597 Rn. 6.
[196] MüKoBGB/*Wellenhofer* BGB § 1597 Rn. 6; Schippel/Bracker/*Kanzleiter* BNotO § 18 Rn. 42.
[197] MüKoBGB/*Huber* BGB § 1626d Rn. 8 und 12.
[198] AA offenbar *Brambring* DNotI-Report 1998, 89 (90).

XVI. Offenbarung gegenüber der Strafverfolgungsbehörde

111 Für den Notar, der sich Ermittlungshandlungen durch die **Strafverfolgungsbehörde** ausgesetzt sieht, stellt sich regelmäßig die Frage, **ob und in welchem Umfang** er zu einer **Offenbarung verpflichtet** ist sowie **ob und in welchem Umfang** ihn seine amtliche Verschwiegenheit dazu verpflichtet, **gegen Ermittlungshandlungen vorzugehen**. Als Ermittlungshandlungen gegenüber dem Notar kommen insbesondere Beschlagnahmen von notariellen Urkunden sowie Durchsuchungen der notariellen Geschäftsstelle zur Auffindung dieser Urkunden in Betracht.

112 **1. Beschlagnahmen.** Wird ein Gegenstand gem. §§ 94 Abs. 2, 98 Abs. 1 S. 1 StPO durch gerichtlichen Beschluss[199] als Beweismittel beschlagnahmt, ist der verwahrende Notar gem. § 95 Abs. 1 StPO zur Herausgabe verpflichtet.[200] Da der verwahrende Notar durch die Herausgabe der beschlagnahmten Sache demnach einer **gesetzlichen Offenbarungspflicht** nachkommt, kann er hierdurch **nicht** gegen seine notarielle Verschwiegenheitspflicht gem. § 18 Abs. 1 S. 1 **verstoßen**.[201] Gleichwohl sind im Zusammenhang mit einer Beschlagnahme zwei mögliche Amtspflichten des Notars näher zu betrachten.

113 **a) Pflicht zur Einlegung von Rechtsmitteln.** Klärungsbedürftig ist zunächst die Frage, ob der mit einer Beschlagnahme konfrontierte Notar dazu verpflichtet ist, gegen die Beschlagnahmeanordnung gem. §§ 304, 306 StPO **Beschwerde** einzulegen sowie einen **Antrag** auf Aussetzung der Vollziehung gem. § 307 Abs. 2 StPO zu stellen. Von einer solchen Amtspflicht des Notars zur Einlegung eines Rechtsmittels zur effektiven Wahrung seiner notariellen Verschwiegenheitspflicht wird man nur dann ausgehen können, wenn dieses Rechtsmittel hinreichend **Aussicht auf Erfolg** bietet. Die Beschlagnahmeanordnung ist **stets rechtswidrig** und ein Rechtsmittel hat demnach stets hinreichend **Aussicht auf Erfolg,** wenn die beschlagnahmten Gegenstände gem. § 97 Abs. 1 Nr. 1 bis Nr. 3 StPO nicht der Beschlagnahme unterliegen:

114 **Nicht** der Beschlagnahme unterliegen gem. § 97 Abs. 1 Nr. 1 StPO sämtliche **Äußerungen** der Beteiligten, die sie dem Notar zwecks Kenntnisnahme übersandt haben, gem. § 97 Abs. 1 Nr. 2 StPO sämtliche **Vermerke** des Notars über Mitteilungen der Beteiligten oder über seine Wahrnehmungen betreffend die Beteiligten sowie gem. § 97 Abs. 1 Nr. 3 StPO sämtliche weitere **Gegenstände,** die dem Notar in seiner amtlichen Eigenschaft von den Beteiligten übergeben wurden.[202] Wird der Notar durch die Strafverfolgungsbehörde mit einer Beschlagnahmeanordnung dieser Gegenstände konfrontiert, ist deren Rechtswidrigkeit derart **offensichtlich** und **zweifelsfrei,** dass er zur effektiven Wahrung seiner Verschwiegenheitspflicht aus § 18 Abs. 1 S. 1 als **verpflichtetet** anzusehen ist, gegen diese Beschlagnahmeanordnung Rechtsmittel einzulegen.[203]

114a Das Beschlagnahmeverbot aus § 97 Abs. 1 Nr. 1 bis Nr. 3 StPO **greift** hingegen gem. § 97 Abs. 2 S. 2 Hs. 1 StPO **nicht,** „wenn es sich um Gegenstände handelt, die durch eine Straftat hervorgebracht oder **zur Begehung einer Straftat gebraucht** oder bestimmt sind oder die aus einer Straftat herrühren". Verlangt etwa die Strafverfolgungsbehörde im Wege der Beschlagnahme von dem Notar die **Herausgabe der von ihm angefertigten Ausweiskopien** eines Beteiligten, kann der Notar regelmäßig davon ausgehen, dass der ihm

---

[199] Zu den hohen Anforderungen an eine Anordnung durch die Staatsanwaltschaft oder ihre Ermittlungspersonen iSd § 152 GVG bei Gefahr im Verzug vgl. BVerfG 16.6.2015 – 2 BvR 2718/10, 1 BvR 1849/11, 2 BvR 2808/11, NJW 2015, 2787.
[200] KK-StPO/*Greven*, 7. Aufl. 2007, § 95 Rn. 1; *Pfeifer*, 5. Aufl. 2005, StPO § 95 Rn. 1; *Meyer-Goßner* StPO § 95 Rn. 1.
[201] Nach dem Wortlaut des § 95 Abs. 1 StPO besteht diese Pflicht auch bei bloßer Anforderung oder bei einem Beschlagnahmebeschluss der Staatsanwaltschaft. Vor dem Hintergrund der Bedeutung der notariellen Verschwiegenheitspflicht sollte der Notar stets auf einen gerichtlichen Beschlagnahmebeschluss bestehen.
[202] Vgl. hierzu BeckOK StPO/*Ritzert* StPO § 97 Rn. 16 und 17.
[203] Eine Amtspflicht zur Einlegung von Rechtsmitteln gegen eine Beschlagnahmeanordnung hingegen grundsätzlich verneinend BNotK-Rundschreiben Nr. 15/98 vom 22.5.1998, Ziff. II, 4.

vorgelegte und durch ihn abgelichtete Personalausweis **zur Begehung einer Straftat gebraucht** wurde. In einem solchen Falle ist die Rechtswidrigkeit der Beschlagnahmeanordnung **nicht offensichtlich und zweifelsfrei**, so dass der Notar auch **nicht verpflichtet** ist, gegen die Beschlagnahmeanordnung der Ausweiskopie **Rechtsmittel einzulegen**.

In der Praxis wird dem Notar häufig die Beschlagnahmeanordnung einer in seiner Verwahrung befindlichen **notariellen Urkunde** gem. §§ 94 Abs. 2, 98 Abs. 1 S. 1 StPO überreicht. **Anders** als bei den **zuvor genannten Gegenständen** steht die Beschlagnahmefreiheit einer notariellen Urkunde gem. § 97 Abs. 1 Nr. 1 StPO nämlich **nicht zweifelsfrei** fest. Im Anschluss an ein grundlegendes Urteil des Bundesgerichtshofs, wonach „notarielle Urkunden selbst keiner besonderen Geheimhaltung unterliegen ... und das Beschlagnahmeverbot ohnehin nur solche Gegenstände erfasst, die nach ihrem Aussagegehalt zu dem Vertrauensverhältnis zwischen dem Beschuldigten und dem zeugnisverweigerungsberechtigen Notar gehören",[204] entspricht es der **ständigen obergerichtlichen Rechtsprechung**,[205] der **herrschenden strafrechtlichen Literatur**[206] und der zum Teil veröffentlichten Auffassung der **Landesjustizverwaltungen**[207] dass notarielle Urkunden **beschlagnahmefähige Gegenstände (!)** sind. Die standesrechtliche Literatur lehnt diese Auffassung einhellig mit dem Argument ab, dass auch und insbesondere die notarielle Urkunde Gegenstand der notariellen Verschwiegenheitspflicht gem. § 18 Abs. 1 S. 1 ist und daher nach Sinn und Zweck grundsätzlich ein beschlagnahmefreier Gegenstand iSd § 97 Abs. 1 Nr. 1 StPO zu sein hat.[208] 115

So unmittelbar einleuchtend und richtig diese standesrechtlichen Stimmen auch sind, sie ändern nichts an der Tatsache, dass ein durch den Notar angerufenes Beschwerdegericht auf Grundlage der einhelligen höchst- und obergerichtlichen Rechtsprechung mit **hoher Wahrscheinlichkeit** von der **Beschlagnahmefähigkeit** einer notariellen Urkunde und damit von einer Rechtmäßigkeit der Beschlagnahmeanordnung ausgehen wird. Eine Beschwerde gem. §§ 304, 306 StPO sowie ein Antrag gem. § 307 Abs. 2 StPO des Notars bietet demnach betreffend die Beschlagnahmeanordnung einer notariellen Urkunde im Regelfall **keine hinreichende Aussicht auf Erfolg.** Der Notar kann daher im Falle der Beschlagnahme einer in seiner Verwahrung befindlichen notariellen Urkunde **nicht** als gem. § 18 Abs. 1 S. 1 **verpflichtet** angesehen werden, diese Rechtsmittel zur effektiven Wahrung der notariellen Verschwiegenheitspflicht einzulegen.[209] Da die Beschlagnahme einer nach der höchst- und obergerichtlichen Rechtsprechung als beschlagnahmefähig anzusehenden notariellen Urkunde allerdings stets an den besonderen Voraussetzungen von § 160a Abs. 2 StPO[210] zu messen ist, wird der Notar im Einzelfall gegebenenfalls **durchaus erfolgreich** gegen die Beschlagnameanordnung Rechtsmittel einlegen können. 116

---

[204] BGH 30.3.1987 – RiZ (R) 7/86, NJW 1987, 2241. So auch schon BGH 20.9.1979 – 4 StR 364/79, NStZ 1981, 94 (Ls.).
[205] LG Landshut MittBayNot 1994, 586; LG Darmstadt wistra 87, 232; LG Freiburg wistra 98, 35; LG Stuttgart wistra 88, 245.
[206] KK-StPO/*Nack*, 7. Aufl. 2007, § 97 Rn. 12, 13; *Pfeifer*, 5. Aufl. 2005, StPO § 97 Rn. 2; *Meyer-Goßner*, 56. Aufl. 2013, StPO § 97 Rn. 40.
[207] Erlass des Justizministeriums NRW vom 16.6.1995, allerdings mit der Einschränkung, dass die notarielle Urkunde auch zur Kenntnisnahme durch Dritte (Grundbuchamt, Handelsregister etc.) bestimmt ist.
[208] Schippel/Bracker/*Kanzleiter* BNotO § 18 Rn. 62; Arndt/Lerch/Sandkühler/*Sandkühler* BNotO § 18 Rn. 33; Diehn/*Schwipps* BNotO § 18 Rn. 50 f. Eine ausführliche Begründung dieser Auffassung findet sich bei *Amelung* DNotZ 1984, 195. Die entgegen diesem Verbot beschlagnahmten Urkunden unterliegen danach einem Verwertungsverbot, vgl. hierzu *Meyer-Goßner* StPO § 97 Rn. 46a.
[209] AA noch *Eylmann* in der 3. Auflage, Rn. 21. Eine Amtspflicht zur Einlegung von Rechtsmittel gegen eine Beschlagnahmeanordnung grundsätzlich verneinend BNotK-Rundschreiben Nr. 15/98 vom 22.5.1998, Ziff. II, 4.
[210] → Rn. 121.

117 **b) Herausgabe einer beschlagnahmten Urschrift.** Klärungsbedürftig ist ferner die Frage, welche Amtspflichten den Notar im Falle der Beschlagnahme einer notariellen Urkunde aus § 45 Abs. 1 BeurkG treffen. Nach dieser Norm hat der Notar die **Urschrift** der Urkunde grundsätzlich **nicht herauszugeben**.[211] Da die Staatsanwaltschaft gem. § 36 Abs. 2 S. 1 StPO die Beschlagnahmeanordnung erforderlichenfalls durch unmittelbaren Zwang durchsetzen kann,[212] wozu es der Notar schon aufgrund der ihn aus § 14 Abs. 3 folgenden Verhaltensverpflichtung in der Regel nicht kommen lassen darf, trifft ihn im Falle einer Beschlagnahme der Urkunde aus § 45 Abs. 1 BeurkG lediglich die **Amtspflicht darauf hinzuwirken,** dass nur eine (beglaubigte) **Abschrift** der beschlagnahmten Urkunde sichergestellt wird.[213] Nach der Rechtsprechung hat sich die Staatsanwaltschaft nämlich in der Regel mit der Sicherstellung einer Abschrift der beweiserheblichen Urkunde zu begnügen, da es regelmäßig nur auf den Inhalt der Urkunde ankommt.[214]

118 Der verwahrende Notar sollte daher den die Beschlagnahme vollziehenden Staatsanwalt auf das insoweit **mildere Mittel** der Sicherstellung einer (beglaubigten) Abschrift hinweisen. Verlangt der Staatsanwalt trotz dieses Hinweises die Herausgabe der Urschrift, beispielsweise wenn es ausnahmsweise nicht auf den Inhalt, sondern auf die Beschaffenheit der Urkunde zum Zwecke einer **spurentechnischen** oder **schriftbildlichen** Analyse ankommt, darf und sollte der Notar entsprechend § 45 Abs. 2 S. 2 BeurkG verfahren:[215] Er sollte die **Urschrift** mit seinem Siegel versehen, eine **Ausfertigung** davon zurückhalten und auf ihr iSd § 39 BeurkG[216] vermerken, dass die Urschrift aufgrund einer Beschlagnahme und trotz eines Hinweises an den leitenden Staatsanwalt auf die aus § 45 Abs. 1 BeurkG folgende eigene Verwahrpflicht und des milderen Mittels der Sicherstellung einer beglaubigten Abschrift an die Staatsanwaltschaft ausgehändigt worden ist. Die Ausfertigung tritt in diesen Fällen entsprechend § 45 Abs. 2 S. 3 BeurkG an die Stelle der Urschrift. **Alternativ** hierzu besteht für den Notar die Möglichkeit, bei seiner Aufsichtsbehörde zu beantragen, ihn von seiner **Verwahrverpflichtung** gem. § 45 Abs. 1 BeurkG betreffend die herausverlangte, im Eigentum des Landes befindliche Urkunde[217] **zu entbinden;** in der Regel wird er diesen Antrag angesichts der sehr streitigen Rechtslage zusammen mit einem Entscheidungsersuchen gem. § 18 Abs. 3 stellen.

119 Die vorstehende Hinwirkungspflicht besteht auch dann, wenn **Handelsregisteranmeldungen** gem. §§ 94 Abs. 2, 98 Abs. 1 S. 1 StPO beispielsweise zum Zwecke einer spurentechnischen oder schriftbildlichen Analyse beschlagnahmt werden. Hierbei handelt es sich in der Regel um eine Vermerkurkunde iSd § 39 BeurkG, die gem. § 45 Abs. 3 BeurkG grundsätzlich an die Beteiligten auszuhändigen und nur auf Antrag durch den Notar zu

---

[211] → BeurkG § 45 Rn. 6; *Winkler* BeurkG § 45 Rn. 8; Armbrüster/Preuß/Renner/*Preuß* BeurkG § 45 Rn. 6; Grziwotz/Heinemann/*Heinemann* BeurkG § 45 Rn. 19.

[212] KK-StGB/*Maul,* 7. Aufl. 2007, § 36 Rn. 12; *Greven,* ebenda, § 94 Rn. 17; BeckOK StPO/*Ritzert* StPO § 98 Rn. 10; *Meyer-Goßner* StPO § 98 Rn. 24. In der Regel auch auf Grundlage einer mit der Beschlagnahmeanordnung verbundenen Durchsuchungsanordnung gem. §§ 103 Abs. 1 S. 1, 105 Abs. 1 S. 1 StPO, vgl. *Meyer-Goßner* StPO § 105 Rn. 7 und 13 und *Amelung* DNotZ 1984, 195 (222f.).

[213] Eine derartige Hinwirkungspflicht aus § 45 Abs. 1 BeurkG wird beispielsweise angenommen, wenn zum Zwecke der Amtsprüfung durch den Landgerichtspräsidenten gem. § 93 Abs. 4 S. 1 Urschriften vorübergehend herausverlangt werden, vgl. Grziwotz/Heinemann/*Heinemann* BeurkG § 45 Rn. 19; Armbrüster/Preuß/Renner/*Eickelberg* DONot § 32 Rn. 19. Vgl. ähnlich wie hier auch *Reiß* MittBayNot 1994, 518 (521).

[214] Vgl. hierzu mwN ausführlich KK-StPO/*Greven,* 7. Aufl. 2007, § 94 Rn. 13 und *Amelung* DNotZ 1984, 195 (196f.). Vgl. auch Grziwotz/Heinemann/*Heinemann* BeurkG § 45 Rn. 19.

[215] So auch LG Rostock 23.5.2008 – 9 T 8/07 zur entsprechenden Anwendung des § 45 Abs. 2 BeurkG bei Aushändigung der Urschrift an einen Gerichtssachverständigen zum Zwecke der gutachterlichen Untersuchung der Unterschriften im Zivilprozess. Diese Entscheidung ablehnend *Winkler* BeurkG § 45 Rn. 8a und Grziwotz/Heinemann/*Heinemann* BeurkG § 45 Rn. 20, wonach die Untersuchung in der notariellen Geschäftsstelle oder aber im Labor bei Anwesenheit des verwahrenden Notars zu erfolgen habe. Insoweit unentschieden Armbrüster/Preuß/Renner/*Preuß* BeurkG § 45 Rn. 6. Vgl. hierzu auch *Reiß* MittBayNot 1994, 518 (521) und *Stuppi* notar 2009, 254 (256).

[216] → BeurkG § 45 Rn. 9; *Winkler* BeurkG § 45 Rn. 14.

[217] Vgl. *Winkler* BeurkG § 45 Rn. 4; Grziwotz/Heinemann/*Heinemann* BeurkG § 45 Rn. 14.

verwahren ist. Da der Notar die Handelsregisteranmeldung gem. § 12 Abs. 1 HGB in elektronische beglaubigter Abschrift einreicht, verwahrt er die Urschrift in der Regel aufgrund eines (konkludenten) Antrags der Beteiligten in seiner Urkundensammlung und hat diese somit grundsätzlich nur nach einer erfolgten Zurücknahme diese (konkludenten) Verwahrungsantrages herauszugeben.[218] Besteht der Staatsanwalt trotz eines Hinweises des Notars auf seine aus § 45 Abs. 3 BeurkG folgende Verwahrverpflichtung auf eine erforderlichenfalls durch unmittelbaren Zwang zu erwirkende Herausgabe, sollte der Notar entsprechend § 45 Abs. 2 S. 2 BeurkG eine **beglaubigte Abschrift** der Vermerkurkunde[219] zurückhalten und darauf den oben näher bezeichneten Vermerk iSd § 39 BeurkG anbringen. Diese beglaubigte Abschrift ist sodann gem. § 19 DONot nebst Kostenberechnung in der Urkundensammlung zu verwahren.

2. Durchsuchungen. Ordnet der Richter mit der Beschlagnahme zugleich auch eine 120 Durchsuchung zum Zwecke des Auffindens des beschlagnahmten Gegenstandes im Notariat gem. §§ 103 Abs. 1 S. 1, 105 Abs. 1 S. 1 StPO an, ist die notarielle Verschwiegenheitspflicht in **ganz besonderen Maße** betroffen. Bei Durchsuchungen besteht die Gefahr, dass der Strafverfolgungsbehörde in **großem Umfange** auch gem. § 18 Abs. 1 S. 1 geschützte Informationen betreffend nicht beschuldigter Klienten zur Kenntnis gelangen.[220] Die Durchsuchung einer notariellen Geschäftsstelle durch die Strafverfolgungsbehörden berührt daher nicht nur das Vertrauensverhältnis zwischen dem beschuldigten Mandanten und dem Notar, sondern darüber hinaus das „Interesse der Allgemeinheit an einer wirksamen und geordneten Rechtspflege".[221] Darüber hinaus stellt die Durchsuchung der notariellen Geschäftsstelle stets einen Eingriff in das **Grundrecht des Notars** aus Art. 13 Abs. 1 und Abs. 2 GG dar.[222] Die richterliche Durchsuchungsanordnung gem. §§ 103 Abs. 1 S. 1, 105 Abs. 1 S. 1 StPO hat daher stets den mit der Durchsuchung begründeten Eingriff in die Grundrechte des Notars und in die Interessen der Allgemeinheit mit dem konkret aufzuklärenden Tatvorwurf ins Verhältnis zu setzen.[223]

Eine derartige **besondere Verhältnismäßigkeitsprüfung** für die Anordnung von Er- 121 mittlungshandlungen gegen Notare sowie für die Verwertung der hieraus gewonnenen Erkenntnisse sieht seit Januar 2008 § 160a Abs. 2 StPO vor.[224] Soweit durch eine Ermittlungsmaßnahme ein Notar betroffen ist und dadurch voraussichtlich Erkenntnisse erlangt werden, über die der Notar sein Zeugnis verweigern dürfte, ist dies gem. § 160a Abs. 2 S. 1 Hs. 1 StPO im Rahmen der Prüfung der Verhältnismäßigkeit besonders zu berücksichtigen. Betrifft die Durchsuchung keine **Straftat von erheblicher Bedeutung**, überwiegt nach § 160a Abs. 2 S. 1 Hs. 2 StPO das öffentliche Interesse an einer wirksamen Strafverfolgung in der Regel nicht, so dass eine Durchsuchung der notariellen Geschäftsstelle unzulässig ist. Wird in diesem Falle dennoch eine Durchsuchung der notariellen Geschäftsstelle angeordnet, unterliegen die daraus gewonnen Erkenntnisse gem. § 160a Abs. 2 S. 3 StPO in der Regel einem Beweisverwertungsverbot.[225]

Vor dem Hintergrund dieser **hohen Rechtmäßigkeitsanforderungen** an eine Anord- 122 nung zur Durchsuchung einer notariellen Geschäftsstelle gem. §§ 103, 105 StPO und unter Berücksichtigung des Umstandes, dass durch eine derartige Durchsuchung die notarielle

---

[218] Vgl. Grziwotz/Heinemann/*Heinemann* BeurkG § 45 Rn. 30 f.; *Winkler* BeurkG § 45 Rn. 17 ff., der eine Verwahrung der Urschrift der Handelsregisteranmeldung durch Notar gerade mit Blick auf deren spätere Funktion als Vergleichsunterschrift für graphologische Gutachten rechtfertigt; → Rn. 19.
[219] Von Vermerkurkunden iSd § 39 BeurkG können keine Ausfertigungen gem. § 47 BeurkG erteilt werden.
[220] BVerfG 6.5.2008 – 2 BvR 384/07, NJW 2008, 1937; 11.7.2008 – 2 BvR 2016/06, NJW 2009, 281.
[221] BVerfG 6.5.2008 – 2 BvR 384/07, NJW 2008, 1937; 11.7.2008 – 2 BvR 2016/06, NJW 2009, 281.
[222] So ausdrücklich für die Durchsuchung der Geschäftsstelle des Notars BVerfG 29.2.2012 – 2 BvR 1954/11, DNotZ 2012, 597.
[223] *Dann* NJW 2015, 2609 (2611).
[224] Vgl. KK-StPO/*Griesbaum* § 160a Rn. 1; vgl. grundlegend zu dieser besonderen Prüfung bei Ermittlungshandlungen gegen Berufsgeheimnisträger BVerfG 2.4.2005 – 2 BvR 1027/02, NJW 2005, 1917.
[225] Vgl. hierzu BeckOK StPO/*Sackreuther* StPO § 160a Rn. 12.

Verschwiegenheitspflicht in ganz besonderem Maße betroffen ist, wird man den Notar bei drohendem Vollzug einer Durchsuchungsanordnung als gem. § 18 Abs. 1 S. 1 **grundsätzlich verpflichtet** anzusehen haben, gegen die Durchsuchungsanordnung gem. §§ 304, 306 StPO **Beschwerde** einzulegen sowie einen **Antrag** auf Aussetzung der Vollziehung gem. § 307 Abs. 2 StPO zu stellen.[226]

123　**3. Zusammenfassung.** Der Notar kann durch die Herausgabe einer gem. §§ 94 Abs. 2, 98 Abs. 1 S. 1 StPO beschlagnahmten **notariellen Urkunde** oder **anderer beschlagnahmter Gegenstände** (zB Ausweiskopien) nicht gegen seine Verschwiegenheitspflicht verstoßen. Er ist auch **nicht verpflichtet** – aber gleichwohl dazu berechtigt –, gegen die Beschlagnahme einer **notariellen Urkunde** Rechtsmittel einzulegen. Den Notar trifft jedoch gem. § 45 Abs. 1 BeurkG die Pflicht, zumindest **darauf hinzuwirken,** dass die Staatsanwaltschaft lediglich eine (beglaubigte) **Abschrift der Urkunde** und nicht die Urschrift sicherstellt. Bei der Beschlagnahme **anderer Gegenstände** ist er **grundsätzlich als verpflichtet** anzusehen, gegen die Beschlagnahmeanordnung **Rechtsmittel einzulegen,** es sei denn, der beschlagnahmte Gegenstand wurde **zur Begehung einer Straftat gebraucht** (wie beispielsweise der bei der Beurkundung vorgelegte und durch den Notar kopierte Ausweis eines Beteiligten).

124　Beabsichtigt die Strafverfolgungsbehörde, zum Zwecke der Beschlagnahme einer notariellen Urkunde eine **Durchsuchung** der notariellen Geschäftsstelle zu vollziehen, ist der Notar verpflichtet, gegen die **Durchsuchungsanordnung** gem. §§ 304, 306 StPO **Beschwerde einzulegen** und einen Antrag auf Aussetzung der Vollziehung gem. § 307 Abs. 2 StPO zu stellen. Die Strafverfolgungsbehörde sollte zugleich auf das aus § 160a Abs. 2 S. 3 StPO folgende Beweisverwertungsverbot im Falle der Vollstreckung einer rechtswidrigen Anordnung hingewiesen werden.

125　Verbleiben dem mit einem Herausgabeverlangen konfrontierten Notar[227] Zweifel an diesem Ergebnis, sollte er gem. § 18 Abs. 3 die **Entscheidung seiner Aufsichtsbehörde** nachsuchen. Wenn der vollziehende Staatsanwalt keinen Aufschub der Durchsuchung und Beschlagnahme duldet, sollte der Notar die beschlagnahmte notarielle Urkunde in einem **versiegelten Umschlag** herausgeben, um eine Entscheidung seiner Aufsichtsbehörde gem. § 18 Abs. 3 vor einer Ermöglichung der Kenntnisnahme des Inhalts der Urkunde durch die Strafverfolgungsbehörde zu gewährleisten.[228]

XVII. Offenbarung im Rahmen der Amtsnachfolge

126　Das öffentliche Amt des Notars setzt sich zusammen aus einer institutionalisierten und einer individualisierten Komponente.[229] Diese Differenzierung des Notaramtes in zwei voneinander zu trennende Wesensmerkmale ist insbesondere in § 14 Abs. 3 S. 1 augenfällig, wonach der Notar sich innerhalb und außerhalb seines Amtes **(individualisierte Komponente)** der Achtung und dem Vertrauen, die dem Notaramt **(institutionalisierte Komponente)** entgegengebracht wird, würdig zu zeigen hat.[230] Mit dem Begriff der Amtsnachfolge[231] wird ausschließlich die Nachfolge eines Notars in die institutionalisierte Komponente eines aus dem Amt ausgeschiedenen Notars umschrieben.[232]

127　Die so definierte Amtsnachfolge erfolgt durch eine Übertragung der Verwahrung der Urkunden, Akten und Bücher des aus dem Amt ausgeschiedenen Notars **(Amtsvorgän-**

---

[226] Eine Amtspflicht zur Einlegung von Rechtsmittel gegen eine Durchsuchungsanordnung hingegen grundsätzlich verneinend BNotK-Rundschreiben Nr. 15/98 vom 22.5.1998, Ziff. II, 4.
[227] Gemäß § 33 Abs. 3 StPO ist der Notar vor einer Beschlagnahme- und Durchsuchungsanordnung grundsätzlich zu hören, vgl. zum Verfahren *Amelung* DNotZ 1984, 195 (215 f.).
[228] So treffend *Amelung* DNotZ 1984, 195 (222).
[229] *Starke/Terner* FS Brambring 2011, 357 (358 ff.); *Kindler* RNotZ 2015, 465.
[230] *Terner* RNotZ 2014, 523 (524); *Starke/Terner* FS Brambring 2011, 357 (359); *Kindler* RNotZ 2015, 465;
→ § 51 Rn. 1 ff.
[231] BGH 7.6.2010 – NotZ 3/10, NJW-RR 2011, 414.
[232] So treffend *Terner* RNotZ 2014, 523 (524). Vgl. auch *Starke/Terner* FS Brambring 2011, 357 (362 ff.).

ger) gem. § 51 Abs. 1 S. 2 auf einen anderen amtierenden Notar (**Amtsnachfolger**).[233] Den Amtsnachfolger trifft über den Wortlaut von §§ 51 Abs. 1 S. 3, 45 Abs. 2, Abs. 4 und Abs. 5 hinaus die Pflicht, die noch nicht abgewickelten Amtsgeschäfte des ausgeschiedenen Notars wie die eigenen fortzuführen;[234] denn erst „durch die kontinuierliche Verwahrung ‚im übernommenen Amt' wird Störungen in der notariellen Betreuung der Rechtsuchenden entgegen gewirkt."[235] Dem entsprechend sieht Vorbemerkung 2 Abs. 1 KV GNotKG vor, dass der Amtsnachfolger dem Amtsvorgänger auch für Zwecke der Gebührenberechnung gleichsteht.[236]

1. Offenbarung gegenüber dem Amtsnachfolger. Soweit dem Amtsnachfolger die 128 Verwahrung der Urkunden, Akten und Bücher gem. § 51 Abs. 1 S. 2 übertragen wurden, ist der Amtsvorgänger gegenüber dem Amtsnachfolger **nicht** zur Verschwiegenheit verpflichtet. Das folgt aus dem Umstand, dass die in den Urkunden, Akten und Büchern enthaltenen Informationen nicht mit der individualisierten, sondern mit der institutionalisierten Komponente des Notaramtes verknüpft sind und diese Komponente gem. § 51 Abs. 1 S. 2 vom Amtsvorgänger auf den Amtsnachfolger übertragen wird.[237] § 51 Abs. 1 S. 2 ist vor diesem Hintergrund als ein **gesetzlicher Offenbarungstatbestand** im Verhältnis vom Amtsvorgänger zum Amtsnachfolger zu begreifen.

2. Offenbarung gegenüber dem Amtsvorgänger. Ob und in welchem Umfang 129 hingegen der Amtsnachfolger gegenüber dem Amtsvorgänger zur Verschwiegenheit verpflichtet ist, lässt sich aus den zuvor beschriebenen Grundsätzen der Amtsnachfolge nicht beantworten. Einen Offenbarungstatbestand enthält § 51 Abs. 1 S. 2 für dieses umgekehrte Verhältnis gerade nicht. Grundsätzlich ist der Amtsnachfolger dem Amtsvorgänger gegenüber daher gem. § 18 Abs. 1 S. 1 zur Verschwiegenheit **verpflichtet.**

Soweit der Amtsvorgänger zum Zwecke einer effektiven Verteidigung gegen einen nach 130 seinem Ausscheiden erhobenen zivilrechtlichen **Amtshaftungsanspruch** gem. § 19 Abs. 1 S. 1 oder **strafrechtlichen Vorwurf** auf die von ihm errichteten Urkunden, Akten oder Bücher angewiesen ist, darf ihm der Amtsnachfolger Einsicht in diese Unterlagen entsprechend § 193 StGB gewähren. Ebenso darf der Amtsnachfolger dem Amtsvorgänger Einsicht in die zur Beitreibung der ihm zustehenden **Kostenforderungen**[238] erforderlichen Unterlagen entsprechend § 193 StGB gewähren. Es besteht in beiden Fällen ein berechtigtes, das informationelle Selbstbestimmungsrecht der Beteiligten überwiegendes Interesse des Amtsvorgängers an seiner zivil- oder strafrechtlichen Verteidigung sowie an einer Erfüllung der ihm nach § 17 Abs. 1 gesetzlich auferlegten Kostenbeitreibungspflicht.

Die Durchbrechung der notariellen Verschwiegenheitspflicht des Amtsnachfolgers nach 131 den unten[239] näher dargestellten Grundsätzen der **Wahrnehmung berechtigter Eigeninteressen** entsprechend § 193 StGB zu Gunsten des Amtsvorgängers ist vor dem Hintergrund gerechtfertigt, dass dieser gem. § 18 Abs. 4 nach seinem Ausscheiden aus dem Amt im Hinblick auf die hier in Frage stehenden Unterlagen zur Verschwiegenheit verpflichtet bleibt.[240] Das berufs- und strafrechtliche Schutzniveau des durch die Einsichtnahme betrof-

---

[233] BGH 7.6.2010 – NotZ 3/10, NJW-RR 2011, 414; *Terner* RNotZ 2014, 523 (524).
[234] *Kindler* RNotZ 2015, 465 (471); *Bäumler* notar 2012, 3 (9). Diese Pflicht ergibt sich zum Teil auch aus den auf Grundlage von § 67 Abs. 2 Nr. 11 erlassenen Richtlinien der Notarkammern, vgl. etwa Abschnitt XI Nr. 2 der Richtlinien über die Amtspflichten und sonstigen Pflichten der Mitglieder der Rheinischen Notarkammer.
[235] BGH 7.6.2010 – NotZ 3/10, NJW-RR 2011, 414.
[236] Beispielsweise zum Zwecke einer Anrechnung einer von dem Amtsvorgänger erhobenen Entwurfsgebühr oder Gebühr für die vorzeitige Beendigung des Beurkundungsverfahrens auf die von dem Amtsnachfolger erhobenen Beurkundungsgebühr gem. Vorb. 2.4.1 Abs. 6 KV GNotKG, vgl. Fackelmann/Heinemann/*Fackelmann* GNotKG KV Vorb. 2 Rn. 8.
[237] Vgl. *Terner* RNotZ 2014, 523 (525); *Kindler* RNotZ 2015, 465 (471).
[238] Vgl. hierzu Schippel/Bracker/*Bracker* BNotO § 51 Rn. 61 und § 58 Rn. 15; *Kindler* RNotZ 2015, 465 (474).
[239] → Rn. 132, 138.
[240] So auch *Terner* RNotZ 2014, 523 (525) (dort Fn. 12).

fenen informationellen Selbstbestimmungsrechts bleibt mithin vollumfänglich erhalten. Gegenüber dem **Rechtsnachfolger des Amtsvorgängers** kann eine Durchbrechung der Verschwiegenheitspflicht auf dieser Grundlage hingegen nicht begründet werden, so dass der Notar dem Rechtsnachfolger des Amtsvorgängers gegenüber vollumfänglich gem. § 18 Abs. 1 S. 1 zur Verschwiegenheit verpflichtet ist.[241]

XVIII. Offenbarung gegenüber Dienstleistern

131a Der Notar kann sein Amt nur dann ordnungsgemäß ausüben, wenn er **bestimmte Tätigkeiten** durch nicht von ihm iSd § 26 beschäftigte Personen (Mitarbeiter) durchführen lässt. Zu denken ist hier etwa an den Server, das Kopiergerät oder die Spülmaschine des Notars, die er durch einen externen Dienstleister warten, instandsetzen oder erneuern lässt. Dass er die notwendigen Wartungs-, Instandsetzungs- und Erneuerungsarbeiten an Server, Kopiergerät und Spülmaschine nicht selbst erledigen oder durch seine Mitarbeiter erledigen lassen kann, liegt auf der Hand. Es besteht demnach für den Notar ein Interesse, **externe Dienstleister** mit **bestimmten Aufgaben** zu beauftragen, auch wenn ihnen bei Ausführung des Auftrages geschützte Informationen offenbart werden.

131b Dieses Interesse des Notars hat der Gesetzgeber durch Einfügung des § 26a in die BNotO mit Wirkung zum 9.11.2017 gesetzlich anerkannt. Unter den darin bestimmten Voraussetzungen ist es dem Notar **gestattet,** externen Dienstleistern solche Informationen zu offenbaren, die der Verschwiegenheitspflicht gem. § 18 Abs. 1 S. 1 unterliegen, **ohne** dass die Beteiligten ihn vorher gem. § 18 Abs. 2 von der Verschwiegenheit **befreien.** Die Vorschrift bildet einen **gesetzlichen Offenbarungstatbestand** und fügt sich in die Reihe der bereits bestehenden Ausnahmetatbestände zur notariellen Verschwiegenheitspflicht ein. Auf die Kommentierung zu § 26a kann an dieser Stelle vollumfänglich verwiesen werden.

E. Notstand und berechtigte Eigeninteressen

132 Der Notar kann auch außerhalb eines gesetzlichen Offenbarungstatbestandes berechtigt sein, der Verschwiegenheitspflicht unterfallende Informationen zu offenbaren. Der Notar dürfe, so der Bundesgerichtshof, „wegen eines **rechtfertigenden Notstandes** (§ 34 StGB) oder in **Wahrnehmung berechtigter Interessen** (§ 193 StGB) der Geheimhaltungspflicht unterliegende Umstände offenbaren".[242] Im Unterschied zu den gesetzlichen Offenbarungstatbeständen ist der Notar in diesen Fällen allerdings im Regelfall **nicht** zu ihrer Offenbarung **verpflichtet,** gleichwohl zu ihrer Offenbarung **berechtigt.**[243]

I. Offenbarung zur Verhinderung einer Straftat

133 Gemäß § 14 Abs. 2 hat der Notar seine Amtstätigkeit zu versagen, wenn seine Mitwirkung bei Handlungen verlangt wird, mit denen erkennbar unerlaubte oder unredliche Zwecke verfolgt werden. Diese Amtspflicht zur Versagung notarieller Amtstätigkeit besteht insbesondere dann, wenn der Notar durch seine Tätigkeit an einer **strafbaren Handlung** mitwirken oder zu ihr beitragen würde. Zwar unterliegen auch die in diesem Rahmen dem Notar zur Kenntnis gelangten Tatsachen der Verschwiegenheitspflicht gem. § 18 Abs. 1 S. 1. Dennoch darf der Notar nach der Rechtsprechung des Bundesgerichtshofes diese

---

[241] Vgl. hierzu LG Freiburg 28.4.2015 – 4 T 254/14, BeckRS 2015, 12319.
[242] BGH 17.7.2014 – III ZR 514/13, DNotZ 2014, 837. Ebenso BGH 9.12.2004 – IX ZB 279/03, DNotZ 2005, 288. Vgl. auch Diehn/*Schwipps* BNotO § 18 Rn. 41. Gegen eine Übertragung dieses Rechtfertigungsgrundes auf andere notarielle Amtspflichten (außerhalb von § 18) jedoch BGH 13.3.2017 – NotSt (Brfg) 1/16 Rn. 8, BeckRS 2017, 108586.
[243] BGH 17.7.2014 – III ZR 514/13, DNotZ 2014, 837; 9.12.2004 – IX ZB 279/03, DNotZ 2005, 288; OLG Frankfurt a. M. 19.11.2003 – 9 U 70/98, BeckRS 2004, 00405.

Tatsachen offenbaren, wenn er damit eine strafbare Handlung verhindern kann, „denn die Pflicht, dem Unrecht zu wehren, geht dem Schutz des Notargeheimnisses vor."[244]

Begründet werden kann diese Durchbrechung der berufsrechtlichen Verschwiegenheitspflicht gem. § 18 Abs. 1 S. 1 mit einem Entfallen der Rechtswidrigkeit eines Verstoßes gegen § 203 Abs. 1 Nr. 3 StGB aufgrund des Vorliegens eines **rechtfertigenden Notstandes**.[245] Gemäß § 34 Abs. 1 StGB handelt der Notar nicht rechtswidrig, wenn er in einer gegenwärtigen, nicht anders abwendbaren Gefahr für ein Rechtsgut Tatsachen offenbart, um diese Gefahr abzuwenden und bei Abwägung der widerstreitenden Interessen das geschützte Interesse das beeinträchtigte wesentlich überwiegt. Eine Offenbarungsbefugnis zur Verhinderung einer Straftat kann angesichts des hohen Stellenwertes der notariellen Verschwiegenheitspflicht nur dann angenommen werden, wenn es sich um eine **Straftat von „einiger Erheblichkeit"** handelt.[246] Das Strafverfolgungsinteresse bereits begangener und nicht mehr verhinderbarer Straftaten rechtfertigt die Verletzung der notariellen Schweigepflicht hingegen grundsätzlich nicht.[247]

Eine **Pflicht zur Offenbarung** besteht für den Notar nur bei den in § 138 StGB aufgeführten geplanten Straftaten (unter anderem Mord, Totschlag, Raub, Geld- oder Wertpapierfälschung etc). Gemäß § 139 Abs. 2 StGB ist ein **Geistlicher** auch hinsichtlich dieser Straftaten nicht zur Offenbarung des ihm Anvertrauten verpflichtet. Mit Ausnahme der in § 139 Abs. 3 Nr. 1 bis Nr. 3 StGB genannten schweren Delikte (Mord, Totschlag etc) ist unter anderem auch ein **Rechtsanwalt** gem. § 139 Abs. 3 S. 2 StGB nicht zu einer Offenbarung des ihm Anvertrauten verpflichtet. Obwohl sich auch der **Notar** gleich einem Geistlichen iSd § 193 Abs. 2 StGB oder einem Rechtsanwalt iSd § 193 Abs. 3 S. 2 StGB in einem Konflikt zwischen Geheimhaltung und Verbrechensverhütung befindet,[248] sind die in § 193 Abs. 2 und Abs. 3 StGB enthaltenen Einschränkungen der Anzeigepflichten betreffend die in § 138 StGB aufgeführten Straftaten **nicht** auf ihn anwendbar.[249]

II. Offenbarung zur Verhinderung eines Schadens

Anknüpfend an die höchstrichterliche Rechtsprechung und Begründung zur Durchbrechung der Verschwiegenheitspflicht zum Zwecke der Verhinderung von Straftaten findet sich in Literatur und Rechtsprechung die noch weitergehende Auffassung, dass der Notar gem. § 18 Abs. 1 S. 1 geschützte Informationen auch zur Abwendung eines **wirtschaftlichen Schadens** eines Beteiligten offenbaren dürfe.[250] Die den Notar insoweit gegebenenfalls treffende **erweiterte Aufklärungspflicht** aus § 17 Abs. 1 BeurkG[251] stehe in derartigen Fällen in einem **Konflikt** zu seiner **Verschwiegenheitspflicht** gem. § 18 Abs. 1, der bei einem für den Notar erkennbar drohenden wirtschaftlichen Schaden eines Beteiligten zugunsten der Aufklärungspflicht aufzulösen sei. Der Notar sei daher in derartigen Konstellationen unter Durchbrechung der notariellen Verschwiegenheitspflicht zu einer Offenbarung der den drohenden Schaden abwendenden Tatsachen gem. § 17 Abs. 1 BeurkG verpflichtet.[252]

---

[244] BGH 22.11.1977 – VI ZR 176/76, BeckRS 1977, 30376622.
[245] BGH 17.7.2014 – III ZR 514/13, DNotZ 2014, 837. Vgl. auch Schönke/Schröder/*Eisele/Lenckner* StGB § 203 Rn. 30; BeckOK StGB/*Weidemann* StGB § 203 Rn. 45.
[246] Vgl. Schönke/Schröder/*Eisele/Lenckner* StGB § 203 Rn. 31a.
[247] Vgl. Schönke/Schröder/*Eisele/Lenckner* StGB § 203 Rn. 31a, dort auch zu den Ausnahmen von diesem Grundsatz. Ebenso bei bereits eingetretenem Schaden OLG Zweibrücken 10.7.2002 – 3 W 137/02, DNotZ 2003, 125.
[248] Vgl. zu diesem Sinn und Zweck der Ausnahmen Schönke/Schröder/*Sternberg-Lieben* StGB § 139 Rn. 5.
[249] So ausdrücklich Lackner/Kühl/*Kühl* StGB § 139 Rn. 2; MüKoStGB/*Hohmann* StGB § 139 Rn. 16; Schippel/Bracker/*Kanzleiter* BNotO § 18 Rn. 48. AA aber noch *Eylmann* in der 3. Auflage, Rn. 66.
[250] Arndt/Lerch/Sandkühler/*Sandkühler* BNotO § 18 Rn. 42, 69; Schippel/Bracker/*Kanzleiter* BNotO § 18 Rn. 45; OLG Zweibrücken 10.7.2002 – 3 W 137/02, DNotZ 2003, 125.
[251] Vgl. zu deren grundsätzlichen Voraussetzungen nur *Winkler* BeurkG § 17 Rn. 237 ff., insbes. 242 ff. und BeckOK BGB/*Litzenburger* BeurkG § 17 Rn. 5.
[252] Arndt/Lerch/Sandkühler/*Sandkühler* BNotO § 18 Rn. 69; Schippel/Bracker/*Kanzleiter* BNotO § 18 Rn. 48 f.; OLG Zweibrücken 10.7.2002 – 3 W 137/02, DNotZ 2003, 125, jeweils unter Verweis auf BGH

137 Diese Auffassung ist **abzulehnen**.²⁵³ Sie begründet eine bedenkliche Aufweichung einer notariellen Kardinalpflicht, ohne die das öffentliche Amt des Notars nicht bestehen kann. Die Aufklärungspflicht gem. § 17 Abs. 1 BeurkG und die Verschwiegenheitspflicht gem. § 18 Abs. 1 sind **gleichrangige** notarielle **Kardinalpflichten.** Ein wesentliches Überwiegen einer dieser beiden Pflichten über die jeweils andere, wie es der **rechtfertigende Notstand** gem. § 34 Abs. 1 StGB voraussetzt, ist von vornherein ausgeschlossen. Einem Konflikt beider Amtspflichten kann und muss der Notar allein dadurch begegnen, dass er seine **Mitwirkung** an dem konkreten Amtsgeschäft gem. § 14 Abs. 2 **ablehnt.** Mit dem der notariellen Verschwiegenheitspflicht unterliegenden Wissen kann der Notar den potentiell geschädigten Beteiligten nämlich nicht mehr gem. § 14 Abs. 1 unabhängig und unparteiisch betreuen. Der Versagung der Amtstätigkeit gem. § 14 Abs. 2 kann der andere Beteiligte sodann allein dadurch begegnen, dass er den Notar von seiner Verschwiegenheitspflicht gem. § 18 Abs. 2 Hs. 1 betreffend die den Schaden potentiell begründenden Tatsachen befreit und ihn dadurch in die Lage versetzt, neutraler und unabhängiger Betreuer beider Parteien zu sein.²⁵⁴

III. Offenbarung gegenüber Mitarbeitern

138 Gemäß § 193 StGB sind Äußerungen, die zur **Wahrnehmung berechtigter Interessen** gemacht werden, nur insoweit als Beleidigungsdelikt gem. § 185 StGB strafbar, als das Vorhandensein einer Beleidigung aus der Form oder den Umständen hervorgeht. Anknüpfend an den Rechtsgedanken dieser Vorschrift wird sowohl für die berufsrechtliche Verschwiegenheitspflicht gem. § 18 Abs. 1 als auch für den Straftatbestand der Verletzung von Privatgeheimnissen gem. § 203 Abs. 1 StGB ein **eigener Rechtfertigungsgrund** für die Offenbarung von geschützten Informationen angenommen.²⁵⁵ Danach ist eine Offenbarung von geschützten Informationen sowohl berufs- als auch strafrechtlich gerechtfertigt, wenn im Rahmen einer **Güterabwägung** das konkret in Frage stehenden berechtigte Eigeninteresse des Notars das gem. § 18 Abs. 1, § 203 Abs. 1 StGB geschützte informationellen Selbstbestimmungsrecht der Beteiligten überwiegt.

139 Die Beschäftigung von Mitarbeitern²⁵⁶ ist das **Musterbeispiel** eines berechtigten Eigeninteresses des Notars.²⁵⁷ Der Notar kann sein Amt nur ausüben, wenn er seinen Mitarbeitern Zugang zu sämtlichen der notariellen Verschwiegenheitspflicht unterfallenden Tatsachen verschafft. Weder die Vorbereitung noch die Abwicklung notarieller Amtsgeschäfte ist ohne Zugang zu berufsrechtlich und strafrechtlich geschützten Information möglich. In Anerkennung dieser Notwendigkeit erwähnte § 18 Abs. 1 S. 1 in seiner ursprünglichen, dem Wortlaut von § 19 RNotO entsprechenden Gesetzesfassung auch

---

14.5.1992 – IZ ZR 262/91, DNotZ 1992, 813, wonach die Verschwiegenheitspflicht durch „die Aufklärungspflicht des Notars zur Schadensverhütung eingeschränkt" werde.

²⁵³ So bereits *Eylmann* in der 3. Auflage, Rn. 67.

²⁵⁴ *Eylmann* hat in der 3. Auflage, Rn. 67, treffend darauf hingewiesen, dass die Ablehnung des Notars mit der Begründung, er könne wegen seiner Verschwiegenheitspflicht nicht so aufklären, wie es notwendig sei, dem schutzbedürftigen Beteiligten in den meisten Fällen eine hinreichende Warnung sei.

²⁵⁵ Für § 18 vgl. BGH 17.7.2014 – III ZR 514/13, DNotZ 2014, 837; 9.12.2004 – IX ZB 279/03, DNotZ 2005, 288; Diehn/*Schwipps* BNotO § 18 Rn. 41. Für § 203 StGB vgl. BGH 8.10.1968 – VI ZR 168/67 (KG), NJW 1968, 2288; BeckOK StGB/*Weidemann* StGB § 203 Rn. 45 jeweils mwN.

²⁵⁶ Hierunter sind sämtliche „von" dem Notar iSd § 26 „beschäftigten Personen" zu verstehen, dh alle arbeitsvertraglich beschäftigten Personen; → § 26 Rn. 7.

²⁵⁷ AA der Gesetzgeber bei Schaffung des § 26a (→ § 26a Rn. 1) unter Berufung auf eine nicht näher belegte „allgemeine Meinung", dass es sich bei einer Weitergabe von geschützten Informationen gegenüber den eigenen Mitarbeitern schon nicht um ein Offenbaren (→ Rn. 153) handelt, vgl. BR-Drs. 163/17, 13. AA auch Schippel/Bracker/*Kanzleiter* BNotO § 18 Rn. 7, wonach der Notar durch die Beteiligten im Hinblick auf seine Mitarbeiter gem. § 18 Abs. 2 Hs. 1 konkludent von seiner Verschwiegenheitspflicht befreit werde und die Beteiligten daher ausdrücklich eine Befreiung ablehnen könnten.

noch ausdrücklich die Mitarbeiter des Notars und machte es dem Notar zur Amtspflicht, ihnen die „Verschwiegenheit zur Pflicht zu machen".[258]

Das **berechtigte Eigeninteresse** des Notars an der Beschäftigung von Mitarbeitern **140** **überwiegt** im Rahmen der entsprechend § 193 StGB erforderlichen Güterabwägung das durch die Verschwiegenheitspflicht geschützte **informationelle Selbstbestimmungsrecht** der Beteiligten. Das folgt aus dem Umstand, dass die Mitarbeiter strafrechtlich und verfahrensrechtlich **vollumfänglich** dem Notar **gleichgestellt** sind. Gemäß § 203 Abs. 3 S. 2 StGB unterliegen die Mitarbeiter des Notars bei unbefugter Offenbarung von anvertrauten Informationen derselben qualifizierten Strafandrohung wie der Notar.[259] Gemäß § 26 wird darüber hinaus die Möglichkeit eröffnet[260] und der Notar dazu verpflichtet, die bei ihm beschäftigten Personen gem. § 1 Nr. 1 Verpflichtungsgesetz **förmlich zu verpflichten.** Unmittelbare **Folge** dieser förmlichen Verpflichtung ist, dass die entsprechend verpflichteten Mitarbeiter auch im Hinblick auf die Straftatbestände des Verwahrungsbruchs (§ 133 Abs. 3 StGB), der Verletzung der Vertraulichkeit des Wortes (§ 201 Abs. 3 StGB), der Vorteilsannahme (§ 331 Abs. 1 StGB), der Bestechlichkeit (§ 332 Abs. 1 StGB), der Verletzung des Dienstgeheimnisses und einer besonderen Geheimhaltungspflicht (§ 353b Abs. 1 Nr. 2 StGB) sowie der Verletzung des Steuergeheimnisses (§ 355 Abs. 2 Nr. 1 StGB) **derselben** qualifizierten Strafandrohung unterliegen wie der Notar. Den Mitarbeitern steht ferner gem. § 53a StPO und § 383 ZPO[261] sowie den darauf Bezug nehmenden Regelungen anderer Verfahrens- und Prozessordnungen (zB § 29 Abs. 2 FamFG, § 98 VwGO, § 65 Abs. 1 VwVfG, § 46 Abs. 2 ArbGG, § 118 SGG, § 21 Abs. 3 SGB X) in dem **selben Umfang** wie dem Notar ein Zeugnisverweigerungsrecht in einem gerichtlichen Verfahren zu. Gemäß § 102 Abs. 2 AO haben auch die Mitarbeiter ein Auskunftsverweigerungsrecht gegenüber den Finanzbehörden. Schließlich unterliegt eine Anordnung von Ermittlungsmaßnahmen gegen die Mitarbeiter gem. § 160a Abs. 3 StPO den **selben besonderen** Verhältnismäßigkeitsvoraussetzungen wie gegen den Notar selbst und auch das Beschlagnahmeverbot ist gem. § 97 Abs. 3 StPO auf die Mitarbeiter des Notars anzuwenden.

Die vorstehenden Ausführungen zeigen, dass das **strafrechtliche und verfahrensrecht-** **141** **liche Schutzniveau** bei einer Weitergabe von geschützten Informationen von dem Notar an seine Mitarbeiter vollumfänglich erhalten bleibt. Darüber hinaus sinkt in der Regel auch das **berufsrechtliche Schutzniveau** nicht ab. Zwar sind die Mitarbeiter keine unmittelbare Adressaten der notariellen Verschwiegenheitspflicht gem. § 18 Abs. 1. S. 1.[262] Dennoch wird dem Notar ein Verschwiegenheitspflichtverstoß der seinem Weisungsrecht unterstehenden Mitarbeiter regelmäßig nach den Grundsätzen des Aufsichts- und Organisationsverschuldens zuzurechnen sein und entsprechend standesrechtlich sanktioniert. Angesichts dieses **gleichbleibenden Schutzes** des informationellen Selbstbestimmungsrechts durch das Berufs-, Straf- und Verfahrensrecht überwiegt im Rahmen der analog § 193 StGB erforderlichen Güterabwägung das Interesse des Notars an einer Beschäftigung von Mitarbeitern stets.

[Einstweilen frei.] 142–145

---

[258] Zur Auslagerung dieser Verpflichtung im Jahre 1998 in den neu geschaffenen § 26 vgl. BT-Drs. 13/4184, 25 ff.
[259] Einer förmlichen Verpflichtung der Mitarbeiter iSd § 26 bedarf es daher zur Eröffnung dieses Straftatbestandes nicht, obgleich bei vorhandener förmlicher Verpflichtung eine Eröffnung zusätzlich aus § 203 Abs. 2 Nr. 2 StGB folgt.
[260] Vgl. zur Auslagerung dieser in § 18 Abs. 1 S. 1 nur unvollständig geregelten Verpflichtung im Jahre 1998 in den neu geschaffenen § 26 unter gleichzeitiger Schaffung einer ausdrücklichen gesetzlichen Ermächtigungsgrundlage zur förmlichen Verpflichtung der Mitarbeiter nach dem Verpflichtungsgesetz nur BT-Drs. 13/4184, 25 ff.
[261] RGZ 54, 360 (361); BeckOK ZPO/*Scheuch* ZPO § 383 Rn. 24; MüKoZPO/*Damrau* ZPO § 383 Rn. 34.
[262] → Rn 13.

IV. Offenbarung zur Beitreibung von Kostenforderungen

146 Die Beitreibung notarieller Kostenforderungen kann der Notar mit Unterstützung seiner Mitarbeiter selbst vornehmen. Lediglich zum Zwecke der Vollstreckung einer gem. § 89 GNotKG mit einer Vollstreckungsklausel versehenen Kostenberechnung ist er auf die Zustellung der Kostenberechnung durch den **Gerichtsvollzieher** und auf die Durchführung einer Mobiliar- oder Immobiliarvollstreckung oder einer Forderungspfändung durch den Gerichtsvollzieher bzw. das **Vollstreckungsgericht** angewiesen.[263] Da der Notar gem. § 17 Abs. 1 zur Einziehung seiner Gebührenforderungen verpflichtet ist, kann er dem **Gerichtsvollzieher** und dem **Vollstreckungsgericht** die zur Zustellung und Vollstreckung seiner Kostenforderung erforderlichen Informationen offenbaren, ohne gegen seine Verschwiegenheitsplicht aus § 18 Abs. 1 S. 1 zu verstoßen oder sich gem. § 203 Abs. 1 Nr. 3 StGB strafbar zu machen. Vor diesem Hintergrund ist es ihm auch gestattet, seine Kostenforderung erforderlichenfalls gem. § 185 ZPO **öffentlich zuzustellen.**[264] Eine Vollstreckungsabwehrklage gem. §§ 795, 797, 767 ZPO ist aufgrund der insoweit gem. § 127 GNotKG spezielleren Kostenbeschwerde nicht statthaft,[265] so dass zum Umfang der Berechtigung zur Offenlegung von Informationen gegenüber dem **Beschwerdegericht** auf die obigen Ausführungen verwiesen werden kann.[266]

146a Ist der Notar nach seiner Einschätzung davon überzeugt, dass der Klient seine notariellen Leistungen von Anfang an **in der Absicht in Anspruch** genommen hat, die **Kostenforderung nicht zu erfüllen,** ist es dem Notar entsprechend § 193 StGB (→ Rn. 138) gestattet, Strafanzeige wegen **Eingehungsbetruges** gem. § 263 StGB zu stellen. Darüber hinaus ist er in diesem Falle entsprechend § 193 StGB (→ Rn. 138) befugt, der Ermittlungsbehörde auch die für die Verfolgung dieser Straftat erforderlichen **Unterlagen** (Abschrift der notariellen Urkunde, relevante Inhalte der Nebenakte) **zur Verfügung zu stellen;** einer vorherigen Beschlagnahme dieser Unterlagen (→ Rn. 111 ff.) bedarf es in diesem Falle nicht.

147 Gemäß § 49b Abs. 4 S. 1 BRAO darf der **Rechtsanwalt** einen anderen Rechtsanwalt mit der Einziehung seiner Vergütungsforderung beauftragen. Eine derartige spezialgesetzliche Durchbrechung der berufsrechtlichen Verschwiegenheitspflicht[267] sieht die Bundesnotarordnung nicht vor. Eine analoge Anwendung dieser Vorschrift aus dem Berufsrecht der Rechtsanwälte für das Berufsrecht der Notare kommt aufgrund der Wesensverschiedenheit der privatrechtlichen rechtsanwaltlichen Honorarforderung und der öffentlich-rechtlichen[268] notariellen Kostenforderung nicht in Betracht.[269] Die Beauftragung eines **Rechtsanwaltes** mit der Beitreibung einer notariellen Kostenforderung kann demnach allein nach Maßgabe der oben näher dargelegten Grundsätze der Wahrnehmung berechtigter Eigeninteressen zur Beauftragung eines externen Dienstleisters entsprechend § 193 StGB zulässig sein.[270] **Grundsätzlich** hat der Notar danach die Beitreibung seiner Kostenforderungen **selbst** mit Unterstützung seiner Mitarbeiter vorzunehmen.[271] Die Beauftragung eines Rechtsanwaltes mit der **systematischen Beitreibung** notarieller Kostenforderungen stellt

---

[263] Vgl. hierzu den Überblick von *Scheungrab* notar 2010, 202.
[264] So insbesondere gem. § 183 Nr. 3 ZPO dann, wenn die Zustellung der Kostenforderung im Ausland wegen der Unanwendbarkeit der EuZVO auf notarielle Kostenforderungen keinen Erfolg verspricht, vgl. hierzu ausführlich DNotI-Gutachten Nr. 100422.
[265] Bormann/Diehn/Sommerfeldt/*Diehn* GNotKG § 89 Rn. 25; BeckOK KostR/*Rebhan* GNotKG § 89 Rn. 15; Korintenberg/*Tiedtke* GNotKG § 89 Rn. 18.
[266] → Rn. 96 ff.
[267] Vgl. Henssler/Prütting/*Kilian* BRAO § 49b Rn. 203 ff.
[268] BGH 13.7.1989 – III ZR 64/88, DNotZ 1990, 313.
[269] Diehn/*Diehn* BNotO § 17 Rn. 37. Vgl. hierzu auch BGH 13.7.1989 – III ZR 64/88, DNotZ 1990, 313; aA Arndt/Lerch/Sandkühler/*Sandkühler* BNotO § 17 Rn. 19.
[270] → Rn. 132, 138.
[271] Diehn/*Diehn* BNotO § 17 Rn. 37. So auch ausdrücklich BGH 10.7.1991 – VIII ZR 296/90, NJW 1991, 2955 für die Beitreibung einer ärztlichen Honorarforderung.

demnach einen Verstoß gegen die notarielle Verschwiegenheitspflicht gem. § 18 Abs. 1 S. 1 dar; die einer solchen Geschäftsbesorgung zugrunde liegenden Verträge sind gem. § 203 Abs. 1 Nr. 3 StGB iVm § 134 BGB nichtig.[272]

Die Beauftragung eines gem. § 43a Abs. 2 BRAO zur Verschwiegenheit verpflichteten Rechtsanwaltes mit der Beitreibung einer notariellen Kostenforderung kommt allenfalls dann in Betracht, wenn in einem **konkreten Einzelfall** die Beitreibung einer bestimmten Kostenforderung mit **außergewöhnlichen Schwierigkeiten** verbunden ist und daher die Inanspruchnahme von rechtsanwaltlichem Rat oder rechtsanwaltlicher Vertretung iSd § 3 Abs. 3 BRAO erforderlich erscheint. Derartige außergewöhnliche Schwierigkeiten sind beispielsweise dann anzunehmen, wenn der Notar nach Zustellung der vollstreckbaren Ausfertigung der Kostenberechnung gem. §§ 795, 750, 191 ff. ZPO und nach Ablauf der Zweiwochenfrist gem. §§ 89 Abs. 1 S. 1 Hs. 2 GNotKG, 798 ZPO zur Beitreibung seiner Kostenforderung gem. § 17 Abs. 1 S. 1 **Zwangsvollstreckungsmaßnahmen** einzuleiten hat. Nur in derartigen Fällen kann das berechtigte Interesse des Notars an einer Beauftragung eines Rechtsanwaltes mit der Beitreibung das informationelle Selbstbestimmungsrecht des Kostenschuldners entsprechend § 193 StGB überwiegen. Bereits mangels berechtigtem Interesse des Notars iSd § 193 StGB keinesfalls zulässig ist die **Abtretung**[273] einer notariellen Kostenforderung oder die Beauftragung eines **Inkassounternehmens** mit der Beitreibung einer bestimmten notariellen Kostenforderung.[274] **148**

Die Annahme einer **konkludenten Befreiung** des Kostenschuldners zur Weitergabe seines Namens und seiner Adresse zum Zwecke des Gebühreneinzugs durch einen Rechtsanwalt kommt von vornherein nicht in Betracht.[275] Die **systematische Einholung** einer solchen Zustimmung durch den Notar ist gem. §§ 17 Abs. 1 S. 1, 14 Abs. 3 S. 2 berufsrechtlich unzulässig. Notarielle Kostenforderungen sind öffentlich-rechtliche Forderungen, deren Beitreibung durch die Möglichkeit der unmittelbaren Vollstreckung gem. § 89 GNotKG privilegiert ist. Die Tätigkeit der Beitreibung einer notariellen Kostenforderung ist daher gem. § 17 Abs. 1 S. 1 unmittelbar mit dem öffentlichen Amt der Notarin bzw. des Notars iSd § 1 verknüpft und hat daher grundsätzlich durch die Notarin oder den Notar selbst zu erfolgen. Bereits die Einholung einer Zustimmung vom Klienten zur Beitreibung einer notariellen Kostenforderung durch einen Dritten begründet daher den Anschein eines Verstoßes gegen die der Notarin oder dem Notar gesetzlich auferlegten Pflichten gem. § 14 Abs. 3 S. 2.[276] **149**

V. Offenbarung zur Zivil- und Strafverteidigung

Wird der Notar vor einem Zivilgericht wegen einer vermeintlichen Amtspflichtverletzung gem. § 19 Abs. 1 S. 1 **verklagt** oder wird ihm der **Streit verkündet**[277] oder ist der Notar einer Straftat **beschuldigt, angeschuldigt** oder **angeklagt** gem. §§ 152 Abs. 2, 157 StPO besteht stets ein entsprechend § 193 StGB berechtigtes, das jeweils betroffene informationelle Selbstbestimmungsrecht überwiegendes Interesse des Notars an seiner **effektiven Verteidigung.** Der Notar darf daher in einem Zivil- und Strafverfahren solche geschützte Informationen offenbaren, die zu seiner Verteidigung erforderlich sind, ohne hierdurch gegen seine Verschwiegenheitspflicht gem. § 18 Abs. 1 S. 1 zu verstoßen oder **150**

---

[272] Vgl. BGH 10.7.1991 – VIII ZR 296/90, NJW 1991, 2955 (Verstoß gegen die ärztliche Schweigepflicht); 25.3.1993 – IX ZR 192/92, NJW 1993, 1638 (Verstoß gegen die anwaltliche Schweigepflicht).
[273] IE ebenso Diehn/*Diehn* BNotO § 17 Rn. 37. Aus diesem Grund ist auch eine Übertragung akzessorischer Sicherungsmittel, wie etwa einer für den Notar eingetragenen Sicherungshypothek, berufsrechtlich unzulässig.
[274] IE ebenso BNotK Rundschreiben Nr. 23/2001 vom 10.7.2001.
[275] Vgl. BGH 10.7.1991 – VIII ZR 296/90, NJW 1991, 2955 (zur ärztlichen Schweigepflicht); 25.3.1993 – IX ZR 192/92, NJW 1993, 1638 (zur anwaltlichen Schweigepflicht).
[276] Arndt/Lerch/Sandkühler/*Sandkühler* BNotO § 18 Rn. 66.
[277] Vgl. BGH 9.12.2004 – IX ZB 279/03, DNotZ 2005, 288; Arndt/Lerch/Sandkühler/*Sandkühler* BNotO § 18 Rn. 67.

sich gem. § 203 Abs. 1 Nr. 3 StGB strafbar zu machen.[278] Auch wenn der Notar Opfer einer von einem Beteiligten gegen ihn begangenen Straftat geworden ist, ist er entsprechend § 193 StGB zur **Strafanzeige** unter Offenlegung des Sachverhaltes berechtigt.

151 Aus dem Recht des Notars, gem. § 136 Abs. 1 S. 2 StPO als **Beschuldiger einer Straftat** zu schweigen, ohne dass daraus für ihn nachteilige Schlüsse gezogen werden dürfen, folgt nicht etwa eine durch § 18 Abs. 1 S. 1 begründete Amtspflicht, von diesem Recht auch Gebrauch zu machen.[279] Auch dem einem strengen Berufsrecht unterliegenden Notar kann der im deutschen Strafprozess von der Achtung vor der menschlichen Würde geprägte rechtsstaatliche Grundsatz der **Entschließungsfreiheit** für oder wider eine aktive Mitwirkung an der Sachverhaltsaufklärung eines gegen ihn gerichteten Strafvorwurfes nicht versagt werden.[280] Diese Entschließungsfreiheit muss ihm bereits dann zustehen, wenn er von der Strafverfolgungsbehörde als Beschuldiger iSd § 152 Abs. 2 StPO vernommen wird. Der Notar darf daher bereits vor der Anklageerhebung und vor der Eröffnung der Hauptverhandlung entsprechend § 193 StGB sämtliche zu seiner Verteidigung erforderlichen geschützten Informationen gegenüber der Strafverfolgungsbehörde offenbaren, ohne gegen § 18 Abs. 1 S. 1, § 203 Abs. 1 Nr. 3 StGB zu verstoßen.

152 Wird gegenüber dem Notar ein zivilrechtlicher **Schadensersatzanspruch** gem. § 19 Abs. 1 S. 1 geltend gemacht, besteht darüber hinaus auch stets ein entsprechend § 193 StGB berechtigtes, das jeweils betroffene informationelle Selbstbestimmungsrecht überwiegendes Interesse des Notars an einer Mitteilung dieser Geltendmachung sowie des ihr zugrunde liegenden Sachverhaltes an seine **Notarhaftpflichtversicherung** iSd § 19a. Der Notar ist nämlich gemäß den Allgemeinen Versicherungsbedingungen für Notare (AVB-N) dazu verpflichtet, die Geltendmachung von Schadensersatzansprüchen innerhalb einer Woche nach der Erhebung der Notarhaftpflichtversicherung anzuzeigen (§ 5 II 1.3 AVB-N) sowie ihr gegenüber sämtliche Tatumstände des Schadensfalles mitzuteilen (§ 5 II 2.2 AVB-N). Verstößt er gegen diese Obliegenheiten, droht ihm der Entfall oder die Kürzung der Versicherungsleistung (§ 6 I, II AVB-N).

F. Offenbarung

153 Der Notar verstößt gegen die notarielle Verschwiegenheitspflicht, wenn er eine gem. § 18 Abs. 1 geschützte Information[281] offenbart, ohne dass er gem. § 18 Abs. 2 von seiner Verschwiegenheitspflicht befreit wurde,[282] ein gesetzlicher Offenbarungstatbestand einschlägig ist[283] oder dies in einer Notstandssituation bzw. in Wahrnehmung berechtigter Eigeninteressen erfolgt.[284] Klärungsbedürftig ist an dieser Stelle noch der **Begriff der Offenbarung**. Dieser Begriff findet sich in § 203 Abs. 1 Nr. 3 StGB ausdrücklich als Tathandlung und ist zur näheren Bestimmung der in § 18 Abs. 1 nicht ausdrücklich genannten Verstoßhandlung entsprechend heranzuziehen.

154 Ein Offenbaren setzt voraus, dass die Information in einer dem Notar zurechenbaren Weise an eine andere Person gelangt ist.[285] Bei **mündlichen** Informationen ist eine tatsächliche Kenntnisnahme erforderlich.[286] Bei **verkörperten** Informationen (Papier, Datei etc) genügt hingegen das Verschaffen des Gewahrsams mit der Möglichkeit der Kenntnisnah-

---

[278] Schippel/Bracker/*Kanzleiter* BNotO § 18 Rn. 50; Arndt/Lerch/Sandkühler/*Sandkühler* BNotO § 18 Rn. 66. Vgl. zu § 203 StGB nur Schönke/Schröder/*Eisele/Lenckner* StGB § 203 Rn. 33 mwN.
[279] So aber noch *Eylmann* in der 3. Auflage, Rn. 64.
[280] Vgl. zu diesem Grundsatz nur KK-StPO/*Diemer* § 136 Rn. 10 mwN.
[281] → Rn. 9 ff.
[282] → Rn. 25 ff.
[283] → Rn. 65 ff.
[284] → Rn. 132 ff.
[285] Vgl. nur Schönke/Schröder/*Eisele/Lenckner* StGB § 203 Rn. 19.
[286] Vgl. Schönke/Schröder/*Eisele/Lenckner* StGB § 203 Rn. 19; MüKoStGB/*Cierniak/Pohlit* StGB § 203 Rn. 52.

me.²⁸⁷**Unerheblich** ist sowohl bei einer mündlichen als auch bei einer verkörperten Information, ob diese ‚**vertraulich**'²⁸⁸ erfolgt oder ob der Empfänger seinerseits **schweigepflichtig** ist.²⁸⁹

Insbesondere bei verkörperten Informationen, die als Dateien auf Servern von externen Dienstleistern (**„Cloud-Computing"**) oder als Akten in Räumen oder Containern externer Dienstleister archiviert werden (**„Archivdepots"**)²⁹⁰, liegt stets eine Gewahrsamsverschaffung des externen Dienstleisters an den Dateien oder Akten vor. Mithin kommt es hierfür maßgeblich auf die Frage an, ob der externe Dienstleister die Möglichkeit einer Kenntnisnahme hat.²⁹¹ Wenn diese Möglichkeit durch hinreichende **Sicherungsmaßnahmen** des Servers, Raums oder Containers nicht ausgeschlossen werden kann²⁹² und demnach eine Offenbarung von Informationen gegeben ist, hat der Notar die Archivierung seiner Dateien und Akten auf Grundlage der oben näher dargestellten Grundsätze zur Offenbarung gegenüber externen Dienstleistern grundsätzlich auf seinem eignen (ggf. angemieteten) Server und in seinen eigenen (ggf. angemieteten) Räumen vorzunehmen.²⁹³

Ein Offenbaren ist auch durch **Unterlassen** möglich, beispielsweise wenn der Notar eine Einsichtnahme in seine Akten oder eine Mitnahme nicht verhindert.²⁹⁴ Das bloße Herumliegenlassen von Akten mit der Möglichkeit der Einsicht- oder Mitnahme durch Dritte genügt hierfür allerdings nicht.²⁹⁵ Vielmehr ist die Annahme eines Offenbarens durch Unterlassen entsprechend § 13 StGB nur dann gerechtfertigt, wenn eine Einsicht- oder Mitnahme durch den Dritten **tatsächlich erfolgt** ist und wenn der Notar mit dieser Möglichkeit **rechnen musste.**²⁹⁶

Vor dem Hintergrund, dass die notarielle Verschwiegenheitspflicht dem Schutz des informationellen Selbstbestimmungsrechts dient, setzt ein Offenbaren ferner stets voraus, dass die konkrete Information einer bestimmten Person zugeordnet werden kann. Die Mitteilung einer Information, ohne dass hierbei die davon betroffene Person erkennbar wird, ist kein Offenbaren.²⁹⁷ **Anonymisierte Informationen** stellen daher grundsätzlich keinen Verstoß gegen die notarielle Verschwiegenheitspflicht dar, es sei denn, die davon betroffene Person ist aus den Umständen identifizierbar.

Für ein Offenbaren im Rahmen der notariellen Verschwiegenheitspflicht gem. § 18 Abs. 1 S. 1 ist es hingegen **unerheblich, ob** dem Empfänger die Information bekannt oder **unbekannt** war.²⁹⁸ Dagegen ist ein Offenbaren im Rahmen des flankierenden Straftatbestands gem. § 203 Abs. 1 Nr. 1 StGB nach herrschender Auffassung nur dann gegeben,

---

²⁸⁷ Vgl. Schönke/Schröder/*Eisele/Lenckner* StGB § 203 Rn. 19; MüKoStGB/*Cierniak/Pohlit* StGB § 203 Rn. 52.
²⁸⁸ „Darum Vorsicht! Nichts teilen wir so gern an andere mit, als das Siegel der Verschwiegenheit – samt dem, was darunter ist." Nietzsche, Die fröhliche Wissenschaft, 3. Buch, Aphorismus 197, Schlechta (Hrsg.), 1954, Band 2, 148.
²⁸⁹ Vgl. Schönke/Schröder/*Lenckner/Eisele* StGB § 203 Rn. 19a; BeckOK StGB/*Weidemann* StGB § 203 Rn. 32; MüKoStGB/*Cierniak/Pohlit* StGB § 203 Rn. 49.
²⁹⁰ § 5 Abs. 3 S. 1 DONot steht dieser Möglichkeit nicht im Wege, da danach nur die noch in Bearbeitung befindlichen Akten in der Geschäftsstelle zu führen sind, vgl. Arndt/Lerch/Sandkühler/*Sandkühler* BNotO § 18 Rn. 13.
²⁹¹ Vgl. Schönke/Schröder/*Lenckner/Eisele* StGB § 203 Rn. 19b.
²⁹² Vgl. zur Verschlüsselung beim Cloud-Computing etwa *Klingler* RNotZ 2013, 57 (75), der bis zur Schaffung von rechtlichen Grundlagen für diese Art der Archivierung von der Nutzung abrät. Ähnlich haben auch einige Landesnotarkammern die berufsrechtliche Zulässigkeit des Cloud-Computing im Notariat in Rundschreiben an ihre Mitglieder in Frage gestellt und von einem Einsatz abgeraten. BeckNotar-HdB/*Püls* Kap. M Rn. 48.
²⁹³ → Rn. 144.
²⁹⁴ Vgl. Schönke/Schröder/*Lenckner/Eisele* StGB § 203 Rn. 20; MüKoStGB/*Cierniak/Pohlit* StGB § 203 Rn. 52; BeckOK StGB/*Weidemann* StGB § 203 Rn. 31.
²⁹⁵ AA noch *Eylmann* in der 3. Auflage, Rn. 27.
²⁹⁶ Vgl. Schönke/Schröder/*Lenckner/Eisele* StGB § 203 Rn. 20; MüKoStGB/*Cierniak/Pohlit* StGB § 203 Rn. 52.
²⁹⁷ Vgl. Schönke/Schröder/*Eisele/Lenckner* StGB § 203 Rn. 19; BeckOK StGB/*Weidemann* StGB § 203 Rn. 31.
²⁹⁸ So auch schon *Eylmann* in der 3. Auflage, Rn. 29.

wenn dem Empfänger das Geheimnis noch unbekannt war.[299] Sachlicher Grund für diese unterschiedliche Auslegung des Begriffes der Offenbarung im Berufs- und Strafrecht ist der bereits oben dargelegte Umstand, dass § 203 Abs. 1 Nr. 3 StGB tatbestandlich enger lediglich ein fremdes Geheimnis schützt, wohingegen unter den Schutzbereich von § 18 Abs. 1 S. 1 sämtliche nicht offenkundigen Informationen fallen.[300] Auf ein objektives Geheimhaltungsinteresse der von § 18 Abs. 1 S. 1 geschützten Person kommt es anders als bei § 203 Abs. 1 Nr. 3 StGB gerade nicht an. Folglich kann es für ein Offenbaren iSd § 18 Abs. 1 S. 1 auch nicht darauf ankommen, ob die Information dem Empfänger unbekannt war.

G. Zweifel (Abs. 3)

159 Hat der Notar betreffend einen konkreten Einzelfall Zweifel über das Bestehen und den Umfang seiner Verschwiegenheitspflicht, kann er gem. § 18 Abs. 3 S. 1 die Entscheidung seiner Aufsichtsbehörde nachsuchen. Die Vorschrift ermöglicht es dem Notar, die Entscheidung über das Bestehen und den Umfang seiner Verschwiegenheitspflicht in die Hände einer unbeteiligten Behörde zu legen und sich auf diese Weise etwaigem Druck oder etwaigen Beeinflussungen von Rechtsuchenden zu entziehen.[301] Die Vorschrift dient ausschließlich dem **Schutz des Notars**.[302] Daraus folgt, dass allein der Notar sowie die sonstigen gem. § 18 Abs. 1 S. 1 Verpflichteten[303] einen Antrag gem. § 18 Abs. 3 S. 1 stellen sowie Rechtsmittel gegen eine Entscheidung gem. § 18 Abs. 3 S. 1 einlegen können.[304]

160 Die Aufsichtsbehörde hat aufgrund eines Antrages gem. § 18 Abs. 3 S. 1 nicht das Recht, den Notar von seiner Verschwiegenheitspflicht zu entbinden. Sie kann vielmehr nur entscheiden, ob und in welchem Umfange in einem konkreten Einzelfall eine Verpflichtung zur Verschwiegenheit besteht.[305] Als **Rechtsfolge** dieser Entscheidung bestimmt § 18 Abs. 3 S. 2, dass der Notar für eine Äußerung in Übereinstimmung mit dieser Entscheidung weder **zivilrechtlich** haftbar noch **straf- oder disziplinarrechtlich** verantwortlich gemacht werden kann.[306] Über den Wortlaut von § 18 Abs. 3 S. 2 hinaus erfolgt in entsprechender Anwendung dieser Vorschrift eine Freistellung von Haftung und Verantwortung auch und erst Recht, wenn der Notar in Übereinstimmung mit der Entscheidung der Aufsichtsbehörde schweigt.

161 Die Entscheidung der Aufsichtsbehörde gem. § 18 Abs. 3 S. 1 ist **weder** für den **Notar noch** für ein **Gericht,** welches den Notar als Zeuge geladen hat, **verbindlich**.[307] Verweigert der Notar auf Grundlage der Entscheidung der Aufsichtsbehörde unter Verweis auf seine bestehende notarielle Verschwiegenheitspflicht seine Zeugnis vor Gericht und besteht der Antragsteller auf seiner Vernehmung, so muss das Gericht diesen Streit gem. § 387 Abs. 1 ZPO durch **Zwischenurteil** entscheiden. Verweigert der Notar sein Zeugnis schriftlich, ist er gem. § 386 Abs. 3 ZPO bis zur Rechtskraft eines derartigen Zwischenurteils und einer daraufhin erfolgten erneuten Ladung als Zeuge **nicht verpflichtet,** vor

---

[299] Schönke/Schröder/*Eisele/Lenckner* StGB § 203 Rn. 19a; BeckOK StGB/*Weidemann* StGB § 203 Rn. 31; MüKoStGB/*Cierniak/Pohlit* StGB § 203 Rn. 48 jeweils mwN.
[300] → Rn. 15.
[301] BGH 2.12.2012 – NotZ 17/02, DNotZ 2003, 233.
[302] BGH 2.12.2012 – NotZ 17/02, DNotZ 2003, 233.
[303] → Rn. 13.
[304] BGH 2.12.2012 – NotZ 17/02, DNotZ 2003, 233; Arndt/Lerch/Sandkühler/*Sandkühler* BNotO § 18 Rn. 113.
[305] BGH 2.12.2012 – NotZ 17/02, DNotZ 2003, 233; 14.7.1986 – NotZ 4/86, DNotZ 1987, 162.
[306] Schippel/Bracker/*Kanzleiter* BNotO § 18 Rn. 63; Arndt/Lerch/Sandkühler/*Sandkühler* BNotO § 18 Rn. 112; Diehn/*Schwipps* BNotO § 18 Rn. 57.
[307] BGH 2.12.2012 – NotZ 17/02, DNotZ 2003, 233; OLG Frankfurt a. M. 19.11.2003 – 9 U 70/98, BeckRS 2004, 00405.

Gericht **zu erscheinen.**[308] Vor einer Entscheidung wird die Aufsichtsbehörde im Regelfall gem. § 67 Abs. 6 die Notarkammer um eine Stellungnahme zu dem Antrag bitten.

H. Fortgeltung (Abs. 4)

Der gem. § 47 ausgeschiedene Notar übt kein öffentliches Amt mehr aus und unterliegt daher auch nicht mehr der staatlichen Aufsicht gem. §§ 92 ff. Eine Ermahnung gem. § 75, Missbilligung gem.§ 94 Abs. 1 oder disziplinare Maßnahme gem. § 97 Abs. 1 kann die Notarkammer bzw. die Aufsichtsbehörde daher nicht mehr aussprechen. Vor diesem Hintergrund enthält § 18 Abs. 4 die **Klarstellung,** dass die notarielle Pflicht zur Verschwiegenheit auch nach dem Erlöschen des Amtes weiter fortbesteht. 162

Verstößt der aus dem Amt ausgeschiedene Notar gegen diese **fortwirkende Amtspflicht** kann er zwar nicht mehr berufsrechtlich, aber weiterhin **zivilrechtlich** gem. § 19 Abs. 1 S. 1 für diesen Amtspflichtverstoß zur Verantwortung gezogen werden. Die Aufsichtsbehörde kann auf Verstöße eines aus dem Amt ausgeschiedenen Notars gegen seine fortwirkende Verschwiegenheitspflicht zudem unter Umständen mit einem **Widerruf** der ihm verliehenen Erlaubnis zur Führung der Bezeichnung „Notar außer Dienst" gem. § 52 Abs. 3 sowie mit einer **Versagung** seiner Bestellung zum Vertreter gem. § 39 Abs. 3 S. 1 reagieren. 163

Für den **strafrechtlichen** Schutz bedarf es einer dem § 18 Abs. 4 entsprechenden Klarstellung nicht. Nach dem Wortlaut des § 203 Abs. 1 Nr. 3 StGB kommt es allein auf die Amtsträgerschaft im Zeitpunkt des Anvertrauens des geschützten Geheimnisses an. Offenbart der Notar nach seinem Ausscheiden aus dem Amt ein ihm anvertrautes Geheimnis macht er sich mithin gem. § 203 Abs. 1 Nr. 3 StGB strafbar. Der strafrechtliche Schutz geht sogar noch über den in § 18 Abs. 4 berufsrechtlich normierten Schutz hinaus. Gemäß § 203 Abs. 3 S. 3 StGB wird dem Notar **nach seinem Tod** derjenige gleichgestellt, der das Geheimnis unbefugt oder befugt von dem Notar[309] oder aus dessen Nachlass, beispielsweise als Erbe, Vermächtnisnehmer oder Testamentsvollstrecker, erlangt hat.[310] 164

Vor dem Hintergrund der Fortwirkung sowohl des berufs- als auch des strafrechtlichen Schutzes des informationellen Selbstbestimmungsrechts besteht auch für den aus dem Amt ausgeschiedenen Notar noch das Bedürfnis, einen **Antrag auf Befreiung** gem. § 18 Abs. 2 Hs. 2 sowie einen **Antrag auf eine Entscheidung** gem. § 18 Abs. 3 bei der Aufsichtsbehörde stellen zu können.[311] Da der aus dem Amt ausgeschiedene Notar gem. § 92 ff. keiner Aufsicht mehr unterliegt, liegt die Zuständigkeit für diese Anträge bei der für seinen **letzten Amtssitz** zuständigen Aufsichtsbehörde.[312] 165

---

[308] BFH 27.1.2004 – II B 120/02, BeckRS 2004, 25003041; instruktiv hierzu BFH 27.1.2004 – II B 120/02, BeckRS 2004, 25003041. Erforderlich und ausreichend für § 386 Abs. 3 ZPO ist danach eine Erklärung des Notars, dass er aufgrund seiner Verschwiegenheitspflicht gem. § 18 Abs. 1 S. 1 ohne eine Befreiung gem. § 18 Abs. 2 nicht aussagen könne. Der Notar ist aufgrund dieser Erklärung „solange von seiner Pflicht, vor Gericht zu erscheinen befreit, bis im Zwischenstreit über die Zeugnisverweigerung nach § 387 ZPO rechtskräftig sein Verweigerungsgrund für unberechtigt erklärt und er sodann erneut als Zeuge geladen ist (…). Ein Zeuge, der sich nach § 386 Abs. 1 ZPO ordnungsgemäß auf ein Zeugnisverweigerungsrecht berufen hat, kann auch ohne ausdrückliche Genehmigung des Gerichts dem Termin fernbleiben."

[309] Zu diesem wenig nachzuvollziehenden Anknüpfungspunkt für eine strafrechtliche Gleichstellung desjenigen, dem gegenüber der Notar eine geschützte Information offenbart, vgl. Schönke/Schröder/*Lenckner/Eisele* StGB § 203 Rn. 68.

[310] Schönke/Schröder/*Lenckner/Eisele* StGB § 203 Rn. 69; BeckOK StGB/*Weidemann* StGB § 203 Rn. 24. Vgl. zur geringen Bedeutung dieser Norm in der notariellen Praxis Diehn/*Schwipps* BNotO § 18 Rn. 20.

[311] Vgl. Diehn/*Schwipps* BNotO § 18 Rn. 19.

[312] Schippel/Bracker/*Kanzleiter* BNotO § 18 Rn. 63 aE; Diehn/*Schwipps* BNotO § 18 Rn. 58.

I. Verhältnis zum Informationsfreiheitsrecht

166 Die Informationsfreiheitsgesetze räumen Jedermann einen grundsätzlichen Anspruch auf **Zugang zu amtlichen Informationen** ein. Das Informationsfreiheitsgesetz des Bundes kann auf Notare von vornherein keine Anwendung finden, da es sich gem. § 1 Abs. 1 IFG ausdrücklich nur an Bundesbehörden und sonstige Bundesorgane richtet. Darüber hinaus sieht § 5 Abs. 2 IFG vor, dass das Gesetz einen Anspruch auf Zugang zu einem Berufsgeheimnis unterliegenden personenbezogenen Daten nicht gewährt.

167 Derzeit sind in insgesamt elf Bundesländern Landesinformationsfreiheitsgesetze in Kraft (Berlin, Brandenburg, Bremen, Hamburg, Mecklenburg-Vorpommern, Nordrhein-Westfalen, Rheinland-Pfalz, Saarland, Sachsen-Anhalt, Schleswig-Holstein, Thüringen). Soweit diese Informationsfreiheitsgesetze auch **sonstige öffentliche Stellen** als Informationspflichtige benennt, werden die in diesen Ländern bestellten Notare grundsätzlich **vom Anwendungsbereich erfasst.** Das folgt aus der fast einhelligen Auffassung und höchstrichterlichen Rechtsprechung zur Subsumierung des Notars unter die sonstige öffentliche Stelle des Landes im Sinne der Landesdatenschutzgesetze. Die in der Literatur vertretene Auffassung,[313] wonach die Informationsfreiheitsgesetze der Länder als unmittelbar dem notariellen Berufsrecht zugehörige Regelungen gem. § 2 S. 1 nicht auf Notare Anwendung finden können, überzeugt nicht. Es entspricht der beinahe einhelligen Auffassung und höchstrichterlichen Rechtsprechung, dass es sich bei den Regelungen zum Datenschutzrecht gerade nicht um spezifisch berufsrechtliche Regelungen handelt.[314] Für die den Regelungen des Datenschutzes verwandten Regelungen der Informationsfreiheitsrechte kann nichts anderes angenommen werden.

168 Gleichwohl ist festzustellen, dass zehn von insgesamt elf Landesinformationsfreiheitsgesetze die in den jeweiligen Ländern bestellten Notare nicht in den Kreis der Informationspflichtigen mit einbeziehen. Das hamburgische Informationsfreiheitsgesetz benennt bereits sonstige öffentliche Stellen des Landes nicht als informationspflichtige Stellen, so dass die in Hamburg bestellten Notare bereits aus diesem Grund nicht Adressat des Landesinformationsfreiheitsgesetzes sind.[315] Das brandenburgische,[316] bremische,[317] mecklenburg-vorpommerische,[318] nordrhein-westfälische,[319] rheinland-pfälzische,[320] saarländische,[321] sachsen-anhaltinische,[322] schleswig-holsteinische[323] und thüringische[324] Informationsfreiheitsgesetz gilt ausdrücklich nur für eine **Verwaltungstätigkeit** der sonstigen öffentlichen Stellen des Landes bzw. der mit hoheitlichen Befugnissen ausgestatteten Privatpersonen. Notare üben ausschließlich hoheitliche Aufgaben der vorsorgenden Rechtspflege und gerade keine Aufgaben der öffentlichen Verwaltung aus. Folglich werden auch die in diesen Ländern bestellten Notare vom Anwendungsbereich des jeweils geltenden Landesinformationsfreiheitsgesetzes nicht erfasst.

---

[313] Arndt/Lerch/Sandkühler/*Sandkühler* BNotO § 18 Rn. 80.
[314] Vgl. nur *Klingler* RNotZ 2013, 57 (60) mwN.
[315] § 3 Abs. 1 HmbIFG.
[316] Gemäß § 2 Abs. 2 S. 1 AIG Brandenburg richtet sich das Gesetz an Organe der Rechtspflege nur, soweit sie Verwaltungsaufgaben erledigen.
[317] § 1 Abs. 1 S. 2 BremIFG.
[318] § 3 Abs. 3 Alt. 2 IFG M-V stellt zwar eine natürliche Person, denen die Erfüllung öffentlicher Aufgaben übertragen wurde, der in § 3 Abs. 1 IFG M-V genannten Behörde gleich, dennoch ist aus dem Regelungszusammenhang zu § 3 Abs. 3 Alt. 1 und § 3 Abs. 4 IFG M-V deutlich zu entnehmen, dass dies nur für öffentliche Aufgaben der Verwaltung gelten soll.
[319] § 2 Abs. 1 S. 1 IFG NRW.
[320] § 2 Abs. 1 LIFG RP.
[321] § 1 S. 3 SIFG.
[322] § 1 Abs. 1 Nr. 2 IZG LSA.
[323] § 2 Abs. 3 Nr. 2 IZG-SH.
[324] § 2 Abs. 1 ThürIFG.

Für das Informationsfreiheitsgesetz in **Berlin** ist hingegen zunächst grundsätzlich festzustellen, dass auch Notare in den Kreis der Informationspflichtigen mit einbezogen werden.[325] Aus § 5 S. 1 IFG Berlin folgt allerdings, dass eine für die begehrte Information bestehende amtliche Verschwiegenheitspflicht dem entsprechenden Auskunftsbegehren entgegensteht. § 18 Abs. 1 S. 1 geht folglich einem Auskunftsbegehren aus § 3 Abs. 1 IFG Berlin vor, so dass auch der in Berlin bestellte Notar ein entsprechendes Auskunftsverlangen unter Hinweis auf seine notarielle Verschwiegenheitspflicht abzulehnen hat. Wird ein Antrag auf Befreiung bei der Aufsichtsbehörde des Notars gem. § 18 Abs. 2 Hs. 2 gestellt, kann die in § 5 S. 2 IFG Berlin enthaltene Einschränkung der Versagensgründe auf in § 11 IFG Berlin genannte Gemeinwohlbelange nicht entsprechend gelten. Das folgt aus dem Umstand, dass die Aufsichtsbehörde des Notars gem. § 18 Abs. 2 Hs. 2 eine Befreiung ausdrücklich nur an Stelle der verstorbenen oder mit unverhältnismäßigen Schwierigkeiten erreichbaren geschützten Person erteilt und für die Ermessensausübung stets deren mutmaßlichen Willen zu ermitteln hat.[326]

169

§ 19 [Amtspflichtverletzung]

(1) ¹Verletzt der Notar vorsätzlich oder fahrlässig die ihm einem anderen gegenüber obliegende Amtspflicht, so hat er diesem den daraus entstehenden Schaden zu ersetzen. ²Fällt dem Notar nur Fahrlässigkeit zur Last, so kann er nur dann in Anspruch genommen werden, wenn der Verletzte nicht auf andere Weise Ersatz zu erlangen vermag; das gilt jedoch nicht bei Amtsgeschäften der in §§ 23, 24 bezeichneten Art im Verhältnis zwischen dem Notar und dem Auftraggeber. ³Im übrigen sind die Vorschriften des Bürgerlichen Gesetzbuchs über die Schadensersatzpflicht im Fall einer von einem Beamten begangenen Amtspflichtverletzung entsprechend anwendbar. ⁴Eine Haftung des Staates an Stelle des Notars besteht nicht.

(2) ¹Hat ein Notarassessor bei selbständiger Erledigung eines Geschäfts der in §§ 23, 24 bezeichneten Art eine Pflichtverletzung begangen, so haftet er in entsprechender Anwendung des Absatzes 1. ²Hatte ihm der Notar das Geschäft zur selbständigen Erledigung überlassen, so haftet er neben dem Assessor als Gesamtschuldner; im Verhältnis zwischen dem Notar und dem Assessor ist der Assessor allein verpflichtet. ³Durch das Dienstverhältnis des Assessors zum Staat (§ 7 Abs. 3) wird eine Haftung des Staates nicht begründet. ⁴Ist der Assessor als Vertreter des Notars tätig gewesen, so bestimmt sich die Haftung nach § 46.

(3) Für Schadensersatzansprüche nach Absatz 1 und 2 sind die Landgerichte ohne Rücksicht auf den Wert des Streitgegenstandes ausschließlich zuständig.

Übersicht

	Rn.
A. Vorbemerkungen	1
B. Haftung des Notars (Abs. 1)	8
I. Amtspflichtverletzung	8
II. Geschützter Personenkreis	10
III. Pflichtenkollision, Rechtswidrigkeit	19
IV. Verschulden	21
V. Ursächlichkeit der Pflichtverletzung für den Schaden	29
VI. Subsidiarität der Haftung	35
VII. Versäumung von Rechtsmitteln	41
VIII. Mitverschulden	45

---

[325] § 2 Abs. 1 IFG Berlin richtet sich sowohl an sonstige öffentliche Stellen als auch an Private, die mit der Ausübung hoheitlicher Befugnisse betraut sind, ohne den Anwendungsbereich – wie die anderen LIFG – insoweit auf eine Verwaltungstätigkeit zu beschränken.

[326] → Rn. 54 ff.

	Rn.
IX. Verjährung	50
X. Haftung für Hilfspersonen	55
C. Haftung des Notarassessors (Abs. 2)	58
D. Haftungsklage (Abs. 3)	61

A. Vorbemerkungen

1 Gegenüber der Vorläufervorschrift § 21 RNotO weichen § 19 Abs. 1 und Abs. 2 sprachlich nur geringfügig ab. Sachlich entsprechen sie § 21 RNotO in vollem Umfange.

2 Da **notarielle Amtsausübung** stets, auch im Bereich betreuender Tätigkeit nach §§ 23, 24, **Wahrnehmung hoheitlicher Funktionen** darstellt[1] und damit nicht dem Zivilrecht, sondern dem öffentlichen Recht zuzuordnen ist, würde grundsätzlich nach Art. 34 GG iVm § 839 BGB für notarielle Amtspflichtverletzungen Staatshaftung bestehen. Dieser Grundsatz – Staatshaftung – galt tatsächlich nur für den Notar im Landesdienst in Baden-Württemberg. Für alle übrigen Notare begründet heute § 19 eine **eigene Amtshaftung des Notars,** die nur ihn und nicht etwa auch seinen Sozius trifft, und schließt eine Staatshaftung ausdrücklich aus (Abs. 1 S. 4).

3 Der Haftpflichtanspruch selbst ist nicht öffentlich-rechtlicher Natur, sondern ein deliktischer Anspruch des Zivilrechts.[2]

4 **Haftungsbeschränkungen** zu „vereinbaren", ist schon wegen des hoheitlichen Charakters der Amtsausübung nicht möglich.[3] Dies gilt wiederum auch für betreuende Tätigkeiten nach §§ 23, 24,[4] da dem Notar in den Grenzen des Willkürverbotes zwar die Übernahme solcher Tätigkeiten freigestellt ist,[5] **nach** Übernahme aber Amtspflichten aber kraft Gesetzes bestehen und deren Verletzung einen Haftungsanspruch nach § 19 begründen kann.[6]

5 Der auch berufspolitisch erwünschte Verzicht auf eine Staatshaftung wird ergänzt und eigentlich erst ermöglicht, durch begleitende **versicherungsrechtliche Instrumentarien,** wie die obligatorische Haftpflichtversicherung (§ 19a), die Vertrauensschadensversicherung (vgl. § 67 Abs. 3 Nr. 3) und den Vertrauensschadensfonds (vgl. § 67 Abs. 4 Nr. 3).

6 **Nicht** von § 19 Abs. 1 erfasst werden Tätigkeiten des Notars, die keine Amtsausübung darstellen, vor allem die anwaltliche Tätigkeit des Anwaltsnotars (§ 24 Abs. 2), Nebentätigkeiten iSv § 8 und alle sonstigen Sachverhalte, in denen keine hoheitlichen Funktionen ausgeübt werden, sondern der **Notar als Zivilrechtssubjekt** am Rechts- und Wirtschaftsleben teilnimmt, zB als Arbeitgeber, Mieter von Büroräumen, Käufer von Büromaterialien etc. Haftungsansprüche können sich in diesen Fällen nur aus den jeweiligen Vertragsverhältnissen ergeben.

7 **Nicht** nach § 19 Abs. 1, sondern nach Art. 34 GG iVm § 839 BGB richtet sich schließlich eine **Haftung der Aufsichtsbehörde** wegen ihrer Aufsichtspflichten, etwa wenn aus einer nicht oder jedenfalls zu spät betriebenen Einleitung eines Amtsenthebungsverfahrens Schäden entstehen.[7] Zur Haftung des Notars für **Hilfspersonen** → Rn. 55 ff.

---

[1] Allgemeine Auffassung vgl. BGH ZNotP 1999, 247 und die Erläuterungen bei → § 1 Rn. 18 ff.

[2] Vgl. *Römer,* Notariatsverfassung und Grundgesetz, 1963, S. 31; Schippel/Bracker/*Schramm* BNotO § 19 Rn. 2.

[3] Allgemeine Auffassung vgl. nur Schippel/Bracker/*Schramm* BNotO § 19 Rn. 100 f.; *Römer* S. 27 (Fn. 2).

[4] Teilweise aA *Rossak* VersR 1985, 1121 (1125); auch *Lichtenberger* FS Schippel 1996, 729 (737) und hierzu *Reithmann* MittBayNot 1999, 159.

[5] → § 15 Rn. 27 ff.

[6] So zu Recht Schippel/Bracker/*Schramm* BNotO § 19 Rn. 100 f., der im Übrigen auch zu Recht darauf hinweist, dass § 17 Abs. 3 S. 2 BeurkG – Auslandsberührung – nicht die Haftung beschränkt, sondern die Belehrungspflicht; ebenso Ganter/Hertel/Wöstmann/*Ganter* Rn. 1240 ff., 1243.

[7] BGHZ 35, 44; BGH ZNotP 1997, 34. Zu Ansprüchen der Notarkammern gegen die Justizverwaltung als Aufsichtsbehörde in solchen Fällen vgl. *Lerch* ZNotP 2009, 410.

B. Haftung des Notars (Abs. 1)

I. Amtspflichtverletzung

Abs. 1 stellt keine **Amtspflichten** auf, sondern setzt sie voraus. Die Amtspflichten, aus deren Verletzung sich ein Haftungsanspruch ergeben kann, sind daher nicht § 19 zu entnehmen, sondern den einschlägigen Bestimmungen der BNotO (vor allem § 14), dem BeurkG (vor allem §§ 17 ff.), in Teilen auch der DONot[8] und – nach ihrem durch die Berufsrechtsnovelle 1998 geänderten Status – den von den Regionalkammern zu beschließenden Standesrichtlinien sowie anderen Vorschriften. Die Amtspflichten werden daher auch nicht hier erläutert, sondern im Rahmen der entsprechenden Vorschriften.[9]

Die **Bedeutung der Rechtsprechung** für die Festlegung der Amtspflichten wird zu Recht allseits betont[10] und aus der Sicht der Notare und der Haftpflichtversicherer oftmals kritisch verfolgt.[11] Die Bedeutung der Rechtsprechung resultiert aber aus einer geringen Regelungsdichte der einschlägigen Vorschriften. Auch nach der nun in § 54a ff. BeurkG erfolgten Normierung der notariellen Verwahrung sind weite Teile etwa des sog. „Urkundenvollzugs" sowie der sonstigen Betreuung ohne spezialgesetzliche Regelung, so dass Amtspflichten nur aus Grundsatzentscheidungen des § 14 und der §§ 17 ff. BeurkG und damit aus einem sehr hohen Abstraktionsniveau abgeleitet werden müssen. Bisher können mangels gesetzlicher Regelung selbst in zentralen Verfahrensbereichen Regelungsinhalte nur der Rechtsprechung entnommen werden.[12]

II. Geschützter Personenkreis

Eine Amtspflichtverletzung kann nur dann einen Haftungsanspruch begründen, wenn sie „**einem anderen gegenüber**" oblag, nämlich gegenüber demjenigen, der den Haftungsanspruch geltend macht. Der Betroffene muss daher zum geschützten Personenkreis gehören. Ob dies der Fall ist, entscheidet sich nach der vom BGH entwickelten sog. „Zwecktheorie".[13] Danach ist zu prüfen, ob die verletzte Amtspflicht den Schutz des Anspruchstellers bezweckt oder wenigstens mitbezweckt. Dies setzt voraus, dass die Amtspflicht gerade die Interessen dieses Dritten schützen soll, auch wenn er „nur mittelbar und unbeabsichtigt" durch die Amtshandlung betroffen wird.[14] Diese Grundsätze gelten nicht nur für das Beurkundungsverfahren, sondern für alle Amtshandlungen des Notars.

Zu differenzieren ist danach zwischen drei Personengruppen:[15]
– die an der Amtshandlung unmittelbar Beteiligten,
– mittelbar Beteiligte, die im Rahmen einer Amtshandlung gegenüber einem anderen mit dem Notar in Kontakt treten,
– sonstige Dritte.

Die Zugehörigkeit des Anspruchstellers zum geschützten Personenkreis ist aber gleichzeitig davon abhängig, ob es sich bei der verletzten Amtspflicht um
– Belehrungspflichten nach §§ 17 ff. BeurkG,

---

[8] BGH DNotZ 1986, 418.
[9] Vgl. daher die Erläuterungen zu § 14 und §§ 17 ff. BeurkG.
[10] Vgl. Schippel/Bracker/*Schramm* BNotO § 19 Rn. 11.
[11] Vgl. etwa *Haug* FS Schippel 1996, 655 ff.
[12] → § 1 Rn. 23 ff. und → § 15 Rn. 10 f.; außerdem *Frenz* FS Schlick 2015, 433 ff.
[13] BGH DNotZ 1960, 157, seitdem stRspr. Ebenso die hA in der Lit., vgl. Schippel/Bracker/*Schramm* BNotO § 19 Rn. 15 f.; Arndt/Lerch/Sandkühler/*Sandkühler* BNotO § 19 Rn. 94; Ganter/Hertel/Wöstmann/*Wöstmann* Rn. 316 ff. mwN; anders früher die „Vertrauenstheorie" des RG (RGZ 78, 241) und die „Bezeugungstheorie" von Reithmann/Röll/Geßele/*Reithmann* Rn. 179 f.
[14] BGH DNotZ 1960, 157.
[15] Ganter/Hertel/Wöstmann/*Wöstmann* Rn. 316 ff.; Schippel/Bracker/*Schramm* BNotO § 19 Rn. 15 ff.; Arndt/Lerch/Sandkühler/*Sandkühler* BNotO § 19 Rn. 94.

– sog. „Hinweis- und Warnpflichten" im Rahmen einer allgemeinen „Betreuung",
– Pflichten, die die ordnungsgemäße Errichtung der Urkunde nach §§ 9 ff., 22 ff., 39 ff. BeurkG betreffen,

handelt.

13 Bei **Beurkundungen** bestehen Belehrungspflichten nach § 17 Abs. 1 und § 18 BeurkG immer nur gegenüber den am Beurkundungsverfahren formell Beteiligten. Dies sind gemäß § 6 Abs. 2 BeurkG die Erschienenen, die Erklärungen im eigenen oder fremden Namen abgegeben.[16] **Unmittelbar Beteiligte** iSd § 19 Abs. 1 mit der Folge, dass sie Haftungsansprüche geltend machen können, sind jedoch auch sie nur dann, wenn die Belehrungspflicht gerade ihrem Schutz und nicht etwa ausschließlich dem Schutz der anderen Vertragsseite dient.[17] Bei Vertretungen ist die Belehrungspflicht zwar gegenüber dem Vertreter zu erfüllen, nur der Vertretene kann jedoch Rechte aus einer unterlassenen Belehrung herleiten, da sie seinen Schutz und nicht etwa den Schutz des Vertreters bezwecken.[18] Etwas anderes gilt, wenn Amtspflichten verletzt werden, die ausnahmsweise gerade gegenüber dem Vertreter zu erfüllen sind, weil er etwa erkennbar eigene Interessen verfolgt oder Belehrungspflichten bezüglich seiner Vertretungsmacht bestehen.[19] Führen Beurkundungsfehler wegen Verletzung zwingender Verfahrensfehler oder Verkennung materiell-rechtlicher Bestimmungen zur Unwirksamkeit der abgegebenen Erklärungen, so werden die Urkundsbeteiligten immer, und sei es aus dem Gesichtspunkt der drohenden Gesamtunwirksamkeit (§ 139 BGB), zum geschützten Personenkreis gehören. Ob bei Verkennung zwingender materiell-rechtlicher Vorschriften die verletzte Amtspflicht aus § 17 Abs. 1 BeurkG herzuleiten ist oder eher aus dem allgemeinen verfahrensrechtlichen Grundsatz der Bindung an die Vorschriften des materiellen Rechts, mag im Ergebnis dahinstehen.[20]

14 Bei selbstständigen **Betreuungstätigkeiten** nach § 23, 24 sind **unmittelbar Beteiligte** und damit Dritte iSv § 19 die jeweiligen Auftraggeber.[21] Der BGH sieht auch denjenigen als Auftraggeber an, an den sich der Notar von sich aus wendet und ausdrücklich Amtspflichten übernimmt (Mit-Auftraggeber kraft Selbstverpflichtung des Notars).[22] Der Anwendungsbereich des Begriffs Auftraggeber ist von zentraler Bedeutung für die Frage der Subsidiarität (vgl. daher → Rn. 35 ff.). Dies schließt aber nicht aus, dass auch weitere Personen anspruchsberechtigt sein können (→ Rn. 16).

15 **Mittelbar Beteiligte**, die gleichfalls zum geschützten Personenkreis gehören, sind solche Personen, die im Rahmen einer Beurkundung, bei der nur andere Willenserklärungen abgeben, dem Notar eigene Belange anvertraut haben und damit Warn- und Hinweispflichten des Notars nach § 14 auslösen. Typisch hierfür ist der private Darlehensgeber, der an der Beurkundung einer Grundpfandrechtsbestellung zu seinen Gunsten teilnimmt, ohne eigene Erklärungen abzugeben[23] und erkennbar falsche rechtliche Vorstellungen von dem

---

[16] BGH DNotZ 1989, 43; 1992, 411; WM 1993, 293 (251 ff.); DNotZ 1995, 494; OLG Hamm MittBayNot 2013, 504.
[17] BGH DNotZ 1995, 494.
[18] BGH DNotZ 1989, 43.
[19] BGH DNotZ 1989, 43.
[20] In BGH DNotZ 1995, 494, war dem Notar die Unzulässigkeit eines dinglichen Vertrages zugunsten Dritter offensichtlich unbekannt, aber gleichwohl wurde der Vorwurf auf § 17 Abs. 1 BeurkG gestützt, wonach der Notar bei Zweifeln über die Unwirksamkeit diese Zweifel mit den Beteiligten zu erörtern hat (ebenso BGH WM 1992, 1662). Der unwissende Notar zweifelt aber nicht. Ob die verschiedenen Formulierungen des Zweifels in § 17 BeurkG tatsächlich die differenzierten Bedeutungsinhalte haben, die ihnen überwiegend unterstellt werden (vgl. vor allem *Haug* Rn. 490 ff.) soll hier offen bleiben. In anderen Fällen (etwa DNotZ 1997, 44 – unwirksamer Erbverzichtsvertrag, da Vertretung des Erblassers) hat der BGH für die zu Recht bejahte Amtspflicht, „bei der Beurkundung des Erbverzichtsvertrages die gesetzlichen Wirksamkeitsvoraussetzungen zu beachten", auf die Nennung einer Vorschrift, aus der die Amtspflicht herzuleiten ist, verzichtet. Jedenfalls sollte hierfür nicht auf die allgemeine Redlichkeitspflicht nach § 14 zurückgegriffen werden, sondern ihr Grund in den Vorschriften des Beurkundungsverfahrens gesucht werden.
[21] Vgl. BGH DNotZ 1988, 372.
[22] BGHZ 134, 100 (112); vgl. hierzu *Zugehör* ZNotP 1997, 42 (46).
[23] Ansonsten würden Pflichten nach § 17 Abs. 1 BeurkG eingreifen.

Wert der Sicherheit hat[24] oder anlässlich einer Beurkundung sich an den Notar wendet und ihm eigene Belange anvertraut.[25] Welcher Art der Kontakt mit dem Notar ist, ist unerheblich, auch ein telefonischer Kontakt genügt.[26]

Dritten Personen gegenüber, die also weder zu den unmittelbar noch zu den mittelbar **16** Beteiligten gehören, können Amtspflichten nach § 19 dann bestehen, wenn „deren Interessen nach der besonderen Natur des Amtsgeschäftes davon berührt werden und in deren Rechtskreis dadurch eingegriffen werden kann, auch wenn sie durch die Amtshandlung nur mittelbar und unbeabsichtigt betroffen werden".[27] Soweit **Beurkundungstätigkeiten** zugrunde liegen, bestehen solchen Dritten gegenüber zwar keine Belehrungs- und Beratungspflichten; es soll aber das Interesse des Dritten gebieten können, die **Urkundsbeteiligten** zuverlässig zu belehren und das Amtsgeschäft ordnungsgemäß auszuführen.[28] Voraussetzung ist hierbei stets, dass die Amtstätigkeit nach Art und Zweckbestimmung des Geschäftes gerade auch dem Schutz der Interessen des Dritten dient.[29] Hierzu zählen zum einen Fälle, in denen der Notar falsche Tatsachen beurkundet oder bescheinigt hat,[30] ferner Fälle materiell unwirksamer Erklärungen (zB Vollmachten), auf deren Zuverlässigkeit der Dritte vertraut hat[31] oder deren Wirksamkeit aus sonstigen Gründen gerade im Interesse des Dritten lag, zB
– desjenigen, dem eine fehlerhaft beurkundete Aufhebung eines Erbvertrages,[32] ein fehlerhaft beurkundeter Erbverzichtsvertrag[33] oder ein fehlerhaft, weil dem tatsächlichen Willen des Erblassers nicht entsprechend, beurkundetes Testament[34] zu Gute kommen sollte;
– der GmbH, wenn dem Notar bei der Gründung der Gesellschaft bezüglich der Einzahlungspflichten der Gesellschafter Fehler unterlaufen.[35]

Nicht geschützt sind **Abtretungsempfänger,** wenn zum Zeitpunkt der Beurkundung **16a** nur ganz allgemein die Möglichkeit der Abtretung bestand, ohne dass der Abtretungsempfänger schon konkret als Zessionar in Betracht gekommen wäre.[36]

Aber auch bei **selbstständigen Betreuungstätigkeiten** hat der BGH anerkannt, dass **17** von der Regel, wonach nur der Auftraggeber anspruchsberechtigt ist, Ausnahmen möglich sind, mit der Folge, dass hier ebenfalls Dritte zum geschützten Personenkreis gehören.[37] Der BGH hat daher aus § 14 Abs. 2 hergeleitet, dass der Notar zur Prüfung eines ihm auf Antrag zugegangenen Erbscheins auch gegenüber demjenigen verpflichtet ist, der zwar nicht den Antrag bei ihm hat beurkunden lassen, aber durch die Fehlerhaftigkeit des Erbscheins in seinen Rechten verletzt wird.[38]

Mitteilungs- und Anzeigepflichten des Notars gegenüber staatlichen Stellen, sind **18** keine drittgerichteten Amtspflichten iSv § 19 und lösen daher auch keine Haftungsansprüche etwa wegen verjährter Steueransprüche aus.[39]

---

[24] BGH DNotZ 1934, 39; 1981, 311; 1982, 384.
[25] BGH ZNotP 2003, 150 (151) (vermeintlicher Vorkaufsberechtigter anlässlich der Beurkundung eines Grundstückskaufvertrages).
[26] Vgl. BGH WM 1989, 1466, wo der Notar auf die telefonische Ankündigung des Gläubigers, der Schuldner werde bei ihm eine Grundschuld bestellen, dem Gläubiger nach erfolgter Beurkundung von der erfolgten Antragstellung, nicht aber später von der auf Verlangen des Schuldners erfolgten Antragsrücknahme unterrichtete.
[27] BGH DNotZ 1983, 511, stRspr.
[28] BGH DNotZ 1981, 773; 1983, 509.
[29] BGH DNotZ 1983, 509.
[30] Vgl. BGH DNotZ 1973, 245.
[31] BGH NJW 1985, 730.
[32] BGH WM 1982, 615.
[33] BGH DNotZ 1997, 44.
[34] BGH 3.12.1992 – IX ZR 251/92, nv, mitgeteilt von *Ganter* WM 1993, Beilage 1, 4.
[35] BGH DNotZ 1990, 441. Weiterer Fall: BGH WM 2000, 35.
[36] BGH ZNotP 2017, 156.
[37] Vgl. BGH DNotZ 1983, 509; 1988, 372 mAnm *Bernhard;* ablehnend auch Schippel/Bracker/*Schramm* BNotO § 19 Rn. 40.
[38] BGH DNotZ 1988, 372.
[39] HM BGH DNotZ 1979, 288, offengelassen allerdings in BGH WM 82, 851. Beide Fälle betrafen grunderwerbsteuerliche Anzeigepflichten. Eine Drittgerichtetheit lehnen ab *Reithmann* DNotZ 1970, 5 (9);

III. Pflichtenkollision, Rechtswidrigkeit

19 Soweit verschiedene Amtspflichten einander zu widersprechen drohen (**Pflichtenkollision**), wird ihr Inhalt durch die jeweils vorrangige Pflicht begrenzt. Welche Pflicht hierbei vorrangig ist, lässt sich allgemein kaum entscheiden. Bisweilen scheint die Rechtsprechung ansonsten offensichtlich zu weitgehende Amtspflichten durch konkurrierende Pflichten eher pragmatisch einzuschränken.[40] In der Sache geht es vor allem um das Verhältnis der Belehrungspflichten zur Verschwiegenheits- und Unparteilichkeitspflicht.[41]

20 Ein Haftungsanspruch setzt ferner voraus, dass die Amtspflichtverletzung **rechtswidrig** war. Es können daher die allgemeinen Rechtfertigungsgründe (Notwehr etc) eingreifen.[42] Praktische Fälle sind bislang nicht bekannt geworden.

IV. Verschulden

21 Nur die schuldhafte Amtspflichtverletzung löst Haftungsansprüche aus. In Betracht kommt entweder vorsätzliches oder fahrlässiges Handeln.

22 **Vorsätzlich** handelt, wer bewusst gegen bestehende Amtspflichten verstößt. Voraussetzung ist hierfür neben der Kenntnis der zugrundeliegenden Tatsachen, aus denen sich die Amtspflicht ergibt, das Bewusstsein der Pflichtwidrigkeit. Es genügt (bedingter Vorsatz), wenn der Notar mit dem Verstoß gegen Amtspflichten rechnet und ihn billigend in Kauf nimmt. Die irrige Annahme, eine Amtspflicht bestehe nicht, wirkt dagegen vorsatzausschließend. Auf den eingetretenen Schaden muss sich der Vorsatz nicht beziehen.[43]

23 Der Notar handelt **fahrlässig,** wenn er im Zeitpunkt seines pflichtwidrigen Verhaltens (ex ante) die verletzte Amtspflicht bei gehöriger Aufmerksamkeit und Anwendung der erforderlichen Sorgfalt hätte erkennen können und die sich daraus ergebenden Nachteile für die geschützten Personen hätte vermeiden können und müssen.[44] Maßstab hierfür ist der erfahrene, pflichtbewusste und gewissenhafte Durchschnittsnotar.[45] Der Notar kann sich weder auf seine eigene Unerfahrenheit, noch darauf berufen, dass eine Vielzahl anderer Kollegen den gleichen Fehler begangen haben oder seitens der Notarkammern keine Hinweise auf entsprechende Erfahrungen gemacht worden sind.[46] Die Anforderungen an die Sorgfaltspflicht sind dabei „nach wie vor (…) sehr hoch gesteckt".[47]

24 Der Notar muss sich über die für die jeweilige Amtstätigkeit einschlägigen Vorschriften unterrichten, noch nicht in Kraft getretene Vorschriften jedenfalls nach ihrer Veröffentlichung in den Verkündigungsblättern. Gleiches soll gelten, wenn zukünftige Vorschriften in der Fachliteratur erörtert wurden,[48] was angesichts der heutigen Publikationsbestände und ungewisser Gesetzgebungsverfahren aber zweifelhaft ist.

25 Bei der Prüfung einer Rechtsfrage hat er die Rechtsprechung der obersten Gerichte, die in den amtlichen Sammlungen oder in den für seine Tätigkeit einschlägigen Zeitschriften

---

Schlee ZNotP 1997, 51; OLG München ZNotP 1997, 73 mit dem zutreffenden Argument, dass die Pflichten des Notars ebenso wie vergleichbare Pflichten anderer Hoheitsträger nur gleichgerichtete Pflichten aller Hoheitsträger zur Sicherung des Steueraufkommens darstellen, die die Hoheitsträger als Ganzes treffen und daher nicht drittgerichtet sind; iE ebenso Ganter/Hertel/Wöstmann/ *Ganter* Rn. 755.

[40] Vgl. etwa *Ganter* WM 1993, Beilage 1, 9, wonach die Pflicht zur Unparteilichkeit „in neueren Urteilen wieder stärker hervorgehoben wird".

[41] Vgl. hierzu die Erläuterungen bei § 14 sowie §§ 17, 18 BeurkG.

[42] Vgl. Arndt/Lerch/Sandkühler/*Sandkühler* BNotO § 19 Rn. 25, der allerdings auch die Pflichtenkollision zu den Rechtfertigungsgründen zählt.

[43] Unstreitig vgl. BGHZ 30, 374; BGH DNotZ 1993, 263; *Ganter* WM 1996, 701 (706); Arndt/Lerch/Sandkühler/*Sandkühler* BNotO § 19 Rn. 104.

[44] BGH WM 1993, 1896 (1898); 1997, 78; Arndt/Lerch/Sandkühler/*Sandkühler* BNotO § 19 Rn. 107.

[45] BGH WM 1992, 1662 (1665); ZNotP 2004, 432; 2005, 351 (353); Arndt/Lerch/Sandkühler/*Sandkühler* BNotO § 19 Rn. 107.

[46] BGH ZNotP 2005, 351 (353).

[47] *Ganter* WM 1993, Beilage 1, 10.

[48] BHG ZNotP 2017, 383; Schippel/Bracker/*Schramm* BNotO § 19 Rn. 55.

veröffentlicht werden, und die übrigen Erläuterungsbücher in neuester Auflage[49] auszuwerten. Handelt es sich um ihm wenig vertraute Rechtsgebiete, muss er sich eigenverantwortlich die erforderlichen Rechtskenntnisse aneignen,[50] Diese Anforderungen dürfen aber auch nach Auffassung des BGH nicht überspannt werden. Der Notar muss daher Einzelstimmen der Literatur zu Randproblemen nicht gegenwärtig haben und berücksichtigen.[51]

Auf eine gefestigte höchstrichterliche Rechtsprechung kann der Notar vertrauen,[52] er muss aber Anzeichen für eine Änderung der Rechtsprechung, zB durch *obiter dicta,* zur Kenntnis nehmen[53] bei nichtgefestigter Rechtsprechung muss er Tendenzen in Rechtsprechung und Literatur beachten.[54] **26**

Die von der Rechtsprechung geforderte Einschlagung des sichersten Weges[55] ist eher eine Frage des Inhalts der dem Notar obliegenden Amtspflicht als ein Gesichtspunkt der Schuld.[56] **27**

Der aus dem Beamtenrecht entwickelte Grundsatz, dass ein Schuldvorwurf entfällt, wenn ein mit mehreren Rechtskundigen besetztes **Kollegialgericht** das Verhalten des Notars als pflichtgemäß beurteilt hat, wird von der BGH-Rechtsprechung nur mit größter Zurückhaltung auf Notarhaftungsansprüche angewandt und von *Ganter* für den Notar generell abgelehnt, mit der Begründung, er diene im Beamtenrecht zum Schutz des subalternen Beamten. Einem subalternen Beamten könne der Notar nicht an die Seite gestellt werden.[57] Dem ist jedenfalls solange zu widersprechen, als die Sorgfaltsanforderungen der Rechtsprechung der Komplexität des heutigen Rechtes in all seiner Unzulänglichkeit mit ausufernden Einzelfallerörterungen und entsprechenden Publikationstendenzen kaum gerecht werden. Bis dahin kann der Grundsatz über seine ursprüngliche beamtenrechtliche Zwecksetzung hinaus als sinnvolle und objektivierbare Korrektur des Verschuldensmaßstabes dienen. Tatsächlich hat der BGH den Grundsatz nur in zwei Fällen angewandt.[58] Ansonsten wird seine Nichtanwendung regelmäßig darauf gestützt, dass das Gericht in einem wesentlichen Punkt von einem unzutreffenden Sachverhalt ausgegangen ist, den Sachverhalt nicht erschöpfend gewürdigt[59] oder die Rechtslage „handgreiflich" verkannt hat.[60] **28**

V. Ursächlichkeit der Pflichtverletzung für den Schaden

Als **Schaden** kommt jeder Verlust und jede Verschlechterung von Rechten in Betracht, also nicht nur der Verlust von Eigentum, Realisierbarkeit von Forderungen nach pflichtwidriger Auszahlung, sondern auch der Verlust oder die Verschlechterung einer Sicherheit (Unterbleiben einer Grundschuldeintragung oder auch nur ein erreichter schlechterer Rang)[61] entgangener Gewinn, die mit der pflichtwidrigen Amtsausübung verbundenen Notarkosten,[62] Kosten des Amtshaftungsprozesses,[63] nutzlose Aufwendungen des Geschädigten[64] **29**

---

[49] So Ganter/Hertel/Wöstmann/*Ganter* Rn. 2155.
[50] BGH WM 1992, 1662 (1665).
[51] BGH NJW-RR 1994, 1021; vgl. auch BGH DNotZ 2014, 1082 zu Belehrungspflichten vor Änderung der Rspr. zur Ausübungs- und Wirksamkeitskontrolle bei Eheverträgen; hierzu auch *Schlick* ZNotP 2014, 322. Zu den Anforderungen im Zusammenhang mit der Fortgeltung von Angeboten vgl. BGH DNotZ 2018, 130; kritisch hierzu *Frenz* ZNotP 2018, 48.
[52] BGH DNotZ 1981, 515; WM 1983, 343.
[53] BGH NJW 1993, 648 (649); Ganter/Hertel/Wöstmann/*Ganter* Rn. 2163.
[54] Schippel/Bracker/*Schramm* BNotO § 19 Rn. 65.
[55] BGH DNotZ 1992, 813.
[56] Ebenso Ganter/Hertel/Wöstmann/*Ganter* Rn. 2166.
[57] DNotZ 1998, 851 (863); ebenso Ganter/Hertel/Wöstmann/*Ganter* Rn. 2173 ff.
[58] BGH DNotZ 1958, 554 und WM 1983, 343; im letzteren Fall ging es um die geänderte Rechtsprechung zur Beurkundungspflicht von Baubeschreibungen. Zu dem von Ganter/Hertel/Wöstmann/*Ganter* Rn. 2176 erwarteten „Todesstoß" durch den BGH ist es aber nicht gekommen, wie auch er nach DNotZ 2008, 841, ZNotP 2009, 33 und NJW 2011, 1355 feststellt (aaO Fn. 88).
[59] Vgl. DNotZ 1992, 813.
[60] DNotZ 1992, 457.
[61] BGH DNotZ 1987, 560.
[62] BayObLG ZNotP 1998, 386.
[63] BGHZ 20, 374.
[64] BGH WM 2000, 1600 (1603).

bei Subsidiarität der Amtshaftung (→ Rn. 35 ff.) auch die Kosten der Rechtsverfolgung gegen den vorrangig Haftenden, sofern diese Rechtsverfolgung hinreichende Aussicht auf Erfolg bot und nicht mutwillig erschien.[65] Maßgeblich für die Schadensberechnung ist der Zeitpunkt der letzten mündlichen Tatsachenverhandlung.[66]

30   Für die Frage, ob die Amtspflichtverletzung den geltend gemachten Schaden zur Folge hat (**Ursächlichkeit**), prüft der BGH in ständiger Rechtsprechung, welchen Verlauf die Dinge bei pflichtgemäßen Verhalten genommen hätten und wie die Vermögenslage des Betroffenen sein würde, wenn der Notar die Pflichtverletzung nicht begangen, sondern pflichtgemäß gehandelt hätte.[67] Hat der Notar eine ihm obliegende Belehrung unterlassen, muss der Geschehensablauf bei vorgestellter erfolgter Belehrung geprüft werden, besteht die Pflichtverletzung in einem positiven Tun, ist zu untersuchen, wie sich die Vermögenslage ohne die pflichtwidrige Handlung darstellen würde.

31   Ist für den Schadensverlauf erheblich, welche Entscheidung ein Gericht oder eine Behörde getroffen hätte, soll es darauf ankommen, wie das Gericht bzw. die Behörde richtigerweise entschieden hätte, auch wenn tatsächlich falsch entschieden wurde.[68] Angesichts der vom BVerfG geltend gemachten Bedenken zur entsprechenden Geltung im Bereich der anwaltlichen Haftung,[69] ist nach Auffassung von *Wöstmann* eine Haftung zu verneinen, wenn das Gericht eine ihm vorbehaltene, tragende Prozesspflicht (zB zur Aufklärung oder zur Beweisaufnahme) grob verletzt hat.[70]

32   Ein Schaden ist dann nicht mehr **adäquat** verursacht, wenn ein Dritter in völlig ungewöhnlicher und unsachgemäßer Weise eingegriffen und eine weitere Ursache gesetzt hat, durch die der Schaden erst endgültig herbeigeführt wurde. Ein Verhalten des Geschädigten beseitigt die Ursächlichkeit der Amtspflichtverletzung nur, wenn hierzu kein rechtfertigender Anlass bestand und es daher eine ungewöhnliche Reaktion darstellte. Der mögliche aber unterbliebene Neuabschluss eines formunwirksamen Vertrages beseitigt daher nicht die Ursächlichkeit, sondern ist nur im Rahmen des Mitverschuldens oder der Versäumung einer anderweitigen Ersatzmöglichkeit von Bedeutung.[71]

33   Eine Ursächlichkeit kann ausnahmsweise auch dann entfallen, wenn der hypothetische Geschehensablauf ergibt, dass der Vermögensschaden auch bei pflichtgemäßem Verhalten des Notars durch andere Umstände (**"Reserveursachen"**) eingetreten wäre.[72] Von diesen Fällen der überholenden Kausalität zu unterscheiden sind die Fälle des **rechtmäßigen Alternativverhaltens**, bei denen eingewandt wird, dass der Schaden auch dann eingetreten wäre, wenn der Notar eine andere, von der verletzten verschiedene Amtspflicht eingehalten hätte, tatsächlich aber nicht eingehalten hat. *Sandkühler* führt als mögliches Beispiel den Fall an, dass entgangener Gewinn geltend gemacht wird, der Notar den von ihm fehlerhaft und daher unwirksamen Vertrag wegen Unredlichkeit aber gar nicht hätte beurkunden dürfen.[73]

33a Unter den geschilderten Zurechnungsgesichtspunkten und nicht unter Kausalitätsgesichtspunkten prüft der BGH **bei Verstößen gegen die Regelfrist nach § 17 Abs. 2a BeurkG,** ob auch bei pflichtgemäßen Verhalten der Vertrag zustande gekommen wäre, mit der Folge, dass den Notar die Darlegungs- und Beweislast für diesen hypothetischen Verlauf trifft (als Kausalitätsproblem würde sie den Geschädigten treffen), wobei auch für den Schädiger das herabgesetzte Beweismaß gemäß § 287 ZPO gilt.[74]

---

[65] Arndt/Lerch/Sandkühler/*Sandkühler* BNotO § 19 Rn. 122.
[66] BGH DNotZ 1990, 661 (665); Ganter/Hertel/Wöstmann/*Wöstmann* Rn. 2231.
[67] Vgl. BGHZ 1996, 157 (171); DNotZ 1992, 819.
[68] StRspr BGH VersR 1983, 1031.
[69] NJW 2002, 1048.
[70] Ganter/Hertel/Wöstmann/*Wöstmann* Rn. 2201 ff., 2205.
[71] BGH 8.7.1993 – IX ZR 152/92, nv – mitgeteilt von *Ganter* WM 1996, 701 (707).
[72] BGH DNotZ 1997, 70 (76 f.); zurückhaltender in WM 2000, 1355 (1356); offen gelassen in ZNotP 2003, 234.
[73] Arndt/Lerch/Sandkühler/*Sandkühler* BNotO § 19 Rn. 153; vgl. auch BGH WM 2000, 1355 (1356 f.).
[74] BGH DNotZ 2015, 422; ebenso *Schlick* ZNotP 2015, 322 (324) unter Aufgabe seiner früheren Auffassung ZNotP 2013, 364. Kritisch hierzu *Achenbach* DNotZ 2016, 17.

Eine Ursächlichkeit setzt im Übrigen voraus, dass die Schadensfolgen dem **Schutzbereich der verletzten Norm** unterfallen. Erforderlich hierfür ist ein innerer Zusammenhang der vom Notar geschaffenen Gefahrenlage, die über eine bloß zufällige, äußere Verbindung hinausgeht. Hat die fehlerhaft unterbliebene Beurkundung des einer Vollmacht zugrundeliegenden Rechtsgeschäftes zur Folge, dass eine Belehrung bezüglich der wesentlichen bestehenden Rechtsverhältnisse ausgeblieben ist, die zur Unterrichtung über wirtschaftliche Risiken hätte führen können, ist der eingetretene Schaden vom Schutzzweck umfasst.[75] Gleiches gilt für Nachteile, die ein Beteiligter aufgrund eines Vertrauens auf das Zutreffen einer notariellen Auskunft erlitten hat,[76] Folgen einer falschen gerichtlichen Entscheidung, die auf einer fehlerhaften Vertragsformulierung beruhte.[77] Die notarielle Belehrungspflicht erstreckt sich nicht auf ein **verdecktes Geschäft,** das nicht Gegenstand der Beurkundung ist, das der Notar nicht kennt und das für ihn auch nicht erkennbar war. Tritt in diesem Bereich ein Schaden ein, ist er vom Schutzbereich der Belehrungspflicht nicht erfasst.[78]

Wird hingegen ein **Angebot mit unwirksamer Fortgeltungsdauer** innerhalb einer zulässigen Annahmefrist angenommen, so erlangt die unwirksame Klausel keine Bedeutung und kann daher auch keine Haftungsansprüche begründen.[79]

VI. Subsidiarität der Haftung

Der Notar kann in bestimmten Fällen nach § 19 Abs. 1 S. 2 den Geschädigten auf eine anderweitige Ersatzmöglichkeit verweisen. Soweit die Voraussetzungen dieses, dem Beamtenrecht entstammenden (§ 839 Abs. 1. S. 2 BGB) Verweisungsprivilegs vorliegen, entfällt die Haftung in vollem Umfange, ohne dass es etwa auf Mitverschulden ohne ähnliche Gesichtspunkte ankäme. Das Fehlen einer anderweitigen Ersatzmöglichkeit ist negative Anspruchsvoraussetzung.

Im Einzelnen setzt der Subsidiaritätsgrundsatz folgendes voraus: Er gilt nur bei **fahrlässigen** Amtspflichtverletzungen, nicht aber bei vorsätzlichem Handeln. Er gilt ferner **im Verhältnis zum „Auftraggeber"** nicht bei Betreuungstätigkeiten nach §§ 23, 24. Diese Sonderrolle der Betreuungstätigkeit nach §§ 23, 24 hat zunächst gesetzeshistorische Gründe:[80] Bis zum Inkrafttreten der RNotO ging man davon aus, dass diesen Tätigkeiten vertragliche Vereinbarungen des „Auftraggebers" mit dem Notar zugrunde lagen,[81] der Notar hierbei also nicht hoheitliche Funktionen ausübte und somit nach Vertragsrecht ohne Verweisungsmöglichkeit haftet. Mit der RNotO wurden die Betreuungstätigkeiten den sonstigen Tätigkeiten gleichgestellt und der gesamte Kreis notarieller Handlungen als hoheitliche Tätigkeit verstanden. Die damit auch für die Betreuung eingreifende Amtshaftung hätte aber im Grundsatz zur Folge gehabt, dass sich die Rechtsstellung der Auftraggeber bei Amtspflichtverletzungen im Bereich der Betreuung verschlechterte, da die frühere vertragliche Primärhaftung des Notars durch den Grundsatz der subsidiären Haftung ersetzt worden wäre. Offensichtlich um dies zu verhindern, ist für den Bereich der Betreuungstätigkeiten der Grundsatz der Primärhaftung des Notars durch § 21 Abs. 1 S. 2 Hs. 2 RNotO, der § 19 Abs. 1 S. 2 Hs. 2 entspricht, beibehalten worden.[82] Zum Umfang der sog. „selbstständigen" Betreuungstätigkeiten nach §§ 23, 24 → § 15 Rn. 10 ff. sowie die Erläuterungen bei § 24. Als Beispiele sind außer der notariellen

---
[75] BGH WM 1992, 1662 (1668); DNotZ 1990, 661 (665).
[76] BGH WM 1985, 666 (669).
[77] BGH DNotZ 1982, 498 (499).
[78] BGH DNotZ 2019, 665.
[79] OLG München MittBayNot 2015, 339. Anders aber die Revisionsentscheidung BGH DNotZ 2016, 530.
[80] Vgl. hierzu ausführlich *Zugehör* ZNotP 1997, 42 (45 ff.); BGH ZNotP 1999, 247.
[81] Dies erklärt auch die Verwendung des eigentlich unpassenden Begriffs des Auftraggebers in § 19.
[82] So zurecht die historische Analyse von *Zugehör* ZNotP 1997, 42 (45 ff.) und dem BGH ZNotP 1999, 247 mit Hinweisen zur Gesetzesgeschichte.

Verwahrung zu nennen: Bestätigung der Kaufpreisfälligkeit durch den Notar,[83] Überwachung der Eigentumsumschreibung und Einholung von Genehmigungen;[84] Verwendung von treuhänderisch überlassenen Löschungsunterlagen bei der Abwicklung eines Kaufvertrages.[85]

37 Diese Einschränkung der Subsidiärhaftung des Notars gilt nach dem Wortlaut von § 19 Abs. 1 S. 2 nur „im Verhältnis gegenüber dem Auftraggeber". **Auftraggeber** ist zunächst unstrittig jeder, der den Notar um die Betreuungstätigkeit ersucht hat. Auftraggeber ist ferner ein Dritter, wenn der Notar diesem gegenüber ausdrücklich selbstständige Amtspflichten im Rahmen des Betreuungsgeschäftes übernimmt.[86] Wenn daher der Notar von sich aus an einen Kapitalanleger herantritt mit Erklärungen zu hinterlegten Sicherheiten,[87] ist der Anleger so gestellt, als ob er seinerseits den Notar um eine entsprechende Sicherungserklärung gebeten hätte. Der BGH vergleicht insoweit die Haftung des Notars mit der Haftung eines Anwalts, der anstelle des Notars die Betreuungstätigkeit als Rechtsanwalt durchgeführt hätte und dem Anleger bei gleichem Verhalten aufgrund eines Vertrages mit Schutzwirkung für Dritte gehaftet hätte.[88] Diese Rechtsprechung hat der BGH in einer weiteren Entscheidung bestätigt, bei der der Notar nicht gegenüber dem Geschädigten aufgetreten war, sondern gegenüber seinem Auftraggeber, einer abzulösenden Bank, die Treuhandauflage, Anweisungen einer weiteren abzulösenden Bank zu beachten, nicht eingehalten hatte.[89] Danach ist davon auszugehen, dass eine Primärhaftung des Notars „allgemein dort geboten ist, wo ein Rechtsberater, der ein Geschäft nach §§ 23, 24 BNotO nicht als Notar besorgt, einen in den Schutzbereich eines solchen Vertrages einbezogenen Dritten ebenfalls für einen ihm dabei pflichtwidrig zugefügten Schaden einzustehen hat",[90] also nicht auf eine andere Ersatzmöglichkeit verwiesen werden kann. Der BGH sieht im Übrigen die Einschränkung der Primärhaftung in diesem Bereich „als im Wesentlichen überholt" an und lässt nur offen, bei etwaigen Fallgestaltungen, bei denen im Bereich der Betreuung eine Notarhaftung weiterginge als eine vertragliche Haftung eines Rechtsanwaltes, das Subsidiaritätsprivileg (wieder) eingreifen zu lassen.[91]

38 Soweit danach eine Subsidiärhaftung in Betracht kommt, setzt sie ferner voraus, dass für den Geschädigten eine **anderweitige Ersatzmöglichkeit** besteht. In Betracht kommt jede Möglichkeit der Schadloshaltung, sofern sie aus dem Sachverhaltskern hergeleitet werden kann, aus dem sich die Amtshaftung ergeben würde,[92] sie wirtschaftlich Erfolg verspricht[93] und dem Geschädigten zumutbar ist.[94] Das Erfordernis einer gerichtlichen Geltendmachung des Anspruchs im Ausland steht dem nicht entgegen, solange Rechtsverfolgung und Vollstreckbarkeit gegeben sind.[95] Regelmäßig handelt es sich um Ansprüche gegen den anderen Vertragspartner, auch soweit sie (bei Bereicherungsansprüchen) eine vorherige Anfechtung erfordern[96] und auch dann, wenn es sich bei den Vertragspartnern um nahe Verwandte handelt.[97] Eine anderweitige Ersatzmöglichkeit kann sich auch aus Ansprüchen gegen Angehörige der rechts- und steuerberatenen Berufe ergeben wegen

---

[83] BGH DNotZ 1986, 406.
[84] BGH NJW 1995, 1499; *Haug* Rn. 621 f.
[85] BGH ZNotP 1999, 246.
[86] BGH NJW 1997, 661; zustimmend *Zugehör* ZNotP 1997, 42 (45 ff.).
[87] So im Fall BGH NJW 1997, 661.
[88] BGH NJW 1997, 661.
[89] BGH ZNotP 1999, 247.
[90] BGH ZNotP 1999, 247.
[91] BGH ZNotP 1999, 247 (249 ff.).
[92] BGH DNotZ 1993, 748; 1996, 572.
[93] BGHZ 120, 124 (126).
[94] BGH DNotZ 1996, 118 (120); WM 2000, 35 (37) und 1808 (1811) (keine Subsidiarität, wenn der Dritte seinerseits in den Schutzbereich der unverletzten Amtspflicht gehört); ZNotP 2003, 36 (37).
[95] BGH NJW 1976, 2074.
[96] BGH WM 1995, 64 (68).
[97] BGH NJW 1986, 1329.

Beratungsfehlern bei dem Vertragsabschluss[98] oder der Prozessführung.[99] Denkbar sind ferner Ansprüche gegen einen beteiligten Makler aus c. i. c., Schlechterfüllung des Maklervertrages oder unerlaubter Handlung.[100] Der vom Geschädigten mit dem Schädiger geschlossene Vergleich, der mit einem Anspruchsverzicht verbunden ist, kann ebenfalls die schuldhafte Versäumung einer anderweitigen Ersatzmöglichkeit darstellen, es sei denn der Schädiger ist insolvent oder der Geschädigte befindet sich in einer akuten finanziellen Notlage, die er ohne den Vergleich kurzfristig nicht beheben kann. In diesem Fall ist aber dem Notar die Möglichkeit einzuräumen, durch geeignete Maßnahmen die Notlage und damit den Vergleichsgrund zu beseitigen.[101]

Ansprüche gegen einen anderen Notar oder einen anderen Hoheitsträger kommen als anderweitige Möglichkeit nicht in Betracht, da sich diese ihrerseits auf den Subsidiaritätsgrundsatz berufen könnten.[102]

Nach der Rechtsprechung des inzwischen zuständigen III. Zivilsenats des BGH muss die anderweitige Ersatzmöglichkeit zum Zeitpunkt der Erhebung der Notarhaftungsklage vorliegen.[103] Die Rechtsprechung des früher zuständigen IX. Zivilsenats ging ebenso wie die ganz herrschende Meinung in der Literatur demgegenüber davon aus, dass auf den Zeitpunkt des Schlusses der letzten mündlichen Verhandlung vor dem Tatrichter abzustellen ist,[104] wobei allerdings an die Zumutbarkeit erhöhte Anforderung zu stellen sind, die davon abhängen, wie weit der Haftungsprozess gegen den Notar fortgeschritten ist.[105]

VII. Versäumung von Rechtsmitteln

Nach § 19 Abs. 1 S. 3 sind die Vorschriften des BGB über die Haftung des Beamten entsprechend anzuwenden. Aus § 19 Abs. 1 S. 3 iVm § 839 Abs. 3 BGB folgt daher als weitere negative Anspruchsvoraussetzung, dass der Geschädigte es nicht schuldhaft unterlassen hat, den Schaden durch Gebrauch eines Rechtsmittels abzuwenden.[106] Dieser Sonderfall des Mitverschuldens führt – anders als bei § 254 BGB – nicht zu einer Quotierung, sondern zu einem völligen Haftungsausschluss.

Als **Rechtsmittel** kommen nach Rechtsprechung des BGH[107] alle Rechtsbehelfe in Betracht, die sich gegen die amtspflichtwidrige Handlung oder Unterlassung richten und dazu bestimmt und geeignet sind, diese zu beseitigen oder zu berichtigen und so den Schaden abzuwenden. Rechtsmittel in diesem weiten Sinne umfassen daher Beschwerden nach § 15, Dienstaufsichtsbeschwerden, Gegenvorstellungen und selbst mündliche Vorhaltungen.[108] Beispiele aus der Rechtsprechung sind etwa der bei der Beurkundung unterlassene mündliche Vorhalt eines Urkundsbeteiligten, der vor der Beurkundung einen Entwurf erhalten hatte und nachher geltend machte, die Urkunde entspreche nicht dem rechtsgeschäftlichen Willen der Beteiligten;[109] die unterlassene Erinnerung des Erblassers, die zugesagte Testamentsbeurkundung durchzuführen;[110] das unterlassene Insistieren des an der Testamentserrichtung beteiligten Erben auf Fertigung eines Testamentsentwurfs.[111]

---

[98] BGH DNotZ 1988, 379 (Rechtsanwalt); WM 1981, 942 (144) (Steuerberater).
[99] BGH NJW 1993, 1587 (1589).
[100] BGH WM 1993, 1513 (1517).
[101] BGH WM 1995, 1883.
[102] BGH WM 1983, 518 f.; 1992, 1533 (1537); 1996, 30 (32).
[103] WM 1999, 976 (978).
[104] BGHZ 120, 124 (131); *Haug* Rn. 212; vor allem auch *Ganter* WM 1996, 701 (708); *ders.* DNotZ 1998, 851 (863).
[105] So zu Recht *Ganter* WM 1996, 701 (708); DNotZ 1998, 851 (863).
[106] Vgl. hierzu *Schlee* ZNotP 1998, 94 f., *Ganter* DNotZ 1998, 851 (864 f.).
[107] Seit BGH DNotZ 1960, 663.
[108] BGH NJW 1997, 2327; ablehnend hierzu *Ganter* WM 1996, 701 (708); DNotZ 1998, 851 (863), nach dessen Ansicht der haftpflichtversicherte Notar nicht mit einem leistungsschwachen Beamten gleichgestellt werden dürfte. Er fordert daher, den Begriff des Rechtsmittels restriktiver auszulegen, hiergegen BGH DNotZ 2004, 362.
[109] OLG Hamm NJW-RR 1997, 1152.
[110] BGH DNotZ 2004, 362.
[111] OLG Köln MittRhNotK 1996, 67.

43 Die Versäumung des Rechtsmittels muss **schuldhaft** erfolgt sein. Einfache Fahrlässigkeit genügt. Die Sorgfaltsanforderungen orientieren sich an den konkreten, subjektiven Fähigkeiten des Geschädigten (Bildungsstand und Geschäftsgewandtheit) sowie den konkreten Umständen.[112] Dazu kann – bei entsprechender Fähigkeit – die Prüfung von Mitteilungen des Notars und Dritten ebenso gehören wie die Prüfung der Erledigung vorgesehener Eintragungsanträge.[113]

44 Die schuldhafte Versäumung des Rechtsmittels muss schließlich, um haftungsausschließende Wirkung zu haben, **ursächlich** sein. Dies ist dann der Fall, wenn es, falls es eingelegt worden wäre, den Schaden beseitigt hätte. Nach zutreffender Auffassung ist hierfür darauf abzustellen, wie tatsächlich auf das Rechtsmittel reagiert worden wäre und nicht, wie richtigerweise hätte entschieden werden müssen, da anderenfalls jede schuldhafte Versäumung des Rechtsmittels zum Bejahen der Ursächlichkeit führen müsste.[114] Hätte das Rechtsmittel den Schaden nur teilweise beseitigt, entfällt in diesem Umfang der Ersatzanspruch.[115]

VIII. Mitverschulden

45 Ein Schadensersatzanspruch kann nach § 254 BGB entfallen oder gemindert werden, wenn dem Geschädigten ein Mitverschulden an der Schadensentstehung oder -begrenzung anzulasten ist. Anders als bei dem Sonderfall der vorwerfbaren Versäumung eines Rechtsmittels (§ 839 Abs. 3 BGB iVm § 19 Abs. 1 S. 3) hat im Rahmen von § 254 eine Schuldabwägung und damit eine Quotierung zu erfolgen.

46 Grundsätzlich spielt der Mitverschuldenseinwand in der Notarhaftung nur „eine verhältnismäßig geringe Rolle"[116] angesichts der Beratungs- und Belehrungspflichten des Notars und des Vertrauens, dass die Beteiligten ihm, als dem Träger eines öffentlichen Amtes, entgegenbringen können.

47 Relevant wird der Einwand des Mitverschuldens zunächst, wenn eine Amtspflichtverletzung mit **vorsätzlichem Handeln des Geschädigten** zusammentrifft, der Geschädigte also etwa durch arglistige Täuschung die Gutgläubigkeit des Notars ausnutzt[117] oder aber bewusst falsche Angaben zur Einhaltung der Regelfrist nach § 17 Abs. 2a S. 2 Nr. 2 BeurkG macht.[118]

48 Daneben können aber auch aus Mindestanforderungen, die als **Beachtung der verkehrsüblichen Sorgfalt** auch bei Einschaltung eines Notars für die Beteiligten gelten, Verschuldensvorwürfe sich ergeben, etwa wenn eine Klage zur Löschung einer aufgrund eines Beratungsfehlers des Notars eingetragenen Vormerkung verzögert wird;[119] die Möglichkeit zur Neubeurkundung eines durch Notarfehler formnichtigen Vertrages nicht genutzt wird,[120] oder er übersieht, dass er wegen eines Straßenverlaufs auf dem gekauften Grundstück zur Kaufpreisminderung berechtigt ist.[121] Liegen aber die Voraussetzungen, unter denen sich der Geschädigte auf eine anderweitige Ersatzmöglichkeit verweisen lassen muss, nicht vor, weil etwa deren Realisierung längere und schwierige Prozesse erfordert, kann aus der Nichtwahrnehmung der Ersatzmöglichkeit dem Geschädigten auch kein Mitverschulden vorgeworfen werden.[122]

---

[112] BGH WM 2002, 1068 (1070).
[113] BGH DNotZ 1974, 374.
[114] *Ganter* DNotZ 1998, 851 (866).
[115] BGH NJW 1986, 1924.
[116] *Ganter* WM 1993, Beilage 1, 11.
[117] BGH DNotZ 1954, 551; MittRhNotK 1981, 48; *Haug* Rn. 242 ff.
[118] *Schlick* ZNotP 2013, 362 (367).
[119] BGH WM 1993, 1513 (1518).
[120] BGH 8.7.1993 – IX ZR 152/92, nv, mitgeteilt von *Ganter* WM 1996, 701 (707).
[121] BGH DNotZ 1993, 752.
[122] BGH DNotZ 1997, 64 (69).

Verschulden seiner Hilfspersonen muss der Geschädigte sich als eigenes Verschulden anrechnen lassen. Zu den Hilfspersonen des Käufers können auch die kaufpreisfinanzierenden Kreditinstitute zählen.[123]

IX. Verjährung

Der Schadensersatzanspruch verjährt nach § 195 BGB iVm § 19 Abs. 1 S. 3 in drei Jahren ab dem Zeitpunkt, zu dem der Anspruch entstanden ist und der Verletzte von den den Anspruch begründenden Umständen und der ersatzpflichtigen Person Kenntnis erlangt hat oder ohne grobe Fahrlässigkeit erlangen müsste (§ 199 Abs. 1 BGB).

Der Beginn der Verjährung setzt zunächst voraus, dass ein **Schaden** eingetreten ist, vorher ist auch keine Kenntnis des Geschädigten denkbar. Die Möglichkeit einer Feststellungsklage aufgrund einer Amtspflichtverletzung mit dem Ziel, die Ersatzpflicht des Notars für künftige Schäden feststellen zu lassen, genügt hierfür nicht, da der künftige Schaden noch nicht eingetreten ist. Der Verjährungsbeginn setzt aber gerade die Kenntnis des eingetretenen Schadens voraus.[124] Ein Schaden ist dann eingetreten, wenn die Vermögenslage sich verschlechtert hat.[125] Hierzu genügt es, wenn etwa aufgrund eines Notarfehlers der ausbedungene Rang einer Finanzierungsgrundschuld nicht gegeben ist, mag auch noch offen sein, ob sich die Darlehensforderung realisieren lässt oder nicht. Hat eine einheitliche, in sich abgeschlossene Amtshandlung mehrere Schadensfolgen ausgelöst, kann die Verjährungsfrist auch für nachträglich noch auftretende Teilschäden schon dann beginnen, wenn ein Teilschaden entstanden ist (Grundsatz der Schadenseinheit).[126] Hat der Notar etwa in einer Reihensache immer die gleiche Amtspflichtverletzung begangen, beginnt die Verjährungsfrist für den Schaden, der bei dem jeweiligen Vertrag entstanden ist, gesondert.[127]

Kenntnis hat der Geschädigte, wenn ihm die Erhebung einer Schadensersatzklage, sei es auch nur in Form einer Feststellungsklage, erfolgversprechend, wenn auch nicht risikolos möglich ist. Maßgeblich ist die Kenntnis der Tatsachen, eine zutreffende rechtliche Würdigung wird nicht vorausgesetzt. Nicht verlangt wird auch eine genaue Kenntnis von Umfang und Höhe des Schadensbildes, Einzelheiten des schadensstiftenden Ereignisses und des weiteren Ursachenverlaufs.[128] Eine grob fahrlässige Unkenntnis steht der Kenntnis gleich. Grobe Fahrlässigkeit kann etwa angenommen werden, wenn der Geschädigte auf der Hand liegende Erkenntnismöglichkeiten, die ohne besondere Mühe und Kosten wahrgenommen werden können, nicht wahrnimmt.[129] Bei einfachen Sachverhalten kann dann für den Verjährungsbeginn die Übersendung einer Eintragungsnachricht des Grundbuchs ausreichen, nicht aber bei komplexen, für den Geschädigten schwer durchschaubaren Vorgängen.[130] Etwas anderes gilt auch dann, wenn durch eine objektiv unzutreffende Belehrung des Notars bei dem Geschädigten eine Fehlvorstellung über notarielle Amtspflichten hervorgerufen wurde und er keinen Anlass hatte, an der Richtigkeit der Belehrung zu zweifeln.[131] Entscheidend ist die Kenntnis des Geschädigten bzw. seines gesetzlichen Vertreters, bei juristischen Personen die Kenntnis des Organs, aber auch gegebenenfalls die Kenntnis eines Sachbearbeiters.[132] Nicht ausreichend ist jedoch die Kenntnis eines Bevollmächtigten.[133] Betraut aber der Geschädigte einen Dritten – zB einen Rechtsanwalt mit

---

[123] BGH DNotZ 1993, 1518 (1521).
[124] BGH WM 1993, 251.
[125] BGH WM 1993, 251.
[126] BGHZ 100, 231.
[127] BGHZ 100, 231.
[128] BGH ZNotP 2005, 273; 2014, 355; vgl. hierzu *Schlick* ZNotP 2014, 322.
[129] BGH WM 1993, 1896 (1899); *Schlick* ZNotP 2014, 322.
[130] BGH DNotZ 2015, 37.
[131] BGH NJW 2019, 1953; 2020, 466.
[132] BGH DNotZ 1982, 498 (499).
[133] BGH WM 1995, 64 (69).

der Aufklärung eines Sachverhalts oder der Geltendmachung eines Schadensersatzanspruchs, muss er sich dessen Kenntnis als Wissensvertreter zurechnen lassen.[134]

53 Bei fahrlässiger Amtspflichtverletzung haftet der Notar in den Grenzen von § 19 Abs. 1 S. 2 (→ Rn. 35 ff.) nur subsidiär. In diesen Fällen beginnt die Verjährung erst, wenn der Geschädigte auch davon Kenntnis hat, dass eine anderweitige Ersatzmöglichkeit nicht besteht.[135] Erforderlich ist hierfür Kenntnis, ob vorsätzliches (dann keine Subsidiärhaftung) oder fahrlässiges Verschulden des Notars vorliegt und bei fahrlässigem Verhalten die weitere Kenntnis, dass eine anderweitige Ersatzmöglichkeit nicht besteht.[136] Allerdings wird dem Geschädigten zugemutet, sich selbst darum zu bemühen, den entsprechenden Sachverhalt festzustellen, wenn eine anderweitige Ersatzmöglichkeit in Betracht kommt. Unterlässt er dies, beginnt die Verjährung mit dem Zeitpunkt, zu dem mit der verkehrsüblichen Sorgfalt hätte festgestellt werden können, dass von dritter Seite Ersatz nicht oder nicht in voller Höhe zu erlangen ist.[137] Im Übrigen beginnt die Verjährung auch dann, wenn der Geschädigte weiß, dass er durch die anderweitige Ersatzmöglichkeit den Schaden nur zum Teil deckt.[138]

54 Die Verjährung ist nach § 203 BGB gehemmt, wenn sich der Notar auf Verhandlungen über den zu leistenden Schadensersatz einlässt. Verhandlungen des Haftpflichtversicherers stehen den Verhandlungen des Notars gleich.[139] Keine Verhandlungen in diesem Sinne liegen vor, wenn der Notar zwar mit dem Geschädigten korrespondiert, aber seine Ersatzpflicht stets uneingeschränkt und ohne irgendwelches Entgegenkommen in Aussicht zu stellen, ablehnt.[140] Nach den Höchstfristen gemäß § 199 Abs. 3 BGB tritt Verjährung unabhängig von Kenntnis bzw. grob fahrlässiger Unkenntnis ein in 10 Jahren ab Entstehung des Anspruchs und in 30 Jahren von der Begehung der Amtspflichtverletzung.

X. Haftung für Hilfspersonen

55 Träger des Notaramtes ist der Notar selbst, nicht etwa das Notariat als Behörde. Hoheitliche Tätigkeiten kann daher nur der Notar ausüben, nicht aber ein Mitarbeiter. Belehrungspflichten oder die Pflicht zur Feststellung des Testierfähigkeit zB können nicht durch den Bürovorsteher oder sonstige Mitarbeiter erfüllt (und damit auch nicht von ihnen verletzt) werden. Verpflichtet hierzu bleibt der Notar. Dass der Notar sich in Teilen seiner Amtstätigkeit durch Mitarbeiter unterstützen lässt, ist selbstverständlich und steht dem nicht entgegen. Diesen Unterstützungstätigkeiten sind aber zum einen dadurch Grenzen gesetzt, dass eine Delegation von Amtsgeschäften auf Mitarbeiter nicht möglich ist (enge Ausnahmen bestehen bei Tätigkeiten des Notarassessors, → Rn. 58 ff.). Der Notar kann daher nicht einem Mitarbeiter die Befugnis einräumen, über verwahrte Gelder zu verfügen. Würde er es gleichwohl tun, beginge er eine Amtspflichtverletzung.

56 Soweit sich der Notar bei der Vorbereitung einer Amtshandlung der Hilfe von Mitarbeitern bedient, muss die Hilfstätigkeit für ihn nachprüfbar sein und im Übrigen von ihm auch tatsächlich überprüft werden. Ist sie für ihn nicht nachprüfbar oder überprüft er sie nicht, haftet er für einen Fehler seiner Mitarbeiter entsprechend § 278 BGB. Der BGH hat dies – unter Abweichung von der bisher ganz herrschenden Meinung – in einer Grundsatzentscheidung für den Fall festgestellt, dass ein Rechtsanwalt als Hilfskraft eine falsche Grundbucheinsicht gefertigt hatte. Die große Bedeutung des Grundbuchstandes und die Abhängigkeit der Beteiligten von dem Verfahren des Notars begründeten eine gegenüber allgemeinen Amtspflichten gesteigerte Fürsorgepflicht des Notars im Sinne eine individuellen Sonderbeziehung und rechtfertigten es daher, das Verschulden der Hilfsperson dem

---

[134] BGH NJW 1993, 648 (652); 1997, 1584 (1585).
[135] BGH WM 1993, 379 (381).
[136] BGH WM 1992, 1662 (1669); 1993, 379 (381).
[137] BGH WM 1993, 1896 (1900).
[138] BGH WM 1993, 251.
[139] BGH NJW 1998, 2819.
[140] BGH WM 1995, 64.

Notar wie eigenes zuzurechnen. § 831 Abs. 1 S. 2 BGB (Verschulden bei der Auswahl, Anleitung und Überwachung) genüge hierfür nicht.[141]

Diese Rechtsprechung, die jedenfalls für den entschiedenen Sachverhalt zutreffend ist, kehrt damit zurück zu dem zur RNotO vertretenen Meinungsstand, wo ebenfalls im Bereich der eigentlichen Amtshandlungen eine eigene Haftung des Notars für Mitarbeiter aus § 278 BGB hergeleitet wurde.[142] Im Bereich des „inneren Amtsbetriebes",[143] also Schreibarbeit, Führung der Register, Ordnung der Akten, Vorlegen der Urkunden zum Vollzug etc, kann eine Haftung des Notars sich hingegen nur aus § 831 BGB ergeben wegen Verschuldens der Auswahl, Anleitung oder Überwachung. 57

C. Haftung des Notarassessors (Abs. 2)

§ 19 Abs. 2 statuiert in Satz 1 zunächst eine eigene Zuständigkeit des Notarassessors zu Tätigkeiten nach §§ 23, 24, die nach dem Gesetzeswortlaut nicht abhängig ist von einer Aufgabenzuweisung durch den Notar, und begründet insoweit eine eigene und alleinige Haftung des Notarassessors, für die die Regelungen in § 19 Abs. 1 entsprechend gelten. Eine Haftung des Ausbildungsnotars besteht nach § 19 Abs. 2 S. 2 nur, wenn er dem Notarassessor die Tätigkeiten nach §§ 23, 24 überlassen hat, was voraussetzt, dass auch ohne eine solche Überlassung der Notarassessor tätig werden kann. Bei allen sonstigen Tätigkeiten des Notarassessors ist er den Hilfskräften des Notars gleichgestellt. Handelt er als Notarvertreter, bestimmt sich seine Haftung (auch im Bereich der §§ 23, 24) nicht nach § 19 Abs. 2, sondern ausschließlich nach § 46 (vgl. § 19 Abs. 2 S. 4). Praktische Bedeutung hat die Haftung nach § 19 Abs. 2 S. 1 bisher nicht erlangt, da zu Recht die für eine gesamtschuldnerische Haftung erforderliche Delegation auch bei einer stillschweigenden Aufgabenüberlassung angenommen wird,[144] mit der Folge, dass eine alleinige Haftung des Notarassessors nur bei eigenmächtigem Handeln in Betracht kommen kann. 58

Soweit eine gesamtschuldnerische Haftung nach § 19 Abs. 2 S. 2 Hs. 1 eingreift, soll der Notarassessor im Innenverhältnis alleine verpflichtet sein (§ 19 Abs. 2 S. 3). Diese Folge wird man dahin einzuschränken haben, dass sie nur für den Fall einer vorsätzlichen Handlung des Notarassessors gilt. Der im Fahrlässigkeitsbereich im Innenverhältnis vorzunehmende Ausgleich muss abhängig sein von dem Ausbildungsstand des Notarassessors, dem Verhalten des Notars als Ausbilder und dem jeweiligen Geschäft. 59

Eine Staatshaftung ist auch für die Tätigkeit des Notarassessors ausgeschlossen (§ 19 Abs. 1 S. 3). 60

D. Haftungsklage (Abs. 3)

Für die Haftungsklage besteht eine vom Streitwert unabhängige **ausschließliche Zuständigkeit** des Landgerichts. 61

Hinsichtlich der **Beweislast** gilt, dass der Kläger das Vorliegen einer Amtspflichtverletzung, den Schadenseintritt und die Ursächlichkeit der Amtspflichtverletzung für den Schaden zu beweisen hat.[145] 62

Dies gilt auch für den Negativbeweis bezüglich der Behauptung, der Notar habe eine gebotene Belehrung unterlassen. Allerdings ist der Negativbeweis insofern erleichtert, als der BGH von dem Notar als substantiiertes Bestreiten eine ausführliche Schilderung des 63

---

[141] BGH DNotZ 1996, 581 mAnm *Preuß* DNotZ 1996, 508.
[142] *Seybold/Hornig/Lemmens* RNotO § 21 Anm. XI 1 ff.
[143] So *Seybold/Hornig/Lemmens* RNotO § 21 Anm. XI 1 ff.; ähnlich auch die Differenzierungsvorschläge bei *Preuß* DNotZ 1996, 508.
[144] Schippel/Bracker/*Schramm* BNotO § 19 Rn. 155.
[145] Vgl. zur Beweislast ausführlich *Ganter* ZNotP 2000, 176; Ganter/Hertel/Wöstmann/*Wöstmann* Rn. 335 ff.

Gangs der Verhandlung und der von ihm im Einzelnen erteilten Belehrungen verlangt und erst dann dem Geschädigten den Beweis der Unrichtigkeit der Darstellung des Notars aufgibt.[146]

64 Hat der Notar die ihm nach den gesetzlichen Vorschriften obliegenden Dokumentationspflichten für die Erfüllung von Amtspflichten nicht eingehalten, führt dies zur Umkehr der Beweislast mit der Folge, dass der Notar die Erfüllung der Amtspflicht beweisen muss.[147] Außerhalb der gesetzlichen Dokumentationspflicht besteht aber keine Verpflichtung des Notars, erfolgte Belehrungen schriftlich festzuhalten.[148] Unterlässt der Notar eine Belehrung, weil den Beteiligten Tragweite und Risiko des Geschäftes bekannt war, sind diese Umstände von ihm zu beweisen.[149]

65 Bezüglich der Ursächlichkeit der Pflichtverletzung ist den Geschädigten die Beweislast erleichtert: Stehen die Pflichtverletzung des Notars und der Schaden fest und kann der Schaden durch die Pflichtverletzung verursacht sein, muss der Notar beweisen, dass der Schaden nicht durch die Amtspflichtverletzung eingetreten ist.[150] Die im Übrigen für den Geschädigten sprechende Vermutung, dass ein Rat des Notars befolgt wird, nimmt ihm dann nicht die Beweislast, wenn tatsächlich auf den Rat verschiedene Handlungsmöglichkeiten gleich nahe liegen.[151]

66 Der Beweis des Fehlens einer anderweitigen Ersatzmöglichkeit obliegt dem Geschädigten,[152] während das schuldhafte Versäumen eines Rechtsmittels von dem Notar zu beweisen ist.[153]

67 Die Beweislast für das Eingreifen von Reserveursachen und der Grundsätze des rechtmäßigen Alternativverhaltens trägt der Notar als Schädiger, dem aber das herabgesetzte Beweismaß nach § 287 ZPO zugutekommt.[154]

§ 19a [Berufshaftpflichtversicherung]

(1) ¹**Der Notar ist verpflichtet, eine Berufshaftpflichtversicherung zu unterhalten zur Deckung der Haftpflichtgefahren für Vermögensschäden, die sich aus seiner Berufstätigkeit und der Tätigkeit von Personen ergeben, für die er haftet.** ²**Die Versicherung muß bei einem im Inland zum Geschäftsbetrieb befugten Versicherungsunternehmen zu den nach Maßgabe des Versicherungsaufsichtsgesetzes eingereichten allgemeinen Versicherungsbedingungen genommen werden.** ³**Die Versicherung muß für alle nach Satz 1 zu versichernden Haftpflichtgefahren bestehen und für jede einzelne Pflichtverletzung gelten, die Haftpflichtansprüche gegen den Notar zur Folge haben könnte.**

(2) ¹**Vom Versicherungsschutz können ausgeschlossen werden**
1. **Ersatzansprüche wegen wissentlicher Pflichtverletzung,**
2. **Ersatzansprüche aus der Tätigkeit im Zusammenhang mit der Beratung über außereuropäisches Recht, es sei denn, daß die Amtspflichtverletzung darin besteht, daß die Möglichkeit der Anwendbarkeit dieses Rechts nicht erkannt wurde,**
3. **Ersatzansprüche wegen Veruntreuung durch Personal des Notars, soweit nicht der Notar wegen fahrlässiger Verletzung seiner Amtspflicht zur Überwachung des Personals in Anspruch genommen wird.**

²**Ist bei Vorliegen einer Amtspflichtverletzung nur streitig, ob der Ausschlußgrund gemäß Nummer 1 vorliegt, und lehnt der Berufshaftpflichtversicherer deshalb die**

---

[146] BGH WM 1996, 84 f.
[147] BGH DNotZ 1974, 296 mAnm *Haug;* 1990, 441 (442).
[148] BGH WM 1995, 64 (67); Ganter/Hertel/Wöstmann/*Wöstmann* Rn. 342.
[149] BGH WM 1995, 118 (120).
[150] BGH WM 1992, 527 f.; differenzierend Ganter/Hertel/Wöstmann/*Wöstmann* Rn. 2185.
[151] WM 1992, 1662 (1667).
[152] BGH WM 1985, 1425 f.
[153] BGH WM 1995, 64.
[154] *Schlick* ZNotP 2015, 322 (324).

Regulierung ab, hat er gleichwohl bis zur Höhe der für den Versicherer, der Schäden aus vorsätzlicher Handlung deckt, geltenden Mindestversicherungssumme zu leisten. ³Soweit der Berufshaftpflichtversicherer den Ersatzberechtigten befriedigt, geht der Anspruch des Ersatzberechtigten gegen den Notar, die Notarkammer, den Versicherer gemäß § 67 Abs. 3 Nr. 3 oder einen sonstigen Ersatzberechtigten auf ihn über. ⁴Der Berufshaftpflichtversicherer kann von den Personen, für deren Verpflichtungen er gemäß Satz 2 einzustehen hat, wie ein Beauftragter Ersatz seiner Aufwendungen verlangen.

(3) ¹Die Mindestversicherungssumme beträgt 500 000 Euro für jeden Versicherungsfall. ²Die Leistungen des Versicherers für alle innerhalb eines Versicherungsjahres verursachten Schäden dürfen auf den doppelten Betrag der Mindestversicherungssumme begrenzt werden. ³Der Versicherungsvertrag muß dem Versicherer die Verpflichtung auferlegen, der Landesjustizverwaltung und der Notarkammer den Beginn und die Beendigung oder Kündigung des Versicherungsvertrages sowie jede Änderung des Versicherungsvertrages, die den vorgeschriebenen Versicherungsschutz beeinträchtigt, unverzüglich mitzuteilen. ⁴Im Versicherungsvertrag kann vereinbart werden, daß sämtliche Pflichtverletzungen bei der Erledigung eines einheitlichen Amtsgeschäftes, mögen diese auf dem Verhalten des Notars oder einer von ihm herangezogenen Hilfsperson beruhen, als ein Versicherungsfall gelten.

(4) Die Vereinbarung eines Selbstbehaltes bis zu einem Prozent der Mindestversicherungssumme ist zulässig.

(5) Zuständige Stelle im Sinne des § 117 Abs. 2 des Versicherungsvertragsgesetzes ist die Landesjustizverwaltung.

(6) Die Landesjustizverwaltung oder die Notarkammer, der der Notar angehört, erteilt Dritten zur Geltendmachung von Schadensersatzansprüchen auf Antrag Auskunft über den Namen und die Adresse der Berufshaftpflichtversicherung des Notars sowie die Versicherungsnummer, soweit der Notar kein überwiegendes schutzwürdiges Interesse an der Nichterteilung der Auskunft hat; dies gilt auch, wenn das Notaramt erloschen ist.

Übersicht

	Rn.
A. Vorbemerkungen	1
I. Entstehungsgeschichte	1
II. Überblick über die versicherungsrechtlichen Instrumentarien	2
B. Versicherungspflicht	8
I. Verpflichteter	8
II. Versicherungsunternehmen	11
III. Versicherungsumfang	12
1. Amtspflichtverletzung	12
2. Ausschlussmöglichkeiten	13
3. Versicherungssummen	17
4. Verhältnis von Haftpflichtversicherer zu Vertrauensschadensversicherer	20
5. Auskunftsanspruch (Abs. 6)	24
C. Sicherung der Versicherungspflicht	25

A. Vorbemerkungen

I. Entstehungsgeschichte

Die Verpflichtung zum Abschluss einer Haftpflichtversicherung war zunächst nur Gegenstand der Standesrichtlinien der Bundesnotarkammer und auch dies erst aufgrund eines entsprechenden Beschlusses der Vertreterversammlung vom 8.12.1962.[1] Die Richtlinie beschränkte sich darauf, dem Notar den Abschluss einer Haftpflichtversicherung in angemessener Höhe zur Standespflicht zu machen. Die sachgerechte Regelung in der BNotO erfolgte erst im Rahmen der angestrebten Reform des Staatshaftungsrechtes durch das Erste Gesetz zur Änderung der BNotO vom 7.8.1998,[2] das nicht nur die obligatorische Haftpflichtversicherung des einzelnen Notars, sondern auch die weiteren Versicherungsinstrumentarien (Gruppenanschlussversicherung und Vertrauensschadensversicherung) einführte. Die Vorschriften sind erstmals geändert worden zur Umsetzung der Dritten EU-Richtlinie Schaden durch die Gesetze vom 21.7.1994[3] und 30.8.1994.[4] Auf Betreiben der Bundesnotarkammer[5] wurde im Rahmen der Berufsrechtsnovelle 1998 § 19 Abs. 2 um S. 2 bis S. 4 ergänzt und die Mindestversicherungssumme (§ 19a Abs. 3 S. 1) von 500.000,– DM auf 1.000.000,– DM angehoben. 2009 wurde Abs. 6 eingefügt.[6]

II. Überblick über die versicherungsrechtlichen Instrumentarien

2 Die BNotO schreibt für die notarielle Amtstätigkeit das Bestehen von insgesamt drei Versicherungen vor, die zum einen dazu dienen, den Notar selbst in die Lage zu versetzen, die ihn treffende Amtshaftung nach § 19 wirtschaftlich zu bewältigen, und zum anderen – im Bereich der Vertrauensschäden – das Ansehen des gesamten Berufsstandes zu wahren. Das System wird ergänzt durch den von den Notarkammern gebildeten Vertrauensschadensfonds.

3 § 19a regelt zunächst als **Basisversicherung** die obligatorische, von dem Notar als Versicherungsnehmer und versicherte Person selbst abzuschließende Haftpflichtversicherung mit einer Deckungssumme von mindestens 500.000 EUR für jeden Versicherungsfall, begrenzbar auf 1.000.000,– EUR als Gesamtleistung je Versicherungsjahr.

4 Daneben haben die Notarkammern als Pflichtaufgabe eine **Gruppenanschlussversicherung** für Haftpflichtschäden abzuschließen (§ 67 Abs. 3 Nr. 3 S. 2) mit einer (unveränderten) Deckungssumme von 500.000 EUR pro Schadensfall, begrenzbar auf 2 Mio. EUR pro Versicherungsjahr.

4a Da von den Begrenzungsmöglichkeiten nach § 19 Abs. 3 S. 2 und § 67 Abs. 3 Nr. 3 S. 2 bundesweit Gebrauch gemacht wurde, ergibt sich für nichtvorsätzliche bzw. nichtwissentliche Pflichtverletzungen, dass für Schäden im Einzelfall von 500.000 EUR und 1 Mio. EUR im Versicherungsjahr die Basisversicherung des Notars eingreift und für einen darüber hinausgehenden Schaden von 500.000 EUR im Einzelfall und 2 Mio. EUR im Versicherungsjahr die Gruppenanschlussversicherung der Notarkammer. Soweit der Notar freiwillig eine höhere Versicherung abgeschlossen hat, greift sie erst für Schäden ein, die weder durch die Basisversicherung noch durch die Grundversicherung erfasst werden.

5 Nicht von der Haftpflichtversicherung erfasst werden vorsätzliche oder wissentliche Amtspflichtverstöße (vgl. § 19a Abs. 2 S. 1 Nr. 1). Schäden, die hieraus entstehen, sind aber dem Ansehen des Notarstandes in besonderer Weise abträglich. Aus diesem Grunde obliegt den Notarkammern ferner der Abschluss einer **Vertrauensschadensversicherung** (§ 67 Abs. 3 Nr. 3 S. 1) mit einer Deckungssumme von ebenfalls mindestens 250.000 EUR, wiederum begrenzbar auf den vierfachen Betrag pro Versicherungsjahr. Die Gruppenausschlussversicherung ist Pflichtversicherung nach §§ 113 ff. VVG. Versicherungsnehmer ist die Kammer, versicherte Personen sind die der Kammer angehörenden

---

[1] DNotZ 1963, 130.
[2] BGBl. I 803; vgl. hierzu und zur Entstehungsgeschichte ausführlich *Zimmermann* DNotZ 1982, 4 (90 f.) und zum Versicherungssystem insgesamt WürzNotar-HdB/*Zimmermann* Teil 2 Kap. 5 Rn. 254 ff. Zum Schutz bei Vertrauensschäden vgl. Kindhäuser/*Bresgen*, Strafrechtliche Aspekte notarieller Tätigkeit, 2009, S. 27 ff. *Mayer* NotBZ 2018, 121.
[3] BGBl. I 1630.
[4] BGBl. II 1438.
[5] Vgl. *Vaasen/Starke* DNotZ 1998, 661 (683).
[6] BGBl. I 2449.

Notare. Es handelt sich um eine Versicherung für fremde Rechnung iSd §§ 43 ff. VVG. Der Geschädigte hat keinen Zahlungsanspruch gegen die Notarkammer. Vielmehr besteht zwischen der Notarkammer und dem Geschädigten ein gesetzliches Treuhandverhältnis, aufgrund dessen die Notarkammer verpflichtet ist, den Entschädigungsbetrag bei dem Versicherer einzuziehen und ihn an den Geschädigten auszukehren.[7]

Bereits bei Einführung von § 19a in die BNotO haben die Notarkammern schließlich – um Anhebungen der Mindestversicherungssummen im Vertrauensschadensbereich und die damit verbundenen Prämienbelastungen zu verhindern[8] – einen **Vertrauensschadensfonds,** seit 22.6.2009 umbenannt in: **Notarversicherungsfonds** eingerichtet, mit einem gebundenen Sondervermögen von anfangs 7.000.000 DM. Das Mindestvermögen ist seit dem 1.7.2001 auf 10.300.000 EUR festgelegt. Die Festsetzung einer Höchstsumme wurde aufgegeben.[9] 6

Im Bereich der **Notarkasse** in München und der **Ländernotarkasse** in Leipzig werden sowohl die Grundversicherungen als auch die Anschluss- und Vertrauensschadensversicherung durch die Notarkassen durchgeführt (vgl. § 113 Abs. 3 Nr. 4 und § 113a Abs. 3 Nr. 3). 7

B. Versicherungspflicht

I. Verpflichteter

Zum Abschluss der Grundversicherung ist (außerhalb der Notarkassen, → Rn. 8) der einzelne Notar verpflichtet, und zwar **jeder Notar,** unabhängig von seinem Geschäftsaufkommen. Für den Notarassessor besteht keine Versicherungspflicht (§ 7 Abs. 4 S. 2), auch soweit er ausnahmsweise nach § 19 Abs. 2 S. 1 alleine haften sollte (→ § 19 Rn. 58). Im Regelfall haftet der Ausbildungsnotar neben dem Notarassessor als Gesamtschuldner (§ 19 Abs. 2 S. 2). Diese Haftung muss nach § 19a Abs. 1 S. 1 ebenfalls Gegenstand der Basisversicherung sein. Gleiches gilt für Haftungsfälle, die sich aus der Tätigkeit eines Notarvertreters ergeben, für die der Notar immer neben dem Vertreter als Gesamtschuldner haftet (§ 46 S. 1). 8

Keine Versicherungspflicht besteht schließlich auch für die **Notariatsverwalter.** Insoweit ist die Notarkammer verpflichtet, eine Grundversicherung abzuschließen, die den Anforderungen des § 19a genügt (§ 61 Abs. 2 S. 2 Nr. 1). 9

Die Verpflichtung zur Unterhaltung der Basisversicherung entfällt nicht mit einer vorläufigen Amtsenthebung, sondern erst mit dem **Erlöschen des Amtes** (§ 47). Für die von dem Notar während seiner Amtszeit begangenen Pflichtverletzungen genießt er wegen der Geltung des Verstoßprinzips auch nach Wegfall der Versicherungspflicht Versicherungsschutz. 10

II. Versicherungsunternehmen

Nach der Öffnung des europäischen Binnenmarktes für Versicherungen kann die Haftpflicht bei jedem im Inland zum Geschäftsbetrieb befugten Versicherungsunternehmen abgeschlossen werden (§ 19a Abs. 1 S. 2) nach Maßgabe der Allgemeinen Versicherungsbedingungen (AVB), die das Unternehmen dem Versicherungsaufsichtsamt eingereicht hat. Die bisherige Genehmigungsbedürftigkeit der AVB durch das Versicherungsaufsichtsamt ist mit der Umsetzung der Dritten EU-Richtlinie Schaden entfallen. Es ist daher Sache des einzelnen Notars, zu überprüfen, ob die ihm angebotene Versicherung den Anforderungen gerecht wird oder nicht. Zur Rechtslage im Bereich der Kassen → Rn. 8. 11

---

[7] BGH VersR 2011, 1435.
[8] Vgl. *Zimmermann* DNotZ 1982, 90.
[9] Vgl. WürzNotar-HdB/*Zimmermann* Teil 1 Kap. 5 Rn. 291 ff.

III. Versicherungsumfang

12 **1. Amtspflichtverletzung.** Gegenstand der Versicherung muss jede Amtspflichtverletzung sein, die Haftungsansprüche nach § 19 auslösen kann. Die Deckung muss sich daher auf den gesamten Kreis möglicher Amtstätigkeiten beziehen, insbesondere auch auf Betreuungstätigkeiten nach §§ 23, 24. Haftpflichtansprüche aus Nebentätigkeiten müssen nicht mitversichert sein. Tatsächlich sind Nebentätigkeiten, die nach § 8 Abs. 3 keiner Genehmigung bedürfen, von den geltenden AVB mitumfasst. Versichert werden müssen nur Vermögensschäden, Sachschäden sind nur insoweit einbezogen, als aus ihnen Vermögensschäden resultieren können (Sachschäden an Akten, Urkunden, Wertpapieren etc). Sonstige Sachschäden und Personenschäden bleiben unberücksichtigt.

13 **2. Ausschlussmöglichkeiten.** § 19a Abs. 2 S. 1 lässt verschiedene Ausschlüsse von Risiken zu, die nach den von der Versicherungswirtschaft eingereichten besonderen Vertragsbedingungen jedoch nur teilweise genutzt werden:

14 Zulässig und auch durchgehend praktiziert ist der Ausschluss von **vorsätzlichen** Amtspflichtverletzungen (§ 19a Abs. 1 S. 1 Nr. 1). Das Gesetz stellt dabei auf „wissentliche" Pflichtverletzungen ab; damit ist eine Beschränkung auf direkten Vorsatz gemeint und vorausgesetzt, dass der Notar seine Pflicht positiv gekannt hat und bewusst davon abgewichen ist, *dolus eventualis* genügt nicht.[10] Soweit daher vorsätzliches Handeln des Notars vorliegt, kann nur die Vertrauensschadensversicherung eingreifen. Zum Verhältnis des Haftpflicht- und Vertrauensschadensversicherers (§ 19a Abs. 2 S. 2 und S. 3) → Rn. 20.

15 Zulässig ist auch der Ausschluss von Risiken, die sich aus der **Beratung über außereuropäisches Recht** ergeben, nicht aber die fehlerhafte Verkennung, dass die Anwendung dieses Rechtes in Betracht kommt (§ 19a Abs. 2 S. 1 Nr. 2). Beratung dürfte hierbei nicht nur im Sinne einer Tätigkeit nach § 24 zu verstehen sein, sondern auch die Urkundstätigkeit auf diesem Gebiet einbeziehen. Die eingereichten besonderen Versicherungsbedingungen umfassen auch diese Tätigkeiten weitestgehend, nehmen jedoch nach § 4 Nr. 1 AVB Beratung über das Recht der USA und Kanadas aus, soweit nicht nur Verkennung der Anwendbarkeit dieser Rechte vorliegt.

16 Ausgeschlossen dürfen auch Risiken sein, die sich durch Veruntreuung seitens des Personals des Notars ergeben, soweit dem Notar kein eigenes Verschulden bei der Überwachung seiner Mitarbeiter trifft (§ 19a Abs. 2 S. 1 Nr. 3). Der Ausschluss wird relevant sein nur bei vorsätzlichem Verhalten des Mitarbeiters. In diesem Fall sehen daher auch die AVB-Rückgriffe des Versicherers gegen den Mitarbeiter vor, Vollzugstätigkeiten sind mitversichert.

17 **3. Versicherungssummen.** Die Mindestversicherungssumme beträgt 500.000 EUR für jeden Versicherungsfall (§ 19a Abs. 3 S. 1), die aber für alle Schäden innerhalb eines Versicherungsjahres auf 1.000.000 EUR begrenzt sein kann und entsprechend den Besonderen Versicherungsbedingungen auch begrenzt ist. Das Bundesministerium der Justiz und für Verbraucherschutz hatte nach § 19a Abs. 7 BNotO aF die Möglichkeit, die Beträge anzupassen, wenn dies erforderlich ist, um bei einer Änderung der wirtschaftlichen Verhältnisse einen hinreichenden Gläubigerschutz zu sicherzustellen. Von dieser Möglichkeit ist nie Gebrauch gemacht worden. § 19a Abs. 7 BNotO aF ist durch Gesetz vom 12.5.2017 aufgehoben worden.[11]

18 Liegen **verschiedene Amtspflichtverletzungen** vor, die in einem Zusammenhang stehen, kann für den Versicherungsschutz entscheidend sein, ob jede einzelne Amtspflichtverletzung einen einzelnen Versicherungsfall darstellt oder mehrere Versicherungsfälle. § 19a Abs. 3 S. 3 eröffnet die Möglichkeit, sämtliche Pflichtverletzungen bei einem ein-

---

[10] Zutreffend Arndt/Lerch/Sandkühler/*Sandkühler* BNotO § 19a Rn. 58; Kindhäuser/*Bresgen*, Strafrechtliche Aspekte notarieller Tätigkeit, 2009, S. 32.
[11] BGBl. 2017 I 1121.

heitlichen Amtsgeschäft als einen Versicherungsfall gelten zu lassen. Ein einheitliches Amtsgeschäft liegt aber nicht mehr vor, wenn durch eine gleichartige Amtspflichtverletzung in mehreren Verträgen jeweils verschiedene Personen Schaden erleiden.¹²

Die Vereinbarung eines **Selbstbehaltes** von einem Prozent der Mindestversicherungssumme ist zulässig (§ 19a Abs. 4). Die Besonderen Versicherungsbedingungen sehen eine hiermit zu vereinbarende gestaffelte Selbstbeteiligung, abhängig von der Schadenssumme, vor. **19**

4. Verhältnis von Haftpflichtversicherer zu Vertrauensschadensversicherer. **20**
Wenn **streitig** ist, ob dem Notar ein **Fahrlässigkeitsvorwurf oder** ein **Vorsatzvorwurf** zu machen ist, kann dies dazu führen, dass sowohl der Haftpflichtversicherer als auch der Vertrauensschadensversicherer die Schadensregulierung ablehnen. Dieses Problem ist durch die Neuregelung in § 19a Abs. 2 S. 2 bis S. 4 dahingehend gelöst worden, dass nunmehr der Haftpflichtversicherer zur Vorleistung verpflichtet ist. Mit Befriedigung des Ersatzanspruchs gehen kraft Gesetzes alle Ansprüche des Geschädigten gegen Notar, Notarkammer und sonstige Ersatzberechtigte auf den Haftpflichtversicherer über. „Streitig" iSv § 19a Abs. 2 S. 2 erfordert nicht, dass ein Streit zwischen dem Anspruchsteller und dem Berufshaftpflichtversicherer über die Wissentlichkeit der Pflichtverletzung besteht. Vielmehr genügt es, wenn der Haftpflichtversicherer die Regulierung wegen der Wissentlichkeit ablehnt.¹³

Der Berufshaftpflichtversicherer ist nur in der Höhe vorleistungspflichtig, in der eine **21** Einstandspflicht und somit eine Regresspflicht des Vertrauensschadensversicherers besteht.¹⁴ Daher sind **Deckungsbeschränkungen in der Vertrauensschadensversicherung** im Rahmen der Vorleistungspflicht nach § 19a Abs. 2 S. 2 zu berücksichtigen.¹⁵ Den Ausschluss von Verzugszinsansprüchen als lediglich mittelbaren Schaden, der in der Vertrauensschadensversicherung ausgenommen war, hat der BGH nicht anerkannt,¹⁶ mit der Folge, dass auch die Vorleistungsfrist des Haftpflichtversicherers diesen Schaden umfasst.

Nach den Bedingungen der Vertrauensschadensversicherung ist eine Versicherungsleistung (außer bei mittelbaren Schäden) unter anderem auch dann ausgeschlossen, wenn der Schaden später als vier Jahre nach seiner Verursachung dem Versicherer gemeldet werden. Diese **Ausschlussfrist** hat der BGH dahingehend **eingeschränkt,** dass der Versicherer sich nicht hierauf berufen kann, wenn den Geschädigten an der Fristversäumung kein Verschulden trifft, was von Letzterem zu beweisen ist.¹⁷ Unter Berücksichtigung der Möglichkeit eines solchen **Entlastungsbeweises** verstößt die Ausschlussfrist nicht gegen AGB-rechtliche Vorschriften.¹⁸ Dem Vertrauensschadensversicherer ist allerdings eine Berufung auf die Fristversäumung nach Treu und Glauben nur dann versagt, wenn weder ein Verschulden der Notarkammer noch ein Verschulden des Geschädigten, zu dessen Gunsten das gesetzliche Treuhandverhältnis mit der Notarkammer besteht, vorliegt.¹⁹ Eine Meldung ist vor Fristablauf jedenfalls dann geboten, wenn dem Geschädigten zu diesem Zeitpunkt Erkenntnisse vorliegen, nach denen die ernsthafte Möglichkeit eines Vertrauensschadens im Raum steht. Dies gilt erst recht, wenn Banken Geschädigte sind.²⁰ **22**

Rückgriffsansprüche des Haftpflichtversicherers bestehen nur gegenüber dem Vertrauensschadensversicherer, nicht gegenüber der Notarkammer.²¹ **23**

---

¹² Vgl. WürzNotar-HdB/*Zimmermann* Teil 1 Kap. 5 Rn. 255.
¹³ So zu Recht BGH VersR 2014, 947.
¹⁴ BGH NJW 2011, 2239.
¹⁵ BGH NJW 2011, 2239.
¹⁶ BGH NJW 2011, 2239.
¹⁷ BGH VersR 2011, 1264.
¹⁸ BGH VersR 2011, 1264.
¹⁹ BGH DNotZ 2014, 793; vgl. zur Fristenproblematik auch *Bresgen/Brüning* notar 2014, 179.
²⁰ BGH DNotZ 2014, 793.
²¹ BGH VersR 2011, 1435.

24 **5. Auskunftsanspruch (Abs. 6).** Der Auskunftsanspruch nach Abs. 6 setzt selbstverständlich weder voraus, dass der Anspruchsteller einen Direktanspruch gegen den Versicherer hätte, noch, dass er den Schadensersatzanspruch beweisen müsste. Ein **berechtigtes Interesse an einer Auskunftsverweigerung** kann allenfalls bestehen, wenn die Auskunft allein für sachfremde Zwecke (Herabwürdigung des Notars bei der Versicherung durch beleidigende Äußerungen) begehrt wird. Werden solche Äußerungen mit einem Schadensersatzanspruch verbunden, ist die Auskunft zu erteilen.[22]

C. Sicherung der Versicherungspflicht

25 Entsprechend der Bedeutung der Haftpflichtversicherung ist der Bestand der Basisversicherung auf verschiedenen Wegen gesichert: Die **Bestellung** zum Notar darf nach § 6a nur erfolgen, wenn entweder der Versicherungsabschluss nachgewiesen oder eine vorläufige Deckungszusage vorgelegt wird. Nach § 50 Abs. 1 Nr. 10 ist der Notar seines **Amtes zu entheben,** wenn nicht die Haftpflichtversicherung nach § 19a unterhält. Hierzu sieht ergänzend § 19a Abs. 3 S. 2 vor, dass der Versicherungsvertrag eine Verpflichtung des Versicherers enthalten muss, außer dem Beginn auch die Beendigung oder Kündigung (etwa wegen Nichtzahlung der Prämien) sowie jede Vertragsänderung, die den Mindestschutz beeinträchtigt, der Landesjustizverwaltung und der Notarkammer mitzuteilen. Da nach § 158c VVG gegenüber Dritten erst ein Monat nach einer solchen Mitteilung der Versicherungsschutz entfällt, können Aufsicht und Notarkammer in diesem Zeitraum alle erforderlichen Maßnahmen ergreifen.

3. Abschnitt. Die Amtstätigkeit

§ 20 [Beurkundungen und Beglaubigungen]

(1) ¹Die Notare sind zuständig, Beurkundungen jeder Art vorzunehmen sowie Unterschriften, Handzeichen und Abschriften zu beglaubigen. ²Zu ihren Aufgaben gehören insbesondere auch die Beurkundung von Versammlungsbeschlüssen, die Vornahme von Verlosungen und Auslosungen, die Aufnahme von Vermögensverzeichnissen, Nachlassverzeichnissen und Nachlassinventaren, die Vermittlung von Nachlass- und Gesamtgutsauseinandersetzungen einschließlich der Erteilung von Zeugnissen nach den §§ 36 und 37 der Grundbuchordnung, die Anlegung und Abnahme von Siegeln, die Aufnahme von Protesten, die Zustellung von Erklärungen sowie die Beurkundung amtlich von ihnen wahrgenommener Tatsachen.

(2) Die Notare sind auch zuständig, Auflassungen entgegenzunehmen sowie Teilhypotheken- und Teilgrundschuldbriefe auszustellen.

(3) ¹Die Notare sind ferner zuständig, freiwillige Versteigerungen durchzuführen. ²Eine Versteigerung beweglicher Sachen sollen sie nur vornehmen, wenn diese durch die Versteigerung unbeweglicher Sachen oder durch eine von dem Notar beurkundete oder vermittelte Vermögensauseinandersetzung veranlaßt ist.

(4) Die Notare sind auch zur Vermittlung nach den Bestimmungen des Sachenrechtsbereinigungsgesetzes zuständig.

(5) Inwieweit die Notare zur Anlegung und Abnahme von Siegeln im Rahmen eines Nachlasssicherungsverfahrens zuständig sind, bestimmt sich nach den landesrechtlichen Vorschriften.

---

[22] BGH NJW 2014, 1671.

Übersicht

	Rn.
A. Allgemeines	1
I. Überblick	1
II. Systematik	2
B. Zuständigkeiten für Beurkundungen und Beglaubigungen (Abs. 1 S. 1)	6
I. Allgemeine Bedeutung der Beurkundungen und Beglaubigung	6
1. Beurkundungen	6
2. Beweiskraft öffentlicher Urkunden	7
3. Erhöhung der Vertragsgerechtigkeit	8
4. Gerichtsentlastung, ökonomische Effizienz	9
II. Die verschiedenen Arten der Beurkundungen	10
1. Beurkundungen von Willenserklärungen	10
2. Beurkundung von Tatsachen	12
3. Beglaubigungen	13
4. Elektronische Urkunde, Online-Beurkundung	13a
C. Sonstige Zuständigkeiten	14
I. Verlosungen und Auslosungen	14
1. Begriff	14
2. Zuständigkeit und Aufgaben des Notars	15
3. Sonstige Zulässigkeitsvoraussetzungen	17
II. Aufnahme von Vermögensverzeichnissen, Nachlassverzeichnissen und Nachlassinventaren	18
1. Bedeutung des Vermögensverzeichnisses, der Nachlassverzeichnisse und Nachlassinventare	18
2. Aufnahme durch den Notar	21
3. Mitwirkung bei der Aufnahme eines Vermögensverzeichnisses	25
4. Eidesstattliche Versicherung und Vermögensverzeichnis	26
III. Anlegung und Abnahme von Siegeln	27
IV. Aufnahme von Protesten	30
V. Zustellung von Erklärungen	31
VI. Entgegennahme von Auflassungen	34
VII. Ausstellung von Teilhypotheken und Teilgrundschuldbriefen	35
VIII. Freiwillige Versteigerung	36
1. Allgemeines	36
2. Vertragsschluss	40
3. Durchführung der Versteigerung	42
4. Beurkundungsverfahren	44
5. Sonstige Versteigerungen	49
IX. Vermittlung nach dem Sachenrechtsbereinigungsgesetz	50
X. Vermittlung von Nachlass- und Gesamtgutsauseinandersetzungen einschließlich der Erteilung von Zeugnissen	51
D. Zuständigkeiten des Notars zur freiwilligen und obligatorischen Streitschlichtung, Mediation und als Schiedsrichter	54
I. Allgemeines	54
II. Allgemeine Zuständigkeit des Notars	55
III. Vorprozessuales Güteverfahren und obligatorische Streitschlichtung	58
IV. Beurkundungsverfahren	60
1. Gestaltung des Konfliktvermittlungsverfahrens	62
2. Güteordnung der Bundesnotarkammer	63
3. Konfliktbeilegung	64
V. Notarielle Schiedsgerichte	65

A. Allgemeines

I. Überblick

1 Der dritte Abschnitt, dh die §§ 20 bis 24, regeln die Amtstätigkeit des Notars, die in § 1 nur allgemein umschrieben ist. Die Vorschriften enthalten **Zuständigkeitsnormen,** durch die die sachliche Zuständigkeit, der Aufgabenkreis des Notars umschrieben wird. Das vom Notar im Rahmen seiner Tätigkeiten zu beachtende formelle Verfahren wird von anderen Gesetzen geregelt, wobei das wichtigste das Beurkundungsgesetz ist. Außerdem richtet sich in Teilbereichen die Tätigkeit nach folgenden Verfahrensordnungen:
– Ausfertigung notarieller Urkunden (§ 52 BeurkG iVm §§ 797 Abs. 2, 725 ff. ZPO);
– Beurkundung von Versammlungsbeschlüssen (§ 36 BeurkG, § 130 AktG);
– Aufnahme von Wechsel- und Scheckprotesten (Art. 80 ff. WG, Art. 55 ScheckG);
– Ausstellung von Teilhypotheken und Teilgrundschuldbriefen (§§ 61, 70 GBO);
– Vermittlungsverfahren nach der Sachenrechtsbereinigung (§§ 87 ff. SachenRBerG iVm FamFG);
– Vermittlung von Nachlass- und Gesamtgutauseinandersetzungen (§§ 363 ff., 373 FamFG);
– Obligatorische außergerichtliche Streitschlichtung in Zivilsachen auf der Grundlage des § 15a EGZPO nach den landesrechtlichen Vorschriften.

1a Durch das Gesetz zur Neuordnung der Aufbewahrung von Notariatsunterlagen und zur Einrichtung des Elektronischen Urkundenarchivs bei der Bundesnotarkammer sowie zur Änderung weiterer Gesetze vom 1.6.2017 wurden in § 378 Abs. 3 FamFG und § 15 Abs. 3 GBO neue Prüfungs- und Einreichungspflichten im Registerverkehr eingeführt: Danach sind sämtliche Anmeldungen in Grundbuch- und Registersachen mit Ausnahme der Genossenschafts- und Partnerschaftsregistersachen vor ihrer Einreichung für das Registergericht von einem Notar auf Eintragungsfähigkeit zu prüfen. Somit ist der Notar verpflichtet, dafür Sorge zu tragen, dass nur sachgerecht abgefasste und vollständige Anmeldungen beim Gericht eingereicht werden. Damit wird in diesem Bereich auch bei nur beglaubigten Unterschriften eine weitergehende notarielle Kontrollfunktion bzgl. des Inhalts des Dokuments vorgegeben.

II. Systematik

2 Der Gesetzgeber hatte mit dem Dritten Gesetz zur Änderung der Bundesnotarordnung und anderer Gesetze[1] die Begrifflichkeiten in den §§ 20 bis 24 teilweise neu gefasst, um eine klarere Systematik der einzelnen Zuständigkeitsbereiche zu erreichen. Die Überlegungen gingen weitgehend auf die allgemeine Urkundenlehre von *Reithmann*[2] zurück. § 20 Abs. 1 S. 2 BNotO aF sprach von der Zuständigkeit für die „Bescheinigung über amtlich wahrgenommene Tatsachen". Der Gesetzgeber hat den Begriff der Bescheinigung durch den Begriff der Beurkundung ersetzt, so dass der Notar nach dieser Vorschrift nur zuständig ist für die Beurkundung amtlich wahrgenommener Tatsachen. Dem liegt die Überlegung zugrunde, dass der Notar nur Tatsachen, also Vorgänge der Außenwelt, die unmittelbar wahrgenommen werden können, bezeugen kann. Wertungen oder Schlussfolgerungen können nicht Gegenstand einer **Zeugnisurkunde** sein. Die Ersetzung des früheren Begriffs durch das Wort Beurkundung sollte dies klarstellen.[3] Dementsprechend lassen sich dem Gesetz verschiedene Zuständigkeitsbereiche entnehmen.

---

[1] Vom 31.8.1998 (BGBl. I 2585).
[2] *Reithmann*, Urkundenrecht; *ders.*, Rechtspflege, S. 81 ff.; Schippel/Bracker/*Reithmann* BNotO Vor §§ 20 –25 Rn. 2 ff.; *ders.* DNotZ 1976, 6.
[3] So Begr. zum Regierungsentwurf BT-Drs. 890/95, 25 f.

§ 20 Abs. 1 S. 1 betrifft nur Beurkundungen jeder Art. **Beurkundungen** sind danach die Errichtung von **Zeugnisurkunden** über Willenserklärungen, Tatsachen und Vorgänge, die der Notar selbst wahrgenommen hat.[4] Im Beurkundungsgesetz selbst wird zwischen den Beurkundungen von Willenserklärungen (§§ 8 ff. BeurkG) und den im dritten Abschnitt geregelten sonstigen Beurkundungen (§§ 36 ff. BeurkG) unterschieden. Für Willenserklärungen muss immer eine Niederschrift aufgenommen werden, bei den anderen Erklärungen kann auch ein einfaches Zeugnis im Sinne eines Vermerks nach § 39 genügen (zB Beglaubigung einer Unterschrift, Bescheinigung über die Eintragung in öffentlichen Registern, Abschriftsbeglaubigung etc). 3

Abzugrenzen von der Errichtung einer Zeugnisurkunde, die keine rechtlichen Schlussfolgerungen, sondern nur die Wiedergabe amtlicher Wahrnehmungen enthält, sind die **Bescheinigungen;** ein Sonderfall der Bescheinigung, nämlich die Registerbescheinigung, ist in § 21 geregelt. Von der Beurkundung unterscheidet sich die Bescheinigung dadurch, dass der Notar auf der Grundlage von wahrgenommenen Tatsachen rechtliche Schlussfolgerungen zieht.[5] Über diesen im Gesetz ausdrücklich geregelten Anwendungsfall der Registerbescheinigung ist der Notar im Rahmen seiner **allgemeinen Betreuungspflicht** im Rahmen der vorsorgenden Rechtspflege nach § 24 Abs. 1 ebenfalls berechtigt, **sonstige Bescheinigungen** zu errichten. Wichtigster Fall ist die sog. Notarbescheinigung oder Notarbestätigung, bei der eine gutachterliche Rechtsauskunft des Notars erteilt wird und die vor allem im Rahmen des Grundbuchverkehrs Bedeutung erlangt hat.[6] Ebenfalls in der Praxis eine bedeutende Rolle spielen die sog. Satzungsbescheinigungen nach § 181 AktG bzw. § 54 GmbHG; gesetzlich geregelt ist schließlich noch die Bescheinigung über die Richtigkeit einer Übersetzung (§ 50 BeurkG). 4

Durch das Gesetz zur Übertragung von Aufgaben im Bereich der freiwilligen Gerichtsbarkeit auf Notare vom 26.6.2013[7] wurde § 20 Abs. 1 S. 2 neu gefasst und sieht vor, dass zu den Aufgaben des Notars gehören „insbesondere auch die Beurkundung von Versammlungsbeschlüssen, die Vornahme von Verlosungen und Auslosungen, die Aufnahme von Vermögensverzeichnissen, Nachlassverzeichnissen und Nachlassinventaren, die Vermittlung von Nachlass- und Gesamtgutauseinandersetzungen einschließlich der Erteilung von Zeugnissen nach den §§ 36 und 37 der Grundbuchordnung, die Anlegung und Abnahme von Siegeln, die Aufnahme von Protesten, die Zustellung von Erklärungen sowie die Beurkundung amtlich von ihnen wahrgenommener Tatsachen." Insbesondere die Zuständigkeit für die Vermittlung von Nachlass- und Gesamtgutauseinandersetzungen einschließlich der Erteilung von Zeugnissen nach den §§ 36 und 37 GBO wurde neu geschaffen. Dadurch werden den Notaren bundeseinheitlich Aufgaben des Nachlassgerichts im Bereich der Nachlass- und Gesamtgutauseinandersetzung übertragen. Verrichtungen in Teilungssachen gemäß § 342 Abs. 2 Nr. 1 FamFG obliegen danach ausschließlich den Notaren (§ 23a Abs. 3 GVG). Die Vermittlung von Nachlass- und Gesamtgutauseinandersetzungen einschließlich der Erteilung von Zeugnissen nach den §§ 36 und 37 GBO gehört gemäß § 20 Abs. 1 S. 2 BNotO ausdrücklich zum Aufgabenkreis der Notare. Die Vorschriften zur Nachlassauseinandersetzung gelten gemäß § 373 FamFG entsprechend für die Auseinandersetzung des Gesamtguts nach Beendigung der ehelichen, lebenspartnerschaftlichen oder der fortgesetzten Gütergemeinschaft. 4a

In § 20 Abs. 2 bis Abs. 4 sind schließlich weitere **Sonderzuständigkeiten** geregelt (Entgegennahme von Auflassungen, Ausstellung von Teilhypotheken und Teilgrundschuld- 5

---

[4] *Reithmann,* Urkundenrecht, S. 39 ff.; *ders.* DNotZ 1976, 6; Schippel/Bracker/*Reithmann* BNotO Vor §§ 20–24 Rn. 15; Arndt/Lerch/Sandkühler/*Sandkühler* BNotO § 20 Rn. 6 ff.; Diehn/*Kilian* BNotO § 20 Rn. 6 ff.

[5] Vgl. BT-Drs. 890/95, 25; allg. Schippel/Bracker/*Reithmann* BNotO Vor §§ 20–25 Rn. 44 ff.; *ders.* DNotZ 1976, 6 (14); *ders.,* Rechtspflege, S. 115 ff.; Arndt/Lerch/Sandkühler/*Sandkühler* BNotO § 20 Rn. 7 ff.; ausführlich → § 21 Rn. 3 ff.

[6] Im Einzelnen → § 21 Rn. 19 ff.; → § 24 Rn. 17.

[7] BGBl. 2013 I 1800; dazu vgl. *Preuß* DNotZ 2013, 740.

briefen, Durchführung von freiwilligen Versteigerungen, Durchführung des Vermittlungsverfahrens im Sachenrechtsbereinigungsgesetz,). Nach § 22 besteht auch die Zuständigkeit zur Abnahme von Eiden und eidesstattlichen Versicherungen. In § 23 ist die Zuständigkeit zu Verwahrungstätigkeiten geregelt. § 24 schließlich enthält eine Art Generalklausel, nach der der Notar auch für die sonstige Betreuung der Beteiligten auf dem Gebiet der vorsorgenden Rechtspflege zuständig ist.

B. Zuständigkeiten für Beurkundungen und Beglaubigungen (Abs. 1 S. 1)

I. Allgemeine Bedeutung der Beurkundungen und Beglaubigung

6 **1. Beurkundungen.** Durch die Klarstellung durch das Dritte Gesetz zur Änderung der Bundesnotarordnung und anderer Gesetze wird deutlicher, dass § 20 Abs. 1 die Zuständigkeit für Beurkundungen jeder Art begründet. Abs. 1 S. 1 ist insofern die **Generalklausel,** während die weitergehenden Halbsätze und Sätze Einzelfälle der Beurkundung aufzählen. Die Begrifflichkeit in § 20 Abs. 1 S. 1 ist nicht ganz klar, da auf der einen Seite Beurkundungen genannt sind und daneben die Zuständigkeit zur Beglaubigung von Unterschriften, Handzeichen und Abschriften erwähnt ist. Demgegenüber geht das Beurkundungsgesetz von einem weiten Begriff der Beurkundung aus, da auch in den §§ 36ff. BeurkG die sonstigen Beurkundungen (auch Beglaubigungen) als Beurkundung im Sinne des Beurkundungsgesetzes verstanden werden.[8] Dies ist begrifflich klarer als bei § 20, da auch eine Beglaubigung die Herstellung einer Zeugnisurkunde und damit eine Beurkundung im Sinne des Urkundenrechts ist.[9] Die hM definiert die öffentliche Beglaubigung ebenfalls als die öffentliche Beurkundung der Tatsache, dass die Unterschrift von einer bestimmten Person herrührt und dass der Aussteller persönlich seine Unterschrift oder sein Handzeichen vor der Urkundsperson vollzogen oder anerkannt hat.[10] Dabei wird insbesondere abgegrenzt zur Beurkundung, bei der der Notar darüber hinausgehend bezeugt, dass die beurkundeten Erklärungen von den Beteiligten mündlich abgegeben und von der Urkundsperson in der niedergeschriebenen Form wahrgenommen und verantwortlich geprüft wurden.[11] Eine Beurkundung im Sinne des § 20 Abs. 1 ist die **Errichtung einer öffentlichen Zeugnisurkunde** iSd § 415 Abs. 1 ZPO (in Abgrenzung zur bloßen Bescheinigung oder Bestätigung).[12] Beurkundung ist die Herstellung einer amtlichen Zeugnisurkunde, indem der Notar in amtlicher Eigenschaft die Wahrnehmung bestimmter Vorgänge bezeugt.[13]

7 **2. Beweiskraft öffentlicher Urkunden.** Die Beurkundung zielt auf Errichtung einer öffentlichen Urkunde iSd §§ 415, 418 ZPO.[14] Diese begründet den vollen Beweis des

---

[8] Im Einzelnen → BeurkG § 1 Rn. 1ff.
[9] Ebenso Arndt/Lerch/Sandkühler/*Sandkühler* BNotO § 20 Rn. 9.
[10] Vgl. BGHZ 37, 79 (86); LG Darmstadt MittBayNot 1998, 369; *Winkler* BeurkG § 40 Rn. 2; Armbrüster/Preuß/Renner/*Preuß* BeurkG § 40 Rn. 1ff.; Grziwotz/Heinemann/*Grziwotz* BeurkG § 40 Rn. 2; Staudinger/*Hertel* BeurkG § 129 Rn. 3; *Lerch* BeurkG § 40 Rn. 1; Palandt/*Ellenberger* BGB § 129 Rn. 1; Ellenberger/Malzer DNotZ 2000, 169 (178).
[11] BGHZ 37, 79 (86); *Winkler* BeurkG § 40 Rn. 7.
[12] Vgl. *Reithmann,* Rechtspflege, S. 96; *ders.,* Urkundenrecht, S. 9ff.; Schippel/Bracker/*Reithmann* BNotO Vor §§ 20–25 Rn. 15ff.
[13] Vgl. Begründung zum BeurkG, BT-Drs. V/3282; *Jansen* BeurkG § 1 Rn. 2; *Winkler* BeurkG § 1 Rn. 2; Arndt/Lerch/Sandkühler/*Sandkühler* BNotO § 20 Rn. 7; Armbrüster/Preuß/Renner/*Preuß* BeurkG § 1 Rn. 11ff.; *Lerch* BeurkG § 1 Rn. 2; BeckOGK/*Gößl* BeurkG § 1 Rn. 6; Grziwotz/Heinemann/*Grziwotz* BeurkG § 1 Rn. 7; *Limmer* ZNotP 2002, 261 (262).
[14] Der EuGH hat im Urteil v. 17.6.1999 (DNotZ 1999, 919 mAnm *Fleischhauer*) zum Begriff der „öffentlichen Urkunde" iSv Art. 50 des Brüsseler EWG-Übereinkommens v. 27.9.1968 über die gerichtliche Zuständigkeit und die Vollstreckung gerichtlicher Entscheidungen in Zivil- und Handelssachen (EuGVÜ) einen spezifisch europarechtlichen Begriff der öffentlichen Urkunde entwickelt.

durch die Urkundsperson beurkundeten Vorgangs bzw. der darin bezeugten Tatsachen (§§ 415 Abs. 1, 418 Abs. 1 ZPO). Unter Ausschluss richterlicher Beweiswürdigung wird der volle Beweis für die Abgabe der beurkundeten Erklärung bewirkt. Erklärungen, Verhandlungen oder Tatsachen, auf die sich der öffentliche Glaube der Urkunde erstreckt, haben die „volle Beweiswirkung für und gegen jedermann".[15] Die notarielle Urkunde und das Formerfordernis bezwecken, den Geschäftsabschluss mit seinem gesamten Inhalt deutlich zu kennzeichnen und den Geschäftsinhalt samt aller Nebenabreden klar, eindeutig und abschließend festzustellen und dabei von unverbindlichen Werbeanpreisungen, Vorverhandlungen etc deutlich abzugrenzen. Die Beweissicherung erfolgt zum einen im Parteiinteresse, um den Vertragsinhalt sowohl für die Parteien als auch für Dritte zuverlässig feststellbar zu machen und auch mit erhöhten Beweisregeln auszustatten (§ 415 ZPO).[16] Aber auch im öffentlichen Interesse, für Grundbuch- und Registereintragungen wird eine besondere Beweissicherung erreicht.[17]

Bewiesen ist, dass die in der Urkunde bezeichnete Person zur angegebenen Zeit, am angegebenen Ort vor dem Notar die Erklärung des wiedergegebenen Inhalts abgegeben hat.[18] Darüber hinaus besteht auch die Vermutung der vollständigen und richtigen Wiedergabe der getroffenen Vereinbarung.[19] Urkunden über Tatsachen beweisen alle in der Urkunde bezeugten Tatsachen, soweit diese auf eigenen Wahrnehmungen der Urkundsperson beruhen.[20] Ob die Feststellung des Notars über die Identität nach § 10 BeurkG[21] auch Beweis nach § 415 ZPO über die Identität und damit auch die Existenz dieser Person begründet, ist zwar streitig, wird aber von der überwiegenden Meinung zu Recht bejaht.[22] Die Feststellung des Notars gehört auch zum Teil der Urkunde und nimmt an deren Wirkungen – auch der des § 415 ZPO – teil.[23] Im Rahmen strafrechtlicher Verfahren zu § 348 StGB hat der BGH entschieden, dass die Frage, welche Angaben in einer Urkunde volle Beweiswirkung für und gegen jedermann haben, sich in erster Linie aus den gesetzlichen Bestimmungen ergebe, die für die Errichtung und den Zweck der öffentlichen Urkunde maßgeblich seien. Dabei seien auch die Anschauungen des Rechtsverkehrs zu beachten.[24] Angaben zur Sprachkunde iSv § 16 BeurkG über die Sprachkunde einer Person würden nicht hierzu gehören.[25] Dem ist zuzustimmen, da notarielle Urkunden nicht nur Willenserklärungen und Tatsachenfeststellungen, sondern auch gutachterliche oder bewertende Äußerungen des Notars enthalten kön-

---

[15] BGH NJW 1998, 3790; 2001, 3135; OLG Köln Rpfleger 2002, 197; vgl. auch BayObLG NJW 1992, 1841 (1842); *Winkler* BeurkG § 1 Rn. 12; Arndt/Lerch/Sandkühler/*Sandkühler* BNotO § 20 Rn. 21; Diehn/Kilian*/Hertel* BeurkG § 20 Rn. 65 ff.; Staudinger/*Hertel* BeurkG Vorb. zu §§ 127a, 128 Rn. 18 ff.; 702 ff.; *Frenz* FG Weichler 1997, 175 ff.; BeckOGK/*Gößl* BeurkG § 1 Rn. 6, 14 ff.; Grziwotz/Heinemann/*Grziwotz* BeurkG § 1 Rn. 7 ff.

[16] Vgl. hierzu *Winkler* BeurkG Vorb. Rn. 19; BGHZ 58, 386 (394); *Heldrich* AcP 147 (1947), 91 ff.; *Winkler* NJW 1971, 402; Staudinger/*Hertel* BeurkG Vorb. zu §§ 127a, 128 Rn. 18 ff.; Armbrüster/Preuß/Renner/*Armbrüster*/*Piegsa* BeurkG Vorb. Rn. 14 ff.; Arndt/Lerch/Sandkühler/*Sandkühler* BNotO § 20 Rn. 21; Diehn/Kilian BNotO § 20 Rn. 65 ff.; *Frenz* FG Weichler 1997, 175 ff.; Schippel/Bracker/*Reithman* BNotO Vor § 20–25 Rn. 20 ff.; *Nieder* ZNotP 2003, 209.

[17] Vgl. eingehend Gesell/Herresthal/*Limmer*, Vollharmonisierung im Privatrecht, 2009, S. 201 f.; *Reithmann*, Rechtspflege, S. 125.

[18] Arndt/Lerch/Sandkühler/*Sandkühler* BNotO § 20 Rn. 24

[19] BGH DNotZ 1971, 37; 1986, 78; OLG Köln NJW-RR 1992, 572; OLG Frankfurt a. M. DNotZ 1991, 389; Arndt/Lerch/Sandkühler/*Sandkühler* BNotO § 20 Rn. 21 ff.; *Winkler* BeurkG § 1 Rn. 12; Zöller/*Geimer* ZPO § 415 Rn. 5; *Reithmann* DNotZ 1974, 6 (7 f.).

[20] Vgl. BayObLG DNotZ 1975, 555; Zöller/*Geimer* ZPO § 418 Rn. 3.

[21] Vgl. Erläuterungen zu § 10 BeurkG.

[22] BGH DNotZ 2011, 340; KG DNotZ 2014, 698 (699); OLG Celle DNotZ 2006, 297 (299), OLG Hamm VersR 2000, 1219; LG Mainz NJW-RR 1999, 1032; LG Halle NotBZ 2014, 436 mAnm *Heinemann*, der für die Frage eines späteren Prozesses darauf hinweist, dass in diesem ggf. eine neue Identitätsfeststellung für diesen Prozess notwendig ist, Armbrüster/Preuß/Renner/*Piegsa* BeurkG § 10 Rn. 10; *Lerch* BeurkG § 10 Rn. 9; *Winkler* BeurkG § 10 Rn. 90; anders MüKoZPO/*Schramm* ZPO § 415 Rn. 27.

[23] BGH DNotZ 2011, 340 (341).

[24] BGH NJW 1998, 3790; 2001, 3135; vgl. auch BayObLG NJW 1992, 1841 (1842).

[25] BGH NJW 2001, 3135.

nen.²⁶ Die Feststellungen des Notars zur Geschäfts- und Testierfähigkeit nach § 11 beruhen auf der Einschätzung des Notars und nehmen nicht an der besonderen Beweiskraft des § 418 ZPO teil.²⁷ Von ausländischen Notaren errichtete Urkunden haben nicht die vom deutschen Rechtssystem vorgegebene Beweiskraft,²⁸ da diese auf der vom deutschen Staat verliehenen Urkundsgewalt beruht.

8   **3. Erhöhung der Vertragsgerechtigkeit.** Während früher vor allem der Zweck der Beweissicherung im Mittelpunkt der notariellen Beurkundung stand,²⁹ hat insbes. in den letzten Jahren, bedingt durch die Haftungsrechtsprechung des BGH, die Belehrungssicherung erhebliche Bedeutung gewonnen und stellt mittlerweile den wichtigsten Formzweck dar.³⁰ In den letzten Jahren wurde deutlich, dass besonders das Beurkundungsverfahren bei Rechtsgeschäften dazu führt, dass notariell beurkundete Verträge eine **höhere innere Vertragsgerechtigkeit** und **Richtigkeit** haben.³¹ Zum Teil wird zu Recht auch vom Verbraucherschutz, mE besser noch vom Bürgerschutz, durch Beurkundung gesprochen.³² Mit der notariellen Beurkundung sind Überlegungssicherung bzw. Warnfunktion und die Belehrungssicherung³³ verbunden, außerdem hat der Notar eine Pflicht zur ausgewogenen und interessengerechten Vertragsgestaltung.³⁴ Der Notar hat nach der Rechtsprechung des BGH sogar die Aufgabe, die Beteiligten zu beraten, in welcher rechtlichen Form das von ihnen erstrebte Ziel zu erreichen ist. In einem solchen Fall müsse der Notar über die notwendige Belehrung hinaus weitere Vorschläge für die erforderlichen Regelungen unterbreiten, wenn aus den ihm erkennbaren Umständen Bedarf dafür bestehe.³⁵ Der Notar hat daher auch die Aufgabe „planender Beratung".³⁶ Notarielle Verträge enthalten daher bezüglich ihrer inneren Vertragsgerechtigkeit eine größere Parität zwischen den Beteiligten als nicht beurkundete Verträge.³⁷ Über reine Belehrungspflicht hinausgehend hat der BGH auf der Grundlage des § 17 BeurkG mittlerweile eine **Pflicht zur „richtigen" Vertragsgestaltung** entwickelt. So hat der BGH entschieden, dass der Notar eine umfassende, ausgewogene und interessengerechte Vertragsgestaltung und Belehrung über alle entscheidenden Punkte schuldet.³⁸ Der Notar müsse nach Art des zu beurkundenden Rechtsgeschäfts unter Anwendung der Erfahrungen der Kautelarjurisprudenz alle regelungsbedürftigen Fragen ansprechen, die hierzu nötigen Belehrungen erteilen und bei Bedarf entsprechende Regelungen vorschlagen. Die Besonderheit dieser Rechtsprechung ist aber, dass der Notar nicht nur zur Erörterung bestimmter Punkte verpflichtet ist, sondern auch zum Vorschlag einer gerechten vertraglichen Regelung. So gehört es zB zu den Kardinalpflichten des Notars, das Risiko ungesicherter Vorleistungen zu verhindern und dadurch Schäden zu vermeiden.³⁹ *Jersch-*

---

²⁶ So auch BayObLG DNotZ 1975, 555 zur Geschäftsfähigkeit; OGHZ 2 (1949), 45 (54) zur Testierfähigkeit; vgl. auch unten gutachterliche Notarbestätigungen Erläuterungen zu § 21.
²⁷ BeckOGK/*Gößl* BeurkG § 1 Rn. 20; vgl. Erläuterungen zu § 11 BeurkG.
²⁸ Vgl. zum internationalen Urkundenverkehr → BeurkG § 2 Rn. 8 ff.; Arndt/Lerch/Sandkühler/*Sandkühler* BNotO § 20 Rn. 24a; *Reithmann* DNotZ 1995, 360 (369).
²⁹ Vgl. die Ausführungen von *Basty* zum Bedeutungswandel der Notarfunktion in FS Schippel 1996, 571 (572 ff.).
³⁰ Vgl. hierzu *Reithmann*, Rechtspflege, S. 126; *Winkler* BeurkG Vorb. Rn. 21 ff.; *Winkler* Sonderheft 1977, 113, (117); Staudinger/*Hertel* BeurkG Vorb. zu §§ 127a, 128 BeurkG Rn. 12 ff.; Armbrüster/Preuß/Renner/*Armbrüster* BeurkG Vorb. Rn. 33 ff.; *Krafka* DNotZ 2002, 677 (679 ff.).
³¹ Ausführlich *Limmer* FS Rheinisches Notariat 1998, 15 ff.; *Winkler* BeurkG Vorb. Rn. 19 ff.; *Basty* FS Schippel 1996, 571 ff.; Arndt/Lerch/Sandkühler/*Sandkühler* BNotO § 20 Rn. 19; Diehn/*Kilian* BNotO § 20 Rn. 75 ff.; *Krafka* DNotZ 2002, 677 (679 ff.).
³² Diehn/*Kilian* BNotO § 20 Rn. 75 ff.
³³ Vgl. zu den Formzwecken → BeurkG § 1 Rn. 7 ff.
³⁴ BGH DNotZ 1996, 568; NJW 1994, 2283; 1995, 330; *Jerschke* DNotZ 1989, Sonderheft, 21 (28); *Reithmann* FS Schippel 1996, 769 (774); *ders.* FS Bärmann/Weitnauer 1990, 131 ff.
³⁵ BGH NJW DNotZ 1996, 568 (571); dazu *Reithmann* ZNotP 1999, 142 ff.
³⁶ So *Reithmann* ZNotP 1999, 142 (143).
³⁷ *Limmer* FS Rheinisches Notariat 1998, 15 (39); *Keim* MittBayNot 1994, 2 (5); *Winkler* BeurkG Vorb. Rn. 21 ff.; *Reithmann*, Rechtspflege, S. 126.
³⁸ BGH NJW 1994, 2283; 1995, 330.
³⁹ Vgl. BGH WM 1995, 118; NJW 1989, 102; NJW-RR 1989, 1492.

ke[40] leitet hieraus ab, dass die gestaltende Beratung zwangsläufig das Kernstück der Beurkundung ist. Auch *Wolfsteiner*[41] hat darauf hingewiesen, dass der Notar eine autonome Gestaltungsaufgabe habe, die es ihm zur Pflicht mache und die ihm auch das Recht gebe, inhaltlich auf den Vertrag Einfluss zu nehmen und der Vertragsgerechtigkeit Geltung zu verschaffen. *Reithmann* hat in seinem grundlegenden Aufsatz zur „Vertragsgestaltung als Urkundstätigkeit"[42] eingehend dargelegt, dass die „richtige" Gestaltung gewährleistet wird durch drei Unterpflichten: die Pflicht zur Ausgewogenheit; die Pflicht, dass der Notar den „sichersten Weg" vorschlägt und dass der Notar den „Regeln der Praxis" folgt, die aus der herrschenden Literatur, den gängigen Formularbüchern, aber auch aus den Vorgaben der Notarkammern entwickelt werden. All diese Pflichten werden durch eine scharfe Haftungsrechtsprechung sanktioniert, so dass ohne Zweifel der Schutz durch Belehrung eine ganz andere Wirkung hat als der Schutz durch schriftliche Information. Der BGH hat einen Notar sogar wegen fortgesetzter Untreue nach § 266 Abs. 1 StGB verurteilt, weil die Vertragskonstruktion in zahlreichen Grundstückskaufverträgen „in der Sicherung des wechselseitigen Leistungsaustausches massiv von der üblichen Gestaltung von Grundstückskaufverträgen" abwich, ohne die gebotene Belehrung zu erteilen.[43] Der umfangreiche haftungsrechtlich abgesicherte **Pflichtenkanon** und insbes. die **Belehrungsverpflichtung** führt dazu, dass notarielle Verträge bzgl. ihrer inneren Vertragsgerechtigkeit eine größere Parität aufweisen als nicht beurkundete Verträge.[44] Die Beteiligten werden bei komplexen Sachverhalten, die regelmäßig notarieller Beurkundung bedürfen, durch die notarielle Beratung und Belehrung und auch durch die Gestaltungsaufgabe des Notars in die Lage versetzt, von ihrer Vertragsfreiheit angemessen Gebrauch zu machen. Wichtigste Voraussetzung für die Richtigkeitsgewähr eines Vertrages, ist ein relatives **Machtgleichgewicht zwischen den Vertragsparteien;** die intellektuelle Waffengleichheit wird durch die notarielle Belehrung hergestellt.[45] Ein besonderer Schutzauftrag bei ungewandten oder unerfahrenen Beteiligten ergänzt dieses Schutzprogramm der notariellen Beurkundung. Bei Beglaubigungen besteht zumindest eine Evidenzkontrolle des Inhalts der Erklärung.[46] *Kilian* weist daher zu Recht darauf hin, dass die von § 17 BeurkG vorgegebenen Prüfungs- und Belehrungspflichten (**„magna carta des Notariats"**) effektiv eine intellektuelle Waffengleichheit der Vertragsparteien herstellen und damit zwischen ihnen ein relatives Machtgleichgewicht schaffen.[47]

Der BGH hat in einer Entscheidung zur Inhaltskontrolle von Eheverträgen auf den **8a** Aspekt der **Gestaltung des konkreten Beurkundungsverfahrens** hingewiesen:[48] Der Notar hat durch entsprechende Gestaltung des Beurkundungsverfahrens dafür zu sorgen, dass keine subjektive Imparität des Vertrages infolge der Ausnutzung der sozialen und wirtschaftlichen Abhängigkeit eines Vertragspartners entsteht; es muss gewährleistet werden, dass jede Vertragspartei ausreichend Gelegenheit hat (zB durch Übersendung eines Entwurfes und eingehende Belehrung), den Inhalt des Vertrages zu erfassen. Auch im Bereich der letztwilligen Verfügungen hat die notarielle Beurkundung die Wirkung, dass der Erblasser durch die Anwesenheit des Notars vor äußeren Einflüssen geschützt und die Überlegungssicherung gewährleistet wird,[49] wenngleich auch der Notar nicht die völlig

---

[40] DNotZ 1989, Sonderheft, 21 (28 f.).
[41] Das deutsche Bauträgerrecht in der notariellen Praxis, NZ 1994, 149 (151).
[42] *Reithmann* FS Schippel 1996, 769 (774); vgl. auch *Reithmann* FS Bärmann/Weitnauer 1990, 131 ff.
[43] Vgl. BGH BB 1990, 1664.
[44] Vgl. *Keim* MittBayNot 1994, 2 (5); *Reithmann,* Rechtspflege, S. 126; *Winkler* NJW 1971, 403; *Winkler* BeurkG Einl. Rn. 22; Staudinger/*Hertel* BeurkG Vorb. zu §§ 127a, 128 Rn. 14 ff.
[45] So auch Diehn/*Kilian* BNotO § 20 Rn. 75 ff.
[46] → BeurkG § 40 Rn. 1 ff.
[47] Diehn/*Kilian* BNotO § 20 Rn. 75.
[48] BGH NJW 2017, 1883 mAnm *Reetz* DNotZ 2017, 809; vgl. auch *Langenfeld/Milzer* Eheverträge-HdB Rn. 1 ff.; *Walz* DNotZ 2003, 164.
[49] Vgl. Soergel/*Mayer* BGB § 2231 Rn. 7; Schmoeckel/*Röthel,* Das holographische Testament, 2015, S. 57; *Christandl* notar 2017, 339 (344).

unbeeinflusste Entscheidung garantieren kann.[50] Allerdings kann der Notar auch hier durch entsprechende Gestaltung des Beurkundungsverfahrens diesen Effekt erhöhen, indem er zB die Beurkundung allein mit dem Testierenden durchführt.

4. Gerichtsentlastung, ökonomische Effizienz. Darüber hinausgehend haben notarielle Urkunden gerichtsentlastende Funktion und eine besondere volkswirtschaftliche ökonomische Effizienz.[51] So hat zB die zwingende Einschaltung des Notars im **Vorfeld einer Register- und Grundbucheintragung** eine deutliche Gerichtsentlastung dadurch zur Folge, dass der Notar eine **Legalitätskontrolle** nach § 14 Abs. 2 vornimmt, notarielle Urkunden eine erhöhte **Beweissicherung** bewirken und durch die Belehrung und Verpflichtung zur gerechten Vertragsgestaltung auch eine höhere **inhaltliche Bestandskraft** der Urkunden erreicht wird. Register sind in erster Linie **Publizitätsmittel,** die die Sicherheit des Rechtsverkehrs dadurch garantieren, dass wichtige Informationen kundgegeben werden, die im Interesse der Öffentlichkeit und auch zum Schutz der am Wirtschaftsleben teilnehmenden Personen jedermann zugänglich sind.[52] In einer arbeitsteiligen Gesellschaft, die auf einer freien Marktwirtschaft beruht, stellt das Handelsregister neben dem Grundbuch eine Informationseinrichtung dar, die für bedeutende Geschäftsvorfälle eine wichtige Rolle spielt. Die im Handelsregister enthaltenen Informationen sind Grundlagen für Vertragsschlüsse und andere wichtige Entscheidungen von Investoren, Unternehmen und Verbrauchern. Es liegt daher im öffentlichen Interesse, die Richtigkeit, Vollständigkeit, Aktualität und leichte Zugänglichkeit des Registers so weit wie möglich zu gewährleisten.[53] Sowohl beim Grundstück als auch beim Unternehmen gibt es Rechtsverhältnisse, die für die Rechtsstellung eines Dritten, der in Ansehung des Grundstücks bzw. Unternehmens ein Rechtsgeschäft vornimmt, erheblich werden. Diese Rechtsverhältnisse sind, wenn sie allein auf dem Gestaltungswillen des Grundstückseigentümers bzw. Unternehmensinhabers beruhen, für die Öffentlichkeit meist nicht zuverlässig erkennbar. Zu diesem Zweck werden die für den Rechtsverkehr wichtigen Informationen zuverlässig und mit Vertrauensschutz in den verschiedenen Registern bzw. Grundbüchern ausgestaltet und veröffentlicht. Die Register bzw. Grundbücher dienen somit dem **öffentlichen Interesse nach Verkehrsschutz.**[54] Der Gesetzgeber hat aber durch bestimmte Formerfordernisse – die notarielle Beurkundung oder Beglaubigung – sichergestellt, dass schon im Vorfeld **Notare in das Registrierungssystem eingeschaltet** sind. In der Regel bedürfen Eintragungen in ein Grundbuch oder Handelsregister der öffentlichen Beglaubigung oder sogar der Beurkundung durch einen Notar. Der Gesetzgeber hat also als Grundlage für Eintragungen in diese Register eine bestimmte Form der Urkunde vorgeschrieben und damit einen Teil der Verantwortung für den Inhalt des Registers auf den Notar verlagert. Die Notare sind daher Teil des einheitlichen Registrierungsverfahrens und nehmen hierbei eigene öffentliche Aufgaben wahr, die letztendlich der Registereintragung und damit auch dem Staatsinteresse dienen. Dadurch, dass der Notar die Beteiligten über die rechtliche Wirksamkeit des Rechtsgeschäfts unterrichten und dafür sorgen muss, dass der Rechtsordnung entsprechende wirksame Urkunden errichtet werden, werden die Gerichte deutlich von unwirksamen oder der Rechtsordnung widersprechenden Urkunden entlastet **(Gerichtsentlastungsfunktion oder Filterfunktion).**[55] Schließlich führen die umfangreichen Pflichten des Notars zur Belehrung und ausgewogenen Vertragsgestaltung[56] dazu, dass diese zu deutlich weniger Rechtsstreitigkeiten führen als nicht beurkundete Verträge.

---

[50] Vgl. allerdings auch zu den Grenzen *Christandl* notar 2017, 339 (344).
[51] Vgl. Erläuterungen zu → BeurkG § 1 Rn. 9 ff.
[52] Vgl. zum Handelsregister *Limmer* Notarius International 1997, 32.
[53] Vgl. *Zipp/Auer,* Vom Handelsregister zum Firmenbuch, 1997, S. 25.
[54] Vgl. auch *Reithmann,* Vorsorgende Rechtspflege, S. 56.
[55] Staudinger/*Hertel* BeurkG Vorb. zu §§ 127a, 128 Rn. 23, 25 ff.; *Baumann* MittRhNotK 1996, 6 (19); *Priester* DNotZ Sonderheft 2001, 52 (64); Gesell/Herresthal/*Limmer,* Vollharmonisierung im Privatrecht, 2009, S. 188, 20; *Keim* MittBayNot 1994, 2 (5); Diehn/*Kilian* BNotO § 20 Rn. 77 ff.
[56] → BeurkG § 17 Rn. 1 ff.

Der Notar ist dabei für die unzweideutige Textfassung der öffentlichen Urkunde mit dem Beweiswert der Vollständigkeit und Richtigkeit verantwortlich.[57] Auch hierdurch werden generell die Rechtsordnungen und die Gerichte von Streitigkeiten entlastet. Der Gesetzgeber hat diese Richtigkeitsfunktion zB im Rahmen der Entlastung des handelsrechtlichen Registerverfahrens berücksichtigt, als er bei der Novellierung des § 9c GmbHG und des § 38 Abs. 3 AktG die Prüfungspflichten des Gerichts bzgl. der notariell beurkundeten Satzung beschränkte und damit die Verantwortung des Notars hervorhob.[58] Die Bedeutung dieser Aufgaben des Notars im **Vorfeld für die Richtigkeit** des Grundbuchs oder Registers darf nicht unterschätzt werden, gerade der Vergleich mit Ländern, die den Notar nicht kennen, zeigt welche erheblichen Schutzprobleme bestehen, wenn keine Präventivkontrolle besteht.[59] Derartige Register sind leicht Ziel von betrügerischen Aktionen und bieten keinerlei Verkehrsschutz.[60]

Durch das Gesetz zur Neuordnung der Aufbewahrung von Notariatsunterlagen und zur Einrichtung des Elektronischen Urkundenarchivs bei der Bundesnotarkammer sowie zur Änderung weiterer Gesetze vom 1.6.2017[61] wurden in § 378 Abs. 3 FamFG und § 15 GBO neue Prüfungs- und Einreichungspflichten im Grundbuch- und Registerverkehr eingeführt, die diese Kontroll- und Filterfunktion durch den Notar gesetzlich festlegen.[62] Danach sind sämtliche Anmeldungen in Grundbuch- und Registersachen mit Ausnahme der Genossenschafts- und Partnerschaftsregistersachen vor ihrer Einreichung für das Registergericht von einem Notar auf Eintragungsfähigkeit zu prüfen. Somit ist der Notar verpflichtet, dafür Sorge zu tragen, dass nur sachgerecht abgefasste und vollständige Anmeldungen beim Registergericht eingereicht werden. Auch die Gesetzesbegründung macht die Funktion deutlich:[63] Durch die Regelungen solle die Sicherstellung eines funktionierendes Grundbuch- und Registerwesen gewährleistet werden. Die Überprüfung von Anmeldungen in Registersachen auf Grundlage der dem Notar zur Verfügung stehenden Erkenntnismittel werde mit dem vorgeschlagenen § 378 Absatz 3 FamFG nunmehr unabhängig von der Beurkundung oder Beglaubigung ausdrücklich als notarielle Amtspflicht und registerrechtliche Verfahrensvorschrift geregelt. Durch die Regelung werde die faktische Filter- und Entlastungsfunktion des Notars im Interesse der Sicherung der hohen Qualität, Schnelligkeit und Effizienz der registergerichtlichen Eintragungsverfahren gesetzlich verankert. Als Verfahrensvorschrift sei der vorgeschlagene § 378 Absatz 3 FamFG bzw. § 15 GBO zugleich formelle Voraussetzung im Eintragungsverfahren. Dadurch werde sichergestellt, dass in allen Fällen vorab die Prüfung der Anmeldung auf Eintragungsfähigkeit erfolgt und die Registergerichte ausschließlich sachgerecht formulierte Anmeldungen erhalten.

II. Die verschiedenen Arten der Beurkundungen

1. Beurkundungen von Willenserklärungen. Einer der Schwerpunktbereiche notarieller Beurkundung sind die Beurkundungen von Willenserklärungen; die Zuständigkeit ergibt sich hierfür aus § 20 Abs. 1 S. 1. Verfahrensrechtlich sind die Beurkundungen von Willenserklärungen in den §§ 8 ff. BeurkG geregelt. Nach § 8 BeurkG ist immer die Errichtung einer Niederschrift über die Verhandlung erforderlich. Eine Beurkundung über

---

[57] Vgl. *Jerschke* ZNotP 2001, 89 (90); *ders.* FS Hagen 1999, 289; Diehn/*Kilian* BNotO § 20 Rn. 77 ff.
[58] Geändert durch das Handelsrechtsreformgesetz vom 22.6.1998 (BGBl. I 1474).
[59] Vgl. dazu zB *Vogel* FS Max Planck Institut für Privatrecht 2001, 1065 = notar 2002, 45 zu den Problemen des schwedischen Grundstücksverkehrs; *Franzmann* MittBayNot 2009, 346 zu Betrugsrisiken im englischen Grundstücksrecht. Vgl. auch *Mauch* ZVglRWiss 106 (2007), 272 zum Systemvergleich im Gesellschaftsrecht.
[60] Vgl. *Mauch* ZVglRWiss 106 (2007), 272; *Limmer* FS 200 Jahre Heymann 2015, 449 ff.
[61] BGBl. 2017 I 1396.
[62] Vgl. dazu *Attenberger* MittBayNot 2017, 335 (336); *Diehn*/*Rachlitz* DNotZ 2017, 487 (489 f.); Gutachten DNotI-Report 2017, 89 (90); *Ott* BWNotZ 2017, 146; *Weber* RNotZ 2017, 427; *Krafka* NZG 2017, 889.
[63] Vgl. BT-Drs. 18/10607, 106 ff.

eine **Willenserklärung** liegt vor, wenn es um Äußerungen eines auf die Herbeiführung einer Rechtswirkung gerichteten Willens geht, die einen Rechtsfolgewillen zum Ausdruck bringen, dh einen Willen, der auf die Begründung, inhaltliche Änderung oder Beendigung eines privatrechtlichen Rechtsverhältnisses abzielt.[64] Um eine Beurkundung von Willenserklärungen handelt es sich auch, wenn es sich um **öffentlich-rechtliche Willenserklärungen** (zB beim Abschluss eines öffentlich-rechtlichen Vertrags) oder um **Prozesserklärungen** (zB Unterwerfung unter die sofortige Zwangsvollstreckung) handelt.[65] Soll eine **geschäftsähnliche Handlung** (Mahnung, Rücktrittserklärung etc) beurkundet werden, so ist im Einzelfall nach Sinn und Zweck zu klären, ob die §§ 8 ff. BeurkG einzuhalten sind.

11 Notarielle Urkunden, die über Willenserklärungen errichtet wurden, begründen **vollen Beweis des beurkundeten Vorgangs** (§ 415 Abs. 1 ZPO).[66]

12 **2. Beurkundung von Tatsachen.** Die Zuständigkeit für Beurkundungen von Tatsachen ergibt sich aus § 20 Abs. 1 S. 2 letzter Hs. Dort ist allgemein von der Beurkundung von amtlich wahrgenommenen Tatsachen die Rede. Der Gesetzgeber hat durch die Neuregelung durch das Dritte Gesetz zur Änderung der Bundesnotarordnung klargestellt, dass der Notar nur Tatsachen, also **Vorgänge der Außenwelt,** beurkunden kann, die er unmittelbar wahrgenommen hat.[67] Rechtliche **Schlussfolgerungen** oder **Wertungen** können nicht Gegenstand einer Zeugnisurkunde sein. In § 20 Abs. 1 S. 2 sind aber auch einige der Tatsachenbeurkundungen ausdrücklich genannt: Beurkundung von Versammlungsbeschlüssen etc. Das Beurkundungsverfahren wird für diese Beurkundungen in den §§ 36 ff. BeurkG geregelt. Auch bei der Beurkundung der Wahrnehmung von Tatsachen ist in der Regel eine Niederschrift aufzunehmen, wenn nicht ausnahmsweise ein einfaches Zeugnis nach § 39 genügt (zB Feststellung des Zeitpunkts, zu dem eine private Urkunde vorgelegt worden ist etc). Ergänzt werden diese Vorschriften durch Sondervorschriften, wie zB § 130 AktG für die Beurkundung einer Hauptversammlung. Enthalten Tatsachenvorgänge (zB eine Gesellschafterversammlung) auch Willenserklärungen, die an sich beurkundet werden müssen, dann muss die Beurkundung der Tatsachenwahrnehmung unter Beachtung der §§ 8 ff. BeurkG erfolgen. Grundsätzlich kann der Notar zB auch den Beschluss einer Gesellschafterversammlung, der an sich ein Fall der Tatsachenbeurkundung nach §§ 36, 37 BeurkG ist, als Willenserklärung unter Beachtung der §§ 8 ff. BeurkG beurkunden.[68] Auch die notarielle Urkunde, die über Tatsachenwahrnehmungen errichtet wurde, begründet nach § 418 Abs. 1 ZPO den vollen Beweis der darin bezeugten Tatsachen.[69]

13 **3. Beglaubigungen.** Auch bei der Beglaubigung handelt es sich um eine Beurkundung einer Tatsache, dass die Unterschrift von einer bestimmten Person herrührt und dass der Aussteller persönlich seine Unterschrift vor der Urkundsperson vollzogen oder anerkannt hat.[70] **Öffentliche Urkunde** iSd § 415 Abs. 1 ZPO ist nur der Beglaubigungsvermerk, die abgegebene Erklärung selbst ist eine Privaturkunde.[71] Die Beglaubigung ist keine Beur-

---

[64] Vgl. Palandt/*Ellenberger* BGB Vor § 116 Rn. 1; *Winkler* BeurkG Vor § 6 Rn. 2; Diehn/*Kilian* BNotO § 20 Rn. 7.
[65] Vgl. Armbrüster/Preuß/Renner/*Preuß* BeurkG § 36 Rn. 3 ff.; Diehn/*Kilian* BNotO § 20 Rn. 14.
[66] Vgl. BGH NJW 1998, 3790; 2001, 3135; OLG Köln Rpfleger 2002, 197; vgl. auch BayObLG NJW 1992, 1841 (1842); *Winkler* BeurkG § 1 Rn. 12; Arndt/Lerch/Sandkühler/*Sandkühler* BNotO § 20 Rn. 21; Diehn/*Kilian* BNotO § 20 Rn. 65 ff.; Staudinger/*Hertel* BeurkG Vorb. zu §§ 127a, 128 Rn. 18 ff.; 702 ff.; *Frenz* FG Weichler 1997, 175 ff.; BeckOGK/*Gößl* BeurkG § 1 Rn. 6, 14 ff.; Grziwotz/Heinemann/*Grziwotz* BeurkG § 1 Rn. 7 ff.
[67] Vgl. BT-Drs. 890/95, 25.
[68] *Röll* DNotZ 1979, 644 (650); Armbrüster/Preuß/Renner/*Preuß* BeurkG § 36 Rn. 7 f.
[69] Vgl. Zöller/*Geimer* ZPO § 418 Rn. 3.
[70] BGHZ 37, 79 (86); *Winkler* BeurkG § 40 Rn. 2; Arndt/Lerch/Sandkühler/*Sandkühler* BNotO § 20 Rn. 27; *Reithmann* DNotZ 1995, 360 (369).
[71] Vgl. OLG Brandenburg FGPrax 2010, 210; LG Kassel MittBayNot 2002, 526; *Malzer* DNotZ 2000, 169 (177); Palandt/*Ellenberger* BGB § 129 Rn. 1.

§ 20 Beurkundungen und Beglaubigungen

kundung einer Willenserklärung, sondern eine **sonstige Beurkundung** iSd § 36 BeurkG, bei der es nach § 39 BeurkG genügt, dass ein Vermerk aufgenommen wird.[72] Unschädlich wäre allerdings auch die Beglaubigung durch Niederschrift nach § 37 BeurkG. Die Beurkundung ersetzt die Beglaubigung nach § 129 Abs. 2 BGB. Auf die Beglaubigung sind daher die §§ 6 ff. BeurkG nicht anzuwenden, aber die allgemeinen Vorschriften, insbes. die §§ 3 bis 5 BeurkG. Der Notar muss die Beglaubigung ablehnen, wenn ein Mitwirkungsverbot nach § 3 BeurkG besteht.[73] Darüber hinaus wird bei der Beglaubigung aufgrund einer **Evidenzkontrolle** durch den Notar eine geringere Stufe der materiell-rechtlichen Richtigkeit als bei Beurkundungen von Willenserklärungen nach §§ 8 ff. BeurkG garantiert.[74] § 20 Abs. 1 nennt ausdrücklich die Beglaubigung von Unterschriften, Handzeichen und Abschriften. Verfahrenstechnisch werden diese in §§ 36 ff. BeurkG geregelt, wobei nach § 39 BeurkG keine Niederschrift über die Tatsachenwahrnehmung aufgenommen werden muss, sondern es genügt ein einfaches Zeugnis (Vermerk). Das Zeugnis muss die Unterschriften, das Präge- oder Farbdrucksiegel des Notars enthalten und soll Ort und Tag der Ausstellung angeben. Die Beglaubigung einer Unterschrift ist in § 40 BeurkG im Einzelnen geregelt, so dass hierauf verwiesen werden kann. In § 41 BeurkG ist die Beglaubigung der Zeichnung einer Namensunterschrift geregelt, in § 42 BeurkG die Beglaubigung einer Abschrift. Auch insofern kann auf die Kommentierungen zu den genannten Vorschriften verwiesen werden.

4. Elektronische Urkunde, Online-Beurkundung.[75] Der Notar kann Urkunden nicht nur in der traditionellen Form auf Papier herstellen, auch die Errichtung von elektronischen Urkunden ist möglich. Eine elektronische Urkunde wird als elektronisches Dokument technisch als eine digital codierte und elektronisch gespeicherte Datenmenge (idR ein Text) auf einem Trägermedium erfasst. Der Notar signiert elektronische Urkunden mit der Notarsignatur oder der Beurkundungssignatur. Grundlage für die **Erstellung elektronischer Urkunden** sind die §§ 39a, 42 Abs. 4 BeurkG und § 15 Abs. 3 BNotO.[76] Die Vorschriften traten auf der Grundlage des Justizkommunikationsgesetzes[77] am 1.4.2005 in Kraft. Das JKomG erlaubt dem Notar mit der Einführung von § 39a BeurkG, einfache Vermerkurkunden in elektronischer Form zu errichten. Dadurch können elektronisch beglaubigte Abschriften von Papiervorlagen errichtet werden. § 39a BeurkG als Zentralnorm der elektronischen Urkunde bestimmt, dass Beglaubigungen und sonstige Zeugnisse iSd § 39 elektronisch errichtet werden können. Das hierzu **erstellte Dokument** muss mit einer **qualifizierten elektronischen Signatur** nach dem SigG versehen werden. Diese soll auf einem **Zertifikat** beruhen, das auf Dauer prüfbar ist. Mit dem Zeugnis muss eine **Bestätigung der Notareigenschaft** durch die zuständige Stelle verbunden werden. Das Zeugnis soll Ort und Tag der Ausstellung angeben. Umgekehrt kann der Notar nach § 42 Abs. 4 BeurkG aus elektronischen Dateien, die mit einer elektronischen Signatur versehen sind, beglaubigte Papierdokumente aus diesen elektronischen Dokumenten erstellen, indem er das elektronische Dokument ausdruckt und die Übereinstimmung des Ausdrucks mit dem elektronischen Dokument sowie die erfolgreiche Prüfung der elektronischen Signatur bestätigt. Der Notar ist berechtigt, **Bescheinigungen** iRv **Zertifizierungen im elektronischen Rechtsverkehr** abzugeben.[78] Am 1.8.1997 trat das Gesetz zur Digitalen Signatur

---

[72] Armbrüster/Preuß/Renner/*Preuß* BeurkG § 40 Rn. 24; *Winkler* BeurkG § 40 Rn. 50.
[73] *Jansen* BeurkG § 40 Rn. 24; *Lerch* BeurkG § 40 Rn. 9; *Winkler* BeurkG § 40 Rn. 44.
[74] → BeurkG § 40 Rn. 1 ff.
[75] Vgl. *Apfelbaum/Bettendorf* RNotZ 2007, 89; *dies.* DNotZ 2008, 19; *Gassen* RNotZ 2007, 142; *Gassen/Wegerhoff* ZNotP 2005, 413; *ders.*, Elektronische Beglaubigung und elektronische Handelsregisteranmeldung in der Praxis, 2. Aufl. 2009; *Püls* NotBZ 2005, 305; *Reithmann* ZNotP 2007, 370; *Weikart* NotBZ 2007, 73.
[76] → BeurkG § 39a Rn. 1 ff.
[77] BGBl. 2005 I 837.
[78] Vgl. zum elektronischen Rechtsverkehr *Fritzsche/Malzer* DNotZ 1995, 3; *Erber-Faller* MittBayNot 1995, 182; BNotK (Hrsg.), Elektronischer Rechtsverkehr, Digitale Signaturverfahren und Rahmenbedingungen, 1994; *Malzer* DNotZ 1998, 96; *Schippel* FS Odersky 1996, 657 ff.; *Kindl* MittBayNot 1999, 29.

Limmer

(SigG) in Kraft.[79] Zweck des Gesetzes war es, Rahmenbedingungen für die digitale Signaturen zu schaffen, unter denen diese als sicher gelten und Fälschungen digitaler Naturen oder Verfälschungen von signierten Daten zuverlässig festgestellt werden können. Das **Aussehen der elektronischen notariellen Urkunde** ist in § 39a BeurkG geregelt.[80] Der Vorschlag für eine Richtlinie des Europäischen Parlaments und des Rates zur Änderung der Richtlinie EU 2017/1132 im Hinblick auf den Einsatz digitaler Werkzeuge und Verfahren im Gesellschaftsrecht, das sog. „Company-Law Package", sieht für die EU-Mitgliedstaaten die Einführung einer **Online-Gründung von Kapitalgesellschaften** vor.[81]

C. Sonstige Zuständigkeiten

I. Verlosungen und Auslosungen[82]

14 **1. Begriff.** Eine **Verlosung** ist eine öffentliche oder private Veranstaltung, bei der nach einem vorher festgelegten Plan Geld-, Sach- oder sonstige Gewinne unter einer Mehrheit von Beteiligten so ausgespielt werden, dass mit der Teilnahme eine Gewinnchance verbunden ist, es aber vom Zufall abhängt, welcher der Teilnehmer einen Gewinn erzielt.[83] Am bekanntesten sind Ziehungslotterien und Losbrieflotterien. Bei der Ziehungslotterie bestimmt erst das Ziehungsergebnis, welcher Teilnehmer gewonnen hat. Bei der Losbrieflotterie steht dagegen von vornherein aufgrund des Gewinnplans fest, welches Los gewinnt. Von der Verlosung ist die **Auslosung** zu unterscheiden. Bei ihr hat jeder Teilnehmer Anspruch auf eine bestimmte Leistung des Veranstalters. Vom Ergebnis der Auslosung hängt lediglich ab, wann die Leistung fällig wird. Auslosungen finden insbesondere für die Fälligkeit festverzinslicher Wertpapiere statt.[84]

15 **2. Zuständigkeit und Aufgaben des Notars.** Im Hinblick auf die möglichen Tätigkeiten des Notars im Rahmen von Verlosungen und Auslosungen lassen sich folgende Bereiche unterscheiden.[85] Der Notar nimmt in den meisten Fällen die Verlosung nicht selbst vor, sondern errichtet eine Zeugnisurkunde über die von einem anderen vorgenommene Verlosung. Es handelt sich in diesem Fall um eine Tatsachenbeurkundung, für die das Protokollverfahren nach § 36 BeurkG gilt.[86] Daneben kann der Notar die Verlosung auch selbst vornehmen. Schließlich ist als Zwischenform denkbar, dass der Notar im Rahmen der Aufnahme der Zeugnisurkunde durch Stichproben das Ziehungsgerät und die Lose überprüft oder ähnliche Kontrollmaßnahmen durchführt.

16 § 20 Abs. 1 S. 1 spricht nur von der Vornahme von Verlosungen und Auslosungen, hieraus folgt aber als Minus auch die Zuständigkeit für die Beurkundung der Tatsachenwahrnehmungen über die Durchführung der Verlosung durch einen anderen.[87] Über-

---

[79] BGBl. I 1870; vgl. hierzu *Malzer* DNotZ 1998, 96; die Fragen sind jetzt geregelt in der eIDAS-VO, dazu → BeurkG § 39a Rn. 2a.
[80] → BeurkG § 39a Rn. 1 ff.
[81] → BeurkG § 1 Rn. 13b ff.
[82] Vgl. allgemein *Damm*, Notarielle Verzeichnisse in der Praxis, 2018; Gutachten DNotI-Report 1998, 191; *Bund* NotBZ 2004, 422; Kersten/Bühling/*Terner* § 18 Rn. 16 ff.; Arndt/Lerch/Sandkühler/*Sandkühler* BNotO § 20 Rn. 51 ff.; Schippel/Bracker/*Reithmann* BNotO § 20 Rn. 44 ff.; Diehn/*Kilian* BNotO § 20 Rn. 49 ff.; *Winkler* BeurkG § 36 Rn. 9; zur Immobilienverlosung vgl. Gutachten DNotI-Report 2009, 33 ff.; *Kaufmann* RNotZ 2010, 217; *Rebhan* DNotZ 2011, 850; *Liesching* MMR 2010, 135.
[83] Vgl. Arndt/Lerch/Sandkühler/*Sandkühler* BNotO § 20 Rn. 51; Gutachten DNotI-Report 1998, 191; Diehn/*Kilian* BNotO § 20 Rn. 49 ff.
[84] Arndt/Lerch/Sandkühler/*Sandkühler* BNotO § 20 Rn. 51 f.; Diehn/*Kilian* BNotO § 20 Rn. 49 ff.; Kersten/Bühling/*Terner* § 18 Rn. 16 ff.
[85] Vgl. Rundschreiben der BNotK v. 2.8.1994, abrufbar unter www.bnotk.de; vgl. Kersten/Bühling/*Terner* § 18 Rn. 16 ff., Diehn/*Kilian* BNotO § 20 Rn. 49 ff.; *Winkler* BeurkG § 36 Rn. 9.
[86] Schippel/Bracker/*Reithmann* BNotO § 20 Rn. 44; Arndt/Lerch/Sandkühler/*Sandkühler* BNotO § 20 Rn. 51 ff.; Gutachten DNotI-Report 1998, 191, Diehn/*Kilian* BNotO § 20 Rn. 49 ff.; *Winkler* BeurkG § 36 Rn. 9.
[87] Arndt/Lerch/Sandkühler/*Sandkühler* BNotO § 20 Rn. 55.

nimmt der Notar **Prüfungstätigkeiten,** dann ist fraglich, ob die Zuständigkeit hieraus aus § 20 Abs. 1 S. 2 oder aus § 24 Abs. 1 S. 1 folgt. Da § 20 Abs. 1 nur die Vornahme der Auslosung selbst anspricht, wird man wohl die darüber hinausgehende Prüfungstätigkeit im Rahmen der Zuständigkeit des § 24 ansiedeln müssen.[88] Bei allen Beurkundungen handelt es sich um eine Tatsachenbeurkundung iSd § 36 BeurkG.[89] Der Notar muss eine möglichst **genaue Schilderung des Ziehungsvorgangs** unter Angabe der zur Verfügung stehenden Geräte, der an der Ziehung beteiligten Personen und der einzelnen Abläufe der Ziehung vornehmen. Im Anschluss daran sind dann die Ziehungsergebnisse festzustellen. Nimmt er die Auslosung selbst vor, dann muss er über seine eigene Tätigkeit berichten. Übernimmt der Notar darüber hinausgehend auch die Verpflichtung, sich von der Ordnungsmäßigkeit des Vorgangs zu überzeugen, so sind auch die von ihm gemachten Stichproben und Maßnahmen der Prüfung in den Bericht aufzunehmen. In diesen Fällen hat er durch entsprechende Leitung der Verlosung über die reine Protokollierung hinausgehende Pflichten.[90] Werden für die Ziehung EDV-Anlagen eingesetzt, kann der Notar in der Regel keine Prüfung der Ordnungsmäßigkeit durchführen.

3. Sonstige Zulässigkeitsvoraussetzungen. Zivilrechtlich ist die Wirksamkeit eines **17 Lotterie- oder Ausspielvertrags** in § 763 BGB geregelt. Danach ist ein Lotterievertrag oder ein Ausspielvertrag verbindlich, wenn die Lotterie oder die Ausspielung staatlich genehmigt ist. Die Zulässigkeit ist in den Landesgesetzen geregelt; es sind staatliche Genehmigungen erforderlich, die Privatpersonen grundsätzlich nicht erteilt werden.[91] Verwaltungsrechtlich besteht für **Glücksspiele** in allen Bundesländern ein **Verbot mit Erlaubnisvorbehalt.**[92] Das Genehmigungserfordernis ergibt sich aus dem jeweiligen Landesrecht, das jeweils auf den zwischen den Ländern abgeschlossenen **Glücksspielstaatsvertrag (GlüStV)** verweist, der zum 1.1.2008 in Kraft trat. Alle Länder haben den Glücksspielstaatsvertrag durch Zustimmungsgesetz in ihr jeweiliges Landesrecht übernommen und verweisen darauf entweder im Zustimmungsgesetz oder – wie Niedersachsen – in einem ausführlicheren Gesetz. Die genehmigungspflichtigen Tatbestände für Glücksspiele ergeben sich für alle Bundesländer aus § 3 GlüStV. Zu beachten ist, dass die im Ausland in letzter Zeit beliebt gewordene **Verlosung von Immobilien** ebenfalls einer staatlichen Genehmigung bedürfen, die an Privatpersonen regelmäßig nicht erteilt wird, da diese die durch den Glücksspielstaatsvertrag statuierten Voraussetzungen nicht erfüllen können.[93] Sie ist daher unzulässig.[94] Die unerlaubte Veranstaltung einer derartigen Verlosung ist nach Meinung des BGH ein strafbarer Betrug.[95] Der Notar darf an einer nicht genehmigten Verlosung nach § 14 Abs. 2 daher nicht mitwirken.[96] Auch die Beurkundung der Auflassung nach einer unzulässigen Verlosung ist nicht zulässig.[97] Unklar ist derzeit noch,

---

[88] Offengelassen im Rundschreiben der BNotK v. 2.8.1994.
[89] BeckOK BeurkG/*Boor* BeurkG § 36 Rn. 12; Diehn/*Kilian* BNotO § 20 Rn. 51.
[90] Rundschreiben der BNotK v. 2.8.1994; *Winkler* BeurkG § 36 Rn. 9.
[91] S*terzinger* NJW 2009, 3690; Gutachten DNotI-Report 2009, 31 ff.; BGH NJW 1999, 54 zu Sportwetten; MüKoBGB/*Habersack* BGB § 762 Rn. 7; Palandt/*Sprau* BGB § 763 Rn. 1; Staudinger/*Engel* BGB § 762 Rn. 6 und § 763 Rn. 3.
[92] S*terzinger* NJW 2009, 3690.
[93] Vgl. VG Göttingen RNotZ 2010, 214 (215) mAnm *Kaufmann*; Rebhan DNotZ 2011, 850; *Stuppi* notar 2009, 261; DNotI-Report 2009, 33. Im Internet sind aus Bayern und Nordrhein-Westfalen Pressemitteilungen von Bezirksregierungen zu von ihnen erlassenen Untersagungsverfügungen eingestellt: Regierung von Mittelfranken, PM v. 27.1.2009, http://www.regierung.mittelfranken.bayern.de/aufg_abt/abt1/p_archiv/2009/pm015_09.html und Bezirksregierung Düsseldorf, PM Nr. 18/2009 v. 4.2.2009, http://www.brd.nrw.de/BezRegDdorf/hierarchie/pressemitteilungen/newsarchiv/2009/02Februar/018_2009.php; *Stuppi* notar 2009, 261; DNotI-Report 2009, 33.
[94] VG Göttingen RNotZ 2010, 214 (215) mAnm *Kaufmann* = MMR 2010, 135 mAnm *Liesching*; VG München ZfWG 2009, 70; S*terzinger* NJW 2009, 3690.
[95] BGH DNotZ 2011, 848 mAnm *Rebhan*; S*terzinger* NJW 2009, 3690.
[96] *Rebhan* DNotZ 2011, 850 (851); *Kaufmann* RNotZ 2010, 217 (218); *Stuppi* notar 2010, 297.
[97] *Kaufmann* RNotZ 2010, 218.

welche Folgerungen aus den Urteilen des EuGH vom 8.9.2010 zu ziehen sind.[98] Eine nicht genehmigte Lotterie oder Ausspielung führt zur Nichtigkeit der Spielverträge nach § 134 BGB,[99] so dass der Notar auch seine Mitwirkung ablehnen müsste.[100] Der Notar hat daher auch die notwendigen Genehmigungen in der Niederschrift zu vermerken.[101] Der Notar hat weiter darauf zu achten, dass **keine falschen Angaben** über die Beteiligung des Notars gemacht werden. Der Hinweis „unter Aufsicht eines Notars" ist nur zulässig, wenn der Notar auch eigenständige Prüfungspflichten im Hinblick auf den Ablauf und die Ordnungsmäßigkeit des Verfahrens übernimmt.[102]

II. Aufnahme von Vermögensverzeichnissen, Nachlassverzeichnissen und Nachlassinventaren[103]

18   **1. Bedeutung des Vermögensverzeichnisses, der Nachlassverzeichnisse und Nachlassinventare.** Im bürgerlichen Recht sehen viele Vorschriften vor, dass Auskunftsansprüche durch Vorlage eines Bestandsverzeichnisses zu erfüllen sind, in dem die Aktiva und Passiva übersichtlich zusammengestellt sind. Der Erbe kann seine Haftung durch Errichtung eines Inventars (§§ 1993 ff. BGB) beschränken. § 260 Abs. 1 BGB bestimmt allgemein, dass derjenige, der verpflichtet ist, einen Inbegriff von Gegenständen herauszugeben oder über den Bestand eines solchen Inbegriffs Auskunft zu erteilen, dem Berechtigten ein Verzeichnis des Bestands vorzulegen hat. In der Regel wird der Auskunftsanspruch durch ein privates Verzeichnis erfüllt. Unter den Voraussetzungen des § 260 Abs. 2 BGB besteht ein Anspruch auf Versicherung an Eides statt. In manchen Fällen kann der Auskunftsberechtigte auch verlangen, dass das Verzeichnis oder Inventar durch einen zuständigen Beamten oder **durch den Notar aufgenommen** wird (§§ 1035, 1377 Abs. 2, 1379 Abs. 1, 1640 Abs. 3, 1667 Abs. 2, 1698, 2003 Abs. 1, 2121 Abs. 3, 2215 Abs. 4, 2314 Abs. 1 BGB), teilweise spricht das Gesetz davon, dass der Verpflichtete zur Aufnahme des Inventars oder Vermögensverzeichnisses einen zuständigen Beamten oder **Notar zuziehen** muss oder kann (zB §§ 1802 Abs. 2, 1908i, 2002 BGB). Für beide Fälle besteht die Zuständigkeit nach § 20 Abs. 1.[104]

18a   Durch das Gesetz zur Übertragung von Aufgaben im Bereich der freiwilligen Gerichtsbarkeit auf Notare vom 26.6.2013 wurde § 20 Abs. 1 S. 2 dahingehend geändert, dass die Aufnahme von „Nachlassverzeichnissen und Nachlassinventaren" jetzt ausdrücklich zu den Aufgaben der Notare gehört,[105] während vorher nur die Rede allgemein von „Vermögensverzeichnissen" war.[106] Inhaltlich hat sich dadurch wenig geändert, da die Zuständigkeit auch vor der Novelle gegeben war. § 2003 Abs. 1 S. 1 und S. 2 BGB sieht allerdings jetzt

---

[98] EuGH Rs. C46/08 und Rs. C-409/06, dazu *Klöck/Klein* NVwZ 2011, 22; *Streinz/Kruis* NJW 2010, 3745; *Rebhan* DNotZ 2011, 850.
[99] RGZ 115, 319 (325); MüKoBGB/*Habersack* BGB § 763 Rn. 1; Palandt/*Thomas* BGB § 763 Rn. 5; *Sterzinger* NJW 2009, 3690.
[100] Vgl. im einzelnen Gutachten DNotI-Report 1998, 192.
[101] Arndt/Lerch/Sandkühler/*Sandkühler* BNotO § 20 Rn. 53; BeckNotar-HdB/*Bernhard* G. Rn. 266.
[102] Rundschreiben der BNotK v. 20.8.1994.
[103] Vgl. allgemein *Schönberg-Wessel* NJW 2019, 1481; *Zimmermann* ZEV 2019, 197; *Zimmer* NJW 2019, 186; *ders.* ZEV 2008, 365; *Weidlich* ZEV 2018, 501; *Horn* ZEV 2018, 376; *Sagmeister* MittBayNot 2013, 519 mit einem ausführlichen Muster; *Nieder* ZErb 2004, 60; *Roth* ZErb 2007, 402; *Schreinert* RNotZ 2008, 61; *Zimmer* NotBZ 2005, 208; *ders.* ZEV 2008, 365; Kersten/Bühling/*Terner* § 18 Rn. 32 ff.; *Sandkühler* RNotZ 2008, 33; Gutachten DNotI-Report 2010, 153; Diehn/*Kilian* BNotO § 20 Rn. 36 ff.; *Kuhn/Trappe* ZEV 2011, 347; *Braun* MittBayNot 2008, 351.
[104] Vgl. OLG Düsseldorf RNotZ 2008, 105 (107); OLG Karlsruhe ZEV 2007, 329; MüKoBGB/*Küpper* BGB § 2002 Rn. 5; *Zimmer* NotBZ 2005, 208 f.; *ders.* ZEV 2008, 365; *Schreinert* RNotZ 2008, 61; Arndt/Lerch/Sandkühler/*Sandkühler* BNotO § 20 Rn. 56 ff.; *Winkler* BeurkG § 36 Rn. 6; Diehn/*Kilian* BNotO § 20 Rn. 36 ff.; *Nieder* ZErb 2004, 60; *Roth* ZErb 2007, 402; Gutachten DNotI-Report 2010, 153; *Sandkühler* RNotZ 2008, 33; *Weidlich* ZEV 2017, 241; *Horn* ZEV 2018, 376 (378).
[105] *Sagmeister* MittBayNot 2013, 519.
[106] Art. 3 des Gesetzes zur Übertragung von Aufgaben im Bereich der freiwilligen Gerichtsbarkeit auf Notare vom 26.6.2013, BGBl. I 1800.

vor, dass die amtliche Aufnahme des Inventars auf Antrag der Erben stets durch einen vom Nachlassgericht beauftragten Notar erfolgt. § 2003 Abs. 1 S. 1 BGB sieht kein Wahlrecht des Nachlassgerichts mehr vor, die Aufnahme des Inventars selbst vorzunehmen oder einem zuständigen Beamten zu übertragen.[107]

Zu unterscheiden ist allerdings bei der Tätigkeit des Notars, welche Form seiner amtlichen Beteiligung vorliegt. Die **Qualität des Verzeichnisses** richtet sich nach den materiell-rechtlichen Anforderungen.[108] Der Zweck der Errichtung eines Vermögensverzeichnisses ist die Ermittlung einer Vermögensmasse und die Niederlegung des Ergebnisses in einer Urkunde. Der Gesetzgeber hat mit diesen Regelungen eine über eine einfache privatschriftliche Auskunftserteilung hinausgehende überprüfende **Richtigkeitskontrolle** und Richtigkeitsgarantie durch den Notar angeordnet.[109] Die Aufnahme durch den Notar oder seine Zuziehung soll eine besondere Gewähr dafür bieten, dass der Beteiligte seine Angaben wahrheitsgemäß macht, weil er vom Notar nachhaltig über die Verpflichtung zur Wahrheit belehrt wird.[110] **19**

Manche Vorschriften sehen ein **Inventar „unter Mitwirkung des Notars"** vor (zB nach § 2002 BGB zur Beschränkung der Haftung des Erben). Dieses ist im Grundsatz ein privates Inventar, das vom Erben aufgenommen wird. § 2002 BGB bestimmt, dass der Erbe **den Notar „zuziehen"** muss. In diesen Fällen soll durch Einschaltung der Sachkenntnis eines öffentlichen Organs die Gewähr dafür geboten werden, dass der Erbe in der Lage ist, ein Inventar zu errichten und der Notar ist nicht verpflichtet, die Vollständigkeit und Richtigkeit des Inventars oder der Wertangaben zu überprüfen.[111] Ein solches Inventar ist eine Privaturkunde, der Notar errichtet nur eine öffentliche Urkunde über die Tatsache seiner Mitwirkung und über evtl. gegebene Belehrungen.[112] Er kann dies entweder in Form einer Niederschrift nach §§ 36, 37 BeurkG oder bei einfachen Fällen auch in Form eines einfachen Vermerkes nach § 39 BeurkG tun, wobei der Vermerk dann auf die Privaturkunde gesetzt werden kann.[113] Umstritten ist dabei, ob auch der Notar das Inventar aufnehmen, also eine Urkunde über die gesamte Inventarerrichtung vornehmen kann. Dabei ist insbesondere umstritten, ob dann ein Inventar des Erben vorliegt. In diesen Fällen verlangt die herrschende Meinung, dass – wenn der Notar das Inventar aufnimmt – das Inventar auch von dem Erben unterschrieben sein muss, die Unterschrift des Notars allein genügt danach bei § 2002 BGB nicht.[114] **19a**

§ 20 Abs. 1 als Zuständigkeitsnorm spricht zwar nur von der Aufnahme, auch hier ist als Minus die Mitwirkung, die vom BGB selbstverständlich vorausgesetzt wird, enthalten.[115] **20**

---

[107] *Sagmeister* MittBayNot 2013, 519.
[108] OLG Celle DNotZ 2003, 62; OLG Saarland DNotI-Report 2010, 160; *Zimmer* NJW 2019, 186; Staudinger/*Haas*, 2006, BGB § 2314 Rn. 41; *Zimmer* NotBZ 2005, 208 f.; *Schreinert* RNotZ 208, 61; Arndt/Lerch/Sandkühler/*Sandkühler* BNotO § 20 Rn. 56 ff.; *Nieder* ZErb 2004, 60; *Firsching/Graf* NachlassR Rn. 32.
[109] Vgl. RGZ 72, 379 (384); BGHZ 33, 373 (377) = MDR 1961, 217; BGH NJW 2019, 231; OLG Celle OLG-Report 1997, 160; OLG Oldenburg NJW-RR 1993, 782; OLG Celle DNotZ 2003, 6; OLG Saarland DNotI-Report 2010, 160; *Nieder* DNotZ 2003, 63; Diehn/*Kilian* BNotO § 20 Rn. 37; *Winkler* BeurkG § 36 Rn. 6 ff.
[110] OLG Düsseldorf OLG-Report 1995, 299; OLG Celle DNotZ 2003, 62 mAnm *Nieder*; *Zimmer* NotBZ 2005, 208 f.; Palandt/*Weidlich* BGB § 2314 Rn. 6.
[111] Palandt/*Weidlich* BGB § 2002 Rn. 1; MüKoBGB/*Küpper* BGB § 2002 Rn. 1; Staudinger/*Doppler*, 2016, BGB § 2002 Rn. 2; Diehn/*Kilian* BNotO § 20 Rn. 39; BeckOK BGB/*Lohmann* BGB § 2002 Rn. 1, *Schreinert* RNotZ 2008, 1; *Nieder* ZErb 2004, 60; *ders.* DNotZ 2003, 63.
[112] MüKoBGB/*Küpper* BGB § 2002 Rn. 1; Staudinger/*Doppler*, 2016, BGB § 2002 Rn. 2; *Schreinert* RNotZ 2008, 1; *Nieder* ZErb 2004, 60; *ders.* DNotZ 2003, 63.
[113] MüKoBGB/*Küpper* BGB § 2002 Rn. 2.
[114] So RGZ 77, 245 (247); OLG Hamm NJW 1962, 53; BeckOK BGB/*Lohmann* BGB § 2002 Rn. 1; MüKoBGB/*Küpper* BGB § 2002 Rn. 2.
[115] Vgl. *Zimmer* NotBZ 2005, 208 f.; *Schreinert* RNotZ 2008, 61; Arndt/Lerch/Sandkühler/*Sandkühler* BNotO § 20 Rn. 56 ff.; *Nieder* ZErb 2004, 60.

21 **2. Aufnahme durch den Notar.** In vielen Fällen ordnet das Gesetz die **Aufnahme des Vermögensverzeichnisses oder Inventars durch den Notar** an, zB § 2003 BGB (auf Antrag des Erben zur Haftungsbeschränkung), § 2121 BGB (Inventar des Vorerben), § 2314 BGB (Inventar gegenüber dem Pflichtteilsberechtigten), § 2215 BGB (Inventar des Testamentsvollstreckers). Ein solches Nachlassverzeichnis soll eine größere Gewähr für die Vollständigkeit und Richtigkeit der Auskunft bieten als ein privates Verzeichnis, welches der auskunftsverpflichtete Erbe erstellt hat.[116] In diesen Fällen nimmt der Notar die einzelnen Vermögensgegenstände selbstständig auf und trägt dafür die Verantwortung[117] und übernimmt ähnlich wie bei der Durchführung einer Verlosung über die reine Wiedergabe der amtlich wahrgenommenen Tatsachen auch eine **Verpflichtung zur sachgerechten Gestaltung** des Aufnahmeverfahrens.[118]

22 Zum Beispiel nach § 2314 Abs. 1 S. 3 BGB kann der Pflichtteilsberechtigte verlangen, dass das **Inventar durch einen Notar** aufgenommen wird.[119] Ein Inventar nach § 2314 BGB wird also nicht von einer Privatperson unter Anwesenheit eines Notars, sondern durch den Notar selbst aufgenommen. In diesem Fall nimmt der Notar die einzelnen Vermögensgegenstände selbstständig auf und trägt auch die Verantwortung für die Richtigkeit.[120] Im Fall der Inventarerrichtung durch den Notar (zB §§ 2003, 2314 BGB) ist dennoch die Urkundsperson auf die notwendigen Auskünfte durch den Auskunftsverpflichteten angewiesen. Ausgehend von den Angaben des Auskunftspflichtigen darf er sich allerdings nicht darauf beschränken, lediglich eine Plausibilitätsprüfung bzgl. der Angaben des Erben durchzuführen. Vielmehr muss er den Nachlassbestand selbst ermitteln und feststellen. Dabei hat er diejenigen Nachforschungen anzustellen, die ein objektiver Dritter in der Lage des Gläubigers für erforderlich halten würde.[121] Sowohl die Anforderungen an die Plausibilitätskontrolle des Notars wie der Umfang der ihm obliegenden Ermittlungen richten sich nach den konkreten Umständen des Einzelfalls.[122] Grundsätzlich darf der Notar allerdings auf die Richtigkeit dieser Auskünfte vertrauen; hat er an der Richtigkeit Zweifel oder wirkte der Auskunftsverpflichtete nicht mit, dann muss der Notar die Aufnahme des Vermögensverzeichnisses ablehnen, da er nicht an der Entstehung eines unrichtigen Verzeichnisses nach § 14 Abs. 2 BNotO und § 4 BeurkG mitwirken darf. Zur Frage, ob der Auskunftsverpflichtete vor dem mit der Aufnahme des Nachlassverzeichnisses beauftragten Notar persönlich zu erscheinen hat, hat der BGH[123] entschieden, dass sich diese nicht allgemein beantworten lasse. Der Umfang der Verpflichtung des Erben zur Mitwirkung an der Aufnahme des notariellen Nachlassverzeichnisses richte sich danach, in welchem Umfang diese Mitwirkung für die ordnungsgemäße Aufnahme des Verzeichnisses erforderlich sei.[124]

22a Bei der Aufnahme eines Nachlassverzeichnisses nach § 2314 Abs. 1 S. 2 BGB zur Pflichtteilsberechnung hat der Pflichtteilsberechtigte einen Anspruch auf Anwesenheit, wobei

---

[116] BVerfG ZEV 2016, 578; BGH NJW 2019, 231.
[117] Vgl. BVerfG ZEV 2016, 578; RGZ 72, 379 (384); BGHZ 33, 373 (377) = MDR 1961, 217; BGH NJW 2019, 231; OLG Celle OLG-Report 1997, 160; DNotZ 2003, 62 mAnm *Nieder* zu dem Verzeichnis nach § 2314 BGB; OLG Saarland DNotI-Report 2010, 160; OLG Koblenz DNotZ 2014, 780; OLG Bamberg ZEV 2016, 580; Staudinger/*Doppler* BGB § 2003 Rn. 9; MüKoBGB/*Küpper* BGB § 2003 Rn. 3; Schippel/Bracker/*Reithmann* BNotO § 20 Rn. 47 ff.; Arndt/Lerch/Sandkühler/*Sandkühler* BNotO § 20 Rn. 56 ff.; Diehn/*Kilian* BNotO § 20 Rn. 56 ff.; BeckOK BGB/*Lohmann* BGB § 2003 Rn. 3; *Zimmer* NJW 2019, 186; *Sagmeister* MittBayNot 2013, 519 mit einem ausführlichen Muster.
[118] Vgl. auch *Winkler* BeurkG § 36 Rn. 6.
[119] Vgl. *Kuhn/Trappe* ZEV 2011, 347.
[120] Vgl. OLG Koblenz NJW 2014, 1972; OLG Stuttgart ZErb 2014, 174; OLG Saarbrücken MittBayNot 2011, 245 mAnm *G. Müller*; OLG Celle DNotZ 2003, 62; OLG Bamberg ZEV 2016, 580; Staudinger/*Herzog*, 2006, BGB § 2314 Rn. 41; Staudinger/*Doppler* BGB § 2003 Rn. 9; MüKoBGB/*Lange* BGB § 2314 Rn. 29 ff.
[121] So zu Recht *Weidlich* ZEV 2019, 84.
[122] OLG Bamberg ZEV 2016, 580; dazu *Schellenberg* ErbR 2016, 237; Staudinger/*Herzog* BGB § 2314 Rn. 72 ff.
[123] BGH ZEV 2019, 81 mAnm *Weidlich*.
[124] Vgl. auch Palandt/*Weidlich* BGB § 2314 Rn. 7.

allerdings der Umfang dieses Rechtes noch nicht vollständig geklärt ist.[125] Auch hier muss dem Notar ein Ermessensspielraum verbleiben, wie er die Interessen der Beteiligten angemessen einbindet.[126] Er ist nicht verpflichtet, den Berechtigten bei jedem seiner Schritte einzubinden. Er hat auch keine Mitwirkungsrechte.[127]

Der Notar entscheidet nach seinem Ermessen, auf welche Weise er die Vollständigkeit des Verzeichnisses feststellt.[128] Das OLG Celle hat betont, dass die Tätigkeit des Notars bei Aufnahme eines Vermögensverzeichnisses weit über die bloße Beurkundungstätigkeit hinausgehe.[129] Der Notar müsse den Nachlassbestand selbst ermitteln und durch Unterzeichnung des Bestandsverzeichnisses als von ihm aufgenommen zum Ausdruck bringen, dass er für dessen Inhalt verantwortlich ist.[130] Die in diesem Zusammenhang an den Notar gestellten Anforderungen, etwa ob ihn Ermittlungspflichten bei Banken oder Grundbuchämtern treffen[131] oder ob der Notar den Nachlass in „Augenschein" zu nehmen hat, waren Gegenstand obergerichtlicher Entscheidungen. Der Grund für dieses „Hinausgehen" über die bloße Beurkundungstätigkeit liegt darin, dass die Aufnahme des Verzeichnisses durch eine Amtsperson gerade eine besondere Gewähr dafür bieten soll, dass der Schuldner die Angaben wahrheitsgemäß erteilt, da er von dieser Amtsperson nachhaltig über die Verpflichtung zu wahrheitsgemäßen Angaben belehrt worden ist.[132] Der Auskunftsverpflichtete ist verpflichtet, die zur Aufnahme des Inventars erforderlichen Auskünfte zu erteilen und den Notar zu unterstützen (vgl. zB § 2003 Abs. 2 BGB).[133] Der Notar ist darauf angewiesen, dass ihm der Schuldner die für die Aufnahme des Verzeichnisses erforderlichen Informationen übermittelt. Die Tätigkeit bei Aufnahme des Inventars geht daher weit über eine reine Tatsachenbeurkundung hinaus, da der Notar ein umfangreiches Verfahren zu gestalten hat. Er hat Auskünfte einzuholen, er muss rechtliche Schlussfolgerungen über den Bestand von Aktiva und Passiva ziehen, Bewertungen vornehmen etc. Es handelt sich daher um ein Verfahren eigener Art, dessen Ausgestaltung im Einzelnen im Ermessen des Notars liegt.[134] Der Notar ist daher auch beim Einschalten von Hilfspersonen grundsätzlich frei und er muss nicht selbst die Ermittlungen vornehmen.[135] Damit bestehen zwar im Ergebnis gewisse Ermittlungsmöglichkeiten des Notars zur Erfüllung seiner Verpflichtungen, diese sind aber letztlich auch nur begrenzt.[136] Der Notar ist daher wegen seiner Verantwortung für den Inhalt des Nachlassverzeichnisses über die Entgegennahme von Auskünften der Beteiligten hinausgehend zur **Vornahme von Ermittlungen berechtigt und verpflichtet**.[137] Welche Ermittlungen er vornimmt, entscheidet er nach seinem eigenen Ermessen unter Berücksichtigung der Einzelfallumstände. Das OLG Koblenz[138] hat entschieden, dass der Schuldner bei der Aufnahme des Nachlassverzeichnisses persönlich vor dem Notar zu erscheinen habe. Der Notar habe zur **Aufnahme eines ordnungsgemäßen Vermögensverzeichnisses** den Pflichtigen

---

[125] *Heinze* DNotZ 2019, 413.
[126] *Weidlich* ZEV 2019, 84.
[127] *Weidlich* ZEV 2019, 84.
[128] BGHZ 33, 373 (377) = MDR 1961, 217; OLG Celle OLG-Report 1997, 160; OLG Koblenz NJW 2014, 1972; MüKoBGB/*Siegmann* BGB § 2003 Rn. 3; *Reithmann* DNotZ 1974, 6 (11); Arndt/Lerch/Sandkühler/*Sandkühler* BNotO § 20 Rn. 56 ff.; Diehn/*Kilian* BNotO § 20 Rn. 58.
[129] DNotZ 2003, 62; zustimmend OLG Saarland DNotI-Report 2010, 160.
[130] Ebenso BVerfG ZEV 2016, 578.
[131] OLG Düsseldorf RNotZ 2008, 105.
[132] OLG Celle DNotZ 2003, 62; OLGR 1997, 160; OLG Düsseldorf OLGR 1995, 299; vgl. auch OLG Saarland DNotI-Report 2010, 160.
[133] BGH NJW 2019, 231.
[134] OLG Celle OLG-Report 1997, 160; Schippel/Bracker/*Reithmann* BNotO § 20 Rn. 27; *ders.* DNotZ 1974, 6 (11); Diehn/*Kilian* BNotO § 20 Rn. 58 ff.; *Winkler* BeurkG § 36 Rn. 6.
[135] *Reithmann* DNotZ 1974, 6 (11); *Nieder* DNotZ 2003, 63.
[136] Vgl. die Kritik von *Nieder* DNotZ 2003, 64.
[137] BGHZ 33, 373 (377); OLG Celle OLG-Report 1997, 160; Schippel/Bracker/*Reithmann* BNotO § 20 Rn. 31; einschränkend *Zimmer* NotBZ 2005, 208; *ders.* ZEV 2008, 365.
[138] NotBZ 2008, 37; ablehnend die Literatur: vgl. *Sandkühler* RNotZ 2008, 33; *Zimmer* ZEV 2008, 365; *Roth* ZErb 2007, 402 (403); MüKoBGB/*Krüger* BGB § 2003 Rn. 7; Gutachten DNotI-Report 2010, 153.

ggf. zu belehren und Unklarheiten auszuräumen. Hierfür habe der Verpflichtete persönlich vor dem Notar zu erscheinen.[139] Nur auf diese Weise könne sichergestellt werden, dass die erforderlichen Auskünfte, zu deren Abgabe die Schuldner verpflichtet sind, auch vollständig und ggf. nach Rückfrage konkretisiert und zutreffend gegeben werden können. Die Entscheidung ist abzulehnen, da derartige Ermittlungen auch auf andere Weise, zB telefonisch erfolgen können. Das OLG Koblenz hat zu Recht festgestellt, dass die Mitwirkung des Notars nichts daran ändert, dass auch das notarielle Nachlassverzeichnis eine Erfüllung der Auskunftspflicht des Erben ist, der die Verantwortung für dessen Richtigkeit und Vollständigkeit trägt.[140]

23a Im Beschluss vom 18.3.2014 hat das OLG Koblenz[141] festgestellt, dass es für die Errichtung eines notariellen Nachlassverzeichnisses iSd § 2314 Abs. 1 S. 3 BGB nicht genügt, dass der Notar lediglich die Erklärungen des Erblassers über den vorhandenen Nachlass und über getätigte Schenkungen beurkundet, vielmehr muss der Notar selbst Ermittlungen vornehmen und das Ergebnis seiner Ermittlungen in der Urkunde niederlegen. Das OLG Koblenz führt aus, dass als solche **eigene Ermittlungstätigkeiten eines Notars** beispielsweise denkbar seien:

– eigene Ermittlung von Grundbesitz,
– Veranlassung der Einholung von Bewertungsgutachten durch den Auskunftsverpflichteten,
– Überprüfung eingeholter Wertgutachten auf Plausibilität,
– Einsichtnahme in die (vollständigen) Kontoauszüge, Sparbücher oder vergleichbare Bankunterlagen für einen Zehn-Jahres-Zeitraum,
– Einholung einer Vollmacht des Auskunftsverpflichteten, bei Bankinstituten (einschließlich Sparkassen), die in der Nähe des letzten Wohnortes des Erblassers eine Zweigstelle unterhalten, anzufragen, ob im genannten Zehn-Jahres-Zeitraum eine Kundenverbindung zum Erblasser bestanden habe, nebst entsprechender Anfrage,
– Zusammenstellung der einen bestimmten Betrag übersteigenden Verfügungen über die ermittelten Konten, soweit diesen Schenkungen oder sonstige Zuwendungen zugrunde liegen (könnten).

23b Das Beurkundungsgesetz sieht für diese Form der notariellen Tätigkeit keine ausdrücklichen Vorschriften vor;[142] die Vorschriften für Tatsachenbeurkundungen (§§ 36, 37 BeurkG) können keine direkte Anwendung finden,[143] da der Zweck des Inventars über die reine Tatsachenwahrnehmung hinausgeht und im Schwerpunkt in der Verfahrensgestaltung, der **rechtlichen Schlussfolgerung** und Würdigung liegt.[144] Die Inventarerrichtung entspricht eher der Tätigkeit eines Notars bei den sog. Bescheinigungen.[145] Der Notar hat die vorhandenen Vermögensgegenstände sorgfältig festzustellen, seine Feststellungen in einer von ihm zu unterzeichnenden berichtenden Urkunde niederzulegen, die allerdings an § 37 BeurkG angelehnt werden kann.[146] Unklar ist, ob auch die Form der §§ 8 ff. BeurkG, also Beurkundung einer Willenserklärung, gewählt werden kann. Zum Teil wird davon abgeraten.[147] *Winkler* bejaht dies mit dem Hinweis, dass die Form der §§ 8 ff. BeurkG regelmäßig die des § 37 BeurkG erfüllt und diese strengere Form besonders bei streitigen Sachverhalten den Vorteil biete, Missverständnisse des Erben, der ja auskunftspflichtig

---

[139] Vgl. Schippel/Bracker/*Reithmann* BNotO § 20 Rn. 47 ff., 51a.
[140] OLG Koblenz ZEV 2018, 414 mAnm *Weidlich;* ähnlich auch OLG Nürnberg FamRZ 2010, 584.
[141] OLG Koblenz NJW 2014, 1972.
[142] *Winkler* BeurkG § 36 Rn. 7; Diehn/*Kilian* BNotO § 20 Rn. 41; *Braun* MittBayNot 2008, 351.
[143] So aber *Winkler* BeurkG § 36 Rn. 7; Diehn/*Kilian* BNotO § 20 Rn. 41; *Heinze* DNotZ 2019, 413 (419).
[144] BGHZ 33, 379 (377); OLG Celle OLG-Report 1997, 160; Schippel/Bracker/*Reithmann* BNotO § 20 Rn. 48; *Nieder* DNotZ 2003, 63; Diehn/*Kilian* BNotO § 20 Rn. 41; *Winkler* BeurkG § 36 Rn. 7.
[145] → § 21 Rn. 3 ff.
[146] Vgl. OLG Celle OLG-Report 1997, 160.
[147] So *Damm,* Notarielle Verzeichnisse in der Praxis, 2018, § 2 Rn. 166, 188; *Heinze* DNotZ 2019, 419 (420).

bleibt, zu vermeiden.[148] Dem kann zugestimmt werden, wenn die Urkunde klar erkennen lässt, welche Erklärungen vom Auskunftspflichtigen abgegeben wurden und welche eigenständigen Ermittlungen der Notar vorgenommen hat. Im Grunde wird es sich um eine Urkunde handeln, die die Formen der §§ 8 ff. BeurkG mit der des § 37 BeurkG mischt, was zulässig ist.

Wie das Inventar im Einzelnen aussehen muss, ergibt sich aus den zugrundeliegenden **24** BGB-Vorschriften.[149] Diese bestimmen auch, inwieweit Wertangaben erforderlich sind (zB § 2001 Abs. 2 BGB). Beim Nachlassverzeichnis nach § 2314 BGB zur Berechnung des Pflichtteilsanspruchs sind nicht nur die Aktiv- und Passivwerte anzugeben, sondern auch verschenkte Gegenstände (fiktiver Nachlass).[150] Generell gilt, dass die Vermögensgegenstände grundsätzlich so detailliert gekennzeichnet werden müssen, dass ihre Identität feststeht; bei Forderung sollten zB der Schuldner, Betrag und Rechtsgrund sowie die Verzinsung, etwaige Zinsrückstände und Rückzahlungsbedingungen angegeben werden.[151]

3. Mitwirkung bei der Aufnahme eines Vermögensverzeichnisses. Sieht das Ge- **25** setz vor, dass ein Notar bei der Aufnahme des Vermögensverzeichnisses oder Inventars nur mitwirken muss (zB §§ 1802 Abs. 2, 1908i, 2002 BGB), dann ist es Sache des Beteiligten, das Vermögensverzeichnis selbst zu erstellen. Die Einschaltung der Sachkenntnis eines öffentlichen Organs soll die Gewähr dafür bieten, dass der Beteiligte in der Lage ist, ein Inventar oder Vermögensverzeichnis zu errichten, das Dritten eine zutreffende Beurteilung des Vermögensbestandes ermöglicht.[152] Der Notar ist in diesen Fällen nicht verpflichtet, die Vollständigkeit und Richtigkeit des Inventars oder der Wertangaben zu überprüfen, er ist nur **Helfer und Berater.**[153] Das Inventar selbst ist in diesen Fällen **Privaturkunde,** der Notar errichtet nur eine öffentliche Urkunde über die Tatsache seiner Mitwirkung und über evtl. gegebene Belehrungen. Er kann dies entweder in Form einer Niederschrift nach §§ 36, 37 BeurkG mit Anlage des Inventars[154] oder bei einfachen Fällen auch in Form eines einfachen Vermerks nach § 39 BeurkG tun, wobei der Vermerk auf die Privaturkunde gesetzt werden kann.[155] Nach wohl überwiegender Meinung muss in den Fällen der §§ 1802 Abs. 2, 1908i, 2002 BGB der Beteiligte das Inventar selbst errichten und unterschreiben, so dass die Aufnahme des Inventars durch einen Notar wohl nicht genügt, zumindest dann nicht, wenn der Beteiligte nicht ebenfalls die Urkunde unterschreibt.[156]

4. Eidesstattliche Versicherung und Vermögensverzeichnis. Besteht ein Anspruch **26** auf Auskunftserteilung durch Vorlage eines Vermögensverzeichnisses, so kann nach § 260 Abs. 2 BGB der Berechtigte des Auskunftsanspruchs dann eine eidesstattliche Versicherung verlangen, dass der Verpflichtete nach bestem Wissen den Bestand so vollständig angegeben hat, als er dazu im Stande ist, wenn Grund zu der Annahme besteht, dass das Verzeichnis nicht mit der erforderlichen Sorgfalt aufgestellt worden ist. Neben dem privaten Verzeichnis

---

[148] Vgl. *Winkler* BeurkG § 36 Rn. 7; so auch *Nieder* ZErb 2004, 60 (64); *Weidlich* ZEV 2019, 84; *Braun* MittBayNot 2008, 351 (354).
[149] Vgl. zum Aufbau und Inhalt eines Nachlassverzeichnisses Kersten/Bühling/*Terner* § 18 Rn. 38 ff.; Mayer/Süß/Tanck/Bittler/*Wälzholz*/*Bittler* S. 341; *Krause* ZFE 2010, 419; *Klingelhöffer*, Pflichtteilsrecht, Rn. 150 ff.; *Sagmeister* MittBayNot 2013, 519.
[150] OLG Brandenburg FamRZ 1998, 1265; ausführlich *Klingelhöffer* Rn. 154 f.
[151] Vgl. Firsching/*Graf* Rn. 4.745; BGH NJW 1982, 1643; OLG Hamburg FamRZ 1988, 1213; OLG Düsseldorf OLG-Report 1993, 277; *Klingelhöffer* Rn. 148 ff.; *Sarres* ZEV 1998, 4; Soergel/*Diekmann* BGB § 2314 Rn. 18; MüKoBGB/*Hinz* BGB § 1640 Rn. 16; Staudinger/*Engler* BGB § 1640 Rn. 16.
[152] MüKoBGB/*Küpper* BGB § 2002 Rn. 1; Staudinger/*Doppler* BGB § 2002 Rn. 2; Schippel/Bracker/*Reithmann* BNotO § 20 Rn. 29; Arndt/Lerch/Sandkühler/*Sandkühler* BNotO § 20 Rn. 49.
[153] Staudinger/*Doppler* BGB § 2002 Rn. 2; Soergel/*Stein* BGB § 2002 Rn. 2, 4; Firsching/*Graf* Rn. 4.588 ff.; Palandt/*Weidlich* BGB § 2002 Rn. 1; *Reithmann* DNotZ 1974, 6 (12) vgl. *Nieder* DNotZ 2003, 63; *Schreinert* RNotZ 2008, 1; *Nieder* ZErb 2004, 60.
[154] *Reithmann* DNotZ 1974, 6 (13).
[155] Schippel/Bracker/*Reithmann* BNotO § 20 Rn. 32; MüKoBGB/*Küpper* BGB § 2003 Rn. 2.
[156] So RGZ 77, 245 (247); MüKoBGB/*Küpper* BGB § 2002 Rn. 2; Soergel/*Stein* BGB § 2002 Rn. 2; aA Staudinger/*Doppler* BGB § 2002 Rn. 2.

(§ 260 Abs. 1 BGB), dem Verzeichnis einer Amtsperson, zB des Notars, tritt dann als drittes der Anspruch auf das eidesstattlich versicherte Verzeichnis. Die Ansprüche auf Privatverzeichnis, amtliches Verzeichnis und eidesstattlich versichertes Verzeichnis bestehen in der Regel kumulativ.[157] Das eidesstattlich versicherte Verzeichnis setzt aber voraus, dass der Berechtigte die Versicherung durch Klage oder in sonstiger Weise verlangt hat.[158] Zuständig für die Aufnahme ist nach § 21 Abs. 1 iVm § 261 Abs. 1 BGB auch der Notar. Für die Abgabe, dh die amtliche Entgegennahme,[159] ist nach § 261 Abs. 1 BGB grundsätzlich das Amtsgericht des Ortes zuständig, an welchem die Verpflichtung zur Rechnungslegung oder zur Vorlage des Verzeichnisses zu erfüllen ist. Geht eine entsprechende gerichtliche Verurteilung voraus, so ist das Vollstreckungsgericht für die Entgegennahme zuständig. Das eidesstattlich versicherte Vermögensverzeichnis ist ein Privatverzeichnis, dessen Richtigkeit vor einer zuständigen Stelle (zB Notar oder Amtsgericht) eidesstattlich versichert wird. Erfüllt der Verpflichtete die mehreren denkbaren Auskunftsansprüche dadurch, dass er zum einen ein notarielles Vermögensverzeichnis aufnehmen lässt und zum anderen ein gleich lautendes Privatverzeichnis eidesstattlich versichert, so ist damit allerdings auch der Anspruch auf eidesstattliche Versicherung vorweg erfüllt.[160]

III. Anlegung und Abnahme von Siegeln

27 § 20 Abs. 5 bestimmt die Zuständigkeit des Notars zur Anlegung und Abnahme von Siegeln. Inwieweit die Notare zur Anlegung und Abnahme von Siegeln im Rahmen eines Nachlasssicherungsverfahrens zuständig sind, bestimmt sich nach den landesrechtlichen Vorschriften. Die Zuständigkeit des Notars in diesem Zusammenhang betrifft alle Formen der Siegelung bzw. Entsiegelung. **Gegenstand des Siegelns** können Räume, Behältnisse, Gebäude, Briefe etc sein.[161] Auch bei diesen Tätigkeiten handelt es sich um die Beurkundung von Wahrnehmungen in der Form des §§ 36, 37 BeurkG durch Niederschrift; vor allem aber besteht die Pflicht zur **sachgerechten Verfahrensgestaltung** bei der Durchführung der Siegelung. Die Aufgabe geht also über eine reine Tatsachenbeurkundung hinaus, weil der Notar dafür Sorge tragen muss, dass der Zweck der Siegelung (dauerhafte Verschließung des Behältnisses oder Raums) verwirklicht wird.

28 Inwieweit die Notare zur Anlegung und Abnahme von Siegeln im Rahmen eines Nachlasssicherungsverfahrens (§ 1960 Abs. 2 BGB) zuständig sind, bestimmt das Landesrecht (§ 20 Abs. 5; Art. 140 EGBGB).[162]

29 Im Rahmen der Nachlasssicherung auf Anordnung des Nachlassgerichts nach § 1960 Abs. 2 BGB gelten daher landesrechtliche Vorschriften über das **Verfahren der Siegelung.**[163] Diese Vorschriften können auch als Richtschnur für Siegelungen außerhalb des Nachlasssicherungsverfahrens dienen, wobei der Notar insofern allerdings ein Ermessen hat, wie er das Verfahren im Einzelnen ausgestaltet.[164] Insbesondere § 7 der inzwischen aufgehobenen Bayerischen Nachlassordnung regelte im Einzelnen das zu beachtende Verfahren, das auch heute noch in gewissen Zügen Gültigkeit hat.[165] Danach sollten die zu

---

[157] OLG Oldenburg NJW-RR 1993, 782; OLG Köln FamRZ 1992, 1104; BGH NJW 1961, 602.
[158] BayObLGZ 53, 135; OLG Zweibrücken MDR 1979, 492; Palandt/*Ellenberger* BGB § 261 Rn. 32 ff.; *Klingelhöffer* Rn. 170.
[159] Vgl. zur Abgrenzung, Aufnahme und Abgabe → § 22 Rn. 1 ff.
[160] So wohl auch *Klingelhöffer* Rn. 170.
[161] Arndt/Lerch/Sandkühler/*Sandkühler* BNotO § 20 Rn. 61; Schippel/Bracker/*Reithmann* BNotO § 20 Rn. 39; Diehn/*Kilian* BNotO § 20 Rn. 57; vgl. Muster bei Kersten/Bühling/*Terner* § 18 Rn. 45 ff. (Bescheinigung über eine Siegelung von Räumen im Auftrag eines Insolvenzverwalters), Kersten/Bühling/ *Wegmann* § 112 Rn. 1 (Aufnahme, Hinterlegung und Siegelungen eines Nachlasses).
[162] → Rn. 53; Firsching/Graf/*Krätzschel* NachlassR § 41 Rn. 21.
[163] Vgl. eingehend Firsching/Graf/*Krätzschel* NachlassR § 41 Rn. 20 ff. mit Muster; Diehn/*Kilian* BNotO § 20 Rn. 57.
[164] So auch bei Kersten/Bühling/*Terner* § 18 Rn. 45.
[165] Vgl. Firsching/Graf/*Krätzschel* NachlassR § 41 Rn. 20 ff.; vgl. auch Schippel/Bracker/*Reithmann* BNotO § 20 Rn. 39.

versiegelnden Sachen in verschließbaren Räumen oder Behältnissen untergebracht werden, die Türen dieser Räume sowie die Behältnisse sind zu verschließen und unter Verwendung von Papierstreifen, Leinwandstreifen, Bindfaden und in anderer Weise mit einem Dienstsiegel so zu versiegeln, dass sie ohne Verletzung des Verschlusses nicht geöffnet werden können. Fenster sind danach ebenfalls zu verschließen und nötigenfalls in gleicher Weise zu versiegeln. Über die Siegelung ist ein Protokoll iSd §§ 36, 37 BeurkG aufzunehmen.[166] Auch hier sieht § 8 der Bay. Nachlassordnung (inzwischen aufgehoben) Einzelheiten vor, die als allgemeine Grundsätze eines sachgerechten Verfahrens angesehen werden können.[167]

IV. Aufnahme von Protesten

30 § 20 Abs. 1 legt die Zuständigkeit des Notars zur Aufnahme von Wechsel- oder Scheckprotesten fest. Das Verfahren wird allerdings durch **Spezialvorschriften** in Art. 79 ff. WG bzw. Art. 55 Abs. 3 ScheckG geregelt.[168]

V. Zustellung von Erklärungen

31 Die Zuständigkeit für die Zustellung von Erklärungen betrifft nur den **Privatrechtsverkehr,** nicht die Zustellung im Rahmen des Gerichts- oder öffentlichen Verkehrs.[169] Das Gesetz spricht zwar von Erklärungen, darunter sind aber nicht nur Willenserklärungen, sondern auch andere Dokumente zu verstehen.[170] Auch eigene Mitteilungen des Notars kann dieser zustellen, etwa die im Auftrag des Vorkaufsverpflichteten erfolgende Mitteilung an den Vorkaufsberechtigten vom Inhalt des geschlossenen Kaufvertrages[171] oder den notariellen Vorbescheid.[172]

32 **Sondervorschriften** existieren im Bereich des Vermittlungsverfahrens im Rahmen der Sachenrechtsbereinigung; dort ist nach § 88 Abs. 2 SachenRBerG die Zustellung nach den Vorschriften der ZPO durchzuführen, wobei dem Notar auch die Aufgaben des Urkundsbeamten der Geschäftsstelle obliegen (§§ 208 ff. ZPO).

33 In den meisten Fällen wird der Notar sich für die Zustellung von Willenserklärungen des Gerichtsvollziehers nach § 132 Abs. 1 BGB bedienen, da in diesen Fällen auch die Ersatzzustellung nach §§ 181 ff. ZPO möglich ist. Zulässig ist aber auch die **persönliche Zustellung durch den Notar** auf Ansuchen einer Partei. Für diese Fälle gilt allerdings nicht das Verfahren der Ersatzzustellung, so dass der Notar nur dann zustellen kann, wenn er die Partei persönlich antrifft.[173] Für die Zustellung ist erforderlich, dass entweder die Urschrift oder eine Ausfertigung der Urkunde zugestellt wird, beglaubigte Abschriften genügen nicht.[174] Über den Vorgang der Zustellung muss der Notar nach §§ 36, 37 BeurkG eine Niederschrift über seine Maßnahmen und Wahrnehmungen errichten.[175] Möglich ist auch,

---

[166] Vgl. Firsching/Graf/*Krätzschel* NachlassR § 41 Rn. 20 ff.
[167] Vgl. den Text bei Firsching/Graf/*Krätzschel* NachlassR § 41 Rn. 20 ff., auch mit einem Siegelungsprotokoll im Rahmen der Nachlasssicherung; vgl. auch Kersten/Bühling/*Terner* § 18 Rn. 45 ff.; Kersten/Bühling/*Wegmann* § 112 Rn. 1 ff.
[168] Vgl. eingehend Baumbach/Hefermehl/*Casper*, WG und ScheckG, 23. Aufl. 2008, WG Art. 79 ff.; Bülow, WG, ScheckG, AGB, 5. Aufl. 2013, WG Art. 79 ff.; Diehn/*Kilian* BNotO § 20 Rn. 56; vgl. Kersten/Bühling/*Terner* § 17 mit vielen Mustern.
[169] Arndt/Lerch/Sandkühler/*Sandkühler* BNotO § 20 Rn. 64; Schippel/Bracker/*Reithmann* BNotO § 20 Rn. 40; Diehn/*Kilian* BNotO § 20 Rn. 52 ff.; Gutachten DNotI-Report 2005, 156.
[170] So Schippel/Bracker/*Reithmann* BNotO § 20 Rn. 41.
[171] Gutachten DNotI-Report 2005, 156; Diehn/*Kilian* BNotO § 20 Rn. 52; Kersten/Bühling/*Terner* § 15 Rn. 43.
[172] Kersten/Bühling/*Terner* § 15 Rn. 43; *Brockmann* MittBayNot 2015, 101 (105).
[173] Kersten/Bühling/*Terner* § 15 Rn. 43 ff.; Schippel/Bracker/*Reithmann* BNotO § 20 Rn. 64; *Brockmann* MittBayNot 2015, 101 (106).
[174] BGH DNotZ 1996, 967; 1960, 33; NJW 1981, 2299; OLG Hamm MittRhNotK 1982, 15; NJW-RR 2015, 524; OLG Karlsruhe ErbR 2014, 35; OLG Koblenz MittBayNot 2018, 366; *Brockmann* MittBayNot 2015, 101 (105); Diehn/*Kilian* BNotO § 20 Rn. 52; Kersten/Bühling/*Terner* § 15 Rn. 43.
[175] *Brockmann* MittBayNot 2015, 101 (106); Kersten/Bühling/*Terner* § 15 Rn. 43 ff. mit Mustertext.

dass ein Dritter die Zustellung (zB der Beteiligte selbst) bewirkt und der Notar nur anwesend ist und darüber eine Niederschrift errichtet. Bei einfachen Fällen genügt für die Beurkundung der vom Notar selbst bewirkten Zustellung die Zeugnisform des § 39 BeurkG.[176]

VI. Entgegennahme von Auflassungen

34 Nach § 20 Abs. 2 sind Notare auch zuständig, Auflassungen entgegenzunehmen. Der Gesetzgeber hat hier insofern eine ausdrückliche Zuständigkeit über die allgemeine Beurkundungszuständigkeit hinaus geschaffen, da § 925 Abs. 1 BGB gerade keine Schriftform oder Beurkundung vorschreibt, sondern nur die „Entgegennahme der Auflassung" durch eine zuständige Stelle. Dementsprechend sind auch Fehler im Beurkundungsverfahren für die materielle Wirksamkeit der Auflassung unschädlich.[177] Allerdings verlangen §§ 20, 29 GBO, dass dem Grundbuchamt in öffentlicher Urkunde nachgewiesen wird, dass die Auflassung bei gleichzeitiger Anwesenheit beider Teile vor dem Notar erklärt worden ist; dieser Nachweis verlangt eine Beurkundung nach den Vorschriften über die Willenserklärungen nach den §§ 6 ff. BeurkG.[178] Ein Tatsachenzeugnis nach § 36 Abs. 1 BeurkG genügt nicht.[179]

VII. Ausstellung von Teilhypotheken und Teilgrundschuldbriefen

35 Nach § 20 Abs. 2 ist der Notar auch zuständig, Teilhypothekenbriefe und Teilgrundschuldbriefe auszustellen. Ein Teilbrief soll den Rechtsverkehr erleichtern. Ohne die Möglichkeit der Herstellung eines Teilbriefs müsste zB bei teilweiser Abtretung stets der Brief übergeben oder wenigstens Mitbesitz daran eingeräumt werden; um dies zu vermeiden, lässt § 1152 BGB bei Teilung der Forderung die Herstellung eines Teilbriefs zu. Die Einzelheiten des Verfahrens sind in § 61 GBO geregelt. Danach ist Voraussetzung der Herstellung eines Teilbriefs, dass die Forderung geteilt wird, dass der Stammbrief vorhanden ist und vorgelegt und ein entsprechender Antrag gestellt wird.[180] Der Teilbrief wird in der Praxis in der Regel für den vom Stammbrief abgezweigten Teil der Hypothek hergestellt. Nach § 61 Abs. 2 GBO muss der Teilhypothekenbrief die Bezeichnung eines Teilhypothekenbriefs sowie eine beglaubigte Abschrift der in § 56 S. 2 GBO vorgesehenen Angaben des bisherigen Briefs enthalten. Nach dem amtlichen Muster GBV Anlage 4 wird der ganze Stammbrief mit Ausnahme des Vermerks über die Teilabtretung, Teilverpfändung oder Teilpfändung abgeschrieben. Weiterhin muss der Teilhypothekenbrief den Teilbetrag der Hypothek, auf den er sich bezieht, bezeichnen sowie mit Unterschrift und Siegel oder Stempel versehen sein.[181]

VIII. Freiwillige Versteigerung

36 **1. Allgemeines.** § 20 Abs. 3 normiert die **Zuständigkeit des Notars,** freiwillige Versteigerungen[182] durchzuführen. Die Versteigerung ist eine besondere Form des Verkaufs,

---

[176] Kersten/Bühling/Terner § 15 Rn. 44; Gutachten DNotI-Report 2005, 156; Diehn/Kilian BNotO § 20 Rn. 54.
[177] BGH NJW 1992, 1101; 1957, 459; RGZ 132, 406 (408); Ertl MittBayNot 1992, 102 (106); BayObLG MittBayNot 1994, 39; OLG Rostock DNotZ 2007, 220 mAnm Kanzleiter; Meikel/Böttcher GBO § 20 Rn. 79; Demharter GBO § 20 Rn. 27; Armbrüster/Preuß/Renner/Preuß BeurkG § 36 Rn. 6; vgl. auch Lipp DNotZ 2003, 235.
[178] Huhn Rpfleger 1977, 199; Demharter GBO § 20 Rn. 27; Ertl MittBayNot 1992, 102 (106); Meikel/Böttcher GBO § 20 Rn. 63 ff.
[179] BayObLG DNotZ 2001, 560 (563) mAnm Reithmann; Meikel/Böttcher GBO § 20 Rn. 63 ff.; Demharter GBO § 20 Rn. 27; Armbrüster/Preuß/Renner/Preuß BeurkG § 36 Rn. 6.
[180] Vgl. Demharter GBO § 61 Rn. 4 ff.; Meikel/Bestelmeyer GBO § 61 Rn. 9 ff.
[181] Vgl. im Einzelnen Demharter GBO § 61 Rn. 14 ff.; Meikel/Wagner GBO § 61 Rn. 10 ff.
[182] Vgl. allgemein zur freiwilligen Versteigerung Limmer FS Bezzenberger 2000, 509; Dietsch NotBZ 2000, 322; Becker notar 2014, 359; vgl. Kersten/Bühling/Basty § 38 Rn. 1 ff.; BNotK DNotZ 2005, 161; Röll

der in einem besonderen Verfahren zur Erzielung des höchstmöglichen Preises durchgeführt wird.[183] § 20 Abs. 3 regelt den Fall, dass der **Notar selbst die Versteigerung durchführt,** also die Funktion des Auktionators wahrnimmt, der die Gebote entgegennimmt und über den Zuschlag entscheidet. Daneben besteht auch die Möglichkeit, dass ein **Dritter als Auktionator** handelt und der Notar nur über die Auktion eine notarielle Niederschrift fertigt. Da es sich bei diesen Verfahren der Drittauktion um die Beurkundung von Willenserklärungen handelt,[184] folgt die Zuständigkeit des Notars zur Errichtung einer Niederschrift über eine solche freiwillige Versteigerung bereits aus § 20 Abs. 1. Die Bundesnotarkammer hat einen Leitfaden zur freiwilligen Grundstücksversteigerung veröffentlicht, der aus berufsrechtlichen Gründen zu beachten ist.[185]

Die **allgemeinen Vorschriften** für die Versteigerung sind verstreut geregelt: § 156 BGB, § 15 BeurkG, § 383 Abs. 3 BGB. Für die freiwillige Versteigerung von **Wohnungseigentum** als Folge eines Entziehungsurteils nach §§ 18, 19 WEG sind die §§ 53 ff. WEG als Sondervorschriften durch das Gesetz zur Änderung des Wohnungseigentums vom 27.3.2007[186] aufgehoben worden, hierfür ist jetzt das allgemeine Zwangsversteigerungsverfahren anwendbar. 37

Wird die Versteigerung nicht vom Notar selbst, sondern von einem **gewerblichen Auktionator** durchgeführt, dann gelten darüber hinaus § 34b GewO und die Versteigerungsverordnung vom 1.6.1970.[187] 38

Für die Versteigerung von Grundstücken, Forderungen und Rechten (zB Aktien und GmbH-Geschäftsanteile, § 23 GmbHG) sind die Notare nach § 20 Abs. 3 unbeschränkt zuständig. Nach § 20 Abs. 3 S. 2 soll der Notar bewegliche Sachen nur versteigern, wenn die Versteigerung durch eine von ihm vermittelte oder beurkundete Auseinandersetzung oder durch eine Versteigerung unbeweglicher Sachen veranlasst ist. Die Versteigerung beweglicher Sachen soll grundsätzlich den gewerblichen Versteigerern vorbehalten bleiben.[188] Da es sich um eine Sollvorschrift handelt, ist die Versteigerung auch bei Verstoß wirksam.[189] 39

2. Vertragsschluss. Auch die freiwillige Versteigerung ist der **Abschluss eines Kaufvertrags,** der von Willenserklärungen, nämlich einem Angebot **(Gebot)** und einer Annahme **(Zuschlag)** abhängt.[190] § 156 S. 1 BGB klärt, dass die Veranstaltung der Versteigerung selbst nur eine Einladung an die Bieter darstellt, ein Vertragsangebot in Form eines Gebots zu machen.[191] Gebot und Zuschlag sind daher Willenserklärungen, die sich nach den allgemeinen Regeln richten.[192] Allerdings ist § 156 BGB dispositiv, so dass in den Versteigerungsbedingungen geregelt werden kann, dass der Zuschlag noch nicht den Vertrag begründet, sondern nur eine Art **Vorauswahl** darstellt mit der Folge, dass dann zwischen dem Eigentümer der Sache und dem Meistbietenden ein separater Kaufvertrag 40

MittBayNot 1981, 64; *v. Hoyningen-Huene* NJW 1973, 1473; Gutachten DNotI-Report 1996, 209; *Götte* BWNotZ 1992, 105 mit Mustern; vgl. auch *Heil* MittRhNotK 1999, 73; *Krauß,* Immobilienkaufverträge in der Praxis, 6. Aufl., S. 20 ff.; Kölner Formularbuch Grundstücksrecht/*Franck,* 2013, S. 1257 ff. (Rn. 268 ff.); LG Köln RNotZ 2004, 410.

[183] BGH NJW 1998, 2350; Arndt/Lerch/Sandkühler/*Sandkühler* BNotO § 20 Rn. 74 ff.; Schippel/Bracker/*Reithmann* BNotO § 20 Rn. 60 ff.
[184] BGH NJW 1998, 2350.
[185] BNotK DNotZ 2007, 161.
[186] BGBl. 2007 I 370.
[187] BGBl. I 1345; zuletzt geändert durch VO v. 7.11.1990 (BGBl. I 2476).
[188] Vgl. Schippel/Bracker/*Reithmann* BNotO § 20 Rn. 71.
[189] Schippel/Bracker/*Reithmann* BNotO § 20 Rn. 71.
[190] BGH DNotZ 1999, 342 (344); NJW 1983, 1186; 1992, 905; Gutachten DNotI-Report 1996, 209; Armbrüster/Preuß/Renner/*Preuß* BeurkG § 15 Rn. 25 ff.; BeckOGK/*Seebach/Rachlitz* BeurkG § 15 Rn. 21; *Becker* notar 2014, 359 (361 ff.); BNotK DNotZ 2005, 161 (164).
[191] BGH NJW 1998, 2350; Armbrüster/Preuß/Renner/*Piegsa* BeurkG § 15 Rn. 8 ff.; BNotK DNotZ 2005, 161 (164 ff.); Grziwotz/Heinemann/*Heinemann* BeurkG § 15 Rn. 5; *Becker* notar 2014, 359 (361 ff.).
[192] BGH NJW 1983, 1186; 1998, 2350; MüKoBGB/*Kramer* BGB § 156 Rn. 2; Palandt/*Ellenberger* BGB § 156 Rn. 1; Staudinger/*Bork* BGB § 156 Rn. 3; *Becker* notar 2014, 359 (361 ff.).

nach den allgemeinen Vorschriften geschlossen werden kann.[193] Dies muss sich allerdings deutlich aus den Versteigerungsbedingungen ergeben, da § 156 S. 1 BGB ein anderes Leitbild, nämlich das des sofortigen Vertragsschlusses durch Zuschlag hat.[194] Der Versteigerungsauftrag der Eigentümer der Sache an den Auktionator oder Notar enthält in der Regel die **Vollmacht,** den Vertrag im Namen des Eigentümers abzuschließen und entsprechende Verfügungen abzugeben.[195] Dennoch besteht Einigkeit, dass wegen der spezifischen Zuständigkeit des § 20 Abs. 3 der Notar als Vertreter des Veräußerers tätig sein kann, ohne dass ein Mitwirkungsverbot gem. § 6 Abs. 1 Nr. 1 BeurkG besteht.[196]

41   Auch der im Wege der Versteigerung zustande gekommene Grundstückskaufvertrag bedarf nach § 311b BGB bzw. § 4 Abs. 3 WEG, § 11 Abs. 2 ErbbauRG **notarieller Beurkundung.**[197] Dementsprechend ist die gesamte Versteigerung vom Notar zu beurkunden. Etwas anderes würde nur gelten, wenn die Versteigerung nach den Versteigerungsbedingungen ausdrücklich so gestaltet ist, dass nur eine Vorauswahl getroffen und erst der anschließende Kaufvertrag vor dem Notar beurkundet werden soll. Das muss in den Versteigerungsbedingungen ausdrücklich klargestellt werden. In diesem Fall wäre der gesamte Vertrag nach normalen Vorschriften und üblichem Ablauf zu beurkunden.

42   **3. Durchführung der Versteigerung.** Entweder ist der Notar selbst Auktionator, dann hat er die Versteigerung durchzuführen, dh Gebote entgegenzunehmen und den Zuschlag zu erteilen. Ihm obliegt dann die sachgerechte **Leitung des Versteigerungsverfahrens.** Der Notar kann auch einen Auktionator mit der Versteigerung beauftragen, der die Auktion durchführt. Für diesen gelten dann die spezifischen öffentlich-rechtlichen Vorschriften. § 17 VersteigerungsVO sieht zB vor, dass der Versteigerer „nur deutlich erkennbare Gebote" berücksichtigen darf. Gemäß § 18 VersteigerungsVO darf der Versteigerer den Zuschlag erst erteilen, wenn nach dreimaligem Wiederholen des Höchstgebots kein Übergebot abgegeben wird. Der Notar ist zwar an diese Versteigerungsverordnung nicht gebunden, wird aber auch sein Verfahren ähnlich ausgestalten.

43   Die Gebote sind die Willenserklärungen zum Kaufvertragsabschluss durch die Bieter. Nach § 156 S. 2 BGB erlischt allerdings ein Gebot, wenn ein Übergebot abgegeben oder die Versteigerung ohne Erteilung des Zuschlags geschlossen wird. Dementsprechend ist auch nur der Meistbietende an dem Vertrag als Käufer beteiligt.[198] Der Zuschlag stellt eine nicht verkörperte und nicht empfangsbedürftige Willenserklärung dar, die mit der Abgabe ohne Rücksicht auf die Kenntnisnahme durch den Bieter wirksam wird.[199]

44   **4. Beurkundungsverfahren.** Die Beurkundung der Versteigerung ist eine **Beurkundung von Willenserklärungen** und muss daher den §§ 6 ff. BeurkG genügen.[200] Eine Vereinfachung bringt § 15 S. 1 BeurkG. Danach gelten nur solche Bieter als beteiligt, die an ihr Gebot gebunden bleiben; dies ist nach § 156 S. 2 BGB nur der Meistbietende. Auf

---

[193] BGH NJW 1998, 2350; vgl. auch KG OLGE 39, 128; Staudinger/*Bork* BGB § 156 Rn. 7; *Becker* notar 2014, 359 (361).
[194] BGH NJW 1998, 2350.
[195] Vgl. BGH NJW 1983, 1186; *Kelwing/Joch* NJW 1983, 1188; Staudinger/*Bork* BGB § 156 Rn. 6; Palandt/*Ellenberger* BGB § 156 Rn. 1; unklar *Winkler* BeurkG § 15 Rn. 5, wonach der Notar nicht als Bevollmächtigter des Versteigerers handelt; dabei bleibt unklar, auf welche Weise der Vertrag zwischen dem Auftraggeber und dem Meistbietenden zustande kommen soll.
[196] Armbrüster/Preuß/Renner/*Piegsa* BeurkG § 15 Rn. 6; BNotK DNotZ 2005, 161 (164); *Winkler* BeurkG § 15 Rn. 5; Schippel/Bracker/*Reithmann* BNotO § 20 Rn. 62 ff.
[197] BGH NJW 1992, 905; 1998, 2350; Staudinger/*Bork* BGB § 156 Rn. 7; Staudinger/*Schumacher* BGB § 311b Rn. 95; Schippel/Bracker/*Reithmann* BNotO § 20 Rn. 62; Armbrüster/Preuß/Renner/*Piegsa* BeurkG § 15 Rn. 17; BNotK DNotZ 2005, 161 (163); Grziwotz/Heinemann/*Heinemann* BeurkG § 15 Rn. 6; *Becker* notar 2014, 359 (363); BeckOGK/*Seebach/Rachlitz* BeurkG § 15 Rn. 21.1.
[198] BGH NJW 1998, 2350.
[199] MüKoBGB/*Buscher* BGB § 156 Rn. 4; Soergel/*Wolf* BGB § 156 Rn. 10; Palandt/*Ellenberger* BGB § 156 Rn. 1.
[200] BGH NJW 1998, 2350; *Winkler* BeurkG § 15 Rn. 4; Schippel/Bracker/*Reithmann* BNotO § 20 Rn. 62 ff.; Armbrüster/Preuß/Renner/*Piegsa* BeurkG § 15 Rn. 19 ff.; BNotK DNotZ 2005, 161 (163).

Veräußererseite beteiligt ist der Auktionator als Vertreter des Einlieferers.[201] Anzuwenden ist § 13 BeurkG, dh die Urkunde muss grundsätzlich sowohl dem Auktionator als auch dem Bieter vorgelesen und von diesen genehmigt und unterschrieben werden (§ 13 Abs. 1 S. 1 BeurkG).[202] Der Notar kann auch, wenn er die Versteigerung selbst durchführt, seine eigene Willenserklärung, den Zuschlag, beurkunden.

Für einen Sonderfall trifft § 15 S. 2 BeurkG eine **Ausnahmevorschrift:** § 13 Abs. 1 BeurkG gilt aus Vereinfachungsgründen ausnahmsweise nicht für den an sein Gebot gebundenen Bieter, der sich vor Schluss der Verhandlung entfernt hat. Insoweit genügt ein entsprechender **Feststellungsvermerk** des Notars, der allerdings zur Wirksamkeit der Beurkundung unerlässlich ist.[203] Der Notar muss zwingend bei der Abgabe des Meistgebots und dem Zuschlag anwesend sein (§ 13 Abs. 1 BeurkG). **45**

Unklar ist, wie der Vertrag inhaltlich gestaltet werden soll, insbesondere inwieweit die **Versteigerungsbedingungen,** die den in der Regel durch die Versteigerung zustande kommenden Grundstückskaufvertrag kennzeichnen, in die Verhandlung eingeführt werden können. Soweit diese Inhalt des Vertrags werden sollen, müssen sie verlesen werden. Ausnahmsweise dürfte aber auch eine Verlagerung des wesentlichen Vertragsinhalts in Form der Versteigerungsbedingungen in eine Verweisungsurkunde nach § 13a BeurkG zulässig sein, so dass dann in der Versteigerung nur das Meistgebot und der Zuschlag vom Notar zu verlesen sind und von den Beteiligten genehmigt und unterschrieben werden.[204] **46**

Dabei ist allerdings die **Neuregelung des § 17 Abs. 2a BeurkG** zu berücksichtigen, wonach der Notar das Beurkundungsverfahren so gestalten soll, dass die Einhaltung der Belehrungs- und Prüfungspflichten nach § 17 Abs. 1 und Abs. 2 BeurkG gewährleistet ist. Die Richtlinienempfehlungen der BNotK vom 29.1.1999 ergänzen diese Vorschriften und bestimmen, dass der Notar das Beurkundungsverfahren so zu gestalten hat, dass die vom Gesetz mit den Beurkundungserfordernissen verfolgten Zwecke erreicht werden, insbesondere die Schutz- und Belehrungsfunktion der Beurkundung gewahrt und der Anschein der Abhängigkeit oder Parteilichkeit vermieden wird. Nach § 17 Abs. 2a Nr. 2 BeurkG ist insbesondere auch die missbräuchliche Auslagerung geschäftswesentlicher Vereinbarungen in Bezugsurkunden nach § 13a BeurkG unzulässig. Insofern setzen das Berufsrecht und insbesondere § 17 Abs. 2a BeurkG Grenzen, inwieweit große Teile eines Kaufvertrages in Anlagen ausgelagert werden können, die nach § 13a BeurkG nicht vorgelesen werden müssen.[205] Durch das Gesetz zur Stärkung des Verbraucherschutzes im notariellen Beurkundungsverfahren vom 15.7.2013[206] wurde die Vorschrift des § 17 Abs. 2a BeurkG nochmals dahingehend verschärft, dass jetzt der Entwurf zwingend vom Notar dem Verbraucher zur Verfügung gestellt werden muss.[207] Bei Verbraucherverträgen, die der Beurkundungspflicht nach § 311b Abs. 1 S. 1 und Abs. 3 BGB unterliegen, soll nach § 17 Abs. 2a BeurkG dem Verbraucher der beabsichtigte Text des Rechtsgeschäfts vom beurkundenden Notar oder einem Notar, mit dem sich der beurkundende Notar zur gemeinsamen Berufsausübung verbunden hat, zur Verfügung gestellt werden. Dies soll im Regelfall zwei Wochen vor der Beurkundung erfolgen. Diese Vorschrift gilt auch bei der freiwilligen Versteigerung. Die Bundesnotarkammer hat mit Rundschreiben 25/2013 vom 2.10.2013 **46a**

---

[201] Vgl. BGH NJW 1983, 1186; Staudinger/*Bork* BGB § 156 Rn. 6; *v. Hoyningen-Huene* NJW 1973, 1476; *Schneider* DB 1981, 99; Palandt/*Ellenberger* BGB § 156 Rn. 1; Armbrüster/Preuß/Renner/*Renner* BeurkG § 15 Rn. 11 ff.; BNotK DNotZ 2005, 161 (166).
[202] BGH NJW 1998, 2350; *Winkler* BeurkG § 15 Rn. 9 Armbrüster/Preuß/Renner/*Renner* BeurkG § 15 Rn. 25 ff.; BNotK DNotZ 2005, 161 (166); *Becker* notar 2014, 359 (364).
[203] BGH NJW 1998, 2350; Armbrüster/Preuß/Renner/*Piegsa* BeurkG § 15 Rn. 22 ff.; BNotK DNotZ 2005, 161 (166); *Winkler* BeurkG § 15 Rn. 14; Gutachten DNotI-Report, 1996, 209.
[204] BNotK DNotZ 2005, 161 (166); Armbrüster/Preuß/Renner/*Piegsa* BeurkG § 15 Rn. 19 ff. *Becker* notar 2014, 359 (363); BeckOGK/*Seebach*/*Rachlitz* BeurkG § 15 Rn. 49.
[205] *Becker* notar 2014, 359 (364).
[206] BGBl. I 2378.
[207] Dazu *Elsing* notar 2013, 20; *Grziwotz* notar 2013, 343; *Heinze* ZNotP 2013, 122; *Heckschen*/*Strnad* ZNotP 2014, 122.

die Anforderungen in diesem Zusammenhang erläutert.[208] Der BGH hat festgestellt, dass „unechte freiwillige Grundstücksversteigerungen", bei denen der Vertrag nicht mit dem Zuschlag, sondern erst aufgrund eines nach der Versteigerung abgeschlossenen Kaufvertrages zustande kommt, keine Ausnahme von der Zwei-Wochen-Frist rechtfertigen.[209]

47 Den Inhalt der Versteigerungsbedingungen hat der Notar nach billigem Ermessen festzusetzen, wobei er die Sicherungsinteressen des Veräußerers und des Erwerbers berücksichtigen muss, so dass der Vertrag in der Regel die üblichen Sicherungskauteln, wie jeder Grundstückskaufvertrag, enthalten muss. Er muss insbesondere Sorge dafür treffen, dass keine Zahlungen erfolgen, bevor nicht lastenfreie Eigentumsumschreibung sichergestellt ist.[210]

48 Soll bereits die **Auflassung** erklärt werden, so ist diese nach § 925 BGB zu beurkunden. Hier gilt die Sondervorschrift des § 15 BeurkG nicht; Anwesenheit beider Beteiligten ist erforderlich.[211]

Zu beachten ist, dass grundsätzlich auch die Belehrungsvorschrift des § 17 BeurkG und insbesondere die Verfahrenspflicht nach dessen Abs. 2a[212] einzuhalten sind.[213] Es spricht allerdings viel dafür eine dem Verfahren spezifische eingeschränkte Anwendung der Vorschrift zuzulassen, das ergibt sich auch aus § 15 S. 2 BeurkG.[214]

49 **5. Sonstige Versteigerungen.** Versteigert der Notar ausnahmsweise bewegliche Sachen, dann ist, wenn kein Sonderfall gegeben ist, keine notarielle Beurkundung erforderlich, so dass hierfür die Niederschrift als Tatsachenbeurkundung genügt.[215]

IX. Vermittlung nach dem Sachenrechtsbereinigungsgesetz

50 Der Gesetzgeber hat in den neuen Bundesländern den Notaren eine spezifische Vermittlungsfunktion zugebilligt. Ziel der Sachenrechtsbereinigung ist die Zusammenführung des in den neuen Bundesländern noch existierenden und auf dem Rechtssystem der ehemaligen DDR beruhenden Gebäudeeigentums mit dem dazugehörigen Grund und Boden. In der Regel kann der Gebäudeeigentümer bzw. Nutzer des Gebäudes den Ankauf des Grundstücks zum hälftigen Verkehrswert bzw. Bestellung eines Erbbaurechtes verlangen.[216] Zur außergerichtlichen Bereinigung dieses Konflikts hat der Gesetzgeber ein sog. notarielles Vermittlungsverfahren vorgeschaltet, das in den §§ 87 ff. SachenRBerG geregelt ist. Die vorherige Durchführung dieses Vermittlungsverfahrens ist Prozessvoraussetzung für ein nachfolgendes gerichtliches Verfahren nach §§ 103 ff. SachenRBerG. Nach § 87 Abs. 1 SachenRBerG ist daher auf Antrag der Abschluss von Verträgen zur Bestellung von Erbbaurechten oder zum Kauf des Grundstücks oder des Gebäudes oder zur Ablösung von sonstigen Rechten nach dem Sachenrechtsbereinigungsgesetz durch den Notar zu vermitteln. Die Institution der notariellen Vermittlungsverfahren folgt dabei dem Modell der Vermittlung der Nachlassauseinandersetzung nach §§ 363 ff., 373 FamFG. Das Sachenrechtsbereinigungsgesetz hat in den §§ 87 ff. eine Reihe von Sondervorschriften zur

---

[208] Abrufbar unter www.bnotk.de.
[209] BGH DNotZ 2015, 314.
[210] Zum vergleichbaren Problem bei der Versteigerung nach aF *Götte* BWNotZ 1992, 105 (108) mit einem Vertragsmuster; *Heil* MittRhNotK 1999, 73.
[211] Schippel/Bracker/*Reithmann* BNotO § 20 Rn. 52; *Winkler* BeurkG § 15 Rn. 12.
[212] Vgl. Erläuterungen zu § 17 BeurkG.
[213] Schippel/Bracker/*Reithmann* BNotO § 20 Rn. 62; BNotK DNotZ 2005, 161 (166); einschränkend für teleologische Reduktion Armbrüster/Preuß/Renner/*Renner* BeurkG § 15 Rn. 27 ff.; *Sorge* DNotZ 2002, 593.
[214] Einschränkend für teleologische Reduktion auch Armbrüster/Preuß/Renner/*Renner* BeurkG § 15 Rn. 27 ff.; *Sorge* DNotZ 2002, 593.
[215] Vgl. Schippel/Bracker/*Reithmann* BNotO § 20 Rn. 70.
[216] Vgl. im Einzelnen WürzNotar-HdB/*Salzig* S. 1392 ff.; *Czub/Schmidt-Räntsch/Frenz,* SachenRBerG, Loseblatt, Stand 2003, §§ 87 ff.; *Aumüller,* Das Vermittlungsverfahren nach der Sachenrechtsbereinigung, 1997; *Eickmann,* Sachenrechtsbereinigung, Stand 2008; vgl. auch BGH DNotZ 2005, 670; 2007, 682; *Waldner* NotBZ 1999, 164.

Durchführung dieses Vermittlungsverfahrens vorgesehen, ergänzend gelten die Vorschriften des FamFG (§ 89 Abs. 1 SachenRBerG). § 20 Abs. 4 begründet berufsrechtlich die Zuständigkeit des Notars zur Durchführung dieses Vermittlungsverfahrens. Von diesem Verfahren wurde in der Praxis in großem Umfang Gebrauch gemacht, so dass in mehr als 95 % der Fälle Gerichtsverfahren vermieden werden konnten.[217]

X. Vermittlung von Nachlass- und Gesamtgutsauseinandersetzungen einschließlich der Erteilung von Zeugnissen

Durch das Gesetz zur Übertragung von Aufgaben im Bereich der freiwilligen Gerichtsbarkeit auf Notare vom 26.6.2013[218] wurde die Zuständigkeit in § 20 Abs. 1 S. 2 zur Vermittlung von Nachlass- und Gesamtgutsauseinandersetzungen einschließlich der Erteilung von Zeugnissen nach den §§ 36 und 37 GBO geregelt.[219] § 20 Abs. 5 aF hatte noch auf landesrechtliche Zuständigkeiten verwiesen. Danach konnten die Länder über die BNotO hinausgehende Zuständigkeiten zur Vermittlung von Nachlass- und Gesamtgutsauseinandersetzungen, zur Aufnahme von Nachlassverzeichnissen und Nachlassinventaren sowie zur Anlegung und Abnahme von Siegeln im Rahmen eines Nachlasssicherungsverfahrens schaffen. Einige Länder hatten vorgesehen, dass der Notar die Vermittlung von Nachlass- oder Gesamtgutsauseinandersetzungen nach §§ 487, 363 ff., 373 FamFG iVm landesrechtlichen Vorschriften durchführte.[220] Die guten Erfahrungen mit dem Vermittlungsverfahren im Rahmen der Sachenrechtsbereinigung sind in das Gesetz betreffend die Aufgabenübertragung auf die Notare dergestalt eingeflossen, so dass nach § 20 Abs. 1 die Notare nun bundeseinheitlich für die Nachlass- und Gesamtgutsauseinandersetzungen zuständig sind.[221] **51**

Dadurch werden den **Notaren bundeseinheitlich Aufgaben des Nachlassgerichts im Bereich der Nachlass- und Gesamtgutauseinandersetzung übertragen.** Verrichtungen in Teilungssachen gemäß § 342 Abs. 2 Nr. 1 FamFG obliegen danach ausschließlich den Notaren (§ 23a Abs. 3 GVG). Die Vermittlung von Nachlass- und Gesamtgutauseinandersetzungen einschließlich der Erteilung von Zeugnissen nach den §§ 36 und 37 GBO gehört gemäß § 20 Abs. 1 S. 2 BNotO ausdrücklich zum Aufgabenkreis der Notare.[222] Die Vorschriften zur Nachlassauseinandersetzung gelten gemäß § 373 FamFG entsprechend für die Auseinandersetzung des Gesamtguts nach Beendigung der ehelichen, lebenspartnerschaftlichen oder der fortgesetzten Gütergemeinschaft. Die **Bundesnotarkammer hat** im Rundschreiben 14/2013 vom 10.6.2013[223] **folgende Hinweise gegeben:** **52**

– Das Verfahren ist ein **Antragsverfahren,** kann also nicht von Amts wegen eröffnet werden.[224] Gemäß § 363 Abs. 1 FamFG hat der Notar bei mehreren Erben **auf Antrag die Auseinandersetzung des Nachlasses** zwischen den Beteiligten **zu vermitteln.** Dies gilt nicht, wenn ein zur Auseinandersetzung berechtigter Testamentsvollstrecker vorhanden ist. Umstritten ist, ob eine erhobene Erbteilungsklage der Einleitung entgegensteht.[225] Für Vermittlung eines Auseinandersetzungsverfahrens ist nach der Ent-

---

[217] Vgl. *Wilke* MittBayNot 1998, 7.
[218] BGBl. 2013 I 1800, dazu *Preuß* DNotZ 2013 740 (744 ff.).
[219] Vgl. allgemein zur Nachlassauseinandersetzung MüKoBGB/*Ann* BGB § 2042 Rn. 28 ff.; *Zimmermann* ZEV 2009, 374; *Mayer* MittBayNot 2010, 345; *Ihrig* MittBayNot 2012, 353; *Bracker* MittBayNot 1984, 114; *Kuschmann* RNotZ 2019, 301 (302).
[220] Vgl. dazu *Zimmermann* ZEV 2009, 374.
[221] Diehn/Kilian BNotO § 20 Rn. 63; *Kuschmann* RNotZ 2019, 301; MüKoBGB/*Ann* BGB § 2042 Rn. 28 ff.; *Zimmermann* ZEV 2009, 374; *Mayer* MittBayNot 2010, 345; *Ihrig* MittBayNot 2012, 353; *Bracker* MittBayNot 1984, 114; vgl. zur früheren Vermittlung durch das Nachlassgericht *Zimmermann* ZEV 2009, 374.
[222] *Kuschmann* RNotZ 2019, 301 (303).
[223] Abrufbar www.bnotk.de.
[224] Bumiller/Harders/Schwamb/*Harders* FamFG § 363 Rn. 1; *Kuschmann* RNotZ 2019, 301 (303).
[225] *Kuschmann* RNotZ 2019, 301 (306) mwN; Bumiller/Harders/Schwamb/*Harders* FamFG § 363 Rn. 4; Keidel/*Zimmermann* FamFG § 363 Rn. 30.

scheidung des OLG Düsseldorf[226] auch dann kein Raum, wenn streitige Rechtsfragen auftreten.
- **Antragsberechtigt**[227] sind gemäß § 363 Abs. 2 FamFG jeder Miterbe, der Erwerber eines Erbteils sowie derjenige, welchem ein Pfandrecht oder ein Nießbrauch an einem Erbteil zusteht.
- Der Notar hat den Antragsteller und die übrigen Beteiligten gemäß § 65 Abs. 1 S. 1 FamFG zu einem Verhandlungstermin zu laden.[228] Die **Ladung** soll den Hinweis enthalten, dass ungeachtet des Ausbleibens eines Beteiligten über die Auseinandersetzung verhandelt werde und dass die Ladung zu dem neuen Termin unterbleiben könne, falls der Termin vertagt oder ein neuer Termin zur Fortsetzung der Verhandlung anberaumt werden sollte (§ 365 Abs. 2 S. 2 FamFG). Ferner ist in der Ladung darauf hinzuweisen, dass für die Auseinandersetzung vorhandene Unterlagen in den Geschäftsräumen des Notars eingesehen werden können.
- Das Gesetz unterscheidet in § 366 und § 368 FamFG **zwei Verfahrensabschnitte** der Vermittlung einer Auseinandersetzung. Während § 366 FamFG Regelungen zu **Verhandlung über vorbereitende Maßnahmen** enthält, betrifft die Vorschrift des § 368 FamFG die **Verhandlung über die Auseinandersetzung selbst.** Das Vermittlungsverfahren und die dabei durchzuführenden Verhandlungen richten sich nach den Umständen des Einzelfalls. Grundsätzlich kann über beide Verfahrensabschnitte in demselben Termin verhandelt werden, je nach Einigkeit der Parteien über die Auseinandersetzung. Vorbereitende Maßnahmen zur Auseinandersetzung im Sinne des § 366 FamFG umfassen insbesondere die Erfassung der Zusammensetzung des Nachlasses, Vereinbarungen über die Schätzung und die Art der Teilung einzelner Nachlassgegenstände, Vereinbarungen über den Gegenstand und den Wert der unter Abkömmlingen auszugleichenden Zuwendungen sowie die Übernahme von Nachlassverbindlichkeiten durch einzelne Erben. Die Frage, welche Teile jeder Miterbe erhalten solle, sei hingegen nicht Inhalt der vorbereitenden Maßnahmen, sondern Gegenstand der Teilung selbst.
- Sind **alle Beteiligten erschienen** und erzielen sie eine Einigung bereits vor der Auseinandersetzung, insbesondere über die Art der Teilung, so hat der Notar die Vereinbarung zu beurkunden (§ 366 Abs. 1 S. 1 FamFG). Der Notar hat die getroffene Vereinbarung gemäß § 366 Abs. 2 S. 1 FamFG zu bestätigen. Die Bestätigung erfolgt grundsätzlich durch Beschluss (vgl. § 372 FamFG). Der Bestätigungsbeschluss kann in einfachen Fällen entfallen. Ein Verzicht aller Beteiligten auf den Bestätigungsbeschluss ist möglich. Der Notar hat vor Erteilung der Bestätigung zu prüfen, ob die Vorschriften über das Verfahren, insbesondere Formen und Fristen, eingehalten wurden. Aus sachlichen Gründen darf die Bestätigung nur versagt werden, wenn die getroffene Vereinbarung gegen ein Verbotsgesetz oder die guten Sitten verstößt. Der Bestätigungsbeschluss ist den Beteiligten gemäß § 41 FamFG bekanntzugeben.
- Ist **nur ein Beteiligter erschienen,** ist in § 366 Abs. 3 und Abs. 4 FamFG ein Versäumnisverfahren geregelt:[229] In diesem Fall hat der Notar dessen Vorschläge zu beurkunden (§ 366 Abs. 1 S. 2 FamFG) und dem nicht erschienenen Beteiligten den Inhalt der Urkunde bekanntzugeben und ihn gleichzeitig zu benachrichtigen, dass er die Urkunde in den Geschäftsräumen des Notars einsehen und eine Abschrift der Urkunde fordern kann (§ 366 Abs. 3 S. 1 FamFG). Die Bekanntgabe muss den Hinweis enthalten, dass das Einverständnis des nicht erschienenen Beteiligten mit dem Inhalt der Urkunde angenommen wird, wenn er nicht innerhalb einer vom Notar zu bestimmenden Frist die Anberaumung eines neuen Termins beantragt oder wenn er in dem neuen Termin nicht

---

[226] OLG Düsseldorf FGPrax 2002, 231; zustimmend Bumiller/Harders/Schwamb/*Harders* FamFG § 363 Rn. 1.
[227] Vgl. dazu im einzelnen *Kuschmann* RNotZ 2019, 301 (306 ff.).
[228] Vgl. *Kuschmann* RNotZ 2019, 301 (309 ff.).
[229] *Kuschmann* RNotZ 2019, 301 (312); Bumiller/Harders/Schwamb/*Harders* FamFG § 366 Rn. 10; Keidel/*Zimmermann* FamFG § 363 Rn. 59.

erscheint (§ 366 Abs. 3 S. 2 FamFG). Erteilt der nicht erschienene Beteiligte seine Zustimmung zu der Vereinbarung zu einer gerichtlichen Niederschrift oder in einer öffentlich beglaubigten Urkunde, so ist diese vom Notar zu bestätigen (§ 366 Abs. 2 S. 2 FamFG). Beantragt ein nicht erschienener Beteiligter rechtzeitig die Anberaumung eines neuen Termins und erscheint er in diesem Termin, ist die Verhandlung fortzusetzen. Andernfalls hat der Notar die Vereinbarung zu bestätigen (§ 366 Abs. 4 FamFG). Ergeben sich bei der Verhandlung Streitpunkte, so sind diese in eine Niederschrift aufzunehmen und das Verfahren bis zur Erledigung der Streitpunkte auszusetzen. Soweit unstreitige Punkte beurkundet werden können, hat der Notar nach den vorgenannten Regelungen zu verfahren (§ 370 FamFG). Sobald nach Lage der Sache die Auseinandersetzung stattfinden kann, hat der Notar gemäß § 368 Abs. 1 S. 1 FamFG den **Auseinandersetzungsplan** anzufertigen.[230] Dies ist regelmäßig der Fall nach Bestätigung der Vereinbarung über die vorbereitenden Maßnahmen durch den Notar gemäß § 366 FamFG. Die Rechtskraft des Bestätigungsbeschlusses dürfte nur dann abzuwarten sein, wenn mit einer Anfechtung zu rechnen sei. Sind die erschienenen Beteiligten mit dem Inhalt des Auseinandersetzungsplans einverstanden, so hat der Notar die Auseinandersetzung zu beurkunden (§ 368 Abs. 1 S. 2 FamFG). Der Auseinandersetzungsplan hat das Ziel, die Rechtsverhältnisse abschließend zu klären.[231] Aus ihm muss sich ergeben, wie die einzelnen Aktiven und Passiven unter Berücksichtigung der Erbrechtsverhältnisse verwertet, übernommen oder aufgeteilt werden.[232] Die Auseinandersetzung ist dann vom Notar wiederum durch Beschluss zu bestätigen (§ 368 Abs. 1 S. 3 Hs. 1 FamFG). Sind nicht alle Beteiligten erschienen, so hat der Notar die Auseinandersetzung zu bestätigen, wenn die nicht erschienenen Beteiligten ihre Zustimmung zu gerichtlichem Protokoll oder in einer öffentlich beglaubigten Urkunde erteilten (§ 368 Abs. 1 S. 3 Hs. 2 FamFG). Ist ein Beteiligter nicht erschienen, so gelten die Regelungen des § 366 Abs. 3 und Abs. 4 FamFG entsprechend (§ 368 Abs. 2 S. 1 FamFG). Ist eine Verteilung durch Los vereinbart, so werde das Los für die nicht erschienenen Beteiligten grundsätzlich, sofern nicht eine abweichende Vereinbarung getroffen werde, von einem durch den Notar bestellten Vertreter gezogen (§ 369 FamFG).

– § 344 Abs. 4a FamFG regelt die **örtliche Zuständigkeit** von Notaren zur Vermittlung einer Nachlassauseinandersetzung. Für die Auseinandersetzung eines Nachlasses ist danach jeder Notar zuständig, der seinen Amtssitz im Bezirk des Amtsgerichts hat, in dem der Erblasser seinen letzten Wohnsitz hatte.[233] Hat der Erblasser keinen Wohnsitz im Inland, so ist jeder Notar zuständig, der seinen Amtssitz im Bezirk eines Amtsgerichts hat, in dem sich Nachlassgegenstände befinden. Seien mehrere Notare örtlich zuständig, so sei derjenige zur Vermittlung berufen, bei dem zuerst ein auf Auseinandersetzung gerichteter Antrag eingeht. § 344 Abs. 5 S. 1 FamFG enthält eine entsprechende Regelung für die örtliche Zuständigkeit von Notaren für die Auseinandersetzung des Gesamtguts einer Gütergemeinschaft, falls ein Anteil an dem Gesamtgut zu einem Nachlass gehört, indem auf die örtliche Zuständigkeitsregelung zur Nachlassauseinandersetzung verwiesen wird. Im Übrigen sei gemäß § 344 Abs. 5 S. 2 FamFG für die Auseinandersetzung des Gesamtguts einer Gütergemeinschaft jeder Notar zuständig, der seinen Amtssitz im Bezirk des nach § 122 Nr. 1 Nr. 5 FamFG zuständigen Gerichts hat. Ist nach diesen Regelungen keine Zuständigkeit gegeben, so ist gemäß § 344 Abs. 5 S. 3 und S. 4 FamFG jeder Notar zuständig, der seinen Amtssitz im Bezirk eines Amtsgerichts hat, in dem sich Gegenstände befinden, die zum Gesamtgut gehören. Von mehreren zuständigen

---

[230] Zum Verteilungsplan vgl. *Kuschmann* RNotZ 2019, 301 (315 f.); *Holzer* ZEV 2013, 656 (659); *Ihrig* MittBayNot 2012, 353 (362); *Bracker* MittBayNot 1984, 114; *Zimmermann* ZEV 2009, 374.
[231] *Kuschmann* RNotZ 2019, 301 (315 f.); Keidel/*Zimmermann* FamFG § 368 Rn. 9; Bumiller/Harders/Schwamb/*Harders* FamFG § 368 Rn. 1.
[232] Bumiller/Harders/Schwamb/*Harders* FamFG § 368 Rn. 1.
[233] *Kuschmann* RNotZ 2019, 301 (303).

Notaren ist entsprechend § 344 Abs. 4a S. 3 FamFG der Notar berufen, bei dem zuerst ein auf Auseinandersetzung gerichteter Antrag eingeht.

53 Umstritten ist dabei die Frage der Reichweite der Amtsermittlungspflicht des Notars im notariellen Vermittlungsverfahren, insbesondere in Hinsicht auf die Teilungsmasse. Ein Teil der Literatur hält den Notar auch zu Ermittlungen von Amts wegen hinsichtlich der Teilungsmasse für verpflichtet.[234] Meines Erachtens ist dies abzulehnen.[235] Der Notar ist allenfalls verpflichtet, Unklarheiten aufzuklären, nicht aber verpflichtet, die Masse vollständig festzustellen, dies ergibt sich nicht aus dem Sinn einer „Vermittlung".[236]

D. Zuständigkeiten des Notars zur freiwilligen und obligatorischen Streitschlichtung, Mediation und als Schiedsrichter

I. Allgemeines

54 Im Zuge der zunehmenden Belastung der Gerichte und längerdauernden Verfahrenszeiten wird in Wissenschaft und Praxis ausführlich die Frage der Entlastung der Gerichte durch außergerichtliche Streitbeilegungs- oder **Vermittlungsverfahren** diskutiert; die Diskussion wird teilweise auch unter dem aus den USA stammenden Begriff der **Mediation** geführt.[237] Ziel dieser Formen der außergerichtlichen Streitbeilegung ist die Vermittlung eines aktuellen Konflikts zwischen Beteiligten, der durch einen unparteiischen und neutralen Mediator reguliert wird, ohne dass es einer Streitentscheidung durch ein Gericht bedarf.[238] Die Konfliktparteien sollen miteinander kooperativ verhandeln und den Konflikt durch eine Vermittlungslösung beilegen. Anders als bei der gerichtlichen Streitentscheidung soll die Befriedungsfunktion dauerhafter sein. Die Mediation bzw. Schlichtung unterscheidet sich vom Schiedsverfahren dadurch, dass der Mediator bzw. Schlichter keinerlei Entscheidungsbefugnisse hat, sondern darauf angewiesen ist, dass die Beteiligten freiwillig und kooperativ ihren Konflikt beilegen, zB durch Beurkundung eines Vergleichs oder eines regelnden Vertrags. In § 1 Abs. 1 MediationsG[239] ist bestimmt, dass Mediation ein vertrauliches und strukturiertes Verfahren ist, bei dem Parteien mithilfe eines oder mehrerer Mediatoren freiwillig und eigenverantwortlich eine einvernehmliche Beilegung ihres Konflikts anstreben.

---

[234] Keidel/*Zimmermann* FamFG § 363 Rn. 41; *ders.* NotBZ 2013, 335 (336 f.); *ders.* ZEV 2009, 374 (375).

[235] So auch *Ihrig* MittBayNot 2012, 353 (354); differenzierend *Holzer* ZEV 2013, 656 (658); *Kuschmann* RNotZ 2019, 301 (310).

[236] Firsching/*Graf*, Nachlassrecht, 10. Aufl. 2014, Rn. 4.911.

[237] Vgl. allgemein zur außergerichtlichen Streitbeilegung: *Büchner/Stadler* ua, Außergerichtliche Streitbeilegung, 1998; *Stadler* NJW 1998, 2479; *Breidenbach*, Mediation, Strukturchancen und Risiken von Vermittlung im Konflikt, 1995; *Procksch* FamRZ 1989, 916; *Henssler* AnwBl. 1997, 129; *Gottwald* WM 1998, 1257; *Gottwald/Strempel* ua (Hrsg.), Außergerichtliche Konfliktregelung, 1997. Zur Erbrechtsmediation *Becker/Horn* ZEV 2006, 248. Zur Stellung des Notars im Rahmen der außergerichtlichen Schlichtung vgl. *Wilcke* MittBayNot 1998, 1; *Wagner* DNotZ 1998, 34; *ders.* ZNotP 1999, 22; *ders.* ZNotP 2000, 18; *ders.* ZNotP 2001, 216; *ders.* BB 1997, 53; *ders.* BauR 1998, 235; Gottwald/Strempel/*Limmer*, Außergerichtliche Konfliktregelung, Nr. 2.3.3; *Jost* ZNotP 1999, 276; *Vossius* VIZ 1997, 4; *Heßler* MittBayNot 4/2000, Sonderheft „Schlichtung und Mediation", 2; *Walz* MittBayNot 4/2000, Sonderheft „Schlichtung und Mediation", 32; *Bode* MittBayNot 2001, 182; *Sorge* MittBayNot 2001, 50; *Walz* MittBayNot 2001, 53; *ders.* NJW 2002, 3446; *Grziwotz*, Erfolgreiche Verhandlungsführung und Konfliktmanagement durch Notare, 2001; *Haft/Schliefen*, Handbuch Mediation, 2009; Schlieffen/Wegmann/*v. Schlieffen*, Mediation in der notariellen Praxis, 2002, S. 14; *Schmitz-Vornmoor/Vornmoor* ZKM 2012, 51; *Grüner/Schmitz-Vornmoor* notar 2012, 147; *Bensmann/Meyer/Schmitz-Vornmoor/Sorge/Talke* notar 2010, 48; *Meyer/Schmitz-Vornmoor* DNotZ 2012, 895; *Töbner* RNotZ 2013, 321 ff.

[238] Vgl. Greger/Unberath/*Greger*, 2012, MediationsG § 1 Rn. 22 ff.

[239] Mediationsgesetz v. 21.7.2012, BGBl. I 1577; dazu *Ahrens* NJW 2012, 2465; *Wendler* DStR 2012, 1881; zu den Auswirkungen auf die notarielle Praxis *Meyer/Schmitz-Vornmoor* DNotZ 2012, 895.

II. Allgemeine Zuständigkeit des Notars

Nach § 1 Abs. 2 MediationsG ist ein Mediator eine unabhängige und neutrale Person ohne 55 Entscheidungsbefugnis, die die Parteien durch die Mediation führt. Diese Voraussetzungen erfüllt der Notar kraft seiner Amtsstellung.[240] Die BNotO hat die freiwillige außergerichtliche Streitbeilegung durch den Notar nicht ausdrücklich geregelt; die **Zuständigkeit** ergibt sich aber aus den **verschiedenen Grundlagennormen** der BNotO.[241] Nach § 20 Abs. 1 ist der Notar zuständig für Beurkundungen jeder Art. Bereits bei der Vorbereitung und Durchführung einer Vertragsbeurkundung handelt es sich um die Vermittlung eines **latenten Konflikts.** Auch übliche Verträge – wie Kaufverträge oder Gesellschaftsverträge – enthalten eine Vielzahl von Konfliktpunkten, die einvernehmlich zwischen den Beteiligten ausgehandelt werden müssen. Jedes Aushandeln, auch das vertragliche, ist die Vermittlung eines Konflikts. Der Prozess notarieller Beurkundung ist daher ein Verfahren zur Vermittlung potentieller konfliktrechtlicher Situationen, wobei das Konfliktpotential bei den Beurkundungen sehr unterschiedlich sein kann und von weitgehend konfliktfreien Verträgen bis hin zu sehr kontrovers ausgehandelten Vereinbarungen reichen kann. Die Beurkundung einer Vereinbarung über Willenserklärungen iSd § 20 Abs. 1 kann aber auch der **aktuellen Konflikt- oder Streitregulierung** dienen; wichtiges Beispiel in der Praxis ist die sog. Scheidungsvereinbarung.[242] Zur Vorbereitung von Scheidungen werden häufig notarielle Urkunden errichtet, die sog. Scheidungsfolgenvereinbarungen. Die Scheidungsvereinbarung ist eine komplexe Konfliktregulierung, durch die die nachehelichen Verhältnisse der Parteien umfassend und abschließend geregelt und die emotional persönlichen Verhältnisse der Beteiligten auf eine neue rechtsgeschäftliche, im Wege des Vergleichs erzielte Rechtsgrundlage gestellt werden.[243] Für diese Fälle der Konfliktregelung hat der Gesetzgeber kein spezifisches Vermittlungsverfahren vorgesehen; das Beurkundungsverfahren ist Konfliktregelungsverfahren.

Darüber hinausgehend hat der Gesetzgeber mit dem Sachenrechtsbereinigungsverfahren 56 (§ 20 Abs. 4) und teilweise mit den Verfahren zur Vermittlung der Nachlassauseinandersetzung oder Gesamtgutsauseinandersetzung (§ 20 Abs. 5) **spezifische Verfahren** der Konfliktregelung vorgesehen. Die Zuständigkeiten ergeben sich insofern ausdrücklich aus der BNotO.

Soweit über die Beurkundung von Willenserklärungen[244] hinausgehend zur Durchfüh- 57 rung des Vermittlungsverfahrens vorbereitende und vollziehende Tätigkeiten erforderlich sind, folgt die **Zuständigkeit aus § 24 Abs. 1.**[245] Die Mediation unterliegt daher nicht dem Amtsgewährungsanspruch des § 15, da es sich beim Schlichtungsverfahren um eine sonstige Betreuung handelt.[246] Die in § 20 Abs. 4 und Abs. 5 genannten sondergesetzlichen Vermittlungs- bzw. Schlichtungsverfahren sind exemplarische Beispiele mit Leitbildcharakter; der Notar ist aber darüber hinausgehend zuständig, im Rahmen der Konfliktvermittlung tätig zu werden.[247] Hierfür spricht nicht nur die Tatsache, dass der Unterschied

---

[240] Vgl. *Meyer/Schmitz-Vornmoor* DNotZ 2012, 895 (899).
[241] → § 24 Rn. 46 ff. sowie *Wilke* MittBayNot 1998, 1; *Wagner* BB 1997, 53; *Wagner* ZNotP 1998, Beilage 1/98; *Wagner* DNotZ Sonderheft 1998, 34, 100 ff.; *Joost* ZNotP 1999, 276; *Töben* RNotZ 2013, 321.
[242] Vgl. *Langenfeld/Milzer*, Handbuch der Eheverträge und Scheidungsvereinbarungen, 8. Aufl. 2014, S. 359 ff.
[243] Vgl. Gottwald/Strempel/*Limmer*, Außergerichtliche Konfliktregelung, S. 4 (Fn. 104).
[244] Zur Schnittstelle zwischen Mediation und Beurkundung vgl. *Grüner/Schmitz-Vornmoor* notar 2012, 147.
[245] Vgl. zur Einordnung notarieller Schlichtung in die Zuständigkeitskataloge der BNotO → § 24 Rn. 46 ff.; *Wagner* ZNotP Beilage 3/1998, 6 ff.; *ders.* BauR 1998, 235 (245 ff.); *ders.* DNotZ Sonderheft 1998, 34 (101 f.); Kilian/Sandkühler/vom Stein/*Meyer*, Praxishandbuch Notarrecht, 3. Aufl. 2018, § 19 Rn. 21; BeckNotar-HdB/*Sandkühler*, 6. Aufl. 2014, L II. Rn. 31; BeckNotar-HdB/*Starke*, 6. Aufl. 2014, L I. Rn. 34; *Winkler* BeurkG § 3 Rn. 109; *Meyer/Schmitz-Vornmoor* DNotZ 2012, 895 (904); Bensmann/Meyer/Schmitz-Vornmoor/Sorge/*Talke* notar 2010, 48 (55); vgl. auch Büchner/Kroner/*Wagner*, Außergerichtliche Streitbeilegung, 1998, S. LV, der zu Recht den Schwerpunkt bei § 24 ansiedelt; *Birnstiel* MittBayNot 4/2000, Sonderheft „Schlichtung und Mediation", 14; *Joost* ZNotP 1999, 276.
[246] *Meyer/Schmitz-Vornmoor* DNotZ 2012, 895 (904).
[247] Vgl. *Meyer/Schmitz-Vornmoor* DNotZ 2012, 895; Bensmann/Meyer/Schmitz-Vornmoor/Sorge/*Talke* notar 2010, 48 (55).

zwischen den typischen Konflikten einer jeden Beurkundung und den atypischen im Rahmen der Konfliktvermittlung nur graduell ist, sondern auch, dass der Gesetzgeber den Notar als Rechtspflegeorgan **institutionell** so ausgestattet hat, dass er wie ein Gericht auf Interessenausgleichung und Konfliktregelung eingerichtet ist.[248] Das Gebot der Unparteilichkeit ist ein prägendes Merkmal des Notaramts (§ 14 Abs. 1). Der Notar ist danach verpflichtet, jeden Anschein der Parteilichkeit zu vermeiden. Der Notar hat im Rahmen der Rechtsvorschriften die Belange aller Beteiligten in gleicher Weise zu wahren, ohne einem von ihnen stärker rechtlich zugeordnet werden zu können als dem anderen.[249] Die Unparteilichkeit wird schließlich flankiert durch die Pflicht zur Unabhängigkeit gegenüber den Parteien (§ 1). Ähnlich wie einem Richter werden dem Notar persönliche und sachliche Unabhängigkeit zugestanden. Seine Stellung gegenüber Staat und den Parteien ist der eines Richters angenähert. Eine Reihe von weiteren Amtspflichten verstärkt diese bereits von Gesetzes wegen auf Vermittlung angelegte Stellung des Notars (zB Verschwiegenheitspflicht, Redlichkeitspflicht etc).[250] Der Notar kann auch, wenn das Landesgesetz dies vorsieht, **Gütestelle** iSd § 794 Abs. 1 Nr. 1 ZPO sein. Voraussetzung ist die Anerkennung als Gütestelle durch die Justizverwaltung.

57a Durch das MediationsG ist dem Verfahren vom Gesetzgeber eine Struktur gegeben worden.[251] Das Verhältnis von MediationsG und Berufsrecht des jeweiligen Grundberufs des Mediators wird durch ein grundsätzliches „Nebeneinander" geprägt,[252] so dass der Notar grundsätzlich im Rahmen der Mediation neben seinen allgemeinen berufsrechtlichen Pflichten auch die Vorgaben des MediationsG zu beachten hat.[253] Durch **Mediationsklauseln**[254] kann bereits bei der Beurkundung von Verträgen das Element der Mediation vertragsrechtlich in einen etwaigen Streit eingeführt werden.

III. Vorprozessuales Güteverfahren und obligatorische Streitschlichtung

58 Durch das Gesetz zur Förderung der außergerichtlichen Streitbeilegung vom 15.12.1999, das am 1.1.2000[255] in Kraft trat, hat der Bundesgesetzgeber ein **vorprozessuales Güteverfahren** geschaffen, das zu einer Entlastung der Justiz führen sowie zur Bewährung und Förderung der Bürgerfreundlichkeit und der Friedensfunktion von Recht und Justiz beitragen und dadurch dauerhaften Rechtsfrieden basierend auf einer Konsenslösung schaffen soll.[256] § 15a Abs. 1 EGZPO ermächtigt den Landesgesetzgeber, gesetzliche Regelungen zu schaffen, durch die die Zulässigkeit der Erhebung einer Klage davon abhängig gemacht werden kann, dass vor einer durch die Landesjustizverwaltung eingerichteten oder anerkannten Gütestelle versucht wurde, die Streitigkeit einvernehmlich zu erledigen.[257] In sachlicher Hinsicht wird das Verfahren aber auf vermögensrechtliche Streitigkeiten bis zu einer Höhe von 750 EUR und auf nachbarrechtliche und Ehrstreitigkeiten begrenzt. Die Länder Baden-Württemberg, Bayern, Brandenburg, Hessen, Nordrhein-Westfalen, Saarland, Sachsen-Anhalt und Schleswig-Holstein haben entsprechende

---

[248] Vgl. hierzu Gottwald/Strempel/*Limmer*, Außergerichtliche Konfliktregelung, Nr. 2.3.3, S. 2 (Fn. 98); vgl. frühzeitig *Gonnella* DNotZ 1956, 453; *Meyer/Schmitz-Vornmoor* DNotZ 2012, 895 (902); *Bensmann/Meyer/Schmitz-Vornmoor/Sorge/Talke* notar 2010, 48 (55).
[249] BGH NJW 1993, 648; Arndt/Lerch/Sandkühler/*Sandkühler* BNotO § 14 Rn. 65.
[250] Vgl. auch *Wagner* ZNotP Beilage 3/1998, 5 f.
[251] *Meyer/Schmitz-Vornmoor* DNotZ 2012, 895 (900), *Bensmann/Meyer/Schmitz-Vornmoor/Sorge/Talke* notar 2010, 48 (55).
[252] *Meyer/Schmitz-Vornmoor* DNotZ 2012, 895 (905).
[253] Dazu *Meyer/Schmitz-Vornmoor* DNotZ 2012, 895 (905 ff.); *Töben* RNotZ 2013, 321.
[254] Vgl. dazu *Töben/Schmitz-Vornmoor* RNotZ 2014, 527; *Töben* RNotZ 2013, 321.
[255] BGBl. I 2400; vgl. dazu *Stadler* NJW 1998, 2479; *Hartmann* NJW 1999, 3745; *Rüssel* NJW 2000, 2800.
[256] Vgl. BT-Drs. 14/980, 5.
[257] Vgl. *Becker/Nicht* ZZP 120 (2007), 159; *Bitter* NJW 2005, 1235; *Friedrich* NJW 2002, 3223; *ders.* NJW 2003, 3534; *Jenkel*, Der Streitschlichtungsversuch als Zulässigkeitsvoraussetzung in Zivilsachen, Diss. Berlin, 2002; *Lauer* NJW 2004, 1280; *Prütting* (Hrsg.), Außergerichtliche Streitschlichtung, 2003; *Röhl/Weiß*, Die obligatorische Streitschlichtung in der Praxis, 2005.

Gesetze erlassen.[258] Die meisten Länder sehen die Möglichkeit vor, dass auch **Notare als Gütestellen** anerkannt werden.[259] Einige Bundesländer (Bayern, Sachsen, Sachsen-Anhalt) haben die Notare kraft Gesetzes als Gütestelle berufen.[260]

Soweit die Bundesländer entsprechende Gesetze und auch Ausführungsverordnungen erlassen haben, regeln diese das **Verfahren der obligatorischen Schlichtung.** Meist wird ein entsprechender Antrag (zB Art. 9 BaySchlG) verlangt. Das Schlichtungsverfahren ist rechtlich ähnlich einem Zivilprozess unter besonderer Berücksichtigung des Einigungsziels ausgestaltet mit Ausschlussgründen, Erscheinenspflicht etc. Im Rahmen eines Schlichtungstermins, der ebenfalls mit prozessähnlichen Regularien ausgestaltet ist, soll eine Einigung mit anschließender Protokollierung erreicht werden.[261] Ergänzend gelten selbstverständlich die allgemeinen Berufspflichten des Notars, besonders die Pflicht zur Unparteilichkeit und Unabhängigkeit, die die besondere Geeignetheit des Notars für Schlichtungen bereits institutionell festlegen.[262] Insoweit gelten daher auch die Ausführungen unter → Rn. 60 ff. ergänzend für das obligatorische Schlichtungsverfahren, soweit keine Sonderregelungen bestehen.

IV. Beurkundungsverfahren

Die nachfolgenden Ausführungen gelten in erster Linie für freiwillige Streitschlichtungen, für die es keine speziellen gesetzlichen Vorgaben gibt; für obligatorische Güteverfahren auf der Grundlage des § 15a EGZPO gelten aber die allgemeinen Berufspflichten neben den sondergesetzlichen Regelungen.

Ein Konfliktvermittlungsverfahren ist gekennzeichnet durch **zwei verschiedene Phasen:**[263] Die Phase der **Konfliktdiskussion** und Bereinigung und die Phase der Konfliktbeilegung. Für den ersten Bereich liegt der Schwerpunkt der Zuständigkeit in § 24 Abs. 1; die Phase der Niederlegung in Form eines Vergleichs führt in der Regel zu einer notariellen Beurkundung iSd § 20 Abs. 1 S. 1.

1. Gestaltung des Konfliktvermittlungsverfahrens. Die BNotO und das BeurkG enthalten keine ausdrücklichen Vorschriften für die erste Phase des Konfliktvermittlungsverfahrens, ausgenommen die Sondervorschriften der Sachenrechtsbereinigung nach §§ 87 ff. SachenBerG, die der Nachlassvermittlung oder das obligatorische Güteverfahren nach § 15a EGZPO iVm den landesrechtlichen Ausführungsgesetzen. Die Verfahrensleitung bei der Konfliktvermittlung obliegt daher dem **Ermessen des Notars.** Auch bei anderen Verfahren, die von der BNotO ausdrücklich geregelt sind, insbesondere bei der Durchführung von Verlosungen und freiwilligen Versteigerungen und bei der Aufnahme von Vermögensverzeichnissen, hat der Notar über die reine Durchführung der Beurkundung hinausgehende **verfahrensleitende Funktionen,** die darauf zielen, den Zweck des spezifischen Verfahrens zu erfüllen.[264] Grundsätzlich obliegt es seinem Ermessen, wie er das Verfahren durchführt und welche verfahrensleitenden Anordnungen er trifft. Für den Bereich der generellen Konfliktvermittlung gilt nichts anderes. Der Notar muss dafür sorgen, dass das Verfahren so gestaltet wird, dass der Zweck möglichst erreicht wird. Er hat dabei, ähnlich wie ein Richter, ein großes Ermessen. Teilweise gelten die allgemeinen

---

[258] Vgl. die Übersicht über die Umsetzung des § 15a EGZPO in den Ländern NJW 1951, 2001, Beilage; Zöller/*Gummer* EGZPO § 15a Rn. 27.
[259] Zu den länderspezifischen Regelungen vgl. Schippel/Bracker/*Püls* BNotO Anh. § 24 Rn. 81 ff.
[260] Am deutlichsten Bayern: Jeder bayerische Notar ist gem. Art. 5 BaySchlG „als Träger eines öffentlichen Amts Gütestelle".
[261] Vgl. ausführlich zum Bayerischen Schlichtungsgesetz v. 25.4.2000 (GVBl. S. 268) MittBayNot 4/2000, Sonderheft „Schlichtung und Mediation" mit zahlreichen Beiträgen und Formularen für das Schlichtungsverfahren; *Griwotz* S. 181 ff.
[262] *Birnstiel* MittBayNot 4/2000, Sonderheft „Schlichtung und Mediation", 14.
[263] Vgl. auch *Griwotz* S. 22 ff.
[264] → Rn. 16, 21 ff., 27 ff., 36 ff.

Verfahrensvorschriften des eigentlichen Beurkundungsverfahrens insoweit, als sie auf diese Vorphase ausstrahlen. Folgende Pflichten bestehen im Vorfeld der Beurkundung:
- Pflicht zur Unparteilichkeit der Amtsführung (§ 14 Abs. 1 S. 2),
- Pflicht zur Wahrung der Unabhängigkeit (§ 14 Abs. 1),
- Redlichkeitspflicht (§ 14 Abs. 2),
- Pflicht zur Sachverhaltsklärung (§ 17 Abs. 1 BeurkG),
- Pflicht zur Belehrung über die rechtliche Tragweite des in Aussicht genommenen Vergleichs (§ 17 Abs. 1 BeurkG),
- Schutzpflicht gegenüber unerfahrenen und ungewandten Beteiligten (§ 17 Abs. 1 S. 2 BeurkG).

63 **2. Güteordnung der Bundesnotarkammer.** Die Beispiele zeigen, dass bereits das BeurkG und auch die BNotO wesentliche Verfahrensvorschriften vorsehen, die auch im Rahmen der Konfliktvermittlung ein sachgerechtes Verfahren gewährleisten. Der Notar hat insofern als „einziger privater Rechtsvermittler bei der Vertragsgestaltung ein eigenes Aktionsprogramm zu beachten".[265] Die Bundesnotarkammer hat eine **Güteordnung erarbeitet,** die für die Schlichtung durch Notare anwendbar ist und das Verfahren regelt.[266] Diese ist für Verfahren anzuwenden, die die Notare im Rahmen der Betreuung der Beteiligten nach § 24 Abs. 1 oder auch als anerkannte Gütestelle nach § 794 Abs. 1 Nr. 1 ZPO oder aufgrund § 15a EGZPO durchführen. In dieser Güteordnung werden die genannten berufsrechtlichen Pflichten konkretisiert und Verfahrensanweisungen aufgestellt. Das Güteverfahren wird auf schriftlichen Antrag eingeleitet (§ 2); der Notar ist zur Wahrung der Unparteilichkeit (§ 3) und Vertraulichkeit (§ 7) verpflichtet. Das Verfahren kann mündlich oder schriftlich durchgeführt werden (§ 4), die Beteiligten können Beistände beiziehen (§ 5). Ziel ist der Abschluss eines Vergleiches (§ 8).

64 **3. Konfliktbeilegung.** Für den Notar wird in der Regel die Konfliktbewältigung auf Abschluss einer vertraglichen Lösung zielen, die er in der Regel in Form einer notariellen Urkunde niederlegen wird, wobei dies allerdings nicht zwingend erforderlich ist, wenn keine Beurkundungspflichten bestehen. Da allerdings die notarielle Urkunde auch den Vorteil der sofortigen Vollstreckbarkeit (§ 794 Abs. 1 Nr. 5 ZPO) hat, dürfte in der Regel die Urkunde zu bevorzugen sein. Dies sieht auch die Güteordnung der Bundesnotarkammer so vor (§ 8). In diesen Fällen sind die üblichen Vorschriften für die Beurkundung von Willenserklärungen nach den §§ 6 ff. BeurkG zu beachten. Dabei spielt besonders die Schutz- und Belehrungspflicht auf der Grundlage von § 17 BeurkG eine bedeutende Rolle. In solchen Fällen wird empfohlen, dass der Notar seine schlichtende Tätigkeit in der Urkunde beschreibt und auch zum Ausdruck bringt, dass die notariell beurkundete Schlussvereinbarung nicht sein Vorschlag ist, sondern die von den Parteien eigenverantwortlich im Rahmen der Konfliktregelung gefundene Lösung.[267] Neuere Untersuchungen haben auch Erfahrungen aus der Mediation für das notarielle Streitbeilegungsverfahren fruchtbar gemacht.[268]

V. Notarielle Schiedsgerichte

65 Die Bundesnotarkammer hat eine Empfehlung für eine Schiedsvereinbarung mit Verfahrens- und Vergütungsvereinbarung für notarielle Ad-hoc-Schiedsgerichte[269] ausgespro-

---

[265] *Jerschke* DNotZ 1989, Sonderheft, 23; vgl. auch *Keim* MittBayNot 1994, 2 f.; *Wagner* ZNotP 3/1998, Beilage, 11 f.
[266] Vgl. Güteordnung der Bundesnotarkammer DNotZ 2000, 1; dazu *Wagner* DNotZ 2000, 18.
[267] Vgl. *Wagner* ZNotP 3/1998, Beilage, 12.
[268] Vgl. *Walz* MittBayNot 4/2000, Sonderheft „Schlichtung und Mediation", 32 ff.; *Bode* MittBayNot 2001, 182; *Sorge* MittBayNot 2001, 50.
[269] BNotK DNotZ 2000, 401; dazu *Wagner* ZNotP 2000, 18 (22 f.); *ders.* DNotZ 2000, 421 allgemein zum Notar als Schiedsrichter; vgl. auch Erläuterungen zu § 8 BNotO.

chen. Der Deutsche Notarverein hat außerdem einen „Schlichtungs- und Schiedsgerichtshof deutscher Notare" (SGH) installiert.[270] Die BNotK-Schiedsordnung installiert keine eigene Schiedsgerichtsbarkeit; sie enthält vielmehr eine Formulierungshilfe für eine individuelle Schiedsvereinbarung und lehnt sich dabei an das gesetzliche Modell der §§ 1034 ff. ZPO an. Diese Schiedsvereinbarung mit Verfahrens- und Kostenvereinbarung soll es dem Notar ermöglichen, als Einzel-Schiedsgericht oder als Mitglied eines Dreier-Schiedsgerichts tätig zu werden. Der SGH ist demgegenüber ein institutionelles Schiedsgericht.

§ 21 [Sonstige Bescheinigungen]

(1) ¹Die Notare sind zuständig,
1. Bescheinigungen über eine Vertretungsberechtigung sowie
2. Bescheinigungen über das Bestehen oder den Sitz einer juristischen Person oder Handelsgesellschaft, die Firmenänderung, eine Umwandlung oder sonstige rechtserhebliche Umstände auszustellen,

wenn sich diese Umstände aus einer Eintragung im Handelsregister oder in einem ähnlichen Register ergeben. ²Die Bescheinigung hat die gleiche Beweiskraft wie ein Zeugnis des Registergerichts.

(2) ¹Der Notar darf die Bescheinigung nur ausstellen, wenn er sich zuvor über die Eintragung Gewißheit verschafft hat, die auf Einsichtnahme in das Register oder in eine beglaubigte Abschrift hiervon beruhen muß. ²Er hat den Tag der Einsichtnahme in das Register oder den Tag der Ausstellung der Abschrift in der Bescheinigung anzugeben.

(3) ¹Die Notare sind ferner dafür zuständig, Bescheinigungen über eine durch Rechtsgeschäft begründete Vertretungsmacht auszustellen. ²Der Notar darf die Bescheinigung nur ausstellen, wenn er sich zuvor durch Einsichtnahme in eine öffentliche oder öffentlich beglaubigte Vollmachtsurkunde über die Begründung der Vertretungsmacht vergewissert hat. ³In der Bescheinigung ist anzugeben, in welcher Form und an welchem Tag die Vollmachtsurkunde dem Notar vorgelegen hat.

Übersicht

	Rn.
A. Allgemeines	1
I. Überblick	1
II. Begriff der Bescheinigung bzw. Bestätigung	2
B. Die Registerbescheinigung des § 21 Abs. 1 und Abs. 2	4
I. Allgemeines	4
II. Inhalt	7
1. Die Vertretungsbescheinigung	7
2. Sonstige Umstände	8
III. Wirkung der Registerbescheinigung	10
IV. Notarielles Verfahren	13
1. Sachverhaltsermittlung	13
2. Beurkundungsform	14
C. Bescheinigung über die rechtsgeschäftlich begründete Vertretungsmacht (Abs. 3)	14a
D. Satzungsbescheinigungen	15
E. Sonstige Bescheinigungen	19
I. Allgemeines	19
II. Einzelfälle	23
1. Rangbestätigung	23

---

[270] In: notar 4/1999; dazu *Wolfsteiner* notar 2000, 99; *Bietz* ZNotP 2000, 344; vgl. dazu die neusten Statuten notar 2015, 415; Musterformulierungen und Statuten sind erhältlich über http://www.dnotv.de/Schiedsgerichtshof/Schiedsgerichtshof.html.

	Rn.
2. Vormerkungsbestätigung	25
3. Fälligkeitsbestätigung	26
4. Übersetzungsbescheinigung	27
5. Inhaltsbescheinigung	28
6. Erweiterte Registerbescheinigung	29
7. Bescheinigungen im elektronischen Rechtsverkehr	30
8. Sonstige Vertretungsbescheinigungen	31
III. Rechtswirkungen der sonstigen Bescheinigungen	32

A. Allgemeines

I. Überblick

1 Der Gesetzgeber hat mit dem Dritten Gesetz zur Änderung der Bundesnotarordnung und anderer Gesetze aus dem Jahre 1998 im Bereich der sog. Registerbescheinigungen eine **Vereinheitlichung** und **Vereinfachung** vorgenommen. Nach früherem Recht (§§ 21, 22a aF) konnte der Notar Bescheinigungen über das Bestehen oder den Sitz einer juristischen Person oder die anderen genannten Veränderungen nur ausstellen, wenn diese für die Verwendung im Ausland bestimmt waren. Für die Verwendung im Inland durfte der Notar nach § 21 Abs. 1 aF Bescheinigungen nur über die Vertretungsberechtigung ausstellen. Diese Beschränkung der Registerbescheinigung auf das Ausland ist ersatzlos entfallen. Die Begründung zum Regierungsentwurf weist darauf hin, dass damit einem praktischen Bedürfnis entsprochen werden soll.[1] Die Bundesnotarkammer hatte in ihren Vorschlägen zur Reform des notariellen Berufsrechts[2] darauf hingewiesen, dass die Einschränkung der Registerbescheinigung auf den Auslandsverkehr den Anforderungen des heutigen Rechtsverkehrs nicht mehr gerecht werde. Vielmehr bestehe ein unabweisbares Bedürfnis, auch für den inländischen Rechtsbereich generell Registerbescheinigungen erteilen zu können. Dies gelte insbesondere für solche Firmen, die seit mehreren Jahrzehnten im Handelsregister eingetragen seien und bei denen regelmäßig eine Vielzahl von eintragungspflichtigen Veränderungen erfolgt seien. Dies habe zur Folge, dass die entsprechenden Nachweise nur durch regelmäßig sehr umfangreiche Handelsregisterauszüge geführt werden könnten. Durch die umfassende Registerbescheinigung auch für den inländischen Bereich trägt der Notar zum einen zur Entlastung des Handelsregisters, zum anderen zur Klarheit des Rechtsverkehrs bei.

1a Die Vorschrift wurde zuletzt geändert durch das Gesetz zur Übertragung von Aufgaben im Bereich der freiwilligen Gerichtsbarkeit auf Notare vom 26.6.2013.[3] Es wurde § 21 Abs. 3 angefügt. Die Notare sind danach nunmehr auch zuständig für die Erteilung von Bescheinigungen über eine durch Rechtsgeschäft erteilte Vertretungsmacht.

1b Nach § 39 BeurkG iVm § 24 ist es beurkundungsrechtlich zulässig, dass der Notar „Bescheinigungen über Eintragungen in öffentlichen Registern" ausstellt.[4]

II. Begriff der Bescheinigung bzw. Bestätigung

2 Die Registerbescheinigung nach § 21 ist ein **Unterfall der notariellen Bescheinigung**,[5] auch **Notarbestätigung** genannt. Wie nach der Reform aus dem Jahre 1998 auch

---

[1] Vgl. BT-Drs. 890/95, 26.
[2] Vgl. BNotK (Hrsg.), Vorschläge der Bundesnotarkammer zur Reform des notariellen Berufsrechts, 1993, S. 32.
[3] BGBl. I 1800.
[4] → § 21 Rn. 29.
[5] Vgl. zur Notarbescheinigung *Assenmacher* Rpfleger 1990, 195; *Böhringer* RENOpraxis 2010, 102; *Dieterle* BWNotZ 1990, 33; *Ertl* DNotZ 1969, 650; *Geimer* IPRax 2009, 58; *Groß* Rpfleger 1972, 241; *Limmer* ZNotP 2002, 261; *Reithmann* DNotZ 1975, 340; *ders.* NotBZ 2000, 244; *Pfeiffer* Rpfleger 2012, 240; Kersten/Bühling/*Terner*, 23. Aufl. 2010, § 15 Rn. 26 ff.; Schippel/Bracker/*Reithmann* BNotO Vor §§ 20–25

der Gesetzgeber durch klare Begrifflichkeiten deutlich macht, unterscheidet sich die Beurkundung, auch die Tatsachenbeurkundung, von der Bescheinigung dadurch, dass erstere nur Vorgänge der Außenwelt, die unmittelbar wahrgenommen werden können, bezeugt. Wertungen oder Schlussfolgerungen können nicht Gegenstand einer Beurkundung in Form einer Zeugnisurkunde sein.[6] Die Bescheinigung oder Notarbestätigung in jeder Form ist dadurch gekennzeichnet, dass der Notar über die reine Wahrnehmung von Tatsachen hinausgehend aus diesen Tatsachen eine **rechtliche Schlussfolgerung** zieht.[7] Der Unterschied wird besonders deutlich, wenn man die Praxis der Registerzeugnisse berücksichtigt, die vor Inkrafttreten der RNotO, die erstmals § 21 schuf, galt.[8] Damals konnten die Notare lediglich bezeugen, dass ihnen ein Zeugnis des Registergerichts vorgelegen hatte, mussten aber dann den Inhalt des Registers wortgetreu wiedergeben. Die Registerbescheinigung ist deshalb dadurch gekennzeichnet, dass der Notar aus der Eintragung im Register die Schlussfolgerung zieht, welche Vertretungsverhältnisse bzw. welche sonstigen Rechtsverhältnisse, zB Firmenänderung, Sitz, Umwandlung etc, bestehen. Die Bescheinigung über den Registerinhalt setzt also eine eigene rechtliche Würdigung durch den Notar voraus.[9]

Der **Schwerpunkt** einer notariellen Bescheinigung liegt nicht in der Wiedergabe der Tatsachen, wenngleich die sorgfältige **Ermittlung dieser Tatsachen** Voraussetzung für die Bescheinigung ist, sondern in der **gutachterlichen Stellungnahme** und den **rechtlichen Schlussfolgerungen.** Die Notarbescheinigung ist daher insgesamt eine gutachterliche Äußerung, auch wenn in ihr, wie zB bei der Rangbescheinigung im Grundbuchverkehr, Tatsachen genannt werden.[10] Wenn nicht Sondervorschriften wie § 21 anwendbar sind, ergibt sich die Zuständigkeit für derartige Bestätigungen aus § 24 Abs. 1 S. 1, da es sich um eine Betreuung auf dem Gebiet vorsorgender Rechtspflege handelt.[11] Die Registerbescheinigung unterscheidet sich von den allgemeinen Bescheinigungen nur dadurch, dass sich die Umstände aus der Eintragung im Handelsregister oder einem ähnlichen Register ergeben müssen (§ 21 Abs. 1 S. 1) und ihr eine spezifische Beweisfunktion zukommt.

Rn. 28 ff.; *Winkler* DNotZ 1980, 578; Armbrüster/Preuß/Renner/*Preuß* BeurkG § 39 Rn. 1 ff.; Armbrüster/Preuß/Renner/*Piegsa* BeurkG § 12 Rn. 23 ff.; Diehn/*Kilian* BNotO § 21 Rn. 4 ff.; Arndt/Lerch/Sandkühler/*Sandkühler* BNotO § 21 Rn. 4 ff.; allg. zu den Tätigkeiten des § 24 BNotO vgl. *Bohnenkamp*, Unparteilichkeit des Notars bei Tätigkeiten nach § 24 Abs. 1 BNotO, 2005, S. 49 ff.

[6] Vgl. Begr. zum RegE BT-Drs. 890/95, 25.
[7] *Limmer* ZNotP 2002, 261 (262 f.); Schippel/Bracker/*Reithmann* BNotO § 21 Rn. 7; Diehn/*Kilian* BNotO § 21 Rn. 4 ff.; Arndt/Lerch/Sandkühler/*Sandkühler* BNotO § 21 Rn. 4 ff.; Armbrüster/Renner/*Piegsa* BeurkG § 12 Rn. 24; Armbrüster/Preuß/Renner/*Preuß* BeurkG § 39 Rn. 2.
[8] Vgl. hierzu Schippel/Bracker/*Reithmann* BNotO § 21 Rn. 1.
[9] *Reithmann*, Rechtspflege, S. 117 ff.; Schippel/Bracker/*Reithmann* BNotO § 21 Rn. 12 ff.; Arndt/Lerch/Sandkühler/*Sandkühler* BNotO § 21 Rn. 4, Armbrüster/Preuß/Renner/*Preuß* BeurkG § 39 Rn. 7; *Limmer* ZNotP 2002, 261 (262 f.); Diehn/*Kilian* BNotO § 21 Rn. 4 ff.; Armbrüster/Preuß/Renner/*Piegsa* BeurkG § 12 Rn. 24; vgl. allg. zur Notarbescheinigung bzw. Notarbestätigung BGH DNotZ 1985, 48; BayObLG DNotZ 1971, 249; OLG Hamm DNotZ 1987, 54; *Ertl* DNotZ 1969, 650; *ders.* MittBayNot 1971, 138.
[10] Vgl. BayObLG MittBayNot 1971, 36; OLG Zweibrücken DNotZ 1970, 183; OLG Frankfurt a. M. MittRhNotK 1996, 53; Armbrüster/Preuß/Renner/*Preuß* BeurkG § 39 Rn. 3; *Limmer* ZNotP 2002, 261 (262 f.); Diehn/*Kilian* BNotO § 21 Rn. 4 ff.; Arndt/Lerch/Sandkühler/*Sandkühler* BNotO § 21 Rn. 4 ff.; Armbrüster/Preuß/Renner/*Piegsa* BeurkG § 12 Rn. 24; *Bohnenkamp*, Unparteilichkeit des Notars bei Tätigkeiten nach § 24 Abs. 1 BNotO, 2005, S. 49 ff.
[11] Vgl. Erläuterungen zu § 24 BNotO und BGH DNotZ 1986, 406; VersR 1985, 883; OLG Hamm MittBayNot 1996, 399; Armbrüster/Preuß/Renner/*Preuß* BeurkG § 39 Rn. 12; Arndt/Lerch/Sandkühler/*Sandkühler* BNotO § 21 Rn. 7; *Bohnenkamp*, Unparteilichkeit des Notars bei Tätigkeiten nach § 24 Abs. 1 BNotO, 2005, S. 38 ff.

B. Die Registerbescheinigung des § 21 Abs. 1 und Abs. 2

I. Allgemeines

4   Der **Inhalt der Registerbescheinigung** ergibt sich aus § 21 Abs. 1. Nach der Regelung aufgrund der Novelle aus dem Jahre 1998 ist nicht mehr nur die Bescheinigung über die Vertretungsberechtigung (§ 21 Abs. 1 Nr. 1), sondern auch eine Bescheinigung zulässig über das Bestehen oder den Sitz einer juristischen Person oder Handelsgesellschaft, über die Firmenänderung, eine Umwandlung oder über sonstige rechtserhebliche Umstände (§ 21 Abs. 1 Nr. 2). Voraussetzung ist, dass sich diese Umstände aus einer Eintragung im Handelsregister oder einem ähnlichen Register ergeben. Gegenstand der Registerbescheinigung können daher nur allgemein Rechtsverhältnisse von Handelsgesellschaften oder juristischen Personen sein, die in einem Handelsregister oder ähnlichem Register eingetragen sind. Dementsprechend kann der Notar nur über Handelsgesellschaften und Kapitalgesellschaften Auskunft geben, die im Handelsregister eingetragen sind oder über Partnerschaften, die im Partnerschaftsregister, Genossenschaften, die im Genossenschaftsregister und Vereine, die im Vereinsregister eingetragen sind.[12]

5   Die Registerbescheinigung iSd § 21 ist vor allem dadurch gekennzeichnet, dass ihr eine **besondere Beweiswirkung** nach § 21 Abs. 1 S. 2 zukommt.[13] Die Bescheinigung hat nämlich die gleiche Beweiskraft wie ein Zeugnis des Registergerichts. Berücksichtigt man diese besondere Beweiswirkung, dann wird deutlich, dass aus anderen Registern, zB dem Güterrechtsregister, Registerbescheinigungen nicht erstellt werden können. Dies schließt aber nicht aus, dass eine sonstige Bescheinigung ohne den besonderen Beweiswert des § 21 Abs. 1 S. 2 vom Notar zuständigerweise nach § 39 BeurkG errichtet werden kann.

6   Das Gleiche gilt für die weitere Beschränkung des § 21, dass sich der bezeugte Umstand aus einer Eintragung im Handelsregister ergibt. Umstände, die sich nur aus den Handelsregisterakten ergeben, können daher nicht Gegenstand der besonderen Registerbescheinigung sein, wohl aber einer allgemeinen Bescheinigung nach § 24 Abs. 1.

II. Inhalt

7   **1. Die Vertretungsbescheinigung.** Erster und wohl auch wichtigster Fall der Registerbescheinigung ist die Vertretungsbescheinigung nach § 21 Abs. 1 Nr. 1. Voraussetzung ist, dass sich die Vertretungsmacht aus einer **Eintragung im Handelsregister oder sonstigen Register** ergibt. Vertretungsberechtigungen, die sich aus noch nicht eingetragenen oder nicht mehr eingetragenen Rechtsverhältnissen ergeben, können nicht Gegenstand der Registerbescheinigung sein.[14] Auch wenn sich die Vertretungsmacht nur aus dem Gesellschaftsvertrag oder der Satzung ergibt, auf einer Vollmacht oder Bestallungsurkunde einer sonstigen Urkunde beruht, darf sie nicht durch Registerbescheinigung bescheinigt werden.[15] Für die Vollmacht besteht jetzt allerdings die Möglichkeit der Vollmachtsbescheinigung nach § 20 Abs. 3. Auch die Bescheinigung über die Vertretungsbefugnis zu einem vor Eintragung des Vertretungsorgans im Handelsregister liegenden Zeitpunkt ist nicht

---

[12] Vgl. Arndt/Lerch/Sandkühler/*Sandkühler* BNotO § 21 Rn. 12; Armbrüster/Preuß/Renner/*Preuß* BeurkG § 39 Rn. 6; Armbrüster/Preuß/Renner/*Piegsa* BeurkG § 12 Rn. 26; *Limmer* ZNotP 2002, 261 (262 f.); Diehn/*Kilian* BNotO § 21 Rn. 7 ff.; Arndt/Lerch/Sandkühler/*Sandkühler* BNotO § 21 Rn. 12 f.

[13] OLG Düsseldorf NZG 2015, 199; Arndt/Lerch/Sandkühler/*Sandkühler* BNotO § 21 Rn. 12; Armbrüster/Preuß/Renner/*Preuß* BeurkG § 39 Rn. 6; Armbrüster/Preuß/Renner/*Piegsa* BeurkG § 12 Rn. 26; *Limmer* ZNotP 2002, 261 (262 f.); Diehn/*Kilian* BNotO § 21 Rn. 7 ff.; Arndt/Lerch/Sandkühler/*Sandkühler* BNotO § 21 Rn. 12 f.

[14] OLG Köln Rpfleger 1990, 352; Arndt/Lerch/Sandkühler/*Sandkühler* BNotO § 21 Rn. 15; Armbrüster/Preuß/Renner/*Preuß* BeurkG § 39 Rn. 6; Armbrüster/Preuß/Renner/*Piegsa* BeurkG § 12 Rn. 26; Diehn/*Kilian* BNotO § 21 Rn. 9.

[15] Schippel/Bracker/*Reithmann* BNotO § 21 Rn. 4; Armbrüster/Preuß/Renner/*Preuß* BeurkG § 39 Rn. 6; Armbrüster/Preuß/Renner/*Piegsa* BeurkG § 12 Rn. 25 f.

möglich nach § 21.¹⁶ Die Vertretungsmacht von nicht eingetragenen Gesellschaften, zB BGB-Gesellschaft oder nicht rechtsfähigen Vereinen, kann nicht durch Registerbescheinigung nachgewiesen werden. In solchen Fällen bedarf es daher einer Vollmacht, die der entsprechenden Form (zB § 29 GBO) genügen muss.¹⁷

Beim **Grundstückserwerb durch eine Gesellschaft bürgerlichen Rechts** gelten nach überwiegender Meinung aber Nachweiserleichterungen. Es genügt, wenn die GbR und ihre Gesellschafter in der notariellen Auflassungsverhandlung benannt sind und die für die GbR Handelnden erklären, sie seien deren alleinige Gesellschafter. Weitere Nachweise der Existenz, der Identität und der Vertretungsverhältnisse dieser GbR bedarf es gegenüber dem Grundbuchamt nicht.¹⁸

Umstritten ist, ob dasselbe für **Handelsgesellschaften vor ihrer Eintragung** gilt: Das KG war der Meinung, dass der im Grundbuchverfahren erforderliche formgerechte Nachweis der gesetzlichen Vertretungsmacht für eine GmbH & Co. KG durch Bezugnahme auf die Eintragungen im Handelsregister nicht für rechtsgeschäftliche Erklärungen erbracht werden kann, die vor Eintragung der Gesellschaft im Handelsregister in deren Namen abgegeben worden sind.¹⁹ Das OLG Hamm war offenbar anderer Ansicht.²⁰

2. Sonstige Umstände. Die gesetzliche Regelung lässt auch für den **Inlandsrechtsverkehr** zu, dass Bescheinigungen über andere Umstände, die sich aus dem Register ergeben, durch Notarbescheinigung nachgewiesen werden. § 21 Abs. 1 Nr. 2 nennt als Fallgruppen die Bescheinigung oder das Bestehen oder den Besitz einer juristischen Person oder Handelsgesellschaft, über die Firmenänderung, über eine Umwandlung. Die Aufzählung ist **nicht abschließend**; auch sonstige rechtserhebliche Umstände können durch Registerbescheinigung nachgewiesen werden, wenn sich die Umstände aus der Eintragung in dem Register ergeben.

Problematisch ist, inwieweit § 21 Abs. 1 Nr. 2 auch dem Handelsregister nicht ähnliche Register erfasst. Nach der alten Regelung des § 22a konnte die Bescheinigung ausgestellt werden, wenn sich der Umstand aus einem öffentlichen Register ergab. Hieraus wurde gefolgert, dass anders als nach § 21 aF Bescheinigungen auch über Güterrechtsregister, Grundbuch, Standesamtsregister oder sonstige Register möglich waren.²¹ § 21 nF spricht jetzt einschränkend davon, dass sich die Umstände aus einem dem Handelsregister ähnlichen Register ergeben müssen, so dass sonstige Register, wie zB Güterrechtsregister nicht genügen.²² Es bleibt aber zulässig, dass über die anderen Register und Bücher eine sonstige Bescheinigung ausgestellt werden kann, der allerdings nicht der besondere Beweis des § 21 Abs. 1 S. 2 zukommt.²³

Der Notar kann auch eine Registerbescheinigung aufgrund Einsicht bei einem ausländischen Register oder aufgrund Einsicht in einen beglaubigten ausländischen Registerauszug erteilen, wenn das ausländische Register seiner rechtlichen Bedeutung und Funktion nach dem deutschen Handelsregister entspricht.²⁴ Das ist beim schwedischen Handels-

---

¹⁶ OLG Köln NJW 1991, 425; *Schöner/Stöber* Rn. 3638; Armbrüster/Preuß/Renner/*Preuß* BeurkG § 39 Rn. 6; Armbrüster/Preuß/Renner/*Piegsa* BeurkG § 12 Rn. 26; Diehn/*Kilian* BNotO § 21 Rn. 9.
¹⁷ Vgl. *Weber* MittBayNot 2019, 11.
¹⁸ BGH DNotZ 2011, 711; KG MittBayNot 2015, 331; *Weber* MittBayNot 2019, 11.
¹⁹ KG MittBayNot 2015, 331; vgl. auch Gutachten DNotI-Report 2002, 185.
²⁰ OLG Hamm FGPrax 2011, 61.
²¹ Vgl. Arndt/Lerch/Sandkühler/*Sandkühler* BNotO § 21 Rn. 12.
²² Schippel/Bracker/*Reithmann* BNotO § 21 Rn. 4; Armbrüster/Preuß/Renner/*Preuß* BeurkG § 39 Rn. 6; Armbrüster/Preuß/Renner/*Piegsa* BeurkG § 12 Rn. 25; Arndt/Lerch/Sandkühler/*Sandkühler* BNotO § 21 Rn. 12; Diehn/*Kilian* BNotO § 20 Rn. 7.
²³ Schippel/Bracker/*Reithmann* BNotO § 21 Rn. 4; Armbrüster/Preuß/Renner/*Preuß* BeurkG § 39 Rn. 6; Armbrüster/Preuß/Renner/*Renner* BeurkG § 12 Rn. 25.
²⁴ OLG Schleswig DNotZ 2008, 709 f. mAnm *Apfelbaum;* OLG Brandenburg MittBayNot 2011, 222; OLG Nürnberg DNotZ 2014, 626; OLG Düsseldorf NZG 2015, 199; OLG München RNotZ 2016, 97; LG Aachen MittBayNot 1990, 145 f.; *Melchior/Schulte* NotBZ 2003, 344 (346); Schippel/Bracker/*Reithmann* BNotO § 21 Rn. 21; Arndt/Lerch/Sandkühler/*Sandkühler* BNotO § 21 Rn. 15; Armbrüster/Preuß/Renner/*Piegsa* BeurkG § 12 Rn. 38; *Winkler* BeurkG § 12 Rn. 25; Diehn/*Kilian* BNotO § 20 Rn. 11; *Demharter*

register der Fall.²⁵ Insoweit kann – wenn der Notar die fremde Sprache versteht – eine beglaubigte Übersetzung entbehrlich werden.²⁶ Ob das ausländische Register dem entspricht, ist im Einzelfall zu klären.²⁷ Umstritten ist die Zulässigkeit einer Vertretungsbescheinigung aufgrund Einsicht in das englische Handelsregister beim Companies House in Cardiff.²⁸ Die überwiegende Meinung lehnt dies ab, da dieses keine Angaben zur Vertretungsbefugnis von Gesellschaftsorganen enthält und keinerlei Gutglaubensschutz bzw. Richtigkeitsgewähr leistet.²⁹ Falls die notwendige Gleichwertigkeit nicht gegeben ist, kann mE der Notar die Vertretungsbefugnis auch durch eine gutachterliche Stellungnahme bestätigen.³⁰ Da es sich deshalb der Sache nach um eine gutachterliche Äußerung handelt, muss die Bescheinigung die tatsächlichen Grundlagen der notariellen Feststellungen enthalten.³¹ Bei englischen Gesellschaften wird verlangt, dass die Bescheinigung auf der Grundlage der Einsicht in das Register, das Memorandum und die Articles of Association sowie das Protokollbuch der Gesellschaft erstellt wird.³² Die Obergerichte sind zum Teil der Auffassung, dass der Nachweis durch eine Bescheinigung des Registered Agent der Gesellschaft geführt werden kann. Dieser ist in seiner Stellung und seinen Aufgaben mit dem Secretary der Gesellschaft im englischen Unternehmensrecht vergleichbar.³³

III. Wirkung der Registerbescheinigung

10   Die Besonderheit einer Registerbescheinigung nach § 21 im Vergleich zu sonstigen Bescheinigungen nach § 24 Abs. 1 liegt darin, dass nach § 21 Abs. 1 S. 2 die Registerbescheinigung die gleiche **Beweiskraft** hat, wie ein Zeugnis des Registergerichts. Grundsätzlich haben notarielle Zeugnisurkunden iSd § 20 spezifische Beweiskraft nach §§ 415, 418 ZPO.³⁴ Zeugnisurkunden begründen den vollen Beweis des durch die Urkundsperson beurkundenden Vorgangs bzw. die darin bezeugten Tatsachen. Da bei einer Bescheinigung im Zentrum die gutachterliche Würdigung steht, scheidet diese besondere Beweiswirkung von vorneherein aus.³⁵ Der einzige Beweiswert nach der ZPO, den eine derartige Bescheinigung hat, ist der nach § 437 ZPO, wonach Urkunden, die nach Form und Inhalt als von

---

GBO § 32 Rn. 3; *Pfeiffer* Rpfleger 2012, 240 (244); *Süß* DNotZ 2005, 180 (184); *Bönner* RNotZ 2015, 253 (267); *Suttmann* notar 2014, 273; *Pelikan* notar 2014, 160 sowie *Spieker* notar 2014, 196; ablehnend *Wachter* NotBZ 2004, 249 (250).

²⁵ OLG Schleswig DNotZ 2008, 709 f. mAnm *Apfelbaum*; KG DNotZ 2012, 60; Diehn/*Kilian* BNotO § 20 Rn. 11.

²⁶ *Melchior/Schulte* NotBZ 2003, 344 (346); vgl. auch allgemein zum Nachweis bei ausländischen Gesellschaften *Fischer* ZNotP 1999, 352.

²⁷ Vgl. *Apfelbaum* DNotZ 2008, 211; *Pfeiffer* Rpfleger 2012, 240 (244); Diehn/*Kilian* BNotO § 20 Rn. 1; vgl. die Kurzdarstellungen zum ausländischen Handelsregisterrecht Schmidt-Kessel/Leutner/*Brunnschweiler*, Handelsregisterrecht, S. 405 ff.; vgl. auch *Apfelbaum* DNotZ 2008, 711.

²⁸ Vgl. *Wachter* ZNotP 2005, 122 (128); *Mauch* ZVglRWiss 106 (2007) 272 (280 f., 285 f.); *Henweever* FGPrax 2004, 259 (260).

²⁹ KG DNotZ 2012, 604 (605); OLG Düsseldorf NZG 2015, 199; OLG Nürnberg DNotZ 2014, 626; Diehn/*Kilian* BNotO § 21 Rn. 11; Arndt/Lerch/Sandkühler/*Sandkühler* BNotO § 21 Rn. 15; Armbrüster/Preuß/Renner/*Piegsa* BeurkG § 12 Rn. 36 ff.

³⁰ So zu Recht *Pfeiffer* Rpfleger 2012, 240 (244); Diehn/*Kilian* BNotO § 21 Rn. 11; wohl auch OLG Nürnberg DNotZ 2014, 626; ablehnend wohl OLG München RNotZ 2016, 97; Meikel/*Krause* GBO § 32 Rn. 15; OLG Düsseldorf NZG 2015, 199.

³¹ OLG Nürnberg DNotZ 2014, 626; OLG Hamm DNotZ 2006, 951.

³² OLG Nürnberg DNotZ 2014, 626; OLG Düsseldorf NZG 2015, 199; OLG Hamm DNotZ 2006, 951; KG DNotZ 2012, 60; *Langhein* NZG 2001, 1123 (1127).

³³ OLG Jena RNotZ 2018, 466; vgl. allgemein zum Nachweis bei Gesellschaften des angloamerikanischen Rechtskreises *Freier* NotBZ 2018, 444.

³⁴ → § 20 Rn. 6, Zöller/*Geimer* ZPO § 418 Rn. 3; Musielak/*Huber* ZPO § 418 Rn. 1; Diehn/*Kilian* BNotO § 21 Rn. 32 ff.; Arndt/Lerch/Sandkühler/*Sandkühler* BNotO § 21 Rn. 19; kritisch *Koch/Rudzio* ZZP 122 (2009), 37 (58 ff.) zur Beweiskraft nach der Elektronisierung des Handelsregisters und Streichung des § 9 Abs. 3 HGB aF.

³⁵ OLG Frankfurt a. M. NJW-RR 1996, 529; Schippel/Bracker/*Reithmann* BNotO § 21 Rn. 6 f.; Armbrüster/Preuß/Renner/*Preuß* BeurkG § 39 Rn. 2; Arndt/Lerch/Sandkühler/*Sandkühler* BNotO § 21 Rn. 18 ff.; Diehn/*Kilian* BNotO § 21 Rn. 32; *Reithmann* DNotZ 1974, 6 (16); ders. MittBayNot 1990, 82 f.

einer öffentlichen Behörde oder von einer mit öffentlichem Glauben versehenen Person errichtet sich darstellen, die Vermutung der Echtheit für sich haben, also den Beweis begründen, dass der Notar der Aussteller der Urkunde ist.[36]

Allgemein haben Notarbestätigungen **keinen besonderen Beweiswert.** Als gutachterliche Äußerung genießen sie nur das Vertrauen des Rechtsverkehrs in die Richtigkeit der vom Notar vorgenommenen Schlussfolgerungen.[37] Etwas anderes gilt nach § 21 Abs. 1 S. 2 für die Registerbescheinigung. Diese ist dem registergerichtlichen Zeugnis gleichgestellt.[38] Die **spezifische Beweiswirkung** von Zeugnissen des Registergerichts ist in Spezialgesetzen geregelt. § 69 BGB bestimmt, dass der Nachweis, dass der Vorstand aus den im Register eingetragenen Personen besteht, Behörden gegenüber durch ein derartiges Zeugnis geführt wird. Ähnliches regeln § 26 Abs. 2 GenG, § 9 Abs. 3 HGB und am wichtigsten § 32 GBO. Diese Bestimmungen sind aufgrund ihrer Funktionsgleichheit einheitlich auszulegen.[39] Sie bezwecken eine Erleichterung des Rechtsverkehrs, so zB § 32 GBO des Grundbuchverkehrs. Bei Fehlen einer entsprechenden Vorschrift müssten die genannten Handelsgesellschaften, Genossenschaften uÄ gem. § 29 Abs. 1 S. 2 GBO Vertretungsbefugnis und Existenz der Gesellschaft durch entsprechende öffentliche Urkunden nachweisen. Nach allgemeiner Meinung sind daher diese Vorschriften Spezialgesetze zum strengen Formgebot des § 29 Abs. 1 GBO.[40] Die Vorschriften sind verfahrensrechtliche Normen für den Verkehr mit dem Grundbuchamt bzw. den Behörden, allerdings ohne materiell-rechtliche Bedeutung.[41] Es handelt sich um gesetzliche Beweisregeln, die zB nach § 32 GBO den Rechtspfleger von der Verpflichtung entbinden, die maßgebliche materiell-rechtliche Lage zu ermitteln.[42] Die genannten Zeugnisse, also auch die notarielle Registerbescheinigung, erbringen danach für das entsprechende Verfahren, zB das Grundbuchverfahren, den vollen Beweis für den bezeugten Umstand.[43]

Es besteht weiterhin Einigkeit, dass derartige Zeugnisse und Bescheinigungen auch eine **zeitliche Beschränktheit** haben. Dies resultiert vor allem daraus, dass sich zwischen Registereinsicht und Verwendung die Vertretungsbefugnis geändert haben kann. Im Grundsatz geht die hM davon aus, dass der Tag der Einsichtnahme möglichst nicht länger als **sechs Wochen** vor dem abzuschließenden Rechtsgeschäft zurückliegen soll.[44]

IV. Notarielles Verfahren

1. Sachverhaltsermittlung. § 20 Abs. 2 S. 1 bestimmt, dass der Notar die Bescheinigung nur ausstellen darf, wenn er sich zuvor über die Eintragung Gewissheit verschafft hat, die auf Einsichtnahme in das Register oder einer beglaubigten Abschrift hiervon beruhen

---

[36] Diehn/*Kilian* BNotO § 21 Rn. 32.
[37] Schippel/Bracker/*Reithmann* BNotO § 21 Rn. 6 f.; Arndt/Lerch/Sandkühler/*Sandkühler* BNotO § 21 Rn. 4; Armbrüster/Preuß/Renner/*Preuß* BeurkG § 39 Rn. 2.
[38] Schippel/Bracker/*Reithmann* BNotO § 21 Rn. 6 f.; Arndt/Lerch/Sandkühler/*Sandkühler* BNotO § 21 Rn. 4; Armbrüster/Preuß/Renner/*Preuß* BeurkG § 39 Rn. 2
[39] Vgl. OLG Köln Rpfleger 1990, 352; Meikel/*Krause* GBO § 32 Rn. 4 ff.; *Limmer* DNotZ 2000, 294; kritisch *Koch/Rudzio* ZZP 122 (2009), 37 (45 ff.); vgl. zu § 69 BGB MüKoBGB/*Arnold* BGB § 69 Rn. 1; Staudinger/*Habermann* BGB § 69 Rn. 1; für § 26 GenG *Beuthien* GenG § 26 Rn. 7.
[40] Vgl. Meikel/*Krause* GBO § 32 Rn. 4 f.; MüKoBGB/*Arnold* BGB § 69 Rn. 1; Soergel/*Hadding* BGB § 69 Rn. 1; BGB-RGRK/*Steffen* § 69 Rn. 1; Staudinger/*Habermann* BGB § 69 Rn. 1; *Beuthien* GenG § 26 Rn. 7; Schippel/Bracker/*Reithmann* BNotO § 21 Rn. 15.
[41] Meikel/*Krause* GBO § 32 Rn. 4 f.; MüKoBGB/*Arnold* BGB § 69 Rn. 1; Soergel/*Hadding* BGB § 69 Rn. 1; BGB-RGRK/*Steffen* § 69 Rn. 1; Staudinger/*Habermann* BGB § 69 Rn. 1; *Beuthien* GenG § 26 Rn. 7; Schippel/Bracker/*Reithmann* BNotO § 21 Rn. 15.
[42] Meikel/*Krause* GBO § 32 Rn. 4 f.; Schippel/Bracker/*Reithmann* BNotO § 21 Rn. 15; BGB-RGRK/*Steffen* § 69 Rn. 1; MüKoBGB/*Arnold* BGB § 69 Rn. 1.
[43] Vgl. Meikel/*Krause* GBO § 32 Rn. 7; Schöner/Stöber Rn. 3637; *Demharter* GBO § 32 Rn. 9.
[44] Vgl. im Einzelnen OLG Hamm Rpfleger 1990, 85; LG Aachen MittRhNotK 1998, 167; Arndt/Lerch/Sandkühler/*Sandkühler* BNotO § 21 Rn. 20; Schippel/Bracker/*Reithmann* BNotO § 21 Rn. 7; Melchior/Schulte NotBZ 2003, 344 (345); *Winkler* BeurkG § 12 Rn. 26; Armbrüster/Preuß/Renner/*Piegsa* BeurkG § 12 Rn. 30 f.; enger: LG Aachen Rpfleger 1982, 63 (12 Tage); enger: Meikel/*Krause* GBO § 32 Rn. 34 (einige Tage).

muss. Vor der Neuregelung durch die Novelle aus dem Jahr 1998 war umstritten, ob der Notar die Einsicht höchstpersönlich wahrnehmen muss oder ob er sich dabei **Hilfskräften** bedienen darf.[45] Der Gesetzgeber hat mit der Neufassung von Abs. 2 klargestellt, dass sich der Notar zwar die auf Einsichtnahme in das Register beruhende Gewissheit über die betreffenden Eintragungen verschaffen muss, er jedoch das Register **nicht persönlich einsehen** muss. Er soll sich nach der ausdrücklichen Begründung zum Regierungsentwurf auch geeigneter Hilfspersonen bedienen dürfen, auf deren Sorgfalt er in einer Weise vertrauen kann, wie das zur geforderten Gewissheitserlangung notwendig ist.[46] Das gilt auch für ausländische Register, soweit diese gleichwertig sind.[47] Er darf sich auch auf die fernmündliche Auskunft eines als zuverlässig bekannten Mitarbeiters des Registers verlassen.[48] Dies ist sachgerecht, da der Notar nach der Rechtsprechung des BGH auch für Fehlverhalten der Hilfspersonen haftet.[49] Wird das Handelsregister elektronisch geführt und hat der Notar die elektronische Einsichtsmöglichkeit, so kann die Registerbescheinigung auch aufgrund Einsicht in das **elektronische Handelsregister** ausgestellt werden.[50] Die Bundesnotarkammer hat dies im Rundschreiben Nr. 14/2003 vom 14.4.2003 bestätigt.[51] Bittet der Notar einen auswärtigen Kollegen für ihn eine Einsicht in ein auswärtiges Register vorzunehmen, so kann er über diese Einsicht eine Registerbescheinigung ausstellen. Der andere Kollege ist dann Hilfsperson des bescheinigenden Notars.

14 **2. Beurkundungsform.** Für die Registerbescheinigung bestimmt § 39 BeurkG, dass ein sog. **einfaches Zeugnis in Vermerkform** genügt.[52] Der Notar muss keine Niederschrift errichten.[53] Es ist aber auch durchaus zulässig. Erforderlich sind danach die Feststellung des Sachverhalts, Unterschrift und Präge- oder Farbdrucksiegel des Notars sowie Ort und Tag der Ausstellung.[54] Nach § 21 Abs. 2 S. 1 hat darüber hinausgehend der Notar den Tag der Einsichtnahme in das Register oder den Tag der Ausstellung der Abschrift in der Bescheinigung anzugeben. Hierdurch soll der Beweiswert festgestellt werden. Ist die Bescheinigung nicht in einer gesonderten Urkunde enthalten, sondern Teil einer Beurkundung nach §§ 8 ff. BeurkG, dann sind gesonderte Angaben von Datum und Ort der Niederschrift und auch die gesonderte Unterschrift des Notars nicht erforderlich, da diese bereits in der allgemeinen Niederschrift enthalten sind.[55] Der Vermerk kann für den internationalen Rechtsverkehr auch in einer fremden Sprache verfasst werden.[56]

---

[45] Vgl. zum Streit *Reithmann* MittBayNot 1990, 83; *Assenmacher* Rpfleger 1990, 196; LG Aachen MittBayNot 1990, 125; *Melchior/Schulte* NotBZ 2003, 344; aA (höchstpersönliche Einsicht) *Mayer* Rpfleger 1989, 143.
[46] Vgl. Begr. zum RegE BT-Drs. 890/95; Arndt/Lerch/Sandkühler/*Sandkühler* BNotO § 21 Rn. 24; Schippel/Bracker/*Reithmann* BNotO § 21 Rn. 11; *Melchior/Schulte* NotBZ 2003, 344 (345); *Winkler* BeurkG § 12 Rn. 22; Armbrüster/Preuß/Renner/*Piegsa* BeurkG § 12 Rn. 29; Diehn/*Kilian* BNotO § 21 Rn. 8.
[47] → § 20 Rn. 9.
[48] Armbrüster/Preuß/Renner/*Piegsa* BeurkG § 12 Rn. 29.
[49] Vgl. BGH NJW 1996, 464; *Preuß* DNotZ 1996, 506.
[50] Vgl. Gutachten DNotI-Report 2014, 81 (82); *Melchior/Schulte* NotBZ 2003, 344; *Ries/Melchior* NotBZ 2003, 205; Arndt/Lerch/Sandkühler/*Sandkühler* BNotO § 21 Rn. 13; Schippel/Bracker/*Reithmann* BNotO § 21 Rn. 15; Armbrüster/Preuß/Renner/*Piegsa* BeurkG § 12 Rn. 28; *Winkler* BeurkG § 12 Rn. 22a.
[51] BNotK ZNotP 2003, 260.
[52] Vgl. LG Mannheim Rpfleger 1982, 469; Arndt/Lerch/Sandkühler/*Sandkühler* BNotO § 21 Rn. 29; Schippel/Bracker/*Reithmann* BNotO § 21 Rn. 13; *Winkler* BeurkG § 39 Rn. 23; Armbrüster/Preuß/Renner/*Preuß* BeurkG § 39 Rn. 13.
[53] Vgl. LG Oldenburg Rpfleger 1982, 176.
[54] Vgl. im Einzelnen § 39 BeurkG.
[55] Vgl. Schippel/Bracker/*Reithmann* BNotO § 21 Rn. 14.
[56] Vgl. *Röll* DNotZ 1974, 423; *ders.* MittBayNot 1977, 107 (verschiedene Sprachen); *Schervier* MittBayNot 1989, 198 (Englisch).

C. Bescheinigung über die rechtsgeschäftlich begründete Vertretungsmacht (Abs. 3)[57]

Durch das Gesetz zur Übertragung von Aufgaben im Bereich der freiwilligen Gerichtsbarkeit auf Notare vom 26.6.2013[58] wurde § 21 Abs. 3 angefügt. Die Notare sind danach nunmehr auch zuständig für die Erteilung von Bescheinigungen über eine durch Rechtsgeschäft erteilte Vertretungsmacht. Der Gesetzeszweck der Vorschrift besteht – neben der Entlastung der Justizverwaltung von Archivgut – darin, die Bediensteten der Grundbuchämter und der die Handels- und Partnerschaftsregister führenden Stellen von einer inhaltlichen Prüfung der Vollmachten zu entlasten.[59] Der Notar darf die Bescheinigung nur ausstellen, wenn er sich zuvor durch **Einsichtnahme in eine öffentliche oder öffentlich beglaubigte Vollmachtsurkunde** über die Begründung der Vertretungsmacht vergewissert hat. In der Bescheinigung ist anzugeben, in welcher Form und an welchem Tag die Vollmachtsurkunde dem Notar vorgelegen hat. Auch § 34 GBO und § 12 Abs. 1 HGB wurden durch das Gesetz geändert. Die Vorschriften bestimmen nun ergänzend, dass eine durch Rechtsgeschäft erteilte Vertretungsmacht auch durch eine Bescheinigung nach § 21 Abs. 3 nachgewiesen werden kann. Wird von der Bescheinigung Gebrauch gemacht, verlagert sich ein Teil der Prüfung der Vertretungsberechtigung von dem Grundbuchamt auf den Notar.[60] Vom Notar wird damit eine inhaltliche Überprüfung der Vertretungsmacht verlangt.[61]

14a

Die Zuständigkeit nach § 21 Abs. 3 beschränkt sich auf die Bescheinigung des Bestehens einer **durch Rechtsgeschäft** erteilten Vertretungsmacht, aber auch zB die Vertretungsberechtigung eines WEG-Verwalters.[62] Nicht umfasst sind Nachweise über Vertretungsmacht des Inhabers eines **durch staatlichen Bestellungsakt** verliehenen Amtes, wie zB Insolvenzverwalter, Betreuer etc.[63] Auch der Testamentsvollstrecker ist nicht erfasst.[64]

14b

Eine notarielle Vollmachtsbescheinigung ist allerdings nur auf Basis solcher Vollmachten zulässig, die ihrerseits den Anforderungen des Registerverkehrs (zB im Grundbuch § 29 GBO) genügen. Der Notar muss sich deshalb die **Legitimationskette,** die zu der Vollmacht führt, in der Form nachweisen lassen, in der sie gegenüber der das Register führenden Stelle nachzuweisen wäre, also durch Einsicht in eine öffentliche oder öffentlich beglaubigte Vollmachtsurkunde.[65] Der BGH hat dazu entschieden, dass eine durch Rechtsgeschäft erteilte Vertretungsmacht, die auf die gesetzlichen Vertreter einer im Handelsregister eingetragenen juristischen Person zurückgeht, dem Grundbuchamt durch eine notarielle Vollmachtsbescheinigung nur nachgewiesen werden kann, wenn der Notar sämtliche **Einzelschritte der Vollmachtskette** nach § 21 Abs. 1 und Abs. 3 bescheinigt.[66] Nicht ausreichend ist die beglaubigte Abschrift einer GmbH-Satzung.[67] Die bisherigen Anforderungen an den Nachweis einer Vollmacht werden somit nicht verringert, es

14c

---

[57] Diehn/*Kilian* BNotO § 21 Rn. 24; Armbrüster/Preuß/Renner/*Preuß* BeurkG § 39 Rn. 9 f.; *Weber* MittBayNot 2019, 11; *Böttcher* NJW 2015, 2770, Meikel/*Krause* GBO § 32 Rn. 1 ff.; *Spieker* notar 2014, 196 mit Formulierungsvorschlag; Gutachten DNotI-Report 2013, 185.
[58] BGBl. I 1800; vgl. auch BGH DNotZ 2017, 303.
[59] BT-Drs. 17/1469, 14.
[60] Vgl. BGH DNotZ 2017, 303; OLG Nürnberg NotBZ 2017, 350.
[61] OLG Frankfurt a. M. NJOZ 2016, 709; KEHE/*Volmer* GBO § 34 Rn. 10.
[62] Str. vgl. *Spieker* notar 2014, 196; Diehn/*Kilian* BNotO § 21 Rn. 24; Armbrüster/Preuß/Renner/*Preuß* BeurkG § 39 Rn. 10.
[63] Gutachten DNotI-Report 2013, 185; Diehn/*Kilian* BNotO § 21 Rn. 24; Armbrüster/Preuß/Renner/*Preuß* BeurkG § 39 Rn. 9.
[64] Diehn/*Kilian* BNotO § 21 Rn. 25; Armbrüster/Preuß/Renner/*Preuß* BeurkG § 39 Rn. 9.
[65] BGH DNotZ 2017, 303; OLG Bremen DNotZ 2014, 636; OLG München RNotZ 2016, 97; Diehn/*Kilian* BNotO § 21 Rn. 28 f.; *Spieker* notar 2014, 196; Armbrüster/Preuß/Renner/*Preuß* BeurkG § 39 Rn. 10; *Demharter* GBO § 34 Rn. 3; Meikel/*Krause* GBO § 32 Rn. 5.
[66] BGH DNotZ 2017, 303; ebenso OLG Hamm FGPrax 2016, 198.
[67] OLG Bremen DNotZ 2014, 636; Meikel/*Krause* GBO § 32 Rn. 5.

wird nur eine zusätzliche Möglichkeit des Nachweises gegenüber den die Register führenden Stellen geschaffen.[68] Der Notar kann die Bescheinigung daher nur ausstellen, wenn er sich zuvor durch Einsichtnahme in eine öffentliche oder öffentlich beglaubigte Vollmachtsurkunde über die Begründung der Vertretungsmacht vergewissert hat.

14d Fraglich ist die Bescheinigung bei Vollmachtsurkunden, die von einem **ausländischen Notar** ausgestellt wurden. Die Form einer öffentlichen Urkunde iSd § 21 Abs. 3 kann im Prinzip auch bei einer von einem ausländischen Notar ausgestellten Vollmacht erreicht werden. Auch hier wird man auf die Frage der Gleichwertigkeit bzw. die Möglichkeit der Substitution[69] abstellen müssen,[70] allerdings nur für die Frage ob nach dem ausländischen Recht eine öffentliche Urkunde vorliegt, zB bei einer Unterschriftsbeglaubigung durch den ausländischen Notar. Für die Substitution einer deutschen Unterschriftsbeglaubigung durch eine ausländische Unterschriftsbeglaubigung wird von *Hertel* gefordert, dass die ausländische Beglaubigung von einer mit einer entsprechenden öffentlichen Befugnis ausgestatteten Person vorgenommen wurde, dass die Beglaubigung nach dem maßgeblichen ausländischen Recht wirksam vorgenommen wurde und dass das ausländische Recht dieser Beglaubigungsform ebenfalls Beweiskraft und Echtheitsvermutungen ähnlich §§ 416, 418, 440 Abs. 2 ZPO beimisst.[71] *Reithmann* stellt darauf ab, ob der ausländische Notar als Organ der Rechtspflege handelt; deshalb sei eine Beglaubigung durch eine Person, die keiner Aufsicht unterliege, nicht substituierbar iSd § 129 BGB.[72] Im Ergebnis wird man es genügen lassen müssen, wenn ein Notar nach seinem Rechtssystem zu derartigen Aufgaben offiziell befugt ist und das Verfahren eine Gewähr für die Echtheit der Unterschrift gibt.[73] Es spricht ein Erfahrungssatz des internationalen Rechtsverkehrs dafür, dass ausländische Notare die für sie maßgeblichen Zuständigkeits- und Formvorschriften beachten. Sofern also die Echtheit der ausländischen öffentlichen Urkunde feststeht und keine gewichtigen Anhaltspunkte für ihre fehlerhafte oder kompetenzwidrige Errichtung vorliegen, kann man sich auf den genannten Erfahrungssatz verlassen und ist an ihn gebunden.[74] Erforderlich ist natürlich je nach Staat Legalisation oder Apostille.[75]

14e In der Bescheinigung ist gem. § 21 Abs. 3 anzugeben, **in welcher Form und an welchem Tag die Vollmachtsurkunde dem Notar vorgelegen hat,** dh ob es sich um eine öffentliche oder eine öffentlich beglaubigte Urkunde, ob es sich um die Urschrift oder eine Ausfertigung handelte.[76] Hierdurch wird sichergestellt, dass das Grundbuchamt im Hinblick auf § 172 BGB anhand der notariellen Bescheinigung überprüfen kann, ob die Vollmachtsurkunde dem Notar in Urschrift oder Ausfertigung vorgelegt hat.[77] Im Hinblick auf die Möglichkeit des Widerrufs einer Vollmacht wird in der Literatur angenommen, dass im Regelfall nur solche notarielle Bescheinigungen als Vollmachtsnachweis in Frage kommen, die zeitgleich mit der Beurkundung der Grundbucherklärung bzw. Unterschriftsbeglaubigung und damit von dem Notar, der die entsprechende Erklärung beurkundet bzw. die Unterschrift beglaubigt, erstellt werden.[78] Bei Auslandsberührung richtet sich die Wirksamkeit der Vollmacht nach dem kollisionsrechtlich anwendbaren Recht, dh bei der gesellschaftsrechtlichen Vertretungsmacht nach dem Gesellschaftsstatut, bei der Vollmacht nach dem Vollmachtsstatut.[79] Bei **Vollmachtsketten** hat der Notar sämtliche Ein-

---

[68] BT-Drs. 17/1469, 14; OLG Bremen DNotZ 2014, 636; *Spieker* notar 2014, 196;.
[69] Vgl. MüKoBGB/*v. Hein* IPR Einl. Rn. 602 ff.; Reithmann/Martiny/*Reithmann* Rn. 5.318 ff.; *Hug*, Die Substitution im IPR, 1983; *Manse* FS Lorenz 1991, 689 ff.
[70] Vgl. dazu die Erläuterungen zu → BeurkG § 2 Rn. 16.
[71] Staudinger/*Hertel* BGB § 129 Rn. 157.
[72] Reithmann/Martiny/*Reithmann* Rn. 5.310.
[73] Vgl. auch Reithmann/Martiny/*Reithmann* Rn. 5.310 ff.
[74] OLG Zweibrücken FGPrax 1999, 86; LG Darmstadt MittBayNot 2008, 317; LG Wuppertal RNotZ 2005, 123; *Demharter* GBO § 29 Rn. 50 ff.
[75] Vgl. dazu → BeurkG § 2 Rn. 17 ff.
[76] Meikel/*Krause* GBO § 32 Rn. 5; Diehn/*Kilian* BNotO § 21 Rn. 31; Gutachten DNotI-Report 2016, 135.
[77] *Böttcher* NJW 2015, 2770 (2773); Diehn/*Kilian* BNotO § 21 Rn. 31; Meikel/*Krause* GBO § 32 Rn. 5.
[78] *Böttcher* NJW 2015, 2770 (2773); Meikel/*Krause* GBO § 32 Rn. 6.
[79] Reithmann/Martiny/*Reithmann* Rn. 5.35.

zelschritte der Vollmachtskette zu bescheinigen, wobei diese in einem Vermerk zusammengefasst werden können, in dem der Notar die von ihm geprüften Einzelschritte aufführt. Eine Kombination von notariellen Bescheinigungen nach § 21 Abs. 1 und Abs. 3 ist zulässig.[80] Die Bescheinigung muss keine Feststellung darüber enthalten, ob der Vertreter von den Beschränkungen des § 181 BGB befreit ist.[81] Es genügt vielmehr die Bescheinigung des Notars, dass das in Rede stehende Rechtsgeschäft von der ihm vorgelegten (formgerechten) Vollmacht gedeckt ist.

Für die in § 21 Abs. 3 geregelte Vertretungsbescheinigung über rechtsgeschäftlich begründete Vertretungsmacht ist deren **Beweiswert im Grundbuch- und Registerverfahren** durch entsprechende Änderungen des § 34 GBO und des § 12 HGB gleichgestellt. Die Vorschriften sind verfahrensrechtliche Normen für den Verkehr mit dem Grundbuchamt bzw. den Behörden, allerdings ohne materiell-rechtliche Bedeutung.[82] Mit der Notarbescheinigung nach § 21 Abs. 3 kann allerdings der förmliche Nachweis einer Bevollmächtigung erbracht werden, für den bislang wegen § 172 BGB – der an sich eine Vorlage der Vollmachtsurkunde in Urschrift oder Ausfertigung erforderlich macht – neben einer beglaubigten Abschrift der Vollmachtsurkunde zusätzlich eine Notarbestätigung über die Vorlage der Urkunde zu einem bestimmten Zeitpunkt vorgelegt werden musste.[83] Solche Bescheinigungen haben grundsätzlich auch dieselbe Beweiskraft wie ein Zeugnis des betreffenden Registergerichtes.[84] Durch die notarielle Bescheinigung kann auch die Vertretungsberechtigung gegenüber dem Grundbuchamt nachgewiesen werden (§ 32 Abs. 1 GBO).[85] Wie die Bescheinigung einer sich aus einem Register ergebenden Vertretungsberechtigung erbringt auch die mit Unterschrift und Siegel des Notars versehene Bescheinigung einer rechtsgeschäftlich erteilten Vertretungsmacht den erforderlichen Vertretungsnachweis gegenüber dem Grundbuchamt. Die notarielle Vollmachtsbescheinigung erbringt zwar den vollen Beweis für die bezeugte Vertretungsbefugnis. Kennt das Grundbuchamt jedoch Tatsachen, die der bescheinigten Vertretungsmacht entgegenstehen, zB den Widerruf oder den mangelnden Umfang der Vollmacht, kann es diese berücksichtigen und die notarielle Vollmachtsbescheinigung zurückweisen.[86]

D. Satzungsbescheinigungen

Neben der Registerbescheinigung ist die sog. Satzungsbescheinigung des Notars im Gesetz ausdrücklich geregelt (§ 54 Abs. 1 S. 2 GmbHG, § 181 Abs. 1 S. 2 AktG).[87] Bei der Anmeldung einer GmbH oder AG über eine Satzungsänderung muss diese mit der Bescheinigung eines Notars versehen sein, dass die geänderten Bestimmungen der Satzung mit dem Beschluss über die Satzungsänderung und die unveränderten Bestimmungen mit dem zuletzt zum Handelsregister eingereichten vollständigen Wortlaut der Satzung übereinstimmen. Die gesellschaftsrechtlichen Vorschriften dienen der **Erleichterung bei Einsichtnahme** in das Handelsregister, da ein Zusammensuchen der jeweils gültigen Satzungsbestimmungen vermieden wird. Hierdurch soll jedermann in die Lage versetzt werden, den neuesten Stand des Gesellschaftsvertrags aus einer einzigen, im Handelsregister befindlichen

---

[80] BGH DNotZ 2017, 303; OLG Hamm FGPrax 2016, 198.
[81] OLG Nürnberg MittBayNot 2017, 293; *Genske* notar 2017, 169 (172).
[82] Meikel/*Krause* GBO § 32 Rn. 4 f.; MüKoBGB/*Arnold* BGB § 69 Rn. 1; Soergel/*Hadding* BGB § 69 Rn. 1; BGB-RGRK/*Steffen* § 69 Rn. 1; Staudinger/*Habermann* BGB § 69 Rn. 1; *Beuthien* GenG § 26 Rn. 7; Schippel/*Bracker*/*Reithmann* BNotO § 21 Rn. 15.
[83] So zu Recht *Preuß* DNotZ 2013, 740 (748); Armbrüster/*Preuß*/*Renner*/*Preuß* BeurkG § 39 Rn. 9.
[84] BT-Drs. 17/1469, 14; vgl. auch Reithmann/*Martiny*/*Reithmann* Rn. 5.35.
[85] OLG Bremen DNotZ 2014, 636.
[86] *Böttcher* NJW 2015, 2770 (2773); Meikel/*Krause* GBO § 32 Rn. 8; aA *Zimmer* ZfIR 2014, 566.
[87] Vgl. *Gross* Rpfleger 1972, 241; *Gustavus* DNotZ 1971, 229; *Röll* DNotZ 1970, 337; *ders.* DNotZ 1981, 16; *ders.* GmbHR 1982, 251; *Winkler* DNotZ 1980, 578; Armbrüster/*Preuß*/*Renner*/*Preuß* BeurkG § 39 Rn. 11.

Urkunde zu ersehen.[88] Der Gesetzgeber hatte diese Aufgabe der Verantwortung für einen einheitlichen Satzungstext auf den Notar verlagert, der durch eine notarielle Bescheinigung dafür Sorge tragen muss, dass der jeweils vollständige aktuelle Satzungstext in einer Urkunde enthalten ist. Die Bescheinigung dient damit zur **Entlastung des Registergerichts.**

15a Umstritten ist, ob bei einer **vollständigen Neufassung der Satzung** eine Satzungsbescheinigung erforderlich ist.[89] Die Bescheinigung hat keinen materiellen Inhalt, so dass eine beim Handelsregister eingereichte falsche Bescheinigung keinen Einfluss auf den materiell-rechtlichen Inhalt der Satzung hat. Insbesondere gilt also nicht die Satzung mit dem Inhalt, wie er sich aus der beim Handelsregister eingereichten Urkunde ergibt; materiell-rechtlich gilt vielmehr vom Zeitpunkt der Eintragung an die tatsächlich beschlossene Änderung der Satzung.[90] Die unrichtige Bescheinigung muss durch eine richtige korrigiert werden.

16 Die Zuständigkeit des Notars folgt aus den Spezialgesetzen (§ 54 Abs. 1 S. 2 GmbHG, § 181 Abs. 1 S. 2 AktG). Es handelt sich dabei aber nicht nur um eine Tatsachenbeurkundung, sondern um eine echte Bescheinigung, da der Notar über die reine Feststellung der wahrgenommenen Tatsachen auch die Schlussfolgerung der **Vollständigkeit** ziehen muss. Die Bescheinigung enthält daher auch gutachterliche Aussagen, die über die reine Wahrnehmung der Tatsachen hinausgehen.[91] Die Herstellung des redaktionell berichtigten Satzungstextes, der nach § 54 Abs. 1 GmbHG bzw. § 181 Abs. 1 AktG bei der Anmeldung einer Satzungsänderung einzureichen ist, obliegt grundsätzlich dem Geschäftsführer, der damit jedoch auch einen Notar beauftragen kann.[92] Die **Zuständigkeit** ergibt sich daraus, dass es sich um eine vorsorgende Betreuungsaufgabe des § 24 Abs. 1 handelt. Die eigentliche Bescheinigung beinhaltet die Prüfungstätigkeit des Notars über den Inhalt der Satzung und deren Vollständigkeit. Zweck der Bescheinigung ist es, den Rechtsverkehr zu erleichtern: die für das Gründungsstadium der Gesellschaft bewirkte Klarheit und Verlässlichkeit des Handelsregisters soll auch bei Satzungsänderungen erhalten bleiben. Der neueste Stand des Gesellschaftsvertrags soll jederzeit aus einer einzigen, beim Handelsregister befindlichen Urkunde entnommen werden können.[93] Der Notar hat damit eine besondere Verantwortung für das Handelsregister und den Schutz des Rechtsverkehrs.

17 Die Satzungsbescheinigung kann von jedem Notar erstellt werden, auch wenn der erstellende Notar die Satzungsänderung nicht beurkundet hat, zweckmäßigerweise wird jedoch der Notar beauftragt, der die Satzungsänderung beurkundet hat.

18 Es handelt sich um eine Bescheinigung in Form eines Vermerks nach § 39 BeurkG.[94] Der Notar muss wie bei jeder Bescheinigung den Sachverhalt aufklären. Der Notar hat nicht nur die Änderungen zu bescheinigen, sondern auch, dass die unveränderten Bestimmungen mit dem zuletzt zum Handelsregister eingereichten vollständigen Wortlaut der Satzung übereinstimmen.[95] Die hM vertritt dabei, dass die notarielle Bescheinigung neben den materiellen Satzungsbestandteilen auch den überholten, durch förmliche Satzungsänderung aber noch nicht beseitigten formellen Satzungsinhalt umfasst.[96] Darüber hinaus-

---

[88] Vgl. BayObLG MittBayNot 1989, 35; OLG Frankfurt a. M. DB 1981, 1183; Hachenburg/*Priester* GmbHG § 54 Rn. 5; *Hüffer/Koch* AktG § 181 Rn. 7; Scholz/*Priester/Veil* GmbHG § 54 Rn. 14; Lutter/ Hommelhoff/*Bayer* GmbHG § 54 Rn. 4; Armbrüster/Preuß/Renner/*Preuß* BeurkG § 39 Rn. 11 f.
[89] Bejahend OLG Jena FGPrax 2016, 19; dazu *Grüner* NotBZ 2015, 458; Baumbach/Hueck/*Zöllner/Noack* GmbHG § 54 Rn. 10; ablehnend OLG Hamm NotBZ 2011, 372; OLG Zweibrücken MittBayNot 2002, 53; OLG Celle DNotZ 1982, 493; LG Bonn MittRhNotK 1993, 261.
[90] MüKoAktG/*Stein* AktG § 181 Rn. 30; GK-AktG/*Wiedemann* AktG § 181 Rn. 17, 51.
[91] *Röll* DNotZ 1970, 337 (338); Scholz/*Priester/Veil* GmbHG § 54 Rn. 19; aA offenbar *Winkler* DNotZ 1980, 578 (583).
[92] BayObLG MittBayNot 1989, 35; Lutter/Hommelhoff/*Bayer* GmbHG § 54 Rn. 4; Scholz/*Priester/Veil* GmbHG § 54 Rn. 17; Armbrüster/Preuß/Renner/*Preuß* BeurkG § 39 Rn. 11.
[93] OLG Zweibrücken NotBZ 2002, 33; Lutter/Hommelhoff/*Bayer* GmbHG § 54 Rn. 4.
[94] Vgl. Scholz/*Priester/Veil* GmbHG § 54 Rn. 19; *Winkler* BeurkG § 39 Rn. 15; *Hüffer/Koch* AktG § 181 Rn. 8; Armbrüster/Preuß/Renner/*Preuß* BeurkG § 39 Rn. 11; *Limmer* ZNotP 2002, 261 (266).
[95] BayObLG MittBayNot 1989, 35 (37).
[96] Scholz/*Priester* GmbHG § 54 Rn. 19; Baumbach/Hueck/*Zöllner* GmbHG § 54 Rn. 10; Armbrüster/ Preuß/Renner/*Preuß* BeurkG § 39 Rn. 9.

gehend hat der Notar aber **keine materielle Prüfungsaufgabe** dergestalt, dass er die Wirksamkeit des Gesellschaftsvertrags und seine Satzungsbestimmungen bzw. die Satzungsänderungen zu prüfen hat.[97]

E. Sonstige Bescheinigungen

I. Allgemeines

Der Notar kann – über die spezialgesetzlich geregelten Fälle hinausgehend – Bescheinigungen in Form gutachtlicher Stellungnahmen abgeben. **Die Notarbestätigung** oder -bescheinigung[98] ist dadurch gekennzeichnet, dass aus den vom Notar amtlich wahrgenommenen Tatsachen, die in der Bescheinigung auch wiedergegeben werden können, bestimmte rechtliche Schlussfolgerungen gezogen werden.[99] Die **Zuständigkeit** ergibt sich aus § 24 Abs. 1 S. 1, da es sich um eine Betreuung auf dem Gebiet vorsorgender Rechtspflege handelt.[100] Es handelt sich nicht um eine Pflichtaufgabe iSd § 15 Abs. 1.[101] Hat es der Notar übernommen, eine entsprechende Bescheinigung oder Bestätigung auszustellen, so ist er hierzu auch verpflichtet und kann ggf. im Verfahren nach § 15 Abs. 1 angewiesen werden; da die Bescheinigung aber einen gutachterlichen Teil enthält, kann die Anweisung im Beschwerdeverfahren nicht auf einen bestimmten Inhalt lauten, da sonst gegen den Grundsatz verstoßen würde, dass der Gutachter selbst den Inhalt seines Gutachtens bestimmt.[102] Der Notar haftet für die Richtigkeit der Rechtsauskunft.[103]

Da der Rechtsverkehr **großes Vertrauen** in derartige notarielle Gutachten setzt, ist besondere Vorsicht bei der Formulierung angebracht, um nicht den Anschein einer nach § 14 Abs. 4 S. 1 unzulässigen Garantie durch den Notar zu erwecken. Dabei ist klar zu trennen, welchen tatsächlichen Sachverhalt der Notar bescheinigt und welche rechtlichen Schlussfolgerungen er aus diesen Tatsachen zieht.[104] Bei der Formulierung ist darauf zu achten, dass nicht Schlussfolgerungen gezogen bzw. wiedergegeben werden, die sich aus den Tatsachen nicht ziehen lassen.

Für die Bescheinigungen und Bestätigungen gilt, dass der Notar, sofern Tatsachen mitgeteilt werden, diese wahr zu bezeugen hat und einen falschen Anschein vermeiden muss.[105] Ein falscher Anschein kann auch durch eine unvollständige Bescheinigung erzeugt werden; die Amtstätigkeit des Notars darf **keinen falschen Anschein** erwecken, durch

---

[97] *Winkler* DNotZ 1980, 578 (583); Scholz/*Priester*/*Veil* GmbHG § 54 Rn. 19.
[98] Zu den Begrifflichkeiten vgl. *Lindow* RNotZ 2019, 505 (507), der sich bei der Rangbescheinigung für den Begriff „Ranggutachten" ausspricht.
[99] → § 24 Rn. 24 ff.; vgl. zum Begriff BayObLG DNotZ 1971, 249 (253); OLG Hamm DNotZ 1987, 54; OLG Frankfurt a. M. MittRhNotK 1956, 53; OLG Zweibrücken DNotZ 1970, 183, Schippel/Bracker/*Reithmann* BNotO § 24 Rn. 24 ff.; *Ertl* DNotZ 1969, 650; Arndt/Lerch/Sandkühler/*Sandkühler* BNotO § 24 Rn. 24; Schreiben des Präsidenten der BNotK DNotZ 1987, 1, sowie DNotZ 1999, 369; Armbrüster/Preuß/Renner/*Preuß* BeurkG § 39 Rn. 13; Diehn/*Kilian* BNotO § 24 Rn. 8 ff.; *Lindow* RNotZ 2019, 505 ff.
[100] → § 24 Rn. 24 ff.; BGH DNotZ 2000, 287; 2001, 863 (864); WM 1985, 1109; DNotZ 1986, 406; BayObLG DNotZ 1971, 250; BGH NJW-RR 1997, 62; DNotZ 2000, 287; 2001, 862; OLG Hamm DNotZ 1987, 54; MittBayNot 1996, 399; OLG Frankfurt a. M. MittRhNotK 1996, 53; Arndt/Lerch/Sandkühler/*Sandkühler* BNotO § 24 Rn. 23; Schippel/Bracker/*Reithmann* BNotO § 24 Rn. 23; Armbrüster/Preuß/Renner/*Preuß* BeurkG § 39 Rn. 13; *Lindow* RNotZ 2019, 505 f.
[101] Arndt/Lerch/Sandkühler/*Sandkühler* BNotO § 24 Rn. 11; *Lindow* RNotZ 2019, 505 (507).
[102] OLG Hamm MittRhNotK 1996, 359; MittBayNot 1999, 201.
[103] BGH DNotZ 2000, 287; 2001, 863 (864); NJW-RR 1999, 1579; DNotZ 2001, 863; OLG Hamm DNotZ 1987, 54; OLG München ZMR 1999, 331 zur Fälligkeitsbescheinigung; Armbrüster/Preuß/Renner/*Preuß* BeurkG § 39 Rn. 13 ff.
[104] Musterformulierung zur Fälligkeitsmitteilung: BeckNotar-HdB/*Everts* Kap. A. I. Rn. 220 ff.; Rangbestätigung: BNotK DNotZ 1999, 1; *Ertl* DNotZ 1969, 650; WürzNotar-HdB/*Limmer* Teil 1 Kap. 2 Rn. 261; BeckNotar-HdB/*Everts* Kap. A. VI. Rn. 149 ff.; vgl. allg. Armbrüster/Preuß/Renner/*Preuß* BeurkG § 39 Rn. 13.
[105] BGH MittBayNot 1973, 34; DNotZ 1997, 221 (225); Armbrüster/Preuß/Renner/*Preuß* BeurkG § 39 Rn. 13 ff.

22 Bei der Notarbestätigung kann – je nach Art der Bescheinigung – das Schwergewicht auf der Begutachtung liegen, auch wenn Tatsachen mitgeteilt werden, die Grundlage für das Gutachten sind. In der Regel zielt auch die Notarbestätigung nicht auf Errichtung einer öffentlichen Urkunde, sondern einer Privaturkunde des Notars in Form des Gutachtens.[107] Dementsprechend ist auch nicht § 39 BeurkG anwendbar; es bedarf nicht der Beifügung des Siegels. Die Notarbestätigung muss allerdings vom Notar unterschrieben werden; gegen die Beifügung des Siegels bestehen keine Bedenken, wenn klar hervorgeht, dass es sich nicht um eine öffentliche, sondern um eine Privaturkunde des Notars handelt.[108] Etwas anderes kann ausnahmsweise dann gelten, wenn der Notar ausdrücklich die gutachterliche Schlussfolgerung mit der Beweiswirkung einer Beurkundung über Tatsachen iSd § 20 Abs. 1 iVm §§ 36 ff. BeurkG verbinden will. Dann ist die für die Tatsachenbeurkundung notwendige Form (entweder durch §§ 36 f. oder § 39 BeurkG) zu wahren. In diesen Fällen muss aber deutlich gekennzeichnet werden, welcher Teil die Tatsachenbeurkundung ist und welcher Teil lediglich rechtliche Schlussfolgerungen betrifft.

II. Einzelfälle

23 **1. Rangbestätigung.** Ein in der Praxis wichtiger Anwendungsbereich ist die sog. Rangbestätigung bei der **Eintragung von Grundpfandrechten**.[109] Die Rangbestätigung wird häufig gewünscht, wenn die Eintragung eines Grundpfandrechtes längere Zeit benötigt und vorher die Darlehenssumme ausgezahlt werden soll. Dann sind Banken teilweise bereit, auf der Grundlage einer sog. notariellen Rangbestätigung den Kredit auszukehren.

24 Bei einer Rangbestätigung bescheinigt der Notar dem Kreditinstitut, dass jemand einen Antrag auf Eintragung des Grundpfandrechts beim Grundbuchamt eingereicht hat und aufgrund Einsicht in das Grundbuch und die Grundakten sowie Auskunft des zuständigen Geschäftsstellenbeamten keine unerledigten Eintragungsanträge vorliegen, die nach § 17 GBO vor der Grundschuld eingetragen werden müssten und demzufolge den Rang vereiteln könnten. Bei der Rangbestätigung ist von besonderer Bedeutung § 14 Abs. 4 S. 1, wonach es dem Notar untersagt ist zu garantieren, dass die Eintragung des beantragten Grundpfandrechts tatsächlich eine bestimmte Rangstelle erhalten wird.[110] Bei der Rangbescheinigung ist es daher besonders wichtig, genau zu formulieren, welche tatsächlichen Ermittlungen[111] der Notar vorgenommen hat.[112] Die Eintragung eines bestimmten Rangs kann nicht durch die Rangbescheinigung garantiert werden. Beim elektronischen Grundbuch ist zu beachten, dass es ein Nebeneinander von Anträgen in Papierform und elektronischer Form geben kann.[113] Dass sollte auch bei der Formulierung der Bescheinigung zum Ausdruck kommen.[114]

---

[106] BGH MittBayNot 1973, 34; Armbrüster/Preuß/Renner/*Preuß* BeurkG § 39 Rn. 13 ff; Schippel/Bracker/*Kanzleiter* BNotO § 14 Rn. 66.
[107] Vgl. BayObLG DNotZ 1971, 249 (252); OLG Zweibrücken DNotZ 1970, 183; Arndt/Lerch/Sandkühler/*Sandkühler* BNotO § 24 Rn. 38; Rundschreiben der BNotK zur Notarbestätigung: DNotZ 1999, 369.
[108] Vgl. Schreiben des Präsidenten der BNotK DNotZ 1987, 3; Arndt/Lerch/Sandkühler/*Sandkühler* BNotO § 24 Rn. 38; OLG Zweibrücken DNotZ 1970, 183; BayObLG DNotZ 1971, 249 (253).
[109] → § 24 Rn. 24; vgl. BGH DNotZ 2001, 862; BNotK DNotZ 1999, 1; *Ertl* DNotZ 1969, 650; Armbrüster/Preuß/Renner/*Preuß* BeurkG § 39 Rn. 16 ff.; WürzNotar-HdB/*Limmer* Teil 1 Kap. 2 Rn. 259; BeckNotar-HdB/*Hagemann* Kap. A. I. Rn. 591 f.; Diehn/Kilian BNotO § 24 Rn. 8 ff.; *Keilich/Schönig* NJW 2012, 1841; *Schilling* ZNotP 2012, 335; *Lindow* RNotZ 2019, 505.
[110] Vgl. Mitteilungen der BNotK DNotZ 1987, 2 und 1999, 369 (372); BeckNotar-HdB/*Hagemann* Kap. A. I. Rn. 591 f.
[111] Vgl. zum Prüfungsumfang *Lindow* RNotZ 2019, 505 (508 ff.).
[112] Vgl. Formulierungsvorschläge und Hinweise der BNotK für Notarbestätigungen und Treuhandaufträge, Rundschreiben 5/1999 v. 17.2.1999, abgedr. bei *Weingärtner*, Notarrecht, Nr. 295; WürzNotar-HdB/*Limmer* Teil 1 Kap. 2 Rn. 261; BeckNotar-HdB/*Everts* Kap. A. I. Rn. 220 ff.; *Lindow* RNotZ 2019, 505 (517 ff.).
[113] Dazu *Lindow* RNotZ 2019, 505 (511 ff.).
[114] Muster bei *Lindow* RNotZ 2019, 505 (521 f.).

2. Vormerkungsbestätigung. Ähnlich wie die Rangbestätigung ist auch eine Bestätigung über die Eintragung einer Vormerkung dann denkbar, wenn die Eintragungen von Vormerkungen im Grundbuch längere Zeit benötigen. Auch in diesen Fällen wird teilweise von den Beteiligten gewünscht, dass die Kaufpreisfälligkeit nicht erst an die rangrichtige Eintragung der Auflassungsvormerkung, sondern bereits an eine Bestätigung des Notars über die rangrichtige Eintragung anknüpft. Bei der Auflassungsvormerkungsbestätigung ist noch größere Zurückhaltung geboten als bei der Rangbestätigung über Grundpfandrechte, da es sich hier um das verkehrswesentliche Sicherungsmittel des Käufers beim Grundstückskauf handelt.[115] Die Notarbestätigung vermag nur eine geringere Sicherheit für den Käufer zu vermitteln als die eingetragene Auflassungsvormerkung, so dass nur in ganz speziellen Fällen bei entsprechender Belehrung durch den Notar dies als Fälligkeitsvoraussetzung genügen kann. Im Bereich des Bauträgerrechts ist dieses Verfahren nach § 3 MaBV nicht mehr zulässig.

3. Fälligkeitsbestätigung. In den meisten Grundstückskaufverträgen übernimmt der Notar die Aufgabe, den Beteiligten die Fälligkeit des Kaufpreises zu bestätigen, dh festzustellen, ob die im Kaufvertrag genannten Voraussetzungen gegeben sind.[116] Die Fälligkeitsbestätigung bezweckt, den Beteiligten aufgrund der Prüfung durch einen sach- und rechtskundigen unparteiischen Amtsträger größtmögliche Gewähr zu bieten, dass die Fälligkeitsvoraussetzungen tatsächlich vorliegen.[117] Der Notar ist dabei streng an die Vorgaben des Kaufvertrags gebunden, ein Ermessensspielraum steht ihm bei der Einschätzung, ob die Fälligkeitsvoraussetzungen vorliegen, nicht zu.[118] Für eine unrichtige Fälligkeitsbestätigung haftet der Notar.[119] Bei der Gestaltung im Kaufvertrag ist darauf zu achten, ob eine konstitutive oder deklaratorische Fälligkeitsmitteilung vereinbart wird.[120] Bei der konstitutiven Mitteilung tritt die Fälligkeit erst mit dem Zugang der Mitteilung ein; bei der deklaratorischen setzt der Notar die Beteiligten lediglich von der Fälligkeit in Kenntnis. § 3 MaBV schreibt eine konstitutive Mitteilung vor. Für die Fälligkeitsmitteilung genügt ein einfacher Brief, weitergehende Zugangsnachweise sind nicht erforderlich.[121] Auch die Fälligkeitsbestätigung enthält rechtliche Schlussfolgerungen, so dass der Notar im Verfahren nach § 15 Abs. 1 nicht angewiesen werden kann, eine Fälligkeitsbestätigung mit einem bestimmten Inhalt zu erteilen.[122]

4. Übersetzungsbescheinigung. Die Übersetzungsbescheinigung ist in § 50 BeurkG geregelt. Es kann auf die dortigen Erläuterungen verwiesen werden.

5. Inhaltsbescheinigung. Ähnlich wie bei Satzungen nach § 54 Abs. 1 S. 2 GmbHG bzw. § 181 Abs. 1 AktG besteht auch in anderen Bereichen ein Bedürfnis, Bescheinigungen über den Inhalt von sich häufig ändernden Urkunden zu erlangen (zB Stand einer Teilungserklärung, Inhalt eines sonstigen Gesellschaftsvertrags einer Personengesellschaft etc). Der Notar ist daher in Anlehnung an die Vorschriften über die Satzungsbescheinigung nach § 24 Abs. 1 befugt, Bescheinigungen über den Inhalt von sich ändernden Urkunden

---

[115] Vgl. Armbrüster/Preuß/Renner/*Preuß* BeurkG § 39 Rn. 13 ff.; BeckNotar-HdB/*Everts* Kap. A. I. Rn. 103; WürzNotar-HdB/*Limmer* Teil 1 Kap. 2 Rn. 262; Diehn/*Kilian* BNotO § 24 Rn. 8 ff.; Lindow RNotZ 2019, 505 (523 ff.).
[116] Vgl. Armbrüster/Preuß/Renner/*Preuß* BeurkG § 39 Rn. 19 f.; Diehn/*Kilian* BNotO § 24 Rn. 8 ff.; BeckNotar-HdB/*Everts* Kap. A. I. Rn. 103; WürzNotar-HdB/*Limmer* Teil 1 Kap. 2 Rn. 262; WürzNotar-HdB/*Hertel* Teil 1 Kap. 2 Rn. 181 ff.; vgl. auch BGH DNotZ 2001, 862; 2000, 287, dazu *Volmer* ZfIR 1999, 816; BGH DNotZ 2003, 122; 1986, 406; OLG München ZMR 1999, 331; MittBayNot 2008, 69.
[117] BGH WM 1985, 1111.
[118] BGH DNotZ 1986, 406; WürzNotar-HdB/*Hertel* Teil 1 Kap. 2 Rn. 181 ff..
[119] BGH DNotZ 2003, 122; 2001, 862; 2000, 287, dazu *Volmer* ZfIR 1999, 816; OLG München ZMR 1999, 333; WürzNotar-HdB/*Hertel* S. 537.
[120] Vgl. BeckNotar-HdB/*Everts* Kap. A. I. Rn. 100 ff.; WürzNotar-HdB/*Hertel* Teil 1 Kap. 2 Rn. 181 ff.
[121] LG Traunstein MittBayNot 1995, 244; BeckNotar-HdB/*Everts* Kap. A. I. Rn. 100 ff.; WürzNotar-HdB/*Hertel* Teil 1 Kap. 2 Rn. 181 ff.
[122] OLG Hamm MittRhNotK 1996, 359; Armbrüster/Preuß/Renner/*Preuß* BeurkG § 39 Rn. 19 f.

abzugeben. Zu beachten ist allerdings, dass er außerhalb des Registerbereichs häufig nicht mit der notwendigen Zuverlässigkeit feststellen kann, welche Änderungen wann stattgefunden haben. Bei der Bescheinigung über den Stand einer Teilungserklärung besteht dieses Problem nicht, da hier die Grundbucheintragung konstitutiv ist, so dass aus den Grundakten der Stand ersichtlich ist. Solche Bescheinigungen sollten nur bei konstitutiven Register- oder Grundbucheintragungen erfolgen.

29 **6. Erweiterte Registerbescheinigung.** Nach § 39 BeurkG iVm § 24 ist es beurkundungsrechtlich zulässig, dass der Notar „Bescheinigungen über Eintragungen in öffentlichen Registern" ausstellt.[123] Über § 21 hinausgehend ist der Notar nach § 24 Abs. 1 daher befugt, auch über den Inhalt anderer Register, die keine Register iSd § 21 sind, Auskunft zu geben, zB Güterrechtsregister, Grundbuch, Standesamtsregister, sonstige bei Gerichten und Behörden geführte Register und Sammlungen.[124] Für das Verfahren ist § 21 entsprechend herauszuziehen. Die spezifische Beweiskraft des § 21 Abs. 1 S. 2 hat ein solches Zeugnis nicht. Im Unterschied zur Registerbescheinigung nach § 21 Abs. 1 enthält ein Vermerk nach § 39 BeurkG lediglich ein Zeugnis über die vom Notar wahrgenommene Tatsache, dh über den Inhalt des öffentlichen Registers, nicht aber eine rechtliche Beurteilung des Wahrgenommenen.[125] § 39 BeurkG regelt bzgl. der Form auch die Registerbescheinigung nach § 21 Abs. 1, geht inhaltlich aber darüber hinaus, da Register iSd § 39 BeurkG nicht nur das Handelsregister oder ein ähnliches Register iSd § 21 Abs. 1 (Partnerschaftsregister, Genossenschaftsregister, Vereinsregister) sind, sondern auch Güterrechts- und Musterregister oder auch das Deutsche und Europäische Patentregister.[126]

30 **7. Bescheinigungen im elektronischen Rechtsverkehr.** Der Notar ist auch zuständig, Bescheinigungen im Rahmen von Zertifizierungen im elektronischen Rechtsverkehr abzugeben.[127] Am 1.8.1997 war das Gesetz zur Digitalen Signatur (Signaturgesetz) in Kraft getreten (BGBl. I 1870).[128] Mit Inkrafttreten der eIDAS-Verordnung (VO (EU) Nr. 910/2014) wurde das SigG aufgehoben und durch das eIDAS-Durchführungsgesetz ersetzt (→ BeurkG § 39a Rn. 2a). Zweck dieser Vorschriften war es, Rahmenbedingungen für die digitale Signaturen zu schaffen, unter denen diese als sicher gelten und Fälschungen digitaler Natur oder Verfälschungen von signierten Daten zuverlässig festgestellt werden können. Mit einer zur Verfügung stehenden Hard- und Software (zB Chip-Karte) erzeugt der Anwender aus einem Dokument unter Einsatz eines geheimen Schlüssels die digitale Signatur. Dokument und Signatur werden dem Empfänger zusammen mit einem öffentlichen Schlüssel des Erklärenden übermittelt; der Empfänger ist unter Zuhilfenahme des öffentlichen Schlüssels in der Lage zu prüfen, ob die Erklärung inhaltlich unverfälscht ist und wer der Aussteller ist.[129] Der öffentliche Schlüssel wird jedem konkreten Teilnehmer durch eine sog. Zertifizierungsstelle zugeordnet, die auch die Überprüfbarkeit im Datenverkehr möglich macht. Zertifizierungsstellen können natürliche oder juristische Personen sein, die hierzu eine entsprechende Lizenz der zuständigen Aufsichtsbehörde benötigen

---

[123] → § 21 Rn. 29.
[124] Vgl. Armbrüster/Preuß/Renner/*Preuß* BeurkG § 39 Rn. 6.
[125] *Winkler* BeurkG § 39 Rn. 11; Armbrüster/Preuß/Renner/*Preuß* BeurkG § 39 Rn. 17.
[126] *Winkler* BeurkG § 39 Rn. 10; *Grziwotz/Heinemann* BeurkG § 39 Rn. 5.
[127] Vgl. zum elektronischen Rechtsverkehr *Fritzsche/Malzer* DNotZ 1995, 3; *Erber-Faller* MittBayNot 1995, 182; BNotK (Hrsg.), Elektronischer Rechtsverkehr, Digitale Signaturverfahren und Rahmenbedingungen, 1994; *Malzer* DNotZ 1998, 96; *Schippel/Bracker* FS Odersky 1996, 657 ff.; *Kindl* MittBayNot 1999, 29; *Apfelbaum/Bettendorf* RNotZ 2007, 89; *dies.* DNotZ 2008, 19; *Gassen* RNotZ 2007, 142; *Gassen/Wegerhoff* ZNotP 2005, 413; *dies.*, Elektronische Beglaubigung und elektronische Handelsregisteranmeldung in der Praxis, 2. Aufl. 2009; *Püls* NotBZ 2005, 305; *Reithmann* ZNotP 2007, 370; *Weikart* NotBZ 2007, 73; vgl. auch erste Obergerichtsentscheidungen: OLG Schleswig DNotZ 2008, 709; LG Gera RNotZ 2010, 67 mAnm *Mödl*; OLG Jena DNotZ 2010, 215 mAnm *Mödl*; LG Regensburg MittBayNot 2007, 522; LG Chemnitz RNotZ 2007, 165.
[128] Vgl. hierzu *Malzer* DNotZ 1998, 96.
[129] *Malzer* DNotZ 1998, 96 (97); allg. zur digitalen Signatur *Hammer* CR 1992, 435 (437); *Fritzsche/Malzer* DNotZ 1995, 3 (5).

(§ 2 Abs. 2 SigG). Diese hat die Signaturschlüsselzertifikate zu erteilen und in diesem Zusammenhang verschiedene Identifikationsaufgaben zu erfüllen.[130] Der Notar ist befugt, im Rahmen der vorsorgenden Rechtspflege auf der Grundlage von § 24 Abs. 1 Identifizierungs- und Zertifizierungsaufgaben wahrzunehmen, da es sich um eine Tätigkeit im Rahmen der vorsorgenden Rechtspflege handelt.[131] Darüber hinaus kann der Notar Identifizierungs- und Zertifizierungsfunktionen auch für Zertifizierungsstellen iSd § 2 SigG vornehmen und dafür eine notarielle Bescheinigung erstellen. Bei den sog. **Attributzertifikaten** besteht die Tätigkeit darin, in das Zertifikat aufzunehmende Rechtsverhältnisse zu prüfen (zB die berufsrechtliche Zulassung als Arzt, Rechtsanwalt etc bzw. gesetzliche Vertretungsmacht). Auch Attributzertifikate mit Selbstbeschränkung, bei dem der Beteiligte erklärt, dass der Schlüssel nur in einem bestimmten rechtlichen Rahmen (zB Geschäftswert) verwendbar sein soll, können Gegenstand notarieller Bescheinigungen sein.[132] Auch bei der Erstellung derartiger Bescheinigungen im Rahmen von Attributzertifikaten ist der Notar gehalten, die erforderlichen Tatsachen zu ermitteln (zB Zulassungsvoraussetzungen des Beteiligten, Vertretungsmacht etc) und dies konkret in der Bescheinigung niederzulegen. Dabei kann er auch rechtliche Schlussfolgerungen ziehen, die Gegenstand der Bescheinigung sind.

Grundlage für die **Erstellung elektronischer Urkunden** sind die §§ 39a, 42 Abs. 4 BeurkG und § 15 Abs. 3. Die Vorschriften traten auf der Grundlage des Justizkommunikationsgesetzes[133] am 1.4.2005 in Kraft. Das JKomG erlaubt dem Notar mit der Einführung von § 39a BeurkG, einfache Vermerkurkunden in elektronischer Form zu errichten. Dadurch können elektronisch beglaubigte Abschriften von Papiervorlagen errichtet werden. § 39a BeurkG als Zentralnorm der elektronischen Urkunde bestimmt, dass Beglaubigungen und sonstige Zeugnisse iSd § 39 BeurkG elektronisch errichtet werden können. Das hierzu **erstellte Dokument** muss mit einer **qualifizierten elektronischen Signatur** nach dem SigG versehen werden. Diese soll auf einem **Zertifikat** beruhen, das auf Dauer prüfbar ist. Mit dem Zeugnis muss eine **Bestätigung der Notareigenschaft** durch die zuständige Stelle verbunden werden. Das Zeugnis soll Ort und Tag der Ausstellung angeben. Umgekehrt kann der Notar nach § 42 Abs. 4 BeurkG aus elektronischen Dateien, die mit einer elektronischen Signatur versehen sind, beglaubigte Papierdokumente aus diesen elektronischen Dokumenten erstellen, indem er das elektronische Dokument ausdruckt und die Übereinstimmung des Ausdrucks mit dem elektronischen Dokument sowie die erfolgreiche Prüfung der elektronischen Signatur bestätigt.

8. Sonstige Vertretungsbescheinigungen. Über die Vertretungsbescheinigung nach § 21, die sich aus dem Register ergibt, hinausgehend, kann der Notar Vertretungsbescheinigungen auch dann erteilen, wenn sich diese nicht aus dem Register ergeben. Auch insofern handelt es sich um eine gutachterliche Rechtsauskunft auf der Grundlage von wahrgenommenen Tatsachen. Bei Bescheinigungen, bei denen allerdings die Grundlage der Schlussfolgerung kein Register ist, ist zu beachten, dass der Notar nicht beurteilen kann, ob nicht anderweitige Vorgänge dazu führen, dass die Bescheinigung inhaltlich unrichtig ist. So kann zB der Notar nicht ausschließen, dass demjenigen, dem die Vertretungsmacht einer BGB-Gesellschaft zusteht, zwischenzeitlich die Vertretungsmacht entzogen wurde, ohne dass dies dem Notar bekannt ist. Solche Vertretungsbescheide müssen daher genau die Tatsachen angeben, die der Notar geprüft hat und müssen deutlich machen, dass außerhalb der Prüfung liegende Umstände zu einem anderen Ergebnis führen können. Im Rahmen einer Vollmacht gilt nun § 21 Abs. 3.[134]

---

[130] Vgl. die Übersicht bei *Malzer* DNotZ 1998, 101.
[131] Vgl. ausdrücklich Beschlussempfehlung und Bericht des Rechtsausschusses BT-Drs. 13/10589, 37.
[132] Vgl. zum Ganzen: Rundschreiben der BNotK Nr. 47/98 v. 16.12.1998 mit Formulierungsvorschlägen, abgedr. bei *Weingärtner*, Notarrecht, Nr. 225b; Rundschreiben der Notarkammer Frankfurt a. M., abgedr. bei *Weingärtner*, Notarrecht, Nr. 225.
[133] BGBl. 2005 I 837.
[134] → Rn. 14a ff.

31a Beim **Grundstückserwerb durch eine Gesellschaft bürgerlichen Rechts** gelten nach überwiegender Meinung aber zB Nachweiserleichterungen. Es genügt, wenn die GbR und ihre Gesellschafter in der notariellen Auflassungsverhandlung benannt sind und die für die GbR Handelnden erklären, sie seien deren alleinige Gesellschafter. Weitere Nachweise der Existenz, der Identität und der Vertretungsverhältnisse dieser GbR bedarf es gegenüber dem Grundbuchamt nicht.[135]

III. Rechtswirkungen der sonstigen Bescheinigungen

32 Mangels gesetzlicher Vorgaben kann die Frage der Rechtswirkungen der sonstigen Bescheinigungen nicht pauschal beantwortet werden. Die Beispiele zeigen, dass die Bedeutung der Bescheinigungen in der Praxis auch sehr unterschiedlich ist. Häufig beschränkt sich die **Wirkung auf den Privatrechtsverkehr** und das Vertrauen der Bürger in die Richtigkeit des Inhalts. Für Bescheinigungen soll nach Auffassung des OLG Frankfurt a. M. nicht die Wahrheitsvermutung der §§ 415, 418 ZPO gelten, da der Inhalt über die reine Tatsachenwahrnehmung hinausgeht.[136] Auch für den **Nachweis im Grundbuchverfahren** in der Form des § 29 GBO soll nach Ansicht des OLG Frankfurt a. M. die Notarbestätigung nicht genügen.[137] Ob einer derartigen Vertretungsbescheinigung der Beweiswert des § 21 Abs. 1 S. 2 entsprechend zugutekommt, so dass sie im Grundbuchverkehr nach § 21 GBO ausreichend ist, lässt sich nicht einheitlich beantworten.[138] In Literatur und Rechtsprechung war seit langem umstritten, inwieweit Bescheinigungen und Zeugnisurkunden des Notars als Nachweis über Vorgänge im Grundbuchverfahren verwendet werden können. Vor der Neuregelung der BNotO war insbesondere die Frage umstritten, ob zB zur Berichtigung des Grundbuchs nach einer Umwandlung eine Notarbescheinigung genügt.[139] Die Neuregelung des § 21 macht deutlich, dass der Gesetzgeber den Anwendungsbereich der notariellen Bescheinigung, auch aus Gründen der Vereinfachung des Rechtsverkehrs, besonders im Grundbuchbereich erweitern wollte, so dass eine analoge Anwendung in vergleichbaren Fällen in Betracht kommt. So hat das BayObLG zu Recht die Befugnisse des Notars über die das Register ersetzende notarielle Bescheinigung ausgedehnt und entschieden, dass eine notarielle Bescheinigung über die Vertretungsberechtigung, die sich aus einer Satzung einer altrechtlichen Corporation ergibt, auch im Grundbuchverkehr ausreichend ist und nicht die Vorlage der Satzung verlangt werden könne.[140] Dieser Entscheidung ist zuzustimmen; sie kann auch für andere Bereiche Bedeutung haben. Meines Erachtens muss danach differenziert werden, ob der Notar Tatsachen feststellt, dann spricht nichts gegen eine analoge Anwendung des § 21 Abs. 1 S. 2. Auch eine zusammengefasste Tatsachenfeststellung genügt, denn nichts anderes ist die Registerbescheinigung. Das Beispiel der Vollmachtsurkunde im Grundbuchverkehr bestätigt diese Auffassung: Bei einer Vollmachtsurkunde genügt nach herrschender Meinung zwar die Vorlage der beglaubigten Abschrift nicht, weil der Besitz der Vollmachtsurkunde nach § 172 BGB erforderlich ist. Dennoch genügt es im Grundbuchverkehr, wenn der Notar bestätigt, dass ihm die Vollmachtsurkunde im Original zu einem bestimmten Zeitpunkt vorgelegen hat.[141] Diese Notarbestätigung hat die Wirkung des § 21 Abs. 1 S. 1. Bescheinigungen, die gutachterliche Elemente enthalten, können hingegen nicht die Wirkung des § 21 Abs. 1 S. 1 haben. In anderen Bereichen kann die Bescheinigung allerdings ausreichend sein, zB im Auslandsverkehr.

---

[135] BGH DNotZ 2011, 711; KG MittBayNot 2015, 331; *Weber* MittBayNot 2019, 11.
[136] OLG Frankfurt a. M. MittRhNotK 1996, 53; → Rn. 10.
[137] OLG Frankfurt a. M. MittRhNotK 1996, 53.
[138] Ablehnend eher OLG Frankfurt a. M. MittRhNotK 1996, 53.
[139] Bejahend LG Mannheim Rpfleger 1982, 769 mit Anm. *Promberger;* ähnlich auch OLG Oldenburg Rpfleger 1982, 175; verneinend LG Augsburg Rpfleger 1976, 432, mAnm *Promberger* Rpfleger 1977, 355.
[140] BayObLG DNotZ 2000, 293 mAnm *Limmer.*
[141] OLG Frankfurt a. M. FGPrax 1998, 7; BayObLG DNotZ 2000, 293.

§ 22 [Abnahme von Eiden; Aufnahme eidesstattlicher Versicherungen]

(1) **Zur Abnahme von Eiden sowie zu eidlichen Vernehmungen sind die Notare nur zuständig, wenn der Eid oder die eidliche Vernehmung nach dem Recht eines ausländischen Staates oder nach den Bestimmungen einer ausländischen Behörde oder sonst zur Wahrnehmung von Rechten im Ausland erforderlich ist.**

(2) **Die Aufnahme eidesstattlicher Versicherungen steht den Notaren in allen Fällen zu, in denen einer Behörde oder sonstigen Dienststelle eine tatsächliche Behauptung oder Aussage glaubhaft gemacht werden soll.**

A. Allgemeines

§ 22 regelt nur die Zuständigkeit des Notars zur Aufnahme von Eiden und eidesstattlichen Versicherungen. Das bei der Aufnahme zu beachtende Beurkundungsverfahren ist in § 38 BeurkG geregelt.[1] Ergänzt werden diese Vorschriften durch die Strafvorschriften über den Meineid und die falsche Versicherung an Eides statt (§§ 154, 156 StGB). Eine Sonderzuständigkeit regelt § 16 Abs. 3 BeurkG für die Vereidigung von Dolmetschern zur Übersetzung einer notariellen Niederschrift. 1

Zu unterscheiden ist zwischen der **Abnahme** und der **Aufnahme** eines Eides bzw. einer eidesstattlichen Versicherung. Die Aufnahme ist lediglich die Beurkundung, die Abnahme bedeutet die Vornahme der Vereidigung oder die amtliche Entgegennahme einer eidesstattlichen Versicherung.[2] 2

B. Abnahme von Eiden[3]

Zur Abnahme von Eiden sowie zu eidlichen Vernehmungen sind die Notare nur zuständig, wenn der Eid oder die eidliche Vernehmung nach dem Recht eines ausländischen Staats oder sonst zur Wahrnehmung von Rechten im Ausland erforderlich ist.[4] Abnahme bedeutet die Vornahme der Vereidigungshandlung, dh die Entgegennahme des Schwurs. Die Beeidigung ist mit dem Schwur abgeschlossen. Außerhalb des § 22 Abs. 1 ist der Notar in inländischen Angelegenheiten zur Abnahme von Eiden nur aufgrund von Sondervorschriften zuständig, so etwa bei der Vereidigung von Dolmetschern (§ 16 Abs. 3 S. 3 BeurkG) und bei der Vereidigung von Sachverständigen und Zeugen im Rahmen des Sachenrechtsbereinigungsgesetzes (§ 89 Abs. 1 SachenRBerG iVm §§ 29, 30 FamFG).[5] 3

Generell ist der Notar nur in den im Gesetz genannten Auslandsfällen zuständig. Hauptfall ist das im anglo-amerikanischen Recht häufig notwendige **Affidavit.**[6] Da der Notar die Notwendigkeit der Verwendung im Ausland in der Regel nicht prüfen kann, genügt es, wenn ein entsprechender Antrag mit einer schlüssigen Behauptung der Verwendung im Ausland vorliegt.[7] Das Verfahren bei der Aufnahme des Eides richtet sich nach § 38 BeurkG, obwohl es nicht um die Beurkundung von Willenserklärungen geht; diese Vorschriften sind aber entsprechend anzuwenden.[8]

---

[1] → BeurkG § 38 Rn. 6 ff.
[2] Vgl. zur Abgrenzung → BeurkG § 38 Rn. 1 und Armbrüster/Preuß/Renner/*Preuß* BeurkG § 38 Rn. 3; *Lerch* BeurkG § 38 Rn. 1; Arndt/Lerch/Sandkühler/*Sandkühler* BNotO § 22 Rn. 7; Diehn/*Kilian* BNotO § 22 Rn. 8.
[3] *Klingsch/von Stralendorff* notar 2017, 3 ff.
[4] Vgl. Diehn/*Kilian* BNotO § 22 Rn. 8; *Klingsch/von Stralendorff* notar 2017, 3 (4).
[5] So *Klingsch/von Stralendorff* notar 2017, 3 (4).
[6] → BeurkG § 38 Rn. 10 ff.
[7] Arndt/Lerch/Sandkühler/*Sandkühler* BNotO § 22 Rn. 8; Armbrüster/Preuß/Renner/*Preuß* BeurkG § 39 Rn. 4; Diehn/*Kilian* BNotO § 22 Rn. 9.
[8] Vgl. im Einzelnen zum Beurkundungsverfahren → BeurkG § 38 Rn. 6 ff.; Armbrüster/Preuß/Renner/*Preuß* BeurkG § 39 Rn. 11 ff.; *Klingsch/von Stralendorff* notar 2017, 3 (6 ff.).

C. Abnahme einer eidesstattlichen Versicherung

4 **Zur Aufnahme** (nicht Abnahme) eidesstattlicher Versicherungen ist der Notar in allen Fällen **zuständig,** in denen gegenüber einer Behörde oder sonstigen Dienststelle eine tatsächliche Behauptung oder Aussage glaubhaft gemacht werden soll. § 22 Abs. 2 regelt nur die Aufnahme der eidesstattlichen Versicherung, nicht aber die strafrechtsrelevante Entgegennahme (Abnahme). Die Aufnahme bedeutet nur die Beurkundung der eidesstattlichen Versicherung.[9] Ob der Notar **zur Abnahme zuständige Behörde** iSd § 156 StGB ist, bestimmt sich nach den einschlägigen materiell-rechtlichen Verfahrensvorschriften, die das jeweilige Verfahren regelt. Eine Reihe von Vorschriften sehen auch die Zuständigkeit des Notars zur Abnahme vor: Erbschein (§ 2356 Abs. 2 BGB), Testamentsvollstreckerzeugnis (§ 2368 Abs. 3 BGB), Zeugnis über die Fortsetzung einer Gütergemeinschaft (§ 1507 BGB); Bestellung von Sonderprüfern für eine AG (§§ 142 Abs. 2, 258 Abs. 2 AktG), nach §§ 36, 77 GBO iVm § 344 Abs. 5 FamFG. Das Gesetz spricht in diesen Fällen davon, dass die Versicherung „vor Gericht oder einem Notar" abzugeben ist. Der Notar ist auch zur Aufnahme einer eidesstattlichen Versicherung zur Vorlage bei einer ausländischen Behörde nach § 22 Abs. 2 berechtigt.[10]

5 Eine Versicherung an Eides statt ist eine besondere, vom Eid verschiedene **Beteuerung der Richtigkeit einer Angabe.**[11] Sie besteht aus der nach dem Willen des Versichernden erkennbaren Versicherung „an Eides statt" oder „eidesstattlich".[12]

6 Der Notar muss in diesen Fällen seine **Zuständigkeit** prüfen. Soll die eidesstattliche Versicherung gegenüber einer Behörde abgegeben werden, bei der eine tatsächliche Behauptung oder Aussage glaubhaft gemacht werden soll, muss diese zur Entgegennahme zuständig sein. Da der Notar in diesen Fällen nur die Aufnahme beurkundet und die Abnahme der Behörde obliegt, braucht er nicht zu prüfen, ob die Behörde überhaupt zur Abnahme von eidesstattlichen Versicherungen zuständig ist.[13] Kommt der Notar zu dem sicheren Schluss, dass dies nicht der Fall ist, dann darf er die Beurkundung ablehnen, ist aber hierzu nicht verpflichtet.[14] Voraussetzung ist allerdings, dass die eidesstattliche Versicherung dazu bestimmt ist, einer Behörde oder sonstigen Dienststelle eine tatsächliche Behauptung oder Aussage **glaubhaft zu machen.** Der Notar muss daher prüfen, wem gegenüber die eidesstattliche Versicherung abgegeben werden soll und ob es sich dabei um eine **Behörde** oder sonstige Dienststelle handelt. Behörden sind Stellen, die Aufgaben öffentlicher Verwaltung wahrnehmen (§ 1 Abs. 4 VwVfG).[15] Entscheidend ist, ob es sich um eine Einrichtung handelt, der Aufgaben der öffentlichen Verwaltung und entsprechende Zuständigkeiten zur eigenverantwortlichen Wahrnehmung übertragen worden sind[16] und ob eine Befugnis zum Erlassen von Verwaltungsakten, zum Abschluss öffentlich-rechtlicher Verträge und auch zu sonstigen, nach öffentlichem Recht zu beurteilenden Handlungen besteht. **Keine Behörden** sind danach staatliche und kommunale Wirtschaftsunternehmen und andere Einrichtungen, die ausschließlich im Bereich des allgemeinen Rechtsverkehrs tätig

---

[9] → BeurkG § 38 Rn. 1; *Klingsch/von Stralendorff* notar 2017, 3 ff.
[10] *Winkler* BeurkG § 38 Rn. 7; *Klingsch/von Stralendorff* notar 2017, 3 (5); Gutachten DNotI-Report 2012, 9 f.
[11] Vgl. RGSt 67, 169; Schippel/Bracker/*Reithmann* BNotO § 22 Rn. 8; Arndt/Lerch/Sandkühler/*Sandkühler* BNotO § 22 Rn. 13; Armbrüster/Preuß/Renner/*Preuß* BeurkG § 39 Rn. 11 ff.; Diehn/*Kilian* BNotO § 22 Rn. 10.
[12] RGSt 70, 266.
[13] Arndt/Lerch/Sandkühler/*Sandkühler* BNotO § 22 Rn. 22 ff.; Diehn/*Kilian* BNotO § 22 Rn. 13 ff.; Armbrüster/Preuß/Renner/*Preuß* BeurkG § 39 Rn. 12.
[14] *Winkler* BeurkG § 38 Rn. 6; aA Arndt/Lerch/Sandkühler/*Sandkühler* BNotO § 22 Rn. 23; Armbrüster/Preuß/Renner/*Preuß* BeurkG § 39 Rn. 12, 19; *Lerch* BeurkG § 38 Rn. 8, die eine Verpflichtung zur Ablehnung annehmen.
[15] *Klingsch/von Stralendorf* notar 2017, 3 (4 ff.).
[16] Vgl. *Winkler* BeurkG § 38 Rn. 5; Arndt/Lerch/Sandkühler/*Sandkühler* BNotO § 22 Rn. 19 f.; Armbrüster/Preuß/Renner/*Preuß* BeurkG § 39 Rn. 11.

werden und über keinerlei öffentlich-rechtliche Befugnisse verfügen.[17] Dementsprechend sind Banken und Sparkassen keine Behörden, die eidesstattliche Versicherungen verlangen können.

Auch **sonstige Dienststellen** sind zuständige Empfänger. Darunter werden Einrichtungen verstanden, deren Eigenschaft als öffentliche Behörde nicht zweifelsfrei festzustellen ist.[18] Entscheidend ist dafür der Zweck der eidesstattlichen Versicherung. Sie muss nach Art und Gegenstand des behördlichen Verfahrens, für das sie bestimmt ist, als Mittel der Glaubhaftmachung geeignet sein. Dazu ist erforderlich, dass die Behörde sowohl allgemein als auch im konkreten Fall zur Entgegennahme der eidesstattlichen Versicherung befugt ist. 7

Zur Aufnahme eidesstattlicher Versicherungen (dh Beurkundung) ist der Notar in allen Fällen zuständig, wenn nicht ausdrücklich Sonderzuständigkeiten des Gerichts (zB § 807 ZPO) bestehen. Bei den Vorschriften, die eine eidesstattliche Versicherung anordnen, ist zu klären, ob eine **ausschließliche Zuständigkeit des Gerichts** auch zur Aufnahme besteht oder ob diese Zuständigkeit nur die Abgabe betrifft. In der Regel verwendet das Gesetz den Begriff Abgabe; dann kann der Notar die eidesstattliche Versicherung aufnehmen und dem zuständigen Gericht gegenüber zur Abgabe weiterleiten. In der Literatur wird allerdings teilweise die Auffassung vertreten, dass das Amtsgericht in den Fällen der **freiwilligen eidesstattlichen Versicherung** der §§ 259, 260, 261, 2006, 2028, 2057 BGB und auch in sonstigen Fällen der eidesstattlichen Versicherung im Rahmen eines gerichtlichen Verfahrens allein zuständig ist.[19] Dies ergibt sich aber weder aus dem Wortlaut noch aus dem Sinn und Zweck des Gesetzes, das klar zwischen Aufnahme und Abgabe unterscheidet.[20] Der Notar muss allerdings darauf achten, dass bei bestimmten Verfahren, die dem Schutz eines Auskunftsberechtigten dienen, dieser ein Anwesenheitsrecht hat und zu laden ist (§ 361 FamFG). Soll in diesen Fällen ausnahmsweise die eidesstattliche Versicherung beim Notar und nicht beim Gericht aufgenommen werden, so muss der Notar das Verfahren entsprechend gestalten und für die Anwesenheit des Berechtigten bei der Beurkundung der eidesstattlichen Versicherung sorgen oder diesen hierzu laden.[21] Auch im **Verwaltungsverfahren** kann der Notar neben der betreffenden Behörde die eidesstattliche Versicherung aufnehmen zur Abgabe vor dieser Behörde.[22] **Keine Zuständigkeit** des Notars zur Aufnahme besteht, wenn die entsprechende Vorschrift davon spricht, dass der Beteiligte die eidesstattliche Versicherung „zu Protokoll des Gerichts" abzugeben hat; dann besteht eine ausschließliche Zuständigkeit des Gerichts auch zur Aufnahme (zB §§ 2206, 2028 BGB, §§ 807, 883 ZPO). Das Gleiche gilt, wenn die Versicherung nur zu Protokoll der Behörde erklärt werden kann, dann ist Voraussetzung, dass die Erklärung vor einem zur Aufnahme der Niederschrift ermächtigten Vertreter der Behörde erfolgt (so in § 95 AO).[23] Da im **Zivilprozess** in bestimmten Fällen eine eidesstattliche Versicherung als Beweismittel zugelassen ist, kann eine eidesstattliche Versicherung gegenüber dem Gericht immer abgegeben werden, auch wenn noch nicht klar ist, für welches prozessuale Verfahren sie benötigt wird.[24] Ob die eidesstattliche Versicherung tatsächlich als Beweismittel eingeführt werden kann und welchen Beweis sie hat, richtet sich dann nach dem konkreten Verfahren. Der Notar sollte in diesen Fällen die Beteiligten darüber belehren, dass im Prozessverfahren 8

---

[17] *Winkler* BeurkG § 38 Rn. 5.
[18] Arndt/Lerch/Sandkühler/*Sandkühler* BNotO § 22 Rn. 21; *Winkler* BeurkG § 38 Rn. 5; *Klingsch/von Stralendorff* notar 2017, 3 (5).
[19] So *Winkler* BeurkG § 38 Rn. 8 und § 1 Rn. 31; *Jansen* BeurkG § 38 Rn. 10; Armbrüster/Preuß/Renner/*Preuß* BeurkG § 39 Rn. 6.
[20] Zweifelnd auch *Heyn* DNotZ 1998, 177 (183).
[21] So wohl auch OLG Zweibrücken MDR 1979, 492; OLG Karlsruhe 14.4.1994 – 11 U 15/91, nv, zitiert nach *Klingelhöfer*, Pflichtteilsrecht, 4. Aufl. 2014, S. 66 ff.
[22] AA *Winkler* BeurkG § 38 Rn. 8.
[23] Schönke/Schröder/*Lenckner* StGB § 156 Rn. 10; BGH StV 1985, 505; OLG Düsseldorf NStZ 1991, 38.
[24] Vgl. *Heyn* DNotZ 1998, 177 (183); vgl. auch Schönke/Schröder/*Lenckner* StGB § 156 Rn. 14.

in der Regel Glaubhaftmachung nicht genügt, sondern voller Beweis erbracht werden muss.[25]

9 Soll die eidesstattliche Versicherung im Rahmen eines **Verwaltungsverfahrens** abgegeben werden, so richtet sich die Zulässigkeit der eidesstattlichen Versicherung nach § 27 VwVfG. Hiernach darf eine Behörde bei der Ermittlung des Sachverhalts eine Versicherung an Eides statt verlangen, wenn die Abnahme der Versicherung über den betreffenden Gegenstand und in dem betreffenden Verfahren durch das Gesetz oder die Rechtsverordnung vorgesehen ist und die Behörde durch Rechtsvorschrift für zuständig erklärt worden ist. § 27 Abs. 1 VwVfG regelt damit die Zulässigkeit der Abnahme (Entgegennahme) eidesstattlicher Versicherungen durch Behörden und das Verfahren im Zusammenhang mit der Aufnahme solcher Versicherungen. Die Aufnahme kann trotz der Formulierung in § 27 Abs. 2 VwVfG auch durch einen Notar gem. § 22 Abs. 2 erfolgen.[26]

D. Unterschriftsbeglaubigung unter Versicherungen

10 Nicht geregelt von § 22 Abs. 2 ist der Fall einer Unterschriftsbeglaubigung unter einer als eidesstattliche Versicherung bezeichneten Privaturkunde. Grundsätzlich ist eine derartige Unterschriftsbeglaubigung nach § 40 BeurkG zulässig,[27] denn die Unterschriftsbeglaubigung bestätigt lediglich die Echtheit der Unterschrift, ohne dem darüberstehenden Text dessen Qualität als Privaturkunde zu nehmen. Der Notar muss allerdings die Unterschriftsbeglaubigung in diesen Fällen **ablehnen,** wenn der Verdacht besteht, dass damit falscher Anschein erweckt werden könnte. Da der Notar dies häufig nicht prüfen kann, sollte in solchen Fällen eine Unterschriftsbeglaubigung immer abgelehnt werden, wozu der Notar befugt ist.

§ 22a [aufgehoben]

§ 23 [Aufbewahrung und Ablieferung von Wertgegenständen]

Die Notare sind auch zuständig, Geld, Wertpapiere und Kostbarkeiten, die ihnen von den Beteiligten übergeben sind, zur Aufbewahrung oder zur Ablieferung an Dritte zu übernehmen; die §§ 57 bis 62 des Beurkundungsgesetzes bleiben unberührt.

Schrifttum: Darstellungen und Kommentierungen: *Amann/Brambring,* Kaufpreissicherung mit und ohne Anderkonto, DAI-Tagungsskript, 27./28.9.1998; *Beining,* Pflichten des Notars bei Hinterlegung des Grundstückskaufpreises (= Diss. Bremen), 1999; *Brambring,* in: Brambring/Sandkühler/Starke, Das Gesetz zur Änderung der Bundesnotarordnung und des Beurkundungsgesetzes, DAI-Tagungsskript 16./17.10. und 20./21.11.1998; *ders.,* Kaufpreiszahlung über Notaranderkonto, in: RWS-Forum 13, Immobilienrecht 1998, S. 11 ff.; *ders.,* Die Änderungen des Beurkundungsgesetzes durch die BNotO-Novelle, FGPrax 1998, 201; *Bräu,* Verwahrungstätigkeit des Notars, 1992; *Burhoff,* Rechtsfragen um das Notaranderkonto, NWB 2001, 3935 = Fach 30, S. 1337; *v. Campe,* Der Widerruf des Treuhandauftrages des finanzierenden Kreditinstitutes bei Kaufpreisabwicklung über Notaranderkonto, NotBZ 2001, 208; *Dornis,* Kaufpreiszahlung auf Notaranderkonto, 2005; *Everts,* Der „ablehnende" Vorbescheid im Beurkundungs- und Treuhandverfahren des Notars, ZNotP 2005, 220; *Franken,* Rechtsprobleme nach Kaufpreishinterlegung auf Notaranderkonto beim Grundstückskauf, RNotZ 2010, 597; *Gaier,* Weisungsbefugnisse der Dienstaufsicht bei der Dokumentation notarieller Verwahrungsgeschäfte, ZNotP 2012, 442; *Ganter,* Notarielle Pflichten und Gläubigerschutz, DNotZ 2004, 421; *ders.,* Die Rechtsprechung des Bundesgerichtshofs zu Treuhandkonten in der Insolvenz des Treuhänders, FS Kreft, 2004, S. 251; *Gruber,* Rückforderungsrechte im Mehrpersonenverhältnis bei verfehlten Zahlungen

---

[25] Armbrüster/Preuß/Renner/*Preuß* BeurkG § 39 Rn. 13.
[26] Stelkens/Bonk/Sachs/*Sachs* VwVfG § 27 Rn. 11; *Kopp/Ramsauer* VwVfG § 27 Rn. 10.
[27] Armbrüster/Preuß/Renner/*Preuß* BeurkG § 39 Rn. 16; *Lerch* BeurkG § 38 Rn. 9; *Winkler* BeurkG § 38 Rn. 19; Schippel/Bracker/*Reithmann* BNotO § 22 Rn. 18; aA Arndt/Lerch/Sandkühler/ *Sandkühler* BNotO § 22 Rn. 27; Diehn/*Kilian* BNotO § 22 Rn. 19, die eine grundsätzliche Ablehnungspflicht annehmen.

vom Notaranderkonto, DNotZ 1989, 658; *Hansmeyer,* Zwangsvollstreckungsmaßnahmen gegen Verkäufer oder Käufer während der Abwicklung eines notariellen Kaufvertrages, MittRhNotK 1989, 149; *Haug,* Treuhandtätigkeit nach § 23 BNotO – Risiken – Haftpflichturteile – Grundsätze, DNotZ 1982, 475, 539, 592; *Hertel,* Kaufpreisabwicklung über Notaranderkonto, in: Lambert-Lang/Tropf/Frenz, Handbuch der Grundstückspraxis, 2. Aufl. 2005, Teil 2 E Rn. 214 ff. und Muster 26, Teil 2 Rn. 902; *ders.,* Verwahrung auf Notaranderkonto nach der Neuregelung des Beurkundungsgesetzes, ZNotP 1998, Beilage 3/98 (zu Heft 12/98); *ders.,* Der notarielle Vorbescheid im System der Notarbeschwerde nach § 15 Abs. 2 BNotO, FS 200 Jahre Notarkammer Pfalz, 2003, S. 167–204; *Kapsa,* Aktuelle Probleme des Notarhaftungsrechts in der Rechtsprechung des Bundesgerichtshofs, ZNotP 2007, 2; *Kawohl,* Notaranderkonto, 1995, Rn. 10; *Lerch,* Die notarielle Verwahrungstätigkeit, NJW 1998, 3697; *Lüke,* Das notarielle Anderkonto an der Schnittstelle von Privatrecht und öffentlichem Recht, ZIP 1992, 150; *Müller-Magdeburg,* Rechtsschutz gegen notarielles Handeln, 2005; *Peter,* Das Verwahrgeschäft des Notars, BWNotZ 1984, 86; *Preuß,* Die notarielle Hinterlegung, 1995; *Rau,* Durchsuchungs- und Beschlagnahmemaßnahmen im Zusammenhang mit Rechtsanwalts- und Notaranderkonten, wistra 2006, 410; *Reithmann,* Der Vorbescheid im Beurkundungs- und Treuhandverfahren des Notars, ZNotP 2005, 57; *Rinsche,* Die Haftung des Rechtsanwalts und des Notars, 6. Aufl. 1998; *G. Sandkühler,* Zur Zulässigkeit notarieller Vorbescheide unter der Geltung des FamFG, DNotZ 2009, 595; *Schmidt,* Risikoverteilung bei der Abwicklung von Immobilienkäufen über Notaranderkonto, ZfIR 2001, 701; *Schreindorfer,* Verwahrung zugunsten Dritter, MittBayNot 2015, 282; *Stöber/Rellermeyer,* Forderungspfändung, 17. Aufl. 2020; *Strehle,* Die Zwangsvollstreckung in das Guthaben des Notaranderkontos, 1995; *Weingärtner,* Das notarielle Verwahrungsgeschäft, 2. Aufl. 2004; *Zimmer,* Die notarielle Abwicklung eines Kaufvertrags über versteigerungsbefangenen Grundbesitz, ZfIR 2015, 478; *Zimmermann,* DAI-Tagungsskript, Das Anderkonto, 2.9/12.11.1994.

Formulierungsmuster: *Basty* in: Kersten/Bühling, Formularbuch und Praxis der Freiwilligen Gerichtsbarkeit, 26. Aufl. 2019, § 32 Rn. 183 M (kurze Verwahrungsanweisung); *Gebele* in: Beck'sches Formularbuch zum Bürgerlichen, Handels- und Wirtschaftsrecht, 13. Aufl. 2019, Muster III. B. 2 ff.; *Hertel,* Kaufpreisabwicklung über Notaranderkonto, in: Lambert-Lang/Tropf/Frenz, Handbuch der Grundstückspraxis, 2. Aufl. 2005, Muster 26, Teil 2 Rn. 902; *ders.* in: Würzburger Notarhandbuch, 5. Aufl. 2018, Teil 2 Kap. 2 Rn. 652; *Götte* in: Wurm/Wagner/Zartmann, Das Rechtsformularbuch, 17. Aufl. 2015, Muster 43.2. S. 793; *Otto* in: Münchener Vertragshandbuch, Bd. 5, Bürgerliches Recht I, 7. Aufl. 2013, Muster I. 1. S. 58 ff. (Kauf eines Altbaugrundstücks durch Individualvertrag – Abwicklung über Notaranderkonto); *Trömer* in: Beck'sches Notar-Handbuch, 7. Aufl. 2019, § 1 Rn. 896; *Zimmermann* in: Kersten/Bühling, Formularbuch und Praxis der Freiwilligen Gerichtsbarkeit, 26. Aufl. 2019, § 9 Rn. 19 M.

Übersicht

	Rn.
A. Rechtsgrundlagen für notarielle Verwahrung	1
B. Regelungsgehalt von § 23	5
I. Zuständigkeit zur Verwahrung	5
II. Keine Verpflichtung zur Übernahme einer Verwahrung	7
III. Unzulässigkeit anderer Verwahrungsarten	8
C. Definition und Begriffe	9
D. Abgrenzung	12
I. Wechselprotest und Nebentätigkeiten des Notars	12
II. Rechtsanwaltsanderkonto	13
III. Treuhandtätigkeit einer Bank	15
IV. Sperrkonto	16
1. Unzulässigkeit notarieller Mitverfügung über Sperrkonto	16
2. Sicherungswirkung eines Sperrvermerkes	19
E. Zivilrechtliche Folgen der Verwahrung	21
I. Kaufpreisanspruch	21
II. Darlehen der finanzierenden Bank	25
III. Ablösung von Gläubigern	26
IV. Bereicherungsansprüche bei Auszahlungsfehlern	27
F. Pfändung und Abtretung, Insolvenz	28
I. Pfändung in Anderkonto	28
1. Voraussetzungen	28
2. Prüfung durch den Notar	30
3. Pfändung bei Rückabwicklung	32
II. Abtretung	33
III. Auszahlung bei Pfändung und Abtretung	38
IV. Insolvenz eines Beteiligten	43
V. Insolvenz des oder Zwangsvollstreckung gegen den Notar	45

	Rn.
G. Rechtsschutzmöglichkeiten der Beteiligten – Handlungsmöglichkeiten des Notars	47
I. Beschwerde und Vorbescheid (§ 15 Abs. 2)	49
II. Zivilrechtsklage gegen andere Beteiligte	52
III. Hinterlegung nach §§ 372 ff. BGB	55
H. Folgen von Amtspflichtverletzungen bei der Verwahrung	60
I. Amtshaftung des Notars	60
1. Tatbestand der Amtshaftung	60
2. Ausschluss der Amtshaftung	62
3. Versicherung	65
II. Disziplinarische und strafrechtliche Sanktionen	66

A. Rechtsgrundlagen für notarielle Verwahrung

1 Regelungen über das notarielle Verwahrungsverfahren (Notaranderkonto) finden sich in **vier Rechtsquellen:**
- **§ 23 BNotO** als Grundnorm regelt die Zuständigkeit und Befugnis der Notare zur Durchführung von Verwahrungen als Teil ihrer Betreuungstätigkeit.
- **§§ 57 bis 62 BeurkG** (bzw. vor dem 9.6.2017: §§ 57 bis 54e BeurkG) enthalten Verfahrensregeln für das notarielle Verwahrungsverfahren.
- Abschnitt III. der **Richtlinien der Notarkammern** konkretisiert die gesetzlichen Pflichten der Notare bei der „Wahrung fremder Vermögensinteressen".
- Die **DONot** schließlich enthält diverse Regelungen zur Führung der Bücher und Nebenakten des Notars zu den Notaranderkonten (insbesondere §§ 10 bis 14, 17, 27 DONot), die aber in absehbarer Zeit durch eine Verordnung des Justizministeriums ersetzt wird.

Die zivilrechtlichen Folgen der Vereinbarung der Zahlung über (oder Verwahrung auf) Notaranderkonto sind weder in der BNotO noch im BeurkG geregelt, sondern ergeben sich aus den allgemeinen zivilrechtlichen Vorschriften. Sie sind gleichwohl im Rahmen dieser Kommentierung des § 23 mitbehandelt.[1]

2 Bereits die Reichsnotarordnung von 1937 enthielt in **§ 25 RNotO** eine dem heutigen § 23 Hs. 1 BNotO entsprechende Regelung. § 23 wurde im Rahmen der BNotO-Novelle von 1998 lediglich um die Verweisung auf §§ 54a bis 54d BeurkG erweitert (jetziger Hs. 2). 2017 wurde die Verweisung infolge der Umnummerierung im BeurkG auf §§ 57 bis 62 BeurkG geändert.[2]

3 Hingegen brachten erst die damaligen **§§ 54a bis 54e BeurkG (bzw. jetzt §§ 57 bis 62 BeurkG)**, die durch die zum 8.9.1998 in Kraft getretenen Neufassung von BNotO und BeurkG eingefügt wurden, **erstmals eine gesetzliche Regelung des notariellen Verwahrungsverfahrens.** Zuvor gab es mit § 23 nur eine gesetzliche Vorschrift über die notarielle Zuständigkeit, während die Durchführung der Verwahrung nur in §§ 11 ff. DONot aF geregelt war, also in einer landesrechtlichen (wenngleich in den verschiedenen Bundesländern inhaltsgleichen) Verwaltungsvorschrift. Dies erschien dem Gesetzgeber unzureichend, soweit dem Notar hiermit ein für diesen Bereich seiner hoheitlichen Tätigkeit maßgebliches Verfahrensrecht und wesentliche Berufspflichten vorgeschrieben wurden.[3]

Als Standort für die verfahrensrechtliche Regelung wählte der Gesetzgeber das BeurkG, da es bereits die Bestimmungen zum notariellen Verfahrensrecht, insbesondere zum Beurkundungsverfahren, enthielt und daher geeigneter erschien als die Berufsordnung der

---

[1] → Rn. 21–46.
[2] Gesetz zur Neuordnung der Aufbewahrung von Notariatsunterlagen und zur Einrichtung des Elektronischen Urkundenarchivs bei der Bundesnotarkammer sowie zur Änderung weiterer Gesetze vom 1.6.2017 (BGBl. 2017 I 1396), in Kraft seit 9.6.2017.
[3] Regierungsbegründung BT-Drs. 13/4184, 37.

BNotO.⁴ Inhaltlich lehnt sich die Neuregelung weitgehend an die frühere Rechtslage an, insbesondere die Vorschriften der DONot;⁵ die zum früheren Recht ergangene Rechtsprechung (und Kommentierung) konnte und kann daher als Auslegungshilfe herangezogen werden.

Jedoch ist selbst bei gleich bleibendem Wortlaut der Vorschriften in der DONot aF und im BeurkG ein bedeutsamer Unterschied in der Rechtsnatur zu beachten: Aus bloßen Verwaltungsanordnungen, deren Verletzungen allenfalls dienstaufsichtlich und disziplinarisch geahndet werden konnte (soweit sie nicht nur anderweitig bereits bestehende Amtspflichten wiederholten), wurden gesetzliche Amtspflichten, deren Verletzung Amtshaftungsansprüche nach § 19 Abs. 1 auslösen können.⁶

Die Neuregelungen der damaligen §§ 54a bis 54e BeurkG (jetzt §§ 57 bis 62 BeurkG) galten für alle **ab 8.9.1998**⁷ vom Notar im Rahmen einer Verwahrung vorzunehmende Amtshandlungen – auch soweit die Verwahrungsanweisung vorher erteilt wurde bzw. die Einzahlung bereits vorher erfolgte. Die Zulässigkeit und Auslegung einer bereits vorher erteilten Verwahrungsanweisung bestimmt sich hingegen noch nach altem Recht.

Mit Wirkung seit 9.6.2017 wurde die Paragrafennummerierung geändert. §§ 57 bis 54e BeurkG finden sich jetzt wort- und inhaltsgleich in §§ 57 bis 58 BeurkG sowie §§ 60 bis 62 BeurkG. Außerdem wurde mit § 59 BeurkG eine neue Verordnungsermächtigung eingefügt, wonach das Bundesjustizministerium Regelungen über das Verwahrungsverzeichnis erlassen kann (was bisher in der DONot geregelt ist).⁸

Für die neugefassten fassenden landesrechtlichen **Dienstordnungen,** die 2001/2002 in **4** allen Bundesländern in Kraft traten,⁹ verbleiben damit die Bestimmungen, die durch Dokumentationspflichten lediglich der einheitlichen Gestaltung der Buchführung und damit insbesondere der Information der Aufsichtsbehörden dienen¹⁰ (insbesondere §§ 10 bis 14, 22 Abs. 2, 25, 27 DONot). Wesentliche inhaltliche Änderungen erfolgten durch die Neufassung der DONot nicht. Die Regelungen der DONot über das Notaranderkonto waren durch die Änderung der DONot 2007 nicht betroffen.

Aufgrund der neu eingeführten Verordnungsermächtigung des § 59 BeurkG werden diese Regelungen in absehbarer Zeit in die geplante neue Verordnung des Bundesjustizministeriums verlagert werden (wobei keine größeren inhaltlichen Änderungen zu erwarten sind).

B. Regelungsgehalt von § 23

I. Zuständigkeit zur Verwahrung

§ 23 Hs. 1 regelt die notarielle **Zuständigkeit** zur Durchführung einer Verwahrung. **5** Für das Verfahren der Verwahrung von Geld auf Notaranderkonto verweist § 23 Hs. 2 deklaratorisch auf §§ 57 bis 62 BeurkG.

Zugleich regelt § 23 die dem Verwahrungsverfahren unterfallenden **Gegenstände** (Geld, **6** Wertpapiere und Kostbarkeiten) und damit den Anwendungsbereich der §§ 57 bis 62 BeurkG.¹¹

---

⁴ Regierungsbegründung BT-Drs. 13/4184, 37.
⁵ Regierungsbegründung BT-Drs. 13/4184, 37.
⁶ Allerdings waren bereits früher manche der in der DONot aF geregelten Pflichten des Notars (ungeschriebene) Amtspflichten.
⁷ Art. 14 S. 2 des Dritten Gesetzes zur Änderung der Bundesnotarordnung und anderer Gesetze (BGBl. 1998 I 2585, 2899).
⁸ Gesetz zur Neuordnung der Aufbewahrung von Notariatsunterlagen und zur Einrichtung des Elektronischen Urkundenarchivs bei der Bundesnotarkammer sowie zur Änderung weiterer Gesetze vom 1.6.2017 (BGBl. 2017 I 1396), in Kraft seit 9.6.2017.
⁹ → DONot § 34 Rn. 4.
¹⁰ Regierungsbegründung BT-Drs. 13/4184, 37.
¹¹ Zu den Begriffen Geld bzw. Wertpapiere und Kostbarkeiten → BeurkG § 57 Rn. 2–3 bzw. → BeurkG § 62 Rn. 2–6.

Die notarielle Verwahrung anderer Gegenstände – etwa von Datenträgern (Disketten, CD, Tonträgern), Schriftstücken oder Zeichnungen – darf der Notar nach der allgemeinen Vorschrift des § 24 Abs. 1 S. 1 vornehmen, soweit sie der vorsorgenden Rechtspflege dient;[12] §§ 57 bis 62 BeurkG gelten dafür nicht unmittelbar, können aber teilweise analog angewandt werden.

II. Keine Verpflichtung zur Übernahme einer Verwahrung

7 Zur Annahme einer Verwahrung ist der Notar **nicht verpflichtet** – selbst wenn die Verwahrung durch ein von ihm beurkundetes Urkundsgeschäft veranlasst ist[13] – anders als nach § 15 Abs. 1 S. 1 zur Urkundstätigkeit. Jedoch kann er mE eine Verwahrung nach § 23 BeurkG nur nach pflichtgemäßem Ermessen ablehnen.[14] Wenn es für ein von ihm beurkundetes Rechtsgeschäft (ausnahmsweise) kein anderes Sicherungsmittel als die notarielle Verwahrung gibt, reduziert sich sein Ermessen daher dahingehend, dass der Urkundsnotar zur Übernahme der Verwahrung verpflichtet ist.[15] Auch nimmt der Notar durch die Beurkundung des eine Abwicklung über Notaranderkonto enthaltenden Rechtsgeschäftes den darin enthaltenen Verwahrungsantrag und die Verwahrungsanweisung stillschweigend an (§ 57 Abs. 5 BeurkG).

Hat der Notar den Verwahrungsantrag angenommen, kann er die **(weitere) Durchführung** der Verwahrung nur unter den Voraussetzungen der § 15 Abs. 1, §§ 60 und 61 BeurkG ablehnen; ihm steht nicht etwa ein freies „Kündigungsrecht" zu. Allerdings kann er ggf. die weitere Durchführung der Verwahrung ablehnen, wenn die Erreichung des Verwahrungszwecks unmöglich ist.[16] Unter den (analog) anwendbaren Voraussetzungen der §§ 372 ff. BGB ist er dann zur Hinterlegung beim Amtsgericht berechtigt,[17] wenn die Herausgabe an die Verwahrungsbeteiligten nicht möglich ist, weil sich diese über längere Zeit nicht auf eine einvernehmliche Rückzahlungsanweisung einigen und auch keine Anstalten treffen, gerichtlich eine Zustimmung zur Rückzahlung von den anderen Verwahrungsbeteiligten zu erzwingen.

III. Unzulässigkeit anderer Verwahrungsarten

8 Will der Notar Geld, Wertpapiere oder Kostbarkeiten verwahren, so kann er dies nur mittels Verwahrung nach §§ 57 bis 62 BeurkG; eine Mitwirkung des Notars bei einer anderen Verwahrungsart ist unzulässig. § 23 regelt die Befugnisse des Notars zur Verwahrung der dort genannten Gegenstände abschließend. Geld ist daher auf Notaranderkonto zu

---

[12] *Bräu* Rn. 3; *Erber-Faller* MittBayNot 1995, 182 (188 f.); Diehn/*Kilian* BNotO § 24 Rn. 13; Schippel/Bracker/*Reithmann* BNotO § 23 Rn. 7; *Weingärtner*, Verwahrungsgeschäft, Rn. 243; Gutachten DNotI-Report 1996, 45 (48); → BeurkG § 62 Rn. 18 ff.

[13] BGH DNotZ 1985, 50; *Lüke* ZIP 1992, 152; Diehn/*Kilian* BNotO § 23 Rn. 14; Schippel/Bracker/*Reithmann* BNotO § 23 Rn. 11; *Weingärtner*, Verwahrungsgeschäft, Rn. 5 und 7.

[14] Arndt/Lerch/Sandkühler/*Sandkühler* BNotO § 23 Rn. 86. Das Ermessen kann allerdings auch dahingehend ausgeübt werden, grundsätzlich keine Abwicklung über Anderkonten vorzunehmen – bayerisches Modell – es sei denn, eine andere Absicherung der Beteiligten ist nicht möglich. Ebenso zulässig war, wenn früher die Notare im Landesdienst in Baden-Württemberg alle Verwahrungen ablehnten und ggf. auf die Möglichkeit der privatrechtlichen Treuhandtätigkeit einer Bank verwiesen, da die Notare personell nicht hinreichend ausgestattet waren, um Verwahrungen ordnungsgemäß durchführen zu können (und andernfalls Beurkundungen ablehnen müssten). Das Problem hat sich mit der flächendeckenden Umstellung auf das freiberufliche Notariat in Baden-Württemberg erledigt). Bei sonstigen Verwahrungen nach § 24 Abs. 1 S. 1 ist mE keine Ermessensreduktion vorstellbar.

[15] Arndt/Lerch/Sandkühler/*Sandkühler* BNotO § 23 Rn. 86; *Bräu* Rn. 159; *Höfer/Huhn*, Allgemeines Urkundenrecht, 1968, § 3 Rn. 5. Sonst liefe die Ablehnung der Verwahrung auf eine – unzulässige – Ablehnung der Beurkundung hinaus. Hat der Notar der Durchführung der Verwahrung stattgegeben, so muss er auch nach dem Kaufvertrag zulässige Treuhandauflagen der finanzierenden Bank annehmen (soweit diese § 57 Abs. 2 und Abs. 3 BeurkG entsprechen). AA Grziwotz/Heinemann/*Grziwotz* BeurkG § 57 Rn. 21, der die Ablehnung immer als pflichtgemäßem Ermessen entsprechend ansieht.

[16] Vgl. *Peters* BWNotZ 1985, 91; *Weingärtner*, Verwahrungsgeschäft, Rn. 56; → § 24 Rn. 10.

[17] → Rn. 55–59.

verwahren; auch dies ergibt sich aus der Verweisung in Hs. 2 auf §§ 57 bis 62 BeurkG. Eine Verwahrung durch den beurkundenden Anwaltsnotar oder einen seiner Sozien auf **Rechtsanwaltsanderkonto** wäre hingegen unzulässig.[18] Ebenso scheidet nach einer – allerdings umstrittenen – Meinung auch die Mitverfügung des Notars über ein **Sperrkonto** aus.[19] (Umgekehrt schließt § 23 jedoch die Verwahrung anderer als der dort genannten Gegenstände durch den Notar nach § 24 nicht aus.[20])

C. Definition und Begriffe

Notarielle Verwahrung ist die treuhänderische Aufbewahrung und Ablieferung von Geld, Wertpapieren oder Kostbarkeiten durch den Notar als Amtsträger entsprechend einer ihm erteilten Verwahrungsanweisung zur Absicherung der von dem Anweisenden gewünschten Rechtsfolgen. Die notarielle Verwahrung ist als wichtiger Fall notarieller Rechtsbetreuung (§ 24) Amtstätigkeit.[21] Dem Notar steht dabei (im Rahmen seiner Bindung an Gesetz und Recht) dieselbe persönliche und sachliche Unabhängigkeit (§§ 1, 14 Abs. 1) zu wie bei anderen Amtstätigkeiten.[22] 9

Ein **Notaranderkonto** ist ein dieser treuhänderischen Verwahrung von Geld dienendes Konto des Notars, dessen treuhänderische Bindung sich in besonderen bankrechtlichen Bedingungen (Notaranderkontenbedingungen)[23] für das Konto ausdrückt.

Das Gesetz spricht durchgängig von **Verwahrung.** Früher wurde häufig auch der Begriff der notariellen **Hinterlegung** gebraucht, der aber zu Verwechslungen mit dem Begriff der Hinterlegung nach §§ 372 ff. BGB sowie der Hinterlegungsordnung (HinterlO) bzw. jetzt den landesrechtlichen Vorschriften über die Hinterlegung bei Gericht führen kann.[24] Während die bürgerlich-rechtliche Hinterlegung Erfüllungssurrogat ist (§ 378 BGB), ist die öffentlich-rechtliche Verwahrung durch den Notar eine Modifikation der Erfüllungsart. 10

Bei der Verwahrung auf Notaranderkonto sind stets zwei Rechtsverhältnisse zu unterscheiden: Einerseits das zivilrechtliche Rechtsverhältnis der Beteiligten untereinander (also idR der Kaufvertrag), andererseits die öffentlich-rechtliche Verwahrung durch den Notar. Entsprechend unterscheidet man die zivilrechtliche **Verwahrungsvereinbarung,** durch die die Zahlungspflicht im Verhältnis der Kaufvertragsparteien untereinander in eine Verpflichtung zur Einzahlung auf das Anderkonto modifiziert wird, und die zur Durchführung dem Notar erteilte öffentlich-rechtliche **Verwahrungsanweisung** (bzw. früher Hinterlegungsanweisung und Hinterlegungsvereinbarung)[25] – auch wenn beide äußerlich meist in einer Urkunde zusammenfallen.[26] In der BNotO und dem BeurkG geregelt ist (ebenso wie 11

---

[18] BGH DNotZ 1997, 221; → Rn. 13 ff.
[19] → Rn. 16 ff.
[20] → BeurkG § 62 Rn. 18 ff.
[21] Arndt/Lerch/Sandkühler/*Sandkühler* BNotO § 23 Rn. 2; *Reithmann* WM 1991, 1493 (1494).
[22] Vgl. speziell zur Verwahrung: Arndt/Lerch/Sandkühler/*Sandkühler* BNotO § 23 Rn. 11; *Zimmermann* DNotZ 1985, 5 (8); *ders.* DNotZ 2000, 164; aA – wonach die Verwahrung nur administrative Tätigkeit sei, bei der dem Notar nur begrenzt sachliche Unabhängigkeit gegenüber Weisungen der Justizverwaltung zustünde: *Dickert* MittBayNot 1995, 421 (426); *Blaeschke* Rn. 1159.
[23] → BeurkG § 58 Rn. 2 ff. sowie → DONot § 27 Rn. 4 ff., 8.
[24] Zum Begriff der notariellen „Hinterlegung" und zur Literaturkritik daran vgl. *Bräu* Rn. 1; *Kawohl* Rn. 10; *Reithmann,* Rechtspflege, S. 210; Arndt/Lerch/Sandkühler/*Sandkühler* BNotO § 23 Rn. 10. Der Begriff der notariellen Verwahrung hat allerdings auch nichts mit dem bürgerlich-rechtlichen Rechtsinstitut der Verwahrung nach §§ 688 ff. BGB zu tun.
[25] Grundlegend *Zimmermann* DNotZ 1980, 451 (456 ff.); ebenso *Brambring* DNotZ 1990, 615 (625); *Dornis* S. 7 f.; *Bräu* Rn. 92 ff.; *Haug* DNotZ 1982, 594; *Kawohl* Rn. 28; *Lüke* ZIP 1992, 150; Schippel/Bracker/ *Reithmann,* 8. Aufl. 2006, BNotO § 23 Rn. 26 f.; Diehn/*Kilian* BNotO § 23 Rn. 14; Armbrüster/Preuß/ Renner/*Renner* BeurkG Vorb. §§ 57 ff. Rn. 9 ff.; Arndt/Lerch/Sandkühler/*Sandkühler* BNotO § 23 Rn. 28; *Weingärtner,* Verwahrungsgeschäft, Rn. 25 ff.
[26] Fehlt eine ausdrückliche Verwahrungsanweisung an den Notar, so kann man deren Inhalt daher im Zweifel aus der Verwahrungsanweisung der Vertragsbeteiligten entnehmen (BGH DNotZ 2000, 365).

in der DONot) lediglich das hoheitliche Verwahrungsverfahren zwischen Notar und Beteiligten, nicht die zivilrechtlichen Folgen der Kaufpreisabwicklung über Notaranderkonto.

D. Abgrenzung

I. Wechselprotest und Nebentätigkeiten des Notars

12   Nicht immer, wenn der Notar Geld etc treuhänderisch entgegennimmt, liegt eine Verwahrung iSd § 23 vor. So ist die Entgegennahme von Geld bei einem durch den Notar vorgenommenen **Wechsel- oder Scheckprotest** keine Verwahrung, denn sie dient nicht der treuhänderischen Aufbewahrung und Ablieferung nach Eintritt bestimmter Voraussetzungen, sondern der unmittelbaren Ablieferung an den Zahlungsempfänger.[27]

Nimmt der Notar bei einer **Nebentätigkeit** etwa als Testamentsvollstrecker, Insolvenzverwalter, Vormund, Nachlasspfleger oder -verwalter etc (§ 8 Abs. 4)[28] treuhänderisch Geldbeträge ein, so hat er diese zwar auch über Sonderkonten für den Vertretenen bzw. die Masse abzuwickeln. Doch handelt es sich nicht um eine Verwahrung iSd § 23, so dass der Notar hierfür kein Notaranderkonto einrichten kann.[29]

II. Rechtsanwaltsanderkonto

13   Auch für **Anderkonten von Rechtsanwälten,** Patentanwälten und der steuerberatenden Berufe gibt es besondere Geschäftsbedingungen der Kreditwirtschaft, die den Bedingungen für Notaranderkonten weitgehend entsprechen. Bankrechtlich sind auch diese Anderkonten von einer Aufrechnung, Pfändung oder vom Konkurs des Treuhänders nicht betroffen. Im Unterschied zur notariellen Verwahrung erfolgt die Verwahrung durch den Anwalt etc jedoch **privatrechtlich** durch Geschäftsbesorgungsvertrag (§§ 667, 675 BGB).

Privatrechtlich sind auch **sonstige Treuhandkonten,** bei denen rechtliche und wirtschaftliche Inhaberschaft auseinanderfallen. Für diese gibt es bankrechtlich keine Sonderbestimmungen.[30] Daher handelt ein Notar amtspflichtwidrig, wenn er den Eindruck erweckt, bei einer freiwilligen Versteigerung sei die Kaufpreiszahlung auf ein sog. „Anderkonto" des Auktionators mit der Zahlung auf ein Notaranderkonto gleichzustellen.[31]

14   Bei Verwahrung durch einen **Anwaltsnotar** hat dieser rechtzeitig bei Beginn seiner Tätigkeit klarzustellen, ob er als Rechtsanwalt oder als Notar tätig wird (Abschnitt I. Nr. 3 RLEmBNotK).[32] Nach § 24 Abs. 2 S. 1 liegt eine notarielle Verwahrung vor, wenn diese der Durchführung einer Beurkundung oder sonstigen notariellen Amtstätigkeit dient.[33] Dasselbe gilt bei einer isolierten Verwahrung, wenn der Anwaltsnotar diese für oder jedenfalls im Interesse von mehreren Beteiligten mit gegenläufigen Interessen vornimmt.[34] Handelt es sich ihrem Wesen nach um eine notarielle Verwahrung, so darf der Anwaltsnotar

---

[27] Ähnlich Arndt/Lerch/Sandkühler/*Sandkühler* BNotO § 23 Rn. 40; Armbrüster/Preuß/Renner/*Renner* BeurkG § 57 Rn. 4. Es ist allerdings selten, dass dem Notar beim Protest Zahlung angeboten wird.

[28] Vgl. die Kommentierung zu § 8 Abs. 4 BNotO.

[29] Vgl. Kersten/Bühling/*Zimmermann* § 9 Rn. 18. Soll dennoch eine Verwahrung erfolgen, muss diese ein anderer Notar durchführen. Der selbst in Nebentätigkeit als Testamentsvollstrecker etc tätige Notar unterliegt einem Mitwirkungsverbot nach § 3 Abs. 1 S. 1 Nr. 1 BeurkG.

[30] Vgl. OLG Hamm IBR 2001, 587 (keine Absicherung durch Treuhandkonto eines Maklers für Erschließungskosten).

[31] KG RNotZ 2016, 336 = ZfIR 2016, 499 mAnm *Heinemann;* dazu Anm. *Kämper* RNotZ 2016, 336; *Zimmer* NJ 2016, 262.

[32] → RLEmBNotK I. Rn. 3.

[33] Vgl. OLG Frankfurt a. M. OLG-Report 2003, 25. Ein Teil der Literatur will daraus – wohl zu weitgehend – eine allgemeine Zweifelsregel ableiten, wonach im Zweifel eine notarielle Verwahrung anzunehmen sei – *Rohs/Heinemann* Rn. 283; *Zimmermann* DNotZ 1985, 5.

[34] BGHZ 134, 100 = DNotZ 1997, 221; BGH ZIP 2004, 1154; OLG Hamm DNotZ 1997, 228 mAnm *Reithmann;* OLG Frankfurt a. M. RNotZ 2004, 46 mAnm *Wachter* (je zu Verwahrungen auf Antrag einer Kapitalanlagegesellschaft).

im Rahmen eines von ihm beurkundeten Rechtsgeschäftes weder sich selbst noch einen seiner Sozien zur Durchführung einer anwaltlichen statt einer notariellen Verwahrung anweisen lassen.[35] Dagegen sind Verwahrungsgeschäfte im Zusammenhang mit einer Prozessangelegenheit oder sonstigen anwaltlichen Tätigkeit, insbesondere die Verwahrung nur im Auftrag und zur einseitigen Interessenwahrnehmung eines von mehreren Beteiligten, im Zweifel als Anwaltsgeschäft anzusehen.[36]

III. Treuhandtätigkeit einer Bank

In **Baden-Württemberg** übernahmen auch die dortigen **Banken** manchmal (privatrechtliche) Treuhandtätigkeiten bei Grundstückskaufverträgen – vor allem vor der flächendeckenden Umstellung auf das freiberufliche Notariat.[37] Denn die früheren baden-württembergischen Notare im Landesdienst lehnten Verwahrungen regelmäßig ab, da sie diese mangels hinreichender Personalausstattung nicht ordnungsgemäß oder nur zu Lasten ihrer Beurkundungstätigkeit durchführen konnten. Da hier weder der Notar selbst noch einer seiner Sozien an der Treuhandtätigkeit mitwirkt, steht der abschließende Charakter von § 23 dieser Gestaltung nicht entgegen. 15

IV. Sperrkonto

1. Unzulässigkeit notarieller Mitverfügung über Sperrkonto. Ein **Sperrkonto** ist ein Konto, über das der Berechtigte nur verfügen kann, wenn ein Dritter, der nicht selbst Mitkontoinhaber ist, diesen Verfügungen zustimmt[38] – etwa ein Mietkautionskonto. Bankrechtlich wäre es zulässig, ein Sperrkonto so auszugestalten, dass Zahlungen und Überweisungen von einer Mitverfügung des Notars abhängen.[39] 16

Das **notarielle Berufsrecht verbietet** jedoch nach wohl herrschender, wenngleich strittiger Meinung eine Sperre zugunsten des Notars.[40] Denn für die Verwaltung von Fremdgeld sieht § 23 iVm §§ 57 bis 62 BeurkG ausschließlich die Verwahrung auf Notaranderkonto vor. § 58 Abs. 3 S. 1 BeurkG untersagt eine **bloße Mitzeichnungsberechtigung** beim Notaranderkonto – etwa als Mitverfügungsrecht über ein Und- oder Oderkonto; dem widerspräche, wollte man bei einem Sperrkonto einen bloßen Sperrvermerk zugunsten des Notars zulassen.

Zulässig ist hingegen, wenn das Kreditinstitut sich bei einem Treuhandkonto gegenüber den Beteiligten verpflichtet, eine Verfügung über das Konto erst zuzulassen, nachdem bestimmte Voraussetzungen (zB Eintragung der Auflassungsvormerkung) erfüllt sind. Als Nachweis für das Vorliegen dieser Voraussetzungen kann auch eine notarielle Bestätigung (nach Art einer Fälligkeitsmitteilung) vorgesehen werden. Diese darf der Notar abgeben; denn dabei handelt es sich um ein **Rechtsgutachten** nach § 24 Abs. 1 S. 1 (bzw. auch nur um eine notarielle Tatsachenbescheinigung nach § 20 Abs. 1 S. 2, wenn der Notar keinerlei rechtliche Schlüsse dabei zieht) – und nicht um eine von § 58 Abs. 3 S. 1 BeurkG 17

---

[35] BGHZ 134, 100 = DNotZ 1997, 221; vgl. auch BGH DNotZ 1987, 556; *Bräu* Rn. 7; Armbrüster/Preuß/Renner/*Renner* BeurkG Vorb. §§ 57 ff. Rn. 7; Arndt/Lerch/Sandkühler/*Sandkühler* BNotO § 23 Rn. 6 und § 24 Rn. 59; *Weingärtner*, Verwahrungsgeschäft, Rn. 18 f.
[36] BGH DNotZ 1998, 634 (Geldbetrag zum Devisenumtausch lediglich im Interesse des Auftragsgebers erhalten); OLG Hamm DNotZ 1985, 182; Arndt/Lerch/Sandkühler/*Sandkühler* BNotO § 23 Rn. 5; *Bräu* Rn. 6; *König*, Rechtsverhältnisse und Rechtsprobleme bei der Darlehensvalutierung über Notaranderkonto, 1988, S. 77; *Weingärtner*, Verwahrungsgeschäft, Rn. 15.
[37] Formulierungsbeispiel vgl. Nieder/Otto in: Münchener Vertragshandbuch, Bd. 5, 6. Aufl. 2008, Muster I.2 S. 82 ff.
[38] Vgl. allgemein zum Sperrkonto *Busse* MDR 1956, 70; *Canaris*, Bankvertragsrecht, 3. Aufl. 1988, Rn. 250 ff.; *Daimer* DNotZ 1941, 194; *Kollhosser* ZIP 1984, 389; *Reithmann* DNotZ 1975, 324; zur Haftung der Bank bei Verstoß gegen Sperrkontoabrede vgl. OLG München OLG-Report 1998, 58 = WM 1999, 317.
[39] *Canaris*, Bankvertragsrecht, Rn. 252; *Kollhosser* ZIP 1984, 389.
[40] *Bräu* Rn. 55; Diehn/*Kilian* BNotO § 23 Rn. 11; *Winkler* BeurkG Vor § 57 Rn. 5; Kersten/Bühling/*Zimmermann* § 9 Rn. 14; *Zimmermann* DAI-Tagungsskript 1994, 8; aA *Weingärtner*, Verwahrungsgeschäft, Rn. 16, die dies als Treuhandtätigkeit nach § 24 BNotO verstehen.

untersagte Mitverfügung über Fremdgeld.[41] Um einen falschen Anschein zu vermeiden, sollte der Notar den Beteiligten bei der Übernahme deutlich machen, dass das Konto nicht seiner Verfügungs- und Kontrollbefugnis unterliegt.

18 Zulässig sind auch Sperrkonten, über die die **Beteiligten** nur gemeinsam (ohne den Notar) verfügen können.

Nach anwaltlichem Berufs- und Dienstrecht ist die bloße Mitverfügungsbefugnis eines **Rechtsanwaltes** auf einem Sperrkonto zulässig.[42] Der beurkundende Anwaltsnotar selbst darf jedoch in derselben Angelegenheit an keinem Sperrkonto mitwirken – und auch nicht die Mitwirkung eines seiner Rechtsanwaltssozien veranlassen.[43]

19 **2. Sicherungswirkung eines Sperrvermerkes.** Trotz Vereinbarung eines Sperrvermerks ist der Anspruch aus dem Konto weiterhin **abtretbar;** konkludent wird zugleich der Anspruch des Kontoinhabers gegen den Dritten auf Mitwirkung zur Verfügung über das Konto abgetreten, ohne dass es einer besonderen ausdrücklichen Abtretung dieses Nebenrechts bedürfte.[44]

Auch ein einem Sperrvermerk unterliegendes Konto ist **pfändbar.** Sowohl bei der Abtretung wie bei der Pfändung wirkt jedoch die durch den Sperrvermerk getroffene Zweckbestimmung auch gegen den Zessionar bzw. Pfändungsgläubiger. Dem unbeschränkten Pfändungszugriff unterliegt das Sperrkonto daher nur, soweit Gelder für diesen Zweck nicht mehr benötigt werden und die Zweckbindung entfällt. Dieser mit Zweckfortfall entstehende Anspruch auf Auszahlung eines Sperrkontos kann schon vorher als bedingter bzw. künftiger Anspruch gepfändet werden.[45]

20 **Insolvenzfest** ist eine vereinbarte Kontensperre zugunsten eines Gläubigers aber nur, wenn sie den Gemeinschuldner als Konteninhaber nicht nur schuldrechtlich in der Verfügung über die Einlageforderung beschränkt, sondern zugleich auch eine rechtsgeschäftliche **Verpfändung** des Kontos zugunsten des Gläubigers erfolgte.[46]

E. Zivilrechtliche Folgen der Verwahrung

I. Kaufpreisanspruch

21 Die zivilrechtlichen Folgen der Verwahrungsvereinbarung oder der Einzahlung im Verhältnis der Kaufvertragsparteien untereinander, für den Darlehnsvertrag des Käufers mit der finanzierenden Bank oder gegenüber den abzulösenden Gläubigern ergeben sich nicht aus der BNotO oder dem BeurkG, sondern aus den allgemeinen zivilrechtlichen Vorschriften – und sind auch dort nicht ausdrücklich, sondern nur implizit geregelt. Die Vereinbarung der Kaufvertragsparteien, den Kaufpreis über Notaranderkonto abzuwickeln, (Verwahrungsvereinbarung) **modifiziert die Verpflichtung zur Kaufpreiszahlung** dahingehend, dass zunächst nur Einzahlung auf das Notaranderkonto geschuldet wird.[47] Unterliegt der zugrunde liegende Kaufvertrag einem Formerfordernis (zB § 311b Abs. 1 S. 1 BGB oder § 15 Abs. 4 GmbHG), so erstreckt sich dies auf die Vereinbarung der Zahlungsabwicklung über Notaranderkonto.

---

[41] *Bräu* Rn. 55; *Schippel/Bracker/Reithmann,* 8. Aufl. 2006, BNotO § 24 Rn. 44; *Zimmermann* DAI Tagungsskript 1994, 8.
[42] *Bräu* Rn. 55; *Zimmermann* DAI Tagungsskript 1994, 7 f.
[43] Das anwaltliche Berufsrecht untersagt ihm dies aufgrund seiner notariellen Vorbefassung, § 45 Abs. 1 Nr. 1 BRAO. Außerdem untersagt ihm das notarielle Berufsrecht für von ihm beurkundete Rechtsgeschäfte die Mitwirkung an einer anderen als einer notariellen Verwahrung, → Rn. 14.
[44] BGH WM 1964, 349.
[45] *Canaris* Rn. 261; Stein/Jonas/*Brehm,* 21. Aufl. 1995, ZPO § 851 Rn. 24; *Stöber/Rellermeyer* Rn. 409a.
[46] BGH NJW-RR 1986, 848.
[47] BGH NJW 1985, 1155 (1157); OLG Hamm NJW-RR 1998, 423; *Brambring* DNotZ 1990, 615 (646); *Kawohl* Rn. 29; *Volhard* DNotZ 1987, 523 (543); *Dornis* S. 23 ff. spricht von „gestreckter Erfüllung".

Vollstreckt werden kann nur zur Einzahlung auf ein Notaranderkonto des beurkunden- 22 den Notars, nicht zur Direktzahlung an den Verkäufer; die **Vollstreckungsklausel** sollte zur Klarstellung entsprechend eingeschränkt werden.[48] Aber auch wenn die Vollstreckungsklausel keine entsprechende Einschränkung enthält, kann aus dem Titel nur zur Einzahlung auf Notaranderkonto vollstreckt werden.[49]

Mit der Verwahrungsvereinbarung ist zugleich konkludent ein **Aufrechnungs-, Minderungs- und Zurückbehaltungsverbot** hinsichtlich des Kaufpreisanspruchs zwischen den Kaufvertragsparteien vereinbart; denn wenn nicht der volle Kaufpreis eingezahlt, sondern ein Teil durch Aufrechnung erfüllt oder zurückbehalten wird, wäre die Kaufvertragsabwicklung, insbesondere die Ablösung der dinglichen Gläubiger gefährdet.[50] Umgekehrt kann sich der Käufer hinsichtlich des auf Notaranderkonto verwahrten Betrages nicht auf **Verjährung** der Kaufpreisforderung berufen.[51]

Durch die Einzahlung auf das Notaranderkonto wird der Kaufpreisanspruch noch nicht 23 erfüllt, sofern die Beteiligten nicht ausnahmsweise etwas anderes vereinbart haben.[52] Vielmehr bewirkt erst die Gutschrift des Geldes beim Verkäufer (bzw. beim abzulösenden Drittgläubiger) **Erfüllung**.[53] Nach anderer Meinung tritt bereits mit Auszahlungsreife Erfüllung ein, weil die konkludente Vorverlegung des Erfüllungszeitpunktes den Interessen beider Beteiligter gerecht werde.[54]

In manchen Formulierungsmustern ist ausdrücklich geregelt, dass bereits mit Auszahlungsreife Erfüllung eintritt.[55] Dringend abzuraten ist hingegen von einer Vereinbarung,

---

[48] BGH DNotZ 1995, 770; BeckRS 2003, 07449; OLG München 19.7.1993 – 26 U 1931/93, nv; vgl. auch KG NJW-RR 2000, 1409; vgl. Musterformulierung von *Wolfsteiner* DNotZ 1991, 579; ferner: *Amann/Mohrbutter/Stöber*, Vollstreckungsfeste Vertragsgestaltung, DAI-Tagungsskript, 8./9.5.1998, S. 55; *Preuß* S. 45. Dabei ist nicht erforderlich, dass die Vollstreckungsunterwerfung auf Einzahlung auf das Anderkonto lautet; es genügt Unterwerfung wegen der Kaufpreisforderung; die Einschränkung der Vollstreckbarkeit ergibt sich dann aus der Modifikation des vollstreckbar gestellten Anspruches. – Soweit der Kaufpreis bereits eingezahlt ist, hat der Notar die Klauselerteilung zu verweigern – so mit abweichender Begründung auch die Rspr.: BayObLG DNotZ 1998, 194; OLG Düsseldorf DNotZ 1991, 536; OLG Schleswig OLG-Report 1999, 406 = SchlHA 2000, 18; LG Koblenz DNotZ 1972, 190; aA LG Kleve DNotZ 1978, 680.

[49] OLG Schleswig OLG-Report 1999, 406 = SchlHA 2000, 18. Vgl. auch BGH DNotZ 1995, 770.

[50] BGHZ 95, 109 = NJW 1985, 2820 (Rückzahlung einer bar hinterlegten Sicherheit zur Abwendung des Vollzugs eines Haftbefehls); OLG Frankfurt a. M. DNotZ 1969, 513; OLG Hamm DNotZ 1996, 384 (390); KG DNotZ 1987, 577 (Aufrechnung mit Gebühren); LG Braunschweig DNotZ 1983, 778; Arndt/Lerch/Sandkühler/*Sandkühler* BNotO § 23 Rn. 34; *Kawohl* Rn. 90, 94; *Preuß* S. 157 ff.; teilweise aA OLG Naumburg OLG-Report 1998, 246 (247); *Bräu* Rn. 116, 184; *Lüke* ZIP 1992, 150 (156). Soweit die Verwahrungsvereinbarung keine Klausel enthält, wonach Auszahlungen erst erfolgen können, wenn der volle Kaufpreis hinterlegt ist, könnte man erwägen, eine Aufrechnung etc zuzulassen, soweit dadurch die Vertragsabwicklung (insbes. die Ablösung der dinglichen Gläubiger) nicht beeinträchtigt wird. *Haug* Rn. 629a schlägt im Hinblick auf das AGBG sogar eine Belehrung hierüber vor; dies erscheint rechtlich nicht geboten, da der Ausschluss der Aufrechnung etc nicht als gesonderte Vereinbarung, sondern als Folge der für die Hauptleistungspflicht vereinbarten Abwicklung über Anderkonto ergibt.

[51] BGHZ 143, 397 = NJW 2000, 1331.

[52] BGHZ 87, 156 (162) = DNotZ 1983, 549; 105, 60 (64) = DNotZ 1989, 235; BGH DNotZ 1995, 125 (127); BGHZ 138, 179 = DNotZ 1999, 126; OLG Celle DNotZ 1986, 296; OLG Düsseldorf DNotZ 1991, 536; OLG Hamm DNotZ 1961, 220; OLG Hamm BeckRS 2008, 20226; OLG Naumburg DZWIR 2002, 290 mAnm *Fehl*; *Brambring* RWS-Forum 1998, 11 (16); aA *Reithmann* NJW 1996, 3327.

[53] OLG Hamburg NJW 1996, 1289; OLG Köln DNotZ 1989, 257 (261); *Dornis* S. 27 ff., insbes. S. 36, 47, 54 (wobei *Dornis* die Trennung zwischen Gefahrübergang und Erfüllung besonders hervorhebt; die Gefahr gehe bereits mit Auszahlungsreife über); Arndt/Lerch/Sandkühler/*Sandkühler* BNotO § 23 Rn. 208; Staudinger/*Olzen*, 2011, BGB § 362 Rn. 45; *Weingärtner*, Verwahrungsgeschäft, Rn. 123; *Weingärtner/Schöttler*, 7. Aufl. 1995, Rn. 177. So tritt etwa auch bei den vergleichbaren Anweisungsfällen einer Banküberweisung Erfüllung erst mit Gutschrift auf dem Konto des Zahlungsempfängers ein – BGHZ 6, 121; 58, 108.

[54] *Brambring* DNotZ 1990, 615 (633); *Bräu* Rn. 150; *Kawohl* Rn. 42; *Lerch* BeurkG § 60 Rn. 3; *Preuß* S. 137 ff.; *Zimmermann* DNotZ 1983, 551 (555); ebenso als Auslegung der konkreten Vereinbarung BGH DNotZ 1995, 125 (127) unter Abwägung der beiderseitigen Interessen vor allem für den Konkursfall; ebenso für den steuerlichen Zufluss OFD Cottbus 1.9.1998, MittRhNotK 1998, 380; offen *Winkler* BeurkG § 58 Rn. 15. Nach *Dornis* S. 54 tritt mit Auszahlungsreife lediglich Gefahrübergang ein (abweichend von § 270 BGB), aber noch nicht Erfüllung.

[55] *Brambring* DNotZ 1990, 615 (633); *Hertel* ZNotP 1998, Beilage 3/98, S. 18; *Otto* in Münchener Vertragshandbuch, Bd. 5, Muster I.2 § 4 Abs. 7; BeckNotar-HdB/*Tönnies*, 6. Aufl. 2015, A I. Rn. 883;

bereits der Einzahlung Erfüllungswirkung beizumessen, da zu diesem Zeitpunkt noch nicht feststeht, ob der Vertrag erfüllt werden kann.[56]

Zahlt der Käufer vereinbarungswidrig statt auf das Anderkonto **direkt** an den Verkäufer, so tritt damit idR Erfüllung ein,[57] soweit nicht der Kaufpreis (etwa an die Grundpfandgläubiger) abgetreten oder bereits vor Zahlung gepfändet wurde oder ausnahmsweise eine anderweitige Zahlung zumindest konkludent ausgeschlossen wurde.[58]

24 Zahlt der Käufer verspätet auf Notaranderkonto ein, haftet er dem Verkäufer für den daraus (durch verzögerte Kaufvertragsabwicklung) entstehenden Verzugsschaden.[59]

II. Darlehen der finanzierenden Bank

25 Im Verhältnis zwischen der finanzierenden Bank (Kreditinstitut) und dem Käufer (oder sonst Zahlungsverpflichteten) als deren Darlehensnehmer hat dieser im Zweifel das Darlehen nur dann bereits mit der Einzahlung zur Verfügung gestellt erhalten iSd § 488 Abs. 1 BGB (bzw. empfangen iSd § 607 Abs. 1 BGB aF), wenn die **Einzahlung ohne zusätzliche eigennützige,** dh vor allem dem Schutz der Bank dienende **Treuhandauflage** erfolgte[60] (ausgenommen, wenn die Treuhandauflagen im Auftrag und überwiegenden Interesse des Darlehensnehmers ergingen[61]), ansonsten grundsätzlich erst mit Erledigung der einseitigen Treuhandauflagen der Bank.[62] Die Parteien des Darlehensvertrages können aber vereinbaren, dass der Darlehensnehmer das Darlehen bereits mit Einzahlung auf

---

Zimmermann DNotZ 1983, 551 (555). Der Käufer hat ein Interesse an frühzeitiger Erfüllung, da er dadurch von der Gefahr des Verlustes des Kaufpreises nach § 270 Abs. 1 BGB befreit wird; der Verkäufer kann durch die Erfüllung von Seiten des Käufers die Ausübung des Wahlrechtes des Insolvenzverwalters nach § 103 InsO (§ 17 KO) ausschalten – vgl. BGH DNotZ 1995, 125 (127). Im Übrigen ist die Regelung aber nur von begrenzter Relevanz. Insbesondere gibt es keine Vorteile für die Verfügungsbefugnis des Gläubigers oder dessen Schutz vor Pfändung. Denn ab Auszahlungsreife kann der Auszahlungsberechtigte auch ohne Erfüllungsvereinbarung dem Notar einseitig Anweisungen über das verwahrte Geld erteilen.

[56] *Brambring* DNotZ 1990, 615 (633); *Zimmermann* DNotZ 1983, 551 (555). Dem stehen die Risiken des Käufers bei Insolvenz des Verkäufers entgegen – vgl. BGH DNotZ 1983, 549.

[57] OLG Nürnberg ZfIR 2018, 34; *Winkler* BeurkG § 58 Rn. 15. Zwar verlangt die Rechtsprechung die – zumindest nachträgliche und konkludente – Zustimmung des Gläubigers, wenn anstelle der eigentlich geschuldeten Barzahlung auf ein Girokonto gezahlt wird bzw. wenn auf ein anderes als das angegebene Girokonto gezahlt wird (BGHZ 98, 24 = NJW 1986, 2428 (2429); OLG Karlsruhe NJW 1997, 1587; OLG Köln NJW-RR 1991, 50; LAG Stuttgart NJW 1985, 2727). Doch ist dies nicht übertragbar: Denn die Abwicklung über Anderkonto statt Direktzahlung erfolgt grundsätzlich nur im Interesse des Käufers. Die Direktzahlung gibt dem Verkäufer damit nichts anderes als war ihm zusteht – nur eher als geschuldet. (Anders bei Aufteilung des Kaufpreises unter mehrere Verkäufer, wenn die Direktzahlung nicht entsprechend der vereinbarten Aufteilung erfolgt.) Ist bereits Geld auf das Anderkonto eingezahlt, so darf der Notar dies nicht an den Verkäufer auskehren, wenn er von der Erfüllung durch Direktzahlung weiß (§ 61 Nr. 1 BeurkG). Doch darf er das bereits eingezahlte Geld auch nicht an den Käufer zurückzahlen, bevor er nicht eine einvernehmliche Anweisung auch vom Verkäufer erhält bzw. der Käufer ein rechtskräftiges Urteil hierüber erstritten hat – vgl. DNotI-Gutachten Fax-Abruf-Nr. 1130.

[58] Zum Ausschluss der Direktzahlung bei Masseunzulänglichkeit des insolventen Verkäufers vgl. OLG Rostock NZI 2008, 750.

[59] OLG München BeckRS 2009, 04749.

[60] BGHZ 113, 151 (158); BGH DNotZ 1985, 637 (638); 1987, 155 und 560; 1990, 661 (664); MDR 1998, 1869; DNotZ 2002, 269 mAnm *Reithmann* DNotZ 2002, 247 = MittBayNot 2002, 181 mAnm *Hertel* = NotBZ 2002, 60 mAnm *Reithmann*; Arndt/Lerch/Sandkühler/*Sandkühler* BNotO § 23 Rn. 211 ff.; *Weingärtner*, Verwahrungsgeschäft, Rn. 125; weitergehend im Einzelfall aufgrund Abrede der Beteiligten: OLG Köln OLG-Report 2004, 250.

[61] OLG Hamburg OLG-Report 1999, 82; OLG Stuttgart OLG-Report 1999, 54.

[62] AA *König*, Rechtsverhältnisse und Rechtsprobleme bei der Darlehensvalutierung über Notaranderkonto, 1988, S. 208 f., der erst mit Auskehrung durch den Notar einen Empfang des Darlehens nach § 607 BGB aF annimmt. Differenzierend *Dornis* S. 145, der das Darlehen erst mit Auszahlung vom Anderkonto als valutiert ansieht, aber Gefahrübergang auf den Darlehensnehmer bereits mit Einzahlung auf das Anderkonto annimmt. Meines Erachtens ist für die Valutierung zu berücksichtigen, dass das verwahrte Geld mit Erfüllung der einseitigen Treuhandauflagen der Bank von der einseitigen Verwahrung zugunsten der Bank in eine mehrseitige Verwahrung zugunsten der Kaufvertragsparteien übergeht. Auch wenn hier kein tatsächlicher Zufluss erfolgt, hat doch die Verfügungsmacht über das Geld (iSd Weisungsbefugnis gegenüber dem Notar) gewechselt.

Notaranderkonto empfangen hat (oder jedenfalls so zu stellen ist).⁶³ Regelmäßig ist im Darlehensvertrag zumindest stillschweigend vereinbart, dass das Darlehen bereits ab Gutschrift auf dem Anderkonto zu verzinsen ist.⁶⁴

Wird der Darlehensbetrag von dem Kreditinstitut auf ein Notaranderkonto gezahlt, ohne dass eine diesbezügliche (wirksame) Vereinbarung zwischen Kreditinstitut und Darlehensnehmer oder jedenfalls eine **Weisung des Darlehensnehmers** an den Notar vorliegt (etwa bei Anlagemodellen, wenn die Vollmacht an den Treuhänder unwirksam ist), so hat der Darlehensnehmer das Darlehen mit der Zahlung auf Notaranderkonto noch nicht erhalten.⁶⁵

III. Ablösung von Gläubigern

Die Ansprüche der **abzulösenden Gläubiger** sind nach den allgemeinen Regeln erst **26** mit Erhalt des Geldes erfüllt (§ 362 Abs. 1 BGB).⁶⁶ Auch wenn ausnahmsweise der Kaufpreisanspruch abgetreten wurde und für diesen – wie üblich – Erfüllungswirkung bereits mit Auszahlungsreife vereinbart wurde, erlischt doch der Anspruch des Gläubigers noch nicht mit der Erfüllung des erfüllungshalber abgetretenen Kaufpreisanspruches, sondern erst mit dem Erhalt des Geldes. Das Freigabeversprechen oder die Übersendung der Löschungsunterlagen unter Treuhandauflage beinhaltet in der Regel konkludent wohl ein *pactum de non petendo* hinsichtlich des zu löschenden dinglichen Anspruches (bis zum Widerruf der Treuhandauftrages), schließt aber grundsätzlich nicht aus, dass der Gläubiger aus seiner schuldrechtlichen Forderung vorgeht.

IV. Bereicherungsansprüche bei Auszahlungsfehlern

Zahlt der Notar vom Notaranderkonto versehentlich an einen Nichtberechtigten aus **27** (etwa bei irrtümlicher Annahme einer Zession oder sonstigen Empfangsberechtigung) oder zahlt er zu viel aus (etwa bei fehlerhafter Berechnung oder Verwechslung der Ablösebeträge), so bestimmen sich allfällige Bereicherungsansprüche nach den Grundsätzen über eine **Direktkondiktion im Mehrpersonen-Verhältnis,** wie sie von der Rechtsprechung in den Anweisungsfällen entwickelt wurden.⁶⁷ Danach steht dem Notar ein (öffentlichrechtlicher) Rückforderungsanspruch zu, wenn die Auszahlung mangels Anweisung nicht dem Käufer (im Verhältnis zum Verkäufer) bzw. dem Verkäufer (im Verhältnis zu den abzulösenden Drittberechtigten) als deren Leistung zuzurechnen ist. Ebenso wie allgemein bei den Anweisungsfällen ist auch hier strittig, ob für die Direktkondiktion genügt, dass objektiv eine wirksame Anweisung fehlt⁶⁸ oder ob eine diesbezügliche Kenntnis des Auszahlungsempfängers erforderlich ist.⁶⁹ Eine Direktkondiktion scheidet grds. aus, wenn die Auszahlung nur entgegen einer wirksamen Verwahrungsanweisung zu früh erfolgt oder zu viel ausgezahlt wird – außer wenn nachzuweisen ist, dass der Zahlungsempfänger (etwa ein Zessionar der Kaufpreisforderung oder ein abzulösender Gläubiger) vom Verstoß gegen die Verwahrungsanweisung Kenntnis hatte.⁷⁰

---

⁶³ OLG Frankfurt a. M. BeckRS 2010, 23525.
⁶⁴ BGH NJW 1985, 730 (731); 1986, 2947; Arndt/Lerch/Sandkühler/*Sandkühler* BNotO § 23 Rn. 217; *Weingärtner/Schöttler*, 7. Aufl. 1995, Rn. 177.
⁶⁵ BGH ZfIR 2006, 539; vgl. auch OLG Brandenburg BeckRS 2009, 18743.
⁶⁶ *Winkler* BeurkG § 58 Rn. 17.
⁶⁷ BGHZ 88, 232 = NJW 1984, 483; OLG Koblenz DNotZ 1988, 653; KG OLG-Report 1994, 230; DNotI-Report 1998, 100; KG-Report 2005, 294; LG Düsseldorf MittRhNotK 1994, 78; vgl. auch *Gruber* DNotZ 1989, 658; *Haug/Zimmermann* Rn. 734 f.; *Lieb* DNotZ 1988, 655.
⁶⁸ So OLG Hamburg WM 1982, 249; KG DNotI-Report 1998, 100; OLG München NJW-RR 1988, 1391; LG Düsseldorf MittRhNotK 1994, 78.
⁶⁹ Kenntnis des Zahlungsempfängers liegt etwa vor, wenn versehentlich das falsche Konto oder die falsche Bankleitzahl angegeben wurde und aus dem Überweisungstext ersichtlich ist, dass die Zahlung für einen anderen Empfänger bestimmt war (OLG Dresden MDR 2007, 850).
⁷⁰ OLG Stuttgart DNotI-Report 1999, 97 = OLG-Report 1999, 81. Bei Bösgläubigkeit des Zahlungsempfängers ist hingegen eine Direktkondiktion möglich, vgl. allg. OLG Schleswig OLG-Report 2000, 276.

F. Pfändung und Abtretung, Insolvenz

I. Pfändung in Anderkonto

28 **1. Voraussetzungen.** Die Pfändbarkeit und Abtretbarkeit des Auskehrungsanspruchs vom Notaranderkonto sind zwar nicht eigens gesetzlich geregelt, aber höchstrichterlich anerkannt. Insbesondere steht der hoheitliche Charakter des Auskehrungsanspruchs der Abtretung oder Pfändung nicht entgegen.[71]

Nach der Rechtsprechung des BGH ist die **isolierte Pfändung nur des Auskehrungsanspruches unwirksam,** wenn nicht zugleich der der Verwahrung zugrunde liegende Anspruch (also im Regelfall der Kaufpreisanspruch) gepfändet wird (sog. Grundsatz der **Doppelpfändung**) – vorausgesetzt der Kaufpreisanspruch ist noch nicht erloschen[72] (sei es durch Vereinbarung der Erfüllungswirkung für die Einzahlung oder auch die Auszahlungsreife). In der Praxis scheiterten viele Pfändungsversuche – auch etwa der Finanzbehörden – daran, dass sie dieses Erfordernis nicht beachteten.

29 Umgekehrt genügt hingegen eine **isolierte Pfändung nur des Kaufpreisanspruches** auch ohne gleichzeitige Pfändung des Auskehrungsanspruches, wie der BGH mittlerweile ausdrücklich entschied.[73] Dies ergab sich aber bereits aus der jüngeren Rechtsprechung des BGH, wonach der Auskehrungsanspruch ein Nebenrecht iSd § 401 BGB ist,[74] und war daher auch zuvor bereits hM in der Literatur.[75] Denn mit der Pfändung des Kaufpreisanspruchs ist automatisch auch der Auskehrungsanspruch als Nebenrecht iSd § 410 BGB mitgepfändet. Überholt sind damit die Stimmen in der älteren Literatur, die den Notar zwar für verpflichtet hielten, die Verstrickung des Kaufpreisanspruches zumindest aufgrund von § 14 Abs. 2 zu beachten und deshalb nicht an den vertraglich Berechtigten auszuzahlen; umgekehrt dürfe der Notar mangels Pfändung des Auskehrungsanspruches auch nicht an den Pfändungsgläubiger auszahlen – die Auszahlung wäre also nach dieser früher starken Literaturmeinung auszusetzen gewesen.[76]

Drittschuldner iSd § 829 Abs. 3 ZPO bei der Pfändung des Auskehrungsanspruches ist der **Notar;** eine Pfändung gegen die Bank (durch Gläubiger des Verkäufers) geht daher ins Leere.[77] Bei einer Pfändung durch Gläubiger des Notars können die Verwahrungsbeteiligten Drittwiderspruchsklage nach § 771 ZPO erheben.[78]

---

[71] Die Rechtsprechung charakterisiert dies – vereinfachend – als „Auskehrungsanspruch" gegen den Notar. *Dornis* S. 18 ff., 22 kritisiert diese Terminologie, da es sich nicht um einen Zahlungsanspruch, sondern um einen Anspruch auf Amtspflichterfüllung handle. Dogmatisch ist der Einwand richtig; dennoch erscheint mir der eingeführte Begriff des „Auskehrungsanspruchs" den Inhalt der Amtspflicht prägnant zusammenzufassen.

[72] BGHZ 105, 60 = DNotZ 1989, 235; ebenso etwa *Brambring* DNotZ 1990, 615 (645); *Bräu* Rn. 248; *Hansmeyer* MittRhNotK 1989, 149 (156) (ausführlich zu allen Fragen der Pfändung bei Abwicklung über Anderkonto); *Kawohl* Rn. 102; *Preuß* S. 212; *Weingärtner/Schöttler,* 7. Aufl. 1995, Rn. 147 ff.; aA *Dornis* S. 55 ff., 64, 71; *Stöber/Rellermeyer* Rn. E.391; vgl. zum Meinungsbild auch Gutachten DNotI-Report 1994, 1; 1996, 93; 2001, 161 – je mwN. Früher hatte man an der Pfändbarkeit und Abtretbarkeit wegen der hoheitlichen Rechtsnatur der notariellen Verwahrung zum Teil gezweifelt.

[73] BGH MittBayNot 2017, 516 mAnm *Sandkühler;* dazu *Becker* NotBZ 2017, 29; *Lerch* WuB 2017, 52. Zustimmend in den seither neu aufgelegten Kommentierungen etwa *Winkler* BeurkG § 58 Rn. 41; Armbrüster/Preuß/Renner/*Renner* BeurkG § 58 Rn. 62 f.

[74] BGH DNotZ 1999, 126.

[75] Ebenso bereits vor BGH DNotZ 2016, 957: *Franken* RNotZ 2010, 597 (613); Grziwotz/Heinemann/*Grziwotz* BeurkG § 58 Rn. 28; Arndt/Lerch/Sandkühler/*Sandkühler* BNotO § 23 Rn. 190; ebenso → 4. Aufl., § 23 Rn. 29; Ganter/Hertel/Wöstmann/*Hertel,* 3. Aufl. 2014, Rn. 19. Ebenso bereits früher *Hansmeyer* MittRhNotK 1989, 149 (156); *Strehle* S. 73 ff. mit ausführlicher Begründung und Darstellung der verschiedenen Theorien.

[76] *Göbel* DNotZ 1984, 259; *Rupp/Fleischmann* NJW 1983, 2368 (2369); *Volhard* DNotZ 1987, 543 (544); aA – die Pfändung sei unbeachtlich: *Bräu* Rn. 248; *Preuß* S. 212; offen *Kawohl* Rn. 110; vgl. auch Gutachten DNotI-Report 1994, 1 (3) mwN; ferner DNotI-Gutachten Fax-Abruf-Nr. 1191.

[77] BayObLG DNotZ 2000, 376 = NotBZ 2000, 93 mAnm *Randelzhofer;* BLAH/*Hartmann* ZPO § 829 Rn. 38.

[78] → Rn. 46.

2. Prüfung durch den Notar. Anders als ein sonstiger Drittschuldner muss der Notar als Amtsträger die Wirksamkeit der erfolgten Pfändung **überprüfen**[79] (§ 14 Abs. 2). Da jedenfalls auch der Kaufpreisanspruch gepfändet sein muss, ist die Pfändung in das Notaranderkonto nur beachtlich, wenn dem Notar die Zustellung des Pfändungsbeschlusses an den Käufer (als Drittschuldner iSd § 829 Abs. 3 ZPO) durch die Zustellungsurkunde (§ 190 ZPO) (oder eine beglaubigte Abschrift davon) nachgewiesen wird – sofern nicht der Drittschuldner (Käufer) selbst dem Notar die erfolgte Zustellung bestätigt. 30

Die Rechtsprechung hat noch nicht entschieden, wie sich der Notar zu verhalten hat, wenn dem Notar ein Pfändungsbeschluss zugestellt wurde, der Notar aber nicht weiß, ob auch beim Käufer gepfändet wurde. Der Notar kann dann natürlich beim Käufer nachfragen, ob auch bei ihm eine Pfändung erfolgte. Meines Erachtens besteht aber jedenfalls dann **keine Amtspflicht zur Nachfrage,** wenn der Pfändungsbeschluss entgegen BGHZ 105, 60 nicht (auch) den Käufer als Drittschuldner nennt und keine Pfändung (auch) des Kaufpreisanspruches enthält. Genügt hingegen der Pfändungsbeschluss als solcher den Wirksamkeitserfordernissen und ist lediglich die Zustellung an den Käufer (noch) nicht nachgewiesen, so empfiehlt sich zunächst eine Rückfrage beim Käufer – oder, wenn dieser nicht zu erreichen ist, ein Vorbescheid mit kurzer Frist (von ca. einer Woche) an den Pfändungsgläubiger.[80]

Erklärt der Käufer, einen Pfändungsbeschluss erhalten zu haben, so ist dies mE ausreichend. Der Notar muss keinen weitergehenden Nachweis verlangen, sofern ihm der Inhalt des Pfändungsbeschlusses ersichtlich ist (etwa aufgrund der auch ihm selbst zugestellten Pfändung).

Bei einer (wirksamen) Pfändung in das Notaranderkonto ist der Notar zur **Drittschuldnererklärung** nach § 840 ZPO, § 319 AO verpflichtet.[81] Im Umfang der Pfändung und Überweisung tritt der Pfändungsgläubiger als Beteiligter in das Verwahrungsverfahren anstelle des Vollstreckungsschuldners (idR des Verkäufers) ein (§ 836 Abs. 1 ZPO).[82] 31

Ist die Pfändung unwirksam, so sollte der Notar dem Pfändungsgläubiger **nur mitteilen, dass er die Pfändung für unwirksam hält.** Eine Begründung erscheint mir nicht ratsam, soweit damit dem Pfändungsgläubiger die Möglichkeit eröffnet würde, noch eine wirksame Doppelpfändung nachzuholen; sonst würde der Notar – wenngleich ungewollt – im Ergebnis einseitig dem Pfändungsgläubiger helfen.[83]

3. Pfändung bei Rückabwicklung. Theoretisch können auch umgekehrt **Gläubiger des Käufers** dessen durch eine allfällige Rückabwicklung des Kaufvertrages bedingten Rückzahlungsanspruch für die eingezahlten Gelder pfänden.[84] Doch wird diese Pfändung 32

---

[79] OLG Frankfurt a. M. DNotI-Report 1998, 80; KG DNotZ 1999, 994; *Winkler* BeurkG § 58 Rn. 42; *Preuß* S. 205 f.
[80] Vgl. Ganter/Hertel/Wöstmann/*Hertel* Rn. 1947 ff.; teilweise aA Arndt/Lerch/Sandkühler/*Sandkühler* BNotO § 23 Rn. 191, nach dessen Ansicht der Notar dem Pfändungsgläubiger Gelegenheit geben sollte, „innerhalb einer angemessenen Frist" nachzuweisen, dass auch der zugrundeliegende zivilrechtliche Anspruch gepfändet wurde. Damit gäbe der Notar dem Pfändungsgläubiger aber möglicherweise einen Hinweis, wie dieser doch noch eine wirksame Pfändung vornehmen kann, was im Hinblick auf die notarielle Neutralitätspflicht nicht unproblematisch ist (vgl. *Ganter* DNotZ 2004, 432; → Rn. 31).
[81] OLG Celle DNotZ 1984, 256; BNotK DNotZ 1975, 260; *Haug* DNotZ 1982, 475, 539, 592, 603; *Haug/Zimmermann* Rn. 745; *Preuß* S. 207 ff. Insoweit ist die notarielle Verschwiegenheitspflicht (§ 18) durchbrochen (→ § 18 Rn. 60). Ebenso wie der Drittschuldner nach § 840 Abs. 2 ZPO bei Nichtabgabe oder Abgabe einer falschen Drittschuldnererklärung haftet, haftet auch der Notar – allerdings ergibt sich die Haftung aus § 19 Abs. 1. AA *Dornis* S. 71 f., der die Auskunftspflicht des Notars nicht auf § 840 ZPO, sondern auf die öffentlich-rechtliche Stellung des Notars stützt (und so mit anderer Begründung zu demselben Ergebnis wie die Rechtsprechung kommt).
[82] BayObLG MittBayNot 1998, 120; OLG Hamm DNotZ 1983, 61 (63) und 702 (703); KG DNotI-Report 1999, 97; LG Duisburg MittRhNotK 1984, 26 (27); LG Wuppertal MittRhNotK 1984, 149 (150); *Hansmeyer* MittRhNotK 1989, 149 (156); *Winkler* BeurkG § 58 Rn. 44; *Preuß* S. 205; *Rupp/Fleischmann* NJW 1983, 2368 (2369).
[83] Vgl. Ganter/Hertel/Wöstmann/*Hertel* Rn. 1952.
[84] *Otto* in Münchener Vertragshandbuch, Bd. 5, Muster I.2 Anm. 19a); *Preuß* S. 210; vgl. auch *Hansmeyer* MittRhNotK 1989, 149 (150).

nur bei einer Rückabwicklung des Vertrages relevant. Wird der Kaufvertrag vollzogen, so geht die Pfändung ins Leere.

Auch hier setzt die Pfändung des Rückzahlungsanspruches vom Notaranderkonto mE die Pfändung des zivilrechtlichen Rückgewähranspruches voraus. Nach der Rechtsprechung des Kammergerichts genügt hingegen die isolierte Pfändung nur des Auszahlungsanspruches, wenn der Kaufvertrag in ein Rückabwicklungsstadium eingetreten ist (weil beide Kaufvertragsparteien dessen Vollzug nicht mehr wünschen).[85]

II. Abtretung

33 Der Auskehrungsanspruch ist trotz der hoheitlichen Natur des Verwahrungsverhältnisses gegenüber dem Notar abtretbar[86] (und damit auch rechtsgeschäftlich verpfändbar). Als **Nebenrecht des Kaufpreisanspruches** (oder sonstigen der Verwahrung zugrundeliegenden Anspruches) iSd **§ 401 BGB** kann er aber, solange die (Kaufpreis-)Forderung noch besteht, nicht isoliert abgetreten werden.[87] Daraus hat man wohl umgekehrt zu schließen, dass der Auskehrungsanspruch auch ohne ausdrückliche Mitabtretung kraft Gesetzes mit übergeht.[88] Nachdem der BGH nun entschieden hat, dass mit der Pfändung des Kaufpreisanspruchs automatisch auch der Auskehrungsanspruch als dessen Nebenrecht iSd § 401 BGB gepfändet ist,[89] muss dies ebenso für die Abtretung gelten. Der Sozialhilfeträger kann den Abtretungsanspruch zusammen mit dem Kaufpreisanspruch nach § 93 SGB XII (früher § 90 BSHG) bzw. nach § 33 Abs. 1 SGB II (Grundsicherung für Arbeitssuchende – sog. Hartz IV) auf sich überleiten.[90]

34 Der „Auskehrungsanspruch" ist lediglich die Kurzbezeichnung der verfahrensrechtlichen Position gegenüber dem Notar im Rahmen der Verwahrung. Mit der Abtretung rückt der Zessionar daher auch **verfahrensrechtlich als Beteiligter** an der Verwahrung in die Stellung des Zedenten.[91] Die früher wohl hM verlangte hingegen zusätzlich zur materiellrechtlichen Abtretung noch verfahrensrechtlich eine neue Weisung des bisherigen Empfangsberechtigten an den Notar;[92] diese Trennung beider Rechtspositionen erscheint mir nach dem BGH-Urteil nicht mehr haltbar. Abzulehnen ist auch die Auffassung, nach der eine Amtspflicht des Notars gegenüber dem Zessionar erst entsteht, wenn der Notar die Zession dem Zessionar gegenüber bestätigt hat.[93]

---

[85] KG DNotI-Report 2002, 175. In dem der Entscheidung zugrundeliegenden Sachverhalt hatte der Verkäufer selbst gepfändet; daher was seine Zustimmung zur Auszahlung entbehrlich. Bei einer Pfändung durch einen Dritten wäre dies aber nur richtig, wenn man die Prämisse des KG akzeptieren, wonach die Rückzahlung dann auch ohne Zustimmung des Verkäufers erfolgen kann (→ BeurkG § 60 Rn. 20).

[86] BGHZ 138, 179 = DNotZ 1999, 126. Die Rechtslage ist also genauso wie bei der Pfändung (→ Rn. 28 ff.).

[87] AA *Dornis* S. 64 ff.

[88] Armbrüster/Preuß/Renner/*Renner* BeurkG § 58 Rn. 90; Arndt/Lerch/Sandkühler/*Sandkühler* BNotO § 23 Rn. 187; *Winkler* BeurkG § 58 Rn. 35; ebenso bereits *Kawohl* Rn. 107; *Lüke* ZIP 1992, 150 (157 f.); für stillschweigende Mitabtretung hingegen *Preuß* S. 140; zum Meinungsstand vor dem BGH-Urteil vgl. DNotI-Gutachten Fax-Abruf-Nr. 1197. Hierfür lässt sich auch eine Entscheidung des BGH zu einer zivilrechtlichen Treuhand anführen: Danach führt die Abtretung eines Kaufpreisanspruchs entsprechend § 401 BGB auch zum Übergang des Anspruchs aus § 667 BGB gegen den von den Vertragsparteien mit der Abwicklung des Vertrages beauftragten Treuhänder (BGH NJW-RR 2007, 845).

[89] BGH MittBayNot 2017, 516 mAnm *Sandkühler*; dazu *Becker* NotBZ 2017, 29; *Lerch* WuB 2017, 52; → Rn. 29.

[90] Vgl. DNotI-Report 1994, 3 (5).

[91] Ebenso *Kawohl* Rn. 109; Arndt/Lerch/Sandkühler/*Sandkühler* BNotO § 23 Rn. 189; *Winkler* BeurkG § 58 Rn. 36; ähnlich OLG Hamm MittRhNotK 1993, 132.

[92] OLG Frankfurt a. M. MittRhNotK 1987, 82; KG DNotZ 1978, 182.

[93] So aber KG DNotI-Report 1996, 125; *Haug* Rn. 725 f.; wohl auch *Brambring/ Sandkühler/Starke* S. 148; ebenso früher das Muster von *Nieder* in Münchener Vertragshandbuch, Bd. 5, 5. Aufl. 2003, Muster I.1 § 4 Abs. 9 S. 6. Eine derartige Bestätigung kann allerdings eine Amtspflicht begründen, wenn gar keine Zession vorlag, der Notar aber irrig eine beabsichtigte Auszahlung an den vermeintlichen Zessionar bestätigte (vgl. BGH DNotI-Report 2003, 102). Eine selbstständige Bedeutung hat die Bestätigung auch dann, wenn keine Zession vorliegt, sondern nur eine Änderung der Auszahlungsanweisung auf Auszahlung an den Dritten (bei Auszahlungsreife anstelle des Verkäufers) – denn die könnte der Verkäufer grundsätzlich einseitig widerrufen.

Jedoch kann der Notar eine Änderung des Empfangsberechtigten (und damit des Verwahrungsbeteiligten) durch die Zession als für die Verwahrung unbeachtlich außer Acht lassen, solange und soweit sie dem Notar nicht zumindest **schriftlich nachgewiesen** wird (§ 57 Abs. 4 BeurkG analog).[94] Dies würde ich den Beteiligten so mitteilen. 35

Ebenso wie die Wirksamkeit einer Pfändung muss der Notar auch die **Wirksamkeit** der Abtretung als Vorfrage der Empfangsberechtigung prüfen; bei Zweifeln – insbesondere wenn ihm die Abtretung allein vom Zessionar mitgeteilt wird – kann er etwa eine Unterschriftsbeglaubigung der Abtretungserklärung verlangen.[95] Nach der Rechtsprechung handelt der Notar jedenfalls nicht pflichtwidrig, wenn er sich bei begründeten Zweifeln über die Empfangsberechtigung (etwa über die zwischen den Beteiligten strittige Frage, ob die Abtretung wirksam erfolgt ist) entschließt, den hinterlegten Betrag nicht auszuzahlen, sondern weiter zu verwahren und die Beteiligten auf den Zivilprozess gegeneinander zu verweisen.[96] 36

Da der Zessionar in die Verfahrensstellung des Zedenten einrückt, wäre zu einer **Änderung der Verwahrungsanweisung** seine Zustimmung erforderlich[97] (und im Umfang der Abtretung die Mitwirkung des Zedenten entbehrlich). Im Regelfall wird zugleich mit der Mitteilung der Zession an den Notar auch die Änderung der Auszahlungsanweisung zur Auszahlung an den Zessionar erfolgen (bzw. umgekehrt die Zession konkludent in der Änderung der Auszahlungsanweisung enthalten sein). Denkbar wäre aber auch, dass der Zessionar weiterhin eine Auszahlung an den Zedenten oder an den abzulösenden Grundschuldgläubiger wünscht. 37

III. Auszahlung bei Pfändung und Abtretung

Der Zessionar oder der Pfändungsgläubiger rückt materiell- und verfahrensrechtlich in die Rechtsstellung des zuvor auszahlungsberechtigten Verkäufers ein. Im selben Umfang wie zuvor der Verkäufer kann nun der Zessionar oder Pfändungsgläubiger einseitige Weisungen erteilen bzw. ist seine Mitwirkung für gemeinschaftliche Weisungen erforderlich.[98] Umgekehrt muss er auch die den Verkäufer treffende Bindung durch vertragliche Teile der Verwahrungsvereinbarung und **mehrseitig getroffene Verwahrungsanweisungen** gegen sich gelten lassen. 38

Für die Abgrenzung zwischen einseitig abänderbaren und mehrseitigen Verwahrungsanweisungen gelten dieselben Regeln wie für den Widerruf.[99] Auch hier ist beim Fehlen einer ausdrücklichen Regelung eine Vertragsauslegung insbesondere nach den Interessen der Beteiligten vorzunehmen. Aufgrund des Sicherungsinteresses des Käufers sind demnach mehrseitig: 39
– die Vereinbarung der Kaufpreisabwicklung über Notaranderkonto (statt durch Direktzahlung),[100]
– die **Ablösungsvereinbarung**[101] (jedenfalls für die Ablösung eingetragener oder sonst dinglich gesicherter Gläubiger; diese kann auch bei Fehlen einer ausdrücklichen Regelung ggf. einer Auslegung des Vertrages entnommen werden[102]),

---

[94] *Winkler* BeurkG § 58 Rn. 36. Im Ergebnis kommt dies der bisher hM nahe, die eine neue Weisung des Zedenten an den Notar verlangte. Meines Erachtens genügt aber eine bloße Mitteilung der Abtretung durch den Zedenten oder auch die Vorlage einer vom Zedenten unterschriebenen Abtretungserklärung durch den Zessionar.
[95] So für eine Vollmacht zur Auszahlung: OLG Celle DNotZ 1963, 635 (in DNotZ fälschlich als „OLG Hamm" bezeichnet). Der Notar wird einen derartigen Nachweis aber nur ausnahmsweise verlangen, Schippel/Bracker/*Reithmann*, 8. Aufl. 2006, BNotO § 23 Rn. 23.
[96] OLG Frankfurt a. M. DNotI-Report 1998, 80; OLG Hamm DNotZ 1994, 120; KG DNotZ 1999, 994.
[97] AA KG DNotI-Report 1996, 125, wonach der Zessionar dem Notar trotz dessen Bestätigung der Zession keine neuen Weisungen erteilen könne.
[98] Vgl. OLG Dresden DNotZ 2010, 115.
[99] → BeurkG § 60 Rn. 4 und 16 f.
[100] BGH BeckRS 2003, 07449; OLG Brandenburg NJW-RR 1999, 1371; Arndt/Lerch/Sandkühler/*Sandkühler* BNotO § 23 Rn. 192; *Otto* in Münchener Vertragshandbuch, Bd. 5, Muster I.2. Anm. 19b).
[101] BGH DNotZ 1985, 633; 1998, 626 mAnm *Albrecht*; LG Köln BeckRS 2007, 15910; *Bräu* Rn. 235; *Brambring* DNotZ 1990, 615 (646); *ders.* RWS-Forum 1998, 11 (21 f.); *Hansmeyer* MittRhNotK 1989, 149

- die Vereinbarung, aus dem verwahrten Betrag Notar- oder Grundbuchgebühren für den Vertrag selbst oder für die Löschung abzulösender Belastungen oder die Grunderwerbssteuer zu begleichen,
- und andere zum Schutz des einzahlenden Käufers getroffene Auszahlungsanweisungen und -voraussetzungen.[103]

40 Stehen **mehreren Verkäufern** Auszahlungsansprüche zu, so kann die Auszahlungsanweisung nur für den ihnen zustehenden Kaufpreisrestanspruch und nur hinsichtlich des Bruchteils abgeändert werden, der nach der ursprünglichen Anweisung an den von der Pfändung oder Abtretung betroffenen Verkäufer allein auszuzahlen war. Im Übrigen kann eine von mehreren Verkäufern gemeinsam getroffene Auszahlungsanweisung nur bei Pfändung (und Überweisung) bzw. Abtretung der Ansprüche aller Verkäufer vom Zessionar oder Pfändungsgläubiger allein geändert werden.[104]

41 Der dem Zedenten bzw. Pfändungsschuldner zustehende Kaufpreisrestanspruch ist bei Fälligkeit an den Zedenten bzw. Pfändungs- und Überweisungsgläubiger auszukehren. Die **Rangfolge** der Pfändungen richtet sich nach deren zeitlicher Reihenfolge[105] – ebenso die Frage, ob die Pfändung infolge vorheriger Abtretung ins Leere geht.[106] Eine Vorpfändung erlangt nach § 845 ZPO auch insoweit mit erfolgter Pfändung rückwirkend Wirksamkeit und Rang bereits mit dem Datum der Zustellung des Zahlungsverbotes an den Pfändungsschuldner.

Bei Zweifeln über die Wirksamkeit von Pfändung oder Abtretung oder deren Rangverhältnis empfiehlt sich für den Notar, die von ihm beabsichtigte Vorgehensweise durch **Vorbescheid** ankündigen.[107] Außerdem kann der Notar die Beteiligten auf die Möglichkeit verweisen, ihren Vorrang in einem Zivilprozess gegeneinander gerichtlich zu klären.

So wird etwa dem Notar manchmal nach einer Pfändung eine vor der Pfändung datierte Abtretungserklärung eingereicht, die den **Verdacht einer Rückdatierung** nahelegt oder dies zumindest als möglich erscheinen lässt. Steht die Rückdatierung fest, so hat sie der Notar nach § 14 Abs. 2 nicht zu beachten. Steht die Rückdatierung nicht fest, liegen aber hinreichende Anhaltspunkte hierfür vor, so hat der Notar von der Auszahlung nach § 61 BeurkG abzusehen. Was aber, wenn der Notar nur ein ungutes Gefühl ohne (hinreichende) konkrete Anhaltspunkte hat? Zahlt der Notar hier entsprechend des Abtretungsdatums aus und stellt sich dies später als rückdatiert heraus, so wird der Käufer von seiner Leistungspflicht gegenüber dem Pfändungsgläubiger trotz seiner Unkenntnis von der Rückdatierung nicht frei.[108] Man kann daher erwägen, die in der Abtretung liegende Änderung der

---

(157); *Kawohl* Rn. 109, 113; *Lüke* ZIP 1992, 150 (157); *Otto* in Münchener Vertragshandbuch, Bd. 5, Muster I.2. Anm. 19b); *Preuß* S. 222 ff.; *Rupp/Fleischmann* NJW 1983, 2368; Arndt/Lerch/Sandkühler/*Sandkühler* BNotO § 23 Rn. 165; *Stöber* Rn. 1781a; *Volhard* DNotZ 1987, 523 (541); *Weingärtner* Rn. 49; *Winkler* BeurkG § 58 Rn. 44; Gutachten DNotI-Report 1997, 189 (191); 1994, 9; 2001, 161 – je mwN.

[102] BGH DNotZ 1998, 626 mAnm *Albrecht*.

[103] Vgl. OLG Rostock NotBZ 2005, 339 mAnm *Hückstädt*: Auszahlung an einen nicht dinglich abgesicherten Gläubiger des Verkäufers.

[104] Pfändet hingegen einer von zwei Verkäufern (zB Ehegatten) den Anteil des anderen Verkäufers an Kaufpreisforderung und Auszahlungsanspruch und lässt sich diese überweisen, so kann er (im Umfang der Pfändung) allein neue Weisungen über die Auszahlung des Kaufpreisrestes treffen. Vgl. Gutachten DNotI-Report 2004, 9.

[105] Dh Zustellung des Pfändungsbeschlusses an den Käufer (§ 829 Abs. 3 ZPO) bzw. – wenn man auch die gesonderte Pfändung des Auskehrungsanspruches für erforderlich hält – Zustellung an Käufer und Notar (je nachdem, welche später erfolgte). Ist bei Gleichrang mehrerer Pfandrechte der Erlös unzureichend zur Befriedigung aller gesicherten Forderungen, so ist der Erlös analog § 10 Abs. 1 Hs. 2 ZVG nach dem Verhältnis der gesicherten Forderungen aufzuteilen – also nicht etwa gleichmäßig (MüKoBGB/*Damrau* BGB § 1209 Rn. 2; Palandt/*Wicke* BGB § 1209 Rn. 1). Der Pfändungsbeschluss kann nicht rückwirkend aufgehoben werden, sondern nur ex nunc; kennt der Notar die Aufhebung nicht, so schützt ihn § 836 Abs. 2 ZPO (Gutachten DNotI-Report 2004, 9).

[106] Vgl. den Sachverhalt bei BGH NJW-RR 2004, 1073 = WuB VIII A § 19 BNotO 1.04 mAnm *Maaß*.

[107] → Rn. 50 f.

[108] Weder § 408 BGB noch § 409 BGB schützt den Käufer in seinem Vertrauen auf die Richtigkeit der Abtretungsurkunde: BGHZ 100, 36 = NJW 1987, 1703.

Auszahlungsanweisung erst mit dem Zeitpunkt des Eingangs beim Notar als wirksam anzuerkennen (Rechtsgedanken des § 57 Abs. 4 BeurkG), wenn der Notar den Zeitpunkt der Abtretung nicht anderweitig durch öffentliche Urkunden feststellen kann (etwa durch deren Unterschriftsbeglaubigung).[109] Ich würde in einem derartigen Fall die Beteiligten durch einen Vorbescheid die beabsichtigte Auszahlung mitteilen und dabei auch von den vorliegenden Pfändungen und Abtretungen unterrichten; dann können die Beteiligten ggf. selbst Rechtsschutzmaßnahmen ergreifen, falls sie die Abtretung für rückdatiert halten.[110]

Eine Bindung des Pfändungsgläubigers (oder Zessionars) besteht auch nach **§ 325 ZPO** an das Ergebnis eines zwischen den Verwahrungsbeteiligten bereits vor der Pfändung (oder Abtretung) begonnenen Prozesses (da dann der gepfändete bzw. abgetretene Anspruch streitbefangen ist).[111]

IV. Insolvenz eines Beteiligten

Bei Insolvenz eines Beteiligten kann dessen Insolvenzverwalter das **Wahlrecht nach § 103 InsO** (früher § 17 KO) ausüben und mit dem Vertrag auch die Verwahrungsanweisung einseitig (§ 60 Abs. 3 S. 1 BeurkG) zu Fall bringen. Bei Insolvenz des Verkäufers schützt den Käufer daher nicht das Anderkonto, sondern nur die eingetragene Vormerkung (§ 106 InsO, früher § 24 KO).

Bei Insolvenz des Käufers steht dessen Insolvenzverwalter deshalb das Wahlrecht des § 103 InsO (§ 17 KO) zu, sofern nicht bereits vollständige Erfüllung eingetreten ist (etwa weil bereits für die Auszahlungsreife Erfüllungswirkung vereinbart wurde).[112] Dies führt aber nur zur Auszahlungssperre, nicht zur Rückabwicklung des Vertrages (§ 60 Abs. 3 BeurkG); der Verkäufer kann sich dann an dem hinterlegten Kaufpreis schadlos halten.

Zweifeln könnte man, ob mit der Eröffnung des Insolvenzverfahrens die Verwahrungsanweisung an den Notar nach **§ 116 InsO** bereits kraft Gesetzes erlischt. Der **BGH** hatte für den inhaltsgleichen § 23 KO bei einem „Treuhandvertrag" mit dem Notar bejaht.[113] Jedoch betraf die Entscheidung noch eine vor Inkrafttreten der BNotO vorgenommene

---

[109] So der *Verfasser* in der 2. Auflage, Rn. 41. Hierzu neigt auch *Winkler* BeurkG § 58 Rn. 37. Zur Begründung kann man eine Analogie zu § 829 Abs. 3 ZPO heranziehen. Entsprechendes kann man auch in der Verwahrungsanweisung festlegen – vgl. Formulierungsmuster von *Hertel* ZNotP 1998, Beilage 3/98, S. 18; dann wissen die Beteiligten, dass sie eine Abtretung dem Notar so bald als möglich anzeigen müssen. – Im Wesentlichen dasselbe Ergebnis ergibt sich auch, wenn man mit der bisher hM die Abtretung verfahrensrechtlich für die Verwahrung nur dann für beachtlich hält, wenn zusätzlich eine (schriftliche) Änderung der Verwahrungsanweisung vom Zedenten an den Notar erteilt wurde. – Dasselbe Anliegen stand hinter der Entscheidung des LG Köln MittRhNotK 1998, 180, das auch eine behauptete zeitlich frühere Abtretung gegenüber einer Pfändung für unbeachtlich hält. Abzulehnen ist allerdings die Begründung des LG Köln, wonach die Zession nur analog §§ 407, 408 BGB beachtlich wäre, wenn der Notar bereits an den Zessionar ausgezahlt hätte. Derartige Schuldnerschutzvorschriften kann man nicht auf den Notar als Träger eines öffentlichen Amtes anwenden; der Notar muss die Rechtslage selbst prüfen. Anders hingegen die Rechtsprechung (→ Rn. 36), nach der der Notar nicht pflichtwidrig handelt, wenn er sich bei begründeten Zweifeln über die Empfangsberechtigung (etwa über die zwischen den Beteiligten strittige Frage, ob die Abtretung wirksam erfolgt ist) entschließt, den hinterlegten Betrag nicht auszuzahlen, sondern zu verwahren und die Beteiligten auf den Zivilprozess gegeneinander zu verweisen (OLG Frankfurt a. M. DNotI-Report 1998, 80; OLG Hamm DNotZ 1994, 120; KG DNotZ 1999, 994.
[110] Vgl. Ganter/Hertel/Wöstmann/*Hertel* Rn. 1968. § 18 steht der Mitteilung der Abtretung an den Käufer jedenfalls dann nicht entgegen, wenn der Notar durch die Mitteilung dem Käufer die Gelegenheit geben will, sich selbst ein Urteil über die Wirksamkeit der Abtretung (oder ggf. eine mögliche Rückdatierung) zu bilden.
[111] OLG München DNotZ 2009, 537.
[112] BGH DNotZ 1995, 125; *Winkler* BeurkG § 58 Rn. 49 f.; die vollständige Erfüllung von Seiten des Käufers setzt allerdings voraus, dass dieser auch seinerseits bereits die Auflassung erklärt bzw. entgegengenommen hat – BGH NJW 1983, 1619. Zur Insolvenzanfechtung vgl. OLG Rostock BeckRS 2004, 03987. *Dornis* S. 103 f. will das Wahlrecht des Insolvenzverwalters in der Käuferinsolvenz bereits ausschließen, wenn die Einzahlungsverpflichtung des Käufers erfüllt ist und dieser die Auflassung entgegengenommen hat.
[113] BGH NJW 1962, 1200 (1201). Im zugrunde liegenden Sachverhalt war eine Forderung an den Notar als Treuhänder abgetreten worden. Der BGH sah dies als Treuhandvertrag und damit als Geschäftsbesorgungsvertrag iSd § 23 KO, § 675 BGB an.

Verwahrung und geht offenbar noch von der früher vertretenen privat-rechtlichen Natur der Verwahrung aus („Treuhandvertrag").[114] Auf die hoheitliche Verwahrung nach § 23 BNotO lässt sich dies aber nicht übertragen; diese ist keine Geschäftsbesorgung iSd § 23 KO oder des § 116 InsO.[115]

Allerdings wendet die Rechtsprechung zT § 116 InsO auch auf öffentlich-rechtliche Sachverhalte an.[116] Aber auch dann würde nach §§ 116, 115 Abs. 1 InsO allenfalls das Verwahrungsverhältnis zu dem betreffenden Beteiligten erlöschen, nicht aber zu dem anderen Vertragsteil.[117]

44a Vorsicht ist auch angebracht, wenn der Auszahlungsberechtigte nachträglich für das an ihn **auszuzahlende Geld ein anderes Konto** oder einen anderen Zahlungsempfänger angibt (soweit nicht das Auszahlungskonto ohnehin in Kaufvertrag und Verwahrungsvereinbarung bindend festgelegt ist) oder sonst die Verwahrungsanweisung in Punkten ändert, die er grundsätzlich einseitig ändern kann. Denn nach Eröffnung der Insolvenz über sein Vermögen fehlt ihm dafür die Verfügungsbefugnis (§ 80 InsO). § 82 InsO schützt zwar den gutgläubigen Schuldner, der in Unkenntnis der Insolvenz an den Insolvenzschuldner leistet. Der BGH lehnte jedoch trotz Gutgläubigkeit die Anwendung des § 82 InsO ab, wenn die Zahlung nicht an den Insolvenzschuldner selbst, sondern nur auf Weisung des Insolvenzschuldners erfolgte.[118] Der Fall betraf zwar kein Notaranderkonto, sondern ein Treuhandkonto eines Nicht-Notars. Auch ist die Begründung des BGH nur lapidar, während die Rechtsprechung bisher (etwa in Bankfällen) immer die Zahlung auf Weisung des Insolvenzschuldners wie eine Zahlung an den Schuldner selbst unter § 82 InsO fasste. Aber die Entscheidung kann man als weiteren Warnhinweis sehen, die Auszahlungsanweisung möglichst im Kaufvertrag bindend festzulegen und keine nachträglichen Änderungen mehr zuzulassen.

V. Insolvenz des oder Zwangsvollstreckung gegen den Notar

45 **Rechtsgeschäftlich** kann der Notar die Ansprüche gegen die Bank aus dem Anderkonto weder abtreten noch verpfänden (Ziff. 8 der Notaranderkontenbedingungen[119]).

Bei Zwangsvollstreckungsmaßnahmen von Gläubigern des Notars in das Anderkonto können die Verwahrungsbeteiligten **Drittwiderspruchsklage nach § 771 ZPO** erhe-

---

[114] So hatte das Reichsgericht in einer Entscheidung zunächst das Verhältnis zwischen Notar und Urkundsbeteiligten als Vertragsverhältnis charakterisiert (RGZ 85, 225 (227)). Diese Ansicht hatte aber bereits das RG selbst in späteren Entscheidungen ausdrücklich auf (RGZ 85, 409 (413 f.); 95 (214, 217); vgl. auch Gutachten DNotI-Report 2004, 32).

[115] Gutachten DNotI-Report 2004, 32; *Kawohl* Rn. 119; *Milzer* ZNotP 2004, 348 (351); Armbrüster/Preuß/Renner/*Renner* BeurkG § 58 Rn. 94; Arndt/Lerch/Sandkühler/*Sandkühler* BNotO § 23 Rn. 188; Reul/Heckschen/Wienberg/*Reul*, Insolvenzrecht in der Gestaltungspraxis, 2. Aufl. 2018, § 3 Rn. 54; im Ergebnis ebenso *Dornis* S. 94 ff.; aA *Bräu* Rn. 255.
Ähnlich fassen manche Kommentierungen zur Insolvenzordnung die Tätigkeit des Notars zwar grundsätzlich unter die Vorschrift des § 116 InsO, beschränken dies aber ausdrücklich auf den Fall, „sofern der Notar nicht als Amtsperson bei der Beurkundung von Rechtsgeschäften tätig wird" (*Kilger/K. Schmidt,* Insolvenzgesetze, 17. Aufl. 1997, § 23 Anm. 1a; *Wegener* in Frankfurter Kommentar-InsO, 5. Aufl. 2009, § 116 Rn. 14; ebenso zur hoheitlichen Tätigkeit des Gerichtsvollziehers: *Kießner* in Nerlich/Römermann, InsO § 116 Rn. 7; *Kuhn/Uhlenbruck* KO § 23 Rn. 2); aA Smid/*Meyer* (2. Aufl. 2001, InsO § 116 Rn. 2), der pauschalisierend die „Tätigkeit als Rechtsanwalt oder Notar" generell als Geschäftsbesorgungsvertrag ansieht. (Ähnlich stellt *Paulus* CR 1994, 83 (84), die Verwahrung durch den Notar einem privatrechtlichen Treuhandverhältnis gleich).

[116] BayObLGZ 2003, 221 = FGPrax 2003, 289, wonach „das öffentlich-rechtliche Sonderverhältnis zwischen Notar und Urkundspartei jedenfalls in Ansehung der Verpflichtung des Notars, gegenüber dem Grundbuchamt durch Stellung von Anträgen tätig zu werden,‚‚ wie ein Geschäftsbesorgungsvertrag unter § 116 InsO falle. Dem BayObLG zustimmend etwa MüKoInsO/*Ott/ Vuia,* 4. Aufl. 2019, InsO § 116 Rn. 9.

[117] Vgl. zu dem ähnlich gelagerten bankrechtlichen Fall eines Und-Kontos, das bei der Insolvenz eines Kontomitinhabers ebenfalls bestehen bleibt – nunmehr zugunsten des Insolvenzverwalters und des anderen Kontomitinhabers: *Ahrendt* in Hamburger Kommentar zum Insolvenzrecht, 3. Aufl. 2009, InsO § 116 Rn. 10.

[118] BGH NJW-RR 2012, 1129.

[119] Die Notaranderkontenbedingungen sind abgedruckt in der Kommentierung zu → DONot § 27 Rn. 7.

ben;[120] bei einer Pfändung durch Gläubiger des Notars hat sich die Bank verpflichtet, die Gläubiger im Rahmen ihrer Drittschuldnererklärung auf die Eigenschaft als Anderkonto hinzuweisen (Ziff. 9 der Notaranderkontenbedingungen). Ebenso hat sich die Bank verpflichtet, weder eine Aufrechnung noch Zurückbehaltungs- oder Pfandrechte geltend zu machen, es sei denn wegen Forderungen, die in Bezug auf das Anderkonto selbst entstanden sind (Ziff. 10 Anderkontenbedingungen).

In der Insolvenz über das Vermögen des Notars steht den Verwahrungsbeteiligten ein **46 Aussonderungsrecht nach § 47 InsO** (früher § 43 KO) zu.[121] Wird der Notar infolge der Insolvenzeröffnung wegen Vermögensverfalls des Amtes enthoben (§ 50 Abs. 1 Nr. 6), so geht die Verfügungsbefugnis und damit auch die Kontoinhaberschaft auf seinen Amtsnachfolger bzw. den Notariatsverwalter über.[122]

G. Rechtsschutzmöglichkeiten der Beteiligten – Handlungsmöglichkeiten des Notars

Durch die Verwahrungstätigkeit übernimmt der Notar – anders als durch die bloße **47** Fälligkeitsmitteilung und Kaufpreisüberwachung – die zentrale Rolle bei der Kaufpreisabwicklung und wird deshalb in jeden Streit der Beteiligten bei der Abwicklung mit hineingezogen. Da der Notar scheinbar unbeschränkte Verfügungsmacht über das eingezahlte Geld hat, tragen die Beteiligten oft unerfüllbare Erwartungen einer richterähnlichen Entscheidung an den Notar heran und verkennen, dass der Notar nur die Verwahrungsanweisung auszuführen hat, nicht aber darin noch nicht geregelte Punkte nachträglich wie ein Richter entscheiden kann.[123] Daher kann eine Anderkontenabwicklung für den Notar nervenaufreibend werden und daher hat sie sich in der Praxis als **fehleranfällig und haftungsträchtig** erwiesen.[124]

Rechtsstreitigkeiten über die Verwahrung können einmal auf der Ebene der öffentlich- **48** rechtlichen Verwahrung über allfällige Amtspflichtverletzungen des Notars geführt werden, zum anderen auf der zivilrechtlichen Ebene zwischen den Beteiligten über deren Verpflichtung, einer bestimmten Art der Verwahrung oder einer Auszahlung zuzustimmen. Das **zweifache Rechtsverhältnis** bestimmt sowohl die Rechtsschutzmöglichkeiten der Beteiligten als auch die Handlungsmöglichkeiten des Notars bei Abwicklungsstörungen[125] – insbesondere, aber nicht nur bei einem Widerruf.

---

[120] Vgl. BGH NJW 1959, 1223; *Canaris* NJW 1973, 852; *Gößmann* WM 2000, 857 (862 f.); *Hadding* in Schimansky/Bunte/Lwowski, Bankrechts-Handbuch, 3. Aufl. 2007, § 38 Rn. 7. Dies gilt auch, soweit der Notar selbst zu einem Einbehalt seiner Gebühren nach § 58 Abs. 3 S. 8 BeurkG berechtigt wäre (Armbrüster/Preuß/Renner/*Renner* BeurkG § 58 Rn. 87; Arndt/Lerch/Sandkühler/*Sandkühler* BNotO § 23 Rn. 184 unter Verweis auf BGH NJW 1996, 1543).
[121] BGHZ 11, 37 = NJW 1954, 190 (privatrechtliches Treuhandkonto); BGH NJW 1996, 1543 (Rechtsanwaltsanderkonto); OLG Hamm WM 1999, 1111 (privatrechtliches Treuhandkonto); Armbrüster/Preuß/Renner/*Renner* BeurkG § 58 Rn. 104; Arndt/Lerch/Sandkühler/*Sandkühler* BNotO § 23 Rn. 185; *Bräu* Rn. 250 ff.; *Winkler* BeurkG § 58 Rn. 47, 51. Dies gilt auch, soweit der Notar zum Einbehalt seiner Gebühren berechtigt wäre.
[122] → BeurkG § 58 Rn. 19 ff.
[123] Bei der Fälligkeitsmitteilung würden der Käufer etwa nicht erwarten, dass der Notar ausdrücklich feststellt, dass ein Teil des Kaufpreises noch nicht fällig geworden ist (oder zurückbehalten werden kann) wegen Sachmängeln des Kaufgegenstandes. Andererseits würde der Verkäufer nicht erwarten, dass der Notar das Vorliegen einer noch nicht vorhandenen Fälligkeitsvoraussetzung bestätigt. Bei der Abwicklung über Notaranderkonto begehren sie hingegen häufig aus derartigen Gründen entgegen der Verwahrungsanweisung den Einbehalt bzw. die Auszahlung des Kaufpreises. Die lediglich auf eine formale Prüfung bestimmter Voraussetzungen beschränkte Rolle des Notars ist bei der Fälligkeitsmitteilung aufgrund der auch nur auf eine formale Mitteilung beschränkten Tätigkeit leichter einsichtig.
[124] Vgl. *Bräu* Rn. 273 ff.; *Brambring* DNotZ 1999, 381 (385 f.); *Brambring/Sandkühler/Starke* S. 131; Diehn/Kilian BNotO § 23 Rn. 25; *Haug/Zimmermann* Rn. 683; BeckNotar-HdB/*Tönnies*, 6. Aufl. 2015, A I. Rn. 805; *Rinsche* Rn. II 332 ff.; *Weingärtner* DNotZ 1999, 393 (394).
[125] Grundlegend *Brambring* DNotZ 1990, 615 (647 ff.); ebenso *Bräu* Rn. 269 ff., 284 ff.; *Kawohl* Rn. 165 ff.; *Preuß* S. 190 ff.; *Weingärtner/Schöttler*, 7. Aufl. 1995, Rn. 152d; vgl. auch Gutachten DNotI-

I. Beschwerde und Vorbescheid (§ 15 Abs. 2)

49 Gegen Amtshandlungen des Notars im Verwahrungsverfahren ist die **Beschwerde nach § 15 Abs. 2 S. 1** statthaft – insbesondere gegen die Entscheidung für eine künftige Auszahlung[126] aber auch gegen die Entscheidung zur weiteren Verwahrung (Auszahlungsverweigerung)[127] oder für das Verlangen nach Abrechnung über das Notaranderkonto.[128] § 60 Abs. 5 BeurkG stellt dies für den praktischen Hauptfall der Entscheidung des Notars über die Beachtlichkeit oder Unbeachtlichkeit des Widerrufs ausdrücklich klar.[129] Beschwerdeberechtigt sind sowohl die ursprünglichen Verwahrungsbeteiligten als auch Zessionar und Pfändungsgläubiger der über Anderkonto abzuwickelnden Forderung.[130] Der Zulässigkeit steht nicht entgegen, dass dem Beschwerdeführer daneben auch ein zivilrechtlicher Rechtsbehelf gegen den anderen Verwahrungsbeteiligten zustünde.[131] Im Verfahren nach § 15 Abs. 2 ist auch ein Antrag auf einstweilige Anordnung möglich, setzt jedoch Einlegung der Beschwerde voraus (anders als im streitigen Zivilprozess).[132] Nach erfolgter Auszahlung ist eine Notarbeschwerde unzulässig; es verbleibt allenfalls ein Amtshaftungsprozess.[133]

50 Kündigt der Notar den Beteiligten sein beabsichtigtes Vorgehen (Auszahlung oder weitere Verwahrung) vorab an, so ist dies ein nach § 15 Abs. 2 S. 1 **beschwerdefähiger Vorbescheid**.[134] Denn nur so ist ein effektiver präventiver Rechtsschutz der Beteiligten gegen mögliche Amtspflichtverletzungen bei nach ihrem Vollzug nicht wieder rückgängig zu machende notarielle Amtstätigkeit zu gewährleisten. Umgekehrt ermöglicht der Vorbescheid dem Notar, bei zweifelhafter Sach- oder Rechtslage unter Vermeidung eines Haftungsrisikos vorab eine gerichtliche Klärung herbeizuführen. Insbesondere bei zweifelhafter Rechtslage sollte der Notar davon Gebrauch machen. Denn jedenfalls wenn er die Beteiligten auf die Beschwerdemöglichkeit hinweist und hierfür eine ausreichende Frist setzt, wären diese mit allfälligen Amtshaftungsansprüchen nach wohl hM nach § 839 Abs. 3 BGB ganz ausgeschlossen[135] – oder müssten sich zumindest ein Mitverschulden nach § 254 Abs. 1 BGB entgegenhalten lassen.[136]

Report 1997, 181 (183 f.). Vgl. zu den Rechtsschutzmöglichkeiten allg.: *Müller-Magdeburg,* Rechtsschutz gegen notarielles Handeln, 2005.

[126] BayObLGZ 1995, 204 = MittBayNot 1995, 331; OLG Frankfurt a.M. DNotZ 1992, 61; OLG Schleswig DNotZ 1993, 67 mAnm *Tönnies.*

[127] BGHZ 76, 9 = DNotZ 1980, 496; BGH DNotZ 1999, 125; OLG Frankfurt a.M. DNotI-Report 1998, 80 mwN; OLG Hamm DNotZ 1983, 61; KG DNotZ 1985, 51; OLG Köln DNotZ 1989, 257.

[128] BGHZ 76, 9 = DNotZ 1980, 496.

[129] Regierungsbegründung BT-Drs. 13/4184, 39. Man könnte sonst an der Zulässigkeit zweifeln, da der Notar die Beteiligten nach § 60 Abs. 3 S. 3 Nr. 2 BeurkG auf einen Zivilprozess gegeneinander verweisen kann.

[130] BayObLG MittBayNot 1998, 120; OLG Frankfurt a.M. FGPrax 1998, 79; OLG Hamm DNotZ 1983, 61 (63) und 702 (703); OLGZ 1994, 115; KG DNotI-Report 1999, 97; DNotZ 1999, 994; *Haug* DNotZ 1992, 18 (23); *Kawohl* Rn. 108, 110 ff.; *Preuß* S. 204 ff.; aA noch OLG Celle DNotZ 1984, 256 mAnm *Göbel.*

[131] OLG München DNotZ 2009, 113: Beschwerde eines Pfändungsgläubigers trotz Möglichkeit der Drittwiderspruchsklage nach § 771 ZPO.

[132] OLG Düsseldorf DNotZ 1983, 703 (705).

[133] BGH DNotZ 1991, 682 mAnm *Gummer;* OLG Hamm DNotZ 1991, 686 (688); KG DNotZ 1987, 562; FGPrax 1998, 235.

[134] Vgl. etwa OLG Zweibrücken MittBayNot 2001, 228; BayObLG DNotZ 2000, 376; ausführlich *Hertel,* Der notarielle Vorbescheid im System der Notarbeschwerde nach § 15 Abs. 2 BNotO, FS 200 Jahre Notarkammer Pfalz 2003, 167–204 mwN. Zweifelnd für den Vorbescheid, mit dem der Notar nur ankündigt, eine Amtshandlung ablehnen zu wollen (also etwa nicht auszuzahlen): OLG Dresden DNotZ 2010, 115.

[135] OLG Düsseldorf DNotZ 1987, 562; → § 15 Rn. 55 und → § 19 Rn. 41; ferner: *Brambring* DNotZ 1990, 615 (648); Ganter/Hertel/Wöstmann/*Hertel* Rn. 1987; *Haug/Zimmermann* Rn. 231; *Kawohl* Rn. 159; *Weingärtner/Schöttler,* 7. Aufl. 1995, Rn. 152d; *Winkler* BeurkG § 53 Rn. 43; vgl. Gutachten DNotI-Report 1997, 181 (183 f.); 2001, 161 (162 f.); → Rn. 62.

[136] Ganter/Hertel/Wöstmann/*Ganter* Rn. 809; Ganter/Hertel/Wöstmann/*Wöstmann* Rn. 2282; ebenso bereits Zugehör/Ganter/Hertel/*Zugehör* Rn. 2306 und 2343 – je unter Bezug auf BGH DNotZ 1983, 129; NJW 1991, 1172 (1174).

Der Vorbescheid ist aber kein Allheilmittel. Er entbindet den Notar nicht von einer **51** eigenen Entscheidung; insbesondere kann er auch nicht von sich aus das Landgericht nach § 15 Abs. 2 anrufen.[137] Der Notar darf (amtspflichtgemäß) einen Vorbescheid nur in Zweifelsfällen tatsächlicher oder rechtlicher Art erlassen. Verzögert sich durch die in einem unberechtigten Vorbescheid enthaltene Fristsetzung des Notars die Auszahlung des Geldes trotz Vorliegen der Auszahlungsvoraussetzungen, so haftet der Notar nach § 19 Abs. 1 für den **Verzögerungsschaden** – der allerdings im Zweifelsfall geringer ist als der Schaden bei einer falschen Auszahlung.

Mit dem Vorbescheid muss der Notar eine **Amtshandlung ankündigen;** ein Vorbescheid, mit dem der Notar nur über bestimmte Einzelfragen (Vorfragen) entscheidet, ist unzulässig.[138]

Auch wenn es keine gesetzliche Pflicht zur Begründung eines Vorbescheides gibt, ist es doch *nobile officium* des Notars gegenüber Beteiligten und Beschwerdegericht, seine Entscheidung zu **begründen.**[139]

Hat einer der Beteiligten die Verwahrungsanweisung unter Berufung auf die Unwirksamkeit oder Rückabwicklung des zugrundeliegenden Vertrages widerrufen, so kommt neben oder statt eines notariellen Vorbescheides auch eine **Fristsetzung nach § 60 Abs. 3 S. 3 Nr. 2 BeurkG** in Betracht (nach deren Ablauf ein einseitiger Widerruf eines Beteiligten unbeachtlich wird, sofern der Beteiligte keinen Rechtsbehelf eingelegt hat). Die Fristsetzung nach § 60 Abs. 3 S. 3 Nr. 2 BeurkG empfiehlt sich, wenn es um materiellrechtliche Fragen zwischen den Beteiligten geht; denn diese können im Beschwerdeverfahren nach § 15 Abs. 2 nicht entschieden werden.[140] Die Frist, die der Notar im Vorbescheid für die Einlegung der Beschwerde gesetzt hat, wirkt nur dann zugleich als Fristsetzung nach § 60 Abs. 3 S. 3 Nr. 2 BeurkG (wonach der Widerspruch unwirksam wird, sofern der Beteiligte keinen Rechtsbehelf eingelegt hat), wenn dies in der Fristsetzung eindeutig zum Ausdruck kommt.[141]

II. Zivilrechtsklage gegen andere Beteiligte

Bei einer mehrseitigen Verwahrung ist es für die Beteiligten zielführender, ihren Streit in **52** einem **Zivilprozess** gegeneinander **auf Zustimmung zur Auszahlung** auszufechten. Nur hier kann umfassend über sämtliche Ansprüche der Beteiligten gegeneinander entschieden werden; demgegenüber beschränkt sich der Streitgegenstand der Notarbeschwerde darauf, ob der Notar seiner begrenzten, weitestgehend nur formellen Prüfungspflicht nachgekommen ist.[142]

Der Klageantrag wird darauf lauten, dass der andere Beteiligte der Auszahlung vom Notaranderkonto – gegebenenfalls unter bestimmten Voraussetzungen – zustimmt; mit Rechtskraft (§§ 894, 706 ZPO) läge dann eine einvernehmliche Auszahlungsanweisung (§ 60 Abs. 2 BeurkG) an den Notar vor.

Die Erhebung der Klage ist Entscheidung der Beteiligten; außer im Fall des § 60 Abs. 3 **53** Nr. 2 BeurkG kann der Notar sein weiteres Vorgehen nicht von der Erhebung einer zivilrechtlichen Klage der Beteiligten gegeneinander abhängig machen. Ohne seine Neu-

---

[137] Anders als für die Entscheidung über die Verschwiegenheit nach § 18 Abs. 3 S. 1. Auch ist der Notar im Beschwerdeverfahren nicht Partei, sondern erste Instanz iSd Verfahrens der freiwilligen Gerichtsbarkeit – OLG Düsseldorf DNotZ 1983, 703; 1987, 562; 1994, 124.
[138] OLG Zweibrücken DNotZ 2004, 364.
[139] *Haug* DNotZ 1992, 19 (21). Auch im Hinblick auf die (nachfolgend → Rn. 63 besprochene) Exkulpation bei gleicher Rechtsauffassung eines Richterkollegiums empfiehlt sich, den Vorbescheid kurz zu begründen, damit der Notar später belegen kann, dass er von denselben tatsächlichen und rechtlichen Voraussetzungen ausging wie das Kollegialgericht.
[140] Vgl. OLG Schleswig FGPrax 2008, 132.
[141] OLG München DNotZ 2008, 777 mAnm *Sandkühler* DNotZ 2009, 164.
[142] Vgl. OLG Frankfurt a. M. DNotI-Report 1998, 80 (81); KG DNotZ 1985, 51 (55); OLG Zweibrücken MittBayNot 1995, 162; *Amann/Brambring* S. 111 f.; *Brambring* DNotZ 1990, 615 (641); *Haug* DNotZ 1992, 18 (130); *Lerch* NJW 1998, 3697 (3698).

tralitätspflicht nach § 14 Abs. 1 zu verletzen, kann der Notar aber die Beteiligten stets auf die Möglichkeit hinweisen, in einem Zivilprozess allfällige weitergehende Ansprüche gegeneinander abzuklären (etwa bei einem lediglich auf Sachmängel gestützten Widerruf). *Nobile officium* ist, in geeigneten Fällen eine **Streitschlichtung** und die Erzielung einer einvernehmlichen Weisung herbeizuführen zu versuchen.

54 Im Wege einer **einstweiligen Verfügung** (§§ 935, 940 ZPO) kann insbesondere beantragt werden, dass der andere Beteiligte einem Verbleib des Geldes auf dem Notaranderkonto bis zur rechtskräftigen Entscheidung des Hauptsacheverfahrens (oder doch bis zur Entscheidung in erster Instanz) zustimmt.[143]

III. Hinterlegung nach §§ 372 ff. BGB

55 In Ausnahmefällen ist der Notar berechtigt, das von ihm verwahrte Geld beim Amtsgericht **analog §§ 372 ff. BGB zu hinterlegen.** Trotz des öffentlich-rechtlichen Charakters der Verwahrung kann der Grundgedanke der §§ 372 ff. BGB auf die Auskehrung vom Notaranderkonto entsprechend angewandt werden. Die Zulässigkeit der Hinterlegung ergibt sich dabei aus § 6 Nr. 2 HinterlO bzw. jetzt den an ihre Stelle getretenen landesrechtlichen Hinterlegungsvorschriften.[144]

56 Voraussetzung ist, dass der Notar trotz Erfüllung seiner Amtspflichten in Ungewissheit über die Person des Empfangsberechtigten ist oder die Auszahlung wegen eines sonstigen **in der Person des Berechtigten liegenden Grundes** nicht erfolgen kann (§ 372 S. 2 BGB). Von der älteren Rechtsprechung anerkannt wurde dies bei einem vom Notar nicht aufklärbaren Prätendentenstreit über die Auszahlungsforderung;[145] die neuere Rechtsprechung fordert hier hingegen eine weitere Verwahrung durch den Notar selbst bis zur Klärung des Prätendentenstreits durch einvernehmliche Weisung oder Entscheidung über die Empfangsberechtigung im Zivilprozess.[146] Weitere Beispielsfälle wären der unbekannte (und trotz Nachfrage etwa beim Einwohnermeldeamt nicht zu ermittelnde) Aufenthalt des Berechtigten, dessen Verschollenheit, Geschäftsunfähigkeit oder beschränkter Geschäftsfähigkeit, wenn zugleich ein gesetzlicher Vertreter fehlt;[147] ebenso wenn bei Gesellschaften ein gesetzlicher Vertreter fehlt – etwa wenn bei einer ausländischen Gesellschaft Rechtsfähigkeit oder Vertretungsbefugnis nicht feststellbar sind; oder nach Löschung einer Gesellschaft wegen Vermögenslosigkeit, da auch dann kein für die Gesellschaft Vertretungsberechtigter vorhanden ist.[148] Dasselbe gilt, wenn sich mehrere nur gemeinsam Auszahlungsberechtigte weder auf eine Aufteilung noch auf die Angabe eines gemeinsamen Kontos einigen können; hier sollte der Notar die beabsichtigte Hinterlegung mit notariellem

---

[143] OLG Schleswig NotBZ 2008, 205.
[144] BGH DNotZ 1960, 265 (270 f.); OLG Celle DNotZ 1963, 635; OLG Frankfurt a. M. DNotZ 1969, 513 (514); OLG Hamm DNotZ 1983, 63 (64); *Bräu* Rn. 287; *Kawohl* Rn. 163; *Peter* BWNotZ 1984, 86 (92 f.); *Weingärtner*, Verwahrungsgeschäft, Rn. 159, 213; *Winkler* BeurkG § 58 Rn. 26; *Zimmermann* DNotZ 1980, 451 (473); offengelassen hingegen noch in OLG Köln MittRhNotK 1980, 56. AA *Dornis* S. 72 ff., der den Notar als Organ der vorsorgenden Rechtspflege nicht zur Verlagerung der Pflichten auf eine andere Behörde für berechtigt hält. Die Ansicht von *Dornis* würde aber dazu führen, dass der Notar ggf. endlos eine Verwahrung durchführen müsste, während das beim Amtsgericht hinterlegte Geld an die Staatskasse verfällt, wenn nicht innerhalb der gesetzlichen Fristen Ansprüche geltend gemacht werden.
[145] BGH DNotZ 1960, 265 (270 f.); OLG Celle DNotZ 1963, 635.
[146] OLG Frankfurt a. M. FGPrax 1998, 79; OLG Hamm DNotZ 1983, 61; KG DNotZ 1999, 994. Eine Hinterlegung beim Amtsgericht käme demnach bei einem Prätendentenstreit nur in Betracht, wenn die Beteiligten nicht binnen einer angemessenen Frist eine Zivilrechtsklage gegeneinander erheben. Will der Notar dann das Geld nicht endlos verwahren, so kann er den Beteiligten die beabsichtigte Hinterlegung beim Amtsgericht durch Vorbescheid ankündigen und zugleich eine angemessene Frist für die Erhebung einer Zivilrechtsklage gegen den anderen Forderungsprätendenten setzen.
[147] MüKoBGB/*Fetzer* BGB § 372 Rn. 8; Palandt/*Grüneberg* BGB § 372 Rn. 6; Staudinger/*Olzen*, 2015, BGB § 372 Rn. 14.
[148] Eine Nachtragsliquidation nach § 66 Abs. 5 GmbHG (einer wegen Vermögenslosigkeit nach § 394 FamFG gelöschten GmbH) (zuvor § 141a FGG, noch früher § 2 Abs. 3 Hs. 2 LöschG, RGBl. 1934 I 914) kann der Notar beantragen. Er ist aber dazu nicht verpflichtet, sondern kann stattdessen den noch für die gelöschte Gesellschaft verwahrten Geldbetrag beim Amtsgericht hinterlegen.

Vorbescheid ankündigen. Bei einem Prätendentenstreit muss der Notar hingegen selbst entscheiden, an wen das Guthaben bei Auszahlungsreife auszukehren ist.[149]

Meines Erachtens gilt dasselbe, wenn der ursprüngliche Verwahrungszweck nicht mehr erreicht werden kann (etwa weil eine Vertragspartei wirksam vom Vertrag zurückgetreten ist), sich die Vertragsparteien aber **nicht über die Rückzahlung einigen** können und auch kein Verwahrungsbeteiligter ein gerichtliches Verfahren gegen die anderen auf Zustimmung zur Rückzahlung betreibt, obwohl hierfür mehr als ausreichend Zeit gewesen wäre und der Notar die Beteiligten hierzu mehrfach aufgefordert hatte. Entschließt sich der Notar hier nach mehreren Jahren zur Hinterlegung beim Amtsgericht, ist er hierzu mE berechtigt – sollte dies aber den Verwahrungsbeteiligten vorab per Vorbescheid mitteilen.[150]

Liegen die Hinterlegungsvoraussetzungen nicht vor, so begeht der Notar durch die **unberechtigte Hinterlegung** eine Amtspflichtverletzung, für die er nach § 19 Abs. 1 haftet.[151] Ein Schaden kann auch dann bestehen, wenn das Geld weiterhin beim Amtsgericht hinterlegt ist. Denn der Auszahlungsberechtigte muss sich nicht auf die hinterlegte Summe verweisen lassen, wenn er um diese erst lange und schwierige Prozesse führen müsste; dann ist die Hinterlegung auch keine anderweitige Ersatzmöglichkeit iSd § 19 Abs. 1 S. 2. Statt dessen kann er von dem Notar, der pflichtwidrig beim Amtsgericht hinterlegt hat und damit erst einen Prozess gegen den anderen Hinterlegungsbeteiligten erforderlich gemacht hat, Schadensersatz uU bis zur Höhe der Hinterlegungssumme verlangen.[152]

Auch wenn die Hinterlegungsvoraussetzungen vorliegen, kann der Notar zwar hinterlegen; er ist aber **nie zur Hinterlegung verpflichtet** – auch nicht, wenn der durch die Verwahrung auf Notaranderkonto ursprünglich vereinbarte Zweck wegen nachträglich eingetretener Umstände nicht mehr erfüllt werden kann; auch in diesem Fall kann der Notar die Gelder bis zu einer Klärung weiter in Verwahrung halten.[153]

Im Allgemeinen ist von einer gerichtlichen Hinterlegung **abzuraten.** Bei einem Streit über die Auszahlungsberechtigung besteht kein Bedürfnis für eine Hinterlegung; ebenso gut kann das Geld auf dem Notaranderkonto verbleiben, bis die Beteiligten ihren Streit gerichtlich ausgefochten haben bzw. über eine Beschwerde gegen einen Vorbescheid des Notars entschieden ist.[154] Sinnvoll ist die Hinterlegung hingegen, wenn der Notar nur so auf dem Anderkonto verbliebene Gelder (typischerweise kleine Restbeträge, etwa Zinsen) „loswerden" (und dann das Notaranderkonto schließen) kann, zB weil der Berechtigte trotz mehrerer Versuche nicht zu ermitteln ist oder kein Überweisungskonto angibt und auch ihm ggf. übersandte Schecks nicht einlöst.

---

[149] OLG Frankfurt a. M. DNotI-Report 1998, 80; ähnlich OLG Hamm DNotZ 1994, 120; KG DNotZ 1999, 994.
[150] Denn durch die Annahme der Verwahrungsanweisung für einen Kaufvertrag hat der Notar nur eine Verwahrung für die dort vorgesehene Abwicklung übernommen. Daraus kann man noch die Amtspflicht ableiten, das Geld bei einem Scheitern des Vertrages solange weiter zu verwahren, bis die Beteiligten die Möglichkeit hatten, sich über die Modalitäten der Rückabwicklung geeinigt haben bzw. eine gerichtliche Klärung herbeizuführen. Eine unbegrenzte Verwahrung ad infinitum hat der Notar aber nicht übernommen. Vgl. auch OLG Köln DNotZ 1971, 599; MittRhNotK 1980, 56, das bei Scheitern des Vertrages lediglich eine Berechtigung zur weiteren Verwahrung bis zur gerichtlichen Klärung annahm, aber keine Amtspflicht hierzu.
[151] BGH DNotZ 1963, 574; OLG Frankfurt a. M. DNotZ 1969, 513; OLG Hamm DNotZ 1983, 61 (64); 1994, 122; *Bräu* Rn. 287; *Kawohl* Rn. 163; *Weingärtner/Schöttler*, 7. Aufl. 1995, Rn. 182.
[152] BGH DNotZ 1963, 574 (575 f.); OLG Frankfurt a. M. DNotZ 1969, 513 (514); *Bräu* Rn. 287; *Haug* DNotZ 1982, 539 (598 f.); *Winkler* BeurkG § 58 Rn. 26; *Weingärtner/Schöttler*, 7. Aufl. 1995, Rn. 182; aA *Zimmermann* DNotZ 1980, 451 (475).
[153] OLG Köln DNotZ 1971, 599; MittRhNotK 1980, 56; *Bräu* Rn. 287; *Haug* DNotZ 1982, 598 (603); *Kawohl* Rn. 163; *Peter* BWNotZ 1984, 86 (93).
[154] *Brambring* DNotZ 1990, 615 (648); *Bräu* Rn. 287; *Kawohl* Rn. 164; *Peter* BWNotZ 1984, 86 (93); *Zimmermann* DNotZ 1980, 451 (473 f.).

H. Folgen von Amtspflichtverletzungen bei der Verwahrung

I. Amtshaftung des Notars

60 1. **Tatbestand der Amtshaftung.** Da die Verwahrung hoheitliche Tätigkeit ist, haftet der Notar für Amtspflichtverletzungen nach § 19 Abs. 1. Der Tatbestand der Amtspflichtverletzung kann zum einen in der **Nichtbeachtung der erteilten Verwahrungsanweisung** liegen, insbesondere einer verfrühten Auszahlung, solange die Auszahlungsvoraussetzungen noch nicht vorliegen.[155] Der Notar muss die Verwahrungsanweisung strikt beachten, eine Abweichung ist auch dann nicht zulässig, wenn die Beteiligten damit mutmaßlich einverstanden wären.[156] Änderungen gegenüber der ursprünglichen Anweisung müssen vielmehr ausdrücklich und zumindest schriftlich (§ 57 Abs. 4 BeurkG) erteilt werden.[157]

61 Auch wenn die Verwahrungsanweisung selbst beachtet wurde, kann doch eine der **in §§ 57 bis 62 BeurkG gesetzlich normierten Amtspflichten** verletzt sein. Insbesondere kann bereits die Annahme einer unzulässigen Verwahrungsanweisung eine Amtspflichtverletzung darstellen – sei es, dass die Anweisung unklar formuliert ist (und die Beteiligten deshalb über deren Auslegung einen Rechtsstreit führen) oder dass die Anweisung Sicherungsinteressen eines Beteiligten vernachlässigt (§ 57 Abs. 2 und Abs. 3 BeurkG).[158]

62 2. **Ausschluss der Amtshaftung.** Ein allfälliger Amtshaftungsanspruch entfällt nach § 839 Abs. 3 BGB, wenn es der Geschädigte schuldhaft unterlassen hat, einen Rechtsbehelf gegen die pflichtwidrige Amtshandlung einzulegen. Dies gilt auch für die notarielle Tätigkeit und speziell die Verwahrung.[159] Erlässt der Notar daher einen Vorbescheid[160] und legt der betroffene Beteiligte keine Beschwerde nach § 15 Abs. 2 dagegen ein, so ist er nach wohl hM wegen der **Versäumung der Beschwerde** mit Amtshaftungsansprüchen gegen den Notar nach § 839 Abs. 3 BGB ausgeschlossen.[161] Eine andere Meinung[162] rechnet dem Beteiligten hingegen nur ein Mitverschulden nach § 254 Abs. 1 BGB zu, da nach der bisherigen Rechtsprechung des BGH kein Rechtsmittel iSd § 839 Abs. 3 BGB vorliegt, solange eine Amtspflichtverletzung noch gar nicht begangen ist.[163] Bei einem zu recht (dh bei zweifelhafter Sach- oder Rechtslage) erlassenen Vorbescheid wird aber mE der Verschuldensbeitrag des Geschädigten nach § 254 BGB idR so schwer wiegen, dass eine Notarhaftung ganz ausscheidet – wenn man nicht schon ein Verschulden des Notars

---

[155] → BeurkG § 58 Rn. 35. Ausführlich zur Amtshaftung aufgrund von Amtspflichtverletzungen bei notarieller Verwahrung vgl. Ganter/Hertel/Wöstmann/*Hertel* Rn. 1534–2024.

[156] → BeurkG § 54 Rn. 25 ff.

[157] Nimmt der Notar eine nicht schriftliche Änderung an, so ist die Änderung wirksam, der Notar trägt aber die Beweislast für die Änderung (→ BeurkG § 57 Rn. 35).

[158] OLG Braunschweig DNotI-Report 2003, 127; OLG Celle OLG-Report 2000, 15; *Amann/Brambring* S. 60; *Haug* DNotZ 1982, 475 (539).

[159] *Haug/Zimmermann* Rn. 231 ff.; *Rinsche* Rn. II 273 ff.; *Ritzinger* BWNotZ 1988, 104; *Schlee* ZNotP 1998, 94.

[160] → Rn. 50.

[161] OLG Düsseldorf DNotZ 1987, 562; *Brambring* DNotZ 1990, 615 (648); *Haug* Rn. 720; Ganter/Hertel/Wöstmann/*Hertel* Rn. 1987; *Kawohl* Rn. 159; *Weingärtner/Schöttler*, 7. Aufl. 1995, Rn. 152d; *Winkler* BeurkG § 53 Rn. 43; vgl. Gutachten DNotI-Report 1997, 181 (183 f.); 2001, 161 (→ § 15 Rn. 55 und → § 19 Rn. 41) – Auf die Erhebung einer Klage gegen den anderen Verwahrungsbeteiligten kommt es hingegen für § 839 Abs. 3 BGB nicht an, da diese kein Rechtsbehelf („Rechtsmittel") im Sinne der Vorschrift ist.

[162] Ganter/Hertel/Wöstmann/*Ganter* Rn. 809; Ganter/Hertel/Wöstmann/*Wöstmann* Rn. 2282; ebenso bereits Ganter/Zugehör/Hertel/*Zugehör* Rn. 2306 und 2336 – je unter Verweis auf BGH DNotZ 1983, 129; NJW 1991, 1172 (1174).

[163] BGH DNotZ 1983, 129; NJW 1991, 1172 (1174); aA OLG München DNotZ 1992, 394. Die BGH-Entscheidungen betrafen aber andere Fallgruppen als den Vorbescheid (nämlich bloße Gegenvorstellungen). Von daher erscheint mir die hM weiterhin gut vertretbar, vgl. *Hertel* FS 200 Jahre Notarkammer Pfalz 2003, 167 (194 ff.).

verneint. Denn der Notar muss eine Entscheidung treffen; dabei genügt es, wenn er erkennt, wo offene und strittige Rechtsfragen bestehen und diese der Klärung durch einen Vorbescheid zuführt. Man kann den Notar nicht dafür haftbar machen, dass er eine strittige und noch nicht obergerichtlich entschiedene Rechtsfrage anders als später das Gericht entscheidet, wenn die Entscheidung nach dem damaligen Stand von Rechtsprechung und Literatur vertretbar war.

Schuldhaft (im Sinne einer Obliegenheitsverletzung) ist die Versäumung der Beschwerde jedenfalls dann, wenn der Notar in seinem Vorbescheid auf die Beschwerdemöglichkeit ausdrücklich hingewiesen hatte und eine ausreichende Frist[164] für deren Einlegung vor Vollzug der angekündigten Auszahlung gesetzt hatte (– gegebenenfalls auch eine weitere Frist für das Ergehen einer Entscheidung im Wege des vorläufigen Rechtsschutzes). Damit die Belehrung auch nachweisbar ist, empfiehlt die Literatur teilweise sogar eine Zustellung gegen Nachweis;[165] dies halte ich nicht für erforderlich.

Wird hingegen die Beschwerde nach § 15 Abs. 2 eingelegt, so wird die Rechtslage für die Beteiligten und den Notar verbindlich abgeklärt. Entscheidet das Beschwerdegericht anders als der Notar, so muss der Notar dem folgen.[166]

Ebenso ist eine Haftung des Notars in der Regel ausgeschlossen, wenn das Landgericht die Handlung des Notars als rechtmäßig bestätigt. Dies kann man entweder auf den allgemeinen Grundsätzen der Amtshaftung stützen, wonach kein Verschulden des Amtsträgers vorliegt, wenn ein **Kollegialgericht** die Rechtsansicht des Amtsträgers in einer aufgrund mündlicher Verhandlung getroffenen Entscheidung bestätigt hat. Allerdings wurde diese Ausnahme in der Rechtsprechung praktisch nie relevant; ihre Voraussetzungen wurden immer enger ausgelegt. So ist Voraussetzung, dass das Kollegialgericht sich auf vom Notar für seine Amtshandlung zumindest auch erwogene Gründe stützt. Außerdem darf das Kollegialgericht nicht in entscheidenden Punkten von einem unrichtigen Sachverhalt ausgegangen sein oder eine eindeutige Vorschrift handgreiflich falsch auslegt haben.[167] Nach einer neuen Entscheidung greift die Ausnahme auch dann nicht, wenn das Kollegialgericht „die für die Beurteilung des Falls maßgebliche höchstrichterliche Rechtsprechung zwar angeführt hat, ihr aber, ohne sich damit hinreichend auseinanderzusetzen, gleichwohl nicht gefolgt ist".[168] In der Literatur wurde die Berechtigung dieser Exculpation für die Notarhaftung insbesondere von *Ganter* als unzeitgemäß in Frage gestellt;[169] stattdessen sieht er dies als Frage des Verschuldens an. Dann müsste man aber jedenfalls das Verschulden verneinen, wenn der Notar in einer zweifelhaften

---

[164] Jedenfalls wird hier die in der Regierungsbegründung (BT-Drs. 13/4184, 38) für § 54c Abs. 3 Nr. 2 BeurkG (jetzt: § 60 BeurkG) genannte zwei- bis vierwöchige Frist genügen. Meines Erachtens genügt im Regelfall bereits eine ein- bis zweiwöchige Frist, da der Streitstoff hier einfacher ist als beim Zivilprozess. Insbesondere kann auch im Beschwerdeverfahren keine Beweiserhebung über strittige Tatsachen erfolgen – ebenso wenig wie durch den Notar; von daher entfällt auch der Beweisantritt.
[165] *Weingärtner,* Verwahrungsgeschäft, Rn. 214 = NotBZ 1998, 127 (132).
[166] Dem Notar droht kein Regress, „da er durch den Beschluss des LG gedeckt ist", OLG Hamm DNotZ 1952, 444 (445); OLG Frankfurt a. M. DNotZ 1967, 584 (585); KG DNotZ 1971, 494 (496).
[167] BGHZ 17, 153 (158) = NJW 1955, 988; 27, 338 (343) = NJW 1959, 35; 96, 157 = DNotZ 1986, 406; BGH DNotZ 1988, 383 (385); 1989, 452 (454); NJW 1989, 96 (99); BGHR BGB § 839 Abs. 1 S. 1 – Verschulden 24; DNotZ 1991, 555 (557); BGHZ 123, 1 (12) = NJW 1993, 3061; Arndt/Lerch/Sandkühler/*Sandkühler* BNotO § 19 Rn. 117.
[168] BGH RNotZ 2003, 402 mAnm *Kemp* = ZfIR 2003, 547 mAnm *Beining;* vgl. dazu auch *Ganter* ZNotP 2003, 442 (446).
[169] *Ganter* DNotZ 1998, 851 (861 f.); Ganter/Hertel/Wöstmann/*Ganter* Rn. 2173; ähnlich bereits *Schmidt* NJW 1993, 1630; dagegen etwa Haug/Zimmermann Rn. 107. Für die Beibehaltung des Grundsatzes spricht, dass es zweifelhafte (insbesondere in Rechtsprechung und Literatur strittige) Rechtsfragen gibt, bei denen mehrere Rechtsansichten vertretbar sind. Dann kann man der Amtsträger die Entscheidung für eine Ansicht schlecht als Verschulden anrechnen. Dass ein Kollegialgericht die Rechtsauffassung des Amtsträgers teilte, ist in aller Regel ein gutes, insbesondere auch leicht handhabbares, da formales Kriterium für die Vertretbarkeit der Rechtsauffassung. Nachdem der Grundsatz aber, wie *Ganter* (2. Aufl. Rn. 2133) formuliert hatte, inzwischen so „durchlöchert" sei, dass er praktisch „zu einer Leerformel verkommen" sei, mag es in der Tat sinnvoll sein, statt eines inhaltslosen Grundsatzes im Einzelfall zu prüfen, ob angesichts widerstreitender Meinungen ein Verschulden des Notars vorliegt – oder möglicherweise schon eine objektive Pflichtverletzung ausscheidet, wenn er sich für eine von mehreren Meinungen entschied.

Sach- oder Rechtsfrage sich einer vertretbaren Meinung angeschlossen und dies durch Vorbescheid den Beteiligten vorab angekündigt hat.[170]

64 Hingegen gilt das **Haftungsprivileg** des § 19 Abs. 1 S. 2, wonach der Notar für bloße Fahrlässigkeit nur subsidiär haftet, sofern keine anderweitige Ersatzmöglichkeit besteht, ausdrücklich **nicht für die notarielle Verwahrung** nach § 23 und nicht für die sonstige Betreuungstätigkeit des Notars nach § 24 BeurkG im Verhältnis zum Auftraggeber des Notars (dh den Verwahrungsbeteiligten oder den Dritten gegenüber, die nach § 57 Abs. 6 BeurkG Treuhandaufträge erteilt haben).[171]

Gegen die das Anderkonto führende **Bank** haben die Beteiligten hingegen keinen Schadensersatzanspruch, wenn der Notar treuwidrig über das Anderkonto verfügt. Denn die Bank ist zur Prüfung der Rechtmäßigkeit der Verfügungen des Notars grds. weder verpflichtet noch berechtigt.[172]

65 **3. Versicherung.** Verletzt der Notar wissentlich die Verwahrungsanweisung, so haftet seine Berufshaftpflichtversicherung nicht (§ 4 Nr. 5 Allg. Versicherungsbedingungen Haftpflichtversicherung Notare; vgl. § 19a Abs. 2 S. 1 Nr. 1);[173] der Notar muss den Schaden selbst ersetzen. Die Beteiligten sind jedoch für Schäden bis zu 250.000 EUR abgesichert durch die von den Notarkammern abgeschlossene **Vertrauensschadensversicherung** (§ 67 Abs. 3 Nr. 3).

Für darüber hinausgehende Schäden gibt es bei Vermögenslosigkeit des betreffenden Notars den „**Notarversicherungsfonds** – Einrichtung der deutschen Notarkammern" (der bis 2009 „Vertrauensschadensfonds der Notarkammern" hieß)[174] (§ 67 Abs. 4 Nr. 3), auf dessen Leistungen aber kein Rechtsanspruch besteht.

Ist lediglich streitig, ob eine fahrlässige oder vorsätzliche Amtspflichtverletzung besteht, so sind sowohl Haftpflichtversicherer wie Vertrauensschadensversicherer insgesamt bis zur Höhe der Mindestversicherungssumme für vorsätzliche Pflichtverletzungen vorleistungspflichtig (§ 19a Abs. 2 S. 2 bzw. § 67 Abs. 3 S. 5). Dadurch erhält der Geschädigte jedenfalls eine Leistung; die beiden Versicherungen müssen dann intern ausstreiten, welche von ihnen letztlich den Schaden zu tragen hat.[175]

II. Disziplinarische und strafrechtliche Sanktionen

66 Die Notarprüfung kontrolliert die Führung der Notaranderkonten genau. Verstöße bei der Verwahrung werden **disziplinarisch** schwer geahndet.[176] Eine weisungswidrige Ver-

---

[170] *Hertel* FS 200 Jahre Notarkammer Pfalz 2003, 167 (193 f.).

[171] Vgl. BGH DNotZ 1985, 48; OLG Zweibrücken VersR 1997, 324; *Haug* Rn. 200 ff. Die Möglichkeit einer Ausweitung des Begriffs des Auftraggebers – und damit eine Einschränkung des Haftungsprivilegs deutete der BGH an in ZNotP 1999, 247; → § 19 Rn. 36 f.

[172] LG Osnabrück WM 2007, 212 = *Gößmann* WuB I C 3 Sonderkonto 1.07; *Gößmann,* Der untreue Notar: Hat die das Anderkonto führende Bank drittbegünstigende Sorgfaltspflichten?, FS Fischer 2008, 159.

[173] Schädigungsvorsatz ist demgegenüber nicht erforderlich, OLG Celle DNotZ 1989, 56; OLG Hamm OLG-Report 1997, 98; Ganter/Hertel/Wöstmann/*Hertel* Rn. 256.

[174] Allg. zum Vertrauensschadensfonds vgl. *Bresgen* BNotK-Intern 4/98, S. 4; *Wolff* VersR 1993, 272; *Zimmermann* DNotZ 1982, 90; zur Umbenennung vgl. Mitteilung DNotZ 2009, 582; www.vsf-notarkammern.de. Darstellungen typischer beim Vertrauensschadensfonds angemeldeter Fälle aus der notariellen Verwahrungstätigkeit finden sich bei *Bresgen* BNotK-Intern 6/98, S. 5. Nach einer Übersicht von *Zimmermann* DAI Tagungsskript 1994, 10 ff. (vgl. auch *Weingärtner,* Verwahrungsgeschäft, Rn. 20) über die in den Jahren 1990–1993 beim Vertrauensschadensfonds gemeldeten Schadensfälle wiesen 2/3 der Schadensmeldungen auf Serienschäden. Die meisten Auszahlungen erfolgten fremdnützig. Etwa 30 % der Fälle gingen auf die Tätigkeit völlig unerfahrener Jungnotare zurück. Etwa 60 % der Fälle waren so angelegt, dass eine gewisse Abhängigkeit von wichtigen Mandanten des Notars mitursächlich war. In etwa 30 % der Fälle fand eine Vermengung fremdnütziger und eigennütziger Verfügungen statt, die den wirtschaftlichen Zusammenbruch des Notars vorausgingen.

[175] Vgl. Beschlussempfehlung des Rechtsausschusses, BT-Drs. 13/10589, 38; *Vaasen/Starke* DNotZ 1998, 661, (684); *Weingärtner,* Verwahrungsgeschäft, Rn. 93.

[176] Bei einer Abweichung von der Verwahrungsanweisung ist aufgrund der Schwere des Dienstvergehens – insbesondere wenn bereits Dienstaufsichtsmaßnahmen gegen den betreffenden Notar verhängt waren – eine

fügung über das eingezahlte Geld verletzt auch dann Amtspflichten, wenn dadurch weder Interessen des Anweisenden noch sonstiger Beteiligter gefährdet werden.[177] Bei bewusster Missachtung einer Verwahrungsanweisung ist auch eine Amtsenthebung möglich. So ist der Notar grundsätzlich bereits bei einer einmaligen Untreue (§ 266 StGB) seines Amtes zu entheben.[178] Sonst kommt eine Amtsenthebung nur in Betracht, wenn dem Notar eine Vielzahl von Verstößen mit erheblichem Gewicht zur Last gelegt werden.[179] Ebenso ist der Notar nach § 50 Abs. 1 Nr. 7 des Amtes zu entheben, wenn durch die Art „der Durchführung von Verwahrungsgeschäften" Interessen der Rechtsuchenden gefährdet werden.[180] Veranlassen die Aufsichtsbehörden keine (vorläufige) Amtsenthebung, obwohl dies nach den ihnen vorliegenden Erkenntnissen (etwa aufgrund einer Notarprüfung) erforderlich wäre, so kann dies einen Amtshaftungsanspruch gegen die Aufsichtsbehörde begründen, wenn ein Beteiligter erst nach dem Zeitpunkt der möglichen vorläufigen Amtsenthebung geschädigt wurde.[181]

Strafrechtlich begeht der Notar bei einem (fremd- oder eigennützigen) vorsätzlichen Verstoß gegen die Verwahrungsanweisung Untreue in der Form des Treubruchtatbestands (§ 266 Abs. 1 Var. 2 StGB).[182] **67**
Der subjektive Tatbestand erfordert Vorsatz auch hinsichtlich Verletzung seiner Vermögensbetreuungspflicht; hat der Notar versäumt, eine Auszahlungsvoraussetzung zu prüfen, so begründet dies noch keinen Vorsatz, sondern kann auch fahrlässig (und damit nicht strafbar) sein.[183] Besteht der Schaden in einer schadensgleichen Vermögensgefährdung, so erfordert der subjektive Tatbestand bei bedingtem Vorsatz nicht nur die Kenntnis des Täters von der konkreten Möglichkeit eines Schadenseintritts und das Inkaufnehmen dieser konkreten Gefahr, sondern darüber hinaus eine Billigung der Realisierung dieser Gefahr, und sei es auch nur in der Form, dass der Täter sich mit dem Eintritt des ihm unerwünschten Erfolgs abfindet.[184]
Treten die Auszahlungsvoraussetzungen später noch ein, so beseitigt dies die zuvor bereits vollendete Tat nicht; allerdings ist bei der Strafhöhe zu berücksichtigen, falls es auch ohne die Verletzung der Vermögensbetreuungspflicht zu demselben Schaden gekommen wäre.[185]

§ 24 [Betreuung und Vertretung der Beteiligten]

(1) ¹Zu dem Amt des Notars gehört auch die sonstige Betreuung der Beteiligten auf dem Gebiete vorsorgender Rechtspflege, insbesondere die Anfertigung von Urkundenentwürfen und die Beratung der Beteiligten. ²Der Notar ist auch, soweit sich nicht aus anderen Vorschriften Beschränkungen ergeben, in diesem Umfange befugt, die Beteiligten vor Gerichten und Verwaltungsbehörden zu vertreten.

(2) ¹Nimmt ein Notar, der zugleich Rechtsanwalt ist, Handlungen der in Absatz 1 bezeichneten Art vor, so ist anzunehmen, daß er als Notar tätig geworden ist, wenn

---

empfindliche Geldbuße angemessen, OLG Köln 14.11.1991 – 2 X (Not) 1/91, nv, zitiert nach *Weingärtner*, 5. Aufl. 1999, Rn. 246; vgl. auch OLG Köln DNotI-Report 1994, 7; Anwaltsgerichtshof Celle BRAK-Mitt. 2010, 174; vgl. *Rosenbusch* DNotZ 2004, 227.
[177] OLG Celle Nds.Rpfl. 1997, 73; *Weingärtner*, Verwahrungsgeschäft, Rn. 157.
[178] BGH DNotZ 2002, 236.
[179] OLG Celle NdsRpfl 2001, 235.
[180] Ebenso hatte der BGH bereits vor Inkrafttreten des § 50 Abs. 1 Nr. 7 entschieden – BGH DNotZ 1999, 170; vgl. auch *Weingärtner*, Verwahrungsgeschäft, Rn. 1.
[181] BGHZ 135, 354 = DNotZ 1999, 334.
[182] BGHSt 13, 333; wistra 1984, 71; NJW 1990, 3219; wistra 1996, 105; NJW 2010, 1764. Dasselbe gilt bei formaler Einhaltung der Auszahlungsvoraussetzungen, wenn dem Notar aber ein unerlaubter oder unredlicher Zweck bekannt ist und er damit bei der Auszahlung gegen § 61 Nr. 1 BeurkG verstößt: BGH BeckRS 2008, 20687.
[183] BGH wistra 2006, 463.
[184] BGH NStZ 2007, 704.
[185] BGH wistra 2007, 422; vgl. zur Schadenshöhe auch BGH NStZ 2010, 329.

die Handlung bestimmt ist, Amtsgeschäfte der in den §§ 20 bis 23 bezeichneten Art vorzubereiten oder auszuführen. ²Im übrigen ist im Zweifel anzunehmen, daß er als Rechtsanwalt tätig geworden ist.

(3) ¹Soweit der Notar kraft Gesetzes ermächtigt ist, im Namen der Beteiligten bei dem Grundbuchamt oder bei den Registerbehörden Anträge zu stellen (insbesondere § 15 Abs. 2 der Grundbuchordnung, § 25 der Schiffsregisterordnung, § 378 des Gesetzes über das Verfahren in Familiensachen und in den Angelegenheiten der freiwilligen Gerichtsbarkeit), ist er auch ermächtigt, die von ihm gestellten Anträge zurückzunehmen. ²Die Rücknahmeerklärung ist wirksam, wenn sie mit der Unterschrift und dem Amtssiegel des Notars versehen ist; eine Beglaubigung der Unterschrift ist nicht erforderlich.

Übersicht

	Rn.
A. Allgemein	1
B. Notarielle Rechtsbetreuung (Abs. 1 S. 1)	2
I. Notarielle Rechtsbetreuung allgemein	2
1. Begriffe und Abgrenzung	2
2. Übernahme und Durchführung der Betreuung	8
II. Anfertigung von Entwürfen	15
III. Beratung der Beteiligten	18
IV. Rechtsgutachten, Fälligkeitsmitteilung, Notarbestätigung	24
V. Vollzugstätigkeit	32
1. Übernahme des Vollzuges	32
2. Pflicht des Notars zur Überwachung des Vollzuges durch Gerichte oder Behörden	36
VI. Treuhandtätigkeit außerhalb der notariellen Verwahrung	40
1. Urkunden zum Vertragsvollzug	40
2. Verwahrung sonstiger Gegenstände	45
VII. Notarielle Schlichtung und Mediation	46
C. Vertretung der Beteiligten (Abs. 1 S. 2 und Abs. 3)	50
I. Zuständigkeitsnorm	50
II. Rücknahme von Anträgen (Abs. 3)	55
D. Abgrenzung zwischen notarieller und Anwaltstätigkeit bei Anwaltsnotaren (Abs. 2)	59
I. Eindeutige Zuordnung	59
II. Vermutungsregeln für Zweifelsfälle	61
1. Vorbereitung oder Vollzug einer Beurkundung oder Verwahrung	61
2. Sonstige Betreuungstätigkeiten des Anwaltsnotars	63

A. Allgemein

1 § 24 schließt die Aufzählung der Zuständigkeiten des Notars in den §§ 20 ff. ab. Er enthält die **Auffangkompetenz** der „sonstigen Betreuung auf dem Gebiet der vorsorgenden Rechtspflege", die die speziellen Zuständigkeiten der Notare nach §§ 20 bis 23 ergänzt.

Urkundstätigkeit (§§ 20 bis 22) und sonstige Betreuung auf dem Gebiet der vorsorgenden Rechtspflege (Betreuungstätigkeit oder sonstige **notarielle Rechtsbetreuung**) bilden die Dichotomie der notariellen Zuständigkeiten nach der BNotO;[1] die Verwahrungstätigkeit nach § 23 und die Vollzugstätigkeit sind die beiden praktisch wichtigsten Fälle der notariellen Betreuung.

Auch die Betreuungstätigkeit ist **Amtstätigkeit,** die dem Notar als unabhängigem Organ der vorsorgenden Rechtspflege (§ 1) obliegt.[2]

---

[1] Vgl. *Reithmann* DNotZ 1975, 324; *ders.* S. 182 ff.; Schippel/Bracker/*Reithmann* BNotO § 24 Rn. 2 ff.
[2] BGHZ 138, 179 (181) = DNotZ 1999, 126; Ganter/Hertel/Wöstmann/*Ganter* Rn. 1996; aA – nur begrenzte Unabhängigkeit bei Verwahrungstätigkeit vor Inkrafttreten der §§ 54a ff. BeurkG: *Dickert* Mitt-BayNot 1995, 421 (426).

Gesetzesgeschichte: Die Reichsnotarordnung enthielt in § 26 RNotO eine mit § 24 BNotO aF wortgleiche Vorgängernorm. § 24 wurde durch die BNotO-Novelle 1998 nicht verändert. Seit 2006 wurde der Wortlaut dreimal geändert, aber stets nur zur Anpassung an Änderungen in anderen Gesetzen, auf die verwiesen wird, und ohne inhaltliche Änderung.[3]

B. Notarielle Rechtsbetreuung (Abs. 1 S. 1)

I. Notarielle Rechtsbetreuung allgemein

1. Begriffe und Abgrenzung. Der gesetzlich nicht näher definierte Begriff der **vor-** 2 **sorgenden Rechtspflege** ist vor allem von der streitigen Rechtspflege abzugrenzen – auch im Hinblick auf die historische Entwicklung des Beurkundungsrechtes aus dem früheren FGG (jetzt FamFG). Vorsorgende Rechtspflege dient der Klarstellung und Sicherung privater Rechtsverhältnisse, soweit sie nicht Wahrnehmung gegensätzlicher Parteiinteressen darstellt.[4] Fast die gesamte notarielle Amtstätigkeit zählt zur vorsorgenden Rechtspflege – einschließlich der Urkundstätigkeit.[5] Zur vorsorgenden Rechtspflege gehören auch Vermittlung und Streitbeilegung, wie sie etwa in der Sachenrechtsbereinigung ausdrücklich den Notaren zugewiesen sind, aber auch etwa eine Mediation.[6] Mit der technischen Entwicklung können sich auch neue Bereiche der vorsorgenden Rechtspflege entwickeln – etwa die im Rahmen der Zertifizierung nach dem Signaturgesetz auf die Notare neu hinzugekommenen Aufgaben.[7]

Die Amtstätigkeit der Notare lässt sich unterteilen in **Urkundstätigkeit** einerseits (dh 3 nach der in § 10a Abs. 2 enthaltenen Definition alle Amtstätigkeiten nach §§ 20 bis 22) und **Betreuungstätigkeit** oder notarielle Rechtsbetreuung andererseits (§§ 23, 24). Daneben lassen sich als dritte Gruppe noch andere **spezialgesetzliche Zuständigkeiten** der Notare fassen, insbesondere die Erteilung von Vollstreckungsklauseln (§ 52 BeurkG; § 797 Abs. 2 ZPO).

Notarielle Rechtsbetreuung (auch als vorsorgende Rechtsbetreuung oder Betreuungs- 4 tätigkeit des Notars bezeichnet) umfasst sowohl die notarielle Verwahrung (§ 23) als auch die „sonstige notarielle Rechtsbetreuung"; letztere regelt § 24. Die sonstige notarielle Rechtsbetreuung wiederum umfasst eine Fülle unterschiedlichster Amtstätigkeiten:

– § 24 Abs. 1 listet die Anfertigung von Entwürfen, die (selbstständige) Beratung und die Vertretung der Beteiligten als klassische Fälle vorsorgender Rechtsbetreuung auf.
– Weitere herkömmliche Aufgaben sonstiger notarieller Rechtsbetreuung iSd § 24 sind die Erstellung notarieller Bestätigungen und Rechtsgutachten (wie Fälligkeitsmitteilung oder Rangbestätigung – dh soweit diese zur hoheitlichen Tätigkeit rechnen), die Vollzugstätigkeit oder Treuhandtätigkeiten außerhalb der notariellen Verwahrung.

---

[3] Das „Erste Gesetz über die Bereinigung von Bundesrecht im Zuständigkeitsbereich des Bundesministeriums der Justiz" vom 19.4.2006 (BGBl. I 866, 872), änderte mit Wirkung vom 25.4.2006 den Verweis auf das „Reichsgesetz" über die Angelegenheiten der freiwilligen Gerichtsbarkeit in das „Gesetz" über die Angelegenheiten der freiwilligen Gerichtsbarkeit (Art. 39 Nr. 1). Das „Gesetz über das Verfahren in Familiensachen und in den Angelegenheiten der freiwilligen Gerichtsbarkeit – FGG-Reformgesetz" vom 17.12.2008 (BGBl. I 2586) änderte mit Wirkung zum 1.9.2009 den Verweis von §§ 129, 147 Abs. 1, 159, 161 Abs. 1 FGG auf § 378 FamFG (Art. 24 Nr. 2). Nachdem durch das „Gesetz zur Modernisierung von Verfahren im anwaltlichen und notariellen Berufsrecht, zur Errichtung einer Schlichtungsstelle der Rechtsanwaltschaft sowie zur Änderung sonstiger Vorschriften" vom 30.7.2009 (BGBl. I 2449) in § 15 GBO ein neuer Abs. 1 eingefügt wurde, stellte das Gesetz klar, dass sich der Verweis in § 24 Abs. 3 S. 1 BNotO auf § 15 Abs. 2 GBO bezieht (Art. 3 Nr. 5 – ebenfalls mit Wirkung zum 1.9.2009).
[4] *Hädrich-Riedenklau* S. 17 ff.; *Reithmann* DNotZ 1975, 324; *ders.*, Rechtspflege, S. 182 ff.; Schippel/Bracker/*Reithmann* BNotO § 24 Rn. 7 ff.
[5] Vgl. § 1 BNotO. Ausführlich *Reithmann*, Rechtspflege, S. 53 ff.
[6] → § 20 Rn. 54 ff. und die dort insbes. in Fn. 190 nachgewiesene Literatur.
[7] Vgl. BNotK Rundschreiben Nr. 47/98 vom 16.12.1998; ebenso → § 21 Rn. 31.

– Erst (wieder) neu erkannt als Teil des § 24 wurde die notarielle Schlichtung – neuerdings Mediation genannt, die man als „ausgleichende Beratung", aber ebenso als Ausfluss der klassischen Beratungsaufgabe begreifen kann.[8]
– Auch spezialgesetzliche Aufgaben können zur sonstigen notariellen Rechtsbetreuung iSd § 24 zählen, so insbesondere die Tätigkeit des Notars als Gütestelle nach § 794 Abs. 1 Nr. 1 ZPO bzw. § 15a EGZPO.[9]

5   Die „sonstige Betreuung" ist von der Betreuung als Annex einer Beurkundung abzugrenzen. Noch unter die Zuständigkeit zur Beurkundung nach § 20 Abs. 1 S. 1 fällt die **unselbstständige Betreuung im Rahmen einer Beurkundung** (oder einer sonstigen speziellen Zuständigkeitsnorm nach §§ 20 ff.). Die Abgrenzung ist danach vorzunehmen, ob ein enger innerer Zusammenhang mit einer Urkundstätigkeit besteht und die Betreuung eine ihr zuzurechnende Nebentätigkeit darstellt. Unselbstständig sind in der Regel alle Handlungen, die der Notar nicht aufgrund besonderen Ansuchens übernimmt, sondern die ihm zur Vorbereitung, Förderung oder Abwicklung einer anderen Amtstätigkeit als Amtspflicht obliegen,[10] also etwa die Grundbucheinsicht (§ 21 BeurkG) oder die Belehrung im Rahmen der Beurkundung (§ 17 BeurkG).

6   Nicht unter § 24 fallen auch die Zuständigkeiten des Notars zur Erteilung der **Vollstreckungsklausel** für notarielle Urkunden nach § 52 BeurkG iVm § 797 Abs. 2 ZPO bzw. der Vollstreckbarkeitserklärung von Anwaltsvergleichen nach § 796c ZPO oder der Vollstreckbarkeitserklärung von Schiedssprüchen mit vereinbartem Wortlaut.[11]

7   Nicht unter § 24 fallen auch **Nebentätigkeiten** des Notars (etwa eine Testamentsvollstreckung oder wissenschaftliche Tätigkeit, einschließlich der Erstellung wissenschaftlicher Gutachten) – unabhängig ob sie nach § 8 genehmigungspflichtig oder genehmigungsfrei sind; denn hier wird der Notar nicht als Amtsträger tätig.[12]

8   **2. Übernahme und Durchführung der Betreuung.** Die Übernahme einer selbstständigen Betreuung erfordert einen **Antrag** der Beteiligten. Der Antrag bedarf aber keiner Form (anders als etwa die Verwahrungsanweisung nach § 57 Abs. 4 BeurkG, kann auch der Verwahrungsantrag selbst formfrei gestellt werden). Der Antrag kann auch konkludent mit dem Beurkundungsersuchen verbunden sein, so üblicherweise der Antrag auf Übernahme des gesamten Vollzuges (auch über die gesetzliche Vollzugspflicht nach § 53 BeurkG hinaus). Will der Notar bei einer Beurkundung den Vollzug nicht selbst übernehmen, muss er daher die Beteiligten spätestens bei der Beurkundung darauf hinweisen;[13] dann können diese gegebenenfalls einen anderen Notar mit der Beurkundung beauftragen.

9   Den Notar trifft **keine Verpflichtung zur Übernahme** einer § 24 unterfallenden vorsorgenden Rechtsbetreuung;[14] die Urkundsgewährungspflicht des § 15 Abs. 1 gilt nur für die (in § 10a Abs. 2 gesetzlich definierte) Urkundstätigkeit iSd §§ 20 bis 22. Die Übernahme einer selbstständigen Betreuung steht im pflichtgemäßen Ermessen des Notars; dieses kann sich allerdings im Einzelfall auch reduzieren, dass der Notar zur Übernahme der Betreuung verpflichtet ist[15] – vor allem wenn eine Beurkundung ohne die Betreuungstätig-

---

[8] → Rn. 46 ff.
[9] → Rn. 49.
[10] BGH DNotZ 1973, 494; 1978, 177 (189); 1984, 425; 1985, 48 (50); 1992, 813; 1993, 459; Ganter/Hertel/Wöstmann/*Ganter* Rn. 1992 ff.; Arndt/Lerch/Sandkühler/*Sandkühler* BNotO § 24 Rn. 6.
[11] Die Klauselerteilung gehört nicht zur vorsorgenden Rechtspflege, sondern zur Zwangsvollstreckung und damit zur streitigen Gerichtsbarkeit. Die Beurkundung der Vollstreckungsunterwerfung gehört hingegen als Urkundstätigkeit zur vorsorgenden Rechtspflege: Ganter/Hertel/Wöstmann/*Ganter* Rn. 1995; *Reithmann*, Rechtspflege, S. 91 f.; Arndt/Lerch/Sandkühler/*Sandkühler* BNotO § 24 Rn. 9.
[12] Ganter/Hertel/Wöstmann/*Ganter* Rn. 1998; Schippel/Bracker/*Reithmann* BNotO § 24 Rn. 12.
[13] BGH DNotZ 1966, 319 (322); 1969, 173 (176); Ganter/Hertel/Wöstmann/*Ganter* Rn. 1999; Diehn/*Kilian* BNotO § 24 Rn. 8; *Rinsche* Rn. II 438; Arndt/Lerch/Sandkühler/*Sandkühler* BNotO § 24 Rn. 10.
[14] Schippel/Bracker/*Reithmann* BNotO § 24 Rn. 16.
[15] Arndt/Lerch/Sandkühler/*Sandkühler* BNotO § 24 Rn. 11.

keit ins Leere geht oder die Betreuung sonst in besonders engen Zusammenhang mit einer Beurkundung steht. Antrag wie Übernahme können auch konkludent erfolgen.[16]

Hat der Notar aber eine solche Tätigkeit einmal übernommen, obliegt ihm auch die Amtspflicht, die übernommene Tätigkeit ordnungsgemäß abzuwickeln, wozu er gegebenenfalls nach § 15 Abs. 2 angewiesen werden kann.[17] Stößt die weitere Durchführung allerdings auf unerwartete Schwierigkeiten – insbesondere bei der Übernahme des Vollzugs durch den Notar oder bei einem Vermittlungsversuch –, so kann der Notar die weitere Durchführung der freiwillig übernommenen Betreuung auch ablehnen (im Gegensatz zur Vollzugspflicht nach § 53 BeurkG). Dabei muss er allerdings auf die Interessen der Beteiligten Rücksicht nehmen; insbesondere darf er seine Amtstätigkeit nicht zur Unzeit verweigern und muss die Zurückweisung des Antrags **ggf. anderen Beteiligten mitteilen,** die sich auf die Durchführung seiner Amtstätigkeit verlassen.[18] 10

Auch bei der Betreuungstätigkeit muss der Notar als unabhängiges Organ der vorsorgenden Rechtspflege (§ 1) als **unparteiischer Betreuer** handeln (§ 14 Abs. 1 S. 2);[19] eine auf einseitige Interessenwahrnehmung gerichtete Betreuungstätigkeit muss er ablehnen. Dies konkretisiert sich in den unterschiedlichen Tätigkeiten in unterschiedlichem Ausmaß: Bei der Anfertigung von Entwürfen muss der Notar einen ausgewogenen Entwurf fertigen.[20] Die Beratung muss zwar objektiv sein,[21] darf aber selbst dann erfolgen, wenn der Beratene den Rat für einen Prozess verwenden will. Eine Vertretung ist dem Notar hingegen bei gegensätzlichen Parteiinteressen nach herrschender – neuerdings allerdings strittiger – Meinung stets untersagt.[22] 11

Ebenso wie bei der notariellen Verwahrung muss der Notar den Betreuungsantrag und die -anweisung prüfen, ob sie **klar formuliert** sind und den Bedürfnissen eines **ordnungsgemäßen Vollzugs** genügen; § 17 BeurkG gilt hierfür entsprechend.[23] Nachdem die sonstige Rechtsbetreuung aber – anders als die Verwahrung – typischerweise nicht zur Ausbalancierung gegenläufiger Interessen dient, sondern einem gemeinsamen (Vollzugs-) Interesse, kann die Formulierung wesentlicher pauschaler sein.[24] 12

Während die Rechtsprechung bei Treuhandaufträgen zur Verwahrung von Geld und anderen Wertgegenständen zu recht fordert, dass der Notar den Treuhandauftrag peinlich genau einhält (Abschnitt III Nr. 1 RLEmBNotK),[25] hat der Notar bei der sonstigen Rechtsbetreuung mE typischerweise zumindest einen gewissen **Ermessensspielraum,** etwa wenn er – wie häufig – lediglich allgemein mit dem „Vollzug des Vertrages" beauftragt wird.[26] Konkrete Auflagen der Beteiligten muss der Notar jedoch strikt be- 13

---

[16] OLG Frankfurt a. M. BeckRS 2010, 16592.
[17] OLG Hamm MittBayNot 1996, 399; Schippel/Bracker/*Reithmann* BNotO § 24 Rn. 16; Arndt/Lerch/Sandkühler/*Sandkühler* BNotO § 15 Rn. 50 – ebenso für den speziellen Fall der notariellen Verwahrung: BGHZ 76, 9 = DNotZ 1980, 496; BGH DNotZ 1999, 125; → § 23 Rn. 49 ff.
[18] BGH NJW 1990, 324; DNotZ 1995, 489 (zur Verwahrung); Ganter/Hertel/Wöstmann/*Ganter* Rn. 2034.
[19] BGH DNotZ 1993, 459 (461); Arndt/Lerch/Sandkühler/*Sandkühler* BNotO § 24 Rn. 12.
[20] → Rn. 16.
[21] Vgl. *Basty* FS Schippel 1996, 571; Schippel/Bracker/*Reithmann* BNotO § 24 Rn. 110.
[22] → Rn. 53.
[23] BGH DNotZ 1993, 459; 1997, 51; NJW-RR 2001, 204; Ganter/Hertel/Wöstmann/*Ganter* Rn. 2009.
[24] So wird der Notar etwa typischerweise pauschal mit der Einholung der für den Vollzug dieses Vertrages erforderlichen Genehmigungen beauftragt und bevollmächtigt. Das muss nicht näher spezifiziert werden.
[25] → BeurkG § 58 Rn. 25 ff.
[26] Nur zwei Beispiele, warum mE eine derart detaillierte Regelung wie bei der Verwahrung den Kaufvertrag nur aufblähen würde (und damit die Beteiligten von den zwischen ihnen regelungsbedürftigen Punkten ablenken würde): Wenn etwa der Notar mit der Einholung aller Genehmigungen sowie der Vorkaufsrechtsverzichtserklärung bzw. Negativattest für das gemeindliche Vorkaufsrecht (§ 24 BauGB) betraut wird, wird man ihm etwa ein Ermessen zugestehen, ob er der Gemeinde im zweistufigen Verfahren zunächst nur die Tatsache des Verkaufs mitteilt und um ein Negativattest bittet – oder ob er sogleich auch den Kaufpreis und die Person des Käufers mitteilt. Ebenso steht es etwa im Ermessen des Notars, ob er, wenn bei einem dinglichen Vorkaufsrecht die Wirksamkeit des Kaufvertrages noch von Genehmigungen abhängt, dem Vorkaufsberechtigten sogleich den Vertragsinhalt mitteilt – oder ob er Vertragsinhalt und Genehmigungserteilung zeitgleich mitteilt.

achten,[27] wobei es allerdings mE auch dann auf den Sinn der Weisung ankommt, wenn der Wortlaut anders formuliert ist.

14 Für die Verletzung von Amtspflichten im Rahmen der Betreuungstätigkeit haftet der Notar nach § 19 Abs. 1. Nach der ausdrücklichen gesetzlichen Regelung des § 19 Abs. 1 S. 1 Hs. 2 greift das **Haftungsprivileg der nur subsidiären Haftung** ausdrücklich **nicht** für Amtsgeschäfte nach § 24 (und § 23) gegenüber dem jeweiligen „Auftraggeber".[28]

II. Anfertigung von Entwürfen

15 Dient die „Anfertigung von Urkundenentwürfen" der Vorbereitung einer Beurkundung oder Unterschriftsbeglaubigung, so zählt sie als unselbstständiger Teil noch zur Beurkundungstätigkeit nach § 20 Abs. 1 S. 1.[29] Nur soweit der Entwurf **nicht zur Vorbereitung einer Beurkundung** oder Unterschriftsbeglaubigung dient – also etwa für einen privatschriftlich abzuschließenden Vertrag der Beteiligten (oder falls die Beteiligten derzeit noch keine Beurkundung oder Unterschriftsbeglaubigung beabsichtigen), ist die Zuständigkeitsnorm des § 24 Abs. 1 Hs. 2 einschlägig.[30] Umgekehrt ist der Rahmen der vorsorgenden Rechtspflege etwa bei der geschäftsmäßigen Bearbeitung von Einkommensteuererklärungen eindeutig überschritten.[31]

16 Auch wenn der Notar nur von einem Beteiligten beauftragt wurde (sei es mit der Entwurfsfertigung für einen Vertrag oder für einen Erbscheinsantrag), so muss er aufgrund seiner Neutralitätspflicht (§ 14 Abs. 1 S. 2) **auch die Interessen der anderen Beteiligten berücksichtigen,** muss also etwa einen ausgewogenen und klaren Vertragsentwurf liefern oder einen der – soweit möglich ermittelten – mutmaßlichen wahren Erbfolge entsprechenden Erbscheinsantrag entwerfen etc.[32] Dies gilt auch, wenn nur eine Vertragspartei um den Entwurf ersucht; denn auch die andere Vertragspartei, der der Entwurf vorgelegt wird, verlässt sich darauf, dass der Entwurf von einem Notar stammt und damit ausgewogen ist.

17 Bei der Anfertigung eines Entwurfes treffen den Notar dieselben **Aufklärungs- und Belehrungspflichten nach § 17 Abs. 1 BeurkG** wie bei einer Beurkundung.[33]

III. Beratung der Beteiligten

18 Eine **selbstständige Beratung** iSd § 24 Abs. 1 S. 1 liegt vor, sofern der Notar seinen Rechtsrat nicht schon aufgrund einer Belehrungspflicht (etwa nach § 17 Abs. 1 BeurkG oder aufgrund der betreuenden Belehrungspflicht) erteilen muss – sei es, dass die Beratung **nicht zu einer Beurkundung durch diesen Notar** führen soll,[34] sondern etwa der

---

[27] Ganter/Hertel/Wöstmann/*Ganter* Rn. 2002 (unter Berufung auf die BGH-Rechtsprechung zu Treuhandaufträgen bei der Verwahrung, die sich mE aber nur auf konkrete Auflagen übertragen lässt, nicht auf den pauschalen Vollzugsauftrag).
[28] BGH DNotZ 1985, 48; ZNotP 1999, 247; OLG Zweibrücken VersR 1997, 324; *Haug/Zimmermann* Rn. 207 ff.; *Rinsche* Rn. II 270; → § 19 Rn. 36 f.; → § 23 Rn. 64. Rechtsprechung zur Abgrenzung zwischen noch zur Urkundstätigkeit zählender Amtstätigkeit und sonstiger notarieller Rechtsbetreuung findet sich daher vor allem zur Frage der Subsidiarität der Notarhaftung (gegenüber einer möglichen Inanspruchnahme Dritter).
[29] Ganter/Hertel/Wöstmann/*Ganter* Rn. 1993; Arndt/Lerch/Sandkühler/*Sandkühler* BNotO § 24 Rn. 14; aA das *obiter dictum* BGH DNotZ 1997, 51.
[30] BGH DNotZ 1959, 1125; VersR 1972, 1049 (1050); 1984, 946; DNotZ 1993, 459; Schippel/Bracker/*Reithmann* BNotO § 24 Rn. 99; Arndt/Lerch/Sandkühler/*Sandkühler* BNotO § 24 Rn. 14.
[31] OLG Stuttgart DNotZ 1985, 242; Seybold/Schippel/*Reithmann*, 6. Aufl. 1995, BNotO § 24 Rn. 21.
[32] BGH NJW 1969, 929; OLG Stuttgart DNotZ 1964, 138; Diehn/*Kilian* BNotO § 24 Rn. 13; *Reithmann* FS 125 Jahre Bayerisches Notariat 1987, 159; Schippel/Bracker/*Reithmann* BNotO § 24 Rn. 111.
[33] BGH DNotZ 1993, 459; 1997, 51; Ganter/Hertel/Wöstmann/*Ganter* Rn. 2030; *Haug* Rn. 417; Arndt/Lerch/Sandkühler/*Sandkühler* BNotO § 24 Rn. 15.
[34] Dient hingegen ein Vorgespräch der Vorbereitung einer Beurkundung, so ist die dabei vorgenommene Beratung auch dann keine selbstständige Betreuung, soweit es um die Frage geht, ob den Notar dabei möglicherweise Hinweispflichten gegenüber nicht an der Beurkundung beteiligten Dritten trafen: BGH DNotZ 2003, 426.

Entwurf eines anderen Notars überprüft werden soll, sei es dass der Notar eine selbstständige steuerrechtliche Beratung übernommen hat.[35]

Unter § 24 fällt auch die „**planende Beratung**" oder der „(ergebnis-)offene Beurkundungsauftrag" bei dem die Beteiligten zwar ein bestimmtes Ziel vor Augen haben, sich aber erst noch über die verschiedenen in Betracht kommenden Gestaltungsmöglichkeiten beraten lassen wollen – vorausgesetzt die Gestaltungsmöglichkeiten unterscheiden sich nicht nur rechtstechnisch, sondern auch in ihren wirtschaftlichen Folgen. Dies bejahte der BGH etwa für den Fall, dass der Notar es übernimmt, eine von dem Erblasser und dessen Kindern vereinbarte Vorwegnahme der Erbfolge in eine geeignete rechtliche Form zu bringen sowie entsprechende Verträge vorzubereiten und für deren Vollzug zu sorgen.[36]

Eine **Beratung nach Abschluss der Beurkundung,** etwa wenn Beteiligte später wiederkommen, um die Auslegung einer Klausel abklären zu lassen oder eine mittlerweile zwischen ihnen aufgekommene Streitfrage zu klären, fällt ebenfalls unter § 24 Abs. 1, nicht mehr unter § 17 Abs. 1 BeurkG. Denn die Belehrungspflicht nach § 17 BeurkG dient dazu, die Übereinstimmung des Beurkundeten mit dem wirklichen Willens der Beteiligten sicherzustellen, dafür ist es nach Abschluss der Beurkundung zu spät.[37]

Bei einer selbstständigen Beratung hat der Notar die Amtspflicht, für eine auftragsgerechte und zuverlässige Rechtsgestaltung zu sorgen; **§ 17 BeurkG** mit seinen Pflichten zur Sachverhaltsermittlung, Belehrung und klaren Formulierung gilt sinngemäß.[38] So muss der Notar die Beteiligten auch bei der selbstständigen Beratung etwa über die Formbedürftigkeit des von den Beteiligten beabsichtigten Rechtsgeschäftes belehren[39] oder prüfen, ob eine von einem Beteiligten vorgelegte Vollmacht für das beabsichtigte Rechtsgeschäft genügt.[40]

Die Unterscheidung zwischen selbstständiger und unselbstständiger Beratung hat daher va Bedeutung für die **Subsidiärhaftung** nach § 19 Abs. 1 S. 2, während die notariellen Amtspflichten weitgehend dieselben sind. Außerdem muss der Beteiligte bei einer selbstständigen Beratung im Amtshaftungsprozess nachweisen, dass der Notar die entsprechende Beratung übernommen hat.

---

[35] BGH DNotZ 1981, 775; VersR 1983, 181; Arndt/Lerch/Sandkühler/*Sandkühler* BNotO § 24 Rn. 7; *Rinsche* Rn. II 272.
[36] BGH NJW-RR 2001, 204; vgl. *Ganter* WM 1996, 700 (702); Ganter/Hertel/Wöstmann/*Ganter* Rn. 2033; *Reithmann* ZNotP 1999, 142 (143); Schippel/Bracker/*Reithmann* BNotO § 24 Rn. 107 ff. Ein anderes Beispiel wäre die Beratung über die Wahl zwischen lebzeitiger Übertragung oder Verfügung von Todes wegen. Noch als bloße Formulierung des bereits festgelegten Willens der Beteiligten und Belehrung nach § 17 Abs. 1 BeurkG ist hingegen etwa zu fassen, wenn die Beteiligten die dingliche Absicherung einer Wohnungsnutzung zu bestimmten Bedingungen wünschen und lediglich abzuklären ist, welches der möglichen, aber wirtschaftlich im Wesentlichen gleichwertigen Sicherungsmittel (Wohnrecht nach § 1090 BGB, Wohnungsrecht nach § 1093 BGB oder Reallast nach § 1105 BGB) dem Willen der Beteiligten am ehesten entspricht.
[37] Ganter/Hertel/Wöstmann/*Ganter* Rn. 2034. Eine Belehrung unmittelbar nach § 17 Abs. 1 BeurkG kommt allenfalls in Betracht, wenn die Beteiligten die Beurkundung einer Nachtragsurkunde wünschen und der Notar dabei feststellt, dass dies bereits in der ursprünglichen Urkunde geregelt ist. Fragen die Beteiligten aber nachträglich nach dem Inhalt einer beurkundeten Klausel, so ist der Notar mE dann zur Auskunft verpflichtet, wenn er eine eigentlich bei der Beurkundung erforderliche Belehrung verabsäumt hat (im Sinne einer nachwirkenden Belehrungspflicht aus § 17 Abs. 1 BeurkG). Im Übrigen würde ich im Regelfall eine Auskunftspflicht aufgrund Ermessensreduktion annehmen, wenn die Beteiligten nur abstrakt den Inhalt einer von ihnen erst vor kurzem beurkundeten Klausel wissen wollen. Zur Anwendung der Klausel auf einen konkreten von den Beteiligten vorgetragenen Sachverhalt – und damit zu einer Streitentscheidung zwischen den Beteiligten –, ist der Notar aber nicht verpflichtet. Selbstverständlich darf er aber, wenn ihn die Beteiligten fragen, seine Meinung äußern – und ist dazu sowie zum Versuch einer Streitschlichtung geradezu prädestiniert aufgrund seiner neutralen Stellung und seiner umfassenden Kenntnis aller Umstände des Vertragsschlusses. Keinesfalls darf er dabei aber einer Seite Ratschläge zur Durchsetzung ihrer Interessen geben. Gegebenenfalls muss er auf die Möglichkeit der Beratung durch einen Rechtsanwalt verweisen.
[38] BGH DNotZ 1993, 459; NJW-RR 2001, 204.
[39] BGH VersR 1984, 946 (947).
[40] BGH NJW-RR 2001, 204.

21a Im Rahmen einer selbstständigen bzw. planenden Beratung kann der Notar im Einzelfall auch verpflichtet sein, die Beteiligten darauf hinzuweisen, dass die eine Lösung **Notargebühren** auslöst, eine andere hingegen nicht. Kommen die Beteiligten hingegen mit einem bestimmten Beurkundungsersuchen, muss der Notar nach allgemeiner Ansicht nicht ungefragt Auskunft zu den anfallenden Gebühren erteilen und auch nicht darauf hinweisen, dass dasselbe Ziel möglicherweise mit einem anderen Rechtsgeschäft kostengünstiger erreicht werden könnte.[41] Allerdings muss der Notar innerhalb des Beurkundungsauftrages den für die Beteiligten kostengünstigsten Weg wählen (bei mehreren gleich sicheren Gestaltungsmöglichkeiten).[42] Das OLG Naumburg[43] und das KG[44] übertrugen diesen Rechtsgedanken des kostengünstigeren Weges auf die ergebnisoffene, planende Beratung. Vom Grundsatz her ist dem zuzustimmen: Soweit der Beratungsauftrag lautet, die verschiedenen Lösungsmöglichkeiten darzustellen und zu vergleichen („Herr Notar, was sollen wir machen?"), muss der Notar auch etwas zu (größeren) Kostenunterschieden sagen – ohne aber eine genaue Berechnung anstellen zu müssen. Aber mE muss der Notar nicht belehren, dass ein Testament auch eigenhändig erstellt werden kann; das wissen die Beteiligten auch so.[45] Ebenso wenig muss der Notar belehren, dass die Prüfung durch ihn

---

[41] OLG Rostock NotBZ 2003, 243; Ganter/Hertel/Wöstmann/*Ganter* Rn. 964.

[42] BayObLG DNotZ 1984, 110 (112); 1994, 492 (493 f.); OLG Saarbrücken DNotZ 1982, 451 (453); Ganter/Hertel/Wöstmann/*Ganter* Rn. 975; aA Reithmann/Albrecht/*Reithmann* Rn. 241; *Kanzleiter* DNotZ 2004, 199 (200).

[43] OLG Naumburg DNotZ 2012, 512 mAnm *Fackelmann* = RNotZ 2012, 293 mAnm *F.J. Klein*. Die konkrete Entscheidung halte ich für unrichtig. Meines Erachtens kann der Notar im Normalfall davon ausgehen, das die Beteiligten wissen, dass sie ein Testament auch eigenhändig errichten können. Im konkreten Fall war mE auch keine Belehrung veranlasst. Erst nachdem das Testament bereits beurkundet war und sich die Beteiligten an der Höhe der Gebühr störten, wandten sie ein, der Notar hätte ihnen bei der vorhergehenden planenden Beratung sagen müssen, dass auch ein eigenhändiges Testament möglich gewesen wäre. Dann hätten sie nichts beurkunden lassen. Daher sei die Beurkundungsgebühr nur infolge des Beratungsfehlers des Notars entstanden. Das OLG Naumburg gab ihnen recht – ohne zu prüfen, ob ihnen die Möglichkeit eines eigenhändigen Testaments tatsächlich unbekannt war (obwohl beide Beteiligte Lehrer waren; der Ehemann hatte sogar Rechtskunde unterrichtet – vgl. *F.J. Klein* RNotZ 2012, 293 (295)).

[44] KG ZEV 2015, 640. Auch wenn ich die Begründung des KG nicht teile, halte ich die Entscheidung für im Ergebnis richtig. Denn hier hätte der Notar mE ausnahmsweise auf die Gebührenpflicht des Entwurfs hinweisen müssen. Im Fall des KG waren die Entwurfsgebühren strittig, nachdem sich die Beteiligten gegen eine Beurkundung entschlossen hatten,. Das KG sah es als amtspflichtwidrig an, dass der Notar den Beteiligten die Erstellung eines Testamentsentwurfs anbot, obwohl sie sich noch nicht entschlossen hatten, ob sie überhaupt eine Verfügung von Todes wegen treffen wollten. Das geht mir zu weit. In solchen Situationen biete ich den Beteiligten idR, erst nochmals zuhause zu überdenken, ob sie eine Beurkundung und damit einen Entwurf wollen (und ggf. welche der besprochenen Varianten). Für ebenso zulässig halte ich aber, den Beteiligten schon einen Entwurf als Entscheidungshilfe anzubieten. (Dies kann vor allem bei komplizierteren Gestaltungen Sinn machen). Im konkreten Fall des KG hätte der Notar aber wohl darauf hinweisen müssen, dass bereits für den Entwurf Gebühren anfielen: Zum ersten hatten die Beteiligten noch keinen Beurkundungsauftrag erteilt, sondern wollten nur einen isolierten Entwurf. Diesen Entwurf wollten sie zur Prüfung, ob sie überhaupt eine Verfügung von Todes wegen erstellen oder es nicht lieber bei der gesetzlichen Erbfolge belassen wollten. Zum dritten hatte der Notar den Beteiligten trotz ihrer Unsicherheit von sich aus vorgeschlagen, zumindest einmal einen Entwurf erstellen zu lassen. Zum vierten bot der Entwurf im konkreten Fall den Beteiligten nichts über das hinaus, was sie sich ohnehin aus der Beratung merken konnten, so dass sie annehmen konnten, dies sei noch Teil der Beratung. Wenn jemand nicht weiß, was er will, ich ihm aber als Notar sage: „Lassen Sie mich Ihnen erst einmal einen Entwurf machen. Dann können Sie entscheiden." muss ich zugleich sagen, dass dieser Entwurf bereits etwas kostet (und zwar mehr als die bereits erfolgte Beratung und fast soviel wie die Beurkundung selbst), wenn den Beteiligten nicht aufgrund der komplizierten Regelung klar sein muss, dass dies über die bloße Beratung hinausgeht.

[45] Selber sage ich meistens bei Beratungen zur erbrechtlichen Nachfolgeplanung sinngemäß: „Sie können entweder ein eigenhändiges Testament errichten oder ein notarielles Testaments beurkunden lassen. Das eigenhändige Testament hat den Vorteil, dass es nichts kostet, aber der Inhalt geht auf Ihre eigene Verantwortung. Das notarielle Testament kostet Sie jetzt etwas, ersetzt aber später den Erbschein (wenn es dabei bleibt) und erspart damit den Erben die Erbscheinsgebühren." Meist sage ich dann auch noch etwas zum Vergleich zwischen Erbscheins- und Beurkundungsgebühren. Zu empfehlen ist allerdings, am Ende der Besprechung, wenn man die den Wünschen der Beteiligten am besten entsprechende Gestaltung herausgearbeitet hat (und dann auch die betroffenen Vermögensgegenstände kennt und damit den ungefähren Wert abschätzen kann), auch über die Größenordnung der für die Beurkundung anfallenden Gebühren zu sprechen. Dann können die Beteiligten in Kenntnis der Größenordnung der Gebühren den Beurkundungs-

Gebühren auslöst, wenn ihn ein Beteiligter um Prüfung eines von ihm erstellten eigenhändigen Testaments bittet.[46]

Nicht mehr zur Beratung nach § 24 Abs. 1 S. 1 – und auch sonst nicht zur Amtstätigkeit des Notars (sondern zur genehmigungsfreien Nebentätigkeit) – gehört dessen wissenschaftliche Tätigkeit, die auch die Erstellung **wissenschaftlicher Gutachten** umfassen kann. Ein Abgrenzungskriterium hierfür bietet in der Regel, ob das Gutachten auch vom Vertreter oder Amtsnachfolger des Notars erstellt werden könnte oder ob der Gutachtensauftrag gerade an die Person des betreffenden Notars (wegen dessen besonderer Sachkunde) geknüpft ist.[47]

Auch die Beratung ist **Amtstätigkeit;** ein darüber abgeschlossener privatrechtlicher Beratervertrag wäre deshalb unwirksam (§ 134 BGB).[48] Die Neutralitätspflicht (§ 14 Abs. 1 S. 2) lässt die Beratung eines Beteiligten auch dann zu, wenn der Rat des Notars zur Lösung von Meinungsverschiedenheiten mit Dritten gesucht wird, ja selbst wenn er für einen Prozess erteilt wird und dort verwendet werden soll. Jedoch darf der Notar keine Vertretung im Prozess vornehmen.[49]

IV. Rechtsgutachten, Fälligkeitsmitteilung, Notarbestätigung

Die Erstellung von Rechtsgutachten des Notars, insbesondere Fälligkeitsmitteilung oder Notarbestätigung (Rangbestätigung), ist ein praktisch **wichtiger Sonderfall der Beratung** der Beteiligten. Soweit diese auch die Feststellung von Tatsachen als Voraussetzung der rechtlichen Wertung enthalten (etwa bei der Rangbestätigung die Tatsachenfeststellung, dass aus den Grundakten keine Eintragungshindernisse ersichtlich sind), stellt dies im Regelfall keine notarielle Tatsachenfeststellung nach §§ 36 ff. BeurkG dar, sondern gibt lediglich die für die rechtliche Schlussfolgerung herangezogene Tatsachengrundlage an.

Nicht unter § 24 (sondern unter § 20) fällt die Prüfung der Rechtslage als unselbstständige Nebentätigkeit der Beurkundung.[50] Als Rechtsgutachten selbstständige Beratung nach § 24 Abs. 1 S. 1 (und nicht mehr bloßer Teil der Urkundstätigkeit) sind hingegen etwa die **Fälligkeitsmitteilung** des Notars,[51] insbesondere auch die gesetzlich in § 3 Abs. 1 Nr. 1 MaBV vorgesehene „schriftliche Mitteilung des Notars" über die Rechtswirksamkeit des Vertrages etc[52] – ebenso die **Rangbestätigung,** die der Notar gegenüber der Grundpfandrechtsgläubigerin abgibt, sofern darin eine rechtliche Beurteilung liegt und sie damit über die bloße Wiedergabe von Tatsachen (wie dem Grundbuchstand oder von Eintragungsanträgen)

---

[46] OLG Brandenburg RNotZ 2019, 299.
[47] Schippel/Bracker/*Reithmann* BNotO § 24 Rn. 13.
[48] BGHZ 76, 9 (11) = DNotZ 1980, 496; *Bohrer*, Berufsrecht, Rn. 8; Ganter/Hertel/Wöstmann/*Ganter* Rn. 1990, 1996; Arndt/Lerch/Sandkühler/*Sandkühler* BNotO § 24 Rn. 21.
[49] BGH NJW 1969, 929; Schippel/Bracker/*Reithmann* BNotO § 24 Rn. 111; → Rn. 51. Besonders strenge Anforderungen an die Unparteilichkeit ergeben sich, wenn der Rat eine vom Notar selbst aufgenommene Urkunde betrifft.
[50] *Reithmann* DNotZ 1975, 324 (342); Arndt/Lerch/Sandkühler/*Sandkühler* BNotO § 24 Rn. 32.
[51] Der BGH setzt dabei nur voraus, dass die Fälligkeitsmitteilung eine rechtliche Prüfung erfordert, ob die vertraglichen Fälligkeitsvoraussetzungen vorliegen. Irrelevant ist hingegen, ob diese Prüfung rechtlich schwierig ist. Entscheidungen liegen sowohl zur Abwicklung über Notaranderkonto vor (BGH DNotZ 1985, 48; VersR 1985, 883 (884)), als auch zur Direktzahlung des Kaufpreises (BGHZ 96, 157 = DNotZ 1986, 406; NJW-RR 1997, 562; DNotZ 2000, 287; DNotZ 2003, 122; OLG München ZMR 1999, 331); ebenso Ganter/Hertel/Wöstmann/*Ganter* Rn. 2048 ff.; Diehn/*Kilian* BNotO § 24 Rn. 8; Arndt/Lerch/Sandkühler/*Sandkühler* BNotO § 24 Rn. 32. Früher hatten manche Gerichte und Literaturstimmen zusätzlich gefordert, dass die Fälligkeitsmitteilung einen nicht einfachen Sachverhalt betrifft (OLG München DNotZ 1991, 337); ähnlich OLG Düsseldorf VersR 1976, 1069; *Haug/Zimmermann* Rn. 200, die eine selbstständige Beratung nur annehmen, wenn „besondere Überwachungspflichten bestehen".
[52] OLG Düsseldorf DNotZ 1992, 153; OLG Hamm MittBayNot 1996, 399; *Basty*, Der Bauträgervertrag, 7. Aufl. 2012, Rn. 273, der dies als „gutachterliche Äußerung des Notars" bezeichnet.

hinausgeht.[53] Aber auch die bloße Mitteilung des Notars an die Vertragsparteien, dass die Lastenfreistellungserklärung vorliegt und welche Ablösebeträge die dinglichen Gläubiger verlangen, wertete der BGH bereits als selbstständige Betreuungstätigkeit.[54]

26 Einer über § 24 Abs. 1 S. 1 hinausgehenden besonderen gesetzlichen Regelung bedürfen lediglich die notariellen Bescheinigungen, denen das Gesetz eine **besondere Beweiskraft** zumisst, insbesondere die Registerbescheinigungen nach § 21,[55] oder mit denen das Gesetz eine besondere materielle Rechtsfolge verknüpft, wie im Bauträgervertrag die „schriftliche Mitteilung" des Notars über die Wirksamkeit des Vertrages und das Vorliegen der erforderlichen Genehmigungen nach § 3 Abs. 1 Nr. 1 MaBV.[56]

27 Im Übrigen hat das Rechtsgutachten lediglich die **Rechtsfolgen,** die die Beteiligten ihm (insbesondere aufgrund einer **vertraglichen Regelung**) zuerkennen. So kann die Fälligkeitsmitteilung des Notars, in der dieser aufgrund eines ihm bei der Beurkundung des Kaufvertrages (konkludent) erteilten Betreuungsauftrages den Eintritt bestimmter Fälligkeitsvoraussetzungen prüft und dem Käufer mitteilt (idR zugleich dem Verkäufer zu dessen Kenntnis), nach der Regelung im Kaufvertrag entweder die Kaufpreisfälligkeit konstitutiv herbeiführen (sei es unabhängig vom tatsächlichen Vorliegen der Voraussetzungen oder als zusätzliche Fälligkeitsvoraussetzung) oder den Käufer nur mit deklaratorischer Wirkung von der Fälligkeit in Kenntnis setzen.[57] Letzteres empfiehlt sich für die Vertragsgestaltung, sofern nicht das Gesetz ausnahmsweise (wie in § 3 Abs. 1 Nr. 1 MaBV) eine konstitutive Fälligkeitsmitteilung vorschreibt.

28 Als Sonderfall des Rechtsgutachtens hat sich auch die **Notarbestätigung (Rangbestätigung,** Rangbescheinigung)[58] als eigenständiges, gesetzlich nicht eigens geregeltes Rechtsinstitut[59] herausgebildet. Darin stellt der Notar fest, dass bestimmte Eintragungsvoraussetzungen für die Eintragung eines Grundpfandrechtes vorliegen und aus von ihm im Einzelnen angegebenen Quellen (insbesondere den Grundakten) keine Eintragungshindernisse erkennbar sind. Dies lässt die Bank genügen, um den Kredit bereits vor der Eintragung des sie absichernden Grundpfandrechtes auszuzahlen. Ist die Rangbescheinigung unrichtig, so haftet der Notar der Bank für den dadurch erlittenen Schaden (dh ggf. auf Ersatz der ausgezahlten Darlehensvaluta).[60]

Bei der Formulierung einer derartigen Notarbestätigung empfiehlt sich, soweit möglich den von der Bundesnotarkammer in Abstimmung mit den im Zentralen Kreditausschuss zusammengeschlossenen Verbänden der deutschen Kreditwirtschaft entwickelten **Formulierungsvorschlag**[61] zu verwenden – gegebenenfalls mit entsprechenden Abänderungen und Ergänzungen.

---

[53] BGH DNotZ 1986, 406 (409); OLG Hamm DNotZ 197, 54; Ganter/Hertel/Wöstmann/*Ganter* Rn. 2057 ff.; Arndt/Lerch/Sandkühler/*Sandkühler* BNotO § 24 Rn. 41 ff.; wohl aA noch BGH DNotZ 1984, 425 (426); *Haug/Zimmermann* Rn. 200 – was aber im Wertungswiderspruch zur neueren BGH-Rechtsprechung steht, wonach die Fälligkeitsmitteilung eine selbstständige Betreuung darstellt.
[54] BGH BeckRS 2000, 02487; zustimmend Ganter/Hertel/Wöstmann/*Ganter* Rn. 1993.
[55] Ebenso die Bescheinigung über die Richtigkeit und Vollständigkeit der Übersetzung einer vom Notar in einer fremden Sprache errichteten Niederschrift nach § 50 BeurkG.
[56] Ähnlich die Satzungsbescheinigung des Notars nach § 181 Abs. 1 S. 2 AktG oder § 54 Abs. 1 S. 2 GmbHG, die verfahrensrechtlich für die Anmeldung einer Satzungsänderung (oder Änderung des GmbH-Gesellschaftsvertrages) erforderlich ist, jedoch mit keiner besonderen Beweiskraft ausgestattet ist; → § 21 Rn. 15 ff.
[57] BGH VersR 1985, 883 (884); → § 21 Rn. 27.
[58] *Reithmann* schlägt also vor, den Begriff der „Bescheinigung" nur für die vom Gesetz mit besonderer Beweiskraft ausgestatteten Rechtsgutachten, wie insbesondere die Registerbescheinigung nach § 21, zu verwenden und im Übrigen von einer notariellen „Bestätigung" zu sprechen – Schippel/Bracker/*Reithmann* BNotO § 24 Rn. 93. Diese Terminologie erscheint mir sinnvoll.
[59] BayObLG DNotZ 1971, 249; OLG Zweibrücken DNotZ 1970, 183; Schippel/Bracker/*Reithmann* BNotO § 24 Rn. 92; Arndt/Lerch/Sandkühler/*Sandkühler* BNotO § 24 Rn. 41 ff.; → § 21 Rn. 19, 24 ff.
[60] OLG Brandenburg RNotZ 2009, 114; dazu Zurückweisung der Nichtzulassungsbeschwerde durch BGH BeckRS 2009, 09068.
[61] BNotK Rundschreiben Nr. 05/99 vom 17.2.1999, Ziffer I, DNotZ 1999, 369; frühere Fassungen: BNotK Rundschreiben vom 3.11.1986, DNotZ 1987, 1; BNotK DNotZ 1974, 643.

Denn Fälligkeitsmitteilung, Rangbestätigung und anderen amtlichen Rechtsgutachten 29
und Bestätigungen sind haftungsträchtig. Der Notar muss **sorgfältig prüfen,** ob die von ihm
festzustellenden Voraussetzungen vorliegen.[62] Bei Fälligkeitsmitteilung und Rangbestätigung
ist etwa stets zu prüfen, ob neben den zur Lastenfreistellung erforderlichen Löschungsbewilligungen bei Briefgrundpfandrechten auch die Grundpfandbriefe vorliegen.[63] Ebenso muss
der Notar etwa bei einer Fälligkeitsmitteilung auch angeben, wenn die Verwendung einer
Löschungsbewilligung noch von der Zahlung von Gerichtskosten abhängt (im entschiedenen
Fall im Zusammenhang mit der Löschung eines Zwangsversteigerungsvermerks).[64]

Ebenso haftet der Notar nach § 19 für die Richtigkeit der von ihm gezogenen **rechtlichen Schlussfolgerungen.**[65] Ein Beurteilungsspielraum für seine rechtlichen Schlussfolgerungen steht dem Notar nur dann zu, wenn die Beteiligten ihm ausnahmsweise diesen
Spielraum im Betreuungsauftrag eingeräumt haben.[66] 30

Ebenso muss der Notar auf eine klare Formulierung achten, insbesondere damit dadurch 31
nicht ein **falscher Schein** einer vermeintlich bestehenden Absicherung entsteht.[67] Erst
recht darf der Notar keine Aussagen machen, deren Unrichtigkeit er selbst erkannt hat.[68]

V. Vollzugstätigkeit

1. Übernahme des Vollzuges. Soweit der Vollzug nur die dem Notar bereits kraft 32
Gesetzes obliegende Pflicht zur Einreichung der beurkundeten Willenserklärungen beim
Grundbuchamt oder Registergericht nach **§ 53 BeurkG** betrifft, liegt keine selbstständige
Vollzugstätigkeit iSd § 24 Abs. 1 S. 1 vor.[69] Unselbstständiger Vollzug ist auch noch die
bloße Weiterleitung einer vom Notar entworfenen oder beurkundeten Erklärung.[70]

Alle darüber hinausgehende Vollzugstätigkeit unterfällt hingegen als **selbstständige** 33
Vollzugstätigkeit § 24.

– Selbstständige Vollzugstätigkeit ist insbesondere die vom Notar regelmäßig übernommene **Herbeiführung der Vollzugsreife,** zB durch Einholung von Genehmigungen,
Vorkaufsrechtsverzicht oder Lastenfreistellungserklärungen. Bittet der Notar dabei einen
Beteiligten um Übersendung einer Genehmigung oder anderen Erklärung, so handelt
der Notar als Amtsträger, nicht als Vertreter der Beteiligten.[71] Die Bitte des Notars an den
vollmachtlos Vertretenen um Nachgenehmigung setzt daher auch nicht die Zweiwochenfrist des § 177 Abs. 2 BGB in Lauf.[72]

---

[62] BGHZ 96, 157 (165 ff.) = DNotZ 1986, 406. Vgl. insbes. auch BGH DNotZ 2002, 716 mAnm *Basty* = EWiR 2002, 925 mAnm *Schwenker*: Übernimmt der Notar es, im Anschluss an die Beurkundung eines Bauträgerkaufvertrages das Vorliegen der Baugenehmigung als Fälligkeitsvoraussetzung für den Zahlungsanspruch des Bauträgers zu prüfen, muss der Notar auch prüfen, ob eine ihm vom Bauträger vorgelegte Baugenehmigung das Kaufobjekt betrifft. (Den Notar trifft keine gesetzliche Verpflichtung, die Baugenehmigung zu prüfen; auch die MaBV erfordert dies nicht. Übernimmt der Notar aber freiwillig die Prüfung, muss er sie auch sorgfältig durchführen.)
[63] BGH DNotZ 1984, 427; 2003, 122.
[64] OLG Frankfurt a. M. BeckRS 2016, 114720.
[65] BGHZ 134, 100 (106) = NJW 1997, 661; BGH VersR 1985, 883 (884); NJW-RR 1997, 562; DNotZ 2000, 287; 2003, 122; Ganter/Hertel/Wöstmann/*Ganter* Rn. 2043.
[66] BGHZ 96, 157 (165) = DNotZ 1986, 406.
[67] Vgl. BGHZ 134, 100 (106) = DNotZ 1997, 221: Wendet sich ein Notar, bei dem eine Kapitalanlagegesellschaft Sicherheiten hinterlegt hat, auf Ersuchen der Kapitalanlagegesellschaft mit einer Erklärung über die hinterlegten Sicherheiten gezielt an potentielle Anleger, so haftet der Notar den Anlegern, wenn die Erklärung falsch ist oder dadurch ein falscher Schein entstanden ist.
[68] Vgl. BGH DNotZ 1992, 819: Rangbestätigung des Notars enthielt diesem erkennbar unrichtige Aussage über die Wahrscheinlichkeit der vertragsgemäßen Eintragung der verabredeten Sicherheit.
[69] BGH DNotZ 1978, 177; OLG Bremen DNotZ 1989, 59; Arndt/Lerch/Sandkühler/*Sandkühler* BNotO § 24 Rn. 48; *Rinsche* Rn. II 270; ähnlich OLG Hamm MittBayNot 2004, 465 = NotBZ 2004, 316 mAnm *Otto*.
[70] BGHZ 31, 5 (Zustellung des Widerrufs eines gemeinschaftlichen Testamentes).
[71] BGH DNotZ 2000, 714.
[72] OLG Naumburg DNotI-Report 1995, 26; LG Oldenburg Nds. Rpfleger 1997, 255; *Baumann* MittRhNotK 1994, 316; *Brambring* DNotI-Report 1994, 8; *ders.* DNotI-Report 1995, 26; *ders.* ZfIR 1997, 444; *Holthausen-Dux* NJW 1995, 1470; Palandt/*Ellenberger* BGB § 177 Rn. 5; aA OLG Köln NJW 1995, 1499.

– Zu § 24 gehört auch die Übernahme einer **Vollzugsverpflichtung gegenüber einem Dritten,** dem gegenüber mangels Beteiligung an der Beurkundung die gesetzliche Vollzugspflicht des § 53 BeurkG nicht eingreift, insbesondere bei der Grundschuldbestellung zur Antragstellung auch im Namen der Bank.[73]
– Umgekehrt ist auch die **Vorlagesperre,** wonach der Notar die bereits beurkundete Auflassung beim Grundbuchamt erst dann einreichen soll, wenn der Verkäufer die Kaufpreiszahlung bestätigt hat (oder andere Bedingungen erfüllt sind), eine selbständige Betreuungstätigkeit.[74]
– Auch eine **Handelsregisteranmeldung** einer vom Notar beurkundeten Satzungsänderung oder Kapitalerhöhung ist selbstständige Betreuungstätigkeit.[75]

34 Selbstständige Vollzugstätigkeiten muss der Notar grundsätzlich nur vornehmen, wenn die Beteiligten dies beantragt und er diesem Antrag stattgegeben hat (dh den **Vollzug übernommen** hat). Grundsätzlich ist der Notar nicht verpflichtet, selbstständige Vollzugstätigkeiten zu übernehmen.

Soweit die Übernahme einer bestimmten Vollzugstätigkeit durch den Notar aber allgemein üblich ist, muss der Notar die Beteiligten spätestens bei der Beurkundung darauf **hinweisen, wenn er den Vollzug nicht selbst übernehmen will.**[76] Der Notar kann sogar verpflichtet sein, den Beteiligten zu empfehlen, ihn zum Vollzug zu ermächtigen, wenn dadurch die vorgesehene Abwicklung besser gesichert wird.[77]

Nach Ansicht des OLG Hamm gilt dies auch bei einer **Unterschriftsbeglaubigung** – und zwar auch wenn der Notar Unterschriften unter einer von den Beteiligten selbst entworfenen Erklärung beglaubigt (für die die Vollzugspflicht des § 53 BeurkG nicht gilt), sofern die Vereinbarung „erkennbar auf eine notarielle Vollzugstätigkeit zugeschnitten ist" (wie etwa eine Eintragungsbewilligung für das Grundbuchamt). Auch hier übernehme der Notar konkludent den Vollzugsauftrag, sofern er keine gegenteiligen Erklärungen abgebe.[78]

35 Für die Frage, innerhalb welcher **Fristen** der Notar einen als selbstständige Betreuungstätigkeit übernommenen Vollzug betreiben muss, können Rechtsprechung und Literatur zu § 53 BeurkG grundsätzlich entsprechend herangezogen werden.[79] Eine unterschiedliche Bewertung kann sich jedoch zum einen daraus ergeben, dass die Vollzugsreife erst vorbereitet wird, wofür längere Fristen zuzugestehen sind. Zum anderen ist zu berücksichtigen, dass idR verschiedene Vorbereitungsmaßnahmen erforderlich sind; eine Beschleunigung einer Vorbereitung kann daher nicht verlangt werden, wenn eine andere Vollzugs- oder Fälligkeitsvoraussetzung (zB die Eintragung der Vormerkung durch das Grundbuchamt) erfahrungsgemäß ohnehin länger dauert.

Hat der Notar den Vollzug übernommen und holt er erforderliche Genehmigungen schuldhaft verzögert ein, so **haftet** er für den Verzögerungsschaden – ggf. auch, falls der Vertrag infolge der Verzögerung scheitert, auf die Kosten der Rückabwicklung.[80]

Eine mehrseitig erteilte Vollzugsanweisung kann nicht von einer Vertragspartei **einseitig widerrufen** werden – auch nicht analog § 60 Abs. 3 BeurkG – ausgenommen nach § 14

---

[73] Schippel/Bracker/*Reithmann* BNotO § 24 Rn. 16 ff.
[74] BGH DNotZ 2006, 857.
[75] BGH 22.1.1998 – IX ZR 183/96, nv (zit. nach juris); ebenso Ganter/Hertel/Wöstmann/*Ganter* Rn. 1993.
[76] BGH DNotZ 1956, 319 (322); 1969, 173 (176); Arndt/Lerch/Sandkühler/*Sandkühler* BNotO § 24 Rn. 10; Ganter/Hertel/Wöstmann/*Ganter* Rn. 2071; *Rinsche* Rn. II 438; → Rn. 9.
[77] So hatte der BGH zT angenommen, dass die Beteiligten einen konkludenten Vollzugsauftrag erteilt hätten bzw. dass der Notar die Beteiligten über die Risiken bei einem Vertragsvollzug durch die Beteiligten selbst belehren müsse: BGH DNotZ 1956, 319 (321) (Mitteilung der vormundschaftsgerichtlichen Genehmigung nach § 1829 BGB); 1969, 173 (176) (Antrag der Beteiligten vom Grundbuchamt mangels Zahlung der Eintragungsgebühren zurückgewiesen); 1969, 499 (501) (Gläubiger schutzlos gegenüber Rücknahme des allein vom Schuldner gestellten Eintragungsantrages). Einen konkludenten Vollzugsauftrag nahm auch das OLG Hamm an: MittBayNot 2004, 465 = NotBZ 2004, 316 mAnm *Otto*. AA Zugehör/Ganter/Hertel/*Ganter* Rn. 2125, da es nicht Sache des Notars sei, um Betreuungsaufträge zu werben.
[78] OLG Hamm MittBayNot 2004, 465 = NotBZ 2004, 316 mAnm *Otto*.
[79] Vgl. Ganter/Hertel/Wöstmann/*Ganter* Rn. 1457 ff.
[80] OLG Naumburg 16.1.2001 – 1 U 141/99, nv (zit. nach juris).

Abs. 2, wenn der Widerrufende einen ausreichend substantiierten und glaubhaft erscheinenden Anfechtungs- oder Unwirksamkeitsgrund des zu vollziehenden Vertrages oder einen wirksam erklärten Rücktritt davon vorträgt, dem der andere Beteiligte nicht oder nur mit fadenscheinigen Behauptungen zu begegnen versucht.

Ebenso kann der Notar – ähnlich wie bei einem Vorbescheid – bei einem nicht erkennbar aussichtslosen Widerruf den **Vollzug vorübergehend aussetzen,** um dem Widerrufenden Gelegenheit zu geben, im Wege einstweiligen Rechtsschutzes die Zustimmung des anderen Vertragsteils zur Aussetzung des Vollzugs bis zur Entscheidung über die Hauptsache oÄ zu erreichen. Ist der andere Vertragsteil durch eine Vormerkung oÄ abgesichert, so ist etwa eine vorübergehende Aussetzung von einem Monat zulässig.[81]

2. Pflicht des Notars zur Überwachung des Vollzuges durch Gerichte oder 36
Behörden. Bei einer **selbstständigen Vollzugstätigkeit** muss der Notar den Vollzug auch **überwachen,** etwa Wiedervorlagetermine vormerken, um ggf. nach dem Sachstand nachfragen zu können, und die erteilte Genehmigung auf ihre Richtigkeit und auf ein ordnungsgemäßes Genehmigungsverfahren hin untersuchen.[82] Hat der Notar einen umfassenden Vollzugsauftrag übernommen, so muss er insbesondere die Löschungsunterlagen der abzulösenden Gläubiger sowie die für Wirksamkeit oder Vollzug des Vertrages erforderlichen Genehmigungen einholen.[83] Denn wenn die Beteiligten den Notar mit dem Vollzug beauftragen, erwarten sie, dass sie sich um nichts weiter kümmern müssen, außer der Notar weist sie ausdrücklich darauf hin, dass sie etwas noch selbst machen müssen. Jedenfalls müsste der Notar ausdrücklich darauf hinweisen, wenn er ausnahmsweise zwar den (selbstständigen) Vollzug, nicht aber dessen Überwachung übernehmen will.

Bei einer **unselbstständigen Vollzugstätigkeit** (§ 53 BeurkG) ist der Notar hingegen 37 zur Überwachung des ordnungsgemäßen Grundbuchvollzuges oder Vollzuges im Handelsregister nur dann verpflichtet, wenn er den Grundbuchvollzug (wie meist) selbst beantragt hat, etwa aufgrund **§ 15 GBO** oder aufgrund einer Ermächtigung der Beteiligten, und deshalb auch die Vollzugsnachricht erhält.[84] Hat er hingegen im Einzelfall, ohne selbst von seinem Antragsrecht nach Gebrauch zu machen, die Anträge der Beteiligten nur als Bote beim Grundbuchamt eingereicht, so ist er grundsätzlich nicht zur Überwachung des Vollzugs verpflichtet.[85]

Bei einem Überwachungsfehler des Notars kann im Einzelfall dessen Amtshaftung nach 38 § 839 Abs. 3 BGB ausgeschlossen oder doch durch Mitverschulden der Beteiligten beschränkt sein, wenn den Beteiligten der fehlende oder fehlerhafte Vollzug ohne weiteres erkennbar war.[86] Auch kann die Übermittlung einer Eintragungsnachricht des Grundbuchamts im Einzelfall – insbesondere in sehr einfach gelagerten Sachen – für die Erfüllung der subjektiven Voraussetzungen des Verjährungsbeginns nach § 199 Abs. 1 Nr. 2 BGB (Kenntnis oder grob fahrlässige Unkenntnis von einer Amtspflichtverletzung des Notars) ausreichen und damit die Verjährungsfrist für die Notarhaftung in Lauf setzen; dies gilt aber nicht bei komplizierteren Vollzügen.[87]

---

[81] OLG Hamm DNotZ 2006, 682; vgl. Armbrüster/Preuß/Renner/*Seger* BeurkG § 53 Rn. 34 ff.
[82] BGHZ 123, 1 (9) = NJW 1993, 3061 (Grundstücksverkehrsgenehmigung); BGH DNotZ 1988, 372 (Erteilung eines Erbscheines); OLG Koblenz DNotZ 1955, 612; OLG Naumburg 16.1.2001 – 1 U 141/99, nv, zit. nach juris (verzögerte Einholung der GVO-Genehmigung); Ganter/Hertel/Wöstmann/*Ganter* Rn. 2074; Reithmann DNotZ 1975, 332; Arndt/Lerch/Sandkühler/*Sandkühler* BNotO § 24 Rn. 49.
[83] BGH DNotZ 1976, 506 (509); KG DNotZ 1990, 446 mAnm *Reithmann;* Arndt/Lerch/Sandkühler/*Sandkühler* BNotO § 24 Rn. 49.
[84] Ganter/Hertel/Wöstmann/*Ganter* Rn. 2080: *Reithmann* NotBZ 2004, 100; *Schöner/Stöber* Rn. 188; *Winkler* BeurkG § 53 Rn. 56 f.
[85] BGHZ 28, 104 = DNotZ 1958, 557; 123, 1 (9) = NJW 1993, 3061; Armbrüster/Preuß/Renner/*Seger* BeurkG § 53 Rn. 28; Grziwotz/Heinemann/*Heinemann* BeurkG § 53 Rn. 21; *Schöner/Stöber* Rn. 188; *Winkler* BeurkG § 53 Rn. 59 f.; aA Grein RNotZ 2004, 115 (122); offen BGH DNotZ 1990, 441.
[86] So wenn die Beteiligten den Notar nicht darauf hinweisen, dass nur einer von zwei Verträgen vollzogen wurde, BGH NJW 1974, 639; im Übrigen bei geschäftsgewandten Beteiligten, *Rinsche* Rn. II 441.
[87] BGH DNotZ 2015, 37 mAnm *Weber* = ZfIR 2015, 12 mAnm *Volmer.*

39 Im Verhältnis zum Grundbuchamt oder zur Genehmigungsbehörde sieht die Rechtsprechung den **Notar bei selbstständiger Betreuungstätigkeit als Erfüllungsgehilfen der Beteiligten iSd § 278 BGB** an, wenn er mit dem Vollzug beauftragt ist oder sonst auf dem Gebiet der vorsorgenden Rechtspflege tätig wird[88] – mit dem Ergebnis, dass bei der Vollzugsüberwachung im Verhältnis zum Beteiligten allein der Notar für den Vollzugsfehler des Grundbuchamtes haftet.

Bei unselbstständiger Vollzugstätigkeit (§ 53 BeurkG) müssen sich die Beteiligten hingegen ein allfälliges Verschulden des Notars nicht nach § 278 BGB zurechnen lassen.[89]

VI. Treuhandtätigkeit außerhalb der notariellen Verwahrung

40 **1. Urkunden zum Vertragsvollzug.** Vor allem im Rahmen der Kaufvertragsabwicklung erhält der Notar **Löschungsbewilligungen oder Pfandfreigaben und Grundschuldbriefe** zu treuen Händen. Dabei handelt es sich nicht um eine Verwahrung iSd § 23, da Hauptzweck der Übermittlung an den Notar die Vorlage beim Grundbuchamt (wenn auch unter Einhaltung der dafür auferlegten Beschränkungen) ist – und nicht die treuhänderische Aufbewahrung der Unterlagen.[90] Auch diese Treuhandtätigkeit außerhalb der notariellen Verwahrung findet ihre Rechtsgrundlage in § 24 Abs. 1 S. 1.

41 Für das dabei vom Notar zu beachtende Verfahren findet sich in § 57 Abs. 6 BeurkG nur für den Fall eine Regelung, dass der Treuhandauftrag im Zusammenhang mit einer Verwahrung erteilt wird. Die Treuhandaufträge der abzulösenden Gläubiger bei Direktzahlung und bei Abwicklung über Notaranderkonto unterscheiden sich aber nur darin, dass im zweiten Fall der Notar selbst die Zahlung veranlasst, während er bei Direktzahlung dem Schuldner nur die zur Ablösung erforderlichen Zahlungen in der Fälligkeitsmitteilung angibt. Daraus ergibt sich kein Wertungsunterschied für die erteilten Treuhandauflagen. Die **bei Abwicklung über Anderkonto bestehenden Regelungen** (insbes. §§ 57 Abs. 3 und 60 Abs. 1 BeurkG) **gelten deshalb weitgehend entsprechend,** jedenfalls soweit es sich dabei nur um die Kodifikation von schon zuvor in der Rechtsprechung anerkannten Grundsätzen und notariellen Amtspflichten handelt.[91]

42 Allerdings gilt das **Schriftformerfordernis** des § 57 Abs. 4 BeurkG **nicht** für Treuhandaufträge, die nicht im Zusammenhang mit einer Verwahrung erteilt werden,[92] ebenso wenig ist ein Annahmevermerk nach § 57 Abs. 5 BeurkG erforderlich. Dennoch empfiehlt sich, dass der Notar schon zur eigenen Absicherung und zur Vermeidung von Missverständnissen einen schriftlichen Treuhandauftrag verlangt oder zumindest den Auftrag selbst schriftlich festhält. Ein Annahmevermerk erscheint mir hingegen nicht unbedingt erforderlich, da sich die Annahme spätestens aus der Aufnahme der Treuhandauflage in die kaufvertragliche Fälligkeitsmitteilung ergibt.

43 Sofern der Notar eine Fälligkeitsmitteilung erteilt, muss er dafür (ebenso wie bei der Verwahrung nach § 57 Abs. 6 iVm Abs. 3 BeurkG) die **Vereinbarkeit der Treuhandauflagen mit dem Kaufvertrag** und dem Sicherungsinteresse der Kaufvertragsparteien

---

[88] BGHZ 62, 119 (121 ff.) = NJW 1974, 692; BGH NJW 1984, 1748; BGHZ 123, 1 (9) = NJW 1993, 3061; OLG Hamburg MDR 1972, 947; LG Münster MDR 1990, 337; kritisch *Rinsche* Rn. II 235.

[89] AA BGH NJW-RR 2003, 563 in einem *obiter dictum*. Eine Änderung der Rechtsprechung dürfte damit nicht verbunden sein, da dem III. Zivilsenat offenbar nicht bewusst war, damit von der bisherigen Rechtsprechung (insbes. des IX. Zivilsenats) abzuweichen – vgl. *Ganter* ZNotP 2003, 442 (444 f.); Ganter/Hertel/Wöstmann/*Ganter* Rn. 2021.

[90] BGH VersR 1983, 81 (82); DNotZ 1983, 509 (511); Arndt/Lerch/Sandkühler/*Sandkühler* BeurkG § 24 Rn. 2.

[91] Ganter/Hertel/Wöstmann/*Ganter* Rn. 2024.

[92] Vgl. Rundschreiben des Bayer. Staatsministeriums der Justiz an die Präsidenten der OLG v. 28.10.1998, Gz: 3820a – IV – 300/98, S. 5. Zum einen sind Formvorschriften grundsätzlich nicht analogiefähig. Zum anderen dient das Schriftformerfordernis der Nachprüfbarkeit der Abwicklung des Anderkontos und der vom Notar veranlassten Auszahlungen. Dies ist bei Direktzahlung durch den Käufer nicht erforderlich. Außerdem liegt dem Käufer die schriftliche Fälligkeitsmitteilung des Notars vor (sowie dem Verkäufer idR eine Kopie davon).

prüfen. Insbesondere müssen die in den Treuhandauflagen verlangten Ablösebeträge in ihrer Summe aus dem geschuldeten Kaufpreis erfüllbar sein.

Auch die bei Direktzahlung des Kaufpreises erteilten Treuhandaufträge der abzulösenden **44** Gläubiger etc sind einseitig und damit grundsätzlich bis zu ihrer Erledigung **frei abänderbar und widerruflich** – sofern sich der Gläubiger nicht ausnahmsweise daran bindet (ggf. auch nur für eine bestimmte Bindungsfrist, etwa um eine Zahlung in mehreren Raten abwickeln zu können).[93]

Hat der Gläubiger hingegen die Löschungsbewilligung zunächst auflagenfrei übersandt, so kann er ohne Zustimmung der Kaufvertragsparteien keinen Treuhandauftrag nachschieben.[94]

Ebenso ist nach mehrheitlicher Meinung ein Widerruf des Treuhandauftrages nicht mehr zu beachten, wenn der Notar die **Fälligkeitsmitteilung** bereits abgesandt hatte.[95] Dogmatisch begründet sich ein Ausschluss des Widerrufs wohl mit der analogen Anwendung von § 60 Abs. 1 BeurkG.[96] Fraglich ist aber, ob bereits die Absendung der Fälligkeitsmitteilung oder erst die erste Zahlung durch den Käufer der maßgebliche Zeitpunkt ist, ab dem ein Widerruf ausscheidet. Zwingend ist der Schutz des Käufers vor einem Widerruf erst geboten, nachdem er die erste Zahlung veranlasst hatte (dh den ersten Überweisungsauftrag an die Bank abgeschickt hat)[97] – egal ob er an den widerrufenden Gläubiger oder an einen anderen Gläubiger oder an den Verkäufer zahlte. Für die Vorverlegung auf die Absendung der Fälligkeitsmitteilung spricht allerdings, dass der Notar nur diese kontrollieren kann, nicht hingegen die Zahlung durch den Käufer, so dass er andernfalls nicht prüfen könnte, ob der Widerruf beachtlich ist oder zu spät kommt.

2. Verwahrung sonstiger Gegenstände. Ebenso unter die Generalklausel des § 24 **45** Abs. 1 S. 1 fällt die **Verwahrung sonstiger, nicht in § 23 aufgeführter Gegenstände**, zB von Datenträgern wie Disketten, CD, Tonbandkassetten oder anderer Beweisstücke.[98]

VII. Notarielle Schlichtung und Mediation

Weniger einheitlich ist die Zuordnung der vermittelnden oder schiedsrichterlichen **46** Tätigkeit des Notars: § 8 Abs. 4 ordnet die **schiedsrichterliche Tätigkeit (§§ 1025, 1030 ZPO) nicht als Amtstätigkeit** ein, sondern als (wenn auch genehmigungsfreie) Nebentätigkeit, die der Notar damit auf privatrechtlicher Grundlage übernimmt.[99]

Das **notarielle Vermittlungsverfahren in der Sachenrechtsbereinigung** (§§ 87 ff. **47** SachenRBerG) gehört zwar zur vorsorgenden Rechtspflege; § 89 Abs. 1 SachenRBerG ordnet ausdrücklich die entsprechende Anwendung der Vorschriften des FamFG an. Jedoch

---

[93] → BeurkG § 54a Rn. 106 und → BeurkG § 54c Rn. 13; in der Literatur ferner Arndt/Lerch/Sandkühler/*Sandkühler* BNotO § 23 Rn. 18; *Schilling*, Treuhandauftrag und Notarbestätigung, 1996, S. 95; *Schilling* ZNotP 2004, 138 (139); *Winkler* BeurkG § 54c Rn. 59 (jeweils unter Verweis auf die BGH-Rechtsprechung zur freien Widerruflichkeit des Treuhandauftrages der finanzierenden Bank).

[94] Ganter/Hertel/Wöstmann/*Ganter* Rn. 2078; ebenso für die Einzahlung der finanzierenden Bank auf Notaranderkonto ohne Vorbehalt der Nachreichung eines Treuhandauftrages: BGH DNotZ 2002, 269 mAnm *Reithmann* DNotZ 2002, 247 = MittBayNot 2002, 181 mAnm *Hertel* = NotBZ 2002, 60 mAnm *Reithmann* = ZfIR 2002, 128 mAnm *Mues;* → BeurkG § 54a Rn. 67 ff.

[95] LG Köln DNotI-Report 1998, 97; *Bräu* Rn. 130; Ganter/Hertel/Wöstmann/*Ganter* Rn. 2078; *Kawohl*, Notaranderkonto, 1995, Rn. 146 ff.; *König*, Rechtsverhältnisse und Rechtsprobleme bei der Darlehensvalutierung über Notaranderkonto, 1988, S. 67; *Preuß*, Die notarielle Hinterlegung, 1995, S. 112; *Reithmann*, Rechtspflege, S. 212; *Reithmann/Albrecht*, Handbuch der notariellen Vertragsgestaltung, 8. Aufl. 2001, Rn. 548; Gutachten DNotI-Report 1997, 1.

[96] → BeurkG § 54c Rn. 6 ff.

[97] So der *Verfasser* in der 2. Auflage, Rn. 44.

[98] *Bräu* Rn. 3; *Erber-Faller* MittBayNot 1995, 182 (188 f.); *Hertel* FS Mock 2009, 91; *Milzer* ZNotP 2004, 348; *Weingärtner*, Verwahrungsgeschäft, Rn. 243; Gutachten DNotI-Report 1996, 45 (48); → BeurkG § 62 Rn. 18 ff.

[99] Grund hierfür ist insbes., dass dem Notar als Schiedsrichter keine Kompetenzen zustehen, die nicht auch jedem Privaten zustehen, der von den Streitparteien als Schiedsrichter bestimmt wird. Vgl. auch BNotK Empfehlung für eine Schiedsvereinbarung, DNotZ 2000, 401.

gehört sie nach § 20 Abs. 4 nicht zur sonstigen Rechtsbetreuung, sondern zur Urkundstätigkeit des Notars.[100]

48 Wird der Notar hingegen anderweitig im Rahmen eines außergerichtlichen Streitbeilegungs- oder Vermittlungsverfahrens tätig (**Schlichtung** oder **Mediation**), so ist dies Amtstätigkeit[101] – und zwar, da der Notar im Bereich der vorsorgenden Rechtspflege tätig wird, notarielle Rechtsbetreuung nach § 24 Abs. 1.[102] Allgemein kann man die notarielle Zuständigkeit für eine Schlichtung auch auf die notarielle Beratungsaufgabe stützen, da auch die schlichtende Funktion Teil der notariellen Beratungsaufgabe in einem umfassenden Sinn ist (**"ausgleichende Beratung"**).[103] Die Neutralitätspflicht des Notars als Mediator muss daher nicht etwa durch einen Mediationsvertrag erst begründet werden; sie ergibt sich bereits aus seiner Amtspflicht nach §§ 1, 14 Abs. 1. Ebenso gelten etwa die Mitwirkungsverbote (§ 3 BeurkG, § 16)[104] oder die notarielle Verschwiegenheitspflicht (§ 18).

49 Rechtsbetreuung nach § 24 Abs. 1 liegt auch vor, soweit der Notar als **Gütestelle** iSd § 794 Abs. 1 Nr. 1 ZPO bzw. § 15a EGZPO tätig wird.[105]

C. Vertretung der Beteiligten (Abs. 1 S. 2 und Abs. 3)

I. Zuständigkeitsnorm

50 Zur sonstigen Rechtsbetreuung gehört auch die Vertretung von Beteiligten vor Gerichten und Verwaltungsbehörden im Rahmen der vorsorgenden Rechtspflege. Aus § 24 Abs. 1 S. 2 ergibt sich **lediglich die Zuständigkeit** der Notare zur Vertretung der Beteiligten als Sonderfall der vorsorgenden Betreuung.[106] Inwieweit eine Vertretung ver-

---

[100] Vgl. *Aumüller*, Notarielles Vermittlungsverfahren in der Sachenrechtsbereinigung, 1997, S. 104 ff. Hauptgrund für die Einordnung in § 20 war das Vorbild der Nachlassauseinandersetzung nach §§ 86 ff. FGG, die (soweit sie nach Maßgabe des Landesrechtes den Notaren zugewiesen ist) nach § 20 Abs. 5 ebenfalls zur Urkundstätigkeit des Notars zählt – wobei sie *Reithmann* nicht zur vorsorgenden Rechtspflege zählt, sondern als (historisch bedingte) Spezialzuständigkeit des Notars als Gerichtskommissär ansieht, da die Vermittlung auch ohne den Willen der Beteiligten erfolgen kann (*Reithmann* S. 7). Gäbe es keine gesetzliche Regelung, würde man das Vermittlungsverfahren sachlich sonst wohl eher als sonstige Rechtsbetreuung einordnen. Sachlich spricht allerdings für die Einordnung als Urkundstätigkeit, dass typisches Ergebnis des Vermittlungsverfahrens ein Vermittlungsvorschlag des Notars in Form eines Vertragsentwurfs und (bei Einigung der Beteiligten) dessen Beurkundung ist (§ 98 SachenRBerG). Eine Rolle mag auch gespielt haben, dass der Notar nur zur Urkundstätigkeit verpflichtet ist (§ 15 Abs. 1), während er über die Übernahme einer Betreuungstätigkeit nach seinem Ermessen entscheiden kann.

[101] *Grziwotz*, Erfolgreiche Streitbeilegung durch Notare, 2000, Rn. 186; *Jost* ZNotP 1999, 276; *Rieger/Mihm*, Der Notar als Mediator in: von Schlieffen/Wegmann, Mediation in der notariellen Praxis, 2002, S. 19, 24 f.; Schippel/Bracker/*Reithmann* BNotO § 24 Rn. 114; Schippel/Bracker/*Bracker* BNotO § 1 Rn. 5; BeckNotar-HdB/*Starke* L I Rn. 34; *Wilke* MittBayNot 1998, 1 (6); *Wagner* BB 1997, 53 (54); *ders.* DNotZ Sonderheft 1998, 101 f.; → § 20 Rn. 54 ff., 57 und die dort zur notariellen Mediation insbes. in Fn. 190 nachgewiesene Literatur. Eine privatrechtliche Mediation als Nebentätigkeit iSd § 8 Abs. 4) wäre nur denkbar, wenn die Mediation ausnahmsweise ohne rechtliche Betreuung der Beteiligten erfolgen soll (*Rieger/Mihm*, Der Notar als Mediator, in: von Schlieffen/Wegmann, Mediation in der notariellen Praxis, 2002, S. 27). Ein gleichwohl (rechtsirrig) privatrechtlich abgeschlossener Vertrag ist in einen Antrag auf Durchführung der Mediation als Amtstätigkeit und dessen „Annahme" (= Stattgabe) durch den Notar umzudeuten (*Bohrer*, Berufsrecht, Rn. 8; *Rieger/Mihm* aaO § 24; vgl. Arndt/Lerch/Sandkühler/*Sandkühler* BNotO § 24 Rn. 21).

[102] *Rieger/Mihm* aaO S. 26 f.

[103] Ganter/Hertel/Wöstmann/*Ganter* Rn. 2035; Schippel/Bracker/*Reithmann* BNotO § 24 Rn. 114 ff.; Arndt/Lerch/Sandkühler/*Sandkühler* BNotO § 24 Rn. 23 ff. Der Begriff der ausgleichenden Beratung stammt von *Reithmann*.

[104] Da der Notar auch als Mediator/Schlichter Amtstätigkeit wahrnimmt, stehen die Mitwirkungsverbote einer Mediation mit nachfolgender Beurkundung durch denselben Notar (§ 3 Abs. 1 Nr. 7 BeurkG) ebenso wenig entgegen wie umgekehrt der Mediation in einem vom Notar selbst beurkundeten Rechtsgeschäft (ebenfalls kein Fall von Nr. 7) oder auch einer Beurkundung der eigenen Bestimmung zum Mediator (§ 3 Abs. 1 Nr. 1 BeurkG) – vgl. *Mihm* DNotZ 1999, 8 (20); *dies.*, Berufsrechtliche Kollisionsprobleme beim Anwaltsnotar, 2000, S. 110; *Rieger/Mihm*, Der Notar als Mediator, in: von Schlieffen/Wegmann, Mediation in der notariellen Praxis, 2002, S. 40 f.; *Winkler* BeurkG § 3 Rn. 109.

[105] *Birnstiel* MittBayNot 2000 Sonderheft, 8 (14); *Winkler* BeurkG § 3 Rn. 109.

[106] Auch zur Übernahme einer Vertretung ist der Notar deshalb nicht verpflichtet.

fahrensrechtlich zulässig ist, ergibt sich aus dem jeweiligen Verfahrensrecht (zB § 10 FamFG). Auch die Vertretungsmacht selbst muss sich aus einer anderen Vorschrift ergeben – etwa aus der widerlegbaren Vertretungsvermutung des § 15 GBO sowie den anderen in § 24 Abs. 3 S. 1 aufgelisteten Vorschriften – oder aus einer Vollmacht der Beteiligten.

Abs. 3 erweitert die in anderen Vorschriften geregelte Vertretungsbefugnis des Notars um die Befugnis zur Rücknahme der Anträge.

51 Die Zuständigkeitsnorm des § 24 Abs. 1 S. 2 ebenso wie die Befugnisnorm des Abs. 3 und der darin zitierten Verfahrensgesetze umfasst nicht nur die Vertretung der formell an der Beurkundung Beteiligten (§ 6 Abs. 2 BeurkG), sondern aller am Rechtsgeschäft oder dem Vollzug **materiell Beteiligten,** also insbesondere bei der Grundpfandrechtsbestellung auch die Vertretung der Bank (bzw. des sonstigen Grundpfandgläubigers), obwohl deren Erklärung nicht mitbeurkundet wurde.[107]

52 Ausgeschlossen ist die Vertretung bei **höchstpersönlichen Erklärungen,** insbesondere bei den gegenüber dem Handelsregister abzugebenden Versicherungen.[108]

53 Zuständigkeit und Vertretungsmacht bestehen grundsätzlich unabhängig davon, ob der Notar die Vertretung auch wahrnehmen darf. Der Übernahme der Vertretung kann insbesondere die notarielle **Unparteilichkeit** entgegenstehen (§ 14 Abs. 1; Abschnitt I Nr. 1.2 RLEmBNotK). Die Vertretung ist auch möglich, wenn es sich nicht um die Weiterführung einer (eigenen) notariellen Vollzugs- und Treuhandtätigkeit des Notars handelt, solange sie nur als Betreuungstätigkeit im Bereich der vorsorgenden Rechtspflege verbleibt.[109] Auch die Vertretung im Beschwerdeverfahren gegen eine Behörde, das Grundbuchamt oder Handelsregister ist zulässig.[110]

Bei **widerstreitenden Interessen** eines anderen Beteiligten ist hingegen die Vertretung nach der Rechtsprechung und der bisher hM unzulässig. Sobald daher ein anderer Beteiligter mit gegensätzlichen Interessen auf gleicher Ebene auftritt, muss der Notar die Vertretung niederlegen.[111] Ebenso untersagt, da auf einseitige parteiliche Interessenvertretung gerichtet, sind dem Notar etwa die Geltendmachung von Pflichtteilsansprüchen, die Anfechtung von Verträgen oder der Antrag auf Zwangsversteigerung – auch zur Auseinandersetzung einer Gemeinschaft.[112] Eine neuere Meinung hält hingegen in Verfahren der freiwilligen Gerichtsbarkeit eine Vertretung auch bei widerstreitenden Interessen für zulässig; insofern habe sich das notarielle Berufsbild gewandelt.[113] Eine Vertretung im Zivilprozess ist dem Notar aber nach allgemeiner Meinung untersagt.[114]

Eine unter Verstoß gegen die berufsrechtliche Verpflichtung zur Unparteilichkeit vorgenommene Verfahrenshandlung des Notars als Vertreter ist **aber wirksam.**[115]

54 Gesondert zu prüfen ist, ob der Notar für das jeweilige Verfahren auch **postulationsfähig** ist. Für das FGG-Beschwerdeverfahren ergibt sich dies aus § 10 Abs. 2 S. 2 Nr. 3 FamFG (früher aus § 29 Abs. 1 S. 2 FGG).

---

[107] Arndt/Lerch/Sandkühler/*Sandkühler* BNotO § 24 Rn. 55.
[108] BayObLG DNotZ 1986, 691 mAnm *Winkler;* Arndt/Lerch/Sandkühler/*Sandkühler* BNotO § 24 Rn. 57.
[109] Schippel/Bracker/*Reithmann* BNotO § 24 Rn. 117.
[110] Unter § 24 Abs. 1 S. 2 fällt nur die Vertretung im Beschwerdeverfahren der freiwilligen Gerichtsbarkeit (§§ 58 ff. FamFG – früher §§ 27, 28 FGG), aber auch bei Widerspruch und Verpflichtungsklage auf Erteilung einer behördlichen Genehmigung.
[111] BGHZ 51, 301 (307) = NJW 1969, 929 (931 f.) (Erbscheinsverfahren und Zwangsversteigerungsverfahren zur Aufhebung der Gemeinschaft); Arndt/Lerch/Sandkühler/*Sandkühler* BNotO § 24 Rn. 60.
[112] BGHZ 51, 301 (307) = NJW 1969, 929; OLG Hamm OLGZ 1992, 101 = NJW 1992, 1174; Arndt/Lerch/Sandkühler/*Sandkühler* BNotO § 24 Rn. 54.
[113] Notarkammer Frankfurt Rundschreiben Nr. 1/2007 vom April 2007, Ziffer 7, S. 12 f.; *Litzenburger* NotBZ 2005, 239 (243); ähnlich Schippel/Bracker/*Reithmann* BNotO § 24 Rn. 123, der die Pflicht zur Unparteilichkeit nur gegenüber den anderen in der vorhergehenden Beurkundung beteiligten Personen sieht.
[114] *Habscheid* NJW 1964, 1502.
[115] BGHZ 54, 275 (281); *Jansen* DNotZ 1964, 707; Diehn/*Kilian* BNotO § 24 Rn. 25; Schippel/Bracker/*Reithmann* BNotO § 24 Rn. 124; Arndt/Lerch/Sandkühler/*Sandkühler* BNotO § 24 Rn. 61. Auch die Haftung des Notars bestimmt sich dann nach § 19.

II. Rücknahme von Anträgen (Abs. 3)

55 Soweit der Notar kraft Regelungen in speziellen Verfahrensgesetzen Vertretungsmacht hat, im Namen der Beteiligten Anträge zu stellen – insbesondere nach § 15 GBO für das Grundbuchverfahren und nach den weiteren im Gesetzestext ausdrücklich aufgeführten Vorschriften –, ermächtigt ihn § 24 Abs. 3 S. 1 zugleich zur **Rücknahme der von ihm als Vertreter gestellten Anträge.**

56 Die Ermächtigung zur Rücknahme gilt nur für die vom Notar als Vertreter der Beteiligten gestellte Anträge. Sie gilt nicht, soweit Beteiligte selbst Anträge gestellt haben, insbesondere auch nicht, wenn der Notar die **Anträge nur als Bote übermittelt** hat und nicht als Vertreter selbst gestellt hat.[116] Umstritten ist, ob bei Antragstellung durch den Notar unter Vorlage einer Urkunde, die Anträge der Beteiligten enthält, auch diese Anträge der Beteiligten durch den Notar als Boten mitübermittelt sind[117] – bejaht man dies, so kann der Notar diese Anträge nicht nach § 24 Abs. 3 zurücknehmen.

57 In der Praxis lässt sich der Notar daher meist in der Urkunde eine umfassende **Vollzugsvollmacht** erteilen, wonach er insbesondere auch Anträge der Beteiligten zurücknehmen darf, ebenso Bewilligungen abgeben, zurücknehmen oder ändern darf, gegebenenfalls auch eine Identitätserklärung abgeben darf. Diese Vollzugsvollmacht wird im Außenverhältnis unbeschränkt erteilt; sonst wäre sie für den Grundbuchvollzug untauglich. Im Innenverhältnis sollte sich der Notar aber bei jedem Zweifel immer – möglichst durch schriftliche Anweisung der Beteiligten – rückversichern, ob er im konkreten Fall von der Vollmacht auch Gebrauch machen darf.

58 Soweit die Antragsrücknahme nach dem betreffenden Verfahrensrecht einer besonderen Form bedarf (so etwa nach § 31 S. 1 GBO der Beglaubigung), genügt nach Abs. 3 S. 2 die mit Unterschrift und Amtssiegel versehene Rücknahmeerklärung des Notars. Es handelt sich dabei um einen gesetzlich geregelten Fall einer **notariellen Eigenurkunde.**[118] Auch darüber hinaus darf der Notar im Rahmen der Betreuungstätigkeit sein Amtssiegel verwenden, also etwa auch für notarielle Eigenurkunden, soweit die Vertretungsmacht auf einer Vollzugsvollmacht beruht; denn auch dabei handelt es sich um Amtstätigkeit.[119]

Soweit der Notar von ihm für die Beteiligten gestellte Anträge zurücknehmen kann, ohne dass im Außenverhältnis eine Mitwirkung des Beteiligten erforderlich wäre, erlangt der betreffende Beteiligte nach der Rechtsprechung des BGH keine iSd § 140 Abs. 2 S. 1 InsO geschützte Rechtsposition.[120]

---

[116] BGH DNotZ 1964, 434; BayObLG DNotZ 1976, 103 (104); Arndt/Lerch/Sandkühler/*Sandkühler* BNotO § 24 Rn. 69.

[117] So BGHZ 71, 349 (351) = DNotZ 1978, 696; BayObLG DNotZ 1976, 103 (105); 1989, 366 (367); OLG Frankfurt a. M. Rpfleger 1973, 403; OLG Hamm Rpfleger 1988, 404; *Bauch* Rpfleger 1982, 457; *Demharter* GBO § 31 Rn. 9; *Nieder* NJW 1984, 329; aA – nur Antragstellung durch den Notar als Vertreter der Beteiligten nach § 15 GBO: OLG Braunschweig DNotZ 1961, 413; LG Oldenburg Rpfleger 1982, 172; AG Memmingen MittBayNot 1984, 261; *Hieber* DNotZ 1956, 172; Diehn/*Kilian* BNotO § 24 Rn. 31; KEHE/*Volmer* GBO § 15 Rn. 41; Meikel/*Böttcher* GBO § 15 Rn. 31; *Rademacher* MittRhNotK 1983, 81 (87); *Schöner/Stöber* Rn. 183.

[118] BGHZ 71, 349 = DNotZ 1978, 696; Diehn/*Kilian* BNotO § 24 Rn. 36; Meikel/*Hertel* GBO § 29 Rn. 514 ff.

[119] Schippel/Bracker/*Reithmann* BNotO § 24 Rn. 3. Zur notariellen Eigenurkunde allgemein vgl. BGHZ 78, 36 = DNotZ 1981, 252 mAnm *Winkler;* BayObLG DNotZ 1983, 434 mAnm *Reithmann;* BayObLG DNotZ 1988, 117; Gutachten DNotI-Report 1998, 169 mwN; *Lerch,* Die notarielle Eigenurkunde – Rechtsinstitut sui generis, NotBZ 2014, 373; *Milzer,* Die notarielle Eigenurkunde, notar 2013, 35.

[120] BGH MittBayNot 2009, 61 mAnm *Kesseler.*

D. Abgrenzung zwischen notarieller und Anwaltstätigkeit bei Anwaltsnotaren (Abs. 2)

I. Eindeutige Zuordnung

Ein **Anwaltsnotar** kann **Handlungen auf dem Gebiet der vorsorgenden Rechts-** 59 **pflege** sowohl als Notar nach § 24 Abs. 1 wie als Anwalt nach § 3 BRAO vornehmen. Dabei unterliegt er jeweils unterschiedlichen Amtspflichten; auch die anfallenden Gebühren unterscheiden sich deutlich.

Zunächst ist zu prüfen, ob sich **im Einzelfall konkret feststellen** lässt, ob eine anwalt- 60 liche oder notarielle Tätigkeit vorliegt. Hat etwa ein Anwaltsnotar eine schriftliche Rechtsauskunft mit dem Notarsiegel gesiegelt, so lässt sich daraus entnehmen, dass er als Notar, nicht als Anwalt handeln wollte.[121]

Um Zweifelsfälle zu vermeiden, muss der Anwaltsnotar **bei Beginn seiner Tätigkeit klarstellen,** ob er als Anwalt oder als Notar handeln will (Abschnitt I Nr. 3 RLEmBNotK).

II. Vermutungsregeln für Zweifelsfälle

1. Vorbereitung oder Vollzug einer Beurkundung oder Verwahrung. Erst wenn 61 keine eindeutige Feststellung möglich ist, sind die Vermutungsregeln des Abs. 2 anzuwenden. Abs. 2 enthält eine doppelte Vermutung. Nach Satz 1 besteht eine unwiderlegbare Vermutung zugunsten notarieller Tätigkeit, soweit der Anwaltsnotar Betreuungshandlungen nach Abs. 1 **zur Vorbereitung oder Ausführung einer Urkundstätigkeit oder notariellen Verwahrung** vornimmt. Eine notarielle Beurkundung wird vorbereitet, wenn eine spätere Beurkundung oder Unterschriftsbeglaubigung des Rechtsgeschäftes beabsichtigt ist, über das der Anwaltsnotar berät.[122] Zur notariellen Tätigkeit gehören insbes. auch der Vollzug einer notariellen Urkunde, wie zB die Einholung behördlicher Genehmigungen zu einem beurkundeten Rechtsgeschäft, die Einreichung einer Urkunde zum Grundbuchamt bis hin zur Vertretung der Beteiligten in einem sich anschließenden Beschwerdeverfahren.[123]

Die **Zweckbestimmung** (zur Vorbereitung oder Durchführung eines Amtsgeschäftes) bestimmt sich nach den objektiven Umständen, insbesondere nach Art und Schwerpunkt der Tätigkeit des Anwaltsnotars, aber auch nach der Sicht der Beteiligten.[124]

Die Vermutung nach **Satz 1** ist **unwiderlegbar** („ist anzunehmen").[125] Dadurch wird 62 erreicht, dass Vorbereitungs- und Vollzugstätigkeit eines Anwaltsnotars, die in sachlichem Zusammenhang mit Urkunds- oder Verwahrungsgeschäften stehen, auch dem notariellen Berufs- und Verfahrensrecht unterliegen.[126]

2. Sonstige Betreuungstätigkeiten des Anwaltsnotars. Satz 2 enthält hingegen nur 63 eine **Zweifels- bzw. Auslegungsregel.** Zunächst muss anhand aller Umstände des Einzelfalls versucht werden, die Tätigkeit entweder der **vorsorgenden Rechtspflege** oder der Vertretung und Wahrnehmung zweifelhafter oder umstrittener Interessen zuzuordnen. Soll der Anwaltsnotar unparteiisch die Interessen aller Beteiligten wahrnehmen, so liegt kein

---

[121] BGH DNotZ 1978, 312.
[122] KG DNotZ 1972, 184; OLG Hamm DNotZ 1956, 154; Arndt/Lerch/Sandkühler/*Sandkühler* BNotO § 24 Rn. 68.
[123] OLG Oldenburg DNotZ 1974, 55; Schippel/Bracker/*Reithmann* BNotO § 24 Rn. 113 ff.
[124] BGHZ 134, 100 (105) = NJW 1997, 661; BGH DNotZ 2000, 365; OLG Frankfurt a. M. RNotZ 2004, 46 mAnm *Wachter*; *Zugehör* ZNotP 1997, 42 (44).
[125] OLG Frankfurt a. M. DNotZ 1979, 119; OLG Hamm DNotZ 1977, 49 (51); 1985, 182; Arndt/Lerch/Sandkühler/*Sandkühler* BNotO § 24 Rn. 70; aA *Bohrer*, Berufsrecht, Rn. 8.
[126] BNotK DNotZ 1969, 201 (202).

Zweifel iSd Abs. 2 S. 2 vor, sondern es handelt sich unzweifelhaft um vorsorgende Rechtspflege und damit um notarielle Amtstätigkeit.[127]

64 Erst wenn diese Zuordnung nicht gelingt, greift die **Zweifelsregel des Satz 2** zugunsten einer **Anwaltstätigkeit** ein.[128] So liegt etwa bei der Beauftragung eines Anwaltsnotars zur einseitigen Interessenwahrnehmung nur eines von mehreren Beteiligten im Zweifel eine anwaltliche Treuhandtätigkeit vor.[129]

4. Abschnitt. Sonstige Pflichten des Notars

§ 25 [Beschäftigung von Mitarbeitern]

(1) **Der Notar darf Mitarbeiter mit Befähigung zum Richteramt, Laufbahnprüfung für das Amt des Bezirksnotars oder Abschluß als Diplom-Jurist nur beschäftigen, soweit seine persönliche Amtsausübung nicht gefährdet wird.**

(2) ¹Die Landesregierungen oder die von ihnen durch Rechtsverordnung bestimmten Stellen werden ermächtigt, zur Wahrung der Belange einer geordneten Rechtspflege durch Rechtsverordnung zu bestimmen, daß der Notar Mitarbeiter mit Befähigung zum Richteramt, Laufbahnprüfung für das Amt des Bezirksnotars oder Abschluß als Diplom-Jurist nur beschäftigen darf, wenn die Aufsichtsbehörde dies nach Anhörung der Notarkammer genehmigt hat. ²Die Genehmigung kann mit Auflagen verbunden und mit dem Vorbehalt des Widerrufs erteilt sowie befristet werden.

A. Normzweck

1 Mit der Beschäftigung von Mitarbeitern iSv § 25 eröffnet sich der Anwaltsnotar oder der hauptberufliche Notar die Möglichkeit, jederzeit auf weiteren juristischen Sachverstand zurückgreifen zu können. Dies kann der Qualität der Amtstätigkeit zugutekommen, birgt aber gleichzeitig die Gefahr, dass auch Teile derjenigen Beratungs-, Betreuungs-, Vorbereitungs- und Vollzugstätigkeiten delegiert werden, die der Notar kraft des ihm höchstpersönlich verliehenen öffentlichen Amts selbst auszuführen hat. § 25 Abs. 1 stellt deshalb klar, dass der Notar Mitarbeiter mit Befähigung zum Richteramt, Laufbahnprüfung für das Amt des Bezirksnotars oder Abschluss als Diplom-Jurist nur beschäftigen darf, soweit seine persönliche Amtsausübung nicht gefährdet wird. Abs. 2 schafft die erforderliche Rechtsgrundlage[1] für die Einführung einer entsprechenden Genehmigungspflicht durch Rechtsverordnung der Landesregierungen oder der von ihnen bestimmten Stellen. § 25 dient dem Schutz der Höchstpersönlichkeit der Amtsführung.[2]

B. Erläuterungen

I. Juristische Mitarbeiter

2 Die Vorschrift findet zunächst auf diejenigen Mitarbeiter Anwendung, die nach Ablegung der beiden juristischen Staatsprüfungen oder durch Berufung als ordentlicher Professor der Rechte an einer deutschen Universität die Befähigung zum Richteramt nach

---

[127] BGHZ 134, 100 (104) = NJW 1997, 661; BGH NJW-RR 2001, 1639 (1640); OLG Hamm DNotZ 1997, 228 (229) mAnm *Reithmann*; Arndt/Lerch/Sandkühler/*Sandkühler* BNotO § 24 Rn. 71.
[128] BGH DNotZ 1978, 249; 1988, 379; 1992, 813 (818); OLG Hamm DNotZ 1977, 52; 1985, 183; Arndt/Lerch/Sandkühler/*Sandkühler* BNotO § 24 Rn. 71.
[129] BGH DNotZ 1998, 634; *Weingärtner*, Verwahrungsgeschäft, Rn. 15.
[1] Zur erforderlichen Rechtsgrundlage für die Aufstellung einer Genehmigungspflicht BGH DNotZ 1996, 898.
[2] Diehn/*Diehn* BNotO § 25 Rn. 1; Schippel/Bracker/*Kanzleiter* BNotO § 25 Rn. 2.

§§ 5 bis 7 DRiG erlangt haben. Die Beschränkungen des § 25 gelten mit Ablauf des Tages, an dem das zweite Staatsexamen mit der mündlichen Prüfung erfolgreich bestanden wurde bzw. mit Ablauf des Tages, an dem der Mitarbeiter (mit lediglich erfolgreichem ersten Staatsexamen) zum ordentlichen Professor ernannt wurde.

Erfasst sind ferner diejenigen Personen, die die Laufbahnprüfung für das Amt des Bezirksnotars im OLG-Bezirk Stuttgart bestanden haben.[3] Ob darüber hinaus die weiteren beamtenrechtlichen Voraussetzungen für die Ernennung zum Bezirksnotar erfüllt sind, ist unerheblich. Vor dem Hintergrund, dass in Württemberg seit dem 1.9.2008 kein neuer Ausbildungsgang für Notaranwärter zum Bezirksnotar mehr stattfindet – da aufgrund der Notariatsreform in Baden-Württemberg seit dem 1.1.2018 keine Bezirksnotare mehr ernannt werden (§ 114) –, wird dieser Personenkreis für die Anwendung des § 25 an Bedeutung verlieren.

Als dritte Gruppe nennt das Gesetz die Mitarbeiter mit Abschluss als Diplom-Jurist. Hiermit ist ausschließlich der Abschluss als „DDR-Diplom-Jurist" an einer Universität oder wissenschaftlichen Hochschule im Gebiet der neuen Bundesländer gemeint, der im Einigungsvertrag[4] dem ersten Staatsexamen iSv 5 DRiG gleichgestellt wurde und nach den Übergangsbestimmungen des Dritten Gesetzes zur Änderung der BNotO unter bestimmten weiteren Voraussetzungen den Zugang zum Notaramt in den neuen Bundesländern eröffnet.[5] Nicht einbezogen sind dagegen – obwohl der Wortlaut von § 25 es zuließe – andere Abschlüsse als Diplom-Jurist, etwa Absolventen der ersten juristischen Staatsprüfung oder (Fach)Hochschulausbildungen zum Diplom-Wirtschaftsjuristen („Bachelor"-Juristen). Dies ergibt sich aus der ratio legis der Norm: Die in diesen Studiengängen vermittelten Kenntnisse sind nach der gesetzlichen Wertung nicht tief und breit genug angelegt, um abstrakt die Gefahr begründen zu können, dass der Notar entsprechende Absolventen mit Aufgaben betraut, die ausschließlich ihm selbst zur persönlichen Amtsausübung zugewiesen sind.

Nicht erfasst sind ferner Absolventen fachnaher Studiengänge (insbesondere Betriebs- und Volkswirtschaft) sowie Angehörige weiterer rechts- und wirtschaftsberatender Berufe (insbesondere Patentanwälte, Steuerberater, Wirtschaftsprüfer).[6] Deren Beschäftigung wird durch § 25 weder verboten noch (im Gegenschluss) erlaubt. Zulässigkeit und Grenzen einer Beschäftigung derartiger Mitarbeiter ergeben sich – insbesondere für den hauptberuflichen Notar – vor allem aus § 9: Es darf nicht der Anschein erzeugt werden (§ 14 Abs. 3 S. 2), als unterhalte der Notar eine nach § 9 unzulässige Berufsverbindung. Die persönliche Amtsausübung wird dagegen in derartigen Fällen in der Regel nicht tangiert sein, da die Aufgaben, die auf diese Mitarbeiter delegiert werden können, in der Regel nicht den Kern der notariellen Amtstätigkeit berühren werden.

II. Persönliche Amtsausübung

Die persönliche Amtsausübung gehört zu den institutionellen Grundsätzen des Notariats. Mit Übertragung eines Notaramts durch den Staat wird seinem Träger die höchstpersönliche Befugnis verliehen, die Zuständigkeiten eines Notars wahrzunehmen. Dementsprechend muss der Notar die zur Ausübung des Amts erforderlichen Tätigkeiten im Kern selbst erbringen. Er darf seine Verantwortung nicht auf andere übertragen oder sie mit anderen teilen. Lediglich vorbereitende, begleitende oder vollziehende Tätigkeiten darf er delegieren. Auch hierbei darf aber kein Zweifel daran entstehen, dass alle Tätigkeiten der Mitarbeiter vom Notar selbst verantwortet werden. In jedem Fall muss es den Beteiligten

---

[3] Ausbildung und Prüfung der Bezirksnotare war in Baden-Württemberg durch die VO v. 11.7.1980 geregelt (GBl. 1980, 531).
[4] Anl. 1 Kap. III Sachgebiet A Abschn. III Nr. 8 lit. y) gg), BGBl. 1990 I 931 f.
[5] Art. 13 Abs. 7 des Dritten Gesetzes zur Änderung der BNotO und anderer Gesetze v. 31.8.1998 (BGBl. I 2599).
[6] Ebenso Diehn/*Diehn* BNotO § 25 Rn. 10.

möglich bleiben, sich persönlich an den Notar zu wenden (vgl. Abschnitt IV Nr. 2 RLEmBNotK).[7]

7 Der Notar darf einen juristischen Mitarbeiter demnach nur in dem vorbeschriebenen Umfang einsetzen, also für vorbereitende, begleitende und vollziehende Tätigkeiten. Darüber hinaus kommt eine Delegation von Aufgaben zur eigenverantwortlichen Erledigung an den Mitarbeiter nicht in Betracht. Insbesondere darf der Mitarbeiter gegenüber den Beteiligten keine eigenverantwortlichen Betreuungs- oder Beratungsleistungen erbringen. Urkundsentwürfe, die der Mitarbeiter vorbereitet, hat der Notar selbst im Einzelnen zu überprüfen. Entsprechendes gilt für die Vorbereitung sonstiger Amtstätigkeiten durch den Mitarbeiter.[8]

8 Aus der eingeschränkten Delegationsmöglichkeit des Notars folgt zugleich, dass die Beschäftigung einer höheren Anzahl von juristischen Mitarbeitern durch den Notar ein Indiz dafür sein kann, dass er seiner Pflicht zur persönlichen Amtsausübung nicht nachkommt. Dies gilt jedenfalls dann, wenn die juristischen Mitarbeiter – wie in der Regel zu vermuten – nicht mit reinen Organisationsaufgaben, sondern mit juristischen Tätigkeiten betraut werden. Eine zulässige Höchstzahl an juristischen Mitarbeitern lässt sich, sofern sie nicht in einer Rechtsverordnung nach Abs. 2 bestimmt ist, abstrakt nur schwer festlegen. Es dürfte jedoch in der Regel als bedenklich anzusehen sein, wenn der hauptberufliche Notar oder der Anwaltsnotar mehr als einen Vollzeitmitarbeiter iSv § 25 (oder eine entsprechende Anzahl von Teilzeitmitarbeitern) mit juristischem Aufgabenkreis beschäftigt.[9]

III. Beachtung weiterer Amtspflichten

9 Die persönliche Amtsausübung ist in § 25 Abs. 1 als Amtspflicht hervorgehoben, weil ihre Gefährdung bei der Anstellung juristischer Mitarbeiter besonders nahe liegt.[10] Die Beschäftigung von Angestellten, speziell von juristischen Mitarbeitern, kann darüber hinaus aber auch andere Amtspflichten tangieren:

10 **1. Unabhängigkeit.** Die Unabhängigkeit, die § 1 dem Notar garantiert, charakterisiert nicht nur seine Stellung gegenüber dem amtsverleihenden Land, dessen Hoheitsgewalt er ausübt, sondern prägt darüber hinaus auch das Verhältnis des Notars zu den Beteiligten (vgl. zB § 14 Abs. 1) und zu seinen Angestellten. Nach Abschnitt VIII Nr. 1 RLEmBNotK hat der Notar die Beziehungen zu seinen Mitarbeitern so zu gestalten, dass die Unabhängigkeit (und Unparteilichkeit) nicht gefährdet werden.

11 Speziell bei der Beschäftigung juristischer Mitarbeiter, die den Notar in besonderem Maße entlasten können, ist daher der Entstehung von Delegationsstrukturen entgegenzuwirken, die die Unabhängigkeit des Notars gegenüber diesem Mitarbeiter beeinträchtigen. Dies gilt nicht nur im Hinblick auf das Verbot einer Gebührenbeteiligung (§ 17 Abs. 1 S. 3), sondern wirkt sich auch in der konkreten Aufgabenübertragung auf den Mitarbeiter aus. Diese darf nicht dazu führen, dass der Notar bei Ausübung seiner Amtstätigkeit auf die Beurteilung oder gar Entscheidung bestimmter Rechtsfragen durch den juristischen Mitarbeiter angewiesen ist. Wenn eine derartige Abhängigkeit entsteht, wird im Übrigen zugleich der Grundsatz der persönlichen Amtsausübung verletzt sein.

12 **2. Vermeidung des Anscheins unzulässiger Berufsverbindungen.** Ebenso wie bei der Beschäftigung von Mitarbeitern mit der Qualifikation zB zum Steuerberater oder Wirtschaftsprüfer hat insbesondere der hauptberufliche Notar bei der Anstellung eines juristischen Mitarbeiters darauf zu achten, dass nicht der Anschein einer unzulässigen

---

[7] Zu Möglichkeiten und Grenzen der Überwachung der persönlichen Amtsausübung durch die Notaraufsicht vgl. BGH DNotZ 1997, 233 mAnm *Gemes.*
[8] AA Diehn/*Diehn* BNotO § 25 Rn. 14 ff., 18, der selbst in einer möglichen strukturellen Abhängigkeit des Notars von bestimmten hochqualifizierten Mitarbeitern keine Gefährdung der persönlichen Amtsausübung, sondern lediglich ein „allgemeines Problem" sieht.
[9] AA Diehn/*Diehn* BNotO § 25 Rn. 15.
[10] Kritisch hierzu *Lerch* BWNotZ 1999, 41 (43); *Wenckstern* notar 1999, 26 (31).

Berufsverbindung (§ 9) erweckt wird. Ein solcher Anschein (§ 14 Abs. 3 S. 2) kann im Bereich des hauptberuflichen Notariats insbesondere dann entstehen, wenn der Mitarbeiter als Rechtsanwalt zugelassen ist und die Anwaltstätigkeit auch ausübt, selbst wenn dies nicht in den Kanzleiräumen des Notars geschieht.

3. Mitwirkung bei der Ausbildung des beruflichen Nachwuchses. Der Notar ist nach § 30 verpflichtet, bei der Ausbildung des beruflichen Nachwuchses und von Referendaren nach besten Kräften mitzuwirken. Im Bereich des hauptberuflichen Notariats folgt hieraus insbesondere auch die Verpflichtung, einen durch den Präsidenten der Notarkammer überwiesenen Notarassessor (§ 7 Abs. 3 S. 2) zu beschäftigen und auszubilden. Diese vom Gesetz geforderte Bereitschaft darf auch durch die Beschäftigung juristischer Mitarbeiter nicht beeinträchtigt werden. 13

4. Verpflichtung zur Beschäftigung von Notarkassenangestellten. Die hauptberuflichen Notare im Bereich der Notarkasse (Bayern, Pfalz) und der Ländernotarkasse (Brandenburg, Mecklenburg-Vorpommern, Thüringen, Sachsen, Sachsen-Anhalt) sind nach § 113 Abs. 9 S. 1 bzw. § 113a Abs. 4 S. 2 verpflichtet, die in einem Dienstverhältnis zur Notarkasse bzw. Ländernotarkasse stehenden Hilfskräfte zu beschäftigen. Auch diese Verpflichtung darf durch die prinzipielle Erlaubnis zur Anstellung juristischer Mitarbeiter nicht tangiert werden. 14

IV. Bestellung des juristischen Mitarbeiters zum Vertreter

Der BGH hat es vor Einfügung von § 25 in die BNotO ausdrücklich gebilligt, dass ein juristischer Mitarbeiter mit Befähigung zum Richteramt nicht zum Vertreter seines Anstellungsnotars bestellt worden ist, um schon dem Anschein entgegenzutreten, der Notar könne trotz eigener Verhinderung aufgrund seiner Weisungsbefugnis aus dem Arbeitsverhältnis Einfluss auf die Amtsführung seines Vertreters nehmen.[11] An diesem Grundsatz ist – im Bereich des hauptberuflichen Notariats wie im Bereich des Anwaltsnotariats – festzuhalten.[12] 15

V. Genehmigungsvorbehalt (Abs. 2)

§ 25 Abs. 2 ermöglicht es den Ländern, durch Rechtsverordnungen der Landesregierungen oder der von ihnen durch Rechtsverordnung bestimmten Stellen eine Genehmigungspflicht für die Beschäftigung juristischer Mitarbeiter einzuführen und die Belange der geordneten Rechtspflege zu konkretisieren, die bei der Entscheidung über die Genehmigung zu beachten sind. Bei diesen Belangen werden neben dem Grundsatz der persönlichen Amtsausübung (→ Rn. 6 ff.) vor allem die unter → Rn. 9 ff. angeführten Gesichtspunkte zu beachten sein (Unabhängigkeit des Notars, Vermeidung des Anscheins unzulässiger Berufsverbindungen, Verpflichtung zur Mitwirkung bei der Ausbildung des beruflichen Nachwuchses, insbesondere der Notarassessoren, Verpflichtung zur Beschäftigung von Notarkassen- bzw. Ländernotarkassenangestellten). Der Genehmigungsvorbehalt ist mit der Verfassung vereinbar.[13] 16

Von der Möglichkeit, durch Rechtsverordnung eine Genehmigungspflicht einzuführen, ist zurzeit nur im Bereich des hauptberuflichen Notariats Gebrauch gemacht worden. Folgende Regelungen bestehen: 17

– Bayern: VO vom 10.2.2000 (GVBl. I 60),
– Brandenburg: VO vom 17.2.1999 (GVBl. I 125),
– Hamburg: VO vom 11.11.2011 (HmbHVBl. S. 505),

---

[11] BGH DNotZ 1996, 203.
[12] Näher → RLEmBNotK IV. Rn. 8.
[13] BVerfG 22.4.2009 – 1 BvR 121/08. Trotz dieser Entscheidung zweifelnd Diehn/*Diehn* BNotO § 25 Rn. 25.

- Mecklenburg-Vorpommern: VO vom 10.12.1998 (GVOBl. M–V S. 916),
- Nordrhein-Westfalen: NotVO vom 5.10.2016 (GV. NRW S. 840),
- Rheinland-Pfalz: VO vom 14.7.1999 (GVBl. S. 189),
- Thüringen: VO vom 11.4.2011 (GVBl. S. 79),
- Saarland: VO vom 30.11.1993 (AmtsBl. S. 1236),
- Sachsen: VO vom 16.12.1998 (SächsGVBl. S. 666),
- Sachsen-Anhalt: VO vom 16.12.1998 (GVBl. LSA S. 486).

18 Die Ablehnung der Genehmigung ist nach § 111 anfechtbar. Ein Widerruf der Genehmigung darf, wenn die Genehmigung nicht mit einem Widerrufsvorbehalt verbunden worden war, nur nach den Grundsätzen von § 49 VwVfG erfolgen.[14]

VI. Arbeitsrechtliche Folgen einer Beschäftigung trotz Beschäftigungsverbots

19 Eine Befristung nach § 25 Abs. 2 verpflichtet den Notar zur Weitergabe im Arbeitsvertrag,[15] was arbeitsrechtliche Probleme nach sich ziehen kann. Deshalb ermöglicht die Neuregelung von § 25 Abs. 2[16] auch die Verbindung der Genehmigung mit einem Widerrufsvorbehalt. Sofern eine Genehmigungspflicht nach Abs. 2 besteht, ist der Notar berufsrechtlich verpflichtet, ein Arbeitsverhältnis zu einem juristischen Mitarbeiter aufzulösen, wenn die Genehmigung nicht (mehr) vorliegt. Dieser Fall tritt insbesondere dann ein, wenn eine zunächst erteilte Genehmigung später (insbesondere auf Grund eines Widerrufsvorbehalts) widerrufen oder zurückgenommen wird. Für die arbeitsrechtliche Beurteilung der Rechtslage kann auf die Grundsätze zurückgegriffen werden, die das BAG zur Einstellung eines Lehrers bei Fehlen einer erforderlichen schulaufsichtsrechtlichen Genehmigung entwickelt hat.[17] Ähnlich wie bei einer nachträglich fortgefallenen Arbeitserlaubnis bedarf es zur Beendigung des Arbeitsverhältnisses einer Kündigung. Das Fehlen der erforderlichen Genehmigung führt zu einem betriebsbedingten Kündigungsgrund.[18]

§ 26 Förmliche Verpflichtung beschäftigter Personen

¹Der Notar hat die von ihm beschäftigten Personen bei ihrer Einstellung nach § 1 des Verpflichtungsgesetzes förmlich zu verpflichten. ²Hierbei ist auf die Bestimmungen des § 14 Absatz 4 und des § 18 besonders hinzuweisen. ³Hat sich ein Notar mit anderen Personen zur gemeinschaftlichen Berufsausübung zusammengeschlossen und besteht zu den Beschäftigten ein einheitliches Beschäftigungsverhältnis, so genügt es, wenn ein Notar die Verpflichtung vornimmt. ⁴Der Notar hat in geeigneter Weise auf die Einhaltung der Verschwiegenheitspflicht durch die von ihm beschäftigten Personen hinzuwirken. ⁵Den von dem Notar beschäftigten Personen stehen die Personen gleich, die im Rahmen einer berufsvorbereitenden Tätigkeit oder einer sonstigen Hilfstätigkeit an seiner beruflichen Tätigkeit mitwirken. ⁶Die Sätze 1 bis 3 gelten nicht für Notarassessoren und Referendare.

Übersicht

	Rn.
A. Hintergrund	1
B. Ermächtigungsgrundlage	2

---

[14] Ebenso Arndt/Lerch/Sandkühler/*Lerch* BNotO § 25 Rn. 7 f.
[15] Schippel/*Kanzleiter* BNotO § 25 Rn. 8.
[16] BGBl. 2009 I 2449.
[17] BAG EzA § 134 BGB Nr. 11.
[18] Ähnlich BAG EzA § 1 Kündigungsschutzgesetz Betriebsbedingte Kündigung Nr. 32, zur Kündigung einer Lehrkraft wegen fehlender Lehrbefähigung: Mischtatbestand von personen- und betriebsbedingten Kündigungsgründen, bei dem der betriebsbedingte Grund für die Kündigung das Gepräge gebe.

	Rn.
C. Amtspflicht zur Verpflichtung	5
I. Zu verpflichtende Personen	6
II. Inhalt und Form	10
III. Zeitpunkt	13
IV. Sozietät	15
V. Verwahrung	18
D. Amtspflicht zum Hinwirken	19
E. Verpflichtungsmuster	22

A. Hintergrund

1 Die Vorschrift wurde erst im Jahre 1998 in die Bundesnotarordnung eingefügt.[1] Sie ist auf der einen Seite notwendige **Ermächtigungsgrundlage** dafür, dass der Notar seine Mitarbeiter überhaupt wirksam förmlich nach dem Verpflichtungsgesetz verpflichten kann (→ Rn. 2 ff.) und statuiert auf der anderen Seite eine **Amtspflicht** des Notars zur förmlichen Verpflichtung seiner Mitarbeiter (→ Rn. 5 ff.). Im Jahre 2017 wurde die Vorschrift sprachlich insgesamt neu gefasst und eine weitere **Amtspflicht** zum Hinwirken auf die Einhaltung der Verschwiegenheitspflicht in die Vorschrift eingefügt (→ Rn. 19 ff.). In der Praxis empfiehlt sich die Nutzung einer **Musterverschwiegenheitsverpflichtung,** um die besonderen inhaltlichen und formellen Anforderungen an eine förmliche Verpflichtung nach dem Verpflichtungsgesetz einzuhalten (→ Rn. 20).

B. Ermächtigungsgrundlage

2 Das lediglich aus **vier Paragrafen** bestehende VerpflG wurde 1974 mit dem **Einführungsgesetz zum Strafgesetzbuch** geschaffen.[2] Gemäß § 1 VerpflG soll jede **für einen Amtsträger tätige** Privatperson förmlich verpflichtet werden. Als Folge dieser förmlichen Verpflichtung sieht das **materielle Strafrecht** im **allgemeinen Teil** gem. § 11 Abs. 1 Nr. 4 StGB vor, dass diese Privatperson eine „für den öffentlichen Dienst besonders Verpflichtete" ist.[3] Das wiederum hat zur Folge, dass diese Privatperson im Hinblick auf bestimmte Straftatbestände des **besonderen Teils** des Strafgesetzbuches **derselben qualifizierten Strafandrohung** unterworfen wird wie der **Amtsträger** selbst.[4]

3 Erst aufgrund der förmlichen Verpflichtung iSd § 1 VerpflG kann die Privatperson als für den öffentlichen Dienst besonders Verpflichtete iSd § 11 Abs. 1 Nr. 4 StGB die nachfolgenden – eigentlich für einen Amtsträger vorbehaltenen – Straftatbestände verwirklichen:
– Qualifizierter Landesverrat (§ 97b Abs. 2 S. 2 StGB),
– Qualifizierte Gefangenenbefreiung (§ 120 Abs. 2 StGB),
– Qualifizierter Verwahrungsbruch (§ 133 Abs. 3 StGB),
– Qualifizierte Verletzung der Vertraulichkeit des Wortes (§ 201 Abs. 3 StGB),
– Vorteilsannahme (§§ 331 Abs. 1, 336 StGB),
– Bestechlichkeit (§§ 332 Abs. 1, 336 StGB),
– Verletzung des Dienstgeheimnisses (§ 353b Abs. 1 Nr. 2 StGB),
– Verletzung des Steuergeheimnisses (§ 355 Abs. 2 Nr. 1 StGB).

4 Ob § 1 VerpflG in seiner **unmittelbaren Anwendung** dem Notar eine förmliche Verpflichtung seiner **Mitarbeiter** – als für ihn tätige Privatpersonen – ermöglicht, **er-**

---

[1] Durch das Dritte Gesetz zur Änderung der Bundesnotarordnung und anderer Gesetze v. 31.8.1998, BGBl. I 2585, 2588.
[2] BT-Drs. 7/550.
[3] Das Verpflichtungsgesetzt „schafft die Rechtsgrundlage der förmlichen Verpflichtung, die der Entwurf in § 11 Abs. 1 Nr. 4 StGB […] vorsieht", BT-Drs. 7/550, 364.
[4] Vgl. VG Schwerin NVwZ 2007, 852 (853); *Barrot/Faeser* NVwZ 2016, 1205 (1206).

scheint unklar. Als **Ermächtigungsgrundlage** kommt allein § 1 Abs. 1 Nr. 1 VerpflG in Betracht. Danach soll förmlich verpflichtet werden, wer „bei einer Behörde oder bei einer sonstigen Stelle, die Aufgaben der öffentlichen Verwaltung wahrnimmt, beschäftigt oder für sie tätig ist." Ob der Notar als öffentlicher Amtsträger eine **öffentliche Verwaltungsaufgaben** wahrnehmende Behörde (§ 1 Abs. 4 VwVfG) oder sonstige Stelle ist, könnte **bezweifelt** werden.[5] Diese **Zweifel** haben den Gesetzgeber im Jahre 1998 **bewogen, § 26 in die BNotO einzufügen.**[6] § 26 enthält die nach § 11 Abs. 1 Nr. 4 StGB zwingend erforderliche **gesetzliche**[7] **Bestimmung,** die dem Notar – unabhängig von der Einschlägigkeit des § 1 Abs. 1 Nr. 1 VerpflG – eine **förmliche Verpflichtung** nach dem VerpflG **ermöglicht.** Vor diesem Hintergrund ist § 26 zunächst eine **spezialgesetzliche Ermächtigungsgrundlage,** die dem Notar die förmliche Verpflichtung ausschließlich seiner arbeitsvertraglich beschäftigten Mitarbeiter, der bei ihm beschäftigten Praktikanten und die aufgrund eines Gefälligkeitsverhältnisses für ihn tätigen Personen[8] iSd § 1 VerpflG, § 11 Abs. 1 Nr. 4 StGB ermöglicht. Eine förmliche Verpflichtung **anderer Personen,** wie beispielsweise freier Mitarbeiter des Notars (Dienstleister iSd § 26a)[9], **lässt** diese spezialgesetzliche Ermächtigungsgrundlage **nicht zu;** werden diese anderen Personen dennoch durch den Notar „förmlich verpflichtet", ist diese Verpflichtung keine förmliche iSd § 26 iVm § 1 VerpflG und hat daher auch **strafrechtlich** gem. § 11 Abs. 1 Nr. 4 StGB **keine Relevanz.**[10]

C. Amtspflicht zur Verpflichtung

5 § 26 S. 1 **ermächtigt** den Notar nicht nur zur förmlichen Verpflichtung der von ihm beschäftigten Personen, sondern **verpflichtet** ihn auch dazu. **Sinn und Zweck** dieser Amtspflicht ist, die Mitarbeiter auf dasselbe **strafrechtliche Qualifikationsniveau** wie den Notar zu heben[11] und dadurch die hoheitliche notarielle Tätigkeit in einem umfassenderen Maße strafrechtlich zu schützen. Anders als nach § 1 Abs. 1 VerpflG („**soll** verpflichtet werden") steht dem Notar im Hinblick auf die Erfüllung seiner Amtspflicht zur Verpflichtung gem. § 26 S. 1 („**hat** zu verpflichten") **kein Ermessen** zu.

I. Zu verpflichtende Personen

6 Mit Wirkung zum 9.11.2017 wurde § 26 im Hinblick auf den förmlich zu verpflichtenden Personenkreis durch das Gesetz zur Neuregelung des Schutzes von Geheimnissen bei der Mitwirkung Dritter an der Berufsausübung schweigepflichtiger Personen **geändert.**[12]

---

[5] Zur Sonderstellung des Notars im staatlichen Gefüge („zwischen Beliehenem und Beamten") lesenswert Bormann/Böttcher NJW 2011, 2758. In der Begründung des Gesetzes, mit dem das VerpflG und § 11 StGB geschaffen wurden, wird als eine „Aufgabe der öffentlichen Verwaltung" iSd § 1 Abs. 1 Nr. 1 VerpflG unter anderem auch „die Beurkundungstätigkeit der Ortsgerichte" genannt, „da es sich hier um keine rechtsprechende Tätigkeit handelt"; die Gesetzesbegründung benennt an dieser Stelle ausdrücklich auch die „Rechtspflege" als eine Aufgabe der öffentlichen Verwaltung in Abgrenzung zur „Rechtsprechung" und „Gesetzgebung", vgl. BT-Drs. 7/550, 365 iVm 209.
[6] Vgl. BT-Drs. 13/4184, 26.
[7] Bis zur Einfügung von § 26 in die BNotO war die Möglichkeit und Amtspflicht zur Verpflichtung der Mitarbeiter des Notars in § 18 Abs. 1 aF gesetzlich – nur im Hinblick auf die Verschwiegenheitspflicht – angedeutet („Der Notar hat, soweit nichts anderes bestimmt ist, über die ihm bei seiner Berufsausübung bekanntgewordenen Angelegenheiten Verschwiegenheit gegen jedermann zu bewahren und diese *auch den bei ihm beschäftigten Personen zur Pflicht zu machen*") und im Übrigen ausschließlich in der DONot als Verwaltungsvorschrift enthalten, vgl. BT-Drs. 13/4184, 26.
[8] → Rn. 6 ff.
[9] → § 26a Rn. 13 ff.
[10] Vgl. BGH NJW 1980, 846.
[11] → Rn. 1.
[12] Gesetz v. 30.10.2017, BGBl. I 3618.

Dadurch ist der **frühere Streitstand**, wer zu den förmlich zu verpflichtenden Personen gehört, **gesetzgeberisch geklärt** worden.

Gemäß § 26 S. 1 hat der Notar zunächst die „**von** ihm beschäftigten Personen" förmlich 7 zu verpflichten. Nach der bis zum 8.11.2017 geltenden Fassung des § 26 S. 1 hatte der Notar noch die „**bei** ihm beschäftigten Personen" förmlich zu verpflichten. Durch diese **Änderung des Wortlautes** werde klargestellt, so der Gesetzgeber, „dass es sich bei den vom Notar beschäftigten Personen nur um die **arbeitsvertraglich beschäftigten Personen** handelt."[13] Vom Notar gem. § 26 S. 1 förmlich zu verpflichten sind folglich ausschließlich seine arbeitsvertraglich Beschäftigten.[14] Alle auf **anderer vertraglicher Grundlage** (zB Werk-, Dienst-, Geschäftsbesorgungsvertrag) für den Notar tätigen Personen, wie beispielsweise **freie Mitarbeiter** des Notars, hat (und kann) er gem. § 26a Abs. 3 lediglich privatrechtlich zur Verschwiegenheit zu verpflichten.[15] **§ 4 Abs. 2 Hs. 2 DONot** bestimmt klarstellend zu § 26 S. 1, dass zu den förmlich zu verpflichtenden **Mitarbeitern** auch solche Mitarbeiter gehören, die der Notar von einem anderen Notar (wie zB im hauptberuflichem Notariat von seinem Amtsvorgänger) übernommen hat; die durch einen Notar vorgenommene **förmliche Verpflichtung wirkt** nach dieser klarstellenden Vorschrift der Dienstordnung grundsätzlich[16] **nur** *inter partes*.[17]

Gemäß § 26 S. 5 hat der Notar **darüber hinaus** auch die Personen förmlich zu ver- 8 pflichten, „die im Rahmen einer berufsvorbereitenden Tätigkeit oder einer sonstigen Hilfstätigkeit an seiner beruflichen Tätigkeit mitwirken", **auch** wenn diese Mitwirkung **nicht aufgrund eines Arbeitsvertrages** erfolgt. Im Rahmen einer berufsvorbereitenden Tätigkeit iSd § 26 S. 5 Hs. 1 wirkt der **Notarassessor, Referendar** und **Praktikant** mit,[18] wobei der Notarassessor und Referendar wiederum gem. § 26 S. 6 aus dem Kreis der förmlich zu Verpflichteten ausgenommen werden.[19] Im Rahmen einer sonstigen Hilfstätigkeit iSd § 26 S. 5 Hs. 2 werden nicht etwa sämtliche anderen nicht arbeitsvertragliche Personen in den Anwendungsbereich des § 26 S. 1 einbezogen. Vielmehr sind unter den sonstige Hilfstätigkeiten ausführenden Personen **nur solche Personen** zu verstehen, die **weder** iSd § 26 S. 1 **arbeitsvertraglich** als Mitarbeiter **noch** iSd § 26a aufgrund eines **anderen Vertrages** als Dienstleister für den Notar tätig sind. Das sind **ausschließlich solche Personen,** die aufgrund eines **Gefälligkeitsverhältnisses**[20] an der Tätigkeit des Notars mitwirken. Der Gesetzgeber nennt als Beispiel „insbesondere gelegentlich mithelfende Familienangehörige."[21]

Festzuhalten ist demnach, dass der Notar gem. § 26 S. 1, S. 5 und S. 6 ausschließlich 9 (1) seine arbeitsvertraglich beschäftigten **Mitarbeiter,** (2) die von ihm beschäftigten **Praktikanten** sowie (3) die aufgrund eines **Gefälligkeits**verhältnisses für ihn tätigen Personen förmlich zu verpflichten hat. Alle anderen für ihn tätigen Personen fallen in den Anwendungsbereich des § 26a.[22]

II. Inhalt und Form

Gemäß § 26 S. 1 hat der Notar die förmliche Verpflichtung **zunächst** nach Maßgabe des 10 § 1 VerpflG vorzunehmen. **Zusätzlich** hat der Notar hierbei gem. § 26 S. 2 auf bestimmte

---

[13] BR-Drs. 163/17, 38.
[14] Diehn/*Diehn* BNotO § 26 Rn. 8.
[15] Auch § 26a ist erst durch das zuvor genannte Gesetz geschaffen worden; → § 26a Rn. 1.
[16] Eine Ausnahme ist geregelt allein für Sozietäten; → Rn. 15 ff.
[17] *Von Campe* → DONot § 4 Rn. 6.
[18] Diehn/*Diehn* BNotO § 26 Rn. 9, 11.
[19] Vgl. BR-Drs. 163/17, 38 iVm 31; BeckOK BeurkG/*Schmitz* DONot § 4 Rn. 2.
[20] Unter „Gefälligkeitsverhältnis" werden auf sozialer Verständigung beruhende Beziehungen zusammengefasst, bei denen eine Seite unentgeltlich Leistungen verspricht oder erbringt, ohne dass dies – im Gegensatz zum Schuldverhältnis – zu einer rechtlichen Bindung führt bzw. auf einer rechtlichen Verpflichtung beruht, MüKoBGB/*Bachmann* BGB § 241 Rn. 163.
[21] BR-Drs. 163/17, 38 iVm 31.
[22] → § 26a Rn. 13 ff.

berufsrechtliche Kardinalpflichten besonders hinzuweisen. Inhalt und Form der förmlichen Verpflichtung ergeben sich demnach **ausschließlich** aus § 1 VerpflG und § 26 S. 2 und lassen sich wie folgt **zusammenfassen:**

– **Inhaltlich** ist die zu verpflichtende Person auf die „gewissenhafte Erfüllung seiner Obliegenheiten" zu verpflichten (§ 1 Abs. 1 VerpflG) sowie erstens auf die strafrechtlichen Folgen einer Pflichtverletzung (§ 1 Abs. 2 S. 2 VerpflG) und zweitens auf die aus §§ 14 Abs. 4, 18 folgenden berufsrechtlichen Pflichten des Notars (§ 26 S. 2) hinzuweisen.[23]

– **Formell** ist die Verpflichtung mündlich vorzunehmen (§ 1 Abs. 2 S. 2 VerpflG). Über die mündliche Verpflichtung soll eine Niederschrift aufgenommen werden (§ 1 Abs. 3 S. 1 Hs. 1 VerpflG), die sowohl der Notar als auch der Verpflichtete zu unterzeichnen haben (§ 1 Abs. 3 S. 1 Hs. 2 VerpflG) und von welcher der Verpflichtete eine Abschrift erhalten soll (§ 1 Abs. 3 S. 2 VerpflG).

11 **Weitere** inhaltliche oder formale Voraussetzungen stellt das Gesetz **nicht auf.** Insbesondere sieht das Gesetz einen zusätzlichen „**Handschlag**" als formale Voraussetzung der förmlichen Verpflichtung **nicht vor,** was sich jedoch in den gängigen Verpflichtungsmustern – auch in dem wahrscheinlich von den allermeisten Notaren genutzten Verpflichtungsmuster der Bundesnotarkammer[24] – wiederfindet.[25] Dem Verfasser ist dieser „**Handschlag**" bei der Verpflichtung seiner Mitarbeiter stets als ein **Fremdkörper** vorgekommen – dem Gesetzgeber im Übrigen auch: Das **VerpflG** „**verzichtet** dagegen auf die in der ‚Bestechungsverordnung'[26] vorgesehene Bekräftigung der Verpflichtung durch **Handschlag,** weil ein solches Formerfordernis **wenig geeignet** ist, die Bedeutung der Verpflichtung wirksam zu unterstreichen".[27] Eines „**Handschlages**" bedarf es somit nach dem ausdrücklichen Willen des Gesetzgebers **nicht** mehr; die heutigen Verpflichtungsmuster sind von diesem über fünfundvierzig Jahre alten **Ballast vergangener Formvorstellungen** zu befreien.

12 Ein **Muster** einer Niederschrift über die förmliche Verpflichtung, welche allen vorbezeichneten inhaltlichen und formellen Anforderungen genügt, findet sich am Ende dieser Kommentierung.[28] Bei der **Niederschrift** iSd § 1 Abs. 3 VerpflG handelt es sich rechtlich **nicht** um eine **notarielle Niederschrift,** die nach Maßgabe des Beurkundungsgesetzes (§§ 8 ff. BeurkG oder §§ 36 ff. BeurkG) aufzunehmen ist, sondern lediglich um eine die **Schriftform** iSd § 126 BGB wahrende Urkunde.[29] Sie muss daher auch **nicht verlesen** werden[30] – ein Reflex, den der Notar in der Praxis nur schwerlich unterdrücken kann. Nach dem Willen des Gesetzgebers soll die Aufnahme dieser Niederschrift noch nicht

---

[23] Nach BGH NJW 1980, 846 ist die Verpflichtung „gerade auf die gewissenhafte Erfüllung der Obliegenheiten (§ 1 I 1 VerpflichtungsG) und der Hinweis auf die strafrechtlichen Folgen einer Pflichtverletzung (§ 1 II 2 VerpflichtungsG) [...] wesentlicher Inhalt der förmlichen Verpflichtung." Fehlen diese beiden vom VerpflG aufgestellten formellen Elemente, ist die förmliche Verpflichtung unwirksam und die daran anknüpfenden strafrechtlichen Rechtsfolgen (→ Rn. 3) werden nicht ausgelöst.

[24] Abgedruckt im Rundschreiben der BNotK Nr. 2/1999 v. 1.2.1999: „Der Notar hat ihn/sie *durch Handschlag* (!) zur Wahrung des Amtsgeheimnisses und zur gewissenhaften Erfüllung aller anderen Obliegenheiten verpflichtet."

[25] Vgl. auch Armbrüster/Preuß/Renner/*Eickelberg* DONot § 4 Rn. 9: „Die Verpflichtung erfolgt formell durch Handschlag" und das Muster in Diehn/*Diehn* BNotO § 26 Rn. 26, wobei *Diehn* in Rn. 24 klarstellt, dass der Handschlag „üblich, aber hier nicht vorgeschrieben" sei.

[26] Der Verordnung, in die besondere Verpflichtung von Amtsträgern vor Schaffung des VerpflG geregelt war: Das VerpflG „ersetzt den § 1 der Verordnung gegen Bestechung und Geheimnisverrat nichtbeamteter Personen durch ein formelles Gesetz [...]; die ‚Bestechungsverordnung',", BT-Drs. 7/550, 364.

[27] BT-Drs. 13/4184, 365. Vgl. zur Abschaffung des Handschlages als Formvoraussetzung durch das VerpflG auch BGH NJW 1980, 846.

[28] → Rn. 22.

[29] Vgl. BT-Drs. 13/4184, 365: „Aus Gründen der Beweissicherung und um der Rechtssicherheit Willen bestimmt Absatz 3, daß über die Verpflichtung eine Niederschrift aufgenommen wird, die der Verpflichtete mit unterzeichnet, und daß er eine Abschrift der Niederschrift erhält [...]."

[30] BeckOK BeurkG/*Schmitz* DONot § 4 Rn. 4; Armbrüster/Preuß/Renner/*Eickelberg* DONot § 4 Rn. 9.

einmal Wirksamkeitsvoraussetzung für eine förmliche Verpflichtung sein,[31] so dass bereits mit der **mündlichen Verpflichtung** des Notars der Mitarbeiter wirksam gem. § 1 VerpflG **förmlich verpflichtet** ist.[32]

III. Zeitpunkt

Gemäß § 26 S. 1 hat die förmliche Verpflichtung der zu verpflichtenden Person „bei ihrer Einstellung" zu erfolgen. Das Gesetz nimmt damit **nicht** auf die Einstellung im **rechtlichen Sinne,** sondern auf die Einstellung im **tatsächlichen Sinne** Bezug.[33] Das folgt schon aus dem Umstand, dass der Notar gem. § 26 S. 5 auch die nur aufgrund eines Gefälligkeitsverhältnisses für ihn tätigen Person förmlich zu verpflichten hat,[34] bei der eine Einstellung im rechtlichen Sinne gar nicht stattfindet. Diese Auslegung des Wortlauts des § 26 S. 1 entspricht darüber hinaus auch dem **Sinn und Zweck** der Verpflichtung zur förmlichen Verpflichtung:[35] Erst wenn die zu verpflichtende Person für den Notar erstmals im hoheitlichen Bereich **tatsächlich tätig** wird, **entsteht** das rechtliche **Bedürfnis**, diese Person demselben strafrechtlichen Qualifikationsniveau wie dem des Notars zu unterwerfen. Es ist vor diesem Hintergrund gem. § 26 S. 1 **ausreichend,** wenn der Notar den Mitarbeiter nicht schon bei der Unterzeichnung des Arbeitsvertrages, sondern erst an seinem **ersten Arbeitstag** förmlich verpflichtet. Eine Verpflichtung, die förmliche Verpflichtung in gewissen Zeitabständen zu wiederholen, besteht nicht.[36]

Auf Grundlage des vorbezeichneten tatsächlichen Verständnisses des Begriffes der „Einstellung" iSd § 26 S. 1 ist auch die diese Norm konkretisierende Regelungen des **§ 4 Abs. 2 Hs. 1 DONot** auszulegen. Danach hat eine förmliche Verpflichtung **auch dann** zu erfolgen, „wenn zwischen denselben Personen **bereits früher** ein Beschäftigungsverhältnis bestanden hat". Bezug genommen wird auch hier allein auf das **tatsächliche** – und nicht etwa auf das rechtliche – **Beschäftigungsverhältnis.**[37] Die zu verpflichtende Person muss ihre Tätigkeit für den Notar zunächst tatsächlich vollständig eingestellt und sodann wieder tatsächlich aufgenommen haben, damit eine erneute Verpflichtung zur förmlichen Verpflichtung gem. § 4 Abs. 2 Hs. 1 DONot entsteht. Es kann hingegen nicht darauf ankommen, ob die zu verpflichtende Person zunächst etwa aufgrund eines **Ausbildungsverhältnisses** und am Tag nach der mündlichen Prüfung aufgrund eines **Mitarbeiterverhältnisses** für den Notar tätig ist.[38] Der Notar hat folglich die zu verpflichtende Person nur dann noch einmal gem. § 4 Abs. 2 Hs. 1 DONot förmlich zu verpflichten, wenn diese Person zwischenzeitlich ihre Tätigkeit für den Notar tatsächlich vollständig eingestellt hatte. Das ist bei einem **Mitarbeiter nur dann** der Fall, wenn dieser den Notar für einen anderen Arbeitsplatz (bei einem anderen Notar oder einem anderen Arbeitgeber) verlässt und sodann wieder an seinen alten Arbeitspatz zurückkehrt (auch wenn dieser kurze arbeitsvertragliche Ausflug zu einem anderen Notar oder Arbeitgeber nur wenige Tage angedauert hat); keine zwischenzeitliche Einstellung der Tätigkeit liegt hingegen vor, wenn der Mit-

---

[31] BT-Drs. 13/4184, 365: „Die Niederschrift und deren Aushändigung sind jedoch keine Wirksamkeitsvoraussetzungen der Verpflichtung. Es wäre zu formal und würde den tatsächlichen Verhältnissen nicht entsprechen, die Verpflichtung erst zu einem späteren Zeitpunkt als dem der Vornahme wirksam werden zu lassen."
[32] BGH NJW 1980, 846: Es wäre „zu förmlich, die Verpflichtung erst zu einem späteren Zeitpunkt als dem ihrer Vornahme wirksam werden zu lassen, wenn z. B. die Niederschrift alsbald nachträglich angefertigt, vom Verpflichteten mitunterzeichnet und in Abschrift an ihn ausgehändigt wird."
[33] Armbrüster/Preuß/Renner/*Eickelberg* DONot § 4 Rn. 2.
[34] → Rn. 8.
[35] → Rn. 1.
[36] Diehn/*Diehn* BNotO § 26 Rn. 20; BeckOK BeurkG/*Schmitz* DONot § 4 Rn. 8.
[37] Diehn/*Diehn* BNotO § 26 Rn. 20. AA *von Campe* → DONot § 4 Rn. 5, wonach „arbeitsrechtliche Kriterien" maßgeblich sein sollen.
[38] So auch mit anderer Begründung *von Campe* → DONot § 4 Rn. 5; BeckOK BeurkG/*Schmitz* DONot § 4 Rn. 6; Armbrüster/Preuß/Renner/*Eickelberg* DONot § 4 Rn. 17.

arbeiter aufgrund **Mutterschutz** oder **Elternzeit** für einen bestimmten Zeitraum nicht mehr für den Notar tätig ist.[39]

IV. Sozietät

15 Haben sich mehrere Notare zur gemeinsamen Berufsausübung verbunden und besteht zu der förmlich zu verpflichtenden Person ein einheitliches Beschäftigungsverhältnis, stellt § 26 S. 3 klar, dass **nicht jeder einzelne Berufsträger** den Beschäftigten förmlich zu verpflichten hat, sondern vielmehr **eine** förmliche Verpflichtung durch **einen Berufsträger** ausreicht. Durch diese **eine förmliche Verpflichtung** durch einen Berufsträger der Sozietät wird der **Sinn und Zweck** der förmlichen Verpflichtung, die Begründung eines umfassenderen strafrechtlichen Schutzes der in Sozietät zwingend gemeinsamen ausgeübten notariellen Tätigkeit,[40] **vollumfänglich erreicht.**

16 Bei der Verbindung zur gemeinsamen Berufsausübung iSd § 26 S. 3 **muss** es sich um eine solche nach § 9 Abs. 1 Alt. 1 (hauptberuflicher Notar) oder § 9 Abs. 2 Alt. 1 (Anwaltsnotar) handeln, also zwischen den Notaren die **enge Verbindung einer Sozietät bestehen;** die Verbindung in Form einer **bloß losen Bürogemeinschaft** iSd § 9 Abs. 1 Alt. 2, Abs. 2 Alt. 2 **genügt** hingegen zur Einschlägigkeit des § 26 S. 3 **nicht.** Ein einheitliches Beschäftigungsverhältnis iSd § 26 S. 3 besteht immer dann, wenn der **Arbeitsvertrag** zwischen dem **Mitarbeiter** und der zwischen den Notaren bestehenden **GbR** geschlossen wird, was im Zweifel – etwa bei einem mündlich geschlossenen Arbeitsvertrag – anzunehmen ist.

17 Schließen sich zwei **bislang allein tätige** Notare zu einer **Sozietät** zusammen und hat **jeder von ihnen** die von ihm in die Sozietät „mitgebrachten" **Mitarbeiter** bereits förmlich verpflichtet, wird im Zweifel mit der Gründung der Sozietät konkludent ein einheitliches Beschäftigungsverhältnis zwischen dem Mitarbeiter und der zwischen den Notaren gegründeten GbR begründet; einer nochmaligen förmlichen Verpflichtung der jeweils „mitgebrachten" Mitarbeiter bedarf es folglich nicht.[41] Scheidet aus einer **bestehenden Sozietät** von zwei Notaren einer der Notare aus (zB wegen Erreichens der Altersgrenze oder Amtssitzverlegung) und soziiert sich **derjenige Notar,** der die Mitarbeiter der aufgelösten Sozietät **alleine förmlich verpflichtet** hat, erneut mit einem anderen Notar (zB dem Amtsnachfolger des ausgeschiedenen Sozius), wird mit der Gründung der neuen Sozietät in der Regel (konkludent) ein einheitliches Beschäftigungsverhältnis zwischen den Mitarbeitern und der neu gegründeten GbR begründet, so dass es einer förmlichen Verpflichtung der Mitarbeiter der Altsozietät nicht bedarf.[42] Hat in dieser Konstellation hingegen der aus der bestehenden Sozietät **ausscheidende Notar** die Mitarbeiter **allein förmlich verpflichtet,** ist eine erneute förmliche Verpflichtung durch zumindest einen der Notare der neu gegründeten GbR unvermeidlich. In diesem Falle hat nämlich keiner der beschäftigenden Notare die Mitarbeiter förmlich verpflichtet; auch diesen Fall erfasst § 4 Abs. 2 Hs. 2 DONot,[43] der den Notaren eine erneute förmliche Verpflichtung zur Pflicht macht.[44]

---

[39] Diehn/*Diehn* BNotO § 26 Rn. 17; Armbrüster/Preuß/Renner/*Eickelberg* DONot § 4 Rn. 15.
[40] → Rn. 3.
[41] Schippel/Bracker/*Kanzleiter* BNotO § 26 Rn. 6; Schippel/Bracker/*Bracker* DONot § 4 Rn. 4. Vgl. auch BeckOK BeurkG/*Schmitz* DONot § 4 Rn. 3.
[42] Schippel/Bracker/*Kanzleiter* BNotO § 26 Rn. 6; Schippel/Bracker/*Bracker* DONot § 4 Rn. 4. Vgl. auch BeckOK BeurkG/*Schmitz* DONot § 4 Rn. 3.
[43] → Rn. 7.
[44] So auch Armbrüster/Preuß/Renner/*Eickelberg* DONot § 4 Rn. 16. AA Schippel/Bracker/*Kanzleiter* BNotO § 26 Rn. 6; Schippel/Bracker/*Bracker* DONot § 4 Rn. 4.

V. Verwahrung

Gemäß §§ 4 Abs. 1, 23 Abs. 1 S. 2 Spiegelstrich 6 DONot ist die Urschrift der Niederschrift bei den Generalakten aufzubewahren. Zur Erleichterung der Auffindbarkeit bei Geschäftsprüfungen ist zu empfehlen, die Verpflichtungserklärungen sämtlicher förmlich verpflichteter Personen zusammen in den Generalakten aufzubewahren.[45] **18**

D. Amtspflicht zum Hinwirken

Gemäß § 26 S. 4 hat der Notar in geeigneter Weise auf die Einhaltung der Verschwiegenheitspflicht durch die von ihm beschäftigten Personen **hinzuwirken.** Dieser Satz 4 wurde **erst** mit Wirkung zum 9.11.**2017** in § 26 **eingefügt.**[46] Die Schaffung dieser „Pflicht zur Überwachung der Einhaltung der Verschwiegenheitspflicht der beim Notar beschäftigten Personen" war der eigentliche Anlass, § 26 sprachlich zu überarbeiten und insgesamt neu zu fassen.[47] **19**

Die Amtspflicht ist an **nicht ganz passender Stelle** in die BNotO eingefügt worden. Die förmliche Verpflichtung iSd § 1 VerpflG, die § 26 in das notarielle Berufsrecht integriert, **beschränkt sich nämlich gerade nicht** auf die Verpflichtung zur **Verschwiegenheit,** sondern geht darüber hinaus auf die Verpflichtung zur gewissenhaften Erfüllung **aller** mit der hoheitlichen Tätigkeit zusammenhängenden **Obliegenheiten.**[48] Die Bestimmung des § 26 S. 4 wäre daher treffender in § 18 Abs. 1 aufgehoben – und war darin auch bis zum Jahre 1998 enthalten.[49] Letztlich besteht ein **Regelungszusammenhang** mit § 26 jedoch insoweit, als dass der Notar die zu verpflichtende Person im Rahmen der förmlichen Verpflichtung nach § 26 S. 2 auf die berufsrechtlichen Bestimmungen des § 18 (Verschwiegenheitspflicht) und § 14 Abs. 4 (Vermittlungsverbot) **besonders hinzuweisen** hat. Ein Blick in den in Bezug genommenen § 14 Abs. 4 S. 2 lässt schließlich erkennen, dass der neu eingefügte § 26 S. 4 eine **bestehende Regelungslücke schließt:** Für das bei der förmlichen Verpflichtung besonders herauszustellende **Vermittlungsverbot** aus § 14 Abs. 4 S. 1 – das ausschließlich an den Notar adressiert ist – nimmt § 14 Abs. 4 S. 2 den Notar in die **Pflicht, dafür zu sorgen,** das auch die bei ihm beschäftigten Personen nicht dagegen verstoßen. Für die bei der förmlichen Verpflichtung besonders herauszustellende **Verschwiegenheitspflicht** gem. § 18 Abs. 1 – die ebenfalls ausschließlich an den Notar adressiert ist – nimmt nunmehr § 26 S. 4 den Notar in die **Pflicht, dafür zu sorgen,** dass auch die von ihm beschäftigten Personen nicht dagegen verstoßen. § 26 S. 4 hat folglich für § 18 Abs. 1 die Funktion, die § 14 Abs. 4 S. 2 für § 14 Abs. 4 S. 1 hat: **Beide Bestimmungen** machen es dem Notar zur Amtspflicht, bestimmte notarielle Pflichten auch den von ihm beschäftigten Personen **aufzuerlegen.** **20**

Es stellt sich die Frage, **wie** der Notar in geeigneter Weise **darauf hinwirkt** (§ 26 S. 4) und **dafür sorgt** (§ 14 Abs. 4 S. 2), dass die von ihm beschäftigten Personen die **Verschwiegenheitspflicht** einhalten und nicht dem **Vermittlungsverbot** unterfallende Geschäfte tätigen. Grundlage dieses Hinwirkens und des Sorgens ist zunächst, dass er beides seinen Mitarbeitern **privatrechtlich zur Pflicht** macht. Erst diese privatrechtliche Verpflichtung versetzt den Notar in die Lage, bei einem Verstoß **effektiv arbeitsrechtliche und zivilrechtliche Konsequenzen** zu ziehen. Festzuhalten ist daher, dass den Notar gem. §§ 26 S. 4, 14 Abs. 4 S. 2 die Amtspflicht trifft, die von ihm beschäftigten Personen **21**

---

[45] BeckOK BeurkG/*Schmitz* DONot § 4 Rn. 4.
[46] Gesetz v. 30.10.2017, BGBl. I 3618.
[47] BR-Drs. 163/17, 37.
[48] Vgl. BGH NJW 1980, 846.
[49] § 18 Abs. 1 aF lautete bis zu einer Änderung 1998 (durch die § 26 in die BNotO eingefügt wurde) noch: „Der Notar hat, soweit nichts anderes bestimmt ist, über die ihm bei seiner Berufsausübung bekanntgewordenen Angelegenheiten Verschwiegenheit gegen jedermann zu bewahren und diese *auch den bei ihm beschäftigten Personen zur Pflicht zu machen*", vgl. BT-Drs. 13/4184, 26.

auf die Einhaltung der Verschwiegenheit und das Unterlassen von Vermittlungsgeschäften **privatrechtlich zu verpflichten**. Da der Notar die von ihm beschäftigten Personen auf diese beiden Amtspflichten im Rahmen ihrer förmlichen Verpflichtung besonders hinzuweisen hat, bietet sich die **Vornahme** dieser privatrechtlichen Verpflichtung **im Rahmen der förmlichen Verpflichtung** förmlich an. Darüber hinaus trifft den Notar aus §§ 26 S. 4, 14 Abs. 4 S. 2 die Amtspflicht, die von ihm beschäftigte Person bei einer Pflichtverletzung auch in angemessenem Maße arbeitsrechtlich oder zivilrechtlich zu **sanktionieren**; welche Sanktion in Anbetracht der jeweiligen Pflichtverletzung angemessen ist, entzieht sich hierbei einem allgemeinen Maßstab.[50]

E. Verpflichtungsmuster

Niederschrift über die förmliche Verpflichtung

von

*** (nachfolgend „**Mitarbeiter**")

durch

*** (nachfolgend „**Notar**").

Am *** hat der Notar den Mitarbeiter gem. § 26 S. 1 BNotO iVm § 1 Abs. 1 VerpflG mündlich auf die gewissenhafte Erfüllung seiner Obliegenheiten verpflichtet.[51]

Der Notar hat den Mitarbeiter darauf hingewiesen, dass er aufgrund seiner förmlichen Verpflichtung strafrechtlich ein für den öffentlichen Dienst besonders Verpflichteter ist (§ 11 Abs. 1 Nr. 4 StGB) und als solcher dieselben qualifizierten und besonderen Straftatbestände verwirklichen kann, wie der Notar als öffentlicher Amtsträger (insbesondere qualifizierter Landesverrat gem. § 97b Abs. 2 S. 2 StGB, qualifizierte Gefangenenbefreiung gem. § 120 Abs. 2 StGB, qualifizierter Verwahrungsbruch gem. § 133 Abs. 3 StGB, qualifizierte Verletzung der Vertraulichkeit des Wortes gem. § 201 Abs. 3 StGB, Vorteilsannahme gem. §§ 331 Abs. 1, 336 StGB, Bestechlichkeit gem. §§ 332 Abs. 1, 336 StGB, Verletzung des Dienstgeheimnisses gem. § 353b Abs. 1 Nr. 2 StGB, Verletzung des Steuergeheimnisses gem. § 355 Abs. 2 Nr. 1 StGB).[52]

Der Notar hat den Mitarbeiter ferner über die aus §§ 14 Abs. 4, 18 BNotO folgenden notariellen Amtspflichten belehrt und darauf hingewiesen, dass der Notar dafür zu sorgen und darauf hinzuwirken hat, dass auch seine Mitarbeiter diese notariellen Amtspflichten einhalten.[53] Vor diesem Hintergrund verpflichtet sich der Mitarbeiter gegenüber dem Notar, keine Darlehen oder Grundstücksgeschäfte zu vermitteln, sich nicht an der Vermittlung von Urkundsgeschäften zu beteiligen und im Zusammenhang mit einer Amtshandlung keine Bürgschaft oder eine sonstige Gewährleistung zu übernehmen (§ 14 Abs. 4 BNotO).[54] Ferner verpflichtet sich der Mitarbeiter gegenüber dem Notar, sämtliche Informationen, die ihm bei Ausübung oder bei Gelegenheit seiner Tätigkeit zur Kenntnis gelangt sind, Dritten nicht zu offenbaren (§ 18 Abs. 1 BNotO).[55] Der Notar hat den Mitarbeiter darauf hingewiesen, dass ein Verstoß gegen die vorstehenden Verpflichtungen arbeitsrechtliche Folgen nach sich ziehen sowie zivilrechtliche Ansprüche begründen kann und darüber hinaus ein Verstoß gegen die Verschwiegenheitsverpflichtung mit Freiheitsstrafe oder Geldstrafe bestraft werden kann (§§ 203 Abs. 4, 204 StGB).[56]

---

[50] Vgl. auch Diehn/*Diehn* BNotO § 26 Rn. 27 ff.
[51] → Rn. 10, 12.
[52] → Rn. 3, 10.
[53] → Rn. 10, 19 ff.
[54] → Rn. 21.
[55] → Rn. 21.
[56] → Rn. 10, 21.

Der Notar hat dem Mitarbeiter eine Abschrift dieser Niederschrift übergeben;[57] die Urschrift dieser Niederschrift wird der Notar bei seinen Generalakten verwahren.[58]

Datum und Unterschriften des Mitarbeiters und des Notars[59]

§ 26a Inanspruchnahme von Dienstleistungen

(1) ¹Der Notar darf Dienstleistern ohne Einwilligung der Beteiligten den Zugang zu Tatsachen eröffnen, auf die sich die Verpflichtung zur Verschwiegenheit gemäß § 18 bezieht, soweit dies für die Inanspruchnahme der Dienstleistung erforderlich ist. ²Dienstleister ist eine andere Person oder Stelle, die vom Notar im Rahmen seiner Berufsausübung mit Dienstleistungen beauftragt wird.

(2) ¹Der Notar ist verpflichtet, den Dienstleister sorgfältig auszuwählen. ²Die Zusammenarbeit muss unverzüglich beendet werden, wenn die Einhaltung der dem Dienstleister gemäß Absatz 3 zu machenden Vorgaben nicht gewährleistet ist.

(3) ¹Der Vertrag mit dem Dienstleister bedarf der Schriftform. ²In ihm ist
1. der Dienstleister unter Belehrung über die strafrechtlichen Folgen einer Pflichtverletzung zur Verschwiegenheit zu verpflichten,
2. der Dienstleister zu verpflichten, sich nur insoweit Kenntnis von fremden Geheimnissen zu verschaffen, als dies zur Vertragserfüllung erforderlich ist, und
3. festzulegen, ob der Dienstleister befugt ist, weitere Personen zur Erfüllung des Vertrags heranzuziehen; für diesen Fall ist dem Dienstleister aufzuerlegen, diese Personen in schriftlicher Form zur Verschwiegenheit zu verpflichten.

(4) Bei der Inanspruchnahme von Dienstleistungen, die unmittelbar einem einzelnen Amtsgeschäft dienen, darf der Notar dem Dienstleister den Zugang zu fremden Geheimnissen nur dann eröffnen, wenn der Beteiligte darin eingewilligt hat.

(5) Die Absätze 2 und 3 gelten auch für den Fall der Inanspruchnahme von Dienstleistungen, in die die Beteiligten eingewilligt haben, sofern die Beteiligten nicht ausdrücklich auf die Einhaltung der in den Absätzen 2 und 3 genannten Anforderungen verzichtet haben.

(6) ¹Absatz 3 gilt nicht in den Fällen, in denen der Dienstleister nach § 1 des Verpflichtungsgesetzes förmlich verpflichtet wurde. ²Absatz 3 Satz 2 gilt nicht, soweit der Dienstleister hinsichtlich der zu erbringenden Dienstleistung gesetzlich zur Verschwiegenheit verpflichtet ist.

(7) Andere Vorschriften, die für Notare die Inanspruchnahme von Dienstleistungen einschränken, sowie die Vorschriften zum Schutz personenbezogener Daten bleiben unberührt.

Übersicht

	Rn.
A. Hintergrund	1
B. Auslegungsmaßstab	4
I. Identisches Informationsschutzniveau	5
II. Unterschiedliches Informationsschutzniveau	8
C. Offenbarungstatbestand	12
I. Dienstleister (Abs. 1 S. 2)	13
II. Erforderlichkeit der Dienstleistung	16
1. Dienstleister im Einzelfall (Abs. 4)	17
2. Dienstleister im Allgemeinen	21
III. Erforderlichkeit der Offenbarung (Abs. 1 S. 1)	26

---

[57] → Rn. 10.
[58] → Rn. 18.
[59] → Rn. 10, 12.

	Rn.
D. Amtspflichten	29
I. Auswahl und Überwachung (Abs. 2)	30
II. Verschwiegenheitsvereinbarung (Abs. 3 und Abs. 6)	33
1. Schriftform (Abs. 3 S. 1)	34
2. Inhalte (Abs. 3 S. 2)	36
3. Ausnahmen (Abs. 6)	39
4. Sozietät	41
5. Muster	42
III. Keine Amtspflichten bei Einwilligung (Abs. 5)	44
IV. Andere Vorschriften (Abs. 7)	47

A. Hintergrund

1   Die Vorschrift wurde mit Wirkung zum 9.11.2017 durch das Gesetz zur Neuregelung des Schutzes von Geheimnissen bei der Mitwirkung Dritter an der Berufsausübung schweigepflichtiger Personen in die BNotO eingefügt[1] – „Mit diesem Gesetz möchten wir den Wandel in der Arbeitswelt nachvollziehen."[2] Unter den darin genannten Voraussetzungen ist es dem Notar **gestattet,** externen Dienstleistern solche Informationen zu offenbaren, die der Verschwiegenheitspflicht gem. § 18 Abs. 1 S. 1 unterliegen, **ohne** dass die Beteiligten ihn vorher gem. § 18 Abs. 2 von der Verschwiegenheit **befreien.** Die Vorschrift bildet einen **gesetzlichen Offenbarungstatbestand**[3] und fügt sich in die Reihe der bereits bestehenden Ausnahmetatbestände zur notariellen Verschwiegenheitspflicht ein.

2   Bis zum Inkrafttreten der Vorschrift existierte kein gesetzlicher Offenbarungstatbestand, der dem Notar die Offenbarung von geschützten Informationen gegenüber Dienstleistern gestattete. Da der Notar auch schon vor der Einfügung von § 26a das Bedürfnis hatte, bestimmte Tätigkeiten durch nicht von ihm selbst beschäftigte Personen (Mitarbeiter) durchführen zu lassen, konnte er dem Dienstleister aufgrund der **Wahrnehmung eigener berechtigter Interessen** entsprechend § 193 StGB Zugriff auf geschützte Informationen gestatten. Die Durchbrechung des § 18 Abs. 1 S. 1 auf Grundlage einer **Analogie zu § 193 StGB** ist höchstrichterlich anerkannt[4] und heute im notariellen Berufsrecht noch Grundlage der Offenbarung von geschützten Informationen gegenüber den eigenen Mitarbeitern des Notars.[5] Insbesondere aufgrund des verbleibenden **hohen straf- und verfahrensrechtlichen Schutzniveaus** der an die eigenen Mitarbeiter weitergegebenen Informationen[6] waren an die Weitergabe von geschützten Informationen an externe Dienstleister entsprechend § 193 StGB **hohe Anforderungen** zu stellen:

3   Die von § 193 StGB geforderte **Güterabwägung** zwischen dem durch die Verschwiegenheitspflicht geschützten informationellen Selbstbestimmungsrecht der Beteiligten und dem Interesse des Notars an der Beauftragung eines Dienstleisters konnte grundsätzlich nur dann zugunsten des letzteren ausfallen, wenn die in Frage stehende Tätigkeit **üblicherweise nicht** durch den Notar selbst oder seine Mitarbeiter ausgeübt wird. So konnte beispielsweise das Interesse des Notars an der Beauftragung eines Dienstleisters mit **Sekretariatsdienstleistungen,** etwa mit dem Schreiben von Diktaten, dem Kuvertieren von Briefen oder dem Annehmen von Telefonaten, keinesfalls das informationelle Selbstbestimmungsrecht der Beteiligten überwiegen und war daher gem. § 18 Abs. 1 S. 1 unzulässig. Ebenso verhielt es sich mit dem Interesse des Notars an einer **Archivierung** von Dateien auf Servern eines Dienstleisters („Cloud-Computing) oder von Akten in Räumen oder Containern externer

---

[1] Gesetz v. 30.10.2017, BGBl. I 3618.
[2] *Dr. Volker Ullrich* (CDU/CSU), BT-PlPr 18/243, 25907 (D).
[3] BR-Drs. 163/17, 1, 21, 38.
[4] BGH 17.7.2014 – III ZR 514/13, DNotZ 2014, 837; 9.12.2004 – IX ZB 279/03, DNotZ 2005, 288.
[5] → § 18 Rn. 138 ff.
[6] → Rn. 5 ff.

Dienstleister („Archivdepots").[7] Das Interesse des Notars an der Beauftragung eines Dienstleisters für die Wartung, Instandsetzung oder Erneuerung der in einem Notariat notwendigen **technischen Geräte,** für die Einrichtung und laufende Betreuung der **Notariatssoftware** oder der **Bindung der Urkundenrolle** überwog hingegen grundsätzlich das informationelle Selbstbestimmungsrecht der Beteiligten und wurde daher als zulässige Durchbrechung des § 18 Abs. 1 S. 1 auf Grundlage von § 193 StGB anerkannt.

B. Auslegungsmaßstab

Für die Auslegung des § 26a ist das unterschiedliche **straf- und verfahrensrechtliche** **4** **Schutzniveau** von an eigene Mitarbeiter oder an externe Dienstleister weitergegebene Informationen iSd § 18 Abs. 1 S. 1 auch weiterhin im Blick zu behalten. Im Unterschied zu den eigenen Mitarbeitern ist der externe Dienstleister nämlich im Hinblick auf die der notariellen Verschwiegenheitspflicht unterliegenden Informationen auch weiterhin straf- und verfahrensrechtlich **nicht vollumfänglich gleichgestellt** – eine bewusste Entscheidung des Gesetzgebers.[8] Das mit der Einfügung des § 26a zwar erhöhte, jedoch weiterhin verbleibende **unterschiedliche** straf- und verfahrensrechtliche **Schutzniveau** von gegenüber Mitarbeitern auf der einen Seite und gegenüber Dienstleistern auf der anderen Seite offenbarten Informationen hat für den in § 26a enthaltenen Offenbarungstatbestand und den daran anknüpfenden Amtspflichten **oberster Auslegungsmaßstab** zu sein.

I. Identisches Informationsschutzniveau

Durch das Gesetz, mit dem § 26a in die BNotO eingefügt wurde, sind **erstmals** auch **5** **Dienstleister** in den **Straftatbestand** der Verletzung von Privatgeheimnissen **einbezogen** worden.[9] Gemäß § 203 Abs. 4 S. 1 StGB wird mit Freiheitsstrafe bis zu einem Jahr oder mit Geldstrafe bestraft, wer unbefugt eine der notariellen Verschwiegenheitspflicht unterliegende Information offenbart, die ihm bei der Ausübung oder bei Gelegenheit seiner Tätigkeit als „mitwirkende Person" des Notars – das sind nach der Gesetzesbegründung neben den eigenen Mitarbeitern auch externe Dienstleister[10] – bekannt geworden ist. Dieser **strafrechtliche Schutz** wird durch § 203 Abs. 4 S. 2 Nr. 1 StGB dahingehend **erweitert,** dass sich **auch der** die gem. § 18 Abs. 1 S. 1 geschützten Informationen **weitergebende Notar** strafbar macht, wenn er den die weitergegebenen Informationen offenbarenden **Mitarbeiter** oder **Dienstleister nicht** zur Geheimhaltung **verpflichtet** hat. Gemäß § 204 Abs. 1 StGB wird der **Strafrahmen** im Falle der **„Verwertung"** der geschützten Information durch den Notar, Mitarbeiter oder Dienstleister auf eine Freiheitsstrafe bis zu zwei Jahren **erweitert.**

Durch das Gesetz, mit dem § 26a in die BNotO eingefügt wurde, sind darüber hinaus **6** **erstmals** auch **Dienstleister** in den **strafverfahrensrechtlichen Schutz** der §§ 53a, 97 und 106a StPO einbezogen worden.[11] Gemäß § 53a Abs. 1 Nr. 1 StPO steht sowohl den Mitarbeitern als auch den Dienstleistern[12] in einem Strafverfahren in demselben Umfang

---

[7] Enthält eine derartige Archivierung allerdings schon keine Offenbarung von Informationen gegenüber dem externen Dienstleister, ist sie gem. § 18 Abs. 1 S. 1 zulässig, → § 18 Rn. 155.
[8] → Rn. 9.
[9] Gemäß § 203 Abs. 3 S. 2 StGB in der bis zum 7.11.2017 geltenden Fassung waren ausschließlich die eigenen Mitarbeiter des Notars („berufsmäßig tätigen Gehilfen") vom Straftatbestand erfasst, vgl. BR-Drs. 163/17, 1; *Grosskopf/Momsen* CCZ 2018, 98.
[10] BR-Drs. 163/17, 1, 18: „Beide Personengruppen bilden zusammen den Kreis der mitwirkenden Personen" und 25: „Oberbegriff der mitwirkenden Person".
[11] Die Einbeziehung in den strafverfahrensrechtlichen Schutz erfolgte erst aufgrund der Empfehlung des Rechtsausschusses im Bundestag, vgl. BT-Drs. 18/12940. Gemäß § 203 Abs. 3 S. 2 StGB in der bis zum 7.11.2017 geltenden Fassung waren ausschließlich die eigenen Mitarbeiter des Notars („berufsmäßig tätigen Gehilfen") vom Straftatbestand erfasst.
[12] BT-Drs. 18/12940, 11.

wie dem Notar ein **Zeugnisverweigerungsrecht** zu. Auch die Anordnung von **Ermittlungsmaßnahmen** gegen Mitarbeiter oder Dienstleister des Notars unterliegt heute gem. § 160a Abs. 3 StPO den gleichen besonderen strafverfahrensrechtlichen Verhältnismäßigkeitsvoraussetzungen wie gegen den Notar selbst und auch das **Beschlagnahmeverbot** ist heute gem. § 97 Abs. 3 StPO sowohl auf die Mitarbeiter als auch die Dienstleister des Notars in demselben Umfang wie auf den Notar selbst anzuwenden.

7 Durch die mit dem Gesetz zur Einfügung des § 26a in die BNotO zugleich geänderten § 203 StGB, §§ 53a, 97 und 106a StPO wurde somit **erstmals ein strafrechtliches und strafprozessuales Schutzniveau** von der notariellen Verschwiegenheitspflicht unterliegenden und gegenüber einem externen **Dienstleister** offenbarten Informationen geschaffen, das **vorher nicht existierte**. Dieser Umstand führt bei der Auslegung des § 26a dazu, dass **heute** in einem **weitergehenden Maße** als nach alter Rechtslage der notariellen Verschwiegenheitspflicht unterfallende Informationen gegenüber externen Dienstleistern **offenbart werden dürfen**.[13]

II. Unterschiedliches Informationsschutzniveau

8 Das Gesetz, mit dem der Offenbarungstatbestand des § 26a geschaffen wurde, hat allerdings **nicht** zu einem **vollständigen Gleichlauf** des Schutzes der gegenüber dem eigenen Mitarbeiter auf der einen Seite und dem externen Dienstleister auf der anderen Seite offenbarten Informationen geführt. Offenbart der Notar **gegenüber einem Mitarbeiter** gem. § 18 Abs. 1 S. 1 geschützte Informationen, besteht für diese Informationen auch weiterhin ein **weitergehender straf- und verfahrensrechtlicher Schutz** als für die gegenüber einem externen Dienstleister offenbarten Informationen.

9 Gemäß § 26 wird dem Notar **ausschließlich** für seine **Mitarbeiter** die Möglichkeit eröffnet und der Notar zugleich berufsrechtlich dazu verpflichtet, die bei ihm beschäftigten Personen gem. § 1 Nr. 1 VerpflG **förmlich zu verpflichten.**[14] Unmittelbare **Folge** dieser förmlichen Verpflichtung ist, dass die entsprechend verpflichteten Mitarbeiter unter anderem auch im Hinblick auf die Straftatbestände der Verletzung der Vertraulichkeit des Wortes (§ 201 Abs. 3 StGB), der Vorteilsannahme (§ 331 Abs. 1 StGB), der Bestechlichkeit (§ 332 Abs. 1 StGB), der Verletzung des Dienstgeheimnisses und einer besonderen Geheimhaltungspflicht (§ 353b Abs. 1 Nr. 2 StGB) sowie der Verletzung des Steuergeheimnisses (§ 355 Abs. 2 Nr. 1 StGB) derselben **qualifizierten Strafandrohung** unterliegen wie der Notar.[15] Die Möglichkeit der förmlichen Verpflichtung auch der vom Notar nach § 26a eingesetzten Dienstleister wurde vom **Gesetzgeber** hierbei ganz **bewusst verworfen,** um „die Strafbarkeit der externen Dienstleister auf die Normen [... zu beschränken], die eine Verletzung der Verschwiegenheitspflicht zum Inhalt haben, nicht jedoch die Normen [... zu umfassen], die die Strafbarkeit von Amtsträgern betreffen."[16] Das Nichterreichen dieses zusätzlichen strafrechtlichen Schutzniveaus für die gegenüber einem externen Dienstleister offenbarten Informationen war folglich eine **bewusste Entscheidung des Gesetzgebers**.

10 Nach der bislang vorherrschenden Auslegung ist das zivilprozessuale Zeugnisverweigerungsrecht gem. § 383 Abs. 1 Nr. 6 ZPO sowie die **Zeugnisverweigerungsrechte** der darauf Bezug nehmenden weiteren **Verfahrens- und Prozessordnungen** (§ 29 Abs. 2 FamFG, § 98 VwGO, § 65 Abs. 1 S. 2 VwVfG, § 46 Abs. 2 ArbGG, § 118 Abs. 1 SGG, § 21 Abs. 3 S. 3 SGB X) auf die eigenen **Mitarbeiter** des verweigerungsberechtigten Amtsträgers entsprechend anzuwenden.[17] Für das Auskunftsverweigerungsrecht gegenüber den Finanzbehörden ergibt sich das eindeutig aus dem Wortlaut des § 102 Abs. 2 AO. Eine

---
[13] Vgl. zu dieser gesetzgeberisch gewollten Folge auch Henssler/Prütting/*Henssler* BRAO § 43e Rn. 1.
[14] → § 26 Rn. 6 ff.
[15] → § 26 Rn. 3.
[16] BR-Drs. 163/17, 39.
[17] RGZ 54, 360 (361); BeckOK ZPO/*Scheuch* ZPO § 383 Rn. 24; MüKoZPO/*Damrau* ZPO § 383 Rn. 34.

gesetzgeberische Klarstellung, dass auch die Zeugnis- und Auskunftsverweigerungsrechte anderer Verfahrensordnungen als der StPO nicht nur auf Mitarbeiter, sondern nunmehr auch auf Dienstleister Anwendung finden, ist durch das Gesetz zur Einfügung des § 26a in die BNotO nicht erfolgt. Es ist daher auch weiterhin davon auszugehen, dass dem externen **Dienstleister** in einem Verfahren außerhalb eines Strafverfahrens (§ 53a StPO)[18] und gegenüber den Finanzbehörden auch weiterhin **kein Zeugnis- und Auskunftsverweigerungsrecht** im Hinblick auf die ihm bekannt gewordenen und von § 18 Abs. 1 S. 1 geschützten Informationen **zusteht**.

Festzuhalten ist daher, dass die dem **Mitarbeiter** offenbarten Informationen auch nach 11 Schaffung eines Offenbarungstatbestandes gegenüber dem Dienstleister weiterhin einen **größeren strafrechtlichen und prozessualem Schutz** genießen. Dieser bestehende höhere Geheimnisschutz führt bei der Auslegung des § 26a dazu, dass auch heute noch eine Informationsweitergabe an externe **Dienstleister engeren berufsrechtlichen Voraussetzungen unterliegen** müssen als die Informationsweitergabe an eigene Mitarbeiter.

C. Offenbarungstatbestand

Mit § 26a Abs. 1 und Abs. 4 wurde eine „**Befugnisnorm** in die […] BNotO […] 12 eingefügt, die **Voraussetzungen und Grenzen** festlegt, unter denen Dienstleistern Zugang zu fremden Geheimnissen eröffnet werden darf. Eine Zugangsgewährung im Rahmen dieser Befugnisnorm stellt dann für den Geheimnisträger keinen Verstoß gegen die **berufsrechtlich** festgelegte Verschwiegenheitspflicht dar. Da es dann auch kein unbefugtes Offenbaren im Sinne von § 203 StGB ist, unterfällt es auch nicht der **Strafbarkeit** aus § 203 StGB […]. Soweit dieses Offenbaren für die Inanspruchnahme […] erforderlich ist, handelt der Berufsgeheimnisträger […] befugt und damit nicht rechtswidrig."[19] Eine Offenbarung von gem. § 18 Abs. 1 S. 1 geschützten Informationen ist gem. § 26a gerechtfertigt, wenn die Offenbarung gegenüber einem Dienstleister erfolgt (→ Rn. 13 ff.) und die Inanspruchnahme dieses Dienstleisters (→ Rn. 16 ff.) sowie die Offenbarung gegenüber diesem Dienstleister (→ Rn. 26 ff.) erforderlich ist.

I. Dienstleister (Abs. 1 S. 2)

Der Offenbarungstatbestand des § 26a ist nur dann einschlägig, wenn es sich bei der 13 **Person,** der gegenüber der Notar eine gem. § 18 Abs. 1 S. 1 geschützte Information offenbart, um einen **Dienstleister** handelt. Als Dienstleister definiert § 26a Abs. 1 S. 2 „eine andere Person oder Stelle, die vom Notar im Rahmen seiner Berufsausübung mit Dienstleistungen beauftragt wird." Im parallelen Straftatbestand des § 203 Abs. 3, Abs. 4 StGB ist Dienstleister die „sonstige mitwirkende Person".[20]

Der **Legaldefinition** des § 26a Abs. 1 S. 2 hätte es genau besehen im notariellen Berufs- 14 recht gar **nicht bedurft** und sie hilft für sich genommen auch nicht wirklich weiter. Die Abgrenzung zwischen einem Mitarbeiter und einem Dienstleiser folgt im **notariellen Berufsrecht** vielmehr **eindeutig** aus der **Zusammenschau** von § 26 und § 26a und der **Klarstellung** des Gesetzgebers, „dass es sich bei den vom Notar beschäftigten Personen [iSd § 26] nur um die arbeitsvertraglich beschäftigte Person handelt."[21] Folglich sind **Mitarbeiter** des Notars alle **arbeitsvertraglich Beschäftigten** und **Dienstleister** des Notars alle auf **anderer vertraglicher Grundlage** für ihn Tätigen.

Notarassessoren, Referendare, Praktikanten und aufgrund eines **Gefälligkeits**ver- 15 hältnisses für den Notar Tätigen werden gem. § 26 S. 5 in den Anwendungsbereich des

---

[18] → Rn. 6.
[19] BR-Drs. 163/17, 2, vgl. auch 15.
[20] BR-Drs. 163/17, 18, 19, 25.
[21] BR-Drs. 163/17, 38. Vgl. auch Henssler/Prütting/*Henssler* BRAO § 43e Rn. 9.

§ 26 hinein- und folglich aus dem Anwendungsbereich des § 26a herausgenommen und sind damit **unabhängig** von einer **arbeitsvertraglichen Beziehung** stets als Mitarbeiter des Notars iSd § 26 zu qualifizieren; für sie findet folglich § 26a keine Anwendung.[22] Die **Bundesnotarkammer** als Register- und Urkundenarchivbehörde wird auf **gesetzlicher** – und nicht vertraglicher – **Grundlage** für den Notar tätig und ist daher ebenfalls kein Dienstleister iSd § 26a Abs. 1 S. 2.[23]

II. Erforderlichkeit der Dienstleistung

16 Voraussetzung für eine gem. § 26a gerechtfertigte Offenbarung von gem. § 18 Abs. 1 S. 1 geschützten Informationen gegenüber einem Dienstleister ist zunächst, dass die Auslagerung der Tätigkeit auf den Dienstleister (das **„ob"** der Auslagerung) **erforderlich** ist. Dient die durch den Notar in Anspruch genommene Dienstleistung einem **bestimmten Amtsgeschäft**, hat gem. § 26a Abs. 4 ausschließlich der **betroffene Beteiligte** darüber zu entscheiden, ob die Auslagerung dieser Tätigkeit auf den Dienstleister erforderlich ist (→ Rn. 17 ff.). Dient die durch den Notar in Anspruch genommene Dienstleistung hingegen seiner **Amtstätigkeit im Allgemeinen**, hat der **Notar** über die Erforderlichkeit der Tätigkeitsauslagerung zu entscheiden und hierfür eine Abwägung zwischen dem dadurch eintretenden wirtschaftlichen Nutzen und dem dadurch begründeten geringeren Geheimnisschutz vorzunehmen (→ Rn. 21 ff.).

17 **1. Dienstleister im Einzelfall (Abs. 4).** Sofern eine externe Dienstleistung durch den Notar in Anspruch genommen wird, „die unmittelbar einem einzelnen Amtsgeschäft dient", bedarf es gem. § 26a Abs. 4 stets einer vorherigen **Befreiung des Beteiligten** von der Verschwiegenheitspflicht gem. § 18 Abs. 2 Hs. 1.[24] Der Beteiligte muss der externen Dienstleistung in diesem Falle zustimmen, damit der Notar den externen Dienstleister damit beauftragen darf. Im Ergebnis kann folglich § 26a als allgemeiner **Offenbarungstatbestand** für eine auf das **einzelne Amtsgeschäft** gerichtete Dienstleistung **nicht dienen**, sondern allein der auf den konkreten Einzelfall bezogene Offenbarungstatbestand des § 18 Abs. 2 Hs. 1. Sofern demnach ein Dienstleister für ein konkretes Amtsgeschäft eingeschaltet werden soll, kann darüber **ausschließlich** der **betroffene Beteiligte** bestimmen, indem er entweder eine Befreiung erteilt oder aber eine Befreiung ablehnt.

18 Eine Dienstleistung dient nur dann „unmittelbar einem einzelnen Amtsgeschäft" iSd § 26a Abs. 4, wenn die konkret in Anspruch genommene externe Leistung dem Notar **üblicherweise** – unter Zugrundelegung eines abstrakten Maßstabs – **nicht schon im Allgemeinen** seiner Amtstätigkeit dient („konkret-individuelle Dienstleistung"[25]). Diese Auslegung des § 26a Abs. 4 folgt unmittelbar aus der **Gesetzesbegründung,** wonach es für diese Abgrenzung allein darauf ankomme, „ob für die jeweilige Dienstleistung, die in Anspruch genommen werden soll, ein **besonderer Bedarf im einzelnen Mandat** besteht."[26] Die Gesetzesbegründung liefert für die notarielle Tätigkeit leider keine konkreten Beispiele, sondern verweist insoweit lediglich pauschal auf die Begründung der parallelen Norm im rechtsanwaltlichen Berufsrecht: Danach dürfe ein **Rechtsanwalt** die Beauftragung eines „Sachverständigen, einer Detektivin oder eines Detektivs oder einer Übersetzerin oder eines Übersetzers nicht ohne Rücksprache mit dem Mandanten in Anspruch nehmen."[27]

19 Der Notar nimmt für das konkrete Amtsgeschäft ein **Kreditinstitut** als externen Dienstleister in Anspruch, wenn er aufgrund eines berechtigten Sicherungsinteresses der Betei-

---

[22] → § 26 Rn. 8.
[23] Rundschreiben BNotK Nr. 4/2018 v. 17.4.2018, S. 8; Diehn/*Diehn* BNotO § 26a Rn. 7.
[24] → § 18 Rn. 26 ff. Das Gesetz spricht insoweit ungenau nicht von der „Befreiung", sondern von der „Einwilligung".
[25] So Henssler/Prütting/*Henssler* BRAO § 43e Rn. 26.
[26] BR-Drs. 163/17, 39 iVm 36.
[27] BR-Drs. 163/17, 39 iVm 36.

ligten (§ 57 Abs. 2 Nr. 1 BeurkG) im konkreten Einzelfall die Abwicklung eines Vertrages über ein **Notaranderkonto** vornimmt. Der Notar nimmt für das konkrete Amtsgeschäft einen **Dolmetscher** als externen Dienstleister in Anspruch, wenn ein Beteiligter der deutschen Sprache nicht hinreichend kundig ist und der Notar mangels Kenntnis der Sprache des Beteiligten nicht selbst **übersetzt** und daher im konkreten Einzelfall ein Dolmetscher hinzugezogen werden muss (§ 16 Abs. 3 BeurkG). In diesen Fällen nimmt der Notar eine externe Dienstleistung (Kontoführung, Übersetzung) in Anspruch, die iSd § 26a Abs. 4 unmittelbar einem **einzelnen Amtsgeschäft** (Abwicklung, Verhandlung der konkreten Urkunde) dient. In diesen Fällen kann eine Offenbarung gegenüber dem Dienstleister (Kreditinstitut, Dolmetscher) **nicht** auf Grundlage des **Offenbarungstatbestandes des § 26a** erfolgen, sondern gem. § 26a Abs. 4 **ausschließlich** auf Grundlage einer **Befreiungserklärung** der Beteiligten nach **§ 18 Abs. 2 Hs. 1,** die auch konkludent erteilt werden kann.[28]

Unmittelbare **Folge** der durch § 26a Abs. 4 begründeten Herausnahme sämtlicher unmittelbar einem einzelnen Amtsgeschäft dienenden Dienstleistungen aus dem Offenbarungstatbestand des § 26a ist, dass **auch die weiteren** in dieser Vorschrift enthaltenen „**Voraussetzungen und Grenzen**"[29] der Offenbarung gegenüber Dienstleistern **nicht einschlägig** sind. So muss der Notar mit dem das Notaranderkonto führenden **Kreditinstitut** oder dem die Niederschrift übersetzende **Dolmetscher** vor Inanspruchnahme der Dienstleistung insbesondere **keine** schriftliche **Verschwiegenheitsverpflichtung** iSd § 26a Abs. 3 schließen. Dieses auf § 26a Abs. 4 beruhende Ergebnis mag zunächst überraschen, ist jedoch auch inhaltlich richtig: Die Durchbrechung der Verschwiegenheitspflicht beruht in diesen konkreten Einzelfällen auf der **persönlichen Entscheidung** der Beteiligten selbst (§ 18 Abs. 2 Hs. 1), so dass es eines **zusätzlichen** (strafbewehrten) **Schutzes** dieser – nicht aufgrund einer Entscheidung des Notars (§ 26a) – freigegebenen Informationen **nicht bedarf.** Aus § 26a Abs. 5 folgt für das notarielle Berufsrecht nichts anderes.[30]

2. Dienstleister im Allgemeinen. Sofern eine externe Dienstleistung durch den Notar in Anspruch genommen wird, die im Allgemeinen seiner Amtstätigkeit dient („abstraktgenerelle Dienstleistung"[31]), **scheint** § 26a dem Notar im Hinblick auf die Zulässigkeit (dem „**ob**") der Auslagerung bestimmter Tätigkeiten auf einen externen Dienstleister **keine Grenzen** zu setzen. Die in § 26a Abs. 1 S. 1 enthaltene „Erforderlichkeitsschranke" bezieht sich dem **Wortlaut** nach allein auf den Umfang (das „**wie**") der offenbarten Informationen.[32] Auch wenn es sich aus dem Wortlaut des § 26a nicht ergibt, sind dem Notar **auch weiterhin**[33] berufsrechtliche Schranken im Hinblick auf die Frage der Zulässigkeit der Auslagerung bestimmter Tätigkeiten (dem „**ob**") gesetzt.[34] Davon geht auch der Gesetzgeber aus und das folgt aus dem **Umstand,** dass die den Mitarbeitern offenbarten Informationen einem **höheren straf- und verfahrensrechtlichen Schutzniveau** unterliegen:

Auch der Gesetzgeber ist bei Einfügung des § 26a von dem Grundsatz ausgegangen, dass der Notar seine Amtstätigkeit mit Unterstützung seiner Mitarbeiter ausübt und die **Auslagerung** auf einen externen **Dienstleister** auf das erforderliche **Minimum beschränkt:** „Grundsätzlich sollen die einem Berufsgeheimnisträger anvertrauten oder ihm in beruflicher Eigenschaft sonst bekannt gewordenen Geheimnisse in **seiner Sphäre** verbleiben und

---

[28] → § 18 Rn. 29.
[29] BR-Drs. 163/17, 2.
[30] → Rn. 44.
[31] So Henssler/Prütting/*Henssler* BRAO § 43e Rn. 26.
[32] → Rn. 26 ff.
[33] Zur alten Rechtslage → Rn. 2 f.
[34] So auch Rundschreiben BNotK Nr. 4/2018 v. 17.4.2018, S. 2, 4. Im Ergebnis wohl ebenso, insoweit jedoch nicht ganz eindeutig Diehn/*Diehn* BNotO § 26a Rn. 9, der diese Schranke zwar ebenfalls erkennt, diese jedoch nicht im Tatbestand des § 26a verortet („spielt daher nach § 26a keine Rolle").

dürfen diese nur im erforderlichen Ausmaß verlassen."[35] Dass sich diese berufsrechtliche Erforderlichkeitsschranke für die Auslagerung von Tätigkeiten nicht im Wortlaut des § 26a wiederfindet, hat seinen Grund allein darin, dass der Wortlaut dieser berufsrechtlichen Norm dem **parallelen Straftatbestand** des § 203 Abs. 3 S. 2 StGB **nachgebildet** wurde und eine Überschreitung der sich aus dem Berufsrecht ergebenden Schranke für den Berufsgeheimnisträger nicht strafbewehrt sein soll.[36] Rechtliche Grundlage dieser **ungeschriebenen berufsrechtlichen Erforderlichkeitsschranke** ist der Umstand, dass die gegenüber externen Dienstleistern offenbarten Informationen einem gesetzgeberisch bewusst gewollten **geringeren straf- und verfahrensrechtlichen Schutz** genießen.[37] Zum effektiven Schutz seiner notariellen Kardinalpflicht – der notariellen Verschwiegenheitspflicht, ohne deren Existenz und Einhaltung er sein Amt nicht ausüben kann[38] – hat der Notar eine **Auslagerung** von Tätigkeiten auf externe Dienstleister auf das **erforderliche Minimum zu beschränken**.[39]

23 Bevor der Notar eine Tätigkeit allgemein auf einen Dienstleister auslagert, hat er demnach zu prüfen, ob diese **Auslagerung** auch **erforderlich** ist. Diese Prüfung setzt eine **Abwägung** voraus. Nach welchem Maßstab diese Abwägung zu erfolgen hat, teilt der Gesetzgeber in der Begründung zur Einfügung von § 26a selbst mit: „In vielen Fällen ist es für den Berufsgeheimnisträger **wirtschaftlich sinnvoll**, diese Tätigkeiten nicht durch Berufsgehilfen […] erledigen zu lassen, sondern durch darauf spezialisierte Unternehmen oder selbständig tätige Personen."[40] Diese **wirtschaftlichen Interessen** von Berufsgeheimnisträgern sind **grundsätzlich berechtigt**, Voraussetzung ist allerdings, **dass sie in Einklang** gebracht werden können mit den **berechtigten Interessen der Inhaber** der Geheimnisse an deren rechtlichen Schutz."[41] Der Gesetzgeber stellt in der Gesetzesbegründung **ausschließlich** auf den **wirtschaftlichen Nutzen** der Auslagerung für den Berufsgeheimnisträger ab. Abzuwägen ist vor diesem Hintergrund vor jeder Beauftragung eines Dienstleisters, ob die allgemeine Auslagerung dieser Tätigkeit ein solches **Maß an Wirtschaftlichkeit** begründet und den Interessen des Notars in einem solchen Maße dient, dass der damit einhergehende **geringere Geheimnisschutz gerechtfertigt** werden kann. Hierbei spielt auch eine Rolle, in welchem Ausmaß der Dienstleister bei Ausübung dieser Tätigkeit **potentiell Zugriff** auf die geschützten Informationen erhält (§ 26a Abs. 1 S. 1). Zu berücksichtigen ist bei dieser Abwägung auf der anderen Seite jedoch auch stets, dass auch die gegenüber externen Dienstleistern offenbarten Informationen – mit Einfügung von § 26a erstmals[42] auch – strafrechtlichen und strafverfahrensrechtlichen Schutz genießen und daher eine Auslagerung auf Grundlage von § 26a in einem **größerem Maße** als nach **alter Rechtslage** gesetzgeberisch **gewollt** und berufsrechtlich **zulässig** ist.

24 Der Gesetzgeber geht für bestimmte Tätigkeiten davon aus, dass deren Auslagerung an einen externen Dienstleister auf Grundlage der gebotenen **Abwägung von Wirtschaftlichkeit und Geheimnisschutz** erforderlich und daher iSd § 26a zulässig ist: Aus der Gesetzesbegründung ergibt sich an mehreren Stellen, dass der Gesetzgeber hauptsächlich **IT-Dienstleistungen** („der Betrieb, die Wartung, und Anpassung dieser Anlagen, Anwendungen und Systemen") als auslagerungsfähige Dienstleistungen anerkennt.[43] Insbesondere könne auch die „Speicherung von Daten auf **externen informationstechnischen Anlagen** (zB in einer „Cloud") wirtschaftlich sinnvoll sein",[44] wobei dies berufsrechtlich

---
[35] BR-Drs. 163/17, 26. Auch an anderer Stelle deuten seine Ausführungen in diese Richtung, vgl. etwa die Begründung zu § 26a Abs. 7, BR-Drs. 163/17, 40.
[36] Missverständlich insoweit Rundschreiben BNotK Nr. 4/2018 v. 17.4.2018, S. 4.
[37] → Rn. 8 ff.
[38] → § 18 Rn. 1.
[39] So auch Rundschreiben BNotK Nr. 4/2018 v. 17.4.2018, S. 2, 4.
[40] BR-Drs. 163/17, 1.
[41] BR-Drs. 163/17, 14.
[42] → Rn. 5 ff.
[43] BR-Drs. 163/17, 13 f., 15, 19 und konkret für den Notar 39.
[44] BR-Drs. 163/17, 14.

ausschließlich auf **im Inland befindlichen** Datenservern zulässig sein soll.[45] Konkret für den Notar benennt der Gesetzgeber daneben als „typische Dienstleistungen […] **Reinigungsdienste, Sicherheitsdienste** und die Durchführung konkreter **Zwangsvollstreckungsmaßnahmen** nach Zustellung einer vollstreckbaren Ausfertigung des Gebührentitels."[46] Die Beauftragung eines **Rechtsanwaltes** mit der Beitreibung einer notariellen Kostenforderung ist allerdings auch weiterhin grundsätzlich erst dann erforderlich und iSd § 26a zulässig, wenn in einem **konkreten Einzelfall** die Beitreibung einer bestimmten Kostenforderung mit **außergewöhnlichen Schwierigkeiten** verbunden ist.[47] Mit der Auslagerung von **Sekretariatsdienstleistungen** (Telefonzentrale, Diktate schreiben) wird auch weiterhin grundsätzlich **nicht** ein solches Maß an wirtschaftlichem Nutzen für den Notar einhergehen, das der damit einhergehende Schutzverlust der dem Notar anvertrauten Informationen **gerechtfertigt** werden kann.

Auch durch die **Einrichtung eines Geschäftskontos** nimmt der Notar das kontoführende Kreditinstitut als einen Dienstleister iSd § 26a Abs. 1 S. 2 in Anspruch. Durch diese **abstrakt-generelle Dienstleistung** werden dem Kreditinstitut jedoch **keinerlei** gem. § 18 Abs. 1 geschützte Informationen offenbart, so dass es des Offenbarungstatbestandes des § 26a allein für die Eröffnung des Geschäftskontos **nicht bedarf** – und daran folglich auch nicht zu messen ist. Erst durch die **Zahlung der Gebührenrechnung** durch den Rechnungsempfänger auf das eingerichtete Geschäftskonto des Notars wird dem Kreditinstitut eine geschützte Information – dass der Rechnungsempfänger eine notarielle Leistung in Anspruch genommen hat – offenbart. Bei diesem **einzelnen Buchungsvorgang** handelt es sich jedoch stets um eine **konkret-individuelle Dienstleistung** des Kreditinstitutes für den Notar, die unmittelbar einem einzelnen Amtsgeschäft dient und daher gem. § 26a Abs. 4 aus dem Anwendungsbereich des § 26a vollständig herausgenommen und folglich vom **Anwendungsbereich des § 18 Abs. 2 Hs. 1** erfasst wird; aus § 26a Abs. 5 folgt insoweit nichts anderes.[48] Mit der Zahlung auf das Geschäftskonto des Notars erklärt der Beteiligte auch stets **konkludent sein Einverständnis** (Befreiung iSd § 18 Abs. 2 Hs. 1) zur Kenntnisnahme des Dienstleisters des Notars (Kreditinstitut) der dadurch offenbarten Informationen. Festzuhalten ist daher, dass durch die **Eröffnung** und **Führung** des Geschäftskontos des Notars **keine** Dienstleistung durch das geschäftskontoführende Kreditinstitut erbracht wird, die an den **Voraussetzungen** und **Pflichten** des § 26a zu messen ist.[49]

III. Erforderlichkeit der Offenbarung (Abs. 1 S. 1)

Schließlich setzt eine gem. § 26a Abs. 1 S. 1 gerechtfertigte Offenbarung von gem. § 18 Abs. 1 S. 1 geschützten Informationen gegenüber einem Dienstleister voraus, dass die Offenbarung der konkreten Information (das „**wie**" der Auslagerung) für die Inanspruchnahme der Dienstleistung **erforderlich** ist. Wenn die auf einen Dienstleister ausgelagerte Tätigkeit **ohne** die **Offenbarung** von geschützten Informationen **möglich** ist, muss der Notar auch dafür sorgen, dass dem Dienstleister keine geschützten Informationen offenbart werden.[50] Sorgt er in diesen Fällen nicht dafür und werden dem Dienstleister geschützte

---

[45] BR-Drs. 163/17, 40 mit dem Argument, dass nur so die erforderliche Verfügbarkeit der Daten für den Notar und die Dienstaufsicht sichergestellt sein. Im parallelen § 43e Abs. 4 BRAO ist dem Rechtsanwalt die Inanspruchnahme einer Dienstleistung im Ausland hingegen unter bestimmtennVoraussetzungen gestattet.
[46] BR-Drs. 163/17, 39.
[47] Im Einzelnen → § 18 Rn. 147 ff.; dort auch zu den berufsrechtlichen Voraussetzungen für eine Beauftragung eines Gerichtsvollziehers und Vollstreckungsgericht. Zum mangelnden Erfordernis des Abschlusses einer Verschwiegenheitsvereinbarung → Rn. 40.
[48] → Rn. 20 und → Rn. 44.
[49] Mit anderer Begründung so auch Rundschreiben BNotK Nr. 3/2019 v. 13.5.2019, wonach § 26a deshalb nicht einschlägig sei, da der Notar bei der Zahlung gegenüber dem Kreditinstitut keine geschützte Information offenbare, sondern der Beteiligte selbst und es daher eines Offenbarungstatbestandes gar nicht bedürfe.
[50] Diehn/*Diehn* BNotO § 26a Rn. 10 ff.; Henssler/Prütting/*Henssler* BRAO § 43e Rn. 7; *Grosskopf/Momsen* CCZ 2018, 98 (102).

Informationen bekannt, war diese Offenbarung nicht erforderlich und erfolgte daher sowohl berufsrechtlich gem. § 26a Abs. 1 S. 1 als auch strafrechtlich gem. § 203 Abs. 3 S. 2 StGB rechtswidrig.

27 Zunächst kann jedoch für den **Notar** grundsätzlich festgehalten werden, dass bei **jeder** Inanspruchnahme von Dienstleistungen eine zumindest **potentielle Kenntnisnahme** von geschützten Informationen durch den Dienstleister iSd § 26a Abs. 1 S. 1 **stets erforderlich** ist. Das folgt aus dem Umstand, dass von der notariellen Verschwiegenheitspflicht gem. § 18 Abs. 1 S. 2 ohne Einschränkung **jede Information** erfasst ist, die dem Notar bei Ausübung seines Amtes bekannt geworden ist[51] und daher die Ausübung einer Dienstleistung für einen Notar ohne **potentielle Kenntnisnahme** einer geschützten Information **nicht denkbar** und von vornherein ausgeschlossen ist.[52]

28 Im Rahmen von § 26a Abs. 1 S. 1 stellt sich daher allein die Frage, in welchem **Ausmaß** diese grundsätzlich erforderliche Kenntnisnahme von geschützten Informationen durch den Dienstleister für die Ausübung der konkreten Dienstleistung **erforderlich** ist.[53] Dass beispielsweise der **Fensterreiniger** bei Ausübung seiner Tätigkeit die Möglichkeit hat, die auf den Schreibtischen der Mitarbeiter liegenden oder in der Aktenablage hängenden Akten zur Kenntnis zu nehmen, ist als eine zur Ausübung dieser Tätigkeiten erforderliche potentielle Offenbarung zu bewerten. In der **Praxis** wird sich eine **mangelnde Erforderlichkeit** der Offenbarung (des „wie" der Auslagerung) iSd § 26a Abs. 1 S. 1, § 203 Abs. 3 S. 2 StGB nur in **ganz offensichtlichen** Fallkonstellationen verneinen lassen und dem Notar ein berufs- und strafrechtlicher Vorwurf gemacht werden können, etwa wenn der Notar dem Fensterreiniger einen **gezielten Zugang** zu einer bestimmten Akte gewährt. *Henssler* ist – insbesondere vor dem Hintergrund der Strafbarkeit der Offenbarung in einem nicht erforderlichen Maße – auch für das notarielle Berufsrecht zuzustimmen, wenn er zum parallelen Offenbarungstatbestand im Berufsrecht der Rechtsanwälte festhält: „Das Erforderlichkeitskriterium birgt neuen Zündstoff, bedarf seine Prüfung doch einer Wertung, die großen Interpretationsspielraum lässt und deren Ergebnis nur schwer bestimmbar ist. Das sie von den Gerichten vollumfänglich überprüfbar ist, erhöht diese Unsicherheit zusätzlich."[54]

D. Amtspflichten

29 Neben dem Offenbarungstatbestand begründet § 26a in Abs. 2 und Abs. 3 **zwei besondere Amtspflichten** des Notars im Hinblick auf den Dienstleister, dem gem. § 18 Abs. 1 S. 1 geschützte Informationen auf Grundlage von § 26a Abs. 1 und Abs. 4 offenbart werden. Das ist zum einen eine nicht strafbewehrte Amtspflicht zur sorgfältigen Auswahl und Überwachung des Dienstleisters (→ Rn. 30 ff.) und zum anderen eine strafbewehrte Amtspflicht zum Abschluss einer privatrechtlichen Verschwiegenheitsvereinbarung (→ Rn. 33 ff.). **Weitere Amtspflichten** folgen aus der Norm **nicht**; dem Gesetzgeber sind gleich an verschieden Stellen beim Verfassen der Norm **Redaktionsversehen** unterlaufen (→ Rn. 44 ff.), offenbar aufgrund der irrigen Annahme, Bestimmungen des rechtsanwaltlichen Berufsrechts zur Verschwiegenheit ließen sich ohne Modifikationen auf das notarielle Berufsrecht übertragen.

I. Auswahl und Überwachung (Abs. 2)

30 Gemäß § 26a Abs. 2 S. 1 ist der Notar dazu verpflichtet, den Dienstleister **sorgfältig auszuwählen**. Der Notar „muss sich von der **fachlichen Eignung** und **Zuverlässigkeit**

---

[51] → § 18 Rn. 15.
[52] AA offenbar Diehn/*Diehn* BNotO § 26a Rn. 5.
[53] Vgl. etwa zur Fernwartung und Cloudspeicherung *Grosskopf/Momsen* CCZ 2018, 98 (102 f.).
[54] Henssler/Prütting/*Henssler* BRAO § 43e Rn. 7. In dieser Hinsicht kritisch auch Diehn/*Diehn* BNotO § 26a Rn. 12.

des Dienstleisters überzeugen. **Zertifizierungen** und sonstige **Qualifikationsnachweise** können hierbei eine Hilfe sein. Sind Tatsachen bekannt oder erkennbar, die Zweifel an der Zuverlässigkeit des Dienstleisters begründen, darf dieser nicht beauftragt werden."[55] „Die Intensität der Prüfung der fachlichen Eignung wird danach vor allem durch die Gefährdungslage sowie Fähigkeit und Erfahrung des Dienstleisters bestimmt."[56] Mit Blick auf die **überschaubare Anzahl** an notarieller **Spezialsoftware** (insbesondere TriNotar, ProNotar, ARNOtop, NOAH, Pactum), die regelmäßig auch den Zugriff der diese Software herstellenden Softwarefirma auf den Notar-Server erfordern (Support), **steht** die **fachliche Eignung** und **Zuverlässigkeit** dieser Softwarefirmen aufgrund jahrelanger Erfahrung und Nutzung in den Notariaten **fest.** Ebenso verhält es sich mit den wenigen **spezialisierten IT-Dienstleistern,** die sich mit der jeweiligen Spezialsoftware auskennen und daher in vielen Notariaten die gesamte Hard- und Software betreuen (im Rheinland zB HTH Holtkamp GmbH). Außerhalb dieser im Notariat „**bewährten und bekannten**" Dienstleister reicht eine Überprüfung der **fachlichen Eignung** und **Zuverlässigkeit** auf Grundlage einer entsprechende **Selbstauskunft** des Dienstleisters regelmäßig aus.[57] Einer Vor-Ort-Überprüfung des Dienstleisters durch den Notar kann demgegenüber nur in „Extremfällen" als erforderlich erachtet werden.[58]

Gemäß § 26a Abs. 2 S. 2 ist der Notar dazu verpflichtet, die Zusammenarbeit mit dem Dienstleister **unverzüglich zu beenden,** wenn die Erfüllung der gem. § 26a Abs. 3 zu schließenden Verschwiegenheitsvereinbarung durch den Dienstleister **nicht gewährleistet ist.** Das ist der Fall, wenn der Dienstleister gegen die ihm auferlegte Verschwiegenheitspflicht verstößt (§ 26a Abs. 3 S. 2 **Nr. 1**), er über das für die Ausübung der Dienstleistung erforderlichen Ausmaß Kenntnis von geschützten Informationen nimmt (§ 26a Abs. 3 S. 2 **Nr. 2**) oder er Dritten geschützte Informationen offenbart, obwohl es ihm durch den Notar nicht gestattet wurde (§ 26a Abs. 3 S. 2 **Nr. 3 Hs. 1**), oder wenn ihm die Offenbarung zwar gestattet wurde, der Dienstleister den Dritten jedoch entgegen der Auflage des Notars nicht zur Verschwiegenheit verpflichtet (§ 26a Abs. 3 S. 2 **Nr. 3 Hs. 2**). Durch die Schaffung dieser Überwachungspflicht **stellt** der Gesetzgeber **sicher,** dass der Notar auch nach Erteilung des Auftrages verschwiegenheitsrechtlich **verantwortlich bleibt.**[59]

Eine Verletzung der Amtspflichten zur sorgfältigen Auswahl und zur Überwachung des Dienstleisters hat für den Notar **ausschließlich berufsrechtliche Folgen;** der neue Straftatbestand des § 203 Abs. 3, Abs. 4 StGB stellt einen Verstoß gegen die Auswahl- und Überwachungspflicht nicht unter Strafe.

II. Verschwiegenheitsvereinbarung (Abs. 3 und Abs. 6)

Schon **vor Einfügung** von § 26a in die BNotO war **anerkannt,** dass der Notar den entsprechend § 193 StGB gerechtfertigt in Anspruch genommenen Dienstleister **privatrechtlich** zur Verschwiegenheit verpflichten musste. So konnte der Dienstleister zumindest **zivilrechtlich in Anspruch** genommen werden, sollte er eine geschützte Information einem Dritten offenbaren. Der **drohende Schadensersatzanspruch** sollte den Dienstleister von einer Verletzung der privatrechtlichen Verschwiegenheitsvereinbarung abhalten. Diese **Amtspflicht** ist durch Einfügung des § 26a Abs. 3 **Gesetz geworden.** Ein Verstoß dagegen hat für den Notar heute nicht nur **berufsrechtliche** Folgen, sondern ist gem. § 203 Abs. 4 S. 2 Nr. 1 StGB auch **strafbewehrt.**[60] Die Verschwiegenheitsvereinbarung

---

[55] BR-Drs. 163/17, 39 iVm 34.
[56] Henssler/Prütting/*Henssler* BRAO § 43e Rn. 11.
[57] Vgl. Henssler/Prütting/*Henssler* BRAO § 43e Rn. 12.
[58] Vgl. Henssler/Prütting/*Henssler* BRAO § 43e Rn. 12 zu dieser Diskussion betreffend den parallelen Offenbarungstatbestand im rechtsanwaltlichen Berufsrecht mwN. Vgl. auch *Grosskopf/Momsen* CCZ 2018, 98 (100 ff.).
[59] BR-Drs. 163/17, 39 iVm 34.
[60] Den Berufsgeheimnisträger soll „bei der Einbeziehung externer Personen in die Berufsausübung die Pflicht treffen, dafür Sorge zu tragen, dass die einbezogenen Personen zur Geheimhaltung verpflichtet werden

bedarf der Schriftform (→ Rn. 34 f.) sowie bestimmter Inhalte (→ Rn. 36 ff.) und ist entbehrlich, wenn der Dienstleister schon gesetzlich zur Verschwiegenheit verpflichtet ist (→ Rn. 39 f.). In einer Sozietät genügt es, wenn einer der soziierten Notare den Dienstleister zur Verschwiegenheit verpflichtet (→ Rn. 41). Für die Praxis empfiehlt sich die Nutzung eines Musterverschwiegenheitsvereinbarung (→ Rn. 42 f.).

34 **1. Schriftform (Abs. 3 S. 1).** Gemäß § 26a Abs. 3 S. 1 bedarf „der Vertrag" mit dem Dienstleister der **Schriftform** (§ 126 BGB).[61] Gemeint ist damit allein der schon vor Einfügung von § 26a geforderte **privatrechtliche Vertrag** zwischen dem Notar und dem Dienstleister, mit dem sich der Dienstleister **zur Verschwiegenheit** über sämtliche ihm bei Ausübung seiner Dienstleistung zur Kenntnis gelangten, gem. § 18 Abs. 1 geschützten Informationen **verpflichtet** (Verschwiegenheitsvereinbarung).[62] Gemeint ist damit hingegen **nicht** der der Dienstleistung selbst zugrunde liegende **Werk-, Dienstleistungs- oder Geschäftsbesorgungsvertrag** zwischen dem Notar und dem Dienstleister, mit dem sich der Dienstleister zu einer bestimmten Tätigkeit und der Notar zur Zahlung verpflichtet (Dienstleistungsvertrag). Der **Dienstleistungsvertrag** kann folglich **auch weiterhin mündlich** geschlossen werden, wenn zumindest der Vertrag zur Verschwiegenheit davon gesondert schriftlich geschlossen wird; das dürfte in der **Praxis**, etwa bei IT-Dienstleistern, Fensterreinigern und Wartungsfirmen den **Regelfall** darstellen.

35 Durch § 26a Abs. 3 S. 1 soll es dem Notar – wie auch schon vor Einfügung der Norm in die BNotO – zur Amtspflicht gemacht werden, eine **hinreichende zivilrechtliche Anspruchsgrundlage** für den Fall eines Verschwiegenheitspflichtverstoßes durch den Dienstleister **zu schaffen**. Dafür ist allein ein **schriftlicher Verschwiegenheitsvertrag**, nicht hingegen ein schriftlicher Dienstleistungsvertrag erforderlich. Dass es sich bei dem „Vertrag" iSd § 26a Abs. 3 S. 1 nicht um den Dienstleistungsvertrag, sondern allein um den privatrechtlichen Vertrag zur Verschwiegenheit handelt, ergibt sich aber nicht nur aus dem **Sinn und Zweck** der Norm, sondern entspricht auch dem **Willen des Gesetzgebers:** „Aufgrund der besonderen Stellung des Notars als Träger eines öffentlichen Amtes und der sich daraus ergebenden besonderen Anforderungen an die Absicherung der Verschwiegenheitsverpflichtung des Notars soll die *Verpflichtung zur Verschwiegenheit* [sic!] in schriftlicher Form erfolgen [...]. Der Schriftform kommt sowohl eine Warn-, Beweis- als auch Identitätsfunktion zu."[63]

36 **2. Inhalte (Abs. 3 S. 2).** § 26a Abs. 3 S. 2 Nr. 1 bis Nr. 3 bestimmen die **Mindestinhalte** des gem. § 26a Abs. 3 S. 1 zu schließenden privatrechtlichen Vertrages. Gemäß § 26a Abs. 3 S. 2 **Nr. 1** ist der Dienstleister nicht nur privatrechtlich zur **Verschwiegenheit** über alle ihm bei Ausübung der Dienstleistung zur Kenntnis gelangten, gem. § 18 Abs. 1 geschützten Informationen **zu verpflichten.** Er ist hiernach zugleich auch über die – unabhängig von dem Abschluss der privatrechtlichen Verschwiegenheitsvereinbarung bestehende – **Strafbarkeit** einer Verschwiegenheitspflichtverletzung zu belehren. Dadurch wird strafrechtlich die Berufung auf einen **Verbotsirrtum** des Dienstleisters (§ 17 StGB) von vornherein **ausgeschlossen,** was insbesondere vor dem Hintergrund des neu geschaffenen Straftatbestandes § 203 Abs. 4 StGB von Bedeutung ist.

37 Gemäß § 26a Abs. 3 S. 2 **Nr. 2** ist der Dienstleister ferner in dem privatrechtlichen Vertrag dazu **zu verpflichten,** nur in dem für die Ausführung der Dienstleistung **erforderlichen Ausmaß Kenntnis** von gem. § 18 Abs. 1 geschützten Informationen **zu nehmen.** Diese privatrechtliche Pflicht des Dienstleisters **korrespondiert** mit der gem.

[...]. Die Verletzung dieser Pflicht ist strafbewehrt, wenn die einbezogene Person unbefugt ein Geheimnis offenbart hat", BR-Drs. 163/17, 2; vgl. auch 17.

[61] Der Schriftform steht die elektronische Form nach § 126a BGB gleich, Diehn/*Diehn* BNotO § 26a Rn. 14.

[62] So auch Rundschreiben BNotK Nr. 4/2018 v. 17.4.2018, 3, 10 und Diehn/*Diehn* BNotO § 26a Rn. 14.

[63] BR-Drs. 163/17, 39.

§ 26a, § 203 Abs. 3 S. 3 StGB berufs- und strafrechtlich sanktionierten **Pflicht des Notars,** den Dienstleister **nur** in dem für die Dienstleistung **erforderlichen Ausmaß** geschützte Informationen **zu offenbaren.** Im Regelfall wird die privatrechtliche Verpflichtung des Dienstleisters nach § 26a Abs. 3 S. 2 Nr. 2 dazu **beitragen,** dass dem **Notar** bei Kenntnisnahme des Dienstleisters über das erforderliche Maß hinaus **kein berufs- oder strafrechtlicher Vorwurf** gemacht werden kann. **Mehr** als den Dienstleister insoweit in die Pflicht nehmen, kann der **Notar** nämlich regelmäßig **nicht leisten,** um den Umfang der Kenntnisnahme von geschützten Informationen durch den Dienstleister auf das **erforderliche Maß zu reduzieren.**

Gemäß § 26a Abs. 3 S. 2 **Nr. 3 Hs. 1** haben Notar und Dienstleister in dem privatrechtlichen Vertrag schließlich zu vereinbaren, **ob** der Dienstleister zum Zwecke der Erfüllung des Dienstleistungsvertrages **weitere Personen** (zB die Mitarbeiter des Dienstleisters oder einen vom Dienstleister herangezogenen weiteren Dienstleister) heranziehen und diesen **Zugang** zu gem. § 18 Abs. 1 geschützten Informationen **geben darf.** Schließt der Notar einen Dienstleistungsvertrag mit einer **Kapital- oder Personengesellschaft,** ist das zwingend **stets der Fall.**[64] Ist nach der Vereinbarung zwischen Notar und Dienstleister die Einbeziehung Dritter gestattet, wird der Notar gem. § 26a Abs. 3 S. 2 **Nr. 3 Hs. 2** darüber hinaus dazu verpflichtet, dem Dienstleister aufzuerlegen, auch den Dritten in schriftlicher Form zur **Verschwiegenheit zu verpflichten.** Dadurch soll zum einen ein Verstoß des Dienstleisters gegen diese Pflicht **privatrechtlich sanktioniert** werden können. Zum anderen wird der Dienstleister dadurch **potentiell** vor einer aus § 204 Abs. 4 S. 2 Nr. 2 StGB drohenden **strafrechtlichen** Sanktion **bewahrt:** Offenbart die **dritte Person** („weitere mitwirkende Person") eine geschützte Information und wurde sie von dem Dienstleister **nicht** zur Verschwiegenheit verpflichtet, macht sich neben der dritten Person (§ 203 Abs. 4 S. 1 StGB) **auch der Dienstleister** selbst (§ 203 Abs. 4 S. 2 Nr. 2 StGB) **strafbar** – soweit dieser nicht eine Kapital- oder Personengesellschaft ist, die nach deutschem Recht grundsätzlich nicht schuld- und damit auch nicht straffähig ist. **Weitere Amtspflichten** im Hinblick auf die vom Dienstleister herangezogenen **weiteren Personen** oder im Hinblick darauf, ob der Dienstleister seiner Verpflichtung zum Abschluss einer Verschwiegenheitsvereinbarung mit den weiteren Personen nachkommt, **bestehen nicht.**[65]

3. Ausnahmen (Abs. 6). Gemäß § 26a Abs. 6 S. 1 gilt „Absatz 3" nicht, wenn der Dienstleister bereits gem. § 1 VerpflG **förmlich verpflichtet** wurde. Der Gesetzgeber **bezweckt** mit diesem Ausnahmetatbestand, die Amtspflicht zum Abschluss einer Verschwiegenheitsvereinbarung mit einem bereits förmlich verpflichteten Dienstleister **gänzlich entfallen** zu lassen.[66] Dieser Ausnahmetatbestand hat in der Praxis allerdings **keinen Anwendungsbereich,** da es den förmlich verpflichteten Dienstleister im Notariat tatsächlich nur in Krisenfällen geben dürfte: Der Notar kann gem. § 26 iVm § 1 VerpflG ausschließlich seine eigenen **Mitarbeiter** wirksam förmlich verpflichten.[67] Die förmlich verpflichteten Mitarbeiter des Notars sind jedoch keine Dienstleister iSd § 26a Abs. 1 S. 2 und fallen daher aus dem Anwendungsbereich des § 26a von vornherein heraus.[68] Für eine Ausnahme der vom Notar förmlich verpflichteten Mitarbeiter gem. § 26a Abs. 6 S. 1 ist daher kein Raum.[69] Es **verbleiben** daher für den Ausnahmetatbestand des § 26a Abs. 6 S. 1 nur **solche Personen,** die nicht durch den Notar selbst, sondern durch eine **andere**

---

[64] Diehn/*Diehn* BNotO § 26a Rn. 20.
[65] Rundschreiben BNotK Nr. 4/2018 v. 17.4.2018, S. 11.
[66] BR-Drs. 163/17, 40: „In diesen Fällen ist es entbehrlich, den Dienstleister nochmals zur Verschwiegenheit zu verpflichten."
[67] → § 26 Rn. 6 ff. Missverständlich insoweit Rundschreiben BNotK Nr. 4/2018 v. 17.4.2018, S. 12.
[68] → Rn. 14.
[69] Das scheint dem Gesetzgeber allerdings gar nicht bewusst gewesen zu sein, wenn er zur Begründung von § 26a Abs. 6 S. 1 ergänzend ausführt: „Die förmliche Verpflichtung *des Notars* (sic!) ist in Hinblick auf die Warn-, Beweis- und Identitätsfunktion der Schriftform mindestens ebenbürtig und generell als höherwertiger Schutz einzustufen", BR-Drs. 163/17, 40.

Behörde gem. § 1 VerpflG **förmlich verpflichtet** und von dem Notar sodann mit einer Dienstleistung beauftragt wurden; ein praktisches Beispiel hierzu fiel dem Verfasser auch bei längerem Nachdenken nicht ein[70] – hier musste erst die „Corona-Krise" kommen, um dem Verfasser die Existenzberechtigung dieser Regelung aufzuzeigen: Vertritt ein Notar einen infizierten Notar und bringt dieser seine Mitarbeiter anstelle der ebenfalls infizierten Mitarbeiter des infizierten Notars in das Notariat mit, müssen die mitgebrachten und bereits durch den vertretenden Notar gem. § 1 VerpflG förmlich verpflichteten Mitarbeiter (die für den infizierten Notar in seinem Notariat Dienstleister sind) gem. § 26a Abs. 6 S. 1 nicht durch den infizierten Notar zur Verschwiegenheit verpflichtet werden.

40 Gemäß § 26a Abs. 6 **S. 2** gilt „Absatz 3 Satz 2" nicht, soweit der Dienstleister bereits **gesetzlich** zur Verschwiegenheit **verpflichtet** ist. Obwohl es der Wortlaut anders vermuten lässt, **bezweckt** der Gesetzgeber auch mit diesem Ausnahmetatbestand, die Amtspflicht zum Abschluss einer Verschwiegenheitsvereinbarung mit einem bereits gesetzlich verschwiegenheitsverpflichteten Dienstleister **gänzlich entfallen** zu lassen.[71] Die Beschränkung dieses Ausnahmetatbestandes im Wortlaut auf „Satz 2" des § 26a Abs. 3 ist ein **Redaktionsversehen.** Der Gesetzgeber verweist zur **Begründung** dieser Beschränkung **pauschal** auf die Begründung zur Einfügung eines textidentischen Absatzes in den parallel geschaffenen Ausnahmetatbestand in die Bundesrechtsanwaltsordnung (§ 43e Abs. 7 S. 2 BRAO).[72] Dort betrifft jedoch die vom Verweis ausgenommene Regelung des § 43e Abs. 3 S. 1 den **Dienstleistungsvertrag** zwischen dem Rechtsanwalt und dem Dienstleister[73] und nicht – wie im notariellen Berufsrecht gem. § 26a Abs. 3 S. 1[74] – nur die **Verschwiegenheitsvereinbarung.** Wenn aber durch § 26a Abs. 6 S. 2 nach dem **ausdrücklichen Willen** des Gesetzgebers die Amtspflicht des Notars zum Abschluss einer Verschwiegenheitsvereinbarung mit einem gesetzlich zur Verschwiegenheit verpflichteten Dienstleister **vollständig entfallen** soll, **geht** die Beschränkung auf „Satz 2" des § 26a Abs. 3 im notariellen Berufsrecht **fehl.** Festzuhalten ist daher, dass der Notar beispielsweise den mit der Beitreibung einer Gebührenforderung beauftragten **Rechtsanwalt**[75] (der gem. § 43a Abs. 2 BRAO gesetzlich zur Verschwiegenheit verpflichtet ist) oder **Gerichtsvollzieher** (der gem. § 154 GVG, § 67 BBG, § 37 BeamtStG gesetzlich zur Verschwiegenheit verpflichtet ist), gem. § 26a Abs. 6 S. 2 nicht gesondert zur Verschwiegenheit zu verpflichten hat.[76]

41 **4. Sozietät.** Haben sich mehrere Notare iSd § 9 zur **gemeinsamen Berufsausübung verbunden** und schließen sie – die GbR – mit dem Dienstleister einen (einheitlichen) Dienstleistungsvertrag, stellt sich die **Frage,** ob gem. § 26a Abs. 3 **jeder einzelne** soziierte Notar den Dienstleister schriftlich zur Verschwiegenheit zu verpflichten hat **oder aber** ob der Abschluss einer Verschwiegenheitsvereinbarung **durch einen** der soziierten Notare ausreicht. § 26a Abs. 3 verhält sich zu dieser Frage nicht. **Entsprechend § 26 S. 3 genügt** der Abschluss einer Verschwiegenheitsvereinbarung zwischen dem Dienstleister und **einem der soziierten Notare;** dadurch erfüllen auch die anderen soziierten Notare ihre Amtspflichten aus § 26a Abs. 3.[77] Der **Schutzzweck** des § 26a Abs. 3 wird auch durch den Vertragsschluss mit **nur einem Sozius** vollumfänglich erreicht: Offenbart der Dienst-

---

[70] Auch Diehn/*Diehn* BNotO § 26a Rn. 17 offenbar nicht.
[71] BR-Drs. 163/17, 40 iVm 36: „Satz 2 regelt den Fall, dass Dienstleister hinsichtlich der zu erbringenden Dienstleistung bereits gesetzlich zur Verschwiegenheit verpflichtet sind. In diesen Fällen soll Absatz 3 Satz 2 nicht gelten. Eine nochmalige Verpflichtung zur Verschwiegenheit erscheint in diesen Fällen [...] entbehrlich [...]". So auch Rundschreiben BNotK Nr. 4/2018 v. 17.4.2018, S. 13.
[72] BR-Drs. 163/17, 40 iVm 36.
[73] BR-Drs. 163/17, 34; BeckOK BRAO/*Römermann/Günther* BRAO § 43e Rn. 10 f.
[74] → Rn. 34.
[75] → Rn. 24 und → § 18 Rn. 147 ff.
[76] So auch Rundschreiben BNotK Nr. 4/2018 v. 17.4.2018, S. 13. Weitergehend Diehn/*Diehn* BNotO § 26a Rn. 16, der auch die Banken aufgrund des gesetzlich zwar nicht geregelten, aber durch „lange Übung" anerkannten Bankengeheimnis in den Kreis mit aufnimmt.
[77] Diehn/*Diehn* BNotO § 26a Rn. 22. AA mit sehr zweifelhafter Begründung Rundschreiben BNotK Nr. 4/2018 v. 17.4.2018, S. 11 f.

leister eine in Erfüllung des einen (einheitlichen) Dienstleistungsvertrages zur Kenntnis gelangte geschützte Information gegenüber einem Dritten, kann er für diese Pflichtverletzung auf Grundlage dieses einen privatrechtlichen Verschwiegenheitsvertrages **zivilrechtlich in Anspruch genommen** werden.[78] Durch diesen einen privatrechtlichen Verschwiegenheitsvertrag wird der Dienstleister zudem ebenso effektiv wie durch mehrere Verschwiegenheitsvereinbarungen auf die – unabhängig von einem privatrechtlichen Vertrag bestehende – **Strafbarkeit** der Offenbarung von geschützten Informationen **hingewiesen.**[79]

5. Muster. Nachstehender **Vorschlag** einer Verschwiegenheitsvereinbarung iSd § 26a 42 Abs. 3 könnte im Notariat als Muster verwendet werden.[80] Für die **interne Organisation** empfiehlt es sich, eine **Liste** der vom Notar **allgemein beschäftigten Dienstleister** zu führen und diese Liste zusammen mit den jeweiligen Verschwiegenheitsvereinbarungen entsprechend § 5 Abs. 1 DONot bei den **Generalakten aufzubewahren.**

Verschwiegenheitsvereinbarung   43

zwischen

***(nachfolgend „**Notar**")

und

*** (nachfolgend „**Dienstleister**").

Der Dienstleister verpflichtet sich gegenüber dem Notar, sämtliche Informationen, die ihm bei Ausübung oder bei Gelegenheit der Dienstleistung zur Kenntnis gelangt sind, Dritten nicht zu offenbaren.[81] Der Dienstleister verpflichtet sich gegenüber dem Notar, sich nur insoweit Kenntnis von fremden Geheimnissen zu verschaffen, als dies zur Vertragserfüllung erforderlich ist.[82] Der Dienstleister ist befugt, weitere Personen zur Erfüllung des Vertrags heranzuziehen und verpflichtet sich gegenüber dem Notar, diese Personen in schriftlicher Form zur Verschwiegenheit zu verpflichten.[83]

Der Notar hat den Dienstleister darüber belehrt, dass ein Verstoß gegen die vorstehenden Verpflichtungen nicht nur zivilrechtliche Ansprüche begründen, sondern auch mit Freiheitsstrafe oder Geldstrafe bestraft werden kann (§ 203 Abs. 4 S. 1 und S. 2 Nr. 2, § 204 StGB).[84]

Datum und Unterschriften von Notar und Dienstleister[85]

III. Keine Amtspflichten bei Einwilligung (Abs. 5)

Aus § 26a Abs. 5 folgen **keine Amtspflichten**. Der Absatz ist ein **Redaktionsversehen**. 44 Der Gesetzgeber verweist zur Begründung dieses Absatzes pauschal auf die Begründung zur Einfügung eines textidentischen Absatzes in den parallel geschaffenen Offenbarungstatbestand in die Bundesrechtsanwaltsordnung (§ 43e Abs. 6 BRAO).[86] Dem Gesetzgeber waren die Unterschiede der Verschwiegenheittatbestände des notariellen (§ 18) und des rechtsanwaltlichen (§ 43a Abs. 2 BRAO) Berufsrechts hierbei offenbar nicht bewusst.

Gemäß § 18 Abs. 2 „**entfällt**" die notarielle Verschwiegenheitsflicht, wenn die Beteiligten oder aber im Falle ihrer Verhinderung die Aufsichtsbehörde des Notars **Befreiung** 45 erteilen. Einen solchen geschriebenen gesetzlichen Tatbestand und eine solche geschriebe-

---

[78] → Rn. 33, 35. Auf diesen Punkt ebenfalls maßgeblich abstellend Diehn/*Diehn* BNotO § 26a Rn. 22.
[79] → Rn. 36.
[80] Ein längeres Muster findet sich auch bei Diehn/*Diehn* BNotO § 26a Rn. 23.
[81] § 26a Abs. 3 S. 2 Nr. 1 Hs. 2, → Rn. 36.
[82] § 26a Abs. 3 S. 2 Nr. 2, → Rn. 37.
[83] § 26a Abs. 3 S. 2 Nr. 3, → Rn. 38.
[84] § 26a Abs. 3 S. 2 Nr. 1 Hs. 1, → Rn. 36.
[85] § 26a Abs. 3 S. 1, → Rn. 34.
[86] BR-Drs. 163/17, 40 iVm 36.

ne gesetzliche Rechtsfolge kennt § 43a Abs. 2 BRAO nicht.[87] Wenn vor diesem Hintergrund § 26a Abs. 5 für den Fall der „Einwilligung" durch die „Beteiligten" den grundsätzlichen **Fortbestand** der Amtspflichten zur Auswahl, Überwachung (Abs. 2) und zum schriftlichen Abschluss einer Verschwiegenheitsvereinbarung (Abs. 3) anordnet, geht das für das notarielle Berufsrecht **ins Leere:** Dass zwischen einer „Einwilligung" iSd § 26a Abs. 5 und einer „Befreiung" iSd § 18 Abs. 2 rechtlich kein Unterschied besteht, dürfte zweifellos sein. Wenn aber § 18 Abs. 2 für den Fall der **Befreiung** von der notariellen Verschwiegenheitspflicht ausdrücklich anordnet, dass diese **„entfällt"**, kann für den durch § 26a Abs. 5 angeordneten **Fortbestand** der die – nicht mehr bestehende – notarielle Verschwiegenheitspflicht schützenden Amtspflichten **kein Anwendungsbereich** mehr bestehen. Ein Rechtsgut, das schon nach dem Gesetz nicht mehr existiert, kann nicht mehr geschützt werden. Auch dass § 26a Abs. 5 den Fortbestand dieser Amtspflichten nur für den Fall der Befreiung durch die „Beteiligten" (iSd § 18 Abs. 2 Hs. 1) und nicht auch für den Fall der Befreiung durch die „Aufsichtsbehörde" (iSd § 18 Abs. 2 Hs. 2) anordnet zeigt, dass der gesamte Absatz **unreflektiert** aus dem Berufsrecht der Rechtsanwälte in das Berufsrecht der Notare **übernommen** wurde.

46 Hat der Beteiligte oder die Aufsichtsbehörde den Notar von seiner Verschwiegenheitspflicht gem. § 18 Abs. 2 befreit, besteht diese nach dem notariellen Berufsrecht nicht mehr. Den Notar kann daher gem. § 26 Abs. 5 auch keine Pflicht treffen, etwa den die Verhandlung mit Zustimmung aller Beteiligten (§ 26a Abs. 4) übersetzenden **Dolmetscher** oder ein mit Zustimmung aller Beteiligten (§ 26a Abs. 4) eingerichtetes Notaranderkonto führendes **Kreditinstitut** vorab schriftlich zur Verschwiegenheit zu verpflichten (Abs. 3) oder diese im Hinblick auf die Verschwiegenheit sorgfältig auszuwählen und zu überwachen (Abs. 2) oder aber sich von den Beteiligten von diesen beiden Pflichten ausdrücklich befreien zu lassen (Abs. 5 Hs. 2).

IV. Andere Vorschriften (Abs. 7)

47 Gemäß § 26a Abs. 7 Hs. 1 bleiben andere Vorschriften, die für Notare die Inanspruchnahme von Dienstleistungen einschränken, unberührt. Der Gesetzgeber **stellt** an dieser Stelle noch einmal **klar,** dass der Notar **nicht jede beliebige Tätigkeit** auf einen Dienstleister **auslagern darf** und er gewisse Tätigkeiten ausschließlich durch seine Mitarbeiter auszuführen hat. Die hierfür notwendige Einschränkung erfolgt nach dem **hier zugrunde gelegten Verständnis** der Norm bereits auf **Tatbestandsebene** des § 26a Abs. 1 S. 1, in dem die Auslagerung der Tätigkeit auf einen Dienstleister als ungeschriebenes Tatbestandsmerkmal stets **erforderlich** sein muss.[88] Für den Gesetzgeber soll zudem unmittelbar aus § 5 Abs. 1 bis Abs. 3 DONot folgen, dass „die **Führung seiner Bücher,** Verzeichnisse und Akten […] der persönlichen Verantwortung des Notars" unterliege und „insoweit nur bei ihm beschäftigte Personen herangezogen werden" dürfen sowie dass ein „Notar im Rahmen seiner Berufsausübung keine Dienstleistung in Anspruch nehmen darf, die im **Ausland** erbracht" wird.[89]

48 Gemäß § 26a Abs. 7 Hs. 2 bleiben die Vorschriften zum Schutz personenbezogener Daten unberührt. „Soweit bei der Inanspruchnahme von Dienstleistungen, was regelmäßig der Fall sein wird, personenbezogene Daten betroffen sind, sind neben den berufsrechtlichen Regelungen auch die **datenschutzrechtlichen Vorschriften** zu beachten. Namentlich sind dies die Vorschriften des BDSG, sowie ab dem 23. Mai 2018 die Regelungen der Datenschutz-Grundverordnung."[90]

---

[87] Lediglich in der Berufsordnung der Rechtsanwälte (§ 2 Abs. 3 lit. a BORA) ist geregelt, dass ein „Verstoß" gegen die Verschwiegenheit bei Einwilligung nicht gegeben ist, vgl. BeckOK BRAO/*Römermann/ Praß* BRAO § 43a Rn. 86 ff.; Henssler/Prütting/*Henssler* BRAO § 43a Rn. 62 ff. Dem entsprechend wird in der rechtsanwaltlichen Kommentarliteratur in der Einwilligung iSd § 43e BRAO auch nicht eine solche iSd § 2 Abs. 3 lit. a BORA erkannt, vgl. nur Henssler/Prütting/*Henssler* BRAO § 43e Rn. 28.
[88] → Rn. 21 ff.
[89] BR-Drs. 163/17, 40.
[90] BR-Drs. 163/17, 40 iVm 37.

§ 27 [Anzeigepflicht bei Verbindung zur gemeinsamen Berufsausübung]

(1) ¹Der Notar hat eine Verbindung zur gemeinsamen Berufsausübung oder zur gemeinsamen Nutzung der Geschäftsräume unverzüglich der Aufsichtsbehörde und der Notarkammer anzuzeigen. ²Diese Anzeigepflicht gilt auch für berufliche Verbindungen im Sinne von § 3 Abs. 1 Satz 1 Nr. 7 des Beurkundungsgesetzes. ³Anzuzeigen sind Name, Beruf, weiter berufliche Tätigkeiten und Tätigkeitsort der Beteiligten. ⁴§ 9 bleibt unberührt.

(2) Auf Anforderung hat der Notar der Aufsichtsbehörde und der Notarkammer die Vereinbarung über die gemeinsame Berufsausübung oder die gemeinsame Nutzung der Geschäftsräume vorzulegen.

A. Normzweck

Die Vorschrift soll den staatlichen Aufsichtsbehörden und den Notarkammern – als Körperschaften des öffentlichen Rechts (§ 66) – die präventive Kontrolle über die öffentlichen Notarämter erleichtern.[1] Notare haben ihre Berufsverbindungen und die sich daraus potentiell ergebenden Konfliktpotentiale offen zu legen, damit die staatliche Dienstaufsicht (§ 92) die Funktionsfähigkeit der aus der unmittelbaren Staatsorganisation ausgegliederten öffentlichen Notarämter ordnungsgemäß unterstützen und überwachen kann.[2] Mit den Befugnissen der staatlichen Aufsichtsbehörden korrespondiert die Verpflichtung der Notare, die Dienstaufsicht bei der Durchführung ihrer Aufgaben zu unterstützen und ihr alle erforderlichen Auskünfte zu erteilen.[3]

Die für die vorsorgende Privatrechtspflege unabdingbare Unabhängigkeit und die Unparteilichkeit des Notars sind nur gesichert, wenn der Notar sein Amt frei von Einflüssen Dritter ausüben kann, er insbesondere durch vertragliche Vereinbarungen mit anderen Berufsträgern nicht beschränkt wird. Die Anzeige- und Vorlagepflicht gem. § 27 gilt ohne Einschränkung im selben Umfang für hauptberufliche Notare wie für Notare im Nebenberuf (§ 3 Abs. 2). Die Aufsichtsbehörde muss daher über alle Berufsverbindungen eines Notars durch Anzeige informiert werden, weil jede Berufsverbindung, insbesondere eine interprofessionelle oder überörtliche, die Unabhängigkeit und die Unparteilichkeit des Notars gefährden und somit gegen § 9 Abs. 3 verstoßen kann.

Die durch Gesetz vom 12.12.2007[4] erfolgte Einfügung des Abs. 1 S. 2 soll einer Vereinheitlichung der berufs- und beurkundungsverfahrensrechtlichen Vorschriften dienen und erweitert damit die Anzeigepflicht auf alle Ausübungsformen der Zusammenarbeit des haupt- oder nebenberuflichen Notars.[5] Erfasst sind damit insbesondere auch sog. „Sternsozietäten".[6]

---

[1] Dazu BT-Drs. 13/4184, 26 f.
[2] → § 93 Rn. 1 ff.
[3] OLG Celle Nds.Rpfl. 1998, 43 (44).
[4] Zur berechtigten Kritik an der Unübersichtlichkeit der Rechtstechnik einer Verweisungsvorschrift von berufsrechtlichen auf beurkundungsverfahrensrechtliche Normen *Lerch* ZNotP 2008, 222 f. und Arndt/Lerch/Sandkühler/*Lerch* BNotO § 27 Rn. 10. Der Gesetzgeber sollte der Kritik *Lerchs* folgend bei einer künftigen Novellierung der BNotO die von *Lerch* nicht beanstandete, gesetzlichen Regelungsinhalt präziser (ohne Verweisungen) fassen. Die weitere Kritik *Lerchs* (Rn. 11), insbesondere dass Rechtsanwälte nicht als „Organ der Rechtspflege" sondern als „wirtschaftliche Unternehmer" angesehen werden, ist nicht gegen gesetzgeberische Fehlleistungen gerichtet sondern gegen Spätfolgen des von der damaligen Berichterstatterin *Jaeger* veranlassten radikalen Umbruchs der Rechtsprechung des BVerfG, die auf einen angeblichen Wandel unserer Verfassung gestützt war (→ § 9 Rn. 36 ff.). Dem im Zeitpunkt der Entscheidung des BVerfG (1998) herrschenden Zeitgeist des Neoliberalismus folgend wurden an kommerziellen Interessen ausgerichtete Berufsverbindungen der öffentlichen Notarämter durch Erweiterung der Berufsausübungs- und Berufsverbindungsmöglichkeiten zugelassen. Kritisch zur geänderten Auslegung des Grundgesetzes durch das BVerfG auch *Lerch* NJW 1999, 401, der dies zu Recht auf die damals veränderte Zusammensetzung des Senats zurückführt.
[5] Arndt/Lerch/Sandkühler/*Lerch* BNotO § 27 Rn. 8 f.
[6] Zur Bedeutung von Sternsozietäten Diehn/*Bormann* BNotO § 27 Rn. 1.

4 Die Aufsichtsbehörden und die Notarkammern sollen bei Berufsverbindungen prüfen können, ob die Grundsätze des § 9 Abs. 3 gewahrt sind und die Einhaltung der Amtspflichten und sonstigen Pflichten des Notars (zB § 28 iVm § 15 DONot – Verzeichnis der Vorbefassung der Sozietätsmitglieder, § 29 Abs. 3 – Werbebeschränkung der Sozietätsmitglieder) sichergestellt ist. So ist von den Aufsichtsbehörden und Notarkammern zu prüfen, ob der Grundsatz der persönlichen und eigenverantwortlichen Amtsausübung auch innerhalb der Berufsverbindung gewahrt bleibt oder ob die anderen Berufsverbindungsmitglieder aufgrund des Berufsverbindungsvertrages Einfluss auf die Amtsausübung nehmen können, so dass sogar die Unabhängigkeit und Unparteilichkeit des öffentlichen Amtsträgers gefährdet ist.[7] Die den Notar aufgrund seines öffentlichen Amtes treffenden Einschränkungen der Berufsausübungsfreiheit treffen auch alle Partner, die mit Notaren rechtlich in der Zusammenarbeit verbunden sind.[8] Im Berufsverbindungsvertrag muss eine – den Dienstaufsichtsbehörden gegenüber uneingeschränkte – Offenbarungspflicht vereinbart sein, damit zB die Verpflichtungen des Notars aus § 3 Abs. 1 BeurkG,[9] § 14 Abs. 5 und § 93 Abs. 4 S. 2 erfüllt werden können. Um Missbrauchsrisiken zu mildern und den Aufsichtsbehörden eine Kontrolle zu ermöglichen, dürfen die Anzeige- und Vorlagepflichten nicht eingeschränkt sein.

B. Allgemeines

5 Die Vorschrift steht in engem Bezug zu den Beschränkungen der Berufsverbindungsmöglichkeiten gem. § 9. § 27 gilt ohne Differenzierung für hauptberufliche Notare und Anwaltsnotare, da beide als gleichwertige Notariatsformen derselben institutionellen Sicherung der öffentlichen Ämter bedürfen. Da nach § 9 Abs. 3 jede Berufsverbindung eines Notars unzulässig ist, die seine persönliche und eigenverantwortliche Amtsführung, Unabhängigkeit und Unparteilichkeit beeinträchtigt, haben die Aufsichtsbehörden und die Notarkammern bezüglich der Berufsverbindungsverträge nicht nur ein Prüfungsrecht, sondern wegen der zu schützenden Rechtsgüter sogar eine Prüfungspflicht. Die umfassende Anzeigepflicht des § 27 reicht jedoch als wirksames Mittel nicht aus, um den Genehmigungsvorbehalt für öffentliche Notarämter zu ersetzen.[10]

6 Das öffentliche Amt des Notars ist nicht veräußerlich oder vererblich. Die Vorlagepflicht dient auch der Prüfung, ob diese Verbote umgangen werden. Problematisch sind die Umgehungsmöglichkeiten in Großsozietäten, in denen der Rechtsuchende oftmals meint, das Amt sei nicht dem jeweiligen Träger „Notar", sondern aufgrund der Organisationsstruktur dem Personenverband „Großkanzlei" zuzuordnen. Hier ist von den Aufsichtsbehörden in besonderer Weise darauf zu achten, dass das öffentliche Notaramt nicht durch die Berufsverbindung kommerzialisiert wird. Dies gilt vor allem, wenn der Notar sich interprofessionell mit Rechtsanwälten, Patentanwälten, Steuerbevollmächtigten, Steuerberatern, Wirtschaftsprüfern und/oder vereidigten Buchprüfern beruflich verbindet.[11]

C. Regelungsinhalt

I. Anzeigepflicht (Abs. 1)

7 Die Anzeigepflicht gilt für jede Neubegründung und jede Veränderung einer Berufsverbindung des Notars sowie beruflicher Tätigkeitsverbindungen iSv § 3 Abs. 1 S. 1 Nr. 7

---

[7] Besonders problematisch aufgrund der dem Notaramt fremden berufsrechtlichen Vorgaben bei Sozietäten von Notaren mit Steuerberatern (→ § 9 Rn. 35) und Wirtschaftsprüfern (→ 9 Rn. 39).
[8] *Jaeger*, Zur Entwicklung des notariellen Berufsrechts in der Rechtsprechung des Bundesverfassungsgerichts, ZNotP 2003, 402 (403).
[9] Diese Verpflichtungen erstrecken sich auf alle mit dem Notar durch Berufsverbindungsverträge in Organisationseinheiten zusammengeschlossenen Personen. Dazu *Winkler* MittBayNot 1999, 1 (7).
[10] BVerfG DNotZ 2009, 702 (709).
[11] BT-Drs. 13/4184, 27.

BeurkG.¹² Der Inhalt der Anzeige ergibt sich aus Abs. 1 S. 2. Die Anzeige hat unverzüglich nach jeder Änderung zu erfolgen.¹³ Die vom Gesetz angeordnete Anzeigepflicht ist Amtspflicht des hauptberuflichen Notars und des Anwaltsnotars. Eine besondere Aufforderung der Aufsichtsbehörde oder der Notarkammer zur Anzeige muss nicht ergehen.¹⁴ Ein Verstoß gegen die Anzeigepflicht ist – auch wenn die Vorschriften des § 9 beachtet sind – disziplinarrechtlich zu ahnden;¹⁵ bei Verstößen gegen § 9 Abs. 3 ist die Berufsverbindung zu beenden,¹⁶ bei Nichtbeachtung der aufsichtsbehördlichen Anweisungen hat eine Amtsenthebung des Notars zu erfolgen.

Die Anzeige muss gegenüber den für den Notar jeweils zuständigen Aufsichtsbehörden **8** und Notarkammern erfolgen. Ist ein Notar in seinem Hauptberuf als Rechtsanwalt, Patentanwalt, Steuerberater, Wirtschaftsprüfer oder vereidigter Buchprüfer überörtlich mit anderen Berufsträgern oder sind einzelne Berufsträger iSv § 3 Abs. 1 Nr. 7 BeurkG berufsverbunden und werden von den Berufsverbindungsmitgliedern Kanzleiräume in verschiedenen Landgerichtsbezirken unterhalten, so hat die Anzeige und Vorlage bei jeder zuständigen Aufsichtsbehörde und Notarkammer zu erfolgen, auch im Geltungsbereich derjenigen Kanzleiniederlassungen, in denen nur Nichtnotare tätig sind.¹⁷ Dies folgt zwingend aus dem Normzweck, den Aufsichtsbehörden eine präventive Kontrolle der öffentlichen Notarämter zu ermöglichen und wird durch die Erweiterungen der Anzeigepflichten im neu eingefügten S. 2 in Abs. 1 bestätigt.¹⁸ Zu den beruflichen Verbindungen gehören auch die gemeinsame Nutzung von Einrichtungen (sofern sie nicht allen Kammermitgliedern in gleicher Weise zur Verfügung steht) und Kooperationen.¹⁹

Soweit überörtliche Berufsverbindungen trotz der unübersehbaren Schwierigkeiten für **9** die Wahrnehmung der Dienstaufsicht an verschiedenen Standorten geduldet werden, müssen alle zuständigen Aufsichtsbehörden informiert werden, weil nur bei vollständiger Information der Dienstaufsicht eine umfassende Kontrolle der öffentlichen Notarämter gesichert werden kann.²⁰ Dies gilt insbesondere bei Prüfungen der Dienstaufsicht, ob die verschärften Mitwirkungsverbote aus § 3 BeurkG eingehalten oder die allgemeinen und besonderen Amtspflichten des Notars umgangen worden sind. Aufsichtsmaßnahmen nach § 93 Abs. 4 S. 2 setzen voraus, dass alle zuständigen Aufsichtsbehörden und Notarkammern über die zur Dienstaufsicht erforderlichen Informationen verfügen. Jede – aufgrund der Erweiterungen der Berufsverbindungsmöglichkeiten unter Umständen bundesländerübergreifende – Dienstaufsicht erfordert vor allem bei Beteiligung verschiedener Landesjustizverwaltungen die enge Zusammenarbeit im Wege der Amtshilfe.

Die Anzeigepflicht des Notars umfasst zunächst die Angabe aller Namen und berufs- **10** bezogenen Daten der beruflich verbundenen Berufsangehörigen einschließlich ihrer Nebentätigkeiten, ohne Rücksicht darauf, wie das Vertragsverhältnis zu ihnen ausgestaltet ist.²¹ Daher sind auch die Namen und Daten von angestellten Rechtsbeiständen, Rechtsanwäl-

---

¹² Dazu *Winkler* BeurkG § 3 Rn. 101a.
¹³ BeckNotar-HdB/*Bremkamp* § 32 Rn. 92.
¹⁴ Arndt/Lerch/Sandkühler/*Lerch* BNotO § 27 Rn. 2.
¹⁵ BGH BeckRS 2016, 2023 Rn. 3; OLG Celle BeckRS 2016, 2185 Rn. 12.
¹⁶ Bei leichten Verstößen kann die Unabhängigkeit des Notars durch Änderungen der vertraglichen Vereinbarungen hergestellt werden. Bei schweren Verstößen bestehen berechtigte Zweifel am notwendigen Amtsverständnis der Beteiligten.
¹⁷ Ebenso Arndt/Lerch/Sandkühler/*Lerch* BNotO § 27 Rn. 3; aA Schippel/Bracker/*Kanzleiter* BNotO § 27 Rn. 4, der nur auf die unmittelbare Dienstaufsicht am Amtssitz des Notars abstellt, dabei aber übersieht, dass aufgrund überörtlicher beruflicher Verbindungen auch die Zuständigkeiten anderer Notaraufsichtsbehörden tangiert sind, was den Gesetzgeber nachträglich sogar zur Erweiterung der Anzeigepflichten mit der Neueinfügung des Abs. 1 S. 2 bewogen hat. *Kanzleiter* folgend BeckOK BNotO/*Hushahn* BNotO § 27 Rn. 1.
¹⁸ Zur Notwendigkeit dieser Gesetzesänderung v. 12.12.2007 (BGBl. I 2840) Arndt/Lerch/Sandkühler/*Lerch* BNotO § 27 Rn. 9.
¹⁹ So zutreffend Arndt/Lerch/Sandkühler/*Lerch* BNotO § 27 Rn. 6 f.
²⁰ Ausführlich Diehn/*Bormann* BNotO § 27 Rn. 1.
²¹ Arndt/Lerch/Sandkühler/*Lerch* BNotO § 27 Rn. 8; Diehn/*Bormann* BNotO § 27 Rn. 2.

ten, Patentanwälten, Steuerbevollmächtigten, Steuerberatern, vereidigten Buchprüfern und Wirtschaftsprüfern anzuzeigen.[22] Anzugeben sind außerdem von jedem der beteiligten Berufsangehörigen alle ausgeübten Berufe und weiteren beruflichen Tätigkeiten, also auch sämtliche Nebenbeschäftigungen, die dem Notar nach § 8 untersagt oder die genehmigungspflichtig sind, weil nur auf diese Weise eine Umgehung der §§ 8, 9 überwacht werden kann. Ferner sind nach Abs. 1 S. 3 alle Tätigkeitsorte anzugeben.[23]

II. Vorlagepflicht (Abs. 2)

11 Sowohl alle zuständigen Aufsichtsbehörden als auch alle zuständigen Notarkammern (→ Rn. 13) haben gem. Abs. 2 das Recht, jederzeit die Vorlage sämtlicher Vereinbarungen über die gemeinsame Berufsausübung oder die gemeinsame Nutzung der Geschäftsräume zu verlangen.[24] Die Vorlage von Berufsverbindungsverträgen bei der Notarkammer verbunden mit deren Genehmigung war in einzelnen Gebieten des hauptberuflichen Notariats (zB Bayern, Rheinische Notarkammer) schon immer angeordnet, um überprüfen zu können, ob die Unabhängigkeit jedes in Sozietät verbundenen Notars gewährleistet ist. Durch Rechtsverordnung kann die gemeinsame Berufsausübung von der Genehmigung des Justizministeriums und zugleich die vertragliche Ausgestaltung der Berufsverbindungsverträge durch inhaltliche Vorgabe in Richtlinien der Notarkammer abhängig gemacht werden.[25] Jetzt gilt dieses Recht der präventiven Kontrolle der Notare durch die Aufsichtsbehörden im gesamten Geltungsbereich der Bundesnotarordnung, ist aber nur auf Anforderung der Notarkammer oder der Aufsichtsbehörde zu erfüllen. Die Ausübung dieses Vorlagerechts bedarf ebensowenig einer Begründung[26] wie die Prüfung der Amtsgeschäfte des Notars in seinen Amtsräumen, bei denen diese Verträge auch eingesehen werden können, weil sich die Vorlagepflicht aus dem Gesetz (§ 27) ergibt. Dem Vorlagerecht entspricht die Pflicht des Notars, die angeforderten Unterlagen unverzüglich auf eigene Kosten den zuständigen Aufsichtsbehörden und Kammern vollständig vorzulegen. Aus dem Inhalt der Berufsverbindungsvereinbarungen können sich Abhängigkeitsverhältnisse ergeben, die mit dem Amt des Notars nach § 9 Abs. 3 unvereinbar sind. Da § 27 die Unabhängigkeit und Unparteilichkeit des Notars und die abstrakte Gefährdung der Rechtspflege ua gegen eine Kommerzialisierung öffentlicher Rechtspflegefunktionen durch präventive staatliche Kontrollen schützen soll, können sowohl die Aufsichtsbehörde als auch die Notarkammer durch Allgemeinverfügung die Vorlage aller Berufsverbindungsvereinbarungen generell verlangen.[27] Die Notarkammer hat die Verträge auch auf ihren standesrechtlichen Inhalt zu prüfen.

III. Andere Berufsrechte

12 Andere Berufsrechte können weder der Anzeige- noch der Vorlagepflicht des Notars entgegenstehen; andernfalls wäre die Berufsverbindung für den Notar unzulässig. Andere Berufsrechte haben bei der inhaltlichen Ausgestaltung der Berufsverbindungsverträge auf-

---

[22] Darauf weist Schippel/Bracker/*Kanzleiter* BNotO § 27 Rn. 5 zutreffend hin.
[23] BeckNotar-HdB/*Bremkamp* § 32 Rn 92.
[24] BeckNotar-HdB/*Sandkühler* § 33 Rn. 66; Diehn/*Bormann* BNotO § 27 Rn. 3.
[25] So zB für hauptberufliche Notare im Bereich der Rheinischen Notarkammer sowohl durch Rechtsverordnung als auch durch Richtlinien.
[26] AA Arndt/Lerch/Sandkühler/*Lerch* BNotO § 27 Rn. 14: Begründung erforderlich, weil nach § 111 anfechtbarer Verwaltungsakt. Die dortigen, von *Lerch* als angebliche Schrifttumsmeinung kritisierten Ausführungen, in der Norm sei „eine Art von Gefährdungstatbestand zu sehen", sind nicht nachvollziehbar und werden – soweit ersichtlich – von keinem Autor vertreten, allenfalls dass die Vorschrift zur Abwehr von Gefährdungen der öffentlichen Notarämter dient.
[27] Im Rahmen der Genehmigung von Sozietäten erscheint dies ohnehin geboten und wird von den Notarkammern des hauptberuflichen Notariats seit Jahrzehnten praktiziert, obwohl die Gefährdung der Unabhängigkeit und Unparteilichkeit der öffentlichen Ämter durch fremde Einflüsse – mangels anderweitiger Berufsverbindungen – hier geringer ist, als im Anwaltsnotariat, in dem ein Berufsverbindungsvertrag das öffentliche Notaramt mit Berufsträgern außerhalb der Rechtspflege zusammenführen kann.

grund des öffentlichen Amtes des Notars Nachrang gegenüber den Notargesetzen. Vertraglich vereinbarte Verstöße gegen die gesetzlichen Amtspflichten des Notars führen zur Unwirksamkeit einer Berufsverbindung. Da der öffentliche Amtscharakter des Notariats die staatliche Kontrolle der Berufsverbindungsverträge zwingend erfordert, müssen die Aufsichtsbehörden die Verträge auch dahingehend prüfen, ob die gesetzlichen Mitwirkungspflichten gem. § 93 Abs. 4 S. 2 bei den Personen nicht ausgeschlossen sind, mit denen der Notar sich zur gemeinsamen Berufsausübung verbunden oder mit denen er gemeinsame Geschäftsräume hat oder hatte, insbesondere auch bei überörtlich verbundenen Partnern.[28] Hat der Notar Regelungen vereinbart, durch welche Dienstaufsichtsmaßnahmen behindert werden, können gegen ihn dienstrechtliche Maßnahmen eingeleitet werden.[29]

IV. Zuständigkeit der Aufsichtsbehörde

Örtlich zuständige Aufsichtsbehörde ist der Präsident des Landgerichts und die Notarkammer, in deren Bezirk die Notariatskanzlei ihren Amtssitz hat. Bei überörtlichen Berufsverbindungen zwischen Notaren und Rechtsanwälten, Rechtsbeiständen, Patentanwälten, Steuerbevollmächtigten, Steuerberatern, Wirtschaftsprüfern oder vereidigten Buchprüfern und beruflichen Verbindungen einzelner iSv § 3 Abs. 1 S. 1 Nr. 7 – unzulässig sind solche, in deren Notare an verschiedenen Orten beteiligt sind[30] – muss die Anzeige bei allen Landgerichtspräsidenten und Notarkammern erfolgen, in denen Kanzleiräume unterhalten werden.[31] Nur wenn die Anzeige bei allen von einer überörtlichen Sozietät betroffenen Landgerichtspräsidenten und Notarkammern erfolgt, können zB die Aufsichtsmaßnahmen gegenüber den in § 93 Abs. 4 S. 2 genannten Personen ausgeübt werden (andernfalls könnte zB eine Kontrolle der Amtspflichten gem. § 28 iVm § 15 DONot – Verzeichnis der Vorbefassungen oder § 29 Abs. 3 – Werbebeschränkung der Sozietätsmitglieder nicht stattfinden). Da zu den Prüfungen gem. § 93 Abs. 3 S. 2 nach Anhörung der Notarkammer Notare hinzugezogen werden können, müssen auch gegenüber den Notarkammern, in deren Aufsichtsbezirk keine Notare der Sozietät niedergelassen sind, die Anzeigen und Vorlagen erfolgen. Überörtliche Berufsverbindungen unter Beteiligung von Notaren können zu einer erhöhten Gefährdung der Rechtspflege führen, weil durch örtliche Verlagerung notarieller Tätigkeiten (zB bei Hinterlegungsgeschäften) aus dem Amtsbereich des Notars die Prüfungs- und Kontrollmöglichkeiten der zuständigen Aufsichts- und Disziplinarbehörde nicht nur erschwert, sondern sogar vollständig entzogen werden kann. Deshalb sind die betroffenen Landgerichtspräsidenten, auch wenn die Berufsverbindung in ihrem Bezirk nur aus Rechtsanwälten, Patentanwälten, Wirtschaftsprüfern, vereidigten Buchprüfern und/oder Steuerberatern besteht, verpflichtet – aufgrund bundesstaatlicher Treuepflicht sogar länderübergreifend – Amtshilfe durch geeignete Prüfungs- und Aufsichtsmaßnahmen zu leisten.

V. Verstöße gegen § 27

Wird die Vorlage der in Abs. 1 S. 3 und Abs. 2 aufgeführten Angaben und Unterlagen vom Notar oder einem seiner Berufspartner verweigert, so ist die Verbindung zur gemeinsamen Berufsausübung oder zur gemeinsamen Nutzung der Geschäftsräume von der Aufsichtsbehörde unverzüglich zu untersagen bzw. ist der Notar – bei Fortsetzung der wegen fortgesetzter Verstöße gegen zwingendes Berufsrecht unzulässigen und untersagten Berufsverbindung – im Disziplinarverfahren seines Amtes zu entheben.[32] Eine nach § 9 Abs. 1 S. 2 Nr. 1 erforderliche Genehmigung kann erst erteilt werden, wenn der Aufsichtsbehörde sämtliche gem. Abs. 1 S. 2 und Abs. 2 erforderlichen Unterlagen vorgelegt worden sind.

---

[28] Arndt/Lerch/Sandkühler/*Lerch* BNotO § 93 Rn. 40.
[29] Arndt/Lerch/Sandkühler/*Lerch* BNotO § 93 Rn. 42.
[30] → § 9 Rn. 11.
[31] Arndt/Lerch/Sandkühler/*Lerch* BNotO § 27 Rn. 3.
[32] Diehn/*Bormann* BNotO § 27 Rn. 4.

Bei jedem Wechsel der beteiligten Berufsangehörigen sind die Anzeige- und Vorlagepflichten gegenüber den zuständigen Aufsichtsbehörden und Notarkammern in gleicher Weise zu erfüllen.

15 Wurden die Anzeige- und Vorlagepflichten gem. § 27 mit falschen Angaben erfüllt, so ist die nach § 9 Abs. 1 S. 2 Nr. 1 Genehmigung der Justizverwaltung zur Berufsverbindung unwirksam. Dies führt auch zur Unwirksamkeit des Berufsverbindungsvertrags. Da das öffentliche Notaramt nicht in eine Gesellschaft eingebracht werden kann,[33] finden die Grundsätze der fehlerhaften Gesellschaft auf solche faktischen, in Vollzug gesetzten Berufsverbindungen des Notars keine Anwendung.

§ 28 [Sicherstellung der Unabhängigkeit und Unparteilichkeit]

Der Notar hat durch geeignete Vorkehrungen die Wahrung der Unabhängigkeit und Unparteilichkeit seiner Amtsführung, insbesondere die Einhaltung der Mitwirkungsverbote und weiterer Pflichten nach den Bestimmungen dieses Gesetzes, des Beurkundungsgesetzes und des Gerichts- und Notarkostengesetzes sicherzustellen.

Vgl. hierzu auch → **RLEmBNotK Abschnitt VI.**

A. Vorbemerkungen

1 Die Berufsrechtsnovelle 1998 hat in einigen Punkten herausragenden Amtspflichten (Hauptpflichten) Nebenpflichten an die Seite gestellt, die darauf abzielen, die Erfüllung dieser Hauptpflichten sicherzustellen. Diese Verfahrensweise, die zB dem anwaltlichen Berufsrecht fremd ist, führt naturgemäß zu einer Ausweitung des Kreises der bestehenden Pflichten. Die Vervielfältigung der Amtspflichten wird nochmals dadurch gesteigert, dass die Standesrichtlinien (jedenfalls die Richtlinien-Empfehlungen der Bundesnotarkammer) sowohl Haupt- als auch Nebenpflichten im Rahmen der Ermächtigungsgrundlage von § 67 Abs. 2 S. 3 durch Aufstellen von zusätzlichen Pflichten ergänzen. Ob solche Vorgehensweisen sinnvoll sind, mag hier dahinstehen. In jedem Fall muss aber bei der Auslegung solcher Nebenpflichten und hieran anknüpfender Standespflichten ihr besonderer Zweck – Sicherung der Erfüllung der Hauptpflichten – im Auge behalten werden mit der Folge, dass weitere Ausdehnungen der Pflichten vor allem mit dem Anscheinsargument (§ 14 Abs. 3 S. 2) oder aufgrund anderer generalklauselartiger Begriffe zu vermeiden sind.

2 Zu dieser Art Nebenpflicht gehört auch der erstmals mit der Berufsrechtsnovelle 1998 in die BNotO aufgenommene § 28. Nach der Gesetzesbegründung rechtfertigt sich die Vorschrift angesichts der zu bewahrenden Unparteilichkeit und Unabhängigkeit des Notars gerade im Hinblick auf die Gefährdungen, die sich aus den erweiterten Möglichkeiten der beruflichen Verbindung zu interprofessionellen und überörtlichen Sozietäten ergeben können. Zugleich werde der berufsrechtliche Rang der Einhaltung der Mitwirkungsverbote hervorgehoben und eine effektive Überwachung durch die Aufsichtsbehörde gewährleistet.[1]

3 Aufgrund der Ermächtigung in § 67 Abs. 2 S. 3 Nr. 6 können die Notarkammern in Standesrichtlinien die Art der in § 28 genannten Vorkehrungen näher regeln. Die Richtlinien-Empfehlungen der Bundesnotarkammer enthalten solche Bestimmungen in Abschnitt VI. Nr. 1.2 und Nr. 3.3. Die Bestimmungen in Nr. 3.1 und Nr. 3.2. sind nicht auf § 28, sondern auf § 17 bezogen und daher von der Ermächtigungsgrundlage in § 67 Abs. 2 S. 3 Nr. 6 nicht gedeckt (vgl. hierzu die Erläuterungen bei → § 17 Rn. 2).

4 Die Gesetzesformulierung lässt denjenigen, der sich pflichtgemäß verhalten will, bei dem Versuch, die für ihn aus der Vorschrift resultierenden Pflichten zu erkennen, weitgehend

---

[33] *Bohrer,* Berufsrecht, Rn. 312 ff.; *Baumann* MittRhNotK 1996, 1 (13 f.).
[1] Gesetzesbegründung zu § 28, abgedruckt bei *Frenz* S. 211.

allein: Der Notar soll sein Amt nicht nur unabhängig und unparteilich ausüben, sondern die Wahrung von Unabhängigkeit – gemeint ist offenbar nicht die Unabhängigkeit gegenüber dem Staat[2] – und Unparteilichkeit sicherstellen. Nun dienen beinahe alle in der BNotO enthaltenen Amtspflichten diesem Ziel; der „insbesondere"-Zusatz stellt die Einhaltung der Mitwirkungsverbote „und weiterer Pflichten nach den Bestimmungen dieses Gesetzes" heraus, obwohl die Mitwirkungsverbote sich aus dem BeurkG ergeben und aus der BNotO nur indirekt durch die Verweisung in § 16 Abs. 1. Ergänzend werden Pflichten aus dem BeurkG und dem GNotKG in dem Zusatz noch ausdrücklich genannt. Die Sicherstellung soll durch geeignete Vorkehrungen erfolgen, deren Art – also nur das Mittel zur Sicherstellung – durch die Standesrichtlinien geregelt werden können.

In der Sache sind aus diesen Regelungen konkret Pflichten für den einzelnen Notar nur 5 dann abzuleiten, wenn man sie als (organisatorische) **Sorgfaltsanforderungen** für die Amtsführung des Notars versteht. Konstituiert wird damit ein Fahrlässigkeitstatbestand, was aber zugleich bedeutet, dass bei derartigen Pflichten nur **vorsätzliche** Amtspflichtverletzungen denkbar sein sollten und nicht etwa auch noch fahrlässige Begehungsweisen, die – wenn auch auf der Schuldebene – Sorgfaltsanforderungen an die Sorgfaltsbeachtung von Amtspflichten iSv Hauptpflichten aufstellen würden.

In den Vorarbeiten zu den Richtlinien-Empfehlungen ist im Übrigen behauptet worden, 6 Regelungen, die aufgrund der Ermächtigungen in § 67 Abs. 2 S. 3 Nr. 1 (Wahrung der Unabhängigkeit und Unparteilichkeit) ergehen, könnten zugleich auch Vorkehrungen iSv § 28 sein. Dies ist offensichtlich schon deshalb unzutreffend, weil nach § 28 der Notar Vorkehrungen zu treffen hat und die Regelungen aufgrund § 67 Abs. 2 S. 3 Nr. 1 Ausformungen der Verpflichtungen zur unabhängigen und unparteilichen Amtsführung sind, die von den Notarkammern beschlossen werden. § 28 kann nicht als eine Art Generalermächtigung zur umfassenden Regelung notarieller Amtspflichten durch die Kammern verstanden werden. Begreift man Compliance als organisatorische Risikobeherrschungspflicht jeder arbeitsteiligen Organisation, kann man § 28 auch als **Compliance-Gebot** verstehen.[3]

B. Geeignete Vorkehrungen

Was unter **Vorkehrungen** im Einzelnen zu verstehen ist, sagt das Gesetz nicht. Sinn- 7 vollerweise wird man hierunter organisatorische Maßnahmen im weitesten Sinne verstehen. Hierzu zählen die Führung und Nutzung geeigneter Dokumentationen (zB Führung eines Beteiligtenverzeichnisses) ebenso wie die Einrichtung von Verfahrensabläufen,[4] etwa Nachfragen im internen Bürobetrieb oder bei Beteiligten (letztlich ist auch die unglücklich formulierte Fragepflicht nach § 3 Abs. 1 S. 2 BeurkG eine derartige „Vorkehrung"). *Weingärtner/Wöstmann* bestreiten im Ergebnis, dass außerhalb von Dokumentationen „Vorkehrungen" möglich sind.[5] Sie verkennen zum einen den Gesetzeswortlaut, der sehr wohl auch bürointerne Organisationsabläufe als Vorkehrung iSd Vorschrift begreifen lässt. Zum anderen ist hiervon zu unterscheiden die Frage, ob die Vorkehrung geeignet ist.

Ob die Vorkehrung **geeignet** ist, die Wahrung der Unparteilichkeit und Unabhängigkeit 8 der Amtsführung sicherzustellen, hängt von den einzelnen Gefährdungen dieser Rechtsgüter ab. § 28 stellt hierbei die Einhaltung der Mitwirkungsverbote (zur Wahrung der Unparteilichkeit) besonders heraus und hebt damit ab auf § 3 Abs. 1 BeurkG, der auch Gegenstand der Richtlinien-Empfehlungen ist (Abschnitt VI. Nr. 1 und Nr. 2). Gefordert wird danach zunächst, dass der Notar sich vor Übernahme der Amtstätigkeit in zumutbarer Weise zu vergewissern hat, dass Kollisionsfälle iSv § 3 Abs. 1 BeurkG nicht bestehen. Nicht

---

[2] Vgl. zu den Bedeutungsinhalten der notariellen Unabhängigkeit → § 1 Rn. 28 ff.
[3] Zur Notar-Compliance vgl. *Serr* CCZ 2014, 269.
[4] Ebenso Diehn/*Diehn* BNotO § 28 Rn. 7.
[5] D. VI. Rn. 65 ff.

verlangt wird somit eine vorherige Überprüfung aller Akten auf die Möglichkeit eines Kollisionsfalls bis eine positive Kenntnis erreicht ist, ob ein Kollisionsfall vorliegt oder nicht. Solches Verlangen wäre unzumutbar und hätte im Zweifel zur Folge, dass schon wegen des Umfangs der Vorprüfung eine Amtstätigkeit nicht übernommen werden kann.[6] Zu berücksichtigen ist bei der Zumutbarkeit schließlich auch der Umstand, dass § 28 erst 1998 eingeführt wurde, so dass für frühere Sachverhalte etwaige datentechnische Hilfsmittel möglicherweise nicht genutzt werden können. Die nachträgliche datentechnische Erfassung früherer Sachverhalte wäre zwar geeignet, aber ebenfalls unzumutbar. Soweit allerdings Dateien und datentechnische Hilfsmittel bestehen, die nicht etwa nach Zeitablauf, sondern nach Beteiligten einen unmittelbaren Zugriff erlauben, ist ihre Nutzung zur Feststellung eines Kollisionsfalls Amtspflicht. In jedem Fall zumutbar sind Rückfragen bei Beteiligten, zumindest dann, wenn das betroffene Amtsgeschäft dafür Anlass gibt.[7]

9 Verpflichtet ist im Übrigen der Nur-Notar ebenso wie der Anwaltsnotar. Beim Anwaltsnotar kann im Einzelfall angesichts der möglichen Zahl der mit ihm verbundenen Sozien die Vergewisserungspflicht einen höheren Aufwand erfordern. Der Aufwand steigt aber in gleicher Weise für den Nur-Notar, wenn er in Sozietät verbunden ist.

10 Die Grundlage für die Erfüllung der Vergewisserungspflicht schafft Abschnitt VI. Nr. 1.2 RLEmBNotK, durch die dem Notar selbst die **Führung einer Dokumentation zur Erfassung der Beteiligten** aufgegeben wird. Welcher Art die verlangte Dokumentation sein muss, hängt vor allem davon ab, ob der Notar sich mit anderen zur Berufsausübung verbunden hat oder nicht. Für den Einzel-Notar, sei er Nur-Notar oder Anwaltsnotar, genügt das übliche Verzeichnis, das einen unmittelbaren Zugriff auf die Urkundsbeteiligten erlaubt. Damit werden zwar die Beteiligten an urkundenlosen Amtsgeschäften nicht erfasst (anderes nur das etwa in Bayern geführte Kostenregister), aber dies ist angesichts üblicher Erinnerungsfähigkeiten des Amtsträgers hinzunehmen. Je größer allerdings die Zahl der verbundenen Berufsangehörigen ist, desto mehr wird man auch die Führung sonstiger ergänzender Dokumentationen verlangen können. Bei der Beschlussfassung der Richtlinien-Empfehlungen durch die Vertreterversammlung der Bundesnotarkammer sind teilweise Vermerke zu Protokoll gegeben worden, die nicht zum Inhalt der Empfehlungen selbst gemacht wurden.[8] Zu Abschnitt VI. Nr. 1.2 RLEmBNotK wurde festgehalten, dass der Notar nicht zwingend für seine Person ein eigenes Verzeichnis führen muss. Der Notar sei aber dafür verantwortlich, dass die uU in der Sozietät vorhandene Dokumentation den Anforderungen entspreche.[9] Dem ist zuzustimmen, sofern der jederzeitige Zugriff des Notars gesichert ist. Es gehört zu den umstrittensten Fragen weniger zu § 28 als zu den dazu ergangenen Richtlinienempfehlungen und dem Verhältnis von DONot (§ 15) und Richtlinie, inwieweit die Angabe des Geschäftsgegenstandes zu den dokumentationspflichtigen Angaben gehört (wie von § 15 DONot gefordert, wobei § 15 DONot von „Gegenstand der Tätigkeit" spricht).[10] Nach überwiegender Auffassung kann eine derartige Verpflichtung jedenfalls nicht auf § 28 gestützt werden.[11] Sie folgt im Übrigen auch nicht aus Abschnitt VI. Nr. 1.2 RLEmBNotK, da zur Identifikation der Beteiligten der Geschäftsgegenstand nichts beitragen kann.[12] Ob im Übrigen die schlagwortartige Bezeichnung des Gegenstandes ein nennenswertes Mehr an Sorgfalt (→ Rn. 5) bringt, darf man bei nüchterner Betrachtung bezweifeln.

11 Abschnitt VI. Nr. 2 RLEmBNotK verlangen von dem Notar, dass er in den Vertrag zur gemeinsamen Berufsausübung oder Bürogemeinschaft schriftliche Regelungen aufnimmt,

---

[6] Ebenso *Weingärtner/Wöstmann* D. VI. Rn. 3.
[7] Ebenso *Weingärtner/Wöstmann* D. VI. Rn. 3.
[8] Vgl. hierzu *Frenz* ZNotP 1999, 110 f.
[9] Abgedruckt in *Frenz* S. 289.
[10] Vgl. zum Meinungsstand *Weingärtner/Wöstmann* D. VI. Rn. 16 ff.
[11] Offengelassen von *Weingärtner/Wöstmann* D. VI. Rn. 19 mwN; wie hier *Diehn/Diehn* BNotO § 28 Fn. 22.
[12] AA *Weingärtner/Wöstmann* D. VI. Rn. 19.

die den verbundenen Sozien eine Offenbarungspflicht aufgeben, um dem Notar die Erfüllung des Mitwirkungsverbotes und des Beteiligungsverbotes nach § 14 Abs. 5 zu ermöglichen.

Schließlich sieht Abschnitt VI. Nr. 3.3 RLEmBNotK vor, dass der Notar durch Ausgestaltung der beruflichen Verbindung sicherstellen muss, dass die mit ihm Verbundenen keine Vorteile gewähren, die der Notar gemäß Abschnitt VI. Nr. 3.2 RLEmBNotK nicht gewähren darf. Den Pflichten nach Abschnitt VI. Nr. 3.2 RLEmBNotK fehlt nach der hier vertretenen Auffassung zur Beschlussfassung durch die Notarkammer die Ermächtigungsgrundlage (→ § 17 Rn. 2).[13] Auf der anderen Seite sind diese Pflichten bereits unmittelbar aus § 17 ableitbar, so dass sie auch Gegenstand der in Abschnitt VI. Nr. 3.3 RLEmBNotK formulierten Amtspflichten sein können. Inhaltlich wird damit die Aufnahme des entsprechenden Verbotes in den Sozietätsvertrag verlangt, wobei die verbotene Vorteilsgewährung immer bezogen sein muss auf einen Zusammenhang mit der Urkundstätigkeit des Notars. 12

§ 29 [Werbeverbot]

(1) **Der Notar hat jedes gewerbliche Verhalten, insbesondere eine dem öffentlichen Amt widersprechende Werbung zu unterlassen.**

(2) **Eine dem Notar in Ausübung seiner Tätigkeiten nach § 8 erlaubte Werbung darf sich nicht auf seine Tätigkeit als Notar erstrecken.**

(3) [1]**Ein Anwaltsnotar, der sich nach § 9 Absatz 2 mit nicht an seinem Amtssitz tätigen Personen verbunden hat oder der weitere Kanzleien oder Zweigstellen unterhält, darf auf Geschäftspapieren, in Verzeichnissen, in der Werbung und auf nicht an einer Geschäftsstelle befindlichen Geschäftsschildern seine Amtsbezeichnung als Notar nur unter Hinweis auf seinen Amtssitz angeben.** [2]**Der Hinweis muss der Amtsbezeichnung unmittelbar nachfolgen, ihr im Erscheinungsbild entsprechen und das Wort „Amtssitz" enthalten.** [3]**Satz 1 gilt nicht, soweit die Geschäftspapiere, die Verzeichnisse oder die Werbung keinen Hinweis auf die Verbindung nach § 9 Absatz 2 oder weitere Kanzleien oder Zweigstellen enthalten.**

(4) **Amts- und Namensschilder dürfen nur an Geschäftsstellen geführt werden.**

Übersicht

	Rn.
A. Entstehungsgeschichte	1
I. Vom generellen Werbeverbot mit Erlaubnisvorbehalt	1
II. ... zur Unzulässigkeit amtswidriger Werbung	2
B. Was ist Werbung?	4
I. Werbung als Marketing-Instrument	4
II. Werbewirksames Verhalten	5
C. Selbstdarstellung staatlicher Institutionen	7
D. Werbung des Anwaltsnotars	10
I. Gleiches Recht für alle	10
II. Konfliktfall Zweitberuf	11
III. Werbebeschränkungen bei überörtlichen Berufsverbindungen bzw. beim Unterhalten weiterer Kanzleien oder Zweigstellen	16
E. Wettbewerbsrecht	32

---

[13] AA Diehn/*Diehn* BNotO § 28 Rn. 21.

A. Entstehungsgeschichte

I. Vom generellen Werbeverbot mit Erlaubnisvorbehalt ...

1   Rechtsprechung und Literatur haben jahrzehntelang aus der BNotO und ihren Vorläufern ein **striktes Werbeverbot** abgeleitet. Zur Begründung wurde angeführt, mit dem Berufsbild des Notars – unabhängiger Träger eines öffentlichen Amtes, der kein Gewerbe ausübt – vertrage sich kein gewerbliches Verhalten.[1] Demgemäß untersagte § 2 Abs. 1 der von der BNotK 1962 aufgestellten Allgemeinen Richtlinien für die Berufsausübung der Notare jedes Werben um Praxis als „mit dem Ansehen und der Würde des Notars unvereinbar". Diese allgemeine Auffassung wurde auch deshalb kaum in Frage gestellt, weil für die rechts- und steuerberatenden Berufe ebenfalls Werbeverbote galten.

II. ... zur Unzulässigkeit amtswidriger Werbung

2   Nachdem der Gesetzgeber als Folge der Beschlüsse des BVerfG vom 14.7.1987[2] und wachsender Bedenken gegen die Einengung der Berufsausübungsfreiheit 1994 die Befugnis zur Werbung für Rechtsanwälte und Steuerberater erweitert hatte, war abzusehen, dass das strikte Werbeverbot für Notare zunehmender Kritik ausgesetzt sein würde. Während der BGH noch 1996 die Verwendung von Briefbögen ablehnte, die mit einem Logo versehen oder mehrfarbig gestaltet waren, und damit seine bisherige Rechtsprechung bekräftigte,[3] lockerte das BVerfG mit der Aufhebung dieser Entscheidung die bisherigen Einschränkungen der Berufsausübung auch für Notare ein Stück weit.[4] Der Gesetzgeber hatte sich schon vor der Entscheidung des BVerfG entschlossen, dem Werbeverbot für Notare in § 29 eine gesetzliche Grundlage zu geben. Danach ist dem Notar Werbung insoweit untersagt, als sie dem **öffentlichen Amt widerspricht**. Der Gesetzgeber gab damit die traditionelle Gleichsetzung von der Werbung mit dem Gewerbe auf. Werbung zeugt nicht mehr in jedem Fall von gewerblichem Verhalten. Das Berufsrecht der Notare hat sich damit in der Frage der Werbung dem Berufsrecht der Rechtsanwälte, Steuerberater und Wirtschaftsprüfer etwas angenähert. Diese betreiben kein Gewerbe, dürfen aber dennoch nach Maßgabe des jeweiligen Berufsrechts werben (s. § 43b BRAO, § 57a StBerG, § 52 S. 2 WPO). Gleichwohl gilt für den Notar als Träger eines öffentlichen Amtes ein strengerer Maßstab.[5]

3   In § 29 wird nicht definiert, was eine Werbung **amtswidrig** und damit unzulässig macht. Die Regelung des § 29 Abs. 2 in Bezug auf weitere Tätigkeiten des Notars nach § 8 soll lediglich das Übergreifen der in Ausübung dieser Tätigkeiten zulässigen Werbung auf die notarielle Tätigkeit verhindern, besagt aber nichts über die Qualität amtsgemäßer Werbung. § 29 Abs. 3 bezweckt die Verhinderung des möglichen „Missbrauchs" einer überörtlichen Anwaltssozietät dazu, dem Anwaltsnotar notarielle Aufträge zukommen zu lassen,[6] beschäftigt sich aber auch nicht mit inhaltlichen Fragen amtswidriger Werbung. Die Gesetzesbegründung[7] bietet zwar einige Anhaltspunkte, die aber bei Zugrundelegung der objektiven Auslegungstheorie[8] letztlich unverbindlich bleiben, vor allem auch im Hinblick darauf, dass sich auch die Selbstdarstellung öffentlicher Behörden und Ämter in einem stetigen Wandel befindet. Der Gesetzgeber hat den Notarkammern in § 67 Abs. 2 Nr. 7 eine Konkretisierung der Regelung des § 29 in Form von **Richtlinien** aufgetragen bzw. ermöglicht. Von der Vertreterversammlung der Bundesnotarkammer sind in Ausübung der

---

[1] BGHZ 106, 212; *Vetter* DNotZ 1986, 58.
[2] BVerfGE 76, 196 = NJW 1988, 194.
[3] BGH DNotZ 1997, 239; krit. dazu *Michalski/Römermann* ZIP 1997, 315.
[4] BVerfG NJW 1997, 2510.
[5] Diehn/*Diehn* BNotO § 29 Rn. 4.
[6] Diehn/*Diehn* BNotO § 29 Rn. 61.
[7] BT-Drs. 13/4184, 27 f.; s. auch BT-Drs. 431/16, 260 ff. zu Abs. 3 und Abs. 4.
[8] BVerfGE 1, 312; 10, 244; 62, 45.

ihr in § 78 Abs. 1 Nr. 5 erteilten zugewiesenen Aufgabe den Kammern **Empfehlungen** für diese Richtlinien ausgesprochen worden, die sich unter Abschnitt VII. RLEmBNotK ausführlich mit dem „Auftreten des Notars in der Öffentlichkeit" und der Werbung befassen. Die Notarkammern haben diese Empfehlungen im Wesentlichen übernommen, wobei im Einzelfall durchaus Abweichungen bestehen.[9] Die Kommentierung des Abschnitts VII. RLEmBNotK, auf die verwiesen wird, behandelt Einzelfragen amtswidriger Werbung. Die folgenden Ausführungen beschränken sich auf Grundsätzliches.

B. Was ist Werbung?

I. Werbung als Marketing-Instrument

Unter **Marketing** versteht man in der gewerblichen Wirtschaft eine unternehmerische Konzeption, die alle betrieblichen Aktivitäten auf den Markt, also auf den **potentiellen Kunden,** ausrichtet. Die Werbung spielt beim Marketing eine maßgebende Rolle. Als Werbung gelten alle Tätigkeiten, die unter **planmäßiger Anwendung beeinflussender Mittel** darauf angelegt sind, Leistungen dessen, für den geworben wird, in Anspruch zu nehmen.[10] Ob eine solche Tätigkeit vorliegt, ist nach **objektiven Kriterien** zu ermitteln. Es kommt nicht darauf an, wie die handelnde Person ihr Verhalten aufgefasst wissen möchte. Maßgebend ist vielmehr, welcher Eindruck nach der Verkehrsanschauung vermittelt wird. Werbung liegt noch nicht vor, wenn ein Verhalten lediglich die Wirkung hat, dass der Leistungserbringer oder seine Leistungen beim Publikum bekannt werden und sich dies für ihn umsatzfördernd auswirkt. Entscheidend ist, ob das Verhalten bei der gebotenen Gesamtbetrachtung aller Umstände vom Publikum so bewertet wird, dass es gerade genau diese Wirkung **gezielt** erreichen will. Dabei braucht die Umsatzförderung nicht der einzige Zweck der werbenden Tätigkeit zu sein.[11]

II. Werbewirksames Verhalten

Zur Werbung im weiteren Sinne gehört auch die mittels einer aktiven Öffentlichkeitsarbeit betriebene **Vertrauens-** und **Sympathiewerbung.** Sie hat nicht zum Ziel, das Leistungsangebot des Notars bekannt zu machen, sondern sie soll lediglich die Aufmerksamkeit der Öffentlichkeit auf ihn lenken und ihm ein **positives Image** verschaffen. Das BVerfG bezeichnet eine solche Außendarstellung als **werbewirksames Verhalten,** welches von der **gezielten Werbung** im engeren Sinn zu unterscheiden ist.[12] Ob die Öffentlichkeit eine Außendarstellung des Notars schon als Werbung im weiteren Sinne auffasst, kann im Einzelfall zweifelhaft sein. Amts- und Namensschilder in üblicher Größe und Farbgebung, zu deren Anbringung der Notar ohnehin gem. § 3 DONot verpflichtet ist, die nicht hervorgehobene Eintragung in Telefon- und Faxverzeichnissen, die einfache Stellenanzeige, Publikationen in Fachzeitschriften, Referate auf Fortbildungsveranstaltungen und wissenschaftliche Vorträge werden in der Regel vom Publikum nicht als planmäßiges Vorgehen mit dem Ziel der Vergrößerung des eigenen Mandantenstamms gewertet und sind folglich keine Werbung. Auch wenn der Notar in der Öffentlichkeit, zB als Mitglied eines Vereins oder einer Partei, seinen Beruf erwähnt, wirbt er damit noch nicht. Er braucht wie jeder andere seinen Beruf nicht zu verschweigen. Die rechtliche Zuordnung von Grenzfällen ist akademischer Natur, solange der Notar in der **Form seines Auftretens** die seinem Amt gemäße Zurückhaltung wahrt; entweder liegt keine Werbung vor oder es handelt sich um ein amtsgemäßes werbewirksames Verhalten. Wenn sich zB der Notar durch die Qualität und grafische Gestaltung seines Briefpapiers oder seiner Visitenkarte, durch die Ausstattung

---

[9] Schippel/Bracker/*Schäfer* BNotO § 29 Rn. 7.
[10] BGH NJW 1992, 45.
[11] BGH NJW 1992, 45.
[12] BVerfGE 76, 196 (206) = NJW 1997, 2510; BVerfG NJW 2000, 3195.

seiner Kanzlei und durch das Auftreten seiner Mitarbeiter gezielt bemüht, eine **Corporate Identity** aufzubauen, also dem Publikum ein nur seiner Kanzlei eigentümliches und unverwechselbares positives Erscheinungsbild zu vermitteln, ist dies als Werbung im weiteren Sinne aufzufassen, widerspricht aber keineswegs seinem Amt, vorausgesetzt, der Notar vermeidet maßlose Übertreibungen, die in Abschnitt VII. Nr. 1.3 lit. b RLEmBNotK als „reklamehaft" bezeichnet werden (→ RLEmBNotK VII. Rn. 9 f.).

6 Im Berufsrecht der Notare wird als selbstverständlich (und deshalb häufig auch nicht als erörterungswürdig) unterstellt, dass Gegenstand aller werblichen oder auch nur werbewirksamen Äußerungen und Handlungen ausschließlich die **notarielle Berufsausübung** sein dürfe. Außerberufliche, insbesondere private, Aktivitäten dürften nicht werbewirksam eingesetzt werden.[13] Die verfassungsgerichtliche Rechtsprechung lässt diese Beschränkung zweifelhaft erscheinen. Obwohl § 43b BRAO die Berufsbezogenheit anwaltlicher Informationswerbung ausdrücklich festschreibt, hat das BVerfG das öffentlich verlautbarte kulturelle **Sponsoring** einer Anwaltspraxis mit der Begründung für zulässig erklärt, die Bekanntgabe der eigenen Berufstätigkeit dürfe auch im Wege einer solchen Imagewerbung erfolgen.[14] Unzulässig werde ein derartiges werbewirksames Verhalten erst dann, wenn Anlass, Mittel, Zweck und Begleitumstände das Vertrauen der Rechtsuchenden in die Integrität und Unabhängigkeit des Anwalts gefährden würden. Es spricht viel dafür, dass das BVerfG nicht anders entschieden hätte, wenn eine Anwalts- und Notarpraxis der Sponsor gewesen wäre, zumal auch staatliche Institutionen Sponsorship betreiben. Dem Notar kann deshalb nicht verwehrt werden, mit der gebotenen Zurückhaltung sein Engagement auf kulturellen, wissenschaftlichen, sozialen und sportlichen Gebieten unter Angabe seines Berufs bekannt zu geben oder durch die gesponserte Institution verlautbaren zu lassen.[15] Ebenso ist es erlaubt, in geeigneten Räumlichkeiten der eigenen Kanzlei die Werke bildender Künstler auszustellen oder zu Lesungen und Hauskonzerten einzuladen. Unabhängigkeit und Neutralität des Notars können dadurch nicht gefährdet werden. Auch dabei kommt es maßgeblich auf den Standpunkt der angesprochenen Verkehrskreise an, nicht auf die gegebenenfalls besonders strenge Auffassung des entsprechenden Berufsstandes.[16]

C. Selbstdarstellung staatlicher Institutionen

7 Macht der Gesetzgeber die Zulässigkeit der Notarwerbung von ihrer Vereinbarkeit mit dem Amt abhängig, setzt dies logisch voraus, dass es Werbeformen gibt, die der Ausübung hoheitlicher Aufgaben nicht widersprechen. Ein Blick auf die Selbstdarstellung der Staatsgewalten außerhalb des Notariats bestätigt dies. Die Art und Weise, mit der Institutionen und Behörden der mittelbaren und unmittelbaren staatlichen Ebenen sich und ihre Aufgabenwahrnehmung der Öffentlichkeit präsentieren, kann nicht ohne Einfluss auf die Beantwortung der Frage bleiben, welche Werbung des Notars als amtswidrig einzustufen ist.[17]

8 Bekanntlich wirbt die **Exekutive** auf allen Ebenen für ihre Ziele. Presse- und Informationsstellen der Bundesregierung und der Landesregierungen, Ministerien, Städte, Gemeinden und Landkreise, gesetzliche Krankenkassen sowie selbstständige und unselbstständige Anstalten des öffentlichen Rechts stellen sich öffentlichkeitswirksam dar und nutzen dazu die Medien einschließlich des Fernsehens und insbesondere des Internets. Steht in den meisten Fällen eine allgemeine Imagewerbung im Vordergrund, geht es in anderen Fällen,

---

[13] *Fabis* DNotZ 2001, 85 (94); *Becker* NotBZ 1999, 239 (244); *Wöstmann* ZNotP 2003, 292 (295).
[14] BVerfG NJW 2000, 3195.
[15] Vgl. zur Problematik der Berufsbezogenheit anwaltlicher Werbung auch *Steinbeck* NJW 2003, 1481 (1483).
[16] BVerfG NJW 2000, 3195 (3196).
[17] Auch das BVerfG berücksichtigt in seiner Logo-Entscheidung die Selbstdarstellung öffentlich-rechtlicher Körperschaften, Landesregierungen und nachgeordneter Behörden, NJW 1997, 2510 (2511).

ähnlich wie in der gewerblichen Wirtschaft, um „Marktanteile", so wenn zB Bundeswehr und (Bundes-)Polizei Nachwuchs anwerben, gesetzliche Krankenkassen ihre Mitgliederzahlen zu erhöhen versuchen oder Kommunen bei der Ansiedlung neuer Industrien die Konkurrenz hinter sich lassen wollen. Die von Zeit zu Zeit laut werdende Kritik an solchen Formen staatlicher Selbstdarstellung stellt weniger die Werbung der öffentlichen Hand grundsätzlich in Frage, sondern entzündet sich häufiger an dem damit verbundenen Kostenaufwand.

Auch die **Legislative** zeigt sich nicht werbeabstinent, sondern betreibt positive Imagewerbung, so zB der Deutsche Bundestag mit Informationsständen auf Messen und ähnlichen Veranstaltungen. Von den drei Staatsgewalten übt die **Judikative** etwas mehr Zurückhaltung. Immerhin zeigen die von etlichen Gerichten öffentlich durchgeführten Informationsveranstaltungen („Tag der offenen Tür"), dass auch hier **Vertrauenswerbung** als sinnvoll angesehen wird. Zunehmend finden auch Veranstaltungen zur Bewerbung der Ausbildungsberufe in der Justiz statt. Zudem präsentiert sich die Justiz mit diesem Thema deutlich wahrnehmbar beispielsweise auf Ausbildungsmessen. 9

D. Werbung des Anwaltsnotars

I. Gleiches Recht für alle

§ 29 gilt gleichermaßen für alle Notariatsformen. Aus der Logo-Entscheidung des BVerfG[18] kann nicht geschlossen werden, dass dem Anwaltsnotar eine weitergehende Werbung erlaubt ist als dem Nur-Notar. Dort ist zwar zur Beurteilung des dem Notar erlaubten werbewirksamen Verhaltens die vom Gesetzgeber zugelassene Amtsausübung in einer beruflichen Verbindung mit Rechtsanwälten, Steuerberatern und Wirtschaftsprüfern als Argument dafür herangezogen worden, dass die für den Nur-Notar geltenden Regeln nicht unbesehen auf das Anwaltsnotariat übertragbar sind. Dem lässt sich aber nur entnehmen, dass die Grenzen amtsgemäßer Werbung nicht allein nach dem Berufsbild des Nur-Notars bestimmt werden können. Man wird daraus nicht in umgekehrter Richtung schließen dürfen, dem Nur-Notar seien Werbeformen verschlossen, die dem Anwaltsnotar offen stünden.[19] Dies wäre ein Verstoß gegen den Gleichheitsgrundsatz, der schon deshalb nicht hinzunehmen wäre, weil Angehörige beider Notariatsformen durchaus miteinander im Wettbewerb stehen, so ua in Grenzgebieten von Bundesländern mit unterschiedlichen Notariatsformen. Die Notarkammern des Nur-Notariats haben allerdings auf der Grundlage der ihr erteilten Satzungskompetenz in ihren Richtliniensatzungen die eine oder andere Einschränkung gegenüber der für alle Notariatsformen bestimmten Richtlinienempfehlung der Bundesnotarkammer vorgenommen. Soweit sie sich dabei innerhalb des Interpretationsspielraums des § 29 Abs. 1 gehalten haben, ist dagegen nichts einzuwenden. 10

II. Konfliktfall Zweitberuf

Die Grenzen der Werbung, die zB Rechtsanwälten, Steuerberatern und Wirtschaftsprüfern erlaubt ist, sind grundsätzlich weiter gesteckt als bei der amtsgemäßen Werbung des Notars. § 29 Abs. 2 bestimmt, dass sich erlaubte Werbung in Ausübung von Tätigkeiten nach § 8 nicht auf die Berufsausübung des Notars erstrecken darf. So muss die im außergerichtlichen Tätigkeitsbereich grundsätzlich zulässige Preiswerbung des Rechtsanwalts so erfolgen, dass das Publikum sie nicht mit Notargebühren verwechseln kann. Ob der Notar Teilbereiche der Berufstätigkeit als Spezialisierungsangabe benennen darf, ist umstritten (→ RLEmBNotK VII. Rn. 39 ff.). Verneint man dies, hat der Anwaltsnotar bei der Bekanntgabe von Teilbereichen der Berufstätigkeit gemäß § 7 Abs. 1 S. 1 BORA hinzuzu- 11

---

[18] BVerfG NJW 1997, 2510.
[19] Arndt/Lerch/Sandkühler/*Sandkühler* BNotO § 29 Rn. 34.

fügen, dass sie nur die anwaltliche Tätigkeit betreffen, es sei denn, das genannte Rechtsgebiet zählt – auch für den juristischen Laien erkennbar – nicht zum Aufgabenbereich der Notare (zB Strafrecht oder Verwaltungsrecht). Räumt man dem Notar hingegen ein Benennungsrecht ein, ist ein entsprechender Hinweis entbehrlich, wenn die Angabe von Teilbereichen tatsächlich für beide Berufstätigkeiten zutrifft.

12 Die Unterschiede im Werberecht der sozietätsfähigen Berufe halten sich hinsichtlich der erlaubten **Sachinformationen** in Grenzen. Zulässig sind alle Sachangaben, an denen die Rechtsuchenden ein Interesse haben (→ RLEmBNotK VII. Rn. 26 f., 35 ff.). Wertende Anpreisungen der eigenen Leistung sind hier wie dort ebenso verboten wie das Operieren mit unwahren Behauptungen. Anwaltliche Werbung wird unzulässig, wenn sie das Vertrauen der Rechtsuchenden in die Integrität und Unabhängigkeit des Anwalts gefährdet. Es darf nicht der Eindruck entstehen, der Anwalt verhalte sich rein geschäftsmäßig und orientiere sich ausschließlich am Gewinn.[20] Das ist bei der Werbung des Notars nicht anders; hinzu tritt allerdings noch als besonders zu schützender Kern-Wert die **Unparteilichkeit.** Deshalb ist es dem Notar nicht gestattet, mit dem Hinweis auf Mandanten zu werben, und zwar im Gegensatz zum Rechtsanwalt auch dann nicht, wenn der Mandant ausdrücklich zustimmt.[21] Das anwaltliche Werberecht erlaubt dem Anwalt wie dem Notar, das Publikum über seine Person zu unterrichten. So darf der Notar in einer Kanzleibroschüre oder auf einer Homepage Angaben über seinen beruflichen Werdegang, Fachveröffentlichungen, Fremdsprachenkenntnisse, Zusatzqualifikationen, die für die Ausübung des Notaramtes von Bedeutung sein können, Anerkennung als Gütestelle iSd § 15a EGZPO sowie über Tätigkeiten als Schiedsrichter und als Mediator machen. Auch Fotos, die ihn und/oder seine Mitarbeiter zeigen, sind erlaubt (→ RLEmBNotK VII. Rn. 37). Auch hier gibt es also Übereinstimmungen zwischen den berufsrechtlichen Werbebestimmungen des Notars und des Rechtsanwalts.

13 Konflikte können auftreten, wenn der Anwaltsnotar in einer Kanzleibroschüre **Ehrenämter** oder andere Tätigkeiten aufführt, die gem. Abschnitt VII. Nr. 2.2 RLEmBNotK dem Notar nicht erlaubt sind. Hier können dem Anwaltsnotar nur solche Angaben untersagt sein, die im unmittelbaren Zusammenhang mit der notariellen Amtsausübung stehen. Die von *Eylmann* in der 3. Auflage an dieser Stelle vertretene Auffassung, ein Anwaltsnotar dürfe sein Präsidentenamt in der Bundesnotarkammer oder in seiner Notarkammer nicht erwähnen, wird in dieser Striktheit aufgegeben; die Nennung solcher Ehrenämter bedarf nämlich im Hinblick auf den Begriff der Amtsausübung einer differenzierten Betrachtung (→ RLEmBNotK VII. Rn. 22).

14 Der Anwalt darf ohne konkreten Anlass in Anzeigen über seine Tätigkeit informieren und auch Rundschreiben an einen größeren Personenkreis versenden. Ob insoweit für den Notar Einschränkungen gelten, ist umstritten (→ RLEmBNotK VII. Rn. 26 ff.). Sollte sich die engere Auffassung durchsetzen, dürfen Anzeigen und Informationsschriften von Anwaltsnotaren, die dem Werberecht für Notare nicht entsprechen, keine Angaben über die notarielle Amtsausübung enthalten. Die Berufsangabe „Rechtsanwalt und Notar" wird man dem Anwaltsnotar dort aber ebenso wenig wie auf einer Kandidatenliste zur Kommunalwahl verwehren können. „Notar" ist nicht nur eine Amts-, sondern auch eine Berufsbezeichnung (§ 2 S. 3), und seinen Beruf darf jeder öffentlich nennen. Die meisten Landesjustizverwaltungen gestatten daher dem Anwaltsnotar in ihren AVNot, außerhalb der Amtsausübung die Bezeichnung „Rechtsanwalt und Notar" zu führen.[22] Seine Geschäftsstelle darf er „Anwalts- und Notarkanzlei" nennen.[23] Demgegenüber geht der BGH davon aus, der Begriff „Notariat" sei, auch im Zusammenhang mit Zusätzen wie „Anwalts- und Notariatskanzlei", unzulässig, da er den Eindruck erwecke, die Rechtspflegeeinrichtung „Notariat" sei vom Amtsträger getrennt.[24]

---

[20] So das BVerfG in stRspr, zB NJW 2000, 3195; vgl. auch Feuerich/Weyland/*Träger* BRAO § 43b Rn. 9.
[21] Vgl. dazu § 6 Abs. 2 S. 2 BORA.
[22] So zB Niedersachsen in § 10 S. 2 AVNot.
[23] Schippel/Bracker/*Schäfer* BNotO § 29 Rn. 23.
[24] BGH BeckRS 1983, 31171839.

Diese Rechtsprechung hat der BGH mit seinem Beschluss vom 23.4.2018 bekräftigt:[25] **14a** Der Notar sei nicht berechtigt, **anstatt der gesetzlich bestimmten Amtsbezeichnung** („Notar") eine **andere Bezeichnung** (hier: „Notariat") zu verwenden. Entschieden hat der BGH damit allerdings lediglich einen weiteren konkreten Einzelfall, nicht weniger, vor allen Dingen aber auch nicht mehr. Es wäre verfehlt, dieser Entscheidung eine allgemein gültige Aussage zu entnehmen, die Verwendung des Begriffes „Notariat" sei per se unzulässig. Die Diskussion um die Verwendung dieses Begriffes ist nach wie vor nicht beendet. Denn zum einen hat der BGH ausdrücklich offengelassen, ob der Begriff „Notariat" nicht auch als Bezeichnung der Geschäftsstelle einer Gemeinschaft von Rechtsanwälten und Anwaltsnotaren (oder auch einer Gemeinschaft von hauptberuflichen Notaren) verstanden werden kann und die Verwendung bei Zuordnung dieser Bedeutung zulässig ist. Zum anderen führt der BGH selbst aus, dass es bei der Frage der Zulässigkeit des Begriffes „Notariat" auf die konkrete Verwendung ankomme. Maßgeblich bleibt also der Einzelfall und der dort vermittelte Gesamtkontext. Solange der Amtsträger die Amtsbezeichnung „Notar" hinreichend klar zum Ausdruck bringt, begegnet die Verwendung des Begriffes „Notariat" keinen Bedenken.[26] Entsprechende Beanstandungen durch die Dienstaufsicht unter Bezugnahme auf die BGH-Rechtsprechung sollten betroffene Notarinnen und Notare eingehend prüfen und nicht vorschnell als zutreffend akzeptieren.

Wenn auch festzustellen ist, dass sich hinsichtlich des zulässigen **Inhalts** der Informations- **15** werbung die berufsrechtlichen Regelungen der Notare und Rechtsanwälte letztlich wenig unterscheiden und zudem wohl weitere Annäherungen zu erwarten sind, so werden bei der **Form** der Werbepräsentation Unterschiede bleiben. Als Amtsträger hat der Notar ein größeres Maß an Zurückhaltung zu zeigen, als sie dem Rechtsanwalt durch § 43b BRAO abverlangt wird. So darf der Notar nicht im Rundfunk, Fernsehen oder Film und auch nicht auf Plakaten werben.[27] Wirbt der Anwaltsnotar in einer dem Notar nicht erlaubten Form, darf er keine Aussagen über seine notarielle Tätigkeit machen, sondern muss sich auf den rechtsanwaltlichen Teil beschränken.

III. Werbebeschränkungen bei überörtlichen Berufsverbindungen bzw. beim Unterhalten weiterer Kanzleien oder Zweigstellen

§ 29 Abs. 3 in seiner bis zum 17.5.2017 gültigen Fassung vom 31.8.1998 verdankte seine **16** Einfügung, wie sich aus der Gesetzesbegründung ergibt,[28] insbesondere der Sorge des Gesetzgebers, berufliche Verbindungen zwischen Anwaltsnotaren, Steuerberatern und Wirtschaftsprüfern könnten ihre überregionale Tätigkeit dazu nutzen, Mandate, die außerhalb des Amtsbereichs der in ihr tätigen Anwaltsnotare anfallen, diesen zuzuleiten.

Mit Gesetz vom 12.5.2017 (BGBl. I 1121) wurde mit Wirkung vom 18.5.2017 **17** § 29 Abs. 3 neu gefasst und die Regelung wurde zudem um einen vierten Absatz ergänzt. § 29 Abs. 3 aF traf Bestimmungen für Anwaltsnotare, die in einer überörtlichen Berufsverbindung tätig sind; ihnen sollte verboten sein, außerhalb ihres Amtssitzes, etwa durch die an einem anderen Ort tätige Sozietät, auf das von den Anwaltsnotaren ausgeübte Notaramt hinzuweisen.[29] Es habe sich nämlich in der Praxis bei bereits bestehenden überörtlichen Sozietäten gezeigt, dass diese ihre beruflichen Verbindungen in verschiedener Weise auch dazu nutzten, dem beteiligten Anwaltsnotar notarielle Mandate, vor allen Dingen auch solche, die außerhalb seines Amtssitzes anfallen, zukommen zu lassen.[30]

Mit seinem Beschluss vom 8.3.2005 hat das Bundesverfassungsgericht § 29 Abs. 3 S. 1 **18** aF mit Art. 12 Abs. 1 GG für unvereinbar erklärt; diese Entscheidung hatte speziell die

---

[25] BGH NJW 2018, 2567.
[26] So auch Diehn/*Diehn* BNotO § 29 Rn. 32.
[27] *Starke* FS Bezzenberger 2000, 631 f.
[28] BT-Drs. 13/4184, 28.
[29] BT-Drs. 13/4184, 28.
[30] BT-Drs. 13/4184, 28.

Amtsbezeichnung als Notar auf Geschäftspapieren zum Gegenstand.[31] Die Regelung stelle einen unzulässigen Eingriff in die Berufsfreiheit dar. Es bestehe zwar ein milderes, gleich geeignetes Mittel darin, die Anwaltsnotare unter Nennung ihres jeweiligen Amtssitzes in den Geschäftspapieren aufzuführen; jedoch lasse der Wortlaut des § 29 Abs. 3 S. 1 eine verfassungskonforme Auslegung nicht zu, so dass die Verfassungswidrigkeit der Regelung festzustellen sei.[32] Erneut hat sich das Bundesverfassungsgericht in seinem Beschluss vom 19.8.2008 mit § 29 Abs. 3 S. 1 beschäftigt. Eine Verfassungsbeschwerde gegen ein diesbezügliches Urteil des Kammergerichts wurde nicht zur Entscheidung angenommen; das Bundesverfassungsgericht hat in diesem Beschluss dahinstehen lassen, ob die mit dem Beschluss vom 8.3.2005 angestellten Erwägungen für Geschäftspapiere auf die Geschäftsschilder einer Rechtsanwaltskanzlei zu übertragen seien, dies aber als naheliegend bezeichnet.[33]

19 Ziel der Neuregelung des § 29 Abs. 3 S. 1 ist für den Fall einer beruflichen Tätigkeit des Anwaltsnotars mit Bezug zu mehreren Standorten, einen angemessenen Ausgleich zu schaffen zwischen der nach § 2 S. 2 auch dem Anwaltsnotar zustehenden Befugnis zur Führung seiner Amtsbezeichnung und dem Schutz der Rechtsuchenden vor einer Irreführung darüber, an welchen Standorten notarielle Dienstleistungen in Anspruch genommen werden können.[34] Mit der Aufnahme der weiteren Kanzleien und der Zweigstellen soll eine Anpassung an die zwischenzeitlichen Veränderungen im anwaltlichen Berufsrecht erreicht werden.

20 Tatbestandlich greift § 29 Abs. 3 S. 1 ein, wenn es sich handelt um einen
– Anwaltsnotar, der
– sich nach § 9 Abs. 2 mit nicht an seinem Amtssitz tätigen Person verbunden hat oder
– der weitere Kanzleien oder Zweigstellen unterhält.

21 Die Regelung richtet sich also weiterhin ausschließlich an Anwaltsnotare. Die Verbindung mit nicht an seinem Amtssitz tätigen Personen setzt eine Gemeinsamkeit der Berufsausübung voraus; darunter ist eine planmäßige, auf gewisse Dauer angelegte Zusammenarbeit von mindestens zwei Angehörigen der in § 9 Abs. 2 genannten Berufe gemeint, wobei auch eine vertraglich vereinbarte oder auch nach außen verlautbarte Kooperation eine Berufsverbindung in diesem Sinne darstellt.[35]

22 § 29 Abs. 3 S. 1 greift nunmehr allerdings auch ein, wenn der Anwaltsnotar eine weitere Kanzlei unterhält. Damit zielt § 29 Abs. 3 S. 1 auf die Regelung des § 27 Abs. 2 BRAO ab, wonach ein Anwalt weitere Kanzleien führen kann. Die weitere Kanzlei dient der eigenständigen, von der anderen Kanzlei in Büroorganisation und Auftreten im Rechtsverkehr unabhängigen anwaltlichen Berufsausübung.[36] Sobald der Anwaltsnotar eine solche weitere Kanzlei unterhält, unabhängig davon ob diese sich an seinem Amtssitz befindet oder außerhalb, sind die Anordnungen des § 29 Abs. 3 S. 1 zu beachten. Das gleiche gilt dann, wenn ein Anwaltsnotar eine Zweigstelle unterhält.[37]

23 Folge für den Anwaltsnotar ist in den drei genannten Konstellationen des § 29 Abs. 3 S. 1, dass er seine Amtsbezeichnung „Notar" auf Geschäftspapieren, in Verzeichnissen, in der Werbung und auf nicht an seiner Geschäftsstelle befindlichen Geschäftsschildern nur unter Hinweis auf seinen Amtssitz führen darf. § 29 Abs. 3 S. 2 präzisiert, wie dieser Hinweis ausgestaltet sein muss. Zur Vermeidung der Irreführung darf der Hinweis nicht an beliebiger Stelle erfolgen, sondern muss der Amtsbezeichnung unmittelbar nachfolgen. Ausdrücklich festgelegt ist, dass das Wort „Amtssitz" zu verwenden ist und dass das Erscheinungsbild des Hinweises nicht abweichen darf von dem Erscheinungsbild der

---

[31] BVerfG DNotZ 2005, 931.
[32] BVerfG DNotZ 2005, 931.
[33] BVerfG DNotZ 2009, 792.
[34] BT-Drs. 16/431, 261.
[35] Arndt/Lerch/Sandkühler/*Sandkühler* BNotO § 29 Rn. 43.
[36] BT-Drs. 16/431, 262.
[37] BT-Drs. 16/431, 262.

Amtsbezeichnung. Ein Hinweis ist nur dann entbehrlich, soweit die Geschäftspapiere, die Verzeichnisse oder die Werbung keinen Hinweis auf die Verbindung nach § 9 Abs. 2 oder weitere Kanzleien oder Zweigstellen enthalten, vgl. § 29 Abs. 3 S. 3.

§ 29 Abs. 3 S. 1 gilt nun also auch für nicht an der Geschäftsstelle des Anwaltsnotars **24** befindliche Geschäftsschilder. Der Gesetzgeber folgt damit den Ausführungen des Bundesverfassungsgerichts, wonach verfassungsrechtlich tragfähige Gründe nicht bestehen, die für Geschäftspapiere angestellten Erwägungen nicht auf Geschäftsschilder der Kanzlei eines Anwaltsnotars zu übertragen.[38] Zu Recht wird in der Gesetzesentwurfsbegründung ausgeführt, dass es für einen Anwaltsnotar ein grundsätzlich berechtigtes Interesse darstelle, potentielle anwaltliche Mandanten auch auf seine Qualifikation als Notar an den Standorten hinzuweisen, an denen sich nicht seine Geschäftsstelle bzw. sein Amtssitz befindet; vielmehr könne es bei Mandanten, die wissen, dass ein Rechtsanwalt auch Notar ist, zur Verwunderung führen, wenn der Anwaltsnotar seine Eigenschaft als Notar an anderen Standorten verschweigen müsste. In solchen Fällen ist eine Irreführung des Rechtsverkehrs dadurch ausgeschlossen, dass der Anwaltsnotar verpflichtet wird, mit der Nennung seiner Amtsbezeichnung als Notar gleichzeitig seinen Amtssitz anzugeben. Damit sind die Rechtsuchenden hinreichend über die Orte informiert, an denen sich die notarielle Geschäftsstelle befindet.

Die Neuregelung des § 29 Abs. 3 S. 1 wird in der Praxis nicht ohne Kritik bleiben. **25** Denn es hat sich bereits gezeigt, dass sowohl die nicht konsequente Einhaltung des Prinzips der Überörtlichkeit als auch das Abstellen auf den Amtssitz anstatt der Geschäftsstelle bei der Anwendung des § 29 Abs. 3 zu Ergebnissen führt, bei denen nicht klar ist, ob der Gesetzgeber diese Ergebnisse tatsächlich so gewollt hat. Anhand des Beispiels „Geschäftsschild" wird das nachfolgend an einigen Konstellationen dargestellt. Bei diesen Konstellationen handelt es sich nicht nur um theoretische Gedankenspiele, sondern um solche, die tatsächlich in der Praxis relevant sind:

Ein Anwaltsnotar, der sich nach § 9 Abs. 2 mit **nicht an seinem Amtssitz** tätigen **26** Personen verbunden hat, muss auf seinem Geschäftsschild, wenn es sich an der anderen Kanzlei befindet, seinen Amtssitz angeben, sofern er seine Amtsbezeichnung als Notar führt (§ 29 Abs. 3 S. 1 Alt. 1). Dies gilt jedoch nicht, wenn sich der Anwaltsnotar mit **an seinem Amtssitz** tätigen Personen verbunden hat, ohne dass er weitere Kanzleien oder Zweigstellen unterhält. Bezeichnet ist damit die sog. „intraurbane" Sozietät" dh der Anwaltsnotar führt an seinem Amtssitz eine Kanzlei und ist mit den Berufsträgern einer anderen Kanzlei, die sich auch am Amtssitz befindet, verbunden. Dieses Ergebnis kann vom Gesetzgeber möglicherweise so auch noch gewollt sein.

Etwas anderes gilt allerdings, wenn der Anwaltsnotar eine weitere Kanzlei oder Zweig- **27** stelle unterhält. Denn bei diesen sieht § 29 Abs. 3 S. 1 keine Unterscheidung danach vor, ob sich die weitere Kanzlei oder Zweigstelle am Amtssitz des Notars befindet oder außerhalb. Es kommt also nicht darauf an, ob es sich um eine „überörtliche" weitere Kanzlei oder Zweigstelle handelt. Ein Notar mit Amtssitz in Hannover, der eine weitere Kanzlei in Oldenburg unterhält, muss an der Kanzlei in Oldenburg, wenn er dort seine Amtsbezeichnung als Notar führt, auf seinen Amtssitz Hannover hinweisen. Unterhält der gleiche Anwaltsnotar eine weitere Kanzlei oder Zweigstelle aber nicht in Oldenburg, sondern direkt in Hannover, also an seinem Amtssitz, so muss er ebenfalls an einem dortigen Geschäftsschild auf seinen Amtssitz hinweisen. Denn bei der weiteren Kanzlei oder Zweigstelle kommt es eben nicht darauf an, ob sich diese an seinem Amtssitz befindet oder außerhalb. Bemerkenswert ist nun, dass § 29 Abs. 3 S. 2 auch in diesem Fall fordert, dass das Wort Amtssitz verwendet wird.

Im zuletzt geschilderten Beispiel verfügt also der Anwaltsnotar mit Amtssitz in Hannover **28** über eine weitere Kanzlei oder Zweigstelle ebenfalls in Hannover. Das dortige Geschäftsschild enthält den Zusatz Rechtsanwalt und Notar mit Amtssitz in Hannover. Dieser

---

[38] BT-Drs. 16/431, 262, 263.

Hinweis ist aber nicht hilfreich, da sich ja auch die weitere Kanzlei bzw. Zweigstelle in Hannover befindet. Vielmehr entsteht hier nun der Eindruck, als würde der Notar an der weiteren Kanzlei oder Zweigstelle tatsächlich seine Geschäftsstelle unterhalten, da sich dort ja ausdrücklich der Hinweis auf Hannover findet. Dass der Notar hier kein Amts- und Namensschild führen darf, steht auf einem anderen Blatt; für ein Geschäftsschild jedenfalls gelten die voranstehenden Ausführungen.

29 Der Gesetzgeber hätte in der zuletzt genannten Konstellation formulieren können, dass ein Anwaltsnotar dann auf seinen Amtssitz hinweisen muss, wenn er weitere Kanzleien oder Zweigstellen unterhält, die sich nicht an seinem Amtssitz befinden. Dann wäre das Prinzip der Überörtlichkeit konsequent gewahrt worden. Der Gesetzgeber hätte auch regeln können, dass der Notar in allen drei Alternativen des § 29 Abs. 3 S. 1, ohne bei der ersten Alternative auf die Überörtlichkeit abzustellen, nicht auf seinen Amtssitz hinweisen muss, sondern auf seine Geschäftsstelle, also auf seine konkrete Geschäftsadresse, unter der er notarielle Amtshandlungen vornimmt.

30 Bei der Anwendung der derzeitigen Regelung ist es naheliegend, nach dem Sinn und Zweck des § 29 Abs. 3 und in entsprechender Anwendung der Norm zu verlangen, dass ein Anwaltsnotar, der an seinem Amtssitz weitere Kanzleien oder Zweigstellen unterhält, bei der Angabe des Amtssitzes auch den konkreten Straßennamen und die Hausnummer anzugeben hat, unter der er seine Geschäftsstelle führt, da anderenfalls Irreführungen nicht ausgeschlossen sind.

31 Neu angefügt wurde § 29 Abs. 4. Dieser erfasst Amts- und Namensschilder, die das Landeswappen enthalten (vgl. § 3 DONot); diese Schilder dürfen Notare nur an einer notariellen Geschäftsstelle führen; die Verwendung des Wappens verdeutlicht die Stellung des Notars als Träger eines öffentlichen Amtes; dieses öffentliche Amt übt der Notar grundsätzlich in seiner nach § 10 Abs. 2 S. 1 am Amtssitz zu unterhaltenden Geschäftsstelle aus.[39] In Bezug auf Amts- und Namensschilder – darauf wird in der Begründung zurecht hingewiesen –, besteht kein den Geschäftsschildern vergleichbares Interesse, über die Beschilderung an der Geschäftsstelle hinaus weitere Amts- oder Namensschilder führen zu dürfen.

E. Wettbewerbsrecht

32 Der Notar ist Gewerbetreibender iSd Wettbewerbsrechts. Er fällt unter die Tatbestände der §§ 1, 3 UWG und kann deshalb zivilrechtlich auf Unterlassung und Schadensersatz in Anspruch genommen werden[40], ohne dass auf das Berufsrecht zurückgegriffen zu werden braucht. Ob ein Verstoß gegen das Berufsrecht auch die Wettbewerbswidrigkeit indiziert, ist zweifelhaft.[41] Das Berufsrecht bezweckt nicht den Schutz der Notare vor unlauterem Wettbewerb, sondern will die Funktion des Notars als unabhängigen und neutralen Amtsträger in der vorsorgenden Rechtspflege sichern. Die Verletzung berufsrechtlicher so genannter wertbezogener Normen ist grundsätzlich ein Verstoß gegen die guten Sitten iSv § 1 UWG.[42] Der BGH hat allerdings bei einem Verstoß gegen § 45 Abs. 1 Nr. 4 BRAO einen Wettbewerbsverstoß mit der Begründung verneint, Tätigkeitsverbote hätten keinen unmittelbaren Bezug zum Wettbewerb.[43] Bei Verstößen gegen berufsrechtliches Werberecht liegt die Annahme eines solchen unmittelbaren Bezugs in der Regel nahe.[44] Die weitere Entwicklung der Rechtsprechung in dieser Frage bleibt abzuwarten.

---

[39] BT-Drs. 16/431, 265.
[40] Arndt/Lerch/Sandkühler/*Sandkühler* BNotO § 29 Rn. 55.
[41] Bejahend Arndt/Lerch/Sandkühler/*Sandkühler* BNotO § 29 Rn. 55.
[42] OLG Hamm NJW-RR 1998, 1073 zum anwaltlichen Werberecht.
[43] BGH NJW 2001, 2089.
[44] So für das anwaltliche Werberecht Henssler/Prütting/*Prütting* BRAO § 43b Rn. 97.

Neben den betroffenen Kollegen sind die Notarvereine als rechtsfähige Verbände zur Förderung gewerblicher Interessen iSv § 8 Abs. 3 Nr. 2 UWG klagebefugt. Der BGH räumt dieses Recht in ständiger Rechtsprechung, trotz immer wieder erhobener Kritik,[45] auch den öffentlich-rechtlichen Kammern der freien Berufe ein.[46] Die Frage, ob damit explizit auch den Notarkammern eine Klagebefugnis zukommt, musste von der Rechtsprechung bisher nicht entschieden werden; die entsprechende Diskussion blieb daher bisher rein theoretischer Natur. Ein diesbezügliches tatsächliches Bedürfnis der Notarkammern ist zu bezweifeln[47]. 33

Auf europäischer Ebene ist strittig, ob Notare wie Rechtsanwälte und andere freie Berufe Unternehmen iSd EU-Wettbewerbsregeln sind mit der Folge, dass Notarkammern als Unternehmensvereinigungen dem Kartellverbot des Art. 101 AEUV (= Art. 81 EGV) unterliegen würden. Während die EU-Kommission diese Frage bejaht, wird sie auf nationaler Ebene verneint.[48] Eine Entscheidung des EuGH steht aus und muss als durchaus offen angesehen werden. Selbst wenn aber die Unternehmensqualität der deutschen Notare bejaht würde, wären vom Anwendungsbereich des Art. 101 AEUV Regelungen ausgenommen, für die der Staat bei der Übertragung von Rechtsetzungsbefugnissen Kriterien des Allgemeininteresses und wesentliche Grundsätze, die bei der Satzungsgebung zu beachten sind, festgesetzt und sich die Letztentscheidung vorbehalten hat.[49] Liegen diese Voraussetzungen zB bei der BORA vor,[50] dürften sie erst recht bei den Richtliniensatzungen der Notarkammern gegeben sein. 34

§ 30 [Ausbildungspflicht]

(1) **Der Notar hat bei der Ausbildung des beruflichen Nachwuchses und von Referendaren nach besten Kräften mitzuwirken.**

(2) **Der Notar hat den von ihm beschäftigten Auszubildenden eine sorgfältige Fachausbildung zu vermitteln.**

A. Vorbemerkung

§ 30 hat in Abs. 1 für die **Ausbildung des beruflichen Nachwuchses** § 19 der früheren Richtlinien und in Abs. 2 für die Auszubildenden die Bestimmung des § 21 der früheren Richtlinien in das Gesetz übernommen. 1

Die Vorschrift befasst sich **nicht** mit der **Fortbildung** des Notars, sondern des beruflichen Nachwuchses und der Hilfskräfte. Für den Notar und den Notarassessor selbst ist § 14 Abs. 6 maßgeblich. 2

B. Ausbildung des beruflichen Nachwuchses und von Referendaren

I. Beruflicher Nachwuchs des Nurnotars

§ 7 ist die **zentrale Vorschrift** für den beruflichen Nachwuchs des Nurnotars, den **Notarassessor.** Er wird vom Präsidenten der Notarkammer einem Notar zur Ausbildung zugewiesen (§ 7 Abs. 3 S. 2) und ist vom Ausbildungsnotar in einer dem Zweck des 3

---

[45] *Redeker* NJW 1980, 187; *Pietzker* NJW 1982, 1284; *Grunewald* NJW 2002, 1369.
[46] BGHZ 109, 156; BGH NJW 1997, 2180; 1998, 2533; 2002, 2039; die Klagebefugnis entfällt auch nicht deswegen, weil die Kammer mit bedarfsrechtlichen Mitteln hätte vorgehen können, BGH MDR 2002, 971.
[47] So auch Diehn/*Diehn* BNotO § 29 Rn. 70.
[48] Näher dazu *Fleischhauer* DNotZ 2002, 325 (336 ff.).
[49] EuGH NJW 2002, 877 – Wouters; 2002, 882 – Arduino.
[50] So *Lörcher* NJW 2002, 1092; *Eichele* NJW 2003, 1214; *Mailänder* BRAK-Mitt. 2003, 114; aM *Römermann*/*Wellige* BB 2002, 633.

Anwärterdienstes entsprechenden Weise zu beschäftigen (§ 7 Abs. 5 S. 1; → § 7 Rn. 45 ff.). Die Bestimmung des § 30 unterstreicht noch mit den Worten „nach besten Kräften" die Wichtigkeit der Verpflichtung des Notars zur Ausbildung des Notarassessors.

4 Auch der **Notar**, der sich **von einem Notarassessor vertreten** lässt, ist Adressat des § 30 Abs. 1.[1] Dieser Notar wird den Notarassessor, etwa bei Vertretungen, häufig gar nicht sehen. Dennoch oder gerade dann ist es Pflicht dieses Notars, durch geeignete Anweisungen an sein Personal, durch Stellung eines angemessenen Arbeitsplatzes und durch eine ausreichende Fachbibliothek dem Notarassessor die Möglichkeit zu geben, die Vertretung so zu gestalten, dass sie die Eignung des Notarassessors zur Ausübung des Berufes des Notars fördert. Hierzu kann zB auch gehören, dass dem Notarassessor entsprechend seinem Ausbildungsstand bei der Terminierung von Urkundsgeschäften und Besprechungen ein größerer zeitlicher Spielraum eingeräumt wird, als ihn der berufserfahrene Notar benötigt. Auch die Erteilung eines Zeugnisses bei längeren Vertretungen mit genauer Beurteilung der Kenntnisse und Leistungen gehört zur Mitwirkungspflicht des Notars nach § 30 Abs. 1.

5 Der Notar kann ferner dadurch bei der Ausbildung des beruflichen Nachwuchses mitwirken, dass er **Einführungs- und Fortbildungsveranstaltungen** für Notarassessoren anregt und bei ihnen als Dozent mitarbeitet. Solche Veranstaltungen sind weitgehend üblich und werden häufig auch von den Notarassessoren angeregt; sie werden normalerweise bei den Kammern durchgeführt. Sie führen dazu, dass der Notarassessor schneller und eingehender in die notarielle Praxis bezüglich eines Fragenkomplexes eingeführt wird.

II. Beruflicher Nachwuchs des Anwaltsnotars

6 Da das **Anwaltsnotariat** einen Anwärterdienst nicht kennt, ergeben sich Möglichkeiten des Anwaltsnotars, bei der Ausbildung des Nachwuchses mitzuwirken, vor allem in Sozietäten und weniger bei nicht in Sozietäten gebundenen Anwälten, die das Amt des Notars erstreben. Die in → Rn. 3 und → Rn. 4 aufgeführten Möglichkeiten und Pflichten gelten in an die Besonderheiten des Anwaltsnotariates angepasster Form auch für den Anwaltsnotar. Der Bewerber hat nach § 6 Abs. 2 S. 2 und S. 3 nachzuweisen, dass er mit der notariellen Berufspraxis hinreichend vertraut ist. Einzelheiten hierzu ergeben sich aus der Ausbildungsordnung, die die Notarkammer mit Genehmigung der Landesjustizverwaltung erlässt; → § 6 Rn. 10.

III. Referendare

7 Die Ableistung des Referendardienstes vor dem zweiten juristischen Staatsexamen ist Voraussetzung für die Befähigung zum Richteramt und zum höheren Verwaltungsdienst. Nach § 5b Abs. 2 DRiG kann der Referendar einen **Teil seiner Ausbildung** bei einem hauptberuflichen **Nurnotar** nur noch in der Wahlstation absolvieren. Beim **Anwaltsnotar** erscheint ein Einblick in die notarielle Tätigkeit während der zwingend vorgeschriebenen Anwaltsstation möglich. In vielen Bezirken ist es auch üblich, dass Notare an den Arbeitsgemeinschaften für Referendare mitwirken und damit Gelegenheit haben, Referendare mit Fragen der notariellen Praxis vertraut zu machen. Ein Notar sollte die an ihn herangetragene Bitte zur Mitwirkung an solchen Arbeitsgemeinschaften nur aus zwingenden Gründen ablehnen.

8 Über die Ausbildung des Referendars besteht die **Möglichkeit,** denjenigen Juristen, die später als Richter oder als Verwaltungsjuristen oder als Rechtsanwälte oder als Juristen in Unternehmen und Verbänden tätig werden, einen **Einblick in die differenzierte kautelarjuristische Praxis** des Notars zu geben. Dies unterstreicht die berufspolitische Bedeutung des § 30 im Hinblick auf die Referendare und damit auch den Stellenwert der entsprechenden Verpflichtung des Notars.

---

[1] Ebenso Diehn/*Diehn* BNotO § 30 Rn. 7.

Der Referendar, der einem Notar zur Ausbildung zugewiesen ist, sollte daher am **beruflichen Alltag** des Notars teilnehmen. Hierzu ist die Anwesenheit bei Beurkundungen und Besprechungen unerlässlich. Selbst einfache Aufgaben, wie etwa die Fertigung des Entwurfes eines Erbscheinantrages mit gesetzlicher Erbfolge von Erben der ersten oder zweiten Ordnung können dem Referendar einen neuen Einblick in die Systematik des Gesetzes und die Zusammenhänge der Normen gewähren. Bei der Vertragsgestaltung ist es wichtig für den Referendar, dass er die in die Zukunft gerichtete Denkweise des Notars mit der Vorstellung eventueller tatsächlicher Ereignisse und der Gegenüberstellung der rechtlichen Gestaltungsmöglichkeiten kennenlernt.

C. Fachausbildung der Auszubildenden

I. Einschlägige gesetzliche Vorschriften

§ 30 Abs. 2 entspricht fast wörtlich § 21 S. 1 der früheren Richtlinien der BNotK. Der Begriff Fachausbildung bezieht sich auf die gesamte Ausbildung und damit auf die Grundausbildung und die Ausbildung im speziellen Berufsbild des Notarfachangestellten und des Rechtsanwalts- und Notarfachangestellten. Die Vorschrift begründet keine Ausbildungspflicht, sondern Pflichten bei der Ausbildung.[2]

Soweit § 78 Abs. 1 Nr. 6 der Bundesnotarkammer noch die **Aufgabe** überträgt, **Richtlinien für die Ausbildung der Hilfskräfte der Notare** aufzustellen, ist diese Vorschrift weitgehend **obsolet,** da die Materie in der ReNotPatAusbV geregelt ist.[3] Die Prüfungsordnungen werden von den Landesnotarkammern bzw. den Kassen als zuständige Stellen im Sinne der §§ 41 S. 1, 58 Abs. 2 BBiG erlassen. Der Notar wird ferner die Richtlinien zu beachten haben, die die Notarkammern gemäß § 67 Abs. 1 Nr. 8 für die Beschäftigung und Ausbildung der Mitarbeiter erlassen. Gleiches gilt für die von den Notarkammern gemäß § 67 Abs. 3 Nr. 2 getroffenen Regelungen. Im Einzelnen wird hierzu auf die Erläuterungen zu → RLEmBNotK VIII. verwiesen.

II. Praktische Durchführung

Die **Heranbildung tüchtiger, gut ausgebildeter Hilfskräfte** ist für eine reibungslose und rasche Abwicklung der Amtsgeschäfte des Notars unerlässlich. Der Notar hat daher dem Auszubildenden eine sorgfältige und möglichst umfassende Ausbildung zu vermitteln.

Die Ausbildung findet innerhalb des dualen Systems an den **Lernorten, Betrieb und Berufsschule** statt. Die betriebliche Ausbildung richtet sich nach der ReNoPatAusbV, die schulische Ausbildung nach dem im Bundesanzeiger zu veröffentlichenden Rahmenlehrplan.

Ausbildender ist in der Regel der Notar. § 14 des Berufsbildungsgesetzes bestimmt:

(1) Ausbildende haben
1. dafür zu sorgen, daß den Auszubildenden die berufliche Handlungsfähigkeit vermittelt wird, die zum Erreichen des Ausbildungszieles erforderlich ist, und die Berufsausbildung in einer durch ihren Zweck gebotenen Form planmäßig, zeitlich und sachlich gegliedert so durchzuführen, daß das Ausbildungsziel in der vorgesehenen Ausbildungszeit erreicht werden kann,
2. selbst auszubilden oder einen Ausbilder oder eine Ausbilderin ausdrücklich damit zu beauftragen,
3. dem Auszubildenden kostenlos die Ausbildungsmittel, insbesondere Werkzeuge und Werkstoffe zur Verfügung zu stellen, die zur Berufsausbildung und zum Ablegen von Zwischen- und Abschlußprüfungen, auch soweit solche nach Beendigung des Berufsausbildungsverhältnisses stattfinden, erforderlich sind,
4. Auszubildende zum Besuch der Berufsschule anzuhalten,

---

[2] Ebenso Diehn/*Diehn* BNotO § 30 Rn. 13.
[3] Vom 29.8.2014, BGBl. I 1490.

5. dafür zu sorgen, daß Auszubildende charakterlich gefördert sowie sittlich und körperlich nicht gefährdet werden.

(2) Ausbildende haben Auszubildende zum Führen der Ausbildungsnachweise nach § 13 Satz 2 Nummer 7 anzuhalten und diese regelmäßig durchzusehen. Den Auszubildenden ist Gelegenheit zu geben, den Ausbildungsnachweis am Arbeitsplatz zu führen.

(3) Dem Auszubildenden dürfen nur Verrichtungen übertragen werden, die dem Ausbildungszweck dienen und seinen körperlichen Kräften angemessen sind.

15 Die Mitwirkung bei der Ausbildung ist **Dienstpflicht,** ein Verstoß daher Dienstpflichtverletzung.[4]

16 Gemäß § 14 Abs. 1 Nr. 2 des BBiG kann der Ausbildende, also der Notar, einen **Ausbilder** mit der Ausbildung beauftragen. Dies kann sich in großen Notariaten empfehlen. Zu beachten ist, dass der Ausbildende durch die Beauftragung eines Ausbilders von seinen vertraglichen Pflichten aus dem Ausbildungsvertrag nicht frei wird.

17 Zu den Pflichten des Notars gehört auch nach § 15 BBiG die Verpflichtung den Auszubildenden für die **Teilnahme am Berufsschulunterricht** und an Prüfungen freizustellen. Dies gilt auch, wenn Ausbildungsmaßnahmen außerhalb der Ausbildungsstätte durchgeführt werden. Der Notar hat ferner dem Auszubildenden nach § 16 BBiG ein Zeugnis auszustellen, das auch vom Ausbilder unterschrieben werden soll, wenn der ausbildende Notar die Berufsausbildung nicht selbst durchführt.

§ 31 [Verhalten des Notars]

Der Notar hat sich gegenüber Kollegen, Gerichten, Behörden, Rechtsanwälten und anderen Beratern seiner Auftraggeber in der seinem Amt entsprechenden Weise zu verhalten.

Vgl. hierzu auch → RLEmBNotK Abschnitt XI.

A. Vorbemerkungen

1 Ob es dieser mit der Berufsrechtsnovelle 1998 in die BNotO eingefügten Vorschrift wirklich bedurfte, kann man bezweifeln. In jedem Fall ist die Verwendung des Begriffs „Auftraggeber" unglücklich, da er den unzutreffenden Eindruck erwecken kann, es handle sich um zivilrechtliche Rechtsbeziehungen. Der Umstand, dass der Begriff auch in § 19 verwandt wird, ist kein Gegenargument. Er ist auch dort irreführend und nur aus historischen Gründen erklärbar, die aber 1998 nicht mehr gelten konnten.

2 Bis dahin enthielten nur die Standesrichtlinien (§§ 15 ff. der früheren Standesrichtlinien der Bundesnotarkammer) Bestimmungen zum kollegialen Verhalten, die teilweise auch das Verhalten gegenüber Rechtsanwälten einbezogen, nicht aber gegenüber Gerichten, Behörden etc. Dieses „Defizit" ist der einzige Grund, der in der Gesetzesbegründung für eine Normierung im Rahmen der §§ 25 ff. („Sonstige Pflichten des Notars") angeführt wird.[1] Immerhin mag die Aufnahme einer entsprechenden Regelung in die BNotO selbst die Bedeutung des Erscheinungsbildes des Notars in der Öffentlichkeit gebührend herausstellen.

3 Inhaltlich nimmt die Vorschrift mit der Verpflichtung, sich „in der seinem Amt entsprechenden Weise zu verhalten" Bezug auf die allgemeinen Verhaltensanforderungen, die sich aus § 14 Abs. 3 S. 1 ergeben. Weitere eigene Regelungsinhalte bestehen nicht. Zugleich zeigen die sehr viel weitergehenden Verhaltenspflichten aus § 14 Abs. 3 S. 1, dass

---

[4] Diehn/*Diehn* BNotO § 30 Rn. 16.
[1] BT-Drs. 13/4184 zu § 31, abgedruckt bei *Frenz* S. 212.

gleichartige Umgangsanforderungen nicht nur gegenüber den in § 31 genannten Personen, sondern auch gegenüber allen anderen Dritten bestehen.

B. Verhalten gegenüber Dritten

Verlangt wird von dem Notar sachliches und redliches Verhalten, sowohl dem Inhalt als auch der Form nach, wie es einem Hoheitsträger zukommt und auch von anderen Hoheitsträgern erwartet wird. Die damit verbundenen Gebote der Höflichkeit und auch der Hilfsbereitschaft entfalten ihre Wirkung gerade in den Fällen, in denen Ansuchen von Personen gestellt werden, die aus sprachlichen oder sonstigen Gründen ihre Anliegen nur mit Schwierigkeiten verdeutlichen können. Auch wenn der Notar nur auf Antrag tätig wird, dürfen Antragsteller nicht als Bittsteller behandelt werden. Dies gilt etwa auch für die Terminvergabe, die nicht dazu missbraucht werden darf, unliebsame Amtstätigkeiten so zu terminieren, dass die Beteiligten von einer weiteren Befassung des Notars absehen. 4

Bei dem Verhalten gegenüber Gerichten, Behörden und Beratern mögen andere Gesichtspunkte im Vordergrund stehen, etwa das Gebot, auch bei berechtigter Kritik, Sachstandsnachfragen etc sich sachlich und unter Beachtung der Höflichkeitsformen zu äußern. Unnötige Schärfen sind zu vermeiden, Kritik muss in angemessener Form vorgetragen werden. Persönliche oder gar ehrkränkende Vorwürfe sind selbstverständlich zu unterlassen.[2] 5

Gleiches gilt schließlich gegenüber allen sonstigen, nicht in § 31 genannten Dritten, zB im Verhältnis gegenüber Kreditinstituten bei Beleihungen oder Abwicklung von Treuhandaufträgen. 6

Auf der anderen Seite würde die klaglose Hinnahme eines unangemessenen Verhaltens der in § 31 aufgeführten Personen oder sonstiger Dritter gegenüber dem Notar ebenfalls nicht dem Notaramt entsprechen. 7

C. Verhalten gegenüber Kollegen

Die eher allgemeinen Verhaltensanforderungen gegenüber Kollegen werden durch die Richtlinienempfehlungen der Bundesnotarkammer konkretisiert. Sie gelten jedoch nur, soweit sie durch die Kammerversammlungen aufgrund der Ermächtigungen in § 67 Abs. 2 S. 3 Nr. 11 als Standesrichtlinien beschlossen sind. 8

Die geforderte **Rücksichtnahme** auf die berechtigten Interessen der Kollegen ist dabei nur ein Aspekt des dem Notar insgesamt obliegenden kollegialen Verhaltens (Abschnitt XI. Nr. 1.1. RLEmBNotK) und war schon Gegenstand der früheren Standesrichtlinien der BNotK (§ 15). Dazu gehört neben den in → Rn. 4 genannten allgemeinen Anforderungen auch das Unterbleiben von Äußerungen der Geringschätzung über Kollegen zur eigenen Herausstellung und die Unterlassung gezielter Maßnahmen zur Abwerbung von Klienten. Kollegialität umfasst aber auch die Bereitschaft, Bitten der Kollegen um Unterstützung im Rahmen des Üblichen nachzukommen, sofern die Gegenseitigkeit verbürgt ist. 9

Kollegialität nutzt dem Berufsstand als Ganzes. Das Gebot des kollegialen Verhaltens darf aber nicht in dem Sinne missverstanden werden, dass offenbare und erhebliche Missstände in der Amtsführung eines Kollegen möglichst ignoriert oder gar vertuscht werden sollten. Im Gegenteil fordert das Interesse des Gesamt-Berufsstandes, dass solche Missstände in geeigneter Weise behoben werden. Entscheidend ist aber, dass hierfür eben der geeignete Weg beschritten wird, sei es durch eine direkte Ansprache des Kollegen, sei es durch eine angemessene Kontaktaufnahme mit der Notarkammer. 10

Bei **Streitigkeiten** soll nach den Richtlinien-Empfehlungen (Abschnitt IX. Nr. 1.2.) zunächst eine gütliche Einigung untereinander versucht werden, bei deren Scheitern eine 11

---

[2] BGH DNotZ 2014, 311; Schippel/Bracker/*Kanzleiter* BNotO § 31 Rn. 3.

Vermittlung der Notarkammer und erst als letztes Mittel eine Anrufung der Aufsichtsbehörden oder eines Gerichtes erfolgen. Ähnliche Regelungen galten schon unter den früheren Standesrichtlinien der Bundesnotarkammer (§ 16). Die aufgegebenen Schlichtungsbemühungen stellen keine unzulässigen Klagevoraussetzungen auf, sondern zielen darauf ab, im Interesse des gesamten Berufsstandes Streitigkeiten von Notaren in der Öffentlichkeit zu vermeiden, weil sie die Achtung schmälern können, die dem Notarberuf entgegengebracht wird.[3] Dass in erster Linie die Beteiligten selbst sich um eine einvernehmliche Beilegung bemühen müssen, ist selbstverständlich und galt auch schon bisher ohne ausdrückliche Regelung. Die Standesgremien sollen erst belastet werden, wenn die Notare zu einer Einigung nicht mehr in der Lage sind. Den Kammern steht es dabei frei, in welcher Form sie derartige Vermittlungstätigkeiten durchführen. Sie können mit der Aufgabe auch einen Ausschuss oder einen einzelnen Kollegen betrauen.

12 Wenig mit Kollegialität, sondern ausschließlich mit der erforderlichen Gewährleistung einer ununterbrochenen Amtsführung im Interesse der Beteiligten haben die in Abschnitt IX. Nr. 2 RLEmBNotK aufgestellten **Pflichten zur Fortführung der Amtsgeschäfte** zu tun, wenn ein Amt erloschen oder ein Amtssitz verlegt wurde. Die entsprechenden Pflichten ergeben sich bereits aus § 51 bzw. den entsprechend anzuwendenden Regelungen in § 64.[4]

13 Die **Sicherstellung der sachlichen Betriebsmittel** zur Fortführung des Amtes sind als Kollegialitätspflichten in Abschnitt IX. Nr. 3.1, Nr. 3.2 und Nr. 3.3 RLEmBNotK normiert. Bisher bestanden derartige Regelungen nicht, weder in den Standesrichtlinien, noch in sonstigen Vorschriften. Dabei unterscheiden die Richtlinien zwischen dem Fall des ausgeschiedenen Notars und dem Fall der Amtssitzverlegung: Der Notar, dessen Amt erloschen ist, hat danach (Abschnitt IX. Nr. 3.1) nur gegenüber dem Notariatsverwalter die Pflicht, ihm die näher genannten Sachmittel zu angemessenen Bedingungen zur Verfügung zu stellen. Vergleichbare Pflichten gegenüber demjenigen, dem die Justizverwaltung die Akten und Bücher überträgt, bestehen danach nicht, ebenso wenig im Fall der Amtssitzverlegung. Die Angemessenheit der Bedingungen wird sich nach dem Alter und dem Zustand der überlassenen Gegenstände, gegebenenfalls auch nach der Dauer der vermutlichen Verwaltung richten. Im Übrigen ist der Notariatsverwalter nicht seinerseits verpflichtet, diese Gegenstände zu übernehmen. Verpflichtet wird vielmehr nur der aus dem Amt geschiedene Notar.

14 Sowohl für den Fall des Erlöschens des Amtes, als auch für den Fall der Amtssitzverlegung besteht bezüglich der Software die Verpflichtung, notariatsbezogene Dateien zur Verfügung zu stellen, um wirtschaftlich unsinnige Neueingaben zu vermeiden. Anspruchsberechtigt ist sowohl der Notariatsverwalter als auch der neue Amtsinhaber. Im Übrigen wäre der ausgeschiedene Notar bzw. seine Erben ohnehin nicht zur Weiterverwendung dieser Dateien befugt, sondern müsste sie vernichten.[5]

15 Kollegialitätspflichten bei **Auslandskontakten** enthalten schließlich Abschnitt IX. Nr. 4 RLEmBNotK und § 11a.

§ 32 [Bezug von Gesetzes- und Amtsblättern]

[1] Der Notar hat das Bundesgesetzblatt Teil I, das Gesetzblatt des Landes, das Bekanntmachungsblatt der Landesjustizverwaltung und das Verkündungsblatt der Bundesnotarkammer zu halten. [2] Sind mehrere Notare zu gemeinsamer Berufsausübung verbunden, so genügt der gemeinschaftliche Bezug je eines Stücks.

---

[3] Schippel/Bracker/*Kanzleiter* BNotO § 31 Rn. 6; *Starke* ZNotP 2002, Sonderheft zum 26. Deutschen Notartag in Dresden, Rn. 62.
[4] *Vollhardt* will die Ermächtigungsgrundlage § 67 Abs. 2 S. 3 Nr. 2 iVm § 14 Abs. 3 entnehmen, Sonderbeilage zu MittBayNot 1999, 19.
[5] *Starke* ZNotP 2002, Sonderheft zum 26. Deutschen Notartag in Dresden, Rn. 64.

A. Hintergrund

Die Vorschrift übernahm mit der Berufsrechtsnovelle 1998 die zuvor lediglich in § 4 **1** DONot geregelte Pflicht zum Bezug der genannten amtlichen Veröffentlichungen ins Gesetz, da es sich um eine berufsregelnde Norm handelt. Inhaltliche Änderungen waren damit nicht verbunden.[1] Die Amtspflicht soll sicherstellen, dass der Notar aktuell und fortlaufend über wesentliche Änderungen der für ihn maßgeblichen Rechtsvorschriften und über Mitteilungen informiert ist.

B. Pflichtblätter

Der Notar muss **vier Pflichtblätter** beziehen: das Bundesgesetzblatt Teil I, das Gesetz- **2** blatt seines Bestellungslandes, das Bekanntmachungsblatt der jeweiligen Landesjustizverwaltung sowie die Deutsche Notar-Zeitschrift als Verkündungsblatt der Bundesnotarkammer (§ 16 der Satzung der Bundesnotarkammer). Ihr Bekanntmachungsblatt hat jede Landesjustizverwaltung bestimmt.[2] Für Nordrhein-Westfalen ist dies das Justizministerialblatt NRW, das seit 2010 ausschließlich online bezogen werden kann. Das Bayerische Ministerialblatt ersetzt als Amtsblatt der Bayerischen Staatsregierung seit 2019 das frühere Bayerische Justizministerialblatt.

C. „Halten"

Der Zusammenhang mit S. 2 der Vorschrift verdeutlicht, dass **„halten"** iSv S. 1 einen **3** „Bezug" der Pflichtblätter durch den Notar voraussetzt. Die Bezugspflicht beginnt mit der Bestellung zum Notar, so dass der Notar sich ältere Jahrgänge nicht beschaffen muss.[3] Indes trifft die Vorschrift weder über die Art des Bezugs noch über die Form des Haltens eine Aussage. Zu Recht geht man davon aus, dass es den Vorgaben der Vorschrift auch entspricht, wenn der Notar die Pflichtblätter in elektronischer Form bezieht und hält.[4] Auch ein Bezug über das Internet ist daher möglich, wobei beim elektronischen Empfang der Pflichtblätter wie beim Bezug in Papier gewährleistet sein muss, dass die Inhalte aktuell, richtig und vollständig übermittelt werden.[5] Eine bloße Abrufmöglichkeit könnte dazu führen, dass der Notar die Pflichtpublikationen unregelmäßig und unvollständig oder gar nicht abruft. Eine solche Vorgehensweise stünde einem dauerhaften und regelmäßigen Bezug entgegen. Ob eine bloße Möglichkeit zur Online-Einsicht genügt, ist daher umstritten.[6]

Um § 32 zu erfüllen, ist es danach auch bei **elektronischem Bezug** erforderlich, eine **4** als Datei abgerufene oder erhaltene Publikation zu speichern oder auszudrucken.[7] Die **Speicherung** kann auch bei einem Dritten (etwa dem Anbieter der elektronischen Publikation) erfolgen, allerdings nur solange und soweit sichergestellt ist, dass der Notar von seinem Büro aus jederzeit Zugriff auf die Daten erhält. Letzteres wird man nur dann annehmen können, wenn die jeweilige Publikation auf der **Internetseite** einer öffentlichen

---

[1] BT-Drs. 13/4184, 28.
[2] Vgl. Diehn/*Diehn* BNotO § 32 Rn. 3 mwN.
[3] Vgl. Schippel/Bracker/*Kanzleiter* BNotO § 32 Rn. 1.
[4] Diehn/*Diehn* BNotO § 32 Rn. 6 mwN. Notare können im Notarportal (https://portal.bnotk.de) diejenigen Verkündungsblätter, die durch den jeweiligen Herausgeber kostenfrei als Datei bereitgestellt werden, zum Versand an eine frei wählbare E-Mail-Adresse abonnieren.
[5] Rundschreiben Nr. 10/2010 der BNotK.
[6] Vgl. einerseits: KG DNotZ 2013, 550 (551); Arndt/Lerch/*Sandkühler* BNotO § 32 Rn. 6; andererseits: Diehn/*Diehn* BNotO § 32 Rn. 11.
[7] Rundschreiben Nr. 10/2010 der BNotK.

Stelle, etwa der Landesjustizverwaltung oder der Notarkammer, oder einer beauftragten Stelle dauerhaft vorgehalten wird.[8] Der Notar bezieht in diesem Fall die Pflichtblätter weiterhin durch den Erhalt per E-Mail (ggf. in Form eines push-Dienstes), gewährleistet aber zugleich, dass ein dauerhafter Zugriff auf die jeweilige Publikation besteht.

5 Die Pflicht, die genannten Veröffentlichungsorgane zu halten, schließt zwar grundsätzlich eine Pflicht zur **Aufbewahrung** ein. An diese Nebenpflicht dürfen allerdings **keine allzu hohen Anforderungen** gestellt werden. Zur Dauer der Aufbewahrung gibt es keine gesetzlichen Vorgaben. Geht man vom Sinn und Zweck der Vorschrift aus, lassen sich auch keine starren Fristen festlegen.[9] Denn § 32 soll lediglich die aktuelle Information über maßgebliche Neuerungen und Mitteilungen gewährleisten. Die Bedeutung der Pflichtblätter schwindet mit zunehmender Zeit, zumal die enthaltenen Informationen auch in andere Werke und Informationsquellen sowie Gesetzessammlungen übernommen werden. Der Notar sollte die Pflichtblätter daher solange vorhalten, wie der Inhalt für ihn von Bedeutung ist, und eine Aussonderung vornehmen, wenn die Information auf andere Weise zugänglich ist.[10]

D. Gemeinsame Berufsausübung

6 Bei **Sozietäten** genügt nach S. 2 der Bezug eines Exemplars des jeweiligen Pflichtblattes. Nach Auflösung der Sozietät lebt die Pflicht zum individuellen Bezug jedes Amtsträgers wieder auf.[11] Zu einem Nachbezug früherer Jahrgänge während der gemeinsamen Amtstätigkeit ist der vormalige Sozius, der diese Exemplare nicht übernimmt, nach Sinn und Zweck der Vorschrift hingegen nicht verpflichtet.[12]

§ 33 Elektronische Signatur

(1) [1]Der Notar muss über ein auf Dauer prüfbares qualifiziertes Zertifikat eines qualifizierten Vertrauensdiensteanbieters und über die technischen Mittel für die Erzeugung und Validierung qualifizierter elektronischer Signaturen verfügen. [2]Bei der erstmaligen Beantragung eines qualifizierten Zertifikats für elektronische Signaturen hat die Identifizierung durch die öffentliche Beglaubigung der Unterschrift des Notars unter dem Antrag zu erfolgen. [3]Das qualifizierte Zertifikat muss mit einem Attribut versehen sein, welches den Inhaber als Notar ausweist und daneben den Amtssitz des Notars sowie das Land und die Notarkammer enthält, in deren Bezirk der Notar seinen Amtssitz hat.

(2) Der Notar darf sein qualifiziertes Zertifikat nur von einem qualifizierten Vertrauensdiensteanbieter beziehen, der gewährleistet, dass das Zertifikat unverzüglich gesperrt wird, sobald das Erlöschen des Amtes des Notars oder eine vorläufige Amtsenthebung in das Notarverzeichnis eingetragen wird.

(3) [1]Der Notar darf die zur Erzeugung amtlicher qualifizierter Signaturen bestimmten elektronischen Signaturerstellungsdaten nur selbst verwalten. [2]Er darf die hierzu bestimmte qualifizierte elektronische Signaturerstellungseinheit keiner anderen Person überlassen und er darf keine Wissensdaten preisgeben, die er zur Identifikation gegenüber seiner qualifizierten elektronischen Signaturerstellungseinheit benutzt.

---

[8] Ebenso Rundschreiben Nr. 10/2010 der BNotK.
[9] Vgl. Diehn/*Diehn* BNotO § 32 Rn. 14: höchstens ein Jahr; Arndt/Lerch/*Sandkühler* BNotO § 32 Rn. 7: zehn Jahre.
[10] Vgl. Schippel/Bracker/*Kanzleiter* BNotO § 32 Rn. 6.
[11] Diehn/*Diehn* BNotO § 32 Rn. 18.
[12] Schippel/Bracker/*Kanzleiter* BNotO § 32 Rn. 4.

A. Allgemeines

Aufgrund der steigenden Bedeutung notarieller elektronischer Dokumente im Zusammenhang mit der Einrichtung des Elektronischen Urkundenarchivs und der zu erwartenden weiteren Zunahme des elektronischen Rechtsverkehrs hat der Gesetzgeber den bislang in § 2a Abs. 1 und Abs. 2 DONot verorteten Regelungsgehalt durch das Gesetz zur Neuordnung der Aufbewahrung von Notariatsunterlagen und Einrichtung des Elektronischen Urkundenarchivs bei der Bundesnotarkammer sowie zur Änderung weiterer Gesetze vom 1.6.2017[1] auf formell-gesetzliche Ebene gehoben und den neuen § 33 in die BNotO eingefügt.

Da die Herstellung elektronischer Vermerkurkunden nach § 39a BeurkG vom Urkundsgewährungsanspruch erfasst ist,[2] verpflichtet § 33 Notarinnen und Notare dazu, die hierzu erforderlichen technischen Mittel vorzuhalten. Die Vorschrift steht im Zusammenhang mit § 39a BeurkG und dem künftigen § 56 BeurkG-2022, die die Erstellung notarieller elektronischer Dokumente verfahrensrechtlich regeln. § 33 stellt besondere Anforderungen an die hierfür zu verwendenden Signaturzertifikate und schützt damit das Vertrauen des Rechtsverkehrs in die Echtheit dieser Dokumente.

B. Signaturzertifikat

I. Qualifiziertes Zertifikat für elektronische Signaturen

Nach Abs. 1 S. 2 muss der Notar über ein qualifiziertes Zertifikat für qualifizierte elektronische Signaturen verfügen. Die Begriffe sind in der eIDAS-VO definiert, die im Jahr 2016 an die Stelle des Signaturgesetzes getreten ist und auf nationaler Ebene durch das Vertrauensdienstegesetz (VDG) ergänzt wird. Das qualifizierte Zertifikat ist in Art. 3 Nr. 15 eIDAS-VO, die qualifizierte elektronische Signatur in Art. 3 Nr. 12 iVm Anhang I der eIDAS-VO definiert. Das Recht der Vertrauensdienste unterscheidet mit der einfachen, der fortgeschrittenen und der qualifizierten elektronischen Signatur drei Arten von elektronischen Signaturen: Während die einfache elektronische Signatur keinerlei Gewähr für die Authentizität und Integrität von Daten bietet, werden bei der fortgeschrittenen elektronischen Signatur Daten mit einem kryptographischen Schlüssel technisch signiert, der mit sehr hoher Wahrscheinlichkeit nur einmal vorkommen kann. Es lässt sich sicher feststellen, mit welchem Schlüssel die Daten signiert wurden, nicht aber umgekehrt aus den signierten Daten der Schlüssel berechnen, sodass der Inhaber den Schlüssel unter seiner alleinigen Kontrolle halten kann. Bei der **qualifizierten elektronischen Signatur** garantiert mit dem qualifizierten Vertrauensdiensteanbieter zusätzlich ein vertrauenswürdiger Dritter, dass der technische Schlüssel ausschließlich einer bestimmten natürlichen Person zugeordnet ist und nur von dieser verwendet werden kann, zB weil nur ihr die PIN mitgeteilt wurde. Die eIDAS-VO und das VDG enthalten Regelungen zur Identifizierung der Schlüsselinhaber durch den Vertrauensdiensteanbieter, technische Anforderungen an qualifizierte Signaturerstellungseinheiten und Vorschriften über die Aufsicht über qualifizierte Vertrauensdiensteanbieter, die in Deutschland durch die Bundesnetzagentur wahrgenommen wird.

II. Qualifizierter Vertrauensdiensteanbieter

Qualifizierter Vertrauensdiensteanbieter ist nach Art. 3 Nr. 20 eIDAS-VO ein Vertrauensdiensteanbieter, der einen oder mehrere qualifizierte Vertrauensdienste erbringt und dem von der Aufsichtsstelle der Status eines qualifizierten Anbieters verliehen wurde. Eine

---

[1] BGBl. 2017 I 1396.
[2] BeckOGK/*Theilig* BeurkG § 39a Rn. 2; BeckOK BeurkG/*Frohn* BeurkG § 39a Rn. 6; BeckNotarHdB/*Püls* § 34 Rn. 59.

Liste der qualifizierten Vertrauensdiensteanbieter ist im Internet auf den Seiten der Europäischen Kommission und der Bundesnetzagentur abrufbar.[3] Zu diesen Anbietern gehört auch die Zertifizierungsstelle der Bundesnotarkammer, die seit vielen Jahren Signaturkarten für Notarinnen und Notare ausgibt.

III. Antrag durch Unterschriftsbeglaubigung

5   Gemäß Abs. 1 S. 2 hat bei der erstmaligen Beantragung des Zertifikats die Identifizierung im Wege der öffentlichen Beglaubigung der Unterschrift des Notars unter dem Antrag zu erfolgen. Diese Einschränkung der nach der eIDAS-VO bzw. dem VDG an sich zulässigen Identifizierungsmethoden[4] dient dem Schutz des Rechtsverkehrs, der für die Echtheit notarieller elektronischer Dokumente eine gesteigerte Richtigkeitsgewähr erfordert. Hierfür reicht es beispielsweise nicht aus, wenn sich die Notarin oder der Notar bei der Beantragung des Signaturzertifikats durch ein Videoidentverfahren[5] identifiziert. Es kommen daher von Vornherein nur qualifizierte Zertifikate von Anbietern in Betracht, die für die Beantragung eine Identifizierung durch notarielle Unterschriftsbeglaubigung vorsehen. Hierzu gehört die Zertifizierungsstelle der Bundesnotarkammer.

IV. Dauerhafte Prüfbarkeit

6   Das Signaturzertifikat muss nach Abs. 1 S. 2 dauerhaft prüfbar sein. Dieses Kriterium ist auch in § 39a Abs. 1 S. 3 BeurkG vorgesehen. Diesbezüglich bestand unter Geltung des Signaturgesetzes eine gewisse Unsicherheit, weil das Signaturgesetz eine dauerhafte Prüfbarkeit von Signaturzertifikaten nicht vorsah.[6] Vielmehr hatten Anbieter von Zertifizierungsdiensten qualifizierte Signaturzertifikate im Grundsatz für fünf Jahre nach Ablauf ihrer Gültigkeit über ein öffentliches Verzeichnis abrufbar zu halten (§ 5 SigG, § 4 Abs. 1 SigV). Anbieter, die sich einer freiwilligen Akkreditierung bei der Bundesnetzagentur gemäß § 15 SigG, § 11 SigV unterzogen, hatten die Zertifikate für mindestens 30 Jahre abrufbar zu halten. Man ging daher davon aus, dass die Verwendung sog. akkreditierter Signaturen, wie sie etwa die Bundesnotarkammer über ihre Zertifizierungsstelle anbot, zur Erfüllung des Tatbestandsmerkmals der dauerhaften Prüfbarkeit jedenfalls im Regelfall ausreiche.[7] Die eIDAS-VO enthält zwar keine konkreten Vorgaben dafür, wie lange Vertrauensdiensteanbieter die von ihnen ausgegebenen Zertifikate für qualifizierte elektronische Signaturen nachprüfbar halten müssen, legt aber in Art. 24 Abs. 2 lit. h eIDAS-VO fest, dass qualifizierte Vertrauensdiensteanbieter die Informationen über die von ihnen ausgegebenen Daten so aufbewahren müssen, dass sie über einen angemessenen Zeitraum verfügbar sind, auch über den Zeitpunkt der Einstellung der Tätigkeit des qualifizierten Vertrauensdiensteanbieters hinaus.

7   Nicht zuletzt vor dem Hintergrund von § 33 und § 39a BeurkG hat sich der deutsche Gesetzgeber entschieden, der Bundesnetzagentur in § 16 Abs. 5 VDG aufzuerlegen, für die deutschen Vertrauensdiensteanbieter eine Vertrauensinfrastruktur zur dauerhaften Prüfbarkeit qualifizierter elektronischer Zertifikate einzurichten, zu unterhalten und laufend zu aktualisieren. Die Bundesnetzagentur betreibt hierzu das Verzeichnis „DA:VE" zur dauerhaften Prüfung von qualifizierten elektronischen Signaturen, Siegeln und Zeitstem-

---

[3] Sog. Vertrauensliste nach Art. 22 eIDAS-VO; https://ec.europa.eu/digital-single-market/en/eu-trusted-lists-trust-service-providers; https://www.bundesnetzagentur.de/DE/Service-Funktionen/ElektronischeVertrauensdienste/QualifizierteVD/QualifizierteSignatur/Anbieterliste/AnbieterliseQeSignatur_node.html.
[4] Art. 24 Abs. 1 eIDAS-VO iVm § 11 VDG.
[5] Das Videoidentverfahren wurde von der Bundesnetzagentur durch Verfügung nach § 11 Abs. 1 VDG vorläufig als Identifizierungsmethode für die Ausstellung qualifizierter Signaturzertifikate zugelassen; nähere Informationen finden sich auf der Webseite der Bundesnetzagentur.
[6] Vgl. dazu die ausführliche Darstellung bei Armbrüster/Preuß/Renner/*Kruse* BeurkG § 39a Rn. 9; *Winkler* BeurkG § 39a Rn. 39.
[7] *Winkler* BeurkG § 39a Rn. 39.

peln.⁸ Zudem sind die deutschen qualifizierten Vertrauensdiensteanbieter nach § 16 Abs. 1 VDG verpflichtet, in dem nach Art. 24 Abs. 2 lit. i eIDAS-VO zwingend vorzuhaltenden Beendigungsplan für den Fall der Einstellung der Tätigkeit Maßnahmen zur Übernahme der ausgegebenen Zertifikate durch einen anderen Vertrauensdiensteanbieter oder der Übernahme in die Vertrauensinfrastruktur der Bundesnetzagentur vorzusehen. Daher ist das Kriterium der dauerhaften Prüfbarkeit bei der Verwendung von qualifizierten elektronischen Signaturen **deutscher Vertrauensdiensteanbieter,** wie beispielsweise der Bundesnotarkammer, **stets erfüllt.**

V. Notarattribut

Nach Abs. 1 S. 3 muss das Signaturzertifikat der Notarin bzw. des Notars ein Notarattribut enthalten, das neben dem Amtssitz und dem Land auch die Notarkammer enthält, der die Notarin oder der Notar angehört. Auch dies ist im Zusammenhang mit § 39a Abs. 2 S. 1 BeurkG zu lesen, wonach mit dem elektronischen Zeugnis eine Bestätigung der Notareigenschaft durch die zuständige Stelle verbunden werden muss. Dadurch wird sichergestellt, dass die Amtsträgereigenschaft des Unterzeichners bei der Validierung der Signatur überprüft werden kann. Art. 28 Abs. 3 eIDAS-VO sieht die Aufnahme von Attributen in Signaturzertifikate fakultativ vor. § 12 Abs. 1 VDG regelt dazu Näheres im deutschen Recht. Seit der Einführung des VDG ist in diesem Zusammenhang erstmals von „amtsbezogenen" Attributen die Rede, was bei der Schaffung der Norm ausdrücklich auch mit dem Erfordernis amtsbezogener Signaturzertifikate für Notare begründet wurde.⁹ Das Attribut wird vom Vertrauensdiensteanbieter nach einer **Bestätigung der hierfür zuständigen Stelle** vergeben. Dies ist gemäß § 67 Abs. 3 Nr. 5 die Notarkammer, der der Notar angehört. Bei Signaturkarten der Bundesnotarkammer erfolgt die Bestätigung aufgrund von Verwaltungsvereinbarungen mit den Notarkammern über den Eintrag der Notarin oder des Notars in das von der Bundesnotarkammer geführte Notarverzeichnis (§ 78l), der von der Notarkammer mit einer qualifizierten elektronischen Signatur versehen wird. Es können aber auch Zertifikate anderer Vertrauensdiensteanbieter verwendet werden, sofern diese die weiteren Voraussetzungen (zB → Rn. 6, 7, 9) erfüllen.

VI. Sperrung des Zertifikats

Abs. 2 schränkt den Kreis der qualifizierten Vertrauensdiensteanbieter auf solche ein, die eine unverzügliche Sperrung des Zertifikats gewährleisten, sobald das Erlöschen des Amtes des Notars oder eine vorläufige Amtsenthebung in das Notarverzeichnis eingetragen wird. Die Regelung soll verhindern, dass die Notarin oder der Notar in diesen Fällen noch amtliche elektronische Signaturen anbringen kann, und bedient sich dazu der technischen Möglichkeit einer zentralen Sperrung des Zertifikats. Die vergleichbaren analogen Arbeitsmittel des Notars, nämlich die Stempel und Siegel, sind dagegen nach § 51 Abs. 2 im Fall des Erlöschens des Amtes vom Amtsgericht zu vernichten bzw. bei vorläufiger Amtsenthebung nach § 55 Abs. 1 zu verwahren.¹⁰ Bei den von der Zertifizierungsstelle der Bundesnotarkammer ausgegebenen Zertifikaten ist das Tatbestandsmerkmal stets erfüllt, da diese von den entsprechenden Eintragungen im Notarverzeichnis unmittelbar Kenntnis erlangt und daraufhin die Sperrung vornimmt.

---

⁸ Das Verzeichnis wurde gemäß Pressemitteilung der Bundesnetzagentur am 14.11.2019 in Betrieb genommen, https://www.elektronische-vertrauensdienste.de/SharedDocs/Pressemitteilungen/DE/2019/20191114_EVD.html?nn=915166.
⁹ BT-Drs. 18/12494, 41.
¹⁰ Ab 2022 sind die Stempel und Siegel nach dem Ende des Amtes vom Landgericht zu vernichten und im Falle der vorläufigen Amtsenthebung von der Notarkammer zu verwahren, §§ 51 Abs. 2, 55 Abs. 1 S. 2 BNotO-2022.

C. Technische Mittel für die Erzeugung und Validierung qualifizierter elektronischer Signaturen

10   Nach Abs. 1 S. 1 muss die Notarin bzw. der Notar über die zur Erzeugung qualifizierter elektronischer Signaturen erforderliche Hard- und Software verfügen, insbesondere also über die Signaturerstellungseinheit, die zum Erstellen einer elektronischen Signatur verwendet wird. Praktisch handelt es sich derzeit um eine **Signaturkarte samt PIN**. Außerdem sind ein **Kartenlesegerät** sowie eine **Signatursoftware** erforderlich. Letztere enthält beispielsweise das Programm XNotar der NotarNet GmbH mit dem Modul SigNotar.

11   Darüber hinaus muss die Notarin bzw. der Notar technisch in der Lage sein, qualifizierte elektronische Signaturen zu validieren. **Validierung** ist nach Art. 3 Nr. 41 eIDAS-VO der Prozess der Überprüfung und Bestätigung der Gültigkeit einer elektronischen Signatur. Dies ist beispielsweise für die Beglaubigung eines Ausdrucks eines qualifiziert elektronisch signierten Dokuments nach § 42 Abs. 4 BeurkG erforderlich, bei der das Ergebnis der Signaturprüfung dokumentiert werden soll. Auch diese Funktion bietet das SigNotar-Modul des Programms XNotar.

D. Pflicht zur persönlichen Signatur

12   Abs. 3 verpflichtet die Notarin bzw. den Notar zur Verwendung von Signaturkarten, auf denen das qualifizierte Zertifikat gespeichert ist, und zur persönlichen Erstellung der Signatur.

13   In Abs. 3 S. 1 greift der Gesetzgeber den Wortlaut von Art. 3 Nr. 13 eIDAS-VO sowie Anhang II Abs. 3 eIDAS-VO auf. Signaturerstellungsdaten sind danach eindeutige Daten, die vom Unterzeichner zur Erstellung einer elektronischen Signatur verwendet werden. Mit der Vorschrift soll die Verwendung sog. Fernsignaturen durch Notare untersagt werden. Die eIDAS-VO sieht solche Signaturen, bei denen nach der Formulierung in Anhang II Abs. 3 eIDAS-VO das Erzeugen oder Verwalten von elektronischen Signaturerstellungsdaten im Namen eines Unterzeichners von einem qualifizierten Vertrauensdiensteanbieter durchgeführt werden, zwar grundsätzlich vor. Da hierbei die zur Erzeugung der Signatur erforderlichen Daten nicht wie auf einer Signaturkarte der alleinigen Verfügungsgewalt des Notars unterliegen, sondern sich im Herrschaftsbereich des Vertrauensdiensteanbieters befinden und für den sicheren Zugriff auf diese Daten bei Inkrafttreten der eIDAS-VO noch keine verbindlichen Standards vorlagen, hat sich der deutsche Gesetzgeber entschieden, diese Art der Signaturerzeugung bei der Erstellung einfacher elektronischer Zeugnisse durch Notare vorerst auszuschließen.

14   Abs. 3 S. 2 verpflichtet die Notarin bzw. den Notar, **amtliche qualifizierte elektronische Signaturen selbst zu erzeugen.** Damit ist gemeint, dass die Notarin oder der Notar die Signatur persönlich durch Eingabe der PIN auslösen muss. Eine verdeckte Stellvertretung, beispielsweise indem ein Mitarbeiter die Signatur anbringt, ist – wie auch sonst bei notariellen Amtstätigkeiten – nicht zulässig.

15   Ein Verstoß gegen die berufsrechtlichen Pflichten des Abs. 3 führt nach § 39a Abs. 1 S. 3 BeurkG zur Unwirksamkeit des elektronischen Zeugnisses.[11]

§ 34 Meldepflichten

¹Der Notar hat der Aufsichtsbehörde sowie derjenigen Notarkammer, in deren Bezirk er seinen Amtssitz hat, unverzüglich mitzuteilen, wenn er feststellt oder begründeten Anlass zu der Annahme hat, dass

---

[11] *Winkler* BeurkG § 39a Rn. 37a.

1. sein Amtssiegel dauerhaft oder zeitweise abhandengekommen ist oder missbraucht wurde oder eine Fälschung seines Amtssiegels im Umlauf ist,
2. seine qualifizierte elektronische Signaturerstellungseinheit abhandengekommen ist, missbraucht oder manipuliert wurde oder Wissensdaten zur Identifikation des Notars gegenüber der qualifizierten elektronischen Signaturerstellungseinheit einer anderen Person bekannt geworden sind,
3. Wissensdaten oder andere Vorkehrungen, die zum Schutz des Elektronischen Urkundenarchivs, des Elektronischen Notaraktenspeichers, des Zentralen Vorsorgeregisters oder des Zentralen Testamentsregisters vor unbefugtem Zugang vorgesehen sind, missbraucht, manipuliert oder Unbefugten zugänglich geworden sind.

²Im Fall des Satzes 1 Nummer 2 hat der Notar außerdem unverzüglich eine Sperrung des qualifizierten Zertifikats bei dem Vertrauensdiensteanbieter zu veranlassen und den Nachweis über die Sperrung mit der Mitteilung nach Satz 1 vorzulegen. ³Im Fall des Satzes 1 Nummer 3 hat die Notarkammer unverzüglich die Bundesnotarkammer zu unterrichten, wenn Anlass zu der Annahme besteht, dass die Sicherheit des Elektronischen Urkundenarchivs, des Elektronischen Notaraktenspeichers, des Zentralen Vorsorgeregisters oder des Zentralen Testamentsregisters auch im Hinblick auf die von anderen Stellen übermittelten oder verwahrten Daten betroffen ist.

A. Allgemeines

Die Vorschrift, die mit dem Gesetz zur Neuordnung der Aufbewahrung von Notariatsunterlagen und Einrichtung des Elektronischen Urkundenarchivs bei der Bundesnotarkammer sowie zur Änderung weiterer Gesetze vom 1.6.2017[1] in die BNotO eingefügt wurde, überführt den bisherigen Regelungsgehalt des § 2 Abs. 3 S. 2 DONot sowie des § 2a Abs. 3 DONot auf Gesetzesebene. Der Gesetzgeber hält es im Hinblick auf die fortschreitende Digitalisierung der notariellen Amtstätigkeit für erforderlich, der mit einem Verlust oder einer Manipulation der elektronischen Arbeitsmittel der Notarin bzw. des Notars verbundenen Missbrauchsgefahr durch gesetzliche Melde- und Sperrpflichten zu begegnen. Dabei wurden aufgrund des Sachzusammenhangs auch die Meldepflichten bezüglich abhandengekommener oder missbrauchter Amtssiegel mitgeregelt.

B. Meldepflichten

I. Amtssiegel

Nach § 2 Abs. 1 DONot führen Notarinnen und Notare Amtssiegel nach den jeweiligen landesrechtlichen Vorschriften. Tatbestandsmäßig gemäß S. 1 Nr. 1 ist das Wissen oder der begründete Verdacht der Notarin oder des Notars, dass das Siegel kurzzeitig oder dauerhaft abhandengekommen ist, dh dass die Möglichkeit eines Zugriffs durch Unbefugte bestand oder noch besteht, dass das Siegel missbraucht wurde oder dass eine Fälschung im Umlauf ist. In diesen Fällen besteht eine Meldepflicht gegenüber der Aufsichtsbehörde und der Notarkammer, damit diese das Siegel für kraftlos erklären bzw. vor möglicherweise gefälschten Dokumenten warnen können.[2]

II. Qualifizierte elektronische Signaturerstellungseinheit

Die von Notarinnen und Notaren zur Erzeugung und Validierung amtlicher elektronischer Signaturen vorzuhaltenden technischen Mittel regelt § 33. Eine qualifizierte elektronische Signaturerstellungseinheit ist nach Art. 3 Nr. 22, 23 iVm Anhang II eIDAS-VO

---
[1] BGBl. 2017 I 1396.
[2] Diehn/*Diehn* BNotO § 34 Rn. 5.

eine konfigurierte Software oder Hardware, die zum Erstellen einer qualifizierten elektronischen Signatur verwendet wird und die besonderen Sicherheitsanforderungen unterliegt. Mit der in S. 1 Nr. 2 genannten Signaturerstellungseinheit ist nach derzeitigem Stand der Technik die **Signaturkarte** gemeint. Hat die Notarin oder der Notar Kenntnis oder den begründeten Verdacht, dass diese abhandengekommen, missbraucht oder manipuliert wurde, so löst dies eine Meldepflicht gegenüber der Aufsichtsbehörde und der Notarkammer aus.

4 Mit den Wissensdaten zur Identifikation des Notars gegenüber der qualifizierten elektronischen Signaturerstellungseinheit ist **die PIN** gemeint. Bei Signaturkarten, die nicht nur ein Signaturzertifikat, sondern auch ein Authentisierungszertifikat enthalten, betrifft dies nach dem Sinn und Zweck der Vorschrift sowohl die Signatur-, als auch die Authentisierungs-PIN. Ein Authentisierungszertifikat wird beispielsweise für die Aktivierung und die sichere Anmeldung am besonderen elektronischen Notarpostfachs (beN) gemäß §§ 14 Abs. 2, 16 Abs. 1 NotVPV benötigt. Da die Übermittlung von Dokumenten auf einem sicheren Übermittlungsweg iSv § 130a Abs. 3, Abs. 4 ZPO nach sicherer Anmeldung am beN ebenso schriftformersetzende Wirkung hat wie eine qualifizierte elektronische Signatur, ist auch in diesem Fall eine Melde- und Sperrpflicht geboten.

5 Ist die PIN einer anderen Person bekannt geworden bzw. besteht die Möglichkeit, dass dies geschehen ist, löst dies eine Meldepflicht grundsätzlich unabhängig davon aus, ob für die andere Person eine Zugriffsmöglichkeit auf die Signaturkarte bestand.[3] Letzteres ist nur dann nicht der Fall, wenn die PIN nach Bekanntwerden sicher geändert wurde, dh Missbrauch ausgeschlossen ist.

III. Schutzvorkehrungen der zentralen elektronischen Systeme der Bundesnotarkammer

6 S. 1 Nr. 3 enthält Meldepflichten für den Fall einer tatsächlichen oder möglichen Beeinträchtigung von Schutzvorkehrungen des Elektronischen Urkundenarchivs, des Elektronischen Notaraktenspeichers, des Zentralen Vorsorgeregisters und des Zentralen Testamentsregisters. Hat die Notarin oder der Notar Kenntnis oder den begründeten Verdacht, dass zu deren Schutz vorgesehene Wissensdaten wie **Nutzernamen und Kennwörter** Unbefugten zugänglich geworden sind oder zum Zugang erforderliche **Hard- oder Software** missbraucht oder manipuliert wurde oder Unbefugten zugänglich geworden ist, so löst dies die Meldepflicht aus.

7 Allen genannten Systemen ist gemeinsam, dass sie nur über das von der Bundesnotarkammer betriebene Notarnetz erreichbar sind. Das Notarnetz wird über eine **Registerbox** oder eine **Notarnetzbox** geschützt, die in der Notarstelle installiert wird und den Zugang zu einem von der Bundesnotarkammer betriebenen virtuellen privaten Netzwerk vermittelt. Wissen oder Verdacht eines Verlustes, einer Beschädigung oder einer Manipulation der Registerbox oder der Notarnetzbox lösen daher die Meldepflicht aus.

8 Die für den Zugang zum Elektronischen Urkundenarchiv und zum Elektronischen Notaraktenspeicher über das Notarnetz hinaus vorgesehenen Schutzvorkehrungen werden in der nach § 78h Abs. 4 bzw. § 78k Abs. 5 zu erlassenden Rechtsverordnung geregelt bzw. von der Bundesnotarkammer in Einzelnen noch festzulegen sein (→ § 78i Rn. 9). Für den Zugang zum Zentralen Vorsorgeregister und zum Zentralen Testamentsregister ist derzeit über den Besitz einer Registerbox oder einer Notarnetzbox hinaus ein Nutzername und ein Passwort erforderlich.

---

[3] Diehn/*Diehn* BNotO § 34 Rn. 8.

C. Sperrpflicht

Nach S. 2 ist in den Fällen des S. 1 Nr. 2 zusätzlich zur Meldung an die Aufsichtsbehörde 9 und die Notarkammer unverzüglich die Sperrung des qualifizierten Zertifikats beim Vertrauensdiensteanbieter zu veranlassen und der Nachweis über die Sperrung zusammen mit der Meldung vorzulegen. Letzteres macht weitere Nachforschungen über die Einhaltung der Sperrpflicht durch die Aufsichtsbehörde entbehrlich.[4] Nach signaturrechtlicher Terminologie handelt es sich bei der Sperrung um einen **Widerruf des Signaturzertifikats** gemäß Art. 28 Abs. 4 eIDAS-VO, den qualifizierte Vertrauensdiensteanbieter nach § 14 Abs. 1 VDG auf Verlangen der Person, der das qualifizierte Zertifikat ausgestellt wurde, unverzüglich vornehmen müssen. Eine Sperrung von Signaturkarten der Bundesnotarkammer ist unter der Telefonnummer 0800 / 3550 400 kostenfrei möglich, wobei das Sperr- bzw. Widerrufskennwort anzugeben ist.[5] Die von der Zertifizierungsstelle als Bestätigung versandte E-Mail reicht als Nachweis über die Sperrung aus.

D. Unterrichtung der Bundesnotarkammer

Da in den Fällen des S. 1 nur die Aufsichtsbehörde und die Notarkammer zu unter- 10 richten ist, erweitert S. 3 die Meldepflicht auf die Unterrichtung der Bundesnotarkammer durch die Notarkammer, wenn Anlass zur Annahme besteht, dass nicht nur der Zugang des meldenden Notars, sondern die Sicherheit der zentralen Systeme auch im Hinblick auf andere Notarinnen oder Notare oder als Ganzes betroffen ist. Die Meldepflicht soll die Bundesnotarkammer in die Lage versetzen, ggf. notwendige Maßnahmen einzuleiten und etwa bestehende Risiken zu minimieren.

Abschnitt 4a. Führung der Akten und Verzeichnisse

§ 35 Führung der Akten und Verzeichnisse

(1) **Der Notar ist verpflichtet, Akten und Verzeichnisse so zu führen, dass deren Verfügbarkeit, Integrität, Transparenz und Vertraulichkeit gewährleistet sind.**

(2) ¹**Der Notar kann Akten und Verzeichnisse in Papierform oder elektronisch führen, soweit die Form nicht durch oder auf Grund eines Gesetzes vorgeschrieben ist.** ²**Zusätzlich darf er für die Aktenführung Hilfsmittel verwenden, deren Vertraulichkeit ebenfalls zu gewährleisten ist.**

(3) ¹**Akten und Verzeichnisse in Papierform darf der Notar außerhalb seiner Geschäftsstelle nur bei der Notarkammer oder mit Genehmigung der Aufsichtsbehörde führen.** ²**Seine Verfügungsgewalt muss gewahrt bleiben.** ³**Außer im Fall der Führung bei der Notarkammer darf eine gemeinsame Führung nur im Zusammenschluss mit anderen Notaren erfolgen.** ⁴**Die Genehmigung nach Satz 1 ist zu erteilen, wenn sichergestellt ist, dass die Anforderungen des Absatzes 1 und des Satzes 2 eingehalten werden.** ⁵**Die Genehmigung kann mit Auflagen verbunden, mit dem Vorbehalt des Widerrufs erteilt oder befristet werden.** ⁶**Vor der Erteilung oder der Aufhebung der Genehmigung ist die Notarkammer anzuhören.** ⁷**Die Führung bei der Notarkammer ist der Aufsichtsbehörde mitzuteilen.**

---

[4] Diehn/*Diehn* BNotO § 34 Rn. 11.
[5] https://zertifizierungsstelle.bnotk.de/signaturkarte/signaturkarte-sperren.

(4) Elektronische Akten und Verzeichnisse darf der Notar außerhalb der Geschäftsstelle nur im Elektronischen Urkundenarchiv oder im Elektronischen Notaraktenspeicher führen.

(5) ¹Zur Führung der Akten und Verzeichnisse dürfen nur Personen herangezogen werden, die bei dem Notar oder im Fall des Absatzes 3 Satz 3 bei dem Zusammenschluss der Notare beschäftigt sind. ²Absatz 3 Satz 1 und Absatz 4 bleiben unberührt.

(6) Nach Ablauf der Aufbewahrungsfristen ist die verwahrende Stelle verpflichtet, die in Papierform geführten Akten und Verzeichnisse zu vernichten und die elektronisch geführten Akten und Verzeichnisse zu löschen, sofern nicht im Einzelfall eine weitere Aufbewahrung erforderlich ist.

Übersicht

	Rn.
A. Allgemeines	1
B. Grundsätze der Aktenführung (Abs. 1)	2
C. Form der Aktenführung (Abs. 2)	8
D. Papierakten (Abs. 3)	12
E. Elektronische Akten (Abs. 4)	19
F. Heranzuziehende Personen und Löschpflichten (Abs. 5 und Abs. 6)	22

A. Allgemeines

1 Der neue Abschnitt 4a (§§ 35 und 36) wurde mit dem Gesetz zur Neuordnung der Aufbewahrung von Notariatsunterlagen und Einrichtung des Elektronischen Urkundenarchivs bei der Bundesnotarkammer sowie zur Änderung weiterer Gesetze vom 1.6.2017[1] eingefügt. Er regelt erstmals die Führung notarieller Akten und Verzeichnisse auf formellgesetzlicher Ebene. Da zukünftig verschiedene gesetzliche Vorschriften die Existenz bestimmter Akten und Verzeichnisse voraussetzen bzw. ihre Führung näher regeln, wollte der Gesetzgeber deren Definition nicht den Landesjustizverwaltungen durch Bestimmung in der DONot überlassen. Zudem verdeutlicht die Verortung der Regelung auf Gesetzesebene, dass die Akten- und Verzeichnisführung der Notarinnen und Notare als öffentliche Amtsträger auch im öffentlichen Interesse erfolgt.[2]

B. Grundsätze der Aktenführung (Abs. 1)

2 Abs. 1 regelt die allgemeinen Grundsätze der Aktenführung. Notarielle Akten und Verzeichnisse dienen der langfristigen und beweissicheren Dokumentation der Amtsgeschäfte und sind häufig länger aufzubewahren, als die Amtszeit der einzelnen Notarin oder des Notars dauert.[3] Daher müssen sie in einer Art und Weise geführt werden, die die jederzeitige Übergabe und Verwendbarkeit durch eine nachfolgende Verwahrstelle ermöglicht. Zudem müssen die Akten und Verzeichnisse durch die Aufsichtsbehörden im Rahmen von Geschäftsprüfungen überprüft werden können. Über diese Zwecke hinaus dient die Regelung mittelbar auch dem Interesse der Notarin bzw. des Notars an einer ordnungsgemäßen Dokumentation der Amtstätigkeit zur Abwehr etwaiger Amtshaftungsansprüche.

3 Die Begriffe der Verfügbarkeit, Integrität, Transparenz und Vertraulichkeit stammen aus dem Sprachgebrauch des Informationssicherheits- und Datenschutzrechts. Dies zeigt, dass der Gesetzgeber bei der Entstehung der Vorschrift wohl vor allem die Führung elektro-

---

[1] BGBl. 2017 I 1396.
[2] Diehn/*Diehn* BNotO § 35 Rn. 3.
[3] BT-Drs. 18/10607, 53.

nischer Akten und Verzeichnisse im Blick hatte; die Grundsätze gelten aber gleichermaßen für Papier- wie für elektronische Akten.

Gewährleistung der **Vertraulichkeit** bedeutet, dass die Akten und Verzeichnisse durch geeignete technische und organisatorische Maßnahmen gegen unbefugte Kenntnisnahme zu schützen sind. Die Regelung hat keinen über die ohnehin geltende Verschwiegenheitspflicht nach § 18 hinausgehenden Regelungsgehalt, sondern lediglich klarstellende Funktion, indem sie den im Kontext der Informations- und Datensicherheit gebräuchlichen Begriff der Vertraulichkeit verwendet. **4**

Sicherung der **Integrität** bedeutet Schutz vor unbemerkten Veränderungen. Für Papierakten gelten insoweit keine Besonderheiten gegenüber den unter Geltung der DONot zu beachtenden Grundsätzen. Für elektronisch geführte Nebenakten geht der Gesetzgeber davon aus, dass zur Integritätssicherung grundsätzlich auch Maßnahmen unterhalb der Schwelle ausreichen, die für die Daten des Elektronischen Urkundenarchivs erforderlich ist.[4] Daher reichen in der Regel anstelle der persönlichen Signatur durch die Notarin oder den Notar andere technische Sicherungsmaßnahmen aus, um Daten vor unbemerkten Veränderungen zu schützen. **5**

Transparenz bedeutet, dass die Akten jederzeit einfach auffindbar und übersichtlich strukturiert sein müssen. Ob hierbei, insbesondere für elektronische Akten, bestimmte Ordnungskriterien zu beachten sind, bleibt einer Regelung in der Rechtsverordnung nach § 36 vorbehalten. **6**

Mit **Verfügbarkeit** ist zum einen die tatsächliche und unmittelbare Zugriffsmöglichkeit durch die Notarin oder den Notar gemeint. Zum anderen hat die Vorschrift die jederzeitige Möglichkeit der Übergabe der Akten an eine nachfolgende Verwahrstelle im Blick, die die übergebenen Daten ohne unverhältnismäßigen Aufwand lesbar machen und mit ihnen arbeiten können muss. Insbesondere aus diesem Grund soll die Rechtsverordnung nach § 36 auch zulässige Datenformate für die elektronische Aktenführung bestimmen. **7**

C. Form der Aktenführung (Abs. 2)

Mit Abs. 2 gibt der Gesetzgeber den Grundsatz des papiergebundenen Notariats auf.[5] Stattdessen erlaubt § 35 künftig erstmals auch die Führung elektronischer Akten und Verzeichnisse, soweit nicht eine andere Form durch oder aufgrund eines Gesetzes vorgeschrieben ist. Damit gilt: Einige Unterlagen sind ausschließlich in Papierform zu führen (die Urschriften), andere ausschließlich elektronisch (die elektronische Urkundensammlung, das Urkundenverzeichnis und das Verwahrungsverzeichnis), und bei den übrigen Akten und Verzeichnissen ist grundsätzlich sowohl die Papierform, als auch die elektronische Form zulässig. Die **Wahlfreiheit** gilt dabei einerseits für die Frage, ob alle oder nur einzelne Akten elektronisch geführt werden und andererseits innerhalb der einzelnen Akte, dh auch eine hybride Aktenführung ist grundsätzlich zulässig. Die Voraussetzungen wird die Rechtsverordnung nach § 36 zu regeln haben. **8**

Solange die Rechtsverordnung nach § 36 noch nicht erlassen ist, bleibt es bei der Geltung von § 6 Abs. 1 DONot. Die Vorschrift, die als Verwaltungsvorschrift auf der Grundlage von §§ 92, 93[6] und damit aufgrund eines Gesetzes erlassen wurde, bestimmt, dass die Führung der Bücher und Verzeichnisse auf dauerhaftem Papier erfolgt und andere Datenträger lediglich Hilfsmittel sind. **9**

Der Begriff des **Hilfsmittels** (Abs. 2 S. 2) ist der Regelung in § 6 Abs. 1 DONot entlehnt. Während er dort deutlich macht, dass ausschließlich die Papierakte maßgeblich ist und andere Datenträger lediglich unterstützenden Charakter haben, regelt Abs. 2 S. 2 **10**

---
[4] BT-Drs. 18/10607, 53.
[5] Diehn/*Diehn* BNotO § 35 Rn. 1; *Damm* DNotZ 2017, 426 (438).
[6] BVerfG NJW 2012, 2639 (2642 ff.); Weingärtner/Gassen/Sommerfeldt/*Weingärtner* DONot Einl. Rn. 2 mwN.

unabhängig von der Form der Aktenführung, dass nicht alle von der Notarin oder dem Notar im Zusammenhang mit einem Amtsgeschäft verarbeiteten Informationen automatisch Bestandteil einer Akte werden. Dem Gesetzgeber schwebten insoweit interne Entwurfsfassungen von Urkunden oder rein organisatorische Emails vor,[7] die nur nach dem Ermessen der Notarin oder des Notars im Einzelfall Bestandteil der Akte werden. Umgekehrt ist damit alles, was nicht nach gesetzlichen Vorschriften zwingend zum Akteninhalt zu machen ist – und damit die Anforderungen nach Abs. 1 erfüllen muss – lediglich Hilfsmittel iSv Abs. 2 S. 2. In datenschutzrechtlicher Hinsicht bedeutet die Zulässigkeit der zusätzlichen Verwendung von Hilfsmitteln, dass die Verarbeitung der als Hilfsmittel verwendeten Daten gemäß Art. 6 Abs. 1 lit. c und lit. e DS-GVO rechtmäßig ist.

11 Die **Abgrenzung zwischen Akten und Hilfsmitteln** ist auch insoweit von Bedeutung, als für die Hilfsmittel die Voraussetzungen des Abs. 1 nicht gelten. Lediglich die Vertraulichkeit ist zu gewährleisten, deren Erwähnung auch hier im Hinblick auf die ohnehin geltende Verschwiegenheitspflicht gemäß § 18 nur klarstellenden Charakter hat (→ Rn. 4 für Akten und Verzeichnisse).

D. Papierakten (Abs. 3)

12 Abs. 3 regelt die Führung von Papierakten und -verzeichnissen. Wie schon unter Geltung von § 5 Abs. 3 DONot sind diese in der Regel in der Geschäftsstelle zu führen. Die Führung außerhalb der Geschäftsstelle bedarf nunmehr grundsätzlich der Genehmigung durch die Aufsichtsbehörde (Ausnahme: Führung bei der Notarkammer, → Rn. 17).

13 Unter „**Führen**" ist jedes Aufbewahren zu verstehen. Die zu § 5 Abs. 3 DONot vertretene Unterscheidung zwischen „Führen" und sonstigem Aufbewahren[8] ist nicht beizubehalten. Unter „Führen" war demnach nur die laufende Bearbeitung von Akten zu verstehen, die stets in der Geschäftsstelle zu erfolgen habe, während die sonstige Aufbewahrung auch in Räumen in der Nähe der Geschäftsstelle zulässig sei, solange die kurzfristige Verfügbarkeit, zB für Geschäftsprüfungen, sichergestellt sei.[9] Diese Unterscheidung passt nach neuer Rechtslage nicht mehr, denn die Kriterien, die für die Zulässigkeit einer Aufbewahrung außerhalb der Geschäftsstelle angeführt wurden, sind nunmehr gerade Voraussetzung für die Erteilung einer Genehmigung. Der Tatbestand ist also weit auszulegen. Hierfür spricht auch eine Zusammenschau der Vorschriften des neuen Abschnitts 4a, die mit dem „Führen" und dem „Verwahren" von Akten gleichartige Tätigkeiten beschreiben.[10]

14 Der Begriff der **Geschäftsstelle** dürfte weiter zu verstehen sein, als etwa in § 10 Abs. 2 S. 1 und Nr. 26002 KV GNotKG und damit nicht nur die Amtsräume des Notars umfassen, die regelmäßig für Beurkundungen vorgehalten werden. Die Aktenführung ist damit auch ohne Genehmigung an allen Aufbewahrungsorten zulässig, die in einem derartigen **räumlichen Zusammenhang mit den Beurkundungsräumen** stehen, dass eine Beeinträchtigung der Verfügbarkeit, Integrität, Transparenz und Vertraulichkeit der Akten und Verzeichnisse von vornherein ausgeschlossen erscheint. Hiervon ist etwa bei allen Räumen auszugehen, die vom öffentlichen Straßenraum aus über denselben Zugang wie die Amtsräume betreten werden können, die unter derselben Postanschrift wie diese geführt werden oder wenn die Beurkundungsräume und die Aufbewahrungsräume von einem objektiven Betrachter als einheitliche Liegenschaft wahrgenommen werden.[11]

---

[7] BT-Drs. 18/10607, 54.
[8] So etwa Weingärtner/Gassen/Sommerfeldt/*Weingärtner* DONot § 5 Rn. 5 f.
[9] Armbrüster/Preuß/Renner/*Eickelberg* DONot § 5 Rn. 11.
[10] So auch Rundschreiben BNotK Nr. 6/2019 v. 12.11.2019, abrufbar im internen Bereich der Webseite der BNotK unter https://www.bnotk.de/Intern/Rundschreiben/2019.php.
[11] Ebd.

15 Die Genehmigung ist zu erteilen, wenn die Verfügbarkeit, Integrität, Transparenz und Vertraulichkeit der notariellen Akten und Verzeichnisse gewährleistet sind sowie die Verfügungsgewalt des Notars gewahrt bleibt (Abs. 3 S. 4 iVm Abs. 1 und Abs. 3 S. 2). Hinsichtlich der **Verfügbarkeit** dürfte es maßgeblich darauf ankommen, ob ein Zugriff auf die außerhalb der Geschäftsstelle gelagerten Akten und Verzeichnisse mit vertretbarem Zeitaufwand möglich ist. Die Bundesnotarkammer geht davon aus, dass es insoweit noch als ausreichend anzusehen ist, wenn die Unterlagen spätestens innerhalb von fünf Werktagen zur Bearbeitung vorliegen können.[12] Dem ist zuzustimmen. Zum anderen müssen die Räumlichkeiten so beschaffen sein, dass die dort gelagerten Akten und Verzeichnisse dauerhaft erhalten bleiben und die Notarin oder der Notar die Verfügungsgewalt über die dort gelagerten Unterlagen hat. Hierzu dürfte es erforderlich sein, dass der Notar selbst, neben der faktischen Kontrolle über den Zutritt, berechtigten Besitz an den Lagerräumen hat und unbefugte Dritte auch rechtlich vom Zugang zu den Lagerräumen ausschließen kann.[13] Eine Verwahrung, bei der sich die Rolle des Notars auf die eines Kunden beschränkt und die eine dritte Person zum „Verwahrer" macht, ist dagegen wegen des Grundsatzes der persönlichen und unabhängigen Amtsausübung nicht genehmigungsfähig.[14]

16 Die Mitnahme einzelner Akten an einen Ort außerhalb der Geschäftsstelle durch die Notarin oder den Notar bzw. dessen Mitarbeitende **(Home Office)** unterfällt nach dem Sinn und Zweck der Vorschrift nicht der Genehmigungspflicht, da hierdurch weder die unmittelbare Verfügbarkeit, noch die Art und Weise der Führung der Unterlagen durch die Notarin bzw. den Notar oder die Verschwiegenheitspflicht beeinträchtigt wird.[15]

17 Gemäß Abs. 3 S. 1 von der Genehmigungspflicht ausgenommen ist die **Führung bei der Notarkammer.** Diese ist ab dem Jahr 2022 möglich, soweit die Notarkammer Unterlagen ausgeschiedener Notare in eigener Zuständigkeit verwahrt.[16] Eine Führung bei der Notarkammer ist der Aufsichtsbehörde mitzuteilen (Abs. 3 S. 7).

18 Abs. 3 S. 3 ermöglicht auch eine **gemeinsame Aktenführung** im Zusammenschluss mit anderen Notaren. Für die Voraussetzungen zur Erteilung einer Genehmigung durch die Aufsichtsbehörde gelten insoweit keine Besonderheiten gegenüber einer Führung außerhalb der Geschäftsstelle nur durch eine Notarin oder einen Notar allein (siehe aber Abs. 5 S. 1; → Rn. 22).

E. Elektronische Akten (Abs. 4)

19 Abs. 4 regelt die Führung elektronischer Akten und Verzeichnisse. Diese dürfen nur in der **Geschäftsstelle** oder, soweit sie nicht ohnehin im Elektronischen Urkundenarchiv zu führen sind, im **Elektronischen Notaraktenspeicher** geführt werden. Andere Speicherorte, insbesondere **private Cloud-Dienste, sind unzulässig.**

20 Solange der Elektronische Notaraktenspeicher noch keine Funktionen zur Führung elektronischer Akten bietet (zum Funktionsumfang des Elektronischen Notaraktenspeichers → § 78k Rn. 2), ist deren Führung damit nur in der Geschäftsstelle zulässig.

21 Die Vorschrift gilt nicht für Hilfsmittel iSv Abs. 2 S. 2 (→ Rn. 10). Ob und unter welchen Voraussetzungen eine Speicherung von **Hilfsmitteln** außerhalb der Geschäftsstelle zulässig ist, lässt sich nicht pauschal beantworten. Jedenfalls gelten auch für diese die allgemeinen Grundsätze der Verschwiegenheit (§ 18), der Vertraulichkeit (Abs. 2 S. 2) sowie das allgemeine Datenschutzrecht. Die Speicherung von Hilfsmitteln im Elektronischen Notaraktenspeicher ist dagegen ohne Weiteres zulässig, da für Hilfsmittel keine strengeren Voraussetzungen gelten können, als für elektronische Akten.

---

[12] Ebd.
[13] Ebd.
[14] BT-Drs. 18/10607, 55.
[15] Vgl. zum Zweck von § 5 Abs. 3 DONot *von Campe* → DONot § 5 Rn. 6.
[16] BT-Drs. 18/10607, 54.

F. Heranzuziehende Personen und Löschpflichten (Abs. 5 und Abs. 6)

22 Abs. 5 bestimmt, dass zur Führung der Akten und Verzeichnisse nur Personen herangezogen werden dürfen, die bei dem Notar oder, bei gemeinsamer Verwahrung, bei dem Zusammenschluss der Notare beschäftigt sind. Der Regelungsgehalt der Vorschrift entspricht demjenigen des bisherigen § 5 Abs. 3 S. 4 DONot.

23 Abs. 6 bestätigt den datenschutzrechtlich ohnehin geltenden Grundsatz, dass nach Ablauf der Aufbewahrungsfristen Papierakten vernichtet und elektronische Akten gelöscht werden müssen. Die maßgeblichen Fristen bestimmt die Rechtsverordnung nach § 36.

§ 36 Verordnungsermächtigung zu Akten und Verzeichnissen

(1) ¹Das Bundesministerium der Justiz und für Verbraucherschutz hat durch Rechtsverordnung mit Zustimmung des Bundesrates die näheren Bestimmungen zu treffen über die vom Notar zu führenden Akten und Verzeichnisse, über deren Inhalt sowie die Art und Weise ihrer Führung. ²Insbesondere sind darin nähere Bestimmungen zu treffen über

1. die vom Notar zu den Akten zu nehmenden Unterlagen sowie die in die Verzeichnisse einzutragenden Angaben einschließlich der zu erhebenden Daten und der insoweit zu beachtenden Fristen,
2. die Aufbewahrungsfristen,
3. die Einzelheiten der elektronischen Führung von Akten und Verzeichnissen nach § 35 Absatz 2 sowie über die Maßnahmen zur Gewährleistung der Vertraulichkeit, der Integrität, der Transparenz und der Verfügbarkeit auch über die Amtszeit des Notars hinaus einschließlich der zulässigen Datenformate sowie der Schnittstellen und der Datenverknüpfungen zwischen den Akten und Verzeichnissen,
4. die Voraussetzungen, unter denen die durch oder auf Grund eines Gesetzes vorgesehene Übertragung eines in Papierform vorliegenden Schriftstücks in die elektronische Form unterbleiben kann.

³Bei der Bemessung der Aufbewahrungsfristen nach Satz 2 Nummer 2 ist insbesondere der Zweck der Verfügbarkeit der Akten und Verzeichnisse im Hinblick auf die Bedürfnisse einer geordneten Rechtspflege sowie der Umstand zu berücksichtigen, dass bei Amtshaftungsansprüchen die Möglichkeit der Sachaufklärung gegeben bleibt.

(2) ¹Die Rechtsverordnung kann vorsehen, dass neben den für das Auffinden von Urkunden erforderlichen Eintragungen weitere Angaben in das Urkundenverzeichnis eingetragen werden können oder sollen. ²Sie kann zudem nähere Bestimmungen treffen über die Verwendung der im Urkundenverzeichnis gespeicherten Daten

1. im elektronischen Rechtsverkehr mit Gerichten, Behörden und Dritten,
2. zur Führung anderer Akten und Verzeichnisse des Notars sowie
3. für die Zwecke der Aufsicht.

A. Allgemeines

1 Anlässlich der Einführung des Elektronischen Urkundenarchivs hat sich der Gesetzgeber entschieden, die Grundsätze der Akten- und Verzeichnisführung auf der Ebene eines formellen Gesetzes zu regeln und weitere Einzelheiten einer Rechtsverordnung vorzubehalten. Die Rechtsverordnung nach § 36 wird innerhalb ihres Regelungsbereichs an die Stelle der DONot treten. Mit dem Urkundenverzeichnis, dem Verwahrungsverzeichnis, der Urkundensammlung, der Erbvertragssammlung und der elektronischen Urkundensammlung werden einige Akten und Verzeichnisse bereits unmittelbar auf gesetzlicher Ebene erwähnt (§§ 55, 59a BeurkG-2022); die Regelung der diesbezüglichen Einzelheiten sowie die Beibehaltung oder Einführung weiterer Arten von Akten und Verzeichnissen bleiben der Rechtsverordnung vorbehalten.

B. Verordnungsermächtigung (Abs. 1)

Nach Abs. 1 S. 1 regelt das BMJV durch Rechtsverordnung, welche Akten und Verzeichnisse die Notarinnen und Notare zu führen haben, was ihr Inhalt ist und wie sie zu führen sind. Inhaltliche Änderungen gegenüber den Vorschriften der DONot sind durch die Rechtsverordnung nach der Vorstellung des Gesetzgebers nur insoweit geboten, als dies aufgrund der neu hinzutretenden Möglichkeiten im Zusammenhang mit der Führung elektronischer Akten und Verzeichnisse sinnvoll erscheint.[1] Dies verdeutlicht auch die verhältnismäßig ausführlich gestaltete Verordnungsermächtigung in Abs. 1 S. 1 Nr. 3.

Besonders hinzuweisen ist auf den **datenschutzrechtlichen Gehalt** der Verordnungsermächtigung in Abs. 1 S. 1 Nr. 1. Danach kann die Rechtsverordnung auch Regelungen über die vom Notar zu erhebenden Daten treffen. Die Verarbeitung der in den Akten und Verzeichnissen zu führenden Daten erfolgt damit gemäß Art. 6 Abs. 1 lit. c und lit. e DS-GVO rechtmäßig. Die Gesetzesbegründung nennt beispielhaft etwa die Möglichkeit, durch die Rechtsverordnung eine Rechtsgrundlage für die Speicherung von Ausweiskopien in den Nebenakten des Notars zu schaffen.[2]

Abs. 1 S. 2 verdeutlicht, dass die Akten- und Verzeichnisführung sowohl im öffentlichen Interesse, als auch im Interesse der einzelnen Notarin bzw. des Notars an einer ordnungsgemäßen Dokumentation der Amtstätigkeit zur Abwehr etwaiger Amtshaftungsansprüche erfolgt (→ § 35 Rn. 2) und verpflichtet den Verordnungsgeber, dies bei der Bemessung der Aufbewahrungsfristen zu berücksichtigen.

C. Förderung des elektronischen Rechtsverkehrs

Die Rechtsverordnung kann nach Abs. 2 vorsehen, dass im Urkundenverzeichnis nicht nur Daten eingetragen werden, die für das Auffinden von Dokumenten in der elektronischen Urkundensammlung erforderlich sind, sondern auch solche, die im elektronischen Rechtsverkehr mit Gerichten, Behörden und sonstigen Dritten verwendet werden können. Dies ist vor dem Hintergrund zu sehen, dass Behörden nach den E-Government-Gesetzen des Bundes und der Länder sowie nach dem Onlinezugangsgesetz verpflichtet sind, in den kommenden Jahren elektronische Zugangswege zu eröffnen und elektronische Akten einzuführen sowie Verwaltungsleistungen elektronisch anzubieten. Der **elektronische Rechtsverkehr** wird daher mittelfristig die Kommunikation der Notare mit den Behörden per Briefpost ersetzen. Aus diesem Grund hatte der Gesetzgeber bei der Einführung des Elektronischen Urkundenarchivs nicht nur die elektronische Verwahrung notarieller Urkunden im Blick, sondern wollte gleichzeitig die strukturellen Voraussetzungen für eine effiziente elektronische Abwicklung notarieller Amtsgeschäfte schaffen.[3]

Beispiele für die Verwendung der im Urkundenverzeichnis eingetragenen Daten iSv Abs. 2 S. 2 Nr. 1 sind etwa die Übersendung von Strukturdaten an Registergerichte und Grundbuchämter, von steuerlichen Mitteilungen an die Finanzverwaltungen sowie die Verwendung der Daten als Grundlage für Meldungen an das Zentrale Vorsorge- oder das Zentrale Testamentsregister. Theoretisch denkbar ist es auch, dass die im Urkundenverzeichnis eingetragenen Strukturdaten nicht mehr an Gerichte und Behörden übersandt werden, sondern dass diese stattdessen durch die ausdrückliche Erteilung von Zugriffs-

---

[1] Vgl. BT-Drs. 18/10607, 54.
[2] BT-Drs. 18/10607, 57.
[3] BT-Drs. 18/10607, 1 aE.

berechtigungen durch die für die Verwahrung zuständige Stelle auf die Daten zugreifen können.

7 Eine weitere Entwicklungsmöglichkeit bietet die verpflichtende Eintragung der Erteilung von Ausfertigungen im Urkundenverzeichnis anstatt auf der Urschrift (§ 49 Abs. 4 BeurkG-2022). Hieraus ließe sich beispielsweise ein zentrales Register über den Gültigkeitsstatus von notariellen Dokumenten entwickeln, mit dessen Hilfe das Problem eines fehlenden elektronischen Äquivalents der Ausfertigung gelöst werden könnte.[4] Auf der Basis eines solchen Registers wäre es beispielsweise denkbar, dass Notarinnen und Notare den Gültigkeitsstatus einer notariellen Vollmacht durch Einsicht in das Register überprüfen könnten ohne dass die Vorlage einer Ausfertigung erforderlich wäre.

8 Ein Beispiel für die Verwendung der im Urkundenverzeichnis eingetragenen Daten zur Führung anderer Akten und Verzeichnisse iSv Abs. 2 S. 2 Nr. 2 ist deren Verknüpfung mit den im Elektronischen Notaraktenspeicher geführten Nebenakten.

9 Für Zwecke der Aufsicht gemäß Abs. 2 S. 2 Nr. 3 kann etwa die Verwendung der im Urkundenverzeichnis gespeicherten Daten zur automatisierten Erstellung von Jahresübersichten an die Aufsichtsbehörden (bislang §§ 24, 25 DONot) vorgesehen werden.

§ 37 [aufgehoben]

5. Abschnitt. Abwesenheit und Verhinderung des Notars. Notarvertreter

§ 38 [Anzeige von Abwesenheit oder Verhinderung]

[1] Will sich der Notar länger als eine Woche von seinem Amtssitz entfernen oder ist er aus tatsächlichen Gründen länger als eine Woche an der Ausübung seines Amtes verhindert, so hat er dies der Aufsichtsbehörde unverzüglich anzuzeigen. [2] Er bedarf der Genehmigung der Aufsichtsbehörde, wenn die Abwesenheit von dem Amtssitz länger als einen Monat dauern soll.

Übersicht

	Rn.
A. Normzweck	1
B. Anzeigepflicht gemäß Satz 1	2
I. Entfernung vom Amtssitz	3
II. Sonstige Amtsverhinderung aus tatsächlichen Gründen	4
III. Entbehrlichkeit der Anzeige bei Vertreterbestellung	5
IV. Zeitpunkt der Anzeigepflicht	6
V. Anzeige	7
VI. Rechtsfolgen der Anzeige	9
1. Für den Notar	9
2. Für die Aufsichtsbehörde	10
VII. Verletzung der Anzeigepflicht	11
C. Genehmigungserfordernis gemäß Satz 2	12
I. Abwesenheit vom Amtssitz	13
II. Entbehrlichkeit bei Bestellung eines ständigen Vertreters	16
III. Genehmigungsverfahren	17
IV. Genehmigungsentscheidung	18
V. Rechtsfolgen	20
VI. Rechtsschutz	21

---

[4] Siehe auch Diehn/*Diehn* BNotO § 78h Rn. 6 in Bezug auf einen möglichen Ausbau zum Vollmachts- oder Titelregister.

A. Normzweck

Der Notar hat im Interesse der geordneten vorsorgenden Rechtspflege die Pflicht zur **Amtsbereitschaft**. Diese Pflicht steht in engem Zusammenhang mit § 15, geht aber darüber hinaus und erfasst insbesondere auch den Urkundsvollzug und Betreuungstätigkeiten, soweit sie der Notar auf Bitten der Beteiligten übernommen hat. Die Einhaltung dieser Pflicht ist Gegenstand des dienstaufsichtsrechtlichen Verhältnisses zwischen Notar und Justizverwaltung, da die Amtsbereitschaft zu den Kernbestandteilen eines funktionstüchtigen Notariats mit Zulassungsbeschränkung gerechnet werden muss. In diesem Zusammenhang kommt § 38 präventive Bedeutung zu: Die Aufsichtsbehörde soll über eine nicht nur zeitlich unbedeutsame Verhinderung der ihr unterstellten Notare, amtsbereit zu sein, unterrichtet werden, um im Falle der längerfristigen Amtsverhinderung im Interesse der Funktionstüchtigkeit des Notaramts regulierend eingreifen zu können. 1

B. Anzeigepflicht gemäß Satz 1

Der Notar ist gehalten, der Aufsichtsbehörde unverzüglich anzuzeigen, wenn er sich länger als eine Woche vom Amtssitz entfernen will oder aus tatsächlichen Gründen länger als eine Woche sein Amt nicht ausüben kann. 2

I. Entfernung vom Amtssitz

Jedes sich Entfernen vom Ort, der dem Notar gem. § 10 als Amtssitz zugewiesen ist, löst die Anzeigepflicht des § 38 S. 1 aus, aber in der gebotenen erweiternden Auslegung auch eine Kanzleiabwesenheit ohne räumliche Aufenthaltsveränderung.[1] Die Anzeigepflicht setzt richtigerweise jedoch zusätzlich voraus, dass der Notar für Rechtsuchende **kurzfristig nicht verfügbar** sein will und kann. Wer sich zurückzieht, um ungestört an einem umfangreicheren Vertragswerk oder einer wissenschaftlichen Abhandlung zu arbeiten, und dabei sicherstellt, dass er trotzdem bei einem entsprechenden Bedürfnis von Rechtsuchenden am gleichen Tag persönlich in der Geschäftsstelle oder über Tele- oder Datenkommunikation erreicht werden kann, ist amtsbereit und hat keine Abwesenheit anzuzeigen. 3

II. Sonstige Amtsverhinderung aus tatsächlichen Gründen

Anzeigepflichtig ist auch die Amtsverhinderung, die nicht auf einem freiwilligen Willensentschluss des Notars beruht, sondern etwa einen Unfall oder eine Erkrankung zur Ursache hat. Nur muss der Grund der Verhinderung ein **tatsächlicher** sein. Aber auch dies ist großzügig auszulegen: Wer zur Erzwingung einer Zeugenaussage in Beugehaft (§ 70 StPO, § 390 Abs. 2 ZPO), gar selbst als Beschuldigter in Untersuchungshaft genommen wird, ist aus tatsächlichen, nicht aus rechtlichen Gründen an der Amtsausübung verhindert und unterliegt grundsätzlich der Anzeigepflicht. Diese hat nur da keinen Sinn, wo die Verhinderung von der Dienstaufsichtsbehörde selbst ausgeht, so bei einer vorläufigen Amtsenthebung. 4

III. Entbehrlichkeit der Anzeige bei Vertreterbestellung

Ist dem Notar ein **ständiger Vertreter** bestellt, so befreit dies den Notar nicht von der Anzeigepflicht gem. Abs. 1. Dagegen kann in einem Antrag auf Bestellung eines **nichtständigen Notarvertreters** für einen Zeitraum von mehr als einer Woche gleichzeitig auch eine Vorabanzeige einer entsprechenden Amtsabwesenheit gesehen werden, die eine zusätzliche Anzeige nach Abs. 1 entbehrlich macht. 5

---

[1] S. nur Schippel/Bracker/*Schäfer* BNotO § 38 Rn. 9.

IV. Zeitpunkt der Anzeigepflicht

6   Die Anzeigepflicht entsteht, wenn dem Notar erkennbar wird, dass die Abwesenheit bzw. Verhinderung mehr als sieben Tage dauern wird. Verlängert sich eine ursprünglich kürzere Abwesenheit auf mehr als sieben Tage, muss die Anzeige unverzüglich erfolgen, sobald dem Notar diese Tatsache bewusst wird.

V. Anzeige

7   Die Anzeige hat **gegenüber der Aufsichtsbehörde** und sie hat **unverzüglich** zu erfolgen. Darüber hinausgehende Vorgaben enthält die BNotO nicht. Die zuständige Aufsichtsbehörde wird durch das Landesrecht bestimmt; regelmäßig ist dies der Präsident des Landgerichts, in dessen Bezirk der Notar seinen Amtssitz hat. Unverzüglich bedeutet ohne vom Notar zu vertretende Verzögerung. Im Übrigen schreibt das Gesetz weder eine besondere Form vor, noch dass die Anzeige **durch** den Notar persönlich erfolgt. Somit kann die Anzeige auch durch einen bestellten **Notarvertreter,** einen Bevollmächtigen oder Betreuer im Namen des Notars erstattet werden.

8   Angezeigt werden muss die Tatsache der Entfernung bzw. Verhinderung aus tatsächlichen Gründen. Damit die Aufsichtsbehörde in der Lage ist, den Vorgang zu verfolgen und evtl. weitergehende Schritte einzuleiten, zB bei länger andauernder Abwesenheit die Einholung der Genehmigung nach Satz 2 anzuregen oder eine Vertreterbestellung von Amts wegen nach § 39 Abs. 2 S. 2 in die Wege zu leiten, hat der Notar auch den **Grund der Abwesenheit** und die **voraussichtliche Dauer** anzugeben. Falls die ursprüngliche Dauer der Abwesenheit nicht nur unerheblich überschritten wird, hat er auch dies der Aufsichtsbehörde zu melden. Nach den Verwaltungsvorschriften der Länder (zB Nr. 21 AVNot Berlin für die vorzeitige Wiederaufnahme, Nr. 4.1 AVNot Bay, § 22 Abs. 1 S. 2 NRW AVNot) muss er schließlich auch die Wiederaufnahme seiner Amtstätigkeit anzeigen. Ob § 38 S. 1 auch hierfür eine hinreichende gesetzliche Grundlage bietet, ist allerdings zweifelhaft.

VI. Rechtsfolgen der Anzeige

9   **1. Für den Notar.** Mit der Erstattung der ordnungsgemäßen Anzeige ist der Notar berechtigt, sich vom Amtssitz bzw. der Geschäftsstelle zu entfernen bzw. seine Amtsabwesenheit zu verlängern (→ Rn. 3). Keineswegs trifft es zu,[2] dass der Notar die Reise nur antreten darf, wenn er für einen Vertreter gesorgt hat oder eine solche Vertreterbestellung aus besonderen Gründen nicht erforderlich ist. Wäre dem so, hätte der Gesetzgeber die Vertreterbestellung zur Pflicht des Notars erklären müssen.

10 **2. Für die Aufsichtsbehörde.** Die Anzeige als solche löst ein über die Kenntnisnahme hinausgehendes Handeln der Aufsichtsbehörde nur ganz ausnahmsweise aus. Zeigt der Notar eine Abwesenheit oder Verhinderung von mehr als einem Monat an, ohne gleichzeitig um Erteilung der durch § 38 S. 2 geforderten Genehmigung zu bitten, so wird die Aufsichtsbehörde auf die Stellung eines entsprechenden Antrags hinwirken. Im Übrigen dürfte in Fällen, in denen eine Verlängerung der Abwesenheit befürchtet werden muss, so bei Unfall, Untersuchungshaft oder ähnlichem, eine Wiedervorlage angebracht sein, die es der Aufsichtsbehörde ermöglicht, nach Ablauf eines Monats festzustellen, ob die Verhinderung noch andauert und nunmehr eine Genehmigung eingeholt werden muss. Keinesfalls braucht die Anzeige der Aufsichtsbehörde Anlass sein, die Bestellung eines Notarvertreters anzuregen, da es abgesehen vom Fall des § 39 Abs. 2 allein Sache des Notars ist, eine solche in die Wege zu leiten. Nur im Fall des § 39 Abs. 2 S. 2 hat der Präsident des Landgerichts

---

[2] So aber Schippel/Bracker/*Reithmann* BNotO § 15 Rn. 11.

Überlegungen dazu anzustellen, ob in Anbetracht der voraussichtlichen krankheitsbedingten Verhinderung eine Vertreterbestellung von Amts wegen geboten erscheint.

VII. Verletzung der Anzeigepflicht

Die Verletzung der Anzeigepflicht des § 38 S. 1 ist ein Verstoß gegen Dienstpflichten, der, da formaler Art, allenfalls im Wiederholungsfalle mit einer Sanktion belegt werden sollte. **11**

C. Genehmigungserfordernis gemäß Satz 2

Soll die Abwesenheit des Notars von seinem Amtssitz länger als einen Monat dauern, muss der Notar hierzu vorab die Genehmigung der Aufsichtsbehörde einholen. **12**

I. Abwesenheit vom Amtssitz

Eine Genehmigung kann nur verlangt werden, wenn das zu Genehmigende der Beeinflussung durch den Betroffenen unterliegt. Deshalb fällt nur eine **bewusste** und frei verantwortliche **Abstandnahme von der Amtsbereitschaft** unter die Genehmigungspflicht. Ein Krankenhausaufenthalt infolge Unfalls von mehr als einem Monat kann ebenso wenig genehmigungspflichtig sein wie die Amtsabwesenheit infolge Inhaftierung. Ein Krankenhausaufenthalt aufgrund eigener Entscheidung oder eine Rehabilitationsmaßnahme nach einem Unfall fallen dagegen nicht aus dem Anwendungsbereich der Norm heraus. **13**

Wie im Rahmen des Satzes 1 ist der Abwesenheit vom Amtssitz die Abwesenheit von der Notarstelle ohne räumliche Veränderung gleichzustellen. Abwesenheit liegt nicht vor, wenn sich der Notar außerhalb seiner Geschäftsstelle aufhält, aber sicherstellt, dass er jederzeit am gleichen Tag eine Amtshandlung in seiner Geschäftsstelle vornehmen kann oder Rechtsuchende mit ihm auf anderem Weg in Verbindung treten können. **14**

Die Abwesenheit muss mehr als einen Monat dauern. **Zwischenzeitliche Amtsausübung** (nicht unbedingt Vornahme von Beurkundungen) wirkt fristunterbrechend. Problematisch ist schon unter dem Aspekt der Rechtssicherheit § 22 Abs. 2 NRW AVNot, wonach bei der Berechnung der Gesamtdauer der Abwesenheit kürzere Unterbrechungen außer Betracht bleiben. Stellt sich erst während der Zeit der Abwesenheit heraus, dass diese mehr als einen Monat dauern wird, ist die Genehmigung unverzüglich einzuholen, damit eine Entscheidung der zuständigen Behörde vor Ablauf der Frist möglich ist. **15**

II. Entbehrlichkeit bei Bestellung eines ständigen Vertreters

Ein ständiger Vertreter kann bestellt werden, wenn ein Notar wiederholt an der Amtsausübung gehindert sein wird, um ihn und die Aufsichtsbehörde von dem mit einer Vertreterbestellung verbundenen Verfahrensaufwand zu entlasten. Auch die Bestellung eines ständigen Vertreters enthebt den Notar nicht der Pflicht zur persönlichen Amtsausübung im Rahmen des ihm Möglichen. Weil andererseits bei **Bestellung eines ständigen Vertreters** die Gefahr der Entpersönlichung des Notaramts besonders groß ist, wird man **nicht** annehmen dürfen, dass mit der Bestellung eines ständigen Vertreters auch die **Genehmigung mehr als einmonatiger Amtsabwesenheiten** verbunden ist. Eine solche Genehmigung ist vielmehr gesondert einzuholen. **16**

III. Genehmigungsverfahren

Eine besondere Form für den Antrag ist nicht vorgesehen. Der Notar ist verpflichtet, den Anlass der Abwesenheit darzustellen, damit die Genehmigungsbehörde eine sachgerechte Ermessensentscheidung treffen kann (zur Zuständigkeit vgl. die einzelnen landesrechtlichen Ausführungsbestimmungen). **17**

IV. Genehmigungsentscheidung

18 Die Erteilung der Genehmigung ist in das **Ermessen der Genehmigungsbehörde** gestellt. Sie hat das persönliche Interesse des Notars an der Amtsabwesenheit gegen die Belange der geordneten vorsorgenden Rechtspflege, allen voran die Amtsbereitschaft und persönliche Amtsausübung abzuwägen. Zugunsten des Notars ist zu berücksichtigen, dass nach der ständigen Rechtsprechung keine Verpflichtung der Justizverwaltung besteht, dafür Sorge zu tragen, dass Rechtsuchende gerade den Notar ihrer Wahl jederzeit persönlich in Anspruch nehmen können.[3] Wenn der Notar eine Vertretung im Amt sicherstellt, die wenigstens den Vollzug der anhängigen Verfahren gewährleistet, ist ihm für eine einmalige Abwesenheit in der Regel die Genehmigung zu erteilen, selbst wenn er die Genehmigung nicht aus zwingenden persönlichen Gründen wie Krankenhausaufenthalt, Betreuung eines Kindes oder eines pflegebedürftigen Angehörigen oder ähnlichem begehrt. **Wiederkehrende Amtsabwesenheit für längere Zeiträume in kurzen Abständen** birgt dagegen die Gefahr eines Niedergangs der Notarstelle oder (wenn eine Vertretung stattfinden soll) einer Entpersönlichung des Notaramts in sich und ist deshalb **mit den Belangen einer geordneten Rechtspflege unvereinbar**. Nur in besonderen persönlichen Härtefällen, die noch nicht den Charakter einer dauerhaften Dienstunfähigkeit erreicht haben dürfen, ist auch dann noch eine Ermessensentscheidung zugunsten des Notars vorstellbar. Zur Abwesenheit wegen Betreuung eines Kindes oder eines Angehörigen → § 39 Rn. 4a.

19 Da die Genehmigung der Amtsabwesenheit ein Verwaltungsakt ist, auf den kein Anspruch besteht, ist es der Genehmigungsbehörde unbenommen, die Genehmigung mit einer Auflage zu versehen (§ 38 Abs. 2 VwVfG). Insbesondere kann die Behörde vom Notar im Interesse der Rechtsuchenden verlangen, dass der Notar Antrag auf Bestellung eines Vertreters stellt.

V. Rechtsfolgen

20 Die erteilte Genehmigung bewirkt, dass die Amtsabwesenheit im Verhältnis zur Aufsichtsbehörde kein Dienstvergehen darstellt. Rechtsfolgen im Verhältnis zum Rechtsuchenden hat sie nicht. Die genehmigte Amtsabwesenheit enthebt den Notar vor allem nicht der Verpflichtung, für eine ordnungsgemäße Weiterführung bereits anhängiger Amtsgeschäfte Sorge zu tragen. Ein Notar, der damit rechnen muss, dass während seiner mehrwöchigen Abwesenheit Vorgänge anfallen, die nur er oder ein amtlich bestellter Vertreter abwickeln kann, etwa die Auszahlung hinterlegter Gelder, und keine Vertretung sicherstellt, handelt amtspflichtwidrig und macht sich uU schadensersatzpflichtig.

VI. Rechtsschutz

21 Eine ablehnende Entscheidung der Genehmigungsbehörde ist für den Notar anfechtbar nach § 111. Gegen die Erteilung der Genehmigung kann dagegen die Notarkammer, selbst wenn sie gehört wurde, nicht gerichtlich vorgehen, da die Genehmigung sie nicht in ihren eigenen Rechten verletzen kann.

§ 39 [Bestellung eines Vertreters]

(1) [1]Die Aufsichtsbehörde kann dem Notar auf seinen Antrag für die Zeit seiner **Abwesenheit oder Verhinderung** einen Vertreter bestellen; die Bestellung kann auch von vornherein für die während eines Kalenderjahres eintretenden Behinderungsfälle ausgesprochen werden (ständiger Vertreter). [2]Die Bestellung soll in der Regel die Dauer von einem Jahr nicht überschreiten.

---

[3] BGH DNotZ 1996, 188.

§ 39 Bestellung eines Vertreters

(2) ¹Im Fall der vorläufigen Amtsenthebung kann ein Vertreter auch ohne Antrag bestellt werden. ²Dies gilt auch, wenn ein Notar es unterläßt, die Bestellung eines Vertreters zu beantragen, obwohl er aus gesundheitlichen Gründen zur ordnungsgemäßen Ausübung seines Amtes vorübergehend unfähig ist.

(3) ¹Zum Vertreter darf nur bestellt werden, wer fähig ist, das Amt eines Notars zu bekleiden. ²Die ständige Vertretung soll nur einem Notar, Notarassessor oder Notar außer Dienst übertragen werden; als ständiger Vertreter eines Anwaltsnotars kann nach Anhörung der Notarkammer auch ein Rechtsanwalt bestellt werden. ³Es soll – abgesehen von den Fällen des Absatzes 2 – nur bestellt werden, wer von dem Notar vorgeschlagen und zur Übernahme des Amtes bereit ist. ⁴Für den Notar kann auch ein nach § 1896 des Bürgerlichen Gesetzbuchs bestellter Betreuer oder ein nach § 1911 des Bürgerlichen Gesetzbuchs bestellter Pfleger den Antrag stellen und den Vertreter vorschlagen.

(4) Auf den Vertreter sind die für den Notar geltenden Vorschriften mit Ausnahme des § 19a entsprechend anzuwenden, soweit nicht nachstehend etwas anderes bestimmt ist.

Übersicht

	Rn.
A. Sinn und Zweck	1
B. Bestellung eines Notarvertreters	3
I. Voraussetzungen der Vertreterbestellung	4
1. Abwesenheit oder Verhinderung	4
2. Antrag	8
3. Bestellung von Amts wegen	12
II. Auswahl des Vertreters	14
III. Verfahren	20
IV. Entscheidung der Behörde	21
V. Rechtsfolgen der Vertreterbestellung, Amtsbefugnis	25
VI. Vertragliche Beziehungen zwischen Notar und Notarvertreter	29
C. Bestellung eines ständigen Notarvertreters	30
I. Voraussetzungen der Bestellung eines ständigen Vertreters	31
1. Wiederkehrende Verhinderung, das Notaramt persönlich auszuüben	31
2. Antrag, Bestellung von Amts wegen	33
II. Auswahl des Vertreters	34
III. Verfahren	37
IV. Entscheidung der Behörde	38
V. Rechtsfolgen der Bestellung eines ständigen Vertreters	42
D. Rechtsschutz	43
E. Amtsübertragung ohne Vertreterbestellung	46

A. Sinn und Zweck

Wie schon zu § 38 ausgeführt, gehört die **Amtsbereitschaft** des Notars zu den Eckpfeilern eines funktionstüchtigen Notariats. Da von Notaren aber keine grenzenlose Verfügbarkeit verlangt werden kann, stellt das **Institut des Notarvertreters** einen gerechten **Ausgleich** her zwischen den persönlichen Interessen des Notars und dem öffentlichen Interesse des Staats an einer geordneten jederzeit verfügbaren vorsorgenden Rechtspflege. Freilich muss, da das Amt des Notars personengebunden ist, die Verantwortung für die Vertreterbestellung in den Händen des Staats liegen; die Delegation seiner Amtsbefugnis kann nicht dem Notar selbst überlassen werden. Andererseits ist der Notariatsorganisation in Deutschland die grundsätzliche Eigenverantwortlichkeit des Notars für seinen Geschäftsbetrieb eigen. Die hoheitliche Einbeziehung eines Dritten in die vom Notar eigenverantwortlich gestalteten Mandatsbeziehungen muss daher im besonderen Maß die Interessen und Wünsche des Notars berücksichtigen. Dem trägt § 39 in verschiedener Hinsicht Rechnung, ohne dass allerdings Spannungssituationen gänzlich vermieden werden können. Auseinandersetzungen haben sich dabei in der Vergangenheit vornehmlich an der Geeignetheit der Person des gewünschten Vertreters entzündet.

2 Das Gesetz sieht zusätzlich zur Bestellung eines „einfachen" Notarvertreters die Möglichkeit vor, einem Notar einen **ständigen Vertreter** zu bestellen (Abs. 1 Hs. 2, Abs. 3 S. 2). Damit verbindet sich nicht eine besondere Qualifikation des Vertreters, sondern nur eine **verfahrensmäßige Erleichterung** für den vertretenen Notar und mittelbar die Aufsichtsbehörde.

B. Bestellung eines Notarvertreters

3 Ein Notarvertreter kann bestellt werden, wenn ein Notar oder Notariatsverwalter dies beantragt, weil er eine bestimmte Zeit wegen Abwesenheit oder aus anderen Gründen an der Ausübung seines Amts verhindert ist. Eine Bestellung von Amts wegen ist nur ausnahmsweise vorgesehen. Der Notar muss an der Ausübung seines Amtes gehindert sein, obwohl mit Vorgängen zu rechnen ist, die „Amtshandlungen" erfordern. „Amtshandlungen" sind dabei alle die Handlungen, die nicht auf Mitarbeiter einschließlich eines in Ausbildung befindlichen Notarassessors im hauptberuflichen Notariat delegiert werden können. Dazu gehört auch die Erstellung qualifizierter elektronischer Signaturen.[1]

I. Voraussetzungen der Vertreterbestellung

4 **1. Abwesenheit oder Verhinderung.** Die Auslegung dieser Begriffe folgt grundsätzlich den Leitlinien, wie sie bereits für § 38 dargestellt wurden (→ § 38 Rn. 3 f.). Auch die vorübergehende Abstandnahme von der Amtsausübung, um sich einer anderen Tätigkeit zu widmen, die keinen Bezug zum Notaramt aufweist, zB einer **Nebentätigkeit** iSd § 8, nicht aber die anwaltliche Tätigkeit beim Anwaltsnotar,[2] kann Anlass für eine Vertreterbestellung sein. Geminderte Arbeitskraft, die nicht in einer Erkrankung ihre Ursache hat, stellt keinen relevanten Verhinderungsgrund dar[3] Ungeachtet der §§ 48b f. kann dagegen auch dem Notar ein Vertreter bestellt werden, der wegen **Betreuung eines Kindes** oder **Versorgung eines betreuungsbedürftigen Angehörigen** sein Notaramt zeitweise nicht ausüben kann.[4]

4a Nach früher hier vertretener Auffassung kam den genannten Vorschriften für die Vertreterbestellung aber insoweit Aussagekraft zu, als für eine längerfristige Abstandnahme von der persönlichen Amtsausübung aus familiären Gründen nur der Weg der Entlassung aus dem Notaramt möglich war und nicht auch die Bestellung eines (ständigen oder Dauer-) Vertreters, dies vor dem Hintergrund, eine Verpachtung der Notarstelle auf Zeit zu unterbinden. Nachdem das BVerfG aber den §§ 48b f. attestiert hat, nicht wirklich geeignet zu sein, die Interessen einer Notarin oder eines Notars an der Aufrechterhaltung seines Berufs und der Wahrnehmung von Kinderbetreuung oder Pflegeaufgaben in ein gerechtes Verhältnis zu setzen,[5] kann hieran nicht mehr festgehalten werden und stellt sich verschärft die Frage, wo die Grenzen der Vertreterbestellung in solchen Situationen verlaufen.[6] Auf eine **Entpersönlichung des Notaramts** darf aber auch eine großzügigere Vertreterbestellungspraxis in diesen Lebenssituationen nicht hinauslaufen. Dauervertretung ohne eigene

---

[1] S. BNotK DNotZ 2008, 161.
[2] BGH DNotZ 2003, 785 zur Vertreterbestellung wegen Wahrnehmung auswärtiger Gerichtstermine, dagegen wollen Schippel/Bracker/*Schäfer* BNotO § 39 Rn. 12 und *Peterßen* RNotZ 2008, 189 solche Vertretungen in eingeschränktem Umfang zulassen.
[3] Ähnlich *Peterßen* RNotZ 2008, 187 f.
[4] So auch *Vaasen/Starke* DNotZ 1998, 682.
[5] BVerfG ZNotP 2014, 315 f.
[6] S. *Gaier* ZNotP 2014, 286 ff.

Amtsausübung mit entsprechender Genehmigung nach § 38 S. 2 sollte es nicht für längere Zeiträume als ein Jahr geben, und **vorzugswürdig ist die Bestellung eines ständigen Vertreters,** bei dem eine persönliche Amtsausübung auch durch den vertretenen Notar oder die vertretene Notarin stattfindet und die Aufsichtsbehörde anhand der Anzeigen nach § 33 Abs. 6 DONot nachprüfen kann, inwieweit diese eigene Amtsausübung auch tatsächlich stattfindet, und darüber auch bei Bedarf das Gespräch mit der oder dem Betroffenen suchen und ggf. durch Widerruf der Vertreterbestellung reagieren kann.

Anders als bei § 38 kann die Verhinderung, das Amt selbst auszuüben, auch auf **rechtlichen** Gründen beruhen. Der hier vor allem angesprochene Fall der vorläufigen Amtsenthebung ist sogar in Abs. 2 als ein Fall benannt, in dem eine Vertreterbestellung von Amts wegen veranlasst werden kann. Verhinderung aus rechtlichen Gründen liegt auch vor, wenn ein Anwaltsnotar ein **besoldetes Amt** ausübt (§ 8 Abs. 1 S. 2). Kein Vertreter kann dagegen bestellt werden, wenn ein hauptberuflicher Notar gem. § 8 Abs. 1 S. 2 an der persönlichen Amtsausübung gehindert ist.[7] Zwar ist es mit Art. 3 Abs. 1 GG nicht vereinbar, dass die BNotO in solchen Situationen nur für den hauptberuflichen Notar die Bestellung eines Verwalters vorsieht, nicht aber für den Anwaltsnotar. Diese **Verfassungswidrigkeit** kann aber nicht praeter legem in dem Sinne aufgelöst werden, dass auch beim Anwaltsnotar eine Vertreterbestellung ausscheidet, sondern es ist der Gesetzgeber aufgerufen, für eine einheitliche Gesetzesfassung zu sorgen, wobei er sich gleichermaßen für die Notariatsverwaltung wie für die Notarvertretung entscheiden könnte (→ § 56 Rn. 5). 5

Als wesentliche Einschränkung gilt es zu beachten, dass der Notar **insgesamt** an der persönlichen Amtsausübung gehindert sein muss. Verhinderung aus verfahrensrechtlichen Gründen, insbesondere wegen Eingreifens eines beurkundungsrechtlichen Mitwirkungsverbots oder Ausschließungsgrunds (s. §§ 3, 6, 7 BeurkG, § 16 BNotO) bezüglich eines bestimmten Amtsgeschäfts, rechtfertigt eine Vertreterbestellung schon im Hinblick auf § 41 Abs. 2 nicht. Wenn nicht selten formuliert wird, ein Vertreter könne nicht für einzelne Amtsgeschäfte bestellt werden,[8] so ist dies allerdings missverständlich. Richtigerweise gibt es keine zeitliche Untergrenze für die Vertreterbestellung, so dass auch nur zur Vornahme eines einzelnen Amtsgeschäfts ein Vertreter bestellt werden kann (aber nicht muss[9]), wenn der Notar gerade zu diesem Zeitpunkt amtsverhindert ist, bei Nichtbestehen des Verhinderungsgrunds aber selbst tätig werden dürfte.[10] 6

Nicht nachvollziehbar ist, warum bei **dauernder Dienstunfähigkeit** ein Vertreter nur bestellt werden kann, wenn der Notar vorläufig seines Amts enthoben ist.[11] Hält die Justizverwaltung einen Notar für dauernd dienstunfähig und leitet sie daraufhin ein Amtsenthebungsverfahren ein, so kann sie ihn sogleich vorläufig des Amts entheben, muss es aber nicht. Wenn der Notar selbst oder ein Betreuer für ihn eine Vertreterbestellung bis zur endgültigen Klärung beantragt, kann dies im Gegenteil Grund sein, auf die für das Ansehen des Betroffenen schädliche vorläufige Amtsenthebung zu verzichten. 7

2. Antrag. Grundsätzlich kann ein Notarvertreter nur auf Antrag bestellt werden. Der Notar muss sich, von den Fällen des Abs. 2 abgesehen, einen Vertreter nicht aufdrängen lassen. Eine Pflicht zur Vertreterbestellung gibt es nicht.[12] Allerdings kann, wie bei → § 38 Rn. 19 ausgeführt, die Antragstellung als Auflage zu einer Genehmigung der Amtsabwesenheit gem. § 38 S. 2 verfügt werden. 8

---

[7] Allgemeine Ansicht s. BGH DNotZ 1964, 728; Schippel/Bracker/*Schäfer* BNotO § 39 Rn. 7.
[8] So Schippel/Bracker/*Schäfer* BNotO § 39 Rn. 6, ähnlich auch Arndt/Lerch/Sandkühler/*Lerch* BNotO § 39 Rn. 5. Entgegen letzterem ist es nicht Sache der Bestellungsbehörde zu beurteilen, ob die Beurkundung eines Geschäfts so dringlich ist, dass sie nicht auch zu einem späteren Zeitpunkt erfolgen könnte.
[9] S. BGH DNotZ 2015, 395.
[10] Ebenso *Peterßen* RNotZ 2008, 188 f.
[11] So verschiedene Ausführungsbestimmungen der Länder und Schippel/Bracker/*Schäfer* BNotO § 39 Rn. 6.
[12] Schippel/Bracker/*Schäfer* BNotO § 38 Rn. 11; *Peterßen* RNotZ 2008, 186.

9 **Antragsteller** ist der **Notar**, nicht der in Aussicht genommene Vertreter. Dieser muss nur bereit sein, die Vertretung zu übernehmen. Es bestehen im Übrigen keine Bedenken dagegen, dass der Antrag auch von einem **Notarvertreter** gestellt werden kann, der das Amt anstelle des Notars ausübt, aus unvorhersehbaren Gründen aber während der Vertretungszeit an der Ausübung des Vertreteramts seinerseits verhindert ist.[13] Daneben sieht Abs. 3 S. 4 vor, dass auch ein für den Notar bestellter **Betreuer** gem. § 1896 BGB und ein **Abwesenheitspfleger** gem. § 1911 BGB den Antrag auf Vertreterbestellung stellen können. Aus dieser ausdrücklichen Regelung muss im Gegenschluss abgeleitet werden, dass eine Vertreterbestellung im Übrigen nur vom Notar (Notariatsverwalter, Notarvertreter) persönlich veranlasst werden kann und ein Handeln Dritter aufgrund Vollmacht nicht möglich ist.

10 Der Antrag auf Bestellung eines Vertreters unterliegt keiner besonderen **Form**. Der Notar muss aber den Grund seiner Verhinderung und den gewünschten Zeitraum der Vertreterbestellung angeben. Dabei ist zu beachten, dass eine Vertreterbestellung für mehr als ein Jahr allenfalls ausnahmsweise zulässig ist (Abs. 1 S. 2), was dem Notar, der eine Vertreterbestellung für einen längeren Zeitraum begehrt, die besondere Last der Darlegung auferlegt, warum eine Erneuerung des Antrags zum Ende der Vertreterbestellung nicht zumutbar ist.

11 Die Vorlage einer **Bereitschaftserklärung des Vertreters** sollte von der Aufsichtsbehörde nicht verlangt werden, da eine grundsätzliche Vermutung dafür spricht, dass kein Notar die Bestellung eines Vertreters beantragen wird, der zur Übernahme des Amts nicht willens ist.

12 **3. Bestellung von Amts wegen.** Abs. 2 benennt die Fälle, in denen die Aufsichtsbehörde auch ohne darauf gerichteten Antrag einen Notarvertreter bestellen kann. Außer den Fällen der vorläufigen Amtsenthebung, bei der die Vertreterbestellung in Konkurrenz zur Bestellung eines Notariatsverwalters steht (zur sachgerechten Ermessensausübung in dieser Hinsicht → § 56 Rn. 11), kann die Aufsichtsbehörde eine **Vertreterbestellung von Amts wegen** auch veranlassen, wenn ein Notar die Antragstellung unterlässt, obwohl er aus gesundheitlichen Gründen vorübergehend nicht in der Lage ist, sein Amt persönlich auszuüben. Zwar könnte in solchen Fällen auch ein evtl. auf Betreiben der Dienstaufsichtsbehörde bestellter Betreuer den Antrag stellen. Wegen der Verfahrensdauer der Betreuerbestellung kann dies aber untunlich sein, so dass es sinnvoll ist, dass Abs. 2 S. 2 die Aufsichtsbehörde sofort handlungsfähig macht, wenn sie Kenntnis von einer solchen Problemsituation erhält.

13 Eine Vertreterbestellung von Amts wegen sollte von der Aufsichtsbehörde in engem Zusammenwirken mit der zuständigen Notarkammer betrieben werden, die im Zweifel auch Vorschläge zur Person eines geeigneten Vertreters machen kann. Eine **Anhörung des** betroffenen **Notars** zur Tatsache der Vertreterbestellung und zu der in Aussicht genommenen Person ist nur in Fällen völliger Unfähigkeit oder Uneinsichtigkeit verzichtbar. Gibt es einen Betreuer, ist (auch) dieser anzuhören.

II. Auswahl des Vertreters

14 Die Auswahl des Vertreters ist grundsätzlich Sache des Notars, der der für die Vertreterbestellung zuständigen Stelle einen Vorschlag nicht nur unterbreiten kann, sondern ihn auch unterbreiten muss. Eine Antragstellung, die Behörde möge einen geeigneten Vertreter bestellen, ist nicht zulässig. In den Fällen des Abs. 3 S. 4 obliegt der Vorschlag dem Betreuer oder Abwesenheitspfleger. Bei Abs. 2 muss die Aufsichtsbehörde selbst eine geeignete Person bestimmen, kann (und sollte) sich dabei aber der Unterstützung der Notarkammer bedienen.

---

[13] Ebenso *Decku*, 50 Jahre Oberlandesgericht und Generalstaatsanwaltschaft Koblenz, 1996, S. 458 f.

Abs. 3 S. 1 engt die Auswahl auf solche Personen ein, die fähig sind, das Amt des Notars 15 zu bekleiden. Damit ist zunächst Bezug auf § 5 genommen: Der Notarvertreter muss **deutscher Staatsangehöriger** sein und die **Befähigung zum Richteramt** erlangt haben. Ersteres gilt, weil auch die Tätigkeit als Notarvertreter Ausübung von Staatsgewalt bedeutet, zB bei der Erteilung vollstreckbarer Ausfertigungen, letzteres, weil nur die Befähigung zum Richteramt das erforderliche Mindestmaß juristischer Qualifikation gewährleistet. Eine Ausnahme *praeter legem* ist aber angebracht für Absolventen der Notarakademie Baden-Württemberg (früher: Württembergische Notariatsakademie), die zwar keine Befähigung zum Richteramt besitzen, aber dennoch dafür eine spezifische Qualifikation für die Notarvertretung auch in anderen Bundesländern mitbringen. Ihrer Vertreterbestellung im Rahmen der BNotO steht zwar scheinbar der klare Wortlaut des Gesetzes entgegen. Andererseits ergibt sich aus § 114 Abs. 5 S. 1 und S. 2, dass ehemalige Notare im Landesdienst (auch solche ohne Befähigung zum Richteramt) und Personen, die die Befähigung als Bezirksnotar erworben haben, für die Bestellung zum Notar in Baden-Württemberg Notarassessoren gleichstehen. Nach Abs. 6 der gleichen Vorschrift haben sie in Baden-Württemberg auch Zugangsrecht zum Anwärterdienst für das hauptberufliche Notariat. Im Sinne eines Erst-Recht-Schlusses spricht alles dafür, sie im Rahmen des § 39 Abs. 3 auch außerhalb von Baden-Württemberg als „geeignet" für die Berufung zum Notarvertreter anzusehen.[14]

Der Gesetzeswortlaut verlangt nur die „Fähigkeit", das Amt des Notars zu bekleiden. 16 Daraus hat der BGH geschlossen, **Eignung** zum Notaramt werde vom Gesetz für die Vertreterbestellung **nicht gefordert**.[15] Dass für das Notaramt seit der Novelle von 1991 ungeeignet ist, wer im Zeitpunkt des Eingangs der Bewerbung um eine Notarstelle das 60. Lebensjahr bereits vollendet hat (§ 6 Abs. 1 S. 2), ist daher bereits aus diesem Grund ohne Aussagekraft für den Notarvertreter. Dieses Ausschlusskriterium ergibt beim Vertreter auch inhaltlich keinen Sinn, da es eine unausgewogene Altersstruktur unter den Notaren vermeiden will, was für den Notarvertreter irrelevant ist.[16] Auch die Höchstaltersgrenze des § 48a dient der geordneten Altersstruktur im Notariat, besagt aber nicht, dass ältere Personen pauschal vom Gesetzgeber als durch die Anforderungen des Notaramts überfordert angesehen werden, und ist deshalb für die Vertreterbestellung ebenfalls unanwendbar.[17]

Die Bestellung eines Rechtsanwalts als Notarvertreter setzt weder im Gebiet des Anwalts- 17 – noch des hauptberuflichen Notariats voraus, dass er die **Voraussetzungen des § 6 Abs. 2** erfüllt. Der BGH hatte schon früher die besondere Bedeutung der Wahrnehmung von Notarvertretungen für den Zugang zum Anwaltsnotariat anerkannt[18] und § 6 Abs. 2 S. 3 betont dies nun auch ausdrücklich. Dann kann der Zugang zu solchen Notarvertretungen im Gebiet des Anwaltsnotariats nicht erst möglich sein, wenn der Betreffende bereits zum Notar bestellt werden könnte. Und für das Gebiet des hauptberuflichen Notariats ist § 6 Abs. 2 ohnehin ohne jede Aussagekraft.

Weil es nach dem oben Ausgeführten nur auf die Befähigung, nicht auf die Eignung für 18 das Notaramt ankommt, sind auch die Vorgaben in § 6 Abs. 1 S. 1 auf die Notarvertreterbestellung an sich unanwendbar. Daraus darf freilich keinesfalls abgeleitet werden, die Bestellungsbehörde müsse ggf. auch eine Person mit Befähigung zum Notaramt zum Vertreter bestellen, deren Eignung zweifelhaft ist. Das Gegenteil ist richtig. Im Rahmen ihrer Ermessensentscheidung über den Bestellungsantrag hat die Behörde auch die fachliche

---

[14] Ebenso *Büttner* BWNotZ 2015, 167 f. Das ist wohl auch die Praxis, jedenfalls in Baden-Württemberg.
[15] BGH DNotZ 1996, 187; dem folgend *Decku*, 50 Jahre Oberlandesgericht und Generalstaatsanwaltschaft Koblenz, 1996, S. 452; anders noch Schippel/Bracker/*Schäfer* BNotO § 39 Rn. 13; Arndt/Lerch/Sandkühler/*Lerch* BNotO § 39 Rn. 15.
[16] Ebenso BGH ZNotP 2000, 398; Schippel/Bracker/*Schäfer* BNotO § 39 Rn. 13; *Galke* ZNotP 2018, 390 unter Verweis auf BGH NotZ (Brfg) 1/17.
[17] Ebenso BGH ZNotP 2000, 398 und Schippel/Bracker/*Schäfer* BNotO § 39 Rn. 13.
[18] BGH DNotZ 1994, 330, aber auch BGH DNotZ 1999, 241 f.; ZNotP 2001, 443.

und persönliche Eignung des in Aussicht genommenen Vertreters zu würdigen.[19] An die **fachliche Eignung** dürfen dabei allerdings grundsätzlich keine über den Nachweis der Befähigung zum Richteramt (oder Qualifikation als württembergischer Notariatsassessor, → Rn. 15) hinausgehenden Anforderungen gestellt werden. Hier sollte die Bestellungsbehörde, die keine eigene Auswahlentscheidung zu treffen, sondern nur den Vorschlag des Notars zu beurteilen hat, grundsätzlich davon ausgehen, dass sich der Notar der fachlichen Eignung vergewissert hat. Da die Bestellung dem jederzeitigen Widerruf unterliegt, können Fehleinschätzungen ohne weiteres korrigiert werden. Anders verhält es sich mit der **persönlichen Eignung**. Hier sind Abstriche gegenüber § 6 Abs. 1 S. 1 nicht angebracht.[20] Insbesondere kann grundsätzlich auch nicht zum Notarvertreter bestellt werden, bei wem einer der Tatbestände des § 50 Abs. 1 Nr. 3, Nr. 6 bis Nr. 9 für die Amtsenthebung gegeben ist oder wer sein früheres Amt als Notar, Beamter oder Richter gem. § 49 bzw. den einschlägigen Bestimmungen der Beamten- und Richtergesetze verloren hat oder dessen Zulassung zur Anwaltschaft gem. § 14 Abs. 2 Nr. 1 bis Nr. 3, Nr. 7 oder Nr. 8 BRAO widerrufen wurde oder wem das Notaramt oder die Zulassung zur Anwaltschaft oder sein Beamtenstatus oder Richteramt durch disziplinargerichtliches Urteil aberkannt worden ist. Allerdings fällt schon bei der Notarbestellung ein Fehlverhalten in der Vergangenheit nicht dauerhaft gleichermaßen ins Gewicht. Nichts anderes kann für den Notarvertreter gelten. Bei länger zurückliegenden Vorgängen und zwischenzeitlich ordnungsgemäßem Verhalten kann dem antragstellenden Notar das frühere Fehlverhalten des gewünschten Vertreters bzw. die früheren Umstände, die die Entlassung aus dem Notar- oder sonstigem Amt oder den Widerruf der Anwaltszulassung der vorgeschlagenen Person gerechtfertigt hatten, nicht mehr entgegengehalten werden.

Zu Recht kritisch gesehen wird die Bestellung von Angestellten des Notars zu seinem Vertreter.[21] Die arbeitsrechtliche Weisungsgebundenheit widerstreitet der Unabhängigkeit des Notarvertreters. Im hauptberuflichen Notariat besteht darüber hinaus zu Recht die Sorge einer Aushöhlung der Assessorenlaufbahn, wenn angestellte Juristen mit Befähigung zum Richteramt in größerem Stil als Notarvertreter amtieren könnten.

19 Eine **Selbstbindung der Verwaltung** bei der Auswahl von Notarvertretern ist möglich und, sofern Willkür ausgeschlossen und die berechtigten Interessen der Notare insgesamt hinreichend Berücksichtigung finden, nicht zu beanstanden. Nicht zu beanstanden ist insbesondere, wenn auch zu „einfachen" Notarvertretern im Bereich des hauptberuflichen Notariats vorrangig Notare, Notarassessoren und Notare a. D. und Angehörige anderer juristischer Berufe nur ausnahmsweise bestellt werden. Dafür spricht § 39 Abs. 3 S. 2, der zwar unmittelbar nur den ständigen Vertreter betrifft, aber auch darüber hinaus Leitlinie sein kann, umso mehr als es kein Stufenverhältnis zwischen „normalen" und ständigen Notarvertretern gibt. Vorrangige heißt aber nicht ausschließliche Bestellung. Da ermessenssteuernde Vorschriften in den AVNot auf den Regelfall zugeschnitten sind, muss eine Aufsichtsbehörde im besonders gelagerten Ausnahmefall auch eine andere Person zum Vertreter bestellen, wenn dies der antragstellende Notar mit beachtlichen Gründen beantragt, insbesondere weil Personen aus dem genannten Personenkreis nicht im aus Sicht des Notars notwendigen Umfang zur Verfügung stehen.[22] Der Ausschluss Angehöriger anderer juristischer Berufe von der Notarvertretung, bei deren Bestellung der Anschein einer organisierten beruflichen Zusammenarbeit entstehen könnte, ist dagegen ausnahmslos zulässig und sogar geboten, betrifft aber in praxi nur die hauptberuflichen Notare. Die Weigerung, einen Rechtsanwalt zum Vertreter eines hauptberuflichen Notars zu bestellen, der im gleichen Anwesen seine Kanzlei unterhält, wurde vom BGH deshalb zu Recht nicht beanstandet.[23]

---

[19] BGH ZNotP 2001, 443.
[20] So auch BGH ZNotP 2010, 73.
[21] Siehe BGH DNotZ 1996, 203; *Peterßen* RNotZ 2008, 184.
[22] Siehe BGH DNotZ 2007, 872.
[23] Siehe BGH DNotZ 1996, 186; ZNotP 2000, 399.

III. Verfahren

Zuständig für die Vertreterbestellung ist regelmäßig der aufsichtsführende **Präsident des Landgerichts.** Eine **Anhörung der Notarkammer** ist im Regelfall verzichtbar. Jedoch sollte eine Anhörung erfolgen, wenn die Bestellungsbehörde Zweifel an der Geeignetheit des Vertreters, dem Vorliegen einer Verhinderung oder der Vereinbarkeit der Vertreterbestellung mit dem Grundsatz der persönlichen Amtsausübung des Notars hat oder entgegen § 39 Abs. 1 S. 2 ein Vertreter für mehr als ein Jahr bestellt werden soll. In einzelnen Fällen sehen Ausführungsvorschriften der Länder eine solche Anhörung vor.[24]   20

IV. Entscheidung der Behörde

Der LG- bzw. OLG-Präsident trifft eine **Ermessensentscheidung.** Der BGH hat mehrfach[25] im Zusammenhang mit Verfahren zur Überprüfung ablehnender Entscheidungen ausgeführt, dass der Notar **keinen Anspruch auf Vertreterbestellung** hat, vielmehr der Aufsichtsbehörde sowohl ein Entschließungs- wie ein Auswahlermessen zustünde. Es sei zwar wünschenswert, dass der Amtsbetrieb keine Unterbrechung erfahre, aber dessen ungeachtet hat die Justizverwaltung nach Auffassung des BGH nicht die Pflicht, die Praxis des Notars vor einem Rückgang zu schützen.[26] Diese Formulierungen dürfen aber nicht darüber hinwegtäuschen, dass der Notar, der die Bestellung eines tauglichen Vertreters für eine kurzfristige, dh wenige Tage bis Wochen nicht unter- bzw. überschreitende Amtsverhinderung wegen Urlaubs, Krankheit oder Wahrnehmung eines Ehrenamts begehrt, zu seinen Gunsten eine **Ermessensreduzierung auf null** geltend machen kann, da in solchen Fällen kein Zielkonflikt zwischen den Belangen der geordneten Rechtspflege und den Interessen des Notars besteht. Wenn der BGH in seiner Entscheidung aus dem Jahr 2007 zur ausnahmsweisen Bestellung eines Oberstaatsanwalts a. D. zum Notarvertreter als entscheidend erachtete, dass ohne dessen Bestellung „die Aufrechterhaltung eines (annähernd) vollständigen Bürobetriebs" im Notariat der Antragstellerin nicht gewährleistet war,[27] wird dadurch die Messlatte für eine ermessensfehlerfreie Verweigerung einer Vertreterbestellung deutlich nach oben verschoben. Anders verhält es sich aber, wenn wegen der Dauer der gewünschten Vertretung oder ihrer außerordentlichen Häufigkeit die **Entpersönlichung der Notarstelle** droht. Dann ist eine Ermessensentscheidung zu Lasten des Notars jedenfalls möglich, wenn die Abstandnahme von der persönlichen Amtsausübung auf einem freiwilligen Entschluss des Notars beruht und nicht besondere Gesichtspunkte zugunsten der Antragstellerin oder des Antragstellers ins Gewicht fallen, wie dies unter → Rn. 4 für die Vertreterbestellung aus Gründen der Kinderbetreuung oder Pflege von Angehörigen angesprochen wurde.   21

Ganz **kurzfristige Vertretungen** sind nach Auffassung des BGH in der Regel nicht durch Erfordernisse einer geordneten vorsorgenden Rechtspflege zu begründen und müssen daher nicht ermöglicht werden, es sei denn, der Notar könne die Notwendigkeit im Einzelfall substantiiert belegen[28], was etwa bei einer Beurkundung mit einer Vielzahl von Beteiligten denkbar ist, wenn gerade der Notar überraschend an der Terminwahrnehmung verhindert ist.   21a

Was die persönliche und fachliche **Eignung** des in Aussicht genommenen **Vertreters** angeht, so hat die Aufsichtsbehörde einen nur begrenzt gerichtlich überprüfbaren **Beurteilungsspielraum,** bei allerdings gegenüber § 6 herabgesetzten Anforderungen an die fachliche Eignung (→ Rn. 18).   21b

---

[24] ZB § 14 Abs. 7 AVNotSaar, § 23 Abs. 5 NRWAVNot und § 10 Abs. 4 BremAVNot, jeweils wenn für einen Notariatsverwalter ein Vertreter bestellt werden soll, des Weiteren § 14 Abs. 3 SchlHolstAVNot, danach soll die Notarkammer vor jeder Bestellung eines ständigen Vertreters gehört werden.
[25] S. BGH DNotZ 2003, 785; 2015, 395.
[26] S. BGH DNotZ 1996, 188; 2003, 785.
[27] BGH DNotZ 2007, 874.
[28] BGH DNotZ 2015, 395.

22 Die Behörde kann dem Antrag nicht nur im Ganzen stattgeben oder ihn insgesamt ablehnen, sie kann auch die **Vertreterbestellung** auf einen kürzeren als den gewünschten Zeitraum **beschränken,** wenn es hierfür sachliche Gründe gibt. Eine Vertreterbestellung für mehr als ein Jahr – sei es am Stück oder in Form einer Erneuerung einer bereits früher erfolgten Vertreterbestellung – ist nur ausnahmsweise zulässig, sie ist als Dauervertretung ohne eigene Amtsausübung auch in den Fällen der Kinderbetreuung oder Pflege von Angehörigen nicht wünschenswert (→ Rn. 4).

23 Die **Bestellung einer anderen Person** als der vorgeschlagenen ist im Antragsbestellungsverfahren nicht möglich, auch wenn der Wortlaut des § 39 Abs. 3 S. 3 etwas anderes nahelegen könnte. Es ist dem Notar – von den Fällen des Abs. 2 abgesehen – in keinem Fall ein Vertreter zuzumuten, der sein Vertrauen nicht genießt.

24 Wegen der **Form** der Entscheidung und ihrer **Bekanntmachung** siehe § 40 und die dortige Kommentierung.

V. Rechtsfolgen der Vertreterbestellung, Amtsbefugnis

25 Ab Inkrafttreten der ordnungsgemäß bekanntgemachten Vertreterbestellung entsteht der **Status des Notarvertreters** mit einer besonderen Pflichtbindung gegenüber dem Land, welcher in dem zu leistenden Amtseid (§ 40) sinnfällig zum Ausdruck kommt. Ab diesem Moment (Kalendertag) kann der Notarvertreter – für den Notar, zu dessen Vertreter er bestellt ist, nicht aber für einen anderen Notar, als dessen Vertreter der vertretene Notar bestellt ist[29] – wirksam Amtshandlungen vornehmen, untersteht er der Dienstaufsicht des LG-Präsidenten und der Notarkammer, unterliegt den berufsrechtlichen Pflichten des Notars, eingeschlossen die Amtsbereitschaft und die Pflicht zur persönlichen Amtsausübung, und seiner Haftung gem. § 19. Abs. 4 schließt von den für den Notar geltenden Vorschriften allein § 19a von der Anwendbarkeit auf den Notarvertreter aus. Wird die Vertreterbestellung verspätet bekanntgemacht, so hat die Bekanntgabe keine statusbegründende Rückwirkung auf den im Bestellungsakt genannten Tag des Inkrafttretens der Vertreterbestellung. Erst recht ist keine rückwirkende Vertreterbestellung möglich. Etwa vom Vertreter **vorzeitig vorgenommene Amtshandlungen** sind **unwirksam**.[30]

26 Der Status besteht grundsätzlich bis zum Ablauf der Gültigkeit des Bestellungsakts. **Vorzeitig** endet er entweder durch **Widerruf** (nicht durch einfache „Niederlegung" des Vertreteramts) oder durch ein **Erlöschen des Amts des vertretenen Notars,** nicht dagegen durch die bloße Übergabe des Notaramts an den Notar während der Vertreterzeit (→ § 44 Rn. 4).

27 Das Amt des Notars ausüben darf der Vertreter zwar nur, wenn ihm auch die **Amtsbefugnis** zugewachsen ist (§ 44). Wie dort ausgeführt, setzt dies aber nicht die Mitwirkung des vertretenen Notars und nicht einmal sein Einverständnis voraus. Wenn allerdings der zu vertretende Notar dem Vertreter die Übernahme des Notaramts verwehrt, gereicht dem Notarvertreter die Nichtausübung des Vertreteramts weder disziplinarisch noch haftungsrechtlich zum Vorwurf. Bei der Bestellung von Amts wegen kann sich der Vertreter nicht einmal unter Hinweis hierauf seiner Amtspflicht entziehen bzw. allenfalls dann, wenn ihm die Amtsausübung aus faktischen Gründen unmöglich oder unzumutbar ist.

28 Die Übernahme des Amts durch den Vertreter lässt im Übrigen die **Amtsbefugnis des Notars** unberührt. Dies ergibt sich mittelbar aus § 44 Abs. 1 S. 2. Dem Notar ist die persönliche Amtsausübung in der Zeit der Vertreterbestellung nicht untersagt; er soll sich nur der Ausübung enthalten. Handelt er dem zuwider, nimmt er zwar wirksam Amtshandlungen vor, begeht aber einen Verstoß gegen Berufspflichten, da er die Vertreterbestellung gerade zu dem benutzt, zu dem sie nicht bestimmt ist: eine Vermehrung (genauer Intensivierung) der Arbeitskraft des Notars zu bewirken. Von der verbotenen parallelen Amtstätig-

---

[29] Zum Ausschluss der sog. Untervertretung zutreffend *Decku,* 50 Jahre Oberlandesgericht und Generalstaatsanwaltschaft Koblenz, 1996, S. 459 f.; *Peterßen* RNotZ 2008, 195.
[30] S. hierzu auch Schippel/Bracker/*Schäfer* BNotO § 39 Rn. 4; *Decku* aaO S. 455 f.

keit zu unterscheiden ist ein Wechseln der Amtsausübung während der Gültigkeit der Vertreterbestellung. Weil mit der Rückgabe des Amts an den Notar durch den Vertreter zwar dessen Amtsbefugnis endigt (§ 44 Abs. 1 S. 1), nicht aber die Vertreterbestellung als statusbegründender Akt unwirksam wird (→ Rn. 26), ist eine nochmalige Amtsübernahme durch einen Vertreter ohne weiteres möglich. Den äußeren Rahmen für die notarielle Amtsausübungsbefugnis des Vertreters steckt nur die Vertreterbestellung ab.

VI. Vertragliche Beziehungen zwischen Notar und Notarvertreter

Von den statusrechtlichen Beziehungen zwischen Bestellungsbehörde, Notarkammer, **29** Notar und Notarvertreter zu unterscheiden ist die die statusrechtliche Beziehung zwischen Notar und Notarvertreter begleitende **vertragliche Grundlage für die Vertretertätigkeit.**[31] Sie unterliegt grundsätzlich der freien Vereinbarung der Beteiligten und ist, da eine Angelegenheit des bürgerlichen Rechts, nur ganz rudimentär, vor allem in der Rechtswegzuweisung in § 42 und in § 46 S. 2 BNotO angesprochen. Die Rechtswirksamkeit des Vertretervertrags ist streng genommen von der Begründung des Vertreterstatus unabhängig, doch dürfte im Zweifel die wirksame Vertreterbestellung und die Begründung der Amtsbefugnis stillschweigende Bedingung auch des Entstehens der gegenseitigen Rechte und Pflichten aus der **dienstvertragsähnlichen Beziehung** zwischen Notar und Vertreter sein. Das bedeutet zB, dass im Zweifel kein Vergütungsanspruch und kein Anspruch auf Ersatz eines etwaigen Vertrauensschadens entsteht, wenn die Vertreterbestellung oder – trotz erfolgter Bestellung – die Übertragung der Amtsbefugnis unterbleiben. Außerdem ist davon auszugehen, dass der Notar jederzeit berechtigt ist, den Vertretervertrag zu kündigen, ohne dass er einen berechtigten Grund hierfür vortragen muss. Eine solche Kündigung des Vertrags bedeutet für den Vertreter gleichzeitig auch den Entzug der Amtsbefugnis, aber nicht den Wegfall des Vertreterstatus. Dieser entfällt nur durch den vom vertretenen Notar oder dem Vertreter selbst ggf. anzuregenden Widerruf der Vertreterbestellung. Gleiches gilt im umgekehrten Verhältnis. Nicht schon die Kündigung des Vertrags durch den Vertreter (die im Übrigen einem allgemeinen Rechtsgedanken folgend nicht zur Unzeit ausgesprochen werden darf), sondern nur die Entlassung aus dem Vertreteramt durch Widerruf der Vertreterbestellung lässt den Vertreterstatus entfallen.

C. Bestellung eines ständigen Notarvertreters

Mit der Möglichkeit, einen ständigen Notarvertreter zu bestellen, hat der Gesetzgeber **30** keine besonders herausgehobene Kategorie von Notarvertretern, sondern nur eine **Verfahrenserleichterung bei der Vertreterbestellung** einrichten wollen. Ein ständiger Notarvertreter ist **kein Dauervertreter,** sondern wie sich aus § 39 Abs. 1 S. 1 Hs. 2 entnehmen lässt, ein **Vertreter für wiederholte Verhinderungsfälle.** Dem Notar soll nicht zugemutet werden, jeweils die Bestellung des Vertreters immer neu zu veranlassen; vielmehr soll zu seiner Entlastung und der der Bestellungsbehörde ein Bestellungsakt alle Vertretungsfälle während des Geltungszeitraums abdecken.

I. Voraussetzungen der Bestellung eines ständigen Vertreters

1. Wiederkehrende Verhinderung, das Notaramt persönlich auszuüben. Die Be- **31** stellung eines ständigen Vertreters setzt voraus, dass ein Notar in einem Kalenderjahr voraussichtlich wiederholt (nicht: an einem Stück!) verhindert sein wird, sein Amt persönlich auszuüben, wobei die vom Gesetz gemeinten „Behinderungsfälle" solche im Sinne der Ausführungen unter → Rn. 4 f. sein müssen. Auf die Art der Gründe kommt es nach dem Gesetz vordergründig nicht an. Dies täuscht jedoch, da für die Ermessensentscheidung

---

[31] Hierzu s. auch *Peterßen* RNotZ 2008, 190.

der Behörde der Grund der wiederkehrenden Verhinderung eine ganz wesentliche Rolle spielt (→ Rn. 37 f.). Wie bei der einfachen Vertreterbestellung gilt, dass es sich um eine Verhinderung im ganzen, also unabhängig von bestimmten Rechtsgeschäften und ihren Beteiligten, handeln muss. Für einen Notar, der Beurkundungen für eine bestimmte Gesellschaft nicht vornehmen kann, weil er an ihr maßgeblich beteiligt ist (§ 3 Abs. 1 Nr. 9 BeurkG), kann schon wegen § 41 Abs. 2 kein ständiger Vertreter bestellt werden.

32 Gleichgültig ist, welche zeitliche Dauer die jeweiligen Verhinderungszeiten des Notars haben. Auch wenn er nur stundenweise verhindert ist, zB wegen einer wiederkehrenden ärztlichen Behandlung einer chronischen Erkrankung, ist die Bestellung eines ständigen Vertreters nicht ausgeschlossen.[32] Allerdings muss es während des Zeitraums der Gültigkeit der Vertreterbestellung auch **relevante Zeiten eigener Amtsausübung** des Notars geben. Für ein ausgewogenes Verhältnis von Vertretung und persönlicher Amtsausübung lassen sich keine allgemeingültigen Regeln aufstellen, sondern es kommt wesentlich auf den Verhinderungsgrund an. Nur gelegentliches eigenes Tätigwerden des vertretenen Notars, das gegenüber der Amtstätigkeit des ständigen Vertreters nicht entscheidend ins Gewicht fällt, reicht aber sicher nicht aus, um den Verdacht der Entpersönlichung der Notarstelle auszuräumen.

33 **2. Antrag, Bestellung von Amts wegen.** Ein ständiger Vertreter kann **grundsätzlich nur auf Antrag** bestellt werden, in dem die Gründe für die Notwendigkeit der Bestellung gerade eines ständigen Vertreters darzulegen sind.[33] Eine Bestellung von Amts wegen auf der Grundlage von Abs. 2 kommt allenfalls ganz ausnahmsweise in Betracht. Bei der vorläufigen Amtsenthebung, bei der der Notar sich jeder persönlichen Amtsausübung zu enthalten hat (§ 55 Abs. 2), kann es kein wiederkehrendes Vertretungsbedürfnis geben, sondern nur ein durchgängiges, dem durch eine einfache Vertreterbestellung gem. Abs. 1 S. 1 Hs. 1 abzuhelfen ist. Allenfalls im Rahmen von Abs. 2 S. 2 kann die Bestellung eines ständigen Vertreters dann in Betracht kommen, wenn eine körperliche oder seelische Schwäche des Notars so beschaffen ist, dass sie nur sporadisch auftritt und für solche unregelmäßig wiederkehrenden Ausfallzeiten Vorsorge getroffen werden muss.

II. Auswahl des Vertreters

34 Auch hier liegt das Vorschlagsrecht beim Notar. Allerdings hat bereits der Gesetzgeber die **Auswahl** von vornherein **vorstrukturiert**, indem er in Abs. 3 S. 2 anordnet, dass zum ständigen Vertreter eines **hauptberuflichen Notars** grundsätzlich ein anderer Notar, Notarassessor oder ein früherer Notar (nicht unbedingt aus dem gleichen Amtsbezirk) bestellt werden soll. Wie bereits bei → Rn. 15 dargelegt, ist dieser Kreis *praeter legem* um Personen mit der Befähigung zum Bezirksnotar, insbesondere ehemalige Notare im Landesdienst mit dieser Qualifikation, zu erweitern, und zwar nicht nur in Baden-Württemberg selbst, sondern bundesweit, weil die Anforderungen der geordneten Rechtspflege ebenfalls bundesweit die gleichen sind.[34] Zum ständigen Vertreter eines **Anwaltsnotars** kann daneben auch ein Rechtsanwalt bestellt werden. Vorrang hat aber auch hier nach dem klaren Wortlaut des Gesetzes die Bestellung eines amtierenden oder früheren Berufsangehörigen. Seine Rechtfertigung hat dies darin, dass bei Bestellung eines ständigen Vertreters noch mehr als bei der Bestellung eines Einzelvertreters in den Augen des rechtsuchenden Publikums eine Aufweichung des notariellen Berufsbildes droht, wenn ein nicht dem Berufsstand angehörender Vertreter ihm immer wieder anstelle des Notars gegenübertritt. Da sich beim Anwaltsnotar zwei Berufsbilder in einer Person vereinigen, kann hier die Bestellung eines Nur-Rechtsanwalts aus diesem Grund nicht völlig verwehrt werden. Da

---

[32] Problematisch deshalb § 10 Abs. 2 BremAVNot, demzufolge bei einer stundenweisen Verhinderung ein ständiger Vertreter nicht bestellt werden kann.
[33] Zur Unwirksamkeit einer ermessensbindenden Richtlinie, welche eine schematische Bestellung ständiger Vertreter ohne Prüfung des Bedarfs im Einzelfall vorsieht, s. BGH ZNotP 2004, 482.
[34] Ebenso *Büttner* BWNotZ 2015, 168 f.

aber auch beim Anwaltsnotar die notarielle Tätigkeit nicht als besondere fachliche Spezialisierung in der anwaltlichen Tätigkeit erscheinen darf, die ohne weiteres auch von einem Nur-Rechtsanwalt übernommen werden kann, ist auch hier die Bevorzugung anderer Notare bzw. Notare a. D. als Vertreter durch den Gesetzgeber nachvollziehbar. Allerdings wird man einschränkend hinzufügen müssen, dass im Anwaltsnotariat die Bestellung eines nichtkanzleiangehörigen Anwaltsnotars zum ständigen Vertreter nicht zumutbar ist, so dass in all den Fällen, in denen einer Anwaltssozietät nur ein Anwalt angehört, der auch Notar ist, die Bestellung eines geeigneten Rechtsanwalts aus der Kanzlei zur ständigen Vertretung unausweichlich ist.

Die Bestellung eines Steuerberaters, der nicht zugleich Rechtsanwalt ist, aber die Befähigung zum Richteramt besitzt, eines Richters (a. D.), Beamten (i. R.) oder sonstigen Volljuristen oder im hauptberuflichen Notariat eines Rechtsanwalts als ständiger Vertreter kommt deshalb nur in Betracht, wenn es einerseits ein unabweisbares Bedürfnis für die Bestellung gerade eines ständigen Vertreters gibt, mangelnde personelle Kapazitäten aber die Bestellung einer Person iSd Abs. 3 S. 2 nicht zulassen. Keinesfalls kann ein Notar im Übrigen aus Abs. 3 S. 2 eine Pflicht ableiten, die personellen Kapazitäten zB der Notarassessoren im hauptberuflichen Notariat so zu bemessen, dass allen Bedürfnissen nach Bestellung ständiger Vertreter uneingeschränkt Rechnung getragen werden kann.

Wie bei der Auswahl „einfacher" Notarvertreter kann die Bestellungsbehörde ihr **Ermessen** auch bezüglich des ständigen Vertreters durch geeignete Richtlinien **selbst** noch weiter **binden.** Der Raum, den § 39 Abs. 3 S. 2 hierfür lässt, ist freilich klein. In Ländern des Anwaltsnotariats ist diesbezüglich teilweise vorgesehen,[35] dass nur bestellt werden soll, wer seit mindestens fünf Jahren zur Rechtsanwaltschaft zugelassen ist. Ein sachlicher Grund hierfür ist allerdings nur schwer erkennbar, da eine „einfache" Vertreterbestellung für einen längeren Zeitraum mit mehr Verantwortung verbunden sein und höhere Anforderungen stellen kann als die Tätigkeit als ständiger Vertreter für jeweils nur kurze Amtsverhinderungen des Notars. Keine gesetzeskonforme Ermessensbindung stellt es dar, wenn eine Justizverwaltung in Richtlinien für bestimmte Vertreter (im konkreten Fall zur Ausbildung zugewiesene Notarassessoren und andere Notare) die Bestellung zum ständigen Vertreter zulässt, ohne dass der antragstellende Notar das Vorliegen der Voraussetzungen für die Bestellung eines ständigen Vertreters darlegen muss.[36]

III. Verfahren

Die **Zuständigkeit** für die Bestellung eines ständigen Vertreters ist überwiegend analog zur Zuständigkeit zur Bestellung eines einfachen Notarvertreters geregelt. Ausnahmen bilden ua Niedersachsen und Schleswig-Holstein: Dort ist für die Bestellung eines ständigen Vertreters immer – mindestens – der OLG-Präsident zuständig, § 14 Abs. 1 Nr. 1b) SchlHolstAVNot bzw. § 21 Nr. 1b) NdsAVNot. Eine **Anhörung der Notarkammer** hat schon nach dem Gesetz stattzufinden, wenn einem Anwaltsnotar ein Nur-Rechtsanwalt als ständiger Vertreter bestellt werden soll. Sie ist erst recht geboten, wenn entgegen § 39 Abs. 3 S. 2 eine Person, die nicht dem dort genannten Personenkreis angehört, ausnahmsweise zum ständigen Vertreter bestellt werden soll. Nach den Vorschriften einzelner Bundesländer ist der Notarkammer sogar generell Gelegenheit zur Stellungnahme zu geben, wenn ein Antrag auf Bestellung eines ständigen Vertreters gestellt wird.[37]

IV. Entscheidung der Behörde

Wie die Entscheidung über die „einfache" Vertreterbestellung ist die Entscheidung über die Bestellung eines ständigen Vertreters **Ermessensentscheidung,** allerdings mit gegen-

---
[35] ZB Ziff. II Nr. 8 HessAVNot.
[36] BGH ZNotP 2004, 482.
[37] S. Nr. 25 Abs. 2 BerlAVNot.

über der Vertreterbestellung für einen kurzen Zeitraum deutlich verschobenen Gewichten. Stärker als dort muss die Behörde bei der Entscheidung über die Bestellung eines ständigen Vertreters darauf achten, dass nicht der Eindruck der Aushöhlung des Grundsatzes der persönlichen Amtsausübung entsteht. Die Bestellung eines ständigen Vertreters hat **Ausnahmecharakter,** deshalb müssen beachtliche Gründe gegeben sein, die die Notarin oder den Notar häufig wiederkehrend an der persönlichen Amtsausübung hindern.

39 Eine **besondere Stellung im öffentlichen Leben,** insbesondere Parlamentsmandate, die Wahrnehmung von Ehrenämtern in Berufsorganisationen, Erkrankung oder eben auch Kinderbetreuung oder Pflege von Angehörigen stellen solche beachtlichen Gründe dar. Wiederkehrende Verhinderungen aus Krankheitsgründen sind dann, aber auch nur dann ein berechtigter Grund für die Bestellung eines ständigen Vertreters, wenn bei einer Erkrankung, die längerer Behandlung bedarf, mit einer Wiedererlangung der vollen Arbeitskraft gerechnet werden kann oder nur vereinzelte Vertretungsfälle eintreten werden, die gegenüber der Amtsausübung durch den Notar selbst nur zeitlich untergeordnete Bedeutung haben. Dagegen wäre es ein Ermessensfehlgebrauch, dem Notar, der krankheits- oder altersbedingt weniger leistungsfähig ist, durch die Beiordnung eines ständigen Vertreters die Leistungskraft eines normalleistungsfähigen Notars zu gewährleisten.[38] Ob eine Tätigkeit im Gemeinderat, Kreistag oder ähnlichen **kommunalrechtlich verfassten Gremien** eine Gleichbehandlung mit dem Parlamentsmandat auf Landes-, Bundes- oder europäischer Ebene verdient, ist zweifelhaft, da Gemeindevertretungen bekanntlich die besondere Dignität eines Parlaments fehlt. Wegen des besonderen Gemeinwohlbezugs ist aber hier eine großzügige Ermessenshandhabung im Einzelfall nahe liegend.

40 Auch dann, wenn eine Justizverwaltung ihr Ermessen für bestimmte relevante Verhinderungsfälle dahin gebunden hat, dass ein ständiger Vertreter bestellt werden kann, muss aber vor Bestellung im Einzelfall geprüft werden, ob im konkreten Fall durch die Vertreterbestellung die persönliche Amtsausübung in einem nicht mehr vertretbaren Maß leiden würde. Der Anspruch auf Vertreterbestellung ist auch in diesen Fällen kein absoluter.

41 Die Bestellung eines ständigen Vertreters darf nach dem Gesetz grundsätzlich nur für die während eines **Kalenderjahres** eintretenden Verhinderungsfälle, also immer nur längstens bis zum nächsten 31.12. erfolgen. Für die Bestellung eines ständigen Vertreters wurde der Wortlaut des § 39 Abs. 1 schon früher im Sinne der Begrenzung des Bestellungsakts auf ein einziges Kalenderjahr verstanden. Durch die Novelle 1998 ist dies durch den neu eingefügten Satz 2 noch klarer zum Ausdruck gebracht worden. Selbstverständlich ist die Bestellung aber auch für einen **kürzeren Zeitraum** als ein Kalenderjahr möglich, und zwar auch dann, wenn der Notar dies nicht beantragt hat. Vor allem in Fällen der wiederkehrenden Verhinderung wegen Krankheit ist es nicht ermessenswidrig, wenn die Behörde die Bestellung nur für kürzere Zeiträume ausspricht, um sicher zu gehen, dass der ständige Vertreter nicht über das mit den Belangen der Rechtspflege vereinbarte Maß hinaus tätig wird. Die gleichzeitige Bestellung **mehrerer** ständiger Vertreter ist unzulässig.[39]

V. Rechtsfolgen der Bestellung eines ständigen Vertreters

42 Die Rechtsfolgen sind im Grundsatz die gleichen wie bei der Bestellung eines einfachen Notarvertreters. Sinn und wesentliche Rechtsfolge der Bestellung des ständigen Vertreters liegen darin, den zu vertretenden Notar und die Bestellungsbehörde von der Mühe zu entlasten, für jeden Verhinderungsfall ein eigenes Verwaltungsverfahren durchlaufen zu müssen. Wie der einfache darf auch der ständige Vertreter nur tätig werden, wenn ihm zusätzlich zu seiner Bestellung die Amtsbefugnis zugewachsen ist, und zwar für jeden Verhinderungsfall gesondert. Was für die einfache Vertretung eher untypisch ist, ist hier die Regel: dass im Vertretungszeitraum die **Amtsausübung** zwischen Notar und Vertreter **wechselt.** Ein paralleles Tätigwerden ist hier wie da ein Amtspflichtverstoß. Wenn die

---

[38] Zutreffend BGH DNotZ 1977, 429.
[39] *Decku* aaO S. 450 f.

Verwaltungsvorschriften verschiedener Bundesländer (Nordrhein-Westfalen, Hessen, Brandenburg, Bremen und weitere) ausführen, die Bestellung des ständigen Vertreters dürfe nicht zu einer Vergrößerung bzw. Verdoppelung der Arbeitskraft des Notars führen, so wird damit nichts für den ständigen Vertreter Spezifisches zum Ausdruck gebracht (bereits → Rn. 28).

D. Rechtsschutz

Die **Ablehnung eines Antrags,** einen einfachen oder ständigen Vertreter zu bestellen, 43 ist für den betroffenen Notar ein gem. § 111 iVm der VwGO (§ 111b Abs. 1) anfechtbarer Justizverwaltungsakt, ebenso die **Bestellung** eines Notarvertreters **von Amts wegen.** Im ersten Fall hat der Notar einen Verpflichtungsantrag bzw. Antrag auf Neubescheidung zu stellen (falls er keine Ermessensreduzierung auf null geltend machen kann). Im letzteren genügt ein Anfechtungsantrag. Das Verpflichtungsbegehren muss sich auf die Bestellung eines konkreten Vertreters in einem konkreten Zeitraum richten und darf nicht nur allgemein die abstrakte Verpflichtung der Behörde zur Bestellung bestimmter Vertreter oder von Vertretern bei bestimmten abstrakten Verhinderungsfällen zum Gegenstand haben.[40] Einem **Feststellungsbegehren** mit der allgemeinen Zielrichtung, die Verpflichtung der Justizverwaltung zur Zuweisung ausschließlich von Notarassessoren zur Urlaubs- und Krankheitsvertretung feststellen zu lassen, hat der BGH in der gleichen Entscheidung völlig zu recht ebenfalls aus prozessualen Gründen eine Absage erteilt.[41]

Unter Umständen zulässig kann dagegen ein Antrag sein, die Eignung einer bestimmten 44 Person als Vertreter oder die Einstufung einer bestimmten Situation als relevante Verhinderung an der persönlichen Amtsausübung feststellen zu lassen, wenn der Notar darlegen kann, warum eine Anfechtung erst eines ablehnenden Bescheids eines konkret gestellten Antrags zu spät käme und keinen effektiven Rechtsschutz gewährleisten würde.

Um Rechtsschutz nachsuchen kann nur der **Notar.** Dem in Aussicht genommenen 45 **Vertreter** fehlt hinsichtlich der Weigerung, ihn zu bestellen, die Klagebefugnis, da er von dieser Entscheidung nur reflexhaft, mittelbar betroffen wird (anders wenn der Widerruf der Vertreterbestellung in Frage steht).[42] Ob in besonderen Ausnahmefällen ein **Anfechtungsrecht der Notarkammer** angenommen werden kann,[43] ist sehr fraglich.

E. Amtsübertragung ohne Vertreterbestellung

Die Notwendigkeit einer Vertreterbestellung besteht für den Notar, der an der persönli- 46 chen Amtsausübung verhindert ist, in jedem Fall für die Vornahme von Beurkundungen einschließlich Tatsachenfeststellungen und auch für die Vornahme qualifizierter elektronischer Signaturen.[44] Die **Wahrnehmung der Zuständigkeit** des Notars auf dem Gebiet der vorsorgenden Rechtspflege, die in §§ 23, 24 angesprochen wird (vor allem Abwicklungen von Hinterlegungen, Fertigung von Entwürfen, auch Betreuungstätigkeit wie zB Urkundenvollzug), können dagegen im Bereich des hauptberuflichen Notariats einem Notarassessor **auch ohne Vertreterbestellung** übertragen werden. Dies wird allgemein aus § 19 Abs. 2 geschlossen.[45] Die Tätigkeit des Notars im Rahmen der **Klauselerteilung** gem. § 797 Abs. 2 ZPO bzw. im Rahmen der Vollstreckbarerklärung eines Anwaltsvergleichs gem. § 796c ZPO oder eines Schiedsspruchs mit vereinbartem Wortlaut gem.

---

[40] BGH DNotZ 1995, 164.
[41] BGH DNotZ 1995, 164 (166 f.).
[42] Zutreffend BGH DNotZ 1993, 469.
[43] So andeutungsweise BGH DNotZ 1993, 470.
[44] Siehe BNotK DNotZ 2008, 161 zur höchstpersönlichen Verwendung von Signaturkarten.
[45] Siehe Schippel/Bracker/*Schäfer* BNotO § 39 Rn. 3; Arndt/Lerch/Sandkühler/*Lerch* BNotO § 39 Rn. 3.

§ 1053 Abs. 4 ZPO ist dagegen so eng mit dem Amt des Notars verknüpft, dass eine Delegation auf eine andere nicht mit den gleichen Amtsbefugnissen ausgestattete Person nicht möglich ist. Dass die vollstreckbare Ausfertigung einer notariellen Urkunde auch von dem Notar oder dem Amtsgericht erteilt werden kann, dem der Notar, um dessen Urkunde es geht, seine Akten gem. § 45 in Verwahrung gegeben hat (→ Rn. 9 mwN), besagt nichts Gegenteiliges, da die Verwahrung nur solchen Stellen übertragen werden kann, die ihrerseits über eine hinreichende staatliche Legitimation verfügen. An dieser fehlt es aber beim Notarassessor, dem nur der Notar die Erledigung bestimmter Amtsgeschäfte überträgt.

§ 40 [Schriftliche Verfügung, Amtseid, Widerruf der Vertreterbestellung]

(1) ¹Der Vertreter wird durch schriftliche Verfügung bestellt. ²Er hat, sofern er nicht schon als Notar vereidigt ist, vor dem Beginn der Vertretung vor dem Präsidenten des Landgerichts den Amtseid (§ 13) zu leisten. ³Ist er schon einmal als Vertreter eines Notars nach § 13 vereidigt worden, so genügt es, wenn er auf den früher geleisteten Eid hingewiesen wird.

(2) Die Bestellung des Vertreters kann jederzeit widerrufen werden.

A. Sinn und Zweck

1   § 40 regelt in Abs. 1 (lückenhaft) Verfahrensfragen der Vertreterbestellung, in Abs. 2 ordnet er die jederzeitige Widerruflichkeit der Vertreterbestellung an.

B. Form der Vertreterbestellung

2   Gemäß Abs. 1 S. 1 wird ein Notarvertreter, unerheblich, ob einfacher oder ständiger, durch (bloße) **schriftliche Verfügung** der zuständigen Behörde bestellt.¹ Es bedarf daher keiner Aushändigung einer Ernennungsurkunde. Die Formulierung des Gesetzes darf nicht zu der Annahme verleiten, dass bereits das Niederbringen der Verfügung durch den/die Landgerichtspräsidenten/in oder sonstige zuständige Behörde den Vertreterstatus begründe. Da die Vertreterbestellung ein Verwaltungsakt ist, muss sie demjenigen, für den sie bestimmt ist, auch **bekannt gemacht** werden (§ 43 Abs. 1 VwVfGe). Bekanntmachung an den Notar genügt nicht und ist nicht einmal erforderlich. Ungeachtet der Tatsache, dass nur der Notar antragsberechtigt ist, ist **Adressat** des Bestellungsakts nur der **Vertreter** (nur für ihn ist er iSd § 41 Abs. 1 der VwVfGe „bestimmt"), während eine ablehnende Entscheidung nur dem Notar bekannt zu machen ist.

3   Da die BNotO keinerlei Vorschriften allgemeiner Art zur Bekanntmachung von Verwaltungsakten enthält, muss wegen der **Form der Bekanntmachung** auf die Grundsätze des allgemeinen Verwaltungsrechts zurückgegriffen werden. Die einschlägigen Bestimmungen der VwVfGe können dabei nicht unmittelbar herangezogen werden, soweit sie wie etwa § 2 Abs. 3 Nr. 1 BVwVfG, § 1 Abs. 4 Nr. 1 RhPflVwVfG vorsehen, dass das VwVfG auf die Behörden der Justizverwaltung nur Anwendung findet, soweit eine Anfechtung ihrer Verwaltungsakte vor den Verwaltungsgerichten stattfindet, was bei Verwaltungsakten im Rahmen der BNotO gerade nicht der Fall ist. § 41 VwVfGe ist jedoch grundsätzlich nur die Kodifizierung eines allgemeinen verwaltungsrechtlichen Rechtsgrundsatzes und kann daher sinngemäß herangezogen werden. Daraus folgt, dass eine förmliche Zustellung nicht erforderlich und eine öffentliche Bekanntmachung nicht möglich ist, weil es

---

¹ Ob die Schriftform gem. § 126a BGB auch durch die elektronische Form ersetzt werden kann, ist *de lege lata* zweifelhaft und – im Hinblick auf den Nachweis der Vertretereigenschaft im elektronischen Rechtsverkehr – Gegenstand rechtspolitischer Überlegungen, siehe BNotK DNotZ 2008, 566.

hierzu jeweils ausdrücklicher gesetzlicher Regelungen bedürfte (§ 41 Abs. 3 und Abs. 5 VwVfGe).[2]

Wenn auch die **Bekanntgabe an den Notar keine Wirksamkeitsbedingung** für die Vertreterbestellung ist, ist sie doch angebracht, um ihn in Kenntnis von der getroffenen Verbescheidung seines Antrags zu setzen. Die Bekanntgabe ist sogar ein Muss, wenn die Behörde dem Antrag nicht in vollem Umfang stattgegeben hat bzw. wenn die Vertreterbestellung von Amts wegen erfolgt, damit der Notar ggf. Rechtsschutz gegen die Teilablehnung seines Bestellungsgesuchs bzw. gegen die Vertreterbestellung als solche nachsuchen kann.

Eine **Unterrichtung der Notarkammer** über Vertreterbestellungen ist in manchen Ländern der Bestellungsbehörde durch Verwaltungsvorschrift zur Pflicht gemacht. Ansonsten ist sie bei einfachen Vertreterbestellungen entbehrlich und stellt oft nur eine unnötige Formalität dar. Wird aber in der Verwaltungsvorschrift eine Anhörung der Notarkammer zu einem Antrag auf Vertreterbestellung vorgesehen, ist die Notarkammer in jedem Fall von der getroffenen Entscheidung zu unterrichten, selbst wenn dies, wie im Falle Schleswig-Holstein (s. §§ 14 Abs. 3, 18, 13 Abs. 4 AVNot) nicht (durchgängig) vorgeschrieben ist. Die **Bestellung ständiger Vertreter** sollte generell der Notarkammer zur Kenntnis gebracht werden, um ihr die Wahrnehmung ihrer gesetzlichen Aufgabe, über die pflichtmäßige Berufsausübung der Kollegen zu wachen, zu erleichtern, dies vor dem Hintergrund, dass durch die Bestellung eines ständigen Vertreters die persönliche Amtsausübung besonders gefährdet ist.

C. Vereidigung

Wie der Notar hat auch der Notarvertreter den in § 13 wiedergegebenen spezifischen notariellen **Amtseid** zu leisten (Abs. 1 S. 2). Er ist hiervon nur entbunden, wenn er bereits als Notar vereidigt ist und diese Vereidigung noch Gültigkeit hat. Dies trifft nicht zu, wenn das Amt des Notars zwischenzeitlich erloschen war,[3] und sei es in Form der vorläufigen Amtsniederlegung nach § 48b, denn auch sie führt zum Erlöschen des Notaramts (§ 47 Nr. 7) und damit der im Eid verkörperten besonderen Treuepflicht des Notars zum Land. Notare a.D. müssen generell als Vertreter neu vereidigt werden. Ein Notarassessor muss, soll er erstmals als Vertreter tätig werden, zuvor gem. § 40 Abs. 1 S. 2 iVm § 13 vereidigt werden. Seine Verpflichtung durch den Kammerpräsidenten gemäß § 7 Abs. 3 S. 3 ersetzt die Vereidigung nicht. Über die Vereidigung ist nach den einschlägigen Bestimmungen der Verwaltungsvorschriften der Länder eine Niederschrift aufzunehmen.

Eine Wiederholung der Vereidigung bei jeder erneuten Vertreterbestellung wäre eine reine Förmelei und würde die symbolische Wirkung des Vertretereides eher entwerten. Deshalb lässt Abs. 1 S. 3 bei der erneuten Vertreterbestellung den **Hinweis** an den Vertreter **auf** seinen bereits **früher geleisteten** Eid genügen. Nach dem Wortlaut ist Vereidigung (gerade) **als Vertreter** erforderlich. Nach Sinn und Zweck der Vorschrift sind dem *praeter legem* aber Vereidigung **als Notar** oder **Notariatsverwalter** gleichzustellen. Der Hinweis ist Teil der Vertreterbestellung und wie diese bekannt zu machen. Irgendwelche zeitlichen Grenzen der Möglichkeit, sich mit dem Hinweis auf den früher geleisteten Eid zu begnügen, gibt es nicht.[4]

Weder die Vereidigung noch der bloße Hinweis auf den früher geleisteten Eid wirken statusbegründend. Allerdings gilt hinsichtlich der Vereidigung § 13 Abs. 3 S. 2 entsprechend, so dass die Vornahme von Amtshandlungen vor der Vereidigung ungeachtet ihrer

---

[2] Mündliche oder fernmündliche Bekanntgabe halten für möglich: Schippel/Bracker/*Schäfer* BNotO § 40 Rn. 3; Arndt/Lerch/Sandkühler/*Lerch* BNotO § 40 Rn. 3; wohl auch *Peterßen* RNotZ 2008, 193.
[3] Abweichend nunmehr zur Vorauflage Schippel/Bracker/*Schäfer* BNotO § 40 Rn. 8.
[4] Missverständlich Schippel/Bracker/*Schäfer* BNotO § 40 Rn. 9, der Hinweis sei (nur?) möglich, wenn der Vertreter in kurzen Abständen wieder bestellt werde.

Wirksamkeit pflichtwidrig ist. Das Unterlassen des Hinweises gem. § 40 Abs. 1 S. 3 hat dagegen keinerlei rechtliche Auswirkungen.

D. Widerruf der Vertreterbestellung

I. Voraussetzungen

9 Die Vertreterbestellung kann gemäß Abs. 2 zwar jederzeit widerrufen werden, deshalb aber nicht aus jedem beliebigen Grund. Vielmehr hat die Behörde auch hier eine an den Belangen der geordneten vorsorgenden Rechtspflege orientierte **Ermessensentscheidung** zu treffen, die auch das **Interesse des betroffenen Notars** an der Aufrechterhaltung der Arbeitsfähigkeit der Notarstelle berücksichtigen muss, **nicht** dagegen – dies die Kernaussage des § 40 Abs. 2 – ein irgendwie geartetes **Amtsinteresse des Vertreters,** der nach dem Gesetz keinerlei Vertrauensschutz zu seinen Gunsten geltend machen kann.

10 Danach muss die Behörde die Bestellung widerrufen, wenn die Voraussetzungen für die Vertreterbestellung schon von Anfang an nicht vorgelegen haben, dies aber erst nachträglich bekannt geworden ist, oder diese Voraussetzungen später weggefallen sind, so dass ein Antrag auf Vertreterbestellung, würde er im Zeitpunkt der Entscheidung erstmals gestellt sein, abschlägig beschieden werden müsste. Als **Gründe** hierfür kommen in Betracht:
– Es liegt eine relevante Amtsverhinderung des Notars nicht vor, insbesondere werden Notar und Vertreter in unzulässiger Weise gleichzeitig tätig; oder
– der Vertreter erfüllt die subjektiven Voraussetzungen einer Bestellung nicht.

11 Weiterhin hat die Behörde den Vertreter grundsätzlich zu entpflichten, wenn er oder der Notar dies **begehren.** Für den Vertreter gilt dies auch dann, wenn er von Amts wegen bestellt ist. Wenn der Notar jederzeit die Entlassung aus dem Amt erbitten kann, kann für den von Amts wegen bestellten Vertreter nichts anderes gelten. Der Notar kann die Entlassung des Vertreters ohne weiteres verlangen, wenn dieser auf seinen Antrag hin bestellt ist. Zwar kann der Notar, der das Vertrauen in seinen Vertreter verloren hat, diesem bereits vor Ort die Amtsbefugnis entziehen. Allerdings bleibt dies solange ohne Wirkung, wie nicht der Vertreter daraufhin sein Amt zur Verfügung stellt (→ § 44 Rn. 5). Deshalb muss es dem Notar möglich sein, den Vertreterstatus auch vollständig zum Erlöschen zu bringen, was vor Ablauf eines Bestellungszeitraums nur durch den Widerruf der Bestellung möglich ist. An dem sofortigen Widerruf hat der Notar vor allem dann ein berechtigtes Interesse, wenn gleichzeitig ein neuer Vertreter bestellt werden soll. Ist der Vertreter von Amts wegen bestellt, gibt es dagegen keinen Anspruch des Notars auf Entlassung des ihm nicht (mehr) genehmen Vertreters. Hier ist sein Wunsch nur ein Abwägungsgesichtspunkt bei der aufsichtsbehördlichen Entscheidung.

12 Im Übrigen ist die Entscheidung der Behörde über den Widerruf nur nach einer sorgfältigen Abwägung möglich. Dies gilt insbesondere bei **Zweifeln an der Qualität des Vertreterhandelns.** Auch über die Notarvertreter übt die Behörde keine Fachaufsicht aus, so dass Dienstaufsichtsbeschwerden über den Vertreter grundsätzlich keine Grundlage für den Widerruf der Bestellung abgeben. Die Verantwortung, diesbezüglich ggf. die gebotenen Konsequenzen zu ziehen, liegt in erster Linie beim vertretenen Notar (s. auch § 46 Abs. 1). Anderes kann nur gelten, wenn der Notar außerstande ist, auf erhebliche fachliche Mängel in der Amtsführung des Vertreters selbst angemessen zu reagieren oder wenn nicht nur geringfügige Verstöße gegen Dienstpflichten in Frage stehen und der vertretene Notar hiergegen nicht einschreitet.

II. Form und Verfahren

13 Der Widerruf der Vertreterbestellung muss als Gegenstück der Bestellung ebenfalls in Form einer **schriftlichen Verfügung** erfolgen. Diese ist dem Vertreter bekannt zu machen

und zu begründen. Für die Bekanntmachung ist wiederum eine bestimmte Form nicht vorgeschrieben. Um aber Zweifel über den Zeitpunkt des Erlöschens des Vertreteramts zu vermeiden, sollte die Widerrufsverfügung tunlichst förmlich **zugestellt** werden. Denn § 44 Abs. 2 gilt nicht für Amtshandlungen, die noch nach Ende der Vertreterbestellung vom Vertreter vorgenommen werden (→ § 44 Rn. 10).

Auf eine **Anhörung des Notars** kann nur ausnahmsweise verzichtet werden, nämlich wenn der Vertreter selbst seine Entlassung begehrt oder der Notar offensichtlich für eine rechtzeitige Stellungnahme nicht erreichbar oder zu einer angemessenen Beurteilung nicht fähig ist, was insbesondere in den Fällen der Bestellung des Vertreters von Amts wegen der Fall sein kann. Ihm ist die Entscheidung der Behörde, die Bestellung zu widerrufen, generell bekannt zu machen, ohne dass dies Wirksamkeitsvoraussetzung wäre. Eine **Anhörung der Notarkammer** ist vom Gesetz nicht zwingend vorgegeben, sondern nur vereinzelt in den Ausführungsbestimmungen der Länder vorgesehen (s. Ziff. 2.3.3 BrbAVNot bei Widerruf der Bestellung eines ständigen Vertreters). Im Übrigen ist sie unschädlich. Der erfolgte Widerruf muss dagegen der Notarkammer generell angezeigt werden, da sie davon Kenntnis erhalten soll, dass das Aufsichtsverhältnis zum Vertreter seine vorzeitige Beendigung gefunden hat. 14

III. Rechtswirkungen

Der Widerruf bringt, soweit er ordnungsgemäß bekannt gemacht ist, das **Amt** des Vertreters zum **Erlöschen** und damit auch ohne weiteres seine **Amtsbefugnis** (s. auch § 44 Abs. 1 S. 1). Ab diesem Zeitpunkt kann der Notarvertreter, abgesehen von dem, was bei → § 39 Rn. 46 dargestellt ist, keine wirksamen Amtshandlungen mehr vollziehen. Die mit dem Vertreteramt verbundenen Dienstpflichten erlöschen für die Zukunft, lassen aber die Pflichten aus der Amtszeit unberührt. Anders ist es um die Verfolgbarkeit etwaiger Dienstvergehen bestellt (→ § 92 Rn. 8). 15

Der Widerruf bewirkt nicht automatisch auch die **Beendigung des privatrechtlichen Vertragsverhältnisses** zwischen Notar und Vertreter. Hierüber fehlt der Behörde die Dispositionsbefugnis. Dieser Vertrag muss vielmehr gesondert abgewickelt werden, wobei es der Abrede der Beteiligten unterliegt, ob die vorzeitige Beendigung der Vertretung den Notar zur fristlosen Kündigung des Vertrags berechtigt und ob der Vertreter irgendwelche Ansprüche auf Ersatz entgangener Vergütung oÄ geltend machen kann. 16

IV. Rechtsschutz

Der **Notarvertreter** kann gegen seine Entlassung im Wege des Widerrufs seiner Vertreterbestellung nach § 111 vorgehen. Der Antrag hat aufschiebende Wirkung, es sei denn, Sofortvollzug wäre angeordnet (§ 111b Abs. 1 S. 1 iVm § 80 Abs. 2 S. 1 Nr. 4 VwGO). 17

Der Rechtsweg nach § 111 steht daneben auch dem **Notar** offen, den der Widerruf ebenfalls unmittelbar und nicht nur reflexhaft betrifft, da er nun die Amtsbereitschaft der Notarstelle anderweitig sicherstellen muss. 18

§ 41 [Amtsausübung des Vertreters]

(1) ¹**Der Vertreter versieht das Amt auf Kosten des Notars.** ²**Er hat seiner Unterschrift einen ihn als Vertreter kennzeichnenden Zusatz beizufügen und Siegel und Stempel des Notars zu gebrauchen.**

(2) **Er soll sich der Ausübung des Amtes auch insoweit enthalten, als dem von ihm vertretenen Notar die Amtsausübung untersagt wäre.**

A. Sinn und Zweck

1 § 41 trifft grundlegende Aussagen zum **statusrechtlichen Verhältnis** zwischen Notar und Notarvertreter und den daraus folgenden Konsequenzen für das **Beurkundungsverfahren.** In ihrem Abs. 1 S. 2 und Abs. 2 bildet die Vorschrift somit eine Schnittstelle zum Beurkundungsgesetz. Dabei bewirkt Abs. 2 eine Erweiterung berufsrechtlicher Mitwirkungsverbote über § 39 Abs. 4 hinaus. § 41 Abs. 1 S. 1 wird im Übrigen ergänzt durch §§ 44 und 46, die ebenfalls das statusrechtliche Verhältnis des Notars zum Vertreter behandeln.

B. Statusrechtliches Verhältnis zwischen Notar und Notarvertreter, Abs. 1 S. 1

2 Wie bereits bei → § 39 Rn. 24 ff. ausgeführt, hat das Verhältnis zwischen Notar und Notarvertreter zwei Ebenen: eine statusrechtliche und eine privatrechtliche. § 41 betrifft nur die **statusrechtliche** Ebene.

I. Die Abhängigkeit des Vertreteramts vom Notaramt

3 Die Vertreterbestellung erfolgt stets bezogen auf eine Notarstelle und deren personellen Träger. Da das Notaramt des vertretenen Notars hoheitlich ausgestaltet ist, greift diese Prägung auch auf das Verhältnis zum Vertreter über, jedenfalls soweit es um **amtsspezifische Fragen** geht, also die Art und Weise der Wahrnehmung der notariellen Zuständigkeiten. Dieses Verhältnis ist damit ebenso wenig einer individuell-vertraglichen Ausformung zugänglich wie die Beziehung zwischen Notar und Justizverwaltung.

4 Dass der Notarvertreter sein Amt von dem des vertretenen Notars ableitet, ist so selbstverständlich und bereits in dem Begriff des Notarvertreters angelegt, dass es das Gesetz als solches gar nicht ausspricht, sondern nur an zwei Stellen mittelbar verdeutlicht: in § 44, indem es die Amtsbefugnis des Vertreters an die Übernahme des Notaramts anbindet, und in § 41 Abs. 1. Weil der Notarvertreter nur ein abgeleitetes Amt wahrnimmt, ist es folgerichtig, dass er das (sein) Amt **auf Kosten** und – was nicht minder wichtig ist, in § 41 Abs. 1 S. 1 aber keine Erwähnung gefunden hat – **für Rechnung** des Notars versieht. Erst recht ist selbstverständlich, dass der Notarvertreter Amtshandlungen vornimmt, die dem personellen Träger der betreffenden Notarstelle, also dem vertretenen Notar, zugerechnet werden. Damit hierüber kein Zweifel entsteht, hat der Vertreter seine abgeleitete Funktion auch formal deutlich zu machen, indem er seiner **Unterschrift** einen ihn als Vertreter kennzeichnenden Zusatz beizufügen und Siegel und Stempel des Notars zu gebrauchen hat (Abs. 1 S. 2). Ebenso selbstverständliche, nicht ausdrücklich im Gesetz formulierte Ableitungen sind, dass für den Vertreter anders als für den Notariatsverwalter **keine eigene Urkundenrolle, Verwahrungs-** und **sonstige Bücher** geführt werden und dass das Vertreteramt unmittelbar erlischt, wenn das Amt des vertretenen Notars erloschen ist (hierzu → § 39 Rn. 24).

II. Weisungsfreiheit

5 Die Vertreterstellung bedeutet nicht, dass der Vertreter analog einem rechtsgeschäftlich Bevollmächtigtem eine vom vertretenen Notar weisungsabhängige Tätigkeit ausübt. Leider ist es im Gesetz nicht ausdrücklich ausgesprochen, doch besteht allgemein Übereinstimmung, dass der Notarvertreter **Weisungen des Notars nicht unterliegt,** und zwar unabhängig davon, ob er auf Ersuchen des Notars oder ausnahmsweise von Amts wegen bestellt ist.[1] Dies gilt auch da, wo der Notarvertreter auf anderer Grundlage solchen

---

[1] S. nur Schippel/Bracker/*Schäfer* BNotO § 41 Rn. 1, 12; *Peterßen* RNotZ 2008, 196 f.; undeutlich Arndt/Lerch/Sandkühler/*Lerch* BNotO § 41 Rn. 7.

Weisungen an sich unterworfen wäre, sei es in einem Beschäftigungsverhältnis, sei es im Ausbildungsverhältnis als Notarassessor. Solche grundsätzlichen Abhängigkeitsverhältnisse werden im Rahmen der Vertretertätigkeit durch die statusrechtliche und deshalb nicht gestaltbare Notar-Notarvertreter-Beziehung überlagert. Ihre Grundlage hat die Weisungsfreiheit des Notarvertreters darin, dass ihm sein Amt durch staatlichen Akt verliehen ist und er einen eigenständigen Amtseid geschworen hat, der ihn uU verpflichtet, wider die Interessen oder Wünsche des vertretenen Notars zu handeln. Ist der vertretene Notar mit der Amtsführung des Vertreters nicht einverstanden, kann er dem Vertreter zwar Ratschläge erteilen. Folgt der Vertreter diesen aber nicht, so hat der Notar nur die Wahl, die Entpflichtung des Vertreters zu betreiben oder ihm wenigstens die Amtsbefugnis zu entziehen (→ § 44 Rn. 5).

III. Amtsführung auf Kosten und für Rechnung des Notars

Amtsführung auf Kosten des Notars bedeutet, dass dieser dem Vertreter eine solche **6** sachlich-räumlich-personelle Ausstattung der Notarstelle zur Verfügung zu stellen hat, dass der Vertreter seine Tätigkeit zu zumutbaren Bedingungen entfalten kann. Was für den gewillkürten Vertreter keiner Erwähnung bedürfte, hat besondere Bedeutung für den **von Amts wegen bestellten Vertreter,** dessen Bestellung durchaus auf den Widerstand des betroffenen Notars stoßen kann. Aus § 41 Abs. 1 S. 1 kann die notfalls auch zwangsweise durchsetzbare Pflicht des zu vertretenden Notars abgeleitet werden, dem Vertreter den Zugang zu den Geschäftsräumen, Büchern, Akten und Konten, deren Nutzung für dienstliche Zwecke und die Inanspruchnahme der Arbeitskraft der Kanzleiangestellten zu gestatten. Auch hat der Vertreter einen statusrechtlichen Anspruch darauf, dass ihm die finanziellen Mittel zur Verfügung stehen, die er zur Aufrechterhaltung eines ordnungsgemäßen Geschäftsbetriebs benötigt. Dies hat Bedeutung für die Frage, inwieweit der Vertreter gegenüber dem Herausgabeanspruch des Notars hinsichtlich vereinnahmter Gebühren ein Zurückbehaltungsrecht geltend machen kann.

So wie er die Lasten der Vertretertätigkeit tragen muss, stehen dem vertretenen Notar **7** umgekehrt auch die **Erträgnisse der Vertretung** zu. Dies ist in der BNotO zwar nicht ausdrücklich angesprochen, folgt aber ebenfalls aus der Anbindung des Vertreteramts an eine bestimmte Notarstelle und deren personellen Träger. Jegliche nach dem GNotKG gebührenpflichtige Amtshandlung lässt den Gebührenanspruch unmittelbar in der Person des Vertretenen entstehen, ohne dass es einer hierauf gerichteten Willenserklärung irgendeines Beteiligten bedürfte. Kraft seines Vertreteramts ist der Notarvertreter zwar zur Rechnungstellung und ggf. zur zwangsweisen Beitreibung der Gebühren ermächtigt, ist aber nicht ihr Gläubiger. Dies schließt eine Abtretung in seiner Person entstandener Gebührenansprüche durch den Notar an den Vertreter nicht aus, nur verlieren sie dann ihre privilegierte Behandlung nach dem GNotKG, insbesondere die der erleichterten Beitreibbarkeit.

Die Gebührengläubigerschaft des vertretenen Notars ist statusbedingt und deshalb keiner **8** privatrechtlichen Vereinbarung zwischen Notar und Notarvertreter zugänglich. Eine andere Frage ist, ob beide eine **erfolgsbezogene Vertretervergütung** vereinbaren können. Dies hat mit dem statusrechtlichen Verhältnis von Notar und Notarvertreter nichts zu tun, sondern betrifft die privatrechtliche Ebene, auf welcher die Vertragsfreiheit aber auch nur soweit reicht, wie es die berufsrechtlichen Pflichten der Beteiligten zulassen. In der konkret angesprochenen Frage ist § 17 Abs. 1 S. 4 zu beachten, demzufolge eine Umsatz- oder Gewinnbeteiligung anderer Personen (außerhalb der Notarsozietät) unzulässig ist. Somit kann auch die Vertretervergütung nicht in einer prozentualen Anknüpfung an die Erträgnisse der Vertreterzeit gestaltet werden.[2] Dagegen begegnet es keinen Bedenken, wenn

---

[2] Ebenso → § 9 Rn. 23; aA Schippel/Bracker/*Schäfer* BNotO § 41 Rn. 8; *Peterßen* RNotZ 2008, 191.

Notar und Notarvertreter je nach Arbeitsanfall abgestufte Festbeträge als Vergütung vereinbaren.

C. Der Notarvertreter im Beurkundungsverfahren

I. Die Fassung der Urkunden

9   Der Notarvertreter leitet seine Beurkundungsbefugnis als Teil seiner Amtsbefugnis vom vertretenen Notar her, so dass von ihm errichtete Urkunden dem vertretenen Notar zugerechnet werden. Sie sind deshalb mit seinem Siegel zu versehen (Abs. 1 S. 2 Hs. 2) und im Übrigen auch in seine Urkundenrolle sowie (soweit existent) in sein Kostenregister einzutragen.

10 Die Urkunde muss das **Siegel des vertretenen Notars** tragen. Darüber hinaus muss die Tatsache der Beurkundung durch den Vertreter auch dadurch verdeutlicht werden, dass er seiner **Unterschrift** einen ihn als Notarvertreter kennzeichnenden **Zusatz** beifügt (Abs. 1 S. 2 Hs. 1), wobei dieser nicht handschriftlich angebracht werden muss, sondern auch beigestempelt oder vorgeschrieben sein kann. Eine Notarvertreterin führt den sie als Vertreterin kennzeichnenden Zusatz in der weiblichen Form, § 33 Abs. 3 DONot. Handelt es sich bei der Beurkundung um eine Niederschrift gem. §§ 8 ff. BeurkG, ist die Tatsache, dass die Beurkundung durch einen Vertreter erfolgt, dessen Identität und der Name des vertretenen Notars auch im Text der Niederschrift anzugeben. „Notar" iSd § 9 Abs. 1 Nr. 1 BeurkG meint, wenn beide nicht personenidentisch sind, sowohl den Notar wie die Beurkundungsperson. Dabei ist es ausreichend, wenn die Klarstellung, dass die Beurkundung nicht durch den Notar, sondern durch eine andere Person als seinem amtlich bestellten Vertreter erfolgt, in einem Richtigstellungsvermerk am Schluss der Niederschrift erfolgt.

II. Fehler in der Fassung der Urkunde

11 Angaben zum Notar und zur Tatsache der Aufnahme der Niederschrift durch einen anderen in Vertretung des Notars sind genauso Tatsachenbescheinigungen der die Urkunde unterzeichnenden Amtsperson wie die Angaben zum Ort und Tag der Beurkundung, zur Identität der an der Beurkundung beteiligten Personen, deren Willenserklärungen aufgenommen wurden, und zu den Belehrungen des Notars. Der Notar(vertreter) ist berechtigt, letztlich sogar verpflichtet, solche eigenen Angaben in der Niederschrift **richtig zu stellen,** falls ihm nach Beendigung der Beurkundungsverhandlung ein Fehler bewusst wird.[3] Dies gilt auch dann, wenn der Fehler darin besteht, dass die Ergänzung der Niederschrift um den Hinweis, dass die Beurkundung durch den Notarvertreter erfolgte, versäumt oder umgekehrt im Eingang einer durch den Notar aufgenommenen Urkunde versehentlich der Notarvertreter nicht getilgt wurde.[4] Das den Fehler berichtigende Zeugnis hat in Form eines nochmals gesondert unter Angabe von Datum und Ort der Errichtung zu unterzeichnenden und zu siegelnden Nachtragsvermerks zu erfolgen. Diesen **Nachtragsvermerk** vermag nur derjenige anzubringen, der das ursprüngliche Zeugnis abgelegt hat. Wird der Fehler erst entdeckt, nachdem die Vertreterbestellung abgelaufen ist, kann der Vertreter sein ursprüngliches, als fehlerhaft erkanntes Zeugnis nicht mehr berichtigen, es sei denn, er würde erneut zum Vertreter des gleichen Notars bestellt. Im Übrigen ist die Aufnahme des Berichtigungsvermerks jederzeit möglich, auch dann, wenn die Urkunde mit dem fehlerhaften Zeugnis bereits in den Rechtsverkehr gelangt ist.[5]

12 **Versäumt** der Vertreter, der ordnungsgemäß Zeugnis von der Tatsache der Beurkundung durch ihn als Vertreter des Notars gibt, den **Zusatz „Notarvertreter"** seiner **Unter-**

---
[3] Zutr. *Reithmann* DNotZ 1988, 568 f.
[4] Anders, aber unzutr. OLG Hamm DNotZ 1988, 565, wie hier *Peterßen* RNotZ 2008, 200 f.
[5] Zutr. *Reithmann* DNotZ 1988, 569.

schrift beizufügen, was vor allem dann vorkommen kann, wenn der Vertreter selbst Notar ist, so ist auch dieser Mangel heilbar. Zwar ist die Formulierung in § 41 Abs. 1 S. 2 („hat" beizufügen) strenger als in § 13 Abs. 3 S. 2 BeurkG („soll" beizufügen), doch kann daraus nicht abgeleitet werden, dass der Gesetzgeber in der Versäumung einen Nichtigkeitsgrund sehen sollte. Bei der Abfassung des Beurkundungsgesetzes hat der Gesetzgeber bewusst darauf geachtet, Ordnungsvorschriften durch die Verwendung des Begriffs „soll" als solche zu kennzeichnen. Diese Sorgfalt in der Wortwahl kann bei der Abfassung des älteren § 41 nicht unterstellt werden. Das Fehlen des Vertreterzusatzes bei der Unterschrift stellt im Übrigen ein offensichtliches Schreibversehen dar und braucht daher nicht durch einen förmlichen Nachtragsvermerk ausgebessert zu werden, sondern kann als einfacher Vermerk erfolgen. Vor Herausgabe der Urkunde in den Rechtsverkehr ist die Verbesserung in eindeutigen Fällen, in denen die Tatsache der Beurkundung durch den Unterzeichnenden als Notarvertreter im Übrigen unzweideutig an der Urkunde abgelesen werden kann, sogar durch bloße nachträgliche Anbringung bei der Unterschrift möglich. Hat der Notarvertreter gänzlich versäumt, die Urkunde sofort zu unterschreiben, kann auch dies von ihm nachgeholt werden, allerdings, wenn zwischenzeitlich das Vertreteramt geendet hätte, nur nach erneuter Vertreterbestellung.[6]

13 Kein Fehler der Beurkundung liegt vor, wenn im Text einer Niederschrift Belehrungen nicht ausdrücklich als solche des Notarvertreters ausgewiesen sind, oder bezeugt wird, „der Notar" habe die Urkunde verlesen, und im Übrigen durch den Urkundseingang und die Unterschrift die Aufnahme der Niederschrift durch den Notarvertreter eindeutig belegt ist. Dann kann die Verwendung des Worts „Notar" an den betreffenden Stellen zwanglos im Sinne von „Urkundsperson" ausgelegt werden.

III. Mitwirkungsverbote und Ausschließungsgründe

14 Gemäß Abs. 2 soll sich der Vertreter eines Notars der Ausübung des Amts **auch** insoweit enthalten, als dem von ihm **vertretenen Notar** die Amtsausübung untersagt wäre. Damit stellt § 41 eine Erweiterung gegenüber § 39 Abs. 4 dar, der dem Notarvertreter die Mitwirkung verbietet, wenn eine Interessenkollision im Sinne der einschlägigen Bestimmungen des Beurkundungsgesetzes in der eigenen Person des Vertreters besteht. § 41 Abs. 2 betrifft demgegenüber Interessenkollisionen des vertretenen Notars und will der abstrakten Gefahr vorbeugen, dass der Vertreter ungeachtet seiner Unabhängigkeit im vermeintlichen Sinne des Notars sachwidrigen Erwägungen folgen könnte.

15 § 41 Abs. 2 reicht nur soweit, wie dem vertretenen Notar die Amtsausübung untersagt wäre, bezieht sich also auf §§ 3 Abs. 1, 6, 7 BeurkG bzw. § 16 iVm § 3 Abs. 1 BeurkG. § 3 Abs. 2 und Abs. 3 BeurkG begründen dagegen keine Mitwirkungsverbote. Sinn und Zweck des Abs. 2 gebieten aber die Schlussfolgerung, dass der Notarvertreter den entsprechenden Hinweis- und Dokumentationspflichten auch im Hinblick auf den vertretenen Notar unterliegt, was auch eine vorgelagerte Erkundigungspflicht einschließt.

16 Die Vorschrift ist im Übrigen gegenüber § 39 Abs. 4 in Verbindung mit den in Bezug genommenen Vorschriften **hinsichtlich der Rechtsfolgen weniger streng.** Während § 39 Abs. 4 iVm §§ 6 f. BeurkG für die Beurkundung von Willenserklärungen absolute Ausschließungsgründe statuiert, so dass Beurkundungen des in eigener Person betroffenen Notarvertreters nichtig sind, ist § 41 Abs. 2 durchgängig, also im Hinblick auf sämtliche in Bezug genommenen Ausschließungsgründe bzw. Mitwirkungsverbote, als Soll-Vorschrift gefasst, mit der Folge, dass unter Verstoß gegen diese Bestimmungen vorgenommene Beurkundungen generell wirksam sind, auch wenn beispielsweise der vertretene Notar aus der Urkunde einen unmittelbaren Vorteil erwirbt, etwa weil er zum Testamentsvollstrecker berufen wird.

---

[6] Siehe *Peterßen* RNotZ 2008, 211, auch zur Nachholung der versäumten Unterschrift eines Beteiligten, die in Anwesenheit der gleichen Urkundsperson zu vollziehen ist.

17 Genau wie der Notar kann sich auch der Notarvertreter der Amtsausübung enthalten, wenn er sich für **befangen** hält (§ 16 Abs. 2 iVm § 39 Abs. 4), wobei er wegen der Ableitung seiner Amtsbefugnis von ihm eine Befangenheit auch aus Umständen herleiten können muss, die den **vertretenen Notar** betreffen. Zur Annahme einer solchen Befangenheit ist der Vertreter insbesondere also auch dann berechtigt (aber selbstverständlich nicht verpflichtet), wenn zwar nicht bei ihm, aber beim vertretenen Notar einer der Tatbestände des § 3 Abs. 2 und Abs. 3 BeurkG gegeben ist.

§ 42 [Zuständigkeit für Streitigkeiten zwischen Notar und Notarvertreter]

Für vermögensrechtliche Streitigkeiten zwischen dem Notar und dem Notarvertreter, welche die Vergütung oder die Haftung für Amtspflichtverletzungen betreffen, sind die Landgerichte ohne Rücksicht auf den Wert des Streitgegenstandes ausschließlich zuständig.

A. Sinn und Zweck

1 § 42 betrifft aus dem Rechtsverhältnis zwischen Notar und Notarvertreter nur dessen **privatrechtliche** Seite und begründet insoweit (→ Rn. 4) für die näher beschriebenen vermögensrechtlichen Streitigkeiten eine **ausschließliche sachliche Zuständigkeit der Landgerichte**. Soweit es um Haftungsfragen geht, ist die Zuweisung zum Landgericht folgerichtig, denn auch § 19 Abs. 3 begründet für Amtshaftungsklagen gegen den Notar (ebenso gegen den Notarvertreter) eine ausschließliche Zuständigkeit der Landgerichte.

2 Eine Rechtswegzuweisung enthält die Vorschrift nicht. Die Zuständigkeit der ordentlichen Gerichte ergibt sich bereits aus der Struktur des Vertreterverhältnisses. Weil der Notarvertreter weisungsunabhängig sein Amt versieht, ist er nicht Arbeitnehmer und deshalb der Rechtsweg zu den Arbeitsgerichten nicht eröffnet. Selbst eine Zuständigkeit kraft Sachzusammenhangs gem. § 2 Abs. 3 ArbGG kann nicht begründet werden, weil § 42 die Zuständigkeit der Landgerichte als ausschließliche festlegt.

B. Regelungsinhalt

3 Vermögensrechtliche Streitigkeiten über die Vertretervergütung und im Zusammenhang mit der Haftung des Vertreters oder des Notars für Amtspflichtverletzungen des Vertreters sind unabhängig von der Höhe des Streitwerts den Landgerichten zur ausschließlichen Erledigung zugewiesen, dh eine Zuständigkeit der Amtsgerichte kann auch nicht durch gewillkürte Vereinbarung (§ 40 Abs. 2 S. 1 Alt. 2 ZPO) oder durch Widerklage begründet werden (§ 33 Abs. 2 ZPO). Streitigkeiten über die **Vertretervergütung** können sowohl das Ob der Vergütungspflicht wie die Höhe der Vergütung einschließlich Auslagen, Reisekosten uÄ betreffen, damit auch Streitigkeiten wegen Rückzahlung überzahlter Vergütung.[1] Weiterhin ist § 42 ohne Unterschied danach anwendbar, ob der Vertreter auf Ersuchen des Notars oder von Amts wegen bestellt worden war. Gleiches gilt für Streitigkeiten über die **Amtshaftung**. Insoweit erfasst die Zuweisung sowohl den Regressanspruch des Notars gegen den Vertreter aus § 46 Abs. 2 wie – umgekehrt – einen Freistellungsanspruch des Vertreters gegen den Notar aus der zwischen ihnen bestehenden Vertretungsvereinbarung. Auch ist es ohne Bedeutung, ob die Klage auf **Zahlung** oder auf **Feststellung** gerichtet ist.

4 Für **sonstige** denkbare **vermögensrechtliche Streitigkeiten** zwischen Notar und Notarvertreter im Zusammenhang mit der Vertretung, zB wegen Auskunft und Rech-

---
[1] Peterßen RNotZ 2008, 192.

nungslegung oder wegen Schadensersatz für eine unerlaubte Handlung oder ein pflichtwidriges Verhalten, die nicht im Zusammenhang mit einem (potentiellen) Amtshaftungsanspruch eines Dritten stehen, gilt § 42 seinem Wortlaut nach nicht. Aus §§ 19 Abs. 3, 42, 62 wird man aber in einer Gesamtschau ableiten können, dass dem Gesetzgeber daran gelegen war, Streitigkeiten bürgerlich-rechtlicher Art mit spezifischem Bezug zur Ausübung des Notaramtes bei den Landgerichten zu konzentrieren. Dies legt nahe, § 42 über den Wortlaut hinaus als Begründung einer sachlichen Zuständigkeit der Landgerichte für **alle** vermögensrechtlichen Streitigkeiten zwischen Notar und Notarvertreter mit Bezug zum Vertretungsvertragsverhältnis zu lesen.

Wenn nach hier vertretener Ansicht §§ 19 Abs. 3, 42, 62 die dort jeweils bezeichneten 5 Rechtsstreitigkeiten wegen ihres spezifischen amtsbezogenen Streitgegenstands den Landgerichten zuweisen, so ergibt sich daraus auch, dass die Landgerichte selbst dann ausschließlich zuständig sind, wenn der Rechtsstreit nicht zwischen Notar und Notarvertreter geführt wird, sondern ein **Dritter** beteiligt ist, an welchen etwa die Vergütungsansprüche abgetreten oder zu dessen Gunsten sie gepfändet und überwiesen wurden.

Schiedsrichterliche Entscheidungen bleiben durch § 42 unberührt.[2] Vor allem für 6 Streitigkeiten über die Höhe der Vertretervergütung ist eine Beilegung des Rechtsstreits durch Berufung des Vorstands oder Präsidenten der Notarkammer als Schiedsgericht bzw. Schiedsrichter einer gerichtlichen Entscheidung vorzuziehen.

§ 43 [Vergütung des von Amts wegen bestellten Vertreters]

Der Notar hat dem ihm von Amts wegen bestellten Vertreter (§ 39 Abs. 2) eine angemessene Vergütung zu zahlen.

A. Sinn und Zweck

Die Vorschrift behandelt den **Vergütungsanspruch** des gem. § 39 Abs. 2 **von Amts** 1 **wegen bestellten** Vertreters. Da ein Notar, dem von Amts wegen ein Vertreter bestellt wurde, keinem Kontrahierungszwang unterliegt und den Abschluss einer ua auch die Vergütung regelnden Vertretungsvereinbarung nicht als selbstverständlich unterstellt werden kann, besteht Bedarf, als Auffangtatbestand einen Vergütungsanspruch kraft Gesetzes zu begründen.

B. Vergütung des von Amts wegen bestellten Vertreters

Der Notar muss kraft gesetzlicher Anordnung dem ihm von Amts wegen bestellten 2 Vertreter eine **angemessene Vergütung** zahlen. Was angemessen ist, ist von den Umständen des konkreten Falls abhängig, wobei vor allem die zeitliche Beanspruchung des Vertretenen, in Ausnahmefällen auch die besondere Schwierigkeit der zu bearbeitenden Vorgänge zu berücksichtigen ist. Empfehlungen der Notarkammern, wie sie im Bereich des hauptberuflichen Notariats für die Vergütungen „gewöhnlicher" Urlaubs- oder Krankheitsvertretungen durch Notarassessoren bestehen und von Zeit zu Zeit fortgeschrieben werden, können für diesen speziellen Fall nicht übernommen werden. Die Aufgabe des von Amts wegen bestellten Vertreters reicht an die eines Notariatsverwalters zumindest heran; ihm ist daher auch eine der Verwaltervergütung zumindest nahe kommende Vergütung zu zahlen.

Die **Festsetzung** der angemessenen Vergütung ist nicht Aufgabe der Bestellungsbehörde, 3 sondern **obliegt** zunächst dem **Notarvertreter** (§ 316 BGB). Falls der vertretene Notar mit dem vom Vertreter geltend gemachten Betrag nicht einverstanden ist, erfolgt die

---

[2] Schippel/Bracker/*Schäfer* BNotO § 42 Rn. 1; Arndt/Lerch/Sandkühler/*Lerch* BNotO § 39 Rn. 6.

Klärung durch das örtlich zuständige Landgericht (§ 42) oder, was vorzuziehen ist, aber voraussetzt, dass beide sich hierauf verständigen, eine schiedsrichtliche Entscheidung etwa des Präsidenten der Notarkammer, der der Notar angehört, oder des Vorstands der Notarkammer.

4 Der Notarvertreter ist nicht verpflichtet, seinen Vergütungsanspruch gegenüber dem vertretenen Notar gesondert geltend zu machen, sondern darf die ihm zustehende Vergütung unmittelbar vom Geschäftskonto des Notars entnehmen. Die Entnahmeberechtigung besteht gem. § 614 BGB erst nach Erbringung der Vertreterleistung. Dass bei der Notarvertretung Tagessätze üblich sind, bedeutet aber nicht, dass der Vertreter seine Vergütung entsprechend § 614 S. 2 BGB jeweils am nächsten Tag entnehmen könnte, vielmehr ist bei länger dauernder Vertretung eine monatliche Abrechnung angemessen.

C. Vergütung des auf Antrag bestellten Vertreters

5 Ob und welche Vergütung dem **auf Antrag** eines Notars **bestellten Vertreter** zusteht, muss in der **Vertretervereinbarung** geregelt werden. Fehlen präzise Vereinbarungen, ist davon auszugehen, dass **Entgeltlichkeit** die **Regel,** Unentgeltlichkeit die Ausnahme ist, und zwar auch dann, wenn der Vertreter dem Notar zur Ausbildung zugewiesener Notarassessor oder mit ihm soziierter Rechtsanwalt ist und bereits in dieser Funktion Einkommen bezieht. Denn die Wahrnehmung einer Notarvertretung bedeutet die Übernahme zusätzlicher Verantwortung und eines eigenständigen Haftungsrisikos. Unentgeltlichkeit der gegenseitigen Vertretung ist dagegen häufig in Sozietätsverträgen hauptberuflicher Notare anzutreffen, bedarf aber auch dort der ausdrücklichen Vereinbarung.

6 In der Ausgestaltung der Entgeltabrede sind Notar und Notarvertreter grundsätzlich frei. Allerdings verbietet § 17 Abs. 1 S. 4 eine wie auch immer, ob prozentual oder anders ausgestaltete **Beteiligung des Vertreters an den** während der Vertretungszeit angefallenen **Gebühren als Vertretervergütung.**[1] Dagegen können die Beteiligten ohne weiteres eine nach dem Arbeits-(Zeit-)Aufkommen während der Vertretung gestaffelte Vergütung vereinbaren. Auch Monats- oder Jahrespauschalen, die alle während dieser Zeit anfallenden Vertretungen abgelten, sind möglich und beim ständigen Vertreter besonders nahe liegend. Richtlinien der Notarkammern über die Höhe des Vertreterentgelts, wie sie etwa im hauptberuflichen Notariat im Bezug auf die Vertretungstätigkeit der Notarassessoren verbreitet sind, sind nicht bindend, sondern haben nur einen empfehlenden Charakter. Sie können aber als Beurteilungsgrundlage herausgezogen werden, wenn Notar und Notarvertreter die Höhe der Vergütung nicht näher besprochen haben und deshalb – in entsprechender Anwendung von § 43 – die angemessene Vergütung festgestellt werden muss. Dabei ist freilich zu beachten, dass diese Richtlinien auf Vertretungen durch Notarassessoren ausgerichtet sind. Bei Notaren, Notaren a. D., Richtern a. D. oder anderen Vertretern, die sich nicht in einem Ausbildungsverhältnis befinden, liegt dementsprechend die „angemessene" Vergütung deutlich über diesen Sätzen.

§ 44 [Dauer der Amtsbefugnis des Vertreters]

(1) ¹**Die Amtsbefugnis des Vertreters beginnt mit der Übernahme des Amtes und endigt, wenn die Bestellung nicht vorher widerrufen wird, mit der Übergabe des Amtes an den Notar.** ²**Während dieser Zeit soll sich der Notar der Ausübung seines Amtes enthalten.**

(2) **Die Amtshandlungen des Vertreters sind nicht deshalb ungültig, weil die für seine Bestellung nach § 39 erforderlichen Voraussetzungen nicht vorhanden waren oder später weggefallen sind.**

---

[1] Siehe hierzu bereits bei → § 41 Rn. 8.

A. Sinn und Zweck

§ 44 Abs. 1 **grenzt** die **Amtsausübung** von Notar und Vertreter voneinander **ab**. § 44 ist Ausdruck der Tatsache, dass der Notarvertreter sein Vertreteramt von dem Amt eines bestellten Notars ableitet. Zum Schutz des Rechtsverkehrs knüpft das Gesetz die Amtsbefugnis als Grundlage wirksamer Amtshandlungen nur an die tatsächliche Übernahme des Amts, nicht an ein hinzutretendes Einverständnis des vertretenen Notars an. § 44 Abs. 1 S. 2 ist Konsequenz der Tatsache, dass das Institut der Vertreterbestellung nur eine mangelnde Amtsausübungsbereitschaft des Notars ausgleichen, nicht aber eine Erhöhung der Arbeitskraft einer Notarstelle bewirken soll.

Abs. 2 ordnet, ebenfalls zum Schutz des Rechtsverkehrs, eine **Bestandskraft von Amtshandlungen** des Vertreters an, auch wenn die Vertreterbestellung zu Unrecht ergangen war oder hätte widerrufen werden müssen. Diesbezüglich hat die Norm nur klarstellenden Charakter, da auch der rechtswidrige Bestellungsakt, solange er nicht widerrufen ist, nach allgemeinen verwaltungsrechtlichen Grundsätzen rechtswirksam ist und für den Vertreterstatus begründende Wirkung entfaltet. Ist der Bestellungsakt dagegen nichtig, führt auch Abs. 2 keine Gültigkeit der vom nicht wirksam bestellten Vertreter vorgenommenen Amtshandlungen herbei.

B. Amtsbefugnis des Notarvertreters, Abs. 1 S. 1

Die Amtsbefugnis des Notarvertreters **setzt** – im Rahmen der zeitlichen Gültigkeit seiner Vertreterbestellung – **ein** mit der **Übernahme des Notaramts** und besteht solange, wie nicht der Vertreter das Amt an den Notar **zurückgibt.** Übernehmen kann der Vertreter dabei nur das Amt des Notars, als dessen Vertreter er bestellt ist, nicht aber (auch) das Amt eines anderen Notars, als dessen (insbesondere ständiger) Vertreter der vertretene Notar bestellt ist (zur Unzulässigkeit solcher „Untervertretung" → § 39 Rn. 25). Im Übrigen ist die Fähigkeit des Vertreters, wirksame Amtshandlungen vorzunehmen, **nicht** daran geknüpft, dass der Notar dem Vertreter die Amtsgeschäfte **förmlich überträgt.** Beim gem. § 39 Abs. 2 von Amts wegen bestellten Vertreter wäre dies ohnehin untunlich. Beim auf Antrag des Notars bestellten Vertreter ist zwar anzuerkennen, dass der Notar sich die gesonderte Übertragung der Amtsbefugnis vorbehalten kann. Doch werden durch § 44 Abs. 1 S. 1 gleichzeitig heikle und der Rechtssicherheit abträgliche Diskussionen über die Wirksamkeit von Amtshandlungen vermieden, wenn der Vertreter ihm solchermaßen im Innenverhältnis gezogene Grenzen überschreitet. Gleiches gilt beim Entzug der Amtsbefugnis.

Die Übernahme des Amts durch den Vertreter bedarf **keiner besonderen Manifestation nach außen.** Sie ist unabhängig von dem in § 33 Abs. 5 DONot vorgesehenen Vermerk der Übernahme des Amts durch den Vertreter in der Urkundenrolle und äußert sich jedenfalls in der Vornahme der ersten Amtshandlung. Eine **Übernahme des Amts** ist während der Gültigkeit einer Vertreterbestellung auch **wiederholt möglich,** und zwar nicht nur beim ständigen Vertreter gem. § 39 Abs. 1 Hs. 2 – bei ihm ist die mehrmalige Amtsübernahme geradezu systemimmanent –, sondern **auch beim „einfachen" Notarvertreter.** Mit der zwischenzeitlichen Rückgabe des Amts an den Notar wird die Vertreterbestellung als statusbegründender Akt in keinem Fall verbraucht, kann somit auch (im Rahmen der zeitlichen Gültigkeit) Grundlage einer neuerlichen Amtsübergabe sein.[1] Gestützt wird diese Rechtssicherheit gewährleistende Auffassung im Übrigen auch durch einen **Gegenschluss zu § 64 Abs. 1 S. 1.** Nach dieser Bestimmung endet mit der Über-

---

[1] Ebenso Schippel/Bracker/*Schäfer* BNotO § 44 Rn. 7; *Decku*, 50 Jahre Oberlandesgericht und Generalstaatsanwaltschaft Koblenz, S. 456.

nahme seines Amts durch den zuvor vorläufig amtsenthobenen oder gem. § 8 an der persönlichen Amtsausübung gehinderten Notar das Amt (und nicht nur die Amtsbefugnis) des Notariatsverwalters, während gem. § 44 Abs. 1 durch die Übergabe des Amts an den Notar nur die Amtsbefugnis endigt.

5 Die Amtsbefugnis des Vertreters **endet,** wenn nicht die Vertreterbestellung als solche bereits vorher ausgelaufen ist oder widerrufen wurde, mit der **Rückgabe des Amtes an den Notar.** Auch dies ist nicht im Sinne eines förmlichen Aktes zu verstehen. Regelmäßig wird der Notarvertreter stillschweigend sein Amtshandeln einstellen und der Notar seine Amtstätigkeit wieder aufnehmen. Solange aber der Notarvertreter sein Amt noch ausübt – so ist im Gegenschluss zu folgern, – hat er im Außenverhältnis auch noch die Amtsbefugnis, mag sie ihm der vertretene Notar auch im Innenverhältnis bereits entzogen haben. Dies kann von gewisser praktischer Bedeutung beim gem. § 39 Abs. 2 S. 2 von Amts wegen bestellten Vertreter sein, wenn der vertretene Notar subjektiv meint, sein Amt wieder ausüben zu können, der Vertreter jedoch die Übergabe des Amts an ihn verweigert. Wirksam zur Wehr setzen kann sich der vertretene Notar gegen die seiner Auffassung nach eigenmächtige Fortsetzung der Amtsausübung durch den Vertreter, indem er Antrag auf Widerruf der Vertreterbestellung stellt. Gibt die Behörde dem Antrag statt, entfällt der Vertreterstatus und damit die Amtsbefugnis mit Wirksamwerden des Widerrufs. Lehnt sie ihn ab, so kann der Notar hiergegen gem. § 111 um Rechtsschutz nachsuchen. Eine unmittelbare gerichtliche Auseinandersetzung zwischen Notar und Notarvertreter, etwa im Wege des einstweiligen Rechtsschutzes, ist nicht zulässig. Da es hier um statusrechtliche Fragen im Zusammenhang mit Notar- und Notarvertreteramt geht, ist der Weg zur ordentlichen Gerichtsbarkeit nicht eröffnet.

C. Amtsausübung durch den Notar während der Vertreterzeit, Abs. 1 S. 2

6 Da es der Notar in bestimmten Fällen in der Hand hat, seine persönliche Amtsbereitschaft zu steuern, besteht die **Gefahr des Missbrauchs der Vertreterbestellung zum Zwecke der Vermehrung der Amtsausübung** über das von einer einzelnen Person leistbare hinaus, insbesondere indem Notar und Vertreter nebeneinander tätig werden. Den Weg, zur Vermeidung dieses unerwünschten Sachverhalts die Amtsbefugnis des Notars während der Gültigkeit der Vertreterbestellung zum Ruhen zu bringen, ist der Gesetzgeber zu Recht nicht gegangen. Dies wäre generell nicht sachgerecht. Da die persönliche Amtsausübung durch den Notar das eigentlich vom Gesetz gewünschte ist, dem Notar eine nur vorsorgliche Vertreterbestellung möglich sein muss und es ihm auch unter Haftungsgesichtspunkten unbenommen bleiben muss, während einer Vertretungszeit bestimmte Amtsgeschäfte selbst vorzunehmen, hat sich der Gesetzgeber zu Recht damit begnügt, dem Notar solange die eigene Amtstätigkeit zu untersagen, wie der Vertreter das Amt tatsächlich selbst ausübt. Dieses Verbot gilt ausnahmslos. Die Ausgestaltung von Abs. 1 S. 2 als Soll-Vorschrift hat einzig und allein die Funktion, im Sinne der Rechtssicherheit die Wirksamkeit unter Verstoß gegen dieses Verbot vorgenommener Amtshandlungen nicht in Frage zu stellen.

7 Durch Abs. 1 S. 2 **verboten** ist das **parallele Tätigwerden.** Eine hintereinander geschaltete, **abwechselnde Amtstätigkeit von Notar und Vertreter** fällt dagegen nicht unter die Norm. Ein solches Verfahren ist aber dann fragwürdig und ebenfalls zu beanstanden, wenn auf diese Weise systematisch eine ins Gewicht fallende Erhöhung des Arbeitspensums der Notarstelle als solcher eintreten soll. Zu Recht verlangen deshalb die Empfehlungen der Bundesnotarkammer zu den Berufsrichtlinien der Notarkammern unter Bezugnahme auf die Pflicht zur persönlichen Amtsausübung, dass Vertretungen des Notars nicht dazu führen dürfen, dass der Umfang seiner Amtstätigkeit (über das durch einen einzelnen Menschen leistbare hinaus) vergrößert wird (s. Abschnitt IV Nr. 5 RLEmBNotK). Aus den

Anzeigen gem. § 33 Abs. 6 DONot oder sonstigen Erkenntnisquellen offenbar werdenden Missständen in dieser Hinsicht hat die Aufsichtsbehörde ggf. durch Widerruf der Vertreterbestellung zu begegnen.

Das Verbot, selbst Amtsgeschäfte vorzunehmen, gilt auch dann, wenn der Vertreter **8** entgegen der Aufforderung des Notars die eigene Amtstätigkeit nicht einstellt (→ Rn. 5). Der einzige Weg des Notars, dem zu begegnen, führt über den Antrag auf Widerruf der Vertreterbestellung (→ Rn. 5).

D. Gültigkeit von Amtshandlungen des Vertreters, Abs. 2

Abs. 2 ist zu allererst eine spezielle Ausformung des allgemeinen verwaltungsrechtlichen **9** Grundsatzes, dass Verwaltungsakte, solange sie nicht angefochten oder zurückgenommen werden, Rechtswirkung entfalten und zu beachten sind, selbst wenn sie **von Anfang an rechtswidrig** waren oder **wegen nachträglich eingetretener Umstände** ein **Widerruf** erfolgen müsste. Hätte die Vertreterbestellung nicht erfolgen dürfen, weil eine der Voraussetzungen des § 39 nicht gegeben war – es lag keine relevante Verhinderung des Notars vor, sein Amt persönlich auszuüben; der Vertreter erfüllt eine der subjektiven Bestellungsvoraussetzungen nicht –, so wirkt die trotzdem erfolgte Bestellung immer noch statusbegründend, weshalb die Gültigkeit der von diesem rechtswidrig, aber wirksam bestellten Vertreter vorgenommenen Amtshandlungen nicht in Frage gestellt werden kann. Genau so wenig tangiert es den Status, wenn zu einem späteren Zeitpunkt die ursprünglich rechtmäßige Vertreterbestellung ihre Grundlage verliert. Dabei ist es müßig zu fragen, ob auch die Einhaltung ermessensregulierender Verwaltungsvorschriften zu den Voraussetzungen der Vertreterbestellung nach § 39 zählt. Denn ist dies von § 44 Abs. 2 nicht gemeint – dies ist die näher liegende Sichtweise –, so folgt daraus erst recht die Gültigkeit der vom rechtswidrig bestellten Vertreter vorgenommenen Amtshandlungen.

Kein Schutz des Vertrauens des Rechtsverkehrs **in die Rechtswirksamkeit** des Ver- **10** treterhandelns besteht deshalb nur dann, **wenn die Bestellung** nach allgemeinen verwaltungsrechtlichen Grundsätzen **nichtig** ist (§ 44 VwVfGe) **oder der Vertreter außerhalb seiner Bestellungszeit tätig wird,** also entweder bevor die Ernennung wirksam geworden oder nachdem die Bestellung ausgelaufen oder wegen Erlöschens des Amts des Notars ebenfalls erloschen ist.[2] Bei mehraktigen Amtshandlungen kommt es jeweils darauf an, dass alle Akte während des Bestehens des Vertreterstatus vollzogen wurden.[3] Nach Auslaufen der Bestellung ist ein Zu-Ende-Bringen solcher mehraktiger Amtshandlungen, insbesondere die Aufnahme eines Tatsachenprotokolls oder einer Unterschriftsbeglaubigung, nur dadurch möglich, dass der Vertreter erneut bestellt wird und ihm damit erneut die Amtsbefugnis zuwachsen kann.[4]

§ 45 [Verwahrung bei Abwesenheit oder Verhinderung]

[§ 45 bis 31.12.2021:]

(1) ¹**Für die Dauer der Abwesenheit oder Verhinderung kann der Notar, wenn ihm ein Vertreter nicht bestellt ist, seine Akten einschließlich der Verzeichnisse und Bücher einem anderen Notar im Bezirk desselben oder eines benachbarten Amtsgerichts oder dem Amtsgericht, in dessen Bezirk er seinen Amtssitz hat, in Verwahrung geben.** ²**Die Verwahrung durch einen anderen Notar ist dem Amtsgericht mitzuteilen.**

---
[2] BGH DNotZ 1999, 346.
[3] BGH DNotZ 1999, 346.
[4] Umgekehrt entbindet die Tatsache, dass der Vertreter einen Teilakt erst nach Ablauf seiner Bestellung vollzogen hat, ihn nicht von seiner spezifischen Amtshaftung, s. BGH DNotZ 1999, 348 f.

(2) Der Notar oder das Amtsgericht, dem die Akten in Verwahrung gegeben sind, hat an Stelle des abwesenden oder verhinderten Notars Ausfertigungen und Abschriften zu erteilen und Einsicht der Akten zu gestatten.

(3) Hat der Notar für die Dauer seiner Abwesenheit oder Verhinderung seine Akten nicht nach Absatz 1 in Verwahrung gegeben und wird die Erteilung einer Ausfertigung oder Abschrift aus den Akten oder die Einsicht der Akten verlangt, so hat das Amtsgericht, in dessen Bezirk der Notar seinen Amtssitz hat, die Akten in Verwahrung zu nehmen und die beantragte Amtshandlung vorzunehmen.

(4) ¹Der Notar, der die Akten in Verwahrung hat, erteilt die Ausfertigungen und beglaubigten Abschriften mit seiner Unterschrift und unter seinem Siegel oder Stempel. ²Für die Erteilung der Ausfertigungen oder Abschriften durch das Amtsgericht gelten die Vorschriften über die Erteilung von Ausfertigungen oder Abschriften gerichtlicher Urkunden. ³In dem Ausfertigungsvermerk soll auf die Abwesenheit oder Verhinderung des Notars hingewiesen werden.

(5) Die Kosten für die Erteilung von Ausfertigungen oder Abschriften stehen, wenn die Akten durch einen Notar verwahrt werden, diesem und, wenn die Akten durch das Amtsgericht verwahrt werden, der Staatskasse zu.

[§ 45 ab 1.1.2022:]

(1) ¹Für die Dauer der Abwesenheit oder Verhinderung kann der Notar, dem kein Vertreter bestellt ist, seine Akten und Verzeichnisse sowie die ihm amtlich übergebenen Urkunden und Wertgegenstände einem anderen Notar im Bezirk desselben oder eines benachbarten Amtsgerichts in seinem Amtsbezirk oder der Notarkammer, in deren Bezirk er seinen Amtssitz hat, in Verwahrung geben. ²§ 51a gilt entsprechend. ³Die Verwahrung durch einen anderen Notar ist der Notarkammer und der Aufsichtsbehörde mitzuteilen. ⁴Die Verwahrung durch die Notarkammer ist der Aufsichtsbehörde mitzuteilen.

(2) Der Notar oder die Notarkammer, dem oder der die Akten und Verzeichnisse in Verwahrung gegeben sind, hat an Stelle des abwesenden oder verhinderten Notars Ausfertigungen und Abschriften zu erteilen und Einsicht in die Akten zu gewähren.

(3) ¹Hat der Notar für die Dauer seiner Abwesenheit oder Verhinderung seine Akten und Verzeichnisse nicht nach Absatz 1 in Verwahrung gegeben und wird die Erteilung einer Ausfertigung oder Abschrift aus den Akten oder die Einsicht in die Akten verlangt, so hat die Notarkammer, in deren Bezirk der Notar seinen Amtssitz hat, die Akten und Verzeichnisse in Verwahrung zu nehmen und die beantragte Amtshandlung vorzunehmen. ²§ 51a Absatz 1 und 4 gilt entsprechend.

(4) ¹Der Notar, der die Akten und Verzeichnisse in Verwahrung hat, erteilt die Ausfertigungen und beglaubigten Abschriften mit seiner Unterschrift und unter seinem Siegel oder Stempel. ²Dies gilt entsprechend für die Notarkammer, die die Akten und Verzeichnisse in Verwahrung hat. ³Im Ausfertigungsvermerk soll auf die Abwesenheit oder Verhinderung des Notars hingewiesen werden.

(5) ¹Werden die Akten und Verzeichnisse durch einen anderen Notar verwahrt, stehen diesem die Kosten für die Erteilung von Ausfertigungen oder Abschriften zu. ²Werden die Akten und Verzeichnisse durch die Notarkammer verwahrt, stehen dieser die Kosten für die Erteilung von Ausfertigungen oder Abschriften zu; die Vorschriften des Gerichts- und Notarkostengesetzes für den Notar, dem die Kosten für seine Tätigkeit selbst zufließen, gelten entsprechend.

A. Sinn und Zweck

1 § 45 wirkt als **Auffangnorm, falls** bei Verhinderung eines Notars, sein Amt persönlich auszuüben, **kein Vertreter bestellt ist.** Auch wenn in einer solchen Situation der Amtsbetrieb einer Notarstelle zum Ruhen kommt, soll nach Auffassung des Gesetzgebers wenigstens ein Zugang zu den laufenden und abgeschlossenen Akten gewährleistet sein. Dabei kann der Notar in erster Linie gem. Abs. 1 selbst die Verwahrung seiner Akten beim Amtsgericht seines Bezirks oder einem nahebei amtierenden Notar – ab 1.1.2022 statt des

Amtsgerichts bei der für ihn zuständigen Notarkammer – veranlassen, umso den Zugang zu seinen Akten sicherzustellen. Wenn der Notar aber auch dieses unterlässt, hierzu möglicherweise gar nicht in der Lage ist, hat das zuständige Amtsgericht bei Bedarf die Inverwahrungnahme von Amts wegen herbeizuführen.

Die Detailgenauigkeit der Regelung steht im krassen Gegensatz zur praktischen Bedeutung der Vorschrift. Schon aus Haftungsgesichtspunkten wird der Notar in aller Regel bei einer willentlichen, wenige Tage überschreitenden Amtsabwesenheit für eine Vertreterbestellung Sorge tragen müssen, damit Verzögerungen im Vollzug anhängiger Beurkundungsgeschäfte vermieden werden können. Das Unterlassen einer Vertreterbestellung ist ein Organisationsverschulden des Notars, wenn er es für möglich halten muss, dass während der Abwesenheit Amtshandlungen notwendig werden, die an seiner Stelle nur ein amtlich bestellter Vertreter vornehmen kann, wie beispielsweise die Auszahlung hinterlegter Gelder (zur Erteilung vollstreckbarer Ausfertigungen → Rn. 9). 2

B. Inverwahrunggabe durch den Notar, Abs. 1

I. Verhinderung der Amtsausübung

Der Notar kann, wenn er an der Amtsausübung in eigener Person gehindert ist und er auf die Bestellung eines Vertreters verzichtet hat oder ein Bestellungsantrag negativ verbeschieden wurde und der Notar in der Kürze der Zeit Ersatz nicht finden konnte, Akten, Verzeichnisse und Bücher nach seiner Wahl einem anderen Notar im Bezirk desselben oder eines benachbarten Amtsgerichts oder dem Amtsgericht seines Bezirks – ab 1.1.2022 statt des Amtsgerichts bei der für ihn zuständigen Notarkammer – in Verwahrung geben. Dabei bezieht sich § 45 analog zu §§ 38 ff. nur auf eine Amtsabwesenheit oder sonstige Verhinderung aus tatsächlichen Gründen (im Einzelnen → § 38 Rn. 3 f.). Beruht die Verhinderung auf einer vorläufigen Amtsenthebung, enthält die BNotO in § 55 eine eigene Regelung, die insbesondere im Unterschied zu § 45 nur die Verwahrung durch das Amtsgericht vorsieht. 3

II. Begriff und Gegenstand der Inverwahrunggabe

Inverwahrunggabe bedeutet **Verschaffung der tatsächlichen Sachherrschaft.** Ein körperliches Verbringen von Akten, Büchern und Verzeichnissen zur verwahrenden Stelle ist dabei regelmäßig untunlich. Sind Mitarbeiter des Notars während seiner Abwesenheit in den Geschäftsräumen erreichbar, so besteht das In-Verwahrung-Geben nur in der Bitte bzw. dem Antrag, während der Zeit der Verhinderung die in § 45 vorgesehenen Amtshandlungen an seiner Stelle vorzunehmen. 4

Gegenstand der so definierten Inverwahrunggabe sind **Akten, Bücher und Verzeichnisse** des Notars. Dabei handelt es sich um die Urkundensammlung, die Urkundenrolle, das Namens- und ggf. das Kostenregister, weiter Verwahrungs- und Massenbuch, die Nebenakten bereits abgeschlossener Vorgänge sowie die laufenden Akten nicht abgeschlossener Amtsgeschäfte. Die ab 1.1.2022 geltende Neufassung erwähnt zusätzlich die amtlich übergebenen Urkunden und Wertgegenstände. 5

III. Entscheidung des Notars

In der Entscheidung, ob der Notar Akten und Bücher in fremde Verwahrung gibt, ist er nach dem Gesetz frei. Die Inverwahrunggabe ist aber regelmäßig zweckmäßig, wenn schon kein Vertreter bestellt wird, weil der Notar bestimmte Handlungen nicht auf seine **Angestellten** delegieren kann. Diese können zwar ermächtigt werden, unzweifelhaft Berechtigten **Akteneinsicht** zu gewähren und **Auskünfte** zu erteilen, sie können solchen Personen auch ohne Mitwirkung des Notars einfache Abschriften fertigen. Einem ihm zugewiesenen 6

Notarassessor kann der Notar sogar sämtliche in §§ 23, 24 genannten Zuständigkeiten zur selbstständigen Erledigung übertragen. Ausfertigungen und beglaubigte Abschriften kann der Assessor ohne Vertreterbestellung aber ebenso wenig erteilen wie er in zweifelhaften Fällen der Auskunftserteilung eine Entscheidung des LG-Präsidenten nach § 18 Abs. 3 herbeiführen kann. Für Angestellte gilt dies erst recht.

7   Der Notar ist auch frei in der Entscheidung, welcher in § 45 vorgesehenen Stelle er die Verwahrung anträgt. Ein anderer Notar ist zur Übernahme der ihm angetragenen Verwahrung nicht verpflichtet. Das Amtsgericht kann sich dem Ersuchen des Notars dagegen nicht entziehen, ebensowenig die ab 1.1.2022 an seine Stelle tretende Notarkammer.

8   Der Notar muss die Übertragung der Verwahrung auf einen anderen Notar dem Amtsgericht anzeigen, in dessen Bezirk er bestellt ist (Abs. 1 S. 2). Sonstige Anzeigepflichten, zB gegenüber dem LG-Präsidenten oder der Notarkammer, sind weder im Gesetz noch in den Ausführungsvorschriften der Länder vorgesehen. So muss der Notar insbesondere auch nicht bei einer Anzeige nach § 38 S. 1 Angaben dazu machen, ob und ggf. wem er die Aktenverwahrung übertragen hat. Auch die Anzeigepflicht an das Amtsgericht entfällt in teleologischer Reduktion der Vorschrift, wenn die Verwahrung durch den Notar erfolgt, mit dem der an der Amtsausübung verhinderte Notar zur gemeinsamen Berufsausübung verbunden ist. Mit der Neufassung der Vorschrift zum 1.1.2022 ändern sich auch die Anzeigepflichten. Die Anzeige an das Amtsgericht entfällt; an seine Stelle tritt die Aufsichtsbehörde und bei Verwahrung durch einen anderen Notar die Notarkammer.

IV. Durchführung der Verwahrung

9   Die Übertragung der Verwahrung berechtigt die verwahrende Stelle zunächst dazu, in eigener Entscheidung von den Urkunden des Notars auf Antrag Ausfertigungen und (einfache und beglaubigte) Abschriften zu erteilen, wie sich mittelbar aus Abs. 4 und Abs. 5 ergibt. Aus § 797 Abs. 2 ZPO folgt weiter die Berechtigung, auch **vollstreckbare Ausfertigungen** zu erteilen.[1] Daneben ist die Verwahrungsstelle befugt, das zu tun, was der Notar auch seinen Angestellten zur selbstständigen Erledigung übertragen darf (→ Rn. 6), also in zweifelsfreien Fällen **Auskünfte** zu erteilen und **Akteneinsicht** zu gewähren. Dies ergibt sich aus der Tatsache, da sonst die Inverwahrunggabe nicht nur der Urkunden (Sammlung), sondern auch der Akten und Verzeichnisse keinen Sinn ergeben würde. Weitergehend als bei Angestellten und dem zur Ausbildung zugewiesenen Notarassessor ist die verwahrende Stelle auch als befugt anzusehen, eine **Entscheidung des LG-Präsidenten nach § 18 Abs. 3** einzuholen. Dies folgt aus dem engen Zusammenhang zwischen der Entscheidung über die Erteilung von Ausfertigungen und Abschriften gem. § 51 BeurkG und der notariellen Schweigepflicht, da die Erteilung einer Ausfertigung oder Abschrift an einen Nichtberechtigten eine Verletzung der Schweigepflicht darstellt. An diese ist auch die verwahrende Stelle nach § 45 gebunden, und zwar auch, wenn es sich dabei um das Amtsgericht – ab 1.1.2022 die Notarkammer – handelt.

10   Die Art und Weise der Erteilung von Ausfertigungen und Abschriften und die Kostengläubigerschaft sind in Abs. 4, Abs. 5 ausführlich geregelt. Die in Abs. 4 S. 2 in Bezug genommenen Vorschriften über die Erteilung von Ausfertigungen gerichtlicher Urkunden sind ebenfalls die §§ 51 f. BeurkG, da dieses Gesetz gemäß seinem § 1 Abs. 2 für die öffentlichen Beurkundungen anderer Stellen als der Notare entsprechend gilt. Die **funktionelle Zuständigkeit innerhalb des Amtsgerichts,** die im BeurkG nicht geregelt ist, liegt für die Erteilung einfacher Ausfertigungen und beglaubigter Abschriften in entsprechender Anwendung des § 317 Abs. 3 ZPO beim Urkundsbeamten der Geschäftsstelle, während für die Erteilung vollstreckbarer Ausfertigungen in entsprechender Anwendung der §§ 724 ff. ZPO iVm § 20 Nr. 12 RPflG entweder der Urkundsbeamte, oder zB in den Fällen der Rechtsnachfolge, der Rechtspfleger zuständig ist.[2]

---

[1] Zöller/*Stöber* ZPO § 797 Rn. 4.
[2] Zu letzterem vgl. Zöller/*Stöber* ZPO § 797 Rn. 3.

V. Haftung

Sowohl der verwahrende Notar wie das verwahrende Amtsgericht üben bei ihrer Tätigkeit gem. § 45 eine eigene Amtstätigkeit aus, für deren Schlechterfüllung sie entweder gem. § 19 BNotO (wenn ein Notar die Verwahrung übernommen hat) oder gem. § 839 BGB iVm Art. 34 GG (bei Verwahrung durch das Amtsgericht; ab 1.1.2022 die Notarkammer) Dritten gegenüber haften. Eine **Haftung** auch des **Notars,** auf dessen Wunsch die Verwahrung erfolgt, besteht dagegen, anders als gem. § 46 beim Handeln des Notarvertreters, **nicht.**[3]

C. Inverwahrungnahme durch das Amtsgericht, Abs. 3

Ist **kein Notarvertreter** bestellt und hat der Notar auch **keine Verwahrung** seiner Bücher, Akten und Urkunden **selbst veranlasst,** so hat bei Auftreten eines entsprechenden Bedürfnisses bis 31.12.2021 das zuständige Amtsgericht, danach die zuständige Notarkammer, die benötigten Akten von Amts wegen in Verwahrung zu nehmen und eine Ausfertigung oder Abschrift „aus den Akten" zu erteilen oder Akteneinsicht zu gewähren. Der Inverwahrungnahme hat demnach ein Antrag auf Vornahme einer dieser Amtshandlungen, eingeschlossen auch die Erteilung einer vollstreckbaren Ausfertigung und die Erteilung einer Auskunft aus den Akten, vorauszugehen, wobei die Berechtigung, eine solche Amtshandlung verlangen zu können, und das Interesse an der sofortigen Vornahme der begehrten Amtshandlung schlüssig dargetan sein müssen. Da nach hier vertretener Auffassung einfache Abschriften und Auskünfte auch von den Angestellten des Notars erteilt werden können, wenn die Berechtigung des Antragstellers zweifelsfrei feststeht, verbietet sich ein Vorgehen gem. Abs. 3 auch dann, wenn der Antragsteller nicht sofort diesen Weg beschritten hatte. Liegen die genannten Voraussetzungen aber vor, hat das Amtsgericht kein Entscheidungsermessen, sondern muss sich die Akten, erforderlichenfalls unter Einsatz von unmittelbarem Verwaltungszwang, beschaffen. Allerdings hat sich die Inverwahrungnahme strikt auf die zur Erledigung des gestellten Antrags erforderlichen Unterlagen zu beschränken. Die Durchführung der Verwahrung selbst, Art und Weise der Erteilung von Ausfertigungen und Abschriften und die Kostengläubigerschaft unterscheiden sich bei der von Amts wegen veranlassten nicht von der gewillkürten Verwahrung gem. Abs. 1 (→ Rn. 10).

Die Pflicht des Amtsgerichts (bzw. ab 1.1.2022 der Notarkammer), gem. Abs. 3 tätig zu werden, ist eine drittschützende Amtspflicht, so dass bei Verletzungen eine Schadensersatzpflicht des Landes gem. § 839 BGB iVm Art. 34 GG bestehen kann. Wäre ein einem Rechtssuchenden entstandener Schaden durch ein Handeln des Gerichts gem. § 45 Abs. 3 abwendbar gewesen, so stellt dies eine anderweitige Ersatzmöglichkeit iSd § 19 dar, wenn dem Notar als Organisationsverschulden vorgeworfen wird, dass er weder eine Vertreterbestellung noch eine Verwahrung gem. Abs. 1 veranlasst hatte.

§ 46 [Amtspflichtverletzung des Vertreters]

[1]**Für eine Amtspflichtverletzung des Vertreters haftet der Notar dem Geschädigten neben dem Vertreter als Gesamtschuldner.** [2]**Im Verhältnis zwischen dem Notar und dem Vertreter ist der Vertreter allein verpflichtet.**

---

[3] AllgM: Arndt/Lerch/Sandkühler/*Lerch* BNotO § 45 Rn. 6; Schippel/Bracker/*Schäfer* BNotO § 45 Rn. 8.

A. Sinn und Zweck

1 Gemäß § 39 Abs. 4 sind auf den Notarvertreter alle für den Notar geltenden Vorschriften mit Ausnahme des § 19a entsprechend anzuwenden, also auch § 19. Damit haftet der Vertreter für Amtspflichtverletzungen selbst und unbeschränkt mit seinem ganzen Vermögen. § 46 ordnet ergänzend hierzu in seinem Satz 1 im Interesse der Rechtsuchenden eine gesamtschuldnerische **Mithaftung des vertretenen Notars** an. Satz 2 regelt den **Haftungsausgleich im Innenverhältnis** von Notar und Notarvertreter. Während Satz 1 zwingendes Recht enthält, ist Satz 2 dispositiv. § 46 ist selbstverständlich nur anwendbar, wenn der Vertreter wirksam bestellt war, als er die „amtspflicht"widrige Handlung beging. Für das Handeln eines (noch) nicht wirksam bestellten (Schein-)Notarvertreters kann eine Haftung des Notars allenfalls aus § 19 hergeleitet werden.[1]

B. Haftung des Notars für Handlungen des Notarvertreters

I. Haftung aus § 46 S. 1

2 Ihre innere **Rechtfertigung** bezieht die Anordnung **der gesamtschuldnerischen Mithaftung** des vertretenen Notars aus der Zurechnung des Vertreterhandelns zu einer Notarstelle. Sie ist gewissermaßen das negative Gegenstück zur Gebührengläubigerschaft des Notars für die vom Vertreter getätigten Amtsgeschäfte. Wird der Vertreter auf Antrag des Notars bestellt, kann die Mithaftung auch mit dem Gesichtspunkt der Veranlassung einer Gefahrenquelle erklärt werden. Schließlich – und dies rechtfertigt die Mithaftung auch des Notars, dem der Vertreter gem. § 39 Abs. 2 von Amts wegen bestellt wurde – mag man als Rechtfertigung auch darauf verweisen, dass die Rechtsuchenden ihr Vertrauen in die sachgerechte Erledigung der Beurkundungs- und Betreuungsgeschäfte regelmäßig nicht der Person des Vertreters, sondern der des vertretenen Notars entgegenbringen und er deshalb für dieses im Haftungsfall enttäuschte Vertrauen auch persönlich haftbar sein soll.

3 Die Haftung des vertretenen Notars aus § 46 Abs. 1 ist in dem Sinne **akzessorisch** zur Haftung des Vertreters, als er nur haftet, wenn in der Person des Vertreters die Tatbestandsvoraussetzungen eines Amtshaftungsanspruchs (Amtspflichtverletzung, Verschulden, Schaden, Ursächlichkeit der Pflichtverletzung, keine sonstige Ersatzmöglichkeit) gem. § 19 erfüllt sind. Kann der Vertreter den Geschädigten gem. § 19 Abs. 1 S. 2 auf die vorrangige Haftung eines Dritten verweisen, kann es auch der Notar. Ist dem Vertreter ein Verschulden nicht vorzuwerfen, besteht auch keine Haftung des Notars gem. § 46 S. 1 (aber → Rn. 5). Auf ein eigenes Verschulden des vertretenen Notars, etwa bei der Auswahl des Vertreters oder seiner Einweisung, kommt es hier nicht an. Im Übrigen bedeutet Gesamtschuldnerschaft im Sinne der allgemeinen Vorschriften des BGB, dass Veränderungen bezüglich des einmal entstandenen Anspruchs grundsätzlich nur jeweils den betreffen, in dessen Person sie eingetreten sind (§ 425 BGB). Ein Anerkenntnis des Vertreters bindet nicht den Notar; eine Verjährungsunterbrechung gegenüber dem Notar hindert die Verjährung des gegen den Vertreter gerichteten Anspruchs nicht.

4 Auch wenn § 46 dies für die Haftung des Notars für das Vertreterhandeln nicht ausdrücklich bestimmt, ist im Wege einer Gesamtschau der §§ 19 Abs. 3, 39 Abs. 4 iVm § 19 Abs. 3 und § 42 davon auszugehen, dass auch für die Geltendmachung der Haftung des Notars für Amtspflichtverletzungen des Notarvertreters die **Landgerichte ausschließlich zuständig** sind. Notarvertreter und Notar können in einem Prozess verklagt werden, sind dann aber **keine notwendigen Streitgenossen**. Einer gegen einen von ihnen angestrengten Klage kann der andere ohne weiteres gem. § 66 ZPO als Nebenintervenient

---

[1] → Rn. 5 und – auch zur Eigenhaftung des Scheinvertreters – Schippel/Bracker/*Schramm* BNotO § 46 Rn. 4 f.

beitreten;² auch kann der verklagte Teil, und zwar wegen der Handhabung des § 46 S. 2 in der Praxis unabhängig davon, ob es der Notar oder der Vertreter ist, dem anderen gem. § 72 ZPO den Streit verkünden. Dann tritt für den Regressprozess für den Notar und den Notarvertreter jeweils die Interventionswirkung des § 68 ZPO ein. Ohne eine solche Streitverkündung oder Nebenintervention findet eine **Rechtskrafterstreckung** des gegen den Notarvertreter ergangenen Urteils auf den Notar (oder umgekehrt) infolge der bloßen Gesamtschuldnerschaft **nicht** statt.³ Da die Haftung des Notars aber von der Haftung des Vertreters abhängig ist, erscheint es diskutabel, ein negatives Urteil zugunsten des Vertreters auch zugunsten des Notars wirken zu lassen.⁴

II. Haftung aus § 19

Unabhängig von § 46 S. 1 kann sich eine Haftung des Notars für von einem auf seinen Antrag hin bestellten Notarvertreter verursachte Schäden auch direkt aus § 19 ergeben. Sie setzt dann eine **eigene Amtspflichtverletzung und** ein **eigenes Verschulden des Notars** voraus. Diese Haftung aus § 19 ist nicht weiter bedeutungsvoll, wenn in der Person des Vertreters ebenfalls eine Amtshaftung besteht, da dann § 46 S. 1 den Durchgriff auf den Notar nach dem zuvor Ausgeführten ohne weiteres zulässt. Interessant ist die Haftung des Notars für eigenes Handeln aber, wenn kein Anspruch gegen den Vertreter besteht, etwa weil diesem ein Verschulden nicht vorgeworfen werden kann oder seine Vertreterbestellung nicht wirksam erfolgt war. Der Notar hat die auch zugunsten des Rechtsverkehrs bestehende Amtspflicht, eine Notarvertretung so zu organisieren, dass Schädigungen Dritter aus einer **mangelhaften Auswahl oder Einweisung des Vertreters** vermieden werden. Er hat in diesem Zusammenhang insbesondere auch die Pflicht, durch entsprechende Hinweise sicherzustellen, dass der Vertreter seine Amtsgeschäfte nicht vor Wirksamwerden der Vertreterbestellung aufnimmt.⁵

C. Haftungsausgleich im Innenverhältnis

Abweichend von der allgemeinen gesetzlichen Auslegungsregel des § 426 Abs. 1 S. 1 BGB sind Notar und Notarvertreter im Innenverhältnis im Zweifel nicht je hälftig zur Tragung der Haftungslast verpflichtet, sondern der Vertreter allein (§ 46 S. 2). Dies ist einerseits nachvollziehbar, da der Vertreter die Pflichtverletzung begangen und schuldhaft gehandelt hat, der Notar dagegen auch ohne eigenes Verschulden einstehen muss. Andererseits verträgt sich die **einseitige Haftungsverlagerung zu Lasten des Vertreters** nur schwer mit der alleinigen Gebührengläubigerschaft des Notars.

Erträglich wird § 46 S. 2 zunächst dadurch, dass die Vorschrift nach allgemeiner Ansicht dispositiv ist und **abweichende Regelungen** in der Vertretervereinbarung ohne weiteres möglich sind.⁶ Im Bereich des **hauptberuflichen Notariats** gibt es die **Übung**, dass der Notar, der die Bestellung eines Notarassessors zu seinem Vertreter wünscht, zuvor gegenüber der Notarkammer die Erklärung abgeben muss, den **Notarassessor,** wenn diesem nur einfache Fahrlässigkeit zur Last fällt, von seiner Haftung **freizustellen** und einen Regressanspruch nicht zu erheben. Erklärungen dieser Art bilden, obwohl in der Regel zunächst ad incertam personam abgegeben, dann auch die Geschäftsgrundlage der üblicherweise mündlich geschlossenen Vertretervereinbarung zwischen Notar und Notarassessor, so dass der Notar, der im Einzelfall doch Regress nehmen wollte, wider Treu und Glauben handeln würde. Nicht in Bezug auf diesen aus der spezifischen Situation des Notarassessoriats als Ausbildungsverhältnis gerechtfertigten Rückgriffsverzicht, wohl aber im Übrigen

---

² Zöller/*Vollkommer* ZPO § 66 Rn. 13.
³ Zöller/*Vollkommer* ZPO § 325 Rn. 9.
⁴ Zöller/*Vollkommer* ZPO § 325 Rn. 41.
⁵ S. BGH DNotZ 1958, 33; Schippel/Bracker/*Schramm* BNotO § 46 Rn. 5.
⁶ S. Schippel/Bracker/*Schramm* BNotO § 46 Rn. 9.

ist zu beachten, dass der Notar durch eine Übernahme der Alleinhaftung im Innenverhältnis nicht seinen eigenen Versicherungsschutz aufs Spiel setzen darf.[7]

8   Selbst dort, wo Notar und Vertreter keine ausdrückliche oder, wie im Fall des Notarassessors als Notarvertreter, stillschweigende Vereinbarung im Vertretervertrag getroffen haben, neigt die (spärliche) Rechtsprechung zu einer **teleologischen Reduktion** der Anwendung von § 46 S. 2. Sie erachtet die alleinige Haftung des Vertreters zurecht dann nicht als angemessen, wenn dem Notar ein **mitwirkendes Verschulden** vorzuwerfen ist. Hat der Notar seine Pflicht zu sorgfältiger Auswahl und Anleitung des Vertreters schuldhaft verletzt, so verteilt die Rechtsprechung die Haftungslast entsprechend dem Grad der beiderseitigen Verantwortung für den eingetretenen Schaden.[8] Somit spielt die Frage des Eigenverschuldens des Notars zwar für die Berechtigung des Geschädigten, ihn in Anspruch zu nehmen, keine Rolle, wohl aber für den Regressprozess. Eigene fahrlässige Verletzung von drittschützenden Amtspflichten gereicht dem Notar allerdings dann nicht zum Nachteil, wenn dem Vertreter grobe Fahrlässigkeit oder sogar Vorsatz vorzuwerfen ist. Hier bleibt es bei der uneingeschränkten Geltung von § 46 S. 2.

9   Für die Auseinandersetzung über wechselseitige Regressansprüche ist nach § 42 das **Landgericht ausschließlich zuständig.** Ein gegenüber einem der Beteiligten im Vorprozess ergangenes Urteil entfaltet für die Auseinandersetzung über den Regress keine **Rechtskraftwirkung,**[9] so dass selbst dann, wenn das Gericht im Prozess gegen den Notar eine schuldhafte Amtspflichtverletzung des Vertreters angenommen hat, im Folgeprozess diese von dem dann urteilenden Gericht verneint werden kann. Um dies zu vermeiden, hat die im Erstprozess verklagte Partei die Möglichkeit der Streitverkündung mit der Wirkung des § 68 ZPO.

6. Abschnitt. Erlöschen des Amtes. Vorläufige Amtsenthebung. Notariatsverwalter

§ 47 [Erlöschen des Amtes]

Das Amt des Notars erlischt durch
1. Entlassung aus dem Amt (§ 48),
2. Erreichen der Altersgrenze (§ 48a) oder Tod,
3. vorübergehende Amtsniederlegung (§§ 48b, 48c),
4. bestandskräftigen Wegfall der Mitgliedschaft in einer Rechtsanwaltskammer im Fall des § 3 Absatz 2,
5. rechtskräftige strafgerichtliche Verurteilung, die einen Amtsverlust (§ 49) zur Folge hat,
6. bestandskräftige Amtsenthebung (§ 50),
7. rechtskräftiges disziplinargerichtliches Urteil, in dem auf Entfernung aus dem Amt (§ 97 Absatz 1 Satz 1 Nummer 3, Absatz 3) erkannt worden ist.

Übersicht

	Rn.
A. Sinn und Zweck	1
B. Grundtatbestände	4
I. Tod (Nr. 2)	5

---

[7] Schippel/Bracker/*Schramm* BNotO § 46 Rn. 9.
[8] OLG Celle DNotZ 1985, 246; Schippel/Bracker/*Schramm* BNotO § 46 Rn. 7 f.
[9] Zöller/*Vollkommer* ZPO § 325 Rn. 28 ff.

	Rn.
II. Wegfall der Mitgliedschaft (Nr. 4)	9
1. Erlöschen der Zulassung	11
2. Wechsel der Mitgliedschaft	14
3. Möglichkeiten der Kanzlei- und Amtssitzverlegung	17
C. Rechtsfolge	25
I. Rechtsnachfolge	27
II. Praxisverkauf	29

A. Sinn und Zweck

Abweichend von der Ziffernanzahl enthält die Vorschrift insgesamt **acht Tatbestände**, 1 in denen das Notaramt erlischt. Die Vorgängervorschrift des § 36 RNotO enthielt lediglich sechs Erlöschenstatbestände.[1] Die Altersgrenze gem. § 48a ist im Jahr 1991[2] und die vorübergehende Amtsniederlegung gem. §§ 48b, 48c im Jahr 1998[3] als Erlöschenstatbestand hinzugekommen. Mit Wirkung zum 18.5.2017[4] wurden die Tatbestände „zur Verbesserung der Übersichtlichkeit in die Reihenfolge gebracht [...], die derjenigen der in § 47 in Bezug genommenen Paragraphen entspricht".[5]

Sinn und Zweck des § 47 ist es zum einen, die Tatbestände des Erlöschens des Notar- 2 amtes **abschließend** aufzuzählen. Dieser gesetzliche *numerus clausus* der Erlöschenstatbestände – oder diese „abschließende Sonderregelung im Sinne der Rechtsprechung des Bundesverwaltungsgerichtes"[6] – ist Grundlage für die Anwendung des **Grundsatzes der Ämterstabilität** für das Amt des Notars. Danach ist ein Widerruf und eine Rücknahme gem. § 64a Abs. 1 iVm §§ 48, 49 VwVfG, ein Wiederaufgreifen des Verwaltungsverfahrens gem. § 64a Abs. 1 iVm § 51 VwVfG sowie eine Anfechtung gem. § 111b Abs. 1 iVm § 42 Abs. 1 VwGO des durch Aushändigung der Bestallungsurkunde gem. §§ 12, 64a Abs. 1 iVm § 43 Abs. 1 S. 1 VwVfG wirksamen Verwaltungsaktes der Bestellung zum Notar grundsätzlich unzulässig.[7] „Der amtierende Notar ist davor geschützt, dass andere als die in § 47 BNotO und diesen ausfüllenden Regelungen genannten Gründe zu einem Erlöschen des Amts führen können.[8] Diese Einschränkungen dienen der „Sicherung der Funktionsfähigkeit der vorsorgenden Rechtspflege und der freiwilligen Gerichtsbarkeit. [...] Würden die allgemeinen Bestimmungen des Verwaltungsverfahrensrechtes [...] auf die Amtsenthebung von Notaren zur Anwendung gelangen, würde das Konzept des Zulassungsver-

---

[1] „Das Amt des Notars erlischt – abgesehen von den Fällen des Todes, der freiwilligen Niederlegung und des Fortfalls der Zulassung als Rechtsanwalt im Fall des § 8 Abs. 2 – durch Amtsverlust infolge strafgerichtlicher Verurteilung (§ 37), durch Amtsenthebung (§ 38) oder durch Entfernung aus dem Amt durch dienststrafgerichtliches Urteil (§ 70)", abgedruckt in: *Schubert* (Hrsg.), Materialien zur Vereinheitlichung des Notarrechts, 2004, S. 392; aA Arndt/Lerch/Sandkühler/*Lerch* BNotO § 47 Rn. 1.
[2] Durch das zweite Gesetz zur Änderung der Bundesnotarordnung (BGBl. 1991 I 150).
[3] Durch das Dritte Gesetz zur Änderung der Bundesnotarordnung (BGBl. 1998 I 2585).
[4] Gesetz zur Umsetzung der Berufsanerkennungsrichtlinie und zur Änderung weiterer Vorschriften im Bereich der rechtsberatenden Berufe (BGBl. 2017 I 1121).
[5] BT-Drs. 18/9521, 222.
[6] BGH 20.7.2015 – NotZ (Brfg) 12/14, NJW-RR 2016, 440 Rn. 12 f.; 20.7.2015 – NotZ (Brfg) 12/14, DNotZ 2015, 872.
[7] BGH 20.7.2015 – NotZ (Brfg) 12/14, NJW-RR 2016, 440 Rn. 12 ff.; 20.7.2015 – NotZ (Brfg) 12/14, DNotZ 2015, 872. Vgl. grundlegend zuvor BGH 10.8.2004 – NotZ 28/03, DNotZ 2005, 154 und BVerfG 29.3.2006 – 1 BvR 133/06, DNotZ 2006, 790, jeweils mwN. Einschränkend aber neuerdings BVerwG 4.11.2011 – 2 C 16/09, NJW 2011, 695, wonach der Grundsatz der Ämterstabilität nur dann greife, wenn die Justizverwaltung den vorläufigen Rechtsschutz des unterliegenden Bewerbers nicht dadurch verkürzt hat, dass „vor Ablauf der Wartefrist für den Antrag auf Erlass einer einstweiligen Anordnung, der gesetzlichen Frist für die Beschwerde an das OVG oder der Wartefrist für die Anrufung des BVerfG" der Verwaltungsakt bekannt gegeben wird; vgl. hierzu *Custodis* FS Schlick 2015, 413 ff.; *Hufen* JuS 2011, 957.
[8] BGH 20.7.2015 – NotZ (Brfg) 12/14, NJW-RR 2016, 440 Rn. 14.

fahrens zum Notarsamt und die damit verfolgten, vorstehend angesprochenen Gemeinwohlbelange in Frage gestellt werden."[9]

3 Sinn und Zweck des § 47 ist es darüber hinaus auch, die **Rechtsfolge** des Erlöschens des Notaramtes überhaupt auszusprechen. Diese Rechtsfolge ist nämlich in den in Bezug genommenen Vorschriften der §§ 48, 48a und 48b, 48c, 49, 50 und 97 nicht selbst angeordnet. Die in Bezug genommenen Vorschriften sind daher nur in Verbindung mit § 47 vollständig und ergeben auch nur im Zusammenhang mit § 47 einen Sinn.

B. Grundtatbestände

4 Lediglich zwei von acht Erlöschenstatbestände werden **nicht** durch in Bezug genommene Vorschriften näher konkretisiert. Das ist zum einen für den zur **hauptberuflichen Amtsausübung** bestellten Notar sein Tod (Nr. 2) und zum anderen für den **Anwaltsnotar** der Wegfall seiner Mitgliedschaft in seiner Rechtsanwaltskammer (Nr. 4). Diese zwei Erlöschenstatbestände bilden jeweils die **Gegenstücke** zu den notariatsverfassungsgebenden Bestellungsnormen des § 3 Abs. 1 (hauptberufliches Notariat) sowie des § 3 Abs. 2 (Anwaltsnotariat). Sie können daher als **Grundtatbestände** begriffen werden, die in jedem Falle – sollte nicht zuvor einer der weiteren sechs Erlöschenstatbestände eingreifen – zum Erlöschen des Notaramtes führen. Nur diese beiden Grundtatbestände sind an dieser Stelle zu kommentieren. Für die verbleibenden sechs Erlöschenstatbestände kann auf die jeweiligen Kommentierungen der durch § 47 in Bezug genommenen §§ 48, 48a, 48b, 48c, 49, 50 und 97 verwiesen werden.

I. Tod (Nr. 2)

5 Gemäß § 3 Abs. 1 werden Notare zur hauptberuflichen Amtsausübung auf **Lebenszeit** bestellt. Dazu bestimmt § 47 Nr. 2 spiegelbildlich, dass mit dem **Tod** das Amt des Notars endet. Für den Anwaltsnotar bedürfte es dieser Vorschrift nicht, da durch seinen Tod seine Mitgliedschaft in einer Rechtsanwaltskammer endet (§ 36 Abs. 4 BRAO) und daher gem. § 47 Nr. 4 auch *eo ipso* sein Notaramt erlischt.

6 Neben dieser Spiegelbildfunktion zu der notariatsverfassungsgebenden Norm des § 3 Abs. 1 hat § 47 Nr. 2 aber zugleich auch eine bedeutsame **Klarstellungsfunktion** sowohl für das hauptberufliche als auch das Anwaltsnotariat dahingehend, dass das Amt des Notars **nicht vererblich** ist und ein Zugang zum Notaramt folglich gem. § 6 Abs. 1 ausschließlich anhand des Leistungsgrundsatzes erfolgt. Dies ist mit Blick auf die historische französische Notariatsverfassung keine Selbstverständlichkeit.[10]

7 Mit der Bestellung eines Vertreters gem. § 39 werden die dem Notar verliehenen amtlichen Befugnisse einem anderen zur Ausübung übertragen.[11] Das durch den **Tod** des Notars bewirkte Erlöschen seines Amts bringt daher grundsätzlich auch **das dem Vertreter übertragene Amt zum Erlöschen**.[12] Hierzu bestimmt § 44 Abs. 2, dass die Amtshandlungen des Vertreters nicht deshalb ungültig sind, weil eine für seine Bestellung erforderliche Voraussetzung später wegfällt. Stirbt der Notar während einer Vertretung iSd § 39, so hat der durch seinen Tod gem. § 47 Nr. 1 begründete Amtsverlust folglich keine Auswirkungen auf die Wirksamkeit der Amtshandlungen seines Vertreters.[13]

---

[9] BGH 20.7.2015 – NotZ (Brfg) 12/14, NJW-RR 2016, 440 Rn. 13.
[10] Vgl. *Schubert* DNotZ 2003, 181 (183).
[11] *Bohrer*, Berufsrecht, Rn. 272.
[12] → § 39 Rn. 26; → § 44 Rn. 1.
[13] So auch Schippel/Bracker/*Püls* BNotO § 47 Rn. 2; Arndt/Lerch/Sandkühler/*Lerch* BNotO § 44 Rn. 8 und § 47 Rn. 3; aA aber offenbar *Wilke* → § 44 Rn. 10, wonach das Vertrauen des Rechtsverkehrs dann nicht schutzwürdig sei und die Wirkungen des § 44 Abs. 2 dann nicht eingreifen sollen, wenn „der Vertreter außerhalb seiner Bestellungszeit tätig wird, also ... nachdem die Bestellung abgelaufen oder wegen Erlöschens des Amts des Notars ebenfalls erloschen ist."

In der Literatur wird vertreten, dass die in § 44 Abs. 2 angeordnete **Wirksamkeits-** 8
fiktion nur bis zur **Kenntnis des Vertreters** vom Tod des vertretenen Notars gelte.[14]
Dieser Auffassung ist nicht zu folgen. Sie widerspricht nicht nur dem Wortlaut, sondern
auch dem Sinn und Zweck der Norm. § 44 Abs. 2 ist eine spezielle Ausformung des
allgemeinen verwaltungsrechtlichen Grundsatzes, dass Verwaltungsakte Rechtswirkungen
entfalten, solange sie nicht widerrufen, zurückgenommen oder angefochten sind (§ 43
Abs. 2 VwVfG).[15] Es ist **kein vernünftiger Grund** ersichtlich, weshalb der dadurch
bewirkte Schutz des Rechtsverkehrs für den Verwaltungsakt der Vertreterbestellung von der
subjektiven Kenntnis des Notarvertreters vom Tod des vertretenen Notars abhängig sein
sollte. Darüber hinaus ist ein derart subjektiver Anknüpfungspunkt für den Entfall der
Schutzwirkungen des § 44 Abs. 2 nicht nachweisbar und **für die Praxis untauglich.** Der
Verwaltungsakt der Vertreterbestellung ist gem. § 39 Abs. 1 stets befristet und kann darüber
hinaus gem. § 40 Abs. 2 jederzeit widerrufen werden. Solange der Verwaltungsakt der
Vertreterbestellung sich nicht durch Zeitablauf erledigt hat oder nicht widerrufen wurde,
sind die Amtshandlungen des Vertreters eines verstorbenen Notars folglich gem. § 44
Abs. 2 VwGO wirksam.[16]

II. Wegfall der Mitgliedschaft (Nr. 4)

Gemäß § 3 Abs. 2 werden Notare zu gleichzeitiger Amtsausübung neben dem Beruf des 9
Rechtsanwaltes (Anwaltsnotare) für die Dauer ihrer Mitgliedschaft „bei der **für den
Gerichtsbezirk zuständigen** Rechtsanwaltskammer" bestellt.[17] Dazu bestimmte § 47
Nr. 3 aF bis zum 17.5.2017 noch **spiegelbildlich,** dass durch einen bestandskräftigen
Wegfall der Mitgliedschaft „bei der **für den Gerichtsbezirk zuständigen** Rechtsanwalts-
kammer" das Notaramt erlischt. Heute bestimmt § 47 Nr. 4 nF, dass das Notaramt des
Anwaltsnotars erst durch den bestandskräftigen Wegfall der Mitgliedschaft in „**einer
Rechtsanwaltskammer**" erlischt. Der Gesetzgeber beabsichtigte mit der Änderung des
Wortlautes des § 47 Nr. 4 – und des mit demselben Gesetz geänderten Wortlautes des § 10
Abs. 3 S. 2[18] – im Jahre 2017 ausdrücklich, dem Anwaltsnotar die Zulassung zur Rechtsanwaltschaft in einem Bezirk einer Rechtsanwaltskammer seiner Wahl zu ermöglichen –
unabhängig davon, wo sich seine notarielle Geschäftsstelle und der notarielle Amtssitz
befindet. Dieses Ziel hat der Gesetzgeber verfehlt.[19]

Gemäß § 12 Abs. 3 BRAO wird der Rechtsanwalt eine logische Sekunde nach seiner 10
Zulassung zur Rechtsanwaltschaft Pflichtmitglied der zulassenden Rechtsanwaltskammer.[20]
Gemäß § 12 Abs. 1 BRAO erfolgt die Zulassung zur Rechtsanwaltschaft durch diejenige
Rechtsanwaltskammer, bei welcher der Bewerber einen Zulassungsantrag gem. § 6 Abs. 1
BRAO stellt.[21] Die Kanzlei, die der Rechtsanwalt im Bezirk der ihn zulassenden Rechts-
anwaltskammer unterhält, ist die so genannte „Zulassungskanzlei" iSd § 27 Abs. 1
BRAO.[22] Die Mitgliedschaft in der für den Gerichtsbezirk zuständigen Rechtsanwalts-
kammer iSd § 47 Nr. 4 fällt weg zum einen durch das **Erlöschen** der Zulassung zur
Rechtsanwaltschaft (→ Rn. 11 ff.) und zum anderen – auch heute noch – durch den

---

[14] So noch *Custodis* in der 3. Auflage, Rn. 8 sowie Schippel/Bracker/*Püls* BNotO § 47 Rn. 2; Arndt/
Lerch/Sandkühler/*Lerch* BNotO § 44 Rn. 8 und § 47 Rn. 3 und Diehn/*Fahl* BNotO § 47 Rn. 13.

[15] → § 44 Rn. 2 und 9.

[16] → § 39 Rn. 28 und → § 44 Rn. 4, wonach der Verwaltungsakt als „statusbegründender Akt" zum
Zwecke der Rechtssicherheit so lange Wirksamkeit entfaltet, bis er sich nicht durch Zeitablauf erledigt oder
aber widerrufen wurde.

[17] Bis zum 1.6.2007 wurde der Rechtsanwalt noch für die Dauer seiner Zulassung bei einem bestimmten
Gericht bestellt. Dieses Lokalisationsprinzip wurde durch das Gesetz zur Stärkung der Selbstverwaltung der
Rechtsanwaltschaft (BGBl. 2007 I 358) abgeschafft. Vgl. BT-Drs. 16/513, 11 und 19.

[18] → § 10 Rn. 69.

[19] → § 10 Rn. 73 ff. und → Rn. 14 ff. und *Bremkamp* NJW 2018, 1802.

[20] Feuerich/Weyland/*Vossebürger* BRAO § 12 Rn. 15; Henssler/Prütting/*Henssler* BRAO § 12 Rn. 10.

[21] Vgl. hierzu Feuerich/Weyland/*Weyland* BRAO § 6 Rn. 2 und § 12 Rn. 2.

[22] BT-Drs. 16/513, 118 f. Hierzu auch → § 10 Rn. 69, 73 ff.

Wechsel in eine andere Rechtsanwaltskammer (→ Rn. 14 ff.). Unter anderem vor diesem Hintergrund sind die **Möglichkeiten einer Verlegung** der rechtsanwaltlichen Kanzlei und der notariellen Geschäftsstelle eines Anwaltsnotars beschränkt (→ Rn. 17 ff.).

11   **1. Erlöschen der Zulassung.** Die Zulassung zur Rechtsanwaltschaft erlischt entweder gem. § 36 Abs. 4 BRAO durch den **Tod** oder aber gem. § 13 BRAO, wenn der Rechtsanwalt in einem anwaltsgerichtlichen Verfahren durch ein rechtskräftiges Urteil gem. § 114 Abs. 1 Nr. 5 BRAO aus der Rechtsanwaltschaft **ausgeschlossen** wurde oder wenn die Rechtsanwaltskammer die Zulassung gem. § 14 Abs. 1 BRAO bestandskräftig **zurückgenommen** oder aber gem. § 14 Abs. 2, Abs. 3 BRAO bestandskräftig **widerrufen** hat.[23]

12   Erlischt die **Zulassung** zur Rechtsanwaltschaft aufgrund eines der vorgenannten Tatbestände, **folgt daraus** gem. § 12 Abs. 3 BRAO zugleich das Erlöschen der **Mitgliedschaft** in der Rechtsanwaltskammer. Erlischt die **Mitgliedschaft** in der Rechtsanwaltskammer, **folgt daraus** gem. § 47 Nr. 4 zugleich das Erlöschen des **Notaramtes**.[24] Eines gesonderten Vollzugsaktes der Landesjustizverwaltung bedarf es hierzu nicht.[25] Die in § 36 Abs. 4 BRAO vorgesehene Pflicht der zulassenden Rechtsanwaltskammer zur **unverzüglichen Mitteilung** des Wegfalls der Mitgliedschaft eines Anwaltsnotars in der Rechtsanwaltskammer gegenüber der Landesjustizverwaltung und der Notarkammer soll lediglich die **tatsächliche Umsetzung** des Endes der notariellen Tätigkeit **sicherstellen**.

13   Ordnet die Rechtsanwaltskammer gem. § 80 Abs. 2 Nr. 4 VwGO die **sofortige Vollziehung** des Verwaltungsaktes der Rücknahme oder des Widerrufs der Zulassung zur Rechtsanwaltschaft an,[26] so bleibt die Mitgliedschaft in der Rechtsanwaltskammer gem. § 12 Abs. 3 BRAO und damit auch das Amt des Notars gem. § 47 Nr. 4 zunächst unangetastet. Für diesen Fall sieht § 54 Abs. 4 Nr. 3 allerdings vor, dass der Anwaltsnotar kraft Gesetzes **vorläufig seines Amtes enthoben** ist. Damit die Landesjustizverwaltung und die Notarkammer die aus § 55 Abs. 2 S. 2 folgende Verpflichtung des vorläufig seines Amtes enthobenen Anwaltsnotars zur Enthaltung von Amtshandlungen sicherstellen können, hat sie die Rechtsanwaltskammer auch in diesem Falle gem. § 14 Abs. 4 iVm 160 Abs. 1 S. 2 BRAO von der Rücknahme oder dem Widerruf **zu unterrichten**.

14   **2. Wechsel der Mitgliedschaft.** Gemäß § 27 Abs. 1 BRAO hat der Rechtsanwalt seine so genannte „Zulassungskanzlei" innerhalb der geographischen Grenzen des **Bezirks der Rechtsanwaltskammer** zu unterhalten, in welcher er Mitglied ist.[27] Verlegt der Rechtsanwalt seine Zulassungskanzlei in den Bezirk einer anderen Rechtsanwaltskammer, so hat er gem. § 27 Abs. 3 S. 1 BRAO seine **Aufnahme in diese Rechtsanwaltskammer** zu beantragen; unterlässt er diesen Antrag, kann die Rechtsanwaltskammer seine Zulassung zur Rechtsanwaltschaft gem. § 14 Abs. 3 Nr. 4 BRAO widerrufen.[28] Mit der antragsgemäßen Aufnahme **erlischt** gem. § 27 Abs. 3 S. 3 BRAO die Mitgliedschaft des Rechtsanwaltes in der **bisherigen Rechtsanwaltskammer**.

15   Der Wortlaut des § 47 Nr. 4 suggeriert dem Anwaltsnotar heute, dass sich der vorstehend beschriebene Wechsel von der einen Rechtsanwaltskammer in die andere Rechtsanwaltskammer auf den Bestand seines Notaramtes nicht auswirkt – denn er ist ja weiterhin Mitglied **einer** (!) Rechtsanwaltskammer. Der Gesetzgeber hat hierbei jedoch übersehen, dass er auch an anderer Stelle im Gesetz eine Anpassung vornehmen muss, um dieses von ihm ausdrücklich beabsichtigte Ziel zu erreichen: Gemäß § 3 Abs. 2 ist der Anwaltsnotar **gesetzlich zwingend** weiterhin nur für die Dauer seiner Mitgliedschaft „bei der für den

---

[23] Vgl. zu den einzelnen Rücknahme- und Widerrufsgründen nur Henssler/Prütting/*Henssler* BRAO § 14 Rn. 5 ff.
[24] BGH 31.3.2003 – NotZ 33/02, BeckRS 2003, 03568.
[25] BGH 16.3.2015 – NotZ (Brfg) 10/14, DNotZ 2015, 633; 31.3.2003 – NotZ 33/02, BeckRS 2003, 03568.
[26] Vgl. hierzu Henssler/Prütting/*Henssler* BRAO § 14 Rn. 68 ff.
[27] → Rn. 10.
[28] Vgl. hierzu Henssler/Prütting/*Henssler* BRAO § 14 Rn. 62.

Gerichtsbezirk zuständigen Rechtsanwaltskammer", in dem er seine notarielle Geschäftsstelle unterhält, **zu bestellen**.

Dem vom Wortlaut unveränderten § 3 Abs. 2 entsprechend wird der **Verwaltungsakt** **16** **der Bestellung** zum Anwaltsnotar auch heute noch nach der ausdrücklichen Vorgabe des § 12 S. 2 Alt. 3 stets gem. § 64a Abs. 1 iVm § 36 Abs. 2 Nr. 2 VwVfG unter der **auflösenden Bedingung** der Mitgliedschaft bei der **für den Gerichtsbezirk zuständigen Rechtsanwaltskammer,** in dem er seine notarielle Geschäftsstelle unterhält, erlassen. Sobald der Anwaltsnotar demnach mit notarieller Geschäftsstelle etwa in Oberhausen Mitglied der Rechtsanwaltskammer in Hamburg wird, tritt die im Verwaltungsakt der Bestellung selbst enthaltene **auflösende Bedingung** ein mit der Folge, dass sein **Notaramt erlischt**. Für den Fall des Wechsels der Mitgliedschaft sieht § 36 Abs. 4 BRAO die Pflicht der abgebenden Rechtsanwaltskammer vor, die Landesjustizverwaltung sowie die Notarkammer über das gem. § 27 Abs. 3 S. 3 BRAO begründete Ende der Mitgliedschaft in der bisherigen Rechtsanwaltskammer zu unterrichten.[29] Hierdurch wird auch heute noch die tatsächliche Umsetzung des Endes der notariellen Tätigkeit sichergestellt.

Festzuhalten ist demnach, dass der geänderte **Wortlaut** des § 47 Nr. 4 dem Anwaltsnotar **16a** eine **gefährliche Falle** stellt. Der Anwaltsnotar wird auch heute noch lediglich für den Zeitraum seiner Mitgliedschaft in dem Bezirk der Rechtsanwaltskammer zum Notar bestellt, in dem er auch seine notarielle Geschäftsstelle unterhält und seinen notariellen Amtssitz hat. Der Wechsel der Mitgliedschaft in eine andere Rechtsanwaltskammer führt auch heute noch – entgegen dem Wortlaut des § 47 Nr. 4 – zum Erlöschen des Notaramtes.

3. Möglichkeiten der Kanzlei- und Amtssitzverlegung. Die vorstehenden Ausfüh- **17** rungen zeigen, dass einer Verlegung der rechtsanwaltlichen „Zulassungskanzlei" iSd § 27 Abs. 1 S. 1 BRAO eines Anwaltsnotars auch heute noch **Grenzen** gesetzt sind, wenn er sein Notaramt aufrecht erhalten möchte. Eine weitere Beschränkung der Kanzleiverlegung eines Anwaltsnotars ergibt sich ferner aus § 10 Abs. 2 S. 3, wonach die rechtsanwaltliche „Zulassungskanzlei" oder „weitere Kanzlei" und die notarielle Geschäftsstelle örtlich übereinstimmen müssen.[30] Vor diesem Hintergrund enthält auch § 10 Abs. 1 S. 3, wonach der notarielle Amtssitz und damit gem. § 10 Abs. 2 S. 1 auch die notarielle Geschäftsstelle nur unter Beachtung der Belange der geordneten Rechtspflege verlegt werden darf, ebenfalls eine Beschränkung der Kanzleiverlegung eines Anwaltsnotars.[31] Es lassen sich insgesamt **drei unterschiedliche Konstellationen** einer Zulassungskanzlei- und Amtssitzverlegung eines Anwaltsnotars voneinander unterscheiden:

a) Verlegung in einen anderen Amtsbezirk. Die Verlegung der rechtsanwaltlichen **18** „Zulassungskanzlei" eines Anwaltsnotars in den Bezirk eines anderen Oberlandesgerichts (Amtsbezirk iSd § 11 Abs. 1) setzt gem. § 27 Abs. 3 S. 1 BRAO seinen **Aufnahmeantrag** in die für diesen Bezirk zuständige Rechtsanwaltskammer voraus.[32] Mit der antragsgemäßen Aufnahme **erlischt** gem. § 27 Abs. 3 S. 3 BRAO die Mitgliedschaft des Rechtsanwaltes in der **bisherigen Rechtsanwaltskammer** und damit gemäß der in dem Bestellungsakt zum Notar nach der Vorgabe des § 3 Abs. 2 enthaltenen auflösenden Bedingung[33] auch sein **Notaramt**. Ein gem. § 10 Abs. 1 S. 3 verlegungsfähiger notarieller Amtssitz besteht aufgrund des Erlöschens des Notaramtes folglich nicht mehr.[34]

Der frühere Anwaltsnotar hat sich daher erneut auf eine im neuen Oberlandesgerichts- **19** bezirk gem. § 6b Abs. 1 S. 1 ausgeschriebene Notarstelle zu **bewerben** und sich gem. § 6 Abs. 3 gegenüber anderen Bewerbern um diese Notarstelle nach dem Leistungsgrundsatz

---

[29] Vgl. Feuerich/Weyland/*Weyland* BRAO § 27 Rn. 21.
[30] Vgl. hierzu ausführlich → § 10 Rn. 70 ff.
[31] Vgl. hierzu ausführlich → § 10 Rn. 23 ff.
[32] → Rn. 14.
[33] → Rn. 16.
[34] Vgl. BGH 5.12.1988 – NotZ 7/88, DNotZ 1989, 328.

durchzusetzen. Ferner hat der frühere Anwaltsnotar insbesondere auch die **Bestellungsvoraussetzung** gem. § 6 Abs. 2 Nr. 2 zu erfüllen, so dass seine Bewerbung um eine Notarstelle im neuen Oberlandesgerichtsbezirk in der Regel erst nach einer dortigen dreijährigen anwaltlichen Tätigkeit erfolgreich sein wird. Diese Voraussetzung kann gegebenenfalls in besonders gelagerten Fällen gegeben sein, wenn der Anwaltsnotar in dem in Aussicht genommenen Amtsbereich bereits zuvor umfangreich in einer Zweigstelle iSd § 27 Abs. 2 BRAO rechtsanwaltlich tätig war.[35]

20   **b) Verlegung in einen anderen Amtsbereich.** Die Verlegung der rechtsanwaltlichen „Zulassungskanzlei" eines Anwaltsnotars in den Bezirk eines anderen Amtsgerichts (Amtsbereich iSd § 10a Abs. 1 S. 1) innerhalb des Bezirks des Oberlandesgerichts hat der Notar seiner Rechtsanwaltskammer gem. § 27 Abs. 2 S. 1 BRAO **anzuzeigen**. Da seine Mitgliedschaft in der Rechtsanwaltskammer von einer derartigen Anzeige **unberührt** bleibt, erlischt sein Notaramt nicht.

21   Da der Anwaltsnotar gem. § 10 Abs. 2 S. 3 verpflichtet ist, seine rechtsanwaltliche „Zulassungskanzlei" oder „weitere Kanzlei" und seine notarielle Geschäftsstelle **am selben Ort** zu unterhalten, hat er entweder am bisherigen Ort der „Zulassungskanzlei" eine „weitere Kanzlei" einzurichten[36] oder aber seine notarielle Geschäftsstelle an den Ort der „Zulassungskanzlei" zu verlegen. Letzteres setzt gem. § 10 Abs. 2 S. 1 eine **Verlegung seines Amtssitzes** in den Ort voraus, in dem nunmehr die rechtsanwaltliche „Zulassungskanzlei" unterhalten wird. Eine Amtssitzverlegung gem. § 10 Abs. 1 S. 3 in einen anderen Amtsbereich kommt allerdings nur in Betracht, wenn sich der Anwaltsnotar auf eine dort gem. § 6b Abs. 1 S. 1 ausgeschriebene Notarstelle **bewirbt** und sich gem. § 6 Abs. 3 gegenüber anderen Bewerbern um diese Notarstelle nach dem Leistungsgrundsatz durchsetzt.[37]

22   Ferner wird der Anwaltsnotar grundsätzlich auch für den Fall der Amtssitzverlegung gem. § 10 Abs. 1 S. 3 die **Bestellungsvoraussetzung** gem. § 6 Abs. 2 Nr. 2 zu erfüllen haben, so dass seine Bewerbung in der Regel erst nach einer dreijährigen anwaltlichen Tätigkeit im neuen Amtsbereich erfolgreich sein wird.[38] Diese Voraussetzung kann gegebenenfalls in besonders gelagerten Fällen gegeben sein, wenn der Anwaltsnotar in dem in Aussicht genommenen Amtsbereich bereits zuvor umfangreich in einer Zweigstelle iSd § 27 Abs. 2 BRAO rechtsanwaltlich tätig war. Im Regelfall wird diese Bestellungsvoraussetzung allerdings zur Folge haben, dass der Anwaltsnotar aufgrund seiner aus § 10 Abs. 2 S. 3 folgenden Verpflichtung sein Notaramt gem. §§ 47 Nr. 2, 48 niederlegt, sich nach Ablauf der örtlichen Wartezeit gem. § 6 Abs. 2 Nr. 2 erneut um eine im neuen Amtsbereich ausgeschriebene Notarstelle bewirbt und sich nach dem Leistungsgrundsatz gem. § 6 Abs. 3 gegebenenfalls gegenüber anderen Bewerbern durchzusetzen hat.

23   **c) Verlegung innerhalb des Amtsbereichs.** Die Verlegung der rechtsanwaltlichen „Zulassungskanzlei" in einen anderen Ort innerhalb des Bezirks des Amtsgerichts (Amtsbereich iSd § 10a Abs. 1 S. 1) hat der Notar seiner Rechtsanwaltskammer gem. § 27 Abs. 2 S. 1 BRAO **anzuzeigen**. Da seine Mitgliedschaft in der Rechtsanwaltskammer von einer derartigen Anzeige **unberührt** bleibt, erlischt sein Notaramt nicht.

---

[35] Nur in einem solchen Ausnahmefall kann es sich anbieten, den Antrag auf Aufnahme in die neue Rechtsanwaltskammer gem. § 27 Abs. 3 S. 1 BRAO unter die aufschiebende Bedingung der Verlegung des Amtssitzes durch die Landesjustizverwaltung gem. § 10 Abs. 1 S. 3 abhängig zu machen, vgl. BGH 5.12.1988 – NotZ 7/88, DNotZ 1989, 328 und Arndt/Lerch/Sandkühler/*Lerch* BNotO § 47 Rn. 14, der allerdings noch die inzwischen aufgehobenen Vorschriften der BRAO heranzieht.
[36] → § 10 Rn. 70.
[37] Vgl. nur → § 10 Rn. 27.
[38] § 6 Abs. 3 Nr. 2 gilt seinem Wortlaut nach zwar nur für die erstmalige Bestellung zum Anwaltsnotar. Dem Sinn und Zweck der Vorschrift nach (Vertrautmachen mit den Besonderheiten der örtlichen Verhältnisse) muss diese Regelvoraussetzung auch für eine Amtssitzverlegung als Belang einer geordneten Rechtspflege gem. § 10 Abs. S. 3 gelten.

Da der Anwaltsnotar gem. § 10 Abs. 2 S. 3 verpflichtet ist, seine rechtsanwaltliche 24
„Zulassungskanzlei" oder „weitere Kanzlei" und seine notarielle Geschäftsstelle **am selben Ort** zu unterhalten, hat er entweder am bisherigen Ort der „Zulassungskanzlei" eine „weitere Kanzlei" einzurichten[39] oder aber seine notarielle Geschäftsstelle an den Ort der „Zulassungskanzlei" zu verlegen. Dies setzt gem. § 10 Abs. 2 S. 1 eine Verlegung seines Amtssitzes in den Ort voraus, in dem nunmehr die rechtsanwaltliche „Zulassungskanzlei" unterhalten wird. Eine **Amtssitzverlegung** gem. § 10 Abs. 1 S. 3 **innerhalb des Amtsbereichs** ist ohne eine vorherige Ausschreibung gem. § 6b Abs. 1 S. 1 möglich.[40] Ferner ist auch die Bestellungsvoraussetzung gem. § 6 Abs. 2 Nr. 2 bei einer Amtssitzverlegung innerhalb desselben Amtsbereichs stets gegeben. Der Notar hat allerdings keinen Anspruch auf eine Verlegung seines Amtssitzes.[41] Der **Antrag** auf Verlegung des Amtssitzes innerhalb des Amtsbereichs eröffnet der Justizverwaltung jedoch erneut ein **Ermessen** iSd § 10 Abs. 1 S. 3 zur Ausübung der Raumbedarfsplanung durch Zuweisung des Amtssitzes des Anwaltsnotars in den Ort, in den er seine Kanzlei verlegt hat.[42] Vor diesem Hintergrund empfiehlt es sich, die Verlegung der Kanzlei erst nach positiver Bescheidung des Antrags auf Verlegung des Amtssitzes vorzunehmen.

C. Rechtsfolge

Als Rechtsfolge ordnet § 47 das Erlöschen des Amtes des Notars an. Das Amt des Notars 25
ist die durch den Verwaltungsakt der Bestellung gem. § 12 S. 1 verliehene **höchstpersönliche öffentlich-rechtliche Befugnis,** die nach dem Gesetz gem. §§ 20 bis 24 einem Notar zugeschriebenen **hoheitlichen Zuständigkeiten** der vorsorgenden Rechtspflege wahrzunehmen.[43] Das Erlöschen des Notaramtes führt folglich zu einem Verlust dieser Befugnis.[44] Folgerichtig erlischt gem. § 52 Abs. 1 auch die Befugnis, die Bezeichnung „Notar" oder „Notarin" zu führen.

Mit dem Erlöschen des Notaramtes enden darüber hinaus auch alle rechtlichen Beziehungen und Amtsfunktionen, die an den Notar als Amtsträger anknüpfen: Seine Mitgliedschaft in der Notarkammer (§ 65 Abs. 1 S. 1), sein Amt im Vorstand einer Notarkammer (§ 69 Abs. 2), sein Amt im Präsidium der Bundesnotarkammer (§§ 79 ff.) und seine Stellung als Beisitzer beim Oberlandesgericht (§ 101) oder beim Bundesgerichtshof (§ 106).[45] 26

I. Rechtsnachfolge

Die vorbezeichnete höchstpersönliche öffentlich-rechtliche Befugnis ist keine im Wege 27
der Einzel- oder Gesamtrechtsnachfolge übertragbare Rechtsposition. Übertragbar im Wege der Einzel- und Gesamtrechtsnachfolge ist allein das **privatrechtlich organisierte Substrat** der notariellen Berufsausübung,[46] mithin sämtliche dem bisherigen Betriebsvermögen zugehörigen Gegenstände (EDV, Büroeinrichtung, Literatur, Verbrauchsmaterial etc.)

Zu diesen Gegenständen gehören nicht die **Amtsbestände** des ausgeschiedenen Notars, 28
deren Verwahrung (öffentliche Sachherrschaft) gem. § 51 Abs. 1 einem Amtsgericht oder

---

[39] → § 10 Rn. 70.
[40] Vgl. nur → § 10 Rn. 48 f.
[41] Vgl. BGH 25.11.2013 – NotZ (Brfg) 9/13, DNotZ 2014, 307; 18.7.2011 – NotZ (Brfg) 1/11, NJW-RR 2012, 53; 11.8.2009 – NotZ 4/09, DNotZ 2010, 467.
[42] Vgl. nur → § 10 Rn. 50.
[43] Vgl. nur *Bohrer*, Berufsrecht, Rn. 9: „In diesem Sinne meint Notaramt also die individuelle Rechtsmacht, notarielle Tätigkeiten zu entfalten."
[44] Begonnene, aber noch nicht abgeschlossene Amtshandlungen kann der Notar, dessen Amt erloschen ist, folglich nicht mehr zu Ende führen, vgl. Schippel/Bracker/*Püls* BNotO § 47 Rn. 14.
[45] Schippel/Bracker/*Püls* BNotO § 47 Rn. 16; Diehn/*Fahl* BNotO § 47 Rn. 12.
[46] *Bohrer*, Berufsrecht, Rn. 277; Schippel/Bracker/*Püls* BNotO § 47 Rn. 2 aE.

einem anderer Notar übertragen wird.[47] Zu diesen Gegenständen gehören ferner nicht die öffentlich-rechtlichen **Gebührenforderungen** gem. § 17 Abs. 1 S. 1 des ausgeschiedenen Notars, die aufgrund der (fortwirkenden) notariellen Verschwiegenheitspflicht gem. § 18 Abs. 1 S. 1, Abs. 4 nicht übertragbar sind;[48] lediglich im Wege der Gesamtrechtsnachfolge gem. § 1922 Abs. 1 BGB gehen sie auf den Erben des Notars über (vgl. § 58 Abs. 3), der zwar nicht einer berufsrechtlichen, gleichwohl einer besonderen strafrechtlich sanktionierten Verschwiegenheitspflicht gem. § 203 Abs. 3 S. 3 StGB unterliegt.[49]

II. Praxisverkauf

29 Auf vorstehender Grundlage können Gegenstand eines Veräußerungsvertrages zwischen dem Amtsnachfolger und dem Amtsvorgänger allein die dem bisherigen Betriebsvermögen zugehörigen Gegenstände (EDV, Büroeinrichtung, Literatur, Verbrauchsmaterial etc) sein. Hierzu gehört weder die höchstpersönliche öffentlich-rechtliche Befugnis iSd § 1 noch der sich in den Amtsbeständen iSd § 51 Abs. 1 manifestierende Klientenstamm noch etwaige offene notarielle Gebührenforderungen iSd § 17 Abs. 1 S. 1.

30 Der Verkauf einer Notarpraxis, verstanden als **Inbegriff der Beziehungen zu einem Klientenstamm** („Goodwill"), verstößt vor diesem Hintergrund gegen grundlegende Vorschriften des notariellen Standesrechts.[50] Ein derartiger Veräußerungsvertrag, mit dem über nicht disponible Gegenstände des öffentlichen Amtes des Notars verfügt wird, ist folglich gem. § 138 BGB **unwirksam**.[51] Ein derart unwirksamer Veräußerungsvertrag kann hierbei auch dann vorliegen, wenn er sich zwar dem Wortlaut nach lediglich auf die dem bisherigen Betriebsvermögen zugehörigen Gegenstände (EDV, Büroeinrichtung, Literatur, Verbrauchsmaterial etc.) bezieht, der hierfür vereinbarte Kaufpreis jedoch nach objektiven Maßstäben derart überhöht ist, dass er in Wahrheit das Entgelt für den Goodwill darstellt.

§ 48 [Entlassung]

[1] **Der Notar kann jederzeit seine Entlassung aus dem Amt verlangen.** [2] **Das Verlangen muß der Landesjustizverwaltung schriftlich erklärt werden.** [3] **Die Entlassung ist von der Landesjustizverwaltung für den beantragten Zeitpunkt auszusprechen.**

Übersicht

	Rn.
A. Allgemeines	1
B. Entlassungsantrag (S. 1 und S. 2)	3
I. Rechtsnatur	5
II. Inhalt	6
III. Wirksamkeit	8
IV. Widerruf	12
C. Entlassungsverfügung (S. 3)	16
I. Rechtsnatur	17
II. Inhalt	18
III. Wirksamkeit	20
1. Fehlender Antrag	22
2. Unwirksamer oder widerrufener Antrag	24
D. Rechtsfolgen	26

---

[47] *Bohrer*, Berufsrecht, Rn. 278 f., 269.
[48] → § 18 Rn. 146 ff. Entsprechende Abtretungen sind gem. § 203 Abs. 1 Nr. 3 StGB iVm § 134 BGB nichtig (→ § 18 Rn. 147 aE).
[49] → § 18 Rn. 164; vgl. auch Schippel/Bracker/*Bracker* BNotO § 51 Rn. 61 und § 58 Rn. 15.
[50] Ebenso Arndt/Lerch/Sandkühler/*Lerch* BNotO § 47 Rn. 23.
[51] Staudinger/*Sack/Fischinger*, 2011, BGB § 138 Rn. 541 ff.; MüKoBGB/*Armbrüster* BGB § 138 Rn. 46 ff.; Palandt/*Ellenberger* BGB § 138 Rn. 57 ff.

A. Allgemeines

Für das Erlöschen des Amtes genügte nach § 36 RNotO die „freiwillige Niederlegung" als **1** **einseitige Erklärung** des Notars, die jederzeit abgegeben werden konnte und mit Zugang bei dem Oberlandesgerichtspräsidenten wirksam wurde.[1] Dieser Regelung ist der Gesetzgeber der BNotO bewusst nicht gefolgt, da sie „den Besonderheiten der Stellung des Notars als eines Amtsträgers nicht gerecht" wurde.[2] In Anlehnung an die beamtenrechtlichen Vorschriften, wonach der Beamte zu entlassen ist, wenn er seine Entlassung verlangt (§ 23 Abs. 1 Nr. 4 BeamtStG, § 33 Abs. 1 BBG), sieht § 48 eine Amtsbeendigung durch **Verwaltungsakt** vor: Der Notar, der sein Amt auf seinen Antrag durch einen förmlichen Verwaltungsakt (§ 12 S. 1) der Landesjustizverwaltung erhalten hat, kann sein Amt auf seinen Antrag auch nur durch einen förmlichen Verwaltungsakt der Landesjustizverwaltung verlieren.[3]

Die Bestellung „auf Lebenszeit" nach § 3 Abs. 1 oder „für die Dauer (seiner) Mit- **2** gliedschaft bei der für den Gerichtsbezirk zuständigen Rechtsanwaltskammer" nach § 3 Abs. 2 verpflichtet den Notar nicht, sein Amt auf Dauer auszuüben. In Anlehnung an die beamtenrechtlichen Vorschriften (§ 30 Abs. 1 S. 1 BBG) kann er vielmehr **jederzeit** seine Entlassung verlangen (Satz 1). Darüber hinaus kann der Notar auch den Zeitpunkt bestimmen, zu dem die Entlassung auszusprechen ist (Satz 3). Der Notar kann den Antrag stellen, solange er Inhaber der ihm übertragenen Amtsbefugnisse ist, also auch nach Einleitung eines Strafverfahrens oder Disziplinarverfahrens bis zum Eintritt der Rechtskraft des gerichtlichen Urteils, durch das das Amt erlischt (§ 47 Nr. 5 und Nr. 7).[4]

B. Entlassungsantrag (S. 1 und S. 2)

Die Landesjustizverwaltung darf das Verwaltungsverfahren auf Entlassung aus dem Amt **3** gem. § 48 nicht von Amts wegen, sondern gem. §§ 48 S. 1, 64a Abs. 1 iVm § 22 S. 2 Nr. 2 VwVfG **nur auf Antrag** des Notars einleiten. Das verwaltungsrechtliche **Offizialprinzip** wird für den Erlöschenstatbestand der Entlassung mithin vollständig von der verwaltungsrechtlichen **Dispositionsmaxime** verdrängt.[5]

Gegenüber welcher Landesbehörde und auf welche Weise der Antrag auf Entlassung aus **4** dem Amt zu stellen ist, bestimmt das jeweilige Landesrecht. In Nordrhein-Westfalen sieht beispielsweise § 43 Abs. 1 AVNot NRW vor, dass der Antrag auf Entlassung aus dem Amt über den Präsidenten des zuständigen **Landgerichts** (dh auf dem Dienstweg) an den Präsidenten des zuständigen **Oberlandesgerichts** zu richten ist, der sodann die Entlassung verfügt.

I. Rechtsnatur

Der Antrag zur Einleitung des Verwaltungsverfahrens auf Entlassung aus dem Amt gem. **5** § 48 S. 1 ist eine spezifisch öffentlich-rechtliche (verwaltungsrechtliche) **Willenserklärung,** auf die grundsätzlich die zivilrechtlichen Vorschriften des BGB über privatrechtliche Willenserklärungen entsprechende Anwendung finden.[6] Diese verwaltungsrechtliche Wil-

---

[1] Vgl. *Seibold/Hornig* RNotO § 36 Ziff. I, 2 und BT-Drs. 3/219, 24.
[2] BT-Drs. 3/219, 24.
[3] Im Beamtenrecht wird die Entlassung durch Verwaltungsakt damit begründet, dass der Dienstherr aufgrund seiner Fürsorgepflicht gegenüber dem Beamten dadurch in die Lage versetzt wird zunächst zu prüfen, ob dem Beamten nicht ein Fehler unterlaufen ist, vgl. BeckOK BeamtenR Bund/*Sauerland* BeamtStG § 23 Rn. 35 und BBG § 33 Rn. 6.
[4] Diehn/*Fahl* BNotO § 48 Rn. 5.
[5] BeckOK VwVfG/*Heßhaus* VwVfG § 22 Rn. 11.
[6] Diehn/*Fahl* BNotO § 48 Rn. 3. Vgl. auch BeckOK VwVfG/*Heßhaus* VwVfG § 22 Rn. 16; Huck/ Müller/*Huck* VwVfG § 22 Rn. 9; *Kluth* NVwZ 1990, 608. Ebenso für den Antrag auf Entlassung eines Beamten gem. § 23 Abs. 1 Nr. 4 BeamtStG *Battis* BBG § 33 Rn. 3; BeckOK BeamtenR Bund/*Sauerland* BeamtStG § 23 Rn. 36 und BBG § 33 Rn. 11 mwN.

lenserklärung ist **höchstpersönlicher Natur**[7] und hat einseitig **rechtsgestaltende Wirkung**.

II. Inhalt

6 Als empfangsbedürftige Willenserklärung ist der Antrag auf Entlassung grundsätzlich entsprechend § 133 BGB vom Empfängerhorizont der zuständigen Behörde **auszulegen**.[8] Im Antrag muss nicht das Wort „Entlassung" enthalten sein.[9] Für einen Antrag gem. § 48 S. 1 genügt eine zweifelsfreie Erklärung des Notars, dass er aus dem Amt ausscheiden möchte.[10]

7 Verbleiben der Behörde **Zweifel** an dem Erklärungsinhalt, sind diese Zweifel hingegen nicht entsprechend § 133 BGB durch eine Auslegung der verwaltungsrechtlichen Willenserklärung zu klären. Vielmehr gebieten in einem solchen Falle die der Landesjustizverwaltung gem. § 64a Abs. 1 S. 1 iVm §§ 24, 25 VwVfG obliegenden Ermittlungs- und Betreuungspflichten stets eine Nachfrage beim Notar.[11]

III. Wirksamkeit

8 Aus der entsprechenden Anwendung der zivilrechtlichen Vorschriften über die Wirksamkeit von privatrechtlichen Willenserklärungen folgt im Hinblick auf die Wirksamkeit zunächst, dass der Notar bei der Abgabe des Entlassungsantrages analog §§ 104, 105, 130 Abs. 2 BGB **geschäftsfähig** sein muss.[12] Ist der Notar dauerhaft geschäftsunfähig, hat die Landesjustizverwaltung den Notar gem. § 50 Abs. 1 Nr. 7, Abs. 4 seines Amtes zu entheben; aufgrund der Höchstpersönlichkeit kann ein etwaig eingesetzter **Betreuer** den Entlassungsantrag nicht im Namen des Notars stellen.[13]

9 Der Entlassungsantrag bedarf gem. § 48 S. 2 der **Schriftform**. Entsprechend § 126 Abs. 1 BGB hat der Notar den Entlassungsantrag daher eigenhändig zu unterschreiben.[14] Entsprechend § 126 Abs. 3 BGB kann der Notar seinen Entlassungsantrag auch in **elektronischer Form** mit einer qualifizierten elektronischen Signatur gem. § 126a Abs. 1 BGB abgeben.[15] Ein Antrag, der einem dieser beiden Formvorschriften nicht genügt, ist entsprechend § 125 S. 1 BGB unwirksam.

10 Aus der entsprechenden Anwendung der zivilrechtlichen Grundsätze folgt ferner, dass die einseitige rechtsgestaltende Willenserklärung des Antrages auf Entlassung aus dem Amt nicht wirksam unter einer aufschiebenden oder auflösenden **Bedingung** iSd § 156 BGB vorgenommen werden kann.[16] Die Bestimmung eines bestimmten Zeitpunkts, zu dem die Landesjustizverwaltung die Entlassung aus dem Amt aussprechen soll, ist hingegen keine Zeitbestimmung iSd § 163 BGB und daher möglich.

---

[7] Vgl. für den Antrag auf Entlassung eines Beamten ebenso *Battis* BBG § 33 Rn. 3, BeckOK BeamtenR Bund/*Sauerland* BBG § 33 Rn. 9 mwN.

[8] Diehn/*Fahl* BNotO § 48 Rn. 6; vgl. auch BeckOK VwVfG/*Heßhaus* VwVfG § 22 Rn. 25 ff.

[9] Vgl. ebenso für den Entlassungsantrag eines Beamten *Battis* BBG § 33 Rn. 3; BeckOK BeamtenR Bund/*Sauerland* BBG § 33 Rn. 12.

[10] Diehn/*Fahl* BNotO § 48 Rn. 6; vgl. ebenso für den Entlassungsantrag eines Beamten *Battis* BBG § 33 Rn. 3; BeckOK BeamtenR Bund/*Sauerland* BBG § 33 Rn. 12.

[11] Diehn/*Fahl* BNotO § 48 Rn. 6; Arndt/Lerch/Sandkühler/*Lerch* BNotO § 48 Rn. 6.

[12] Ebenso für den Antrag auf Entlassung eines Beamten gem. § 23 Abs. 1 Nr. 4 BeamtStG *Battis* BBG § 33 Rn. 3; BeckOK BeamtenR Bund/*Sauerland* BeamtStG § 23 Rn. 36 und BBG § 33 Rn. 9.1.

[13] Vgl. ebenso für den Entlassungsantrag eines Beamten *Battis* BBG § 33 Rn. 3; BeckOK BeamtenR Bund/*Sauerland* BBG § 33 Rn. 9.

[14] Diehn/*Fahl* BNotO § 48 Rn. 3.

[15] Ein Ausschluss der elektronischen Form gem. § 126a BGB aufgrund des Formzwecks des § 48 S. 2 kommt nicht in Betracht, vgl. hierzu nur MüKoBGB/*Einsele* BGB § 126 Rn. 25. Ebenso (allerdings über § 3a Abs. 2 VwVfG) die elektronische Form für den Antrag auf Entlassung eines Beamten gem. § 23 Abs. 1 Nr. 4 BeamtStG für zulässig erachtend *Battis* BBG § 33 Rn. 3; BeckOK BeamtenR Bund/*Sauerland* BeamtStG § 23 Rn. 37 und BBG § 33 Rn. 1 und 10 mwN.

[16] Schippel/Bracker/*Püls* BNotO § 48 Rn. 2; Arndt/Lerch/Sandkühler/*Lerch* BNotO § 48 Rn. 6; vgl. ebenso für den Entlassungsantrag eines Beamten *Battis* BBG § 33 Rn. 3; BeckOK BeamtenR Bund/*Sauerland* BBG § 33 Rn. 12 und allgemein Kopp/*Ramsauer* VwVfG § 22 Rn. 37.

Schließlich finden die Vorschriften über die **Anfechtung** der Willenserklärung wegen 11
Irrtums, Täuschung oder Drohung gem. §§ 119 ff. BGB entsprechende Anwendung.[17]
Hierbei muss die Anfechtung allerdings entsprechend der höchst- und obergerichtlichen
Rechtsprechung betreffend die Anfechtung des Entlassungsantrags eines Beamten stets
unverzüglich iSd § 121 Abs. 1 BGB geltend gemacht werden;[18] § 124 BGB ist insoweit
nicht entsprechend anwendbar.[19] Darin, dass einem Notar die Möglichkeit eines Strafverfahrens oder eines Disziplinarverfahrens nachdrücklich vor Augen gehalten wird, liegt keine
widerrechtliche Drohung iSd § 123 BGB.[20]

IV. Widerruf

Für den **Zugang** der empfangsbedürftigen verwaltungsrechtlichen Willenserklärung ist 12
grundsätzlich analog § 130 Abs. 1 S. 1 BGB auf den Zeitpunkt abzustellen, in welchem unter
gewöhnlichen Umständen mit der Kenntnisnahme durch die Behörde gerechnet werden
kann.[21] Entsprechend § 130 Abs. 1 S. 2 BGB ist der Entlassungsantrag unwirksam, wenn der
Behörde zu diesem Zeitpunkt zugleich eine Widerrufserklärung des Notars zugeht.[22]

Ein **Widerruf** der verwaltungsrechtlichen Willenserklärung des Entlassungsantrages ist 13
jedoch auch über den in § 130 Abs. 1. S. 2 BGB bestimmten Zeitpunkt hinaus möglich.[23]
Entsprechend der beamtenrechtlichen Regelung gem. § 33 Abs. 1 S. 2 BBG ist die
äußerste Grenze des Widerrufs der verwaltungsrechtlichen Willenserklärung des Antrages
auf Entlassung aus dem Notaramt vielmehr erst dann erreicht, wenn dem Notar der
Verwaltungsakt der Entlassung gem. § 64a Abs. 1 iVm § 41 VwVfG **bekannt gegeben**
wurde.[24] Diese **Abweichung vom Privatrecht** hat seinen Grund darin, dass die Entlassung aus dem Amt gem. §§ 48, 47 Nr. 2 trotz der Notwendigkeit einer insoweit
zustimmenden Willenserklärung **kein zweiseitiges Rechtsgeschäft** (dh kein öffentlich-rechtlicher Vertrag), sondern eine einseitig belastende behördliche Anordnung darstellt.[25]
Solange diese einseitige belastende Anordnung nicht wirksam geworden ist besteht kein
Grund, den Notar an seinen diese Anordnung erst ermöglichenden Antrag zu binden.

Für das Beamtenrecht sieht § 33 Abs. 1 S. 2 BBG allerdings insoweit wiederum **ein- 14
schränkend** vor, dass der Entlassungsantrag innerhalb der ersten **zwei Wochen nach
Zugang** bei der zuständigen Behörde **frei widerruflich** und nach Ablauf dieser zwei
Wochen bis zum Zugang der Entlassungsverfügung beim Beamten nur noch **mit Zustimmung** der Behörde widerruflich ist.[26] Sinn und Zweck dieser Norm ist es, im jeweiligen
Einzelfall einen angemessenen Ausgleich zwischen den Interessen des Beamten an seiner
freien Berufsplanung[27] und den Interessen der Verwaltung an einer möglichst verlässlichen
Personalplanung zu ermöglichen. Ein derartiger Interessenausgleich ist unter Berücksichtigung von § 4 S. 1, wonach nur so viele Notare zu bestellen sind, wie es den Erfordernissen
einer geordneten Rechtspflege entspricht, auch im Falle der Entlassung eines Notars

---

[17] Diehn/*Fahl* BNotO § 48 Rn. 2; Arndt/Lerch/Sandkühler/*Lerch* BNotO § 48 Rn. 8. Vgl. ebenso für den Entlassungsantrag eines Beamten *Battis* BBG § 33 Rn. 3; BeckOK BeamtenR Bund/*Sauerland* BBG § 33 Rn. 14.
[18] Vgl. für den Entlassungsantrag eines Beamten BVerwG 10.12.1970 – II C 566, BeckRS 1970, 30426168 und *Battis* BBG § 33 Rn. 3, jeweils mwN.
[19] Vgl. BeckOK BeamtenR Bund/*Sauerland* BBG § 33 Rn. 16.
[20] Schütz/Maiwald/*Brockhaus* Teil C Archiv § 33 Rn. 45.
[21] Zur Fristwahrung genügt allerdings abweichend von § 130 BGB, dass der Antrag innerhalb der Frist tatsächlich bei der Behörde eingegangen ist, auch wenn in diesem Zeitpunkt unter gewöhnlichen Umständen mit einer Kenntnisnahme nicht zu rechnen ist, vgl. Kopp/*Ramsauer* VwVfG § 31 Rn. 22.
[22] Diehn/*Fahl* BNotO § 48 Rn. 3 aE; vgl. mit anderer Begründung ebenso Schippel/Bracker/*Püls* BNotO § 48 Rn. 3.
[23] Diehn/*Fahl* BNotO § 48 Rn. 9. Offenbar ebenso Arndt/Lerch/Sandkühler/*Lerch* BNotO § 48 Rn. 8.
[24] Vgl. ebenso Arndt/Lerch/Sandkühler/*Lerch* BNotO § 48 Rn. 8 aE.
[25] Hierzu grundlegend *Gusy*, Der Antrag im Verwaltungsverfahren, BayVBl. 1985, 484.
[26] Vgl. hierzu *Battis* BBG § 33 Rn. 5; BeckOK BeamtenR Bund/*Sauerland* BBG § 33 Rn. 18 ff.
[27] Vgl. BeckOK BeamtenR Bund/*Sauerland* BBG § 33 Rn. 3.

erforderlich. § 33 Abs. 1 S. 2 BBG ist daher für den Entlassungsantrag des Notars gem. § 48 **entsprechend** anzuwenden.[28]

15 Erst durch eine entsprechende Anwendung von § 33 Abs. 1 S. 2 BBG wird der Landesjustizverwaltung unabhängig vom Stand des Entlassungsverfahrens ermöglicht, das Verwaltungsverfahren zur Wiederbesetzung der durch die Entlassung frei werdende Notarstelle **ohne Einflussmöglichkeiten** des aus dem Amt scheidenden Notars insbesondere auf die Bewerberauswahl durchzuführen.[29] Der aus dem Amt scheidende Notar wird auf das Stellenbesetzungsverfahren durch eine Rücknahme seines Entlassungsantrages analog § 33 Abs. 1 S. 2 BBG nämlich zumindest dann keinen Einfluss mehr nehmen können, wenn die Notarstelle gem. § 6b Abs. 1 im Justizministerialblatt **ausgeschrieben** wurde und eine Bewerbungsmöglichkeit eröffnet wird. Im Rahmen der für die Erteilung der Zustimmung analog § 33 Abs. 1 S. 2 BBG erforderlichen Ermessensausübung[30] werden spätestens in diesem Zeitpunkt die Belange der geordneten Rechtspflege an einer Fortführung des Stellenbesetzungsverfahren die Individualbelange des Notars nach einer freien Berufswahl in der Regel überwiegen.

C. Entlassungsverfügung (S. 3)

16 Die Landesjustizverwaltung hat das Verwaltungsverfahren auf Entlassung aus dem Amt gem. §§ 48 S. 3, 64a Abs. 1 iVm § 22 S. 2 Nr. 1 Alt. 2 VwVfG auf Antrag des Notars einzuleiten. Ein Entschließungsermessen steht der Landesjustizverwaltung nicht zu.

I. Rechtsnatur

17 Die Entlassungsverfügung gem. § 48 S. 3 ist ein mitwirkungsbedürftiger **Verwaltungsakt**.[31] Die notwendige Mitwirkungshandlung liegt in der Antragstellung gem. § 48 S. 1 und S. 2.

II. Inhalt

18 Im Verwaltungsakt muss zum einen zum Ausdruck kommen, dass die Entlassung aus dem Amt aufgrund eines **Antrages** des Notars erfolgt. Zum anderen ist notwendiger Inhalt des Verwaltungsaktes die Angabe des **Zeitpunktes,** zu dem die Entlassung aus dem Amt wirksam wird.[32]

19 Gemäß § 48 S. 3 ist die Entlassung für den beantragten Zeitpunkt auszusprechen. Die in § 33 Abs. 2 S. 3 BBG enthaltene Einschränkung, wonach die Entlassung eines Beamten zum Zwecke einer ordnungsgemäßen Erledigung der Aufgaben um drei Monate nach dem beantragten Zeitpunkt hinausgeschoben werden kann, wurde für die Entlassung des Notars nicht übernommen.[33] Der Landesjustizverwaltung steht daher **kein Ermessen** bezüglich des Zeitpunktes der Entlassung zu und hat den Notar folglich stets zu dem von ihm beantragten Zeitpunkt zu entlassen.[34]

---

[28] Diehn/*Fahl* BNotO § 48 Rn. 9. Offenbar ebenso Arndt/Lerch/Sandkühler/*Lerch* BNotO § 48 Rn. 8.

[29] Dies könnte die Landesjustizverwaltung auch durch eine frühzeitige Zustellung der Entlassungsverfügung erreichen, da zumindest nach diesem Zeitpunkt ein Widerruf nicht mehr möglich ist (→ Rn. 13). Die Landesjustizverwaltungen neigen in der Praxis jedoch dazu, die Entlassungsverfügung mit der Erteilung der Führung der Bezeichnung Notar a. D. zu verbinden und erlassen beide Verwaltungsakte daher in der Regel erst kurz vor dem beantragten Ausscheiden aus dem Amt.

[30] Vgl. BeckOK BeamtenR Bund/*Sauerland* BBG § 33 Rn. 19; *Battis* BBG § 33 Rn. 5.

[31] Diehn/*Fahl* BNotO § 48 Rn. 10. Vgl. ebenso betreffend die Entlassungsverfügung eines Beamten *Battis* BBG § 33 Rn. 6.

[32] Arndt/Lerch/Sandkühler/*Lerch* BNotO § 48 Rn. 10.

[33] Diehn/*Fahl* BNotO § 48 Rn. 11. Vgl. hierzu BeckOK BeamtenR Bund/*Sauerland* BBG § 33 Rn. 23 ff.

[34] Schippel/Bracker/*Püls* BNotO § 48 Rn. 2; Arndt/Lerch/Sandkühler/*Lerch* BNotO § 48 Rn. 4.

III. Wirksamkeit

Die Entlassung wird mit Zustellung der Entlassungsverfügung **wirksam** (äußere Wirksamkeit). Die mit der Entlassung verbundenen **Rechtswirkungen** treten frühestens mit Zustellung der Verfügung ein (innere Wirksamkeit);[35] eine rückwirkende Entlassung ist nicht möglich.[36] Ist in der Verfügung gemäß dem Antrag des Notars ein späterer Zeitpunkt angegeben, ist der Ablauf dieses Tages maßgebend. Kann die Entlassungsverfügung nicht zu dem festgesetzten Zeitpunkt zugestellt werden, treten die Rechtswirkungen erst mit Zustellung der Verfügung ein.[37] 20

Der Antrag auf Entlassung aus dem Amt gem. § 48 S. 1 und S. 2 hat nicht nur die oben bereits beschriebene **verfahrensrechtliche Wirkung** der Ermöglichung iSd § 22 S. 2 Nr. 1 Alt. 2 VwVfG und zugleich der Verpflichtung iSd § 22 S. 2 Nr. 2 VwVfG zur Entlassung aus dem Amt.[38] Der Entlassungsantrag hat darüber hinaus auch **materiellrechtliche Wirkung** dahingehend, dass die im Antrag enthaltene Zustimmung des Notars zu seiner Entlassung eine unverzichtbare Voraussetzung für die Rechtmäßigkeit der Entlassungsverfügung ist.[39] 21

1. Fehlender Antrag. Hat der Notar überhaupt keinen Antrag auf Entlassung gestellt, leidet der Verwaltungsakt der Entlassung offensichtlich an einem schwerwiegenden Fehler und ist folglich gem. § 64a Abs. 1 iVm § 44 Abs. 1 VwVfG **nichtig**.[40] 22

Eine Entlassungsverfügung gem. § 48 S. 3 ohne Zustimmung des betroffenen Notars ist zum einen mit wesentlichen Grundsätzen des Berufsrecht, insbesondere dem unabhängigen öffentlichen Amt des Notar (§ 1), nicht vereinbar und stellt daher einen **besonders schwerwiegenden Fehler** iSd § 44 Abs. 1 VwVfG dar.[41] Dieser schwerwiegende Fehler ist im Falle eines gänzlich fehlenden Antrag auch für einen unvoreingenommenen Betrachter ohne Weiteres erkennbar, die Möglichkeit einer dennoch gegebenen Rechtmäßigkeit von vornherein ausgeschlossen, so dass der Fehler auch iSd § 44 Abs. 1 VwVfG **offensichtlich** ist.[42] 23

2. Unwirksamer oder widerrufener Antrag. Hat der Notar zwar einen Antrag auf Entlassung gestellt, ist dieser Antrag jedoch aus einem der oben beschriebenen Gründe unwirksam[43] oder hat ihn der Notar nach den oben beschriebenen Grundsätzen wirksam widerrufen,[44] so ist der Verwaltungsakt der Entlassung **rechtswidrig** und gem. §§ 111b Abs. 1 iVm § 42 Abs. 1 VwGO **anfechtbar**. 24

Auch in diesen Fällen leidet der Verwaltungsakt der Entlassung zwar aufgrund der fehlenden materiellen Zustimmung des Notars an einem **besonders schwerwiegenden Fehler**. Im Unterschied zu einem gänzlich fehlenden Antrag hat der Notar hier allerdings 25

---

[35] Schippel/Bracker/*Püls* BNotO § 48 Rn. 6; Diehn/*Fahl* BNotO § 48 Rn. 10; zur inneren und äußeren Wirksamkeit eines Verwaltungsakts vgl. Kopp/*Ramsauer* VwVfG § 43 Rn. 3 ff.
[36] Diehn/*Fahl* BNotO § 48 Rn. 10. Vgl. auch *Scheerbarth/Höffken/Bauschke/Schmidt*, Beamtenrecht, 6. Aufl. 1992, § 21 II 3d.
[37] Diehn/*Fahl* BNotO § 48 Rn. 10; vgl. auch Schütz/Maiwald/*Brockhaus* Teil C Archiv § 33 Rn. 73 ff.
[38] Würde der Antrag nur diese verfahrensrechtliche Wirkung haben, wäre ein fehlender, unwirksamer oder widerrufener Antrag gem. § 46 VwVfG für das materielle Recht grundsätzlich unbeachtlich.
[39] Vgl. OVG Koblenz NVwZ 1986, 576 (578); BeckOK VwVfG/*Heßhaus* VwVfG § 22 Rn. 17 f.; Kopp/*Ramsauer* VwVfG § 22 Rn. 24 ff.
[40] So auch für die Beamtenernennung Stelkens/Bonk/Sachs/*Sachs* VwVfG § 44 Rn. 105; Erichsen/Ehlers/*Badura*, Allgemeines Verwaltungsrecht, 12. Aufl., § 36 Rn. 8; aA Kopp/*Ramsauer* VwVfG § 44 Rn. 21.
[41] Vgl. zu den Anforderungen an einen schwerwiegenden Fehler iSd § 44 Abs. 1 VwVfG BeckOK VwVfG/*Schemmer* VwVfG § 44 Rn. 12 mwN.
[42] Vgl. BeckOK VwVfG/*Schemmer* VwVfG § 44 Rn. 14 ff., 17.
[43] → Rn. 8 ff. Im Falle der Anfechtung des Entlassungsantrages gem. §§ 119 ff. BGB hat der Notar daher stets zugleich, gegebenenfalls nach einer Wiedereinsetzung in den vorherigen Stand gem. § 111b Abs. 1 BNotO iVm § 60 VwGO, auch die Entlassungsverfügung gem. 111b Abs. 1 BNotO iVm § 42 Abs. 1 VwGO anzufechten.
[44] → Rn. 12 ff.

einen Entlassungsantrag gestellt. Ob dieser vorhandene Antrag unwirksam ist oder wirksam widerrufen wurde kann ein unvoreingenommener Betrachter nicht ohne Weiteres erkennen; die Möglichkeit einer dennoch gegebenen Wirksamkeit des Antrages oder eines unwirksamen Widerrufs ist hier nicht von vornherein ausgeschlossen. Für die Nichtigkeit des Verwaltungsaktes der Entlassung gem. § 44 Abs. 1 VwVfG fehlt es folglich bei einem lediglich unwirksamen oder widerrufenen Antrag an der Offensichtlichkeit.[45]

D. Rechtsfolgen

26 Die Rechtsfolge der Entlassung ist nicht in § 48, sondern in § 47 Nr. 1 bestimmt. Danach führt die Entlassung zum Erlöschen des Notaramtes. Die Entlassung eines Anwaltsnotars führt nicht zugleich zum Verlust seiner Zulassung als Rechtsanwalt.[46]

27 Ist die Entlassungsverfügung gem. § 64a Abs. 1 iVm § 44 Abs. 1 VwVfG nichtig[47] oder wurde die Entlassungsverfügung gem. § 111b Abs. 1 iVm § 42 Abs. 1 VwGO angefochten und aufgehoben,[48] so ist das Amt des Notars nicht gem. § 47 Nr. 1 erloschen. Wurde die vermeintlich frei gewordene Notarstelle bereits durch Bestellung eines anderen Notars gem. § 12 unter Zuweisung desselben Amtssitzes besetzt, kann auch dieser Verwaltungsakt aufgrund des *numerus clausus* der Erlöschenstatbestände gem. § 47 nicht widerrufen werden. Dass die Anzahl an Notarstellen im Amtsbereich nicht mehr der an einer geordneten Rechtspflege ausgerichteten Mengenbedarfsplanung iSd § 4 entspricht, ist folglich hinzunehmen.[49]

§ 48a [Altersgrenze]

Die Notare erreichen mit dem Ende des Monats, in dem sie das siebzigste Lebensjahr vollenden, die Altersgrenze.

A. Sinn und Zweck

1 Die Altersgrenze für Notare ist erst **mit Wirkung zum 3.2.1991** in die Bundesnotarordnung eingefügt worden.[1] Ein Höchstalter für die Berufsausübung bestand bis dahin nicht. Die Altersgrenze war im ursprünglichen Gesetzesentwurf der Bundesregierung noch nicht enthalten[2] und wurde erst auf Empfehlung des **Rechtsausschusses des Bundestages** eingeführt.[3] Als Begründung führte der Rechtsausschuss schlicht aus: „Die Einführung eines Höchstalters für die Ausübung des Notarberufs steht im Zusammenhang mit dem Bestreben, eine **geordnete Altersstruktur,** insbesondere im Anwaltsnotariat, zu wahren."[4]

---

[45] Vgl. hierzu BeckOK BeamtenR Bund/*Sauerland* BBG § 33 Rn. 17 zum Streitstand bei einer Anfechtung des Entlassungsantrages eines Beamten. Den eher seltenen Fall der Anfechtung einer Entlassungsverfügung (hier nach vorangegangener vorläufiger Amtsenthebung) behandelt BGH 14.7.2003 – NotZ 6/03, BeckRS 2003, 06242.
[46] Diehn/*Fahl* BNotO § 48 Rn. 13.
[47] → Rn. 22 f.
[48] → Rn. 24 f.
[49] In der Regel wird der auf diese Weise entstandene Notarüberhang im Amtsbereich ein hinreichender Grund sein, dem neu bestellten Notar vor Ablauf der Mindestverweildauer eine Bewerbung auf eine andere Notarstellen zu ermöglichen, um auf diese Weise zu einer den Erfordernissen einer geordneten Rechtspflege genügenden Anzahl an Notaren im Amtsbereich zurückzukehren.
[1] Durch das zweite Gesetz zur Änderung der Bundesnotarordnung (BGBl. 1991 I 150).
[2] Vgl. BT-Drs. 11/6007, 5.
[3] Vgl. BT-Drs. 11/8307, 7.
[4] Vgl. BT-Drs. 11/8307, 18.

Neben der vom Rechtsausschuss des Bundestages angeführten und später sodann auch vom Bundesgerichtshof[5] und Bundesverfassungsgericht[6] aufgegriffenen, in § 4 S. 2 gesetzlich ausdrücklich angeordneten Wahrung einer **geordneten Altersstruktur** der Notare dient die Altersgrenze den Erfordernissen einer geordneten Rechtspflege auch durch die Ermöglichung einer den Anforderungen von § 4 S. 1 gerecht werdenden **Personalplanung**. Insbesondere im Bereich des hauptberuflichen Notariates mit gem. § 7 Abs. 1 vorgeschaltetem Regelanwärterdienst gewährleistet die Altersgrenze die erforderliche **Planungsgrundlage**. Erst durch die Altersgrenze kann der zukünftige Bedarf an Notarassessoren mit absolviertem Regelanwärterdienst mit der **hinreichenden Genauigkeit** berechnet und können entsprechend viele bzw. wenige Notarassessoren in den Anwärterdienst übernommen werden. Hierdurch werden zugleich auch übermäßig lange Anwärterdienstzeiten verhindert und dem sich zunehmend verfestigenden **Anwartschaftsrecht** der Notarassessoren auf Bestellung zum Notar Rechnung getragen.[7]

B. Tatbestand

Nach „mittlerweile ständiger, vom Bundesverfassungsgericht wiederholt nicht beanstandeter Rechtsprechung" des Notarsenats beim Bundesgerichtshof verstößt § 48a „weder gegen das **Grundgesetz** noch gegen das aus der **Richtlinie** 2000/78/EG (…) folgende Verbot der Diskriminierung aufgrund des Alters oder gegen Art. 15, 16, 17 und 21 der **Charta der Grundrechte** der Europäischen Union."[8] Auch ein Verstoß gegen das Allgemeine **Gleichbehandlungsgesetz** scheidet aus.[9] Vor diesem Hintergrund lässt sich daher festhalten, dass die Rechtmäßigkeit der Altersgrenze für Notare **aus jedem denkbaren Gesichtspunkt höchstrichterlich geklärt** ist.

Die Altersgrenze gem. § 48a gilt für jeden Notar. Es ist **unerheblich,** ob der Notar vor oder nach Einführung der Altersgrenze am 3.2.1991 zum Notar bestellt wurde.[10] Ebenso ist **unerheblich,** dass der Notar nach dem Text der Bestallungsurkunde gem. § 12 „auf Lebenszeit" oder „für die Dauer der Mitgliedschaft bei der für den Gerichtsbezirk zuständigen Rechtsanwaltskammer" bestellt wurde.[11] Die derart vorgenommene Bestallung eines

---

[5] BGH 22.3.2010 – NotZ 16/09, DNotZ 2011, 153.
[6] BVerfG 5.1.2011 – 1 BvR 2870/10, NJW 2011, 1131.
[7] So iE auch BVerfG 5.1.2011 – 1 BvR 2870/10, NJW 2011, 1131, wonach „ohne die gesetzliche Altersgrenze keine hinreichende Vorhersehbarkeit und Planbarkeit für den juristischen Nachwuchs bestünde."
[8] BGH 16.3.2015 – NotZ (Brfg) 10/14, DNotZ 2015, 633. Diese jüngste Entscheidung nimmt Bezug auf die grundlegende ältere Entscheidung des BVerfG 29.10.1992 – 1 BvR 1581/91, DNotZ 1993, 260 sowie die grundlegende jüngere Entscheidung des BGH 22.3.2010 – NotZ 16/09, DNotZ 2011, 153: „1. [...] Die Regelung in den §§ 47 Nr. 1 [heute Nr. 2], 48a BNotO dient [...] einem Gemeinschaftsgut von besonderem Gewicht, das Einschränkungen auch in der Freiheit der Berufswahl rechtfertigt [...] 2. Die Regelung in §§ 47 Nr. 1 [heute Nr. 2], 48a BNotO ist überdies nicht wegen eines Verstoßes gegen das aus der Richtlinie folgende Verbot der Diskriminierung aufgrund des Alters unwirksam." Diese Entscheidung des BGH wurde von BVerfG 5.1.2011 – 1 BvR 2870/10, NJW 2011, 1131, insbesondere auch im Hinblick auf die Nichtvorlage der Rechtsfrage an den EuGH, nicht beanstandet. Diese Entscheidungen wurden sodann ausdrücklich fortgeführt von BGH 23.7.2012 – NotZ (Brfg) 15/11, DNotZ 2013, 76 und 25.11.2013 – NotZ (Brfg) 11/13, DNotZ 2014, 313. Ebenso fortführend auch BGH 17.3.2014 – NotZ (Brfg) 21/13, DNotZ 2014, 553 und BVerfG 27.6.2014 – 1 BvR 1313/14, BeckRS 2015, 40918 mit der erweiterten Feststellung, dass die Altersgrenze auch nicht gegen die Charta der Grundrechte der Europäischen Union verstoße. Schließlich ebenso BGH 24.11.2014 – NotZ (Brfg) 5/14, DNotZ 2015, 227.
[9] BGH 16.3.2015 – NotZ (Brfg) 10/14, DNotZ 2015, 633.
[10] BGH 16.3.2015 – NotZ (Brfg) 10/14, DNotZ 2015, 633. Die im zweiten und dritten Gesetz zur Änderung der Bundesnotarordnung enthaltenen Übergangsregelungen spielen heute keine Rolle mehr, da die davon erfassten Notare auf Grundlage der Übergangsregelung spätestens zum Ende Februar 2003 (Art. 3 des zweiten Gesetzes zur Änderung der Bundesnotarordnung) bzw. zum Ende September 2010 (Art. 13 Abs. 9 des dritten Gesetzes zur Änderung der Bundesnotarordnung) aus dem Amt ausgeschieden sind, vgl. hierzu die Kommentierung von *Custodis* in der 3. Auflage, Rn. 2 und Schippel/Bracker/*Püls* BNotO § 48a Rn. 3.
[11] BGH 16.3.2015 – NotZ (Brfg) 10/14, DNotZ 2015, 633; 24.11.2014 – NotZ (Brfg) 5/14, DNotZ 2015, 227.

Notars ist vielmehr notwendige Folge der notariatsverfassungsgebenden Bestellungsvoraussetzungen nach § 3 Abs. 1 (hauptberufliches Notariat) und § 3 Abs. 2 (Anwaltsnotariat), die wiederum ihre Gegenstücke[12] in den Grunderlöschenstatbeständen der § 47 Nr. 2 (hauptberufliches Notariat) und § 47 Nr. 4 (Anwaltsnotariat) finden.[13] Darüber hinaus ist es auch nicht ausgeschlossen, dass die Lebenszeit des hauptberuflichen Notars oder die Mitgliedschaft des Anwaltsnotars in seiner Rechtsanwaltskammer und mithin auch sein Notaramt vor Erreichen der Altersgrenze erlischt.

C. Rechtsfolge

5   § 48a beschränkt sich darauf, die Altersgrenze mit dem Ende des Monats, in dem der Notar das 70. Lebensjahr vollendet hat, zu definieren, ohne die Rechtsfolge zu regeln. Dass das Erreichen der Altersgrenze zum Erlöschen des Amtes führt, ergibt sich aus § 47 Nr. 2. Etwaige gegen den Notar eingeleitete Disziplinarverfahren sind aufgrund des Erlöschens seines Amtes einzustellen.[14]

§ 48b [Vorübergehende Amtsniederlegung]

(1) Wer als Notarin oder als Notar
1. mindestens ein Kind unter achtzehn Jahren oder
2. einen nach amtsärztlichem Gutachten pflegebedürftigen sonstigen Angehörigen

tatsächlich betreut oder pflegt, kann das Amt mit Genehmigung der Aufsichtsbehörde vorübergehend niederlegen.

(2) Die Dauer der Amtsniederlegung nach Absatz 1 darf auch in Verbindung mit der Amtsniederlegung nach § 48c zwölf Jahre nicht überschreiten.

§ 48c [Erneute Bestellung am bisherigen Amtssitz]

(1) ¹Erklärt der Notar mit dem Antrag auf Genehmigung der vorübergehenden Amtsniederlegung nach § 48b, sein Amt innerhalb von höchstens einem Jahr am bisherigen Amtssitz wieder antreten zu wollen, wird er innerhalb dieser Frist dort erneut bestellt. ²§ 97 Abs. 3 Satz 2 gilt entsprechend.

(2) ¹Nach erneuter Bestellung am bisherigen Amtssitz ist eine nochmalige Amtsniederlegung nach Absatz 1 innerhalb der nächsten beiden Jahre ausgeschlossen; § 48b bleibt unberührt. ²Die Dauer mehrfacher Amtsniederlegungen nach Absatz 1 darf drei Jahre nicht überschreiten.

Übersicht

	Rn.
A. Allgemeines	1
B. Echte vorübergehende Amtsniederlegung	4
I. Tatbestand	5
1. Antrag	6
2. Betreuung oder Pflege	10
3. Einjahreserklärung	18
4. Ausschlussgründe	22

---

[12] Seit Änderung des Wortlautes des § 47 Nr. 4 mit Wirkung zum 18.5.2017 wurde dieses Gegenstück zu § 3 Abs. 2 leider durch den Gesetzgeber geändert, ohne dadurch eine Rechtsfolge auszulösen, → § 47 Rn. 9 ff.
[13] So auch BGH 24.11.2014 – NotZ (Brfg) 5/14, DNotZ 2015, 227; → § 47 Rn. 4 ff.
[14] BGH 2.3.2016 – NotSt (Brfg) 2/15, NJOZ 2016, 1722 Rn. 2.

	Rn.
II. Rechtsfolgen	26
1. Genehmigung	27
2. Erlöschen des Amtes	30
3. Notariatsverwaltung	33
4. Wiederbestellung	38
5. Überschreitung des genehmigten Zeitraums	42
6. Anrechnung von Zeiten	45
III. Musteranträge	47
C. Unechte vorübergehende Amtsniederlegung	49
I. Tatbestand	50
1. Antrag	51
2. Betreuung oder Pflege	53
3. Ausschlussgründe	54
II. Rechtsfolgen	55
1. Genehmigung	56
2. Erlöschen des Amtes	59
3. Wiederbestellung	64
4. Überschreiten des genehmigten Zeitraums	77
5. Anrechnung von Zeiten	80
III. Musteranträge	82

A. Allgemeines

§§ 48b, 48c wurden **mit Wirkung zum 8.9.1998** in die Bundesnotarordnung einge- 1
fügt.[1] Der Gesetzgeber beabsichtigte damit „der Vereinbarkeit von Beruf und Familie auch im Notariat – insbesondere im Hinblick auf die kindererziehenden Notarinnen und Notare – mehr als bisher Geltung zu verschaffen. Es soll den Notarinnen und Notaren, die dies wünschen, die Möglichkeit verschafft werden, ihr Amt vorübergehend niederzulegen, um sich für eine Dauer von bis zu zwölf Jahren **familiären Aufgaben zu widmen.**"[2]

Nach einer Entscheidung der Bundesverfassungsgerichts aus dem Jahr 2013 sind die 2
§§ 48b, 48c in der durch die Rechtsprechung des Bundesgerichtshofs vorgegebenen Auslegung und Anwendung **mit dem Grundgesetz vereinbar.**[3] Der Vorsitzende der entscheidenden Kammer des Ersten Senats des Bundesverfassungsgerichts ließ es sich jedoch nicht nehmen, in einer Anmerkung zu diesem Beschluss festzustellen: „Das (nach der amtlichen Begründung) selbst **gesetzte Ziel** wird allerdings in **eklatanter Weise verfehlt;** denn die vorgeschlagene und Gesetz gewordene Regelung gibt den Notarinnen und Notaren, die durch Kinderbetreuung oder Pflegeaufgaben beansprucht werden, eher **Steine statt Brot.** Dies gilt gleich in doppelter Hinsicht. Erstens ist das **Konzept** der §§ 48b, 48c inhaltlich **völlig unzulänglich,** weil allenfalls für ein Jahr durch den gesicherten Rückzug aus dem Notaramt ein Freiraum für die Erfüllung familiärer Pflegelasten geschaffen wird (…). Zweitens – und das ist nicht weniger ärgerlich – stellt das geltende Recht durch missverständliche **Formulierung** namentlich des § 48b den betroffenen Notarinnen und Notaren **geradezu eine Falle.**"[4]

Die §§ 48b, 48c ermöglichen entgegen dem Gesetzeswortlaut nur für **höchstens ein** 3
Jahr eine Amtsniederlegung, die die Bezeichnung „vorübergehend" verdient. Die folgende Kommentierung dieser Normen soll daher ausnahmsweise nicht dem ebenso unglücklichen Gesetzesaufbau folgen, sondern die Voraussetzungen und Rechtsfolgen der den Notaren zur Verfügung gestellten **Handlungsalternativen** zur besseren Vereinbarkeit von Beruf und Familie im Einzelnen beleuchten. Demgemäß wird nachfolgend zunächst die hier so

---

[1] Durch das Dritte Gesetz zur Änderung der Bundesnotarordnung (BGBl. 1998 I 2585).
[2] BT-Drs. 13/4184, 28.
[3] BVerfG 20.11.2013 – 1 BvR 63/12, DNotZ 2014, 298.
[4] *Gaier* ZNotP 2014, 282 (283).

bezeichnete „echte" vorübergehende Amtsniederlegung gem. §§ 48b, 48c (→ Rn. 4 ff.) und sodann die hier so bezeichnete „unechte" vorübergehende Amtsniederlegung gem. § 48b (→ Rn. 49 ff.) kommentiert. Am Ende des jeweiligen Kapitels sollen **Musteranträge** die Stellung des „richtigen" Antrages erleichtern.

B. Echte vorübergehende Amtsniederlegung

4   Eine „echte" vorübergehende Amtsniederlegung ist für einen Zeitraum von **höchstens einem Jahr** möglich. Die gesetzliche Grundlage hierfür findet sich in den §§ 48b, 48c, 47 Nr. 3, 6b Abs. 1 Hs. 2, 56 Abs. 3. Durch diese Normen wird gewährleistet, dass der vorläufig aus dem Amt ausgeschiedene Notar ohne eine Ausschreibung, Bewerbung und Auswahlentscheidung am bisherigen Amtssitz wieder zum Notar bestellt wird und sein wiederbelebtes Amt in seiner bisherigen Geschäftsstelle fortsetzen kann.

I. Tatbestand

5   Die „echte" vorübergehende Amtsniederlegung setzt gem. §§ 48b, 48c voraus, dass der Notar einen Antrag auf Genehmigung einer vorübergehenden Amtsniederlegung stellt (→ Rn. 6 ff.), ein Kind unter 18 Jahren oder einen nach amtsärztlichem Gutachten pflegebedürftigen sonstigen Angehörigen tatsächlich betreut oder pflegt (→ Rn. 10 ff.), die Erklärung abgibt, sein Amt innerhalb von höchstens einem Jahr am bisherigen Amtssitz wieder antreten zu wollen (→ Rn. 18) und kein Ausschlussgrund gegeben ist (→ Rn. 22).

6   **1. Antrag.** Die Landesjustizverwaltung darf das Verwaltungsverfahren zur Genehmigung einer vorübergehenden Amtsniederlegung nicht von Amts wegen, sondern gem. §§ 48b, 64a Abs. 1 iVm § 22 S. 2 Nr. 2 VwVfG **nur auf Antrag** des Notars einleiten. Zwar ist das Erfordernis eines Antrages in § 48b Abs. 1 nicht ausdrücklich vorgesehen, es wird jedoch in § 48c Abs. 1 S. 1 vorausgesetzt.[5] Wie bei der Entlassung aus dem Amt gem. § 48 wird mithin auch für die vorübergehende Amtsniederlegung das verwaltungsrechtliche **Offizialprinzip** von der verwaltungsrechtlichen **Dispositionsmaxime** verdrängt.[6]

7   Der Antrag auf Genehmigung einer vorübergehenden Amtsniederlegung gem. § 48b Abs. 1 ist wie der Antrag auf Entlassung aus dem Amt gem. § 48 S. 1 eine **spezifisch öffentlich-rechtliche** (verwaltungsrechtliche) **Willenserklärung,** auf die grundsätzlich die zivilrechtlichen Vorschriften des BGB über privatrechtliche Willenserklärungen entsprechende Anwendung finden.[7] Wie die verwaltungsrechtliche Willenserklärung des Entlassungsantrages gem. § 48 S. 1 ist auch die verwaltungsrechtliche Willenserklärung des Antrages auf eine vorübergehende Amtsniederlegung gem. § 48b Abs. 1 **höchstpersönlicher Natur** und hat einseitig **rechtsgestaltende Wirkung.** Für die Auslegung, die Wirksamkeit und den Widerruf des Antrages auf Genehmigung einer vorübergehenden Amtsniederlegung kann daher vollumfänglich auf die Kommentierung von § 48 S. 1 Bezug genommen werden.[8]

8   Der Antrag muss den Zeitpunkt enthalten, ab dem der Notar die Genehmigung zur vorübergehenden Amtsniederlegung beantragt **(Anfangszeitpunkt).** Kein notwendiger Bestandteil des Antrages ist die Benennung des Zeitpunktes, bis zu dem der Notar die

---

[5] Der Gesetzentwurf der Bundesregierung sah in § 48b Abs. 1 noch ausdrücklich eine vorübergehende Amtsniederlegung „auf Antrag" vor, vgl. BT-Drs. 13/4184, 8. Die Wörter „auf Antrag" wurden aufgrund einer Stellungnahme des Bundesrates zur „Klarstellung des Gewollten" (!) durch die Wörter „mit Genehmigung der Aufsichtsbehörde" ersetzt, vgl. BT-Drs. 13/4184, 44. Treffender wäre eine Ergänzung gewesen.
[6] Vgl. nur BeckOK VwVfG/*Heßhaus* VwVfG § 22 Rn. 11 und → § 48 Rn. 3.
[7] Vgl. hierzu BeckOK VwVfG/*Heßhaus* VwVfG § 22 Rn. 16; Huck/Müller/*Huck* VwVfG § 22 Rn. 9; *Kluth* NVwZ 1990, 608. Ebenso für den Antrag auf Entlassung eines Beamten gem. § 23 Abs. 1 Nr. 4 BeamtStG vgl. *Battis* BBG § 33 Rn. 3; BeckOK BeamtenR Bund/*Sauerland* BeamtStG § 23 Rn. 36 und BBG § 33 Rn. 11 mwN.
[8] → § 48 Rn. 5 ff.

Genehmigung zur vorübergehenden Amtsniederlegung begehrt (**Endzeitpunkt**).⁹ Die Genehmigung zur vorübergehenden Amtsniederlegung führt wie die Entlassung aus dem Amt gem. § 47 Nr. 3 zum Erlöschen des Amtes. Der Notar, der sein Amt vorübergehend niederlegt, kann daher nur auf seinen gesonderten Antrag hin gem. § 12 S. 1 erneut zum Notar bestellt werden. Ein Ende der vorübergehenden Amtsniederlegung setzt folglich stets ein neues Verwaltungsverfahren auf Bestellung zum Notar voraus, deren Verfahrensdauer im Zeitpunkt des Antrages auf Genehmigung zur vorübergehenden Amtsniederlegung noch nicht feststehen kann.

Gegenüber welcher Landesbehörde, auf welche Weise und mit welchem Vorlauf der Antrag auf Genehmigung einer vorübergehenden Amtsniederlegung zu stellen ist, bestimmt das jeweilige **Landesrecht.** In Nordrhein-Westfalen sieht beispielsweise § 43 Abs. 2 S. 1 AVNot NRW vor, dass der Antrag über den Präsidenten des zuständigen Landgerichts (dh auf dem Dienstweg) an den Präsidenten des zuständigen Oberlandesgerichts zu richten ist, der sodann die Genehmigung verfügt. § 43 Abs. 2 S. 1 AVNot NRW sieht darüber hinaus vor, dass der Antrag vier Monate vor dem Zeitpunkt, von dem ab der Notar das Amt vorübergehend niederlegen will, gestellt werden soll. 9

2. Betreuung oder Pflege. In Anlehnung an die Bestimmungen über die Beurlaubung von Beamten und Richtern aus familiären Gründen (vgl. § 92 Abs. 1 BBG, § 48a Abs. 1 DRiG) setzt die „echte" vorübergehende Amtsniederlegung tatbestandlich gem. § 48b Abs. 1 ferner voraus, dass der Notar entweder mindestens ein Kind unter 18 Jahren tatsächlich betreut oder aber einen nach amtsärztlichem Gutachten sonstigen pflegebedürftigen Angehörigen tatsächlich pflegt. 10

a) Kindschaftsverhältnis. § 48b Abs. 1 Nr. 1 setzt voraus, dass es sich bei der betreuten Person um ein Kind unter 18 Jahren handelt. Durch die Inbezugnahme eines Kindes wird ein bestimmtes **Näheverhältnis** zwischen dem Notar und der betreuten Person verlangt. Die tatsächliche Betreuung einer beliebigen Person unter 18 Jahren genügt nicht, um das Amt vorübergehend niederlegen zu können. 11

Der **Begriff des Kindes** ist gesetzlich nicht definiert. Es ist daher zunächst auf die elterliche Sorge zurückzugreifen.¹⁰ Das von § 48b Nr. 1 geforderte Kindschaftsverhältnis zwischen dem Notar und der betreuten Person liegt folglich immer dann vor, wenn der Notar gem. §§ 1626, 1626a BGB zur **elterlichen Sorge** der betreuten Person berechtigt und verpflichtet ist. Das ist stets die Mutter im Rechtssinne gem. § 1591 BGB und der mit der Mutter verheiratete Vater im Rechtssinne gem. §§ 1592 ff. BGB¹¹ sowie die Adoptivmutter und der Adoptivvater gem. §§ 1741, 1754 Abs. 3 BGB.¹² 12

Darüber hinaus liegt ein Kindschaftsverhältnis iSd § 48b Nr. 1 nach Sinn und Zweck der Norm auch dann vor, wenn zwischen dem Notar und der betreuten Person ein nach Art. 6 Abs. 1 GG geschütztes **Familienverhältnis** gegeben ist. Ein solches kann auch zu nicht blutsverwandten Personen bestehen, wie etwa einem Pflege- oder Stiefkind, mit denen der Notar eine elterliche Gemeinschaft führt.¹³ Ebenso bildet der leibliche (biologische), aber nicht iSd §§ 1592 ff. BGB rechtliche Vater eines Kindes mit diesem eine nach Art. 6 Abs. 1 GG geschützte Familie, wenn zwischen ihm und dem Kind eine soziale Beziehung besteht, 13

---

⁹ AA ohne Angabe von Gründen offenbar Schippel/Bracker/*Püls* BNotO § 48b Rn. 3, wonach der Antrag auch eine Angabe über die „vermutliche Dauer" enthalten müsse.
¹⁰ Vgl. Palandt/*Götz* BGB § 1626 Rn. 1 ff.
¹¹ Ist der Vater im Rechtssinne nicht mit der Mutter verheiratet (§ 1626a Abs. 1 Nr. 2 BGB), ist er nur zur elterlichen Sorge berechtigt, wenn eine gemeinsame Sorgeerklärung abgegeben wurde (§ 1626a Abs. 1 Nr. 1 BGB) oder das Familiengericht die gemeinsame Sorge überträgt (§ 1626a Abs. 1 Nr. 3 BGB). Vgl. hierzu nur Palandt/*Götz* BGB § 1626 Rn. 6 und § 1626 Rn. 4 ff.
¹² Vgl. Palandt/*Götz* BGB § 1626 Rn. 5 und § 1754 Rn. 3.
¹³ Vgl. BeckOK GG/*Uhle* GG Art. 6 Rn. 14 ff. mwN. Nach den Kommentierungen zu der entsprechenden beamtenrechtlichen Regelung sind Kinder iSd § 92 Abs. 1 BBG auch „Stiefkinder, Pflegekinder, Enkel oder Geschwister", vgl. BeckOK BeamtenR Bund/*Knauff/Badenhausen-Fähnle* BBG § 92 Rn. 7; *Battis* BBG § 92 Rn. 3 mwN. Ebenso auch für § 48b Nr. 1 Diehn/*Fahl* BNotO§ 48b Rn. 2.

die darauf beruht, dass er zumindest zeitweise tatsächlich Verantwortung für das Kind trägt.[14]

14 **b) Angehörigenverhältnis.** § 48b Abs. 1 Nr. 2 setzt zunächst voraus, dass es sich bei der zu pflegenden Person um einen sonstigen Angehörigen handelt. Im Rahmen der inhaltsgleichen Vorschriften für die Beamten und Richter gem. § 92 Abs. 1 Nr. 1b BBG, § 48a Abs. 1 Nr. 2b DRiG wird zur Bestimmung des **Begriffs des sonstigen Angehörigen** auf § 20 Abs. 5 VwVfG zurückgegriffen.[15] In Anlehnung an diese Auslegung im Beamten- und Richterrecht sind sonstige Angehörige iSd § 48b Abs. 1 Nr. 2 die folgenden Personen: Verlobte (auch iSd Lebenspartnerschaftsgesetzes), Ehegatten, Lebenspartner, Verwandte und Verschwägerte in gerader Linie, Geschwister, Kinder der Geschwister, Ehegatten der Geschwister und Geschwister der Ehegatten, Lebenspartner der Geschwister und Geschwister der Lebenspartner, Geschwister der Eltern und Pflegeeltern und Pflegekinder.[16]

15 § 48b Abs. 1 Nr. 2 verlangt darüber hinaus, dass der sonstige Angehörige nach amtsärztlichem Gutachten **pflegebedürftig** ist. Im Rahmen der Vorschriften für die Beamten und Richter gem. § 92 Abs. 1 Nr. 1b BBG, § 48a Abs. 1 Nr. 2b DRiG wird zur Bestimmung des Begriffs der Pflegebedürftigkeit auf § 14 SGB XI zurückgegriffen.[17] In Anlehnung an diese Auslegung im Beamten- und Richterrecht ist eine Person iSd § 48b Abs. 1 Nr. 2 pflegebedürftig, die wegen einer körperlichen, geistigen oder seelischen Krankheit oder Behinderung nicht mehr imstande ist, die gewöhnlichen und regelmäßig wiederkehrenden Verrichtungen des täglichen Lebens zu bewältigen und daher der Hilfe anderer Personen bedarf.[18] Vor diesem Hintergrund muss es sich **in der Regel** um einen Angehörigen handeln, dem gem. § 15 Abs. 3 SGB XI der **Pflegegrad 1 bis 5** zuzuordnen ist. Für den Nachweis einer derartigen Pflegebedürftigkeit bedarf es gem. § 48b Abs. 1 Nr. 2 eines **amtsärztlichen** und nicht nur – wie in § 92 Abs. 1 Nr. 1b BBG, § 48a Abs. 1 Nr. 2b DRiG vorgesehen – eines ärztlichen Gutachtens.[19]

16 **c) Tatsächliche Betreuung oder Pflege.** Besteht ein Kindschaftsverhältnis oder ein Angehörigenverhältnis muss der Notar schließlich gem. § 48b Abs. 1 Nr. 1 das Kind tatsächlich betreuen oder gem. § 48b Abs. 1 Nr. 2 den Angehörigen tatsächlich pflegen. Erforderlich ist, dass der Notar sein Kind oder seinen Angehörigen **regelmäßig innerhalb der üblichen Geschäftsstunden** iSd § 10 Abs. 3 betreut oder pflegt.[20] Nur dann steht eine Vereinbarkeit von Beruf und Familie in Frage und sind die §§ 48b, 48c nach ihrem Sinn und Zweck einschlägig.

17 Ausreichend ist, dass im Zeitpunkt der Antragstellung eine Betreuung oder Pflege in einem bestimmten Zeitfenster innerhalb der üblichen Öffnungszeiten tatsächlich **beabsichtigt** ist. Das ist beispielsweise der Fall bei einer tatsächlichen Betreuung des Kindes nach der Schule am Nachmittag oder bei einer tatsächlichen Pflege eines Angehörigen während des Mittag- oder Abendessens. Eine tatsächliche Betreuung oder Pflege durch den Notar iSd § 48b Abs. 1 wird hierbei grundsätzlich nicht dadurch ausgeschlossen, dass er bei der Betreuung oder Pflege durch **Dritte** unterstützt wird.[21] Die Landesjustizverwaltung hat die vom Notar im Antrag dargelegten Angaben für die Entscheidung über die Genehmigung zugrunde zu legen; Nachweise für eine tatsächliche Betreuung oder tatsächliche Pflege können weder gefordert noch erbracht werden.[22]

---

[14] Vgl. BVerfG 9.4.2003 – 1 BvR 1493/96, NJW 2003, 2151; BeckOK GG/*Uhle* GG Art. 6 Rn. 14 ff.
[15] BeckOK BeamtenR Bund/*Knauff/Badenhausen-Fähnle* BBG § 92 Rn. 8; *Battis* BBG § 92 Rn. 3.
[16] Ebenso Diehn/*Fahl* BNotO § 48b Rn. 2.
[17] BeckOK BeamtenR Bund/*Knauff/Badenhausen-Fähnle* BBG § 92 Rn. 9; *Battis* BBG § 92 Rn. 3.
[18] Vgl. Diehn/*Fahl* BNotO § 48b Rn. 3; Schippel/Bracker/*Püls* BNotO § 48b Rn. 2.
[19] Im Beamtenrecht genügt gem. § 91 Abs. 1 Nr. 1b BBG darüber hinaus die Vorlage einer Bescheinigung der Pflegekasse oder des Medizinischen Dienstes der Krankenversicherung oder einer entsprechenden Bescheinigung einer privaten Pflegeversicherung.
[20] Vgl. so auch für den Beamten BeckOK BeamtenR Bund/*Knauff/Badenhausen-Fähnle* BBG § 92 Rn. 10.
[21] Vgl. Diehn/*Fahl* BNotO § 48b Rn. 4. Ebenso für den Beamten *Battis* BBG § 92 Rn. 3.
[22] AA Diehn/*Fahl* BNotO § 48b Rn. 6, 2.

3. Einjahreserklärung. Eine „echte" vorübergehende Amtsniederlegung setzt tat- 18
bestandlich ferner gem. § 48c Abs. 1 S. 1 voraus, dass der Notar die **Erklärung abgibt,**
sein Amt innerhalb **von höchstens einem Jahr** am bisherigen Amtssitz wieder antreten zu
wollen.

Nach dem Wortlaut des 48c Abs. 1 S. 1 genügt eine **Absichtserklärung.** Den erforder- 19
lichen gesonderten Antrag auf Durchführung des Verwaltungsverfahrens auf erneute Bestellung zum Notar iSd § 12 kann der Notar folglich zu einem späteren Zeitpunkt stellen.
Darüber hinaus kann der Notar auch den Zeitpunkt, zu dem er den gesonderten Antrag auf
erneute Bestellung zum Notar iSd § 12 zu stellen beabsichtigt, offen lassen. Erforderlich
und ausreichend ist es, dass der Notar seine **Absicht bekundet,** sein Amt am bisherigen
Amtssitz innerhalb eines Jahres nach der Genehmigung zur vorübergehenden Amtsniederlegung wieder antreten zu wollen.

Diese Absichtserklärung hat der Notar nach dem Wortlaut des 48c Abs. 1 S. 1 „mit dem 20
Antrag" abzugeben. Sie muss folglich grundsätzlich **zeitgleich** mit dem Antrag auf Genehmigung gem. § 48b Abs. 1 der zuständigen Behörde zugehen. Nach der Gesetzesbegründung „wird die Landesjustizverwaltung (hierdurch) in die Lage versetzt zu entscheiden, ob
die Notarstelle neu ausgeschrieben oder ein Verwalter bestellt werden soll".[23] Darüber
hinaus wird gewährleistet, dass die Landesjustizverwaltung und die Notarkammer vor einer
Genehmigung die für die Aufrechterhaltung des Amtes erforderlichen Maßnahmen –
tatsächliche Gewinnung einer iSd § 56 Abs. 1 geeigneten Person zur Übernahme der gem.
§ 56 Abs. 3 einzurichtenden Verwaltung sowie rechtliche Bestellung dieser Person zum
Verwalter gem. § 57 Abs. 2 – treffen können.

Entsprechend dem Antrag auf Entlassung aus dem Amt gem. § 48 S. 1 iVm § 33 Abs. 1 21
S. 2 BBG ist allerdings auch der Antrag auf Genehmigung zur vorübergehenden Amtsniederlegung innerhalb der ersten zwei Wochen nach Zugang bei der zuständigen Behörde
frei widerruflich und nach Ablauf dieser zwei Wochen bis zum Zugang der Genehmigung
beim Notar mit Zustimmung der zuständigen Behörde widerruflich.[24] Der Sinn und
Zweck dieser Regelung, im jeweiligen Einzelfall einen angemessenen Ausgleich zwischen
den Interessen des Notars an seiner freien Berufsplanung und den Interessen der Verwaltung
an einer möglichst verlässlichen Personalplanung zu ermöglichen, ist auch im Falle der
Genehmigung einer „echten" vorübergehenden Amtsniederlegung gem. §§ 48b, 48c einschlägig. Die Landesjustizverwaltung kann zur Verfahrensvereinfachung[25] in diesem Rahmen auch ein **Nachschieben der Erklärung** gem. § 48c Abs. 1 zu einem bereits gestellten Antrag auf Genehmigung einer vorübergehenden Amtsniederlegung zulassen.

4. Ausschlussgründe. Für die Genehmigung einer „echten" vorübergehende Amts- 22
niederlegung sehen die §§ 48b, 48c **zwei zeitliche Höchstgrenzen** sowie **eine zeitliche
Sperre** als Ausschlussgründe vor.

Erstens ist die „echte" und „unechte" vorübergehende Amtsniederlegung gem. § 48b 23
Abs. 2 auf **insgesamt zwölf Jahre begrenzt.** Eine Zusammenrechnung der Zeiträume
einer in Anspruch genommenen „echten" Amtsniederlegung gem. §§ 48b, 48c und einer
in Anspruch genommenen „unechten" Amtsniederlegung gem. § 48b darf insgesamt nicht
mehr als zwölf Jahre betragen. Die zuständige Landesjustizverwaltung hat für jeden Antrag
zu prüfen, ob der darin beantragte Zeitraum mit der in § 48 Abs. 2 enthaltenen absoluten
zeitlichen Höchstgrenze einer „echten" und „unechten" vorübergehenden Amtsniederlegung vereinbar ist.

Zweitens ist die „echte" vorübergehende Amtsniederlegung gem. § 48c Abs. 2 S. 2 auf 24
einen Zeitraum von **insgesamt drei Jahre begrenzt.** Eine „echte" vorübergehende
Amtsniederlegung ist gem. § 48c Abs. 1 S. 1 jeweils nur für einen Zeitraum von höchstens

---

[23] BT-Drs. 13/4183, 29.
[24] → § 48 Rn. 12 ff.
[25] Dh anstelle eines (zugelassenen) Widerrufs des Antrages ohne Einjahreserklärung und einer sofortigen erneuten Stellung des Antrages mit Einjahreserklärung.

einem Jahr möglich. Eine Zusammenrechnung der bereits in Anspruch genommenen Zeiträume einer „echten" vorübergehenden Amtsniederlegung gem. §§ 48b, 48c darf insgesamt nicht mehr als drei Jahre betragen. Die zuständige Landesjustizverwaltung hat folglich für jeden Antrag zu prüfen, ob der darin beantragte Zeitraum mit der in § 48c Abs. 2 S. 2 enthaltenen absoluten zeitlichen Höchstgrenze einer „echten" vorübergehenden Amtsniederlegung vereinbar ist.

25 **Drittens** sieht § 48c Abs. 1 S. 1 eine **zeitliche Sperre** für eine wiederholte Genehmigung einer „echten" vorübergehenden Amtsniederlegung von **zwei Jahren** vor. Danach ist ab dem Zeitpunkt des ersten Tages der Wiederbestellung des Notars gem. § 48c Abs. 1 S. 1 für einen Zeitraum von zwei Jahren die wiederholte Genehmigung einer „echten" vorübergehenden Amtsniederlegung gem. §§ 48b, 48c ausgeschlossen. Sinn und Zweck dieser zeitlichen Sperre ist die Verhinderung einer **Umgehung** der gem. § 48c Abs. 1 S. 1 maximal zulässigen „echten" vorübergehenden Amtsniederlegung von **jeweils einem Jahr** durch eine unmittelbar zeitliche Aneinanderreihung mehrerer „echter" vorübergehender Amtsniederlegungen. Das Ende der Sperrfrist bezieht sich auf den Zeitpunkt, in dem die wiederholte Genehmigung der vorübergehenden Amtsniederlegung wirksam wird, so dass vor Ablauf der Sperrfrist sowohl der Antrag gestellt als auch die erst zu einem späteren Zeitpunkt wirksam werdende Genehmigung verfügt werden kann. Die Sperrfrist, welche die Landesjustizverwaltung für jeden Antrag zu prüfen hat, berechnet sich anhand von § 64a Abs. 1 iVm § 31 Abs. 1 VwVfG iVm §§ 187 Abs. 1, 188 Abs. 2 Alt. 1 BGB.

II. Rechtsfolgen

26 Liegen die Tatbestandsvoraussetzungen einer „echten" vorübergehenden Amtsniederlegung vor, hat die Landesjustizverwaltung die vorübergehende Amtsniederlegung zu genehmigen (→ Rn. 27 ff.) und anstelle des durch die Genehmigung aus dem Amt scheidenden Notars (→ Rn. 30 ff.) eine Notariatsverwaltung einzurichten (→ Rn. 33 ff.). Innerhalb des genehmigten Zeitraums einer „echten" vorübergehenden Amtsniederlegung hat die Landesjustizverwaltung den Notar ohne Ausschreibung, Bewerbung und Auswahlverfahren an seinem bisherigen Amtssitz wieder zum Notar zu bestellen (→ Rn. 38 ff.). Erfolgt eine Wiederbestellung innerhalb dieses Zeitraums nicht, stellt sich die Frage nach der Rechtsfolge dieser Überschreitung des genehmigten Zeitraums einer „echten" vorübergehenden Amtsniederlegung (→ Rn. 42 ff.). Beabsichtigt der zur hauptberuflichen Amtsausübung bestellte Notar nach seiner Wiederbestellung seinen Amtssitz in einen anderen Amtsbereich zu verlegen ist schließlich zu klären, ob die Zeiten einer „echten" vorübergehenden Amtsniederlegung auf sein Dienstalter im Rahmen der Auswahlentscheidung sowie im Rahmen der Mindestverweildauer anzurechnen sind (→ Rn. 45 ff.).

27 **1. Genehmigung.** Die Landesjustizverwaltung hat das Verwaltungsverfahren zur Genehmigung einer vorübergehenden Amtsniederlegung gem. §§ 48b Abs. 1, 64a Abs. 1 iVm § 22 S. 2 Nr. 1 Alt. 2 VwVfG auf Antrag des Notars einzuleiten. Die Genehmigung zur vorübergehenden Amtsniederlegung gem. § 48b Abs. 1 ist wie die Entlassungsverfügung gem. § 48 S. 3 ein mitwirkungsbedürftiger **Verwaltungsakt**.[26] Die notwendige Mitwirkungshandlung des Notars liegt in der Antragstellung.

28 Liegen die oben im Einzelnen dargestellten Tatbestandsvoraussetzungen vor, hat der Notar einen **Anspruch** auf Erteilung der Genehmigung zur vorübergehenden Amtsniederlegung.[27] Die Genehmigung ist wie die Entlassung gem. § 48 S. 3 für den beantragten Zeitpunkt auszusprechen. Ein Entschließungs- oder Auswahlermessen steht der Landesjustizverwaltung nicht zu.

29 Im **Verwaltungsakt** der Genehmigung muss **erstens** zum Ausdruck kommen, dass eine vorübergehende („echte") Amtsniederlegung iSd §§ 48b, 48c genehmigt wird. **Zweitens**

---

[26] → § 48 Rn. 17.
[27] Diehn/*Fahl* BNotO § 48b Rn. 7; Arndt/Lerch/Sandkühler/*Lerch* BNotO § 48b Rn. 9.

ist notwendiger Inhalt des Verwaltungsaktes die Angabe des Tages, ab dem die vorübergehende Amtsniederlegung genehmigt wird. **Drittens** ist notwendiger Inhalt des Verwaltungsaktes die Angabe des Zeitraumes, für den die („echte") vorübergehende Amtsniederlegung genehmigt wird. Diesen Zeitraum hat die Landesjustizverwaltung unter Berücksichtigung der Einjahresfrist gem. § 48c Abs. 1 S. 1 sowie der Ausschlussfristen gem. §§ 48b Abs. 2, 48c Abs. 2 S. 1 und S. 2[28] selbst zu berechnen und im Verwaltungsakt anzugeben. Gibt der Notar in seinem Antrag auf vorübergehende Amtsniederlegung oder in seiner Einjahreserklärung keinen bestimmten Zeitpunkt an,[29] ist die Genehmigung der „echten" vorübergehenden Amtsniederlegung für den längst möglichen Zeitraum auszusprechen.

2. Erlöschen des Amtes. Gemäß § 47 Nr. 3 **erlischt das Amt des Notars** durch eine vorübergehenden Amtsniederlegung.[30] Mit dem in der Genehmigung iSd § 48b Abs. 1 bestimmten Anfangszeitpunkt der vorübergehenden Amtsniederlegung verliert der Notar folglich seine hoheitlichen Befugnisse.[31]   30

Gemäß § 51 Abs. 2 hat der Notar seine **Siegel und Stempel** an das Amtsgericht zur Vernichtung abzuliefern. Eine Ausnahme von dieser Vernichtungspflicht sieht das Gesetz für den Fall einer vorübergehenden Amtsniederlegung nicht ausdrücklich vor. Aufgrund des Umstandes, dass im Falle einer „echten" vorübergehenden Amtsniederlegung eine Wiederbestellung am bisherigen Amtssitz gesetzlich garantiert ist,[32] können die Siegel und Stempel jedoch entsprechend §§ 51 Abs. 4 S. 1, 55 Abs. 1 S. 1 für die Zeit der vorübergehenden Amtsniederlegung durch das Amtsgericht in Verwahrung genommen und nach der Wiederbestellung wieder herausgegeben werden.[33]   31

Gemäß § 52 Abs. 1 erlischt die Befugnis, die Bezeichnung „Notar" oder „Notarin" zu führen. Eine Erlaubnis zur Führung der Amtsbezeichnung **„Notarin a. D."** oder **„Notar a. D."** kann die Landesjustizverwaltung nach dem insoweit eindeutigen Wortlaut des § 52 Abs. 2 dem gem. §§ 48b, 48c, 47 Nr. 7 vorläufig aus dem Amt geschiedenen Notar nicht erteilen. Eine Erlaubnis kommt entsprechend § 52 Abs. 2 erst dann in Betracht, wenn der genehmigte Zeitraum überschritten wird und aus einer „vorläufigen" eine „endgültige" Amtsniederlegung wird, da in diesem Falle die Rechtsfolgen einer Genehmigung gem. §§ 48b, 48c den Rechtsfolgen einer Entlassung gem. § 48 entsprechen.[34]   32

3. Notariatsverwaltung. Gemäß § 56 Abs. 3 wird für den genehmigten Zeitraum einer „echten" vorübergehenden Amtsniederlegung ein Notariatsverwalter bestellt. Dies gilt unabhängig davon, ob es sich bei dem vorübergehend sein Amt niederlegenden Notar um einen **hauptberuflichen Notar** (§ 3 Abs. 1) oder einen **Anwaltsnotar** (§ 3 Abs. 2) handelt. Ein Entschließungsermessen steht der Landesjustizverwaltung nicht zu.   33

Sinn und Zweck der Bestellung eines Notariatsverwalters ist es, die Wiederbestellung des Notars nach Ablauf des genehmigten Zeitraums einer „echten" vorübergehenden Amtsniederlegung zu gewährleisten. Die Notarstelle als **institutionalisierte Komponente** des öffentlichen Amtes iSd § 1[35] soll bis zur Wiederbestellung des vorübergehend aus dem Amt scheidenden Notars in diese Notarstelle erhalten bleiben. Gemäß § 58 Abs. 1 übernimmt   34

---

[28] → Rn. 22 ff.
[29] Weder in dem Antrag auf Genehmigung gem. § 48b Abs. 1 noch in der Einjahreserklärung gem. § 48c Abs. 1 ist die Angabe des Endzeitpunktes der Genehmigung obligatorisch, → Rn. 8 und → Rn. 19.
[30] BGH 21.11.2016 – NotZ (Brfg) 1/16, NJW 2017, 1325 Rn. 8. AA Arndt/Lerch/Sandkühler/*Lerch* BNotO § 6b Rn. 5, wonach eine erneute Bestellung zum Notar nach einer vorübergehenden Amtsniederlegung gem. §§ 48b, 48c nicht erforderlich sei, da dieser sein Amt behalte und es sein Amt lediglich ruhen lasse. *Lerch* übersieht die unzweideutige Regelung des § 47 Nr. 3, vgl. ebenso *Egerland*, Die Notarbestellung im hauptberuflichen Notariat (Diss. 2007), S. 145.
[31] → § 47 Rn. 25.
[32] → Rn. 38 ff.
[33] Anders hingegen bei einer „unechten" vorübergehenden Amtsniederlegung, → Rn. 60.
[34] → Rn. 42 ff.
[35] → § 51 Rn. 1; → § 18 Rn. 126.

der Notariatsverwalter die Aktenbestände und führt gem. § 58 Abs. 2 S. 1 die Amtsgeschäfte des aus dem Amt vorläufig ausgeschiedenen Notars fort. Die für den Notariatsverwalter eines **Anwaltsnotars** in § 56 Abs. 2 S. 3 vorgesehene Beschränkung der **Annahme neuer Amtsgeschäfte** auf die ersten drei Monate der Verwaltung findet nach Sinn und Zweck der gem. § 56 Abs. 3 einzurichtenden Verwaltung keine Anwendung.[36]

35 Der gem. § 56 Abs. 3 zu bestellende Verwalter ist sowohl im Bereich des hauptberuflichen Notariats als auch im Bereich des Anwaltsnotariates **stets befristet** für den in der Genehmigung zur vorübergehenden Amtsniederlegung bestimmten Zeitraum zu bestellen.[37] Eine **unbefristete Verwalterbestellung,** wie im Bereich des hauptberuflichen Notariates gem. § 56 Abs. 1 üblich, **kommt nicht in Betracht.** § 64 Abs. 1, wonach das Amt des Verwalters *eo ipso* mit der Neubestellung eines Notars endet, wurde bei Einfügung des § 56 Abs. 3 nicht geändert und bezieht sich weiterhin ausschließlich auf eine gem. § 56 Abs. 1 vorgenommene Verwalterbestellung.

36 Zum Notariatsverwalter kann jede für das Notaramt gem. § 5 befähigte Person bestellt werden.[38] Anders als bei einer Vertreterbestellung gem. § 39 Abs. 3 S. 3 steht dem vorläufig aus dem Amt scheidenden Notar **kein** die Landesjustizverwaltung grundsätzlich **bindendes Vorschlagsrecht** im Hinblick auf die Person des Notariatsverwalters zu.[39] In Anknüpfung an die zu einer gem. §§ 8 Abs. 1 S. 2, 56 Abs. 1 Alt. 2 eingerichteten Notariatsverwaltung ergangenen höchstrichterlichen Rechtsprechung[40] kann das Interesse des vorläufig aus dem Amt scheidenden Notars an einer von ihm vorgeschlagenen Verwalterperson allerdings nicht unberücksichtigt bleiben. Der nur vorläufig aus dem Amt scheidende Notar hat ein **schützenswertes Interesse** daran, dass sowohl die Struktur als auch die wirtschaftliche Ertragskraft der Notarstelle, die beide wesentlich durch den jeweiligen Amtsträger geprägt werden, erhalten bleibt. Dieses Interesse hat die Landesjustizverwaltung bei Ausübung ihres Auswahlermessens betreffend die Person Verwalters zu berücksichtigen.[41]

37 Die Notariatsverwaltung wird vom Verwalter gem. § 59 Abs. 1 grundsätzlich auf **Rechnung der Notarkammer** gegen eine angemessene Vergütung geführt. Auch im Rahmen der gem. § 56 Abs. 3 einzurichtenden Verwaltung kann die Notarkammer gem. § 59 Abs. 3 vorsehen, dass sie vom **Verwalter auf eigene Rechnung** geführt wird. Eine Notariatsverwaltung auf Rechnung des gem. §§ 48b, 48c vorläufig aus dem Amt ausgeschiedenen Notars kommt auf Grundlage von § 17 Abs. 1 S. 4 Alt. 2 nicht in Betracht.[42]

38 **4. Wiederbestellung.** Gemäß § 6b Abs. 1 Hs. 1 sind vor der Besetzung einer Notarstelle die potentiellen Bewerber grundsätzlich durch eine **Ausschreibung** zu ermitteln.[43] Von diesem Grundsatz sieht § 6b Abs. 1 Hs. 2 für die „vorübergehende Amtsniederlegung mit Wiederbestellungsgarantie"[44] eine **Ausnahme** vor.[45] Danach hat eine Ausschreibung für den Fall der erneuten Bestellung nach einer vorübergehenden Amtsniederlegung gem. §§ 48b, 48c zu unterbleiben.

---

[36] → § 56 Rn. 16.
[37] → § 56 Rn. 13.
[38] → § 56 Rn. 28, 25, 20.
[39] → § 56 Rn. 18. Vgl. zu dem die Justizverwaltung grundsätzlich bindenden Vorschlagsrecht betreffend die Person des Vertreters → § 39 Rn. 14 ff.
[40] BGH 4.12.1989 – NotZ 1/89, DNotZ 1991, 72.
[41] Nach → § 56 Rn. 21, 28, ist den Interessen des vorübergehend aus dem Amt scheidenden Notars „hohes Gewicht beizumessen". Ebenso zu § 8 Abs. 1 S. 2 BGH 4.12.1989 – NotZ 1/89, DNotZ 1991, 72, wonach die „Belange des Notars, der jederzeit in das Amt zurückkehren kann, bei der Ermessensentscheidung der Landesjustizverwaltung beachtet werden dürfen, wenn nicht sogar müssen."
[42] → § 59 Rn. 16.
[43] Zum Sinn und Zweck des 1991 eingefügten § 6b Abs. 1 vgl. BT-Drs. 11/6007, 11. Vgl. auch die Entscheidung, die zur Einfügung des § 6b Abs. 1 den Anlass gegeben hat: BVerfG 18.6.1986 – 1 BvR 787/80, NJW 1987, 887.
[44] BT-Drs. 13/4184, 20 und 30.
[45] BGH 21.11.2016 – NotZ (Brfg) 1/16, NJW 2017, 1325 Rn. 8.

Die vom Gesetzgeber beabsichtigte **Wiederbestellungsgarantie**[46] findet sich in § 48c 39
Abs. 1 S. 1. Danach ist der Notar, dem eine „echte" vorübergehende Amtsniederlegung
genehmigt wurde, am bisherigen Amtssitz erneut gem. § 12 zum Notar zu bestellen. Ein
Entschließungs- oder Auswahlermessen steht der Landesjustizverwaltung nach dem eindeutigen Wortlaut nicht zu.[47] Sollte sich trotz unterbliebener Ausschreibung dennoch eine
andere Person um die zu besetzende Notarstelle bewerben, findet eine Auswahlentscheidung folglich nicht statt. Die Wiederbestellungsgarantie ist örtlich auf eine Wiederbestellung am bisherigen Amtssitz (→ Rn. 39a) und zeitlich auf eine Wiederbestellung innerhalb
eines Jahres (→ Rn. 40) beschränkt und ist in einem besonderen Falle ausgeschlossen
(→ Rn. 41).

a) Örtliche Wiederbestellungsgrenze. Die Wiederbestellungsgarantie besteht nach 39a
dem eindeutigen Gesetzeswortlaut gem. § 48c Abs. 1 und Abs. 2 nur für eine Wiederbestellung **„am bisherigen Amtssitz"** iSd § 10 Abs. 1 S. 1 und S. 2. Wurde dem Notar vor
der vorübergehenden Amtsniederlegung eine **politische Gemeinde** iSd § 10 Abs. 1 S. 1[48]
oder ein **Stadtteil** iSd § 10 Abs. 1 S. 2[49] zugewiesen, kann ihm im Rahmen der Wiederbestellung auch nur diese politische Gemeinde bzw. dieser Stadtteil durch Verwaltungsakt[50] als Amtssitz zugewiesen werden. Verbindet der Notar seinen Wiederbestellungsantrag[51] mit einem Antrag auf Verlegung seines Amtssitzes gem. § 10 Abs. 1 S. 3, fehlt
diesem **kombinierten Antrag** die **gesetzliche Grundlage;** er ist folglich abzuweisen.[52]
Das folgt schon aus dem Umstand, dass eine Amtssitzverlegung ohne vorhergehende
Mengen- und Raumbedarfsplanung gem. §§ 4, 10, 10a[53] und ohne vorhergehende Ausschreibung gem. § 6b **gesetzlich nicht zulässig ist.** Darüber hinaus will das Gesetz mit
der Beschränkung der Wiederbestellungsgarantie am bisherigen Amtssitz nach Auffassung
des Bundesgerichtshofs „erkennbar dem Erfordernis der **Gewährleistung einer gewissen
Kontinuität** in der persönlichen Amtsausübung des Notaramtes Rechnung tragen […].
Diese Kontinuität gehört zu den wesentlichen Bedingungen einer geordneten Rechtspflege
[…]. Diese Kontinuität kann sich im Zusammenhang mit der Wiederbestellung nach
vorübergehender Amtsniederlegung lediglich auf die Notarstelle am bisherigen Amtssitz
beziehen. An diesem – und nur an diesem – wird die Stelle für den bisherigen Stelleninhaber gleichsam ‚frei gehalten'."[54]

b) Zeitliche Wiederbestellungsgrenze. Gemäß § 48c Abs. 1 S. 1 ist der Notar **„in-** 40
nerhalb dieser Frist" am bisherigen Amtssitz **erneut zu bestellen.** Damit wird auf die
höchst mögliche Jahresfrist[55] für eine „echte" vorübergehende Amtsniederlegung Bezug
genommen. Hieraus folgt, dass der Notar auf seinen **Antrag** hin zu einem von ihm
gewählten Zeitpunkt innerhalb der genehmigten „echten" vorübergehenden Amtsniederlegung – innerhalb eines Jahres – erneut am bisherigen Amtssitz zum Notar zu bestellen ist.
Da der Notar weder in seinem Antrag auf Genehmigung zur vorübergehenden Amtsniederlegung gem. § 48b Abs. 1 S. 1 noch in seiner Einjahreserklärung gem. § 48c Abs. 1 S. 1
einen bestimmten Zeitpunkt nennen muss, zu dem er eine Wiederbestellung beabsichtigt,[56]

---

[46] BT-Drs. 13/4184, 20 und 30 und ebenso BGH 21.11.2016 – NotZ (Brfg) 1/16, NJW 2017, 1325 Rn. 8.
[47] BGH 21.11.2016 – NotZ (Brfg) 1/16, NJW 2017, 1325 Rn. 8.
[48] → § 10 Rn. 6 ff.
[49] → § 10 Rn. 13 ff.
[50] → § 10 Rn. 5.
[51] → Rn. 8.
[52] BGH 21.11.2016 – NotZ (Brfg) 1/16, NJW 2017, 1325 Rn. 8 ff.
[53] → § 10 Rn. 8 ff.
[54] BGH 21.11.2016 – NotZ (Brfg) 1/16, NJW 2017, 1325 Rn. 9.
[55] Zum Sinn und Zweck → Rn. 43a.
[56] Weder in dem Antrag auf Genehmigung gem. § 48b Abs. 1 noch in der Einjahreserklärung gem. § 48c Abs. 1 ist die Angabe des Endzeitpunktes der Genehmigung obligatorisch, → Rn. 8 und → Rn. 19.

kann er den Antrag auf erneute Bestellung zum Notar gem. § 12 innerhalb des genehmigten Zeitraums jederzeit stellen.[57]

41 **c) Ausnahme von der Wiederbestellung.** Von der Wiederbestellungsgarantie sehen die §§ 48c Abs. 1 S. 2 iVm § 97 Abs. 3 S. 2 eine Ausnahme vor. Danach darf die erneute Bestellung zum Notar versagt werden, wenn sich der vorübergehend aus dem Amt geschiedene Notar sich in der Zwischenzeit eines Verhaltens schuldig gemacht hat, das ihn **unwürdig erscheinen lässt,** das Amt des Notars wieder auszuüben. Erforderlich sind schuldhafte Verfehlungen von erheblicher objektiver Schwere, die ihn für eine erneute Bestellung nach seiner Persönlichkeit untragbar erscheinen lassen.[58]

42 **5. Überschreitung des genehmigten Zeitraums.** Die §§ 48b, 48c enthalten **keine Regelung** für den Fall, dass der Notar innerhalb des genehmigten Zeitraumes einer „echten" vorübergehenden Amtsniederlegung nicht wieder gem. § 12 S. 1 zum Notar bestellt wird. Eindeutig ist insoweit nur, dass das Amt des Notars auch nach Ablauf des genehmigten Zeitraums gem. § 47 Nr. 3 erloschen bleibt. Es stellt sich allerdings die Frage, ob aus der „vorübergehenden" Amtsniederlegung durch ein tatsächliches Überschreiten des genehmigten Zeitraumes eine „endgültige" Amtsniederlegung wird.

43 Wird der Notar nicht innerhalb des genehmigten Zeitraums wieder zum Notar bestellt, greift die Vorschrift, die eine Wiederbestellung am bisherigen Amtssitz garantieren soll, nicht mehr ein. Nach dem ausdrücklichen Wortlaut des § 48c Abs. 1 wird der Notar nur „innerhalb dieser Frist dort erneut bestellt." Um das Amt des Notars wieder ausüben zu können, hat er sich **nach Überschreitung** des genehmigten Zeitraumes daher auf eine von der Landesjustizverwaltung gem. § 6b Abs. 1 Hs. 1 ausgeschriebene Notarstelle zu **bewerben** und muss sich im Rahmen des sich anschließenden Auswahlverfahrens auf Grundlage eines Eignungsvergleichs gem. § 6 Abs. 3, Art. 33 Abs. 2 GG gegenüber anderen Bewerbern durchsetzen. Im Rahmen dieses **Auswahlverfahrens** ist er wie ein **externer Bewerber** zu behandeln. Für den **hauptberuflichen Notar** bedeutet das, dass er nicht am Vorrücksystem teilnimmt und ihm gem. § 7 Abs. 1 grundsätzlich sämtliche Notarassessoren vorgezogen werden. Für den **Anwaltsnotar** bedeutet das, dass er grundsätzlich sämtliche Bestellungsvoraussetzungen gem. § 6 Abs. 2 Nr. 1 bis Nr. 4 zu erfüllen hat. Diesen **scharfen Rechtsfolgen,** die aus einer „vorübergehenden" Amtsniederlegung in der Regel eine „endgültige" werden lassen, kann der Notar nur dadurch entgehen, in dem er vor Ablauf des genehmigten Zeitraumes einer „echten" vorübergehenden Amtsniederlegung einen Antrag auf Genehmigung einer „unechten" vorübergehenden Amtsniederlegung gem. § 48b Abs. 1 stellt. Nur dann ist eine am Maßstab des Art. 3 GG verfassungsorientierte Auswahlentscheidung geboten, welche eine Behandlung des Notars als externen Bewerber mit den soeben dargestellten Rechtsfolgen ausschließt.[59]

43a Die vorgenannten scharfen Rechtsfolgen einer Überschreitung der gesetzlich vorgegebenen Jahresfrist für die Wiederbestellung lassen sich nach Auffassung des Bundesgerichtshofs durch die dadurch bezweckte Sicherung der Kontinuität der Amtsführung sowie der Bedürfnisprüfung für die Einrichtung von Notarstellen rechtfertigen. Nur innerhalb der Jahresfrist könne nach zu akzeptierender Ansicht des Gesetzgebers „eine kontinuierliche Amtsausübung des Notariates am bisherigen Amtssitz sichergestellt werden" und nur innerhalb der Jahresfrist werden sich die für eine Bedürfnisprüfung iSd „§ 4 BNotO relevanten Bedingungen typischerweise nicht in maßgeblicher Weise verändert haben".[60]

---

[57] IE ebenso Diehn/*Fahl* BNotO § 48b Rn. 8.
[58] Vgl. BGH 14.8.1989 – NotZ 3/89, DNotZ 1990, 518: „Unwürdigkeit kann nur aus schwerwiegenden verschuldeten Gründen angenommen werden, die ihr ein Moment der Dauer verleihen."; → § 97 Rn. 37; Schippel/Bracker/*Herrmann* BNotO § 97 Rn. 15.
[59] → Rn. 64 ff.
[60] BGH 21.11.2016 – NotZ (Brfg) 1/16, NJW 2017, 1325 Rn. 12.

Wird der Notar nicht innerhalb des genehmigten Zeitraumes wieder zum Notar bestellt **44** und verliert er folglich seinen Anspruch auf Wiederbestellung an seinem bisherigen Amtssitz gem. §§ 48c Abs. 1 S. 1, 6b Abs. 1 Hs. 2, hat die Landesjustizverwaltung auf neuer Rechtsgrundlage über die **Fortführung** der gem. § 56 Abs. 3 eingerichteten **Notariatsverwaltung** zu entscheiden. Im Bereich des **hauptberuflichen Notariates** ist zu entscheiden, ob die Notarstelle wieder ausgeschrieben oder aber eingezogen wird.[61] Die gem. § 56 Abs. 2 eingerichtete Notariatsverwaltung ist auf Grundlage von § 56 Abs. 1 bis zur Wiederbesetzung bzw. bis zu Einziehung neu einzurichten und fortzuführen. Im Bereich des **Anwaltsnotariates** wird die Notarstelle mangels Anwendbarkeit des Prinzips der Amtsnachfolge stets eingezogen. Die Akten der noch nicht abgewickelten Notariatsgeschäfte werden entweder einem anderen Anwaltsnotar gem. § 51 Abs. 1 S. 2 zur Abwicklung übertragen oder aber es wird bei einer größeren Anzahl von abzuwickelnden Notariatsgeschäften die gem. § 56 Abs. 3 eingerichtete Notariatsverwaltung auf Grundlage von § 56 Abs. 2 zum Zwecke der Abwicklung neu eingerichtet und fortgeführt.

6. Anrechnung von Zeiten. Aufgrund der Wiederbestellungsgarantie am bisherigen **45** Amtssitz gem. §§ 48c Abs. 1 S. 1, 6b Abs. 1 Hs. 2 spielt das Dienstalter des Notars **für die Wiederbestellung** zum Notar nach einer „echten" vorübergehenden Amtsniederlegung gem. § 12 S. 1 keine Rolle. Folglich beschränkt § 6 Abs. 4 die Ermächtigung der Landesregierung, durch Rechtsverordnung Bestimmungen über die Anrechnung von Zeiten einer vorübergehenden Amtsniederlegung auf die bisherige Amtstätigkeit zu treffen, ausdrücklich auf „Zeiten einer vorübergehenden Amtsniederlegung nach § 48b". Nur im Rahmen der Wiederbestellung zum Notar nach einer „unechten" vorübergehenden Amtsniederlegung gem. § 12 S. 1 hat das Dienstalter für die Wiederbestellung zum Notar im Rahmen des im hauptberuflichen Notariates geübten Vorrücksystems maßgebliche Bedeutung.[62]

Beabsichtigt der hauptberufliche Notar **nach seiner Wiederbestellung** seinen **Amts- 46 sitz** gem. § 10 Abs. 1 S. 3 zu **verlegen** und bewirbt er sich auf eine andere Stelle, ist sein Dienstalter allerdings für die **Auswahlentscheidung**[63] und die **Mindestverweildauer**[64] von maßgeblicher Bedeutung. In diesem Rahmen stellt sich folglich die Frage, ob der Zeitraum einer „echten" vorübergehenden Amtsniederlegung auf das Dienstalter des Notars anzurechnen ist. **Eine Anrechnung kommt** auf Grundlage der Ermächtigung des § 6 Abs. 4 gleich aus zweierlei Gründen **nicht in Betracht.** Zum einen beschränkt sich die Ermächtigung, wie oben dargelegt,[65] auf Bestimmungen über die Anrechnung von Zeiten einer „unechten" vorübergehenden Amtsniederlegung gem. § 48b. Zum anderen beschränkt sich die Ermächtigung nach dem Wortlaut und auch dem Willen des Gesetzgebers auf Bestimmungen über die Anrechnung von Zeiten einer vorübergehenden Amtsniederlegung „bei einer erneuten Bestellung" zum Notar gem. § 12 S. 1 und ermöglicht daher von vornherein keine Anrechnung dieser Zeiten im Rahmen einer Amtssitzverlegung gem. § 10 Abs. 1 S. 3.[66] Die ausdrückliche Beschränkung der Anrechnung von Zeiten einer vorübergehenden Amtsniederlegung auf die erneute Bestellung zum Notar gem. § 12 S. 1 ist auch verfassungsrechtlich nicht zu beanstanden. Bei der erneuten Bestellung zum Notar handelt es sich nämlich um eine **Berufszugangsregelung** iSd Art. 12 Abs. 1 S. 1 GG, bei einem Amtssitzwechsel des Notars hingegen lediglich um eine **Berufsausübungsregelung** iSd Art. 12 Abs. 1 S. 2 GG, die aufgrund der staatlichen Bindungen des Notaramts von vornherein besonderen Beschränkungen unterliegt.[67] Vor dem Hintergrund dieser unter-

---

[61] Zu den hierfür maßgeblichen Kriterien → § 10 Rn. 8 f.
[62] → Rn. 76.
[63] → § 10 Rn. 27 ff., 45.
[64] → § 10 Rn. 27 ff., 33 ff.
[65] → Rn. 45.
[66] Auch nach der Gesetzesbegründung sollte durch die Ergänzung von § 6 Abs. 4 lediglich die Möglichkeit eröffnet werden, die Zeiten einer vorübergehenden Amtsniederlegung „bei der Wiederbestellung durch Anrechnung zu berücksichtigen", BT-Drs. 13/4184, 20.
[67] Vgl. für die stRspr nur BGH 25.11.2013 – NotZ (Brfg) 9/13, DNotZ 2014, 307 mwN.

schiedlich stark ausgeprägten Eingriffe in Art. 12 Abs. 1 GG ist eine **unterschiedliche Handhabung** der Anrechnung von Zeiten einer vorübergehenden Amtsniederlegung zum einen auf die Wiederbestellung iSd § 12 S. 1 und zum anderen auf den nachfolgenden Amtssitzwechsel iSd § 10 Abs. 1 S. 3 sachlich gerechtfertigt.

III. Musteranträge

47 **Antrag bei Kinderbetreuung**

Adressat: Präsident des Oberlandesgerichts über Präsident des Landgerichts (→ Rn. 9)

Kopie: Notarkammer, Generalakte

Zeitpunkt: Vier Monate vor Beginn der vorübergehenden Amtsniederlegung (→ Rn. 9)

Antrag auf Genehmigung gem. §§ 48b Abs. 1 Nr. 1, 48c Abs. 1 S. 1 BNotO

Sehr geehrter Herr Präsident,

hiermit beantrage ich gem. § 48b Abs. 1 Nr. 1 BNotO Ihre Genehmigung, mein Amt mit Wirkung zum *** vorübergehend niederzulegen. Zugleich erkläre ich hiermit gem. § 48c Abs. 1 S. 1 BNotO, mein Amt innerhalb von höchstens einem Jahr am bisherigen Amtssitz wieder antreten zu wollen.

Ab dem beantragten Zeitpunkt werde ich mein minderjähriges Kind tatsächlich betreuen. Für dieses Kind, geboren am ***, bin ich zur elterlichen Sorge gem. §§ 1626, 1626a BGB berechtigt und verpflichtet (→ *Rn. 11 ff.*). Ich werde mein Kind nach der Schule am Nachmittag tatsächlich betreuen, so dass es mir nicht möglich erscheint, während den üblichen Öffnungszeiten meines Notariates regelmäßig persönlich zur Verfügung zu stehen (→ *Rn. 16 f.*). Einen Antrag auf Genehmigung einer vorübergehenden Amtsniederlegung habe ich bislang noch nicht gestellt (→ *Rn. 22 ff.*).

Den für meine Wiederbestellung an meinem bisherigen Amtssitz erforderlichen Antrag werde ich zu gegebener Zeit innerhalb des mir genehmigten Zeitraums zur vorübergehenden Amtsniederlegung stellen (→ *Rn. 40*). Zum Zwecke der Organisation der einzurichtenden Notariatsverwaltung habe ich der Notarkammer eine Abschrift dieses Schreibens übersandt (→ *Rn. 33 ff.*).

Mit freundlichen Grüßen

(Notar)

48 **Antrag bei Angehörigenpflege**

Adressat: Präsident des Oberlandesgerichts über Präsident des Landgerichts (→ Rn. 9)

Kopie: Notarkammer, Generalakte

Zeitpunkt: Vier Monate vor Beginn der vorübergehenden Amtsniederlegung (→ Rn. 9)

Antrag auf Genehmigung gem. §§ 48b Abs. 1 Nr. 2, 48c Abs. 1 S. 1 BNotO

Sehr geehrter Herr Präsident,

hiermit beantrage ich gem. § 48b Abs. 1 Nr. 2 BNotO Ihre Genehmigung, mein Amt mit Wirkung zum *** vorübergehend niederzulegen. Zugleich erkläre ich hiermit gem. § 48c Abs. 1 S. 1 BNotO, mein Amt innerhalb von höchstens einem Jahr am bisherigen Amtssitz wieder antreten zu wollen.

Ab dem beantragten Zeitpunkt werde ich einen Angehörigen tatsächlich betreuen. Bei dem Angehörigen handelt es sich um meinen *** (→ *Rn. 14*). Er ist wegen *** nicht mehr imstande, die gewöhnlichen und regelmäßig wiederkehrenden Verrichtungen des täglichen Lebens zu bewältigen und bedarf daher der Hilfe anderer Personen. Ein amtsärztliches Zeugnis über seine Pflegebedürftigkeit ist diesem Schreiben als Anlage beigefügt (→ *Rn. 15*). Ich werde meinen Angehörigen bei *** tatsächlich betreuen, so dass es mir nicht möglich erscheint,

> während den üblichen Öffnungszeiten meines Notariates regelmäßig persönlich zur Verfügung zu stehen (→ *Rn. 16f.*). Einen Antrag auf Genehmigung zur vorübergehenden Amtsniederlegung habe ich bislang noch nicht gestellt (→ *Rn. 22ff.*).
>
> Den für meine Wiederbestellung an meinem bisherigen Amtssitz erforderlichen Antrag werde ich zu gegebener Zeit innerhalb des mir genehmigten Zeitraums der vorübergehenden Amtsniederlegung stellen (→ *Rn. 40*). Zum Zwecke der Organisation der einzurichtenden Notariatsverwaltung habe ich der Notarkammer eine Abschrift dieses Schreibens übersandt (→ *Rn. 33ff.*).
>
> Mit freundlichen Grüßen
>
> (Notar)
>
> **Anlage**

C. Unechte vorübergehende Amtsniederlegung

Eine „unechte" vorübergehende Amtsniederlegung ist über einen Zeitraum von **höchstens zwölf Jahren** möglich. Die gesetzliche Grundlage hierfür findet sich in den §§ 48b, 47 Nr. 7, 6 Abs. 4. Im Unterschied zur „echten" vorübergehenden Amtsniederlegung hat der Notar **keine rechtliche Garantie** auf eine erneute Bestellung zum Notar am bisherigen Amtssitz. Die Rückkehr in das Notaramt ist bei einer „unechten" vorübergehenden Amtsniederlegung vielmehr nur möglich, indem sich der vorübergehend aus dem Amt geschiedene Notar auf eine von der Landesjustizverwaltung ausgeschriebene Notarstelle bewirbt und im Rahmen der Auswahlentscheidung den Vorrang gegenüber anderen Bewerbern erhält. **49**

I. Tatbestand

Die „unechte" vorübergehende Amtsniederlegung setzt gem. § 48b voraus, dass der Notar einen Antrag auf Genehmigung einer vorübergehenden Amtsniederlegung stellt (→ Rn. 51f.), ein Kind unter 18 Jahren oder einen pflegebedürftigen sonstigen Angehörigen tatsächlich betreut oder pflegt (→ Rn. 53) und kein Ausschlussgrund gegeben ist (→ Rn. 54). Die Tatbestände der „unechten" und der „echten" vorübergehenden Amtsniederlegung unterscheiden sich daher maßgeblich dadurch, dass der Notar bei der „unechten" Amtsniederlegung eine **Einjahreserklärung** iSd § 48c Abs. 1 S. 1 **nicht abgibt**. **50**

1. Antrag. Wie bei der „echten" vorübergehenden Amtsniederlegung darf die Landesjustizverwaltung auch das Verwaltungsverfahren zur Genehmigung einer „unechten" vorübergehenden Amtsniederlegung gem. § 48b Abs. 1 nur auf Antrag des Notars, der eine spezifisch öffentlich-rechtliche (verwaltungsrechtliche) **Willenserklärung** darstellt, einleiten. An dieser Stelle kann vollumfänglich auf die Kommentierung des Antrages einer „echten" vorübergehenden Amtsniederlegung verwiesen werden.[68] **51**

Um Unklarheiten und Nachfragen der Landesjustizverwaltung zu vermeiden, sehen die landesrechtlichen Ausführungsbestimmungen vor, dass im Antrag auf Genehmigung einer „unechten" vorübergehende Amtsniederlegung gem. § 48b Abs. 1 **klarstellend** zum Ausdruck gebracht werden soll, dass eine **Einjahreserklärung** iSd § 48c Abs. 1 S. 1 **nicht abgegeben** wird. In Nordrhein-Westfalen sieht beispielsweise § 43 Abs. 2 S. 2 AVNot NRW vor, dass der Antrag die Erklärung enthalten soll, ob der Notar das Amt innerhalb eines Jahres am bisherigen Amtssitz wieder antreten will. **52**

2. Betreuung oder Pflege. Wie bei der „echten" vorübergehenden Amtsniederlegung setzt auch die „unechte" vorübergehende Amtsniederlegung tatbestandlich gem. § 48b **53**

---

[68] → Rn. 6ff.

Abs. 1 ferner voraus, dass der Notar entweder mindestens ein Kind unter 18 Jahren tatsächlich betreut oder aber einen nach amtsärztlichem Gutachten sonstigen pflegebedürftigen Angehörigen tatsächlich pflegt. Auch an dieser Stelle kann daher vollumfänglich auf die obige Kommentierung verwiesen werden.[69]

54 **3. Ausschlussgründe.** Abweichend von der „echten" vorübergehenden Amtsniederlegung sieht das Gesetz für eine „unechte" vorübergehende Amtsniederlegung nur eine einzige **zeitliche Höchstgrenze** vor: Gemäß § 48b Abs. 2 ist die „unechte" vorübergehende Amtsniederlegung auf insgesamt **zwölf Jahre** begrenzt, wobei auch die Zeiten einer „echten" vorübergehenden Amtsniederlegung mit einzurechnen sind und die Zeiten einer zulässigen „unechten" vorübergehenden Amtsniederlegung insoweit verkürzen. Die zuständige Landesjustizverwaltung hat für jeden Antrag zu prüfen, ob der darin beantragte Zeitraum mit der in § 48 Abs. 2 enthaltenen zeitlichen absoluten Höchstgrenze einer „echten" und „unechten" vorübergehenden Amtsniederlegung vereinbar ist.

II. Rechtsfolgen

55 Liegen die Tatbestandsvoraussetzungen einer „unechten" vorübergehenden Amtsniederlegung vor, hat die Landesjustizverwaltung die vorübergehende Amtsniederlegung zu genehmigen (→ Rn. 56 ff.). Durch die Genehmigung erlischt das Amt des vorübergehend ausscheidenden Notars und die Landesjustizverwaltung hat über eine Neubesetzung oder Einziehung der frei werdenden Notarstelle zu befinden (→ Rn. 59 ff.). Beabsichtigt der vorübergehend aus dem Amt geschiedene Notar das Amt wieder auszuüben, muss er sich auf eine von der Landesjustizverwaltung ausgeschriebene Notarstelle bewerben, im Rahmen der Auswahlentscheidung den Vorrang gegenüber anderen Bewerbern erhalten und innerhalb des genehmigten Zeitraums der vorübergehenden Amtsniederlegung wieder zum Notar bestellt werden (→ Rn. 64 f.). Erfolgt eine Wiederbestellung innerhalb dieses Zeitraums nicht, stellt sich die Frage der Rechtsfolge dieser Überschreitung des genehmigten Zeitraums einer „unechten" vorübergehenden Amtsniederlegung (→ Rn. 77 ff.). Beabsichtigt der zur hauptberuflichen Amtsausübung bestellte Notar nach seiner Wiederbestellung zum Notar seinen Amtssitz in einen anderen Amtsbereich zu verlegen ist zu klären, ob die Zeiten einer „unechten" vorübergehenden Amtsniederlegung auf sein Dienstalter im Rahmen der Auswahlentscheidung anzurechnen sind (→ Rn. 80 f.).

56 **1. Genehmigung.** Die Landesjustizverwaltung hat das Verwaltungsverfahren zur Genehmigung einer vorübergehenden Amtsniederlegung gem. §§ 48b Abs. 1, 64a Abs. 1 iVm § 22 S. 2 Nr. 1 Alt. 2 VwVfG auf Antrag des Notars einzuleiten. Die Genehmigung ist ein mitwirkungsbedürftiger **Verwaltungsakt;** der Mitwirkungsakt liegt in der Antragstellung. Liegen die Tatbestandsvoraussetzungen einer „unechten" vorübergehenden Amtsniederlegung vor, so hat der Notar einen **Anspruch** auf Erteilung der Genehmigung, die für den beantragten Zeitpunkt auszusprechen ist.[70] Ein Entschließungs- oder Auswahlermessen steht der Landesjustizverwaltung nicht zu.

57 Im **Verwaltungsakt** der Genehmigung muss **erstens** zum Ausdruck kommen, dass eine vorübergehende („unechte") Amtsniederlegung iSd § 48b genehmigt wird. **Zweitens** ist notwendiger Inhalt des Verwaltungsaktes die Angabe des Tages, ab dem die vorübergehende Amtsniederlegung genehmigt wird. **Drittens** ist notwendiger Inhalt des Verwaltungsaktes die Angabe des Zeitraumes, für den die „unechte" vorübergehende Amtsniederlegung genehmigt wird. Diesen Zeitraum hat die Landesjustizverwaltung unter Berücksichtigung der Ausschlussfrist gem. § 48b Abs. 2 selbst zu berechnen und im Verwaltungsakt anzugeben. Gibt der Notar in seinem Antrag auf vorübergehende Amtsniederlegung keinen Zeitpunkt an, bis zu dem er die Genehmigung einer vorübergehenden Amtsniederlegung

---

[69] → Rn. 10 ff.
[70] Diehn/*Fahl* BNotO § 48b Rn. 7; Arndt/Lerch/Sandkühler/*Lerch* BNotO § 48b Rn. 9.

beantragt, ist die Genehmigung der „unechten" vorübergehenden Amtsniederlegung für den längst möglichen Zeitraum auszusprechen.

Der Verwaltungsakt der Genehmigung kann gem. § 64a Abs. 1 iVm § 36 Abs. 1 Alt. 2 VwVfG mit einem **Widerrufsvorbehalt** (§ 36 Abs. 2 Nr. 3 VwVfG) erlassen[71] und mit der **Auflage** (§ 36 Abs. 2 Nr. 4 VwVfG) verbunden[72] werden, sich in bestimmten Abständen dazu zu erklären, dass das Kind oder der Angehörige weiterhin tatsächlich betreut oder gepflegt wird und bzw. oder dass ein Wegfall der tatsächlichen Betreuung oder Pflege unverzüglich mitzuteilen ist.[73] Diese Nebenbestimmungen sind geeignet sicherzustellen, dass die gesetzlichen Voraussetzungen des Verwaltungsaktes der Genehmigung einer „unechten" vorübergehenden Amtsniederlegung gem. § 48b Abs. 1 Nr. 1 oder Nr. 2 auch über den gesamten genehmigten Zeitraum hinweg tatsächlich erfüllt sind.[74] 58

2. Erlöschen des Amtes. Gemäß § 47 Nr. 3 erlischt das Amt des Notars durch eine vorübergehende Amtsniederlegung. Mit dem in der Genehmigung iSd § 48b Abs. 1 bestimmten Anfangszeitpunkt der vorübergehenden Amtsniederlegung verliert der Notar folglich seine hoheitlichen Befugnisse.[75] 59

Gemäß § 51 Abs. 2 hat der Notar seine **Siegel und Stempel** an das Amtsgericht zur Vernichtung abzuliefern. Eine Ausnahme von dieser Vernichtungspflicht entsprechend §§ 51 Abs. 4 S. 2, 55 Abs. 1 S. 1 sieht das Gesetz für den Fall einer vorübergehenden Amtsniederlegung nicht vor. Da eine Wiederbestellung am bisherigen Amtssitz nach einer „unechten" vorübergehenden Amtsniederlegung nicht gesetzlich garantiert ist,[76] verbietet sich eine entsprechende Anwendung dieser Normen.[77] 60

Gemäß § 52 Abs. 1 erlischt auch die Befugnis, die Bezeichnung „Notar" oder „Notarin" zu führen; eine Erlaubnis zur Führung der Amtsbezeichnung **„Notarin a. D."** oder **„Notar a. D."** kann die Landesjustizverwaltung nach dem eindeutigen Wortlaut des § 52 Abs. 2 dem gem. §§ 48b, 48c, 47 Nr. 7 aus dem Amt geschiedenen Notar nicht erteilen. Eine Erlaubnis kommt entsprechend § 52 Abs. 2 erst dann in Betracht, wenn der genehmigte Zeitraum überschritten wird und aus einer „vorläufigen" eine „endgültige" Amtsniederlegung wird, da in diesem Falle die Rechtsfolgen einer Genehmigung gem. § 48b den Rechtsfolgen einer Entlassung gem. § 48 entsprechen.[78] 61

Im Bereich des **hauptberuflichen Notariates** hat die Landesjustizverwaltung nach dem Ausscheiden des Notars aus dem Amt zu entscheiden, ob die frei gewordene hauptberufliche Notarstelle nach dem Prinzip der Amtsnachfolge[79] wieder **ausgeschrieben** oder aber **eingezogen** werden soll. Wird die Notarstelle wieder ausgeschrieben und amtiert der vorläufig aus dem Amt scheidende Notar nicht bis zu deren Wiederbesetzung, ist bis dahin gem. § 56 Abs. 1 ein Notariatsverwalter zu bestellen. Eine Wiederbesetzung der Notarstelle mit dem vorläufig aus dem Amt scheidenden hauptberuflichen Notar ist folglich ausgeschlossen. 62

---

[71] So auch Diehn/*Fahl* BNotO § 48b Rn. 7; Schippel/Bracker/*Püls* BNotO § 48b Rn. 3.
[72] Nach Schippel/Bracker/*Püls* BNotO § 48b Rn. 5 aE besteht hierfür keine Notwendigkeit, da „wegen der erhöhten Anforderungen an die persönliche Integrität" den Notar eine Mitteilungspflicht treffe, sobald die Tatbestandsvoraussetzungen wegfallen. Vgl. ebenso Diehn/*Fahl* BNotO § 48b Rn. 5. AA Arndt/Lerch/Sandkühler/*Lerch* BNotO § 48b Rn. 9, wonach die Genehmigung nicht mit einer Auflage versehen werden könne, „weil insoweit der Text des Gesetzes eindeutig" sei.
[73] Auch der Verwaltungsakt der Genehmigung einer „echten" vorübergehenden Amtsniederlegung (→ Rn. 6 ff.) kann auf dieser Grundlage mit diesen Nebenbestimmungen erlassen werden. Angesichts des maximal möglichen Zeitraums der Genehmigung von einem Jahr sind derartige Nebenbestimmungen für diese Genehmigung in der Regel aber wenig sinnvoll.
[74] Vgl. hierzu BeckOK VwVfG/*Tiedemann* VwVfG § 36 Rn. 13; Stelkens/Bonk/Sachs/*Stelkens* VwVfG § 36 Rn. 123.
[75] → § 47 Rn. 25.
[76] → Rn. 64 ff.
[77] Anders hingegen bei einer „echten" vorübergehenden Amtsniederlegung, → Rn. 31.
[78] → Rn. 77 ff.
[79] → § 51 Rn. 1; → § 18 Rn. 126 ff.

63 Im Bereich des **Anwaltsnotariates** wird das Prinzip der Amtsnachfolge nicht praktiziert, so dass die durch das Ausscheiden eines Anwaltsnotars aus dem Amt frei werdende Anwaltsnotarstelle stets **eingezogen** wird. Die Akten der noch nicht abgewickelten Notariatsgeschäfte werden entweder einem anderen Anwaltsnotar gem. § 51 Abs. 1 S. 2 zur Abwicklung übertragen oder aber es wird bei einer größeren Anzahl von abzuwickelnden Notariatsgeschäften gem. § 56 Abs. 2 ein Notariatsverwalter zum Zwecke der Abwicklung bestellt. Eine Wiederbesetzung der Notarstelle mit dem vorläufig aus dem Amt scheidenden Anwaltsnotar ist daher ebenfalls ausgeschlossen.

64 **3. Wiederbestellung.** Der gem. § 48b Abs. 1 vorübergehend aus dem Amt geschiedene Notar hat keinen Anspruch auf Schaffung einer neuen Notarstelle.[80] Er kann sein Amt vielmehr nur dann wieder ausüben, wenn er sich um eine gem. § 6b Abs. 4 von der Landesjustizverwaltung ausgeschriebene Notarstelle **bewirbt**, im Auswahlverfahren gegenüber anderen Bewerbern nach dem Leistungsgrundsatz den Vorzug erhält und sodann gem. § 12 wieder zum Notar bestellt wird.[81]

65 Nach der vom **Bundesverfassungsgericht** als verfassungsrechtlich geboten erachteten[82] Rechtsprechung des **Bundesgerichtshofs** ist im Rahmen dieses Auswahlverfahrens „allerdings besonders zu berücksichtigen, dass der Bewerber bereits einmal erfolgreich das Bewerbungsverfahren durchlaufen und seine fachliche und persönliche Eignung für dieses Amt dadurch und durch die Ausübung des Amts bewiesen hat."[83] In einem Auswahlverfahren, in dem es um die Wiederbestellung eines gem. § 48b Abs. 1 vorläufig aus dem geschiedenen Notars geht, ist daher stets eine am Maßstab von Art. 3 GG **verfassungsorientierte Auswahlentscheidung** erforderlich.

66 **a) Wiederbestellung im Anwaltsnotariat.** Nach der Rechtsprechung des Bundesverfassungsgerichts hat die Landesjustizverwaltung im Falle der Wiederbestellung eines Anwaltsnotars nach einer vorläufigen Amtsniederlegung gem. § 48b Abs. 1 stets „sorgfältig zu prüfen, ob unter Berücksichtigung der verfassungsrechtlichen Anforderungen des Art. 3 Abs. 2 GG eine Ausnahme von den Regelvoraussetzungen des § 6 Abs. 2 S. 1 möglich und geboten ist."[84]

67 Seit dem 1.5.2011 enthält § 6 Abs. 2 vier neu gefasste Regelvoraussetzungen für die Bestellung zum Anwaltsnotar. Wurde der gem. § 48b Abs. 1 vorübergehend aus dem Amt geschiedene Anwaltsnotar noch unter dem bis zum 30.4.2011 geltenden Regime zum Notar bestellt[85] und hat demgemäß keine **notarielle Fachprüfung** gem. § 7a absolviert, gebietet eine verfassungskonforme Auslegung regelmäßig die Annahme eines **begründeten Ausnahmefalles** von § 6 Abs. 2 Nr. 3 und Nr. 4.[86] Von dem vorläufig aus dem Amt geschiedenen Anwaltsnotar für seine Wiederbestellung zunächst das Bestehen der notariellen Fachprüfung gem. § 7a zu verlangen würde zu einer **faktischen Aushöhlung** der Möglichkeit einer vorübergehenden Amtsniederlegung gem. § 48b Abs. 1 für all diejeni-

---

[80] BGH 21.11.2011 – NotZ (Brfg) 3/11, DNotZ 2012, 310.
[81] Diehn/*Fahl* BNotO § 48b Rn. 9. Missverständlich Arndt/Lerch/Sandkühler/*Lerch* BNotO § 48b Rn. 10: „Nach Ablauf dieser Zeit muss das Amt wieder ausgeübt werden", anders und zutreffend aber sodann ebenda in Rn. 12.
[82] BVerfG 20.11.2013 – 1 BvR 63/12, DNotZ 2014, 298. Vgl. hierzu *Gaier* ZNotP 2014, 282 (285), wonach die Rechtsprechung aufgrund dieser „Aufwertung" für die Zukunft „der gesetzesrechtlichen Disposition der Fachgerichte" entzogen werde.
[83] BGH 21.11.2016 – NotZ (Brfg) 1/16, NJW 2017, 1325 Rn. 20; 23.7.2012 – NotZ (Brfg) 12/11 (KG), NJW 2012, 2972 für den Fall der Wiederbewerbung eines Anwaltsnotars nach Ausscheiden aus dem Notaramt aufgrund Entlassungsantrages gem. § 48. Ebenso aber auch zu einer Wiederbewerbung nach Ausscheiden aus dem Notaramt aufgrund eines Antrages auf vorübergehende Amtsniederlegung gem. § 48b BGH 21.11.2011 – NotZ (Brfg) 3/11, DNotZ 2012, 310.
[84] BVerfG 20.11.2013 – 1 BvR 63/12, DNotZ 2014, 298.
[85] Der bis zum 1.5.2011 geltende § 6 Abs. 2 enthielt als Regelvoraussetzung lediglich eine etwas abgeschwächte allgemeine Wartezeit von fünf Jahren (Nr. 1) sowie die örtliche Wartezeit von drei Jahren (Nr. 2).
[86] Vgl. BVerfG 20.11.2013 – 1 BvR 63/12, DNotZ 2014, 298.

gen Notare führen, die vor dem 1.5.2011 zum Anwaltsnotar bestellt wurden, und folglich nicht mit Art. 3 Abs. 1 GG vereinbar sein.

Unabhängig von dem Zeitpunkt der Bestellung des gem. § 48b Abs. 1 vorübergehend **68** aus dem Amt geschiedenen Anwaltsnotars wird seiner Wiederbestellung typischerweise auch die in § 6 Abs. 2 Nr. 2 vorgesehene **örtliche Wartezeit** entgegenstehen. Der Anwaltsnotar, der sein Amt aufgrund der Betreuung seines Kindes oder der Pflege seines Angehörigen gem. § 48b Abs. 1 vorübergehend niederlegt und nunmehr seine Wiederbestellung anstrebt, wird in dem in Aussicht genommenen Amtsbereich in der Regel nicht seit drei Jahren ohne Unterbrechung in nicht unerheblichem Umfang für verschiedene Auftraggeber als Rechtsanwalt tätig sein können. Von dem vorläufig aus dem Amt geschiedenen Anwaltsnotar für seine Wiederbestellung zunächst die Absolvierung der örtlichen Wartezeit zu verlangen, würde daher ebenfalls zu einer **faktischen Aushöhlung** der Möglichkeit einer vorübergehenden Amtsniederlegung gem. § 48b Abs. 1 führen und unter Berücksichtigung der Rechtsprechung des Bundesverfassungsgerichts nicht mit Art. 3 Abs. 2 GG vereinbar sein.[87] Dies anerkennt auch das Gesetz, in dem es durch eine recht schwer zu fassende Verweisungskette in § 6 Abs. 2 S. 7 iVm § 6 Abs. 2 S. 5 iVm § 6 Abs. 4 bestimmt, dass eine vorübergehende Amtsniederlegung gem. § 48b Abs. 1 für die Dauer von zwölf Monaten nicht als Unterbrechung der örtlichen Wartezeit gilt. Durch diese Regelung wird dem vorübergehend aus dem Amt scheidenden Notar allerdings weiterhin abverlangt, die vollständige örtliche Wartezeit von drei Jahren in dem in Aussicht genommenen Amtsbereich zu absolvieren, da lediglich eine Unterbrechungsregelung getroffen wurde. Dies genügt nicht den vom Bundesgerichtshof und vom Bundesverfassungsgericht aufgestellten Anforderungen an eine verfassungskonforme Auslegung der Bestellungsvoraussetzungen gem. § 6 Abs. 2 bei der Wiederbestellung nach einer „unechten" vorübergehenden Amtsniederlegung. gem. § 48b Abs. 1. Über die gesetzliche Regelung von § 6 Abs. 2 S. 7 hinaus ist mithin auch im Hinblick auf die vorgesehene Dauer der örtlichen Wartezeit regelmäßig von einem **begründeten Ausnahmefall** auszugehen, der auch einen kürzeren Zeitraum einer rechtsanwaltlichen Tätigkeit in dem in Aussicht genommenen Amtsbereich als drei Jahre zulässt.[88]

Kann bei verfassungskonformer Auslegung der Regelbestellungsvoraussetzungen gem. **69** § 6 Abs. 2 Nr. 2, Nr. 3 und Nr. 4 bei der Wiederbestellung eines Notars nach einer „unechten" vorübergehenden Amtsniederlegung gem. § 48b Abs. 1 regelmäßig von einem begründeten Ausnahmefall ausgegangen werden, stellt sich für die sich anschließende **Auswahlentscheidung** unter mehreren Bewerbern die Frage, ob die frühere Amtstätigkeit des Notars auch hier besonders zu berücksichtigen ist. Gemäß § 6 Abs. 3 S. 1 richtet sich die Reihenfolge bei der Auswahl mehrerer Bewerber nach der persönlichen und fachlichen Eignung. Für die Besetzung einer Anwaltsnotarstelle konkretisiert § 6 Abs. 3 S. 3 die fachliche Eignung dahingehend, dass diese grundsätzlich nach einem aus den Ergebnissen des zweiten Staatsexamens und der notariellen Fachprüfung gebildeten Punktwert bestimmt wird, „soweit nicht bei einem Bewerber, der Notar ist oder war, im Einzelfall (…) ausnahmsweise besondere, die fachliche Eignung vorrangig kennzeichnende Umstände zu berücksichtigen sind." Nach der Rechtsprechung des Bundesverfassungsgerichts kann „im Einzelfall unter Abwägung der grundrechtlich geschützten Interessen der konkurrierenden Bewerber" ein derartiger **besonderer,** die fachliche Eignung vorrangig kennzeichnender **Umstand** sein, dass „bereits zuvor eine – beanstandungsfreie und nicht zu vernachlässigbare – notarielle Amtstätigkeit vorzuweisen ist und das Amt aus familiären Gründen vorübergehend für einen längeren Zeitraum als ein Jahr nach § 48b niedergelegt wurde".[89]

---

[87] Denn dieser Nachteil trifft, so das Bundesverfassungsgericht, in der sozialen Wirklichkeit faktisch immer noch in erster Linie Frauen, vgl. BVerfG 20.11.2013 – 1 BvR 63/12, DNotZ 2014, 298.
[88] Vgl. BVerfG 20.11.2013 – 1 BvR 63/12, DNotZ 2014, 298 und BGH 21.11.2016 – NotZ (Brfg) 1/16, NJW 2017, 1325 Rn. 11.
[89] BVerfG 20.11.2013 – 1 BvR 63/12, DNotZ 2014, 298.

70 **b) Wiederbestellung im hauptberuflichen Notariat.** Höchstrichterliche Rechtsprechung zur Wiederbestellung eines gem. § 48b Abs. 1 vorläufig aus dem Amt geschiedenen hauptberuflichen Notars existiert nicht. Anknüpfend an die höchstrichterlichen Entscheidungen zur Wiederbestellung eines gem. § 48b Abs. 1 vorläufig aus dem Amt geschiedenen Anwaltsnotars sind jedoch zweifelsfrei auch hier „unter Berücksichtigung der verfassungsrechtlichen Anforderungen des Art. 3 Abs. 2 GG" **Modifikationen des Auswahlverfahrens** geboten, um dem vorläufig aus dem Amt ausgeschiedenen hauptberuflichen Notar die Wiederaufnahme seines Berufs zu ermöglichen.

71 Nach der ständigen Rechtsprechung des Bundesgerichtshofs weist das Auswahlverfahren zur Besetzung einer hauptberuflichen Notarstelle eine „Doppelnatur"[90] auf. Die Auswahl hat stets in zwei voneinander getrennten Prüfungsschritten zu erfolgen.[91] Die Besonderheit dieser zweistufigen Auswahlentscheidung besteht darin, dass auf der **ersten Stufe** eine bestimmte Bewerbergruppe von vornherein aus dem Bewerberkreis ausgesondert wird. Ein Eignungsvergleich unter den Bewerbern iSd § 6 Abs. 3, Art. 33 Abs. 2 GG erfolgt erst auf der zweiten Stufe der Auswahlentscheidung, wobei der konkrete Maßstab dieses Eignungsvergleichs wiederum durch die auf der ersten Stufe getroffene Auswahlentscheidung bestimmt wird.[92] Für den hauptberuflichen Notar, der gem. § 48b Abs. 1 sein Amt vorübergehend niedergelegt hat und sich nunmehr um eine ausgeschriebene hauptberufliche Notarstelle bewirbt, ist der Umstand seiner vorübergehenden Amtsniederlegung **auf beiden Stufen** der Auswahlentscheidung besonders zu berücksichtigen.

72 **aa) Erste Stufe der Auswahlentscheidung.** Auf der ersten Stufe der Auswahlentscheidung gebietet Art. 3 Abs. 2 GG, den gem. § 47 Nr. 3 nicht mehr amtierenden Notar im Rahmen des **Vorrücksystems**[93] gleichwohl als amtierenden Notar zu berücksichtigen. Der gem. § 48b vorläufig aus dem Amt geschiedene Notar nimmt daher am Vorrücksystem teil und erhält demgemäß auf der ersten Stufe der Auswahlentscheidung gegenüber den Notarassessoren grundsätzlich den Vortritt bei der Auswahlentscheidung. Würde der vorläufig aus dem Amt geschiedene Notar nicht mehr am Vorrücksystem teilnehmen, bedeutete dies eine mit Art. 3 Abs. 2 GG nicht zu rechtfertigende Benachteiligung, da ihm dann amtierende Notare bei der Besetzungsentscheidung grundsätzlich vorgingen und er sich gegenüber den Notarassessoren im Landesdienst im Rahmen eines konkreten Eignungsvergleichs durchzusetzen hätte.

73 Aus dem Umstand, dass der vorläufig aus dem Amt geschiedene Notar im Rahmen personalwirtschaftlicher Belange des Vorrücksystems als amtierender Notar zu behandeln ist, folgt allerdings zugleich, dass er sich in gewissem Umfang auch im Rahmen der personalwirtschaftlichen Belange des **Nachbarschaftseinwandes** und der **Mindestverweildauer** als amtierender Notar behandeln lassen muss.[94] So ist es im Einzelfall durchaus denkbar, dass durch die Bestellung des gem. § 48b Abs. 1 vorläufig aus dem Amt geschiedenen Notars auf die ausgeschriebene Stelle die konkrete Gefahr einer nachhaltigen und erheblichen Beeinträchtigung der Leistungsfähigkeit seiner vorherigen Notarstelle begründet wird und der Bewerbung daher der **Nachbarschaftseinwand** entgegensteht.[95] Für diese Prognoseentscheidung wird es nicht nur auf die räumliche Nähe der vorherigen und der ausgeschriebenen Notarstelle, das Urkundenaufkommen und die räumliche Orientierung der Bevölkerung am bisherigen Amtssitz,[96] sondern maßgeblich auch auf den tatsäch-

---

[90] BGH 5.2.1996 – NotZ 25/95, DNotZ 1996, 906.
[91] Zuletzt BGH 25.11.2013 – NotZ (Brfg) 9/13, DNotZ 2014, 307; → § 10 Rn. 27 ff. mwN.
[92] → § 10 Rn. 27 ff., 43 ff.
[93] → § 10 Rn. 30 ff.
[94] Argumentativ so auch BGH 21.11.2016 – NotZ (Brfg) 1/16, NJW 2017, 1325, insbesondere Rn. 9, der im Hinblick auf die Wiederbestellungsgarantie im Rahmen der „echten" vorübergehenden Amtsniederlegung maßgeblich darauf abstellt, dass die §§ 48b, 48c der „Gewährleistung einer gewissen Kontinuität in der persönlichen Amtsausübung des Notaramtes Rechnung tragen" sollen.
[95] → § 10 Rn. 37 ff.
[96] Zu diesen für den Nachbarschaftseinwand maßgeblichen Kriterien → § 10 Rn. 38.

lich in Anspruch genommenen Zeitraum der gem. § 48b Abs. 1 vorübergehenden Amtsniederlegung ankommen.

Ferner ist es im Einzelfall durchaus denkbar, dass durch die Berücksichtigung der Bewerbung des gem. § 48b Abs. 1 vorläufig aus dem Amt geschiedenen Notars die persönliche Kontinuität der Amtsführung in Bezug auf seine vorherige Notarstelle in Frage gestellt wird und der Bewerbung daher der Belang der **Mindestverweildauer** entgegensteht.[97] Zwar kann aufgrund des Ausscheidens des Notars aus dem Amt die Kontinuität seiner persönlichen Amtsausübung nicht konkret, gleichwohl aber abstrakt in Frage stehen. Eine derartige abstrakte Infragestellung der persönlichen Kontinuität der Amtsführung ist in Einzelfällen durchaus geeignet, den personalwirtschaftlichen Belang der Mindestverweildauer als solchen zu gefährden, so dass seine Durchsetzung auch gegenüber einem gem. § 48b Abs. 1 vorläufig aus dem Amt geschiedenen Notar in einem gewissen zeitlichen Rahmen gerechtfertigt sein kann. Eine solche Gefährdung kommt jedenfalls dann in Betracht, wenn der gem. § 48b Abs. 1 aus dem Amt geschiedene Notar noch nicht die Mindestverweildauer absolviert hatte und sich kurze Zeit nach der Genehmigung der vorübergehenden Amtsniederlegung auf eine ausgeschriebene Notarstelle bewirbt. In derartigen Konstellationen liegt es zumindest nahe, dass die vorläufige Amtsniederlegung gem. § 48b auch dazu genutzt werden sollte, eine für den Notar bestehende unliebsame Mindestverweildauer zu umgehen[98] und die tatsächliche Betreuung des Kindes oder Pflege des Angehörigen von vornherein nicht über einen solchen Zeitraum beabsichtigt war, der die Genehmigung einer „echten" vorübergehenden Amtsniederlegung gem. §§ 48b, 48c mit Wiederbestellungsgarantie ausgeschlossen hätte. In einem derart gelagerten Einzelfall kann dem gem. § 48b Abs. 1 vorläufig aus dem Amt geschiedenen Notar durchaus seine noch nicht absolvierte Mindestverweildauer zur effektiven Durchsetzung dieses personalwirtschaftlichen Belanges entgegengehalten werden und seine Bewerbung auf der ersten Stufe der Auswahlentscheidung unberücksichtigt bleiben.

bb) Zweite Stufe der Auswahlentscheidung. Nach der höchstrichterlichen Rechtsprechung ist für eine Auswahl unter **mehreren** miteinander konkurrierenden **Notaren** auf der zweiten Stufe der Auswahlentscheidung zunächst anhand der Eignung, Befähigung und fachlichen Leistung iSd Art. 33 Abs. 2 GG festzustellen, ob diese „annähernd gleich geeignet" sind. Im Rahmen dieses Bewerbervergleichs auf der zweiten Stufe der Auswahlentscheidung kann wiederum der dem **Vorrücksystem** zugrundeliegende personalplanerische Gedanke berücksichtigt werden, so dass es nicht zu beanstanden ist, wenn eine Landesjustizverwaltung hinsichtlich der in ihrem Bereich amtierenden Notare, deren Amtsführung in der Vergangenheit zu keinen Beanstandungen geführt hat, in der Regel von einer annähernden gleichen Eignung ausgeht. Bei festgestellter annähernd gleicher Eignung mehrerer Notarbewerber ist sodann das höhere **Dienstalter** des Notars für die Bewerberauswahl entscheidend.[99]

Auch im Hinblick auf diese Grundsätze gebietet Art. 3 Abs. 2 GG, den vorläufig aus dem Amt geschiedenen Notar **als amtierenden Notar** zu behandeln. Bei beanstandungsfreier Amtsführung wird auch er daher im Vergleich zu amtierenden Notarbewerbern als annähernd gleich geeignet anzusehen sein, so dass das jeweilige **Dienstalter** für die Bewerberauswahl den Ausschlag gibt. An dieser Stelle wurde bei Einfügung der §§ 48b, 48c die gesetzliche Möglichkeit geschaffen, dem Interesse des vorübergehend ausscheidenden Notars an einer Wiederbestellung an entscheidender Stelle in angemessenem Maße Geltung zu verschaffen. Durch eine Ergänzung von § 6 Abs. 4 wurden die Landesregierungen dazu ermächtigt, durch Rechtsverordnung Bestimmungen über die **Anrechnung von Zeiten** einer vorübergehenden Amtsniederlegung gem. § 48b für den Fall einer erneuten

---

[97] → § 10 Rn. 33 ff.
[98] Das sind nicht die Fälle, die Diehn/*Fahl* BNotO § 48b Rn. 8 als vom Niederlegenden „ungewünschte Nebenfolge" beschreibt und als „mit dem Gesetzeszweck" des § 48b für vereinbar hält.
[99] → § 10 Rn. 43 ff., 45.

Bestellung auf die bisherige Amtstätigkeit zu treffen.[100] In Nordrhein-Westfalen bestimmen auf dieser Grundlage beispielsweise §§ 3, 4 der Verordnung über die Anrechnung von Zeiten, dass eine vorübergehenden Amtsniederlegung gem. § 48b für einen Zeitraum von insgesamt höchstens zwei Jahren auf das Dienstalter angerechnet wird.

77 **4. Überschreiten des genehmigten Zeitraums.** § 48b enthält **keine Regelung** für den Fall, dass der Notar innerhalb des genehmigten Zeitraumes einer „unechten" vorübergehenden Amtsniederlegung nicht wieder gem. § 12 S. 1 zum Notar bestellt wird. Eindeutig ist insoweit nur, dass das Amt des Notars auch nach Ablauf des genehmigten Zeitraums gem. § 47 Nr. 3 erloschen bleibt.[101] Es stellt sich allerdings die Frage, ob aus der „vorübergehenden" Amtsniederlegung durch ein tatsächliches Überschreiten des genehmigten Zeitraumes eine „endgültige" Amtsniederlegung wird.

78 Wenn der Notar nicht innerhalb des gem. § 48b Abs. 2 maximal zulässigen Zeitraumes einer vorübergehenden Amtsniederlegung von **zwölf Jahren** wieder zum Notar bestellt wird, muss dies eine **Konsequenz** nach sich ziehen. Ansonsten hätte die in § 48b Abs. 2 vorgesehene zeitliche Höchstgrenze keinerlei Bedeutung. Einzig denkbare und logische Konsequenz ist, dass eine am Maßstab von Art. 3 GG **verfassungsorientierte Auswahlentscheidung** mit den oben im Einzelnen beschriebenen Rechtsfolgen zugunsten des vorübergehend aus dem Amt geschiedenen Notars[102] dann nicht mehr erfolgen kann und auch **nicht mehr erfolgen darf.** Der Notar, der nicht innerhalb von zwölf Jahren gem. § 48b Abs. 2 wieder zum Notar bestellt wird, ist im Rahmen von Auswahlentscheidungen folglich wie ein **externer Bewerber** zu behandeln. Für den hauptberuflichen Notar bedeutet das, dass er nicht am Vorrücksystem teilnimmt und ihm gem. § 7 Abs. 1 grundsätzlich sämtliche Notarassessoren vorgezogen werden. Für den Anwaltsnotar bedeutet das, dass er grundsätzlich sämtliche Bestellungsvoraussetzungen gem. § 6 Abs. 2 Nr. 1 bis Nr. 4 zu erfüllen hat.

79 Die vorstehend beschriebene Rechtsfolge tritt auch dann ein, wenn dem Notar auf seinen Antrag hin ein **kürzerer Zeitraum als zwölf Jahre** gem. § 48b Abs. 2 genehmigt und der Notar innerhalb dieses genehmigten Zeitraumes nicht wieder zum Notar bestellt wurde. Nur bei einem derartigen Verständnis macht die Genehmigung eines kürzer als zwölf Jahre dauernden Zeitraumes einer „unechten" vorübergehenden Amtsniederlegung Sinn. Dieser **scharfen Rechtsfolge,** die aus einer „vorübergehenden" Amtsniederlegung in der Regel eine „endgültige" werden lässt, kann der Notar in einem solchen Falle nur dadurch entgehen, in dem er vor Ablauf des genehmigten Zeitraumes einen Antrag auf Verlängerung der Genehmigung einer „unechten" vorübergehenden Amtsniederlegung stellt und sich innerhalb dieses verlängerten Zeitraums um eine Notarstelle bewirbt und auch zum Notar bestellt wird.

79a In entsprechender Anknüpfung an § 6b Abs. 4 S. 1 ist für die Frage, ob der Notar innerhalb des genehmigten bzw. maximal zulässigen Zeitraums von zwölf Jahren wieder zum Notar bestellt wird, allein auf den **Ablauf des Tages der Bewerbungsfrist** für die Notarstelle abzustellen, um die sich der vorübergehend aus dem Amt geschiedene Notar erfolgreich bewirbt. Der Zeitraum zwischen dem **Tag der vorübergehenden Amtsniederlegung** und dem **Tag des Ablaufs der Bewerbungsfrist** darf nicht länger als der genehmigte bzw. maximal zulässige Zeitraum der vorübergehenden Amtsniederlegung sein. Nur durch eine Anknüpfung an den Tag des Ablaufs der Bewerbungsfrist zur Berechnung der Frist wird anderen Bewerbern um diese Stelle die Möglichkeit genommen, durch die Herbeiführung einer Verzögerung des Stellenbesetzungsverfahrens (etwa durch Einlegung von Rechtsmitteln gegen die Besetzungsentscheidung), das „Hinaus-

---

[100] → Rn. 45 f., 80 f.
[101] Missverständlich Arndt/Lerch/Sandkühler/*Lerch* BNotO § 48b Rn. 9, der für das Überschreiten des Zeitraums von zwölf Jahren feststellt: „Ist dies (…) der Fall, verliert der Notar bzw. die Notarin ihr Amt, weil es sich um eine gesetzliche vorgeschriebene Ausschlussfrist handelt."
[102] → Rn. 64 ff.

wachsen" des Notars aus der genehmigten bzw. maximal zulässigen Frist zur vorübergehenden Amtsniederlegung zu erreichen. Insoweit ist die Interessenlage vergleichbar mit der von der höchstrichterlichen Rechtsprechung anerkannten Interessenlage bei der Mindestverweildauer.[103]

5. Anrechnung von Zeiten. Für die Wiederbestellung eines hauptberuflichen Notars gem. § 12 S. 1 ist im Rahmen der nach einer „unechten" vorübergehenden Amtsniederlegung stets erforderlichen Auswahlentscheidung sein **Dienstalter** von entscheidender Bedeutung. Demgemäß ermächtigt § 6 Abs. 4 die Landesregierungen, durch Rechtsverordnung Bestimmungen über die Anrechnung von Zeiten einer „unechten" vorübergehenden Amtsniederlegung auf das Dienstalter des Notars zu treffen. In Nordrhein-Westfalen bestimmen auf dieser Grundlage beispielsweise §§ 3, 4 der Verordnung über die Anrechnung von Zeiten, dass eine vorübergehenden Amtsniederlegung gem. § 48b für einen Zeitraum von insgesamt höchstens zwei Jahren auf das Dienstalter angerechnet wird. 80

Beabsichtigt der hauptberufliche Notar **nach seiner Wiederbestellung** seinen **Amtssitz** gem. § 10 Abs. 1 S. 3 zu **verlegen** und bewirbt er sich auf eine andere Stelle, stellt sich im Rahmen der **Auswahlentscheidung**[104] wie bei der Wiederbestellung die Frage, ob die Zeiten der „unechten" vorübergehenden Amtsniederlegung auch hier auf sein Dienstalter anzurechnen ist. **Eine Anrechnung kommt** auf Grundlage der Ermächtigung des § 6 Abs. 4 **nicht in Betracht.** Nach dem Wortlaut und dem Willen des Gesetzgebers beschränkt sich die Ermächtigung auf Bestimmungen über die Anrechnung von Zeiten einer vorübergehenden Amtsniederlegung „bei einer erneuten Bestellung" zum Notar gem. § 12 S. 1 und ermöglicht daher von vornherein keine Anrechnung dieser Zeiten im Rahmen einer **Amtssitzverlegung** gem. § 10 Abs. 1 S. 3.[105] Die ausdrückliche Beschränkung der Anrechnung von Zeiten einer vorübergehenden Amtsniederlegung auf die erneute Bestellung zum Notar gem. § 12 S. 1 ist auch verfassungsrechtlich nicht zu beanstanden, da es sich bei der erneuten Bestellung zum Notar um eine **Berufszugangsregelung,** bei einem Amtssitzwechsel des Notars hingegen lediglich um eine **Berufsausübungsregelung** handelt, die aufgrund der staatlichen Bindungen des Notaramts von vornherein besonderen Beschränkungen unterliegt.[106] Vor dem Hintergrund dieser unterschiedlich stark ausgeprägten Eingriffe in Art. 12 GG ist eine **unterschiedliche Handhabung** der Anrechnung von Zeiten einer vorübergehenden Amtsniederlegung zum einen auf die Wiederbestellung iSd § 12 und zum anderen auf den nachfolgenden Amtssitzwechsel iSd § 10 Abs. 1 S. 3 sachlich gerechtfertigt. 81

III. Musteranträge

Antrag bei Kinderbetreuung 82

Adressat: Präsident des Oberlandesgerichts über Präsident des Landgerichts (→ Rn. 51, 9)

Kopie: Notarkammer, Generalakte

Zeitpunkt: Vier Monate vor Beginn der vorübergehenden Amtsniederlegung (→ Rn. 51, 9)

Antrag auf Genehmigung gem. § 48b Abs. 1 Nr. 1 BNotO

---

[103] → § 10 Rn. 34.
[104] Die Frage der Anrechnung von Zeiten auf die Mindestverweildauer stellt sich im Rahmen einer „unechten" Amtsniederlegung nicht, da der Notar hier stets eine andere Notarstelle antritt und er die für diese Notarstelle einschlägige Mindestverweildauer (→ § 10 Rn. 33 ff.) stets einzuhalten hat, vgl. anders aber bei einer „echten" Amtsniederlegung → Rn. 46.
[105] Auch nach der Gesetzesbegründung sollte durch die Ergänzung von § 6 Abs. 4 lediglich die Möglichkeit eröffnet werden, die Zeiten einer vorübergehenden Amtsniederlegung „bei der Wiederbestellung durch Anrechnung zu berücksichtigen", BT-Drs. 13/4184, 20.
[106] Vgl. für die stRspr nur BGH 25.11.2013 – NotZ (Brfg) 9/13, DNotZ 2014, 307 mwN.

Sehr geehrter Herr Präsident,

hiermit beantrage ich gem. § 48b Abs. 1 Nr. 1 BNotO Ihre Genehmigung, mein Amt mit Wirkung zum *** vorübergehend niederzulegen. Im Hinblick auf § 48c Abs. 1 S. 1 BNotO erkläre ich hiermit, dass ich nicht beabsichtige, mein Amt innerhalb von höchstens einem Jahr am bisherigen Amtssitz wieder anzutreten (→ Rn. 52).

Ab dem beantragten Zeitpunkt werde ich mein minderjähriges Kind tatsächlich betreuen. Für dieses Kind, geboren am ***, bin ich zur elterlichen Sorge gem. §§ 1626, 1626a BGB berechtigt und verpflichtet (→ Rn. 53, 11 ff.). Ich werde mein Kind nach der Schule am Nachmittag tatsächlich betreuen, so dass es mir nicht möglich erscheint, während den üblichen Öffnungszeiten meines Notariates regelmäßig persönlich zur Verfügung zu stehen (→ Rn. 53, 16 f.). Einen Antrag auf Genehmigung einer vorübergehenden Amtsniederlegung habe ich bislang noch nicht gestellt (→ Rn. 54).

Zum Zwecke der Wiederbestellung werde ich mich innerhalb des mir genehmigten Zeitraums zur vorübergehenden Amtsniederlegung zu gegebener Zeit auf eine im Justizministerialblatt ausgeschriebene Notarstelle bewerben (→ Rn. 64 ff.).

Mit freundlichen Grüßen

(Notar)

83 **Antrag bei Angehörigenpflege**

Adressat: Präsident des Oberlandesgerichts über Präsident des Landgerichts (→ Rn. 51, 9)

Kopie: Notarkammer, Generalakte

Zeitpunkt: Vier Monate vor Beginn der vorübergehenden Amtsniederlegung (→ Rn. 51, 9)

Antrag auf Genehmigung gem. § 48b Abs. 1 Nr. 2 BNotO

Sehr geehrter Herr Präsident,

hiermit beantrage ich gem. § 48b Abs. 1 Nr. 2 BNotO Ihre Genehmigung, mein Amt mit Wirkung zum *** vorübergehend niederzulegen. Im Hinblick auf § 48c Abs. 1 S. 1 BNotO erkläre ich hiermit, dass ich nicht beabsichtige, mein Amt innerhalb von höchstens einem Jahr am bisherigen Amtssitz wieder anzutreten (→ Rn. 52).

Ab dem beantragten Zeitpunkt werde ich einen Angehörigen tatsächlich betreuen. Bei dem Angehörigen handelt es sich um meinen *** (→ Rn. 53, 14). Er ist wegen *** nicht mehr imstande, die gewöhnlichen und regelmäßig wiederkehrenden Verrichtungen des täglichen Lebens zu bewältigen und bedarf daher der Hilfe anderer Personen. Ein amtsärztliches Zeugnis über seine Pflegebedürftigkeit ist diesem Schreiben als Anlage beigefügt (→ Rn. 53, 15). Ich werde meinen Angehörigen bei *** tatsächlich betreuen, so dass es mir nicht möglich erscheint, während den üblichen Öffnungszeiten meines Notariates regelmäßig persönlich zur Verfügung zu stehen (→ Rn. 53, 16 f.). Einen Antrag auf Genehmigung zur vorübergehenden Amtsniederlegung habe ich bislang noch nicht gestellt (→ Rn. 54).

Zum Zwecke der Wiederbestellung werde ich mich innerhalb des mir genehmigten Zeitraums zur vorübergehenden Amtsniederlegung zu gegebener Zeit auf eine im Justizministerialblatt ausgeschriebene Notarstelle bewerben (→ Rn. 64 ff.).

Mit freundlichen Grüßen

(Notar)

Anlage

§ 49 [Strafgerichtliche Verurteilung]

Eine strafgerichtliche Verurteilung hat für den Notar den Amtsverlust in gleicher Weise zur Folge wie für einen Landesjustizbeamten.

Schrifttum: Reich, BeamtStG – Beamtenstatusgesetz, 2. Aufl. 2012.

Übersicht

	Rn.
A. Allgemeines	1
B. Tatbestand	4
I. Freiheitsstrafe von mindestens einem Jahr	5
II. Freiheitsstrafe von mindestens sechs Monaten	7
III. Aberkennung der Amtsfähigkeit	15
C. Rechtsfolge	17
D. Rehabilitierung	18

A. Allgemeines

Unter welchen Voraussetzungen eine strafgerichtliche Verurteilung für einen Landesjustizbeamten den Verlust seines Beamtenstatus zur Folge hat, bestimmt **§ 24 BeamtStG:**[1] **1**

(1) Wenn eine Beamtin oder ein Beamter im ordentlichen Strafverfahren durch das Urteil eines deutschen Gerichts
1. wegen einer vorsätzlichen Tat zu einer Freiheitsstrafe von mindestens einem Jahr oder
2. wegen einer vorsätzlichen Tat, die nach den Vorschriften über Friedensverrat, Hochverrat und Gefährdung des demokratischen Rechtsstaates, Landesverrat und Gefährdung der äußeren Sicherheit oder, soweit sich die Tat auf eine Diensthandlung im Hauptamt bezieht, Bestechlichkeit, strafbar ist, zu einer Freiheitsstrafe von mindestens sechs Monaten

verurteilt wird, endet das Beamtenverhältnis mit der Rechtskraft des Urteils. Entsprechendes gilt, wenn die Fähigkeit zur Bekleidung öffentlicher Ämter aberkannt wird oder wenn die Beamtin oder der Beamte aufgrund einer Entscheidung des Bundesverfassungsgerichts nach Artikel 18 des Grundgesetzes ein Grundrecht verwirkt hat.

(2) Wird eine Entscheidung, die den Verlust der Beamtenrechte zur Folge hat, in einem Wiederaufnahmeverfahren aufgehoben, gilt das Beamtenverhältnis als nicht unterbrochen.

Der Beamte, der nach dem rechtskräftigen Urteil eines deutschen Strafgerichts in einem **2** derart gravierenden Ausmaß gegen die Rechtsordnung verstoßen hat, gilt nach dem Sinn und Zweck des § 24 BeamtStG als **schlechthin untragbar** für den öffentlichen Dienst.[2] Einer nochmaligen Überprüfung seiner Amtswürdigkeit in einem gesonderten **Disziplinarverfahren** bedarf es nicht. Mit Rechtskraft des Strafurteils verliert er daher kraft Gesetzes seinen Beamtenstatus. Für den Notar als Träger eines öffentlichen Amts sieht § 49 eine entsprechende Anwendung dieser Grundsätze vor.

§ 49 iVm § 24 Abs. 1 BeamtStG **verdrängt** als Spezialgesetz § 45 Abs. 1 StGB, wonach **3** die Verurteilung wegen eines Verbrechens zu einer Freiheitsstrafe von mindestens einem Jahr kraft Gesetzes zu einem Verlust der Fähigkeit zur Bekleidung öffentlicher Ämter führt.[3]

---

[1] Das Beamtenstatusgesetz regelt als Bundesgesetz gem. § 1 BeamtStG die Statusrechte und Statuspflichten der Länderbeamten. Für die Bundesbeamten enthält § 41 BBG eine entsprechende Regelung. Die Statusrechte und Statuspflichten der Landesbeamten (mit Ausnahme der Laufbahnen, Besoldung und Versorgung) sind seit Inkrafttreten des Gesetzes zur Änderung des Grundgesetzes vom 28.8.2006 (BGBl. I 2034) gem. Art. 74 Abs. 1 Nr. 27 GG Gegenstand der konkurrierenden Gesetzgebungskompetenz des Bundes, wovon der Bundesgesetzgeber mit dem Beamtenstatusgesetz vom 17.6.2008 (BGBl. I 1010) Gebrauch gemacht hat.

[2] Vgl. BeckOK BeamtenR Bund/*Krausnick* BeamtStG § 24 Rn. 1 ff.; *Battis* BBG § 41 Rn. 2; BeckOK BeamtenR Bund/*Krausnick* BBG § 41 Rn. 1.

[3] Vgl. für das Verhältnis von § 45 Abs. 1 StGB zu § 41 BBG ebenso *Battis* BBG § 41 Rn. 7; aA offenbar Schippel/Bracker/*Püls* BNotO § 49 Rn. 3; Arndt/Lerch/Sandkühler/*Lerch* BNotO § 49 Rn. 3 und 5;

§ 45 Abs. 1 StGB **verdrängt** wiederum seinerseits als Spezialgesetz § 70 StGB, wonach das Gericht unter bestimmten Voraussetzungen ein Berufsverbot aussprechen kann.[4] Für den Notar kann daher eine strafgerichtliche Verurteilung **ausschließlich** unter den Voraussetzungen des § 49 iVm § 24 Abs. 1 BeamtStG zu einem Verlust seines Amtes führen.

B. Tatbestand

4   Tatbestandlich setzt § 49 zunächst ein in einem ordentlichen Strafverfahren nach den Bestimmungen der StPO und des GVG ergangenes **Urteil** eines **deutschen** Gerichts voraus.[5] Durch die in § 49 enthaltene Verweisung auf die Voraussetzungen des Verlustes des Beamtenstatus eines Landesjustizbeamten muss dieses Urteil darüber hinaus als **Hauptstrafe** entweder gem. § 24 Abs. 1 S. 1 Nr. 1 BeamtStG eine Freiheitsstrafe von mindestens einem Jahr (→ Rn. 5 f.) oder aber gem. § 24 Abs. 1 S. 1 Nr. 2 BeamtStG bei Verwirklichung bestimmter Straftatbestände eine Freiheitsstrafe von mindestens sechs Monaten (→ Rn. 7 ff.) oder aber gem. § 24 Abs. 1 S. 2 Alt. 1 BeamtStG als **Nebenstrafe** dem Notar die Fähigkeit zur Bekleidung öffentlicher Ämter aberkennen (→ Rn. 15 ff.). Die Entscheidung des Bundesverfassungsgerichts gem. Art. 18 GG, wonach der Notar ein **Grundrecht verwirkt** hat, ist hingegen kein in einem ordentlichen Strafverfahren ergangenes Urteil iSd § 49[6] und führt daher, anders als bei einem Beamten gem. § 24 Abs. 1 S. 2 Alt. 2 BeamtStG, nicht zu einem Erlöschen des Amtes kraft Gesetzes.[7]

I. Freiheitsstrafe von mindestens einem Jahr

5   Die Verhängung einer Freiheitsstrafe von mindestens einem Jahr führt gem. § 49 iVm § 24 Abs. 1 S. 1 Nr. 1 BeamtStG nur dann zu einem Amtsverlust kraft Gesetzes, wenn der Notar zu dieser Freiheitsstrafe wegen einer **vorsätzlichen Tat** verurteilt wurde. Unerheblich ist, ob die Tat ein Verbrechen oder ein Vergehen ist und welchen Tatbeitrag (Täterschaft, Mittäterschaft, Anstiftung oder Beihilfe) der Notar geleistet hat.[8] Unerheblich ist ferner, ob die Freiheitsstrafe zur Bewährung ausgesetzt wurde.[9] Ferner spielt es keine Rolle, ob im Urteil angeordnet wurde, dass ein bestimmter Teil der verhängten Freiheitsstrafe (etwa wegen der Dauer des Strafverfahrens) als verbüßt gilt.[10]

6   Hat das Gericht im Urteil bei **Tatmehrheit** von vorsätzlichen und fahrlässigen Delikten iSd § 53 StGB eine Gesamtstrafe gebildet, muss allein der Strafanteil für die Vorsatztat mindestens ein Jahr Freiheitsstrafe ausmachen.[11] Bei **Tateinheit** von vorsätzlichem und

---

Diehn/*Fahl* BNotO § 49 Rn. 6. § 45 Abs. 2 StGB findet allein aufgrund der Verweisung in § 24 Abs. 1 S. 2 BeamtStG Anwendung, → Rn. 15 f.

[4] BGH 14.7.2000 – 3 StR 454/99, DNotZ 2001, 566; BeckOK StGB/*Stoll* StGB § 70 Rn. 2; Schippel/Bracker/*Püls* BNotO § 49 Rn. 3; Diehn/*Fahl* BNotO § 49 Rn. 6.

[5] Urteile ausländischer oder internationaler Gerichte genügen ebenso wenig wie Entscheidungen im Strafbefehlsverfahren, vgl. Diehn/*Fahl* BNotO § 49 Rn. 4; BeckOK BeamtenR Bund/*Krausnick* BeamtStG § 24 Rn. 1; *Reich* BeamtStG § 24 Rn. 3, 5; *Battis* BBG § 41 Rn. 4; BeckOK BeamtenR Bund/*Krausnick* BBG § 41 Rn. 6 ff.

[6] Zum Verfahren vgl. Maunz/Schmidt-Bleibtreu/Klein/Bethge/*Klein* BVerfG § 39 Rn. 1 ff., 5.

[7] AA offenbar Schippel/Bracker/*Püls* BNotO § 49 Rn. 4; Diehn/*Fahl* BNotO § 49 Rn. 7 und Arndt/Lerch/Sandkühler/*Lerch* BNotO § 49 Rn. 4, letzterer in der 8. Aufl. 2016 allerdings noch von der Geltung des § 24 BRRG ausgehend. In diesem Falle kann der Notar nur durch disziplinargerichtliches Urteil gem. §§ 47 Nr. 7, 97 Abs. 1 S. 1 aus dem Amt entfernt werden.

[8] Umstritten, wie hier BeckOK BeamtenR Bund/*Krausnick* BeamtStG § 24 Rn. 5; aA *Reich* BeamtStG § 4 Rn. 5.

[9] Vgl. BVerwG 21.12.1976 – II WD 9.76, BeckRS 1976, 30427261; Diehn/*Fahl* BNotO § 49 Rn. 1; BeckOK BeamtenR Bund/*Krausnick* BeamtStG § 24 Rn. 7; *Reich* BeamtStG § 24 Rn. 4; *Battis* BBG § 41 Rn. 4; BeckOK BeamtenR Bund/*Krausnick* BBG § 41 Rn. 11.

[10] OLG Frankfurt a. M. 2.9.2010 – 1 Not 3/09, BeckRS 2011, 20735.

[11] Vgl. BVerwG 10.6.1992 – 2 B 88/92, 2 C 13/92, BeckRS 9998, 28259; BeckOK BeamtenR Bund/*Krausnick* BeamtStG § 24 Rn. 7 und BBG § 41 Rn. 10; *Reich* BeamtStG § 24 Rn. 4.

fahrlässigem Delikt iSd § 52 StGB ist ausschlaggebend, aus welcher Strafvorschrift die Strafe entnommen worden ist.[12] Darüber hinaus muss bei Tateinheit aus dem Strafurteil auch eindeutig hervorgehen, dass die Verhängung von mindestens einem Jahr Freiheitsstrafe allein wegen der Vorsatztat erfolgt.[13]

II. Freiheitsstrafe von mindestens sechs Monaten

7 Die Verhängung einer Freiheitsstrafe von mindestens sechs Monaten führt gem. § 49 iVm § 24 Abs. 1 S. 1 Nr. 2 BeamtStG nur dann zu einem Amtsverlust kraft Gesetzes, wenn der Notar zu dieser Freiheitsstrafe aufgrund einer vorsätzlichen Verwirklichung einer der folgenden abschließend bestimmten **staatsgefährdenden Straftatbestände** verurteilt wurde:

8 – Friedensverrat gem. § 80 StGB (Vorbereitung eines Angriffskrieges) oder § 80a StGB (Aufstacheln zum Angriffskrieg).[14]

9 – Hochverrat gem. § 81 StGB (Hochverrat gegen den Bund), § 82 StGB (Hochverrat gegen ein Land) oder § 83 StGB (Vorbereitung eines hochverräterischen Unternehmens).[15]

10 – Gefährdung des demokratischen Rechtsstaats gem. § 84 StGB (Fortführung einer für verfassungswidrig erklärten Partei), § 85 StGB (Verstoß gegen ein Vereinigungsverbot) § 86 StGB (Verbreitung von Propagandamitteln verfassungswidriger Organisationen), § 86a StGB (Verwendung von Kennzeichen verfassungswidriger Organisationen), § 87 StGB (Agententätigkeit zu Sabotagezwecken), § 88 StGB (Verfassungsfeindliche Sabotage), § 89 StGB (Verfassungsfeindliche Einwirkung auf Bundeswehr und öffentliche Sicherheitsorgane), 89a StGB (Vorbereitung einer schweren staatsgefährdenden Gewalttat), § 89b StGB (Aufnahme von Beziehungen zur Begehung einer schweren staatsgefährdenden Gewalttat), § 89c StGB (Terrorismusfinanzierung), § 90 StGB (Verunglimpfung des Bundespräsidenten), § 90a StGB (Verunglimpfung des Staates und seiner Symbole), § 90b StGB (Verfassungsfeindliche Verunglimpfung von Verfassungsorganen) oder § 91 StGB (Anleitung zur Begehung einer schweren staatsgefährdenden Gewalttat).

11 – Landesverrat und Gefährdung der äußeren Sicherheit gem. § 94 StGB (Landesverrat), § 95 StGB (Offenbaren von Staatsgeheimnissen), § 96 StGB (Landesverräterische Ausspähung, Auskundschaften von Staatsgeheimnissen), § 97 StGB (Preisgabe von Staatsgeheimnissen), § 97a StGB (Verrat illegaler Geheimnisse), § 97b StGB (Verrat in irriger Annahme eines illegalen Geheimnisses), § 98 StGB (Landesverräterische Agententätigkeit), § 99 StGB (Geheimdienstliche Agententätigkeit), § 100 StGB (Friedensgefährdende Beziehungen) oder § 100a StGB (Landesverräterische Fälschung).

12 – **Bestechlichkeit** gem. § 332 StGB. Die in § 24 Abs. 1 S. 1 Nr. 2 BeamtStG vorgesehene Einschränkung, dass sich die Tat auf eine Diensthandlung im Hauptamt bezieht, hat im Rahmen von § 49 keine Bedeutung. Der Notar übt sein Amt stets im Hauptamt aus; ein notarielles Nebenamt gibt es nicht.[16] Wenn sich der Notar folglich für sich oder einen Dritten als Gegenleistung für eine dienstpflichtwidrige Amtshandlung einen Vorteil fordert, versprechen lässt oder annimmt und er deshalb zu einer Freiheitsstrafe von mindestens sechs Monaten verurteilt wird, so endet sein Amt kraft Gesetzes gem. § 49 iVm § 24 Abs. 1 S. 1 Nr. 2 BeamtStG mit Rechtskraft dieses Urteils.

13 Eine analoge Erweiterung dieses Kataloges, etwa auf die **Vorteilsannahme** gem. § 331 StGB,[17] ist unzulässig. Unerheblich ist, ob die Tat ein Verbrechen oder ein Vergehen ist und

---

[12] Battis BBG § 41 Rn. 4.
[13] Vgl. BVerwG 12.10.1989 – 2 C 51/88, NJW 1990, 1865; Battis BBG § 41 Rn. 4.
[14] Vgl. zu den einzelnen Tatbeständen ausführlicher Reich BeamtStG § 24 Rn. 6.
[15] Vgl. zu den einzelnen Tatbeständen ausführlicher Reich BeamtStG § 24 Rn. 6.
[16] Vgl. hierzu Battis BBG § 41 Rn. 6.
[17] Vgl. hierzu Reich BeamtStG § 24 Rn. 10.

welchen Tatbeitrag (Täterschaft, Mittäterschaft, Anstiftung oder Beihilfe) der Notar geleistet hat.[18] Unerheblich ist ferner, ob die Freiheitsstrafe zur Bewährung ausgesetzt wurde.[19] Ferner spielt es keine Rolle, ob im Urteil angeordnet wurde, dass ein bestimmter Teil der verhängten Freiheitsstrafe (etwa wegen der Dauer des Strafverfahrens) als verbüßt gilt.[20]

14 Hat das Gericht im Urteil bei **Tatmehrheit** iSd § 53 StGB eine Gesamtstrafe gebildet, muss allein der der Strafanteil für eine der vorstehenden Straftaten mindestens ein Jahr Freiheitsstrafe ausmachen.[21] Bei **Tateinheit** eines der vorstehenden Straftaten mit einem anderen Delikt iSd § 52 StGB muss die Strafe einem der vorstehendenden Strafvorschrift entnommen worden sein.[22] Darüber hinaus muss bei Tateinheit aus dem Strafurteil eindeutig hervorgehen, dass die Verhängung von mindestens einem Jahr Freiheitsstrafe allein wegen der Vorsatztat erfolgt.[23]

III. Aberkennung der Amtsfähigkeit

15 Gemäß § 45 Abs. 2 StGB kann das Gericht als **Nebenfolge** einer Verurteilung dem Notar für die Dauer von zwei bis fünf Jahren die Fähigkeit, öffentlicher Ämter zu bekleiden, aberkennen. Gemäß § 49 iVm § 24 Abs. 1 S. 2 Alt. 1 BeamtStG führt eine Aberkennung der Amtsfähigkeit nach dieser Vorschrift dazu, dass mit Rechtskraft der Entscheidung das Amt des Notars kraft Gesetzes endet.[24] Maßgeblich ist allein der **Ausspruch der Aberkennung;** unerheblich ist, ob die Aberkennung der Amtsfähigkeit für zwei oder fünf Jahre erfolgt.[25]

16 Das Gericht kann die Nebenfolge der Aberkennung der Amtsfähigkeit gem. § 45 Abs. 2 StGB nur dann aussprechen, soweit der vom Notar verwirklichte Straftatbestand diese Nebenfolge besonders vorsieht. Vorgesehen ist diese Nebenfolge im **Staatsschutzstrafrecht** (§§ 92a, 101, 102, 108c, 109i, 129a StGB), bei **Subventionsbetrug** (§ 264 Abs. 6 StGB) und bei **Straftaten im Amt** (§ 358 StGB).[26]

C. Rechtsfolge

17 Der Amtsverlust tritt gem. § 49 iVm § 24 Abs. 1 S. 1 BeamtStG **kraft Gesetzes** mit Rechtskraft des strafgerichtlichen Urteils ein. Gemäß § 47 Nr. 5 führt der Amtsverlust zum Erlöschen des Amtes des Notars. Eines gesonderten **Verwaltungsaktes** der Landesjustizverwaltung bedarf es nicht.[27] Eine schriftliche Mitteilung der Landesjustizverwaltung, die das Datum der Rechtskraft des Urteils und damit zugleich das Ausscheiden des Notars aus dem Amt bestätigt, ist aber zur Schaffung von Rechtssicherheit sinnvoll und zulässig.[28]

---

[18] AA *Reich* BeamtStG § 24 Rn. 5.
[19] *Reich* BeamtStG § 24 Rn. 5
[20] Vgl. OLG Frankfurt a. M. 2.9.2010 – 1 Not 3/09, BeckRS 2011, 20335.
[21] Vgl. BVerwG 25.10.1995 – 1 D 2/95, NVwZ-RR 1996, 516; *Reich* BeamtStG § 24 Rn. 5.
[22] *Battis* BBG § 41 Rn. 4.
[23] Vgl. BVerwG 12.10.1989 – 2 C 51/88, NJW 1990, 1865; *Battis* BBG § 41 Rn. 4.
[24] BeckOK BeamtenR Bund/*Krausnick* BeamtStG § 24 Rn. 8; *Reich* BeamtStG § 24 Rn. 11.
[25] BeckOK BeamtenR Bund/*Krausnick* BeamtStG § 24 Rn. 9 und BBG § 41 Rn. 15.
[26] BeckOK StGB/*von Heintschel-Heinegg* StGB § 45 Rn. 4; BeckOK BeamtenR Bund/*Krausnick* BeamtStG § 24 Rn. 8. Vgl. auch Schönke/Schröder/*Stree*/*Kinzig* StGB § 45 Rn. 8.
[27] Vgl. BeckOK BeamtenR Bund/*Krausnick* BBG § 41 Rn. 17; *Battis* BBG § 41 Rn. 9. Anders etwa bei einem Rechtsanwalt, dem die Fähigkeit zu Bekleidung eines öffentlichen Amtes gem. § 45 StGB aberkannt wurde, für den § 14 Abs. 2 Nr. 2 BRAO die Notwendigkeit des Widerrufs der Zulassung zur Rechtsanwaltschaft vorschreibt.
[28] Zu der Rechtsnatur einer solchen Mitteilung und den sich dadurch etwaig eröffnenden Rechtsschutzmöglichkeiten vgl. BeckOK BeamtenR Bund/*Krausnick* BBG § 41 Rn. 17 f.

D. Rehabilitierung

Hat eine strafgerichtliche Verurteilung gem. § 49 „für den Notar den Amtsverlust in gleicher Weise zur Folge wie für einen Landesjustizbeamten" wird damit nicht nur auf die beamtenrechtlichen Bestimmungen verwiesen, durch die der Verlust der Beamtenrechte eintritt, sondern auch auf die Bestimmungen, durch die der Verlust **rückwirkend beseitigt** wird.[29] § 49 verweist mithin auch auf § 24 Abs. 2 BeamtStG, wonach „das Beamtenverhältnis als nicht unterbrochen" gilt, wenn das gem. § 49 iVm § 24 Abs. 1 BeamtStG zu einem Amtsverlust führende Urteil in einem **Wiederaufnahmeverfahren** gem. §§ 359 ff. StPO aufgehoben oder aber durch ein neues Urteil ersetzt wird, durch das der Notar nicht mehr gem. § 49 iVm § 24 Abs. 1 BeamtStG ipso iure aus dem Amt ausscheiden würde. Da der Notar durch das in einem Wiederaufnahmeverfahren aufgehobene bzw. ersetzte Urteil jedoch bereits kraft Gesetzes gem. §§ 47 Nr. 5, 49 aus dem Amt ausgeschieden ist, stellt sich die Frage, inwieweit sein Notaramt iSv § 49 iVm § 24 Abs. 2 BeamtStG **„als nicht unterbrochen"** gelten kann. 18

Für den **Beamten** fingiert § 24 Abs. 2 BeamtStG rückwirkend das Fortbestehen des Beamtenverhältnisses und überlässt die konkrete Umsetzung dieser Fiktion für die Rechtsstellung des betroffenen Beamten der näheren Regelung durch den Bundes- und Landesgesetzgeber.[30] § 42 Abs. 1 S. 2 BBG sowie die entsprechenden landesrechtlichen Regelungen (bspw. § 29 Abs. 2 Hs. 1 LBG NRW)[31] sehen zur Umsetzung dieser Fiktion zunächst vor, dass der Beamte einen Anspruch auf Übertragung eines Amtes einer seinem bisherigen Amt mindestens gleichwertigen Laufbahn und mit mindestens demselben Endgrundgehalt hat. Ferner sehen § 42 Abs. 1 S. 3 BBG sowie die entsprechenden landesrechtlichen Regelungen (bspw. § 29 Abs. 2 Hs. 2 LBG NRW) zur Umsetzung der Fiktion vor, dass der Beamte einen Anspruch auf Besoldung, die ihm aus seinem bisherigen Amt zugestanden hätte, von dem im Wiederaufnahmeverfahren ergangenen Entscheidung bis zur Übertragung des neuen Amtes die Besoldung hat.[32] 19

Die beamtenrechtlichen Vorschriften zur Umsetzung der Fiktion gem. § 24 Abs. 2 BeamtStG können auf den in einem Wiederaufnahmeverfahren rehabilitierten **Notar** keine entsprechende Anwendung finden.[33] Der Notar erhält weder eine Besoldung, die weitergezahlt werden könnte, noch kann auf Grundlage der §§ 4 S. 1, 6b Abs. 4 an seinem bisherigen Amtssitz ohne Weiteres eine Notarstelle geschaffen und er dort ohne Ausschreibung und Auswahlverfahren zum Notar bestellt werden.[34] Vielmehr kann der gem. § 49 iVm § 24 Abs. 1 BeamtStG aufgrund des im Wiederaufnahmeverfahren aufgehobenen oder ersetzten Urteils aus dem Amt geschiedene Notar nur dann wieder gem. § 12 zum Notar bestellt werden, wenn er sich auf eine von der Landesjustizverwaltung ausgeschriebene Notarstelle **bewirbt** und im Auswahlverfahren den Vorrang gegenüber anderen Mitbewerbern erhält.[35] Im Rahmen dieses **Auswahlverfahrens** ermöglichen § 49 iVm § 24 Abs. 2 BeamtStG, den Bewerber als nicht aus dem Amt geschiedenen Notar zu behandeln. **Nur an dieser Stelle** kann die für den rehabilitierten Notar vorgesehene **Fiktion** seines „nicht unterbrochenen" Notaramtes eine **Bedeutung erlangen.** 20

Für den rehabilitierten **hauptberuflichen Notar** hat die Fiktion seiner ununterbrochenen Amtstätigkeit gem. § 49 iVm § 24 Abs. 2 BeamtStG zur Folge, dass auf der **ersten** 21

---

[29] Schippel/Bracker/*Püls* BNotO § 49 Rn. 6; Diehn/*Fahl* BNotO § 49 Rn. 10.
[30] BeckOK BeamtenR Bund/*Krausnick* BeamtStG § 24 Rn. 15 ff. und BBG Vorbem. § 42.
[31] BeckOK BeamtenR Bund/*Krausnick* BeamtStG § 24 Rn. 17.
[32] BeckOK BeamtenR Bund/*Krausnick* BBG § 42 Rn. 8.
[33] Nicht nachvollziehbar Arndt/Lerch/Sandkühler/*Lerch* BNotO § 49 Rn. 11, wonach der Notar „sofort seine Amtstätigkeit nach den vor der ursprünglichen Verurteilung geltenden Bestimmungen und Modalitäten wieder ausüben" könne.
[34] Hierfür hätte es einer den §§ 48c Abs. 1, 6b Abs. 1 Hs. 2, 56 Abs. 3 entsprechenden ausdrücklichen Regelung bedurft. Vgl. zu der gem. § 4 S. 1 erforderlichen Mengenbedarfsplanung → § 10 Rn. 8 f.
[35] Ebenso Diehn/*Fahl* BNotO § 49 Rn. 11. Unklar insoweit Schippel/Bracker/*Püls* BNotO § 49 Rn. 7.

Stufe der Auswahlentscheidung die Grundsätze des **Vorrücksystems** in seiner Person Anwendung finden[36] und auf der **zweiten Stufe** der Auswahlentscheidung die Zeit seines „vorübergehenden" Ausscheidens aus dem Amt auf sein **Dienstalter** vollumfänglich angerechnet wird.[37] Für den **Anwaltsnotar** hat die Fiktion seiner ununterbrochenen Amtstätigkeit gem. § 49 iVm § 24 Abs. 2 BeamtStG zur Folge, dass im Hinblick auf die Regelvoraussetzungen für eine Bestellung zum Anwaltsnotar § 6 Abs. 2 Nr. 1 bis Nr. 4 von einem **Ausnahmefall** ausgegangen werden kann, so dass von ihm in der Regel weder die Absolvierung der notariellen Fachprüfung noch eine ununterbrochene rechtsanwaltliche Tätigkeit in dem in Aussicht genommenen Amtsbereich verlangt werden kann. Ferner ermöglicht die Fiktion, die Rehabilitierung des Notars im Rahmen der sich anschließenden **Auswahlentscheidung** als besonderen, die fachliche Eignung vorrangig kennzeichnenden Umstand iSd § 6 Abs. 3 S. 4 Hs. 2 zu berücksichtigen. Die Wiederbestellung eines gem. § 49 iVm § 24 Abs. 2 BeamtStG rehabilitierten Notars **gleicht** mithin im Grundsatz der Wiederbestellung eines gem. § 48b Abs. 1 vorübergehend aus dem Amt geschiedenen Notars.[38]

§ 50 [Amtsenthebung]

(1) **Der Notar ist seines Amtes zu entheben,**
1. wenn die Voraussetzungen des § 5 wegfallen oder sich nach der Bestellung herausstellt, daß diese Voraussetzungen zu Unrecht als vorhanden angenommen wurden;
2. wenn eine der Voraussetzungen vorliegt, unter denen die Ernennung eines Landesjustizbeamten nichtig ist, für nichtig erklärt oder zurückgenommen werden muß;
3. wenn er sich weigert, den in § 13 vorgeschriebenen Amtseid zu leisten;
4. wenn er ein besoldetes Amt übernimmt oder eine nach § 8 Abs. 3 genehmigungspflichtige Tätigkeit ausübt und die Zulassung nach § 8 Abs. 1 Satz 2 oder die nach § 8 Abs. 3 erforderliche Genehmigung im Zeitpunkt der Entschließung der Landesjustizverwaltung über die Amtsenthebung nicht vorliegen;
5. wenn er entgegen § 8 Abs. 2 eine weitere berufliche Tätigkeit ausübt oder sich entgegen den Bestimmungen von § 9 Abs. 1 oder Abs. 2 mit anderen Personen zur gemeinsamen Berufsausübung verbunden oder mit ihnen gemeinsame Geschäftsräume hat;
6. wenn er in Vermögensverfall geraten ist; ein Vermögensverfall wird vermutet, wenn ein Insolvenzverfahren über das Vermögen des Notars eröffnet oder der Notar in das vom Vollstreckungsgericht zu führende Verzeichnis (§ 26 Abs. 2 der Insolvenzordnung, § 882b der Zivilprozeßordnung) eingetragen ist;
7. wenn er aus gesundheitlichen Gründen nicht nur vorübergehend unfähig ist, sein Amt ordnungsgemäß auszuüben;
8. wenn seine wirtschaftlichen Verhältnisse, die Art seiner Wirtschaftsführung oder der Durchführung von Verwahrungsgeschäften die Interessen der Rechtsuchenden gefährden;
9. wenn er wiederholt grob gegen
   a) Mitwirkungsverbote gemäß § 3 Absatz 1 des Beurkundungsgesetzes oder
   b) Pflichten gemäß § 17 Absatz 2a Satz 2 Nummer 2 des Beurkundungsgesetzes verstößt;
10. wenn er nicht die vorgeschriebene Haftpflichtversicherung (§ 19a) unterhält.

(2) Liegt eine der Voraussetzungen vor, unter denen die Ernennung eines Landesjustizbeamten für nichtig erklärt oder zurückgenommen werden kann, so kann auch der Notar seines Amtes enthoben werden.

---

[36] → § 10 Rn. 27 ff., 30 ff.
[37] → § 10 Rn. 27 ff., 45.
[38] → §§ 48b, 48c Rn. 64 ff.

§ 50 Amtsenthebung   1   § 50 BNotO

(3) ¹Für die Amtsenthebung ist die Landesjustizverwaltung zuständig. ²Sie entscheidet nach Anhörung der Notarkammer.

(4) ¹In den auf die Amtsenthebung nach Absatz 1 Nr. 7 gerichteten Verfahren sind für die Bestellung eines Vertreters des Notars für das Verwaltungsverfahren, der zur Wahrnehmung seiner Rechte in dem Verfahren nicht in der Lage ist, für die Pflicht des Notars, sich ärztlich untersuchen zu lassen, und für die Folgen einer Verweigerung seiner Mitwirkung die Vorschriften entsprechend anzuwenden, die für Landesjustizbeamte gelten. ²Zum Vertreter soll ein Rechtsanwalt oder Notar bestellt werden. ³Die in diesen Vorschriften dem Dienstvorgesetzten zugewiesenen Aufgaben nimmt die Landesjustizverwaltung wahr.

Übersicht

	Rn.
A. Allgemeines	1
B. Zwingende Amtsenthebungsgründe (Abs. 1)	4
I. Nr. 1	5
II. Nr. 2	7
1. § 11 BeamtStG	8
2. § 12 BeamtStG	17
3. Frist	27
III. Nr. 3	29
IV. Nr. 4	31
1. § 8 Abs. 1 BNotO	32
2. § 8 Abs. 3 und Abs. 4 BNotO	35
V. Nr. 5	38
1. Hintergrund	39
2. § 8 Abs. 2 BNotO	41
3. § 9 Abs. 1 und Abs. 2 BNotO	44
VI. Nr. 6	47
1. Hintergrund	48
2. Vermögensverfall	50
3. Gesetzliche Vermutungen	55
4. Maßgeblicher Zeitpunkt	60
VII. Nr. 7 und Abs. 4	64
1. Hintergrund	65
2. Amtsunfähigkeit	67
3. Verfahren	76
VIII. Nr. 8	87
1. Abstrakter Gefährdungstatbestand (Alt. 1 und Alt. 2)	88
2. Konkreter Gefährdungstatbestand (Alt. 3)	103
IX. Nr. 9	107
1. § 3 Abs. 1 BeurkG	108
2. § 17 Abs. 2a S. 2 Nr. 2 BeurkG	110
3. Qualifizierungen	112
X. Nr. 10	120
1. Unterhalten einer Haftpflichtversicherung	122
2. Maßgeblicher Zeitpunkt	128
C. Fakultativer Amtsenthebungsgrund (Abs. 2)	131
D. Zuständigkeit und Verfahren (Abs. 3)	135
E. Rechtsfolge und Rechtsschutz	138

A. Allgemeines

Die Vorschrift ermöglicht im Falle der Verletzung besonders **bedeutsamer Amtspflich-** 1
ten eine Amtsenthebung durch **Verwaltungsakt** anstelle einer Entfernung aus dem Amt durch Erhebung einer **Disziplinarklage** gem. §§ 97 Abs. 1 S. 1, 98 Abs. 1. S. 2. Die

Amtsenthebung durch Verwaltungsverfahren (§ 47 Nr. 6) ist im Gegensatz zu einer Entfernung aus dem Amt durch Disziplinarverfahren (§ 47 Nr. 7) eine Maßnahme der staatlichen Organisationsgewalt, um eine geordnete Rechtspflege zu gewährleisten.[1] Die Amtsenthebung ist im Unterschied zur Entfernung aus dem Amt keine mit Strafcharakter versehene Sanktionsmöglichkeit, sondern **Präventionsmaßnahme** zum Schutz des im staatlichen Interesse an einer funktionierenden und qualitätsvollen vorsorgenden Rechtspflege liegenden notwendigen Vertrauens in die Unabhängigkeit und Unparteilichkeit des Notars.[2] Ob der Notar die im Katalog des § 50 aufgeführten Amtspflichten schuldhaft verletzt hat, spielt daher im Gegensatz zu einer Entfernung aus dem Amt grundsätzlich keine Rolle. Zu den besonders **bedeutsamen Amtspflichten,** deren Verletzung eine Amtsenthebung im Verwaltungsverfahren **erzwingt und ermöglicht,** gehören **zusammengefasst:** Die Pflicht zur Leistung des Amtseides (Nr. 3), die grundsätzliche Pflicht zur Unterlassung der Ausübung eines besoldeten Amtes und einer Nebentätigkeit (Nr. 4), die grundsätzliche Pflicht zur Unterlassung der Ausübung einer weiteren berufliche Tätigkeit und der Soziierung mit anderen Personen (Nr. 5), sämtliche Amtspflichten betreffend die notarielle Verwahrung (Nr. 8 Alt. 3), die Pflicht zur Einhaltung der Mitwirkungsverbote sowie der Zweiwochenfrist bei Verbraucherverträgen (Nr. 9) und schließlich die Pflicht zur Unterhaltung einer Berufshaftpflichtversicherung (Nr. 10).

2   Darüber hinaus **ermöglicht** die Vorschrift auch bei Vorliegen bzw. Nichtvorliegen bestimmter **Eigenschaften oder Umstände** eine Amtsenthebung im Verwaltungsverfahren. Auch bei Vorliegen bzw. Nichtvorliegen dieser Eigenschaften und Umstände werden nach der gesetzlichen Wertung die Interessen der Rechtsuchenden in einem solchen Maße gefährdet, dass eine Amtsenthebung zum **Schutz** der geordneten Rechtspflege geboten ist. Zu diesen **Eigenschaften und Umständen** gehören **zusammengefasst:** Eine nicht vorliegende Befähigung zum Richteramt (Nr. 1), die Nichteinhaltung der vorgeschriebenen Form, des Verfahrens und der Zuständigkeit für die Notarbestellung sowie das Nichtvorhandensein der Fähigkeit zur Bekleidung öffentlicher Ämter im Zeitpunkt der Bestellung (Nr. 2), der Vermögensverfall des Notars (Nr. 6), die ordnungsgemäße Amtsausübung nicht gewährleistende Gesundheit des Notars (Nr. 7) sowie die Interessen der Rechtsuchenden gefährdende wirtschaftliche Verhältnisse oder Art der Wirtschaftsführung des Notars (Nr. 8 Alt. 1 und Alt. 2).

3   Die Aufzählung der Amtsenthebungsgründe ist **abschließend.**[3] Aus anderen Gründen, als den in § 50 genannten, kann ein Notar seines Amtes auf Dauer nicht enthoben werden. Insbesondere ist eine Amtsenthebung nicht möglich, wenn sich herausstellt, dass die Landesjustizverwaltung die Eignung des Notars im Zeitpunkt der Bestellung zu Unrecht bejaht hat.[4] Die **fehlende Eignung** iSd § 6 Abs. 1 ist **nicht** in den Katalog der Eigenschaften **aufgenommen worden,** die eine Amtsenthebung im Verwaltungsverfahren erzwingt und ermöglicht. Um allerdings eine dem § 6 Abs. 1 genügende Eignung auch für solche Notare zu gewährleisten, die noch vom **Minister der Justiz der DDR** bestellt wurden, enthalten die §§ 5, 6 des Gesetzes zur Prüfung von Rechtsanwaltszulassungen, Notarbestellungen und Berufungen ehrenamtlicher Richter (RNPG) vom 24.7.1992[5] Ermächtigungsgrundlagen zur Amtsenthebung dieser Notare durch Verwaltungsakt. Tatbestandsvoraussetzung für diesen einzigen speziellen Amtsenthebungsgrund **außerhalb des § 50** ist, dass der vom Minister der Justiz der DDR bestellte Notar gegen die Grundsätze der Mensch-

---

[1] BGH 21.11.2016 – NotZ (Brfg) 3/16, NJOZ 2017, 1494 Rn. 12. Vgl. auch BT-Drs. 13/4184, 50; BGH 22.3.2004 – NotZ 26/03, DNotZ 2004, 888; Diehn/*Fahl* BNotO § 50 Rn. 3; Arndt/Lerch/Sandkühler/ *Lerch* BNotO § 50 Rn. 2.
[2] BGH 21.11.2016 – NotZ (Brfg) 3/16, NJOZ 2017, 1494 Rn. 12. Vgl. auch BT-Drs. 13/4184, 29; BGH 22.3.2004 – NotZ 26/03, DNotZ 2004, 888 und auch schon *Seybold/Hornig* RNotO § 38 Ziff. I (S. 193).
[3] → § 47 Rn. 2. Vgl. auch BGH 20.7.2015 – NotZ (Brfg) 12/14, NJW-RR 2016, 440 Rn. 13; 9.1.1995 – NotZ 12/93, DNotZ 1996, 191; Schippel/Bracker/*Püls* BNotO § 50 Rn. 2; Diehn/*Fahl* BNotO § 50 Rn. 3.
[4] Vgl. aber zu § 50 Abs. 1 Nr. 2 iVm § 12 Abs. 1 Nr. 2 BeamtStG → Rn. 21 ff.
[5] BGBl. 1992 I 1386.

lichkeit oder der Rechtsstaatlichkeit insbesondere im Zusammenhang mit einer Tätigkeit als hauptamtlicher oder inoffizieller Mitarbeiter des Staatssicherheitsdienstes verstoßen hat.[6]

B. Zwingende Amtsenthebungsgründe (Abs. 1)

In den in § 50 Abs. 1 Nr. 1 bis Nr. 10 genannten Fällen hat die Landesjustizverwaltung 4 den Notar zwingend seines Amtes zu entheben. Für ein „Ermessen [einen Beurteilungsspielraum] ist [...] also nur insoweit Raum, als es sich um die Prüfung der tatsächlichen Voraussetzungen handelt."[7]

I. Nr. 1

§ 50 Abs. 1 Nr. 1 ist seit Inkrafttreten der nicht verändert worden und war inhaltsgleich 5 bereits in der RNotO enthalten.[8] Die Vorschrift nimmt allerdings Bezug auf § 5, der die **zwingenden Anforderungen** an die Bestellung zum Notar bestimmt, für die im Laufe der Zeit unterschiedliche Vorstellungen vorherrschten: Die RNotO verlangte noch zwingend die Reichsbürgerschaft, die Fähigkeit zum Richteramt sowie „für sich und seinen Ehegatten [...] die Reinheit des Blutes, die Voraussetzung für die Ernennung zum Beamten sind."[9] Die vom **nationalsozialistischen Geist** geprägte letzte Bestellungsvoraussetzung wurde durch die BNotO **entfernt** und die deutsche Staatsangehörigkeit sowie die Befähigung zum Richteramt zunächst als zwingende Qualifikationsvoraussetzungen aufrecht erhalten.[10] Nachdem der **Europäische Gerichtshof** durch Urteil vom 25.5.2011[11] den Staatsangehörigkeitsvorbehalt als **Verstoß gegen die europäische Niederlassungsfreiheit** bewertet und für unionsrechtswidrig erklärt hat, wurde auch dieser gestrichen.[12] Nunmehr verbleibt als gem. § 5 zwingende Qualifikationsvoraussetzung für die Bestellung zum Notar **allein die Befähigung zum Richteramt**.

Die Befähigung zum Richteramt hat gem. § 5 Abs. 1 DRiG, wer ein rechtswissenschaft- 6 liches Studium an einer Universität mit der **ersten Prüfung** und einen anschließenden Vorbereitungsdienst mit der **zweiten Staatsprüfung** abschließt. Die Befähigung zum Richteramt hat gem. § 7 DRiG ferner jeder ordentliche Professor der Rechte an einer deutschen Universität.[13] Gemäß § 50 Abs. 1 Nr. 1 ist der Notar durch die Landesjustizverwaltung folglich durch **Verwaltungsakt** seines Amtes zu entheben, wenn er das erste Staatsexamen bzw. die erste Prüfung oder das zweite Staatsexamen im **Zeitpunkt seiner Bestellung** nicht erfolgreich abgeschlossen hatte oder ihm **nach dem Zeitpunkt seiner Bestellung** rechtskräftig aberkannt wurde. Ferner ist der Notar gem. § 50 Abs. 1 Nr. 1 seines Amtes zu entheben, wenn er im Zeitpunkt seiner Bestellung kein ordentlicher Professor der Rechte an einer deutschen Universität war oder nach dem Zeitpunkt seiner Berufung seine Professur rechtskräftig verloren hat.

---

[6] §§ 5 und 6 RNPG wurden ausführlich noch von *Custodis* in der 3. Aufl. dieses Kommentars, Rn. 77 ff., kommentiert, auf die vor dem Hintergrund der zwischenzeitlich fehlenden praktischen Bedeutung verwiesen werden kann.

[7] *Seybold/Hornig* RNotO § 38 Ziff. I (S. 193).

[8] § 38 Abs. 1 Nr. 1 RNotO, abgedruckt in: Schubert (Hrsg.), Materialien zur Vereinheitlichung des Notarrechts, 2004, S. 392.

[9] § 3 RNotO, abgedruckt in: Schubert (Hrsg.), Materialien zur Vereinheitlichung des Notarrechts, 2004, S. 392.

[10] Vgl. BT-Drs. 3/219, 18: „Aus der Reichsnotariatsordnung (sind) alle Vorschriften zu entfernen oder zu ändern, die von nationalsozialistischem Geist geprägt sind."

[11] EuGH 24.5.2011 – C-54/08, DNotZ 2011, 462. Vgl. hierzu instruktiv nur *Diehn/Bormann* BNotO § 5 Rn. 3 ff.

[12] Mit Wirkung zum 13.12.2011 (BGBl. I 2515, 2524).

[13] Gemäß § 44 HRG ist Voraussetzung für die Berufung zum ordentlichen Professor der Rechte nur ein abgeschlossenen Hochschulstudium und nicht auch der Abschluss des Vorbereitungsdienstes erforderlich.

II. Nr. 2

7 Gemäß § 50 Abs. 1 Nr. 2 hat die Landesjustizverwaltung den Notar durch Verwaltungsakt seines Amtes zu entheben, wenn eine der Voraussetzungen vorliegt, unter denen die **Ernennung eines Landesjustizbeamten** nichtig ist, für nichtig erklärt oder zurückgenommen werden muss. Unter welchen Voraussetzungen die Ernennung eines Landesjustizbeamten **nichtig ist** oder **zurückgenommen werden muss** bestimmen §§ 11 und 12 BeamtStG.[14] Die **Erklärung der Nichtigkeit** der Ernennung eines Landesjustizbeamten sieht das BeamtStG **nicht vor**, so dass dieser Verweis ins Leere geht.

1. § 11 BeamtStG

(1) Die Ernennung ist nichtig, wenn
1. sie nicht der in § 8 Abs. 2 vorgeschriebenen Form entspricht,
2. sie von einer sachlich unzuständigen Behörde ausgesprochen wurde oder
3. zum Zeitpunkt der Ernennung
    a) nach § 7 Abs. 1 Nr. 1 keine Ernennung erfolgen durfte und keine Ausnahme nach § 7 Abs. 3 zugelassen war,
    b) nicht die Fähigkeit zur Bekleidung öffentlicher Ämter vorlag oder
    c) eine ihr zu Grunde liegende Wahl unwirksam ist.

(2) Die Ernennung ist von Anfang an als wirksam anzusehen, wenn
1. im Fall des Absatzes 1 Nr. 1 aus der Urkunde oder aus dem Akteninhalt eindeutig hervorgeht, dass die für die Ernennung zuständige Stelle ein bestimmtes Beamtenverhältnis begründen oder ein bestehendes Beamtenverhältnis in ein solches anderer Art umwandeln wollte, für das die sonstigen Voraussetzungen vorliegen, und die für die Ernennung zuständige Stelle die Wirksamkeit schriftlich bestätigt; das Gleiche gilt, wenn die Angabe der Zeitdauer fehlt, durch Landesrecht aber die Zeitdauer bestimmt ist,
2. im Fall des Absatzes 1 Nr. 2 die sachlich zuständige Behörde die Ernennung bestätigt oder
3. im Fall des Absatzes 1 Nr. 3 Buchstabe a eine Ausnahme nach § 7 Abs. 3 nachträglich zugelassen wird.

8 Gemäß § 50 Abs. 1 Nr. 2 iVm § 11 BeamtStG hat die Landesjustizverwaltung den Notar unter den folgenden Voraussetzungen durch Verwaltungsakt seines Amtes zu entheben:

9 a) **Formmangel (Nr. 1).** Die Ernennung des **Landesjustizbeamten** erfolgt gem. § 8 S. 1 BeamtStG durch Aushändigung einer Ernennungsurkunde. Die Ernennungsurkunde muss den in § 8 S. 2 BeamtStG näher bestimmten zwingenden Inhalt haben. Erfolgt die Ernennung nicht durch Aushändigung einer Ernennungsurkunde oder genügt die Ernennungsurkunde nicht den zwingenden inhaltlichen Anforderungen, ist sie gem. § 11 Abs. 1 Nr. 1 BeamtStG **nichtig**.[15] Eine Nichtigkeit liegt gem. § 11 Abs. 2 Nr. 1 BeamtStG hingegen nicht vor, wenn trotz des Formmangels eindeutig ist, dass ein Beamtenverhältnis begründet werden sollte und dies von der zuständigen Behörde schriftlich bestätigt wurde.

10 Die Bestellung eines **Notars** erfolgt gem. § 12 S. 1 durch Aushändigung einer Bestallungsurkunde. Zwingende inhaltliche Anforderungen an die Bestallungsurkunde sieht die nicht vor.[16] Folglich hat die Landesjustizverwaltung den Notar gem. § 50 Abs. 1 Nr. 2 iVm § 11 Abs. 1 Nr. 1 BeamtStG seines Amtes durch gesonderten **Verwaltungsakt** zu ent-

---

[14] Das Beamtenstatusgesetz regelt als Bundesgesetz gem. § 1 BeamtStG die Statusrechte und Statuspflichten der Länderbeamten. Für die Bundesbeamten enthalten die §§ 13 und 14 BBG eine entsprechende Regelung. Die Statusrechte und Statuspflichten der Landesbeamten (mit Ausnahme der Laufbahnen, Besoldung und Versorgung) sind seit Inkrafttreten des Gesetzes zur Änderung des Grundgesetzes vom 28.8.2006 (BGBl. I 2034) gem. Art. 74 Abs. 1 Nr. 27 GG Gegenstand der konkurrierenden Gesetzgebungskompetenz des Bundes, wovon der Bundesgesetzgeber mit dem Beamtenstatusgesetz vom 17.6.2008 (BGBl. I 1010) Gebrauch gemacht hat.

[15] *Reich* BeamtStG § 11 Rn. 3; BeckOK BeamtenR Bund/*Thomsen* BeamtStG § 11 Rn. 4 f.

[16] → § 12 Rn. 11. Lediglich die Mindestanforderungen an einen schriftlichen Verwaltungsakt sind einzuhalten, → § 12 Rn. 12; Diehn/*Bormann* BNotO § 12 Rn. 5.

heben, wenn er nicht durch **Aushändigung einer Bestallungsurkunde** zum Notar ernannt wurde. Ist trotz der Nichtaushändigung einer Bestallungsurkunde gem. § 12 S. 1 eindeutig, dass eine Bestellung zum Notar erfolgen sollte, und wurde dies von der bestellenden Behörde schriftlich bestätigt, kommt eine Amtsenthebung durch Verwaltungsakt gem. § 50 Abs. 1 Nr. 2 iVm § 11 Abs. 2 Nr. 1 BeamtStG nicht in Betracht.[17]

Aus § 50 Abs. 1 Nr. 2 iVm § 11 Abs. 1 Nr. 1, Abs. 2 Nr. 2 BeamtStG folgt, dass ein 11 Verstoß gegen die Formvorschrift des § 12 S. 1 **nicht zu einer Nichtigkeit** des Verwaltungsaktes der Bestellung zum Notar gem. § 64a Abs. 1 iVm § 44 Abs. 2 Nr. 2 VwVfG führt. Die Vorschrift sieht als speziellere Norm – und insoweit abweichend vom Urkundsprinzip des Beamten- und Richterrechts – vor, dass die Bestellung zum Notar auch ohne Aushändigung einer Bestallungsurkunde wirksam ist und die Landesjustizverwaltung den Notar in diesem Falle durch gesonderten Verwaltungsakt seines bestehenden Amtes zu entheben hat.[18]

b) Zuständigkeitsmangel (Nr. 2). Erfolgt die Ernennung eines **Landesjustizbeam-** 12 **ten** durch eine sachlich[19] unzuständige Behörde, so ist die Ernennung gem. § 11 Abs. 1 Nr. 2, Abs. 2 Nr. 1 BeamtStG **nichtig,** es sei denn, die sachlich zuständige Behörde bestätigt die Ernennung.[20] Für den **Notar** folgt aus § 50 Abs. 1 Nr. 2 iVm § 11 Abs. 1 Nr. 2, Abs. 2 Nr. 1 BeamtStG, dass die Bestellung durch eine **sachlich unzuständige Behörde** nicht zu einer Nichtigkeit des Verwaltungsaktes der Bestellung gem. § 64a Abs. 1 iVm § 44 Abs. 1 VwVfG führt, sondern der Notar durch gesonderten **Verwaltungsakt** seines bestehenden Amtes zu entheben ist.[21]

Welche Landesjustizbehörde für die Ernennung eines Notars **sachlich zuständig** ist, 13 bestimmt auf Grundlage von § 112 S. 1 das jeweilige Landesrecht. In Nordrhein-Westfalen erfolgt eine Ernennung von Notaren gem. § 1 Nr. 6 der Verordnung zur Übertragung von Befugnissen nach der Bundesnotarordnung durch den Präsidenten des Oberlandesgerichts für seinen Bezirk.[22] Würde beispielsweise der Präsident des Landgerichts Köln einen Notar mit Amtssitz in Köln bestellen, hat der Präsident des Oberlandesgerichts Köln[23] den Notar gem. § 50 Abs. 1 Nr. 2 iVm § 11 Abs. 1 Nr. 2, Abs. 2 Nr. 2 BeamtStG seines Amtes zu entheben oder aber die Ernennung zu bestätigen.[24]

c) Mangelnde Amtsfähigkeit (Nr. 3b). War der **Beamte** im Zeitpunkt seiner Ernen- 14 nung aufgrund einer strafgerichtlichen Verurteilung wegen eines Verbrechens zu einer Freiheitsstrafe von mindestens einem Jahr gem. § 45 Abs. 1 StGB oder aufgrund einer gerichtlichen Anordnung gem. § 45 Abs. 2 StGB oder aufgrund einer Entscheidung und Anordnung des Bundesverfassungsgerichtes gem. Art. 18 GG, § 39 Abs. 2 BVerfGG nicht

---

[17] Die Amtsenthebung des Notars sollte daher erst dann ausgesprochen werden, wenn die zuständige Stelle es abgelehnt hat, die Bestellung zu bestätigen. Ist die Amtsenthebung wirksam geworden, kommt eine rückwirkende Bestätigung der Bestellung nicht mehr in Betracht, vgl. Schippel/Bracker/*Püls* BNotO § 50 Rn. 5.
[18] Dies übersehen *Frenz* → § 12 Rn. 10; Schippel/Bracker/*Püls* BNotO § 50 Rn. 10; Diehn/*Fahl* BNotO § 50 Rn. 10 und Arndt/Lerch/Sandkühler/*Lerch* BNotO § 50 Rn. 6, die von einer Nichtigkeit des Verwaltungsaktes der Bestellung des Notars bei Nichtbeachtung der in § 12 S. 1 vorgesehenen Form ausgehen.
[19] Der Nichtigkeitsgrund greift nicht, wenn eine örtlich unzuständige Behörde die Ernennung ausgesprochen hat, vgl. BeckOK BeamtenR Bund/*Thomsen* BBG § 13 Rn. 12.
[20] Vgl. BeckOK BeamtenR Bund/*Thomsen* BeamtStG § 11 Rn. 11.
[21] Dies übersehen *Frenz* → § 12 Rn. 18 und Diehn/*Bormann* BNotO § 12 Rn. 8, die von einer Nichtigkeit des Verwaltungsaktes der Bestellung des Notars durch eine unzuständige Behörde ausgehen. Wie hier wohl auch Schippel/Bracker/*Püls* BNotO § 50 Rn. 5.
[22] Die Bestallungsurkunde iSd § 12 S. 1 wird in Nordrhein-Westfalen allerdings gem. § 14 Abs. 2 AVNot NRW durch den Präsidenten des Landgerichts ausgehändigt.
[23] Der gem. § 1 Nr. 8 der Verordnung zur Übertragung von Befugnissen nach der Bundesnotarordnung für die Amtsenthebung gem. § 50 zuständig ist.
[24] Fallen die Zuständigkeiten auseinander, sollte die Amtsenthebung des Notars daher erst dann ausgesprochen werden, wenn die für die Bestellung zuständige Behörde es abgelehnt hat, die Bestellung zu bestätigen. Ist die Amtsenthebung wirksam geworden, kommt eine rückwirkende Bestätigung der Bestellung nicht mehr in Betracht, vgl. Schippel/Bracker/*Püls* BNotO § 50 Rn. 5.

zur Bekleidung eines öffentlichen Amtes fähig, ist seine Ernennung gem. § 11 Abs. 1 Nr. 3b BeamtStG **nichtig**.[25]

15 Fehlte dem **Notar** im Zeitpunkt seiner Bestellung gem. § 45 Abs. 1, Abs. 2 StGB oder Art. 18 GG, § 39 Abs. 2 BVerfGG die Fähigkeit zur Bekleidung des öffentlichen Notaramtes (§ 1), so hat ihn die Landesjustizverwaltung gem. § 50 Abs. 1 Nr. 2 iVm § 11 Abs. 1 Nr. 3b BeamtStG durch gesonderten **Verwaltungsakt** seines Amtes zu entheben.[26] Kommt dem Notar diese Fähigkeit gem. § 45 Abs. 2 StGB nach seiner Bestellung abhanden, endet sein Amt gem. § 49 iVm § 24 Abs. 1 S. 1 BeamtStG **kraft Gesetzes** mit Rechtskraft des Strafurteils, ohne dass es eines gesonderten Verwaltungsaktes bedarf.[27] Erfolgt die Aberkennung der Amtsfähigkeit nach seiner Bestellung auf Grundlage Art. 18 GG, § 39 Abs. 2 BVerfGG, kommt hingegen mangels Anwendbarkeit des § 49 nur eine Amtsenthebung durch **disziplinargerichtliches Urteil** gem. § 97 Abs. 1 S. 1 in Betracht.[28] An der Sinnhaftigkeit dieser offensichtlich nicht aufeinander abgestimmten gesetzlichen Regelungen darf gezweifelt werden.

16 § 11 Abs. 1 Nr. 3a, Abs. 2 Nr. 3 BeamtStG, wonach der Beamte im Zeitpunkt der Ernennung die deutsche oder eine andere in § 7 Abs. 1 Nr. 1 BeamtStG aufgeführte **Staatsangehörigkeit** besitzen muss, kann im Rahmen von § 50 Abs. 1 Nr. 2 vor dem Hintergrund der Streichung des Staatsangehörigkeitsvorbehaltes aus § 5 keine Anwendung (mehr) finden.[29] Da der Bestellung zum Notar zudem keine Wahl zugrunde liegen kann, ist auch § 11 Abs. 1 Nr. 3c BeamtStG im Rahmen von § 50 Abs. 1 Nr. 2 ohne Bedeutung.

2. § 12 BeamtStG

(1) Die Ernennung ist mit Wirkung für die Vergangenheit zurückzunehmen, wenn
1. sie durch Zwang, arglistige Täuschung oder Bestechung herbeigeführt wurde,
2. nicht bekannt war, dass die ernannte Person wegen eines Verbrechens oder Vergehens rechtskräftig zu einer Strafe verurteilt war oder wird, die sie für die Berufung in das Beamtenverhältnis nach § 8 Abs. 1 Nr. 1 als unwürdig erscheinen lässt,
3. die Ernennung nach § 7 Abs. 2 nicht erfolgen durfte und eine Ausnahme nach § 7 Abs. 3 nicht zugelassen war und die Ausnahme nicht nachträglich erteilt wird oder
4. eine durch Landesrecht vorgeschriebene Mitwirkung einer unabhängigen Stelle oder einer Aufsichtsbehörde unterblieben ist und nicht nachgeholt wurde.

(2) Die Ernennung soll zurückgenommen werden, wenn nicht bekannt war, dass gegen die ernannte Person in einem Disziplinarverfahren auf Entfernung aus dem Beamtenverhältnis oder auf Aberkennung des Ruhegehalts erkannt worden war. Dies gilt auch, wenn die Entscheidung gegen eine Beamtin oder einen Beamten der Europäischen Union oder eines Staates nach § 7 Abs. 1 Nr. 1 ergangen ist.

17 Diese Vorschrift unterscheidet hinsichtlich der Rücknahmegründe zwischen der obligatorischen (Abs. 1) und der fakultativen Rücknahme (Abs. 2). Aus dem Wortlaut des § 50 Abs. 1 Nr. 2 („... Voraussetzungen, unter denen die Ernennung ... zurückgenommen werden muss") folgt, dass an dieser Stelle[30] nur auf die **obligatorischen** Rücknahmetatbestände aus § 12 Abs. 1 BeamtStG Bezug genommen wird.[31] Gemäß § 50 Abs. 1 Nr. 2 iVm § 12 Abs. 1 BeamtStG hat die Landesjustizverwaltung den Notar unter den folgenden Voraussetzungen durch **Verwaltungsakt** seines Amtes zu entheben:

18 a) **Unlautere Mittel (Nr. 1).** Gemäß § 50 Abs. 1 Nr. 2 iVm § 12 Abs. 1 Nr. 1 BeamtStG ist der Notar seines Amtes zu entheben, wenn seine Bestellung zum Notar durch

---

[25] Vgl. BeckOK BeamtenR Bund/*Thomsen* BeamtStG § 11 Rn. 15 ff. und BBG § 13 Rn. 15 ff.
[26] Vgl. Schippel/Bracker/*Püls* BNotO § 50 Rn. 5.
[27] → § 49 Rn. 3, 15, 17.
[28] → § 49 Rn. 4.
[29] Diehn/*Fahl* BNotO § 50 Rn. 6; → Rn. 5.
[30] Zu § 50 Abs. 2 BNotO iVm § 12 Abs. 2 BeamtStG → Rn. 131 ff.
[31] Ebenso Schippel/Bracker/*Püls* BNotO § 50 Rn. 6.

Zwang, arglistige Täuschung oder Bestechung[32] herbeigeführt wurde. Erforderlich und ausreichend ist es, dass Zwang, arglistige Täuschung oder Bestechung eine **Bedingung** im logischen Sinne *(conditio sine qua non)* für die Ernennung war.[33]

Von den aufgezählten unlauteren Mitteln hat allein die Tatbestandsalternative **arglistige** 19 **Täuschung** praktische Bedeutung. Eine arglistige Täuschung liegt vor, wenn der Ernannte durch unrichtige Angaben oder durch Verschweigen wahrer Tatsachen bei der Ernennungsbehörde einen Irrtum über einen für die Entscheidung bedeutsamen Umstand hervorgerufen oder aufrechterhalten hat.[34] **Unrichtige Angaben** sind stets eine Täuschung, unabhängig davon, ob die Ernennungsbehörde nach ihnen gefragt hat oder nicht.[35] Das **Verschweigen von Tatsachen** ist eine Täuschung, wenn die Ernennungsbehörde nach ihnen gefragt hat oder der Ernannte auch ohne Befragung weiß oder in Kauf nimmt, dass die verschwiegenen Tatsachen für die Entscheidung der Ernennungsbehörde erheblich sind oder sein können.[36] Die Bestellung ist durch arglistige Täuschung herbeigeführt worden, wenn die Ernennungsbehörde ohne die Täuschung von der Ernennung zu diesem Zeitpunkt tatsächlich Abstand genommen hätte (Kausalzusammenhang im Sinne der *conditio sine qua non*).[37]

Beispielsweise stellt das Verschweigen eines gegen den Bewerber gerichteten **staats-** 20 **anwaltschaftlichen Ermittlungsverfahrens** wegen Gefährdung des Straßenverkehrs eine arglistige Täuschung dar. Der Umstand, dass ein solches Ermittlungsverfahren schwebt, kann Zweifel an der persönlichen Eignung iSd § 6 Abs. 1 S. 1 begründen und ist daher für die Entscheidung über die Bestellung von wesentlicher Bedeutung.[38] Der Ausgang des Ermittlungsverfahrens ist unerheblich. Auch dann, wenn es mit einer Einstellung nach § 153a StPO abgeschlossen worden ist, kommt eine Rücknahme wegen arglistiger Täuschung in Betracht. § 50 Abs. 1 Nr. 2 iVm § 12 Abs. 1 Nr. 2 BeamtStG[39] steht einer Amtsenthebung nach § 50 Abs. 1 Nr. 2 iVm § 12 Abs. 1 Nr. 1 BeamtStG nicht entgegen. Die Rücknahmetatbestände des § 12 Abs. 1 Nr. 1 und Nr. 2 BeamtStG, deren Zweck es ist, die Entscheidungsfreiheit der Ernennungsbehörde zu schützen und das Berufsbeamtentum (hier das Notaramt) von ungeeigneten Personen freizuhalten, stehen selbstständig nebeneinander.[40]

b) Unbekannte strafrechtliche Verurteilung (Nr. 2). Gemäß § 50 Abs. 1 Nr. 2 iVm 21 § 12 Abs. 1 Nr. 2 BeamtStG ist der Notar seines Amtes zu entheben, wenn im Zeitpunkt der Bestellung nicht bekannt war, dass der Notar wegen einer **vor der Bestellung** begangenen Tat rechtskräftig verurteilt wurde oder wird[41] und diese Tat den Ernannten der Berufung in das Notaramt unwürdig erscheinen lässt.

Ob eine strafgerichtliche Verurteilung zur **Unwürdigkeit** (§ 14 Abs. 3 S. 1) für das Amt 22 des Notars führt, ist eine gerichtlich in vollem Umfang nachprüfbare Rechtsfrage; der Ernennungsbehörde ist insoweit kein Beurteilungsspielraum eingeräumt.[42] Erforderlich ist,

---

[32] Zur inhaltlichen Bestimmung dieser Begriffe vgl. nur BeckOK BeamtenR Bund/*Thomsen* BeamtStG § 12 Rn. 7 ff. mwN.
[33] BeckOK BeamtenR Bund/*Thomsen* BeamtStG § 12 Rn. 7.
[34] Vgl. Diehn/*Fahl* BNotO § 50 Rn. 8; BeckOK BeamtenR Bund/*Thomsen* BeamtStG § 12 Rn. 9.
[35] Vgl. BeckOK BeamtenR Bund/*Thomsen* BeamtStG § 12 Rn. 9 mwN.
[36] Vgl. Schippel/Bracker/*Püls* BNotO § 50 Rn. 6 und BeckOK BeamtenR Bund/*Thomsen* BeamtStG § 12 Rn. 9 mwN.
[37] BeckOK BeamtenR Bund/*Thomsen* BeamtStG § 12 Rn. 7, 12; *Battis* BBG § 14 Rn. 4.
[38] Vgl. BGH 13.12.1993 – NotZ 40/92, DNotZ 1995, 156. Nach BVerwG 12.9.1963 – II C 195.61, NJW 1964, 120 kommt es auf die Unterscheidung zwischen wesentlichen und für die Entscheidung der Ernennungsbehörde unwesentlichen Ursachen nicht an, da jede Ursache gleichwertig ist.
[39] → Rn. 21 ff.
[40] BeckOK BeamtenR Bund/*Thomsen* BeamtStG § 12 Rn. 18.1. Vgl. auch BGH 13.12.1993 – NotZ 40/92, DNotZ 1995, 156.
[41] Aus dieser gesetzlichen Formulierung wird gefolgert, dass auch wenn die Verurteilung noch nicht rechtskräftig ist oder dies erst nach der Aushändigung der Ernennungsurkunde wird oder sich das Strafverfahren sogar erst im Stadium des Ermittlungsverfahrens befindet, der Rücknahmegrund des § 12 Abs. 1 Nr. 2 BeamtStG dennoch greife, vgl. BeckOK BeamtenR Bund/*Thomsen* BeamtStG § 12 Rn. 18.
[42] BVerwG 31.1.1980 – 2 C 50/78, NJW 1980, 1864; BeckOK BeamtenR Bund/*Thomsen* BeamtStG § 12 Rn. 21.

dass die Behörde bei Kenntnis von der Verurteilung die Ernennung nicht ausgesprochen hätte.[43] Für die Beurteilung der Unkenntnis bzw. Kenntnis ist auf den Wissensstand des für die Ernennung nach der Rechtsordnung und dem Behördenaufbau maßgebenden willensbildenden Bediensteten der Behörde abzustellen.

23 Der **Maßstab** für die Unwürdigkeit für das Amt des Notars ist den gesetzlichen Wertungen zu entnehmen.[44] Da die Verurteilung eines bereits bestellten Notars zu einer Freiheitsstrafe wegen einer **vorsätzlichen** Tat von mindestens **einem Jahr** gem. § 49 iVm § 24 Abs. 1 Nr. 1 BeamtStG zu einem Verlust seines Amtes kraft Gesetzes führt, ist der vor seiner Bestellung entsprechend verurteilte Notar stets als für das Amt des Notars unwürdig anzusehen und seines Amtes gem. § 50 Abs. 1 Nr. 2 iVm § 12 Abs. 1 Nr. 2 BeamtStG zu entheben.[45] Bei Verurteilungen **unterhalb dieser Schwelle** ist der der Tat zugrundeliegende gesetzliche Strafrahmen sowie ihr Bezug zur Ausübung des Notaramtes maßgeblich, wobei sich der Notar gem. § 14 Abs. 3 S. 1 auch außerhalb seines Amtes würdig zu zeigen hat.[46] Unwürdigkeit liegt insbesondere dann vor, wenn die abgeurteilten Taten erkennen lassen, dass die persönlichkeitsbezogenen Anforderungen nicht gegeben waren. In diesem Sinne unwürdig ist ein Notar, der als Rechtsanwalt Mandanten zum Betrug angestiftet und deswegen rechtskräftig verurteilt worden ist. Sein Verhalten offenbart einen gravierenden Mangel an persönlicher Integrität, Zuverlässigkeit und Verantwortungsbewusstsein, mithin an Eigenschaften, die für das Notaramt unabdingbar sind.

24 **c) Fehlende Staatsangehörigkeit (Nr. 3).** Gemäß § 7 Abs. 2 und Abs. 3 BeamtStG darf nur ein Deutscher iSd § 116 GG zum Beamten ernannt werden, wenn es die Aufgaben dieses Beamten erfordern und keine Ausnahmen zugelassen worden sind. Gemäß § 12 Abs. 1 Nr. 3 BeamtStG ist die Ernennung des Beamten zurückzunehmen, wenn diese Voraussetzungen im Zeitpunkt der Ernennung nicht gegeben waren. Vor dem Hintergrund der Streichung des Staatsangehörigkeitsvorbehaltes aus § 5 kann diese Vorschrift im Rahmen des § 50 Abs. 1 Nr. 2 **keine Anwendung** finden.[47]

25 **d) Fehlende Anhörung der Notarkammer (Nr. 4).** Gemäß § 50 Abs. 1 Nr. 2 iVm § 12 Abs. 1 Nr. 4 BeamtStG ist der Notar seines Amtes zu entheben, wenn eine durch Landesrecht vorgeschriebene **Mitwirkung** einer unabhängigen Stelle oder einer Aufsichtsbehörde unterblieben ist und nicht nachgeholt wurde.

26 Gemäß § 12 S. 1 werden Notare von der Landesjustizverwaltung nach Anhörung der **Notarkammer** bestellt. Diese bundesgesetzliche vorgeschriebene Anhörung der jeweiligen Notarkammer als gem. § 65 ff. unabhängige Stelle findet sich auch im jeweiligen Landesrecht wieder (vgl. etwa § 12 S. 1 AVNot NRW). Wurde die Notarkammer vor der Bestellung eines Notars – der durch die Bestellung zugleich gem. § 65 Abs. 1 S. 1 zum Pflichtmitglied dieser Notarkammer wird – nicht angehört, so hat ihn die Landesjustizverwaltung gem. § 50 Abs. 1 Nr. 2 iVm § 12 Abs. 1 Nr. 4 BeamtStG durch **Verwaltungsakt** seines Amtes wieder zu entheben. Erforderlich und ausreichend ist die Anhörung der Notarkammer; unerheblich ist, ob sie der Bestellung des Notars widersprochen oder ihr zugestimmt hat. Da die Möglichkeit einer Nachholung der Anhörung der Notarkammer weder in § 12 S. 1 noch im Landesrecht vorgesehen ist, kann sie nicht nachgeholt werden.[48]

---

[43] BVerwG 31.1.1980 – 2 C 50/78, NJW 1980, 1864.
[44] Vgl. BeckOK BeamtenR Bund/*Thomsen* BeamtStG § 12 Rn. 22.
[45] So auch für den Beamten BeckOK BeamtenR Bund/*Thomsen* BeamtStG § 12 Rn. 22; aA hingegen *Reich* BeamtStG § 11 Rn. 4.
[46] Insoweit kann auch die Rechtsprechung des Bundesverwaltungsgerichts zur Disziplinarwürdigkeit außerdienstlichen Fehlverhaltens eines Beamten zurückgegriffen werden, vgl. hierzu BeckOK BeamtenR Bund/*Thomsen* BeamtStG § 12 Rn. 22.1 bis 22.6.
[47] Ebenso Diehn/*Fahl* BNotO § 50 Rn. 8; → Rn. 5; vgl. ebenso zur Nichtanwendbarkeit des § 11 Abs. 1 Nr. 3a, Abs. 2 Nr. 3 BeamtStG aus diesem Grunde → Rn. 16.
[48] Vgl. ebenso BeckOK BeamtenR Bund/*Thomsen* BeamtStG § 12 Rn. 24, wonach der Mangel der unterbliebenen Mitwirkung nur dann durch Nachholung geheilt werden kann, wenn eine Nachholung im Landesrecht vorgesehen ist.

3. Frist. Eine Frist für die Rücknahme der Ernennung ist im BeamtStG nicht geregelt. 27
Die von den Ländern getroffenen Regelungen entsprechen im Wesentlichen dem § 14
Abs. 3 S. 1 BBG (vgl. etwa § 18 Abs. 2 S. 1 LBG NRW). Danach muss die Rücknahme
innerhalb einer Frist von **sechs Monaten** erfolgen, nachdem die oberste Dienstbehörde
von der Ernennung und dem Grund der Rücknahme Kenntnis erlangt hat. Es handelt sich
um eine **Ausschlussfrist,** die im Interesse der Rechtssicherheit zur Vermeidung eines
längeren Schwebezustands angeordnet worden ist.[49]

Auch wenn die Amtsenthebung – anders als die Rücknahme der Ernennung eines 28
Beamten, die zur rückwirkenden Beseitigung der Ernennung führt[50] – die Amtsbefugnisse
des Notars erst *ex nunc* zum Erlöschen bringt, sind die Gründe für die Anordnung einer
Ausschlussfrist auch im Amtsenthebungsverfahren nach § 50 Abs. 1 Nr. 2 von gleicher
Bedeutung. Vor diesem Hintergrund und unter Berücksichtigung des Umstandes, dass § 50
Abs. 1 Nr. 2 ausdrücklich auf die landesrechtlichen Voraussetzungen für die Nichtigkeit
oder die Rücknahme der Ernennung eines Landesjustizbeamten verweist, finden die § 14
Abs. 3 BBG entsprechenden landesrechtlichen Ausschlussfristen für die Amtsenthebung des
Notars **entsprechende Anwendung.**[51] Diese jeweiligen landesrechtlichen Ausschlussfristen gelten hierbei unabhängig davon, ob eine Amtsenthebung auf § 50 Abs. 1 Nr. 2 iVm
§ 12 BeamtStG (Nichtigkeit) oder aber iVm § 11 BeamtStG (Rücknahme) beruht.

III. Nr. 3

Gemäß § 50 Abs. 1 Nr. 3 hat die Landesjustizverwaltung den Notar durch Verwaltungs- 29
akt seines Amtes zu entheben, wenn er sich weigert, den in § 13 vorgeschriebenen **Amtseid** zu leisten. Diese Vorschrift ist seit Inkrafttreten der nicht verändert worden und war
inhaltsgleich bereits in der RNotO enthalten.[52] Gleichwohl unterlag die seit jeher in Bezug
genommene Eidesformel, die in der Fassung der RNotO vom nationalsozialistischen Geist
geprägt war,[53] einer mehrfachen Änderung.[54]

Entsprechend dem Beamten- und Richterrecht sieht § 13 Abs. 1 S. 1 eine Eidesleistung 30
nach Aushändigung der Bestallungsurkunde und folglich nach dem Wirksamwerden der
Bestellung zum Notar vor.[55] Wie im Beamten- und Richterrecht wird der der Bestallung
nachfolgenden Eidesleistung gem. § 50 Abs. 1 Nr. 3 allerdings ein so **hoher Stellenwert**
beigemessen, dass der Notar im Falle der Verweigerung der Eidesleistung unmittelbar nach
Aushändigung der Bestallungsurkunde seines Amtes durch Verwaltungsakt wieder zu entheben ist.[56]

IV. Nr. 4

Gemäß § 50 Abs. 1 Nr. 4 hat die Landesjustizverwaltung den Notar durch Verwaltungs- 31
akt seines Amtes zu entheben, wenn er im Zeitpunkt der Entschließung über die Amtsenthebung **ohne Genehmigung** der zuständigen Behörde entweder ein **besoldetes
Amtes** gem. § 8 Abs. 1 (→ Rn. 32 ff.) oder eine **genehmigungsbedürftige Nebentätigkeit** gem. § 8 Abs. 3, Abs. 4 (→ Rn. 35 ff.) ausübt. Übt der Notar einen weiteren

---

[49] Vgl. *Battis* BBG § 14 Rn. 17; BeckOK BeamtenR Bund/*Thomsen* BBG § 14 Rn. 28.
[50] BeckOK BeamtenR Bund/*Thomsen* BBG § 14 Rn. 31 f.; *Battis* BBG§ 14 Rn. 2.
[51] So auch Schippel/Bracker/*Püls* BNotO § 50 Rn. 7 und Diehn/*Fahl* BNotO § 50 Rn. 9.
[52] § 38 Abs. 1 Nr. 3 RNotO, abgedruckt in: Schubert (Hrsg.), Materialien zur Vereinheitlichung des
Notarrechts, 2004, S. 392.
[53] Vgl. § 14 Abs. 1 RNotO, abgedruckt in: Schubert (Hrsg.), Materialien zur Vereinheitlichung des
Notarrechts, 2004, S. 384. Zur Nichtanwendbarkeit dieser Eidesformel „nach Änderung der staatsrechtlichen
Verhältnisse" vgl. BT-Drs. 3/219, 22.
[54] Seit dem 8.9.1998 kann eine Notarin bei Leistung der Eidesformel an Stelle der Wörter „eines Notars"
die Wörter „einer Notarin" sprechen, vgl. zur Einfügung von § 13 Abs. 1 S. 2 BT-Drs. 13/4184, 23.
[55] Vgl. § 38 Abs. 1 BeamtStG (Diensteid eines Beamten) und § 38 Abs. 1 DRiG (Diensteid eines
Richters); vgl. hierzu auch → § 13 Rn. 3.
[56] Vgl. § 23 Abs. 1 Nr. 1 BeamtStG (Entlassung des Beamten wegen Verweigerung des Diensteides) und
§ 21 Abs. 2 Nr. 1 DRiG (Entlassung des Richters wegen Verweigerung des Richtereides); → § 13 Rn. 3.

Beruf gem. § 8 Abs. 2 aus, kommt eine Amtsenthebung gem. § 50 Abs. 1 Nr. 5 in Betracht.[57]

32   **1. § 8 Abs. 1 BNotO.** Zur Wahrung seiner Unabhängigkeit und Unparteilichkeit darf der Notar gem. § 8 Abs. 1 S. 1 nicht zugleich Inhaber eines **besoldeten öffentlichen Amtes** (insbes. Richter, Beamter, Hochschullehrer) sein. Sofern ein staatliches Interesse an der Übernahme dieses öffentlichen Amtes durch den Notar besteht und ihm nicht zugemutet werden kann, auf sein Notaramt zu verzichten, kommt gem. § 8 Abs. 1 S. 2 die Erteilung eines Dispenses unter der gesetzlichen Auflage der Enthaltung von der persönlichen Ausübung seines Notaramtes in Betracht.[58]

33   Diese Amtspflicht hatte für den Gesetzgeber bei Schaffung der BNotO einen so **hohen Stellenwert,** dass er durch § 50 Abs. 1 Nr. 4 die Landesjustizverwaltung dazu verpflichtete, den Notar bei einem Verstoß gegen § 8 Abs. 1 seines Amtes zu entheben:

> „Neu eingefügt ist Absatz 1 Nr. 4. Er entspricht einem praktischen Bedürfnis. Es hat sich gezeigt, daß gelegentlich Notare im Widerspruch zu § 9 Abs. 1 RNotO ein besoldetes Amt übernehmen, ohne ihr Notaramt niederzulegen oder ohne die nach § 9 Abs. 1 Halbsatz 2 erforderliche Genehmigung zu beantragen. In solchen Fällen besteht zwar schon nach geltendem Recht die Möglichkeit, im Disziplinarwege gegen den Notar vorzugehen. Doch es erscheint angebracht, ohne Rücksicht auf den Ausgang eines Disziplinarverfahrens dem Notar die Möglichkeit zu nehmen, sein Amt weiter auszuüben und daraus Gebühren zu ziehen."[59]

34   **Voraussetzung** für die Amtsenthebung gem. § 50 Abs. 1 Nr. 4 ist **erstens,** dass der Notar Inhaber eines besoldeten Amtes iSd § 8 Abs. 1 S. 1 ist. **Zweitens** setzt eine Amtsenthebung voraus, dass ein Dispens gem. § 8 Abs. 1 S. 2 nicht erteilt wurde; unerheblich ist hierbei, ob der Notar diesen Dispens von vorneherein nicht beantragt hat oder ob auf seinen Antrag hin die Erteilung eines Dispenses abgelehnt wurde. **Dritte** Voraussetzung ist schließlich, dass sowohl die erste als auch die zweite Voraussetzung im „Zeitpunkt der Entschließung der Landesjustizverwaltung über die Amtsenthebung" vorliegen. „Dadurch, dass auf den Zeitpunkt der Entschließung über die Amtsenthebung abgestellt wird, bleibt der Landesjustizverwaltung die Möglichkeit, von der Amtsenthebung abzusehen, wenn der Notar den Antrag auf Ausnahmegenehmigung noch rechtzeitig stellt und die Landesjustizverwaltung diesen Antrag noch, bevor sie den Notar seines Amtes enthoben hat, genehmigt."[60] Auf Grundlage dieser Gesetzesbegründung wird mit dem „Zeitpunkt der Entschließung" auf den Tag Bezug genommen, in dem der Verwaltungsakt den Machtbereich der Behörde willentlich verlassen hat, mithin regelmäßig auf den Tag der Absendung.

35   **2. § 8 Abs. 3 und Abs. 4 BNotO.** Zur Wahrung seiner Unabhängigkeit und Unparteilichkeit darf der Notar gem. § 8 Abs. 3 eine **Nebenbeschäftigung gegen Vergütung** (Nr. 1) sowie eine Tätigkeit als **Organ eines wirtschaftlichen Unternehmens** auch ohne Vergütung (Nr. 2) nur mit Genehmigung seiner Aufsichtsbehörde ausüben, wobei die in § 8 Abs. 4 aufgeführten Tätigkeiten von einer Genehmigungspflicht ausdrücklich ausgenommen sind.

36   Durch das Dritte Gesetz zur Änderung der Bundesnotarordnung wurde mit Wirkung zum 8.9.1998 auch der Verstoß gegen die Amtspflicht zur Einholung einer Nebentätigkeitsgenehmigung in den Katalog der zwingenden Amtsenthebungsgründe mit aufgenommen. Die Gesetzesbegründung erinnert an jene zur Aufnahme der aus § 8 Abs. 1 folgenden Amtspflicht in den Katalog der zwingenden Amtsenthebungsgründe bei Schaffung der BNotO:[61]

---

[57] → Rn. 41 ff.
[58] → § 8 Rn. 7 ff.
[59] BT-Drs. 3/219, 25.
[60] BT-Drs. 3/219, 25. Darüber hinaus soll nach der Gesetzesbegründung, ebenda, „auch bei einer richterlichen Nachprüfung der Amtsenthebung [...] für die Prüfung der Rechtmäßigkeit der Zeitpunkt der Entschließung maßgebend sein."
[61] → Rn. 33.

„Die Neufassung von Absatz 1 Nr. 4 sieht vor, daß der Notar seines Amtes zu entheben ist, wenn er ... entgegen § 8 Abs. 2 [aF, heute § 8 Abs. 3] eine genehmigungspflichtige Tätigkeit übernimmt. Zwar besteht in solchen Fällen die Möglichkeit, mit den Mitteln der Dienstaufsicht (§§ 93, 94) und des Disziplinarverfahrens (§§ 95 ff.) gegen den Notar vorzugehen. Angesichts der in § 9 eröffneten neuen Möglichkeiten, eine berufliche Zusammenarbeit auch mit Angehörigen anderer Berufe einzugehen, soll der Notar zu besonderer Beachtung der Genehmigungspflichtigkeit einer Nebenbeschäftigung gemäß § 8 Abs. 2 [aF, heute § 8 Abs. 3] angehalten und der staatlichen Organisationsgewalt eine geeignete Sanktion an die Hand gegeben werden."[62]

Maßgeblicher Grund für die gesetzgeberische **Aufwertung** der Amtspflicht zur Einholung einer Genehmigung für Nebentätigkeiten gem. § 8 Abs. 3 war demnach die mit demselben Gesetz eröffneten „Möglichkeiten und Grenzen für die berufliche Verbindung von Anwaltsnotaren" mit den in § 9 Abs. 2 genannten Berufsgruppen.[63]

Voraussetzung für eine Amtsenthebung gem. § 50 Abs. 1 Nr. 4 ist **erstens**, dass der Notar eine Nebentätigkeit iSd § 8 Abs. 3 Nr. 1 oder Nr. 2 ausübt, die nicht gem. § 8 Abs. 4 von der Genehmigungspflicht ausgenommen ist. **Zweitens** setzt eine Amtsenthebung voraus, dass diese Nebentätigkeit von der Landesjustizverwaltung nicht genehmigt wurde, wobei unerheblich ist, ob der Notar eine Genehmigung von vornherein nicht beantragt hat oder ob auf seinen Antrag hin die Genehmigung gem. § 8 Abs. 3 S. 2 versagt wurde. **Dritte** Voraussetzung ist schließlich, dass sowohl die erste als auch die zweite Voraussetzung im „Zeitpunkt der Entschließung der Landesjustizverwaltung über die Amtsenthebung" vorliegen. „Indem auf den Zeitpunkt der Entschließung über die Amtsenthebung abgestellt wird, kann die Landesjustizverwaltung von der Amtsenthebung absehen, wenn der Notar die Genehmigung noch rechtzeitig beantragt und die Landesjustizverwaltung dem entspricht."[64] Auf Grundlage dieser Gesetzesbegründung wird mit dem „Zeitpunkt der Entschließung" auf den Tag Bezug genommen, in dem der Verwaltungsakt den Machtbereich der Behörde willentlich verlassen hat, mithin regelmäßig auf den Tag der Absendung. 37

V. Nr. 5

Gemäß § 50 Abs. 1 Nr. 5 hat die Landesjustizverwaltung den Notar durch Verwaltungsakt seines Amtes zu entheben, wenn er entgegen dem grundsätzlichen Verbot aus § 8 Abs. 2 eine **weitere berufliche Tätigkeit** ausübt (→ Rn. 41 ff.) oder wenn er sich entgegen den Bestimmungen aus § 9 Abs. 1 und Abs. 2 mit anderen Personen zur **gemeinsamen Berufsausübung** verbindet oder mit ihnen gemeinsame Geschäftsräume hat (→ Rn. 44 ff.). 38

1. Hintergrund. § 50 Abs. 1 Nr. 5 ist durch das Dritte Gesetz zur Änderung der Bundesnotarordnung mit Wirkung zum 8.9.1998 eingefügt worden. Mit demselben Gesetz wurde dem Anwaltsnotar die Möglichkeit eingeräumt, zum einen weitere Berufe auszuüben (§ 8 Abs. 2) und zum anderen sich mit Personen anderer Berufe zu soziieren (§ 9 Abs. 2). Um „die Einhaltung der ... erweiterten Bestimmungen über die Ausübung weiterer Berufe und die Möglichkeiten zur beruflichen Verbindung" sicherzustellen, hat der Gesetzgeber einen Verstoß gegen diese neuen Bestimmungen in den Katalog der zwingenden Amtsenthebungsgründe aufgenommen.[65] „Der Notar, der einen weiteren Beruf ausüben oder sich mit anderen Personen beruflich verbinden möchte, wird durch die drohende Amtsenthebung nachdrücklich angehalten, die Vorschriften des § 8 Abs. 2 und des § 9 Abs. 1 und Abs. 2 zu beachten, die die zulässigen weiteren Berufe bzw. Berufsangehörigen abschließend aufführen."[66] 39

---

[62] BT-Drs. 13/4184, 29.
[63] BT-Drs. 13/4184, 22; → Rn. 39 ff.
[64] BT-Drs. 13/4184, 29.
[65] BT-Drs. 13/4184, 29.
[66] BT-Drs. 13/4184, 29.

40 Bemerkenswert ist, dass der Gesetzentwurf der Bundesregierung zu den §§ 8 Abs. 2, 9 Abs. 2 ursprünglich wesentlich engere Möglichkeiten einer interprofessionellen Zusammenarbeit eines Anwaltsnotars mit weiteren Berufsgruppen vorsah,[67] die erst auf Vorschlag des Rechtsausschusses des Bundestages erweitert und in der heute gültigen Fassung Gesetz wurde.[68] Trotz der zu §§ 8 Abs. 2, 9 Abs. 2 im Gesetzgebungsverfahren vorgenommenen Änderungen, die zu einer wesentlichen Lockerung der daraus folgenden Amtspflichten und demgemäß auch zu einem geringeren Bedürfnis der Sicherstellung der Einhaltung dieser Amtspflichten geführt hat,[69] ist § 50 Abs. 1 Nr. 4 in der Entwurfsfassung der Bundesregierung unverändert Gesetz geworden.

41 2. **§ 8 Abs. 2 BNotO.** Gemäß § 8 Abs. 2 S. 1 Hs. 1 darf der **hauptberufliche Notar** (§ 3 Abs. 1) keinen weiteren Beruf ausüben. Gemäß § 8 Abs. 2 S. 1 Hs. 2 und S. 2 darf der **Anwaltsnotar** (§ 3 Abs. 2) neben dem Notaramt den Beruf des Rechtsanwaltes, Patentanwalts, Steuerberaters, Wirtschaftsprüfers und vereidigten Buchprüfers ausüben.

42 Übt der **hauptberufliche Notar** einen weiteren Beruf aus, so hat ihn die Landesjustizverwaltung gem. § 50 Abs. 1 Nr. 5 durch Verwaltungsakt seines Amtes zu entheben. Übt der **Anwaltsnotar** einen anderen weiteren Beruf als den Beruf des Rechtsanwaltes, Patentanwalts, Steuerberaters, Wirtschaftsprüfers oder vereidigten Buchprüfers aus, hat ihn die Landesjustizverwaltung gem. § 50 Abs. 1 Nr. 5 durch Verwaltungsakt seines Amtes zu entheben.

43 Kriterien für die **Abgrenzung,** ob der Notar einen nicht genehmigungsfähigen **weiteren Beruf** iSd § 8 Abs. 2 S. 1 Hs. 1 oder eine grundsätzlich genehmigungsfähige **Nebentätigkeit** iSd § 8 Abs. 3 S. 1 ausübt, sind der **Umfang** und die **Dauer** der in Frage stehenden weiteren Tätigkeit.[70] Rechtsberatende Tätigkeiten der vorsorgenden Rechtspflege sind gem. §§ 1, 24 Abs. 1 stets als Ausübung der notariellen Amtstätigkeit selbst und mithin weder als weitere berufliche Tätigkeit noch als Nebentätigkeit zu qualifizieren.[71]

44 3. **§ 9 Abs. 1 und Abs. 2 BNotO.** Gemäß § 9 Abs. 1 S. 1 dürfen sich **hauptberufliche Notare** nur mit am selben Amtssitz bestellten Notaren verbinden oder mit ihnen gemeinsame Geschäftsräume haben. Gemäß § 9 Abs. 1 S. 2 werden die Landesregierungen ermächtigt, darüber hinaus einen Genehmigungsvorbehalt, eine Höchstzahl sowie weitere Voraussetzungen für die Verbindung zur gemeinsamen Berufsausübung und für gemeinsame Geschäftsräume durch Rechtsverordnung vorzusehen.[72] Verstößt ein Notar gegen diese bundes- oder landesrechtlichen Bestimmungen, ist er von der Landesjustizverwaltung durch Verwaltungsakt gem. § 50 Abs. 1 Nr. 5 seines Amtes zu entheben.

45 Gemäß § 9 Abs. 2 dürfen sich **Anwaltsnotare** miteinander, mit anderen Rechtsanwälten, Patentanwälten, Steuerberatern, Steuerbevollmächtigten, Wirtschaftsprüfern und vereidigten Buchprüfern zur gemeinsamen Berufsausübung verbinden oder mit ihnen gemein-

---

[67] Im Entwurf der Bundesregierung lautete § 8 Abs. 2 S. 2 und S. 3 noch: „Der Anwaltsnotar darf zugleich den Beruf des Patentanwalts oder des Steuerberaters ausüben. Dabei hat er sich auf Beratung und Vertretung in Rechtsangelegenheiten zu beschränken und sich insbesondere einer wirtschaftsprüfenden Tätigkeit zu enthalten." Im Entwurf der Bundesregierung lautete § 9 Abs. 2 noch: „Anwaltsnotare dürfen sich nur miteinander, mit anderen Mitgliedern einer Rechtsanwaltskammer, Patentanwälten, Steuerberatern und Steuerbevollmächtigten zur gemeinsamen Berufsausübung verbinden oder mit ihnen gemeinsame Geschäftsräume haben."; vgl. zu beiden Entwürfen BT-Drs. 13/4184, 5 f.
[68] Der Rechtsausschuss strich § 8 Abs. 2 S. 3 im Entwurf der Bundesregierung (vgl. die vorgehende Fn.) vollständig. Darüber hinaus fügte der Rechtsausschuss sowohl in § 8 Abs. 2 S. 2 als auch in § 9 Abs. 2 im Entwurf der Bundesregierung die Berufe des Wirtschaftsprüfers und vereidigten Buchprüfers hinzu, vgl. BT-Drs. 13/11034, 5 f. (Gesetzestext) und 38 (Begründung).
[69] Insbesondere § 8 Abs. 2 S. 3 im Entwurf der Bundesregierung, wonach der Anwaltsnotar sich bei Ausübung des Berufs des Patentanwaltes und des Steuerberaters auf Beratung und Vertretung in Rechtsangelegenheiten zu beschränken hatte, hätte eine Ausübung dieser Berufe faktisch ausgeschlossen.
[70] Vgl. auch Schippel/Bracker/*Schäfer* BNotO § 8 Rn. 15.
[71] Vgl. hierzu Schippel/Bracker/*Schäfer* BNotO § 8 Rn. 16 ff.
[72] Von dieser Ermächtigung hat beispielsweise Nordrhein-Westfalen durch die Verordnung über die gemeinsame Berufsausübung hauptberuflicher Notare umfassend Gebrauch gemacht.

same Geschäftsräume haben. Weitere Voraussetzungen bestehen nicht und können mangels einer § 9 Abs. 2 S. 2 entsprechenden Ermächtigungsgrundlage auch nicht durch Landesrecht aufgestellt werden. Soziiert sich der Notar mit einer Person, die nicht zu einer der vorgenannten Berufsgruppe gehört, oder unterhält er mit diesen gemeinsame Geschäftsräume, so hat ihn die Landesjustizverwaltung gem. § 50 Abs. 1 Nr. 5 durch Verwaltungsakt seines Amtes zu entheben.

Ergänzend ist an dieser Stelle darauf hinzuweisen, dass der Gesetzgeber **bewusst darauf** **46** **verzichtet** hat, auch einen Verstoß gegen die in § 9 Abs. 3 enthaltenen Amtspflichten in den Katalog der zwingenden Amtsenthebungsgründe aufzunehmen:

> *„Nicht gelten soll diese Verfahrensweise bei Verstößen gegen den in § 9 Abs. 3 aufgestellten Grundsatz, daß durch die berufliche Verbindung die persönliche und eigenverantwortliche Amtsführung und Unabhängigkeit des Notars weder rechtlich noch wirtschaftlich beeinträchtigt werden darf. Da die Beurteilung dieser Kriterien entscheidend von der Ausgestaltung des jeweiligen Einzelfalles abhängig ist, soll es insoweit bei den Mitteln des Disziplinarverfahrens bleiben."*[73]

VI. Nr. 6

Gemäß § 50 Abs. 1 Nr. 6 hat die Landesjustizverwaltung den Notar durch Verwaltungs- **47** akt seines Amtes zu entheben, wenn er in **Vermögensverfall** geraten ist.

1. Hintergrund. Die Tätigkeit des Notars berührt in aller Regel die Vermögensinteres- **48** sen seiner Klienten. Diese müssen daher vor Gefahren geschützt werden, die in der wirtschaftlichen Lage eines Notars begründet sind.[74] Der **Gefahrenabwehr** diente ursprünglich die gesetzliche Anordnung einer zwingenden Amtsenthebung nach einer gerichtlich angeordneten Verfügungsbeschränkung des Notars.[75] Nach der ursprünglichen Fassung des heutigen § 50 Abs. 1 Nr. 6,[76] die bereits wortgleich in der RNotO enthalten war,[77] musste der Notar seines Amtes enthoben werden, „wenn er durch gerichtliche Anordnung in der Verfügung über sein Vermögen beschränkt ist." Erfasst wurden hierdurch sämtliche Fälle eines **allgemeinen Verfügungsverbots** über das Vermögen eines Notars, insbesondere bei Anordnung eines Konkursverfahrens nach der bis zum 31.12.1998 geltenden Konkursordnung.[78]

Durch das Einführungsgesetz zur Insolvenzordnung (EGInsO) wurde das Insolvenzrecht **49** mit Wirkung zum 1.1.1999 neu geregelt. Der Beschluss zur Eröffnung des Insolvenzverfahrens über das Vermögen eines Notars gem. § 27 Abs. 1 InsO führt nicht zwingend zu einem Übergang der Verfügungsbefugnis auf den Insolvenzverwalter gem. § 80 Abs. 1 InsO. Vielmehr kann das Gericht im Eröffnungsbeschluss gem. § 270 Abs. 1 S. 1 InsO auch die Eigenverwaltung des Vermögens durch den Notar anordnen.[79] Eine gerichtlich angeordnete Verfügungsbeschränkung wurde vom Gesetzgeber folglich nicht mehr als

---

[73] BT-Drs. 13/4184, 29.
[74] So BVerfG 31.8.2005 – 1 BvR 912/04, DNotZ 2007, 548 zur Begründung der Verfassungsmäßigkeit von § 50 Abs. 1 Nr. 6.
[75] Hierzu instruktiv bereits *Seybold/Hornig* RNotO § 38 Ziff. 4 (S. 194 f.): „Der Grund liegt darin, daß der Notar häufig durch sein Amt als Verwalter fremden Vermögens tätig zu werden hat, und die Erfüllung dieser Aufgabe ohne Gefahr für die rechtsuchende Bevölkerung bei gerichtlich angeordneter Verfügungsbeschränkung über das Vermögen des Notars nicht denkbar ist."
[76] § 50 Abs. 1 Nr. 5 aF wurde mit Wirkung zum 8.9.1998 (Drittes Gesetz zur Änderung der Bundesnotarordnung) aufgrund der Einfügung des heutigen § 50 Abs. 1 Nr. 5 (→ Rn. 39) in § 50 Abs. 1 Nr. 6 übertragen.
[77] § 38 Abs. 1 Nr. 5 RNotO.
[78] BT-Drs. 12/3803, 66: „Daneben erfaßt sie die Fälle der Entmündigung und der vorläufigen Vormundschaft nach § 1906 BGB des bisherigen Vormundschaftsrechts und der Anordnung eines Einwilligungsvorbehalts nach § 1903 BGB in der Fassung des neuen Betreuungsgesetzes sowie wohl auch der Beschlagnahme des Vermögens gemäß der §§ 290, 443 StPO."
[79] Zur Einführung dieses Insolvenzverfahrens in Eigenverantwortung des Schuldners vgl. MüKoInsO/*Tetzlaff* InsO Vorb. §§ 270–285 Rn. 3 ff. Ein Verbraucherinsolvenzverfahren gem. § 304 ff. InsO, für das ein

geeigneter Anknüpfungspunkt für eine zwingende Amtsenthebung des Notars angesehen.[80] Statt dessen wird nunmehr für eine zwingende Amtsenthebung gem. § 50 Abs. 1 Nr. 6 allgemein an den **Vermögensverfall** des Notars angeknüpft.

"Schon der Vermögensverfall als solcher ist geeignet, das besondere Vertrauen, das in die Person des Notars gesetzt wird, zu erschüttern. Die Eröffnung eines Insolvenzverfahrens soll ebenso wie die Eintragung im Schuldnerverzeichnis die Vermutung begründen, daß ein solcher Vermögensverfall eingetreten ist; auch ein Vermögensverfall, der noch nicht zu einem dieser Ereignisse geführt hat, soll jedoch die Amtsenthebung rechtfertigen."[81]

50 **2. Vermögensverfall.** Ein Vermögensverfall des Notars iSd § 50 Abs. 1 Nr. 6 setzt sich nach höchstrichterlicher Rechtsprechung aus **zwei Tatbestandsmerkmalen** zusammen: **Erstens** muss sich der Notar in ungeordneten schlechten finanziellen Verhältnissen befinden, die sich in absehbarer Zeit nicht beheben lassen. **Zweitens** muss der Notar nicht mehr in der Lage sein, seinen laufenden Verpflichtungen nachzukommen.[82] Auf ein **Verschulden** des Notars kommt es nicht an.[83]

51 Stellt die Landesjustizverwaltung das Vorliegen dieser beiden Tatbestandsmerkmale fest, hat sie den Notar durch Verwaltungsakt seines Amtes zu entheben. Es bedarf nach höchstrichterlicher Rechtsprechung darüber hinaus nicht der Feststellung, dass die **Interessen der Rechtsuchenden** gefährdet sind.[84] Bei § 50 Abs. 1 Nr. 6 handele es sich nämlich um einen insolvenzähnlichen Tatbestand, der die Gefährdung der Interessen der Rechtsuchenden in sich schließe.[85] Hierin liegt der Unterschied zum Amtsenthebungsgrund gem. § 50 Abs. 1 Nr. 8 Alt. 1, der nach der Rechtsprechung zwar ein mit § 50 Abs. 1 Nr. 6 identisches erstes Tatbestandsmerkmal aufweist (ungeordnete schlechte finanzielle Verhältnisse, die sich in absehbarer Zeit nicht beheben lassen),[86] jedoch als zweites Tatbestandsmerkmal eine dadurch begründete Gefährdung der Interessen der Rechtsuchenden voraussetzt.[87]

52 Ungeordnete schlechte finanzielle Verhältnisse, die sich in absehbarer Zeit nicht beheben lassen **(erstes Tatbestandsmerkmal)**, sind regelmäßig dann anzunehmen, wenn gegen den Notar „Zahlungsansprüche in erheblicher Größenordnung bestehen oder gerichtlich geltend gemacht werden, Pfändungs- und Überweisungsbeschlüsse gegen ihn erlassen, fruchtlose Pfändungsversuche unternommen, Verfahren zur Abgabe der eidesstattlichen Versicherung gemäß § 807 ZPO eingeleitet oder Haftbefehle zur Erzwingung dieser Versicherung gegen ihn erlassen worden sind."[88]

Insolvenzverfahren in Eigenverantwortung gem. § 270 Abs. 1 S. 3 InsO ausgeschlossen ist, kommt für einen Notar in der Regel nicht in Betracht, vgl. hierzu MüKoInsO/*Ott/Vuia* InsO § 304 Rn. 59 ff.
[80] Vgl. BT-Drs. 12/3803, 66 und auch MüKoInsO/*Ott/Vuia* InsO § 80 Rn. 2, 11, 14.
[81] BT-Drs. 12/3803, 66.
[82] So zuletzt BGH 13.3.2017 – NotZ (Brfg) 4/16, DNotZ 2017, 867 Rn. 25; 23.7.2007 – NotZ 5/07, BeckRS 2007, 13868 und 20.11.2006 –NotZ 26/06, DNotZ 2007, 552. BVerfG 31.8.2005 – 1 BvR 912/04, DNotZ 2007, 548 hat die Übernahme dieser „Begriffsbestimmung des Anwaltssenats zur Parallelvorschrift des § 14 Abs. 2 Nr. 7" BRAO als verfassungsrechtlich nicht zu beanstanden qualifiziert. Vgl. zuvor ferner ebenso BGH 22.3.2004 – NotZ 23/03, DZWIR 2004, 514; 3.11.2003 – NotZ 15/03, DNotZ 2004, 882; vgl. hierzu auch Schippel/Bracker/*Püls* BNotO § 50 Rn. 21.
[83] BGH 13.3.2017 – NotZ (Brfg) 4/16, DNotZ 2017, 867 Rn. 25; 26.11.2012 – NotZ (Brfg) 10/12, BeckRS 2012, 25506; 26.10.2009 – NotZ 8/09, BeckRS 2009, 86148; OLG Frankfurt a. M. 5.6.2008 – 2 Not 2/08, BeckRS 2009, 86010; Schippel/Bracker/*Püls* BNotO § 50 Rn. 28.
[84] Anders die anwaltsrechtliche Parallelvorschrift gem. § 14 Abs. 2 Nr. 7 BRAO, wonach die Zulassung zur Rechtsanwaltschaft bei Vermögensverfall des Rechtsanwalts zu widerrufen ist, „es sei denn, daß dadurch die Interessen der Rechtsuchenden nicht gefährdet sind."
[85] BGH 23.7.2007 – NotZ 5/07, BeckRS 2007, 13868; 20.11.2006 – NotZ 26/06, DNotZ 2007, 552; 22.3.2004 – NotZ 23/03, DZWIR 2004, 514.
[86] So ausdrücklich BGH 20.11.2006 – NotZ 26/06, DNotZ 2007, 552.
[87] → Rn. 89 ff., 95 ff.
[88] BGH 26.10.2009 – NotZ 14/08, BeckRS 2009, 29969; 17.11.2008 –NotZ 130/07, DNotZ 2009, 310; 20.3.2006 – NotZ 50/05, BeckRS 2006, 05079.

Ob der Notar darüber hinaus nicht mehr in der Lage ist, seinen laufenden Verpflichtungen nachzukommen **(zweites Tatbestandsmerkmal)**, erfordert regelmäßig eine Feststellung zu den laufenden Einnahmen und Ausgaben sowie den Vermögensverhältnissen des Notars.[89] Hierzu hat der Notarsenat festgestellt, der Notar habe, „da es sich bei der Amtsenthebung aus den genannten Gründen um sein Wirtschaften handelt, es vornehmlich in der Hand, die notwendige Aufklärung zu vermitteln … Behörde und Gericht haben unmittelbaren Zugang zu amtlichen und öffentlich dokumentierten Belegen des wirtschaftlichen Zerfalls (Zwangsvollstreckungsmaßnahmen, dienstrechtliche Maßnahmen, Strafverfahren). Unbeschadet der Möglichkeiten zur Aufsicht über die Amtsführung (§ 93) sind aber die Interna der Einkommens- und Vermögensverhältnisse des Notars nicht in gleicher Weise einsehbar und brauchen dies auch nicht zu sein. Hier setzen die Mitwirkungsmöglichkeiten und Obliegenheiten des Notars ein. Die Bereitschaft und Fähigkeit des Notars, die zur Beurteilung des Amtsenthebungsgrundes erforderlichen Tatsachen vollständig und zutreffend mitzuteilen, ist für die Beurteilung des öffentlichen Interesses an der Amtsenthebung mit entscheidend."[90]

In der Praxis veranlasst in der Regel eine bekannt gewordene **Zwangsmaßnahme**[91] gegen den Notar die Aufsichtsbehörde oder die Notarkammer dazu, über amtliche oder öffentliche Quellen weitere Aufklärung über die wirtschaftlichen Verhältnisse dieses Notars zu betreiben und den Notar um Stellungnahme zu der konkreten Zwangsmaßnahme sowie zu seiner allgemeinen wirtschaftlichen Situation (Einkommens- und Vermögensverhältnisse) zu ersuchen. Auf Grundlage dieses anlässlich einer konkreten Zwangsmaßnahme ermittelten Sachverhaltes stellt die Aufsichtsbehörde sodann fest, ob ungeordnete schlechte und in absehbarer Zeit nicht behebbare finanzielle Verhältnisse bestehen und ob der Notar nicht mehr zur Erfüllung seiner laufenden Verpflichtungen in der Lage ist. Die beiden Tatbestandsmerkmale eines Vermögensverfalls iSd § 50 Abs. 1 Nr. 6 können folglich in der Praxis regelmäßig nicht unabhängig voneinander festgestellt und geprüft werden, sondern stehen und fallen häufig miteinander.

3. Gesetzliche Vermutungen. Gemäß § 50 Abs. 1 Nr. 6 Hs. 2 Alt. 1 wird ein Vermögensverfall vermutet, wenn das Insolvenzgericht gem. § 27 Abs. 1 InsO die **Eröffnung des Insolvenzverfahrens** über das Vermögen des Notars beschließt. Der Eröffnungsbeschluss wird gem. §§ 30 Abs. 1, 9 Abs. 1 InsO öffentlich bekannt gemacht[92] und gem. § 30 Abs. 2 InsO den Gläubigern und Schuldnern des Notars zugestellt. Der zuständige Präsident des Landgerichts sowie die zuständige Notarkammer sind über den Eröffnungsbeschluss gem. Ziff. XXIII 2 (1) f) bb) iVm Ziff. XXIII 4 (5) 3 MiZi in Kenntnis zu setzen, um das Verwaltungsverfahren zur Amtsenthebung gem. § 50 Abs. 1 Nr. 6 unverzüglich veranlassen zu können.

Ferner wird ein Vermögensverfall gem. § 50 Abs. 1 Nr. 6 Hs. 2 Alt. 2 vermutet, wenn das Insolvenzgericht einen ansonsten zulässigen und begründeten[93] Antrag auf Eröffnung des Insolvenzverfahrens gem. § 26 Abs. 1 InsO mangels Masse abweist und gem. § 26 Abs. 2 InsO die **Eintragung des Notars in das Schuldnerverzeichnis** iSd § 882b

---

[89] So auch Schippel/Bracker/*Püls* BNotO § 50 Rn. 21.
[90] BGH 3.11.2003 – NotZ 15/03, DNotZ 2004, 882. So auch (im Rahmen von § 50 Abs. 1 Nr. 8) BGH 24.11.2014 – NotZ (Brfg) 9/14, DNotZ 2015, 233 Rn. 12 ff.
[91] Vgl. OLG Frankfurt a. M. 2.9.2010 – 1 Not 3/09, BeckRS 2011, 20335(Zwangsversteigerungsmaßnahme); 5.6.2008 – 2 Not 2/08, BeckRS 2009, 86010(Zwangsmaßnahmen zur Beitreibung von Versicherungsprämien, Kammerbeiträgen und Steuerschulden) und auch OLG Köln 12.4.2010 – 2 X (Not) 17/09, BeckRS 2010, 30108(Zwangsvollstreckungsmaßnahme), in dem der ehemalige Notar versucht hatte, über eine Verlegung seines Lebensmittelpunktes nach England und der Stellung eines Insolvenzantrages nach dortigem Recht innerhalb von einem Jahr Restschuldbefreiung zu erlangen, → Rn. 94.
[92] www.insolvenzbekanntmachungen.de.
[93] MüKoInsO/*Haarmeyer* InsO § 26 Rn. 32. Die Eintragung in das Schuldnerverzeichnis setzt daher insbesondere voraus, dass das Insolvenzgericht vom Vorliegen eines Eröffnungsgrundes gem. § 16 InsO (Zahlungsunfähigkeit des Notars iSd § 17 InsO, drohende Zahlungsunfähigkeit des Notars iSd § 18 InsO) überzeugt ist, vgl. MüKoInsO/*Schmahl/Vuia* InsO § 16 Rn. 34.

Abs. 1 Nr. 3 ZPO anordnet.[94] Die Einsichtnahme in das zur Warnung des Geschäftsverkehrs über kreditunwürdige Schuldner geführte Schuldnerverzeichnis ist jedermann gestattet, der einen der in § 882f ZPO genannten Gründe darlegt.[95] Der zuständige Präsident des Landgerichts sowie die zuständige Notarkammer sind über die Eintragung gem. Ziff. XXIII 2 (1) f) ee) iVm Ziff. XXIII 4 (5) 3 MiZi zu benachrichtigen, um das Verwaltungsverfahren zur Amtsenthebung gem. § 50 Abs. 1 Nr. 6 unverzüglich veranlassen zu können.

57 Die gesetzlichen Vermutungen kann der Notar **widerlegen**.[96] Er hat Tatsachen darzulegen, die entweder das erste oder zweite Tatbestandsmerkmal eines Vermögensverfalls entkräften. Unverzichtbare Voraussetzung hierfür ist, dass der Notar seine **Einkommens- und Vermögensverhältnisse umfassend darlegt,** insbesondere eine Aufstellung sämtlicher gegen ihn erhobenen Forderungen vorlegt und nachweist, dass diese inzwischen erfüllt sind, oder darlegt, wie sie in absehbarer Zeit erfüllt werden sollen.[97] Wurde über das Vermögen des Notars das Insolvenzverfahren eröffnet, hat er darüber hinaus darzulegen, dass im Rahmen des Insolvenzverfahrens die realistische Möglichkeit besteht, mit Zustimmung seiner Gläubiger über ein **Insolvenzplanverfahren** zu einer umfassenden Regelung seiner Verbindlichkeiten mit Restschuldbefreiung zu gelangen.[98] Das Bundesverfassungsgericht hat der Landesjustizverwaltung hierzu den folgenden **Prüfungsmaßstab** aufgegeben: „Angesichts der ... schweren Folgen, zu denen die bei Vermögensverfall ohne Ermessensspielraum auszusprechende Amtsenthebung führt, gebietet die Berufswahlfreiheit des Notars aus Art. 12 Abs. 1 GG eine sorgfältige Prüfung, ob auf Grund der Umstände des Einzelfalles die Vermutung des Vermögensverfalles als widerlegt angesehen werden kann."[99]

58 Zum **Verhältnis von Amtsenthebungs- und Insolvenzverfahren** hat der Notarsenat ausdrücklich festgestellt, dass das berufsrechtliche Verwaltungsverfahren zur „Amtsenthebung eines Notars wegen Vermögensverfalls ... grundsätzlich in keinem Nachrangigkeitsverhältnis zum Insolvenzverfahren über das Vermögen des Notars" steht.[100] Die Landesjustizverwaltung ist folglich im Falle der Eröffnung eines Insolvenzverfahrens nicht dazu verpflichtet, vor dem Erlass des Verwaltungsaktes der Amtsenthebung dem betroffenen Notar über ein etwaiges **Insolvenzplanverfahren** die Gelegenheit zu geben, seine finanziellen Verhältnisse wieder zu ordnen. Das Insolvenzverfahren könne vielmehr „Wirkungen für das berufsrechtliche Verfahren erst dann zeitigen, wenn sein Ablauf die Annahme rechtfertigt, es werde über ein Insolvenzplanverfahren in überschaubarer Zeit eine Neuordnung der wirtschaftlichen Verhältnisse des Notars gelingen; denn erst dann ist die Vermutung des § 50 Abs. 1 Nr. 6 Hs. 2 entkräftet. Ein anderes Verständnis ist auch nicht aus verfassungsrechtlichen Gründen unter dem Aspekt der grundrechtlich geschützten Berufsfreiheit des Notars geboten."[101]

---

[94] Vgl. zur Eintragung gem. § 882b Abs. 1 Nr. 3 ZPO BeckOK ZPO/*Utermark/Fleck* ZPO § 882b Rn. 4.
[95] § 882h Abs. 1 S. 2 ZPO sieht eine zentrale und länderübergreifende Abfrage im Internet vor (www.vollstreckungsportal.de), wobei § 882h Abs. 3 S. 2 Nr. 4 ZPO festlegt, dass durch Rechtsverordnung sicherzustellen ist, dass Einträge nur von registrierten Nutzern nach Angabe des Verwendungszweckes abgerufen werden können.
[96] Vgl. BGH 18.9.2017 – AnwZ (Brfg) 33/17, BeckRS 2017, 127378 Rn. 5.
[97] BGH 23.7.2007 – NotZ 5/07, BeckRS 2007, 13868; 20.11.2006 – NotZ 26/06, DNotZ 2007, 552; BGH 22.3.2004 – NotZ 23/03, DZWIR 2004, 514; Schippel/Bracker/*Püls* BNotO § 50 Rn. 22.
[98] BGH 23.7.2007 – NotZ 5/07, BeckRS 2007, 13868; 20.11.2006 – NotZ 26/06, DNotZ 2007, 552.
[99] BVerfG 31.8.2005 – 1 BvR 912/04, DNotZ 2007, 548. Vgl. auch BGH 18.9.2017 – AnwZ (Brfg) 33/17, BeckRS 2017, 127378 Rn. 5.
[100] BGH 23.7.2007 – NotZ 5/07, BeckRS 2007, 13868; 20.11.2006 – NotZ 26/06, DNotZ 2007, 552; vgl. hierzu auch *Harders* DNotZ 2007, 552 (557).
[101] BGH 23.7.2007 – NotZ 5/07, BeckRS 2007, 13868; 20.11.2006 – NotZ 26/06, DNotZ 2007, 552. Der letzte Satz, der nur in der Entscheidung aus 2006 enthalten ist, zielt offensichtlich auf die kurz zuvor geäußerte Feststellung des Bundesverfassungsgericht in einem anderen Verfahren (BVerfG 31.8.2005 – 1 BvR 912/04, DNotZ 2007, 548), „dass eine Amtsenthebung, die auf Grund der Eröffnung des Insolvenzverfahrens ausgesprochen wird, einer bestmöglichen Gläubigerbefriedigung entgegensteht." Aus dieser Entscheidung

Vor diesem Hintergrund wird es für die Feststellung eines Vermögensverfalles des Notars **59**
im maßgeblichen Zeitpunkt[102] stets relevant sein, wenn die Gläubiger des Notars einem
Insolvenzplan bereits gem. §§ 235 ff. InsO zugestimmt haben und dieser gem. § 248 Abs. 1
InsO vom Insolvenzgericht bestätigt wurde.[103] Denn mit Rechtskraft der **gerichtlichen
Bestätigung des Insolvenzplanes** gehen die Forderungen sämtlicher[104] Gläubiger des
Notars gem. § 254 Abs. 1 InsO unter, soweit sie über die im gestaltenden Teil des
Insolvenzplans (§ 221 InsO) vorgesehene Tilgungsquote hinausgehen.[105] Erfüllt der Notar
den Insolvenzplan ohne erhebliche Rückstände, leben die teilweise erlassenen Forderungen
der Gläubiger gem. § 255 Abs. 1 S. 1 InsO auch nicht wieder auf.[106] Wenn bei einer
solchen Sachlage davon ausgegangen werden kann, dass der Notar auch tatsächlich in der
Lage ist, die im Insolvenzplan übernommenen Verpflichtungen ohne erhebliche Rückstände zu erfüllen, kann die Vermutung des Vermögensverfalles gem. § 50 Abs. 1 Nr. 6
Hs. 2 als widerlegt angesehen werden.[107]

4. Maßgeblicher Zeitpunkt. Nach der bisherigen gefestigten **Rechtsprechung des** **60**
Bundesgerichtshofs ist maßgeblicher Zeitpunkt, in dem die Tatbestandsmerkmale eines
Vermögensverfalles vorliegen müssen bzw. die gesetzliche Vermutung eines Vermögens-
verfalles nicht widerlegt sein darf, der Tag der letzten Verwaltungsentscheidung der Landes-
justizverwaltung, dh der **Tag des Erlasses des Verwaltungsaktes** der Amtsenthebung.[108]
Denn die Amtsenthebung des Notars zähle „zu den auf Veränderung eines besonders
verliehenen Status gerichteten Verwaltungsakten. Bei gestaltenden Verwaltungsakten dieser
Art (ähnlich: Entlassung oder Zurruhesetzung eines Beamten …) gebieten es materielle
Gründe der Rechtssicherheit, die Überprüfung der Rechtmäßigkeit auf den Anfechtungsantrag hin von späteren Veränderungen der Sachlage unabhängig zu halten."[109]

Das **Bundesverfassungsgericht** hat diese Auffassung **verfassungsrechtlich in Zweifel** **61**
gezogen, ohne darüber abschließend zu entscheiden. Im Falle der Anfechtung des Verwaltungsaktes der Amtsenthebung gem. § 50 Abs. 1 Nr. 6 auf die Sach- und Rechtslage am
Tag der letzten Verwaltungsentscheidung abzustellen, „könnte im Hinblick auf die Berufswahlfreiheit des Notars, der nur die Möglichkeit hat, bei Vorliegen eines Bedürfnisses (§ 4),
nach Ausschreibung der Notarstelle (§ 6b) und bei Bestehen der Konkurrenz mit anderen
Bewerbern (§ 6), erneut bestellt zu werden, verfassungsrechtlichen Bedenken begeg-

---

kann, das stellt der Notarsenat des Bundesgerichtshofs hier klar, nicht entnommen werden, dass ein grundsätzlicher Vorrang des Insolvenz- vor einem Amtsenthebungsverfahrens besteht.

[102] → Rn. 60 ff.
[103] Nach BVerfG 31.8.2005 – 1 BvR 912/04, DNotZ 2007, 548 kann im jeweils konkreten Einzelfall auch
vor einer Zustimmung der Gläubiger und vor einer Bestätigung des Insolvenzgerichtes die Vermutung des
Vermögensverfalles bei grundrechtskonformer Auslegung und Anwendung des § 50 Abs. 1 Nr. 6 durchaus
entkräftet werden. Hierzu hat BGH 20.11.2006 – NotZ 31/06, NJW 2007, 1289 allerdings festgestellt: „Mit
der bloßen Hoffnung auf einen Insolvenzplan zeichnet sich aber nicht einmal die Möglichkeit etwas konkreter
ab, dass sich in absehbarer Zeit seine Vermögenssituation verbessern … könnte, geschweige denn, dass er in
einem überschaubaren Zeitrahmen schuldenfrei sein werde."
[104] Gemäß § 254b InsO auch die Forderungen solcher Gläubiger, die sie ihre Forderungen nicht angemeldet oder die dem Insolvenzplan widersprochen haben, vgl. MüKoInsO/*Huber* InsO § 254 Rn. 11, 22;
MüKoInsO/*Madaus* InsO § 254b Rn. 1 ff.
[105] Soweit die Forderungen im gestaltenden Teil des Insolvenzplanes als erlassen gelten, sind sie zwar nicht
erloschen, bestehen aber nur als natürliche, unvollkommene Verbindlichkeiten fort, deren Erfüllung möglich,
aber nicht erzwungen werden kann, vgl. MüKoInsO/*Huber* InsO § 254 Rn. 16, 27.
[106] Vgl. hierzu nur MüKoInsO/*Huber* InsO § 255 Rn. 11 ff.
[107] Ebenso OLG Schleswig-Holstein 26.4.2007 – NotZ 6/06, BeckRS 2007, 10607. Zumal mit Rechtskraft des Bestätigungsbeschlusses des Insolvenzgerichtes gem. § 258 Abs. 1 InsO in der Regel das Insolvenzverfahren durch Beschluss aufzuheben ist. Vgl. so auch die Sachlage in hier als maßgeblich erachteten
Zeitpunkt in BGH 22.3.2004 – NotZ 23/03, DZWIR 2004, 514.
[108] So zuletzt BGH 22.3.2004 – NotZ 23/03, DZWIR 2004, 514 sowie davor BGH 3.11.2003 – NotZ
15/03, DNotZ 2004, 882 und grundlegend BGH 3.12.2001 – NotZ 16/01, NJW 2002, 1349; ebenso
Schippel/Bracker/*Püls* BNotO § 50 Rn. 23.
[109] So grundlegend BGH 3.12.2001 – NotZ 16/01, NJW 2002, 1349 und ebenso zuletzt BGH 22.3.2004
– NotZ 23/03, DZWIR 2004, 514.

nen."[110] Gerade diese besonderen Beschränkungen des Zugangs zum Notariat stünden der Heranziehung von parallelen Erwägungen aus dem Beamten- und anwaltlichem Berufsrecht entgegen.

62 Der Notarsenat beim Bundesgerichtshof hatte bislang keine Veranlassung, unter Berücksichtigung der Entscheidung des Bundesverfassungsgerichtes über die Aufrechterhaltung seiner bislang gefestigten Auffassung zu befinden.[111] Die **obergerichtliche Rechtsprechung** hat sich den **verfassungsrechtlichen Zweifeln angeschlossen:** „Angesichts der Schwere des Grundrechtseingriffs würde der generelle Ausschluss der Berücksichtigung neuer Tatsachen zwischen Amtsenthebung und Abschluss der letzten gerichtlichen Tatsacheninstanz der besonderen Rechtfertigung bedürfen, an der es jedenfalls bei zweifelsfreiem nachträglichen Wegfall der Gründe für die Amtsenthebung fehlt. Gründe der Rechtssicherheit erfordern demgegenüber nicht zwingend, an der bisherigen Rechtsprechung des Bundesgerichtshofs festzuhalten, wonach allein die Tatsachenlage im Zeitpunkt der letzten Verwaltungsentscheidung maßgeblich sein soll."[112]

63 Der obergerichtlichen Rechtsprechung ist **zuzustimmen.** Maßgeblicher Zeitpunkt für die gerichtliche Feststellung eines Vermögensverfalles gem. § 50 Abs. 1 Nr. 6 ist die Sachlage am **Tag der letzten mündlichen Verhandlung** bzw. an dem an deren Stelle tretenden Tag. Ergeben die zwischen dem Tag des Erlasses des Verwaltungsaktes der Amtsenthebung und dem Tag der letzten mündlichen Verhandlung neu eingetretenen Tatsachen, dass die Tatbestandsmerkmale eines Vermögensverfalles nicht mehr vorliegen bzw. dass die Vermutung eines Vermögensverfalles als widerlegt anzusehen ist, könnte der Notar grundsätzlich unverzüglich nach seiner rechtskräftigen Amtsenthebung wieder zum Notar bestellt werden. Eine derartige Amtsenthebung würde somit letztlich aus **rein „formellen" Gesichtspunkten** erfolgen.[113] Da aufgrund der Bedürfnisprüfung, dem Ausschreibungs- und Leistungsprinzip gem. §§ 4, 6b, 6, Art. 33 Abs. 2 GG eine unverzügliche Bestellung zum Notar am selben Amtssitz in der Regel unmöglich ist, stellt eine Amtsenthebung aus rein „formellen" Gesichtspunkten stets einen **unverhältnismäßigen Eingriff in die Berufswahlfreiheit** gem. Art. 12 Abs. 1. S. 1 GG dar. Diese Rechtsauffassung liegt im Ergebnis auch der Rechtsprechung des Anwaltssenates zum nachträglichen Wegfall eines Grundes für den Widerruf der Anwaltszulassung zugrunde, die eine Berücksichtigung von nachträglich eintretenden Tatsachen zwar nicht wie hier aus verfassungsrechtlichen, aber – wie der Notarsenat in seiner in dieser Hinsicht grundlegenden Entscheidung selbst feststellt hat – aus Zweckmäßigkeitsgründen für geboten hält.[114]

VII. Nr. 7 und Abs. 4

64 Gemäß § 50 Abs. 1 Nr. 7 hat die Landesjustizverwaltung den Notar durch Verwaltungsakt seines Amtes zu entheben, wenn er aus **gesundheitlichen Gründen** nicht nur vorübergehend unfähig ist, sein Amt ordnungsgemäß auszuüben (→ Rn. 67 ff.). Für die Durchführung des auf § 50 Abs. 1 Nr. 7 gestützte Verwaltungsverfahrens zur Amtsenthebung enthält § 50 Abs. 4 **besondere Verfahrensbestimmungen** (→ Rn. 76 ff.). Ver-

---

[110] BVerfG 31.8.2005 – 1 BvR 912/04, DNotZ 2007, 548.
[111] Zuletzt ausdrücklich offengelassen von BGH 13.3.2017 – NotZ(Brfg) 4/16, BeckRS 2017, 115563. In BGH 20.11.2006 – NotZ 31/06, NJW 2007, 1289 bekräftigte der Notarsenat seine ständige Rechtsprechung noch einmal und wies zugleich darauf hin, dass es im konkreten Einzelfall einer Entscheidung über ein Festhalten an dieser Rechtsprechung angesichts der vom Verfassungsgericht geäußerten Bedenken nicht bedürfe. In der vom Bundesverfassungsgericht aufgehobenen Entscheidung hatte der Bundesgerichtshof noch festgestellt: „Die verfassungsrechtlichen Bedenken des Antragstellers teilt der Senat nicht" (BGH 22.3.2004 – NotZ 23/03, DZWIR 2004, 514.
[112] OLG Schleswig-Holstein 26.4.2007 – NotZ 6/06, BeckRS 2007, 10607; vgl. auch *Kleine-Cosack* NJW 2004, 2473 (2476 f.).
[113] So auch *Kleine-Cosack* NJW 2004, 2473 (2476).
[114] BGH 3.12.2001 – NotZ 16/01, NJW 2002, 1349: „ … weil dem Anwalt nämlich alsbald die Zulassung wieder zu erteilen wäre." Vgl. dort weitere Nachweise, instruktiv insbes. BGH 18.6.2001 – AnwZ (B) 49/00, NJW 2001, 3131; vgl. ebenso BVerfG 31.8.2005 – 1 BvR 912/04, DNotZ 2007, 548.

gleichbare Vorschriften finden sich im anwaltlichen Berufsrecht (§ 14 Abs. 2 Nr. 3 BRAO) sowie im Beamtenrecht (§ 26 BeamtStG, § 44 Abs. 1 S. 1 BBG).

1. Hintergrund. „Die Vorschrift ist notwendig, weil bei den Notaren eine Altersgrenze **65** nicht besteht."[115] Wenngleich dieser Sinn und Zweck der Norm mit der Einfügung der Altersgrenze für Notare mit Wirkung zum 3.2.1991 entfallen ist, dient die Vorschrift auch weiterhin in verfassungskonformer Weise dem **Schutz** der rechtsuchenden **Bevölkerung** vor den **erheblichen Gefahren,** die von einem aus gesundheitlichen Gründen nicht mehr zur Ausübung seines Amtes fähigen Notars ausgehen.[116] Die Vorschrift dient damit zugleich der geordneten Rechtspflege und folglich dem **Schutz** eines wichtigen **Gemeinschaftsgutes.**[117]

Der Wortlaut dieses Amtsenthebungsgrundes wurde zunächst ohne Änderungen der **66** RNotO entnommen und lautete ursprünglich wie folgt: „Der Notar ist seines Amtes zu entheben, wenn er infolge eines körperlichen Gebrechens, wegen Schwäche seiner körperlichen oder geistigen Kräfte zur ordnungsmäßigen Ausübung seines Amtes dauernd unfähig ist."[118] Mit Wirkung zum 3.2.1991 wurden die im Einzelnen aufgeführten gesundheitlichen Gründe um „oder wegen einer Sucht" ergänzt, die dauernde durch eine „nicht nur vorübergehende" Amtsunfähigkeit ersetzt und in einem neuen Abs. 4 besondere Verfahrensbestimmungen für ein auf dieser Vorschrift gestütztes Amtsenthebungsverfahren eingefügt.[119] Die im Einzelnen aufgeführten gesundheitlichen Gründe wurden sodann mit Wirkung zum 1.5.2002 durch das Gesetz zur Gleichstellung behinderter Menschen auf „gesundheitliche Gründe" **reduziert.**[120]

2. Amtsunfähigkeit. Eine Amtsunfähigkeit iSd § 50 Abs. 1 Nr. 7 ist „nicht erst an- **67** zunehmen, wenn die Verrichtung jeder Amtstätigkeit unmöglich ist, sondern schon dann, wenn das Gebrechen des Notars die ordnungsgemäße Amtsausübung ernsthaft gefährdet."[121] Die so definierte Amtsunfähigkeit muss sich erstens aus gesundheitlichen Gründen ergeben (→ Rn. 68 ff.) und darf zweitens nicht nur vorübergehender Natur sein (→ Rn. 74 ff.).

a) Gesundheitliche Gründe. Nicht jede Krankheit oder Minderung der körperlichen **68** oder geistigen Leistungsfähigkeit führt zur Amtsunfähigkeit. Vielmehr ist „die Amtsfähigkeit des Notars an seinen Funktionen und Pflichten zu messen ... Die ihn treffenden Pflichten, denen er infolge seines Zustandes nicht mehr genügt, können sich auf die eigentliche Rechtspflegetätigkeit, auf sein Verhältnis zur Aufsichtsbehörde oder auf sein allgemeines Verhalten beziehen."[122] Die zur Amtsunfähigkeit führenden gesundheitlichen Gründe iSd § 50 Abs. 1 Nr. 7 sind folglich stets **berufsbezogen zu interpretieren.**[123]

Die im ursprünglichen Wortlaut noch einzelnen aufgeführten gesundheitlichen Gründe, **69** die zu einer Amtsunfähigkeit im vorgenannten Sinne führen konnten, wurden als diskriminierend empfunden und sind in dem abstrakten Begriff der gesundheitlichen Gründe

---

[115] So noch kurz und knapp zum Sinn und Zweck des § 38 Nr. 5 RNotO *Seybold/Hornig* RNotO § 38 Ziff. 5 (S. 195).
[116] Nach BGH 4.12.1989 – NotZ 9/88, DNotZ 1991, 80 liegt diese Gefährdungslage „der gesetzlichen Regelung ... ersichtlich zugrunde."
[117] Vgl. BVerfG 6.7.1977 – 1 BvR 3/77, NJW 1977, 1959.
[118] § 38 Abs. 1 Nr. 5 RNotO, abgedruckt in: Schubert (Hrsg.), Materialien zur Vereinheitlichung des Notarrechts, 2004, S. 392.
[119] Durch das Zweite Gesetz zur Änderung der Bundesnotarordnung (BGBl. 1991 I 150 f.).
[120] BGBl. 2002 I 1467, 1466 f.
[121] BGH 4.12.1989 – NotZ 9/88, DNotZ 1991, 80; 11.7.2005 – NotZ 10/05, NJW-RR 2005, 1513 und bereits *Seybold/Hornig* RNotO § 38 Ziff. 5 (S. 196).
[122] BGH 4.12.1989 – NotZ 9/88, DNotZ 1991, 80.
[123] BGH 26.3.1979 – NotZ 9/78, NJW 1980, 641: „Der Dienstunfähigkeit des Antragstellers als Notar steht nicht entgegen, daß er nach wie vor als Rechtsanwalt tätig ist .... Rechtsanwälte und Notare üben voneinander getrennte juristische Berufe aus, die verschiedene Aufgaben innerhalb der Rechtspflege erfüllen." Vgl. auch Henssler/Prütting/*Henssler* BRAO § 7 Rn. 72.

aufgegangen.[124] Der Gesetzgeber hat allerdings betont, dass „eine Änderung des sachlichen Regelungsgehalts der Vorschrift ... damit nicht verbunden" sein sollte.[125] Da der abstrakte Begriff der gesundheitlichen Gründe einer Konkretisierung bedarf, können die ursprünglich verwendeten Begriffe und die hierzu ergangene Rechtsprechung auch weiterhin als **Anknüpfungspunkte** für mögliche Ursachen einer Amtsunfähigkeit dienen.

70 Zunächst kann eine **körperliche Schwäche** des Notars seine Amtsunfähigkeit begründen. So führt etwa eine vollständige **Erblindung** oder eine vollständige **Ertaubung** des Notars stets zu einer ernsthaften Gefährdung seiner ordnungsgemäßen Amtsausübung und folglich zu seiner Amtsunfähigkeit.[126] Denn es gehört notwendigerweise zu den vom Notar selbst zu erfüllenden Aufgaben, über seine mit den Augen gemachten Wahrnehmungen Zeugnis zu geben (Prüfung der Identität der Beteiligten, der Echtheit vorgelegter Urkunden, der Übereinstimmung von Original und Kopie etc) sowie über seine mit den Ohren gemachten Wahrnehmungen den Willen der Beteiligten zu erforschen und diese auch auf Nachfragen zu belehren (§ 17 Abs. 1 BeurkG).[127] Ist die Leistungsfähigkeit der Augen oder Ohren hingegen nur eingeschränkt und kann diese Schwäche mit technischen Hilfsmitteln (Brille, Hörgerät) ausgeglichen werden, liegt eine zur Amtsunfähigkeit führende körperliche Schwäche in der Regel nicht vor.

71 Ferner kann auch eine **geistige Schwäche** des Notars seine Amtsunfähigkeit begründen. Hierzu zählt jede Art von psychischer Störung, welche die geistige Leistungsfähigkeit des Notars in einem solchen Maße beeinträchtigt, dass er zur ordnungsgemäßen Bewältigung der ihm übertragenen Aufgaben der vorsorgenden Rechtspflege nicht mehr gewachsen erscheint.[128] Durch eine derartige „geistige Erkrankung eines Notars besteht ... die Gefahr, dass in die Rechtsbeziehungen der von ihm Betreuten Unsicherheiten getragen und damit der Keim für künftige Rechtsstreitigkeiten gelegt wird. Das ist mit den zu schützenden Belangen der Rechtsuchenden unvereinbar."[129] Eine zur Amtsunfähigkeit führende geistige Schwäche kann hierbei bereits in einer verfestigten „querulatorischen Entwicklung" liegen, die zwar als schwere Persönlichkeitsstörung, aber aus medizinischer Sicht gleichwohl nicht als Krankheit zu werten ist, sondern sich aus Charakter, Erlebnis und Milieu ergeben hat und im Zwischenbereich zwischen normalem und krankhaftem Verhalten liegt.[130] Ferner kann etwa eine „ängstlich-vermeidende Persönlichkeitsstörung" dazu führen, dass der Notar „zur Umgehung von Konfliktsituationen immer wieder zu vermeiden sucht, eigene Fehlleistungen korrigieren zu müssen, wenn er Fristen versäumt oder auf Aufforderung von Gerichten bzw. Ämter nicht reagiert, diese teilweise sogar nicht einmal zur Kenntnis nimmt. All dies ist mit der Ausübung eines öffentlichen Amtes auf dem Gebiet der vorsorgenden Rechtspflege unvereinbar."[131]

72 Darüber hinaus kann auch eine **Sucht** die Amtsfähigkeit des Notars begründen. Sucht umfasst starke Alkoholabhängigkeit oder regelmäßigen Rauschgiftkonsum.[132] Der gesundheitliche Grund der Sucht wurde in den ursprünglichen Gesetzestext im Jahre 1991 eingefügt, bevor dieser dann im Jahre 2002 durch die Einfügung des abstrakten Begriffs des gesundheitlichen Grundes wieder gestrichen wurde. Durch die Einfügung sollte nach dem Willen des Gesetzgebers „im Interesse der Rechtsuchenden" eine Amtsenthebung bereits

---

[124] BT-Drs. 14/7420, 33, 21: „Durch die Neufassung soll deutlich gemacht werden, dass Voraussetzung für die Zulassung zu Berufen ... nicht das Fehlen einer Behinderung, sondern ausschließlich die gesundheitliche Eignung ist. Der Gesetzentwurf passt daher umfassend die berufsrechtlichen Vorschriften an einen diskriminierungsfreien Standard an."
[125] BT-Drs. 14/7420, 33.
[126] So bereits *Seybold/Hornig* RNotO § 38 Ziff. 5 (S. 195). Vgl. auch Schippel/Bracker/*Püls* BNotO § 50 Rn. 25 und Diehn/*Fahl* BNotO § 50 Rn. 20.
[127] Vgl. Schippel/Bracker/*Püls* BNotO § 50 Rn. 25.
[128] Vgl. BGH 4.12.1989 – NotZ 9/88, DNotZ 1991, 80; *Battis* BBG § 42 Rn. 5.
[129] BGH 26.3.1979 – NotZ 9/78, NJW 1980, 641.
[130] BGH 4.12.1989 – NotZ 9/88, DNotZ 1991, 80.
[131] BGH 11.7.2005 – NotZ 10/05, NJW-RR 2005, 1513.
[132] Vgl. Henssler/Prütting/*Henssler* BRAO § 7 Rn. 73.

dann möglich gemacht werden, wenn die Alkohol- oder Rauschgiftsucht noch nicht das „fortgeschrittene Stadium" einer körperlichen oder geistigen Schwäche erreicht hat.[133] Die noch nicht in diesem Stadium befindliche Sucht muss gleichwohl stets die ordnungsgemäße Ausübung des Notaramtes gefährden, um ein zur Amtsenthebung führender gesundheitlicher Grund zu sein.[134]

Schließlich kann sich eine Amtsunfähigkeit des Notars auch aufgrund eines **Zusammentreffens** verschiedener kleinerer körperlicher oder geistiger Schwächen, insbesondere durch eine durch Altersabbau bedingte **allgemeine Schwäche** der Körper- oder Geisteskräfte begründet sein, wenn diese zusammengefasst ein solches Ausmaß angenommen haben, das zur Amtsausübung nicht nur vorübergehend unfähig macht.[135] 73

b) Nicht nur vorübergehend. Die zur Amtsunfähigkeit führenden gesundheitlichen Gründe müssen nicht (mehr) von dauerhafter Natur sein.[136] Seit einer Gesetzesänderung mit Wirkung zum 3.2.1991 reicht es aus, dass die gesundheitlichen Gründe zu einem nicht nur vorübergehenden Zustand der Amtsunfähigkeit führen.[137] Der Bundesgerichtshof hat diesen **unbestimmten Rechtsbegriff** dahingehend konkretisiert, dass dem zu einer Amtsunfähigkeit führende gesundheitlichen Zustand des Notars „mit einer Vertreterbestellung nach § 39 Abs. 1 nicht abgeholfen werden kann."[138] 74

Gemäß § 39 Abs. 1 kann die Aufsichtsbehörde dem Notar für die Zeit seiner **Abwesenheit** oder **Verhinderung** einen Vertreter bestellen. In § 38 werden die Begriffe der Abwesenheit und Verhinderung zeitlich dahingehend konkretisiert, dass der Notar eine länger als **eine Woche** dauernde „Verhinderung" der Aufsichtsbehörde anzuzeigen hat und eine länger als **einen Monat** dauernde „Abwesenheit" der Genehmigung der Aufsichtsbehörde bedarf. Diesen gesetzlichen Vorschriften lässt sich entnehmen, dass bereits eine länger als einen Monat dauernde Vertreterbestellung auf **Ausnahmefälle** beschränkt sein soll. Vor diesem Hintergrund ist von einer nicht nur vorübergehenden Amtsunfähigkeit jedenfalls dann auszugehen, wenn sich die zur Amtsunfähigkeit führenden gesundheitlichen Gründe nicht innerhalb eines Zeitraums von **sechs Monaten** (vgl. § 26 Abs. 1 S. 2 BeamtStG iVm § 33 Abs. 1 S. 3 LBG NRW[139] und § 44 Abs. 1 S. 2 BBG[140]) in einer solchen Weise beheben lassen, dass eine dauerhafte ordnungsgemäße Amtsausübung durch den Notar wieder gewährleistet ist. 75

3. Verfahren. Für das Verwaltungsverfahren zur Amtsenthebung auf Grundlage von § 50 Abs. 1 Nr. 7 wurden durch eine Gesetzesänderung mit Wirkung zum 3.2.1991 „wegen der Nähe des Notaramtes zum öffentlichen Dienst"[141] **besondere Verfahrensbestimmungen** in § 50 Abs. 4 S. 1 eingefügt. Danach sind 76

---

[133] BT-Drs. 11/6007, 12.
[134] Vgl. Henssler/Prütting/*Henssler* BRAO § 7 Rn. 73.
[135] So bereits Seybold/Hornig RNotO § 38 Ziff. 5 (S. 195) und auch Schippel/Bracker/*Püls* BNotO § 50 Rn. 27; Diehn/*Fahl* BNotO § 50 Rn. 21.
[136] Bereits nach der zur „dauernden" Amtsunfähigkeit ergangenen Rechtsprechung kam es nicht darauf an, „ob sie unumkehrbar ist und die Amtsfähigkeit überhaupt nicht mehr wiederhergestellt werden kann", BGH 4.12.1989 – NotZ 9/88, DNotZ 1991, 80.
[137] → Rn. 66; in BT-Drs. 11/6007, 12 wird die Gesetzesänderung schlicht wie folgt begründet: „Der Begriff der ‚dauernden' Unfähigkeit zur ordnungsgemäßen Amtsausübung .... wird dahin verdeutlicht, daß es sich insoweit um einen ‚nicht nur vorübergehenden' Zustand handelt."
[138] BGH 11.7.2005 – NotZ 10/05, NJW-RR 2005, 1513.
[139] § 26 Abs. 1 S. 2 BeamtStG: „Als dienstunfähig kann auch angesehen werden, wer infolge Erkrankung innerhalb eines Zeitraums von sechs Monaten mehr als drei Monate keinen Dienst getan hat und keine Aussicht besteht, dass innerhalb einer Frist, deren Bestimmung dem Landesrecht vorbehalten bleibt, die Dienstfähigkeit wieder voll hergestellt ist." § 33 Abs. 1 S. 3 LBG NRW: „Die Frist nach § 26 Abs. 1 Satz 2 BeamtStG beträgt 6 Monate."
[140] § 44 Abs. 1 S. 2 BBG: „Als dienstunfähig kann auch angesehen werden, wer infolge Erkrankung innerhalb von sechs Monaten mehr als drei Monate keinen Dienst getan hat, wenn keine Aussicht besteht, dass innerhalb weiterer sechs Monate die Dienstfähigkeit wieder voll hergestellt ist."
[141] BT-Drs. 11/6007, 12.

1. für die Bestellung eines Vertreters des Notars für dieses Verwaltungsverfahren, der zur Wahrnehmung seiner Rechte in dem Verfahren nicht in der Lage ist,
2. für die Pflicht des Notars, sich ärztlich untersuchen zu lassen, und
3. für die Folgen einer Verweigerung seiner Mitwirkung

die Vorschriften entsprechend anzuwenden, die für **Landesjustizbeamte** gelten.

77 **a) Pflicht zur ärztlichen Untersuchung.** Der Landesjustizbeamte ist gem. § 26 Abs. 1 BeamtStG in den Ruhestand zu versetzen, wenn er wegen seines körperlichen Zustands oder aus gesundheitlichen Gründen zur Erfüllung seiner Dienstpflichten dauernd unfähig (dienstunfähig) ist. Das **Beamtenstatusgesetz** enthält eine Pflicht zur ärztlichen Untersuchung sowie eine Regelung zu den Folgen der Verweigerung seiner Mitwirkung nicht. Folglich ist das für den jeweiligen Landesjustizbeamten anwendbare **Landesbeamtenrecht** maßgeblich. Sämtliche Landesbeamtenrechte enthalten eine Pflicht zur ärztlichen Untersuchung, hingegen nur einige auch eine ausdrückliche gesetzliche Regelung zu den Folgen einer verweigerten Mitwirkung.

78 Als **Beispiele** können hier stellvertretend das nordrhein-westfälische und bayerische Landesbeamtenrecht dienen:

§ 33 Abs. 1 LBG NRW[142]

Bestehen Zweifel über die Dienstunfähigkeit des Beamten, so ist er verpflichtet, sich nach Weisung der dienstvorgesetzten Stelle durch einen Arzt der unteren Gesundheitsbehörde untersuchen und, falls ein Arzt der unteren Gesundheitsbehörde dies für erforderlich hält, auch beobachten zu lassen. (...)

Art. 65 Abs. 2 BayBG

Bestehen Zweifel über die Dienstunfähigkeit, so ist der Beamte oder die Beamtin verpflichtet, sich nach Weisung des oder der Dienstvorgesetzten ärztlich untersuchen und, falls ein Amtsarzt oder eine Amtsärztin dies für erforderlich hält, beobachten zu lassen. Wer sich trotz wiederholter schriftlicher Aufforderung ohne hinreichenden Grund der Verpflichtung, sich nach Weisung des oder der Dienstvorgesetzten untersuchen oder beobachten zu lassen entzieht, kann so behandelt werden, wie wenn die Dienstunfähigkeit amtsärztlich festgestellt worden wäre.

79 Der in Nordrhein-Westfalen bestellte Notar hat sich gem. § 50 Abs. 4 S. 1 iVm § 33 Abs. 1 LBG NRW, der in Bayern bestellte Notar hat sich gem. § 50 Abs. 4 S. 1 iVm Art. 65 Abs. 2 S. 1 BayBG bei bestehenden Zweifeln[143] an seiner Amtsfähigkeit iSd § 50 Abs. 1 Nr. 7 nach Weisung[144] seiner Landesjustizverwaltung (§ 50 Abs. 4 S. 3) durch einen Amtsarzt **untersuchen** zu lassen. Da § 50 Abs. 4 S. 1 ausschließlich auf die landesrechtlichen Vorschriften über eine ärztliche Untersuchung Bezug nimmt, ist der Notar nicht dazu verpflichtet, sich auf Weisung auch **beobachten** zu lassen. Ob es sich bei der Weisung iSd § 33 Abs. 1 LBG NRW, Art. 65 Abs. 2 S. 1 BayBG um einen selbständig anfechtbaren Verwaltungsakt iSd § 35 VwVfG oder aber lediglich um eine nicht selbständig angreifbare verfahrensvorbereitende Weisung iSd § 44a VwGO handelt, ist in der Rechtsprechung nicht abschließend geklärt.[145]

80 Verweigert sich der bayerische Notar trotz wiederholter schriftlicher Weisung einer amtsärztlichen Untersuchung, kann er gem. § 50 Abs. 4 S. 1 iVm Art. 65 Abs. 2 S. 2 BayBG so behandelt werden, wie wenn die Amtsunfähigkeit gem. § 50 Abs. 1 Nr. 7 amtsärztlich

---

[142] Auch für einen Bundesbeamten enthält § 44 BBG lediglich eine Verpflichtung und nicht auch eine Regelung zu den Folgen einer Verweigerung dieser Verpflichtung.
[143] „Zweifel" bedeutet, dass der Dienstherr kein klares Bild darüber gewinnen, kann, ob der Beamte dienstunfähig oder dienstfähig ist, vgl. BeckOK BeamtenR Bund/*Heid* BBG § 44 Rn. 29.
[144] Die Weisung muss konkrete Angaben darüber enthalten, worauf die Zweifel beruhen, vgl. BeckOK BeamtenR Bund/*Heid* BBG § 44 Rn. 29. Zu den Anforderungen an die Rechtmäßigkeit einer derartigen Weisung vgl. auch BVerwG 26.1.2012 – 2 C 7/11, BeckRS 2012, 48726.
[145] Vgl. zum Streitstand nur BeckOK BeamtenR Bund/*Heid* BBG § 44 Rn. 35 ff.

festgestellt worden wäre.¹⁴⁶ Eine derartige gesetzliche Regelung zu den **Folgen** einer verweigerten Mitwirkung existiert für den nordrhein-westfälischen Notar nicht und kann auch nicht aus dem bayerischen Landesbeamtengesetz hergeleitet oder analog herangezogen werden. Weigert sich der nordrhein-westfälische Notar, einer Weisung seiner Landesjustizverwaltung zur amtsärztlichen Untersuchung nachzukommen, kann folglich nicht schon allein aufgrund der Weigerung seine Amtsunfähigkeit iSd § 50 Abs. 1 Nr. 7 angenommen werden.¹⁴⁷

Die Weigerung eines nordrhein-westfälischen Notars kann jedoch nach dem gem. §§ 24 Abs. 1, 69 Abs. 1 VwVfG, § 108 Abs. 1 S. 1 VwGO im Verwaltungsverfahren und Verwaltungsprozess geltenden **Grundsatz der freien Beweiswürdigung**¹⁴⁸ im konkreten Einzelfall den Schluss auf seine Amtsunfähigkeit zulassen.¹⁴⁹ Aufgrund der Inbezugnahme des Landesbeamtenrechts gem. § 50 Abs. 4 S. 1 findet auch die ständige Rechtsprechung des Bundesverwaltungsgerichtes den nach dem Landesbeamtenrecht nicht gesetzlich vorgesehenen Folgen einer Weigerung, sich amtsärztlich untersuchen zu lassen, entsprechende Anwendung. Danach kann „nach dem aus § 444 ZPO abgeleiteten, auch im Verwaltungsverfahren geltenden allgemeinen Rechtsgrundsatz (…) im Rahmen freier Beweiswürdigung auf die Dienstunfähigkeit **geschlossen werden,** wenn der Beamte durch sein Verhalten die Feststellung seines Gesundheitszustandes **bewusst verhindert.** Die Verpflichtung, sich zur Nachprüfung der Dienstfähigkeit nach Weisung der Behörde ärztlich untersuchen zu lassen, ginge ins Leere, wenn aus einer **unberechtigten Weigerung** keine Rückschlüsse gezogen werden könnten. Andernfalls hätte es der Beamte in der Hand, die für die Vorbereitung der Feststellung seiner Dienstfähigkeit erforderliche ärztliche Untersuchung erheblich zu erschweren oder zu vereiteln."¹⁵⁰

b) Bestellung eines Vertreters. Weder das Beamtenstatusgesetz noch die Landesbeamtengesetze enthalten eine Regelung zur Bestellung eines Vertreters für einen Landesjustizbeamten, der in einem Verwaltungsverfahren zur Versetzung in den Ruhestand wegen bestehender Dienstunfähigkeit gem. § 26 Abs. 1 BeamtStG zur Wahrnehmung seiner Rechte nicht in der Lage ist. Durch eine Gesetzesänderung zum 1.9.2009, durch das für nach den Vorschriften der BNotO erlassene Verwaltungsakte die Anwendbarkeit des VwVfG und der VwGO begründet wurde,¹⁵¹ ist der bis dahin in § 50 Abs. 4 S. 1 noch vorgesehene „Pfleger" durch den „Vertreter" ersetzt worden. In der Gesetzesbegründung zu dieser terminologischen Anpassung findet sich die schlichte Feststellung, dass § 64a Abs. 1 „auch im Amtsenthebungsverfahren auf das VwVfG und dessen Regeln für die Bestellung einer Vertreterin oder eines Vertreters von Amts wegen" verweise.¹⁵²

§ 50 Abs. 4 S. 1 nimmt betreffend die Vertreterbestellung demnach auf die der folgenden Vorschrift entsprechenden Norm des jeweils einschlägigen Landesverwaltungsverfahrensgesetzes Bezug:¹⁵³

§ 16 VwVfG

(1) Ist ein Vertreter nicht vorhanden, so hat das Betreuungsgericht […] auf Ersuchen der Behörde einen geeigneten Vertreter zu bestellen […] 4. für einen Beteiligten, der infolge einer psychischen

---

¹⁴⁶ So auch BGH 26.3.1979 – NotZ 8/78, BeckRS 1979, 31171588, nach damaliger Rechtslage noch analoger Anwendung der Art. 65 Abs. 2 S. 2 BayGB entsprechenden hessischen Vorschrift.
¹⁴⁷ So auch für einen Bundesbeamten BeckOK BeamtenR Bund/*Heid* BBG § 44 Rn. 34.
¹⁴⁸ Vgl. hierzu Stelkens/Bonk/Sachs/*Kallerhoff* VwVfG § 24 Rn. 14 ff. und Schoch/Schneider/Bier/*Dawin* VwGO § 108 Rn. 9 ff.
¹⁴⁹ So auch für einen Bundesbeamten BeckOK BeamtenR Bund/*Heid* BBG § 44 Rn. 34
¹⁵⁰ BVerwG 26.1.2012 – 2 C 7/11, BeckRS 2012, 48826 mwN.
¹⁵¹ Gesetz zur Modernisierung von Verfahren im anwaltlichen und notariellen Berufsrecht, BGBl. 2009 I 2449 und dazu BT-Drs. 16/11385, 28 ff.
¹⁵² BT-Drs. 16/11385, 52.
¹⁵³ § 50 Abs. 4 verweist auch für die Bestellung eines Vertreters ausdrücklich auf die für einen Landesjustizbeamten geltenden Vorschriften, so dass – entgegen der Gesetzesbegründung – eine unmittelbare Anwendung von § 16 VwVfG über die Verweisung des § 64a Abs. 1 an dieser Stelle nicht in Betracht kommt.

Krankheit oder körperlichen, geistigen oder seelischen Behinderung nicht in der Lage ist, in dem Verwaltungsverfahren selbst tätig zu werden [...].

(2) Für die Bestellung des Vertreters ist in den Fällen des Absatzes 1 Nr. 4 das Gericht zuständig, in dessen Bezirk der Beteiligte seinen gewöhnlichen Aufenthalt hat; [...].

(3) Der Vertreter hat gegen den Rechtsträger der Behörde, die um seine Bestellung ersucht hat, Anspruch auf eine angemessene Vergütung und auf die Erstattung seiner baren Auslagen. Die Behörde kann von dem Vertretenen Ersatz ihrer Aufwendungen verlangen. Sie bestimmt die Vergütung und stellt die Auslagen und Aufwendungen fest.

(4) Im Übrigen gelten für die Bestellung und für das Amt des Vertreters in den Fällen des Absatzes 1 Nr. 4 die Vorschriften über die Betreuung [...] entsprechend.

84 Sinn und Zweck von § 50 Abs. 4 S. 1 iVm § 16 Abs. 1 S. 1 Nr. 4 VwVfG ist es, in den Fällen, in denen es dem Notar aus gesundheitlichen Gründen nicht möglich ist, im Verwaltungsverfahren seiner Amtsenthebung selbst tätig zu werden, die **Fortführung des Amtsenthebungsverfahrens** zu ermöglichen.[154] Die Landesjustizverwaltung kann die Bestellung eines Vertreters für den beteiligten Notar beim gem. § 50 Abs. 4 S. 1 iVm § 16 Abs. 2 VwVfG zuständigen Betreuungsgericht folglich nur dann ersuchen, wenn für den nicht mehr handlungsfähigen Notar nicht bereits ein gesetzlicher oder rechtsgeschäftlicher Vertreter vorhanden ist.[155]

85 Nach der höchstrichterlichen Rechtsprechung gilt der **Notar** aber selbst dann, wenn das Betreuungsgericht ihm auf Ersuchen der Landesjustizverwaltung gem. § 50 Abs. 4 S. 1 iVm § 16 Abs. 1 S. 1 Nr. 4 VwVfG einen Vertreter bestellt hat, für das **gesamten Verwaltungsverfahren als verfahrensfähig,** und zwar selbst dann, wenn der Notar gegebenenfalls nicht mehr geschäftsfähig sein sollte.[156] Der Notar kann folglich in diesem Verwaltungsverfahren weiterhin selbst die gesetzlich vorgesehenen Rechtsbehelfe unabhängig von seinem Vertreter geltend machen. Ausreichend für den Beginn der Rechtsmittelfristen ist es jedoch, wenn die Landesjustizverwaltung den Verwaltungsakt der Amtsenthebung nur dem Vertreter gegenüber gem. § 64a Abs. 1 iVm § 41 Abs. 1 S. 2 VwVfG bekanntmacht.[157]

86 Gemäß § 50 Abs. 4 S. 1 iVm § 16 Abs. 1 S. 1 Nr. 4 VwVfG hat das Betreuungsgericht dem Notar einen „geeigneten" Vertreter zu bestellen. Hierzu bestimmt § 50 Abs. 4 S. 2, dass für das Verwaltungsverfahren zur Amtsenthebung gem. § 50 Abs. 1 Nr. 7 grundsätzlich nur ein **Rechtsanwalt** oder ein **Notar** als Vertreter des betroffenen Notars geeignet ist. Gemäß § 50 Abs. 4 S. 1 iVm § 16 Abs. 4 VwVfG iVm § 1898 Abs. 1 BGB ist jeder vom Betreuungsgericht ausgewählte Notar oder Rechtsanwalt zur Übernahme der Vertretung verpflichtet.[158]

VIII. Nr. 8

87 Gemäß § 50 Abs. 1 Nr. 8 hat die Landesjustizverwaltung den Notar durch Verwaltungsakt seines Amtes zu entheben, wenn seine wirtschaftlichen Verhältnisse oder die Art seiner Wirtschaftsführung (→ Rn. 88 ff.) oder die Art der Durchführung von Verwahrungsgeschäften (→ Rn. 103 ff.) die Interessen der Rechtsuchenden gefährden.

88 **1. Abstrakter Gefährdungstatbestand (Alt. 1 und Alt. 2).** Die Amtsenthebungstatbestände des § 50 Abs. 1 Nr. 8 Alt. 1 und Alt. 2 sind **abstrakte Gefährdungstatbestände.** Zu konkreten Missständen bei der notariellen Tätigkeit muss es noch nicht gekommen

---

[154] Vgl. Stelkens/Bonk/Sachs/*Schmitz* VwVfG § 16 Rn. 22.
[155] Vgl. BeckOK VwVfG/*Birk* VwVfG § 16 Rn. 1 f.
[156] BGH 12.7.2004 – NotZ 27/03, DNotZ 2005, 72.
[157] BGH 12.7.2004 – NotZ 27/03, DNotZ 2005, 72. Der Bundesgerichtshof hat in dieser Entscheidung dahin tendiert, aber letztlich nicht entschieden, dass bei einer unterbliebenen Information des Notars durch den Vertreter und einer dadurch begründete Fristversäumnis eine Wiedereinsetzung in den vorigen Stand möglich ist.
[158] Vgl. hierzu BeckOK VwVfG/*Birk* VwVfG § 16 Rn. 25.

sein.¹⁵⁹ Ferner kommt es auf ein **Verschulden** des Notars nicht an.¹⁶⁰ Beide Amtsenthebungstatbestände waren bereits in der RNotO enthalten.¹⁶¹

a) Wirtschaftliche Verhältnisse. Wirtschaftliche Verhältnisse iSd § 50 Abs. 1 Nr. 8 **89** Alt. 1 sind ungeordnete schlechte finanzielle Verhältnisse, die sich in absehbarer Zeit nicht beheben lassen.¹⁶²

Nach der höchstrichterlichen **Rechtsprechung** ist eine derartige „Zerrüttung der wirt- **90** schaftlichen Verhältnisse eines Notars … regelmäßig anzunehmen …, wenn gegen ihn Zahlungsansprüche in erheblicher Größenordnung bestehen oder gerichtlich geltend gemacht werden, Pfändungs- und Überweisungsbeschlüsse gegen ihn erlassen, fruchtlose Pfändungsversuche unternommen, Verfahren zur Abgabe der eidesstattlichen Versicherung gemäß § 807 ZPO eingeleitet **oder** Haftbefehle zur Erzwingung dieser Versicherung gegen ihn erlassen worden sind."¹⁶³ Dies gelte insbesondere dann, „wenn die Abtragung einer erheblichen Schuldenlast nicht innerhalb eines überschaubaren Zeitraums zu erwarten ist."¹⁶⁴

Derartige wirtschaftliche Verhältnisse wurden beispielsweise angenommen bei einem **91** Notar, der die Versicherungsbeiträge seiner Vermögensschadenhaftpflichtversicherung mehrfach erst nach einer qualifizierten Mahnung zahlte, bei dem zur Beitreibung von fälligen Kammerbeiträgen, Steuerschulden und Sozialversicherungsbeiträgen Zwangsvollstreckungsmaßnahmen eingeleitet und ein Insolvenzantrag gestellt werden musste, um ihn zur Begleichung seiner Schulden zu veranlassen.¹⁶⁵

b) Art der Wirtschaftsführung. Mit der Art der Wirtschaftsführung iSd § 50 Abs. 1 **92** Nr. 8 **Alt. 2** wird eine außer Ordnung geratene Wirtschaftsführung des Notars in Bezug genommen.

Eine solche liegt nach der höchstrichterlichen **Rechtsprechung** bereits dann vor, „wenn **93** Gläubiger gezwungen sind, wegen berechtigter Forderungen gegen den Notar Zwangsmaßnahmen zu ergreifen."¹⁶⁶ Diese **Feststellung allein genügt** für eine außer Ordnung geratene Wirtschaftsführung eines Notars. „Dies gilt auch dann, wenn sich schlechte wirtschaftliche Verhältnisse im Einzelfall nicht feststellen lassen … Denn es ist bereits als solches nicht hinzunehmen, dass der Notar in eine derartige Lage gerät."¹⁶⁷ Eine „geordnete Wirtschaftsführung ist darauf ausgerichtet, Vollstreckungsmaßnahmen überhaupt zu vermeiden."¹⁶⁸

---

¹⁵⁹ BGH 24.11.2014 – NotZ (Brfg) 9/14, DNotZ 2015, 233 Rn. 6; 24.11.2014 – NotZ (Brfg) 6/14, NJOZ 2015, 771 Rn. 17; 15.12.2010 – NotZ 6/10, DNotZ 2011, 394; 23.7.2007 – NotZ 5/07, BeckRS 2007, 13868; 26.10.2009 – NotZ 14/08, BeckRS 2009, 29969.
¹⁶⁰ BGH 21.11.2016 – NotZ (Brfg) 3/16, NJOZ 2017, 1494 Rn. 6; 24.11.2014 – NotZ (Brfg) 9/14, DNotZ 2015, 233 Rn. 9; 24.11.2014 – NotZ (Brfg) 6/14, NJOZ 2015, 771 Rn. 17; 26.11.2012 – NotZ (Brfg) 10/12, BeckRS 2012, 25506; 26.10.2009 – NotZ 14/08, BeckRS 2009, 29969; OLG Frankfurt a. M. 5.6.2008 – 2 Not 2/08, BeckRS 2009, 86010; Schippel/Bracker/*Püls* BNotO § 50 Rn. 28.
¹⁶¹ § 38 Abs. 1 Nr. 6 RNotO, abgedruckt in: Schubert (Hrsg.), Materialien zur Vereinheitlichung des Notarrechts, 2004, S. 392.
¹⁶² BGH 20.11.2006 – NotZ 26/06, DNotZ 2007, 552.
¹⁶³ BGH 24.11.2014 – NotZ (Brfg) 6/14, NJOZ 2015, 771 Rn. 17; 26.11.2012 – NotZ (Brfg) 10/12, BeckRS 2012, 25506; 26.10.2009 – NotZ 14/08, BeckRS 2009, 29969; 26.10.2009 – NotZ 8/09, BeckRS 2009, 86148; 17.11.2008 –NotZ 130/07, DNotZ 2009, 310; OLG Frankfurt a. M. 5.6.2008 – 2 Not 2/08, BeckRS 2009, 86010.
¹⁶⁴ BGH 17.11.2008 –NotZ 130/07, DNotZ 2009, 310.
¹⁶⁵ Vgl. OLG Frankfurt a. M. 5.6.2008 – 2 Not 2/08, BeckRS 2009, 86010. Weitere aktuelle Beispiele finden sich in OLG Frankfurt a. M. 21.1.2016 – 1 Not 2/14, BeckRS 2016, 112068 und 21.1.2016 – 1 Not 2/13, BeckRS 2016, 112073.
¹⁶⁶ BGH 15.11.2010 – NotZ 6/10, DNotZ 2011, 394; 23.7.2007 – NotZ 5/07. Ebenso BGH 21.11.2016 – NotZ (Brfg) 3/16, NJOZ 2017, 1494 Rn. 4; 24.11.2014 – NotZ (Brfg) 9/14, DNotZ 2015, 233 Rn. 4; 24.11.2014 – NotZ (Brfg) 6/14, NJOZ 2015, 771 Rn. 17; 23.7.2007 – NotZ 5/07, BeckRS 2007, 13868; 3.11.2003 – NotZ 15/03, DNotZ 2004, 882; OLG Frankfurt a. M. 5.6.2008 – 2 Not 2/08, BeckRS 2009, 86010.
¹⁶⁷ BGH 15.11.2010 – NotZ 6/10, DNotZ 2011, 394; 23.7.2007 – NotZ 5/07, BeckRS 2007, 13868; 3.11.2003 – NotZ 15/03, DNotZ 2004, 882.
¹⁶⁸ BGH 21.11.2016 – NotZ (Brfg) 3/16, NJOZ 2017, 1494 Rn. 8.

94 „Damit ist der Amtsenthebungsgrund des § 50 Abs. 1 Nr. 8 Alt. 2 aber **noch nicht erschöpft**. Auch **weitere,** das geschäftliche Verhalten betreffende **Umstände** können die eine Amtsenthebung rechtfertigende Unzuverlässigkeit des Notars in Bezug auf seine Wirtschaftsführung **begründen** bzw. verstärken … Denn es ist unverzichtbar, dass der Notar – auch in einer wirtschaftlichen Krise – die für sein Amt erforderliche **Zuverlässigkeit und Integrität wahrt.**"[169] Eine solche, die Amtsenthebung rechtfertigende Art der Wirtschaftsführung wurde beispielsweise bei einem Notar angenommen, der einen Insolvenzeröffnungsbeschluss bei einem offensichtlich für ihn nicht zuständigen englischen Gericht erwirkt hatte, um bereits nach einem Jahr eine **Restschuldbefreiung nach englischem Recht** zu erlangen. „Zu der von einem Notar zu fordernden Wirtschaftsführung hätte es in dieser Lage gehört, auf eine geordnete Schuldenregulierung in dem hierfür vorgesehenen **deutschen Insolvenzverfahren** hinzuwirken, dass dem redlichen Schuldner die Möglichkeit der Restschuldbefreiung nach Ablauf von sechs Jahren nach Eröffnung des Insolvenzverfahrens einräumt."[170]

95 c) **Gefährdung der Interessen der Rechtsuchenden.** Von den wirtschaftlichen Verhältnissen iSd § 50 Abs. 1 Nr. 8 Alt. 1 oder der Art der Wirtschaftsführung iSd § 50 Abs. 1 Nr. 8 Alt. 2 muss schließlich eine **Gefährdung der Interessen der Rechtsuchenden** ausgehen.

96 Nach der höchstrichterlichen **Rechtsprechung** kann bei Vorliegen derartiger wirtschaftlicher Verhältnisse oder einer derartigen Art der Wirtschaftsführung grundsätzlich von einer solchen Gefährdung **ausgegangen werden.**[171] Denn „die Verschuldung eines Notars **gefährdet seine Integrität** und **stellt seine Unabhängigkeit in Frage.** Sie lässt besorgen, dass er fremde Vermögensinteressen nicht mit der gebotenen Sorgfalt wahrnimmt und Versuchen Dritter, seine Amtsführung sachwidrig zu beeinflussen, nicht mit dem erforderlichen Nachdruck entgegentreten will oder kann. Darüber hinaus begründen Zahlungsschwierigkeiten des Notars und insbesondere gegen ihn geführte Maßnahmen der Zwangsvollstreckung die **Gefahr,** dass er etwa Kostenvorschüsse nicht auftragsgemäß verwendet oder gar zur Tilgung eigener Schulden auf ihm treuhänderisch anvertraute Gelder zurückgreift. Eine solche abstrakte Gefährdung der Interessen der Rechtsuchenden genügt. Es ist **nicht erforderlich,** dass sich bereits in einem **konkreten Fall Anhaltspunkte** ergeben haben, der Notar könnte aufgrund seiner wirtschaftlichen Zwangslage sachwidrigen Einflüssen auf seine Amtsführung nicht entgegengetreten sein oder habe gar Fremdgeld weisungswidrig für sich verbraucht."[172]

97 Auf Grundlage dieser Rechtsprechung hat die **Landesjustizverwaltung** folglich im Rahmen eines Amtsenthebungsverfahrens gem. § 50 Abs. 1 Nr. 8 Alt. 1 oder Alt. 2 lediglich **ungeordnete schlechte** und **in absehbarer Zeit nicht behebbare** finanzielle Verhältnissen des Notars **oder** eine **außer Ordnung geratene Wirtschaftsführung festzustellen** und kann sodann **grundsätzlich** von einer dadurch begründeten abstrakten Gefährdung der Interessen der Rechtssuchenden **ausgehen.** Dem Notar ist im Rahmen des Verwaltungsverfahrens gem. § 64a Abs. 1 iVm § 28 Abs. 1 VwVfG die **Möglichkeit zu geben, diese Vermutung zu widerlegen.** Kann der Notar im Rahmen dieser Anhörung keine „ausreichende Transparenz in seine Angelegenheiten" bringen und bleibt „die Gesamtheit seiner wirtschaftlichen Verhältnisse und seiner Wirtschaftsführung im

---

[169] BGH 15.11.2010 – NotZ 6/10, DNotZ 2011, 394. Vgl. ebenso BGH 24.11.2014 – NotZ (Brfg) 9/14, DNotZ 2015, 233 Rn. 5; 17.11.2008 – NotZ 130/07, DNotZ 2009, 310.
[170] BGH 24.11.2014 – NotZ (Brfg) 6/14, NJOZ 2015, 771 Rn. 17; 15.11.2010 – NotZ 6/10, DNotZ 2011, 394. Weitere aktuelle Beispiele finden sich in OLG Frankfurt a. M. 21.1.2016 – 1 Not 2/14, BeckRS 2016, 112068 und 21.1.2016 – 1 Not 2/13, BeckRS 2016, 112073.
[171] Vgl. BGH 26.11.2012 – NotZ (Brfg) 10/12, BeckRS 2012, 25506; 26.10.2009 – NotZ 14/08, BeckRS 2009, 29969; 17.11.2008 – NotZ 130/07, DNotZ 2009, 310; 23.7.2007 – NotZ 5/07, BeckRS 2007, 13868; 20.3.2006 – NotZ 50/05, BeckRS 2006, 05079; 3.11.2003 – NotZ 15/03, DNotZ 2004, 882.
[172] BGH 17.11.2008 – NotZ 130/07, DNotZ 2009, 310; vgl. auch BGH 26.10.2009 – NotZ 14/08, BeckRS 2009, 29969.

Dunkeln", geht das zu seinen Lasten.[173] Die durch eine Eröffnung eines Insolvenzverfahrens über das Vermögen des Notars etwaig eintretenden Einschränkung der Verfügungsbefugnis des Notars lässt die vermutete Gefährdung der Interessen der Rechtsuchenden nicht entfallen.[174]

Der Notar ist **insbesondere** 97a

*„nach § 26 Abs. 2 VwVfG i. V. mit § 64a Abs. 1 BNotO **gehalten**, seine **Einkommens- und Vermögensverhältnisse umfassend darzulegen** [...]. Den Notar trifft unbeschadet des Untersuchungsgrundsatzes eine **Mitwirkungspflicht** [...]. Der Notar hat es, da es sich bei der Amtsenthebung um sein Wirtschaften handelt, vornehmlich in der Hand, **die notwendige Aufklärung zu vermitteln** [...]. Unbeschadet der Möglichkeiten zur Aufsicht über die Amtsführung (§ 93 BNotO) sind die Interna der Einkommens- und Vermögensverhältnisse des Notars nicht in gleicher Weise einsehbar wie amtliche und öffentlich dokumentierte Belege des wirtschaftlichen Zerfalls (Zwangsvollstreckungsmaßnahmen, dienstrechtliche Maßnahmen, Strafverfahren). Hier setzen die **Mitwirkungsmöglichkeiten** und **Obliegenheiten des Notars** ein. Die Ermittlungspflicht der Behörde aufgrund des im Verwaltungsverfahren geltenden Untersuchungsgrundsatzes endet, wo es ein Beteiligter in der Hand hat, die notwendige Erklärung abzugeben und Beweismittel vorzulegen, um eine seinem Interesse entsprechende Entscheidung herbeizuführen [...]. Die **Bereitschaft und Fähigkeit des Notars,** die zur Beurteilung des Amtsenthebungsgrundes erforderlichen Tatsachen vollständig und zutreffend mitzuteilen, ist für die Beurteilung des öffentlichen Interesses an der Amtsenthebung deshalb **mitentscheidend.** Gelingt es dem Notar nicht – wie geboten – durch vollständige und richtige Auskünfte auch in der Krise die Integrität zu wahren, steht die Art seiner Wirtschaftsführung (§ 50 Abs. 1 Nr. 8 Fall 2 BNotO) infrage."*[175]

Erst Recht zulasten des Notars zu berücksichtigen ist es, wenn dieser „hinsichtlich 97b einzelner Vollstreckungsmaßnahmen unzutreffend vorgetragen hat".[176]

d) Maßgeblicher Zeitpunkt. Nach der bisherigen gefestigten **Rechtsprechung des** 98 **Bundesgerichtshofs** ist maßgeblicher Zeitpunkt für die Beurteilung, ob die wirtschaftlichen Verhältnisse oder die Art der Wirtschaftsführung die Interessen der Rechtsichenden gefährdet, der Tag der letzten Verwaltungsentscheidung der Landesjustizverwaltung, dh der **Tag des Erlasses des Verwaltungsaktes** der Amtsenthebung.[177]

Nachdem das **Bundesverfassungsgericht** zwischenzeitlich **verfassungsrechtliche** 99 **Zweifel** an dieser Rechtsauffassung geäußert hat, ist richtigerweise auf die Sachlage am **Tag der letzten mündlichen Verhandlung** bzw. an dem an deren Stelle tretenden Tag abzustellen. An dieser Stelle kann vollumfänglich auf die Kommentierung zu § 50 Abs. 1 Nr. 6 verwiesen werden; die dortigen Ausführungen gelten für die Amtsenthebungsgründe gem. § 50 Abs. 1 Nr. 8 Alt. 1 und Alt. 2 entsprechend.[178]

e) Abgrenzung. Die beiden vorbezeichneten Amtsenthebungstatbestände grenzen sich 100 dadurch voneinander ab, dass der eine Tatbestand eine bestimmte **Situation** (ungeordnete wirtschaftliche Verhältnisse) und der andere Tatbestand ein bestimmtes **Verhalten** (Art der Wirtschaftsführung) in Bezug nimmt. In der Regel wird das in Bezug genommene Verhalten (Art der Wirtschaftsführung) allerdings auch zu der in Bezug genommenen Situation (ungeordnete wirtschaftliche Verhältnisse) führen. Es verwundert daher nicht, dass die Landesjustizverwaltung in der Praxis den Verwaltungsakt der Amtsenthebung regelmäßig kumulativ sowohl auf § 50 Abs. 1 Nr. 8 Alt. 1 als auch auf § 50 Abs. 1 Nr. 8 Alt. 2 stützt.

---

[173] OLG Frankfurt a. M. 5.6.2008 – 2 Not 2/08, BeckRS 2009, 86010; vgl. ebenso auch BGH 3.11.2003 – NotZ 15/03, DNotZ 2004, 882.
[174] BGH 23.7.2007 – NotZ 5/07, BeckRS 2007, 13868.
[175] BGH 24.11.2014 – NotZ (Brfg) 9/14, DNotZ 2015, 233 Rn. 14.
[176] BGH 21.11.2016 – NotZ (Brfg) 3/16, NJOZ 2017, 1494 Rn. 17.
[177] Vgl. statt vieler nur BGH 20.11.2006 – NotZ 31/06, NJW 2007, 1289 mwN.
[178] → Rn. 60 ff.

101 Darüber hinaus stellt sich die Frage, wie die Amtsenthebungsgründe der **ungeordneten wirtschaftlichen Verhältnisse** iSd § 50 Abs. 1 **Nr. 8 Alt. 1** und des **Vermögensverfalles** iSd § 50 Abs. 1 **Nr. 6** voneinander abzugrenzen sind. Tatbestandlich setzen beide Amtsenthebungsgründe als **erstes Tatbestandsmerkmal** ungeordnete schlechte finanzielle Verhältnisse voraus, die sich in absehbarer Zeit nicht beheben lassen.[179] Ein Unterschied ist erst beim **zweiten Tatbestandsmerkmal** festzustellen: § 50 Abs. 1 **Nr. 6** verlangt darüber hinaus, dass der Notar nicht mehr in der Lage ist, seinen laufenden Verpflichtungen nachzukommen.[180] § 50 Abs. 1 **Nr. 8 Alt. 1** verlangt demgegenüber, dass die Interessen der Rechtsuchenden gefährdet sind, wobei eine solche Gefährdungslage bei Vorliegen des ersten Tatbestandsmerkmals nach der Rechtsprechung stets vermutet wird.[181] Dieser **tatbestandliche Unterschied** wird sich in der Praxis gleichwohl **nicht auswirken,** da eine Gefährdung der Interessen der Rechtsuchenden spätestens dann anzunehmen ist, wenn der Notar nicht mehr zur Erfüllung seiner laufenden Verpflichtungen in der Lage ist. Das hat auch der Gesetzgeber bei der Neufassung von § 50 Abs. 1 Nr. 6 erkannt:

> *„Der neu gefaßte § 50 Abs. 1 Nr. 5 (heute Nr. 6) muß im Zusammenhang mit dem unverändert gebliebenen § 50 Abs. 1 Nr. 7 (heute Nr. 8) gesehen werden. Diese Vorschrift ermöglicht es bereits dann, einen Notar seines Amtes zu entheben, wenn seine wirtschaftlichen Verhältnisse oder die Art seiner Wirtschaftsführung die Interessen der Rechtsuchenden gefährden. In vielen Fällen eines Vermögensverfalls wird daher bereits diese Nummer 7 (Heute Nr. 8) eingreifen. Ein Rückgriff auf die neu gefaßte Nummer 5 (heute Nr. 6) wird nur noch in extremen Fällen erforderlich sein."*[182]

102 Es bleibt demnach **festzuhalten,** dass in der Praxis die Amtsenthebungsgründe des § 50 Abs. 1 Nr. 6, Nr. 8 Alt. 1 und Alt 2 in der Regel kumulativ vorliegen werden. Das von § 50 Abs. 1 Nr. 8 Alt. 2 in Bezug genommene Verhalten wird in der Regel auch zu der von § 50 Abs. 1 Nr. 6 und Nr. 8 Alt. 1 in Bezug genommenen Situation führen. Dennoch nehmen die für eine Amtsenthebung erforderlichen und von der Landesjustizverwaltung zu ermittelnden tatbestandlichen Voraussetzungen von § 50 Abs. 1 Nr. 6 über § 50 Abs. 1 Nr. 8 Alt. 1 und schließlich zu § 50 Abs. 1 Nr. 8 Alt. 2 schrittweise ab. Vor diesem Hintergrund kommt dem Amtsenthebungsgrund des § 50 Abs. 1 Nr. 6 in der Praxis hauptsächlich wegen der gesetzlichen Vermutungen für das Vorliegen eines Vermögensverfalls gem. § 50 Abs. 1 Nr. 6 Hs. 2 noch Bedeutung zu.

103 **2. Konkreter Gefährdungstatbestand (Alt. 3).** Gemäß § 50 Abs. 1 Nr. 8 **Alt. 3** hat die Landesjustizverwaltung den Notar durch Verwaltungsakt seines Amtes zu entheben, wenn seine Art der Durchführung von Verwahrungsgeschäften iSd §§ 57 ff. BeurkG die Interessen der Rechtsuchenden gefährdet. In Abgrenzung zu § 50 Abs. 1 Nr. 8 Alt. 1 und Alt. 2 handelt es sich hierbei um einen **konkreten Gefährdungstatbestand,** da es bereits zu konkreten Missständen der notariellen Verwahrtätigkeit des Notars gekommen sein muss.[183]

104 Dieser Amtsenthebungsgrund wurde mit Wirkung zum 8.9.1998 durch dasselbe Gesetz in die Bundesnotarordnung klarstellend[184] eingefügt, mit dem auch die in Bezug genommenen Regelungen zur notariellen Verwahrung aus der Dienstordnung (§§ 11 bis 13

---

[179] → Rn. 52, 89.
[180] → Rn. 53.
[181] → Rn. 95 ff. Vgl. auch BGH 13.3.2017 – NotZ (Brfg) 4/16, DNotZ 2017, 867 Rn. 25.
[182] BT-Drs. 12/3803, 66.
[183] Vgl. BGH 24.11.2014 – NotZ (Brfg) 6/14, NJOZ 2015, 771 Rn. 17; 26.11.2012 – NotZ (Brfg) 10/12, BeckRS 2012, 25506; 26.10.2009 – NotZ 14/08, BeckRS 2009, 29969; OLG Frankfurt a. M. 5.6.2008 – 2 Not 2/08, BeckRS 2009, 86010.
[184] So ausdrücklich BT-Drs. 13/4184, 29. Die Praxis hatte bis dahin schwerwiegende Pflichtverstöße bei der Durchführung von Verwahrungsgeschäften nur im Rahmen eines Disziplinarverfahrens geahndet, da zweifelhaft war, ob derartige Sachverhalte die „Art der Wirtschaftsführung" iSd § 50 Abs. 1 Nr. 8 Alt. 2 betrafen. Erst kurz vor Änderung des Gesetzes hat der Notarsenat des Bundesgerichtshofs den Treuhandverstoß unter den Tatbestand der Gefährdung der Interessen der Rechtsuchenden durch die „Art der Wirt-

DONot) in das Beurkundungsgesetz (anfänglich §§ 54a bis 54e, heute §§ 57 bis 62 BeurkG) übertragen wurden. Hierdurch sollte die Bedeutung der notariellen Pflichten bei Verwahrgeschäften „hervorgehoben und gleichzeitig die bei schweren Pflichtverletzungen in diesem Bereich drohende Reaktion der Landesjustizverwaltung betont" werden.[185] Für den treuhandwidrigen Umgang mit Mandantengeldern, die dem Anwaltsnotar als Rechtsanwalt anvertraut worden sind, kommt gleichwohl weiterhin allein § 50 Abs. 1 Nr. 8 Alt. 2 als notarieller Amtsenthebungsgrund in Frage.[186]

Grundsätzlich kann **jeder Verstoß** gegen eine der in §§ 57 bis 62 BeurkG statuierten Amtspflichten eine Gefährdung der Interessen der Rechtsuchenden gem. § 50 Abs. 1 Nr. 8 Alt. 3 begründen; es wird nicht nur auf die Vorschrift über die Durchführung der Verwahrung iSd § 58 BeurkG verwiesen.[187] Als unter § 50 Abs. 1 Nr. 8 Alt. 3 subsumierbare Verstöße kommen daher **insbesondere** in Betracht: **105**

– die Annahme von Verwahrungsanträgen, die dem Sicherungsinteresse aller Beteiligten nicht genügt (§ 57 Abs. 2 Nr. 1, Abs. 3 BeurkG),
– Verfügungen über Treuhandgelder entgegen den Treuhandanweisungen (§ 57 Abs. 2 Nr. 2, Abs. 3 BeurkG),
– eine Missachtung der Vorschriften über die tatsächliche Durchführung der Verwahrung (§ 58 BeurkG) oder
– eine Auszahlung vom Anderkonto trotz hinreichender Anhaltspunkte für ein Mitwirken an unerlaubten oder unredlichen Zwecken (§ 61 Nr. 1 BeurkG).[188]

Dem Gesetzeswortlaut ist nicht zu entnehmen, ob für eine Amtsenthebung gem. § 50 **106** Abs. 1 Nr. 8 Alt. 3 schon ein **einziger Pflichtverstoß** ausreicht oder ob es einer **Mehrzahl von Pflichtverstößen** bedarf. Nach der Gesetzesbegründung bedarf es eines „schweren Pflichtverstoßes" gegen die §§ 57 ff. BeurkG. Eine derartige **Schwere** kann sich zum einen aus dem **Verstoß selbst** und zum anderen aus der **Anzahl an Verstößen** ergeben. Vor diesem Hintergrund und unter Berücksichtigung des Verhältnismäßigkeitsgrundsatzes, bei dem auf Seiten des Notars im Falle einer Amtsenthebung stets Art. 12 Abs. 1 GG in der Waagschale liegt, wird ein **einmaliger Verstoß** gegen §§ 57 ff. BeurkG die Landesjustizverwaltung nur dann zu einer Amtsenthebung durch Verwaltungsakt verpflichten und ermächtigen, wenn im konkreten Einzelfall die **Interessen** der Rechtsuchenden in **besonderem Ausmaß gefährdet** wurden. Das ist beispielsweise dann der Fall, wenn der Notar treuhandwidrig Gelder von seinem Notaranderkonto auf sein Geschäftskonto überwiesen und dadurch zugleich den Straftatbestand der Untreue begangen hat.[189] Erreicht ein einzelner Verstoß diese **Erheblichkeitsschwelle** nicht, kommt eine Verpflichtung und Ermächtigung der Landesjustizverwaltung zur Amtsenthebung gem. § 50 Abs. 1 Nr. 8 Alt. 3 nur bei einer festgestellten **Vielzahl von Verstößen** gegen die Pflichten aus §§ 57 ff. BeurkG in Betracht.

IX. Nr. 9

Gemäß § 50 Abs. 1 Nr. 9a) oder 9b) hat die Landesjustizverwaltung den Notar durch **107** Verwaltungsakt seines Amtes zu entheben, wenn er gegen ein **Mitwirkungsverbot** gem. § 3 Abs. 1 BeurkG (→ Rn. 108 f.) oder gegen die **Verbraucherschutzvorschrift** des § 17

---

schaftsführung" iSd § 50 Abs. 1 Nr. 8 Alt. 2 subsumiert, vgl. BGH 16.3.1998 – NotZ 14/97, DNotZ 1999, 170 sowie (noch zum alten Recht) auch BGH 3.12.2001 – NotZ 13/01, DNotZ 2002, 236.
[185] BT-Drs. 13/4184, 29, 37.
[186] Vgl. BGH 8.7.2002 – NotZ 1/02, NJW 2002, 2791.
[187] Das ergibt sich aus der Gesetzesbegründung, die durch § 50 Abs. 1 Nr. 8 Alt. 3 ausdrücklich die „vorgeschlagene gesetzliche Regelung der notariellen Verwahrtätigkeit" iSd §§ 54a bis 54e BeurkG ergänzen wollte, vgl. BT-Drs. 13/4184, 29.
[188] Vgl. zum letzten Beispiel BGH 17.11.2008 – NotZ 13/08, DNotZ 2009, 290.
[189] Vgl. BGH 3.12.2001 – NotZ 13/01, DNotZ 2002, 236.

Abs. 2a S. 2 Nr. 2 BeurkG verstößt (→ Rn. 110 f.) und dies in qualifizierter Weise zum einen wiederholt und zum anderen grob erfolgt (→ Rn. 112 ff.).

108 **1. § 3 Abs. 1 BeurkG.** Die in § 3 Abs. 1 S. 1 Nr. 1 bis Nr. 9 BeurkG geregelten Mitwirkungsverbote, die der Sicherung der Unabhängigkeit und Unparteilichkeit des Notars dienen, sind als **Sollvorschriften** ausgestaltet, so dass ihre Verletzung nicht zur Unwirksamkeit der Beurkundung führt. Diese Sollvorschriften begründen jedoch unmittelbare **Amtspflichten** des Notars, deren Verletzung bis in das Jahr 1998 ausschließlich im **Disziplinarwege** gem. §§ 95 ff. geahndet werden konnte. Durch das mit Wirkung zum 8.9.1998 in Kraft getretene Dritte Gesetz zur Änderung der Bundesnotarordnung wurden die Mitwirkungsverbote des § 3 Abs. 1 S. 1 BeurkG „im Interesse der Sicherstellung einer geordneten Rechtspflege erheblich verschärft" und zugleich in den Katalog der zwingenden **Amtsenthebungsgründe** aufgenommen, „um ihre Beachtung zu gewährleisten."[190] Die gesetzliche Aufwertung der Mitwirkungsverbote war letztlich auch der Preis für die mit demselben Gesetz den Anwaltsnotaren eingeräumte Möglichkeit, zum einen weitere Berufe auszuüben (§ 8 Abs. 2) und zum anderen sich mit Personen anderer Berufe zu Soziieren (§ 9 Abs. 2).[191]

109 Diese Entstehungsgeschichte erhellt, dass insbesondere das den Anwaltsnotar treffende Vorbefassungsverbot gem. § 3 Abs. 1 S. 1 Nr. 7 BeurkG als besondere Ausprägung des Gebotes der Unparteilichkeit zu den **Kernbestimmungen** der Mitwirkungsverbote gehört. Gleichwohl hat der Notarsenat ausdrücklich festgestellt, dass aus „dem Merkmal der groben Verstöße nicht zu entnehmen (sei), dass darüber bei den einzelnen Beurkundungsverboten differenziert werden soll. Für eine unterschiedliche Gewichtung der Tatbestände gibt § 3 Abs. 1 BeurkG keinen Anhalt."[192] Folglich kann der Notar gegen **jedes** in § 3 Abs. 1 S. 1 Nr. 1 bis Nr. 9 BeurkG statuierte Mitwirkungsverbot in grober Weise verstoßen.[193] Keines der Mitwirkungsverbote scheidet von vornherein als Anknüpfungspunkt für eine zwingende Amtsenthebung gem. § 50 Abs. 1 Nr. 9a) aus.

110 **2. § 17 Abs. 2a S. 2 Nr. 2 BeurkG.** Die in § 17 Abs. 2a S. 2 Nr. 2 BeurkG geregelte Pflicht des Notars, auf eine dort näher bestimmte Ausgestaltung des Beurkundungsvorverfahrens bei Verbraucherverträgen hinzuwirken, ist als **Sollvorschriften** ausgestaltet, so dass ihre Verletzung nicht zur Unwirksamkeit der Beurkundung führt. Diese Sollvorschrift begründet jedoch unmittelbare **Amtspflichten** des Notars, deren Verletzung bis in das Jahr 2013 noch ausschließlich im **Disziplinarwege** gem. §§ 95 ff. geahndet werden konnte. Durch das mit Wirkung zum 1.10.2013 in Kraft getretene Gesetz zur Stärkung des Verbraucherschutzes im notariellen Beurkundungsverfahren wurden die aus § 17 Abs. 2a S. 2 Nr. 2 Hs. 2 BeurkG folgenden Amtspflichten „weiterentwickelt ..., um Schutzlücken zu Lasten der Verbraucher zu schließen und es der Dienstaufsicht über die Notarinnen und Notare zu erleichtern, die Einhaltung der Regelung zu kontrollieren."[194] Zugleich wurden die daraus folgenden Amtspflichten in den Katalog der zwingenden **Amtsenthebungsgründe** aufgenommen, um „die Vorschrift in ihrer Bedeutung und Wirksamkeit und damit den Verbraucherschutz erheblich" zu stärken.[195]

---

[190] BT-Drs. 13/11034, 13 (39). Diese Aufnahme in den Katalog der Amtsenthebungsgründe war im Gesetzesentwurf der Bundesregierung noch nicht enthalten und wurde erst auf ausdrückliche Anregung des Bundesrates (BT-Drs. 13/4184, 44), die die Bunderegierung kritisch kommentierte (BT-Drs. 13/4184, 50), schließlich durch den Rechtsausschuss zur Umsetzung vorgeschlagen.
[191] → Rn. 38 ff. und BT-Drs. 13/4184, 44 (50). Zu diesem Hintergrund auch instruktiv BGH 22.3.2004 – NotZ 26/03, DNotZ 2004, 888. Zur Entstehungsgeschichte vgl. *Vaasen/Starke* DNotZ 1998, 661 (672). Zur Amtsenthebung bei Verstößen gegen Mitwirkungsverbote vgl. *Custodis* RNotZ 2005, 35.
[192] BGH 22.3.2004 – NotZ 26/03, DNotZ 2004, 888.
[193] So auch Schippel/Bracker/*Püls* BNotO § 50 Rn. 34a; Diehn/*Fahl* BNotO § 50 Rn. 28; *Custodis* RNotZ 2005, 35 (39); aA noch *Vaasen/Starke* DNotZ 1998, 661 (673); *Mihm* DNotZ 1999, 8 (25).
[194] BT-Drs. 17/12035, 1.
[195] BT-Drs. 17/12035, 7.

Die vorstehende Entstehungsgeschichte des § 50 Abs. 1 Nr. 9b) gleicht der zu § 50 **111**
Abs. 1 Nr. 9a). Die in Bezug genommenen Amtspflichten wurden jeweils in sich verschärft
und zugleich dadurch aufgewertet, dass geschehene Verstöße nicht nur im Wege eines
Disziplinarverfahrens gem. §§ 95 ff. sanktioniert, sondern zukünftigen Verstößen durch
eine **Amtsenthebung** gem. § 50 Abs. 1 Nr. 9 vorgebeugt werden kann. Vor diesem
Hintergrund ist die höchstrichterliche Rechtsprechung zu § 50 Abs. 1 Nr. 9a) auch für die
aus § 17 Abs. 2a S. 2 Nr. 2 BeurkG folgenden Amtspflichten zu übernehmen.[196] Aus dem
Erfordernis eines groben Verstoßes folgt daher auch im Rahmen des § 50 Abs. 1 Nr. 9b)
nicht, dass zwischen den einzelnen aus § 17 Abs. 2a S. 2 Nr. 2 BeurkG folgenden und in
Bezug genommenen Pflichten zu differenzieren ist. Folglich kann **jede** einzelne aus § 17a
Abs. 2a S. 2 Nr. 2 BeurkG folgende Pflicht zur Ausgestaltung des Beurkundungsvorverfahrens Anknüpfungspunkt für eine zwingende Amtsenthebung gem. § 50 Abs. 1 Nr. 9b)
sein und durch den Notar in grober Weise missachtet werden.

3. Qualifizierungen. Der Verstoß gegen § 3 Abs. 1 BeurkG oder § 17 Abs. 2a S. 2 **112**
Nr. 2 BeurkG muss gem. § 50 Abs. 1 Nr. 9 stets in **zweifacher Hinsicht qualifiziert**
sein, um die Landesjustizverwaltung zu einer Amtsenthebung zu verpflichten und zu
ermächtigen: Erstens muss es sich um einen **wiederholten** (→ Rn. 113) und zweitens um
einen **groben** Verstoß (→ Rn. 114 ff.) handeln. Ein derart qualifizierter Verstoß zwingt
und ermächtigt die Landesjustizverwaltung ferner nur dann zu einer Amtsenthebung durch
Verwaltungsakt, wenn die Amtsenthebung sich auch als eine **verhältnismäßige** präventive
Maßnahme zur Verhinderung zukünftiger Amtspflichtverstöße darstellt (→ Rn. 118 f.).

a) Wiederholter Verstoß. Es muss sich erstens um einen wiederholten Verstoß handeln. **113**
Bereits aus dem Wortsinn ergibt sich, dass ein einmaliger Verstoß nicht ausreicht und stets
mindestens zwei Verstöße erforderlich sind.[197] Aus dem Wortlaut des § 50 Abs. 1 Nr. 9
ergibt sich darüber hinaus, dass es sich um einen mindestens zweimaligen Verstoß gegen
dieselbe Norm handeln muss, dh einen mindestens zweimaligen Verstoß entweder gegen
§ 3 Abs. 1 BeurkG oder aber gegen § 17 Abs. 2a S. 2 Nr. 2 BeurkG. Unerheblich ist
demgegenüber, ob hierbei auch gegen dieselbe in diesen Normen statuierte Amtspflicht
verstoßen wurde.[198] So liegt beispielsweise ein wiederholter Verstoß iSd § 50 Abs. 1 Nr. 9
auch dann vor, wenn der Notar einmal gegen das Mitwirkungsverbot aus § 3 Abs. 1 Nr. 7
BeurkG und ein anderes Mal gegen das Mitwirkungsverbot aus § 3 Abs. 1 Nr. 1 BeurkG
verstoßen hat. Ist ein zunächst vereinzelt gebliebener Verstoß bereits iSd § 95a **verjährt,**
folgt aus dieser gesetzlichen Wertung für ein Disziplinarverfahren auch für eine Präventionsmaßnahme, dass ein nach Eintritt der Verjährung erfolgter weiterer Verstoß (idR nach
fünf Jahren) keine Wiederholung iSd § 50 Abs. 1 Nr. 9 darstellt. Hintergrund dieser
qualifizierten Anforderung an einen zur Amtsenthebung verpflichtenden und ermächtigenden Verstoß ist es, dass erst ein wiederholter Verstoß eine Amtsenthebung in Form einer
Präventivmaßnahme gem. § 50 Abs. 1 Nr. 9 rechtfertigt. Auf einen **einmaligen Verstoß**
kann die Landesjustizverwaltung folglich stets nur durch ein sanktionierendes **Disziplinarverfahren** gem. §§ 95 ff. reagieren.

b) Grober Verstoß. Zweitens muss es sich um einen groben Verstoß handeln. Eine **114**
grober Amtspflichtverstoß ist gegeben, wenn die Amtspflicht entweder in **besonders
schwerem Maße** verletzt wird oder sich der Verstoß gegen eine **besonders gravierende
Amtspflicht** richtet.[199] So „können einerseits schon wenige, aber besonders schwerwiegende Verstöße gegen die durch § 50 geschützten Berufspflichten eine Amtsenthebung

---

[196] → Rn. 109.
[197] Ebenso Schippel/Bracker/*Püls* BNotO § 50 Rn. 34b. Im Ergebnis ebenso Arndt/Lerch/Sandkühler/
Lerch BNotO § 50 Rn. 43.
[198] Vgl. so etwa in den BGH 22.3.2004 – NotZ 26/03, DNotZ 2004, 888 zugrunde liegenden Sachverhalt.
[199] Vgl. so auch zum Merkmal der „groben Pflichtverletzung" iSd § 70 StGB BeckOK StGB/*Stoll* StGB
§ 70 Rn. 5 und zum Merkmal der „groben Pflichtwidrigkeit" iSd § 315a Abs. 1 Nr. 2 StGB BeckOK

rechtfertigen ..., während andererseits Pflichtwidrigkeiten, die nicht dieses Gewicht aufweisen, erst in größerer Anzahl diese Maßnahme zulassen können."[200] An dieser Stelle – aber nur hier[201] – können die in § 3 Abs. 1 BeurkG und § 17 Abs. 2a S. 2 Nr. 2 BeurkG enthaltenen Amtspflichten durchaus **unterschiedlich gewichtet** werden, je nachdem ihr jeweils innewohnenden Potential für eine Gefährdung der unabhängigen und unparteilichen Amtsführung des Notars.[202]

115 Da die Amtsenthebung gem. § 50 Abs. 1 Nr. 9 **keine Sanktion** für ein bestimmtes Fehlverhalten des Notars darstellt, sondern als **Präventionsmaßnahme** dazu dient, das durch den Verstoß gegen die Mitwirkungsverbote des § 3 Abs. 1 S. 1 BeurkG oder die Verbraucherschutzvorschrift des § 17 Abs. 2a S. 2 Nr. 2 BeurkG beeinträchtigte Vertrauen in die Unabhängigkeit und Unparteilichkeit wieder herzustellen und zu sichern,[203] kommt es auf ein **Verschulden** im Sinne einer disziplinarrechtlichen Vorwerfbarkeit grundsätzlich nicht an.[204] Allerdings schließt ein grober Pflichtverstoß – als Tatbestandsmerkmal vergleichbar der „groben Verletzung von Pflichten" in § 70 Abs. 1 StGB und dem Merkmal „grob pflichtwidrig" in § 315a Abs. 1 Nr. 2 StGB – auch **subjektive Elemente** ein.[205]

116 In Bezug auf die aus § 3 Abs. 1 BeurkG folgenden Amtspflichten liegt ein grober Verstoß in dem vorbezeichneten Sinne beispielsweise dann vor, wenn sich der Notar mit der Beurkundung einer Scheidungsfolgenvereinbarung oder eines Schuldanerkenntnisses nach vorangegangener anwaltlicher Vorbefassung bewusst, also **in Kenntnis,** dass ihm dies nicht erlaubt ist, über das Mitwirkungsgebot des § 3 Abs. 1 S. 1 Nr. 7 BeurkG hinweggesetzt hat. Gleiches gilt für den **bewussten Verstoß** gegen das Verbot, für Verwandte und Verschwägerte im Sinne von § 3 Abs. 1 S. 1 Nr. 3 BeurkG zu beurkunden. Fehlt das Bewusstsein, gegen Mitwirkungsverbote zu verstoßen, scheidet die Annahme eines groben Verstoßes aber nicht per se aus: Auch eine **Vielzahl unbewusster** (fahrlässiger) Verstöße kann eine Amtsenthebung erforderlich machen, wenn das Vertrauen des rechtsuchenden Publikums in die Unabhängigkeit und Unparteilichkeit des Notars erheblich beeinträchtigt worden ist.[206]

117 In Bezug auf die aus § 17 Abs. 2a S. 2 Nr. 2 BeurkG folgenden Amtspflichten liegt ein grober Verstoß in dem vorbezeichneten Sinne beispielsweise dann vor, wenn der Notar die Beurkundung eines Grundstückskaufvertrages **in Kenntnis** der Verbrauchereigenschaft eines Vertragsbeteiligten und **in Kenntnis** eines fehlenden sachlichen Grundes für ein Unterschreiten der Zweiwochenfrist vornimmt, ohne dem Verbraucher zuvor einen Vertragsentwurf zur Verfügung gestellt zu haben. Gleiches gilt für eine **bewusst falsche** Dokumentation eines nicht vorhandenen sachlichen Grundes für ein Unterschreiten der Zweiwochenfrist gem. § 17 Abs. 2a S. 2 Nr. 2 Hs. 2, S. 3 BeurkG. Fehlt dem Notar hingegen das Bewusstsein, gegen diese Verbraucherschutzvorschrift zu verstoßen, kann sich ein grober Verstoß durch eine **Vielzahl unbewusster** (fahrlässiger) Verstöße ergeben, die das Vertrauen des rechtsuchenden Publikums in die Unabhängigkeit und Unparteilichkeit des Notars so erheblich beeinträchtigen, dass eine Amtsenthebung erforderlich erscheint.

118 c) **Verhältnismäßigkeit.** Nicht jeder in vorstehender Weise qualifizierte Verstoß gegen das Mitwirkungsverbot oder die Verbraucherschutzvorschrift führt zwingend zu einer

---

StGB/*Kudlich* StGB § 315a Rn. 12; Schönke/Schröder/*Hecker/Sternberg-Lieben* StGB § 315a Rn. 7; MüKoStGB/*Pegel* StGB § 315a Rn. 23.

[200] BGH 22.3.2004 – NotZ 26/03, DNotZ 2004, 888.
[201] → Rn. 109, 111.
[202] So auch BGH 22.3.2004 – NotZ 26/03, DNotZ 2004, 888.
[203] Vgl. BT-Drs. 13/4184, 50; BGH 22.3.2004 – NotZ 26/03, DNotZ 2004, 888 (zu § 50 Abs. 1 Nr. 9a) und BT-Drs. 17/12035, 6 f. (zu § 50 Abs. 1 Nr. 9b).
[204] Ebenso Schippel/Bracker/*Püls* BNotO § 50 Rn. 34a; Diehn/*Fahl* BNotO § 50 Rn. 28; aA offenbar Arndt/Lerch/Sandkühler/*Lerch* BNotO § 50 Rn. 44.
[205] Ebenso Schippel/Bracker/*Püls* BNotO § 50 Rn. 34a.
[206] Vgl. BGH 22.3.2004 – NotZ 26/03, DNotZ 2004, 888; Schippel/Bracker/*Püls* BNotO § 50 Rn. 34a; Diehn/*Fahl* BNotO § 50 Rn. 28.

Amtsenthebung. Verfassungsrechtliche Beschränkungen ergeben sich aus Art. 12 Abs. 1 GG und aus dem Verhältnismäßigkeitsgebot.[207] Eine Amtsenthebung ist erst dann geboten, wenn nach einer **Gesamtbewertung der Pflichtverletzungen** die Entfernung aus dem Amt erforderlich ist, um den mit den Mitwirkungsverboten oder der Verbraucherschutzvorschrift verfolgten Zweck zu erreichen.[208]

Bei dieser Bewertung „kann auch das **Maß des Verschuldens** Bedeutung erlangen, **119** denn die Gefahr künftiger Verletzungen von Mitwirkungsverboten (sowie der Verbraucherschutzvorschrift) ist naturgemäß bei demjenigen höher anzusetzen, der sich absichtlich über ein Verbot hinweggesetzt hat, als bei jemandem, der das Verbot nur gleichsam aus Unaufmerksamkeit übersehen hat."[209] Ergibt die im Rahmen einer Gesamtbewertung anzustellende Prognoseentscheidung, dass **Verweis** und **Geldbuße** iSd § 97 Abs. 1 ausreichen, um den Notar künftig zur Beachtung der Mitwirkungsverbote anzuhalten, ist eine Amtsenthebung nicht erforderlich. „Die eine Amtsenthebung rechtfertigende Gesamtbewertung hat sich daran zu orientieren, ob ein weiteres Verbleiben des Notars im Amt wegen der Gefahr künftiger Verletzungen ... nicht mehr vertretbar ist."[210] Diese notwendigen verfassungsrechtlichen Grenzen bewirken, dass der Amtsenthebungsgrund des § 50 Abs. 1 Nr. 9a) und 9b) nur in **Ausnahmefällen** zur Anwendung kommen kann.[211] Das entspricht auch dem Willen des Gesetzgebers, der die Amtsenthebung auf Grundlage von § 50 Abs. 1 Nr. 9 ausdrücklich als „Ultima Ratio" bezeichnet.[212]

X. Nr. 10

Gemäß § 50 Abs. 1 Nr. 10 hat die Landesjustizverwaltung den Notar durch Verwal- **120** tungsakt seines Amtes zu entheben, wenn er nicht eine den Anforderungen des § 19a entsprechende **Haftpflichtversicherung** unterhält. Bei der Berufshaftpflichtversicherung gem. § 19a handelt es sich um eine Pflichtversicherung, für welche die besonderen Vorschriften für **Pflichtversicherungen** gem. §§ 113 bis 124 VVG gelten.[213]

Die durch das Erste Gesetz zur Änderung der Bundesnotarordnung mit Wirkung zum **121** 8.8.1981 mit Einfügung von § 19a geschaffene gesetzliche[214] Verpflichtung des Notars zur Unterhaltung einer Berufshaftpflichtversicherung bezweckt, „den Rechtsuchenden bei Amtspflichtverletzungen des Notars unabhängig von dessen sonstiger Vermögenslage einen zahlungsfähigen Ersatzpflichtigen zu gewährleisten."[215] Diesem Zweck sollen auch die mit demselben Gesetz eingefügten § 6a und § 50 Abs. 1 Nr. 10 dienen, durch die der Notar „gezwungen wird", vor seiner Bestellung eine dem § 19a genügende Berufshaftpflichtversicherung abzuschließen und danach „ständig die erforderliche Versicherung aufrechtzuerhalten."[216]

1. Unterhalten einer Haftpflichtversicherung. Der Notar „unterhält" eine Haft- **122** pflichtversicherung iSd § 50 Abs. 1 Nr. 10, solange ein **ungekündigtes Versicherungsverhältnis** iSd § 19a besteht, aus dem der Versicherer gegenüber dem Notar im Schadensfalle zur Leistung verpflichtet ist. Klärungsbedürftig ist zum einen die Frage, ob eine im

---

[207] BGH 22.3.2004 – NotZ 26/03, DNotZ 2004, 888.
[208] BGH 22.3.2004 – NotZ 26/03, DNotZ 2004, 888; Diehn/*Fahl* BNotO § 50 Rn. 28.
[209] BGH 22.3.2004 – NotZ 26/03, DNotZ 2004, 888; Schippel/Bracker/*Püls* BNotO § 50 Rn. 34a.
[210] BGH 22.3.2004 – NotZ 26/03, DNotZ 2004, 888.
[211] Vgl. *Custodis* RNotZ 2005, 35 (45); *Kleine-Cosack* NJW 2004, 2473 (2477).
[212] BT-Drs. 17/12035, 8 sowie BR-Drs. 619/12, 7.
[213] BGH 13.10.1986 – NotZ 9/86, DNotZ 1987, 442; Arndt/Lerch/Sandkühler/*Sandkühler* BNotO § 19a Rn. 78.
[214] Zuvor war eine derartige Amtspflicht ohne Nennung der Mindestvertragssumme lediglich in den Richtlinien der Notarkammern verankert („Eine Haftpflichtversicherung des Notars in angemessener Höhe ist Standespflicht"), vgl. BT-Drs. 9/24, 4 iVm BT-Drs. 8/2782, 9.
[215] BGH 20.11.2000 – NotZ 16/00, DNotZ 2001, 569; so auch BGH 13.10.1986 – NotZ 9/86, DNotZ 1987, 442 und BT-Drs. 9/24, 4.
[216] BT-Drs. 9/24, 4 iVm BT-Drs. 8/2782, 12.

ungekündigten Versicherungsvertrag eintretende **Leistungsfreiheit der Versicherung** gegenüber dem Notar die Landesjustizverwaltung zu einer Amtsenthebung zwingt und ermächtigt (→ Rn. 123 f.) und in welchem Zeitpunkt die Landesjustizverwaltung den Notar seines Amtes zu entheben hat und entheben kann, wenn der **Versicherungsvertrag beendet** wurde (→ Rn. 125 ff.).

123 a) **Leistungsfreiheit im Innenverhältnis (§ 117 Abs. 1 VVG).** Der Notarsenat beim Bundesgerichtshof hat entschieden,[217] dass der Notar auch dann noch eine Berufshaftpflichtversicherung iSd § 50 Abs. 1 Nr. 10 „unterhält", wenn der Versicherer zwar gegenüber dem Notar (Innenverhältnis) von seiner Leistungspflicht befreit ist, er aber gegenüber geschädigten Dritten (Außenverhältnis) gem. § 117 Abs. 1 VVG zur Leistung verpflichtet bleibt.[218] Das ist beispielsweise gem. §§ 38 Abs. 2, 117 Abs. 1 VVG dann der Fall, wenn der Notar eine fällige Versicherungsprämie nicht zahlt, der Versicherer den Notar deshalb gem. § 38 Abs. 1 S. 1 VVG **qualifiziert mahnt** und der Notar bei Eintritt des Versicherungsfalles mit der Versicherungsprämie noch im Verzug ist.[219] Soweit der Versicherer den geschädigten Dritten befriedigt, geht die Forderung des Dritten gegenüber dem Notar gem. § 117 Abs. 5 S. 1 VVG auf die Versicherung über, die dann vollumfänglich beim Notar Regress nehmen kann.[220]

124 Im Falle einer gem. § 117 Abs. 1 VVG bestehenden Leistungspflicht des Versicherers gegenüber einem geschädigten Dritten (Außenverhältnis) sei, so der Notarsenat, „der Zweck des Gesetzes, den Rechtsuchenden bei Amtspflichtverletzungen des Notars unabhängig von dessen sonstiger Vermögenslage einen zahlungsfähigen Ersatzpflichtigen zu gewährleisten, ... **noch nicht unmittelbar gefährdet** ... Die Interessen eines geschädigten Dritten bleiben in dem gesetzlich bestimmten Rahmen gewahrt, weil nach ... (§ 117 Abs. 1 VVG) in Ansehung des Dritten ohne zeitliche Grenze der durch § 19a vorgeschriebene Versicherungsschutz bestehen bleibt ... Die vom Verschulden des Notars nicht abhängige Amtsenthebung nach ... (§ 50 Abs. 1 Nr. 10) darf als letztes Mittel des Landesjustizverwaltung erst stattfinden, wenn der Versicherungsschutz auch im Verhältnis zu einem geschädigten Dritten unmittelbar gefährdet ist."[221]

125 b) **Beendigung des Versicherungsvertrages (§ 117 Abs. 2 VVG).** Noch nicht höchstrichterlich entschieden ist die Frage, ab welchem Zeitpunkt im Falle einer Beendigung des Versicherungsvertrages der Notar eine Berufshaftpflichtversicherung iSd § 50 Abs. 1 Nr. 10 nicht mehr „unterhält".[222] In Betracht kommt der Zeitpunkt, in dem die Beendigung **gegenüber dem Notar wirksam** wird oder aber der Zeitpunkt, in dem die Beendigung **gegenüber Dritten wirkt**. Gemäß § 19a Abs. 5 iVm § 117 Abs. 2 VVG genießt ein Dritter für einen Monat nach der Kenntniserlangung der Landesjustizverwaltung von der Beendigung des Versicherungsvertrages Deckungsschutz (so genannte Nachhaftung).[223] Diese Frage stellt sich beispielsweise dann, wenn die Versicherung den Notar wegen Verzuges mit einer Versicherungsprämie **qualifiziert mahnt** und nach Ablauf der darin bestimmten Zahlungsfrist den Versicherungsvertrag gem. § 38 Abs. 3 VVG mit sofortiger Wirkung **kündigt**. Gemäß § 19a Abs. 5 iVm § 117 Abs. 2 VVG wirkt diese

---

[217] BGH 13.10.1986 – NotZ 9/86, DNotZ 1987, 442; bestätigt durch BGH 20.11.2000 – NotZ 16/00, DNotZ 2001, 569.
[218] Da gem. § 115 VVG ein Direktanspruch des Dritten nicht besteht, fingiert § 117 Abs. 1 VVG dem Dritten gegenüber das Fortbestehen der Leistungspflicht im Innenverhältnis und folglich auch einen Freistellungsanspruch des Notars gegenüber seiner Versicherung, den der geschädigte Dritte pfänden und überweisen lassen, vgl. *Römer/Langheid*, 2014, VVG § 117 Rn. 4.
[219] Vgl. *Haus/Krumm/Quarch*, 2014, VVG § 117 Rn. 3; so auch der dem BGH 13.10.1986 – NotZ 9/86, DNotZ 1987, 442 sowie 20.11.2000 – NotZ 16/00, DNotZ 2001, 569 zugrunde liegende Sachverhalt.
[220] Vgl. *Haus/Krumm/Quarch*, 2014, VVG § 117 Rn. 2, 4.
[221] BGH 13.10.1986 – NotZ 9/86, DNotZ 1987, 442, bestätigt durch BGH 20.11.2000 – NotZ 16/00, DNotZ 2001, 569.
[222] Diese Frage hat BGH 13.10.1986 – NotZ 9/86, DNotZ 1987, 442 ausdrücklich offen gelassen und auch BGH 20.11.2000 – NotZ 16/00, DNotZ 2001, 569 nicht beantwortet.
[223] Vgl. hierzu *Römer/Langheid*, 2014, VVG § 117 Rn. 116.

Kündigung gegenüber einem Dritten erst nach Ablauf von einem Monat, nachdem der Versicherer der **Landesjustizverwaltung** die Beendigung des Versicherungsvertrages **angezeigt** hat.

Auch in der **Nachhaftungsphase** gem. § 117 Abs. 2 VVG besteht gegenüber einem **126** geschädigten Dritten der durch § 19a vorgeschriebene Versicherungsschutz. Wie im Falle des § 117 Abs. 1 VVG ist folglich auch hier der Zweck des Gesetzes, den Rechtsuchenden bei Amtspflichtverletzungen des Notars unabhängig von dessen sonstiger Vermögenslage einen zahlungsfähigen Ersatzpflichtigen zu gewährleisten, **noch nicht unmittelbar gefährdet.** Auf Grundlage der vorstehend zitierten höchstrichterlichen Rechtsprechung darf eine Amtsenthebung „als letztes Mittel des Landesjustizverwaltung" in dieser **Nachhaftungsphase** demnach noch nicht stattfinden.[224] Auch innerhalb eines Monats, nachdem der Versicherer der Landesjustizverwaltung die Beendigung des Versicherungsvertrages mitgeteilt hat, „unterhält" der Notar mithin eine Haftpflichtversicherung iSd § 50 Abs. 1 Nr. 10. Eine Amtsenthebung innerhalb der **Nachhaftungsphase** iSd § 19a Abs. 5 iVm § 117 Abs. 2 VVG ist folglich auf Grundlage von § 50 Abs. 1 Nr. 10 **nicht möglich.**

Aus dem Umstand, dass der Deckungsschutz gem. § 117 Abs. 2 VVG zeitlich begrenzt **127** ist, folgt nichts anderes. Im Gegenteil: Sinn und Zweck der Anknüpfung der zeitlichen Befristung des Deckungsschutzes an die Kenntniserlangung der Landesjustizverwaltung vom drohenden Wegfall des Versicherungsschutzes ist es gerade, diese in die Lage zu versetzen, das Verwaltungsverfahren zur Amtsenthebung gem. § 50 Abs. 1 Nr. 10 geordnet durchzuführen und mit dem tatsächlichen Wegfall des Deckungsschutzes taggenau abzuschließen.[225] Innerhalb des Nachhaftungsmonats kann die Landesjustizverwaltung den Notar gem. § 64a Abs. 1 iVm § 28 Abs. 1 VwVfG **anhören** und ihn hierbei auf seine zwingend vorgesehene Amtsenthebung gem. § 50 Abs. 1 Nr. 10 **hinweisen,** sollte er nicht bis zum letzten Tag der Nachhaftungsphase den Abschluss eines neuen Versicherungsvertrages iSd § 19a nachweisen. Frühestens und spätestens mit dem Beginn des ersten Tages eines nicht mehr bestehenden Deckungsschutzes im Außenverhältnis gem. § 19a Abs. 5 iVm § 17 Abs. 2 VVG hat die Landesjustizverwaltung den Notar gem. § 50 Abs. 1 Nr. 10 seines Amtes zu entheben. Um den notwendigen Schutz der rechtsuchenden Bevölkerung vor einem nicht hinreichend haftpflichtversicherten Notar effektiv zu gewährleisten, ist zugleich auch stets eine **vorläufige Amtsenthebung** gem. § 54 Abs. 1 Nr. 2 auszusprechen.[226]

2. Maßgeblicher Zeitpunkt. Nach der höchstrichterlichen Rechtsprechung ist maß- **128** geblicher Zeitpunkt für eine auf Grundlage von § 50 Abs. 1 Nr. 10 verfügte Amtsenthebung der Tag der letzten Verwaltungsentscheidung, dh der **Tag des Erlasses des Verwaltungsaktes** der Amtsenthebung.[227]

Die zu § 50 Abs. 1 Nr. 10 ergangene Rechtsprechung hat der Bundesgerichtshof später **129** auch auf die Amtsenthebungsgründe des Vermögensverfalles, der wirtschaftlichen Verhältnisse und der Art der Wirtschaftsführung gem. § 50 Abs. 1 Nr. 6, Nr. 8 Alt. 1 und Alt. 2 übertragen.[228] Zu diesen Amtsenthebungsgründen wurde bereits oben näher dargelegt, dass richtigerweise auf die Sachlage am **Tag der letzten mündlichen Verhandlung** bzw. an dem an deren Stelle tretenden Tag abzustellen ist. Eine Nichtberücksichtigung der zwischenzeitlichen Entwicklung der wirtschaftlichen Verhältnisse des Notars würde eine Amtsenthebung aus rein „formellen" Gründen ermöglichen, was wiederum einen unverhältnismäßigen Eingriff in die Berufswahlfreiheit gem. Art. 12 Abs. 1. S. 1 GG darstellt.[229]

---

[224] → Rn. 124.
[225] Vgl. in diese Richtung auch BT-Drs. 9/24, 4 iVm BT-Drs. 8/2782, 12.
[226] Vgl. zur Auswirkung des Suspensiveffektes einer Anfechtungsklage gegen den Verwaltungsakt der Amtsenthebung gem. § 50 → Rn. 139.
[227] BGH 13.10.1986 – NotZ 9/86, DNotZ 1987, 442; 20.11.2000 – NotZ 16/00, DNotZ 2001, 569.
[228] Erstmals BGH 3.12.2001 – NotZ 16/01, NJW 2002, 1349 unter Bezugnahme auf BGH 13.10.1986 – NotZ 9/86, DNotZ 1987, 442.
[229] → Rn. 60 ff.

130 Diese Überlegungen treffen für den Amtsenthebungsgrund gem. § 50 Abs. 1 Nr. 10 **nicht zu**, so dass mit der höchstrichterlichen Rechtsprechung hierfür weiterhin die Sachlage am Tag des Erlasses des Verwaltungsaktes der Amtsenthebung maßgeblich ist.[230] Bei § 50 Abs. 1 Nr. 10 handelt es sich in **Abgrenzung** zu § 50 Abs. 1 Nr. 6, Nr. 8 Alt. 1 und Alt. 2 nämlich nicht um einen abstrakten, sondern um einen konkreten Gefährdungstatbestand. Durch den Wegfall des Versicherungsschutzes wird die rechtsuchende Bevölkerung **konkret gefährdet**, da ihr kein zahlungsfähiger ersatzpflichtiger Dritter iSd § 19a für die **ab diesem Tage** entstehenden Schäden aus Amtspflichtverletzungen des Notars mehr zur Verfügung steht.[231] Dies ist nach dem Sinn und Zweck der §§ 19a, 6a, 50 Abs. 1 Nr. 10 an keinem einzigen Tag der Amtstätigkeit hinzunehmen. Lässt es der Notar – auch unverschuldeter Weise[232] – so weit kommen, erfolgt seine Amtsenthebung auch dann nicht aus rein „formellen" Gründen,[233] wenn er bis zum Tag der mündlichen Verhandlung vor Gericht wieder iSd § 19a hinreichenden Versicherungsschutz nachweisen kann. Die Ausübung des Amtes auch nur an einem einzigen Tag ohne iSd § 19a hinreichenden Versicherungsschutz stellt nach dem gesetzgeberischen Konzept der §§ 19a, 6a, 50 Abs. 1 Nr. 10 eine so **gewichtige Amtspflichtverletzung** dar, dass die Amtsenthebung auch im Lichte von Art. 12 Abs. 1. S. 1 GG stets einen geeigneten, erforderlichen und auch angemessenen Eingriff darstellt.[234]

C. Fakultativer Amtsenthebungsgrund (Abs. 2)

131 Gemäß § 50 Abs. 2 kann die Landesjustizverwaltung einen Notar seines Amtes entheben, wenn eine der Voraussetzungen vorliegt, unter denen die Ernennung eines Landesjustizbeamten für nichtig erklärt oder zurückgenommen werden kann.

132 Unter welchen Voraussetzungen die **Ernennung eines Landesjustizbeamten zurückgenommen** werden kann, bestimmt § 12 Abs. 2 BeamtStG.[235] Die Erklärung der Nichtigkeit der Ernennung eines Landesjustizbeamten sieht das BeamtStG nicht vor, so dass dieser Verweis ins Leere geht.

§ 12 Abs. 2 BeamtStG

Die Ernennung soll zurückgenommen werden, wenn nicht bekannt war, dass gegen die ernannte Person in einem Disziplinarverfahren auf Entfernung aus dem Beamtenverhältnis oder auf Aberkennung des Ruhegehalts erkannt worden war. Dies gilt auch, wenn die Entscheidung gegen eine Beamtin oder einen Beamten der Europäischen Gemeinschaften oder eines Staates nach § 7 Abs. 1 Nr. 1 ergangen ist.

---

[230] AA ohne nähere Begründung Schippel/Bracker/*Püls* BNotO § 50 Rn. 35 und Diehn/*Fahl* BNotO § 50 Rn. 30, wonach der Zeitpunkt des „rechtskräftigen Abschlusses des Amtsenthebungsverfahrens" maßgeblich sein soll. Ebenso wohl auch Arndt/Lerch/Sandkühler/*Lerch* BNotO § 50 Rn. 49.

[231] Eine hiervon gesondert zu beantwortende Frage ist, ob in einem solchen Falle die von den Notarkammern gem. § 67 Abs. 3 Nr. 3 unterhaltenen Gruppenanschlussversicherungen iHv 500.000,00 EUR für die von diesem iSd § 19a unversicherten Notar verursachten Schäden im Außenverhältnis ersatzpflichtig werden.

[232] Auf ein Verschulden kommt es nicht an, vgl. BGH 20.11.2000 – NotZ 16/00, DNotZ 2001, 569.

[233] → Rn. 63.

[234] Vgl. auch BGH 13.10.1986 – NotZ 9/86, DNotZ 1987, 442: „Diesem Schutz der Rechtsuchenden mißt das Gesetz so große Bedeutung bei, daß es durch die §§ 6a, 50 Abs. 1 Nr. 8 [heute Nr. 10] die Bestellung und die weitere Amtsausübung des Notars von dem Abschluß und Unterhaltung der Pflichtversicherung abhängig macht."

[235] Das Beamtenstatusgesetz regelt als Bundesgesetz gem. § 1 BeamtStG die Statusrechte und Statuspflichten der Länderbeamten. Für die Bundesbeamten enthält § 14 BBG eine entsprechende Regelung. Die Statusrechte und Statuspflichten der Landesbeamten (mit Ausnahme der Laufbahnen, Besoldung und Versorgung) sind seit Inkrafttreten des Gesetzes zur Änderung des Grundgesetzes vom 28.8.2006 (BGBl. I 2034) gem. Art. 74 Abs. 1 Nr. 27 GG Gegenstand der konkurrierenden Gesetzgebungskompetenz des Bundes, wovon der Bundesgesetzgeber mit dem Beamtenstatusgesetz vom 17.6.2008 (BGBl. I 1010) Gebrauch gemacht hat.

Gemäß § 50 Abs. 2 iVm § 12 Abs. 2 Alt. 1 BeamtStG kann die Landesjustizverwaltung 133 einen Notar seines Amtes entheben, wenn im **Zeitpunkt seiner Bestellung**[236] nicht bekannt war, dass er in einem **Disziplinarverfahren** bereits einmal aus dem **Amt des Notars** gem. §§ 47 Nr. 7, 97 Abs. 1 S. 1 entfernt wurde.[237] Ist ein Disziplinarverfahren mit dem Ziel der Entfernung aus dem Amt lediglich eingeleitet worden und ist die ernannte Person damals, um einer Entscheidung im Disziplinarverfahren zuvorzukommen, auf eigenen Antrag hin entlassen worden, kann eine Amtsenthebungsgrund auf Grundlage von § 50 Abs. 2 nicht erfolgen.[238] Da § 50 Abs. 2 („kann") abweichend von § 12 Abs. 2 („soll") der Landesjustizverwaltung ein **größeres Ermessen** einräumt, ist der Entscheidungsspielraum nicht dahingehend eingeschränkt, dass sie die Amtsenthebung in der Regel auszusprechen hat und nur in besonderen (atypischen) Ausnahmefällen davon absehen kann.

Der Verweis des § 50 Abs. 2 auf § 12 Abs. 1 Alt. 2 BeamtStG kann mangels Ruhegehalt 134 eines Notars und auf § 12 Abs. 2 BeamtStG mangels Vorhandensein eines dort bezeichneten notariellen Personenkreises von vornherein keine Bedeutung erlangen.

D. Zuständigkeit und Verfahren (Abs. 3)

Gemäß § 50 Abs. 3 S. 1 ist für den Erlass des Verwaltungsaktes der Amtsenthebung die 135 Landesjustizverwaltung zuständig. Die Länder haben allerdings in der Regel von der Ermächtigung gem. § 112 S. 1 Gebrauch gemacht und diese **Zuständigkeit** auf nachgeordnete Behörden übertragen. In Nordrhein-Westfalen ist beispielsweise gem. § 1 Nr. 8 der Verordnung zur Übertragung von Befugnissen nach der Bundesnotarordnung der Präsident des Oberlandesgerichts für eine Amtsenthebung gem. § 50 zuständig.

Da es sich bei der Amtsenthebung um ein Verwaltungsverfahren handelt, auf das gem. 136 § 64a VwVfG grundsätzlich sämtliche Regelungen des allgemeinen Verwaltungsverfahrensrechtes Anwendung finden, hat die zuständige Behörde den Sachverhalt von Amts wegen zu **ermitteln** und den beteiligten Notar gem. § 64a Abs. 1 iVm § 28 Abs. 1 VwVfG sowie die Notarkammer gem. § 50 Abs. 3 S. 2 vor Erlass des Verwaltungsaktes **anzuhören.** Eine bestimmte **Form** des Verwaltungsaktes der Amtsenthebung sieht die BNotO nicht vor; da das Gesetz insoweit auch nicht auf das Landesbeamtenrecht verweist, verbietet sich auch eine entsprechende Anwendung von zwingenden landesrechtlichen Formvorschriften (beispielsweise § 18 Abs. 2 S. 3 LBG NRW).[239] In der Praxis nimmt die Landesjustizverwaltung eine Amtsenthebung allein aus Nachweiszwecken in der Regel im Wege einer förmlichen Zustellung vor.[240]

Durch das am 1.9.2009 in Kraft getretene Gesetz zur Modernisierung von Verfahren im 137 anwaltlichen und notariellen Berufsrecht ist das bis dahin in § 50 Abs. 3 S. 3 für die Amtsenthebung in den Fällen des § 50 Abs. 1 Nr. 5 bis Nr. 9 vorgesehene sogenannte **„Vorschaltverfahren"** gestrichen worden.[241] Da der Antrag auf gerichtliche Entscheidung gem. § 111 aF ursprünglich keine aufschiebende Wirkung entfaltete,[242] sollten mit diesem Vorschaltverfahren – im Interesse des Notars und einer geordneten Rechtspflege – übereilte

---

[236] BeckOK BeamtenR Bund/*Thomsen* BeamtStG § 12 Rn. 25.
[237] Eine Entfernung aus dem Beamtenverhältnis, Richterverhältnis etc vor der Bestellung zum Notar stellt hingegen keinen fakultativen Amtsenthebungsgrund gem. § 50 Abs. 2 iVm § 12 Abs. 2 BeamtStG dar, vgl. ebenso zu § 12 Abs. 2 BeamtStG BeckOK BeamtenR Bund/*Thomsen* BeamtStG § 12 Rn. 26.1.
[238] Vgl. BeckOK BeamtenR Bund/*Thomsen* BeamtStG § 12 Rn. 26.
[239] Vgl. BeckOK VwVfG/*Tiedemann* VwVfG § 41 Rn. 129 f.
[240] Dies steht im Ermessen der Behörde; entscheidet sie sich für die förmliche Zustellung, so muss sie allerdings auch sämtliche Vorschriften der förmlichen Zustellung beachten, vgl. BeckOK VwVfG/*Tiedemann* VwVfG § 41 Rn. 130.
[241] Vgl. BGBl. 2009 I 2449 und dazu BT-Drs. 16/11385.
[242] Vgl. zur heutigen Rechtslage → Rn. 138 ff.

Entscheidungen und „die mit einem verfrühten Vollzug verbundenen Misshelligkeiten"[243] vermieden werden.[244]

E. Rechtsfolge und Rechtsschutz

138 Rechtsfolge des Verwaltungsaktes der Amtsenthebung gem. § 50 Abs. 1 oder Abs. 2 ist gem. § 47 Nr. 6 das Erlöschen des Amtes. Diese Rechtsfolge tritt nach allgemeinem Verwaltungsrecht mit **Wirksamwerden** des Verwaltungsaktes, dh im **Zeitpunkt der Bekanntgabe** des Verwaltungsaktes gegenüber dem Notar gem. § 64a Abs. 1 iVm § 43 Abs. 1 VwVfG ein.[245]

139 Erhebt der Notar gegen den Verwaltungsakt der Amtsenthebung Widerspruch oder Anfechtungsklage, hat dies gem. § 111b Abs. 1 S. 1 iVm § 80 Abs. 1 S. 1 VwGO **aufschiebende Wirkung**.[246] Die aufschiebende Wirkung endet gem. § 111b Abs. 4 stets mit der Bestandskraft des Verwaltungsaktes. Welche Wirkung der **Suspensiveffekt** insbesondere auf **rechtsgestaltende Verwaltungsakte** iSd § 80 Abs. 1 S. 2 VwGO hat, ist rechtsdogmatisch umstritten.[247] Für den Verwaltungsakt der Amtsenthebung ist die **Sonderregelung** des § 54 Abs. 1 Nr. 2 und S. 2 zu berücksichtigen, wonach der Notar in den Fällen des § 50 auch vorläufig seines Amtes enthoben werden kann und Widerspruch oder Anfechtungsklage gegen den Verwaltungsakt der **vorläufigen Amtsenthebung** keine aufschiebende Wirkung haben.[248] Die vorläufige Amtsenthebung führt nicht zu einem Erlöschen des Amtes gem. § 47, sondern gem. § 55 Abs. 2 S. 1 lediglich zu einem Verbot der Amtsausübung. Aus diesen notarrechtlichen **Sonderregelungen** der §§ 54 Abs. 1 Nr. 2 und S. 2, 55 Abs. 2 S. 1 folgt unabhängig von dem rechtsdogmatischen Streitstand im allgemeinen Verwaltungsrecht, dass **Widerspruch und Anfechtungsklage** gegen den **Verwaltungsakt der Amtsenthebung** gem. § 80 Abs. 1 S. 1 VwGO zu einer **rückwirkenden**[249] Beseitigung der Rechtsfolge des § 47 Nr. 6 führt.[250] **Wäre dies nicht der Fall, bedürfte es § 54 Abs. 1 Nr. 2 nicht.**[251] Die mit dem Wirksamwerden der Amtsenthebung gem. § 47 Nr. 6 erloschenen Amtsbefugnisse des Notars leben folglich mit dem

---

[243] BGH 13.10.1980 – NotZ 7/80, DNotZ 1981, 193.
[244] Vgl. BT-Drs. 16/11385, 51 f.
[245] Ebenso Diehn/*Fahl* BNotO § 50 Rn. 32; aA ohne nähere Begründung und daher nicht nachvollziehbar Schippel/Bracker/*Püls* BNotO § 50 Rn. 44, wonach die Amtsenthebung stets offenbar erst mit der Bestandskraft, dh einen Monat nach der Bekanntgabe des Verwaltungsaktes wirksam werden soll.
[246] BT-Drs. 16/11385, 51.
[247] Der Theorienstreit hat insbesondere bei rechtsgestaltenden Verwaltungsakten beachtliche praktische Konsequenzen (vgl. hierzu Schoch/Schneider/Bier/*Schoch* VwGO § 80 Rn 95 f.). Im Wesentlichen werden drei Auffassungen vertreten: die Theorie der strengen Wirksamkeitshemmung, der eingeschränkten Wirksamkeitshemmung und der Vollziehungshemmung. Nach herrschender und in der verwaltungsgerichtlichen Rechtsprechung nahezu einhellig vertretener Auffassung lassen Widerspruch und Anfechtungsklage die Wirksamkeit des Verwaltungsakts unberührt. Die aufschiebende Wirkung bedinge lediglich eine Vollziehungshemmung des angefochtenen Verwaltungsakts. Vgl. hierzu den Überblick in BeckOK VwGO/*Gersdorf* VwGO § 80 Rn. 24 ff. und Schoch/Schneider/Bier/*Schoch* § 80 Rn. 88 ff.
[248] Unverständlich Arndt/Lerch/Sandkühler/*Lerch* BNotO § 50 Rn. 54, wonach offenbar der Suspensiveffekt der Amtsenthebung gem. § 50 entfallen soll, wenn der Notar gem. § 54 Abs. 1 Nr. 2 vorläufig seines Amtes enthoben wurde.
[249] Nach allgemeinem Verwaltungsrecht wirkt die aufschiebende Wirkung zurück auf den Zeitpunkt des Erlasses des Verwaltungsakts, vgl. nur BeckOK VwGO/*Gersdorf* VwGO § 80 Rn. 33 mwN.
[250] So wohl iE auch der Gesetzgeber, wenn er die Abschaffung des Vorschaltverfahrens (→ Rn. 137) mit der aufschiebenden Wirkung der Anfechtungsklage begründet und hierzu ausführt, dass es deshalb eines „gesonderten Verfahrens zur Vermeidung ‚der mit einem verfrühten Vollzug verbundenen Misshelligkeiten' (nicht) mehr bedarf", BT-Drs. 16/11385, 51 f.
[251] Vgl. hierzu auch die Begründung zur Einfügung des gesetzlichen Ausschlusses der aufschiebenden Wirkung gegen den Verwaltungsakt der vorläufigen Amtsenthebung gem. § 54 Abs. 1 S. 2 in BT-Drs. 16/11385, 52: „Die Aufsichtsbehörde ordnet die vorläufige Amtsenthebung in den Fällen an, in denen es die geordnete Rechtspflege erfordert, dass die Notarin oder der Notar umgehend weitere Amtshandlungen unterlässt. Wenn Rechtsbehelfe gegen die vorläufige Amtsenthebung aufschiebende Wirkung hätten, würde dieses Ziel nicht sofort erreicht."

Eintritt des Suspensiveffektes **rückwirkend** wieder auf.²⁵² Zunächst nichtige Amtshandlungen zwischen dem Wirksamwerden der Amtsenthebung gem. § 64a Abs. 1 iVm § 43 Abs. 1 VwVfG und dem Eintritt des Suspensiveffektes gem. § 111b Abs. 1 iVm § 80 Abs. 1 S. 1 VwGO werden rückwirkend geheilt.²⁵³

Ob der Notar vor Erhebung einer Anfechtungsklage gegen den Verwaltungsakt der Amtsenthebung gem. § 111b Abs. 1 S. 1 iVm § 42 Abs. 1 VwGO zunächst **Widerspruch** gem. § 111b Abs. 1 S. 1 iVm § 68 Abs. 1 S. 1 VwGO erheben muss, hängt vom jeweiligen **Landesrecht** ab. Gemäß § 111b Abs. 1 S. 1 iVm § 80 Abs. 1 S. 2 VwGO bedarf es eines Widerspruchsverfahrens nicht, wenn ein Gesetz dies bestimmt oder aber wenn der Verwaltungsakt von einer obersten Landesbehörde erlassen worden ist. Oberste Landesbehörde in diesem Sinne ist gem. § 50 Abs. 3 S. 1 die Landesjustizverwaltung (Justizministerium); wurde die Befugnis gem. § 112 S. 1 auf nachgeordnete Behörde (Oberlandesgerichte, Landgerichte) delegiert, handelt es sich nicht mehr um Verwaltungsakte einer obersten Landesbehörde.²⁵⁴ Ein in Nordrhein-Westfalen bestellter Notar hat beispielsweise sogleich Anfechtungsklage zu erheben, da gem. § 110 Abs. 1 S. 1 JustG NRW das Widerspruchsverfahren gegen Verwaltungsakte einer nordrhein-westfälischen Behörde grundsätzlich abgeschafft wurde. **140**

§ 51 [Verwahrung bei Erlöschen des Amtes oder Verlegung des Amtssitzes]

[§ 51 bis 31.12.2021:]

(1) ¹Ist das Amt eines Notars erloschen oder wird sein Amtssitz in einen anderen Amtsgerichtsbezirk verlegt, so sind die Akten und Bücher des Notars sowie die ihm amtlich übergebenen Urkunden dem Amtsgericht in Verwahrung zu geben. ²Die Landesjustizverwaltung kann die Verwahrung einem anderen Amtsgericht oder einem Notar übertragen. ³Die Vorschriften des § 45 Abs. 2, 4 und 5 gelten entsprechend.

(2) Die Siegel und Stempel des Notars hat das in Absatz 1 Satz 1 bezeichnete Amtsgericht zu vernichten.

(3) Wird ein Notar nach dem Erlöschen seines Amtes oder der Verlegung seines Amtssitzes erneut in dem Amtsgerichtsbezirk, in dem er seinen früheren Amtssitz hatte, zum Notar bestellt, so können ihm die nach Absatz 1 in Verwahrung genommenen Bücher und Akten wieder ausgehändigt werden.

(4) ¹Wird der Amtssitz eines Notars in einen anderen Amtsgerichtsbezirk innerhalb derselben Stadtgemeinde verlegt, so bleiben die Akten und Bücher in seiner Verwahrung. ²Die Siegel und Stempel sind nicht abzuliefern.

(5) ¹Die Abgabe von Notariatsakten an ein Staatsarchiv und die Vernichtung von Notariatsakten regelt die Landesjustizverwaltung. ²Sind Notariatsakten an ein Staatsarchiv abgegeben worden, so werden Ausfertigungen, vollstreckbare Ausfertigungen und Abschriften, wenn es sich um Urkunden eines noch in seinem Amt befindlichen Notars oder um Urkunden handelt, die auf Grund des Absatzes 1 Satz 2 einem anderen Notar zur Verwahrung übergeben waren, vom Notar, sonst von dem Amtsgericht erteilt, in dessen Bezirk der Notar seinen Sitz hatte. ³Die Vorschriften des § 45 Abs. 4

---

²⁵² IE ebenso Schippel/Bracker/*Püls* BNotO § 50 Rn. 39. Für die notarielle Amtsenthebung folgt mithin aus den §§ 54 Abs. 1 Nr. 2 und S. 2, 55 Abs. 2 S. 1, dass die von der herrschenden Lehre im allgemeinen Verwaltungsrecht angewandte Theorie der Wirksamkeitshemmung Anwendung findet, vgl. hierzu BeckOK VwGO/*Gersdorf* VwGO § 80 Rn. 24.

²⁵³ Auch dann, wenn der Notar (wie im Regelfall) zugleich gem. § 54 Abs. 1 S. 1 Nr. 2 vorläufig seines Amtes enthoben wurde, da Amtshandlungen während dieser Zeit gem. § 55 Abs. 2 S. 2 wirksam sind.

²⁵⁴ Vgl. Schoch/Schneider/Bier/*Dolde/Porsch* VwGO § 68 Rn. 15 mwN. AA aber Schippel/Bracker/*Püls* BNotO § 50 Rn. 41, der „kein Bedürfnis" für die gem. § 73 Abs. 1 Nr. 2 VwGO vorgeschriebene nochmalige Überprüfung durch die den Verwaltungsakt erlassene Behörde (idR das Oberlandesgericht) erkennt. AA auch, allerdings ohne nähere Begründung, Arndt/Lerch/Sandkühler/*Lerch* BNotO § 50 Rn. 59, wonach der Präsident des Oberlandesgericht „als oberste Landesbehörde angesehen werden kann."

und 5 dieses Gesetzes sowie des § 797 Abs. 3 der Zivilprozeßordnung gelten entsprechend.

[§ 51 ab 1.1.2022:]
(1) ¹Ist das Amt eines Notars erloschen oder ändert sich auf Grund der Verlegung seines Amtssitzes sein Amtsbereich, ist für die Verwahrung seiner Akten und Verzeichnisse sowie der ihm amtlich übergebenen Urkunden und Wertgegenstände die Notarkammer zuständig, in deren Bezirk sich der Amtssitz des Notars befunden hat. ²Die Landesjustizverwaltung kann die Zuständigkeit für die Verwahrung einer anderen Notarkammer oder einem Notar übertragen. ³§ 35 Absatz 1 und § 45 Absatz 2, 4 und 5 gelten entsprechend. ⁴Mehrere Notarkammern können sich zur gemeinsamen Verwahrung von Akten und Verzeichnissen zusammenschließen; die eigene Verfügungsgewalt der Notarkammer muss gewahrt bleiben. ⁵Die gemeinsame Verwahrung ist der Landesjustizverwaltung mitzuteilen.

(2) Die Siegel und Stempel des Notars hat der Präsident des Landgerichts zu vernichten, in dessen Bezirk sich der Amtssitz des Notars befunden hat.

(3) ¹Wird ein Notar nach dem Erlöschen seines Amtes oder der Verlegung seines Amtssitzes erneut zum Notar bestellt und ihm als Amtssitz ein Ort innerhalb seines früheren Amtsbereichs zugewiesen, kann die Landesjustizverwaltung ihm die Zuständigkeit für die Verwahrung wieder übertragen. ²Die Akten, Verzeichnisse, amtlich übergebenen Urkunden und Wertgegenstände sind dem Notar von der Stelle zu übergeben, in deren Verwahrung sie sich zuletzt befunden haben. ³§ 51a gilt mit Ausnahme von Absatz 1 Satz 2 entsprechend.

(4) ¹Wird der Amtssitz eines Notars innerhalb derselben Stadtgemeinde verlegt, bleibt der Notar für die Verwahrung auch dann zuständig, wenn sich dadurch der Amtsbereich ändert. ²Die Siegel und Stempel sind nicht abzuliefern.

Vgl. hierzu auch → **RLEmBNotK Abschnitt IX Nr. 2, Nr. 3.1 und Nr. 3.2.**
Redaktioneller Hinweis: Die Kommentierung bezieht sich auf die Fassung bis zum 31.12.2021.

Übersicht

	Rn.
A. Allgemeines	1
B. Aktenverwahrung (Abs. 1)	4
I. Verwahrung durch einen Notariatsverwalter	5
II. Verwahrung durch einen Notar (S. 2)	8
1. Anspruch und Verpflichtung	9
2. Umfang der Übertragung	11
3. Rechte und Pflichten	14
III. Verwahrung durch ein Amtsgericht (S. 1)	19
1. Gesetzliche Verpflichtung	20
2. Umfang der Übertragung	22
3. Rechte und Pflichten	27
C. Siegel und Stempel (Abs. 2)	36
D. Aktenrückgabe (Abs. 3)	38
E. Amtssitzverlegung (Abs. 4)	41
F. Staatsarchiv (Abs. 5)	43

A. Allgemeines

1 Das öffentliche Amt des Notars setzt sich zusammen aus einer **institutionalisierten** und einer **individualisierten** Komponente.[1] Diese Differenzierung des Notaramtes in zwei voneinander zu trennende **Wesensmerkmale** ist insbesondere in § 14 Abs. 3 S. 1 augenfällig, wonach der Notar sich innerhalb und außerhalb seines Amtes (individualisierte

---
[1] *Starke/Terner* FS Brambring 2011, 357 (358 ff.); *Kindler* RNotZ 2015, 465.

Komponente) der Achtung und dem Vertrauen, die dem Notaramt (institutionalisierte Komponente) entgegengebracht wird, würdig zu zeigen hat.² Mit dem Begriff der **Amtsnachfolge**³ wird ausschließlich die Nachfolge eines Notars in die **institutionalisierte Komponente** eines aus dem Amt ausgeschiedenen Notars umschrieben.⁴

Die Amtsnachfolge erfolgt durch eine Übertragung der Verwahrung der Urkunden, Akten und Bücher des aus dem Amt ausgeschiedenen Notars **(Amtsvorgänger)** gem. § 51 Abs. 1 S. 2 auf einen anderen amtierenden Notar **(Amtsnachfolger).**⁵ Den Amtsnachfolger trifft über den Wortlaut von §§ 51 Abs. 1 S. 3, 45 Abs. 2, Abs. 4 und Abs. 5 hinaus die **Pflicht, die noch nicht abgewickelten Amtsgeschäfte des ausgeschiedenen Notars wie die eigenen fortzuführen;**⁶ denn erst „durch die kontinuierliche Verwahrung ‚im übernommenen Amt' wird Störungen in der notariellen Betreuung der Rechtssuchenden entgegen gewirkt."⁷ Diese **Pflicht** ergibt sich auch aus dem auf Grundlage von § 67 Abs. 2 Nr. 11 in die Richtlinien der Regionalkammern übernommenen Abschnitt XI Nr. 2 RLEmBNotK. Dem entsprechend sieht auch Vorbemerkung 2 Abs. 1 KV GNotKG vor, dass der Amtsnachfolger dem Amtsvorgänger auch für Zwecke der Gebührenberechnung gleichsteht.⁸

Das **Prinzip der Amtsnachfolge** hat folglich seine **gesetzliche Grundlage** in § 51 **Abs. 1 S. 2.**⁹ Im Bereich des **hauptberuflichen Notariates** (§ 3 Abs. 1) findet dieses Prinzip im Regelfall, im Bereich des **Anwaltsnotariates** (§ 3 Abs. 2) nur in Ausnahmefällen Anwendung. Denn im Bereich des **hauptberuflichen Notariates** entspricht es der **ständigen Verwaltungspraxis,** dass eine durch Ausscheiden eines Notars aus dem Amt gem. § 47 freiwerdende hauptberufliche Notarstelle (institutionalisierte Komponente) wieder ausgeschrieben und dem dort neu ernannten hauptberuflichen Notar gem. § 51 Abs. 1 S. 2 die Aktenverwahrung übertragen wird.¹⁰ Im Bereich des **Anwaltsnotariates** entspricht es demgegenüber der **ständigen Verwaltungspraxis,** dass die durch Ausscheiden eines Anwaltsnotars aus dem Amt gem. § 47 freiwerdende Notarstelle (institutionalisierte Komponente) nicht wieder ausgeschrieben und eingezogen wird; zu einem festgelegten Zeitpunkt innerhalb eines Kalenderjahres wird sodann in dem betroffenen Amtsbereich eine Mengenbedarfsplanung¹¹ vorgenommen und auf Grundlage der dortigen Urkundenzahlen gegebenenfalls eine neue Anwaltsnotarstelle ausgeschrieben. Die Akten des ausgeschiedenen Anwaltsnotars werden daher gem. § 51 Abs. 1 S. 1 im Regelfall vom Amtsgericht verwahrt und nur in Ausnahmefällen erfolgt eine Übertragung der Akten gem. § 51 Abs. 1 S. 2 auf einen anderen bereits amtierenden Anwaltsnotar.¹² Diese **unterschiedliche**

---

² *Terner* RNotZ 2014, 523 (524); *Starke/Terner* FS Brambring 2011, 357 (359); *Kindler* RNotZ 2015, 465.
³ Diesen vom Gesetz selbst nicht gebrauchten Begriff verwendet sowohl die Rechtsprechung (zB BGH 7.6.2010 – NotZ 3/10, NJW-RR 2011, 414) als auch der Gesetzgeber (zB BT-Drs. 13/4184, 30) ausdrücklich.
⁴ So treffend *Terner* RNotZ 2014, 523 (524). Vgl. auch *Starke/Terner* FS Brambring 2011, 357 (362 ff.).
⁵ BGH 7.6.2010 – NotZ 3/10, NJW-RR 2011, 414; *Terner* RNotZ 2014, 523 (524).
⁶ *Kindler* RNotZ 2015, 465 (471); *Bäumler* notar 2012, 3 (9).
⁷ BGH 7.6.2010 – NotZ 3/10, NJW-RR 2011, 414.
⁸ Beispielsweise zum Zwecke einer Anrechnung einer von dem Amtsvorgänger erhobenen Entwurfgebühr oder Gebühr für die vorzeitige Beendigung des Beurkundungsverfahrens auf die von dem Amtsnachfolger erhobene Beurkundungsgebühr gem. Vorb. 2.4.1 Abs. 6 KV GNotKG, vgl. Fackelmann/Heinemann/*Fackelmann* GNotKG KV Vorb. 2 Rn. 8.
⁹ Vgl. für das personelle und räumliche Substrat der Amtsnachfolge den durch § 53 bewirkten Schutz des Prinzips der Amtsnachfolge → § 53 Rn. 1 f.
¹⁰ Vgl. § 44 Abs. 1 S. 1 AVNot NRW: „Ist das Notaramt erloschen oder wird der Amtssitz in einen anderen Amtsbezirk verlegt, so sind im Gebiet der zur hauptberuflichen Amtsausübung bestellten Notarinnen und Notare die Akten in der Regel der Amtsnachfolgerin oder dem Amtsnachfolger in Verwahrung zu geben."
¹¹ → § 10 Rn. 8 f.
¹² Vgl. § 44 Abs. 1 S. 2 AVNot NRW: „Im Übrigen soll die Verwahrung anderen nur in Ausnahmefällen übertragen werden." Derartige Ausnahmefälle liegen in NRW beispielsweise vor, wenn der ausscheidende Anwaltsnotar mit einem anderen Anwaltsnotar soziiert war oder wenn noch einige wenige Urkunden abzuwickeln sind. Hier erfolgt ausnahmsweise eine Aktenübertragung auf den noch amtierenden Sozius oder einen amtierenden anderen Notar zum Zwecke der Abwicklung. Auch diese Anwaltsnotare sind dann als Amtsnachfolger anzusehen.

Verwaltungspraxis betreffend die beiden Notariatsverwaltungen findet in § 56 Abs. 1 und Abs. 2 ihre gesetzliche Anerkennung und Bestätigung.[13]

B. Aktenverwahrung (Abs. 1)

4 Erlischt das Amt eines Notars gem. § 47 oder wird sein Amtssitz in einen anderen Amtsgerichtsbezirk gem. § 10 Abs. 1 S. 3 verlegt,[14] so erfolgt die Verwahrung der Akten, Bücher und Urkunden sowie die Verfügung über die Notaranderkonten dieses Notars entweder durch einen Notariatsverwalter (→ Rn. 5 ff.), durch einen anderen Notar (→ Rn. 8 ff.) oder aber durch ein Amtsgericht (→ Rn. 19 ff.).

I. Verwahrung durch einen Notariatsverwalter

5 Eines gesonderten Verwaltungsaktes zur Übertragung der Verwahrung der Akten, Bücher und Urkunden gem. § 51 Abs. 1 S. 2 sowie zur Übertragung der Verfügungsbefugnis über die Notaranderkonten gem. § 58 Abs. 3. S. 2 BeurkG auf den **Notariatsverwalter** bedarf es nicht. Sowohl die Übertragung der Verwahrung als auch die Übertragung der Verfügungsbefugnis erfolgt gem. § 58 Abs. 1, § 58 Abs. 3 S. 1 BeurkG **kraft Gesetzes.**

6 Ist das Amt eines **hauptberuflichen Notars** gem. § 47 erloschen oder wurde sein Amtssitz gem. § 10 Abs. 1 S. 3 in einen anderen Amtsgerichtsbezirk verlegt und kann die freiwerdende Notarstelle (institutionalisierte Komponente) zum Zeitpunkt des Erlöschen des Amtes oder der Verlegung des Amtssitzes nicht nahtlos – dh nach einer Ausschreibung gem. § 6b Abs. 1,[15] eines Auswahlverfahrens gem. § 6 Abs. 3, Art. 33 Abs. 2 GG[16] sowie der Bestallung gem. § 12 S. 1 – wiederbesetzt werden, so **„soll"**[17] gem. § 56 Abs. 1 anstelle des ausscheidenden Notars ein Notariatsverwalter bestellt werden. Dieser Notariatsverwalter erhält gem. § 58 Abs. 1, § 58 Abs. 3 S. 1 BeurkG *ipso iure* die Verwahrung und die Verfügungsbefugnis. Auch durch § 56 Abs. 1 BNotO findet das **Prinzip der Amtsnachfolge** im Bereich des hauptberuflichen Notariates folglich seine gesetzliche Anerkennung, in dem für eine Interimszeit zwischen dem ausscheidenden und dem neu ernannten Notar eine **Ämterkontinuität** durch nahtlose Aktenverwahrung gesetzlich gewährleistet wird.

7 Ist das Amt eines **Anwaltsnotars** gem. § 47 erloschen oder wurde sein Amtssitz gem. § 10 Abs. 1 S. 3 in einen anderen Amtsgerichtsbezirk verlegt,[18] so „kann" an seiner Stelle zur Abwicklung der Notariatsgeschäfte bis zur Dauer eines Jahres ein Notariatsverwalter bestellt werden, **wenn hierfür ein Bedürfnis besteht.** Ein derartiges **Bedürfnis** besteht nach der ständigen Verwaltungspraxis in der Regel nur dann, wenn eine solch große Anzahl an abzuwickelnden Urkunden des aus dem Amt geschiedenen oder des seinen Amtssitz verlegenden Notars besteht, dass dieser Abwicklungsaufgabe nicht durch eine Übertragung der abzuwickelnden Urkunden sowie der dazugehörigen Akten und Massen gem. § 51 Abs. 1 S. 2, § 58 Abs. 3 S. 1 BeurkG erfolgen kann. Dieser Notariatsverwalter erhält gem. § 58 Abs. 1, § 58 Abs. 3 S. 1 BeurkG *ipso iure* die Verwahrung und die Verfügungsbefugnis. Auch durch § 56 Abs. 2 wird folglich gesetzgeberisch klargestellt, dass es das **Prinzip der Amtsnachfolge** im Bereich des Anwaltsnotariates **im Regelfall nicht** gibt und eine Notariatsverwaltung nur zum Zwecke der Abwicklung der Notarstelle (institutionalisierte Komponente) eingerichtet werden darf.

---

[13] → Rn. 5 ff.
[14] → § 10 Rn. 27 ff.
[15] → § 10 Rn. 27.
[16] → § 10 Rn. 29 ff.
[17] In diesem Falle ist die Landesjustizverwaltung nach BGH 25.11.1974 – NotZ 3/74, NJW 1975, 931 in dem ihr gem. § 56 Abs. 1 eingeräumten Ermessen gebunden und zur Bestellung eines Notariatsverwalters zum Zwecke einer nahtlosen Amtsnachfolge verpflichtet. Vgl. hierzu auch *Bohrer,* Berufsrecht, Rn. 244, 276.
[18] Zu den nur eingeschränkten Möglichkeiten der Verlegung des Amtssitzes eines Anwaltsnotars in einen anderen Amtsgerichtsbezirk → § 10 Rn. 28, → § 47 Rn. 17 ff.

II. Verwahrung durch einen Notar (S. 2)

Gemäß § 51 Abs. 1 S. 2 Alt. 2 kann die Landesjustizverwaltung die Verwahrung der **8** Akten sowie gem. § 58 Abs. 3 S. 2 BeurkG die Verfügungsbefugnis über die Notaranderkonten einem anderen Notar durch **Verwaltungsakt**[19] übertragen.

1. Anspruch und Verpflichtung. Im Bereich des **hauptberuflichen Notariates** wird **9** die Aktenverwahrung nach ständiger Verwaltungspraxis gem. § 51 Abs. 1 S. 2 dem Nachfolger im institutionalisierten und wieder ausgeschriebenen Amt übertragen. Da in dieser Notariatsverfassung die **Ämterkontinuität** zu den **grundlegenden Erfordernissen einer geordneten Rechtspflege** gehört und die nahtlose Fortführung der Notarstelle die Übertragung der Akten voraussetzt, hat der Amtsnachfolger einen **Anspruch** auf Übertragung der Aktenverwahrung.[20] Dies gilt unabhängig davon, ob der neue Notar seinem Vorgänger unmittelbar nachfolgt oder ob in der Zwischenzeit ein Notariatsverwalter amtiert hat; § 64 Abs. 3 S. 1 sieht die Möglichkeit der Übertragung der Aktenverwahrung auf den neu bestellten Notar nach Beendigung des Amtes des Notariatsverwalters ausdrücklich vor. Dem Anspruch auf Aktenübertragung entspricht die im Regelfall gegebene **Verpflichtung** zur Aktenübernahme, und zwar **aller Akten,** ohne Beschränkung auf einen Teil der Akten, etwa der Akten des unmittelbaren Vorgängers als der jüngeren Akten.[21] Ein vom Amtsnachfolger vorgetragener Platzmangel begründet auch unter Berufung auf § 44 Abs. 2 AVNot NRW oder eine vergleichbare Landesverfügung **keine Ausnahme.**[22] § 44 Abs. 2 AVNot betrifft nach seinem Wortlaut nur den Fall des § 44 Abs. 1 S. 2 AVNot, wonach die Aktenverwahrung nur in Ausnahmefällen nicht dem Amtsnachfolger, sondern einem „anderen" Notar übertragen werden soll. Von dieser Vorschrift ist der Übergang der Akten auf den **Amtsnachfolger** nicht erfasst.[23] Wenn nur ein **Teil der Akten** dem Amtsnachfolger und der Rest dem Amtsgericht übertragen würden, wären im Übrigen auch die Interessen einer geordneten Rechtspflege nicht ausreichend berücksichtigt.[24] Im Gebiet des hauptberuflichen Notariats ist nämlich regelmäßig der jeweils amtierende Notar Ansprechpartner der rechtsuchenden Bevölkerung auch in allen Urkundsangelegenheiten, die in dem Notariat von den Amtsvorgängern betreut wurden. Die Übertragung von **Teilbeständen** an das Amtsgericht hieße, insoweit die Betreuung der Rechtsuchenden zu erschweren.[25] Wird der Amtssitz eines Notars in einen Nachbarort verlegt, der zu einem anderen Amtsgerichtsbezirk gehört, und an dem bisherigen Amtssitz kein Nachfolger bestellt, ist die Verwahrung der Akten dem Notar zu übertragen, dessen Amtssitz verlegt worden ist.[26]

Im Bereich des **Anwaltsnotariats** erfolgt, wie bereits oben dargelegt, eine Übertragung **10** der Aktenverwahrung auf einen anderen bereits amtierenden Anwaltsnotar gem. § 51 Abs. 1 S. 2 nur **ausnahmsweise.**[27] Die Verwahrung durch die Amtsgerichte gem. § 51 Abs. 1 S. 1 ist hier die Regel. Mangels Anwendbarkeit des Prinzips der Amtsnachfolge in

---

[19] BGH 7.6.2010 – NotZ 2/10, BeckRS 2010, 15915.
[20] Vgl. als derartige Ermessensbindungen begründende Verfügungen § 44 Abs. 1 S. 1 AVNot NRW und Nr. 5.2.1 S. 1 AVNot Rheinland-Pfalz, vgl. hierzu auch BGH 7.6.2010 – NotZ 3/10, NJW-RR 2011, 414.
[21] Vgl. BGH 7.6.2010 – NotZ 3/10, NJW-RR 2011, 414. AA offenbar Schippel/Bracker/*Bracker* BNotO § 51 Rn. 45.
[22] § 44 Abs. 2 AVNot NRW „Die Verwahrung kann auch in der Weise angeordnet werden, dass nur ein Teil der Akten (die neueren Urkunden) anderen Notarinnen und Notaren in Verwahrung gegeben wird, während der Rest (die älteren Urkunden) in die Verwahrung des Amtsgerichts übergeht."
[23] BGH 7.6.2010 – NotZ 3/10, NJW-RR 2011, 414.
[24] BGH 7.6.2010 – NotZ 3/10, NJW-RR 2011, 414.
[25] So iE auch OLG Bremen 28.4.1987 – 1 W 7/87, DNotZ 1988, 138.
[26] Schippel/Bracker/*Bracker* BNotO § 51 Rn. 47; Arndt/Lerch/Sandkühler/*Lerch* BNotO § 51 Rn. 5.
[27] Vgl. zB § 44 Abs. 1 S. 2 AVNot NRW: „Im Übrigen soll die Verwahrung anderen nur in Ausnahmefällen übertragen werden." Derartige Ausnahmefälle liegen in NRW beispielsweise vor, wenn der ausscheidende Anwaltsnotar mit einem anderen Anwaltsnotar soziiert war oder wenn noch einige wenige Urkunden abzuwickeln sind. Hier erfolgt ausnahmsweise eine Aktenübertragung auf den noch amtierenden Sozius oder einen amtierenden anderen Notar zum Zwecke der Abwicklung. Auch diese Anwaltsnotare sind dann als Amtsnachfolger anzusehen. Vgl. auch Nr. 25 S. 1 AVNot Berlin.

dieser Notariatsverfassung besteht auch **weder** ein **Anspruch** auf Übertragung **noch** eine **Verpflichtung** zur Übernahme der Aktenverwahrung eines ausgeschiedenen oder amtssitzwechselnden Notars. Eine Übertragung von Akten gem. § 51 Abs. 1 S. 2 im Bereich des Anwaltsnotariats kann vor diesem Hintergrund darüber hinaus auch **ohne Weiteres** nur in Betreff eines **Teils der Akten** (bspw. nur die neueren Urkunden) erfolgen, so dass eine (ggf. nur vorübergehende)[28] gespaltene Aktenverwahrung – teilweise durch das Amtsgericht gem. § 51 Abs. 1 S. 1 und teilweise durch den Amtsnachfolger gem. § 51 Abs. 1 S. 2 – die Folge ist.[29]

11   **2. Umfang der Übertragung.** Soweit der Verwaltungsakt keine Einschränkungen vorsieht, sind Gegenstand der Übertragung gem. § 51 Abs. 1 S. 2 **sämtliche Amtsbestände** des ausscheidenden oder amtssitzverlegenden Notars iSd § 5 Abs. 1 S. 1 und S. 2 DONot, die dieser tatsächlich in seiner Verwahrung hat oder in seiner Verwahrung haben müsste. **Unerheblich** ist, ob einzelne Teile dieser Amtsbestände nicht iSd § 5 Abs. 4 DONot **ordnungsgemäß vernichtet** wurden und sich daher im Zeitpunkt des Wirksamwerdens der Aktenübertragung noch tatsächlich in der Verwahrung des Amtsvorgängers befinden. Es ist **Aufgabe des Amtsnachfolgers,** nach der Aktenübertragung eine iSd § 5 Abs. 4 DONot ordnungsgemäße Aktenverwahrung wiederherzustellen. So kann es der Amtsnachfolger beispielsweise nicht ablehnen, Nebenakten seines Amtsvorgängers, die älter als sieben Jahre iSd § 5 Abs. 4 Spiegelstrich Nr. 3 DONot sind, in seine Verwahrung zu nehmen; der Verwaltungsakt der Aktenübertragung gem. § 51 Abs. 1 S. 2 bezieht sich auch auf diese Nebenakten.

12   Auch wenn § 51 Abs. 1 S. 1, anders als § 58 Abs. 1 S. 1, die dem Notar übergebenen **Wertgegenstände** (Geld, Wertpapiere und Kostbarkeiten, die dem Notar nach § 23 anvertraut worden sind) nicht nennt, sind in beiden Fällen auch diese Gegenstände zu übertragen und von dem Notar zu übernehmen. Aus dem Zweck der Aktenübertragung auf einen Notar folgt, dass dieser in gleichem Maße wie ein Notariatsverwalter die von dem ausgeschiedenen Notar begonnenen Amtsgeschäfte abzuwickeln hat. In entsprechender Anwendung von § 58 Abs. 1 S. 1 und § 64 Abs. 3 S. 1 hat der Notar, dem die Verwahrung der Akten übertragen wird, daher auch die Wertgegenstände zu übernehmen.[30]

13   Die **Amtsblätter** unterliegen nicht der öffentlichen Sachherrschaft, sondern stehen im Eigentum des ausgeschiedenen Notars oder seiner Erben; sie sind allerdings – ebenso wie das Mobiliar, die Bibliothek und die EDV – dem **Notariatsverwalter** gem. § 67 Abs. 2 Nr. 11 iVm Abschnitt XI Nr. 3.1 RLEmBNotK zu angemessenen Bedingungen zur Verfügung zu stellen. Gegenüber dem **Amtsnachfolger** besteht eine derartige Verpflichtung hingegen nicht. Allerdings bestimmt § 67 Abs. 2 Nr. 11 iVm Abschnitt XI Nr. 3.2 RLEmBNotK hinsichtlich elektronischer Datenträger, dass der ausscheidende oder amtssitzwechselnde Notar verpflichtet ist, sowohl dem Notariatsverwalter als auch dem Notar, dem die Landesjustizverwaltung die Verwahrung seiner Bücher und Akten übertragen hat, den Zugriff auf die gespeicherten **Daten** kostenfrei zu ermöglichen.[31]

14   **3. Rechte und Pflichten.** Mit der Übertragung der Bücher, Akten und Urkunden, an denen öffentliche Sachherrschaft besteht, gehen nicht nur die **Verwahrungsgehilfenschaft** als öffentlich-rechtliche Pflicht auf den Notar über,[32] sondern in entsprechender

---

[28] Nach der Abwicklung kommt ggf. eine Aufhebung der Aktenübertragungsverfügung gem. § 51 Abs. 1 S. 2 in Betracht.
[29] AA OLG Bremen 28.4.1987 – 1 W 7/87, DNotZ 1988, 138, das seine Argumentation auf den unzutreffenden Umstand stützt, dass der Notariatsverwalter auch „verpflichtet" sei, sämtliche Akten zu übernehmen. Das Gericht übersieht hierbei, dass der Notariatsverwalter die Verwahrung der Akten gem. § 58 Abs. 1 *ipso iure* – und gerade nicht durch einen Verwaltungsakt gem. § 51 Abs. 1 – erhält und insoweit die beiden Konstellation von vornherein nicht miteinander vergleichbar sind.
[30] Schippel/Bracker/*Bracker* BNotO § 51 Rn. 52.
[31] Vgl. hierzu auch Richtlinienempfehlungen der BNotK DNotZ 1999, 258 (263).
[32] *Bohrer*, Berufsrecht, Rn. 175, 177, 278 f.

Anwendung von § 58 Abs. 2 S. 1 und § 64 Abs. 3 S. 1 auch die mit dem jeweiligen Antrag auf Vornahme einer Amtshandlung entstandenen **Verfahrensrechtsverhältnisse** zwischen dem Notar und den Beteiligten[33] mit allen Rechten und Pflichten. Der Übergang dieser Verfahrensrechtsverhältnisse erstreckt sich auf Amtsgeschäfte aller Art, also nicht nur auf die Urkundsgeschäfte und deren Abwicklung, sondern auch auf die Verwahrungsgeschäfte (§ 23) und die sonstigen Betreuungsgeschäfte (§ 24).[34] Hinsichtlich der Verwahrungsgeschäfte gilt dies allerdings nur, wenn und soweit dem mit der Aktenverwahrung betrauten Notar die Verfügungsbefugnis über Anderkonten gem. § 58 Abs. 3 S. 2 BeurkG übertragen worden ist. Auf den Aktenverwahrer, der die begonnenen Amtsgeschäfte fortzuführen hat, gehen auch alle **Vollmachten** über, die dem früheren Notar zur Erledigung der Amtsgeschäfte erteilt worden sind, einschließlich der Vollmachten, die auf einer gesetzlichen Vermutung beruhen (§ 15 Abs. 2 GBO, § 378 Abs. 2 FamFG).[35]

Von der öffentlich-rechtlichen Zuständigkeit zur Vornahme von **Verwahrungsgeschäften** (§ 23), die mit der Übertragung der Verfügungsbefugnis über die Anderkonten (§ 58 Abs. 3 S. 2 BeurkG) auf den Notar übergeht, ist die **privatrechtliche Kontobeziehung** zwischen Notar und Bank zu unterscheiden, für deren Ausgestaltung die Anderkontobedingungen[36] maßgebend sind. Wie sich aus Nr. 11 Abs. 4 iVm Abs. 2 dieser Bedingungen ergibt, ist die zuständige Notarkammer Kontoinhaber, wenn die Verfügungsbefugnis des Notars durch Erlöschen des Amtes oder Amtssitzverlegung endet und nicht unmittelbar danach ein Notariatsverwalter oder Notar bestellt wird, der die Verfügungsbefugnis über die Anderkonten erhält. Mit deren jeweiliger Bestellung werden diese Kontoinhaber; die Inhaberstellung der Notarkammer endet. Der Sache nach handelt es sich bei dieser Regelung um einen Vertrag zugunsten Dritter (Notarkammer, Notariatsverwalter, Notar), auch wenn dies nicht mehr ausdrücklich so bezeichnet wird. 15

Die Zuständigkeit zur Erteilung von **Ausfertigungen** folgt unmittelbar aus § 48 S. 1 BeurkG.[37] Diese Zuständigkeit umfasst als Minus auch die Befugnis, beglaubigte **Abschriften** zu erteilen und **Akteneinsicht** zu gestatten. Die Zuständigkeit zur Erteilung vollstreckbarer Ausfertigungen ergibt sich aus § 52 BeurkG iVm § 797 Abs. 2 S. 1 ZPO. Eine Verpflichtung, die Tatsache der Urkundenverwahrung im Ausfertigungsvermerk anzugeben, besteht nicht. § 45 Abs. 4 S. 3 ist nicht entsprechend anzuwenden. Gleichwohl ist es zweckmäßig und teilweise auch üblich, im Ausfertigungsvermerk auf die Tatsache der Aktenverwahrung hinzuweisen. 16

Die **Abwicklung** begonnener Amtsgeschäfte ist eine **Amtspflicht** des die Akten verwahrenden Notars. Diese Amtspflicht ist auch Gegenstand von Abschnitt XI Nr. 2 RLEmBNotK, ohne dass dort eine Aussage zu der Frage gemacht wird, ob ein Anspruch auf **Vergütung** gegen den bisherigen Amtsinhaber besteht.[38] Dieses Schweigen beruht auf unterschiedlichen Auffassungen von Anwalts- und Nur-Notarkammern. Nach den Richtlinien der Kammern des hauptberuflichen Notariates besteht ein solcher Anspruch nicht oder „in der Regel" nicht.[39] 17

Was die Aufteilung der **Gebührenforderungen,** die für die laufenden Amtsgeschäfte erwachsen, und der geleisteten Gebührenvorschüsse zwischen dem früheren Notar oder seinen Erben und dem Aktenverwahrer anbelangt, gelten die Bestimmungen des § 64 18

---

[33] Vgl. hierzu *Bohrer,* Berufsrecht, Rn. 25 ff.
[34] Schippel/Bracker/*Bracker* BNotO § 51 Rn. 54 f.; aA Arndt/Lerch/Sandkühler/*Lerch* BNotO § 51 Rn. 5.
[35] KG Berlin 8.5.2014 – 1 W 208/13, DNotI-Report 2014, 142; Schippel/Bracker/*Bracker* BNotO § 51 Rn. 57.
[36] Vgl. hierzu die Bedingungen für Anderkonten und Anderdepots von Notaren DNotZ 2004, 401 (402 f.). Vgl. zu den marginalen Änderungen dieser Empfehlungen im Jahr 2010 Armbrüster/Preuß/Renner/*Renner* DONot § 27 Rn. 5 ff.
[37] Schippel/Bracker/*Bracker* BNotO § 51 Rn. 65.
[38] Vgl. Richtlinienempfehlungen der BNotK DNotZ 1999, 258 (263).
[39] So beispielsweise Abschnitt XI Nr. 2 S. 2 Richtlinien der Rheinischen Notarkammer für das hauptberufliche Notariat und das Anwaltsnotariat.

Abs. 3 S. 2 und S. 3 entsprechend. Danach stehen die nach Übernahme des Amtes **fällig** werdenden Gebührenforderungen dem Amtsnachfolger zu, wobei er sich im Verhältnis zum Gebührenschuldner etwaige an den Amtsvorgänger gezahlte Kostenvorschüsse anrechnen lassen muss. Dem entsprechend sieht auch Vorbemerkung 2 Abs. 1 KV GNotKG vor, dass der Amtsnachfolger dem Amtsvorgänger für Zwecke der Gebührenberechnung gleichsteht.[40] Der bisherige Notar oder seine Erben bleiben Inhaber der Kostenforderungen, die in dessen Amtszeit entstanden sind.[41]

18a Das Ausscheiden eines Notars aus dem Amt führt im Hinblick auf die zu diesem Zeitpunkt zwar bereits **entworfenen aber noch nicht beurkundeten Entwürfe** nicht zu einer vorzeitigen Beendigung des Beurkundungsverfahrens gem. Vorbemerkung 2.1.3 Abs. 1 KV GNotKG. Es ist

> *„rechtlich unerheblich, dass zum genannten Zeitpunkt eine Beurkundung durch den bereits aus dem Amt ausgeschiedenen Notar [...] in Person nicht mehr möglich gewesen wäre. Bereits aus der [...] Vorbemerkung 2 [Abs. 1] KV GNotKG zur Gleichstellung der dort geregelten Personen [Amtsnachfolger] mit einem bestimmten Notar kann entnommen werden, dass das Ausscheiden eines Notars aus dem Amt noch nicht ohne weiteres zu einer vorzeitigen Beendigung eines bereits in Gang gesetzten Beurkundungsverfahrens führen kann [...]“.*[42]

III. Verwahrung durch ein Amtsgericht (S. 1)

19 Ist anstelle des ausscheidenden oder amtssitzwechselnden Notars weder ein Notariatsverwalter gem. § 56 Abs. 1 oder Abs. 2 bestellt noch einem Notar gem. § 51 Abs. 1 S. 2 die Aktenverwahrung übertragen worden, sind die Akten gem. § 51 Abs. 1 S. 1 dem Amtsgericht in Verwahrung zu geben.

20 **1. Gesetzliche Verpflichtung.** § 51 Abs. 1 S. 1 enthält eine gesetzliche Verwahrungsanordnung gegenüber dem Amtsgericht, in dessen Bezirk der ausscheidende oder amtssitzwechselnde Notar seinen Amtssitz hatte. Eines gesonderten **Verwaltungsaktes** der Landesjustizverwaltung, mit dem es dem Amtsgericht die Verwahrung überträgt, bedarf es nicht. Gleichwohl kann die Landesjustizverwaltung durch gesonderten **Verwaltungsakt** gem. § 51 Abs. 1 S. 2 Alt. 1 abweichend von der gesetzlichen Verwahrungsanordnung die Verwahrung einem **anderen Amtsgericht** übertragen. Dies kommt insbesondere dann in Betracht, wenn es darum geht, in einer größeren Stadt eine zentrale und spezialisierte Aufbewahrungsstelle einzurichten.

21 Durch das Dritte Gesetz zur Änderung der Bundesnotarordnung wurde mit Wirkung zum 8.9.1998 der Wortlaut von § 51 Abs. 1 S. 1 dahingehend geändert, dass Akten „dem Amtsgericht in Verwahrung zu geben" sind – und nicht mehr, dass das Amtsgericht die Akten „in Verwahrung zu nehmen" hat.[43] Die Verpflichtung des bisherigen Aktenverwahrers oder seiner Erben, die Unterlagen dem Amtsgericht in Verwahrung zu geben, setzt dennoch auch weiterhin die Verpflichtung des Amtsgerichts voraus, diese in Verwahrung zu nehmen. Allerdings hat der geänderte Wortlaut dazu geführt, dass nunmehr die Unterlagen bei dem Amtsgericht abzuliefern sind. Nach früherer Rechtslage waren sie nur zur Ablieferung bereitzuhalten.[44] Die Übergabe der Akten hat also nicht mehr am bisherigen Verwahrungsort, dh der notariellen Geschäftsstelle, sondern am verwahrenden Amtsgericht

---

[40] Beispielsweise auch zum Zwecke einer Anrechnung einer von dem Amtsvorgänger erhobenen Entwurfsgebühr oder Gebühr für die vorzeitige Beendigung des Beurkundungsverfahrens auf die von dem Amtsnachfolger erhobenen Beurkundungsgebühr vgl. Vorb. 2.4.1 Abs. 6 KV GNotKG vgl. Fackelmann/Heinemann/*Fackelmann* GNotKG KV Vorb. 2 Rn. 8.

[41] Schippel/Bracker/*Bracker* BNotO § 51 Rn. 60 ff.; Arndt/Lerch/Sandkühler/*Lerch* BNotO § 51 Rn. 17.

[42] OLG Frankfurt a. M. 25.9.2017 – 20 W 71/17, BeckRS 2017, 141344.

[43] Vgl. hierzu BT-Drs. 13/4184, 30.

[44] LG Berlin DNotZ 1986, 106 (107); Arndt/Lerch/Sandkühler/*Lerch* BNotO § 51 Rn. 6; aA *Bohrer*, Berufsrecht, Rn. 279.

zu erfolgen. Aus der bisherigen Holschuld ist eine **Bringschuld** mit der Folge geworden, dass der Notar oder seine Erben die Transportkosten der Akten von der Geschäftsstelle zum Amtsgericht zu tragen haben.[45]

2. Umfang der Übertragung. Die Verwahrung bezieht sich gem. § 51 Abs. 1 S. 1 auf die „Akten und Bücher des Notars sowie die ihm amtlich übergebenen Urkunden". Was im Einzelnen dazu gehört, bestimmt sich **funktionell** nach den Aufgaben, die dem Amtsgericht zugewiesen sind. Sie bestehen im Wesentlichen aus Amtshandlungen im **Beurkundungsnachverfahren.** Die Fortführung von Urkundsgeschäften und Verwahrungsgeschäften iSd § 23, die der Notar begonnen hat, gehört dagegen nicht zu den Aufgaben des Amtsgerichts. Zu übernehmen sind daher nur diejenigen Amtsbestände, die für die Rechtspflegeaufgaben des Amtsgerichts als Urkundenverwahrungsstelle erforderlich sind.[46] 22

Gegenstand der Verwahrung sind vollumfänglich die Urkundensammlung gem. § 5 Abs. 1 S. 2 Nr. 1 DONot, die Sammelbände für Wechsel- und Scheckproteste gem. § 5 Abs. 1 S. 2 Nr. 2 DONot sowie die Bücher und Verzeichnisse des Notars iSd § 5 Abs. 1 S. 1 Nr. 1 bis Nr. 8 DONot, also insbesondere die Urkundenrolle, das Verwahrungsbuch, das Massenbuch, das Erbvertragsverzeichnis und die Karteien, die anstelle von Verzeichnissen geführt werden können (Namenskartei, Massenkartei, Kartei der Verwahrungsnachrichten). Gegenstand der Verwahrung sind ferner sämtliche Generalakten gem. § 5 Abs. 1 S. 2 Nr. 3 DONot, auch wenn sie für die Erfüllung der Aufgaben des Amtsgerichts als Urkundenverwahrungsstelle nicht unmittelbar erforderlich sind. Entscheidend ist, dass sie durch die Aufbewahrung bei Gericht vor missbräuchlicher Verwendung geschützt sind.[47] 23

Was die **Nebenakten** gem. § 5 Abs. 1 S. 2 Nr. 4 DONot anbelangt, so ist zwischen abgeschlossenen und noch nicht abgeschlossenen Angelegenheiten zu unterscheiden. Nebenakten, die **abgeschlossene Vorgänge** betreffen und älter als sieben Jahre sind und vom ausscheidenden oder amtssitzwechselnden Notar gem. § 5 Abs. 4 DONot vernichtet werden mussten, sind nicht Gegenstand der gesetzlich angeordneten Verwahrung gem. § 51 Abs. 1 S. 1.[48] Es gehört nicht zur Funktion des Amtsgerichts, eine ordnungsgemäße Aktenverwahrung herzustellen; die Vernichtung der nicht iSd § 5 Abs. 4 DONot ordnungsgemäß verwahrten Akten hat folglich der aus dem Amt scheidende oder der seinen Amtssitz verlegende Notar auf seine Kosten zu veranlassen bzw. nach dem Zeitpunkt der Übertragung gem. § 51 Abs. 1 S. 1 das Amtsgericht auf Kosten des Notars zu veranlassen. 24

Nebenakten zu Urkundsgeschäften, die bis auf die Erteilung der Kostenberechnung abgeschlossen sind, müssen ebenfalls übernommen werden, da die **Erteilung der Kostenberechnung** Aufgabe des Amtsgerichts ist, soweit das Amt des Notars erloschen ist.[49] Sind dagegen noch **Anträge beim Grundbuchamt** oder bei einem **Registergericht** zu stellen, damit der rechtsgeschäftliche Erfolg beurkundeter Willenserklärungen eintritt, scheidet eine Verwahrung der laufenden Nebenakten durch das Amtsgericht mangels Zuständigkeit zur Antragstellung aus.[50] Gleiches gilt für die **Herbeiführung der Vollzugsreife,** die der ausgeschiedene Notar übernommen hat.[51] Die Abwicklung laufender Sachen ist nicht Aufgabe des Amtsgerichts, sondern durch Bestellung eines Notariatsverwalters – insofern liegt im Anwaltsnotariat ein Bedürfnis gem. § 56 Abs. 2 S. 1 vor[52] – oder durch Übertragung der Akten auf einen Notar gem. § 51 Abs. 1 S. 2 zu regeln. 25

---

[45] Vgl. BT-Drs. 13/4184, 30; Schippel/Bracker/*Bracker* BNotO § 51 Rn. 2. Vgl. auch Erman/*Kuckuk* BGB § 269 Rn. 5.
[46] Schippel/Bracker/*Bracker* BNotO § 51 Rn. 8.
[47] Schippel/Bracker/*Bracker* BNotO § 51 Rn. 11.
[48] Anders aber im Falle der Übertragung auf einen Notar → Rn. 11.
[49] Schippel/Bracker/*Bracker* BNotO § 51 Rn. 43; Arndt/Lerch/Sandkühler/*Lerch* BNotO § 51 Rn. 17.
[50] Ebenso Arndt/Lerch/Sandkühler/*Lerch* BNotO § 51 Rn. 9.
[51] *Winkler* BeurkG § 53 Rn. 12 ff.
[52] Schippel/Bracker/*Bracker* BNotO § 56 Rn. 21 f.; einschränkend dagegen Arndt/Lerch/Sandkühler/*Lerch* BNotO § 56 Rn. 7.

26 Zu übernehmen sind schließlich gem. § 51 Abs. 1 S. 1 auch die Urkunden, die dem Notar im Zusammenhang mit Urkundsgeschäften, Verwahrungsgeschäften oder sonstigen Betreuungsgeschäften **amtlich übergeben** worden sind. Soweit es sich hierbei um Schriftstücke (zB Vollmachten, Genehmigungen, Vorkaufsrechtsverzichtserklärungen der Gemeinde) handelt, die der Niederschrift beizufügen sind oder beigefügt werden können (§ 12 BeurkG, § 19 Abs. 4 und Abs. 5 DONot), sind sie Teil der Urkundensammlung und damit ohnehin zu übernehmen. Betreffen diese Urkunden noch zu vollziehende Urkundsgeschäfte (zB Grundschuldbriefe nebst Löschungsbewilligung abzulösender Gläubiger, die der Notar zu treuen Händen im Rahmen eines noch abzuwickelnden Kaufvertrags erhalten hat), sind sie Teil der noch nicht erledigten Nebenakten und von einer Verwahrung durch das Amtsgericht ausgenommen. Ist ein solcher Fall nicht gegeben, sind die Urkunden dem Amtsgericht zu übergeben.

27 **3. Rechte und Pflichten.** Die **Fortführung** von Urkundsgeschäften und Verwahrungsgeschäften, die der Notar begonnen hat, gehört nicht zu den Rechten und Pflichten des Amtsgerichts. Dem Amtsgericht sind vielmehr Aufgaben im **Beurkundungsnachverfahren** übertragen. Hierzu gehören alle diejenigen Amtshandlungen, die der Errichtung einer Urkunde nachfolgen und im Vierten Abschnitt des Beurkundungsgesetzes (§§ 44 bis 54 BeurkG) geregelt sind. Mit Ausnahme des § 53 BeurkG, der die Vollzugstätigkeit betrifft, gelten alle Vorschriften auch für das Amtsgericht, wobei, wie bereits § 48 BeurkG ergibt, Anknüpfungspunkt für die sachliche Zuständigkeit die Verwahrung der Urkunde ist. § 45 Abs. 2, Abs. 4 und Abs. 5, die nach § 51 Abs. 1 S. 3 entsprechend anwendbar sind, enthalten für die Hauptfälle des Beurkundungsnachverfahrens, die Erteilung von Ausfertigungen und Abschriften sowie für die Gestattung der Akteneinsicht, eine Regelung, die auf die hilfsweise und vorübergehende Verwahrung abzielt und auf den Fall der dauernden gerichtlichen Verwahrung notarieller Urkunden nur mit Einschränkungen passt. Soweit es um Beurkundungen im Sinne des Beurkundungsgesetzes geht, ist § 45 Abs. 2, Abs. 4 und Abs. 5 durch die §§ 44 ff. BeurkG überholt.[53]

28 **a) Ausfertigung, Abschrift, Akteneinsicht.** Sachlich zuständig für die Erteilung von **Ausfertigungen** ist gem. § 48 S. 1 BeurkG das Amtsgericht als verwahrende Stelle. Funktionell zuständig ist der Urkundsbeamte der Geschäftsstelle (§ 48 S. 2 BeurkG). Gleiches gilt für die Erteilung von **Abschriften** und die Gestattung der **Akteneinsicht.** Die sachliche und funktionelle Zuständigkeit zur Vornahme dieser Amtshandlungen ist als Minus in der Zuständigkeit zur Erteilung von Ausfertigungen enthalten.[54] In die sachliche Zuständigkeit des Amtsgericht fällt gem. § 52 BeurkG iVm § 797 Abs. 2 S. 2 ZPO auch die Erteilung einer **vollstreckbaren Ausfertigung.** Diese Amtshandlung gehört zum Beurkundungsverfahrensrecht. Funktionell zuständig ist der Urkundsbeamte der Geschäftsstelle (§§ 724 Abs. 2, 795 ZPO), sofern nicht gem. § 20 Nr. 12, Nr. 13 RPflG die Zuständigkeit des Rechtspflegers begründet ist.[55]

29 Der Kreis der **Berechtigten,** die Ausfertigungen, Abschriften und Akteneinsicht verlangen können, bestimmt sich ausschließlich nach § 51 BeurkG. Ob ein Anspruch gegeben ist, entscheidet der Urkundsbeamte der Geschäftsstelle, dem hierbei – ebenso wie dem Notar – ein Ermessen nicht eingeräumt ist. Er muss die Amtshandlung ablehnen, wenn sich herausstellt, dass die Beurkundung nicht hätte vorgenommen werden dürfen. § 4 BeurkG gilt auch für das Beurkundungsnachverfahren.[56] Ein solches **Ablehnungsrecht** (verbunden mit einer Ablehnungspflicht) kommt jedoch nur in Ausnahmefällen in Betracht, wenn die Nichtigkeit des beurkundeten Rechtsgeschäfts offensichtlich ist. Liegt ein solcher Fall vor,

---

[53] Schippel/Bracker/*Bracker* BNotO § 51 Rn. 14.
[54] *Winkler* BeurkG § 48 Rn. 6; Schippel/Bracker/*Bracker* BNotO § 51 Rn. 17; im Ergebnis ebenso Arndt/Lerch/Sandkühler/*Lerch* BNotO § 51 Rn. 12.
[55] Schippel/Bracker/*Bracker* § 51 Rn. 31; *Winkler* BeurkG § 52 Rn. 6; siehe auch Arndt/Lerch/Sandkühler/*Lerch* BNotO § 51 Rn. 12.
[56] *Winkler* BeurkG § 4 Rn. 44.

hat der Urkundsbeamte die Erteilung der verlangten Ausfertigung oder Abschrift abzulehnen oder zumindest einen Vermerk anzubringen, der zur Vermeidung eines gegenteiligen Rechtsscheins die Bedenken zum Ausdruck bringt.[57] Der Urkundsbeamte muss die Amtshandlung ferner ablehnen, wenn ein Fall des § 3 BeurkG vorliegt. Dass der Urkundsbeamte in einem Dienstverhältnis zum Staat steht (§ 3 Abs. 1 Nr. 8 BeurkG), ist allerdings kein Ablehnungsgrund, wie dem Rechtsgedanken des § 64 S. 2 BeurkG zu entnehmen ist.[58]

Für die **Form** der Ausfertigung und der beglaubigten Abschrift gelten die Bestimmungen des Beurkundungsgesetzes, insbesondere die §§ 49 und 42 BeurkG. Der Grund, weshalb nunmehr das Amtsgericht die Ausfertigung oder Abschrift erteilt, ist – abweichend von § 45 Abs. 4 S. 3, wonach auf die Abwesenheit oder Verhinderung des Notars hinzuweisen ist – nicht anzugeben. Die Zuständigkeit des Amtsgerichts ist nicht als Ersatzzuständigkeit gem. § 45 Abs. 2, sondern gem. § 51 Abs. 1 S. 1 originär begründet. § 45 Abs. 2 und Abs. 4 S. 3 sind insoweit nicht entsprechend anzuwenden.[59] 30

Die sachliche Zuständigkeit des verwahrenden Amtsgerichts für die in § 45 Abs. 2 nicht erwähnte Amtshandlung, eine **Urschrift auszuhändigen** (§ 45 BeurkG) oder eine zerstörte oder abhandengekommene **Urschrift zu ersetzen** (§ 46 BeurkG), ergibt sich aus den Bestimmungen des Beurkundungsgesetzes, die an die Verwahrung der Urkunde anknüpfen. Allerdings ist in diesen Fällen der Rechtspfleger funktionell zuständig (§ 3 Nr. 1 lit. f RPflG).[60] 31

Lehnt der Urkundsbeamte die beantragte Amtshandlung ab, kann das Amtsgericht im Wege der **Erinnerung** angerufen werden. Gleiches gilt, falls der Rechtspfleger die Aushändigung der Urschrift (§ 45 BeurkG) oder deren Ersetzung (§ 46 BeurkG) ablehnt (§ 576 ZPO, § 11 RPflG). Über die Erinnerung befindet der Richter (§ 4 Abs. 4 Nr. 3 RPflG). Gegen dessen Entscheidung findet die **Beschwerde** statt (§ 576 Abs. 2 ZPO, § 11 Abs. 3 RPflG).[61] 32

b) Übersetzungsbescheinigung. Eine Übersetzungsbescheinigung gem. § 50 BeurkG zu erteilen, ist nicht Sache des Amtsgerichts. § 50 BeurkG ergänzt § 5 Abs. 2 BeurkG, der den Notar ermächtigt, Urkunden auch in anderen Sprachen, die er beherrscht, zu errichten. Nach § 1 Abs. 2 BeurkG gilt diese Bestimmung ausdrücklich nicht für Gerichte.[62] 33

c) Erteilung von Kostenberechnungen. Hat der Notar, dessen Amt durch Tod oder aus anderen Gründen erloschen ist, eine Kostenberechnung noch nicht erteilt, kann die Gebührenforderung gem. § 19 Abs. 1 S. 1 GNotKG nur eingefordert werden, wenn nachträglich eine Kostenberechnung erstellt wird. Hierfür ist das **Amtsgericht zuständig,** das die Akten verwahrt. Dies ergibt sich aus entsprechender Anwendung des § 58 Abs. 3 S. 1, dem der Rechtsgedanke zu entnehmen ist, dass für die Erteilung der Kostenberechnung die Stelle zuständig ist, die die Akten verwahrt.[63] Das Amtsgericht erteilt auch die vollstreckbare Ausfertigung der Kostenberechnung gem. § 89 GNotKG. 34

d) Mitteilungspflichten. Soweit die dem Notar obliegenden Mitteilungspflichten (§ 51 Abs. 4 BeurkG) noch nicht erfüllt sind, gehen diese mit der Übernahme der Aktenverwahrung auf das Amtsgericht über.[64] 35

---

[57] Schippel/Bracker/*Bracker* BNotO § 51 Rn. 29; vgl. auch *Winkler* BeurkG § 4 Rn. 44.
[58] Schippel/Bracker/*Bracker* BNotO § 51 Rn. 30.
[59] Schippel/Bracker/*Bracker* BNotO § 51 Rn. 23; Arndt/Lerch/Sandkühler/*Lerch* BNotO § 51 Rn. 13.
[60] Schippel/Bracker/*Bracker* BNotO § 51 Rn. 19; *Winkler* BeurkG § 45 Rn. 6 und § 46 Rn. 15.
[61] Schippel/Bracker/*Bracker* BNotO § 51 Rn. 33; *Winkler* BeurkG § 54 Rn. 6.
[62] Schippel/Bracker/*Bracker* BNotO § 51 Rn. 22; *Winkler* BeurkG § 50 Rn. 8.
[63] Im Ergebnis ebenso Schippel/Bracker/*Bracker* BNotO § 51 Rn. 43; Arndt/Lerch/Sandkühler/*Lerch* BNotO § 51 Rn. 17.
[64] Schippel/Bracker/*Bracker* BNotO § 51 Rn. 35.

C. Siegel und Stempel (Abs. 2)

36 Gemäß § 2 S. 2 führt der Notar ein Amtssiegel, und zwar nach Maßgabe von § 2 Abs. 1 DONot als Präge- und als Farbdrucksiegel. Hierauf bezieht sich § 51 Abs. 2. Ist das **Amt erloschen** oder ist der **Amtssitz des Notars verlegt** worden, entsprechen das Präge- und das Farbdrucksiegel, die in ihrer Umschrift den Namen und den Amtssitz des Notars enthalten (§ 2 Abs. 1 S. 2 DONot), nicht mehr den tatsächlichen Verhältnissen. Schon aus diesem Grunde, aber auch zur Vermeidung von Missbräuchen, hat das für den bisherigen Amtssitz zuständige Amtsgericht die Siegel unverzüglich zu **vernichten.** Dies gilt unabhängig davon, ob die Aktenverwahrung einem Notar, einem Notariatsverwalter oder dem Amtsgericht selbst obliegt. Das Amtssiegel ist **abzuliefern,** wie sich aus § 51 Abs. 4 S. 2 im Umkehrschluss ergibt. Die Verpflichtung zur Ablieferung trifft auch den die Akten des früheren Notars verwahrenden Notar oder Notariatsverwalter.

37 Gemäß § 47 Nr. 3 führt auch die **vorübergehende Amtsniederlegung** gem. §§ 48b, 48c zum Erlöschen des Amtes, so dass dem Wortlaut des § 51 Abs. 2 zufolge Siegel und Stempel auch in diesem Falle an das Amtsgericht zur Vernichtung abzuliefern sind. Aufgrund des Umstandes, dass im Falle einer „echten" vorübergehenden Amtsniederlegung gem. §§ 48b, 48c eine Wiederbestellung am bisherigen Amtssitz gesetzlich garantiert ist,[65] können die Siegel und Stempel jedoch entsprechend §§ 51 Abs. 4 S. 1, 55 Abs. 1 S. 1 für die Zeit der vorübergehenden Amtsniederlegung durch das Amtsgericht in **Verwahrung** genommen und nach der Wiederbestellung wieder **herausgegeben** werden.[66] Im Falle einer „unechten" vorübergehenden Amtsniederlegung gem. § 48b kann eine solche Ausnahme allerdings nicht begründet werden.[67]

D. Aktenrückgabe (Abs. 3)

38 Gemäß § 51 Abs. 3 können die in Verwahrung genommenen Bücher und Akten dem ausgeschiedenen oder amtssitzverlegenden Notar wieder ausgehändigt werden, wenn er erneut in dem Amtsgerichtsbezirk, in dem er seinen Amtssitz hatte, zum Notar bestellt wird.

39 Tatbestandsvoraussetzung für eine Rückübertragung der Verwahrung durch **Verwaltungsakt** auf Grundlage von § 50 Abs. 3 ist, dass der Notar am **alten Amtssitz** iSd § 10 Abs. 1 S. 1 oder S. 2 oder aber an einem **anderen Amtssitz** innerhalb desselben Amtsgerichtsbezirks[68] wieder zum Notar bestellt wurde. Das ist bei einem noch amtierenden Notar durch eine erfolgreiche Bewerbung auf eine in seinem alten Amtsberichtsbezirk ausgeschriebene Notarstelle denkbar, aufgrund dessen sein Amtssitz gem. § 10 Abs. 1 S. 3 rückverlegt wird.[69] Bei einem Notar, dessen Amt gem. § 47 erloschen war, ist dies beispielsweise durch Neubestellung zum Notar gem. § 12 S. 1 nach erfolgreicher Bewerbung auf eine im selben Amtsgerichtsbezirk ausgeschriebene Notarstelle denkbar.

40 Anders als es der Wortlaut nahelegt („wieder ausgehändigt") erfolgt eine Akten(rück)übertragung durch **Verwaltungsakt.** Ein Anspruch auf Akten(rück)übertragung besteht nicht.[70] Die Entscheidung, die nach gem. § 51 Abs. 1 S. 1 einem Amtsgericht kraft Gesetzes oder gem. § 51 Abs. 1 S. 2 einem Notar oder einem Amtsgericht durch Verwaltungsakt in Verwahrung gegebenen Akten, Bücher und Urkunden dem ursprünglichen

---

[65] → §§ 48b, 48c Rn. 38 ff.
[66] → §§ 48b, 48c Rn. 31.
[67] → §§ 48b, 48c Rn. 60.
[68] Das soll nach Schippel/Bracker/*Bracker* BNotO § 51 Rn. 75 nicht der Fall sein, wenn erst nach Verlegung des Amtes in einen anderen Amtsgerichtsbezirk der frühere Amtsgerichtsbezirk so erweitert wird, dass er nunmehr den neuen Amtssitz umfasst.
[69] → § 10 Rn. 23 ff.
[70] Schippel/Bracker/*Bracker* BNotO § 51 Rn. 75.

Aktenverwahrer gem. § 51 Abs. 3 wieder zurück zu übertragen, steht im **Ermessen** der Landesjustizverwaltung. Eine derartige Rückübertragung scheidet im Bereich des **hauptberuflichen Notariates** stets aus (Ermessensreduzierung auf Null), wenn die Akten, Bücher und Urkunden gem. § 51 Abs. 1 S. 2 dem **Amtsnachfolger** übertragen wurden. Eine Rückübertragung widerspräche dem im Bereich des hauptberuflichen Notariates geübten **Prinzips der Amtsnachfolge** als Belang einer geordneten Rechtspflege.

E. Amtssitzverlegung (Abs. 4)

Gemäß § 50 Abs. 4 wird eine bestimmte Amtssitzverlegung aus dem Anwendungsbereich des § 50 Abs. 1 und Abs. 2 ausgenommen. Der Amtssitz des Notars ist entweder gem. § 10 Abs. 1 S. 1 eine politische Gemeinde oder aber gem. § 10 Abs. 1 S. 2 ein bestimmter Teil einer politischen Gemeinde („Stadtteilzuweisung").[71] Erfolgt eine Amtssitzverlegung **innerhalb derselben politischen Gemeinde** (Amtssitz iSd § 10 Abs. 1 S. 1), so ordnet § 50 Abs. 4 S. 1 den Verbleib der Akten beim Notar und § 50 Abs. 1 S. 2 die Beibehaltung der Siegel und Stempel des Notars an. § 50 Abs. 4 findet daher nur dann Anwendung, wenn dem betroffenen Notar als Amtssitz gem. § 10 Abs. 1 S. 2 ein bestimmter Teil einer politischen Gemeinde („Stadtteilzuweisung") als Amtssitz zugewiesen wurde und dieser Amtssitz gem. § 10 Abs. 1 S. 3 verlegt wird. 41

Vom Wortlaut des § 50 Abs. 4 wird nur der Fall erfasst, dass eine Amtssitzverlegung in einen anderen „Amtsgerichtsbezirk" innerhalb derselben Stadtgemeinde erfolgt. Eine **entsprechende Anwendung** der Norm ist jedoch generell immer dann geboten, wenn die Amtssitzverlegung gem. § 10 Abs. 1 S. 3 in einen **anderen Teil** derselben politischen Gemeinde (Stadtteil, Stadtbezirk)[72] erfolgt. Darüber hinaus ist eine entsprechende Anwendung der Norm ferner dann geboten, wenn nur die Stadtteilzuweisung des Notars – unter Beibehaltung der Stadtteilzuweisung weiterer Notare – aufgehoben und ihm als Amtssitz die politische Gemeinde gem. § 10 Abs. 1 S. 1 zugewiesen wird.[73] In all diesen Fällen ist es im Sinne einer geordneten Rechtspflege nicht geboten, die Aktenverwahrung einem Amtsgericht oder einem Notar zu übertragen und die Siegel und Stempel zur Vernichtung an das Amtsgericht abzuliefern.[74] 42

F. Staatsarchiv (Abs. 5)

§ 51 Abs. 5 eröffnet die Möglichkeit, zur Entlastung der Archive bei den Amtsgerichten und den Notaren Akten an ein Staatsarchiv nach Maßgabe der Bestimmungen der Landesjustizverwaltung abzugeben. Wie sich aus der Aufgabenzuweisung des § 50 Abs. 5 S. 2 ergibt, wonach Ausfertigungen, vollstreckbare Ausfertigungen und Abschriften, je nach Sachverhalt, von einem Notar oder dem Amtsgericht erteilt werden, erschöpft sich die **Aufgabe des Staatsarchivs** darin, die Urkunden und Schriftstücke sicher und in einer Weise zu archivieren, dass sie jederzeit griffbereit sind. Bei der Verwahrung durch das Staatsarchiv handelt es sich folglich **nicht um eine Verwahrung** iSv §§ 51 Abs. 1, 48 BeurkG und § 797 Abs. 2 ZPO. Die Pflicht, Ausfertigungen und Abschriften zu erteilen, geht nicht auf das Staatsarchiv über. In diesem Sinne handelt es sich um ein rein **tatsächliches Aufbewahrungsverhältnis**.[75] 43

---

[71] → § 10 Rn. 6 und 13 ff.
[72] → § 10 Rn. 14 ff.
[73] → § 10 Rn. 22.
[74] Eine Pflicht zur Ablieferung der Siegel und Stempel zur Vernichtung besteht allerdings gem. § 50 Abs. 2 nach dem Sinn und Zweck der Ausnahme gem. § 50 Abs. 4 dann, wenn in der Umschriftung seines Amtssiegels gem. § 2 Abs. 1 S. 2 DONot der Stadtteil angegeben ist, vgl. zur umstrittenen Zulässigkeit → § 10 Rn. 19.
[75] Schippel/Bracker/*Bracker* BNotO § 51 Rn. 79; Arndt/Lerch/Sandkühler/*Lerch* BNotO § 51 Rn. 23.

44 Die Abgabe der Notariatsakten ist – ebenso wie deren Vernichtung – eine Angelegenheit des Verwaltungsverfahrens. Dies ergibt sich aus § 50 Abs. 5 S. 1, wonach die Zuständigkeit zur Regelung dieser Angelegenheiten der Landesjustizverwaltung übertragen ist.[76] Von dieser Regelungsermächtigung haben einige Länder Gebrauch gemacht. Beispielsweise wurde in **Nordrhein-Westfalen** durch Allgemeinverfügung vom 18.4.1980 bestimmt, dass Urkundensammlungen, Urkundenrollen und Generalakten nach einer **Aufbewahrungszeit von 50 Jahren** an die zuständigen Staatsarchive abgegeben werden können.[77] Abweichend hiervon nimmt das Landesarchiv Nordrhein-Westfalen allerdings **in der Praxis** auf Grundlage anderslautender landesrechtlicher Archivbestimmungen nur solche Akten zur Aufbewahrung an, die **vor dem 1.1.1950 errichtet** wurden.[78]

45 § 50 Abs. 5 S. 2 ergänzt als Zuständigkeitsbestimmung die entsprechenden Bestimmungen des § 797 Abs. 2 S. 2 ZPO hinsichtlich der Erteilung **vollstreckbarer Ausfertigungen** und des § 48 S. 1 BeurkG hinsichtlich der Erteilung einfacher **Ausfertigungen** und **Abschriften.** Hat der im Amt befindliche Notar eigene Urkunden oder Urkunden seiner Amtsvorgänger, deren Verwahrung ihm gem. § 50 Abs. 1 S. 2 übertragen worden ist, an das Staatsarchiv abgegeben, ist ihm die Zuständigkeit übertragen, vollstreckbare Ausfertigungen, einfache Ausfertigungen und Abschriften zu erteilen. Der Notar, dessen Amtssitz verlegt worden ist, ist nicht mehr „in seinem Amt".[79] In allen übrigen Fällen ist das Amtsgericht zuständig, in dessen Bezirk der Notar, der die Urkunde errichtet hat, seinen Amtssitz hatte. Funktionell ist im Regelfall der Urkundsbeamte der Geschäftsstelle zuständig. Über die Gestattung der Akteneinsicht und die Ersetzung einer Urschrift (§ 46 BeurkG) entscheidet der Notar, der gem. § 50 Abs. 5 S. 2 zuständig ist, ansonsten das Amtsgericht.[80]

46 Für die **Form** der Ausfertigungs- und Beglaubigungsvermerke sowie die **Kosten** gelten nach § 50 Abs. 5 S. 3 die Vorschriften des § 45 Abs. 4 S. 1 und S. 2 (ohne S. 3) sowie § 45 Abs. 5 entsprechend. Aus der entsprechenden Anwendung des § 797 Abs. 3 ZPO ergibt sich, dass das Amtsgericht, in dessen Bezirk der Notar seinen Amtssitz hat oder hatte, über Einwendungen gegen die Zulässigkeit der Vollstreckungsklausel und die Erteilung weiterer vollstreckbarer Ausfertigungen entscheidet.[81]

§ 51a Ablieferung verwahrter Gegenstände [noch nicht in Kraft]

[§ 51a ab 1.1.2022:]

(1) ¹In den Fällen des § 51 Absatz 1 ist der Notar verpflichtet, die Akten und Verzeichnisse sowie die ihm amtlich übergebenen Urkunden und Wertgegenstände bei der für die Verwahrung zuständigen Stelle abzuliefern und ihr den Zugang zu den elektronisch geführten Akten und Verzeichnissen zu ermöglichen. ²Stempel und Siegel hat der Notar bei dem Präsidenten des Landgerichts abzuliefern. ³Die Aufsichtsbehörde kann die Ablieferung der in den Sätzen 1 und 2 genannten Gegenstände anordnen. ⁴Widerspruch und Anfechtungsklage gegen die Anordnung der Ablieferung haben keine aufschiebende Wirkung.

(2) ¹Die Ablieferung der Akten und Verzeichnisse sowie der amtlich übergebenen Urkunden und Wertgegenstände nach Absatz 1 Satz 1 hat geordnet und in einem zur Aufbewahrung geeigneten Zustand zu erfolgen. ²Liefert der Notar Akten, Verzeichnisse und die ihm amtlich übergebenen Urkunden oder Wertgegenstände nicht in einem geordneten und zur Aufbewahrung geeigneten Zustand ab, so kann die zuständige Stelle diese auf Kosten des Notars einem geordneten und zur

---

[76] Schippel/Bracker/*Bracker* BNotO § 51 Rn. 89.
[77] Vorb. c) zu 5 DONot NRW und Verfügung betreffend „Aufbewahrung und Vernichtung des Schriftgutes der Notare" JMBl. NW 1980, 110.
[78] Der Notar sollte in einem solchen Falle seinen Landgerichtspräsidenten ersuchen, seine Verwahrzuständigkeit für diese Akten formell aufzuheben und die Abgabe an das Staatsarchiv zu gestatten.
[79] Vgl. BT-Drs. 3/219, 26; Schippel/Bracker/*Bracker* BNotO § 51 Rn. 83.
[80] Schippel/Bracker/*Bracker* BNotO § 51 Rn. 85.
[81] Schippel/Bracker/*Bracker* BNotO § 51 Rn. 86 ff.

Aufbewahrung geeigneten Zustand zuführen. ³Die zuständige Stelle kann sich dritter Personen bedienen; § 18 Absatz 1 bleibt unberührt.

(3) ¹Soweit die Aufbewahrungsfristen abgelaufen sind, hat der Notar vor der Ablieferung nach Absatz 1 Satz 1 die in Papierform verwahrten Akten und Verzeichnisse zu vernichten und die elektronisch verwahrten Akten und Verzeichnisse zu löschen, sofern nicht im Einzelfall eine weitere Aufbewahrung erforderlich ist. ²Akten und Verzeichnisse, deren Aufbewahrungsfristen abgelaufen sind, hat die zuständige Stelle auf Kosten des Notars zu vernichten oder zu löschen. ³Die zuständige Stelle kann sich dritter Personen bedienen; § 18 Absatz 1 bleibt unberührt.

(4) Die für die Verwahrung zuständige Stelle ist nicht verpflichtet, die Vollständigkeit der abgelieferten Akten und Verzeichnisse sowie der dem Notar amtlich übergebenen Urkunden zu überprüfen.

§ 52 [Weiterführung der Amtsbezeichnung]

(1) ¹Mit dem Erlöschen des Amtes erlischt die Befugnis, die Bezeichnung „Notar" oder „Notarin" zu führen. ²Die Bezeichnung darf auch nicht mit einem auf das Erlöschen des Amtes hinweisenden Zusatz geführt werden.

(2) ¹Ist das Amt eines zur hauptberuflichen Amtsausübung bestellten Notars durch Entlassung (§ 48), wegen Erreichens der Altersgrenze (§ 48a) oder durch Amtsenthebung aus den in § 50 Abs. 1 Nr. 7 bezeichneten Gründen erloschen, so kann die Landesjustizverwaltung dem früheren Notar die Erlaubnis erteilen, seine Amtsbezeichnung mit dem Zusatz „außer Dienst (a. D.)" weiterzuführen. ²Das gleiche gilt für einen Anwaltsnotar, wenn sein Amt durch Entlassung (§ 48) oder wegen Erreichens der Altersgrenze (§ 48a) erloschen ist oder ihm nach Verzicht auf die Rechte aus der Zulassung zur Rechtsanwaltschaft die Erlaubnis erteilt worden ist, sich weiterhin Rechtsanwalt zu nennen.

(3) ¹Die Landesjustizverwaltung kann die Erlaubnis zur Führung der Bezeichnung „Notar außer Dienst" oder „Notarin außer Dienst" zurücknehmen oder widerrufen, wenn nachträglich Umstände bekannt werden oder eintreten, die bei einem Notar das Erlöschen des Amtes aus den in § 47 Nummer 5 und 7 oder in § 50 Abs. 1 Nr. 1 bis 6, 8 und 9 bezeichneten Gründen nach sich ziehen würden. ²Ist der frühere Notar zur Rechtsanwaltschaft zugelassen, so erlischt die Befugnis nach Absatz 2 Satz 1, wenn er sich nach dem Wegfall seiner Zulassung nicht weiterhin Rechtsanwalt nennen darf.

Übersicht

	Rn.
A. Allgemeines	1
B. Verlust der Amtsbezeichnung (Abs. 1)	4
C. Erteilung eines Dispenses (Abs. 2)	5
I. Hauptberuflicher Notar (S. 1)	6
II. Anwaltsnotar (S. 2)	9
III. Ermessen	13
D. Wegfall des Dispenses (Abs. 3)	17
I. Rücknahme und Widerruf (S. 1)	18
II. Erlöschen kraft Gesetzes (S. 2)	21

A. Allgemeines

Die Vorschrift enthält in **Abs. 1** das grundsätzliche **Verbot**, nach dem Erlöschen des Amtes die Amtsbezeichnung „Notar" oder „Notar" mit einem das Erlöschen kennzeichnenden Zusatz (zB „außer Dienst", „ehemaliger" etc) zu führen, ermächtigt die Landesjustizverwaltung sodann in **Abs. 2,** einen **Dispens** von diesem grundsätzlichen Verbot zu 1 erlassen, und regelt schließlich in **Abs. 3** die Voraussetzungen, unter denen der einmal erteilte Dispens aufgehoben werden kann bzw. kraft Gesetzes erlischt.

1a **Sinn und Zweck** dieses „**Verbotes mit Erlaubnisvorbehalt**" ist die Bereitstellung einer effektiven Möglichkeit, eine (weitere) Schädigung des von der Allgemeinheit[1] dem Notarberuf entgegengebrachten Ansehens sowie eine (weitere) Schädigung des Vertrauens der Allgemeinheit in die Verlässlichkeit und Sicherheit notarieller Amtsausübung durch einen aus dem Amt ausgeschiedenen und von der Landesjustizverwaltung **insoweit als unwürdig erachteten Notar** zu unterbinden.[2] Aus dem Gesamtzusammenhang der Vorschrift des § 52 „ergibt sich, dass der Gesetzgeber das Führen der mit einem **besonderen Vertrauen verbundenen Amtsbezeichnung** Notar (mit dem Zusatz ‚außer Dienst') auch nach dem Erlöschen des Amtes **lediglich dann gestatten will**, wenn dieses Vertrauen in der Person des konkret betroffenen vormaligen Notars **berechtigt ist**."[3]

2 Erst seit einer Gesetzesänderung mit Wirkung zum 7.8.1981[4] kann ein **Anwaltsnotar** die Erlaubnis zur Weiterführung der Amtsbezeichnung erlangen, wenn sein Amt durch Entlassung gem. §§ 47 Nr. 1, 48 erloschen ist. Bis dahin konnte dieser Dispens nur dann erteilt werden, wenn der frühere Anwaltsnotar gem. § 14 Abs. 2 Nr. 4 BRAO nach Verzicht auf seine Rechte aus der Zulassung zur Anwaltschaft und einem dadurch gem. § 47 Nr. 4 zugleich begründeten Verlust seines Notaramtes[5] gem. § 17 Abs. 2 BRAO die Erlaubnis erhalten hatte, sich weiterhin Rechtsanwalt zu nennen. Mit der Gesetzesänderung sollte ein **freiwilliger Verzicht auf das Notaramt ermöglicht** werden, ohne dass der Anschein erweckt wird, der frühere Anwaltsnotar und jetzige Rechtsanwalt habe sein Amt etwa infolge strafgerichtlicher Verurteilung gem. §§ 47 Nr. 5, 49, Amtsenthebung gem. §§ 47 Nr. 6, 50 oder Entfernung aus dem Amt gem. §§ 47 Nr. 7, 97 – also aus unehrenhaften Gründen – verloren.[6]

3 Der Tatbestand der **Altersgrenze** gem. § 48a ist im Zusammenhang mit der Einführung der Altersgrenze mit Wirkung zum 3.2.1991 in § 50 Abs. 2 S. 1 und S. 2 eingefügt worden.[7] Durch ein Gesetz vom 31.8.1998 sollten redaktionelle Folgeänderungen eingefügt werden, die allerdings unvollständig waren und inzwischen durch das Gesetz zur Modernisierung von Verfahren im anwaltlichen und notariellen Berufsrecht, zur Errichtung einer Schlichtungsstelle der Rechtsanwaltschaft sowie zur Änderung sonstiger Vorschriften vom 30.7.2009 behoben wurden.[8] Durch das zuletzt genannte Gesetz ist nunmehr auch die Führung der Amtsbezeichnung in der weiblichen Form geregelt.

B. Verlust der Amtsbezeichnung (Abs. 1)

4 Die Amtsbezeichnung ist untrennbar mit der durch die Bestellung zum Notar verliehenen höchstpersönlichen Befugnis verbunden, die Zuständigkeiten eines Notars wahrzunehmen.[9] Ein Notar, dessen Amt gem. § 47 Nr. 1 bis Nr. 7 erloschen ist, hat diese höchstpersönliche Befugnis verloren. Daran knüpft § 50 Abs. 1 S. 1 zugleich den **kraft Gesetzes** eintretenden Verlust der Befugnis, die Amtsbezeichnung „Notar" zu führen. Gemäß § 50 Abs. 1 S. 2 wird darüber hinaus auch die Führung der Amtsbezeichnung „Notar" unter Beifügung eines Zusatzes, der auf das Erlöschen des Amtes hinweist (zB „außer Dienst", „ehemaliger" etc), grundsätzlich untersagt.

---

[1] BGH 19.11.2018 – NotZ (Brfg) 5/18, DNotZ 2019, 395 Rn. 8.
[2] BGH 19.11.2018 – NotZ (Brfg) 5/18, DNotZ 2019, 395 Rn. 3; 23.4.2018 – NotZ (Brfg) 4/17, NJW-RR 2018, 1017 Rn. 16; 13.3.2017 – NotZ (Brfg) 4/16, DNotZ 2017, 867 Rn. 27.
[3] BGH 13.3.2017 – NotZ (Brfg) 4/16, DNotZ 2017, 867 Rn. 27.
[4] BGBl. 1981 I 803.
[5] → § 47 Rn. 11 ff.
[6] Vgl. BT-Drs. 9/597, 10; BGH 9.5.1988 – NotZ 9/87, DNotZ 1989, 316; *Zimmermann* DNotZ 1982, 90 (102 f.); Schippel/Bracker/*Bracker* BNotO § 52 Rn. 5; Arndt/Lerch/Sandkühler/*Lerch* BNotO § 52 Rn. 5.
[7] → § 48a Rn. 1.
[8] BGBl. 2009 I 2449; BT-Drs. 16/11385, 20 und 52.
[9] → § 47 Rn. 25.

C. Erteilung eines Dispenses (Abs. 2)

Gemäß § 50 Abs. 2 wird die Landesjustizverwaltung ermächtigt, dem aus dem Amt 5
geschiedenen Notar unter bestimmten Voraussetzungen die Erlaubnis zu erteilen, die Amtsbezeichnung „Notar" mit dem Zusatz „außer Dienst (a. D.)" weiterzuführen. § 50 Abs. 2 enthält demnach eine Ermächtigung, von dem in § 50 Abs. 1 S. 2 enthaltenen grundsätzlichen Verbot zur Führung der Amtsbezeichnung mit einem Zusatz, der auf das Erlöschen des Amtes hinweist, einen **Dispens** zu erteilen. Inhalt des Dispenses ist die Berechtigung, die frühere Amtsbezeichnung Notar mit dem Zusatz „außer Dienst" oder „a. D." weiterzuführen; **andere Zusätze** (zB „ehemalig" etc) können nach dem Wortlaut des Gesetzes **nicht genehmigt** werden.

I. Hauptberuflicher Notar (S. 1)

Dem hauptberuflichen Notar (§ 3 Abs. 1) kann gem. § 50 Abs. 1 S. 1 ein Dispens 6
tatbestandlich nur bei einem Ausscheiden aus dem Amt in **drei Fällen** erteilt werden:
1. wenn er auf seinen Antrag hin gem. §§ 47 Nr. 1, 48 entlassen wurde,
2. wenn er die Altersgrenze gem. §§ 47 Nr. 2 Alt. 1, 48a erreicht hat und
3. wenn er seines Amtes aus gesundheitlichen Gründen gem. §§ 47 Nr. 6, 50 Abs. 1 Nr. 7 enthoben wurde.

Die Aufzählung dieser **drei Fälle des Amtsverlustes** gem. § 47 stellt eine **abschließen-** 7
de Ausnahmeregelung dar.[10] Erlischt das Amt des Notars auf eine andere in § 47 bestimmte Weise, kann ein Dispens von § 50 Abs. 1 S. 2 nicht erteilt werden. Eine analoge Anwendung käme nur dann in Betracht, wenn der Notar bereits alles für einen Amtsverlust auf Grundlage der drei genannten Vorschriften erforderliche veranlasst hat und er dennoch auf anderer Grundlage seine hoheitlichen Befugnisse verliert.[11] Einen praxisrelevanten Fall einer analogen Anwendung wird sich allerdings für einen hauptberuflichen Notar – im Gegensatz zum Anwaltsnotar[12] – nicht finden lassen. Hat der hauptberufliche Notar beispielsweise seine Entlassung gem. §§ 47 Nr. 1, 48 beantragt und wird er sodann vor Erlass des Verwaltungsaktes der Entlassung durch Disziplinarurteil gem. §§ 47 Nr. 7, 97 Abs. 1 S. 1 aus dem Amt entfernt, wird ihm auch eine analoge Anwendung **nicht zu einem Dispens** verhelfen.[13]

Erlischt das Amt des hauptberuflichen Notars „vorübergehend" gem. § 48b oder gem. 8
§§ 48b, 48c kommt eine **entsprechende Anwendung** von § 52 Abs. 2 erst dann in Betracht, wenn der von der Landesjustizverwaltung genehmigte Zeitraum einer „vorübergehenden" Amtsniederlegung überschritten wird und aus einer „vorläufigen" eine „endgültige" Amtsniederlegung wird.[14] Nur in einem solchen Falle ist eine entsprechende Anwendung von § 52 Abs. 2 S. 1 angezeigt, da erst dann die Rechtsfolgen einer Genehmigung gem. § 48b sowie gem. §§ 48b, 48c den Rechtsfolgen einer Entlassung gem. § 48 entsprechen.[15]

II. Anwaltsnotar (S. 2)

Dem Anwaltsnotar (§ 3 Abs. 2) kann gem. § 50 Abs. 1 S. 2 ein Dispens tatbestandlich 9
ebenfalls nur bei einem Ausscheiden aus dem Amt in **drei Fällen** erteilt werden. Die ersten

---

[10] Vgl. BGH 19.7.1991 – NotZ 17/90, BeckRS 1991, 31174201; KG 4.5.2012 – Not 24/11, BeckRS 2012, 13757; Arndt/Lerch/Sandkühler/*Lerch* BNotO § 52 Rn. 3.
[11] Vgl. BGH 19.7.1991 – NotZ 17/90, BeckRS 1991, 31174201; KG 4.5.2012 – Not 24/11, BeckRS 2012, 13757.
[12] → Rn. 11.
[13] Vgl. zu den weiteren Voraussetzungen eines Dispenses → Rn. 13 ff.
[14] §§ 48b, 48c Rn. 42 ff. und 77 ff.
[15] → §§ 48b, 48c Rn. 32 und 61.

beiden dieser Fälle stimmen mit denen für die Erteilung eines Dispenses gegenüber einem hauptberuflichen Notar überein:

1. wenn er auf seinen Antrag hin gem. §§ 47 Nr. 1, 48 entlassen wurde und
2. wenn er die Altersgrenze gem. §§ 47 Nr. 2 Alt. 1, 48a erreicht hat.

Nach dem Gesetzeswortlaut des § 54 Abs. 2 unerheblich für die Ermächtigung zur Erteilung eines Dispenses ist es, ob der Anwaltsnotar nach seinem Ausscheiden gem. §§ 48 oder 48a weiterhin zur Rechtsanwaltschaft zugelassen geblieben ist.[16] Der Wegfall der Zulassung zur Rechtsanwaltschaft kann vielmehr lediglich unter den in § 50 Abs. 3 S. 2 genannten Voraussetzungen zu einem Erlöschen eines bereits erteilten Dispenses kraft Gesetzes führen.[17]

10 Schließlich (3.) kann dem Anwaltsnotar ein Dispens erteilt werden, wenn er gem. § 47 Nr. 4 iVm §§ 13, 14 Abs. 2 Nr. 4 BRAO iVm § 12 Abs. 3 BRAO aufgrund des bestandskräftigen **Wegfalls seiner Mitgliedschaft** in der Rechtsanwaltskammer aus dem Notaramt *ipso iure* ausgeschieden[18] **und** ihm von der Rechtsanwaltskammer gem. § 17 Abs. 2 BRAO die Erlaubnis erteilt worden ist, sich **weiterhin Rechtsanwalt zu nennen.** Die Erlaubnis der Rechtsanwaltskammer gem. § 17 Abs. 2 BRAO setzt wiederum tatbestandlich voraus, dass der Rechtsanwalt auf seine Rechte aus der Zulassung zur Rechtsanwaltschaft „wegen hohen Alters oder wegen körperlicher Leiden" verzichtet hat.[19] Der Anwaltsnotar kann es sich folglich nicht – wie ein hauptberuflicher Notar – erlauben, wegen **gesundheitlicher Gründe** gem. §§ 47 Nr. 6, 50 Abs. 1 Nr. 7 von der Landesjustizverwaltung des Amtes enthoben zu werden. Er hat vielmehr rechtzeitig wegen seiner Gesundheit auf seine Rechte aus der Zulassung zur Rechtsanwaltschaft gem. § 14 Abs. 2 Nr. 4 BRAO zu verzichten und einen Antrag bei seiner Rechtsanwaltskammer gem. § 17 Abs. 2 BRAO zu stellen, um sich die Möglichkeit eines Dispenses gem. § 50 Abs. 2 S. 2 zu erhalten.

11 Die Aufzählung dieser drei Fälle des Amtsverlustes eines Anwaltsnotars gem. § 47 stellt eine **abschließende** Ausnahmeregelung dar.[20] Erlischt das Amt des Anwaltsnotars auf eine andere in § 47 bestimmte Weise, kann ein Dispens von § 50 Abs. 2 S. 2 nicht erteilt werden. Eine **analoge Anwendung** kommt nur dann in Betracht, wenn der Notar bereits alles für einen Amtsverlust auf Grundlage der drei genannten Vorschriften erforderliche veranlasst hat und er dennoch auf anderer Grundlage seine hoheitlichen Befugnisse verliert.[21] Ein solcher Fall ist beispielsweise gegeben, wenn ein als Rechtsanwalt tätiger Anwaltsnotar durch Stellung des Entlassungsantrags alles von seiner Seite aus Erforderliche getan hat, um seine Entlassung gem. §§ 47 Nr. 1, 48 zu erreichen, sein Amt als Notar aber vor Zugang der Entlassungsverfügung gem. § 47 Nr. 4 iVm § 27 Abs. 3 S. 3 BRAO kraft Gesetzes erlischt, weil er inzwischen von einer anderen Rechtsanwaltskammer antragsgemäß aufgenommen wurde.[22]

12 Erlischt das Amt des Anwaltsnotars „vorübergehend" gem. § 48b oder gem. §§ 48b, 48c kommt eine **entsprechende Anwendung** von § 52 Abs. 2 erst dann in Betracht, wenn der von der Landesjustizverwaltung genehmigte Zeitraum einer „vorübergehenden" Amtsniederlegung überschritten wird und aus einer „vorläufigen" eine „endgültige"

---

[16] Sehr zweifelhaft und nicht zuzustimmen ist insoweit der Entscheidung des KG 4.5.2012 – Not 24/11, BeckRS 2012, 13757, das bei einem wieder zur Rechtsanwaltschaft zugelassenen ehemaligen Anwaltsnotar, der, gem. §§ 47 Nr. 1, 48 auf eigenen Antrag aus dem Notaramt ausgeschieden ist und nach seiner Wiederzulassung einen Antrag gem. § 54 Abs. 2 stellte, bereits den Tatbestand zur Erteilung eines Dispenses gem. § 54 Abs. 2 verneint; → Rn. 23.
[17] → Rn. 21 ff.
[18] → § 47 Rn. 9 ff.
[19] Vgl. hierzu Henssler/Prütting/*Henssler* BRAO § 17 Rn. 7 ff.
[20] Vgl. BGH 19.7.1991 – NotZ 17/90, BeckRS 1991, 31174201; KG 4.5.2012 – Not 24/11, BeckRS 2012, 13757; Arndt/Lerch/Sandkühler/*Lerch* BNotO § 52 Rn. 3.
[21] Vgl. BGH 19.7.1991 – NotZ 17/90, BeckRS 1991, 31174201; KG 4.5.2012 – Not 24/11, BeckRS 2012, 13757.
[22] → § 47 Rn. 14 ff.

Amtsniederlegung wird.[23] Nur in einem solchen Falle ist eine entsprechende Anwendung von § 52 Abs. 2 S. 2 angezeigt, da erst dann die Rechtsfolgen einer Genehmigung gem. § 48b und gem. §§ 48b, 48c den Rechtsfolgen einer Entlassung gem. § 48 entsprechen.[24]

III. Ermessen

Die Entscheidung über die Erteilung eines Dispenses gem. § 52 Abs. 2 steht im Ermessen der Landesjustizverwaltung.[25] Ein **Antrag** des Notars ist nicht erforderlich. Die Erlaubnis zur Weiterführung der Amtsbezeichnung kann auch **von Amts wegen** erteilt werden,[26] was dem Charakter der Erlaubnis als Anerkennung für das tadellose berufliche Wirken des ehemaligen Notars entspricht.[27]

Nach gefestigter **Rechtsprechung** des Bundesgerichtshofs „darf die Justizverwaltung die Weiterführung der Amtsbezeichnung nur verweigern, wenn **besondere Gründe die Ausübung des Ermessens in diese Richtung rechtfertigen.** Worin derartige Gründe gesehen werden können, regelt das Gesetz nicht ausdrücklich. Die Ermessensausübung hat sich daher **an dessen Zweck zu orientieren.** Wie sich der Regelung der Voraussetzungen, unter denen nach § 52 Abs. 1 die Erlaubnis erteilt und gemäß § 52 Abs. 3 S. 1 wieder zurückgenommen werden kann, entnehmen lässt, will das Gesetz unter anderem **verhindern, dass ein unwürdiger früherer Notar durch den weiteren Gebrauch der Amtsbezeichnung das Ansehen und das Vertrauen schädigt,** die dem Notarberuf entgegengebracht werden. Dienstverfehlungen des Notars können es daher rechtfertigen, die Erlaubnis zur Weiterführung der Amtsbezeichnung zu versagen, wobei es **nicht erforderlich ist,** dass diese Verfehlungen ohne das freiwillige Ausscheiden des Notars **zu dessen Entfernung aus dem Amt geführt hätten.**"[28]

Anknüpfungspunkt für eine Versagung des Dispenses gem. § 52 Abs. 2 sind folglich zunächst **Amtspflichtverletzungen** des Notars. Diese Amtspflichtverletzungen müssen das Potential aufweisen, das dem Notarberuf entgegengebrachte Ansehen und Vertrauen zu schädigen bzw. die „Verlässlichkeit und Sicherheit notarieller Amtsausübung **schwer" zu erschüttern.**[29] Ein derartiges Potential kann hierbei bereits **eine einzige** ganz besonders schwerwiegende Amtspflichtverletzung oder aber **eine Vielzahl** an schwerwiegenden Amtspflichtverletzungen haben. Hierzu stellt der Notarsenat allerdings in ständiger Rechtsprechung fest, dass „leichte und mittelschwere Disziplinarverstöße" nicht ausreichen, vielmehr stets „**Dienstverfehlungen von erheblichem Gewicht**" (Kernpflichtverstöße) erforderlich sind.[30] Hat der Notar eine Vielzahl von derartig gewichtigen Amtspflichtverletzungen begangen, die er über einen längeren Zeitraum unbeeindruckt von bereits eingeleiteten Disziplinarmaßnahmen fortführt, wiegt der Verstoß umso

---

[23] → §§ 48b, 48c Rn. 42 ff. und 77 ff.
[24] → §§ 48b, 48c Rn. 32 und 61.
[25] BGH 23.4.2018 – NotZ (Brfg) 4/17, NJW-RR 2018, 1017 Rn. 15; 13.3.2017 – NotZ (Brfg) 4/16, DNotZ 2017, 876 Rn. 21.
[26] Schippel/Bracker/*Bracker* BNotO § 52 Rn. 9; Diehn/*Dahlkamp* BNotO § 52 Rn. 7; Arndt/Lerch/Sandkühler/*Lerch* BNotO § 52 Rn. 10.
[27] Henssler/Prütting/*Henssler* BRAO § 17 Rn. 10; vgl. auch Schippel/Bracker/*Bracker* BNotO § 52 Rn. 12.
[28] BGH 24.11.2014 – NotZ (Brfg) 8/14, DNotZ 2015, 230 mwN. Vgl. auch das lesenswerte Urteil der Vorinstanz OLG Köln 7.4.2014 – 2 X (Not) 6/13, BeckRS 2014, 23630. So zuletzt auch BGH 13.3.2017 – NotZ (Brfg) 4/16, DNotZ 2017, 876 Rn. 23.
[29] BGH 23.4.2018 – NotZ (Brfg) 4/17, NJW-RR 2018, 1017 Rn. 16; 23.7.2007 – NotZ 56/06, DNotZ 2008, 307; 9.5.1988 – NotZ 9/87, DNotZ 1989, 316.
[30] BGH 19.11.2018 – NotZ (Brfg) 5/18, DNotZ 2019, 395 Rn. 3; 23.4.2018 – NotZ (Brfg) 4/17, NJW-RR 2018, 1017 Rn. 16; 18.11.2009 – NotZ 2/09, BeckRS 2009, 88771; 23.7.2007 – NotZ 56/06, DNotZ 2008, 307; 9.5.1988 – NotZ 9/87, DNotZ 1989, 316; OLG Köln 7.4.2014 – 2 X (Not) 6/13, BeckRS 2014, 23630 und auch mittelbar in BGH 24.11.2014 – NotZ (Brfg) 8/14, DNotZ 2015, 230: „Nach Abwägung aller Umstände ist die Grenze zu nur leichten und mittleren Disziplinarverstößen ganz erheblich überschritten."

schwerer.³¹ Der Notar, der in seiner Amtszeit derartige potentiell für das Ansehen und das Vertrauen des Notarberufs schädlichen bzw. die Verlässlichkeit und Sicherheit notarieller Amtsausübung schwer erschütternde Amtspflichtverletzungen begangen hat, ist zur weiteren Führung der Amtsbezeichnung „Notar" mit dem Zusatz „außer Dienst" als unwürdig anzusehen, so dass ein Dispens gem. § 54 Abs. 2 nicht in Betracht kommt.

15a Anknüpfungspunkt für eine Versagung des Dispenses gem. § 52 Abs. 2 können **darüber hinaus** auch **alle weiteren (nicht verschuldensabhängigen) Gründe** sein, die die Landesjustizverwaltung zu einer **späteren Rücknahme bzw. einem späteren Widerruf** des einmal erteilten Dispenses gem. **§ 52 Abs. 3 S. 1 berechtigen.**³² So kommt eine Versagung des Dispenses insbesondere in Betracht, wenn der aus dem Amt scheidende Notar wegen **Vermögensverfalls** (§§ 47 Nr. 6, 50 Abs. 1 Nr. 6) oder wegen **Gefährdung der Interessen der Rechtssuchenden** aufgrund seiner wirtschaftlichen Verhältnisse, seiner Art der Wirtschaftsführung oder der Durchführung von Verwahrungsgeschäften (§§ 47 Nr. 6, 50 Abs. 1 Nr. 8) seines Amtes enthoben werden könnte, wenn er noch im Amt wäre. Auch wenn es sich hierbei **nicht** im engeren Sinne um **Amtspflichtverletzungen** handelt, hat sich die Landesjustizverwaltung auch anhand dieser **gesetzlichen Erlöschenstatbestände** bei Ausübung des Ermessens zu orientieren:

> *„Bei der Ausrichtung des Ermessens am Gesetzeszweck kommt [...] der Regelung in § 52 Abs. 3 Satz 1 BNotO über die Rücknahme und den Widerruf einer gemäß § 52 Abs. 2 BNotO erteilten Erlaubnis zum Weiterführen der Amtsbezeichnung **erhebliche Bedeutung zu.** [...] Der **Gemeinwohlbelang der Sicherung** der dem Notaramt zugeschriebenen **besonderen Vertrauensstellung** legitimiert, die Ermessensentscheidung der Justizverwaltung über die Berechtigung zum Fortführen der Amtsbezeichnung mit dem Zusatz ‚außer Dienst (a. D.)' an den genannten **Amtsenthebungsgründen auszurichten.** [...] Dem Schwächerwerden der Pflichtenbindung nach dem Ausscheiden aus dem Notaramt hat der Gesetzgeber Rechnung getragen, indem er in § 52 Abs. 3 Satz 1 BNotO lediglich auf einen Teil der Amtsenthebungsgründe des § 50 BNotO als Grundlage für die Rücknahme oder den Widerruf einer erteilten Erlaubnis zum Führen der Amtsbezeichnung ‚außer Dienst (a. D.)' abstellt. [...] Liegen die Voraussetzungen des § 52 Abs. 3 Satz 1 BNotO bereits **im Zeitpunkt der Entscheidung über die Erlaubniserteilung** i. S. von § 52 Abs. 2 Satz 1 BNotO vor, handelt es sich regelmäßig um ‚besondere Gründe'."*³³

16 Im Hinblick auf das für die Ermessensausübung gem. § 52 Abs. 2 erforderliche Maß an **Sachverhaltsaufklärung** hat der Notarsenat festgestellt, dass „eine **Aufklärung nur insoweit** (erforderlich ist), dass die **Prüfung erfolgen kann,** ob der Antragsteller durch sein Verhalten das Vertrauen in die Verlässlichkeit und Sicherheit notarieller Amtsausübung **so schwer erschüttert hat,** dass es angemessen ist, ihm die Erlaubnis nach § 52 Abs. 2 S. 2 zu versagen, so dass es ihm entsprechend dem Regelfall des § 52 Abs. 1 nicht gestattet ist, seine frühere Amtsbezeichnung weiterzuführen."³⁴ Die Landesjustizverwaltung kann auf dieser Grundlage ihre Ermessensentscheidung auf **disziplinarrechtliche Vorermittlungen** stützen, die beispielsweise aufgrund des freiwilligen Ausscheidens des Notars aus dem Amt gem. §§ 47 Nr. 1, 48 oder dem Ausscheiden aus dem Amt wegen Erreichen der Altersgrenze gem. §§ 47 Nr. 2 Alt. 1, 48a nicht weitergeführt wurden.³⁵ Denn, so der Notarsenat, „das **Verfahren** nach § 52 Abs. 2 **dient nicht dazu,** die gegen den ...(Antragsteller) ursprünglich erhobenen Vorwürfe in einer dem formellen Disziplinarverfahren genügenden Weise **nachzuholen und zu klären.**"³⁶ Erforderlich und ausreichend ist vor

---

³¹ BGH 19.11.2018 – NotZ (Brfg) 5/18, DNotZ 2019, 395 Rn. 8; 24.11.2014 – NotZ (Brfg) 8/14, DNotZ 2015, 230 – „ein Bild der kontinuierlichen Missachtung notarieller Amtspflichten."
³² BGH 13.3.2017 – NotZ (Brfg) 4/16, DNotZ 2017, 867 Rn. 24. Hierzu → Rn. 19.
³³ BGH 13.3.2017 – NotZ (Brfg) 4/16, DNotZ 2017, 867 Rn. 24, 27 f.
³⁴ BGH 24.11.2014 – NotZ (Brfg) 8/14, DNotZ 2015, 230.
³⁵ BGH 24.11.2014 – NotZ (Brfg) 8/14, DNotZ 2015, 230; 23.7.2007 – NotZ 56/06, DNotZ 2008, 307.
³⁶ BGH 24.11.2014 – NotZ (Brfg) 8/14, DNotZ 2015, 230; 23.7.2007 – NotZ 56/06, DNotZ 2008, 307.

diesem Hintergrund, dass die zur Versagung des Dispenses angeführten Amtspflichtverstöße **„nach Aktenlage plausibel"** sind.[37]

Im Hinblick auf die **Berücksichtigung von Strafurteilen** bei der Ermessensentschei- **16a** dung entspricht es höchstrichterlicher Rechtsprechung, dass eine Versagung auf dieser Grundlage **auch dann** in Betracht kommt, wenn dieses Strafurteil gem. §§ 47 Nr. 5, 49 nicht zu einer Entfernung aus dem Amt geführt hätte.[38] Das Gewicht derartiger Verurteilungen nimmt zwar mit zunehmender **zeitlicher Distanz** der abgeurteilten Taten „auch für die nach § 52 Abs. 2 BNotO zu treffende Ermessensentscheidung" ab, „wegen des Zeitablaufs nicht mehr berücksichtigungsfähig sind sie aber erst dann, wenn [...] ein gesetzliches Verwertungsverbot greift (vgl. etwa § 51 Abs. 1 BZRG sowie § 110a Abs. 6 BNotO [...]".[39] Die Landesjustizverwaltung ist im Rahmen der Ermessensentscheidung gem. § 52 Abs. 2 **an das Strafurteil gebunden** und darf den zugrunde liegenden Sachverhalt **nicht selbständig ermitteln und bewerten**.[40]

D. Wegfall des Dispenses (Abs. 3)

§ 50 Abs. 3 S. 1 stellt eine Ermächtigungsgrundlage für die Aufhebung des Verwaltungs- **17** aktes des Dispenses gegenüber einem hauptberuflichen Notar und einem Anwaltsnotar dar (→ Rn. 18 ff.). In diesem Verwaltungsverfahren ist der Notar gem. § 64a Abs. 1 iVm § 28 Abs. 1 VwVfG stets anzuhören. Gemäß § 50 Abs. 3 S. 2 erlischt der einem ehemaligen Anwaltsnotar erteilte Dispens unter den dort genannten Voraussetzungen kraft Gesetzes (→ Rn. 21 ff.).

I. Rücknahme und Widerruf (S. 1)

Gemäß § 50 Abs. 3 S. 1 kann der Verwaltungsakt des Dispenses durch **Verwaltungsakt** **18** aufgehoben werden, wenn nachträglich Umstände bekannt werden oder eintreten, die aufgrund bestimmter Erlöschenstatbestände aus § 47 hypothetisch ein Erlöschen des Amtes nach sich ziehen würden. § 50 Abs. 2 S. 1 ermächtigt die Landesjustizverwaltung unter den genannten Voraussetzungen sowohl zu der **Rücknahme** eines rechtswidrigen Dispenses iSd § 48 Abs. 1 VwVfG[41] als auch zum **Widerruf** eines rechtmäßigen Dispenses iSd § 49 Abs. 1 VwVfG.[42]

Tatbestandlich setzt der Erlass eines Verwaltungsaktes zur Aufhebung eines Dispenses eine **19** **hypothetische Prüfung** voraus, dass auf Grundlage von nachträglich bekannt gewordenen Tatsachen oder auf Grundlage von nachträglich eintretenden Tatsachen zum Erlöschen des (nicht mehr vorhandenen) Amtes der Notar a. D. geführt hätten.[43] Auch wenn der aus dem Amt geschiedene Notar nicht mehr der Disziplinargewalt des Landes und damit auch nicht mehr der Disziplinargerichtsbarkeit untersteht, ist die hypothetische Betrachtungsweise auch in solchen Fällen vorzunehmen, in denen es darum geht, ob das Verhalten des Notars a. D. – wäre er noch Notar – zur Entfernung aus dem Amt geführt hätte. Hierbei rechtfertigen nur **bestimmte Erlöschenstatbestände** eine Rücknahme bzw. einen Widerruf des Dispenses:

1. Amtsverlust gem. § 47 Nr. 5 kraft Gesetzes infolge strafgerichtlicher Verurteilung,

---

[37] BGH 23.7.2007 – NotZ 56/06, DNotZ 2008, 307.
[38] BGH 23.4.2018 – NotZ (Brfg) 4/17, NJW-RR 2018, 1017 Rn. 23. Vgl. dazu → § 49 Rn. 4 ff.
[39] BGH 23.4.2018 – NotZ (Brfg) 4/17, NJW-RR 2018, 1017 Rn. 22.
[40] BGH 23.4.2018 – NotZ (Brfg) 4/17, NJW-RR 2018, 1017 Rn. 27 f.
[41] Die Landesjustizverwaltung kann eine Rücknahme gleichwohl auch auf Grundlage von § 64a Abs. 1 iVm § 48 Abs. 1, Abs. 3 VwVfG erlassen, muss es aber nicht.
[42] Die Norm stellt die gem. § 64a Abs. 1 iVm § 49 Abs. 2 Nr. 1 VwVfG erforderliche Zulassung des Widerrufs dar.
[43] Vgl. Henssler/Prütting/*Henssler* BRAO § 17 Rn. 14.

2. **Amtsverlust** gem. § 47 Nr. 6 durch Verwaltungsakt bei sämtlichen Amtsenthebungsgründen außer bei gesundheitlichen Gründen (§ 50 Abs. 1 Nr. 7) und fehlender Haftpflichtversicherung (§ 50 Abs. 1 Nr. 10) und
3. **Amtsverlust** gem. § 47 Nr. 7 durch disziplinargerichtliches Urteil.

20 Insbesondere darf der ehemalige Notar, dem ein Dispens gem. § 54 Abs. 2 S. 1 oder S. 2 erteilt worden ist, die Amtsbezeichnung „Notar" mit dem Zusatz „außer Dienst" nicht im Zusammenhang mit der Ausübung einer **gewerblichen Tätigkeit** gebrauchen. Eine solche gewerbliche Tätigkeit wäre einem Notar im Amt gem. §§ 29 Abs. 1, 14 Abs. 4 und Abs. 5 schlechthin untersagt und würde unverzüglich zu Maßnahmen iSd § 47 Nr. 7 Anlass geben.[44] Ferner darf der Notar a. D. seine Amtsbezeichnung auch grundsätzlich nicht im Zusammenhang mit einem von ihm ausgeübten **besoldeten Amt** iSd § 8 Abs. 1 (zB Hochschulprofessor) oder im Zusammenhang mit einer von ihm ausgeübten **beruflichen Tätigkeit** iSd § 8 Abs. 3 (zB Rechtsanwalt) gebrauchen, es sei denn, dies wird ihm vorab von der Landesjustizverwaltung entsprechend § 8 Abs. 1 S. 2, Abs. 3 genehmigt. Der hauptberufliche Notar muss sich insoweit auch nach seinem Ausscheiden aus dem Amt im Rahmen des § 52 als ein solcher behandeln lassen (§ 3 Abs. 1) und darf daher die Bezeichnung „Notar a. D." beispielsweise im Zusammenhang mit einer **Tätigkeit als zugelassener Rechtsanwalt** gem. § 8 Abs. 3 nur im Einvernehmen mit der Landesjustizverwaltung führen. Genehmigt ihm die Landesjustizverwaltung dies nicht,[45] so müsste er – wäre er hypothetisch noch im Amt – unverzüglich gem. §§ 47 Nr. 6, 50 Abs. 1 Nr. 4 durch Verwaltungsakt seines Amtes enthoben werden. Vor diesem Hintergrund kann die Landesjustizverwaltung den Dispens gem. § 50 Abs. 3 S. 1 ebenso unverzüglich wieder entziehen.[46]

II. Erlöschen kraft Gesetzes (S. 2)

21 Gemäß § 52 Abs. 2 S. 2 erlischt der dem ehemaligen Anwaltsnotar erteilte Verwaltungsakt des Dispenses kraft Gesetzes, wenn er **erstens** nicht mehr zur Rechtsanwaltschaft zugelassen ist und er sich **zweitens** nicht mehr weiterhin Rechtsanwalt nennen darf. Das Gesetz enthält einen **offensichtlich unrichtigen Verweis** auf den dem hauptberuflichen Notar erteilten Dispens gem. § 50 Abs. 2 S. 1. Die Norm bezieht sich ausweislich der Begründung bei Schaffung dieser Vorschrift **ausschließlich auf den dem Anwaltsnotar** erteilten Dispens gem. § 50 Abs. 2 S. 2;[47] erst durch eine spätere unpräzise Änderung des Gesetzes wurde ein falscher Verweis eingefügt.[48]

22 Die Zulassung zur Rechtsanwaltschaft erlischt gem. § 13 BRAO, wenn der Rechtsanwalt in einem anwaltsgerichtlichen Verfahren durch ein rechtskräftiges **Urteil** gem. § 114 Abs. 1 Nr. 5 BRAO aus der Rechtsanwaltschaft ausgeschlossen wurde oder wenn die Rechtsanwaltskammer die Zulassung gem. § 14 Abs. 1 BRAO bestandskräftig **zurückgenommen** oder aber gem. § 14 Abs. 2, Abs. 3 BRAO bestandskräftig **widerrufen** hat.[49] Gemäß § 17 Abs. 3 BRAO kann die Rechtsanwaltskammer einem Rechtsanwalt, der wegen hohen Alters oder wegen körperlicher Leiden auf die Rechte aus der Zulassung zur

---

[44] Im Ergebnis wohl ebenso Schippel/Bracker/*Bracker* BNotO § 52 Rn. 12 f.; Arndt/Lerch/Sandkühler/*Lerch* BNotO § 52 Rn. 19.
[45] Eine Genehmigung entsprechend § 8 Abs. 3 wird sie regelmäßig versagen, da sie den Bedürfnissen einer geordneten Rechtspflege (kein Anschein der Vermischung der Notariatsformen) nicht entspricht, vgl. ebenso Schippel/Bracker/*Bracker* BNotO § 53 Rn. 15.
[46] Im Ergebnis ebenso, allerdings über einen Amtspflichtverstoß gem. § 14 Abs. 3 S. 2 begründend, Schippel/Bracker/*Bracker* BNotO § 53 Rn. 15.
[47] Vgl. BT-Drs. 9/597, 5 und 10.
[48] Vgl. BT-Drs. 16/11385, 20 (Änderung) und 52 (Begründung). Anstelle der Worte „Befugnis, sich ‚Notar außer Dienst' zu nennen" wurde die jetzige falsche Verweisung aufgenommen, offenbar um die Norm nicht über die Maßen an die weibliche Amtsbezeichnung „Notarin" anpassen zu müssen.
[49] Vgl. zu den einzelnen Rücknahme- und Widerrufsgründen nur Henssler/Prütting/*Henssler* BRAO § 14 Rn. 5 ff.

Rechtsanwaltschaft verzichtet, die Erlaubnis erteilen, sich weiterhin Rechtsanwalt zu nennen.

Vor diesem Hintergrund ist zunächst festzustellen, dass der einem **Anwaltsnotar erteilte** **Dispens** grundsätzlich gem. § 52 Abs. 3 S. 2 **in dem Zeitpunkt erlischt, in dem seine Zulassung zur Rechtsanwaltschaft erlischt.** Dies war auch der ausgedrückte Wille des Gesetzgebers, der dem Anwaltsnotar die Führung der Amtsbezeichnung „Notar" mit dem Zusatz „außer Dienst" nur gestatten wollte, „solange er den Titel Rechtsanwalt führen darf."[50] Erlischt die Zulassung zur Rechtsanwaltschaft zeitgleich mit oder nach dem Erlöschen des Notaramtes und beantragt der ehemalige Anwaltsnotar seine Rechtsanwaltszulassung erneut, steht § 52 Abs. 3 S. 2 für den Zeitraum der Zulassung zur Rechtsanwaltschaft einem Dispens gem. § 52 Abs. 2 S. 2 nicht entgegen.[51]

23

Der einmal erteilte Dispens erlischt gem. § 52 Abs. 3 S. 2 **nur dann nicht,** wenn der ehemalige Anwaltsnotar gegenüber seiner Rechtsanwaltskammer schriftlich „wegen seines hohen Alters oder wegen körperlicher Leiden" **erstens** gem. § 14 Abs. 2 Nr. 4 BRAO auf seine Rechte aus der Rechtsanwaltschaft verzichtet und zugleich **zweitens** gem. § 17 Abs. 2 BRAO den Antrag stellt, sich weiterhin Rechtsanwalt nennen zu dürfen und die Rechtsanwaltskammer beide Verwaltungsakte (Widerruf der Zulassung und Genehmigung der Führung der Bezeichnung Rechtsanwalt) gegenüber dem Notar gem. § 43 Abs. 1 VwVfG **zeitgleich bekannt gibt.**[52]

24

§ 53 [Übernahme von Räumen oder Angestellten des ausgeschiedenen Notars]

(1) ¹Ist das Amt eines zur hauptberuflichen Amtsausübung bestellten Notars erloschen oder ist sein Amtssitz verlegt worden, so bedarf ein anderer an dem Amtssitz bereits ansässiger Notar der Genehmigung der Landesjustizverwaltung, wenn er seine Geschäftsstelle in Räume des ausgeschiedenen Notars verlegen oder einen in einem besonderen Vertrauensverhältnis stehenden Angestellten in seine Geschäftsstelle übernehmen will. ²Die Genehmigung darf nur versagt werden, wenn dies im Interesse der Rechtspflege geboten ist.

(2) Die Gültigkeit der aus Anlaß der Übernahme oder Anstellung abgeschlossenen Rechtsgeschäfte wird durch einen Verstoß gegen die Vorschrift des Absatzes 1 nicht berührt.

Vgl. hierzu auch → RLEmBNotK Abschnitt XI Nr. 1.1.

A. Allgemeines

Die Verlegung der Geschäftsstelle eines am Ort ansässigen Notars in die Räume eines ausgeschiedenen **hauptberuflichen Notars** oder die Übernahme der in einem besonderen Vertrauensverhältnis zu dem ausgeschiedenen **hauptberuflichen Notar** stehenden Angestellten durch einen an Ort ansässigen hauptberuflichen Notar führt dazu, dass dem **Amts-**

1

---

[50] BT-Drs. 9/597, 10.
[51] AA aber fälschlicherweise und insoweit ohne nähere Begründung KG 4.5.2012 – Not 24/11, BeckRS 2012, 13757; → Rn. 9.
[52] Folgt die Genehmigung gem. § 17 Abs. 2 BRAO dem Widerruf gem. § 14 Abs. 2 Nr. 4 BRAO zeitlich nach, so ist eine erteilte Genehmigung gem. § 54 Abs. 3 S. 2 mit der Bekanntgabe des Widerrufs gem. § 14 Abs. 2 Nr. 4 BNotO *ipso iure* erloschen. Rechtstechnisch besteht dann die Möglichkeit der Wiederzulassung zur Rechtsanwaltschaft, der Stellung eines erneuten Dispensantrages gem. § 54 Abs. 2 S. 2 und sodann des erneuten Verzichts und Genehmigungsantrages gem. §§ 14 Abs. 2 Nr. 4, 17 Abs. 2 BRAO. Um diesen verwaltungstechnischen Irrsinn zu vermeiden, kann und sollte die Landesjustizverwaltung im Falle einer zeitlich nachfolgenden Genehmigung gem. § 17 Abs. 2 BRAO den Verwaltungsakt des Dispenses gem. § 54 Abs. 2 auf Antrag bestätigen.

nachfolger[1] des ausgeschiedenen Notars die räumlichen und personellen Grundlagen entzogen werden.

> *"Der Genehmigungsvorbehalt in § 53 Abs. 1 soll verhindern, daß dem künftigen Amtsnachfolger eines Notars die räumlichen und personellen Grundlagen der Praxis entzogen oder geschmälert werden. Bezweckt wird, die Kontinuität der Notarstellen in den Gebieten des Nurnotariates zu fördern."*[2]

Zugleich soll dadurch, dass die Verlegung der Geschäftsstelle in die Räume des ausgeschiedenen Notars genehmigungspflichtig ist, dem für die Rechtsuchenden täuschenden Eindruck entgegengewirkt werden, dem am Ort bereits ansässigen Notar sei die Fortführung der Notarstelle übertragen worden und deshalb als Amtsnachfolger anzusehen.[3]

2 Das in § 51 Abs. 1 S. 1 verankerte **Prinzip der Amtsnachfolge** im hauptberuflichen Notariat wird folglich gem. § 53 Abs. 1 dadurch geschützt, dass eine Übernahme des wesentlichen **personellen und räumlichen Substrats** der Notarstelle (im Sinne der institutionalisierten Komponente)[4] durch einen anderen Notar und damit eine faktische Aushöhlung des Prinzips der Amtsnachfolge erschwert wird. Dieser Schutz wird flankiert durch den von den Notarkammern gem. § 67 Abs. 2 Nr. 11 als Satzungsrecht übernommenen Abschnitt XI Nr. 1.1 RLEmBNotK, wonach der Notar sich **kollegial** zu verhalten hat und auf die berechtigten Interessen seiner Kollegen **Rücksicht** zu nehmen hat. Dass diese Kollegialitätspflicht insbesondere bei einer Übernahme von Mitarbeitern eines ausgeschiedenen Notars im Bereich des hauptberuflichen Notariates stets berührt ist, haben einige Notarkammern darüber hinaus durch Aufnahme einer Bestimmung klargestellt, wonach ein Notar die Mitarbeiter eines anderen Notars **nicht abwerben** darf (so beispielsweise Abschnitt XI Nr. 1.3 der Richtlinien der Rheinischen Notarkammer).

B. Genehmigungsvorbehalt (Abs. 1 S. 1)

3 Gemäß § 53 Abs. 1 S. 1 bedarf ein Notar (übernehmende Notar) für die **Verlegung seiner Geschäftsstelle** oder die **Übernahme eines Mitarbeiters** der Genehmigung der Landesjustizverwaltung, wenn das Amt eines anderen hauptberuflichen Notars (ausgeschiedener Notar) mit demselben Amtssitz erloschen ist oder sein Amtssitz verlegt wurde und die Geschäftsstelle in die Räume dieses Notars verlegt oder ein Mitarbeiter dieses Notars übernommen werden soll.

I. Identität der Amtssitze

4 Voraussetzung für den Genehmigungsvorbehalt ist zunächst, dass der übernehmende und der ausgeschiedene Notar **denselben Amtssitz** haben. Amtssitz ist entweder gem. § 10 Abs. 1 S. 1 eine politische Gemeinde oder gem. § 10 Abs. 1 S. 2 ein bestimmter Teil einer politischen Gemeinde („Stadtteilnotariat").[5] Voraussetzung für die Genehmigungspflicht ist mithin, dass Amtssitz des übernehmenden und des ausgeschiedene Notars dieselbe politische Gemeinde oder derselbe Teil einer politischen Gemeinde ist. Hierbei kommt es nach Sinn und Zweck der Norm nicht darauf an, dass in der Bestallungsurkunde gem. § 12 S. 2 die Amtssitze beider Notare identisch bezeichnet sind.[6] Ausreichend ist es vielmehr, dass die Amtssitze des übernehmenden und ausgeschiedenen Notars sich **tatsächlich räumlich**

---

[1] → § 51 Rn. 1 ff.
[2] BT-Drs. 13/4184, 30; Schippel/Bracker/*Bracker* BNotO § 53 Rn. 3.
[3] Schippel/Bracker/*Bracker* BNotO § 53 Rn. 5.
[4] → § 51 Rn. 1.
[5] → § 10 Rn. 6 ff. und 13 ff.
[6] Insbesondere bei der Einrichtung von Stadtteilnotariaten gem. § 10 Abs. 1 S. 2 werden in der Praxis zum Teil nicht einheitliche Bezeichnungen des Stadtteils genutzt.

überschneiden,[7] da gerade aufgrund dieser räumlichen Überschneidung die Gefahr eine Aushöhlung der Notarstelle bei einer Übernahme der Räume und Mitarbeiter besteht.

II. Amtsverlust oder Amtssitzverlegung

Voraussetzung für den Genehmigungsvorbehalt ist ferner, dass der ausscheidende Notar **hauptberuflicher Notar** iSd § 3 Abs. 1 ist und entweder sein **Amt** gem. § 47 Nr. 1 bis Nr. 7 **erloschen** ist oder aber sein **Amtssitz** gem. § 10 Abs. 1 S. 3 und S. 4 **verlegt** wurde. 5

Nach dem Wortlaut des § 53 Abs. 1 S. 1 muss nur der ausscheidende Notar ein zur hauptberuflichen Amtsausübung bestellter Notar iSd § 3 Abs. 1 sein. Der übernehmende Notar kann hingegen nach dem Wortlaut auch ein Anwaltsnotar iSd § 3 Abs. 2 sein. Diese gesetzliche Differenzierung ist zutreffend und führt insbesondere in **Bereichen gemischter Notariatsverfassungen** dazu, dass das nur im hauptberuflichen Notariat praktizierte[8] Prinzip der Amtsnachfolge auch nicht durch einen Anwaltsnotar mit demselben Amtssitz ausgehöhlt werden kann. So gibt es beispielsweise im Bereichen gemischter Notariatsverfassungen Amtssitze, in denen sowohl Anwaltsnotare als auch hauptberufliche Notare bestellt sind; auch für die dort bestellten Anwaltsnotare findet der Genehmigungsvorbehalt gem. § 53 Abs. 1 S. 1 seinem Wortlaut nach Anwendung. 6

Nach dem Wortlaut des § 53 Abs. 1 S. 1 muss der Amtssitz des Notars ferner nicht zwingend (vgl. § 51 Abs. 1 S. 1) in einen anderen Amtsgerichtsbezirk verlegt werden, so dass auch **Amtssitzverlegungen innerhalb desselben Amtsgerichtsbezirks** von dem Genehmigungsvorbehalt erfasst werden.[9] Eine Amtssitzverlegung iSd § 53 Abs. 1 S. 1 liegt daher beispielsweise auch dann vor, wenn nur die Stadtteilzuweisung des ausgeschiedenen Notars – unter Beibehaltung der Stadtteilzuweisung weiterer Notare – gem. § 10 Abs. 1 S. 2 aufgehoben und ihm als Amtssitz die politische Gemeinde gem. § 10 Abs. 1 S. 1 zugewiesen wurde.[10] 7

III. Verlegung der Räume

Der Genehmigungsvorbehalt bezieht sich gem. § 53 Abs. 1 S. 1 auf die Verlegung der **Geschäftsstelle** des übernehmenden Notars in die Räume des ausgeschiedenen Notars. Geschäftsstelle iSd § 10 Abs. 2 S. 1 ist eine Räumlichkeit, in welcher der Notar sämtliche technischen, organisatorischen und personellen Mittel vorhält, um das ihm verliehene öffentliche Amt ordnungsgemäß ausüben zu können.[11] Vom Genehmigungsvorbehalt erfasst ist folglich eine Verlegung dieser Räumlichkeiten des übernehmenden Notars **in die bisherigen Räumlichkeiten** in diesem Sinne des ausgeschiedenen Notars. 8

Übernimmt der Amtsnachfolger des ausgeschiedenen Notars die Räume in dem vorgenannten Sinne des ausgeschiedenen Notars nicht, sondern unterhält er seine Geschäftsstelle iSd § 10 Abs. 2 S. 1 in anderen Räumlichkeiten, ist der Genehmigungsvorbehalt gem. § 50 Abs. 1 S. 1 nicht etwa gegenstandslos und einem anderen Notar die Verlegung seiner Geschäftsstelle in die freigewordenen Räumlichkeiten des ausgeschiedenen Notars gestattet. Der Sinn und Zweck der Norm erfordert vielmehr auch in einem solchen Fall den Schutz des Prinzips der Amtsnachfolge und somit die Anwendung des Genehmigungsvorbehalts.[12] 9

---

[7] Gemäß § 10 Abs. 2 S. 1 muss der übernehmende Notar innerhalb der geographischen Grenzen seines Amtssitzes seine Geschäftsstelle unterhalten, so dass die Räume des ausscheidenden Notars sich innerhalb dieser geographischen Grenzen befinden müssen; → § 10 Rn. 53 f.
[8] → § 51 Rn. 3.
[9] → § 10 Rn. 48 ff.
[10] → § 10 Rn. 22.
[11] → § 10 Rn. 80; Diehn/*Bormann* BNotO § 10 Rn. 20; Schippel/Bracker/*Püls* BNotO § 10 Rn. 14.
[12] Schippel/Bracker/*Bracker* BNotO § 53 Rn. 10.

IV. Übernahme von Angestellten

10 Der Genehmigungsvorbehalt bezieht sich gem. § 53 Abs. 1 S. 1 des Weiteren auf die Übernahme eines in einem besonderen Vertrauensverhältnis stehenden **Angestellten** des ausgeschiedenen Notars.

11 Ein derartiges **Vertrauensverhältnis** besteht nicht nur zu Bürovorstehern im engeren Sinne. Ein derartiges besonderes Vertrauensverhältnis besteht nach Sinn und Zweck der Norm vielmehr zu sämtlichen Mitarbeitern, denen es der ausgeschiedene Notar aufgrund ihrer langjährigen praktischen Erfahrung überlassen hat, Besprechungen selbständig zu führen und diese in Entwürfe umzusetzen. Ferner besteht ein derartiges besonderes Vertrauensverhältnis nach Sinn und Zweck der Norm auch zu Mitarbeitern, die den zum Urkundenvollzug notwendigen Schriftverkehr selbstständig betreiben können und denen die Führung der Anderkonten obliegt.[13]

12 Unerheblich ist, ob die Übernahme des Mitarbeiters auf Veranlassung des übernehmenden Notars oder auf Veranlassung des Mitarbeiters erfolgt. Der Wortlaut des § 53 Abs. 1 S. 1 nutzt den insoweit neutralen Begriff der „Übernahme" und nicht etwa – wie beispielsweise Abschnitt XI Nr. 1.3 der Richtlinien der Rheinischen Notarkammer – den Begriff des „Abwerbens".

C. Ermessen (Abs. 1 S. 2)

13 Die Genehmigung gem. § 53 Abs. 1 S. 1 steht im Ermessen der Behörde. Mit dem Dritten Gesetz zur Änderung der Bundesnotarordnung wurde mit Wirkung zum 8.9.1998 dem ersten Absatz Satz 2 als **Ermessensschranke** eingefügt um sicherzustellen, dass das berechtigte Interesse der Mitarbeiter „in ihrem bisherigen Beruf angemessen weiterbeschäftigt zu werden, gebührend berücksichtigt wird."[14] Die Genehmigung darf danach nur versagt werden darf, wenn dies im Interesse der Rechtspflege geboten ist.

14 Beantragt der übernehmende Notar gem. § 53 Abs. 1 S. 1 die Genehmigung der Verlegung seiner **Geschäftsstelle** in die Räume des ausgeschiedenen Notars, steht die Kontinuität der freigewordenen Notarstelle und damit das **Prinzip der Amtsnachfolge** stets in Frage. Das gem. § 50 Abs. 1 S. 2 auch hierfür als maßgeblich statuierte Interesse einer geordneten Rechtspflege fordert daher zur Sicherung des Prinzips der Amtsnachfolge in der Regel stets eine ablehnende Entscheidung der Landesjustizverwaltung. Eine Genehmigung kann nur in **atypischen Ausnahmefällen** erteilt werden. Ein solcher Ausnahmefall liegt beispielsweise dann vor, wenn die Notarstelle des ausscheidenden Notars (im Sinne der institutionalisierten Komponente)[15] nicht wieder ausgeschrieben und eingezogen wird. In diesem Fall werden die Akten zwar in der Regel einem anderen Notar mit demselben Amtssitz gem. § 51 Abs. 1 S. 2 übertragen, der dann als Amtsnachfolger anzusehen ist; dieser Notar ist aber nicht iSd § 53 Abs. 1 S. 1 schutzwürdiger in Betreff des personellen und räumlichen Substrats der eingezogenen Notarstelle als der übernehmende Notar.[16]

15 Beantragt der übernehmende Notar gem. § 53 Abs. 1 S. 1 die Genehmigung der Übernahme eines in einem besonderen Vertrauensverhältnis zu dem ausgeschiedenen Notar stehenden **Angestellten,** ist nach dem vom Gesetzgeber durch Einfügung von § 53 Abs. 1 S. 2 angestrebten Zweck das Interesse der Rechtspflege am Schutz des **Prinzips der Amtsnachfolge** gegen das **Interesse des Angestellten** an einem Wechsel seines Arbeitgebers abzuwägen. Denn nach Gesetzesbegründung hat der Genehmigungsvorbehalt stets „erhebliche Auswirkungen auf die beruflichen Betätigungsmöglichkeiten der betroffenen

---

[13] Ähnlich Schippel/Bracker/*Bracker* BNotO § 53 Rn. 9; Arndt/Lerch/Sandkühler/*Lerch* BNotO § 53 Rn. 7.
[14] BT-Drs. 13/4184, 9 und 30.
[15] → § 51 Rn. 1.
[16] Vgl. Schippel/Bracker/*Bracker* BNotO § 53 Rn. 8.

Notariatsmitarbeiter."[17] Handelt es sich beispielsweise um einen Mitarbeiter mit besonderer Qualifikation, der auch bei der Klientel hohes Ansehen genießt und diese an seine Person bindet, rechtfertigt das Interesse der Rechtspflege am Schutz des Prinzips der Amtsnachfolge eine Versagung der Genehmigung zumindest dann, wenn bei einem Wechsel dieses Mitarbeiters der „Mitzug" eines Teils der Klienten zu befürchten ist. Dieses Beispiel verdeutlicht, dass an dieser Stelle ähnliche Ermessenserwägungen anzustellen sind, wie im Rahmen des **Nachbarschaftseinwandes** in einem Auswahlverfahren zur Besetzung einer Notarstelle;[18] auch dort kann der Wechsel eines Mitarbeiters Bedeutung erlangen.[19]

Der Genehmigungsvorbehalt gem. § 53 Abs. 1 S. 1 enthält **keine zeitliche Grenze,** so dass er grundsätzlich auch dann noch anwendbar ist, wenn die Geschäftsräume des ausgeschiedenen Notars inzwischen anderweitig genutzt worden sind oder ein Angestellter sich in der Zwischenzeit in einem anderen Arbeitsverhältnis befunden hat. Allerdings hat der Zeitablauf Auswirkungen auf den im Interesse einer geordneten Rechtspflege iSd § 53 Abs. 1 S. 2 erforderlichen Schutz des Prinzips der Amtsnachfolge. Mit fortschreitendem Zeitablauf besteht grundsätzlich immer weniger Veranlassung, die Kontinuität des institutionalisierten Amtes zu schützen. Nach Ablauf von **drei Jahren** ist ein schutzwürdiges Interesse der Rechtspflege iSd § 53 Abs. 1 S. 2 in der Regel nicht mehr vorhanden und ist eine beantragte Genehmigung in der Regel zu erteilen.[20] 16

D. Rechtsfolgen (Abs. 2)

Gemäß § 50 Abs. 2 wird die Gültigkeit der aus Anlass der Übernahme oder Anstellung abgeschlossenen Rechtsgeschäfte durch einen Verstoß gegen die aus § 51 Abs. 1 folgenden Pflichten nicht berührt. Die Wirksamkeit der abgeschlossenen **Miet- und Arbeitsverträge** sind folglich nicht von der Genehmigung durch die Landesjustizverwaltung abhängig; § 53 Abs. 1 S. 1 ist **kein gesetzliches Verbot** iSd § 134 BGB.[21] 17

Ein Verstoß gegen die aus § 51 Abs. 1 S. 1 folgenden Amtspflichten zieht jedoch angesichts des dadurch stets beeinträchtigten Prinzips der Amtsnachfolge, als ein im Bereich des hauptberuflichen Notariates gewichtiger Belang der geordneten Rechtspflege, in der Regel **scharfe disziplinarrechtliche Konsequenzen** iSd § 97 nach sich. 18

§ 54 [Vorläufige Amtsenthebung]

(1) ¹Der Notar kann von der Aufsichtsbehörde vorläufig seines Amtes enthoben werden,
1. wenn das Betreuungsgericht der Aufsichtsbehörde eine Mitteilung nach § 308 des Gesetzes über das Verfahren in Familiensachen und in den Angelegenheiten der freiwilligen Gerichtsbarkeit gemacht hat;
2. wenn sie die Voraussetzungen des § 50 für gegeben hält;
3. wenn er sich länger als zwei Monate ohne Zustimmung der Aufsichtsbehörde außerhalb seines Amtssitzes aufhält.

²Widerspruch und Anfechtungsklage gegen die vorläufige Amtsenthebung haben keine aufschiebende Wirkung.

---

[17] BT-Drs. 13/4184, 30.
[18] Insoweit kann vollumfänglich auf → § 10 Rn. 37 ff. verwiesen werden.
[19] → § 10 Rn. 38 aE.
[20] Diese zeitliche Grenze von drei Jahren war in § 6 der früheren „Allgemeinen Richtlinien für die Berufsausübung der Notare", aufgestellt von der BNotK am 8.12.1962 (zum Wortlaut vgl. Schippel/*Seybold*, 6. Aufl. 1995, BNotO S. 761 ff.), enthalten und ist zB von den Richtlinien der Landesnotarkammer Bayern übernommen worden, vgl. Schippel/Bracker/*Bracker* BNotO § 53 Rn. 11.
[21] Schippel/Bracker/*Bracker* BNotO § 53 Rn. 13.

(2) ¹Ein Notar, der zugleich Rechtsanwalt ist, kann auch ohne Einleitung eines Disziplinarverfahrens durch das Disziplinargericht vorläufig seines Amtes enthoben werden, wenn gegen ihn ein anwaltsgerichtliches Verfahren nach der Bundesrechtsanwaltsordnung eingeleitet worden ist. ²Die Vorschriften über die vorläufige Amtsenthebung nach Einleitung eines Disziplinarverfahrens gelten entsprechend. ³Absatz 1 Satz 2 gilt entsprechend.

(3) Wird ein Notar, der zugleich Rechtsanwalt ist, nach Einleitung eines Disziplinarverfahrens vorläufig seines Amtes als Notar enthoben, so kann das Disziplinargericht gegen ihn ein Berufs- oder Vertretungsverbot (§ 150 der Bundesrechtsanwaltsordnung) verhängen, wenn zu erwarten ist, daß im Disziplinarverfahren gegen ihn auf Entfernung aus dem Amt (§ 97 Absatz 1 Satz 1 Nummer 3) erkannt werden wird.

(4) Die Wirkungen der vorläufigen Amtsenthebung treten kraft Gesetzes ein,
1. wenn gegen einen Notar im Strafverfahren die Untersuchungshaft angeordnet ist, für deren Dauer;
2. wenn gegen einen Notar, der zugleich Rechtsanwalt ist, ein Berufs- oder Vertretungsverbot nach § 150 oder ein Vertretungsverbot für das Gebiet des Zivilrechts nach § 114 Abs. 1 Nr. 4 der Bundesrechtsanwaltsordnung verhängt ist, für dessen Dauer;
3. wenn gegen einen Notar, der zugleich Rechtsanwalt ist, die Rücknahme oder der Widerruf der Zulassung zur Rechtsanwaltschaft nach § 14 der Bundesrechtsanwaltsordnung mit sofortiger Vollziehung verfügt ist, vom Zeitpunkt der Zustellung der Verfügung an für die Dauer ihrer Wirksamkeit.

(5) Die Vorschriften über die vorläufige Amtsenthebung eines Notars nach Einleitung eines Disziplinarverfahrens bleiben unberührt.

Übersicht

	Rn.
A. Allgemeines	1
I. Regelungsgegenstand	1
II. Normzweck	3
III. Verfassungsrechtliche Einschränkungen	4
B. Vorläufige Amtsenthebung durch die Aufsichtsbehörde (Abs. 1 S. 1)	6
I. Entscheidungen in Betreuungsverfahren (Abs. 1 Nr. 1)	7
II. Voraussetzungen für eine endgültige Amtsenthebung (Abs. 1 Nr. 2)	9
III. Entfernung vom Amtssitz (Abs. 1 Nr. 3)	11
1. Normzweck	11
2. Voraussetzungen	12
3. Verfassungsrechtliche Einschränkungen	13
C. Vorläufige Amtsenthebung des Anwaltsnotars durch das Disziplinargericht ohne Einleitung eines Disziplinarverfahrens (Abs. 2)	14
I. Bedeutung der Vorschrift	14
II. Voraussetzungen, Zuständigkeit, Verfahren	16
III. Dauer der vorläufigen Amtsenthebung	19
D. Verhängung eines Berufs- oder Vertretungsverbotes nach § 150 BRAO (Abs. 3)	20
I. Bedeutung der Vorschrift	20
II. Voraussetzungen	22
III. Berufs- oder Vertretungsverbot nach § 150 BRAO	24
IV. Ermessensentscheidung	25
V. Dauer	26
E. Eintritt der Wirkungen einer vorläufigen Amtsenthebung kraft Gesetzes (Abs. 4)	27
I. Untersuchungshaft (Nr. 1)	28
II. Berufsverbot sowie allgemeines und besonderes Vertretungsverbot (Nr. 2)	29
III. Sofortige Vollziehung der Rücknahme oder des Widerrufs der Zulassung zur Rechtsanwaltschaft nach § 14 BRAO (Nr. 3)	31
IV. Dauer	33
F. Vorläufige Amtsenthebung nach Einleitung eines Disziplinarverfahrens (Abs. 5)	35

A. Allgemeines

I. Regelungsgegenstand

§ 54 regelt die Voraussetzungen für eine vorläufige Amtsenthebung. Diese tritt ein 1
- durch Anordnung der Aufsichtsbehörde (Abs. 1),
- durch Anordnung des Disziplinargerichts außerhalb eines Disziplinarverfahrens, soweit es sich um einen Anwaltsnotar handelt (Abs. 2),
- durch Anordnung in einem Disziplinarverfahren (Abs. 5),
- von Gesetzes wegen (Abs. 4).

Abs. 3 sieht außerdem die Möglichkeit vor, dass das Disziplinargericht gegen einen 2 Anwaltsnotar, der vorläufig seines Amtes enthoben ist, ein Berufs- oder Vertretungsverbot verhängt.

Abs. 1 Nr. 1 ist durch das FGG-Reformgesetz vom 17.12.2008 (BGBl. I 2586), Art. 24, geändert worden. Weitere Änderungen haben sich durch das am 1.9.2009 in Kraft getretene Gesetz zur Modernisierung von Verfahren im anwaltlichen und notariellen Berufsrecht vom 30.7.2009 (BGBl. I 2449) ergeben (Abs. 1 S. 2 und Abs. 2 S. 3, wonach Widerspruch und Anfechtungsklage keine aufschiebende Wirkung haben, und die Änderung der Bezugsnorm in Abs. 4 Nr. 3).

II. Normzweck

Im Interesse der Rechtsuchenden und einer geordneten Rechtspflege[1] zielt die behördliche oder gerichtlich angeordnete vorläufige Amtsenthebung darauf ab, dem Notar bereits 3 **vor der endgültigen Amtsenthebung** oder Entfernung aus dem Amt weitere Amtshandlungen zu untersagen, wenn zureichende tatsächliche Anhaltspunkte[2] (hinreichender Verdacht bei vorläufiger Amtsenthebung in einem Disziplinarverfahren nach § 96)[3] für seine Amtsunfähigkeit oder von ihm begangene schwerwiegende Pflichtverstöße bestehen, die eine Fortführung des Amtes durch ihn nicht mehr rechtfertigen. Die gleiche Zielrichtung hat die von Gesetzes wegen eintretende vorläufige Amtsenthebung. Die Vorschrift dient insgesamt der Gefahrenabwehr. Dieser Zielrichtung entspricht es,[4] wenn in Abs. 1 S. 2 und in Abs. 2 S. 3 – in Abweichung von § 111b Abs. 1 S. 1 iVm § 80 Abs. 1 S. 1 VwGO und in Übereinstimmung mit § 80 Abs. 2 S. 1 Nr. 3 VwGO – angeordnet ist, dass Widerspruch und Anfechtungsklage gegen die vorläufige Amtsenthebung **keine aufschiebende Wirkung** haben. Allerdings kann das Gericht auf Antrag nach § 80 Abs. 5 S. 1 VwGO die aufschiebende Wirkung ganz oder teilweise anordnen.

III. Verfassungsrechtliche Einschränkungen

Bei der vorläufigen Amtsenthebung handelt es sich um eine **einstweilige Sicherungs-** 4 **maßnahme,** die als subjektive Zulassungsbeschränkung einschneidend in die Freiheit der Berufswahl (hier die Freiheit der Entscheidung, wie lange der Beruf ausgeübt werden soll) eingreift. Auf Art. 12 Abs. 1 S. 2 GG gestützte verfassungsrechtliche Bedenken gegen Eilmaßnahmen dieser Art bestehen nicht.[5] Als Eilmaßnahme, die nur aufgrund einer

---

[1] BGH DNotZ 1977, 185; 1985, 487 (488 f.).
[2] BGH DNotZ 1977, 185 (186); BVerfG DNotZ 1978, 42 (45); so auch schon BGHZ 35, 44 (52) = DNotZ 1961, 436 (439) (zur Frage, unter welchen Voraussetzungen die Dienstaufsicht eine Amtspflicht gegenüber dem einzelnen hat).
[3] BGH DNotZ 1985, 487.
[4] BT-Drs. 16/11385, 90.
[5] BVerfG DNotZ 1978, 42 (43) (zu § 54 Abs. 1 Nr. 2 iVm § 50 Abs. 1 Nr. 6 aF – jetzt Nr. 7) im Anschluss an BVerfG NJW 1977, 892 (zur Verfassungsmäßigkeit der Anordnung eines vorläufigen Berufsverbots nach § 150 BRAO).

summarischen Prüfung vorgenommen wird, setzt die vorläufige Amtsenthebung allerdings grundsätzlich die besondere Feststellung voraus, dass sie schon vor Rechtskraft des Hauptverfahrens als **Präventivmaßnahme** zur Abwehr konkreter Gefahren für wichtige Gemeinschaftsgüter erforderlich ist. Hierauf kann verzichtet werden, wenn die Voraussetzungen für eine vorläufige Amtsenthebung so schwer wiegen, dass mit ihrer Feststellung zugleich die weitere Feststellung einer **konkreten Gefährdung** der dem Notar anvertrauten Aufgaben verbunden ist.[6] Gleiches gilt für den Fall, dass es sich um **gravierende Dienstvergehen** handelt. Art und Schwere der Dienstvergehen indizieren in der Regel eine Gefährdung wichtiger Gemeinschaftsbelange bei weiterer Ausübung des öffentlichen Amtes.[7]

5   Nach Anordnung der vorläufigen Amtsenthebung ist das **Amtsenthebungsverfahren** als Hauptsacheverfahren alsbald einzuleiten, mit Beschleunigung zu betreiben und abzuschließen. Dies ergibt sich einmal daraus, dass die vorläufige Amtsenthebung nur eine einstweilige Sicherungsmaßnahme darstellt und nicht auf Dauer berechnet ist, was für alle Fälle einer vorläufigen Amtsenthebung zutrifft. Zum anderen beschränkt sich die gerichtliche Nachprüfung in Fällen des Abs. 1 Nr. 2 regelmäßig auf die Frage, ob die Aufsichtsbehörde die Voraussetzungen des § 50 Abs. 1 für gegeben halten durfte. Ob sie tatsächlich bestehen, kann erst im Amtsenthebungsverfahren endgültig geklärt werden. Wird es nicht eingeleitet, verkürzt sich der effektive Rechtsschutz.[8]

B. Vorläufige Amtsenthebung durch die Aufsichtsbehörde (Abs. 1 S. 1)

6   Abs. 1 ermächtigt die Aufsichtsbehörde, die vorläufige Amtsenthebung nach ihrem pflichtgemäßen Ermessen in folgenden Fällen auszusprechen:

I. Entscheidungen in Betreuungsverfahren (Abs. 1 Nr. 1)

7   Die §§ 271 ff. FamFG regeln das Verfahren über die Betreuung Volljähriger; § 308 FamFG betrifft die von dem Betreuungsgericht zu veranlassenden Mitteilungen. Die **Mitteilungspflicht** bezieht sich auf alle Entscheidungen in Betreuungssachen, auch auf die Bestellung eines vorläufigen Betreuers durch einstweilige Anordnung nach § 300 Abs. 1 FamFG.[9] Entscheidungen sind mitzuteilen, soweit dies erforderlich ist, um eine erhebliche Gefahr für das Wohl des Betroffenen, für Dritte oder für die öffentliche Sicherheit abzuwenden.

8   Die Bestellung eines Betreuers setzt nach § 1896 BGB voraus, dass der Betreute aufgrund einer psychischen Krankheit oder einer körperlichen, geistigen oder seelischen Behinderung seine Angelegenheiten ganz oder teilweise nicht besorgen kann. An die **Mitteilung** eines solchen Sachverhalts knüpft die Ermächtigungsgrundlage des Abs. 1 Nr. 1 an. Die Behörde hat nach pflichtgemäßem Ermessen zu prüfen und zu entscheiden, ob im Interesse der Rechtsuchenden eine vorläufige Amtsenthebung geboten ist. Deren Interessen sind mit dem verfassungsrechtlich geschützten Interesse des Notars abzuwägen.

---

[6] BVerfG DNotZ 1978, 42 (43). So beispielsweise bei einer nicht unterhaltenen Berufshaftpflichtversicherung und einer deshalb gem. § 50 Abs. 1 S. 1 Nr. 10 erlassenen Amtsenthebung, → § 50 Rn. 127 aE.
[7] Im Anschluss an BVerfG NJW 1977, 892 (894): BGH DNotZ 1985, 487 (488) (wiederholter Verstoß gegen § 14 Abs. 2); 1985, 489 (wiederholte Verkürzung von Abgaben und Steuern sowie unzulässige gewerbliche Betätigung); 1986, 310 (wiederholter Verstoß gegen Verwahrungsvorschriften und Treuhandauflagen). Die Entscheidungen betrafen jeweils die vorläufige Amtsenthebung nach Einleitung eines förmlichen Disziplinarverfahrens (§ 96 S. 1).
[8] BVerfG DNotZ 1978, 42 (44 ff.).
[9] Keidel/*Budde* FamFG § 308 Rn. 3.

II. Voraussetzungen für eine endgültige Amtsenthebung (Abs. 1 Nr. 2)

Die vorläufige Amtsenthebung nach Nr. 2 setzt voraus, dass die Aufsichtsbehörde die 9
Voraussetzungen für eine **endgültige Amtsenthebung** nach § 50 für gegeben hält. Dies ist der Fall, wenn ausreichende tatsächliche Anhaltspunkte für das Vorliegen eines Amtsenthebungsgrunds gegeben sind.[10] Ausreichende Anhaltspunkte sind dann zu bejahen, wenn bei pflichtgemäßer Würdigung des Sachverhalts eine **ausreichende Wahrscheinlichkeit** angenommen werden muss, dass das Verfahren mit einer Amtsenthebung enden wird.[11]

Liegen derartige Anhaltspunkte vor, ist die vorläufige Amtsenthebung grundsätzlich 10
geboten.[12] Allerdings ist auch hier – nach Abwägung zwischen dem durch die Norm geschützten Interesse der Rechtsuchenden und einer geordneten Rechtspflege einerseits und dem verfassungsrechtlich geschützten Interesse des Notars andererseits – eine auf den Einzelfall abgestellte Feststellung erforderlich, dass die vorläufige Amtsenthebung schon vor Rechtskraft der endgültigen Amtsenthebung als **Präventivmaßnahme** zur Abwendung konkreter Gefahren für wichtige Gemeinschaftsgüter erforderlich ist.[13] Solange der Notar nicht in der Lage ist, seine desolaten Vermögensverhältnisse grundlegend zu verbessern und durch einen bindend vereinbarten Schulden- und Tilgungsplan zumindest die Gefahr von Vollstreckungsmaßnahmen auszuschließen, ist seine vorläufige Amtsenthebung nach § 54 Abs. 1 Nr. 2 iVm § 50 Abs. 1 Nr. 8 zur Abwehr konkreter Gefahren für die Rechtspflege erforderlich und nicht unverhältnismäßig.[14]

III. Entfernung vom Amtssitz (Abs. 1 Nr. 3)

1. Normzweck. Der Notar ist verpflichtet, am Amtssitz eine Geschäftsstelle zu unter- 11
halten (§ 10 Abs. 2 S. 1), diese während der üblichen Geschäftsstunden offenzuhalten (§ 10 Abs. 3) und dort in der Regel seine Amtsgeschäfte vorzunehmen.[15] Diese Verpflichtungen dienen dem Ziel, die **Verfügbarkeit notarieller Berufsleistungen zu sichern,** wobei die Verfügbarkeit auch eine räumliche Dimension hat: Der Notar muss grundsätzlich in der Geschäftsstelle anwesend sein.[16] Der Grundsatz der Geschäftsstellenpräsenz wird ergänzt durch § 38. Nach § 38 S. 1 ist eine länger als eine Woche dauernde Verhinderung oder Abwesenheit anzuzeigen. Nach § 38 S. 2 bedarf eine Abwesenheit von mehr als einem Monat der Genehmigung der Aufsichtsbehörde.

2. Voraussetzungen. Als Sanktion für die Verletzung der sich aus § 38 S. 2 ergebenden 12
Amtspflicht sieht § 54 Abs. 1 Nr. 3 die Möglichkeit der vorläufigen Amtsenthebung vor, wobei die Frist gegenüber § 38 S. 2 verdoppelt ist. Genehmigungsbedürftig sind allerdings nur Fälle sog. gewillkürter Abwesenheit[17] (vgl. die Erläuterungen zu § 38). Voraussetzung ist nach dem Sinn der Vorschrift ferner, dass der Zeitraum von mehr als zwei Monaten **zusammenhängend** verlaufen ist. Zwischenzeitliche Rückkehr an den Amtssitz kann zu einer Unterbrechung führen.[18] Die Entscheidung über die vorläufige Amtsenthebung steht im Ermessen der Aufsichtsbehörde.

3. Verfassungsrechtliche Einschränkungen. Die vorläufige Amtsenthebung ist eine 13
einstweilige Sicherungsmaßnahme, die nicht auf Dauer angelegt ist. Dies gilt unabhängig

---

[10] BGH DNotZ 1977, 185 (186); BVerfG DNotZ 1978, 42 (45) (jeweils zu § 50 Abs. 1 Nr. 6 aF – jetzt Nr. 7).
[11] BGHZ 35, 44 (52) = DNotZ 1961, 436 (439) (zu § 50 Abs. 1 Nr. 7 aF – jetzt Nr. 8).
[12] BGH DNotZ 1977, 185 (186).
[13] BVerfG NJW 1977, 892 (893 f.); DNotZ 1978, 42 (43).
[14] BGH DNotZ 2001, 571 (572).
[15] → § 10 Rn. 53, 74 ff., 77 ff. sowie → §§ 10a, 11 Rn. 65 ff.
[16] *Bohrer,* Berufsrecht, Rn. 291.
[17] Arndt/Lerch/Sandkühler/*Lerch* BNotO § 38 Rn. 8.
[18] Arndt/Lerch/Sandkühler/*Lerch* BNotO § 54 Rn. 7.

davon, ob die Anordnung nach § 54 Abs. 1 Nr. 1, Nr. 2 oder Nr. 3 getroffen wird. Bei der Anordnung und Aufrechterhaltung einstweiliger Sicherungsmaßnahmen muss aber aus Gründen des Art. 12 Abs. 1 S. 2 GG vermieden werden, den Betroffenen durch Art und Dauer des Verfahrensablaufs unverhältnismäßig zu belasten. Daraus wird die Verpflichtung der Behörde abgeleitet, das eigentliche Hauptsacheverfahren alsbald einzuleiten, mit Beschleunigung zu betreiben und abzuschließen.[19] Ein Hauptsacheverfahren, das in die Hände der Verwaltung gelegt ist, sieht die BNotO für diesen Fall aber nicht vor, so dass nur die Entfernung aus dem Amt als **Disziplinarmaßnahme** gem. § 97 in Betracht kommt. Die vorläufige Amtsenthebung ist daher aufzuheben, wenn das Disziplinarverfahren nicht entsprechend den verfassungsrechtlichen Vorgaben betrieben wird.

C. Vorläufige Amtsenthebung des Anwaltsnotars durch das Disziplinargericht ohne Einleitung eines Disziplinarverfahrens (Abs. 2)

I. Bedeutung der Vorschrift

14   Ein Notar, der zugleich Rechtsanwalt ist, befindet sich in einem doppelten Pflichtenkreis: Als Notar sind ihm Amtspflichten nach der BNotO auferlegt, als Rechtsanwalt hat er die Pflichten zu beachten, die in der BRAO oder in der Berufsordnung bestimmt sind. Demgemäß untersteht der Anwaltsnotar als Notar dem **Disziplinarverfahren** nach der BNotO und als Rechtsanwalt dem **anwaltsgerichtlichen Verfahren** nach §§ 92 ff. BRAO. Handelt es sich um Pflichtverstöße (Verfehlungen), die sowohl mit dem Amt als Notar als auch mit der Tätigkeit als Rechtsanwalt in Zusammenhang stehen, kommt es nach § 110 hinsichtlich der Zuständigkeit des Gerichts und der Verfahrensordnung darauf an, ob diese **vorwiegend** dem einen oder dem anderen Bereich zuzuordnen sind. § 110 will grundsätzlich verhindern, dass wegen desselben Pflichtverstoßes mehrere Verfahren vor verschiedenen Gerichten nach unterschiedlichen Verfahrensordnungen durchgeführt werden.[20] Vor diesem Hintergrund ist die Regelung in Abs. 2 zu sehen.

15   Ist gegen einen Notar, der zugleich Rechtsanwalt ist, ein anwaltsgerichtliches Verfahren eingeleitet und in diesem Verfahren ein vorläufiges **Berufs- oder Vertretungsverbot** nach § 150 BRAO oder ein **Vertretungsverbot** für das Gebiet des Zivilrechts nach § 114 Abs. 1 Nr. 4 BRAO verhängt worden, treten die Wirkungen der vorläufigen Amtsenthebung nach § 50 Abs. 4 Nr. 2 für die Dauer der Maßnahme **von Gesetzes wegen** ein.[21] Unabhängig hiervon gibt § 54 Abs. 2 die Möglichkeit, einen Anwaltsnotar, gegen den ein anwaltsgerichtliches Verfahren eingeleitet worden ist, durch das Disziplinargericht **auch ohne Einleitung eines Disziplinarverfahrens** (die Unterscheidung zwischen Vorermittlungsverfahren und förmlichem Disziplinarverfahren ist durch das Gesetz zur Neuregelung des notariellen Disziplinarrechts vom 17.6.2009, BGBl. I 1282, entfallen) vorläufig seines Amtes zu entheben, wenn im anwaltsgerichtlichen Verfahren die Ausschließung aus der Rechtsanwaltschaft (§ 114 Abs. 1 Nr. 5 BRAO) oder die Verhängung eines vorläufigen Berufs- oder Vertretungsverbots (§ 150 BRAO) oder ein Vertretungsverbot für das Gebiet des Zivilrechts (§ 114 Abs. 1 Nr. 4 BRAO) zu erwarten ist.[22] Das anwaltsgerichtliche Verfahren sieht eine solche Anordnung nicht vor (§ 114 BRAO).

II. Voraussetzungen, Zuständigkeit, Verfahren

16   Die vorläufige Amtsenthebung nach § 54 Abs. 2 S. 1 setzt die Einleitung eines anwaltsgerichtlichen Verfahrens voraus. Nach § 121 BRAO wird dieses Verfahren dadurch eingeleitet, dass die **Staatsanwaltschaft** bei dem Anwaltsgericht eine **Anschuldigungsschrift**

---

[19] BVerfG DNotZ 1978, 42 (44 f.) (für den Fall des § 50 Abs. 1 Nr. 6 aF – jetzt Nr. 7).
[20] Schippel/Bracker/*Lemke* BNotO § 110 Rn. 1; Arndt/Lerch/Sandkühler/*Lerch* BNotO § 110 Rn. 6.
[21] → Rn. 29.
[22] BGH NJW-RR 2002, 922 (923).

einreicht. Die Einleitung eines förmlichen Disziplinarverfahrens ist nicht Voraussetzung, wie sich aus Satz 1 ergibt.

Zuständig ist weder das im anwaltsgerichtlichen Verfahren erkennende Gericht noch die Landesjustizverwaltung als Einleitungsbehörde noch die Aufsichtsbehörde, sondern allein das **Disziplinargericht**.

Hinsichtlich des Verfahrens verweist Abs. 2 S. 2 iVm § 96 Abs. 1 S. 1 auf die Vorschriften des Bundesdisziplinargesetzes (vgl. die Erläuterungen zu § 96).

III. Dauer der vorläufigen Amtsenthebung

Die vorläufige Amtsenthebung endet, wenn der Beschluss des Oberlandesgerichts von diesem selbst oder vom Bundesgerichtshof aufgehoben wird. Führt das anwaltsgerichtliche Verfahren zum Ausschluss aus der Rechtsanwaltschaft, erlischt das Notaramt nach § 47 Nr. 4 kraft Gesetzes; die vorläufige Amtsenthebung ist damit hinfällig.

D. Verhängung eines Berufs- oder Vertretungsverbotes nach § 150 BRAO (Abs. 3)

I. Bedeutung der Vorschrift

Während § 54 Abs. 2 die vorläufige Amtsenthebung als **ergänzende notarrechtliche Maßnahme** für den Fall vorsieht, dass gegen den Anwaltsnotar ein anwaltsgerichtliches Verfahren eingeleitet worden ist, sieht Abs. 3 die Verhängung eines vorläufigen Berufs- oder Vertretungsverbots nach § 150 BRAO durch das Disziplinargericht als **ergänzende anwaltsrechtliche Maßnahme** vor, falls gegen den vorläufig amtsenthobenen Anwaltsnotar ein Disziplinarverfahren eingeleitet worden ist. Anders als die Verhängung eines Berufs- oder Vertretungsverbots, das nach § 54 Abs. 4 Nr. 2 die Wirkung einer vorläufigen Amtsenthebung hat, führt die Anordnung einer vorläufigen Amtsenthebung nicht *eo ipso* zu einem Berufs- oder Vertretungsverbot. § 54 Abs. 3 trägt dem Bedürfnis der Praxis Rechnung, dass schon vor Entfernung aus dem Amt nach § 97 Abs. 1 S. 1 Nr. 3, die nach § 97 Abs. 5 zum Ausschluss aus der Rechtsanwaltschaft führt, die Verhängung eines Berufs- oder Vertretungsverbots geboten erscheint.

Da § 110 eine Verdoppelung der Verfahren verhindert, ist die Anordnung des Berufs- oder Vertretungsverbots dem **Disziplinargericht** übertragen.

II. Voraussetzungen

§ 54 Abs. 3 eröffnet die Möglichkeit, ein Berufs- oder Vertretungsverbot zu verhängen, wenn der Anwaltsnotar „nach Einleitung eines Disziplinarverfahrens vorläufig seines Amtes als Notar enthoben (wird)". Dies bedeutet nicht, dass die vorläufige Amtsenthebung der Einleitung des Disziplinarverfahrens zeitlich nachfolgen müsste und somit nur durch das Disziplinargericht ausgesprochen werden könnte. Die **vorher** von der Aufsichtsbehörde nach § 54 Abs. 1 verfügte vorläufige Amtsenthebung reicht aus. Ist der Notar schon **vorher** durch die Aufsichtsbehörde seines Amtes enthoben worden, braucht die Maßnahme nach Einleitung des Disziplinarverfahrens nicht wiederholt oder bestätigt zu werden. Eine solche Wiederholung oder Bestätigung wäre eine überflüssige Formsache. § 54 Abs. 3 stellt nicht auf eine bestimmte zeitliche Reihenfolge, sondern darauf ab, dass der Notar in dem Zeitpunkt, in dem das Gericht über das Berufs- oder Vertretungsverbot entscheidet, seines Amtes enthoben ist.[23]

---

[23] OLG Celle DNotZ 1967, 776; BGH DNotZ 1968, 501 (503 f.) (für den Fall einer vorläufigen Amtsenthebung nach § 54 Abs. 1 Nr. 2 iVm § 50 Abs. 1 Nr. 7 aF – jetzt Nr. 8); Schippel/Bracker/*Bracker* BNotO § 54 Rn. 19.

23 Voraussetzung ist ferner, dass die (dauernde) Entfernung aus dem Amt nach § 97 Abs. 1 als Rechtsfolge zu erwarten ist. Die Entfernung aus dem Amt auf bestimmte Zeit nach § 97 Abs. 3 reicht, wie sich aus dem Klammerzusatz „(§ 97 Abs. 1)" ergibt, nicht aus.[24]

III. Berufs- oder Vertretungsverbot nach § 150 BRAO

24 Das Änderungsgesetz vom 29.1.1991 hat zur näheren Bestimmung des Berufs- oder Vertretungsverbots den Klammerzusatz „(§ 150 Bundesrechtsanwaltsordnung)" eingefügt. Hierdurch kommt zum Ausdruck, dass andere, zeitlich oder gegenständlich begrenzte Vertretungsverbote (§ 114 Abs. 1 Nr. 4 BRAO) nicht verhängt werden dürfen.[25] Dass durch das Änderungsgesetz vom 31.8.1998 nur § 54 Abs. 4 Nr. 2, nicht aber § 54 Abs. 3 um das Vertretungsverbot auf dem Gebiet des Zivilrechts ergänzt worden ist, bestätigt im Umkehrschluss diese Einschränkung.

IV. Ermessensentscheidung

25 Die Verhängung des Berufs- oder Vertretungsverbots steht im **Ermessen** des Gerichts. Es hat hierbei nicht nur zu prüfen, ob überhaupt ein Berufs- oder Vertretungsverbot zu verhängen ist, sondern auch, ob nur ein Berufsverbot in Betracht kommt oder ob ein allgemeines Vertretungsverbot als eine weniger beeinträchtigende Maßnahme ausreicht.

V. Dauer

26 Das Berufs- oder Vertretungsverbot ist aufzuheben,
– wenn sich ergibt, dass die Voraussetzungen für seine Verhängung nicht oder nicht mehr vorliegen (§ 159 Abs. 1 BRAO),
– wenn die vorläufige Amtsenthebung aufgehoben wird,
– wenn nicht mehr zu erwarten ist, dass auf dauernde Entfernung aus dem Amt erkannt wird.[26]

E. Eintritt der Wirkungen einer vorläufigen Amtsenthebung kraft Gesetzes (Abs. 4)

27 § 54 Abs. 4 kannte bislang nur zwei Fälle, in denen die Wirkungen der vorläufigen Amtsenthebung von Gesetzes wegen eintreten. Durch das Änderungsgesetz vom 31.8.1998 ist in Nr. 1 das Wort „verhängt" durch das Wort „angeordnet" ersetzt worden. Ferner ist die Nr. 2 durch den Zusatz „oder ein Vertretungsverbot für das Gebiet des Zivilrechts nach § 114 Abs. 1 Nr. 4" ergänzt worden. Schließlich ist die Nr. 3 angefügt worden.

I. Untersuchungshaft (Nr. 1)

28 Nr. 1 behandelt die Anordnung der Untersuchungshaft. Die Änderung des Verbs („anordnen" statt „verhängen") dient der Klarstellung und folgt dem Sprachgebrauch der Strafprozessordnung, wonach die Untersuchungshaft durch Haftbefehl angeordnet wird (§§ 112 ff. StPO). Da es nur auf die **Anordnung** der Untersuchungshaft ankommt, bleibt die hiermit verbundene vorläufige Amtsenthebung bestehen, auch wenn der Vollzug des Haftbefehls ausgesetzt wird.[27]

---

[24] Schippel/Bracker/*Bracker* BNotO § 54 Rn. 18.
[25] Vgl. die Gesetzesbegründung BT-Drs. 11/6007, 12.
[26] Schippel/Bracker/*Bracker* BNotO § 50 Rn. 21.
[27] Gesetzesbegründung BT-Drs. 13/4184, 30; Schippel/Bracker/*Bracker* BNotO § 54 Rn. 23; Arndt/Lerch/Sandkühler/*Lerch* § 54 Rn. 16.

II. Berufsverbot sowie allgemeines und besonderes Vertretungsverbot (Nr. 2)

Im anwaltsgerichtlichen Verfahren kann gegen einen Rechtsanwalt nach § 150 Abs. 1 29
BRAO durch Beschluss ein vorläufiges Berufs- oder Vertretungsverbot verhängt werden, wenn dringende Gründe für die Annahme vorhanden sind, dass gegen ihn auf Ausschließung aus der Rechtsanwaltschaft erkannt werden wird. Ist der Rechtsanwalt zugleich Notar, ist mit dem Berufs- oder Vertretungsverbot kraft Gesetzes die Wirkung einer vorläufigen Amtsenthebung verbunden.

Ist dem Rechtsanwalt anwaltsgerichtlich (nur) untersagt worden, auf dem Gebiete des 30
Zivilrechts für eine bestimmte Dauer tätig zu werden, konnte er bislang, falls er auch Notar war, sein Notaramt, das auf die Mitwirkung bei der Gestaltung und Sicherung privater Rechtsverhältnisse ausgerichtet ist, ungehindert fortführen; er war hierzu sogar verpflichtet – ein Ergebnis, das im Interesse einer geordneten Rechtspflege nicht hinnehmbar ist.[28] Zur Beseitigung dieses Widerspruchs ist das Gesetz ergänzt worden. Nunmehr führt auch das Vertretungsverbot nach § 114 Abs. 1 Nr. 4 BRAO, soweit es sich auf das Gebiet des Zivilrechts bezieht, zur kraft Gesetzes eintretenden Amtsenthebung.

III. Sofortige Vollziehung der Rücknahme oder des Widerrufs der Zulassung zur Rechtsanwaltschaft nach § 14 BRAO (Nr. 3)

Die Zulassung als Rechtsanwalt erlischt nach § 13 BRAO auch dann, wenn die Zu- 31
lassung zur Rechtsanwaltschaft nach § 14 BRAO zurückgenommen oder widerrufen worden ist. (§ 16 BRAO, die Bestimmung über das Verfahren bei Rücknahme oder Widerruf, ist als entbehrlich aufgehoben worden, so dass jetzt § 14 BRAO die maßgebende Bezugsnorm ist). Mit Wegfall der Zulassung erlischt in diesen Fällen auch das Notaramt des Anwaltsnotars, was nach § 47 Nr. 4 die Bestandskraft des Verwaltungsakts (die Bestandskraft der Verfügung ist inzwischen in § 13 BRAO als Voraussetzung für das Erlöschen der Zulassung geregelt) voraussetzt.[29] Bis dahin behält der Anwaltsnotar seine Befugnisse aus dem ihm übertragenen Amt. Eine vorläufige Amtsenthebung mit der Verpflichtung, sich jeder Amtshandlungen zu enthalten (§ 55 Abs. 2 S. 2), ist mit der Zustellung der Rücknahme- oder Widerrufsverfügung nicht verbunden. Amtshandlungen, die bis zur Bestandskraft der Verfügung vorgenommen worden sind, sind wirksam.

Im Hinblick darauf, dass die **Schwebezeit** zwischen der Zustellung der Rücknahme- 32
oder Widerrufsverfügung und dem Eintritt ihrer Bestandskraft von längerer Dauer sein kann, verbindet die Gesetzesergänzung die Wirkungen einer vorläufigen Amtsenthebung mit der Rücknahme- oder Widerrufsverfügung unter der Voraussetzung, dass deren **sofortige Vollziehung** nach § 14 Abs. 4 BRAO angeordnet worden ist.[30] Die Anordnung der sofortigen Vollziehung setzt ein überwiegendes öffentliches Interesse an dieser Maßnahme als Anordnungsgrund voraus. Sie muss zur Abwehr konkreter Gefahren für wichtige Gemeinschaftsgüter geboten sein. Die Anordnung kann zeitlich mit der Grundverfügung ergehen.[31] Die Wirkung der vorläufigen Amtsenthebung tritt mit Zustellung der Verfügung ein.

IV. Dauer

Da es sich bei der vorläufigen Amtsenthebung nach § 50 Abs. 4 um eine kraft Gesetzes 33
eintretende einstweilige Sicherungsmaßnahme handelt, sind deren Wirkungen zeitlich begrenzt. Sie bestehen gemäß ausdrücklicher, gesetzlicher Regelung nur solange, wie die in Nr. 1 bis Nr. 3 bestimmten Voraussetzungen andauern. Die Dauer richtet sich nach den

---

[28] Gesetzesbegründung BT-Drs. 13/4184, 30.
[29] → § 47 Rn. 11 ff.
[30] Gesetzesbegründung BT-Drs. 13/4184, 30.
[31] Vgl. hierzu Henssler/Prütting/*Henssler* BRAO § 14 Rn. 69.

entsprechenden gesetzlichen Bestimmungen. Im Fall der Nr. 3 entfällt die vorläufige Amtsenthebung, wenn die aufschiebende Wirkung nach § 112c BRAO iVm § 80 Abs. 5 S. 1 VwGO wiederhergestellt worden ist.

34 Sind die Wirkungen der vorläufigen Amtsenthebung nach Abs. 4 entfallen, kann sie nach Abs. 1, Abs. 2 oder Abs. 5 angeordnet werden, wenn die entsprechenden Voraussetzungen vorliegen. Sind diese Voraussetzungen gegeben, kann die Fortdauer der vorläufigen Amtsenthebung auch schon vor dem Wegfall der Voraussetzungen des Abs. 4 angeordnet werden.[32]

F. Vorläufige Amtsenthebung nach Einleitung eines Disziplinarverfahrens (Abs. 5)

35 Nach § 54 Abs. 5 bleiben die Vorschriften über die vorläufige Amtsenthebung eines Notars nach Einleitung eines Disziplinarverfahrens unberührt. Gemeint sind hiermit die Vorschriften des Bundesdisziplinargesetzes, auf die § 96 Abs. 1 S. 1 in seiner geänderten Fassung (Gesetz vom 17.6.2009, BGBl. I 1282) verweist. Gemäß § 96 S. 1 sind diese Vorschriften – mit den sich aus der BNotO ergebenden Abweichungen – entsprechend anzuwenden (→ § 96 Rn. 1 ff.). Trotz des verfassungsrechtlich aufgegebenen Beschleunigungsgebots ist die Justizverwaltung grundsätzlich befugt, das Disziplinarverfahren auszusetzen und bis zum Abschluss eines wegen derselben Verfehlungen eingeleiteten Strafverfahrens abzuwarten.[33]

§ 55 [Verwahrung und Amtshandlungen bei vorläufiger Amtsenthebung]

[§ 55 bis 31.12.2021:]

(1) ¹Im Fall der vorläufigen Amtsenthebung hat das Amtsgericht, wenn dem Notar kein Vertreter bestellt ist, seine Akten und Bücher sowie Siegel, Stempel und Amtsschild für die Dauer der vorläufigen Amtsenthebung in Verwahrung zu nehmen. ²§ 45 Abs. 2, 4 und 5 gilt entsprechend.

(2) ¹Der Notar hat sich während der Dauer der vorläufigen Amtsenthebung jeder Amtshandlung zu enthalten. ²Ein Verstoß berührt jedoch die Gültigkeit der Amtshandlung nicht. ³Amtsgeschäfte nach § 23 kann der Notar nicht mehr vornehmen.

[§ 55 ab 1.1.2022:]

(1) ¹Ist ein Notar vorläufig seines Amtes enthoben und weder ein Vertreter noch ein Notariatsverwalter bestellt, so ist in diesem Zeitraum für die Verwahrung seiner Akten und Verzeichnisse sowie der ihm amtlich übergebenen Urkunden und Wertgegenstände die Notarkammer zuständig, in deren Bezirk der Notar seinen Amtssitz hat. ²Die in Papierform vorhandenen Akten und Verzeichnisse des Notars und die ihm amtlich übergebenen Urkunden und Wertgegenstände sowie Siegel, Stempel und Amtsschild sind von der Notarkammer für die Dauer der vorläufigen Amtsenthebung in Verwahrung zu nehmen. ³§ 45 Absatz 1 Satz 4, Absatz 2, 4 und 5 und § 51a Absatz 4 gelten entsprechend.

(2) ¹Ein vorläufig des Amtes enthobener Notar ist verpflichtet, seine Akten, Verzeichnisse, die ihm amtlich übergebenen Urkunden und Wertgegenstände sowie Stempel und Siegel an die Notarkammer herauszugeben. ²Die Aufsichtsbehörde kann die Herausgabe der in Satz 1 genannten Gegenstände anordnen. ³Widerspruch und Anfechtungsklage gegen die Anordnung der Herausgabe haben keine aufschiebende Wirkung.

(3) ¹Der Notar hat sich während der Dauer der vorläufigen Amtsenthebung jeder Amtshandlung zu enthalten. ²Ein Verstoß berührt jedoch die Gültigkeit der Amtshandlung nicht. ³Amtsgeschäfte nach § 23 kann der Notar nicht mehr vornehmen.

---

[32] Schippel/Bracker/*Bracker* BNotO § 50 Rn. 25.
[33] BGH 20.7.1998 – NotZ 2/98, nv; *Jaspert/Rinne* ZNotP 1998, 434 (447).

Vgl. hierzu auch→ **RLEmBNotK Abschnitt XI Nr. 3.1. bis Nr. 3.3.**
Redaktioneller Hinweis: Die Kommentierung bezieht sich auf die Fassung bis zum 31.12.2021.

A. Allgemeines

I. Regelungsgegenstand

§ 55 befasst sich mit den Folgen einer vorläufigen Amtsenthebung. Abs. 1 enthält eine organisationsrechtliche Bestimmung: Dem Amtsgericht ist die hilfsweise Zuständigkeit übertragen, bestimmte amtliche Unterlagen in Verwahrung zu nehmen und hiermit verbundene Aufgaben zu erfüllen. Abs. 2 regelt dagegen eine Amtspflicht. Dem vorläufig des Amtes enthobenen Notar wird die Verpflichtung auferlegt, sich allen Amtshandlungen zu enthalten. Außerdem geht es um die Wirksamkeit der Amtshandlungen, die unter Verstoß gegen diese Amtspflicht vorgenommen worden sind.

II. Vertreter- oder Notariatsverwalterbestellung als Vorfrage

Die organisationsrechtliche Vorfrage, wie die Stelle in der Zeit, in der der Stelleninhaber seine Amtsbefugnisse nicht ausüben darf, weitergeführt wird, wird nicht in § 55, sondern in § 39 Abs. 2 (Bestellung eines Vertreters) und in § 56 Abs. 4 (Bestellung eines Notariatsverwalters) geregelt (vgl. die Erläuterungen zu § 39 und § 56).

B. Verwahrung der Amtsbestände durch das Amtsgericht (Abs. 1)

I. Verwahrung durch das Amtsgericht

Die Verwahrung ist dem Amtsgericht **nur hilfsweise** für den Fall übertragen, dass weder ein Notarvertreter noch ein Notariatsverwalter bestellt worden ist. Über den Wortlaut von § 55 Abs. 1 S. 1 hinaus schließt auch die Bestellung eines Notariatsverwalters, der die Akten und Bücher des Notars gem. § 58 Abs. 1 zu übernehmen hat, die Verwahrungszuständigkeit des Amtsgerichts aus. Wird später ein Notarvertreter oder ein Notariatsverwalter bestellt, endet die Verwahrungspflicht des Amtsgerichts. Die amtlichen Unterlagen sind dem Vertreter oder Verwalter zu übergeben.

Die Verwaltung obliegt dem Amtsgericht, in dessen Bezirk der vorläufig amtsenthobene Notar seinen Amtssitz hat, für die Dauer der vorläufigen Amtsenthebung. Das Amtsgericht unterliegt den Weisungen der Dienstaufsichtsbehörde.

II. Gegenstand der Verwahrung

Gegenstand der Verwahrung sind „Akten und Bücher sowie Siegel, Stempel und Amtsschild" des Notars. Hinsichtlich der Akten und Bücher decken sich die Begriffe mit denen, die § 51 Abs. 1 verwendet.[1] Einschränkungen ergeben sich jedoch aus den Aufgaben, die dem Amtsgericht mit der Verwahrung übertragen sind. Um Ausfertigungen und Abschriften zu erteilen sowie Akteneinsicht zu gewähren (§ 55 Abs. 1 S. 2 iVm § 45 Abs. 2, Abs. 4 und Abs. 5), benötigt das Amtsgericht nicht die **Generalakten** des Notars. Ebenso wenig benötigt das Amtsgericht hierzu die nach § 22 DONot geführten **Nebenakten,** unabhängig davon, ob sie abgeschlossen oder noch nicht erledigt sind.[2] Die zu gewährende Akteneinsicht erstreckt sich nicht auf die Nebenakten.

---
[1] → § 51 Rn. 22 ff.
[2] Ebenso Arndt/Lerch/Sandkühler/*Lerch* BNotO § 55 Rn. 8; aA Schippel/Bracker/*Püls* BNotO § 55 Rn. 9 hinsichtlich noch laufender Nebenakten, die für den Fall sicherzustellen seien, dass später ein Vertreter bestellt und dieser die Akten zur ordnungsgemäßen Erfüllung seiner Aufgaben benötigt.

6 Wie sich aus einem Umkehrschluss aus § 51 Abs. 1 ergibt, sind Urkunden, die dem Notar **amtlich übergeben** worden sind (zB Vollmachten, Erbscheine, Grundschuldbriefe), vom Amtsgericht nicht in Verwahrung zu nehmen. Soweit sie zur Urkundensammlung genommen sind, sind sie allerdings Bestandteil der „Akten" und daher ohnehin zu übernehmen. **Wertgegenstände,** die dem Notar übergeben worden sind, sind nicht Gegenstand der Verwahrung, was wiederum § 58 Abs. 1 im Umkehrschluss zeigt.

7 Mit der Inbesitznahme der Gegenstände, auf die sich die Verwahrung bezieht, und die als öffentliche Sachen öffentlicher Sachherrschaft[3] unterliegen, geht die **Verwahrungsgehilfenschaft** vom Notar auf das Amtsgericht über.

III. Mitwirkung des amtsenthobenen Notars

8 Der Notar, der nur vorläufig seines Amtes enthoben ist, ist verpflichtet, Verwahrungsgegenstände herauszugeben sowie die für das Amtsgericht handelnden Personen bei der Inbesitznahme der Verwahrungsgegenstände zu unterstützen und in diesem Zusammenhang alles zu tun, was der Inbesitznahme dienlich ist.[4]

IV. Aufgaben des Amtsgerichts

9 Als Urkundenverwahrungsstelle hat das Amtsgericht nach § 55 Abs. 1 S. 2 iVm § 45 Abs. 2, Abs. 4 und Abs. 5, der entsprechend anwendbar ist, die Aufgabe, **Ausfertigungen** und **Abschriften** zu erteilen sowie **Akteneinsicht** zu gewähren, mithin die gleiche Aufgabe, die § 51 Abs. 1 S. 1 dem Amtsgericht für den Fall zuweist, dass das Amt des Notars erloschen oder sein Amtssitz verlegt worden ist.[5] Der Unterschied besteht darin, dass es sich im Falle von § 51 Abs. 1 S. 1 um eine auf Dauer angelegte Verwahrung, hier dagegen nur um eine **Verwahrung auf Zeit** handelt. Entsprechend § 45 Abs. 4 S. 3 soll der Ausfertigungsvermerk den Hinweis enthalten, dass der Notar an der Amtsausübung verhindert ist. Die Angabe des Grundes der Verhinderung wird vom Gesetz nicht verlangt und ist im Hinblick darauf, dass es sich um eine einstweilige Sicherungsmaßnahme handelt, auch nicht erforderlich.[6]

C. Verbot der Amtsausübung (Abs. 2)

I. Fortbestand der Amtsbefugnis – Verbot der Amtsausübung

10 Die vorläufige Amtsenthebung nach § 54 führt nicht dazu, dass das Amt des Notars erlischt und der Notar seine höchstpersönlichen Befugnisse verliert.[7] Dies ergibt sich einmal daraus, dass in § 47, der die Erlöschenstatbestände abschließend aufzählt, nur die Amtsenthebung nach § 50 genannt ist. Zum andern setzt die dem Notar durch § 55 Abs. 2 S. 1 als Amtspflicht auferlegte Verpflichtung, sich jeder Amtshandlung zu enthalten, die fortbestehenden Amtsbefugnisse voraus. Der vorläufig seines Amtes enthobene Notar bleibt gem. Abschnitt XI Nr. 3.3 RLEmBNotK verpflichtet, dem Notariatsverwalter für die Verwaltung das Mobiliar, die Bibliothek und die EDV zu angemessenen Bedingungen zur Verfügung zu stellen (Abschnitt XI Nr. 3.1) sowie dem Notariatsverwalter und seinem Amtsnachfolger den Zugriff auf seine elektronisch gespeicherten Daten kostenfrei zu ermöglichen (Abschnitt XI Nr. 3.2).

---

[3] Vgl. hierzu *Bohrer,* Berufsrecht, Rn. 175, 278.
[4] Arndt/Lerch/Sandkühler/*Lerch* BNotO § 55 Rn. 9.
[5] → § 51 Rn. 27 ff.
[6] Schippel/Bracker/*Püls* BNotO § 50 Rn. 12; Arndt/Lerch/Sandkühler/*Lerch* BNotO § 55 Rn. 12.
[7] Schippel/Bracker/*Püls* BNotO § 50 Rn. 14; Arndt/Lerch/Sandkühler/*Lerch* BNotO § 55 Rn. 13.

II. Umfang des Verbots

Das Verbot, das alle Amtshandlungen während der Dauer der vorläufigen Amtsenthebung 11 einschließt, bezieht sich sowohl auf die **Vornahme neuer** als auch auf die **Abwicklung begonnener** Amtsgeschäfte einschließlich der Vornahme von Amtshandlungen gem. §§ 44 bis 54 BeurkG. Verboten sind dem Notar auch alle **Verwahrungs- und Betreuungsgeschäfte** gem. §§ 23 und 24.[8]

III. Ausnahmen von dem Verbot

Unter besonderen Umständen gibt es jedoch Ausnahmen von dem Verbot der Amtsausübung.[9] Eine solche Ausnahme liegt vor, wenn ein Vertreter oder Notariatsverwalter ernannt, aber sein Amt noch nicht angetreten hat und die Unterlassung der Amtshandlung den Beteiligten **Schaden** zufügen könnte (zB Stellung eines Eintragungsantrags oder Weiterleitung von gerichtlichen oder behördlichen Verfügungen und Mitteilungen). In diesem Fall ist die Amtshandlung geboten und der Notar entsprechend zum Handeln berechtigt. Gleiches gilt für den Fall, dass der Vertreter oder Notariatsverwalter sein Amt angetreten hat und eine von dem Notar begonnene mehrstufige Amtshandlung mangels eigener **Wahrnehmung** nicht vollenden kann. Hat der Notar die Urkunde noch nicht errichtet, darf er ausnahmsweise den Urkundsakt vollenden (zB Unterzeichnung des Beglaubigungsvermerks zu einer Unterschrift, die vor ihm geleistet oder anerkannt worden ist; Fertigung des Protokolls zu einer Versammlung, an der er teilgenommen hat; Unterzeichnung der Protesturkunde zu einem Wechsel oder Scheck, der von ihm vorgelegt worden ist), wenn die Unterlassung den Beteiligten zum Schaden gereichen würde. Das Verbot der Amtsausübung dient dem **Schutz der Rechtsuchenden;** es hat zurückzutreten, wenn seine Befolgung nur Schaden brächte.[10]

Das Verbot der Amtsausübung gilt gem. § 55 Abs. 2 S. 3 **ohne jede Ausnahme** für 13 Amtsgeschäfte nach § 23.

IV. Verstoß gegen das Amtsausübungsverbot (Abs. 2 S. 2)

Da der Notar trotz vorläufiger Amtsenthebung Träger des ihm übertragenen öffentlichen 14 Amtes und der damit verbundenen höchstpersönlichen Befugnisse geblieben ist, führt ein Verstoß gegen das Gebot, sich jeder Amtshandlung zu enthalten, **nicht zu deren Unwirksamkeit.** Dies ordnet Abs. 2 S. 2 ausdrücklich an: Verbotswidrig vorgenommene Amtshandlungen sind wirksam (Verwahrungsgeschäfte nach § 55 Abs. 2 S. 3 ausgenommen). Diese Regelung bewahrt den Rechtsverkehr im Interesse der Rechtssicherheit[11] vor Amtshandlungen, deren Unwirksamkeit sich ggf. erst später herausstellen würde.

Ein Verstoß gegen das Amtsausübungsverbot hat allein **dienstrechtliche** und ggf. **strafrechtliche** Konsequenzen. 15

V. Besonderheiten bei Verwahrungsgeschäften (Abs. 2 S. 3)

§ 55 Abs. 2 S. 3 bezieht sich generell auf Amtsgeschäfte nach § 23. In der Praxis geht es 16 in aller Regel aber nur um die **Verwahrung von Geld,** wobei zwischen der öffentlich-rechtlichen Zuständigkeit zur Durchführung eines solchen Verwahrungsgeschäfts (§ 23) und der privatrechtlichen Kontobeziehung zwischen Notar und Bank, für deren Ausgestaltung die Anderkontenbedingungen[12] maßgebend sind, zu unterscheiden ist.

---

[8] Schippel/Bracker/*Püls* BNotO § 50 Rn. 15; Arndt/Lerch/Sandkühler/*Lerch* BNotO § 55 Rn. 13.
[9] Schippel/Bracker/*Püls* BNotO § 55 Rn. 16 ff.; Arndt/Lerch/Sandkühler/*Lerch* BNotO § 55 Rn. 14 f.
[10] Schippel/Bracker/*Püls* BNotO § 55 Rn. 19; Arndt/Lerch/Sandkühler/*Lerch* BNotO § 55 Rn. 14.
[11] Arndt/Lerch/Sandkühler/*Lerch* BNotO § 55 Rn. 19.
[12] Vgl. hierzu die Empfehlungen von Bedingungen für Anderkonten und Depots von Notaren: DNotZ 2019, 801.

17 Was die **privatrechtlich** zu beurteilende Inhaberstellung anbelangt, so ist klar, dass der vorläufig seines Amtes enthobene Notar Inhaber der Notaranderkonten bleibt,[13] was nur durch die Bestellung eines Notariatsverwalters verhindert werden kann.[14] Nr. 11 Abs. 3 S. 2 und S. 3 der Anderkontenbedingungen bestimmen ausdrücklich:

> „Bis zur Bestellung eines Vertreters oder Notariatsverwalters bleibt der Notar Kontoinhaber ohne Verfügungsbefugnis (§ 55 Abs. 2 S. 3). Mit der Bestellung wird der Notariatsverwalter Kontoinhaber (§ 58 Abs. 1)."

18 Ein vorläufig seines Amtes enthobener Notar verliert jedoch seine **Verfügungsbefugnis**. Dies ergibt sich unmittelbar aus § 55 Abs. 2 S. 3, wonach der Notar Amtsgeschäfte nach § 23 nicht mehr vornehmen kann. Diese Vorschrift leitet das Amtsausübungsverbot des Satzes 1 im übergeordneten Interesse der Rechtspflege in eine **absolut wirkende gesetzliche Verfügungsbeschränkung** mit der Folge über, dass nicht nur die Amtshandlung der Gültigkeit ermangelt, was sich schon im Umkehrschluss aus § 55 Abs. 2 S. 2 ergibt, sondern auch die als **Anweisung** zu qualifizierende Verfügung über das Notaranderkonto **nichtig** ist (§ 134 BGB).[15] § 55 Abs. 2 S. 3 beseitigt die öffentlich-rechtliche Zuständigkeit des Notars zur Vornahme von Verwahrungsgeschäften und entzieht damit dem privatrechtlichen Kontoverhältnis seine Grundlage. Verfügt der Notar gleichwohl noch über Anderkonten, kann sich die Bank nicht auf Unkenntnis berufen.[16] Auf die Kenntnis oder das Kennenmüssen der Bank von der vorläufigen Amtsenthebung kommt es wegen des absolut wirkenden Verfügungsverbots nicht an.[17]

§ 56 [Notariatsverwalter]

(1) Ist das Amt eines zur hauptberuflichen Amtsausübung bestellten Notars erloschen oder ist sein Amtssitz verlegt worden oder übt im Fall des § 8 Abs. 1 Satz 2 ein zur hauptberuflichen Amtsausübung bestellter Notar sein Amt nicht persönlich aus, so soll in der Regel an seiner Stelle ein Notarassessor oder eine sonstige zum Amt eines Notars befähigte Person damit betraut werden, das Amt des Notars vorübergehend wahrzunehmen (Notariatsverwalter).

(2) ¹Ist ein Anwaltsnotar durch Erlöschen des Amtes ausgeschieden, so kann an seiner Stelle zur Abwicklung der Notariatsgeschäfte bis zur Dauer eines Jahres ein Notariatsverwalter bestellt werden, wenn hierfür ein Bedürfnis besteht. ²In begründeten Ausnahmefällen kann diese Frist über ein Jahr hinaus verlängert werden. ³Innerhalb der ersten drei Monate ist der Notariatsverwalter berechtigt, auch neue Notariatsgeschäfte vorzunehmen. ⁴Wird zur Abwicklung der Anwaltskanzlei ein Abwickler bestellt, so kann dieser auch mit der Abwicklung der Notariatsgeschäfte als Notariatsverwalter betraut werden.

(3) Hat ein Notar sein Amt nach § 48c vorübergehend niedergelegt, wird ein Verwalter für die Dauer der Amtsniederlegung, längstens für ein Jahr, bestellt.

(4) Ist ein Notar vorläufig seines Amtes enthoben, so kann ein Notariatsverwalter bestellt werden, wenn die Bestellung eines Notarvertreters (§ 39 Abs. 2 Satz 1) nicht zweckmäßig erscheint.

---

[13] *Dumoulin* DNotZ 1963, 103 (107); Schippel/Bracker/*Bracker* BNotO § 55 Rn. 26; Arndt/Lerch/Sandkühler/*Lerch* BNotO § 55 Rn. 20.
[14] *Zimmermann* DNotZ 1982, 90 (98).
[15] BGHZ 164, 275 (278 f.) = DNotZ 2006, 201 f. (in dem Zivilrechtsstreit zwischen Notariatsverwalter und Bank ging es um die Frage der Wirksamkeit eines Überweisungsauftrags, den der Notar vor seiner vorläufigen Amtsenthebung erteilt und die Bank erst danach ausgeführt hatte); *Zimmermann* DNotZ 1982, 90 (98 ff.); im Ergebnis ebenso Schippel/Bracker/*Bracker* BNotO § 55 Rn. 26; Arndt/Lerch/Sandkühler/*Lerch* BNotO § 55 Rn. 21.
[16] *Zimmermann* DNotZ 1982, 90 (100); Schippel/Bracker/*Bracker* BNotO § 55 Rn. 26.
[17] BGHZ 164, 275 (280) = DNotZ 2006, 201 (202).

(5) **Notarassessoren sind verpflichtet, das Amt eines Notariatsverwalters zu übernehmen.**

Übersicht

	Rn.
A. Sinn und Zweck	1
B. Fälle der Bestellung eines Notariatsverwalters	3
I. Erlöschen des Notaramtes eines hauptberuflichen Notars, Verlegung seines Amtssitzes (Abs. 1)	3
1. Erlöschen des Notaramtes	3
2. Amtssitzverlegung	4
3. Ausübung eines besoldeten Amtes	5
II. Erlöschen des Amtes eines Anwaltsnotars	6
III. Vorläufige Amtsenthebung	7
C. Entscheidung der Behörde	8
I. Entscheidung über die Anordnung der Notariatsverwaltung	8
1. Entscheidungsmaßstab in den Fällen des Abs. 1	9
2. Entscheidungsmaßstab in den Fällen des Abs. 2	10
3. Entscheidungsmaßstab in den Fällen des Abs. 3	10a
4. Entscheidungsmaßstab in den Fällen des Abs. 4	11
II. Ausgestaltung der Notariatsverwaltung	12
1. Verwalterbestellung in den Fällen des Abs. 1	13
2. Verwalterbestellung in den Fällen des Abs. 2	15
3. Verwalterbestellung in den Fällen des Abs. 3	16
4. Verwalterbestellung in den Fällen des Abs. 4	17
III. Auswahl des Verwalters	18
1. Verwalterauswahl in den Fällen des Abs. 1	20
2. Verwalterauswahl in den Fällen des Abs. 2	25
3. Verwalterauswahl in den Fällen der Abs. 3, Abs. 4	28
IV. Verfahren	29
D. Rechtsfolgen der Bestellung des Notariatsverwalters	30
I. Rechtsstatus, Amtsbefugnis	30
II. Aufgaben des Notariatsverwalters	32
E. Rechtsschutz	35
I. Anordnung der Verwaltung	36
II. Auswahl des Notariatsverwalters	38

A. Sinn und Zweck

Das Rechtsinstitut des Notariatsverwalters soll sicherstellen, dass eine Notarstelle im **1** Sinne des räumlich-sächlich-personellen Organisationsgebildes auch dann noch funktionsfähig bleibt, wenn der Inhaber der Stelle die Befugnis, sein Amt überhaupt oder jedenfalls an diesem Ort auszuüben, verloren hat. Dabei sind ganz unterschiedliche Interessenlagen abzudecken, je nachdem ob der Verlust der Amtsbefugnis – möglicherweise – nur vorübergehender Natur ist oder das Amt des bisherigen personellen Trägers der Notarstelle endgültig erloschen ist. Daneben besteht ein fundamentaler Unterschied zwischen hauptberuflichem und Anwaltsnotariat. Im **hauptberuflichen Notariat** mit seiner weitgehenden faktischen Ämterkontinuität besteht nicht zuletzt aus wirtschaftlichen Gründen Bedarf, den Zeitraum bis zur Übernahme der Notarstelle durch den neuen Inhaber zu überbrücken, sofern ein nahtloser Anschluss nicht gewährleistet werden kann. Im **Anwaltsnotariat,** dem solche Ämterkontinuität fremd ist, hat es im Fall des endgültigen Wegfalls der Amtsbefugnis dagegen nur darum zu gehen, die noch anhängigen Verfahren ordnungsgemäß abzuwickeln. Diesen inhomogenen Interessenlagen trägt das Gesetz dadurch Rechnung, dass es in Abs. 1 nur die Verwaltung einer Notarstelle im hauptberuflichen Notariat und in Abs. 2 nur die Verwaltung einer Notarstelle im Anwaltsnotariat anspricht. Abs. 3

und Abs. 4, welche Fälle des (möglicherweise) nur vorübergehenden Verlusts der Amtsbefugnis betreffen, haben dagegen für beide genannten Notariatsformen gleichermaßen Gültigkeit. Dabei begründet der durch die BNotO-Novelle 1998 neu geschaffene Abs. 3, anders als Abs. 4, keinen eigenständigen Anwendungsfall der Notariatsverwaltung, sondern stellt nur besondere Regelungen für die Ausgestaltung einer Verwaltung nach Abs. 1 oder Abs. 2 iVm § 48c auf.

2 Notariatsverwaltung und **Notarvertretung** haben gemeinsam, dass sie die Versorgung der Rechtsuchenden mit notariellen Dienstleistungen gewährleisten sollen, wenn der Notar persönlich hierzu nicht in der Lage ist. Bei der Notarvertretung nimmt der Vertreter gleichzeitig mit seinem Vertreteramt aber auch das Amt des vertretenen, noch mit der eigenen Amtsbefugnis ausgestatteten Notars wahr, während der Verwalter nur ein eigenes Amt ausübt. Eine **Überschneidung** zwischen beiden Rechtsinstituten besteht zunächst im Fall der **vorläufigen Amtsenthebung,** bei der die Aufsichtsbehörde sowohl einen Vertreter wie einen Verwalter bestellen kann. Zunehmend befürwortet wird eine Parallelität nun aber auch in den Fällen der vorübergehenden Amtsniederlegung gem. § 48c iVm § 48b (→ § 39 Rn. 4). Keine Überschneidung besteht nach geltender Rechtslage, deren Vereinbarkeit mit dem Grundgesetz aber Zweifeln unterliegt, auch im Falle der Ausübung eines besoldeten Amtes durch den Notar: Für den hauptberuflichen Notar sieht das Gesetz hier nur eine Verwalter-, für den Anwaltsnotar nur eine Vertreterbestellung vor (→ Rn. 5).

B. Fälle der Bestellung eines Notariatsverwalters

I. Erlöschen des Notaramtes eines hauptberuflichen Notars, Verlegung seines Amtssitzes (Abs. 1)

3 **1. Erlöschen des Notaramtes.** Wichtigster Anwendungsfall der Notariatsverwaltung im hauptberuflichen Notariat ist das **Ausscheiden** des bisherigen personellen Trägers der zu verwaltenden Notarstelle **aus seinem Notaramt.** Sämtliche in § 47 aufgeführten Ereignisse – außer § 47 Nr. 3 – können die Bestellung eines Notariatsverwalters nach Abs. 1 nach sich ziehen, auch ein Erlöschen nach § 47 Nr. 7 wegen vorübergehender Amtsniederlegung mit Wiederbestellungsgarantie am gleichen Amtssitz gem. § 48c Abs. 3, der diesen Fall besonders anspricht, begründet keine besondere Form der Notariatsverwaltung, sondern macht nur spezielle Vorgaben zur Ausgestaltung der Verwaltung in diesem Fall. Mit dem Wirksamwerden des Erlöschens, im Falle des § 47 Nr. 1 Alt. 2, also im Moment des Todeseintritts, hat die Notarstelle ihren personellen Träger verloren, so dass auch ein etwa bestellter Vertreter handlungsunfähig wird (→ § 39 Rn. 26). Daraus folgt der Bedarf für die Verwalterbestellung.

4 **2. Amtssitzverlegung.** Eine **Amtssitzverlegung** kann als Maßnahme im Rahmen des in den Flächenländern mit hauptberuflichem Notariat praktizierten Vorrückungssystems ihre Grundlage in einem entsprechenden **Gesuch des Notars** haben (§ 10 Abs. 1 S. 2), aber – ausnahmsweise – als **Disziplinarmaßnahme** auch ohne den Willen des Notars erfolgen (§ 97 Abs. 2). In beiden Fällen ist dem Notar ab dem Zeitpunkt der Gültigkeit der Zuweisung des neuen Amtssitzes die Amtsausübung im Rahmen der bisher innegehabten Stelle untersagt und diese daher verwaist, wenn nicht ein neuer Inhaber die Amtsgeschäfte dieser Notarstelle im unmittelbaren Anschluss an das Wirksamwerden der Amtssitzverlegung wieder aufnehmen kann.

5 **3. Ausübung eines besoldeten Amtes.** Die Bestellung eines Verwalters ist beim hauptberuflichen Notar nach dem Willen des Gesetzes auch dann angezeigt, wenn der Notar ausnahmsweise neben der Notartätigkeit mit Genehmigung der Landesjustizverwaltung ein weiteres, **besoldetes Amt** ausübt (§ 8 Abs. 1 S. 2). Dies ist systematisch insofern inkonsequent, als dieser Notar noch Inhaber seiner Amtsbefugnis ist. Viel näher läge deshalb, für

diesen Tatbestand der Amtsverhinderung eine Vertreterbestellung vorzusehen. Dies hätte freilich zur Folge, dass der Notar aus zwei Quellen Einnahmen beziehen könnte: aus dem besoldeten Amt und aus den Überschüssen der Notarstelle. Es ist dem Gesetzgeber verfassungsrechtlich durchaus gestattet, dieses nicht hinnehmen zu wollen und über § 54 den Notar von dem wirtschaftlichen Ergebnis seiner Notarstelle während der Ausübung des anderen Amtes auszuschließen, wobei allerdings aus Gründen der Konsequenz des Systems überlegenswert wäre, für diesen Fall eine Lösung nach dem Vorbild des § 48c zu wählen (Ausscheiden aus dem Amt mit Wiederbestellungsgarantie am gleichen Amtssitz). **Verfassungsrechtlich problematisch** ist der Zwang zur Verwalterbestellung, der die Abkopplung von persönlicher Amtsausübung und wirtschaftlicher Nutznießung und nicht zuletzt eine unerwünschte Verpachtung der Notarstelle verhindert, deshalb nicht unter dem Gesichtspunkt des Art. 12 GG, sondern im Hinblick auf Art. 3 Abs. 1 GG. Denn anders als beim hauptberuflichen Notar ist beim **Anwaltsnotar**, dem die Übernahme eines besoldeten Amtes genehmigt wird, die **Bestellung eines Vertreters** möglich, dagegen die Verwalterbestellung (mangels Erwähnung des § 8 Abs. 1 S. 2 in Abs. 2) ausgeschlossen. Damit hat der Anwaltsnotar, der ein besoldetes Amt ausübt, genau die doppelte Einkunftsmöglichkeit, die beim hauptberuflichen Notar auszuschließen Sinn und Zweck des § 54 Abs. 1 ist. Die hierin liegende **Ungleichbehandlung** kann nicht damit gerechtfertigt werden, dass die wirtschaftliche Ertragskraft einer Notarstelle im Anwaltsnotariat tendenziell geringer ist als im hauptberuflichen Notariat. Die Gefahr, dass bei Bestellung eines Notarvertreters in diesen Fällen die persönliche Verantwortlichkeit und die wirtschaftliche Nutznießung in mit dem Verständnis des Notaramtes nicht zu vereinbarender Weise voneinander gelöst werden, ist beim Anwaltsnotar wegen seiner möglichen Einbindung in eine multiprofessionelle Sozietät eher noch größer. Zurecht hat deshalb der Gesetzgeber 1998 bei der Schaffung der Regelungen zur Vereinbarkeit von Notarberuf und Familie keine unterschiedliche Behandlung von Anwalts- und Nur-Notariat vorgesehen. Diese Gleichbehandlung ist auch im Falle des § 8 Abs. 1 S. 2 geboten, der derzeitige Rechtszustand daher verfassungswidrig. Eine Auflösung dieser verfassungswidrigen Rechtslage ist im Wege verfassungskonformer Auslegung nicht möglich,[1] da es dem Gesetzgeber grundsätzlich zur Wahl stünde, ob er für beide Notariatsformen nur die Verwalterbestellung oder Verwalter- und Vertreterbestellung alternativ vorsehen will oder – was aber rechtspolitisch nicht wünschenswert wäre – die Verwalterbestellung in den Fällen des § 8 Abs. 1 S. 2 generell fallen lässt. Bis zu einer gesetzgeberischen Klärung ist deshalb § 54 Abs. 1 auch im Falle des § 8 Abs. 1 S. 2 anwendbar.

II. Erlöschen des Amtes eines Anwaltsnotars

Nachdem beim Anwaltsnotar eine Amtssitzverlegung auf eigenen Wunsch nicht in Betracht kommt (→ § 10 Rn. 6) und auch als Disziplinarmaßnahme nicht vorgesehen ist (§ 97 Abs. 2), und nachdem der Gesetzgeber beim Anwaltsnotar eine Verwalterbestellung wegen Ausübung eines besoldeten Amtes nicht vorgesehen hat (zur Verfassungswidrigkeit dieser Rechtslage → Rn. 5), bleiben nach Abs. 2 für eine Verwalterbestellung nur die Fälle des § 47 übrig, wiederum einschließlich eines Erlöschens des Notaramts gem. § 47 Nr. 7 iVm § 48c. Auch die nur beim Anwaltsnotar zugelassene zeitweilige Entfernung aus dem Amt gem. § 97 Abs. 3 führt zum Erlöschen des Notaramts des Betroffenen und kann Anlass für eine Verwalterbestellung sein. 6

III. Vorläufige Amtsenthebung

Nach dem früheren Abs. 3 und nunmehrigen Abs. 4 ist eine Verwalterbestellung auch möglich, wenn ein Notar, dabei ohne Unterschied ob **hauptberuflicher Notar** oder **Anwaltsnotar**, gem. § 54 vorläufig seines Amtes enthoben wird. In diesen Fällen **über**- 7

---

[1] AA Schippel/Bracker/*Bracker* BNotO § 56 Rn. 25.

schneiden sich **Notariatsverwaltung** und **Notarvertretung,** da in solchen Fällen auch gem. § 39 Abs. 2 von Amts wegen ein Vertreter für den vorläufig amtsenthobenen Notar bestellt werden kann (zu den Entscheidungsmaßstäben der Aufsichtsbehörde → Rn. 11). § 54 Abs. 4 ist dabei nicht so zu verstehen, als müsse die vorläufige Amtsenthebung bereits geschehen sein. Trotz der missverständlichen Formulierung („enthoben ist") kann die Verwalterbestellung auch gleichzeitig mit der vorläufigen Amtsenthebung erfolgen, soweit diese auf einer Verfügung der Aufsichtsbehörde beruht (vgl. § 54 Abs. 1 im Gegensatz zu Abs. 2 und Abs. 4 dieser Vorschrift).

C. Entscheidung der Behörde

I. Entscheidung über die Anordnung der Notariatsverwaltung

8   Die Aufsichtsbehörde (zur Zuständigkeit → § 57 Rn. 5) hat, wenn einer der unter → Rn. 3–7 beschriebenen Fälle eingetreten ist, zunächst zu entscheiden, **ob** überhaupt eine **Notariatsverwaltung** angeordnet werden soll. Diese Entscheidung ist stets **Ermessensentscheidung,** aber mit unterschiedlichen gesetzgeberischen Vorgaben je nachdem, um welchen dieser Fälle es sich handelt. Generell gilt, dass in die Entscheidung außer den allgemeinen Belangen der geordneten vorsorgenden Rechtspflege auch die individuellen Belange des Notars einzubeziehen sind, dessen Amt erloschen ist bzw. der sein Amt gem. § 8 Abs. 1 S. 2 nicht ausüben darf bzw. der vorläufig des Amtes enthoben ist. Dies folgt aus einer nach- bzw. weiterwirkenden Fürsorgepflicht der Aufsichtsbehörde.

9   **1. Entscheidungsmaßstab in den Fällen des Abs. 1.** In den Fällen des **Abs. 1** sieht das Gesetz die **Bestellung** eines Notariatsverwalters ausdrücklich als **Regelfall** vor, von dem die Behörde demnach nur in besonders gelagerten Ausnahmefällen abweichen darf. Solche Ausnahmen sind am ehesten beim Erlöschen des Amtes gem. § 47 Nr. 2 und bei der Amtssitzverlegung denkbar und dort in der Praxis auch verbreitet. Gelingt es der Justizverwaltung, das Besetzungsverfahren hinsichtlich der durch die Amtssitzverlegung frei gewordenen Notarstelle so rasch abzuschließen, dass der neue Stelleninhaber seine Tätigkeit unter Übernahme der Aktenbestände des bisherigen Stelleninhabers gem. § 51 sofort im Anschluss an die Vakanz der Notarstelle aufnehmen kann, entfällt jegliches Bedürfnis für eine Verwalterbestellung. Gleiches ist auch in den Fällen des § 47 Nr. 7 iVm § 48b denkbar, wenn es gelingt, die dann neu auszuschreibende Notarstelle rechtzeitig wiederzubesetzen. In den übrigen Fällen, auch bei § 47 Nr. 7 iVm § 48c, wo es nicht zu einer Ausschreibung der Notarstelle kommt, ist dagegen die Verwalterbestellung praktisch unvermeidlich. Da das Notariat alleinige Existenzgrundlage desjenigen sein wird, dem die Stelle nach Ausschreibung übertragen wird, muss die Aufsichtsbehörde bemüht sein, durch Bestellung eines Verwalters die Stelle **wirtschaftlich lebensfähig** zu halten. Und selbst dann, wenn die Justizverwaltung beabsichtigt, kraft Organisationsentscheidung auf eine **Wiederbesetzung** der Stelle **zu verzichten,** kann **trotzdem** auf eine **Verwalterbestellung** kaum verzichtet werden, damit die noch anhängigen Verfahren ordnungsgemäß abgewickelt werden können. Daneben ist wegen § 58 Abs. 3 die Verwaltung auch im Interesse des bisherigen Stelleninhabers unentbehrlich, es sei denn, es wäre ihm nur ein anderer Amtssitz zugewiesen. Allein auf dem Weg des § 51 iVm § 45 ist weder die ordnungsgemäße Abwicklung noch die Durchsetzung der Gebührenansprüche des bisherigen Stelleninhabers sicherzustellen. Allerdings ist die Justizverwaltung **praeter legem** berechtigt, durch entsprechende Auflage die Tätigkeit des Verwalters auf die **bloße Abwicklung** analog Abs. 2 zu beschränken, um die Durchsetzung ihrer Organisationsentscheidung zu gewährleisten, die Notarstelle einzuziehen.

10   **2. Entscheidungsmaßstab in den Fällen des Abs. 2.** In den Fällen des **Abs. 2** kann nach dem Wortlaut ein Notariatsverwalter bestellt werden, wenn die zuständige Behörde

hierfür ein Bedürfnis erkennt. Bedingt durch die größere Zahl an Notarstellen, die dadurch geringere Bedeutung der einzelnen Stelle für die Gesamtversorgung der Bevölkerung mit notariellen Dienstleistungen und die fehlende Stellenkontinuität ist hier die **Verwalterbestellung nicht** als **Regelmaßnahme** vorgesehen. Erst recht gibt es keinen individuellen Anspruch des Notars auf Einrichtung einer Notariatsverwaltung.[2] Allerdings darf der Wortlaut nicht dahin verstanden werden, als stünde der Behörde auch dann, wenn sie ein Bedürfnis für die Bestellung eines Verwalters bejaht, immer noch ein Entscheidungsermessen zu.[3] Richtig ist das Gegenteil: wenn die Behörde ein Bedürfnis bejaht, dh wenn insbesondere ohne Verwalterbestellung eine ordnungsgemäße Abwicklung anhängiger Verfahren nicht gewährleistet ist, dann muss ein Verwalter bestellt werden. Angesichts des großen Umfangs, den die betreuende Vollzugstätigkeit im notariellen Alltag einnimmt, welche vom Amtsgericht nicht geleistet werden kann, ist deshalb eine **Verwalterbestellung auch im Anwaltsnotariat nur in Ausnahmefällen verzichtbar,** ungeachtet der Tatsache, dass der Behörde bei der Feststellung des Bedürfnisses ein Beurteilungsspielraum zugebilligt werden muss.[4] Verzichtbar ist die Anordnung freilich dann, wenn die Amtsbestände des ausgeschiedenen Notars einem anderen, insbesondere einem in der Sozietät vorhandenen weiteren Notar gem. § 51 Abs. 1 in Verwahrung gegeben werden können.[5]

3. Entscheidungsmaßstab in den Fällen des Abs. 3. Während in den Fällen des Abs. 1 die Bestellung eines Verwalters Soll- und in den Fällen des Abs. 2 Kann-Bestimmung ist, sieht Abs. 3 für vorübergehende Amtsniederlegungen nach § 48c, in denen die Verwaltung ausnahmsweise auch im Anwaltsnotariat nicht den Charakter einer bloßen Abwicklungseinrichtung hat, sondern der Aufrechterhaltung der wirtschaftlichen Lebensfähigkeit der Notarstelle dient, als Muss-Bestimmung vor. Unterlässt es der betreffende Notar, seine angekündigte Wiederbestellung fristgerecht zu beantragen, so endet die Überbrückungs-Verwaltung des Abs. 3 aber unwiderruflich mit dem Ablauf der Jahresfrist und ist die Verwaltung entweder in eine solche nach Abs. 1 oder Abs. 2 zu überführen, je nachdem ob es sich um einen hauptberuflichen oder einen Anwaltsnotar handelt.[6]

4. Entscheidungsmaßstab in den Fällen des Abs. 4. Bei der vorläufigen Amtsenthebung eines Notars sieht das Gesetz seinem Wortlaut nach die Verwalterbestellung nur ersatzweise vor, wenn eine Vertreterbestellung nicht zweckmäßig ist. Ein solcher **Vorrang der Vertreterbestellung** besteht aber nicht generell, sondern **nur als Ausprägung des rechtsstaatlichen Verhältnismäßigkeitsgrundsatzes** in dem Sinne, dass von zwei gleichermaßen geeigneten Eingriffsmitteln das für den Betroffenen mildere zu wählen ist. Der BGH hält zu Recht die Vorschrift nach Inhalt, Zweck und Ausmaß für hinreichend bestimmt.[7] Die Behörde hat also alle in Betracht kommenden Handlungsalternativen – außer der Bestellung eines Verwalters oder eines Vertreters noch die der amtsgerichtlichen Verwahrung gem. § 55 Abs. 1 – zu erwägen und die für die allgemeinen Belange der Rechtspflege und das Interesse des Betroffenen sachgerechte Entscheidung zu treffen. Dabei wird aus den bereits oben beschriebenen Gründen der Bestellung eines Verwalters oder Vertreters regelmäßig der Vorzug vor der bloßen Verwahrung zu geben sein, da beide Maßnahmen sowohl im allgemeinen Interesse der Rechtsuchenden die Abwicklung anhängiger Verfahren in vollem Umfang gewährleisten wie auch mit ihnen im Interesse des betroffenen Notars der Gefahr des (weiteren) wirtschaftlichen Niedergangs der Notarstelle entgegengewirkt werden kann. Im Verhältnis Verwaltung – Vertretung werden sich die

---

[2] BGH ZNotP 2019, 86; OLG Celle RNotZ 2003, 199.
[3] Etwas missverständlich daher OLG Celle RNotZ 2003, 200, wenn es davon spricht, die Landesjustizverwaltung könne zwischen den bestehenden Möglichkeiten „frei wählen", zutreffend dagegen, wenn das OLG für die Entscheidung als maßgeblich ansieht, in welchem Zustand sich das Notariat befindet.
[4] Ähnlich Schippel/Bracker/*Bracker* BNotO § 56 Rn. 21 ff.
[5] *Kindler* RNotZ 2015, 471.
[6] Schippel/Bracker/*Bracker* BNotO § 56 Rn. 28.
[7] BGH DNotZ 2016, 236.

Interessen der Rechtspflege und die des betroffenen Notars dagegen häufig konträr gegenüberstehen. Für den Notar ist die Vertreterbestellung vorzugswürdig, da sie ihm das wirtschaftliche Ergebnis der Notarstelle belässt (§ 40 Abs. 1 S. 1), während die Verwaltung auf Rechnung der Notarkammer, der Notarkasse oder des Verwalters erfolgt (§§ 59, 113, 113a). Außerdem hat der Notar ungeachtet der Unabhängigkeit des Vertreters größere Möglichkeiten der Einflussnahme auf den Kanzleibetrieb und damit mittelbar auf die Amtstätigkeit des Vertreters, da sich die Unabhängigkeit des Vertreters nicht auf die Gestaltung der räumlichen, sächlichen und personellen Arbeitsbedingungen erstreckt, sondern diese nach wie vor in der Verantwortung des vertretenen Notars liegen. Genau hierin liegt aber gleichzeitig eine Gefahr der Vertreterbestellung. Weil bei der Vertreterbestellung die Siegel des Notars Verwendung finden und seine Bücher fortgeführt werden, ist die Gefahr des Verstoßes gegen § 55 Abs. 2 weit größer als bei der Verwalterbestellung, bei der Siegel und Bücher gem. § 55 Abs. 1 abgeliefert werden müssen. Außerdem ist zu beachten, dass nach den Anderkontenbedingungen der Banken und Sparkassen der Notar von der Verfügungsmöglichkeit nur im Falle der Notariatsverwaltung ausgeschlossen ist (vgl. Nr. 12 und Nr. 13 der Bedingungen für Anderkonten von Notaren).

Somit wird es sehr stark vom Einzelfall, insbesondere **vom Grund der vorläufigen Amtsenthebung abhängen,** ob eine Vertreterbestellung **in gleichem Maß** den Interessen der Rechtspflege gerecht wird wie die Verwalterbestellung. Werden dem Notar schwerwiegende Verstöße gegen grundlegende Vorschriften des Beurkundungsrechts vorgeworfen, und ist er deshalb gem. § 54 Abs. 5 vorläufig seines Amtes enthoben, so ist es nach der zutreffenden Ansicht des BGH nicht zu beanstanden, wenn die Behörde der Verwalterbestellung den Vorzug gibt.[8] Gleiches hat auch in den Fällen des § 54 Abs. 1 Nr. 2 iVm § 50 Abs. 1 Nr. 7 und Nr. 8 sowie des § 54 Abs. 4 Nr. 2 zu gelten. Im Rahmen der Entscheidung findet keine nochmalige Inzidentprüfung der Gründe für die Amtsenthebung statt;[9] dies verträgt sich nicht mit dem Gebot zur „schleunigen" Entscheidung.[10] In den – praktisch allerdings wenig bedeutsamen – Fällen des § 54 Abs. 1 Nr. 2 iVm § 50 Nr. 1, Nr. 3 und Nr. 4 sowie § 54 Abs. 1 Nr. 3 kommt demgegenüber eine Verwalterbestellung bei einer wirtschaftlich lebensfähigen Notarstelle regelmäßig nicht in Betracht. Ebenso dürfte bei der kraft Gesetzes eintretenden vorläufigen Amtsenthebung wegen Anordnung der Untersuchungshaft die Vertreterbestellung so lange Vorrang haben, wie sich der Betroffene in Haft befindet und (trotzdem) die Deckung der Kosten der Vertretervergütung gewährleistet erscheint. Mag dies auf den ersten Blick auch paradox erscheinen, ist es dies doch Folge der Tatsache, dass der in Untersuchungshaft befindliche Notar von der Einwirkung auf die Amtsgeschäfte praktisch abgeschnitten ist. Ganz nach Lage des Einzelfalls beurteilt werden müssen schließlich Fälle des § 54 Abs. 1 Nr. 1 und des Abs. 1 Nr. 2 iVm § 50 Abs. 1 Nr. 2, Nr. 5 und Nr. 6 sowie Abs. 2.

II. Ausgestaltung der Notariatsverwaltung

12 Wenn die Behörde entscheidet, einen Notariatsverwalter zu bestellen, so hat sie in bestimmtem Umfang auch die Möglichkeit, deren Ausgestaltung zu beeinflussen, wobei allerdings die bereits vom Gesetzgeber gezogenen Grenzen nicht überschritten werden dürfen.

13 **1. Verwalterbestellung in den Fällen des Abs. 1.** Hier hat die Behörde nur geringe Gestaltungsmöglichkeiten. Da die Verwalterbestellung schon kraft Gesetzes vorübergehender Natur ist und gem. § 64 Abs. 1 kraft Gesetzes endet, wenn sich ihr Zweck erfüllt hat bzw. ihre Grundlage entfallen ist, ist es nicht nötig, diesen vorübergehenden Status auch in der Bestellungsverfügung zum Ausdruck zu bringen. Der Verwalter wird daher **unbefristet**

---
[8] BGH 20.7.1998 – NotZ 33/97.
[9] BGH DNotZ 2016, 237.
[10] BGH ZNotP 2019, 90.

bestellt. Eine Ausnahme gilt nur für den Fall des Abs. 3 iVm § 48c, wobei allerdings die Länge der möglichen Frist auch bereits durch das Gesetz vorgegeben ist. Der Verwalter ist so lange zu bestellen, wie der Notar in dem Genehmigungsantrag gem. § 48b angegeben hat, das Notaramt vorübergehend nicht ausüben zu wollen. Der Befristung auf längstens ein Jahr in Abs. 3 kommt eigenständige Bedeutung nicht zu, da die privilegierte Amtsniederlegung gem. § 48c generell nur für längstens ein Jahr möglich ist.

Weil, anders als der Verwalter einer Anwaltsnotarstelle nach Abs. 2, der Verwalter einer 14 Nur-Notarstelle zur Vornahme aller notariellen Amtsgeschäfte befugt ist, dürfen ihm auch insoweit Beschränkungen nicht auferlegt werden. **Ausnahmsweise** darf allerdings, wie bereits bei → Rn. 9 ausgeführt, die Behörde praeter legem dem Verwalter aufgeben, **nur noch anhängige Verfahren abzuwickeln,** wenn sie kraft Organisationshoheit davon absehen will, die betroffene Notarstelle nochmals zu besetzen, oder beabsichtigt, zwar wieder einen Notar mit gleichem Amtssitz zu bestellen, diesem aber nicht die Aktenverwahrung des § 51 Abs. 1 S. 2 übertragen will. In solchen Fällen kann und sollte die Verwalterbestellung auch befristet werden, wobei Abs. 2 als Richtschnur dienen kann.

2. Verwalterbestellung in den Fällen des Abs. 2. Der Verwalter einer Anwaltsnotar- 15 stelle ist zur Abwicklung anhängiger Verfahren bestellt, neue Amtsgeschäfte darf er nur innerhalb der ersten drei Monate annehmen. Hiervon kann die Behörde grundsätzlich keinen Dispens erteilen, weil es sich um zwingendes Recht handelt. Auch kann sie den Verwalter nach dem klaren Wortlaut des Gesetzes nicht von vornherein für einen längeren Zeitraum als ein Jahr bestellen, da Abs. 2 S. 2 von einer Verlängerung spricht, was auf einen neuen Willensentschluss der Behörde hindeutet.

3. Verwalterbestellung in den Fällen des Abs. 3. Die Ausgestaltung der Verwaltung 16 nach Abs. 3 ist nicht nur im hauptberuflichen, sondern auch im Anwaltsnotariat **Fortführungsverwaltung,** da hier der Notar alsbald sein Amt wieder antreten wird. Die Behörde hat im Falle des Abs. 3 auch nicht insoweit einen Entscheidungsspielraum, als sie die Länge der Verwalterbestellung bestimmen könnte. Solange, wie der Notar im Genehmigungsantrag gem. § 48b angegeben hat, das Amt vorübergehend niederlegen zu wollen, ist auch der Verwalter zu bestellen.

4. Verwalterbestellung in den Fällen des Abs. 4. Wenn sich die Justizverwaltung zur 17 Bestellung eines Verwalters entschließt, so hat sie auf deren Ausgestaltung keinen weiteren Einfluss. Die Verwaltung ist **Fortführungsverwaltung** und zwar beim Anwaltsnotar wie beim hauptberuflichen Notar. Der Verwalter ist **unbefristet** zu bestellen.[11] Da die Verwaltung **ipso iure** endet, wenn der vorläufig des Amtes enthobene Notar in dieses zurückkehrt (§ 64 Abs. 1 S. 1), ist es nicht erforderlich, die Bestellung nur für den Zeitraum der Fortdauer der vorläufigen Amtsenthebung auszusprechen. **Erlischt** dagegen das Notaramt des vorläufig amtsenthobenen Notars, setzt sich mangels gegenteiliger Entschließung der Justizverwaltung auf der Grundlage der Abs. 1 bzw. Abs. 2 die bestehende Verwaltung fort. Im Anwaltsnotariat bedarf es dann aber einer Feststellung der geänderten Rechtsgrundlage, da die Verwaltung nunmehr nur noch Abwicklungsverwaltung mit der entsprechenden Konsequenz des Abs. 2 S. 3 ist. Mit dieser Feststellung ist wegen der Begrenzung auf höchstens ein Jahr auch die Fristbestimmung zu verbinden, wann die Verwaltung endet.

III. Auswahl des Verwalters

Die **Verwalterbestellung** erfolgt ausnahmslos **von Amts wegen.** Anders als beim 18 Notarvertreter ist dem Notar, dessen Stelle zu verwalten ist, in keinem Fall, auch nicht dem des Abs. 1 iVm § 8 Abs. 1 S. 2 oder dem des Abs. 3 iVm § 48c, ein Antrags- bzw. Vorschlagsrecht hinsichtlich der Person des Verwalters zugebilligt.[12] Ebenso wenig verfügen

---

[11] Dazu s. auch Schippel/Bracker/*Bracker* BNotO § 56 Rn. 33.
[12] *Kindler* RNotZ 2015, 471 für die Verwaltung im Anwaltsnotariat.

Notarkammer bzw. -kasse ungeachtet ihrer fundamentalen Betroffenheit (s. §§ 59 ff.) über ein solches Vorschlagsrecht. Wenigstens ist nunmehr in § 57 Abs. 2 die Anhörung der Notarkammer zur Verwalterbestellung gesetzlich zwingend vorgeschrieben.

19 Zum Inhalt der Auswahlentscheidung trifft die BNotO nur wenige Anordnungen. Diese erfassen in keiner Weise eine **Konkurrenzsituation** mehrerer an der Übernahme des Verwalteramtes interessierter Personen. Wegen des entscheidenden Unterschieds zwischen Notar- und Notariatsverwalteramt, wobei ersteres eine Lebensstellung ist (§ 3 Abs. 1), letzteres nur eine überbrückende Funktion hat, kann § 6 Abs. 3 für die Auswahl des Notariatsverwalters nicht, auch nicht entsprechend herangezogen werden. Daraus lässt sich nun aber nicht folgern, dass die Behörde in der Auswahl des Verwalters völlig frei wäre. Als Vergabe eines öffentlichen Amtes auf Zeit muss die Auswahlentscheidung vielmehr dem übergeordneten verfassungsrechtlichen Maßstab des **Art. 33 Abs. 2 GG** genügen. Dies hat auch der BGH im Jahre 1989 wiederholt in aller Deutlichkeit bestätigt.[13] Die Bedeutung des Art. 33 Abs. 2 ist dabei nicht zuletzt vor dem Hintergrund zu sehen, dass die (Berufs-)Erfahrung als Notariatsverwalter auch Bedeutung im Rahmen der Auswahlentscheidung bei der Vergabe einer Notarstelle erlangen kann, und zwar sowohl im hauptberuflichen wie im Anwaltsnotariat, da das Verwalteramt gleichzeitig auch eine Vorbereitung auf den Notarberuf iSd § 6 Abs. 3 S. 1 ist. Im hauptberuflichen Notariat tritt die eigenständige Bedeutung des Verwalteramtes nicht so deutlich hervor, da dann, wenn Verwalter ein Notarassessor ist, Verwaltung und Anwärterdienst parallel laufen. Es ist aber dennoch denkbar, dass in einer Konkurrenzsituation zweier im Übrigen gleichermaßen geeigneter Bewerber gerade die Tatsache, dass einer von ihnen bereits eine Notariatsverwaltung beanstandungsfrei geführt hat, in der Auswahlentscheidung den Ausschlag gibt. Noch einleuchtender ist die Relevanz der Auswahlentscheidung über die Verwalterbestellung im Anwaltsnotariat. § 6 Abs. 2 S. 3 ermöglicht bei entsprechender Berufserfahrung (auch) als Notariatsverwalter die Reduzierung der für die Bestellung zum Notar nachzuweisenden Praxisausbildung auf bis zu 80 Stunden. Andererseits, auch dies hat der BGH in einem weiteren, den gleichen Sachverhalt, wie er der bereits zitierten Entscheidung zugrunde lag, betreffenden Beschluss aus dem Jahre 1989 überzeugend dargelegt,[14] beansprucht auch das **Leistungsprinzip** des Art. 33 Abs. 2 **keinen absoluten Vorrang,** sondern hat die Auswahlentscheidung uU auch weitere Belange zu berücksichtigen. Im Einzelnen gilt:

20 1. Verwalterauswahl in den Fällen des Abs. 1. Im hauptberuflichen Notariat kann zum Verwalter nur ein **Notarassessor** oder eine **sonstige zum Amt des Notars befähigte Person** bestellt werden. Dass eine solche Person „in der Regel" bestellt werden „soll", heißt nicht im Gegenschluss, dass ausnahmsweise auch eine andere, zum Notaramt unbefähigte Person bestellt werden könnte. Der Vorbehalt bezieht sich vielmehr ausschließlich auf die **Organisationsentscheidung,** eine Verwaltung einzurichten. Befähigung zum Amt des Notars meint Erfüllung der Voraussetzungen des § 5. Mangelnde persönliche oder fachliche Eignung (§ 6 Abs. 1 S. 1) ist selbstverständlich auch ein Hinderungsgrund für die Bestellung zum Notariatsverwalter und bereits in der nötigen Kürze der Zeit nicht klärbare Zweifel berechtigen dazu, einen an der Übernahme Interessierten zu übergehen.[15] Praktisch bedeutsam ist demgegenüber, dass weder § 6 Abs. 1 S. 2 noch § 7 Abs. 1 beachtet werden müssen.

21 Ob und in welchem Maß individuelle **Belange des Notars,** der bisher Inhaber der Notarstelle war, Berücksichtigung finden können oder müssen, hängt wesentlich vom **Anlass der Notariatsverwaltung** ab. Solche Belange sind zu vernachlässigen bei der Bestellung wegen Amtssitzverlegung des Notars. Seine Interessen werden nur noch dadurch berührt, dass der Verwalter gem. § 58 Abs. 3 in die Beitreibung der Kosten aus der Zeit vor der Verwaltung eingebunden ist. Da sich aber der Notar in diesem Fall selbst die vollstreck-

---

[13] BGH DNotZ 1991, 73; ZNotP 2019, 89.
[14] BGH DNotZ 1991, 72 (75 ff.); ZNotP 2019, 90.
[15] BGH ZNotP 2019, 86.

bare Ausfertigung seiner Kostenrechnung erteilen kann (§ 58 Abs. 3 S. 2), berührt ihn die Auswahlentscheidung letztlich nur in Bezug auf sein Einsichtsrecht nach § 58 Abs. 3 S. 3. Nicht wesentlich anders liegen die Dinge, wenn der Notar verstorben oder aus dem Notaramt entlassen ist. Zwar ist er bzw. sind seine Erben auf die Vollstreckung durch den Verwalter angewiesen, § 58 Abs. 3 S. 1, aber auch dies wiegt als reines Abwicklungsinteresse nicht schwer genug, um eine Einbeziehung in die Auswahlentscheidung zu rechtfertigen. Alle diese Fälle haben gemeinsam, dass es kein persönliches Amtsfortführungsinteresse des Notars gibt. Grundlegend anders liegen dagegen die Fälle, in denen der Notar eine rechtlich gesicherte Aussicht hat, genau diese Notarstelle zu einem späteren Zeitpunkt weiterzuführen. Es sind dies im Rahmen des Abs. 1 die Fälle des **§ 8 Abs. 1 S. 2** (zu Abs. 3 iVm § 48c → Rn. 28). Da die Struktur und wirtschaftliche Ertragskraft einer Notarstelle wesentlich durch den Inhaber bzw. seinen Repräsentanten geprägt wird, hat die Justizverwaltung seinen Interessen hohes Gewicht beizumessen, umso mehr als ein Niedergang der Notarstelle auch nicht im allgemeinen Interesse der vorsorgenden Rechtspflege liegt. In diesen Fällen hat, wie der BGH zu § 8 Abs. 1 S. 2 zu Recht ausgeführt hat, das begründete Interesse des Notars an einer bestimmten Auswahlentscheidung, auch im Hinblick auf eine reibungslose Fortführung einer beruflichen Verbindung gem. § 9, Vorrang vor dem Interesse an der Übernahme des Verwalteramtes interessierter Personen an einer Auswahl nach dem Leistungsprinzip.[16] Die vorsichtige Formulierung des BGH, dass die Belange des Notars beachtet werden „dürfen, wenn nicht müssen", ist im Übrigen nach hier vertretener Auffassung im Sinne einer eindeutigen **Pflicht** zu konkretisieren.

Belange eines mit dem Notar, an dessen Stelle nunmehr der Verwalter treten soll, zur **22** gemeinsamen Berufsausübung verbundenen anderen Notars brauchen von der Justizverwaltung wegen der nur vorübergehenden Bedeutung der Auswahlentscheidung, und weil sie eine Neubesetzung der Notarstelle nicht präjudiziert, generell nicht beachtet zu werden.

In der Praxis kommen als Verwalter **neben** den im Gesetz ausdrücklich genannten **23** **Notarassessoren Notare** und **Notare a. D.** in Betracht. Es ist sowohl sachgerecht und grundsätzlich nicht angreifbar, wenn die Justizverwaltung einen mit dem bisherigen Stelleninhaber **in beruflicher Verbindung stehenden Notar** zum Verwalter bestellt, als auch, dass sie bei einer voraussichtlich nur sehr kurzfristigen Übergangszeit den gem. § 48 aus dem Notaramt entlassenen oder gem. § 48a aus dem Notaramt ausgeschiedenen **Notar a. D.** als Verwalter bestellt. In beiden Fällen besteht aber ebenso wenig ein Anspruch auf Übertragung des Verwalteramtes wie – anders als bei Notarassessoren, Abs. 5 – eine Pflicht zur Übernahme der Verwaltung.

Bei der **Auswahl zwischen Notarassessoren** braucht die Justizverwaltung **Anrech-** **24** **nungszeiten nach § 6 Abs. 3 S. 4** iVm den einschlägigen Landesverordnungen nicht zu beachten. Weder ist dies in den einschlägigen Landesverordnungen so vorgesehen, noch ist eine analoge Anwendung geboten. Da die Zeit der Verwaltung gleichzeitig auch Anwärterdienstzeit ist (so ausdrücklich § 5 RPAssAusbVO), spielt die Tatsache der Übernahme einer Notariatsverwaltung nur ganz ausnahmsweise in der späteren Auswahlkonkurrenz bezüglich einer Notarstelle eine Rolle (bereits → Rn. 19). Und für das Verwalteramt selbst, das keine Lebensstellung begründet, greifen die Gesichtspunkte, die den Gesetzgeber zur Schaffung der Anrechnungsmöglichkeit in § 6 Abs. 3 bewogen haben, nicht. Der Justizverwaltung ist es im Übrigen auch unbenommen, zum Verwalter den Notarassessor zu bestellen, welcher sich an dieser Notarstelle oder der eines zur gemeinsamen Berufsausübung verbundenen Notars in der Ausbildung befindet, da dies Reibungsverluste, die mit der Einarbeitung eines Außenstehenden in ihm unbekannte Vorgänge verbunden sind, mildern kann. Im Übrigen wird man die Justizverwaltung nicht nur als berechtigt, sondern sogar als verpflichtet ansehen müssen, denjenigen Notarassessor zum Verwalter zu bestellen, dem bei eindeutiger Bewerbungssituation die Notarstelle zu übertragen sein wird, etwa weil er der Einzige oder

---

[16] BGH DNotZ 1991, 78 ff.

der eindeutig vorrangige Bewerber ist, das Verfahren aber nicht mehr rechtzeitig abgeschlossen werden konnte, um die Verwaltung überhaupt zu vermeiden.

25 **2. Verwalterauswahl in den Fällen des Abs. 2.** Es ist zwar im Gesetz nicht ausdrücklich ausgesprochen, doch einhellige Auffassung, dass auch für eine Anwaltsnotarstelle **nur eine für das Notaramt gem. § 5 befähigte Person** zum Verwalter bestellt werden kann.[17] Entsprechend dem unter → Rn. 20 Ausgeführten muss der Verwalter zwar darüber hinaus persönlich und fachlich geeignet sein, er muss aber nicht den Anforderungen des § 6 Abs. 1 S. 2 und Abs. 2 genügen. Zu Recht betont der BGH, der an die persönlichen Eigenschaften anzulegende Maßstab dürfe angesichts der Bedeutung auch des Verwalteramtes nicht zu milde sein.[18] Im Übrigen kann selbstverständlich auch hier der **Notar, dessen Amt** gem. § 47 Nr. 1 iVm § 48a oder § 47 Nr. 2 iVm § 48 erloschen ist, mit seinem Einverständnis selbst zum Verwalter einer Notarstelle berufen werden. Dies dürfte vor allem dann nahe liegen, wenn der Betreffende noch weiterhin als Rechtsanwalt beruflich tätig ist. Einen Anspruch auf Bestellung hat der Betroffene aber nicht. Insbesondere wenn zu besorgen ist, dass er versuchen könnte, seine Tätigkeit als Notar möglichst in die Länge zu ziehen, kann die Bestellungsbehörde dem Notar a. D. die Verwalterbestellung verweigern.[19] Erst recht gilt dies, wenn wegen disziplinarischer Vorkommnisse in der aktiven Zeit als Notar begründete Zweifel an der Eignung bestehen.[20]

26 Richtigerweise hat die Behörde besonders zu würdigen, wenn der Notar Mitglied einer **Sozietät** war. Wegen der faktischen Einbeziehung des Notaramtes in den Sozietätszusammenhang soll die Justizverwaltung, wenn eine geeignete und iSd § 5 befähigte Person in der Sozietät vorhanden ist, grundsätzlich diese mit der Abwicklung der Notarstelle betrauen und nicht einen Außenstehenden, mag dieser auch iSd Art. 33 Abs. 2 GG besser qualifiziert sein.

Sind in der Sozietät noch weitere Anwaltsnotare tätig, so ist es in den Fällen der Abwicklung nicht zwingend, sie vor Nur-Anwälten vorrangig mit der Verwalteraufgabe zu betrauen. Bei einer Fortführungsverwaltung sollte dagegen aus den bei → § 39 Rn. 32 dargestellten Gründen die Justizverwaltung in erster Linie einen anderen Anwaltsnotar als Verwalter bestellen.

27 Wenn nicht nur das Notaramt, sondern auch die **Zulassung** des Anwaltsnotars **zur Rechtsanwaltschaft erloschen** ist oder diese widerrufen oder zurückgenommen wurde, kann die Justizverwaltung auch den **Abwickler der anwaltlichen Geschäfte** gem. § 55 BRAO zum Notariatsverwalter bestellen (Abs. 2 S. 4). Der Aussagegehalt dieser Regelung ist gering, da sie weder eine vorrangige Berufung dieser Person anordnet, noch von den Anforderungen der §§ 5, 6 Abs. 1 dispensiert.[21] Somit stellt sie nur klar, was sich schon aus den allgemeinen Bestimmungen ergeben würde.

28 **3. Verwalterauswahl in den Fällen der Abs. 3, Abs. 4.** Hier gilt grundsätzlich nichts anderes als zu den vorhergehenden Rn. ausgeführt wurde. Zu betonen ist nur, dass die Bestellungsbehörde bei ihrer Auswahlentscheidung in Betracht ziehen muss, dass nicht anders als in den Fällen des § 8 Abs. 1 S. 2 der betroffene Notar möglicherweise an seine Amtsstelle zurückkehren wird. Wie in den anderen Fällen der Fortführungsverwaltung ist daher auch bei Verwaltungen auf der Grundlage der Abs. 3 und Abs. 4 **auf das begründete Interesse des Notars** an einer bestimmten Verwalterperson **angemessen Rücksicht zu nehmen,** wenn dem nicht – in Fällen des Abs. 4 – andere Belange der vorsorgenden Rechtspflege, zB das Interesse an einer unbeeinflussten Aufklärung von möglichen Dienstvergehen, entgegenstehen.

---

[17] S. insbesondere Schippel/Bracker/*Bracker* BNotO § 56 Rn. 37.
[18] BGH ZNotP 2019, 86.
[19] Zutreffend OLG Celle RNotZ 2003, 201.
[20] BGH ZNotP 2019, 90.
[21] Dazu s. Schippel/Bracker/*Bracker* BNotO § 56 Rn. 37.

IV. Verfahren

Notariatsverwalterstellen müssen, anders als Notarstellen und – grundsätzlich – Anwärterstellen, **nicht ausgeschrieben** werden. Eine solche Ausschreibung wird auch nicht von Art. 33 Abs. 2 GG verlangt (im Übrigen siehe zur Zuständigkeit und zum Verfahren der Verwalterbestellung die Kommentierung des § 57). 29

D. Rechtsfolgen der Bestellung des Notariatsverwalters

I. Rechtsstatus, Amtsbefugnis

Mit der Aushändigung der Bestellungsurkunde gem. § 57 Abs. 2 und dem Erreichen eines etwa gesetzten Anfangstermins entsteht der Rechtsstatus des Notariatsverwalters. Ab diesem Zeitpunkt unterliegt er grundsätzlich den **gleichen berufsrechtlichen Anforderungen wie ein auf Lebenszeit bestellter Notar,** § 57 Abs. 1 (→ § 57 Rn. 2 ff.), und ist auch dem Notar, dessen Stelle er verwalten soll, gegenüber zur Übernahme der Akten und Bücher, Urkunden und Verwahrungsgegenstände berechtigt, § 58 Abs. 1 (→ § 58 Rn. 4 ff.). Ab diesem Zeitpunkt entsteht auch das besondere Rechtsverhältnis des Verwalters zur Notarkammer bzw. Notarkasse gem. §§ 59 ff. 30

Wie beim Notarvertreter unterscheidet das Gesetz auch beim Verwalter zwischen dem **Verwalteramt** als solchem **und** der **Amtsbefugnis,** wobei die Unterscheidung aber weniger am Beginn als am Ende der Notariatsverwaltung praktische Bedeutung gewinnt (s. § 64 Abs. 1 S. 1 und S. 2). Eine parallele Amtsbefugnis des Notars besteht bei der Notariatsverwaltung, anders als bei der Vertretung, nur ausnahmsweise. Obwohl sich der vorläufig des Amtes enthobene Notar jeglicher Amtstätigkeit enthalten muss, ordnet die BNotO trotzdem im Interesse der Rechtssicherheit in § 55 Abs. 2 S. 2 eine Gültigkeit von unter Verstoß hiergegen vorgenommenen Amtshandlungen an. Somit besteht in diesem Fall die Amtsbefugnis des Notars parallel zu der des für seine Stelle bestellten Verwalters fort. Nichts anderes gilt im Falle des § 8 Abs. 1 S. 2, obwohl dort eine § 55 Abs. 2 S. 2 entsprechende Vorschrift fehlt. Weil aber jeweils dem Notar die eigene Amtstätigkeit generell verboten ist, hat sich der Verwalter einem etwaigen Ansinnen des Notars, ihm das Amt zu übergeben, anders als der auf Antrag des Notars bestellte Vertreter, strikt zu widersetzen. 31

II. Aufgaben des Notariatsverwalters

Der anstelle eines **hauptberuflichen** Notars bestellte Verwalter hat das Amt des Notars „vorübergehend wahrzunehmen", dh er hat die gleiche **umfassende Befugnis zur Vornahme von Beurkundungen und Übernahme von Betreuungstätigkeiten** wie ein auf Lebenszeit bestellter Notar. Gleichzeitig führt der Verwalter die von dem Notar begonnenen Amtsgeschäfte fort (§ 58 Abs. 2 S. 1). Die gleiche **unbeschränkte Zuständigkeit** hat auch der **anstelle eines Anwaltsnotars bestellte** Verwalter, **wenn** Anlass der Verwalterbestellung entweder eine **vorübergehende Amtsniederlegung gem.** § 48c oder eine **vorläufige Amtsenthebung gem.** § 54 ist. Dies ergibt sich aus dem Zweck der Verwaltung in diesen Fällen (→ Rn. 16 und 17). 32

Eingeschränkt ist der **Aufgabenkreis** des Notariatsverwalters dagegen in den **übrigen** Fällen der Verwaltung einer Anwaltsnotarstelle. Hier steht die Fortführung und Abwicklung der vom Notar begonnenen Amtsgeschäfte gem. § 58 Abs. 2 im Vordergrund. **Neue Notariatsgeschäfte** darf er **nur innerhalb der ersten drei Monate** vornehmen (Abs. 2 S. 3). Dies bedarf in mehrfacher Hinsicht der Präzisierung. Zum einen sagt das Gesetz nicht ausdrücklich, wann die Drei-Monats-Frist zu laufen beginnt. Die zutreffende Ansicht lässt die Frist nicht bereits mit dem Erlöschen des Notaramts des Notars beginnen, sondern der 33

Bestellung des Verwalters.[22] Zum anderen bedarf der Rechtsbegriff des **„neuen Notariatsgeschäfts"** der Auslegung. Diese Auslegung hat vor allem zweckorientiert im Sinne dessen zu erfolgen, was aus Sicht der Betreuung der Rechtsuchenden angemessen ist. Zu eng wäre es, in jeder Beurkundung, selbst wenn sie einen einheitlichen Lebenssachverhalt betrifft, ein eigenes Notariatsgeschäft zu sehen. Ist ein **bestimmter Lebenssachverhalt** bereits **verfahrenshängig** geworden, so sind „weitere" Beurkundungen, die unter Beteiligung der gleichen Rechtsuchenden der Abwicklung dieses Sachverhalts dienen, keine neuen Notariatsgeschäfte. Deshalb darf der Verwalter Finanzierungsgrundpfandrechte oder Auflassungserklärungen zu einem vom Notar oder ihm selbst innerhalb der Drei-Monats-Frist beurkundeten Vertrag auch noch nach Ablauf dieser Frist beurkunden. Hat der Notar oder der Verwalter dagegen nur eine Teilungserklärung beurkundet, so sind Kaufverträge über von der Aufteilung betroffenes Sondereigentum neue Notariatsgeschäfte iSd Abs. 2 S. 3.

34 Die grundsätzlich unbeschränkte Zuständigkeit des für einen **hauptberuflichen** Notar gem. Abs. 1 bestellten Verwalters kann von der Bestellungsbehörde auf eine bloße **Abwicklungsverwaltung** in Anlehnung an Abs. 2 beschränkt werden, wenn die Justizverwaltung entschieden hat, die Stelle nicht erneut zu besetzen (→ Rn. 14).

E. Rechtsschutz

35 Um gerichtlichen Rechtsschutz kann im Zusammenhang mit der Bestellung eines Notariatsverwalters nachsuchen, wer durch die angegriffene Entscheidung in eigenen Rechten verletzt sein kann. Zu unterscheiden ist zwischen der **Organisationsentscheidung,** eine Notariatsverwaltung einzurichten bzw. dies nicht zu tun, und der **Auswahlentscheidung** hinsichtlich der Person des Verwalters.

I. Anordnung der Verwaltung

36 Gegen die **Anordnung der Verwaltung** steht dem Notar, der die Stelle bisher innehatte, nur ausnahmsweise der Rechtsweg offen, und zwar dann, wenn er vorläufig des Amtes enthoben ist und geltend macht, richtigerweise hätte ihm ein Vertreter bestellt werden müssen (Abs. 4 iVm § 39 Abs. 2 S. 1). Dabei ist die grundsätzliche Entscheidung über die Anordnung einer Verwaltung richtigerweise gerichtlich voll nachprüfbar,[23] weil es um die Einhaltung des rechtsstaatlichen Verhältnismäßigkeitsprinzips geht (→ Rn. 11). Im Übrigen ist eine Verletzung von Rechten des Notars ausgeschlossen. Dagegen kann die Anordnung der Notariatsverwaltung Rechte der Notarkammer verletzen, wenn diese ein Bedürfnis hierfür bestreitet und sich den Folgen der §§ 59 ff., also insbesondere der Lastentragungspflicht und der Haftung, entziehen will.

37 Das **Unterlassen der Verwalterbestellung** kann von dem bisherigen Inhaber der Notarstelle grundsätzlich unabhängig davon angegriffen werden, ob die Verwaltung zum Zweck der Fortführung oder der Abwicklung der Notarstelle erfolgen würde. Der Verlust des Vollstreckungsprivilegs des § 58 Abs. 3 begründet bereits für sich allein eine Klagebefugnis. Dies übersieht das OLG Celle,[24] wenn es bei einer entsprechenden Klage dem Notar a. D. bereits das Rechtsschutzbedürfnis abspricht. Auch wenn es außerhalb der Abs. 3 und Abs. 4 im Anwaltsnotariat keinen individuellen Anspruch auf Einrichtung einer Verwaltung gibt, so gibt es doch auch in den Fällen des Abs. 2 einen Anspruch auf ermessensfehlerfreie Entscheidung, in dem der Notar a. D. verletzt sein kann (→ Rn. 10). Deshalb wird man von vorstehendem Grundsatz wiederum eine Ausnahme im Falle des Abs. 1 iVm § 10 Abs. 1 S. 2 machen müssen, da hier der Notar die Vollstreckung von seinem neuen Amtssitz aus betreiben und eine ggf. erforderliche Akteneinsicht auch beim Amtsgericht

---

[22] Schippel/Bracker/*Bracker* BNotO § 56 Rn. 7.
[23] Offen gelassen von BGH DNotZ 2016, 237.
[24] OLG Celle RNotZ 2003, 199 (200 f.); *Kindler* RNotZ 2015, 471.

nehmen kann. Gegen das Unterlassen der Verwalterbestellung kann im Übrigen auch die Notarkammer bzw. Notarkasse vorgehen, und zwar in allen Fällen des § 56, also auch, um geltend zu machen, dass bei einer vorläufigen Amtsenthebung eines Notars kein Vertreter, sondern ein Verwalter bestellt werden müsste. Keine Klagebefugnis ist demgegenüber anderen Notaren zuzuerkennen, selbst wenn sie im hauptberuflichen Notariat gleichzeitig ihr Interesse an einer Wiederbesetzung der Notarstelle verfolgen. Denn von dem Verzicht auf die Notariatsverwaltung sind sie auch dann nur mittelbar betroffen.

II. Auswahl des Notariatsverwalters

Der **Notar (a. D.), an dessen Stelle der Verwalter bestellt wird,** kann die Auswahlentscheidung nur dann anfechten, wenn es sich um eine Verwaltung nach Abs. 1 iVm. § 8 Abs. 1 S. 2, Abs. 3 oder Abs. 4 handelt, also immer dann, wenn der Kläger – und sei es nur möglicherweise – an diese Stelle zurückkehrt. In den übrigen Fällen kann die Auswahlentscheidung Rechte des Notars offensichtlich nicht beeinträchtigen. Gleiches gilt für den zur gemeinsamen Berufsausübung verbundenen Notar, dem deshalb bereits die Klagebefugnis prinzipiell abzusprechen ist. Wegen der sich aus §§ 59 ff. ergebenden Rechtsbeziehungen muss dagegen die **Notarkammer** (bzw. -kasse) zur Anfechtung berechtigt sein. Schließlich hat der BGH zu Recht auch demjenigen, der die Übernahme der Verwaltung anstrebt, aber bei der Auswahlentscheidung unberücksichtigt bleibt, eine Anfechtungsbefugnis zuerkannt,[25] einschließlich eines Rechts zur Fortsetzungsfeststellungsklage zur Vorbereitung einer Amtshaftungsklage.[26]

38

§ 57 [Amtsausübung und Bestellung des Notariatsverwalters]

(1) **Der Notariatsverwalter untersteht, soweit nichts anderes bestimmt ist, den für die Notare geltenden Vorschriften.**

(2) ¹**Der Notariatsverwalter wird von der Landesjustizverwaltung nach Anhörung der Notarkammer durch Aushändigung einer Bestallungsurkunde bestellt.** ²**Er hat, sofern er nicht schon als Notar vereidigt ist, vor der Übernahme seines Amtes vor dem Präsidenten des Landgerichts den Amtseid (§ 13) zu leisten.** ³**§ 40 Abs. 1 Satz 3 gilt entsprechend.**

A. Sinn und Zweck

§ 57 Abs. 1 ordnet gegenüber § 39 Abs. 4 vergleichbar klarstellend an, dass grundsätzlich alle Vorschriften, die für den Notar gelten, auch vom Notariatsverwalter zu beachten sind. Abs. 2 trifft Bestimmungen zum Verfahren der Verleihung des Verwalteramtes. Indem das Gesetz, anders als beim Notarvertreter, nicht nur einen Amtseid, sondern auch die Aushändigung einer Bestallungsurkunde vorschreibt, verdeutlicht es die besondere Nähe des Verwalter- zum Notaramt.

1

B. Anwendbarkeit der für die Notare geltenden Vorschriften, Abs. 1

Der Notariatsverwalter ist grundsätzlich mit den gleichen Rechten ausgestattet und unterliegt den gleichen berufsrechtlichen Pflichten wie der auf Lebenszeit bestellte Notar, soweit nicht ein anderes bestimmt ist. **Abweichendes** bestimmt hat die BNotO vor allem in folgender Hinsicht: zum einen hat der mit einer bloßen Abwicklungsverwaltung betraute Notariatsverwalter, also in den Fällen des § 56 Abs. 2, ausnahmsweise auch bei einer

2

---
[25] BGH DNotZ 1991, 73.
[26] BGH ZNotP 2019, 89.

Verwaltung nach § 56 Abs. 1, bereits während der Drei-Monats-Frist des § 56 Abs. 2 das Recht und nach dem Ablauf der Frist die Pflicht, Beurkundungsersuchen, die neue Notariatsgeschäfte im Sinne der Ausführungen bei → § 56 Rn. 33 betreffen, zurückzuweisen, was einen nur für den Verwalter geltenden **spezifischen Verweigerungsgrund iSd § 15 Abs. 1** begründet. Des weiteren ist die Verwalterbestellung gem. § 64 Abs. 1 S. 3, Abs. 2 S. 2 **aus wichtigem Grund jederzeit widerruflich**, so dass die besonderen Regelungen über die vorläufige und endgültige Amtsenthebung beim Notariatsverwalter ebenfalls keine Anwendung finden. Von den möglichen **disziplinarischen Sanktionen** scheiden die Entfernung aus dem Amt und die Zuweisung eines anderen Amtssitzes beim Verwalter faktisch aus. Dagegen können sonstige aufsichtsbehördliche Maßnahmen wie Missbilligung und Verhängung von Geldbußen auch bei ihm ergriffen werden. Der Notariatsverwalter ist als solcher **nicht Mitglied der Notarkammer** seines Bezirks. Wegen der nur vorübergehenden Funktion des Verwalters dürfte schließlich eine Anordnung nach § 10 Abs. 2 beim Notariatsverwalter praktisch undenkbar sein.

3 **Alle übrigen Bestimmungen** der BNotO sind auch für den Verwalter **gültig**, insbesondere die Pflicht zur **Unparteilichkeit**, das Recht auf gegenüber Justizverwaltung und Notarkammer **unabhängige Amtsführung**, die Pflicht zur **Verschwiegenheit**, zur **Amtsbereitschaft** und zur **persönlichen Amtsausübung**, die Beschränkung von Nebentätigkeiten und – vor allem im hauptberuflichen Notariat – der beruflichen Zusammenarbeit. Ist ein Notariatsverwalter an der persönlichen Amtsausübung verhindert, so kann auch ihm gem. § 39 ein **Vertreter** bestellt werden, wobei die Verwaltungsvorschriften einzelner Länder in diesem Fall die vorherige Anhörung der Notarkammer vorsehen (s. etwa § 23 Abs. 5 NRW AVNot, § 14 Abs. 7 AVNotSaar, § 9 Abs. 4 BremAVNot). Auch der Notariatsverwalter haftet für fehlerhafte Amtsausübung gem. § 19, hat allerdings **keine eigene Haftpflichtversicherung** gem. § 19a abzuschließen, da dies gem. § 61 Abs. 2 Aufgabe und Pflicht der Notarkammer (Notarkasse) ist, und zwar selbst dann, wenn die Verwaltung nicht auf ihre Rechnung geführt wird (→ § 61 Rn. 9).

4 Über Abs. 1 gelten für den Verwalter aber nicht nur die für die Notare geltenden Bestimmungen der BNotO entsprechend, sondern auch die **anderer gesetzlicher und untergesetzlicher Bestimmungen,** soweit dort nichts Abweichendes bestimmt ist. Dies gilt insbesondere für das BeurkG und die DONot, aber auch für die **Zeugnisverweigerungsrechte** nach § 53 Abs. 1 Nr. 3 StPO. Abweichendes von dem, was für den Notar gilt, ergibt sich hier vor allem aus § 33 DONot.

C. Verfahren der Verwalterbestellung, Abs. 2

I. Zuständigkeit

5 Zuständig für die Bestellung eines Notariatsverwalters ist die Landesjustizverwaltung. Eine **Delegation** von der ministeriellen auf eine untergeordnete Ebene ist möglich (§ 112) und in den größeren Ländern auch üblich. Wo sich nicht der Landesjustizminister die Zuständigkeit vorbehalten hat, ist die Verwalterbestellung regelmäßig Aufgabe des Präsidenten des Oberlandesgerichts, in dessen Bezirk die zu verwaltende Stelle eingerichtet ist. Zuständigkeit für die Verwalterbestellung bedeutet Zuständigkeit sowohl für die Entscheidung, ob überhaupt eine Notariatsverwaltung durchgeführt werden soll, wie für die Auswahl der Person des Verwalters.

II. Verfahren, Anhörung

6 Das Verfahren der Verwalterbestellung wird **von Amts wegen** betrieben. Es ist so zügig zu betreiben, dass eine möglichst bruchlose Übernahme der Geschäfte durch den Verwalter möglich ist. Entscheidet sich die Justizverwaltung für die Einrichtung einer Verwaltung,

muss sie die Verwalterstelle **nicht ausschreiben.** Eine solche Ausschreibung ist weder von der BNotO noch von Art. 33 Abs. 2 GG gefordert.

Die Justizverwaltung muss vor ihrer Entscheidung nach der gesetzlichen Anordnung in jedem Fall die **Notarkammer hören** (Abs. 2 S. 1), wobei sich das Anhörungsrecht sowohl auf die Einrichtung der Notariatsverwaltung wie auf die Person des Verwalters erstreckt. In den Ländern (OLG-Bezirken), in denen die Verwaltung anstatt auf Rechnung der Notarkammer auf Rechnung der **Notarkasse** erfolgt, hat auch diese Anspruch auf Anhörung. Auch wenn es gesetzlich nicht ausdrücklich vorgeschrieben ist, ist aus Sinn und Zweck der Verwaltung zu folgern, dass jedenfalls im Falle der Fortführungsverwaltung zugunsten des bisherigen Stelleninhabers, also in den Fällen des § 56 Abs. 3 und Abs. 4, auch die **Anhörung des betroffenen Notars** unverzichtbar ist. Da die Verwaltung (auch) in seinem Interesse erfolgt, weil er die Stelle zu einem späteren Zeitpunkt fortführen wird oder dies jedenfalls möglich ist, hat die Justizverwaltung, wie bei → § 56 Rn. 21, 26 und 28 ausgeführt, auf seine berechtigten Interessen Rücksicht zu nehmen, was eine Anhörung zwingend nach sich zieht. In den Fällen des § 56 Abs. 4 bezieht sich das Anhörungsrecht selbstverständlich auch auf die der Verwalterauswahl vorgelagerte Entscheidung zwischen Notarvertretung und Notariatsverwaltung. Wenn der Notar, dessen Stelle zu verwalten ist, mit anderen zu einer Berufsgemeinschaft verbunden war, ist es sinnvoll, aber wohl keine Rechtspflicht, auch die Sozietät, bei einer Zweierverbindung den anderen Partner zur Frage sowohl der Verwaltung wie zur Person des Verwalters zu hören. Die Anhörung ist sowohl in der Form möglich, dass die Justizverwaltung den anzuhörenden Stellen vor Vollzug der angedachten Entscheidung Gelegenheit zur Meinungsäußerung gibt, wie auch, dass sie insbesondere die Notarkammer sowie ggf. den betroffenen Notar und/oder den Partner/die Berufsausübungsgemeinschaft vorab um einen Entscheidungs- bzw. Personalvorschlag bittet. An solche Vorschläge ist die Justizverwaltung zwar selbstverständlich nicht gebunden, sie sollte aber ihrerseits berücksichtigen, dass die Betroffenen im Regelfall mit den Verhältnissen der Notarstelle besser vertraut sind als die Justizverwaltung.

III. Form

1. Erstmalige Bestellung des Verwalters. Während der Notarvertreter durch bloße schriftliche Verfügung der zuständigen Behörde bestellt wird, hat die BNotO für den Notariatsverwalter die persönliche **Aushändigung einer Bestellungsurkunde** als besondere Form vorgeschrieben. Eine Verwalterbestellung durch einfachen schriftlichen Verwaltungsakt wäre daher wirkungslos. Die Ladung des Verwalters zur Entgegennahme der Ernennungsurkunde hat, was die Begründung des Verwalterstatus angeht, nur Mitteilungswirkung, begründet aber keinen Rechtsanspruch auf Aushändigung der Urkunde und hindert die Behörde nicht daran, von der Bestellung des Adressaten Abstand zu nehmen, ohne dass es hierzu besonderer Gründe bedürfte. Regelungscharakter mit der Folge isolierter Anfechtbarkeit gem. § 111 hat ein solches Ladungsschreiben nur insofern, als mit ihm ggf. eine Inpflichtnahme des Adressaten für das Verwalteramt ausgesprochen wird. Eine solche Inpflichtnahme lässt die BNotO nur für Notarassessoren zu (§ 56 Abs. 5).

Der **Inhalt der Urkunde** wird von der BNotO beim Verwalter anders als beim Notar (§ 12 S. 2) nicht näher vorgegeben. Unter Berücksichtigung der spezifischen Eigenheiten der Notariatsverwaltung wird man davon ausgehen müssen, dass zu einer ordnungsgemäßen Verwalterbestellungsurkunde die Angabe gehört, zur Verwaltung welcher Notarstelle der Verwalter tätig werden soll und welchen Amtssitz dieser Notar hatte. Unterschiedliches je nach Anlass der Verwalterbestellung gilt bezüglich der Angabe einer Bestellungsfrist in der Urkunde. In den Fällen, in denen ein Verwalter nur für eine bestimmte Zeitdauer bestellt werden darf, hat die Urkunde die Frist anzugeben. Das gilt generell für Verwaltungen im Anwaltsnotariat mit Ausnahme der Fortführungsverwaltung gem. § 56 Abs. 4 bei vorläufiger Amtsenthebung. Verwalterbestellungen im hauptberuflichen Notariat erfolgen dagegen grundsätzlich unbefristet, so dass es auch keiner Fristangabe in der Urkunde bedarf.

Anderes gilt nur, wenn es sich um eine Verwaltung nach § 56 Abs. 3 iVm § 48c handelt, da das Gesetz hier ausnahmsweise auch im hauptberuflichen Notariat eine zeitliche Beschränkung der Verwaltung vorsieht. Das Fehlen notwendiger Angaben führt nicht zur Unwirksamkeit des Bestellungsakts. Verwalterbestellungen, denen eine notwendige Fristangabe fehlt, haben als auf die gesetzlich höchstzulässige Dauer ausgesprochen zu gelten. Selbstverständlich kann die Behörde die Verfügung einer kürzeren Geltungsdauer jederzeit nachholen. Dies folgt de maiore ad minus aus ihrer Berechtigung, aus wichtigem Grund die Bestellung gänzlich zu widerrufen (§ 64 Abs. 1 S. 3, der gem. Abs. 2 S. 2 dieser Vorschrift auch im Anwaltsnotariat anwendbar ist). **Zuständig** für die Aushändigung der Urkunde ist nach den Ausführungsvorschriften der Länder nicht die Bestellungsbehörde, sondern der LG-Präsident, was im Hinblick darauf, dass der Amtseid ausdrücklich vor ihm zu leisten ist (Abs. 2 S. 2), auch Sinn macht.

10   2. **Verlängerung der Verwalterbestellung, § 56 Abs. 2 S. 2.** Die Verlängerung einer befristeten Verwalterbestellung, die das Gesetz nur bei der Abwicklungsverwaltung im Anwaltsnotariat zulässt, nicht aber im Fall des § 56 Abs. 3, hat nicht durch erneute Aushändigung einer Bestellungsurkunde zu geschehen, sondern kann rechtswirksam durch einen an den Verwalter gerichteten **schriftlichen Verwaltungsakt** erfolgen. Mit Bekanntmachung an ihn wird die Verlängerung wirksam.

IV. Bekanntmachung

11   Dem Verwalter wird seine Bestellung durch die Aushändigung der Urkunde formgerecht bekannt gemacht. Nach den allgemeinen Grundsätzen des Verwaltungsverfahrensrechts ist die Bestellung aber auch allen **weiteren Beteiligten** bekannt zu machen, deren Rechte von dem Verwaltungsakt betroffen werden (s. § 41 Abs. 1 VwVfGe, die zwar nicht unmittelbar anwendbar sind, aber insoweit einen allgemeinen Grundsatz zum Ausdruck bringen). Die Justizverwaltung muss die Bestellung des Verwalters daher vor allem der zuständigen **Notarkammer** und – soweit betroffen – der zuständigen **Notarkasse** bekannt machen. Soweit aus der Verwalterbestellung auch für ihn/sie unmittelbare Rechtspflichten folgen, zB im hauptberuflichen Notariat die Pflicht zur Fortsetzung einer Berufsausübungsgemeinschaft, ist die Bestellung auch dem/den Partnern dieser Gemeinschaft bekannt zu machen. Eine Bekanntmachung an den Notar, dessen Stelle verwaltet wird, ist geboten, wenn die Verwaltung darauf gerichtet ist, die Stelle gerade zu seinen Gunsten zu erhalten, also in den Fällen des § 56 Abs. 1 iVm §§ 8 Abs. 1 S. 2, 56 Abs. 3 und Abs. 4.

V. Vereidigung

12   Das Verwalteramt entsteht mit der Entgegennahme der Bestellungsurkunde. Insoweit gilt nichts anderes als bei der Notarbestellung (→ § 12 Rn. 3). Selbstverständlich ist der Verwalter zur Eidesleistung aber verpflichtet; eine Amtstätigkeit ohne Eidesleistung stellt ein Dienstvergehen dar, da § 13 Abs. 3 S. 2 zu den Vorschriften gehört, denen gem. Abs. 1 auch der Notariatsverwalter untersteht.

13   Die Eidesleistung ist **entbehrlich,** wenn der Verwalter bereits als Notar vereidigt ist. Nach Ausscheiden aus dem Notaramt kann sich der Verwalter aber nicht mehr auf den früheren Notareid berufen, dh die Notarbestellung muss im Zeitpunkt der Entgegennahme der Urkunde noch gültig sein. Somit braucht auch der Notar, der selbst zum Verwalter seiner Stelle bestellt wird, nur dann keinen Verwalteramtseid zu leisten, wenn die Aushändigung der Urkunde an ihn vor dem Erlöschen seines Notaramts erfolgt.

14   Wie beim Notarvertreter lässt das Gesetz auch beim Notariatsverwalter als mindere Form der Vereidigung des **Hinweis auf** einen **früher geleisteten Amtseid** zu (Abs. 2 S. 3 iVm § 40 Abs. 1 S. 3). Entsprechende Anwendung von § 40 Abs. 1 S. 3 kann dabei an sich nur so verstanden werden, dass die Vereidigung nicht erneut erfolgen muss, wenn der Verwalter bereits einmal als Verwalter vereidigt worden war, so wie nach dem Wortlaut des § 40 die

Vereidigung entbehrlich ist, wenn der Vertreter gerade als Vertreter bereits früher vereidigt worden war. Wie bei → § 40 Rn. 7 ausgeführt, sollte man zur Vermeidung unsinniger Förmlichkeiten aber praeter legem den bloßen Hinweis auf die frühere Vereidigung auch dann zulassen, wenn der Verwalter früher einmal als Notar oder als Notarvertreter vereidigt worden war. Eine besondere Form ist für den Hinweis nicht vorgeschrieben. Zweckmäßig ist, den Hinweis anlässlich der Aushändigung der Bestellungsurkunde mündlich zur Niederschrift auszusprechen.[1]

§ 58 [Fortführung der Amtsgeschäfte; Kostenforderungen]

[Abs. 1 bis 31.12.2021:]
(1) Der Notariatsverwalter übernimmt die Akten und Bücher des Notars, an dessen Stelle er bestellt ist, sowie die dem Notar amtlich übergebenen Urkunden und Wertgegenstände; sind bei der Bestellung des Notariatsverwalters die Akten und Bücher bereits von dem Amtsgericht in Verwahrung genommen (§ 51 Abs. 1 Satz 1), so sind sie in der Regel zurückzugeben.

[Abs. 1 ab 1.1.2022:]
(1) [1]Der Notariatsverwalter ist zuständig für die Verwahrung der Akten und Verzeichnisse des Notars, an dessen Stelle er bestellt ist, sowie für die Verwahrung der dem Notar amtlich übergebenen Urkunden und Wertgegenstände. [2]Sind bei der Bestellung des Notariatsverwalters bereits Akten, Verzeichnisse, amtlich übergebene Urkunden und Wertgegenstände von der Notarkammer in Verwahrung genommen, so sind sie in der Regel zurückzugeben. [3]§ 51a Absatz 4 gilt entsprechend.

(2) [1]Der Notariatsverwalter führt die von dem Notar begonnenen Amtsgeschäfte fort. [2]Die Kostenforderungen stehen dem Notariatsverwalter zu, soweit sie nach Übernahme der Geschäfte durch ihn fällig werden. [3]Er muß sich jedoch im Verhältnis zum Kostenschuldner die vor der Übernahme der Geschäfte an den Notar gezahlten Vorschüsse anrechnen lassen.

(3) [1]Soweit die Kostenforderungen dem ausgeschiedenen Notar oder dessen Rechtsnachfolger zustehen, erteilt der Notariatsverwalter die vollstreckbare Ausfertigung der Kostenberechnung (§ 89 des Gerichts- und Notarkostengesetzes); lehnt er die Erteilung ab, so kann der Notar oder dessen Rechtsnachfolger die Entscheidung des Landgerichts nach § 127 des Gerichts- und Notarkostengesetzes beantragen. [2]Ist dem Notar ein anderer Amtssitz zugewiesen, so bleibt er neben dem Notariatsverwalter zur Erteilung der vollstreckbaren Ausfertigung befugt. [3]Der Notariatsverwalter hat ihm Einsicht in die [bis 31.12.2021: Bücher und Akten] *[ab 1.1.2022: Akten und Verzeichnisse]* zu gewähren; die dadurch entstehenden Kosten trägt der Notar.

A. Sinn und Zweck

§ 58 beschreibt den Aufgabenkreis des Notariatsverwalters, soweit es das Verhältnis zu dem bisherigen Inhaber der Notarstelle betrifft, und trifft Regelungen zur Abgrenzung der Gebührengläubigerschaft zwischen früherem Notar und Verwalter. Über das Verhältnis von Notar und Notariatsverwalter hinausgehende Regelungen enthält die Vorschrift nicht, so dass insbesondere Abs. 2 S. 1 nicht dahin verstanden werden kann, als habe der Verwalter nur die Aufgabe, begonnene Amtsgeschäfte fortzuführen. Das Gegenteil ist – grundsätzlich – richtig (→ § 56 Rn. 32 f.).

---
[1] Schippel/Bracker/*Bracker* BNotO § 57 Rn. 9.

B. Fortführung der Amtsgeschäfte des Notars, Abs. 1 und Abs. 2 S. 1

I. Recht und Pflicht zur Fortführung der Amtsgeschäfte

2 Der Funktion des Verwalteramts entsprechend ist der Verwalter berechtigt und verpflichtet, die von dem Notar, an dessen Stelle er getreten ist, begonnenen Amtsgeschäfte fortzuführen (Abs. 2 S. 1). Die Fortführung ist **in allen Phasen des notariellen Verfahrens** möglich. Der Verwalter kann und muss grundsätzlich aufgrund vom Notar durchgeführter Besprechungen Vertragsentwürfe fertigen, bereits vorliegende Vertragsentwürfe überarbeiten und beurkunden und beurkundete Rechtsgeschäfte abwickeln. Der Urkundsgewährleistungsanspruch des § 15 besteht dabei auch gegenüber dem Verwalter, der für einen Anwaltsnotar bestellt ist, ohne Einschränkung. Der Vorbehalt des § 56 Abs. 2 S. 3, der allgemein so verstanden wird, dass der Notariatsverwalter bereits innerhalb der ersten drei Monate keine neuen Geschäfte annehmen muss, steht dem nicht entgegen, da ausgehend von dem Grundsatz der Verfahrenseinheit selbst dann, wenn zunächst eine Besprechung stattgefunden hatte, ein § 15 unterworfenes Altgeschäft gegeben ist.

3 Die Aufgabenübertragung gem. Abs. 2 S. 1 begründet ein **Recht und** eine **Pflicht gegenüber dem Notar,** an dessen Stelle der Verwalter tritt, des weiteren eine **Pflicht gegenüber den Verfahrensbeteiligten, nicht aber** ein **Recht gegenüber ihnen.** Kraft ihrer Herrschaft über das Verfahren können die Beteiligten die Fortführung eines von ihnen in Gang gesetzten Verfahrens einem anderen Notar, im Falle der Amtssitzverlegung auch dem Notar an seinem neuen Amtssitz übertragen. Im letzteren Fall hat der Verwalter dem Rechtsgedanken des Abs. 2 S. 3 folgend die Pflicht, dem Notar den erforderlichen Zugang zu den am alten Amtssitz verbliebenen Akten zu verschaffen. Bei Weiterführung des Verfahrens durch einen anderen Notar ist der Verwalter dagegen nur im Rahmen der Kollegialität zur Unterstützung des Notars verpflichtet.

3a Die Pflicht zur Fortführung begonnener Amtsgeschäfte begründet freilich keinen „Haftungsverbund" zwischen bisherigem Notar und Notariatsverwalter und führt nur dann zu einer Haftung des Notariatsverwalters für Fehler, die ihre Ursache in einer Pflichtverletzung des nicht mehr amtierenden Notars haben, wenn der Verwalter den Fehler schuldhaft nicht erkannt hat oder ihn zwar erkannt, aber den Eintritt des Schadens nicht verhindert hat, obwohl ihm dies möglich gewesen wäre.[1]

II. Sicherstellung der Arbeitsgrundlagen

4 **1. Übernahme von Akten, Büchern und Verwahrungsgegenständen, Abs. 1.** Damit er die ihm durch Abs. 2 S. 1 übertragene Aufgabe sachgerecht wahrnehmen kann, ist der Verwalter berechtigt und verpflichtet, Akten, Bücher sowie die amtlich übergebenen Urkunden und Wertgegenstände in Besitz zu nehmen. Ohne dass dies ausdrücklich gesagt ist, begründet § 58 Abs. 1 S. 1 einen **Anspruch des Verwalters auf Verschaffung der Sachherrschaft.** Dieser Anspruch richtet sich nicht gegen den Notar, sondern **gegen die Justizverwaltung,** die bei mangelndem Willen des Notars, an einer geordneten Übergabe mitzuwirken, das Recht des Verwalters notfalls im Wege des **Verwaltungszwangs** durchsetzen muss. Die gegenteilige Ansicht von *Bracker,* demzufolge der Verwalter die Herausgabe grundsätzlich auf dem Zivilrechtsweg einklagen muss, weil – außer im Fall der vorläufigen Amtsenthebung – der Notar nicht mehr der Dienstaufsicht unterworfen sei,[2] überzeugt nicht. Selbstverständlich kann es auch nach dem Ausscheiden aus dem Amt noch nachwirkende gegenseitige Rechte und Pflichten zwischen Justizverwaltung und Notar aus dem beendeten Amtsverhältnis geben.

---

[1] OLG Koblenz RNotZ 2016, 60.
[2] Schippel/Bracker/*Bracker* BNotO § 58 Rn. 7.

Bei den Gegenständen, zu deren Inbesitznahme der Notar gem. Abs. 1 berechtigt ist, **5**
handelt es sich **im Einzelnen** um:
- die Urkundensammlung und die Sammlung der Protestabschriften;
- die Urkundenrolle, Erbvertrags- und Namensverzeichnis sowie ggf. das Kostenregister;
- Verwahrungsbuch, Massenbuch bzw. -kartei sowie zugehöriges Namensverzeichnis;
- die Nebenakten, und zwar nicht nur die noch nicht abgeschlossenen;[3]
- die Generalakten; sowie
- alle Gegenstände in amtlicher Verwahrung, also sowohl Gegenstände unkörperlicher Verwahrung (Gelder auf Anderkonten) wie solche, welche der Notar als Kostbarkeiten oder Wertpapiere in Verwahrung genommen hat.

Hinsichtlich der **Anderkonten** sehen die Anderkontenbedingungen der Spitzenverbände **6** des Kreditgewerbes ergänzend zu Abs. 1 vor, dass mit der Wirksamkeit der Verwalterbestellung die Anderkontoforderung gegen das Kreditinstitut aufgrund einer zwischen Institut und Notar getroffenen Abrede zugunsten Dritter automatisch auf den Verwalter übergeht (Nr. 13 der Anderkontenbedingungen). Klafft zwischen Erlöschen des Amtes des Notars oder Wirksamkeit seiner Amtssitzverlegung und Verwalterbestellung eine zeitliche Lücke, so ist in der Zwischenzeit – ebenfalls aufgrund Vertragsabrede zugunsten Dritter – die Notarkammer oder eine von ihr bestimmte Person Inhaber des Anderkontos.

2. Vollmachtsvermutungen und Vollmachten. Sachgerechte Fortführung der von **7** dem Notar begonnenen Amtsgeschäfte setzt außer dem Zugriff auf die Akten, Bücher und Verwahrungsgegenstände auch voraus, dass dem Notar erteilte Vollmachten auch zugunsten des Verwalters wirken. Soweit die **Verfahrensgesetze** an verschiedenen Stellen **Vollmachtsvermutungen** zugunsten des Notars aufstellen, allen voran in § 15 GBO, sind diese Vorschriften im Lichte des § 58 Abs. 1 dahingehend auszulegen, dass sie ab der Bestellung des Verwalters zu seinen Gunsten wirken, somit der Verwalter (und nicht mehr der Notar) insbesondere als berechtigt anzusehen ist, Vollzugsanträge zu Urkunden zu stellen, die der Notar beurkundet oder beglaubigt hatte.[4] Da die Vollmachtsvermutungen sämtlich widerleglich sind, wird den Beteiligten mit dieser praxisgerechten Auslegung nichts Unzumutbares zugemutet. Gleiches gilt für die Annahme, dass auch **in den Notarurkunden** ausdrücklich dem Notar **erteilte Vollmachten** zur Abgabe und Beschränkung von Bewilligungen, Einholung von Genehmigungen und Entgegennahme entsprechender Bescheide etc so lange kraft ergänzender Vertragsauslegung zugunsten des an seine Stelle getretenen Verwalters wirken, wie sie die Beteiligten nicht ausdrücklich widerrufen bzw. nicht von vornherein klarstellen, dass die Vollmacht nur dem beurkundenden Notar persönlich erteilt ist.

3. Räumlich – sächlich – personelle Arbeitsgrundlagen. Die Verwalterbestellung **8** berührt die zivilrechtlichen Rechtsverhältnisse hinsichtlich der vom Notar beschäftigten Arbeitnehmer und der von ihm genutzten Amtsräume und Kanzleiausstattung nicht. Eine Verpflichtung, dem Verwalter ein zumutbares Arbeiten zu ermöglichen und darauf hinzuwirken, dass der Verwalter diese weiter in Anspruch nehmen kann, besteht nur im Rahmen der allgemeinen Kollegialität. Hieraus folgt vor allem eine Pflicht, dem Verwalter gegen Kostentragung Zugang zur EDV zu verschaffen, ohne die ein ordnungsgemäßes Fortführen der Amtsgeschäfte praktisch undenkbar ist, und im Übrigen dem Verwalter die Nutzung sonstiger unverzichtbarer Arbeitsgrundlagen zu angemessenen Bedingungen anzubieten (Abschnitt XI Nr. 3 RLEmBNotK). Darüber hinaus ist es im gesetzlichen Regelfall der Verwaltung auf Rechnung einer Notarkammer oder Notarkasse aber Aufgabe dieser Institution, den Verwalter mit dem Notwendigen an Personal und Sachausstattung auszurüsten. Dies folgt aus § 59 Abs. 1 S. 1.

---

[3] OLG Bremen DNotZ 1988, 139; Schippel/Bracker/*Bracker* BNotO § 58 Rn. 11.
[4] Ebenso *Kindler* RNotZ 2015, 473.

9 Selbstverständlich können Notar und Verwalter eine **Übertragung der räumlich-sächlich-personellen Grundlagen der Notarstelle** miteinander vereinbaren und sind dabei in der Ausgestaltung ihres Rechtsverhältnisses weitgehend frei. So kann hinsichtlich der **Geschäftsräume** sowohl der Verwalter anstelle des Notars in einen etwa bestehenden Mietvertrag eintreten wie auch – wenn der Hauptmietvertrag es gestattet – ein Untermietverhältnis zwischen Notar und Verwalter begründet werden. Mit den an der Notarstelle tätigen **Arbeitnehmern** kann der Verwalter eigene Arbeitsverträge abschließen. Es kann aber auch zwischen Notar und Notariatsverwalter eine vorübergehende Dienstüberlassung vereinbart werden. § 613 Abs. 2 BGB steht dem nicht entgegen. Da die Notariatsverwaltung ein immanenter Bestandteil des hoheitlichen Notariatssystems ist, welches auch die mit einem Notar bestehenden Arbeitsverträge prägt, ist auch ohne ausdrückliche Gestattung von der Berechtigung des Notars als Arbeitgeber auszugehen, seine arbeitsvertraglichen Ansprüche auf Dienstleistungserbringung gegen seine Angestellten vorübergehend auf den Verwalter zu übertragen. § 613a BGB ist auf das Verhältnis zwischen Notar und Verwalter nicht anwendbar.[5] Wesentliche Grundlage der Tätigkeit des Verwalters bildet die Verleihung des Verwalteramts durch die Justizverwaltung. Sein Amt und die hoheitlich gewidmeten Arbeitsgrundlagen (Akten, Bücher, Urkunden und Verwahrungsgegenstände) erwirbt der Verwalter somit nicht durch ein in § 613a BGB vorausgesetztes „Rechtsgeschäft". Wenn er sein Amt mit neu eingestelltem Personal in anderen Räumen und einer neu angeschafften Einrichtung und sonstigen Betriebsmitteln ausübt, ist daher für § 613a BGB kein Raum. Nichts anderes gilt aber auch, wenn der Verwalter außer den hoheitlich gewidmeten Gegenständen auch einzelne Betriebsgegenstände ohne diesen hoheitlichen Bezug zu Eigentum oder zur Nutzung übernimmt. Aber auch bei Fortführung der Notarstelle durch den Verwalter in ihrem bisherigen räumlich-sächlich-personellen Kontext liegt kein Betriebsübergang kraft Rechtsgeschäft vor, wenn Notar und Verwalter nur eine vorübergehende, auf die Dauer der Verwaltung begrenzte Nutzung bzw. Dienstüberlassung vereinbaren. Dies ist der Regelfall und auch anzunehmen, wenn Notar und Verwalter keine ausdrücklichen Vereinbarungen getroffen haben. Die bloß vorübergehende, auf die Zeit der Verwaltung begrenzte Nutzung der Betriebseinrichtungen und Inanspruchnahme des Personals, noch dazu nicht auf eigene, sondern auf fremde Rechnung (§ 59 Abs. 1), ist einer Betriebspacht wertungsmäßig nicht vergleichbar. Dabei macht es auch keinen Unterschied, ob es sich um eine Abwicklungs- oder eine Fortführungsverwaltung handelt. Wenn überhaupt, kann ein Betriebsübergang iSd § 613a BGB allenfalls im Verhältnis zwischen bisherigem Stelleninhaber und neuem Notar diskutiert werden, wenn dieser außer der Verwahrung der Akten gem. § 51 auch Räume, Inventar und die an der Notarstelle tätigen Arbeitnehmer übernimmt.[6]

C. Kostengläubigerschaft und -beitreibung

10 Auch wenn der **Verwalter** sein Amt in der Regel auf Rechnung der Notarkammer bzw. -kasse führt, ist er doch **Inhaber der** in seiner Amtszeit entstehenden **Gebührenansprüche.** Deren Abgrenzung zu den Forderungen des Notars sowie die Wahrung der Interessen des bisherigen Stelleninhabers bzw. seiner Erben an einer zügigen Beitreibung der ihm noch zustehenden Gebührenforderungen widmet das Gesetz eine vergleichsweise ausführliche Regelung.

---

[5] Ablehnend auch Arndt/Lerch/Sandkühler/*Lerch* BNotO § 59 Rn. 4 unter Verweis auf die Entscheidung des LAG Köln ZNotP 1999, 170, welche zur Amtsnachfolge zwischen Notaren ergangen ist.
[6] Ablehnend aber auch für diesen Fall LAG Köln NotBZ 1999, 97 mAnm *Volk* NotBZ 1999, 73.

I. Kostengläubigerschaft, Abs. 2 S. 2 und S. 3

Ein Amtsgeschäft, welches der Notar begonnen hat und welches der Verwalter zu Ende 11 führt, darf keine höhere Gebührenbelastung für den Rechtsuchenden verursachen als wenn es vom Notar allein abgewickelt worden wäre. Deshalb ordnet Abs. 2 S. 2 und S. 3 für die vom Verwalter fortgeführten Amtsgeschäfte an, dass der Verwalter zwar für alle nach der Aufnahme seiner Tätigkeit fälligen Kosten einen Gebührenanspruch gegen den Kostenschuldner besitzt, diesen aber beim Kostenschuldner nur durchsetzen kann, soweit der Notar die entsprechenden Kosten noch nicht vorschussweise beim Schuldner erhoben hatte. Soweit dies geschehen ist, muss der Verwalter demgemäß seinen Anspruch auf Auskehrung des Vorschusses, den das Gesetz stillschweigend voraussetzt,[7] gegen den Notar geltend machen.[8] Zur Geltendmachung eines solchen Auskehrungsanspruchs kann die Notarkammer(-kasse) den Verwalter anweisen.

Für die **Abgrenzung,** welche Gebühren im Innenverhältnis dem Notar verbleiben und 12 welche dem Verwalter zustehen, stellt Abs. 2 S. 2 allein auf die Fälligkeit ab, welche nach dem GNotKG zu beurteilen ist. Dessen § 10 bestimmt, dass Gebühren mit der Beendigung des gebührenpflichtigen Geschäfts, Auslagen sofort nach ihrer Entstehung fällig werden. Das bedeutet für die praktisch bedeutsamsten Gebührentatbestände:

– die **Beurkundungs- bzw. Beglaubigungsgebühr** steht demjenigen zu, der sie vorgenommen hat, wobei infolge Vorbemerkung 2 Abs. 1 KV der Verwalter zu einer Entwurfsgebührenanrechnung gem. Vorbemerkung 2.4.1. Abs. 2 und Abs. 6 KV verpflichtet ist;[9]
– die **Vollzugsgebühr** gem. Nr. 22110–22113 KV steht demjenigen zu, welcher die gebührenpflichtige Tätigkeit entfaltet, also den Antrag auf Erteilung einer behördlichen Genehmigung stellt oder das Vorkaufsrechtszeugnis nach BauGB anfordert. Gleiches gilt für Nr. 22114 KV. Soweit mehrere Tätigkeiten durch die Vollzugsgebühr abgegolten werden und diese teils vom Notar, teils vom Verwalter durchgeführt werden, fällt die Gebühr wegen § 93 GNotKG iVm Vorbemerkung Nr. 2 Abs. 1 KV nur einmal an und ist streng genommen zwischen beiden zu teilen;[10]
– Die wegen Vorbemerkung 2 Abs. 1 KV auch nur einmal anfallende **Betreuungsgebühr** nach Nr. 22200 und 22201 KV ist streng genommen ebenfalls zwischen Notar und Verwalter zu teilen, soweit sie Entgelt für eine einheitliche Dauertätigkeit ist, wie es typischerweise bei der Kaufpreisfälligkeitsüberwachung, der Vorlagehaftung und der treuhänderischen Verwahrung von Lastenfreistellungsunterlagen der Fall ist,[11] können also weder doppelt erhoben werden noch stehen sie allein dem Verwalter zu, wenn er die Zahlungsaufforderung an den Käufer vornimmt, den Vollzugsantrag bezüglich der Eigentumsumschreibung stellt oder die Lastenfreistellungsunterlagen nach Erledigung der Treuhandauflagen der abzulösenden Gläubiger beim Grundbuchamt einreicht;
– **Hinterlegungsgebühren** gem. Nr. 25300 KV stehen demjenigen zu, welcher die jeweilige gebührenpflichtige Auszahlung vornimmt; und
– **Nebengeschäfte** iSd Vorbemerkung 2.1. Abs. 2 KV sind wegen Vorbemerkung 2 Abs. 1 KV **auch dann durch die Verfahrensgebühr mitabgegolten,** wenn sie vom Notariatsverwalter im Rahmen der Abwicklung einer Beurkundung des Notars vorgenommen werden,[12] so dass insbesondere die Ausräumung von dem Urkundenvollzug zunächst entgegenstehenden Beanstandungen gegenüber den Beteiligten nicht gesondert abgerechnet werden kann.

---

[7] S. auch BGH NJW 2000, 2428; Schippel/Bracker/*Bracker* BNotO § 58 Rn. 21.
[8] Für einen diesbezüglichen Rechtsstreit ist der ordentliche Rechtsweg gegeben, s. BGH NJW 2000, 2428.
[9] Korintenberg/*Diehn* GNotKG KV Vorb. 2.4.1 Rn. 78.
[10] S. auch Korintenberg/*Diehn* GNotKG § 93 Rn. 8 f.
[11] S. auch Korintenberg/*Tiedtke* GNotKG KV Nr. 22200 Rn. 11.
[12] So auch zum alten Kostenrecht Schippel/Bracker/*Bracker* BNotO § 58 Rn. 15.

II. Rechnungsstellung und Kostenbeitreibung

13 Das Gesetz unterscheidet grundsätzlich zwischen solchen Fällen, in denen der bisherige Stelleninhaber nicht mehr über die Amtsbefugnisse eines Notars verfügt, und solchen, in denen der Notar zur Amtstätigkeit noch berechtigt ist. Es lässt sich dabei von dem Gedanken leiten, dass das **Vollstreckungsprivileg des GNotKG** für Notargebühren (§ 89 GNotKG), auch dann nicht verloren gehen soll, wenn der Notar seines Amtes nicht mehr walten kann.

14 **1. Rechnungsstellung.** Die – im Gesetz nicht ausdrücklich behandelte – **Stellung der Kostenrechnung** gem. § 19 GNotKG ist grundsätzlich Sache des Forderungsinhabers. Sie kann aber wegen des engen Zusammenhangs mit § 89 GNotKG nur von einem amtierenden Notar erteilt werden,[13] so dass der Notar, dessen Amt bereits erloschen ist, selbst keine Kostenrechnungen mehr stellen kann. De maiore ad minus Abs. 3 S. 1 fällt dies dann in die Zuständigkeit des Verwalters.[14] Gleiches gilt in den Fällen, in denen das Notaramt zwar nicht erloschen ist, der Notar sein Amt aber nicht persönlich ausüben darf (§§ 8 Abs. 1 S. 2, 54).[15]

15 Bei bloßer Verlegung des Amtssitzes können analog Abs. 3 S. 2 sowohl der Notar wie der Verwalter die dem Notar zustehenden Gebühren einfordern. Eine Pflicht des Verwalters hierzu gegenüber dem Notar besteht – anders als in den vorher genannten Fällen – aber richtigerweise nicht, da es Sache des Kostengläubigers ist, seine Forderungen einzuziehen und § 58 Mitwirkungsverpflichtungen nur begründet, soweit dies zur Durchsetzung des Gebührenanspruchs notwendig ist.[16]

Für den nunmehr an anderem Ort tätigen Notar genügt es aber regelmäßig, wenn der Verwalter ihm Akteneinsicht gewährt (Abs. 3 S. 3).

16 **2. Kostenbeitreibung.** Nur ein einziger Akt im Rahmen der zwangsweisen Beitreibung von Notargebühren unterliegt einer mit dem hoheitlichen Charakter der Kostenforderung zusammenhängenden Besonderheit: Die **Erstellung des Vollstreckungstitels einschließlich Klausel.** Nur in dieser Hinsicht ist der Notar gesetzlich persönlich privilegiert, während im Übrigen die Vollstreckung den allgemeinen Vorgaben folgt. Das bedeutet, dass die notfalls im Wege des § 127 GNotKG durchsetzbare Pflicht des Verwalters, gem. Abs. 3 S. 1 zugunsten des ausgeschiedenen oder an der persönlichen Amtsausübung gehinderten Notars oder seiner Erben tätig zu werden, nur besteht, soweit es um die Erstellung des vollstreckbaren Titels geht. Die daran anschließende **Vollstreckung,** dh bereits die Zustellung an den Schuldner, braucht der Verwalter nicht mehr zu übernehmen, sondern er kann den Notar auf die Wahrung seiner eigenen Rechte verweisen. Bei bloßer Amtssitzverlegung ist der Verwalter gegenüber dem Notar nicht einmal zur Erteilung der vollstreckbaren Ausfertigung verpflichtet, da sich diese nach der ausdrücklichen Regelung des Gesetzes auch der Notar an seinem neuen Amtssitz erteilen kann und Anspruch auf umfassende Akteneinsicht gegen den Verwalter hat (Abs. 3 S. 2 und S. 3). Der Notar kann in diesem Fall abweichend von Abs. 3 S. 1, Abs. 2 die Erteilung der vollstreckbaren Ausfertigung nicht gegen den Verwalter gem. § 127 GNotKG erzwingen.[17]

§ 59 [Vergütung; Abrechnung mit Notarkammer]

(1) ¹Der Notariatsverwalter führt sein Amt auf Rechnung der Notarkammer gegen eine von dieser festzusetzende angemessene Vergütung. ²Er hat mit der Notarkammer,

---

[13] Ebenso Schippel/Bracker/*Bracker* BNotO § 58 Rn. 16.
[14] S. Schippel/Bracker/*Bracker* BNotO § 58 Rn. 16.
[15] Schippel/Bracker/*Bracker* BNotO § 58 Rn. 17.
[16] S. Schippel/Bracker/*Bracker* BNotO § 58 Rn. 19.
[17] BayObLG DNotZ 1964, 53; Schippel/Bracker/*Bracker* BNotO § 58 Rn. 19.

soweit nicht eine andere Abrede getroffen wird, monatlich abzurechnen. ³ Führt er die der Notarkammer zukommenden Beträge nicht ab, so können diese wie rückständige Beiträge beigetrieben werden.

(2) **Die Notarkammer kann ein Aufrechnungs- oder Zurückbehaltungsrecht an den Bezügen des Notariatsverwalters nur insoweit geltend machen, als diese pfändbar sind oder als sie einen Anspruch auf Schadensersatz wegen vorsätzlicher unerlaubter Handlung hat.**

(3) ¹ Die Notarkammer kann allgemein oder im Einzelfall eine von Absatz 1 Satz 1 und 2 abweichende Regelung treffen. ² Absatz 2 ist in diesem Fall nicht anwendbar.

A. Sinn und Zweck

§ 59 stellt die **wirtschaftlichen Grundlagen der Notariatsverwaltung** sicher, indem er hierfür grundsätzlich die Notarkammer, in deren Bereich die zu verwaltende Notarstelle belegen ist, in die Pflicht nimmt. Das Gesetz formuliert dies zwar zurückhaltend dahingehend, die Verwaltung erfolge „für Rechnung" der Notarkammer. Eigentlicher Gesetzeszweck ist aber nicht, der Notarkammer eine weitere Finanzierungsquelle zu erschließen (deshalb auch die Verwendungsbestimmung in § 60), sondern im Interesse der Rechtspflege zu verhüten, dass niemand zur Übernahme des Verwalteramts bereit ist, weil zu befürchten ist, dass in der Verwaltung ein Gewinn nicht erzielt werden kann. Dies ist vor allem bei Verwaltung von Notarstellen des Anwaltsnotariats wegen ihres typischerweise geringeren Geschäftsanfalls eine realistische Gefahr, erst recht, wenn – wie im Regelfall – die Verwaltung nur auf die Abwicklung der Notarstelle gerichtet ist. Aber auch im hauptberuflichen Notariat, in dem Verwaltungen in der Regel mit Gewinn arbeiten, ist die gesetzgeberische Entscheidung gerechtfertigt, grundsätzlich den Kammern das Ergebnis der Verwaltung zukommen zu lassen. Da Verwaltungen regelmäßig nur eine kurze Zeitspanne bestehen, bestünde ansonsten die Gefahr, dass der Verwalter in der kurzen Zeit seiner Tätigkeit ein Maximum an Gebühreneinnahmen zu erzielen versucht sein könnte, was nicht zuletzt wegen negativer Auswirkungen auf die Ertragskraft der Notarstelle im Anschluss an die Verwaltung nicht wünschenswert ist. 1

Das **gesetzliche Modell** der Verwaltung auf Rechnung der Notarkammer, an deren Stelle in den Tätigkeitsbereichen der Notarkasse bzw. der Ländernotarkasse diese Institution tritt (§ 113), ist **nicht bindend**. Abs. 3 lässt in dem dort genannten Umfang auch abweichende Regelungen zu. 2

B. Verwaltung auf Rechnung der Notarkammer, Abs. 1 und Abs. 2

I. Wirtschaftliche Verantwortung für die Notarstelle, Rechtswirkungen nach außen

Erfolgt die Verwaltung dem gesetzlichen Regelfall des Abs. 1 S. 1 entsprechend auf Rechnung der Notarkammer bzw. der (Länder-)Notarkasse, so trägt diese, nicht der Verwalter in eigener Person, das **wirtschaftliche Risiko** der Verwaltung. Umgekehrt steht ihr auch ein Nettogewinn aus der Verwaltung zu (zu dessen Verwendung vgl. § 60). Eine Körperschaftssteuerpflicht der Notarkammer ist damit aber nicht verbunden.[1] 3

Diese Risikoverlagerung ist zunächst eine solche des **Innenverhältnisses.** Nach außen wirkt nach der Idee des Gesetzes allein der Verwalter. Dies ist jedenfalls für die **hoheitliche** Seite seines Wirtschaftens, dh für die Erzielung von Gebühreneinnahmen aus amtlicher Tätigkeit auch **zwingend**. Nur der Verwalter, niemals die Kammer wird Schuldner der notariellen Dienstleistungen und Gläubiger der Kostenforderungen aus Beurkundungs- 4

---

[1] BFH BStBl. II 1966, 150 = DNotZ 1966, 444.

und Betreuungsgeschäften. Hinsichtlich der **Teilnahme am allgemeinen Wirtschaftsverkehr** ist dagegen eine Verknüpfung von Rechten und Pflichten mit der Person des Verwalters **nicht zwingend.** Anschaffungsgeschäfte oder Nutzungsüberlassungsverträge mit dem bisherigen Notar für das an der Notarstelle genutzte Büroinventar, eine Vertragsübernahme hinsichtlich der Arbeitsverhältnisse und Kanzleiräume etc kann genauso die Kammer wie der Verwalter selbst abschließen. Die Ausgestaltung im Einzelfall ist ausschließlich an den Gesichtspunkten der Zweckmäßigkeit zu messen und braucht auch nicht in allen Punkten einheitlich zu sein. Einer Übernahme der Arbeitsverhältnisse stehen vor allem tarifrechtliche Erwägungen im Wege. § 613a BGB – so überhaupt anwendbar – (dazu → § 58 Rn. 9) gilt in keinem Fall für die Notarkammer. Die Möglichkeit der unmittelbaren Einbeziehung der Notarkammer in die mit der Notarstelle verbundenen Vertragsbeziehungen besteht bei Eintritt des Verwalters in eine Notarsozietät sogar hinsichtlich des Gesellschaftsvertrags der Sozietät. Soweit der Vertrag nicht berufsrechtliche Regelungen, sondern solche zur räumlich-personellen Organisationsstruktur trifft, kann auch die Notarkammer beitreten, sofern dies von den Beteiligten für sinnvoll erachtet wird. In der Praxis scheint der unmittelbare Vertragseintritt der Notarkammer bzw. -kasse in Sozietätsverträge aber keine wesentliche Rolle zu spielen.

II. Innenverhältnis zwischen Verwalter und Notarkammer

5   Soweit der Notariatsverwalter in eigener Person Rechte erwirbt und Verpflichtungen eingeht, ist er vergleichbar einem Beauftragten einerseits verpflichtet, der Notarkammer das Erlangte herauszugeben (§ 667 BGB), andererseits berechtigt, Vorschuss bzw. Erstattungen seiner Aufwendungen zu verlangen (§§ 669, 670 BGB). Das **Rechtsverhältnis zwischen Verwalter und Notarkammer** im Falle der Verwaltung auf deren Rechnung ist zwar wegen der öffentlich-rechtlichen Prägung der Institution Notariatsverwaltung ebenfalls **hoheitlicher** und nicht zivilrechtlicher **Natur,**[2] es ist jedoch unumstritten, dass auf dieses Rechtsverhältnis die **zivilrechtlichen Bestimmungen über die Geschäftsbesorgung** gem. § 675 BGB **entsprechend** angewendet werden können, soweit sie nicht durch hoheitliches Sonderrecht der BNotO überlagert werden.[3] Sonderrecht statuiert die BNotO vor allem in zweierlei Hinsicht: Zur Vergütung des Verwalters und zur Abrechnung der erzielten Einnahmen.

6   **1. Vergütung des Verwalters.** Die Notarkammer schuldet dem vom Zugriff auf die Gebühreneinnahmen abgeschnittenen Verwalter für seine Tätigkeit eine angemessene Vergütung (Abs. 1 S. 1). Deren Höhe setzt die Kammer nach der Idee des Gesetzes (einseitig) fest, sie ist also grundsätzlich kein Verhandlungsgegenstand zwischen Kammer und Verwalter. Die Festsetzung muss seit der Novelle 1998 nicht mehr zwingend vor Aufnahme der Tätigkeit des Verwalters, sollte aber trotzdem in engem Zusammenhang mit dieser erfolgen, wenn sie nicht von vornherein in allgemeinen Richtlinien festgelegt ist. Die Bemessung des „angemessenen" Betrags hat zu berücksichtigen, dass eine Notariatsverwaltung generell mit erhöhter Verantwortung und einem erhöhten Haftungsrisiko verbunden ist, weil nicht selten dem Verwalter die zu betreuenden anhängigen Amtsgeschäfte völlig fremd sind und von ihm ein hohes Maß an Einarbeitung verlangen. So wenig unterschiedslos für hauptberufliches Notariat und Anwaltsnotariat einheitliche Leitlinien aufgestellt werden können, ist doch eines beiden gemeinsam: dass die **angemessene Verwaltervergütung** deutlich **höher** zu liegen hat **als das angemessene Vertreterentgelt** in § 43. Darüber hinaus wäre es an sich auch innerhalb der jeweiligen Notariatsform nahe liegend, die Höhe der Vergütung tendenziell an der am durchschnittlichen Urkundsaufkommen der Notarstelle ablesbaren Arbeitsbelastung auszurichten. Solches ist aber jeden-

---
[2] Arndt/Lerch/Sandkühler/*Lerch* BNotO § 59 Rn. 5 spricht von einem öffentlich-rechtlichen Amtsträgerverhältnis besonderer Art.
[3] Schippel/Bracker/*Bracker* BNotO § 59 Rn. 5.

falls im hauptberuflichen Notariat nicht üblich, da regelmäßig von den Notarkammern bzw. -kassen Einheitsbeträge festgelegt sind. „Angemessene Vergütung" iSd Abs. 1 S. 1 bedeutet im Übrigen in jedem Fall Zahlung eines (Mindest-)Festbetrags. Eine ausschließlich an dem Gebührenaufkommen der Notarstelle ausgerichtete Vergütung kann einseitig von der Notarkammer nicht dekretiert werden, sondern nur Gegenstand einer einvernehmlichen Regelung nach Abs. 3 S. 1 sein.

2. Abführung der Einnahmen. Mangels besonderer abweichender Vereinbarung hat **7** der Verwalter einen erzielten Überschuss der Gebühreneinnahmen über die von ihm zu tragenden Kosten monatlich mit der Notarkammer abzurechnen und an sie abzuführen. Zu den **vorab entnahmefähigen Kosten** der Verwaltung zählt **auch** die **Verwaltervergütung**.[4] Aus Abs. 2 lässt sich nicht auf das Gegenteil schließen. Die Frage einer Aufrechnung oder eines Zurückbehaltungsrechts kann sich nämlich immer noch dann stellen, wenn die Notariatsverwaltung mit Verlust abschließt und die Einnahmen durch die vorrangig zu bedienenden Verpflichtungen erschöpft werden, so dass der Verwalter auf Überweisung seiner persönlichen Vergütung durch die Notarkammer angewiesen ist.

Gemäß Abs. 1 S. 3 ist die Notarkammer berechtigt, ihr zustehende Überschussbeträge **8** aus der Verwaltung wie rückständige Kammerbeiträge **zwangsweise einzuziehen,** wenn sie der über die Geschäftskonten regelmäßig allein verfügungsberechtigte Verwalter zurückhält. Beitreibung wie rückständige Kammerbeiträge, dh in entsprechender Anwendung des § 73 Abs. 2, setzt voraus, dass der abzuführende Betrag zuvor unter Setzung einer angemessenen Zahlungsfrist durch förmlichen Bescheid festgesetzt wurde. Darüber hinaus wird verlangt,[5] dass der Verwalter die Höhe des abzuführenden Betrages anerkannt haben muss, anderenfalls die Kammer auf eine Zahlungsklage im Zivilrechtsweg verwiesen wird. Diese Auslegung engt jedoch den Anwendungsbereich der Vollstreckung gem. Abs. 1 S. 3 über Gebühr ein, sie ist auch ohne Parallele zum Kammerbeitragsrecht, bei dem ebenfalls nicht Voraussetzung der Vollstreckung ist, dass der betroffene Notar den geltend gemachten Beitrag anerkannt hat. Um sich die für die Festsetzung des abzuführenden Betrags erforderlichen Informationen zu verschaffen, hat die Notarkammer die Rechte nach § 63 Abs. 1.

3. Einflussnahme auf die Führung der Notarstelle. Notarkammer und Verwalter **9** stehen insoweit in einem grundsätzlichen Spannungsverhältnis, als einerseits der Verwalter in der Amtsausübung auch gegenüber der Notarkammer unabhängig (§ 57 Abs. 1 iVm § 14), andererseits ihr gegenüber für das wirtschaftliche Ergebnis verantwortlich ist (Abs. 1). Ein Recht zur Einflussnahme auf die Amtsausübung, das über die **allgemeine Aufsichtsbefugnis** nach § 67 Abs. 1 S. 2 hinausginge, kann die Notarkammer aus Abs. 1 nicht ableiten. Über seine **Amtsbereitschaft, Termins-, Verfahrens- und Urkundsgestaltung** entscheidet der **Verwalter** im Rahmen des Gesetzes **frei**. Hat die Notarkammer Grund zur Annahme, dass der Verwalter sein Amt nicht ordnungsgemäß wahrnimmt, so hat sie – dies im Unterschied zur allgemeinen Aufsicht über die kammerangehörigen Notare – auch die Rechte nach § 63, um sich über die Amtsführung des Verwalters zu unterrichten. Sie kann aber – unbeschadet der Rechte nach §§ 74 f. – bei Feststellung unsachgemäßer Amtsführung nur Ratschläge erteilen, oder falls Bedenken gegen die Tauglichkeit des Verwalters bestehen, bei der Justizverwaltung dessen Abberufung gem. § 64 Abs. 1 S. 3 anregen.

Soweit es um die **Beitreibung rückständiger Kosten** geht, hat der Verwalter dagegen **10** das Interesse der Notarkammer am zügigen Eingang der Gebühren zu wahren. Sie kann ihm insoweit, obwohl es sich auch um amtliche Tätigkeit handelt, Anweisungen erteilen. Dies folgt aus dem Zusammenhang mit § 64 Abs. 4. Wenn nach Beendigung der Notariatsverwaltung die Kammer rückständige Forderungen selbst einzieht, muss ihr, solange die

---

[4] Ebenso Arndt/Lerch/Sandkühler/*Lerch* BNotO § 59 Rn. 11; Schippel/Bracker/*Bracker* BNotO § 59 Rn. 13.
[5] Schippel/Bracker/*Bracker* BNotO § 59 Rn. 15.

Verwaltung noch besteht, in dieser Hinsicht ein Direktionsrecht gegenüber dem Verwalter zustehen.

11   Keine genuin amtliche Tätigkeit ist die Unterhaltung des Kanzleibetriebs, so vor allem die **Bewirtschaftung der sächlichen Mittel und des Personals.** In dieser Hinsicht ist enge Abstimmung zwischen Verwalter und Kammer nicht nur sinnvoll, sondern kann von letzterer auch gegen den Willen des Verwalters verlangt werden, bis hin zu Einzelweisungen, bestimmte Anschaffungen und Personalmaßnahmen vorzunehmen bzw. zu unterlassen.[6]

C. Besondere Regelungen, Abs. 3

12   Abs. 3 gestattet der Notarkammer, allgemein oder im Einzelfall für die Durchführung der Notariatsverwaltung(en) von Abs. 1 S. 1 und S. 2 abweichende Regelungen zu treffen.

13   Sieht die Notarkammer allgemein für die Durchführung von Notariatsverwaltungen Abweichungen vom gesetzlichen Grundmodell vor, so schließt dies doch nicht aus, im Einzelfall zur gesetzlichen Regelung zurückzukehren, denn der Erlass allgemeiner Grundsätze durch die Notarkammer dient nur der effektiveren Gestaltung, begründet aber keinen Vertrauensschutz für potentielle Verwalter. Die Grundsätze haben **keine Rechtsnormqualität,** bedürfen daher keiner Legitimation durch die Kammerversammlung und keiner Genehmigung der Aufsichtsbehörde und/oder förmlichen Bekanntmachung im Verkündungsblatt der Kammer. Abweichungen im Einzelfall sollen nach dem Wortlaut des Gesetzes ebenfalls durch einseitige „Regelung" der Notarkammer möglich sein, faktisch setzen sie aber das Einverständnis des Verwalters voraus.[7] Aus der besonderen Pflicht der Notarassessoren, ein ihnen angetragenes Verwalteramt zu übernehmen (§ 56 Abs. 5), folgt nicht auch eine Pflicht zur Unterwerfung unter eine abweichende Regelung iSd Abs. 3.[8]

14   In **inhaltlicher Hinsicht** lässt das Gesetz Abweichungen sowohl von Abs. 1 S. 1 wie von Abs. 1 S. 2 zu. Damit kann die Notarkammer vor allem wirtschaftliches Risiko und wirtschaftliche Chance der Verwaltung zur Gänze auf den Verwalter übertragen. Sie kann dem Verwalter den gesamten Reinertrag der Verwaltung überlassen, während der Verwalter sich verpflichtet, sämtliche Kosten zu tragen, und auf jeglichen Anspruch auf gesonderte Vergütung, auch einen Mindestbetrag oder eine Verlustdeckung (hierzu → Rn. 15) verzichtet. Solches bietet sich vor allem an, wenn die Verwaltung dem bisherigen Stelleninhaber oder einem Partner der Berufsausübungsgemeinschaft übertragen wird. Auch gleichzeitige Abwicklung einer Notarstelle und einer Rechtsanwaltskanzlei im Anwaltsnotariat lässt eine solche abweichende Regelung angezeigt sein.[9] Bei einer solchen Gestaltung entfallen die aus Abs. 1 S. 1 abgeleiteten **Einwirkungsmöglichkeiten der Kammer** auf die Beitreibung rückständiger Gebühren und die wirtschaftliche Kanzleiführung (→ Rn. 10 f.), nicht aber die Rechte nach § 63. Weil auch bei Übertragung des wirtschaftlichen Risikos auf den Verwalter die Haftung der Notarkammer für Amtspflichtverletzungen des Verwalters (§ 61) erhalten bleibt, muss die Notarkammer generell die Möglichkeit haben, sich über die allgemeinen Aufsichtsbefugnisse der §§ 74 f. hinaus über den Gang der Verwaltung Kenntnis zu verschaffen.

15   Nicht richtig ist, dass auch im Rahmen einer abweichenden Regelung nach Absatz 3 dem Verwalter stets eine angemessene Vergütung garantiert sein muss,[10] was einen vollständigen Verzicht iSd → Rn. 14 an sich ausschließen würde. Diese Ansicht widerspricht dem Wortlaut des Abs. 3, der Abweichungen von Abs. 1 S. 1 ohne jede Einschränkung

---

[6] Nicht ganz so weitgehend Schippel/Bracker/*Bracker* BNotO § 59 Rn. 20.
[7] Ebenso Schippel/Bracker/*Bracker* BNotO § 59 Rn. 29; zurückhaltender Arndt/Lerch/Sandkühler/*Lerch* BNotO § 59 Rn. 6 ff.: einvernehmliche Lösung „erstrebenswert".
[8] Zutreffend Schippel/Bracker/*Bracker* BNotO § 59 Rn. 29.
[9] Schippel/Bracker/*Bracker* BNotO § 59 Rn. 27; Arndt/Lerch/Sandkühler/*Lerch* BNotO § 59 Rn. 14.
[10] So Schippel/Bracker/*Bracker* BNotO § 59 Rn. 28.

gestattet. Im Einvernehmen mit dem Verwalter kann daher letztlich sogar eine unentgeltliche Tätigkeit vereinbart werden, selbst wenn die Verwaltung auf Rechnung der Kammer durchgeführt wird.[11]

Abs. 3 gibt Notarkammer und Verwalter **keine** Handhabe, die **Verwaltung auf Rechnung des bisherigen Inhabers der Notarstelle** bzw. des vorübergehend an der persönlichen Amtsausübung verhinderten Notars durchzuführen, selbst wenn sich der betroffene Notar oder seine Erben hiermit im Hinblick auf die damit verbundene Kostentragungslast ausdrücklich einverstanden erklärten. Denn eine solche Gestaltung verstieße gegen § 17 Abs. 1 S. 4, der jegliche Beteiligung Dritter an den Gebühren, damit erst recht die Überlassung des Reinertrags, untersagt. Anders als im Falle der bloßen Vertretung ist der Notar Dritter im Verhältnis zum Notariatsverwalter. Vertragsgestaltungen, welche die Höhe der Entschädigung für die Überlassung des Kanzleiinventars oder die Miete für die dem Notar gehörenden Kanzleiräume an dem Ertrag der Verwaltung ausrichten, dürften freilich grundsätzlich nicht zu beanstanden sein, da sie zu keiner unmittelbaren Beteiligung führen. 16

D. Notariatsverwaltung im Tätigkeitsbereich der Notarkassen

Nach § 113 Abs. 3 Nr. 7 ist die wirtschaftliche Verwaltung der von einem Notariatsverwalter geführten Notarstellen anstelle der zuständigen Notarkammer der Notarkasse bzw. Ländernotarkasse übertragen. Dies bedeutet, dass sämtliche spezifischen Zuständigkeiten und Befugnisse, die die Notarkammer im Zusammenhang mit der Durchführung der Notariatsverwaltung hat, von der jeweiligen Notarkasse ausgeübt werden. Sie bestimmt und schuldet die angemessene Vergütung des Verwalters, stellt allgemeine Grundsätze über die wirtschaftliche Amtsführung auf, trifft mit dem Verwalter ggf. eine Vereinbarung gem. Abs. 3, unterliegt der Haftung gem. § 61, hat die Rechte nach § 63 und kann erforderlichenfalls nicht abgeführte Überschussbeträge entsprechend § 113 Abs. 17 S. 8 zwangsweise einziehen. 17

Aufgabe der Kammer ist in diesem Falle nur die allgemeine Überwachung gem. § 67 Abs. 1 S. 2. Ein Recht zur Einflussnahme auf die Gestaltung der Rechtsbeziehung zwischen Notariatsverwalter und (Länder-)Notarkasse steht ihr nicht zu. 18

§ 60 [Überschüsse aus Notariatsverwaltungen]

(1) **Die Überschüsse aus den auf Rechnung der Notarkammer durchgeführten Notariatsverwaltungen müssen vorrangig zugunsten der Fürsorge für die Berufsangehörigen und ihre Hinterbliebenen verwendet werden.**

(2) [1]**Verbleibende Überschüsse sind, soweit Versorgungseinrichtungen nach § 67 Abs. 4 Nr. 2 eingerichtet sind, diesen zuzuwenden.** [2]**Bestehen Versorgungseinrichtungen nicht, fließen verbleibende Überschüsse der Notarkammer zu.**

A. Sinn und Zweck

§ 60 regelt die Verwendung der Überschüsse, welche die Notarkammer aus auf ihre Rechnung geführten Notariatsverwaltungen erzielt. Mit dieser engen, vorrangig drittnützigen Zweckbindung verdeutlicht der Gesetzgeber, dass die Übertragung der wirtschaftlichen Verantwortung für die Notariatsverwaltungen auf die Kammern nicht als Ermächtigung zur erwerbswirtschaftlichen Tätigkeit missverstanden werden darf, sondern nur den bei → § 59 Rn. 1 dargestellten Auffangcharakter hat, was allein die Freistellung von der Körperschaftssteuer rechtfertigt.[1] 1

---
[11] Ebenso Arndt/Lerch/Sandkühler/*Lerch* BNotO § 59 Rn. 15.
[1] Vgl. BFH BStBl. II 1966, 150 = DNotZ 1966, 444.

B. Feststellung der Überschüsse

2 Es besteht allgemein Übereinstimmung, dass die Verwendungsbestimmung des § 60 nur für einen **Gesamtüberschuss** gilt, welcher aus der Gesamtheit aller in einem bestimmten Abrechnungszeitraum zu berücksichtigenden Verwaltungen entstanden ist, so dass insbesondere ein Gewinn aus einer Verwaltung vorrangig mit einem Verlust aus einer anderen verrechnet werden darf.[2]
Von dem sich so ergebenden Betrag darf die Kammer auch ihren mit der Betreuung der Verwaltungen verbundenen **Verwaltungsaufwand** in Abzug bringen,[3] wobei aber der entsprechende Ansatz nachvollziehbar sein muss. Eine Verlagerung ihres Verwaltungsaufwands zu Lasten der Notariatsverwaltungserträge ist der Kammer nicht gestattet. Die Notarkammer kann im Übrigen auch grundsätzlich frei wählen, in welchen **Zeitabständen** sie die Abrechnung vornimmt – Abrechnung entsprechend dem Haushaltsjahr ist dabei zweifelsohne am praktikabelsten –, und ob sie in diese Abrechnung nur die jeweiligen Abschlusssalden abgewickelter Verwaltungen oder bereits die jeweiligen Abrechnungssalden mit den Notariatsverwaltern einbringt.[4]

C. Verwendung der festgestellten Überschüsse

3 Vorrang genießt nach dem Gesetz die **Fürsorge** für die Berufsangehörigen und ihre Hinterbliebenen. In der Praxis spielt dies aber nur eine **untergeordnete Rolle,** da durch die flächendeckende Absicherung der Notare und ihrer Angehörigen durch berufsständische Versorgungswerke, sei es notarische auf der Grundlage des § 67 oder anwaltliche im Bereich des Anwaltsnotariats, ein Bedarf nach Fürsorge im Sinne der Unterstützung wegen finanzieller Hilfsbedürftigkeit kaum noch besteht. Nicht zur Erfüllung von Fürsorgeaufgaben benötigte Überschussbeträge sind **Versorgungseinrichtungen** nach § 67 Abs. 4 Nr. 2 zuzuwenden, soweit solche bestehen. Dies ist im hauptberuflichen Notariat durchgängig, im Anwaltsnotariat dagegen nicht der Fall. Da aber nur Versorgungseinrichtungen nach § 67 Abs. 4 Nr. 2 begünstigt sind, besteht im Bereich des Anwaltsnotariats **keine** Pflicht zur **Abführung** an das jeweilige **Anwaltsversorgungswerk.** Hier verbleibt ein nicht zu Fürsorgezwecken benötigter Überschuss daher endgültig bei der Kammer (Satz 3), und kann zur Deckung des allgemeinen Finanzbedarfs verwendet werden.

D. Notariatsverwaltung im Tätigkeitsbereich der Notarkassen

4 Diesbezüglich gelten keine Besonderheiten. Beide Notarkassen sind Versorgungseinrichtungen analog § 67 Abs. 4 Nr. 2 (§ 113 Abs. 3 Nr. 2) und können daher die Überschüsse, die nicht zu Fürsorgezwecken verwendet werden, ihrem Haushalt zuführen.

§ 61 [Amtspflichtverletzung des Notariatsverwalters]

(1) [1] Für eine Amtspflichtverletzung des Notariatsverwalters haftet die Notarkammer dem Geschädigten neben dem Notariatsverwalter als Gesamtschuldner; im Verhältnis zwischen der Notarkammer und dem Notariatsverwalter ist dieser allein verpflichtet. [2] Das gleiche gilt, soweit der Notariatsverwalter nach § 46 oder § 19 Abs. 2 für Amtspflichtverletzungen eines Vertreters oder eines Notarassessors haftet. [3] § 19 Abs. 1 Satz 2 und 3 ist entsprechend anwendbar. [4] Die Haftung der Notarkammer ist auf den

---

[2] Schippel/Bracker/*Bracker* BNotO § 60 Rn. 1; Arndt/Lerch/Sandkühler/*Lerch* BNotO § 60 Rn. 3.
[3] Schippel/Bracker/*Bracker* BNotO § 60 Rn. 1.
[4] Ebenso Schippel/Bracker/*Bracker* BNotO § 60 Rn. 1.

Betrag der Mindestversicherungssummen von nach Absatz 2 abzuschließenden Versicherungen beschränkt.

(2) ¹Die Notarkammer hat sich und den Notariatsverwalter gegen Verluste aus der Haftung nach Absatz 1 durch Abschluß von Versicherungen zu sichern, die den in §§ 19a und 67 Abs. 3 Nr. 3 gestellten Anforderungen genügen müssen. ²Die Ansprüche aus der Haftpflichtversicherung soll auch der Notariatsverwalter im eigenen Namen geltend machen können.

(3) Eine Haftung des Staates für Amtspflichtverletzungen des Notariatsverwalters besteht nicht.

A. Sinn und Zweck

§ 61 ordnet im Interesse der Rechtsuchenden eine **Mithaftung der Notarkammer** für Amtspflichtverletzungen des Verwalters gegenüber dem Geschädigten an. Seit der Novelle 1998 ist diese Mithaftung, anders als die des vertretenen Notars bei der Notarvertretung gem. § 56, jedoch **betragsmäßig begrenzt**. Eine Staatshaftung hat der Gesetzgeber auch hier wie generell (§ 19 Abs. 1 S. 4) ausgeschlossen (Abs. 3). 1

Im **Innenverhältnis** der gesamtschuldnerischen Haftung von Verwalter und Kammer ist nach dem Willen des Gesetzes der Verwalter allein verantwortlich. Angesichts des gesetzlichen Modells, dass die Notariatsverwaltung auf Rechnung der Notarkammer erfolgt (§ 59 Abs. 1 S. 1), ist dies nicht recht nachvollziehbar, wird aber durch die auch zugunsten des Verwalters bestehende Versicherungspflicht gem. Abs. 2 abgefedert. Im Übrigen ist auch eine von Abs. 1 S. 1, Abs. 2 abweichende Vereinbarung vom Gesetz nicht verboten (→ Rn. 6). 2

B. Haftung der Notarkammer nach außen

I. Haftungsgrund, Abs. 1 S. 1 und S. 2

Für jede Amtshaftung des Notariatsverwalters muss auch die Notarkammer eintreten. Dabei macht es keinen Unterschied, ob der Notariatsverwalter **für eigenes Verschulden** unmittelbar verantwortlich ist oder seinerseits gem. § 57 Abs. 1 iVm § 46 als Gesamtschuldner für die **Pflichtverletzung seines Vertreters** oder gem. § 57 Abs. 1 iVm § 19 Abs. 2 für das **Verschulden eines Notarassessors** einstehen muss, dem er ein Betreuungsgeschäft zur selbstständigen Erledigung übertragen hatte. In letzteren Fällen stehen den Geschädigten somit drei Haftungssubjekte gegenüber: Der Vertreter bzw. Notarassessor, der Notariatsverwalter und die Notarkammer bzw. Notarkasse. Der mit der Novelle 1998 eingefügte Verweis auf § 19 Abs. 1 S. 2 und S. 3 stellt insbesondere klar, dass sich auch die Notarkammer unter den dort beschriebenen Voraussetzungen (fahrlässige Pflichtverletzung, kein Betreuungsgeschäft) auf die Subsidiarität der Notarhaftung gegenüber anderweitigen Ersatzmöglichkeiten berufen kann. 3

Die Haftung besteht in jedem Fall der Verwaltung, also uneingeschränkt **auch** dann, **wenn** aufgrund einer gem. § 59 Abs. 3 getroffenen Abrede die **Verwaltung** vom Verwalter **auf eigene Rechnung** durchgeführt wird. 4

II. Haftungshöhe, Abs. 1 S. 4

Seit der BNotO-Novelle 1998, und damit für alle Amtspflichtverletzungen nach Inkrafttreten des Gesetzes, haftet die Notarkammer(-kasse) **nur** mit dem Betrag der **Mindestversicherungssummen** der Basisversicherung nach § 19a und der Gruppenanschluss- und Vertrauensschadensversicherung nach § 67 Abs. 3 Nr. 3. Dies bedeutet zunächst, dass die Notarkammer je Haftungsfall für keinen höheren Betrag als 250.000 EUR bei wissentlicher 5

Pflichtverletzung bzw. 1 Mio. EUR in den übrigen Fällen in Anspruch genommen werden kann. Dies bedeutet nach dem Willen des Gesetzgebers[1] aber auch, dass sich die Notarkammer auch auf die **Summenhaftungsbeschränkung** gem. § 19a Abs. 3 S. 2 bzw. § 67 Abs. 3 Nr. 3 S. 2 Hs. 2 berufen kann, ein Geschädigter daher, wenn die Haftsumme bezüglich des betroffenen Verwalters bereits durch andere Haftungsfälle aufgebraucht ist, keinen Anspruch gegen die Kammer geltend machen kann. Freilich scheint eine **teleologische Reduktion** insoweit angebracht: ausgehend von dem Sinn und Zweck der Norm, eine Inanspruchnahme des eigenen Vermögens bzw. eine mittelbare Heranziehung der kammerangehörigen Notare zu vermeiden, kann es der Notarkammer nur gestattet sein, sich auf die Mindestversicherungssummen zu berufen, wenn sie ihren eigenen Versicherungsschutz auf diese Mindestversicherungssummen beschränkt hat. Liegt dagegen die vertragliche Versicherungssumme höher als die gesetzliche Mindestsumme, so besteht auch eine entsprechend höhere Außenhaftung der Notarkammer.

C. Haftungsverteilung im Innenverhältnis

6   Im Innenverhältnis zwischen Verwalter und Kammer ist der Schaden allein vom Verwalter zu tragen (Abs. 1 S. 1 Hs. 2). Dies ist nachvollziehbar, wenn der Verwalter auf eigene Rechnung tätig ist. Mit dem gesetzlichen Modell der Verwaltung auf Rechnung der Kammer ist dies aber nur schwer in Einklang zu bringen, umso mehr als der Verwalter oft mit den Verhältnissen der Notarstelle nur wenig vertraut ist und seine Tätigkeit deshalb überdurchschnittlichen Haftungsgefahren ausgesetzt ist. Beamtenrechtliche Vorschriften, die dem Dienstherrn den Rückgriff auf den Beamten verbieten, wenn dieser nur fahrlässig gehandelt hat, sind zwar wegen des strukturell anders gearteten Verhältnisses von nicht weisungsgebundenem und nicht organisationsmäßig eingebundenem Notariatsverwalter und Kammer nicht übertragbar.[2] Es ist jedoch ohne weiteres möglich, dass Verwalter und Kammer einen entsprechenden **Regressverzicht** bzw. Freistellungsanspruch des Verwalters ausdrücklich vereinbaren.[3] Soweit die Verwaltung im Einvernehmen mit der Notarkammer einem **Notarassessor** übertragen ist, ist eine solche Vereinbarung sogar als stillschweigend getroffen anzunehmen, da die Notarkammer von einem noch in der Ausbildung befindlichen Verwalter nicht die gleiche Leistungsfähigkeit erwarten kann, wie von einem berufserfahrenen Verwalter und andererseits das volle Haftungsrisiko dem Assessor schon im Hinblick auf § 56 Abs. 5, also seine Dienstpflicht zur Übernahme einer ihm angetragenen Notariatsverwaltung, nicht zugemutet werden kann. In diesem besonderen Fall ist mangels besonderer Abrede sogar davon auszugehen, dass der Freistellungsanspruch des Notarassessors nicht der Begrenzung durch Abs. 1 S. 4 unterliegt. Unbenommen bleibt schließlich das Recht des Verwalters, im Rahmen des Haftungsausgleichs mit der Notarkammer dieser ein Organisations- oder Einweisungsverschulden ihrer Organe entgegenzuhalten, was ggf. bei einfacher Fahrlässigkeit zu einer Haftungsverteilung führt.[4] Praktisch bedeutsam wird all dies im Übrigen nur, wenn kein Versicherungsschutz besteht, bei einfacher Fahrlässigkeit somit bei Überschreitung der vereinbarten Versicherungssumme bzw. im Rahmen eines vereinbarten Selbstbehalts (§ 19a Abs. 4).

7   Im Dreiecksverhältnis Notariatsverwalter/Notarkammer bzw. -kasse und Notarvertreter bzw. Notarassessor geht die Haftung der Notarkammer nicht weiter als die des Verwalters. Nur wenn der Verwalter keinen Rückgriffsanspruch gegen den Vertreter hat bzw. von ihm auf Freistellung in Anspruch genommen werden kann, haftet auch die Kammer, dabei im Verhältnis zum Verwalter wiederum nach den unter → Rn. 6 dargestellten Grundsätzen.

---

[1] Vgl. den Bericht des Rechtsausschusses des Bundestages, BT-Drs. 13, 51.
[2] Abweichend Schippel/Bracker/*Bracker* BNotO § 61 Rn. 6; wie hier Arndt/Lerch/Sandkühler/*Lerch* BNotO § 61 Rn. 5.
[3] Ebenso Schippel/Bracker/*Bracker* BNotO § 61 Rn. 6.
[4] Vgl. zu § 46 OLG Celle DNotZ 1985, 246 und → § 46 Rn. 8.

D. Haftpflichtversicherung, Abs. 2

Die Pflicht der Notarkammer besteht ausdrücklich darin, nicht nur zu ihrem eigenen **8** Gunsten, sondern auch zugunsten des Verwalters eine (mindestens) den Anforderungen der §§ 19a, 67 Abs. 3 Nr. 3 entsprechende Versicherung abzuschließen, also ein entsprechendes Versicherungsverhältnis im Rahmen des § 19a zu begründen und für die Einbeziehung der Notariatsverwaltung in die bestehende Gruppenanschlussversicherung Sorge zu tragen. Der Abschluss einer Basisversicherung durch die Notarkammer macht eine entsprechende eigene Versicherung des Verwalters entbehrlich, wie wohl der Verwalter gem. § 57 Abs. 1 grundsätzlich selbst versicherungspflichtig ist. Nach Abs. 2 S. 2 soll auch der Verwalter den Anspruch auf Einlösung der Versicherung im eigenen Namen geltend machen können. Dem ist durch § 7 Ziff. I Abs. 2 der allgemeinen Versicherungsbedingungen (AVB-N) Rechnung getragen.

Die Versicherungspflicht des Abs. 2 gilt ohne Unterschied danach, ob der Verwalter sein **9** Amt für Rechnung der Notarkammer oder für eigene Rechnung ausübt. Dies ist auch angemessen, da die Haftung der Kammer gegenüber dem Geschädigten ebenfalls hiervon unabhängig ist. Überlegenswert wäre nur, im Fall der Verwaltung auf Rechnung des Verwalters durch teleologische Reduktion die Pflicht der Notarkammer auf eine Versicherung zu eigenen Gunsten zu beschränken, mit der Folge, dass sich der Verwalter dann selbst versichern müsste. Für die Kammer könnte dies mit einem Beitragsvorteil verbunden sein. Demgegenüber dürfte es aber zu einer unerwünschten Verkomplizierung führen, wenn Kammer und Verwalter Basisversicherungen bei verschiedenen Versicherern abschließen. Macht die Kammer von der vorgeschriebenen Möglichkeit keinen Gebrauch, so hat sie richtigerweise Anspruch auf angemessene Beteiligung des Verwalters an den Versicherungsprämien. Bei Verwaltung auf Rechnung der Kammer sind die Versicherungsprämien auf jeden Fall von der Kammer allein zu tragen.

E. Notariatsverwaltung im Bereich der Notarkassen

Die Notarkasse bzw. Ländernotarkasse haften in gleicher Weise wie die Kammern für **10** Amtspflichtverletzungen der in ihrem Tätigkeitsbereich amtierenden Notariatsverwalter und unterliegen ebenfalls der Versicherungspflicht nach Abs. 2. Da beide aber auch die Aufgabe der einheitlichen Durchführung der Versicherungen nach §§ 19a, 67 Abs. 3 Nr. 3 haben (vgl. § 113 Abs. 3 Nr. 3), stellt sich die bei → Rn. 9 behandelte Frage nach teleologischer Reduktion des Abs. 2 im Falle der Verwaltung auf Rechnung des Verwalters praktisch nicht.

§ 62 [Zuständigkeit für Streitigkeiten zwischen Notarkammer und Notariatsverwalter]

Für vermögensrechtliche Streitigkeiten zwischen der Notarkammer und dem Notariatsverwalter, welche die Vergütung, die Abrechnung (§ 59) oder die Haftung für Amtspflichtverletzungen betreffen, sind die Landgerichte ohne Rücksicht auf den Wert des Streitgegenstandes ausschließlich zuständig.

A. Sinn und Zweck

Ähnlich wie § 42 begründet die Norm eine ausschließliche **sachliche Zuständigkeit** **1** der Landgerichte für die aufgeführten Streitigkeiten. Anders als bei § 42 handelt es sich hier aber wegen des ausschließlich öffentlich-rechtlichen Rechtsverhältnisses zwischen Notariatsverwalter und Kammer darüber hinaus – wie bei § 111 – auch um eine **Rechtswegzuweisung,** da für Rechtsstreitigkeiten aus einem öffentlich-rechtlichen Rechtsverhältnis an sich die Verwaltungsgerichte zuständig wären.

Gegenüber § 111 ist § 62 lex specialis (zur Abgrenzung ihres jeweiligen Anwendungsbereichs → Rn. 5).

B. Zuständigkeit für Rechtsstreitigkeiten zwischen Notariatsverwalter und Notarkammer

I. Sachliche Zuständigkeit der Landgerichte

Die Zuständigkeit der Landgerichte ohne Rücksicht auf die Höhe des Streitwerts gem. § 62 besteht in drei Fällen:

– Streitigkeiten, welche die **Vergütung** betreffen: das sind alle Streitigkeiten über die Höhe und die Zahlung des dem Verwalter zustehenden Betrags, auch über das Bestehen etwaiger Gegenforderungen bzw. -rechte, Feststellungsklagen genauso wie Zahlungsklagen.

– Streitigkeiten über die **Abrechnung:** das sind alle Streitigkeiten, welche die Feststellung und Herausgabe des an die Notarkammer abzuführenden Überschusses bzw. den Verlustdeckungsanspruch des Verwalters betreffen, somit, weil hiervon sinnvoll nicht zu trennen, auch Auseinandersetzungen über Aufwendungsersatzansprüche des Verwalters wegen von ihm getätigter Anschaffungen und erteilter Aufträge, darüber hinaus auch über Regressansprüche der Kammer gegen den Verwalter wegen unsachgemäßer, insbesondere weisungswidriger Führung der Amtsgeschäfte.[1] Wegen des lex specialis-Charakter des § 62 gegenüber § 111 besteht auch dann eine ausschließliche Zuständigkeit der Landgerichte, wenn die Kammer den vom Verwalter abzuführenden Betrag nach Festsetzung gem. § 59 Abs. 1 S. 3 iVm § 73 Abs. 2 zwangsweise beitreibt und der Verwalter gegen den Zahlungsbescheid Klage erhebt. Dagegen fallen Streitigkeiten über die Art und Weise der Vollstreckung, bei der es nicht um spezifische Fragen des Verhältnisses von Verwalter und Kammer auf der Grundlage des § 59 geht, sondern um das Verfahren des Vollstreckungsorgans, aus dem Anwendungsbereich der Norm heraus. Hierfür ist gem. § 59 Abs. 1 S. 3 iVm § 73 Abs. 2 das Amtsgericht zuständig.

– Streitigkeiten über die **Haftung für Amtspflichtverletzungen:** dies sind alle Streitigkeiten, welche das Gesamtschuldverhältnis aus § 61 Abs. 1 betreffen, also sowohl einen Regressanspruch der Notarkammer wie einen Freistellungsanspruch des Verwalters.

Über den Wortlaut hinaus hat der BGH die Rechtswegzuweisung auch für Rechtsstreitigkeiten zwischen Notariatsverwalter und Notar über die Herausgabe vom Notar zu Unrecht vereinnahmter Gebührenvorschüsse für entsprechend anwendbar erklärt.[2]

Wie bei § 42 besteht auch bei § 62 die ausschließliche Zuständigkeit der Landgerichte wegen des spezifisch amtsbezogenen Streitgegenstands. Daraus folgt auch hier (bereits → § 42 Rn. 5), dass die Landgerichte **auch** dann ausschließlich zuständig sind, **wenn** der Rechtsstreit nicht zwischen Notariatsverwalter und Notarkammer geführt wird, sondern ein **Dritter beteiligt** ist, an welchen etwa der Vergütungsanspruch abgetreten[3] oder zu dessen Gunsten er gepfändet und überwiesen wurde.

II. Sachliche Zuständigkeit des Notarsenats beim OLG

Soweit die Notarkammer gegenüber dem Verwalter einseitige Regelungen erlässt, kann grundsätzlich auch eine Anfechtungsmöglichkeit nach § 111 eröffnet sein. Hinsichtlich der

---

[1] Ähnlich Schippel/Bracker/*Bracker* BNotO § 62 Rn. 5; Arndt/Lerch/Sandkühler/*Lerch* BNotO § 62 Rn. 4 ff.
[2] BGH NJW 2000, 2428 f.
[3] So die Konstellation im Fall BGH NJW 2000, 2428.

Streitgegenstände, die in § 62 aufgeführt sind, hat diese Norm aber als lex specialis Vorrang, und zwar auch bei einseitigen Anordnungen.[4] Im Verfahren nach § 111 zu klären sind demgegenüber Auseinandersetzungen über **Aufsichtsmaßnahmen der Notarkammer,** etwa inhaltliche Anweisungen zur Durchführung der Verwaltung, Maßnahmen nach § 63 oder Maßnahmen der allgemeinen Aufsicht gem. § 74.

C. Notariatsverwaltungen im Tätigkeitsbereich der Notarkassen

Hier gilt die Rechtswegzuweisung und Anordnung der ausschließlichen Zuständigkeit der Landgerichte in gleicher Weise. 7

§ 63 [Einsicht der Notarkammer]

[Abs. 1 bis 31.12.2021:]
(1) **Der Notariatsverwalter ist verpflichtet, einem Beauftragten der Notarkammer Akten und Bücher sowie die in seiner Verwahrung befindlichen Urkunden zur Einsicht vorzulegen.**
[Abs. 1 ab 1.1.2022:]
(1) [1]*Der Notariatsverwalter ist verpflichtet, einem Beauftragten der Notarkammer Einsicht in die Akten und Verzeichnisse sowie in die in seiner Verwahrung befindlichen Urkunden zu gewähren.* [2]*§ 78i bleibt unberührt.*
(2) **Die Prüfungsbefugnisse der Aufsichtsbehörde bleiben unberührt.**

A. Sinn und Zweck

§ 63 begründet Rechte der Notarkammer, die dieser die Klärung von Zweifeln an der Ordnungsmäßigkeit der Führung der Notariatsverwaltung ermöglichen. An einer solchen Klärung hat die Notarkammer nicht nur im Hinblick auf ihren Anspruch auf den Reinertrag der Verwaltung (§ 59 Abs. 1 S. 1), sondern auch wegen ihrer gesamtschuldnerischen Mithaftung für Amtspflichtverletzungen (§ 61) ein besonderes Interesse. Die eigenständige Bedeutung der Norm im Verhältnis zu § 74 liegt zum einen darin, dass die Vorlagepflicht ausdrücklich auch gegenüber einem (bloßen) Beauftragten der Notarkammer begründet wird, vor allem aber in der weiterreichenden inhaltlichen Prüfungskompetenz. Dies ist zwar nicht ausdrücklich angesprochen, ergibt sich aber aus dem Sachzusammenhang (→ Rn. 4). 1

Abs. 2 ist demgegenüber eine – an sich überflüssige – gesetzgeberische Klarstellung. 2

B. Prüfungsbefugnisse der Notarkammer, Abs. 1

I. Verwaltung auf Rechnung der Notarkammer

Die Notarkammer kann vom Verwalter verlangen, dass dieser einem von ihr Beauftragten Einblick in Akten, Bücher und in seiner Verwahrung befindliche Urkunden gewährt. Selbstverständlich muss die Kammer die Wahrnehmung dieser Rechte nicht auf einen Beauftragten delegieren, sondern kann sie auch durch den Vorstand wahrnehmen. Der Verwalter hat aber – dies der eine spezifische Regelungsgehalt der Vorschrift – keinen Anspruch darauf, nur dem Vorstand gegenüber Rechenschaft ablegen zu müssen. 3

---

[4] Vgl. auch Schippel/Bracker/*Bracker* BNotO § 62 Rn. 4.

4 Der weitere spezifische Regelungsgehalt liegt darin, dass sich das Einsichtsrecht auf alles erstreckt, worin die Notarkammer zur Wahrung ihrer besonderen Interessen bei der Notariatsverwaltung Einblick nehmen können muss. Dies ist zwar nicht ausdrücklich angesprochen, folgt aber aus Sinn und Zweck der Norm. Während die Aufsichtsbefugnisse nach § 74 zur Wahrnehmung der Aufgabe der Kammer nach § 67 Abs. 1 S. 2 gewährt sind, kann es bei § 63 nicht nur um die Wahrung der Lauterkeit der Amtsführung gehen, sondern auch um die **Ordnungsmäßigkeit auch in wirtschaftlicher Hinsicht.** Die Notarkammer muss daher nicht begründete Zweifel an der Erfüllung der berufsrechtlichen Pflichten des Verwalters haben, um von ihm Einsicht in Bücher und Akten verlangen zu können. Zweifel an der Ordnungsmäßigkeit der Abrechnung oder der Einhaltung von Weisungen für die Führung der Geschäfte genügen.

5 Auch den **Gegenstand der Vorlagepflicht** beschreibt die Norm nur unvollständig. Über die ausdrücklich genannten Unterlagen hinaus – Urkundensammlung, Bücher, Generalakten, Nebenakten zu laufenden und abgeschlossenen Vorgängen – erstreckt sich das Einsichtsrecht auch auf Unterlagen, die im Zusammenhang mit der Wirtschaftsführung stehen, wie die allgemeine Buchhaltung, Steuerunterlagen, Arbeitsverträge der Mitarbeiter, sonstige Vertragsunterlagen uÄ.[1]

6 Schließlich wird man annehmen dürfen, dass der Notariatsverwalter nicht nur Dokumente vorlegen muss, zu deren Vorlage ihn die Notarkammer auffordert, sondern diese auch von ihm persönlich die **Erteilung von Auskünften** in mündlicher und schriftlicher Form verlangen kann. Es ist nicht anzunehmen, dass der Gesetzgeber dieses bei § 74 ausdrücklich erwähnte Recht hier nicht gewähren wollte. Vielmehr ist von einer unbewussten Gesetzeslücke auszugehen, die durch eine analoge Anwendung des § 74 Abs. 1 S. 1 geschlossen werden kann.

II. Verwaltung auf Rechnung des Verwalters

7 Der Gesetzeswortlaut unterscheidet für das Bestehen der Vorlagepflicht des Verwalters nicht danach, auf wessen Rechnung die Verwaltung durchgeführt wird. Dies ist auch grundsätzliche sachgerecht, weil auch das die Zugriffsrechte rechtfertigende Mithaftungsrisiko sowohl im einen wie im anderen Fall besteht. Da aber bei der Verwaltung auf Rechnung des Verwalters Abrechnungsprobleme nicht auftreten können, wird man bei der Verwaltung auf Rechnung des Verwalters die Einsichtsrechte der Notarkammer auf die haftungsrelevanten Unterlagen beschränken müssen, was insbesondere zur Folge hat, dass den Verwalter keine Pflicht zur Vorlage von Unterlagen und Erteilung von Auskünften über die allgemeine Buchhaltung trifft.[2]

C. Durchsetzung

8 § 63 sagt nichts darüber, wie die Notarkammer ihre Einsichts- und Auskunftsrechte **durchsetzt,** wenn der Verwalter einer an ihn gerichteten Aufforderung nicht nachkommt. Soweit die Notarkammer ihr Verlangen auch auf § 74 stützen kann, steht ihr unzweifelhaft der Weg nach Absatz 2 dieser Vorschrift zu Gebot. Aber auch da, wo § 74 nicht unmittelbar einschlägig ist, kann die Notarkammer ihre Rechte richtigerweise durch Festsetzung von **Zwangsgeld** durchsetzen. Auch hier (bereits → Rn. 6) ist von einer unbewussten Gesetzeslücke auszugehen, die durch analoge Anwendung des § 74 Abs. 2 geschlossen werden kann.

---

[1] Ebenso Schippel/Bracker/*Bracker* BNotO § 63 Rn. 1 aE.
[2] Zu undifferenziert daher Schippel/Bracker/*Bracker* BNotO § 63 Rn. 2.

D. Prüfungsbefugnisse der Aufsichtsbehörde, Abs. 2

§ 63 lässt die Aufsichtsbefugnisse der Justizverwaltung unberührt. Dies sind aber nur die **Rechte der allgemeinen Dienstaufsicht** und reichen nicht weiter als beim Notar. Anders als die Notarkammer hat die Aufsichtsbehörde grundsätzlich keinerlei Recht, Einblick in die wirtschaftliche Geschäftsführung des Notariatsverwalters zu nehmen.

9

E. Rechtsschutz

Da die Notarkammer, wenn sie ihre Rechte gem. § 63 wahrnimmt, dem Verwalter einseitig regelnd gegenübertritt, kann sich der Verwalter gegen ihn aus seiner Sicht zu Unrecht belastende Einsichts- bzw. Auskunftsverlangen nach § 111 zur Wehr setzen. Eine verdrängende Zuständigkeit der Landgerichte nach § 62 besteht diesbezüglich nicht.

10

§ 64 [Dauer der Amtsbefugnis des Notariatsverwalters; Kostenforderungen]

(1) ¹Das Amt eines nach § 56 Abs. 1 bestellten Notariatsverwalters endigt, wenn ein neuer Notar bestellt wird oder der vorläufig seines Amtes enthobene oder gemäß § 8 Abs. 1 Satz 2 an der persönlichen Amtsausübung verhinderte Notar sein Amt wieder übernimmt. ²Die Amtsbefugnis des Notariatsverwalters dauert fort, bis ihm die Beendigung des Amtes von der Landesjustizverwaltung mitgeteilt ist. ³Die Landesjustizverwaltung kann die Bestellung aus wichtigem Grunde vorzeitig widerrufen.

(2) ¹Das Amt eines nach § 56 Abs. 2 bestellten Notariatsverwalters endigt mit Ablauf des Zeitraums, für den er bestellt ist. ²Absatz 1 Satz 3 gilt entsprechend.

(3) ¹Übernimmt nach der Beendigung des Amtes des Notariatsverwalters der frühere Notar das Amt wieder oder wird dem neu bestellten Notar gemäß § 51 Abs. 1 Satz 2 die Verwahrung der Akten *[bis 31.12.2021: und Bücher] [ab 1.1.2022: , Verzeichnisse, amtlich übergebenen Urkunden und Wertgegenstände]* übertragen, so führt der Notar die von dem Notariatsverwalter begonnenen Amtsgeschäfte fort. ²Die nach Übernahme des Amtes durch den Notar fällig werdenden Kostenforderungen stehen diesem zu. ³Er muß sich jedoch im Verhältnis zum Kostenschuldner die vor der Übernahme des Amtes an den Notariatsverwalter gezahlten Vorschüsse anrechnen lassen.

(4) ¹Die dem Notariatsverwalter zustehenden Kostenforderungen werden nach der Beendigung seines Amtes von der Notarkammer im eigenen Namen eingezogen. ²Die §§ 19, 88 bis 90 und 127 des Gerichts- und Notarkostengesetzes gelten entsprechend. ³Die Notarkammer kann den neu bestellten oder wieder in sein Amt eingesetzten Notar damit beauftragen, die ausstehenden Forderungen auf ihre Kosten einzuziehen.

Übersicht

	Rn.
A. Sinn und Zweck	1
B. Reguläre Beendigung der Notariatsverwaltung im hauptberuflichen Notariat, Abs. 1 S. 1 und S. 2	3
I. Beendigung in den Fällen des § 56 Abs. 1	3
1. Verwalterbestellung nach Erlöschen des Notaramts oder Amtssitzverlegung	3
2. Verwalterbestellung wegen Ausübung eines besoldeten Amts	5
II. Beendigung in den Fällen des § 56 Abs. 3	6
III. Beendigung in den Fällen des § 56 Abs. 4	7
C. Reguläre Beendigung der Notariatsverwaltung im Anwaltsnotariat, Abs. 2	9
I. Beendigung in den Fällen des § 56 Abs. 2	9
II. Beendigung in den Fällen des § 56 Abs. 3	10
III. Beendigung in den Fällen des § 56 Abs. 4	11

	Rn.
D. Vorzeitige Beendigung des Verwalteramts	12
I. Widerrufsgründe	12
II. Form, Verfahren	15
E. Fortführung der Notarstelle durch einen Notar nach Beendigung der Notariatsverwaltung	16
I. Fortführung der vom Verwalter begonnenen Amtsgeschäfte, Abs. 3	16
II. Fortführung der Amtsgeschäfte des Notars, an dessen Stelle der Verwalter bestellt war	18
III. Kostengläubigerschaft und -beitreibung	19
1. Kostengläubigerschaft, Abs. 3 S. 2 und S. 3	19
2. Kostenbeitreibung, Abs. 4	20
F. Beendigung der Verwaltung ohne Fortführung der Notarstelle	24
G. Rechtsschutz	25
I. Widerruf der Verwalterbestellung	25
II. Einziehung von Kostenforderungen	26

A. Sinn und Zweck

1 § 64 regelt als **Gegenstück** zu §§ 56, 57 Abs. 2, 58 die Beendigung und Abwicklung der Notariatsverwaltung. Die Vorschrift trifft dabei anknüpfend an § 56 Abs. 1 und Abs. 2 ebenfalls gesonderte Bestimmungen für die Notariatsverwaltung im hauptberuflichen und im Anwaltsnotariat. Die Norm war bereits vor der Novelle 1998 unvollständig, insoweit als sie keine Regelung für den vorläufig amtsenthobenen Anwaltsnotar enthielt. Auch die Ergänzung des § 56 um Abs. 3 in der Novelle 1998 hat der Gesetzgeber an dieser Stelle nicht nachvollzogen, so dass auch insoweit eine ergänzende Gesetzesauslegung notwendig ist (→ Rn. 6).

2 Indem das Gesetz einen Widerruf der Bestellung eines Notariatsverwalters nur aus wichtigem Grund zulässt (Abs. 1 S. 3, Abs. 2 S. 2), versieht es die Verwalterbestellung mit einer größeren Bestandssicherheit als die jederzeit widerrufliche Vertreterbestellung (§ 40 Abs. 2), ohne dem Verwalter andererseits auch nur annähernd den Schutz vor Entlassung aus dem Amt angedeihen zu lassen, wie er für den auf Lebenszeit bestellten Notar vorgesehen ist. Insbesondere ist eine Entlassung des Verwalters auch aus objektiven Gründen möglich, die sich seiner Verantwortung und Beeinflussung entziehen, während die Amtsenthebungs- bzw. -verlustgründe beim Notar immer an subjektive Tatbestände anknüpfen.

B. Reguläre Beendigung der Notariatsverwaltung im hauptberuflichen Notariat, Abs. 1 S. 1 und S. 2

I. Beendigung in den Fällen des § 56 Abs. 1

3 **1. Verwalterbestellung nach Erlöschen des Notaramts oder Amtssitzverlegung.** In diesen Fällen endet das Verwalteramt nach dem Wortlaut von Abs. 1 S. 1 **mit der Bestellung** eines neuen Notars. Dabei ist es belanglos, ob diesem Notar die Verwahrung der Akten und Bücher des Notars übertragen wird, an dessen Stelle der Verwalter bestellt wurde. Dies spielt nur im Rahmen des Abs. 3 eine Rolle. Die Übertragung der Aktenverwahrung zeigt aber in dem Fall, dass gleichzeitig mehrere Notarstellen mit gleichem Amtssitz vakant sind, an, welches Verwalteramt durch die Notarbestellung sein Ende gefunden hat. Eine **Mitteilung an den Verwalter,** dass sein Amt beendet ist, fordert das Gesetz nicht. Sie ist im Hinblick auf die gem. Abs. 1 S. 2 bis zum Erhalt einer solchen Mitteilung fortbestehende Amtsbefugnis des Verwalters aber generell **sinnvoll.** Dies gilt besonders im Fall der gleichzeitigen Vakanz mehrerer Notarstellen am gleichen Ort, weil dann die Mitteilung auch gegenüber dem betroffenen Verwalter klarstellt, dass gerade sein Verwalteramt durch die erfolgte Ernennung erledigt ist.

Der Bestellung eines neuen Notars gleich zu erachten ist die **Verlegung des Amtssitzes** 4 eines bereits ernannten Notars an den Ort, an dem der Notariatsverwalter tätig ist.

2. Verwalterbestellung wegen Ausübung eines besoldeten Amts. Ist der Verwalter 5 anstelle eines gem. § 8 Abs. 1 S. 2 an der persönlichen Ausübung des Notaramts verhinderten Notars bestellt, so endet sein Amt in dem Augenblick, in dem der Notar **sein Amt wieder übernimmt,** ohne dass es insoweit eines Regelungsakts der Justizverwaltung, etwa einer zuvorigen Entlassung des Verwalters und/oder einer Ermächtigung des Notars zur Amtsübernahme bedürfte. Die Amtsübernahme kann in der Form der Wahrnehmung notarieller Befugnisse, insbesondere Vornahme von Beurkundungen etc erfolgen, aber auch und vor allem durch die **Übernahme der Sachherrschaft über die Amtsbestände** (Akten und Bücher, Urkunden und Wertgegenstände). Vorauszusetzen ist jeweils die nach außen manifestierte Absicht, vollständig an die Stelle des Verwalters treten zu wollen, so dass eine einzelne Amtshandlung für sich allein das Ende des Verwalteramts nicht herbeiführt. Generell wird man nach Sinn und Zweck der Norm als ungeschriebene Tatbestandsvoraussetzung annehmen müssen, dass sich die Amtsübernahme **im Einklang mit dem Berufsrecht** vollzieht, dass insbesondere die eigenmächtige Amtsübernahme des Notars, dem an sich die persönliche Amtsübernahme (noch) verboten wäre, das Amt des Verwalters nicht zum Erlöschen bringt. Einer Mitwirkung des Verwalters bedarf es nicht, da das Gesetz ausdrücklich von „Übernahme" statt „Übergabe" spricht. Sollte der Verwalter die Amtsübergabe zu Unrecht verweigern, weil er das entsprechende Ansinnen des Notars etwa irrtümlich für berufsrechtswidrig erachtet, und setzt er seine eigene Amtstätigkeit fort, so sind seine Amtshandlungen nicht ungültig, weil zu seinen Gunsten Satz 2 zur Anwendung kommt. Umgekehrt sind auch Amtshandlungen des Notars wirksam, wenn er fahrlässig oder vorsätzlich zu Unrecht sein Amt übernimmt, da § 55 Abs. 2 S. 2 auch auf diese Situation entsprechend anwendbar ist.

II. Beendigung in den Fällen des § 56 Abs. 3

Der Fall der Verwalterbestellung für einen Notar, der gem. § 48c vorübergehend, dh mit 6 Wiederbestellungsgarantie am gleichen Amtssitz, aus dem Notaramt ausgeschieden ist, ist in § 64 nicht geregelt. Die Gesetzeslücke ist richtigerweise so zu schließen, dass die Verwaltung **mit der erneuten Ernennung** des früheren Inhabers der Notarstelle zum Notar ihr Ende findet. Soweit der Zeitraum der Verwalterbestellung aber ausnahmsweise bereits vorher abgelaufen und eine Verlängerung nicht erfolgt sein sollte, endet das Verwalteramt bereits mit dem Ablauf der Bestellungsfrist. Es liegt auf der Hand, dass die Justizverwaltung bei der Wiederbestellung eine solche verwalterlose Zeit möglichst vermeiden und ihr Verfahren so gestalten sollte, dass die erneute Ernennung des Notars vor dem Ablauf der Bestellungsfrist des Verwalters erfolgt. Nicht angängig wäre es, wie im Falle des § 8 Abs. 1 S. 2 auch bei der Verwaltung nach § 48c das Ende der Verwaltung an die Amtsübernahme durch den Notar anzuknüpfen. Nur deshalb, weil der Notar bei Ausübung eines besoldeten Amts immer noch Notar und nur an der persönlichen Ausübung seines Amts gehindert ist, stellt das Gesetz in Abs. 1 S. 1 für die Beendigung der Notariatsverwaltung auf die tatsächliche Amtsübernahme ab. Das ist eine gegenüber § 48c grundlegend andere Situation.

III. Beendigung in den Fällen des § 56 Abs. 4

Bei der **vorläufigen Amtsenthebung** endet das Verwalteramt nach dem Wortlaut von 7 Abs. 1 S. 1, wenn der vorläufig seines Amts enthobene Notar sein Amt wieder übernimmt. Fraglich ist, ob dies die Erlöschensgründe vollständig wiedergibt oder ob das Verwalteramt auch endet, wenn sich die vorläufige Amtsenthebung dadurch erledigt, dass der Notar sein Notaramt gemäß einem der Tatbestände des § 47 endgültig verliert. Richtigerweise bedingt das **Erlöschen des Notaramts des bereits vorläufig amtsenthobenen Notars keine erneute Verwalterbestellung,** sondern der bereits bestellte Verwalter setzt dann seine Tätigkeit fort, bis ein neuer Notar bestellt wird. Da bei Erlöschen des Notaramts eines hauptberuflichen Notars regelmäßig ein Verwalter zu bestellen ist (§ 56 Abs. 1), liefe die Annahme eines Erlöschens des Verwalteramts auf eine von der Sache her nicht gerechtfertigte Verkomplizierung der Abläufe hinaus, indem trotz Bestellung im Zweifel der gleichen Person zum Verwalter wieder eine Anhörung der Notarkammer durchzuführen wäre und der Verwalter wiederum einen Amtseid (auch in der erleichterten Form des § 57 Abs. 2 S. 3 iVm § 40 Abs. 1 S. 3) zu leisten hätte. Eine gegenüber der Situation vor Erlöschen des Amts des vorläufig amtsenthobenen Notars veränderte Sachlage kann die Justizverwaltung ohne weiteres dadurch zur Geltung bringen, dass sie die Bestellung des Verwalters gem. Abs. 1 S. 3 widerruft oder, weil sie die Stelle nicht wieder besetzen möchte, in eine Abwicklungsverwaltung überführt (hierzu → § 56 Rn. 9 aE).

8 Somit bleibt es dabei, dass regulär nur die erneute Übernahme des Amts durch den zuvor vorläufig amtsenthobenen Notar das Amt des nach § 56 Abs. 4 bestellten Verwalters beendet. Der Begriff der Übernahme ist genauso zu verstehen wie bei § 56 Abs. 1 iVm § 8 Abs. 1 S. 2 (→ Rn. 5). Auch hier gilt, dass nur die **gesetzmäßige Rückkehr des Notars an seine Amtsstelle,** nicht aber die berufsrechtswidrige das Verwalteramt erlöschen lässt.

C. Reguläre Beendigung der Notariatsverwaltung im Anwaltsnotariat, Abs. 2

I. Beendigung in den Fällen des § 56 Abs. 2

9 Bei der Abwicklung der Verwaltung im Anwaltsnotariat endet die Verwaltung ohne weiteres mit dem **Ablauf des Bestellungszeitraums** (Abs. 2 S. 1). Eine Verlängerung der Bestellung verhindert das Erlöschen des Amts des Verwalters nur, wenn sie vor Ablauf der früheren Bestellung wirksam wird (zur Form → § 57 Rn. 10). Ob zwischenzeitlich ein neuer Notar bestellt wurde, ist irrelevant, was auch nicht weiter problematisch ist, da der Verwalter ab dem vierten Monat seiner Tätigkeit neue Notariatsgeschäfte nicht mehr übernehmen darf (§ 56 Abs. 2 S. 3).

II. Beendigung in den Fällen des § 56 Abs. 3

10 Die in Abs. 2 nicht behandelte Verwaltung nach § 56 Abs. 3 iVm § 48c weist beim Anwaltsnotar keine Besonderheiten gegenüber der Verwaltung einer Stelle im hauptberuflichen Notariat auf. Die Ausführungen unter → Rn. 6 gelten daher hier entsprechend.

III. Beendigung in den Fällen des § 56 Abs. 4

11 Auch dieser Fall ist (und war bereits vor der Novelle 1998) vom Gesetzgeber nicht geregelt. Grundsätzlich besteht hier wie bei § 48c **kein** wesentlicher **Unterschied zwischen hauptberuflichem und Anwaltsnotariat.** Hier wie dort ist die Verwaltung Fortführungsverwaltung (→ § 56 Rn. 2 und 16). Deshalb kann Abs. 1 S. 1 Alt. 2 analog angewendet werden, so dass das Verwalteramt endet, wenn der vorläufig amtsenthobene Anwaltsnotar sein Amt wieder übernimmt. Die Parallelwertung gilt auch, wenn das Notaramt während der Verwaltung erlischt. Zwar geht dann die Verwaltung, anders als im hauptberuflichen Notariat, in eine Abwicklungsverwaltung über (§ 56 Abs. 2). Dies rechtfertigt aber nicht, ein Erlöschen auch des Verwalteramtes anzunehmen und, soweit erforderlich, die erneute Bestellung eines Verwalters, nunmehr gem. § 56 Abs. 2, zu verlangen.[1]

Um die geänderte Zielrichtung der Verwaltung bzw. ein mangelndes Bedürfnis für ihre Fortführung zur Geltung zu bringen, genügt es vielmehr vollständig, wenn die Justizver-

---

[1] So aber Schippel/Bracker/*Bracker* BNotO § 56 Rn. 34.

waltung die Verwalterbestellung nunmehr **befristet** – Vertrauensschutzgesichtspunkte kann der Verwalter dem nicht entgegenhalten – oder die Bestellung gem. Abs. 2 S. 3 iVm Abs. 1 S. 3 gänzlich widerruft.

D. Vorzeitige Beendigung des Verwalteramts

I. Widerrufsgründe

Das Gesetz ermächtigt die Justizverwaltung in beiden Notariatsformen dazu, die Bestellung des Verwalters aus wichtigem Grund vorzeitig zu widerrufen (Abs. 1 S. 3), ggf. iVm Abs. 2 S. 3. Wichtige Gründe in diesem Sinne können sowohl objektiver wie subjektiver Natur sein. **12**

Objektiver Widerrufsgrund ist insbesondere, dass die Justizverwaltung nachträglich zu der Erkenntnis gelangt, dass kein Bedürfnis für eine weitere Notariatsverwaltung mehr besteht, wobei im hauptberuflichen Notariat aber vor dem Widerruf der Verwalterbestellung grundsätzlich zunächst deren Umwandlung in eine Abwicklungsverwaltung zu erfolgen hätte, weil anders eine ordnungsgemäße Abwicklung der Notarstelle kaum möglich sein dürfte (zur Abwicklungsverwaltung im hauptberuflichen Notariat im Übrigen → § 56 Rn. 9 und 14). **13**

Subjektive Widerrufsgründe können zunächst die Tatbestände sein, die beim Notar zur Amtsenthebung Veranlassung geben.[2] Dies gilt auch für § 50 Abs. 1 Nr. 10, da unbeschadet § 61 Abs. 2 auch eine eigene Versicherungspflicht des Verwalters besteht (§ 57 Abs. 1 iVm § 19a, → § 61 Rn. 7). Aber auch eine erwiesene fachliche Überforderung oder im Falle der Verwaltung auf Rechnung der Notarkammer bzw. -kasse mangelndes gedeihliches Zusammenwirken mit dieser können als wichtiger Grund für einen Widerruf gelten, weil das Interesse der Rechtspflege an der Aufrechterhaltung einer lebensfähigen Notarstelle bzw. einer ordnungsgemäßen Abwicklung im Falle des § 56 Abs. 2 Vorrang genießt vor dem vom Gesetzgeber nur sehr eingeschränkt als schutzwürdig anerkannten Amtsfortführungsinteresse des Verwalters. Schließlich kommt als wichtiger Grund für den Widerruf auch der nicht zur Unzeit vorgetragene, sachlich begründete **Wunsch des Verwalters nach Entpflichtung** in Betracht, etwa weil er zwischenzeitlich selbst zum Notar ernannt wurde oder wegen längerer Erkrankung zur persönlichen Amtsausübung nachhaltig nicht in der Lage ist. Ein genereller Anspruch auf jederzeitige Entlassung aus dem Amt besteht freilich nicht.[3] Die damit verbundene stärkere Inpflichtnahme des Verwalters gegenüber dem Notar, der jederzeit seine Entlassung begehren kann, mag auf den ersten Blick überraschen. Sie ist jedoch dadurch gerechtfertigt, dass der Verwalter von vornherein nur für einen begrenzten Zeitraum bestellt wurde und es im Interesse der vorsorgenden Rechtspflege liegt, während dieser begrenzten Zeit einen Wechsel im Verwalteramt möglichst zu vermeiden. **14**

II. Form, Verfahren

Der Widerruf erfolgt durch an den Verwalter gerichteten Verwaltungsakt, welcher **schriftlich** ergehen kann und eine **Begründung** enthalten muss. **15**

---

[2] Ebenso Schippel/Bracker/*Bracker* BNotO § 64 Rn. 12.
[3] AA Schippel/Bracker/*Bracker* BNotO § 64 Rn. 14, demzufolge gem. § 57 Abs. 1 auch auf den Verwalter § 48 anwendbar sein soll, dies steht freilich im Widerspruch zum lex specialis-Charakter des § 64 Abs. 1 S. 3 gegenüber §§ 47 ff.

E. Fortführung der Notarstelle durch einen Notar nach Beendigung der Notariatsverwaltung

I. Fortführung der vom Verwalter begonnenen Amtsgeschäfte, Abs. 3

16 Quasi spiegelbildlich zu § 58 ordnet Abs. 3 an, dass der frühere Notar oder der neu bestellte Notar, soweit ihm gem. § 51 Abs. 1 S. 2 die Verwahrung der Akten und Bücher übertragen wird, die von dem Notariatsverwalter begonnenen Amtsgeschäfte fortführt. Zum Begriff der Fortführung kann auf die Ausführungen bei → § 58 Rn. 2 verwiesen werden. Mit dem „früheren" Notar meint das Gesetz vorrangig – in der Begriffswahl unpräzise – den an der persönlichen Amtsausübung nicht mehr gehinderten Notar im Falle des § 56 Abs. 1 Alt. 3 iVm § 8 Abs. 2 und den Notar, dessen vorläufige Amtsenthebung aufgehoben oder erloschen ist (§ 56 Abs. 4 iVm § 54). Richtigerweise wird hierunter auch der auf der Grundlage des § 48c wiederernannte Notar zu subsumieren sein, umso mehr als in diesem Fall die Begriffswahl sogar zutreffend ist, weil hier das Notaramt tatsächlich erloschen war (weitere Fälle → § 51 Rn. 38). Ihm muss die Justizverwaltung deshalb nicht förmlich die Verwahrung der Akten und Bücher gem. § 51 Abs. 1 übertragen, damit die Rechtswirkung des Abs. 3 eintritt.

17 Während die vorstehenden Ausführungen unterschiedslos für hauptberufliches und Anwaltsnotariat gelten, ist die Fortführung der Amtsgeschäfte des Verwalters durch den **neu bestellten Notar** (Abs. 3 S. 1 Alt. 2) eine typische Erscheinung des hauptberuflichen Notariats. Die Akten und Bücher, deren Verwahrung dem Notar übertragen ist, sind die des früheren Notars. Es wäre eine übertriebene Förmlichkeit und ist auch in der Praxis nicht üblich, dem neuen Inhaber der Notarstelle sowohl die Verwahrung der Akten des Notars wie auch der des an seiner Stelle bestellten Verwalters zu übertragen.

II. Fortführung der Amtsgeschäfte des Notars, an dessen Stelle der Verwalter bestellt war

18 Abs. 3 behandelt nur die vom Verwalter begonnenen, nicht aber die vom früheren Notar bereits begonnenen und vom Verwalter gem. § 58 (nur) fortgeführten Amtsgeschäfte. Es ist aber selbstverständlich, dass diese vom (früheren oder neuen) Notar entsprechend den Ausführungen der → Rn. 16 f. ebenfalls fortzuführen sind. In den Fällen der → Rn. 17 folgt dies bereits aus § 51 Abs. 1 S. 2 (→ § 51 Rn. 30). Der Rekurs auf § 51 versagt zwar in den Fällen der → Rn. 16. In diesen Fällen ist aber nach dem Sinn und Zweck der Norm Abs. 2 S. 1 des in mehrfacher Hinsicht unpräzise formulierten § 64 entsprechend erweiternd auszulegen, so dass der frühere Notar selbstverständlich auch von ihm seinerzeit begonnene, vom Verwalter noch nicht zum Abschluss gebrachte Geschäfte abzuwickeln hat.

III. Kostengläubigerschaft und -beitreibung

19 **1. Kostengläubigerschaft, Abs. 3 S. 2 und S. 3.** Hinsichtlich der Abgrenzung der Kostenberechtigung stimmt Abs. 3 mit § 58 überein (s. S. 2 und S. 3, weswegen zur Vermeidung von Wiederholungen auf die Ausführungen dort (→ § 58 Rn. 11 f.) verwiesen werden kann.

20 **2. Kostenbeitreibung, Abs. 4.** Dagegen hat der Gesetzgeber hinsichtlich der **Einziehung bei Beendigung der Verwaltung noch offener Kostenforderungen** – deren **Inhaber** immer noch der ehemalige **Verwalter** ist, eine cessio legis findet nicht statt – einen anderen Weg vorgesehen. Gemäß Abs. 4 S. 1 fällt die Einziehung grundsätzlich in die Zuständigkeit der Notarkammer, welche jedoch gegen Kostenübernahme den „neuen oder wieder in sein Amt eingesetzten" Notar mit der Einziehung beauftragen kann (S. 3).

Übernimmt die **Notarkammer** bzw. -kasse den Einzug selbst, so gelten zu ihren **21** Gunsten die §§ 19, 89 GNotKG, dh sie nimmt die Rechnungsstellung in eigenem Namen vor, erteilt sich die Vollstreckungsklausel und betreibt auf dieser Grundlage die Vollstreckung. Die gerichtliche Zuständigkeit für die Kostenbeschwerde nach § 127 GNotKG liegt, auch wenn Beschwerdegegnerin die Notarkammer(-kasse) ist, bei dem Landgericht, in dessen Bezirk der Verwalter bestellt war. Abs. 4 S. 1 unterscheidet nicht danach, ob der Notarkammer der Ertrag der Kostenforderungen auch im Innenverhältnis gebührt. Trotzdem wird vertreten, dass eine Beitreibung nach Abs. 4 ausscheidet, **wenn die einzuziehenden Gebühren** auch **wirtschaftlich** dem **Verwalter** zustehen.[4] Diese Auffassung ist zu undifferenziert und daher nicht sachgerecht. Gleiches gilt aber auch für die Gegenansicht,[5] die eine generelle Einziehung durch die Notarkammer als möglich erachtet. Wie bei § 58 Abs. 3 (der weiteres gar nicht regelt) geht es auch bei § 64 Abs. 4 darum, das an das Notariatsverwalteramt geknüpfte Vollstreckungsprivileg des § 89 GNotKG zu erhalten. Deshalb ist die Notarkammer sehr wohl auch bei Durchführung der Verwaltung auf Rechnung des Verwalters berechtigt und verpflichtet, ihm eine vollstreckbare Ausfertigung der Kostenrechnung zu erteilen und – im Vorfeld – eine den Anforderungen des § 19 GNotKG entsprechende Kostenrechnung zugunsten des Verwalters zu stellen. Alle weiteren Schritte der Einziehung setzen dagegen nicht die amtliche Bestellung voraus und können vom ehemaligen Verwalter selbst betrieben werden. Hierfür ist dann tatsächlich kein Vollstreckungsinteresse der Notarkammer anzuerkennen und eine Vollstreckung durch sie unzulässig. Das ergibt sich nicht aus der generellen Unzulässigkeit einer isolierten Vollstreckungsstandschaft, die der ZPO fremd ist[6] – das Verfahren nach § 19, 89 GNotKG ist mehr als reine Vollstreckung –, sondern aus dem mangelnden für eine Prozessstandschaft erforderlichen eigenen Interesse der Notarkammer.

Der Verwalter selbst ist nach Beendigung seines Amts außerstande, die ihm nur formal **22** oder auch materiell zustehenden Kostenforderungen gem. §§ 19, 89 GNotKG geltend zu machen, da die dort gewährten Rechte untrennbar mit dem öffentlichen Notar- bzw. Notariatsverwalteramt verknüpft sind. Ist der Verwalter aber auch nach Beendigung der Verwaltung Inhaber eines Notaramts, so spricht der Gesichtspunkt, Kosteninteresse und -beitreibung möglichst in der gleichen Person zusammenzuführen, dafür, bei Verwaltung auf seine Rechnung § 58 Abs. 3 S. 2 und S. 3 analog anzuwenden, was insbesondere auch zur Folge hat, dass der Notar, welcher die Notarstelle weiterführt, von jeglicher über § 58 Abs. 3 S. 3 Hs. 1 hinausgehender Tätigkeit entlastet wird.[7]

Eine Beauftragung des neuen oder nicht länger an der persönlichen Amtsausübung **23** gehinderten Notars gem. Abs. 4 S. 3 steht im Ermessen der Notarkammer. Eines Einverständnisses des Betroffenen bedarf es nicht.[8] Sie dürfte in der Praxis die Regel darstellen, da ihm der Zugriff auf die Akten viel leichter möglich ist. Strukturell handelt es sich um eine Art gesetzliche Prozessstandschaft, dh der Notar zieht die Rechnungen im eigenen Namen, aber für Rechnung der Kammer ein.[9] Eine Beauftragung des neuen Notars ist nur zulässig, wenn diesem auch die Aktenverwahrung gem. § 51 Abs. 1 S. 2 übertragen ist, weil Abs. 4 S. 3 und Abs. 3 in unlösbarem Zusammenhang miteinander stehen.[10] Für den Fall des § 48c gilt diese Einschränkung aber nicht, da es dort, wie → Rn. 16 ausgeführt, einer Anordnung gem. § 51 gerade nicht bedarf. Der Notar, der einen Auftrag gem. Abs. 4 S. 3 erhält, hat im Rahmen des Gesetzes Weisungen der Notarkammer über die Art und

---

[4] Arndt/Lerch/Sandkühler/*Lerch* BNotO § 64 Rn. 24 unter Hinweis auf ein fehlendes Rechtsschutzinteresse.
[5] Schippel/Bracker/*Bracker* BNotO § 64 Rn. 24.
[6] S. BGHZ 92, 347; Zöller/*Stöber* ZPO § 727 Rn. 13.
[7] AA, freilich ohne Begründung, Schippel/Bracker/*Bracker* BNotO § 64 Rn. 24.
[8] Ähnlich Arndt/Lerch/Sandkühler/*Lerch* BNotO § 64 Rn. 26.
[9] Ebenso Arndt/Lerch/Sandkühler/*Lerch* BNotO § 64 Rn. 25.
[10] Ebenso Schippel/Bracker/*Bracker* BNotO § 64 Rn. 22.

Weise der Einziehung zu beachten.[11] Er hat nur Anspruch auf Erstattung seiner Kosten, dh Auslagen, eine eigene Vergütung kann er nicht verlangen.[12]

F. Beendigung der Verwaltung ohne Fortführung der Notarstelle

24   Zu einer solchen Situation kann es außer bei der Abwicklungsverwaltung gem. § 56 Abs. 2 auch ausnahmsweise im hauptberuflichen Notariat kommen, wenn die Justizverwaltung von der Übertragungsmöglichkeit nach § 51 Abs. 1 S. 2 Alt. 2 keinen Gebrauch macht. Hinsichtlich der Akten und Bücher gilt § 51 Abs. 1, dh der Verwalter hat sie, genauer: die Akten und Bücher des Notars ebenso wie seine eigenen, dem zuständigen oder hierfür bestimmten Amtsgericht in Verwahrung zu geben. Die Handlungsmöglichkeiten des Gerichts beschränken sich sodann gem. § 51 Abs. 1 S. 3 auf die Zuständigkeiten nach § 45 Abs. 2, Abs. 4 und Abs. 5, was angesichts der hohen praktischen Bedeutung der Vollzugstätigkeit deutlich macht, dass ein Verzicht auf die Verwahrung durch einen anderen Notar jedenfalls im hauptberuflichen Notariat nur in besonders gelagerten Ausnahmefällen angebracht ist. Hinsichtlich der **Kostenbeitreibung** gilt Abs. 4 S. 1 und S. 2 unmittelbar (s. deshalb → Rn. 20 f.). Eine **Beauftragung** gem. Abs. 4 S. 3 scheidet dagegen mangels tauglichen Auftragnehmers aus. Insbesondere ist es auch nicht möglich, den Verwalter mit der Beitreibung zu beauftragen, wenn er neuerlich zum Verwalter einer anderen Notarstelle oder zum Notar ernannt worden ist, da es hier an der inneren Rechtfertigung des Beitreibungsauftrags, Annex zur Amtsfortführung zu sein, fehlt. Nur im Fall der Notariatsverwaltung auf Rechnung des Verwalters kann sich die Notarkammer von der eigenen Beitreibung entlasten, indem sie sich auf die hoheitliche Maßnahme nach §§ 19, 89 GNotKG beschränkt – wenn der Verwalter kein Amt innehat –, oder analog § 58 Abs. 3 S. 2 den erneut als Verwalter oder jetzt als Notar tätigen früheren Verwalter auf die eigene Wahrnehmung seiner Rechte verweist.

G. Rechtsschutz

I. Widerruf der Verwalterbestellung

25   Der seines Amts enthobene Verwalter kann die Widerrufsverfügung nach § 111 anfechten. Inanspruchnahme gerichtlichen Rechtsschutzes hat aber nur Sinn bei einem **Widerruf aus subjektiven,** in der Person des Verwalters liegenden **Gründen** (→ Rn. 14). Ein **Widerruf aus objektiven Gründen** kann den Verwalter dagegen in eigenen Rechten nicht verletzen, da er insoweit kein schutzwürdiges Aufrechterhaltungsinteresse vorbringen kann.

II. Einziehung von Kostenforderungen

26   Rechtsstreitigkeiten zwischen Notarkammer und Notariatsverwalter in diesem Zusammenhang fallen nicht unter § 62. Verweigert die Notarkammer dem Verwalter, der nicht wieder Verwalter oder Notar ist, bei der Verwaltung auf seine Rechnung die **Rechnungsstellung** oder **Erteilung der vollstreckbaren Ausfertigung,** so ist dies im Verfahren gem. **§ 127 GNotKG** zu klären. § 58 Abs. 3 S. 1 Hs. 2 kann insoweit analog angewendet werden. Streitigkeiten im Zusammenhang mit einem Auftrag gem. Abs. 4 S. 3 sind gem. § 111 zu klären, wenn der Beauftragte um gerichtliche Klärung nachsucht. Im umgekehrten Fall stehen der Notarkammer die Handlungsmöglichkeiten des Disziplinarrechts offen, sie ist daher auf gerichtlichen Rechtsschutz nicht angewiesen.

---

[11] Arndt/Lerch/Sandkühler/*Lerch* BNotO § 64 Rn. 26.
[12] Schippel/Bracker/*Bracker* BNotO § 64 Rn. 23.

7. Abschnitt. Allgemeine Vorschriften für das Verwaltungsverfahren

§ 64a [Anwendbarkeit des Verwaltungsverfahrensgesetzes; Übermittlung personenbezogener Informationen]

(1) Für Verwaltungsverfahren nach diesem Gesetz oder nach einer auf Grund dieses Gesetzes erlassenen Rechtsverordnung gilt, soweit nichts anderes bestimmt ist, das Verwaltungsverfahrensgesetz.

(2) ¹Gerichte und Behörden übermitteln personenbezogene Informationen, die für die Bestellung zum Notar, zum Vertreter oder Notariatsverwalter, für die Ernennung zum Notarassessor, für die Amtsenthebung eines Notars oder Entlassung eines Notarassessors aus dem Dienst, für die Rücknahme oder den Widerruf einer Erlaubnis, Genehmigung oder Befreiung sowie zur Einleitung eines Verfahrens wegen ordnungswidrigen Verhaltens oder Verletzung von Amtspflichten aus der Sicht der übermittelnden Stelle erforderlich sind, der für die Entscheidung zuständigen Stelle, soweit hierdurch schutzwürdige Interessen des Betroffenen nicht beeinträchtigt werden oder das öffentliche Interesse das Geheimhaltungsinteresse des Betroffenen überwiegt. ²Die Übermittlung unterbleibt, wenn besondere gesetzliche Verwendungsregelungen entgegenstehen. ³Informationen über die Höhe rückständiger Steuerschulden können entgegen § 30 der Abgabenordnung zum Zweck der Vorbereitung der Amtsenthebung gemäß § 50 Abs. 1 Nr. 6 oder Nr. 8 übermittelt werden; die zuständige Stelle darf die ihr übermittelten Steuerdaten nur für den Zweck verwenden, für den ihr diese übermittelt worden sind.

Schrifttum: *Fehling/Kastner/Störmer*, Verwaltungsrecht, 4. Aufl. 2016; *Mann/Sennekamp*, Verwaltungsverfahrensgesetz, 2. Aufl. 2019.

A. Hintergrund

Die Vorschrift wurde 1991 eingefügt und durch das Gesetz zur Modernisierung von Verfahren im anwaltlichen und notariellen Berufsrecht, zur Errichtung einer Schlichtungsstelle der Rechtsanwaltschaft sowie zur Änderung sonstiger Vorschriften vom 30.7.2009 neu gefasst. Ausweislich der Gesetzesbegründung stellt § 64a – unbeschadet der bestehenden Vorschriften für die Ausübung der Aufsicht – die **grundlegenden Regelungen** für die Ermittlung des Sachverhalts durch die Landesjustizverwaltung und für die Mitwirkungspflichten des Notars, des Notarassessors und des Bewerbers um die Bestellung zum Notar nach dem Vorbild der §§ 24 Abs. 1 S. 1, 26 Abs. 1 S. 1, Abs. 2 S. 1 VwVfG im Verwaltungsverfahren nach der BNotO auf. Gemäß § 2 Abs. 3 Nr. 1 VwVfG gelten die Regelungen der Verwaltungsverfahrensgesetze des Bundes und der Länder für diese Tätigkeiten der Justizverwaltung grundsätzlich nicht.[1] Überall dort, wo die BNotO die Landesjustizverwaltungen an etlichen Stellen zu hoheitlichem Verwaltungshandeln verpflichtet, so zB in den Fällen der §§ 3 ff., § 18 Abs. 3, § 39 oder § 50, finden über § 64a Abs. 1 und aufgrund des Behördenprinzips die entsprechenden Vorschriften des Verwaltungsverfahrensgesetzes des jeweiligen Bundeslandes der Landesjustizverwaltung Anwendung. Demnach richtet sich auch die Frage, ob ein **Vorverfahren** stattzufinden hat, nach dem jeweiligen Landesverfahrensrecht.[2] Die Vorschrift unterstellt auch das Verfahren der **Notarkammern** dem Verwaltungsverfahrensrecht des jeweiligen Bundeslandes.[3] 1

Ergänzend hierzu finden sich in den einzelnen Vorschriften der BNotO **spezielle Verfahrensbestimmungen** (zB §§ 6b, 50 Abs. 3, Abs. 4). Im Bereich des Disziplinarrechts 2

---

[1] BT-Drs. 11/6007, 13.
[2] Vgl. Diehn/*Zimmer* BNotO § 64a Rn. 4.
[3] BR-Drs. 700/08, 1.

(§§ 95 ff.) verweist hingegen § 96 auf das Bundesdisziplinargesetz und damit auch auf dessen besonderes Verfahrensrecht.

B. Verfahrensgrundsätze (Abs. 1)

3   Es gelten daher über § 64a Abs. 1 insbesondere die Verfahrensgrundsätze der §§ 9 ff. VwVfG und dabei vor allem §§ 24, 26 VwVfG.

I. Untersuchungsgrundsatz, Beweisverfahren (§§ 24, 26 Abs. 1 VwVfG)

4   Hat die Landesjustizverwaltung von Amts wegen oder auf Antrag eines hierzu Berechtigten ein Verwaltungsverfahren eingeleitet, so führt sie dieses nach dem Untersuchungsgrundsatz durch. Für Inhalt und Umfang der Ermittlungspflicht können die **Grundsätze** herangezogen werden, die **zu § 24 VwVfG** entwickelt worden sind.[4] Der behördliche Untersuchungsgrundsatz beruht auf dem Grundsatz der Gesetzmäßigkeit der Verwaltung und dient zugleich aber auch dem Rechtsschutz der Beteiligten.[5]

5   Die Behörde bestimmt dabei **Art und Umfang der Ermittlung,** es ist dabei grundsätzlich ihre Aufgabe, alle relevanten Umstände, die sie ihrer Verwaltungsentscheidung zugrunde zu legen hat, selbst festzustellen.[6] Die Behörde kann sich bei der als Teil der Sachverhaltsermittlung geltenden Beweiserhebung der Beweismittel bedienen, die sich nach pflichtgemäßen Ermessen für erforderlich hält, § 26 Abs. 1 S. 2. Zentraler Unterschied im Vergleich zum prozessualen Beweisrecht ist das **Fehlen des Unmittelbarkeitsgrundsatzes.**[7] Daher ist es im Verwaltungsverfahren auch möglich, dass Zeugenaussagen schriftlich erfolgen und Zeugen sich dabei vertreten lassen. Außerdem bedarf es keiner Identität zwischen dem beweiserhebenden und dem entscheidenden Amtswalter.[8]

6   Hinreichend ist die **Sachverhaltsaufklärung** durch die Behörde dann, wenn sie aufgrund des ermittelten Sachverhalts vom Vorliegen oder Nichtvorliegen der Tatbestandsvoraussetzungen der maßgeblichen Rechtsnormen überzeugt ist.[9]

7   Die **Ermittlungspflicht** der Behörde auf Grund des Untersuchungsgrundsatzes endet auch dort, wo es ein Beteiligter in der Hand hat, die notwendige Erklärung abzugeben und Beweismittel vorzulegen, um eine seinem Interesse entsprechende Entscheidung herbeizuführen.[10]

8   Die Beteiligten können im Verwaltungsverfahren **Beweisanträge** stellen, denen die Behörde nach ihrem pflichtgemäßen Ermessen unter Berücksichtigung der Erfordernisse des Einzelfalles nachgeht. Mit der Untersuchungsmaxime ist es unvereinbar, wenn eine generelle Beweisführungslast der Beteiligten bestünde.[11] Lässt sich daher ein entscheidungserheblicher Sachverhalt nicht abschließend klären, so geht nach dem Normbegünstigungsprinzip die Unerweislichkeit *(non liquet)* einer Tatsache grundsätzlich zulasten des Beteiligten, der konkret eine für sich günstige Rechtsfolge aus der Anwendung der jeweiligen Norm behauptet.[12] Aufgrund dieser materiellen Beweislast fällt beim begünstigenden Ver-

---

[4] Vgl. Stelkens/Bonk/Sachs/*Kallerhoff*/*Fellenberg* VwVfG § 24 Rn. 1 ff.
[5] Vgl. Fehling/Kastner/Störmer/*Schwarz* VwVfG § 24 Rn. 2.
[6] Vgl. Stelkens/Bonk/Sachs/*Kallerhoff*/*Fellenberg* VwVfG § 24 Rn. 26.
[7] *Kopp/Ramsauer* VwVfG § 26 Rn. 1a; BeckOK VwVfG/*Herrmann* VwVfG § 26 Rn. 5.
[8] Mann/Sennekamp/*Uechtritz* VwVfG § 26 Rn. 6; Stelkens/Bonk/Sachs/*Kallerhoff*/*Fellenberg* VwVfG § 26 Rn. 12.
[9] Vgl. BeckOK VwVfG/*Heßhaus* VwVfG § 24 Rn. 11; Fehling/Kastner/Störmer/*Schwarz* VwVfG § 24 Rn. 15. Zu den Grenzen der Aufklärungsmöglichkeiten der Justizverwaltung, zB im Verfahren der Notarbestellung vgl. BGH NJW-RR 2000, 1444.
[10] BGH DNotZ 2014, 548 Rn. 9.
[11] Vgl. Stelkens/Bonk/Sachs/*Kallerhoff*/*Fellenberg* VwVfG § 24 Rn. 54.
[12] Fehling/Kastner/Störmer/*Schwarz* VwVfG § 24 Rn. 37; Mann/Sennekamp/*Uechtritz* VwVfG § 24 Rn. 60.

waltungsakt die Beweislast dem Antragsteller, beim belastenden Verwaltungsakt dagegen der Behörde zu.[13]

II. Mitwirkungspflicht (§ 26 Abs. 2 VwVfG)

Zwischen der Ermittlungspflicht der Behörde und der Mitwirkungspflicht eines Beteiligten ergeben sich Wechselwirkungen. § 26 Abs. 2 VwVfG gestaltet die Pflicht als **Mitwirkungslast** aus: Die Einhaltung kann zwar nicht erzwungen werden, ihre Verletzung aber zu nachteiligen Verfahrensfolgen für den Beteiligten (**verfahrensrechtliche Last**) führen.[14] Die fehlende Mitwirkung als solche führt nicht zu einer Umkehr der materiellen Beweislast. Vielmehr endet die Pflicht zur Aufklärung des Sachverhalts durch die Behörde dort, wo der Betroffene seinen Mitwirkungspflichten nicht oder nur unzureichend nachgekommen ist.[15] Die Mitwirkungslast führt daher als mittelbare verfahrensrechtliche Folge zu einer **Beschränkung der Amtsermittlungspflicht der Behörde**.[16] Der Beteiligte ist auf diese Rechtsfolge hinzuweisen.[17] Mitwirkungspflichten ergeben sich schließlich auch aus der BNotO selbst, zB aus § 74 Abs. 1 oder § 93.[18]

9

III. Weitere Verfahrensgrundsätze

Aus den §§ 9 ff. VwVfG ergeben sich noch weitere Verfahrensgrundsätze: So gelten nach §§ 20, 21 VwVfG Mitwirkungsverbote bei Befangenheit. § 22 S. 1 VwVfG legt als Grundsatz für die Einleitung eines Verwaltungsverfahrens die Offizialmaxime fest: Soweit durch Rechtsvorschriften nicht anderes bestimmt ist, entscheidet die Behörde nach pflichtgemäßem Ermessen, ob sie ein Verwaltungsverfahren durchführt oder nicht.[19] Innerhalb der Grenzen pflichtgemäßen Ermessens kann sowohl die Entscheidung der Behörde, ein Verwaltungsverfahren einzuleiten, als auch die Entscheidung, untätig zu bleiben, rechtmäßig sein.[20] § 23 VwVfG regelt die Amtssprache und § 28 VwVfG setzt eine Anhörung des Beteiligten voraus.

10

C. Übermittlung personenbezogener Informationen (Abs. 2)

Nach Abs. 2 der Vorschrift ist die Übersendung und Übermittlung personenbezogener Daten nicht nur erlaubt, sondern die Behörde zugleich zur Übermittlung solcher verpflichtet. Daher müssen Gerichte und auch andere Notarkammern personenbezogene Daten solcher Notare, Notarassessoren und Notariatsverwalter übermitteln, die nicht ihrer eigenen Dienstaufsicht unterstehen.[21] Die Vorschrift schafft die gesetzliche Grundlage für Eingriffe in das Recht auf informationelle Selbstbestimmung,[22] die der Betroffene im Hinblick auf die Gemeinschaftsbezogenheit und -gebundenheit der Person dulden muss, soweit dies im überwiegenden Allgemeininteresse liegt.[23]

11

---

[13] BeckOK VwVfG/*Heßhaus* VwVfG § 24 Rn. 17; *Kopp/Ramsauer* VwVfG § 24 Rn. 12a ff.
[14] Vgl. Stelkens/Bonk/Sachs/*Kallerhoff/Fellenberg* VwVfG § 26 Rn. 46 f.; BeckOK VwVfG/*Herrmann* VwVfG § 26 Rn. 37.
[15] Vgl. Fehling/Kastner/Störmer/*Schwarz* VwVfG § 26 Rn. 38; Stelkens/Bonk/Sachs/*Kallerhoff/Fellenberg* VwVfG § 26 Rn. 47.
[16] BVerwG NVwZ 1987, 404 f.; vgl. Mann/Sennekamp/*Uechtritz* VwVfG § 26 Rn. 55 f.
[17] Die Verletzung der Mitwirkungspflicht kann darüber hinaus Auswirkungen bei späterer Geltendmachung ungenügender Sachaufklärung in Rechtsbehelfsverfahren und bei Schadensersatzansprüchen des Beteiligten gegen die Behörde haben; vgl. hierzu *Kopp/Ramsauer* VwVfG § 24 Rn. 12 ff.
[18] Diehn/*Zimmer* BNotO § 64a Rn. 6.
[19] Stelkens/Bonk/Sachs/*Kallerhoff/Fellenberg* VwVfG § 22 Rn. 6.
[20] BeckOK VwVfG/*Heßhaus* VwVfG § 22 Rn. 6.
[21] Diehn/*Zimmer* BNotO § 64a Rn. 7.
[22] Vgl. BVerfGE 65, 1 (43 f.); 80, 367 (373); 84, 375 (379).
[23] Schippel/Bracker/*Herrmann* BNotO § 64a Rn. 6.

12 Der **Begriff** der personenbezogenen Informationen, den die Vorschrift verwendet, ist gleichbedeutend mit dem der personenbezogenen Daten, der den Datenschutzgesetzen des Bundes und der Länder zugrunde liegt (zB § 24 BDSG). Die Übermittlung darf nur den in S. 1 einzeln genannten Zwecken dienen. Die Behörde muss prüfen, ob sie mit der Übermittlung die datenschutzrechtlichen Grundsätze der Erforderlichkeit und der Verhältnismäßigkeit beachtet. Dazu muss die übermittelnde Behörde auch die schutzwürdigen Belange des Betroffenen und das öffentliche Interesse in eigener Verantwortung abwägen.

13 Unter den schutzwürdigen Belangen des Betroffenen, die einer Übermittlung entgegenstehen, sind vor allem seine Intim- und **Privatsphäre**, seine wirtschaftliche und berufliche Handlungsfreiheit, seine berufliche Chancengleichheit und sein **Ansehen** in der Öffentlichkeit zu beachten.[24] Es ist jeweils eine einzelfallbezogene **Abwägung** erforderlich. Eine mögliche Verletzung dieser Interessen wird allerdings häufig bereits deshalb ausscheiden, weil die in Abs. 2 genannten Verfahren, in denen die Informationen Verwendung finden sollen, nicht öffentlich und die Beteiligten zur Verschwiegenheit verpflichtet sind.[25] Das bloße Interesse des Betroffenen, in einem der in Abs. 2 angeführten Verfahren eine für ihn nachteilige Rechtsfolge zu vermeiden, ist nicht schutzwürdig. Soweit nach der Vorschrift die Weitergabe personenbezogener Daten gestattet ist, steht dem die **Verschwiegenheitspflicht** nicht entgegen.[26]

14 Abs. 2 S. 2 sieht vor, dass eine Übermittlung unterbleibt, wenn **besondere Verwendungsregelungen** entgegenstehen. Hierdurch soll die Beachtung sonstiger Bestimmungen sichergestellt werden, die einen gesteigerten Schutz personenbezogener Daten bezwecken,[27] so zB das Steuer- oder das Sozialgeheimnis (§ 30 Abs. 1, Abs. 4 AO, § 35 SGB I, §§ 67 ff. SGB X), aber auch zB das Verwertungsverbot der §§ 51, 52, 63 Abs. 4 BZRG.[28] Besonders zu erwähnen sind die bundeseinheitlich vereinbarten Verwaltungsvorschriften des Bundes und der Länder über Mitteilungspflichten der Gerichte und Staatsanwaltschaften an andere öffentliche Stellen, insbesondere die Anordnung oder Mitteilungen in Zivilsachen **(MiZi)** und die Anordnung oder Mitteilungen in Strafsachen **(MiStra)**. Diese begründen kein Übermittlungsverbot.[29]

15 Nach Abs. 2 S. 3 können den zuständigen Stellen Informationen über die **Höhe rückständiger Steuerschulden** übermittelt werden. Dies trägt dem Umstand Rechnung, dass Steuerschulden oftmals frühzeitig auf eine Verschlechterung der Vermögensverhältnisse hindeuten, die ggf. im Rahmen eines Verfahrens nach § 50 Abs. 1 Nr. 6, Nr. 8 Bedeutung erlangt. Für die Amtsenthebung ist die Landesjustizverwaltung zuständig, so dass die Steuerdaten insoweit an sie zu übermitteln sind.[30]

---

[24] Vgl. Feuerich/Weyland/*Reelsen* BRAO § 36 Rn. 7 für die Parallelvorschrift des § 36 BRAO.
[25] Vgl. Diehn/*Zimmer* BNotO § 64a Rn. 7; Schippel/Bracker/*Herrmann* BNotO § 64a Rn. 6; ebenso Feuerich/Weyland/*Reelsen* BRAO § 36 Rn. 8.
[26] Feuerich/Weyland/*Reelsen* BRAO § 36 Rn. 9.
[27] Vgl. auch § 36 Abs. 2 S. 2 Nr. 2 BRAO.
[28] Vgl. Schippel/Bracker/*Herrmann* BNotO § 64a Rn. 7.
[29] Vgl. Diehn/*Zimmer* BNotO § 64a Rn. 7; vgl. auch Feuerich/Weyland/*Reelsen* BRAO § 36 Rn. 11.
[30] Schippel/Bracker/*Herrmann* BNotO § 64a Rn. 7 f.

Zweiter Teil. Notarkammern und Bundesnotarkammer

1. Abschnitt. Notarkammern

§ 65 [Bildung; Sitz]

(1) ¹Die Notare, die in einem Oberlandesgerichtsbezirk bestellt sind, bilden eine Notarkammer. ²Die Landesregierung oder die von ihr durch Rechtsverordnung bestimmte Stelle kann jedoch durch Rechtsverordnung bestimmen, daß mehrere Oberlandesgerichtsbezirke oder Teile von Oberlandesgerichtsbezirken oder ein Oberlandesgerichtsbezirk mit Teilen eines anderen Oberlandesgerichtsbezirks den Bezirk einer Notarkammer bilden.

(2) ¹Die Notarkammer hat ihren Sitz am Ort des Oberlandesgerichts. ²Im Fall des Absatzes 1 Satz 2 bestimmt die Landesregierung oder die von ihr bestimmte Stelle den Sitz der Notarkammer.

Übersicht

	Rn.
A. Bedeutung der Norm	1
B. Kammersystem	2
I. Geschichtliche Entwicklung	2
II. Rechtliche Grundlage des Kammersystems	5
C. Die Notarkammern	8
I. Mitgliedschaft	8
1. Art und Umfang	8
2. Gesetzliche Mitgliedschaft	12
II. Örtliche Zuständigkeit	17
III. Sitz der Notarkammer	20
IV. Zusammenfassung	22

A. Bedeutung der Norm

Die Vorschrift enthält die Grundnorm für die Bildung der Notarkammern und ihren **1** Sitz. Sie ist zugleich Basis der notariellen Selbstverwaltung.

B. Kammersystem

I. Geschichtliche Entwicklung

Das Kammersystem geht historisch auf italienische und französische Wurzeln zurück, die **2** teils im kanonischen, teils im weltlichen Recht ihren Hintergrund haben. Zum Überblick sei auf *von Stralendorff* und *Taupitz*,[1] wegen näherer Einzelheiten auf *Oesterley, Oberneck* und *Bresslau*[2] verwiesen. Im 19. Jahrhundert wurden Notarkammern in den damals staatsrechtlich zu Frankreich gehörenden Gebieten des Rheinlandes sowie in einer Reihe von Rheinbundstaaten begründet, insbesondere durch das sog. Ventôse-Gesetz vom

---

[1] S. BeckOK BNotO/*von Stralendorff* BNotO § 65 Rn. 2–6; *Taupitz,* Die Standesordnungen der freien Berufe, 1991, S. 398 ff.
[2] *Oesterley,* Das Deutsche Notariat, 1842, Neudruck 1965, S. 193 ff.; *Oberneck,* Das Notariatsrecht der deutschen Länder, 8.–10. Aufl. 1929; *Bresslau,* Handbuch der Urkundenlehre, Bd. 1, 4. Aufl. 1969, S. 583 ff. Zur Entwicklung von Korporationen (collegiis notariorum) speziell: *Oesterley,* aaO.

16.3.1803.³ Es verblieb eine höchst unterschiedliche Regelung in den deutschen Ländern, wie zB Preußen die Notarkammern wieder aufhob und die Dienstaufsicht über die Notare den Gerichten übertrug.⁴ Eine einheitliche Regelung für das Gebiet des Deutschen Reichs wurde deshalb angestrebt.

3   Aufgrund der Vorarbeiten, vor allem des Deutschen Notartages in Hamburg 1929, wurde zuerst durch Verordnung vom 17.7.1934 (RGBl. I 712), endgültig durch die RNotO vom 15.2.1937 (RGBl. I 191 ff.) die **Reichsnotarkammer** eingerichtet. Sie stellte einen Zusammenschluss „sämtlicher Notare" dar (§ 44 RNotO). Die einzelnen Notarkammern hatten die Aufgaben der RNotK auf „Weisung" von deren Präsidenten „selbstständig wahrzunehmen" (§ 53 RNotO).⁵

4   Nach **Gründung der Bundesrepublik**⁶ wurden im Rahmen des föderalistischen Staatsaufbaus⁷ die Notarkammern ihrerseits in Zusammenfassung der Notare eines OLG-Bezirks als „Schwerpunkt ihrer berufsständischen Organisation"⁸ begründet (§ 65) und ihnen Rechtsfähigkeit als Körperschaften öffentlichen Rechts verliehen (§ 66).⁹ Versuche, die Zuständigkeit für das Notarrecht vom Bund im Rahmen der sogenannten Föderalismus-Reform auf die Länder (zurück) zu übertragen, scheiterten im Jahr 2006. Es blieb bei der Zuweisung an die Bundesgesetzgebung in Art. 66 GG, die durch das Gesetz vom 28.8.2006 (BGBl. I 2034) entgegen den vorangegangenen Entwürfen nicht verändert wurde.

II. Rechtliche Grundlage des Kammersystems

5   Das System berufsständischer Kammern findet seine Grundlage und Rechtfertigung im **Prinzip der Selbstverwaltung**¹⁰ und deren damit zusammenhängenden Grundsatz der **Subsidiarität** staatlicher Organisation.¹¹ Zweck der Kammerverfassung ist einerseits die Stärkung der Unabhängigkeit des Notars gegenüber dem Staat, andererseits die Entlastung

---

³ *Frischen* RNotZ 2003, 1 ff.; *Kleesang* RNotZ 2003, 8 ff., *Oesterley* S. 572 sowie Bd. 2, S. 65 f., 109 f.
⁴ *Frischen* RNotZ 2003, 7.
⁵ *Gsänger* in: HdB zur Geschichte des deutschen Notariats seit der RNotO von 1512, 2012, S. 183 ff.
⁶ Zum Neubeginn in den einzelnen Besatzungszonen *Vossius* in: HdB zur Geschichte des deutschen Notariats seit der RNotO von 1512, 2012, S. 216 ff.
⁷ BT-Drs. 3/219, 18 linke Spalte.
⁸ BT-Drs. 3/219, 28 linke Spalte oben. Einzelheiten bei *Schüler,* Die Entstehungsgeschichte der Bundesnotarordnung, 2000; *Frischen* RNotZ 2002, 811 ff.
⁹ Die Entwicklung in einzelnen Kammerbezirken ergibt sich aus
a) für Bayern: *Vollhardt* in: 125 John Bayrisches Notarrecht, 1982, S. 20 f.
b) für Brandenburg: http://www.notarkammer-brandenburg.de/notarkammer/geschichte.
c) für Celle: *Nahme,* Die Notarkammer Celle, 2007.
d) für Frankfurt (teilweise auch für Kassel): *Hartmann,* ZNotP 2001, 410 ff.
e) für Hamburg: *Sieveking* in: 175 Jahre, Hamburgisches Notarrecht neuer Prägung, 1986, S. 23 ff., 28 ff.
f) für Koblenz in 50 Jahre Notarkammer Koblenz, 1999: *Liessem* S. 15 ff.; *Held/Held* S. 41 ff.; *Massing* S. 53 ff.
g) für Oldenburg: *Ordemann* in: Notare im Nordwesten – 50 Jahre Notarkammer für den Oberlandesgerichtsbezirk Oldenburg, 2011, S. 20 f.
h) für die Rheinische Kammer in Notar und Rechtsgestaltung, 1998: *Querling* S. 549 ff.; *Strauch* S. 587 ff.; *Kleenseng* S. 633 ff.
i) für Sachsen-Anhalt: http://www.notarkammer-sachsen-anhalt.de/notarkammer/geschichte.
j) für die Schleswig-Holsteinische Notarkammer: *Schubert* SchlH A 2003, 234 ff.
k) für Stuttgart: *Keller/Jagst,* Fest-Rundschreiben 3/1997, S. 73 ff.
l) für Thüringen: http://www.notarkammer-thueringen.de/kammer/das-notariat-in-thueringen.
m) für die Westfälische Kammer (früher Hamm): *Stockebrand/Sandkühler* in: Die Rechtsanwaltschaft im OLG Bezirk Hamm 1879–2004, 2004, S. 41 ff.
Ausführliche Darstellung zur Entwicklung nach 1945 bei BeckOK BNotO/*von Stralendorff* BNotO § 65 Rn. 5 ff. sowie Rn. 2 ff; zur geschichtlichen Entwicklung des Notariats nach 1989 in den neuen Ländern siehe FS „25 Jahre freiberufliches Notariat in Brandenburg, Mecklenburg-Vorpommern, Sachsen, Sachsen-Anhalt und Thüringen", 2015.
¹⁰ Grundsätzlich *Tettinger,* Kammerrecht, 1997, passim, bes. S. 57 ff., 73 ff. sowie für die RA-Kammern *Ehlers/Lechleitner* AnwBl. 2006, 361–367; *Krenzler* BRAK-Mitteilungen 2008, 90 und die Thesen zur anwaltlichen Selbstverwaltung in BRAK-Mitteilungen 2008, 91 f.
¹¹ BVerfGE 33, 125 (156 f.); *Tettinger,* Kammerrecht, S. 75; *Leuze* FS Schippel 1996, 698.

des Staats von Tätigkeiten, die der Berufsstand selbst erledigen kann.[12] Zugleich liegt die berufliche Selbstverwaltung auch durch die Heranziehung des speziellen Sachverstands im Interesse des Gemeinwohls.[13]

Die Selbstverwaltung hat in einer Reihe von Einzelbereichen eine **verfassungsrechtliche Garantie** im Grundgesetz gefunden, aus denen sich folgern lässt, dass dieses „klassische Instrument der Dezentralisation und der Sicherung der Eigenverantwortlichkeit der Inkorporierten damit verfassungsrechtlich in hohem Maße akzeptiert wird".[14] Ob sich ein Selbstverwaltungsrecht darüber hinaus „naturrechtlich" begründen lässt, sei hier dahingestellt.[15] 6

Im Rahmen des **Bundesstaats** liegt die Ausführung von Bundesgesetzen grundsätzlich bei den Ländern (Art. 83 ff. GG), nur Dachorganisationen wie die Bundesnotarkammer (§ 76) sind dem Bund zugeordnete Körperschaften. Die einzelnen Notarkammern sind dagegen Körperschaften der Länder, also **Ländernotarkammern.**[16] 7

C. Die Notarkammern

I. Mitgliedschaft

1. Art und Umfang. Die Notare eines Kammerbezirks sind kraft Gesetzes Mitglieder der örtlich zuständigen Notarkammern. Ihre Mitgliedschaft **beginnt** mit Aushändigung der Bestellungsurkunde (§ 12) unter den gesetzlich vorgeschriebenen Voraussetzungen. Sie **endet** aus den in § 47 aufgeführten Gründen, wegen deren Einzelheiten auf die dortigen Erläuterungen verwiesen wird. Eine vorläufige Amtsenthebung nach § 54 hat (noch) keine Beendigung der Mitgliedstellung in der Kammer zur Folge.[17] 8

Mitglieder sind nur die Notare des § 3. **Notarvertreter** oder **Notariatsverwalter** sind also (falls sie nicht selbst Notare sind) keine Kammermitglieder, auch nicht für die Dauer ihrer Bestellung. Dies ergibt sich daraus, dass der Notarvertreter das Amt des Notars „versieht" (arg. § 41 Abs. 1 S. 1). Der Verwalter ist nur damit betraut, „das Amt des Notars vorübergehend wahrzunehmen" (§ 56 Abs. 1) oder beim Anwaltsnotar „an seiner Stelle zur Abwicklung der Notariatsgeschäfte" tätig zu werden (§ 56 Abs. 2). Beide sind also wegen ihrer Bestellung allein nicht Notare, deshalb keine Kammermitglieder.[18] 9

Daran ändert sich auch nichts dadurch, dass auf ihre Tätigkeit die für den Notar geltenden Vorschriften **entsprechend** anzuwenden sind (§§ 39 Abs. 4, 57 Abs. 1). Sie unterliegen nur für die Zeit ihrer Tätigkeit der Dienstaufsicht und den Disziplinarvorschriften **wie Notare,** da es sich allein um die Regelung ihrer zeitlich beschränkten Rechtsstellung handelt. 10

Auch der **Notarassessor** hat „dieselben allgemeinen Amtspflichten wie der Notar" (§ 7 Abs. 4 S. 2); er befindet sich aber im Anwärterdienst, der entweder mit seiner Bestellung zum Notar oder mit der Entlassung endet (§ 7 Abs. 6). Ihm fehlt also ebenfalls die Bestellung zum Notar als Voraussetzung zur Mitgliedschaft in der Kammer.[19] Daran ändert sich auch nichts, wenn er zum Vertreter oder Verwalter bestellt wird. 11

---

[12] BeckOK BNotO/*von Stralendorff* BNotO § 65 Rn. 1, *Leuze* FS Schippel 1996, 700; *Quass/Sieben* BRAK-Mitteilungen 2002, 162 f.

[13] *Bohrer,* Berufsrecht, S. 112 Rn. 356.

[14] BVerfGE 33, 125 (156); *Tettinger,* Kammerrecht, S. 75 ff. mwN; *Leuze* FS Schippel 1996, 702.

[15] So *Süsterhenn* in: Mayhofer, Naturrecht oder Rechtspositivismus?, 3. Aufl. 1981, S. 23.

[16] *Hartmann* FS Schippel 1996, 649; *Tettinger,* Kammerrecht, S. 94 ff.; vgl. auch Diehn/*Schwipps* BNotO § 65 Rn. 6.

[17] BekOK BNotO/*von Stralendorff* BNotO § 65 Rn. 14 f.; Arndt/Lerch/Sandkühler/*Lerch* BNotO § 65 Rn. 12; Diehn/*Schwipps* BNotO § 65 Rn. 13.

[18] BeckOK BNotO/*von Stralendorff* BNotO § 65 Rn. 14; *Bohrer,* Berufsrecht, S. 128.

[19] BeckOK BNotO/*von Stralendorff* BNotO § 65 Rn. 14; Arndt/Lerch/Sandkühler/*Lerch* BNotO § 65 Rn. 12; *Saage* BNotO § 65 Anm. 3; Diehn/*Schwipps* BNotO § 65 Rn. 13.

12 2. **Gesetzliche Mitgliedschaft.** Die **Mitgliedschaft** tritt nach § 65 Abs. 1 S. 1 **kraft Gesetzes** ein. Es bedarf also nach der Bestellung zum Notar **weder eines besonderen Antrags,** noch kann ein Notar für sich die Mitgliedschaft ablehnen oder aus der Kammer austreten. Dabei macht es keinen Unterschied, ob die Mitglieder Notare im Hauptberuf (§ 3 Abs. 1) oder Anwaltsnotare (§ 3 Abs. 2) sind.

13 Die **Anwaltsnotare** sind gleichzeitig in ihrer Eigenschaft als Rechtsanwälte Mitglieder der für sie zuständigen Rechtsanwaltskammer (§ 60 Abs. 1 BRAO). Diese Doppelstellung entspricht ihrem Doppelberuf[20] und ist wegen der körperschaftsrechtlichen Trennung, insbesondere wegen der Vertretung der Anwaltsnotare durch ihre Notarkammer in der Bundesnotarkammer erforderlich.[21] Im Gesetzgebungsverfahren bei Erlass der BNotO sind deshalb Anregungen des Bundesrats, die Anwaltsnotare durch die Rechtsanwaltskammern (mit-)vertreten zu lassen, mit Recht abgelehnt worden.[22]

14 Die **gesetzliche Mitgliedschaft** der Notare in den Kammern ist **verfassungsrechtlich zulässig.** Weder aus Art. 2 GG noch aus Art. 9 GG ergeben sich hiergegen Bedenken. Zwar dürfen Körperschaften nur begründet werden, um legitime öffentliche Aufgaben wahrzunehmen. Es liegt aber im Ermessen des Gesetzgebers, inwieweit er solche Aufgaben selbst oder durch öffentlich-rechtliche Körperschaften ausübt,[23] soweit nicht ohnehin die Selbstverwaltungsgarantie (→ Rn. 6) eingreift.

15 Dabei werden unter öffentlichen Aufgaben solche verstanden, „an deren Erfüllung ein gesteigertes Interesse der Gemeinschaft besteht, die aber so geartet sind, dass sie weder im Wege privater Initiative wahrgenommen werden können, noch zu den im engeren Sinn staatlichen Aufgaben zählen, die der Staat selbst (…) wahrnehmen muss".[24] Unter Berücksichtigung der Bedeutung des Kammersystems (→ Rn. 5 f.) bestehen keine verfassungsrechtlichen Bedenken gegen die gesetzliche Mitgliedschaft der Notare in ihren Kammern.[25]

16 Allerdings sollte der unschöne Begriff „Zwangsmitgliedschaft" vermieden werden.[26] Auch der Begriff „Pflichtmitgliedschaft" ist rechtlich nicht zutreffend, da keine besondere Verpflichtung zu einem Eintrittsakt oder -antrag besteht. Vielmehr tritt die Mitgliedschaft – wie gesagt – automatisch kraft Gesetzes durch Bestellung zum Notar gem. § 12 ein.[27] Es sollte also allein von **„gesetzlicher Mitgliedschaft"** gesprochen werden.[28]

II. Örtliche Zuständigkeit

17 § 65 regelt auch die örtliche Zusammensetzung und damit die Zuständigkeit der NotK. Als Grundsatz bestimmt § 65 Abs. 1 S. 1 zum Bereich der NotK den **OLG-Bezirk,** in dem der Notar bestellt ist. Dies ist nach § 11 Abs. 1 der Amtsbezirk, in dem er seinen Amtssitz hat. Die Grenzen des OLG-Bezirks sind also im Regelfall auch die Grenzen des Kammerbezirks.

18 Hiervon gibt es aber verschiedene Ausnahmen:

---

[20] BVerfGE 17, 371 (380); BeckNotar-HdB/*Sandkühler* § 33 Rn. 1 ff.; *Mihm,* Berufsrechtliche Kollisionsprobleme beim Anwaltsnotar, 2000, S. 46 ff., 49.

[21] Ausf. Begr.: BT-Drs. 3/219, 28.

[22] Dazu *Saage* DNotZ 1956, 27 ff.; 1958, 174 ff.; BeckOK BNotO/*von Stralendorff* BNotO § 65 Rn. 8.

[23] BVerfGE 10, 89 (102, 104) und 354 (363); 38, 281 (297); *Tettinger,* Kammerrecht, S. 76 ff.; OVG Rheinland-Pfalz 22.1.1997 – 11 A 12 624/96 in Fortsetzung von DNotZ 1959, 321; BVerwG NJW 1998, 3510 mwN.

[24] BVerfGE 38, 281 (299).

[25] Ganz hM: BVerfG AnwBl. 2002, 294; BVerwG NJW 1998, 814; *Zuck* FS Schippel 1996, 817 (835 f.); BeckOK BNotO/*von Stralendorff* BNotO § 65 Rn. 15; Arndt/Lerch/Sandkühler/*Lerch* BNotO § 65 Rn. 11; *Bohrer,* Berufsrecht, S. 111 f.; *Tettinger,* Kammerrecht, S. 87.

[26] Dagegen auch: *Zuck* FS Schippel 1996, 835; *Bohrer,* Berufsrecht, S. 111; so aber BeckOK BNotO/*von Stralendorff* BNotO § 65 Rn. 15; vgl. auch BFH NJW 2015, 2447 (2448).

[27] Insoweit übereinstimmend Arndt/Lerch/Sandkühler/*Lerch* BNotO § 65 Rn. 11.

[28] So wohl auch Diehn/*Schwipps* BNotO § 65 Rn. 14, der von „gesetzlich statuierter Mitgliedschaft" spricht.

- **Mehrere OLG-Bezirke** können als Bezirk einer Notarkammer **zusammengefasst** werden (§ 65 Abs. 1 S. 2 Alt. 1). Von dieser Möglichkeit haben Gebrauch gemacht
  • Bayern durch Bildung der **Landesnotarkammer Bayern** als Zusammenfassung der OLG-Bezirke Bamberg, München und Nürnberg.[29]
  • Nordrhein-Westfalen durch Bildung der **Rheinischen Notarkammer** als Zusammenfassung der OLG-Bezirke Düsseldorf und Köln.[30]
  • Baden-Württemberg durch Bildung der **Notarkammer Baden-Württemberg** als Zusammenfassung der OLG-Bezirke Stuttgart und Karlsruhe gemäß der Neuordnung der Notariatsverfassung dieses Bundeslandes durch Gesetz vom 2.7.2005 und Verordnung vom 26.9.2005[31] aufgrund der Änderung der §§ 114, 115 durch Gesetz vom 22.7.2005.[32]
- **Teile von OLG-Bezirken** können den Bezirk einer Notarkammer bilden (§ 65 Abs. 1 S. 2 Alt. 2). Dies ist geschehen in Hessen durch Bildung der **Notarkammern Frankfurt am Main** und **Kassel** innerhalb des OLG-Bezirks Frankfurt am Main.[33] Die Zulässigkeit der Teilung eines OLG-Bezirks in zwei Kammern ist zwar mit grammatikalischen Argumenten bestritten worden.[34] Sie ergibt sich aber aus dem Hinweis auf die drei gleichberechtigten Alternativen in § 65 Abs. 1 S. 2.[35] Für die beiden Notarkammern im OLG-Bezirk Frankfurt am Main ist die Streitfrage in § 117a Abs. 1 entschieden.

III. Sitz der Notarkammer

Nach § 65 Abs. 2 hat die NotK im Prinzip ihren Sitz am **Ort des OLG**. Auch hiervon gibt es Ausnahmen:
- In den Fällen des Abs. 1 S. 2 (→ Rn. 18) wird der Sitz der NotK von der Landesregierung oder der von ihr durch Rechtsverordnung[36] bestimmten Stelle festgelegt. So ist für die Landesnotarkammer Bayern als Sitz München, für die Rheinische Notarkammer Köln bestimmt worden. Die (neue) Notarkammer Baden-Württemberg hat ihren Sitz in Stuttgart.
- Außerdem sind in den **neuen Bundesländern** teilweise die NotK nicht am Sitz des OLG gebildet worden: Es handelt sich dabei um die Kammern Brandenburg mit Sitz in Potsdam (OLG Brandenburg), Mecklenburg-Vorpommern in Schwerin (OLG Rostock), Sachsen-Anhalt in Magdeburg (OLG Naumburg) sowie Thüringen in Erfurt (OLG Jena). Gemäß § 117a Abs. 2 bleiben diese Kammern auch nach Inkrafttreten der Novelle an ihren bisherigen Sitzen (→ § 117a Rn. 3).

IV. Zusammenfassung

Insgesamt ergibt sich für die Notarkammern ein Bild, wie es in der folgenden **Liste** dargestellt wird, in der Name, Sitz, Bundesland, OLG-Bezirk und die Anzahl der der Kammer zugeordneten LG-Bezirke aufgeführt sind.

---

[29] VO v. 21.3.1961 (GVBl. S. 89).
[30] VO v. 14.3.1961 (GV NW S. 163).
[31] BW GBl. S. 674; vgl. die Erläuterungen zu § 114 sowie die umfassende Darstellung von BeckOK BNotO/*Görk* zu § 114 (§ 114 wurde neu gefasst und ist an die Stelle der §§ 114 und 115 getreten durch Gesetz v. 15.7.2009 (BGBl. I 1798); § 114 wurde erneut neu gefasst durch Gesetz v. 23.11.2015 (BGBl. I 2090)).
[32] BGBl. 2005 I 2188.
[33] Hessen: VO v. 29.3.1961 (GVBl. I 57).
[34] Arndt/Lerch/Sandkühler/*Lerch* BNotO § 65 Rn. 10 sowie BeckOK BNotO/*von Stralendorff* BNotO § 65 Rn. 12.
[35] So *Wagner* DNotZ 1995, 920; zustimmend *Hartmann* FS Schippel 1996, 648 Fn. 20, auch ZNotP 2001, 410.
[36] BGBl. 2017 I 1121; mit der Einfügung „durch Rechtsverordnung" wurde die Vorgabe aus Art. 80 Abs. 1 S. 4 GG auch im Wortlaut des § 65 Abs. 1 S. 2 verankert; vgl. hierzu BT-Drs. 18/9521, 217.

Liste der Notarkammern

Name	Sitz	Land	OLG-Bezirk	Anzahl der LG-Bezirke
Landesnotarkammer Bayern	München	Bayern	Bamberg Nürnberg München	7 5 10
Notarkammer Berlin	Berlin	Berlin	Berlin	1
Notarkammer Brandenburg	Potsdam	Brandenburg	Brandenburg	4
Notarkammer Braunschweig	Braunschweig	Niedersachsen	Braunschweig	2
Bremer Notarkammer	Bremen	Bremen	Bremen	1
Notarkammer Celle	Celle	Niedersachsen	Celle	6
Notarkammer Frankfurt	Frankfurt a. M.	Hessen	Frankfurt a. M.	6
Hamburgische Notarkammer	Hamburg	Hamburg	Hamburg	1
Westfälische Notarkammer	Hamm	Nordrhein-Westfalen	Hamm	10
Notarkammer Kassel	Kassel	Hessen	Frankfurt a. M.	3
Notarkammer Koblenz	Koblenz	Rheinland-Pfalz	Koblenz	4
Notarkammer Mecklenburg-Vorpommern	Schwerin	Mecklenburg-Vorpommern	Rostock	4
Notarkammer Oldenburg	Oldenburg	Niedersachsen	Oldenburg	3
Notarkammer Pfalz	Zweibrücken	Rheinland-Pfalz	Zweibrücken	4
Rheinische Notarkammer	Köln	Nordrhein-Westfalen	Düsseldorf Köln	6 3
Saarländische Notarkammer	Saarbrücken	Saarland	Saarbrücken	1
Notarkammer Sachsen	Dresden	Sachsen	Dresden	6
Notarkammer Sachsen-Anhalt	Magdeburg	Sachsen-Anhalt	Naumburg	4

Name	Sitz	Land	OLG-Bezirk	Anzahl der LG-Bezirke
Schleswig-Holsteinische Notarkammer	Schleswig	Schleswig-Holstein	Schleswig	4
Notarkammer Baden-Württemberg	Stuttgart	Baden-Württemberg	Stuttgart Karlsruhe	8 9
Notarkammer Thüringen	Erfurt	Thüringen	Jena	4

§ 66 [Satzung; Aufsicht; Tätigkeitsbericht]

(1) ¹Die Notarkammer ist eine Körperschaft des öffentlichen Rechts. ²Die Satzung der Notarkammer und ihre Änderungen werden von der Kammerversammlung beschlossen; sie bedürfen der Genehmigung der Landesjustizverwaltung und sind in einem von ihr bezeichneten Blatt zu veröffentlichen.

(2) ¹Die Landesjustizverwaltung führt die Staatsaufsicht über die Notarkammer. ²Die Aufsicht beschränkt sich darauf, daß Gesetz und Satzung beachtet, insbesondere die der Notarkammer übertragenen Aufgaben erfüllt werden.

(3) Am Schlusse des Geschäftsjahrs legt die Notarkammer der Landesjustizverwaltung einen Bericht über ihre Tätigkeit im abgelaufenen Jahr und über die Lage der im Bereich der Notarkammer tätigen Notare und Notarassessoren vor.

A. Bedeutung der Norm

Die Vorschrift regelt die Rechtsfähigkeit der NotK, den Erlass ihrer Satzung und die Beziehungen zwischen der NotK und der Landesjustizverwaltung. Die Einrichtung der NotK durch Gesetz bewirkt, dass sie auch nur durch Gesetz aufgelöst werden könnte. **1**

B. Körperschaft des öffentlichen Rechts

I. Grundsätzliches

Die NotK ist kraft gesetzlicher Bestimmung des Abs. 1 S. 1 Körperschaft des öffentlichen Rechts. Sie erfüllt gemäß der Zuordnung durch positives Recht öffentliche Aufgaben (→ § 65 Rn. 5 ff.).[1] **2**

Die Notarkammer ist infolgedessen Träger von **Rechten und Pflichten** sowie Inhaber ihres Vermögens. Sie kann in eigenem Namen klagen und verklagt werden. Für ihre Organe haftet sie gem. §§ 89 Abs. 1, 31 BGB (zur Frage eines Rückgriffs gegen Vorstandsmitglieder → § 68 Rn. 13 f.). **3**

Grundrechte können von der Notarkammer nach überwiegender Meinung[2] im Rahmen der ihr gesetzlich zugewiesenen Aufgaben nicht geltend gemacht werden. Ob die beruf- **4**

---

[1] Grundsätzlich *Tettinger*, Kammerrecht, 1997, S. 104 ff. sowie *Ehlers/Lechleitner* AnwBl. 2006, 361–367 jeweils mwN; aus der Rspr.: BVerfG NJW 1997, 1634 mwN.
[2] BVerfG NJW 1997, 1634; differenzierend: *Stern*, Staatsrecht, Bd. III.1, 1988, S. 1162 f.; ähnlich *Tettinger*, Kammerrecht, S. 100 f.; *Bohrer*, Berufsrecht, S. 73 Rn. 231.

liche Selbstverwaltung als solche nicht grundrechtlichen Schutz genießt, ist damit aber noch nicht entschieden (→ § 65 Rn. 6).

5 Konstituierendes Element für die Zugehörigkeit zu der Notarkammer ist die **Mitgliedschaft**.[3] Den Mitgliedern gegenüber übt die Notarkammer im Rahmen ihrer Aufgaben öffentliche Gewalt aus. Sie ist insoweit zur Wahrung von deren Grundrechten verpflichtet.[4]

II. Satzung

6 Die Innenstruktur der NotK wird von ihr im Rahmen der Selbstverwaltung durch **Satzung** geregelt (Abs. 1 S. 2). Dem Rang der Rechtsnormen nach werden die Rechtsverhältnisse der NotK und ihrer Mitglieder also zuerst durch das Gesetz, sodann durch die Satzung und schließlich durch Beschlüsse ihrer Organe (§§ 68 ff.) bestimmt.

7 Die Satzung stellt gewissermaßen die Grundnorm für die Ausgestaltung der Rechtsverhältnisse der NotK und ihrer Mitglieder im Rahmen der gesetzlichen Regelung dar. Dies gilt für die Organe der Notarkammer und die Abgrenzung ihrer Zuständigkeiten (§ 72), ebenso für sonst in Satzungsform erlassene Regelungen der Rechtsverhältnisse der NotK und ihrer Mitglieder.[5] Nach Neufassung der BNotO sind auch die Richtlinien zur Berufsausübung gem. § 67 Abs. 2 durch Satzung näher zu bestimmen. Es bleibt der einzelnen Notarkammer überlassen, ob sie die Organisation der Notarkammer und die Regelung der Berufsausübung in einer einheitlichen Satzung oder (wie zzt. regelmäßig) in zwei getrennten Satzungen festlegt.

8 Die **Satzung** schafft **als Rechtsquelle** für die Mitglieder bindendes Recht. Da die BNotO nur die Grundzüge für Aufbau und Verfassung der Notarkammern bestimmt, erfolgt die Ausgestaltung im Einzelnen (→ Rn. 7) durch die Regelungen der Satzung.[6] Dabei bedürfen wesentliche Einwirkungen in den Freiheitsbereich der Mitglieder einer „hinreichend deutlichen gesetzlichen Ermächtigung, die zumindest in Grundzügen das Regelungsprogramm den Notarkammern vorgibt".[7] Ausdrückliche Ermächtigungen zum Erlass von Satzungen enthalten § 67 Abs. 2 (Berufsrichtlinien), §§ 70 Abs. 4 und 72 (Zuständigkeiten).

9 **Formelle Voraussetzungen** der Satzung **sind**
– ein ordnungsmäßiger Beschluss der Kammerversammlung (§ 71 Abs. 4 Nr. 1);
– die Genehmigung der Landesjustizverwaltung (§ 66 Abs. 1 S. 2; → Rn. 12);
– die Ausfertigung der Satzung (→ § 72 Rn. 11);
– die Veröffentlichung, die seit der BNotO-Novelle in § 66 Abs. 1 S. 2 ausdrücklich vorgeschrieben ist (→ § 72 Rn. 12).

C. Staatsaufsicht

I. Umfang und Ausübung

10 Die Staatsaufsicht stellt eine notwendige Konsequenz aus der Übertragung öffentlicher Aufgaben in die Form der **Selbstverwaltung** dar.[8] Ihr Umfang wird in Abs. 2 gesetzlich geregelt.

11 **1. Art der Aufsicht.** Die Aufsicht beschränkt sich auf die Beachtung von **Gesetz und Satzung**, insbesondere bei der rechtlich zutreffenden Erfüllung der an die NotK über-

---

[3] BeckOK BNotO/*von Stralendorff* BNotO § 66 Rn. 1 f.; *Tettinger*, Kammerrecht, S. 196; *Bohrer*, Berufsrecht, S. 109 Rn. 344.
[4] BVerwGE 89, 281 (283); *Tettinger*, Kammerrecht, S. 100.
[5] BeckOK BNotO/*von Stralendorff* BNotO § 72 Rn. 2; Arndt/Lerch/Sandkühler/*Lerch* BNotO § 72 Rn. 3.
[6] So schon *Saage* BNotO § 66 Anm. 3; jetzt auch *Tettinger*, Kammerrecht, S. 187 ff.
[7] *Tettinger*, Kammerrecht, S. 187; BeckOK BNotO/*von Stralendorff* BNotO § 72 Rn. 1.
[8] *Tettinger*, Kammerrecht, S. 128, 236.

tragenen Aufgaben, also auch innerhalb des Katalogs des § 67, und aller sonstigen Befugnisse. Diese Staatsaufsicht ist nach allgemeiner Meinung reine **Rechtsaufsicht,** also weder Fach- und Sachaufsicht noch gar Dienstaufsicht.[9] Daraus ergibt sich, dass die Landesjustizverwaltung die Tätigkeit der NotK nur hinsichtlich ihrer Rechtmäßigkeit, nicht aber nach ihrer Zweckmäßigkeit prüfen darf.[10]

2. Maßnahmen. Die **Aufsicht** kann nur bei entsprechender gesetzlicher Regelung **präventiv** sein: So bei der Satzungsgenehmigung (Abs. 1 letzter Hs., → Rn. 9); weiter bei einem Unterlassen der Wahrnehmung gesetzlicher Aufgaben, also bei pflichtwidriger Untätigkeit der NotK.[11] Für den letztgenannten Fall wird aber eine von der NotK beschlossene Untätigkeit (zB keine Mitgliedschaft in einer bestimmten Organisation zu übernehmen) von der Aufsicht nicht präventiv, sondern nur repressiv geprüft werden können. 12

Auch eine **repressive Aufsicht** dient nach dem Gesetz allein der Verhinderung von Verstößen gegen Gesetz und Satzung. Hierzu gehört etwa das Verhältnis zwischen NotK und ihren Organen. Ein Beschluss der Kammerversammlung zB, der das gesetzliche Recht des Präsidenten zur Vertretung der NotK aufheben oder einschränken wollte, müsste wegen Verstoßes gegen § 70 Abs. 1 aufgehoben werden. Die Aufsichtsbehörde kann aber nur Maßnahmen gegen solche Beschlüsse der NotK ergreifen, die Gesetz oder Satzung verletzen. 13

3. Anfechtung. Maßnahmen der Staatsaufsicht, die Verwaltungsakte darstellen, können von der NotK als Betroffener gem. § 111 durch einen Antrag auf gerichtliche Entscheidung angefochten werden.[12] 14

4. Berichtspflicht. Die Staatsaufsicht wird von der **Landesjustizverwaltung** ausgeübt (Abs. 2 S. 1). Die NotK hat deshalb eine **Berichtspflicht** (Abs. 3). Sie hat am Schluss eines Geschäftsjahres – was bedeutet: alsbald nach dem Ablauf eines solchen – einen Tätigkeitsbericht für das abgelaufene Jahr sowie über die Lage der im Bereich der Kammer tätigen Notare und Notarassessoren vorzulegen. Es handelt sich dabei um eine Aufgabe des Vorstands (§ 69 Abs. 1 S. 1), die im Außenverhältnis durch den Präsidenten erfüllt wird (§ 70 Abs. 1). 15

5. Haushaltskontrolle. Auch die **Haushaltsführung ist Teil der Kammertätigkeit.** Bei der Aufstellung des Haushaltsplans, der Abrechnung und bei der Beitragsfestsetzung wird aber der Ermessens- und Entscheidungsspielraum der Kammerversammlung (§ 71 Abs. 4 Nr. 3 bis Nr. 5) besonders weit zu bemessen sein. Eine Prüfung durch den Rechnungshof erfolgt nicht[13] (→ § 91 Rn. 13). 16

II. Handhabung der Staatsaufsicht

Die Staatsaufsicht wird in langjähriger Praxis der Bundesländer **schonend und unter voller Achtung der Selbstverwaltung** des Notariats ausgeübt. Mit Rücksicht auf die stark rechtlich gebundene Stellung des Notars selbst wie der NotK als seiner institutionellen Selbstverwaltung sollte dies auch in Zukunft beibehalten werden. Das bedeutet, dass die Landesjustizverwaltung ihre Aufsichtsfunktion nur bei eindeutigen Verstößen gegen Gesetz oder Satzung ausüben sollte (§ 66 Abs. 2 S. 2). Zweifel werden sich regelmäßig durch Berichte und Gespräche ausräumen lassen. 17

---

[9] BeckOK BNotO/*von Stralendorff* BNotO § 66 Rn. 8; Arndt/Lerch/Sandkühler/*Lerch* BNotO § 66 Rn. 4 und § 77 Rn. 7 ff.; *Tettinger*, Kammerrecht, S. 236.
[10] BeckOK BNotO/*von Stralendorff* BNotO § 66 Rn. 8; Arndt/Lerch/Sandkühler/*Lerch* BNotO § 77 Rn. 8.
[11] BeckOK BNotO/*von Stralendorff* BNotO § 66 Rn. 9 f.
[12] Ebenso BeckOK BNotO/*Herrmann* BNotO § 111 Rn. 6; allgemein zum Rechtsschutz der Kammern: *Tettinger*, Kammerrecht, S. 238 f.
[13] *Tettinger*, Kammerrecht, S. 238; BVerwG GewArch. 1995, 377 (380).

§ 67 [Aufgaben]

(1) ¹Die Notarkammer vertritt die Gesamtheit der in ihr zusammengeschlossenen Notare. ²Sie hat über Ehre und Ansehen ihrer Mitglieder zu wachen, die Aufsichtsbehörden bei ihrer Tätigkeit zu unterstützen, die Pflege des Notariatsrechts zu fördern und für eine gewissenhafte und lautere Berufsausübung der Notare und Notarassessoren zu sorgen.

(2) ¹Der Notarkammer obliegt es, in Richtlinien die Amtspflichten und sonstigen Pflichten ihrer Mitglieder im Rahmen der gesetzlichen Vorschriften und auf deren Grundlage erlassenen Verordnungen durch Satzung näher zu bestimmen. ²§ 66 Abs. 1 Satz 2 gilt entsprechend. ³Die Richtlinien können nähere Regelungen enthalten:
1. zur Wahrung der Unabhängigkeit und Unparteilichkeit des Notars,
2. für das nach § 14 Abs. 3 zu beachtende Verhalten,
3. zur Wahrung fremder Vermögensinteressen,
4. zur Beachtung der Pflicht zur persönlichen Amtsausübung,
5. über die Begründung, Führung, Fortführung und Beendigung der Verbindung zur gemeinsamen Berufsausübung oder sonstiger zulässiger beruflicher Zusammenarbeit sowie zur Nutzung gemeinsamer Geschäftsräume,
6. über die Art der nach § 28 zu treffenden Vorkehrungen,
7. für das nach § 29 zu beachtende Verhalten, insbesondere in Bezug auf die Information über die Amtstätigkeit, das Auftreten in der Öffentlichkeit, die Geschäftspapiere, die Führung von Titeln und weiteren Berufsbezeichnungen, die Führung des Namens in Verzeichnissen sowie die Anbringung von Amts- und Namensschildern im Rahmen landesrechtlicher Bestimmungen,
8. für die Beschäftigung und Ausbildung der Mitarbeiter,
9. über die bei der Vornahme von Beurkundungen außerhalb des Amtsbereichs und der Geschäftsstelle zu beachtenden Grundsätze,
10. über den erforderlichen Umfang der Fortbildung,
11. über die besonderen Berufspflichten im Verhältnis zu anderen Notaren, zu Gerichten, Behörden, Rechtsanwälten und anderen Beratern seiner Auftraggeber.

(3) Außer den der Notarkammer durch Gesetz zugewiesenen Aufgaben obliegt es ihr,
1. Mittel für die berufliche Fortbildung der Notare, ihrer Hilfskräfte und der Notarassessoren sowie für sonstige gemeinsame Lasten des Berufsstandes bereitzustellen;
2. die Ausbildung und Prüfung der Hilfskräfte der Notare zu regeln;
3. Versicherungsverträge zur Ergänzung der Haftpflichtversicherung nach § 19a abzuschließen, um auch Gefahren aus solchen Pflichtverletzungen zu versichern, die nicht durch Versicherungsverträge nach § 19a gedeckt sind, weil die durch sie verursachten Vermögensschäden die Deckungssumme übersteigen oder weil sie als vorsätzliche Handlungen durch die allgemeinen Versicherungsbedingungen vom Versicherungsschutz ausgenommen sind. Für diese Versicherungsverträge gilt, daß die Versicherungssumme für jeden versicherten Notar und für jeden Versicherungsfall mindestens 250 000 Euro für Schäden aus wissentlichen Pflichtverletzungen und mindestens 500 000 Euro für Schäden aus sonstigen Pflichtverletzungen betragen muß; die Leistungen des Versicherers für alle innerhalb eines Versicherungsjahres von einem Notar verursachten Schäden dürfen jedoch auf den vierfachen Betrag der Mindestversicherungssumme begrenzt werden. § 19a Abs. 7 ist entsprechend anzuwenden. Die Landesregierungen oder die von ihnen durch Rechtsverordnung bestimmten Stellen werden ermächtigt, durch Rechtsverordnung unter Berücksichtigung der möglichen Schäden Beträge zu bestimmen, bis zu denen die Gesamtleistung des Versicherers für alle während eines Versicherungsjahres von allen versicherten Notaren verursachten Schäden in den Versicherungsverträgen begrenzt werden darf;

§ 67 Aufgaben   § 67 BNotO

4. Notardaten und technische Zugangsberechtigungen zum Elektronischen Urkundenarchiv und zum Elektronischen Notaraktenspeicher zu verwalten;
5. die Stellung als Notar oder Notariatsverwalter sowie sonstige amts- oder berufsbezogene Angaben bei der Vergabe von qualifizierten Zertifikaten zu bestätigen; die Notarkammer kann die Sperrung eines entsprechenden qualifizierten Zertifikats verlangen.

(4) ¹Die Notarkammer kann weitere, dem Zweck ihrer Errichtung entsprechende Aufgaben wahrnehmen. ²Sie kann insbesondere
1. Fürsorgeeinrichtungen unterhalten,
2. nach näherer Regelung durch die Landesgesetzgebung Vorsorgeeinrichtungen unterhalten,
3. allein oder gemeinsam mit anderen Notarkammern Einrichtungen unterhalten, deren Zweck darin besteht, als Versicherer die in Absatz 3 Nr. 3 aufgeführten Versicherungsverträge abzuschließen, die Gefahren aus Pflichtverletzungen abdecken, die durch vorsätzliche Handlungen von Notaren verursacht worden sind,
4. allein oder gemeinsam mit anderen Notarkammern Einrichtungen unterhalten, die ohne rechtliche Verpflichtung Leistungen bei folgenden Schäden ermöglichen:
   a) Schäden, die durch vorsätzliche Handlungen von Notaren entstehen und die nicht durch Versicherungsverträge nach Absatz 3 Nummer 3 gedeckt sind,
   b) Schäden, die durch amtlich verwahrte, aber nicht mehr aufzufindende Urkunden entstehen, die nicht durch § 19a oder durch Versicherungsverträge nach Absatz 3 Nummer 3 gedeckt sind und für die der Geschädigte auf keine andere zumutbare Weise Ersatz erlangen kann, wobei die Höhe der Leistungen auf 500 000 Euro je Urkunde beschränkt ist.

(5) Die Notarkammer hat ferner Gutachten zu erstatten, die die Landesjustizverwaltung, ein Gericht oder eine Verwaltungsbehörde des Landes in Angelegenheiten der Notare anfordert.

(6) Die Landesjustizverwaltung benachrichtigt die Notarkammer unverzüglich über
1. die Bestellung eines Notars, Notariatsverwalters oder Notarvertreters, jeweils unter Angabe des Beginns und der Dauer der Bestellung,
2. das Erlöschen des Amtes eines Notars oder Notariatsverwalters und den Widerruf der Bestellung eines Notarvertreters,
3. eine vorläufige Amtsenthebung,
4. die Verlegung eines Amtssitzes eines Notars,
5. eine anderweitige Zuweisung der Verwahrzuständigkeit nach § 51 Absatz 1 Satz 2.

Übersicht

	Rn.
A. Bedeutung der Norm und Neuregelung	1
I. Bedeutung der Norm	1
II. Änderungen aufgrund der Novelle 1998 und der weiteren Gesetze	2
III. Anlass für die Novellierung 1998	4
B. Allgemeine Aufgabenzuweisung	8
I. Verhältnis der Absätze zueinander	8
II. Einzelteile der Aufgabenzuweisung in Abs. 1	10
C. Erlass einer Berufsordnung gem. Abs. 2	35
I. Grundsatz	35
II. Einzelne Regelungsgegenstände	41
1. Unabhängigkeit und Unparteilichkeit (Abs. 2 Nr. 1)	41
2. Verhalten innerhalb und außerhalb des Amtes (Abs. 2 Nr. 2)	45
3. Wahrung fremder Vermögensinteressen (Abs. 2 Nr. 3)	46
4. Pflicht zur persönlichen Amtsausübung (Abs. 2 Nr. 4)	47
5. Berufliche Zusammenarbeit (Abs. 2 Nr. 5)	48
6. Vorkehrungen zur Unabhängigkeit und Unparteilichkeit (Abs. 2 Nr. 6)	53

	Rn.
7. Werbeverbot (Abs. 2 Nr. 7)	62
8. Mitarbeiter (Abs. 2 Nr. 8)	67
9. Beurkundungen außerhalb des Amtsbereichs und der Geschäftsstelle (Abs. 2 Nr. 9)	68
10. Fortbildung des Notars (Abs. 2 Nr. 10)	70
11. Kollegiale und andere Rücksichtnahmen (Abs. 2 Nr. 11)	71
D. Aufgaben der NotK nach Abs. 3 bis Abs. 6	72
I. Bereitstellung von Mitteln (Abs. 3 Nr. 1)	72
II. Hilfskräfte (Abs. 3 Nr. 2)	74
III. Versicherungsverträge (Abs. 3 Nr. 3)	75
IV. Notardatenverwaltung (Abs. 3 Nr. 4)	75a
V. Zertifizierungsstelle (Abs. 3 Nr. 5)	75b
VI. Fürsorgeeinrichtungen (Abs. 4 Nr. 1) und Vorsorgeeinrichtungen (Abs. 4 Nr. 2)	76
VII. Vertrauensschadenseinrichtungen (Abs. 4 Nr. 3 und Nr. 4 lit. a)	79
VIII. Absicherung von Schäden bei Verlust amtlich verwahrter Urkunden (Abs. 4 Nr. 4 lit. b)	81
IX. Gutachten-Erstattung (Abs. 5)	82
X. Mitteilungspflicht der Landesjustizverwaltung (Abs. 6)	85
E. Generalklausel des Abs. 4 S. 1	86
I. Bedeutung	86
II. Inhalt	87

A. Bedeutung der Norm und Neuregelung

I. Bedeutung der Norm

1 Das Gesetz bestimmt in § 67 die Aufgaben der NotK. Sie haben zunächst erhebliche Ergänzungen und Erweiterungen durch die BNotO-Novelle (BGBl. 1998 I 2585) erfahren. Durch Gesetz vom 13.12.2001 (BGBl. 2001 I 3574) sind in Abs. 3 Nr. 3 die Beträge der Mindestversicherungen auf Euro umgestellt worden. Das Gesetz vom 22.12.2006 (BGBl. 2006 I 3416) hat den jetzigen Abs. 3 Nr. 5 über die Mitwirkung nach dem Signaturgesetz (jetzt eIDAS-VO) eingefügt. Mit der Änderung durch Gesetz vom 30.7.2009 (BGBl. 2009 I 2449) wurde es den Notarkammern ermöglicht, Versicherungseinrichtungen zu errichten, die Vertrauensschadensrisiken abdecken. Mit dem Gesetz vom 12.5.2017 (BGBl. 2017 I 1121) wurde im Zuge der Neufassung von § 29 Abs. 3 und Abs. 4 der die Richtlinienkompetenz der Notarkammern im Anwendungsbereich des § 29 betreffende Abs. 2 S. 3 Nr. 7 modernisiert, ohne dass damit wesentliche Änderungen verbunden waren.[1] Durch das Gesetz vom 1.6.2017 (BGBl. 2017 I 1396) erfolgte eine Aufgabenerweiterung im Zusammenhang mit der Einführung des Elektronischen Urkundenarchivs und des Elektronischen Notaraktenspeichers sowie im Zusammenhang mit der Erteilung von qualifizierten Zertifikaten.

II. Änderungen aufgrund der Novelle 1998 und der weiteren Gesetze

2 Die der NotK obliegenden Aufgaben waren **nach früherem Recht** in Abs. 1 durch eine allgemeine Zuweisung, in Abs. 2 durch einen Katalog von Einzelgegenständen sowie in Abs. 3 und Abs. 4 durch Zuweisung weiterer Einzelaufgaben geregelt. **Durch die Novelle** ist ein neuer Abs. 2 eingefügt worden, der die Zuständigkeit der NotK zum Erlass von allgemeinen Richtlinien (**Berufsordnung**) begründet. Die bisherigen Abs. 2 bis Abs. 4 sind dadurch zu Abs. 3 bis Abs. 5 geworden. Ein neuer Abs. 6 ist zugefügt worden, der im Ergebnis eine **Generalklausel** für die Aufgaben der NotK darstellte. Die Nummernfolge

---

[1] BT-Drs. 18/9521, 223.

ist durch das Gesetz vom 22.12.2006 und durch das Gesetz vom 1.6.2017 erneut geändert worden (→ Rn. 1).

Die Regelung in Abs. 2 steht in Zusammenhang mit der Bestimmung des § 78 Abs. 1 **3** Nr. 5, wonach die BNotK durch Beschluss ihrer Vertreterversammlung Empfehlungen für die Berufs-Richtlinien der NotK auszusprechen hat (→ § 78 Rn. 18 f.).

Durch Gesetz vom 30.7.2009 (BGBl. 2009 I 2449) ist außer einer formalen Änderung in Abs. 3 Nr. 3 S. 3 der Abs. 4 über weitere Aufgaben der Notarkammer neu gefasst und Abs. 7 (Generalklausel) aufgehoben worden. Durch weitere Gesetze sind die Befugnisse nicht den Länder-Notarkammern, sondern der Bundesnotarkammer auf die Einrichtung des Zentralen Vorsorgeregisters für Vorsorgevollmachten und des Zentralen Testamentsregisters (§§ 78a bis 78g) sowie auf die Einrichtung eines Prüfungsamtes für die notarielle Fachprüfung bei Anwaltsnotaren (§§ 7a bis 7i) übertragen worden. Die Einrichtung des Zentralen Vorsorgeregisters und des Zentralen Testamentsregisters wird in §§ 78a bis 78g erläutert, die des Prüfungsamtes in §§ 7a bis 7i.

Mit dem Gesetz vom 1.6.2017 (BGBl. 2017 I 1396) wurden Abs. 3 bis Abs. 6 in größerem Umfang umstrukturiert, was vor allem der Einführung des Elektronischen Urkundenarchivs und des Elektronischen Notaraktenspeichers sowie der Zunahme der Bedeutung der Aufgaben der Notarkammer im Zusammenhang mit der Erteilung von qualifizierten Zertifikaten geschuldet ist.

III. Anlass für die Novellierung 1998

Anlass für die Novellierung gaben die **Entscheidungen des BVerfG** vom 14.7.1987 [2] **4** zum anwaltlichen Berufsrecht. Grundgedanke war, dass die Legitimation der BRAK für die „Feststellung" von Richtlinien für die Berufsausübung der Rechtsanwälte fehle, weil in das Grundrecht der freien Berufsausübung eingegriffen werde (Art. 12 GG) und hierfür ein demokratisch legitimiertes Organ erforderlich sei.

Der Gesetzgeber hat deshalb für die Rechtsanwälte in §§ 191a ff. BRAO eine gesonderte **5** Satzungsversammlung eingerichtet, die mit Rücksicht auf die Anzahl der Mitglieder der einzelnen Kammern zusammengesetzt und durch die Kammerversammlung, also auf demokratischer Grundlage, gewählt wird.[3]

Das BVerfG hatte zunächst noch nicht entschieden, ob die damaligen allgemeinen Richt- **6** linien der BNotK für die **Berufsausübung der Notare** den gleichen rechtlichen Erwägungen zu unterstellen gewesen wären. Hier bestand insofern eine von der BRAO abweichende Rechtslage, als § 78 Abs. 2 Nr. 5 aF der Vertreterversammlung der BNotK die Befugnis einräumte, solche Richtlinien „aufzustellen", also zu erlassen, nicht nur – wie in der BRAO – „festzustellen", also lediglich zu ermitteln und zusammenzufassen. Inzwischen hat das BVerfG[4] im Zusammenhang mit Beurkundungen außerhalb der Geschäftsstelle des Notars festgestellt, dass „Veränderungen der sozialen Verhältnisse, gewandelte gesellschaftspolitische Anschauungen und neue rechtliche Rahmenbedingungen einer bisherigen Gesetzesinterpretation die Grundlage entziehen" können. Damit wurde für die Richtlinien des § 78 aF ebenfalls die Frage nach der gesetzlichen Grundlage für eine Einschränkung der Berufsfreiheit des Art. 12 Abs. 1 S. 2 GG aufgeworfen.

Die BNotK hatte bereits 1992 eine Änderung des Gesetzes vorgeschlagen,[5] wie sie der **7** Gesetzgeber in der Fassung des Abs. 2 verwirklicht hat. Damit wird die **Zuständigkeit** für den Erlass der Berufsordnung **von der BNotK auf die NotK verlagert.** Dort entscheidet über deren Inhalt die jeweilige Kammerversammlung als unmittelbar demokratisch legitimiertes Organ.

---

[2] BVerfGE 76, 171 und 196; dazu *Tettinger*, Kammerrecht, S. 131 f., 176 mwN; *Eylmann* NJW 1998, 2929; → Einl. Rn. 25 f.
[3] Zu Einzelheiten vgl. Henssler/Prütting/*Hartung* BRAO § 191a Rn. 1 ff.
[4] BVerfG NJW 2000, 3486, zuvor schon ähnlich NJW 1998, 2269.
[5] BNotK, Vorschläge zur Reform des notariellen Berufsrechts, 1993, S. 39, 40.

B. Allgemeine Aufgabenzuweisung

I. Verhältnis der Absätze zueinander

8   Abs. 1 enthält eine **Normierung des Aufgabenbereichs** der NotK in allgemeinen Formulierungen dahin, dass die NotK einerseits die Gesamtheit ihrer Mitglieder vertritt, andererseits über deren Ehre und Ansehen zu wachen, die Aufsichtsbehörde zu unterstützen, die Pflege des Notarrechts zu fördern und schließlich für eine gewissenhafte und lautere Berufsausübung der Notare zu sorgen hat. Diese Aufgabenstellung wird durch die folgenden Abs. 2 bis Abs. 6 im Einzelnen sowie durch sonstige gesetzliche Zuweisungen (Abs. 3 Anfang des Hs. 1) ergänzt und erweitert. Dabei hat Abs. 1 eine prinzipielle Funktion als Beschreibung des Tätigkeitsfelds, die es rechtfertigt, ihn in Zweifelsfällen zu weiteren Interpretationen heranzuziehen.

9   Dazu war in **Abs. 6 (Fassung 1998)** eine Bestimmung getreten, welche die NotK ermächtigt, weitere, dem **Zweck ihrer Einrichtung entsprechende Aufgaben** wahrzunehmen. Es wurde damit klargestellt, dass die allgemeine Zuweisung des Abs. 1 ebenso wie die katalogartigen Aufzählungen in Abs. 2 bis Abs. 5 keine abschließenden, sondern **ergänzbare und ergänzungsbedürftige Regelungen** darstellen.

In der erneuten Änderung durch Gesetz vom 30.7.2009 (BGBl. I 2449) ist Abs. 6 zwar aufgehoben worden. In Abs. 4 ist aber ein Satz eingefügt, der besagt, dass die Notarkammer weitere, dem Zweck ihrer Errichtung entsprechende Aufgaben wahrnehmen kann. Damit ist nur eine Verlagerung der Generalklausel des früheren Abs. 6 (Fassung 1998) nach Abs. 4 S. 1 erfolgt. Die vorher geltende Generalklausel ist also erhalten geblieben und hat weiterhin die frühere Bedeutung. Es ist daher berechtigt, Abs. 6, jetzt Abs. 4 S. 1 als eine Generalklausel im Bereich der Aufgaben der NotK zu bezeichnen (→ Rn. 85 ff.).

II. Einzelteile der Aufgabenzuweisung in Abs. 1

10   Die NotK vertritt die **Gesamtheit ihrer Mitglieder** (Abs. 1 S. 1). Dies bedeutet eine Vertretung nicht als Einzelpersonen, sondern als Berufsstand.[6] In diesem Rahmen ist Folgendes zu berücksichtigen:

11   Umfasst werden insbesondere die **berufsrechtlichen und rechtspolitischen Belange**, Stellungnahmen zu gesetzgeberischen und verwaltungsmäßigen Vorgängen (auch ohne ausdrückliche Anforderung durch Landesbehörden wie in Abs. 5), ebenso die Mitarbeit in der BNotK als gemeinschaftlichem Gremium der NotK auf Bundesebene (§ 76 Abs. 1).

12   Die NotK hat in diesem Zusammenhang auch die Aufgabe, die Beziehungen zu den **Dienstaufsichtsbehörden** des § 92 zu pflegen. Sie hat daher ein **Recht auf Anhörung** bei der Dienstaufsicht, sei es schriftlich oder mündlich. Sie darf und muss notfalls im Rahmen der ihr obliegenden objektiven Wahrnehmung ihrer Aufgaben auch Maßnahmen gegen die Dienstaufsichtsbehörden oder das Land ergreifen.[7]

13   Zum Bereich der Vertretung durch die NotK gehört nach überwiegender Meinung auch die **Wahrung wirtschaftspolitischer** und damit materieller **Interessen,** wiederum bezogen auf die Gesamtheit und nicht auf einzelne Notare.[8] Davon ging schon die Begründung des Regierungsentwurfs zur BNotO aus.[9] Aus dem Zweck der mittelbaren Staatsverwaltung durch die Notarkammer ergibt sich die Beschränkung auf solche wirtschaftlichen Interessen, die mit dem **Notaramt** in Zusammenhang stehen.

---

[6] Arndt/Lerch/Sandkühler/*Lerch* BNotO § 67 Rn. 5.
[7] BGHZ 63, 274, einschränkend aber BGH NJW 1999, 499; OVG Münster NJW 1981, 640; BeckOK BNotO/*von Stralendorff* BNotO § 67 Rn. 16.
[8] BGHZ 66, 297; Hess. AGH BRAK-Mitteilungen 2008, 29 für die Öffentlichkeitsarbeit der RAK; BeckOK BNotO/*von Stralendorff* BNotO § 67 Rn. 13; ebenso *Tettinger,* Kammerrecht, S. 86 f.; ablehnend vor allem *Redeker* NJW 1980, 187.
[9] BT-Drs. 3/219, 29.

Soweit diese Voraussetzung vorliegt, war die NotK zur Erhebung **wettbewerblicher** 14
Unterlassungsansprüche gem. § 13 Abs. 2 Nr. 2 UWG aF aktiv legitimiert.[10] § 8 Abs. 3
Nr. 2 UWG behält dieses Ergebnis ausdrücklich bei.[11] Die NotK haben von dieser Befugnis
bisher stets sehr zurückhaltend Gebrauch gemacht und sollten dies auch künftig tun, um
möglichst nicht in wirtschaftliche Auseinandersetzungen verwickelt zu werden, die dem
Notaramt und der öffentlich-rechtlichen Funktion der NotK nicht angemessen sein könnten.[12]

Auch die **Mitgliedschaft in privatrechtlichen Vereinigungen** gehört zu den Aufgaben 15
der NotK, soweit sie den Interessen der Gesamtheit ihrer Mitglieder dient. Teilweise
wird die Auffassung vertreten, eine solche Mitgliedschaft sei nur zulässig, wenn
das gesamte Tätigkeitsgebiet der Vereinigung sich mit den körperschaftlichen Aufgaben der
NotK decke.[13] Eine andere Meinung lässt es genügen, wenn die Tätigkeitsgebiete sich
wenigstens teilweise überschneiden und die Mitgliedschaft geeignet ist, die Erfüllung der
Aufgaben der NotK zu fördern.[14] Das entscheidende Erfordernis ist, dass grundsätzlich die
Bereiche der NotK und der privatrechtlichen Vereinigung sich nicht widersprechen und
die vom Staat in die Selbstverwaltung delegierten Aufgaben durch den Beitritt (auch)
wahrgenommen werden.[15] Dies wird zusätzlich durch die Grundklausel des Abs. 4 S. 1
gestützt.

Demnach ist zB die **Mitgliedschaft zulässig:** im Deutschen Juristentag, im Deutschen 16
Anwaltsinstitut eV (als Fortbildungseinrichtung gerade auch der BNotK und der Notarkammern),
in der Deutschen Notarrechtlichen Vereinigung (als Einrichtung zur Pflege des
Notarrechts) und ähnlichen Zusammenschlüssen. Umstritten ist die Mitgliedschaft im Verband
freier Berufe,[16] soweit ein Überwiegen der hoheitlichen Aufgaben der NotK über die
freiberufliche Tätigkeit der Notare angenommen wird.[17] Im Ganzen wird sich die Tätigkeit
des Notars trotz des Amtscharakters im Hinblick auf seine wirtschaftliche Selbständigkeit
doch als freien Beruf ansehen lassen, sodass eine Mitgliedschaft der NotK (oder BNotK) in
deren Verband als zulässig gelten kann.[18]

Die Ablehnung einer Mitgliedschaft der NotK in privatrechtlichen Vereinigungen 17
kann nicht darauf gestützt werden, dass die NotK damit in den **Aufgabenkreis der
BNotK** eingreife.[19] Dies entspricht nicht dem Verhältnis zwischen der NotK und
ihrem Dachverband, wie sich im Einzelnen aus den Erläuterungen zu → § 78 Rn. 13
ergibt.

Die Mitgliedschaft in öffentlich-rechtlichen Zusammenschlüssen ist von der in 18
privatrechtlichen Vereinigungen getrennt zu betrachten, wie sich aus der vom Staat abgeleiteten
Selbstverwaltungsfunktion der NotK ergibt. Zum Teil weist das Gesetz solche
Beziehungen der NotK ausdrücklich als Aufgabe zu, so Fürsorgeeinrichtungen (Abs. 4
Nr. 1), Vorsorgeeinrichtungen (Abs. 4 Nr. 2) und Vertrauensschadenseinrichtungen
(Abs. 4 Nr. 3 und Nr. 4). Darüber hinaus stehen alle dem Zweck der NotK dienenden
Einrichtungen öffentlich-rechtlicher Art unbedenklich dem Beitritt offen, so zB das Deut-

---

[10] BVerfG AnwBl. 2005, 68; BGH NJW 2006, 2481, WRP 2002, 679; NJW 1998, 2533, 2534 mit weiterer Rspr. *Endemann* in: Großkommentar UWG, 1991, UWG § 13 Rn. 52, 53; *Bohrer,* Berufsrecht, S. 67, der dies allerdings aus Abs. 1 S. 2 herleiten will.
[11] Zur Neufassung des UWG durch das Gesetz v. 27.6.2000 (BGBl. I 897) vgl. *Greger* NJW 2000, 2457 ff.
[12] Aus ähnlichen Gründen ganz ablehnend *Grünewald* NJW 2002, 1369 ff., einschränkend für die Praxis auch BGH NJW 2006, 2482.
[13] BVerwG NJW 1987, 337; *Pietzker* NJW 1987, 305; *Redeker* NJW 1980, 187.
[14] *Tettinger,* Kammerrecht, S. 153; BeckOK BNotO/*von Stralendorff* BNotO § 67 Rn. 15.
[15] Ähnlich *Tettinger,* Kammerrecht, S. 153 ff., bes. Anm. 108; *Zuck,* Der Syndikus, 7. Aufl. 1999, S. 20 f.
[16] Positiv für die RAK: EGH Frankfurt BRAK-Mitteilungen 1985, 170.
[17] Anders für Patentanwälte: BGH BRAK-Mitteilungen 1996, 126; ablehnend: BVerwG NJW 1987, 337; zweifelnd *Tettinger,* Kammerrecht, S. 156 ff., der aber nicht hinreichend nach der Aufgabenstellung der von ihm behandelten verschiedenartigen Kammern differenziert.
[18] Zu der Einordnung des Notars → § 2 Rn. 10 f.
[19] So aber BeckOK BNotO/*von Stralendorff* BNotO § 67 Rn. 15 aE.

sche Notarinstitut als wissenschaftliche Auskunftsstelle für Notare, die von der BNotK als Eigenbetrieb getragen wird.[20]

19 Zur Erfüllung der Aufgaben der NotK nach Abs. 1 kann auch die Zusammenarbeit mit anderen NotK dienen. Hier ist die Arbeitsgemeinschaft der Notarkammern des Anwaltsnotariats zu nennen, die von sämtlichen NotK dieser Berufsgruppe gebildet worden ist. Sie ist auf die interne Abstimmung unter den NotK des Anwaltsnotariats ausgerichtet, zB die Nominierung von Mitgliedern für die Wahl des Präsidiums durch die Vertreterversammlung nach §§ 80, 81; für die etwaige Geltendmachung des Widerspruchsrechts nach § 86 Abs. 4; für die Schaffung möglichst einheitlicher Berufsrichtlinien gem. Abs. 2 unter Beachtung der gesonderten Verhältnisse im Bereich des Anwaltsnotariats. Nach außen soll die Arbeitsgemeinschaft nur in solchen Ausnahmefällen auftreten, in denen dies auch die Ländernotarkammern dürfen (→ § 76 Rn. 7 ff.).

20 Die Mitgliedschaft in **privaten Notar-Vereinigungen** ist der NotK verwehrt. Dies gilt sowohl für die verschiedenen Notarvereine im Bereich des Nur-Notariats als auch für Gruppierungen ähnlicher Art im Bereich des Anwaltsnotariats. Diese Vereine stellen private Interessenverbände mit jeweils spezifischen Zielsetzungen dar. Ein Beitritt der NotK ist mit ihren gesetzlichen Aufgaben grundsätzlich nicht vereinbar.

21 Die NotK hat weiterhin über **Ehre und Ansehen ihrer Mitglieder** zu wachen. Diese althergekommene Formulierung[21] hat eine doppelte Blickrichtung:
Einerseits hat die NotK **ihre Mitglieder** vor unbefugten Angriffen oder falschen Darstellungen in der Öffentlichkeit – etwa in den Medien – **zu schützen** und sich um Richtigstellung zu bemühen. Hierzu gehört auch die vorbeugende Unterrichtung der Öffentlichkeit über Art und Umfang der notariellen Aufgaben,[22] also allgemein die Öffentlichkeitsarbeit zur Erhaltung und Stärkung des Ansehens der Notare.

22 Andererseits hat die NotK **Missständen** sowohl in der beruflichen Tätigkeit als auch nötigenfalls im außerberuflichen Verhalten **entgegenzuwirken**. Soweit das möglich ist, hat sie diese zu verhindern; so muss sie etwa bei Kenntnis von körperlich oder geistig amtsunfähig gewordenen Notaren deren Amtsenthebung gem. § 50 Abs. 1 Nr. 7 betreiben. Das Gleiche gilt insbesondere, wenn die NotK Kenntnis von einem Zerfall der wirtschaftlichen Verhältnisse eines Notars (§ 50 Abs. 1 Nr. 8) erhält (→ Rn. 26).

23 Bei **Missständen im beruflichen Verhalten** eines Notars ist sie zur kollegialen Belehrung des Mitglieds berechtigt und verpflichtet. Sie hat kleinere disziplinarische Unregelmäßigkeiten möglichst in eigener Zuständigkeit zu erledigen, die bis zum Ausspruch einer förmlichen Ermahnung geht (§ 75), die eine rechtsmittelfähige Disziplinarmaßnahme darstellt (s. Erläuterung zu § 75). Eine Berechtigung zum Erlass eigener Unterlassungsverfügungen gegen die Mitglieder wird aber ebenso wenig wie bei der RAK anzunehmen sein.[23]

24 Erst wenn der Umfang der Verfehlung dies erfordert oder wenn die Untersuchungsmöglichkeiten der NotK nicht ausreichen, ist sie zur **Unterrichtung der Aufsichtsbehörde** oder zur Abgabe des Verfahrens an diese verpflichtet. Hier berühren sich zwei der Aufgabengebiete des Abs. 1 S. 2.

25 Die NotK ist nämlich verpflichtet, die **Aufsichtsbehörden bei ihrer Tätigkeit zu unterstützen** (Abs. 1 S. 2 Alt. 2). Damit ist sowohl der NotK als auch der Dienstaufsicht aufgegeben, eine vertrauensvolle Zusammenarbeit zu verwirklichen (→ Rn. 12). Die NotK hat also weder die Stellung eines Hilfsorgans der Aufsichtsbehörde,[24] noch ist sie deren Weisungen unterworfen. Etwas anderes gilt erst dann, wenn in einem Extremfall die Staatsaufsicht des § 66 eingreifen sollte (→ § 66 Rn. 10 ff.).

---

[20] BGH NJW 1997, 1239; Beschluss des BVerfG – 1 BrR 12/97, der die hierauf bezogene Verfassungsbeschwerde nicht annahm.
[21] BT-Drs. 3/219, 29.
[22] BeckOK BNotO/*von Stralendorff* BNotO § 67 Rn. 17.
[23] Für die RAK entschieden durch BGH NJW 2003, 504; zur verfassungsmäßigen Behandlung von Beschwerden der Beteiligten gegen einen Notar vgl. *Förtig/Krebs* MittBayNot 2003, 503 ff.
[24] BeckOK BNotO/*von Stralendorff* BNotO § 67 Rn. 23; so schon *Saage* BNotO § 67 Anm. 4.

Für die NotK ergibt sich daraus die Notwendigkeit, die **Aufsichtsbehörde** von solchen 26
Vorgängen **zu unterrichten,** die entweder über ihre eigenen verfahrensrechtlichen Möglichkeiten hinausgehen oder wegen ihres schwerwiegenden Charakters den disziplinarischen Rahmen der NotK sprengen. Insbesondere gilt dies, wenn ihr Vorgänge bekannt werden, die sofortige und ggf. harte Maßnahmen verlangen, wie zB der Eintritt von Vermögensverfall, der die Interessen der Rechtsuchenden gefährdet (§ 50 Abs. 1 Nr. 8). Erfährt die NotK davon, muss sie bei der Aufsichtsbehörde die vorläufige Amtsenthebung (§ 54 Abs. 1 Nr. 2) anregen, um möglichst den Eintritt von Schäden zu vermeiden.

Im Rahmen der Pflicht zur Unterrichtung der Dienstaufsicht ist die **Verschwiegen-** 27
heitspflicht der Vorstandsmitglieder der NotK nach § 69a durch § 67 Abs. 1 S. 2
aufgehoben.

Umgekehrt lässt sich aus Abs. 1 S. 2 Alt. 2 entnehmen, dass die **Aufsichtsbehörden** 28
ihrerseits verpflichtet sind – auch soweit keine gesetzliche Spezialvorschrift vorhanden ist –, die **NotK anzuhören,** bevor sie Entscheidungen im Aufgabenbereich der NotK nach § 67 treffen. Die Unterrichtung durch die Aufsichtsbehörde gilt nicht nur für solche Vorgänge, die die NotK an sie abgibt, vielmehr auch umgekehrt für die originär bei der Dienstaufsicht anhängig gewordenen und dort behandelten Fälle.[25] Dementsprechend sind in den Erlassen der Länder zur Ausführung der BNotO zahlreiche Einzelfälle aufgeführt, in denen die Anhörung der NotK ausdrücklich vorgeschrieben wird.[26] Dies können aber nur Beispiele des Grundsatzes der Anhörung durch die Aufsichtsbehörde sein.

Die NotK hat weiterhin die Aufgabe, die **Pflege des Notarrechts** zu fördern. Hierunter 29
ist zunächst die rechtspolitische Arbeit an einer **Fortentwicklung des Notarrechts** zu verstehen. Diesen Zweck erfüllen Stellungnahmen der NotK gegenüber den Landesjustizverwaltungen, Anregungen und Anfragen an die BNotK, ggf. über diese an den Bundesgesetzgeber. Sie sollen möglichst wissenschaftliche Grundlage haben und damit die Anpassung des Notarrechts an die sich entwickelnden Verhältnisse bewirken.[27]

Zur Pflege des Notarrechts gehört auch die **Information der Mitglieder** über ein- 30
schlägige Gesetzgebung und Rechtsprechung durch Herausgabe von Kammermitteilungen oder Zeitschriften. Der Beitritt der NotK zum Deutschen Notarinstitut und derart der Zugang ihrer Mitglieder zu wissenschaftlichen Auskünften für ihre Berufstätigkeit findet hier die Grundlage (→ Rn. 18). Weiterhin sind Fortbildungsveranstaltungen der NotK für ihre Mitglieder Teil dieser Aufgabenstellung – seien es eigene Maßnahmen der NotK, sei es die Beteiligung an Kursen oder Vorträgen anderer Kammern oder geeigneter Institutionen, vor allem an dem Deutschen Anwaltsinstitut, der Deutschen Notarrechtlichen Vereinigung und entsprechenden Institutionen an den Universitäten (→ Rn. 16, 18). Abs. 3 Nr. 1 hat die Bereitstellung der erforderlichen Mittel für derartige Fortbildungsmaßnahmen zum Gegenstand (→ Rn. 72).

Schließlich gehört auch die **historische Erforschung** der Entwicklung des Notarrechts 31
zu dessen Pflege. Gerade in der geschichtlichen Vertiefung werden dessen Quellen und Strukturen deutlich. Der von der BNotK mit Billigung der Vertreterversammlung eingerichtete Ausschuss für Notargeschichte widmete sich dieser Aufgabe,[28] ebenfalls die Notarrechtliche Vereinigung mit Sitz in Würzburg und die genannten anderen Einrichtungen.

Die letzte der in Abs. 1 S. 2 enthaltenen Aufgabenstellungen bezieht sich auf die **Sorge** 32
für eine gewissenhafte und lautere Berufsausübung. Die ausdrückliche Erwähnung neben den damit verwandten Aufgaben aus der Wacht über Ehre und Ansehen der Mit-

---

[25] Ebenso BeckOK BNotO/*von Stralendorff* BNotO § 67 Rn. 25.
[26] Als Beispiel sei auf den Erlass des Hess. Ministeriums der Justiz v. 25.2.1999 (JMBl. S. 222 ff.) hingewiesen.
[27] Herausragende Beispiele auf Bundesebene sind die in Fn. 5 angeführten, von dem Berufsrechtsausschuss der BNotK vorbereiteten und von der Vertreterversammlung der BNotK verabschiedeten Vorschläge zur Novellierung der BNotO; ebenso die Erarbeitung der Richtlinien für das Berufsrecht (→ Rn. 35 ff.) durch dieselben Gremien.
[28] An dieser Stelle sei auf das Handbuch zur Geschichte des deutschen Notariats seit der Reichsnotariatsordnung von 1512 verwiesen, welches im Jahre 2012 erschienen ist.

glieder (→ Rn. 21 f.) sowie aus der Unterstützung der Tätigkeit der Aufsichtsbehörden (→ Rn. 25 ff.) unterstreicht die Bedeutung dieser Tätigkeit.

33 Die NotK erfüllt die ihr auferlegte Pflicht, indem sie die ihr zur Kenntnis gelangenden Vorgänge entweder **selbst bearbeitet** und erforderliche Maßnahmen ergreift **oder mit der Dienstaufsicht zusammenarbeitet**. Auf → Rn. 25 ff. kann insoweit verwiesen werden. Allerdings können Hinweise der NotK in dem Bereich, der zur selbstständigen und eigenverantwortlichen Berufsausübung des Notars gehört,[29] nur den Charakter von „Empfehlungen" der NotK an ihre Mitglieder haben.[30]

34 Eine andere Seite dieser Aufgabe ist die Befugnis der NotK, bei Differenzen zwischen Mitgliedern **schlichtend einzugreifen** und zu vermitteln.[31] Diese Schlichtung war früher in § 16 RLNot geregelt; sie ist jetzt in Abschnitt XI. Nr. 1.2 RLEmBNotK enthalten. Die Schlichtung kann sich beispielsweise auf unkollegiales Verhalten oder auch auf Beschwerden von Kammermitgliedern über unzulässige Werbung eines Kollegen – insbesondere im Rahmen der Abgrenzung der Amtsbereiche – beziehen, ebenso aber auch auf andere Streitigkeiten unter Notaren, etwa bei Auflösung einer Sozietät oder Bürogemeinschaft.

C. Erlass einer Berufsordnung gem. Abs. 2

I. Grundsatz

35 Das Gesetz gibt der NotK auf, das Berufsrecht der Notare in **allgemeinen Richtlinien** durch Satzung näher zu bestimmen. Der Anlass für diese Regelung ist unter → Rn. 4 ff. sowie → § 78 Rn. 18 f. dargestellt.

36 Die genannte Aufgabe „obliegt" der NotK, so dass eine **Pflicht zum Erlass** solcher Richtlinien (Berufsordnung) besteht. Dabei handelt es sich im Unterschied zu § 78 Nr. 5 aF eindeutig um einen Akt der Rechtsetzung durch Satzung im Rahmen gesetzlicher Zuweisung, so dass keine Bedenken mehr gegen die Qualifikation der Richtlinien als Rechtsnormen bestehen.[32] Auch stellt der Erlass dieser Richtlinien durch die Kammerversammlung die demokratische Legitimation im Sinne der Rechtsprechung des BVerfG sicher (→ Rn. 7).

37 Der **Inhalt dieser Richtlinien** ist vom Gesetzgeber allgemein dahin bestimmt, dass sie die „Amtspflichten und sonstigen Pflichten" der Kammermitglieder regeln und dabei die gesetzlichen Vorschriften und die auf deren Grundlage erlassenen Verordnungen als Rahmen haben. Unter **„Rahmen"** ist zu verstehen, dass die Richtlinien ihn ausfüllen, nicht aber überschreiten dürfen. Die Rechte und Pflichten der Notare ergeben sich also nunmehr der Normqualität nach geordnet zunächst aus dem Gesetz, dann aus etwaigen Verordnungen und schließlich aus den Richtlinien (Berufsordnung). Jede dieser Rechtsquellen hat sich im Rahmen der ihr jeweils übergeordneten Norm zu halten. Sie alle, also auch die Richtlinien als Satzung, stellen materielles Recht dar.[33] In dieser Qualität binden sie nicht nur die Notare des Kammerbezirks, sondern auch die Justizverwaltung. Verwaltungsvorschriften – welcher Art auch immer – können den Gehalt der Berufsordnung als materielles Recht nicht verändern oder einschränken. Ob sie jedoch Lücken schließen können, ist umstritten.[34]

---

[29] Dazu ausführlich *Bohrer*, Berufsrecht, S. 46 f. Rn. 147 f.
[30] So auch BeckOK BNotO/*von Stralendorff* BNotO § 67 Rn. 20.
[31] BT-Drs. 3/219, 30, welche die Schlichtung als Teil der Wahrung von „Ehre und Ansehen" auffasst; aber die verschiedenen Aufgabenstellungen überschneiden sich.
[32] OLG Frankfurt a. M. Urt. v. 20.7.2015 – 1 Not 5/13, BeckRS 2016, 11366 Rn. 20.
[33] *Stern*, Das Staatsrecht der Bundesrepublik Deutschland, Bd. I, 1977, §§ 4 I 3a, 12 I 5d, 20 IV 4c e mwN; Bd. II, 1980, § 37 II 29; *Tettinger*, Kammerrecht. S. 187 ff.
[34] BeckOK BNotO/*von Stralendorff* BNotO § 67 Rn. 30; *Maaß* ZNotP 2001, 330; → RLEmBNotK Einl. Rn. 9, 15.

Die Übereinstimmung der Berufsordnung mit der übergesetzlichen Regelung ist dadurch 38
sichergestellt, dass sie als Satzung **staatlicher Genehmigung** bedarf, wie Abs. 2 S. 2
ausdrücklich anordnet (zu den formellen Voraussetzungen für den Erlass einer Satzung
→ § 66 Rn. 6 ff.).

Das Gesetz bestimmt in einem Katalog den **spezifizierten Inhalt, den die Richtlinien** 39
enthalten können. Das bedeutet zwar, dass die Berufsordnung nicht alle aufgeführten
Regelungen voll enthalten muss. Es gibt aber doch einen Hinweis darauf, welche Fragen
der Gesetzgeber dem Satzungsgeber (der Kammerversammlung der NotK) überlässt, der
den Regelungsrahmen nach Möglichkeit ausfüllen soll. Dabei gaben die bisherigen RLNot
Anhaltspunkte für die regelungsbedürftigen Fragen, bedurften aber einer Abfassung, die der
heutigen Rechtsauffassung und der Rechtsprechung, insbesondere des BVerfG,[35] Rechnung trägt. Die Dienstordnung (DONot) als Verwaltungsanweisung darf in den Regelungsraum der Richtlinien nicht eingreifen, auch soweit dieser nicht voll ausgeschöpft ist.[36]

Die **Bedeutung der Empfehlungen,** die die Vertreterversammlung **der BNotK** nach 40
§ 78 Abs. 1 Nr. 5 gegeben hat, wird in → § 78 Rn. 19 erläutert. Die Empfehlungen aus
dem Jahr 1999 wurden durch die Vertreterversammlung der BNotK bereits mehrfach
ergänzt.[37] Die Erläuterung muss sich im Folgenden auf einzelne klarstellende Bemerkungen
und auf Verweisungen beschränken; die gesonderte Kommentierung der RLEmBNotK
sowie der erlassenen Berufsordnungen der verschiedenen NotK erfolgt in diesem Kommentar unter „3. Richtlinienempfehlungen der Bundesnotarkammer".

II. Einzelne Regelungsgegenstände

1. Unabhängigkeit und Unparteilichkeit (Abs. 2 Nr. 1). § 14 Abs. 1 S. 2 bestimmt, 41
dass der Notar nicht Vertreter einer Partei, sondern unabhängiger, unparteiischer Betreuer
der Beteiligten ist. § 14 Abs. 2 verlangt deshalb, dass der Notar seine Amtstätigkeit versagen
muss, wenn sie mit seinen Amtspflichten nicht vereinbar wäre. § 14 Abs. 3 und Abs. 4
erläutern diese Amtspflichten, verbieten insbesondere auch den **Anschein** von Abhängigkeit und Parteilichkeit. Auf die Erläuterungen zu § 14 sowie zu Abschnitt I. RLEmBNotK
wird verwiesen.

Dabei beschreibt Abschnitt II. RLEmBNotK **bestimmte Verfahrensweisen,** die in der 42
Regel unzulässig sind. Ausnahmen hiervon müssen auf sachlichen Gründen beruhen und
erforderlich sein. Auch erfassen die beispielhaft unter Abschnitt II. Nr. 1a) bis d) aufgeführten unzulässigen Beurkundungsverfahren sämtlich **systematisches Vorgehen** des Notars,
wie es vor allem bei Serien-Verträgen vorkommt, die sich meist auf Immobiliengeschäfte
beziehen (Bauträgervertrag, Immobilienfonds, Sanierungsverträge und andere).[38]

In diesem Zusammenhang befasst sich Abschnitt VIII. Nr. 1 RLEmBNotK mit der 43
wirtschaftlichen Abhängigkeit des Notars, insbesondere auch von seinen Mitarbeitern.[39]
Besondere Vorkehrungen des Notars zur Wahrung von Unabhängigkeit und Unparteilichkeit sind in Abschnitt VI. RLEmBNotK angesprochen (→ Rn. 53 ff.).

Für Anwaltsnotare grundlegend ist Abschnitt I. Nr. 3 RLEmBNotK. Danach hat der 44
Anwaltsnotar rechtzeitig bei Beginn seiner Tätigkeit gegenüber den Beteiligten klarzustellen, ob er als Rechtsanwalt oder als Notar tätig wird (vgl. dazu auch § 24 Abs. 2 und die
dortigen Erläuterungen).

---

[35] BVerfGE 80, 269; BVerfG NJW 1998, 2269; allgemein *Eylmann* NJW 1998, 2929 (2933).
[36] Dagegen: Frenz/*Sandkühler* Rn. 202; *Mihm* DNotZ 2000, 22 (38 f.) und 807 f.; *Maaß* ZNotP 2002, 217 und 335; *Wöstmann* ZNotP 2001, 246 (256); aM BGH NJOZ 2010, 2064 (2065); *Harborth/Lau* DNotZ 2002, 412 ff.; *Lerch* ZNotP 2002, 167; *Arndt/Lerch/Sandkühler/Lerch* BNotO § 67 Rn. 19.
[37] BeckOK BNotO/*von Stralendorff* BNotO § 67 Rn. 28; die Richtlinienempfehlungen der BNotK sind abrufbar unter www.bnotk.de/Aufgaben-und-Taetigkeiten/Richtlinien.php.
[38] Vgl. dazu die Merkblätter der LNotK Bayern (Stand: Januar 2006), der Rhein. NotK v. 14.7.1995 und v. 24.1.2005 (sämtlich abgedr. bei *Weingärtner,* Notarrecht, Nr. 292 ff.); s. zum systematischen Vorgehen ohne sachlichen Grund OLG Frankfurt a. M. Urt. v. 20.7.2015 – 1 Not 5/13, BeckRS 2016, 11366.
[39] S. hierzu BGH Beschl. v. 13.11.2017 – NotSt(Brfg) 3/17, NJW 2018, 1607.

45 **2. Verhalten innerhalb und außerhalb des Amtes (Abs. 2 Nr. 2).** Das Gesetz nimmt die Regelung des § 14 Abs. 3 als Ausgangspunkt, die den Notar verpflichtet, sich des Vertrauens der Beteiligten würdig zu erweisen. Soweit auch der böse Anschein in § 14 Abs. 3 S. 2 erfasst wird, kann auf → § 14 Rn. 16 verwiesen werden. Im Übrigen ist auf die Erläuterung in Abschnitt II. RLEmBNotK zu verweisen. Darüber hinaus ist es ausdrücklich untersagt, dass der Notar **Geschäftschancen,** von denen er im Rahmen seiner Amtstätigkeit Kenntnis erlangt hat, zu Lasten Dritter ausnutzt (Abschnitt III. Nr. 3 RLEmBNotK).

46 **3. Wahrung fremder Vermögensinteressen (Abs. 2 Nr. 3).** Einen **Kernbereich** der notariellen Tätigkeit stellt die Betreuung der **Vermögensinteressen der Beteiligten** dar, insbesondere auch die Verwahrung von Wertgegenständen nach § 23. Wenngleich der Notar zu derartigen Geschäften nicht verpflichtet ist,[40] hat er bei ihrer Übernahme besondere Sorgfalt und Gewissenhaftigkeit anzuwenden. Nach Abschnitt III. RLEmBNotK muss er den Eindruck vermeiden, dass eine Sicherheit vorgetäuscht wird, die in Realität nicht vorhanden ist. Damit soll besonderen Praktiken spekulativer Hinterleger nach Möglichkeit entgegengewirkt werden.

47 **4. Pflicht zur persönlichen Amtsausübung (Abs. 2 Nr. 4).** Über die allgemeine Pflicht zur Amtsausübung hinaus (§ 15) sollen die Richtlinien die persönliche, eigenverantwortliche und unabhängige Tätigkeit des Notars sicherstellen (Abschnitt IV. RLEmBNotK). Deshalb bestimmt Abschnitt IV. Nr. 3 RLEmBNotK den Umfang und die Ausgestaltung der **zulässigen Delegation** an Beschäftigte des Notars. Abschnitt IV. Nr. 5 RLEmBNotK schränkt die **Vertretung im Amt** (§ 39) und deren Auswirkungen ein. Die neu eingefügte Bestimmung der Abschnitt IV. Nr. 2 RLEmBNotK untersagt die Übertragung der Signaturkarte an Mitarbeiter oder Dritte.[41]

48 **5. Berufliche Zusammenarbeit (Abs. 2 Nr. 5).** Die Grundsätze einer zulässigen Zusammenarbeit mit anderen Notaren wie auch Angehörigen sonstiger Berufe sind in § 9 bestimmt, so dass insoweit auf die Erläuterungen hierzu verwiesen werden muss. Abs. 2 Nr. 5 gibt den Erlass von Richtlinien als näherer Einzelregelung über die **Begründung, Führung und Beendigung** solcher Zusammenarbeit wie auch zur Nutzung gemeinschaftlicher Geschäftsräume auf. Hierzu ist auf Abschnitt V. RLEmBNotK zu verweisen.

49 Grundlage ist der **persönliche Charakter** des dem Notar verliehenen **Amtes** (§ 14).[42] Die selbständige Amtsführung des Notars und das Recht auf freie Notarwahl dürfen durch die Verbindung nicht beeinträchtigt werden. Es ist dabei zwischen der organisatorischen, der sachlichen und der wirtschaftlichen Unabhängigkeit zu unterscheiden.[43] Im Einzelnen muss hier auf §§ 8, 9, 28, 29 Abs. 3 und die dortigen Erläuterungen verwiesen werden.

50 Insbesondere ist im Bereich des Anwaltsnotariats durch § 29 Abs. 3 die bereits vor Inkrafttreten der Novelle faktisch anerkannte „**überörtliche Sozietät**" für **Anwaltsnotare** nunmehr gesetzlich bestätigt.[44] Auch für diese Verbindungen gelten die Bestimmung in Abschnitt V. RLEmBNotK, weiterhin aber auch Abschnitt VI. RLEmBNotK (→ Rn. 56 f.).

51 § 14 Abs. 5 untersagt dem Notar mit seinem Amt unvereinbare Gesellschaftsbeteiligungen. Durch Gesetz zur Änderung der BRAO ist die Rechtsanwalts- und Patentanwalts-

---

[40] Vgl. statt aller *Bohrer*, Berufsrecht, S. 25, zum Verfahren allgemein S. 22 ff.
[41] Zu den beträchtlichen Problemen im Zusammenhang mit dem elektronischen Rechtsverkehr: *Gassen* RNotZ 2007, 142; *Bettendorf* DNotZ 2008, 19 ff.; *Bohrer* DNotZ 2008, 39 ff.; *Bettendorf/Apfelbaum* DNotZ 2008, 85 ff.
[42] *Bohrer*, Berufsrecht, S. 97 Rn. 313, sowie vor allem oben die Erläuterungen zu § 14.
[43] *Bohrer*, Berufsrecht, S. 45 ff. Rn. 140 ff.
[44] So auch *Mihm*, Berufsrechtliche Kollisionsprobleme beim Anwaltsnotar, 2000, S. 160 f. Vgl. BVerfG ZNotP 2005, 234 zur Nichtigkeit der Bestimmung des § 29 Abs. 3 BNotO über das Verbot der Angabe des Notaramtes auf Geschäftspapier der überörtlichen Sozietät.

GmbH geschaffen worden.[45] An ihr können sich auch Anwaltsnotare beteiligen. Durch Verweisung des § 59e Abs. 1 S. 3 BRAO auf § 59a Abs. 1 S. 3 und S. 4 BRAO wird aber klargestellt, dass die notarielle Amtsausübung nicht Gegenstand der Rechtsanwalts- (oder Patentanwalts-)GmbH sein darf. Auch richtet sich die Beteiligung des Anwaltsnotars an einer solchen GmbH nach den Bestimmungen des notariellen Berufsrechts.[46] Für die Partnerschaftsgesellschaft gilt nichts anderes.

Aus dem Richtlinieninhalt in Abs. 2 Nr. 5 fehlen in den RLE nähere Regelungen über die Führung und Beendigung der **beruflichen Zusammenarbeit,** wenn man von den einschlägigen Teilen der Bestimmungen über **kollegiale Rücksichtnahme** in Abschnitt XI. Nr. 1 RLEmBNotK absieht. Es lässt sich aus Abschnitt XI. Nr. 1.1 RLEmBNotK und der darin normierten Pflicht zu kollegialem Verhalten ein ausfüllungsbedürftiger allgemeiner Rechtssatz ableiten, der die große Mannigfaltigkeit täglicher Beziehungen zwischen den zusammenarbeitenden Kollegen ebenso wie die Beendigung solcher Zusammenarbeit erfasst. 52

6. Vorkehrungen zur Unabhängigkeit und Unparteilichkeit (Abs. 2 Nr. 6). Die Bedeutung von Unabhängigkeit und Unparteilichkeit ist außer in §§ 1, 13 Abs. 1 und 14 Abs. 1 auch in § 67 Abs. 2 Nr. 1 hervorgehoben (→ Rn. 41 ff.). § 28 verlangt demgemäß zur Sicherung dieser „institutionellen Grundsätze"[47] geeignete Maßnahmen des Notars, die insbesondere der **Einhaltung der Mitwirkungsverbote** des § 3 BeurkG und weiterer Pflichten aus BNotO, BeurkG und GNotKG dienen sollen. 53

Es handelt sich dabei im Wesentlichen um formelle Vorkehrungen, die einerseits dem Notar die **Erkennung von Kollisionsfällen** iSd § 3 BeurkG ermöglichen, andererseits den Aufsichtsbehörden die **Kontrolle der Mitwirkungsverbote** erleichtern sollen (Abschnitt VI. Nr. 1.1 RLEmBNotK). 54

Nach Abschnitt VI. Nr. 1.2 RLEmBNotK hat der Notar hierfür eine **Dokumentation** zu erstellen. Das bedeutet, dass er ein Verzeichnis schriftlich, karteimäßig oder durch EDV führt, welches die Beteiligten eines notariellen Geschäfts deutlich benennt. Dabei ist nicht nur auf die formell, sondern auch auf die materiell Beteiligten abzustellen.[48] Vor Übernahme einer (neuen) notariellen Amtstätigkeit hat der Notar sich anhand dieses Verzeichnisses zu vergewissern, dass keine Kollision iSd § 3 Abs. 1 BeurkG vorliegt. 55

Soweit der Notar mit anderen Personen zur gemeinsamen Berufsausübung verbunden ist (→ Rn. 48 ff.), hat er dafür Sorge zu tragen, dass seine **Berufspartner ebensolche Dokumentationen** über die von ihnen betreuten Beteiligten erstellen und sie dem Notar zugänglich machen. Er hat sie hierzu durch schriftliche Vereinbarung zu verpflichten (Abschnitt VI. Nr. 2 RLEmBNotK). 56

Hierbei handelt es sich um eine **Amtspflicht des Notars,** wie auch in den anderen, durch die Berufsordnung als Satzung geregelten Fällen. Kommt er dieser Amtspflicht nicht nach, wird er disziplinarisch zur Rechenschaft gezogen. Sollte ein Berufspartner die Verpflichtung nicht eingehen oder aber sie nicht erfüllen, wird dem Notar deshalb letztlich nichts anderes übrig bleiben, als die berufliche **Zusammenarbeit zu beenden.** 57

Problematisch ist das Verhältnis dieser Offenbarungspflicht zu der nach anderen gesetzlichen Bestimmungen den Berufspartnern obliegenden **Schweigepflicht** (zB § 43a Abs. 2 BRAO) sowie zum Datenschutz. Die Berufsordnung als Satzung der NotK kann hierin nicht eingreifen; das Gesetz schweigt hierzu in § 28. Im unmittelbaren Verhältnis zwischen dem (Anwalts-)Notar und dem mit ihm in Sozietät verbundenen Rechtsanwalt wird man 58

---

[45] Infolge der Entscheidung des BGH NJW 2005, 1568 ist auch die Rechtsanwalts-AG zulässig; ähnlich *Mihm*, Berufsrechtliche Kollisionsprobleme beim Anwaltsnotar, S. 184 f., ebenso BayObLG NJW 2000, 1647.
[46] *Vaasen/Starke* DNotZ 1998, 661 (667) ausführlich, aber im Ergebnis ebenso BeckOK BNotO/*Görk* BNotO § 9 Rn. 13, 30 ff.; vgl. auch *Eylmann* NJW 1998, 2929 (2931) sowie allgemein zur beruflichen Zusammenarbeit *Maaß* ZNotP 2005, 330.
[47] So zutreffend genannt von *Bohrer*, Berufsrecht, S. 28 Rn. 87.
[48] Vgl. *Eylmann* NJW 1998, 2929 (2931).

aber keine gegenseitige Schweigepflicht annehmen können, da das anwaltliche Mandat üblicherweise ohnehin allen Sozietätsangehörigen, also auch dem Anwaltsnotar, erteilt ist.[49] Dies gilt auch nach der jetzt vertretenen Auffassung der BGB-Gesellschaft als grundsätzlich rechtsfähig, nunmehr aber aus dem Gedanken der akzessorischen Haftung der Gesellschafter.[50] Bei Partnerschaftsgesellschaften gilt § 8 PartGG, für RA-Gesellschaften (mbH) § 59l BRAO.

59 Das Gesetz enthält in § 93 Abs. 4 eine Verpflichtung des Notars, also auch des Anwaltsnotars, den Aufsichtsbehörden oder den von ihnen mit der Prüfung Beauftragten die Aktenverzeichnisse, Bücher und Urkunden vorzulegen oder auszuhändigen. § 93 Abs. 4 S. 2 erstreckt diese Verpflichtung auf Personen, mit denen sich der Notar gem. § 9 zur gemeinsamen Berufsausübung oder Büronutzung verbunden hat. Letzteres gilt aber nur, soweit es für die Prüfung der Einhaltung von Mitwirkungsverboten erforderlich ist. Verfassungsrechtliche Bedenken hiergegen bestehen nicht.[51]

60 Zur Sicherung der Unabhängigkeit gem. § 14 Abs. 5 ist eine schriftliche Vereinbarung mit den zur gemeinsamen Berufsausübung verbundenen Personen hinsichtlich der **Verbindung zu einer Kapitalgesellschaft** (→ Rn. 51) normiert (Abschnitt VI. Nr. 2 RLEmBNotK).

61 § 17 Abs. 1 regelt im Einzelnen die Verpflichtung des Notars, für seine Tätigkeit die **gesetzlich vorgeschriebenen Gebühren** zu erheben. Zur Vermeidung von Umgehungen dieser Amtspflicht sieht Abschnitt VI. Nr. 3.1 RLEmBNotK vor, dass fällige Kosten in angemessener Frist einzufordern und im Regelfall beizutreiben sind. Es ist verboten, Kosten zurückzuerstatten oder die im Einzelnen beschriebenen Kompensationsgeschäfte vorzunehmen (Abschnitt VI. Nr. 3.2 RLEmBNotK). Der Notar muss sicherstellen, dass auch seine Berufspartner keine entsprechenden Vorteile gewähren (Abschnitt VI. Nr. 3.3 RLEmBNotK). Dabei können die in Abschnitt VI. Nr. 3.2 lit. d RLEmBNotK untersagten **Umgehungsfälle nur beispielhaft zu verstehen** sein, weil die übergeordnete Norm des § 17 Abs. 1 als Grundsatz jegliche Gebührenunterschreitung verbietet.

62 7. Werbeverbot (Abs. 2 Nr. 7). Grundlage ist § 29,[52] der in Abs. 1 jedes **gewerbliche Verhalten** untersagt und in Abs. 2 eine Werbung für Tätigkeiten nach § 8 von dem Notarbereich fernhält. Zusätzlich wurde in Abs. 3 bei überörtlichen Rechtsanwaltssozietäten die Verwendung der Amtsbezeichnung als Notar eingeschränkt. Diese Norm wurde zwar aufgrund der Verfassungswidrigkeit der Vorgängernorm[53] geändert (BGBl. 2017 I 1121), enthält in der aktuellen Fassung nunmehr die Einschränkung, dass grundsätzlich die Amtsbezeichnung als Notar nur unter Hinweis auf den Amtssitz angegeben werden darf. Nach Abs. 4 dürfen Amts- und Namensschilder nur an Geschäftsstellen geführt werden.

63 Innerhalb dieses Rahmens geben die RLEmBNotK gem. Abs. 2 Nr. 7 noch nähere Regelungen, die in Abschnitt VII. RLEmBNotK enthalten sind. Auch ist eine dem öffentlichen Amt widersprechende Werbung durch Dritte zu vermeiden (Abschnitt VII. Nr. 1.4 RLEmBNotK).[54]

64 Dem Notar soll nach Abschnitt VII. Nr. 1.3 lit. c RLEmBNotK die Angabe von Schwerpunkten seiner Tätigkeit nicht gestattet sein, da sie eine wertende Selbstdarstellung des Notars oder seiner Dienste enthalte. Dieser Standpunkt ist nicht in allen Berufsordnungen übernommen worden. Jedenfalls darf der Anwaltsnotar auf **anwaltliche Tätigkeitsgebiete** hinweisen, soweit das anwaltliche Berufsrecht dies zulässt, also insbesondere

---

[49] BGH NJW 2000, 1333; 2000, 1560; BGHZ 56, 355; Palandt/*Sprau* BGB § 705 Rn. 49.
[50] Einzelheiten bei Palandt/*Sprau* BGB § 705 Rn. 49 mwN aus Rechtsprechung und Literatur.
[51] Im Einzelnen vgl. *Eylmann* NJW 1998, 2929 (2932).
[52] Grundsätzlich zu dem Spannungsverhältnis „Amt und Werbung" *Eylmann* ZNotP 2000, 170 ff.
[53] BVerfG DNotZ 2005, 931.
[54] S. hierzu OLG Zweibrücken NJW-RR 2016, 1527.

auf die Zulassung als Fachanwalt oder im zulässigen Umfang auf Schwerpunkte seiner Berufsausübung.[55]

Abschnitt VII. Nr. 4 RLEmBNotK regelt ein altes Problem neu: die Einzelheiten von **Praxisanzeigen** ebenso wie Stellenanzeigen. Abschnitt VII. Nr. 2 RLEmBNotK befasst sich mit der Darstellung in der Öffentlichkeit, mit der Titelführung und mit Hinweisen auf weitere Tätigkeiten und Ehrenämter. Abschnitt VII. Nr. 3 RLEmBNotK regelt die Eintragung in Verzeichnissen und Datenbanken. Dabei ist eine Veränderung insofern eingetreten, als nach früherem Disziplinarrecht nur solche Verzeichnisse statthaft waren, in die alle Notare aufgenommen wurden (zB Telefonbücher, allgemeine Notar-Verzeichnisse). Demgegenüber ist jetzt nur noch erforderlich, dass die Verzeichnisse oder Datenbanken allen örtlichen Notaren **offen stehen**. 65

Abschnitt VII. Nr. 6 RLEmBNotK befasst sich im Einzelnen mit den **Informationsmitteln des Notars**. Hier bestehen teilweise abweichende lokale Bräuche, die in den Satzungen der einzelnen NotK zum Ausdruck kommen. Schließlich enthält Abschnitt VII. Nr. 5 RLEmBNotK Regelungen für den Umgang mit Medien. 66

8. Mitarbeiter (Abs. 2 Nr. 8). Bei **Einstellung** von Mitarbeitern ist Abs. 2 Nr. 8 nicht einschlägig. Nach altem Recht wurde die vorherige Fühlungnahme mit dem Notarkollegen gefordert, dessen Angestellten der Notar übernehmen will. Dies erscheint nicht mehr zeitgemäß, da der Angestellte im Regelfall eine solche Anfrage bei seinem derzeitigen Arbeitgeber gerade nicht gestatten wird, so dass Regelungen in einer Richtlinie hierzu nicht erforderlich sind. In Abschnitt VIII. Nr. 2 RLEmBNotK sind daher nun die Pflichten für die **Vermittlung fachspezifischer Kenntnisse an die Mitarbeiter** geregelt. 67

9. Beurkundungen außerhalb des Amtsbereichs und der Geschäftsstelle (Abs. 2 Nr. 9). Hier werden zwei unterschiedliche Fälle erfasst: Der Notar soll seine Urkundstätigkeit nur **innerhalb seines Amtsbereichs** ausüben (§ 10a Abs. 2). Entscheidendes Gewicht kommt hier dem Ausnahmetatbestand des Halbsatzes 2 zu, wonach besondere berechtigte Interessen der Rechtsuchenden ein Tätigwerden auch außerhalb des Amtsbereichs gebieten können. Eine Konkretisierung dieser Ausnahmeregelung sieht Abschnitt IX. Nr. 1 RLEmBNotK vor. Wegen des Sachzusammenhangs wird auf die Erläuterungen zu § 10a und zu Abschnitt IX. RLEmBNotK verwiesen. 68

§ 10 Abs. 4 hatte im Regierungsentwurf vorgesehen, dass der Notar seine Amtsgeschäfte in der Regel in der Geschäftsstelle wahrnehmen solle. Diese Bestimmung ist aufgrund der Beschlussempfehlung des Rechtsausschusses des Bundestages im Verlauf des weiteren Gesetzgebungsverfahrens entfallen. Es gibt daher **keine gesetzliche Verpflichtung mehr zur Tätigkeit in der Geschäftsstelle** (→ §§ 10a, 11 Rn. 65 ff.). Innerhalb der Berufsordnung ist auf Abschnitt IX. Nr. 2 RLEmBNotK zu verweisen. Danach darf der Notar Amtsgeschäfte außerhalb seiner Geschäftsstelle vornehmen, wenn sachliche Gründe dafür vorliegen[56]. Die einzelnen Richtlinien der NotK enthalten Konkretisierungen dieses Vorschlags, die aber angesichts der Rechtsprechung des BVerfG[57] modifiziert werden müssen. 69

10. Fortbildung des Notars (Abs. 2 Nr. 10). § 14 Abs. 6 begründet eine **Pflicht des Notars, sich in erforderlichem Umfang fortzubilden.** Abs. 2 Nr. 10 bildet die Grundlage für nähere Regelungen des Umfangs der Fortbildung, die in Abschnitt X. RLEmBNotK enthalten sind. Dabei wird auf die eigene Verantwortlichkeit des Notars abgestellt, also kein Nachweis von Lehrgängen, Seminaren oÄ gefordert. Derart wird die Erfüllung der Amtspflicht zur Fortbildung nur schwerlich zu belegen sein. Der Notar wird deshalb verpflichtet, auf Anfragen der NotK über die Erfüllung der Fortbildungspflicht zu 70

---

[55] § 43c BRAO und § 7 BORA. Dazu → RLEmBNotK VII. Rn. 39 ff., der auch diese Bestimmung für verfassungsrechtlich bedenklich hält.
[56] Vgl. dazu auch BeckNotar-HdB/*Bremkamp* § 32 Rn. 76.
[57] BVerfG DNotZ 2000, 782 mAnm *Eylmann* DNotZ 2000, 792 ff.

berichten (vgl. im Einzelnen die Erläuterungen zu § 14 Abs. 6 und zu Abschnitt X. RLEmBNotK).

71 **11. Kollegiale und andere Rücksichtnahmen (Abs. 2 Nr. 11).** Die besonderen **Berufspflichten in kollegialer Hinsicht** sind näher in Abschnitt XI. RLEmBNotK geregelt. Hier ist in Abschnitt XI. Nr. 4 RLEmBNotK auch eine Konkretisierung der Pflichten gegenüber ausländischen Kollegen im Rahmen des § 11a erfolgt.

D. Aufgaben der NotK nach Abs. 3 bis Abs. 6

I. Bereitstellung von Mitteln (Abs. 3 Nr. 1)

72 Der NotK obliegt es, **Mittel für die berufliche Fortbildung der Notare,** ihrer Hilfskräfte und der Notarassessoren bereitzustellen. Hier wird die finanzielle Grundlage für die Erfüllung der Verpflichtungen aus Abs. 2 Nr. 8 und Nr. 10 iVm Abschnitt VIII. und Abschnitt X. RLEmBNotK geschaffen. Soweit die NotK selbst Fortbildungsmaßnahmen durchführt, hat sie die Mittel dafür zu beschaffen. Es liegt in ihrem Ermessen, diese durch Einzelbeiträge zu der Veranstaltung oder durch pauschale Übernahme der Kosten in den Kammerhaushalt zu decken. Hiermit werden auch die Kosten der Fortbildung durch das Deutsche Anwaltsinstitut eV – Fachinstitut für Notare – sowie für das Deutsche Notarinstitut in Würzburg erfasst (→ Rn. 16, 18).[58]

73 Abs. 3 Nr. 1 bestimmt als weitere Aufgabe der NotK, die **Mittel für sonstige gemeinsame Lasten** des Berufsstands bereitzustellen. Damit wird in allgemeiner Form die Grundlage für die Finanzierung der berufsrechtlich und berufspolitisch erforderlichen Maßnahmen geschaffen. Die Deckung dieser Kosten erfolgt durch die Beiträge gem. § 73.

II. Hilfskräfte (Abs. 3 Nr. 2)

74 Die NotK hat die **Ausbildung und Prüfung der Hilfskräfte** zu regeln. Sie hat sich dabei im Rahmen der bundes- und landesrechtlichen Vorschriften zu halten, die im Gebiet des Anwaltsnotariats diese Aufgaben auf die Rechtsanwaltskammern übertragen haben. Abs. 3 Nr. 2 verpflichtet die NotK aber, sich daran zu beteiligen und entsprechenden Einfluss zu nehmen. Die Kosten für die Erfüllung dieser Aufgabe sind gem. Abs. 3 Nr. 1 von der NotK zu tragen.

III. Versicherungsverträge (Abs. 3 Nr. 3)

75 Der NotK obliegt der Abschluss von Versicherungsverträgen zur Ergänzung und Erweiterung der Haftpflichtversicherung nach § 19a, soweit die Gefahren entweder die Deckungssumme der Individualversicherung überschreiten oder durch vorsätzliche Handlungen verursacht werden, die vom Haftpflichtversicherungsschutz ausgenommen sind. Auf § 19a und die dortigen Erläuterungen wird verwiesen.

IV. Notardatenverwaltung (Abs. 3 Nr. 4)

75a Mit dem Gesetz zur Neuordnung der Aufbewahrung von Notariatsunterlagen und zur Einrichtung des Elektronischen Urkundenarchivs bei der Bundesnotarkammer sowie zur Änderung weiterer Gesetze vom 1.6.2017 (BGBl. 2017 I 1396) wurde der Abs. 3 Nr. 4 eingefügt. Der NotK obliegt im Rahmen ihrer Aufgabenerfüllung die Verwaltung der Daten der ihr angehörenden Notarinnen und Notare. Dies geht über die reine Mitgliederverwaltung hinaus und umfasst insbesondere die Führung des Notarverzeichnisses nach

---

[58] Ebenso Arndt/Lerch/Sandkühler/*Lerch* BNotO § 67 Rn. 45; BeckOK BNotO/*von Stralendorff* BNotO § 67 Rn. 33; BGH NJW 1997, 1239.

V. Zertifizierungsstelle (Abs. 3 Nr. 5)

Durch die Aufnahme des bisherigen Abs. 5 als neue Nr. 5 in Abs. 3 hat der Gesetzgeber **75b** der zunehmenden Bedeutung der Aufgaben der NotK im Zusammenhang mit der Erteilung von qualifizierten Zertifikaten Rechnung getragen und dies als Pflichtaufgabe eingeordnet.

Beglaubigungen und Zeugnisse iSd § 39 BeurkG können elektronisch errichtet (§ 39a **75c** BeurkG) und müssen hierzu mit einer qualifizierten elektronischen Signatur versehen werden. Zum Nachweis der Notareigenschaft gem. § 39a Abs. 2 S. 1 BeurkG ist eine Signaturkarte des Notars erforderlich. Diese enthält regelmäßig ein sogenanntes Notarattribut. Dieses Attribut kann von der Zertifizierungsstelle erst nach Vorliegen einer Bestätigung der Eigenschaft als Berufsträger durch die hierfür zuständige Stelle erteilt werden. Die Zuständigkeit der Notarkammern zur **Bestätigung der Notareigenschaft** war schon vor der Einführung von Abs. 5 aF daraus zu entnehmen, dass die Notare gem. § 65 Abs. 1 kraft Gesetzes Mitglieder ihrer jeweiligen Notarkammer sind. Zur Vermeidung von Zweifeln hatte der Gesetzgeber diese zusätzliche Aufgabe der Notarkammern ausdrücklich in § 67 Abs. 5 aF festgehalten.

Da die qualifizierte elektronische Signatur künftig auch für die Einstellung elektronischer **75d** Dokumente in die elektronische Urkundensammlung (§ 56 BeurkG in der Fassung ab 1.1.2022) erforderlich ist, steigt die Bedeutung der Aufgaben der NotK im Zusammenhang mit der Erteilung von qualifizierten Zertifikaten, weshalb der Gesetzgeber diese mit der Aufnahme als neue Nr. 5 in Abs. 3 zur Pflichtaufgabe erhoben hat. Hinsichtlich des Begriffs des qualifizierten Zertifikats sei auf § 33 Abs. 1 verwiesen.

VI. Fürsorgeeinrichtungen (Abs. 4 Nr. 1) und Vorsorgeeinrichtungen (Abs. 4 Nr. 2)

Der NotK wird weiterhin als Aufgabe die Unterhaltung von **Fürsorgeeinrichtungen** **76** zugewiesen. Hierunter ist auch deren Errichtung zu verstehen. Art und Umfang der Maßnahmen bleiben dem Ermessen der NotK überlassen.

Die BNotO räumt weder ihren Mitgliedern noch deren Angehörigen oder Hinterbliebenen **Rechtsansprüche** auf solche Leistungen ein. Vielmehr ist die Gewährung von **77** Unterstützungen der Ermessensentscheidung im Einzelfall überlassen, weshalb solche Ansprüche meist nicht gewährt werden.[60] Insbesondere kommt hier die Zahlung von **Sterbegeld** an Hinterbliebene in Betracht.

Ähnlich verhält es sich bei den **Vorsorgeeinrichtungen,** die durch Gesetz eingerichtet **78** sind und sich regelmäßig auf den Bezirk einer bestimmten NotK beschränken. Sie gehören kraft Gesetzes zu den Aufgaben der Notarkasse des Landes Bayern (§ 113a Abs. 3 Nr. 2) sowie der Ländernotarkasse in Leipzig (§ 113a Abs. 3 Nr. 2). Außerdem bestehen Notarversorgungskassen oder Notarversorgungswerke für die Bezirke der NotK Hamburg, Koblenz, der Rheinischen NotK und der Saarländischen NotK.[61]

VII. Vertrauensschadenseinrichtungen (Abs. 4 Nr. 3 und Nr. 4 lit. a)

Das Gesetz ermächtigt die NotK, allein oder gemeinsam mit anderen NotK Einrichtungen **79** zu gründen und zu unterhalten, die Schäden durch **vorsätzliche Handlungen von Notaren** abdecken. Diese Einrichtungen sollen **ohne rechtliche Verpflichtung** in solchen Fällen eingreifen, in denen die Haftpflichtversicherung des § 19a den Schaden nicht deckt.

---

[59] BT-Drs. 18/10607, 63.
[60] BeckOK BNotO/*von Stralendorff* BNotO § 67 Rn. 44.
[61] Vgl. die Angaben über die Rechtsquellen bei BeckOK BNotO/*von Stralendorff* BNotO § 67 Rn. 45 ff.

Als Einrichtung gemäß dieser Bestimmung haben die NotK 1981 einen gemeinsamen **Vertrauensschadensfonds** gegründet, dem inzwischen alle deutschen NotK angehören. Anfängliche Zweifel, ob dieser Fonds in den Aufgabenbereich der NotK nach § 67 Abs. 1 gehört,[62] sind durch die Einfügung der Nr. 4 in den Abs. 4[63] beseitigt worden. Diese Nr. 4 wurde mit Gesetz vom 1.6.2017 (BGBl. 2017 I 1396) zu Abs. 4 S. 2 Nr. 4 lit a. Wenngleich nach dieser Vorschrift keine Rechtspflicht des Fonds zum Schadensersatz bestehen darf, hat doch jeder Geschädigte aus verwaltungsrechtlichen Gesichtspunkten Anspruch auf eine Entscheidung über seinen Anspruch nach **pflichtgemäßem Ermessen.**[64]

80 Darüber hinaus ist durch das Gesetz vom 30.7.2009 (→ Rn. 3) der Notarkammer die Möglichkeit eingeräumt worden, selbst als Versicherer Einrichtungen zu schaffen, deren Zweck darin besteht, die in Abs. 3 Nr. 3 aufgeführten Versicherungsverträge abzuschließen, die Gefahren aus Pflichtverletzungen abdecken, die durch vorsätzliche Handlungen von Notaren verursacht worden sind. Diese Bestimmung ermöglicht die Errichtung einer „Notarversicherung", deren Träger einzelne oder mehrere oder auch alle Notarkammern sind. Die Notarkammern haben mit der Gründung des Notarversicherungsvereins auf Gegenseitigkeit am 3.11.2011 von dieser Befugnis Gebrauch gemacht.[65]

VIII. Absicherung von Schäden bei Verlust amtlich verwahrter Urkunden (Abs. 4 Nr. 4 lit. b)

81 Mit der Einführung der Nr. 4 lit. b durch das Gesetz vom 1.6.2017 (BGBl. 2017 I 1396) ist es der NotK möglich, Einrichtungen zu unterhalten, die Leistungen bei Schäden aufgrund des Verlusts amtlich zu verwahrender Urkunden gewähren. Gelingt es den Beteiligten, denen ein Schaden aufgrund der Nichtauffindbarkeit der verwahrten Urkunde entsteht, nicht, eine Amtspflichtverletzung oder das Verschulden einer Verwahrstelle darzulegen und/oder zu beweisen, soll eine entsprechende Einrichtung Hilfe gewähren.

81a Besteht ein Anspruch gegen eine von Gesetzes wegen durch die Notarin oder den Notar (§ 19a) oder die Notarkammer (→ Rn. 75) zu unterhaltende Versicherung, ist kein Eintreten der Einrichtung erforderlich. Dies kommt in der Subsidiaritätsklausel von Hs. 2 von Nr. 4 lit. b zum Ausdruck. Die Leistung ist auf 500.000 EUR pro Urkunde beschränkt. Diese Einschränkung beruht zum einen darauf, dass es sich bei der Leistung der Einrichtung nicht um eine Schadensersatzleistung für eine schuldhafte Pflichtverletzung, sondern um eine auf Billigkeitsgesichtspunkten beruhende Entschädigung handelt. Zum anderen soll nach dem Willen des Gesetzgebers die Notargemeinschaft, die mit ihren – einer gesetzlichen Zweckbindung unterliegenden – Pflichtbeiträgen das Fondsvermögen sicherstellt, vor dem Hintergrund der Freiwilligkeit der Leistung und deren Finanzierung durch die Solidargemeinschaft vor überhöhten Zahlungen geschützt werden.[66]

IX. Gutachten-Erstattung (Abs. 5)

82 Zu den Aufgaben der NotK gehört es weiterhin, Gutachten zu erstatten, die die **Landesjustizverwaltung, ein Gericht oder eine Verwaltungsbehörde** des Landes anfordert, soweit diese sich auf Angelegenheiten der Notare beziehen. In diesem Bezug auf Landesbehörden liegt die Einschränkung, dass die NotK entsprechend dem föderalistischen Aufbau im Regelfall keine Gutachten an Bundesbehörden oder Behörden anderer Bundesländer erstatten soll.[67]

---

[62] Bejahend bereits BGHZ 112, 163.
[63] BGBl. 1991 I 150.
[64] BGHZ 112, 163; BeckOK BNotO/*von Stralendorff* BNotO § 67 Rn. 55; *Stüer* DVBl. 1989, 1137; zur rechtlichen Einordnung BGHZ 113, 151 ff.; BGH NJW 1998, 2537 ff.
[65] Diehn/*Schwipps* BNotO § 67 Rn. 32.
[66] BT-Drs. 18/10607, 64.
[67] *Hartmann* FS Schippel 1996, 653 unter Hinweis auf § 24 GGO II in Fn. 32.

Für **Anforderungen des Bundes** ist die BNotK zuständig (§ 78 Nr. 4), für die Landes- 83
behörden ihre jeweiligen NotK (Abs. 5). Dazu kommt die Verpflichtung der NotK, auf
Anforderung der BNotK Gutachten und Berichte abzugeben, die in § 90 geregelt ist.

Das Gesetz bestimmt, dass die NotK angeforderte Gutachten **zu erstatten hat**. Damit ist 84
ihr nicht nur eine Tätigkeit zugewiesen, vielmehr eine Verpflichtung auferlegt. Sie hat ihre
Wurzeln in der in Abs. 1 festgelegten Aufgabe, die Aufsichtsbehörden zu unterstützen, und
beruht letztlich auf der öffentlich-rechtlichen Funktion der NotK überhaupt.[68] Es kann
danach nicht in ihr pflichtgemäßes Ermessen gestellt sein, ob sie das Gutachten erstattet,[69]
vielmehr kann sie umgekehrt nur bei Vorliegen erheblicher sachlicher Gründe die Erstattung eines angeforderten Gutachtens ausnahmsweise ablehnen.[70] In jedem Fall sind die
gesetzlichen Verschwiegenheitspflichten der §§ 18, 69a und 81a einzuhalten.

X. Mitteilungspflicht der Landesjustizverwaltung (Abs. 6)

Um ihre Aufgaben wahrnehmen zu können, ist die NotK darauf angewiesen, dass ihr die 85
Informationen über die jeweils amtierenden Notarinnen und Notare, Notariatsverwalte-
rinnen und Notariatsverwalter und Notarvertreterinnen und Notarvertreter sowie über
Verwahrungszuständigkeiten stets vollständig und aktuell vorliegen. Daher wurde mit der
Einfügung des neuen Abs. 6 durch das Gesetz vom 1.6.2017 (BGBl. 2017 I 1396) die
Landesjustizverwaltung verpflichtet, die Notarkammer über die dort aufgeführten Daten zu
benachrichtigen. Zudem wurde mit der gesetzlichen Regelung des Informationsflusses eine
klare kompetenz- und datenschutzrechtliche Grundlage für die Übermittlung der Daten
geschaffen. Die Regelung des Abs. 6 ist nicht abschließend, so dass insbesondere landesrechtlich geregelte oder durch Verwaltungspraxis eingeführte Mitteilungen der Landesjustizverwaltung an die NotK oder deren Beteiligung in Notarsachen nicht ausgeschlossen
werden.[71]

E. Generalklausel des Abs. 4 S. 1

I. Bedeutung

Die ursprünglich mit Abs. 6 (aF) eingefügte zusätzliche **Zuweisung** an die NotK gab 86
generell die Befugnis, „weitere, dem Zweck ihrer Errichtung entsprechende Aufgaben
wahrzunehmen". Diese Bestimmung wurde in Abs. 4 S. 1 übergeleitet, ohne dass ihr Inhalt
verändert ist (→ Rn. 3). Damit schafft sie über die Enumeration von einzelnen Tätigkeits-
gebieten hinaus eine **generalklauselartige** Auffangbestimmung, die den Arbeitsbereich
der NotK auf alle Vorgänge ausdehnt, die ihrem Zweck entsprechen. Hierdurch ist eine
umfassende Zuständigkeitsregelung geschaffen.

II. Inhalt

Abs. 4 S. 1 ist im **Zusammenhang mit** der allgemeinen Aufgabenbeschreibung der 87
NotK in **Abs. 1** zu sehen, darüber hinaus auch mit der ihr zugeteilten Selbstverwaltungsaufgabe (→ § 65 Rn. 5 f.). Soweit dieser Zweck reicht, ist die NotK zur Wahrnehmung
von Aufgaben berechtigt – mögen sie nun unter die einzelnen Aufzählungen des Gesetzes
fallen oder darüber hinausgehen. Entscheidend ist die **Wahrung des aus dem Gedanken
der Selbstverwaltung herrührenden Aufgabenbereichs.**

Früher streitig gewordene Fragen, wie etwa der Beitritt der NotK zum Vertrauens- 88
schadensfonds (→ Rn. 79) oder zum Deutschen Notarinstitut (→ Rn. 18), sind durch die

---

[68] Arndt/Lerch/Sandkühler/*Lerch* BNotO § 67 Rn. 56 f.
[69] Deshalb unzutreffend BeckOK BNotO/*von Stralendorff* BNotO § 67 Rn. 61.
[70] Ähnlich Arndt/Lerch/Sandkühler/*Lerch* BNotO § 67 Rn. 57.
[71] BT-Drs. 18/10607, 65.

Generalklausel beseitigt worden. Nunmehr **lassen sich neu auftretende Aufgaben mit Hilfe dieser Generalklausel lösen,** soweit diese eben dem Zweck der Errichtung der NotK dienen.

§ 68 [Organe]

Die Organe der Notarkammer sind der Vorstand und die Kammerversammlung.

Übersicht

	Rn.
A. Bedeutung der Norm	1
B. Organstellung	2
I. Organ der Willensbildung	2
II. Exekutivorgan	4
III. Vertretungsorgan	5
IV. Verhältnis der Organe zueinander	8
C. Rechtsbeziehungen der Organmitglieder zur NotK	11
I. Selbstverwaltungsträger	11
II. Auftragsrecht	12
III. Haftung	13
D. Geschäftsführer	17
I. Bestellung	17
II. Personen	19
III. Rechtsverhältnis zu dem Geschäftsführer	21

A. Bedeutung der Norm

1 § 68 bestimmt die Organe der NotK. Einzelheiten regelt nach § 72 die Satzung.

B. Organstellung

I. Organ der Willensbildung

2 Juristische Personen bedürfen – ebenso wie andere Personenzusammenschlüsse – besonderer **Organe zur inneren Willensbildung.** Dabei bildet in der Regel die Gesamtheit der Mitglieder das Organ, welches demokratisch legitimiert die grundlegenden Beschlüsse fasst und deshalb als oberstes Organ der juristischen Person zu bezeichnen ist.[1] Insofern sind die Kammerversammlung und damit deren Mitglieder entgegen der Reihenfolge, in der § 68 die Organe aufzählt, auch bei der NotK ihr oberstes Gremium für die Willensbildung.[2]

3 In der **praktischen Regel erfolgt die Willensbildung aber durch den Vorstand.**[3] Das entspricht den Bedürfnissen einer zeitnahen und effektiven Beschlussfassung, die insbesondere bei den großen NotK wegen der mitgliederstarken Kammerversammlung nur bei Grundsatzfragen möglich ist (→ § 69 Rn. 2 ff.).

II. Exekutivorgan

4 Der Vorstand ist zugleich Exekutivorgan der NotK. Dies ergibt sich aus der Regelung in § 69 Abs. 1 S. 1, wonach er „die Befugnisse der Notarkammer wahrnimmt".

---

[1] *Tettinger*, Kammerrecht, 1997, S. 111; Arndt/Lerch/Sandkühler/*Lerch* BNotO § 68 Rn. 4; BT-Drs. 3/219, 31 linke Spalte.
[2] Diehn/*Schwipps* BNotO § 68 Rn. 2.
[3] BT-Drs. 3/219, 30 rechte Spalte.

III. Vertretungsorgan

Auch bei der NotK gilt – wie bei anderen juristischen Personen –, dass von der Willensbildung die **Vertretungsbefugnis** zu unterscheiden ist.[4] 5

Zur Vertretung der NotK ist kraft ausdrücklicher gesetzlicher Regelung in § 70 Abs. 1 6
deren Präsident berufen. Seine Vertretungsbefugnis kann deshalb weder durch Satzung noch durch Beschluss des Vorstands oder der Kammerversammlung eingeschränkt werden.[5]

Angesichts dieser gesetzlich geregelten Aufgabenstellung ist der **Präsident als Vertre-** 7
tungsorgan zu bezeichnen. § 68 erfasst deshalb nur die Organe der (inneren) Willensbildung der NotK, § 70 Abs. 1 regelt hingegen die Stellung für die Außenvertretung (→ § 70 Rn. 4). In Anbetracht dessen beruhen Auffassungen, die den Präsidenten nicht als „Organ", also auch nicht als Vertretungsorgan bezeichnen,[6] auf einer nicht ausreichenden Unterscheidung zwischen der internen Willensbildung einerseits und der Vertretungsmacht andererseits,[7] widersprechen außerdem auch der ausdrücklichen Regelung des § 70 Abs. 1.

IV. Verhältnis der Organe zueinander

Das Gesetz stellt die **Organe der Willensbildung,** also Kammerversammlung und 8
Vorstand, **nebeneinander.** Beide haben also umfassende Kompetenz über alle in den Bereich der NotK fallenden Aufgaben.[8] Die Abgrenzung zwischen diesen beiden Organen wird regelmäßig durch die schnellere und detailliertere Entscheidungsmöglichkeit des Vorstands gegenüber der umständlicheren Beschlussfassung der Kammerversammlung bestimmt (→ Rn. 3). In der Rangfolge bleibt aber die Kammerversammlung deren oberstes Organ.

Eine besondere **Zuweisung an den Vorstand kann durch die Satzung** erfolgen 9
(§ 72), die den Voraussetzungen des § 66 Abs. 1 S. 2 entsprechen muss. Diese Befugnis findet ihre Grenze an den zwingenden Zuständigkeitsregelungen des Gesetzes, also an der organisatorischen Grundstruktur der NotK.

Ein **Konflikt über die Zuständigkeiten** der Organe kann von der Landesjustizverwal- 10
tung im Wege der Staatsaufsicht (§ 66 Abs. 2) entschieden werden. Ein von ihr dabei erlassener Verwaltungsakt ist durch gerichtliche Entscheidung anfechtbar, wenn der Antragsteller in seinen Rechten beeinträchtigt ist (§ 111). Insoweit wird eine partielle Prozessfähigkeit des betroffenen Organs für das Antragsverfahren anzunehmen sein.

C. Rechtsbeziehungen der Organmitglieder zur NotK

I. Selbstverwaltungsträger

Die BNotO enthält keine ausdrückliche Regelung der Rechtsbeziehungen zwischen den 11
Vorstandsmitgliedern und der NotK. Es lässt sich ihr aber entnehmen, dass die Vorstandsmitglieder ihr Amt ausschließlich zur **Wahrung der Belange der Kammer als Selbstverwaltungsträger** ausüben.[9] Die Vorstandsmitglieder werden dabei ehrenamtlich tätig, wie für das Präsidium und die Vertreterversammlung der BNotK in § 88 ausdrücklich geregelt und für die NotK entsprechend anwendbar ist.

---

[4] *Tettinger,* Kammerrecht, S. 121 unten; BeckOK BNotO/*von Stralendorff* BNotO § 70 Rn. 3.
[5] Arndt/Lerch/Sandkühler/*Lerch* BNotO § 70 Rn. 2; BeckOK BNotO/*von Stralendorff* BNotO § 70 Rn. 2.
[6] BeckOK BNotO/*von Stralendorff* BNotO § 70 Rn. 5; Arndt/Lerch/Sandkühler/*Lerch* BNotO § 70 Rn. 2 spricht von Exekutivorgan; prinzipiell zutreffend *Tettinger,* Kammerrecht, S. 121 unten.
[7] Vgl. beim rechtsfähigen Verein die Beschlussfassung des § 28 BGB einerseits, die Außenvertretung des § 26 Abs. 2 BGB andererseits.
[8] BeckOK BNotO/*von Stralendorff* BNotO § 68 Rn. 5.
[9] *Tettinger,* Kammerrecht, S. 119.

II. Auftragsrecht

12 Auf die Rechtsstellung der Vorstandsmitglieder im Verhältnis zur NotK sind die **Regeln des Auftragsrechts** (§§ 662 ff. BGB) wie auch sonst im öffentlichen Recht entsprechend anwendbar.[10] Sie haben daher Anspruch auf Ersatz ihrer **Auslagen und Aufwendungen,** auch von Schäden, die sie bei ihrer Tätigkeit erleiden. Einzelheiten sind häufig in Satzungen oder allgemeinen Beschlüssen der Willensbildungsorgane enthalten.

III. Haftung

13 Umgekehrt **haften die Vorstandsmitglieder für Schäden,** die der Kammer dadurch entstanden sind, dass sie einem Dritten Schadensersatz leisten musste. In diesem Fall ist der Rückgriff gegen die Mitglieder des betreffenden Organs aber nur möglich, wenn ihnen Vorsatz oder grobe Fahrlässigkeit zur Last fällt (Art. 34 S. 2 GG).

14 Darüber hinaus haften die Mitglieder der Organe auch bei unmittelbarer Schädigung der NotK dieser nur dann, wenn sie in den genannten Verschuldensformen den Schaden verursacht haben; dies ergibt sich aus entsprechender Heranziehung der für Beamte geltenden Grundsätze.[11]

15–16 [Einstweilen frei.]

D. Geschäftsführer

I. Bestellung

17 Die Bestellung **eines oder mehrerer Geschäftsführer** ist häufig in der Satzung der NotK vorgesehen. Eine besondere gesetzliche Vorschrift hierfür besteht im Gegensatz zu § 49 Abs. 2, Abs. 3 RNotO nicht. Sie wurde von dem Gesetzgeber der BNotO für überflüssig gehalten, obwohl zunächst der Regierungsentwurf sie in § 48a vorgesehen hatte.[12]

18 Es besteht aber kein Zweifel, dass die NotK als Körperschaft berechtigt ist, die **für ihre Organisation erforderlichen Maßnahmen** zu treffen. Hierunter fällt insbesondere auch die Bestellung von Geschäftsführern,[13] die den Vorstand in seiner Arbeit unterstützen. Bei größeren Kammern ist dies schon aus praktischen Erwägungen ganz unerlässlich und allgemein üblich.

II. Personen

19 In den NotK des Nur-Notariats erfolgt die Bestellung häufig bei **Notarassessoren;** ihre Tätigkeit ist regelmäßig als Anwärterdienst iSd § 7 Abs. 5 zu betrachten.[14]

20 Soweit ein **Rechtsanwalt zum Geschäftsführer** bestellt wird, steht das Anstellungsverhältnis seiner Bestellung zum Notar nicht entgegen.[15] Ist der Geschäftsführer bereits Notar, so bedarf er keiner Genehmigung nach § 8 Abs. 2, da die Tätigkeit innerhalb des Berufsstands ausgeübt wird und deshalb keine Nebenbeschäftigung darstellt.

III. Rechtsverhältnis zu dem Geschäftsführer

21 Die **Entscheidung über die Bestellung** des Geschäftsführers obliegt regelmäßig dem Vorstand oder einer nach § 69b hiermit beauftragten Abteilung. Er oder sie beschließt auch

---

[10] Palandt/*Sprau* BGB Einf. v. § 662 Rn. 10; Arndt/Lerch/Sandkühler/*Lerch* BNotO § 69 Rn. 16.
[11] So zutreffend BeckOK BNotO/*von Stralendorff* BNotO § 68 Rn. 9.
[12] BT-Drs. 3/219, 31 rechte Spalte.
[13] *Tettinger*, Kammerrecht, S. 122 f.; BeckOK BNotO/*von Stralendorff* BNotO § 68 Rn. 13.
[14] BeckOK BNotO/*von Stralendorff* BNotO § 68 Rn. 14.
[15] BGH DNotZ 1987, 160.

über die Ausgestaltung und späteren Änderungen des Anstellungsvertrags. Dieser unterliegt üblicherweise dem Privatrecht.

Die **Aufgaben des Geschäftsführers** bestehen üblicherweise in der **Erledigung der** 22 **laufenden Geschäfte der NotK.** Diese Aufgaben werden in dem Anstellungsvertrag geregelt oder durch spezielle Weisungen festgelegt. Ob solche durch den Vorstand, durch eine Abteilung gem. § 69b oder durch den Präsidenten erfolgen, regelt die Satzung oder ein Beschluss des Vorstands.

In der Tagesarbeit wird meistens dem Präsidenten die unmittelbare Verbindung zu der 23 Geschäftsführung obliegen (arg. § 70 Abs. 2). Zur **Vertretung der NotK** ist der Geschäftsführer dann berechtigt, wenn er von dem Präsidenten als Vertretungsorgan (§ 70 Abs. 1) hierzu ausdrücklich oder (zumindest) stillschweigend bevollmächtigt worden ist.[16]

§ 69 [Vorstand]

(1) ¹Der Vorstand nimmt, unbeschadet der Vorschrift des § 70, die Befugnisse der Notarkammer wahr. ²In dringenden Fällen beschließt er an Stelle der Kammerversammlung, deren Genehmigung nachzuholen ist.

(2) ¹Der Vorstand besteht aus dem Präsidenten, seinem Stellvertreter und weiteren Mitgliedern. ²Die Mitglieder des Vorstands werden von der Kammerversammlung auf vier Jahre gewählt.

(3) Sind in dem Bezirk einer Notarkammer zur hauptberuflichen Amtsausübung bestellte Notare und Anwaltsnotare bestellt, so müssen der Präsident und mindestens die Hälfte der übrigen Mitglieder des Vorstands zur hauptberuflichen Amtsausübung bestellte Notare sein.

Übersicht

	Rn.
A. Bedeutung der Norm	1
B. Befugnisse des Vorstands	2
I. Zuständigkeit kraft Gesetzes	2
II. Zuständigkeit kraft Satzung	5
C. Bestellung des Vorstands	8
I. Personelle Zusammensetzung	8
II. Wahl des Vorstands	14
1. Kammerversammlung	14
2. Aktives Wahlrecht	15
3. Passives Wahlrecht	16
4. Beisitzer in Notarsenaten	18
5. Zeitraum der Wahl	19
6. Vorzeitiges Ende	21
III. Ausscheiden aus dem Vorstand	22
1. Allgemein	22
2. Niederlegung des Amts	23
3. Verlust der Mitgliedschaft	24
4. Abberufung?	25
5. Staatsaufsicht	28
IV. Berufspflicht zur Übernahme des Vorstandsamtes	29
1. Ablehnung der Wahl	29
2. Annahmepflicht	31
D. „Gemischte" Kammern	33
I. Regelung in Abs. 3	33
II. Geltungsbereich	34

---

[16] BeckOK BNotO/*von Stralendorff* BNotO § 68 Rn. 17.

A. Bedeutung der Norm

1   Die Bestimmung enthält die nähere Regelung der Befugnisse des Vorstands, seine Zusammensetzung und die Besonderheiten für Notarkammern, in denen sowohl Nur-Notare als auch Anwaltsnotare Mitglieder sind.

B. Befugnisse des Vorstands

I. Zuständigkeit kraft Gesetzes

2   Nach § 68 sind der Vorstand und die Kammerversammlung Organe der NotK. Beide sind grundsätzlich für die Wahrnehmung der Aufgaben zuständig. Die Kammerversammlung ist aber aufgrund des Demokratiegebots das übergeordnete Organ (→ § 68 Rn. 2). Ungeachtet dessen bestimmt Abs. 1 S. 1 als Regelfall, dass der **Vorstand die Befugnisse der NotK** wahrnimmt. Diese Anordnung findet ihren Grund darin, dass insbesondere bei großen NotK die Versammlung der Mitglieder viel zu schwerfällig ist, um die laufenden Tagesgeschäfte wahrzunehmen (→ § 68 Rn. 3).

3   Dementsprechend wird regelmäßig der **Vorstand mit den Aufgaben der NotK befasst.** Ihm obliegen insbesondere die Stellungnahmen gegenüber der Dienstaufsicht, die Entscheidungen über Beschwerden von Beteiligten über Notare, die Erstattung von Gutachten, kurz: die Erledigung der Aufgaben im Rahmen der gesetzlichen Zuweisung nach § 67. Darüber hinaus hat er die allgemeinen Verwaltungsgeschäfte vorzunehmen, soweit diese nicht wiederum – aus praktischen Gründen – dem Präsidenten oder der Geschäftsführung übertragen sind.

4   Nach Abs. 1 S. 2 soll der Vorstand nur in dringenden Fällen anstelle der Kammerversammlung entscheiden und deren Genehmigung nachträglich einholen. Ein dringender Fall liegt aber immer dann vor, **wenn die zu treffende Entscheidung oder Maßnahme nicht bis zur nächsten Kammerversammlung aufgeschoben werden kann.**[1] Aus den dargelegten Gründen wird ein solcher Aufschub in der Regel nicht möglich sein. Das Verhältnis zwischen Kammerversammlung und Vorstand ist daher in der Praxis zugunsten der flexibleren Entscheidung durch den Vorstand verschoben: Die Kammerversammlung ist das demokratische Basisorgan, welches insbesondere die Befugnisse des § 71 Abs. 4 wahrzunehmen hat; der Vorstand ist in der laufenden Kammerarbeit das Organ der Willensbildung und der Exekutive, soweit dieses nicht dem Präsidenten obliegt (§§ 69 Abs. 1, 70).

II. Zuständigkeit kraft Satzung

5   Deshalb wird meist in der Satzung der NotK dem **Vorstand die Befugnis eingeräumt, die Aufgaben der NotK wahrzunehmen,** soweit sie nicht durch Gesetz oder Satzung der Kammerversammlung oder dem Präsidenten übertragen sind. Eine derartige Verteilung der Zuständigkeiten durch die Satzung ist zulässig und findet ihre Schranken nur an der Regelung des § 71 Abs. 4, wie sich im Übrigen aus § 72 ergibt.[2]

6   Im **Ergebnis** kann dementsprechend davon ausgegangen werden, dass der **Vorstand die Befugnisse der NotK** ausübt. Insoweit die Zuweisung an ihn durch Satzung erfolgt ist, entfällt die Notwendigkeit, eine Genehmigung der Kammerversammlung gem. § 69 Abs. 1 S. 2 nachzuholen. Es entspricht aber guter Übung, Beschlüsse mit größerer und permanenter Ausgabenwirkung, wie beispielsweise den Beitritt zum Deutschen Notarinstitut, von

---

[1] BeckOK BNotO/*von Stralendorff* BNotO § 69 Rn. 2; Arndt/Lerch/Sandkühler/*Lerch* BNotO § 69 Rn. 3 ff.

[2] BeckOK BNotO/*von Stralendorff* BNotO § 69 Rn. 1; Beispiele für derartige Satzungsbestimmungen: NotK Frankfurt a. M. § 5 Abs. 1; NotK Hamburg § 8; LNotK Bayern § 9.

der Kammerversammlung fassen zu lassen, die ohnehin die Mittel hierzu gem. § 71 Abs. 4 Nr. 4 bewilligen muss.

Die Zuweisung an den Vorstand erfolgt gem. Abs. 1 S. 1 **unbeschadet der Aufgaben des Präsidenten.** Hierzu gehört gem. § 70 Abs. 1 insbesondere die Vertretung der NotK gerichtlich und außergerichtlich (zur rechtlichen Bedeutung dieser Funktion → § 68 Rn. 5 ff.). Da hier eine gesetzliche Zuständigkeit begründet ist, kann die Satzung insoweit keine andere Regelung vornehmen.[3]

C. Bestellung des Vorstands

I. Personelle Zusammensetzung

Abs. 2 bestimmt als **Mindestregelung** einen Vorstand, der aus dem Präsidenten, seinem Stellvertreter und weiteren Mitgliedern besteht. Dabei genügt nach dem Gesetzeswortlaut ein „weiteres Mitglied",[4] so dass der Vorstand mindestens aus drei Personen (Präsident, Stellvertreter, ein weiteres Mitglied) bestehen **muss.**

Die NotK ist auch hier frei, in ihrer Satzung die **Zusammensetzung des Vorstands im Einzelnen** zu regeln.[5] Insbesondere ist es üblich, die Zahl der Vorstandsmitglieder darin zu bestimmen. Das kann entweder durch die genaue Anzahl oder durch Festlegung eines Rahmens (zB „zehn bis fünfzehn") erfolgen.

Häufig wird anstelle nur eines **Stellvertreters** des Präsidenten eine Zahl von zwei oder drei (oder wiederum ein Rahmen: „bis zu drei") festgelegt. Dies ist ebenfalls zulässig, da bei der weiten Fassung des Abs. 2 nicht auf eine zwingende Bestimmung nur eines Stellvertreters geschlossen werden kann (§ 72).[6] Gerade bei größeren Kammern ist ein Stellvertreter häufig zu wenig, da die Vielzahl der Aufgaben auch dann bewältigt werden muss, wenn der Präsident und **ein** Stellvertreter abwesend sind. Zahlreiche Satzungen von NotK sehen deshalb mit der notwendigen Genehmigung durch die Aufsichtsbehörde (§ 66 Abs. 1 S. 2) mehr als einen Stellvertreter vor.[7]

Die Satzung bestimmt regelmäßig auch weitere Vorstandsmitglieder zu bestimmten Ämtern, insbesondere als **Schatzmeister** und **Schriftführer.** Deren spezieller Aufgabenbereich ergibt sich schon aus der Bezeichnung, ggf. auch aus der Satzung oder aus Vorstandsbeschlüssen. Häufig sind die Inhaber dieser Ämter Mitglieder eines Präsidiums als gesonderter Abteilung des Vorstands. Die Satzung bestimmt dann auch deren Vertretung untereinander. Insgesamt entspricht es der Autonomie der NotK als Selbstverwaltungskörperschaft, dass sie ihre innere Struktur im Rahmen der gesetzlichen Vorgaben selbst regelt.

Die Satzung gibt dem Vorstand häufig auch die Befugnis, weitere **Kammermitglieder zur Mitarbeit heranzuziehen.**[8] Das Gesetz lässt solche Heranziehung insofern ausdrücklich zu, als es in § 69a Abs. 1 S. 2 die herangezogenen Notare als schweigepflichtige Personen aufzählt.

Derartige Mitarbeiter sind keine gewählten Vorstandsmitglieder der NotK iSd § 69 Abs. 2 S. 2. Sie haben daher **kein Stimmrecht in den Vorstandssitzungen.** Auch ist

---

[3] BeckOK BNotO/*von Stralendorff* BNotO § 69 Rn. 1; *Saage* BNotO § 69 Anm. 1; aM wohl Arndt/Lerch/Sandkühler/*Lerch* BNotO § 69 Rn. 2, der aber zu Unrecht von der Meinung ausgeht, der Vorstand sei primär „Vertretungsorgan für die Kammer", was § 70 Abs. 1 widerspricht.
[4] Arndt/Lerch/Sandkühler/*Lerch* BNotO § 69 Rn. 6; BeckOK BNotO/*von Stralendorff* BNotO § 69 Rn. 5.
[5] *Saage* BNotO § 69 Anm. 4; BeckOK BNotO/*von Stralendorff* BNotO § 69 Rn. 5 f.; Arndt/Lerch/Sandkühler/*Lerch* BNotO § 69 Rn. 6.
[6] BeckOK BNotO/*von Stralendorff* BNotO § 69 Rn. 5; Arndt/Lerch/Sandkühler/*Lerch* BNotO § 69 Rn. 6; *Zilken* DNotZ 1961, 501; aM noch *Arndt*, 2. Aufl. 1982, BNotO § 69 Anm. II. 2.; *Saage* BNotO § 69 Anm. 4.
[7] ZB Satzungen der Rhein. NotK § 4, NotK Frankfurt a. M. § 9 Abs. 3; Westfälische NotK Ziff. II.2.(1).
[8] ZB Satzungen NotK Frankfurt a. M. § 5 Abs. 3; Westfälische NotK Ziff. (13).

ihre Heranziehung nur in einem Umfang zulässig, der sich deutlich unter der Zahl der gewählten Vorstandsmitglieder hält und deren gesetzliche Befugnisse nicht beeinträchtigt.

II. Wahl des Vorstands

14 1. **Kammerversammlung.** Das Gesetz bestimmt in Abs. 2 S. 2 die **Wahl der Mitglieder des Vorstands durch die Kammerversammlung.** Damit ist offengelassen, ob die Notare des Bezirks (§ 65 Abs. 1 S. 1) die Mitglieder ihres Kammervorstands nur allgemein, also ohne Rücksicht auf die von ihnen zu übernehmenden Ämter, wählen, oder ob die einzelnen Amtsträger (Präsident usw) unmittelbar in ihre Position hineingewählt werden. Tatsächlich sind **beide Verfahren** in den NotK in Gebrauch. Die Einzelheiten regelt auch hier die Satzung im Rahmen der Autonomie der NotK (§ 72).[9]

15 2. **Aktives Wahlrecht. Aktives Wahlrecht** steht allen Mitgliedern der NotK zu (→ § 65 Rn. 8 ff.). Es entspricht dem Stimmrecht der Notare in der Kammerversammlung und dessen Ausübung (→ § 71 Rn. 15 f.).

16 3. **Passives Wahlrecht.** Das **passive Wahlrecht** steht ebenfalls grundsätzlich allen Mitgliedern der NotK zu. Es wird in den Satzungen der NotK häufig an bestimmte **zusätzliche Voraussetzungen** geknüpft: etwa an eine Mindestdauer der Bestellung zum Notar, an das Fehlen schwerer Disziplinarmaßnahmen gegen den Notar und anderes.[10] Soweit es sich dabei um sachgerechte oder gar den Rang eines wichtigen Grundes erreichende Voraussetzungen handelt, sind solche Satzungsbestimmungen zulässig, wie sich aus §§ 66 Abs. 1 S. 2, 72 ergibt.

17 Die abweichende Meinung[11] verkennt, dass die Zusammensetzung des Vorstands als Organ der NotK durch die demokratisch legitimierte Kammerversammlung ein Teil ihrer Selbstverwaltungsautonomie ist.[12] Deshalb muss auch das Aufstellen sachgerechter Voraussetzungen für die zu wählenden Vorstandsmitglieder durch die Satzung dieser Selbstverwaltung unterliegen.

18 4. **Beisitzer in Notarsenaten.** Kraft Gesetzes ausgeschlossen ist die gleichzeitige Tätigkeit als Vorstandsmitglied **und als Beisitzer in den Notarsenaten** des OLG (§ 103 Abs. 2) oder des BGH (§ 108 Abs. 2). Wird also ein solcher Beisitzer in den Vorstand gewählt, muss er sich entscheiden, ob er die Wahl annimmt und gemäß den angeführten Bestimmungen aus dem Richteramt ausscheidet, oder ob er darin verbleibt und auf die Tätigkeit im Vorstand verzichtet.[13]

19 5. **Zeitraum der Wahl.** Die Wahl erfolgt kraft Gesetzes für einen **Zeitraum von vier Jahren.** Diese Periode ist durch § 69 Abs. 2 S. 2 zwingend vorgeschrieben. Sie beginnt mit dem Ende der Amtszeit des vorangehenden Vorstands und endet nach Ablauf der vier Jahre automatisch. Die Amtszeit kann daher durch Satzung weder verlängert noch verkürzt werden.

20 Ist bei ihrem **Ablauf der neue Vorstand noch nicht gewählt,** so verbleibt unter Anwendung allgemeiner öffentlich-rechtlicher Grundsätze der bisherige Vorstand noch als „geschäftsführender Vorstand" bis zur nächsten Kammerversammlung mit der Neuwahl des

---

[9] BeckOK BNotO/*von Stralendorff* BNotO § 69 Rn. 11; aM Arndt/Lerch/Sandkühler/*Lerch* BNotO § 69 Rn. 13, der sich aber in Widerspruch zu den langjährigen und von den Landesjustizverwaltungen genehmigten Satzungsregelungen zahlreicher NotK setzt.

[10] ZB Satzungen NotK Frankfurt a. M. § 7 Abs. 6; Rhein. NotK § 7; NotK Hamburg § 4 Abs. 2. So auch die Praxis aufgrund der von den Landesjustizverwaltungen genehmigten Satzungen.

[11] So Schippel/Bracker/*Püls* BNotO § 69 Rn. 8; Arndt/Lerch/Sandkühler/*Lerch* BNotO § 69 Rn. 9; Diehn/*Schwipps* BNotO § 69 Rn. 11; wie hier *Saage* BNotO § 69 Anm. 5; BeckOK BNotO/*von Stralendorff* BNotO § 69 Rn. 8.

[12] Dazu allgemein BVerfGE 33, 125 (156 f.); *Tettinger*, Kammerrecht, S. 75 ff.

[13] BeckOK BNotO/*von Stralendorff* BNotO § 69 Rn. 9; Arndt/Lerch/Sandkühler/*Lerch* BNotO § 69 Rn. 9.

Vorstands, ebenso bis zur konstituierenden Sitzung des neuen, schon von der Kammerversammlung gewählten Vorstands im Amt; sonst würde die Funktionsfähigkeit der NotK vorzeitig erlöschen.

6. Vorzeitiges Ende. Abweichend von dieser Regel kann **bei Ausscheiden eines Vorstandsmitglieds** – aus welchem Grund immer – **während der Wahlperiode** die Ersatzwahl durch die Satzung auf den restlichen Teil der Amtszeit beschränkt werden, bezieht sich dann also nicht auf den Vierjahres-Zeitraum. Diese Ausnahme entspricht der Satzungsautonomie und ist zulässig (§ 72), weil dadurch der Vorstand insgesamt für einen einheitlichen Zeitraum bestellt bleibt und komplizierte Einzelberechnungen für die Amtszeit jeder Vorstandsposition entbehrlich werden. Für die BNotK ist eine entsprechende Regelung in § 81 Abs. 2 S. 1 ausdrücklich vorgesehen, eine analoge Anordnung auf die NotK daher geboten.[14] 21

III. Ausscheiden aus dem Vorstand

1. Allgemein. Innerhalb der Amtszeit kann ein Vorstandsmitglied sowohl durch Tod als auch infolge nachhaltiger Erkrankung aus dem Amt ausscheiden. Der letztgenannte Fall ist meist in der Satzung im Einzelnen geregelt. Häufig ist die Zustimmung des Vorstands zu dem **vorzeitigen Ausscheiden seines Mitglieds** erforderlich. Auch beim Fehlen einer solchen Satzungsbestimmung wird der Vorstand entscheiden müssen, ob sein Mitglied amtsunfähig ist oder sein Ausscheiden gebilligt wird. 22

2. Niederlegung des Amts. Eine Niederlegung des Amts durch ein Vorstandsmitglied ist im Gesetz nicht geregelt. Die Satzungen sehen hierfür teilweise bestimmte Gründe vor. Über deren Vorliegen oder über die Zulässigkeit eines Ausscheidens aus anderen Gründen entscheidet ebenfalls der Vorstand.[15] 23

3. Verlust der Mitgliedschaft. In jedem Fall endet das Amt als Vorstand, sobald der Notar die **Mitgliedschaft in der Notarkammer verliert,** also sein Notaramt gem. § 47 erlischt. Das Gleiche gilt für die vorübergehende Niederlegung des Amts nach § 48b. 24

4. Abberufung? Die Abberufung eines Vorstandsmitglieds kann weder durch Mehrheitsbeschluss der Kammerversammlung noch gar durch einen solchen Beschluss des Vorstands erfolgen. Das Gesetz sieht eine Abberufung nicht vor, bestimmt im Gegenteil ausdrücklich die Amtszeit von vier Jahren (→ Rn. 19 ff.). Damit hat das Gesetz die Funktionsfähigkeit des Kammervorstands höher bewertet als eine Änderung der Vertrauensbasis in der Kammerversammlung. Eine abweichende Regelung in der Satzung ist nicht zulässig.[16] 25

Auch bei einem **Misstrauensvotum der Kammerversammlung gegen den Gesamtvorstand** kann dieser nicht ohne weiteres zurücktreten.[17] Der Fall ist nicht anders zu beurteilen als die Niederlegung des Amtes durch ein einzelnes Vorstandsmitglied, die auch nur in den durch Satzung geregelten Fällen zulässig ist (→ Rn. 23). Die ratio legis hierfür liegt darin, dass bei der Wahl des Vorstands einerseits und einem Misstrauensvotum andererseits gänzlich unterschiedliche Kammermitglieder anwesend sein können. Es könnten sich also Interessengruppen zusammenfinden und bestimmte Ergebnisse unter Missachtung des Willens der übrigen Kammermitglieder erreichen. 26

Im Falle schwerer **Zerwürfnisse zwischen dem Vorstand und der Mehrheit der Mitgliedschaft** scheint eine Lösung nur dadurch möglich, dass die Landesjustizverwaltung 27

---

[14] Ebenso BeckOK BNotO/*von Stralendorff* BNotO § 69 Rn. 15.
[15] ZB Satzungen der NotK Frankfurt a.M. § 7 Abs. 10 Nr. 3; LNotK Bayern § 7 Abs. 1 S. 3; NotK Hamburg § 5 Abs. 2.
[16] BeckOK BNotO/*von Stralendorff* BNotO § 69 Rn. 18; aM Arndt/Lerch/Sandkühler/*Lerch* BNotO § 69 Rn. 12.
[17] AM BeckOK BNotO/*von Stralendorff* BNotO § 69 Rn. 18 aE, der die Entscheidung über den Rücktritt allerdings dem Vorstand überlässt.

als Staatsaufsicht durch den Vorstand angerufen wird (§ 66 Abs. 2). Diese könnte dann über den vom Gesamtvorstand beabsichtigten Rücktritt entscheiden und den von da an nur noch geschäftsführenden Präsidenten auffordern, eine Kammerversammlung einzuberufen (§ 71 Abs. 1), in der die Neuwahl des Vorstands erfolgen müsste. Ein derartiges Vorgehen wird aber nur in ganz außerordentlichen Fällen zulässig sein und ist – soweit ersichtlich – bisher nicht vorgekommen.

28   **5. Staatsaufsicht.** Bei schweren **Verstößen eines Vorstandsmitglieds gegen das Gesetz** kommt anstelle seiner Abberufung ebenfalls ein Einschreiten der Staatsaufsicht in Betracht, durch das auch das betreffende Vorstandsmitglied, im Extremfall der gesamte Vorstand, seiner Ämter enthoben werden könnte. Die Bestellung eines Notvorstands durch das Gericht ist dagegen nicht zulässig.[18]

IV. Berufspflicht zur Übernahme des Vorstandsamtes

29   **1. Ablehnung der Wahl.** Vor der Novellierung der BNotO wurde aus § 14 RLNot die **Standespflicht** der Notare hergeleitet, die Wahl durch die Kammerversammlung nur bei Vorliegen besonderer und gewichtiger Gründe abzulehnen.[19]

30   Einzelheiten über den **Ablehnungsgrund** sind häufig in den Satzungen der NotK enthalten. Es kommen insbesondere in Betracht:
– Erreichen eines bestimmten Alters;
– frühere Tätigkeit im Vorstand der NotK oder der RAK;
– ernsthafte Erkrankung;
– besondere Härte aus anderen Gründen.[20]

31   **2. Annahmepflicht.** Im Zusammenhang mit der Novellierung ist eine § 14 RLNot entsprechende **Bestimmung nicht** in die BNotO oder in die RLEmBNotK **aufgenommen worden.** Der Grund hierfür ist nicht aus einer veränderten Rechtsauffassung zu folgern, vielmehr liegt er in der in → Rn. 30 erwähnten Möglichkeit einer Regelung in der Kammersatzung.

32   Die **Berufspflicht** des Notars umfasst im Innenverhältnis gegenüber den anderen Kammermitgliedern unter anderem auch die Verpflichtung, **das Wahlamt als Vorstand anzunehmen,** soweit nicht ernsthafte Gründe, insbesondere die in der Satzung normierten Ausnahmen von der Annahmepflicht, vorliegen.[21] Der Rechtsgedanke des § 67 BRAO lässt sich auf die NotK entsprechend anwenden, soweit es an einer Regelung in der Satzung fehlen sollte.[22]

D. „Gemischte" Kammern

I. Regelung in Abs. 3

33   Abs. 3 enthält eine besondere Bestimmung für die **Zusammensetzung des Vorstands** bei solchen NotK, in denen es sowohl hauptberufliche Notare (§ 3 Abs. 1) als auch Anwaltsnotare (§ 3 Abs. 2) gibt. In diesen Fällen müssen der Präsident der NotK sowie mindestens die Hälfte der sonstigen Vorstandsmitglieder Nur-Notare sein. Es ist also im Vorstand immer ein Übergewicht der Nur-Notare gegeben, unabhängig von der Zahl der jeweiligen Angehörigen der einen oder anderen Berufsgruppe.

---

[18] KG NJW 1960, 151; BeckOK BNotO/*von Stralendorff* BNotO § 69 Rn. 19.
[19] BeckOK BNotO/*von Stralendorff* BNotO § 69 Rn. 16.
[20] ZB Satzungen der NotK Frankfurt a.M. § 7 Abs. 7 Nr. 1–4; NotK Hamburg § 5 Abs. 1; LNotK Bayern § 6.
[21] So im Ergebnis auch Arndt/Lerch/Sandkühler/*Lerch* BNotO § 69 Rn. 9; BeckOK BNotO/*von Stralendorff* BNotO § 69 Rn. 16.
[22] BeckOK BNotO/*von Stralendorff* BNotO § 69 Rn. 16.

II. Geltungsbereich

Abs. 3 hat nur noch Auswirkungen für die **Rheinische NotK und die NotK Baden-** 34 **Württemberg.** In der Rheinischen NotK sind im LG-Bezirk Duisburg und im AG-Bezirk Emmerich ausschließlich Anwaltsnotare bestellt, im übrigen Nur-Notare.

Die Frage einer **Vereinbarkeit der Regelungen** in § 69 Abs. 3 **mit Art. 3, 12, 33** 35 **Abs. 2 GG** wird für die betroffenen Kammerbezirke im Einzelfall nach den rechtlichen und tatsächlichen Verhältnissen ihres Bereichs zu prüfen sein. Aus der Garantie der „Einrichtungen" lässt sich aber nur die der verschiedenen Notariatsformen entnehmen, nicht auch die einer Festlegung des Übergewichts einer von ihnen in § 69 Abs. 3 durch einfaches Gesetz wie die BNotO. Für die Rheinische NotK und die NotK Baden-Württemberg gilt nichts anderes. Bei beiden Kammern bleibt die Frage nach der Verfassungsmäßigkeit der Bestimmung bestehen. Schon im Hinblick auf die Auswirkung der Fassung des § 80 S. 2 durch die BNotO-Novelle bestehen hier erhebliche Zweifel. Im Übrigen wird auf die Erläuterungen zu → § 80 Rn. 6 ff. verwiesen.

§ 69a [Verschwiegenheitspflicht; Aussagegenehmigung]

(1) ¹Die Mitglieder des Vorstands haben – auch nach ihrem Ausscheiden aus dem Vorstand – über die Angelegenheiten, die ihnen bei ihrer Tätigkeit im Vorstand über Notare, Notarassessoren, Bewerber um das Amt des Notars und andere Personen bekannt werden, Verschwiegenheit gegenüber jedermann zu wahren. ²Das gleiche gilt für Angestellte der Notarkammern und der Einrichtungen nach § 67 Abs. 4 sowie für Notare und Notarassessoren, die zur Mitarbeit in der Notarkammer oder in den Einrichtungen herangezogen werden.

(2) **In gerichtlichen Verfahren dürfen die in Absatz 1 bezeichneten Personen über solche Angelegenheiten, die ihnen bei ihrer Tätigkeit im Vorstand über Notare, Notarassessoren, Bewerber um das Amt des Notars und andere Personen bekanntgeworden sind, ohne Genehmigung nicht aussagen.**

(3) ¹Die Genehmigung erteilt der Vorstand der Notarkammer. ²Die Genehmigung soll nur versagt werden, wenn Rücksichten auf die Stellung oder die Aufgaben der Notarkammer oder berechtigte Belange der Personen, über welche die Tatsachen bekannt geworden sind, es unabwendbar erfordern. ³§ 28 Abs. 2 des Gesetzes über das Bundesverfassungsgericht bleibt unberührt.

Übersicht

	Rn.
A. Bedeutung der Norm	1
B. Betroffene Personen	2
I. Schutzbereich	2
II. Personenkreis	3
C. Umfang der Schweigepflicht	5
I. Gegenstand	5
II. Kenntniserlangung	6
III. Aussageverbot	7
IV. Organschaftliche Schweigepflicht	9
V. Zeitdauer	11
D. Befreiung von der Schweigepflicht	12
I. Seitens der geschützten Personen?	12
II. Durch Aussagegenehmigung	15
III. Sonderregelung für BVerfG	23
E. Verstoß gegen die Schweigepflicht	24
I. Strafrechtliche Folgen	24
II. Zivilrechtliche Folgen	25
III. Disziplinäre Folgen	26

A. Bedeutung der Norm

1 § 69a betrifft die Verschwiegenheitspflicht innerhalb der NotK, ebenso § 81a die gleiche Pflicht innerhalb der BNotK. Diese Vorschriften ergänzen die für die Amtstätigkeit des Notars allgemein nach § 18 geltende Pflicht zur Verschwiegenheit des einzelnen Notars. Sie sind durch Gesetz vom 29.1.1991 (BGBl. I 150) eingefügt worden.

B. Betroffene Personen

I. Schutzbereich

2 § 69a und § 18 haben unterschiedliche Schutzbereiche: § 18 regelt die Schweigepflicht des Notars bei Ausübung seiner Berufstätigkeit im Interesse der Beteiligten, § 69a hingegen die Schweigepflicht **bestimmter Personen innerhalb der Kammerorganisation** zum Schutze derjenigen, deren Angelegenheiten in der NotK bekannt geworden sind. Diese letztere Schweigepflicht liegt also im Interesse sowohl der Urkundsbeteiligten und der beurkundenden Notare als auch im Interesse der Arbeit der NotK.

II. Personenkreis

3 Abs. 1 S. 1 erfasst zunächst die **Mitglieder des Vorstands** der NotK. Satz 2 stellt ihnen die Angestellten der NotK gleich, weiterhin die Angestellten der Einrichtungen nach § 67 Abs. 4, also der Fürsorge- und Vorsorgeeinrichtungen sowie des Vertrauensschadensfonds (→ § 67 Rn. 76–80). Gleiches gilt analog für die Angestellten weiterer Einrichtungen von NotK oder BNotK, soweit sie Kenntnisse über andere Personen erlangen, beispielsweise bei Vorlage von Unterlagen an Mitarbeiter des DNotI.

4 Der Schweigepflicht werden weiterhin diejenigen Notare und Notarassessoren unterstellt, die zur **Mitarbeit in der NotK** oder deren Einrichtungen herangezogen worden sind (→ § 69 Rn. 12).

C. Umfang der Schweigepflicht

I. Gegenstand

5 Das Gesetz bezieht die Schweigepflicht ausdrücklich auf solche Angelegenheiten der Notare und anderer Personen, die der schweigepflichtigen Person im Rahmen ihrer Tätigkeit im Vorstand der NotK bekannt geworden sind (Abs. 1 S. 1). Diese **personengebundene Formulierung** lässt eine Ausdehnung des Gesetzeswortlauts auf allgemeine, nicht bestimmte Personen betreffende Kammerangelegenheiten nicht zu.[1] Insoweit lässt sich aber die Schweigepflicht aus den organschaftlichen Funktionen (→ Rn. 9f.) herleiten.

II. Kenntniserlangung

6 Die Art, in welcher die schweigepflichtige Person ihre Kenntnis erlangt hat, ist gleichgültig, wenn sie nur im **Zusammenhang mit ihrer Vorstands- und Kammertätigkeit** steht. Eine mündliche oder telefonische Anfrage steht also der aktenmäßigen Bearbeitung oder einer Beratung im Organ der NotK gleich.

---

[1] Weitergehend wohl Arndt/Lerch/Sandkühler/*Lerch* BNotO § 69a Rn. 3f.

III. Aussageverbot

Die Schweigepflicht der genannten Personen besteht „gegenüber jedermann", wie Abs. 1 S. 1 ausdrücklich bestimmt. Sie gilt also **auch gegenüber Behörden und Gerichten.**[2] Dabei ist sie unabhängig von der gesetzlichen Aufgabe des Vorstands, bestimmte Behörden – insbesondere die Dienstaufsicht – zu unterstützen (§ 67 Abs. 1 S. 2), also sie über Vorgänge innerhalb der Mitgliedschaft zu unterrichten (→ § 67 Rn. 25 ff.). Dieser gesetzlichen Pflicht steht das Aussageverbot nicht entgegen. Äquivalent dafür ist die dienstliche Schweigepflicht dieser Behörden.

Soweit die Schweigepflicht eingreift, **besteht ein Zeugnisverweigerungsrecht.** Dies ergibt sich nicht nur aus sinngemäßer Anwendung der für den Notar geltenden Bestimmungen der §§ 53 Abs. 1 Nr. 3, 97 Abs. 1 Nr. 1 StPO, § 383 Abs. 1 Nr. 6 ZPO, § 102 Abs. 1 Nr. 3 AO. Es folgt auch aus der Anordnung der Verschwiegenheit durch das Gesetz gegenüber „jedermann", also durch das Verhältnis von *lex specialis* (der Schweigepflicht) gegenüber den *leges generales* (der Pflicht zur Aussage im Strafverfahren). Dementsprechend enthält Abs. 2 zur Klarstellung noch ein ausdrückliches Verbot für die bezeichneten Personen, im gerichtlichen Verfahren ohne Genehmigung auszusagen.

IV. Organschaftliche Schweigepflicht

Außerhalb der Angelegenheiten von „Personen" iSv § 69a Abs. 1 S. 1 gibt es zahlreiche **allgemeine Vorgänge** innerhalb eines Vorstands der NotK (→ Rn. 5). Hierzu gehören insbesondere verwaltungsmäßige Angelegenheiten wie der Stand von Verfahren, die Einzelheiten von Beschlussfassungen und Stimmabgaben im Vorstand, vor allem auch berufspolitische Erörterungen und Beschlüsse. Dies alles sind Vorgänge, die in aller Regel nicht für die Kenntnis Dritter bestimmt sind.

Insoweit ergibt sich aus der Struktur der NotK als Körperschaft des öffentlichen Rechts, also ihrem behördenartigen Charakter, eine **Amtspflicht zum Schweigen** für die Vorstandsmitglieder, zur Mitarbeit herangezogenen Notare und Angestellten.[3]

V. Zeitdauer

Die Schweigepflicht gilt nicht nur für die Zeit der Amtsausübung im Kammervorstand, sondern **auch nach dem Ausscheiden** hieraus ohne zeitliche Begrenzung. Da für die Angestellten der NotK oder ihrer Einrichtungen „das Gleiche" in § 69a Abs. 1 S. 2 angeordnet ist, sind diese auch für die Zeit nach Beendigung ihres Anstellungsverhältnisses weiterhin zur Verschwiegenheit verpflichtet.[4]

D. Befreiung von der Schweigepflicht

I. Seitens der geschützten Personen?

Soweit in einem Verfahren vor der NotK, insbesondere bei der Erörterung und Entscheidung über die Beschwerde eines Beteiligten gegen einen Notar, gegenüber der NotK Stellungnahmen abgegeben werden, ist der Vorstand auch ohne ausdrückliche Ermächtigung berechtigt, diese den anderen Verfahrensbeteiligten vorzulegen, damit sie sich zu den tatsächlichen oder rechtlichen Ausführungen äußern können *(„audiatur et altera pars").*

---

[2] BeckOK BNotO/*von Stralendorff* BNotO § 69a Rn. 6; Arndt/Lerch/Sandkühler/*Lerch* BNotO § 69a Rn. 3.
[3] So wohl auch BeckOK BNotO/*von Stralendorff* BNotO § 69a Rn. 2 aE; vgl. auch *Bohrer*, Berufsrecht, Rn. 139.
[4] BeckOK BNotO/*von Stralendorff* BNotO § 69a Rn. 6 aE.

13 Im Übrigen kann der Notar oder die andere Person des § 69a Abs. 1 S. 1 die Vorstandsmitglieder nicht von der Schweigepflicht befreien.[5] Eine derartige **Befreiung kann nur mit ausdrücklicher Zustimmung des Vorstands** gem. Abs. 3 erfolgen (→ Rn. 15 f.). Für gerichtliche Verfahren ergibt sich das schon aus dem Wortlaut von Abs. 2, der ein Verbot von Aussagen ohne Genehmigung des Vorstands (arg. Abs. 3 S. 1) enthält. Aber auch in anderen, vor allem Verwaltungsverfahren würde eine Befreiung von der Schweigepflicht allein durch einen Beteiligten die gesetzliche Regelung des Abs. 3 S. 2 umgehen, die dem Vorstand ausdrücklich auch die Berücksichtigung von Stellung und Aufgaben der NotK auferlegt.

14 Der Vorstand hat also die Belange der Beteiligten einerseits, die **Rücksicht auf Stellung und Aufgaben der NotK** andererseits auch dann abzuwägen, wenn ein Beteiligter die „Befreiung" erklärt (→ Rn. 16 f.). Die Äußerung des Beteiligten kann deshalb für die Entscheidung des Vorstands nicht mehr als die Bedeutung eines Indizes für die nunmehr fehlende Schutzwürdigkeit privater Belange des Betroffenen haben.

II. Durch Aussagegenehmigung

15 Das Gesetz bestimmt in Abs. 3, dass der Vorstand der NotK **die Genehmigung zur Aussage** erteilt. Soweit es sich um eine Einrichtung handelt, die von mehreren NotK gemeinschaftlich betrieben wird (zB den Vertrauensschadensfonds), ist die Entscheidung nach dem **Prinzip der Sachnähe** von demjenigen Kammervorstand zu treffen, aus dessen Bezirk die der Verschwiegenheit unterliegende Tatsache stammt.[6]

16 Die Erteilung der **Genehmigung steht im Ermessen des Vorstands.** Das Gesetz gibt hierfür eine Richtlinie, da es bestimmt, dass eine Genehmigung nur versagt werden soll, wenn entweder Rücksichten auf die Stellung oder die Aufgaben der NotK oder berechtigte Belange der betroffenen Person dies unabwendbar erfordern (Abs. 3 S. 2). Die Erteilung der Genehmigung ist also der Regelfall.[7]

17 Der Vorstand entscheidet demnach über das **Überwiegen der Rücksichten auf NotK oder auf Beteiligte** nach Abwägung der beiderseitigen Interessen gemäß seinem pflichtgemäßen Ermessen.[8] Interne Erwägungen nach übergeordneten Gesichtspunkten der Kammertätigkeit werden also gegenüber Interessen der Beteiligten des Einzelfalls Vorrang erhalten müssen.

18 Nach Erteilung der Genehmigung **entfällt die Schweigepflicht** und damit das Zeugnisverweigerungsrecht von Vorstandsmitgliedern, Mitarbeitern oder Angestellten.

19 Die der Verschwiegenheit unterliegenden Personen können **Gegenvorstellungen** erheben, sind aber nicht zur Anfechtung der Entscheidung des Vorstands berechtigt, da sie nicht in ihren Rechten verletzt sind. Die Schweigepflicht ist nicht in ihrem Interesse, sondern in dem der Betroffenen wie auch der NotK angeordnet.[9]

20 Der die Genehmigung begehrende **Dritte** kann hingegen in **seinen Rechten verletzt** und deshalb zur Anfechtung des Verwaltungsakts der NotK gem. § 111 berechtigt sein. In dem Verfahren vor dem Notarsenat ist aber der Ermessensspielraum des Vorstands bei seiner Entscheidung zu berücksichtigen.

21 Denkbar ist auch, dass ein Beteiligter anregt, die **Staatsaufsicht** solle überprüfen, ob die NotK Gesetz und Satzung gem. § 66 Abs. 2 beachtet hat. Hier wird aber ebenfalls zu beachten sein, dass die Staatsaufsicht nicht ihr Ermessen anstelle der NotK setzen darf, sondern auf die Prüfung der Rechtmäßigkeit der Entscheidung beschränkt ist (→ § 66

---

[5] Anders BeckOK BNotO/*von Stralendorff* BNotO § 69a Rn. 7.
[6] So BeckOK BNotO/*von Stralendorff* BNotO § 69a Rn. 9.
[7] Arndt/Lerch/Sandkühler/*Lerch* BNotO § 69a Rn. 9; BeckOK BNotO/*von Stralendorff* BNotO § 69a Rn. 10.
[8] BeckOK BNotO/*von Stralendorff* BNotO § 69a Rn. 10.
[9] BeckOK BNotO/*von Stralendorff* BNotO § 69a Rn. 12.

Rn. 11 ff.). Sie wird daher schwerlich zu einem anderen Ergebnis als der Notarsenat in einem Verfahren nach § 111 gelangen können.

Dagegen ist eine „**Dienstaufsichtsbeschwerde**" nicht statthaft, weil die NotK nicht der Dienstaufsicht, sondern lediglich der Rechtskontrolle durch die Staatsaufsicht unterliegt (→ § 66 Rn. 11). 22

III. Sonderregelung für BVerfG

Abs. 3 S. 3 enthält eine Sonderregelung für Verfahren vor dem BVerfG: Die Genehmigung darf dort nur dann verweigert werden, wenn das Wohl des Bundes oder eines Landes dies erfordert (§ 28 Abs. 2 BVerfGG). Selbst dann kann das BVerfG mit einer Zweidrittelmehrheit seiner Richter die Verweigerung der Aussagegenehmigung für unbegründet erklären. 23

E. Verstoß gegen die Schweigepflicht

I. Strafrechtliche Folgen

Ein Verstoß kann zur Strafbarkeit gem. § 203 StGB führen. 24

II. Zivilrechtliche Folgen

Ein solcher Verstoß kann weiterhin zu zivilrechtlichen Ansprüchen führen, die sich aus der **Verletzung von Amtspflichten** gem. § 839 BGB herleiten lassen. 25

III. Disziplinäre Folgen

Bei Notaren liegt außerdem die **Verletzung einer Dienstpflicht** vor, die zu disziplinarischer Ahndung führen muss, da die Schweigepflicht eines Vorstandsmitglieds zugleich eine Amtspflicht des (gewählten oder zur Mitarbeit herangezogenen) Notars darstellt. 26

§ 69b [Abteilungen]

(1) ¹**Der Vorstand kann mehrere Abteilungen bilden, wenn die Geschäftsordnung der Notarkammer es zuläßt.** ²**Er überträgt den Abteilungen die Geschäfte, die sie selbständig führen.**

(2) ¹**Jede Abteilung muß aus mindestens drei Mitgliedern des Vorstandes bestehen.** ²**Die Mitglieder der Abteilung wählen aus ihren Reihen einen Abteilungsvorsitzenden und seinen Stellvertreter.**

(3) ¹**Vor Beginn des Kalenderjahres setzt der Vorstand die Zahl der Abteilungen und ihrer Mitglieder fest, überträgt den Abteilungen die Geschäfte und bestimmt die Mitglieder der einzelnen Abteilungen.** ²**Jedes Mitglied des Vorstandes kann mehreren Abteilungen angehören.** ³**Die Anordnungen können im Laufe des Jahres nur geändert werden, wenn dies wegen Überlastung der Abteilung oder infolge Wechsels oder dauernder Verhinderung einzelner Mitglieder der Abteilung erforderlich wird.**

(4) **Der Vorstand kann die Abteilungen ermächtigen, ihre Sitzungen außerhalb des Sitzes der Notarkammer abzuhalten.**

(5) **Die Abteilungen besitzen innerhalb ihrer Zuständigkeit die Rechte und Pflichten des Vorstandes.**

(6) **Anstelle der Abteilung entscheidet der Vorstand, wenn er es für angemessen hält oder wenn die Abteilung oder ihr Vorsitzender es beantragt.**

A. Bedeutung der Norm

I. Entstehung

1 Die Vorschrift ist während des Gesetzgebungsverfahrens in die Novellierung 1998 eingefügt worden. Der Bundesrat hatte eine Ergänzung des Gesetzesentwurfs vorgeschlagen, durch welche die Bildung von Abteilungen des Vorstands sowie die Wahl eines Präsidiums der NotK angeregt wurde.[1] Die Bundesregierung hat in ihrer Gegenäußerung die Einfügung eines § 69b über die Bildung von Abteilungen vorgenommen, die Einrichtung eines besonderen Präsidiums aber abgelehnt.[2] Im weiteren Gesetzgebungsverfahren ist § 69b in seiner jetzigen Form Gesetz geworden.

II. Zweck der Vorschrift

2 Der Vorstand ist insbesondere bei großen NotK durch „die repräsentativen Aufgaben, die Aufgaben im berufspolitischen Bereich und die Dienstleistung gegenüber den Mitgliedern"[3] so stark belastet, dass arbeitstechnisch nicht alle Vorgänge in dem gesamten Vorstand bearbeitet und entschieden werden können.

3 Es hatte sich deshalb bereits in Satzungen von NotK aufgrund von deren Organisationsgewalt die Praxis entwickelt, Abteilungen oder Ausschüsse des Vorstands einzurichten und mit der Erledigung bestimmter Aufgaben zu betrauen.[4] Dies entspricht auch der Regelung für die RAK in § 77 BRAO.

B. Einrichtung der Abteilungen

I. Bildung durch den Vorstand

4 Das Gesetz überträgt dem Vorstand der NotK diese Aufgabe. Voraussetzung ist nach Abs. 1 S. 1, dass die **Geschäftsordnung** der Kammer dies zulässt. Damit ist eine unterhalb der Satzung liegende Grundlage angesprochen, die je nach den rechtlichen Verhältnissen der Kammer durch die Kammerversammlung oder durch den Vorstand erlassen wird.

5 Falls die **Satzung der NotK** (§ 66 Abs. 1 S. 2) die Einrichtung der Abteilungen grundsätzlich zugelassen hat, ist die vom Gesetz geforderte Regelung in einer der Geschäftsordnung übergeordneten objektiven Rechtsnorm enthalten. Sie bedarf dann keiner weiteren Rechtsgrundlage, höchstens der Konkretisierung durch Beschluss des Vorstands.

6 Fehlt es hingegen an einer solchen Satzungsbestimmung, hat die **Ermächtigung in der Geschäftsordnung** zu erfolgen. Nach üblicher Praxis ist diese aber nicht von der Kammerversammlung, sondern von dem Vorstand zu erlassen, der so seine interne Verfahrensweise festlegt.[5] Diese Entschließung des Vorstands kann auf einer Ermächtigung durch die Satzung der NotK beruhen, braucht es aber nicht, da das Gesetz ausdrücklich dem Vorstand die Bildung der Abteilungen überlässt und den Erlass der zugrunde liegenden Geschäftsordnung nicht etwa der Kammerversammlung zuschreibt.[6]

---

[1] BT-Drs. 13/4184 Anl. 2 zu Nr. 10, S. 45.
[2] BT-Drs. 13/4184 Anl. 3 zu Nr. 10, S. 51.
[3] So der Bundesrat am Beispiel der NotK Frankfurt a. M. (wie Anm. 1).
[4] ZB Satzung LNotK Bayern § 14; Satzung Rhein. NotK § 10 Abs. 3, Abs. 4; § 13 Abs. 2; Satzung NotK Frankfurt a. M. § 5 Abs. 2; allgemein zum Ausfluss aus Organisationsgewalt: *Tettinger*, Kammerrecht, 1997, S. 116.
[5] *Tettinger*, Kammerrecht, S. 115, 120.
[6] Das übersehen Arndt/Lerch/Sandkühler/*Lerch* BNotO § 69b Rn. 2 und BeckOK BNotO/*von Stralendorff* BNotO § 69b Rn. 3. Das Gesetz nimmt gerade nicht § 72 in Bezug, weicht also deutlich von § 89 Abs. 3 BRAO ab.

II. Aufgaben der Abteilungen

Die Aufgaben werden den Abteilungen – soweit keine Festlegung in der Satzung erfolgt 7
ist – durch **Beschluss des Vorstands** zugewiesen. Dabei wird es sich in aller Regel um
Aufgaben aus dem Bereich der Disziplinaraufsicht und der Kammerverwaltung handeln. Es
ist nach dem Gesetz nicht erforderlich, dass auch diese Verteilung durch die „Geschäftsordnung" erfolgt, die nur die generelle Errichtung von Abteilungen zulassen muss. Soweit
der Vorstand die Geschäftsordnung erlassen hat (→ Rn. 6), ist es aber zweckmäßig, dabei
zugleich die Aufgaben der Abteilungen zu bestimmen.

Damit löst sich auch die vom Bundesrat geforderte, vom Gesetz aber nicht übernomme- 8
ne Einrichtung eines besonderen Präsidiums (→ Rn. 1). Es bleibt dem Vorstand unbenommen, eine **gesonderte Abteilung** zu bilden, ihr den Namen **„Präsidium"** zu geben
und deren Aufgaben zu bestimmen. Mitglieder sind in der Regel der Präsident und seine
Stellvertreter (§ 69 Abs. 2 S. 1) sowie die traditionellen zusätzlichen Präsidiumsmitglieder,
nämlich Schriftführer und Schatzmeister.

Dieses Präsidium hat aber nicht den Charakter eines besonderen Organs, sondern den 9
einer **zusätzlichen Abteilung** iSd Abs. 1, wie sich eindeutig aus der Entstehung des
Gesetzes (→ Rn. 1) ergibt.

III. Übertragung von Geschäften

Sind die Abteilungen gebildet, so überträgt der Vorstand diesen die Geschäfte, die sie 10
selbstständig und selbstverantwortlich führen (Abs. 1 S. 2). Innerhalb ihrer Zuständigkeit
besitzen die Abteilungen die Rechte und Pflichten des Vorstands (Abs. 5). **Sie sind also
insoweit „der Vorstand".**

Die Abteilungen können **allerdings nicht mehr Rechte als der Vorstand** haben. Da 11
nicht der Vorstand, sondern der Präsident die NotK gerichtlich und außergerichtlich
vertritt (§ 70 Abs. 1), können die Abteilungen oder ihre Vorsitzenden die getroffenen
Entscheidungen zwar intern (also in Protokollen) unterschreiben, nicht aber nach außen
verlautbaren. Im Außenverhältnis kann für die NotK auch insoweit nur der Präsident gem.
§ 70 handeln.[7]

IV. Organisation der Abteilungen

Abs. 2 bestimmt die **Mindestzahl der Mitglieder des Vorstands,** die eine Abteilung 12
bilden, auf drei. Zur Mitarbeit herangezogene Notare sind keine gewählten Vorstandsmitglieder und müssen daher bei der Berechnung wie bei der Beschlussfassung außer Betracht
bleiben.

Die Abteilung muss einen **Vorsitzenden und dessen Stellvertreter** erhalten. Die Vor- 13
schrift des Abs. 2 S. 2, wonach diese von den Mitgliedern der Abteilung zu wählen sind,
kann nur insoweit gelten, als nicht innerhalb der Organisationsgewalt der NotK durch
deren Satzung oder durch die Geschäftsordnung des Vorstands etwas anderes festgelegt ist.
So **kann durch die Geschäftsordnung die Wahl der Vorsitzenden** und deren Stellvertreter **dem Gesamtvorstand übertragen sein.** Als übergeordnetes Gremium, von
dem die Abteilung eben nur einen „Teil" bildet, ist er hierzu befugt, wie sich aus Abs. 3
S. 1 herleiten lässt. Nur wenn er diese Befugnis nicht ausgeübt hat, muss die Abteilung die
Wahl selbst erledigen. Letztlich folgt dies aus der in § 72 zum Ausdruck gelangten Organisationsgewalt der NotK.

---

[7] AM Schippel/Bracker/*Püls* BNotO § 69b Rn. 6, der aber verkennt, dass es sich hier um die innere
Willensbildung der NotK handelt (→ § 68 Rn. 5 ff.); die zwingende Vorschrift des § 70 Abs. 1 wird durch
die Formulierung „Rechte und Pflichten des Vorstandes" in § 69b Abs. 5 nicht abgeändert: Der willens-
bildende Vorstand und der allein vertretungsberechtigte Präsident sind zweierlei.

14 Abs. 3 regelt im Einzelnen die Bestimmung der Anzahl und der Mitglieder der Abteilungen sowie die **Übertragung von Geschäften** auf sie, worunter, anders als in Abs. 1 S. 2, die Zuteilung zu verstehen ist. Die getroffenen Anordnungen können nur unter den Voraussetzungen von Abs. 3 S. 3 während des Kalenderjahrs geändert werden. Dadurch wird insbesondere für Disziplinarangelegenheiten eine der Geschäftsverteilung bei Gericht (§ 21e GVG) ähnliche Einrichtung geschaffen.

15 Regelmäßig werden die Abteilungen am Sitz der NotK tagen. Abs. 4 lässt aber eine generelle oder auf den Einzelfall bezogene Ermächtigung durch den (Gesamt-)Vorstand zu, die **Sitzungen auch außerhalb** abzuhalten. Dies kann aus räumlichen wie arbeitstechnischen Gründen sinnvoll sein. Die Sitzungen sollten aber im Kammerbezirk stattfinden.

C. Entscheidungen des Gesamtvorstands

I. Auf Veranlassung des (Gesamt-)Vorstands

16 Die Abteilung besitzt zwar innerhalb ihrer Zuständigkeit die Rechte und Pflichten des Vorstands (Abs. 5), sie bleibt aber eben doch dessen „Teil". **Der Gesamtvorstand kann deshalb die Entscheidung an sich ziehen,** wenn er dies zB aus Gründen einheitlicher Äußerung der NotK zu bestimmten tatsächlichen oder rechtlichen Fragen oder aber wegen besonderer Bedeutung einer Angelegenheit für angemessen hält. Insoweit liegt die Überleitung von der Abteilung auf den Gesamtvorstand in dem Ermessen des letzteren.

17 In der Praxis wird entweder der Präsident bei Unterzeichnung als Vertretungsakt (→ Rn. 11) oder die Geschäftsführung der NotK Anlass für eine **Einschaltung des Gesamtvorstands** sehen und diesen zur Feststellung, ob er eine Überleitung zur Entscheidung auf sich wünscht, veranlassen. Hier liegt eine entsprechende Regelung im Rahmen der körperschaftlichen Organisationsgewalt.

II. Auf Antrag der Abteilung

18 Die Entscheidung des Gesamtvorstands **kann von der Abteilung beantragt werden** (Abs. 6 Alt. 2). Ein solcher Antrag kann auch von dem Vorsitzenden oder im Falle von dessen Verhinderung durch seinen Stellvertreter gestellt werden. Hierfür ist dann nur seine Äußerung, nicht also eine Mehrheitsentscheidung der Abteilung erforderlich.

19 Da es sich nach dem Gesetz nur um einen „Antrag" der Abteilung handelt, **steht es dem Gesamtvorstand frei,** ob er die Entscheidung anstelle der Abteilung übernehmen oder sie – unter Ablehnung des Antrags – der Abteilung überlassen will. In der Regel wird die Abteilung aber ihre Gründe für die Anrufung des Gesamtvorstands haben, so dass es zweckmäßig sein wird, dem Antrag der Abteilung oder ihres Vorsitzenden stattzugeben und den Vorgang in dem Gesamtvorstand weiter zu behandeln.[8]

§ 70 [Präsident]

(1) **Der Präsident vertritt die Notarkammer gerichtlich und außergerichtlich.** *[Satz 2 ab 1.1.2022:]* ² *Bei der Erteilung von Ausfertigungen, vollstreckbaren Ausfertigungen und beglaubigten Abschriften der von der Notarkammer nach den Vorschriften dieses Gesetzes verwahrten Urkunden wird die Notarkammer darüber hinaus von denjenigen Mitgliedern des Vorstandes oder Mitarbeitern der Notarkammer vertreten, die hierzu vom Präsidenten durch eine dauerhaft aufzubewahrende schriftliche oder elektronische Verfügung bestimmt worden sind.*

(2) **Der Präsident vermittelt den geschäftlichen Verkehr der Notarkammer und des Vorstands.**

---

[8] Diehn/*Schwipps* BNotO § 69b Rn. 9, aM BeckOK BNotO/*von Stralendorff* BNotO § 69b Rn. 7, wonach der Gesamtvorstand die Zuständigkeit originär durch den Antrag zurückerlangt.

(3) Der Präsident führt in den Sitzungen des Vorstands und in der Kammerversammlung den Vorsitz.

(4) Durch die Satzung können dem Präsidenten weitere Aufgaben übertragen werden.

Übersicht

	Rn.
A. Bedeutung der Norm	1
B. Rechtsstellung des Präsidenten	2
I. Vorstandsmitglied	2
II. Wahl	3
III. Organstellung?	4
C. Aufgaben des Präsidenten	5
I. Vertretung der Kammer (Abs. 1)	5
II. Vermittlung des Geschäftsverkehrs (Abs. 2)	8
III. Vorsitz (Abs. 3)	10
IV. Übertragung weiterer Aufgaben (Abs. 4)	12
D. Vertretung des Präsidenten	15
I. Durch Stellvertreter	15
II. Durch gewillkürte Bevollmächtigte	17
E. Exkurs: Der Ehrenpräsident	19
I. Die rechtliche Situation	19
II. Aufgaben und Pflichten	21

A. Bedeutung der Norm

§ 70 regelt die Aufgaben des Präsidenten und hebt ihn damit aus der Reihe der Vorstandsmitglieder heraus. Die Bestimmung regelt seine Rechte und Pflichten, soweit nicht durch Satzung oder Beschluss des Vorstands (ggf. auch der Kammerversammlung) zusätzliche Festlegungen erfolgen. **1**

B. Rechtsstellung des Präsidenten

I. Vorstandsmitglied

Der Präsident ist Mitglied des Vorstands (§ 69 Abs. 2 S. 1), gewissermaßen *primus inter pares*.[1] Ihm obliegt – auch ohne besondere Satzungsbestimmung – die Einberufung des Vorstands, da er dessen Sitzungen leitet (Abs. 3). **2**

II. Wahl

Die Wahl des Präsidenten als Mitglied des Vorstands erfolgt in der Regel durch die Kammerversammlung (§ 69 Abs. 1 S. 2). Bei einer Reihe von Kammern wird der Präsident aber stattdessen durch den von der Kammerversammlung gewählten **Vorstand aus dessen Mitte** gewählt, soweit das durch die Satzung bestimmt ist. Gemäß § 72 ist eine solche Regelung zulässig. **3**

III. Organstellung?

Der Präsident ist nicht Organ der NotK, wie sich aus § 68 ergibt, der als Organe den Vorstand und die Kammerversammlung aufzählt. Diese Bestimmung ändert aber nichts daran, dass der Präsident kraft ausdrücklicher gesetzlicher Regelung in Abs. 1 **im Außen- 4**

---

[1] So BeckOK BNotO/*von Stralendorff* BNotO § 70 Rn. 8.

verhältnis das **Vertretungsorgan**[2] der Notarkammer ist (→ § 68 Rn. 5 ff.). Der Präsident ist gesetzlicher Vertreter der NotK.[3]

C. Aufgaben des Präsidenten

I. Vertretung der Kammer (Abs. 1)

5 Die Vertretung im **Außenverhältnis** kann nicht eingeschränkt werden, weder durch die Anordnung von Kollektivvertretung noch durch sachliche Begrenzungen.[4] Werden derartige Beschränkungen durch Satzung oder Beschlüsse angeordnet, so können sie nur das Innenverhältnis betreffen, ändern aber nichts an der **Wirksamkeit von Vertretungshandlungen** gegenüber Außenstehenden.[5]

6 Jede andere Auffassung würde den Dritten mit der unlösbaren Aufgabe betrauen, die interne Willensbildung der NotK entsprechend zu überprüfen.[6]

7 Die Vertretung bezieht sich auf gerichtliche wie außergerichtliche Vorgänge. Im öffentlich-rechtlichen Bereich fällt hierunter insbesondere der **Erlass von Verwaltungsakten** der NotK. Diese bedürfen also der Unterzeichnung durch den Präsidenten (oder seinen Stellvertreter, → Rn. 15). Abs. 1 S. 2 BNotO-2022 erlaubt es dem Präsidenten, die Befugnis zur Erteilung von (vollstreckbaren) Ausfertigungen und beglaubigten Abschriften der von der NotK verwahrten Urkunden auf Mitglieder des Vorstands oder Mitarbeiter der NotK durch schriftliche oder elektronische Verfügung zu übertragen. Im Hinblick auf die der NotK übertragene Verwahrtätigkeit wäre es nicht praktikabel, wenn nur der Präsident (vollstreckbare) Ausfertigungen und beglaubigte Abschriften aller verwahrten Urkunden erteilen könnte. Da im Interesse des Rechtsverkehrs nachvollziehbar dokumentiert sein muss, welche Person jeweils für die Erteilung zu einem bestimmten Zeitpunkt zuständig war, sind die Verfügungen dauerhaft aufzubewahren.[7]

II. Vermittlung des Geschäftsverkehrs (Abs. 2)

8 Das Gesetz verwendet hier „keine glückliche Formulierung".[8] Gemeint ist auch hier in erster Linie das Außenverhältnis,[9] also die **geschäftliche Beziehung der NotK** zu Dritten. Darüber hinaus fallen unter die gesetzliche Regelung aber auch die internen Geschäftsvorfälle zwischen den Organen der NotK einerseits und zwischen ihnen und der Geschäftsstelle der NotK andererseits.[10]

9 Sinn der Vorschrift ist es, dafür Sorge zu tragen, dass die NotK gewissermaßen „**mit einer Stimme spricht**". Das ist besonders auch im innerdienstlichen Bereich gegenüber der Geschäftsstelle erforderlich, um deren Tätigkeit eindeutig festzulegen.

---

[2] AM BeckOK BNotO/*von Stralendorff* BNotO § 70 Rn. 5, der aber nicht berücksichtigt, dass auch sonst bei juristischen Personen die Vertretungsbefugnis gesetzlich geregelt ist und die Willensbildung davon unabhängig bei anderen oder größeren Gremien liegen kann; wie hier *Neumeyer* RNotZ 2001, 249 (250).

[3] Arndt/Lerch/Sandkühler/*Lerch* BNotO § 70 Rn. 2: „Exekutivorgan".

[4] BeckOK BNotO/*von Stralendorff* BNotO § 70 Rn. 2; Arndt/Lerch/Sandkühler/*Lerch* BNotO § 70 Rn. 2.

[5] BeckOK BNotO/*von Stralendorff* BNotO § 70 Rn. 4; allgemein zur Vertretung öffentlich-rechtlicher Körperschaften *Neumeyer* RNotZ 2001, 249 ff. (insbes. 269).

[6] So mit Recht *Tettinger*, Kammerrecht, 1997, S. 121.

[7] BT-Drs. 18/10607, 65.

[8] Zutreffend BeckOK BNotO/*von Stralendorff* BNotO § 70 Rn. 9.

[9] Arndt/Lerch/Sandkühler/*Lerch* BNotO § 70 Rn. 2; BeckOK BNotO/*von Stralendorff* BNotO § 70 Rn. 9.

[10] So auch BeckOK BNotO/*von Stralendorff* BNotO § 70 Rn. 9.

III. Vorsitz (Abs. 3)

Abs. 3 bestimmt, dass der Präsident den Vorsitz sowohl in der **Kammerversammlung** 10 als auch in den **Vorstandssitzungen** führt. Dabei handelt es sich um funktionale Zuständigkeiten, so dass bei einer Verhinderung an seine Stelle der Stellvertreter als „Präsident" tritt.

Auch diese Zuständigkeit ist kraft Gesetzes eindeutig festgelegt, kann also durch die 11 Satzung oder Vorstandsbeschluss **nicht abgeändert** werden.[11] Die Satzung kann aber ergänzende Bestimmungen über die Einberufung der Vorstandssitzungen, die Anfertigung von Sitzungsprotokollen uä enthalten.[12] Dem Vorsitz korrespondieren **Recht und Pflicht zur Einberufung** der Gremien, wie für die Kammerversammlung in § 71 Abs. 1 ausdrücklich angeführt ist.

IV. Übertragung weiterer Aufgaben (Abs. 4)

Die Satzung kann dem Präsidenten weitere Aufgaben übertragen. Auch kann ihn der 12 **Vorstand durch Beschluss ermächtigen,** bestimmte Funktionen an seiner Stelle auszuüben. Hiervon wird bei Routinegeschäften des Öfteren Gebrauch gemacht, so etwa bei der Androhung und Festsetzung von Zwangsgeldern nach § 74 Abs. 2, bei der Stellungnahme zu Fragen des Wohnsitzes (§ 10 Abs. 2 S. 2), bei der Anhörung zur Bestellung eines Rechtsanwalts als ständiger Vertreter (§ 39 Abs. 3 S. 2).[13]

Die Übertragung von Aufgaben auf den Präsidenten darf nicht so weit gehen, dass 13 dadurch die **gesetzliche Zuständigkeit der Organe schwerwiegend verändert** würde.[14] Eine solche Aushöhlung kann aber nicht schon dann angenommen werden, wenn die Satzung oder ein Vorstandsbeschluss den Präsidenten ermächtigen, in Eilfällen anstelle des Vorstands zu entscheiden.[15] Diese Ermächtigung kann insbesondere bei großen NotK zwingend erforderlich sein, wenn **Stellungnahmen zu eiligen Maßnahmen** abgegeben werden müssen – etwa zu einer vorläufigen Amtsenthebung in einem Veruntreuungsfall oder zu einer eiligen Anordnung einer Notariatsverwaltung –, eine vorherige Sitzung des Vorstands aber aus Zeitgründen in aller Regel nicht rechtzeitig einberufen werden kann.

Der Präsident hat bei Vorliegen einer solchen Ermächtigung nur **zurückhaltend** von 14 seiner Befugnis Gebrauch zu machen, aber andererseits die Entstehung von Schäden durch verzögerte Stellungnahme zu vermeiden.

D. Vertretung des Präsidenten

I. Durch Stellvertreter

„Geborener" Vertreter des Präsidenten ist sein Stellvertreter iSd § 69 Abs. 2 S. 1, üb- 15 licherweise als „Vizepräsident" bezeichnet. Soweit **mehrere Stellvertreter vorhanden** sind (→ § 69 Rn. 10) und eine ausdrückliche Festlegung der Reihenfolge in der Vertretung durch die Satzung nicht erfolgt ist, kann der Präsident einen der Stellvertreter mit seiner Vertretung beauftragen. Fehlt es auch an einer solchen Benennung, nimmt nach allgemeinen Grundsätzen der dienstälteste Vizepräsident die Vertretung wahr. Notfalls muss der Vorstand über die Vertretung des Präsidenten entscheiden.

---

[11] Arndt/Lerch/Sandkühler/*Lerch* BNotO § 70 Rn. 3.
[12] BeckOK BNotO/*von Stralendorff* BNotO § 70 Rn. 8.
[13] Die Beispiele für die Zuweisung an den Präsidenten stammen aus der Satzung der NotK Frankfurt a. M. und der Geschäftsordnung ihres Vorstands.
[14] Arndt/Lerch/Sandkühler/*Lerch* BNotO § 70 Rn. 4; BeckOK BNotO/*von Stralendorff* BNotO § 70 Rn. 11; *Saage* BNotO § 70 Anm. 4.
[15] AM *Saage* BNotO § 70 Anm. 4; wie hier jetzt auch BeckOK BNotO/*von Stralendorff* BNotO § 70 Rn. 11.

16 Im Rahmen seiner Tätigkeit ist der Stellvertreter dann „Präsident" **im Sinne des Gesetzes.** Ob ein Fall echter Verhinderung des Präsidenten vorliegt, ist für die Wirksamkeit der Handlungen des Stellvertreters ohne Belang (arg. Abs. 1 und Abs. 2).[16]

II. Durch gewillkürte Bevollmächtigte

17 Während der Stellvertreter im Umfang der Verhinderung den Präsidenten voll substituiert, ist ein **gewillkürter Vertreter** zu einer Vertretung **nur für den Einzelfall** und nur entsprechend dem Inhalt seiner Vollmacht berechtigt. Im allgemeinen Rechtsverkehr wie auch bei Rechtsstreitigkeiten kann die Notarkammer durch solche rechtsgeschäftlich bestellte Bevollmächtigte vertreten werden.[17]

18 Die **Vollmachtsurkunde** muss von dem Präsidenten oder seinem Stellvertreter gem. → Rn. 15 f. erteilt sein. In geeigneten Fällen empfiehlt sich die Beidrückung des Siegels der NotK, welches sie als Körperschaft des öffentlichen Rechts (§ 66 Abs. 1 S. 1) führt.

E. Exkurs: Der Ehrenpräsident

I. Die rechtliche Situation

19 Bei mehreren der LänderNotK und auch bei der BNotK ist die Ernennung eines „Ehrenpräsidenten" häufig, teilweise üblich. Eine gesetzliche Grundlage besteht hierfür nicht. Einzelne NotK haben dieses Institut in ihrer Satzung geregelt, andere wie auch die BNotK aber nicht. Es erscheint daher sinnvoll, die Bestellung, Rechte und Pflichten des Ehrenpräsidenten rechtlich darzustellen. Dabei kann davon ausgegangen werden, dass zumindest die Grundzüge durch langjährige Übung und Rechtsüberzeugung der beteiligten Kreise zu Gewohnheitsrecht geworden sind.[18]

20 Die Wahl eines Ehrenpräsidenten erfolgt durch dasjenige Organ, welches auch den Kammerpräsidenten bestimmt. Ist dies die Kammerversammlung, so obliegt ihr auch diese Aufgabe. Ist die Wahl des Kammerpräsidenten aber dem Vorstand übertragen (→ Rn. 3), bestimmt dieser auch einen etwaigen Ehrenpräsidenten.

II. Aufgaben und Pflichten

21 Üblicherweise hat der Ehrenpräsident das Recht, bei Kammerversammlungen und Vorstandssitzungen anwesend zu sein. Dies ergibt sich aus der in seiner Bestellung gewissermaßen liegenden „Einladung" zu diesen Sitzungen. Dabei ist vorauszusetzen, dass er Notar oder Notar a. D. ist. In diesen Gremien hat der Ehrenpräsident zwar ein **Rederecht, aber kein Stimmrecht,** soweit er nicht als amtierender Notar ohnehin stimmberechtigt ist.

22 Der Ehrenpräsident kann auch von dem Kammerpräsidenten zur Wahrnehmung von Veranstaltungen (zB Kongressen) ermächtigt werden. Vertreter des Präsidenten kann er aber nur sein, wenn ihm eine Vollmacht für den Einzelfall erteilt ist (→ Rn. 17 f.).

23 Den Ehrenpräsidenten trifft die Verschwiegenheitspflicht des § 69a Abs. 1 S. 2 bei den LänderNotK, diejenige des § 81a bei der BNotK.

§ 71 [Versammlung]

(1) **Die Kammerversammlung wird durch den Präsidenten einberufen.**

(2) ¹**Der Präsident muß die Kammerversammlung alljährlich einmal einberufen.** ²**Er muß sie ferner einberufen, wenn ein Zehntel der Mitglieder es schriftlich beantragt**

---

[16] BeckOK BNotO/*von Stralendorff* BNotO § 70 Rn. 13.
[17] OVG Münster NJW 1996, 804 für die Apothekerkammer; BeckOK BNotO/*von Stralendorff* BNotO § 70 Rn. 6.
[18] Zu der Annahme von Gewohnheitsrecht grundsätzlich *Hartmann* DNotZ Sonderheft 1989, 86 ff.

und hierbei den Gegenstand angibt, der in der Kammerversammlung behandelt werden soll.

(3) ¹Die Kammerversammlung ist mindestens zwei Wochen vor dem Tage, an dem sie stattfinden soll, schriftlich oder durch öffentliche Einladung in den Blättern, die durch die Satzung bestimmt sind, unter Angabe der Tagesordnung einzuberufen. ²Der Tag, an dem die Einberufung abgesandt ist, und der Tag der Kammerversammlung sind hierbei nicht mitzurechnen. ³In dringenden Fällen kann der Präsident die Kammerversammlung mit kürzerer Frist einberufen.

(4) Der Kammerversammlung obliegt insbesondere,
1. die Satzung der Notarkammer nach § 66 Abs. 1 Satz 2 zu beschließen;
2. die Richtlinien nach § 67 Abs. 2 zu beschließen;
3. die Höhe und die Fälligkeit der Beiträge *[ab 1.1.2022: , Gebühren und Auslagen]* zu bestimmen;
4. die Mittel zu bewilligen, die erforderlich sind, um den Aufwand für die gemeinschaftlichen Angelegenheiten zu bestreiten;
5. die Abrechnung des Vorstands über die Einnahmen und Ausgaben der Notarkammer sowie über die Verwaltung des Vermögens zu prüfen und über die Entlastung zu beschließen.

Übersicht

	Rn.
A. Bedeutung der Norm	1
B. Verfahren der Kammerversammlung	2
I. Pflicht zur Einberufung	2
II. Form und Frist der Einberufung	8
III. Ablauf der Kammerversammlung	12
1. Vorsitz	12
2. Verfahren	13
3. Beschlussfähigkeit	14
4. Wahlen	15
5. Stellvertretung	17
C. Aufgaben der Kammerversammlung	20
I. Allgemein	20
II. Ausdrückliche Zuweisung	22
1. Durch Gesetz	22
2. Durch Satzung	23

A. Bedeutung der Norm

Die Vorschrift regelt die Einberufung und die Aufgaben der Kammerversammlung. Sie ist **durch die BNotO-Novelle 1998** dahin **erweitert**, dass in Abs. 4 als Nr. 1 die Beschlussfassung über die Satzung der Kammer, als Nr. 2 der Erlass der Richtlinien nach § 67 Abs. 2 (Berufsordnung) eingefügt worden sind. **1**

B. Verfahren der Kammerversammlung

I. Pflicht zur Einberufung

Die Einberufung erfolgt kraft Gesetzes **durch den Präsidenten** (Abs. 1). Hierfür hat er gemäß dem Sachzusammenhang auch die Befugnis, Ort und Zeitpunkt der Kammerversammlung zu bestimmen, soweit die Satzung keine konkretisierenden Vorschriften mit bindender Wirkung enthält. **2**

3 Die Einberufung muss **jährlich einmal** erfolgen (**ordentliche Kammerversammlung:** Abs. 2 S. 1). Das bedeutet, dass in jedem Kalenderjahr eine Versammlung stattfinden muss; der zeitliche Abstand zwischen zwei der ordentlichen Kammerversammlungen kann also mehr als ein Jahr betragen.[1]

4 Eine **außerordentliche Kammerversammlung** findet statt, wenn ein Zehntel der Kammermitglieder es beantragt (Abs. 2 S. 2). Der Antrag muss **schriftlich** erfolgen, also die Unterschriften einer entsprechenden Zahl von Mitgliedern tragen, mögen diese sich auch auf verschiedenen, inhaltlich gleichbedeutenden Papieren befinden.

5 In dem Antrag **ist der Gegenstand anzugeben,** der in der Kammerversammlung behandelt werden soll. Aus dem Zusammenhang ergibt sich die Folgerung, dass die Anträge des Zehntels der Gesamtmitglieder sich auf denselben Beratungsgegenstand beziehen müssen.

6 Liegt ein Antrag nach Abs. 2 S. 2 vor, so **muss der Präsident die Kammerversammlung einberufen.** Es handelt sich also um eine ihm obliegende Amtspflicht.[2] Nach dem Sinn der Vorschrift muss die **Einberufung alsbald** erfolgen, um dem Antragsrecht aus Abs. 2 S. 2 zu entsprechen. Ort und Zeitpunkt der Kammerversammlung werden auch hier durch den Präsidenten bestimmt. Dabei kann der Präsident aufgrund seiner allgemeinen Befugnis zur Einberufung nach Abs. 1 auch weitere Tagesordnungspunkte zur Beratung und Beschlussfassung durch die Kammerversammlung einbeziehen.

7 Kommt der Präsident dem Antrag nach Abs. 2 S. 2 nicht nach, so können die Antragsteller die **Staatsaufsicht anrufen,** weil Gesetz und Satzung nicht beachtet werden (§ 66 Abs. 2 S. 2). Es kann auch eine Verpflichtungsklage im Wege des § 111 angestrengt werden. Schließlich kann ein Disziplinarverfahren in Betracht kommen.[3]

II. Form und Frist der Einberufung

8 Abs. 3 regelt die **Formalitäten der Einberufung** eingehend. Die Vorschriften sind zwingend, allerdings kann die Satzung die Frist verlängern, wie sich aus dem Wort „mindestens" in Abs. 3 S. 1 ergibt. Hiervon ist häufig Gebrauch gemacht worden.

9 Eine **Verkürzung** der Einberufungsfrist ist nach Abs. 3 S. 3 nur in dringenden Fällen zulässig. Ob eine der Kammerversammlung vorzulegende Angelegenheit dringend ist, entscheidet der einberufende Präsident nach pflichtgemäßem Ermessen.

10 Die **Einladung hat unter Angabe der Tagesordnung** zu erfolgen. Sie kann auf zwei Wegen den Kammermitgliedern bekannt gemacht werden: entweder schriftlich gegenüber den einzelnen Mitgliedern oder öffentlich durch Abdruck in dem von der Satzung hierfür bestimmten Veröffentlichungsblatt.

11 Sind die Formalitäten der Einberufung **nicht ordnungsgemäß eingehalten,** so sind Beschlüsse der Kammerversammlung fehlerhaft. Diese stellen in aller Regel selbst keine Verwaltungsakte dar. Gemäß § 111e können aber Wahlen und Beschlüsse der Organe der Notarkammern gerichtlich überprüft werden.[4]

III. Ablauf der Kammerversammlung

12 1. **Vorsitz.** In der Kammerversammlung führt kraft Gesetzes der **Präsident den Vorsitz** (§ 70 Abs. 3). Ist er verhindert, so tritt an seine Stelle der Vizepräsident, notfalls das von der Satzung, äußerstenfalls das vom Vorstand bestimmte Kammermitglied (→ § 70 Rn. 17 f.).

---

[1] BeckOK BNotO/*von Stralendorff* BNotO § 71 Rn. 2.
[2] Arndt/Lerch/Sandkühler/*Lerch* BNotO § 71 Rn. 6; BeckOK BNotO/*von Stralendorff* BNotO § 71 Rn. 3, 5.
[3] Zu diesen drei Möglichkeiten zustimmend: BeckOK BNotO/*von Stralendorff* BNotO § 71 Rn. 5; Arndt/Lerch/Sandkühler/*Lerch* BNotO § 71 Rn. 6.
[4] BeckOK BNotO/*von Stralendorff* BNotO § 71 Rn. 8; Diehn/*Schwipps* BNotO § 71 Rn. 5, 12.

2. Verfahren. Über das Verfahren in der Kammerversammlung, auch über die Beschlussfassung, die hierzu erforderlichen Mehrheiten und deren Ermittlung enthält in der Regel die Satzung der NotK die erforderlichen Einzelheiten. Fehlen solche Bestimmungen, dann ist das allgemein bei Versammlungen juristischer Personen gesetzlich vorgeschriebene Verfahren zu beachten. Dabei werden in der Regel **Stimmenthaltungen** nicht mitgerechnet, insbesondere nicht zu den Nein-Stimmen gezählt.[5] 13

3. Beschlussfähigkeit. Für die **Beschlussfähigkeit der Kammerversammlung** fehlt ebenfalls eine gesetzliche Bestimmung. Häufig enthalten die Satzungen der NotK eine Regelung derart, dass die Kammerversammlung ohne Rücksicht auf die Zahl der erschienenen Mitglieder beschlussfähig ist.[6] Auch ohne eine ausdrückliche Regelung wird anzunehmen sein, dass nach allgemeinem Recht der Körperschaften eine **ordnungsmäßig einberufene Versammlung stets beschlussfähig** ist, ohne dass eine bestimmte Mitgliederzahl anwesend sein muss, also bereits ein einziges Mitglied die Beschlussfähigkeit herstellt.[7] 14

4. Wahlen. Auch für Wahlen findet sich die nähere Regelung meist in der **Satzung der NotK**. Dabei sind die Grundzüge des allgemeinen Wahlrechts aus dem Staatsrecht zu beachten: Nur Kammermitglieder sind aktiv wahlberechtigt; allen Mitgliedern steht ein gleiches Wahlrecht zu. Ein solches Recht fehlt bei einem vorläufig des Amts enthobenen Notar: dieser hat sich nicht nur jeder Amtshandlung zu enthalten (§ 55 Abs. 2 S. 1), sondern auch der Ausübung sonstiger Befugnisse aus seiner Eigenschaft als Notar (analog § 55 Abs. 2 S. 1).[8] 15

Die **Wahl ist geheim,** soweit nicht die Satzung ausdrücklich anderes bestimmt.[9] Es erscheint aber fraglich, ob bei einer Satzungsbestimmung über geheime Wahl ein offenes Wahlverfahren durch Mehrheitsbeschluss herbeigeführt werden kann. Es wird wohl ein einstimmiger Beschluss aller anwesenden Mitglieder zu fordern sein, um nicht das Wahlrecht eines einzelnen zu beeinträchtigen.[10] 16

5. Stellvertretung. Eine Stellvertretung der Kammermitglieder ist weder bei der Beschlussfassung noch bei Wahlen möglich, weder durch andere Kammermitglieder noch gar durch Dritte.[11] Das ergibt sich daraus, dass die Stimmrechte und erst recht das aktive Wahlrecht höchstpersönliche Rechte sind, also nicht übertragen werden können.[12] Durch Zulassung der Stellvertretung werden die Wahlrechtsgrundsätze der Unmittelbarkeit, der Gleichheit und der Geheimhaltung verletzt,[13] die nicht nur für die Wahl des Bundestags nach Art. 38 GG gelten, vielmehr allgemeine Regeln des öffentlichen Rechts darstellen, die auch auf öffentlich-rechtliche Körperschaften mit Mitgliedern anzuwenden sind.[14] 17

---

[5] Vgl. BGHZ 106, 179 (zur Wohnungseigentümerversammlung); 83, 35 (zur Mitgliederversammlung eines Vereins); BeckOK BNotO/*von Stralendorff* BNotO § 71 Rn. 9.
[6] ZB Satzung NotK Hamburg § 14 Abs. 1; Satzung Westfälische NotK Ziff. (21); Satzung NotK Frankfurt a. M. § 4 Abs. 1.
[7] So BeckOK BNotO/*von Stralendorff* BNotO § 71 Rn. 10; Diehn/*Schwipps* BNotO § 71 Rn. 10.
[8] Str., wie hier *Arndt*, 2. Aufl. 1982, BNotO § 69 Anm. II 3, 1; aM Arndt/Lerch/Sandkühler/*Lerch* BNotO § 69 Rn. 8; Diehn/*Schwipps* BNotO § 69 Rn. 13.
[9] Arndt/Lerch/Sandkühler/*Lerch* BNotO § 69 Rn. 14; BeckOK BNotO/*von Stralendorff* BNotO § 71 Rn. 12 und § 69 Rn. 11; *Arndt*, 2. Aufl. 1982, BNotO § 69 Anm. II 3.
[10] Stelkens/Bonk/Sachs/*Bonk/Kallerhof*, 8. Aufl., VwVfG § 92 Rn. 3.
[11] Ebenso Arndt/Lerch/Sandkühler/*Lerch* BNotO § 69 Rn. 10, der allerdings der Satzung die Zulassung von Stellvertretung durch andere Kammermitglieder bei Wahlen einräumen will; ähnlich auch BeckOK BNotO/*von Stralendorff* BNotO § 69 Rn. 12 und § 71 Rn. 12. OLG Celle NJW 1950, 356 und die zust. Anm. *Küppers* halten Stellvertretung generell für unzulässig; OLG Oldenburg NJW 1950, 232 (355) hält sie grundsätzlich für zulässig.
[12] Ebenso BeckOK BNotO/*von Stralendorff* BNotO § 69 Rn. 12 und § 71 Rn. 12.
[13] Vgl. statt aller *Tettinger*, Kammerrecht, S. 111; Jarass/Pieroth/*Pieroth*, 13. Aufl., GG Art. 38 Rn. 6, 8, 10; *Maunz/Dürig*, Bearb. 2014, GG Art. 38 Rn. 43, 54.
[14] Vgl. zum „Ausdruck allgemeiner Rechtsgrundsätze" Kopp/Ramsauer/*Ramsauer*, 15. Aufl., VwVfG § 88 Rn. 3. Soweit Schippel/*Kanzleiter*, 7. Aufl., BNotO § 69 Rn. 12 auf §§ 38, 40 BGB Bezug nimmt,

18 Gerade die umfassenden Mitwirkungs- und Beratungsrechte der Mitglieder in der Kammerversammlung als oberstem Organ der Kammer[15] stehen **einer gewillkürten Stellvertretung entgegen.** Die Erläuterungen des Vorstands und die Stellungnahmen der Mitglieder in der Kammerversammlung müssten bei Zulassung einer Stellvertretung ohne Bedeutung für die Stimmabgabe bleiben, da der Vertreter sich zumindest innerlich durch die Vorgabe seines Vollmachtgebers gebunden fühlen müsste. Die Willensbildung innerhalb der Kammerversammlung muss daher demokratischen Grundsätzen entsprechen,[16] zu denen die persönliche Ausübung der Mitgliedsrechte unabdingbar gehört.

19 **Soweit Satzungen** von NotK dementgegen **die Stellvertretung** bei Stimmabgabe oder bei Wahlen **zulassen,** verstoßen sie gegen höherrangiges Recht und sind deshalb **unwirksam.**

C. Aufgaben der Kammerversammlung

I. Allgemein

20 Die Kammerversammlung ist das **oberste und demokratisch legitimierte Organ** der NotK.[17] Allerdings ist durch § 69 Abs. 1 S. 1, durch die Satzung und durch die Erfordernisse der täglichen Praxis die Zuständigkeit der Kammerversammlung im Wesentlichen auf die ihr ausdrücklich zugewiesenen Materien beschränkt (→ § 68 Rn. 8 ff.).

21 Darüber hinaus **entscheidet sie üblicherweise in Grundsatzfragen** der NotK. Beispiele hierfür sind der Beitritt der Notarkammer zum Vertrauensschadensfonds und der Beitritt zum DNotI.

II. Ausdrückliche Zuweisung

22 **1. Durch Gesetz.** Ausdrücklich zugewiesen sind der Kammerversammlung vom Gesetz:
– Die **(allgemeine) Satzung** der NotK (§ 71 Abs. 4 Nr. 1 iVm § 66 Abs. 1 S. 2).
– Die (besondere) Satzung mit den **Richtlinien** für die Berufsausübung der Notare (§ 71 Abs. 4 Nr. 2 iVm §§ 67 Abs. 2, 66 Abs. 2 S. 1).
– Die Beschlussfassung über Höhe und Fälligkeit der **Beiträge der Mitglieder** zur NotK (§ 71 Abs. 4 Nr. 3 iVm § 73 Abs. 1). Ab 1.1.2022 entscheidet die Kammerversammlung auch über die Gebühren und Auslagen für die Verwahrung von Akten und Verzeichnissen bei der NotK (§ 71 Abs. 4 Nr. 3 iVm § 73 Abs. 3 BNotO-2022).
– Die **Bewilligung der Mittel,** die für die gemeinschaftlichen Angelegenheiten erforderlich sind (§ 71 Abs. 4 Nr. 4), die regelmäßig durch die Verabschiedung eines Haushaltsplans für das nächste Haushaltsjahr erfolgt.
– Die **Prüfung der Abrechnung** des Vorstands über Einnahmen und Ausgaben sowie über die Verwaltung des Vermögens in dem zuletzt abgelaufenen Haushaltsjahr (§ 71 Abs. 4 Nr. 5), was regelmäßig durch Billigung oder Missbilligung dieser Abrechnung geschieht.
– **Die Beschlussfassung über die Entlastung des Vorstands** (§ 71 Abs. 4 Nr. 5), bei der die Vorstandsmitglieder als Betroffene sich der Stimme zu enthalten haben.
– Die **Wahl des Vorstands** (§ 69 Abs. 2 S. 2).

übersieht er, dass auf öffentlich-rechtliche juristische Personen nach § 89 BGB nur § 31 BGB anwendbar ist, im Übrigen hier die Bestimmungen des öffentlichen Rechts eingreifen (Palandt/*Ellenberger* BGB Vorb. § 89 Rn. 3), wie hier BeckOK BNotO/*von Stralendorff* BNotO § 69 Rn. 12.

[15] *Tettinger,* Kammerrecht, S. 114; → Rn. 20.
[16] *Tettinger,* Kammerrecht, S. 97.
[17] BT-Drs. 3/219, 31 zu § 47a.

2. Durch Satzung. Weitere Aufgaben können im Rahmen **interner Zuständigkeits-** 23
verteilung zwischen den Organen der NotK (§ 68) durch die Satzung der Kammerversammlung zugewiesen werden. Hierzu gehört üblicherweise die Bestellung von **Rechnungsprüfern** zur Vorbereitung der Beschlussfassung gem. § 71 Abs. 4 Nr. 4 (→ Rn. 22).

Die Kammerversammlung ist in der **Übernahme weiterer Aufgaben** in die Satzung als 24
oberstes Organ der NotK frei. Aus praktischen Erwägungen sollte aber die Zuweisung zusätzlicher Aufgaben an die Kammerversammlung auf Grundsatzentscheidungen beschränkt und die laufenden Verwaltungsentscheidungen dem Vorstand überlassen bleiben.[18]

§ 72 [Regelung durch Satzung]

Die näheren Bestimmungen über die Organe der Notarkammer und ihre Zuständigkeiten trifft die Satzung.

A. Bedeutung der Norm

§ 72 enthält die Ermächtigungsgrundlage für **die Satzung** der NotK. Ihr Inhalt bezieht 1
sich auf die näheren Bestimmungen über die Organe und deren Zuständigkeit.

B. Rechtsgrundlage der Satzung

I. Grundsatz

Die Satzung ist **Rechtsnorm** (→ § 66 Rn. 6). Sie bedarf einer gesetzlichen Ermächti- 2
gung, ist aber Ausfluss der sog. **Regelungsautonomie** als Aspekt der Selbstverwaltung.[1]
Wenngleich Art. 80 GG nicht unmittelbar anzuwenden ist, bedarf die Satzung bei **Einwirkungen in den Grundrechtsbereich** ihrer Mitglieder einer zumindest die Grundzüge des Regelungsgegenstands umschreibenden gesetzlichen Ermächtigung.[2]

Soweit die Satzung dagegen nur die **innere Struktur der NotK** regelt, genügt eine 3
allgemeine Zuständigkeit der Kammerversammlung zu ihrem Erlass.[3] § 72 begründet ausdrücklich eine solche Zuständigkeit in allgemeiner Form. Bedenken gegen die Rechtswirksamkeit bestehen umso weniger, als der Erlass der Satzung durch die Kammerversammlung dem Demokratiegebot voll entspricht.[4]

II. Inhalt der Satzung nach § 72

Das Gesetz ermächtigt zum Erlass einer Satzung für die näheren Bestimmungen über die 4
Organe und ihre Zuständigkeiten. Damit sind als Regelungsbereich die Abgrenzungen der Zuständigkeit unter den Organen des § 68 (Vorstand und Kammerversammlung), der zusätzlichen Aufgaben des Präsidenten (§ 70 Abs. 4) und des Verfahrens in der Kammerversammlung (arg. § 71 Abs. 3 S. 1) umschrieben. Ihre **Grenze** findet die Satzungsautonomie an den zwingenden gesetzlichen Zuständigkeitsregelungen, wie sie jeweils in den Erläuterungen der genannten Vorschriften dargestellt sind.

---

[18] Arndt/Lerch/Sandkühler/*Lerch* BNotO § 71 Rn. 9 aE.
[1] *Tettinger*, Kammerrecht, 1997, S. 187; BeckOK BNotO/*von Stralendorff* BNotO § 72 Rn. 1, jeweils mwN.
[2] *Tettinger*, Kammerrecht, S. 187 f. mit Rspr. und Literatur.
[3] Arndt/Lerch/Sandkühler/*Lerch* BNotO § 72 Rn. 2.
[4] So im Ergebnis auch Arndt/Lerch/Sandkühler/*Lerch* BNotO § 72 Rn. 2; BeckOK BNotO/*von Stralendorff* BNotO § 72 Rn. 1.

III. Satzung des § 72 und sonstige Satzungen

5 § 72 ist die Grundlage für die Satzung der NotK. Damit ist das **organisatorische Grundgesetz der NotK** angesprochen, wie sich aus der Erwähnung der Organe und ihrer Zuständigkeiten ergibt. Andere Satzungen können also nur Einzelbereiche regeln und zusätzlichen Charakter haben.

6 § 67 Abs. 2 sieht als weitere Satzung die Festlegung der **berufsrechtlichen Richtlinien** durch die NotK vor. § 66 Abs. 1 S. 2 wird für entsprechend anwendbar erklärt. Diese Bestimmung bezieht sich also nach der Formulierung des Gesetzgebers ursprünglich nur auf die Satzung des § 72.

7 Die **Beitragsordnung** nach §§ 73, 71 Abs. 4 Nr. 1 stellt dabei ebenso eine Satzung iSd §§ 72, 66 Abs. 1 S. 2 dar (→ § 73 Rn. 4 f.), wie auch die Gebührenordnung für das Zentrale Vorsorgeregister der BNotK und das Zentrale Testamentsregister gem. § 78e Abs. 4.

C. Verfahren bei Erlass der Satzung

I. Beschlussfassung

8 Die Satzung der NotK, gleichbedeutend mit der in § 72 gesetzlich vorgesehenen **Satzung, erlässt die Kammerversammlung** (§§ 71 Abs. 4 Nr. 1, 66 Abs. 1 S. 2). Das Gleiche gilt für die berufsrechtlichen Richtlinien des § 67 Abs. 2 S. 1, der die entsprechende Anwendung von § 66 Abs. 1 S. 2 anordnet.

Die Beschlussfassung der Kammerversammlung hat entsprechend den Bestimmungen des § 71 und – soweit es sich um Änderungen handelt – entsprechend den **Vorschriften in der Kammersatzung** zu erfolgen.

II. Genehmigung

9 Die Satzung der Kammer, die Berufsordnung des § 67 Abs. 2 S. 1 und die Änderungen von beiden unterliegen dem Erfordernis einer **Genehmigung durch die Landesjustizverwaltung** (§ 66 Abs. 1 S. 2). Diese Genehmigung ist Voraussetzung der Wirksamkeit und damit des Inkrafttretens der Satzungen.

10 Die Genehmigung kann aus dem Gesichtspunkt der Regelungsautonomie nur bei **Verstößen der Satzungen gegen das Gesetz versagt** werden, also nicht aus anderweitiger Ermessensentscheidung der Landesjustizverwaltung (→ § 66 Rn. 10 ff.). Umgekehrt werden etwaige Verstöße der Satzung gegen übergeordnetes Recht durch eine Genehmigung der Landesjustizverwaltung nicht etwa geheilt.[5]

III. Ausfertigung

11 Die Satzung muss **wie jede Rechtsnorm ausgefertigt** werden.[6] Die Ausfertigung hat durch den Vorsitzenden des erlassenden Organs, also durch den Präsidenten der NotK als Vorsitzenden der Kammerversammlung (§ 70 Abs. 3) zu erfolgen. Zweck der Ausfertigung ist der Nachweis des authentischen Wortlauts. Dabei sollen die Ermächtigungsgrundlagen und die Genehmigung der Landesjustizverwaltung angeführt werden.[7]

---

[5] BeckOK BNotO/*von Stralendorff* BNotO § 72 Rn. 8 mit Rspr.
[6] VGH Kassel NJW 1994, 812; *Starke* NVwZ 1995, 1186 ff.
[7] Zu weiteren Einzelheiten vgl. *Starke* NVwZ 1995, 1186 ff.; *Römermann* NJW 1998, 2249 ff.; AnwG Düsseldorf NJW 1998, 2269.

IV. Veröffentlichung

Die Frage nach der **Art der Publikation** war früher streitig.[8] Sie ist jetzt entschieden. **12** Der zweite Halbsatz von § 66 Abs. 1 S. 2 bestimmt die Veröffentlichung in einem von der Landesjustizverwaltung zu bezeichnenden Blatt. Dies wird regelmäßig das amtliche Mitteilungsblatt der Landesjustizverwaltung, daneben oder an dessen Stelle auch das amtliche Mitteilungsblatt der NotK sein.[9]

§ 73 [Erhebung von Beiträgen]

(1) **Die Notarkammer erhebt von den Notaren Beiträge, soweit dies zur Erfüllung ihrer Aufgaben erforderlich ist.**

(2) **Rückständige Beiträge können auf Grund einer von dem Präsidenten der Notarkammer ausgestellten, mit der Bescheinigung der Vollstreckbarkeit und dem Siegel der Notarkammer versehenen Zahlungsaufforderung nach den Vorschriften über die Vollstreckung der Urteile in bürgerlichen Rechtsstreitigkeiten eingezogen werden.**
[Abs. 3 ab 1.1.2022:]
(3) *Nimmt der Notar bei der Notarkammer Anlagen, Einrichtungen und Tätigkeiten für die Führung seiner Akten und Verzeichnisse in Anspruch, kann die Notarkammer dafür von dem Notar Gebühren erheben und den Ersatz von Auslagen verlangen.*

Übersicht

	Rn.
A. Bedeutung der Norm	1
B. Beitragspflicht	2
I. Grundsatz	2
1. Rechtsgrundlage	2
2. Haushalt	3
3. Beitragsbestimmung	4
II. Bemessungsgrundlagen	6
1. Höhe der Beiträge	6
2. Bildung von Rücklagen	8
3. Grundsätze der Beitragsbemessung	9
III. Kostenfaktoren des Beitrags	12
1. Geschäftsbetrieb	12
2. Sonstige Kosten	13
3. Beiträge zu Institutionen	15
4. Kostenumlegung	16
5. Kosten der Notariatsverwaltung	17
IV. Beginn und Ende der Beitragspflicht	18
V. Notarkassen	19
VI. Fälligkeit und Stundung	20
1. Bestimmung der Fälligkeit	20
2. Stundung	21
3. Erlass	22
C. Einziehung der Beiträge	24
I. Die Anforderung	24
II. Zwangseinziehung	26
D. Gebühren und Auslagen	31

---

[8] Zum Streitstand: Schippel/Bracker/*Püls* BNotO § 72 Rn. 10.
[9] Stellungnahme des Bundesrats in BT-Drs. 13/4184, 45 linke Spalte.

A. Bedeutung der Norm

1 § 73 ist die Grundlage für § 71 Abs. 4 Nr. 3, der die Festlegung von **Höhe und Fälligkeit der Beiträge** durch die Kammerversammlung bestimmt. In § 73 Abs. 1 wird der Umfang der Beitragspflicht, in Abs. 2 die Einziehung von Beiträgen geregelt.

B. Beitragspflicht

I. Grundsatz

2 **1. Rechtsgrundlage.** Die NotK erhebt von ihren Mitgliedern Beiträge, diese sind also zu deren Zahlung verpflichtet. Das **Recht zur Beitragserhebung** entspringt der Einrichtung der NotK als öffentlich-rechtlicher Körperschaft, die ihre Ausgaben nur durch Beiträge decken kann. Die **Pflicht zur Beitragszahlung** entsteht aus der Mitgliedschaft der Notare in der NotK. Solche Beiträge werden als Verbandskosten[1] oder als **korporative Beiträge** bezeichnet.[2]

3 **2. Haushalt.** Die NotK nimmt dementsprechend nicht am allgemeinen Haushalt der Gebietskörperschaft teil, erstellt vielmehr einen **eigenen Haushaltsplan**[3] sowie eine **eigene Abrechnung** über Einnahmen, Ausgaben und Vermögen der Kammer (arg. § 71 Abs. 2 Nr. 3). Dabei sind die gesetzlichen Vorschriften des Haushaltsrechts einzuhalten, bei den NotK der Länder also insbesondere die jeweiligen landesrechtlichen Vorschriften.[4]

4 **3. Beitragsbestimmung.** Gemäß § 71 Abs. 4 Nr. 3 und Nr. 4 erfolgt die Bestimmung der Beiträge und (sonstigen) Mittel zur Deckung des Aufwands durch die Kammerversammlung. Die Erhebung der Beiträge von den der Kammer angehörenden Notaren erfolgt per Verwaltungsakt. Dieser bedarf einer Ermächtigungsgrundlage, was nur eine materielle Rechtsnorm sein kann. Folglich handelt es sich bei dem Beschluss der Kammerversammlung zur Beitragsbestimmung um eine **Satzung**.[5]

5 Sie bedarf jedoch **keiner Genehmigung** der Landesjustizverwaltung nach § 66 Abs. 1 S. 2. Eine Genehmigung ist entbehrlich, weil es sich nicht um die Grundsatzung iSd §§ 72, 66 Abs. 1 S. 2 handelt (→ § 72 Rn. 5 ff.).

5a Gegen die Beitragsordnung sind unmittelbare **Rechtsmittel** nicht gegeben; gegen den Beitragsbescheid hingegen schon. Dieser kann als Verwaltungsakt gem. § 111 angefochten werden.[6]

II. Bemessungsgrundlagen

6 **1. Höhe der Beiträge.** Das Gesetz überlässt die Bestimmung der Höhe der Beiträge der Kammerversammlung (§ 71 Abs. 4 Nr. 3). Grundsätzlich ist die Höhe also in deren Ermessen gestellt, welches aber weitgehend durch die Aufgabenstellung der NotK ausgefüllt wird (§ 73 Abs. 1). Das bedeutet, dass alle Aufgaben der NotK nach § 67, also einschließlich derjenigen aus der Generalklausel des Abs. 4 S. 1, durch den Beschluss über die Beitragshöhe erfasst werden. Andere Zwecke dürfen nicht über Beiträge finanziert werden.[7]

---

[1] *Tettinger*, Kammerrecht, 1997, S. 200, mit weiteren Angaben über die theoretische Einordnung, allgemein auch *Baumann* MittRhNotK 1996, 16.
[2] BeckOK BNotO/*von Stralendorff* BNotO § 73 Rn. 2.
[3] Arndt/Lerch/Sandkühler/*Lerch* BNotO § 73 Rn. 2; Diehn/*Schwipps* BNotO § 73 Rn. 1 *Tettinger*, Kammerrecht, S. 205.
[4] *Tettinger*, Kammerrecht, S. 198, zur Anwendung von Landesrecht: S. 206.
[5] Diehn/*Schwipps* BNotO § 73 Rn. 6; BeckOK BNotO/*von Stralendorff* BNotO § 73 Rn. 5; Arndt/Lerch/Sandkühler/*Lerch* BNotO § 73 Rn. 8.
[6] Arndt/Lerch/Sandkühler/*Lerch* BNotO § 73 Rn. 9.
[7] BGH DNotZ 1969, 637 (639).

In diesem Rahmen **bestimmt die Kammerversammlung** innerhalb ihrer Selbstverwaltung **den Umfang der Beitragspflicht.** Sie muss dabei aber Sorge tragen, dass die der Kammer zugewiesenen gesetzlichen Aufgaben erfüllt werden können.[8] 7

2. Bildung von Rücklagen. Das **Kostendeckungsprinzip,** welches sich nicht nur aus Haushaltsrecht, sondern auch aus Abs. 1 herleiten lässt, schließt nicht die Bildung von Rücklagen aus, die das Vermögen der NotK bilden (arg. § 71 Abs. 4 Nr. 5). Im Gegenteil entspricht es einer wirtschaftlich orientierten Haushaltsführung, solche **Rücklagen anzusammeln,** um erforderlichenfalls der NotK die Erfüllung unerwartet auftauchender Verpflichtungen (wie zB Erhöhung der Versicherungsprämien) oder den Ausgleich fehlender Einnahmen (wie zB nicht gezahlter Mitgliedsbeiträge) zu ermöglichen. Maßgebend ist, dass die Bildung der Rücklage sachlich gerechtfertigt ist.[9] 8

3. Grundsätze der Beitragsbemessung. Das Gesetz gibt keine Kriterien für die Verteilung der als Einkünfte benötigten Beiträge auf die Mitglieder der NotK. Die NotK muss dabei den **Gleichbehandlungsgrundsatz beachten,** ist aber in der näheren Ausgestaltung in ihrem Ermessen frei, soweit nicht die Grenze des Übermaßverbots überschritten wird.[10] 9

Der Beitrag kann deshalb sowohl **nach Köpfen in gleicher Höhe** als auch nach besonderen Kriterien (wie zB Zahl der Amtsgeschäfte, Umsatz, Gewinn) bemessen werden.[11] Erforderlich ist in beiden Fällen die Einhaltung des Gleichheitsgrundsatzes und die Aufstellung sachgerechter und nachprüfbarer Merkmale.[12] 10

Zudem können **einzelne (besonders leistungsfähige) Mitglieder mit Sonderbeiträgen** belastet werden.[13] Zudem ist die Beitragserhebung nach Köpfen in **gleicher Höhe** zulässig;[14] sie empfiehlt sich **insbesondere im Bereich des Anwaltsnotariats,** weil dort die Aufteilung der Einkünfte auf anwaltliche und notarielle Tätigkeit nur mit großem Aufwand, vielleicht auch gar nicht nachprüfbar ist. Allerdings darf diese Form der Beitragserhebung nicht dem Gleichheitsgrundsatz nicht widersprechen.[15] 11

III. Kostenfaktoren des Beitrags

1. Geschäftsbetrieb. Zur Erfüllung der Aufgaben der NotK gehören zunächst ihre **Aufwendungen für den Geschäftsbetrieb** der Notarkammer und ihrer Organe. Diese umfassen vor allem die Gehälter der Geschäftsführer und Angestellten, Mietzins für die Räume, Aufwandsentschädigung für Vorstandsmitglieder, allgemeine Bürokosten, Kosten für Veranstaltungen und dienstliche Reisen sowie für die erforderliche Repräsentation der Notarkammer. 12

2. Sonstige Kosten. Weitere Ausgabenposten resultieren aus gesetzlichen Bestimmungen, so die **Beiträge** der NotK **zur BNotK** gem. § 91. Auch hat die NotK für die **Versicherungsverträge** zur Ergänzung der Haftpflichtversicherung über 500.000 EUR (§ 19a Abs. 3 S. 1) hinaus für mindestens weitere 500.000 EUR (§ 67 Abs. 3 Nr. 3 S. 2 Alt. 2) sowie zum Versicherungsschutz gegen vorsätzliche Handlungen in Höhe von mindestens 250.000 EUR (§ 67 Abs. 3 Nr. 3 S. 2 Alt. 1) die **Versicherungsprämien** zu 13

---

[8] *Tettinger,* Kammerrecht, S. 205; BeckOK BNotO/*von Stralendorff* BNotO § 73 Rn. 8.
[9] Diehn/*Schwipps* BNotO § 73 Rn. 8.
[10] Arndt/Lerch/Sandkühler/*Lerch* BNotO § 73 Rn. 5; BeckOK BNotO/*von Stralendorff* BNotO § 73 Rn. 10 f.; BGH NJW 1999, 1402.
[11] *Tettinger,* Kammerrecht, S. 203; BeckOK BNotO/*von Stralendorff* BNotO § 73 Rn. 13, 14; Arndt/Lerch/Sandkühler/*Lerch* BNotO § 73 Rn. 5.
[12] *Tettinger,* Kammerrecht, S. 203; BGH NJW 1999, 1402.
[13] BeckOK BNotO/*von Stralendorff* BNotO § 73 Rn. 16 ff. mit überzeugenden Beispielen.
[14] BGH ZNotP 2002, 356; DNotZ 1991, 324; 1988, 131; OLG Bremen DNotZ 1982, 510; Arndt/Lerch/Sandkühler/*Lerch* BNotO § 73 Rn. 5.
[15] BeckOK BNotO/*von Stralendorff* BNotO § 73 Rn. 13.

entrichten. Diese Pflichtaufgaben der NotK gehören zwangsläufig als Ausgabenteile in den Kammerbeitrag.

14 Soweit die NotK von ihrer Befugnis Gebrauch macht, **Fürsorge- oder Vorsorgeeinrichtungen** zu schaffen (§ 67 Abs. 4 Nr. 1 und Nr. 2), entstehen ihr Kosten, die ebenfalls durch die Beiträge gedeckt werden müssen. Gleiches gilt grundsätzlich für Leistungen an den **Vertrauensschadensfonds** (§ 67 Abs. 4 Nr. 3). In der Regel werden diese aber durch ein- oder mehrmalige Sonderaufwendungen zur Ansammlung des nötigen Fonds aufgebracht und nicht als Teil der laufenden Beiträge finanziert.

15 3. **Beiträge zu Institutionen.** Beiträge zu Institutionen, denen die NotK im Rahmen ihrer Selbstverwaltungsaufgaben beigetreten ist (§ 67), vor allem zum **Deutschen Notarinstitut,** sind ebenso Teil der erforderlichen Kosten.[16]

16 4. **Kostenumlegung.** Die in → Rn. 13–15 aufgeführten Kostenfaktoren (mit Ausnahme von einmaligen Leistungen an den Vertrauensschadensfonds) entstehen pro Mitglied der NotK. Sie sind daher für die NotK gewissermaßen „durchlaufende Posten", die sie **für die Mitglieder aufbringt** und ihnen als Beitragsteile wieder belastet. Sie sind regelmäßig deutlich höher als die Aufwendungen für den Geschäftsbetrieb der NotK (→ Rn. 12). Deshalb können diese Teile des Kammerbeitrags zwar gestundet, nicht aber erlassen werden.[17]

17 5. **Kosten der Notariatsverwaltung.** Eine Reihe von Notarkammern haben in ihrer Beitragsordnung eine Bestimmung aufgenommen, wonach die Kammern in Fällen, in denen eine Notariatsverwaltung oder Notarvertretung durch wissentliche Pflichtverletzung eines Kammermitgliedes verursacht worden ist, Ausgleichsbeträge gegen das Mitglied festsetzen können. Es stellt sich hier die Frage, ob solche Zahlungen auch nach einem Ausscheiden des Mitgliedes aus dem Amt noch festgesetzt werden können.[18]

Entscheidend ist, dass der betroffene Notar zur Zeit der Amtspflichtverletzungen im Amt und damit seinen Amtspflichten einschließlich der Beitragspflicht, wie sie in der Beitragsordnung geregelt ist, unterworfen war. Selbst wenn er zur Zeit der Festsetzung des Ausgleichsbetrages nicht mehr Notar ist, handelt es sich doch um eine Nachwirkung aus seiner in der Kammermitgliedschaft verbrachten Zeit. Er kann daher in jedem Fall auch nach dem Ausscheiden noch zur Zahlung herangezogen werden, auch wenn in der Beitragsordnung keine zusätzliche ausdrückliche Bestimmung erfolgt ist.[19]

IV. Beginn und Ende der Beitragspflicht

18 Durch den Beschluss nach § 71 Abs. 4 Nr. 3 werden regelmäßig auch Beginn und Ende der Beitragspflicht festgelegt. Häufig werden dabei das **Kalenderjahr oder doch der Kalendermonat** in die Beitragspflicht **einbezogen,** in dem der Eintritt oder das Ausscheiden des Kammermitglieds liegen.[20]

V. Notarkassen

19 Gesetzliche Sonderregelungen gelten für den Bereich der **Notarkasse** (Landesnotarkammer Bayern und Notarkammer Pfalz; → § 113 Rn. 1 ff.) sowie der Ländernotarkasse (Notarkammern Brandenburg, Mecklenburg-Vorpommern, Sachsen, Sachsen-Anhalt und Thüringen; → § 113a Rn. 1 ff.).

---

[16] → § 67 Rn. 18.
[17] So auch Arndt/Lerch/Sandkühler/*Lerch* BNotO § 73 Rn. 6.
[18] Dagegen spricht sich BGH DNotZ 2008, 555 aus; grundsätzlich aA als der BGH *Sandkühler* DNotZ 2008, 497 (510).
[19] Insoweit noch über das Ergebnis der Untersuchung von *Sandkühler* DNotZ 2008, 510 hinausgehend.
[20] Arndt/Lerch/Sandkühler/*Lerch* BNotO § 73 Rn. 5.

VI. Fälligkeit und Stundung

1. Bestimmung der Fälligkeit. Die Fälligkeit der Beiträge ist in dem Beschluss der 20 Kammerversammlung gem. § 71 Abs. 4 Nr. 3 zu bestimmen. Sie richtet sich nach den zeitlichen Voraussetzungen für die Deckung der Ausgaben.

2. Stundung. Die NotK ist zur **Stundung fälliger Beiträge** berechtigt. Die Entschei- 21 dung über derartige Anträge trifft als laufendes Geschäft der Vorstand, wobei er etwaige Maßgaben des Beitragsbeschlusses für die Voraussetzungen einer Stundung zu beachten hat. Der Vorstand delegiert die Entscheidungsbefugnis häufig auf den Schatzmeister der NotK.

3. Erlass. Ein **Erlass aus sozialen Gründen**[21] ist nur ganz ausnahmsweise denkbar, 22 soweit der Beitragsbeschluss der Kammerversammlung dem nicht entgegensteht. Ein solcher Erlass kann sich nur auf den Beitragsteil beziehen, der der NotK selbst zufließt, nicht auf die „durchlaufenden Posten" (→ Rn. 16), die von der NotK für das betreffende Mitglied verauslagt werden müssen. In den Ausnahmefällen, die für einen Erlass in Frage kommen, ist der Gedanke einer Solidargemeinschaft der Kammermitglieder zu berücksichtigen.

Allerdings ist auch § 50 Abs. 1 Nr. 8 zu beachten, wonach die **Gefährdung wirt-** 23 **schaftlicher Verhältnisse,** die im Interesse der Rechtsuchenden zur Amtsenthebung führen muss, auch eine entsprechende vorläufige Maßnahme nach § 54 Abs. 1 Nr. 2 zur Folge haben kann. Soweit ein Kammermitglied seiner Beitragspflicht nachhaltig nicht nachkommen kann, wird dieser Gesichtspunkt zu erwägen sein.

C. Einziehung der Beiträge

I. Die Anforderung

Nach dem Beschluss der Kammerversammlung gem. § 71 Abs. 4 Nr. 3 ergeht eine 24 Anforderung des Beitrages durch die NotK. Dies kann durch **gesonderten Bescheid** gegenüber den Mitgliedern geschehen, aber auch durch Veröffentlichung des Beschlusses der Kammerversammlung über Beitragshöhe und -fälligkeit in dem üblichen Mitteilungsblatt der NotK.

Diese Anforderung ist ein belastender Verwaltungsakt der NotK. Sie kann daher gem. 25 § 111 durch Antrag auf gerichtliche Entscheidung angefochten werden.[22]

II. Zwangseinziehung

Hat das Mitglied den Beitrag bei Fälligkeit nicht bezahlt, ist der Beitrag rückständig 26 geworden. Der Präsident der NotK kann nunmehr aufgrund einer von ihm ausgestellten Zahlungsaufforderung **die Bescheinigung der Vollstreckbarkeit** erteilen, diese mit dem Dienstsiegel der NotK versehen und damit die Zwangsvollstreckung gegen das Mitglied betreiben (§ 73 Abs. 2). Die Vollstreckungsklausel geht inhaltlich dahin, dass die Ausfertigung der Zahlungsaufforderung zum Zwecke der Zwangsvollstreckung erteilt wird.[23]

Dabei sind die Vorschriften über die **Vollstreckung von Urteilen** in zivilrechtlichen 27 Streitigkeiten anzuwenden (§ 73 Abs. 2).[24] Es ist also die vollstreckbare Zahlungsaufforde-

---

[21] Dazu BeckOK BNotO/*von Stralendorff* BNotO § 73 Rn. 18, der die Freistellung vom Beitrag unter bestimmten Umständen zulassen will; aM Arndt/Lerch/Sandkühler/*Lerch* BNotO § 73 Rn. 4, der einen Erlass bei einzelnen Notaren für grundsätzlich unzulässig hält.
[22] *Rinne* ZNotP 2002, 326 (332) unter Hinweis auf BGH 18.3.2002 – NotZ 23/01.
[23] Arndt/Lerch/Sandkühler/*Lerch* BNotO § 73 Rn. 10; BeckOK BNotO/*von Stralendorff* BNotO § 73 Rn. 20.
[24] Dazu Diehn/*Schwipps* BNotO § 73 Rn. 15, wonach der Verweis auf die ZPO systemwidrig ist.

rung dem Schuldner durch den Gerichtsvollzieher zuzustellen (§ 170 ZPO). Zugleich kann der Gerichtsvollzieher mit der Vollstreckung beginnen (§ 750 ZPO).

28   Eine **Wartefrist** wie zB in § 798 ZPO **ist gesetzlich nicht vorgesehen,** daher auch nicht einzuhalten. Für die Zwangsvollstreckung im Einzelnen gelten die Bestimmungen des 8. Buches der ZPO (§§ 804 bis 915b).

29   Auch die vollstreckbare Zahlungsaufforderung ist ein **Verwaltungsakt gegenüber dem Kammermitglied** und kann daher ebenfalls nach § 111 angefochten werden (→ Rn. 25). Ist die vorangehende, an den Notar gerichtete Zahlungsaufforderung schon unanfechtbar geworden, so kann die Anfechtung allerdings nur noch darauf gestützt werden, dass die Vollstreckbarkeitserklärung rechtswidrig gewesen sei.[25]

30   Die Behauptung des Mitglieds, dass zwischenzeitlich die Beitragsforderung durch Zahlung erloschen sei, ist erforderlichenfalls durch Vollstreckungsabwehrklage nach § 767 ZPO geltend zu machen.[26]

D. Gebühren und Auslagen

31   Abs. 3 BNotO-2022 bietet die Grundlage für die Beteiligung des Notars an den für die Verwahrung von Akten und Verzeichnissen bei der NotK anfallenden Kosten durch Gebühren und Auslagen. Durch die Erhebung einer Gebühr kann die NotK den Notar angemessen an den Kosten für den Fall der konkreten Inanspruchnahme der von der NotK errichteten und bereitgestellten Infrastruktur beteiligen – nämlich je nach Menge der von ihm bei der NotK verwahrten Unterlagen.[27]

§ 74 [Auskunfts-, Vorlage- und Vorladerecht]

(1) ¹Die Notarkammer kann in Ausübung ihrer Befugnisse von den Notaren und Notarassessoren Auskünfte, die Vorlage von [bis 31.12.2021: Büchern und Akten] *[ab 1.1.2022: Akten und Verzeichnissen]* sowie das persönliche Erscheinen vor den zuständigen Organen der Notarkammer verlangen. ²Die Notarkammer ist befugt, hierdurch erlangte Kenntnisse an die Einrichtungen nach § 67 Abs. 4 weiterzugeben, soweit diese von den Einrichtungen für die Erfüllung ihrer Aufgaben benötigt werden.

(2) ¹Die Notarkammer kann zur Erzwingung der den Notaren oder Notarassessoren nach Absatz 1 obliegenden Pflichten nach vorheriger schriftlicher Androhung, auch zu wiederholten Malen, Zwangsgeld festsetzen. ²Das einzelne Zwangsgeld darf eintausend Euro nicht übersteigen. ³Das Zwangsgeld fließt der Notarkammer zu; es wird wie ein rückständiger Beitrag beigetrieben.

A. Bedeutung der Norm

1   Für die **Ausübung des Aufsichtsrechts** der NotK aus § 67 Abs. 1 S. 2 ist es erforderlich, der NotK die Möglichkeit zu Ermittlungen des Sachverhalts zu geben. § 74 räumt ihr deshalb Befugnisse ein, die auf **Auskunftserteilung** und Pflicht zum **Erscheinen** der Notare gerichtet sind. Im Grundsatz ist diese Verpflichtung ähnlich wie bei Ermittlungen der Landesjustizverwaltung ausgestaltet (§§ 92, 64a Abs. 2).

---

[25] BeckOK BNotO/*von Stralendorff* BNotO § 73 Rn. 23; Diehn/*Schwipps* BNotO § 73 Rn. 18.
[26] BeckOK BNotO/*von Stralendorff* BNotO § 73 Rn. 23.
[27] BT-Drs. 18/10607, 65.

B. Inhalt der Befugnisse

I. Abgrenzung und Schweigepflicht

Auskünfte kann die NotK nur in **Ausübung ihrer Befugnisse** verlangen, also im Rahmen ihrer Aufgaben aus § 67. Diese umfassen zunächst alle die Berufstätigkeit der Notare betreffenden Angelegenheiten. Soweit auch außerberufliche Vorgänge einbezogen werden, weil Ehre und Ansehen der Mitglieder berührt sind (arg. § 67 Abs. 2 S. 1), erstreckt sich die Auskunftspflicht auch hierauf.

Der Notar kann sich demgegenüber **nicht** auf seine **Pflicht zur Verschwiegenheit** berufen. Diese Pflicht gilt gem. § 18 Abs. 1 S. 2 nur, soweit nichts anderes bestimmt ist. Die Verpflichtung zur Auskunft gegenüber der Dienstaufsicht wie gegenüber der NotK stellt eine solche ausdrückliche Durchbrechung der Schweigepflicht dar. Hinsichtlich des Vorstands und der Angestellten der NotK tritt deren eigene Schweigepflicht aus § 69a an ihre Stelle.[1]

Die Rechtslage ist deutlich **anders als in der BRAO**: § 56 Abs. 1 S. 2 gibt ausdrücklich ein Recht zur Zeugnisverweigerung, falls der Rechtsanwalt sonst seine Schweigepflicht verletzen würde. Allerdings wird diese Regelung restriktiv ausgelegt, um das Auskunftsrecht der Rechtsanwaltskammer möglichst zu wahren.[2] Der Unterschied zwischen den beiden Gesetzen findet seine Begründung in der stärkeren öffentlich-rechtlichen Bindung des Notars und seiner Unterstellung unter die Dienstaufsicht.

Die NotK ist gem. § 74 Abs. 2 S. 2 auch befugt, ihre Erkenntnisse **an den Vertrauensschadensfonds** des § 67 Abs. 4 Nr. 3 weiterzugeben, soweit sie dort zur Erfüllung von dessen Aufgaben benötigt werden. Dies ist praktisch bei allen unter Vertrauensschäden fallenden Vorgängen der Fall. Die NotK führt teilweise durch ihre Schadensbeauftragten die Ermittlungen[3] und muss deren Ergebnisse dem Fonds mitteilen, um ihm entsprechende Maßnahmen und Entscheidungen zu ermöglichen.

II. Die einzelnen Befugnisse

Die NotK kann von den Notaren **Auskünfte verlangen.** Die Fragestellung des Vorstands bestimmt den Umfang der zu erteilenden Antwort. Dabei genügt es, wenn eine Beschwerde dem Notar mit der Aufforderung zugestellt wird, dazu eine **Stellungnahme** abzugeben.[4] Konkrete Fragen der NotK müssen auch konkret beantwortet werden.

Das Auskunftsrecht besteht aber auch dann, wenn die NotK Kenntnis erlangt darüber, dass ein Notar/Notarassessor eine gegen Berufsrecht verstoßende Maßnahme vorzunehmen beabsichtigt. Das Auskunftsrecht besteht mithin sowohl in **präventiver** als auch in **repressiver** Hinsicht.[5] Der Anspruch der NotK gegenüber dem Notar/Notarassessor ist jedoch auf Auskunft beschränkt. Zur Abgabe einer eidesstattlichen Versicherung analog § 260 Abs. 2 BGB ist der Notar nicht verpflichtet.[6]

Die NotK kann weiterhin die **Vorlage von Büchern und Akten** verlangen, soweit diese im Zusammenhang ihrer Ermittlungen stehen. Der Notar genügt der Vorlagepflicht entweder durch Übersendung oder durch Überbringung der angeforderten Unterlagen. Unter „Büchern" sind vor allem die spezifisch dem Notar obliegenden Verzeichnisse wie Urkundenrolle, Massebuch und Verwahrungsbuch zu verstehen, seien sie in herkömmlicher Art oder in Form von Dateien geführt.

---

[1] BeckOK BNotO/*von Stralendorff* BNotO § 74 Rn. 9.
[2] Dazu Henssler/Prütting/*Hartung* BRAO § 56 Rn. 22 f. mwN.
[3] Das wird zwischen Fonds und Notar vereinbart, sodass die NotK in solchen Fällen unmittelbar ermittelt.
[4] Diehn/*Schwipps* BNotO § 74 Rn. 2.
[5] Diehn/*Schwipps* BNotO § 74 Rn 2.
[6] Arndt/Lerch/Sandkühler/*Lerch* BNotO § 74 Rn. 4.

9 „**Akten**" sind einerseits die von ihm verwahrten Urkunden selbst, da die unterschiedliche Formulierung in § 93 Abs. 2 nicht ausreicht, um Urkunden aus dem Begriff der Akten in § 74 Abs. 1 S. 1 herauszunehmen. Andererseits fallen darunter die sog. **Nebenakten**, die der Notar üblicherweise als Blattsammlung für die mit der Beurkundung in Zusammenhang stehenden Schriftstücke führt.

9a „**Akten und Verzeichnisse**" iSv Abs. 1 S. 1 BNotO-2022 ist der Neuordnung der notariellen Aktenführung geschuldet. Künftig hat der Notar keine Bücher mehr zu führen.[7]

10 Schließlich kann die NotK das **persönliche Erscheinen** des Notars verlangen. Der Notar hat in diesem Fall – mangels einer einvernehmlichen Absprache – zu einem von der NotK anzuberaumenden Termin in Person zu erscheinen und dort die verlangten Auskünfte und Erläuterungen zu geben.

11 Die **Notarkassen** können im Rahmen ihrer Befugnisse nach § 113 Abs. 18 die gleichen Auskunfts- und Vorlagenrechte geltend machen, das persönliche Erscheinen verlangen und die Erfüllung dieser Pflichten in gleicher Weise wie die NotK erzwingen (→ Rn. 12 ff.).

C. Verfahren

I. Anordnung der NotK

12 Das Verlangen der NotK erfolgt durch den **Vorstand** (§ 69 Abs. 1 S. 2) oder, an dessen Stelle, durch die zuständige **Abteilung** (§ 69b Abs. 5). Soweit die Satzung oder ein Beschluss des Vorstands die Ermächtigung dazu enthalten, kann auch der **Präsident** das Verlangen stellen (§ 70 Abs. 4; → § 70 Rn. 12 ff.).

13 Eine entsprechende Aufforderung an den Notar kann durch die **Geschäftsführung** der Kammer erfolgen, soweit diese allgemein oder im Einzelfall von einem der Organe (→ Rn. 12) dazu ermächtigt ist. Für die Aufforderung genügt stets das Verlangen auf Auskunft oder Stellungnahme, soweit der Gegenstand hinlänglich bezeichnet ist. Ein besonderer, mit Gründen versehener Beschluss ist nicht erforderlich.

14 Das persönliche Erscheinen hat **vor dem zuständigen Organ** zu erfolgen, demnach vor dem Vorstand, der Abteilung oder dem Präsidenten (→ Rn. 12).

II. Durchsetzung

15 Die Erfüllung der Pflichten des § 74 kann die NotK durch **Androhung und** notfalls **Festsetzung von Zwangsgeld** erzwingen (§ 74 Abs. 2). Das Zwangsgeld kann zu wiederholten Malen festgesetzt werden und darf im Einzelfall 1.000 EUR nicht übersteigen. Es ist wie ein rückständiger Beitrag durch vollstreckbare Ausfertigung des Beschlusses über dessen Festsetzung beizutreiben und fließt der NotK zu (Abs. 2 S. 3).

16 Sowohl die Anordnung nach § 74 als auch die Festsetzung des Zwangsgelds können als **Verwaltungsakte der NotK** durch das Kammermitglied im Wege eines Antrags auf gerichtliche Entscheidung (§ 111) angefochten werden.

§ 75 [Ermahnung]

(1) **Die Notarkammer ist befugt, Notaren und Notarassessoren bei ordnungswidrigem Verhalten leichterer Art eine Ermahnung auszusprechen.**

(2) [1]**Bevor die Ermahnung ausgesprochen wird, ist der Notar oder Notarassessor zu hören.** [2]**Eine Ermahnung darf nicht mehr ausgesprochen werden, wenn seit dem ordnungswidrigen Verhalten mehr als fünf Jahre verstrichen sind.**

---

[7] BT-Drs. 18/10607, 65 iVm 63.

(3) ¹Die Ermahnung ist zu begründen. ²Sie ist dem Notar oder Notarassessor zuzustellen. ³Eine Abschrift des Bescheides ist der Aufsichtsbehörde mitzuteilen.

(4) ¹Gegen den Bescheid kann der Notar oder Notarassessor innerhalb eines Monats nach der Zustellung schriftlich bei dem Vorstand der Notarkammer Einspruch einlegen. ²Über den Einspruch entscheidet der Vorstand; Absatz 3 gilt entsprechend.

(5) ¹Wird der Einspruch gegen die Ermahnung durch den Vorstand der Notarkammer zurückgewiesen, kann der Notar oder Notarassessor die Entscheidung des Oberlandesgerichts als Disziplinargericht für Notare beantragen. ²Der Antrag ist innerhalb eines Monats nach Zustellung der Entscheidung über den Einspruch schriftlich einzureichen und zu begründen. ³Das Oberlandesgericht entscheidet endgültig durch Beschluß. ⁴Auf das Verfahren des Gerichts sind im Übrigen die Vorschriften des Bundesdisziplinargesetzes über das Disziplinarverfahren vor dem Verwaltungsgericht entsprechend anzuwenden. ⁵Soweit nach diesen Vorschriften die Kosten des Verfahrens dem Dienstherrn zur Last fallen, tritt an dessen Stelle die Notarkammer.

(6) ¹Die Ermahnung durch die Notarkammer läßt das Recht der Aufsichtsbehörde zu Maßnahmen nach § 94 oder im Disziplinarwege unberührt. ²Macht die Aufsichtsbehörde von diesem Recht Gebrauch, erlischt die Befugnis der Notarkammer; eine bereits ausgesprochene Ermahnung wird unwirksam. ³Hat jedoch das Oberlandesgericht die Ermahnung aufgehoben, weil es ein ordnungswidriges Verhalten nicht festgestellt hat, ist die Ausübung der Aufsichts- und Disziplinarbefugnis wegen desselben Verhaltens nur auf Grund solcher Tatsachen oder Beweismittel zulässig, die dem Gericht bei seiner Entscheidung nicht bekannt waren.

A. Normzweck

Die Vorschrift hat eine Filterfunktion. Die Notarkammer soll mit dem kammerinternen Ermahnungsverfahren die Justizverwaltung und die Gerichte entlasten. Bei leichteren Verstößen soll die Ermahnung durch die Notarkammer als nicht disziplinäre Maßnahme genügen. Reicht die Ermahnung nach Ansicht der Notarkammer aus, um den Notar oder Notarassessor nachhaltig zu einer ordnungsgemäßen Amtsausübung anzuhalten, so soll von ihr Gebrauch gemacht werden. Durch diese „standesinterne" Maßnahme sollen der Justizverwaltung bei allen geringfügigen Verstößen aufwendige Verfahren erspart bleiben. 1

B. Regelungsinhalt

I. Ermahnung (Abs. 1)

1. Zuständigkeit. Über die Ermahnung entscheidet der Vorstand der Notarkammer. Die Ermahnung wird im Namen der zuständigen Notarkammer durch deren Präsidenten ausgesprochen. Die Befugnis, eine Ermahnung auszusprechen, erlischt, sobald die Landesjustizverwaltung ein förmliches Disziplinarverfahren eingeleitet oder gem. § 98 eine Disziplinarverfügung oder eine Missbilligung (§ 94) ausgesprochen hat. 2

Bei einem ordnungswidrigem Verhalten leichterer Art – insbesondere in Erstfällen – sollte die Justizverwaltung daher stets zunächst prüfen, ob sie den Vorgang nicht der Notarkammer überlässt, um ein Ermahnungsverfahren einzuleiten,[1] damit für die Staatskasse die mit dem verbundenen Aufwand eines Disziplinarermittlungsverfahrens verbundenen Kosten gering gehalten werden. Wegen der übergeordneten Zuständigkeit der Disziplinarbehörde und der Berichtspflicht der Notarkammer hat die Aufsichtsbehörde aber jederzeit das Recht und die Möglichkeit die Angelegenheit an sich zu ziehen, um selbst zu ermitteln. Dies gilt insbesondere, wenn sich aus dem Bescheid der Notarkammer Hinweise auf schwerwiegende Verstöße ergeben, wobei die Notarkammer bei schwerwiegenden 2a

---

[1] Ähnlich Diehn/*Schwipps* BNotO § 75 Rn. 5.

Verstößen ohnehin verpflichtet ist, den Vorgang an die Aufsichtsbehörde abzugeben, da ihre Zuständigkeit auf ordnungswidriges Verhalten leichterer Art begrenzt ist.

3 2. **Anwendungsbereich.** Eine Ermahnung darf nur bei **rechtswidrigen und schuldhaften Verstößen leichterer Art** gegen das notarielle Amts- und Berufsrecht ausgesprochen werden.[2] Eine **mildere Form,** den Notar (Notarassessor) auf ein Fehlverhalten leichterer Art, also bei geringfügigen Verstößen gegen Amts- und Dienstpflichten, hinzuweisen, ist die **Belehrung** des Notars durch die Notarkammer. Ein „notarielles Rügeverfahren" der Notarkammer sieht das Gesetz im Gegensatz zum Rügerecht der Rechtsanwaltskammer nicht vor.[3] Die Notarkammer kann jedoch rechtliche Hinweise, verschärft in der Form individueller Belehrungen, erteilen, deren Nichtbeachtung für den Notar haftungs- und disziplinarrechtliche Folgen haben können. Die – nicht disziplinarrechtliche – Belehrung besteht in der informellen Mitteilung der Notarkammer, dass sie die Rechtsansicht des Notars (Notarassessors) nicht teile und sein Verhalten als rechtswidrig ansehe. Bei schwerwiegenden Verstößen, also bei vorsätzlichen Verletzungen von Amtspflichten, hat die Notarkammer den Vorgang an die staatliche Aufsichtsbehörde zur Einleitung eines Missbilligungs- oder Disziplinarverfahrens (§§ 92 ff.) weiterzuleiten. Eine vom Notar nicht veranlasste und nicht geförderte Drittwerbung stellt keinen Verstoß gegen notarielle Amtspflichten dar.[4]

4 3. **Rechtscharakter.** Die Ermahnung ist keine Disziplinarmaßnahme. Sie hat aber größeres Gewicht als Belehrungen oder Beanstandungen der Notarkammer, weil die letzteren nur den Charakter objektiver Feststellungen der Notarkammer[5] über ein ordnungswidriges Verhalten des Notars (Notarassessors) haben.

4a Da die Ermahnung ein rechtsmittelfähiger Verwaltungsakt ist, muss ein Sachverhalt vorliegen, der ein rechtswidriges und schuldhaftes Verhalten des Notars begründet.[6] Im Unterschied zur Missbilligung (§ 94), die auch noch keine Disziplinarmaßnahme ist, wird die Ermahnung nicht in der Personalakte vermerkt. Gleichwohl ist schon die Ermahnung rechtsmittelfähig (→ Rn. 13).

II. Voraussetzungen (Abs. 1)

5 Die Ermahnung setzt tatbestandlich voraus, dass der Notar (Notarassessor) sich schuldhaft rechtswidrig verhalten hat. Es muss sich um einen Verstoß gegen Amts- oder Dienstpflichten leichterer Art handeln. Dieser Verstoß darf nicht länger als fünf Jahre zurückliegen.

III. Rechtliches Gehör (Abs. 2 S. 1)

6 Dem beschuldigten Notar (Notarassessor) ist rechtliches Gehör gem. Art. 103 GG zu gewähren.[7] Die Anhörung kann schriftlich oder mündlich erfolgen. Eine mündliche Anhörung ist nur zulässig und verfahrensrechtlich wirksam, wenn sie vor allen Vorstandsmitgliedern und/oder den für Personalentscheidungen zuständigen Mitgliedern des Ausschusses für Personal- und Standesangelegenheiten[8] der Notarkammer erfolgt, die jeweils

---

[2] Einzelfälle für Ermahnungen: Verletzung der Mitwirkungsverbote gem. § 3 Abs. 1: OLG Celle – Not 23/10, BeckRS 2013, 01126; OLG Schleswig – Not 4/06, BeckRS 2007, 05918; OLG Celle RNotZ 2005, 300; Verstoß gegen das Verbot der unerlaubten Werbung: OLG Celle – Not 17/98, BeckRS 2014, 12564; unterbliebene Belehrung über ungesicherte Vorleistung: KG RNotZ 2016, 336.
[3] BGH DNotZ 2014, 870.
[4] OLG Zweibrücken NJW-RR 2016, 1527.
[5] Schippel/Bracker/*Püls* BNotO § 75 Rn. 4.
[6] Nicht ausreichend ist zB, dass der Notar seine aus § 14 Abs. 6 folgende Amtspflicht zur Fortbildung nicht nachgewiesen hat, wenn die Notarkammer die Art seiner Fortbildung nicht aufgeklärt hat; OLG Celle BeckRS 2012, 00103.
[7] *Waldner,* Der Anspruch auf rechtliches Gehör, 1989, Rn. 186.
[8] So zB die Bezeichnung des zuständigen Organs der Rheinischen Notarkammer.

IV. Verjährung (Abs. 2 S. 2)

Nach Ablauf von **fünf Jahren** kann ein ordnungswidriges Verhalten des Notars (Notarassessors) nicht mehr mit der Ermahnung geahndet werden. Die Fünf-Jahresfrist der Verjährung beginnt mit der Beendigung der tatbestandsmäßigen Handlung, die Gegenstand der Ermahnung ist.

V. Form/Begründung (Abs. 3 S. 1)

Die Ermahnung hat schriftlich durch Bescheid (Abs. 4 S. 2) zu erfolgen und ist als belastender Verwaltungsakt zu begründen. Die Begründung der Ermahnung ist Wirksamkeitsvoraussetzung,[9] weil zur gerichtlichen Kontrolle des beschwerdefähigen Verwaltungsakts objektiv nachprüfbar sein muss, ob die Notarkammer ihrer Entscheidung die richtigen Tatsachen zugrundegelegt hat. Die Begründung dient als Grundlage im Einspruchsverfahren nach Abs. 4 und beim Prüfungsrecht der Aufsichtsbehörde. Der Inhalt der Begründung muss daher den tragenden Sachverhalt und die wichtigsten Wertungstopoi wiedergeben, die zur Entscheidung über die Ermahnung geführt haben.[10]

VI. Zustellung (Abs. 3 S. 2)

Die Zustellung der Ermahnung erfordert die **förmliche Übergabe der schriftlich begründeten Entscheidung** mit Zustellungsnachweis. Eine förmliche Zustellung nach § 190 ZPO ist nicht vorgeschrieben. Beweispflichtig für die Zustellung ist die Notarkammer. §§ 166 ff. ZPO sind auf das Zustellungsverfahren entsprechend anwendbar.

VII. Information der Aufsichtsbehörde (Abs. 3 S. 3)

Um der Aufsichtsbehörde die Ausübung ihres Prüfungsrechts zu ermöglichen, auch ob es sich bei dem beanstandeten Sachverhalt nur um ein ordnungswidriges Verhalten leichterer Art oder ein mindestens grob fahrlässiges oder sogar vorsätzliches Verhalten handelt, das die Einleitung eines disziplinarrechtlichen Verfahrens rechtfertigen könnte, **muss der Aufsichtsbehörde eine Abschrift des Ermahnungsbescheids übersandt werden.**

VIII. Einspruch des Notars (Notarassessors) (Abs. 4)

Dem ermahnten Notar (Notarassessor) steht gegen den belastenden Verwaltungsakt der Rechtsbehelf des Einspruchs zu. Der Einspruch muss innerhalb eines Monats nach Zustellung der Ermahnung schriftlich eingelegt werden. Da das Gesetz für den Einspruch die Schriftform vorschreibt, ist mindestens die fernschriftliche Form (Telefax)[11] erforderlich. Der Einspruch muss **nicht begründet** werden. Eine schriftliche Begründung ist jedoch zu empfehlen, weil das Gesetz keine weitere Anhörung vorsieht.

Über den Einspruch entscheidet der Vorstand der Notarkammer (Abs. 4 S. 2). Eine nochmalige Anhörung des Notars ist nicht vorgesehen, ist aber dann zu empfehlen, wenn neue Tatsachen bekannt werden, die im ersten Anhörungstermin nicht verwertet werden konnten. Die Entscheidung des Vorstands über den Einspruch ist zu begründen, dem Notar (Notarassessor) zuzustellen und als Abschrift der Aufsichtsbehörde zu übersenden, da Abs. 4 S. 2 insoweit auf Abs. 3 verweist.

---

[9] BVerfGE 47, 189; 54, 46; 58, 357.
[10] Schippel/Bracker/*Püls* BNotO § 75 Rn. 7.
[11] Ein Telegramm oder eine E-Mail entspricht nicht dem Schriftformerfordernis (aA Schippel/Bracker/*Püls* BNotO § 75 Rn. 10), wohl aber ein Telefax.

IX. Gerichtliche Entscheidung (Abs. 5)

13 Der Betroffene kann nach Zustellung der Zurückweisung innerhalb eines Monats (Abs. 5 S. 2) Antrag auf gerichtliche Entscheidung beim zuständigen **Oberlandesgericht** – Notarsenat – stellen (Abs. 5 S. 1). Zur Fristwahrung ist das Eingangsdatum beim Oberlandesgericht maßgebend. Nach Abs. 5 S. 2 ist der Antrag **schriftlich** einzureichen und **zu begründen,**[12] wobei Umfang und Qualität der Begründung keinen Einfluss auf die Zulässigkeit des Antrags haben.[13] Fehlt eine Begründung, ist der Antrag als unzulässig abzuweisen.[14]

14 Der Notarkammer ist vor der Entscheidung Gelegenheit zur Stellungnahme zu geben. Eine mündliche Verhandlung sieht das Gesetz nicht zwingend vor, sie sollte aber aus rechtsstaatlichen Gründen erfolgen.

15 Auf das Gerichtsverfahren vor dem Oberlandesgericht sind die Vorschriften des Bundesdisziplinargesetzes über das Disziplinarverfahren vor dem Verwaltungsgericht entsprechend anzuwenden (Abs. 5 S. 4). Damit finden die für Disziplinarsachen geltenden Verfahrensvorschriften auch auf die gerichtliche Überprüfung von Ermahnungen der Notare (Notarassessoren) Anwendung, obwohl es sich nicht um Disziplinarmaßnahmen handelt. Dadurch sollen einheitliche Verfahrensbestimmungen in allen Notarsachen gewährleistet sein.[15]

16 Das Oberlandesgericht entscheidet durch Beschluss endgültig (Abs. 5 S. 3). Ein weiteres Rechtsmittel zum BGH ist ausgeschlossen. Die „Verkürzung" des Rechtswegs ist prozessökonomisch gerechtfertigt, weil es sich bei der Ermahnung nicht um eine Disziplinarmaßnahme handelt, die sogar noch unter der Schwelle der Missbilligung liegt, welche ebenfalls noch keine Disziplinarmaßnahme ist, und weil die Ermahnung im Unterschied zur Missbilligung nicht in der Personalakte vermerkt wird. Obsiegt der Notar (Notarassessor), sind die Kosten des Verfahrens der Notarkammer aufzuerlegen (Abs. 5 S. 5).

X. Disziplinarrecht der Aufsichtsbehörde (Abs. 6)

17 Die Aufsichtsbehörde kann trotz einer Ermahnung eigene **Disziplinarmaßnahmen** einleiten (Abs. 6 S. 1), insbesondere wenn der ermittelte Sachverhalt und die Begründung im Bescheid der Notarkammer Anhaltspunkte dafür bieten, von einem mindestens grob fahrlässigen oder sogar vorsätzlich ordnungswidrigen Verhalten auszugehen. Eine ausgesprochene Ermahnung der Notarkammer wird rückwirkend unwirksam (Abs. 6 S. 2 Hs. 2), wenn die Justizverwaltung eine Maßnahme nach § 94 (Missbilligung) oder eine Disziplinarmaßnahme (§ 97) ergreift.[16] Dies gilt nach dem eindeutigen Wortlaut auch, wenn die Justizverwaltung nur eine Missbilligung nach § 94 ausspricht, obwohl diese ebenfalls keine Disziplinarmaßnahme ist, so dass beide nicht disziplinarrechtlichen Maßnahmen nicht nebeneinander erlassen werden dürfen. Die Zuständigkeit der Notarkammer für Kontroll- und Disziplinarmaßnahmen erlischt, wenn die Aufsichtsbehörde von ihrem Disziplinarrecht Gebrauch macht oder eine Missbilligung nach § 94 ausspricht (Abs. 6 S. 2 Hs. 1).

---

[12] OLG Celle ZNotP 1998, 164: Ohne Begründung ist der Antrag unzulässig.
[13] OLG Celle – Not 15/11, BeckRS 2012, 00103.
[14] Arndt/Lerch/Sandkühler/*Lerch* BNotO § 75 Rn. 8; aA aber BeckOK BNotO/*von Stralendorff* BNotO § 75 Rn. 12 wie zuvor Schippel/Bracker/*Püls* BNotO § 75 Rn. 12, der wie zuvor schon Schippel/*Kanzleiter*, 5. Aufl., BNotO § 75 Rn. 12, mit identischer Argumentation verfassungsrechtliche Bedenken gegen den „Begründungszwang" erhebt. Die Ausführungen Kanzleiters erscheinen wenig überzeugend, weil der Rechtsstaat dem offenkundigen Missbrauch von Rechtsmitteln – auch wenn sie sich nicht gegen Disziplinarmaßnahmen richten – mit einem „Begründungszwang" faktisch begegnen darf, indem er unbegründete Rechtsmittel nicht zur Entscheidung der Gerichte annimmt. Allerdings muss zulässig sein, dass der Antrag zunächst ohne Begründung eingereicht wird mit der Ankündigung des Antragstellers, die Begründung innerhalb einer vom Gericht zu setzenden Frist nachzureichen.
[15] BT-Drs. 16/12062, 8.
[16] Arndt/Lerch/Sandkühler/*Lerch* BNotO § 75 Rn. 10.

Hat der Notarsenat des Oberlandesgerichts eine ausgesprochene **Ermahnung aufgehoben,** weil ein ordnungswidriges Verhalten nicht festgestellt werden konnte, ist die Justizverwaltung auch im Disziplinarverfahren an diese Entscheidung gebunden, sofern nicht neue Beweismittel oder Tatsachen bekannt werden, die das Gericht nicht zur Grundlage seiner Entscheidung machen konnte (Abs. 6. S. 3). 18

2. Abschnitt. Bundesnotarkammer

§ 76 [Bildung; Sitz]

(1) **Die Notarkammern werden zu einer Bundesnotarkammer zusammengeschlossen.**

(2) **Der Sitz der Bundesnotarkammer wird durch ihre Satzung bestimmt.**

A. Überblick

§ 76 stellt die **Grundlage für das Bestehen der BNotK** dar. Abs. 1 regelt die Struktur als Dachverband der Notarkammern, die gesetzliche Mitglieder der BNotK sind. Abs. 2 legt fest, dass der Sitz durch die Satzung bestimmt wird. 1

Die Vorschrift entspricht der Regelung zur Bundesrechtsanwaltskammer (§ 175 BRAO). Vergleichbar sind auch die entsprechenden Vorschriften zur Bundessteuerberaterkammer (§ 85 Abs. 1, Abs. 2 S. 2 StBerG).[1] 2

B. Entstehungsgeschichte

Vor Inkrafttreten der Reichsnotarordnung bestanden nur in den Ländern Bayern, Hamburg und Hessen örtliche Notarkammern. Die Vertretung der Interessen der Notare wurde im Übrigen von freiwillig gebildeten, privatrechtlichen Notarvereinen wahrgenommen. Nachdem im Zuge der Zentralisierung der Justiz 1934 zur Förderung des Notarwesens bereits eine Reichsnotarkammer als Anstalt des öffentlichen Rechts eingerichtet worden war, schuf die Reichsnotarordnung vom 13.2.1937 die **Reichsnotarkammer** als Körperschaft des öffentlichen Rechts. Mitglieder der Reichsnotarkammer waren sämtliche Notare des Reichsgebiets. Die in den einzelnen OLG-Bezirken eingerichteten örtlichen Notarkammern stellten lediglich unselbstständige Untergliederungen dar.[2] 3

Nach dem Zusammenbruch des Deutschen Reichs fand die Entwicklung der notariellen Berufsorganisationen in der Bundesrepublik zunächst auf der Ebene der Oberlandesgerichte und Länder statt. 1949 schlossen sich die Verbände des hauptberuflichen Notariats zur **„Gemeinschaft des Deutschen Notariats"** mit Sitz in Köln zusammen, der sich in der Folge auch alle übrigen Berufsorganisationen anschlossen.[3] Mit Wirkung zum 1.4.1961 wurde schließlich zur Repräsentation der Gesamtheit der Notare und der Förderung der fachlichen Zusammenarbeit der Notare untereinander und der Notare mit den Behörden des Bundes[4] die **Bundesnotarkammer (BNotK)** errichtet, die sich am 16.10.1961 in ihrer ersten Vertreterversammlung konstituiert und eine Satzung gegeben hat.[5] Obwohl die 4

---

[1] Diehn/*Diehn* BNotO § 76 Rn. 1.
[2] Eingehend zur Entwicklung BeckOK BNotO/*Görk* BNotO § 76 Rn. 1 ff.
[3] BeckOK BNotO/*Görk* BNotO § 76 Rn. 5.
[4] Vgl. BT-Drs. 3/219, 32.
[5] Arndt/Lerch/Sandkühler/*Sandkühler* BNotO § 76 Rn. 1.

BNotO im Beitrittsgebiet erst am 8.9.1998 in Kraft getreten ist,[6] gehören die Notarkammern der neuen Länder bereits seit dem 3.10.1990 der BNotK an.[7]

C. Erläuterungen

I. Zusammenschluss der Notarkammern

5 Abs. 1 ordnet den Zusammenschluss der Notarkammern zur BNotK an. Die BNotK ist damit eine **Verbandskörperschaft des öffentlichen Rechts** (§ 77 Abs. 1) mit den 21 deutschen **Notarkammern als Mitgliedsverbänden.** Die Mitgliedschaft der Notarkammern ist gesetzlich festgelegt; die Notarkammern können somit weder aus der BNotK austreten noch aus ihr ausgeschlossen werden.[8]

6 Die den Notarkammern zugehörigen Notare (§ 65 Abs. 1 S. 1) sind dagegen weder unmittelbare noch mittelbare Mitglieder der BNotK.[9]

II. Verhältnis zwischen BNotK und NotK

7 Der BNotK kommt insbesondere die Aufgabe zu, in **Angelegenheiten, die die Gesamtheit der Notarkammern betreffen,** tätig zu werden (→ § 78 Rn. 5, 8, 13). Sie ist den Notarkammern aber **nicht übergeordnet** und hat ihnen gegenüber weder Aufsichts- noch Weisungsrechte. In den Wirkungskreis einer Notarkammer darf sie weder unmittelbar noch mittelbar eingreifen. Sofern eine Angelegenheiten keine Bedeutung für die Gesamtheit der Notarkammern hat, darf sie grundsätzlich nicht ohne Beteiligung der (jeweiligen) Notarkammer(n) tätig werden.[10] Nach § 90 stehen der BNotK jedoch Auskunftsrechte gegenüber den Notarkammern zu: Zur Erfüllung der ihr durch Gesetz oder Satzung zugewiesenen Aufgaben ist sie befugt, von den Notarkammern Berichte und Gutachten einzufordern.

8 Da der Zusammenschluss der Notarkammern zur BNotK dem gemeinsamen Ziel der Wahrung der berufsrechtlichen Belange des Notarstands auf nationaler und internationaler Ebene dient, sind die **Notarkammern der BNotK gegenüber zur Loyalität verpflichtet.**[11] Ordnungsgemäß gefasste Beschlüsse der BNotK haben die Notarkammer zu beachten und umzusetzen und Äußerungen zu unterlassen, die dazu im Widerspruch stehen. Dies gilt auch für Notarkammern, die selbst gegen den entsprechenden Beschluss gestimmt haben.[12] Ist mit einem zukünftigen Beschluss der BNotK zu rechnen, haben die Notarkammern bereits vor der Beschlussfassung Äußerungen – zB gegenüber Gesetzgebungsorganen oder der Justizverwaltung – zu vermeiden, mit denen sie sich zu dem Beschluss in Widerspruch setzen würden.[13] Die zum Meinungsaustausch vorhandenen Gremien und Organe der BNotK dürfen von den Notarkammern nicht umgangen werden; insbesondere dürfen die Notarkammern nicht ohne Rücksprache mit der BNotK mit Bundesbehörden in Kontakt treten.[14]

9 Unberührt bleibt das Recht der Notarkammern, ihre Interessen innerhalb der BNotK zu bündeln und ihr Verhalten untereinander abzustimmen.[15] Dazu können sie Absprachen im

---

[6] Art. 13 Abs. 1 des Dritten Gesetzes zur Änderung der Bundesnotarordnung und anderer Gesetze v. 31.8.1998.
[7] Einigungsvertrag v. 31.8.1990 Anlage II Kap. III Sachgebiet A Abschn. III Nr. 2 lit. b).
[8] Arndt/Lerch/Sandkühler/*Sandkühler* BNotO § 76 Rn. 5.
[9] Arndt/Lerch/Sandkühler/*Sandkühler* BNotO § 76 Rn. 4.
[10] *Hartmann* FS Schippel 1996, 645 (651); Diehn/*Diehn* BNotO § 76 Rn. 8, 12.
[11] Arndt/Lerch/Sandkühler/*Sandkühler* BNotO § 76 Rn. 6.
[12] BeckOK BNotO/*Görk* BNotO § 76 Rn. 11.
[13] BeckOK BNotO/*Görk* BNotO § 76 Rn. 11; aA Arndt/Lerch/Sandkühler/*Sandkühler* BNotO § 76 Rn. 6.
[14] Diehn/*Diehn* BNotO § 76 Rn. 11.
[15] Arndt/Lerch/Sandkühler/*Sandkühler* BNotO § 76 Rn. 8; Diehn/*Diehn* BNotO § 76 Rn. 1.

§ 77 Rechtsstatus; Aufsicht; Genehmigung der Satzung 1 § 77 BNotO

Einzelfall treffen, zB zur Abstimmung über die Ausübung des Vetorechts nach § 86 Abs. 4.[16] Sie können sich zur Zusammenarbeit und Willensbildung aber auch zu verfestigten Organisationsformen wie Arbeitsgruppen oder Arbeitsgemeinschaften zusammenschließen.[17] Nach außen – insbesondere gegenüber den Justizverwaltungen oder den Gesetzgebungsorganen auf Landes- und Bundesebene – dürfen derartige Zusammenschlüsse jedoch nicht auftreten.[18]

III. Sitz

Abs. 2 überlässt die Bestimmung des Sitzes der **Satzung der BNotK** (§ 77 Abs. 3). **10** Insofern unterscheidet sich die Vorschrift von § 65 Abs. 2, wonach der Sitz der Notarkammern am Ort des jeweiligen Oberlandesgerichts liegt oder – im Fall des § 65 Abs. 1 S. 2 – von der Landesregierung oder einer von ihr bestimmten Stelle festgelegt wird. Ursprünglich hatte die BNotK ihren Sitz in Köln. Durch Beschluss vom 26.4.2002 ist die Satzung geändert und der Sitz der BNotK **nach Berlin verlegt** worden.[19] Dort befinden sich neben der Geschäftsstelle auch das Zentrale Vorsorgeregister und das Zentrale Testamentsregister, die von der BNotK als Registerbehörde geführt werden (§§ 78a Abs. 1 S. 1, 78c Abs. 1 S. 1). Ab 1.1.2022 wird von dort auch das Elektronische Urkundenarchiv betrieben (78h Abs. 1 S. 1).

Die BNotK unterhält auch weiterhin ein **Büro in Köln,** das die DNotZ, Teile der **11** Zertifizierungsstelle der BNotK und die NotarNet GmbH beheimatet. Um die Interessen der Notarinnen und Notare auch auf europäischer Eben zu wahren, hat die BNotK bereits seit 1991 auch ein **Büro in Brüssel.**[20] Das 1993 errichtete **Deutsche Notarinstitut (DNotI)** in Würzburg stellt einen Eigenbetrieb der BNotK dar, dessen Finanzierung jedoch nicht durch die Mitgliedsbeiträge der Notarkammern (§ 91), sondern ausschließlich durch zusätzliche Beiträge der freiwillig beigetretenen Notarkammern erfolgt.[21]

§ 77 [Rechtsstatus; Aufsicht; Genehmigung der Satzung]

(1) **Die Bundesnotarkammer ist eine Körperschaft des öffentlichen Rechts.**

(2) **¹Das Bundesministerium der Justiz und für Verbraucherschutz führt die Staatsaufsicht über die Bundesnotarkammer. ²Die Aufsicht beschränkt sich darauf, daß Gesetz und Satzung beachtet, insbesondere die der Bundesnotarkammer übertragenen Aufgaben erfüllt werden.**

(3) **Die Satzung der Bundesnotarkammer und ihre Änderungen, die von der Vertreterversammlung beschlossen werden, bedürfen der Genehmigung des Bundesministeriums der Justiz und für Verbraucherschutz.**

A. Überblick

§ 77 Abs. 1 und Abs. 2 enthalten Regelungen zum **rechtlichen Status** der BNotK und **1** zur **Aufsicht** der BNotK durch das Bundesministerium der Justiz und für Verbraucherschutz. Abs. 3 stellt Änderungen der Satzung der BNotK unter einen Genehmigungsvorbehalt. Die Vorschrift entspricht im Wesentlichen der Regelung in § 66 für die Notarkammern.[1]

---

[16] Arndt/Lerch/Sandkühler/*Sandkühler* BNotO § 76 Rn. 9.
[17] BeckOK BNotO/*Görk* BNotO § 76 Rn. 12.
[18] Arndt/Lerch/Sandkühler/*Sandkühler* BNotO § 76 Rn. 12; vgl. auch BeckOK BNotO/Görk BNotO § 76 Rn. 12.
[19] DNotZ 2002, 562.
[20] Vgl. DNotZ 1992, 602 (609); Diehn/*Diehn* BNotO § 76 Rn. 17 f.
[21] Siehe dazu → § 78 Rn. 47.
[1] Diehn/*Diehn* BNotO § 77 Rn. 1.

B. Erläuterungen

I. Körperschaft des öffentlichen Rechts

2 Ebenso wie § 66 Abs. 1 für die Notarkammern legt Abs. 1 den Status der BNotK als Körperschaft des öffentlichen Rechts fest. Während die Notarkammern ihren Ländern zuzuordnen sind, stellt die BNotK eine **bundesunmittelbare Körperschaft des öffentlichen Rechts** dar. Als **Selbstverwaltungskörperschaft** wird sie dabei grundsätzlich im eigenen Wirkungskreis tätig, dem zwar auch eine staatliche Aufgabe zugrunde liegt, der jedoch eigenverantwortlich geregelt werden kann. Darüber hinaus ist sie **als Register- und Urkundenarchivbehörde** (§§ 78 Abs. 2, 78a Abs. 1 S. 1, 78c Abs. 1 S. 1 und 78h Abs. 1 S. 1) aber **auch Teil der mittelbaren Staatsverwaltung** und nimmt insoweit staatliche Aufgaben mit hoheitlichen Mitteln wahr.[2]

3 Als Körperschaft des öffentlichen Rechts ist die BNotK juristische Person mit eigener Rechtspersönlichkeit. Im Rahmen des ihr durch Gesetz oder Satzung übertragenen Wirkungskreises kann sie also selbst Träger öffentlich-rechtlicher und privatrechtlicher Rechte und Pflichten sein; außerhalb dieses Wirkungsbereichs kommt ihr dagegen keine Rechtsfähigkeit zu.[3]

4 Die Errichtung der BNotK als Körperschaft des öffentlichen Rechts ist gesetzlich festgelegt und steht nicht zur Disposition ihrer Mitglieder oder der Aufsichtsbehörde.[4]

II. Aufsicht

5 Als Körperschaft des öffentlichen Rechts, die staatliche Aufgaben mit hoheitlichen Mitteln wahrnimmt, unterliegt die BNotK der **Staatsaufsicht**.[5] Während die Notarkammern nach § 66 Abs. 2 S. 1 der Staatsaufsicht durch die Landesjustizverwaltungen unterliegen, erfolgt die Aufsicht über die BNotK als bundesunmittelbarer Körperschaft auf Bundesebene und ist dem **Bundesministerium der Justiz und für Verbraucherschutz** als fachlich zuständigem Ministerium übertragen.[6]

6 Ebenso wie die Aufsicht über die Notarkammern (§ 66 Abs. 2 S. 2) beschränkt sich die Staatsaufsicht darauf, dass Gesetz und Satzung beachtet, insbesondere die der BNotK übertragenen Aufgaben erfüllt werden. Die **Beschränkung auf eine Rechtsaufsicht** hat ihren Grund in der fachlichen und inhaltlichen Eigenverantwortlichkeit der BNotK als Selbstverwaltungskörperschaft.[7] Die Zweckmäßigkeit des Handelns der BNotK unterliegt keiner Prüfung, sodass der Aufsichtsbehörde auch kein allgemeines Weisungs- und Leitungsrecht zusteht. Eine Fach- oder Dienstaufsicht findet nicht statt.[8]

7 Mangels gesetzlicher Regeln zu den der Aufsichtsbehörde zur Verfügung stehenden Aufsichtsmittel, ist insoweit auf die **allgemeinen Regeln der Staatsaufsicht** über Selbstverwaltungskörperschaften zurückzugreifen.[9] Als Mittel präventiver Aufsicht kommen danach vorbeugende Anzeige- und Vorlagepflichten in Betracht, die – sofern keine ausdrückliche Ermächtigungsgrundlage im Gesetz vorhanden ist – jedoch nur im Einzelfall angeordnet werden dürfen. Im Rahmen der repressiven Aufsicht kann die Erteilung von Informationen und Auskünften verlangt werden; zudem können künftige Maßnahmen angeordnet bzw. bereits erfolgte Maßnahmen beanstandet und deren Aufhebung verlangt

---

[2] Diehn/*Diehn* BNotO § 77 Rn. 5 f.
[3] Arndt/Lerch/Sandkühler/*Sandkühler* BNotO § 77 Rn. 2; vgl. BGH NJW 1956, 746.
[4] Diehn/*Diehn* BNotO § 77 Rn. 1.
[5] Arndt/Lerch/Sandkühler/*Sandkühler* BNotO § 77 Rn. 7.
[6] BeckOK BNotO/*Görk* BNotO § 77 Rn. 8.
[7] BeckOK BNotO/*Görk* BNotO § 77 Rn. 9; Diehn/*Diehn* BNotO § 77 Rn. 9.
[8] Arndt/Lerch/Sandkühler/*Sandkühler* BNotO § 77 Rn. 8.
[9] Arndt/Lerch/Sandkühler/*Sandkühler* BNotO § 77 Rn. 10 f.

werden.¹⁰ Eine Ersatzvornahme kommt mangels gesetzlicher Grundlage dagegen nicht in Betracht.¹¹

Ob und inwiefern Aufsichtsmittel ergriffen werden, steht im pflichtgemäßen Ermessen 8 der Aufsichtsbehörde. Dabei ist der **Grundsatz der Verhältnismäßigkeit** zu beachten. Bevor Aufsichtsmaßnahmen ergriffen werden, dürfte daher zunächst eine einvernehmliche Lösung anzustreben sein.¹²

Für die Aufsicht über die Tätigkeit der BNotK als **Register- und Urkundenarchivbe-** 9 **hörde** und für die Aufsicht über das **Prüfungsamt** für die notarielle Fachprüfung bei der BNotK sieht das Gesetz **Sonderregelungen** vor. Diese Tätigkeiten stellen keine Selbstverwaltungsaufgaben dar, sondern wurden der BNotK als allgemeine staatliche Aufgaben übertragen (→ § 78 Rn. 2). Die Aufsicht über die BNotK als Register- und Urkundenarchivbehörde beschränkt sich nach §§ 78a Abs. 1 S. 2, 78c Abs. 1 S. 3 und 78h Abs. 1 S. 2 ebenfalls auf eine Rechtsaufsicht durch das Bundesministerium der Justiz und für Verbraucherschutz. Beim Prüfungsamt besteht dagegen eine Fachaufsicht durch den Verwaltungsrat (§ 7g Abs. 5 S. 2), die die Erteilung von Weisungen ermöglicht und dem Staat dadurch einen stärkeren Einfluss sichert.¹³

III. Satzung

Gemäß § 89 kann die BNotK **nähere Bestimmungen über ihre Organe und ihre** 10 **Befugnisse** in ihrer Satzung treffen. Hierzu gehören insbesondere der Sitz (§ 76 Abs. 2), die Frist zur Einberufung der Vertreterversammlung (§ 85 Abs. 2 S. 1) und die Festlegung qualifizierter Mehrheiten für die Beschlussfassung der Vertreterversammlung (§ 86 Abs. 3). Darüber hinaus lässt das Gesetz der Satzung einen **weiten Spielraum**. Sofern das Gesetz nicht entgegensteht, kann die BNotK sämtliche Angelegenheiten verbandsinterner Art in der Satzung regeln.¹⁴

Die Satzung und ihre Änderungen werden **von der Vertreterversammlung beschlos-** 11 **sen** (Abs. 3). Gemäß § 86 Abs. 3 S. 1 iVm § 13 Abs. 1 Nr. 2 der Satzung bedürfen Satzungsänderungen einer **Mehrheit von drei Vierteln der abgegebenen Stimmen.**

Zu ihrer Wirksamkeit bedürfen die Satzung und ihre Änderungen der **Genehmigung** 12 **des Bundesministeriums der Justiz und für Verbraucherschutz** (Abs. 3).¹⁵ Da die Genehmigung eine gesetzlich geregelte präventive Aufsichtsmaßnahme darstellt, darf im Rahmen der Entscheidung über die Genehmigung nur eine Rechtmäßigkeitskontrolle vorgenommen werden.¹⁶

Über die allgemeine Satzungsermächtigung in Selbstverwaltungsangelegenheiten hinaus 13 ist die BNotK nach § 78b Abs. 4 S. 1 (Zentrales Vorsorgeregister), § 78g Abs. 4 S. 1 (Zentrales Testamentsregister), § 78j Abs. 4 S. 1 (Elektronisches Urkundenarchiv), § 78k Abs. 4 S. 1 (Elektronischer Notaraktenspeicher) und § 7h Abs. 2 (Prüfungsamt) auch befugt, in dem ihr übertragenen Aufgabenkreis **Gebührensatzungen** zu erlassen. Auch diese bedürfen einer Genehmigung durch das Bundesministerium der Justiz und für Verbraucherschutz (§§ 78b Abs. 4 S. 2, 78g Abs. 4 S. 2, 78j Abs. 4 S. 2, 78k Abs. 4 S. 2 und 7h Abs. 2 aE).

---

¹⁰ Arndt/Lerch/Sandkühler/*Sandkühler* BNotO § 77 Rn. 13; Diehn/*Diehn* BNotO § 77 Rn. 11 f.
¹¹ Diehn/*Diehn* BNotO § 77 Rn. 12; aA Arndt/Lerch/Sandkühler/*Sandkühler* BNotO § 77 Rn. 13.
¹² Diehn/*Diehn* BNotO § 77 Rn. 25.
¹³ Arndt/Lerch/Sandkühler/*Sandkühler* BNotO § 77 Rn. 9.
¹⁴ BeckOK BNotO/*Görk* BNotO § 77 Rn. 4, 5; Diehn/*Diehn* BNotO § 77 Rn. 20.
¹⁵ BeckOK BNotO/*Görk* BNotO § 77 Rn. 6.
¹⁶ Diehn/*Diehn* BNotO § 77 Rn. 22.

§ 78 Aufgaben

(1) ¹Die Bundesnotarkammer hat die ihr durch Gesetz zugewiesenen Aufgaben zu erfüllen. ²Sie hat insbesondere

1. in Fragen, welche die Gesamtheit der Notarkammern angehen, die Auffassung der einzelnen Notarkammern zu ermitteln und im Wege gemeinschaftlicher Aussprache die Auffassung der Mehrheit festzustellen;
2. in allen die Gesamtheit der Notarkammern berührenden Angelegenheiten die Auffassung der Bundesnotarkammer den zuständigen Gerichten und Behörden gegenüber zur Geltung zu bringen;
3. die Gesamtheit der Notarkammern gegenüber Behörden und Organisationen zu vertreten;
4. Gutachten zu erstatten, die eine an der Gesetzgebung beteiligte Behörde oder Körperschaft des Bundes oder ein Bundesgericht in Angelegenheiten der Notare anfordert;
5. durch Beschluss der Vertreterversammlung Empfehlungen für die von den Notarkammern nach § 67 Absatz 2 zu erlassenden Richtlinien auszusprechen;
6. Richtlinien für die Ausbildung der Hilfskräfte der Notare aufzustellen;
7. den Elektronischen Notaraktenspeicher (§ 78k) zu führen;
8. das Notarverzeichnis (§ 78l) zu führen;
9. die besonderen elektronischen Notarpostfächer (§ 78n) einzurichten.

(2) Die Bundesnotarkammer führt

1. das Zentrale Vorsorgeregister (§ 78a),
2. das Zentrale Testamentsregister (§ 78c),
3. das Elektronische Urkundenarchiv (§ 78h).

(3) ¹Die Bundesnotarkammer kann weitere dem Zweck ihrer Errichtung entsprechende Aufgaben wahrnehmen. ²Sie kann insbesondere

1. Maßnahmen ergreifen, die der wissenschaftlichen Beratung der Notarkammern und ihrer Mitglieder, der Fortbildung von Notaren, der Aus- und Fortbildung des beruflichen Nachwuchses und der Hilfskräfte der Notare dienen,
2. Notardaten verwalten und
3. die elektronische Kommunikation der Notare mit Gerichten, Behörden und sonstigen Dritten sowie die elektronische Aktenführung und die sonstige elektronische Datenverarbeitung der Notare unterstützen.

Übersicht

	Rn.
A. Überblick	1
B. Erläuterungen	2
I. Pflichtaufgaben	2
II. Katalog des Abs. 1 S. 2	4
1. Nr. 1	5
2. Nr. 2	8
3. Nr. 3	13
4. Nr. 4	15
5. Nr. 5	18
6. Nr. 6	20
7. Nr. 7	22
8. Nr. 8	23
9. Nr. 9	25
III. BNotK als Register- und Urkundenarchivbehörde	26
1. Register- und Archivführung durch die BNotK	26
2. Zentrales Vorsorgeregister	32
3. Zentrales Testamentsregister	37
4. Elektronisches Urkundenarchiv	40

	Rn.
IV. Weitere Aufgaben und Befugnisse	43
1. Generalklausel	43
2. Einzelfälle	46
V. Prüfungsamt für die notarielle Fachprüfung	58

A. Überblick

§ 78 enthält die wesentlichen Regelungen zu den **Aufgaben und Kompetenzen** der BNotK. Abs. 1 S. 1 normiert die allgemeine Pflicht der BNotK, die ihr gesetzlich zugewiesenen Pflichtaufgaben zu erfüllen. Abs. 1 S. 2 stellt einen Katalog von Pflichtaufgaben in Selbstverwaltungsangelegenheiten auf, der durch das Urkundenarchivgesetz[1] um drei weitere Aufgaben ergänzt wurde (Führung des Elektronischen Notaraktenspeichers und des Notarverzeichnisses sowie Einrichtung der besonderen elektronischen Notarpostfächer). In Abs. 2 wird der BNotK die Aufgabe der Führung des Zentralen Vorsorgeregisters und des Zentralen Testamentsregisters sowie – ebenfalls neu – des Elektronischen Urkundenarchivs zugewiesen. Abs. 3 enthält die Klarstellung, dass die BNotK über die Pflichtaufgaben hinaus auch weitere, dem Zweck ihrer Errichtung entsprechende freiwillige Aufgaben wahrnehmen kann und benennt einige Beispielsfälle, die durch das Urkundenarchivgesetz ebenfalls ergänzt wurden (Unterstützung der elektronischen Aktenführung und sonstigen Datenverarbeitung der Notare). 1

B. Erläuterungen

I. Pflichtaufgaben

Abs. 1 S. 1 stellt klar, dass die BNotK verpflichtet ist, die ihr **gesetzlich zugewiesenen Pflichtaufgaben** zu erfüllen. Dies sind vor allem die im Katalog des Abs. 1 S. 2 genannten Aufgaben sowie die in Abs. 2 normierte Tätigkeit als Register- und Urkundenarchivbehörde. Darüber hinaus stellen auch die Berichtspflicht nach § 82 Abs. 3 und die Erstellung der Vorschlagsliste für die Beisitzer im Notarsenat des BGH (§ 108 Abs. 1 S. 2) Pflichtaufgaben der BNotK dar. Die Erfüllung der Pflichtaufgaben durch die BNotK unterliegt nach § 77 Abs. 3 S. 2 der Aufsicht durch das Bundesministerium der Justiz und für Verbraucherschutz. Eine Sonderstellung nimmt das nach § 7g Abs. 1 bei der BNotK errichtete „Prüfungsamt für die notarielle Fachprüfung" ein (→ Rn. 58). 2

Umgekehrt soll durch Abs. 1 S. 1 aber auch sichergestellt werden, dass der BNotK weitere Pflichtaufgaben nur durch Gesetz zugewiesen werden können.[2] Dabei enthält die Vorschrift keine Einschränkung auf Aufgaben in Selbstverwaltungsangelegenheiten. Sofern – wie im Falle des Abs. 2 – eine Aufgabe gesetzlich zugewiesen wird, die über die Angelegenheiten der Notare hinausgeht, muss aber dafür gesorgt werden, dass die Mitgliedsbeiträge der Notarkammern dadurch nicht zweckentfremdet belastet werden (→ Rn. 31). 3

II. Katalog des Abs. 1 S. 2

Zwar stellen die in Abs. 1 S. 2 genannten Aufgaben Pflichtaufgaben dar. Da sie dem Bereich der **Selbstverwaltungsangelegenheiten** der Notarkammern zuzuordnen sind, nimmt die BNotK diese Aufgaben jedoch **in eigener Verantwortung** wahr. Dementsprechend beschränkt sich die Aufsicht über die BNotK durch das Bundesministerium der 4

---

[1] Gesetz zur Neuordnung der Aufbewahrung von Notariatsunterlagen und zur Einrichtung des Elektronischen Urkundenarchivs bei der Bundesnotarkammer sowie zur Änderung weiterer Gesetze vom 1.6.2017 (BGBl. I 1396).
[2] BT-Drs. 3/219, 33 linke Spalte.

Justiz und für Verbraucherschutz nach § 77 Abs. 3 S. 1 auch darauf, dass die BNotK im Rahmen ihrer Tätigkeit die bestehenden gesetzlichen und satzungsmäßigen Vorgaben beachtet (→ § 77 Rn. 6). Ob eine Aufgabe aktuell zur Erfüllung ansteht, entscheidet die BNotK nach pflichtgemäßem Ermessen.[3]

5 **1. Nr. 1.** In Fragen, die die Gesamtheit der Notarkammern angehen, weist das Gesetz der BNotK die Aufgabe zu, **die Auffassung der einzelnen Notarkammern zu ermitteln und im Wege der gemeinschaftlichen Aussprache die Auffassung der Mehrheit festzustellen.** Eine Ermittlungspflicht besteht allerdings nur dann, wenn die Auffassungen der Notarkammern der BNotK nicht schon bekannt sind. Die Art und Weise der Ermittlung liegt im pflichtgemäßen Ermessen der BNotK.[4] Sie kann auch vorbereitende Maßnahmen zur Willensbildung ergreifen, was auch die Einholung von externen Gutachten und Stellungnahmen umfasst.[5] Die gemeinschaftliche Aussprache und Feststellung der Auffassung der Mehrheit der Notarkammern erfolgt in der Regel im Rahmen der Beratung und Beschlussfassung in der Vertreterversammlung. Die Feststellung kann aber – auch ohne vorherige Aussprache – auch außerhalb einer Vertreterversammlung erfolgen (vgl. § 85 Abs. 3).[6] Einer Aussprache und Feststellung bedarf es nicht, wenn sich im Rahmen der Ermittlung herausstellt, dass die Auffassungen der Notarkammern übereinstimmen.[7]

6 Die festgestellte Mehrheitsauffassung stellt grundsätzlich die **Grundlage für die weiteren Aktivitäten der BNotK** dar. Sofern die Beschlussfassung an einem Veto der Minderheit nach § 86 Abs. 4 scheitert, unterbleibt die Ausführung des Beschlusses im Sinne der Auffassung der Mehrheit. Darüber hinaus ist die BNotK aber nicht verpflichtet die Ansicht der Minderheit zur Grundlage ihrer weiteren Aktivitäten zu machen.[8]

7 Gegenstand der Ermittlungs- und Feststellungsaufgabe der BNotK sind ausschließlich **Fragen, welche die Gesamtheit der Notarkammern angehen.** Erforderlich – aber auch ausreichend – ist insoweit, dass die Frage über den Einzelfall hinaus auch Auswirkungen auf andere Notare und Notarkammern haben kann. Angelegenheiten, die nur einzelne Notare oder Notarkammern betreffen, fallen dagegen nicht in den Anwendungsbereich der Norm. Dass die Frage einen einzelfallbezogenen Ursprung hat, hindert ihre Einstufung als „die Gesamtheit der Notarkammern betreffend" nicht.[9] Aufgrund des einheitlichen Berufsrechts und Berufsbilds, sind auch Fragen, die vornehmlich die Notarkammern des hauptberuflichen Notariats oder des Anwaltsnotariats angehen, regelmäßig von Bedeutung für die Gesamtheit aller Notarkammern.[10]

8 **2. Nr. 2.** Aufgabe der BNotK ist auch, **ihre Auffassung in den die Gesamtheit der Notarkammern berührenden Angelegenheiten den zuständigen Gerichten und Behörden gegenüber zur Geltung zu bringen.** Einer vorherigen Aufforderung der BNotK durch das jeweilige Gericht oder die Behörde bedarf es nicht zwingend; die BNotK kann insoweit – sofern dies angezeigt ist – auch eigeninitiativ tätig werden.[11]

9 Die Auffassung der BNotK zur Geltung zu bringen, fällt in den Bereich der laufenden Geschäfte, für die gemäß § 7 Abs. 1 der BNotK-Satzung das Präsidium zuständig ist. Sofern in der Angelegenheit die Auffassung der Mehrheit der Notarkammern festgestellt wurde, ist diese maßgeblich (→ Rn. 6). Das Verfahren nach Nr. 1 ist aber nicht Voraussetzung für ein Tätigwerden.[12] Insbesondere in Angelegenheiten, die nicht bis zur nächsten Vertreter-

---
[3] Diehn/*Diehn* BNotO § 78 Rn. 3; Arndt/Lerch/Sandkühler/*Sandkühler* BNotO § 78 Rn. 3.
[4] Arndt/Lerch/Sandkühler/*Sandkühler* BNotO § 78 Rn. 9.
[5] Diehn/*Diehn* BNotO § 78 Rn. 9.
[6] BeckOK BNotO/*Görk* BNotO § 78 Rn. 18.
[7] Arndt/Lerch/Sandkühler/*Sandkühler* BNotO § 78 Rn. 13 f.
[8] Arndt/Lerch/Sandkühler/*Sandkühler* BNotO § 78 Rn. 11 f.
[9] Diehn/*Diehn* BNotO § 78 Rn. 10.
[10] Arndt/Lerch/Sandkühler/*Sandkühler* BNotO § 78 Rn. 6.
[11] BeckOK BNotO/*Görk* BNotO § 78 Rn. 19.
[12] Diehn/*Diehn* BNotO § 78 Rn. 13; Arndt/Lerch/Sandkühler/*Sandkühler* BNotO § 78 Rn. 16; aA BeckOK BNotO/*Görk* BNotO § 78 Rn. 19.

versammlung aufgeschoben werden können und für die – zB aufgrund geringer Bedeutung oder besonderer Eilbedürftigkeit – auch ein schriftliches Beschlussverfahren nach § 85 Abs. 3 ausscheidet, kann die (ggf. vorläufige) Meinungsbildung auch durch das Präsidium der BNotK erfolgen. Auch in diesen Fällen muss die Auffassung aber der (voraussichtlichen) Mehrheit der Notarkammern entsprechen.[13] Das Präsidium ist zudem verpflichtet, der Vertreterversammlung über alle wichtigen Angelegenheiten zu berichten.[14] Sofern es um die Erstattung von Gutachten durch die BNotK geht, gilt § 83 Abs. 2 (iVm § 7 Abs. 1 S. 3 der BNotK-Satzung), wonach die Vertreterversammlung ausdrücklich anzuhören ist. In dringenden Fällen kann die Anhörung allerdings auch insoweit unterbleiben; es ist jedoch unverzüglich über die getroffenen Maßnahmen zu berichten (→ Rn. 17).

Mögliche Adressaten der Geltendmachung der Auffassung der BNotK sind zunächst **10** sämtliche Behörden und Gerichte des Bundes.[15] Der Behördenbegriff ist dabei weit auszulegen und erfasst **alle staatlichen und kommunalen Einrichtungen und sonstigen politischen Entscheidungsträger,** die mit Angelegenheiten der Notare befasst sind.[16] Sofern Behörden und Gerichte der Länder mit Angelegenheiten von Bedeutung für die Gesamtheit der Notarkammern befasst sind, hat die BNotK ihre Auffassung auch ihnen gegenüber zur Geltung zu bringen. Dies kann insbesondere dann der Fall sein, wenn eine Landesbehörde Aufgaben auch für die anderen Länder übernommen hat, wie beispielsweise im Fall der federführenden Bearbeitung der DONot durch die Justizverwaltung des Landes Niedersachsen.[17] Darüber hinaus kann die BNotK auch auf europäischer und internationaler Ebene tätig werden (zB gegenüber der Europäischen Kommission oder der Weltbank).[18]

In sämtlichen Angelegenheiten, die die Gesamtheit der Notarkammern betreffen, ist die **11** **BNotK ausschließlich zuständig.** Um eine einheitliche Meinungsäußerung des Notarstands zu gewährleisten, dürfen die Notarkammern in solchen Angelegenheiten daher auch auf Landesebene nicht tätig werden.[19]

Um ihre Auffassung zur Geltung zu bringen, kann sich die BNotK sämtlicher Mittel **12** bedienen und dabei auch auf die Unterstützung durch externe Berater zurückgreifen (zB juristische Gutachten, strategische Beratung). Neben schriftlichen Stellungnahmen, persönlichen Gesprächen und Teilnahmen an Arbeitsgemeinschaften und Konferenzen, kommen insoweit auch Maßnahmen der Presse- und Öffentlichkeitsarbeit in Betracht (dazu auch → Rn. 56).[20]

3. Nr. 3. Unter **Vertretung der Gesamtheit der Notarkammern gegenüber Be-** **13** **hörden und Organisationen** ist nicht deren rechtsgeschäftliche Vertretung zu verstehen. Sie umfasst vielmehr die Interessenvertretung der Gesamtheit der Notarkammern, also die **Repräsentation des gesamten Berufsstands.**[21] Nr. 3 ergänzt daher die Aufgabenzuweisung in Nr. 2.[22] Auch insoweit ist die Zuständigkeit der BNotK ausschließlich (→ Rn. 11).

Für den Behördenbegriff gelten dieselben Grundsätze wie zu Nr. 2 (→ Rn. 10). Unter **14** Organisationen sind **alle nichtbehördlichen öffentlich-rechtlichen oder privatrechtlichen Einrichtungen im In- und Ausland** zu verstehen.[23] Auf nationaler Eben fallen hierunter insbesondere die Spitzenverbände anderer Berufe (Bundesrechtsanwaltskammer,

---

[13] Arndt/Lerch/Sandkühler/*Sandkühler* BNotO § 78 Rn. 15.
[14] BeckOK BNotO/*Görk* BNotO § 82 Rn. 6.
[15] Diehn/*Diehn* BNotO § 78 Rn. 14.
[16] Arndt/Lerch/Sandkühler/*Sandkühler* BNotO § 78 Rn. 21; Diehn/*Diehn* BNotO § 78 Rn. 14.
[17] Diehn/*Diehn* BNotO § 78 Rn. 14.
[18] Diehn/*Diehn* BNotO § 78 Rn. 14.
[19] Arndt/Lerch/Sandkühler/*Sandkühler* BNotO § 78 Rn. 19.
[20] Diehn/*Diehn* BNotO § 78 Rn. 15.
[21] Arndt/Lerch/Sandkühler/*Sandkühler* BNotO § 78 Rn. 20.
[22] BeckOK BNotO/*Görk* BNotO § 78 Rn. 22.
[23] BeckOK BNotO/*Görk* BNotO § 78 Rn. 22.

Bundessteuerberaterkammer, Wirtschaftsprüferkammer etc.) und die berufsständischen Vereine (Deutscher Notarverein, Deutscher Anwaltverein etc). Auf internationaler Ebene sind vor allem die Konferenz der Notariate der Europäischen Union (C. N. U. E.) und die Internationale Union des Lateinischen Notariats (U. I. N. L.) sowie alle ausländischen Notarkammern zu nennen.

15 4. Nr. 4. Auf Anforderung einer an der Gesetzgebung beteiligten Behörde oder Körperschaft des Bundes oder eines Bundesgerichts ist die BNotK verpflichtet, **zu Angelegenheiten der Notare Gutachten zu erstatten.** Dadurch soll die besondere Sachkunde der BNotK auf diesem Gebiet in Gesetzgebungsverfahren oder sonstigen Angelegenheiten mit notariellem Bezug eingebracht werden.[24] Wie der Vergleich mit Nr. 1 bis Nr. 3 zeigt, besteht bei angeforderten Gutachten keine Beschränkung auf Angelegenheiten der Gesamtheit der Notarkammern. Für Gutachten, die auf freiwilliger Basis erstattet werden, gilt Nr. 2.[25]

16 An der Gesetzgebung beteiligte Behörden und Körperschaften sind Bundesrat und Bundestag (Art. 76 bis 78 GG), Bundesregierung (Art. 76 GG), die Bundesminister (Art. 80 GG) und der Bundespräsident (Art. 82 GG). Bundesgerichte sind die der Verwaltung des Bundes unterstellten Gerichte (Art. 93, 95, 96 GG).

17 Die Erstattung von Gutachten erfolgt grundsätzlich nach Anhörung der Vertreterversammlung durch das Präsidium der BNotK (§ 83 Abs. 2 S. 1). In dringenden Fällen kann die Anhörung unterbleiben. Dies ist insbesondere dann der Fall, wenn aufgrund einer Frist die nächste Vertreterversammlung nicht angehört werden kann. Die Mitglieder der Vertreterversammlung sind dann unverzüglich von der Maßnahme des Präsidiums zu unterrichten. Eine Unterrichtung im Rahmen der nächsten Vertreterversammlung reicht grundsätzlich aus.[26]

18 5. Nr. 5. Ursprünglich zählte der Erlass allgemeiner Richtlinien für die Berufsausübung der Notare zu den gesetzlichen Pflichtaufgaben der BNotK. Aufgrund verfassungsrechtlicher Bedenken wurde diese Aufgabe jedoch in § 67 Abs. 2 den einzelnen Notarkammern übertragen.[27] Seitdem ist der BNotK nur noch die Aufgabe zugewiesen, durch Beschluss der Vertreterversammlung **Empfehlungen für die von den Notarkammern zu erlassenden Richtlinien über die Amtspflichten und sonstigen Pflichten ihrer Mitglieder** auszusprechen. Dieser Aufgabe ist die BNotK durch Beschluss der Vertreterversammlung vom 29.1.1999 nachgekommen.[28] Die Empfehlungen wurden durch Beschlüsse der Vertreterversammlung vom 4.4.2003[29] und 28.4.2006[30] ergänzt. Die Richtlinienempfehlungen (RLEmBNotK) sind im 3. Teil dieses Kommentars abgedruckt und kommentiert.

19 Die Empfehlungen der BNotK sollen einer Zersplitterung des notariellen Berufsrechts vorbeugen und damit zur Erhaltung des bundeseinheitlichen Berufsbilds der Notare beitragen.[31] Die Notarkammern sind jedoch nicht verpflichtet, die Empfehlungen auch umzusetzen. Sie können daher – etwa aufgrund historisch oder regional bedingter Besonderheiten oder unterschiedlicher Bedürfnisse der jeweiligen Notariatsverfassung[32] – auch andere oder ergänzende Richtlinien erlassen. Um ein möglichst einheitliches Berufsbild der Notare sicherzustellen, haben sich die Notarkammern aber grundsätzlich an den Empfehlungen der BNotK zu orientieren.[33]

---

[24] Diehn/*Diehn* BNotO § 78 Rn. 19.
[25] Arndt/Lerch/Sandkühler/*Sandkühler* BNotO § 78 Rn. 24, 26.
[26] Ebenso Diehn/*Diehn* BNotO § 78 Rn. 22.
[27] BT-Drs. 13/4184, 32 rechte Spalte; Arndt/Lerch/Sandkühler/*Sandkühler* BNotO § 78 Rn. 28.
[28] DNotZ 1999, 258.
[29] DNotZ 2003, 393.
[30] DNotZ 2006, 561.
[31] BT-Drs. 13/4184, 32 rechte Spalte; Arndt/Lerch/Sandkühler/*Sandkühler* BNotO § 78 Rn. 28.
[32] Vgl. BT-Drs. 13/4184, 31.
[33] Diehn/*Diehn* BNotO § 78 Rn. 24; *Wöstmann* ZNotP 2002, 246.

6. Nr. 6. Zu den Aufgaben der BNotK zählt auch, **Richtlinien für die Ausbildung** 20 **der Hilfskräfte des Notars** zu erlassen. Durch die Richtlinien soll eine Harmonisierung der nach § 67 Abs. 3 Nr. 2 in die Zuständigkeit der Notarkammern fallende Ausbildung und Prüfung der Hilfskräfte erreicht werden; ihnen kommt aber nur empfehlender Charakter zu.[34]

Da die Berufsausbildung der Notarfachangestellten und Rechtsanwalts- und Notarfach- 21 angestellten detailliert in der ReNoPat-Ausbildungsverordnung[35] geregelt ist, kommt der Richtlinienkompetenz der BNotK keine praktische Bedeutung mehr zu.[36]

7. Nr. 7. Mit dem Urkundenarchivgesetz wurde der BNotK auch die Aufgabe zugewie- 22 sen, den **Elektronischen Notaraktenspeicher** zu führen. Hintergrund der Einrichtung des Elektronischen Notaraktenspeichers ist die Regelung in § 35 Abs. 2 S. 1 nF, der es dem Notar seit dem 1.1.2020 erlaubt, Akten und Verzeichnisse, für die keine andere Form vorgeschrieben ist, auch elektronisch zu führen. Der Elektronische Notaraktenspeicher stellt einen zentralen elektronischen Aktenspeicher dar, der es den Notaren ermöglicht, auch außerhalb des Elektronischen Urkundenarchivs zu führende Akten und Verzeichnisse elektronisch zu führen sowie alle anfallenden sonstigen Daten zu speichern (§ 78k Abs. 1). Für elektronische Akten und Verzeichnisse, die außerhalb der Geschäftsstelle gespeichert werden sollen und nicht ohnehin im Elektronischen Urkundenarchiv zu führen sind, ist der Elektronische Notaraktenspeicher der einzig zulässige Speicherort (§ 35 Abs. 4).

8. Nr. 8. Der BNotK wurde durch das Urkundenarchivgesetz nunmehr auch die Pflicht 23 zugewiesen, das **Notarverzeichnis** zu führen, welches sie bislang auf Grundlage des Abs. 3 S. 2 nur als freiwillige Aufgabe geführt hatte (→ Rn. 51). Hintergrund ist, dass das Notarverzeichnis schon länger nicht mehr lediglich der Notarsuche zur Information der rechtsuchenden Bevölkerung dient,[37] sondern als „Benutzerverwaltung" eine bedeutende Funktion im elektronischen Rechtsverkehr der Notare einnimmt.[38] Auf Grundlage der (fortwährenden) Eintragung im Notarverzeichnis wird dem Notar insbesondere das berufsbezogene Notarattribut zugewiesen, das ihn bei Benutzung der von der Zertifizierungsstelle der BNotK ausgegebenen Signaturkarte im elektronischen Rechtsverkehr als Notar ausweist, sowie Zugang zu den Zentralen Registern und anderen zentralen elektronischen Diensten der BNotK gewährt. Zentrale Bedeutung wird das Notarverzeichnis im Rahmen der Berechtigungsverwaltung des Urkundenarchivs erlangen, was Hauptgrund für die Aufnahme als Pflichtaufgabe war.

Das Notarverzeichnis wird zwar von der BNotK geführt, nach § 78l Abs. 1 S. 2 jedoch 24 durch Eingabe der Daten zu „ihren" Notaren und Notariatsverwaltern von den einzelnen Notarkammern gepflegt, die die erforderlichen Daten gemäß § 67 Abs. 6 von den jeweiligen Landesjustizverwaltungen erhalten.

9. Nr. 9. Durch das Urkundenarchivgesetz wurde der BNotK auch die neue Pflicht- 25 aufgabe zugewiesen, für jeden in das Notarverzeichnis eingetragenen Notar ein **besonderes elektronisches Notarpostfach** einzurichten (§ 78n Abs. 1). Das besondere elektronische Notarpostfach (kurz „beN") löst das bisherige Elektronische Gerichts- und Verwaltungspostfach (kurz „EGVP") ab und dient über dessen bisherigen Anwendungsbereich hinaus – auch wenn dem in der notariellen Praxis keine gesteigerte Bedeutung zukommt – vor allem der zuverlässigen Zustellung elektronischer Dokumente von Gerichten und Behörden bei den Notaren. Diese setzt nach § 174 Abs. 3 ZPO voraus, dass ein sicherer Übermittlungsweg für die Zustellung elektronischer Dokumente eröffnet ist, was nach

---
[34] Arndt/Lerch/Sandkühler/*Sandkühler* BNotO § 78 Rn. 31; *Diehn*/*Diehn* BNotO § 78 Rn. 27.
[35] ReNoPat-Ausbildungsverordnung v. 29.8.2014 (BGBl. I 1490).
[36] BeckOK BNotO/*Görk* BNotO § 78 Rn. 29.
[37] Online verfügbar unter www.notar.de.
[38] Siehe auch Diehn/*Diehn* BNotO § 78 Rn. 30.

§ 130a Abs. 4 Nr. 2 die Einrichtung eines besonderen elektronischen Postfachs für jeden Notar erforderlich macht.

III. BNotK als Register- und Urkundenarchivbehörde

26 **1. Register- und Archivführung durch die BNotK.** Abs. 2 weist der BNotK in Nr. 1 und Nr. 2 die Aufgabe und Kompetenz zu, das **Zentrale Vorsorgeregister** und das **Zentrale Testamentsregister** zu führen. Die Vorschrift ist im Rahmen der Errichtung des Zentralen Testamentsregisters eingefügt worden.[39] Die Führung des Zentralen Vorsorgeregisters durch die BNotK war zuvor in §§ 78a bis 78c BNotO aF geregelt.[40] Durch das Urkundenarchivgesetz ist der Wortlaut verschlankt und die über die bloße Aufgabenzuweisung hinausgehenden Regelungen in die jeweiligen Vorschriften zum Zentralen Vorsorgeregister (§ 78a) und Zentralen Testamentsregister (§ 78c) verschoben worden. Zudem ist in Nr. 3 die weitere Aufgabe hinzugefügt worden, das **Elektronische Urkundenarchiv** zu führen.

27 Die Führung der Zentralen Register und des Elektronischen Urkundenarchivs stellt eine **übertragene Staatsaufgabe** dar, die die BNotK im Wege der **mittelbaren Staatsverwaltung** nach Art. 87 Abs. 3 GG wahrnimmt.[41] Als gesetzlich zugewiesene Pflichtaufgabe steht die Führung nicht zur Disposition der BNotK oder ihrer Gremien. Sie fällt nicht in den Bereich der Selbstverwaltungsangelegenheiten der Notare bzw. Notarkammern, sondern liegt im Interesse der Allgemeinheit.[42] Dies zeigt sich schon daran, dass im Vorsorgeregister auch privatschriftliche Vorsorgedokumente registriert werden können und im Testamentsregister auch die Angaben zu nicht notariell beurkundeten erbfolgerelevanten Urkunden in besonderer amtlicher Verwahrung aufzunehmen sind.[43] Auf Antrag hat die Registerbehörde nach § 7 Abs. 3 S. 5 ZTRV zudem auch dann Sterbefallbenachrichtigungen an die zuständigen Nachlassgerichte zu übersenden, wenn im Testamentsregister überhaupt keine erbfolgerelevanten Urkunden für den Erblasser registriert sind (sog. Negativbenachrichtigung). Mit der Einrichtung des Elektronischen Urkundenarchivs soll vor allem den Schwierigkeiten begegnet werden, die mit der amtlichen Verwahrung der Notariatsunterlagen gemäß § 51 Abs. 1, Abs. 5 bei den Amtsgerichten und Staatsarchiven verursacht werden.[44] Damit dient das Archiv ebenfalls in erster Linie öffentlichen Interessen.

28 Durch die Übertragung der Führung des Zentralen Vorsorgeregisters an die BNotK als öffentlich-rechtliche Körperschaft hat sich der Gesetzgeber bewusst für eine öffentlich-rechtliche Ausgestaltung des Vorsorgeregisters entschieden. Dem lag die Überlegung zugrunde, dass die erforderliche Dauerhaftigkeit und Vertrauenswürdigkeit des Registers durch einen privaten Anbieter nicht in gleicher Weise gewährleistet werden könnte.[45] Der Betrieb des bereits Anfang 2003 freiwillig nach Abs. 3[46] von der BNotK eingerichteten Registers für notariell beurkundete Vorsorgevollmachen, wurde daher – um die Möglichkeit der Registrierung privatschriftlicher Vollmachten ergänzt – mit Wirkung zum 31.7.2004 auf eine gesetzliche Grundlage gestellt und der BNotK als Pflichtaufgabe zugewiesen.

---

[39] Gesetz zur Modernisierung des Nachlasswesens durch Schaffung des Zentralen Testamentsregisters bei der Bundesnotarkammer und zur Fristverlängerung nach der Hofraumverordnung v. 22.12.2010 (BGBl. I 2255).

[40] Gesetz zur Änderung der Vorschriften über die Anfechtung der Vaterschaft und das Umgangsrecht von Bezugspersonen des Kindes, zur Registrierung von Vorsorgeverfügungen und zur Einführung von Vordrucken für die Vergütung von Berufsbetreuern v. 23.4.2004 (BGBl. I 598).

[41] Vgl. BT-Drs. 17/2583, 13 rechte Spalte.

[42] Arndt/Lerch/Sandkühler/*Sandkühler* BNotO § 78 Rn. 42; BeckOK BNotO/*Hushahn* BNotO § 78a Rn. 7.

[43] Arndt/Lerch/Sandkühler/*Sandkühler* BNotO § 78 Rn. 42.

[44] BT-Drs. 18/10607, 36.

[45] BT-Drs. 15/2253, 18 rechte Spalte.

[46] Damals befand sich die entsprechende Regelung noch in § 78 Abs. 2 BNotO aF.

Für die Führung des Testamentsregisters, das seine Tätigkeit am 1.1.2012 aufgenommen 29
hat, kamen private Einrichtungen schon aufgrund des Umstands nicht in Betracht, dass das
Benachrichtigungswesen in Nachlasssachen in den Aufgabenbereich der Justiz fällt. Für die
Betrauung der BNotK mit der Registerführung sprachen neben den positiven Erfahrungen
in Zusammenhang mit dem Zentralen Vorsorgeregister und der technischen und organisatorischen Kompetenz der BNotK vor allem auch die effiziente Verwahrdatenpflege sowie
die materielle Sachnähe der BNotK zur Führung des Testamentsregisters im Hinblick auf
die Beurkundungs- und Verwahrzuständigkeiten der Notare im Erbrecht. Da mehr als zwei
Drittel aller verwahrten erbfolgerelevanten Urkunden notariell beurkundet sind, ist der
Benachrichtigungsweg zu einem von der BNotK geführten Register besonders kurz und
effizient; Fehlbenachrichtigungen und zusätzlicher Rechercheaufwand können so vermieden
werden.[47]

Für die Führung des Elektronischen Urkundenarchivs durch die BNotK sprach, dass ihr 30
– anders als privaten Anbietern – ein besonderes Vertrauen für die unveränderte und
beweissichere Speicherung der elektronisch verwahrten Unterlagen, deren dauerhafte Abrufbarkeit und den wirksamen Schutz gegen den unbefugten Zugriff Dritter für die gesamte
Dauer der Aufbewahrungsfrist entgegengebracht werden kann.[48]

In rechtlicher Hinsicht stellen die Register und das Urkundenarchiv jeweils **unselb-** 31
ständige Abteilungen im Geschäftsbetrieb der BNotK dar.[49] Erforderlich ist jedoch
eine eindeutige Zuordnung der jeweiligen Einnahmen und Ausgaben, die in der Praxis
durch eine **getrennte Haushaltsführung** erreicht wird. Dem liegt der Umstand zugrunde, dass der personelle und sachliche Aufwand der Führung der Register und des Urkundenarchivs als übertragener Staatsaufgabe nicht aus den Beiträgen der Notarkammern,
sondern aus den für die Inanspruchnahme anfallenden Gebühren finanziert wird. Umgekehrt dürfen die Einnahmen nur dem jeweiligen Register bzw. dem Urkundenarchiv und
nicht etwa den Selbstverwaltungsangelegenheiten der Notare zugutekommen.[50]

2. Zentrales Vorsorgeregister. Das Zentrale Vorsorgeregister dient der **Information** 32
der mit Betreuungsverfahren befassten Gerichte. Diese fragen das Register nach
Einleitung eines Betreuungsverfahrens ab und erlangen so Kenntnis von Vorsorgevollmachten, Betreuungsverfügungen und Patientenverfügungen, die die betroffene Person dort
registriert hat. Dadurch können überflüssige Betreuungen vermieden und für eine Betreuung geäußerte Wünsche im Betreuungsverfahren berücksichtigt werden.[51]

Die Bedeutung von Vorsorgevollmachten für das Betreuungsverfahren ergibt sich aus der 33
Regelung in § 1896 Abs. 1 und Abs. 2 BGB: Sofern ein Volljähriger auf Grund einer
psychischen Krankheit oder einer körperlichen, geistigen oder seelischen Behinderung
seine Angelegenheiten ganz oder teilweise nicht mehr besorgen kann, hat das Betreuungsgericht grundsätzlich einen Betreuer für ihn zu bestellen. Eine Betreuung ist jedoch
entbehrlich, wenn und soweit eine Vollmacht vorliegt und die Angelegenheiten auch durch
den Bevollmächtigten besorgt werden können.

In einer Betreuungsverfügung kann der Betroffene im Vorhinein bestimmte Vorschläge 34
und Wünsche für den Fall seiner Betreuungsbedürftigkeit äußern.[52] Insbesondere kann er
positive oder negative Vorschläge zur Person des zu bestellenden Betreuers abgeben, an die
das Betreuungsgericht nach § 1897 Abs. 4 BGB grundsätzlich gebunden ist. Darüber
hinaus kann die Betreuungsverfügung auch Wünsche und konkrete Vorstellungen zur
Durchführung einer Betreuung enthalten, die der spätere Betreuer grundsätzlich zu beachten hat (§ 1901 Abs. 3 S. 2 BGB).

---

[47] BT-Drs. 17/2583, 12 f.; BeckOK BNotO/*Hushahn* BNotO § 78c Rn. 16.
[48] BT-Drs. 18/10607, 38 f.
[49] Diehn/*Diehn* BNotO § 78 Rn. 34.
[50] BeckOK BNotO/*Hushahn* BNotO § 78a Rn. 8 und § 78c Rn. 18.
[51] Vgl. BT-Drs. 15/2253, 18.
[52] BeckOK BGB/*Müller* § 1897 Rn. 18.

35 Seit dem 1. September 2009 können Betreuungsverfügungen auch „isoliert", d. h. unabhängig von der Erteilung einer Vorsorgevollmacht im Zentralen Vorsorgeregister registriert werden.[53] Da Patientenverfügungen Anweisungen an den Betreuer (§ 1901a Abs. 1 S. 1 BGB) bzw. Bevollmächtigten (§ 1901a Abs. 5 BGB) darstellen, können seitdem auch „isolierte" Patientenverfügungen im Vorsorgeregister eingetragen werden.[54]

36 Die Registrierung im Vorsorgeregister dient allein der Information der Gerichte. Auf das Bestehen und die Wirksamkeit der Vollmacht oder Betreuungsverfügung hat die Eintragung keine Wirkung. Die Registrierung kann die wirksame Vollmachtserteilung daher weder ersetzen, noch ist sie dafür Voraussetzung. Gleiches gilt für den Widerruf einer Vollmacht oder Betreuungsverfügung. Die Eintragung stellt auch weder eine Kundgabe iSd § 171 BGB dar, noch bewirkt sie einen Rechtsscheintatbestand für das Bestehen einer tatsächlich nicht bestehenden Vollmacht.[55]

37 **3. Zentrales Testamentsregister.** Das Zentrale Testamentsregister ist an die Stelle des vormalig dezentral und karteikartenbasiert organisierten **Benachrichtigungssystems in Nachlasssachen** getreten, bei dem der Verwahrungsort erbfolgerelevanter Urkunden bei den Geburtsstandesämtern der Beteiligten oder – für im Ausland geborene Erblasser – der Hauptkartei für Testamente beim Amtsgericht Schöneberg registriert war. Der fehleranfällige und zeitaufwändige Weg der Mitteilung über den Tod des Betroffenen vom Sterbestandesamt über das Geburtsstandesamt bzw. die Hauptkartei für Testamente an die verwahrende Stelle, die schließlich das zuständige Nachlassgericht benachrichtigt und die erbfolgerelevante Urkunde übersendet, wurde dadurch durch ein einfacheres, schnelleres und zuverlässigeres Benachrichtigungssystem ersetzt.[56]

38 Seit seiner Errichtung werden die **Angaben über den Verwahrungsort erbfolgerelevanter Urkunden** unmittelbar im Zentralen Testamentsregisters registriert (§ 78d Abs. 1 S. 1 Nr. 1). Bei notariellen Urkunden werden die Verwahrangaben von dem Notar elektronisch übermittelt (§ 34a Abs. 1 S. 1 BeurkG), bei sonstigen erbfolgerelevanten Urkunden erfolgt die Übermittlung durch das verwahrende Amtsgericht (§ 347 FamFG). Im Todesfall erhält das Testamentsregister eine elektronische Sterbefallmitteilung durch das Sterbestandesamt, bei dem die Todesanzeige eingegangen ist (§ 78e S. 1). Die Registerbehörde gleicht die Mitteilung daraufhin mit seinem Datenbestand ab und benachrichtigt unverzüglich das zuständige Nachlassgericht und die verwahrenden Stellen über den Sterbefall und die etwaigen Verwahrangaben (§ 78e S. 2 und S. 3). Auf diese Weise erfährt das zuständige Nachlassgericht unmittelbar und zeitnah von dem Sterbefall und dem Vorliegen etwaiger erbfolgerelevanter Urkunden, die ihm unmittelbar von der verwahrenden Stelle zugesandt werden. Einer unrichtigen Behandlung des Erbfalls kann dadurch wirksam vorgebeugt werden.

39 Das Testamentsregister dient allein dem zeitnahen und verlässlichen Auffinden von erbfolgerelevanten Informationen. Materielle Rechtswirkung hat die Registrierung erbfolgerelevanter Urkunden bzw. das Fehlen einer Registrierung nicht.[57]

40 **4. Elektronisches Urkundenarchiv.** Die Einrichtung des Elektronischen Urkundenarchivs stellt das Kernstück der Neuordnung der Aufbewahrung von Notariatsunterlagen dar. Das Urkundenarchiv wird ab dem 1.1.2022 die **Führung der elektronischen Urkundensammlung, des Urkundenverzeichnisses** (bisher Urkundenrolle, Namensverzeichnis, Erbvertragsverzeichnis) **und des Verwahrungsverzeichnisses** (bisher Masse- und Verwahrungsbuch samt Namensverzeichnis) ermöglichen (§ 78h Abs. 1 S. 1). Die langfristige elektronische Verwahrung eröffnet die Möglichkeit, die Aufbewahrungsfrist für

---

[53] Gesetz zur Änderung des Zugewinnausgleichs- und Vormundschaftsrechts v. 6.7.2009 (BGBl. I 1696).
[54] Diehn/*Diehn* BNotO § 78a Rn. 1, 4; NK-NachfolgeR/*Gutfried* BNotO § 78a Rn. 6; aA Arndt/Lerch/Sandkühler/*Sandkühler* BNotO § 78 Rn. 49.
[55] BeckOK BNotO/*Hushahn* BNotO § 78a Rn. 4.
[56] S. dazu BT-Drs. 17/2583, 10 f.
[57] BeckOK BNotO/*Hushahn* BNotO § 78c Rn. 15.

die parallel in Papierform aufzubewahrenden Notariatsunterlagen, die erhebliche Raumkapazitäten bindet, zu verkürzen.[58]

Die BNotK als **Urkundenarchivbehörde** hat die erforderlichen technischen und organisatorischen Maßnahmen zu treffen, um die Verfügbarkeit, die Integrität, die Authentizität, die Vertraulichkeit und die Transparenz der Daten des Urkundenverzeichnisses, des Verwahrungsverzeichnisses und der im Elektronischen Urkundenarchiv verwahrten elektronischen Dokumente für die gesamte Dauer der Aufbewahrungsfrist zu gewährleisten (§ 78h Abs. 2). Dabei ist insbesondere dafür zu sorgen, dass der Zugang zum Urkundenverzeichnis, zum Verwahrungsverzeichnis und zu den im Elektronischen Urkundenarchiv verwahrten elektronischen Dokumenten ausschließlich der für die Verwahrung zuständigen Stelle zusteht (§ 78i). 41

Denkbar ist, dass das Elektronische Urkundenarchiv zukünftig auch einen gesicherten „Auskunftsbereich" vorsieht, in dem unter besonderen Voraussetzungen auf die elektronisch gespeicherten Urkunden zugegriffen werden kann. Zudem könnte das Archiv auch als Grundlage für ein Vollmachts- und Titelregister dienen.[59] 42

IV. Weitere Aufgaben und Befugnisse

1. Generalklausel. Nach Abs. 3 S. 1 kann die BNotK über die ihr gesetzlich zugewiesenen Pflichtaufgaben hinaus **auch weitere Aufgaben** übernehmen. Voraussetzung ist, dass diese dem Zweck ihrer Errichtung entsprechen. Dazu zählen insbesondere die berufsständische Vertretung der in den Notarkammern zusammengeschlossenen Notare auf Bundesebene, die Repräsentation der Gesamtheit aller deutschen Notare in der Bundesrepublik Deutschland, die Förderung der fachlichen Zusammenarbeit der Notare untereinander wie auch der Notare mit den Bundesbehörden in Fragen des notariellen Berufsrechts und der Rechtsgebiete, die die Tätigkeit des Notars berühren.[60] Abs. 3 S. 2 enthält eine **nichtabschließende Aufzählung weiterer Betätigungsgebiete** mit besonderer praktischer Bedeutung für den Berufsstand.[61] 43

Als Selbstverwaltungskörperschaft steht es der BNotK grundsätzlich auch ohne ausdrückliche Ermächtigung frei, weitere Aufgaben im Rahmen ihres körperschaftlichen Zwecks zu übernehmen. Die erst im Jahr 1998 eingeführte gesetzliche Regelung[62] hat daher vor allem klarstellenden Charakter.[63] 44

Die weiteren Aufgaben und Befugnisse können in der Satzung näher geregelt werden (vgl. § 90); erforderlich ist eine solche Satzungsregelung jedoch nicht.[64] 45

2. Einzelfälle. a) Maßnahmen zur wissenschaftlichen Beratung und zur Aus- und Fortbildung. Die BNotK kann Maßnahmen ergreifen, die der wissenschaftlichen Beratung der Notarkammern und ihrer Mitglieder, der Fortbildung von Notaren sowie der Aus- und Fortbildung des beruflichen Nachwuchses und der Hilfskräfte der Notare dienen. 46

Zur wissenschaftlichen Beratung der Notare und Notarkammern hat die BNotK bereits 1993 das **Deutsche Notarinstitut (DNotI)** in Würzburg errichtet.[65] Das Institut stellt einen Eigenbetrieb der BNotK dar, dessen Finanzierung jedoch nicht durch die BNotK-Mitgliedsbeiträge der Notarkammern (§ 91), sondern ausschließlich durch zusätzliche Beiträge der freiwillig beigetretenen Notarkammern erfolgt.[66] 47

---

[58] BT-Drs. 18/10607, 37.
[59] BT-Drs. 18/10607, 38.
[60] BT-Drs. 13/4184, 32 rechte Spalte.
[61] BT-Drs. 13/4184, 32 f.
[62] Drittes Gesetz zur Änderung der Bundesnotarordnung v. 31.8.1998 (BGBl. I 2585).
[63] BT-Drs. 13/4184, 32 rechte Spalte; BeckOK BNotO/*Görk* BNotO § 78 Rn. 40 mit Hinweis auf den Rechtsstreit zur Zulässigkeit der Einrichtung des Deutschen Notarinstituts.
[64] Arndt/Lerch/Sandkühler/*Sandkühler* BNotO § 78 Rn. 63.
[65] Zur Zulässigkeit der Errichtung s. BGH DNotZ 1997, 809.
[66] Diehn/*Diehn* BNotO § 78 Rn. 43.

48 Zur Fortbildung von Notaren sowie zur Aus- und Fortbildung des beruflichen Nachwuchses und der Hilfskräfte der Notare greift die BNotK vor allem auf das Fachinstitut für Notare beim **Deutschen Anwaltsinstitut e. V. (DAI)** zurück, einer gemeinsam mit der Bundesrechtsanwaltskammer und den Rechtsanwalts- und Notarkammern betriebenen Aus- und Fortbildungseinrichtung.

49 Auch die Herausgabe der **Deutschen Notarzeitschrift** sowie die turnusmäßige Veranstaltung des **Deutschen Notartags** (vgl. § 2 S. 3 der Satzung der BNotK) stellen Maßnahmen zur wissenschaftlichen Beratung und Fortbildung der Notare dar.[67]

50 b) **Verwaltung der Notardaten.** In Abs. 3 S. 2 wird klargestellt, dass die BNotK zur Verwaltung der Notardaten befugt ist. Unter Notardaten sind neben den Angaben zu den **aktuell bestellten Notaren** auch die Angaben zu **ausgeschiedenen Notaren** und den Stellen, die deren Urkunden verwahren (§ 51), zu verstehen.[68] Auch die Angaben zu den bestellten **Notarvertretern** fallen in diesen Bereich.

51 Bislang hat die BNotK auf Grundlage des Abs. 3 S. 2 das Notarverzeichnis geführt, dessen Führung ihr nach Abs. 1 S. 2 Nr. 8 nunmehr jedoch als Pflichtaufgabe zugewiesen wurde. Künftig kann die Regelung als Grundlage für die Erfassung und Verwaltung von Notardaten dienen, **die über die vom gesetzlichen Auftrag für das Notarverzeichnis geregelten Daten hinausgehen.**

52 c) **Elektronische Kommunikation, Aktenführung und sonstige elektronische Datenverarbeitung.** Abs. 3 S. 2 nennt die Befugnis der BNotK, die **elektronische Kommunikation** der Notare mit Gerichten, Behörden und sonstigen Dritten sowie die **elektronische Aktenführung** und die **sonstige elektronische Datenverarbeitung** der Notare zu unterstützen.

53 Unter elektronischer Kommunikation ist **sämtliche auf elektronische Art und Weise erfolgende Datenverarbeitung und -übermittlung** zu verstehen. Maßnahmen im Bereich der elektronischen Kommunikation betreffen grundsätzlich die Gesamtheit der Notare, sodass die BNotK insoweit umfassend tätig werden kann.[69] Welche Maßnahmen sie dabei trifft, steht ihr grundsätzlich frei: Sie kann Lösungen selbst (zB mithilfe der Zertifizierungsstelle) oder durch Tochterunternehmen (zB die NotarNet GmbH) entwickeln und zur Verfügung stellen, kann solche aber auch bei externen Anbietern in Auftrag geben.[70] Vom Kompetenzbereich erfasst ist auch die Förderung des elektronischen Rechtsverkehrs ohne (unmittelbare) Beteiligung der Notare, da die Notare als Teil der vorsorgenden Rechtspflege auch daran ein eigenes Interesse haben. Insoweit ist Abs. 3 S. 2 weit auszulegen. Die Kommunikation mit sonstigen Dritten betrifft zum Beispiel den sicheren Datenaustausch mit den die Tätigkeit des Notars berührenden Berufen wie Rechtsanwälten oder Steuerberatern und die sichere Kommunikation mit Mandanten.

54 Die Tätigkeiten der BNotK in dem Bereich der elektronischen Kommunikation sind vielfältig: Sie umfassen beispielsweise die Errichtung und den Betrieb einer **Zertifizierungsstelle,** die als Zertifizierungsdienstleistungen u. a. fortgeschrittene Softwarezertifikate sowie Signaturkarten mit qualifizierten Zertifikaten herausgibt. Mit diesen Signaturkarten können qualifizierte elektronische Signaturen erstellt werden, welche die Schriftform im elektronischen Rechtsverkehr ersetzen können und die Errichtung einfacher elektronischer Zeugnisse iSd § 39a BeurkG ermöglichen. Grundsätzlich könnte die BNotK auch qualifizierte elektronische Fernsignaturen herausgeben, deren Verwendung den Notaren (nicht jedoch der Justiz und den Rechtsanwälten) allerdings nach § 33 Abs. 3 untersagt ist. Zu den Aktivitäten der BNotK gehört auch die Errichtung und der Betrieb des **„Notarnetzes",** einem sicheren Intranetzwerk für Notare, sowie die Entwicklung und der Vertrieb von Software zur elektronischen Kommunikation (wie zB „XNotar"). Als Maßnahme zur

---

[67] Arndt/Lerch/Sandkühler/*Sandkühler* BNotO § 78 Rn. 66.
[68] BeckOK BNotO/*Görk* BNotO § 78 Rn. 44.
[69] Diehn/*Diehn* BNotO § 78 Rn. 55.
[70] Diehn/*Diehn* BNotO § 78 Rn. 56.

Förderung des elektronischen Rechtsverkehrs ohne (unmittelbare) Beteiligung der Notare dient beispielsweise die Ausstellung von Signaturkarten und Fernsignaturen an Justizangehörige, Verwaltungsmitarbeiter und Rechtsanwälte sowie die Ausstattung mit Zugangskarten für das besondere elektronische Anwaltspostfach „beA" nach § 31a BRAO. Ebenfalls zulässig dürfte in diesem Zusammenhang die Ausstellung von Signaturkarten oder Fernsignaturen an ausländische Notare sein.

Die Kompetenz zur Unterstützung der elektronischen Aktenführung und sonstigen 55 elektronischen Datenverarbeitung der Notare dient der Klarstellung, dass die BNotK die Notare bei der Ausschöpfung der Integrations- und Verknüpfungsmöglichkeiten, die sich aus dem Einsatz elektronischer Verfahren in der notariellen Praxis ergeben, unterstützen darf.[71]

d) Weitere Aufgaben und Befugnisse. Zu den weiteren Befugnissen der BNotK, die 56 in der Aufzählung in Abs. 3 S. 2 nicht enthalten sind, gehört die **Presse- und Öffentlichkeitsarbeit** in notarrelevanten Themen.[72] Diese liegt im Interesse des gesamten Berufsstands und ist daher vom Selbstverwaltungszweck der BNotK erfasst. Sofern es um Themen geht, die in die ausschließliche Zuständigkeit der BNotK fällt, hat dies grundsätzlich auch für die Öffentlichkeitsarbeit zu gelten.

Ebenfalls erfasst ist die Befugnis der BNotK die von ihr verwalteten Notardaten zur 57 Information der Öffentlichkeit durch geeignete Medien – zB die **Deutsche Notarauskunft** (www.notar.de) oder das **europäische Notarverzeichnis** (www.notarverzeichnis.eu) – zu veröffentlichen. Dadurch soll den Bürgerinnen und Bürgern erleichtert werden, einen Notar in ihrer Nähe oder mit besonderen Sprachkenntnissen zu finden. Die Veröffentlichung der Notardaten zur Information der Öffentlichkeit dient der Gesamtheit der Notare und ist somit vom Selbstverwaltungszweck der BNotK erfasst. Da die veröffentlichten Daten lediglich die Stellung des jeweiligen Notars als Amtsträger betreffen und damit keine personenbezogenen Daten darstellen, bedarf die Veröffentlichung weder der Einwilligung durch den Notar noch kann ein Notar der Veröffentlichung widersprechen.[73]

V. Prüfungsamt für die notarielle Fachprüfung

Als weitere Pflichtaufgabe ist auch die Errichtung und der Betrieb des bei der BNotK 58 errichteten Prüfungsamts für die notarielle Fachprüfung anzusehen (§ 7g Abs. 1).[74] Das Prüfungsamt ist jedoch **fachlich unabhängig** ausgestaltet. Es wird im Zusammenhang mit der notariellen Fachprüfung im Verwaltungsverfahren und im gerichtlichen Verfahren vom Leiter des Prüfungsamtes vertreten. Der Leiter und sein ständiger Vertreter werden im Einvernehmen mit den Landesjustizverwaltungen, in deren Bereich Anwaltsnotare bestellt werden, nach Anhörung der BNotK durch das Bundesministerium der Justiz und für Verbraucherschutz für die Dauer von fünf Jahren bestellt. Die **Fachaufsicht** über den Leiter des Prüfungsamtes und die Aufgabenkommission übt nach § 7g Abs. 5 der **Verwaltungsrat** aus, der aus einem vom Bundesministerium der Justiz und für Verbraucherschutz, einem von der BNotK und drei einvernehmlich von den Landesjustizverwaltungen, in deren Bereich Anwaltsnotare bestellt werden, benannten Mitgliedern besteht. Finanziert wird das Prüfungsamt nicht durch die Mitgliedsbeiträge der Notarkammern nach § 91, sondern durch die nach § 7h für die in Zusammenhang mit der Prüfung erhobenen Gebühren. Auch insoweit besteht eine getrennte Haushaltsführung (→ Rn. 31).

---

[71] BT-Drs. 18/10607, 66.
[72] BeckOK BNotO/*Görk* BNotO § 78 Rn. 46.
[73] Dazu *Diehn*/*Diehn* BNotO § 78 Rn. 50, 51.
[74] *Diehn*/*Diehn* BNotO § 78 Rn. 60.

§ 78a Zentrales Vorsorgeregister; Verordnungsermächtigung

(1) ¹Die Bundesnotarkammer führt als Registerbehörde ein automatisiertes elektronisches Register über Vorsorgevollmachten und Betreuungsverfügungen. ²Das Bundesministerium der Justiz und für Verbraucherschutz führt die Rechtsaufsicht über die Registerbehörde.

(2) In das Zentrale Vorsorgeregister dürfen Angaben aufgenommen werden über
1. Vollmachtgeber,
2. Bevollmächtigte,
3. die Vollmacht und deren Inhalt,
4. Vorschläge zur Auswahl des Betreuers,
5. Wünsche zur Wahrnehmung der Betreuung und
6. den Vorschlagenden.

(3) Das Bundesministerium der Justiz und für Verbraucherschutz hat durch Rechtsverordnung mit Zustimmung des Bundesrates die näheren Bestimmungen zu treffen über
1. die Einrichtung und Führung des Registers,
2. die Auskunft aus dem Register,
3. die Anmeldung, Änderung und Löschung von Registereintragungen,
4. die Einzelheiten der Datenübermittlung und -speicherung und
5. die Einzelheiten der Datensicherheit.

A. Normzweck

1 Während § 78a Abs. 1 S. 1 die Rechtsgrundlage für eine Registrierung von Vorsorgevollmachten und Betreuungsverfügungen (Vorsorgeurkunden) durch die Bundesnotarkammer schafft, bestimmt § 78a Abs. 2 den Inhalt des von dieser geführten Zentralen Vorsorgeregisters (ZVR). Dieses Register dient dazu, dem Betreuungs- bzw. Familiengericht Kenntnis vom Vorhandensein und dem wesentlichen Inhalt einer Vorsorgevollmacht (§ 1896 Abs. 2 S. 2 BGB) und/oder einer Betreuungsverfügung (§ 1897 Abs. 4 BGB) sowie von den Kontaktdaten des Bevollmächtigten bzw. vorgeschlagenen Betreuers zu verschaffen.

2 Die Registrierung einer Vorsorgevollmacht dient ausschließlich der Information der Gerichte über das Vorhandensein einer Vorsorgevollmacht oder einer Betreuungsverfügung, beinhaltet aber keine Aussage über deren **zivilrechtliche Wirksamkeit**. Sie stellt weder eine öffentliche Bekanntmachung iSd § 171 BGB dar, noch schafft sie Rechtsscheintatbestände im Sinne einer Anscheins- oder Duldungsvollmacht.[1] Andererseits lässt die Löschung der Registrierung keinen Schluss zu, dass damit die erteilte Vorsorgevollmacht bzw. der Betreuervorschlag widerrufen bzw. aufgehoben worden ist. Das ZVR entbindet das Betreuungsgericht bei der Entscheidung über die Anordnung einer Betreuung gem. § 1896 BGB folglich nicht von der Pflicht, alle entscheidungsrelevanten Umstände eigenverantwortlich zu erforschen. Das Gericht hat deshalb insbesondere folgendes zu prüfen:[2]
– die wirksame Errichtung der Urkunden und dabei vor allem die Geschäftsfähigkeit des Vollmachtgebers bzw. die Handlungsfähigkeit des Betroffenen,
– die Bereitschaft des Bevollmächtigten bzw. Betreuers zur Übernahme der Tätigkeit sowie
– einen etwaigen Widerruf der Vollmacht bzw. eine Änderung und/oder Aufhebung der Betreuungsverfügung.

---

[1] NK-NachfolgeR/*Solomon* BNotO § 78a Rn. 8.
[2] Vgl. Schippel/Bracker/*Görk* BNotO § 78a Rn. 3.

B. Registrierungsantrag

Die Registrierung einer Vorsorgevollmacht oder einer Betreuungsverfügung im Vorsorgeregister erfolgt nur auf – formfreien – **Antrag** (§ 2 VRegV). Es besteht also kein Registerzwang. Der Antrag muss vom Vollmachtgeber bzw. dem Betroffenen gestellt werden, der sich dabei wiederum vertreten lassen kann. Auch der **Notar,** der eine Vorsorgevollmacht bzw. Betreuungsverfügung beurkundet oder die Unterschrift darunter beglaubigt, bedarf zur Veranlassung der Registrierung deshalb einer Anweisung des Vollmachtgebers bzw. des Betroffenen. Der Notar soll allerdings bei der Beurkundung einer Vorsorgevollmacht auf die Möglichkeit der Registrierung beim Zentralen Vorsorgeregister gem. § 20a BeurkG hinweisen. Vermerke über die Belehrung und die Anweisung des Beteiligten in der Urkunde sind zwar nicht vorgeschrieben, aber zweckmäßig. Eine entsprechende Regelung für Betreuungsverfügungen fehlt zwar, doch rechtfertigt der Zweck dieser Norm deren analoge Anwendung auf die Beurkundung isolierter Betreuungsverfügungen iSd § 1901c BGB. Das Interesse der Gerichte am Bekanntwerden von Betreuungsverfügungen ist schließlich ebenso groß wie bei Vorsorgevollmachten. Auch ein Rechtsanwalt oder eine beim ZVR registrierte Betreuungsbehörde oder Betreuungsverein darf die Registrierung nur aufgrund einer Vollmacht des Vollmachtgebers bzw. Betroffenen veranlassen. 3

C. Umfang und Inhalt der Registrierung

Registriert werden können **Vorsorgevollmachten.** Dies sind alle Vollmachten, die geeignet erscheinen, die Anordnung einer Betreuung nach § 1896 Abs. 2 S. 2 BGB entbehrlich zu machen. Darunter fallen Generalvollmachten auch dann, wenn sie nicht mit einer Gesundheitsfürsorgevollmacht verbunden sind. Selbst Spezialvollmachten (zB für Bank- oder Grundstücksgeschäfte) sind registerfähig, wenn sie dem Vorsorgezweck iSd § 1896 Abs. 2 S. 2 BGB dienen. Registrierungen sind dabei ohne Rücksicht darauf möglich, ob die Vorsorgevollmacht und/oder Betreuungsverfügung privatschriftlich oder unter amtlicher Mitwirkung eines Notars (Beurkundung oder Unterschriftsbeglaubigung) errichtet worden sind. 4

§ 78a Abs. 1 S. 1 erlaubt jetzt ausdrücklich auch die Registrierung von isolierten **Betreuungsverfügungen.** Die Betreuungsverfügung ist die selbstbestimmte Vorsorge für den Fall, dass ein Betreuungsverfahren erforderlich ist, weil man selbst nicht mehr in der Lage ist, die eigenen Angelegenheiten zu regeln. Sie entfaltet Wirkungen erst dann, wenn und soweit eine Betreuung tatsächlich erforderlich ist (§ 1896 BGB). Im Unterschied zur Vorsorgevollmacht soll eine Betreuung nicht vermieden, sondern lediglich konkret beeinflusst werden, insbesondere im Hinblick auf die Auswahl des Betreuers sowie auf dessen Pflichten in Bezug auf die Personen- und/oder Vermögenssorge. Inhalt einer Betreuungsverfügung kann gem. §§ 1897 Abs. 4, 1901 Abs. 3 BGB insbesondere sein: 5
– die – positive oder negative – Bestimmung der Person des Betreuers,
– das Aufenthaltsbestimmungsrecht,
– die Personen- und Gesundheitsfürsorge,
– die Vermögenssorge.

Patientenverfügungen sind dagegen nur als Bestandteil einer Vorsorgevollmacht oder einer Betreuungsverfügung registerfähig.[3] Die Erfassung isolierter Patientenverfügungen ist dagegen (noch immer) ausgeschlossen. 6

Registriert werden folgende Daten zu einer Vorsorgevollmacht: 7

---

[3] NK-NachfolgeR/*Solomon* BNotO § 78a Rn. 6.

- Familienname, Geburtsname, Vorname(n), Geschlecht, Geburtsdatum, Geburtsort und Anschrift des **Vollmachtgebers bzw. Betroffenen** (§ 1 Abs. 1 Nr. 1 VRegV),
- Familienname, Geburtsname, Vorname(n), Geburtsdatum, Anschrift und Rufnummer des **Bevollmächtigten bzw. Betreuers** (§ 1 Abs. 1 Nr. 2 VRegV),
- Angaben zur **Identifizierung bzw. Auffindbarkeit der Vollmacht** (§ 1 Abs. 1 Nr. 3 und Nr. 4 VRegV) und bei notariell errichteten Vollmachten darüber hinaus die Urkundenrollennummer, das Urkundsdatum sowie die Bezeichnung des Notars und die Anschrift seiner Geschäftsstelle (§ 1 Abs. 2 VRegV),
- weitere Angaben zum **Umfang der Vorsorgevollmacht** (§ 1 Abs. 1 Nr. 5 VRegV),
- **besondere Anordnungen oder Wünsche** über das Verhältnis mehrerer Bevollmächtigter zueinander, für den Fall, dass das Betreuungsgericht einen Betreuer bestellt, hinsichtlich Art und Umfang medizinischer Versorgung (§ 1 Abs. 1 Nr. 6 VRegV).

8 Bei einer Betreuungsverfügung gelten diese Vorschriften entsprechend (§ 10 S. 2 VRegV).

D. Änderungen, Ergänzungen und Löschungen

9 Weil kein Registerzwang besteht (→ Rn. 3), sind gem. § 5 Abs. 1 VRegV sämtliche Eintragungen grundsätzlich nur auf schriftlichen **Antrag des Vollmachtgebers** zu ändern, zu ergänzen oder zu löschen. Wurden Vorsorgeurkunden versehentlich registriert, können sie auf schriftlichen Antrag innerhalb einer Frist von zwei Wochen kostenfrei gelöscht werden.

10 Die **Löschung** der Eintragungen kommt vor allem im Falle eines Widerrufs der Vorsorgevollmacht bzw. der Betreuungsverfügung in Betracht. Da nach der Löschung die ursprünglichen Eintragungen nicht mehr nachvollzogen werden können, sind an Löschungsanträge besonders strenge Anforderungen zu stellen, um ungerechtfertigte Löschungen aus dem Register zu vermeiden.[4] Bei **Änderungen** und **Ergänzungen** soll deshalb gem. § 5 Abs. 2 VRegV die ursprüngliche Eintragung erkennbar bleiben.

11 Beim **Tod des Vollmachtgebers** wird dies von Amts wegen gebührenfrei im ZVR vermerkt, sobald der Registerbehörde eine Sterbefallmitteilung oder eine Sterbeurkunde zugeht. Die Erben können jedoch unter Vorlage eines Erbscheins, ersatzweise eines Protokolls über die Eröffnung einer Verfügung von Todes wegen (§ 348 FamFG) mit eindeutiger Erbeinsetzung bei der BNotK beantragen, den Eintrag kostenpflichtig löschen zu lassen.

12 Aus datenschutzrechtlichen Gründen kann auch der **Bevollmächtigte bzw. der als Betreuer Vorgeschlagene** gem. §§ 5 Abs. 3 S. 1, 10 S. 2 VRegV schriftlich beantragen, seine eigenen personenbezogenen Daten (§ 1 Abs. 1 Nr. 2 VRegV) vollständig löschen zu lassen.[5] Änderungen und Ergänzungen kann der Bevollmächtigte dagegen nicht beantragen. Der Vollmachtgeber sollte über die auf Antrag eines Bevollmächtigten vorgenommene Löschung personenbezogener Daten informiert werden, da ohne diese Angaben die Registrierung einer Vorsorgeurkunde aus der Sicht des Vollmachtgebers bzw. Betroffenen keinen Sinn mehr macht. Er hat nach Erhalt dieser Mitteilung selbst zu entscheiden, ob er die unvollständige Registrierung beibehalten oder eine andere Person bevollmächtigen bzw. als Betreuer vorschlagen will.

13 Von Amts wegen sind alle Eintragungen nach **Ablauf von 110 Jahren** ab der Geburt des Vollmachtgebers bzw. Betroffenen zu löschen (§§ 5 Abs. 4, 10 S. 2 VRegV), wobei auf das eingetragene Geburtsdatum abzustellen ist.[6]

14 Die Eintragung kann von Amts wegen gelöscht werden, wenn die **Eintragungsgebühr** nicht bezahlt wird. Vor einer solchen Löschung ist dem Vollmachtgeber bzw. Betroffenen

---

[4] Schippel/Bracker/*Görk* BNotO § 78a Rn. 31.
[5] Kritisch dazu Schippel/Bracker/*Görk* BNotO § 78a Rn. 13 f.
[6] Schippel/Bracker/*Görk* BNotO § 78a Rn. 25.

jedoch in Analogie zu § 3 Abs. 2 VRegV eine Frist von mindestens 30 Tagen einzuräumen, wobei er auf die Frist und die Folge der Fristversäumnis (Löschung) ausdrücklich hinzuweisen ist.[7]

E. Registerverfahren

Die Registrierung kann durch den Vollmachtgeber bzw. den Betroffenen persönlich, aber auch durch den Notar, einen Rechtsanwalt oder eine Betreuungsbehörde im Namen des Vollmachtgebers vorgenommen werden. Notare, Rechtsanwälte, Betreuungsvereine, Betreuungsbehörden und sonstige Personen oder Einrichtungen, zu deren beruflicher, satzungsgemäßer oder gesetzlicher Tätigkeit es gehört, Vorsorgeurkunden im Zentralen Vorsorgeregister der Bundesnotarkammer zu registrieren, können sich als institutionelle Nutzer gem. § 4 VRegGebS registrieren lassen und damit ermäßigte Registrierungsgebühren (Nr. 20 f. des Gebührenverzeichnisses) in Anspruch nehmen. Zahlt ein Antragsteller einen verlangten Vorschuss innerhalb angemessener Frist nicht, gilt der Antrag nach § 3 Abs. 2 S. 1 VRegV als zurückgenommen. Nach § 3 Abs. 1 VRegV kann die BNotK die Zahlung eines zur Deckung der Gebühren hinreichenden Kostenvorschusses verlangen.

Zum Schutz des Grundrechts auf informationelle Selbstbestimmung gem. Art. 1, 2 Abs. 1 GG[8] dürfen die personenbezogenen Daten des Bevollmächtigten bzw. des vorgeschlagenen Betreuers nur mit dessen Zustimmung im ZVR gespeichert werden. Nach jeder Neueintragung wird deshalb jeder Bevollmächtigte bzw. vorgeschlagene Betreuer über die Daten des Vollmachtgebers bzw. Betroffenen und den Zweck des Zentralen Vorsorgeregisters aufgeklärt, damit er beurteilen kann, warum seine personenbezogenen Daten eingetragen wurden. § 4 S. 1 VRegV schließt die weitergehenden Pflichten gemäß Art. 14 der Verordnung (EU) 2016/679 nicht aus (§ 4 S. 2 VRegV). Hat ein Bevollmächtigter bzw. vorgeschlagener Betreuer schriftlich in die Speicherung der Daten zu seiner Person eingewilligt, entfällt eine gesonderte Benachrichtigung durch das Zentrale Vorsorgeregister. Allerdings können nur institutionelle Nutzer bei der Online-Meldung mitteilen, dass ihnen eine entsprechende schriftliche Erklärung der gewählten Vertrauensperson vorliegt. Diese muss dem Zentralen Vorsorgeregister jedoch nicht vorgelegt werden. Bei Online-Meldungen von Privatpersonen erfolgt immer eine Benachrichtigung des Bevollmächtigten bzw. des vorgeschlagenen Betreuers.

Nach Abschluss des Eintragungsverfahrens wird bei Neueintragungen zusätzlich eine persönliche ZVR-Card als Dokumentation der Eintragung im Zentralen Vorsorgeregister ausgestellt und dem Registrierenden ausgehändigt. Die ZVR-Card ist eine Plastikkarte im Scheckkartenformat, auf der der Name des Vollmachtgebers bzw. Betroffenen sowie die Namen und Telefonnummern von bis zu zwei Vertrauenspersonen handschriftlich vermerkt werden können.

F. Registerbehörde, Rechtsaufsicht

Die Führung des ZVR ist eine gesetzliche **Pflichtaufgabe** der BNotK. § 78a Abs. 1 S. 2 stellt dabei klar, dass die Aufsicht durch das Ministerium auf die Kontrolle der Rechtmäßigkeit der Tätigkeit der BNotK als Registerbehörde beschränkt ist, obwohl die Führung des ZVR nicht zu deren Selbstverwaltungsangelegenheiten gehört. Eine Fachaufsicht findet zwar nicht statt, doch hat die BNotK die sehr detaillierten Vorgaben durch Gesetz und Verordnung umzusetzen. Weil Ermessens- oder Beurteilungsspielräume nicht bestehen, kommt der Beschränkung auf die Rechtsaufsicht keine wesentliche Bedeutung zu.

---

[7] Schippel/Bracker/*Görk* BNotO § 78a Rn. 26.
[8] Vgl. BVerfGE 65, 1 (43 f.); 80, 367 (373); 84, 375 (379).

G. Ermächtigungsgrundlage

19 § 78a Abs. 3 enthält die Rechtsgrundlage für den Erlass der Verordnung über das Zentrale Vorsorgeregister (VRegV) vom 21.2.2005 (BGBl. I 318), zuletzt geändert durch Art. 5 des Gesetzes zur Umsetzung der RL (EU) 2016/680 im Strafverfahren sowie zur Anpassung datenschutzrechtlicher Bestimmungen an die VO (EU) 2016/679 vom 20.11.2019 (BGBl. I 1724), die im Anhang zu dieser Kommentierung abgedruckt ist.

Anhang zu § 78a: Verordnung über das Zentrale Vorsorgeregister (Vorsorgeregister-Verordnung – VRegV)

Vom 21. Februar 2005

(BGBl. I S. 318)

FNA 303-1-1

zuletzt geändert durch Art. 5 G zur Umsetzung der RL (EU) 2016/680 im Strafverfahren sowie zur Anpassung datenschutzrechtlicher Bestimmungen an die VO (EU) 2016/679 vom 20.11.2019 (BGBl. I S. 1724)

§ 1 Inhalt des Zentralen Vorsorgeregisters

(1) Die Bundesnotarkammer stellt die Eintragung folgender personenbezogener Daten im Zentralen Vorsorgeregister sicher:
1. Daten zur Person des Vollmachtgebers:
    a) Familienname,
    b) Geburtsname,
    c) Vornamen,
    d) Geschlecht,
    e) Geburtsdatum,
    f) Geburtsort,
    g) Anschrift (Straße, Hausnummer, Postleitzahl, Ort),
2. Daten zur Person des Bevollmächtigten:
    a) Familienname,
    b) Geburtsname,
    c) Vornamen,
    d) Geburtsdatum,
    e) Anschrift (Straße, Hausnummer, Postleitzahl, Ort),
    f) Rufnummer,
3. Datum der Errichtung der Vollmachtsurkunde,
4. Aufbewahrungsort der Vollmachtsurkunde,
5. Angaben, ob Vollmacht erteilt wurde zur Erledigung von
    a) Vermögensangelegenheiten,
    b) Angelegenheiten der Gesundheitssorge und ob ausdrücklich Maßnahmen nach § 1904 Abs. 1 Satz 1 und § 1906a Absatz 1 und 4 des Bürgerlichen Gesetzbuchs umfasst sind,
    c) Angelegenheiten der Aufenthaltsbestimmung und ob ausdrücklich Maßnahmen nach § 1906 Absatz 1 und 4 des Bürgerlichen Gesetzbuchs umfasst sind,
    d) sonstigen persönlichen Angelegenheiten,
6. besondere Anordnungen oder Wünsche
    a) über das Verhältnis mehrerer Bevollmächtigter zueinander,
    b) für den Fall, dass das Betreuungsgericht einen Betreuer bestellt,
    c) hinsichtlich Art und Umfang medizinischer Versorgung.

(2) Ist die Vollmacht in öffentlich beglaubigter oder notariell beurkundeter Form errichtet worden, dürfen darüber hinaus die Urkundenrollennummer, das Urkundsdatum sowie die Bezeichnung des Notars und die Anschrift seiner Geschäftsstelle aufgenommen werden.

(3) Die Eintragung erfolgt unter Angabe ihres Datums.

§ 2 Eintragungsantrag

(1) [1] Die Eintragung erfolgt auf schriftlichen Antrag des Vollmachtgebers. [2] Der Antrag hat mindestens die Angaben nach § 1 Abs. 1 Nr. 1 Buchstabe a, c bis g zu enthalten. [3] Sollen auch Angaben über den Bevollmächtigten eingetragen werden, muss der Antrag zudem mindestens die Angaben nach § 1 Abs. 1 Nr. 2 Buchstabe a, c und e enthalten. [4] Die Angaben nach § 1 Abs. 3 werden unabhängig von dem Antrag eingetragen.

(2) [1] Der Antrag kann auch im Wege der Datenfernübertragung gestellt werden, soweit die Bundesnotarkammer diese Möglichkeit eröffnet hat. [2] Die Bundesnotarkammer hat dem jeweiligen Stand der Technik entsprechende Maßnahmen zur Sicherstellung von Datenschutz und Datensicherheit nach den Artikeln 24, 25 und 32 der Verordnung (EU) 2016/679 des Europäischen Parlaments und des Rates vom 27. April 2016 zum Schutz natürlicher Personen bei der Verarbeitung personenbezogener Daten, zum freien Datenverkehr und zur Aufhebung der Richtlinie 95/46/EG (Datenschutz-Grundverordnung) (ABl. L 119 vom 4.5.2016, S. 1; L 314 vom 22.11.2016, S. 72; L 127 vom 23.5.2018, S. 2) zu treffen, die insbesondere die Vertraulichkeit und Unversehrtheit der Daten gewährleisten; im Falle der Nutzung allgemein zugänglicher Netze sind dem jeweiligen Stand der Technik entsprechende Verschlüsselungsverfahren anzuwenden.

(3) [1] In Zweifelsfällen hat die Bundesnotarkammer sich von der Identität des Antragstellers zu überzeugen. [2] Im Übrigen prüft sie die Richtigkeit der mit dem Antrag übermittelten Angaben nicht.

§ 3 Vorschuss, Antragsrücknahme bei Nichtzahlung

(1) [1] Die Bundesnotarkammer kann die Zahlung eines zur Deckung der Gebühren hinreichenden Vorschusses verlangen. [2] Sie kann die Vornahme der Eintragung von der Zahlung oder Sicherstellung des Vorschusses abhängig machen.

(2) [1] Wird ein verlangter Vorschuss innerhalb angemessener Frist nicht gezahlt, gilt der Antrag als zurückgenommen. [2] Die Frist sowie die Rechtsfolge der Fristversäumnis sind mit dem Verlangen des Vorschusses mitzuteilen. [3] Die Frist darf 30 Tage nicht unterschreiten.

§ 4 Benachrichtigung des Bevollmächtigten

[1] Nach Eingang des Eintragungsantrags hat die Bundesnotarkammer einen Bevollmächtigten, der nicht schriftlich in die Speicherung der Daten zu seiner Person eingewilligt hat, schriftlich über die nach § 1 Abs. 1 Nr. 1 Buchstabe a, c, g und Nr. 2 bis 6 gespeicherten Daten zu unterrichten. [2] Artikel 14 der Verordnung (EU) 2016/679 bleibt unberührt.

§ 5 Änderung, Ergänzung und Löschung von Eintragungen

(1) [1] Änderungen, Ergänzungen und Löschungen von Eintragungen erfolgen auf schriftlichen Antrag des Vollmachtgebers. [2] § 2 Abs. 2, 3 und § 3 gelten entsprechend.

(2) Bei der Eintragung von Änderungen und Ergänzungen ist sicherzustellen, dass die bisherige Eintragung auf Anforderung erkennbar bleibt.

(3) [1] Daten nach § 1 Abs. 1 Nr. 2 sind auch auf schriftlichen Antrag des Bevollmächtigten zu löschen. [2] § 2 Abs. 2 und 3 gilt entsprechend.

(4) Eintragungen sind 110 Jahre nach der Geburt des Vollmachtgebers zu löschen.

§ 6 Auskunft an die Betreuungsgerichte und die Landgerichte als Beschwerdegerichte

(1) [1] Die Auskunft aus dem Register erfolgt im Wege eines automatisierten Abrufverfahrens, sofern die Bundesnotarkammer zuvor mit der jeweiligen Landesjustizverwaltung schriftlich Fest-

legungen zu den technischen und organisatorischen Maßnahmen zur Gewährleistung des Datenschutzes und der Datensicherheit nach den Artikeln 24, 25 und 32 der Verordnung (EU) 2016/679 getroffen hat. ²§ 2 Abs. 2 Satz 2 gilt entsprechend.

(2) ¹Die Auskunft aus dem Register erfolgt auch auf schriftliches oder elektronisches Ersuchen des Betreuungsgerichts und des Landgerichts als Beschwerdegericht. ²Bei besonderer Dringlichkeit, insbesondere wenn die Bestellung eines vorläufigen Betreuers im Rahmen einer einstweiligen Anordnung in Betracht kommt, kann das Ersuchen auch fernmündlich gestellt werden. ³In jedem Fall haben das Betreuungsgericht und das Landgericht als Beschwerdegericht das Geschäftszeichen ihres Betreuungsverfahrens anzugeben.

(3) ¹In den Fällen des Absatzes 2 erteilt die Bundesnotarkammer die Auskunft aus dem Register schriftlich oder elektronisch. ²Hierbei sind die erforderlichen Maßnahmen zu treffen, um die Authentizität des Ersuchens zu prüfen und die Vertraulichkeit der Auskunft zu gewährleisten.

§ 7 Protokollierung der Auskunftserteilungen

(1) ¹Die Zulässigkeit der Auskunftsersuchen prüft die Bundesnotarkammer nur, wenn sie dazu nach den Umständen des Einzelfalls Anlass hat. ²Für die Kontrolle der Zulässigkeit der Ersuchen und für die Sicherstellung der ordnungsgemäßen Datenverarbeitung protokolliert die Bundesnotarkammer alle nach § 6 erteilten Auskünfte elektronisch. ³Zu protokollieren sind die Daten zur Person des Vollmachtgebers, das ersuchende Betreuungsgericht oder das Landgericht als Beschwerdegericht, dessen Geschäftszeichen, der Zeitpunkt des Ersuchens sowie die übermittelten Daten.

(2) ¹Die Protokolle dürfen nur für Zwecke der Datenschutzkontrolle, der Datensicherung und der Sicherstellung eines ordnungsgemäßen Registerbetriebs verwendet werden. ²Ferner kann der Vollmachtgeber auf der Grundlage der Protokolle Auskunft darüber verlangen, welche Auskünfte aus dem Register erteilt worden sind. ³Satz 2 gilt entsprechend für den Bevollmächtigten, sofern Daten zu seiner Person gespeichert sind. ⁴Die Protokolle sind gegen zweckfremde Verwendung zu schützen.

(3) ¹Die Protokolle werden nach Ablauf des auf ihre Erstellung folgenden Kalenderjahres gelöscht. ²Das Bundesministerium der Justiz und für Verbraucherschutz löscht Protokolle, die ihm nach Absatz 1 Satz 4 zur Verfügung gestellt worden sind, ein Jahr nach ihrem Eingang, sofern sie nicht für weitere, bereits eingeleitete Prüfungen benötigt werden.

§ 8 Aufbewahrung von Dokumenten

¹Die ein einzelnes Eintragungs- oder Auskunftsverfahren betreffenden Dokumente hat die Bundesnotarkammer fünf Jahre aufzubewahren. ²Die Aufbewahrungsfrist beginnt mit dem Schluss des Kalenderjahres, in dem die letzte Verfügung zur Sache ergangen ist oder die Angelegenheit ihre Erledigung gefunden hat. ³Nach Ablauf der Aufbewahrungsfrist sind die Dokumente zu vernichten.

§ 9 Betreuungsverfügungen

¹Im Zentralen Vorsorgeregister können auch Betreuungsverfügungen unabhängig von der Eintragung einer Vollmacht registriert werden. ²Die §§ 1 bis 8 gelten entsprechend.

§ 78b Auskunft und Gebühren

(1) ¹Die Registerbehörde erteilt Gerichten auf Ersuchen Auskunft aus dem Zentralen Vorsorgeregister. ²Die Befugnis der Gerichte, Notare und Notarkammern zur Einsicht in Registrierungen, die von ihnen verwahrte oder registrierte Urkunden betreffen, bleibt unberührt.

(2) ¹Das Zentrale Vorsorgeregister wird durch Gebühren finanziert. ²Die Registerbehörde kann Gebühren für die Aufnahme von Erklärungen in das Register erheben. ³Zur Zahlung der Gebühren sind der Antragsteller und derjenige verpflichtet, der für die Gebührenschuld eines anderen kraft Gesetzes haftet. ⁴Mehrere Gebührenschuldner

haften als Gesamtschuldner. ⁵Gerichte und Notare können die Gebühren für die Registerbehörde entgegennehmen.

(3) ¹Die Gebühren sind so zu bemessen, dass der mit der Einrichtung, der Inbetriebnahme, der dauerhaften Führung und der Nutzung des Zentralen Vorsorgeregisters durchschnittlich verbundene Verwaltungsaufwand einschließlich der Personal- und Sachkosten gedeckt wird. ²Dabei ist auch der für die Aufnahme von Erklärungen in das Register gewählte Kommunikationsweg zu berücksichtigen.

(4) ¹Die Registerbehörde bestimmt die Gebühren nach Absatz 2 Satz 2 und die Art ihrer Erhebung durch eine Gebührensatzung. ²Die Satzung bedarf der Genehmigung durch das Bundesministerium der Justiz und für Verbraucherschutz. ³Die Höhe der Gebühren ist regelmäßig zu überprüfen.

Übersicht

	Rn.
A. Überblick	1
B. Auskunft und Einsicht (Abs. 1)	3
I. Auskunftsanspruch	3
II. Einsichtsrecht	10
C. Gebühren (Abs. 2 bis Abs. 4)	11
I. Gebührenfinanzierung	11
II. Gebührentatbestände	12
1. Allgemeines	12
2. Gebührentatbestände der Gebührensatzung	15
III. Gebührenschuldner	16
IV. Entgegennahme der Gebühren	18
V. Bemessung der Gebühren	21
1. Aufwandsdeckung	21
2. Gebührendifferenzierung	23
VI. Gebührensatzungen	25
VII. Höhe der Gebühren	30
VIII. Gebührenerhebung	37

A. Überblick

§ 78b wurde durch das Gesetz zur Änderung der Vorschriften über die Anfechtung der Vaterschaft und das Umgangsrecht von Bezugspersonen des Kindes, zur Registrierung von Vorsorgeverfügungen und zur Einführung von Vordrucken für die Vergütung von Berufsbetreuern vom 23.4.2004[1] eingefügt. Ursprünglich war dort die Erhebung der Gebühren für das Zentrale Vorsorgeregister geregelt. Mit der Einführung des Zentralen Testamentsregisters durch das Gesetz zur Modernisierung des Benachrichtigungswesens in Nachlasssachen durch Schaffung des Zentralen Testamentsregisters bei der Bundesnotarkammer und zur Fristverlängerung nach der Hofraumverordnung vom 22.12.2010[2] wurden die Vorschriften zu den Registern neu gefasst. Die Gebühren der beiden Register wurden dabei zentral in § 78e BNotO aF geregelt, während § 78b BNotO aF die Regelungen zum Inhalt des Zentralen Testamentsregisters enthielt. Mit dem Gesetz zur Neuordnung der Aufbewahrung von Notariatsunterlagen und zur Einrichtung des Elektronischen Urkundenarchivs bei der Bundesnotarkammer sowie zur Änderung weiterer Gesetze vom 1.6.2017[3] wurden die Vorschriften zu den Registern erneut überarbeitet. § 78b enthält seitdem die **Regelungen zum Zentralen Vorsorgeregister betreffend Auskunft und Einsicht**

---

[1] BGBl. 2004 I 598.
[2] BGBl. 2010 I 2255.
[3] BGBl. 2017 I 1396.

und Gebühren. Die Regelungen zum Inhalt und zu den Gebühren des Zentralen Testamentsregisters sind seitdem in § 78d und § 78g enthalten.

2 Abs. 1 regelt das bisher in § 78d Abs. 1 Nr. 1 BNotO aF enthaltene Auskunftsrecht der Gerichte sowie das zuvor in § 78d Abs. 2 BNotO aF geregelte Einsichtsrecht der Gerichte und Notare, das noch um die Notarkammern ergänzt wurde. Abs. 2 bis Abs. 4 entsprechen den bisherigen Regelungen in § 78e BNotO aF. Abs. 2 enthält die Regelungen zum Grundsatz der Gebührenfinanzierung, zum Gebührentatbestand, zu den Gebührenschuldnern sowie zur Entgegennahme der Gebühren. Abs. 3 regelt die Bemessung der Höhe der Gebühren. Abs. 4 enthält die Ermächtigung der BNotK zum Erlass einer Gebührensatzung.

B. Auskunft und Einsicht (Abs. 1)

I. Auskunftsanspruch

3 Der **Vollmachtgeber** bei einer Vorsorgevollmacht bzw. der **Betroffene** bei einer Betreuungsverfügung hat als Urheber der Registrierung einen umfassenden Auskunftsanspruch, auch wenn dieser in Abs. 1 nicht ausdrücklich erwähnt ist. Er kann darüber hinaus gemäß § 7 Abs. 2 S. 2 VRegV auf der Grundlage der Protokolle gemäß § 7 Abs. 1 VRegV Auskunft darüber verlangen, welche Auskünfte und an wen aus dem Register erteilt worden sind.

4 Auskunft aus dem ZVR können gemäß Abs. 1 S. 1 nur **Gerichte** erhalten, allerdings gemäß § 6 Abs. 2 VRegV ausschließlich die für das Betreuungsverfahren zuständigen Amtsgerichte – Betreuungsgerichte – einschließlich der Landgerichte als Beschwerdegerichte. In Baden-Württemberg sind unter „Gericht" auch die für Betreuungssachen zuständigen Notariate zu verstehen (Art. 147 EGBGB iVm § 1 Abs. 2 LFGG). Die Einschränkung des Auskunftsrechts auf die für Betreuungsverfahren zuständigen Amts- bzw. Landgerichte hält sich im Rahmen der Verordnungsermächtigung in § 78a Abs. 3 Nr. 2 und ist zugleich Ausdruck des Bemühens um ein hohes Maß an Datensicherheit (vgl. § 78a Abs. 3 Nr. 4).[4]

5 Die Auskunft erfolgt nur auf schriftliches oder elektronisches Ersuchen des Gerichts, und zwar unter Angabe des Geschäftszeichens (§ 6 Abs. 2 VRegV). Bei besonderer Dringlichkeit, insbesondere wenn die Bestellung eines vorläufigen Betreuers im Rahmen einer einstweiligen Anordnung in Betracht kommt, kann das Ersuchen auch fernmündlich gestellt werden. Gemäß § 7 Abs. 1 S. 1 VRegV prüft die BNotK die Zulässigkeit des Auskunftsersuchens nur dann, wenn sie dazu nach den Umständen des Einzelfalls Anlass hat.

6 Die BNotK erteilt die Auskunft aus dem Register schriftlich oder elektronisch, unter keinen Umständen aber (fern-)mündlich. Die Übermittlung per Telefax („schriftlich") ist möglich.[5] Außerhalb des automatisierten Abrufverfahrens prüft die BNotK vor der Auskunftserteilung, ob das Ersuchen tatsächlich von einem Gericht stammt (§ 6 Abs. 3 S. 2 VRegV). Vor allem bei telefonischen Anfragen muss sich BNotK vor der Auskunftsgewährung über die Authentizität des Anrufers vergewissern (zB durch Rückruf).[6] Zum Schutze der Vertraulichkeit der Auskunft (§ 6 Abs. 3 S. 2 VRegV) müssen dabei Verschlüsselungstechniken eingesetzt werden.

7 § 6 Abs. 1 VRegV schreibt primär die Auskunftserteilung im automatisierten Abrufverfahren vor.[7] Voraussetzung für die Teilnahme eines Gerichts am automatisierten Abrufverfahren ist eine Vereinbarung iSd § 10 Abs. 2 BDSG zwischen der BNotK und der jeweiligen Landesjustizverwaltung (§ 6 Abs. 1 S. 2 VRegV).

---

[4] NK-NachfolgeR/*Gutfried* BNotO § 78b Rn. 2; zweifelnd Arndt/Lerch/Sandkühler/*Sandkühler* BNotO § 78d Rn. 3.
[5] BR-Drs. 22/05, 13.
[6] BR-Drs. 22/05, 13 f.
[7] BR-Drs. 22/05, 11 f.

Zur Kontrolle der Zulässigkeit der Ersuchen und zur Sicherstellung der ordnungsgemä- 8
ßen Datenverarbeitung protokolliert die BNotK alle nach § 6 VRegV erteilten Auskünfte
elektronisch. Zu protokollieren sind die Daten zur Person des Vollmachtgebers, das ersuchende Betreuungsgericht oder das Landgericht als Beschwerdegericht, dessen Geschäftszeichen, der Zeitpunkt des Ersuchens sowie die übermittelten Daten (§ 7 Abs. 1 S. 2 VRegV). Auch eine negative Auskunft ist zu protokollieren. Nach § 7 Abs. 1 S. 1 VRegV dürfen die Protokolle nur für Zwecke der Datenschutzkontrolle, der Datensicherheit und der Sicherstellung eines ordnungsgemäßen Registerbetriebs verwendet werden. Zuständig für die Überprüfung der Rechtmäßigkeit der Auskunftserteilung sind die BNotK als Registerbehörde, das BMJV als Aufsichtsbehörde (§ 78a Abs. 1 S. 2 iVm § 14 Abs. 3 S. 1 BDSG), der Bundesbeauftragte für den Datenschutz (§ 24 BDSG) und die Datenschutzbehörden der Länder. Gemäß § 7 Abs. 2 S. 2 und S. 3 VRegV dienen die Protokolle auch dazu, dem Vollmachtgeber sowie dem Bevollmächtigten mitteilen zu können, welche Auskünfte erteilt bzw. welche personenbezogenen Daten an wen übermittelt wurden. Die Protokolle sind gemäß § 7 Abs. 3 S. 1 VRegV nach Ablauf des auf ihre Erstellung folgenden Kalenderjahres zu löschen.

Jeder **Bevollmächtigte** hat gemäß Art. 15 Abs. 1 DS-GVO, der gegenüber § 78b 9
Abs. 1 Vorrang hat, ein Auskunftsrecht bezüglich der zu seiner Person gespeicherten Daten. § 7 Abs. 2 S. 3 VRegV gewährt dem Bevollmächtigten deshalb einen Anspruch, auf der Grundlage der Protokolle gemäß § 7 Abs. 1 VRegV Auskunft darüber zu verlangen, welche Auskünfte aus dem Register mit seinen personenbezogenen Daten erteilt worden sind.

II. Einsichtsrecht

Den **Notaren** steht zwar kein umfassender Auskunftsanspruch wie den Gerichten zu 10
(→ Rn. 3 ff.), wohl aber das Einsichtsrecht bezüglich der selbst zur Registrierung veranlassten Eintragungen. Das gleiche Recht haben nach der Neuordnung der Aufbewahrung der Notariatsunterlagen und der Einrichtung des Elektronischen Urkundenarchivs (§ 78h) auch die Notarkammern bezüglich der künftig von ihnen verwahrten Urkunden. Die neue Verwahrzuständigkeit der Notarkammern umfasst allerdings nicht die Aufgabe, die Aufnahme von Erklärungen in das Vorsorgeregister zu veranlassen. Kein eigenständiges Einsichtsrecht in diesem Sinne haben dagegen **Rechtsanwälte, Betreuungsbehörden** oder **Betreuungsvereine** bezüglich der selbst veranlassten Registrierungen, und zwar auch nicht, wenn sie beim ZVR registriert sind, weil diese in Abs. 1 S. 2 nicht erwähnt werden. Diese können Einsicht in die selbst veranlassten Registrierungen nur auf der Grundlage einer Vollmacht des Vollmachtgebers bzw. des Betroffenen erhalten.

C. Gebühren (Abs. 2 bis Abs. 4)

I. Gebührenfinanzierung

Die Führung des Zentralen Vorsorgeregisters durch die BNotK als Registerbehörde stellt 11
– ebenso wie die Führung des Zentralen Testamentsregisters und des Elektronischen Urkundenarchivs – keine Selbstverwaltungsangelegenheit der Notarkammern dar, sondern eine übertragene Staatsaufgabe, die die BNotK im Wege der mittelbaren Staatsverwaltung ausübt (→ § 77 Rn. 2; → § 78 Rn. 27). Entsprechend sieht das Gesetz in Abs. 2 S. 1 vor, dass der mit der Registerführung verbundene personelle und sachliche Aufwand abweichend von § 91 nicht durch die Mitgliedsbeiträge der Notarkammern, sondern durch Gebühren finanziert wird.[8]

---

[8] Arndt/Lerch/Sandkühler/*Sandkühler* BNotO § 78e Rn. 5; BeckOK BNotO/*Hushahn* BNotO § 78b Rn. 14; Diehn/*Diehn* BNotO § 78b Rn. 16.

II. Gebührentatbestände

12 **1. Allgemeines.** Gemäß Abs. 2 S. 2 kann die Registerbehörde Gebühren für die **Aufnahme von Erklärungen in das Zentrale Vorsorgeregister** erheben. Diese Regelung ist insoweit **abschließend,** als für andere Leistungen, die in Zusammenhang mit der Eintragung, einer Auskunft oder einer sonstigen im Gesetz ausdrücklich genannten Tätigkeit der Registerbehörde stehen, keine Gebühren erhoben werden. Die Ermächtigung der Registerbehörde, die Gebühren durch Satzung zu bestimmen, ist insoweit beschränkt. Die Möglichkeit, eine Erstattung des Aufwands für sonstige Leistungen vorzusehen, wird dadurch aber grundsätzlich nicht ausgeschlossen.[9]

13 Eine Verpflichtung, in den Gebührensatzungen nach Abs. 4 für sämtliche der im Gesetz aufgeführten Fälle einen Gebührentatbestand vorzusehen, besteht nicht. Schon aus dem Wortlaut („kann") ergibt sich, dass der BNotK insoweit ein **Ermessen** zusteht.

14 Sofern in den Gebührensatzungen die Erhebung von Gebühren vorgesehen ist, ist die Registerbehörde allerdings grundsätzlich zu einer **gleichmäßigen Gebührenerhebung** verpflichtet.[10] Eine Ermäßigung der vorgesehenen Gebühr oder ein Absehen von der Gebührenerhebung ist nur in den dafür vorgesehenen Fällen zulässig. Voraussetzung ist nach § 6 VRegGebS, dass dies aufgrund der besonderen Umstände des Einzelfalls geboten erscheint, insbesondere wenn und soweit die Gebührenerhebung eine unzumutbare Härte für den Kostenschuldner darstellen würde oder wenn der mit der Erhebung der Gebühr verbundene Verwaltungsaufwand außer Verhältnis zur Höhe der zu erhebenden Gebühr stünde.

15 **2. Gebührentatbestände der Gebührensatzung.** Nach § 1 S. 1 VRegGebS werden Gebühren für **Eintragungen** in das Zentrale Vorsorgeregister sowie die **Änderung, Ergänzung oder Löschung von Einträgen** erhoben. Die Einzelheiten richten sich nach dem in der Anlage zur Satzung enthaltenen Gebührenverzeichnis. Auch die **Zurückweisung eines Antrags** ist danach gebührenpflichtig (Nr. 40 GV VRegGebS). Auslagen werden nach § 1 S. 2 VRegGebS ausdrücklich nicht erhoben.

III. Gebührenschuldner

16 Gebührenschuldner ist nach Abs. 2 S. 3 iVm § 2 Abs. 1 VRegGebS der Antragsteller sowie derjenige, der für die Gebührenschuld des Antragstellers kraft Gesetzes haftet (zB sein Erbe). Antragsteller ist dabei nach § 2 Abs. 1 S. 1 VRegV immer der **Vollmachtgeber** bzw. bei Betreuungsverfügungen der Erklärende.[11] Eine Haftung des Bevollmächtigten kommt insoweit ebenso wenig in Betracht wie die eines Vertreters oder Boten, der den Eintragungsantrag anstelle des Vollmachtgebers stellt oder übermittelt (insbesondere registrierte Nutzer nach § 4 Abs. 1 VRegGebS). Letzteres gilt auch dann, wenn er die Gebührenzahlung nach § 4 Abs. 3 S. 3 VRegGebS auf Rechnung des Vollmachtgebers besorgt (→ Rn. 18 ff.).[12]

17 Nach Abs. 2 S. 4 haften **mehrere Gebührenschuldner** als **Gesamtschuldner.** Praktische Anwendungsfälle, in denen eine solche Gesamtschuld vorliegen könnte, sind jedoch nicht ersichtlich.[13]

IV. Entgegennahme der Gebühren

18 Abs. 2 S. 5 sieht vor, dass **Gerichte und Notare** die Gebühren für die Registerbehörde entgegennehmen können. Die entgegengenommenen Beträge sind dann an die Register-

---

[9] BeckOK BNotO/*Hushahn* BNotO § 78b Rn. 15.
[10] NK-NachfolgeR/*Gutfried* BNotO § 78b Rn. 6.
[11] Diehn/*Diehn* BNotO § 78b Rn. 23; NK-NachfolgeR/*Gutfried* BNotO § 78b Rn. 7.
[12] Diehn/*Diehn* BNotO § 78b Rn. 25; NK-NachfolgeR/*Gutfried* BNotO § 78b Rn. 7.
[13] Diehn/*Diehn* BNotO § 78b Rn. 23.

behörde weiterzuleiten. Durch die Regelung soll vor allem eine Vereinfachung und Beschleunigung des Zahlungsverkehrs erreicht werden.[14]

Entsprechend sieht die Vorsorgeregister-Gebührensatzung in § 4 Abs. 3 S. 3 VRegGebS grundsätzlich eine **Zahlungsabwicklung über den Notar** bzw. sonstigen institutionellen Nutzer vor. Danach hat dieser im Rahmen seiner Registrierung zu erklären, dass er die Gebührenzahlung für die Vollmachtgeber, für die er Anträge übermittelt, auf deren Rechnung besorgt. Aus Nr. 20 GV VRegGebS ergibt sich, dass im Einzelfall allerdings auch erklärt werden kann, dass die Gebühren unmittelbar bei dem Vollmachtgeber selbst erhoben werden sollen. 19

Von ihm verauslagte Gebühren kann der Notar als sonstige Aufwendung iSd Nr. 32015 KV GNotKG abrechnen.[15] Gemäß § 15 GNotKG kann er dafür auch einen Kostenvorschuss verlangen.[16] Als durchlaufender Posten unterliegt die vom Notar entgegengenommene Gebühr nicht der Umsatzsteuer.[17] 20

V. Bemessung der Gebühren

1. Aufwandsdeckung. Nach Abs. 3 S. 1 sind die Gebühren so zu bemessen, dass der mit der Einrichtung, der Inbetriebnahme und der dauerhaften Führung und der Nutzung des Registers durchschnittlich verbundene Verwaltungsaufwand einschließlich der Personal- und Sachkosten gedeckt wird. Maßgeblich ist somit nicht nur der Aufwand für die konkrete Eintragung oder Auskunft, sondern vielmehr der **Anteil am prognostizierten Gesamtaufwand des Registerbetriebs**.[18] Eine Quersubventionierung zwischen den Gebühren für das Zentrale Vorsorgeregister und das Zentrale Testamentsregister ist dabei **ausgeschlossen**.[19] 21

Da auch die Kosten der dauerhaften Führung des Registers zu berücksichtigen sind, gehört zum Gesamtaufwand auch eine **angemessene Rücklagenbildung**.[20] Da die Registrierung im Zentralen Vorsorgeregister auf rein freiwilliger Basis erfolgt, ist dies erforderlich, um auch in Zeiten eines geringeren Gebührenaufkommens einen dauerhaften Auskunftsbetrieb gewährleisten zu können.[21] Darüber hinaus sind bei der Rücklagenbildung vor allem auch die Kosten für zukünftige Maßnahmen zur Modernisierung und Weiterentwicklung der elektronisch geführten Register zu beachten. 22

2. Gebührendifferenzierung. Bei der Gebührenbemessung ist nach Abs. 3 S. 2 auch der gewählte **Kommunikationsweg zu berücksichtigen**. Hintergrund ist, dass eine elektronische Anmeldung, die zu einer automatisierten Eintragung führt, geringere Kosten verursacht, als ein papiergebundener Antrag.[22] 23

Darüber hinaus sind bei der Gebührenbemessung aber auch andere Differenzierungsmerkmale, zB eine Unterscheidung nach der Person des Anmeldenden oder der Art der Zahlungsabwicklung, zulässig.[23] 24

VI. Gebührensatzungen

Die BNotK ist gemäß Abs. 4 S. 1 ermächtigt, die Gebühren nach Abs. 2 S. 2 und die Art ihrer Erhebung durch eine **Gebührensatzung** zu bestimmen. Bei der Ausübung dieser **Satzungskompetenz** hat sie sich zunächst in dem durch § 78b vorgegebenen Rahmen zu 25

---

[14] Arndt/Lerch/Sandkühler/*Sandkühler* BNotO § 78e Rn. 38; Diehn/*Diehn* BNotO § 78b Rn. 25.
[15] Bormann/Diehn/Sommerfeldt/*Diehn* GNotKG Nr. 32015 KV Rn. 4.
[16] Bormann/Diehn/Sommerfeldt/*Bormann* GNotKG § 15 Rn. 2.
[17] Eingehend Diehn/*Diehn* BNotO § 78b Rn. 38 ff.
[18] BeckOK BNotO/*Hushahn* BNotO § 78b Rn. 16.
[19] Diehn/*Diehn* BNotO § 78b Rn. 30.
[20] Arndt/Lerch/Sandkühler/*Sandkühler* BNotO § 78e Rn. 21.
[21] Diehn/*Diehn* BNotO § 78b Rn. 33.
[22] Arndt/Lerch/Sandkühler/*Sandkühler* BNotO § 78e Rn. 25.
[23] Arndt/Lerch/Sandkühler/*Sandkühler* BNotO § 78e Rn. 26.

halten. Sie darf Gebühren entsprechend der Vorgaben in Abs. 2 somit insbesondere nur für die Aufnahme von Erklärungen und nur von den dort genannten Gebührenschuldnern vorsehen. Bei der Höhe der Gebühren hat sie zudem die Vorgaben zur Gebührenbemessung in Abs. 3 zu beachten. Darüber hinaus steht die Ausgestaltung der Satzung im pflichtgemäßen Ermessen der BNotK.[24]

26 Zuständig für den Erlass der Satzung ist nach § 83 Abs. 1 die **Vertreterversammlung** der BNotK. Nach § 25 der BNotK-Satzung werden die Satzungen vom Präsidenten der BNotK ausgefertigt und in der Deutschen Notar-Zeitschrift verkündet. Durch Erlass der **Vorsorgeregister-Gebührensatzung** vom 2.2.2005 (in Kraft getreten am 1.1.2005),[25] geändert durch Satzung vom 2.12.2005 (in Kraft getreten am 1.3.2006),[26] hat die BNotK von ihrer Satzungsermächtigung Gebrauch gemacht.

27 Zu ihrer Wirksamkeit bedarf die jeweilige Satzung der **Genehmigung durch das Bundesministerium der Justiz und für Verbraucherschutz**. Das der BNotK im Rahmen der rechtlichen Vorgaben zustehende Satzungsermessen kann im Rahmen der Rechtsaufsicht gemäß § 78a Abs. 1 S. 2 nur auf Ermessensfehler überprüft werden.[27]

28 Die Gebührensatzungen stellen kein bloßes Innenrecht der BNotK dar, das nur für ihre Mitglieder gilt, sondern sind öffentlich-rechtlicher Natur und somit auch im Außenverhältnis gegenüber sämtlichen Registernutzern anwendbar.[28]

29 Die Höhe der Gebühren ist nach Abs. 4 S. 3 regelmäßig zu überprüfen. Auch insoweit unterliegt die BNotK (nur) der allgemeinen Rechtsaufsicht.[29] Als Zeitraum für die regelmäßige Überprüfung wird ein Abstand von fünf Jahren für angemessen erachtet.[30]

VII. Höhe der Gebühren

30 Die Höhe der Gebühren richtet sich gemäß § 1 S. 1 VRegGebS nach dem in der Anlage zur Vorsorgeregister-Gebührensatzung enthaltenen **Gebührenverzeichnis**.

31 Im Falle der persönlichen Antragsübermittlung durch den Vollmachtgeber fällt für die Eintragung einer Vorsorgevollmacht und/oder Betreuungsverfügung sowie die Änderung, Ergänzung oder Löschung eines bereits registrierten Eintrags nach Nr. 10 GV VRegGebS eine **Ausgangsgebühr von 18,50 EUR** an. Wird der Antrag elektronisch über eine der hierfür vorgehaltenen technischen Schnittstellen übertragen, ermäßigt sich die Gebühr – den Vorgaben des Abs. 3 S. 2 entsprechend – um 2,50 EUR (Nr. 11 GV VRegGebS). Grund für die Ermäßigung ist, dass durch die Schnittstelle eine automatisierte Überprüfung der angegebenen Daten auf Vollständigkeit und Plausibilität erfolgen kann. Für die elektronische Übermittlung auf sonstige Weise, zB per E-Mail, ist daher keine Ermäßigung vorgesehen.[31]

32 Wir der **Antrag** gemäß § 4 Abs. 1 VRegGebS **durch eine registrierte Person oder Einrichtung** als Bote oder Vertreter des Vollmachtgebers übermittelt, beträgt die Ausgangsgebühr statt 18,50 EUR grundsätzlich **nur 16,00 EUR** (Nr. 20 GV VRegGebS). Dies gilt allerdings nicht, wenn die registrierte Person oder Einrichtung, die den Antrag auf Eintragung, Änderung, Ergänzung oder Löschung übermittelt, erklärt, dass die Gebühren abweichend von § 4 Abs. 3 S. 2 VRegGebS unmittelbar beim Vollmachtgeber erhoben werden sollen.

33 Übermittelt die registrierte Person oder Einrichtung den **Antrag elektronisch** über eine dafür vorgehaltene technische Schnittstelle, **ermäßigt** sich die Gebühr **um weitere**

---

[24] Diehn/*Diehn* BNotO § 78b Rn. 43.
[25] DNotZ 2005, 81.
[26] DNotZ 2006, 2.
[27] Arndt/Lerch/Sandkühler/*Sandkühler* BNotO § 78e Rn. 3; Diehn/*Diehn* BNotO § 78b Rn. 46.
[28] Vgl. BeckOK BNotO/*Hushahn* BNotO § 78b Rn. 20; Diehn/*Diehn* BNotO § 78b Rn. 41; vgl. auch Petersen NVwZ 2013, 841.
[29] BT-Drs. 17/4063, 15 linke Spalte; Diehn/*Diehn* BNotO § 78b Rn. 49.
[30] Diehn/*Diehn* BNotO § 78b Rn. 47.
[31] BeckOK BNotO/*Hushahn* BNotO § 78b Rn. 31.

5,00 EUR und entfällt vollständig, wenn nur die Änderung oder Ergänzung eines bestehenden Eintrags einer Vorsorgevollmacht beantragt wird (Nr. 21 GV VRegGebS). Dies gilt auch dann, wenn die Gebühren unmittelbar beim Vollmachtgeber erhoben werden sollen (vgl. Nr. 20 GV VRegGebS aE). Hintergrund der ermäßigten Gebühren bei Antragsübermittlung durch eine registrierte Person ist vor allem der damit verbundene geringere Verwaltungsaufwand der Registerbehörde im Hinblick auf die Gebührenerhebung, die Überprüfung der Identität des Übermittlers und die gesicherte und institutionalisierte elektronische Kommunikation.[32]

Registrieren lassen können sich nach § 4 Abs. 2 VRegGebS Personen oder Einrichtungen, zu deren beruflicher, satzungsgemäßer oder gesetzlicher Tätigkeit es gehört, Anträge zum Vorsorgeregister für den Vollmachtgeber zu übermittelt oder im Namen des Vollmachtgebers zustellen. Darunter fallen vor allem **Notare, Rechtsanwälte, Betreuungsbehörden und Betreuungsvereine.** Die Registrierung erfolgt nach § 4 Abs. 3 VRegGebS durch Anmeldung bei der BNotK. Neben einem hinreichenden Identitätsnachweis ist grundsätzlich auch die Tätigkeit nach § 4 Abs. 2 VRegGebS nachzuweisen. Bei den vorgenannten Berufsgruppen und Einrichtungen dürfte beides zusammenfallen; bei sonstigen Einrichtungen kann der Nachweis etwa über entsprechende Satzungsregelung erfolgen.[33] Im Rahmen der Registrierung hat die Person oder Einrichtung zu erklären, dass sie die Gebührenzahlung für die Vollmachtgeber, für die sie Anträge übermittelt oder in deren Namen sie Anträge stellt, auf deren Rechnung besorgt. Die Registrierung erlischt nach § 4 Abs. 4 VRegGebS, wenn die Voraussetzungen für die Registrierung nachträglich wegfallen oder die Gebührenzahlung – von Einzelfällen abgesehen (vgl. Nr. 20 GV VRegGebS) – nicht mehr gemäß § 4 Abs. 3 S. 3 VRegGebS für die Vollmachtgeber besorgt wird. Die Registrierung kann zudem nach § 4 Abs. 5 VRegGebS aufgehoben werden, wenn länger als sechs Monate kein Antrag für einen Vollmachtgeber übermittelt oder im Namen eines Vollmachtgebers gestellt wurde.

Unabhängig von der antragsübermittelnden Person gelten noch folgende Differenzierungen: Betrifft der Antrag mehr als einen Bevollmächtigten oder vorgeschlagenen Betreuer, besteht ein höherer Verwaltungsaufwand.[34] Daher **erhöht sich für jeden weiteren Bevollmächtigten oder vorgeschlagenen Betreuer** auch die jeweilige Gebühr **um 3,00 EUR** (Nr. 31 GV VRegGebS) bzw. – sofern der Antrag elektronisch übertragen wird – **um 2,50 EUR** (Nr. 32 GV VRegGebS). Wird die Gebühr durch Lastschrifteinzug gezahlt, verringert sich der Aufwand im Rahmen der Zahlungsabwicklung.[35] Die Ausgangsgebühr ermäßigt sich daher um 2,50 EUR (Nr. 35 GV VRegGebS).

Die **Erhöhungs- und Ermäßigungstatbestände** des Gebührenverzeichnisses sind grundsätzlich **nebeneinander anwendbar.** Wird innerhalb eines Monats nach Erhalt der Benachrichtigung über eine Eintragung die Änderung oder Löschung des Eintrags beantragt, werden dafür keine Gebühren erhoben (Vorbemerkung). Wird ein **Antrag zurückgewiesen,** ist der Bearbeitungsaufwand der Registerbehörde grundsätzlich höher;[36] daher fällt unabhängig von der Art der Übermittlung und der antragsübermittelnden Person eine Gebühr von **18,50 EUR** an (Nr. 40 GV VRegGebS).

VIII. Gebührenerhebung

Nach § 3 VRegGebS werden die Gebühren des Zentralen Vorsorgeregisters mit der Beendigung der beantragten Amtshandlung fällig. Nach § 3 VRegV kann die Registerbehörde jedoch Zahlung eines zur Deckung der Gebühren hinreichenden Vorschusses ver-

---

[32] Vgl. BeckOK BNotO/*Hushahn* BNotO § 78b Rn. 24, 33.
[33] Arndt/Lerch/Sandkühler/*Sandkühler* BNotO § 78e Rn. 28 f.
[34] BeckOK BNotO/*Hushahn* BNotO § 78b Rn. 34.
[35] BeckOK BNotO/*Hushahn* BNotO § 78b Rn. 35.
[36] BeckOK BNotO/*Hushahn* BNotO § 78b Rn. 36.

langen und die Eintragung von der Zahlung oder Sicherstellung des Vorschusses abhängig machen.

38 Bei unrichtiger Sachbehandlung durch die Registerbehörde wird nach § 5 VRegGebS keine Gebühr erhoben.

39 Da die Gebühren öffentlich-rechtlicher Natur sind, erfolgt eine Vollstreckung von Gebührenforderungen der Registerbehörde nach den Vorschriften des VwVG des Bundes.[37]

Anhang zu § 78b: Vorsorgeregister-Gebührensatzung (VRegGebS)[1]

§ 1 Gebührenverzeichnis

Für Eintragungen in das Zentrale Vorsorgeregister sowie die Änderung, Ergänzung oder Löschung von Einträgen werden Gebühren nach dem Gebührenverzeichnis der Anlage zu dieser Satzung erhoben. Auslagen werden daneben nicht erhoben.

§ 2 Gebührenschuldner

(1) Zur Zahlung der Gebühren ist verpflichtet: 1. der Antragsteller; 2. derjenige, der für die Gebührenschuld eines anderen kraft Gesetzes haftet.

(2) Mehrere Gebührenschuldner haften als Gesamtschuldner.

§ 3 Fälligkeit

Die Gebühren werden mit der Beendigung der beantragten Amtshandlung fällig.

§ 4 Registrierte Person oder Einrichtung

(1) Wird der Antrag auf Eintragung oder auf Änderung, Ergänzung oder Löschung eines Eintrags von einer bei der Bundesnotarkammer registrierten Person oder Einrichtung für den Vollmachtgeber übermittelt oder im Namen des Vollmachtgebers gestellt, werden nach Maßgabe des Gebührenverzeichnisses (Anlage zu § 1 Satz 1) ermäßigte Gebühren erhoben.

(2) Registrieren lassen können sich Personen oder Einrichtungen, zu deren beruflicher, satzungsgemäßer oder gesetzlicher Tätigkeit es gehört, entsprechende Anträge für den Vollmachtgeber zu übermitteln oder in Namen des Vollmachtgebers zu stellen. Insbesondere können sich Notare, Rechtsanwälte, Betreuungsvereine und Betreuungsbehörden registrieren lassen.

(3) Die Registrierung erfolgt durch Anmeldung bei der Bundesnotarkammer. Bei der Anmeldung hat die Person oder Einrichtung hinreichend ihre Identität und die Erfüllung der Voraussetzungen des Absatzes 2 nachzuweisen. Darüber hinaus hat die Person oder Einrichtung zu erklären, dass sie die Gebührenzahlung für die Vollmachtgeber, für die sie Anträge übermittelt oder in deren Namen sie Anträge stellt, auf deren Rechnung besorgt.

(4) Die Registrierung erlischt, wenn die Voraussetzungen des Absatzes 2 nicht mehr vorliegen oder wenn die registrierte Person oder Einrichtung die Gebührenzahlung für die Vollmachtgeber nicht mehr besorgt.

(5) Die Bundesnotarkammer kann die Registrierung aufheben, wenn die registrierte Person oder Einrichtung länger als sechs Monate keinen Antrag für einen Vollmachtgeber übermittelt oder im Namen eines Vollmachtgebers gestellt hat.

---

[37] BeckOK BNotO/*Hushahn* BNotO § 78b Rn. 20; Diehn/*Diehn* BNotO § 78b Rn. 28.

[1] Vorsorgeregister-Gebührensatzung v. 2.2.2005 (DNotZ 2005, 81), geändert durch die Erste Satzung zur Änderung der Vorsorgeregister-Gebührensatzung v. 2.12.2005 (DNotZ 2006, 2).

§ 5 Unrichtige Sachbehandlung

Gebühren, die bei richtiger Behandlung nicht entstanden wären, werden nicht erhoben.

§ 6 Ermäßigung, Absehen von Gebührenerhebung

Die Bundesnotarkammer kann Gebühren ermäßigen oder von der Erhebung von Gebühren absehen, wenn dies durch die besonderen Umstände des Einzelfalls geboten erscheint, insbesondere wenn die volle Gebührenerhebung für den Gebührenschuldner eine unzumutbare Härte darstellen würde oder wenn der mit der Erhebung der Gebühr verbundene Verwaltungsaufwand außer Verhältnis zu der Höhe der zu erhebenden Gebühr stünde.

Anlage

(zu § 1 Satz 1)

Gebührenverzeichnis

Nr.	Gebührentatbestand	Gebührenbetrag

Vorbemerkung:
(1) Die Erhöhungs- und Ermäßigungstatbestände sind nebeneinander anwendbar, soweit nicht ein anderes bestimmt ist.
(2) Beantragt ein Bevollmächtigter innerhalb von einem Monat nach Erhalt der Benachrichtigung über eine Eintragung die Änderung oder Löschung des ihn betreffenden Eintrags, so werden für die Änderung oder Löschung des Eintrags von dem Bevollmächtigten keine Gebühren erhoben.

1. Persönliche Übermittlung des Antrags

Nr.	Gebührentatbestand	Gebührenbetrag
Nr. 10	Eintragung einer Vorsorgevollmacht in das Zentrale Vorsorgeregister sowie Änderung, Ergänzung oder Löschung eines Eintrags	18,50 €
Nr. 11	Der Antrag wird elektronisch über eine der hierfür vorgehaltenen technischen Schnittstellen übertragen: Die Gebühr 10 ermäßigt sich um	3,00 €

2. Übermittlung oder Stellung des Antrags durch eine registrierte Person oder Einrichtung (§ 4)

Nr.	Gebührentatbestand	Gebührenbetrag
Nr. 20	Eintragung einer Vorsorgevollmacht in das Zentrale Vorsorgeregister sowie Änderung, Ergänzung oder Löschung eines Eintrags Erklärt die registrierte Person oder Einrichtung, die den Antrag auf Eintragung, Änderung, Ergänzung oder Löschung übermittelt oder stellt, dass die Gebühren unmittelbar bei dem Vollmachtgeber erhoben werden sollen, so fällt an Stelle der Gebühr 20 die Gebühr 10 an; der Gebührentatbestand der Nummer 21 einschließlich der Anmerkung zu Nummer 21 finden entsprechende Anwendung.	16,00 €
Nr. 21	Der Antrag wird elektronisch über eine der hierfür vorgehaltenen technischen Schnittstellen übertragen: Die Gebühr 20 ermäßigt sich um Die Gebühr 20 entfällt, wenn der Antrag elektronisch über eine der hierfür vorgehaltenen technischen Schnittstellen übertragen wird und nur die Änderung oder Ergänzung eines bestehenden Eintrags einer Vorsorgevollmacht betrifft.	5,00 €

3. Gemeinsame Erhöhungs- und Ermäßigungstatbestände

Nr.	Gebührentatbestand	Gebührenbetrag
	Die Eintragung, Änderung, Ergänzung oder Löschung betrifft mehr als einen Bevollmächtigten oder vorgeschlagenen Betreuer:	
Nr. 31	– Die Gebühr 10 und die Gebühr 20 erhöhen sich für jeden weiteren Bevollmächtigten oder vorgeschlagenen Betreuer um	3,00 €

Nr. 32	– Wird der Antrag elektronisch über eine der hierfür vorgehaltenen technischen Schnittstellen automatisiert übertragen, erhöhen sich die Gebühr 10 und die Gebühr 20 in Abweichung von Gebühr 31 für jeden weiteren Bevollmächtigten oder vorgeschlagenen Betreuer um 2,50	2,50 €
Nr. 35	Die Gebühr wird durch Lastschrifteinzug gezahlt: Die Gebühr 10 und die Gebühr 20 ermäßigen sich um	2,50 €
4. Zurückweisung eines Antrags		
Nr. 40	Zurückweisung eines Antrags auf Eintragung oder auf Änderung, Ergänzung oder Löschung eines Eintrags.	18,50 €

§ 78c Zentrales Testamentsregister; Verordnungsermächtigung

(1) ¹Die Bundesnotarkammer führt als Registerbehörde ein automatisiertes elektronisches Register über die Verwahrung erbfolgerelevanter Urkunden und sonstige Daten nach § 78d. ²Die Erhebung und Verwendung der Daten ist auf das für die Erfüllung der gesetzlichen Aufgaben der Registerbehörde, der Nachlassgerichte und der Verwahrstellen Erforderliche zu beschränken. ³Das Bundesministerium der Justiz und für Verbraucherschutz führt die Rechtsaufsicht über die Registerbehörde.

(2) Das Bundesministerium der Justiz und für Verbraucherschutz hat durch Rechtsverordnung mit Zustimmung des Bundesrates die näheren Bestimmungen zu treffen über
1. die Einrichtung und Führung des Registers,
2. die Auskunft aus dem Register,
3. die Anmeldung, Änderung und Löschung von Registereintragungen,
4. die Einzelheiten der Datenübermittlung und -speicherung und
5. die Einzelheiten der Datensicherheit.

(3) ¹In der Rechtsverordnung können darüber hinaus Bestimmungen zum Inhalt der Sterbefallmitteilungen nach § 78e Satz 1 getroffen werden. ²Ferner können in der Rechtsverordnung Ausnahmen zugelassen werden von
1. § 78e Satz 3, soweit dies die Sterbefallmitteilung an das Nachlassgericht betrifft;
2. der elektronischen Benachrichtigung nach § 78e Satz 4;
3. der Verpflichtung zur elektronischen Übermittlung nach § 34a Absatz 1 und 2 des Beurkundungsgesetzes und § 347 Absatz 1 bis 3 des Gesetzes über das Verfahren in Familiensachen und in den Angelegenheiten der freiwilligen Gerichtsbarkeit.

A. Zweck des Zentralen Testamentsregisters

1 Das Zentrale Testamentsregister (ZTR) soll zeitnah zum Erbfall die Ablieferungspflichten für vom Gericht oder vom Notar bzw. von den Notarkammern verwahrte Verfügungen von Todes wegen (§ 2259 Abs. 2 BGB, § 34a Abs. 3 BeurkG) und die Eröffnungspflicht (§ 348 Abs. 1 S. 1 FamFG) sichern sowie dem für die Erteilung von Erbscheinen zuständigen Nachlassgericht möglichst umfassend Informationen über vorhandene Verfügungen von Todes wegen und sonstige erbfolgerelevante Urkunden verschaffen.

2 § 78c Abs. 1 S. 2 wiederholt das datenschutzrechtliche Prinzip der **Datensparsamkeit** (vgl. Art. 6 Abs. 1 DS-GVO, § 3 BDSG), ohne dass sich daraus praktische Konsequenzen ergeben. § 78d regelt die Verwahrangaben abschließend und verwirklicht damit dieses Prinzip umfassend.

B. Registerbehörde, Rechtsaufsicht

Die Führung des Zentralen Testamentsregisters ist eine gesetzliche **Pflichtaufgabe** der BNotK. § 78c Abs. 1 S. 3 stellt dabei klar, dass die Aufsicht durch das Ministerium auf die Kontrolle der Rechtmäßigkeit der Tätigkeit der BNotK als Registerbehörde beschränkt ist, obwohl die Führung des ZTR nicht zu deren Selbstverwaltungsangelegenheiten gehört. Eine Fachaufsicht findet zwar nicht statt, doch hat die BNotK die sehr detaillierten Vorgaben durch Gesetz und Verordnung umzusetzen. Weil Ermessens- oder Beurteilungsspielräume nicht bestehen, kommt der Beschränkung auf die Rechtsaufsicht keine wesentliche Bedeutung zu. 3

C. Ermächtigungsgrundlage

§ 78c Abs. 2 und Abs. 3 enthalten die Rechtsgrundlage für den Erlass der Verordnung zur Errichtung und Führung des Zentralen Testamentsregisters (ZTRV) vom 11.7.2011 (BGBl. I 1386), zuletzt geändert durch Art. 6 des Gesetzes zur Umsetzung der RL (EU) 2016/680 im Strafverfahren sowie zur Anpassung datenschutzrechtlicher Bestimmungen an die VO (EU) 2016/679 vom 20.11.2019 (BGBl. I 1724). 4

Anhang zu § 78c: Verordnung zur Errichtung und Führung des Zentralen Testamentsregisters (Testamentsregister-Verordnung – ZTRV)

Vom 11. Juli 2011

(BGBl. I S. 1386)

FNA 303-1-3

zuletzt geändert durch Art. 6 G zur Umsetzung der RL (EU) 2016/680 im Strafverfahren sowie zur Anpassung datenschutzrechtlicher Bestimmungen an die VO (EU) 2016/679 vom 20.11.2019 (BGBl. I S. 1724)

§ 1 Inhalt des Registers

[1] Die Registerbehörde nimmt folgende Verwahrangaben in das Zentrale Testamentsregister auf:
1. Daten des Erblassers
   a) Familienname, Geburtsname, Vornamen und Geschlecht,
   b) Tag und Ort der Geburt,
   c) Geburtsstandesamt und Geburtenregisternummer, wenn die Geburt im Inland beurkundet wurde,
   d) Staat der Geburt, wenn der Erblasser im Ausland geboren wurde,
2. Bezeichnung und Anschrift der Verwahrstelle,
3. Verwahrnummer, Verwahrbuchnummer oder Aktenzeichen des Verfahrens der Verwahrstelle,
4. Art und Datum der Errichtung der erbfolgerelevanten Urkunde und
5. Name, Amtssitz und Urkundenrollen-Nummer des Notars bei notariellen Urkunden.
[2] Die Registerbehörde kann zusätzliche Angaben aufnehmen, die für das Auffinden der erbfolgerelevanten Urkunde erforderlich sind.

§ 2 Meldung zum Register

(1) [1] Notare und Gerichte (Melder) übermitteln nach § 34a Absatz 1 und 2 des Beurkundungsgesetzes, nach § 347 des Gesetzes über das Verfahren in Familiensachen und in den Angelegen-

heiten der freiwilligen Gerichtsbarkeit und nach § 78d Absatz 4 der Bundesnotarordnung die Verwahrangaben an die Registerbehörde. ²Betrifft eine erbfolgerelevante Urkunde mehrere Erblasser, sind die Verwahrangaben für jeden Erblasser zu übermitteln.

(2) ¹Jede Übermittlung muss alle Verwahrangaben nach § 1 Satz 1 enthalten, mit Ausnahme der Geburtenregisternummer, die nachträglich übermittelt werden kann. ²Im Fall der besonderen amtlichen Verwahrung der Urkunde übermittelt das Gericht eine Verwahrbuchnummer nur, wenn die Urkunde unter der Verwahrnummer nach § 3 Absatz 1 Satz 1 bei dem Verwahrgericht nicht aufgefunden werden kann.

(3) Der Melder übermittelt die erforderlichen Daten, wie sie ihm vom Erblasser mitgeteilt wurden.

§ 3 Registrierungsverfahren

(1) ¹Die Registerbehörde fasst die übermittelten Verwahrangaben für jeden Erblasser unter einer Registernummer zu einem Datensatz (Verwahrdatensatz) zusammen und ordnet jeder erbfolgerelevanten Urkunde, die in die besondere amtliche Verwahrung zu nehmen ist, eine Verwahrnummer zu. ²Die Verwahrnummern werden bezogen auf jedes Verwahrgericht vergeben. ³Die Registerbehörde speichert diesen Verwahrdatensatz in einem elektronischen System (Registrierung).

(2) ¹Die Registerbehörde bestätigt dem Melder jede erfolgreiche Registrierung und übermittelt diesem für den Erblasser die Angaben des Verwahrdatensatzes. ²Im Fall der besonderen amtlichen Verwahrung teilt die Registerbehörde zusätzlich die nach Absatz 1 Satz 1 vergebene Verwahrnummer mit. ³Konnte die Registrierung nicht durchgeführt werden, teilt die Registerbehörde dies dem Melder unter Angabe der Gründe mit.

(3) ¹Ist eine notarielle erbfolgerelevante Urkunde in besondere amtliche Verwahrung zu nehmen, teilt der Notar dem Verwahrgericht die Verwahrnummer mit, die ihm von der Registerbehörde mitgeteilt wurde. ²Das Verwahrgericht bestätigt der Registerbehörde die Inverwahrnahme der erbfolgerelevanten Urkunde und übermittelt ihr eine Verwahrbuchnummer, wenn die Urkunde unter der Verwahrnummer nach § 3 Absatz 1 Satz 1 bei dem Verwahrgericht nicht aufgefunden werden kann.

§ 4 Verfahren bei Änderungen der Verwahrstelle oder Rücknahme aus der amtlichen Verwahrung

(1) ¹Die erneute besondere amtliche Verwahrung oder die Änderung der Verwahrstelle einer erbfolgerelevanten Urkunde auf Wunsch des Erblassers ist der Registerbehörde zu melden. ²Die Registerbehörde ergänzt die Angaben im Verwahrdatensatz und ordnet der erbfolgerelevanten Urkunde eine neue Verwahrnummer zu. ³§ 3 Absatz 2 und 3 gilt in diesen Fällen entsprechend.

(2) ¹Die Rücknahme einer erbfolgerelevanten Urkunde aus der notariellen oder der besonderen amtlichen Verwahrung ist der Registerbehörde unter Angabe des Datums der Rückgabe zu melden. ²Die Registerbehörde vermerkt die Rücknahme in den betroffenen Verwahrdatensätzen. ³§ 3 Absatz 2 gilt entsprechend.

§ 5 Löschung, Berichtigung und Ergänzung

¹Ein Verwahrdatensatz wird von der Registerbehörde
1. gelöscht, wenn die Registerfähigkeit der Urkunde irrtümlich angenommen wurde oder die Registrierung bereits erfolgt ist,
2. berichtigt, wenn die registrierten Verwahrangaben fehlerhaft sind,
3. ergänzt, wenn die registrierten Verwahrangaben unvollständig sind.

²Ein Notar kann die Löschung eines Verwahrdatensatzes einer in die besondere amtliche Verwahrung zu verbringenden erbfolgerelevanten Urkunde oder die Berichtigung der Angabe des Verwahrgerichts nur herbeiführen, solange deren Eingang nicht nach § 3 Absatz 3 Satz 2 bestätigt ist. ³§ 3 Absatz 2 gilt entsprechend.

§ 6 Inhalt der Sterbefallmitteilungen

(1) Die Sterbefallmitteilung nach § 78e Satz 1 der Bundesnotarordnung enthält folgende Daten:
1. Registrierungsdaten des übermittelnden Standesamts,
2. Familienname, Geburtsname, Vornamen und Geschlecht des Verstorbenen,
3. Tag und Ort der Geburt des Verstorbenen,
4. Geburtsstandesamt und Geburtenregisternummer, wenn die Geburt im Inland beurkundet wurde,
5. Staat der Geburt, wenn der Verstorbene im Ausland geboren worden ist,
6. Todestag oder Todeszeitraum,
7. Sterbeort, bei Sterbefall im Ausland mit Angabe des Staates,
8. Staatsangehörigkeit des Verstorbenen,
9. Angaben darüber, dass der Verstorbene für tot erklärt worden ist oder seine Todeszeit gerichtlich festgestellt worden ist,
10. letzter Wohnsitz des Verstorbenen,
11. Beurkundungsdatum des Sterbefalls.

(2) ¹Die Sterbefallmitteilung nach § 78e Satz 1 der Bundesnotarordnung enthält außerdem sonstige Angaben, die zur Erfüllung gesetzlicher Aufgaben des Nachlassgerichts erforderlich sind. ²Sonstige Angaben können insbesondere sein:
1. Familienstand des Verstorbenen,
2. Familienname, Geburtsname und Vornamen des Ehegatten oder Lebenspartners des Verstorbenen,
3. Tag, Ort und Registrierungsdaten der Geburt des Ehegatten oder Lebenspartners des Verstorbenen und im Falle des Vorversterbens des Ehegatten oder Lebenspartners zusätzlich Tag, Ort und Registrierungsdaten von dessen Tod,
4. Familienname, Vornamen und Anschrift von Kindern des Erblassers,
5. Familienname, Vornamen und Anschrift von nahen Angehörigen und anderen möglichen Auskunftgebern,
6. Angaben über vorhandenes Nachlassvermögen,
7. etwaige Anhaltspunkte für die Erforderlichkeit von Maßnahmen zur Nachlasssicherung.

³Sonstige Angaben nach den Sätzen 1 und 2, die der Registerbehörde elektronisch übermittelt werden, löscht diese unverzüglich, nachdem das Verfahren nach § 7 abgeschlossen ist.

(3) Die Daten nach den Absätzen 1 und 2 werden der Registerbehörde von dem zuständigen Standesamt nur mitgeteilt, soweit sie diesem bekannt sind.

§ 7 Benachrichtigungen im Sterbefall

(1) ¹Erhält die Registerbehörde von dem zuständigen Standesamt eine Sterbefallmitteilung zu einer Person, für die im Zentralen Testamentsregister Verwahrangaben registriert sind, teilt sie der Verwahrstelle unter Übermittlung der Daten nach § 6 Absatz 1 unverzüglich mit, welche erbfolgerelevante Urkunde betroffen ist und welches Nachlassgericht nach Absatz 3 Satz 1 benachrichtigt wird. ²Liegen Verwahrangaben verschiedener Stellen vor, so ist jede dieser Stellen entsprechend zu benachrichtigen. ³Verwahrdatensätze, zu denen eine Rücknahme nach § 4 Absatz 2 registriert wurde, bleiben unberücksichtigt.

(2) ¹Ist oder wird bekannt, dass die Zuständigkeit für die Verwahrung einer erbfolgerelevanten Urkunde von den Verwahrangaben im Zentralen Testamentsregister abweicht, etwa weil das Gericht aufgelöst oder der Notar aus dem Amt geschieden ist, sendet die Registerbehörde die Benachrichtigung nach Absatz 1 an die nun zuständige Stelle. ²Hilfsweise ist das Amtsgericht zu benachrichtigen, in dessen Bezirk die aufgehobene Verwahrstelle lag.

(3) ¹Sind im Zentralen Testamentsregister Verwahrangaben registriert, teilt die Registerbehörde dem nach § 343 des Gesetzes über das Verfahren in Familiensachen und in den Angelegenheiten der freiwilligen Gerichtsbarkeit zuständigen Nachlassgericht mit, welche Verwahrangaben im Zentralen Testamentsregister enthalten sind und welche Verwahrstelle sie benachrichtigt hat, und übersendet die Sterbefallmitteilung. ²Lässt sich das zuständige Nachlassgericht mithilfe der Sterbefallmitteilung (§ 6) nicht eindeutig bestimmen, wird vermutet, dass das zu benachrichtigende Nachlassgericht dasjenige ist, das für den letzten inländischen Wohnsitz des Erblassers örtlich zuständig ist. ³Wenn die Sterbefallmitteilung keinen inländischen Wohnsitz nennt, wird als zu

benachrichtigendes Nachlassgericht das Amtsgericht Schöneberg in Berlin vermutet. ⁴Ist im Zentralen Testamentsregister neben einer Verwahrangabe eine Mitteilung nach § 78d Absatz 1 Satz 1 Nummer 2 der Bundesnotarordnung gespeichert, teilt die Registerbehörde auch diese Daten mit. ⁵Sind im Zentralen Testamentsregister Verwahrangaben nicht registriert, übersendet die Registerbehörde die Sterbefallmitteilung oder vorhandene Mitteilungen nach § 78d Absatz 1 Satz 1 Nummer 2 der Bundesnotarordnung nur auf Antrag. ⁶Die Landesjustizverwaltungen können gegenüber der Registerbehörde erklären, dass eine Benachrichtigung und Übermittlung nach Satz 5 in jedem Sterbefall erfolgen soll.

(4) ¹Das Nachlassgericht bestätigt der Registerbehörde den Eingang einer erbfolgerelevanten Urkunde unter Angabe des Datums des Eingangs der Urkunde und des Aktenzeichens des Nachlassverfahrens. ²Die Registerbehörde ergänzt den Ort der Verwahrung der erbfolgerelevanten Urkunde in den betroffenen Verwahrdatensätzen.

(5) Die vorstehenden Absätze gelten für Mitteilungen, die von der Registerbehörde nach § 4 des Testamentsverzeichnis-Überführungsgesetzes zu bearbeiten sind, entsprechend.

§ 8 Registerauskünfte

(1) ¹Die Registerbehörde erteilt Auskunft aus dem Zentralen Testamentsregister nach § 78f Absatz 1 der Bundesnotarordnung, wenn die ersuchende Stelle
1. ihr Geschäftszeichen und zur Person des Erblassers mindestens seinen Geburtsnamen, sein Geburtsdatum und seinen Geburtsort angibt und
2. erklärt, dass die in § 78f Absatz 1 der Bundesnotarordnung genannten Voraussetzungen vorliegen.

²Das Vorliegen der Voraussetzungen des § 78f Absatz 1 Satz 2 und 3 der Bundesnotarordnung prüft die Registerbehörde nur, wenn sie dazu nach den Umständen des Einzelfalls Anlass hat.

(2) Für die Kontrolle der Zulässigkeit der Ersuchen und für die Sicherstellung der ordnungsgemäßen Datenverarbeitung protokolliert die Registerbehörde bei allen nach Absatz 1 erteilten Auskünften elektronisch die ersuchende Stelle, deren Angaben nach Absatz 1 Satz 1, den Zeitpunkt des Ersuchens, die betroffenen Registereinträge sowie die übermittelten Daten.

(3) ¹Die Protokolldaten dürfen nur für Zwecke der Datenschutzkontrolle, der Datensicherung und der Sicherstellung eines ordnungsgemäßen Registerbetriebs verwendet werden. ²Sie sind gegen zweckfremde Verwendung besonders zu schützen und fünf Jahre nach Ablauf des Kalenderjahres der Auskunftserteilung zu löschen.

(4) Die Befugnis der Gerichte, Notare und Notarkammern zur Einsicht in Registrierungen, die von ihnen verwahrte erbfolgerelevante Urkunden betreffen (§ 78f Absatz 2 der Bundesnotarordnung), und das Recht des Erblassers auf Auskunft nach den datenschutzrechtlichen Vorschriften bleiben unberührt.

§ 9 Elektronische Kommunikation

(1) Meldungen, Bestätigungen, Benachrichtigungen, Registerabfragen und -auskünfte erfolgen grundsätzlich elektronisch.

(2) ¹Die Registerbehörde stellt zur elektronischen Kommunikation mit Notaren, Gerichten und Standesämtern geeignete bundeseinheitliche Schnittstellen zur Verfügung. ²Die elektronische Übermittlung der Daten erfolgt durch geeignete bundeseinheitliche Transportprotokolle sowie in einheitlich strukturierten Datensätzen.

(3) Abweichend von Absatz 1 kann die Kommunikation auch schriftlich nach Maßgabe der von der Registerbehörde getroffenen Festlegungen erfolgen, insbesondere
1. im Zusammenhang mit nach § 78d Absatz 4 der Bundesnotarordnung zu registrierenden Vergleichen und mit von Konsularbeamten aufgenommenen erbfolgerelevanten Urkunden,
2. bei Benachrichtigungen nach § 7, außer nach § 7 Absatz 3 für den Fall, dass keine Verwahrangaben registriert sind, oder
3. bei technischen Störungen.

(4) § 63 Absatz 1 und 3 der Personenstandsverordnung bleibt unberührt.

§ 10 Elektronische Aufbewahrung und Löschung

(1) Die Registerbehörde bewahrt die Verwahrangaben betreffenden Dokumente und Sterbefallmitteilungen nur in elektronischer Form auf.

(2) ¹Daten zu Sterbefallmitteilungen, die nicht nach § 6 Absatz 2 Satz 3 gelöscht werden, sind sechs Monate nach Eingang bei der Registerbehörde zu löschen, wenn keine die Sterbefallmitteilung betreffenden Verwahrangaben im Zentralen Testamentsregister registriert sind. ²In allen übrigen Fällen gilt für die Löschung von Sterbefallmitteilungen und der Daten, die Verwahrangaben gemäß § 1 betreffen, § 78d Absatz 1 Satz 2 der Bundesnotarordnung entsprechend. ³§ 8 Absatz 3 Satz 2 bleibt unberührt.

§ 11 Nacherfassungen

Wird festgestellt, dass eine verwahrte erbfolgerelevante Urkunde nicht im Zentralen Testamentsregister registriert ist, obwohl dies nach dem jeweiligen Stand der Testamentsverzeichnisüberführung nach dem Testamentsverzeichnis-Überführungsgesetz zu erwarten wäre, ist die entsprechende Meldung von der Verwahrstelle nachzuholen.

§ 12 Datenschutz und Datensicherheit

(1) ¹Das Register ist nur durch solche informationstechnische Netze zugänglich, die durch eine staatliche Stelle oder im Auftrag einer staatlichen Stelle oder einer juristischen Person des öffentlichen Rechts betrieben werden und mit dem Zentralen Testamentsregister gesichert verbunden sind. ²Die Registerbehörde soll durch Verfügung, die im Verkündungsblatt der Bundesnotarkammer bekannt zu machen ist, weitere Zugangswege nur zulassen, sofern diese den datenschutzrechtlichen Anforderungen entsprechen.

(2) Die Registerbehörde erstellt ein Sicherheitskonzept, in welchem die einzelnen technischen und organisatorischen Maßnahmen festgelegt werden, die den Datenschutz und die Datensicherheit sowie die Umsetzung der Vorgaben dieser Verordnung gewährleisten.

§ 13 Inkrafttreten

Diese Verordnung tritt am 1. Januar 2012 in Kraft.

§ 78d Inhalt des Zentralen Testamentsregisters

(1) ¹In das Zentrale Testamentsregister werden aufgenommen:
1. Verwahrangaben zu erbfolgerelevanten Urkunden, die
   a) von Notaren nach § 34a Absatz 1 und 2 des Beurkundungsgesetzes oder von Gerichten nach Absatz 4 Satz 1 sowie nach § 347 Absatz 1 bis 3 des Gesetzes über das Verfahren in Familiensachen und in den Angelegenheiten der freiwilligen Gerichtsbarkeit zu übermitteln sind,
   b) nach § 1 des Testamentsverzeichnis-Überführungsgesetzes zu überführen sind,
2. Mitteilungen, die nach § 9 des Testamentsverzeichnis-Überführungsgesetzes zu überführen sind.

²Die gespeicherten Daten sind mit Ablauf des 30. auf die Sterbefallmitteilung folgenden Kalenderjahres zu löschen.

(2) ¹Erbfolgerelevante Urkunden sind Testamente, Erbverträge und alle Urkunden mit Erklärungen, welche die Erbfolge beeinflussen können, insbesondere Aufhebungsverträge, Rücktritts- und Anfechtungserklärungen, Erb- und Zuwendungsverzichtsverträge, Ehe- und Lebenspartnerschaftsverträge und Rechtswahlen. ²Verwahrangaben sind Angaben, die zum Auffinden erbfolgerelevanter Urkunden erforderlich sind.

(3) Registerfähig sind nur erbfolgerelevante Urkunden, die
1. öffentlich beurkundet worden sind oder

2. in amtliche Verwahrung genommen worden sind.

(4) ¹Handelt es sich bei einem gerichtlichen Vergleich um eine erbfolgerelevante Urkunde im Sinne von Absatz 2 Satz 1, übermittelt das Gericht unverzüglich die Verwahrangaben an die das Zentrale Testamentsregister führende Registerbehörde nach Maßgabe der nach § 78c Absatz 2 und 3 erlassenen Rechtsverordnung. ²Der Erblasser teilt dem Gericht die zur Registrierung erforderlichen Daten mit.

A. Normzweck

1 Das Zentrale Testamentsregister (ZTR) soll zeitnah zum Erbfall die Ablieferungspflichten für vom Gericht oder vom Notar verwahrte Verfügungen von Todes wegen (§ 2259 Abs. 2 BGB, § 34a Abs. 3 BeurkG) und die Eröffnungspflicht (§ 348 Abs. 1 S. 1 FamFG) sichern sowie dem für die Erteilung von Erbscheinen zuständigen Nachlassgericht möglichst umfassend Informationen über vorhandene Verfügungen von Todes wegen und sonstige erbfolgerelevante Urkunden verschaffen.

2 Während § 78c Abs. 1 die Rechtsgrundlage für das Testamentsregister schafft, bestimmt § 78d den Inhalt dieses Zentralen Testamentsregisters. Die Bundesnotarkammer finanziert diese ihr durch § 78 Abs. 2 Nr. 2 originär übertragene hoheitliche Aufgabe nicht durch die Beiträge ihrer Mitglieder (§ 91), sondern durch die Erhebung von Gebühren gem. § 78g.

B. Meldepflicht

3 Im Unterschied zum Zentralen Vorsorgeregister sind die Meldepflichten zum Zentralen Testamentsregister unbedingte **Amtspflichten** der Gerichte und der Notare bzw. Konsularbeamten (§ 10 KonsularG), die Verfügungen von Todes wegen oder sonstige erbfolgerelevante Urkunden beurkunden bzw. verwahren. Die Urkundsbeteiligten können die Meldung nicht untersagen und brauchen deshalb über die Registrierung auch nicht belehrt zu werden. Nur so kann erreicht werden, dass alle verwahrten Verfügungen von Todes wegen zeitnah zum Erbfall eröffnet und dem Nachlassgericht alle sonstigen erbfolgerelevanten Urkunden zur Kenntnis gebracht werden. Das Unterlassen einer Meldung zum Testamentsregister ist eine Amtspflichtverletzung, die unter Umständen zu Schadenersatzansprüchen führen kann. Die Meldepflicht ist zugleich eine gesetzlich angeordnete Ausnahme von der Verschwiegenheitspflicht des Notars gem. § 18 Abs. 1 S. 1.

4 **Registerfähig** sind sämtliche erbfolgerelevanten Urkunden, die entweder von einem Notar bzw. Konsularbeamten beurkundet oder vom Gericht bzw. Notar in amtliche Verwahrung genommen worden sind (§ 78d Abs. 3). Erfasst werden damit in erster Linie alle Erbverträge und von einem Notar bzw. Konsularbeamten beurkundeten öffentlichen Testamente. Das Gleiche gilt für alle anderen erbfolgerelevanten Urkunden eines Notars bzw. Konsularbeamten. Darüber hinaus sind auch die dem Amtsgericht gem. § 2248 BGB zur Verwahrung übergebenen eigenhändigen Testamente zu registrieren.

5 Von einem **ausländischen Notar** beurkundete (gemeinschaftliche) Testamente oder Erbverträge sind nur unter der Voraussetzung registerfähig, dass sie wie ein eigenhändiges Testament (§ 344 Abs. 1 S. 1 Nr. 3 FamFG) vom Nachlassgericht in die besondere amtliche Verwahrung genommen worden sind.[1] Ein beschwerdefähiger Rechtsanspruch hierauf besteht allerdings nicht, weil diese Vorschrift ausdrücklich nur für eigenhändige Testamente gilt, doch schließt dies eine Verwahrung nicht aus. Die örtliche Zuständigkeit zur Verwahrung bestimmt dabei der Antragsteller wie bei einem eigenhändigen Testament gem. § 344 Abs. 1 S. 3 FamFG selbst. Das Gericht muss das verwahrte Testament bzw. den Erbvertrag folgerichtig und in sinnorientierter Anwendung des § 347 Abs. 1 und Abs. 2

---

[1] Vgl. dazu Keidel/*Zimmermann* FamFG § 344 Rn. 6.

FamFG dem ZTR melden. Dabei ist zu vermerken, dass die Verfügung von einer ausländischen Urkundsperson errichtet worden ist.

Nicht registerfähig sind dagegen alle eigenhändigen (gemeinschaftlichen) Testamente iSd §§ 2247, 2267 BGB, die nicht gem. § 2248 BGB in die besondere amtliche Verwahrung eines Amtsgerichts genommen worden sind. Bei diesen privatschriftlichen Urkunden fehlt es an der für die Funktionsfähigkeit des ZTR unabdingbaren amtlichen Verwahrstelle der Urkunde. Das Drei-Zeugen-Testament (§ 2250 BGB), das Seetestament (§ 2251 BGB) und das Bürgermeistertestament (§ 2249 BGB) sind wegen der kurzen Gültigkeitsdauer (§ 2252 BGB) ebenfalls nicht registerfähig. 6

C. Umfang und Inhalt der Registrierung (Abs. 1 S. 1)

Die Eintragungspflicht der Verwahrangaben bezieht sich umfassend auf sämtliche **erbfolgerelevanten Urkunden,** die entweder vom Notar bzw. Konsularbeamten oder von einem Gericht verwahrt werden. § 78d Abs. 2 enthält eine Legaldefinition dieser Urkunden, verbunden mit einer Auflistung von in der Praxis häufiger vorkommenden Beispielen. Eintragungspflichtig sind danach: 7

– die Errichtung, Aufhebung, Änderung oder Anfechtung einer Verfügung von Todes wegen (Testament, gemeinschaftliches Testament und Erbvertrag),
– der Rücktritt vom Erbvertrag (§ 2296 BGB),
– der Widerruf eines gemeinschaftlichen Testaments (§ 2271 BGB),
– die Rückgabe eines Erbvertrags (§ 2300 BGB, § 34a Abs. 2 BeurkG),
– der Verzicht auf das gesetzliche Erbrecht (§ 2346 Abs. 1 BGB) und/oder auf eine Zuwendung (§ 2352 BGB),
– die Aufhebung eines Erb- oder Zuwendungsverzichtsvertrags (§ 2351 BGB),
– ein Ehevertrag, mit dem die Ehepartner Gütertrennung vereinbaren oder aufheben (§§ 1414, 1931 Abs. 4 BGB),
– ein Ehevertrag, bei dem ein oder beide Partner das Recht eines Staats wählen, dem sie nicht angehören.[2]

Nicht registerfähig sind dagegen Rechtsgeschäfte, die die Erbfolge zwar wirtschaftlich beeinflussen können, aber nicht rechtlich, zB 8

– Pflichtteilsverzichtsverträge iSd § 2346 Abs. 2 BGB,
– Übergabeverträge mit erbrechtlichen Anrechnungsbestimmungen oder
– Eheverträge mit Modifizierungen des gesetzlichen Güterstands der Zugewinngemeinschaft.

Bei einem **gerichtlichen Vergleich** mit erbfolgerelevantem Inhalt iSd § 78d Abs. 2 verpflichtet Abs. 4 S. 1 das Gericht, unverzüglich die Verwahrangaben der das Zentrale Testamentsregister führenden Registerbehörde zu melden. Der Erblasser hat dem Gericht die zur Registrierung erforderlichen Daten mitzuteilen. Zweckmäßigerweise sind diese Daten in das Gerichtsprotokoll aufzunehmen. 9

Die Meldung und die Registrierung haben unverzüglich, dh ohne schuldhaftes Zögern (§ 121 BGB), zu erfolgen. Bei Rechtsgeschäften, bei denen der andere Vertragsteil zulässigerweise vollmachtlos vertreten worden ist (zB Erbverzicht), dürfen die Daten dem Register erst nach Eingang der **Nachgenehmigung** übermittelt und im Testamentsregister eingetragen werden. Bei mit anderen Rechtsgeschäften verbundenen Erbverträgen hat die Meldung bereits dann zu erfolgen, wenn der Erbvertrag bzw. der Erbverzicht wirksam geworden ist, ohne dass Genehmigungen zu den weiteren Rechtsgeschäften bereits vorliegen müssen. 10

Verwahrangaben (§ 78d Abs. 1 S. 1) sind gem. § 78d Abs. 2 S. 2 alle zum Auffinden erbfolgerelevanter Urkunden erforderlichen Angaben. Auf Grund des § 78c Abs. 2 und 11

---

[2] Vgl. Mitteilungen der Notarkammer Koblenz Teil I Nr. 1/1990, 3 ff.

Abs. 3 hat das Bundesministerium der Justiz den Registerinhalt in § 1 ZTRV geregelt. Danach werden

– die Daten des Erblassers (Familienname, Geburtsname, Vorname(n) und Geschlecht, Tag und Ort der Geburt, Geburtsstandesamt und Geburtenregisternummer bzw. Staat der Geburt, wenn der Erblasser im Ausland geboren wurde),
– die Bezeichnung und Anschrift der Verwahrstelle,
– die Verwahrnummer, die Verwahrbuchnummer oder das Aktenzeichen des Verfahrens der Verwahrstelle,
– Art und Datum der Errichtung der erbfolgerelevanten Urkunde und
– Name, Amtssitz und Urkundenrollen-Nummer des Notars bei notariellen Urkunden

registriert. Nach Art einer Öffnungsklausel ist die Registerbehörde ermächtigt, zusätzliche Angaben aufzunehmen, wenn sie für das Auffinden der erbfolgerelevanten Urkunde erforderlich sind.

D. Löschfrist (Abs. 1 S. 2)

12 Die im ZTR gespeicherten Daten sind mit Ablauf des dreißigsten auf die Sterbefallmitteilung iSd § 78e S. 1 folgenden Kalenderjahres zu löschen (§ 78d Abs. 1 S. 2). Die Verwahrdaten sollen so lange vorgehalten werden, wie sie im Nachlassverfahren möglicherweise noch relevant werden.[3] Diese dem Datenschutz dienende Regelung kann in Ausnahmefällen dazu führen, dass eine rechtssichere Bearbeitung von Nachlassangelegenheiten nicht mehr möglich ist. Insbesondere im Falle der Anordnung einer Vor- und Nacherbfolge, bei der der Nacherbfall erst mit dem Tod des Vorerben eintritt, oder einer 30-jährigen Verwaltungstestamentsvollstreckung ist die vom Gesetzgeber angeordnete Datenlöschung 30 Jahre nach der Sterbefallmitteilung verfrüht und deshalb kontraproduktiv.[4] Der Gesetzgeber ist aufgerufen, die Frist für die Datenlöschung um mindestens zehn, besser 20 Jahre zu verlängern.

§ 78e Sterbefallmitteilung

[1] Das zuständige Standesamt hat der Registerbehörde den Tod, die Todeserklärung oder die gerichtliche Feststellung der Todeszeit einer Person mitzuteilen (Sterbefallmitteilung). [2] Die Registerbehörde prüft daraufhin, ob im Zentralen Testamentsregister Angaben nach § 78d Absatz 1 Satz 1 vorliegen. [3] Sie benachrichtigt, soweit es zur Erfüllung der Aufgaben des Nachlassgerichts und der verwahrenden Stellen erforderlich ist, unverzüglich

1. das zuständige Nachlassgericht über den Sterbefall und etwaige Angaben nach § 78d Absatz 1 Satz 1 und
2. die verwahrenden Stellen über den Sterbefall und etwaige Verwahrangaben nach § 78d Absatz 1 Satz 1 Nummer 1.

[4] Die Benachrichtigung erfolgt elektronisch.

A. Grundlage und Funktion

1 § 78e schafft die erforderliche Rechtsgrundlage dafür, dass die Standesämter, das Zentrale Testamentsregister (also die BNotK als Registerbehörde), die Notare und Amtsgerichte als erbfolgerelevante Urkunden verwahrende Stellen sowie die Nachlassgerichte nach dem Erbfall Informationen untereinander austauschen dürfen und müssen. Diese Norm enthält

---

[3] BT-Drs. 17/2583, 17.
[4] Schippel/Bracker/*Görk* BNotO § 78b Rn. 7.

damit Ausnahmen von der Verschwiegenheitspflicht aller beteiligten Stellen und vom Datenschutz.

Das Zentrale Testamentsregister (ZTR) kann seine Funktion (→ § 78c Rn. 1) nur 2 erfüllen, wenn die Standesämter den Eintritt des Sterbefalls zeitnah mitteilen. Deshalb schreibt § 78e S. 1 die Benachrichtigung des ZTR durch das Standesamt in elektronischer Form vor, und zwar in Form von strukturierten Datensätzen im Datenaustauschformat XJustiz.[1] Die Daten sollen von allen beteiligten Stellen automatisiert und ohne arbeitsintensiven und fehleranfälligen Medienbruch weiterbearbeitet werden können.

B. Benachrichtigungsverfahren

Das für den Sterbeort zuständige Standesamt hat der BNotK als Registerbehörde des 3 Zentralen Testamentsregisters jeden Sterbefall mitzuteilen. Der Inhalt der Mitteilung ist in § 6 ZTRV vorgeschrieben. Diese Sterbefallmitteilung setzt das weitere Verfahren gem. § 78e in Gang.

Nach Eingang der Sterbefallmitteilung prüft die BNotK unverzüglich, ob zu dem in der 4 Mitteilung genannten Erblasser Eintragungen im ZTR enthalten sind. Der **Abgleich der Daten** erfolgt automatisiert, bei widersprüchlichen oder mehrdeutigen Rechercheergebnissen allerdings durch die Mitarbeiter der Registerbehörde. Der Umfang der Nachprüfungen in solchen Zweifelsfällen steht im pflichtgemäßen Ermessen der Registerbehörde. Ergibt der automatisierte Datenabgleich keine Verwahrangaben, findet keine weitere Recherche durch die Mitarbeiter der Registerbehörde statt, weil es sich beim ZTR nach dem Willen des Gesetzgebers um ein „automatisiertes elektronisches Register" (§ 78c Abs. 1 S. 1) handelt.

Werden zu der eingegangenen Sterbefallmitteilung **Verwahrangaben im ZTR** ermit- 5 telt, benachrichtigt die BNotK unverzüglich sowohl das nach dem Inhalt der Sterbefallmitteilung zuständige Nachlassgericht als auch das Gericht bzw. den Notar, das bzw. der eine erbfolgerelevante Urkunde in Verwahrung hat (Verwahrstelle), unter Übersendung der Daten gem. § 6 Abs. 1 ZTRV vom Sterbefall und teilt mit, welche erbfolgerelevante Urkunde betroffen ist und welches Nachlassgericht benachrichtigt wird. Liegen Angaben verschiedener Verwahrstellen vor, so ist jede zu benachrichtigen. Ist oder wird bekannt, dass die Zuständigkeit für die Verwahrung einer erbfolgerelevanten Urkunde von den Verwahrangaben im ZTR abweicht, sendet die Registerbehörde die Benachrichtigung gem. § 7 Abs. 2 ZTRV an die nun zuständige Stelle, hilfsweise das Amtsgericht, in dessen Bezirk die aufgehobene Verwahrstelle lag. Sind im ZTR Verwahrangaben registriert, ist gem. § 343 FamFG dem zuständigen Nachlassgericht unter Übersendung der Sterbefallnachricht mitzuteilen, welche Verwahrangaben im ZTR enthalten sind und welche Verwahrstelle(n) benachrichtigt wird bzw. werden, und übersendet die Sterbefallmitteilung.

Ergibt die automatische Recherche **keine Eintragungen** im ZTR, übersendet die 6 Registerbehörde die Sterbefallmitteilung oder vorhandene Mitteilungen nur auf Antrag (§ 7 Abs. 3 S. 3 ZTRV). Die Landesjustizverwaltungen sind jedoch ermächtigt, gegenüber der Registerbehörde zu erklären, dass eine Benachrichtigung und Übermittlung in jedem Sterbefall erfolgen soll.

Das Nachlassgericht bestätigt der Registerbehörde den Eingang einer erbfolgerelevanten 7 Urkunde unter Angabe des Datums des Eingangs der Urkunde und des Aktenzeichens des Nachlassverfahrens. Die Registerbehörde ergänzt den Ort der Verwahrung der erbfolgerelevanten Urkunde in den betroffenen Verwahrdatensätzen (§ 7 Abs. 4 ZTRV).

---

[1] BT-Drs. 17/2583, 19.

§ 78f Auskunft aus dem Zentralen Testamentsregister

(1) ¹Die Registerbehörde erteilt auf Ersuchen
1. Gerichten Auskunft aus dem Zentralen Testamentsregister sowie
2. Notaren Auskunft über Verwahrangaben aus dem Zentralen Testamentsregister.

²Die Auskunft wird nur erteilt, soweit sie im Rahmen der Aufgabenerfüllung der Gerichte und Notare erforderlich ist. ³Auskünfte können zu Lebzeiten des Erblassers nur mit dessen Einwilligung eingeholt werden.

(2) Die Befugnis der Gerichte, Notare und Notarkammern zur Einsicht in Registrierungen, die von ihnen verwahrte oder registrierte Urkunden betreffen, bleibt unberührt.

(3) ¹Die Registerbehörde kann Gerichte bei der Ermittlung besonders amtlich verwahrter Urkunden unterstützen, für die mangels Verwahrungsnachricht keine Eintragung im Zentralen Testamentsregister vorliegt. ²Die Verwahrangaben der nach Satz 1 ermittelten Verfügungen von Todes wegen sind nach § 347 Absatz 1 bis 3 des Gesetzes über das Verfahren in Familiensachen und in den Angelegenheiten der freiwilligen Gerichtsbarkeit an das Zentrale Testamentsregister zu melden.

A. Normzweck

1 § 78f enthält die Vorschriften über die Auskunft aus dem Zentralen Testamentsregister (ZTR). Neu in Abs. 2 ist die Befugnis der Notarkammern, Einsicht in Registrierungen der von ihnen verwahrten Urkunden zu nehmen, beispielsweise um Regelüberprüfungen gem. § 351 FamFG durchführen zu können.

B. Auskunft und Einsicht

2 Umfassende Auskunft aus dem ZTR erhalten die **Gerichte** (Abs. 1 S. 1 Nr. 1), allerdings nur zum Zwecke der Ermittlung erbfolgerelevanter Urkunden im Rahmen der Aufgabenerfüllung der Gerichte (Abs. 1 S. 2). Auskunftsberechtigt sind deshalb nur die Nachlassgerichte einschließlich der Rechtsmittelinstanzen, insbesondere bei der Entscheidung über die Erteilung von Erbscheinen, Testamentsvollstreckerzeugnissen oder Europäischen Nachlasszeugnissen. Ein Auskunftsersuchen der Nachlassgerichte ist dabei nur dann erforderlich, wenn entweder die automatische Benachrichtigung gemäß § 78e S. 3 nicht erfolgt ist oder sich im Nachlassverfahren herausstellt, dass erbfolgerelevante Urkunden des Erblassers übersehen worden sein könnten (zB falsche Personalien).[1] Ausländischen Gerichten steht dagegen selbst dann kein Auskunftsanspruch zu, wenn sie nach der EuErbVO für die Erteilung eines Europäischen Nachlasszeugnisses zuständig sind.[2]

3 **Zu Lebzeiten des Erblassers** darf die Auskunft nur mit dessen vorheriger Zustimmung (Einwilligung) erteilt werden, etwa um festzustellen, ob frühere Verfügungen von Todes wegen mit erbrechtlicher Bindungswirkung vorliegen.[3] Die Einwilligung des Erblassers ist gegenüber dem ersuchenden Gericht bzw. Notar – auch formlos – zu erklären. Bei mehreren Erblassern reicht die Erklärung eines von ihnen aus. Andere Beteiligte an einer erbfolgerelevanten Urkunde (zB Verzichtender beim Erbverzicht; Erbvertragspartei, die nicht letztwillig verfügt) brauchen nicht einzuwilligen.

4 Den **Notaren** steht nur ein auf die Verwahrangaben beschränkter Auskunftsanspruch zu (Abs. 1 S. 1 Nr. 1), allerdings nur zum Zwecke ihrer Aufgabenerfüllung (Abs. 1 S. 2).

---

[1] BT-Drs. 17/2583, 19 f.
[2] NK-NachfolgeR/*Gutfried* BNotO § 78f Rn. 7 fordert ein Umsetzungsgesetz, um ein Auskunftsrecht zu begründen.
[3] BT-Drs. 17/2583, 19.

Darüber hinaus haben die Notare das Recht, die Registrierungen zu von ihnen verwahrten oder registrierten Urkunden einzusehen (Abs. 2). Das gleiche Recht haben ab der Neuregelung der Aufbewahrung von Notariatsunterlagen und der Einrichtung des Elektronischen Urkundenarchivs (§ 78h) auch die Notarkammern bezüglich der künftig von ihnen verwahrten Urkunden.

Die Registerbehörde erteilt Auskunft aus dem ZTR nur auf Ersuchen eines Gerichts oder eines Notars, wenn die ersuchende Stelle das Geschäftszeichen und die Person des Erblassers bezeichnet (mindestens Geburtsname, -datum und -ort) und erklärt, dass die Auskunft zur Erfüllung der Aufgaben erforderlich ist (Abs. 1 S. 2). Diese Erklärung hat die BNotK nur zu prüfen, wenn konkrete Anhaltspunkte für Zweifel gegeben sind. Sie kann darauf vertrauen, dass das ersuchende Gericht bzw. der ersuchende Notar die Voraussetzungen selbst pflichtgemäß geprüft hat. Darüber hinaus würde eine weitergehende Prüfungspflicht die Vorteile eines automatisierten Registerverfahrens konterkarieren. 5

Sowohl die Stellung des Auskunftsersuchens als auch die Auskunftserteilung erfolgt grundsätzlich im Rahmen eines automatisierten Abrufverfahrens. 6

Für die Kontrolle der Zulässigkeit der Ersuchen und für die Sicherstellung der ordnungsgemäßen Datenverarbeitung protokolliert die Registerbehörde bei allen nach Abs. 1 erteilten Auskünften elektronisch die ersuchende Stelle, deren Angaben gem. Abs. 1 S. 1, den Zeitpunkt des Ersuchens, die betroffenen Registereinträge sowie die übermittelten Daten. Die Protokolldaten dürfen nur für Zwecke der Datenschutzkontrolle, der Datensicherung und der Sicherstellung eines ordnungsgemäßen Registerbetriebs verwendet werden. Sie sind gegen zweckfremde Verwendung besonders zu schützen und fünf Jahre nach Ablauf des Kalenderjahres der Auskunftserteilung zu löschen. 7

§ 78g Gebühren des Zentralen Testamentsregisters

(1) ¹Das Zentrale Testamentsregister wird durch Gebühren finanziert. ²Die Registerbehörde kann Gebühren erheben für
1. die Aufnahme von Erklärungen in das Testamentsregister und
2. die Erteilung von Auskünften aus dem Testamentsregister nach § 78f Absatz 1 Satz 1 Nummer 2.

(2) ¹Zur Zahlung der Gebühren sind verpflichtet:
1. im Fall des Absatzes 1 Satz 2 Nummer 1 der Erblasser,
2. im Fall des Absatzes 1 Satz 2 Nummer 2 der Veranlasser des Auskunftsverfahrens.

²Mehrere Gebührenschuldner haften als Gesamtschuldner. ³Gerichte und Notare können die Gebühren für die Registerbehörde entgegennehmen.

(3) ¹Die Gebühren sind so zu bemessen, dass der mit der Einrichtung, der Inbetriebnahme sowie der dauerhaften Führung und Nutzung des Zentralen Testamentsregisters durchschnittlich verbundene Verwaltungsaufwand einschließlich Personal- und Sachkosten gedeckt wird. ²Dabei sind auch die Kosten für die Überführung der Verwahrungsnachrichten nach dem Testamentsverzeichnis-Überführungsgesetz zu berücksichtigen. ³Die durch die Aufnahme von Mitteilungen nach § 9 Absatz 1 und 3 des Testamentsverzeichnis-Überführungsgesetzes entstehenden Kosten bleiben außer Betracht.

(4) ¹Die Registerbehörde bestimmt die Gebühren nach Absatz 1 Satz 2 und die Art ihrer Erhebung durch eine Gebührensatzung. ²Die Satzung bedarf der Genehmigung durch das Bundesministerium der Justiz und für Verbraucherschutz. ³Die Höhe der Gebühren ist regelmäßig zu überprüfen.

Übersicht

	Rn.
A. Überblick	1
B. Erläuterungen	3
I. Gebührenfinanzierung	3
II. Gebührentatbestände	4
1. Allgemeine Regelungen	4
2. Gebührentatbestände der Gebührensatzung	8
III. Gebührenschuldner	9
IV. Entgegennahme der Gebühren	12
V. Gebührenbemessung	15
VI. Gebührensatzungen	18
VII. Höhe der Gebühren	23
VIII. Gebührenerhebung	24

A. Überblick

1 Durch das Gesetz zur Neuordnung der Aufbewahrung von Notariatsunterlagen und zur Einrichtung des Elektronischen Urkundenarchivs bei der Bundesnotarkammer sowie zur Änderung weiterer Gesetze vom 1.6.2017[1] wurden die Vorschriften zu den Registern überarbeitet. Seitdem sind die Bestimmungen zu den **Gebühren des Zentralen Testamentsregisters,** die zuvor – gemeinsam mit den Gebühren des Zentralen Vorsorgeregisters – in § 78e BNotO aF geregelt waren, in dem neu geschaffenen § 78g enthalten. Inhaltliche Änderungen haben sich dadurch nicht ergeben.

2 Abs. 1 legt den **Grundsatz der Gebührenfinanzierung** und die **Gebührentatbestände** fest. Abs. 2 enthält Bestimmungen zu den **Gebührenschuldnern** sowie zur **Entgegennahme der Gebühren.** In Abs. 3 werden Regelungen zur **Bemessung der Höhe der Gebühren** getroffen. Abs. 4 enthält die **Ermächtigung** der BNotK zum Erlass einer **Gebührensatzung.**

B. Erläuterungen

I. Gebührenfinanzierung

3 Die Führung des Zentralen Testamentsregisters durch die BNotK als Registerbehörde stellt – ebenso wie die Führung des Zentralen Vorsorgeregisters und des Elektronischen Urkundenarchivs – keine Selbstverwaltungsangelegenheit der Notarkammern dar, sondern eine **übertragene Staatsaufgabe,** die die BNotK im Wege der mittelbaren Staatsverwaltung ausübt (→ § 77 Rn. 2; → § 78 Rn. 27). Entsprechend sieht das Gesetz in Abs. 1 S. 1 vor, dass der mit der Registerführung verbundene personelle und sachliche Aufwand abweichend von § 91 nicht durch die Mitgliedsbeiträge der Notarkammern, sondern **durch Gebühren finanziert** wird.

II. Gebührentatbestände

4 **1. Allgemeine Regelungen.** Die Gebührentatbestände sind in Abs. 1 S. 2 geregelt. Danach kann die Registerbehörde Gebühren erheben für die **Aufnahme von Erklärungen in das Zentrale Testamentsregister** und die **Erteilung von Auskünften aus dem Zentralen Testamentsregister gemäß § 78f Abs. 1 S. 1 Nr. 2.**

5 Die Aufzählung in Abs. 1 S. 2 ist insoweit **abschließend,** als für andere Leistungen, die im Zusammenhang mit der Eintragung, einer Auskunft oder einer sonstigen im Gesetz ausdrücklich genannten Tätigkeit der Registerbehörde stehen, keine Gebühren erhoben

---

[1] BGBl. 2017 I 1396.

werden. Die Ermächtigung der Registerbehörde, die Gebühren durch Satzung zu bestimmen, ist insoweit beschränkt. Insbesondere für die Erteilung von Auskünften an Gerichte nach § 78f Abs. 1 S. 1 Nr. 1, die Einsichtnahme gemäß § 78f Abs. 2, die Unterstützung bei der Ermittlung besonders amtlich verwahrter Urkunden gemäß § 78f Abs. 3 oder Sterbefallmitteilungen nach § 78e können daher keine Gebühren vorgesehen werden. Die Möglichkeit, eine Erstattung des Aufwands für sonstige Leistungen vorzusehen, wird dadurch aber grundsätzlich nicht ausgeschlossen (→ § 78b Rn. 12).

Eine Verpflichtung, in der Gebührensatzung nach Abs. 4 für sämtliche der im Gesetz aufgeführten Fälle einen Gebührentatbestand vorzusehen, besteht nicht. Schon aus dem Wortlaut („kann") ergibt sich, dass der BNotK insoweit ein **Ermessen** zusteht. Von diesem Ermessen hat die BNotK derzeit dahingehend Gebrauch gemacht, dass sie in der Testamentsregister-Gebührensatzung für die Erteilung von Auskünften aus dem Testamentsregister gemäß § 78f Abs. 1 S. 1 Nr. 2 keine Gebühren vorsieht (→ Rn. 8). 6

Sofern in den Gebührensatzungen die Erhebung von Gebühren vorgesehen ist, ist die Registerbehörde grundsätzlich zu einer **gleichmäßigen Gebührenerhebung** verpflichtet.[2] Eine Ermäßigung der vorgesehenen Gebühr oder ein Absehen von der Gebührenerhebung ist nur in den dafür vorgesehenen Fällen zulässig. Voraussetzung ist nach § 5 Abs. 2 ZTR-GebS, dass dies aufgrund der besonderen Umstände des Einzelfalls geboten erscheint, insbesondere wenn und soweit die Gebührenerhebung eine unzumutbare Härte für den Kostenschuldner darstellen würde oder wenn der mit der Erhebung der Gebühr verbundene Verwaltungsaufwand außer Verhältnis zur Höhe der zu erhebenden Gebühr stünde. 7

2. Gebührentatbestände der Gebührensatzung. Nach § 1 ZTR-GebS fallen Gebühren (nur) für die Aufnahme von Verwahrangaben in das Zentrale Testamentsregister an. Für die Erteilung von Auskünften aus dem Testamentsregister gemäß § 78f Abs. 1 S. 1 Nr. 2 ist derzeit keine Gebührenerhebung vorgesehen. Auch die Erhebung von Auslagen scheidet mangels einer entsprechenden Regelung aus.[3] 8

III. Gebührenschuldner

Gebührenschuldner für die Aufnahme von Erklärungen in das **Testamentsregister** ist nach Abs. 2 S. 1 Nr. 1 iVm § 2 Abs. 1 S. 1 ZTR-GebS der **Erblasser,** für den die Aufnahme der Erklärung erfolgt. Dabei kommt es nicht darauf an, ob der Erblasser die Eintragung selbst veranlasst hat oder diese aufgrund der erbfolgerelevanten Urkunde eines anderen Erblassers (zB einem Rücktritt vom gegenseitigen Erbvertrag) erfolgt ist.[4] 9

Die Gebühr für die Erteilung von Auskünften aus dem Zentralen Testamentsregister nach § 78f Abs. 1 S. 1 Nr. 2 fällt nach Abs. 2 S. 1 Nr. 2 beim Veranlasser des Auskunftsverfahrens an. Zu Lebzeiten ist das Auskunftsverfahren immer durch den Erblasser veranlasst, nach seinem Tod ist Veranlasser der Erbe oder sonstige Beteiligte im Nachlassverfahren.[5] Mangels Gebühr für die Erteilung von Auskünften ist die Regelung derzeit jedoch gegenstandslos (→ Rn. 8). 10

Nach Abs. 2 S. 2 haften **mehrere Gebührenschuldner als Gesamtschuldner.** Dies kann durch Parteivereinbarung nicht ausgeschlossen werden.[6] In der Praxis ist eine Gesamtschuld allerdings nur bei Erteilung von Auskünften aus dem Zentralen Testamentsregister nach § 78f Abs. 1 S. 1 Nr. 2 nach dem Tod des Erblassers denkbar, bei denen es mehrere Veranlasser gibt.[7] Mangels Gebühr für die Erteilung von Auskünften ist die Regelung derzeit jedoch gegenstandslos (→ Rn. 8). 11

---

[2] NK-NachfolgeR/*Gutfried* BNotO § 78g Rn. 5.
[3] Diehn/*Diehn* BNotO § 78g Rn. 8.
[4] NK-NachfolgeR/*Gutfried* BNotO § 78g Rn. 6.
[5] Zimmermann/*Diehn* BNotO § 78e Rn. 4.
[6] Arndt/Lerch/Sandkühler/*Sandkühler* BNotO § 78e Rn. 16.
[7] Diehn/*Diehn* BNotO § 78g Rn. 14.

IV. Entgegennahme der Gebühren

12 Abs. 2 S. 3 sieht vor, dass **Gerichte und Notare** die Gebühren für die Registerbehörde entgegennehmen können. Die entgegengenommenen Beträge sind dann an die Registerbehörde weiterzuleiten. Durch die Regelung soll vor allem eine Vereinfachung und Beschleunigung des Zahlungsverkehrs erreicht werden.[8]

13 Entsprechend ist in § 3 Abs. 1 ZTR-GebS vorgesehen, dass die Gebühren für die Registrierung von Verwahrangaben, die durch notarielle Melder übermittelt werden, grundsätzlich von dem jeweiligen Notar für die Registerbehörde entgegengenommen werden. Die entgegenzunehmenden Gebühren zieht die Registerbehörde dann im Rahmen einer **Sammelabrechnung** aufgrund einer zu erteilenden Einzugsermächtigung vom notariellen Melder ein. Kann der Notar vom Gebührenschuldner keine Zahlung erlangen, wird ihm die Gebühr nach § 3 Abs. 2 ZTR-GebS **erstattet**. Die Gebühr wird dann unmittelbar durch die Registerbehörde beim Gebührenschuldner erhoben.

14 Von ihm verauslagte Gebühren kann der Notar als sonstige Aufwendung iSd Nr. 32015 KV GNotKG abrechnen.[9] Gemäß § 15 GNotKG kann er dafür auch einen Kostenvorschuss verlangen.[10] Als durchlaufender Posten unterliegt die vom Notar entgegengenommene Gebühr nicht der Umsatzsteuer.[11]

V. Gebührenbemessung

15 Nach Abs. 3 S. 1 sind die Gebühren so zu bemessen, dass der mit der Einrichtung, Inbetriebnahme und dauerhaften Führung und Nutzung des jeweiligen Registers durchschnittlich verbundene Verwaltungsaufwand einschließlich Personal- und Sachkosten gedeckt wird. Maßgeblich ist somit nicht nur der Aufwand für die konkrete Eintragung oder Auskunft, sondern vielmehr der **Anteil am prognostizierten Gesamtaufwand des Registerbetriebs** (→ § 78b Rn. 21). Da auch die Kosten der dauerhaften Führung des Registers zu berücksichtigen sind, gehört zum Gesamtaufwand auch eine **angemessene Rücklagenbildung**.[12] Dabei sind insbesondere auch die Kosten für zukünftige Maßnahmen zur Modernisierung und Weiterentwicklung der elektronisch geführten Register zu beachten. Eine Quersubventionierung zwischen den Gebühren für das Zentrale Testamentsregister und das Zentrale Vorsorgeregister ist dabei **ausgeschlossen**.[13]

16 Gemäß Abs. 3 S. 2 sind bei der Gebührenbemessung zudem die **Kosten für die Überführung der papiergebundenen Verwahrungsnachrichten** nach dem TVÜG[14] (sog. „gelbe" Karteikarten) in das Testamentsregister zu berücksichtigen. Die Kosten für die Überführung der Mitteilungen über nichteheliche oder von einer Einzelperson angenommene Kinder (sog. „weiße" Karteikarten) bleiben dagegen nach Abs. 3 S. 3 außer Betracht. Diese Kosten wurden der BNotK von Bund und Ländern erstattet.[15]

17 Bei der Gebührenbemessung kann insbesondere auch ein unterschiedlicher Verwaltungsaufwand berücksichtigt werden und zB nach der Person des Anmeldenden oder der Art der Zahlungsabwicklung differenziert werden.[16]

---

[8] Arndt/Lerch/Sandkühler/*Sandkühler* BNotO § 78e Rn. 38; Diehn/*Diehn* BNotO § 78g Rn. 15.
[9] Bormann/Diehn/Sommerfeldt/*Diehn* GNotKG Nr. 32015 KV Rn. 4.
[10] Bormann/Diehn/Sommerfeldt/*Bormann* GNotKG § 15 Rn. 2.
[11] Eingehend Diehn/*Diehn* BNotO § 78g Rn. 30 ff.
[12] Arndt/Lerch/Sandkühler/*Sandkühler* BNotO § 78e Rn. 21.
[13] Diehn/*Diehn* BNotO § 78g Rn. 18.
[14] Testamentsverzeichnis-Überführungsgesetz v. 22.12.2010 (BGBl. I 2255), zuletzt geändert durch Gesetz v. 21.3.2013 (BGBl. I 554).
[15] NK-NachfolgeR/*Gutfried* BNotO § 78g Rn. 9.
[16] Arndt/Lerch/Sandkühler/*Sandkühler* BNotO § 78e Rn. 26.

VI. Gebührensatzungen

Die BNotK ist gemäß Abs. 4 S. 1 ermächtigt, die Gebühren nach Abs. 1 S. 2 und die Art ihrer Erhebung durch eine **Gebührensatzung** zu bestimmen. Bei der Ausübung dieser **Satzungskompetenz** hat sie sich zunächst in dem durch § 78g vorgegebenen Rahmen zu halten. Sie darf Gebühren also vor allem nur für die in Abs. 1 S. 2 genannten Fälle von den in Abs. 2 genannten Gebührenschuldnern vorsehen. Bei der Höhe der Gebühren hat sie zudem die Vorgaben zur Gebührenbemessung in Abs. 3 zu beachten. Darüber hinaus steht die Ausgestaltung der Satzung im pflichtgemäßen Ermessen der BNotK.[17]

Zuständig für den Erlass der Satzung ist nach § 83 Abs. 1 die **Vertreterversammlung** der BNotK. Nach § 25 der BNotK-Satzung werden die Satzungen vom Präsidenten der BNotK ausgefertigt und in der Deutschen Notar-Zeitschrift verkündet. Durch Erlass der **Testamentsregister-Gebührensatzung** vom 24.11.2011 (in Kraft getreten am 1.1.2012),[18] geändert durch die Erste Satzung zur Änderung der Testamentsregister-Gebührensatzung vom 12.9.2018 (in Kraft getreten am 14.11.2018),[19] hat die BNotK von ihrer Satzungsermächtigung Gebrauch gemacht.

Zu ihrer Wirksamkeit bedarf die jeweilige Satzung der **Genehmigung durch das Bundesministerium der Justiz und für Verbraucherschutz.** Das der BNotK im Rahmen der rechtlichen Vorgaben zustehende Satzungsermessen kann im Rahmen der Rechtsaufsicht gemäß § 78c Abs. 1 S. 3 nur auf Ermessensfehler überprüft werden.[20]

Die Gebührensatzungen stellen kein bloßes Innenrecht der BNotK dar, das nur für ihre Mitglieder gilt, sondern sind öffentlich-rechtlicher Natur und sind somit auch im Außenverhältnis gegenüber sämtlichen Registernutzern anwendbar (→ § 78b Rn. 28).

Die Höhe der Gebühren ist nach Abs. 4 S. 3 regelmäßig zu überprüfen. Auch insoweit unterliegt die BNotK (nur) der allgemeinen Rechtsaufsicht.[21] Als Zeitraum für die regelmäßige Überprüfung wird ein Abstand von fünf Jahren für angemessen erachtet.[22]

VII. Höhe der Gebühren

Die Höhe der Gebühren ergibt sich aus § 1 Abs. 2 ZTR-GebS. Für die Aufnahme einer Verwahrungsnachricht in das Zentrale Testamentsregister liegt die Gebühr danach bei **15,00 EUR** je Erblasser. Wird die Gebühr abweichend von § 3 Abs. 1 S. 1 ZTR-GebS iVm § 78g Abs. 2 S. 3 nicht durch den Notar entgegengenommen, sondern unmittelbar durch die Registerbehörde vom Kostenschuldner erhoben, beträgt sie **18,00 EUR** je Registrierung. Die Erhöhung hängt vor allem mit dem geringeren Verwaltungsaufwand der Registerbehörde in Zusammenhang mit der Sammelabrechnung und Einzugsermächtigung nach § 3 Abs. 1 S. 2 und S. 3 ZTR-GebS bei Entgegennahme durch den Notar zusammen. Im Falle des Verzugs kann sich die Gebühr gemäß § 1 Abs. 3 ZTR-GebS noch um weitere 8,00 EUR erhöhen. Keine Gebühr wird erhoben, wenn ein Verwahrdatensatz innerhalb von sieben Tagen nach der Registrierung gemäß § 5 S. 1 Nr. 1 ZTRV wieder gelöscht wird.

VIII. Gebührenerhebung

Die Fälligkeit der Gebühren ist in § 2 Abs. 2 ZTR-GebS geregelt. Danach ist die Gebühr mit der Registrierung der Verwahrangaben für den jeweiligen Erblasser fällig.

Bei unrichtiger Sachbehandlung durch die Registerbehörde wird nach § 5 Abs. 1 ZTR-GebS keine Gebühr erhoben.

---

[17] Diehn/*Diehn* BNotO § 78g Rn. 27.
[18] DNotZ 2011, 882.
[19] DNotZ 2018, 801.
[20] Arndt/Lerch/Sandkühler/*Sandkühler* BNotO § 78e Rn. 3.
[21] BT-Drs. 17/4063, 15 linke Spalte.
[22] Diehn/*Diehn* BNotO § 78g Rn. 25.

26 Da die Gebühren öffentlich-rechtlicher Notar sind, erfolgt eine Vollstreckung von Gebührenforderungen der Registerbehörde nach den Vorschriften des VwVG des Bundes (→ § 78b Rn. 39).

Anhang zu § 78g: Testamentsregister-Gebührensatzung (ZTR-GebS)[1]

Auf der Grundlage von § 78e Absatz 4 Satz 1, Absatz 1 Satz 1 und 2 Nummer 2 und Nummer 3 BNotO hat die Vertreterversammlung der Bundesnotarkammer die Gebührensatzung für das Zentrale Testamentsregister wie folgt beschlossen.

§ 1 Gebühren

(1) Die Bundesnotarkammer erhebt als Registerbehörde Gebühren für die Aufnahme von Verwahrangaben in das Zentrale Testamentsregister nach § 34a Absatz 1 Satz 1 und Satz 2 BeurkG, § 347 Absatz 1 Satz 1 FamFG und § 78d Absatz 4 Satz 1 BNotO.

(2) Je Registrierung (§ 3 Absatz 1 Satz 3 ZTRV) beträgt die Gebühr 15 €. Wird die Gebühr unmittelbar durch die Registerbehörde vom Kostenschuldner erhoben, beträgt sie 18 € je Registrierung. Keine Gebühr wird erhoben, wenn ein Verwahrdatensatz innerhalb von sieben Tagen nach der Registrierung gemäß § 5 Satz 1 Nr. 1 ZTRV gelöscht wird.

(3) Zahlt der Kostenschuldner die Gebühr nach Absatz 2 Satz 2 nicht innerhalb von zwei Monaten nach der Registrierung, erhöht die Registerbehörde die Gebühr um 8 €, wenn sie trotz Androhung der Erhöhung nicht innerhalb von zehn Tagen vollständig bezahlt wird.

§ 2 Kostenschuldner, Fälligkeit und Vorschuss

(1) Kostenschuldner ist der jeweilige Erblasser (§ 78g Absatz 2 Satz 1 Nr. 1 BNotO). Der Melder übermittelt mit jeder Registrierung eine ladungsfähige Anschrift des Kostenschuldners an die Registerbehörde, soweit diese nicht darauf verzichtet.

(2) Die Gebühr ist mit der Registrierung der Verwahrangaben für den jeweiligen Erblasser nach § 3 Absatz 1 Satz 3 ZTRV sofort fällig.

(3) Wird die Gebühr durch den Melder entgegengenommen (§ 78g Absatz 2 Satz 3 BNotO), kann er vom Kostenschuldner die Zahlung eines die Eintragungsgebühr deckenden Vorschusses verlangen.

§ 3 Art der Gebührenerhebung durch Notare

(1) Gebühren für die Registrierung von Verwahrangaben, die durch notarielle Melder übermittelt werden, nimmt der jeweilige Notar für die Registerbehörde entgegen (§ 78g Absatz 2 Satz 3 BNotO). Die Registerbehörde zieht die nach Satz 1 entgegenzunehmenden Gebühren vom notariellen Melder auf der Grundlage einer Sammelabrechnung frühestens am zehnten Tag des Folgemonats ein. Der Notar erteilt der Registerbehörde eine entsprechende Einzugsermächtigung für ein inländisches Bankkonto. Die Registerbehörde kann einen Melder von dem Entgegennahme- und Abrechnungsverfahren nach diesem Absatz ganz oder teilweise freistellen und die Gebühren unmittelbar vom Kostenschuldner erheben.

(2) Kann der Notar eine von der Registerbehörde abgerechnete und eingezogene Gebühr nicht erlangen, obwohl er deren Zahlung vom Kostenschuldner verlangt und mindestens einmal angemahnt hat, wird ihm diese auf Antrag zurückerstattet. Die Gebühr wird sodann nach § 1 Absatz 2 Satz 2 neu festgesetzt und unmittelbar durch die Registerbehörde vom Kostenschuldner erhoben.

---

[1] Testamentsregister-Gebührensatzung v. 24.11.2011 (DNotZ 2011, 882), geändert durch die Erste Satzung zur Änderung der Testamentsregister-Gebührensatzung v. 12.9.2018 (DNotZ 2018, 801).

§ 4 Art der Gebührenerhebung bei Gerichten und Konsulaten

(1) Einzelheiten des Entgegennahme- und Abrechnungsverfahrens bei gerichtlichen und konsularischen Meldern werden in Verwaltungsvereinbarungen mit der Registerbehörde getroffen.

(2) Nimmt ein Konsulat oder ein Gericht für die Registerbehörde Gebühren entgegen, ohne dass eine entsprechende Vereinbarung nach Absatz 1 besteht, gilt § 3 entsprechend. Die Entgegennahme ist der Registerbehörde zuvor anzuzeigen.

§ 5 Unrichtige Sachbehandlung, Ermäßigung und Absehen von der Gebührenerhebung

(1) Eine Gebühr, die bei richtiger Behandlung der Sache nicht entstanden wäre, wird nicht erhoben.

(2) Die Registerbehörde kann Gebühren ermäßigen oder von der Erhebung von Gebühren absehen, wenn ihr dies durch besondere Umstände des Einzelfalls geboten erscheint, insbesondere wenn und soweit die Gebührenerhebung eine unzumutbare Härte für den Kostenschuldner darstellen würde oder wenn der mit der Erhebung der Gebühr verbundene Verwaltungsaufwand außer Verhältnis zur Höhe der zu erhebenden Gebühr stünde.

§ 6 Inkrafttreten

Diese Satzung tritt am 1.1.2012 in Kraft.

Die Satzung wurde durch das Bundesministerium der Justiz genehmigt.

§ 78h Elektronisches Urkundenarchiv; Verordnungsermächtigung

(1) ¹Die Bundesnotarkammer betreibt als Urkundenarchivbehörde ein zentrales elektronisches Archiv, das den Notaren die Führung der elektronischen Urkundensammlung, des Urkundenverzeichnisses und des Verwahrungsverzeichnisses ermöglicht (Elektronisches Urkundenarchiv). ²Das Bundesministerium der Justiz und für Verbraucherschutz führt die Rechtsaufsicht über die Urkundenarchivbehörde.

(2) ¹Die Verfügbarkeit, die Integrität, die Authentizität, die Vertraulichkeit und die Transparenz der Daten des Urkundenverzeichnisses, des Verwahrungsverzeichnisses und der im Elektronischen Urkundenarchiv verwahrten elektronischen Dokumente müssen für die gesamte Dauer der Aufbewahrungsfrist gewährleistet sein. ²Die Urkundenarchivbehörde trifft die erforderlichen technischen und organisatorischen Maßnahmen, um die Erhaltung des Beweiswerts der verwahrten elektronischen Dokumente dauerhaft zu gewährleisten, ohne dass es einer erneuten Signatur durch die verwahrende Stelle bedarf.

(3) ¹Elektronische Dokumente, die im Elektronischen Urkundenarchiv zusammen verwahrt werden, müssen derart miteinander verknüpft sein, dass sie nur zusammen abgerufen werden können. ²§ 42 Absatz 3 und § 49 Absatz 5 des Beurkundungsgesetzes bleiben unberührt.

(4) Das Bundesministerium der Justiz und für Verbraucherschutz hat durch Rechtsverordnung ohne Zustimmung des Bundesrates die näheren Bestimmungen zu treffen über

1. die Einrichtung des Elektronischen Urkundenarchivs,
2. die Führung und den technischen Betrieb,
3. die Einzelheiten der Datenübermittlung und -speicherung,
4. die Einzelheiten der Datensicherheit und
5. die Erteilung und Entziehung der technischen Verwaltungs- und Zugangsberechtigungen.

A. Allgemeines

1 Die Vorschrift konkretisiert den bereits in § 78 Abs. 2 Nr. 3 enthaltenen Auftrag der BNotK, das Elektronische Urkundenarchiv als Pflichtaufgabe zu betreiben. Insoweit steht sie in einer Reihe mit den Bestimmungen § 78a für das Zentrale Vorsorgeregister und § 78c für das Zentrale Testamentsregister. **Normadressat** der in der Vorschrift in Bezug auf den Betrieb des Elektronischen Urkundenarchivs geregelten Pflichten ist die **BNotK**.

2 Eingefügt wurde § 78h durch das Gesetz zur Neuordnung der Aufbewahrung von Notariatsunterlagen und Einrichtung des Elektronischen Urkundenarchivs bei der Bundesnotarkammer sowie zur Änderung weiterer Gesetze vom 1.6.2017[1]. Die Einführung des Elektronischen Urkundenarchivs ist Teil der Ausweitung des **Elektronischen Rechtsverkehrs** als ein Bereich der Digitalisierung der Wahrnehmung von Aufgaben der öffentlichen Hand.[2] Durch die elektronische Urkundenverwahrung lässt sich gegenüber einer rein papierbasierten Aufbewahrung die **dauerhafte Verfügbarkeit** effizienter sicherstellen; außerdem liegen die notariellen Urkunden damit stets in einer Form vor, die ihre Weiterverwendung im elektronischen Rechtsverkehr ohne weitere Zwischenschritte und insbesondere **ohne Medienbruch** ermöglicht.[3] Die letztgenannte Zielrichtung einer spezifischen Förderung des Elektronischen Rechtsverkehrs hat ihren Niederschlag etwa in dem mit dem genannten Gesetz eingeführten § 36 Abs. 2 S. 1 gefunden. Diese Vorschrift bildet die Grundlage dafür, die Eintragung von Daten in das (elektronische) Urkundenverzeichnis vorzusehen, die nicht für das Auffinden von Urkunden erforderlich sind – aber als Strukturdaten für die Weiterverwendung im elektronischen Rechtsverkehr von Bedeutung sind.[4]

3 Der Gesetzgeber hat sich für eine zentrale technische Gestaltung des Elektronischen Urkundenarchivs und für dessen Ansiedlung bei der BNotK entschieden. Dies dürfte im Wesentlichen davon getragen gewesen sein, dass es angesichts der in hohem Maße dezentral organisierten Notarinnen und Notare unter Zweckmäßigkeitsgesichtspunkten vorzugswürdig erschien, eine **zentrale technische Infrastruktur** zu schaffen.[5] Die Realisierung der in Abs. 2 der Vorschrift genannten Datensicherheitsziele durch geeignete technische und organisatorische Maßnahmen dem einzelnen Amtsträger zu überantworten, dürfte keine realistische Alternative sein. Jedenfalls hätte die staatliche Gewährleistungsverantwortung insbesondere für die dauerhafte Verfügbarkeit notarieller Urkunden zu einem enormen Anstieg des Aufwands bei Aufsicht und Amtsprüfung führen müssen, selbst wenn die und der Einzelne vergleichsweise engmaschige Vorgaben zu Format und technischer Gestaltung auferlegt bekommen hätte. In § 78i findet seinen Niederschlag, dass der Gesetzgeber trotz dieser Richtungsentscheidung an der angesichts des persönlichen Charakters des Notaramts unverändert bleibenden **funktional dezentralen** Organisation der **Aufbewahrung** von Notariatsunterlagen festhält.

B. Betrieb des Elektronischen Urkundenarchivs (Abs. 1)

4 In Abs. 1 S. 1 wird das Elektronische Urkundenarchiv legaldefiniert als ein zentrales elektronisches Archiv, das den Notaren die Führung bestimmter ihnen gesetzlich vorgeschriebener Aufzeichnungen ermöglicht. Diese Aufzeichnungen sind konkret im Beurkundungsgesetz erwähnt, nämlich das Urkundenverzeichnis in § 55 Abs. 2 BeurkG, die elektronische Urkundensammlung in § 55 Abs. 3 BeurkG und das Verwahrungsverzeichnis in § 59a BeurkG (jeweils in der zukünftig geltenden Fassung). Aus diesen Vorschriften

---

[1] BGBl. 2017 I 1396.
[2] Vgl. Diehn/*Diehn* BNotO § 78h Rn. 2.
[3] Diehn/*Diehn* BNotO § 78h Rn. 3.
[4] Vgl. BT-Drs. 18/10607, 48.
[5] Dazu auch BR-Drs. 18/10607, 44; Diehn/*Diehn* BNotO § 78h Rn. 20.

ergibt sich auch, ab wann für die BNotK die Verpflichtung besteht, das Elektronische Urkundenarchiv den Notarinnen und Notaren bereitzustellen: Dieser Zeitpunkt ergibt sich aus der Verpflichtung zur Führung der entsprechenden Unterlagen, die **ab dem 1.1.2022** besteht.[6]

Die Erwähnung der Akten und Verzeichnisse im Beurkundungsgesetz wird flankiert durch die Verordnungsermächtigungen in § 36 BNotO bzw. § 59 BeurkG, die einen Regelungsauftrag bezüglich der notariellen Führung von Akten und Verzeichnissen bzw. bezüglich des Verwahrungsverzeichnisses enthalten. In der diese Ermächtigungsgrundlagen ausfüllenden Rechtsverordnung wird geregelt, was die elektronische Urkundensammlung, das Urkundenverzeichnis und das Verwahrungsverzeichnis aus Sicht der Notarin oder des Notars ist, die oder der sie zu führen hat. Abstrakt durch Abs. 1 S. 1 und konkret durch die nach Abs. 4 zu erlassenen Rechtsverordnung vermittelt, ergibt sich die Verpflichtung der BNotK, das Elektronische Urkundenarchiv so zu gestalten, dass die Amtsträger ihre berufsrechtlichen Verpflichtungen in Bezug auf die Führung von Akten und Verzeichnissen erfüllen können. 5

Die Vorschrift enthält keine ausdrückliche Aussage darüber, in welcher Tiefe die BNotK das System Elektronisches Urkundenarchiv bereitstellen muss, also: was als bei den Nutzern bereits vorhandene Infrastruktur vorausgesetzt werden darf. Insoweit dürfte zunächst eine Ausgestaltung durch den Verordnungsgeber im Rahmen des Abs. 4 stattfinden müssen. Weiterhin dürfte ein nicht unerheblicher Gestaltungsspielraum der BNotK bestehen, der im Wesentlichen durch den in § 78j Abs. 1 S. 1 festgehaltenen Grundsatz der Gebührenfinanzierung beschränkt wird. Jedenfalls dürfte keine Verpflichtung der BNotK bestehen, übliche Bürohard- und -software zur Verfügung zu stellen, die auch für andere Zwecke als diejenigen des zentralen elektronischen Archivs genutzt werden kann. Auch etwa eine Anbindung an das Internet dürfte als eine vom Nutzer des Systems bereitzustellende Voraussetzung betrachtet werden können. Andererseits dürfte der Gestaltungsspielraum auch so weit reichen, dass alle Systembestandteile von der BNotK bereitgestellt werden dürfen, die für die Benutzung des Elektronischen Urkundenarchivs notwendig sind. 6

Die Vorschrift begründet nur eine Pflicht der BNotK, das Elektronische Urkundenarchiv bereitzustellen. Ein subjektiv-öffentliches Recht des einzelnen Amtsträgers, das Elektronische Urkundenarchiv nutzen zu können, dürfte sie nicht ohne Weiteres vermitteln, da der Gesetzgeber die Einrichtung des Elektronischen Urkundenarchivs allein im öffentlichen Interesse angeordnet und der BNotK übertragen hat. Gegenüber wem das Elektronische Urkundenarchiv bereitzustellen ist, ist damit nicht eine Frage der subjektiven Berechtigung, sondern eine Frage des Inhalts der die BNotK treffenden Pflicht. Verpflichtend ist die Bereitstellung für Notarinnen und Notare, Notariatsverwalterinnen und Notariatsverwalter sowie die Notarkammern, also diejenigen, die mit der Erstellung und Verwahrung von Notariatsunterlagen befasst sind (§§ 51, 58 BNotO, § 55 BeurkG).[7] 7

Die Regelung in Abs. 1 S. 2 hat bezüglich der Anordnung einer Aufsicht überhaupt und der Benennung der Aufsichtsbehörde lediglich deklaratorischen Charakter und wiederholt den Regelungsinhalt, der sich bereits aus § 77 Abs. 2 ergibt. Weiterhin stellt die Bestimmung klar, dass auch bezüglich der übertragenen staatlichen Aufgabe als Urkundenarchivbehörde lediglich eine Rechts- und keine Fachaufsicht stattfindet.[8] 8

---

[6] Durch Art. 13 und 14 des Gesetzes zur Änderung von Vorschriften über die außergerichtliche Streitbeilegung in Verbrauchersachen und zur Änderung weiterer Gesetze vom 30.11.2019 (BGBl. I 1942) wurde die einheitliche Einführung des Elektronischen Urkundenarchivs zum 1.1.2022 festgelegt.

[7] Von praktisch untergeordneter Bedeutung dürfte angesichts der erheblichen mit einer nachträglichen Digitalisierung verbundenen Kosten die in § 119 Abs. 1 und Abs. 2 BNotO-2022 vorgesehene Möglichkeit einer Nutzung des Elektronischen Urkundenarchivs durch die Justizverwaltung für vor dem 1.1.2022 in ihre Verwahrung gelangte Bestände sein.

[8] Vgl. BT-Drs. 18/10607, 68; Diehn/*Diehn* BNotO § 78h Rn. 29.

C. Technisch-organisatorische Vorgaben (Abs. 2 und Abs. 3)

I. Datensicherheit (Abs. 2 S. 1)

9 Wie bereits dargestellt, ist die Möglichkeit der zentralen Gewährleistung der **Datensicherheit** ein entscheidender Vorteil eines technisch zentralen Systems. Konsequenterweise macht Abs. 2 S. 1 die Gewährleistung von Verfügbarkeit, Integrität, Authentizität, Vertraulichkeit und Transparenz ausdrücklich zur Pflicht der BNotK. Abs. 4 Nr. 4 ermöglicht dem Verordnungsgeber eine Ausgestaltung dieser Zielvorgaben im Einzelnen.

10 Die dauerhafte Sicherstellung der Verfügbarkeit erfordert insbesondere wirksame Maßnahmen zur Datensicherung, Ausfallsicherheit der Systeme und Vorkehrungen für den Fall, dass eine an der Verwahrung von Notariatsunterlagen beteiligte Person nicht mehr mitwirken will oder kann.

11 Die Sicherstellung der Vertraulichkeit, Integrität und Authentizität erfordert wirksame Zugangsschranken, insbesondere ein wirksames **technisches Berechtigungssystem,** und den Einsatz geeigneter **kryptographischer Verfahren.** Soweit elektronische Signaturen zur Sicherstellung von Integrität (Schutz gegen unbefugte Veränderung) und Authentizität (verlässliche Zuordnung zum Aussteller) eingesetzt werden, konkretisieren sich die Anforderungen in der nach Abs. 2 S. 2 geforderten Bewahrung des (technischen) Beweiswerts.

12 Beim Einsatz von Verschlüsselung zur Sicherung der Vertraulichkeit, deren Sicherstellung auf besonders hohem Niveau den Amtsträgern erst die Einhaltung der nach § 18 vorgeschriebenen Verschwiegenheit ermöglicht, ergibt sich in Zusammenschau mit der Notwendigkeit, die dauerhafte Verfügbarkeit sicherzustellen, ein **komplexes Anforderungsbild.** Denn einerseits muss sichergestellt sein, dass nur Befugte auf die Inhalte zugreifen können (dazu im Einzelnen § 78i). Zum anderen darf das eingesetzte Verschlüsselungssystem nicht dazu führen, dass Notariatsunterlagen nicht mehr verfügbar sind, wenn ein Wechsel der Zuständigkeit für die Verwahrung eintritt oder eine für die Verwahrung zuständige Stelle nicht mehr am Umgang mit den Unterlagen mitwirken kann oder will. Die Optimierung der Gewährleistung von **Vertraulichkeit und Verfügbarkeit** erfordert vor diesem Hintergrund ein komplexes, dem jeweiligen Stand der Technik und der Bedrohungslage angepasstes Konzept aus technischen und organisatorischen Maßnahmen.

II. Beweiswerterhalt (Abs. 2 S. 2)

13 Gegenüber Abs. 2 S. 1, der abstrakte Ziele vorgibt, enthält Abs. 2 S. 2 eine punktuelle Spezialregelung. Mit Beweiswert ist hier der technische oder **kryptographische Beweiswert** von elektronischen Dokumenten gemeint, der durch qualifizierte elektronische Signatur vermittelt wird. Der Einsatz **qualifizierter elektronischer Signaturen** im Zusammenhang mit der Aufnahme von elektronischen Dokumenten in das Elektronische Urkundenarchiv ergibt sich aus § 56 Abs. 1 S. 4 BeurkG-2022.

14 Der technische Beweiswert von elektronischen Signaturen steht und fällt mit der Zuverlässigkeit der eingesetzten Verschlüsselungsalgorithmen. Werden diese nicht mehr als sicher erachtet, können sie Integrität und Authentizität der signierten Daten nicht mehr gewährleisten. Daher muss rechtzeitig eine Übersignatur unter Einsatz von Algorithmen erfolgen, die dem jeweiligen Stand der Technik entsprechen. Abs. 2 S. 2 bestimmt nun, dass die BNotK das Elektronische Urkundenarchiv nicht so ausgestalten darf, dass entsprechende Übersignaturen durch die Notarinnen und Notare bzw. die für die Notarkammern handelnden Personen erfolgen müssen, sondern dass dieser **technische Beweiswerterhalt systemseits zu gewährleisten** ist. Im Ergebnis ist die BNotK als Urkundenarchivbehörde daher verpflichtet, einen qualifizierten Bewahrungsdienst für qualifizierte elektronische Signaturen entsprechend Art. 34 eIDAS-VO (VO (EU) 910/2014) einzurichten. Direkt anwendbar sein dürfte die eIDAS-Verordnung wegen ihres Art. 2 Abs. 2 nicht, der für

Vertrauensdienste innerhalb geschlossener Systeme aufgrund von nationalem Recht eine Ausnahme schafft.

Der technische Beweiswert ist notwendige Voraussetzung dafür, die betreffenden elektronischen Dokumente rechtlich zum Beweis eines Sachverhalts einsetzen zu können. Ein **rechtlich-zivilprozessualer Beweiswert** der in das elektronische Urkundenarchiv aufgenommenen elektronischen Dokumente ergibt sich aus §§ 371a, 371b ZPO einerseits, andererseits aber unabhängig von diesen Vorschriften daraus, dass **§ 45 Abs. 2 BeurkG-2022** und **§ 56 Abs. 3 BeurkG-2022** die **Gleichstellung** von in das Elektronische Urkundenarchiv aufgenommenen Urschriften bzw. sonstigen Dokumenten mit den (papierförmigen) Vorlagen anordnen. Diese Gleichstellung ermöglicht nach § 42 BeurkG die Herstellung von Abschriften „der Urschrift", nach § 49 Abs. 1 BeurkG-2022 die Erteilung von Ausfertigungen „der Urschrift" auf elektronischer Grundlage. Diese können im Zivilprozess nach § 435 ZPO im Rahmen des Urkundenbeweises vorgelegt werden.

III. Zusammen verwahrte Dokumente (Abs. 3)

Eine weitere Spezialregelung enthält Abs. 3 in Bezug auf Dokumente, die im Elektronischen Urkundenarchiv zusammen verwahrt werden. Die Vorschrift ist gemeinsam mit § 44b Abs. 1 S. 3 BeurkG-2022 zu lesen, wonach die **Zusammenverwahrung** bei Nachträgen zu einer Niederschrift die Errichtung eines mit der älteren Niederschrift zu verbindenden Nachtragsvermerks ersetzen kann. Zweck des Abs. 3 ist nun, die BNotK zu einer derartigen **Systemgestaltung** zu verpflichten, dass auch Jahre später und gegebenenfalls durch eine andere Verwahrstelle nicht übersehen werden kann, dass zu einer bestimmten notariellen Urkunde ein Nachtrag iSd § 44b Abs. 1 S. 1 BeurkG-2022 errichtet worden ist.

Abs. 3 S. 2 stellt durch Verweis auf § 42 Abs. 3, § 49 Abs. 5 BeurkG klar, dass jedoch auch in diesen Fällen der Zusammenverwahrung die Erteilung **auszugsweiser Abschriften** und Ausfertigungen **zulässig** bleibt. Daher muss Abs. 3 S. 1 so verstanden werden, dass das Elektronische Urkundenarchiv effektiv sicherstellen muss, dass ein Benutzer nicht übersehen kann, dass zu einer bestimmten Urkunde eine Nachtragsbeurkundung stattgefunden hat.[9] Daraus ergibt sich zwanglos, dass es nicht auf irgendwelche wie auch immer geartete gewissermaßen unüberwindliche Verbindungen technischer Art ankommt, sondern auf eine wirksame Verhinderung der irrtümlichen Erteilung fehlerhafter oder irreführender Abschriften oder Ausfertigungen.[10] Abs. 3 S. 1 schließt nicht die (allein sinnvolle) Systemgestaltung aus, dass der Nutzer stets die Kontrolle darüber behält, was er sich genau ansieht und was er zum Gegenstand eines Ausdrucks macht.

D. Verordnungsermächtigung (Abs. 4)

Mit Abs. 4 hat der Gesetzgeber eine umfassende Ermächtigungsgrundlage geschaffen, die dem Bundesministerium der Justiz und für Verbraucherschutz ermöglicht, ohne Zustimmung des Bundesrates die näheren Bestimmungen über das System Elektronisches Urkundenarchiv zu treffen.

Die in Nr. 1 genannte Einrichtung des Elektronischen Urkundenarchivs umfasst dabei gegenständlich das, was als Vorbereitung für den Regelbetrieb des Elektronischen Urkundenarchivs erforderlich ist. Darunter können etwa Regelungen zur kryptographischen Ersteinrichtung fallen. Im Rahmen der Nr. 2 dürfte der Rahmen der Systemgestaltung, insbesondere der mindeste Funktionsumfang zu regeln sein. Nr. 3 ermöglicht Regelungen

---

[9] Vgl. BT-Drs. 18/10607, 69.
[10] Hier besteht die Gefahr eines Missverständnisses, wenn man das griffige Bild der „technischen Klammer" (BT-Drs. 18/10607, 69) allzu wörtlich nimmt und die Unterschiede außer Acht lässt, die zwischen dem Umgang mit körperlichen Dokumenten und dem Umgang mit elektronischen Daten bestehen.

zu den Einzelheiten der Datenübermittlung und -speicherung. Dabei ist etwa an die Zugänglichkeit ausschließlich über ein **besonders gesichertes Netzwerk** zu denken und an eine Vorgabe zur Frage, inwieweit die BNotK auch die Nutzung mithilfe von Software von Drittanbietern ermöglichen darf. Nr. 4 enthält einen Regelungsauftrag zur Konkretisierung der in Abs. 2 S. 1 genannten Anforderungen an die **Datensicherheit**. In diesem Zusammenhang dürften insbesondere Regelungen zu einem Sicherheitskonzept und zum Backup der im Elektronischen Urkundenarchiv zu speichernden Daten zu treffen sein.

20 Nr. 5 betrifft schließlich die Erteilung und Entziehung der vom Gesetzgeber so genannten **technischen Verwaltungs- und Zugangsberechtigungen.** Technisch zugangsberechtigt ist derjenige, der tatsächlich auf bestimmte Inhalte des Elektronischen Urkundenarchivs zugreifen kann. Technisch verwaltungsberechtigt ist derjenige, der über die Zugangsberechtigung anderer Personen verfügen oder an solchen Verfügungen mitwirken kann. Bei der Regelung der Einzelheiten über die Erteilung und Entziehung der technischen Verwaltungs- und Zugangsberechtigungen wird insbesondere die Rolle der **Notarkammern** näher auszugestalten sein, die diesen aufgrund von **§ 67 Abs. 3 Nr. 4** zukommt. Indem der Gesetzgeber in der genannten Vorschrift den Notarkammern die Verwaltung von Notardaten und technischen Zugangsberechtigungen zum elektronischen Urkundenarchiv und zum elektronischen Notaraktenspeicher übertragen hat, hat er die Grundentscheidung getroffen, dass diese Funktionen bei den Notarkammern und nicht etwa bei der BNotK als Urkundenarchivbehörde anzusiedeln sind.

§ 78i Zugangsberechtigung zum Elektronischen Urkundenarchiv

[1]Der Zugang zum Urkundenverzeichnis, zum Verwahrungsverzeichnis und zu den im Elektronischen Urkundenarchiv verwahrten elektronischen Dokumenten steht ausschließlich der für die Verwahrung zuständigen Stelle zu. [2]Hierzu trifft die Urkundenarchivbehörde geeignete technische und organisatorische Maßnahmen.

A. Allgemeines

1 Das Elektronische Urkundenarchiv ist eine **zentrale technische Infrastruktur,** die den einzelnen Amtsträgern die Führung von Notariatsunterlagen ermöglicht. Dies ergibt sich bereits aus § 78h Abs. 1 S. 1, der formuliert: „[...] den Notaren die Führung [...] ermöglicht". Angesichts der Bedeutung, die die funktional dezentrale Aufbewahrung von Notariatsunterlagen für die auf der personenbezogenen Verleihung des Notarsamts (§ 1) aufbauende deutsche Notariatsverfassung hat, wird die **funktionale Dezentralität** in § 78i nochmals ausdrücklich festgeschrieben. Damit wird unmissverständlich klargestellt, dass das Elektronische Urkundenarchiv **kein Urkundenzentralarchiv** und keine Urkunden-Cloud ist.

B. Persönliches Amt in der digitalen Welt

I. Grundsatz (S. 1)

2 Gegenständlich ist von der Vorschrift der Zugang zu allen im Elektronischen Urkundenarchiv gespeicherten Inhalten erfasst.

3 Ausdrücklich geregelt ist die Zuständigkeit für die Verwahrung von Notariatsunterlagen in der Bundesnotarordnung für die **sekundär,** also in Nachfolge einer anderen Stelle, für die Verwahrung zuständigen Stellen. Für den Fall des Erlöschens des Amtes oder die Verlegung des Amtssitzes finden sich die entsprechenden Regelungen in § 51 BNotO. In der ab dem 1.1.2022 geltenden Fassung kommen nur noch Notarkammern sowie Nota-

rinnen und Notare in Betracht. Die Zuständigkeit einer Notariatsverwalterin oder eines Notariatsverwalters für die Verwahrung der Akten und Verzeichnisse der verwalteten Stelle ergibt sich aus § 58 Abs. 1. Weitere Sonderfälle der Verwahrungszuständigkeit sind in §§ 45, 55 geregelt.

Die Zuständigkeit der Notarin oder des Notars bzw. der Notariatsverwalterin oder des Notariatsverwalters für die Verwahrung der im Rahmen der eigenen Amtsausübung entstandenen Unterlagen **(primäre Verwahrzuständigkeit)** ergibt sich implizit aus den Vorschriften, die zur Führung der entsprechenden Akten und Verzeichnisse verpflichten, konkret also insbesondere § 55 Abs. 2 und Abs. 3 BeurkG-2022.

Ebenfalls im spezifischen Sinne des S. 1 für die Verwahrung zuständige Stelle ist eine Notarvertreterin oder ein Notarvertreter nach § 39 im zeitlichen und gegenständlichen Umfang der Vertreterbestellung.[1] Auch dieser Kreis darf daher mit einer eigenen technischen Zugangsmöglichkeit zu Inhalten des Elektronischen Urkundenarchivs ausgestattet werden.

Außerdem steht die Vorschrift der Einräumung von **abgeleiteten technischen Zugangsmöglichkeiten** nicht entgegen. Es muss jedoch die jederzeitige Möglichkeit des für die Verwahrung zuständigen Amtsträgers (bzw. des organschaftlichen Vertreters im Falle der Notarkammer) bestehen, die Zugriffsmöglichkeit wieder einzuschränken oder zu entziehen. Weiterhin ist der Personenkreis durch § 35 Abs. 5 auf die Beschäftigten des Amtsträgers bzw. des Zusammenschlusses im Falle der gemeinsamen Führung beschränkt.

Der Regelungsinhalt des S. 1 ist somit ein im Wesentlichen negativer:[2] ein eigener technischer Zugang darf nur den für die Verwahrung zuständigen Stellen eröffnet werden – allen anderen Dritten nicht. Das umfasst unter anderem Beteiligte der Beurkundung, Stellen gegenüber denen Vollzugshandlungen vorzunehmen sind, die Bundesnotarkammer (BNotK) als Urkundenarchivbehörde, die Notarkammern (soweit nicht selbst für die Verwahrung zuständige Stelle) und die Aufsichtsbehörden.

Die Vorschrift schließt aber technische Gestaltungen nicht aus, die die im Elektronischen Urkundenarchiv verfügbaren Inhalte so verfügbar machen, dass ein **Zugriff durch Dritte** aufgrund **ausdrücklicher Einräumung** durch die für die Verwahrung zuständige Stelle ermöglicht wird. Dies ist dann nicht das funktionale Äquivalent eines Zugriffs auf die Urkundensammlung, sondern des Versands von Abschriften. So könnte etwa anstelle des Versands von Abschriften an die Beteiligten eine Bereitstellung zum Abruf in einem besonders geschützten elektronischen System erfolgen; ein ähnliches Verfahren könnte den Versand von Ausfertigungen und Abschriften an das Handelsregister oder das Grundbuchamt ersetzen.[3]

II. Technische und organisatorische Maßnahmen (S. 2)

S. 2 ist letztlich eine punktuelle Konkretisierung der Anforderungen von § 78h Abs. 2 S. 1 bezüglich der Datensicherheit.[4] Die BNotK muss durch geeignete technische und organisatorische Maßnahmen sicherstellen, dass ein Zugriff auf die im Elektronischen Urkundenarchiv gespeicherten Daten durch andere als die für die Verwahrung zuständige Stelle ausgeschlossen ist. Dies erfordert insbesondere ein wirksames technisches System zum **Berechtigungsmanagement,** angemessene **Verschlüsselungsmaßnahmen** und flankierende **organisatorische Vorkehrungen.** Verantwortung des einzelnen Amtsträgers ist es wiederum, in diesem technisch-organisatorischen Rahmen geeignete Vorkehrungen gegen den Missbrauch des ihm eröffneten technischen Zugangs zu treffen. Soweit die Rechtsver-

---

[1] Vgl. Diehn/*Diehn* BNotO § 78h Rn. 43.
[2] Diehn/*Diehn* BNotO § 78i Rn. 2.
[3] Vgl. in diesem Zusammenhang auch die Ausführungen zu den unter dem Stichwort „Auskunftsbereich" diskutierten Gestaltungen bei Diehn/*Diehn* BNotO § 78h Rn. 5.
[4] Beschränkt auf die Vertraulichkeit ebenso Diehn/*Diehn* § 78h Rn. 6.

§ 78j Gebühren des Elektronischen Urkundenarchivs

(1) ¹Das Elektronische Urkundenarchiv wird durch Gebühren finanziert. ²Die Urkundenarchivbehörde kann Gebühren erheben für
1. die Aufnahme von elektronischen Dokumenten in die elektronische Urkundensammlung und
2. die Führung des Verwahrungsverzeichnisses.

(2) ¹Zur Zahlung der Gebühren sind verpflichtet:
1. im Fall des Absatzes 1 Satz 2 Nummer 1 derjenige, der zur Zahlung der Kosten für die jeweilige notarielle Amtshandlung verpflichtet ist, abweichend hiervon
   a) im Fall des § 119 Absatz 1 die Staatskasse,
   b) im Fall des § 119 Absatz 3 der Notar,
   c) im Fall des § 119 Absatz 4 die Notarkammer,
2. im Fall des Absatzes 1 Satz 2 Nummer 2 der Notar.

²Mehrere Gebührenschuldner haften als Gesamtschuldner. ³Notare können die Gebühren für die Urkundenarchivbehörde entgegennehmen.

(3) ¹Die Gebühren sind so zu bemessen, dass der mit der Einrichtung, der Inbetriebnahme sowie der dauerhaften Führung und Nutzung des Elektronischen Urkundenarchivs durchschnittlich verbundene Verwaltungsaufwand einschließlich der Personal- und Sachkosten gedeckt wird. ²Bei der Bemessung der Gebühren für die Aufnahme von elektronischen Dokumenten in die elektronische Urkundensammlung kann der Umfang des elektronischen Dokuments berücksichtigt werden. ³Die Gebühr kann im Fall von Unterschriftsbeglaubigungen, die nicht mit der Fertigung eines Entwurfs in Zusammenhang stehen, niedriger bemessen werden.

(4) ¹Die Urkundenarchivbehörde bestimmt die Gebühren nach Absatz 1 Satz 2 und die Art ihrer Erhebung durch eine Gebührensatzung. ²Die Satzung bedarf der Genehmigung durch das Bundesministerium der Justiz und für Verbraucherschutz. ³Die Höhe der Gebühren ist regelmäßig zu überprüfen.

A. Allgemeines

1 Wie für das Zentrale Vorsorgeregister und das Zentrale Testamentsregister hat der Gesetzgeber auch für das Elektronische Urkundenarchiv die **Gebührenfinanzierung** vorgesehen. Dies erscheint konsequent, da der Betrieb des Elektronischen Urkundenarchivs eine **übertragene Staatsaufgabe** und keine originäre Selbstverwaltungsaufgabe der Bundesnotarkammer (BNotK) ist.

2 Die Vorschrift orientiert sich an den für die zentralen Register (Zentrales Vorsorgeregister und Zentrales Testamentsregister) bereits seit längerem bestehenden Vorschriften, die durch das Gesetz zur Neuregelung der Aufbewahrung von Notariatsunterlagen teilweise angepasst wurden.

B. Gebührenfinanzierung

I. Grundsatz (Abs. 1 S. 1)

3 Abs. 1 S. 1 der Vorschrift legt die Gebührenfinanzierung das Elektronischen Urkundenarchivs gesetzlich fest. Dies bedeutet insbesondere, dass die Kosten für das Elektronische

Urkundenarchiv weder aus dem allgemeinen Beitragsaufkommen der BNotK bestritten werden dürfen, noch durch staatliche Zuwendungen aus Steuermitteln zu decken sind.

Ebenso ist es der BNotK nicht gestattet, für das Elektronische Urkundenarchiv von denjenigen, die gesetzlich als Gebührenschuldner festgelegt sind und die aus Einrichtung und Betrieb des Elektronischen Urkundenarchivs einen Vorteil ziehen, neben den Gebühren oder anstelle derselben privatrechtliche Entgelte für den exklusiv von der BNotK bereitzustellenden Pflichtumfang des Systems Elektronisches Urkundenarchiv zu erheben. Dagegen dürfte es ihr nicht verwehrt sein, mit Dritten, die Mehrwertleistungen für Gebührenschuldner und andere Nutzer des Systems anbieten wollen, privatrechtliche Entgeltvereinbarungen zu schließen, um in diesem Zusammenhang stehende Aufwände wirtschaftlich auf diese Dritten zu verlagern. Dies dürfte etwa für die Bereitstellung von Schnittstellen gelten, über die Drittsoftware für Befugte einen Zugriff auf das Elektronische Urkundenarchiv ermöglichen kann. 4

II. Einschränkung der Gebührentatbestände (Abs. 1 S. 2)

Der Gesetzgeber hat der untergesetzlichen **Schaffung von Gebührentatbeständen** durch Satzung (vgl. Abs. 4) vergleichsweise **enge Grenzen** gesetzt: zulässig ist nur die Anknüpfung an die Aufnahme von elektronischen Dokumenten in die elektronische Urkundensammlung (S. 2 Nr. 1) und an die Führung des Verwahrungsverzeichnisses (S. 2 Nr. 2). Ein Gebührentatbestand für die Führung des (elektronischen) Urkundenverzeichnisses ist hingegen nicht vorgesehen. Die Begründung zum Regierungsentwurf führt insoweit aus, es handle sich um ein bloßes Hilfsverzeichnis zur Auffindung von Urkunden.[1] 5

Dem Satzungsgeber überlassen bleibt die genaue Ausgestaltung des Gebührentatbestandes in dem gesetzlich vorgegebenen Rahmen.[2] So ist etwa beim Verwahrungsverzeichnis eine pauschale oder aber auch eine nutzungsbasierte Abrechnung vorstellbar. Bei der Aufnahme von elektronischen Dokumenten ist eine Anknüpfung an das einzelne Dokument oder aber eine Pauschalierung pro Amtsgeschäft denkbar. 6

C. Elektronische Urkundensammlung

I. Grundsatz

Nach Abs. 2 S. 1 Nr. 1 ist bei Anknüpfung an die Aufnahme von elektronischen Dokumenten in die elektronische Urkundensammlung derjenige Gebührenschuldner, der **Gebührenschuldner der zugehörigen notariellen Amtshandlung** ist. Damit wird in der Sache der Gleichklang mit den Vorschriften des GNotKG hergestellt und es gelten dessen §§ 29–31. Insbesondere gilt beim Beurkundungsverfahren die Gebührenhaftung der Urkundsbeteiligten (§ 30 GNotKG) auch für die Gebühren des Elektronischen Urkundenarchivs. Die zusätzliche Belastung mit den Kosten der Verwahrung im Elektronischen Urkundenarchiv rechtfertigt sich dadurch, dass die Schuldner der Kosten der notariellen Amtshandlung auch den Vorteil der dauerhaften Verfügbarkeit während der Aufbewahrungsdauer haben, insbesondere da sie regelmäßig nach § 51 BeurkG berechtigt sind, sich Ausfertigungen und Abschriften erteilen zu lassen. 7

II. Gesamtschuldnerschaft (Abs. 2 S. 2)

Mit der Anordnung der Gesamtschuldnerschaft unter mehreren Gebührenschuldner trifft die Vorschrift eine zu den Bestimmungen des **GNotKG** grundsätzlich **parallele Regelung** (vgl. § 32 Abs. 1 GNotKG). Allerdings besteht bezüglich der Gebühren des Elektronischen 8

---

[1] BT-Drs. 18/10607, 70.
[2] Vgl. dazu Diehn/*Diehn* BNotO § 78j Rn. 7, 9.

Urkundenarchivs keine Einschränkung der Gesamtschuldnerschaft wie in § 32 Abs. 2 GNotKG bezüglich der Notarkosten.

9 Gegenüber der BNotK haften die Gebührenschuldner gleichrangig ohne Rücksicht auf das Innenverhältnis.[3]

III. Entgegennahme durch Notare (Abs. 2 S. 3)

10 Ebenso wie es für die zentralen Register geregelt ist (vgl. § 78b Abs. 2 S. 5, § 78g Abs. 2 S. 3), können auch die Gebühren für die Aufnahme von Dokumenten in die elektronische Urkundensammlung von Notarinnen und Notaren für die BNotK entgegengenommen werden. Dies stellt eine erhebliche Vereinfachung der Abwicklung dar.[4] Die Gebührenschuldner erhalten nur eine Rechnung, die neben den Gebühren für das Beurkundungsverfahren auch die Gebühren für das Elektronische Urkundenarchiv ausweist. Diese sind echte durchlaufende Posten nach Nr. 32015 KV GNotKG, auf die die Notarin oder der Notar keine Umsatzsteuer erhebt. Weiterhin reduziert sich der Verwaltungsaufwand bei der BNotK erheblich, die bei Entgegennahme der Gebühren durch Notarinnen und Notare nicht eine Vielzahl von vergleichsweise geringen Beträgen einfordern und entgegennehmen muss, sondern jeweils gesammelt mit den Amtsträgern abrechnen kann.

11 Eine Pflicht der Notarinnen und Notare, die Gebühren für die Urkundenarchivbehörde BNotK entgegenzunehmen, ergibt sich aus Abs. 2 S. 3 isoliert nicht. Eine solche könnte jedoch im Rahmen der Regelung der Art der Gebührenerhebung in der Gebührensatzung begründet werden.[5]

IV. Gebühren der Nachdigitalisierung

12 Nicht die Beteiligten eines Beurkundungsgeschäfts oder die sonst zur Zahlung der Kosten für eine Amtshandlung Verpflichteten, sondern die Staatskasse, die Notarin oder der Notar bzw. die Notarkammer haben nach Abs. 2 S. 1 Nr. 1 lit. a–c die Kosten zu tragen, wenn eine nachträgliche Digitalisierung von Urkundenbeständen erfolgt, die vor dem 1.1.2022 entstanden sind. In diesem Fall erscheint es nicht angemessen, die entsprechenden Gebühren für regelmäßig längst abgeschlossene Amtsgeschäfte noch nachträglich den Beteiligten aufzuerlegen. Stattdessen hat diejenige Stelle die Kosten zu tragen, die **Veranlasser** für den entsprechenden Aufwand ist.[6] Bei der Nachdigitalisierung durch Notarin oder Notar sind das diese, bei der Nachdigitalisierung durch Amtsgerichte die Staatskasse, bei Nachdigitalisierung durch eine Notarkammer die Notarkammer.

D. Verwahrungsverzeichnis

13 Gebührenschuldner für die Führung des Verwahrungsverzeichnisses ist nach Abs. 2 S. 1 Nr. 2 die Notarin oder der Notar. Die Begründung zum Regierungsentwurf führt dazu aus, die Führung des Verwahrungsverzeichnisses erfolge nicht vorrangig in unmittelbarem Interesse der Urkundsbeteiligten, sondern auch für Zwecke der Aufsicht, daher sei die Kostentragung durch die Beteiligten nicht angemessen.[7]

---

[3] Diehn/*Diehn* BNotO § 78j Rn. 14.
[4] BT-Drs. 18/10607, 71.
[5] Diehn/*Diehn* BNotO § 78j Rn. 16.
[6] BT-Drs. 18/10607, 70.
[7] BT-Drs. 18/10607, 70.

E. Gebührenbemessung (Abs. 3)

Abs. 3 S. 1 konkretisiert das allgemeine gebührenrechtliche **Kostendeckungsprinzip**[8] durch Aufzählung der in die Gebührenkalkulation einzubeziehenden Kosten. Die Kostendeckung bezieht sich insgesamt auf die **Summe der Gebühren**,[9] nicht auf einzelne Teilleistungen, auch wenn insofern gesonderte Gebührentatbestände gebildet werden. Das lässt sich schon Abs. 3 S. 2 und S. 3 entnehmen, die eine Differenzierung nur zulassen, nicht aber zwingend verlangen.

Bei der Kostenermittlung dürfte insbesondere zu berücksichtigen sein, dass jedenfalls für den Tatbestand der Aufnahme von elektronischen Dokumenten in die elektronische Urkundensammlung die Gebührenerhebung zweckmäßigerweise ein einmaliger Vorgang ist,[10] die **Leistungserbringung** jedoch über die gesamte Aufbewahrungsdauer **gestreckt**.[11] Der Vorteil, der den Gebührenschuldnern zugutekommt, ist gerade die dauerhafte Verfügbarkeit der entsprechenden Urkunden und sonstigen im Elektronischen Urkundenarchiv gespeicherten Daten. Der Aufwand für die dauerhafte Verfügbarkeit wird bereits bei der Kalkulation der einmalig anfallenden Gebühr zu berücksichtigen sein. Hierfür dürfte etwa in Betracht kommen, aus einem Teil der Gebühreneinnahmen angemessene Rücklagen zu bilden. Nicht hinreichend dürfte es sein, gewissermaßen nach der Art eines Generationenvertrags anzunehmen, dass immer weitere Gebührenzahlungen für Neuaufnahmen von Dokumenten erfolgen und damit auch die Verfügbarkeitskosten für früher aufgenommene Dokumente gedeckt werden können. Bei der Bildung von Rücklagen dürfte auch zu berücksichtigen sein, dass bestimmte Kosten nur zu bestimmten Zeitpunkten anfallen, jedoch im Sinne einer gerechten Ausgestaltung der Gebührenerhebung von allen Gebührenschuldner gleichmäßig getragen werden sollten. Neben den anfänglichen Errichtungskosten sind das auch die Kosten für regelmäßige technische Erneuerung in längeren Zyklen.

Klarstellenden Charakter haben Abs. 3 S. 2 und S. 3. Denn es findet sich im Normtext sonst kein Anhaltspunkt dafür, dass der Gesetzgeber den Gestaltungsspielraum des Satzungsgebers bei der Schaffung der Gebührentatbestände über Abs. 1 und Abs. 2 hinaus hätte einengen wollen.[12] Abs. 3 S. 2 stellt klar, dass bei der Bemessung der Gebühren für die Aufnahme von elektronischen Dokumenten in die elektronische Urkundensammlung der Umfang des elektronischen Dokuments berücksichtigt werden kann, also insbesondere der Speicherplatzverbrauch. Dies ermöglicht eine verursachungsgerechte Kostenverteilung. Abs. 3 S. 3 stellt wiederum klar, dass bei Unterschriftsbeglaubigungen ohne Entwurf eine niedrigere Gebühr für die Einstellung von Dokumenten in die elektronische Urkundensammlung vorgesehen werden kann. Dies lässt sich mit dem Gedanken begründen, dass in diesem Fall typischerweise weniger auf die bei der Notarin oder dem Notar verwahrte Abschrift zu einem späteren Zeitpunkt zugegriffen wird. Die Dienstordnung sieht derzeit die Verwahrung einer solchen Abschrift nicht zwingend vor; es ist anzunehmen, dass dies auch künftig in der Rechtsverordnung nach § 36 nicht vorgeschrieben werden wird.

F. Gebührensatzung (Abs. 4)

Nach Abs. 4 erfolgt die nähere Ausgestaltung der Gebührentatbestände und der Gebührenerhebung durch eine **Gebührensatzung** der BNotK. Dies entspricht der Rechtslage

---

[8] Dazu etwa BVerwG NJW 1961, 2128 (2129f.).
[9] Diehn/*Diehn* BNotO § 78j Rn. 21.
[10] Diehn/*Diehn* BNotO § 78j Rn. 21.
[11] Die Sachlage stellt sich grundsätzlich bei den zentralen Registern nicht anders dar.
[12] S. auch Diehn/*Diehn* BNotO § 78j Rn. 22.

beim Zentralen Vorsorgeregister und beim Zentralen Testamentsregister. Die BNotK muss sich dabei in dem gesetzlich vorgezeichneten Rahmen halten.

18 Unklar ist, wie sich eine Gebührenbefreiung im Beurkundungsverfahren angesichts des Abs. 2 S. 1 Nr. 1 bei den Gebühren des Elektronischen Urkundenarchivs auszuwirken hat. Gegen eine schematische Übernahme der Befreiungstatbestände spricht, dass der Gedanke eines sozialen und die flächendeckende Versorgung mit notariellen Leistungen sicherstellenden Gebührensystems, wie er im GNotKG verwirklicht ist, in § 78j keine Grundlage findet. Jedoch dürfte insoweit ein gewisser Gestaltungsspielraum der Urkundenarchivbehörde BNotK bestehen.

19 Nach Abs. 4 S. 2 bedarf die Gebührensatzung der **Genehmigung** durch das Bundesministerium der Justiz und für Verbraucherschutz. Die Entscheidung ist eine gebundene: Eine rechtmäßige Gebührensatzung muss genehmigt werden.[13] Da die Kosten der Veränderung im Zeitverlauf unterliegen können, insbesondere auch wegen der technischen Entwicklung, bestimmt Abs. 4 S. 3, dass eine regelmäßige Überprüfung der Gebührenhöhe stattzufinden hat. Dabei gelten die in Abs. 3 niedergelegten Maßstäbe entsprechend.

G. Vollstreckung

20 Die Vollstreckung der Gebührenforderungen richtet sich nach dem VwVG (des Bundes).[14] Zuständige Vollstreckungsbehörde ist nach § 4 lit. b VwVG, § 249 Abs. 1 S. 3 AO, § 1 Nr. 3 FVG das örtlich zuständige Hauptzollamt. Das ist hier nach § 3 Abs. 1 Nr. 3 lit. b VwVfG das Hauptzollamt Potsdam.

§ 78k Elektronischer Notaraktenspeicher; Verordnungsermächtigung

(1) Die Bundesnotarkammer betreibt einen zentralen elektronischen Aktenspeicher, der den Notaren die elektronische Führung ihrer nicht im Elektronischen Urkundenarchiv zu führenden Akten und Verzeichnisse sowie die Speicherung sonstiger Daten ermöglicht (Elektronischer Notaraktenspeicher).

(2) ¹Der Elektronische Notaraktenspeicher wird durch Gebühren finanziert. ²Die Bundesnotarkammer kann Gebühren erheben für die elektronische Führung von Akten und Verzeichnissen sowie die Speicherung sonstiger Daten im Elektronischen Notaraktenspeicher. ³Zur Zahlung der Gebühren ist der Notar verpflichtet.

(3) Die Gebühren sind so zu bemessen, dass der mit der Einrichtung, der Inbetriebnahme sowie der dauerhaften Führung und Nutzung des Elektronischen Notaraktenspeichers durchschnittlich verbundene Verwaltungsaufwand einschließlich der Personal- und Sachkosten gedeckt wird.

(4) ¹Die Bundesnotarkammer bestimmt die Gebühren nach Absatz 2 Satz 2 und die Art ihrer Erhebung durch eine Gebührensatzung. ²Die Satzung bedarf der Genehmigung durch das Bundesministerium der Justiz und für Verbraucherschutz. ³Die Höhe der Gebühren ist regelmäßig zu überprüfen.

(5) Das Bundesministerium der Justiz und für Verbraucherschutz hat durch Rechtsverordnung ohne Zustimmung des Bundesrates die näheren Bestimmungen zu treffen über
1. die Einrichtung des Elektronischen Notaraktenspeichers,
2. die Führung und den technischen Betrieb,
3. die Einzelheiten der Datenübermittlung und -speicherung,
4. die Einzelheiten der Datensicherheit und
5. die Erteilung und Entziehung der technischen Verwaltungs- und Zugangsberechtigungen.

---

[13] Diehn/*Diehn* BNotO § 78j Rn. 31.
[14] Diehn/*Diehn* BNotO § 78j Rn. 17.

A. Allgemeines

Der Elektronische Notaraktenspeicher soll es den Notarinnen und Notaren ermöglichen, 1
diejenigen Akten und Verzeichnisse elektronisch zu führen, die nicht im Elektronischen
Urkundenarchiv zu führen sind, und sonstige Daten zu speichern. Die Vorschrift § 78k
steht damit im Zusammenhang mit **§ 35,** der in seinem Abs. 2 S. 1 in der ab dem 1.1.2020
geltenden Fassung anders als die bisherige Dienstordnung **nicht mehr auf die allein
papierförmige Führung** von Akten und Verzeichnissen **festgelegt** ist (vgl. § 22 Abs. 1
DONot zu den Nebenakten). Neben der Geschäftsstelle ist jedoch der Elektronische
Notaraktenspeicher der allein zulässige Speicherort für elektronische Akten und Verzeichnisse, soweit sie nicht ohnehin im Elektronischen Urkundenarchiv zu führen sind (§ 35
Abs. 4).

B. Tatbestand

Abs. 1 nennt als Funktion des Elektronischen Notaraktenspeichers zunächst die elektro- 2
nische Führung von Akten und Verzeichnissen. Welche Funktionen dafür im Einzelnen
vorgesehen werden und wie das System gestaltet wird, ist durch die Bundesnotarkammer
(BNotK) festzulegen.[1] Dies konnte der Gesetzgeber in vergleichsweise weitem Umfang
zulassen, weil es sich um eine **Selbstverwaltungsangelegenheit** der Notarinnen und
Notare handelt, die über die Notarkammern an der Willensbildung der BNotK mitwirken.
Denkbar sind verschiedene Gestaltungen, von einem umfassenden Aktenverwaltungssystem
bis hin zur bloßen Speichermöglichkeit, die über Schnittstellen zu Aktenverwaltungssystemen von Drittanbietern bedient werden kann.

Gleiches gilt für die Speicherung **sonstiger Daten,** die letztlich alle im Zusammenhang 3
mit der Amtstätigkeit anfallenden Daten umfassen kann.[2] Hier kann es sich etwa um die
Speicherung von Daten im Auftrag von Urkundsbeteiligten (digitale Hinterlegung) oder
um die Datenspeicherung für eigene Zwecke der Notarin oder des Notars handeln – zum
Beispiel Sicherheitskopien aus den in der Geschäftsstelle verwendeten Computersystemen.
Auch die **Speicherung von Hilfsmitteln iSd § 35 Abs. 2 S. 2** kann im Elektronischen
Notaraktenspeicher vorgesehen werden, da sie unter die Speicherung sonstiger Daten subsumiert werden kann.

Nicht im Elektronischen Notaraktenspeicher geführt werden dürfen solche Akten und 4
Verzeichnisse, deren Führung im Elektronischen Urkundenarchiv vorgeschrieben ist, also
Urkundenverzeichnis, Verwahrungsverzeichnis und elektronische Urkundensammlung
(§ 78h Abs. 1 S. 1). Das schließt es jedoch nicht aus, einzelne Daten aus diesen Beständen
als Hilfsmittel im Elektronischen Notaraktenspeicher zu speichern, wenn dies zur Amtsausübung zweckmäßig ist.

Auch hinsichtlich der Frage, wann welche Funktionalität des Elektronischen Notaraktenspeichers zur Verfügung gestellt wird, dürfte der BNotK im Rahmen ihrer Selbstverwaltung 5
ein weiter Gestaltungsspielraum zu kommen. Zulässigerweise können Notarinnen und
Notare Akten und Verzeichnisse nur im Elektronischen Notaraktenspeicher führen, soweit
die elektronische Führung in der Rechtsverordnung nach § 36 nicht ausgeschlossen ist.

C. Gebührenfinanzierung (Abs. 2–4)

Der Elektronische Notaraktenspeicher wird, obwohl er eine Selbstverwaltungsaufgabe 6
der BNotK ist, nicht durch die Beiträge der Notarkammern nach § 91, sondern durch

---

[1] Vgl. Diehn/*Diehn* BNotO § 78k Rn. 7.
[2] Diehn/*Diehn* BNotO § 78k Rn. 9.

Gebühren finanziert, wie Abs. 2 S. 1 anordnet. Damit wird der Tatsache Rechnung getragen, dass die Notarinnen und Notare zur **Nutzung** des Elektronischen Notaraktenspeichers **nicht verpflichtet** sind und diejenigen, die auf die Nutzung verzichten, sonst die Kosten über ihre Beiträge zu den Notarkammern mitzutragen hätten.

7 Zur Gestaltung der Gebührentatbestände macht das Gesetz wenig Vorgaben. Es wiederholt in Abs. 1 S. 2 letztlich die Beschreibung des Elektronischen Notaraktenspcichers. Zweckmäßig dürften verschiedene Gebührentatbestände für verschiedene Funktionen des Elektronischen Notaraktenspeichers sein.

8 Gebührenschuldner ist nach Abs. 2 S. 3 die Notarin oder der Notar. Diese gesetzliche Anordnung dürfte es jedoch nicht ausschließen, Gebühren im Wege der Auslagen wirtschaftlich an Beteiligte weiterzugeben, soweit die rechtlichen Voraussetzungen dafür gegeben sind. Das könnte etwa bei Daten der Fall sein, die auf ausdrücklichen Antrag der Beteiligten für einen bestimmten Zeitraum im Elektronischen Notaraktenspeicher gespeichert und damit gewissermaßen elektronisch verwahrt werden (siehe Nr. 32015 KV GNotKG). Für die Führung eigener Akten und Verzeichnisse, etwa der Nebenakten zu Beurkundungsgeschäften, kommt dies jedoch nicht in Betracht.

9 Wie beim Elektronischen Urkundenarchiv (§ 78j Abs. 4) werden die Einzelheiten der Gebührentatbestände und der Gebührenerhebung durch eine **Satzung** der BNotK geregelt, die der Genehmigung durch die Rechtsaufsichtsbehörde bedarf (Abs. 4 S. 1 und S. 2). Auch die Gebühren des Elektronischen Notaraktenspeichers sind regelmäßig zu überprüfen (Abs. 4 S. 3).

D. Verordnungsermächtigung (Abs. 5)

10 Abs. 5 enthält bezüglich des Elektronischen Notaraktenspeichers eine parallele Verordnungsermächtigung zu derjenigen in § 78h Abs. 4 bezüglich des Elektronischen Urkundenarchivs. Bei der Ausfüllung diese Ermächtigung werden wie beim Elektronischen Urkundenarchiv Integrität, Authentizität, Verfügbarkeit und Vertraulichkeit der im Elektronischen Notaraktenspeicher gespeicherten Akten, Verzeichnisse und sonstiger Daten hinreichende Berücksichtigung finden müssen.

§ 78l Notarverzeichnis

(1) ¹**Die Bundesnotarkammer führt ein elektronisches Verzeichnis der Notare und Notariatsverwalter (Notarverzeichnis).** ²Jede Notarkammer gibt die Daten zu den in ihr zusammengeschlossenen Notaren und zu den in ihrem Bezirk bestellten Notariatsverwaltern in das Notarverzeichnis ein. ³Die Notarkammern nehmen Eintragungen unverzüglich auf Grund der Benachrichtigungen durch die Landesjustizverwaltung gemäß § 67 Absatz 6 vor.

(2) ¹Das Notarverzeichnis dient der Information der Behörden und Gerichte, der Rechtsuchenden und der anderen am Rechtsverkehr Beteiligten. ²Darüber hinaus dient es der Erfüllung der Aufgaben der jeweiligen Notarkammer und der Bundesnotarkammer. ³Die Einsicht in das Verzeichnis steht jedem unentgeltlich zu. ⁴Die Suche in dem Verzeichnis wird durch ein elektronisches Suchsystem ermöglicht.

(3) ¹In das Notarverzeichnis sind einzutragen:
1. die von der Landesjustizverwaltung nach § 67 Absatz 6 mitgeteilten Tatsachen unter Angabe des jeweils maßgeblichen Datums,
2. der Familienname und der oder die Vornamen sowie frühere Familiennamen, die der Notar seit seiner Bestellung geführt hat,
3. Zuständigkeiten für die Aktenverwahrung, die dem Notar nach § 51 Absatz 1 und 3 übertragen sind,

4. der Amtssitz, die Anschrift von Geschäftsstellen sowie die Orte und Termine auswärtiger Sprechtage,
5. die Kammerzugehörigkeit,
6. die Bezeichnung des besonderen elektronischen Notarpostfachs,
7. die Telekommunikationsdaten, die der Notar mitgeteilt hat,
8. Sprachkenntnisse, soweit der Notar solche mitteilt.

²Die Eintragungen zu Satz 1 Nummer 1 bis 5 sind von der jeweiligen Notarkammer, die Eintragungen zu Satz 1 Nummer 6 bis 8 von der Bundesnotarkammer vorzunehmen. ³Die Eintragung von Notarvertretern kann auch unmittelbar durch die zuständige Aufsichtsbehörde erfolgen. ⁴Die Notarkammern, die Bundesnotarkammer und die Aufsichtsbehörde tragen die datenschutzrechtliche Verantwortung für die jeweils von ihnen in das Verzeichnis eingegebenen Daten.

(4) Absatz 3 gilt für Notariatsverwalter entsprechend.

(5) ¹Ist ein Notar zu gleichzeitiger Amtsausübung neben dem Beruf des Rechtsanwalts bestellt, können die zu seiner Person zu erhebenden Daten auch automatisiert aus dem Gesamtverzeichnis der Bundesrechtsanwaltskammer (§ 31 der Bundesrechtsanwaltsordnung) abgerufen werden. ²Das Gleiche gilt bei der Bestellung eines Rechtsanwalts zum Notarvertreter.

(6) Wenn die Eintragungen zur Information der in Absatz 2 Satz 1 genannten Beteiligten über die Zuständigkeit für die Verwahrung von Akten und Verzeichnissen eines Notars oder sonst zur Erfüllung der Aufgaben der Notarkammer oder der Bundesnotarkammer nicht mehr erforderlich sind, werden sie gelöscht.

Übersicht

	Rn.
A. Allgemeines	1
B. Zuständigkeit für Eintragungen im Notarverzeichnis	3
C. Zweck und Funktionen des Notarverzeichnisses	6
I. Notar- und Urkundensuche im Internet	7
II. Erfüllung der Aufgaben der Notarkammern und der BNotK	8
D. Inhalt des Notarverzeichnisses	12
E. Öffentliche Einsichtsmöglichkeit	15
F. Eintragung von Notarvertretungen	17
G. Automatisierte Datenerhebung und Löschpflichten	21

A. Allgemeines

Die Bundesnotarkammer führt das Notarverzeichnis bereits seit langem auf der Grundlage von § 78 Abs. 3 („Notardaten verwalten") sowie aufgrund der Aufgabennormen zum Betrieb des Zentralen Vorsorgeregisters und des Zentralen Testamentsregisters. § 78l wurde mit dem Gesetz zur Neuordnung der Aufbewahrung von Notariatsunterlagen und Einrichtung des Elektronischen Urkundenarchivs bei der Bundesnotarkammer sowie zur Änderung weiterer Gesetze vom 1.6.2017[1] in die BNotO eingefügt und regelt nun die Einzelheiten der Führung des Notarverzeichnisses gesetzlich. § 78m enthält darüber hinaus eine Verordnungsermächtigung für das Bundesministerium der Justiz und für Verbraucherschutz.

Das Notarverzeichnis erfüllt **zwei wesentliche Funktionen:** Zum einen dient es als Notarauskunft im Internet der Information der Öffentlichkeit, zum anderen bildet es die einheitliche Nutzerverwaltung verschiedener zentraler IT-Systeme der BNotK. In technischer Hinsicht handelt es sich beim Notarverzeichnis nicht um eine einheitliche Software, sondern um eine Vielzahl technischer Komponenten, deren konkreter Zuschnitt und

---

[1] BGBl. 2017 I 1396.

B. Zuständigkeit für Eintragungen im Notarverzeichnis

3 Zuständig für die Eintragungen im Notarverzeichnis sind nach Abs. 1 S. 2 und S. 3 grundsätzlich die Notarkammern. Anders als beim bundesweiten amtlichen Anwaltsverzeichnis der Bundesrechtsanwaltskammer (BRAK), das lediglich eine Zusammenführung der einzelnen Verzeichnisse der Rechtsanwaltskammern darstellt, ist das Notarverzeichnis ein **bundeseinheitliches Verzeichnis**. Die Eintragungen erfolgen über eine von der BNotK bereitgestellte Webanwendung (§ 6 Abs. 1 S. 2 NotVPV) und sind unverzüglich nach Mitteilung der eintragungserheblichen Tatsachen durch die Landesjustizverwaltungen von der Notarkammer vorzunehmen. Die Landesjustizverwaltungen sind gemäß § 67 Abs. 6 zur Mitteilung eintragungserheblicher Tatsachen verpflichtet, da sie und nicht die Notarkammern für die Bestellung von Notarinnen und Notaren bzw. Notariatsverwaltern zuständig sind. Die Eintragungen können auch bereits im Vorhinein vorgenommen werden, sofern die einzutragende Tatsache schon feststeht und die Eintragung erst später freigeschaltet wird.

4 Unmittelbar durch die BNotK ist lediglich die Bezeichnung des besonderen elektronischen Notarpostfachs (beN) einzutragen (Abs. 3 S. 2), während Kontaktdaten und Beurkundungssprachen von der Notarin oder dem Notar selbst über eine Webanwendung eingegeben werden können (Abs. 3 S. 2 iVm § 6 Abs. 5 NotVPV).

5 Die Festlegung der Zuständigkeit für die Eintragungen hat vor allem einen datenschutzrechtlichen Hintergrund. So bestimmt Abs. 3 S. 4 ausdrücklich, dass die für die Eintragung zuständigen Stellen jeweils die datenschutzrechtliche Verantwortung für die jeweils von ihnen in das Verzeichnis eingegebenen Daten tragen. Damit sind sie Verantwortliche iSv Art. 4 Nr. 7 DS-GVO und Adressat etwaiger datenschutzrechtlicher Berichtigungs- oder Löschungsverlangen (Art. 16, 17 DS-GVO), soweit diese überhaupt eingreifen (→ Rn. 22).

C. Zweck und Funktionen des Notarverzeichnisses

6 Das Notarverzeichnis dient einerseits der Information der Behörden und Gerichte, der Rechtsuchenden und der anderen am Rechtsverkehr Beteiligten (Abs. 2 S. 1) und andererseits der Erfüllung der Aufgaben der Notarkammern und der BNotK (Abs. 2 S. 2). Die erste Funktion ist nach außen, die zweite nach innen gerichtet. Öffentlich einsehbar sind nur diejenigen Eintragungen im Notarverzeichnis, die den in Abs. 2 S. 1 genannten Zwecken dienen.[2]

I. Notar- und Urkundensuche im Internet

7 Im Internet ist das Notarverzeichnis über die Webseite notar.de erreichbar. Diese bietet im Wesentlichen zwei dem Zweck des Abs. 2 S. 1 dienende Funktionen, nämlich die Notarsuche und die Urkundensuche. Über die **Notarsuche** kann über die Eingabe eines Namens, eines Ortes und weiterer Kriterien wie zB Beurkundungssprachen eine Notarin oder ein Notar gefunden werden. Die **Urkundensuche** ermöglicht es, mithilfe des Namens einer (ehemaligen) Notarin oder eines Notars und ggf. weiterer Kriterien wie des Urkundenjahres die aktuelle Verwahrstelle einer Urkunde zu ermitteln, etwa um Abschriften oder Ausfertigungen zu erhalten.

---

[2] Vgl. etwa § 9 NotVPV.

II. Erfüllung der Aufgaben der Notarkammern und der BNotK

Nach Abs. 2 S. 2 dient das Notarverzeichnis zudem der Erfüllung der Aufgaben der Notarkammern und der BNotK. Die **Notarkammern** können das Notarverzeichnis beispielsweise zur Mitgliederverwaltung oder als Adressbuch für die Versendung von Rundschreiben verwenden, die auch elektronisch über das besondere elektronische Notarpostfach erfolgen kann. 8

Die **BNotK** kann das Notarverzeichnis als zentrale Nutzerverwaltung für die von ihr betriebenen zentralen IT-Systeme (zB Zentrales Vorsorgeregister, Zentrales Testamentsregister, Elektronisches Urkundenarchiv, Elektronischer Notaraktenspeicher) verwenden und die Nutzerdaten damit in einer einheitlichen Datenbank zusammenführen. Das führt zu Synergieeffekten, weil das technische System nur einmal hergestellt und auf dem insgesamt erforderlichen Sicherheitsniveau betrieben werden muss, und hat zudem den Vorteil, dass die Nutzerdaten an einer zentralen Stelle vorgehalten und aktuell gehalten werden können und daher nicht mehrfach gespeichert werden müssen (datenschutzrechtliches Once-only-Prinzip). Die im Notarverzeichnis eingetragenen Personen können auf der Basis eines Rollen- und Berechtigungskonzepts für den Zugriff auf die verschiedenen Systeme freigeschaltet werden, und umgekehrt können die Berechtigungen auch zentral wieder entzogen werden, was das Sicherheitsniveau der Systeme insgesamt erhöht. 9

Darüber hinaus können die im Notarverzeichnis eingetragenen Personen auf der Grundlage des von den Justizverwaltungen betriebenen **S. A. F. E.-Systems**[3] auch gegenüber Dritten sicher als Notarinnen und Notare identifiziert und zum Zugriff auf weitere Anwendungen zugelassen werden, beispielsweise auf behördliche Datenbanken über das Bestehen oder die Ausübung öffentlich-rechtlicher Vorkaufsrechte an Grundstücken. 10

Die konkrete Ausgestaltung und die Funktionstiefe der einzelnen technischen Komponenten des Notarverzeichnisses werden vom Gesetz nicht ausdrücklich vorgegeben und liegen, innerhalb der gesetzlichen Aufgaben der Notarkammern und der BNotK, in deren Ermessen. 11

D. Inhalt des Notarverzeichnisses

In das Notarverzeichnis einzutragen sind nach Abs. 3 S. 1 Nr. 1 zunächst die nach § 67 Abs. 6 von der Landesjustizverwaltung mitgeteilten Tatsachen, also insbesondere Beginn und Ende der Amtstätigkeiten als Notar oder Notariatsverwalter, Amtssitzverlegungen, vorläufige Amtsenthebungen und die Übertragung von Aktenverwahrungen auf Notarinnen und Notare und Notariatsverwalter. 12

Die gemäß Abs. 3 S. 1 Nr. 2 und Nr. 3 einzutragenden Tatsachen dienen insbesondere dazu, die Urkundensuche im Internet zu ermöglichen. Daher sind auch frühere Familiennamen der Notarin oder des Notars sowie Zuständigkeiten für Aktenverwahrungen einzutragen. Die in Abs. 3 S. 1 Nr. 4, Nr. 7 und Nr. 8 genannten Daten dienen vor allem der Funktion der Notarsuche (→ Rn. 7). Die Eintragung der Kammerzugehörigkeit (Abs. 3 S. 1 Nr. 5) ermöglicht eine nach Notarkammern gefilterte Darstellung der Suchergebnisse. 13

Die Eintragung der Bezeichnung des besonderen elektronischen Notarpostfachs (Abs. 3 S. 1 Nr. 6) ermöglicht es der BNotK, das Notarverzeichnis technisch als Verzeichnisdienst im System des elektronischen Gerichts- und Verwaltungspostfachs (EGVP) zu verwenden. Dadurch können die Notarpostfächer im Adressbuch der verschiedenen EGVP-Teilnehmer, also insbesondere der Gerichte und Behörden sowie in der Anwendung des besonderen elektronischen Anwaltspostfachs, angezeigt werden und von diesen adressiert werden. Auch bei der Notarsuche im Internet werden die beN-Adressen angezeigt. 14

---

[3] S. A. F. E. steht für Secure Access to Federated e-Justice; nähere Informationen finden sich unter https://justiz.de/elektronischer_rechtsverkehr/index.php.

E. Öffentliche Einsichtsmöglichkeit

15 Nach Abs. 2 S. 3 steht die Einsicht in das Notarverzeichnis jedem unentgeltlich zu. Die Suche wird gemäß Abs. 2 S. 4 durch ein elektronisches Suchsystem ermöglicht. Beides bezieht sich nur auf die in Abs. 2 S. 1 genannten Zwecke, dh auf die Information der Öffentlichkeit zum Zweck der Notar- und Urkundensuche. Soweit die Notarkammern und die BNotK das Notarverzeichnis zu den in Abs. 2 S. 2 genannten Zwecken nutzen, besteht keine Verpflichtung der BNotK, eine öffentliche Einsichtnahme gemäß Abs. 2 S. 3 und S. 4 zu ermöglichen. Vielmehr dürften insoweit in der Regel Datenschutz- und Vertraulichkeitsgründe einer öffentlichen Einsichtnahme entgegenstehen.

16 Die konkrete Ausgestaltung des elektronischen Suchsystems im Internet (Abs. 2 S. 4, § 9 Abs. 1 NotVPV) steht im Ermessen der BNotK, soweit die NotVPV diese nicht näher vorgibt. Die Verordnung regelt beispielsweise, dass das Geburtsdatum, Angaben über eine vorläufige Amtsenthebung und Angaben zu einem Notarvertreter unter bestimmten Voraussetzungen nicht öffentlich einsehbar sind. Es ist eine Notarsuche und eine Urkundensuche zu ermöglichen (§ 10 Abs. 1 NotVPV). Die Suchfunktion hat die Suche aufgrund des Namens, Vornamens, Amtssitzes und des Kammerbezirks zu ermöglichen und kann unter gewissen Voraussetzungen auch eingeschränkt werden (§ 10 Abs. 2–4 NotVPV). Konkrete Vorgaben zur Verfügbarkeit des Notarverzeichnisses im Internet macht das Gesetz nicht. Soweit es in § 11 Abs. 1 Nr. 1 NotVPV heißt, dass das Notarverzeichnis „jederzeit" einsehbar sein soll, bedeutet dies lediglich, dass die BNotK dafür Sorge zu tragen hat, eine den Zwecken des Abs. 2 S. 1 und S. 2 angemessene Verfügbarkeit herzustellen.

F. Eintragung von Notarvertretungen

17 Zukünftig werden erstmals auch Notarvertretungen in das Notarverzeichnis eingetragen (Abs. 3 S. 2 Nr. 1 iVm § 67 Abs. 6 Nr. 1 und Nr. 2). Zweck der Regelung ist es, Notarvertretern auf der Grundlage dieser Eintragungen den Zugriff auf Funktionen der von der BNotK bereitgestellten zentralen IT-Systeme freizuschalten, sofern die Berechtigungs- und Rollenkonzepte der einzelnen Fachverfahren dies vorsehen.

18 Aus Vereinfachungs- und Beschleunigungsgründen kann die Eintragung von Notarvertretern auch unmittelbar durch die Aufsichtsbehörden erfolgen (Abs. 3 S. 3), soweit die hierzu von der BNotK bereitgestellte Anwendung dies ermöglicht. Hintergrund der Regelung ist ein Pilotprojekt zur elektronischen Notarvertreterbestellung, das die BNotK zusammen mit dem Land NRW begonnen hat. Dieses Verfahren soll es den Aufsichtsbehörden ermöglichen, als Ergebnis eines rein elektronischen Vertreterbestellungsverfahrens die Vertretung und ggf. auch den Widerruf der Vertreterbestellung unmittelbar in das Notarverzeichnis einzutragen.

19 Denkbar ist auch, dass hierdurch zu einem späteren Zeitpunkt die Beifügung einer elektronisch signierten Vertreterbestellungsurkunde bei der Erstellung elektronischer Zeugnisurkunden gemäß § 39a BeurkG entbehrlich wird, indem die Zertifizierungsstelle der BNotK aufgrund der Eintragungen im Notarverzeichnis Ad-hoc-Signaturzertifikate für den einzelnen Vertretungsfall ausstellt.

20 Da die Eintragung von Notarvertretungen ausschließlich internen Zwecken iSv Abs. 2 S. 2 dient, sind diese gemäß § 9 Abs. 4 NotVPV nur im Ausnahmefall öffentlich einsehbar, nämlich wenn der Notarvertreter für eine Person bestellt ist, die rechtlich an der Wahrnehmung ihres Amtes gehindert ist, zB aufgrund einer vorläufigen Amtsenthebung oder beim Inhaber eines besoldeten Amtes, dem eine Ausnahmegenehmigung nach § 8 Abs. 1 S. 2 erteilt ist.

G. Automatisierte Datenerhebung und Löschpflichten

Abs. 5 stellt eine datenschutzrechtliche Ermächtigung dafür dar, bei der Eintragung eines Rechtsanwalts die bereits über diesen im Gesamtverzeichnis der BRAK eingetragenen Daten automatisiert abzurufen und dadurch Fehler durch die erneute Dateneingabe zu vermeiden. Technisch kann die BNotK die Abrufmöglichkeit über eine Schnittstelle zum Rechtsanwaltsverzeichnis realisieren. Eine Verpflichtung dazu besteht nicht.

Abs. 6 bekräftigt den datenschutzrechtlich ohnehin geltenden Grundsatz, dass Daten gelöscht werden müssen, wenn sie nicht mehr benötigt werden. In Bezug auf das Notarverzeichnis betrifft dies nur die Daten, die ausschließlich für die gegenwärtige Amtsausübung eine Rolle spielen, also zum Beispiel die Telekommunikationsdaten oder die Sprachkenntnisse. Die meisten im Notarverzeichnis eingetragenen Daten sind hingegen auch nach dem Ende der Amtstätigkeit der Notarin bzw. des Notars weiterhin erforderlich, etwa zum Zweck der Urkundensuche oder zu Protokollierungszwecken für die zentralen Systeme der BNotK, die Teil des Sicherheitskonzeptes sein kann. Solange die Daten noch erforderlich sind, dürfen sie nicht gelöscht werden.

§ 78m Verordnungsermächtigung zum Notarverzeichnis

(1) ¹Das Bundesministerium der Justiz und für Verbraucherschutz regelt durch Rechtsverordnung mit Zustimmung des Bundesrates die Einzelheiten der Datenerhebung für das Notarverzeichnis, der Führung des Notarverzeichnisses und der Einsichtnahme in das Notarverzeichnis. ²Soweit in der Rechtsverordnung nicht anders geregelt, bleibt die Zulässigkeit der Einrichtung gemeinsamer Verfahren nach § 11 des E-Government-Gesetzes unberührt.

(2) ¹Die Rechtsverordnung kann vorsehen oder gestatten, dass weitere den in § 78l Absatz 2 Satz 1 und 2 genannten Zwecken sowie der Bestellung eines Notarvertreters und seiner Tätigkeit dienende Angaben gespeichert werden. ²Sie hat in diesem Fall deren Verwendungszweck näher zu bestimmen. ³Dabei kann insbesondere das Einsichtsrecht beschränkt oder ausgeschlossen werden.

A. Allgemeines

Mit § 78l hat der Gesetzgeber erstmals Grundsätzliches zum Notarverzeichnis auf formell-gesetzlicher Ebene geregelt (→ § 78l Rn. 1). Da eine Ausgestaltung sämtlicher Einzelheiten dabei wohl als zu kleinteilig und unflexibel erschien, wurde in § 78m zusätzlich eine Verordnungsermächtigung für das Bundesministerium der Justiz und für Verbraucherschutz geschaffen. Hiervon hat das BMJV durch Erlass der **Notarverzeichnis- und -postfachverordnung** vom 4.3.2019[1] (NotVPV) Gebrauch gemacht, deren Teil 1 (§§ 1–11) Regelungen zum Notarverzeichnis enthält.

Die Verordnungsermächtigung ist im Grundsatz derjenigen in § 31c BRAO nachgebildet, die Ähnliches für das Gesamtverzeichnis der Bundesrechtsanwaltskammer regelt. Danach soll die Verordnung insbesondere die Einzelheiten der Datenerhebung, der Führung und der Einsichtnahme in das Notarverzeichnis enthalten. Darüber hinaus hat der Gesetzgeber besonderen Wert auf datenschutzrechtliche Aspekte gelegt, indem er zum einen die Möglichkeit der Einrichtung gemeinsamer Verfahren nach § 11 EGovG erwähnt und dem Verordnungsgeber zum anderen die Möglichkeit eröffnet, die Eintragung weiterer, über § 78l hinausgehender, Daten zu ermöglichen. Letzteres verdeutlicht die doppelte Funktion des Notarverzeichnisses, nämlich einerseits als Notarauskunft im Internet und andererseits

---
[1] BGBl. 2019 I 187.

als Nutzerverwaltung für zentrale IT-Systeme der Bundesnotarkammer (BNotK; → § 78l Rn. 2, 6 ff.). Soweit es für die Aufgabenerfüllung der BNotK sinnvoll und erforderlich ist, kann das Notarverzeichnis daher durch die Rechtsverordnung um weitere Daten und Funktionalitäten erweitert werden.

B. Inhalt der NotVPV

3   Die in der Verordnungsermächtigung in Abs. 1 vorgesehenen Regelungen zur Datenerhebung enthalten insbesondere die §§ 1–6 NotVPV, die Führung des Verzeichnisses wird in §§ 6–8 NotVPV näher ausgestaltet. Regelungen zur Einsichtnahme in das Notarverzeichnis enthalten die §§ 9–11 NotVPV. Im Folgenden seien nur einige wenige einzelne Aspekte der NotVPV besonders herausgestellt.

4   Im Grundsatz wird jede natürliche Person nur einmal als sog. Amtsperson in das Verzeichnis eingetragen (§ 1 Abs. 3 NotVPV). Den Amtspersonen werden sog. Amtstätigkeiten zugeordnet (§ 2 Abs. 1 NotVPV), wobei einer Person auch gleichzeitig oder nacheinander mehrere Amtstätigkeiten zugeordnet werden können. Eine Person kann also zB gleichzeitig als Notariatsverwalter und Notar oder nacheinander als Notar mit verschiedenen Amtssitzen eingetragen werden.

5   Die Eintragungen im Notarverzeichnis sind von den Notarkammern qualifiziert elektronisch zu signieren, soweit die von der BNotK bereitgestellte Webanwendung dies vorsieht (§ 6 Abs. 2 NotVPV). Der Grund dafür ist, dass die Eintragungen im Notarverzeichnis gleichzeitig als Bestätigung für die Erteilung des Attributs als Notar oder Notariatsverwalter bei der Ausstellung qualifizierter Signaturzertifikate durch die Zertifizierungsstelle der BNotK dienen. Aus signaturrechtlichen Gründen ist die Amtsträgereigenschaft von der Notarkammer zu bestätigen und die Bestätigung mit einer qualifizierten elektronischen Signatur zu versehen (Art. 24 Abs. 1 UAbs. 2 lit. c eIDAS-VO, § 12 Abs. 1 S. 3 VDG, § 67 Abs. 3 Nr. 5).

6   Konkrete Vorgaben zur Verfügbarkeit des Notarverzeichnisses im Internet macht das Gesetz nicht. § 11 Abs. 1 Nr. 1 NotVPV ordnet aber an, dass die BNotK dafür Sorge zu tragen hat, dass das Notarverzeichnis „jederzeit einsehbar" ist. Damit ist keine hundertprozentige Verfügbarkeit gemeint; vielmehr muss die BNotK technische und organisatorische Maßnahmen ergreifen, die im Hinblick auf das Erreichen der in Abs. 2 S. 1 genannten Zwecke verhältnismäßig sind.

C. Elektronische Notarvertreterbestellung

7   Die Verordnungsermächtigung erwähnt mit der Möglichkeit der Einrichtung gemeinsamer Verfahren nach § 11 EGovG in Abs. 1 und der Speicherung weiterer Daten, die der Bestellung eines Notarvertreters und seiner Tätigkeit dienen, in Abs. 2 zwei Aspekte eines Pilotprojekts zur elektronischen Notarvertreterbestellung, das die BNotK gemeinsam mit dem Land NRW begonnen hat. Das Projekt soll eine durchgängig elektronische Bestellung von Notarvertreterinnen und Notarvertretern vom Antrag bis zur Ausstellung der Vertreterbestellungsurkunde und der Eintragung der Vertretung im Notarverzeichnis ermöglichen. Hierzu kann die Rechtsverordnung das Notarverzeichnis als gemeinsame Datenbank vorsehen.

8   Das Verfahren soll nach derzeitigen Planungen so ablaufen, dass die Notarin oder der Notar eine Notarvertreterin oder einen Notarvertreter aus einer Datenbank auswählt bzw. dessen oder deren Daten in diese eingibt und den Antrag auf Bestellung der Vertretung über eine von der BNotK bereitgestellte Anwendung an die Aufsichtsbehörde richtet. Je nach landesrechtlichen Anforderungen kann auch die Beteiligung der Notarkammer über das System erfolgen und die angefragte Vertreterin oder der Vertreter ihre bzw. seine

Bereitschaft zur Übernahme der Vertretung erklären. Am Ende des Prozesses soll die originär elektronische Erstellung der Vertreterbestellungsurkunde mit qualifizierter elektronischer Signatur und die Eintragung der Vertretung im Notarverzeichnis unmittelbar durch die Aufsichtsbehörde stehen. Letzteres ermöglicht § 78l Abs. 3 S. 3 und § 6 Abs. 4 NotVPV.

Soweit es sich bei der elektronischen Notarvertreterbestellung um ein gemeinsames Verfahren iSv § 11 EGovG handelt, also ein automatisiertes Verfahren, das mehreren datenschutzrechtlich Verantwortlichen die Verarbeitung personenbezogener Daten in oder aus einem Datenbestand ermöglicht, ist hierüber neben den Regelungen der Rechtsverordnung eine Vereinbarung gemäß § 11 EGovG zu schließen. Dies stellt § 78m Abs. 1 S. 2 klar. 9

§ 78n Besonderes elektronisches Notarpostfach; Verordnungsermächtigung

(1) Die Bundesnotarkammer richtet zum 1. Januar 2018 für jeden in das Notarverzeichnis eingetragenen Notar ein persönliches elektronisches Postfach ein (besonderes elektronisches Notarpostfach).

(2) ¹Die Bundesnotarkammer hat sicherzustellen, dass der Zugang zum besonderen elektronischen Notarpostfach nur durch ein sicheres Verfahren mit zwei voneinander unabhängigen Sicherungsmitteln möglich ist. ²Die Bundesnotarkammer kann unterschiedlich ausgestaltete Zugangsberechtigungen für Notare und andere Personen vorsehen. ³Sie ist berechtigt, die in dem besonderen elektronischen Notarpostfach gespeicherten Nachrichten nach angemessener Zeit zu löschen. ⁴Das besondere elektronische Notarpostfach soll barrierefrei ausgestaltet sein.

(3) ¹Wird das Erlöschen des Amtes des Notars oder die vorläufige Amtsenthebung in das Notarverzeichnis eingetragen, hebt die Bundesnotarkammer die Zugangsberechtigung zum besonderen elektronischen Notarpostfach auf. ²Sie löscht das besondere elektronische Notarpostfach, sobald es nicht mehr benötigt wird.

(4) Die Absätze 1 bis 3 gelten für Notariatsverwalter entsprechend.

(5) Das Bundesministerium der Justiz und für Verbraucherschutz regelt durch Rechtsverordnung mit Zustimmung des Bundesrates die Einzelheiten der besonderen elektronischen Notarpostfächer, insbesondere Einzelheiten
1. ihrer Einrichtung und der hierzu erforderlichen Datenübermittlung,
2. ihrer technischen Ausgestaltung einschließlich ihrer Barrierefreiheit,
3. ihrer Führung,
4. der Zugangsberechtigung und der Nutzung,
5. des Löschens von Nachrichten und
6. ihrer Löschung.

Übersicht

	Rn.
A. Allgemeines	1
B. Einrichtung des Postfachs	7
C. Zugang zum Postfach	9
D. Löschungen	12
E. Notarvertretungen	16
F. Verordnungsermächtigung	17

A. Allgemeines

§ 78n wurde mit dem Gesetz zur Neuordnung der Aufbewahrung von Notariatsunterlagen und Einrichtung des Elektronischen Urkundenarchivs bei der Bundesnotarkammer 1 sowie zur Änderung weiterer Gesetze vom 1.6.2017[1] in die Bundesnotarordnung eingefügt. Das besondere elektronische Notarpostfach (beN) dient der verschlüsselten Kommunikation der Notarinnen und Notare mit Gerichten, Behörden und anderen Stellen oder Personen und ist damit an die Stelle der früheren EGVP-Postfächer getreten.

2   Zusammen mit dem besonderen elektronischen Anwaltspostfach (beA) gehört das beN zu den **sicheren Übermittlungswegen** nach § 130a Abs. 4 ZPO.[2] Diese wurden mit dem Gesetz zur Förderung des elektronischen Rechtsverkehrs mit den Gerichten vom 10.10.2013[3] als verfahrensrechtliche Alternative zur qualifizierten elektronischen Signatur eingeführt. Das Wort „sicher" bezieht sich in diesem Zusammenhang nicht auf die Verschlüsselung der Kommunikation, sondern auf die eindeutige Zuordnung des Postfachs zu einer Person. Ist der Postfachinhaber identifiziert und sicher am Postfach angemeldet, werden die versendeten Dokumente dem Postfachinhaber so zugerechnet, als wären sie unterschrieben oder mit einer qualifizierten elektronischen Signatur versehen. Die Zuordnung des Postfachs zum Inhaber und die Möglichkeit der sicheren, dh persönlichen, Anmeldung am Postfach müssen daher technisch und organisatorisch ähnlich sicher gestaltet sein wie die Ausstellung qualifizierter elektronischer Signaturzertifikate und die Erzeugung qualifizierter elektronischer Signaturen mithilfe einer qualifizierten elektronischen Signaturerstellungseinheit. Dies bezwecken insbesondere die Regelungen in Abs. 2 S. 1 und S. 2, die die Bundesnotarkammer (BNotK) zur Einhaltung bestimmter Sicherheitsstandards verpflichten und das Vorsehen unterschiedlicher Anmeldeniveaus ermöglichen.

3   Das besondere elektronische Notarpostfach weist einige Ähnlichkeiten zum beA auf, aber auch Unterschiede. So wird es beispielsweise, anders als das beA, von der BNotK nicht empfangsbereit eingerichtet, sondern muss von der Notarin oder dem Notar zunächst **aktiviert werden**. Dies liegt daran, dass das bei der Erzeugung des Postfachs generierte technische Schlüsselmaterial lokal, dh auf dem Rechner der Notarin oder des Notars, erzeugt wird und die Eingabe einer vom Postfachinhaber vergebenen PIN erfordert. Das beN ist also technisch grundlegend anders konzipiert als das beA, sodass sich Vergleiche eher nicht anbieten.

4   Das besondere elektronische Notarpostfach ist zwar ein **persönliches Postfach,** muss aber nicht zwingend durch die Notarin oder den Notar selbst bedient werden. Vielmehr sieht das System unterschiedliche Anmeldeniveaus vor, nämlich die **einfache Anmeldung** durch Mitarbeiterinnen oder Mitarbeiter (ggf. auch durch Notarvertreter, → Rn. 16) und die **sichere Anmeldung** durch den Postfachinhaber. Die sichere Anmeldung erfolgt mit der Signaturkarte und der dazugehörigen Authentisierungs-PIN. Nur bei der sicheren Anmeldung tritt das beN beim Versand von Nachrichten nach außen hin als sicherer Übermittlungsweg in Erscheinung. Dazu wird der Nachricht technisch ein sog. „vertrauenswürdiger Herkunftsnachweis" (VHN) beigefügt, eine von der BNotK als Betreiberin des Systems angebrachte Transportsignatur, durch die die sichere Anmeldung des Postfachinhabers am System bestätigt wird. Diese Signatur kann vom Empfängersystem der Justiz überprüft und das Prüfergebnis in einem Transfervermerk sowie einem Prüfprotokoll ausgewiesen werden, sodass der zuständige Sachbearbeiter die Authentizität des Dokuments auf ähnliche Weise überprüfen kann wie bei der qualifizierten elektronischen Signatur. Versendet hingegen eine Mitarbeiterin oder ein Mitarbeiter die Nachricht mit einfacher Anmeldung am Postfach, handelt es sich nicht um einen sicheren Übermittlungsweg, sondern um eine einfache EGVP-Nachricht.

5   Verfahrensrechtlich spielt die Möglichkeit der **Versendung von Dokumenten über einen sicheren Übermittlungsweg** für Notarinnen und Notare derzeit praktisch keine Rolle, da insbesondere in Handelsregister- und Grundbuchsachen Dokumente elektronisch

---

[1] BGBl. 2017 I 1396.
[2] Diese sind auch nach anderen Verfahrensordnungen relevant, zB über den Verweis in § 14 Abs. 2 FamFG.
[3] BGBl. 2013 I 2208.

in öffentlich beglaubigter Form einzureichen sind, also mit qualifizierter elektronischer Signatur gemäß § 39a BeurkG.

Als **Empfänger gerichtlicher Nachrichten** sind Notarinnen und Notare gemäß **§ 174 Abs. 3 S. 4 ZPO** verpflichtet, für die Zustellung von elektronischen Dokumenten einen sicheren Übermittlungsweg zu eröffnen. Diese Verpflichtung wird mit der Einrichtung und Aktivierung des besonderen elektronischen Notarpostfachs erfüllt. Elektronische Zustellungen werden gemäß § 174 Abs. 4 S. 3 und S. 4 ZPO durch **elektronisches Empfangsbekenntnis** nachgewiesen, das in strukturierter maschinenlesbarer Form zu übermitteln ist. Der hierzu an das Gericht zurückzusendende Datensatz kann von der Notarin oder dem Notar entweder mit einer qualifizierten elektronischen Signatur versehen oder (einfach) signiert und auf einem sicheren Übermittlungsweg eingereicht werden, § 130a Abs. 3 ZPO.

B. Einrichtung des Postfachs

Gemäß Abs. 1 erhält jede Notarin und jeder Notar bzw. jeder Notariatsverwalter (Abs. 4) ein elektronisches Postfach. Bei gleichzeitiger Ausübung mehrerer Amtstätigkeiten, zB als Notar und Notariatsverwalter, ist **für jede Amtstätigkeit ein eigenes besonderes elektronisches Notarpostfach** einzurichten.

Während bereits bestehende EGVP-Postfächer zum Stichtag auf die neue Technik umgestellt werden mussten, erhalten die seitdem neu bestellten Notarinnen und Notare bzw. Notariatsverwalter mit dem Beginn ihrer Amtstätigkeit ein besonderes elektronisches Notarpostfach, sodass die Einrichtung eines EGVP-Postfachs nicht mehr erforderlich ist. Die BNotK hat den Einrichtungsprozess zweistufig gestaltet. Zunächst ist ein Postfachzertifikat zu erzeugen und dabei eine PIN zu vergeben. In einem zweiten Schritt ist das Postfach mithilfe des auf der Signaturkarte gespeicherten Authentisierungszertifikats zu aktivieren. Dadurch wird der Postfachinhaber identifiziert, und das beN wird zum persönlichen Postfach der Notarin bzw. des Notars. Zeitlich kann die Einrichtung des beN bereits nach der Eintragung der Amtstätigkeit im Notarverzeichnis (→ § 78l Rn. 3f., 14) erfolgen; die Aktivierung des besonderen elektronischen Notarpostfachs ist erst ab dem Beginn der Amtstätigkeit möglich. Die Einrichtung und Aktivierung erfolgt mit Hilfe der von der BNotK bereitgestellten Anwendung XNP, die im Webshop der NotarNet GmbH (https://shop.notarnet.de/) heruntergeladen werden kann.[4]

C. Zugang zum Postfach

Nach Abs. 2 S. 1 hat die BNotK sicherzustellen, dass der Zugang zum besonderen elektronischen Notarpostfach nur durch ein sicheres Verfahren mit **zwei voneinander unabhängigen Sicherungsmitteln** möglich ist. Dies dient einerseits der Vertraulichkeit, andererseits kommt hiermit zum Ausdruck, dass für das Versenden von Dokumenten auf einem sicheren Übermittlungsweg ein sicheres Anmeldeverfahren für den Postfachinhaber einzurichten ist. Die BNotK hat die Anforderung dergestalt technisch realisiert, dass das beN zum einen nur über das von der BNotK betriebene **Notarnetz** zugänglich ist, was den Besitz einer Registerbox oder einer Notarnetzbox erfordert (erstes Sicherungsmittel). Eine Registerbox erhalten alle Notarinnen und Notare von der BNotK als Zugangsmittel zu deren zentralen IT-Systemen. Die Notarnetzbox enthält kostenpflichtige Zusatzfunktionen und kann bei der NotarNet GmbH erworben werden. Beide Geräte sind ausschließ-

---

[4] Einzelheiten zur Installation der beN-Anwendung sowie zur Einrichtung und Aktivierung des beN finden sich in jeweils aktueller Form unter https://onlinehilfe.bnotk.de. Fragen können an beN@bnotk.de und unter 0800 / 35 50 300 gerichtet werden. Häufige Fragen an den beN-Support werden im FAQ-Bereich der Onlinehilfe aufgeführt und fortlaufend aktualisiert.

lich für Notarinnen und Notare bzw. Notariatsverwalter erhältlich. Zum anderen ist zur Anmeldung am beN die Eingabe eines **Nutzernamens** und eines **Passworts** erforderlich (zweites Sicherungsmittel). Die **sichere Anmeldung des Postfachinhabers** erfolgt zusätzlich mit der Signaturkarte und der dazu gehörigen Authentisierungs-PIN (→ Rn. 4).

10 Gemäß Abs. 2 S. 2 kann die BNotK unterschiedlich ausgestaltete Zugangsberechtigungen für Notare und andere Personen vorsehen. Dies ist im Einklang mit § 15 Abs. 1 NotVPV so realisiert worden, dass es dem Postfachinhaber möglich ist, sog. **abgeleitete Berechtigungen** zu erteilen. Damit können insbesondere die Mitarbeiterinnen und Mitarbeiter des Notars auf das Postfach zugreifen und Nachrichten lesen und versenden (§ 15 Abs. 2 S. 1 NotVPV). Letzteres ist nur mit einfachem Anmeldeniveau und damit nicht auf einem sicheren Übermittlungsweg möglich (§ 15 Abs. 2 S. 2 NotVPV), da dies aufgrund der schriftformersetzenden Wirkung dem Postfachinhaber selbst vorbehalten ist (→ Rn. 4, 9). Praktisch bedeutet dies, dass die von der Notarin oder dem Notar qualifiziert elektronisch signierten Dokumente auch von **Mitarbeiterinnen oder Mitarbeitern** versendet werden können, so wie dies im EGVP üblich war. Lediglich, falls ausnahmsweise ein Dokument schriftformersetzend auf einem sicheren Übermittlungsweg versendet werden soll, hat dies durch die Notarin oder den Notar selbst zu erfolgen.

11 Die Anforderungen der in Abs. 2 S. 4 angeordneten Barrierefreiheit hat der Verordnungsgeber in § 13 Abs. 2 NotVPV dahingehend konkretisiert, dass der Zugang zum besonderen elektronischen Notarpostfach barrierefrei im Sinne der Barrierefreie-Informationstechnik-Verordnung vom 12.9.2011[5] in der jeweils geltenden Fassung sein soll.

D. Löschungen

12 Gemäß Abs. 2 S. 3 ist die BNotK berechtigt, die im besonderen elektronischen Notarpostfach gespeicherten Nachrichten nach angemessener Zeit zu löschen. § 17 NotVPV konkretisiert dies dahingehend, dass Nachrichten frühestens 120 Tage nach ihrem Eingang automatisch gelöscht werden dürfen. Damit kommt zum Ausdruck, dass das beN **nicht als dauerhaftes Archivsystem,** sondern lediglich als Übermittlungssystem gedacht ist. Die Notarin oder der Notar muss die Nachrichten also **regelmäßig abrufen.**

13 Im Falle einer **vorläufigen Amtsenthebung des Postfachinhabers** hebt die BNotK die Zugangsberechtigung zum besonderen elektronischen Notarpostfach auf (Abs. 3 S. 1 Alt. 2). Dies hat gemäß § 19 Abs. 2 NotVPV zur Folge, dass der Postfachinhaber selbst nicht mehr auf das Postfach zugreifen kann, während die abgeleiteten Zugangsberechtigungen der Mitarbeiterinnen und Mitarbeiter zunächst bestehen bleiben. Der Postfachinhaber kann aber die Sperrung des Postfachs insgesamt verlangen, § 19 Abs. 2 S. 3 NotVPV.

14 Endet das Amt der Notarin oder des Notars bzw. des Notariatsverwalters, sind gemäß Abs. 3 S. 1 iVm § 18 Abs. 1 und Abs. 2 NotVPV sämtliche Zugangsberechtigungen zum Postfach aufzuheben. Denn anders als beim früheren EGVP, das auch von einem Amtsnachfolger übernommen werden konnte, handelt es sich beim besonderen elektronischen Notarpostfach nicht um ein Postfach der Amtsstelle, sondern um ein persönliches Postfach des Amtsinhabers. Daher wird das Postfach **nach dem Ausscheiden seines Inhabers aus dem Amt** auch **für den Empfang von Nachrichten gesperrt,** § 18 Abs. 3 S. 1 NotVPV. Die Notarin oder der Notar bzw. der Notariatsverwalter, der die Akten und Verzeichnisse des ausgeschiedenen Notars verwahrt, kann aber gemäß § 18 Abs. 4 NotVPV von der BNotK eine Übersicht über die vor der Sperrung in dem Postfach eingegangenen und noch nicht abgerufenen Nachrichten erhalten. Zudem soll die BNotK vorsehen, dass Personen, die eine Nachricht an ein gesperrtes Postfach senden, automatisch mitgeteilt wird, auf wen die Zuständigkeit für die Verwahrung der Akten der früheren Amtsperson übergegangen ist, § 18 Abs. 3 S. 2 NotVPV.

---

[5] BGBl. 2011 I 1843.

Sechs Monate nach dem Ende der Amtstätigkeit wird das Postfach vollständig gelöscht, 15
§ 20 NotVPV.

E. Notarvertretungen

Notarvertreter erhalten **kein eigenes besonderes elektronisches Notarpostfach,** 16
sondern können über eine abgeleitete Zugangsberechtigung iSv § 15 NotVPV das beN des
vertretenen Notars nutzen, sofern dieser oder eine hierzu von ihm berechtigte Person dies
einrichtet. Eine sichere Anmeldung durch den Notarvertreter am Postfach ist nicht möglich, da das Postfach dem Notar persönlich zugeordnet ist und die sichere Anmeldung die
Schriftform ersetzen soll. Der Notarvertreter hat also zum elektronischen Schriftformersatz
nur die Möglichkeit, qualifiziert elektronisch signierte Dokumente zu übersenden, während die Nutzung des beN des vertretenen Notars als sicherer Übermittlungsweg
ausscheidet. Bei der Erstellung einfacher elektronischer Zeugnisse ist dem Zeugnis nach
allgemeinen Regeln gemäß § 39a BeurkG ein elektronischer Nachweis der Eigenschaft als
Notarvertreter beizufügen. Im Falle der Abgabe eines **elektronischen Empfangsbekenntnisses** nach § 174 Abs. 3 S. 4 ZPO reicht es hingegen aus, wenn der Notarvertreter den an das Gericht zurückzusendenden strukturierten Datensatz qualifiziert elektronisch signiert. Dieser enthält ein Feld, in dem eingetragen werden kann, dass das Empfangsbekenntnis durch einen Notarvertreter erstellt wurde. Ein Nachweis der
Vertretereigenschaft ist in diesem Fall nicht beizufügen.

F. Verordnungsermächtigung

Gemäß Abs. 5 regelt das BMJV durch Rechtsverordnung weitere Einzelheiten der be- 17
sonderen elektronischen Notarpostfächer. Hierzu zählen insbesondere die Einzelheiten
ihrer Einrichtung und der hierzu erforderlichen Datenübermittlung, ihrer technischen
Ausgestaltung einschließlich ihrer Barrierefreiheit, ihrer Führung, der Zugangsberechtigung
und der Nutzung, des Erstellens von Nachrichten und ihrer Löschung. Das BMJV hat von
der Verordnungsermächtigung durch Erlass der **Notarverzeichnis- und -postfachverordnung** vom 4.3.2019 (NotVPV) Gebrauch gemacht, deren Teil 2 (§§ 12–20) Regelungen zum besonderen elektronischen Notarpostfach enthält.

Die Verordnung orientiert sich inhaltlich an der entsprechenden Rechtsverordnung für 18
die besonderen elektronischen Anwaltspostfächer. Gleichwohl werden die Besonderheiten
des Notaramtes (zB Amtssitzwechsel und Amtsnachfolge) in der Verordnung berücksichtigt,
sodass sich auch Unterschiede ergeben. Auf einige Vorschriften der NotVPV sei im
Folgenden kurz hingewiesen.

Das beN dient – ebenso wie das beA – nicht nur der Kommunikation der Notare mit 19
den Gerichten, sondern kann auch der **Kommunikation mit anderen Personen oder
Stellen** dienen, soweit die BNotK dies ermöglicht, vgl. § 12 Abs. 2 NotVPV. In Betracht
kommen hier insbesondere die Notarkammern, die Ländernotarkasse und die Notarkasse,
aber auch der Notarversicherungsfonds, Behörden, Rechtsanwälte, Steuerberater, Banken
und andere.

Gemäß § 15 NotVPV kann die Notarin oder der Notar ihre bzw. seine Mitarbeiter für 20
den Zugang zum besonderen elektronischen Notarpostfach berechtigen. Er kann auch
einen Administrator bestimmen, zB einen Bürovorsteher, der seinerseits weitere Mitarbeiter
berechtigen und umgekehrt die Berechtigungen auch wieder entziehen kann.

Anders als beim beA wird für das beN keine eigene Zugangskarte benötigt. Vielmehr 21
kann die Notarin oder der Notar für die Aktivierung und die persönliche Anmeldung am
beN die Signaturkarte verwenden, über die er nach § 33 Abs. 1 ohnehin verfügen muss,

22 Nach dem Amtsende des Postfachinhabers wird das besondere elektronische Notarpostfach gesperrt, § 18 Abs. 1 NotVPV. Es ist dann nicht mehr zugänglich. Anders als beim analogen Briefkasten und auch beim früheren EGVP kann das Postfach also **nicht vom Amtsnachfolger übernommen werden**. Dies liegt am persönlichen Charakter des beN, das, wie unter → Rn. 2 dargestellt, bei persönlicher Anmeldung schriftformersetzende Wirkung hat. Dem Amtsnachfolger kann aufgrund der Verschlüsselung der Nachrichten gemäß § 18 Abs. 4 NotVPV lediglich eine Übersicht über die vor der Sperrung eingegangenen und noch nicht abgerufenen Nachrichten zur Verfügung gestellt werden, damit er sich ggf. mit dem Absender der Nachricht in Verbindung setzen und diese erneut anfordern kann. Da das Postfach ohnehin nicht auf eine dauerhafte Speicherung der Nachrichten ausgelegt ist, sollten die Nachrichten regelmäßig abgerufen und ggf. archiviert bzw. zu den Akten genommen werden. Die beN-Anwendung der BNotK sowie das Programm XNotar der NotarNet GmbH bieten hierfür geeignete Exportfunktionen.

23 Um einen möglichst reibungslosen Übergang der Amtstätigkeit sicherzustellen, soll die BNotK nach § 18 Abs. 3 S. 2 NotVPV vorsehen, dass Personen, die eine Nachricht an ein gesperrtes Postfach senden, automatisch mitgeteilt wird, auf wen die Zuständigkeit für die Verwahrung der Akten der früheren Amtsperson übergegangen ist, sodass beispielsweise eine Eintragungsmitteilung eines Gerichts, die sich noch auf einen Antrag des Amtsvorgängers bezieht, nach Vollzug des Amtswechsels an den Amtsnachfolger geschickt werden kann.

Anhang zu §§ 78m, 78n: Verordnung über das Notarverzeichnis und die besonderen elektronischen Notarpostfächer (Notarverzeichnis- und -postfachverordnung – NotVPV)

Vom 4. März 2019

(BGBl. I S. 187)

FNA 303-1-4

Inhaltsübersicht

Teil 1. Notarverzeichnis
　§ 1 Eintragung von Amtspersonen
　§ 2 Angaben zu den Amtspersonen
　§ 3 Angaben zu den amtlichen Tätigkeiten
　§ 4 Frühere Amtspersonen
　§ 5 Notarvertreter
　§ 6 Eintragungen
　§ 7 Berichtigungen
　§ 8 Löschungen
　§ 9 Einsichtnahme
　§ 10 Suchfunktion
　§ 11 Einsehbarkeit und Datensicherheit
Teil 2. Besonderes elektronisches Notarpostfach
　§ 12 Besonderes elektronisches Notarpostfach
　§ 13 Führung der Postfächer
　§ 14 Einrichtung und Aktivierung eines Postfachs
　§ 15 Weitere Zugangsberechtigungen zum Postfach
　§ 16 Zugang zum Postfach

§ 17 Automatisches Löschen von Nachrichten
§ 18 Sperrung des Postfachs
§ 19 Vorläufige Amtsenthebung
§ 20 Löschung des Postfachs
Teil 3. Schlussvorschriften
§ 21 Inkrafttreten

Teil 1. Notarverzeichnis

§ 1 Eintragung von Amtspersonen

(1) In das Notarverzeichnis sind Personen einzutragen, die bestellt sind zum
1. hauptberuflichen Notar,
2. Anwaltsnotar,
3. Notariatsverwalter oder
4. Notariatsabwickler (§ 114 Absatz 4 der Bundesnotarordnung).

(2) In das Notarverzeichnis können zum Zweck der Urkundensuche zudem Personen eingetragen werden, die
1. im Sinne des Absatzes 1 bestellt waren,
2. als Notar im Landesdienst im Sinne des § 114 der Bundesnotarordnung in der am 31. Dezember 2017 geltenden Fassung tätig waren oder
3. als Amtsverwalter im Sinne des § 22 Absatz 2 des Landesgesetzes über die freiwillige Gerichtsbarkeit vom 12. Februar 1975 (Gesetzblatt für Baden-Württemberg S. 116), das zuletzt durch Artikel 6 des Gesetzes vom 23. Mai 2017 (Gesetzblatt für Baden-Württemberg S. 265, 266) geändert worden ist, in der am 31. Dezember 2017 geltenden Fassung tätig waren.

(3) Die von den Absätzen 1 und 2 erfassten Personen sind nur einmal als Amtspersonen einzutragen.

§ 2 Angaben zu den Amtspersonen

(1) Zu jeder Amtsperson sind alle amtlichen Tätigkeiten einzutragen, die diese ausübt oder ausgeübt hat.

(2) [1] Als Zusatz zum Familiennamen werden, sofern von der Amtsperson geführt und mitgeteilt, akademische Grade und Ehrengrade sowie die Bezeichnung „Professor" eingetragen. [2] Nichtjuristische Grade müssen als solche erkennbar sein. [3] Die Eintragung kann davon abhängig gemacht werden, dass die Berechtigung zum Führen des Grades oder der Bezeichnung nachgewiesen wird.

(3) Hat eine Amtsperson mehrere Vornamen, so sind nur diejenigen einzutragen, die im Rahmen der amtlichen Tätigkeit üblicherweise verwendet werden.

(4) Zur Amtsperson ist zu deren Identifizierung das Geburtsdatum einzutragen.

(5) Zur Amtsperson sind deren Beurkundungssprachen einzutragen, sofern sie solche mitgeteilt hat.

§ 3 Angaben zu den amtlichen Tätigkeiten

(1) Zu jeder amtlichen Tätigkeit einer Amtsperson sind folgende Angaben einzutragen:
1. der Amtssitz,
2. der Beginn der amtlichen Tätigkeit,
3. das Ende der amtlichen Tätigkeit,
4. die Anschriften der Geschäftsstellen und
5. die Orte und Termine auswärtiger Sprechtage.

(2) Zu jeder Geschäftsstelle sind nach Mitteilung durch die Amtsperson folgende Angaben einzutragen:
1. eine Telefonnummer,
2. eine Telefaxnummer,

3. eine E-Mail-Adresse und
4. eine Internetadresse.

(3) Darf die Amtsperson die amtliche Tätigkeit im Fall des § 8 Absatz 1 Satz 2 der Bundesnotarordnung nicht persönlich ausüben, ist dies bei der amtlichen Tätigkeit zu vermerken.

(4) ¹ Zum Zweck der Urkundensuche sind die Verwahrzuständigkeiten für die bei der amtlichen Tätigkeit errichteten Urkunden einzutragen. ² Dies gilt nicht für Verwahrungen nach § 45 Absatz 1 der Bundesnotarordnung. ³ Die Abgabe von Notariatsakten an ein Staatsarchiv (§ 51 Absatz 5 der Bundesnotarordnung) lässt die Verwahrzuständigkeit im Sinne des Satzes 1 unberührt.

§ 4 Frühere Amtspersonen

Zu früheren Amtspersonen, die nach § 1 Absatz 2 eingetragen sind, werden nur die Angaben nach § 78l Absatz 3 Satz 1 Nummer 2, 3 und 5 der Bundesnotarordnung sowie die Angaben nach § 2 Absatz 1 bis 4 und § 3 Absatz 1 Nummer 1 bis 3 und Absatz 4 dieser Verordnung eingetragen.

§ 5 Notarvertreter

¹ Die Bestellung eines Notarvertreters ist bei derjenigen amtlichen Tätigkeit einzutragen, auf die sich die Bestellung bezieht. ² § 2 Absatz 2 bis 4 und § 3 Absatz 1 Nummer 2 und 3 gelten entsprechend.

§ 6 Eintragungen

(1) ¹ Die Notarkammern nehmen die ihnen obliegenden Eintragungen in das Notarverzeichnis unverzüglich vor, nachdem sie von den einzutragenden Inhalten Kenntnis erhalten haben. ² Die Bundesnotarkammer stellt ihnen hierfür eine Webanwendung zur Verfügung.

(2) ¹ Die Eintragungen sind von den Mitarbeitern der Notarkammern im Notarverzeichnis qualifiziert elektronisch zu signieren, soweit die Webanwendung dies vorsieht. ² Hierbei sind von einem qualifizierten Vertrauensdiensteanbieter ausgestellte qualifizierte Zertifikate mit einem Attribut zu verwenden, das die Inhaber als für die Notarkammer handelnd ausweist. ³ Die Sätze 1 und 2 gelten auch im Fall eines automatisierten Abrufs nach § 78l Absatz 5 der Bundesnotarordnung.

(3) In Ausnahmefällen, insbesondere bei technischen Störungen, können die Notarkammern die Bundesnotarkammer schriftlich beauftragen, einzelne Eintragungen für sie vorzunehmen.

(4) Stellt die Bundesnotarkammer den Aufsichtsbehörden für Eintragungen in das Notarverzeichnis eine Webanwendung zur Verfügung, gelten die Absätze 2 und 3 entsprechend.

(5) ¹ Die Bundesnotarkammer trägt die Bezeichnung des besonderen elektronischen Notarpostfachs unverzüglich ein, nachdem sie dieses eingerichtet hat. ² Sie stellt den Amtspersonen für die Mitteilung der in § 2 Absatz 5 und § 3 Absatz 2 bezeichneten Angaben eine Webanwendung zur Verfügung und nimmt die entsprechenden Eintragungen unverzüglich vor, nachdem ihr die Mitteilungen zugegangen sind.

§ 7 Berichtigungen

¹ Stellt die eintragende Stelle fest, dass ihre Eintragungen unrichtig oder unvollständig sind, hat sie diese unverzüglich zu berichtigen oder zu vervollständigen. ² Für Berichtigungen oder Vervollständigungen der Notarkammern und Aufsichtsbehörden gilt § 6 Absatz 1 Satz 2 und Absatz 2 bis 4 entsprechend. ³ Hat die eintragende Stelle Zweifel an der Richtigkeit oder Vollständigkeit der Eintragungen, hat sie hierzu Auskünfte einzuholen.

§ 8 Löschungen

(1) Wird ein besonderes elektronisches Notarpostfach gelöscht (§ 20), so löscht die Bundesnotarkammer dessen Bezeichnung unverzüglich aus dem Notarverzeichnis.

(2) ¹ Wird das Ende einer amtlichen Tätigkeit in das Notarverzeichnis eingetragen, löscht die Bundesnotarkammer unverzüglich die zu dieser Tätigkeit gehörenden Angaben nach § 3 Ab-

satz 1 Nummer 4 und 5 und Absatz 2. ²Endet mit dem Ende der amtlichen Tätigkeit die Bestellung als Amtsperson, löscht die Bundesnotarkammer unverzüglich auch die Angaben nach § 2 Absatz 5.

§ 9 Einsichtnahme

(1) ¹Die Einsichtnahme in das Notarverzeichnis ist ausschließlich über das Internet möglich. ²Sie muss kostenfrei und ohne vorherige Registrierung möglich sein.

(2) Das Geburtsdatum der eingetragenen Personen ist nicht einsehbar.

(3) Eintragungen zu Entscheidungen nach § 8 Absatz 1 Satz 2 der Bundesnotarordnung und zu einer vorläufigen Amtsenthebung sind nach dem Ende der Wirksamkeit der Entscheidung oder der vorläufigen Amtsenthebung nicht mehr einsehbar.

(4) Die Angaben zu einem Notarvertreter sind nur einsehbar, wenn und solange dieser für eine Amtsperson bestellt ist, die rechtlich an der Wahrnehmung ihres Amtes gehindert ist.

§ 10 Suchfunktion

(1) ¹Die Bundesnotarkammer hat die Einsichtnahme in das Notarverzeichnis über Funktionen zur Suche der in § 1 Absatz 1 Nummer 1 bis 3 genannten Amtspersonen (Notarsuche) und zur Suche von Urkunden (Urkundensuche) zu gewährleisten. ²Die Notarsuche soll es ermöglichen, die in § 1 Absatz 1 Nummer 1 bis 3 genannten Amtspersonen anhand der in Absatz 2 genannten Angaben zu ermitteln. ³Die Urkundensuche soll es ermöglichen, den Verwahrort einer Urkunde, deren Verwahrung den in § 1 Absatz 1 genannten Amtspersonen oder einer anderen zuständigen Stelle obliegt, anhand der in Absatz 2 genannten Angaben zu den Amtspersonen, die die Beurkundung vorgenommen haben, zu ermitteln.

(2) Die Suchfunktion hat die alternative und die kumulative Suche zumindest anhand der folgenden Angaben zu den Amtspersonen zu ermöglichen:
1. Familienname,
2. Vornamen,
3. Amtssitz und
4. Kammerbezirk.

(3) Die Suchfunktion kann auffordern, die Suche durch die Eingabe weiterer Kriterien einzuschränken, wenn mehr als 50 Treffer zu erwarten sind.

(4) Die Nutzung der Suchfunktion kann von der Eingabe eines auf der Internetseite angegebenen Sicherheitscodes abhängig gemacht werden.

§ 11 Einsehbarkeit und Datensicherheit

(1) Die Bundesnotarkammer hat durch geeignete organisatorische und dem aktuellen Stand entsprechende technische Maßnahmen
1. dafür Sorge zu tragen, dass das Notarverzeichnis jederzeit einsehbar ist, und
2. Vorkehrungen zu treffen, dass sie von Fehlfunktionen des Notarverzeichnisses unverzüglich Kenntnis erlangt.

(2) Bei schwerwiegenden Fehlfunktionen hat die Bundesnotarkammer unverzüglich, bei anderen Fehlfunktionen zeitnah die erforderlichen Maßnahmen zu deren Behebung zu veranlassen.

(3) Stellt die Bundesnotarkammer Notarkammern oder Amtspersonen für von diesen vorzunehmende Eintragungen oder Mitteilungen Webanwendungen zur Verfügung, so hat sie dafür Sorge zu tragen, dass auf diese nur durch ein sicheres Verfahren mit mindestens zwei voneinander unabhängigen Sicherungsmitteln zugegriffen werden kann.

Teil 2. Besonderes elektronisches Notarpostfach

§ 12 Besonderes elektronisches Notarpostfach

(1) ¹Das besondere elektronische Notarpostfach dient der elektronischen Kommunikation der Postfachinhaber mit den Gerichten auf einem sicheren Übermittlungsweg. ²Zudem dient es der Kommunikation der Postfachinhaber untereinander.

(2) Das besondere elektronische Notarpostfach kann auch der elektronischen Kommunikation mit anderen Stellen oder Personen dienen.

(3) ¹Die Bundesnotarkammer hat den Inhabern eines besonderen elektronischen Notarpostfachs die elektronische Suche nach allen Stellen und Personen zu ermöglichen, die über das Postfach erreichbar sind. ²Die Bundesnotarkammer hat zudem die Daten, die eine Suche im Sinne des Satzes 1 ermöglichen, auch den Gerichten zugänglich zu machen. ³Sie kann diese Daten auch anderen Personen und Stellen zugänglich machen, mit denen sie nach Absatz 2 eine Kommunikation ermöglicht.

§ 13 Führung der Postfächer

(1) ¹Die Bundesnotarkammer hat die besonderen elektronischen Notarpostfächer auf der Grundlage des Protokollstandards „Online Services Computer Interface – OSCI" oder eines künftig an dessen Stelle tretenden Standards zu betreiben. ²Die Bundesnotarkammer hat fortlaufend zu gewährleisten, dass die Postfachinhaber über das Postfach sicher elektronisch kommunizieren können.

(2) Der Zugang zum besonderen elektronischen Notarpostfach soll barrierefrei im Sinne der Barrierefreie-Informationstechnik-Verordnung vom 12. September 2011 (BGBl. I S. 1843) in der jeweils geltenden Fassung sein.

(3) Die Bundesnotarkammer hat zu gewährleisten, dass der Empfänger eines elektronischen Dokuments, das aus dem besonderen elektronischen Notarpostfach ohne qualifizierte elektronische Signatur auf einem sicheren Übermittlungsweg versandt wurde, feststellen kann, ob die Nachricht von dem Postfachinhaber selbst versandt wurde.

§ 14 Einrichtung und Aktivierung eines Postfachs

(1) ¹Die Bundesnotarkammer richtet für jede ausgeübte amtliche Tätigkeit eines Notars oder Notariatsverwalters ein besonderes elektronisches Notarpostfach ein. ²Sie gewährleistet, dass das Postfach unverzüglich nach Eintragung der amtlichen Tätigkeit in das Notarverzeichnis zur Aktivierung bereitsteht und nicht vor dem Beginn der amtlichen Tätigkeit aktiviert werden kann.

(2) Die Aktivierung des besonderen elektronischen Notarpostfachs durch die Amtsperson oder den Notarvertreter erfolgt mittels eines Authentisierungszertifikats, das auf einer qualifizierten elektronischen Signaturerstellungseinheit nach dem Anhang II der Verordnung (EU) Nr. 910/2014 des Europäischen Parlaments und des Rates vom 23. Juli 2014 über elektronische Identifizierung und Vertrauensdienste für elektronische Transaktionen im Binnenmarkt und zur Aufhebung der Richtlinie 1999/93/EG (ABl. L 257 vom 28.8.2014, S. 73; L 23 vom 29.1.2015, S. 19; L 155 vom 14.6.2016, S. 44) gespeichert ist.

(3) Die Bundesnotarkammer hat zu gewährleisten, dass die Aktivierung des besonderen elektronischen Notarpostfachs nur möglich ist, wenn der Inhaber des zur Aktivierung verwendeten Zertifikats mit demjenigen, für den das Postfach eingerichtet ist, identisch ist.

§ 15 Weitere Zugangsberechtigungen zum Postfach

(1) ¹Der Postfachinhaber kann anderen Personen unterschiedlich weit reichende Zugangsberechtigungen zu seinem besonderen elektronischen Notarpostfach erteilen. ²Er kann diesen Personen auch die Befugnis einräumen, weitere Zugangsberechtigungen zu seinem Postfach zu erteilen.

(2) ¹Die Erteilung einer Zugangsberechtigung nach Absatz 1 kann auch mit der Befugnis verbunden werden, Nachrichten zu versenden. ²Die Einräumung einer Befugnis zur formwahrenden Einreichung elektronischer Dokumente ohne qualifizierte elektronische Signatur auf einem sicheren Übermittlungsweg ist jedoch ausgeschlossen.

(3) Zugangsberechtigungen und Befugnisse nach den Absätzen 1 und 2 können von dem Postfachinhaber oder den von ihm dazu ermächtigten Personen jederzeit geändert oder widerrufen werden.

§ 16 Zugang zum Postfach

(1) ¹Die Anmeldung am besonderen elektronischen Notarpostfach erfolgt mit mindestens zwei voneinander unabhängigen Sicherungsmitteln. ²Zugangsdaten, die einzelnen Personen allein zugewiesen sind, dürfen anderen Personen nicht bekanntgegeben werden. ³Bei einem Versand nicht-qualifiziert elektronisch signierter Dokumente auf einem sicheren Übermittlungsweg muss der Postfachinhaber mittels eines Authentisierungszertifikats im Sinne des § 14 Absatz 2 an seinem Postfach angemeldet sein.

(2) ¹Hat die angemeldete Person die Nutzung des besonderen elektronischen Notarpostfachs beendet, hat sie sich abzumelden. ²Die Bundesnotarkammer hat für den Fall, dass das Postfach nach erfolgter Anmeldung für eine bestimmte Zeitdauer nicht genutzt wird, eine automatische Abmeldung der Person durch das System vorzusehen. ³Bei der Bemessung der Zeitdauer sind die Belange des Datenschutzes gegen den Aufwand für die erneute Anmeldung abzuwägen.

§ 17 Automatisches Löschen von Nachrichten

Nachrichten dürfen frühestens 120 Tage nach ihrem Eingang automatisch gelöscht werden.

§ 18 Sperrung des Postfachs

(1) ¹Wird das Ende einer amtlichen Tätigkeit in das Notarverzeichnis eingetragen, sperrt die Bundesnotarkammer unverzüglich das zugehörige besondere elektronische Notarpostfach. ²Die Sperrung wird erst mit dem Beginn des Tages wirksam, der auf das Ende der amtlichen Tätigkeit folgt.

(2) Zu einem gesperrten Postfach haben der Postfachinhaber und alle anderen Personen, denen eine Zugangsberechtigung erteilt wurde, keinen Zugang mehr.

(3) ¹Ein gesperrtes Postfach ist auch für den Empfang von Nachrichten gesperrt. ²Die Bundesnotarkammer soll vorsehen, dass Personen, die eine Nachricht an ein gesperrtes Postfach senden, automatisch mitgeteilt wird, auf wen die Zuständigkeit für die Verwahrung der Akten der früheren Amtsperson übergegangen ist.

(4) ¹Geht im Fall der Sperrung die Zuständigkeit des früheren Postfachinhabers für die Aktenverwahrung vollständig oder teilweise auf einen oder mehrere Notare oder Notariatsverwalter über, kann die Bundesnotarkammer diesen eine Übersicht über die vor der Sperrung in dem Postfach eingegangenen und noch nicht abgerufenen Nachrichten zur Verfügung stellen. ²Die Übersicht hat sich auf den Absender und den Eingangszeitpunkt der jeweiligen Nachricht zu beschränken.

(5) Die Sperrung eines Postfachs ist unverzüglich aufzuheben, wenn der Grund für die Sperrung nicht bestanden hat oder entfallen ist.

§ 19 Vorläufige Amtsenthebung

(1) ¹Wird die vorläufige Amtsenthebung einer Amtsperson in das Notarverzeichnis eingetragen, hebt die Bundesnotarkammer unverzüglich die Zugangsberechtigung der Amtsperson zu ihrem besonderen elektronischen Notarpostfach auf. ²§ 18 Absatz 5 gilt sinngemäß.

(2) ¹Weitere Zugangsberechtigungen und Befugnisse im Sinne des § 15 Absatz 1 und 2 bleiben von der Aufhebung der Zugangsberechtigung nach Absatz 1 unberührt. ²§ 15 Absatz 3 gilt im Fall des Absatzes 1 für den Postfachinhaber nicht mehr. ³Dieser kann jedoch verlangen, dass die Bundesnotarkammer sein besonderes elektronisches Notarpostfach unverzüglich sperrt.

§ 20 Löschung des Postfachs

Gesperrte besondere elektronische Notarpostfächer werden einschließlich der darin gespeicherten Nachrichten sechs Monate nach dem Ende der amtlichen Tätigkeit gelöscht.

Teil 3. Schlussvorschriften

§ 21 Inkrafttreten

Diese Verordnung tritt am Tag nach der Verkündung in Kraft.

§ 78o Beschwerde

(1) Gegen Entscheidungen der Registerbehörde nach den §§ 78a bis 78g und der Urkundenarchivbehörde nach § 78j, auch soweit diese auf Grund einer Rechtsverordnung oder Satzung nach den genannten Vorschriften erfolgen, findet ohne Rücksicht auf den Wert des Beschwerdegegenstandes die Beschwerde nach den Vorschriften des Gesetzes über das Verfahren in Familiensachen und in den Angelegenheiten der freiwilligen Gerichtsbarkeit statt, soweit sich nicht aus den folgenden Absätzen etwas anderes ergibt.

(2) ¹Die Beschwerde ist bei der Behörde einzulegen, die die Entscheidung getroffen hat. ²Diese kann der Beschwerde abhelfen. ³Beschwerden, denen sie nicht abhilft, legt sie dem Landgericht am Sitz der Bundesnotarkammer vor.

(3) **Die Rechtsbeschwerde ist nicht zulässig.**

1 Gegen Entscheidungen der BNotK als Registerbehörde gem. §§ 78a–78g (zB Verweigerung von Eintragungen oder Auskünften, Gebührenerhebung) kann Beschwerde nach §§ 58 ff. FamFG eingelegt werden. Das Gleiche gilt für Entscheidungen der Urkundenarchivbehörde gemäß § 78j.

2 Die Beschwerde ist innerhalb von einem Monat nach schriftlicher Bekanntgabe der angegriffenen Entscheidung einzulegen (§ 63 FamFG). Sie soll begründet werden (§ 65 Abs. 1 FamFG).

3 Nach § 78o Abs. 2 S. 1 ist die Beschwerde bei der BNotK als Registerbehörde bzw. Urkundenarchivbehörde einzulegen. Die im Beschwerderecht sonst übliche alternative Einlegung beim Beschwerdegericht ist nicht zulässig, damit die BNotK das ihr zustehende Abhilferecht (§ 78o Abs. 2 S. 2) ausüben und damit eine unnötige Belastung des Beschwerdegerichts vermeiden kann.[1]

4 Hilft die BNotK der Beschwerde nicht ab, legt sie die Akten dem Landgericht Berlin zur abschließenden Entscheidung über die Beschwerde vor. Die Rechtsbeschwerde gem. §§ 70 ff. FamFG ist ausgeschlossen (Abs. 3).

§ 79 [Organe]

Die Organe der Bundesnotarkammer sind das Präsidium und die Vertreterversammlung.

---

[1] BT-Drs. 15/2253, 19.

A. Bedeutung der Norm

§ 79 bestimmt als **Organe der BNotK** das Präsidium und die Vertreterversammlung. Dies entspricht der Regelung in § 68 für die NotK. Die Vertreterversammlung steht der Kammerversammlung, das Präsidium dem Kammervorstand bei den Länder NotK gleich.

B. Vertreterversammlung

Sie ist die Versammlung der Mitglieder der BNotK. Da hierunter gem. § 76 Abs. 1 nicht die einzelnen Notare, sondern nur die NotK fallen, besteht die Versammlung aus den Vertretern der NotK (§ 84), woher sie auch ihren Namen bezieht. Sie ist das **oberste Selbstverwaltungsorgan der BNotK** und trifft ihre Entscheidungen in Beschlüssen (§ 83 Abs. 1).

C. Präsidium

I. Aufgaben kraft Gesetzes

Das Präsidium ist das **oberste Exekutivorgan** der BNotK. Eine Anzahl von Aufgaben ist ihm durch das Gesetz ausdrücklich zugewiesen: so die Verpflichtung zum jährlichen Bericht an den Bundesminister der Justiz und zur Anzeige des Ergebnisses der Wahlen zum Präsidium (§ 82 Abs. 3), die Erstattung von Gutachten mit oder ohne vorherige Anhörung der Vertreterversammlung (§§ 78 Abs. 1 Nr. 4, 83 Abs. 2), die Mitwirkung bei Berufung und Amtsenthebung von Beisitzern des Notarsenats beim BGH (§ 108 Abs. 1 S. 2 und Abs. 2 S. 2).

II. Aufgaben kraft Satzung

Die Satzung überträgt dem Präsidium **weitere Aufgaben.** Die Rechtsgrundlage hierfür gibt § 89. Danach vollzieht das Präsidium die Beschlüsse der Vertreterversammlung und führt die laufenden Geschäfte der BNotK (§ 7 Abs. 1 Satzung BNotK). Es vertritt die Kammer in ausländischen und zwischenstaatlichen Organisationen (§ 7 Abs. 1 Satzung BNotK). Ihm obliegt die Anstellung der Geschäftsführer und die Regelung des Anstellungsverhältnisses mit ihnen (§ 10 Abs. 1 und Abs. 2 Satzung BNotK) sowie die Bestellung der Herausgeber und Schriftleiter der DNotZ als Verkündungsblatt der BNotK (§ 16 Abs. 2 Satzung BNotK).

Das Präsidium legt der Vertreterversammlung **Haushaltsplan und Jahresrechnung** vor (§ 21 Abs. 1 Satzung BNotK). Es verwaltet das Vermögen der BNotK und entscheidet über die Verwendung seiner Erträge (§ 21 Abs. 2 Satzung BNotK).

III. Stellung gegenüber Vertreterversammlung

Als selbstständiges Organ handelt das **Präsidium in eigener Verantwortung.**[1] In der Praxis wird es aus Termingründen häufig keinen vorherigen Beschluss der Vertreterversammlung herbeiführen können (arg. §§ 87 und 83 Abs. 1). Es trifft dann im Rahmen seiner Führung der laufenden Geschäfte die nötigen Entscheidungen,[2] hat der Vertreterversammlung aber gem. § 85 über alle wichtigen Angelegenheiten zu berichten.

---
[1] Schippel/Bracker/*Görk* BNotO § 82 Rn. 1; Arndt/Lerch/Sandkühler/*Sandkühler* BNotO § 82 Rn. 8.
[2] Schippel/Bracker/*Görk* BNotO § 82 Rn. 4.

D. Der Präsident als Vertretungsorgan

7 Organe der BNotK sind nach § 79 zunächst die Vertreterversammlung und das Präsidium. Keines dieser Organe ist allerdings zur Vertretung der BNotK berechtigt. Vielmehr bestimmt § 82 Abs. 1, dass der **Präsident** (und nur er) **die BNotK gerichtlich und außergerichtlich vertritt.**

8 Dadurch wird ein weiteres Organ, nämlich ein **Vertretungsorgan** geschaffen (→ § 68 Rn. 7, → § 70 Rn. 4). Die Ansicht, das Präsidium sei gesetzlicher Vertreter,[3] lässt sich dem Gesetz so nicht entnehmen. Die Vertretungsfunktion obliegt kraft ausdrücklicher Vorschrift allein dem Präsidenten, mag man ihn nun insoweit als eigenes Vertretungsorgan bezeichnen oder als ein mit besonderer Stellung betrautes Mitglied des Präsidiums.[4] Weder Satzung noch Präsidium oder Vertreterversammlung könnte diese Vertretungsmacht beschränken.

E. Ausschüsse

9 Die Satzung sieht die Bildung von Ausschüssen vor, die zur **Beratung des Präsidiums** berufen werden können (§ 15 Satzung BNotK). Eine Pflicht zur Einsetzung von Ausschüssen sieht die Satzung nicht vor. Sie haben nicht die Stellung der Abteilungen der NotK gem. § 69b, entscheiden insbesondere **nicht anstelle des Präsidiums,** dienen vielmehr der Prüfung von Fragen aufgrund ihrer besonderen Sachkenntnisse sowie einer anschließenden Beratung des Präsidiums oder der Vertreterversammlung hierüber. Die Organe der BNotK sind also in der Entscheidung frei, ob sie den Empfehlungen eines Ausschusses folgen oder nicht. Den Ausschüssen kommt gleichzeitig eine „integrative Kraft" zu, weil sie die Willensbildung der BNotK auf eine breitere Basis stellen und die Legitimität der Entscheidungen des Präsidiums oder der Vertreterversammlung stärken können.[5] Die Satzung berechtigt die Mitglieder des Präsidiums, an Ausschusssitzungen teilzunehmen (§ 15 S. 3 Satzung BNotK).

F. Geschäftsführung

10 Die BNotK benötigt (ebenso wie die NotK) eine **Geschäftsführung** sowie eine **Geschäftsstelle** mit juristischen Mitarbeitern und außerjuristischen Angestellten. Die Berechtigung der BNotK, eine Geschäftsstelle zu unterhalten und eine Geschäftsführung einzusetzen, steht außer Zweifel.[6] Dem trägt die Satzung der BNotK Rechnung, indem sie Regelungen über die Geschäftsführer der BNotK trifft (§ 10 Satzung BNotK).

10a Als **juristische Mitarbeiter** werden an der Geschäftsstelle Volljuristen bestellt, die eine **besondere juristische Qualifikation** und **Nähe zum Notarberuf** vorweisen können.[7] Anders als in anderen Verbänden werden Geschäftsführer und juristische Mitarbeiter nicht auf Dauer, sondern **zeitlich begrenzt** für die BNotK tätig, um die Praxisnähe ihrer juristischen Mitarbeiter sicherzustellen.

11 Nach § 10 Abs. 1 S. 1 Satzung BNotK werden die Geschäftsführer **von dem Präsidium mit Zustimmung der Vertreterversammlung bestellt.** Die Festsetzung der Bezüge der Geschäftsführer und der Abschluss des Anstellungsvertrags sollen nach § 10 Abs. 2 Satzung BNotK (nur) durch das Präsidium erfolgen; dennoch muss der Anstellungsvertrag

---

[3] So aber Arndt/Lerch/Sandkühler/*Sandkühler* BNotO § 79 Rn. 2.
[4] So auch Schippel/Bracker/*Görk* BNotO § 79 Rn. 6.
[5] Diehn/*Diehn* BNotO § 79 Rn. 9.
[6] *Tettinger,* Kammerrecht, 1997, S. 122 f.; für die BRAO: Henssler/Prütting/*Hartung* BRAO § 63 Rn. 8 und § 185 Rn. 3.
[7] Vgl. die entsprechenden Richtlinien für die Besetzung der Geschäftsstelle der Bundesnotarkammer, abgedruckt in DNotZ 2002, 563.

wegen § 82 Abs. 1 mit Außenwirkung von dem Präsidenten allein oder durch einen vom Präsidenten entsprechend bevollmächtigten (Haupt-) Geschäftsführer abgeschlossen werden.

Die BNotK als Körperschaft öffentlichen Rechts ist bei der Ausgestaltung des Anstellungsverhältnisses an die **Grundzüge des Rechts des öffentlichen Dienstes** gebunden.[8] Das Recht, als Dienstherr Beamte einzustellen, ist der BNotK ebenso wie den NotK nicht gem. § 121 Nr. 2 BRRG verliehen worden. 12

§ 80 [Präsidium]

[1]Das Präsidium besteht aus dem Präsidenten, zwei Stellvertretern und vier weiteren Mitgliedern. [2]Vier Mitglieder des Präsidiums müssen zur hauptberuflichen Amtsausübung bestellte Notare sein, drei Mitglieder müssen Anwaltsnotare sein. [3]Ein Stellvertreter muß ein zur hauptberuflichen Amtsausübung bestellter Notar, ein Stellvertreter Anwaltsnotar sein.

A. Bedeutung der Norm

I. Grundsatz

Das Präsidium ist das oberste Exekutivorgan der BNotK (→ § 79 Rn. 3). Bei der umfangreichen Aufgabenstellung des Präsidiums durch Gesetz und Satzung ist dessen Zusammensetzung (§ 80) ebenso wie die Wahl und Amtsdauer seiner Mitglieder (§ 81) von besonderer Bedeutung für die BNotK. Die Zusammensetzung des Präsidiums berücksichtigt die verschiedenen Notariatsverfassungen, deren jeweiligen Interessen die Arbeit der BNotK Rechnung trägt. In der Praxis treten Interessengegensätze dabei in aller Regel nicht auf. Vielmehr überwiegt die Arbeit für das gemeinsame Interesse eines funktionierenden Notariats im Dienste einer geordneten vorsorgenden Rechtspflege. 1

II. Entwicklung der Norm

Nach § 80 S. 2 aF mussten der Präsident, ein Stellvertreter und zwei weitere Mitglieder des siebenköpfigen Präsidiums hauptberufliche Notare sein, der andere Stellvertreter und die beiden übrigen Mitglieder dagegen Anwaltsnotare. 2

Seit der **BNotO-Novelle 1998** kann der Präsident auch ein Anwaltsnotar sein.[1] Im Übrigen blieb die Regelung unberührt. Vier Mitglieder des Präsidiums müssen dem Bereich des hauptberuflichen Notariats, drei aus dem Bereich des Anwaltsnotariats entstammen. Je einer der beiden Stellvertreter muss einer der beiden Notariatsverfassungen angehören. 3

B. Zusammensetzung des Präsidiums

I. Anzahl der Mitglieder

Die Zahl der Mitglieder des Präsidiums ebenso wie ihre Verteilung auf die beiden Gruppen von Notaren (→ Rn. 3) ist gesetzlich festgelegt. Sie kann daher nicht durch die Satzung der BNotK geändert werden. Zulässig ist aber die Satzungsbestimmung des § 8, welche die Reihenfolge der Vertretung des verhinderten Präsidenten regelt. Danach soll in 4

---

[8] *Tettinger*, Kammerrecht, 1997, S. 122.
[1] So Bericht der Berichterstatter des Rechtsausschusses in Anlage zu dessen Beschlussempfehlung vom 1.4.1998 betreffend BT-Drs. 13/4184, 52 (zu Nr. 38a).

erster Linie sein erster Stellvertreter („erster Vizepräsident"), in zweiter Linie sein zweiter Stellvertreter („zweiter Vizepräsident") die Vertretung des Präsidenten übernehmen.

5 Weder Gesetz noch Satzung geben vor, welcher Notariatsverfassung der erste **Stellvertreter** des Präsidenten anzugehören hat. Es entspricht allerdings der guten Praxis der BNotK, zum ersten Stellvertreter einen Vertreter der Notariatsverfassung zu wählen, der der Präsident nicht angehört.[2]

II. Verfassungsrechtliche Würdigung

6 Seit der BNotO-Novelle 1998 können auch Anwaltsnotare zum Präsidenten der BNotK gewählt werden (→ Rn. 3). Dies entspricht dem Umstand, dass das Gesetz beiden Notariatsverfassungen aus § 3 Abs. 1 und Abs. 2 gleiche Rechte und Pflichten zuschreibt.

7–8 [Einstweilen frei.]

9 Die stärkere Repräsentation der hauptberuflichen Notare im Präsidium ist verfassungsrechtlich nicht zu beanstanden.[3] So ist die BNotK die einzige berufsständische Vertretung, die die Interessen der hauptberuflichen Notare vertritt, während Anwaltsnotare als Rechtsanwälte auch durch die Bundesrechtsanwaltskammer vertreten werden.[4] Daneben ist über das hauptberufliche Notariat die Mehrheit der Bevölkerung vertreten, deren flächendeckende Versorgung mit notariellen Amtshandlungen Ziel der Arbeit der Standesorganisationen ist.[5] Auf Ebene der Vertreterversammlung, der die wesentlichen berufspolitischen Entscheidungen vorbehalten sind, trägt die Möglichkeit eines Vetos gegen die Ausführung von Beschlüssen, die Vertreter einer Form der Notariatsverfassung einseitig belasten (§ 86 Abs. 4), einem allenfalls in Ausnahmefällen denkbaren Interessenkonflikt angemessen Rechnung. Auch wenn sie lediglich die Ausführung bereits gefasster Beschlüsse betrifft, trägt auch sie zu einer gemeinsamen Vorabstimmung bei. Die äußerst geringe Praxisrelevanz dieser Vorschrift zeigt, dass Interessengegensätze in praxi in aller Regel nicht bestehen, sondern gemeinsam tragfähige Lösungen entwickelt werden.

§ 81 [Wahl des Präsidiums]

(1) ¹Das Präsidium wird von der Vertreterversammlung gewählt. ²Wählbar ist jedes Mitglied der Vertreterversammlung.

(2) ¹Die Mitglieder des Präsidiums werden auf vier Jahre gewählt. ²Scheidet ein Mitglied vorzeitig aus, so ist in der auf sein Ausscheiden folgenden Vertreterversammlung für den Rest seiner Wahlzeit ein neues Mitglied zu wählen.

A. Bedeutung der Norm

1 § 81 regelt die **Wahl des Präsidiums** durch die Vertreterversammlung, die Amtszeit von dessen Mitgliedern und ihr vorzeitiges Ausscheiden. Da jedes Mitglied der Vertreterversammlung wählbar ist, wird die Regelung von § 84 über die Vertretung der einzelnen NotK in der Vertreterversammlung angesprochen.

---

[2] Diehn/*Diehn* BNotO § 80 Rn. 8; Diehn/*Diehn* BNotO § 80 Rn. 12; aA *Hartmann* in der 3. Auflage, Rn. 9 f.
[3] Schippel/Bracker/*Görk* BNotO § 80 Rn. 3.
[4] Schippel/Bracker/*Görk* BNotO § 80 Rn. 3.
[5] Schippel/Bracker/*Görk* BNotO § 80 Rn. 3; Diehn/*Diehn* BNotO § 80 Rn. 12.

B. Wahl des Präsidiums

I. Vorgang der Wahl

Das Gesetz bestimmt, dass die Wahl durch die Vertreterversammlung erfolgt (Abs. 1 S. 1). **2**
Einzelheiten einer **Wahlordnung** regelt nicht das Gesetz, sondern **§ 3 Satzung BNotK**:
Es ist geheim, also mittels Stimmzettels (Abs. 1 S. 1) zu wählen. Hierfür werden Wahlleiter
und zwei Wahlhelfer von der Vertreterversammlung bestimmt (Abs. 2), die über die Gültigkeit der abgegebenen Stimmzettel entscheiden (Abs. 4 S. 2).

Die **Wahlentscheidung** wird durch § 3 Abs. 3 Satzung BNotK geregelt: Gewählt ist, **3**
wer mehr als die Hälfte der Stimmen erhält, erforderlichenfalls in einem zweiten Wahlgang.
Bringt auch dieser keine absolute Mehrheit, erfolgt eine Stichwahl zwischen den beiden
Notaren mit den meisten Stimmen im zweiten Wahlgang. Nur äußerstenfalls entscheidet als
letztes bei Stimmengleichheit das Los, wie es auch § 86 Abs. 3 S. 2 letzte Alt. bestimmt.

II. Gegenstand der Wahl

Das Gesetz schweigt darüber, ob die Wahl sich auf die Mitgliedschaft im Präsidium **4**
bezieht oder auf die konkrete Besetzung einer der Positionen des § 80 S. 2 und S. 3:
Präsident – Stellvertreter – weitere Mitglieder. Auch insofern greift die Satzung im Rahmen des § 89 ein, die eine **Verteilung der Ämter durch die Wahl** in der Vertreterversammlung, nicht etwa durch eine spätere Beschlussfassung innerhalb des en bloc gewählten Präsidiums vorsieht (§ 3 Abs. 1 Satzung BNotK).

III. Aktives Wahlrecht

Zur Wahl berechtigt ist die Vertreterversammlung (§ 81 Abs. 1 S. 1). Das Gesetz unter- **5**
scheidet zwischen der Vertreterversammlung (§ 81 Abs. 1 S. 1) und den Mitgliedern der
Vertreterversammlung (§ 81 Abs. 1 S. 2). Die Vertreterversammlung setzt sich zusammen
aus den NotK (§ 86 Abs. 1 S. 1). Das aktive Wahlrecht steht demnach den NotK zu, die
wiederum durch ihren Präsidenten oder ein anderes Mitglied vertreten werden (§ 84). Aus
der Wahlberechtigung der NotK, nicht der Mitglieder der Vertreterversammlung folgt, dass
die Stimmen einer NotK einheitlich abgegeben werden müssen, wenn die NotK über mehr
als eine Stimme verfügt (vgl. auch § 86 Abs. 1 S. 1).

IV. Passives Wahlrecht

Wählbar ist kraft gesetzlicher Vorschrift jedes Mitglied der Vertreterversammlung. Der **6**
Wortlaut „Mitglied der Vertreterversammlung" ist im Unterschied zur „Vertreterversammlung" (§ 86 Abs. 1 S. 1) nicht institutionell („NotK"), sondern **personifiziert** zu verstehen. **Mitglieder der Vertreterversammlung** sind daher zunächst die Notare, die die
NotK in der Vertreterversammlung vertreten (§ 84 Alt. 1).[1] Daneben sind auch die Notare
wählbar, die von einer NotK nach § 86 Abs. 2 S. 1 in die Vertreterversammlung entsandt
wurden.[2]

Keine Mitglieder der Vertreterversammlung im Sinne von Abs. 1 S. 2 sind Notare, die **7**
nach § 86 Abs. 2 S. 2 zur gutachtlichen Äußerung zugelassen wurden, oder Notare, die die
Anforderungen an einen gekorenen Vertreter nach § 84 Alt. 2 nicht erfüllen.[3]

Diese einschränkende, aber im Gesetz abgestützte Auslegung ist erforderlich, um die **8**
Kontinuität der Repräsentation in der Vertreterversammlung sicherzustellen. Nur die Ver-

---

[1] Diehn/*Diehn* BNotO § 81 Rn. 13.
[2] Schippel/Bracker/*Görk* BNotO § 81 Rn. 2; Arndt/Lerch/Sandkühler/*Sandkühler* BNotO § 81 Rn. 8;
Diehn/*Diehn* BNotO § 81 Rn. 13.
[3] Diehn/*Diehn* BNotO § 81 Rn. 14.

treter der NotK nach § 84, also die Präsidenten als **geborene Vertreter,** ständige Beauftragte als **gekorene Vertreter** (beide: institutionalisierte Vertreter), **nicht aber gelegentliche Vertreter,** haben demnach passives Wahlrecht (→ § 84 Rn. 4 ff.).

C. Amtszeit

I. Wahlperiode

9 § 81 Abs. 2 S. 1 bestimmt die Wahlzeit für die **Mitglieder des Präsidiums** übereinstimmend mit der Regelung für die NotK in § 69 Abs. 2 S. 2 auf **vier Jahre.** Diese Regelung ist zwingend,[4] kann also weder von der Satzung noch durch Beschlüsse der Vertreterversammlung oder des Präsidiums verändert werden.

10 Die Mitglieder des Präsidiums bleiben darüber hinaus noch bis zu dessen Neuwahl im Amt, da sonst eine Wahrnehmung der Aufgaben der BNotK nicht gewährleistet wäre **(amtierendes Präsidium)**[5] (→ § 69 Rn. 20).

II. Ablehnung der Wahl

11 Die Wahl anzunehmen ist eine Berufspflicht (→ § 69 Rn. 29 f.). Die Übernahme des Amtes kann deshalb nur aus den in § 4 Satzung BNotK **festgelegten Gründen abgelehnt** werden, also wegen Vollendung des 65. Lebensjahrs, wegen früherer Mitgliedschaft im Präsidium und aus gesundheitlichen Gründen.

III. Niederlegung des Amtes

12 Einschränkungen finden sich auch für die Niederlegung des Amtes als Präsidiumsmitglied. Sie ist **nur möglich, wenn** entweder die Vertreterversammlung zustimmt oder einer der in § 4 Nr. 1 Satzung BNotK (Vollendung des 65. Lebensjahres) oder § 4 Nr. 3 Satzung BNotK (gesundheitliche Verhältnisse) genannten Gründe vorliegt (§ 5 Satzung BNotK).

IV. Verlust des Notaramtes

13 Ein Präsidiumsmitglied scheidet weiterhin durch Verlust seines Amtes als Notar aus dem Präsidium aus, worauf auch immer diese Beendigung des Notaramtes beruhen mag.

V. Ende der Mitgliedschaft in der Vertreterversammlung

14 Endet die Mitgliedschaft des Präsidiumsmitglieds in der Vertreterversammlung, führt dies nicht zur Beendigung der Mitgliedschaft im Präsidium. Vielmehr bleibt das gewählte Präsidiumsmitglied bis zur Neuwahl des Präsidiums im Amt. Das Mitglied des Präsidiums wird nicht von den NotK entsandt, sondern von der Vertreterversammlung gewählt. Eine Wahl setzt selbst die Stimme der NotK, der das gewählte Präsidiumsmitglied angehört, nicht voraus. Die Möglichkeit einer NotK, ein von der Vertreterversammlung gewähltes Präsidiumsmitglied aus dem Präsidium zu entfernen, wäre mit der souveränen Entscheidung der Vertreterversammlung als oberstes Organ der BNotK nicht vereinbar,[6] zumal die Vertreterversammlung selbst nicht zur Abberufung des Präsidiumsmitglieds berechtigt ist (→ Rn. 16).

---

[4] Arndt/Lerch/Sandkühler/*Sandkühler* BNotO § 81 Rn. 12.
[5] Arndt/Lerch/Sandkühler/*Sandkühler* BNotO § 81 Rn. 11; Schippel/Bracker/*Görk* BNotO § 81 Rn. 3.
[6] Siehe auch Diehn/*Diehn* BNotO § 81 Rn. 21; aA *Hartmann* in der 3. Auflage, Rn. 14.

VI. Ruhen des Amtes

Das Amt eines Präsidiumsmitglieds ruht, solange es **vorläufig seines Amtes** als Notar **enthoben** ist (§ 54 BNotO, § 6 Satzung BNotK). 15

VII. Abberufung

Die Vertreterversammlung ist **nicht berechtigt,** ein Präsidiumsmitglied **während seiner Amtszeit abzuberufen.**[7] Zur Begründung wird auf die gleichartige Rechtslage bei der NotK verwiesen (→ § 69 Rn. 25 f.). 16

D. Nachwahl für das Präsidium

§ 81 Abs. 2 S. 2 regelt die Folgen, wenn ein Mitglied des Präsidiums vorzeitig ausscheidet: In diesem Fall ist in der auf sein Ausscheiden folgenden Vertreterversammlung für den Rest seiner Wahlperiode ein neues Mitglied in das Präsidium zu wählen. Das Gesetz will damit eine zügige Nachbesetzung sicherstellen, um die gesetzliche Zusammensetzung (§ 80 S. 1) wiederherzustellen. Scheidet das Mitglied des Präsidiums erst im Laufe einer Vertreterversammlung aus, weil etwa ihre Zustimmung zur wirksamen Amtsniederlegung erforderlich ist (§ 5 Satzung BNotK), ist auch eine Nachwahl im Rahmen dieser Vertreterversammlung möglich. Das Zuwarten auf eine folgende Vertreterversammlung würde dem Zweck der Vorschrift widersprechen. Tritt das gesamte Präsidium zurück, was wegen § 5 S. 2 Satzung BNotK nur mit Zustimmung der Vertreterversammlung zulässig ist (→ Rn. 12), so ist die Regelung in Abs. 2 S. 2 entsprechend anzuwenden: Anstelle der vorzeitig durch Rücktritt ausgeschiedenen sind neue Mitglieder des Präsidiums für die Dauer der restlichen Amtszeit zu wählen.[8] 17

§ 81a [Verschwiegenheitspflicht]

Für die Pflicht der Mitglieder des Präsidiums der Bundesnotarkammer der von ihr zur Mitarbeit herangezogenen Notare und Notarassessoren sowie der Angestellten der Bundesnotarkammer zur Verschwiegenheit gilt § 69a entsprechend.

A. Bedeutung der Norm

Auch dem Präsidium der BNotK werden zahlreiche Vorgänge unterbreitet, die entweder einzelne Personen (s. § 69a Abs. 1) oder allgemeine Angelegenheiten des Berufsstands betreffen. Daher ist hier ebenso wie bei den NotK eine Verpflichtung zur Verschwiegenheit erforderlich. 1

Über den Bereich der Selbstverwaltung hinaus bezieht sich die Verschwiegenheitspflicht im Anwendungsbereich des § 81a auch auf die Vorgänge, in denen die BNotK als **Registerbehörde** tätig wird (Zentrales Vorsorgeregister und Zentrales Testamentsregister).[1] 1a

---

[7] Ebenso Schippel/Bracker/*Görk* BNotO § 81 Rn. 6 aE.
[8] Schippel/Bracker/*Görk* BNotO § 81 Rn. 3 aE meint, es liege dann im Ermessen der Vertreterversammlung, stattdessen eine neue Amtsperiode von vier Jahren beginnen zu lassen; weder Gesetz noch Satzung greifen diese wenngleich zweckmäßigen Gedanken allerdings auf.
[1] Diehn/*Diehn* BNotO § 81a Rn. 4.

B. Adressaten und Inhalt der Schweigepflicht

I. Adressaten

2   Die Schweigepflicht trifft alle Mitglieder des Präsidiums, die zur Mitarbeit herangezogenen Notare und Notarassessoren, insbesondere auch die Mitglieder der Ausschüsse. Sie erstreckt sich darüber hinaus auf alle Angestellten der BNotK, seien es Geschäftsführer, Referenten oder nicht-juristische Mitarbeiter. Sie sind daher **förmlich** zur Verschwiegenheit zu **verpflichten**.

II. Inhalt

3   Die Einzelheiten der Schweigepflicht ergeben sich aus § 69a, der ausdrücklich in Bezug genommen ist. Es kann also auf die dortigen Erläuterungen verwiesen werden. Dabei ist zu beachten, dass eine Aussagegenehmigung sinngemäß durch das Präsidium der BNotK erteilt werden muss (§ 69a Abs. 3 S. 1).[2]

§ 82 [Aufgaben des Präsidenten und des Präsidiums]

(1) **Der Präsident vertritt die Bundesnotarkammer gerichtlich und außergerichtlich.**

(2) **In den Sitzungen des Präsidiums führt der Präsident den Vorsitz.**

(3) ¹**Das Präsidium erstattet dem Bundesminister der Justiz und für Verbraucherschutz jährlich einen schriftlichen Bericht über die Tätigkeit der Bundesnotarkammer und des Präsidiums.** ²**Es zeigt ihm ferner das Ergebnis der Wahlen zum Präsidium an.**

A. Bedeutung der Norm

1   § 82 beschreibt einen wichtigen **Teil der Aufgaben des Präsidenten,** dessen Befugnisse darüber hinaus also erweiternd, aber nicht einschränkend von der Satzung festgelegt werden können. Die **Aufgaben des Präsidiums** sind dagegen nur für den Einzelfall des § 82 Abs. 3 gesetzlich festgelegt.

B. Stellung des Präsidenten

I. Rechtliche Funktion

2   Der Präsident vertritt die BNotK **gerichtlich und außergerichtlich** (Abs. 1). Er mag nicht Organ iSd § 79 sein, ist aber jedenfalls das einzige Vertretungsorgan der BNotK (→ § 79 Rn. 7f. sowie → § 68 Rn. 6f.).

2a Eine **Ausnahme** bildet die Vertretung des Prüfungsamtes durch den Leiter des Prüfungsamtes im Zusammenhang mit der Durchführung der notariellen Fachprüfung (§ 7g Abs. 3 S. 1).

3   Soweit er in seiner Person verhindert ist, diese Funktion auszuüben, wird er durch einen seiner Stellvertreter (§ 80) substituiert, wobei die Reihenfolge sich nach § 8 Satzung BNotK richtet. Danach wird der Präsident zunächst durch seinen ersten Stellvertreter und bei dessen Verhinderung durch seinen zweiten Stellvertreter vertreten.

4   Der Präsident führt in den **Sitzungen** des Präsidiums (Abs. 2) sowie der Vertreterversammlung (§ 85 Abs. 1 S. 2) **den Vorsitz.** Er ist deshalb mit Recht als primus inter pares

---

[2] So auch Diehn/*Diehn* BNotO § 81a Rn. 5.

II. Weitere Aufgaben

Als **Vorsitzender** beruft der Präsident die Sitzungen der Vertreterversammlung (§ 85 Abs. 1 S. 1) sowie des Präsidiums (§ 9 Abs. 1 Satzung BNotK) ein. Er kann die Frist zur Einberufung der Vertreterversammlung abkürzen (§ 85 Abs. 2 S. 1). Bei Stimmengleichheit gibt seine Stimme den Ausschlag (§ 86 Abs. 3 S. 2).

Die Satzung kann dem Präsidenten **weitere Aufgaben** übertragen (§ 89), soweit dadurch nicht gegen zwingendes Recht verstoßen oder die grundlegende Bestimmung des § 83 Abs. 1 ausgehöhlt wird.[2]

C. Präsidium

I. Funktion

Die gesetzlichen wie satzungsmäßigen Aufgaben des Präsidiums sind in → § 79 Rn. 3–6 dargestellt.

II. Verfahren

Das Gesetz trifft hierzu keine Regelung mit Ausnahme der Bestimmung des Präsidenten als Vorsitzenden (§ 82 Abs. 2). Aus der genannten Vorschrift lässt sich folgern, dass die **Entscheidungen des Präsidiums grundsätzlich in Sitzungen** getroffen werden. Das schließt aber nicht aus, dass im Einzelfall ein anderes Verfahren gewählt wird oder gewählt werden muss. Es kann deshalb die Beschlussfassung auch schriftlich, per Telefax, in elektronischer Form (§ 126a BGB) oder fernmündlich erfolgen, wenn kein Mitglied des Präsidiums widerspricht (§ 9 Abs. 3 Satzung BNotK).

Beschlüsse des Präsidiums werden mit **einfacher Mehrheit** der abgegebenen Stimmen gefasst (§ 9 Abs. 4 Satzung BNotK).

III. Berichtspflichten

Da das Präsidium innerhalb der Erledigung der laufenden Geschäfte der BNotK (§ 7 Abs. 1 Satzung BNotK; → § 79 Rn. 4) regelmäßig ohne vorherige Anhörung der Vertreterversammlung entscheiden muss (→ § 79 Rn. 6), legt das Gesetz dem Präsidium auf, **der Vertreterversammlung über alle wichtigen Angelegenheiten zu berichten** (§ 87). Bei der Erstattung von Gutachten ohne vorherige Anhörung der Vertreterversammlung hat das Präsidium deren Mitglieder unverzüglich von den getroffenen Maßnahmen zu unterrichten (§ 83 Abs. 2 S. 2).

Das Präsidium hat weiterhin dem Bundesminister der Justiz den **jährlichen Bericht über die Tätigkeit der BNotK** und des Präsidiums zu erstatten, der in der DNotZ als Verkündungsblatt der BNotK (§ 16 Abs. 1 Satzung BNotK) veröffentlicht wird. Es hat diesem auch das Ergebnis der Wahlen zum Präsidium anzuzeigen (§ 82 Abs. 3).

D. Exkurs: Der Ehrenpräsident

Die Vertreterversammlung kann bei besonderen Verdiensten Ehrenpräsidenten ernennen. Da diese kein gesetzliches Organ darstellen (vgl. § 79), werden sie nicht durch Wahl,

---

[1] Schippel/Bracker/*Görk* BNotO § 82 Rn. 7.
[2] *Saage* BNotO § 82 Anm. 4.

sondern durch Beschluss des zuständigen Gremiums, hier also der Vertreterversammlung, bestellt.

13 Ihre **Aufgaben und Pflichten** gleichen sinngemäß denen eines Ehrenpräsidenten bei den NotK. Es wird deshalb auf die dortigen Erläuterungen (→ § 70 Rn. 19 ff.) verwiesen.

14 Aktuelle Ehrenpräsidenten der BNotK sind ihre ehemaligen Präsidenten Notar a. D. Dr. *Hans-Dieter Vaasen* und Notar Dr. *Tilman Götte*.

§ 83 [Vertreterversammlung]

(1) **Die Bundesnotarkammer faßt ihre Beschlüsse regelmäßig auf Vertreterversammlungen.**

(2) ¹**Die der Bundesnotarkammer in § 78 Abs. 1 Nr. 4 zugewiesenen Aufgaben erledigt das Präsidium nach Anhörung der Vertreterversammlung.** ²**In dringenden Fällen kann die Anhörung unterbleiben; die Mitglieder sind jedoch unverzüglich von den getroffenen Maßnahmen zu unterrichten.**

A. Bedeutung der Norm

1 § 83 Abs. 1 behandelt die **Grundlage der Tätigkeit der Vertreterversammlung**; die Einzelheiten der Vertretung (§ 84), der Einberufung (§ 85) und der Beschlussfassung (§ 86) sind in den anschließenden Bestimmungen geregelt. § 83 Abs. 2 erfasst nur den Sonderfall einer Gutachtenerstattung nach § 78 Abs. 1 Nr. 4.

B. Vertreterversammlung (Abs. 1)

I. Vertretung

2 In der Vertreterversammlung sind die NotK als Mitglieder „vertreten". Sie bezieht daher ihren Namen. Die Vertretung im Einzelnen ist in § 84 geregelt, so dass auf die dortigen Erläuterungen verwiesen wird.

II. Beschlüsse

3 Die Beschlüsse der BNotK werden **regelmäßig auf Vertreterversammlungen** gefasst.[1] Das bedeutet, dass der Schwerpunkt der Entscheidung bei der **Vertreterversammlung als Willensorgan** der BNotK liegt.[2] Deshalb sind ihr alle Beschlüsse vorbehalten, die nicht nach Gesetz oder Satzung durch das Präsidium zu fassen sind.[3]

III. Verfahren

4 Das Verfahren der Beschlussfassung ist im Einzelnen bei §§ 85, 86 erläutert.

---

[1] Für die Tätigkeit der BNotK in den Jahren 1961 bis 1964 vgl. den zusammenfassenden Bericht DNotZ 1965, 261 ff. Im Anschluss daran sind die jährlichen Tätigkeitsberichte des Präsidiums jeweils in der DNotZ veröffentlicht worden.

[2] Schippel/Bracker/*Görk* BNotO § 83 Rn. 1; BT-Drs. 3/219, 34 linke Spalte sub § 59.

[3] BT-Drs. 3/219, 34 linke Spalte sub § 59; *Saage* BNotO § 83 Anm. 1.

C. Gutachtenerstattung

I. Gesetzlicher Regelfall

Die **Aufgabe des § 78 Abs. 1 Nr. 4** ist nicht der Vertreterversammlung zugewiesen, da 5 die Erstellung von Gutachten einem so großen Gremium nicht sinnvoll übertragen werden kann.[4] Sie ist daher dem Präsidium in eigener Verantwortung aufgegeben. Dabei soll grundsätzlich die Vertreterversammlung vorher angehört werden. Diese Anhörung kann auch im Wege des § 85 Abs. 3 erfolgen.[5] Ist das wegen der Dringlichkeit der Sache nach Ermessen des Präsidiums nicht ratsam oder nicht möglich, so sind die Mitglieder danach unverzüglich von den getroffenen Maßnahmen zu unterrichten (Abs. 2 S. 2).

Hierbei wird je nach Bedeutung der Angelegenheit und nach dem Termin der **nächst** 6 **anberaumten Vertreterversammlung** die Vorlage des Berichts zu dieser Versammlung ausreichen können.[6]

II. Übertragung durch Satzung

Die Gutachten des § 78 Abs. 1 Nr. 4 beziehen sich auf Angelegenheiten der Notare. Die 7 BNotK wird aber in **zahlreichen anderen Fällen,** insbesondere bei Gesetzesentwürfen, zur Stellungnahme aufgefordert und macht von dieser Gelegenheit häufig Gebrauch, um die Erfahrungen notarieller Tätigkeit in das Gesetzgebungsverfahren einzubringen. Für solche Gutachten schreibt § 7 Abs. 1 S. 2 Satzung BNotK eine entsprechende Anwendung von § 83 Abs. 2 vor. In derartigen Fällen wird der Spielraum des Präsidiums zur Unterrichtung der Vertreterversammlung größer sein, so dass regelmäßig die nächste Sitzung der Vertreterversammlung ausreichend sein wird.

§ 84 [Vertretung in der Vertreterversammlung]

Die Notarkammern werden in der Vertreterversammlung durch ihre Präsidenten oder durch ein anderes Mitglied vertreten.

A. Bedeutung der Norm

Das Gesetz regelt die Repräsentation der NotK als Mitglieder der BNotK in der Ver- 1 treterversammlung. Es bestimmt hierfür den Präsidenten oder ein anderes Mitglied der NotK.

B. Vertretung durch den Präsidenten

I. Der Präsident als Vertreter

Der **Präsident der NotK ist deren geborener Vertreter.** Dies folgt nicht nur aus 2 § 84, sondern schon aus § 70 Abs. 1, der ihm die gesetzliche Vertretung seiner NotK zuweist. Im Interesse der Kontinuität der Wahrung von Kammerinteressen wie auch der Arbeit in der Vertreterversammlung sollte der Präsident diese Aufgabe in aller Regel selbst wahrnehmen.[1]

---
[4] Arndt/Lerch/Sandkühler/*Sandkühler* BNotO § 83 Rn. 6.
[5] Arndt/Lerch/Sandkühler/*Sandkühler* BNotO § 83 Rn. 7; Schippel/Bracker/*Görk* BNotO § 83 Rn. 3.
[6] Arndt/Lerch/Sandkühler/*Sandkühler* BNotO § 83 Rn. 8; jetzt ebenso: Schippel/Bracker/*Görk* BNotO § 83 Rn. 3.
[1] So mit Recht Arndt/Lerch/Sandkühler/*Sandkühler* BNotO § 84 Rn. 2 aE; *Saage* BNotO § 84 Anm. 1.

3   Ist der Präsident der NotK im Einzelfall verhindert, deren Mitgliedstellung in der Vertreterversammlung zu vertreten, so tritt an seine Stelle – wie auch sonst – sein **Stellvertreter** (Vizepräsident) nach § 69 Abs. 2. Es handelt sich dabei um die übliche Vertretung des verhinderten Präsidenten in seinem Amt, nicht um eine unmittelbare Vertretung der NotK gem. § 84.

II. Der institutionalisierte Vertreter der NotK

4   § 84 eröffnet aber eine weitere Möglichkeit der Vertretung in der Vertreterversammlung. Danach kann die NotK auch durch ein „anderes Mitglied" vertreten werden. Bei einem solchen Vertreter handelt es sich nicht um den gesetzlichen Vertreter des Präsidenten in dessen Amt, sondern um ein besonders bestelltes Kammermitglied (**gekorener Vertreter**).

5   Es bestehen demnach **zwei gleichberechtigte Möglichkeiten zur Vertretung** der Kammer. Dabei ist zu berücksichtigen, dass die Vertretungsbefugnis des Präsidenten aus § 70 Abs. 2 durch den Vorstand im Außenverhältnis nicht eingeschränkt werden kann (→ § 70 Rn. 5). Nach außen könnte es also in der Vertreterversammlung zu einer **Konkurrenz** des gekorenen und des geborenen Vertreters der NotK kommen.

6   Um das zu verhindern, wird man **für das Innenverhältnis** verlangen müssen, dass bei Bestellung eines institutionalisierten Vertreters durch den Vorstand der NotK **vorher der Präsident sein Einverständnis** erklärt und sich dann dementsprechend der ihm allgemein zustehenden Außenvertretung insoweit enthält. Ohne eine solche Erklärung des Präsidenten wäre ein Vorstandsbeschluss auf Einsetzung des institutionalisierten Vertreters eine unzulässige Beschränkung der allgemeinen Vertretungsmacht des Präsidenten und deshalb ein Verstoß gegen zwingendes Recht.

7   Die Begründung des Entwurfs für die erste Fassung der BNotO führt als Beispiel für die Zweckmäßigkeit der Bestellung eines institutionalisierten Vertreters dessen **besondere Sachkunde** auf „einem zu erörternden Gebiet" an.[2] Dies ist aber gerade kein geeigneter Anlass.

8   Geht es nur um besonders **sachkundige Beratung**, kann der Kammerpräsident sich von dem betreffenden Mitglied begleiten lassen.[3] Die dringend erforderliche Kontinuität in der Vertreterversammlung widerspricht einer Bestellung des gekorenen Vertreters nur für einen Einzelfall. Das Interesse an einer fortlaufenden Arbeitsfähigkeit der BNotK macht eine **gleich bleibende Vertretung in der Vertreterversammlung** erforderlich. Das wird besonders deutlich, wenn man berücksichtigt, dass ein in das Präsidium der BNotK gewählter Vertreter iSd § 84 seinen Sitz im Präsidium verliert, wenn er nicht mehr der Vertreterversammlung angehört.[4]

9   Daraus ergibt sich die Forderung, gekorene Vertreter (im Einvernehmen mit dem Präsidenten, → Rn. 6) nur zur **dauernden Vertretung** der Kammer, also für einen bestimmten Zeitraum, wie beispielsweise eine Amtsperiode des Vorstands der NotK oder des Präsidiums der BNotK, zu bestellen. Aus diesem Grund erscheint die Bezeichnung „institutionalisierter Vertreter" angemessen, um ihn von einem Vertreter des Präsidenten im Einzelfall (→ Rn. 3) deutlich abzugrenzen.

10 Die Bestellung eines solchen **institutionalisierten Vertreters** erfolgt durch Beschluss des Vorstands der NotK (§ 69 Abs. 1 S. 1) mit Zustimmung des Präsidenten (§ 69 Abs. 1 S. 1 iVm § 70 Abs. 1). Hier ist auch eine Abberufung möglich, da es sich nicht um ein gesetzliches Amt handelt, sondern um einen vom Vorstand erteilten Sonderauftrag.

---

[2] BT-Drs. 3/219, 34 linke Spalte sub § 60; wie oben jetzt auch Schippel/Bracker/*Görk* BNotO § 84 Rn. 3. AM Arndt/Lerch/Sandkühler/*Sandkühler* BNotO § 84 Rn. 5.
[3] Für die insoweit gleichliegende Situation bei der Hauptversammlung der BRAK vgl. Henssler/Prütting/*Hartung* BRAO § 189 Rn. 1.
[4] → § 81 Rn. 13; Schippel/Bracker/*Görk* BNotO § 84 Rn. 3.

Der institutionalisierte Vertreter muss **Mitglied der NotK** sein (§ 84). Der Vorschlag der BNotK, er solle Mitglied des Vorstands der NotK sein,[5] ist vom Gesetzgeber der BNotO-Novelle 1998 nicht übernommen worden. Dennoch ist aus Gründen der Praktikabilität dringend erwünscht, wenn die NotK institutionalisierte Vertreter nur aus dem Kreis ihrer Vorstandsmitglieder entnimmt.

§ 85 [Einberufung der Vertreterversammlung]

(1) ¹Die Vertreterversammlung wird durch den Präsidenten einberufen. ²Er führt den Vorsitz in der Vertreterversammlung. ³Der Präsident muß sie einberufen, wenn das Präsidium oder mindestens drei Notarkammern es beantragen. ⁴Der Antrag der Notarkammern soll schriftlich gestellt werden und den Gegenstand angeben, der in der Vertreterversammlung behandelt werden soll.

(2) ¹In dringenden Fällen kann der Präsident die Vertreterversammlung mit einer kürzeren als der in der Satzung für die Einberufung vorgesehenen Frist einberufen. ²Der Gegenstand, über den Beschluß gefaßt werden soll, braucht in diesen Fall nicht angegeben zu werden.

(3) Beschlüsse der Vertreterversammlung können auch in Textform gefaßt werden, wenn nicht mehr als drei Notarkammern widersprechen.

A. Bedeutung der Norm

§ 85 regelt Recht und Pflicht des Präsidenten der BNotK zur Einberufung der Vertreterversammlung, die Formalitäten hierfür und die Art der Beschlussfassung. Auch werden die Voraussetzungen festgelegt, auf Wunsch des Präsidiums oder einzelner NotK eine solche Einberufung zu erreichen.

B. Einberufung der Vertreterversammlung

I. Ordentliche Vertreterversammlung

Das **Präsidium bestimmt Ort und Zeit** der Vertreterversammlung (§ 11 Abs. 1 S. 2 Satzung BNotK). In der Praxis findet jährlich eine reguläre Vertreterversammlung in den Räumen der BNotK und eine weitere in einem turnusgemäß wechselnden Bezirk einer NotK statt.

Das **Recht zur Einberufung** steht allein dem Präsidenten zu (Abs. 1 S. 1). Über dessen Ausübung entscheidet er im Rahmen einer Bestimmung des Präsidiums (→ Rn. 2) nach pflichtgemäßem Ermessen. Dabei hat er die dem Präsidium obliegende Aufgabe zur Unterrichtung der Vertreterversammlung zu beachten (§§ 87 und 83 Abs. 2 S. 2). Ordentliche Vertreterversammlungen sollen mindestens zweimal jährlich stattfinden (§ 11 Abs. 2 Satzung BNotK). Dabei handelt es sich um eine dem Präsidenten obliegende Amtspflicht.[1]

Die **Frist für die Einberufung** ist im Gesetz nicht geregelt, von der Satzung aber auf mindestens drei Wochen bestimmt (§ 11 Abs. 3 Satzung BNotK). Der Tag der Absendung und der Tag der Vertreterversammlung werden dabei nicht mitgerechnet.[2] Für dringende

---

[5] Vorschläge der BNotK zur Reform des notariellen Berufsrechts, 1993, S. 45 f.
[1] Arndt/Lerch/Sandkühler/*Sandkühler* BNotO § 85 Rn. 3.
[2] Diehn/*Diehn* BNotO § 85 Rn. 4.

Fälle sieht Abs. 2 eine kürzere Frist vor, deren Dauer nicht angegeben und daher von dem Präsidenten nach pflichtgemäßem Ermessen unter Beachtung der Dringlichkeit des zu behandelnden Gegenstands festzusetzen ist.

5 Bei einem **Einberufungsantrag** der NotK nach Abs. 1 S. 3 (→ Rn. 8 ff.) schreibt die Satzung die Einberufung zu einem Zeitpunkt vor, der nicht später als **sechs Wochen nach Eingang des Antrags** bei der BNotK liegen darf (§ 11 Abs. 3 S. 3 Satzung BNotK).

6 Für die **Form der Einberufung** ist Schriftform vorgesehen (§ 11 Abs. 3 S. 1 Satzung BNotK). Darunter ist die schriftliche Benachrichtigung aller NotK als Mitglieder zu verstehen.[3] Aus dem Rechtsgedanken des § 85 Abs. 3 lässt sich erkennen, dass in den dringenden Fällen des § 83 Abs. 2 S. 2 auch eine Einladung durch moderne Kommunikationsmittel wie Telekopie, elektronische Form oder fernmündlich ausreicht (§ 9 Abs. 3 Satzung BNotK).

7 Abs. 2 S. 2 ergibt im Wege des Umkehrschlusses, dass bei der ordentlichen Vertreterversammlung ohne Abkürzung der Einberufungsfrist die **Gegenstände, über die Beschluss gefasst** werden soll, im Einladungsschreiben anzugeben sind.[4] Nur bei Dringlichkeit kann dies entfallen. Nicht erforderlich ist es, die für die Erörterung des Beschlussgegenstands angedachten Unterlagen bereits zu diesem Zeitpunkt zu übersenden. Diese können vielmehr auch nachgereicht werden (zB Tischauslage). Fehlt die Angabe der Beschlussgegenstände, kann nur im Einverständnis aller anwesenden Kammern und mit nachträglicher Zustimmung nicht erschienener Kammern darüber beschlossen werden (§ 13 Abs. 2 Satzung BNotK). Über den Wortlaut der Satzung hinaus muss allerdings im Wege des Erst-Recht-Schlusses auch eine vorherige Zustimmung durch am Tag der Vertreterversammlung nicht vertretene Kammern ausreichen.

7a Sowohl die nachträgliche als auch die vorherige **Zustimmung** kann **formlos** erteilt werden. Sie kann als **konkludent** erteilt gelten, wenn ein Widerspruch gegen die nicht fristgerechte Versendung eines Einladungsschreibens mit Beschlussgegenständen unterbleibt.

II. Außerordentliche Vertreterversammlung

8 Eine **Pflicht zur Einberufung** trifft den Präsidenten im Fall des Abs. 1 S. 3. Er muss die Vertreterversammlung einberufen, wenn entweder das Präsidium (mit Mehrheit) oder mindestens drei NotK einen Antrag hierzu stellen (Abs. 1 S. 3). Da ausdrücklich mindestens drei Kammern verlangt werden, genügt es nicht, wenn eine oder zwei Kammern mit erhöhter Anzahl eigener Stimmen (§ 86 Abs. 1 S. 2) ihn stellen.[5]

9 Das **Präsidium** kann den Antrag formlos, normalerweise durch Beschlussfassung in einer seiner Sitzungen stellen. Die **NotK** sollen ihn schriftlich stellen und den Gegenstand der Erörterung in der Vertreterversammlung angeben (Abs. 1 S. 4). Da es sich hierbei um eine Soll-Vorschrift handelt, ist der Antrag auch ohne diese Erfordernisse wirksam und von dem Präsidenten zu befolgen.[6]

10 Für **Frist und Form der Einberufung** gilt das Gleiche wie bei einer ordentlichen Vertreterversammlung (→ Rn. 4–6). Eine Besonderheit stellt die Regelung in § 11 Abs. 3 S. 3 Satzung BNotK dar, wonach die Vertreterversammlung spätestens innerhalb von sechs Wochen nach Eingang des Antrags bei der BNotK stattfinden muss (→ Rn. 5).

---

[3] Schippel/Bracker/*Görk* BNotO § 85 Rn. 4.
[4] Arndt/Lerch/Sandkühler/*Sandkühler* BNotO § 85 Rn. 8; *Saage* BNotO § 85 Anm. 5.
[5] Schippel/Bracker/*Görk* BNotO § 85 Rn. 3.
[6] Arndt/Lerch/Sandkühler/*Sandkühler* BNotO § 85 Rn. 5; anders § 189 Abs. 1 S. 2 BRAO, der eine Muss-Vorschrift enthält.

C. Beschlussfassung

I. Grundsatz: Mündlicher Beschluss

Das Gesetz schreibt als Regelfall die **Beschlussfassung in der Vertreterversammlung** 11 vor (§ 83 Abs. 1). Insoweit bleibt es bei der Notwendigkeit einer Einberufung unter Beachtung der in Abs. 1 und Abs. 2 enthaltenen Vorschriften.

II. Ausnahme: Schriftlicher Beschluss

Abs. 3 enthält eine Ausnahmeregelung und lässt auch die Beschlussfassung auf **schriftli-** 12 **chem oder telegrafischem Wege** zu. Im Zuge der Entwicklung der technischen Kommunikationsmittel wird unbedenklich stattdessen auch die Beschlussfassung in elektronischer Form zuzulassen sein.[7] Im Gegensatz zu dem Präsidium in seiner engen Zusammenarbeit (→ § 82 Rn. 8) wird aber telefonische Beschlussfassung nicht genügen, da es dabei an einer Dokumentation der Stimmabgaben fehlt.[8] Eine Beschlussfassung durch elektronische Datenübertragung könnte nur dann statthaft sein, wenn der Absender und Unterzeichner zuverlässig festgestellt werden kann.

Anlass zu der schriftlichen Beschlussfassung kann entweder durch besondere Eilbedürf- 13 tigkeit oder durch den Beschlussgegenstand gegeben sein, der denkbarerweise die relativ umständliche und kostspielige Einberufung der Vertreterversammlung nicht rechtfertigt.

Die schriftliche Beschlussfassung muss unterbleiben, wenn **mehr als drei,** also mindes- 14 tens vier **NotK ihr widersprechen** (Abs. 3 letzter Hs.). Auch hier genügen nicht vier Stimmen allein, sondern der Widerspruch muss von mindestens vier NotK erhoben werden (→ Rn. 8). Für einen Widerspruch sieht das Gesetz keine bestimmte Form vor, er könnte daher auch telefonisch erfolgen. Es ist in einem solchen Fall von dem Präsidenten nach pflichtgemäßem Ermessen zu entscheiden, ob er die Vertreterversammlung, ggf. mit abgekürzter Frist (Abs. 2), einberuft oder den Beschlussgegenstand auf die Tagesordnung der nächsten ordentlichen Vertreterversammlung setzt.

Die schriftliche Beschlussfassung ist abgeschlossen, wenn die **Schriftstücke mit der** 15 **Stimmabgabe** der NotK dem Präsidenten zugegangen sind. Da möglicherweise einzelne NotK keine Stimmen abgeben, sich also im rechtlichen Ergebnis der Stimme enthalten, kann der Präsident bei der Aufforderung zur Stimmabgabe eine Frist setzen, die aber die Gegebenheiten (Beschlussgegenstand einerseits – Möglichkeiten der NotK und ihres Vertreters (§ 84) zur Stellungnahme andererseits) ausreichend berücksichtigen muss.

---

§ 86 [Zusammensetzung und Beschlussfassung der Vertreterversammlung]

(1) [1]In der Vertreterversammlung hat jede Notarkammer eine Stimme. [2]Im Fall des § 65 Abs. 1 Satz 2 hat die Notarkammer so viele Stimmen, als sie Oberlandesgerichtsbezirke oder Teile von Oberlandesgerichtsbezirken umfaßt; jedoch bleibt hierbei ein Teil eines Oberlandesgerichtsbezirks außer Betracht, wenn die Zahl der in ihm zugelassenen Notare geringer ist als die Zahl der Notare, die in einem nicht zu derselben Notarkammer gehörigen Teil des Oberlandesgerichtsbezirks zugelassen sind.

(2) [1]Zu den Vertreterversammlungen können von jeder Notarkammer so viele Notare entsandt werden, wie die Notarkammer Stimmen hat. [2]Zu den Vertreterversammlungen können darüber hinaus auch Notare zur gutachtlichen Äußerung zu einzelnen Fragen zugelassen werden.

---

[7] Arndt/Lerch/Sandkühler/*Sandkühler* BNotO § 85 Rn. 12.
[8] Arndt/Lerch/Sandkühler/*Sandkühler* BNotO § 85 Rn. 12; Schippel/Bracker/*Görk* BNotO § 85 Rn. 6.

(3) ¹Die Vertreterversammlung faßt ihre Beschlüsse, soweit in diesem Gesetz oder in der Satzung nichts anderes bestimmt ist, mit der einfachen Mehrheit der abgegebenen Stimmen. ²Bei Stimmengleichheit gibt die Stimme des Vorsitzenden den Ausschlag; bei Wahlen entscheidet das Los.

(4) Die Ausführung von Beschlüssen unterbleibt, wenn ihr eine Mehrheit von mindestens drei Vierteln der Vertreter, die hauptberufliche Notare sind, oder von mindestens drei Vierteln der Vertreter, die Anwaltsnotare sind, widerspricht.

Übersicht

	Rn.
A. Bedeutung der Norm	1
B. Stimmrecht	2
I. Grundsatz	2
II. Verfassungsmäßigkeit	6
C. Teilnahme an der Vertreterversammlung	10
I. Vertreter der NotK	10
II. Sonstige Teilnehmer	12
D. Beschlussfassung (Abs. 3)	17
I. Einfache Mehrheit	17
II. Qualifizierte Mehrheit	18
E. Vetorecht (Abs. 4)	20
I. Gesetzeszweck	20
II. Veto	21
III. Einlegung des Vetos	23

A. Bedeutung der Norm

1 Die Vorschrift regelt das **Verfahren bei Abstimmungen** in der Vertreterversammlung: das Stimmrecht (Abs. 1), die Anwesenheit in der Vertreterversammlung (Abs. 2), die Abstimmung (Abs. 3) und das Vetorecht der beiden Notariatsformen gegen die Ausführung von Beschlüssen (Abs. 4).

B. Stimmrecht

I. Grundsatz

2 Abs. 1 S. 2 enthält als Grundsatz, dass **jede NotK eine Stimme** hat. Damit ist an § 65 Abs. 1 S. 1 angeknüpft: Im Regelfall bilden die Notare eines OLG-Bezirks eine NotK.

3 Abs. 1 S. 2 trägt der Möglichkeit des § 65 Abs. 1 S. 2 Rechnung: Umfasst eine NotK **mehrere OLG-Bezirke** oder Teile von solchen, hat die NotK entsprechend viele Stimmen wie OLG-Bezirke oder Teile davon. Bei nur teilweiser Überdeckung eines OLG-Bezirks bleibt allerdings der Teil mit der geringeren Zahl von Notaren außer Betracht.

4 Die Auswirkungen dieser Regelung sind:
– Die **Landesnotarkammer Bayern** umfasst die drei OLG-Bezirke Bamberg, München und Nürnberg und hat deshalb drei Stimmen in der Vertreterversammlung.
– Die **Rheinische NotK** umfasst die zwei OLG-Bezirke Düsseldorf und Köln und hat deshalb zwei Stimmen.
– Die **Notarkammer Baden-Württemberg** umfasst die zwei OLG-Bezirke Karlsruhe und Stuttgart und hat deshalb zwei Stimmen.
– Der OLG-Bezirk **Frankfurt** umfasst zwei NotK, nämlich Frankfurt und Kassel. Die Regelung entspricht § 65 Abs. 1 S. 2, da sie jeweils Teile von OLG-Bezirken erfasst (dazu → § 65 Rn. 19). Die gegen das Stimmrecht der NotK Kassel geäußerten Bedenken sind durch die BNotO-Novelle gegenstandslos geworden, da § 117a Abs. 1 ausdrücklich

zwei NotK für den OLG-Bezirk Frankfurt zulässt und damit zwei Stimmen iSv Abs. 1 S. 1 festlegt.[1]

Die **21 bestehenden NotK** haben danach **25 Stimmen** (zusätzliche Stimmen haben die LNotK Bayern mit zwei sowie die Rheinische NotK und die NotK Baden-Württemberg mit jeweils einer zusätzlichen Stimme). Von den 25 Stimmen entfallen zwölf auf das hauptberufliche Notariat, vier auf gemischte Kammern von hauptberuflichen Notaren und Anwaltsnotaren (Rheinische Kammer und Baden-Württemberg) sowie neun auf das Anwaltsnotariat. Die Verteilung im Einzelnen ergibt sich aus der Aufstellung in der nachfolgenden Tabelle.

	NotK	Mitglieder[2]	Stimmen einzeln	Stimmen gesamt
Nur-Notariat	LNotK Bayern:			
	OLG-Bezirke München Nürnberg Bamberg	484	1 1 1	3
	NotK Brandenburg			
	OLG-Bezirk Brandenburg	68	1	1
	Hamburgische NotK			
	OLG-Bezirk Hamburg	74	1	1
	NotK Koblenz			
	OLG-Bezirk Koblenz	100	1	1
	NotK Mecklenburg-Vorpommern			
	OLG-Bezirk Rostock	52	1	1
	NotK Pfalz			
	OLG-Bezirk Zweibrücken	53	1	1
	Saarländische NotK			
	OLG-Bezirk Saarbrücken	36	1	1
	NotK Sachsen			
	OLG-Bezirk Dresden	122	1	1
	NotK Sachsen-Anhalt			
	OLG-Bezirk Naumburg	65	1	1
	NotK Thüringen			
	OLG-Bezirk Jena	70	1	1
gesamt Nur-Notariat		1.124		**12**

---

[1] Schippel/Bracker/*Görk* BNotO § 86 Rn. 2.
[2] Stand 1.1.2019 (Quelle: www.bnotk.de/notar/statistik/index.php. Zuletzt abgerufen am 25.3.2020).

	NotK	Mitglieder[3]	Stimmen einzeln	Stimmen gesamt
Gemischte Kammern (Nur-Notare)	Rheinische NotK OLG-Bezirke Düsseldorf und Köln	303	1 1	2
	NotK Baden-Württemberg OLG-Bezirke Stuttgart und Karlsruhe	287	1 1	2
gesamt gemischte Kammern		590		4
Nur-Notariat einschließlich gemischte Kammern insgesamt		1.714		**16**
Anwaltsnotariat	NotK Berlin OLG-Bezirk Berlin (KG)	692	1	1
	NotK Braunschweig OLG-Bezirk Braunschweig	172	1	1
	Bremer NotK OLG-Bezirk Bremen	163	1	1
	NotK Celle OLG-Bezirk Celle	642	1	1
	NotK Frankfurt/M OLG-Bezirk Frankfurt a. M.	862	1	1
	NotK Westfälische OLG-Bezirk Hamm	1.413	1	1
	NotK Kassel OLG-Bezirk Frankfurt a. M.	156	1	1
	NotK Oldenburg OLG-Bezirk Oldenburg	422	1	1
	Schleswig-Holstein. NotK OLG-Bezirk Schleswig	618	1	1
gesamt Anwaltsnotariat		5.140	9	**9**

---

[3] Stand 1.1.2019 (Quelle: www.bnotk.de/notar/statistik/index.php. Zuletzt abgerufen am 25.3.2020).

	NotK	Mitglieder[4]	Stimmen einzeln	Stimmen gesamt
Gemischte Kammern	Rheinische NotK OLG-Bezirk Düsseldorf	Anwaltsnotare 145	–	–
(Anwaltsnotare)	NotK Baden-Württemberg (OLG-Bezirk Stuttgart)	Anwaltsnotare 46	–	–
gesamt gemischte Kammern		Anwaltsnotare 191	–	–
Anwaltsnotare einschl. gemischte Kammern zusammen		Anwaltsnotare 5.331	9	9
Kammern insgesamt		7.045		25

II. Verfassungsmäßigkeit

Die BNotO basiert bei der Gewährung von Stimmrechten auf der Einteilung nach OLG-Bezirken, also auf einem **territorialen Prinzip**. Sie berücksichtigt weder die Zahl der jeweiligen Notare noch die der Geschäftsvorfälle oder des Umfangs der versorgten Bevölkerung. Sie entspricht damit der Regelung in § 190 Abs. 1 BRAO.[5] 6

In seinen Entscheidungen vom 14.7.1987[6] hat das BVerfG beanstandet, dass **Satzungen** (dort Standes-Richtlinien für die Berufsausübung von Rechtsanwälten) **von demokratisch nicht ausreichend legitimierten Gremien ohne Rücksicht auf ihre Mitgliederstärke erlassen werden konnten**. Der Gesetzgeber hat deshalb für den Bereich der BRAO eine gesonderte Satzungsversammlung geschaffen, wegen deren Einzelheiten hier auf die gesetzliche Regelung verwiesen werden muss.[7] 7

Vor diesem Hintergrund ist die Kompetenz zum Erlass der Berufsrichtlinien von der BNotK auf die NotK und deren Kammerversammlungen durch die BNotO-Novelle verlagert worden (§ 67 Abs. 2 iVm § 71 Abs. 4 Nr. 2). Diese Neuregelung gewährleistet die Befolgung des vom BVerfG geforderten Demokratiegebots für den Bereich der Berufsrichtlinien. 8

Verfassungsrechtliche Bedenken gegen die geltende Regelung bestehen demnach nicht.[8] Die bei der BNotK verbliebenen Rechtsetzungsbefugnis zum Erlass und zur Änderung ihrer Satzung (§§ 89, 76 Abs. 2) ist verfassungsrechtlich beanstandungsfrei, auch wenn die auf die einzelnen NotK entfallenden Stimmen nicht unmittelbar die Zahl der in dieser NotK zugelassenen Amtsträger repräsentieren. Mitglieder der BNotK sind die NotK, nicht die Amtsträger. Stimmrecht und -gewichtung von der Zahl der in einer Kammer vertretenen OLG-Bezirke und nicht der Mitglieder der NotK abhängig zu machen, wird der hinter den Kammern stehenden wirtschaftlichen Bedeutung und Betroffenheit gerecht.[9] Der Gesetzgeber hat den ihm zustehenden (weiten) Ermessensspielraum bei der Binnenstruktur der BNotK daher sachgerecht ausgeübt. 9

---

[4] Stand 1.1.2019 (Quelle: www.bnotk.de/notar/statistik/index.php. Zuletzt abgerufen am 25.3.2020).
[5] Vgl. dazu statt aller Henssler/Prütting/*Hartung* BRAO § 190 Rn. 1–4 mwN.
[6] BVerfGE 76, 171 und 76, 196; → § 67 Rn. 4–7; allgemein zum Kammerrecht: *Tettinger*, Kammerrecht, 1997, S. 96 ff., 116 ff.
[7] Gesetz v. 2.9.1994 (BGBl. I 22, 78): §§ 191a ff.
[8] Schippel/Bracker/*Görk* BNotO § 86 Rn. 1; Diehn/*Diehn* BNotO § 86 Rn. 6; aA *Hartmann* in der 3. Auflage, Rn. 9.
[9] Vgl. Schippel/Bracker/*Görk* BNotO § 86 Rn. 1.

C. Teilnahme an der Vertreterversammlung

I. Vertreter der NotK

10 Die Vertreter der Mitglieder, also der NotK, bilden bestimmungsgemäß die Vertreterversammlung, können daher auch stets an ihr teilnehmen.

11 **Soweit eine NotK mehrere Stimmen** hat (→ Rn. 4), werden diese einheitlich abgegeben. Dies geschieht durch den Vertreter der NotK in der Vertreterversammlung (§ 84). Die miterschienenen weiteren Notare (§ 86 Abs. 2 S. 1, → Rn. 12) haben kein gesondertes Stimmrecht.[10] Das ergibt sich schon aus der Regelung des Stimmrechts für die NotK in Abs. 1, des Rechts zur Entsendung weiterer Mitglieder („können") in Abs. 2. Es entspricht aber auch der Notwendigkeit, die einheitliche Stimmabgabe der NotK sicherzustellen.

II. Sonstige Teilnehmer

12 Abs. 2 S. 1 räumt den **NotK mit mehreren Stimmen** die Befugnis ein, insgesamt so viele Notare in die Vertreterversammlung zu entsenden, wie der Zahl ihrer Stimmen entspricht. So können die Rheinische und die Baden-Württembergische NotK einen weiteren, die LNotK Bayern zwei weitere Notare entsenden. Diese haben kein gesondertes Stimmrecht (→ Rn. 11), aber das Recht zur Mitsprache. Sie können in das Präsidium gewählt werden.[11]

13 Abs. 2 S. 2 gestattet darüber hinaus die **Zulassung von Notaren zur gutachtlichen Äußerung.** Die Zulassung solcher Gutachter kann entweder durch den Präsidenten als Sitzungsleiter (§ 85 Abs. 1 S. 2) oder durch Beschluss der Vertreterversammlung selbst erfolgen. Letztere geht im Falle unterschiedlicher Entscheidung der Anordnung des Präsidenten vor, wie sich aus der allgemeinen Funktion der Vertreterversammlung als höchstem Organ der BNotK ergibt.

14 Es können aber auch **andere Personen als Notare zu Gutachtern** bestellt oder **zu der Sitzung zugelassen werden.** Dies ist entweder durch die Satzung geschehen, so für den dienstältesten Herausgeber und den Hauptschriftleiter der DNotZ (§ 16 Satzung BNotK), oder kann durch besondere Einladung des Präsidenten als Sitzungsleiter erfolgen, die wiederum einer Korrektur durch die Vertreterversammlung unterliegen kann (→ Rn. 13).

15 Es entspricht der bisherigen Praxis, dass für die im Herbst stattfindende („große") Vertreterversammlung durch den Präsidenten **Vertreter besonderer Institutionen** eingeladen werden. Zu diesen Institutionen gehören etwa das Deutsche Notarinstitut, der Notarversicherungsfonds, das Deutsche Anwaltsinstitut und die Bundesrechtsanwaltskammer.

16 Die **Mitglieder der Geschäftsführung** der BNotK sind ebenfalls üblicherweise anwesend, soweit nicht sie persönlich betreffende Fragen zur Entscheidung anstehen oder die Vertreterversammlung ausdrücklich einen davon abweichenden Beschluss fasst. Einen Rechtsanspruch auf Teilnahme haben sie allerdings nicht,[12] da der Präsident (oder die Vertreterversammlung) über die Anwesenheit anderer Personen als der Kammervertreter (Abs. 2 S. 1) souverän entscheidet.

D. Beschlussfassung (Abs. 3)

I. Einfache Mehrheit

17 Die Beschlüsse werden mit einfacher Mehrheit gefasst, soweit Gesetz oder Satzung **nichts anderes bestimmen** (Abs. 3 S. 1). Wer sich der Stimme enthält, nimmt an der

---

[10] Schippel/Bracker/*Görk* BNotO § 86 Rn. 7; Arndt/Lerch/Sandkühler/*Sandkühler* BNotO § 86 Rn. 9; *Saage* BNotO § 86 Anm. 3; BT-Drs. 3/219, 34 rechte Spalte.
[11] Schippel/Bracker/*Görk* BNotO § 86 Rn. 5; Arndt/Lerch/Sandkühler/*Sandkühler* BNotO § 86 Rn. 9.
[12] AM Schippel/Bracker/*Görk* BNotO § 86 Rn. 6 aE.

Abstimmung teil, so dass seine Stimme bei der Errechnung der Gesamtzahl der Abstimmenden mitzählt, im Ergebnis also wie „nein" wirkt.[13] Die Erklärung, an der Abstimmung nicht teilnehmen zu wollen, ist nichts weiter als ein „Nichtzustimmen" des anwesenden Vertreters, daher ebenso als „nein" zu bewerten.[14] Wer in einer Abstimmung überhaupt nicht mitreden will, muss den Versammlungsraum verlassen.

Bei **Stimmengleichheit** bestimmt das Gesetz in Abs. 3 S. 2, dass die Stimme des Vorsitzenden den Ausschlag gibt. Lediglich bei Wahlen entscheidet dann das Los (→ § 81 Rn. 2 f.).

II. Qualifizierte Mehrheit

Das Gesetz sieht keine qualifizierte Mehrheit vor, wohl aber die **Satzung**. Danach bedürfen der Erlass und die Änderung der Satzung sowie die Abberufung von Geschäftsführern einer Mehrheit von drei Vierteln der abgegebenen Stimmen (§ 13 Satzung BNotK). 18

Nach dem Wortlaut von § 13 Satzung BNotK gilt das Gleiche für die Aufstellung und Änderung der allgemeinen Empfehlungen des § 67 Abs. 2 für die **Richtlinien für die Berufsausübung.** 19

E. Vetorecht (Abs. 4)

I. Gesetzeszweck

Abs. 4 gibt den beiden Berufsgruppen des § 3, den **Nur-Notaren und den Anwaltsnotaren,** die Befugnis, die Ausführung von Beschlüssen der Vertreterversammlung zu verhindern. Damit soll vermieden werden, dass eine der beiden Gruppen durch ein zahlenmäßiges Übergewicht die andere Gruppe in wichtigen Fragen überstimmt.[15] 20

II. Veto

Die Ausführung der Beschlüsse obliegt dem Präsidium (§ 7 Abs. 1 S. 2 Satzung BNotK). Diese **Ausführung muss dann unterbleiben,** wenn ihr eine qualifizierte Mehrheit einer der beiden Berufsgruppen widerspricht (§ 86 Abs. 4). 21

Diese Mehrheit beträgt **drei Viertel der Vertreter der jeweiligen Notariatsverfassung.** Das bedeutet nach der Tabelle (→ Rn. 5), dass von den 16 Stimmen der Nur-Notare mindestens zwölf, von den neun Stimmen der Anwaltsnotare mindestens sieben den Widerspruch erklären müssen.[16] 22

III. Einlegung des Vetos

Der Widerspruch kann **in der Vertreterversammlung selbst erklärt** werden und ist dann in das Protokoll aufzunehmen. Er kann **auch nachträglich erfolgen,** sollte dann aber aus Dokumentationsgründen schriftlich dem Präsidium der BNotK eingereicht werden. Die Satzung bestimmt für den nachträglichen Widerspruch eine **Frist von einem Monat** nach Absendung des Protokolls, das den betreffenden Beschluss wiedergibt (§ 13 Abs. 3 Satzung BNotK). 23

Da das Präsidium die Beschlüsse der Vertreterversammlung unverzüglich ausführen soll, empfiehlt es sich, den **Widerspruch möglichst bald** nach der Beschlussfassung zu erheben. Dabei können auch solche NotK dem Widerspruch beitreten, die in der 24

---

[13] Schippel/Bracker/*Görk* BNotO § 86 Rn. 8; Arndt/Lerch/Sandkühler/*Sandkühler* BNotO § 86 Rn. 14.
[14] AM Schippel/Bracker/*Görk* BNotO § 86 Rn. 8.
[15] BT-Drs. 3/219, 34 rechte Spalte sub § 62.
[16] Übereinstimmend Arndt/Lerch/Sandkühler/*Sandkühler* BNotO § 86 Rn. 18.

Vertreterversammlung dem angegriffenen Beschluss zugestimmt hatten.[17] Unerheblich ist, ob die NotK an der betreffenden Vertreterversammlung überhaupt teilgenommen hatte.[18]

§ 87 [Bericht des Präsidiums]

Das Präsidium hat der Vertreterversammlung über alle wichtigen Angelegenheiten zu berichten.

A. Bedeutung der Norm

1 § 87 soll sicherstellen, dass die Vertreterversammlung über alle wichtigen Vorgänge unterrichtet wird und die Tätigkeit des Präsidiums überwachen kann.[1] Die Norm wird ergänzt durch die speziellen Auskunftspflichten nach § 82 Abs. 3 und § 83 Abs. 2 S. 2.

B. Berichtspflicht

I. Adressat

2 Die Berichtspflicht obliegt dem **Präsidium als Gesamtorgan,** also nicht allein dem Präsidenten.

II. Umfang

3 Unter **„wichtige Angelegenheiten"** fallen solche von grundsätzlicher Bedeutung,[2] weiterhin sind solche Vorgänge darunter zu verstehen, die für Entscheidungen der Vertreterversammlung von Gewicht sind.[3] Im Ergebnis hat das Präsidium anhand dieser Kriterien nach pflichtgemäßem Ermessen zu entscheiden, welche Berichte es erstattet. Es wird sich dabei um eine Entscheidung von Fall zu Fall handeln müssen;[4] generalisierende oder pauschalisierende Richtlinien für die Annahme von Berichtspflichten dürften demgegenüber nicht zielführend sein.

4 Die Vertreterversammlung hat das Recht, ihrerseits das Präsidium **zum Bericht über bestimmte Vorgänge aufzufordern.** Das ergibt sich aus der Rangstellung der Vertreterversammlung als oberstem Organ der BNotK (→ § 79 Rn. 3).

III. Art der Berichterstattung

5 Die Art und Weise des Berichts erfolgt ebenfalls nach **Ermessen des Präsidiums.** Eine Pflicht zur schriftlichen Berichterstattung stellt § 87 nicht auf. Sie kann aber insbesondere bei komplexeren Sachverhalten angezeigt sein,[5] damit den NotK erforderlichenfalls weitere Überlegungen ermöglicht werden.

---

[17] Unstreitig: Schippel/Bracker/*Görk* BNotO § 86 Rn. 12; Arndt/Lerch/Sandkühler/*Sandkühler* BNotO § 86 Rn. 19; Diehn/*Diehn* BNotO § 86 Rn. 19.
[18] *Saage* BNotO § 86 Anm. 7.
[1] *Saage* BNotO § 87 Anm. 1; Schippel/Bracker/*Görk* BNotO § 87 Rn. 1.
[2] Arndt/Lerch/Sandkühler/*Sandkühler* BNotO § 87 Rn. 3.
[3] Schippel/Bracker/*Görk* BNotO § 87 Rn. 2.
[4] Schippel/Bracker/*Görk* BNotO § 87 Rn. 2.
[5] Arndt/Lerch/Sandkühler/*Sandkühler* BNotO § 87 Rn. 4.

§ 88 [Status der Mitglieder]

Die Mitglieder des Präsidiums und der Vertreterversammlung sind ehrenamtlich tätig.

A. Bedeutung der Norm

Die bei der Regelung für die NotK fehlende Vorschrift über die ehrenamtliche Tätigkeit der Vorstandsmitglieder findet sich für die Mitglieder von **Präsidium und Vertreterversammlung** der BNotK in § 88. Sie wird durch § 24 Satzung BNotK ergänzt, wonach die Mitglieder des Präsidiums und der Ausschüsse eine Aufwandsentschädigung und Ersatz ihrer Auslagen erhalten. 1

B. Ehrenamtliche Tätigkeit

I. Grundsatz

Der Grundsatz ehrenamtlicher Tätigkeit war schon in § 60 S. 1 RNotO enthalten. Er beruht auf dem Gedanken, dass die Mitarbeit in den Gremien des Berufsstands eine **Berufs-(Standes-)pflicht** des Notars ist (§ 14 RLNot aF). 2

Auch nach der Neufassung der Berufsordnung durch die einzelnen NotK gem. § 67 Abs. 2 ist – unabhängig von einer ausdrücklichen Erwähnung – eine solche Pflicht vorhanden. Das ergibt sich schon aus der Regelung zahlreicher NotK-Satzungen, wonach die Wahl in den Vorstand oder in Vorstandsämter nur bei Vorliegen bestimmter Gründe abgelehnt werden kann[1] (→ § 69 Rn. 29 f.). 3

II. Inhalt

Die Ehrenamtlichkeit bedeutet, dass dem entsprechenden Amtsinhaber **keine,** seiner Arbeitsleistung **entsprechende Vergütung** (Gehalt) gezahlt werden darf.[2] 4

Die BNotK (und ebenso die NotK) hat aber die **anfallenden Auslagen** wie Reise- und Übernachtungskosten, Telefonauslagen uÄ zu ersetzen. Dies ergibt sich schon aus der Anwendung des Auftragsrechts (→ § 68 Rn. 12). Darüber hinaus regelt die Satzung solchen Ersatz (§ 24 Satzung BNotK), der auch in Form von Pauschalbeträgen erfolgen kann, zB Tagesgelder. 5

Daneben entstehen durch die Tätigkeit in den Organen der BNotK ebenso wie der NotK, weiterhin durch die **Teilnahme an Sitzungen** und Kongressen Aufwendungen wie zB Kosten für einen Vertreter in der Berufsausübung, für Schreib- und Hilfskräfte.[3] Auch sie können nach § 24 Satzung BNotK ersetzt werden. Dabei wird zu beachten sein, dass einerseits die Entschädigung nicht der Sache nach zu einer Vergütung für die ehrenamtliche Tätigkeit wird, andererseits aber in angemessenem Verhältnis zu den Aufwendungen steht.[4] Der Amtsträger soll keinen Verdienst, aber auch keinen Schaden durch die Ausübung des Ehrenamtes haben. 6

III. Berechtigte

Mitglieder der Vertreterversammlung sind zwar in § 88 erwähnt, zählen aber nach § 24 Satzung BNotK nicht zu den Personen, denen Aufwand und Auslagen erstattet 7

---

[1] ZB Satzung LNotK Bayern § 6; Satzung NotK Frankfurt am Main § 7 Abs. 7; Satzung NotK Hamburg § 5; Satzung Westfälische NotK Nr. (4); Satzung Rhein. NotK § 8.
[2] Schippel/Bracker/*Görk* BNotO § 88 Rn. 1; *Saage* BNotO § 88 Anm. 1.
[3] Schippel/Bracker/*Görk* BNotO § 88 Rn. 4.
[4] Arndt/Lerch/Sandkühler/*Sandkühler* BNotO § 88 Rn. 6.

werden. Dies hat seinen sachlichen Grund darin, dass sie Vertreter ihrer NotK in dem Gremium der BNotK sind, ihre Auslagen daher von ihren jeweiligen Kammern zu erstatten sind.

8 § 24 Satzung BNotK gesteht daher nur den **Mitgliedern des Präsidiums** und der **Ausschüsse** den Aufwendungsersatz zu. Er wird im Einzelfall nach Abrechnung seitens der Berechtigten durch die BNotK geleistet. Pauschalabgeltungen bedürfen nach § 24 S. 2 Satzung BNotK der Festsetzung durch die Vertreterversammlung.

9 Mitarbeiter der **Geschäftsführung** und der **Geschäftsstelle** fallen nicht unter die Bestimmung des § 88, auch nicht, soweit sie Notare oder Notarassessoren sind. Sie sind aufgrund von Anstellungsverträgen oder Abordnungen im Rahmen ihrer Ausbildung tätig, also nicht ehrenamtlich. Sie erhalten deshalb die jeweils vereinbarten oder festgesetzten Bezüge.[5]

§ 89 [Regelung durch Satzung]

Die näheren Bestimmungen über die Organe der Bundesnotarkammer und ihre Befugnisse trifft die Satzung.

A. Bedeutung der Norm

1 In verschiedenen Bestimmungen wird auf die Satzung der BNotK Bezug genommen (§§ 76 Abs. 2, 77 Abs. 2 S. 2 und Abs. 3, 85 Abs. 2 S. 1, 86 Abs. 3 S. 1, 90), in § 89 wird darüber hinaus als **materieller Inhalt** der Satzung die nähere Bestimmung über die Organe der BNotK und deren Befugnisse definiert. Die Satzung ist daher gewissermaßen das innere Grundgesetz der BNotK. Sie ist der Satzung der NotK (§ 72) rechtsverwandt.

B. Erlass und Inhalt der Satzung

I. Erlass

2 Der Erlass der Satzung ist in § 77 Abs. 3 derart geregelt, dass die **Vertreterversammlung die Satzung** und ihre Änderungen **beschließen muss.** Für Änderungen ist in der Satzung selbst eine Mehrheit von drei Vierteln der abgegebenen Stimmen als Quorum bestimmt (§ 13 Abs. 1 Nr. 2 Satzung BNotK).

3 Die Satzung bedarf der **Genehmigung** des Bundesministers der Justiz (§ 77 Abs. 3). Sie muss **ausgefertigt** werden (→ § 72 Rn. 11) und ist in der DNotZ als Verkündungsblatt der BNotK zu **veröffentlichen** (§ 16 Abs. 1 sowie § 25 Satzung BNotK).

II. Inhalt

4 Die Satzung ist **Rechtsnorm** (→ § 66 Rn. 6 ff.). Ihr Inhalt ergibt sich zunächst aus der gesetzlichen Aufgabe des § 89, also aus der Notwendigkeit, die **Einzelheiten der Tätigkeit** in den Organen (§ 79) zu regeln und ihre Befugnisse gegeneinander abzugrenzen. Darüber hinaus sind durch die in → Rn. 1 aufgeführten Bestimmungen der BNotO die Rechtsgrundlagen für entsprechende Satzungsbestimmungen geschaffen.

III. Historische Entwicklung

5 Die **erste Satzung** der BNotK ist am 16.10.1961 beschlossen, durch Schreiben des Bundesministers der Justiz vom 30.11.1961 genehmigt und in der DNotZ veröffentlicht worden.[1] Nach dem Beitritt der NotK in den neuen Bundesländern wurde durch Beschluss

---

[5] Schippel/Bracker/*Görk* BNotO § 88 Rn. 5.
[1] DNotZ 1962, 3 ff.

vom 4.10.1991 der damalige § 20 (Beiträge) geändert.² Weiter wurde durch Beschluss vom 6.11.1992 ein neuer Abschnitt II über das Deutsche Notarinstitut eingefügt.³ Kleinere Veränderungen (§ 15 S. 2 – Notare a. D. in den Ausschüssen – sowie Abschnitt VII mit § 25 – Verkündung, Inkrafttreten –) sind in der Vertreterversammlung vom 14.10.1994 beschlossen worden.⁴ Der Sitz der BNotK ist durch Beschluss vom 25.4.2002 nach Berlin verlegt worden. Weitere Änderungen sind am 25.10.2002 erfolgt. Der Wortlaut der Satzung ist am 6.6.2003 neu veröffentlicht worden.⁵ Die Änderung der Kammerverhältnisse in Baden-Württemberg führte zu einer Änderung des § 23 (Beiträge).⁶ Die letzte Änderung (§ 23 – Beiträge) erfolgte durch Satzung vom 7.4.2017.⁷

Die Satzung und ihre Änderungen haben jeweils die erforderlichen Genehmigungen **6** erhalten.

C. Verweisung

Ergänzend kann auf die Ausführungen zur **Satzung der NotK** bei § 72 verwiesen **7** werden. Sie sind sinngemäß auch für die Satzung der BNotK anwendbar.

§ 90 [Auskunftsrecht]

Die Bundesnotarkammer ist befugt, zur Erfüllung der ihr durch Gesetz oder Satzung zugewiesenen Aufgaben von den Notarkammern Berichte und Gutachten einzufordern.

A. Bedeutung der Norm

§ 90 gibt der BNotK die Befugnis, von den NotK Berichte und Gutachten einzufordern. **1** Die gesetzliche Regelung dieser Befugnis ist nur deshalb erforderlich, weil zwischen den NotK und der BNotK kein Verhältnis der Über- bzw. Unterordnung besteht¹ (→ § 76 Rn. 7).

B. Berichte und Gutachten

I. Gegenstand

Unter der Formulierung des Gesetzes sind **alle schriftlichen oder mündlichen Stel-** **2** **lungnahmen** zu verstehen. Dabei kann es sich sowohl um Meinungsäußerungen zu bestimmten Fragen als auch um die Anfertigung von Unterlagen handeln.

Die Befugnis der BNotK kann sowohl auf dem **Gesetz** (§ 78) als auch auf der **Satzung** **3** (§ 90) beruhen.² In Anbetracht der durch die Novelle 1998 eingeführten Generalklausel geben im Ergebnis alle mit dem Zweck der Errichtung der BNotK verbundenen Aufgaben das Anforderungsrecht. Ein solches Recht besteht auch hinsichtlich der zusätzlich übertragenen gesetzlichen Aufgaben.

Die NotK ist schon nach dem Grundsatz des **bundesfreundlichen Verhaltens** zur **4** Abgabe ihrer Stellungnahme verpflichtet. § 90 enthält insoweit nur eine Konkretisierung.

---

² DNotZ 1992, 129.
³ DNotZ 1993, 81.
⁴ DNotZ 1997, 673.
⁵ DNotZ 2003, 385 ff.
⁶ DNotZ 2006, 1.
⁷ DNotZ 2017, 881.
¹ Schippel/Bracker/*Görk* BNotO § 90 Rn. 1; Arndt/Lerch/Sandkühler/*Sandkühler* BNotO § 90 Rn. 2.
² Zu der Unterscheidung insoweit vgl. *Saage* BNotO § 90 Anm. 2.

II. Anforderung

5 Die Anforderung **erfolgt regelmäßig schriftlich,** damit die NotK in der Lage ist, eine sachgerechte Antwort zu erarbeiten. Bei Eilbedürftigkeit bestehen gegen telefonische, teleschriftliche oder elektronische Anfragen und Stellungnahmen keine Bedenken. Wird die Äußerung in der Vertreterversammlung gefordert, werden die NotK in der Regel berechtigt sein, eine angemessene Frist zur Antwort zu erbitten.

6 Kommt die NotK ihrer Verpflichtung nicht nach, so kann die BNotK die Staatsaufsicht anrufen (§ 66 Abs. 2 S. 2),[3] wohl auch eine Verpflichtungsklage im Wege des § 111 erheben.[4] Beide Maßnahmen stellen aber einen schweren Konflikt zwischen der BNotK und der NotK dar, sollten daher nur nach Erschöpfung aller anderen Möglichkeiten und nur im äußersten Notfall angewandt werden.

§ 91 [Erhebung von Beiträgen]

(1) **Die Bundesnotarkammer erhebt von den Notarkammern Beiträge, die zur Deckung des persönlichen und sachlichen Bedarfs bestimmt sind.**

(2) **Die Höhe der Beiträge wird von der Vertreterversammlung festgesetzt.**

A. Bedeutung der Norm

1 § 91 regelt die **Finanzierung der Kosten,** die der BNotK bei der Erfüllung ihrer Aufgaben erwachsen. Er ist der für die NotK erlassenen Bestimmung des § 73 rechtsverwandt.

B. Beiträge

I. Kostendeckung

2 Das Gesetz spricht von der Deckung des persönlichen und sachlichen Bedarfs der BNotK durch die Beiträge (Abs. 1). Dabei ist von dem **Personal- und Sachaufwand** auszugehen, der erforderlich oder zweckmäßig ist, um die Aufgaben der BNotK zu erledigen.[1] Hierunter sind sowohl die ihr ausdrücklich zugewiesenen Aufgaben (§ 78 Abs. 1) als auch die von ihr im Rahmen der Generalklausel (§ 78 Abs. 2) zusätzlich übernommenen Aufgaben zu verstehen.

3 Andere Zwecke dürfen grundsätzlich nicht finanziert werden. Es sind also **Spenden** für soziale, gemeinnützige oder gar politische Institutionen nicht statthaft. Solche könnten von der Staatsaufsicht beanstandet werden (§ 77 Abs. 2).[2] Soweit gesetzliche Aufgaben wie etwa die Führung des Zentralen Vorsorge- und Testamentsregisters erfüllt werden, sind diese nicht durch Beiträge, sondern durch Gebühren zu decken (§ 78b). Das Gleiche gilt für die Einrichtung des Prüfungsamtes gem. §§ 7a ff.

II. Beitragspflicht

4 Die BNotK steht in keinen unmittelbaren Rechtsbeziehungen zu den einzelnen Notaren. **Beitragspflichtig** können daher nur ihre Mitglieder, also die NotK, sein (Abs. 1).

---

[3] Arndt/Lerch/Sandkühler/*Sandkühler* BNotO § 90 Rn. 4; Schippel/Bracker/*Görk* BNotO § 90 Rn. 2.
[4] So Schippel/Bracker/*Görk* BNotO § 90 Rn. 2.
[1] Arndt/Lerch/Sandkühler/*Sandkühler* BNotO § 91 Rn. 4.
  Arndt/Lerch/Sandkühler/*Sandkühler* BNotO § 91 Rn. 5.

C. Festsetzung des Beitrags

I. Höhe und Verteilung

§ 21 Abs. 1 Satzung BNotK bestimmt, dass der Vertreterversammlung jährlich durch das Präsidium **Haushaltsplan und Jahresrechnung** vorgelegt werden müssen. Die Vertreterversammlung stellt den Haushaltsplan durch Beschluss fest. 5

In dem Haushaltsplan ist die wesentliche Position auf Seiten der Einkünfte der von den NotK zu erbringende Beitrag. Durch Feststellung des Haushaltsplans wird zugleich der Beschluss gem. Abs. 2 über die **Höhe der Beiträge** sämtlicher Kammern gefasst. 6

Die NotK des hauptberuflichen Notariats und des Anwaltnotariats unterliegen der Beitragspflicht im Verhältnis der Bevölkerungszahl in ihrem Gebiet (§ 23 Abs. 1 S. 2 Satzung BNotK). Der Verteilungsschlüssel läuft im Ergebnis auf eine prozentuale Verteilung zwischen den NotK hinaus, die nur bei wesentlichen Änderungen der Bevölkerungszahlen der Anpassung unterliegt und hierfür in Abständen von drei Jahren überprüft wird (§ 23 Abs. 2 Satzung BNotK). 7

Die Beschlüsse der Vertreterversammlung werden förmlich in der Versammlung gefasst und protokolliert. Sie dienen aber der Festsetzung des Haushalts und ggf. der Bestimmung oder Änderung des Verteilungsschlüssels, sind also rechnerische Maßnahmen. Ebenso wie der staatliche Haushalt setzen sie **kein materielles Recht**,[3] unterliegen also nicht besonderen Vorschriften über die Veröffentlichung oder gar Genehmigung der Satzung (→ § 73 Rn. 5). 8

II. Anforderung

Die BNotK fordert von den NotK die durch die Vertreterversammlung festgesetzten und verteilten Beiträge an. Da die NotK kraft Gesetzes Mitglieder der BNotK sind (§ 76 Abs. 1), gehört die Mitgliedschaft zu ihren Aufgaben, daher auch die Zahlung der Beiträge. Die **NotK darf und muss** deshalb die von ihr zu zahlenden Beiträge als **Teil ihres Aufwands** in die Beitragszahlungen ihrer Kammermitglieder einstellen. 9

Da es sich bei den Ländernotarkammern ebenfalls um öffentlich-rechtliche Körperschaften handelt, kann von der **Erfüllung ihrer Beitragspflichten** ausgegangen werden. Nur theoretisch ist denkbar, dass im Fall einer Nichterfüllung entweder die Staatsaufsicht des § 66 Abs. 2 eingreifen oder eine Verpflichtungsklage analog § 111 erhoben wird.[4] 10

D. Haushalt und Vermögen

I. Haushaltsführung

Dem **Präsidium** obliegt nicht nur die Erstellung, sondern auch die Führung des Haushalts als Teil seiner Aufgabe, die laufenden Geschäfte der BNotK wahrzunehmen (arg. § 21 Abs. 2 Satzung BNotK). Die Jahresrechnung ist von **Kassenprüfern** zu prüfen, über deren Bestellung ebenso wie über die Entlastung des Präsidiums die Vertreterversammlung beschließt (§ 22 Satzung BNotK). 11

II. Vermögensverwaltung

Auch die Verwaltung des Vermögens und seiner Erträge erfolgt durch das Präsidium (arg. § 21 Abs. 2 Satzung BNotK). Die Satzung setzt also das Vorhandensein eines Vermögens 12

---

[3] Maunz/Dürig/*Maunz* GG Art. 110 Rn. 10; differenzierend, aber im Ergebnis nicht abweichend Jarass/Pieroth/*Jarass*, 6. Aufl., GG Art. 110 Rn. 14, vgl. mit GG Art. 114 Rn. 6.
[4] *Saage* BNotO § 91 Anm. 4.

der BNotK voraus. Es entspricht, ebenso wie bei der NotK, den Erfordernissen ordnungsmäßiger Erfüllung der Kammeraufgaben, ein Vermögen als Reserve zur Bestreitung von nicht vorhergesehenen Einnahmeausfällen oder solchen Ausgaben zu bilden (→ § 73 Rn. 8).[5]

III. Kontrolle

Bei bundesunmittelbaren Körperschaften des öffentlichen Rechts unterliegen die Aufstellung des Haushaltsplans und die Festsetzung der Beiträge zwar allgemein der Genehmigung durch die zuständigen Bundesminister, hier also den Bundesminister der Justiz sowie den Bundesminister der Finanzen; ebenso wird die Wirtschaftsführung grundsätzlich durch den Bundesrechnungshof kontrolliert. Die BNotK ist aber **von beiden Aufsichtsmaßnahmen freigestellt** (§§ 105 Abs. 2, 111 Abs. 2 BHO).[6] Die Kontrolle erfolgt durch die Kassenprüfung einerseits, die Beschlussfassung der Vertreterversammlung über die Entlastung des Präsidiums andererseits (→ Rn. 11).

---

[5] Vgl. auch Diehn/*Diehn* BNotO § 91 Rn. 4.
[6] So Schippel/Bracker/*Görk* BNotO § 91 Rn. 6.

Dritter Teil. Aufsicht. Disziplinarverfahren

1. Abschnitt. Aufsicht

§ 92 [Aufsichtsbehörden]

Das Recht der Aufsicht steht zu
1. dem Präsidenten des Landgerichts über die Notare und Notarassessoren des Landgerichtsbezirks;
2. dem Präsidenten des Oberlandesgerichts über die Notare und Notarassessoren des Oberlandesgerichtsbezirks;
3. der Landesjustizverwaltung über sämtliche Notare und Notarassessoren des Landes.

A. Normzweck

Hoheitliche Funktionsträger[1] unterliegen im demokratisch legitimierten Rechtsstaat der innerstaatlichen Dienstaufsicht.[2] Da der Notar als unabhängiger Träger eines öffentlichen Amtes originäre staatliche Aufgaben wahrnimmt,[3] hat der Staat über die sachgerechte Erfüllung der Aufgaben vorsorgender Rechtspflege im Wege der Dienstaufsicht zu wachen.[4] Die Vorschrift regelt, welche Behörden zur Dienstaufsicht der Notare zuständig sind und welche örtlichen Zuständigkeitsbereiche ihnen zugewiesen sind. Die Aufsichtsbehörden sind nicht Dienstvorgesetzte des Notars, sondern üben eine besondere Form der Staatsaufsicht aus.[5] Die Einrichtung einer Staatsaufsicht über die Tätigkeiten des Notars ist deswegen geboten, weil die im notariellen Verfahren getroffenen Entscheidungen des unabhängigen Amtsträgers Notar mit Ausnahme des § 17 keiner sofortigen Rechtsmittelkontrolle unterliegen. Die Dienstaufsicht kann – als Reflex – auch dazu beitragen, Wettbewerbsnachteile für korrekt handelnde Notare, die sich an ihre Amtspflichten halten, zu vermeiden.[6] Auch Richter sind einer Dienstaufsicht unterworfen (vgl. § 26 DRiG), obwohl deren Entscheidungen durch den übergeordneten Rechtszug kontrolliert werden. Ein Großteil der notariellen Urkunden unterliegt verfahrensrechtlich der faktischen Vollzugskontrolle[7] der Gerichte bei Eintragungen im Grundbuch und Registern, wobei die rechtliche Amtspflicht, den Vollzug zu kontrollieren, beim Notar verbleiben soll[8] und darüber hinaus einer gerichtlichen Inhaltskontrolle in Form der Wirksamkeits- oder Bestands- (§§ 134, 138 BGB) und einer Rechtsausübungs- oder Billigkeitskontrolle (§§ 242, 313

---

[1] BVerfG DNotZ 2012, 945 Rn. 40 ff. zum Notar als in der deutschen Rechtsordnung mit hoheitlichen Aufgaben betrautem Amtsträger.

[2] Arndt/Lerch/Sandkühler/*Lerch* BNotO § 92 Rn. 2: „Dienstaufsicht ist Grundlage der gesamten öffentlichen Verwaltung".

[3] BVerfGE 17, 381 (386); 47, 285 (320); BVerfG DNotZ 2009, 702 (704 f.); *Baumann* MittRhNotK 1996, 1 (3 ff.).

[4] Diehn/*Zimmer* BNotO § 92 Rn. 1; zur staatlichen Bestellungs- und Kontrollverantwortung *Preuß*, Der Notar als Außenstelle der Justiz, DNotZ 2008, 258 (273 ff.).

[5] *Schippel* DNotZ 1965, 596; BFH NJW 2015, 2447 (2448).

[6] *Fabian* ZNotP 2003, 14.

[7] Diese faktische Vollzugskontrolle unterscheidet sich von der Dienstaufsichtskontrolle und erlaubt wegen der funktionellen Zuständigkeiten und der Unabhängigkeit des Notars keine Dienstaufsichtsmaßnahmen; *Zimmer* NJW 2014, 337; *ders.* ErbR 2014, 105; *ders.* ZEV 2014, 526; *ders.* NJW 2015, 1.

[8] So zB im Erbscheinsverfahren BGH DNotZ 1988, 372. Die vom BGH statuierte haftungsrechtliche Verantwortlichkeit des Notars dafür, dass er richterliche Entscheidungen nicht hinreichend kontrolliert hat, verschiebt staatsorganisatorisch die hierarchische Gewichtung. Die übergeordneten Gerichtsinstanzen haben die Notare als untere Organe der Freiwilligen Gerichtsbarkeit zu kontrollieren.

BGB). Die Dienstaufsicht über die Notare dient der Sicherung der staatlichen Justizgewährungspflicht, indem sie ein ordnungsgemäßes Funktionieren und einen sachgerechten Ablauf der von den unabhängigen und unparteilichen notariellen Amtsträgern durchgeführten vorsorgenden Rechtspflegeverfahren gewährleistet.[9]

B. Grundlagen

2 Die von den Präsidenten der Landgerichte bzw. Oberlandesgerichte wahrgenommene Dienstaufsicht[10] ist nicht der Rechtsprechung sondern der Justizverwaltung zuzurechnen,[11] weil die Notare mit ihren Funktionen der Freiwilligen Gerichtsbarkeit als Außenstelle der Justiz amtieren.[12] Aus der Trennung zwischen judikativen und exekutiven Funktionen folgt, dass ein Mitglied eines für Kostenbeschwerden nach §§ 127 ff. GNotKG zuständigen Spruchkörpers kostenrechtliche Dienstaufsichtsmaßnahmen nicht vornehmen darf,[13] weil er bei diesen – entgegen seiner richterlichen Unabhängigkeit – weisungsgebunden handelt.[14] Die Aufsichtsbehörden sind an die Verschwiegenheitspflichten gebunden, was bei Richtern durch die Richtergesetze und bei Kostenrevisoren durch die einschlägigen Beamtengesetze gesichert wird. Der Dienstaufsicht sind alle hauptberuflichen und nebenberuflichen Notare im selben Umfang unterworfen (→ Rn. 8). Nicht unter die notarielle Dienstaufsicht des Staates und damit nicht in den Anwendungsbereich des § 92 fallen die staatlichen Prüfungen der Notare durch Sozialversicherungsträger, Berufsgenossenschaften oder Finanzbehörden.[15]

3 Die Dienstaufsicht hat sowohl repressive – durch Fehlerbeseitigung – als auch präventive Funktionen, indem sie dazu beitragen soll, zukünftige Fehler der Notare zu vermeiden.[16] Unterschieden werden innere und äußere Aufsichtsmaßnahmen der Dienstaufsicht.[17] Innere Aufsichtsmaßnahmen erfolgen in Ausübung von präventiven **Beobachtungsfunktionen,** äußere Aufsichtsmaßnahmen zur Erfüllung von repressiven **Eingriffs- oder Berichtigungsfunktionen.**[18] Zu den inneren oder beobachtenden Maßnahmen gehören die präventiven Aufsichtsmaßnahmen im engeren Sinn, insbesondere Kontrollmaßnahmen wie die Überwachung der Notare, regelmäßige Geschäftsprüfungen,[19] Rückfragen, Berichtsaufforderungen, Berichterstattungen, Hilfeleistungen, Schutz vor Angriffen und Mitwirkung an Personalmaßnahmen (Ernennung, Versetzung, Beurteilung, Amtsausübung usw). Führt das Ergebnis der inneren Aufsicht zu Beobachtungen, die Mängel ergeben, wird die Dienstaufsicht mit Eingriffs- oder Berichtigungsmaßnahmen (Beanstandungen, Weisungen) tätig,[20] die dazu dienen, Fehler und Fehlerquellen zu beseitigen (repressive Maßnahmen). Die schärfsten Mittel der Dienstaufsicht sind Disziplinarmaßnahmen.[21]

4 Die Dienstaufsicht steht im Spannungsverhältnis zur Unabhängigkeit des Notars,[22] die der Unabhängigkeit des Richters entspricht.[23] Die Aufsichtsbefugnisse der Justizbehörden

---

[9] BVerfG DNotZ 2012, 945 Rn. 43 ff.; Arndt/Lerch/Sandkühler/*Lerch* BNotO § 92 Rn. 3.
[10] BVerfG NJW 2012, 2639 Rn. 3; OLG Schleswig BeckRS 2017, 152141 Rn. 7.
[11] Arndt/Lerch/Sandkühler/*Lerch* BNotO § 92 Rn. 7.
[12] BVerfG DNotZ 2012, 945 Rn. 44, 49; *Preuß* DNotZ 2008, 258.
[13] Schippel/Bracker/*Herrmann* BNotO § 92 Rn. 2 mwN.
[14] Vgl. aber zur Mitwirkung von Richtern bei Dienstprüfungen BGH DNotZ 2004, 235; 2014, 475.
[15] Dazu ausführlich Schippel/Bracker/*Herrmann* BNotO § 92 Rn. 8 f.
[16] BGH DNotZ 1993, 465 (467).
[17] *Bilda* FS Rhein. Notariat 1998, 391 f.
[18] *Arndt* DRiZ 1974, 248; zB Berichtigung von Kostenrechnungen, LG Leipzig NotBZ 2016, 117 mAnm *Klakow.*
[19] Zum Gegenstand und Umfang der Geschäftsprüfungen: *Blaeschke,* Praxishandbuch Notarprüfung, 2. Aufl. 2010.
[20] BVerfG DNotZ 2012, 945.
[21] *Fabian* ZNotP 2003, 14; zur aktuellen Rspr. des BVerfG *Gaier* ZNotP 2015, 282.
[22] *Nieder* DNotZ 1965, 595 ff.; *Nieder* BWNotZ 1986, 104; *Richter* BWNotZ 1986, 115; *Dickert* Mitt-BayNot 1995, 421; *Bilda* FS Rhein. Notariat 1998, 387 ff.
[23] BVerfG DNotZ 2012, 945 Rn. 49 „Notare nehmen im Bereich vorsorgender Rechtspflege Staatsaufgaben wahr, die nichterlichen Funktionen nahekommen"; *Römer,* Notariatsverfassung und Grundgesetz,

sind in den §§ 92–94 nicht erschöpfend geregelt.[24] Dies dürfte wegen des Vorbehalts des Gesetzes bei Eingriffen in Grundrechte der Notare, insbesondere Art. 12 GG, verfassungsrechtlich bedenklich sein,[25] obwohl eine strenge – gesetzlich zu regelnde – Dienstaufsicht über die nicht in die unmittelbare staatliche Organisation eingebundenen Notare zwingend erforderlich ist. Deshalb kann der Justizverwaltung als Aufsichtsbehörde – insbesondere zur ordnungsgemäßen Durchführung von in der Durchführung gesetzlich gebundenen Verwahrungsgeschäften – ein Weisungsrecht gegenüber Notaren zustehen.[26] Einzelheiten der Dienstaufsicht sind in den §§ 32, 33 DONot geregelt.[27]

Die Regelungen der staatlichen Dienstaufsicht unterstreichen – ähnlich wie die Regelungen der Amtshaftung –, dass der Notarberuf sich mit seinen staatlichen Funktionen grundlegend von anderen Rechtsberatungsberufen, insbesondere dem des Rechtsanwalts unterscheidet. Die Dienstaufsichts- und Disziplinarregeln verdeutlichen auch, dass der „Anwaltsnotar" **zwei** Berufe ausübt, den des Rechtsanwalts im Hauptberuf und den des Notars im Nebenberuf (§ 3 Abs. 2). Die Dienstaufsicht nach § 92 betrifft ausschließlich die notariellen Amtspflichten. Um eine zuverlässige Überprüfung dieser notariellen Amtspflichten zu gewährleisten, müssen die staatlichen Aufsichtsbehörden auch Zugang zu allen anderen (insbesondere anwaltlichen, patentanwaltlichen, steuerberatenden, wirtschaftsprüfenden) Tätigkeitsbereichen des Anwaltsnotars und auch seiner Sozien haben, weil nur dann eine umfassende Dienstaufsicht gewährleistet ist. Dieser uneingeschränkte Zugang muss von allen Mitgliedern einer Berufsverbindung des Amtsträgers Notar gewährleistet sein. Die Ausdehnung der Berufsfelder in §§ 8, 9 erfordert im Geltungsbereich des Anwaltsnotariats besonders qualifizierte Notarprüfer, die auch in den anderen Tätigkeitsbereichen des Anwaltsnotars überschauen können, ob Kollisionen mit den notariellen Amtspflichten auftreten. 5

C. Aufsichtsbehörden

I. Justizverwaltung

Aufsichtsbehörden sind die Präsidenten des Landgerichts (Nr. 1) und des Oberlandesgerichts (Nr. 2) sowie als oberste Aufsichtsorgane die Landesjustizminister bzw. -senatoren (Nr. 3), die jeweils bei ihren Tätigkeiten durch die Notarkammern zu unterstützen sind (§ 67 Abs. 1). Die konkrete Zuständigkeit ergibt sich aus den jeweiligen Landesorganisationsgesetzen bzw. den Verordnungen der Justizminister. Die Dreiteilung der Aufsichtsbehörden führt im Rahmen einer Stufenzuständigkeit dazu, dass die Präsidenten der Landgerichte nur die Dienstaufsicht über die in ihrem Bezirk tätigen Notare ausüben, während dem Justizminister die Dienstaufsicht über alle im jeweiligen Bundesland tätigen Notare zusteht. Durch die oberste Dienstaufsicht der Landesjustizverwaltung, wird ein landeseinheitlicher Standard bei allen dienstaufsichtsrechtlichen Maßnahmen gewährleistet. Ansonsten bestimmt sich die funktionelle und sachliche Zuständigkeit jeweils nach dem Inhalt der gesetzlichen Regelung. Soweit das Gesetz die Landesjustizverwaltung (zB § 7 Abs. 3, § 8 Abs. 1, §§ 48, 57 Abs. 2) oder die Landesregierung (zB § 9 Abs. 1) erwähnt, wird der 6

1963; *Pfeiffer* DNotZ 1981, 5 ff.; *Odersky* DNotZ 1994, 1 ff.; *Pützer*, Das Notariat im Zivilrechtssystem, in: BNotK (Hrsg.), Das moderne Notariat, 1993, S. 8 „Notar als Richter im Vorfeld; *Bilda* FS Rhein Notariat 1998, S. 387 ff.; *Diehn/Zimmer* BNotO § 92 Rn. 2.

[24] Schippel/Bracker/*Herrmann* BNotO § 92 Rn. 4.

[25] Vgl. dazu BVerfG DNotZ 2012, 945 Rn. 60 ff., auch zur fehlenden ausdrücklichen gesetzlichen Regelung des Weisungsrechts der Aufsichtsbehörden, wobei wegen der hoheitlichen Amtsfunktionen des Notars Generalklauseln dem geltenden Gesetzesvorbehalt genügen können.

[26] BVerfG DNotZ 2012, 945. Bei der Durchführung von Verwahrungsgeschäften steht dem Notar weder ein Beurteilungsspielraum noch ein Entscheidungsermessen zu; der Notar ist an das Gesetz und die erteilten Treuhandauflagen ohne Ermessensspielraum gebunden.

[27] Dazu → § 32 DONot und → § 33 DONot.

jeweilige Justizminister bzw. -senator tätig, soweit er nicht von seiner Delegationsbefugnis nach § 112 Gebrauch gemacht hat. Bei überörtlichen Berufsverbindungen kann dies zur Zuständigkeit von Präsidenten verschiedener Landgerichte, Oberlandesgerichte und sogar zur Zuständigkeit mehrerer Landesjustizminister bzw. -senatoren für dieselbe Berufsverbindung führen (vgl. insoweit zu den Anzeigepflichten des § 27[28] → § 27 Rn. 7 ff.). Zuständig für die Aufsichtsmaßnahmen – insbesondere nach § 93 Abs. 4 – sind alle Aufsichtsbehörden, in deren Bezirken sich Geschäftsräume der überörtlichen Berufsverbindung befinden. Besondere Aufsichtsprobleme treten bei bundesländerübergreifenden überörtlichen Berufsverbindungen auf, weil hier eine einheitliche Dienstaufsicht nur über eine zeit- und kostenaufwendige Amtshilfe erfolgen kann.

II. Notarkammern

7 Zur Durchführung der Dienstaufsicht können auch die Notarkammern und ihre Organe, nach Anhörung der Notarkammer sogar einzelne Notare[29] hinzugezogen werden (vgl. § 93 Abs. 3 S. 2). Aus § 67 ergibt sich die Verpflichtung der Notarkammern, die Aufsichtsbehörden bei ihrer Tätigkeit zu unterstützen und für eine gewissenhafte und lautere Berufsausübung der Notare und Notarassessoren zu sorgen. Bei überörtlichen Berufsverbindungen ist jede Notarkammer nur für die Geschäftsräume zuständig, die sich innerhalb ihres Bezirks befinden. Auch hier ist eine Zusammenarbeit mehrerer Notarkammern durch gegenseitige Amtshilfe geboten. Zu Aufsichtsmaßnahmen – insbesondere nach § 93 Abs. 4 – können nach § 93 Abs. 3 S. 2 auch Notarkammern hinzugezogen werden, in denen der Notar, der Mitglied einer überörtlichen Berufsverbindung ist, seinen Amtssitz nicht hat. Die Notarkammern und die beigezogenen Notare nehmen in diesen Fällen nur Hilfsfunktionen für die staatlichen Dienstaufsichtsbehörden wahr.[30]

D. Dienstaufsichtspflichtige

8 Alle im jeweiligen Landgerichts-, Oberlandesgerichtsbezirk und Bundesland tätigen Notare, Notarassessoren, Notarvertreter und Notariatsverwalter sind im Rahmen ihrer dienstlichen Tätigkeit der **Dienstaufsicht** unterworfen.[31] Daneben unterliegen aber auch die mit dem Amtsträger in Berufsausübung oder Bürogemeinschaft Verbundenen mittelbar der notariellen Dienstaufsicht;[32] sie sind zwar nicht der staatlichen Disziplinargewalt unterworfen,[33] haben aber den staatlichen Aufsichtsbehörden gegenüber mitwirkend offenzulegen, dass durch die Berufsverbindung keine notariellen Amtspflichten umgangen werden.[34] Es ist „Sache des Notars",[35] in seinen „Sozietätsverträgen" mit seinen Partnern ebenso wie mit seinen Mitarbeitern die Einhaltung der Dienstpflichten und den Zugang zu dienstaufsichtsrechtlichen Kontrollen zu gewährleisten und Behinderungen der Dienstaufsichtsmaßnahmen auszuschließen. Gegen Notarvertreter und Notariatsverwalter können dienstrechtliche Maßnahmen nur für den Zeitraum ergriffen werden, in dem sie bestellt sind. Anwaltsnotare sind der Dienstaufsicht im selben Umfang wie hauptberufliche Notare unterworfen. Die Personen, mit denen der Notar sich zur gemeinsamen Berufsausübung verbunden oder mit denen er gemeinsame Geschäftsräume hat oder hatte, unterliegen zwar

---

[28] Zu Recht weist Arndt/Lerch/Sandkühler/*Lerch* BNotO § 27 Rn. 3 darauf hin, dass Aufsichtsbehörden in unterschiedlichen Bundesländern betroffen sein können; dies führt bei überörtlichen Berufsverbindungen von Notaren zu erheblichem Verwaltungsmehraufwand durch gegenseitige Amtshilfe, wenn die Dienstaufsicht über die öffentlichen Notarämter ordnungsgemäß wahrgenommen werden soll.
[29] BGH DNotZ 2014, 475.
[30] Diehn/*Zimmer* BNotO § 92 Rn. 5.
[31] Arndt/Lerch/Sandkühler/*Lerch* BNotO § 92 Rn. 13; Schippel/Bracker/*Herrmann* BNotO § 92 Rn. 3.
[32] Der Umfang und der Rahmen ergeben sich aus § 93 Abs. 4 S. 2; → § 93 Rn. 14.
[33] Unstreitig, vgl. Diehn/*Zimmer* BNotO § 92 Rn. 7.
[34] Mit Einschränkungen auch Diehn/*Zimmer* BNotO § 92 Rn. 7. Dazu auch → § 27 Rn. 1 ff.
[35] Diehn/*Zimmer* BNotO § 92 Rn. 7 mit hiervon etwas abweichender Ansicht.

nicht unmittelbar der Dienstaufsicht, sie haben aber ebenfalls die Auskunfts- und Vorlagepflichten nach § 93 Abs. 4.[36]

§ 93 [Befugnisse der Aufsichtsbehörden]

(1) ¹Den Aufsichtsbehörden obliegt die regelmäßige Prüfung und Überwachung der Amtsführung der Notare und des Dienstes der Notarassessoren. ²Zusätzliche Zwischenprüfungen und Stichproben sind ohne besonderen Anlaß zulässig. ³Bei einem neubestellten Notar wird die erste Prüfung innerhalb der ersten zwei Jahre seiner Tätigkeit vorgenommen.

(2) ¹Gegenstand der Prüfung ist die ordnungsmäßige Erledigung der Amtsgeschäfte des Notars. ²Die Prüfung erstreckt sich auch auf die Einrichtung der Geschäftsstelle auf die Führung und Aufbewahrung der [bis 31.12.2021: Bücher, Verzeichnisse und Akten] *[ab 1.1.2022: Akten und Verzeichnisse]*, auf die ordnungsgemäße automatisierte Verarbeitung personenbezogener Daten, auf die vorschriftsmäßige Verwahrung von Wertgegenständen, auf die rechtzeitige Anzeige von Vertretungen sowie auf das Bestehen der Haftpflichtversicherung. ³In jedem Fall ist eine größere Anzahl von Urkunden und Nebenakten durchzusehen und dabei auch die Kostenberechnung zu prüfen.

(3) ¹Die Zuständigkeit zur Durchführung der Prüfung richtet sich nach den hierzu erlassenen Bestimmungen der Landesjustizverwaltung. ²Die Aufsichtsbehörde kann nach Anhörung der Notarkammer Notare zu Prüfungen hinzuziehen. ³Zur Durchsicht und Prüfung der Verzeichnisse [bis 31.12.2021: und Bücher] und zur Prüfung der Kostenberechnungen und Abrechnungen über Gebührenabgaben einschließlich deren Einzugs sowie der Verwahrungsgeschäfte und dergleichen dürfen auch Beamte der Justizverwaltung herangezogen werden; eine Aufsichtsbefugnis steht diesen Beamten nicht zu. ⁴Soweit bei dem Notar die Kostenberechnung und der Kosteneinzug bereits von einem Beauftragten der Notarkasse geprüft wird, ist eine Prüfung nicht erforderlich.

[Abs. 4 bis 31.12.2021:]

(4) ¹Der Notar ist verpflichtet, den Aufsichtsbehörden oder den von diesen mit der Prüfung Beauftragten Akten, Verzeichnisse und Bücher sowie die in seiner Verwahrung befindlichen Urkunden zur Einsicht vorzulegen und auszuhändigen, Zugang zu den Anlagen zu gewähren, mit denen personenbezogene Daten automatisiert verarbeitet werden, sowie die notwendigen Aufschlüsse zu geben. ²Personen, mit denen sich der Notar zur gemeinsamen Berufsausübung verbunden oder mit denen er gemeinsame Geschäftsräume hat oder hatte, sind verpflichtet, den Aufsichtsbehörden Auskünfte zu erteilen und Akten vorzulegen, soweit dies für die Prüfung der Einhaltung der Mitwirkungsverbote erforderlich ist. ³Dies gilt auch für Dritte, mit denen eine berufliche Verbindung im Sinne von § 27 Abs. 1 Satz 2 besteht oder bestanden hat.

[Abs. 4 ab 1.1.2022:]

(4) ¹Der Notar ist verpflichtet, den Aufsichtsbehörden oder den von diesen mit der Prüfung Beauftragten Einsicht in die Akten und Verzeichnisse sowie die in seiner Verwahrung befindlichen Urkunden zu gewähren und ihnen diese auszuhändigen. ²Der Notar hat ihnen zudem den Zugang zu den Anlagen zu gewähren, mit denen personenbezogene Daten automatisiert verarbeitet werden, sowie ihnen die für die Zwecke der Aufsicht notwendigen Auskünfte zu erteilen. ³§ 78i bleibt unberührt. ⁴Personen, mit denen sich der Notar zur gemeinsamen Berufsausübung verbunden oder mit denen er gemeinsame Geschäftsräume hat oder hatte, sind verpflichtet, den Aufsichtsbehörden Auskünfte zu erteilen und Akten und Verzeichnisse vorzulegen, soweit dies für die Prüfung der Einhaltung der Mitwirkungsverbote erforderlich ist. ⁵Dies gilt auch für Dritte, mit denen eine berufliche Verbindung im Sinne von § 27 Absatz 1 Satz 2 besteht oder bestanden hat.

---

[36] Zur Geschäftsprüfung in den Notariaten *Vießhues* ZNotP 2018, 161; 2018, 205; 2018, 245; 2018, 311; 2018, 352.

A. Normzweck

1 Als Träger eines öffentlichen Amtes unterliegt der Notar einer strengen Dienstaufsicht (→ § 92 Rn. 1). Die Vorschrift regelt die sehr weitgehenden Befugnisse der Aufsichtsbehörden bei der Prüfung und Überwachung der notariellen Amtsführung. Normzweck der gesetzlich eingeräumten Aufsichtsbefugnisse ist, eine ordnungsgemäße und sachgerechte Wahrnehmung der von den **unabhängigen Amtsträgern**[1] „Notaren" in eigener Verantwortlichkeit durchgeführten vorsorgenden notariellen Rechtspflegeverfahren zu gewährleisten. Die Dienstaufsicht über die öffentlichen Notarämter sichert damit die **staatliche Pflicht,** den Rechtsuchenden neben den repressiven Rechtspflegeorganen auch funktionsfähige öffentliche Einrichtungen präventiver, vorsorgender Rechtspflege zu gewähren. Die ab 1.1.2022 geltende Neufassung beinhaltet nur die gebotene sprachliche Anpassung an die elektronischen Urkundsarchive und Notaraktenspeicher, ändert aber den Normzweck nicht.

B. Grundsätzliches zu den Befugnissen der Dienstaufsicht (Abs. 1)

1a Die Vorschrift schränkt die Berufsfreiheit der Notare ein und ist zugleich Ermächtigungsgrundlage[2] für präventive Dienstaufsichtsmaßnahmen der Justizverwaltung.[3] Die Regelungen stehen im Spannungsverhältnis zur Unabhängigkeit des Notars (→ Rn. 6). Da Notare eine dem Richter ähnliche, teilweise komplementäre, teilweise sogar kongruente Amtsfunktion ausüben,[4] kann auf Notare die für Richter geltende Disziplinarverwaltungspraxis und Disziplinarrechtsprechung in Bezug auf die Rechtsanwendung im Verfahrens- und materiellen Recht entsprechend angewandt werden.[5] Strengere Anforderungen gelten zur Prüfung der Amtsbereitschaft und Amtsausübung des Notars.[6]

2 Da die Notare als Hoheitsträger nicht unmittelbar in das staatlichen Organisationssystem eingegliedert sind und wegen ihrer beruflichen Unabhängigkeit und der ihnen eingeräumten eigenständigen Organisationsbefugnis des öffentlichen Amtes den freien Berufen zugeordnet werden, bleibt die Bedeutung der staatlichen Dienstaufsicht oft unverstanden. Die Dienstaufsicht ist zwingende Folge der vom Notar wahrgenommenen hoheitlichen Funktionen.[7] Entwicklungen seit 1998, die mit den staatlichen, örtlich-amtsbezogenen Funktionen des Notars kollidieren, wie überörtliche oder interprofessionelle Berufsverbindungen unter Beteiligung von Notaren, haben die Ausübung der Kontrollen und Aufgaben der Dienstaufsichtsbehörden erschwert.[8]

3 Die Dienstaufsicht über die Notare folgt aus der **staatlichen Justizhoheit.**[9] Die Wahrnehmung staatlicher, judikativer Funktionen im Bereich der „Vorsorgenden Rechtspflege" durch den Notar[10] erfordert die regelmäßige Prüfung und Überwachung der Amtsführung

---

[1] Der Notar ist ähnlich einem Richter (zur Nähe dieser beiden Berufe BVerfG DNotZ 2012, 945 Rn. 49) an Recht und Gesetz gebunden und wie der Richter bei der Ausübung seiner Amtsbefugnisse nicht weisungsgebunden. Zur dem Richter vergleichbaren Unabhängigkeit des Notars *Römer,* Notariatsverfassung und Grundgesetz, 1963; *Pfeiffer* DNotZ 1981, 5; *Odersky* DNotZ 1994, 1; *Pützer,* Das Notariat im Zivilrechtssystem, in: BNotK (Hrsg.), Das moderne Notariat, 1993, S. 8 „Notar als Richter im Vorfeld"; *Bilda* FS Rhein. Notariat 1998, 387 ff.; Diehn/*Zimmer* BNotO § 92 Rn. 2.
[2] Diehn/*Zimmer* BNotO § 93 Rn. 3.
[3] BVerfG DNotZ 2012, 945 Rn. 60.
[4] BVerfG DNotZ 2012, 945 Rn. 49.
[5] Zutreffend Diehn/*Zimmer* BNotO § 93 Rn. 5.
[6] BGH NotZ 2014, 475.
[7] BVerfG DNotZ 2012, 945; *Baumann* MittRhNotK 1996, 1 (17).
[8] *Fabian* ZNotP 2003, 14 (17 f.).
[9] Arndt/Lerch/Sandkühler/*Lerch* BNotO § 93 Rn. 2.
[10] *Römer,* Notariatsverfassung und Grundgesetz, 1963; *Pfeiffer* DNotZ 1981, 5; *Odersky* DNotZ 1994, 1; *Baumann* MittRhNotK 1996, 1; *Bilda* FS Rhein. Notariat 1998, 387 (388).

der Notare durch die Justizverwaltung[11] und räumt der Aufsichtsbehörde in Ausnahmefällen, zB bei eindeutigen Verstößen gegen die gesetzlich streng gebundenen Verwahrungsvorschriften,[12] zum Schutz des Rechtsverkehrs auch Weisungsbefugnisse gegenüber Notaren ein.[13] Der Notar als gesetzlich zur Unparteilichkeit verpflichtetes hoheitliches Rechtspflegeorgan – mit dem Richter teilweise kongruenten, teilweise komplementären Funktionen[14] – trägt im Rechtsverkehr durch vorsorgende Rechtsgestaltungen maßgeblich zur Vermeidung von Schäden und zur Entlastung der streitigen Gerichtsbarkeit bei. Durch unsachgemäße Amtsführung der Notare kann den Rechtsuchenden ein nachhaltiger, mit repressiven Gerichtsentscheidungen nur nachträglich und im subjektiven Befund des Betroffenen oftmals nicht wiedergutzumachender Schaden zugefügt werden. Daher ist die Überwachung der Notare als hoheitliche Amtsträger im Bereich der vorsorgenden Rechtspflege zwingend geboten. Die Dienstaufsicht und damit auch die Prüfung der Notare ist umfassend und bezieht sich auf ihre gesamte Amtsführung. Der Überwachung dienen als Prävention Kontrollen und Prüfungen, deren Ergebnisse repressive Maßnahmen erforderlich machen können. Die Dienstaufsicht der Notare hat **vorbeugenden Charakter.** Sie soll gewährleisten, dass die Notare ihre hoheitlichen Tätigkeiten im Einklang mit unserer Rechtsordnung ausüben. Sie soll gleichzeitig verhindern, dass die Wahrnehmung amtlich-staatlicher Aufgaben durch Pflichtwidrigkeiten Einzelner gefährdet wird.[15]

Als **Maßnahmen** der Dienstaufsicht sieht Abs. 1 die **Prüfung** und **Überwachung** der Amtsführung der Notare und des Dienstes der Notarassessoren vor. Besteht der Verdacht eines Dienstvergehens, haben sich die Ermittlungen der Dienstaufsicht mindestens auf alle in diesem Zusammenhang relevanten Geschäftsvorgänge zu erstrecken.[16] Wegen der Amtsbezogenheit der Notaraufsicht unterliegen auch alle Notarvertreter und Notariatsverwalter für die Dauer ihrer Bestellung der Dienstaufsicht.[17] Schon die reine **Beobachtung** erfüllt einen wesentlichen Teil der Aufsichtsfunktion, weil durch das Bewusstsein des Notars, überwacht zu werden, eine verschärfte Beachtung der öffentlich-rechtlichen Dienst- und Verfahrensvorschriften stattfinden sollte. Auch die jährlichen Mitteilungen des Umfangs der Amtsgeschäfte dienen der Überwachung des Notars. Die Doktrin unterscheidet **innere** und **äußere Aufsichtsmaßnahmen.** Sie trennt zwischen der präventiven **Beobachtungsfunktion** und der **Eingriffs- oder Berichtigungsfunktion.** Der präventiven Aufsicht dienen alle Maßnahmen aufgrund gesetzlicher Regelungen, die ein bestimmtes Verhalten des Notars von der vorherigen Genehmigung oder zumindest der Anzeige gegenüber der Aufsichtsbehörde abhängig machen, wie § 8 Abs. 3, § 9 Abs. 1 S. 2 Nr. 1, § 10 Abs. 4, § 10a Abs. 3, § 11 Abs. 2, § 27, § 38. Werden den Dienstaufsichtsbehörden Verstöße gemeldet, so sind diese verpflichtet, konkrete Aufsichtsmaßnahmen – zB Sonderprüfungen – vorzunehmen. Die Aufsichtsbehörde kann auch **repressive Maßnahmen** ergreifen, indem sie dem Notar Weisungen zur ordnungsgemäßen Wahrnehmung seiner Amtspflichten erteilt[18] und ihm zB aufgibt, Fehler wieder rückgängig zu machen, die er im Rahmen seiner Amtsausübung begangen hat, sofern dies den Notar nicht unangemessen belastet[19] oder seine Notarkostenrechnungen zu berichtigen.[20] Die Dienstaufsichtsmaßnahmen der Justizverwaltung sind **Verwaltungsakte iSd § 111.**[21] Sie müssen daher allgemeinen rechtsstaatlichen Grundsätzen genügen, insbesondere dem Grundsatz der Verhältnismäßigkeit.[22]

---

[11] BVerfG NJW 2012, 2639 Rn. 3.
[12] BVerfG DNotZ 2012, 945 Rn. 60 ff.
[13] BVerfG DNotZ 2012, 945.
[14] BVerfG DNotZ 2012, 945 Rn. 49.
[15] BGH DNotZ 1993, 465 (467).
[16] OLG Stuttgart BeckRS 2018, 39589.
[17] *Gabler* SchlHA 2007, 224 (225).
[18] BVerfG DNotZ 2012, 945.
[19] BGH DNotZ 1988, 254.
[20] LG Leipzig NotBZ 2016, 117 mAnm *Klakow.*
[21] BGH DNotZ 1987, 438.
[22] Schippel/Bracker/*Herrmann* BNotO § 93 Rn. 9.

5 Die Aufsichtsbehörden genügen ihrer Aufsichtspflicht, wenn sie in regelmäßigen Zeitabständen und bei konkreten Verdachtsmomenten eine Geschäftsprüfung[23] anordnen.[24] Erhält die Aufsichtsbehörde durch möglicherweise rechtswidrig weitergegebene Tatsachenangaben Kenntnis von Umständen, die eine Sondergeschäftsprüfung veranlassen, begründet dies kein Verwertungsverbot der im ordnungsgemäßen Geschäftsprüfungsverfahren gewonnenen Erkenntnisse.[25] Das Gesetz ordnet nur für den neubestellten Notar eine Frist von zwei Jahren, danach keine Mindestfrist für den Prüfungsabstand an;[26] angemessen dürfte ein Regelabstand von vier Jahren sein.[27] Zwischen- oder Sonderprüfungen sind nicht an die Einhaltung von Mindestzeitabständen gebunden und können im Interesse der vorsorgenden Rechtspflege als Stichproben in nach dem Zufallsprinzip („Losverfahren"[28]) ausgewählten Notariaten zu empfehlen sein, sind aber im Einzelfall dann sogar geboten, wenn sich Hinweise auf Pflichtverletzungen des Notars verdichten.[29]

C. Maßnahmen der Dienstaufsicht

6 Die **Dienstaufsicht** steht im Spannungsverhältnis zur durch § 1 garantierten **Unabhängigkeit** des Notars.[30] Zum Kernbereich der beruflichen Selbständigkeit des Notars gehört seine sachliche Weisungsunabhängigkeit, welche zugleich die Befugnisse der Dienstaufsicht begrenzt.[31] Jede Weisung der Aufsichtsbehörde bedarf einer gesetzlichen Grundlage.[32] Den Aufsichtsbehörden ist bei der Auswahl der Mittel ein pflichtgemäßes, nicht aber schrankenloses Ermessen eingeräumt.[33] Von mehreren möglichen Maßnahmen hat die Aufsichtsbehörde nach dem Grundsatz der Verhältnismäßigkeit diejenige anzuordnen, die am wenigsten in die Berufsausübung nach Art. 12 GG eingreift.[34] Den Aufsichtsbehörden ist es verwehrt, den Arbeitsumfang des Notars – zB durch festgelegte Urkundszahlen – zu begrenzen oder einem Notar, der keinen Anlass zur Beanstandung gegeben hat, aufzuerlegen, wegen des von ihm erreichten hohen Urkundsaufkommens Sonderberichte abzuliefern.[35] Die Aufsichtsbehörde darf den Notar nicht anweisen, bei einer zweifelhaften Rechtsfrage eine bestimmte Rechtsansicht zu vertreten, sondern nur, wenn die Rechtsansicht des Notars eine schuldhafte Amtspflichtverletzung darstellt. „Die staatliche Aufsicht über die Notare ist von vornherein stets nur Rechts- niemals Fachaufsicht".[36] Der Notar ist aufgrund seiner durch das Gesetz institutionell abgesicherten Unabhängigkeit nicht verpflichtet, sich der Auffassung der gerade herrschenden Rechtsprechung anzuschließen, zumal notarielle Urkunden eine Dauerwirkung entfalten sollen, die wegen ihrer vom Rechtsverkehr geforderten Wirkungen nicht von Erscheinungen des rechtspolitischen Zeitgeistes abhängig sein können und dürfen.[37] Die Aufsichtsbehörde darf dem Notar keine Weisungen zur verfahrensrechtlichen oder materiellen Rechtsanwendung im Rahmen

---

[23] *Viefhues* ZNotP 2018, 161; 2018, 205; 2018, 245; 2018, 311; 2018, 352.
[24] Zu Checklisten bei Geschäftsprüfungen Diehn/*Zimmer* BNotO Nachbem. zu § 93.
[25] BGH ZD 2015, 376 (377).
[26] Schippel/Bracker/*Herrmann* BNotO § 93 Rn. 2.
[27] WürzNotar-HdB/*Bischoff* Teil 1 Kap. 1 Rn. 95.
[28] Arndt/Lerch/Sandkühler/*Lerch* BNotO § 93 Rn. 8.
[29] Diehn/*Zimmer* BNotO § 93 Rn. 14; OLG Schleswig BeckRS 2017, 152141 Rn. 7.
[30] BeckNotar-HdB/*Bremkamp* § 33 Rn. 97; ausführlich dazu Schippel/Bracker/*Herrmann* BNotO § 93 Rn. 11 ff.
[31] BGHZ 57, 351; *Blaeschke* RNotZ 2005, 330 (331).
[32] OLG Celle Nds. Rpfl. 1998, 43 (44).
[33] BGH DNotZ 1997, 234; zu den Grenzen der Dienstaufsicht Diehn/*Zimmer* BNotO § 93 Rn. 6 ff.
[34] BGH DNotZ 1972, 379; 1974, 372; 1987, 438; NJW 1995, 625.
[35] BGH NJW-RR 1995, 884.
[36] *Dickert* MittBayNot 1995, 421 (425).
[37] Dies gilt umso mehr, als inzwischen selbst die Rechtsprechung des Bundesverfassungsgerichts innerhalb von 9 Jahren das unveränderte Grundgesetz gegensätzlich auslegt. Vgl. BVerfGE 80, 269 = DNotZ 1989, 627 gegenüber BVerfG DNotZ 1998, 754.

seiner Beurkundungsbefugnisse erteilen,[38] noch weniger in konkreten Fällen „zur Beachtung einer bestimmten Rechtsansicht oder Rechtsauslegung **gezwungen** werden".[39] Eindeutige Verstöße gegen das Beurkundungsgesetz unterliegen jedoch einer schärferen Kontrolle, als die Anwendung materiellen Rechts und können bei vorsätzlichen Verstößen gegen Dienstpflichten ein Weisungsrecht der Aufsichtsbehörden begründen, dem der Notar als öffentlicher Amtsträger Folge zu leisten hat.[40] Der Notar ist verpflichtet die durch Gesetz und Rechtsprechung vorgegebenen verfahrensrechtlichen Gebote zu beachten, weil nur dann die von der Rechtsordnung geforderte Sicherheit der öffentlichen Urkunde gewährleistet ist. Auch im Verfahrensrecht steht dem Notar aber ein angemessener Beurteilungsspielraum zu.[41] Dagegen hat der Notar im materiellen Recht ein eigenes Entscheidungsermessen. Eine fehlerhafte materielle Rechtsanwendung stellt nur dann eine schuldhafte Pflichtverletzung dar, wenn sie eindeutig gegen das Gesetz verstößt,[42] nicht aber wenn der Notar eine sachlich begründbare abweichende Rechtsansicht vertritt.[43] Die Dienstaufsicht hat nur zu prüfen, ob die Entscheidung des Notars abgewogen und vertretbar ist, auch wenn das Ergebnis von der Dienstaufsicht nicht gebilligt wird.

Bei **Ermessensentscheidungen** des Notars sind Rechtsverletzungen nur denkbar, wenn der Notar die gesetzlichen Grenzen des Ermessens überschritten oder von dem Ermessen in einer dem Zweck der Ermächtigung nicht entsprechenden Weise Gebrauch gemacht, indem er sich von sachfremden Erwägungen hat leiten lassen.[44] Die Aufsichtsbehörde darf ihr Ermessen nicht an die Stelle des dem Notars eingeräumten Ermessens setzen. 7

Die Unabhängigkeit des Notars ist im **Kostenrecht** durchbrochen, weil es sich um öffentliche Gebühren handelt. Die Dienstaufsicht darf den Notar bei Bedenken gegen eine Kostenrechnung anweisen, die Entscheidung des Landgerichts herbeizuführen, um feststellen zu lassen, ob eine konkrete Gebührenrechnung mit den gesetzlichen Regelungen übereinstimmt. Die Dienstaufsicht darf aber nicht eine bestimmte Auslegung oder Anwendung von Kostenvorschriften vorschreiben.[45] Insbesondere hat die Aufsichtsbehörde kostenrechtliche Ermessensvorschriften zu beachten. Der Notar kann im Gerichtsverfahren alles vortragen, was für seine und gegen die Auffassung der Aufsichtsbehörde spricht. 8

D. Gebühren für die Prüfung der Amtsführung?

Die in Niedersachsen[46] per Gesetz[47] von den Notaren für die regelmäßige Prüfung der Amtsführung zu zahlenden Gebühren stoßen auf Bedenken trotz der Kammerentscheidung des BVerfG v. 8.5.2008,[48] die eine Verfassungsbeschwerde nicht zur Entscheidung angenommen hat.[49] Die Verlagerung staatlicher Funktionen auf nicht in die unmittelbare staatliche Organisation eingebundene Funktionsträger Notare (Außenstellen der Justiz[50]) entlastet den Staat trotz seiner fortbestehenden staatlichen Bestellungs- und Kontrollverantwortung gegenüber diesen staatlichen Funktionsträgern.[51] Gebühren werden für die tatsächliche Inanspruchnahme öffentlicher Leistungen erhoben. Die Kontrollverantwortung 9

---

[38] Schippel/Bracker/*Herrmann* BNotO § 93 Rn. 11 ff.
[39] Diehn/*Zimmer* BNotO § 93 Rn. 6 ff.
[40] BVerfG DNotZ 2012, 945.
[41] BGH DNotZ 1972, 549; 1987, 438; 1993, 465; BeckNotar-HdB/*Bremkamp* § 33 Rn. 97 mwN; Diehn/*Zimmer* BNotO § 93 Rn. 7.
[42] BGH DNotZ 1993, 465 (467).
[43] *Zimmer* ErbR 2014, 389; anders OLG Koblenz ErbR 2014, 386.
[44] BGHZ 22, 258; 45, 193.
[45] BGHZ 57, 351 zu § 156 Abs. 5 KostO; Diehn/*Zimmer* BNotO § 93 Rn. 8.
[46] Seit 7.6.2014 auch in Nordrhein-Westfalen; vgl. Anlage 2 Nr. 7.1 zu § 124 Abs. 2 JustG NRW.
[47] Nds. GVBl. 2006, 181.
[48] BVerfG ZNotP 2005, 456.
[49] Kritisch auch WürzNotar-HdB/*Bischoff* Teil 1 Kap. 1 Fn. 113.
[50] *Preuß* DNotZ 2008, 258 ff.
[51] *Preuß* DNotZ 2008, 258 (273 ff.).

des Staates ist jedoch keine Leistungserbringung gegenüber dem zur Gebühr herangezogenen Notar[52] sondern als allgemeine Justizaufsicht eine interne staatliche Organisationsmaßnahme zur Gewährleistung der Funktionsfähigkeit staatlicher Rechtspflegeorgane und allenfalls eine allgemeine Leistungserbringung gegenüber der rechtsuchenden Bevölkerung.[53] Zwischen Notaren und Aufsichtsbehörden besteht deshalb insbesondere kein „kundenähnliches Dienstleistungs- oder sonstiges Hauptvertragsverhältnis",[54] welches einer steuerlich abzugsfähigen Vergütung der Dienstaufsicht rechtfertigen könnte. Der Notar ist als öffentlicher Amtsträger Teil der staatlichen Daseinsvorsorge. Die regelmäßigen Dienstprüfungen unterliegen weder einer besonderen, individuellen Kostenverantwortung des Notars, noch bringt diese „Staatsleistung" dem Notar als „Gebührenschuldner" eine staatliche Gegenleistung oder gar persönliche Vorteile.[55] Für den Notar, der sich beanstandungsfrei verhalten hat, sind Dienstprüfungen sogar überflüssig und lösen durch die zeitliche Inanspruchnahme des Notars und seiner Mitarbeiter zusätzliche Kosten aus, die jeden Notariatsbetrieb noch stärker belasten, als die derzeit erhobenen Gebühren. Deshalb fallen die von der Justizverwaltung bisher erhobenen Gebühren nicht so stark ins Gewicht, dass sie trotz ihrer offenkundigen Rechtswidrigkeit den zur Nichterhebung gebotenen Widerstand erzeugen.[56] Im Rahmen unserer Rechtsordnung sind diese Gebühren rechtswidrig. Mangels speziellen Rechtfertigungsgrundes der Gebühren für allgemeine Dienstprüfungen[57] handelt es sich um eine unzulässige Sondersteuer des Staates. Die Erhebung solcher als Gebühren deklarierter Steuern wirft über den Problemkreis hinausgehende Fragen auf. Die in jüngerer Zeit zu beobachtende Tendenz, staatliche Einnahmen – bei hoher Überschuldung aller öffentlichen Haushalte – mit anderen Mitteln als Steuern (Gebühren, Beiträge, Bußgelder) gezielt zu erhöhen, widerspricht dem Zweck aller Abgaben, die keine Steuern sind, weil sie nicht dazu dienen dürfen, allgemeine Staatseinnahmen zu generieren. Zugleich verstärkt eine überzogene Beitreibung von Gebühren, Beiträgen und Bußgeldern die ökonomische Ineffizienz staatlicher Binnenverwaltung, weil sie Anreizen zur sparsamen Haushaltsführung entgegenwirkt. Die dadurch sogar verstärkte Ineffizienz unmittelbarer staatlicher Einrichtungen, zu deren Entlastung externe staatliche Funktionsträger – wie Notare – beitragen, wird im selben Zeitraum durch zusätzliche Aufgabenübertragungen auf Notare ohne Vergütung verstärkt. Beispielhaft haben Notare gebührenfrei das Benachrichtigungswesen in Nachlasssachen übernommen oder führen die Notarkanzleien mit ihren Mitarbeitern im elektronischen Rechtsverkehr (ohne entsprechende Vergütung) die frühere Arbeit der Schreibstuben der Amtsgerichte – Handelsregister, elektronisches Grundbuch – durch. Die vom Staat erhobenen Gebühren zur Gewährung von Einsichten ins elektronische Handelsregister und Grundbuch liegen weit über der Kostendeckungsgrenze und fließen allgemein in die öffentlichen Haushalte. Im Widerspruch hierzu führen in manchen Landgerichtsbezirken Mitarbeiter staatlicher Stellen einen Wettbewerb gegen Notare, indem sie zB bei Grundbuchanträgen (auf Staatskosten, also mit Steuermitteln) Beratungen vornehmen, wie mit Entwürfen für Grundbuchanträge Notargebühren gespart werden können, bei einzel-

---

[52] Ähnlich Diehn/*Zimmer* BNotO § 93 Rn. 12.
[53] Es verwundert nicht, dass die Idee einer solchen Gebühr in Niedersachsen, einem Bundesland mit Anwaltsnotariat entstanden ist, in dem eine „schleichende Erosion des Amtsverständnisses" (*Zuck* FS Schippel 1996, 817 (825)) eingesetzt hat. Dem ist das Bundesland NRW, in dem ebenfalls in weiten Bereichen das Anwaltsnotariat gilt, seit September 2014 gefolgt. Ein Amtsverständnis, das Notarstellen zutreffend als staatliche, dem Amtsträger übertragene Einrichtungen versteht (BVerfG DNotZ 2012, 945; 2009, 702; dazu grundlegend *Römer*, Notariatsverfassung und Grundgesetz) kann keine Gebühren für Aufsichtsprüfungen innerhalb der eigenen Gerichtsbarkeit, also für Notariate als Außenstellen der Justiz, rechtfertigen.
[54] BFH NJW 2015, 2447 (2448).
[55] Zur Rechtfertigung von Gebühren Isensee/Kirchhoff/*Kirchhoff*, Handbuch des Staatsrechts, Bd. IV, 1999, § 87 Rn. 96 ff.
[56] Die Bereitschaft hier mit rechtsstaatlichen Mitteln Widerstand zu leisten, dürfte sich dann ändern, wenn die Begehrlichkeit des Staates wächst und die einmal eingeführten Gebühren zu Lasten der Notare erhöht werden.
[57] Bei durchgeführten Sonderprüfungen, die sich wegen nachträglich festgestellter Mängel als berechtigt erweisen, könnte eine Gebühr – nach dem Veranlasserprinzip – schon eher erwogen werden.

nen Gerichten, indem sie sogar kostenfrei Entwürfe für Grundbuchberichtigungsanträge übersenden. Bei Beurkundungen von eidesstattlichen Versicherungen, Erbscheinsanträgen und Ausschlagungen stehen die Gerichte im offenen Wettbewerb mit den Notaren, der deshalb wettbewerbsverzerrend ist, weil der Staat in diesen Beurkundungsfällen dieselben Leistungen wie Notare, aber ohne Erhebung der Umsatzsteuer (immerhin fast 1/5 der vom Notar einzuziehenden Kosten)[58] erbringt.[59] Die Gebührenerhebung für Dienstprüfungen der Notare (bezeichnenderweise im Anwaltsnotariat, in dem die Justizverwaltung für den öffentlichen Amtscharakter des Notariats nicht geprägt zu sein scheint) sollte den Impuls setzen, über das Verhältnis der in die Behördenorganisation eingegliederten Justizverwaltung zu den Notaren als „Außenstellen der Justizverwaltung"[60] nachzudenken und im Rahmen der staatlichen Funktionszuweisungen an ein gegenseitiges Treue- und Fürsorgeverhalten zu erinnern, weil Notare in erheblichem Umfang zur Arbeitserleichterung und Kostenersparnis der Justiz im Rahmen der Freiwilligen Gerichtsbarkeit beitragen.

E. Gegenstand und Umfang der Prüfung (Abs. 2)

Abs. 2 zählt die wichtigsten Gegenstände der Notarprüfung auf. Diese Aufzählung ist **10** nicht abschließend.[61] Die – in den Amtsräumen des Notars und in allen Geschäftsräumen der mit ihm beruflich Verbundenen durchzuführende – Prüfung hat sich nach Abs. 2 darauf zu erstrecken, ob der Notar seine Amtsgeschäfte ordnungsgemäß erledigt,[62] insbesondere seiner Pflicht zur Amtsbereitschaft nachkommt.[63] Daher unterliegt auch der dienstliche Terminkalender des Notars dem Prüfungsrecht der Aufsichtsbehörden.[64] Besonderes Gewicht kommt hierbei der Prüfung zu, ob die Urkunden, Bücher, Verzeichnisse und Akten ordnungsgemäß geführt und verwahrt und die Hinterlegungsgeschäfte korrekt abgewickelt werden.[65] Bei der Prüfung ist eine größere Anzahl von Urkunden und Nebenakten stichprobenartig durchzusehen (Abs. 2 S. 3). Art und Umfang der Geschäftsprüfung liegt im pflichtgemäßen Ermessen der Dienstaufsicht; diese kann dem Notar zB auch zur Prüfungserleichterung und -beschleunigung einen Fragenkatalog vorlegen.[66] Die Notarprüfung hat sich bei automatisierter Datenverarbeitung auch auf die Einhaltung datenschutzrechtlicher Vorschriften zu erstrecken.[67] Da der Notar gesetzlich verpflichtet ist, die Gebühren der Kostenordnung zu erheben (§ 17 Abs. 1) und jede Form von Gebührenvereinbarung als

---

[58] § 12 Abs. 1 UStG: 19%.
[59] Ein ehemaliger Präsident des Deutschen Richterbundes hatte die Nichterhebung der Umsatzsteuer als besonderes Leistungsmerkmal der Nachlassgerichte gegenüber der rechtsuchenden Bevölkerung im Vergleich zu Notaren wegen der Kostenersparnis für die Verbraucher gewürdigt (da Notare ihre Leistungen für den Verbraucher mit Umsatzsteuer teurer anbieten würden), als Fragen der Zuständigkeitserweiterung notarieller Aufgaben im Erbscheinsverfahren diskutiert wurden. Ein solches Steuerverständnis eines führenden – von Steuereinnahmen abhängigen – Staatsbediensteten ist beschämend und ruft die in rein staatlichen Volkswirtschaften angelegte Frage auf, warum der Staat nicht alle Leistungen selbst erbringt, um dem Bürger jede Ware und Dienstleistung um idR fast 1/5 preisgünstiger ohne MwSt. anbieten zu können. Dieses „ökonomische Verständnis" scheint unverändert bei denjenigen Staatsbediensteten vorzuherrschen, die aus gesicherter Staatsbesoldung den „Wettbewerb" aus behördeninterner Verwaltung mit den externen staatlich gebundenen, aber ihre Mitarbeiter zu zahlenden Notaren durch „kostenfreie [vom Steuerzahler finanzierte] Leistungserbringung" aufnehmen, indem sie zB Rechtsberatungen leisten, wie Grundbuchberichtigungen durchzuführen oder wie Löschungsanträge zu formulieren sind.
[60] *Preuß* DNotZ 2008, 258 ff.
[61] BGH DNotZ 2004, 235; 2014, 475 (477); Einzelheiten bei *Blaeschke* RNotZ 2005, 330 (332); *Bücker/Vielhues* ZNotP 2003, 331; 2003, 449; 2004, 51; 2004, 311; 2004, 345; 2004, 428.
[62] Ausführlich zum Prüfungsumfang *Harborth/Lau* DNotZ 2002, 412; *Blaeschke* RNotZ 2005, 330; *Weingärtner/Schöttler* DONot Rn. 492 f., 504 ff.; *Weingärtner/Gassen* DONot Anh. 8; *Diehn/Zimmer* BNotO § 93 Rn. 15 ff. und Nachbem. zu § 93 Rn. 1 ff.
[63] BGH DNotZ 2014, 475.
[64] BGH DNotZ 2014, 475 (477).
[65] *Harder/Fürter* SchlHA 2007, 229 ff.
[66] BGH DNotZ 2014, 475 (477).
[67] BT-Drs. 13/4184, 33; *Püls* DNotZ-Sonderheft 2012, 120.

Gesetzesverstoß zu ahnden ist, hat sich die Prüfung der Kostenberechnungen nach Abs. 3 S. 3 auch auf den Gebühreneinzug zu erstrecken.[68] Die Aufsichtsbehörden haben ferner die Übernahme und Beendigung von Vertretungen zu überwachen.[69]

11 Ein besonderes Gewicht hat auf der Prüfung der erheblich verschärften[70] Mitwirkungsverbote gem. § 3 BeurkG zu liegen, deren Beachtung die Unabhängigkeit und Unparteilichkeit des Notars schützen soll. Der Kontrolle der Mitwirkungsverbote kommt gesteigerte Bedeutung in sog. „Großsozietäten" mit interprofessionellen und überörtlichen Berufsverbindungen zu, weil die Umgehungsmöglichkeiten hier erleichtert und die Aufsichtsmaßnahmen erschwert wahrgenommen werden können. Bei überörtlichen und multiprofessionellen Berufsverbindungen können besondere Umstände die sofortige Ausübung von Aufsichtsmaßnahmen auch in solchen Geschäftsstellen erfordern, in denen ein Notar nicht ansässig ist (vgl. Abs. 4 S. 2).

12 Durch die seit 1998 vermehrt bestehenden interprofessionellen oder sogar überörtlichen Berufsverbindungen unter Beteiligung von Notaren sind den Aufsichtsbehörden neuartige Anforderungen mit erhöhtem Arbeits- und Kostenaufwand gestellt. Die Aufsichtsbehörden haben bei solchen Berufsverbindungen die Prüfungspflicht, zu überwachen, dass notarielle Amtstätigkeiten oder dem Notar verbotene Tätigkeiten (zB Maklertätigkeiten) nicht durch andere Berufsträger wahrgenommen werden, mit denen er nach § 9 beruflich verbunden ist. Daher müssen nach Abs. 4 S. 2 alle Personen, mit denen der Notar sich zur gemeinsamen Berufsausübung verbunden[71] oder mit denen er gemeinsame Geschäftsräume unterhalten hat oder hatte, den Aufsichtsbehörden Auskünfte erteilen und Akten vorlegen, auch um eine umfassende Prüfung der Einhaltung der in § 3 BeurkG verschärften[72] Mitwirkungsverbote zu ermöglichen. Bei diesen Auskunfts- und Mitwirkungspflichten handelt es sich um unmittelbar aus dem Gesetz folgende Rechtspflichten der Gesetzesadressaten („Personen, mit denen sich der Notar zur gemeinsamen Berufsausübung verbunden oder mit denen er gemeinsame Geschäftsräume hat oder hatte, sind verpflichtet"),[73] in die jedes nicht durch notarielle Berufspflichten gebundene Berufsverbindungsmitglied als Folge der Berufsverbindung mit dem hoheitliche Aufgaben wahrnehmenden Amtsträger Notar eintritt. Bei überörtlichen Berufsverbindungen muss die Prüfung mit den an den jeweils anderen Orten zuständigen Aufsichtsbehörden abgestimmt werden. So ist bei überörtlichen Berufsverbindungen zu prüfen, ob die Inpflichtnahme aller Mitarbeiter – wegen des Datenaustauschs auch in den Geschäftsstellen, in denen nur Rechtsanwälte oder andere Berufsangehörige tätig sind – ordnungsgemäß erfolgt ist.[74] Bei konkreten Verstößen oder dem Verdacht auf ein pflichtwidriges Verhalten (zB bei Hinterlegungsgeschäften, Verstößen gegen das Geldwäschegesetz usw), haben alle Aufsichtsbehörden, in deren Bezirk sich Geschäftsräume einer überörtlichen Berufsverbindung befinden, die Rechtsbefugnis, konkrete Aufsichtsmaßnahmen (zB Sonderprüfungen) einzuleiten. Derartige Sonderprüfungen in Büroräumen aller Berufsverbindungsmitglieder können erforderlich sein, weil der Notar befugt ist, auf Wunsch der Beteiligten Hinterlegungsgeschäfte auch bei Kreditinstituten außerhalb seines Amtssitzes vorzunehmen. Im Rahmen solcher Aufsichtsmaßnahmen ist zB zu prüfen, dass Berufsfremde keine Kontovollmachten über Notaranderkonten erhalten

---

[68] Diehn/Zimmer BNotO § 93 Rn. 28.
[69] Zu Notarprüfungen vgl. den Prüfungskatalog bei Diehn/Zimmer BNotO § 93 Rn. 15 ff. und Nachbem. zu § 93 Rn. 1 ff.
[70] Eylmann NJW 1998, 2929 (2931 f.); vgl. auch § 50 Abs. 1 Nr. 9, wonach bei wiederholten Verstößen eine Amtsenthebung ohne Ermessen der Aufsichtsbehörde zu erfolgen hat.
[71] Lerch BWNotZ 1999, 41 (47).
[72] Dazu Eylmann NJW 1998, 2929 (2931 f.).
[73] Die abweichende Ansicht von Diehn/Zimmer BNotO § 93 Rn. 31, nur der Notar sei zur Mitwirkung und Auskunft verpflichtet, widerspricht dem eindeutigen Gesetzeswortlaut (Abs. 4 S. 2) und ist daher unrichtig. Eine Berufung auf diese fehlerhafte Rechtsansicht entlastet die betroffenen Berufsverbindungsmitglieder bei einer Inanspruchnahme durch die Justizbehörden aus ihrer eindeutig formulierten Gesetzespflicht nicht und kann wegen Gesetzesverstoßes mit erheblichen Kosten einer zwangsweisen Durchsetzung dieser Gesetzespflicht verbunden sein.
[74] Dazu Arndt/Lerch/Sandkühler/Lerch BNotO § 93 Rn. 39 ff. und BNotO § 27 Rn. 3 ff.

und die strengen notariellen Hinterlegungsvorschriften nicht umgangen werden. Auch darf der Notar als Mitglied der Sozietät zB nur an seinem Amtssitz auf Kanzleischildern und von seinem Amtssitz versandten Briefbögen geführt werden. Um diese Überwachungsmaßnahmen zu ermöglichen, erstrecken sich die Anzeige- und Vorlagepflichten gem. § 27 auf alle Geschäftsstellen einer überörtlichen Berufsverbindung gegenüber allen örtlich zuständigen Aufsichtsbehörden.[75]

F. Prüfungszuständigkeit (Abs. 3)

Die Zuständigkeit für die Prüfungen richtet sich nach landesorganisationsrechtlichen Bestimmungen. Die **Präsidenten des Landgerichts** prüfen die in ihrem Bezirk ansässigen Notare.[76] Regelmäßig werden mit der Prüfung als Notarrevisoren (Notarprüfer) diensterfahrene Richter des Landgerichts mit besonderen Kenntnissen im Bereich der freiwilligen Gerichtsbarkeit beauftragt. Die Befassung eines Richters mit einer Kostenbeschwerde gegen den Notar begründet bei einer Geschäftsprüfung nicht die Besorgnis der Befangenheit.[77] Es können sog. hauptamtliche Prüfer für den gesamten OLG-Bezirk bestellt werden, die gleichwohl jeweils im Auftrag des zuständigen Präsidenten des Landgerichts prüfen. Beamte des gehobenen Dienstes dürfen zur Prüfung der Kostenrechnungen und der Verwahrungsgeschäfte eingesetzt werden. Zur wirkungsvolleren Ausübung der Dienstaufsicht können Notare als Prüfer hinzugezogen werden.[78] Der mitprüfende Notar nimmt diese Tätigkeit unter der „Regie der Aufsichtsbehörde wahr und unterliegt auch insoweit der Verschwiegenheitspflicht".[79] Da die Notarkammer vorher anzuhören ist, sollte ihr ein – für die Justizverwaltung unverbindliches – Vorschlagsrecht zukommen, damit besonders berufserfahrene Notare für diese Tätigkeit ausgewählt werden. Die Hinzuziehung von Notaren wird vor allem bei Sonderprüfungen in Betracht kommen, insbesondere bei Geschäftsprüfungen, die Schwierigkeiten tatsächlicher oder rechtlicher Art erwarten lassen. Der zu prüfende Notar hat weder Einfluss auf die Auswahl der Prüfer[80] noch der Notare. Die Auswahl der mitprüfenden Notare hat zu beachten, dass eine Befangenheit ausgeschlossen ist, die mitprüfenden Notare nach Möglichkeit nicht aus demselben oder einem angrenzenden Amtsgerichtsbezirk stammen. Im Geltungsbereich der Notarkasse wird die Einhaltung der gebührenrechtlichen Vorschriften von den Beauftragten der Notarkasse geprüft.

G. Mitwirkungspflichten (Abs. 4)

Der Notar hat den Aufsichtsbehörden bei der Prüfung und Überwachung Amtshilfe zu leisten, indem er uneingeschränkten Zugang in seine Geschäftsräume zu gewähren, Auskünfte zu erteilen und angeforderte Berichte zu erstatten hat.[81] Die Auskunfts- und Vorlagepflichten betreffen nicht den durch das Grundgesetz geschützten Kern der Selbstbelastungsfreiheit, weshalb die vom Notar erteilten Auskünfte und vorgelegten Unterlagen auch in Ordnungswidrigkeits- und Strafverfahren gegen den Notar verwendet werden dürfen.[82] Zum Prüfungsbericht hat der Notar Stellung zu nehmen, sofern er hierzu aufgefordert

---

[75] → § 27 Rn. 8 f.
[76] Zu Notarprüfungen: *Blaeschke*, Praxishandbuch Notarprüfung, 2. Aufl. 2010; *ders.* RNotZ 2005, 330; *Bücker/Vieflues* ZNotP 2003, 331 und 2003, 449.
[77] BGH DNotZ 2014, 475.
[78] OLG Naumburg BeckRS 2014, 7073.
[79] BT-Drs. 13/4184, 33.
[80] BGH NJW-RR 1995, 886.
[81] BGH DNotZ 1987, 438; 1993, 465; Arndt/Lerch/Sandkühler/*Lerch* BNotO § 93 Rn. 36 ff.
[82] OLG Karlsruhe BeckRS 2016, 7951; BGH NJOZ 2019, 1257 mAnm *Bertheau* FD-StrafR 2019, 414953.

wird.⁸³ Verletzt der Notar seine Mitwirkungspflichten, hat dies für ihn disziplinarrechtliche Folgen.⁸⁴ Auch die Personen, mit denen sich der Notar zur gemeinsamen Berufsausübung verbunden oder mit denen er gemeinsame Geschäftsräume hat oder hatte, sind nach Abs. 4 S. 2 zur räumlichen Zugangsgewährung, Auskunftserteilung und Aktenvorlage verpflichtet,⁸⁵ für den Zeitraum der Berufsverbindung auch dann, wenn diese im Zeitpunkt der Prüfung nicht mehr besteht. Die Zugangsgewährung hat sich auch auf die Anlagen der automatisierten Datenverarbeitung zu erstrecken.⁸⁶ Der Notar und der in Abs. 4 S. 2 genannte Personenkreis müssen aktiv an der Prüfung mitwirken und sind daher verpflichtet, das Betreten der Geschäftsräume durch einen Prüfungsbeauftragten zu gestatten und den Aufsichtsbehörden Akten (und Bücher) vorzulegen.⁸⁷ Diese in Abs. 4 S. 2 angeordnete Rechtspflicht der „Sozien" ist Rechtsfolge der zugelassenen Berufsverbindung mit dem öffentlichen Amtsträger Notar, die jedes Berufsverbindungsmitglied mit der Eingehung einer Berufsverbindung mit einem hoheitlichen Amtsträger als betroffener Normadressat anerkennt und kann von den Dienstaufsichtsbehörden als gesetzlich angeordnete Rechtspflicht zwangsweise auch gegenüber den Sozien durchgesetzt werden.⁸⁸ Allerdings sieht das Gesetz gegenüber diesem Personenkreis keine Disziplinarmaßnahmen vor, so dass disziplinarrechtlich für das Fehlverhalten seiner Sozien allein der Notar zur Rechenschaft gezogen werden kann.⁸⁹ Weigert sich ein Berufsverbindungsmitglied oder stellt es seine Mitarbeit grundlos ein, so hat der für die unmittelbare Dienstaufsicht zuständige Präsident des Landgerichts ein sofortiges Disziplinarverfahren gegen den Notar einzuleiten. Die Dienstaufsicht des Notars hat absoluten Vorrang vor den Berufsrechten anderer Mitglieder der Berufsverbindung, weil jede Berufsverbindung immer nur unter dem Gesetzesvorbehalt des § 9 Abs. 3 zulässig ist, damit die eigenverantwortliche Amtsführung und Unabhängigkeit der öffentlichen Notarämter gewahrt bleiben. Die Mitwirkungspflichten der Berufsverbindungsmitglieder sollen den Aufsichtsbehörden ua auch ermöglichen, die Einhaltung der Mitwirkungsverbote gem. § 3 BeurkG zu überprüfen. Daher müssen alle zuständigen Aufsichtsbehörden nach § 27 über jede Veränderung einer Berufsverbindung umfassend informiert werden.

H. Fehler der Dienstaufsicht

15 Da die Dienstaufsicht nicht dem Schutz des einzelnen Urkundsbeteiligten sondern der Rechtspflege dient, können Privatpersonen bei fehlerhaften Aufsichtsmaßnahmen grds. keine Schadensersatzansprüche gegen den Staat aus Art. 34 GG iVm § 839 BGB ableiten.⁹⁰ Eine unmittelbare Staatshaftung ist aus rechtsstaatlichen Gründen deswegen nicht erforderlich, weil der Staat die Aufgaben den Notaren überträgt, damit diese die hoheitlichen Funktionen in eigener Haftungsverantwortung wahrnehmen. Zum Schutz des Rechtsuchenden ist den Notaren gesetzlich ein Pflichtversicherungssystem auferlegt, deren Beachtung auch der Prüfung der Dienstaufsicht unterliegt. Eine Staatshaftung kann nur bei grobem Verschulden der Justizverwaltung in Betracht kommen,⁹¹ zB wenn Prüfungen eines Notars von der zuständigen Aufsichtsbehörde trotz konkreter Hinweise – insbesondere auch der Notarkammer – auf Missstände in einem bestimmten Notariat über einen

---

⁸³ BGH DNotZ 1993, 465 (466).
⁸⁴ OLG Celle BeckRS 2016, 2185 Rn. 57, 67.
⁸⁵ *Fabian* ZNotP 2003, 14 (17), wo die Problematik interprofessioneller Sozietäten unterstreicht, in denen die Notaraufsicht Weisungen gegen Nichtnotare rechtlich nicht durchsetzen kann, sondern sich auf disziplinarische Maßnahmen gegen den Notar, der keine Mitwirkungspflichten vereinbart hat, beschränken muss.
⁸⁶ BT-Drs. 13/4184, 33.
⁸⁷ BGH DNotZ 1993, 465 (467).
⁸⁸ AA Diehn/*Zimmer* BNotO § 93 Rn. 31.
⁸⁹ Insoweit sind die Einschränkungen von Diehn/*Zimmer* BNotO § 93 Rn. 31 zutreffend.
⁹⁰ BGHZ 35, 44 = DNotZ 1961, 436; Arndt/Lerch/Sandkühler/*Lerch* BNotO § 93 Rn. 58.
⁹¹ *Lerch* ZNotP 2009, 410 (413): „gravierende Fehler" der Dienstaufsicht.

längeren Zeitraum nicht durchgeführt werden[92] oder die allgemeinen Regelprüfungen und die Prüfungsberichte mit Verzögerungen durchgeführt bzw. erstellt werden.[93]

I. Rechte des Notars

Die Vorschrift regelt nur die Befugnisse der Aufsichtsbehörden, die zur Aufrechterhaltung einer ordnungsgemäßen Rechtspflege erforderlich sind. Der Notar ist als externer Träger hoheitlicher Gewalt zu Recht besonders strengen Überwachungs- und Kontrollpflichten unterworfen, zumal auch die Dienstaufsichtsbehörden die richternahe Unabhängigkeit des Notars bei Ausübung seiner Amtsfunktionen zu beachten haben. Der Notar ist als Grundrechtsträger aber nicht der Willkür der Aufsichtsbehörden ausgesetzt. Gegen alle Maßnahmen der Aufsichtsbehörde stehen dem Notar die allgemeinen Rechtsmittel (Dienstaufsichtsbeschwerde, Beschwerde gegen Disziplinarmaßnahmen, Widerspruch gegen Verwaltungsakte, Klageweg) offen.[94] 16

§ 94 [Mißbilligungen]

(1) ¹Die Aufsichtsbehörden sind befugt, Notaren und Notarassessoren bei ordnungswidrigem Verhalten und Pflichtverletzungen leichterer Art eine Mißbilligung auszusprechen. ²§ 75 Abs. 2, Abs. 3 Satz 1 und 2 gilt entsprechend.

(2) ¹Gegen die Mißbilligung kann der Notar oder Notarassessor innerhalb eines Monats nach der Zustellung schriftlich bei der Aufsichtsbehörde, die die Mißbilligung ausgesprochen hat, Beschwerde einlegen. ²Die Aufsichtsbehörde kann der Beschwerde abhelfen. ³Hilft sie ihr nicht ab, entscheidet über die Beschwerde die nächsthöhere Aufsichtsbehörde. ⁴Die Entscheidung ist zu begründen und dem Notar oder Notarassessor zuzustellen. ⁵Wird die Beschwerde gegen die Mißbilligung zurückgewiesen, kann der Notar oder Notarassessor die Entscheidung des Oberlandesgerichts als Disziplinargericht für Notare beantragen. ⁶§ 75 Abs. 5 Satz 2 bis 4 gilt entsprechend.

(3) ¹Die Mißbilligung läßt das Recht der Aufsichtsbehörden zu Maßnahmen im Disziplinarwege unberührt. ²Macht die Aufsichtsbehörde von diesem Recht Gebrauch, wird die Mißbilligung unwirksam. ³Hat jedoch das Oberlandesgericht die Mißbilligung aufgehoben, weil es ein ordnungswidriges Verhalten nicht festgestellt hat, ist eine Ausübung der Disziplinarbefugnis wegen desselben Sachverhalts nur auf Grund solcher Tatsachen oder Beweismittel zulässig, die dem Gericht bei seiner Entscheidung nicht bekannt waren.

A. Normzweck

Die Vorschrift soll den Aufsichtsbehörden bei leichteren Dienstvergehen außerhalb eines Disziplinarverfahrens ermöglichen, den Notar (Notarassessor) zu einer ordnungsgemäßen Wahrnehmung seiner öffentlichen Amtsfunktionen anzuhalten. Sie soll zugleich sicherstellen, dass dem betroffenen Notar (Notarassessor) rechtsstaatlich gebotene Rechtsschutzmöglichkeiten gegen Maßnahmen der Aufsichtsbehörde gewährt werden. Zudem soll sie das Verhältnis zwischen Missbilligungen und Disziplinarmaßnahmen regeln. 1

---

[92] Andere Fallkonstellationen bei Arndt/Lerch/Sandkühler/*Lerch* BNotO § 93 Rn. 59 mwN.
[93] OLG Schleswig DNotZ 1999, 726.
[94] WürzNotar-HdB/*Bischoff* Teil 1 Kap. 1 Rn. 100, der auf die seit dem 1.1.2010 entsprechend geltenden Vorschriften des BDG (BGBl. 2009 I 1282) hinweist.

B. Rechtscharakter

1a Die Missbilligung steht disziplinarrechtlich – obwohl sie noch keine Disziplinarmaßnahme ist – eine Stufe über der Ermahnung (§ 75) und belastet den betroffenen Notar in seinen Rechten stärker als eine Ermahnung. Im Unterschied zu der ebenfalls schon rechtsmittelfähigen Ermahnung (§ 75) wird die Missbilligung in der Personalakte des Notars vermerkt.

2 Die Missbilligung ist **keine Disziplinarmaßnahme**.[1] Sie hat gleichwohl vordisziplinarrechtliches Gewicht, weil sie über eine Beanstandung oder Belehrung oder Hinweise[2] der Aufsichtsbehörde und auch über eine Ermahnung der Notarkammer (§ 75) hinausgeht und einen Tadel der Justizverwaltung über ein ordnungswidriges Verhalten oder über **Pflichtverletzungen** des Notars ausspricht und im Wiederholungsfall idR gleichartiger Dienstpflichtverletzungen zur Disziplinarstrafe führt. Sie unterscheidet sich im Anwendungsbereich von der Ermahnung nach § 75, die von der Notarkammer nur bei ordnungswidrigem Verhalten leichterer Art, nicht aber bei Dienstpflichtverletzungen ausgesprochen werden kann. Sie ist eine schärfere Maßnahme als eine Ermahnung[3], weil die Missbilligung im Unterschied zur Ermahnung in die Personalakte des Notars eingetragen wird und weil deshalb die Notarkammer schwerwiegendere Amts- und Dienstvergehen an die Justizverwaltung abzugeben hat. Die Missbilligung ist – obwohl das Gesetz – keine Form vorschreibt, aus rechtsstaatlichen Gründen unter Hinweis auf § 94 als solche zu bezeichnen. Sie ist die schärfste Maßnahme der Dienstaufsicht außerhalb eines Disziplinarverfahrens.[4] Trotz Formlosigkeit und obwohl sie keinen disziplinarischen Charakter[5] hat, ist sie **in der Personalakte zu vermerken,** weil sie ein **Dienstvergehen** des Notars zeigt. Die Eintragung in die Personalakte, belastet den betroffenen Notar. Deshalb sieht das Gesetz ein dem Disziplinarverfahren entsprechendes Rechtsbehelfsverfahren vor. Eine Missbilligung darf nur in Fällen ausgesprochen werden, die knapp unter der Disziplinarstrafenschwelle liegen, also bei Sachverhalten, die begründeten Anlass geben, an der ordnungsgemäßen Amtsführung des Notars zu zweifeln[6], etwa weil er wiederholt – trotz Hinweisen der Dienstaufsicht – gegen Dienstpflichten verstößt, selbst wenn es sich um kleinere Dienstverstöße handelt, nicht aber wenn der Notar sich zB in streitiger Korrespondenz mit einem Anwalt in einem Einzelfall im kollegial gebotenen Ton vergriffen hat, sofern nicht Straftatbestände erfüllt sind. Bei Verstößen unterhalb der Dis-

---

[1] Zu Disziplinarmaßnahmen *Fabian* ZNotP 2003, 14; *Carstensen* ZNotP 2003, 46; zu notariellen Dienstvergehen in der Rspr. des BVerfG *Gaier* ZNotP 2015, 252.

[2] Die Aufsichtsbehörde ist berechtigt und kann im Einzelfall aufgrund ihrer Fürsorgepflicht sogar gehalten sein, dem Notar Hinweise oder Belehrungen zu erteilen (aA Diehn/Zimmer BNotO § 94 Rn. 2). Dies ist insbesondere angezeigt, wenn sich hergebrachte Gepflogenheiten der notariellen Praxis geändert haben und zu einer Veränderung der disziplinarrechtlichen Würdigung führen (Beispiele: Änderung des Gebrauchs von Maklerklauseln; Verschärfung der Anwendung der Zweiwochen-Frist bei Verbraucherverträgen). „Das Weisungsrecht zählt zu den typischen Instrumentarien des öffentlichen Dienstrechts" BVerfG NJW 2012, 2639 Rn. 64. Allerdings findet die Weisungsbefugnis der Aufsichtsbehörde ihre Grenzen in der Unabhängigkeit des Notaramts, die der notariellen Unabhängigkeit bei Ausübung der notariellen Amtsbefugnisse im Aufgabenbereich der Freiwilligen Gerichtsbarkeit entspricht (→ § 92 Rn. 4).

[3] Zu Fällen, in denen nur eine Ermahnung ausgesprochen wird, → § 75 Fn. 2.

[4] *Fabian* ZNotP 2003, 14 (15).

[5] BGH DNotZ 2014, 470 Rn. 6.

[6] Beispiele: OLG München MittBayNot 1984, 139 (Nichtbeachtung der standesrechtlichen Grundsätze zur Beurkundung von Bauherrenmodellen); KG KGR 2008, 219; OLG Schleswig RNotZ 2007, 622 mAnm *Litzenburger* (mehrfache Beurkundung mit Notariatsangestellten als Vertreter von Verbrauchern); OLG Celle – Not 12/02, BeckRS 2014, 03287 (Verstöße gegen Hinterlegungsanweisungen); BGH DNotZ 2014, 470 (Missbilligung als Sanktion wegen Sammelanderkonto und Verstoßes gegen Treuhandauflagen); OLG Frankfurt a. M. – 1 Not 2/12, BeckRS 2014, 07500 (zahlreiche Verstöße gegen Hinterlegungsvorschriften, Anderkontenführungen, zB ein Sammelanderkonto für 17 Kaufverträge, und andere Dienstpflichtverletzungen); VG Oldenburg BeckRS 2010, 46329 (Missbilligung wegen Verletzung der Amtsverschwiegenheit); BGH NJW-RR 2017, 829 = notar 2017, 353 mAnm *Genske* (Beurkundung außerhalb des Amtsbezirks).

ziplinarstrafenschwelle reichen Hinweise und Belehrungen aus, insbesondere wenn für die Aufsichtsbehörde ersichtlich ist, dass der Notar seine Amtspflichten kennt und sie beachtet.

C. Zuständigkeit (Abs. 1 S. 1)

Zuständig zur Aussprache von Missbilligungen ist die Justizverwaltung.[7] Das Disziplinargericht ist befugt, eine Disziplinarverfügung der Justizverwaltung durch eine Missbilligung zu ersetzen.[8] Bei ordnungswidrigem Verhalten entscheiden Opportunitätserwägungen und der Grad der Schwere des Dienstvergehens, ob die Notarkammer eine Ermahnung nach § 75 oder die Justizverwaltung eine Missbilligung nach § 94 ausspricht.[9] Wird die Ermahnung der Notarkammer als nicht ausreichend angesehen, ist der Vorgang an die Justizverwaltung zur Einleitung eines Missbilligungsverfahrens abzugeben.

D. Anwendungsbereich

I. Betroffene (Abs. 1 S. 1)

Von der Missbilligung können Notare und Notarassessoren betroffen sein. Gegenüber Notarvertretern und Notariatsverwaltern, die nicht Notarassessoren sind, kann eine Missbilligung nicht ausgesprochen werden.[10] Im Rahmen des Missbilligungsverfahrens hat die staatliche Aufsichtsbehörde die Unabhängigkeit des Notaramtes zu beachten. Auch bei der Missbilligung gilt: „Staatliche Aufsicht über die Notare ist von vornherein stets nur Rechts- niemals Fachaufsicht".[11]

II. Gegenstand der Missbilligung

Missbilligungen können nur bei „einem objektiv rechtswidrigen Verhalten, bei dem ein festgestellter Schuldvorwurf hinzukommen muss.[12] In Abgrenzung zu Disziplinarstrafen wird die Missbilligung bei Pflichtverletzungen **leichterer** Art"[13] ausgesprochen,[14] insbesondere wenn der Notar innerdienstliche Vorschriften nicht beachtet, etwa Berichts- oder Erledigungsfristen unentschuldigt nicht einhält,[15] die Sachbearbeitung unangemessen verzögert,[16] Beanstandungen aus einer vorhergehenden Prüfung im folgenden Zeitraum nicht abgestellt worden sind,[17] oder wenn ihm bei Verletzungen von Dienstpflichten nur ein geringes Verschulden zur Last fällt.[18] Bei Dienstpflichtverletzungen sollte es sich um ein einmaliges Verhalten handeln, das ohne Außenwirkung geblieben ist und deshalb keine nachhaltigen Schäden verursacht hat.[19] Auch bei Pflichtverletzungen mit Außenwirkung kann eine Missbilligung ausgesprochen werden, „wenn das Verschulden besonders leicht wiegt".[20] Missbilligungen setzen ein objektiv rechtswidriges und schuldhaftes, mindestens

---

[7] BVerfG NJW 2012, 2639 Rn. 4; Diehn/*Zimmer* BNotO § 94 Rn. 4.
[8] BGH DNotZ 2014, 470 Rn. 6.
[9] Schippel/Bracker/*Herrmann* BNotO § 94 Rn. 13.
[10] Derartige Personen können aber von der Justizverwaltung als Notarvertreter und Notariatsverwalter für die Zukunft ausgeschlossen werden.
[11] *Dickert* MittBayNot 1995, 421 (425).
[12] Arndt/Lerch/Sandkühler/*Lerch* BNotO § 94 Rn. 3.
[13] Beispiele bei Diehn/*Zimmer* BNotO § 94 Rn. 5.
[14] BGH DNotZ 2014, 470 Rn. 7.
[15] OLG Köln 12.12.2004 – 2 X (Not) 35/04.
[16] Sachbearbeitung ist vor allem der Vollzug und die Abwicklung notarieller Urkunden.
[17] *Gabler* SchlHA 2007, 224 (229).
[18] OLG Celle NdsRpfl. 1997, 48 (49) bei Pflichtverletzung von Treuhandaufträgen ohne Schädigung.
[19] Schippel/Bracker/*Herrmann* BNotO § 94 Rn. 2.
[20] BGH DNotZ 2014, 470 Rn. 7 (Missbilligung als Sanktion wegen Sammelanderkonto und Verstoßes gegen Treuhandauflagen); OLG München MittBayNot 1984, 139 (Nichtbeachtung der standesrechtlichen

leicht fahrlässiges Verhalten[21] voraus. Ist ein Verschulden nicht nachweisbar, so kann zwar eine Belehrung oder ein Hinweis, nicht aber eine Missbilligung ausgesprochen werden.[22] Eine Missbilligung außerhalb des Disziplinarrechts reicht insbesondere dann aus, „wenn zu erwarten ist, dass der Notar den betreffenden Fall zum Anlass nehmen wird, künftige Verstöße gleicher oder ähnlicher Art nicht mehr zu begehen und in der Vergangenheit nicht schon schärfere Maßnahmen verhängt werden mussten".[23] Ist der Betroffene wegen eines vergleichbaren Verhaltens bereits ermahnt oder von der Justizverwaltung belehrt worden, reicht eine Missbilligung in der Regel nicht aus.

E. Verfahren (Abs. 1 S. 2)

6 Die Verfahrensvorschriften der § 75 Abs. 2 und Abs. 3 S. 1 und S. 2 finden entsprechende Anwendung. Der Betroffene ist daher vor Ausspruch der Missbilligung zu hören. Die Missbilligung kann nur innerhalb von fünf Jahren nach der letzten Handlung eines ordnungswidrigen Verhaltens oder einer Pflichtverletzung ausgesprochen werden. Der Missbilligungsbescheid der Landesjustizverwaltung ist als rechtsmittelfähiger Verwaltungsakt zu begründen und dem Betroffenen zuzustellen. Die Missbilligung spricht einen Tadel aus und wird in den Personalakten vermerkt. Nach Ablauf von fünf Jahren ab Unanfechtbarkeit ist die Missbilligung aus den Personalakten des Notars zu tilgen. Die entsprechenden Vorgänge und Akten sind nach § 110a zu vernichten.

F. Rechtsbehelfe (Abs. 2)

7 Die Rechtsmittel sind an § 75 angelehnt. Nach Abs. 2 kann der Notar gegen die Missbilligung innerhalb eines Monats nach Zustellung Beschwerde einlegen. Die Aufsichtsbehörde kann der Beschwerde abhelfen, indem sie die Missbilligung zurücknimmt und den Missbilligungsbescheid aufhebt. Macht sie von dieser Möglichkeit keinen Gebrauch, wird der Vorgang der nächsthöheren Aufsichtsbehörde vorgelegt, dem Präsidenten des Oberlandesgerichts. Der Präsident des Oberlandesgerichts kann den Bescheid der unteren Aufsichtsbehörde aufheben oder die Missbilligung durch Zurückweisung der Beschwerde aufrechterhalten. Die Entscheidung ist zu begründen (Abs. 2 S. 4). Weist der Präsident des Oberlandesgerichts die Beschwerde zurück, so kann der Notar oder Notarassessor gegen den Zurückweisungsbescheid beim Oberlandesgericht als Disziplinargericht Antrag auf gerichtliche Entscheidung stellen (Abs. 2 S. 5). Auch im gerichtlichen Verfahren kann die Aufsichtsbehörde die Missbilligung zugunsten des beschuldigten Notars aufheben.[24] Das Disziplinargericht kann die Missbilligung nur entweder bestätigen oder aufheben, nicht aber eine geänderte Maßnahme erlassen. Eine weitere Beschwerde ist nach dieser Entscheidung nicht statthaft. Wegen des Verfahrens verweist Abs. 2 S. 6 auf § 75 Abs. 5 S. 2–4.

Grundsätze zur Beurkundung von Bauherrenmodellen); KGR 2008, 219; OLG Schleswig RNotZ 2007, 622 mAnm *Litzenburger* (mehrfache Beurkundung mit Notariatsangestellten als Vertreter von Verbrauchern).

[21] Arndt/Lerch/Sandkühler/*Lerch* BNotO § 94 Rn. 3 spricht in Abweichung vom Gesetzeswortlaut von einem „vorwerfbaren Verhalten", was schon einen gewissen Schweregrad voraussetzen dürfte, wenn auch unterhalb der Disziplinarstrafenschwelle. Dieser „Schweregrad des vorwerfbaren Verhaltens" kann sich aus dem Gewicht des Verschuldens im Einzelfall oder einer Häufung von leichten Fällen unsorgfältiger Arbeitsweise ergeben.

[22] Schippel/Bracker/*Herrmann* BNotO § 94 Rn. 3; Arndt/Lerch/Sandkühler/*Lerch* BNotO § 94 Rn. 5.
[23] BGH DNotZ 2014, 470 Rn. 7.
[24] BGH NJW-RR 2012, 1267.

G. Verhältnis zu Disziplinarmaßnahmen (Abs. 3)

Abs. 3 entspricht im wesentlichen **§ 75 Abs. 6.** Die Missbilligung lässt das Recht der Aufsichtsbehörde unberührt, in ein förmliches Disziplinarverfahren überzuwechseln, solange das Verfahren vor dem Oberlandesgericht noch nicht anhängig ist.[25] Die ausgesprochene Missbilligung schafft daher keine materielle Rechtskraft.[26] Disziplinarmaßnahmen führen nach Abs. 3 S. 2 zur Unwirksamkeit der Missbilligung. Der Ausspruch der Missbilligung neben einer Disziplinarmaßnahme ist nicht möglich.[27] Das förmliche Disziplinarverfahren kann sowohl von der unteren Aufsichtsbehörde als auch von der nächsthöheren eingeleitet werden. Nach Abschluss des Verfahrens über den Antrag auf gerichtliche Entscheidung ist nur ein förmliches Disziplinarverfahren möglich, wenn der Missbilligungsbescheid durch das Oberlandesgericht aufgehoben wurde und nunmehr neue Tatsachen eingeführt werden können, die dem Gericht bei seiner Entscheidung noch nicht bekannt waren (Abs. 3 S. 3).[28]

8

2. Abschnitt. Disziplinarverfahren

§ 95 [Dienstvergehen]

Notare und Notarassessoren, die schuldhaft die ihnen obliegenden Amtspflichten verletzen, begehen ein Dienstvergehen.

Schrifttum: *Schütz/Schmiemann*, Disziplinarrecht des Bundes und der Länder, Loseblatt-Kommentar, 12. EL (Stand: 2/2019); *Urban/Wittkowski*, BDG Bundesdisziplinargesetz, Kommentar, 2. Aufl. 2017.

Übersicht

	Rn.
A. Hintergrund	1
B. Materielles und formelles Disziplinarrecht	6
C. Persönlicher Anwendungsbereich	7
D. Sachlicher Anwendungsbereich	11
I. Dienstvergehen	11
II. Bagatellverfehlungen	14
III. Außerberufliche Verfehlungen	17
IV. Begehungsformen	22
V. Rechtswidrigkeit	24
VI. Schuld	25
E. Einheit des Dienstvergehens	27
F. Verhältnis zur Amtsenthebung gem. § 50	36

A. Hintergrund

In den §§ 95 ff. ist das Disziplinarrecht der Notare geregelt. Dieses ist als Teil des Beamtenrechts somit Teil des **öffentlichen Dienstrechts.** Daher dient es vornehmlich dem Interesse der Öffentlichkeit an der Funktionsfähigkeit des öffentlichen Dienstes durch pflichtgemäße Aufgabenerfüllung der Amtsträger. Das Disziplinarrecht bezweckt daher keine Sühne für begangenes Unrecht wie das Strafrecht, sondern es stellt **Erziehungs- und Reinigungsmaßnahmen** zur Verfügung.[1] Wegen der unterschiedlichen Zielrichtun-

1

---

[25] Arndt/Lerch/Sandkühler/*Lerch* BNotO § 94 Rn. 10.
[26] Schippel/Bracker/*Herrmann* BNotO § 94 Rn. 4; Diehn/*Zimmer* BNotO § 94 Rn. 8.
[27] *Carstensen* ZNotP 2003, 46 (48).
[28] Arndt/Lerch/Sandkühler/*Lerch* BNotO § 94 Rn. 11.
[1] BVerfG NJW 1972, 93 (94); OLG Celle DNotZ 2018, 942 Rn. 103.

gen des Kriminalstrafrechts einerseits und des Disziplinarrechts andererseits kann die Straftat eines Amtsträgers in engen Grenzen sowohl durch ein Strafurteil als auch durch eine Disziplinarmaßnahme geahndet werden.[2] **Notare** üben als Teil der Freiwilligen Gerichtsbarkeit einen staatlich gebundenen Beruf mit einer besonders ausgeprägten Nähe zum öffentlichen Dienst im engeren Sinne aus.[3] Die BNotO unterwirft Notare daher einem beamtenähnlichen Disziplinarrecht.[4]

2 Das Disziplinarrecht dient zugleich dem **Schutz** des Notars und seiner persönlichen Unabhängigkeit, denn die förmliche Ausgestaltung des Verfahrens verhindert ungerechtfertigte Maßnahmen. Der Betroffene kann sich insbesondere darauf verlassen, nicht ohne schwerwiegenden Grund gegen seinen Willen aus dem Amt entfernt zu werden.[5]

3 In ihrer **Systematik** unterscheidet die BNotO zunächst zwischen Vorschriften zur „Ausübung des Amtes" (2. Abschnitt, §§ 14 ff.) und „sonstigen Pflichten des Notars" (3. Abschnitt, §§ 25 ff.). Beide Abschnitte begründen nach allgemeinem Verständnis Amtspflichten.[6] Innerhalb der §§ 75, 94, 95 findet man weitere **begriffliche Unterscheidungen:** § 75 sieht vor, dass die Notarkammer befugt ist, bei „ordnungswidrigem Verhalten leichterer Art" eine Ermahnung auszusprechen. Nach § 94 kann die Aufsichtsbehörde bei „ordnungswidrigem Verhalten und Pflichtverletzungen leichterer Art" eine Missbilligung aussprechen. Nach den §§ 95 ff. können von der Aufsichtsbehörde schließlich bei einer schuldhaften Verletzung von notariellen „Amtspflichten" die in § 97 genannten Disziplinarmaßnahmen ergriffen werden.

4 Die begriffliche Uneinheitlichkeit dürfte sich historisch erklären. Die Reichsnotarordnung aus dem Jahre 1937 sah in § 67 RNotO die Möglichkeit einer Missbilligung durch die Aufsichtsbehörde vor bei einer Ordnungswidrigkeit oder Pflichtverletzungen leichterer Art. Der Begriff der **Ordnungswidrigkeit** diente dabei der **Abgrenzung** zu schwereren Amtspflichtverletzungen, die in einem Dienststrafverfahren nach den §§ 68 ff. RNotO sanktioniert werden konnten. Nachdem die Bundesnotarordnung in der ursprünglichen Fassung von § 67 BNotO aus dem Jahre 1961 diese Terminologie zumindest bezüglich der Missbilligung noch übernommen hatte, wurde der Begriff der Ordnungswidrigkeit im Zuge der umfassenden Reformierung des Strafrechts im Jahre 1974 durch den Begriff des ordnungswidrigen Verhaltens ersetzt, um vor allem eine Verwechslung mit Ordnungswidrigkeiten nach dem Gesetz über Ordnungswidrigkeiten zu vermeiden.[7]

5 Uneinheitlich wird die Frage beantwortet, ob und gegebenenfalls welcher **inhaltliche Unterschied** nach aktueller Rechtslage zwischen „ordnungswidrigem Verhalten", „Pflichtverletzung" und „Dienstvergehen" besteht. Unterschiedlich wird bewertet, ob das „ordnungswidrige Verhalten" lediglich einen Unterfall der „Pflichtverletzung leichterer Art" darstellt[8] oder ob beide Begriffe inhaltlich voneinander abgrenzbar sind[9]. Im Ergebnis dürfte jedoch festgehalten werden können, dass auch das ordnungswidrige Verhalten ein pflichtwidriges Verhalten voraussetzt[10] und auch in den Fällen der Ermahnung nach § 75 und der Missbilligung nach § 94 dem Notar ein schuldhaftes Verhalten vorzuwerfen sein muss.[11]

---

[2] Schippel/Bracker/*Herrmann* BNotO § 95 Rn. 1.
[3] BVerfG DNotZ 1987, 121; 2009, 702.
[4] Arndt/Lerch/Sandkühler/*Sandkühler* BNotO § 95 Rn. 4; zur Ahndung anwaltlicher Pflichtenverstöße bei Anwaltsnotaren im Disziplinarwege → § 110 Rn. 15 ff.
[5] Arndt/Lerch/Sandkühler/*Sandkühler* BNotO § 95 Rn. 3; Schippel/Bracker/*Herrmann* BNotO § 95 Rn. 1.
[6] Vgl. Schippel/Bracker/*Kanzleiter* BNotO Vorb. §§ 25–32 Rn. 1.
[7] Vgl. BT-Drs. 7/550, 379: „Änderungen nur redaktioneller Art".
[8] Schippel/Bracker/*Herrmann* BNotO § 94 Rn. 12; wohl auch Diehn/*Schwipps* BNotO § 75 Rn. 5.
[9] Arndt/Lerch/Sandkühler/*Lerch* BNotO § 94 Rn. 3; Diehn/*Zimmer* BNotO § 94 Rn. 3.
[10] Arndt/Lerch/Sandkühler/*Sandkühler* BNotO § 95 Rn. 16.
[11] Schippel/Bracker/*Herrmann* BNotO § 94 Rn. 3.

B. Materielles und formelles Disziplinarrecht

Das **materielle** Disziplinarrecht regelt die Merkmale eines Dienstvergehens und die möglichen Sanktionen. Das **formelle** Disziplinarrecht beinhaltet als Disziplinarverfahrensrecht die Verfahrensregeln, die bei der Ermittlung und Beurteilung eines Dienstvergehens zu beachten sind. Im notariellen Disziplinarrecht hat der Gesetzgeber von einer umfassenden Regelung des Disziplinarverfahrensrechts abgesehen. Die **Verfahrensvorschriften** erschließen sich daher aus der Verweisung auf das Bundesdisziplinargesetz in §§ 96, 105 und 109. § 95 beschreibt abschließend den **Tatbestand** des notariellen Dienstvergehens. 6

C. Persönlicher Anwendungsbereich

Das Disziplinarrecht der BNotO ist anzuwenden auf 7
– Notare,
– Notarassessoren (§ 7 Abs. 4 S. 2),
– Notarvertreter (§ 39 Abs. 4),
– Notariatsverwalter (§ 57 Abs. 1).

Eine Verletzung notarieller Amtspflichten als Dienstvergehen setzt voraus, dass der Betroffene dem notariellen Pflichtenkreis unterliegt. § 95 vermeidet den Begriff „**amtierender Notar**" und gibt daher allein keine Auskunft darüber, was disziplinarrechtlich für nicht mehr amtierende Notare gilt, die ihres Amtes enthoben wurden oder von sich aus ihr Amt niedergelegt haben bzw. aus Altersgründen aus dem Amt ausgeschieden sind. Zwar ist gem. § 1 BDG das Disziplinarrecht auch auf Ruhestandsbeamte des Bundes anzuwenden. Jedoch handelt es sich bei ausgeschiedenen Notaren oder Notarassessoren wohl nicht um eine vergleichbare Personengruppe. Vielmehr bestimmt § 32 Abs. 2 Nr. 2 BDG für Bundesbeamte oder zB § 33 Abs. 2 Nr. 2 LDG NRW für Landesbeamte in Nordrhein-Westfalen einen **statusbezogenen Einstellungsgrund,** da ein laufendes Disziplinarverfahren (zwingend) einzustellen ist, wenn das Beamtenverhältnis durch Entlassung, Verlust der Beamtenrechte oder Entfernung endet. Es handelt sich dabei um ein absolutes Verfahrenshindernis.[12] **Aus dem Amt geschiedene Notare** können daher disziplinarisch nicht mehr belangt werden.[13] Ihnen kann allerdings gem. § 52 Abs. 3 die Erlaubnis verweigert oder entzogen werden, sich „Notar außer Dienst" zu nennen, wenn das Dienstvergehen von erheblichem Gewicht war und der frühere Notar durch den weiteren Gebrauch der Amtsbezeichnung das Ansehen und das Vertrauen schädigt, das dem Notarberuf entgegengebracht wird.[14] Zugleich können Dienstvergehen während der Amtszeit bei der Frage der persönlichen Eignung als Notariatsverwalter oder Notarvertreter Berücksichtigung finden.[15] 8

Handlungen, die ein Dienstvergehen darstellen und die ein Notar bzw. Notarassessor **vor seiner Ernennung** begangen hat, werden disziplinarrechtlich nicht geahndet. Sie finden aber im Rahmen der Frage der persönlichen Eignung Beachtung. Wohl kann es aber ein zu ahndendes Dienstvergehen darstellen, wenn der Notar oder Notarassessor bei seiner Einstellung Dinge verschweigt oder unrichtig angibt, die für die Be- bzw. Einstellung entscheidend gewesen wären. Etwas anderes gilt im Übrigen, wenn disziplinarrechtlich relevante Handlungen in einem **früheren Dienstverhältnis** als Beamter, Soldat oder Richter begangen und bisher nicht abgeurteilt wurden. Diese Handlungen dürften — ungeachtet eines etwaigen Wechsels des Dienstherrn — bei Eingehung eines neuen Dienst- oder 9

---

[12] Schütz/Schmiemann/*Schmiemann,* Stand: 4/2009, BDG § 32 Rn. 12.
[13] Vgl. BGH BeckRS 2018, 43112 Rn. 3; DNotZ 2019, 390 Rn. 35; Schippel/Bracker/*Herrmann* BNotO § 95 Rn. 5.
[14] Vgl. nur zuletzt BGH RNotZ 2019, 175.
[15] BGH DNotZ 2019, 390 Rn. 30 f.; NJOZ 2011, 44 (45).

Amtsverhältnisses weiter geahndet werden können, vgl. § 2 Abs. 2 BDG oder zB § 2 Abs. 2 LDG NRW.[16]

10 Pflichtverletzungen der **Notarvertreter** oder **Notariatsverwalter** können – wenn sie nicht selbst Notare oder Notarassessoren sind – nur während der Zeit ihrer Bestellung disziplinarisch geahndet werden.[17] Verstoßen **Rechtsanwälte** während einer Notarvertretung oder Notariatsverwaltung gegen notarielle Dienstpflichten, kann ein **anwaltsgerichtliches Verfahren** wegen eines Verstoßes gegen § 43 S. 2 BRAO eingeleitet werden.[18] Dies setzt die Unterrichtung der zuständigen Rechtsanwaltskammer durch die Aufsichtsbehörden oder die Notarkammer voraus. Bei der Entscheidung über eine neuerliche Bestellung des Betroffenen zum Notarvertreter oder Notariatsverwalter sind diese Dienstvergehen ebenfalls zu berücksichtigen. Auch bei einer späteren Bewerbung als Notar sind frühere Dienstvergehen als Notarvertreter oder Notariatsverwalter im Rahmen der persönlichen Eignung von Belang.[19] Darüber hinaus kann ein Rechtsanwalt dienstaufsichtsrechtlich für Dienstvergehen während einer früheren Vertreterbestellung belangt werden, wenn er zeitlich später selbst zum Anwaltsnotar bestellt wird.[20]

D. Sachlicher Anwendungsbereich

I. Dienstvergehen

11 Ein Dienstvergehen ist gem. § 95 die **schuldhafte Verletzung notarieller Amtspflichten.** Welche Amtspflichten Gegenstand eines Disziplinarverfahrens sein können, lässt das notarielle Disziplinarrecht offen; entscheidend sind die pflichtenbegründenden Normen des Berufsrechts. Mit dieser offenen Struktur entspricht das notarielle Disziplinarrecht dem Disziplinarrecht für Beamte des Bundes und der Länder (vgl. § 47 Abs. 1 S. 1 BeamtStG, § 77 Abs. 1 S. 1 BBG).[21]

12 Art. 103 Abs. 2 GG („nullum crimen sine lege") verlangt auch für das Disziplinarrecht eine ausreichende gesetzliche Grundlage als **Eingriffsermächtigung.**[22] Diesen Anforderungen wird § 95 trotz der generalklauselartigen Weite gerecht. Nur **rechtlich begründete** Verhaltenspflichten sind Amtspflichten des Notars.[23] Bloße Standessitten oder nicht zu Gewohnheitsrecht verfestigte Übungen sind nicht sanktionsbewehrt. Amtspflichten im disziplinarrechtlichen Sinne sind alle Pflichten institutioneller und verfahrensrechtlicher Art, die der Notar in Erfüllung seines Amtseides zu beachten hat (§§ 13 Abs. 1, 14 Abs. 1 S. 1). Sie ergeben sich danach aus dem Verfassungsrecht, den **Gesetzen** im formellen und materiellen Sinn einschließlich des **Gewohnheitsrechts** und den **Richtlinien der Notarkammern** gem. § 67 Abs. 2. Die „Allgemeinen Richtlinien für die Berufsausübung der Notare" der BNotK vom 8.12.1962 spielen nach der Neuordnung der Richtlinienkompetenzen in §§ 67 Abs. 2, 78 Abs. 1 Nr. 5 keine Rolle mehr. Die Richtlinienempfehlungen der BNotK gem. § 78 Abs. 1 Nr. 5 beinhalten als bloße Vorschläge keine Amtspflichten.

13 Die Beachtung der Regelungen der Dienstordnungen für Notarinnen und Notare **(DONot)** der Länder ist eine Amtspflicht des Notars; Verstöße unterliegen daher disziplinarischer Ahndung.[24] Zu beachten ist indes, dass die dem Notar durch die Dienstordnung

---

[16] Ständige Rspr. des BVerfG, vgl. BVerfGE 66, 337 (355). Vgl. *Weisgerber* MittRhNotK 1986, 1; zu § 2 LDG NRW vgl. nur Urban/Wittkowski/*Wittkowski* BDG § 2 Rn. 29, 34.
[17] Diehn/*Zimmer* BNotO § 95 Rn. 3.
[18] Vgl. dazu nur Feuerich/Weyland/*Träger* BRAO § 43 Rn. 9 ff.
[19] Vgl. nur BGH DNotZ 2014, 311.
[20] Schippel/Bracker/*Bracker* BNotO § 39 Rn. 24.
[21] Zur Differenzierung zwischen notariellen Amtspflichten und dem Beamten „obliegenden Pflichten" vgl. eingehender Diehn/*Zimmer* BNotO § 95 Rn. 4.
[22] Arndt/Lerch/Sandkühler/*Sandkühler* BNotO § 95 Rn. 11; Schippel/Bracker/*Herrmann* BNotO § 95 Rn. 6.
[23] Arndt/Lerch/Sandkühler/*Sandkühler* BNotO § 95 Rn. 12.
[24] BGH NJW 1980, 1854; DNotZ 1993, 465 (467); OLG Hamm NJOZ 2012, 1434.

auferlegten Pflichten nicht gegenüber Dritten bestehen und insoweit keine drittschützenden Amtspflichten darstellen.[25]

II. Bagatellverfehlungen

Der Wortlaut des § 95 differenziert nicht weiter, sondern spricht allgemein von Dienstvergehen. Danach wäre jede noch so unbedeutende und **geringfügige** schuldhafte Amtspflichtverletzung ein ahndungswürdiges Dienstvergehen. Wegen des Legalitätsprinzips müsste auch in unbedeutenden Fällen ein Disziplinarverfahren eingeleitet werden. Dieses Ergebnis würde allerdings in einem Wertungswiderspruch zu §§ 75 Abs. 1 und 94 Abs. 1 stehen, wonach die Notarkammern bei ordnungswidrigem Verhalten leichterer Art eine **Ermahnung** und die Aufsichtsbehörden bei ordnungswidrigem Verhalten und Pflichtverletzungen leichterer Art eine **Missbilligung** aussprechen können. Ob daher das Gesetz „Bagatellverfehlungen" von vornherein nicht als Dienstvergehen iSv § 95 wertet, wird uneinheitlich beantwortet.[26] Zu bedenken dürfte sein, dass auch im Beamtendisziplinarrecht eine solche **Abschichtung** vorgenommen und für die Qualifizierung als Dienstvergehen und damit für eine disziplinare Ahndung ein gewisses Minimum an Gewicht und Evidenz des Versäumnisses gefordert wird, so dass solche nicht disziplinarwürdige Bagatellverfehlungen ausgeschieden werden, wie sie auch einem pflichtbewussten Beamten ohne weiteres einmal unterlaufen können.[27] Zugleich geht das Gesetz selbst davon aus, dass nicht jedes Dienstvergehen im Disziplinarwege verfolgt werden muss. Denn andernfalls liefe das Ermahnungsrecht der Notarkammern aus § 75 leer, weil die Notarkammern zur Einleitung eines Disziplinarverfahrens nicht befugt sind.

Eine **Bagatellverfehlung** kann daher unter Zugrundelegung der beamtenrechtlichen Vorgaben vorliegen, wenn

– der Notar nicht gegen notarielle Kernpflichten verstößt,
– der Pflichtenverstoß objektiv geringfügiger Natur ist,
– das Verschulden des Notars gering ist.

Diese Voraussetzungen müssen **kumulativ** vorliegen. Ein Verstoß gegen notarielle Kernpflichten oder zahlreiche leichtere Verfehlungen dürften hingegen – abhängig vom Einzelfall – die Einleitung eines Disziplinarverfahrens erfordern.[28]

III. Außerberufliche Verfehlungen

Auch eine **außerberufliche** private Verfehlung kann ein Dienstvergehen darstellen.[29] Ein Notar hat sich nämlich gem. § 14 Abs. 3 auch durch sein außerdienstliches Verhalten der Achtung und des Vertrauens würdig zu erweisen, die dem Notaramt entgegengebracht werden. Das Integritätsgebot des § 14 Abs. 3 gilt auch für die private Lebensführung des Notars.[30] Außerberufliche Verfehlungen können allerdings nur dann als Dienstvergehen verfolgt werden, wenn sie nach den Umständen des Einzelfalls im besonderen Maße geeignet sind, Achtung und Vertrauen in das Amt des Notars in bedeutsamer Weise zu beeinträchtigen und dadurch mittelbar dienstrechtliche Relevanz erlangen (vgl. § 47 Abs. 1 S. 2 BeamtStG, § 77 Abs. 1 S. 2 BBG).[31] Bei **Anwaltsnotaren** stehen außerberufliche

---

[25] Armbrüster/Preuß/Renner/*Eickelberg* DONot Vorb. Rn. 44; Ganter/Hertel/Wöstmann/*Wöstmann* Notarhaftung-HdB Rn. 1839.
[26] Vgl. einerseits Diehn/*Zimmer* BNotO § 95 Rn. 17; Arndt/Lerch/Sandkühler//*Sandkühler* BNotO § 95 Rn. 16 f., andererseits Schippel/Bracker/*Herrmann* BNotO § 95 Rn. 11.
[27] Vgl. zB VG Sigmaringen BeckRS 2018, 35886; VGH Mannheim BeckRS 2007, 21554; Urban/Wittkowski/*Wittkowski* BDG § 17 Rn. 2.
[28] Arndt/Lerch/Sandkühler/*Sandkühler* BNotO § 95 Rn. 19.
[29] Vgl. eingehend für das Beamtendienstrecht Schütz/Schmiemann/*Brägelmann,* Stand: 6/2002, Teil C Rn. 8 ff.
[30] OLG Köln BeckRS 2017, 148408 Rn. 32; BGH NJW-RR 2018, 1017 (1019).
[31] Vgl. zum Beamtendisziplinarrecht BVerwG NVwZ-RR 2016, 421 Rn. 30 mwN; Arndt/Lerch/Sandkühler/*Sandkühler* BNotO § 95 Rn. 20 f.

Verfehlungen häufig nicht im Zusammenhang mit dem Notaramt, sondern mit der Ausübung des Rechtsanwaltsberufs, so dass solche Verstöße gem. § 110 Abs. 1 S. 2 im anwaltsgerichtlichen Verfahren zu ahnden sind.[32]

18 Unbeschadet § 49 können außerberuflich begangene **Straftaten** Dienstvergehen darstellen, wenn sie nach Art und Schwere geeignet sind, das Vertrauen der Bevölkerung in das Notaramt oder in die Zuverlässigkeit des Notars zu beeinträchtigen. Dies wird im Hinblick auf die steuerlichen Beistandspflichten bei **Steuerstraftaten**[33] sowie bei **Urkundsdelikten** der Fall sein. Auch **Vermögensdelikte** sind in besonderer Weise geeignet, das Vertrauen der rechtsuchenden Bevölkerung in die Integrität der notariellen Amtsführung insbesondere bei der Abwicklung von Verwahrungsgeschäften zu zerstören.

19 Hingegen stellen **Straftaten im Straßenverkehr** regelmäßig keine Dienstvergehen dar, auch wenn sie schwere Folgen nach sich ziehen. Anders zu bewerten sind Verkehrsdelikte indes, wenn sie charakterliche Defizite anzeigen oder Ausdruck einer rücksichtslosen Gesinnung sind. Verkehrsunfallfluchten oder wiederholte Trunkenheitsfahrten können deshalb Disziplinarmaßnahmen nach sich ziehen.[34] Solche charakterlichen Defizite können auch bei der Bewerbung um die Übernahme in den Anwärterdienst oder eine Notarstelle im Rahmen der Frage der persönlichen Eignung Bedeutung haben.[35]

20 Ansonsten entscheiden immer die Umstände des Einzelfalls. Es kommt dabei auf den Grad des Verschuldens, das Maß der zutage tretenden kriminellen Energie, die abstrakte Eignung des Verhaltens zur Ansehens- und Vertrauensbeeinträchtigung in der Öffentlichkeit, die Schwere der Beeinträchtigung und den funktionellen Bezug zum Notaramt an.[36] In der Regel nicht als Dienstvergehen zu ahnden sind bloße **Ordnungswidrigkeiten** iSd OWiG.[37]

21 Die **private Wirtschaftsführung** des Notars ist disziplinarrechtlich irrelevant. Die im Beamtenrecht geltende Maxime, wonach die leichtfertige, nicht auf vernünftigen wirtschaftlichen Erwägungen beruhende Eingehung von Schulden und die schuldhafte Nichterfüllung fälliger Verbindlichkeiten Dienstvergehen darstellen können,[38] sind auf das in den Strukturen eines freien Berufs ausgeübte Notaramt nicht übertragbar.[39] Als Korrektiv wirkt indes § 50 Abs. 1 Nr. 8, der die zwingende **Amtsenthebung** vorsieht, wenn die wirtschaftlichen Verhältnisse des Notars oder die Art seiner Wirtschaftsführung die Interessen der Rechtsuchenden gefährden.

IV. Begehungsformen

22 Der Notar kann seine Dienstpflichten in jeder Begehungsform verletzen: durch **aktives Tun** oder durch **pflichtwidriges Unterlassen**.[40] Dienstvergehen durch pflichtwidriges Unterlassen sind häufiger anzutreffen (zB Unterlassung gebotener Belehrungen, Missachtung von Mitwirkungsverboten oder Treuhandauflagen). Auch bereits der Anschein, gegen eine Dienstpflicht zu verstoßen, stellt eine Dienstpflichtverletzung dar. Denn der Notar hat gem. § 14 Abs. 3 die Pflicht, ein Verhalten zu vermeiden, das bereits den **Anschein** eines Verstoßes gegen die ihm gesetzlich auferlegten Pflichten erzeugt, insbesondere den Anschein der Abhängigkeit oder Parteilichkeit.

---

[32] Vgl. Schippel/Bracker/*Kanzleiter* BNotO § 14 Rn. 61.
[33] BGH DNotZ 1985, 489; vgl. auch BeckOK BeamtenR Bund/*Thomsen* BeamtStG § 47 Rn. 16.
[34] Vgl. für § 77 Abs. 1 S. 2 BBG BVerwG DÖV 2002, 121; NVwZ 2011, 299; Battis/*Battis* BBG § 77 Rn. 15.
[35] Vgl. BGH DNotZ 1997, 891 (892 f.); 2001, 573; 2005, 796.
[36] Vgl. Diehn/*Zimmer* BNotO § 95 Rn. 18; Arndt/Lerch/Sandkühler/*Sandkühler* BNotO § 95 Rn. 24.
[37] Schippel/Bracker/*Herrmann* BNotO § 95 Rn. 23.
[38] Vgl. Battis/*Battis* BBG § 61 Rn. 13; OVG Münster BeckRS 2013, 55770; BVerwG BeckRS 1991, 30434658.
[39] Einschränkend Arndt/Lerch/Sandkühler/*Sandkühler* BNotO § 95 Rn. 21; wie hier Diehn/*Zimmer* BNotO § 95 Rn. 18; ähnlich Schippel/Bracker/*Herrmann* BNotO § 95 Rn. 25.
[40] Vgl. Arndt/Lerch/Sandkühler/*Sandkühler* BNotO § 95 Rn. 26 ff.

Im Disziplinarrecht ist nicht weiter von Bedeutung, ob der Notar als **Täter** oder als **Teilnehmer** im Sinne der strafrechtlichen Dogmatik gehandelt hat.[41] Ebenfalls unerheblich ist die strafrechtliche Differenzierung zwischen dem Versuch und der Vollendung eines Delikts. Das Disziplinarrecht kennt nur ein **vollendetes Dienstvergehen.**[42] Der Versuch des Notars, sich amtspflichtwidrig zu verhalten, stellt deshalb ein vollendetes Dienstvergehen dar.[43] Für die Abgrenzung zwischen Vorbereitungshandlung und Versuch sind die zu § 22 StGB entwickelten Grundsätze heranzuziehen,[44] wobei auch **Vorbereitungshandlungen** gerade im Hinblick auf das Anscheinsverbot bereits ein Dienstvergehen darstellen können.

V. Rechtswidrigkeit

Nur rechtswidriges Tun oder Unterlassen kann ein Dienstvergehen begründen. Wie im Strafrecht wird die Rechtswidrigkeit durch die Erfüllung des objektiven Tatbestands einer Pflichtverletzung indiziert. Die allgemein gültigen geschriebenen und ungeschriebenen **Rechtfertigungsgründe** sind zu beachten.[45] Hierzu zählen insbesondere Einwilligung, mutmaßliche Einwilligung, behördliche Erlaubnis, Erfüllung von Dienst- oder Amtspflichten, Notwehr, Selbsthilfe, rechtfertigender Notstand sowie die Wahrnehmung berechtigter Interessen.

VI. Schuld

Eine Amtspflichtverletzung kann nur dann als Dienstvergehen verfolgt werden, wenn der Notar schuldhaft gehandelt hat. Schuld im disziplinarrechtlichen Sinne bedeutet **Vorsatz** oder **Fahrlässigkeit.**[46] Für die Beurteilung im Einzelnen gelten die im Strafrecht entwickelten Grundsätze.[47]

Schuldausschließungsgründe[48] sind zu beachten. In Betracht kommt insbesondere die Schuldunfähigkeit (§§ 19, 20 StGB). Die festgestellte Schuldunfähigkeit wird im Einzelfall die Prüfung nahelegen, ob die Voraussetzungen für eine Amtsenthebung gem. § 50 Abs. 1 Nr. 7 vorliegen. Gemäß § 17 StGB stellt auch der unvermeidbare **Verbotsirrtum** einen Schuldausschließungsgrund dar. Beim Verbotsirrtum fehlt dem Täter die Einsicht, Unrecht zu tun; er ist sich der Pflichtwidrigkeit seines Handelns oder Unterlassens nicht bewusst. Gelegentlich berufen sich Notare in Disziplinarverfahren auf diesen Schuldausschließungsgrund. Der Verbotsirrtum wirkt aber nur dann entschuldigend, wenn er **unvermeidbar** war (§ 17 S. 1 StGB).[49] Der Verbotsirrtum eines Notars ist indes regelmäßig vermeidbar, weil der Notar die ihm bei der Amtsausübung obliegenden Pflichten kennen und sich über seinen Pflichtenkreis fortlaufend umfassend unterrichten muss.[50] In Zweifelsfällen muss er Auskünfte bei seiner Aufsichtsbehörde oder bei der Notarkammer einholen.[51]

---

[41] Arndt/Lerch/Sandkühler/*Sandkühler* BNotO § 95 Rn. 25. Vgl. nur *Reich,* 3. Aufl. 2018, BeamtStG § 47 Rn. 3.
[42] *Bauschke/Weber* BDG Anh. § 2 Rn. 17; BVerwG NVwZ-RR 1994, 219; BeckOK BeamtenR Bund/*Thomsen* BeamtStG § 47 Rn. 4.
[43] Vgl. BGH DNotZ 1993, 263; Diehn/*Zimmer* BNotO § 95 Rn. 19.
[44] Arndt/Lerch/Sandkühler/*Sandkühler* BNotO § 95 Rn. 29.
[45] Vgl. Schippel/Bracker/*Herrmann* BNotO § 95 Rn. 9; Arndt/Lerch/Sandkühler/*Sandkühler* BNotO § 95 Rn. 29.
[46] BeckOK BeamtenR Bund/*Thomsen* BeamtStG § 47 Rn. 5; Battis/*Battis* BBG § 77 Rn. 17.
[47] Hummel/Köhler/Mayer/*Köhler* A. I. 4. Rn. 27; vgl. BGH DNotZ 1993, 263 (266); Diehn/*Zimmer* BNotO § 95 Rn. 10.
[48] Vgl. hierzu BeckOK BeamtenR Bund/*Thomsen* BBG § 77 Rn. 5; Schütz/Schmiemann/*Brägelmann,* Stand: 6/2002, Teil C Rn. 58 ff.
[49] Vgl. BGH DNotZ 1993, 263 (266); Arndt/Lerch/Sandkühler/*Sandkühler* BNotO § 95 Rn. 40.
[50] Vgl. Diehn/*Zimmer* BNotO § 95 Rn. 20.
[51] Schippel/Bracker/*Herrmann* BNotO § 95 Rn. 10.

E. Einheit des Dienstvergehens

27 Der im Disziplinarrecht geltende **Grundsatz der Einheit des Dienstvergehens** verlangt, dass mehrere Dienstpflichtverletzungen einheitlich zu beurteilen sind, auch wenn sie weder räumlich, zeitlich noch sachlich in einem Zusammenhang stehen.[52] Der Einheitsgrundsatz, der unmittelbar aus § 47 Abs. 1 S. 1 BeamtStG bzw. § 77 Abs. 1 S. 1 BBG abgeleitet wird („Beamtinnen und Beamte begehen *ein* Dienstvergehen, wenn sie schuldhaft die ihnen obliegenden Pflichten verletzen") ist materiell-rechtlicher Natur.[53] Ihm liegt die Überlegung zugrunde, dass es im Disziplinarrecht nicht primär um die Feststellung und Maßregelung einzelner Verfehlungen geht, sondern um die **dienstrechtliche Bewertung des Gesamtverhaltens** des Beamten, das im Dienstvergehen als der Summe der festgestellten Pflichtverletzungen seinen Ausdruck findet. Der Beamte wird disziplinarisch nicht gemaßregelt, weil er bestimmte Pflichten verletzt hat, sondern weil er dadurch Persönlichkeitsmängel offenbart, die eine Pflichtenmahnung oder eine Beendigung des Beamtenstatus für geboten erscheinen lassen.[54]

28 Mehrere Pflichtverletzungen des Notars bilden demnach ein **einheitliches Dienstvergehen** und sind einheitlich zu würdigen; erkannt wird auf eine Disziplinarmaßnahme.[55] Die gesonderte Verfolgung und Würdigung jeder einzelnen Amtspflichtverletzung ist **unzulässig**. Dabei kommt es nicht darauf an, in welchem Verhältnis die einzelnen Pflichtverletzungen zueinander stehen (fortgesetzte Handlung oder Tatmehrheit),[56] sondern es ist die aus dem Gesamtverhalten ersichtliche **Persönlichkeitsstruktur** des Notars zu würdigen.[57] Hieraus ergibt sich zudem, dass in Fällen, in denen sich einzelne Vorwürfe als unbegründet erweisen oder nicht bewiesen werden können, **kein Teilfreispruch** erfolgt.[58]

29 Aus dem Prinzip der Einheit des Dienstvergehens ist in der Rechtsprechung des Disziplinarsenats des BVerwG die **verfahrensrechtliche Konsequenz** gezogen worden, dass über alle entscheidungsreifen Pflichtverletzungen gleichzeitig durch eine einheitliche Disziplinarmaßnahme zu entscheiden ist.[59] Nach der Rechtsprechung des BVerwG unter Geltung der Bundesdisziplinarordnung gebot es der Grundsatz der Einheit des Dienstvergehens daher nicht nur, das durch mehrere Verfehlungen zutage getretene Fehlverhalten eines Beamten einheitlich zu würdigen. Vielmehr schloss die Notwendigkeit der einheitlichen Betrachtung aller einem Beamten zur Last gelegten Pflichtverletzungen es grundsätzlich aus, für jede einzelne Verfehlung gesondert eine Disziplinarmaßnahme zu bestimmen. Danach war es in der Regel nicht zulässig, mehrere Verfehlungen in verschiedenen Verfahren zu ahnden.[60]

30 In der **Rechtsprechung** des Disziplinarsenats ist allerdings auch geklärt, dass nach Inkrafttreten des Bundesdisziplinargesetzes im Jahr 2002 an diesem Regel-Ausnahme-Verhältnis in verfahrensrechtlicher Hinsicht nicht mehr unverändert festzuhalten ist. Der Bundesgesetzgeber hat nunmehr die verfahrensrechtlichen Notwendigkeiten und Voraussetzungen der grundsätzlich einheitlichen Würdigung einer Mehrzahl von Pflichtverletzungen durch die Aufnahme von Ausnahmetatbeständen in §§ 19, 53, 56 BDG kodifiziert und damit die in der Rechtsprechung entwickelten Verfahrensgrundsätze ausdrücklich im Sinne

---

[52] Ständige Rspr., grundlegend BVerwGE 33, 314 (315); NVwZ-RR 2009, 815; BeckOK BeamtenR Bund/*Thomsen* BeamtStG § 47 Rn. 7; *Carstensen* ZNotP 2003, 46 (47).
[53] BeckOK BeamtenR Bund/*Thomsen* BeamtStG § 47 Rn. 7.
[54] BVerwG NJW 2018, 1185 Rn. 96; NVwZ 2010, 713 Rn. 63.
[55] Grundlegend BGH DNotZ 1966, 410; NJW-RR 2001, 498; OLG Köln BeckRS 2014, 23630; OLG Stuttgart BeckRS 2018, 39589; Arndt/Lerch/Sandkühler/*Sandkühler* BNotO § 95 Rn. 41 ff.
[56] BGH DNotZ 1988, 259 (260); vgl. auch Battis/*Grigoleit* BBG § 77 Rn. 10.
[57] Ständige Rspr., vgl. nur BVerwG NVwZ 2000, 449; Arndt/Lerch/Sandkühler/*Sandkühler* BNotO § 95 Rn. 41.
[58] Schippel/Bracker/*Herrmann* BNotO § 95 Rn. 7.
[59] Urban/Wittkowski/*Wittkowski* BDG § 2 Rn. 12.
[60] Vgl. nur BVerwG NVwZ 2000, 449.

einer weiteren **Einschränkung des Einheitsgrundsatzes** modifiziert.[61] Der Einheitsgrundsatz ist daher nach Ansicht des BVerwG in verfahrensrechtlicher Hinsicht insbesondere den verschiedenen, in § 53 BDG vorgesehenen Verfahrensweisen **anzupassen**.[62] Aus dieser Gesetzeslage folgt nach Auffassung des BVerwG, dass dem Grundsatz der Einheit des Dienstvergehens nicht mehr vorwiegend oder gar ausschließlich durch bestimmte Verfahrensweisen Rechnung zu tragen ist. Ihm ist vielmehr materiell-rechtlich in der Form Geltung zu verschaffen, dass bei der Entscheidung im letzten von mehreren aufeinanderfolgenden Verfahren bei der Bestimmung der angemessenen Disziplinarmaßnahme eine einheitliche Würdigung des gesamten Dienstvergehens vorauszugehen hat.[63] Entscheidende Bedeutung erhält die Frage vor allem im **Zusammenhang mit der Verjährungsfrist** gem. § 95a Abs. 1.[64] Denn der Grundsatz hat zur Folge, dass bei einer Mehrheit von Pflichtverletzungen, die disziplinarrechtlich eine Einheit bilden, die Verjährungsfrist erst mit der Beendigung der letzten Pflichtverletzung beginnt. Dies hat dann zur Folge, dass die Verjährungsfrist für das gesamte Dienstvergehen mit jeder weiteren Pflichtverletzung neu zu laufen beginnt.[65] Es wird daher auf die Kommentierung zu § 95a verwiesen.[66]

Bei **Anwaltsnotaren** ist § 110 Abs. 1 zu beachten; auch Verfehlungen im Bereich der anwaltlichen Berufsausübung können im notariellen Disziplinarverfahren verfolgt werden.[67] **31**

Eine bestandskräftige Disziplinarmaßnahme errichtet **kein Verfolgungshindernis** für alle vor der Maßnahme liegenden (unerkannten) Amtspflichtverletzungen. Die zukünftige Ahndung nachträglich aufgedeckter Dienstvergehen wird somit durch die Einheit des Dienstvergehens nicht ausgeschlossen. Dies gilt auch dann, wenn die Dienstvergehen in einem inneren und/oder äußeren Zusammenhang („Fortsetzungszusammenhang") mit den Vergehen stehen, die Gegenstand der Disziplinarmaßnahme waren.[68] **32**

Vom Grundsatz der Einheit des Dienstvergehens sind aus rechtlichen und tatsächlichen Gründen **Ausnahmen** zu machen:[69] Eine Verselbstständigung von Dienstvergehen ist zum einen notwendig, wenn der Verfolgung einzelner Amtspflichtverletzungen **rechtliche Hindernisse** entgegenstehen, etwa wenn wegen einzelner Vergehen ein Verfolgungsverbot gem. § 95a eingetreten ist. Zum anderen kommt in Betracht, dass ein wegen einer Straftat eingeleitetes Disziplinarverfahren bis zur Beendigung des strafrechtlichen Verfahrens ausgesetzt ist, während ein anderes Dienstvergehen ausreichend aufgeklärt und deshalb geahndet werden kann. **33**

Darüber hinaus muss das Prinzip der Einheit des Dienstvergehens nach der Rechtsprechung in den Fällen **durchbrochen** werden, in denen frühere Pflichtverletzungen in keinem konkreten zeitlichen, ursächlichen, psychologischen und wesensmäßigen **Zusammenhang** stehen.[70] Nach Ansicht des Bundesgerichtshofs entspricht es dem Sinn und Zweck des Gesetzes, einzelne Verfehlungen mit einer gewissen Selbständigkeit insoweit ebenfalls selbständig zu behandeln, da ansonsten das Strafverbot wegen Zeitablaufs immer bedeutungslos wäre, wenn der Beschuldigte später auch nur eine einzige, geringfügige Dienstpflichtverletzung begehe. Dem Zweck der Verjährungsvorschrift des § 95a, abgeschlossene Sachverhalte als erledigt anzusehen, entspricht es daher, nur solche länger als fünf Jahre zurückliegende Verfehlungen in das zu ahndende Dienstvergehen einzubeziehen, die auf einer **einheitlichen Willensrichtung** beruhen, durch die **vergleichbare Amts- 34**

---

[61] Vgl. BT-Drs. 14/4659, 48; zum Folgenden s. nur Urban/Wittkowski/*Wittkowski* BDG § 2 Rn. 13 ff.
[62] BVerwG NVwZ-RR 2009, 815 Rn. 7 f.
[63] BVerwG NVwZ 2018, 1185 Rn. 97.
[64] Vgl. schon BGH DNotZ 1966, 410.
[65] OLG Köln BeckRS 2014, 23630.
[66] → § 95a Rn. 8.
[67] → § 110 Rn. 5; vgl. Feuerich/Weyland/*Reelsen* BRAO § 118a Rn. 26.
[68] Schippel/Bracker/*Herrmann* BNotO § 95 Rn. 7; Arndt/Lerch/Sandkühler/*Sandkühler* BNotO § 95 Rn. 45.
[69] Vgl. zum folgenden eingehend Arndt/Lerch/Sandkühler/*Sandkühler* BNotO § 95 Rn. 46 ff.
[70] Grundlegend BGH DNotZ 1966, 409.

pflichten verletzt sind oder die mit einem **einheitlichen Tatsachenkomplex** zusammenhängen bzw. solche Dienstvergehen auszuscheiden, die in keinem konkreten zeitlichen, ursächlichen, psychologischen und wesensmäßigen Zusammenhang stehen.[71] Andere Pflichtverletzungen, die sich als in sich abgeschlossenes, zu späteren Handlungen beziehungsloses Verhalten darstellen, können deshalb nach Ablauf der Fünfjahresfrist nicht mehr disziplinarrechtlich geahndet werden, sofern sie nicht die Entfernung aus dem Amt oder vom Amtssitz rechtfertigen.[72]

35 Eine Verselbstständigung kommt letztlich auch dann in Betracht, wenn das Disziplinarverfahren **ahndungsreif abgeschlossen** ist und erst in diesem Zeitpunkt neue Verfehlungen des Notars bekannt werden. Abzustellen ist auf die Umstände des Einzelfalls. Es gilt der Grundsatz, dass Disziplinarverfahren beschleunigt durchzuführen sind (§ 4 BDG). Unterschiedliche Schuldformen, das zeitliche Auseinanderfallen von Amtspflichtverletzungen oder das gleichzeitige Vorliegen inner- und außerberuflicher Pflichtwidrigkeiten rechtfertigen hingegen keine Verselbstständigung der einzelnen Dienstvergehen.

F. Verhältnis zur Amtsenthebung gem. § 50

36 Nach zutreffender Ansicht der Rechtsprechung schließt das gleichzeitige Vorliegen einer im Disziplinarwege ahndungswürdigen Dienstpflichtverletzung ein Verfahren zur Amtsenthebung gem. § 50 nicht aus. Denn die in § 50 geregelte Amtsenthebung ist eine Verwaltungsmaßnahme, die im Gegensatz zu den Disziplinarsanktionen keinen Strafcharakter hat, sondern lediglich eine geordnete Rechtspflege sicherstellen soll.[73] Aufgrund der unterschiedlichen Zielrichtung der Amtsenthebung im Verwaltungswege und der disziplinarischen Ahndung von Amtspflichtverletzungen stehen die Voraussetzungen des § 50 also unabhängig neben denen für die Verhängung von Disziplinarmaßnahmen.[74] Insbesondere hat die Entfernung aus dem Amt gemäß §§ 47 Nr. 7, 97 Abs. 1 keinen Vorrang vor der Amtsenthebung nach § 50.

§ 95a [Verjährung]

(1) ¹Sind seit einem Dienstvergehen, das nicht eine zeitlich befristete oder dauernde Entfernung aus dem Amt oder eine Entfernung vom bisherigen Amtssitz rechtfertigt, mehr als fünf Jahre verstrichen, ist eine Verfolgung nicht mehr zulässig. ²Diese Frist wird durch die Einleitung des Disziplinarverfahrens, die Erhebung der Disziplinarklage oder die Erhebung der Nachtragsdisziplinarklage unterbrochen. ³Sie ist für die Dauer des Widerspruchsverfahrens, des gerichtlichen Disziplinarverfahrens oder für die Dauer einer Aussetzung des Disziplinarverfahrens entsprechend § 22 des Bundesdisziplinargesetzes gehemmt.

(2) Ist vor Ablauf der Frist wegen desselben Sachverhalts ein Strafverfahren eingeleitet worden, so ist die Frist für die Dauer des Strafverfahrens gehemmt.

Übersicht

	Rn.
A. Hintergrund	1
B. Voraussetzungen des Verfolgungsverbotes	6
I. Amtspflichtverletzung durch Tun	6
II. Amtspflichtverletzung durch pflichtwidriges Unterlassen	7
III. Mehrheit von Pflichtverletzungen	8

---

[71] Vgl. Schippel/Bracker/*Herrmann* BNotO § 95a Rn. 3.
[72] → § 95a Rn. 10.
[73] BGH DNotZ 2009, 290 Rn. 10; vgl. BR-Drs. 890/95, 29.
[74] Schippel/Bracker/*Herrmann* BNotO § 95 Rn. 26.

	Rn.
C. Eintritt des Verfolgungsverbotes	9
D. Wirkungen des Verfolgungsverbotes	11
E. Unterbrechung und Hemmung der Frist	14
I. Wirkung von Unterbrechung und Hemmung	14
II. Unterbrechung der Frist	15
III. Hemmung der Frist	19
F. Verzicht, Verwirkung	21

A. Hintergrund

Abs. 1 S. 1 soll sicherstellen, dass nach **Ablauf eines bestimmten Zeitraums** ein Amtsträger nicht mehr belangt werden darf, weil wegen des Zeitablaufs kein Bedarf mehr gesehen werden kann, auf den Amtsträger mit Maßnahmen des Disziplinarrechts einzuwirken.[1] Daher bestimmt die Vorschrift den Zeitraum, in dessen Grenzen bestimmte Dienstvergehen verfolgt werden können. Die bis Ende 2009 geltende Fassung von Abs. 1 S. 2 und S. 3 hatte der früheren Zweiteilung in ein nichtförmliches und ein förmliches Disziplinarverfahren entsprochen.[2] Die Vorschrift übernahm im Zuge der Novellierung des notariellen Disziplinarrechts in ihrer seit 1.1.2010 geltenden Fassung die in § 15 Abs. 4 und Abs. 5 BDG enthaltenen Anknüpfungstatbestände für die **Hemmung** und **Unterbrechung** des Fristablaufs ins notarielle Disziplinarrecht.[3]

Auf den Begriff der „Verjährung" verzichtet die Vorschrift dabei, weil der strafrechtliche **Verjährungsgedanke** dem Disziplinarrecht **fremd** ist. Die Verjährung des Strafrechts setzt begrifflich fest umrissene Tatbestände voraus, die es im Disziplinarrecht nicht gibt und auch nicht geben kann. Der disziplinarrechtliche Zeitablauf knüpft an hypothetische Disziplinarmaßnahmen an, die als solche nicht verjähren können. Anders als bei der strafrechtlichen Verjährung, die ein absolutes und endgültiges Verfahrenshindernis darstellt, sind die disziplinarrechtlichen Folgen des Zeitablaufs zudem, vor allem wegen des Grundsatzes der Einheit des Dienstvergehens, nur **relativer Natur,** weshalb eine infolge Zeitablaufs zunächst unzulässige disziplinarrechtliche Sanktionierung infolge des Hinzutretens weiterer Pflichtverletzungen wieder zulässig werden kann.[4]

Die Vorschrift verbietet nicht nur die **Maßregelung** durch Verhängung einer Disziplinarmaßnahme nach Ablauf der Frist, sondern schon die **Verfolgung** im Disziplinarverfahren (**„Verfolgungsverbot"**). Die Durchführung eines Disziplinarverfahrens ist damit grundsätzlich unzulässig, wenn die Voraussetzungen von Abs. 1 S. 1 vorliegen. Auswirkungen auf das materielle Disziplinarrecht hat das Verfolgungsverbot hingegen nicht. Das Dienstvergehen als solches und seine Sanktionswürdigkeit bleiben bestehen.[5]

Es kommen dennoch Fälle in Betracht, in denen ein Disziplinarverfahren von Amts wegen einzuleiten ist, zB um den **Sachverhalt** (weiter) **aufzuklären** und das **Vorliegen** der Voraussetzungen des **Verfolgungsverbotes** prüfen zu können.[6] Steht allerdings der Sachverhalt ganz oder im Wesentlichen von vornherein fest und kommen Disziplinarmaßnahmen iSv Abs. 1 S. 1 eindeutig nicht in Betracht, so ist die Einleitung eines Disziplinarverfahrens nicht nur unnötig, sondern auch unzulässig.[7] Ein bereits eingeleitetes Disziplinarverfahren ist nach § 96 Abs. 1 S. 1 iVm § 32 Abs. 1 Nr. 4 BDG **einzustellen,** sobald sich herausstellt, dass die Voraussetzungen für ein Verfolgungsverbot nach Abs. 1 S. 1 vorliegen.

---

[1] Schütz/Schmiemann/*Schmiemann*, Stand: 2/2016, BDG § 15 Rn. 2.
[2] Arndt/Lerch/Sandkühler/*Sandkühler* BNotO § 95a Rn. 2.
[3] Neufassung durch das Gesetz zur Neuregelung des notariellen Dienstrechts v. 17.6.2009 (BGBl. I 1281).
[4] BT-Drs. 14/4659, 38; vgl. auch Arndt/Lerch/Sandkühler/*Sandkühler* BNotO § 95a Rn. 3.
[5] Arndt/Lerch/Sandkühler/*Sandkühler* BNotO § 95a Rn. 4; vgl. auch BVerwG NVwZ 2008, 1375 (1378).
[6] Vgl. Schütz/Schmiemann/*Schmiemann*, Stand: 2/2016, BDG § 15 Rn. 5.
[7] Schippel/Bracker/*Herrmann* BNotO § 95a Rn. 2.

5 Obschon sie keine Disziplinarmaßnahmen darstellen, gilt die fünfjährige Frist auch für die **Ermahnung** durch die Notarkammer bzw. die **Missbilligung** durch die Aufsichtsbehörde bei solchen Amtspflichtverletzungen, die als ordnungswidriges Verhalten bzw. Pflichtverletzungen leichterer Art iSv § 75 Abs. 2 S. 2 und § 94 Abs. 1 S. 2 zu beurteilen sind.[8]

B. Voraussetzungen des Verfolgungsverbotes

I. Amtspflichtverletzung durch Tun

6 Seit dem Dienstvergehen muss eine Frist von mehr als fünf Jahren verstrichen sein. Hinsichtlich des **Fristbeginns** ist auf die **Vollendung** des Dienstvergehens abzustellen, obwohl § 95a dies nicht ausdrücklich regelt. Wegen des Verweises auf das BDG in § 96 Abs. 1 S. 1 ist aber die Vollendung als für den Fristbeginn maßgeblich anzunehmen (vgl. § 15 Abs. 1 BDG).[9] Das bedeutet, entscheidend ist die letzte Tathandlung des Notars ohne Rücksicht auf den Eintritt eines etwaigen Erfolges. Bei fahrlässigen Pflichtverletzungen kommt es auf den Zeitpunkt an, in dem die auf die Pflichtverletzung gerichtete Amtstätigkeit des Notars ihren Abschluss gefunden hat.

II. Amtspflichtverletzung durch pflichtwidriges Unterlassen

7 Die Frist beginnt mit dem Zeitpunkt, in dem der Notar **spätestens** hätte handeln müssen.[10] Die Versäumung der gem. § 17 BeurkG gebotenen Rechtsbelehrung zB ist vollendet, wenn die Urkundshandlung durch Genehmigung und Unterschrift gem. § 13 BeurkG abgeschlossen ist. Auf den Zeitpunkt der Kenntniserlangung der Aufsicht kommt es nicht an.[11]

III. Mehrheit von Pflichtverletzungen

8 Bei einem aus mehreren Handlungen bestehenden Dienstvergehen beginnt die Fünfjahresfrist erst mit Vollendung der letzten Verfehlung, die nach dem Grundsatz der **Einheit des Dienstvergehens** von dessen Klammerwirkung erfasst wird. Sie beginnt deshalb grundsätzlich mit jeder Pflichtverletzung für das gesamte einheitliche Dienstvergehen neu zu laufen.[12] Eine **Ausnahme** gilt, wenn die frühere Amtspflichtverletzung in keinem äußeren oder inneren Zusammenhang mit dem späteren Dienstvergehen steht. Der Zweck der Vorschrift wird verfehlt, wenn solche mehr als fünf Jahre zurückliegenden Amtspflichtverletzungen in das einheitliche Dienstvergehen einbezogen würden, die weder nach der Willensrichtung noch nach der Art der Amtspflichten oder hinsichtlich des Sachverhalts in einem Zusammenhang mit den späteren Pflichtverletzungen stehen.[13] Anders gewendet entspricht es dem Zweck der Vorschrift, abgeschlossene Sachverhalte als erledigt anzusehen, wenn nur solche länger als fünf Jahre zurückliegende Verfehlungen in das zu ahndende Dienstvergehen einbezogen werden, die auf einer **einheitlichen Willensrichtung** beruhen, durch die **vergleichbare Amtspflichten** verletzt sind oder die mit einem **einheitlichen Tatsachenkomplex** zusammenhängen.[14]

---

[8] § 75 Abs. 2 S. 2 enthält allerdings kein ausdrückliches Verfolgungsverbot.
[9] Urban/Wittkowski/*Urban* BDG § 15 Rn. 6.
[10] Vgl. Schütz/Schmiemann/*Schmiemann*, Stand: 2/2016, BDG § 15 Rn. 10; Schippel/Bracker/*Herrmann* BNotO § 95a Rn. 3.
[11] Urban/Wittkowski/*Urban* BDG § 15 Rn. 7.
[12] OLG Köln BeckRS 2014, 23630; Urban/Wittkowski/*Urban* BDG § 15 Rn. 8.
[13] Schippel/Bracker/*Herrmann* BNotO § 95a Rn. 4; vgl. auch BVerwG NVwZ 2008, 1375 Rn. 57 f.; Urban/Wittkowski/*Urban* BDG § 15 Rn. 8.
[14] Schippel/Bracker/*Herrmann* BNotO § 95a Rn. 3; vgl. auch BGH NJW 1968, 2204 (2206); → § 95 Rn. 30, 34.

C. Eintritt des Verfolgungsverbotes

Ohne Unterbrechung oder Hemmung **endet** die Frist mit dem Tag der Vollendung des Dienstvergehens kalendermäßig vorhergehenden Tag des fünften folgenden Jahres.[15]

Hat der Notar Dienstvergehen begangen, die seine zeitlich befristete oder dauernde **Entfernung aus dem Amt** erfordern, tritt kein Verfolgungsverbot wegen Zeitablaufs ein. Insofern greift das Verfolgungsverbot bei den beiden Höchstmaßnahmen nicht ein, da diese nicht dem individuellen Erziehungszweck dienen.[16] Die Funktionsfähigkeit des Notariats und vor allem das Vertrauen des rechtsuchenden Publikums in die korrekte Amtsführung der Notare gebieten es in diesen Fällen vielmehr, auch **länger als fünf Jahre** zurückliegende schwere Dienstvergehen durch die Entfernung aus dem Amt zu ahnden.

D. Wirkungen des Verfolgungsverbotes

Der Eintritt des Verfolgungsverbotes wegen Zeitablaufs wirkt als **Verfahrenshindernis**,[17] das von allen Disziplinarorganen stets zu beachten ist. Das Verfahrenshindernis erfordert die **Einstellung** des Verfahrens. Da in der Sache keine Entscheidung ergeht, bewirkt das Verfolgungsverbot **keinen Verlust des Disziplinaranspruchs.** Wenn Tatsachen bekannt werden, die die Schwere des Dienstvergehens in einem anderen Licht erscheinen lassen und Maßnahmen iSd Abs. 1 S. 1 rechtfertigen, kann daher das Disziplinarverfahren wieder aufgenommen werden.[18] In Betracht kommt das Bekanntwerden neuer Dienstvergehen[19] oder das Bekanntwerden weiterer Tatsachen, die bezogen auf ein bekanntes Dienstvergehen schärfere Maßnahmen erforderlich machen können.

Die Einstellung des Verfahrens geschieht durch schriftliche Verfügung (vgl. § 32 Abs. 3 BDG), im gerichtlichen Verfahren durch Beschluss oder Prozessurteil.[20]

Im Rahmen des sog. **Selbstreinigungsverfahrens** kann der Notar trotz des Verfolgungsverbots die Einleitung eines Disziplinarverfahrens gegen sich selbst beantragen, um sich von dem Verdacht eines Dienstvergehens zu entlasten (§ 96 Abs. 1 S. 1 iVm § 18 BDG).[21] Damit wird seinem Rehabilitationsinteresse Rechnung getragen.[22] Auch in diesem Verfahren bleibt aber die Ahndung eines Dienstvergehens, das dem Verfolgungsverbot infolge Zeitablaufs unterliegt, ausgeschlossen.

E. Unterbrechung und Hemmung der Frist

I. Wirkung von Unterbrechung und Hemmung

Abs. 1 S. 2 sieht die **Unterbrechung,** Abs. 1 S. 3 und Abs. 2 sehen die **Hemmung** der Fünfjahresfrist vor. Die für die zivilrechtliche Verjährung geltenden Vorschriften sind entsprechend anzuwenden.[23] Bei der Unterbrechung bleibt die bis dahin verstrichene Zeit außer Betracht; mit der Beendigung der Unterbrechung beginnt die Frist neu zu laufen

---

[15] Arndt/Lerch/Sandkühler/*Sandkühler* BNotO § 95a Rn. 12.
[16] Vgl. dazu nur Urban/Wittkowski/*Urban* BDG § 15 Rn. 1; → § 95 Rn. 1.
[17] Diehn/*Zimmer* BNotO § 95 Rn. 5.
[18] BVerwGE 63, 334; Arndt/Lerch/Sandkühler/*Sandkühler* BNotO § 95a Rn. 17; Schippel/Bracker/*Herrmann* BNotO § 95a Rn. 3.
[19] Vgl. Schütz/Schmiemann/*Schmiemann*, Stand: 2/2016, BDG § 15 Rn. 3.
[20] Vgl. auch Urban/Wittkowski/*Urban* BDG § 15 Rn. 26 f.
[21] Arndt/Lerch/Sandkühler/*Sandkühler* BNotO § 95a Rn. 19 f.; Schütz/Schmiemann/*Schmiemann*, Stand: 2/2016, BDG § 18 Rn. 11.
[22] Vgl. Urban/Wittkowski/*Wittkowski* BDG § 18 Rn. 1.
[23] Schippel/Bracker/*Herrmann* BNotO § 95a Rn. 6.

(§ 212 BGB).[24] Bei der Hemmung wird der Zeitraum, währenddessen die Frist gehemmt war, nicht in die Verjährungsfrist eingerechnet; ab Beendigung der Hemmung läuft die verbliebene Frist (§ 209 BGB).[25]

II. Unterbrechung der Frist

15   Die Frist wird durch die **Einleitung des Disziplinarverfahrens** (§ 96 Abs. 1 S. 1 iVm §§ 17, 18 BDG), die **Erhebung der Disziplinarklage** (§ 96 Abs. 1 S. 1 iVm §§ 34, 52 BDG) oder die **Erhebung der Nachtragsdisziplinarklage** (§ 96 Abs. 1. S. 1 iVm § 53 BDG) unterbrochen (Abs. 1 S. 2). Die bezeichneten Ereignisse entfalten ihre Unterbrechungswirkung mit der Zustellung an den Betroffenen (zB die Zustellung der Einleitungsverfügung an den Notar).[26] Die Frist beginnt demgemäß an dem auf die Zustellung folgenden Tag erneut zu laufen.

16   Fraglich ist, ob nunmehr auch durch eine **Ausdehnung** des Disziplinarverfahrens eine (ggf. erneute) Unterbrechung der Fünfjahresfrist gem. Abs. 1 S. 2 erfolgt. Die Vorschrift selbst nennt die Ausdehnung eines Disziplinarverfahrens, anders als § 15 Abs. 4 BDG, nicht als weiteren Unterbrechungsgrund. Mit der Ausdehnung gem. § 19 Abs. 1 S. 1 BDG wird eine Beschleunigung des Verfahrens und über die Beschränkungsmöglichkeit nach § 19 Abs. 2 BDG eine verfahrensökonomische Konzentrationswirkung erreicht.[27]

17   Nach der Gesetzesbegründung zur Änderung des Disziplinarrechts der BNotO durch die Neuregelung von § 95a sollten die in § 15 Abs. 4 und Abs. 5 S. 1 BDG enthaltenen Anknüpfungstatbestände für die Hemmung und Unterbrechung des Fristablaufs ins notarielle Disziplinarrecht übernommen werden.[28] In § 15 Abs. 4 BDG in der Fassung bis zum 11.2.2009 galt nur die Einleitung des Disziplinarverfahrens als Unterbrechungsgrund. In der neuen Fassung der Vorschrift wird inzwischen ausdrücklich auch die Ausdehnung des Disziplinarverfahrens als Unterbrechungsgrund genannt. Nach der Gesetzesbegründung sollte mit dieser Erweiterung des BDG ein redaktionelles Versehen behoben werden.[29]

18   Ob die Diskrepanz zwischen den Unterbrechungsgründen des BDG und der BNotO als Lücke im Gesetzestext der BNotO durch Auslegung dahingehend zu schließen ist, dass auch für § 95a Abs. 1 S. 2 die Ausdehnung des Disziplinarverfahrens als (erneute) Unterbrechung anzusehen ist, dürfte problematisch sein. Angesichts der wesentlich ausdifferenzierten Regelungen des BDG und der schwierigen Abgrenzung zwischen erweiternder Auslegung und Analogie in Bezug auf Normen des Straf- und Disziplinarrechts[30] von einem bloßen Redaktionsversehen bei der Neufassung der BNotO auszugehen ist, begegnet Bedenken. Vielmehr dürfte nach der insoweit eindeutigen Regelung des Abs. 1 S. 2 iVm § 96 Abs. 1 S. 1 eine Ausdehnung des Disziplinarverfahrens bis zu einer Klarstellung durch den Gesetzgeber keine (erneute) Unterbrechung zur Folge haben.

III. Hemmung der Frist

19   Während der Dauer eines **Widerspruchsverfahrens** (§ 96 Abs. 1 S. 1 iVm §§ 41 bis 43 BDG), des **gerichtlichen Disziplinarverfahrens** (§ 96 Abs. 1 S. 1 iVm §§ 45 ff. BDG) und für die **Dauer der Aussetzung des Disziplinarverfahrens** entsprechend § 22 BDG ist die Verfolgungsfrist gehemmt (Abs. 1 S. 3). Die durch die Erhebung der Disziplinarklage eingetretene Unterbrechung (Abs. 1 S. 2) wird für den Zeitraum des gerichtlichen Verfahrens aufrechterhalten. Dies bedeutet, dass erst nach Abschluss des gerichtlichen Diszipli-

---

[24] Urban/Wittkowski/*Urban* BDG § 15 Rn. 12.
[25] Schütz/Schmiemann/*Schmiemann*, Stand: 2/2016, BDG § 15 Rn. 19 f.
[26] Schippel/Bracker/*Herrmann* BNotO § 95a Rn. 7.
[27] Vgl. nur Urban/Wittkowski/*Wittkowski* BDG § 19 Rn. 1.
[28] BT-Drs. 6/09, 6.
[29] Vgl. Schütz/Schmiemann/*Schmiemann*, Stand: 2/2016, BDG § 15 Rn. 4; Urban/Wittkowski/*Urban* BDG § 15 Rn. 3.
[30] Vgl. Schönke/Schröder/*Hecker* StGB § 1 Rn. 54 f.; KK-OWiG/*Rogall* OWiG § 3 Rn. 51 ff.

narverfahrens eine neue Fünfjahresfrist beginnt, da die Dauer des Verfahrens nicht in die Frist eingerechnet wird.

Die Frist wird auch gehemmt, wenn vor ihrem Ablauf wegen desselben Sachverhalts, der Gegenstand des Disziplinarverfahrens ist, ein **Strafverfahren** eingeleitet wird (Abs. 2). Ein Strafverfahren ist dann eingeleitet, wenn die zuständigen Behörden sichtbare Ermittlungen aufnehmen. Dieser Zeitpunkt ergibt sich in der Regel aus den Ermittlungsakten.[31] Wegen der erforderlichen Identität des Sachverhalts müssen sich die Ermittlungen gegen den Notar richten.

F. Verzicht, Verwirkung

Die Entscheidung der Aufsichtsbehörde, zunächst auf die Einleitung eines Disziplinarverfahrens oder die Verhängung von Disziplinarmaßnahmen zu **verzichten,** verwirkt den Disziplinaranspruch nicht.[32] Im Rahmen der Frist des Abs. 1 S. 1 muss die Behörde unter Beachtung aller ihr bekannt werdenden Tatsachen jeweils über die Ergreifung disziplinarischer Maßnahmen entscheiden.

Eine **überlange Verfahrensdauer** führt ebenfalls nicht zur Verwirkung des Disziplinaranspruchs, zu beachten ist allerdings § 96 Abs. 5 iVm §§ 198 bis 201 GVG.[33]

§ 96 [Anwendung der Vorschriften des Bundesdisziplinargesetzes]

(1) ¹Soweit in diesem Gesetz nichts Abweichendes bestimmt ist, sind die Vorschriften des Bundesdisziplinargesetzes entsprechend anzuwenden. ²Die in diesen Vorschriften den Dienstvorgesetzten zugewiesenen Aufgaben und Befugnisse nehmen die Aufsichtsbehörden, die Aufgaben und Befugnisse der obersten Dienstbehörde nimmt die Landesjustizverwaltung wahr.

(2) ¹Mit der Durchführung der Ermittlungen ist eine Person zu beauftragen, die die Befähigung zum Richteramt hat. ²Zur Durchführung einer gerichtlichen Vernehmung gemäß § 25 Absatz 2 des Bundesdisziplinargesetzes kann das Gericht das Amtsgericht um Rechtshilfe ersuchen.

(3) ¹Die über § 3 des Bundesdisziplinargesetzes anzuwendenden Vorschriften der Verwaltungsgerichtsordnung über die Mitwirkung ehrenamtlicher Richter finden keine Anwendung. ²Die Fristen des § 3 des Bundesdisziplinargesetzes in Verbindung mit § 116 Absatz 2 und § 117 Absatz 4 der Verwaltungsgerichtsordnung betragen jeweils fünf Wochen.

(4) ¹Von der Anwendbarkeit des § 41 Absatz 1 Satz 1 des Bundesdisziplinargesetzes kann durch Landesgesetz abgesehen werden. ²Die Landesregierungen werden ermächtigt, die in Absatz 1 Satz 2 genannten Aufgaben und Befugnisse durch Rechtsverordnung auf den Landesjustizverwaltungen nachgeordnete Behörden zu übertragen. ³Die Landesregierungen können diese Ermächtigung durch Rechtsverordnung auf die Landesjustizverwaltungen übertragen.

(5) ¹Auf den Rechtsschutz bei überlangen Gerichtsverfahren sind die Vorschriften des Siebzehnten Titels des Gerichtsverfassungsgesetzes anzuwenden. ²Die Vorschriften dieses Gesetzes, die die Besetzung des Oberlandesgerichts und des Bundesgerichtshofs in Disziplinarsachen gegen Notare regeln, sind nicht anzuwenden.

---

[31] Vgl. Urban/Wittkowski/*Urban* BDG § 15 Rn. 23.
[32] Schippel/Bracker/*Herrmann* BNotO § 95a Rn. 9.
[33] → § 96 Rn. 48.

Übersicht

	Rn.
A. Hintergrund	1
B. Grundzüge des behördlichen Disziplinarverfahrens	4
I. Einstufiges Disziplinarverfahren	4
II. Einleitung des Disziplinarverfahrens	5
III. Gang des Verfahrens	14
1. Anhörung des Notars	14
2. Einzelheiten des Ermittlungsverfahrens	18
IV. Abschlussentscheidung der Behörde	23
1. Verfahrenseinstellung	24
2. Erlass einer Disziplinarverfügung	30
3. Erhebung der Disziplinarklage	34
V. Verhältnis Disziplinarverfahren/Strafverfahren	35
1. Strafrechtliches Verfahren und staatsanwaltliches Ermittlungsverfahren	35
2. Bindungswirkung eines Urteils	38
VI. Rechtsbehelfe	40
1. Widerspruch	40
2. Klage	43
3. Antrag auf gerichtliche Festsetzung	44
VII. Vorläufige Amtsenthebung	45
1. Entscheidung der Behörde	45
2. Antrag auf Aussetzung der vorläufigen Amtsenthebung	46
VIII. Kosten	47
IX. Rechtsschutz bei überlangen Gerichtsverfahren	48

A. Hintergrund

1 Die Norm ist mit Wirkung zum 1.1.2010 **neu gefasst** worden. Das Disziplinarverfahren gegen Notare richtete sich zuvor nach den am 1.3.2001 geltenden disziplinarrechtlichen Vorschriften der Länder, die an die Bestimmungen der am 31.12.2001 außer Kraft getretenen Bundesdisziplinarordnung (BDO) anknüpften; das am 1.1.2002 in Kraft getretene Bundesdisziplinargesetz (BDG) blieb daher für das notarielle Disziplinarverfahren zunächst ohne Bedeutung. Mit der Neufassung ist eine dynamische Verweisung auf die Regelungen des BDG in die BNotO eingeführt und damit ein **einheitliches Disziplinarrecht für Notare** geschaffen worden.[1] Ergänzt wurde die Vorschrift im Jahr 2011 um Abs. 5. Die Norm verweist nunmehr auf den gleichzeitig neu gefassten 17. Titel des Gerichtsverfassungsgesetzes (§§ 198 bis 201 GVG) und behandelt Folgen bei überlangen Gerichtsverfahren.

2 Die **Vorschriften des BDG** zum Disziplinarverfahren sind gem. Abs. 1 S. 1 entsprechend anzuwenden, soweit nicht die BNotO abweichende Regelungen enthält. Dies ist der Fall bei dem Verfolgungsverbot infolge Fristablaufs (§ 95a), den für die Einleitung des Disziplinarverfahrens und die Durchführung der Ermittlungen zuständigen Stellen (§ 96 Abs. 1 S. 2, Abs. 2, Abs. 4 S. 2 und S. 3), der Mitwirkung ehrenamtlicher Richter (§ 96 Abs. 3 S. 1), den Fristen für die Übermittlung des Urteils anstelle der Verkündung oder eines bei der Verkündung noch nicht vollständig abgefassten Urteils (§ 96 Abs. 3 S. 2), der Erforderlichkeit des Widerspruchsverfahrens (§ 96 Abs. 4 S. 1), den zulässigen Disziplinarmaßnahmen (§ 97), dem möglichen Inhalt der Disziplinarverfügungen sowie den hierfür zuständigen Stellen und dem hierbei anzuwendenden Verfahren (§ 98), den Disziplinargerichten und ihrer Besetzung (§§ 96 Abs. 3 S. 1, 99 bis 104, 106 bis 108) und den Tilgungsfristen (§ 110a).

3 Der Anwendungsbereich von § 96 ist **eingeschränkt;** er regelt das Disziplinarverfahren und das disziplinargerichtliche Verfahren erster Instanz bis zur Entscheidung des OLG. Für die Anfechtung von Entscheidungen des OLG gelten gem. § 105 die Vorschriften des

---

[1] Schippel/Bracker/*Herrmann* BNotO § 96 Rn. 1; vgl. auch Schütz/Schmiemann/*Schmiemann*, Stand: 4/2009, BDG vor §§ 1 ff.

BDG über die Anfechtung von Entscheidungen des Verwaltungsgerichts entsprechend. Das gilt auch für das Verfahren des BGH in Disziplinarsachen gegen Notare (§ 109).

B. Grundzüge des behördlichen Disziplinarverfahrens

I. Einstufiges Disziplinarverfahren

Während sich die BDO und ihr folgend die Landesdisziplinarordnungen früher in den am 1.3.2001 geltenden Fassungen am strafprozessualen Verfahren orientierten, stellt die **dynamische Verweisung** auf das BDG das behördliche und gerichtliche Disziplinarverfahren gegen Notare auf eine **verwaltungsrechtliche Grundlage**.[2] Als wichtigste Veränderung gegenüber dem zuvor geltenden Verfahrensrecht entfällt damit die Unterscheidung zwischen nichtförmlichem und förmlichem Disziplinarverfahren, wie sie die BDO und die Landesdisziplinarordnungen getroffen hatten; das Disziplinarverfahren nach dem BDG ist demgegenüber **einstufig** ausgestaltet.[3]

II. Einleitung des Disziplinarverfahrens

Die Aufsichtsbehörde (Abs. 1 S. 2) hat die **Dienstpflicht,** von Amts wegen ein Disziplinarverfahren einzuleiten, falls **hinreichende tatsächliche Anhaltspunkte** für den Verdacht eines Dienstvergehens vorliegen (§ 17 Abs. 1 S. 1 BDG); insoweit gilt das Legalitätsprinzip.[4] Unzulässig ist es daher, aus Zweckmäßigkeitsgründen von der Einleitung eines Disziplinarverfahrens abzusehen. Für das Rechtsinstitut der Verwirkung ist neben der gesetzlichen Regelung des Verfolgungsverbots nach ständiger Rechtsprechung kein Raum.[5]

Gleichwohl kommt die Einleitung eines Disziplinarverfahrens nicht in Betracht bei bloßen Bagatellverfehlungen[6] oder wenn feststeht, dass die Verfolgung eines möglichen Dienstvergehens gem. § 95a **wegen Zeitablaufs unzulässig** ist.[7]

Der **hinreichende Verdacht** eines Dienstvergehens liegt vor, wenn tatsächliche Anhaltspunkte so konkret zur dienstlichen Kenntnisnahme gelangt sind, dass die Annahme eines Dienstvergehens hinreichend realistisch ist oder – kürzer gesagt – auf Grund von Tatsachen wahrscheinlich ist, dass der Notar schuldhaft gegen Dienstpflichten verstoßen hat.[8] In rechtlicher Hinsicht muss der zu erweisende Sachverhalt den Tatbestand eines **Dienstvergehens** erfüllen. Die Aufsichtsbehörde muss daher vor der Einleitung eines Disziplinarverfahrens eine hypothetische Prüfung vornehmen, ob der als wahr unterstellte Sachverhalt diese Schlussfolgerung mit Gewissheit rechtfertigt.[9]

Tatsächliche Anhaltspunkte für ein Dienstvergehen können sich zB aus Feststellungen anlässlich der Geschäftsprüfung, aus Mitteilungen der Notarkammern, aus Äußerungen des Notars selbst, aber auch aus Eingaben und Beschwerden von Rechtsuchenden ergeben. Auch anonyme Anzeigen können Tatsachen sein, die ein Handeln der Behörde erforderlich machen.[10]

Bloße Vermutungen der Aufsichtsbehörde, dass sich der Notar eines Dienstvergehens schuldig gemacht hat, genügen für die Einleitung eines Disziplinarverfahrens nicht; zulässig

---

[2] Vgl. Schütz/Schmiemann/*Schmiemann*, Stand: 4/2009, BDG vor §§ 1 ff.
[3] Urban/Wittkowski/*Wittkowski* BDG § 17 Rn. 1.
[4] Schütz/Schmiemann/*Schmiemann*, Stand: 4/2009, BDG § 17 Rn. 3.
[5] S. nur BVerwG NVwZ-RR 2012, 609 Rn. 5.
[6] Urban/Wittkowski/*Wittkowski* BDG § 17 Rn. 2; Schütz/Schmiemann/*Schmiemann*, Stand: 4/2009, BDG § 17 Rn. 11; Diehn/*Zimmer* BNotO § 96 Rn. 4; zur Bagatellverfehlung → § 95 Rn. 14 ff.
[7] → § 95a Rn. 3; vgl. Schütz/Schmiemann/*Schmiemann*, Stand: 4/2009, BDG § 17 Rn. 18.
[8] Vgl. BVerwG NVwZ 2009, 399; Schütz/Schmiemann/*Schmiemann*, Stand: 4/2009, BDG § 17 Rn. 5.
[9] Urban/Wittkowski/*Wittkowski* BDG § 17 Rn. 8.
[10] Arndt/Lerch/Sandkühler/*Sandkühler* BNotO § 96 Rn. 13; Urban/Wittkowski/*Wittkowski* BDG § 17 Rn. 4.

sollen in diesem Fall jedoch verwaltungsinterne **„Vorermittlungen"** sein, um einen ggf. bestehenden vagen Verdacht erhärten zu können.[11] Solche „Vorermittlungen", für die das BDG keine Rechtsgrundlage zur Verfügung stellt,[12] müssen rechtsstaatlichen Anforderungen genügen.

10 **Zuständig** für die Einleitung des Disziplinarverfahrens ist grundsätzlich der Präsident des Landgerichts als untere Aufsichtsbehörde, soweit nicht das jeweilige Landesrecht etwas anderes bestimmt (Abs. 1 S. 2 iVm § 92 Nr. 1). Bei einer Amtssitzverlegung (§ 10 Abs. 1 S. 3) geht die örtliche Zuständigkeit ggf. auf den Präsidenten des neuen Landgerichtsbezirks über.[13] Das gilt auch für Tatbestände, die sich am früheren Amtssitz zugetragen haben. Örtlich zuständig ist der Präsident des Gerichts, in dessen Bezirk der Notar seinen Amtssitz hat. Der Präsident des Oberlandesgerichts als höhere Aufsichtsbehörde und die Landesjustizverwaltung als oberste Aufsichtsbehörde können das Disziplinarverfahren jederzeit **an sich ziehen** (Abs. 1 S. 2 iVm § 17 Abs. 1 S. 2 BDG). Abs. 4 S. 2 bestimmt, dass die Landesregierungen – bzw. die Landesjustizverwaltungen nach entsprechender Ermächtigung gemäß Abs. 4 S. 3 – in Disziplinarsachen von den Regelungen des BDG abweichende Zuständigkeiten für die Aufsichtsbehörden festlegen können. Zur Frage der Ermittlungszuständigkeit innerhalb der jeweiligen Behörde → Rn. 22.

11 Die Einleitung des Disziplinarverfahrens ist **aktenkundig** zu machen (Gebot der Schriftlichkeit, § 17 Abs. 1 S. 3 BDG). Aktenkundig zu machen ist nicht nur die Einleitung als solche, sondern auch der Sachverhaltskomplex, der den Verdacht eines Dienstvergehens verdeutlicht. Die aktenkundige Fixierung hat erhebliche praktische Bedeutung, so werden zB die Fristen des Verfolgungsverbots nach § 95a dadurch unterbrochen und sie eröffnet dem Notar die vorgesehenen Verfahrensrechte.[14]

12 Nachdem das Disziplinarverfahren eingeleitet ist, kann es bis zum Erlass einer Einstellungsverfügung, einer Disziplinarverfügung oder bis zur Erhebung der Disziplinarklage auf neue Handlungen **ausgedehnt** werden, die den Verdacht eines Dienstvergehens rechtfertigen (§ 19 Abs. 1 S. 1 BDG). Ebenso kann das Disziplinarverfahren durch **Ausscheiden** einzelner Handlungen, die für die Art und Höhe der zu erwartenden Disziplinarmaßnahme voraussichtlich nicht ins Gewicht fallen, gem. § 19 Abs. 2 S. 1 BDG beschränkt werden. Ausdehnung und Beschränkung des Disziplinarverfahrens sind jeweils aktenkundig zu machen.

13 Im sog. **Selbstreinigungsverfahren** gem. § 18 BDG kann auch der Notar bzw. Notarassessor oder Notariatsverwalter bei der Aufsichtsbehörde die Einleitung eines Disziplinarverfahrens gegen sich selbst beantragen.[15]

III. Gang des Verfahrens

14 **1. Anhörung des Notars.** Liegt keine Gefährdung der Sachverhaltsaufklärung vor, ist der Notar **unverzüglich,** dh ohne schuldhafte Verzögerung, zum einen über die Tatsache der Einleitung des Disziplinarverfahrens zu unterrichten; zum anderen ist ihm gem. § 20 Abs. 1 BDG zu eröffnen, welches Dienstvergehen ihm zur Last gelegt wird. Eine **Gefährdung der Sachverhaltsaufklärung** kommt zB in Betracht, wenn zu befürchten ist, dass der Notar bei Kenntnis von der Einleitung des Disziplinarverfahrens Beweise beiseiteschaffen bzw. vernichten oder mögliche Zeugen sachwidrig beeinflussen könnte.[16]

---

[11] Vgl. zum Folgenden Urban/Wittkowski/*Wittkowski* BDG § 17 Rn. 2; *Bauschke/Weber* BDG § 17 Rn. 9; amtl. Begr. zu § 17 BDG, S. 5 ff.; vgl. auch BT-Drs. 14/4659, 39.
[12] Schütz/Schmiemann/*Schmiemann,* Stand: 4/2009, BDG § 17 Rn. 7: Rechtsgrundlage in § 24 VwVfG iVm § 3 BDG.
[13] Arndt/Lerch/Sandkühler/*Sandkühler* BNotO § 96 Rn. 17.
[14] Vgl. Schütz/Schmiemann/*Schmiemann,* Stand: 4/2009, BDG § 17 Rn. 16 f.; Urban/Wittkowski/*Wittkowski* BDG § 17 Rn. 16.
[15] → § 95a Rn. 13.
[16] Vgl. Urban/Wittkowski/*Wittkowski* BDG § 20 Rn. 2 f.

Gleichzeitig muss der Notar darüber **belehrt** werden, dass es ihm freisteht, sich zu äußern 15
und er sich jederzeit eines **Bevollmächtigten oder Beistands** iSv § 14 VwVfG bedienen
kann (§ 20 Abs. 1 S. 3 BDG). Der Notar kann sich schriftlich oder im Rahmen einer
Anhörung innerhalb der von § 20 Abs. 2 BDG aus Gründen der Beschleunigung des
Verfahrens bestimmten Fristen äußern. Über die Anhörung ist eine Niederschrift aufzunehmen, von welcher der Notar auf Verlangen eine Abschrift erhält.

Die **Notarkammer** des Betroffenen wird idR über Einleitung und Fortgang des Dis- 16
ziplinarverfahrens unterrichtet; eine förmliche Beteiligung ist indes in der BNotO nicht
vorgeschrieben,[17] kann aber gleichwohl in einigen Bundesländern vorgesehen sein, so zB in
Nordrhein-Westfalen (§ 38 AVNot NRW: Gelegenheit zur Stellungnahme).

Als elementarer Grundsatz des gesamten Disziplinarrechts gilt der **Beschleunigungs-** 17
grundsatz (§ 4 BDG iVm § 96 Abs. 1 S. 1).[18] Er findet seine Berechtigung darin, dass
eine verzögerte Behandlung solcher Verfahren wegen der mit ihnen teilweise verbundenen
großen persönlichen Belastung für die Betroffenen unzumutbar erscheint, andererseits bei
Dienstrechtsverstößen aber auch das Ansehen der vorsorgenden Rechtspflege als solcher
beeinträchtigt sein kann.[19] Den Grundsatz haben sowohl die mit der Durchführung des
Verfahrens befassten Behörden als auch die Disziplinargerichte bei der Abwägung gegenüber anderen Aufgaben zu berücksichtigen. Ein schwerwiegender Verstoß gegen das Beschleunigungsgebot kann zur Milderung der Disziplinarmaßnahme führen.[20]

2. Einzelheiten des Ermittlungsverfahrens. Seit Inkrafttreten der Neuregelung des 18
notariellen Disziplinarrechts am 1.1.2010 gibt es nur noch ein **einheitliches Ermittlungs-**
verfahren (§§ 21 bis 29 BDG).[21] Das förmliche Disziplinarverfahren mit der Beauftragung
eines unabhängigen Untersuchungsführers (§ 56 Abs. 2 BDO) und die sog. Vorermittlungen (§ 26 Abs. 1 BDO) sind weggefallen.[22]

Abs. 2 S. 1 regelt die **Zuständigkeit** innerhalb der jeweiligen Behörde: Mit der Durch- 19
führung der Ermittlungen ist eine Person zu beauftragen, die die Befähigung zum Richteramt hat.[23] Im Allgemeinen führen die **richterlichen Dezernenten,** die für Notarangele-
genheiten zuständig sind, nach alter wie neuer Rechtslage die Ermittlungen. Die Bestimmung des Abs. 2 S. 2, wonach zur Durchführung einer gerichtlichen Vernehmung gem.
§ 25 Abs. 2 BDG das Amtsgericht um Rechtshilfe ersucht werden kann, bezieht sich auf
das gerichtliche Disziplinarverfahren.[24]

Zur Aufklärung des Sachverhalts sind gem. § 21 Abs. 1 S. 1 BDG die **erforderlichen** 20
Ermittlungen durchzuführen. Zu ermitteln sind dabei nach § 21 Abs. 1 S. 2 BDG die
belastenden, die entlastenden und die für die Bemessung der Disziplinarmaßnahme bedeutsamen Umstände.[25] Die Ermittlungen sind umfassend und objektiv durchzuführen. Art und
Umfang der Sachverhaltsermittlung stehen im pflichtgemäßen Ermessen der Aufsichtsbehörde.[26]

Für die **Beweiserhebung** im Rahmen des Ermittlungsverfahrens gelten §§ 24 bis 28 21
BDG entsprechend. Die Aufsichtsbehörde darf insbesondere Zeugen und Sachverständige
vernehmen, wenn es zur Beweissicherung erforderlich ist. Aufgrund gerichtlicher Anord-

---

[17] Arndt/Lerch/Sandkühler/*Sandkühler* BNotO § 96 Rn. 40.
[18] BT-Drs. 14/4659, 35.
[19] Vgl. Schütz/Schmiemann/*Schmiemann,* Stand: 4/2009, BDG § 20 Rn. 3 ff.; Urban/Wittkowski/*Witt-*
kowski BDG § 4 Rn. 1.
[20] Schippel/Bracker/*Herrmann* BNotO § 96 Rn. 8; Schütz/Schmiemann/*Schmiemann,* Stand: 4/2012,
BDG § 4 Rn. 5.
[21] → Rn. 1.
[22] Vgl. auch BT-Drs. 14/4659, 41; Urban/Wittkowski/*Wittkowski* BDG § 21 Rn. 1.
[23] Schippel/Bracker/*Herrmann* BNotO § 96 Rn. 11; Arndt/Lerch/Sandkühler/*Sandkühler* BNotO § 96
Rn. 31.
[24] Ausführlich hierzu → § 99 Rn. 7 ff.
[25] Vgl. Urban/Wittkowski/*Wittkowski* BDG § 17 Rn. 2; Schippel/Bracker/*Herrmann* BNotO § 96
Rn. 12.
[26] Arndt/Lerch/Sandkühler/*Sandkühler* BNotO § 96 Rn. 34.

nung dürfen gem. § 27 BDG auch Beschlagnahmen und Durchsuchungen durchgeführt werden. Die Pflicht des Notars, dem Untersuchungsführer Akten, Verzeichnisse und Bücher sowie die in seiner Verwahrung befindlichen Urkunden zur Einsicht vorzulegen und auszuhändigen, sowie weitere Mitwirkungspflichten ergeben sich neben § 26 BDG auch aus § 93 Abs. 4.[27] **Beweisanträgen des Notars** hat die Aufsichtsbehörde stattzugeben, soweit sie für die Tat- oder Schuldfrage und die Bemessung einer Disziplinarmaßnahme von Bedeutung sein können (§ 24 Abs. 3 S. 2 BDG). Im Übrigen gelten für das Ermittlungsverfahren über § 3 BDG die allgemeinen Grundsätze des Verwaltungsverfahrens.

22   Dem Gebot der Gewährung rechtlichen Gehörs entsprechend teilt die Aufsichtsbehörde nach Abschluss der Ermittlungen dem Notar die **wesentlichen Ergebnisse** der Ermittlungen in einem Abschlussbericht mit.[28] Dem Notar ist abschließend gem. § 30 S. 1 BDG nochmals die Gelegenheit zur Stellungnahme zu geben; er kann weitere Ermittlungen beantragen.[29] Die abschließende Anhörung kann nach § 30 S. 2 BDG unterbleiben, wenn das Disziplinarverfahren eingestellt werden soll, weil das Erlöschen des Notaramtes unmittelbar bevorsteht.[30]

IV. Abschlussentscheidung der Behörde

23   Die Aufsichtsbehörde entscheidet nach Abschluss der Ermittlungen und Anhörungen, ob das Verfahren einzustellen (→ Rn. 24-29), eine Disziplinarverfügung zu erlassen (→ Rn. 30-33), Disziplinarklage zu erheben (→ Rn. 34) oder, sofern sie selbst zu einer solchen Entscheidung nicht befugt ist, das Verfahren an die nächsthöhere Aufsichtsbehörde bzw. die Landesjustizverwaltung abzugeben ist (→ Rn. 30).

24   **1. Verfahrenseinstellung.** Die Einstellung des Disziplinarverfahrens ist gem. § 32 Abs. 1 BDG aus **formellen und materiellen Gründen** zu verfügen, wenn
1. ein Dienstvergehen nicht erwiesen ist (§ 32 Abs. 1 Nr. 1 BDG),
2. ein Dienstvergehen zwar erwiesen ist, eine Disziplinarmaßnahme jedoch nicht angezeigt erscheint (§ 32 Abs. 1 Nr. 2 BDG),
3. eine Disziplinarmaßnahme wegen einer sachgleichen Verurteilung im Straf- oder Bußgeldverfahren unzulässig ist (§ 32 Abs. 1 Nr. 3 iVm § 14 BDG) oder ein Verfolgungsverbot wegen Fristablaufs besteht (§ 95a),
4. das Disziplinarverfahren oder eine Disziplinarverfügung aus sonstigen verfahrensbezogenen Gründen unzulässig ist (§ 32 Abs. 1 Nr. 4 BDG).[31]

25   Darüber hinaus kommen **statusbezogene Einstellungsgründe** gem. § 32 Abs. 2 BDG in Betracht, zB wenn das Amt des Notars erlischt (§ 47).

26   Zur Einstellung nach § 32 Abs. 1 Nr. 1 BDG kann führen, dass der **festgestellte Sachverhalt nicht ausreicht,** um in tatsächlicher Hinsicht mit hinreichender Sicherheit von der Begehung eines Dienstvergehens ausgehen zu können oder um in subjektiver Hinsicht ein schuldhaftes Handeln nicht nachzuweisen. Die Einstellung nach § 32 Abs. 1 Nr. 2 BDG kommt vor allem dann in Frage, wenn es sich zB um einen **geringfügigen erstmaligen Pflichtverstoß** ohne größere Auswirkungen bei einem Notar handelt, der sich ansonsten bisher inner- und außerhalb seines Dienstes einwandfrei verhalten hat. Die Einstellung kann ggf. mit dem Aussprechen einer nicht als Disziplinarmaßnahme zu wertenden Missbilligung gem. § 94 verbunden werden.[32]

---

[27] Vgl. die Erläuterungen zu → § 93 Rn. 14; Arndt/Lerch/Sandkühler/*Sandkühler* BNotO § 96 Rn. 37.
[28] Vgl. BT-Drs. 14/4659, 43; Urban/Wittkowski/*Wittkowski* BDG § 30 Rn. 1.
[29] Schütz/Schmiemann/*Schmiemann*, Stand: 4/2009, BDG § 30 Rn. 8.
[30] Vgl. Urban/Wittkowski/*Wittkowski* BDG § 30 Rn. 6.
[31] Ausführlich hierzu Schütz/Schmiemann/*Schmiemann*, Stand: 4/2009, BDG § 32 Rn. 9.
[32] Urban/Wittkowski/*Wittkowski* BDG § 32 Rn. 5.

Wenn die Aufsichtsbehörde aufgrund ihrer Ermittlungen und der Anhörungen des 27
Notars ein ordnungswidriges Verhalten oder eine Pflichtverletzung leichterer Art festgestellt hat, kann sie mit der Einstellung des Disziplinarverfahrens **Aufsichtsmaßnahmen** ergreifen, indem sie den Notar über seine Pflichten belehrt oder wie erwähnt eine Missbilligung gem. § 94 Abs. 1 ausspricht (→ § 94 Rn. 5). Ebenso kann die Aufsichtsbehörde den Vorgang an die zuständige **Notarkammer** mit der Anregung abgeben, dem Notar eine Ermahnung gem. § 75 Abs. 1 auszusprechen. Hält die Notarkammer eine Ermahnung nicht für ausreichend oder nicht für erforderlich, muss sie die Aufsichtsbehörde hierüber unterrichten. Über die Erteilung einer Ermahnung sind die Aufsichtsbehörden durch Übersendung einer Abschrift des Bescheides zu informieren (§ 75 Abs. 3 S. 2).

Die Einstellungsverfügung ist gem. § 32 Abs. 3 BDG zu **begründen** und dem Notar 28
zuzustellen. Sie ist grundsätzlich mit der Klage bzw. zuvor mit dem Widerspruch entsprechend § 41 Abs. 1 BDG **anfechtbar,** wenn die Einstellung den Notar materiell beschwert.[33] Das kann etwa der Fall sein, wenn die Aufsichtsbehörde in der Einstellungsverfügung ein Dienstvergehen des Notars bejaht, aber etwa wegen Zuständigkeit der Anwaltsgerichte (§ 110, § 118a BRAO) von einer disziplinarischen Ahndung absieht.

Ein **Verbrauch der Disziplinargewalt** ist mit der Einstellung des Disziplinarverfahrens 29
nicht verbunden. Ungeachtet der Einstellung kann die nächsthöhere Aufsichtsbehörde wegen desselben Sachverhalts eine Disziplinarmaßnahme verhängen.[34]

2. Erlass einer Disziplinarverfügung. Hält die Aufsichtsbehörde ein Dienstvergehen 30
für erwiesen und die Verhängung einer Disziplinarmaßnahme gem. § 97 für geboten und erforderlich, erlässt sie eine **Disziplinarverfügung,** wenn ihre Disziplinargewalt zur Ahndung des Dienstvergehens auf diesem Wege ausreicht (§ 98 Abs. 1 S. 1, Abs. 2). Anderenfalls führt sie durch **Abgabe** der Angelegenheit die Entscheidung der nächsthöheren Aufsichtsbehörde (Präsident des Oberlandesgerichts bzw. Landesjustizverwaltung) herbei (§ 31 S. 1 BDG).

Durch Disziplinarverfügung der Aufsichtsbehörde können gem. § 98 Abs. 1 S. 1, Abs. 2 31
Verweis, Geldbuße oder Verweis und Geldbuße verhängt werden (vgl. Erläuterungen zu → § 98 Rn. 2 f.).

Gemäß § 33 Abs. 6 BDG ist die Disziplinarverfügung zu **begründen** und nach den 32
Vorschriften des VwZG **zuzustellen.** Daraus folgt ohne weiteres, dass sie der **Schriftform** bedarf. Die Begründung muss so konkret sein und gem. § 37 Abs. 1 VwVfG dem Bestimmtheitsgrundsatz genügen, dass für den Notar und das Disziplinargericht kein Zweifel verbleibt, welcher Lebenssachverhalt disziplinarisch geahndet werden soll.[35] Die Begründung muss deshalb aus sich selbst heraus verständlich sein und das Dienstvergehen in persönlicher, sachlicher und rechtlicher Hinsicht genau beschreiben.[36] Diesen Erfordernissen wird eine Bezugnahme auf außerhalb der Disziplinarverfügung liegende Erkenntnisquellen, wie beispielsweise andere Aktenvorgänge, nicht gerecht.[37] Die Disziplinarverfügung muss schließlich eine ordnungsgemäße **Rechtsbehelfsbelehrung** enthalten (§ 3 BDG iVm § 58 VwGO).

Die Notarkammern erhalten eine Abschrift der Verfügung gemäß den jeweiligen AVNot 33
bzw. Runderlassen, zB gem. § 40 Abs. 3 AVNot NRW.

3. Erhebung der Disziplinarklage. Hält die Aufsichtsbehörde ein Dienstvergehen für 34
erwiesen, für das als Sanktion nach ihrer Auffassung nach Entfernung vom bisherigen Amtssitz bzw. eine befristete oder dauerhafte Entfernung aus dem Amt angemessen ist, ist

---

[33] Vgl. eingehend Urban/Wittkowski/*Wittkowski* BDG § 32 Rn. 16 ff.
[34] Urban/Wittkowski/*Wittkowski* BDG § 32 Rn. 1 ff.
[35] Vgl. VG Freiburg BeckRS 2010, 49858: eine inhaltlich unbestimmte Disziplinarverfügung ist nichtig.
[36] BVerwG Beschl. v. 24.10.2006 – 1 DB 6/06, juris Rn. 17.
[37] OLG Celle NdsRpfl 1995, 21 (22) mwN.

nach der Abschaffung des förmlichen Disziplinarverfahrens unmittelbar Klage zum OLG als Disziplinargericht zu erheben.[38]

V. Verhältnis Disziplinarverfahren/Strafverfahren

35 **1. Strafrechtliches Verfahren und staatsanwaltliches Ermittlungsverfahren.** Auch wenn gegen den Notar wegen desselben Sachverhalts ein staatsanwaltschaftliches Ermittlungsverfahren anhängig ist, ist wegen des Legalitätsprinzips ein Disziplinarverfahren einzuleiten. § 22 BDG schreibt jedoch den **Vorrang des Strafverfahrens** fest, indem die Vorschrift festlegt, dass das behördliche Disziplinarverfahren auszusetzen ist, wenn gegen den Notar im sachgleichen Strafverfahren die öffentliche Klage erhoben worden ist. Damit wird zum einen vermieden, dass sich widersprechende Entscheidungen ergehen, zum anderen dient die Regelung dem Schutz des Notars, der sich nicht gleichzeitig in verschiedenen Verfahren verteidigen muss.[39] Schließlich sprechen verfahrensökonomische Gründe für eine zwingende Aussetzung.

36 Zeitlich früher setzt bereits § 22 Abs. 3 S. 1 BDG an, wonach das Disziplinarverfahren bis zum Abschluss eines staatsanwaltschaftlichen Ermittlungsverfahrens **ausgesetzt** werden kann. Die Aussetzung kommt nur dann in Betracht, wenn in dem staatsanwaltschaftlichen Ermittlungsverfahren eine Frage zu entscheiden ist, deren Beurteilung für die Entscheidung im Disziplinarverfahren von wesentlicher Bedeutung ist (**Vorgreiflichkeit**).[40] Die Aussetzung entsprechend § 22 Abs. 3 S. 1 BDG kommt nicht nur im Falle staatsanwaltschaftlicher Ermittlungsverfahren, sondern insgesamt bei allen behördlichen oder gerichtlichen Verfahren in Betracht, denen geregelte Verfahrensordnungen zugrunde liegen und die mit einer Sachentscheidung abschließen, so insbesondere auch Bußgeldverfahren nach dem OWiG.[41]

37 Die Aussetzung des Disziplinarverfahrens ist **unzulässig,** wenn keine begründeten Zweifel am Sachverhalt bestehen oder in dem Strafverfahren aus Gründen, die in der Person des Notars liegen, nicht verhandelt werden kann (§ 22 Abs. 3 S. 2 iVm Abs. 1 S. 2 BDG). Letzteres kann der Fall sein bei Abwesenheit oder Verhandlungsunfähigkeit des Notars. Das ausgesetzte Disziplinarverfahren ist spätestens mit dem rechtskräftigen Abschluss des Strafverfahrens unverzüglich **fortzusetzen** (§ 22 Abs. 3 S. 2 iVm Abs. 2 BDG); im Hinblick auf das Beschleunigungsgebot hat der Gesetzgeber bei der Schaffung des BDG von einem Ermessen des Dienstherren abgesehen.[42] Der Fortsetzungszwang tritt schon vor dem rechtskräftigen Abschluss des Strafverfahrens ein, wenn die Voraussetzungen des § 22 Abs. 1 S. 2 nach der vorangegangenen Aussetzungsentscheidung eintreten, also zwischenzeitlich begründete Zweifel am Sachverhalt ausgeräumt werden konnten oder in dem Strafverfahren aus in der Person des Notars liegenden Gründen nicht mehr verhandelt werden kann.

38 **2. Bindungswirkung eines Urteils.** Die tatsächlichen Feststellungen eines rechtskräftigen **Urteils** im Strafverfahren oder Bußgeldverfahren sind in einem sachgleichen Disziplinarverfahren gem. § 23 Abs. 1 BDG **bindend.** Dies gilt nicht für Strafbefehle, da diesen die für die Tatbestandswirkung notwendige Darlegung des Sachverhalts fehlt.[43]

39 Die tatsächlichen Feststellungen, die in einem **anderen gesetzlich geordneten Verfahren** getroffen sind, sind grundsätzlich nicht bindend, können aber gem. § 23 Abs. 2 BDG der Entscheidung im Disziplinarverfahren ohne nochmalige Prüfung zugrunde gelegt werden. Dies setzt allerdings voraus, dass der Sachverhalt in dem Erstverfahren verfahrensrechtlich einwandfrei, umfassend und mit einem eindeutigen Ergebnis aufgeklärt worden

---

[38] Zu den Einzelheiten des gerichtlichen Disziplinarverfahrens → § 98 Rn. 12 und → § 99 Rn. 7 ff.
[39] Vgl. BT-Drs. 14/4659, 41.
[40] Ausführlich *Schütz/Schmiemann/Schmiemann,* Stand: 4/2009, BDG § 22 Rn. 14. Vgl. OVG Münster BeckRS 2013, 56093; Urban/Wittkowski/*Wittkowski* BDG § 22 Rn. 10.
[41] Vgl. Schütz/Schmiemann/*Schmiemann,* Stand: 4/2009, BDG § 22 Rn. 12 ff.
[42] Urban/Wittkowski/*Wittkowski* BDG § 22 Rn. 8.
[43] BT-Drs. 14/4659, 42.

ist.⁴⁴ die Entscheidung über die Zugrundelegung des Sachverhalts unterliegt dem pflichtgemäßen Ermessen der Aufsichtsbehörde. In Betracht kommen zB Feststellungen in einem **Strafbefehl** oder in einem **Bußgeldbescheid**.⁴⁵

VI. Rechtsbehelfe

1. Widerspruch. Der Klage des Notars gegen ihn belastende disziplinarrechtliche Verwaltungsakte hat gem. § 41 Abs. 1 BDG **grundsätzlich** ein **Widerspruchsverfahren** voranzugehen. Dies gilt **nicht**, sofern die Landesjustizverwaltung den Verwaltungsakt erlassen hat (§ 41 Abs. 1 S. 2 BDG) oder das Vorverfahren **durch Landesgesetz ausgeschlossen** ist (Abs. 4 S. 1), so zB in Nordrhein-Westfalen gem. § 110 Abs. 1 S. 1 JustG NRW. Will der Notar dort gegen eine Disziplinarmaßnahme vorgehen, muss er gemäß § 74 Abs. 1 VwGO innerhalb eines Monats nach Zustellung der Verfügung unmittelbar Klage erheben.⁴⁶ Für **Form und Frist** des Widerspruchs gilt § 70 VwGO. Der Widerspruch ist innerhalb eines Monats nach Zustellung des Verwaltungsaktes bei dem Gerichtspräsidenten zu erheben, der die Disziplinarverfügung erlassen hat (§ 41 Abs. 2 BDG iVm § 70 Abs. 1 S. 1 VwGO). Die Rechtsmittelfrist wird auch durch Einlegung des Widerspruchs bei der Widerspruchsbehörde gewahrt (§ 41 Abs. 2 BDG iVm § 70 Abs. 1 S. 2 VwGO). Dies ist grundsätzlich die Landesjustizverwaltung als oberste Aufsichtsbehörde (§ 42 Abs. 1 S. 1 BDG, § 92 Nr. 3), sofern nicht deren Zuständigkeit für den Erlass des Widerspruchsbescheides durch Rechtsverordnung auf nachgeordnete Aufsichtsbehörden übertragen wurde (Abs. 4 S. 2 und S. 3 iVm Abs. 1 S. 2, § 42 Abs. 1 S. 2 BDG).

Für den Widerspruchsbescheid gilt das **Verbot der *reformatio in peius;*** die angefochtene Entscheidung darf nach § 42 Abs. 2 S. 1 BDG grundsätzlich nicht zum Nachteil des Notars abgeändert werden. Auch eine Ausdehnung des Disziplinarverfahrens während des Widerspruchsverfahrens ist unzulässig.⁴⁷ Die Landesjustizverwaltung und der OLG-Präsident können jedoch gem. § 42 Abs. 2 S. 2 BDG Disziplinarverfügungen der unteren Aufsichtsbehörde in den von § 35 Abs. 3 S. 3 BDG bestimmten Grenzen aufheben und in der Sache neu entscheiden oder Disziplinarklage erheben.⁴⁸

Ist der Widerspruchsbescheid nach Delegation gem. Abs. 4 S. 2 und S. 3 iVm Abs. 1 S. 2, § 42 Abs. 1 S. 2 BDG von einer nachgeordneten Behörde erlassen worden, ist er gem. § 43 S. 1 BDG der Landesjustizverwaltung unverzüglich zuzuleiten. Diese oder die durch Rechtsverordnung bestimmte nachgeordnete Aufsichtsbehörde kann den Widerspruchsbescheid aufheben und in den von § 43 S. 2 BDG bestimmten Grenzen in der Sache neu entscheiden oder Disziplinarklage erheben.

2. Klage. Ist das Widerspruchsverfahren erfolglos geblieben, kann der Notar Anfechtungsklage bei dem OLG erheben. Für Form und Frist der Klage gelten nach § 52 Abs. 2 BDG die §§ 74, 75, 81 und 82 VwGO entsprechend.⁴⁹ Die Klage ist grundsätzlich gegen das jeweilige Land zu richten (§ 78 VwGO, sog. „Rechtsträgerprinzip"). Allerdings genügt gem. § 78 Abs. 1 Nr. 1 Hs. 2 VwGO zur Bezeichnung des Beklagten die Angabe der die Verfügung erlassenden Behörde.⁵⁰ Landesrecht kann jedoch bestimmen, dass stattdessen die Aufsichtsbehörde, die die Disziplinarverfügung erlassen hat, Klagegegner ist, so zB in Niedersachsen gem. § 8 Abs. 2 NdsAGVwGO. Wegen des weiteren Verfahrens vgl. die Erläuterungen zu → § 99 Rn. 7 ff. Das Gericht prüft gem. § 60 Abs. 3 BDG neben der Rechtmäßigkeit auch die Zweckmäßigkeit der angefochtenen Entscheidung.⁵¹ Die Ent-

---

⁴⁴ Schütz/Schmiemann/*Schmiemann,* Stand: 4/2009, BDG § 23 Rn. 12 ff.
⁴⁵ Urban/Wittkowski/*Wittkowski* BDG § 23 Rn. 10.
⁴⁶ Vgl. auch Urban/Wittkowski/*Wittkowski* BDG § 42 Rn. 10.
⁴⁷ Vgl. BT-Drs. 14/4659, 46.
⁴⁸ → § 98 Rn. 16; vgl. Urban/Wittkowski/*Wittkoswki* BDG § 42 Rn. 6.
⁴⁹ → § 98 Rn. 9 ff.
⁵⁰ Vgl. nur Sodan/*Ziekow,* 5. Aufl. 2018, VwGO § 78 Rn. 24.
⁵¹ Vgl. zuletzt KG RNotZ 2019, 492 Rn. 66.

scheidung des OLG ergeht grundsätzlich durch Urteil (§ 60 Abs. 1 S. 1 BDG), gegen das die Berufung zum BGH nur möglich ist, sofern sie vom OLG oder vom BGH zugelassen wird (§§ 99, 105 iVm § 64 Abs. 2 BDG).

44 **3. Antrag auf gerichtliche Festsetzung.** Weiterer Ausdruck des Beschleunigungsgrundsatzes (→ Rn. 17) im Disziplinarverfahren ist § 62 Abs. 1 S. 1 BDG: Danach kann der Notar bei dem OLG die gerichtliche Bestimmung einer Frist zum Abschluss des Disziplinarverfahrens beantragen, wenn das behördliche Disziplinarverfahren nicht innerhalb von sechs Monaten seit der Einleitung durch Einstellung, durch Erlass einer Disziplinarverfügung oder durch Erhebung der Disziplinarklage abgeschlossen worden ist. Dieses Verfahrens ist zugleich Ausdruck des Verhältnismäßigkeitsgrundsatzes und der Fürsorgepflicht.[52] Nach § 62 Abs. 1 S. 2 BDG ist die Sechsmonatsfrist allerdings gehemmt, solange das Disziplinarverfahren wegen des Vorrangs eines Strafverfahrens ausgesetzt ist (→ Rn. 35 ff.). Der Antrag ist entsprechend § 62 Abs. 2 BDG begründet, sofern **kein zureichender Grund** für den fehlenden Abschluss des behördlichen Disziplinarverfahrens vorliegt. Als zureichender Grund kommen zB besondere tatsächliche und rechtliche Schwierigkeiten bei der Ermittlung des Sachverhaltes in Betracht, nicht jedoch Arbeitsüberlastung der Behörde.[53] Ist der Antrag begründet, bestimmt das OLG eine Frist, in der das Disziplinarverfahren abzuschließen ist. Wird das Verfahren nicht innerhalb der gesetzten Frist abgeschlossen, stellt das Gericht gem. § 62 Abs. 3 BDG das Verfahren durch Beschluss ein.

VII. Vorläufige Amtsenthebung

45 **1. Entscheidung der Behörde.** Die für die Erhebung der Disziplinarklage zuständige Behörde kann den Notar gleichzeitig mit oder nach der Einleitung des Disziplinarverfahrens vorläufig des Amtes entheben (vgl. § 38 Abs. 1 BDG). Die vorläufige Amtsenthebung ist nach Ansicht der Rechtsprechung **gerechtfertigt,** wenn die Voraussetzungen der Grundsätze erfüllt sind, die der Bundesgerichtshof für ein vorläufiges Berufsverbot eines Rechtsanwalts nach § 150 BRAO entwickelt hat.[54] Die zuständige Aufsichtsbehörde prüft insbesondere, ob im Hinblick auf die Art und Schwere des dem Notar vorgeworfenen Dienstvergehens und zum Schutze wichtiger Gemeinschaftsgüter die Amtsenthebung schon vor Rechtskraft der Entscheidung im Disziplinarverfahren als Präventivmaßnahme erforderlich ist; außerdem muss eine endgültige und dauerhafte Amtsenthebung zu erwarten sein (vgl. § 38 Abs. 1 S. 1 BDG).[55] Die vorläufige Amtsenthebung ist zum Schutz der rechtsuchenden Bevölkerung grundsätzlich **notwendig,** wenn bei der Verwahrung von Fremdgeldern Unregelmäßigkeiten aufgetreten sind.[56] Zur vorläufigen Amtsenthebung vor bzw. ohne Einleitung eines Disziplinarverfahrens siehe § 54 Abs. 1 und Abs. 2, zu den Rechtsfolgen einer vorläufigen Amtsenthebung siehe § 55 sowie jeweils die Erläuterungen dort.

46 **2. Antrag auf Aussetzung der vorläufigen Amtsenthebung.** Ist der Notar vorläufig des Amtes enthoben worden, kann er die Aussetzung der vorläufigen Amtsenthebung bei dem OLG beantragen (vgl. § 63 Abs. 1 BDG). Es handelt sich um ein vorläufiges Rechtsschutzverfahren, das **nicht präjudiziell** für den Ausgang des Disziplinarverfahrens ist.[57] Der Antrag kann formlos gestellt werden und ist nicht an Fristen gebunden. Er hat keine

---

[52] Urban/Wittkowski/*Urban* BDG § 62 Rn. 1.
[53] Vgl. Urban/Wittkowski/*Urban* BDG § 62 Rn. 8 ff.
[54] BGH DNotZ 1986, 310.
[55] Vgl. Arndt/Lerch/*Sandkühler* BNotO § 96 Rn. 83; Schippel/Bracker/*Herrmann* BNotO § 96 Rn. 24; aA *Lohmann* in der 4. Aufl. dieses Kommentars und Diehn/*Zimmer* BNotO § 96 Rn. 19; BGH ZNotP 2010, 116 Rn. 5 (noch zur BDO); OLG Köln BeckRS 2014, 8632 (schon zu dem bis 31.12.2009 geltenden Disziplinarrecht § 63 BDG).
[56] BGH DNotZ 1985, 487; 1986, 236; Schippel/Bracker/*Herrmann* BNotO § 96 Rn. 26.
[57] Vgl. auch BT-Drs. 14/4659, 50; Urban/Wittkowski/*Urban* BDG § 63 Rn. 1.

aufschiebende Wirkung nach § 80 Abs. 1 VwGO.[58] Das Gericht setzt die Anordnung der vorläufigen Amtsenthebung aus, wenn ernstliche Zweifel an ihrer Rechtmäßigkeit bestehen (vgl. § 63 Abs. 2 BDG). Ernstlich sind die Zweifel dann, wenn gewichtige Gründe vorliegen, die den Zweifel nähren. Maßgebend ist die Sach- und Rechtslage im Zeitpunkt der Entscheidung des Gerichts, die ohne Beweisaufnahme summarisch geprüft wird.[59] Die Entscheidung des OLG erfolgt in der Regel im schriftlichen Verfahren und ist mit der Beschwerde anfechtbar, sofern sie entsprechend § 124 Abs. 2 VwGO zugelassen worden ist (§ 96 Abs. 1 S. 1 iVm § 67 Abs. 3).

VIII. Kosten

Wurde zuvor die Gebührenfreiheit für das behördliche Disziplinarverfahren in § 37 Abs. 5 BDG aF ausdrücklich festgestellt, ist diese Vorschrift zwar mit Wirkung zum 1.10.2019 entfallen. Das gleiche gilt für die Gebühren im Widerspruchsverfahren gem. § 44 Abs. 4 BDG aF. Gleichwohl ändert sich an der Gebührenfreiheit für das behördliche Disziplinarverfahren nichts, weil diese aus der direkten Anwendung von § 7 Nr. 7 BGebG folgen dürfte.[60] Jedoch können dem Notar gem. §§ 37 Abs. 1 S. 1, 44 Abs. 1 S. 1 BDG die entstandenen Auslagen auferlegt werden. **47**

IX. Rechtsschutz bei überlangen Gerichtsverfahren

Abs. 5 enthält eine Verweisung auf den 17. Titel des GVG (§§ 198 bis 201). Von Bedeutung für das notarielle Disziplinarverfahren sind davon §§ 198, 200 und 201 GVG. § 198 Abs. 1 S. 1 GVG normiert den Grundsatz, dass jeder Verfahrensbeteiligte, der infolge unangemessener Dauer eines Gerichtsverfahrens einen Nachteil erleidet, angemessen **entschädigt** wird. Entschädigungspflichtig ist der jeweilige Träger der Gerichtsbarkeit: Für Nachteile, die auf Grund von Verzögerungen bei Gerichten eines Landes eingetreten sind, haftet das Land; sind die Verzögerungen bei Gerichten des Bundes eingetreten sind, haftet dieser (§ 200 S. 1 GVG). **48**

§ 97 [Disziplinarmaßnahmen]

(1) ¹Im Disziplinarverfahren können folgende Maßnahmen verhängt werden:
1. Verweis,
2. Geldbuße,
3. Entfernung aus dem Amt.

²Die Disziplinarmaßnahmen des Verweises und der Geldbuße können nebeneinander verhängt werden.

(2) ¹Gegen einen zur hauptberuflichen Amtsausübung bestellten Notar kann als Disziplinarmaßnahme auch auf Entfernung vom bisherigen Amtssitz erkannt werden ²In diesem Fall hat die Landesjustizverwaltung dem Notar nach Rechtskraft der Entscheidung, nachdem die Notarkammer gehört worden ist, unverzüglich einen anderen Amtssitz zuzuweisen. ³Neben der Entfernung vom bisherigen Amtssitz kann auch eine Geldbuße verhängt werden.

(3) ¹Gegen einen Anwaltsnotar kann als Disziplinarmaßnahme auch auf Entfernung aus dem Amt auf bestimmte Zeit erkannt werden. ²In diesem Fall darf die erneute Bestellung zum Notar nur versagt werden, wenn sich der Notar in der Zwischenzeit eines Verhaltens schuldig gemacht hat, das ihn unwürdig erscheinen lässt, das Amt eines Notars wieder auszuüben.

---

[58] Diehn/*Zimmer* BNotO § 96 Rn. 25; Schippel/Bracker/*Herrmann* BNotO § 96 Rn. 27.
[59] Urban/Wittkowski/*Urban* BDG § 63 Rn. 15.
[60] Vgl. BT-Drs. 18/7988, 40; Urban/Wittkowski/*Wittkowski* BDG § 37 Rn. 1, 9.

(4) ¹Geldbuße kann gegen Notare bis zu fünfzigtausend Euro, gegen Notarassessoren bis zu fünftausend Euro verhängt werden. ²Beruht die Handlung, wegen der eine Geldbuße verhängt wird, auf Gewinnsucht, so kann auf Geldbuße bis zum Doppelten des erzielten Vorteils erkannt werden.

(5) Die Entfernung aus dem Amt nach Absatz 1 Satz 1 Nummer 3 hat bei einem Notar, der zugleich Rechtsanwalt ist, zugleich die Ausschließung aus der Rechtsanwaltschaft zur Folge.

Übersicht

	Rn.
A. Hintergrund	1
I. Katalog der Disziplinarmaßnahmen	1
II. Stufenverhältnis der Disziplinarmaßnahmen	2
B. Auswahl und Bemessung der Disziplinarmaßnahme	3
I. Auswahl der Disziplinarmaßnahme	3
II. Konkrete Bemessung der Disziplinarmaßnahme	10
III. Kriminalstrafe und Disziplinarmaßnahme	13
C. Die Disziplinarmaßnahmen im Einzelnen	15
I. Verweis	15
II. Geldbuße	17
III. Entfernung vom bisherigen Amtssitz (Abs. 2)	22
IV. Befristete Entfernung aus dem Amt (Abs. 3)	27
V. Dauernde Entfernung aus dem Amt	32
D. Maßnahmen gegen Notarassessoren, Notarvertreter und Notariatsverwalter	36
I. Notarassessoren	36
II. Notarvertreter, Notariatsverwalter	37

A. Hintergrund

I. Katalog der Disziplinarmaßnahmen

1 § 97 regelt, welche **Disziplinarmaßnahmen** gegen Notare, Notarassessoren, Notariatsverwalter und Notarvertreter zulässig sind. Die Aufzählung zulässiger Disziplinarmaßnahmen ist **abschließend** und die genannten Disziplinarmaßnahmen treten an die Stelle der im BDG geregelten Disziplinarmaßnahmen.[1] Hieraus ergibt sich, dass bloße Beanstandungen oder Belehrungen durch die Aufsichtsbehörden oder durch die Notarkammer ebenso wenig disziplinarischen Charakter haben wie die Missbilligung durch die Aufsichtsbehörde gem. § 94 oder die Ermahnung durch die Notarkammer gem. § 75 Abs. 1. Deshalb tritt gem. § 75 Abs. 6 und § 94 Abs. 3 durch eine Ermahnung bzw. eine Missbilligung kein Verbrauch der Disziplinarbefugnis ein. Dagegen wird der Ausspruch einer Ermahnung bzw. Missbilligung durch die nachträgliche Verhängung einer Disziplinarmaßnahme gem. § 75 Abs. 6 S. 2 bzw. § 94 Abs. 3 S. 2 unwirksam. Die Zuständigkeit für die jeweilige Maßnahme ergibt sich aus § 98.

II. Stufenverhältnis der Disziplinarmaßnahmen

2 Die genannten Disziplinarmaßnahmen stehen in einem aufsteigenden **Stufenverhältnis** zueinander: Verweis – Geldbuße – Verweis und Geldbuße – Entfernung vom bisherigen Amtssitz (hauptberufliches Notariat) bzw. vorübergehende Entfernung aus dem Amt (Anwaltsnotariat) – dauernde Entfernung aus dem Amt. Ein Nebeneinander verschiedener Disziplinarmaßnahmen ist nur dann zulässig, wenn dies ausdrücklich gestattet ist.[2] **Mehrere Disziplinarmaßnahmen** können daher nur im Rahmen von § 97 nebeneinander ver-

---

[1] Diehn/*Zimmer* BNotO § 97 Rn. 1; Schippel/Bracker/*Herrmann* BNotO § 97 Rn. 1.
[2] Vgl. Arndt/Lerch/Sandkühler/*Sandkühler* BNotO § 97 Rn. 20.

hängt werden (Verweis und Geldbuße; Geldbuße und Entfernung vom bisherigen Amtssitz).

B. Auswahl und Bemessung der Disziplinarmaßnahme

I. Auswahl der Disziplinarmaßnahme

Im Disziplinarrecht gibt es – anders als im Strafrecht – keine festen „Strafrahmen" für einzelne Dienstvergehen. Zumessungsmaßstab für die Auswahl der Disziplinarmaßnahme ist vielmehr grundsätzlich die Schwere des Dienstvergehens (vgl. § 13 Abs. 1 S. 2 BDG), so dass für die Ahndung eines Pflichtenverstoßes grundsätzlich sämtliche in § 97 genannten Disziplinarmaßnahmen in Betracht kommen. Die in § 13 Abs. 1 BDG festgelegten Zumessungsregelungen machen deutlich, dass die Entscheidung über die Disziplinarmaßnahme nach der Schwere des Dienstvergehens und unter angemessener Berücksichtigung des Persönlichkeitsbildes des Notars sowie des Umfangs der Beeinträchtigung des Vertrauens der Allgemeinheit zu treffen ist.[3] Die **Auswahl** trifft die Aufsichtsbehörde bzw. das Disziplinargericht unter Beachtung des pflichtgemäßen, durch den Grundsatz der Verhältnismäßigkeit beschränkten **Ermessens.** Die Disziplinarmaßnahme muss in einem angemessenen Verhältnis zu dem zu ahndenden Dienstvergehen stehen; sie hat eine „**Einstufungsfunktion**".[4] Danach wird die niedrigere durch die nächsthöhere Disziplinarmaßnahme der Schwere nach verdrängt, dh der Übergang zur nachfolgenden Maßnahme stellt unabhängig vom subjektiven Empfinden des Betroffenen eine Verschärfung dar.[5] 3

Bei der Auswahl der Disziplinarmaßnahme sind sämtliche **Umstände des Einzelfalls** zu berücksichtigen. Im Mittelpunkt des Disziplinarrechts steht im Gegensatz zur Strafe nicht der Schuldausgleich, sondern das Interesse der Öffentlichkeit an pflichtgemäßer Amtsführung der Notare und damit die Erhaltung der Funktionsfähigkeit des öffentlichen Amts.[6] Die Auswahl der Disziplinarmaßnahme wird daher vor allem durch das objektive Gewicht der Pflichtverletzung bestimmt; die **Schwere der Tat** bestimmt die angemessene Sanktionsart.[7] Daneben können zwar wegen der unterschiedlichen Zwecke von Disziplinarmaßnahme und Strafe die Grundsätze der Strafzumessung nach § 46 StGB nicht direkt angewendet, jedoch bei vergleichbaren Zumessungskriterien Erkenntnisse der Strafzumessung herangezogen werden.[8] Auch Milderungsgründe können dabei Berücksichtigung finden; dazu hat sich eine umfangreiche Rechtsprechung entwickelt.[9] 4

Wichtige Gesichtspunkte für die Ausübung des **Auswahlermessens** sind insbesondere die Bedeutung der verletzten Amtspflicht, die Dauer und die Intensität des Dienstvergehens, die etwaige Strafbarkeit des Dienstvergehens, der Umfang des etwa angerichteten Schadens, die Auswirkungen auf das Ansehen des Notarberufs und des betroffenen Notars, der Grad des Verschuldens, die Motive der Tat, die bisherige Führung des Notars und sein Verhalten nach der Tat sowie die Zukunftsprognose. Dem Grad des Verschuldens kommt wegen des unterschiedlichen Normzwecks nicht die gleiche überragende Bedeutung zu wie im Strafrecht.[10] Der Grundsatz der **Einheit des Dienstvergehens** verbietet es, in ein und demselben Disziplinarverfahren für mehrere Pflichtverletzungen mehrere Disziplinarmaßnahmen zu verhängen, sofern nicht ausnahmsweise eine getrennte Ahndung zulässig ist.[11] 5

---

[3] Schütz/Schmiemann/*Werres,* Stand 2/2016, BDG § 13 Rn. 1 f.
[4] Vgl. auch BVerwG NVwZ-RR 2014, 356 (360).
[5] Urban/Wittkowski/*Urban* BDG § 5 Rn. 4.
[6] Urban/Wittkowski/*Urban* BDG § 13 Rn. 3.
[7] BVerfG NVwZ 2003, 1504; BVerwG NVwZ 2015, 1680 Rn. 25; Schippel/Bracker/*Herrmann* BNotO § 97 Rn. 2.
[8] Urban/Wittkowski/*Urban* BDG § 13 Rn. 2.
[9] Vgl. nur Urban/Wittkowski/*Urban* BDG § 13 Rn. 38 ff.
[10] Vgl. Schippel/Bracker/*Herrmann* BNotO § 97 Rn. 3 f.; *Carstensen* ZNotP 2003, 46 (57).
[11] → § 95 Rn. 27 ff.

6 Wird nach Erlass einer Disziplinarverfügung ein früher begangenes Dienstvergehen gesondert verfolgt, so sind das abgeschlossene Verfahren und die darin getroffene Maßnahme mit zu berücksichtigen.[12] Der Notar darf nicht schlechter und nicht besser gestellt werden, als wenn die nachträglich hinzugetretene Verfehlung zugleich mit der früheren Maßnahme geahndet worden wäre. Abzustellen ist auf das **hypothetische Ergebnis,** das sich bei Einbeziehung der weiteren Amtspflichtverletzung in die frühere Maßregelung ergeben hätte.

7 In der Praxis ist die disziplinarische Ahndung der Verletzung notarieller **Kernpflichten** von besonderer Bedeutung; für sie sind in den letzten Jahrzehnten zunehmend strengere Maßstäbe angewandt worden. Dies lässt sich vor allem an der Höhe der im Einzelfall verhängten **Geldbußen** feststellen. Zu den Kernpflichten zählen insbesondere:[13]
- Pflicht zur Unparteilichkeit,
- Einhaltung der Mitwirkungsverbote nach § 3 BeurkG,
- Verschwiegenheitspflicht,
- Pflichten im Zusammenhang mit der Durchführung von Verwahrungsgeschäften,
- Pflicht zur vollständigen Kostenerhebung,
- (Mitwirkungs-)Pflichten gegenüber den Aufsichtsbehörden.

8 Es gilt der Grundsatz der stufenweisen Steigerung der Disziplinarmaßnahme.[14] Daher kommt im **Wiederholungsfall** eine Steigerung der Maßnahme oder der Maßnahmenart in Betracht. Häufig nimmt die Praxis eine Steigerung innerhalb derselben Maßnahmenart vor, indem sie insbesondere eine höhere Geldbuße verhängt. Eine Steigerung der Maßnahmenart ist nicht per se erforderlich.[15]

9 **Getilgte Eintragungen** über Aufsichts- oder Disziplinarmaßnahmen in den Personalakten können nicht zur Begründung eines Wiederholungsfalls oder zur Auswahl und Bemessung einer Disziplinarmaßnahme herangezogen werden (§ 110a Abs. 1 S. 3, Abs. 5 S. 1).[16]

II. Konkrete Bemessung der Disziplinarmaßnahme

10 Für die Frage der angemessenen Höhe der Geldbuße oder der Dauer der Entfernung aus dem Amt muss anders als bei Verweis, Entfernung vom bisherigen Amtssitz und dauernder Entfernung aus dem Amt die Sanktion auch im Einzelfall bemessen werden. Die Disziplinarbehörden und -gerichte haben auch insoweit unter Beachtung des Verhältnismäßigkeitsgrundsatzes nach pflichtgemäßem Ermessen zu entscheiden und die für die Auswahl der Sanktionsart maßgeblichen Gesichtspunkte zu berücksichtigen. Entscheidend ist dabei wie bei der Auswahl der Disziplinarmaßnahme in erster Linie die **objektive Schwere** des Dienstvergehens. Daneben müssen auch der Grad des Verschuldens und die Persönlichkeit des Notars gewürdigt werden.[17]

11 Bei einem **Anwaltsnotar** wird ein früheres Fehlverhalten als Rechtsanwalt oder als Angehöriger eines weiteren Berufs gem. § 8 Abs. 2 S. 2 in der Regel mitgewürdigt. Zu berücksichtigen sind dabei auch Verstöße gegen die Berufsordnung der Rechtsanwälte oder sonstiges Berufsrecht, soweit die verletzten Berufspflichten nach heutiger Rechtslage für die Beurteilung noch von Bedeutung sein können (das gilt insbesondere nicht für Verstöße gegen die vormaligen „Richtlinien über die Berufsausübung der Rechtsanwälte").[18]

---

[12] Arndt/Lerch/Sandkühler/*Sandkühler* BNotO § 97 Rn. 14; vgl. BeckOK BeamtenR Bund/*Thomsen* BeamtStG § 47 Rn. 10; BVerwG NVwZ-RR 2009, 815 (816).
[13] Arndt/Lerch/Sandkühler/*Sandkühler* BNotO § 97 Rn. 17.
[14] Urban/Wittkowski/*Urban* BDG § 13 Rn. 25.
[15] Arndt/Lerch/Sandkühler/*Sandkühler* BNotO § 97 Rn. 15.
[16] Vgl. Schippel/Bracker/*Herrmann* BNotO § 97 Rn. 22.
[17] → Rn. 4.
[18] Vgl. Arndt/Lerch/Sandkühler/*Sandkühler* BNotO § 97 Rn. 18 mwN.

Sachverhalte, die Gegenstand **eingestellter** staatsanwaltschaftlicher, straf- oder anwalts- 12
gerichtlicher Verfahren waren, müssen bei der Bemessung der Maßnahme nicht per se
unberücksichtigt bleiben. Wegen der Unschuldsvermutung des Art. 6 Abs. 2 MRK sind
diese Tatsachen im Disziplinarverfahren indes eigenständig zu bewerten. Dies gilt selbst
dann, wenn der Notar der Einstellung gem. § 153a StPO zugestimmt hat.[19]

III. Kriminalstrafe und Disziplinarmaßnahme

Die strafrechtliche Verurteilung oder die Verhängung einer Geldbuße nach dem OWiG 13
verbrauchen die Disziplinarbefugnis grundsätzlich nicht. Es handelt sich insoweit nicht um
eine unzulässige **Doppelbestrafung** iSd Art. 103 Abs. 3 GG, da das Disziplinarrecht nicht
Teil der „allgemeine Strafgesetze" ist.[20] Gleichwohl kommt eine disziplinarische Ahndung
in diesen Fällen wegen des zu beachtenden Verhältnismäßigkeitsgrundsatzes[21] nur ausnahmsweise in Betracht. Abzustellen ist auf den im Beamtenrecht für die Vorschrift des
§ 14 Abs. 1 BDG entwickelten Grundsatz, dass bei **Identität der Tat** eine erzieherische
Disziplinarmaßnahme neben einer sachgleichen Kriminalstrafe (bzw. Ordnungsmaßnahme
nach OWiG) nur zulässig ist, wenn die Gefahr besteht, dass sich die durch die Amtspflichtverletzung zutage getretenen Eigenarten des Notars trotz der strafgerichtlichen bzw. ordnungsrechtlichen Sanktion auch in Zukunft in für die Erfüllung des ihm übertragenen Amts
bedeutsamer Weise auswirken können. Die Disziplinarmaßnahme muss **zusätzlich** erforderlich sein, um den Notar zur Erfüllung seiner Pflichten anzuhalten.[22] Wenn indes der den
Gegenstand des Disziplinarverfahrens bildende Sachverhalt mit der straf- oder ordnungs-
rechtlich geahndeten Tat nur **teilweise identisch** ist, greift der Grundsatz der Einheit des
Dienstvergehens ein.[23]

Im Disziplinarrecht der Notare ist entsprechend der Höchstmaßnahmen im Beamten- 14
recht weiter zu beachten, dass die Entfernung vom bisherigen Amtssitz und die befristete
sowie die dauernde Entfernung aus dem Amt wegen ihres Charakters als **Reinigungsmaßnahmen** unabhängig von der straf- oder ordnungsrechtlichen Sanktion zu ergreifen
sind.[24]

C. Die Disziplinarmaßnahmen im Einzelnen

I. Verweis

Der Verweis ist die mildeste Art der Disziplinarmaßnahme.[25] Anders liegen die Dinge im 15
Disziplinarrecht der Rechtsanwälte, wo der Verweis gem. § 114 Abs. 1 Nr. 2 BRAO auf
zweiter Stufe des Maßnahmenkatalogs steht und als erhebliche oder schwerwiegende Maß-
nahme gilt.[26] Der Verweis ist gem. § 6 S. 1 BDG der schriftliche **Tadel** eines bestimmten
Verhaltens in ernster, deutlicher Form. Er ist ausdrücklich als solcher zu bezeichnen, um als
Disziplinarmaßnahme zu wirken. Vom Verweis zu unterscheiden sind gem. § 6 S. 2 BDG
missbilligende Äußerungen, die nicht ausdrücklich als Verweis bezeichnet werden, wie
Hinweise, Belehrungen, Vorhaltungen, Beanstandungen sowie die **Ermahnung** durch die
Notarkammer gem. § 75 Abs. 1 und die **Missbilligung** durch die Aufsichtsbehörden gem.

---

[19] BGH NJW-RR 1994, 745.
[20] Grundlegend BVerfG NJW 1967, 1654; vgl. BVerfG NJW 1984, 2341; *Reich*, 3. Aufl. 2018, BeamtStG § 47 Rn. 12.
[21] Vgl. Urban/Wittkowski/*Urban* BDG § 14 Rn. 1.
[22] Arndt/Lerch/Sandkühler/*Sandkühler* BNotO § 97 Rn. 23.
[23] Eingehend dazu Urban/Wittkowski/*Urban* BDG § 14 Rn. 14 f.; vgl. Arndt/Lerch/Sandkühler/*Sandkühler* BNotO § 97 Rn. 24.
[24] Vgl. Schütz/Schmiemann/*Schmiemann*, Stand: 2/2016), BDG § 14 Rn. 4; Urban/Wittkowski/*Urban* BDG § 14 Rn. 5.
[25] Diehn/*Zimmer* BNotO § 97 Rn. 4; vgl. auch BVerwG NVwZ 2006, 485.
[26] Vgl. BVerfG NJW-RR 2010, 204.

§ 94. Qualifizierungen als „leicht", „schwer", „streng" oder „förmlich" sind unzulässig und führen zur Rechtswidrigkeit der Maßnahme.[27] Ein Verweis kann als mildere Maßnahme auch ausgesprochen werden, wenn die Schwere des Dienstvergehens und das Maß der Vertrauensbeeinträchtigung tatbestandlich eine schärfere Disziplinarmaßnahme rechtfertigen würden.[28] Im Beamtenrecht führt ein Verweis nicht zu einer Beförderungssperre.[29]

16 Den Verweis erlässt die Aufsichtsbehörde (§ 98 Abs. 1 S. 1) durch schriftliche Disziplinarverfügung, ansonsten das Disziplinargericht durch Urteil. Er gilt als vollstreckt, sobald die Disziplinarverfügung oder das Urteil unanfechtbar geworden sind.[30]

II. Geldbuße

17 Die Geldbuße ist eine im Verhältnis zum Verweis gesteigerte Disziplinarmaßnahme im **unteren Bereich disziplinarer Pflichtverstöße**. Im Beamtenrecht ist mit ihr kein Beförderungsverbot verbunden. Sie stellt als eindringliches Erziehungsmittel[31] eine empfindliche und die in der Praxis bedeutsamste Disziplinarmaßnahme dar.[32] Sie kann allein oder neben einem Verweis (Abs. 1 S. 2) oder zusammen mit der Entfernung vom bisherigen Amtssitz (Abs. 2 S. 3) verhängt werden und setzt ein nicht unbedeutendes Dienstvergehen von einigem Gewicht voraus.[33] Damit kommt die Geldbuße nach dem Grundsatz der stufenweisen Steigerung typischerweise in Betracht, wenn ein vorbelasteter Notar erneut einen Pflichtverstoß von geringerem Gewicht begeht oder grob nachlässig gegen seine Dienstpflichten verstößt.[34]

18 Einen **Mindestbetrag** für die Geldbuße gibt das Gesetz nicht vor, es beschränkt sie indes auf **Höchstbeträge**. Gemäß Abs. 4 S. 1 kann gegen einen Notar eine Geldbuße bis zu 50.000 EUR, gegen einen Notarassessor eine Geldbuße bis zu 5.000 EUR verhängt werden. Bei der Bemessung sind neben den allgemeinen Gesichtspunkten[35] vor allem die **wirtschaftlichen Verhältnisse** des Notars bzw. des Notarassessors, insbesondere das Einkommen und das Vermögen zu berücksichtigen. Bei **Anwaltsnotaren** zählen zum Einkommen auch die Einkünfte aus der anwaltlichen Tätigkeit. Hat der Notar Einkünfte durch **unzulässige Tätigkeit** erzielt, so kann dies unter dem Gesichtspunkt der Abschöpfung bei der Bemessung der Geldbuße zu berücksichtigen sein. In Betracht kommen etwa Einkünfte aus unzulässigen Beurkundungen außerhalb des Amtsbereichs gem. § 10a Abs. 2 oder Einkünfte durch die Ergreifung von Beurkundungsverfahren, die mit dem Zweck des Beurkundungserfordernisses nicht in Einklang stehen, zB die planmäßige und missbräuchliche Aufspaltung von Kaufverträgen in Angebot und Annahme.[36] Wenn es mit dem Sanktionszweck zu vereinbaren ist, kann die Aufsichtsbehörde bzw. das Disziplinargericht die Zahlung der Geldbuße **in Raten** gestatten.[37]

19 Beruht das Dienstvergehen auf **Gewinnsucht**, so kann auf Geldbuße gem. Abs. 4 S. 2 bis zum Doppelten des erzielten Vorteils erkannt werden, wobei die in Abs. 4 S. 1 genannten Höchstbeträge in diesem Fall nicht gelten.[38] Gewinnsucht verlangt nach der Rechtsprechung ein **Erwerbsstreben nach Vermögensvorteilen,** die gesetzwidrig oder nach dem Standesrecht unerlaubt und unangemessen sind. Mit dem strafrechtlichen Begriff der Gewinnsucht ist dieses Merkmal nicht gleichzusetzen. So kann Gewinnsucht etwa

---

[27] Urban/Wittkowski/*Urban* BDG § 6 Rn. 2.
[28] Vgl. VG Karlsruhe BeckRS 2010, 46030.
[29] Schütz/Schmiemann/*Schmiemann*, Stand: 1/2014, BDG § 6 Rn. 10.
[30] Schippel/Bracker/*Herrmann* BNotO § 97 Rn. 6.
[31] Urban/Wittkowski/*Wittkowski* BDG § 7 Rn. 3.
[32] Arndt/Lerch/Sandkühler/*Sandkühler* BNotO § 97 Rn. 28.
[33] Vgl. BVerwG NVwZ-RR 2008, 190 (193).
[34] Vgl. Urban/Wittkowski/*Urban* BDG § 7 Rn. 3; BVerwG NVwZ-RR 2008, 190.
[35] → Rn. 4, 10.
[36] Arndt/Lerch/Sandkühler/*Sandkühler* BNotO § 97 Rn. 28; vgl. BGH BeckRS 2019, 23329 Rn. 120.
[37] BGH DNotZ 1975, 53 (55); Urban/Wittkowski/*Urban* BDG § 7 Rn. 9; jüngst BGH BeckRS 2019, 23329 Rn. 133.
[38] S. jüngst BGH BeckRS 2019, 23329.

vorliegen bei unerlaubter Nebentätigkeit, gesetzeswidriger Werbung oder fortgesetzter, nicht gerechtfertigter Tätigkeit außerhalb des Amtsbereichs, wenn der Notar erstrebt, andernfalls nicht erreichbare Beurkundungsaufträge zu erhalten, bei Verstößen gegen Verwahrungsanweisungen und bei anderen Pflichtverstößen im Zusammenhang mit der Durchführung von Verwahrungsgeschäften sowie im Zusammenhang mit dem pflichtwidrigen Einsatz missbilligter Beurkundungsverfahren. Ob die Verfehlungen in erster Linie dem Zweck der Gewinnerzielung dienen müssen, ist streitig.[39] Der Gesetzesbegründung zu der gleichlautenden Vorläuferregelung in der Bundesnotarordnung lässt sich zum Begriff der Gewinnsucht nichts entnehmen.[40] Der BGH hat die Frage zuletzt offengelassen.[41] Bei der Bewertung des Vorteils sind die allgemeinen **Vorhaltekosten** des Notars zu berücksichtigen. Dazu kann auf die Erhebung des Instituts für Freie Berufe Erlangen/Nürnberg zurückgegriffen werden. Danach ist die Berücksichtigung eines Kostenfaktors von ca. 50 % bis 60 % der erzielten Einkünfte angemessen.[42]

Die Geldbuße wird durch schriftliche **Disziplinarverfügung** der Aufsichtsbehörde bzw. durch **Urteil** des Disziplinargerichts verhängt. Die Disziplinargewalt des Präsidenten des Landgerichts als untere Dienstaufsichtsbehörde ist gem. § 98 Abs. 2 beschränkt. Die Begrenzung auf Geldbußen bis zu 10.000 EUR gegen Notare und bis zu 1.000 EUR gegen Notarassessoren ist auch in Fällen der Ahndung von Gewinnsucht zu beachten. **20**

Vollstreckbar ist die Geldbuße erst mit Unanfechtbarkeit der Verfügung oder Rechtskraft der gerichtlichen Entscheidung. Die **Vollstreckung** der Geldbuße erfolgt, da das BDG keine spezielle Vollstreckungsregelung enthält, nach den allgemeinen Bestimmungen des jeweiligen Landesverwaltungsvollstreckungsgesetzes durch die Disziplinarbehörde.[43] **21**

III. Entfernung vom bisherigen Amtssitz (Abs. 2)

Zur **hauptberuflichen Amtsausübung** bestellte Notare dürfen von ihrem bisherigen Amtssitz entfernt werden. Bei Anwaltsnotaren kommt diese Maßnahme nicht in Betracht, da bei ihnen das Notaramt gem. § 3 Abs. 2 mit der Dauer der Mitgliedschaft bei der für den Gerichtsbezirk zuständigen Rechtsanwaltskammer verknüpft ist. **22**

Die Entfernung vom bisherigen Amtssitz ist angezeigt, wenn das Dienstvergehen durch eine Geldbuße nicht ausreichend geahndet wäre, die endgültige Entfernung aus dem Amt andererseits zu schwer wiegen würde. Die Maßnahme entfaltet insbesondere dann ihren Zweck, wenn der Notar an seinem bisherigen Amtssitz **nicht mehr tragbar** ist. Dies kann der Fall sein, wenn die Öffentlichkeit von erheblichen Dienstvergehen des Notars erfährt und dadurch das Vertrauen des rechtsuchenden Publikums in die Integrität des Notars zerstört wird.[44] Der Entfernung vom bisherigen Amtssitz kann aber auch eine Warnfunktion zukommen, die dem Notar vor Augen führt, dass erneute Dienstvergehen den dauernden Verlust des Amts zur Folge haben würden. **23**

Die Entfernung vom bisherigen Amtssitz kann gem. § 98 Abs. 1 S. 2 nur vom Disziplinargericht im **Disziplinarklageverfahren** ausgesprochen werden. Sie bewirkt nicht das Erlöschen des Amtes, sondern den **Verlust des Amtssitzes** iSv § 10 Abs. 1. Nach Rechtskraft der Entscheidung hat der Notar gem. Abs. 2 S. 2 Anspruch darauf, dass ihm die Landesjustizverwaltung nach Anhörung der Notarkammer unverzüglich einen anderen Amtssitz zuweist. Einer erneuten Bestellung zum Notar bedarf es daher nicht.[45] Die Zuweisung des neuen Amtssitzes bedarf **nicht der Zustimmung** des Notars, wie dies bei **24**

---

[39] Bejahend Schippel/Bracker/*Herrmann* BNotO § 97 Rn. 8; verneinend Arndt/Lerch/Sandkühler/*Sandkühler* BNotO § 97 Rn. 30.
[40] BR-Drs. 1/58, 11 f., 36; BT-Drs. 3/2128, 30; Bericht zu Drs. 2128, 7.
[41] BGH BeckRS 2019, 23329 Rn. 121.
[42] Vgl. auch *Carstensen* ZNotP 2003, 46 (60); anders BGH BeckRS 2019, 23329 Rn. 129.
[43] Urban/Wittkowski/*Urban* BDG § 7 Rn. 9.
[44] Diehn/*Zimmer* BNotO § 97 Rn. 6; Schippel/Bracker/*Herrmann* BNotO § 97 Rn. 11.
[45] Arndt/Lerch/Sandkühler/*Sandkühler* BNotO § 97 Rn. 37.

einer freiwilligen Amtssitzverlegung gem. § 10 Abs. 1 S. 3 erforderlich ist. Sie kann jedoch nach §§ 111 ff. angefochten werden.[46]

25 Die **Auswahl des neuen Amtssitzes** steht im pflichtgemäßen Ermessen der Justizverwaltung. Der Notar hat keinen Anspruch darauf, dass der neue Amtssitz dem bisherigen nach Art, Größe und wirtschaftlicher Ertragskraft entspricht. Bei der Auswahl wird die Justizverwaltung die Gründe, die zur Entfernung vom bisherigen Amtssitz geführt haben, berücksichtigen. Die Zuweisung des neuen Amtssitzes darf indes nicht den Zweck verfolgen, das Dienstvergehen des Notars nochmals zu ahnden.

26 Neben der Entfernung vom bisherigen Amtssitz kann gem. Abs. 2 S. 3 auch eine **Geldbuße** verhängt werden.

IV. Befristete Entfernung aus dem Amt (Abs. 3)

27 Auch im **Anwaltsnotariat** besteht ein Bedürfnis für eine Disziplinarmaßnahme, die zwischen der Geldbuße und der dauernden Entfernung aus dem Amt angesiedelt ist. Die befristete Entfernung aus dem Amt hat ebenso **Erziehungs-** wie auch **Reinigungscharakter.** Die Entfernung des Anwaltsnotars aus dem Amt auf bestimmte Zeit kommt in Betracht, wenn er für das Notaramt noch nicht endgültig untragbar erscheint, eine Geldbuße – gegebenenfalls in Verbindung mit einem Verweis – aber nicht zur Ahndung ausreicht. In Betracht kommt dies zB, wenn der Notar nachhaltig bei der Durchführung nichtiger Verträge und bei der Verfolgung unredlicher Zwecke mitgewirkt und dadurch dem Ansehen des Notaramtes erheblichen Schaden zugefügt hat.[47] Eine befristete Entfernung aus dem Amt kommt insbesondere nicht erst dann in Betracht, wenn dem Notar strafrechtlich relevante Verfehlungen vorzuwerfen sind, sondern auch bei geringeren Verfehlungen.[48] Eine zeitweilige Entfernung aus dem Amt kann auch dann gerechtfertigt sein, wenn der Notar wegen disziplinarrechtlicher Vorbelastungen durch weniger einschneidende Maßnahmen nicht mehr beeinflussbar erscheint.[49]

28 Die **Dauer** der Entfernung aus dem Amt ist nach pflichtgemäßem Ermessen so zu bestimmen, dass der Notar Gelegenheit erhält, sich eines Besseren zu besinnen und zu einem neuen Verhältnis zu seinen Amts- und Dienstpflichten zu finden.[50] Sie darf jedoch nicht einer dauernden Entfernung aus dem Amt gleich- oder nahekommen, sondern muss so begrenzt sein, dass eine Wiederbestellung des Betroffenen zum Notar für ihn noch sinnvoll ist.[51] So darf die Frist nicht in der Weise festgesetzt werden, dass sie erst mit Erreichen der Altersgrenze oder kurz vorher endet.[52] In der Regel muss die Frist auch so bemessen sein, dass das eingerichtete Notariat trotz ausbleibender Einkünfte eine **Überlebenschance** hat.

29 Auch die Entfernung aus dem Amt auf bestimmte Zeit kann gem. § 98 Abs. 1 S. 2 nur vom Disziplinargericht im **Disziplinarklageverfahren** ausgesprochen werden. Die befristete Entfernung eines hauptberuflich tätigen Notars aus seinem Amt sieht das Gesetz nicht vor.

30 Mit Rechtskraft der Entscheidung **erlischt** gem. § 47 Nr. 7 das Notaramt des Anwaltsnotars. Die **Zulassung zur Rechtsanwaltschaft** wird durch die Maßnahme nicht berührt, da das Dienstvergehen gem. § 110 Abs. 2 mit der befristeten Entfernung aus dem Amt nicht mehr zum Gegenstand eines anwaltsgerichtlichen Verfahrens gemacht werden kann. Die Abwicklung des Notaramtes erfolgt gem. § 56 Abs. 2 durch einen **Notariatsverwalter;** die Bestellung eines Notarvertreters kommt hingegen wegen des Erlöschens des Amts nicht in Betracht.[53]

---

[46] Diehn/*Zimmer* BNotO § 97 Rn. 6.
[47] BGH DNotZ 1987, 558 (559).
[48] OLG Celle DNotZ 2018, 942 Rn. 116; vgl. BVerfG DNotZ 2015, 865 Rn. 26.
[49] BGH BeckRS 1992, 31174667.
[50] Arndt/Lerch/Sandkühler/*Sandkühler* BNotO § 97 Rn. 41.
[51] Schippel/Bracker/*Herrmann* BNotO § 97 Rn. 13.
[52] OLG Celle DNotZ 2018, 942 Rn. 118; vgl. auch BGH NJW-RR 2001, 1354 (1357).
[53] Vgl. hierzu Schippel/Bracker/*Herrmann* BNotO § 97 Rn. 14.

Nach Fristablauf muss der Betroffene an **demselben Amtssitz** erneut zum Notar bestellt werden. Hierauf hat er einen Anspruch ohne Rücksicht auf ein Bedürfnis an der Bestellung eines weiteren Notars am zuvor innegehaltenen Amtssitz.[54] Die Wiederbestellung an einem **anderen Amtssitz** kommt nur in Betracht, wenn die Voraussetzungen des § 10 Abs. 1 S. 3 für eine freiwillige **Amtssitzverlegung** bejaht werden können. Der Antrag auf erneute Bestellung zum Notar darf gem. Abs. 3 S. 2 nur zurückgewiesen werden, wenn sich der Betroffene in der Zwischenzeit eines Verhaltens schuldig gemacht hat, das ihn **unwürdig** erscheinen lässt, das Amt eines Notars wieder auszuüben. Unwürdigkeit ist zu bejahen, wenn der Bewerber zwischenzeitlich außerberuflich oder in seiner Eigenschaft als Rechtsanwalt schuldhaft Verfehlungen von erheblicher objektiver Schwere begangen hat und deshalb im Zeitpunkt der Entscheidung über die Bewerbung nach seiner Persönlichkeit für den Notarberuf untragbar ist.[55] Unwürdigkeit setzt nicht voraus, dass eine Bestellung zum Notar für alle Zukunft ausgeschlossen erscheint.[56]

V. Dauernde Entfernung aus dem Amt

Die dauerhafte Entfernung aus dem Amt kann im Disziplinarverfahren als **schwerste Maßnahme** lediglich dann verhängt werden, wenn der Notar in einer Weise gegen seine Pflichten verstoßen hat, die sein Verbleiben im Amt **untragbar** machen.[57] Diese Voraussetzungen können regelmäßig dann vorliegen, wenn der Notar strafbare Handlungen, vor allem die Veruntreuung von ihm Anvertrautem oder Falschbeurkundungen, begangen oder in schwerwiegender Weise an unerlaubten oder unredlichen Geschäften mitgewirkt hat. **Geringere Pflichtverletzungen** genügen nach der Rechtsprechung zumindest bei einschlägigen vorausgegangenen Disziplinarmaßnahmen.[58] Maßgeblich für die Beurteilung, ob das Dienstvergehen einen der Entfernung gebietenden und zugleich rechtfertigenden Schweregrad aufweist, ist eine **Gesamtwürdigung** aller objektiven und subjektiven Umstände.[59] Dies wird bei der Veruntreuung von Verwahrungsgut, bei nicht nur einmaliger vorsätzlicher Falschbeurkundung, bei schwerwiegender Mitwirkung an unerlaubten oder unredlichen Geschäften oder bei dem mehrfachen systematischen Einsatz sog. untypischer Beurkundungsverfahren unter Verstoß gegen § 17 BeurkG der Fall sein. Vielfache Verstöße gegen Dienstvorschriften rechtfertigen uU noch nicht die dauernde Entfernung eines Notars aus dem Amt, wenn erkennbar ist, dass er nunmehr einsichtig ist und sich in Zukunft rechtmäßig verhalten wird.[60] Auf die **Strafbarkeit** des vorwerfbaren Handelns iSd StGB oder anderer Strafgesetze kommt es hingegen nicht an.[61]

Die Entfernung aus dem Amt kann gem. § 98 Abs. 1 S. 2 nur vom Disziplinargericht im **Disziplinarklageverfahren** ausgesprochen werden. Mit Rechtskraft der Entscheidung erlischt das Amt gem. § 46 Nr. 7.

Wird gegen einen **Anwaltsnotar** die **dauernde** Entfernung aus dem Notaramt gem. Abs. 1 verfügt, führt dies gem. Abs. 5 zugleich zur **Ausschließung aus der Rechtsanwaltschaft**. Praktisch bewirkt dies, dass der Anwaltsnotar der Entfernung aus dem Amt in der Regel durch einen Antrag auf Entlassung aus dem Amt gem. § 48 zuvorkommt. Dann kommt allerdings die Einleitung eines anwaltsgerichtlichen Verfahrens gegen den Notar gem. § 110 Abs. 1 in Betracht, das gegebenenfalls auch zur Ausschließung aus der Rechtsanwaltschaft führen kann.

---

[54] Diehn/*Zimmer* BNotO § 97 Rn. 7.
[55] Arndt/Lerch/Sandkühler/*Sandkühler* BNotO § 97 Rn. 45.
[56] Vgl. BGH DNotZ 1990, 518 (519).
[57] BGH ZNotP 2013, 434 Rn. 10; vgl. Diehn/*Zimmer* BNotO § 97 Rn. 8.
[58] BGH DNotZ 2015, 461 Rn. 52.
[59] Arndt/Lerch/Sandkühler/*Sandkühler* BNotO § 97 Rn. 48.
[60] BGH NJW 2003, 2764.
[61] BVerfG NJW 2015, 2642 Rn. 26.

35 Die dauernde Entfernung aus dem Amt **verhindert** in der Regel die erneute Berufung zum Notar, denn dem Betroffenen fehlt auf Dauer die erforderliche persönliche Eignung, die § 6 Abs. 1 voraussetzt. Eine ausdrückliche Bestimmung enthält die BNotO insoweit allerdings nicht, so dass eine Einzelfallprüfung nicht ausgeschlossen ist.[62] Praktisch werden jedoch ganz außergewöhnliche Umstände vorliegen müssen, damit ein dauerhaft aus dem Amt entfernter Notar erneut zum Notar bestellt werden kann.

D. Maßnahmen gegen Notarassessoren, Notarvertreter und Notariatsverwalter

I. Notarassessoren

36 Der **Notarassessor** unterliegt gem. § 7 Abs. 4 S. 2 denselben Amtspflichten wie der Notar. Er untersteht deshalb uneingeschränkt dem Disziplinarrecht. Die Höhe der gegen ihn zu verhängenden **Geldbuße** ist jedoch gem. Abs. 4 S. 1 auf 5.000 EUR beschränkt. Notarassessoren können bei Dienstverfehlungen ohne Disziplinarverfahren wegen Ungeeignetheit für das Amt aus dem Vorbereitungsdienst gem. § 7 Abs. 7 S. 2 Nr. 1 **entlassen** werden, so dass eine disziplinarische Entfernung aus dem Amt bei ihnen nicht in Betracht kommt.

II. Notarvertreter, Notariatsverwalter

37 Notarvertreter und Notariatsverwalter, die selbst **Notare** oder **Notarassessoren** sind, unterliegen uneingeschränkt dem notariellen Disziplinarrecht. **Rechtsanwälte,** die eines dieser Ämter ausüben, unterliegen für die **Dauer ihres Amts** ebenfalls dem notariellen Disziplinarrecht.[63] Gegen sie kann nur ein Verweis oder eine Geldbuße verhängt werden, da eine Entfernung vom bisherigen Amtssitz oder eine befristete oder dauernde Entfernung aus dem Amt nicht möglich ist. Da sie nur für die Dauer ihrer Amtsbefugnis der Dienstaufsicht für Notare unterstehen, können Disziplinarverfahren nach Beendigung der Amtsbefugnis nicht mehr eingeleitet oder fortgesetzt werden; möglich ist jedoch die Einleitung eines anwaltsgerichtlichen Verfahrens.[64]

§ 98 [Verhängung der Disziplinarmaßnahmen]

(1) ¹Verweis und Geldbuße können durch Disziplinarverfügung der Aufsichtsbehörden verhängt werden. ²Soll gegen den Notar auf Entfernung aus dem Amt, Entfernung vom bisherigen Amtssitz oder Entfernung aus dem Amt auf bestimmte Zeit erkannt werden, ist gegen ihn Disziplinarklage zu erheben. ³§ 14 Absatz 1 Nummer 2 des Bundesdisziplinargesetzes findet auf die Entfernung vom bisherigen Amtssitz und die Entfernung aus dem Amt auf bestimmte Zeit entsprechende Anwendung.

(2) Der Präsident des Landgerichts kann Geldbußen gegen Notare nur bis zu zehntausend Euro, gegen Notarassessoren nur bis zu eintausend Euro verhängen.

A. Normzweck

1 § 98 regelt die **sachliche Zuständigkeit und Befugnis zur Verhängung von Disziplinarmaßnahmen.** Abs. 1 S. 1 sieht vor, dass Verweise und Geldbußen im behördlichen Disziplinarverfahren durch Disziplinarverfügung der Aufsichtsbehörden verhängt werden

---

[62] Schippel/Bracker/*Herrmann* BNotO § 97 Rn. 19.
[63] → § 95 Rn. 7 ff.
[64] → § 95 Rn. 10.

können.¹ Gleichzeitig stellt der durch das Gesetz zur Neuregelung des notariellen Disziplinarrechts² eingefügte Abs. 1 S. 2 klar, dass eine Entfernung aus dem Amt, eine Entfernung vom bisherigen Amtssitz und eine Entfernung aus dem Amt auf bestimmte Zeit nur auf Erhebung einer Disziplinarklage hin durch das Disziplinargericht verhängt werden können. Abs. 2 enthält eine Sondervorschrift, die für die Verhängung von Geldbußen durch den Präsidenten des Landgerichts niedrigere Betragsgrenzen vorsieht, weil jener nur untere Aufsichtsbehörde ist.

B. Erläuterungen

I. Disziplinarbefugnis und sachliche Zuständigkeit

Der Umfang der sachlichen Zuständigkeit und der Disziplinarbefugnis der Aufsichtsbehörden im behördlichen Disziplinarverfahren ist nach § 98 begrenzt. Die **Aufsichtsbehörden** (also die Landesjustizverwaltung, der Präsident des OLG und der Präsident des Landgerichts, § 92) können einen **Verweis** und eine **Geldbuße** verhängen, letztere in abgestufter Zuständigkeit. Grundsätzlich kann gegen Notare nach § 97 Abs. 4 eine Geldbuße von bis zu 50.000 EUR und gegen Notarassessoren von bis zu 5.000 EUR sowie bei Gewinnsucht jeweils bis zum Doppelten des erzielten Vorteils verhängt werden. Der Präsident des Landgerichts kann nach § 98 Abs. 2 Geldbußen gegen Notare jedoch nur bis zu 10.000 EUR und gegen Notarassessoren nur bis zu 1.000 EUR verhängen. Die genannten Höchstbeträge für Geldbußen durch den Präsidenten des Landgerichts gelten auch in den Fällen des § 97 Abs. 4 S. 2 (Gewinnsucht), nicht jedoch, wenn ihm die Befugnisse der übergeordneten Aufsichtsbehörden durch Rechtsverordnung nach § 96 Abs. 4 S. 2 oder S. 3 übertragen worden sind. Nachdem das BDG die frühere Begrenzung der Disziplinarbefugnis der höheren Disziplinarbehörden bei der Verhängung von Geldbußen auf die Hälfte des Höchstbetrages in § 29 Abs. 3 Nr. 2 BDO aF nicht übernommen hat, kann auch der OLG-Präsident Geldbußen in voller Höhe verhängen.

Wie sich aus dem Sinn und Zweck der Vorschrift und ihrem systematischen Bezug zu § 97 Abs. 1 S. 2 ergibt, können die Aufsichtsbehörden Verweis und Geldbuße auch nebeneinander im Wege der Disziplinarverfügung verhängen.³

Demgegenüber wird eine **Entfernung aus dem Amt,** Entfernung vom bisherigen Amtssitz oder Entfernung aus dem Amt auf bestimmte Zeit gemäß § 98 Abs. 1 S. 2 **vom OLG durch Urteil** (§ 60 Abs. 1 S. 1 BDG) auf eine Disziplinarklage hin verhängt. Diese Maßnahmen erfolgen also im gerichtlichen Disziplinarverfahren. Die Regelung begründet für schwere Disziplinarmaßnahmen mithin einen Richtervorbehalt.⁴

§ 98 Abs. 1 S. 3 modifiziert den Anwendungsbereich des in § 14 Abs. 1 BDG verankerten **Verbots der Doppelsanktionierung.** Ist gegen den Notar in einem Straf- oder Bußgeldverfahren bereits unanfechtbar eine Strafe, Geldbuße oder Ordnungsmaßnahme verhängt worden oder kann eine Tat nach § 153a Abs. 1 S. 5 oder § 153a Abs. 2 S. 2 StPO nicht mehr als Vergehen verfolgt werden, darf gegen ihn wegen desselben Sachverhalts im Disziplinarverfahren kein Verweis und keine Geldbuße mehr ausgesprochen werden (§ 96 Abs. 1 S. 1 iVm § 14 Abs. 1 Nr. 1 BDG). Wie sich aus der Rechtsfolgenverweisung in § 98 Abs. 1 S. 3 auf den im notariellen Disziplinarverfahren nicht unmittelbar einschlägigen § 14 Abs. 1 Nr. 2 BDG ergibt, darf der Notar nach einer Ahndung des Dienstvergehens im Straf- oder Bußgeldverfahren auch nicht mehr zu einer Entfernung vom bisherigen Amtssitz oder zu einer Entfernung aus dem Amt auf bestimmte Zeit verurteilt werden. Lediglich die dauerhafte Entfernung aus dem Amt bei besonders schwerwiegenden

---

¹ Vgl. § 33 Abs. 1, Abs. 2 BDG.
² Vom 17.6.2009, BGBl. I 1282.
³ Ebenso BeckOK BNotO/*Herrmann* BNotO § 98 Rn. 3; vgl. ferner den in BGH DNotZ 1973, 180 mitgeteilten Fall.
⁴ BT-Drs. 16/12062, 9.

Dienstvergehen bleibt neben einer Sanktion im Straf- oder Bußgeldverfahren disziplinarrechtlich zulässig. Das Verbot der Doppelsanktionierung gilt aber nur, wenn Tatidentität vorliegt, was sich nicht nach der straf- oder disziplinarrechtlichen Würdigung des Tathergangs, sondern nach dem historischen Geschehensablauf beurteilt.[5] Bei mehraktigen Dienstvergehen, die nur teilweise bereits anderweitig gerichtlich oder behördlich geahndet worden sind, gilt das Verbot der Doppelsanktionierung nur, wenn ein zeitlicher oder sachlicher Gesamtzusammenhang besteht oder die bereits geahndete Pflichtverletzung von erheblichem sachlichen Gewicht ist.[6]

II. Behördliche Abschlussentscheidung und Rechtsbehelfe

6 **1. Handlungsalternativen für die Aufsichtsbehörden.** Das behördliche Disziplinarverfahren und die Art der **Abschlussentscheidung der Aufsichtsbehörde** sowie die Rechtsbehelfe hiergegen richten sich nach dem BDG. Wegen des Ablaufs und der Ausgestaltung des behördlichen Disziplinarverfahrens wird auf die Kommentierung zu → § 96 Rn. 5 ff. verwiesen. Nach Abschluss der Ermittlungen im behördlichen Disziplinarverfahren[7] haben der Präsident des Landgerichts als Aufsichtsbehörde bzw. – falls sie das Verfahren an sich gezogen haben (§ 17 Abs. 1 S. 2 BDG) oder falls das Verfahren an sie abgegeben worden ist (§ 31 S. 1 BDG) – der OLG-Präsident oder die Landesjustizverwaltung eine Abschlussentscheidung zu treffen. Diese kann in der Einstellung des Verfahrens, dem Erlass einer Disziplinarverfügung oder der Erhebung einer Disziplinarklage bestehen.

7 **2. Einstellungsverfügung.** Wenn das Dienstvergehen nicht erwiesen ist oder ein anderer der in § 32 BDG genannten Gründe vorliegt, hat die Aufsichtsbehörde das Verfahren durch eine begründete und dem Notar zuzustellende Einstellungsverfügung einzustellen (§ 32 Abs. 3 BDG). Die Einzelheiten sind bei → § 96 Rn. 24 ff. näher erläutert.

8 **3. Disziplinarverfügung und Anfechtungsklage.** Hat die Aufsichtsbehörde dagegen ein Dienstvergehen festgestellt und hält sie als Sanktion einen Verweis oder eine Geldbuße für angezeigt, erlässt sie eine entsprechende Disziplinarverfügung. Verhängen darf die Aufsichtsbehörde dabei nur solche Maßnahmen, die von ihrer Disziplinarbefugnis (→ Rn. 2 f.) gedeckt sind. Wegen der formellen Anforderungen wird auf die Erläuterungen zu § 96 verwiesen (→ § 96 Rn. 32).

8a Die Disziplinarverfügung ist ein Verwaltungsakt, gegen den der Notar gemäß § 41 Abs. 1 S. 1 und Abs. 2 BDG iVm § 70 VwGO grundsätzlich innerhalb eines Monats Widerspruch einlegen kann. Das Widerspruchsverfahren ist ebenfalls bei § 96 näher erläutert (→ § 96 Rn. 40 ff.). Sofern die Landesjustizverwaltung die Disziplinarverfügung erlassen hat, findet nach § 41 Abs. 1 S. 2 BDG kein Widerspruchsverfahren statt. Dasselbe gilt nach § 96 Abs. 4 S. 1, wenn das Widerspruchsverfahren durch Landesrecht ausgeschlossen ist (so etwa § 26 Abs. 6 S. 1 AZG Berlin).[8]

9 Wurde das Widerspruchsverfahren erfolglos durchgeführt oder war ein solches entbehrlich, steht dem Notar nach § 52 Abs. 2 BDG iVm § 42 Abs. 1 VwGO die Möglichkeit zur Erhebung einer Anfechtungsklage beim OLG offen.[9] Gemäß § 74 Abs. 1 VwGO beträgt die Klagefrist einen Monat ab Zustellung des Widerspruchsbescheids bzw. nach Bekanntgabe des Verwaltungsakts. Die Klagebefugnis des Notars nach § 42 Abs. 2 VwGO folgt daraus, dass er durch die Disziplinarverfügung als ihn belastenden Verwaltungsakt beschwert ist.[10]

---

[5] Hummel/Köhler/Mayer/Baunack/*Hummel/Baunack* BDG § 14 Rn. 22; BVerwG NJW 2001, 3353.
[6] *Bauschke/Weber* BDG § 14 Rn. 16.
[7] §§ 17 bis 44 BDG.
[8] KG RNotZ 2019, 492 Rn. 24.
[9] KG RNotZ 2019, 492 Rn. 23.
[10] Claussen/Benneke/Schwandt/*Schwandt* Rn. 989.

Die Anfechtungsklage ist nach § 52 Abs. 2 S. 1 BDG iVm § 81 Abs. 1 VwGO schriftlich **10** oder zur Niederschrift der Geschäftsstelle beim OLG zu erheben. Eine elektronische Einreichung ist gemäß § 55a Abs. 1, Abs. 3 VwGO nur in Form solcher elektronischer Dokumente zulässig, die mit einer qualifizierten elektronischen Signatur versehen sind oder von der verantwortenden Person signiert und auf einem sicheren Übermittlungsweg eingereicht werden.[11]

Mangels Sonderregelung im Disziplinarrecht wird man für den Inhalt der Anfechtungs- **11** klage im Übrigen auf § 82 VwGO abstellen müssen, obwohl § 52 Abs. 2 BDG nicht eigens auf diese Vorschrift verweist.[12] Zulässigkeitsvoraussetzung für die Anfechtungsklage in formeller Hinsicht ist danach, dass die Klageschrift den Kläger, den Beklagten und den Gegenstand des Klagebegehrens bezeichnet. Ferner soll sie einen bestimmten Antrag enthalten, der auf die Aufhebung der Disziplinarverfügung und des Widerspruchsbescheids (unter Angabe von Datum und erlassender Behörde)[13] zu richten ist. Außerdem sind die zur Begründung der Anfechtung dienenden Tatsachen und Beweismittel in der Klageschrift anzugeben sowie die angefochtene Disziplinarverfügung und der Widerspruchsbescheid in Urschrift oder Abschrift beizufügen. Gemäß § 78 VwGO ist die Klage grundsätzlich gegen das jeweilige Land zu richten. Das Landesrecht kann jedoch bestimmen, dass stattdessen die Aufsichtsbehörde zu verklagen ist, welche die Disziplinarverfügung erlassen hat. Wegen des weiteren Verfahrens und wegen der örtlichen Zuständigkeit wird auf die Kommentierung zu § 99 verwiesen (→ § 99 Rn. 5 f., 21 ff.). Die Entscheidung des OLG erfolgt nach § 60 Abs. 1 S. 1 BDG grundsätzlich durch Urteil, gegen das eine Berufung zum BGH gemäß § 105 iVm § 64 Abs. 2 BDG nur möglich ist, wenn sie vom BGH zugelassen wird.

4. Disziplinarklage. Hält die Aufsichtsbehörde als Sanktion eine Entfernung vom **12** bisherigen Amtssitz bzw. eine befristete oder dauerhafte Entfernung aus dem Amt für angemessen, ist Disziplinarklage vor dem OLG zu erheben. Für die Klageerhebung ist mit Blick auf § 34 Abs. 2 S. 1 BDG nach § 96 Abs. 1 S. 2 grundsätzlich die Landesjustizverwaltung zuständig, sofern nicht die entsprechende Befugnis gemäß § 96 Abs. 4 S. 2 oder S. 3 durch Rechtsverordnung auf die nachgeordneten Aufsichtsbehörden übertragen worden ist. Die Landesjustizverwaltung kann die Klageführung vor dem OLG im letzteren Fall jedoch gemäß § 34 Abs. 2 S. 3 iVm § 17 Abs. 1 S. 2 BDG jederzeit an sich ziehen. Die Disziplinarklage ist gemäß § 52 Abs. 1 S. 1 BDG schriftlich zu erheben. Eine Erhebung zur Niederschrift der Geschäftsstelle wie bei der Anfechtungsklage gegen eine Disziplinarverfügung (→ Rn. 10) ist hier nicht möglich.[14] Die Klageschrift muss nach § 52 Abs. 1 S. 2 BDG Angaben zum persönlichen und beruflichen Werdegang des Notars und zum bisherigen Gang des Disziplinarverfahrens enthalten. Außerdem sind die Tatsachen, aus denen sich die schuldhafte Begehung eines Dienstvergehens ergibt, hinreichend substantiiert darzulegen.[15] Ferner sind in der Klageschrift alle anderen Tatsachen und Beweismittel, die für die Entscheidung bedeutsam sind, anzugeben und zur Vermeidung einer möglichen Präklusion auch sofort alle zweckdienlichen Beweisanträge zu stellen (§§ 52 Abs. 1 S. 2, 58 Abs. 2 BDG).[16] Auf tatsächliche Feststellungen in einem rechtskräftigen strafgerichtlichen Urteil über denselben Sachverhalt, die gemäß § 23 Abs. 1 (bzw. § 57 Abs. 1) BDG für das Disziplinarverfahren bindend sind, kann verwiesen werden. Ein konkreter Antrag ist hingegen wegen des Entscheidungsspielraums des Gerichts hinsichtlich der Art der zu verhängenden Disziplinarmaßnahme nicht zwingend erforderlich (vgl. § 60 Abs. 2 S. 2 BDG), aber zweckmäßig. Wegen des Ablaufs des weiteren Verfahrens und wegen der örtlichen Zuständigkeit wird auf die Erläuterungen zu § 99 verwiesen (→ § 99 Rn. 5 ff.). Das OLG

---

[11] Näher BeckOK VwGO/*Schmitz* VwGO § 55a Rn. 9 ff.; BeckOK VwGO/*Brink/Peters* VwGO § 81 Rn. 23.
[12] Claussen/Benneke/Schwandt/*Schwandt* Rn. 993.
[13] Vgl. BeckOK VwGO/*Brink/Peters* VwGO § 82 Rn. 9.
[14] *Bauschke/Weber* BDG § 52 Rn. 3.
[15] Hummel/Köhler/Mayer/Baunack/*Köhler* BDG § 52 Rn. 11.
[16] *Bauschke/Weber* BDG § 52 Rn. 9.

entscheidet über die Disziplinarklage gemäß § 60 Abs. 1 S. 1 BDG grundsätzlich nach mündlicher Verhandlung durch Urteil, gegen das nach § 105 iVm § 64 Abs. 1 BDG stets die Berufung zum BGH statthaft ist.

III. Verzögerter Abschluss des behördlichen Verfahrens

13 **1. Rechtsbehelfe im Ausgangsverfahren.** Hat die Aufsichtsbehörde innerhalb von sechs Monaten seit der (nach § 17 Abs. 1 S. 3 BDG durch einen entsprechenden Vermerk aktenkundig zu machenden) Einleitung des Disziplinarverfahrens weder eine Abschlussverfügung erlassen noch Disziplinarklage erhoben, kann der Notar nach § 62 Abs. 1 S. 1 BDG beim OLG beantragen, der Aufsichtsbehörde eine **Frist zum Abschluss des Verfahrens** zu setzen. Damit wird dem disziplinarrechtlichen Beschleunigungsgebot nach § 4 BDG Rechnung getragen, das den Notar gegen eine zeitlich unbegrenzte Belastung mit dem Verfahren schützen soll. Wird das behördliche Disziplinarverfahren zwecks Abwartens des Ausgangs eines Strafverfahrens ausgesetzt (§ 22 BDG), ist die Sechs-Monats-Frist jedoch gehemmt (§ 62 Abs. 1 S. 2 BDG). Während der Verfahrensaussetzung hat ein Antrag auf gerichtliche Fristsetzung also keine Aussicht auf Erfolg.

14 In allen übrigen Fällen hat das OLG dem Antrag stattzugeben, wenn der verzögerte Abschluss des behördlichen Disziplinarverfahrens nicht ausnahmsweise durch zureichende Gründe (wie etwa Verdunklungshandlungen des Notars oder verspätete Zeugenaussagen) gerechtfertigt ist (§ 62 Abs. 2 S. 1 BDG). Arbeitsüberlastung und Personalknappheit reichen hierfür jedoch regelmäßig nicht aus.[17] Die Frist zum Abschluss des Verfahrens kann verlängert werden, wenn die Aufsichtsbehörde die Frist voraussichtlich nicht einhalten kann und die Gründe für die Überschreitung nicht zu vertreten hat (§ 62 Abs. 2 S. 3 iVm § 53 Abs. 2 S. 3 BDG). Trifft die Aufsichtsbehörde innerhalb der vom OLG bestimmten Frist keine Abschlussentscheidung, hat das Gericht das Disziplinarverfahren zwingend einzustellen. Die Einstellung erfolgt durch Beschluss, der nach § 62 Abs. 4 BDG mit Ablauf der Rechtsmittelfrist einem rechtskräftigem Urteil gleichsteht. Dies hat nach § 3 BDG iVm § 121 VwGO zur Folge, dass der Notar wegen desselben Dienstvergehens grundsätzlich nicht mehr verfolgt werden darf.[18] Etwas anderes gilt nur dann, wenn ausnahmsweise eine Wiederaufnahme des Disziplinarverfahrens gemäß §§ 71 ff. BDG in Betracht kommt.

15 **2. Rechtsbehelfe im Widerspruchsverfahren.** Nicht einschlägig ist § 62 Abs. 1 S. 1 BDG dagegen, wenn gemäß § 41 BDG Widerspruch gegen eine Disziplinarverfügung eingelegt worden ist und die Widerspruchsbehörde ohne hinreichenden Grund nicht innerhalb angemessener Zeit über den Widerspruch entscheidet. In diesem Fall kommt vielmehr allein eine Anfechtungsklage in Gestalt der Untätigkeitsklage nach § 52 Abs. 2 BDG iVm § 75 S. 1 und S. 2 VwGO in Betracht,[19] die allerdings grundsätzlich nicht vor Ablauf von drei Monaten seit der Einlegung des Widerspruchs erhoben werden kann, wenn nicht ausnahmsweise wegen besonderer Umstände im Einzelfall eine kürzere Frist geboten ist. Wenn das Widerspruchsverfahren wegen eines Strafverfahrens gemäß § 22 BDG ausgesetzt wird, ist die Drei-Monats-Frist gemäß § 52 Abs. 2 S. 2 BDG gehemmt. Für die formellen Anforderungen gelten die Erläuterungen zur Anfechtungsklage (→ Rn. 10 f.) entsprechend. Der weitere Fortgang des Verfahrens hängt davon ab, ob tatsächlich kein hinreichender Grund vorliegt und das Gericht in der Sache über die Aufhebung der Disziplinarverfügung entscheidet, oder ob die Verzögerung berechtigt ist und eine Aussetzung des gerichtlichen Verfahrens erfolgt (§ 75 S. 3 VwGO). Im letzteren Fall hat das Gericht der Widerspruchsbehörde eine Frist für die Entscheidung über den Widerspruch zu setzen. Hilft die Widerspruchsbehörde dem Widerspruch innerhalb der vom Gericht zu setzenden Frist ab, ist die Hauptsache nach § 75 S. 4 VwGO für erledigt zu erklären und

---

[17] *Bauschke/Weber* BDG § 62 Rn. 10; Claussen/Benneke/Schwandt/*Schwandt* Rn. 959.
[18] *Bauschke/Weber* BDG § 62 Rn. 15; Claussen/Benneke/Schwandt/*Schwandt* Rn. 962.
[19] Dazu näher Hummel/Köhler/Mayer/Baunack/*Köhler* BDG § 52 Rn. 18.

nur noch über die Kosten zu entscheiden. Ansonsten ist die Klage als Anfechtungsklage gegen die Disziplinarverfügung fortzuführen.[20]

IV. Abänderung der Disziplinarverfügung, erneute Ausübung der Disziplinarbefugnis

Das BDG schränkt die Abänderbarkeit disziplinarrechtlicher Entscheidungen im Interesse einer möglichst weitgehenden Rechtssicherheit abhängig vom jeweiligen Verfahrensstadium zum Teil erheblich ein.[21] Ungeachtet einer zuvor erfolgten Einstellung durch eine nachgeordnete Behörde können die übergeordneten Aufsichtsbehörden, also OLG-Präsident und Landesjustizverwaltung, innerhalb von drei Monaten nach Zustellung der Einstellungsverfügung noch eine Disziplinarverfügung erlassen oder Disziplinarklage erheben (§ 35 Abs. 2 S. 1 BDG). Nach Ablauf der Drei-Monats-Frist ist dies nur noch möglich, wenn wegen desselben Sachverhalts nachträglich ein rechtskräftiges Urteil im Straf- oder Bußgeldverfahren aufgrund abweichender Tatsachenfeststellungen ergeht (§ 35 Abs. 2 S. 2 BDG). Ferner können die Landesjustizverwaltung und der OLG-Präsident auch die von einer nachgeordneten Aufsichtsbehörde erlassene Disziplinarverfügung aufheben und in der Sache neu entscheiden oder Disziplinarklage erheben (§ 35 Abs. 3 S. 1 und S. 2 BDG). Der Landesjustizverwaltung ist dies sogar bei einer eigenen Disziplinarverfügung möglich. Für Verschärfungen gilt allerdings grundsätzlich eine Frist von drei Monaten, die mit der Zustellung der Disziplinarverfügung zu laufen beginnt (§ 35 Abs. 3 S. 3 BDG). Ausnahmsweise sind auch spätere Verschärfungen möglich, wenn der Notar nachträglich im Straf- oder Bußgeldverfahren auf abweichender Tatsachengrundlage verurteilt wird. 16

Nach Unanfechtbarkeit einer gerichtlichen Entscheidung über die Klage gegen eine Disziplinarverfügung ist die erneute Ausübung der Disziplinarbefugnis mit Rücksicht auf die Rechtskraft[22] nur wegen solcher Tatsachen oder Beweismittel zulässig, die dem Gericht trotz Entscheidungserheblichkeit bei seiner Beschlussfassung bzw. Urteilsfindung nicht bekannt waren (§ 61 Abs. 2 S. 1 BDG). Ferner ist zu berücksichtigen, dass Verschärfungen hier ebenfalls nur innerhalb einer Frist von drei Monaten zulässig sind, wobei für den Fristbeginn auf die Zustellung der gerichtlichen Entscheidung abzustellen ist (§ 61 Abs. 2 S. 2 BDG). Regelmäßig keine Rolle spielt demgegenüber die Verfolgungsverjährung (§ 95a), weil sie mit Einleitung des ursprünglichen Disziplinarverfahrens unterbrochen wurde und damit neu in Gang gesetzt worden ist (§ 95a Rn. 14 f.). 17

§ 99 [Disziplinargericht]

Als Disziplinargerichte für Notare sind im ersten Rechtszug das Oberlandesgericht und im zweiten Rechtszug der Bundesgerichtshof zuständig.

Übersicht

	Rn.
A. Disziplinargerichte	1
B. Zuständigkeit	5
C. Verfahren	6
I. Normenhierarchie und allgemeine Vorschriften	6
II. Ablauf des gerichtlichen Verfahrens vor dem OLG	7
1. Disziplinarklage	7
2. Andere Klagen	21
III. Kosten	27

---

[20] Vgl. BVerwGE 100, 221 (224); VGH Mannheim NVwZ-RR 1997, 395 (396); BeckOK VwGO/Brink/Peters VwGO § 75 Rn. 20.
[21] Vgl. BT-Drs. 14/4659, 44; Bauschke/Weber BDG § 35 Rn. 1 und § 61 Rn. 1.
[22] Hummel/Köhler/Mayer/Baunack/Köhler BDG § 61 Rn. 4.

A. Disziplinargerichte

1 Während für Rechtsanwälte eine eigenständige Berufsgerichtsbarkeit iSv Art. 101 Abs. 2 GG besteht,[1] unterliegt der Notar als Träger eines öffentlichen Amtes der staatlichen Disziplinargerichtsbarkeit.[2] Diese wird durch **besondere Spruchkörper der ordentlichen Gerichtsbarkeit** ausgeübt, die mit Berufsrichtern und Notaren als ehrenamtlichen Richtern besetzt sind. In **erster Instanz** entscheidet das **Oberlandesgericht** (Senat für Notarsachen) über von den Aufsichtsbehörden erhobene Disziplinarklagen, über Anfechtungsklagen des Notars gegen Disziplinarverfügungen des LG-Präsidenten, OLG-Präsidenten und der Landesjustizverwaltung sowie über Anträge des Notars auf gerichtliche Fristsetzung bei verzögertem Abschluss des behördlichen Disziplinarverfahrens und Untätigkeitsklagen bei verzögertem Abschluss des Widerspruchsverfahrens. In **zweiter Instanz** ist der **Bundesgerichtshof** (Senat für Notarsachen) zuständig, der über Berufungen und Beschwerden gegen Urteile und Beschlüsse des OLG entscheidet.

2 Der Notarsenat beim OLG ist außerdem im ersten Rechtszug, der Notarsenat beim BGH bei Berufungen im zweiten Rechtszug (und bei Klagen gegen Maßnahmen des Bundesministeriums der Justiz und für Verbraucherschutz sowie gegen Beschlüsse der Bundesnotarkammer in erster und letzter Instanz) für die Entscheidung verwaltungsrechtlicher Notarsachen zuständig (§§ 111 Abs. 1 bis Abs. 3, 111d). Zwar gilt nunmehr für beide Verfahrensarten über die Verweisungen in § 3 BDG und in § 111b Abs. 1 die VwGO. Wegen der zahlreichen Sondervorschriften des Disziplinarrechts unterscheidet sich das gerichtliche Disziplinarverfahren jedoch ganz erheblich vom verwaltungsrechtlichen Gerichtsverfahren. Beide Verfahren sind daher streng voneinander zu trennen.

3 Die BNotO lässt offen, ob die Disziplinarsachen beim OLG und beim BGH einem oder mehreren Senaten übertragen werden, denen bereits andere Aufgaben zugewiesen sind, oder ob – was in der Regel zweckmäßig sein dürfte – ein besonderer Senat gebildet wird.[3]

4 Ebenso wie die übrigen Vorschriften des Disziplinarverfahrens gilt auch § 99 trotz des etwas missverständlichen Wortlauts („Disziplinargerichte für Notare") nicht nur für Verfahren gegen Notare, sondern auch für solche gegen Notarassessoren (§§ 7 Abs. 4 S. 2, 95), Notarvertreter (§ 39 Abs. 4) und Notariatsverwalter (§ 57 Abs. 1).

B. Zuständigkeit

5 § 99 regelt unmittelbar nur die **sachliche Zuständigkeit**. Örtlich zuständig in erster Instanz ist das OLG, in dessen Bezirk der Notar bei Eintritt der Rechtshängigkeit (§ 3 BDG iVm § 90 VwGO) – also im Zeitpunkt des Eingangs der Klage bei Gericht – seinen Amtssitz hatte. Dieser entspricht dem „dienstlichen Wohnsitz",[4] der in § 3 BDG iVm § 52 Nr. 4 VwGO als Anknüpfungspunkt für die örtliche Zuständigkeit bestimmt ist. Bei Notarassessoren ist auf den Amtssitz des Notars abzustellen, dem der Notarassessor nach § 7 Abs. 3 S. 2 überwiesen ist. Für Notarvertreter und Notariatsverwalter ist, wenn sie selbst Notar sind, der eigene Amtssitz maßgebend, andernfalls der Amtssitz, an dem sie zum Vertreter bzw. Verwalter bestellt worden sind. Ein Wechsel des maßgebenden Amtssitzes nach Klageerhebung berührt die einmal begründete örtliche Zuständigkeit nicht (sog.

---

[1] Zur Stellung der Anwaltsgerichte näher Feuerich/Weyland/*Kilimann* BRAO vor § 92 Rn. 2 ff. Lediglich der Senat für Anwaltssachen ist beim BGH als Spruchkörper der ordentlichen Gerichtsbarkeit ausgestaltet, vgl. *Laufhütte* DRiZ 1990, 431.
[2] Arndt/Lerch/Sandkühler/*Sandkühler* BNotO § 99 Rn. 2.
[3] Hierbei ist zu beachten, dass der Erste Zivilsenat des betroffenen OLG nach § 104 Abs. 1a S. 3 bzw. Abs. 2 S. 2 für Verfahren über die Feststellung der Amtsbeendigung und über die Amtsenthebung von Notarbeisitzern zuständig ist, an denen die Mitglieder des Disziplinargerichts nicht mitwirken dürfen, vgl. Arndt/Lerch/Sandkühler/*Sandkühler* BNotO § 102 Rn. 4 und § 104 Rn. 17.
[4] BeckOK BNotO/*Herrmann* BNotO § 99 Rn. 3.

perpetuatio fori, § 3 BDG iVm § 83 S. 1 VwGO, § 17 Abs. 1 S. 1 GVG).⁵ Zur Möglichkeit einer Konzentration der örtlichen Zuständigkeit wird auf die Kommentierung zu § 100 verwiesen (→ § 100 Rn. 1). Es kann von jedem Notar verlangt werden, das für ihn nach §§ 99, 100 zuständige Gericht zu kennen.⁶

C. Verfahren

I. Normenhierarchie und allgemeine Vorschriften

Für das Verfahren vor dem OLG und dem BGH gilt nach §§ 96 Abs. 1 S. 1, 109 das **6 Bundesdisziplinargesetz**, das in § 3 **ergänzend** auf die **VwGO** verweist. Dementsprechend sind über § 55 VwGO bzw. § 173 S. 1 VwGO auch in notariellen Disziplinarverfahren die Vorschriften des **GVG** für das OLG und den BGH anzuwenden, soweit im BDG und in der VwGO nichts Abweichendes bestimmt ist: Entsprechend anwendbar sind insbesondere die Vorschriften des GVG über Rechtshilfe (§§ 156 bis 168),⁷ Sitzungspolizei (§§ 176 bis 183), Gerichtssprache (§§ 184 bis 191) sowie Beratung und Abstimmung (§§ 192 bis 198). Wegen des Fehlens von Spezialregelungen im BDG gilt ferner auch im notariellen Disziplinarverfahren nach § 3 BDG iVm § 55 VwGO, § 169 GVG der Grundsatz der öffentlichen Verhandlung. Während die mündliche Verhandlung früher in den meisten Bundesländern nur dann öffentlich war, wenn der Betroffene dies beantragt hatte, ist sie nunmehr grundsätzlich allgemein zugänglich. Immerhin besteht nach §§ 171b, 172 GVG weiterhin die Möglichkeit, die Öffentlichkeit im Einzelfall auszuschließen. Das wird vielfach auch notwendig sein, um die Belange der Urkundsbeteiligten zu wahren, die auf die Verschwiegenheitspflicht des Notars nach § 18 vertrauen.⁸ Weil es bei der Verletzung von notariellen Amtspflichten fast immer um Handlungen zum Nachteil der Urkundsbeteiligten geht, besteht bei Öffentlichkeit des gerichtlichen Verfahrens die Gefahr, dass deren vom Gesetzgeber anerkanntes Interesse an Geheimhaltung ihrer persönlichen und wirtschaftlichen Verhältnisse verletzt wird. Hierin liegt ein grundsätzlicher Unterschied zum gerichtlichen Disziplinarverfahren gegen Beamte, wo zumeist keine schutzwürdigen Individualbelange Dritter betroffen sind. Man wird deshalb im Rahmen von §§ 171b, 172 GVG regelmäßig von einer Ermessensreduzierung auf null auszugehen haben. Sind die Tatbestandsvoraussetzungen dieser Vorschriften erfüllt, muss das Gericht die Öffentlichkeit ausschließen.

II. Ablauf des gerichtlichen Verfahrens vor dem OLG

1. Disziplinarklage. Das Disziplinarklageverfahren beginnt mit der formgerechten **Er- 7 hebung der Klage** (→ § 98 Rn. 10 f.), die mit dem Eingang beim OLG rechtshängig wird (§ 3 BDG iVm § 90 VwGO). Die Klage ist dem Notar zuzustellen (§ 85 S. 1 VwGO). Gleichzeitig ist der Notar – zweckmäßigerweise unter Setzung einer angemessenen Frist – zur Klageerwiderung aufzufordern, welche schriftlich oder zur Niederschrift der Geschäftsstelle zu erfolgen hat (§ 85 S. 2 und S. 3 iVm § 81 Abs. 1 S. 2 VwGO). Mit der Zustellung ist ferner gemäß § 54 BDG der Hinweis an den Notar zu verbinden, dass wesentliche Mängel des behördlichen Disziplinarverfahrens und der Klageschrift innerhalb einer Frist von zwei Monaten ab Zustellung der Klage zu rügen sind und bei späterer Geltendmachung vom Gericht nicht mehr berücksichtigt werden müssen. Außerdem ist der Notar darauf hinzuweisen, dass Beweisanträge ebenfalls grundsätzlich innerhalb einer Frist von zwei

---

⁵ *Kopp/Schenke* VwGO § 83 Rn. 2.
⁶ BGHR § 111 Abs. 4 S. 2 BNotO Wiedereinsetzung 2; Arndt/Lerch/Sandkühler/*Sandkühler* BNotO § 100 Rn. 2.
⁷ § 14 VwGO trifft für die Rechtshilfe keine näheren Regelungen, so dass §§ 156 bis 168 GVG analog heranzuziehen sind.
⁸ Vgl. BT-Drs. 16/12062, 7.

Monaten seit Zustellung zu stellen sind und andernfalls vom Gericht abgelehnt werden können.

8   Die **Klageschrift** legt den Vorwurf eines bestimmten Dienstvergehens inhaltlich fest und grenzt damit zugleich den streitgegenständlichen, im gerichtlichen Verfahren zu berücksichtigenden und verwertbaren Prozessstoff verbindlich ein. **Nach Rechtshängigkeit** können neue, selbständige Vorwürfe gemäß § 53 Abs. 1 BDG nur noch über eine **Nachtragsdisziplinarklage** in das Verfahren eingeführt werden.[9] Gegenstand einer solchen Nachtragsdisziplinarklage kann ein nachträglich begangenes, aber auch ein bereits früher begangenes und erst nachträglich bekannt gewordenes Dienstvergehen sein.[10] Schließlich sollen mit einer Nachtragsdisziplinarklage sogar Vorwürfe geahndet werden können, die zunächst bewusst nicht in die ursprüngliche Klage einbezogen worden sind.[11] Das OLG hat das Verfahren gemäß § 53 Abs. 2 BDG bei Mitteilung neuer Vorwürfe durch die klageführende Aufsichtsbehörde grundsätzlich auszusetzen[12] und jener eine Frist für die Erhebung der Nachtragsdisziplinarklage zu setzen, für die die gleichen formalen Anforderungen gelten wie für die ursprüngliche Disziplinarklage.

9   Neben einer nachträglichen Erweiterung ist aber auch eine **nachträgliche Beschränkung** des Verfahrensgegenstandes möglich: Nach § 56 S. 1 BDG kann das Gericht bestimmte Dienstvergehen von der Verhandlung ausnehmen, die für die Art und Höhe der zu erwartenden Disziplinarmaßnahme nicht oder voraussichtlich nicht ins Gewicht fallen.[13] Diese Dienstvergehen dürfen später nicht mehr gesondert verfolgt werden. Die Disziplinarklage ist für sie verbraucht.

10   Zum **Verbrauch der Disziplinarklage** führt gemäß § 61 Abs. 1 BDG auch eine Klagerücknahme, die nach § 92 Abs. 1 S. 1 VwGO grundsätzlich möglich ist, nach Stellung der Anträge in der mündlichen Verhandlung gemäß § 92 Abs. 1 S. 2 VwGO allerdings nur noch mit Zustimmung des beklagten Notars erfolgen kann.[14] Die der Disziplinarklage zugrundeliegenden Vorwürfe können dann nicht mehr zum Gegenstand eines Disziplinarverfahrens gemacht werden. Hierdurch wird verhindert, dass die Aufsichtsbehörde die Disziplinarklage zurücknimmt und anschließend gegen den Notar eine Disziplinarverfügung erlässt.[15]

11   Das **weitere Verfahren** bei der Disziplinarklage gestaltet sich wie folgt:[16] Nach dem Austausch der Schriftsätze (§ 86 Abs. 4 S. 1 VwGO), die den Beteiligten von Amts wegen zu übermitteln sind (§ 86 Abs. 4 S. 3 VwGO), hat der Vorsitzende gemäß § 60 Abs. 1 S. 1 BDG einen Termin zur mündlichen Verhandlung anzuberaumen. Die Beteiligten sind zur mündlichen Verhandlung zu laden, und zwar grundsätzlich mit einer Frist von zwei Wochen, die jedoch in dringenden Fällen verkürzt werden kann (§ 102 Abs. 1 VwGO). Ferner wird das Gericht im gerichtlichen Disziplinarverfahren regelmäßig auch das persönliche Erscheinen des Notars anordnen (§ 95 VwGO).

12   Die **mündliche Verhandlung**, über die gemäß § 105 VwGO iVm §§ 159 bis 165 ZPO eine Niederschrift aufzunehmen ist, beginnt nach Aufruf der Sache durch den Vorsitzenden mit dem Sachbericht des Berichterstatters (§ 103 Abs. 1 und Abs. 2 VwGO). Im Anschluss daran erhalten die Beteiligten das Wort, um ihre Anträge zu stellen und zu begründen (§ 103 Abs. 3 VwGO). Darauf folgt die Erörterung des Sach- und Streitstandes

---

[9] Hummel/Köhler/Mayer/Baunack/*Köhler* BDG § 52 Rn. 7 ff. und § 53 Rn. 1; *Ebert* 4.2.3.
[10] Hummel/Köhler/Mayer/Baunack/*Köhler* BDG § 53 Rn. 2.
[11] *Bauschke/Weber* BDG § 53 Rn. 4.
[12] Abweichend davon ist unter den Voraussetzungen des § 53 Abs. 3 BDG auch eine unmittelbare Fortführung des Verfahrens möglich.
[13] Der Entscheidungsspielraum des Gerichts ist also begrenzt, vgl. Hummel/Köhler/Mayer/Baunack/*Köhler* BDG § 56 Rn. 3.
[14] Wenn der vom Gericht entsprechend belehrte Notar der Klagerücknahme nicht innerhalb von zwei Wochen nach Zustellung des maßgeblichen Schriftsatzes widerspricht, gilt die Einwilligung jedoch gemäß § 92 Abs. 1 S. 3 VwGO als erteilt.
[15] Claussen/Bennecke/Schwandt/*Schwandt* Rn. 918.
[16] Überblick bei Claussen/Bennecke/Schwandt/*Schwandt* Rn. 919 ff.; *Ebert* 4.2.1.8 ff.

mit den Beteiligten, die grundsätzlich dem Vorsitzenden obliegt (§ 104 Abs. 1 VwGO), aber auch Fragen der übrigen Mitglieder des Senats (§ 104 Abs. 2 VwGO) und die Beweisaufnahme (§§ 96 ff. VwGO) mit einschließt.

Im gerichtlichen Disziplinarverfahren gilt wie im Verwaltungsprozess allgemein der **Untersuchungsgrundsatz:**[17] Nach § 3 BDG iVm § 86 Abs. 1 S. 1 VwGO hat das Gericht also den Sachverhalt von Amts wegen zu ermitteln. Es kann die Beteiligten zur Mitwirkung bei der Sachverhaltsaufklärung anhalten, ist jedoch nicht an ihr Vorbringen und ihre Beweisanträge gebunden (§ 86 Abs. 1 S. 2 VwGO), sondern hat erforderlichenfalls weitere Ermittlungen anzustellen. Die Amtsermittlungspflicht geht dahin, dass das Gericht alle entscheidungserheblichen Tatsachen festzustellen hat (§ 58 Abs. 1 BDG), die mit erreichbaren Beweismitteln aufgeklärt werden können.[18] Zu diesem Zweck kann das Gericht nach § 99 VwGO von den Aufsichtsbehörden grundsätzlich die Vorlage von Akten und Urkunden verlangen, in die dann auch der Notar über § 100 VwGO Einsicht nehmen darf. Während nach früherem Recht eine Verlesung der im förmlichen Disziplinarverfahren gefertigten Protokolle genügte, hat die Beweisaufnahme nunmehr grundsätzlich unmittelbar durch das Gericht in der mündlichen Verhandlung zu erfolgen (§ 96 Abs. 1 VwGO).[19] Einzelne Beweise können jedoch durch den Berichterstatter oder einen beauftragten Richter erhoben werden (§§ 96 Abs. 2, 87 Abs. 3 VwGO). Ein förmlicher Beweisantrag kann im gerichtlichen Disziplinarverfahren nicht nur aus allgemeinen prozessrechtlichen Ablehnungsgründen,[20] sondern auch wegen Präklusion zurückgewiesen werden: So müssen Beweisanträge der Aufsichtsbehörde nach § 58 Abs. 2 S. 1 BDG in der Klageschrift enthalten sein. Beweisanträge des Notars müssen innerhalb der ersten zwei Monate nach Zustellung der Klage gestellt werden. Ein verspäteter Antrag kann nach § 58 Abs. 2 S. 2 BDG abgelehnt werden, wenn seine Berücksichtigung nach freier Überzeugung des Gerichts die Erledigung des Verfahrens verzögern würde. Anträge des Notars sind ferner nur dann präkludiert, wenn er vom Gericht über die Folgen der Fristversäumnis belehrt worden ist. Die Präklusion tritt jedoch nicht ein, wenn zwingende Gründe für die Verspätung glaubhaft gemacht werden. Die Ablehnung von Beweisanträgen, die in der mündlichen Verhandlung gestellt werden, hat in jedem Fall durch einen gesonderten und mit einer Begründung versehenen Beschluss zu erfolgen (§ 86 Abs. 2 VwGO). Die Beweisaufnahme richtet sich gemäß § 98 VwGO grundsätzlich nach den Vorschriften des Zivilprozessrechts. Für die Aussagepflicht von Zeugen und Sachverständigen, für die Ablehnung von Sachverständigen und für die Vernehmung von Angehörigen des öffentlichen Dienstes als Zeugen oder Sachverständige gelten jedoch die Vorschriften der StPO entsprechend (§ 58 Abs. 3 BDG).

Zwar gilt auch im gerichtlichen Disziplinarverfahren nach § 3 BDG iVm § 108 VwGO der **Grundsatz der freien Beweiswürdigung.** Dieser wird **jedoch eingeschränkt** durch die Bindung des Gerichts an tatsächliche Feststellungen über denselben Sachverhalt in rechtskräftigen Straf- oder Bußgeldurteilen (§ 57 Abs. 1 S. 1 BDG). Die Bindung entfällt gemäß § 57 Abs. 1 S. 2 BDG lediglich dann, wenn die Feststellungen offenkundig unrichtig sind, was bei unzulänglichen, widersprüchlichen, gegen die Denkgesetze verstoßenden, nicht zum Straftatbestand gehörenden oder unschlüssigen Feststellungen[21] ebenso wie bei wesentlichen Verfahrensverstößen[22] oder bei Vorliegen einander widersprechender straf- und zivilgerichtlicher Entscheidungen[23] regelmäßig der Fall sein wird. Keine Bindung

---

[17] Ebert 4.2.1.10.
[18] Zum Ausmaß der Amtsermittlungspflicht Hummel/Köhler/Mayer/Baunack/*Köhler* BDG § 58 Rn. 3; BeckOK VwGO/*Breunig* VwGO § 86 Rn. 28 ff.
[19] Zur Abkehr vom Mittelbarkeitsprinzip im gerichtlichen Disziplinarverfahren Bauschke/Weber BDG § 58 Rn. 1; Hummel/Köhler/Mayer/Baunack/*Köhler* BDG § 58 Rn. 1.
[20] Zu nennen sind hier beispielsweise das Bestehen von Zeugnisverweigerungsrechten oder die fehlende Entscheidungserheblichkeit der Beweistatsache; s. BeckOK VwGO/*Breunig* VwGO § 86 Rn. 70, 73.
[21] BVerwGE 75, 31; BVerwG ZBR 1983, 208.
[22] BVerwG DÖD 2001, 216.
[23] Hummel/Köhler/Mayer/Baunack/*Köhler* BDG § 57 Rn. 10.

besteht von vornherein an Strafbefehle und Bußgeldbescheide, die das OLG aber ebenso wie tatsächliche Feststellungen in einem anderen rechtsbeständig abgeschlossenen förmlichen Verwaltungs- oder Gerichtsverfahren seiner Entscheidung ohne erneute Prüfung zugrunde legen darf (§ 57 Abs. 2 BDG).

15 Bei der rechtlichen Beurteilung kann das Gericht nach § 55 Abs. 2 S. 1 BDG wesentliche Mängel des behördlichen Disziplinarverfahrens oder der Klageschrift unberücksichtigt lassen, wenn sie von dem entsprechend belehrten Notar nicht innerhalb von zwei Monaten nach Zustellung der Klageschrift gerügt worden sind und ihre Berücksichtigung zu einer Verfahrensverzögerung führen würde. Die an § 67 Abs. 4 BDO aF angelehnte Vorschrift hat heute überwiegend nur noch für Mängel der Klageschrift Bedeutung, da Fehler bei der Sachaufklärung im behördlichen Disziplinarverfahren wegen der unmittelbaren Beweiserhebung durch das Gericht regelmäßig nicht mehr auf das Gerichtsverfahren durchschlagen und das Gericht anders als früher nicht mehr auf eine fehlerfreie Tatsachenermittlung durch die Aufsichtsbehörde angewiesen ist.[24] Außer Acht lassen kann das Gericht nach § 55 Abs. 2 BDG zB eine nicht hinreichende Substantiierung des Sachverhalts, der dem zu ahndenden Dienstvergehen zugrunde liegt. Dies gilt allerdings nur dann, wenn dem Gericht eine Abgrenzung und Aufklärung des zu beurteilenden Disziplinarvorwurfs möglich bleibt. Ist der konkrete Vorwurf dagegen mangels jeder Substantiierung überhaupt nicht erkennbar, ist die Klage unzulässig und muss abgewiesen werden.[25]

16 Das Disziplinarklageverfahren endet zwingend mit einer **gerichtlichen Entscheidung,** weil der Abschluss eines Vergleichs dem Disziplinarrecht wesensfremd ist und deshalb durch § 60 Abs. 1 S. 2 BDG ausgeschlossen wird.[26]

17 Das OLG entscheidet gemäß § 60 Abs. 1 S. 1 BDG grundsätzlich **durch Urteil.** Es darf sich bei der Urteilsfindung nach § 60 Abs. 2 S. 1 BDG nur auf solche Handlungen beziehen, die dem Notar in der Disziplinarklage zu Last gelegt worden sind. Hält es den mit der Disziplinarklage erhobenen Vorwurf der Amtspflichtverletzung für unbegründet, hat es die Klage gemäß § 60 Abs. 2 S. 2 Nr. 2 BDG abzuweisen. Andernfalls hat es nach § 60 Abs. 2 S. 2 Nr. 1 BDG auf die erforderliche Disziplinarmaßnahme zu erkennen. Dabei ist es nicht an den Klageantrag der Aufsichtsbehörde gebunden, sondern kann statt einer Entfernung vom Amtssitz oder einer zeitweiligen oder dauerhaften Entfernung aus dem Amt auch nur einen Verweis oder eine Geldbuße verhängen.[27]

18 Das Urteil erwächst nach § 3 BDG iVm § 121 VwGO nach Ablauf der Berufungsfrist in Rechtskraft. Dasselbe Dienstvergehen kann deshalb nicht erneut zum Gegenstand einer Disziplinarmaßnahme gemacht werden.[28]

19 Vor dem Hintergrund, dass die Notarbeisitzer gemäß § 96 Abs. 3 S. 1 nicht den Vorschriften der VwGO über ehrenamtliche Richter unterliegen, sondern vielmehr nach § 104 Abs. 1 S. 1 während der gesamten Dauer ihres Amtes die Stellung eines Berufsrichters besitzen und deshalb zB auch Urteile von ihnen mitunterschrieben werden müssen, ordnet § 96 Abs. 3 S. 2 eine Verlängerung der Fristen für die Übermittlung des unterzeichneten Urteils an die Geschäftsstelle in §§ 116 Abs. 2, 117 Abs. 1 S. 4 VwGO von zwei auf fünf Wochen ab Verkündung bzw. ab Schluss der mündlichen Verhandlung an.[29]

20 Statt durch Urteil kann das OLG gemäß § 59 Abs. 1 BDG – auch nach Eröffnung der mündlichen Verhandlung – **durch Beschluss** über die Disziplinarklage entscheiden, wenn die Beteiligten dem zustimmen und die Klage abgewiesen oder lediglich ein Verweis ausgesprochen bzw. eine Geldbuße verhängt wird. Zur Erklärung der Zustimmung kann das Gericht gemäß § 59 Abs. 1 S. 2 BDG eine Frist setzen, nach deren Ablauf die

---

[24] Hummel/Köhler/Mayer/Baunack/*Köhler* BDG § 55 Rn. 4.
[25] Hummel/Köhler/Mayer/Baunack/*Köhler* BDG § 55 Rn. 7; zur Aufforderung an die Aufsichtsbehörde zur Mängelbeseitigung ebenda und *Bauschke/Weber* BDG § 55 Rn. 9 ff.
[26] Vgl. Claussen/Benneke/Schwandt/*Schwandt* Rn. 933.
[27] Vgl. *Bauschke/Weber* BDG § 60 Rn. 10; *Ebert* 4.2.1.11.
[28] *Bauschke/Weber* BDG § 60 Rn. 15.
[29] BT-Drs. 16/12062, 9.

2. Andere Klagen. Außer über Disziplinarklagen ist im gerichtlichen Disziplinarverfahren ferner noch über **Anfechtungsklagen** des Notars gegen eine Disziplinarverfügung nach § 52 Abs. 2 BDG iVm § 42 Abs. 1 VwGO und über **Untätigkeitsklagen** des Notars wegen verzögerter Behandlung des Widerspruchs gegen eine Disziplinarverfügung nach § 52 Abs. 2 BDG iVm § 75 VwGO zu entscheiden. Für die Klageerhebung wird auf die Erläuterungen zu § 98 verwiesen (→ § 98 Rn. 10 f., 15). 21

Das Verfahren richtet sich bei Anfechtungs- und Untätigkeitsklagen im Wesentlichen nach denselben Vorschriften wie bei Disziplinarklagen.[31] Keine Anwendung finden jedoch die speziellen Regelungen über die Nachtragsdisziplinarklage (§ 53 BDG), über die Präklusion verspäteter Beweisanträge (§§ 54, 58 Abs. 2 BDG) und über die Präklusion verspäteter Rügen bei Verfahrensmängeln (§§ 54, 55 BDG). Stattdessen gilt über § 3 BDG die allgemeine Präklusionsregelung nach § 87b Abs. 2 VwGO, wonach das Gericht für die Abgabe von Erklärungen und die Bezeichnung von Beweismitteln eine Frist setzen kann. Bei Fristversäumung tritt nach § 87b Abs. 3 VwGO Präklusion ein, wenn die Berücksichtigung verspäteter Erklärungen oder Beweisanträge die Erledigung des Verfahrens verzögern würde, der Beteiligte über die Folgen einer Fristversäumung belehrt worden ist und er die Verspätung nicht genügend entschuldigt. 22

Die Entscheidung erfolgt bei der Anfechtungsklage grundsätzlich ebenfalls nach mündlicher Verhandlung durch Urteil (§ 60 Abs. 1 S. 1 BDG). Vergleiche sind auch hier ausgeschlossen (§ 60 Abs. 1 S. 2 BDG). 23

Im Unterschied zum normalen Verwaltungsprozess hat das Gericht gemäß § 60 Abs. 3 BDG nicht nur die Rechtmäßigkeit, sondern auch die Zweckmäßigkeit der Disziplinarverfügung zu überprüfen. Es ist also insbesondere nicht darauf beschränkt, die angefochtene Verfügung nach §§ 113, 114 VwGO im Fall der Rechtswidrigkeit aufzuheben. Vielmehr übt das Gericht wie im Fall der Disziplinarklage eine eigene Disziplinargewalt aus. Es kann also anstelle der von der Aufsichtsbehörde verhängten Disziplinarmaßnahme eine mildere Sanktion aus dem Katalog des § 97 verhängen, wenn dies dem festgestellten Dienstvergehen gerecht wird.[32] In Betracht kommt mithin, dass das Gericht eine Ermäßigung der Geldbuße vornimmt oder die Geldbuße durch einen Verweis ersetzt. Eine Verschärfung der Disziplinarmaßnahme ist dagegen wegen des Verbots der *reformatio in peius* ausgeschlossen, das sich aus der Bindung des Gerichts an das Klagebegehren (§ 88 VwGO) ergibt.[33] 24

Mit Blick auf die nach Ablauf der Rechtsmittelfrist eintretende Rechtskraft (§ 121 VwGO) schließt das Urteil das Verfahren grundsätzlich endgültig ab. Das zugrundeliegende Dienstvergehen kann deshalb nach Unanfechtbarkeit des Urteils nur noch unter sehr engen Voraussetzungen erneut zum Gegenstand einer disziplinarrechtlichen Verfolgung gemacht werden (§ 61 Abs. 2 BDG; → § 98 Rn. 17). 25

Anders als im Disziplinarklageverfahren kommt eine Entscheidung durch Beschluss bei Anfechtungsklagen nicht in Betracht, weil § 59 BDG hier nach seinem ausdrücklichen Wortlaut keine Anwendung findet.[34] Nach § 3 BDG iVm § 84 Abs. 1 VwGO kann das Gericht über Anfechtungsklagen jedoch ohne mündliche Verhandlung durch Gerichtsbescheid entscheiden, wenn die Sache keine besonderen Schwierigkeiten tatsächlicher oder rechtlicher Art aufweist und der Sachverhalt geklärt ist.[35] Die Beteiligten sind lediglich vorher zu hören. Auf ihre Zustimmung kommt es hingegen nicht an. Für den Gerichts- 26

---

[30] *Bauschke/Weber* BDG § 59 Rn. 8.
[31] Claussen/Benneke/Schwandt/*Schwandt* Rn. 995.
[32] *Bauschke/Weber* BDG § 60 Rn. 13; Hummel/Köhler/Mayer/Baunack/*Köhler* BDG § 60 Rn. 21.
[33] Hummel/Köhler/Mayer/Baunack/*Köhler* BDG § 60 Rn. 21.
[34] Vgl. Hummel/Köhler/Mayer/Baunack/*Köhler* BDG § 59 Rn. 3; *Bauschke/Weber* BDG § 59 Rn. 1, 9.
[35] Vgl. dazu BeckOK VwGO/*Brink/Peters* VwGO § 84 Rn. 7 ff.; OVG Münster NVwZ-RR 1997, 760.

bescheid gelten nach § 84 Abs. 1 S. 3 VwGO die Vorschriften über Urteile entsprechend. Der Gerichtsbescheid erwächst also wie das Urteil über eine Anfechtungsklage nach § 121 VwGO in Rechtskraft und lässt eine erneute Verfolgung des zugrundeliegenden Dienstvergehens nur in den gesetzlich bestimmten Ausnahmefällen zu (→ § 98 Rn. 17).

III. Kosten

27 Mit Blick auf den kontradiktorischen Charakter des gerichtlichen Disziplinarverfahrens verweist § 77 Abs. 1 S. 1 BDG für die Kostentragungspflicht grundsätzlich auf die in §§ 154 ff. VwGO normierten Regelungen für den Verwaltungsprozess.[36] Nach dem „**Unterliegensprinzip**" des § 154 Abs. 1 VwGO hat der Notar die Kosten des Verfahrens zu tragen, wenn gegen ihn im Verfahren der Disziplinarklage eine Disziplinarmaßnahme verhängt wird. Dies gilt selbst dann, wenn das Gericht eine mildere als die beantragte Sanktion verhängt, weil hier stets von einem Unterliegen des Notars auszugehen ist.[37]

28 Der Notar hat die Kosten des gerichtlichen Disziplinarverfahrens nach § 154 Abs. 1 VwGO auch dann zu tragen, wenn die Anfechtungsklage gegen eine Disziplinarverfügung abgewiesen wird. Demgegenüber trägt nach dem „Unterliegensprinzip" das Land die Kosten, wenn eine Disziplinarklage abgewiesen wird oder wenn das Gericht der Aufsichtsbehörde wegen verzögerter Verfahrensführung eine Frist zum Abschluss des behördlichen Disziplinarverfahrens setzt, wobei die Kostenentscheidung im letzteren Fall mit der Fristsetzung zu verbinden ist (§ 77 Abs. 3 BDG).[38]

29 Die Kostenentscheidung ergeht im Urteil oder im Beschluss immer nur dem Grunde nach. Über die Höhe der zu erstattenden Kosten wird dagegen im Kostenfestsetzungsverfahren entschieden.[39]

30 Gebühren werden im gerichtlichen Disziplinarverfahren nach dem Gebührenverzeichnis in der Anlage zum BDG erhoben (§ 78 S. 1 BDG). Auslagen hat das Gericht nach den für das verwaltungsgerichtliche Verfahren maßgeblichen Bestimmungen des Gerichtskostengesetzes (GKG) abzurechnen (§ 78 S. 2 BDG). Die unterlegene Seite hat auch die zur zweckentsprechenden Rechtsverfolgung oder Rechtsverteidigung notwendigen Aufwendungen der Beteiligten einschließlich der Kosten eines etwaigen Widerspruchsverfahrens zu tragen (§ 3 BDG iVm § 162 Abs. 1 VwGO). Die gesetzlichen Gebühren und Auslagen eines Rechtsanwalts im gerichtlichen Disziplinarverfahren sind stets erstattungsfähig (§ 162 Abs. 2 S. 1 VwGO), im vorangegangenen Widerspruchsverfahren jedoch nur, wenn das Gericht dessen Zuziehung auch insoweit für notwendig erklärt (§ 162 Abs. 2 S. 2 VwGO).

§ 100 [Übertragung von Aufgaben des Disziplinargerichts durch Rechtsverordnung]

¹Sind in einem Land mehrere Oberlandesgerichte errichtet, so kann die Landesregierung durch Rechtsverordnung die Aufgaben, die in diesem Gesetz dem Oberlandesgericht als Disziplinargericht zugewiesen sind, für die Bezirke aller oder mehrerer Oberlandesgerichte einem oder einigen der Oberlandesgerichte oder dem obersten Landesgericht übertragen, wenn dies der Sicherung einer einheitlichen Rechtsprechung dienlich ist. ²Die Landesregierungen können diese Ermächtigung durch Rechtsverordnung auf die Landesjustizverwaltungen übertragen.

1 Durch die Möglichkeit, durch Rechtsverordnung der Landesregierung die **Aufgaben des Disziplinargerichts** erster Instanz bei einem von mehreren OLG zu **konzentrieren,**

---

[36] Vgl. *Ebert* 4.6.1.
[37] Vgl. *Ebert* 4.6.1; *Bauschke/Weber* BDG § 77 Rn. 2.
[38] S. auch Hummel/Köhler/Mayer/Baunack/*Mayer* BDG § 77 Rn. 5.
[39] *Kopp/Schenke* VwGO vor § 154 Rn. 5; BeckOK VwGO/*Zimmermann-Kreher* VwGO § 161 Rn. 2.

soll eine einheitliche Disziplinarrechtsprechung in Ländern ermöglicht werden, in denen mehrere OLG vorhanden sind.[1]

In Anlehnung an die übrigen Verordnungsermächtigungen in der BNotO wurde den Landesregierungen durch das Gesetz zur Umsetzung der Berufsanerkennungsrichtlinie und zur Änderung weiterer Vorschriften im Bereich der rechtsberatenden Berufe vom 12.5.2017[2] nunmehr auch die Möglichkeit eingeräumt, die ihnen zustehende Ermächtigung durch Rechtsverordnung auf die Landesjustizverwaltungen übertragen.[3] **1a**

Von der Konzentrationsmöglichkeit haben folgende Bundesländer Gebrauch gemacht: **2**
- Baden-Württemberg: OLG Stuttgart[4]
- Bayern: BayObLG[5]
- Niedersachsen: OLG Celle[6]
- Nordrhein-Westfalen: OLG Köln[7]

§ 101 [Besetzung des Oberlandesgerichts]

Das Oberlandesgericht entscheidet in Disziplinarsachen gegen Notare in der Besetzung mit dem Vorsitzenden, einem Beisitzer, der planmäßig angestellter Richter ist, und einem Beisitzer, der Notar ist.

A. Besetzung des OLG in Disziplinarsachen gegen Notare

§ 101 regelt die Besetzung des OLG als Disziplinargericht im gerichtlichen Disziplinarverfahren in und außerhalb der Hauptverhandlung. Die Vorschrift gilt darüber hinaus auch, wenn das OLG in verwaltungsrechtlichen Notarsachen entscheidet (§ 111 Abs. 4). **1**

Der Senat besteht **aus drei Mitgliedern.** Der Vorsitzende und ein Beisitzer müssen **Berufsrichter** (Planrichter am OLG, vgl. § 102) sein. Ihre Bestellung regelt § 102. Ein Beisitzer ist **Notar.** Hierdurch wird gewährleistet, dass die Erfahrung und die besondere Sachkunde aus der notariellen Praxis im disziplinargerichtlichen Verfahren angemessen Berücksichtigung finden können.[1] **2**

B. Ausschließung vom Richteramt und Ablehnung wegen Besorgnis der Befangenheit

Nach § 96 Abs. 1 S. 1 sind auch für die Ausschließung und Ablehnung der Richter die Vorschriften des BDG entsprechend anzuwenden. § 48 BDG trifft dabei für den Fall der Ausschließung eine eigenständige erschöpfende[2] Regelung. Hinsichtlich der Ablehnung wegen Besorgnis der Befangenheit findet über § 3 BDG, § 54 Abs. 1 VwGO die Vorschrift des § 42 ZPO entsprechende Anwendung. **3**

Nach § 48 Abs. 1 BDG ist ein Mitglied des Notarsenats in folgenden Fällen von der Ausübung des Richteramts **kraft Gesetzes ausgeschlossen:** **4**

---

[1] Diehn/*Zimmer* BNotO § 100 Rn. 1.
[2] BGBl. 2017 I 1121.
[3] BT-Drs. 431/16, 267.
[4] § 15 NotarVO v. 18.9.2017 (GBl. S. 511).
[5] § 2 S. 1 NotarVO v. 10.2.2000 (GVBl. S. 60) idF der VO v. 2.10.2018 (GVBl. S. 745).
[6] § 1 Abs. 2 VO über die Zuständigkeit des Anwaltsgerichtshofs und des Senats für Notarsachen v. 29.8.1997 (Nds. GVBl. S. 403) idF der VO v. 3.11.2009 (Nds. GVBl. S. 409).
[7] § 3 VO zur Ausführung der BNotO v. 18.5.1999 (GV NRW S. 208).

[1] BeckOK BNotO/*Herrmann* BNotO § 101 Rn. 1; Arndt/Lerch/Sandkühler/*Sandkühler* BNotO § 101 Rn. 4.
[2] Hummel/Köhler/Mayer/Baunack/*Köhler* BDG § 48 Rn. 1.

- Der Richter ist durch das Dienstvergehen verletzt. Erforderlich ist, dass der Richter durch die Pflichtverletzung unmittelbar betroffen ist, etwa als formell oder materiell Beteiligter an einem Urkundsgeschäft.
- Der Richter ist oder war Ehegatte, Lebenspartner oder gesetzlicher Vertreter des disziplinarrechtlich verfolgten Notars oder des Verletzten.
- Der Richter ist oder war mit dem Notar oder dem Verletzten in gerader Linie verwandt oder verschwägert, in der Seitenlinie bis zum dritten Grade verwandt (§ 1589 BGB) oder bis zum zweiten Grade verschwägert (§ 1590 BGB).
- Der Richter ist in dem Disziplinarverfahren gegen den Notar tätig gewesen oder als Sachverständiger oder als Zeuge gehört worden. Dieser Ausschließungsgrund bezieht sich ausschließlich auf das anhängige Disziplinarverfahren, erfasst dort aber sämtliche Tätigkeiten einschließlich der Vorermittlungen. So ist zB ein Notar, den die Aufsichtsbehörde nach § 93 Abs. 3 S. 2 zu einer Prüfung bei einem anderen Notar hinzugezogen hat, in einem späteren Disziplinarverfahren gegen diesen Notar als Beisitzer ausgeschlossen, wenn Gegenstand des Disziplinarverfahrens Vorwürfe sind, die in Zusammenhang mit der durchgeführten Prüfung stehen.
- Der Richter war an einem sachgleichen Strafverfahren oder Bußgeldverfahren gegen den Notar beteiligt.
- Der Richter ist Dienstvorgesetzter des Notars oder ist bei dem Dienstvorgesetzten mit der Bearbeitung von Personalangelegenheiten befasst. Der Präsident des OLG (§ 92 Nr. 2) kann das Richteramt in dem Disziplinarsenat demnach nur dann ausüben, wenn sich das Verfahren gegen einen Notar aus einem anderen OLG-Bezirk richtet. Dies wiederum ist aufgrund der Bestimmungen über die örtliche Zuständigkeit[3] nur möglich, wenn ein Bundesland von der Konzentrationsmöglichkeit des § 100 Gebrauch gemacht hat. Aus den gleichen Gründen sind auch die Richter des OLG, die mit Personalangelegenheiten befasst sind, regelmäßig von der Ausübung dieses Richteramts ausgeschlossen.

4a Mitglieder von Ausschüssen der Notarkammern, die den Vorstand bei der Abgabe von Stellungnahmen gegenüber der Landesjustizverwaltung in Personalangelegenheiten sowie in Angelegenheiten der Dienstaufsicht oder in Disziplinarverfahren beraten, sind zudem entsprechend § 48 Abs. 1 Nr. 7 BDG von der Ausübung des Richteramtes ausgeschlossen, wenn sie in dieser Funktion in dem Disziplinarverfahren gegen den Notar mitgewirkt haben. Insoweit üben sie eine vergleichbare Funktion aus wie das Mitglied einer Personalvertretung im öffentlichen Dienst.

5 Nach § 48 Abs. 2 BDG ist ein Beamtenbeisitzer auch ausgeschlossen, wenn er der Dienststelle des Beamten angehört. Eine entsprechende Anwendung dieser Regelung führt nicht dazu, dass ein Notar, der denselben Amtssitz wie der Beschuldigte hat, von der Ausübung des Richteramts kraft Gesetzes ausgeschlossen ist. In diesen Fällen kann aber eine Ablehnung wegen Besorgnis der Befangenheit entsprechend § 42 ZPO in Betracht kommen.[4]

6 Für die **Ablehnung** eines Richters **wegen Besorgnis der Befangenheit** gilt nach § 3 BDG iVm § 54 Abs. 1 VwGO die Vorschrift des § 42 ZPO entsprechend. Besorgnis der Befangenheit besteht, wenn der disziplinarrechtlich verfolgte Notar bei verständiger Würdigung des ihm bekannten Sachverhalts Grund zu der Annahme hat, dass der abgelehnte Richter ihm gegenüber eine innere Haltung einnimmt, die seine Unparteilichkeit und Unvoreingenommenheit störend beeinflussen kann.[5] Ob der Richter tatsächlich parteiisch oder befangen ist, ist unerheblich, da das Vorliegen eines Ablehnungsgrunds grundsätzlich vom Standpunkt des Ablehnenden aus zu beurteilen ist, wobei es allerdings nicht auf den möglicherweise einseitigen subjektiven Eindruck ankommt, sondern eine vernünftige Bewertung aus Sicht des Notars zugrunde zu legen ist. Der Ablehnende muss daher Gründe

---

[3] → § 99 Rn. 5.
[4] → Rn. 7.
[5] BVerfGE 32, 288 (290); vgl. MüKoZPO/*Stackmann* ZPO § 42 Rn. 4 mwN.

für sein Ablehnungsbegehren vorbringen, die auch einem unbeteiligten Dritten einleuchten.[6]

Ein Ablehnungsgrund kann sich zunächst aus den persönlichen Verhältnissen und Beziehungen des Richters ergeben, insbesondere aus freundschaftlichen oder feindlichen Beziehungen.[7] Dienstliche Beziehungen des Richters zu dem disziplinarrechtlich verfolgten Notar oder einem seiner Angehörigen lassen dagegen für sich genommen noch keine Voreingenommenheit besorgen.[8] Eine Ablehnung kann jedoch gerechtfertigt sein, wenn der Notarbeisitzer am selben Amtssitz wie der disziplinarrechtlich verfolgte Notar bestellt ist und aus der Sicht des Letzteren vernünftige Gründe dafür sprechen, dass der Beisitzer in seiner Unvoreingenommenheit beeinflusst werden könnte.[9]

Eine Ablehnung kann ferner auf das Verhalten des Richters vor oder während der Hauptverhandlung gestützt werden. So kann die Verhandlungsführung die Besorgnis der Befangenheit begründen, wenn sie grob rechtsfehlerhaft, unangemessen oder sonst unsachlich ist.[10] Eine Ablehnung kann jedoch nicht allein auf die nachteilige Entscheidung oder Tätigkeit des Richters in einer anderen Sache als Richter oder Verwaltungsbeamter gestützt werden,[11] ferner auch nicht darauf, dass der Senat über die Anfechtung eines Verwaltungsakts der Notarkammer entscheidet, die den Notarbeisitzer vorgeschlagen hat (§ 103 Abs. 1).[12]

Die Besetzung des Notarsenats mit Richtern des OLG führt grundsätzlich auch dann nicht zu Bedenken gegen die Unvoreingenommenheit der Richter, wenn der Präsident des OLG der Beklagte ist.[13]

Für den Verlust des Ablehnungsrechts gilt § 43 ZPO, für das Ablehnungsgesuch einschließlich der Glaubhaftmachung der Ablehnungsgründe § 44 ZPO entsprechend. Auf das Verfahren sind die §§ 45 f. ZPO sinngemäß anzuwenden.

§ 102 [Bestellung der richterlichen Mitglieder]

¹ **Der Vorsitzende, der mindestens Vorsitzender Richter am Oberlandesgericht sein muss, seine Stellvertreter sowie die richterlichen Beisitzer und ihre Stellvertreter werden von dem Präsidium des Oberlandesgerichts aus der Zahl der ständigen Mitglieder des Oberlandesgerichts auf die Dauer von fünf Jahren bestellt.** ² **Im übrigen gelten die Vorschriften des Zweiten Titels des Gerichtsverfassungsgesetzes und § 6 des Einführungsgesetzes zum Gerichtsverfassungsgesetz entsprechend.**

A. Bestellung der Berufsrichter des Senats für Notarsachen beim OLG

Die Bestellung der Berufsrichter des Senats für Notarsachen beim OLG richtet sich gemäß Satz 2 grundsätzlich nach §§ 21a bis 21j GVG. Besondere Bestimmungen gelten nach Satz 1 für die Bestellungsperiode und die Person des Vorsitzenden.

Der Vorsitzende, seine Stellvertreter sowie die richterlichen Beisitzer und ihre Stellvertreter werden durch das Präsidium des OLG bestellt (§ 21e GVG). Die Bestellungsperiode beträgt fünf Jahre, der Tag ihres Beginns ist im Beschluss anzugeben.[1] Die Berufsrichter sind

---

[6] BGH NJW 2004, 163 f.
[7] MüKoZPO/*Stackmann* ZPO § 42 Rn. 9 f., 13; Musielak/Voit/*Heinrich* ZPO § 42 Rn. 15.
[8] Differenzierend MüKoZPO/*Stackmann* ZPO § 42 Rn. 10, 16; Musielak/Voit/*Heinrich* ZPO § 42 Rn. 16.
[9] AA Arndt/Lerch/Sandkühler/*Sandkühler* BNotO § 101 Rn. 8; differenzierend BeckOK BNotO/*Herrmann* BNotO § 101 Rn. 4.
[10] Näher MüKoZPO/*Stackmann* ZPO § 42 Rn. 33 ff.
[11] BVerfG DÖV 1959, 395; grundsätzlich auch Musielak/Voit/*Heinrich* ZPO § 42 Rn. 14.
[12] BGH DNotZ 1991, 323.
[13] BGH DNotZ 2015, 475; 2014, 304.
[1] Fehlt eine solche Angabe, so ist im Zweifel davon auszugehen, dass die neue Periode mit Ablauf der vorangegangenen Periode, hilfsweise mit Beginn des neuen Geschäftsjahres, ihren Anfang nimmt.

nach § 42 DRiG zur Übernahme des Amts verpflichtet. Der Vorsitzende und seine Stellvertreter sowie die richterlichen Beisitzer und ihre Stellvertreter müssen Planrichter an dem betreffenden OLG sein. Abgeordnete Richter scheiden als Mitglieder des Disziplinarsenats aus.

3 Der **Vorsitzende** muss mindestens Vorsitzender Richter am OLG sein. Damit kommen grundsätzlich auch der Präsident und der Vizepräsident des OLG in Betracht, sofern sie nicht – wie in der Regel – nach § 48 Abs. 1 Nr. 4, Nr. 6 BDG vom Richteramt ausgeschlossen sind.[2] Für den Fall der Verhinderung des Vorsitzenden ordnet § 21f Abs. 2 S. 1 GVG an, dass das vom Präsidium bestimmte Mitglied des Senats den Vorsitz führt. Ist auch der Vertreter verhindert, wird der Vorsitz nach § 21f Abs. 2 S. 2 GVG durch das dienstälteste und bei gleichem Dienstalter durch das lebensälteste Mitglied des Senats geführt. Ein Notarbeisitzer darf den Vorsitz jedoch nie wahrnehmen, weil der Vorsitz in einem Kollegialgericht stets von einem Berufsrichter geführt werden muss (§ 28 Abs. 2 S. 1 DRiG), der zudem auf Lebenszeit bestellt ist (§ 28 Abs. 2 S. 2 DRiG).[3]

4 § 101 regelt die **Besetzung des Senats** bei der Entscheidungsfindung. §§ 102, 103 treffen Bestimmungen über die Bestellung bzw. Ernennung der Mitglieder des Senats. Wie viele Richter und Notare dem Senat zur Erhaltung seiner Funktionstüchtigkeit zuzuweisen sind, bestimmt das Präsidium des OLG nach pflichtgemäßem Ermessen. Während nach früher herrschender Rechtsprechung[4] im Hinblick auf das Gebot des gesetzlichen Richters gemäß Art. 101 Abs. 1 S. 2 GG zu gewährleisten war, dass derselbe Spruchkörper nicht in mehreren unterschiedlichen Sitzgruppen Recht sprechen konnte, fordert das BVerfG nunmehr seit einiger Zeit abstrakt-generelle Regelungen zur Mitwirkung der Richter auch auf Ebene des einzelnen Spruchkörpers.[5] § 21g GVG bestimmt deshalb, dass in jedem Jahr[6] erneut Mitwirkungsgrundsätze für den einzelnen Senat aufgestellt werden, die mit abstrakten Merkmalen regeln, welche Richter an der jeweiligen Entscheidung mitzuwirken haben.[7]

5 Die Anordnungen des Präsidiums zur Besetzung der Spruchkörper dürfen im Laufe der Besetzungsperiode (Satz 1) entsprechend § 21e Abs. 3 GVG nur geändert werden, wenn dies wegen Überlastung oder ungenügender Auslastung eines Richters oder Spruchkörpers oder infolge Wechsels oder dauernder Verhinderung einzelner Richter nötig wird.[8] Im Rahmen einer Änderung nach § 21e Abs. 3 GVG, die grundsätzlich auch bereits anhängige Verfahren erfassen kann,[9] ist es unzulässig, einzelne Verfahren auszuwählen und einem anderen Richter zuzuweisen. Bei Überlastung eines Spruchkörpers muss die Änderung nach allgemeinen Merkmalen vorgenommen werden.[10]

B. Geschäftsverteilung

6 Die **Geschäftsverteilung innerhalb des Senats** bestimmt sich nach § 21g GVG. Hiernach verteilt der Senat durch Beschluss aller dem Spruchkörper angehörenden Berufsrichter die Geschäfte auf die Mitglieder und bestimmt vor Beginn des Geschäftsjahres für dessen Dauer, nach welchen Grundsätzen die Mitglieder an den Verfahren mitwirken; dieser Beschluss kann nur geändert werden, wenn dies wegen Überlastung, ungenügender Auslastung, Wechsels oder dauernder Verhinderung einzelner Mitglieder des Spruchkörpers

---

[2] → § 101 Rn. 4.
[3] *Schmidt-Räntsch* DRiG § 28 Rn. 8 f.
[4] BVerfGE 18, 344 (349 f.); BGH NJW 1994, 2751 Rn. 3; → § 103 Rn. 2.
[5] BVerfGE 95, 322 (327 ff.); BVerfG NJW 2004, 3482.
[6] Sog Jährlichkeitsprinzip, vgl. BGH NJW 1999, 796.
[7] Zu den Kriterien im Einzelnen *Meyer-Goßner* GVG § 21g Rn. 4.
[8] Zur Frage, ob nach § 21e Abs. 3 GVG neben Daueränderungen auch zeitweilige Vertreterbestellungen zulässig sind, vgl. BGH NStZ 1988, 37; *Meyer-Goßner* GVG § 21e Rn. 13.
[9] BGHSt 30, 371.
[10] *Meyer-Goßner* GVG § 21e Rn. 14.

nötig wird. Die Bestimmung soll verhindern, dass der Vorsitzende die Richterbank jeweils nach persönlichem Belieben zusammensetzt. Bei überbesetztem Spruchkörper sind – wie bereits ausgeführt (→ Rn. 4) – die Regeln zu beachten, die das BVerfG und der BGH aufgestellt haben.[11] Hiernach muss der Beschluss des Senats zur Geschäftsverteilung unter Heranziehung abstrakter Merkmale regeln, welche Mitglieder des Spruchkörpers an den Verfahren mitwirken. Der Beschluss muss ein System aufstellen, aus dem die Besetzung des Spruchkörpers bei einzelnen Entscheidungen ableitbar ist.[12] Nach § 3 BDG iVm § 112 VwGO wird man schließlich auch verlangen müssen, dass das Urteil nur von den Richtern gefällt wird, die an der letzten mündlichen Verhandlung teilgenommen haben.[13]

§ 103 [Bestellung der notariellen Beisitzer]

(1) ¹Die Beisitzer aus den Reihen der Notare werden von der Landesjustizverwaltung ernannt. ²Sie müssen im Zuständigkeitsbereich des Disziplinargerichts als Notare bestellt sein. ³Sie werden einer Vorschlagsliste entnommen, die der Vorstand der Notarkammer der Landesjustizverwaltung einreicht. ⁴Die Landesjustizverwaltung bestimmt, welche Zahl von Beisitzern erforderlich ist; sie hat vorher den Vorstand der Notarkammer zu hören. ⁵Die Vorschlagsliste des Vorstandes der Notarkammer muß mindestens die Hälfte mehr als die erforderliche Zahl von Notaren enthalten. ⁶Umfaßt ein Oberlandesgericht mehrere Bezirke von Notarkammern oder Teile von solchen Bezirken, so verteilt die Landesjustizverwaltung die Zahl der Beisitzer auf die Bezirke der einzelnen Notarkammern.

(2) Die Beisitzer dürfen nicht gleichzeitig
1. Präsident der Kasse (§ 113 Abs. 3) sein oder dem Vorstand der Notarkammer, dem Verwaltungsrat der Kasse oder dem Präsidium der Bundesnotarkammer angehören;
2. bei der Notarkammer, der Kasse oder der Bundesnotarkammer im Haupt- oder Nebenberuf tätig sein;
3. einem anderen Disziplinargericht (§ 99) angehören.

(3) Zum Beisitzer kann nur ein Notar ernannt werden, der das fünfunddreißigste Lebensjahr vollendet hat und seit mindestens fünf Jahren ohne Unterbrechung als Notar tätig ist.

(4) Zum Beisitzer kann nicht ernannt werden ein Notar,
1. bei dem die Voraussetzungen für eine vorläufige Amtsenthebung gegeben sind,
2. gegen den ein Disziplinarverfahren oder, sofern der Notar zugleich als Rechtsanwalt zugelassen ist, ein anwaltsgerichtliches Verfahren eingeleitet ist,
3. gegen den die öffentliche Klage wegen einer Straftat, welche die Unfähigkeit zur Bekleidung öffentlicher Ämter zur Folge haben kann, erhoben ist,
4. gegen den in einem Disziplinarverfahren in den letzten fünf Jahren auf einen Verweis oder eine Geldbuße oder in den letzten zehn Jahren auf Entfernung vom bisherigen Amtssitz oder auf Entfernung aus dem Amt auf bestimmte Zeit erkannt worden ist,
5. gegen den in einem anwaltsgerichtlichen Verfahren in den letzten fünf Jahren ein Verweis oder eine Geldbuße oder in den letzten zehn Jahren ein Vertretungsverbot (§ 114 Abs. 1 Nr. 4 der Bundesrechtsanwaltsordnung) verhängt worden ist.

(5) ¹Die Beisitzer werden für die Dauer von fünf Jahren ernannt; sie können nach Ablauf ihrer Amtszeit wieder berufen werden. ²Scheidet ein Beisitzer vorzeitig aus, so wird für den Rest der Amtszeit ein Nachfolger ernannt.

---

[11] BVerfGE 95, 322 (327 ff.); BVerfG NJW 2004, 3482; (VerGrSe) BGH NJW 1994, 1735 = JZ 1994, 1175 mAnm *Kissel*.
[12] Zu den Einzelheiten *Meyer-Goßner* GVG § 21g Rn. 4.
[13] Näher BeckOK VwGO/*Lindner* VwGO § 112 Rn. 3; BVerwG NJW 1986, 3155.

A. Ernennungsverfahren (Abs. 1)

1 Die Beteiligung eines Notarbeisitzers im Verfahren vor dem Disziplinargericht beim OLG soll gewährleisten, dass die Berufserfahrung und Sachkunde aus der notariellen Praxis in den Entscheidungen angemessen berücksichtigt werden kann. Die Notarbeisitzer haben während der Dauer ihres Amts zwar alle Rechte und Pflichten eines Berufsrichters (§ 104 Abs. 1 S. 1), sind aber **ehrenamtlich tätig.** Sie werden deshalb, anders als die berufsrichterlichen Senatsmitglieder, nicht vom Präsidium des OLG bestellt (§ 102), sondern **von der Landesjustizverwaltung ernannt.**[1]

2 Zu Beginn des Ernennungsverfahrens bestimmt die Landesjustizverwaltung zunächst, welche Zahl von Beisitzern erforderlich ist (§ 103 Abs. 1 S. 4). Vor der Bestimmung hat die Justizverwaltung den Vorstand der Notarkammer zu hören. Nach der früheren höchstrichterlichen Rechtsprechung[2] zur Überbesetzung von Spruchkörpern galt hier im Hinblick auf Art. 101 Abs. 1 S. 2 GG (Gebot des gesetzlichen Richters) der Grundsatz, dass von vornherein nur so viele Richter ernannt werden durften, dass derselbe Spruchkörper nicht in mehreren unterschiedlichen Sitzgruppen entscheiden konnte. Deshalb durften einem Senat des Disziplinargerichts nicht mehr als insgesamt fünf Richter (drei Berufsrichter, zwei Notare) angehören.[3] Ob solche absoluten Grenzen für die Überbesetzung der Spruchkörper fortgelten, nachdem nunmehr abstrakt-generelle Regelungen zur Mitwirkung der Richter auch auf Ebene des einzelnen Senats erforderlich sind,[4] hat das BVerfG offengelassen.[5] Richtigerweise ist dies zu verneinen, weil bereits über eine solche senatsinterne Geschäftsverteilung den Anforderungen des Art. 101 Abs. 1 S. 2 GG hinreichend Rechnung getragen werden kann.[6] Es können deshalb jetzt wohl richtigerweise auch drei oder mehr Notare pro Senat als Beisitzer bestellt werden.

3 Anschließend erstellt der Vorstand der Notarkammer eine **Vorschlagsliste,** die mindestens die Hälfte mehr als die erforderliche Zahl von Notaren enthalten muss. Vorgeschlagen werden können nur Notare, die im (auch durch Konzentration nach § 100 entstandenen) Zuständigkeitsbereich des OLG bestellt sind.[7] Der Vorstand der Notarkammer prüft hierbei die persönlichen Voraussetzungen und Hinderungsgründe nach Abs. 2 bis Abs. 4 und hört die für eine Benennung in Betracht kommenden Notare an, um sicherzustellen, dass sie mit einer eventuellen Bestellung zum Beisitzer einverstanden wären.[8] § 103 Abs. 1 S. 3 ist verfassungskonform dahin auszulegen, dass die Landesjustizverwaltung die Notarbeisitzer zwar einer Vorschlagsliste der Notarkammer entnehmen muss, diese Vorschlagsliste aber zurückweisen und um weitere Vorschläge bitten darf, wenn die ursprüngliche Liste nicht genügend geeignete Kandidaten enthält.[9]

4 Für den Fall, dass ein Oberlandesgericht mehrere Bezirke von Notarkammern oder Teile von solchen Bezirken umfasst (§ 65 Abs. 1 S. 2), verteilt die Landesjustizverwaltung nach Abs. 1 S. 6 die Zahl der Beisitzer auf die Bezirke der einzelnen Notarkammern. Die Voraussetzungen von Abs. 1 S. 6 liegen derzeit nur im Bezirk des OLG Frankfurt a. M. (Notarkammern Frankfurt und Kassel, § 117a) vor.[10]

---

[1] In den Ländern bestehende Richterwahlausschüsse wirken nicht mit, Arndt/Lerch/Sandkühler/*Sandkühler* BNotO § 103 Rn. 3.
[2] BVerfGE 18, 344 (349 f.); s. auch BGH NJW 1994, 2751 (2752).
[3] So auch *Starke* in der 2. Auflage, Rn. 2.
[4] BVerfGE 95, 322 (327 ff.); BVerfG NJW 2004, 3482.
[5] BVerfG NJW 2004, 3482.
[6] Vgl. *Meyer-Goßner* GVG § 21e Rn. 5.
[7] BT-Drs. 16/11 385, 53.
[8] Der Notar ist nicht verpflichtet, ein ihm angetragenes Amt als Notarbeisitzer anzunehmen, BeckOK BNotO/*Herrmann* BNotO § 103 Rn. 14; aA Diehn/*Zimmer* BNotO § 103 Rn. 3.
[9] BVerfGE 26, 186 = DNotZ 1970, 179; BeckOK BNotO/*Herrmann* BNotO § 103 Rn. 2.
[10] Zur Frage, ob die Bildung der Notarkammer Kassel ursprünglich den Voraussetzungen des § 65 Abs. 1, Abs. 2 entsprach, → § 65 Rn. 19.

B. Persönliche Voraussetzungen und Hinderungsgründe (Abs. 2 bis Abs. 4)

Die Abs. 2 bis Abs. 4 enthalten die zwingenden **gesetzlichen Mindestanforderungen** 5
an die persönlichen Voraussetzungen und Hinderungsgründe für die Ernennung zum Notarbeisitzer. Der Vorstand der Notarkammer ist berechtigt, bei Aufstellung der Vorschlagsliste strengere Maßstäbe anzulegen.[11]

Die richterliche Unabhängigkeit der Notarbeisitzer wäre gefährdet, wenn sie gleichzeitig 6
dem Vorstand der Notarkammer angehörten oder bei der Notarkammer im Haupt- oder Nebenberuf tätig wären, da der Senat auch über die Anfechtung von Verwaltungsakten, Wahlen und Beschlüssen der Notarkammer (§ 111) und im Verfahren gegen Ermahnungen der Notarkammer (§ 75 Abs. 5) entscheidet. Abs. 2 enthält daher in Nr. 1 und Nr. 2 entsprechende **Inkompatibilitätsvorschriften.** Mit Blick darauf, dass nach § 111 etwa auch Abgabenbescheide der Kassen angefochten werden können, hat der Gesetzgeber die Unvereinbarkeit nunmehr auch auf den Präsidenten und die Mitglieder des Verwaltungsrates sowie auf haupt- und nebenberufliche Mitarbeiter der Kassen erstreckt.[12] Entsprechendes gilt für die Mitglieder des Präsidiums und die Beschäftigten der Bundesnotarkammer. Schließlich kann nach Abs. 2 Nr. 3 zum Notarbeisitzer beim OLG auch nicht berufen werden, wer gleichzeitig Notarbeisitzer beim BGH ist.

Um sicherzustellen, dass der Notar als Beisitzer über ein ausreichendes Maß an Lebens- 7
und Berufserfahrung verfügt, muss er nach Abs. 3 das **35. Lebensjahr vollendet** haben und seit mindestens fünf Jahren ohne Unterbrechung als Notar tätig sein. Tätigkeiten als Notarassessor, Notarvertreter oder Notariatsverwalter vor der Notarbestellung sind hierbei ebenso wenig anzurechnen wie die Zeiten einer vorübergehenden Amtsniederlegung nach § 48b. Die genannten Voraussetzungen müssen spätestens zum Zeitpunkt der Ernennung des Notarbeisitzers vorliegen.

Abs. 4 führt verschiedene **Hinderungsgründe** für die Ernennung zum Notarbeisitzer 8
an, die durchgreifende Zweifel an der persönlichen Integrität des Betroffenen begründen. Nach **Nr. 1** kann ein Notar nicht zum Beisitzer ernannt werden, wenn bei ihm die Voraussetzungen für eine vorläufige Amtsenthebung gegeben sind. Damit sind nach § 54 folgende Fälle erfasst:

- § 54 Abs. 1 Nr. 1: Das Vormundschaftsgericht hat der Aufsichtsbehörde nach § 308 FamFG mitgeteilt, dass für den Notar ein Betreuer bestellt worden ist (vgl. § 1896 BGB).
- § 54 Abs. 1 Nr. 2: Die Aufsichtsbehörde hält die Voraussetzung für einen oder mehrere der Amtsenthebungsgründe des § 50 für gegeben.
- § 54 Abs. 1 Nr. 3: Der Notar hält sich länger als zwei Monate ohne Zustimmung der Aufsichtsbehörde außerhalb seines Amtssitzes auf.
- Die Fälle des § 54 Abs. 2 werden durch § 103 Abs. 4 Nr. 2 als lex specialis erfasst.
- § 54 Abs. 4 Nr. 1: Gegen den Notar ist gegenwärtig in einem Strafverfahren die Untersuchungshaft angeordnet.
- § 54 Abs. 4 Nr. 2: Gegen einen Anwaltsnotar ist gegenwärtig ein Berufs- oder Vertretungsverbot nach § 150 BRAO oder ein Vertretungsverbot für das Gebiet des Zivilrechts nach § 114 Abs. 1 Nr. 4 BRAO verhängt.
- Gegen einen Anwaltsnotar ist gegenwärtig die Rücknahme oder der Widerruf der Zulassung zur Rechtsanwaltschaft nach § 14 BRAO mit sofortiger Vollziehung verfügt (Verbot der Ernennung zum Notarbeisitzer vom Zeitpunkt der Zustellung der Verfügung für die Dauer ihrer Wirksamkeit).

---

[11] BeckOK BNotO/*Herrmann* BNotO § 103 Rn. 14; Arndt/Lerch/Sandkühler/*Sandkühler* BNotO § 103 Rn. 7.
[12] BT-Drs. 16/11385, 53.

9   Nr. 2 schließt Notare aus, gegen die ein Disziplinarverfahren eingeleitet ist, wofür gemäß § 96 iVm § 17 Abs. 1 S. 3 BDG die Aktenkundigkeit bei der Aufsichtsbehörde maßgeblich ist, selbst wenn der Notar gemäß § 20 Abs. 1 BDG uU erst später von der Einleitung unterrichtet wird.[13] Der Anwaltsnotar ist auch dann ausgeschlossen, wenn gegen ihn ein anwaltsgerichtliches Verfahren eingeleitet ist. Dies geschieht dadurch, dass die Staatsanwaltschaft bei dem Anwaltsgericht eine Anschuldigungsschrift einreicht (§ 121 BRAO).

10 Nach **Nr. 3** kann ein Notar nicht zum Beisitzer bestellt werden, wenn gegen ihn wegen des Verdachts bestimmter Straftaten durch Einreichung der Anklageschrift (§ 170 Abs. 1 StPO) die öffentliche Klage erhoben ist.[14] Die Straftaten nach Abs. 4 Nr. 3 müssen die Unfähigkeit zur Bekleidung öffentlicher Ämter zur Folge haben können (zB §§ 45, 92a, 101, 102 Abs. 2, 109i, 129a Abs. 8, 264 Abs. 6, 358 StGB, § 375 Abs. 1 AO).

11 **Nr. 4** schließt Notare aus, gegen die in einem Disziplinarverfahren in den letzten fünf Jahren auf einen Verweis oder eine Geldbuße oder in den letzten zehn Jahren auf Entfernung vom bisherigen Amtssitz oder auf Entfernung aus dem Amt für bestimmte Zeit erkannt worden ist. Die genannten Fristen beginnen mit Unanfechtbarkeit der Entscheidung.

12 **Nr. 5** schließt Notare aus, gegen die in einem anwaltsgerichtlichen Verfahren in den letzten fünf Jahren ein Verweis oder eine Geldbuße oder in den letzten zehn Jahren ein Vertretungsverbot (§ 114 Abs. 1 Nr. 4 BRAO) verhängt worden ist. Auch insoweit ist für den Fristbeginn auf die Unanfechtbarkeit der Entscheidung abzustellen.

13 Wenn nach Ernennung des Notarbeisitzers ein Umstand eintritt, welcher der Ernennung nach Abs. 2 entgegensteht, endet gleichzeitig kraft Gesetzes auch das Amt des Beisitzers (§ 104 Abs. 1a). Wenn nachträglich ein Umstand eintritt, welcher der Ernennung nach Abs. 3 und Abs. 4 entgegensteht, oder wenn nachträglich bekannt wird, dass der Notarbeisitzer nicht hätte ernannt werden dürfen, ist er auf Antrag der Landesjustizverwaltung seines Amts zu entheben (§ 104 Abs. 2 Nr. 1 und Nr. 2). Gleiches gilt, wenn der Beisitzer eine grobe Amtspflichtverletzung begeht (§ 104 Abs. 2 Nr. 3).

C. Amtsdauer

14 Die Amtsdauer des Notarbeisitzers beträgt nach Abs. 5 **fünf Jahre** mit der Möglichkeit der Wiederberufung. Bei vorzeitigem Ausscheiden wird für den Rest der Amtszeit ein Nachfolger ernannt. Der Nachfolger ist dabei der (neuen) Vorschlagsliste zu entnehmen, die der Vorstand der Notarkammer der Landesjustizverwaltung einreicht.[15]

§ 104 [Rechte und Pflichten der notariellen Beisitzer]

(1) ¹**Die Beisitzer aus den Reihen der Notare haben als solche während der Dauer ihres Amtes alle Rechte und Pflichten eines Berufsrichters.** ²**Ihr Amt ist ein Ehrenamt.** ³**Sie erhalten aus der Staatskasse für den mit ihrer Tätigkeit verbundenen Aufwand eine Entschädigung die sich auf das Eineinhalbfache des in Nummer 32008 des Kostenverzeichnisses zum Gerichts- und Notarkostengesetz genannten höchsten Betrages beläuft.** ⁴**Außerdem haben sie Anspruch auf Ersatz ihrer Fahrt- und Übernachtungskosten nach Maßgabe der Nummern 32006, 32007 und 32009 des Kostenverzeichnisses zum Gerichts- und Notarkostengesetz.**

---

[13] → § 96 Rn. 11.
[14] Der Einreichung einer Anklageschrift stehen bestimmte weitere strafprozessuale Handlungen gleich (siehe BeckOK BNotO/*Herrmann* BNotO § 103 Rn. 11), so die mündliche Nachtragsanklage (§ 266 Abs. 2 S. 1 StPO), der Eröffnungsbeschluss im Klageerzwingungsverfahren (§ 175 StPO), die Übernahme des Privatklageverfahrens (§ 377 Abs. 2 StPO) und nach hM auch der Strafbefehlsantrag (§ 407 StPO); vgl. näher *Meyer-Goßner* StPO § 170 Rn. 3; BeckOK BNotO/*Herrmann* BNotO § 96 Rn. 26.
[15] BeckOK BNotO/*Herrmann* BNotO § 103 Rn. 3.

(1a) ¹Das Amt eines Beisitzers endet, sobald das Amt des Notars erlischt oder nachträglich ein Umstand eintritt, der nach § 103 Abs. 2 der Ernennung entgegensteht, und der Beisitzer jeweils zustimmt. ²Der Beisitzer, die Kasse und die Notarkammer haben Umstände nach Satz 1 unverzüglich der Landesjustizverwaltung und dem Oberlandesgericht mitzuteilen. ³Über die Beendigung des Amtes nach Satz 1 entscheidet auf Antrag der Landesjustizverwaltung der Erste Zivilsenat des Oberlandesgerichts, das als Disziplinargericht zuständig ist, wenn das betroffene Mitglied der Beendigung nicht zugestimmt hat; Absatz 2 Satz 3 bis 5 gilt entsprechend.

(2) ¹Ein Beisitzer ist auf Antrag der Landesjustizverwaltung seines Amtes zu entheben,
1. wenn nachträglich bekannt wird, dass er nicht hätte ernannt werden dürfen;
2. wenn nachträglich ein Umstand eintritt, der der Ernennung entgegensteht;
3. wenn er eine Amtspflicht grob verletzt.

²Über den Antrag entscheidet der Erste Zivilsenat des Oberlandesgerichts oder des obersten Landesgerichts, das als Disziplinargericht zuständig ist. ³Bei der Entscheidung dürfen die Mitglieder des Disziplinargerichts (§ 102) nicht mitwirken. ⁴Vor der Entscheidung sind der Notar und der Vorstand der Notarkammer zu hören. ⁵Die Entscheidung ist endgültig.

(3) Die Landesjustizverwaltung kann einen Beisitzer auf seinen Antrag aus dem Amt entlassen, wenn er aus gesundheitlichen Gründen auf nicht absehbare Zeit gehindert oder es ihm aus gewichtigen persönlichen Gründen nicht zuzumuten ist, sein Amt weiter auszuüben.

A. Rechte und Pflichten der Notarbeisitzer (Abs. 1 S. 1 und S. 2)

Die Notarbeisitzer sind **ehrenamtliche** Richter, § 104 Abs. 1 S. 2. Die dienst- und statusrechtlichen Vorschriften des DRiG finden dementsprechend für sie grundsätzlich keine Anwendung (§ 2 DRiG). § 104 Abs. 1 S. 1 bestimmt deshalb, dass die Notarbeisitzer in Ausübung ihrer richterlichen Tätigkeit den **hauptamtlichen Richtern gleichgestellt** werden und ergänzt damit in statusrechtlicher Hinsicht die speziellen Regelungen des DRiG für ehrenamtliche Richter (§§ 44 bis 45a DRiG). In verfahrensrechtlicher Hinsicht bestimmt bereits § 96 Abs. 3 S. 1, dass die Sondervorschriften der VwGO über die Mitwirkung ehrenamtlicher Richter in Disziplinarsachen gegen Notare keine Anwendung finden. Gleiches gilt nach § 111b Abs. 2 S. 1 für verwaltungsrechtliche Notarsachen. Im Einzelnen folgt hieraus insbesondere: 1

Die Notarbeisitzer werden durch Aushändigung einer Urkunde ernannt, § 17 Abs. 1 DRiG, vor ihrer ersten Dienstleistung in öffentlicher Sitzung des Gerichts durch den Vorsitzenden vereidigt, § 45 Abs. 2 DRiG, und führen die Amtsbezeichnung „ehrenamtliche Richter" (§ 45a DRiG). 2

Die **richterliche Unabhängigkeit** (§ 25 DRiG) ist für Notarbeisitzer in gleichem Maße wie für Berufsrichter gewährleistet, § 45 Abs. 1 S. 1 DRiG. Die Spruchtätigkeit und alle weitere Tätigkeiten, die mit der Rechtsfindung in unmittelbarem Zusammenhang stehen, müssen daher jederzeit frei von Weisungen und Einflussnahmen ausgeübt werden können. Entsprechend § 39 DRiG haben die Notarbeisitzer ihre Unabhängigkeit zu wahren und sich innerhalb und außerhalb ihres Amts so zu verhalten, dass das diesbezüglich in sie gesetzte Vertrauen nicht gefährdet wird. Die Einschränkungen der §§ 40, 41 DRiG (Tätigkeit als Schiedsrichter und Schlichter, Erstattung von Rechtsgutachten und entgeltliche Erteilung von Rechtsauskünften) finden dagegen mit Rücksicht darauf, dass die Beisitzer ihr Richteramt lediglich neben dem Notaramt ausüben, keine Anwendung.¹ 3

---

¹ Ebenso für die Anwaltsgerichtsbarkeit Gaier/Wolf/Göcken/*Quaas* BRAO § 95 Rn. 7.

4 Wegen der Gleichstellung mit Berufsrichtern „für die Dauer ihre Amtes" wirken die Notarbeisitzer nicht nur bei der mündlichen Verhandlung und bei der Urteilsfindung, sondern auch bei Beschlüssen außerhalb der mündlichen Verhandlung und bei Gerichtsbescheiden mit. §§ 5 Abs. 3 S. 2, 19 VwGO gelten nach § 96 Abs. 3 S. 1 nicht. Die Notarbeisitzer nehmen in gleichem Umfang wie die Berufsrichter an der Entscheidungsfindung teil und besitzen das volle Stimmrecht. Sie haben die Entscheidungen stets mit zu unterzeichnen. § 117 Abs. 1 S. 4 VwGO findet nach § 96 Abs. 3 S. 1 keine Anwendung.

5 Nach § 45 Abs. 1 S. 2 iVm § 43 DRiG haben die Notarbeisitzer ebenso wie die Berufsrichter über den Hergang bei der Beratung und Abstimmung auch nach Beendigung des Richteramts zu schweigen. Eine Entbindung von der Pflicht zur Wahrung des Beratungsgeheimnisses ist ausgeschlossen.[2] Von der **Pflicht zur Wahrung des Beratungsgeheimnisses** ist die allgemeine Pflicht zur Amtsverschwiegenheit abzugrenzen, die sich zB auf den Inhalt der Akten bezieht. Von dieser allgemeinen Pflicht zur Amtsverschwiegenheit, die sich auch für ehrenamtliche Richter aus § 71 DRiG iVm § 37 BeamtStG ableitet, kann der ehrenamtliche Richter durch die zuständige Dienstbehörde (für den Notarbeisitzer am OLG ist dies der Präsident des OLG) entbunden werden.[3]

6 Die Notarbeisitzer unterliegen im Rahmen ihrer richterlichen Tätigkeit der **Dienstaufsicht** für die Richter des OLG, dem sie angehören. Die Dienstaufsicht erstreckt sich entsprechend § 26 Abs. 2 DRiG auch darauf, die ordnungswidrige Art der Ausführung eines (richterlichen) Amtsgeschäfts zu rügen und die ordnungsgemäße, unverzögerte Erledigung der (richterlichen) Amtsgeschäfte anzumahnen.[4] Die Aufsicht findet ihre Grenze in der richterlichen Unabhängigkeit (§ 26 Abs. 1 DRiG).

B. Aufwandsentschädigung, Reisekostenvergütung (Abs. 1 S. 3 und S. 4)

7 Die Notarbeisitzer erhalten nach Abs. 1 S. 3 und S. 4 aus der Staatskasse eine Aufwandsentschädigung und eine Reisekostenvergütung.
- Als **Aufwandsentschädigung** wird pro Sitzung das Eineinhalbfache des Höchstsatzes nach Nr. 32008 KV GNotKG gewährt, derzeit also 90 EUR. Ein Anspruch auf ein darüber hinausgehendes Tagegeld oder Ersatz für Verpflegung und Mehraufwand besteht nicht.
- Als **Reisekostenvergütung** erhalten die Notarbeisitzer die in Nr. 32006, 32007 und 32009 KV GNotKG festgesetzten Fahrt- und Übernachtungskosten.
  - Als Fahrtkosten werden bei Benutzung eines eigenen Kraftfahrzeugs zurzeit 0,30 EUR für jeden gefahrenen Kilometer erstattet (Nr. 32006 KV GNotKG). Bei Benutzung anderer Verkehrsmittel werden die tatsächlichen Aufwendungen ersetzt, soweit sie angemessen sind (Nr. 32007 KV GNotKG).
  - Übernachtungskosten sowie sonstige Auslagen anlässlich einer Geschäftsreise, zB Parkgebühren,[5] werden erstattet, soweit sie angemessen sind (Nr. 32009 KV GNotKG).

8 Die Bestimmungen über Aufwandsentschädigung und Reisekosten in § 104 Abs. 1 S. 3, S. 4 sind abschließend. Das Justizvergütungs- und -entschädigungsgesetz vom 5.5.2004[6] findet daneben keine Anwendung.[7]

---

[2] Vgl. *Schmidt-Räntsch* DRiG § 45 Rn. 4 und § 43 Rn. 6 f.
[3] S. *Schmidt-Räntsch* DRiG § 43 Rn. 10.
[4] Zur Dienstaufsicht über ehrenamtliche Richter vgl. näher *Schmidt-Räntsch* DRiG § 45 Rn. 22.
[5] Vgl. Bormann/Diehn/Sommerfeldt/*Diehn* GNotKG KV Nr. 32009 Rn. 2.
[6] BGBl. I 718, 776.
[7] Vgl. auch § 1 Abs. 1 S. 1 Nr. 2 Justizvergütungs- und Entschädigungsgesetz.

C. Amtsbeendigung kraft Gesetzes (Abs. 1a)

Abs. 2 S. 1 aF sah vor, dass ein Notarbeisitzer auf Antrag der Landesjustizverwaltung 9 seines Amtes zu entheben war, wenn nachträglich ein Umstand eintrat, welcher der Ernennung entgegenstand. Dies führte dazu, dass die Tätigkeit ehrenamtlicher Richter mittels eines Amtsenthebungsverfahrens beendet werden musste, wenn etwa ein Notarbeisitzer Mitglied des Vorstands einer Notarkammer wurde oder bei dieser eine haupt- oder nebenberufliche Tätigkeit aufnahm (§ 103 Abs. 2). Dies erschien für die genannten Fälle unangemessen, was zum einen auf dem Begriff der Amtsenthebung und zum anderen darauf beruhte, dass die genannten Fälle der Sache nach auf eine Stufe mit groben Pflichtverletzungen gestellt wurden (vgl. Abs. 2 S. 1 aF iVm § 103 Abs. 4).[8] Zur Vermeidung des Amtsenthebungsverfahrens ordnet § 104 Abs. 1a nunmehr in den in § 103 Abs. 2 genannten Fällen und bei Erlöschen des Notaramtes eine **Amtsbeendigung kraft Gesetzes** an, wenn der Notarbeisitzer dem zustimmt. Stimmt der Notarbeisitzer nicht zu, hat die zuständige Landesjustizverwaltung beim Ersten Zivilsenat des OLG, das als Disziplinargericht zuständig ist, einen Antrag auf Feststellung der Beendigung des Amtes zu stellen.[9] Für das Verfahren und die Entscheidung gelten die Vorschriften nach Abs. 2 über die Amtsenthebung entsprechend (→ Rn. 12 ff.). Damit das Gericht, an dem der Richter tätig ist, und die zuständige Landesjustizverwaltung vom Erlöschen des Richteramtes erfahren, sind der Notarbeisitzer und die Kasse bzw. Notarkammer verpflichtet, jene unverzüglich über den Beginn der zur Unvereinbarkeit führenden Organfunktion oder Beschäftigung zu unterrichten.[10]

D. Amtsenthebung (Abs. 2)

Nach § 44 Abs. 2 DRiG kann ein ehrenamtlicher Richter vor Ablauf einer Amtszeit nur 10 unter den gesetzlich bestimmten Voraussetzungen und gegen seinen Willen nur durch Entscheidung eines Gerichts abberufen werden. § 104 Abs. 2 regelt dementsprechend die materiellen Voraussetzungen und das Verfahren für eine **Amtsenthebung** des Notarbeisitzers.

Nach Abs. 2 S. 1 ist der Notarbeisitzer seines Amts zu entheben, wenn einer der in § 103 11 Abs. 4 genannten Umstände, welcher der Ernennung entgegensteht, nachträglich eintritt oder zwar bereits bei der Ernennung vorgelegen hat, aber erst nachträglich bekannt wird. Entsprechendes gilt, wenn nachträglich bekannt wird, dass der Beisitzer zum Zeitpunkt der Ernennung entgegen § 103 Abs. 3 noch nicht das 35. Lebensjahr vollendet hatte oder noch nicht fünf Jahre ohne Unterbrechung als Notar tätig war. Ein Amtsenthebungsgrund liegt schließlich auch dann vor, wenn der Notarbeisitzer eine Amtspflicht grob verletzt.

Das Verfahren auf Amtsenthebung wird durch die Landesjustizverwaltung eingeleitet. 12 Über ihren Antrag entscheidet der Erste Zivilsenat des OLG oder des obersten Landesgerichts, das als Disziplinargericht zuständig ist.

Vor der Entscheidung sind der Notar und der Vorstand der Notarkammer zu hören 13 (Abs. 2 S. 4). Bei der Entscheidung dürfen die Mitglieder des Disziplinargerichts (§ 102) nicht mitwirken (Abs. 2 S. 3). Weitere Bestimmungen über das Verfahren vor dem zuständigen Gericht trifft Abs. 2 nicht. Da es sich aber der Sache nach um ein Verwaltungsverfahren nach der BNotO handelt, ist von einer verwaltungsrechtlichen Notarsache auszugehen. Über die Verweisung in § 111b Abs. 1 kommen damit grundsätzlich die Vor-

---

[8] Vgl. die Verweisung in BT-Drs. 16/11385, 53 auf BT-Drs. 16/513, 17.
[9] Dies ist erforderlich, weil nach der Rechtsprechung des BVerfG das Amt eines ehrenamtlichen Richters nur durch gerichtliche Entscheidung beendet werden kann, BVerfGE 14, 56 (70); 42, 206 (209); 87, 68 (85).
[10] Vgl. die Verweisung in BT-Drs. 16/11385, 53 auf BT-Drs. 16/513, 17.

schriften der VwGO zur Anwendung, so dass insbesondere das Amtsermittlungsprinzip gilt (§ 86 VwGO).

14 Nach § 104 Abs. 2 S. 5 ist die Entscheidung des Gerichts über die Amtsenthebung unanfechtbar.

E. Entlassung aus dem Amt (Abs. 3)

15 Abs. 3 regelt den Fall, dass der Notarbeisitzer wegen eigener gesundheitlicher Beeinträchtigung oder aus anderen gewichtigen persönlichen Gründen selbst den Antrag stellt, **aus dem Amt entlassen** zu werden.[11] Ein solcher Grund kann nach der Vorstellung des Gesetzgebers beispielsweise die Einleitung eines strafrechtlichen Ermittlungsverfahrens sein, das zwar nicht die Voraussetzungen für eine Amtsenthebung erfüllt, aber ein weiteres Verbleiben des Notarbeisitzers in seinem Amt als dem Ansehen der Disziplinargerichtsbarkeit abträglich erscheinen lässt. Erfasst werden soll auch der Fall, dass zwar nicht der Notarbeisitzer, aber ein naher Angehöriger schwer erkrankt und dem Notarbeisitzer ein weiteres Verbleiben im Amt deshalb nicht zugemutet werden kann.[12]

§ 105 [Anfechtung von Entscheidungen des Oberlandesgerichts]

Für die Anfechtung von Entscheidungen des Oberlandesgerichts gelten die Vorschriften des Bundesdisziplinargesetzes über die Anfechtung von Entscheidungen des Verwaltungsgerichts entsprechend.

Übersicht

	Rn.
A. Normzweck	1
B. Erläuterungen	3
I. Berufung gegen Urteile über Disziplinarklagen	4
II. Zulassungsberufung gegen andere Urteile	12
III. Beschwerde	15
IV. Wiederaufnahme des Verfahrens	19

A. Normzweck

1 § 105 wurde mit Wirkung zum 1.1.2010 durch das Gesetz zur Neuregelung des notariellen Disziplinarrechts[1] neu gefasst. Die statische Verweisung auf die frühere Bundesdisziplinarordnung in § 105 aF ist damit durch eine **dynamische Verweisung** auf das zum 1.1.2002 in Kraft getretene **Bundesdisziplinargesetz (BDG)** in seiner jeweils geltenden Form ersetzt worden. Eine solche dynamische Verweisung durch den Bundesgesetzgeber auf anderes Bundesrecht ist verfassungsrechtlich unproblematisch möglich, da es sich um Vorschriften handelt, die von demselben Rechtsträger erlassen worden sind.[2]

2 Für das gerichtliche Disziplinarverfahren gegen Notare gelten nach der Neufassung des § 96 nunmehr einheitlich die bundesrechtlichen Vorschriften des BDG und (nach § 3 BDG) **ergänzend der VwGO**. Während das BDG jedoch den gerichtlichen Instanzenzug

---

[11] Für einen strengen Maßstab BeckOK BNotO/*Herrmann* BNotO § 104 Rn. 12; weiter Diehn/*Zimmer* BNotO § 104 Rn. 8, der „nachvollziehbare" persönliche Gründe ausreichen lassen will.
[12] Vgl. die Verweisung in BT-Drs. 16/11385, 53 auf BT-Drs. 16/513, 17 f.
[1] BGBl. 2009 I 1282.
[2] Dynamische Verweisungen von Bundes- auf Landesrecht unterliegen dagegen mit Blick auf die bundesstaatliche Kompetenzverteilung und das Demokratieprinzip engen Grenzen, BVerfGE 26, 338 (365 ff.); 64, 208 (215); 78, 32 (3), weshalb der Bundesgesetzgeber den Weg einer Verweisung auf die Landesdisziplinargesetze in ihrer jeweils geltenden Fassung bewusst nicht beschritten hat.

für das Disziplinarverfahren gegen Beamte von zwei auf drei Instanzen (Verwaltungsgericht, Oberverwaltungsgericht und Bundesverwaltungsgericht) erweitert hat,[3] bleibt es im Disziplinarverfahren gegen Notare nach § 99 unverändert bei **zwei Instanzen**. Als Disziplinargericht erster Instanz sind die Oberlandesgerichte zuständig. Disziplinargericht zweiter Instanz ist der Bundesgerichtshof, der zugleich die Einheitlichkeit der Rechtsprechung in Disziplinarsachen im Bundesgebiet sicherstellt. Während das Bundesverwaltungsgericht im Disziplinarverfahren gegen Beamte als Revisionsinstanz tätig wird, bleibt der Bundesgerichtshof Tatsacheninstanz, für die nach § 109 die Vorschriften des BDG über das Berufungs- bzw. Beschwerdeverfahren maßgeblich sind. § 105 bestimmt deshalb, dass für die Anfechtung von Entscheidungen des Oberlandesgerichts die Vorschriften des BDG über die Anfechtung von Entscheidungen des Verwaltungsgerichts entsprechend gelten, dass also Urteile des Oberlandesgerichts nach § 64 BDG mit der **Berufung** und Beschlüsse des Oberlandesgerichts nach § 67 Abs. 1 BDG iVm § 146 VwGO mit der **Beschwerde** anzufechten sind.

B. Erläuterungen

Nach § 64 Abs. 1 BDG findet gegen Urteile des OLG über eine Disziplinarklage (§ 98 Abs. 1 S. 2) das Rechtsmittel der Berufung an den BGH (§ 99) statt. Für andere Urteile des OLG (insbesondere über Anfechtungsklagen gegen justizbehördliche Disziplinarverfügungen) sieht § 64 Abs. 2 BDG nunmehr eine Zulassungsberufung vor. Gegen Beschlüsse des OLG ist nach § 67 Abs. 1 BDG iVm § 146 VwGO grundsätzlich die (befristete) Beschwerde an den BGH (§ 99) statthaft.[4] 3

I. Berufung gegen Urteile über Disziplinarklagen

Nach § 64 Abs. 1 S. 1 BDG ist gegen Urteile des OLG über eine Disziplinarklage (§ 98 Abs. 1 S. 2) die Berufung zulässig. 4

Als **Berufungskläger** kommen in Betracht die Beteiligten des Verfahrens vor dem OLG (§ 63 VwGO), also die das Verfahren führende Aufsichtsbehörde und der Notar.[5] Der Berufungskläger muss durch die angefochtene Entscheidung beschwert, mithin in seinen materiellen oder prozessualen Rechten verletzt sein.[6] 5

Die **Frist** zur Einlegung der Berufung beträgt einen Monat und beginnt mit Zustellung des vollständigen erstinstanzlichen Urteils, § 64 Abs. 1 S. 2 BDG. Für die Berechnung der Frist gelten über § 3 BDG und § 57 Abs. 2 VwGO iVm § 222 Abs. 1 ZPO die Vorschriften des BGB. Nach § 3 BDG iVm § 60 Abs. 1 VwGO ist bei schuldloser Fristversäumnis auf Antrag Wiedereinsetzung in den vorigen Stand zu gewähren. Die Frist für den Wiedereinsetzungsantrag beträgt nach § 60 Abs. 2 VwGO zwei Wochen nach Wegfall des Hindernisses. Ist die vorgeschriebene schriftliche Rechtsmittelbelehrung (§ 3 BDG iVm § 117 Abs. 2 Nr. 6 VwGO) unterblieben oder unrichtig erteilt, kann die Berufung innerhalb eines Jahres nach Zustellung des Urteils eingelegt werden (§ 58 Abs. 2 S. 1 VwGO). Diese Ausschlussfrist gilt nicht, wenn eine schriftliche oder elektronische Belehrung dahin erfolgt ist, dass eine Anfechtung nicht möglich sei. Sie gilt ferner nicht, wenn die Einlegung der Berufung vor Ablauf der Jahresfrist infolge höherer Gewalt nicht möglich war. Letzterenfalls ist aber binnen zwei Wochen nach Wegfall des Hindernisses Wiedereinsetzung in den vorigen Stand zu verlangen. 6

---

[3] Hummel/Köhler/Mayer/Baunack/*Köhler* BDG § 45 Rn. 2 f.
[4] § 147 VwGO; → Rn. 18; demgegenüber ist eine Beschwerde in verwaltungsrechtlichen Notarsachen nicht vorgesehen, da § 111b Abs. 1 S. 2 das OLG grundsätzlich dem OVG gleichstellt und § 111d lediglich für die Berufung eine Ausnahme macht (BGH DNotZ 2011, 75).
[5] *Bauschke/Weber* BDG § 64 Rn. 5.
[6] *Bauschke/Weber* BDG § 64 Rn. 12.

7 Die Berufung ist **schriftlich** beim OLG einzulegen.[7] Sie darf nicht unter Bedingungen stehen und muss aus dem beim OLG eingereichten Schriftstück hervorgehen.[8] Eine fristwahrende Einlegung beim BGH ist im Gegensatz zum früheren Recht nicht möglich, da § 64 BDG und § 124a VwGO eine dem § 139 Abs. 1 S. 2 VwGO entsprechende Regelung für das Berufungsverfahren nicht vorsehen.[9]

8 Nach § 64 Abs. 1 S. 2 BDG ist die Berufung ferner auch **zu begründen**. Die **Begründungsfrist** beträgt grundsätzlich ebenfalls einen Monat ab Zustellung des erstinstanzlichen Urteils, kann aber anders als die Frist zur Einlegung der Berufung gemäß § 64 Abs. 1 S. 3 BDG (vom Vorsitzenden des Senats für Notarsachen beim BGH) verlängert werden. Nach § 64 Abs. 1 S. 4 BDG muss die Begründung einen bestimmten Antrag[10] sowie die im Einzelnen aufzuführenden Gründe der Anfechtung (Berufungsgründe) enthalten. Die Berufungsgründe müssen hinreichend substantiiert sein. Sie müssen sich also mit dem angefochtenen Urteil inhaltlich auseinandersetzen und ausführen, weshalb das angefochtene Urteil nach Ansicht des Berufungsführers unrichtig ist und geändert werden muss.[11]

9 Eine Beschränkung der Berufung auf einzelne unselbständige Verfahrensmängel oder die Kostenentscheidung (§ 3 BDG iVm § 158 VwGO) ist unzulässig. Gleiches gilt für eine Beschränkung der Berufung auf Disziplinarmaß.[12] Auf rechtlich selbständige, abtrennbare Teile des Urteils kann die Berufung dagegen beschränkt werden. Möglich ist zB eine Beschränkung auf die Frage, ob die Disziplinarklage wegen des Verbots der Doppelsanktionierung hätte abgewiesen werden müssen (§ 98 Abs. 1 S. 3, § 14 BDG).[13]

10 Weil nach § 3 BDG iVm § 67 Abs. 4 VwGO **Vertretungszwang** besteht, muss sich der Notar vor dem BGH durch einen Rechtsanwalt oder Rechtslehrer an einer staatlichen oder staatlich anerkannten Hochschule eines Mitgliedstaates der Europäischen Union, eines anderen Vertragsstaates des Abkommens über den Europäischen Wirtschaftsraum oder der Schweiz, der die Befähigung zum Richteramt besitzt, als Bevollmächtigten vertreten lassen.[14] Die Aufsichtsbehörden können sich auch durch Beamte oder Angestellte mit Befähigung zum Richteramt oder Diplomjuristen im höheren Dienst vertreten lassen.[15] Hier besteht ein Wertungswiderspruch zum Verfahren in verwaltungsrechtlichen Notarsachen, wo sich Notare nach § 111b Abs. 3 mit Blick auf ihre juristische Vorbildung auch vor dem BGH selbst vertreten können. Der Vertretungszwang erfasst gemäß § 67 Abs. 4 S. 2 VwGO nF nicht nur die Berufungsbegründung und die Vertretung im Berufungsverfahren, sondern bereits die Einlegung der Berufung.[16]

11 Wenn die Berufung nicht statthaft oder nicht in der gesetzlichen Form oder Frist eingelegt ist, hat der BGH sie als unzulässig zu verwerfen, was regelmäßig durch Beschluss erfolgen wird (§ 3 BDG iVm § 125 Abs. 2 VwGO).

II. Zulassungsberufung gegen andere Urteile

12 Gegen Urteile des OLG über andere Klagen, insbesondere Anfechtungsklagen gegen Disziplinarverfügungen, ist nach § 64 Abs. 2 BDG eine Berufung **nur zulässig, wenn sie**

---

[7] § 64 Abs. 1 S. 2 BDG; Claussen/Benneke/Schwandt/*Schwandt* Rn. 1012.
[8] *Bauschke/Weber* BDG § 64 Rn. 10.
[9] Vgl. Hummel/Köhler/Mayer/Baunack/*Mayer* BDG § 64 Rn. 2; zur Fürsorgepflicht des Berufungsgerichts, den fälschlicherweise an dieses adressierten Einlegungsschriftsatz an das erstinstanzliche Gericht weiterzuleiten, OVG Münster NVwZ 1997, 1235.
[10] Hummel/Köhler/Mayer/Baunack/*Mayer* BDG § 64 Rn. 3; tendenziell großzügiger *Bauschke/Weber* BDG § 64 Rn. 10; VGH Mannheim VBlBW 2002, 126; OVG Berlin NJW 2000, 2291.
[11] *Bauschke/Weber* BDG § 64 Rn. 8 f.; wobei nach Arndt/Lerch/Sandkühler/*Sandkühler* BNotO § 105 Rn. 14 keine zu hohen Anforderungen zu stellen sind.
[12] BVerwG NVwZ-RR 2012, 356 (357); aA Arndt/Lerch/Sandkühler/*Sandkühler* BNotO § 105 Rn. 18; kritisch Hummel/Köhler/Mayer/Baunack/*Mayer* BDG § 64 Rn. 5.
[13] Arndt/Lerch/Sandkühler/*Sandkühler* BNotO § 105 Rn. 18.
[14] Arndt/Lerch/Sandkühler/*Sandkühler* BNotO § 105 Rn. 7.
[15] Claussen/Benneke/Schwandt/*Schwandt* Rn. 1011.
[16] So schon bisher die hM, vgl. VGH Mannheim NJW 2006, 250.

vom OLG oder vom BGH zugelassen wird. Die Berufung ist gemäß § 64 Abs. 2 S. 2 iVm § 124 Abs. 2 VwGO nur zuzulassen,
– wenn ernstliche Zweifel an der Richtigkeit des Urteils bestehen,[17]
– wenn die Rechtssache besondere tatsächliche oder rechtliche Schwierigkeiten aufweist,
– wenn die Rechtssache grundsätzliche Bedeutung hat,
– wenn das Urteil von einer Entscheidung des BGH, des gemeinsamen Senats der obersten Gerichtshöfe des Bundes oder des Bundesverfassungsgerichts abweicht und auf dieser Abweichung beruht oder
– wenn ein der Beurteilung des Berufungsgerichts unterliegender Verfahrensmangel geltend gemacht wird und vorliegt, auf dem die Entscheidung beruhen kann.[18]

12a Ob ein Grund für die Zulassung der Berufung besteht, beurteilt sich nach der Sach- und Rechtslage im Zeitpunkt der Entscheidung des Berufungsgerichts über den Zulassungsantrag und nicht danach, ob das erstinstanzliche Gericht auf Grund der im Zeitpunkt seiner Entscheidung geltenden Rechtslage richtig entschieden hat.[19] Wegen der näheren Einzelheiten wird auf das verwaltungsprozessrechtliche Schrifttum verwiesen.[20]

13 In den Fällen der grundsätzlichen Bedeutung und der Divergenz hat das OLG die Berufung von Amts wegen im Urteil zuzulassen (§ 124a Abs. 1 VwGO). Der BGH ist an diese Zulassung gebunden.[21] Die Beteiligten können dann innerhalb eines Monats nach Zustellung des vollständigen, also insbesondere mit Gründen versehenen Urteils, Berufung beim OLG einlegen (§ 124a Abs. 2 S. 1 VwGO). Die Berufung muss das angefochtene Urteil bezeichnen (§ 124a Abs. 2 S. 2 VwGO), also Gericht, Datum, Aktenzeichen und die Beteiligten angeben.[22] Die Berufungsbegründung hat innerhalb einer auf Antrag zu verlängernden Frist von zwei Monaten nach Zustellung des vollständigen Urteils zu erfolgen. Sie ist, sofern sie nicht mit der Einlegung der Berufung verbunden wird, zwingend beim BGH einzureichen (§ 124a Abs. 3 VwGO). Inhaltlich gelten für die Begründung die gleichen Anforderungen wie bei der Berufung gegen ein Urteil über eine Disziplinarklage.[23]

14 In den anderen Fällen ist die Zulassung innerhalb eines Monats nach Zustellung des vollständigen Urteils beim OLG zu beantragen. Der Zulassungsantrag hat das angefochtene Urteil zu bezeichnen. Er ist innerhalb einer – nicht verlängerbaren[24] – Frist von zwei Monaten zu begründen, wozu das Vorliegen eines Zulassungsgrundes näher darzulegen ist.[25] Die Begründung ist – sofern nicht bereits im Zulassungsantrag enthalten – beim BGH einzureichen, der auch über die Zulassung entscheidet (§ 124a Abs. 4 und Abs. 5 VwGO).

III. Beschwerde

15 Für die Statthaftigkeit, Form und Frist der Beschwerde gelten nach § 67 Abs. 1 BDG die §§ 146 und 147 VwGO. Die Beschwerde zum BGH (§ 99) ist danach statthaft **gegen alle Entscheidungen des OLG, die keine Urteile oder Gerichtsbescheide sind** (§ 146 Abs. 1 VwGO).

---

[17] Vgl. dazu BGH NJW 2018, 1607 Rn. 22; DNotZ 2016, 311 Rn. 5; 2016, 72 Rn. 9.
[18] Vgl. dazu BGH NJW 2018, 1607 Rn. 4.
[19] BGH NJW 2011, 3371; ist das Disziplinarverfahren wegen zwischenzeitlichen Ausscheidens des Notars aus seinem Amt einzustellen, ist daher auch die Berufung zuzulassen.
[20] S. etwa BeckOK VwGO/*Roth* VwGO § 124 Rn. 22 ff.; *Kopp/Schenke* VwGO § 124 Rn. 5 ff.
[21] § 124a Abs. 1 S. 2 VwGO; näher BeckOK VwGO/*Roth* VwGO § 124a Rn. 12.
[22] BeckOK VwGO/*Roth* VwGO § 124a Rn. 27; vgl. auch BGH NJW 1991, 2081.
[23] Allgemein zur Substantiierung BVerwGE 114, 155 (157); welche Anforderungen an die Berufungsbegründung konkret zu stellen sind, hängt wesentlich von den Umständen des jeweiligen Einzelfalls ab, BVerwG NVwZ 2000, 67.
[24] BGH DNotZ 2015, 870 Rn. 5.
[25] BeckOK VwGO/*Roth* VwGO § 124a Rn. 60, 62 ff. mwN zur Rspr.

16 Mit dem Rechtsmittel der Beschwerde angefochten werden können mithin insbesondere
- die Entscheidung des OLG über eine Disziplinarklage durch Beschluss gemäß § 59 Abs. 1 BDG, sofern die Beschwerde auf das Fehlen der Zustimmung der Beteiligten gestützt wird (§ 67 Abs. 2 BDG),
- die Entscheidung des OLG über die Einstellung des Verfahrens bei Überschreitung der vom Gericht gesetzten Frist zum Abschluss des Disziplinarverfahrens gemäß § 62 Abs. 3 BDG,
- die Entscheidung über die Einstellung des Verfahrens bei Überschreitung der vom Gericht für die Aufsichtsbehörde gesetzten Frist zur Beseitigung von wesentlichen Verfahrensmängeln oder von wesentlichen Mängeln der Klageschrift gemäß § 55 Abs. 3 S. 3 BDG und
- die Entscheidung des OLG über die Aussetzung des gerichtlichen Disziplinarverfahrens nach § 53 Abs. 3 BDG oder § 94 VwGO.[26]

17 Nicht Gegenstand der Beschwerde können dagegen sein prozessleitende Verfügungen, Aufklärungsanordnungen, Beschlüsse über eine Vertagung oder die Bestimmung einer Frist, Beweisbeschlüsse, Beschlüsse über die Ablehnung von Beweisanträgen, über die Verbindung und Trennung von Verfahren und über die Ablehnung von Gerichtspersonen (§ 146 Abs. 2 VwGO). Der selbständigen Anfechtung mit der Beschwerde entzogen sind deshalb insbesondere
- die Bestimmung und Verlängerung einer Frist für die Aufsichtsbehörde zur Erhebung der Nachtragsdisziplinarklage gemäß § 53 Abs. 2 S. 5 BDG,
- die Bestimmung oder Verlängerung einer Frist für die Aufsichtsbehörde zur Beseitigung wesentlicher Mängel des behördlichen Disziplinarverfahrens oder der Klageschrift gemäß § 55 Abs. 3 iVm § 53 Abs. 2 S. 5 BDG und
- die Bestimmung einer Frist für die Aufsichtsbehörde zum Abschluss des behördlichen Disziplinarverfahrens bei verzögerter Verfahrensabwicklung gemäß § 62 Abs. 2 S. 3 iVm § 53 Abs. 2 S. 5 BDG.[27]

18 Die Beschwerde ist gemäß § 147 Abs. 1 VwGO beim OLG **schriftlich oder zur Niederschrift** des Urkundsbeamten der Geschäftsstelle einzulegen. Besondere inhaltliche Anforderungen an die Beschwerdeschrift stellt § 147 VwGO nicht. Insbesondere ist keine ausdrückliche Bezeichnung als Beschwerde erforderlich. Allerdings muss erkennbar sein, welche Entscheidung angegriffen wird.[28] Soweit das Begehren einer Überprüfung der angefochtenen Entscheidung aus dem Beschwerdeschriftsatz hervorgeht, ist ein genauer gefasster Antrag entbehrlich. Eine Begründung ist nicht vorgeschrieben, dürfte aber regelmäßig zweckmäßig sein.[29] Die Beschwerde ist binnen einer Frist von zwei Wochen nach Bekanntgabe der Entscheidung einzulegen (§ 147 Abs. 1 VwGO), die jedoch nur dann läuft, wenn der Betroffene gemäß § 58 Abs. 1 VwGO schriftlich über den Rechtsbehelf belehrt worden ist. Die Zustellung des mit einer Rechtsmittelbelehrung versehenen Tenors des angefochtenen Beschlusses reicht nicht aus, um die Beschwerdefrist in Gang zu setzen. Die Gewährleistung eines effektiven Rechtsschutzes setzt vielmehr voraus, dass dem Beschwerdeführer die Entscheidung unter Einschluss der Gründe bekannt ist.[30] Vor dem Hintergrund, dass nach § 99 der BGH zur Entscheidung über die Beschwerde zuständig ist, besteht wie für das Berufungsverfahren auch für das Beschwerdeverfahren Vertretungszwang (→ Rn. 10).

---

[26] Claussen/Benneke/Schwandt/*Schwandt* Rn. 1000.
[27] Claussen/Benneke/Schwandt/*Schwandt* Rn. 999.
[28] BeckOK VwGO/*Kaufmann* VwGO § 147 Rn. 3; VGH Mannheim NVwZ-RR 1995, 126.
[29] BeckOK VwGO/*Kaufmann* VwGO § 147 Rn. 3; Kopp/Schenke VwGO § 147 Rn. 2.
[30] BeckOK VwGO/*Kaufmann* VwGO § 147 Rn. 4.

IV. Wiederaufnahme des Verfahrens

Kein ordentliches Rechtsmittel, sondern ein **außerordentlicher Rechtsbehelf** ist die 19 Wiederaufnahme, der nur aus einem der in § 71 Abs. 1 BDG abschließend aufgezählten **Wiederaufnahmegründe** in Betracht kommt.[31] Wiederaufnahmefähig sind dabei nur rechtskräftige Urteile des OLG oder des BGH, durch die ein Disziplinarverfahren abgeschlossen wird, sowie andere Entscheidungen, die diesen in der Rechtskraft gleichkommen (vgl. zB §§ 55 Abs. 4, 59 Abs. 2, 62 Abs. 4 BDG).[32] Der Antrag auf Wiederaufnahme ist gemäß § 73 Abs. 1 BDG bei dem Gericht, dessen Entscheidung angefochten wird, **schriftlich oder zur Niederschrift** des Urkundsbeamten der Geschäftsstelle einzureichen. Für den Antrag gilt eine **Frist von drei Monaten,** die mit dem Tag beginnt, an dem der Antragsberechtigte von dem Grund zur Wiederaufnahme Kenntnis erhalten hat. In dem Antrag ist das angefochtene Urteil zu bezeichnen und anzugeben, inwieweit es angefochten wird und welche Änderungen beantragt werden. Die Anträge sind unter der Bezeichnung der Beweismittel **zu begründen.**[33] Die Wiederaufnahme ist ausgeschlossen, wenn nach Rechtskraft der disziplinargerichtlichen Entscheidung ein Urteil im Straf- oder Bußgeldverfahren ergangen ist, das den zugrundeliegenden Sachverhalt in derselben Weise würdigt (§ 72 Abs. 1 Nr. 1 BDG). Zum Nachteil des Notars ist sie ferner dann unzulässig, wenn seit dem Eintritt der Rechtskraft der disziplinargerichtlichen Entscheidung drei Jahre vergangen sind (§ 72 Abs. 2 BDG).

Für das **weitere Verfahren** gelten nach § 73 Abs. 2 BDG die Bestimmungen des gericht- 20 lichen Disziplinarverfahrens in der jeweiligen Instanz entsprechend. Gemäß § 74 Abs. 1 BDG kann das Gericht den Antrag – auch nach mündlicher Verhandlung – durch Beschluss verwerfen, wenn er (zB wegen Fehlens eines Wiederaufnahmegrundes) unzulässig oder wenn er offensichtlich unbegründet ist, wenn sich also bereits aus dem Vorbringen des Antragstellers ergibt, dass jener in der Sache keinen Erfolg haben wird. Zugunsten des Notars kann das Gericht nach § 74 Abs. 2 BDG ferner vor Eröffnung der mündlichen Verhandlung durch Beschluss das angefochtene Urteil mit Zustimmung der zuständigen Aufsichtsbehörde aufheben und die Disziplinarklage abweisen bzw. die Disziplinarverfügung aufheben. Ein Beschluss nach § 74 Abs. 2 BDG ist auch im erstinstanzlichen Verfahren unanfechtbar.[34] In den übrigen Fällen ergeht die Entscheidung im Wiederaufnahmeverfahren grundsätzlich aufgrund mündlicher Verhandlung durch Urteil (§ 75 Abs. 1 BDG). Ein Urteil des OLG im Wiederaufnahmeverfahren kann dabei gemäß § 75 Abs. 2 iVm § 64 BDG mit der Berufung zum BGH angefochten werden. Unanfechtbare Beschlüsse nach § 74 Abs. 1 und Abs. 2 BDG stehen einem rechtskräftigen Urteil gleich (§ 74 Abs. 3 BDG), entfalten also wie diese grundsätzlich eine Sperrwirkung gegenüber einer erneuten disziplinarrechtlichen Verfolgung wegen desselben Dienstvergehens (vgl. § 61 Abs. 2 S. 1 BDG).

§ 106 [Besetzung des Bundesgerichtshofs]

Der Bundesgerichtshof entscheidet in Disziplinarsachen gegen Notare in der Besetzung mit dem Vorsitzenden, zwei Richtern und zwei Notaren als Beisitzern.

A. Besetzung des BGH als Disziplinargericht

Der BGH (Senat für Notarsachen) ist als Berufungs- und Beschwerdegericht **Diszipli-** 1 **nargericht zweiter Instanz.**[1] Er ist ferner im zweiten Rechtszug für die Entscheidung

---

[31] *Bauschke/Weber* BDG § 71 Rn. 1, 3; *Hummel/Köhler/Mayer/Baunack/Mayer* BDG § 71 Rn. 2.
[32] *Bauschke/Weber* BDG § 71 Rn. 2.
[33] Claussen/Benneke/Schwandt/*Schwandt* Rn. 1053; *Bauschke/Weber* BDG § 73 Rn. 3 f.; *Ebert* 4.5.3.
[34] § 74 Abs. 2 S. 2 BDG; Claussen/Benneke/Schwandt/*Schwandt* Rn. 1057.
[1] Zum Instanzenzug der Disziplinargerichtsbarkeit → § 99 Rn. 1.

verwaltungsrechtlicher Notarsachen zuständig, § 111 Abs. 2. In erster und letzter Instanz entscheidet der Notarsenat zudem über Klagen gegen Maßnahmen des Bundesministeriums der Justiz und für Verbraucherschutz sowie über die Nichtigkeit von Wahlen und Beschlüssen der Bundesnotarkammer, § 111 Abs. 3. § 106 regelt die Besetzung des BGH im gerichtlichen Disziplinarverfahren und – in den Fällen des § 111 Abs. 2 und Abs. 3 – in verwaltungsrechtlichen Notarsachen (§ 111 Abs. 4).[2] Der Senat besteht aus **fünf Mitgliedern** einschließlich des Vorsitzenden. Der Vorsitzende und zwei Beisitzer müssen **Berufsrichter** (ständige Mitglieder des BGH, vgl. näher § 107) sein. Ihre Bestellung regelt § 107. Zwei Beisitzer sind **Notare** (§ 108). Hierdurch wird – ebenso wie im Notarsenat des OLG (§ 101) – gewährleistet, dass die Erfahrung und die besondere Fachkunde aus der notariellen Praxis im disziplinargerichtlichen Verfahren angemessen Berücksichtigung finden können.

B. Ausschließung vom Richteramt und Ablehnung wegen Besorgnis der Befangenheit

2 Aufgrund der Verweisung in § 109 gelten auch für die Ausschließung und Ablehnung der Richter die **Vorschriften des Bundesdisziplinarrechts.** Einschlägig ist § 48 BDG. Zu den einzelnen Ausschließungs- und Ablehnungsgründen siehe die Erläuterungen zu § 101.[3]

3 Für die Ablehnung eines Richters wegen Besorgnis der Befangenheit gelten über § 3 BDG, § 54 Abs. 1 VwGO die §§ 42 ff. ZPO entsprechend. Wegen der Einzelheiten wird ebenfalls auf die Erläuterungen zu § 101 verwiesen.[4]

§ 107 [Bestellung der richterlichen Mitglieder]

[1]Der Vorsitzende, der mindestens Vorsitzender Richter am Bundesgerichtshof sein muss, seine Stellvertreter sowie die richterlichen Beisitzer und ihre Stellvertreter werden von dem Präsidium des Bundesgerichtshofes aus der Zahl der ständigen Mitglieder des Bundesgerichtshofes auf die Dauer von fünf Jahren bestellt. [2]Im übrigen gelten die Vorschriften des Zweiten Titels des Gerichtsverfassungsgesetzes und § 6 des Einführungsgesetzes zum Gerichtsverfassungsgesetz entsprechend.

A. Bestellung der Berufsrichter des Senats für Notarsachen beim BGH

1 Die Bestellung der Berufsrichter des Senats für Notarsachen beim BGH richtet sich gemäß Satz 2 grundsätzlich nach §§ 21a bis 21j GVG. Besondere Bestimmungen gelten nach Satz 1 für die Bestellungsperiode und die Person des Vorsitzenden. Die Regelung entspricht § 102. Auf die dortigen Erläuterungen wird Bezug genommen.[1]

B. Geschäftsverteilung

2 Die Geschäftsverteilung innerhalb des Senats bestimmt sich nach § 21g GVG, wobei gemäß § 108 Abs. 5 die zu Beisitzern berufenen Notare zu den einzelnen Sitzungen in der Reihenfolge einer Liste heranzuziehen sind, die der Vorsitzende des Senats nach Anhörung

---

[2] § 10 Abs. 3 VwGO, wonach das Bundesverwaltungsgericht bei Beschlüssen außerhalb der mündlichen Verhandlung mit nur drei Richtern entscheidet (s. auch § 139 Abs. 2 GVG), kann nicht entsprechend herangezogen werden, vgl. auch Arndt/Lerch/Sandkühler/*Sandkühler* BNotO § 106 Rn. 4.
[3] → § 101 Rn. 3 ff.
[4] → § 101 Rn. 6 ff.
[1] → § 102 Rn. 1 ff.

§ 108 Bestellung der notariellen Beisitzer

der beiden ältesten der zu Beisitzern berufenen Notare vor Beginn des Geschäftsjahres aufstellt. Im Übrigen wird auf die entsprechenden Anmerkungen zu § 102 verwiesen.[2]

§ 108 [Bestellung der notariellen Beisitzer]

(1) [1]Die Beisitzer aus den Reihen der Notare werden von dem Bundesministerium der Justiz und für Verbraucherschutz berufen. [2]Sie werden einer Vorschlagsliste entnommen, die das Präsidium der Bundesnotarkammer auf Grund von Vorschlägen der Notarkammern dem Bundesministerium der Justiz und für Verbraucherschutz einreicht. [3]Das Bundesministerium der Justiz und für Verbraucherschutz bestimmt, welche Zahl von Beisitzern erforderlich ist; er hat vorher das Präsidium der Bundesnotarkammer zu hören. [4]Die Vorschlagsliste muß mindestens die doppelte Zahl von Notaren enthalten und sich je zur Hälfte aus hauptberuflichen Notaren und Anwaltsnotaren zusammensetzen.

(2) § 103 Abs. 2 bis 5 und § 104 Abs. 1 Satz 2 bis 6, Abs. 1a bis 3 gelten entsprechend mit der Maßgabe, dass das Bundesministerium der Justiz und für Verbraucherschutz an die Stelle der Landesjustizverwaltung tritt und vor der Entscheidung über die Amtsenthebung eines Beisitzers auch das Präsidium der Bundesnotarkammer zu hören ist.

(3) [1]Die Notare sind ehrenamtliche Richter. [2]Sie haben in der Sitzung, zu der sie als Beisitzer herangezogen werden, die Stellung eines Berufsrichters.

(4) [1]Die Notare haben über Angelegenheiten, die ihnen bei ihrer Tätigkeit als Beisitzer bekannt werden, Verschwiegenheit zu bewahren. [2]§ 69a ist entsprechend anzuwenden. [3]Die Genehmigung zur Aussage erteilt der Präsident des Bundesgerichtshofes.

(5) Die zu Beisitzern berufenen Notare sind zu den einzelnen Sitzungen in der Reihenfolge einer Liste heranzuziehen, die der Vorsitzende des Senats nach Anhörung der beiden ältesten der zu Beisitzern berufenen Notare vor Beginn des Geschäftsjahres aufstellt.

A. Normzweck

§ 108 regelt das Ernennungsverfahren, die Rechtsstellung, die Teilnahme an Sitzungen **1** und das Erlöschen des Amtes bzw. die Amtsenthebung der Notarbeisitzer am BGH. Die Vorschrift verweist in zahlreichen Bereichen auf die entsprechenden Regelungen für Notarbeisitzer am OLG.

B. Erläuterungen

I. Ernennungsverfahren (Abs. 1)

Die Notarbeisitzer beim BGH sind ehrenamtliche Richter (Abs. 3 S. 1). Sie werden **2** deshalb, anders als die richterlichen Beisitzer, nicht vom Präsidium des BGH bestellt (§ 107), sondern **von dem Bundesministerium der Justiz und für Verbraucherschutz** nach Anhörung des Präsidiums der Bundesnotarkammer ernannt. Das Verfahren entspricht im Übrigen dem der Bestellung von Notarbeisitzern am OLG (§ 103 Abs. 1) mit der Abweichung, dass die Vorschlagsliste mindestens die doppelte Zahl von Notaren enthalten und sich je zur Hälfte aus hauptberuflichen Notaren und Anwaltsnotaren zusammensetzen muss. Auf die Erläuterungen zu § 103 wird verwiesen.[1]

---

[2] → § 102 Rn. 6.
[1] → § 103 Rn. 2f.

II. Persönliche Voraussetzungen, Hinderungsgründe, Amtsdauer (Abs. 2 iVm § 103 Abs. 2 bis Abs. 5)

3 Die zwingenden gesetzlichen **Mindestanforderungen** an die persönlichen Voraussetzungen und Hinderungsgründe für die Ernennung zum Notarbeisitzer am BGH entsprechen denen für die Notarbeisitzer am OLG mit der erforderlichen Abweichung, dass auch die Tätigkeit bei einem anderen (erstinstanzlichen) Disziplinargericht für Notare einen Inkompatibilitätsgrund darstellt. Im Übrigen wird auf die Erläuterungen zu § 103 verwiesen.[2] Die Amtsdauer der Notarbeisitzer am BGH beträgt wie die der Notarbeisitzer am OLG fünf Jahre (Abs. 2 iVm § 103 Abs. 5).

III. Rechtsstellung, Teilnahme an Sitzungen (Abs. 2 iVm § 104 Abs. 1 S. 2 sowie Abs. 3 bis Abs. 5)

4 Die Notarbeisitzer sind **ehrenamtliche** Richter, Abs. 2 iVm § 104 Abs. 1 S. 2 sowie Abs. 3 S. 1. Die dienst- und statusrechtlichen Vorschriften des DRiG würden dementsprechend für sie grundsätzlich keine Anwendung (§ 2 DRiG) finden. In Abs. 3 S. 2 wird deshalb bestimmt, dass die Notarbeisitzer am BGH in der Sitzung, zu der sie als Beisitzer herangezogen werden, die **Stellung eines Berufsrichters** haben. Weil die Notarbeisitzer beim BGH nach dem Gesetzeswortlaut anders als die Notarbeisitzer beim OLG nicht „für die Dauer ihres Amtes" (§ 104 Abs. 1 S. 1), sondern nur für die jeweilige Sitzung einem Berufsrichter gleichgestellt werden, könnte auf den ersten Blick zweifelhaft sein, ob sie auch an Beschlüssen außerhalb der mündlichen Verhandlung mitwirken und Urteile mit unterschreiben (vgl. § 3 BDG iVm §§ 5 Abs. 3 S. 2, 19, 34, 117 Abs. 1 S. 4 VwGO). Nach § 96 Abs. 3 S. 1 finden jedoch die Vorschriften der VwGO über ehrenamtliche Richter im gerichtlichen Disziplinarverfahren gegen Notare und damit auch im Berufungs- oder Beschwerdeverfahren vor dem BGH keine Anwendung. Zwischen den Notarbeisitzern beim BGH und den Notarbeisitzern beim OLG besteht also im Hinblick auf die Verfahrensbeteiligung kein Unterschied. Vielmehr wirken die Notarbeisitzer beim BGH am gesamten Verfahren und an sämtlichen Entscheidungen in gleicher Weise mit wie die Berufsrichter.[3]

5 Nach Abs. 4 haben die Notarbeisitzer am BGH über Angelegenheiten, die ihnen bei ihrer Tätigkeit als Beisitzer bekannt werden, Verschwiegenheit gegen jedermann zu bewahren. Eine erforderliche Ausnahmegenehmigung erteilt der Präsident des BGH (§ 46 DRiG iVm § 61 BBG). Die Pflicht zur Wahrung des Beratungsgeheimnisses ist in § 45 Abs. 1 S. 2 iVm § 43 DRiG speziell geregelt. Eine Entbindung von dieser Pflicht ist ausgeschlossen.[4]

6 Für die Reihenfolge der Teilnahme an den Sitzungen bestimmt Abs. 5, dass die Beisitzer zu den einzelnen Sitzungen in der Reihenfolge einer Liste heranzuziehen sind, die der Vorsitzende des Senats nach Anhörung der beiden ältesten zu Beisitzern Berufenen vor Beginn des Geschäftsjahres aufstellt.

7 Im Übrigen sind für die Notarbeisitzer am BGH ebenso wie für diejenigen am OLG die speziellen Regelungen des DRiG für ehrenamtliche Richter heranzuziehen (§§ 44 bis 45a DRiG). Hierzu wird auf die Erläuterungen zu § 104 verwiesen.[5]

IV. Aufwandsentschädigung, Reisekostenvergütung (Abs. 2 iVm § 104 Abs. 1 S. 3, S. 4)

8 Die Notarbeisitzer erhalten nach Abs. 2 iVm § 104 Abs. 1 S. 3, S. 4 aus der Staatskasse eine **Aufwandsentschädigung** und eine **Reisekostenvergütung**. Auf die Erläuterungen

---

[2] → § 103 Rn. 5 ff.
[3] Vgl. BT-Drs. 16/12062, 8 f.
[4] Vgl. *Schmidt-Räntsch* DRiG § 45 Rn. 4 und § 43 Rn. 6 f.
[5] → § 104 Rn. 1 ff.

zu § 104 wird verwiesen.⁶ Die Verweisung in § 108 Abs. 2 auf § 104 Abs. 1 S. 2 bis S. 6 beruht auf einem Redaktionsversehen des Gesetzgebers: durch das Kostenrechtsänderungsgesetz 1994 wurden Satz 4 bis Satz 6 des § 104 Abs. 1 durch einen neuen Satz 4 ersetzt, ohne die damalige Verweisung in § 108 Abs. 2 S. 2 aF anzupassen.⁷ Im Zuge des Gesetzes zur Modernisierung von Verfahren im anwaltlichen und notariellen Berufsrecht hat der Gesetzgeber 2009 die fehlerhafte Verweisung unverändert in die Neufassung von Abs. 2 übernommen.

V. Amtsbeendigung, Amtsenthebung und Entlassung aus dem Amt (Abs. 2 iVm § 104 Abs. 1a bis Abs. 3)

Abs. 2 verweist für die Amtsbeendigung, Amtsenthebung und Entlassung aus dem Amt auf die Regelungen für Notarbeisitzer am OLG in § 104 Abs. 1a bis Abs. 3. 9

Danach **endet das Amt** als Beisitzer beim BGH kraft Gesetzes, wenn das Notaramt des Beisitzers erlischt, wenn der Beisitzer Präsident oder Mitglied des Verwaltungsrates einer Kasse oder Mitglied des Vorstandes bzw. des Präsidiums einer Notarkammer oder der Bundesnotarkammer wird oder zu diesen in ein Beschäftigungsverhältnis tritt, oder wenn er zum Beisitzer beim OLG ernannt wird (§ 104 Abs. 1a). Stimmt der Beisitzer dem nicht zu, hat das Bundesministerium der Justiz und für Verbraucherschutz beim Ersten Zivilsenat des BGH einen Antrag auf entsprechende Feststellung zu stellen.⁸ 10

Demgegenüber ist der Beisitzer auf Antrag des Bundesministeriums der Justiz und für Verbraucherschutz seines **Amts zu entheben:** 11
– wenn nachträglich bekannt wird, dass er nicht hätte zum Beisitzer berufen werden dürfen (§ 104 Abs. 2 S. 1 Nr. 1);
– wenn nachträglich ein Umstand eintritt, welcher der Berufung zum Beisitzer entgegensteht (§ 104 Abs. 2 S. 1 Nr. 2);
– wenn er eine Amtspflicht grob verletzt (§ 104 Abs. 2 S. 1 Nr. 3).⁹

Entsprechend § 104 Abs. 2 S. 2 entscheidet über den Antrag auf Amtsenthebung der Erste Zivilsenat des BGH. Bei der Entscheidung dürfen die Mitglieder des Senats für Notarsachen nicht mitwirken. Vor der Entscheidung sind der Notarbeisitzer und das Präsidium der Bundesnotarkammer zu hören, Abs. 2. Die Entscheidung ist – wie die Entscheidung über die Amtsenthebung des Notarbeisitzers am OLG, § 104 Abs. 2 S. 5 – unanfechtbar.¹⁰ 12

Schließlich kann der Notarbeisitzer **auf seinen Antrag** hin vom Bundesministerium der Justiz und für Verbraucherschutz aus gewichtigen gesundheitlichen oder anderen persönlichen Gründen **aus dem Amt entlassen** werden (§ 104 Abs. 3).¹¹ 13

§ 109 [Anzuwendende Verfahrensvorschriften]

Auf das Verfahren des Bundesgerichtshofs in Disziplinarsachen gegen Notare sind die Vorschriften des Bundesdisziplinargesetzes über das Disziplinarverfahren vor dem Oberverwaltungsgericht entsprechend anzuwenden.

---

⁶ → § 104 Rn. 7 f.
⁷ BGBl. 1994 I 1325.
⁸ → § 104 Rn. 9.
⁹ → § 104 Rn. 10 f.
¹⁰ → § 104 Rn. 12 ff.
¹¹ → § 104 Rn. 15.

A. Normzweck

1 § 109 ist mit Wirkung zum 1.1.2010 durch das Gesetz zur Neuregelung des notariellen Disziplinarrechts[1] neu gefasst worden. Nachdem nunmehr für das gesamte behördliche und gerichtliche Disziplinarverfahren gemäß § 96 Abs. 1 S. 1 einheitlich das Bundesdisziplinargesetz gilt, beschränkt sich die Funktion der Vorschrift auf die Klarstellung, dass der im zweiten Rechtszug zuständige BGH auch weiterhin **als Tatsacheninstanz** tätig wird.[2] Der Notarsenat des BGH entscheidet dabei gemäß § 106 nicht nur bei Urteilen, sondern (abweichend von §§ 5 Abs. 3 S. 2, 19 VwGO) auch bei Beschlüssen außerhalb der Hauptverhandlung in der vollen Besetzung mit drei Berufsrichtern und zwei Notaren.[3]

B. Erläuterungen

I. Berufungsverfahren

2 Wegen der form- und fristgerechten Einlegung der Berufung bzw. des Antrages auf Zulassung der Berufung beim OLG wird auf die Erläuterungen zu → § 105 Rn. 6 ff. verwiesen. Der elektronische Rechtsverkehr ist in notariellen Disziplinarsachen und verwaltungsrechtlichen Notarsachen bislang noch nicht eröffnet.[4]

3 Auf das Berufungsverfahren vor dem BGH finden gemäß § 109 iVm § 65 Abs. 1 BDG die **Vorschriften für das gerichtliche Disziplinarverfahren erster Instanz** vor dem OLG entsprechende Anwendung. Dabei sind **folgende Besonderheiten** zu beachten:

4 Die Regelungen zur Nachtragsdisziplinarklage (§ 53 BDG) und zur Belehrung des Notars über die Präklusion verspäteter Rügen wegen wesentlicher Mängel des behördlichen Disziplinarverfahrens oder der Klageschrift und über die Präklusion verspäteter Beweisanträge (§ 54 BDG) gelten im Berufungsverfahren nach § 65 Abs. 1 S. 2 BDG nicht. Eine Erweiterung der im Disziplinarverfahren erhobenen Vorwürfe um neue Dienstvergehen durch eine Nachtragsdisziplinarklage ist im Berufungsverfahren ausgeschlossen, damit der Notar nicht eine Instanz verliert.[5] Wesentliche Mängel der Klageschrift und des behördlichen Disziplinarverfahrens, die gemäß § 55 Abs. 2 BDG wegen verspäteter Rüge unberücksichtigt bleiben durften, sind auch im Berufungsverfahren nicht mehr zu berücksichtigen (§ 65 Abs. 2 BDG). Der BGH hat jedoch zu prüfen, ob das OLG geltend gemachte Mängel zu Recht nicht berücksichtigt hat. Soweit dem OLG ein Ermessen hinsichtlich der Zurückweisung verspäteter Rügen zusteht, prüft der BGH die sachgerechte Ermessensausübung nach.[6] Zu Unrecht ausgeschlossene Mängel hat der BGH zu berücksichtigen und seiner Entscheidung zugrunde zu legen.[7] Ein Beweisantrag, der vor dem OLG nicht innerhalb von zwei Monaten nach Zustellung der Disziplinarklage gestellt worden ist (§ 58 Abs. 2 BDG), kann auch im Berufungsverfahren abgelehnt werden, wenn seine Berücksichtigung nach der freien Überzeugung des BGH die Erledigung des Disziplinarverfahrens verzögern würde, der Notar im ersten Rechtszug über die Folgen der Fristversäumung belehrt worden ist und keine zwingenden Gründe für die Verspätung glaubhaft gemacht werden (§ 65 Abs. 3 BDG). Beweisanträge, die das OLG zu Recht

---

[1] Vom 17.6.2009, BGBl. I 1282.
[2] BT-Drs. 16/12062, 9.
[3] § 96 Abs. 3 S. 1; BT-Drs. 16/12062, 8 f.
[4] BGH DNotZ 2015, 548; s. Anlage zu § 1 der Verordnung über den elektronischen Rechtsverkehr beim Bundesgerichtshof und Bundespatentgericht.
[5] Vgl. Ebert 4.3.1.3; Hummel/Köhler/Mayer/Baunack/*Mayer* BDG § 65 Rn. 1; Claussen/Benneke/Schwandt/*Schwandt* Rn. 1020.
[6] Hummel/Köhler/Mayer/Baunack/*Mayer* BDG § 65 Rn. 1.
[7] Hummel/Köhler/Mayer/Baunack/*Mayer* BDG § 65 Rn. 2.

abgelehnt hat, bleiben auch im Berufungsverfahren ausgeschlossen. Ist die Ablehnung zu Unrecht erfolgt, hat der BGH grundsätzlich die Beweisaufnahme durchzuführen.[8]

Abgesehen von diesen Sonderregelungen im Disziplinarklageverfahren kann der BGH auf eine erneute Beweisaufnahme verzichten und stattdessen die vor dem OLG unmittelbar erhobenen Beweise verwerten (§ 65 Abs. 4 BDG). Damit wird der ansonsten im gerichtlichen Disziplinarverfahren geltende Grundsatz der Unmittelbarkeit der Beweisaufnahme im Interesse einer Verfahrensbeschleunigung durchbrochen, was verfassungsrechtlich jedoch unbedenklich ist, da die Beweisaufnahme durch Richter in der ersten Instanz den Anforderungen des rechtlichen Gehörs nach Art. 103 Abs. 1 GG genügt.[9]

Die Berufung kann zurückgenommen werden, nach Stellung der Anträge in der mündlichen Verhandlung allerdings nur mit Zustimmung des Gegners (§ 3 BDG iVm § 126 Abs. 1 VwGO). Ebenso kommt eine Anschlussberufung gemäß § 3 BDG iVm § 127 VwGO in Betracht, die zB die Landesjustizverwaltung einlegen kann, um das Berufungsgericht vom Verbot einer *reformatio in peius* freizustellen.[10]

Der BGH entscheidet über die Berufung grundsätzlich aufgrund mündlicher Verhandlung **durch Urteil** (§ 66 S. 1 BDG). Vergleiche sind auch in der Berufungsinstanz gemäß § 66 S. 2 BDG ausgeschlossen. Anders als in der ersten Instanz ist im Berufungsverfahren gemäß § 125 Abs. 1 S. 2 VwGO auch eine Entscheidung durch Gerichtsbescheid (§ 84 VwGO) ausgeschlossen.

Eine Entscheidung **durch Beschluss** statt durch Urteil kommt in Betracht bei der Verwerfung einer unzulässigen Berufung (§ 3 BDG iVm § 125 Abs. 2 VwGO) und über die Kostenfolge bei Zurücknahme der Berufung (§ 3 BDG iVm § 126 Abs. 3 S. 2 VwGO). Darüber hinaus ist im Berufungsverfahren gegen Urteile über Disziplinarklagen mit Zustimmung der Beteiligten nach § 65 Abs. 1 S. 1 iVm § 59 Abs. 1 BDG auch eine Entscheidung in der Sache durch Beschluss möglich, wenn die Klage abgewiesen wird oder lediglich auf einen Verweis oder eine Geldbuße erkannt wird und die Beteiligten dieser Verfahrensweise zustimmen.[11] Dies gilt wegen des ausdrücklichen Wortlauts von § 59 Abs. 1 BDG aber nur im Falle der Berufung gegen ein Urteil über eine Disziplinarklage.[12]

Auf **Anfechtungsklagen gegen eine Disziplinarverfügung** findet § 59 BDG dagegen keine Anwendung. Insoweit kommt daher auch eine Entscheidung durch Beschluss ohne mündliche Verhandlung gemäß § 130a S. 1 VwGO in Betracht, wenn der BGH die Berufung einstimmig für begründet oder für unbegründet hält und eine mündliche Verhandlung nicht als erforderlich ansieht. Eine Entscheidung durch Gerichtsbescheid (§ 84 VwGO) ist gemäß § 125 Abs. 1 S. 2 VwGO dagegen auch im Berufungsverfahren einer Anfechtungsklage ausgeschlossen.

Was den Inhalt der Entscheidung angeht, so hat der BGH nach § 130 Abs. 1 VwGO im Hinblick auf den Beschleunigungsgrundsatz grundsätzlich die notwendigen Beweise zu erheben und in der Sache selbst zu entscheiden. Eine Zurückverweisung an das OLG kommt gemäß § 130 Abs. 2 VwGO nur dann in Betracht, wenn das Verfahren vor dem OLG an einem wesentlichen Mangel leidet und aufgrund dieses Mangels eine umfangreiche oder aufwendige Beweisaufnahme notwendig ist oder wenn das OLG in der Sache noch nicht selbst entschieden, also lediglich ein Prozessurteil erlassen hat.

II. Beschwerdeverfahren

Im Beschwerdeverfahren hat das OLG nach Eingang der zulässigerweise erhobenen Beschwerde (→ § 105 Rn. 15 ff.) zunächst zu prüfen, ob es dieser abhilft (§ 3 BDG iVm § 148 Abs. 1 Hs. 1 VwGO). Die **Abhilfeentscheidung** eröffnet dem OLG mithin die

---
[8] → Rn. 10; vgl. Hummel/Köhler/Mayer/Baunack/*Mayer* BDG § 65 Rn. 2.
[9] *Bauschke/Weber* BDG § 65 Rn. 6; BT-Drs. 14/4659, 50.
[10] BeckOK VwGO/*Roth* VwGO Überblick zu § 127.
[11] Hummel/Köhler/Mayer/Baunack/*Mayer* BDG § 66 Rn. 1.
[12] Vgl. auch Arndt/Lerch/Sandkühler/*Sandkühler* BNotO § 109 Rn. 7.

Möglichkeit einer Selbstkontrolle.[13] Bei der Prüfung der Zulässigkeit und Begründetheit der Beschwerde hat das OLG auch neu vorgebrachte Tatsachen zu berücksichtigen und kann eigene Ermittlungen anstellen sowie eine mündliche Verhandlung ansetzen. Vor einer Abhilfe ist dem Gegner jedoch rechtliches Gehör zu gewähren.[14] Hilft das OLG der Beschwerde nicht ab, hat es jene unverzüglich **dem BGH vorzulegen** (§ 148 Abs. 1 Hs. 2 VwGO). Die Entscheidung über die Nichtabhilfe kann auch konkludent durch Vorlage der Akten erfolgen.[15] Der BGH entscheidet über die Beschwerde gemäß § 68 BDG **durch Beschluss**. Vor der Entscheidung sind die Beteiligten zu hören.[16] Dabei ist zumindest dem Beschwerdegegner eine angemessene Frist einzuräumen.[17]

C. Kosten

12 Nach § 77 Abs. 1 BDG iVm § 154 Abs. 1 VwGO gilt im gerichtlichen Disziplinarverfahren der Grundsatz, dass **die unterlegene Partei** die „Kosten des Verfahrens" zu tragen hat. Wird eine Disziplinarverfügung trotz Vorliegens eines Dienstvergehens aufgehoben, können die Kosten jedoch ganz oder teilweise dem Notar auferlegt werden, § 77 Abs. 2 BDG.

12a Sofern die Beteiligten den Rechtsstreit in der Hauptsache übereinstimmend für erledigt erklärt haben, ist über die Kosten des Verfahrens nach billigem Ermessen unter Berücksichtigung des bisherigen Sach- und Streitstandes zu entscheiden, § 161 Abs. 2 VwGO.[18]

12b Unter Kosten sind nach einhelliger Meinung die **Kosten des gesamten Verfahrens** zu verstehen. Auch erfasst sind die Kosten des behördlichen Disziplinarverfahrens, § 77 Abs. 4 BDG. Die endgültige Kostenverteilung richtet sich allein danach, wer zum Schluss unterliegt. Ob derjenige, der nach der Entscheidung des BGH im Berufungs- oder Beschwerdeverfahren die Kosten zu tragen hat, in der ersten Instanz erfolgreich war, ist danach unerheblich.[19] Dieses Prinzip klarstellend bestimmt § 154 Abs. 2 VwGO, dass die Kosten eines erfolglos eingelegten Rechtsmittels vom Rechtsmittelführer zu tragen sind. Die Kosten des Ausgangsverfahrens trägt in diesem Fall derjenige, dessen Unterliegen in der Vorinstanz mit der Aufrechterhaltung der Entscheidung des OLG vom BGH bestätigt wird.[20] Die Kosten eines zurückgenommenen Rechtsmittels trägt nach § 155 Abs. 2 VwGO derjenige, der es eingelegt und dann wieder zurückgenommen hat.

D. Rechtskraft, Wiederaufnahme des Verfahrens

13 Urteile des BGH werden mangels weiterer Rechtsmittel regelmäßig mit Verkündung (§ 3 BDG iVm § 116 VwGO), Beschlüsse mit Verkündung, Zustellung oder sonstiger Mitteilung (§ 3 BDG iVm § 173 VwGO, § 329 ZPO) rechtskräftig. Wegen der Sperrwirkung rechtskräftiger gerichtlicher Entscheidungen für eine erneute disziplinarrechtliche Verfolgung wird auf die Erläuterungen zu § 98 (→ § 98 Rn. 17), wegen der Zulässigkeit einer Wiederaufnahme auf die Erläuterungen zu § 105 (→ § 105 Rn. 19) verwiesen.

---

[13] BeckOK VwGO/*Kaufmann* VwGO Überblick zu § 148.
[14] BeckOK VwGO/*Kaufmann* VwGO § 148 Rn. 1.
[15] *Kopp/Schenke* VwGO § 148 Rn. 4.
[16] BeckOK VwGO/*Kaufmann* VwGO § 150 Rn. 1.
[17] Claussen/Benneke/Schwandt/*Schwandt* Rn. 1007.
[18] Vgl. BGH BeckRS 2018, 43112 Rn. 2 f. zur Kostentragung nach übereinstimmender Erledigungserklärung.
[19] BeckOK VwGO/*Hartung* VwGO § 154 Rn. 4; *Kopp/Schenke* VwGO § 154 Rn. 4.
[20] *Kopp/Schenke* VwGO § 154 Rn. 5.

§ 110 [Maßgebliches Verfahren]

(1) ¹Ob über eine Verfehlung eines Notars, der zugleich Rechtsanwalt ist, im Disziplinarverfahren oder im anwaltsgerichtlichen Verfahren für Rechtsanwälte zu entscheiden ist, bestimmt sich danach, ob die Verfehlung vorwiegend mit dem Amt als Notar oder der Tätigkeit als Rechtsanwalt im Zusammenhang steht. ²Ist dies zweifelhaft oder besteht ein solcher Zusammenhang nicht, so ist, wenn es sich um einen Anwaltsnotar handelt, im anwaltsgerichtlichen Verfahren für Rechtsanwälte, andernfalls im Disziplinarverfahren zu entscheiden.

(2) Hat ein Anwaltsgericht oder ein Disziplinargericht sich zuvor rechtskräftig für zuständig oder unzuständig erklärt, so ist das andere Gericht an diese Entscheidung gebunden.

A. Hintergrund

Der Anwaltsnotar steht in einem doppelten Pflichtenkreis; Pflichtverletzungen können **1** daher den anwaltlichen oder den notariellen Bereich seiner Berufsausübung oder auch beide betreffen. Ob und wie der Anwaltsnotar seine Pflichten verletzt hat und welche Sanktionen in Betracht kommen, richtet sich nach dem jeweils anzuwendenden **materiellen Berufsrecht.** Das jeweilige materielle Berufsrecht bleibt auch dann anwendbar, wenn ein Pflichtenverstoß beide Berufe betrifft.[1]

Die Neufassung des notariellen Berufsrechts durch das Gesetz zur Änderung der Bundes- **2** notarordnung und anderer Gesetze vom 31.8.1998 hat § 110 trotz der Zulassung **weiterer** mit dem Notaramt **kompatibler Berufe** in § 8 Abs. 2 S. 2 unverändert gelassen. Das Verhältnis des notariellen Disziplinarrechts zum Berufsrecht der Patentanwälte, der Steuerberater sowie der Wirtschaftsprüfer und vereidigten Buchprüfer regelt die Vorschrift selbst nicht.[2] Weil § 110 seinem Wortlaut nach nur die Entscheidung zwischen dem notariellen Disziplinarverfahren einerseits und dem anwaltsgerichtlichen Verfahren andererseits vorsieht, könnte hieraus der Schluss zu ziehen sein, dass auch Verfehlungen eines Anwaltsnotars bei der Ausübung eines weiteren erlaubten Berufs nur in einem dieser Verfahren geahndet werden können. Diese Schlussfolgerung ist indes nicht sinnvoll; sie verkennt, dass der Gesetzgeber es offenbar übersehen hat, § 110 an die Neufassung des § 8 Abs. 2 anzupassen. § 110 Abs. 1 S. 1 muss daher erweiternd in dem Sinne ausgelegt werden, dass jeweils dasjenige Sanktionsrecht des Berufs zur Anwendung gelangt, das durch die Verfehlung überwiegend betroffen ist.[3]

Der Wortlaut von Abs. 1 S. 2 Alt. 2 („andernfalls im Disziplinarverfahren") berück- **3** sichtigt noch den **Notaranwalt,** der aber durch die Berufsrechtsnovelle 1998 abgeschafft worden ist, so dass diese Alternative gegenstandslos ist. Unter den Voraussetzungen der Vorschrift hat nun stets das anwaltsgerichtliche Verfahren Vorrang vor dem Disziplinarverfahren.[4]

B. Rechtsweg (Abs. 1)

I. Verhältnis zwischen notariellem und anwaltlichem Pflichtenkreis

Neben unterschiedlichen materiell-rechtlichen Dienst- bzw. Berufspflichten bedarf es **4** einer Regelung, in welchem **Rechtsweg** und nach welcher **Verfahrensordnung** über

---
[1] Arndt/Lerch/Sandkühler/*Sandkühler* BNotO § 110 Rn. 4.
[2] Vgl. Arndt/Lerch/Sandkühler/*Sandkühler* BNotO § 110 Rn. 4.
[3] Arndt/Lerch/Sandkühler/*Sandkühler* BNotO § 110 Rn. 12.
[4] Schippel/Bracker/*Herrmann* BNotO § 110 Rn. 1.

Verfehlungen eines Anwaltsnotars zu entscheiden ist.[5] § 110 soll verhindern, dass wegen derselben Verfehlung **mehrere Verfahren** vor verschiedenen Behörden oder Gerichten nach unterschiedlichen Verfahrensordnungen und mit uU unterschiedlichen Ergebnissen durchgeführt werden, und beinhaltet daher eine entsprechende Rechtswegzuweisung.

5 Die entsprechende Vorschrift im anwaltlichen Berufsrecht ist **§ 118a BRAO**. Danach ist über die Pflichtverletzung eines Rechtsanwalts, der zugleich der Disziplinar-, Ehren- oder Berufsgerichtsbarkeit eines anderen Berufs untersteht, stets im **anwaltsgerichtlichen Verfahren** zu entscheiden, es sei denn, dass die Pflichtverletzung **überwiegend** mit der Ausübung des anderen Berufs zusammenhängt, § 118a Abs. 1 S. 1 BRAO. Die Voraussetzungen beider Vorschriften sind also identisch; es kommt jeweils auf den Schwerpunkt der beruflichen Tätigkeit an. In Zweifelsfällen geht das anwaltsgerichtliche Verfahren vor, da die BNotO nach dem Wortlaut von § 3 Abs. 2 davon ausgeht, dass Anwaltsnotare das Notaramt im Nebenberuf ausüben und eben hauptberuflich Rechtsanwälte sind.[6]

II. Verhältnis zu anderen berufsrechtlichen Vorschriften

6 § 8 Abs. 2 gestattet dem Anwaltsnotar die Ergreifung weiterer Berufe. Er darf zugleich als **Patentanwalt, Steuerberater, Wirtschaftsprüfer** und **vereidigter Buchprüfer** tätig sein. Der Anwaltsnotar, der von diesen Möglichkeiten Gebrauch macht, steht in einem mehrfachen Pflichtenkreis. § 110 regelt die sich hieraus ergebenden Konfliktfälle nicht.[7]

7 Das Berufsrecht der genannten Berufe enthält Kollisionsregeln, die insoweit § 118a BRAO entsprechen, als sie an das **Übergewicht** der Pflichtverletzung anknüpfen:

Patentanwälte: § 102a Abs. 1 PAO
Steuerberater: § 110 Abs. 1 StBerG
Wirtschaftsprüfer: § 83 Abs. 1 WPO
Vereidigte Buchprüfer: § 130 Abs. 1 iVm § 83 Abs. 1 WPO

8 § 118a BRAO benennt in Abs. 1 S. 1 alle übrigen dem Rechtsanwalt zugänglichen Berufe und regelt das Verhältnis des anwaltsgerichtlichen zu anderen berufsrechtlichen Sanktionsverfahren umfassend.[8] Dabei bestimmt § 118a Abs. 5 BRAO grundsätzlich den Vorrang von § 110.[9] Zugleich gilt der Vorrang des anwaltsgerichtlichen Verfahrens gem. § 118a Abs. 1 S. 2 BRAO nicht für die **Ausschließung** oder die **Entfernung** aus dem anderen weiteren Beruf des Anwaltsnotars. Wegen der Schwere der Sanktion soll hierüber nur die jeweilige Berufsgerichtsbarkeit entscheiden können. Zurecht nimmt § 118a Abs. 1 S. 2 BRAO deshalb die Parallelität verschiedener Sanktionsverfahren in Kauf. Das berufsgerichtliche Verfahren nach dem Steuerberatungsgesetz, der Wirtschaftsprüferordnung und der Patentanwaltsordnung ist immer durchzuführen, wenn wegen der Schwere der Pflichtverletzung die Ausschließung aus diesen Berufen in Betracht kommt. Der Verlust dieser Berufe führt nicht automatisch zur Ausschließung aus der Rechtsanwaltschaft bzw. aus dem Notaramt; es handelt sich um **„isolierte Ausschließungen"**.[10]

9 Unerheblich ist dies jedoch für das Verhältnis zwischen dem Disziplinarverfahren und dem anwaltsgerichtlichen Verfahren, denn die Entfernung aus dem Notaramt und der Ausschluss aus der Rechtsanwaltschaft bewirken von Gesetzes wegen zwingend den Verlust der Zulassung bzw. des Amts, § 97 Abs. 5 und § 47 Nr. 4.

10 Auch für eine **vorläufige Amtsenthebung** als Notar gem. § 54 oder die Verhängung eines vorläufigen Berufs- oder Vertretungsverbotes als Anwalt gem. § 150 BRAO ist es im

---

[5] Arndt/Lerch/Sandkühler/*Sandkühler* BNotO § 110 Rn. 6.
[6] Vgl. Schippel/Bracker/*Herrmann* BNotO § 110 Rn. 1; Feuerich/Weyland/*Reelsen* BRAO § 118a Rn. 29.
[7] → Rn. 2; Schippel/Bracker/*Herrmann* BNotO § 110 Rn. 15; Arndt/Lerch/Sandkühler/*Sandkühler* BNotO § 110 Rn. 12.
[8] Feuerich/Weyland/*Reelsen* BRAO § 118a Rn. 3 ff.
[9] Feuerich/Weyland/*Reelsen* BRAO § 118a Rn. 26.
[10] Arndt/Lerch/Sandkühler/*Sandkühler* BNotO § 110 Rn. 17.

Ergebnis ohne Bedeutung, ob die Entscheidung im Disziplinarverfahren oder im anwaltsgerichtlichen Verfahren getroffen wird.[11]

III. Begriff und Anknüpfung der Verfehlung (Abs. 1 S. 1)

Eine Verfehlung ist ein Dienstvergehen iSv § 95 bzw. eine Pflichtverletzung im Sinne der anderen Berufsordnungen (§ 113 BRAO, § 96 PAO, § 89 StBerG, §§ 67, 130 Abs. 1 WPO).[12] Wie im notariellen Disziplinarrecht gilt auch für das anwaltsgerichtliche Verfahren der Grundsatz der **Einheit des (Dienst-) Vergehens.**[13] Das Gesamtverhalten des Anwaltsnotars ist deshalb bei der Entscheidung über den Rechtsweg und über das anzuwendende Verfahrensrecht zu betrachten. Dabei sind Intensität, Anzahl und Dauer der jeweiligen Verfehlungen wertend zu betrachten. Wiegt der Unrechtsgehalt des Verstoßes gegen anwaltliches Berufsrecht schwerer, dann ist der Rechtsweg zur Anwaltsgerichtsbarkeit gegeben. Wiegt aber der Unrechtsgehalt der Verletzung der Pflichten als Notar schwerer, dann ist das Disziplinarverfahren für Notare durchzuführen.[14] Wenn allerdings Einzelakte eines Gesamtverhaltens nach materiellem Recht zu verselbstständigen und gesondert zu beurteilen sind,[15] kommt die **Aufspaltung** in ein notarielles Dienstvergehen einerseits und in eine zB anwaltliche Pflichtverletzung andererseits in Betracht, so dass eine Ahndung der Verfehlung sowohl im notariellen Disziplinarverfahren als auch im anwaltsgerichtlichen Verfahren möglich ist.[16] Lässt sich ein Übergewicht nicht zweifelsfrei feststellen, werden die Verfehlungen eines Anwaltsnotars im anwaltsgerichtlichen Verfahren geahndet. 11

Eine Verletzung der Neutralitätspflicht des Notars gem. § 14 Abs. 1 S. 2, die bei einem Anwaltsnotar gleichzeitig einen Verstoß gegen ein **Tätigkeitsverbot iSv § 45 BRAO** darstellt, stellt keine vorwiegend notarielle Verfehlung dar mit der Folge, dass von einem Übergewicht der anwaltlichen Pflichtverletzung auszugehen ist und also eine disziplinarrechtliche Ahndung als notarieller Dienstpflichtverstoß daneben nicht in Betracht kommt.[17] 12

Auch Verfehlungen im **außerberuflichen Bereich** können ein Dienstvergehen bzw. eine sonstige berufliche Pflichtverletzung (zB § 113 Abs. 2 BRAO) darstellen.[18] Entbehren solche außerberuflichen Pflichtverletzungen eines Zusammenhangs mit den notariellen Berufspflichten,[19] ist das anwaltsgerichtliche Verfahren einzuleiten. 13

IV. Prüfung der Zuständigkeit und gerichtliche Entscheidung

Die Entscheidung über das richtige Verfahren ist **so früh wie möglich** zu prüfen, vgl. auch § 118a Abs. 2 BRAO.[20] Hält die Aufsichtsbehörde oder die Notarkammer das Anwaltsgericht für zuständig, hat sie den Vorgang an die zuständige **Rechtsanwaltskammer** abzugeben. Wird erstmalig die Rechtsanwaltskammer oder die Staatsanwaltschaft mit dem Vorgang befasst und hält sie das notarielle Disziplinarverfahren für einschlägig, gibt sie das Verfahren an die zuständige **Notarkammer** oder die zuständige **Aufsichtsbehörde** ab. 14

Die abschließende Entscheidung über den richtigen Rechtsweg trifft das mit der Sache befasste **Disziplinar- bzw. Anwaltsgericht.** An die bisherigen Entscheidungen der Berufskammern, der Aufsichtsbehörden oder der Staatsanwaltschaft ist das Gericht nicht gebunden. Vielmehr hat es seine Zuständigkeit als **Sachurteilsvoraussetzung** von Amts 15

---

[11] Arndt/Lerch/Sandkühler/*Sandkühler* BNotO § 110 Rn. 16.
[12] Diehn/*Zimmer* BNotO § 110 Rn. 4.
[13] Feuerich/Weyland/*Reelsen* BRAO § 113 Rn. 26 ff.; Schippel/Bracker/*Herrmann* BNotO § 110 Rn. 2.
[14] Vgl. BGH NJW 1968, 2204; NJW-RR 2013, 622 (623).
[15] Vgl. für das Disziplinarrecht → § 95 Rn. 27 ff.
[16] Arndt/Lerch/Sandkühler/*Sandkühler* BNotO § 110 Rn. 19.
[17] BGH NJW-RR 2013, 622 (623); Feuerich/Weyland/*Reelsen* BRAO § 118a Rn. 35.
[18] Diehn/*Zimmer* BNotO § 110 Rn. 7; Arndt/Lerch/Sandkühler/*Sandkühler* BNotO § 110 Rn. 25.
[19] → § 95 Rn. 17 ff.
[20] Vgl. auch § 102a Abs. 2 PAO, § 110 Abs. 2 StBerG, § 83 Abs. 2 WPO.

wegen zu prüfen.²¹ Hält sich das angerufene Gericht für **unzuständig**, ist wie folgt zu differenzieren:

16   Hat die Staatsanwaltschaft den Anwaltsnotar bei dem Anwaltsgericht angeschuldigt, bejaht das Gericht aber das Übergewicht des notariellen Dienstvergehens, lehnt das Anwaltsgericht die Eröffnung des Hauptverfahrens gem. § 131 Abs. 3 S. 1 BRAO durch Beschluss ab. Gegen diesen Beschluss steht der Staatsanwaltschaft die **sofortige Beschwerde** zu. In entsprechender Anwendung dieser Vorschrift ist der Notar ebenfalls beschwerdebefugt, denn mit der Einstellung wegen Unzuständigkeit bejaht das Anwaltsgericht inzident ein disziplinarisch verfolgbares notarielles Dienstvergehen und begründet mit bindender Wirkung gem. § 110 Abs. 2 die Zuständigkeit des Disziplinargerichts für Notare.²²

17   Ist gegen den Anwaltsnotar gem. § 99 **Disziplinarklage** vor dem Oberlandesgericht als Disziplinargericht erhoben worden, hält indes das Oberlandesgericht das Anwaltsgericht für zuständig, erfolgt von Amts wegen gem. § 3 BDG iVm § 83 S. 1 VwGO, § 17a Abs. 2 S. 1 GVG die Verweisung dorthin durch Beschluss. Gegen den Verweisungsbeschluss steht der Einleitungsbehörde das Rechtsmittel der **Beschwerde** zu.

C. Bindung an die Zuständigkeitsentscheidung (Abs. 2)

18   Abs. 2 bestimmt, dass das zuerst angerufene Gericht für das jeweils andere Gericht **bindend** über die Zuständigkeit entscheidet. Das jeweils andere Gericht hat seine Zuständigkeit danach nicht erneut zu prüfen. Hierdurch werden negative oder positive **Kompetenzkonflikte vermieden**.²³

§ 110a [Tilgung von Disziplinareintragungen]

(1) ¹Eintragungen in den über den Notar geführten Akten über einen Verweis oder eine Geldbuße sind nach zehn Jahren zu tilgen, auch wenn sie nebeneinander verhängt wurden. ²Die über diese Disziplinarmaßnahmen entstandenen Vorgänge sind aus den über den Notar geführten Akten zu entfernen und zu vernichten.

(2) Die Frist beginnt mit dem Tage, an dem die Disziplinarmaßnahme unanfechtbar geworden ist.

(3) Die Frist endet nicht, solange gegen den Notar ein Strafverfahren, ein Disziplinarverfahren, ein anwaltsgerichtliches oder ein berufsgerichtliches Verfahren schwebt, eine andere Disziplinarmaßnahme oder eine anwaltsgerichtliche Maßnahme berücksichtigt werden darf oder ein auf Geldbuße lautendes Urteil noch nicht vollstreckt ist.

(4) Nach Ablauf der Frist gilt der Notar als von Disziplinarmaßnahmen nicht betroffen.

(5) ¹Die Absätze 1 bis 4 gelten für Ermahnungen durch die Notarkammer und für Mißbilligungen durch die Aufsichtsbehörde entsprechend. ²Die Frist beträgt fünf Jahre.

(6) ¹Eintragungen über strafgerichtliche Verurteilungen oder über andere Entscheidungen in Verfahren wegen Straftaten, Ordnungswidrigkeiten oder der Verletzung von Berufs- oder Amtspflichten, die nicht zu einer Disziplinarmaßnahme, einer Ermahnung oder Mißbilligung geführt haben, sind nach fünf Jahren zu tilgen. ²Absatz 1 Satz 2, Absatz 2 und 3 gelten entsprechend.

---

²¹ Schippel/Bracker/*Herrmann* BNotO § 110 Rn. 10.
²² Arndt/Lerch/Sandkühler/*Sandkühler* BNotO § 110 Rn. 35; Schippel/Bracker/*Herrmann* BNotO § 110 Rn. 11; Feuerich/Weyland/*Reelsen* BRAO § 118a Rn. 18.
²³ Vgl. auch Feuerich/Weyland/*Reelsen* BRAO § 118a Rn. 14 f.

A. Normzweck

§ 110a regelt in Anlehnung an § 16 BDG die Tilgung von Eintragungen über Diszipli- 1
narmaßnahmen. Das mit der Tilgung verbundene Verwertungsverbot führt dazu, dass
leichte Dienstvergehen nach Ablauf der Frist nicht mehr als Beurteilungsgrundlage für das
dienstliche Verhalten des Notars herangezogen werden dürfen.

B. Erläuterungen

I. Gegenstand der Tilgung (Abs. 1 bis Abs. 4)

Gegenstand der Tilgung nach Abs. 1 sind der **Verweis** und die **Geldbuße,** nicht jedoch 2
die Entfernung aus dem Amt oder vom bisherigen Amtssitz (§ 97). Mit der Neufassung
von Abs. 1 S. 1 durch das Dritte Gesetz zur Änderung der BNotO und anderer Gesetze
vom 31.8.1998[1] hat der Gesetzgeber klargestellt, dass eine Tilgung auch dann in Betracht
kommt, wenn Verweis und Geldbuße kumulativ verhängt worden sind (§ 97 Abs. 1 S. 2).

II. Frist

Die **Frist für die Tilgung** von Verweis und Geldbuße beträgt **zehn Jahre.** Die Frist 3
beginnt mit dem Tag, an dem die entsprechende Disziplinarverfügung bestandskräftig bzw.
das entsprechende Urteil rechtskräftig geworden ist (Abs. 2).

In den Fällen des Abs. 3 wird das Fristende hinausgeschoben, solange eines der dort 4
genannten Verfahren schwebt, eine andere Disziplinarmaßnahme oder anwaltsgerichtliche
Maßnahme berücksichtigt werden darf oder ein auf Geldbuße lautendes Urteil noch nicht
vollstreckt ist.

Das Strafverfahren beginnt mit Einleitung des staatsanwaltschaftlichen Ermittlungsverfah- 5
rens.[2] Zwar könnte man stattdessen auf die Eröffnung des strafgerichtlichen Hauptverfahrens abstellen. Dagegen spricht aber, dass die StPO von einem einheitlichen Begriff des
Strafverfahrens ausgeht, der auch das Ermittlungsverfahren umfasst.[3] Im Übrigen legt auch
der Zweck der Fristhemmung nach Abs. 3 eine Einbeziehung des Ermittlungsverfahrens
nahe: Bereits in diesem Stadium besteht die konkrete Möglichkeit, dass die gegen den
Notar erhobenen Vorwürfe zur Grundlage für die Verhängung einer weiteren Disziplinarmaßnahme werden, die dann ihrerseits nach Abs. 3 die Tilgung der ersten Maßnahme
hinausschiebt.

Durch ein anderes Disziplinarverfahren, ein anwaltsgerichtliches oder ein berufsgericht- 6
liches Verfahren, wird der Fristablauf ebenfalls gehemmt.[4]

Die Frist läuft auch dann nicht ab, wenn noch eine andere Disziplinarmaßnahme oder 7
eine anwaltsgerichtliche Maßnahme in den Akten berücksichtigt werden darf.[5] Obwohl der
Zweck der Vorschrift es nahelegen würde, bei Anwaltsnotaren, die zugleich weitere Berufe
ausüben (§ 8 Abs. 2 S. 2), auch die Maßnahmen der anderen Berufsgerichtsbarkeiten zu
berücksichtigen, sieht das Gesetz dies nicht vor.[6]

---
[1] BGBl. 1998 I 2585 ff.
[2] BGH NJW-RR 2019, 564 Rn. 33.
[3] Vgl. *Meyer-Goßner* StPO Einl. Rn. 59 ff.
[4] Berufsgerichtliche Verfahren kommen bei Anwaltsnotaren in Betracht, die nach § 8 Abs. 2 weitere Berufe (zB den des Steuerberaters oder Wirtschaftsprüfers) ausüben, vgl. Arndt/Lerch/Sandkühler/*Sandkühler* BNotO § 110a Rn. 10.
[5] Die Erstreckung auf anwaltsgerichtliche Maßnahmen wurde durch das Dritte Gesetz zur Änderung der BNotO und anderer Gesetze eingeführt, BGBl. 1998 I 2585 ff.
[6] Gegen eine analoge Anwendung von § 110a Abs. 3 auf nicht tilgungsreife anderweitige berufsgerichtliche Maßnahmen Arndt/Lerch/Sandkühler/*Sandkühler* BNotO § 110a Rn. 12.

8 Das Fristende wird schließlich auch dann herausgeschoben, wenn ein auf Geldbuße lautendes Urteil noch nicht vollstreckt ist, so dass bei Verhängung einer Maßnahme berücksichtigt werden kann, dass der mit der Geldbuße bezweckte erzieherische Erfolg noch nicht eingetreten ist.

9 Das Fristende tritt nach zehn Jahren mit Ablauf desjenigen Tages ein, der dem Anfangstag in der Benennung vorhergeht, §§ 187 Abs. 2, 188 Abs. 2 BGB.>

III. Rechtsfolgen des Fristablaufs

10 Nach Fristablauf sind die über die Disziplinarmaßnahmen entstandenen Vorgänge aus den über den Notar geführten Akten **zu entfernen und zu vernichten** (Abs. 1 S. 2). Wenn andere Teile der Personalakte Hinweise auf Maßnahmen oder Verfahren enthalten, die dem Tilgungsgebot unterliegen, so sind diese Hinweise **unkenntlich zu machen.**

11 Der Fristablauf begründet darüber hinaus ein **Verwertungsverbot** unabhängig davon, ob der Entfernungs- und Vernichtungspflicht nachgekommen wurde. Dieses Verwertungsverbot führt zunächst dazu, dass die Maßnahme bei weiteren Disziplinarmaßnahmen nicht mehr berücksichtigt werden darf.[7] Das Gesetz stellt insoweit in Abs. 4 die allgemeine Fiktion auf, dass der Notar nach Ablauf der Frist als von Disziplinarmaßnahmen nicht mehr betroffen gilt. Hieraus ist auch zu folgern, dass die zu tilgende Disziplinarmaßnahme nach Fristablauf auch bei anderen Personalentscheidungen, dienstlichen Beurteilungen und in Zusammenhang mit einer Amtsprüfung nicht zu Lasten des Betroffenen herangezogen werden darf.[8]

12 Der Notar kann ein Interesse daran haben, dass die Vorgänge trotz Tilgungsreife in den Akten verbleiben, etwa um sie in einen Haftpflichtprozess einführen zu können. Er kann der Entfernung und Vernichtung deshalb widersprechen.

IV. Ermahnungen, Missbilligungen (Abs. 5)

13 Die Tilgungsvorschriften sind nach Abs. 5 auch auf **Ermahnungen** durch die Notarkammer (§ 75) und **Missbilligungen** durch die Aufsichtsbehörde (§ 94) entsprechend anzuwenden. Die Tilgungsreife tritt bereits nach fünf Jahren ein. Der Fristablauf wird hier konsequenterweise nicht nur durch Disziplinarmaßnahmen, sondern auch durch weitere Ermahnungen und Missbilligungen bzw. schwebende Verfahren zu deren Erteilung gehemmt.[9]

V. Andere belastende Eintragungen (Abs. 6)

14 Belastende Eintragungen, die nicht zu einer Disziplinarmaßnahme, einer Ermahnung oder einer Missbilligung geführt haben, sind nach der seit dem 18.5.2017 geltenden Rechtslage[10] nach **fünf Jahren** ohne weitere Voraussetzungen zu tilgen. Ein Antrag des Notars ist aus datenschutzrechtlichen Gründen nicht mehr erforderlich.[11] Für die Fristberechnung gelten Abs. 2, Abs. 3 entsprechend. Auch insoweit muss der Notar der Tilgung jedoch widersprechen können (→ Rn. 12).[12]

---

[7] Zwar wurde § 110a Abs. 1 S. 3 BNotO aF, wonach Maßnahmen nach Ablauf der Frist bei weiteren Disziplinarmaßnahmen nicht mehr berücksichtigt werden durften, durch das Gesetz zur Umsetzung der Berufsanerkennungsrichtlinie und zur Änderung weiterer Vorschriften im Bereich der rechtsberatenden Berufe vom 12.5.2017 (BGBl. I 1121) gestrichen. Die Streichung erfolgte jedoch lediglich deshalb, weil der Satz keinen erkennbaren über den Abs. 4 hinausgehenden Regelungsgehalt hatte (BR-Drs. 431/16, 268, 159).

[8] Ebenso Diehn/*Zimmer* BNotO § 110a Rn. 4; BeckOK BNotO/*Herrmann* BNotO § 110a Rn. 7; aA Arndt/Lerch/Sandkühler/*Sandkühler* BNotO § 110a Rn. 17.

[9] Ebenso BeckOK BNotO/*Herrmann* BNotO § 110a Rn. 8; Arndt/Lerch/Sandkühler/*Sandkühler* BNotO § 110a Rn. 23.

[10] Art. 9 Nr. 30 des Gesetzes zur Umsetzung der Berufsanerkennungsrichtlinie und zur Änderung weiterer Vorschriften im Bereich der rechtsberatenden Berufe vom 12.5.2017 (BGBl. I 1121).

[11] BR-Drs. 431/16, 268, 159.

[12] Ebenso BeckOK BNotO/*Herrmann* BNotO § 110a Rn. 9.

Stellt der Notar den Tilgungsantrag, so dürfen die zu tilgenden Vorgänge nach Ablauf der 15
Fünf-Jahres-Frist nicht mehr zu seinen Lasten berücksichtigt werden. Zwar werden die
einschlägigen Regelungen des Abs. 1 S. 3 und Abs. 4 in der Verweisung des Abs. 6 S. 2
nicht erwähnt. Dies ist aber ausschließlich darauf zurückzuführen, dass Abs. 1 S. 3 und
Abs. 4 von „Maßnahmen" sprechen, die in den Fällen des Abs. 6 gerade nicht verhängt
worden sind. Das Verwertungsverbot für die zu tilgenden Vorgänge des Abs. 6 folgt
vielmehr daraus, dass die Tilgung aus den Akten für den betroffenen Notar sinnlos wäre,
wenn sie nicht dazu führen würde, dass die der Eintragung zugrundeliegenden Umstände
bei weiteren Entscheidungen und Beurteilungen unberücksichtigt bleiben.

VI. Eintragungen im BZR

Eintragungen und Löschungen im Bundeszentralregister richten sich ausschließlich nach 16
den Vorschriften des BZR (vgl. insbesondere §§ 4, 10 Abs. 2, 19, 25, 45 ff.). Eintragungen
in den über den Notar geführten Akten über eine Disziplinarmaßnahme, eine Ermahnung
oder eine Missbilligung dürfen auch dann bis zum Eintritt der Tilgungsreife nach § 110a
Abs. 1, Abs. 5 verwertet werden, wenn eine Eintragung in das Bundeszentralregister über
eine Verurteilung wegen derselben Tat bereits getilgt wurde oder zu tilgen ist. § 110a ist
insoweit *lex specialis*.[13]

Eine im BZR noch nicht getilgte Vorstrafe darf im Disziplinarverfahren nicht mehr 17
berücksichtigt werden, wenn die aus Anlass der Vorstrafe entstandene Eintragung nach
Abs. 6 aus den Personalakten des Notars getilgt worden ist. Ein Verwertungsverbot besteht
auch, wenn die im BZR noch nicht getilgte Vorstrafe zu einer Disziplinarmaßnahme
geführt hat und diese nach Abs. 1 oder Abs. 5 aus den Personalakten getilgt worden ist.[14]

---

[13] Vgl. BGH NJW-RR 1996, 244 für die insoweit vergleichbare Tilgung anwaltsgerichtlicher Maßnahmen nach § 205a BRAO.
[14] AA Arndt/Lerch/Sandkühler/*Sandkühler* BNotO § 110a Rn. 18, der sich auf die Rechtsprechung des BVerwG zum Disziplinarrecht für Beamte (NJW 1998, 2463) beruft.

Vierter Teil. Übergangs- und Schlußbestimmungen

Vorbemerkungen zu den §§ 111 bis 111g

A. Änderung der gerichtlichen Verfahrensordnung

1 Mit dem **Gesetz zur Modernisierung von Verfahren im** anwaltlichen und **notariellen Berufsrecht,** zur Errichtung einer Schlichtungsstelle der Rechtsanwaltschaft sowie zur Änderung sonstiger Vorschriften, das am 1.9.2009 in Kraft getreten ist, wurde für **gerichtliche Verfahren in verwaltungsrechtlichen Notarsachen** eine neue Verfahrensordnung eingeführt:[1] Waren derartige Verfahren bis dahin den Regeln der BRAO und ergänzend über eine Verweisungskette den Regeln des früheren FGG unterstellt, so findet nach § 111b die **Verwaltungsgerichtsordnung** (VwGO) entsprechende Anwendung. § 111 aF ist durch die §§ 111 bis 111g ersetzt worden.[2]

B. Frühere Rechtslage

I. Verweisungskette

2 Die frühere Rechtslage war durch eine **unvollständige gesetzliche Regelung** gekennzeichnet. So waren in § 111 aF unmittelbar nur geregelt:[3] der Rechtsweg und die sachliche Zuständigkeit (die Zulässigkeit des Rechtsweges zum Oberlandesgericht und zum Bundesgerichtshof), die Antragsbefugnis, die Antragsfrist, der Antragsgegner, die sofortige Beschwerde und die Beschwerdefrist. Hingegen enthielt § 111 aF lückenhafte Vorschriften über die zulässigen Rechtsbehelfe. Es fehlte eine ausdrückliche Bestimmung, durch Antrag auf gerichtliche Entscheidung auch gegen die Ablehnung eines beantragten Verwaltungsakts vorgehen zu können. (Die Statthaftigkeit eines solchen Verpflichtungsantrags ergab sich allerdings daraus, dass § 111 Abs. 4 S. 2 aF auf die §§ 37 Abs. 3 und 41 Abs. 3 S. 2 BRAO aF und den dort behandelten Versagungsgegenantrag verwies.) Auch über die Form der Anträge, deren inhaltliche Anforderungen, das Verfahren vor dem Notarsenat und dessen Entscheidung sowie über die Kosten gab es in § 111 aF keine ausdrücklichen Bestimmungen, vielmehr verwies das Gesetz auf die entsprechenden Bestimmungen der BRAO. Die Verfahrensgrundsätze schließlich waren in § 111 aF gar nicht und in der BRAO nur hinsichtlich der Mündlichkeit und der Nichtöffentlichkeit geregelt. Soweit die BRAO keine Verfahrensvorschriften enthielt, verwies sie in den §§ 40 Abs. 4 und 42 Abs. 6 S. 2 BRAO aF auf die Vorschriften des Gesetzes über die Angelegenheiten der freiwilligen Gerichtsbarkeit, die entsprechend anzuwenden waren. Der Gesetzgeber bediente sich also einer **mehrfachen Verweisung in Form einer Verweisungskette.**

II. Ergänzende Anwendung von ZPO und VwGO

3 Wie das gerichtliche Verfahren gem. §§ 37 ff., 223 BRAO aF, für das der Anwaltsgerichtshof zuständig war, und das Verfahren betreffend die Entscheidung über die Rechtmäßigkeit von Justizverwaltungsakten auf den Gebieten des bürgerlichen Rechts nach

---

[1] BGBl. I 2009 I 2449.
[2] S. zum Modernisierungsgesetz und dessen Bewertung auch *Custodis* DNotZ 2009, 895 sowie in der 3. Auflage, Rn. 5.
[3] S. zu § 111 aF die ausführliche Kommentierung von *Custodis* in der 3. Auflage im Anschluss an die Erläuterungen zu § 111.

§§ 23 ff. EGGVG, für das das Oberlandesgericht zuständig ist, gehörte auch das Verfahren vor den Notarsenaten zu den **öffentlich-rechtlichen Streitsachen**. Bei diesen Verfahren, die den Regeln des FGG unterstellt waren, handelte es sich um **echte Streitverfahren,** in denen sich Rechtsträger einerseits und öffentlich-rechtliche Körperschaften (und Anstalten) andererseits bei der Geltendmachung subjektiv öffentlich-rechtlicher Rechte gegenüberstanden und materiell rechtskräftige Entscheidungen getroffen wurden.[4] Da das FGG das Verfahren in öffentlich-rechtlichen Streitsachen aber nur in den Grundzügen regelte, bedurfte es der entsprechenden Anwendung anderer Verfahrensbestimmungen. Hierbei ging es einmal um Bestimmungen der **ZPO,** auch soweit sie im FGG nicht ausdrücklich für anwendbar erklärt waren.[5] Wegen der Sachnähe zu dem verwaltungsgerichtlichen Verfahren waren zur Lückenausfüllung aber auch die Vorschriften der **VwGO** entsprechend anzuwenden,[6] was in der Praxis auch geschehen ist.

C. Anlass für die Änderung der Verfahrensordnung

Anlass für die Änderung der Verfahrensordnung war, dass zeitgleich mit dem oben genannten Modernisierungsgesetz auch das **Gesetz zur Reform des Verfahrens in Familiensachen und in den Angelegenheiten der freiwilligen Gerichtsbarkeit** (FGG-Reformgesetz) und mit ihm das Gesetz über das Verfahren in Familiensachen und in den Angelegenheiten der freiwilligen Gerichtsbarkeit (FamFG) in Kraft getreten ist.[7] Das frühere FGG trat außer Kraft, so dass die Verweisung auf das FGG ins Leere gegangen wäre, hätte § 111 aF mit seiner Verweisungsnorm (§ 111 Abs. 4 S. 2 aF iVm §§ 40 Abs. 4 und 42 Abs. 6 S. 2 BRAO aF) fortbestanden. An die Stelle der aufgehobenen verfahrensrechtlichen Bestimmungen mussten daher andere Bestimmungen treten. Da das mit dem FamFG neu geregelte Recht der freiwilligen Gerichtsbarkeit sich auf seinen klassischen Anwendungsbereich der vorsorgenden Rechtspflege beschränkt,[8] bedurfte es für das gerichtliche Verfahren in verwaltungsrechtlichen Notarsachen (ebenso in verwaltungsrechtlichen Anwaltssachen) einer anderen Verfahrensordnung. Wegen der Sachnähe zu dem verwaltungsgerichtlichen Verfahren (bei dem Oberlandesgericht bzw. Anwaltsgerichtshof als dem Gericht erster Instanz und dem Bundesgerichtshof als Rechtsmittelgericht handelt es sich um besondere Verwaltungsgerichte),[9] bot sich für die verwaltungsrechtlichen Notar- und Anwaltssachen die VwGO als neue gerichtliche Verfahrensordnung nachgerade an. Hinzu kommt, dass in Disziplinarverfahren gem. § 96 Abs. 1 S. 1 die Vorschriften des Bundesdisziplinargesetzes entsprechend anzuwenden sind[10] und § 3 BDG auf die Vorschriften der VwGO verweist, so dass die Anwendung einer einheitlichen Prozessordnung für verwaltungs- und disziplinarrechtliche Angelegenheiten gewährleistet ist.

---

[4] Zu den öffentlich-rechtlichen Streitsachen: BGHZ 44, 65; 53, 95 (97); 115, 275 (284); Keidel/Kuntze/Winkler/*Schmidt* FGG § 12 Rn. 232 ff.; Keidel/Kuntze/Winkler/*Kahl* FGG Vorb. §§ 19–30 Rn. 31 ff., 59 ff.; *Habscheid,* Freiwillige Gerichtsbarkeit, 7. Aufl. 1983, § 8; *Bärmann,* Freiwillige Gerichtsbarkeit und Notarrecht, 1968, § 4 III; *Zimmermann* Rpfleger 1978, 285.

[5] Keidel/Kuntze/Winkler/*Meyer-Holz* FGG Vorb. §§ 8–18 Rn. 1 ff.; Henssler/Prütting/*Prütting,* 2. Aufl., BRAO § 37 Rn. 11 und § 40 Rn. 14 ff.; Feuerich/Weyland/*Feuerich* BRAO § 40 Rn. 6 ff.; s. auch BGHR § 111 Abs. 4 S. 2, Anschlussbeschwerde 1 (für die unselbständige Anschlussbeschwerde) und § 111 Abs. 1, Verpflichtungsantrag 2 (Wiederaufgreifen des ursprünglichen Verpflichtungsantrags nach einseitiger Erledigterklärung) = NJW 2000, 2590; BGH NJW-RR 2001, 1642 (1643) (Verfahrensmangel, wenn Beschluss nicht innerhalb von fünf Monaten niedergelegt wird).

[6] Keidel/Kuntze/Winkler/*Meyer-Holz* FGG Vorb. §§ 8–18 Rn. 5a; Keidel/Kuntze/Winkler/*Schmidt* FGG § 12 Rn. 234 ff.; *Habscheid,* Freiwillige Gerichtsbarkeit, 7. Aufl. 1983, § 8 III; *Bärmann,* Freiwillige Gerichtsbarkeit und Notarrecht, 1968, § 4 III Nr. 3; *Zimmermann* Rpfleger 1978, 285 (287 f.); nicht ganz eindeutig Henssler/Prütting/*Prütting,* 2. Aufl., BRAO § 37 Rn. 11 und § 40 Rn. 9.

[7] BGBl. 2008 I 2586.

[8] BT-Drs. 16/11385, 28.

[9] Vgl. *Redeker* AnwBl. 1992, 505.

[10] § 96 wurde mWv 1.1.2010 durch das Gesetz zur Neuregelung des notariellen Disziplinarrechts (BGBl. 2009 I 1282) neu gefasst.

§ 111 [Sachliche Zuständigkeit]

(1) Das Oberlandesgericht entscheidet im ersten Rechtszug über öffentlich-rechtliche Streitigkeiten nach diesem Gesetz, einer auf Grund dieses Gesetzes erlassenen Rechtsverordnung oder einer Satzung einer der nach diesem Gesetz errichteten Notarkammern, einschließlich der Bundesnotarkammer, soweit nicht die Streitigkeiten disziplinargerichtlicher Art oder einem anderen Gericht ausdrücklich zugewiesen sind (verwaltungsrechtliche Notarsachen).

(2) Der Bundesgerichtshof entscheidet über das Rechtsmittel
1. der Berufung gegen Urteile des Oberlandesgerichts,
2. der Beschwerde nach § 17a Abs. 4 Satz 4 des Gerichtsverfassungsgesetzes.

(3) Der Bundesgerichtshof entscheidet in erster und letzter Instanz
1. über Klagen, die Entscheidungen betreffen, die das Bundesministerium der Justiz und für Verbraucherschutz getroffen hat oder für die dieses zuständig ist,
2. über die Nichtigkeit von Wahlen und Beschlüssen der Bundesnotarkammer.

(4) Das Oberlandesgericht und der Bundesgerichtshof entscheiden in der für Disziplinarsachen gegen Notare vorgeschriebenen Besetzung.

A. Allgemeines

1 § 111 wurde durch das Gesetz zur Modernisierung von Verfahren im anwaltlichen und notariellen Berufsrecht, zur Errichtung einer Schlichtungsstelle der Rechtsanwaltschaft sowie zur Änderung sonstiger Vorschriften mit Wirkung vom 1.9.2009 vollständig neu gefasst.[1] Mit Wirkung vom 28.12.2010 wurde Abs. 3 Nr. 1 neu gefasst[2] und mit Wirkung vom 8.9.2015 nochmals geändert.[3]

B. Abs. 1 als Ausnahme von der Rechtswegzuständigkeit der Verwaltungsgerichte

I. Abdrängende Sonderzuweisung

2 Nach § 40 Abs. 1 S. 1 VwGO ist der Verwaltungsrechtsweg in allen öffentlich-rechtlichen Streitigkeiten nichtverfassungsrechtlicher Art gegeben, „soweit die Streitigkeiten nicht durch Bundesgesetz einem anderen Gericht ausdrücklich zugewiesen sind." § 111 enthält eine solche den Verwaltungsrechtsweg ausschließende Rechtswegzuweisung (**abdrängende Sonderzuweisung**), wonach der Rechtsweg zu den ordentlichen Gerichten eröffnet wird.[4]

II. Andere Zuweisungen

3 Als Ausnahmevorschrift der verwaltungsgerichtlichen Generalklausel des § 40 Abs. 1 S. 1 VwGO eröffnet § 111 einen **eigenen Rechtsweg für verwaltungsrechtliche Notarsachen**,[5] soweit spezialgesetzliche Sonderzuweisungen nicht schon der Generalklausel vorgehen und die Rechtswegzuständigkeit des Verwaltungsgerichts im Sinne einer **aufdrängenden Sonderzuweisung** ausdrücklich anordnen (wie zB die mittelbare Rechtswegzuweisung in § 113 Abs. 7 für versorgungsrechtliche Streitigkeiten mit der Notarkasse und

---

[1] BGBl. 2009 I 2449; → Vor §§ 111–111g.
[2] G v. 22.12.2010 (BGBl. I 2248).
[3] VO v. 31.8.2015 (BGBl. I 1474).
[4] Zu den abdrängenden Sonderzuweisungen s. Schoch/Schneider/Bier/*Ehlers/Schneider* VwGO § 40 Rn. 479 ff.
[5] → Rn. 5; vgl. zu § 111 aF BGHZ 115, 275 (277) = NJW 1992, 2423 (2424).

der Ländernotarkasse).⁶ Die Anwendung von § 111 scheidet ferner aus, wenn die BNotO, wie in § 62 geregelt, **eine andere abdrängende Sonderzuweisung** vorsieht und bestimmte vermögensrechtliche Streitigkeiten öffentlich-rechtlicher Art, die das **Verhältnis zwischen Notariatsverwalter und Notarkammer** betreffen, dem Landgericht, also der ordentlichen streitigen Gerichtsbarkeit zuweist.⁷ Für **Ansprüche des Notariatsverwalters gegen den früheren Amtsinhaber** auf Herausgabe von Gebührenvorschüssen ist in entsprechender Anwendung des § 62 der ordentliche Rechtsweg gegeben.⁸

III. Öffentlich-rechtliche Streitigkeiten

Der Rechtsweg zu den Notarsenaten ist nur für öffentlich-rechtliche Streitigkeiten eröffnet. Maßgeblich für die Frage, ob eine Streitigkeit als öffentlich-rechtlich oder privatrechtlich zu qualifizieren ist, ist allein die **Zuordnung des Rechtsverhältnisses,** aus dem der Klageanspruch abgeleitet wird, **zum öffentlichen oder privaten Recht.**⁹

IV. Verwaltungsrechtliche Notarsachen

Nach § 111 Abs. 1 sind verwaltungsrechtliche Notarsachen grundsätzlich „öffentlich-rechtliche Streitigkeiten nach diesem Gesetz, einer auf Grund dieses Gesetzes erlassenen Rechtsverordnung oder einer Satzung einer der nach diesem Gesetz errichteten Notarkammern, einschließlich der Bundesnotarkammer". Die **Sonderzuweisung** bezieht sich auf den Rechtsschutz gegen **alle hoheitlichen Maßnahmen,** durch die in Rechte oder rechtlich geschützte Interessen eines Notars eingegriffen werden kann, und schließt daher auch solche hoheitlichen Maßnahmen ein, die nicht Verwaltungsakt iSv § 35 VwVfG sind.¹⁰ Auch § 111a regelt die örtliche Zuständigkeit getrennt nach Verwaltungsakten und hoheitlichen Maßnahmen (die nicht Verwaltungsakt sind). Nicht zu den verwaltungsrechtlichen Notarsachen gehören Streitigkeiten disziplinarrechtlicher Art. Für diese sind das Oberlandesgericht im ersten Rechtszug und der Bundesgerichtshof im zweiten Rechtszug gemäß § 99 zuständig.

V. Persönliche Reichweite

Aus dem Begriff der verwaltungsrechtlichen Notarsachen ergibt sich auch die persönliche Reichweite: Der Gerichtsbarkeit der Notarsenate unterliegen nur Notare, Notarassessoren, Berufsbewerber und ehemalige Notare.¹¹

---

⁶ Zum Verhältnis zwischen aufdrängenden Zuweisungsnormen und der verwaltungsgerichtlichen Generalklausel s. Schoch/Schneider/Bier/*Ehlers/Schneider* VwGO § 40 Rn. 28.
⁷ § 62 stellt für die dort genannten Rechtsstreitigkeiten eine andere abdrängende Rechtswegzuweisung und keine Ausnahme von § 111 dar, so aber Arndt/Lerch/Sandkühler/*Lerch* BNotO § 62 Rn. 2; → § 62 Rn. 2; Diehn/*Dahlkamp* BNotO § 62 Rn. 1 (lex specialis); Schippel/Bracker/*Herrmann* BNotO § 111 Rn. 17 (Sonderregelung).
⁸ BGH DNotZ 2000, 714 (716 f.), wobei die Frage, ob der Anspruch dem öffentlichen oder dem privaten Recht zuzuordnen ist, ausdrücklich offen gelassen wurde.
⁹ BGHZ 115, 275 (278) = NJW 1992, 2423 (2424); BGH ZNotP 2009, 323 (324); Kopp/Schenke/*Ruthig* VwGO § 40 Rn. 6, 8a.
¹⁰ Zu den durch die Formulierung des § 111 Abs. 1 S. 1 aF („Verwaltungsakte, die nach diesem Gesetz oder nach einer auf Grund dieses Gesetzes erlassenen Rechtsverordnung oder Satzung ergehen, können … angefochten werden, …") aufgeworfenen Fragen vgl. *Custodis* in der 3. Auflage, Rn. 4 und § 111 aF Rn. 39 ff.
¹¹ Vgl. Henssler/Prütting/*Deckenbrock* BRAO § 112a Rn. 3, 5.

C. Sachliche Zuständigkeit in erster und zweiter Instanz (Abs. 1 und Abs. 2)

7 Abs. 1 regelt nicht nur den Rechtsweg, sondern auch die sachliche Zuständigkeit für den ersten Rechtszug: Zuständig ist das Oberlandesgericht. Die Zuständigkeit des Bundesgerichtshofs als Rechtsmittelgericht ergibt sich aus Abs. 2.

D. Der BGH als Rechtsmittelgericht (Abs. 2)

I. Der BGH als Berufungsgericht (Abs. 2 Nr. 1)

8 Nach § 111b Abs. 1 S. 1 ist die VwGO entsprechend anwendbar, wobei nach § 111d S. 1 gegen Endurteile das Rechtsmittel der **(Zulassungs-)Berufung** stattfindet. Ergänzend hierzu ordnet § 111 Abs. 2 Nr. 1 an, dass die Entscheidung über die Berufung in die **sachliche Zuständigkeit des Bundesgerichtshofs** fällt. Der **Bundesgerichtshof** entscheidet **als zweite Tatsacheninstanz**. Dies ergibt sich daraus, dass nach § 111d S. 2 für das Berufungsverfahren der 12. Abschnitt der VwGO (§§ 124 bis 130b VwGO) gilt, wobei der Bundesgerichtshof an die Stelle des Oberverwaltungsgerichts tritt, und das Berufungsgericht nach § 128 VwGO den vor ihm anhängig gemachten Streitfall im Rahmen der Berufungsanträge (§ 129 VwGO) grundsätzlich im selben Umfang wie das Gericht erster Instanz in tatsächlicher und rechtlicher Hinsicht prüft.[12]

II. Der BGH als Beschwerdegericht (Abs. 2 Nr. 2)

9 Gemäß § 111d S. 2 gelten **für das Berufungsverfahren** die §§ 124 ff. VwGO mit der Maßgabe, dass das Oberlandesgericht an die Stelle des Verwaltungsgerichts und der Bundesgerichtshof an die Stelle des Oberverwaltungsgerichts tritt. **Im Übrigen** ordnet § 111b Abs. 1 S. 2 eine andere Gleichstellung an: Danach steht das **Oberlandesgericht** einem **Oberverwaltungsgericht** gleich.[13] In Verbindung mit § 152 Abs. 1 VwGO bedeutet diese Gleichstellung, dass Entscheidungen der Oberlandesgerichte – von gesetzlichen Ausnahmen abgesehen – grundsätzlich nicht mit der Beschwerde an den Bundesgerichtshof angegriffen werden können.[14] Eine der in § 152 Abs. 1 VwGO genannten Ausnahmen betrifft Beschwerden nach § 17a Abs. 4 S. 4 GVG **(Beschwerden gegen Entscheidungen über die Zulässigkeit des Rechtswegs)**.[15] Nach § 111 Abs. 2 Nr. 2 ist der Bundesgerichtshof zur Entscheidung über derartige Beschwerden berufen.

E. Der BGH als Gericht erster Instanz (Abs. 3)

10 Die Vorschrift regelt die **sachliche Zuständigkeit** des Bundesgerichtshofs zur Entscheidung von Verwaltungsstreitsachen in erster (und zugleich letzter) Instanz, bei denen es um bereits getroffene oder noch vorzunehmende **Einzelfallentscheidungen des Bundesministeriums der Justiz und für Verbraucherschutz** geht (§ 111 Abs. 3 Nr. 1). Für Klagen gegen die Bundesnotarkammer ist nach der Grundregel des § 111 Abs. 1 im ersten Rechtszug das Oberlandesgericht und nicht (mehr) der Bundesgerichtshof zuständig,[16] so dass insbesondere Klagen gegen Verwaltungsakte des Prüfungsamtes für die notarielle Fachprüfung bei der Bundesnotarkammer (§ 7g) beim Senat für Notarsachen des

---

[12] Kopp/Schenke/*W.-R. Schenke* VwGO § 128 Rn. 1.
[13] → § 111b Rn. 87.
[14] Ebenso BGH DNotZ 2011, 75 (76); 2015, 557.
[15] Vgl. hierzu Kopp/Schenke/*W.-R. Schenke*/*Ruthig* VwGO Anh. § 41 Rn. 29; → § 111b Rn. 81.
[16] Seit der Neufassung von § 111 Abs. 3 Nr. 1 mWv 28.12.2010 durch G v. 22.12.2010 (BGBl. I 2248).

Oberlandesgerichts, konkret des Kammergerichts, zu erheben sind.[17] Nach § 111 Abs. 3 Nr. 2 ist der Bundesgerichtshof jedoch zur Entscheidung über die **Nichtigkeit von Wahlen und Beschlüssen der Bundesnotarkammer** berufen. Wahlen und Beschlüsse der Notarkammern und Kassen fallen **nicht** in den Anwendungsbereich der Norm. Ebenfalls nicht in den Anwendungsbereich der Norm fallen Streitigkeiten, die Mitgliedschafts- und Organrechte in der Bundesnotarkammer betreffen.[18] Der Bundesgerichtshof entscheidet in erster und zugleich letzter Instanz. Daraus folgt, dass es gegen seine Entscheidung **kein Rechtsmittel** gibt. Die Regelung begegnet unter verfassungsrechtlichen Gesichtspunkten keinen Bedenken, da Art. 19 Abs. 4 GG keinen mehrstufigen Rechtsweg fordert.[19]

F. Einstweiliger Rechtsschutz, Zuständigkeitsbestimmung

In den Verfahren des einstweiligen Rechtsschutzes ist das Gericht der Hauptsache zuständig (§§ 80 Abs. 5, 123 Abs. 2 S. 1 VwGO). Im ersten Rechtszug ist dies nach § 111 Abs. 1 grundsätzlich das Oberlandesgericht. Aus der entsprechenden Anwendung des § 123 Abs. 2 S. 2 VwGO ergibt sich, dass der Bundesgerichtshof für die Gewährung einstweiligen Rechtsschutzes sowohl als Berufungsgericht[20] als auch – in den Fällen des § 111 Abs. 3 – als Gericht erster Instanz sachlich zuständig ist.[21] Ebenfalls in die Zuständigkeit des Bundesgerichtshofs fällt die Bestimmung des zuständigen Gerichts nach § 53 VwGO.[22] 11

G. Besetzung des Gerichts (Abs. 4)

Die Besetzung des Oberlandesgerichts und des Bundesgerichtshofs in verwaltungsrechtlichen Notarsachen entspricht der für Disziplinarsachen gegen Notare vorgeschriebenen Besetzung. Danach entscheidet das Oberlandesgericht in der Besetzung mit dem Vorsitzenden, einem richterlichen Beisitzer und einem Notarbeisitzer (§ 101), der Bundesgerichtshof in der Besetzung mit dem Vorsitzenden, zwei richterlichen Beisitzern und zwei Notarbeisitzern (§ 106). 12

§ 111a [Örtliche Zuständigkeit]

¹Örtlich zuständig ist das Oberlandesgericht, in dessen Bezirk der Verwaltungsakt erlassen wurde oder zu erlassen wäre; für hoheitliche Maßnahmen, die berufsrechtliche Rechte und Pflichten der Beteiligten beeinträchtigen oder verwirklichen, gilt dies sinngemäß. ²In allen anderen Angelegenheiten ist das Oberlandesgericht zuständig, in dessen Bezirk der Beklagte seine Geschäftsstelle oder ansonsten seinen Wohnsitz hat. ³Sind in einem Land mehrere Oberlandesgerichte errichtet, so kann die Landesregierung durch Rechtsverordnung die Zuständigkeit eines oder mehrerer Oberlandesgerichte abweichend regeln. ⁴Die Landesregierungen können die Ermächtigung durch Rechtsverordnung auf die Landesjustizverwaltungen übertragen.

---

[17] Vgl. BT-Drs. 17/3356, 16.
[18] Vgl. BT-Drs. 16/11385, 41, 53.
[19] Vgl. hierzu Kopp/Schenke/*W.-R. Schenke* VwGO § 50 Rn. 1.
[20] Nach OLG Celle 11.8.2016 – Not 8/16, BeckRS 2016, 111352 ist die Zuständigkeit des Berufungsgerichts bereits dann begründet, wenn „nur" der Antrag auf Zulassung der Berufung gestellt ist. Wird das Begehren auf Zulassung der Berufung abgelehnt, wird der Antrag auf Erlass einer einstweiligen Anordnung gegenstandslos, BGH 21.11.2016 – NotZ (Brfg) 5/16, BeckRS 2016, 111342.
[21] Vgl. hierzu Kopp/Schenke/*W.-R. Schenke* VwGO § 123 Rn. 19.
[22] BT-Drs. 16/11385, 41, 53.

A. Allgemeines

1 § 111a wurde durch das Gesetz zur Modernisierung von Verfahren im anwaltlichen und notariellen Berufsrecht, zur Errichtung einer Schlichtungsstelle der Rechtsanwaltschaft sowie zur Änderung sonstiger Vorschriften mit Wirkung vom 1.9.2009 eingefügt.[1] Mit Wirkung vom 28.12.2010 wurde Satz 3 neu gefasst und Satz 4 angefügt.[2] Die Regelung der örtlichen Zuständigkeit des Oberlandesgerichts (Gerichtsstand) lehnt sich teilweise an die Vorschrift des § 52 Nr. 3 und Nr. 5 VwGO an. Die Bestimmung unterscheidet zwischen dem **besonderen Gerichtsstand** nach Satz 1 und einem **allgemeinen subsidiären Gerichtsstand** nach Satz 2.

2 Ist es aus Sicht eines Beteiligten oder eines mit dem Rechtsstreit befassten Gerichts wegen der Grenzen verschiedener Gerichtsbezirke ungewiss, welches Gericht für den Rechtsstreit zuständig ist, wird **das zuständige Gericht** durch das nächsthöhere Gericht, also den Bundesgerichtshof, **bestimmt**.[3]

B. Besonderer Gerichtsstand (Satz 1)

3 Maßgebend für den Gerichtsstand ist der Ort, an dem der Verwaltungsakt „erlassen wurde" (S. 1 Hs. 1 Alt. 1). Dies gilt nicht nur für **Anfechtungsklagen,** sondern auch für **Verpflichtungsklagen (Versagungsgegenklagen),** da bei letzteren nicht auf den zu erlassenden Bescheid, sondern auf den der Klage vorausgegangenen Ablehnungsbescheid abzustellen ist.[4] Der Verwaltungsakt ist dort erlassen, wo er abgesandt, nicht wo er zugestellt oder sonst bekannt gemacht worden ist.[5] Bei **Verpflichtungsklagen (Untätigkeitsklagen)** ist maßgebend der Ort, an dem der Verwaltungsakt „zu erlassen wäre" (S. 1 Hs. 1 Alt. 2). Örtlich zuständig nach S. 1 ist also das Oberlandesgericht, in dessen Bezirk sich dieser Ort befindet. In aller Regel ist das der Sitz der Behörde. Da S. 1 Hs. 2 für hoheitliche Maßnahmen (die nicht Verwaltungsakt sind) die gleiche Rechtsfolge anordnet, gilt die Zuständigkeitsregelung für **allgemeine Gestaltungs- und Leistungsklagen entsprechend.** Satz 1 ist auch auf **Klagen auf Feststellung der Nichtigkeit eines Verwaltungsakts** (§ 43 Abs. 1 VwGO) und **Fortsetzungsfeststellungsklagen** (§ 113 Abs. 1 S. 4 VwGO) anwendbar, da § 111a nicht an bestimmte Klagearten, sondern daran anknüpft, in welchem Gerichtsbezirk der Verwaltungsakt oder die sonstige hoheitliche Maßnahme erlassen wurde oder zu erlassen wäre.[6]

C. Allgemeiner Gerichtsstand (Satz 2)

4 Die Formulierung „in allen anderen Angelegenheiten", die ersichtlich § 52 Nr. 5 VwGO[7] nachgebildet worden ist, bringt zum Ausdruck, dass S. 2 eine Auffangfunktion hat

---

[1] BGBl. 2009 I 2449; → Vor §§ 111–111g. Bis dahin war örtliche Zuständigkeit des Oberlandesgerichts weder in der BNotO noch im FGG geregelt.

[2] G v. 22.12.2010 (BGBl. I 2248). Durch G v. 12.5.2017 (BGBl. I 1121) wurde S. 4 geändert mWv 18.5.2017.

[3] § 53 Abs. 1 Nr. 2, Abs. 3 VwGO iVm § 111b Abs. 1 S. 1; zur Gerichtsstandbestimmung in verwaltungsrechtlichen Notarsachen s. insbes. BGH DNotZ 2014, 545 (545 f.).

[4] Schoch/Schneider/Bier/*Bier/Schenk* VwGO § 52 Rn. 29; ebenso Kopp/Schenke/*W.-R. Schenke* VwGO § 52 Rn. 12.

[5] Eyermann/*Kraft* VwGO § 52 Rn. 24; Kopp/Schenke/*W.-R. Schenke* VwGO § 52 Rn. 12.

[6] BGH DNotZ 2014, 545 (546) mwN. Im allgemeinen Verwaltungsprozessrecht wird im Rahmen von § 52 Nr. 2 VwGO eine ähnliche Fragestellung diskutiert; wegen des dortigen Streitstandes s. Schoch/Schneider/Bier/*Bier/Schenk* VwGO § 52 Rn. 17 ff.

[7] Vgl. hierzu Kopp/Schenke/*W.-R. Schenke* VwGO § 52 Rn. 19 f.; Eyermann/*Kraft* VwGO § 52 Rn. 36 ff.; Schoch/Schneider/Bier/*Bier/Schenk* VwGO § 52 Rn. 44 ff.

und einen subsidiären Gerichtsstand begründet. Die Vorschrift ist allerdings lückenhaft formuliert. Anders als in § 52 Nr. 5 VwGO und in der Parallelnorm des § 112b S. 2 BRAO ist die örtliche Zuständigkeit nach Satz 2 nicht (auch) an den „Sitz" des Beklagten geknüpft. Für eine unterschiedliche Behandlung ist kein Grund ersichtlich, da hier (§ 111e) wie dort (§ 112f BRAO) Wahlen für ungültig und Beschlüsse für nichtig erklärt werden können und die Klage in diesen Fällen nach § 111c Abs. 1 S. 1 Nr. 2 gegen die Kammer oder Kasse zu richten ist. Deren Sitz ist, wie in § 112b S. 2 BRAO für die Zuständigkeit des Anwaltsgerichtshofs geregelt, alleiniger Anknüpfungspunkt für die örtliche Zuständigkeit. Es handelt sich offensichtlich um ein Redaktionsversehen, so dass § 111a S. 2 insoweit wie § 112b S. 2 BRAO zu lesen ist. Im Übrigen betrifft § 111a S. 2 Feststellungsklagen (§ 43 Abs. 1 VwGO), die nicht unter Satz 1 fallen.

D. Abweichende Regelungen (Satz 3 und Satz 4)

§ 111a S. 3 eröffnet den Bundesländern mit mehreren Oberlandesgerichten die Möglichkeit, durch Rechtsverordnung eine von der gesetzlichen Regelung abweichende Zuständigkeit eines oder mehrerer Oberlandesgerichte zu regeln. Anders als nach der früheren Rechtslage[8] wird nicht nur eine Konzentration der Zuständigkeiten **(Konzentrationsermächtigung)** ermöglicht. Von der Konzentrationsermächtigung haben die Landesregierungen der Länder **Baden-Württemberg,**[9] **Bayern,**[10] **Niedersachsen**[11] und **Nordrhein-Westfalen**[12] Gebrauch gemacht. Die Bundesländer haben nunmehr auch die Möglichkeit, abweichend von § 111a S. 1 die **Zuständigkeit auf mehrere Oberlandesgerichte zu verteilen** und damit regionalen Besonderheiten Rechnung zu tragen.[13] § 111a S. 4 enthält eine Subdelegationsermächtigung der Landesregierungen zur Übertragung der Befugnisse auf ihre Landesjustizverwaltung, wobei hierfür ebenfalls eine Rechtsverordnung erforderlich ist.

Soweit von der Möglichkeit abweichender Regelungen kein Gebrauch gemacht worden ist, bleibt es bei der örtlichen Zuständigkeit nach § 111a S. 1 oder S. 2. Maßgebend ist also, in welchem Gerichtsbezirk der Verwaltungsakt oder die sonstige hoheitliche Maßnahme erlassen wurde oder zu erlassen wäre. Dies gilt auch für den Fall, dass sich der Zuständigkeitsbereich einer Behörde auf mehrere Oberlandesgerichte erstreckt. Für eine entsprechende Anwendung von § 52 Nr. 3 VwGO, wonach es in diesem Fall auf den Bezirk ankommt, in dem der Beschwerte seinen Sitz oder Wohnsitz hat, ist kein Raum.[14] Demgemäß ist zB für Klagen gegen die Ländernotarkasse in Leipzig, eine rechtsfähige Anstalt des öffentlichen Rechts des Freistaates Sachsen mit Zuständigkeit für die Bezirke der ostdeutschen Notarkammern (§ 113 Abs. 2 S. 1 und S. 2), das Oberlandesgericht Dresden zuständig. Klagen gegen den Justizminister von Rheinland-Pfalz in verwaltungsrechtlichen Notarsachen sind beim Oberlandesgericht Koblenz anhängig zu machen. Für Klagen gegen die Notarkasse in München, eine rechtsfähige Anstalt des öffentlichen Rechts des Freistaates Bayern mit Zuständigkeit auch für den Bezirk des Pfälzischen Oberlandesgerichts Zweibrücken (§ 113 Abs. 1 S. 1 und S. 2), ist das Oberlandesgericht München zuständig.

---

[8] Entsprechende Geltung von § 100.
[9] § 15 Notarverordnung Baden-Württemberg v. 18.9.2017 (GBl. S. 511).
[10] § 2 S. 2 Notarverordnung (NotV) v. 10.2.2000 (GVBl. S. 60), zuletzt geändert durch VO v. 2.10.2018 (GVBl. S. 745).
[11] § 1 Abs. 2 VO über die Zuständigkeit des Anwaltsgerichtshofs und des Senats für Notarsachen v. 29.8.1997 (Nds. GVBl. S. 403), zuletzt geändert durch VO v. 3.11.2009 (Nds. GVBl. S. 409).
[12] § 3 VO zur Ausführung der Bundesnotarordnung v. 18.5.1999 (GV NRW S. 208).
[13] BT-Drs. 17/4064, 17.
[14] Zur früheren Rechtslage vgl. *Custodis* in der 3. Auflage, § 111 aF Rn. 46.

§ 111b [Verfahrensvorschriften]

(1) ¹Soweit dieses Gesetz keine abweichenden Bestimmungen über das gerichtliche Verfahren enthält, gelten die Vorschriften der Verwaltungsgerichtsordnung entsprechend. ²Das Oberlandesgericht steht einem Oberverwaltungsgericht gleich; § 111d bleibt unberührt.

(2) ¹Die Vorschriften der Verwaltungsgerichtsordnung über die Mitwirkung ehrenamtlicher Richter sowie die §§ 35, 36 und 47 der Verwaltungsgerichtsordnung sind nicht anzuwenden. ²Die Fristen des § 116 Abs. 2 und des § 117 Abs. 4 der Verwaltungsgerichtsordnung betragen jeweils fünf Wochen.

(3) Notare und Notarassessoren können sich selbst vertreten.

(4) Die aufschiebende Wirkung der Anfechtungsklage endet abweichend von § 80b der Verwaltungsgerichtsordnung mit der Unanfechtbarkeit des Verwaltungsaktes.

Übersicht

	Rn.
A. Allgemeines	1
I. Verweisung auf die Verwaltungsgerichtsordnung (Abs. 1 S. 1)	1
II. Abweichende Regelungen	2
B. Zulässigkeit der Klage	3
I. Rechtswegzuständigkeit	3
II. Statthafte Klageart	4
1. Anfechtungs- und Verpflichtungsklagen	4
2. Allgemeine Gestaltungs- und Leistungsklagen	5
3. Feststellungsklagen	6
4. Normenkontrollklage, Klage gegen Wahlen und Beschlüsse	10
III. Zuständiges Gericht	11
IV. Postulationsfähigkeit	12
V. Klagebefugnis	13
VI. Klagegegner und Vertreter	26
VII. Vorverfahren	27
1. Allgemeines	27
2. Funktion des Vorverfahrens	28
3. Ausnahmen	29
4. Widerspruchsbehörde	31
5. Rechtsbehelfsbelehrung	32
VIII. Form, Frist und Inhalt der Klage	33
C. Begründetheit der Klage	38
I. Anfechtungs- und Verpflichtungsklagen	38
1. Rechtswidrigkeit des Verwaltungsaktes	39
2. Rechtsverletzung des Klägers	51
3. Maßgeblicher Zeitpunkt für die Beurteilung der Sach- und Rechtslage	52
II. Sonstige Klagen	55
D. Vorläufiger Rechtsschutz	58
I. Anordnung und Wiederherstellung der aufschiebenden Wirkung (§ 80 Abs. 5 VwGO)	58
II. Einstweilige Anordnung (§ 123 VwGO)	60
III. Kein Rechtsmittel gegen Beschlüsse des Oberlandesgerichts	62
E. Verfahren im ersten Rechtszug	63
I. Verfahrensgrundsätze	63
1. Grundsatz der mündlichen Verhandlung	63
2. Öffentlichkeit der mündlichen Verhandlung	65
3. Dispositionsgrundsatz	67
4. Amtsermittlungsgrundsatz (Untersuchungsgrundsatz)	68
II. Entscheidung des Gerichts	71
F. Rechtsmittelverfahren	75
I. Berufung	75

	Rn.
II. Beschwerde	80
III. Anhörungsrüge	84
G. Gerichtskosten und Streitwertbemessung	85
H. Abweichungen gegenüber der VwGO (Abs. 1 S. 2, Abs. 2 bis Abs. 4)	86
I. Gleichstellung mit dem Oberverwaltungsgericht außerhalb des Berufungsverfahrens (Abs. 1 S. 2)	87
II. Sonderregelungen für notarielle Beisitzer (Abs. 2 S. 1 Alt. 1)	88
III. Vertreter des öffentlichen Interesses, Normenkontrollverfahren (Abs. 2 S. 1 Alt. 2)	89
IV. Verlängerung von Fristen (Abs. 2 S. 2)	90
V. Selbstvertretung in verwaltungsrechtlichen Notarsachen (Abs. 3)	91
VI. Aufschiebende Wirkung, Ende der aufschiebenden Wirkung (Abs. 4)	92

A. Allgemeines

I. Verweisung auf die Verwaltungsgerichtsordnung (Abs. 1 S. 1)

§ 111b wurde durch das Gesetz zur Modernisierung von Verfahren im anwaltlichen und notariellen Berufsrecht, zur Errichtung einer Schlichtungsstelle der Rechtsanwaltschaft sowie zur Änderung sonstiger Vorschriften mit Wirkung vom 1.9.2009 eingefügt.[1] Für die gerichtlichen Verfahren in verwaltungsrechtlichen Notarsachen galt bis dahin das frühere FGG als Verfahrensordnung.[2] Mit § 111b Abs. 1 S. 1 als **Schlüsselnorm** des Verfahrensrechts für verwaltungsrechtliche Notarsachen gilt aufgrund Verweisung die **VwGO in entsprechender Anwendung**.[3] Damit sind die möglichen Klagearten,[4] die Sachentscheidungsvoraussetzungen und das Verfahren im ersten und zweiten Rechtszug vorgegeben, die im Folgenden in wesentlichen Punkten skizziert werden. Wegen der weiteren Einzelheiten des gerichtlichen Verfahrens wird auf das verwaltungsprozessrechtliche Schrifttum verwiesen.[5]

1

II. Abweichende Regelungen

Allerdings gelten die Bestimmungen der VwGO nicht ohne Einschränkungen. Die BNotO enthält **bestimmte Abweichungen,** auch solche, die den Besonderheiten des notariellen Berufsrechts geschuldet sind (§ 111b Abs. 1 S. 2 und Abs. 2 bis Abs. 4,[6] § 111 für Rechtsweg, sachliche Zuständigkeit und die Besetzung des Gerichts, § 111a für die örtliche Zuständigkeit, § 111c für Klagegegner und spezielle Vertretungskonstellationen, § 111d für das Berufungsverfahren, § 111e für die Anfechtung von Wahlen und Beschlüssen, §§ 111f und 111g für Gerichtskosten und Streitwertbemessung).

2

---

[1] BGBl. 2009 I 2449; s. hierzu → Vor §§ 111–111g.
[2] Die Verweisung auf die VwGO hatte zahlreiche Änderungen gegenüber der früheren Rechtslage zur Folge, s. hierzu ausführlich *Custodis* DNotZ 2009, 895 (899 ff.).
[3] Für Disziplinarsachen verweist § 96 Abs. 1 auf die Vorschriften des BDG, welche wiederum auf die VwGO verweisen; diesbezüglich ist die Verweisung in § 111b nicht einschlägig.
[4] Entsprechend der Begrifflichkeit des früheren FGG wurde das Verfahren nach § 111 aF durch einen Antrag auf gerichtliche Entscheidung eingeleitet, wobei je nach Rechtsschutzziel zwischen Anfechtungs- und Verpflichtungsanträgen, allgemeinen Gestaltungs- und Leistungsanträgen sowie Feststellungs- und Fortsetzungsfeststellungsanträgen unterschieden wurde; s. hierzu *Custodis* in der 3. Auflage, § 111 aF Rn. 48 ff.
[5] Zu den Sachentscheidungsvoraussetzungen s. zB Kopp/Schenke/*W.-R. Schenke* VwGO Vorb. § 40 Rn. 17 ff.
[6] → Rn. 86 ff.

B. Zulässigkeit der Klage

I. Rechtswegzuständigkeit

3 Die Rechtswegzuständigkeit ist abweichend von § 40 Abs. 1 S. 1 VwGO durch die abdrängende Sonderzuweisung des § 111 Abs. 1 geregelt. Der Rechtsweg für verwaltungsrechtliche Notarsachen ist demnach **zu den ordentlichen Gerichten** eröffnet.[7]

II. Statthafte Klageart

4 **1. Anfechtungs- und Verpflichtungsklagen.** Die **Anfechtungsklage** nach § 42 Abs. 1 Alt. 1 VwGO ist die statthafte Klageart, wenn die Aufhebung eines Verwaltungsakts begehrt wird. Die **Verpflichtungsklage** nach § 42 Abs. 1 Alt. 2 VwGO hat die Verurteilung zum Erlass eines abgelehnten oder unterlassenen Verwaltungsakts zu Ziel. Nach § 64a iVm § 35 S. 1 VwVfG ist ein Verwaltungsakt jede hoheitliche Maßnahme, die eine Behörde zur Regelung eines Einzelfalls auf dem Gebiet des öffentlichen Rechts trifft und die auf eine unmittelbare Rechtswirkung nach außen gerichtet ist. Im Bereich der verwaltungsrechtlichen Notarsachen handelt es sich regelmäßig um die Begründung, Aufhebung, Abänderung oder verbindliche Feststellung eines subjektiven Rechts oder einer Pflicht des Betroffenen.[8] Organisationsakte der Justizverwaltungen sind mangels Außenwirkung keine Verwaltungsakte.[9] Eine Teilanfechtung ist zulässig, wenn der Verwaltungsakt seinem Inhalt dergestalt teilbar ist, dass nach Abtrennung des rechtswidrigen Teils der noch verbleibende rechtmäßige Teil der Gesamtregelung einen selbstständigen Sinn behält.[10] Bei der Verpflichtungsklage wird zwischen der **Versagungsgegenklage,** mit der der Beklagte zum Erlass der abgelehnten Amtshandlung verpflichtet werden soll, und **Untätigkeitsklage** unterschieden, mit der der Beklagte veranlasst werden soll, den Antrag auf Erlass des Verwaltungsakts zu bescheiden oder ggf. den Verwaltungsakt zu erlassen. Verschiedene Regelungen gelten insoweit für die Frage der Erforderlichkeit eines Vorverfahrens[11] und für die Klagefrist.[12]

5 **2. Allgemeine Gestaltungs- und Leistungsklagen.** Im System der Klagearten der VwGO, das auch in verwaltungsrechtlichen Notarsachen gilt, ist die auf Aufhebung oder Änderung eines Verwaltungsakts gerichtete Anfechtungsklage eine Unterart der auf Rechtsgestaltung durch das Gericht abzielenden **allgemeinen Gestaltungsklage;**[13] die auf Erlass eines Verwaltungsakts gerichtete Verpflichtungsklage stellt eine besondere Art der auf ein Tun, Dulden oder Unterlassen gerichteten **allgemeinen Leistungsklage** dar.[14] Beide Klagearten werden in der VwGO vorausgesetzt,[15] ohne dass ihre Statthaftigkeit besonders geregelt wäre. Während die Statthaftigkeit der allgemeinen Leistungsklage in Literatur und Rechtsprechung außer Zweifel steht,[16] ist die Statthaftigkeit der allgemeinen

---

[7] Im Einzelnen → § 111 Rn. 2 ff.
[8] Arndt/Lerch/Sandkühler/*Sandkühler* BNotO § 111b Rn. 6.
[9] Arndt/Lerch/Sandkühler/*Sandkühler* BNotO § 111b Rn. 14 mit Beispielen und Nachweisen aus der Rspr. Kein Verwaltungsakt ist zB auch die Zuweisung eines Notarassessors nach § 7 Abs. 3 S. 2, da es sich um eine an den Maßstäben für eine beamtenrechtliche Umsetzung auszurichtende Organisationsmaßnahme handelt, der grundsätzlich keine Außenwirkung iSd § 35 S. 1 VwVfG zukommt, OLG Naumburg NotBZ 2018, 437 unter Verweis auf BVerwG NJW 1997, 1248; s. auch → § 7 Rn. 34.
[10] Eyermann/*Happ* VwGO § 42 Rn. 17; Kopp/Schenke/*R. P. Schenke* VwGO § 42 Rn. 21, der allerdings betont, die Frage, ob der Rest des Verwaltungsakts selbstständig fortbestehen könne, ohne seinen Sinn zu verlieren, betreffe nicht die Zulässigkeit, sondern die Begründetheit der Anfechtungsklage.
[11] → Rn. 27.
[12] → Rn. 34.
[13] Kopp/Schenke/*R. P. Schenke* VwGO § 42 Rn. 2.
[14] Kopp/Schenke/*R. P. Schenke* VwGO § 42 Rn. 6.
[15] Die Gestaltungs- und Leistungsklage findet in § 43 Abs. 2 S. 1 VwGO Erwähnung, die Leistungsklage in §§ 111 und 113 Abs. 4 VwGO.
[16] Statt aller BVerwG NJW 1969, 1131; *Hufen* § 17 Rn. 1 ff.

Gestaltungsklage umstritten. Einerseits wird argumentiert, es müsse eine Möglichkeit bestehen, den Eingriff der Verwaltung in den Rechtskreis der Bürger durch die Verwaltungsgerichte zu korrigieren, in welcher Form auch immer dieser Eingriff geschehe;[17] andererseits wird geltend gemacht, dass der mit der Anfechtungsklage gesetzlich vorgesehene Eingriff in den Funktionsbereich der Verwaltung nicht kraft richterlicher Rechtsfortbildung ohne ein entsprechendes Gesetz auf den Rechtsschutz gegen andere hoheitliche Maßnahmen übertragen werden könne.[18]

3. Feststellungsklagen. Die Statthaftigkeit einer Feststellungsklage richtet sich nach § 43 VwGO, die der Fortsetzungsfeststellungsklage nach § 113 Abs. 1 S. 4 VwGO. Die von der Rechtsprechung unter dem früheren Recht gemachten Einschränkungen sind gegenstandslos.[19] Die **Feststellungsklage** ist statthaft, wenn über des Bestehens oder Nichtbestehens eines Rechtsverhältnisses oder die Nichtigkeit eines Verwaltungsaktes (sog. Nichtigkeitsfeststellung) entschieden werden soll. Hat sich der Verwaltungsakt vor der Entscheidung des Gerichts über dessen Aufhebung durch Zurücknahme oder anders erledigt, ist die **Fortsetzungsfeststellungsklage,** mit der der Ausspruch des Gerichts begehrt wird, dass der Verwaltungsakt rechtswidrig gewesen ist, der statthafte Rechtsbehelf, wenn der Kläger ein berechtigtes Interesse an dieser Feststellung hat.[20] 6

Außer im Fall der Nichtigkeitsfeststellung nach § 43 Abs. 2 S. 2 VwGO ist die allgemeine Feststellungsklage **subsidiär** gegenüber der Gestaltungs- oder Leistungsklage (§ 43 Abs. 2 S. 1 VwGO), da diese Klagearten intensiveren Rechtsschutz bieten, der Kläger also seinem Ziel näher kommt und wegen der Vollstreckbarkeit oder Gestaltungswirkung mehr in den Händen hat als eine bloße Feststellung.[21] 7

Zwischen Kläger und Beklagten muss ein feststellungsfähiges und hinreichend konkretes **Rechtsverhältnis** bestehen, das sich auf einen bestimmten Sachverhalt bezieht. Diese Voraussetzungen sind typischerweise gegeben, wenn sich die begehrte Feststellung darauf bezieht, ob in einem konkreten Rechtsverhältnis bestimmte gesetzliche Verhaltenspflichten einzuhalten sind.[22] Ein solches besteht insbesondere zwischen einem Notar und der Aufsichtsbehörde, wenn eine Klärung darüber herbeigeführt werden soll, ob die Aufsichtsbehörde bei der zukünftigen Vornahme von Beurkundungen in bestimmten Sachverhaltskonstellationen dienstaufsichtsrechtliche Maßnahmen gegen den Kläger ergreifen würde.[23] 8

Erforderlich ist bei diesen Klagearten ein **berechtigtes Interesse** an der (baldigen) Feststellung: das Feststellungsinteresse iSv § 43 Abs. 1 VwGO bzw. das sog. Fortsetzungsfeststellungsinteresse iSv § 113 Abs. 1 S. 4 VwGO. Erfasst ist jedes nach Lage des Falles anzuerkennende schutzwürdige Interesse, sei es rechtlicher, wirtschaftlicher oder ideeller Art, zu verstehen.[24] Für die Fortsetzungsfeststellungsklage werden als Hauptfälle die Vorbereitung von Schadensersatz- oder Entschädigungsansprüchen, eine drohende Wiederholungsgefahr sowie Genugtuung für den Kläger bzw. dessen Rehabilitierung genannt.[25] 9

---

[17] Eyermann/*Happ* VwGO § 42 Rn. 69; *Hufen* § 13 Rn. 11 f., § 21 Rn. 14 und § 22 Rn. 1.
[18] Vgl. Kopp/Schenke/*W.-R. Schenke* VwGO Vorb. § 40 Rn. 8b mwN.
[19] Nach der früheren Rechtslage waren Feststellungs- und Fortsetzungsfeststellungsanträge grundsätzlich unzulässig. Eine Ausnahme wurde dann zugelassen, wenn anderenfalls die Rechtsweggarantie des Art. 19 Abs. 4 GG leerlaufen würde, insbes. wenn der Antragsteller durch die Verwaltungsentscheidung möglicherweise in seinen Rechten verletzt ist und die begehrte Feststellung dazu dient, eine Rechtsfrage zu klären, die sich der Behörde in einer entsprechenden Angelegenheit des Notars (des Antragstellers) bei nächster Gelegenheit genauso stellen wird; s. hierzu ausführlich *Custodis* in der 3. Auflage, § 111 aF Rn. 76 ff.
[20] Zur Umstellung einer Anfechtungs- und Verpflichtungsklage auf eine Fortsetzungsfeststellungsklage nach Ablauf der Bestellung eines Notariatsverwalters s. BGH NotBZ 2019, 183.
[21] Schoch/Schneider/Bier/*Pietzcker* VwGO § 43 Rn. 40 f.
[22] BGH DNotZ 2015, 314 mwN.
[23] BGH DNotZ 2015, 314 mwN.
[24] Schoch/Schneider/Bier/*Pietzcker* VwGO § 43 Rn. 33; BGH DNotZ 2012, 53 (55) für die Fortsetzungsfeststellungsklage in verwaltungsrechtlichen Notarsachen.
[25] Kopp/Schenke/*W.-R. Schenke/R. P. Schenke* VwGO § 113 Rn. 136 ff.

10 **4. Normenkontrollklage, Klage gegen Wahlen und Beschlüsse.** Die Anwendung von § 47 VwGO, der eine prinzipale Normenkontrolle für untergesetzliche Rechtsvorschriften des Landesrechts vorsieht,[26] ist nach Abs. 2 S. 1 ausgeschlossen. Für die Einführung eines Normenkontrollverfahrens in der BNotO gibt es kein Bedürfnis. Darüber hinaus zwingt Art. 19 Abs. 4 GG nicht dazu, ein Normenkontrollverfahren auch für die BNotO vorzusehen. Die Möglichkeit, die Rechtmäßigkeit einer untergesetzlichen Norm als Vorfrage inzident in einem Anfechtungs- oder Gestaltungsverfahren zu prüfen, genügt dem Erfordernis effektiven Rechtsschutzes.[27] Wahlen und Beschlüsse der Selbstverwaltungsorgane können jedoch unter den Voraussetzungen des § 111e angefochten werden.[28]

III. Zuständiges Gericht

11 Die örtliche und sachliche Zuständigkeit richtet sich in verwaltungsrechtlichen Notarsachen nach den Sonderreglungen der §§ 111 und 111a, auf deren Kommentierung wegen der weiteren Einzelheiten verwiesen wird.[29]

IV. Postulationsfähigkeit

12 Nach § 67 Abs. 4 VwGO müssen sich die Beteiligten vor dem Bundesverwaltungsgericht und dem Oberverwaltungsgericht durch einen Prozessbevollmächtigten (Rechtsanwalt oder Rechtslehrer) vertreten lassen. Dies gilt nicht für Notare und Notarassessoren, die sich aufgrund der Sonderregelung des § 111b Abs. 3 selbst vertreten können. Die Vorschrift erweitert insoweit die Bestimmungen des § 67 Abs. 4 VwGO.[30] Da das Oberlandesgericht einem Oberverwaltungsgericht gleichsteht (Abs. 1 S. 2), würde die Verweisung auf die VwGO in Abs. 1 S. 1 ansonsten dazu führen, dass sich Notare und Notarassessoren in ihren eigenen berufsrechtlichen Angelegenheiten nicht (mehr)[31] selbst vertreten könnten.

V. Klagebefugnis

13 Nach Abs. 1 S. 1 iVm § 42 Abs. 2 VwGO sind **Anfechtungs- und Verpflichtungsklage** nur zulässig, wenn der Kläger geltend macht, durch den Verwaltungsakt oder seine Ablehnung oder Unterlassung in seinen Rechten verletzt zu sein. Damit sollen von vornherein sog. Popularklagen als unzulässig ausgeschlossen werden. Für die Zulässigkeit der Klage genügt es nicht, dass der Kläger eine Beeinträchtigung seiner Rechte nur behauptet. Auf der anderen Seite bedarf es keines Sachvortrags, aus dem sich die Schlüssigkeit der von ihm vorgetragenen Tatsachen ergibt. Erforderlich, aber auch ausreichend ist, dass der Kläger **hinreichend substantiiert** Tatsachen vorträgt, die eine Beeinträchtigung seiner Rechte **als möglich** erscheinen lassen; oder anders formuliert: Die Klagebefugnis ist ausgeschlossen, wenn die Verletzung des Rechts offensichtlich und eindeutig nach keiner Betrachtungsweise möglich ist.[32] Die Rechtsbeeinträchtigung wird häufig bereits aus dem Klageantrag und der angegriffenen Entscheidung ersichtlich sein. Macht der Kläger eine Beeinträchtigung seiner Rechte aber überhaupt nicht geltend, zB wenn sich die Klage ausschließlich auf die Verletzung von Rechten Dritter bezieht, oder kann

---

[26] Kopp/Schenke/*W.-R. Schenke/R. P. Schenke* VwGO § 47 Rn. 1.
[27] Vgl. Schoch/Schneider/Bier/*Panzer* VwGO § 47 Rn. 10 f. mwN. Zur alten Rechtslage hinsichtlich des Normenkontrollverfahrens vgl. *Custodis* in der 3. Aufl., § 111 aF Rn. 83 f.
[28] → § 111e Rn. 4 ff.; nach der Begr. RegE könne hierdurch die Rechtmäßigkeit oder Gültigkeit von Kammerentscheidungen in ausreichendem Maß kontrolliert werden, BT-Drs. 16/11385, 41, 54.
[29] → § 111a Rn. 3 ff. für die örtliche Zuständigkeit und → § 111 Rn. 7 ff. für die sachliche Zuständigkeit.
[30] BT-Drs. 16/11385, 54.
[31] Auch nach der früheren Rechtslage bestand kein Anwaltszwang für Notare und Notarassessoren (vgl. § 13 FGG aF).
[32] Kopp/Schenke/*R. P. Schenke* VwGO § 42 Rn. 65 f. mwN.

Auch für die **allgemeinen Gestaltungs- und Leistungsklagen** bedarf es einer Klagebefugnis.[34] § 42 Abs. 2 VwGO ist daher analog auch auf diese Klagearten anzuwenden mit der Folge, dass solche Klagen bei Fehlen der erforderlichen Klagebefugnis als unzulässig abzuweisen sind. Soweit eine allgemeine **Feststellungsklage** erhoben wurde, scheidet die analoge Anwendung von § 42 Abs. 2 VwGO mangels Regelungslücke aus. Popularklagen werden bereits dadurch verhindert, dass nur hinreichend konkrete Rechtsverhältnisse (iSv § 43 Abs. 1 VwGO) zum Gegenstand einer Feststellungsklage gemacht werden können.[35] Dagegen ist ein **Fortsetzungsfeststellungsantrag** nur zulässig, wenn der Antragsteller geltend macht, dass die erledigte Maßnahme oder deren Unterlassung ihn in seinen Rechten beeinträchtigt habe.[36]

Die Möglichkeit der Rechtsverletzung setzt voraus, dass die Anwendung von Rechtsnormen in Betracht kommt, die zur Begründung von subjektiven Rechten geeignet sind.[37] Hierbei genügt es nach der sog. **Schutznormtheorie**,[38] dass die in Frage kommenden Rechtssätze ausschließlich oder doch jedenfalls neben dem mit ihnen verfolgten allgemeinen Interesse zumindest auch dem Schutz von Personen in der rechtlichen Situation, in der sich der Kläger befindet, zu dienen bestimmt sind. Bei den möglicherweise verletzten Rechten kann es sich um materielle subjektive öffentliche Rechte oder um formelle, das Verfahren betreffende Rechte des Klägers (Recht auf fehlerfreie Ermessensausübung, Recht auf fehlerfreie Ausübung des Beurteilungsspielraums) handeln. Auch formelle subjektive Rechte haben zur Voraussetzung, dass die Ermächtigungsnorm nicht nur dem öffentlichen Interesse, sondern unmittelbar oder in Verbindung mit anderen Rechtssätzen auch dem Schutz des Klägers dient.[39] Die Frage, ob eine Schutznorm, auf die sich der Kläger möglicherweise berufen kann, besteht, ist bereits **abschließend im Rahmen der Zulässigkeit** der Klage zu klären. Ist die Frage zu verneinen, scheidet die Möglichkeit einer Rechtsverletzung und damit die Klagebefugnis aus.[40]

Die Möglichkeit der Rechtsverletzung ist in folgenden Konstellationen **verneint** worden:

– **Aufhebung der** nach § 18 Abs. 2 Hs. 2 erteilten **Befreiung von der Verschwiegenheitspflicht:** Die Verschwiegenheitspflicht dient allein dem Schutz des Beteiligten, den der Notar betreut hat, nicht etwa auch dem Schutz des Erben an der Geheimhaltung oder dem Schutz des Notars an der Aufrechterhaltung seines Zeugnisverweigerungsrechts.[41] Auch ein Erbe, dem vom Erblasser zu Lebzeiten Generalvollmacht erteilt worden war, ist nicht anfechtungsbefugt;[42]

– **Aufhebung der** nach § 18 Abs. 3 ergangenen **Entscheidung** der Aufsichtsbehörde, dass der Notar **zur Verschwiegenheit verpflichtet ist.** Die Vorschrift dient nicht dem Beweisinteresse der Urkundsbeteiligten, sondern **allein dem Schutz des Notars,** zu dessen Sicherheit (nur) geklärt wird, ob überhaupt eine Pflicht zu Verschwiegenheit besteht;[43]

---

[33] Schippel/Bracker/*Herrmann* BNotO § 111b Rn. 20.
[34] Vgl. Kopp/Schenke/*R. P. Schenke* VwGO § 42 Rn. 62; für den Leistungsantrag auch BGH DNotZ 1996, 902 (903); 1999, 239 (240). So auch BGH DNotZ 2008, 311 (312) für den Unterlassungsantrag badischer Amtsnotare, mit dem sie sich gegen die beabsichtigte Bestellung von Notaren zur hauptberuflichen Amtsausübung iSv § 3 Abs. 1 wenden.
[35] So auch Kopp/Schenke/*R. P. Schenke* VwGO § 42 Rn. 63.
[36] Vgl. Kopp/Schenke/*R. P. Schenke* VwGO § 42 Rn. 62.
[37] Kopp/Schenke/*R. P. Schenke* VwGO § 42 Rn. 66.
[38] S. Kopp/Schenke/*R. P. Schenke* VwGO § 42 Rn. 71, 78, 83 ff. mwN; *Hufen* § 14 Rn. 72 ff.
[39] BGH DNotZ 1993, 469; Kopp/Schenke/*R. P. Schenke* VwGO § 42 Rn. 91 ff.
[40] Kopp/Schenke/*R. P. Schenke* VwGO § 42 Rn. 66, 85.
[41] BGH DNotZ 1975, 420 (423) (Antrag des Erben); 1987, 162 (Antrag des Notars).
[42] BGH ZNotP 2009, 286 (287).
[43] BGH DNotZ 2003, 233; ZNotP 2003, 315 (316); zu § 18 Abs. 3 siehe auch BGH DNotZ 1987, 162 (163).

– **Aufhebung der Entscheidung,** einem Notar einen von ihm vorgeschlagenen **Vertreter nicht zu bestellen:** Ob die Aufsichtsbehörde einem Notar einen Vertreter bestellt, steht in ihrem pflichtgemäßen Ermessen (§ 39 Abs. 1). Durch die ablehnende Entscheidung der Behörde werden nur dessen ideelle oder wirtschaftliche Interessen, nicht aber subjektive Rechte berührt;[44]
– **Aufhebung der Amtsenthebung,** wenn der (Anwalts-)Notar seine Zulassung als Anwalt bestandskräftig und damit sein Amt als Notar von Gesetzes wegen (§ 47 Nr. 3) verloren hat;[45]
– **Abbruch der Verfahren über die (erstmalige) Besetzung von Notarstellen** zur hauptberuflichen Amtsausübung im badischen Rechtsgebiet.[46]

17 Im Verfahren nach § 18 Abs. 2 Hs. 2 ist der **Erbe,** der zum Nachweis seiner Ansprüche auf die Auskunft des Notars in dieser Angelegenheit angewiesen zu sein glaubt, berechtigt, die **Ablehnung der Befreiung** von der Verschwiegenheitspflicht anzufechten.[47]

18 Die Möglichkeit der Rechtsverletzung setzt auch bei Verpflichtungs- und Leistungsklagen voraus, dass es um die Anwendung von Rechtssätzen geht, die dem Kläger ein subjektives Recht gewähren oder zumindest auch dem Schutz seiner Interessen dienen.[48]

19 Die Klage- bzw. Antragsbefugnis ist in folgenden Konstellationen **verneint** worden:

– **Vornahme von Dienstaufsichtsmaßnahmen:** Ob die Dienstaufsichtsbehörde gegen einen Notar einschreitet und welche Maßnahmen sie ergreift, berührt nicht die Rechte dessen, der sich durch eine Amtspflichtverletzung geschädigt fühlt und Dienstaufsichtsmaßnahmen angeregt hat, sondern nur seine Interessen. Die in § 93 Abs. 1 geregelte Dienstaufsicht obliegt den Behörden ausschließlich im öffentlichen Interesse;[49]
– **Errichtung von Notarstellen:** Ob und wie viele Notarstellen einzurichten sind, ist der Organisationsgewalt des Staates vorbehalten, der allerdings nicht nach Belieben entscheiden kann, sondern seine Bedarfsplanung an den Erfordernissen einer geordneten Rechtspflege (§ 4) auszurichten hat. Die Ermessensbegrenzung dient nicht dem Interesse potentieller Bewerber, sondern ausschließlich dem öffentlichen Interesse.[50] Der Antrag eines Rechtsanwalts, weitere Anwaltsnotarstellen zu errichten, ist daher – als Leistungsantrag – mangels Antragsbefugnis unzulässig.[51] Gleiches gilt für den Antrag, die Landesjustizverwaltung zu verpflichten, eine unter dem Vorbehalt eines bestimmten Amtssitzes ausgeschriebene Anwaltsnotarstelle ohne diesen Vorbehalt auszuschreiben.[52] Ebenso wenig besteht ein Anspruch auf Einrichtung einer Notarstelle, die zunächst ausgeschrieben, aber nach Rücknahme der Ausschreibung nicht mehr zu besetzen war,[53] oder auf Beschränkung einer Ausschreibung auf einen bestimmten Stadtteil oder Amtsgerichtsbezirk;[54]
– **Verlegung des Amtssitzes eines anderen Notars aus demselben Amtsbezirk:**[55] Die Klagebefugnis fehlt, weil die Verletzung eigener Rechte des Antragstellers, soweit es sich um die begehrte Entscheidung handelt, einem anderen Notar aus seinem Amtsbezirk eine außerhalb desselben ausgeschriebene Stelle im Wege der Amtssitzverlegung zu über-

---

[44] BGH DNotZ 1993, 469 (470).
[45] BGH 31.3.2003 – NotZ 33/02, mitgeteilt bei *Wöstmann* ZNotP 2004, 298 (309).
[46] BGH DNotZ 2008, 311; die Vorinstanz OLG Stuttgart NJW-RR 2007, 715 (716) hatte die Antragsbefugnis bejaht und die Anträge als unbegründet zurückgewiesen.
[47] BGH DNotZ 2003, 780 (781).
[48] BGH DNotZ 1975, 693 (694); BGHZ 78, 237 (238); BGH DNotZ 1996, 902 (903).
[49] BGH DNotZ 1964, 571 (572).
[50] St. Rspr., s. BGH DNotZ 2003, 782 (783); 2008, 165.
[51] BGH DNotZ 1996, 902 (903 f.); s. auch BGH ZNotP 2004, 71; *Bohrer*, Berufsrecht Rn. 230, 259.
[52] BGH DNotZ 1999, 239 (240).
[53] BGH DNotZ 1997, 889 (890), ergangen auf Beschwerde des Antragsgegners, wobei der BGH den Anspruch verneint hat, ohne ausdrücklich auszusprechen, dass dem Antragsteller schon die Antragsbefugnis gefehlt hat.
[54] BGH DNotZ 2008, 865 (866).
[55] BGH ZNotP 2003, 439 (440).

tragen, nicht möglich ist. Auch soweit es um **die eigentlich erstrebte Einziehung** der Stelle geht, die mit der ggf. erfolgenden Amtssitzverlegung frei wird, berührt die Besetzungsentscheidung keine Rechte oder rechtlich geschützten Interessen des Klägers. Die Entscheidung über die Besetzung der ausgeschriebenen Stelle entfaltet in Richtung auf eine etwaige Einziehung der anderen Stelle **nur tatsächliche Wirkungen** dergestalt, dass eine Einziehung, worüber in einem eigenen Verfahren zu befinden wäre, nur in Betracht kommt, wenn die Stelle infolge Amtssitzverlegung frei geworden ist.

Was die **Klagebefugnis bei Konkurrentenklagen** anbelangt, die in Verwaltungsstreit- 20 verfahren der BNotO typischerweise als **Mitbewerberklagen**[56] – mehrere Bewerber erstreben die Ernennung zum Notar oder zum Notariatsverwalter **auf dieselbe Stelle** oder mit der Ernennung zum Notarassessor die Aufnahme in den Anwärterdienst, bei dem nur eine **begrenzte Anzahl** von freien Plätzen zur Verfügung steht – erhoben werden, so macht es keinen Unterschied, ob die Klage **vor** oder **nach** Ernennung des Konkurrenten erhoben wird. Für die Klagebefugnis, die in beiden Fällen zu bejahen ist, kommt es entgegen früherer Rechtsprechung auf den Stand des Ernennungsverfahrens nicht an:

Hat die Behörde die Stelle **noch nicht besetzt,** sondern dem Bewerber – entsprechend 21 der Rechtsprechung des Bundesverfassungsgerichts[57] – nur angekündigt, sie werde sein Gesuch ablehnen und die freie Stelle einem Mitbewerber übertragen, kann der betroffene Bewerber Rechtsschutz mit einer Versagungsgegenklage (Verpflichtungsklage) in Anspruch nehmen.[58] Da die BNotO dem Bewerber kein Recht auf Bestellung zum Notar einräumt, sondern nur die Voraussetzungen regelt, unter denen das Amt verliehen werden kann,[59] ist diese Klage in der Regel als Neubescheidungsklage zu formulieren.[60] Gleiches gilt für die Ernennung zum Notariatsverwalter[61] oder Notarassessor.[62]

Wenn die Stelle dem Mitbewerber schon übertragen worden ist und die Versagungs- 22 gegenklage **erst danach** erhoben wird, ist die Klagebefugnis schon deshalb gegeben, da die mit der Ernennung des einen Bewerbers auf die freie Stelle verbundene Ablehnung des Gesuchs des anderen Bewerbers für diesen einen belastenden Verwaltungsakt darstellt.[63]

Allerdings kann der geltend gemachte Neubescheidungsanspruch nicht mehr erfüllt 23 werden, da die Ernennung, durch die der Mitbewerber begünstigt worden ist, nicht mehr rückgängig zu machen ist.[64] Die Aufhebung der Ernennung des Konkurrenten ist im Hinblick auf den Grundsatz der Ämterstabilität, den Vertrauensschutz und den in § 50 enthaltenen abschließenden Katalog von Gründen für eine Amtsenthebung ausgeschlossen.[65]

---

[56] Vgl. hierzu Kopp/Schenke/*R. P. Schenke* VwGO § 42 Rn. 45 ff., 49 f.; zu den notarrechtlichen Konkurrentenstreitigkeiten s. ausführlich *Custodis* FS Schlick 2015, 413 (416 ff.).
[57] BVerfG (3. Kammer des 2. Senats) NJW 1990, 501; hierzu *Hufen* JuS 1990, 756.
[58] BGH DNotZ 1983, 506 (508); 1985, 510 (511); 1991, 72 (73).
[59] BGH DNotZ 1994, 318 (319); BGH NJW 1994, 1870.
[60] Vgl. BVerwGE 80, 127 (129); *Hufen* JuS 1990, 756 (757).
[61] BGH DNotZ 1991, 72 (73).
[62] Zum vorläufigen Rechtsschutz, der in Konkurrentenstreitigkeiten zentrale Bedeutung hat, → Rn. 60.
[63] Vgl. BVerwGE 80, 127 (129 ff.); anders noch BGH DNotZ 1983, 506 (509); 1984, 435 (437), wonach die Klagebefugnis erlischt. Unklar in dieser Beziehung OLG Köln DNotZ 1984, 712 f.
[64] Anders nunmehr für die Richterernennung: BVerwG NJW 2011, 695; vgl. zur früheren beamtenrechtlichen Rspr.: BVerfG NJW 1990, 501; BVerwGE 80, 127 (129 ff.); stRspr des BGH: DNotZ 1975, 45 (46); 1983, 506 (508); 1985, 510 (511); 1991, 72 (73); NJW 1993, 2040; Nds. Rpfl. 1994, 333; DNotZ 1996, 905 (906); ZNotP 2011, 31 (32 f.).
[65] BGH DNotZ 1975, 45 (46); BGHZ 67, 343 (346); BGH DNotZ 1991, 72 (74); im Ergebnis auch BGH 3.11.2003 – NotZ 7/03, mitgeteilt bei *Rinne* ZNotP 2004, 298 (301); BGH DNotZ 2005, 154; 2006, 313 (314); aA für die beamtenrechtliche Konkurrentenklage: BVerwG NJW 2011, 695 (jedoch nur in Fallkonstellationen, in denen ein vorläufiger Rechtsschutz des Mitbewerbers durch die Behörde vereitelt wurde); Kopp/Schenke/*R. P. Schenke* VwGO § 42 Rn. 49; die Übertragung der Rspr. des BVerwG auf notarrechtliche Konkurrentenstreitigkeiten mit Blick auf den Grundsatz der Ämterstabilität und den in § 50 enthaltenen abschließenden Katalog für eine Amtsenthebung ausdrücklich verneinend: BGH DNotZ 2011, 391 (393).

Wird die ausgeschriebene Stelle mit dem Mitbewerber besetzt, ist das Besetzungsverfahren beendet.[66] Die Klage scheitert am **fehlenden Rechtsschutzinteresse**.[67]

24 **Klagebefugt** sind auch bereits bestellte **Notare,** soweit sie sich mit einem Unterlassungsantrag im Rahmen einer defensiven Konkurrentenklage gegen die **Bestellung eines weiteren Notars** in ihrem Amtsbereich[68] oder die **Wiederbesetzung einer Notarstelle im Tätigkeitsbereich der Kasse,** wenn im betroffenen Amtsbereich ein Viertel der Notare auf Einkommensergänzung angewiesen ist und der Richtwert für das Urkundsaufkommen nachhaltig und deutlich unterschritten wird,[69] wenden. § 4 S. 1 dient nicht nur dem Allgemeininteresse, sondern schützt auch das Interesse bereits installierter Amtsinhaber (Art. 12 Abs. 1 GG), da ihnen zur Erfüllung ihrer öffentlichen Aufgabe als unabhängige und unparteiische Berater ein Mindestmaß an wirtschaftlicher Unabhängigkeit zu gewährleisten ist.[70]

25 Ein besonderes Problem stellt die **Klagebefugnis der Notarkammer** dar. Nach § 67 Abs. 1 S. 1 vertritt die Notarkammer „die Gesamtheit der in ihr zusammengeschlossenen Notare". Damit ist keine rechtliche Vertretung, sondern die Wahrnehmung der Interessen ihrer Mitglieder gemeint.[71] Betrifft der erlassene oder der unterlassene Verwaltungsakt die Interessen der Gesamtheit der Notare, kann die Notarkammer in ihren Rechten verletzt sein. Indem sie in solchen Fällen die Aufhebung oder die Verpflichtung der Behörde zur Vornahme des Verwaltungsakts begehrt, beruft sie sich nicht nur auf die Belange ihrer Mitglieder, was für die Klagebefugnis nicht ausreiche. Sie macht vielmehr die Verletzung eigener Rechte geltend, die sich daraus ergeben, dass ihr die **Wahrnehmung der Interessen der Gesamtheit der Notare als Pflichtaufgabe** zugewiesen worden ist. Da eine Notariatsverwalterbestellung im Bereich des hauptberuflichen Notariats das sog. **Vorrücksystem** und damit die Gesamtheit der Notare betrifft, ist die Klagebefugnis zu bejahen, wenn die Landesjustizverwaltung entgegen dem Antrag der Notarkammer **die Bestellung eines Notariatsverwalters für eine freigewordene Notarstelle (im Bereich des hauptberuflichen Notariats) ablehnt.**[72] Dagegen ist die Notarkammer nicht befugt, Klage auf Verpflichtung der Landesjustizverwaltung zu erheben, einem Anwaltsnotar, der einer genehmigten Nebenbeschäftigung nachgeht, anstelle eines Vertreters einen Notariatsverwalter beizuordnen. Die unterlassene Verwalterbestellung berührt in diesem Fall nicht die Gesamtheit der Notare.[73]

VI. Klagegegner und Vertreter

26 Die Sonderregelung des § 111c Abs. 1 bestimmt den Klagegegner in verwaltungsrechtlichen Notarsachen abweichend vom Rechtsträgerprinzip des § 78 Abs. 1 Nr. 1 VwGO.[74]

---

[66] BGH ZNotP 2004, 70 (71); 2005, 36; BGH DNotZ 2009, 155 (156).
[67] BGH Nds. Rpfl. 1994, 333 (334); DNotZ 1996, 905 (906); 1999, 252 (253); NJ 2002, 335; BGH 31.3.2003 – NotZ 30/02, mitgeteilt bei *Wöstmann* ZNotP 2004, 298 (309); BGH ZNotP 2005, 36; DNotZ 2006, 313 (314); s. auch Schippel/Bracker/*Herrmann* BNotO § 111b Rn. 50; *Hufen* JuS 1990, 756 (757); aA Kopp/Schenke/*R. P. Schenke* VwGO § 42 Rn. 49, 148. Wie die Beschlüsse BGHZ 160, 190 und 165, 139 zeigen, hat der Beschluss des BGH v. 3.11.2003 – NotZ 7/03, wonach der Verpflichtungsantrag, die Ernennung des Mitbewerbers zurückzunehmen, *unbegründet* ist, einen Wandel der Rechtsprechung nicht bewirkt.
[68] St. Rspr.: BGH DNotZ 1977, 180; 1979, 688; 1980, 177; 1983, 236; 1996, 123; 1996, 902 (904); 1997, 824 (825); 1999, 251; zustimmend *Ronellenfitsch* DNotZ 1990, 75 (85); *Bohrer*, Berufsrecht, Rn. 264.
[69] BGH DNotZ 2002, 70 mAnm *Lischka*.
[70] BGH DNotZ 1996, 902 (904); ebenso *Ronellenfitsch* DNotZ 1990, 75 (85); *Bohrer*, Berufsrecht, Rn. 264.
[71] Schippel/Bracker/*Püls* BNotO § 67 Rn. 12 f.
[72] BGH DNotZ 1975, 693 (694 f.) mAnm *Dumoulin* DNotZ 1975, 696; offengelassen in BGH DNotZ 1993, 469 (470) (obiter dictum) für die Ablehnung der Bestellung eines Notarvertreters; vgl. auch *Tettinger*, Kammerrecht, 1997, S. 215.
[73] BGH NJW 1999, 499.
[74] → § 111c Rn. 2 f.

§ 111c Abs. 2 regelt die Vertretung der Selbstverwaltungskörperschaften in Fällen möglicher Interessenkollisionen.[75]

VII. Vorverfahren

1. Allgemeines. Die VwGO sieht – von bestimmten Ausnahmen abgesehen – zwingend als Prozessvoraussetzung (Sachentscheidungsvoraussetzung) ein vorgelagertes Verwaltungsverfahren (Widerspruchsverfahren) vor, wenn es um die Anfechtung eines Verwaltungsakts (Anfechtungswiderspruch, § 68 Abs. 1 S. 1 VwGO) oder die Vornahme eines abgelehnten Verwaltungsakts (Verpflichtungswiderspruch, § 68 Abs. 2 VwGO) geht.[76] 27

2. Funktion des Vorverfahrens. In diesem Vorverfahren sind **Rechtmäßigkeit und Zweckmäßigkeit** des erlassenen Verwaltungsakts oder dessen Ablehnung von der Verwaltung zu prüfen. Das Vorverfahren hat (in der Theorie) eine **dreifache Funktion:**[77] 28
1. Indem es die angefochtene Entscheidung auch hinsichtlich der Ausübung des Ermessens zur Nachprüfung durch die Verwaltung stellt, dient es dem **Rechtsschutz**.
2. Daneben gibt das Vorverfahren der Ausgangs- und auch der Widerspruchsbehörde Gelegenheit, die Entscheidungsgrundlagen noch einmal umfassend unter Berücksichtigung der Widerspruchsbegründung zu prüfen **(Selbstkontrolle der Verwaltung)**.
3. Schließlich dient das Vorfahren der **Entlastung der Gerichte**. Ob das Vorverfahren diese Funktionen tatsächlich erfüllt, wird teilweise bezweifelt.[78]

3. Ausnahmen. § 68 Abs. 1 S. 2 Alt. 1 VwGO ermächtigt den Gesetzgeber, **Ausnahmen** vom Erfordernis des Vorverfahrens anzuordnen („wenn ein Gesetz dies bestimmt"). Eine solche Ausnahmeregelung kann **auch durch ein Landesgesetz** bestimmt werden, da die Länder für die in ihre Zuständigkeit fallenden Verwaltungsverfahren die Gesetzgebungskompetenz haben.[79] Soweit die Länder allgemein von dieser **Öffnungsklausel** in ihren Ausführungsgesetzen zur Verwaltungsgerichtsordnung Gebrauch gemacht haben,[80] beziehen sich diese Regelungen auch auf die Verwaltungsverfahren der Landesjustizverwaltung in Notarsachen, der Notarkammern und der Kassen. Bisweilen haben die Länder auch spezielle Ausnahmen nur für das Verwaltungsverfahren bestimmter Selbstverwaltungskörperschaften vorgesehen.[81] 29

Darüber hinaus ordnet **§ 68 Abs. 1 S. 2 Nr. 1 und Nr. 2 VwGO** selbst bestimmte Ausnahmen vom Erfordernis des Vorverfahrens an. Von Interesse ist hier vornehmlich die Regelung in Nr. 1, wonach die Nachprüfung entfällt, wenn der Verwaltungsakt von einer **obersten Landesbehörde** erlassen worden ist. Soweit die Befugnis, Notare zu ernennen oder ihres Amtes zu entheben, noch Sache der obersten Landesbehörde ist (und nicht nach § 112 auf nachgeordnete Behörden übertragen wurde), findet also ein Vorverfahren nicht statt. 30

4. Widerspruchsbehörde. Hat die Ausgangsbehörde dem Widerspruch nicht abgeholfen, ist nach § 73 Abs. 1 S. 2 Nr. 1 VwGO grundsätzlich die nächsthöhere Behörde Widerspruchsbehörde (Devolutiveffekt). Geht es also um einen Verwaltungsakt des Prä- 31

---

[75] → § 111c Rn. 4.
[76] Nach der früheren Rechtslage war ein Vorverfahren vor Erhebung eines Anfechtungs- oder Verpflichtungsantrags in Form eines Widerspruchs nicht erforderlich.
[77] Statt aller Schoch/Schneider/Bier/*Porsch* VwGO Vorb. § 68 Rn. 1.
[78] Zur kritischen Würdigung s. Schoch/Schneider/Bier/*Porsch* VwGO Vorb. § 68 Rn. 16 ff. Auch im Gesetzgebungsverfahren war die Einführung des Vorverfahrens umstritten, die durch die in § 111b Abs. 1 S. 1 geregelte Verweisung auf die VwGO bewirkt wurde, s. BT-Drs. 16/11385, 63 f., 68.
[79] Kopp/Schenke/*W.-R. Schenke* VwGO § 68 Rn. 17a; Schoch/Schneider/Bier/*Dolde*/*Porsch* VwGO § 68 Rn. 10.
[80] Übersichten bei Kopp/Schenke/*W.-R. Schenke* VwGO § 68 Rn. 17a und Schoch/Schneider/Bier/ *Dolde*/*Porsch* VwGO § 68 Rn. 14 f.
[81] So bedarf es zB nach § 27a Sächsisches Justizgesetz (SächsJG) vor Erhebung der Anfechtungs- bzw. Verpflichtungsklage gegen von der Notarkammer Sachsen oder der Rechtsanwaltskammer Sachsen erlassene Verwaltungsakte keiner Nachprüfung in einem Vorverfahren.

sidenten des Landgerichts als der unteren Aufsichtsbehörde (§ 92 Nr. 1), ist der Präsident des Oberlandesgerichts Widerspruchsbehörde. Hat der Präsident des Oberlandesgerichts den Verwaltungsakt erlassen, ist dieser selbst Widerspruchsbehörde, da die nächst höhere Behörde (die Landesjustizverwaltung, § 92 Nr. 3) oberste Landesbehörde ist (§ 73 Abs. 1 Nr. 2 VwGO). Die Notarkammer als Selbstverwaltungsbehörde erlässt den Widerspruchsbescheid nach § 73 Abs. 1 Nr. 3 VwGO selbst.

32 **5. Rechtsbehelfsbelehrung.** Infolge der Verweisung auf die VwGO findet **§ 58 VwGO entsprechende Anwendung.**[82] Diese Bestimmung regelt, ohne die Erteilung einer Rechtsbehelfsbelehrung selbst vorzuschreiben, nur die Folgen für den Lauf der gesetzlichen Rechtsbehelfsfristen, wenn eine solche Belehrung unterblieben oder unrichtig ist, und enthält in Abs. 1 zugleich Vorgaben für den Mindeststandard einer richtigen Belehrung.[83] Der Lauf einer Frist zur Einlegung eines Widerspruchs, sofern ein Widerspruch statthaft ist, oder einer Anfechtungs- oder Versagungsgegenklage hängt also davon ab, dass die Verfügung mit **Angaben über** den zulässigen **Rechtsbehelf,** die **Verwaltungsbehörde** (sofern ein Widerspruch statthaft ist) oder das **Gericht,** bei denen der Rechtsbehelf anzubringen ist, den **Sitz** der Behörde oder des Gerichts und die einzuhaltende **Frist** versehen ist. Das gleiche gilt gemäß § 58 Abs. 1 VwGO auch für den Lauf einer Frist zur Einlegung eines Rechtsmittels gegen ein abweisendes Urteil.

VIII. Form, Frist und Inhalt der Klage

33 Nach § 81 Abs. 1 VwGO ist die Klage bei dem Gericht **schriftlich** zu erheben. § 81 Abs. 1 S. 2 VwGO, wonach eine Klage auch zu Protokoll der Geschäftsstelle erhoben werden kann, ist in verwaltungsrechtlichen Notarsachen nicht anwendbar, da das Oberlandesgericht dem Oberverwaltungsgericht gleichgestellt ist. Möglich ist jedoch auch die Einreichung bestimmender Schriftsätze durch **Übermittlung elektronischer Dokumente** iSv § 55a VwGO.[84]

34 **Fristgebunden** sind die **Anfechtungsklage** und von den Verpflichtungsklage die **Versagungsgegenklage.** Diese Klagen können nur innerhalb eines Monats nach Zustellung des Widerspruchsbescheids oder – falls ein solcher nicht erforderlich ist – nach Bekanntgabe des Verwaltungsakts erhoben werden (§ 74 Abs. 1 VwGO).[85] Alle anderen Klagearten unterliegen keiner Frist. Eine **Untätigkeitsklage** ist jedoch gem. § 75 S. 2 VwGO grundsätzlich erst nach Ablauf von drei Monaten seit der Einlegung des Widerspruchs oder seit dem Antrag auf Vornahme des Verwaltungsakts zulässig. Für den Fristbeginn ist eine ordnungsgemäße Rechtsbehelfsbelehrung maßgebend (§ 58 VwGO).[86] Die Frist ist nur dann gewahrt, wenn der Antrag **bei dem zuständigen Oberlandesgericht** eingeht. Die Einreichung bei einem anderen Oberlandesgericht,[87] dem Anwaltsgerichtshof[88] oder dem BGH[89] genügt zur Fristwahrung nicht.

---

[82] Nach der früheren Rechtslage waren Rechtsbehelfsbelehrungen bei den nach der BNotO ergehenden Verwaltungsakten nicht vorgeschrieben und wurden wegen der Rechtskunde aller Beteiligten auch nicht für erforderlich gehalten; s. hierzu *Custodis* in der 3. Auflage, § 111 aF Rn. 106.

[83] Statt aller Schoch/Schneider/Bier/*Meissner*/*Schenk* VwGO § 58 Rn. 1 ff.; Kopp/Schenke/*W.-R. Schenke* VwGO § 58 Rn. 2 f.

[84] Die Einzelheiten hierzu regelt seit dem 1.1.2018 die Verordnung über die technischen Rahmenbedingungen des elektronischen Rechtsverkehrs und über das besondere elektronische Behördenpostfach (Elektronischer-Rechtsverkehr-Verordnung - ERVV).

[85] In Übereinstimmung mit dem allgemeinen Verwaltungsprozessrecht waren nach der früheren Rechtslage nur Anfechtungsantrag und Versagungsgegenantrag fristgebunden. Diese Anträge konnten ebenfalls nur innerhalb eines Monats seit Bekanntgabe der Verfügung gestellt werden (§ 111 Abs. 2 S. 1 aF), wobei die Frist auch dann zu laufen begann, wenn die Verfügung ohne Rechtsbehelfsbelehrung ergangen war; § 58 Abs. 2 VwGO war weder unmittelbar noch sinngemäß anwendbar; s. hierzu *Custodis* in der 3. Auflage, § 111 aF Rn. 105 f.

[86] → Rn. 32.

[87] BGHR § 111 Abs. 4 S. 2 BNotO Wiedereinsetzung 2.

[88] BGH DNotZ 1984, 186 (187).

[89] BGH DNotZ 1990, 517 (518); NJW 2000, 737.

Bei Fristversäumung ist **Wiedereinsetzung in den vorigen Stand** nach §§ 60, 70 **35**
Abs. 2 VwGO möglich. Dies setzt voraus, dass der Antragsteller ohne sein Verschulden
verhindert war, die Frist einzuhalten, und den Antrag binnen zwei Wochen nach Wegfall
des Hindernisses gestellt und die Tatsachen, welche die Wiedereinsetzung begründen,
glaubhaft gemacht hat.[90]

Ist die Frist abgelaufen, ohne dass Widerspruch eingelegt oder Klage erhoben wurde, **36**
wird der Verwaltungsakt unanfechtbar: Anfechtungs- und Versagungsgegenklage sind nicht
mehr zulässig **(formelle Bestandskraft)**.[91]

Die Anforderungen an den **Inhalt der Klage** richten sich nach § 82 Abs. 1 VwGO. **37**
Dabei sind **zwingende Anforderungen** und **Sollbestimmungen** zu unterscheiden. Die
Klage muss den Kläger, den Beklagten[92] und den Gegenstand des Klagebegehrens bezeichnen. Sie soll einen bestimmten Antrag enthalten. Die zur Begründung dienenden Tatsachen
und Beweismittel sollen angegeben, die angefochtene Verfügung und der Widerspruchsbescheid sollen in Abschrift beigefügt werden. Entspricht die Klage diesen Anforderungen
nicht, ist der Kläger zu der erforderlichen Ergänzung innerhalb einer bestimmten Frist
aufzufordern (§ 82 Abs. 2 S. 1 VwGO).

C. Begründetheit der Klage

I. Anfechtungs- und Verpflichtungsklagen

Die **Anfechtungsklage** ist begründet, soweit der Verwaltungsakt rechtswidrig und der **38**
Kläger dadurch in seinen Rechten verletzt ist, § 113 Abs. 1 S. 1 VwGO. Die **Verpflichtungsklage** ist begründet, soweit die Ablehnung oder Unterlassung des Verwaltungsakts
rechtswidrig und der Kläger dadurch in seinen Rechten verletzt ist und die Sache spruchreif
ist; fehlt die Spruchreife, wird der Beklagte verpflichtet, den Kläger unter Beachtung der
Rechtsauffassung des Gerichts zu bescheiden, § 113 Abs. 5 VwGO.[93]

1. Rechtswidrigkeit des Verwaltungsaktes. Ein Verwaltungsakt kann aus **formellen** **39**
Gründen (Mängel hinsichtlich der Zuständigkeit, der Form und des Verfahrens) oder
materiellen Gründen (inhaltliche Rechtsverstöße) **rechtswidrig** sein.

a) Formelle Rechtswidrigkeit. Von den formellen Mängeln spielen in der Praxis nur **40**
Verfahrensfehler eine Rolle. Hierzu gehören: fehlende oder unzureichende Anhörung
des Betroffenen,[94] fehlende Anhörung der Notarkammer, fehlende Sachaufklärung[95] und
vor allem – wie die Rechtsprechung zeigt – fehlende oder unzureichende Begründung
belastender Verwaltungsakte.[96] Die **Pflicht zur Begründung belastender Verwaltungsakte** (§ 64a Abs. 1 iVm § 39 Abs. 1 VwVfG) – zB der Ablehnung einer Notarbewerbung
– dient zunächst der Selbstkontrolle der Verwaltung. Darüber hinaus soll sie aber auch dem

---

[90] Bei Versäumung der Frist zur Begründung der Berufung oder des Antrags auf Zulassung der Berufung beträgt die Frist einen Monat, § 60 Abs. 2 S. 1 Hs. 2 VwGO.
[91] Vgl. zur früheren Rechtslage BGH DNotZ 2003, 74; vgl. auch Schoch/Schneider/Bier/*Meissner*/*Schenk* VwGO § 74 Rn. 2 f.
[92] S. hierzu → Rn. 26 sowie → § 111c Rn. 2 f.
[93] Bezüglich des Entscheidungsinhalts bei einem Verpflichtungsantrag (Untätigkeitsantrag) sah der früher maßgebende § 41 Abs. 4 BRAO aF nur vor, dass die Behörde zu verpflichten war, den Antragsteller zu bescheiden, und nicht etwa auch, die Behörde zu verpflichten, die beantragte Amtshandlung vorzunehmen. Hierzu wurde die Auffassung vertreten, § 41 Abs. 4 BRAO aF sei zu eng formuliert, und bereits damals die entsprechende Anwendung von § 113 Abs. 5 S. 1 VwGO befürwortet; s. hierzu *Custodis* in der 3. Auflage, § 111 aF Rn. 209.
[94] Schippel/Bracker/*Herrmann* BNotO § 111b Rn. 48; Arndt/Lerch/Sandkühler/*Sandkühler* BNotO § 111b Rn. 72 f.
[95] Schippel/Bracker/*Herrmann* BNotO § 111b Rn. 48; Arndt/Lerch/Sandkühler/*Sandkühler* BNotO § 111b Rn. 72 f.
[96] BGH DNotZ 1994, 197 (199); 1997, 171 (172); Schippel/Bracker/*Herrmann* BNotO § 111b Rn. 48; Arndt/Lerch/Sandkühler/*Sandkühler* BNotO § 111b Rn. 73.

Antragsteller und dem angerufenen Gericht die Möglichkeit geben, die Rechtmäßigkeit des Verwaltungsakts zu beurteilen.[97]

41 **Verfahrensfehler** können gem. § 64a Abs. 1 iVm § 45 VwVfG durch Nachholung bis zum Abschluss der letzten Tatsacheninstanz eines verwaltungsgerichtlichen Verfahrens geheilt werden.[98] Hierzu gehört auch das Nachholen einer fehlenden oder unzulänglichen Begründung einschließlich deren Ergänzung bei bisheriger Unvollständigkeit. Die Nachholung einer Verfahrenshandlung bewirkt, dass der Verwaltungsakt insoweit mit Wirkung **ex nunc** als rechtmäßig anzusehen und seine Aufhebung wegen dieses Fehlers ausgeschlossen ist.[99] Ist eine Heilung eines Verfahrensfehlers nicht möglich oder unterblieben, ist § 46 VwVfG zu beachten, wonach die Aufhebung eines formell rechtswidrigen, aber nicht nichtigen Verwaltungsakts dann nicht verlangt werden kann, wenn offensichtlich ist, dass die Verfahrensverletzung die Entscheidung in der Sache nicht beeinflusst hat. Die bei einer Auswahlentscheidung angestellten **Beurteilungserwägungen** können zwar nach § 114 S. 2 VwGO bei Unvollständigkeit klargestellt oder ergänzt werden, hingegen kann die Auswahlentscheidung selbst nicht durch **Nachschieben von Gründen** auf eine völlig neue Grundlage gestellt werden.[100]

42 **b) Materielle Rechtswidrigkeit.** Voraussetzung für die Rechtmäßigkeit des Verwaltungsakts in materieller Hinsicht ist das Vorliegen einer **Ermächtigungsgrundlage**. Enthält das Gesetz nur eine Ermächtigungsgrundlage für untergesetzliche Normen (zB zum Erlass einer Rechtsverordnung nach § 9 Abs. 1 oder einer Satzung nach § 66 Abs. 1 S. 2), müssen diese ihrerseits rechtmäßig sein.[101] Voraussetzung für die **Rechtmäßigkeit einer Rechtsverordnung** ist, dass Inhalt, Zweck und Ausmaß der Ermächtigung im Ermächtigungsgesetz selbst bestimmt sind (Art. 80 Abs. 1 S. 2 GG).[102] Hierbei genügt es, wenn die näheren Begrenzungen der Ermächtigung durch Auslegung, Sinnzusammenhang der Norm und Gesetzeszweck erfasst werden.[103] Außerdem darf der Verwaltungsakt entsprechend dem Grundsatz des Vorrangs des Gesetzes **nicht gegen andere Rechtsvorschriften und Rechtsgrundsätze** verstoßen.

43 **aa) Ermessensentscheidungen.** Stehen der Erlass oder die nähere Ausgestaltung des Verwaltungsakts im **Ermessen** der Behörde, ist die Verwaltungsentscheidung rechtswidrig, wenn die gesetzlichen Grenzen des Ermessens überschritten sind oder von dem Ermessen in einer dem Zweck der Ermächtigung nicht entsprechenden Weise Gebrauch gemacht worden ist (§ 114 S. 1 VwGO). In diesem Zusammenhang sind der **Grundsatz der Verhältnismäßigkeit** und der **Gleichheitsgrundsatz** (Art. 3 Abs. 1 GG) von Bedeutung, deren Verletzung die Rechtswidrigkeit des Verwaltungsakts zur Folge hat. Gegenstand gerichtlicher Prüfung ist nur die Rechtmäßigkeit des Verwaltungshandelns, nicht etwa dessen Zweckmäßigkeit oder die Frage, ob auch eine andere Entscheidung möglich gewesen wäre.[104]

44 Ermessen als **Verwaltungsermessen** liegt vor, wenn für die Behörde bei Verwirklichung eines gesetzlichen Tatbestands auf der Rechtsfolgenseite der Norm Entscheidungsfreiheit nach Maßgabe der gesetzlichen Vorgaben und Wertungen (Ermessensdirektiven) besteht, sei es dass die Behörde tätig werden kann, aber nicht tätig werden muss **(Entschließungsermessen)** oder dass sie wählen kann, welche von verschiedenen zulässigen Maßnahmen

---

[97] Stelkens/Bonk/Sachs/*Stelkens* VwVfG § 39 Rn. 1.
[98] Vgl. hierzu Kopp/Schenke/*W.-R. Schenke/R. P. Schenke* VwGO § 113 Rn. 49, 59.
[99] Kopp/Schenke/*W.-R. Schenke/R. P. Schenke* VwGO § 113 Rn. 49, 59 mwN, auch zur aA.
[100] BGH DNotZ 2007, 154 (157); vgl. auch Kopp/Schenke/*W.-R. Schenke/R. P. Schenke* VwGO § 113 Rn. 71 ff. und Kopp/Schenke/*W.-R. Schenke/Ruthig* § 114 Rn. 49 ff.
[101] *Maurer* § 10 Rn. 14 und 15.
[102] BGH DNotZ 1973, 429 (430); 2005, 870 (872).
[103] BGH DNotZ 1973, 429 (430).
[104] BGH DNotZ 1967, 705 (707); 1968, 499 (500); s. auch Kopp/Schenke/*W.-R. Schenke/Ruthig* VwGO § 114 Rn. 4.

sie im Falle ihres Tätigwerdens ergreifen will (**Auswahlermessen**).¹⁰⁵ Bei der nach § 6 Abs. 3 vorzunehmenden Auswahl unter mehreren Bewerbern für das Amt des Notars steht der Landesjustizverwaltung kein Ermessen, sondern nur ein **Beurteilungsspielraum** zu.¹⁰⁶ Verwaltungsermessen stellt auch das dem Träger der staatlichen Organisationsgewalt bei **organisationsrechtlichen Entscheidungen** eingeräumte Ermessen dar; hinsichtlich seiner Struktur unterscheidet es sich von dem Verwaltungsermessen nicht.

Ob die Behörde befugt ist, nach ihrem Ermessen zu entscheiden, ist eine Frage der Auslegung der einschlägigen Vorschriften.¹⁰⁷ In der Regel wird die Ermessensermächtigung mit den Worten „**kann**" oder „**ist befugt**" ausgedrückt.¹⁰⁸ Soll-Vorschriften, wonach die Behörde unter bestimmten Voraussetzungen tätig werden „**soll**", bedeuten für diese im Regelfall eine strikte Bindung; ihr Ermessen beschränkt sich auf atypische Fälle, die von der Norm – gemessen an der ratio legis – nicht erfasst werden.¹⁰⁹ Sollvorschriften enthalten zB die §§ 6 Abs. 2, 7 Abs. 1, 39 Abs. 1 S. 2 und Abs. 3 S. 2 und S. 3 sowie 56 Abs. 1. **45**

§ 114 VwGO setzt voraus, dass die Behörde die gesetzlichen **Grenzen des Ermessens** einzuhalten hat (vgl. § 64a Abs. 1 iVm § 40 VwVfG) und ihr Ermessen entsprechend dem **Zweck der Ermächtigung** auszuüben verpflichtet ist. Hält sie sich nicht an diese rechtlichen Bindungen, handelt sie rechtsfehlerhaft und damit rechtswidrig. Entsprechend der üblichen Einteilung im Verwaltungsprozessrecht sind **folgende Fehlertypen** zu unterscheiden: **Ermessensüberschreitung** ist gegeben, wenn sich die Behörde nicht im Rahmen der ihr vom Gesetz gewiesenen Ermächtigung hält, sei es durch irrige Annahme von Tatbestandsvoraussetzungen, deren Vorliegen die Ermessensentscheidung erst eröffnet, oder durch Festlegung einer Rechtsfolge, die durch das Gesetz nicht mehr gedeckt ist.¹¹⁰ **Ermessensfehlgebrauch** liegt vor, wenn die Behörde das ihr eingeräumte Ermessen nicht im Sinne der Zwecksetzungen und Zweckvorgaben ausübt, wie sie sich aus dem einzelnen Gesetz und der Gesamtheit der Rechtsordnung ergeben.¹¹¹ Entsprechend dem Gebot sachgerechten Abwägens hat die Behörde die Pflicht, den Sachverhalt vollständig aufzuklären und auf der Grundlage zutreffender Tatsachen das Für und Wider der sich gegenüberstehenden Belange umfassend abzuwägen. Hierbei darf sie sich nur von Erwägungen leiten lassen, die nicht gesetzwidrig und für den Einzelfall dem Gesetzeszweck entsprechend sachgemäß sind.¹¹² **Ermessensnichtgebrauch** liegt vor, wenn die Behörde irrtümlich annimmt, sie sei kraft zwingenden Rechts zum Handeln oder Nichthandeln verpflichtet, und deshalb von ihrem Ermessen keinen Gebrauch macht.¹¹³ **Ermessensunterschreitung** ist gegeben, wenn die Behörde aus anderen Gründen das bestehende Ermessen nicht oder nicht in vollem Umfang ausübt.¹¹⁴ **46**

Eine sog. „**Ermessensreduzierung auf Null**" besagt nicht, dass aus einer Ermessensentscheidung eine rechtlich gebundene wird. Mit diesem Begriff wird vielmehr zum Ausdruck gebracht, dass im konkreten Fall in Ermangelung einer praktischen Alternative **47**

---

¹⁰⁵ Als Beispiel hierfür: BGH DNotZ 1965, 621 (622) (Genehmigung einer Nebentätigkeit); zur Bestellung eines Vertreters, bei der die Behörde sowohl Entschließungsermessen als auch Auswahlermessen hat: BGH DNotZ 1996, 186 (188); 2003, 226 (227 f.); ZNotP 2003, 232 und DNotZ 2007, 872; zum Begriff des Ermessens: Schoch/Schneider/Bier/*Riese* VwGO § 114 Rn. 14 ff.
¹⁰⁶ S. zB BGH ZNotP 2005, 434 (435); zum Beurteilungsspielraum → Rn. 48 ff.
¹⁰⁷ Kopp/Schenke/*W.-R. Schenke/Ruthig* VwGO § 114 Rn. 1a, 21a; Schoch/Schneider/Bier/*Riese* VwGO § 114 Rn. 19.
¹⁰⁸ In der BNotO sind derartige Kann-Vorschriften zB enthalten in § 7 Abs. 2 S. 3, Abs. 7 S. 2, § 8 Abs. 1 S. 2, § 10 Abs. 1 S. 2, Abs. 2 S. 2 Hs. 2 und Abs. 4 S. 1, § 10a Abs. 1 S. 2, § 18 Abs. 2, § 39 Abs. 2, § 40 Abs. 2, § 50 Abs. 2, § 51 Abs. 1 S. 2, Abs. 3, § 52 Abs. 2, Abs. 3, § 54 Abs. 1, Abs. 2 S. 1, § 56 Abs. 2, § 59 Abs. 3, § 64 Abs. 1 S. 3, Abs. 4 S. 3, § 74 Abs. 1, Abs. 2, § 94 Abs. 2. Die Formulierung „ist befugt" findet sich zB in § 75 Abs. 1 und § 94 Abs. 1.
¹⁰⁹ Schoch/Schneider/Bier/*Riese* VwGO § 114 Rn. 25; Kopp/Schenke/*W.-R. Schenke/Ruthig* VwGO § 114 Rn. 21.
¹¹⁰ BGH DNotZ 1967, 705 (707); vgl. auch Kopp/Schenke/*W.-R. Schenke/Ruthig* VwGO § 114 Rn. 7.
¹¹¹ Kopp/Schenke/*W.-R. Schenke/Ruthig* VwGO § 114 Rn. 8 ff.
¹¹² Schoch/Schneider/Bier/*Riese* VwGO § 114 Rn. 64 ff.
¹¹³ BGH DNotZ 1970, 751 (752); 1983, 772 (773); 1997, 824 (827); 2001, 731 (732); ZNotP 2003, 154.
¹¹⁴ BGH DNotZ 1997, 824 (825).

jede andere Entscheidung, als den Verwaltungsakt zu erlassen, fehlerhaft wäre.[115] Aus diesem Grund ist die Behörde verpflichtet, die Entscheidung zu treffen.[116]

48 **bb) Entscheidungen mit Beurteilungsspielraum.** Von der Anwendung des Ermessens, das die Entscheidung über die Rechtsfolgen betrifft, ist die Auslegung und Anwendung von unbestimmten, den gesetzlichen Tatbestand betreffenden Rechtsbegriffen zu unterscheiden, soweit der Verwaltung hierbei ein **Beurteilungsspielraum** zusteht.[117] Die BNotO enthält zahlreiche unbestimmte Rechtsbegriffe.[118] Die Frage, ob der Verwaltung bei Anwendung von unbestimmten Rechtsbegriffen ein Beurteilungsspielraum zusteht, betrifft vornehmlich den Begriff der Eignung (persönliche und fachliche Eignung iSv § 6 Abs. 1).

49 Ob ein Bewerber die persönlichen und fachlichen Qualifikationen aufweist, ist ein Akt wertender Erkenntnis mit prognostischen Elementen, da die Entscheidung in die Zukunft auf einen noch nicht ausgeübten Beruf gerichtet ist. Bei der Prognose, ob ein Bewerber aufgrund seiner richtig festgestellten und rechtlich zutreffend bewerteten persönlichen und fachlichen Umstände für das Amt des Notars geeignet ist, steht der Verwaltung ein **Beurteilungsspielraum (Prognosespielraum)** zu, der gerichtlich nur beschränkt überprüft werden kann.[119] Gleiches gilt für die Prognose, ab welchem Zeitpunkt die Zweifel an der Eignung des Bewerbers entfallen.[120] Die Eignungsprognose selbst ist von dem Gericht nicht zu wiederholen, sondern nur darauf zu prüfen, ob die Prognosegrundlage vorliegt und die Prognose ohne Wertungswidersprüche plausibel ist.[121] Die **notarielle Fachprüfung** unterfällt als berufsbezogene Prüfung jedoch der vollständigen gerichtlichen Nachprüfung in tatsächlicher und rechtlicher Hinsicht, wobei den Prüfern außerhalb fachlicher Fragen wiederum ein nur eingeschränkt zu überprüfender Beurteilungsspielraum zuzubilligen ist.[122]

50 Auch im Rahmen des der Verwaltung eingeräumten Beurteilungsspielraums besteht die Möglichkeit, **Beurteilungsrichtlinien** aufzustellen oder **norminterpretierende Verwaltungsvorschriften** zu erlassen. Diese gewährleisten die durch Art. 3 Abs. 1 GG gebotene Gleichmäßigkeit des Verwaltungshandelns und führen – wie ermessenslenkende Richtlinien – zu einer Selbstbindung der Verwaltung.[123]

51 **2. Rechtsverletzung des Klägers.** Voraussetzung für die gerichtliche **Aufhebung eines Verwaltungsakts** ist nach § 113 Abs. 1 S. 1 VwGO, dass der Kläger durch den rechtswidrigen Verwaltungsakt in seinen Rechten verletzt worden ist. Während für die

---

[115] Schoch/Schneider/Bier/*Riese* VwGO § 114 Rn. 39; Kopp/Schenke/*W.-R. Schenke*/*Ruthig* VwGO § 114 Rn. 6.
[116] Einen Fall der „Ermessensreduzierung auf Null" behandelt der Beschluss BGH DNotZ 1997, 824 (825, 827) (Verpflichtung der Behörde, den Verwaltungsakt, der die Auferlegung einer Sprechstundenverpflichtung zum Gegenstand hat, zurückzunehmen). S. auch BGH DNotZ 2003, 785 (keine Ermessensreduzierung bei der Entscheidung über die Bestellung eines Notarvertreters).
[117] S. hierzu Schoch/Schneider/Bier/*Riese* VwGO § 114 Rn. 90 ff.; Kopp/Schenke/*W.-R. Schenke*/*Ruthig* VwGO § 114 Rn. 23 ff.
[118] ZB: §§ 4, 9 Abs. 1 S. 2, 10 Abs. 1 S. 3, 10a: Erfordernisse (bzw. Belange) einer geordneten Rechtspflege; § 6 Abs. 1 S. 1: nach ihrer Persönlichkeit und ihren Leistungen für das Amt des Notars geeignet; §§ 6 Abs. 3 S. 1, 7 Abs. 2 S. 1: persönliche und fachliche Eignung; § 8 Abs. 3 S. 2 (Versagungsgründe betr. Nebentätigkeitsgenehmigung); § 10a Abs. 2: berechtigte Interessen der Rechtsuchenden; § 18 Abs. 2: unverhältnismäßige Schwierigkeiten; § 56 Abs. 4: zweckmäßig; § 64 Abs. 1 S. 3: wichtiger Grund; § 64a Abs. 2 S. 1: erforderlich, schutzwürdige Interessen, öffentliches Interesse.
[119] BGH DNotZ 1997, 884 (886 f.) in Abänderung der früheren Rechtsprechung – anders noch BGH DNotZ 1994, 318 (320) – im Anschluss an die Rechtsprechung des Bundesverwaltungsgerichts für die Beurteilung von Eignung, Befähigung und Leistung im Beamtenrecht; BGH DNotZ 1999, 521.
[120] BGH DNotZ 2001, 573.
[121] BGH DNotZ 1997, 884 (886, 889); 2005, 796.
[122] KG DNotZ 2016, 961 (962).
[123] BGH DNotZ 1994, 318 (321); 1999, 248 (249); 2000, 148 (149 f.); 2000, 948 (949 ff.); 2002, 232 (233) und BVerfG DNotZ 2012, 945 (954 f.) (DONot als norminterpretierende Verwaltungsvorschrift); vgl. auch Schoch/Schneider/Bier/*Riese* VwGO § 114 Rn. 74 ff., 169 ff.; Kopp/Schenke/*W.-R. Schenke*/*Ruthig* VwGO § 114 Rn. 42.

Klagebefugnis die Möglichkeit der Rechtsverletzung ausreicht,[124] muss für die Begründetheit der Klage **feststehen,** dass der Kläger in **seinen Rechten verletzt ist.** Die Klage ist unbegründet, wenn es an einem subjektiven Aufhebungsanspruch fehlt.[125] Bei einer **Verpflichtungsklage** fallen die objektive und die subjektive Seite der Rechtswidrigkeit in der Regel zusammen. Die Ablehnung des Verwaltungsakts ist rechtswidrig, wenn sie gegen eine anspruchsvermittelnde Norm verstößt.[126]

3. Maßgeblicher Zeitpunkt für die Beurteilung der Sach- und Rechtslage. Soweit 52 gesetzlich nicht ausdrücklich etwas anderes bestimmt ist,[127] müssen die **Sachentscheidungsvoraussetzungen** auch (noch) bei Schluss der letzten mündlichen Verhandlung vorhanden sein; ergeht die Entscheidung ohne mündliche Verhandlung, ist der Zeitpunkt maßgebend, in dem Anträge noch gestellt werden dürfen. Bis dahin fehlende Sachentscheidungsvoraussetzungen können noch nachträglich herbeigeführt werden.[128]

Gegenstand der **Anfechtungsklage** ist der Verwaltungsakt, wie er von der Behörde 53 erlassen wurde. Für die Beurteilung der Sach- und Rechtslage kommt es daher auf den **Zeitpunkt des Erlasses** an, soweit sich aus dem materiellen Recht nicht etwas anderes ergibt. Später eingetretene Änderungen der Sach- und Rechtslage sind grundsätzlich ohne Bedeutung und bewirken nicht, dass ein rechtmäßiger Verwaltungsakt nachträglich rechtswidrig wird.[129]

Da das Gericht klären muss, ob dem Antragsteller die angestrebte Begünstigung **jetzt** 54 zusteht, kommt es bei **Verpflichtungsklagen** grundsätzlich auf die Sach- und Rechtslage an, wie sie **im Zeitpunkt der gerichtlichen Entscheidung** besteht.[130] **Ausnahmen** von diesem Grundsatz ergeben sich aber dann, wenn das anzuwendende Recht etwas anderes bestimmt oder sich die Maßgeblichkeit eines anderen Zeitpunkts aus der Natur der Sache ergibt, wie zB hinsichtlich des Nachweises der persönlichen Eignung (§ 6 Abs. 1 S. 1), bezüglich dessen auf den Ablauf der Bewerbungsfrist abzustellen ist (§ 6b Abs. 4).[131]

II. Sonstige Klagen

Die **allgemeine Gestaltungsklage**[132] ist begründet, wenn der Kläger durch das hoheit- 55 liche Handeln der Verwaltung in seinen Rechten verletzt ist; maßgebender Zeitpunkt für die Beurteilung der Sach- und Rechtslage ist der Zeitpunkt des Verwaltungshandelns.

Die **allgemeine Leistungsklage**[133] ist begründet, wenn der Kläger einen Anspruch auf 56 Vornahme des hoheitlichen Handelns hat.[134] Die rechtswidrige Verweigerung dieser Handlung stellt eine Rechtsverletzung dar. Für die Beurteilung der Sach- und Rechtslage ist grundsätzlich auf den Zeitpunkt der gerichtlichen Entscheidung (iSd Zeitpunkts der letzten mündlichen Verhandlung) abzustellen.[135]

---

[124] → Rn. 13.
[125] Kopp/Schenke/*W.-R. Schenke*/*R. P. Schenke* VwGO § 113 Rn. 5, 24.
[126] Vgl. *Hufen* § 26 Rn. 15.
[127] Wie zB in § 17a Abs. 1 GVG.
[128] Kopp/Schenke/*W.-R. Schenke* VwGO Vorb. § 40 Rn. 11; Schoch/Schneider/Bier/*Ehlers* VwGO Vorb. § 40 Rn. 19.
[129] Str., wie hier: Arndt/Lerch/Sandkühler/*Sandkühler* BNotO § 111b Rn. 112; *Hufen* § 24 Rn. 8; aA BeckOK BNotO/*Herrmann* BNotO § 111b Rn. 51; Schoch/Schneider/Bier/*Riese* VwGO § 113 Rn. 239 f.; Kopp/Schenke/*W.-R. Schenke*/*R. P. Schenke* VwGO § 113 Rn. 35 ff.; s. zum Streitstand Kopp/Schenke/*W.-R. Schenke*/*R. P. Schenke* VwGO § 113 Rn. 31 ff.
[130] BGH DNotZ 1962, 606 (607); NJW-RR 1994, 745; NJW 1994, 1870 (1873 f.); DNotZ 1996, 173 (176 ff.); 1996, 200 (201); 1997, 891 (894); vgl. auch Kopp/Schenke/*W.-R. Schenke*/*R.P. Schenke* VwGO § 113 Rn. 217 ff. mwN; diff. Schoch/Schneider/Bier/*Riese* VwGO § 113 Rn. 267 f.
[131] S. auch BGH DNotZ 2000, 145 (147 f.); 2000, 717 (718).
[132] → Rn. 5.
[133] → Rn. 5.
[134] Hierzu *Hufen* § 28 Rn. 2.
[135] *Hufen* § 24 Rn. 14.

57 Die **Feststellungsklage** ist begründet, wenn das geltend gemachte Rechtsverhältnis besteht oder das verneinte Rechtsverhältnis nicht besteht (positive oder negative Feststellungsklage)[136] oder der rechtswidrige Verwaltungsakt den Antragsteller in seinen Rechten verletzt hat (Fortsetzungsfeststellungsklage).[137] Für die Beurteilung der Sach- und Rechtslage ist zu unterscheiden: Richtet sich der Antrag auf die Feststellung des Bestehens oder Nichtbestehens eines gegenwärtigen Rechtsverhältnisses, kommt es auf den Zeitpunkt der gerichtlichen Entscheidung an. Liegt das Rechtsverhältnis in der Vergangenheit, so ist dessen Zeitpunkt maßgebend. Geht es um eine Fortsetzungsfeststellungsklage, kommt es auf den Zeitpunkt des Erlasses des Verwaltungsakts an.[138]

D. Vorläufiger Rechtsschutz

I. Anordnung und Wiederherstellung der aufschiebenden Wirkung (§ 80 Abs. 5 VwGO)

58 Widerspruch und die Anfechtungsklage haben nach § 80 Abs. 1 VwGO **aufschiebende Wirkung**.[139] Die aufschiebende Wirkung **entfällt** nach § 80 Abs. 2 S. 1 Nr. 3 VwGO, **wenn** dies **durch Gesetz angeordnet** ist. Eine solche Anordnung ist zB in § 54 Abs. 1 S. 2 für Widerspruch und Anfechtungsklage gegen die **vorläufige Amtsenthebung** vorgesehen. Die aufschiebende Wirkung entfällt auch bei der Anforderung von öffentlichen Abgaben und Kosten (§ 80 Abs. 2 S. 1 Nr. 1 VwGO). Hierunter fallen zB die Beitrags- bzw. Abgabenbescheide der Notarkammern und Kassen nach §§ 73 Abs. 1, 113 Abs. 17 und die Prüfungsgebühren des Prüfungsamtes für die notarielle Fachprüfung nach § 7h Abs. 1.[140] Soll die aufschiebende Wirkung im Übrigen entfallen, muss die **sofortige Vollziehung** von der Behörde, die den Verwaltungsakt erlassen oder über den Widerspruch zu entscheiden hat, besonders angeordnet werden (§ 80 Abs. 2 S. 1 Nr. 4 VwGO).

59 Auf Antrag kann das Gericht der Hauptsache gem. **§ 80 Abs. 5 VwGO** die aufschiebende Wirkung ganz oder teilweise anordnen bzw. wiederherstellen. Der Antrag ist auch vor Erhebung der Anfechtungsklage zulässig.[141] Ist der Verwaltungsakt im Zeitpunkt der Entscheidung schon vollzogen, kann das Gericht die Aufhebung der Vollziehung anordnen. Die Wiederherstellung der aufschiebenden Wirkung kann von der Leistung einer Sicherheit oder von anderen Auflagen abhängig gemacht werden. Sie kann auch befristet werden. Das Gericht hat das öffentliche Vollzugsinteresse mit den Interessen des Antragstellers an der aufschiebenden Wirkung abzuwägen und dabei die Erfolgsaussichten des Rechtsmittels in der Hauptsache zu berücksichtigen, soweit diese bei der im Eilverfahren gebotenen summarischen Prüfung beurteilt werden können.[142]

II. Einstweilige Anordnung (§ 123 VwGO)

60 Vorläufiger Rechtsschutz ist auch dann notwendig, wenn der Erlass eines Verwaltungsakts bevorsteht und ein effektiver Rechtsschutz ohne gerichtlich zu bewirkende Verschiebung der den Antragsteller beeinträchtigenden Verwaltungsentscheidung hinfällig sein würde.[143]

---

[136] *Hufen* § 29 Rn. 3.
[137] *Hufen* § 29 Rn. 16.
[138] *Hufen* § 24 Rn. 16.
[139] Mit dem früheren Anfechtungsantrag nach § 111 aF war keine aufschiebende Wirkung verbunden. Auf Antrag des Betroffenen konnte das Gericht allerdings im Wege einer einstweiligen Anordnung die Vollziehung des belastenden Verwaltungsaktes bis zur Entscheidung über den Hauptantrag aussetzen. Mit dieser gerichtlich verfügten Aussetzung wurde die kraft Gesetzes nicht vorhandene aufschiebende Wirkung hergestellt; s. hierzu *Custodis* in der 3. Auflage, § 111 aF Rn. 164 ff.
[140] Arndt/Lerch/Sandkühler/*Sandkühler* BNotO § 111b Rn. 48.
[141] Hinsichtlich der Anordnung der aufschiebenden Wirkung von Anforderungen von öffentlichen Abgaben und Kosten sind auch die weiteren Zulässigkeitsvoraussetzungen des § 80 Abs. 6 VwGO zu beachten.
[142] Schippel/Bracker/*Herrmann* BNotO § 111b Rn. 81 mwN.
[143] BGHZ 67, 343 (347); s. auch BGH DNotZ 1982, 382.

Dies ist insbesondere in **Konkurrentenstreitigkeiten**[144] der Fall. Die Verpflichtungsklage wäre ohne Erfolg, würde die Verwaltung durch Besetzung der ausgeschriebenen Notarstelle vollendete Tatsachen schaffen. Die Aufhebung der Ernennung des Konkurrenten ist im Hinblick auf den Grundsatz der Ämterstabilität und den Vertrauensschutz ausgeschlossen.[145] Daher muss es dem Mitbewerber möglich sein, die endgültige Besetzung der ausgeschriebenen Stelle durch Inanspruchnahme vorläufigen Rechtsschutzes zu verhindern, um ihm die Möglichkeit zu erhalten, den grundrechtlichen Anspruch auf gleichen Zugang zum öffentlichen Amt des Notars im Wege einer Verpflichtungsklage geltend zu machen und ggf. durchzusetzen.[146] Der Sache nach handelt es sich um eine **Sicherungsanordnung,** da es darum geht, der Verwaltung aufzugeben, die Stelle einstweilen nicht zu besetzen, um so die Durchsetzung des geltend gemachten Anspruchs im Hauptsacheverfahren zu sichern.[147] Der Antrag auf Erlass einer einstweiligen Anordnung ist zurückzuweisen, wenn es um die Besetzung einer ausgeschriebenen Notarassessorenstelle geht, da ein amtierender Notar hierdurch nicht in seinen subjektiven Rechten betroffen ist.[148]

§ 123 VwGO gewährt vorläufigen Rechtsschutz, soweit nicht die Anfechtung eines 61 Verwaltungsaktes betroffen ist. Auf Antrag kann das Gericht der Hauptsache, auch schon vor Klageerhebung eine einstweilige Anordnung in Bezug auf den Streitgegenstand treffen, wenn die Gefahr besteht, dass durch eine Veränderung des bestehenden Zustands die Verwirklichung eines Rechts des Antragstellers vereitelt oder wesentlich erschwert werden könnte **(Sicherungsanordnung);**[149] eine einstweilige Anordnung ist auch zur Regelung eines vorläufigen Zustands in Bezug auf ein streitiges Rechtsverhältnis zulässig, wenn diese Regelung, vor allem bei dauernden Rechtsverhältnissen, um wesentliche Nachteile abzuwenden oder drohende Gewalt zu verhindern oder aus anderen Gründen nötig erscheint **(Regelungsanordnung).**[150] Eine einstweilige Anordnung kann nur erlassen werden, wenn auf der Grundlage einer summarischen Prüfung eine überwiegende Wahrscheinlichkeit für das Vorliegen eines **Anordnungsanspruchs** (materiell-rechtlicher Anspruch, für den der vorläufige Rechtsschutz begehrt wird) und eines **Anordnungsgrundes** (besondere Dringlichkeit; dem Antragsteller darf es unter Berücksichtigung seiner und auch der öffentlichen Interessen und der Interessen anderer Beteiligter nicht zuzumuten sein, die Hauptsacheentscheidung abzuwarten) besteht.[151] Bei der Frage, ob ein Anordnungsanspruch besteht, sind die Erfolgsaussichten der Hauptsache mit abzuschätzen.[152] Hinsichtlich des **Bewerbungsverfahrensanspruchs** in (beamtenrechtlichen) Konkurrentenstreitigkeiten dürfe das Verfahren des vorläufigen Rechtsschutzes nach Prüfungsmaßstab, -umfang und -tiefe nicht hinter einem Hauptsacheverfahren zurückbleiben, da es die Funktion des Hauptsacheverfahrens übernehme.[153]

III. Kein Rechtsmittel gegen Beschlüsse des Oberlandesgerichts

Ein **Rechtsmittel** gegen einen im vorläufigen Rechtsschutzverfahren ergangenen Be- 62 schluss des Oberlandesgerichts ist **nicht statthaft,** weil das Oberlandesgericht nach Abs. 1

---

[144] S. hierzu ausführlich *Custodis* FS Schlick 2015, 413 (416 ff.).
[145] BGH DNotZ 1975, 45 (46); BGHZ 67, 343 (346); BGH DNotZ 1991, 72 (74); im Ergebnis auch BGH 3.11.2003 – NotZ 7/03, mitgeteilt bei *Rinne* ZNotP 2004, 298 (301); BGH DNotZ 2005, 154; 2011, 391 (393); aA für die beamtenrechtliche Konkurrentenklage: Kopp/Schenke/*R. P. Schenke* VwGO § 42 Rn. 49 und nunmehr ebenso BVerwG NJW 2011, 695 für Fallkonstellationen, in denen ein vorläufiger Rechtsschutz des Mitbewerbers durch die Behörde vereitelt wurde.
[146] BVerfG (3. Kammer des 2. Senats) NJW 1990, 501; BGH NJW 1993, 2040; NJ 2002, 335 f.; ZNotP 2004, 70; 2005, 36.
[147] Vgl. *Hufen* § 33 Rn. 14.
[148] BGH DNotZ 2009, 309.
[149] → Rn. 60.
[150] S. zu den Arten einstweiliger Anordnungen: Kopp/Schenke/*W.-R. Schenke* VwGO § 123 Rn. 6 ff.
[151] Schippel/Bracker/*Herrmann* BNotO § 111b Rn. 82.
[152] Kopp/Schenke/*W.-R. Schenke* VwGO § 123 Rn. 25.
[153] BVerwG NVwZ 2014, 75 (76); s. auch Kopp/Schenke/*W.-R. Schenke* VwGO § 123 Rn. 5, 25.

S. 2 einem Oberverwaltungsgericht gleichsteht und daher gegen seine Entscheidung gem. § 152 Abs. 1 VwGO grundsätzlich keine Beschwerde an den Bundesgerichtshof gerichtet werden kann.[154] Dies gilt auch dann, wenn der Beschluss den inhaltlich unzutreffenden Hinweis enthält, dass gegen ihn Beschwerde eingelegt werden könne. Eine **inhaltlich unzutreffende Rechtsmittelbelehrung** kann einer daraufhin eingelegten Beschwerde nicht zur Zulässigkeit verhelfen.[155]

E. Verfahren im ersten Rechtszug

I. Verfahrensgrundsätze

63 1. **Grundsatz der mündlichen Verhandlung.** Nach Abs. 1 S. 1 iVm § 101 Abs. 1 VwGO gilt in Verhandlungen in verwaltungsrechtlichen Notarsachen der Grundsatz der Mündlichkeit.[156] § 101 Abs. 2 VwGO sieht eine **fakultative Ausnahme** von diesem Grundsatz **bei Einverständnis der Beteiligten** vor.[157]

64 Darüber hinaus sieht die VwGO eine weitere fakultative Ausnahme vor, wenn es um Entscheidungen geht, die nicht Urteile sind (§ 101 Abs. 3). In den Anwendungsbereich dieser Vorschrift fallen **nur Beschlüsse.** Für Gerichtsbescheide ist die mündliche Verhandlung zwingend bereits durch § 101 Abs. 1 iVm § 84 Abs. 1 S. 1 VwGO ausgeschlossen.[158] Über die **Begründetheit einer Berufung** kann das Berufungsgericht durch **Beschluss** entscheiden, wenn es die Berufung **einstimmig** für begründet oder für unbegründet hält und eine mündliche Verhandlung nach seinem Ermessen nicht in Betracht kommt (§§ 130a, 125 Abs. 2 VwGO). Ist die **Berufung unzulässig,** ist sie zu verwerfen, was ebenfalls durch Beschluss geschehen kann (§ 125 Abs. 2 VwGO), und zwar nach § 101 Abs. 3 VwGO auch ohne mündliche Verhandlung.[159]

65 2. **Öffentlichkeit der mündlichen Verhandlung.** Aus § 55 VwGO iVm §§ 169, 171b und 172 GVG ergibt sich, dass die Verhandlungen einschließlich der Verkündung der Urteile und Beschlüsse **öffentlich** sind.[160] Die Öffentlichkeit kann aber unter bestimmten Voraussetzungen ausgeschlossen werden, zB wenn Umstände aus dem persönlichen Lebensbereich eines Prozessbeteiligten, Zeugen oder durch eine rechtswidrige Tat (§ 11 Abs. 1 Nr. 5 StGB) Verletzten zur Sprache kommen, deren öffentliche Erörterung schutzwürdige Interessen verletzen würde (§ 171b Abs. 1 S. 1 GVG).

66 Zu einer Sonderregelung für Notare (und auch für Rechtsanwälte) hat sich der Gesetzgeber aus Gründen der Gleichstellung mit anderen freien Berufen und der Einheit der gerichtlichen Verfahren nicht verstehen wollen,[161] obwohl die Regelungen der §§ 169 ff. GVG für die Besonderheiten des Verfahrens in notariellen Verwaltungssachen nach § 111 nicht ausreichen. Ein Ausschlussgrund nach § 171b GVG wird regelmäßig gegeben sein,

---

[154] → Rn. 87.
[155] BGH DNotZ 2011, 75 (76).
[156] Anders als das frühere FGG und nun auch das FamFG, wonach eine mündliche Verhandlung nur in Ausnahmefällen angeordnet ist und im Übrigen nur dann stattfindet, wenn das Gericht sie nach seinem Ermessen für sachdienlich hält, sah der § 40 Abs. 2 S. 1 BRAO aF wegen der Bedeutung des Verfahrens grundsätzlich mündliche Verhandlung vor; einer mündlichen Verhandlung bedurfte es nur dann nicht, wenn die Beteiligten hierauf ausdrücklich verzichteten (§ 40 Abs. 2 S. 2 BRAO aF); s. hierzu *Custodis* in der 3. Auflage, § 111b Rn. 13 mwN.
[157] Schoch/Schneider/Bier/*Ortloff*/*Riese* VwGO § 101 Rn. 8 ff.
[158] Schoch/Schneider/Bier/*Ortloff*/*Riese* VwGO § 101 Rn. 7, 26.
[159] Schoch/Schneider/Bier/*Rudisile* VwGO § 125 Rn. 10, 12 und § 130a Rn. 6. Dies entspricht auch der früheren Rechtslage (vgl. BGH DNotZ 1965, 565; NJW 1965, 1808).
[160] Nach der früheren Rechtslage bestimmte § 111 Abs. 4 S. 2 aF iVm § 40 Abs. 3 S. 1 BRAO aF mit Rücksicht auf die zur Erörterung stehenden persönlichen Verhältnisse, dass die mündliche Verhandlung nichtöffentlich und gem. § 111 Abs. 4 S. 4 aF nur einem beschränkten Personenkreis der Zutritt gestattet ist (beschränkte Öffentlichkeit); s. hierzu *Custodis* in der 3. Auflage, § 111 aF Rn. 173.
[161] BT-Drs. 16/11385, 30, 32.

wenn zB Krankheiten oder Gebrechen des Notars vor Gericht erörtert werden. Kommen jedoch bei der öffentlichen Erörterung von Verfehlungen des Notars vertrauliche Informationen über Lebensumstände von Urkundsbeteiligten zur Sprache, die über die **Verschwiegenheitspflicht nach § 18** geschützt sind, werden die hiervon Betroffenen wohl kaum zu dem von § 171b GVG geschützten Personenkreis gehören. Die Verschwiegenheitspflicht ist allerdings im Rahmen der **Ausschlussgründe des § 172 Nr. 2 GVG** zu beachten. So hat der Gesetzgeber im Gesetzgebungsverfahren zur Neuregelung des notariellen Disziplinarrechts, im Rahmen dessen nun ebenfalls eine öffentliche Verhandlung vorgesehen ist, betont, dass das Gericht bei der Entscheidung über den Ausschluss der Öffentlichkeit die Gründe, die den Notar zur Verschwiegenheit nach § 18 verpflichten, „als wichtige Kriterien" zu berücksichtigen hat.[162] Dadurch werden die schutzwürdigen Interessen der Beteiligten des Beurkundungsverfahrens geschützt. Auch wenn § 172 Nr. 2 GVG eine Interessenabwägung vorsieht, dürfte der absolute Schutz des § 18 in der Regel sogar zu einer Ermessensreduzierung auf Null bei der Entscheidung über den Ausschluss führen. Nach § 172 Hs. 1 GVG kann die Öffentlichkeit auch **für einen Teil der Verhandlung ausgeschlossen** werden, zB wenn der Vermögensverfall oder Gesundheitszustand eines Beteiligten erörtert werden soll.[163]

3. Dispositionsgrundsatz. Für die Verfahren in verwaltungsrechtlichen Notarsachen 67 gilt der **Dispositionsgrundsatz**.[164] Ob das Gericht tätig wird, bestimmt allein der Kläger. Er bestimmt mit seinem Antrag auch den **Verfahrensgegenstand**. Der Kläger kann seine Klage nach § 92 Abs. 1 S. 1 VwGO jederzeit zurücknehmen, nach Stellung der Anträge in der mündlichen Verhandlung aber nur unter Einwilligung der übrigen Beteiligten. Darüber hinaus können die Beteiligten das Verfahren durch Anerkenntnis oder Vergleich beenden oder beschränken, soweit sie über den Gegenstand des Vergleichs verfügen können (§ 106 S. 1 VwGO). Gleiches gilt für die übereinstimmende **Erklärung, wonach die Hauptsache erledigt** ist.[165] Folge des Dispositionsgrundsatzes ist, dass das Gericht nicht über das Klagebegehren hinausgehen darf (§ 88 Hs. 1 VwGO). Das Gericht darf dem Kläger also weder mehr noch der Art nach etwas anderes zusprechen. An die Fassung des Antrags ist das Gericht allerdings nicht gebunden (§ 88 Hs. 2 VwGO). Es muss dem Antragsteller Gelegenheit geben, Mängel des Antrags zu beseitigen und sachgerechte Anträge zu stellen (§ 86 Abs. 3 VwGO). Diese Pflicht ergibt sich aus dem Amtsermittlungsgrundsatz.

4. Amtsermittlungsgrundsatz (Untersuchungsgrundsatz). Die Verpflichtung zur 68 Amtsermittlung ergibt sich aus § 86 Abs. 1 VwGO. Danach hat das Gericht von Amts wegen den Sachverhalt zu erforschen, also die zur Feststellung der Tatsachen erforderlichen Ermittlungen anzustellen und die geeignet erscheinenden Beweise zu erheben. Der Umfang der von Amts wegen anzustellenden Ermittlungen hängt vom **Verfahrensgegenstand** ab, den der Kläger im Rahmen seiner Dispositionsbefugnis mit seiner Klage bestimmt. Hierbei ist das Gericht im Interesse objektiver Aufklärung des Sachverhalts an das Vorbringen und die Beweisanträge der Beteiligten nicht gebunden (§ 86 Abs. 1 S. 2 VwGO). Im Interesse rechtlichen Gehörs (Art. 103 Abs. 1 GG) darf das Gericht auf der anderen Seite angebotene Beweise nicht mit der Begründung ablehnen, seine Überzeugung stehe bereits fest. Neue Tatsachen darf das Gericht berücksichtigen, wenn dies nicht materiellrechtlich unzulässig ist.[166] Ermittlungen über entscheidungserhebliche Tatsachen darf das Gericht grundsätzlich nicht deshalb unterlassen, weil die Beteiligten hierzu nichts vorgetragen haben; das Gericht hat vielmehr durch geeignete Hinweise auf eine vollständige

---

[162] BT-Drs. 16/12062, 7.
[163] So zB in BGH 6.2.2012 – AnwZ (Brfg) 42/11, BeckRS 2012, 09736 Rn. 11.
[164] Arndt/Lerch/Sandkühler/*Sandkühler* BNotO § 111b Rn. 134 ff.; vgl. auch Kopp/Schenke/*W.-R. Schenke* VwGO § 86 Rn. 2.
[165] Arndt/Lerch/Sandkühler/*Sandkühler* BNotO § 111b Rn. 137 ff.; Schippel/Bracker/*Herrmann* BNotO § 111b Rn. 76.
[166] Schippel/Bracker/*Herrmann* BNotO § 111b Rn. 72.

Aufklärung hinzuwirken.[167] Die Anstellung von Ermittlungen über entscheidungserhebliche Tatsachen darf nur dann unterbleiben, wenn jede Möglichkeit, dass eine Beweisaufnahme hierzu Sachdienliches ergibt, ausgeschlossen ist.

69 Nach § 86 Abs. 1 S. 1 Hs. 2 VwGO obliegt den Beteiligten die Pflicht, an der Ermittlung des Sachverhalts mitzuwirken (**Prozessförderungspflicht**). Der Amtsermittlungsgrundsatz enthebt die Beteiligten nämlich nicht der Pflicht, durch umfassende und spezifische Tatsachendarstellung bei der Aufklärung des Sachverhalts mitzuwirken, zumal es sich bei diesen Verfahren um echte Streitverfahren handelt. Beweisermittlungsanträge, die darauf abzielen, in der Beweisaufnahme die zur Konkretisierung des eigenen Vorbringens nötigen Tatsachen zu erfahren sowie solche, die ins Blaue hinein gestellt sind und dem Ausforschungsbeweis dienen, können deshalb unbeachtet bleiben.[168] Dies gilt insbesondere dann, wenn es ein Verfahrensbeteiligter allein oder in erster Linie in der Hand hat, die notwendigen Erklärungen abzugeben oder Beweismittel vorzulegen. Unterlässt er die ihm mögliche und zumutbare Mitwirkung, verringert sich die gerichtliche Aufklärungspflicht und es tritt eine Minderung des Beweismaßes ein.[169] Die nicht erfolgte Aufklärung ist bei der Beweiswürdigung zu berücksichtigen.

70 Erst wenn hinsichtlich einer erheblichen Tatsache eine Ungewissheit bleibt, die das Gericht trotz Ausschöpfens aller in Betracht kommenden Ermittlungen von Amts wegen, auch bei Berücksichtigung eines etwaigen unverschuldeten Beweisnotstands eines Beteiligten, nicht zu beseitigen vermag, greifen die **Grundsätze der materiellen Beweislast** ein. Sie gelten erst nach dem Abschluss der richterlichen Überzeugungsbildung. Auch im Verwaltungsstreitverfahren gilt die allgemeine Beweislastregel des Inhalts, dass die Unerweislichkeit von Tatsachen, aus denen ein Beteiligter ihm günstige Rechtsfolgen ableitet, zu seinen Lasten geht.[170]

II. Entscheidung des Gerichts

71 Das Gericht entscheidet gem. § 55 VwGO iVm § 196 Abs. 1 GVG mit der **absoluten Mehrheit** der Stimmen. Die frühere Regelung, wonach zu jeder für den Antragsteller nachteiligen Entscheidung eine Mehrheit von 2/3 der Richterstimmen notwendig war,[171] hat der Gesetzgeber aus Gründen der Gleichstellung mit Verfahren anderer Berufsträger nicht übernommen.[172]

72 Rechtsmittelfähige Urteile sind gemäß §§ 117 Abs. 2 Nr. 6, 125 Abs. 1 S. 1 VwGO mit einer **Rechtsbehelfsbelehrung** zu versehen,[173] um den Lauf der Frist zur Einlegung des Rechtsmittels iSv § 58 Abs. 1 VwGO in Gang zu setzen. Erforderlich sind Angaben über den zulässigen Rechtsbehelf, das Gericht, bei dem der Rechtsbehelf anzubringen ist, den Sitz des Gerichts und die einzuhaltende Frist.[174]

73 Für die Fristen zur **Urteilsabsetzung** gelten nach der Sonderregelung des Abs. 2 S. 2 Abweichungen von den in §§ 116 Abs. 2 und 117 Abs. 4 VwGO geregelten Fristen, da das Urteil auch von den Notarbeisitzer zu unterzeichnen ist.[175]

74 In allen **erstinstanzlichen Klageverfahren** kann durch **Gerichtsbescheid gemäß § 84 VwGO** anstelle eines Urteils entschieden werden, wenn die Sache keine besonderen Schwierigkeiten tatsächlicher oder rechtlicher Art aufweist und der Sachverhalt geklärt

---

[167] Kopp/Schenke/*W.-R. Schenke* VwGO § 86 Rn. 15.
[168] BGH ZNotP 2011, 36 (38).
[169] Kopp/Schenke/*W.-R. Schenke* VwGO § 86 Rn. 12.
[170] BGH 23.11.2015 – NotZ(Brfg) 2/15, BeckRS 2015, 21002 Rn. 3 mwN.
[171] § 111 Abs. 4 S. 2 aF iVm § 41 Abs. 1 S. 2 BRAO aF; s. hierzu *Custodis* in der 3. Auflage, § 111 aF Rn. 199. Bei dem mit drei Richtern besetzten Oberlandesgericht bewirkte die Änderung des Quorums allerdings keine Änderung der für eine Entscheidung erforderlichen Stimmenzahl.
[172] BT-Drs. 16/11385, 41, 54.
[173] S. zur Rechtsbehelfsbelehrung beim Ausgangs-/Widerspruchsbescheid → Rn. 32.
[174] Nach der früheren Rechtslage war § 58 Abs. 2 VwGO weder unmittelbar noch sinngemäß auf die Beschwerdefrist anwendbar; s. hierzu *Custodis* in der 3. Aufl., § 111b Rn. 8, § 111 aF Rn. 222.
[175] S. hierzu im Einzelnen → Rn. 90.

ist.[176] Der Bescheid ergeht nach Anhörung der Beteiligten, aber ohne mündliche Verhandlung.

F. Rechtsmittelverfahren

I. Berufung

Spezialregelungen für das Berufungsverfahren finden sich in **§ 111d**.[177] Danach kommen gegen die Entscheidung des Oberlandesgerichts die Rechtsmittel der VwGO zur Anwendung: Nach § 111d S. 1 findet **gegen Endurteile** einschließlich Teilurteile, Grundurteile und Zwischenurteile über die Zulässigkeit das Rechtsmittel der **Berufung** statt. Gemäß § 111d S. 2 gelten für das Berufungsverfahren die §§ 124 ff. VwGO mit der Maßgabe, dass das Oberlandesgericht an die Stelle des Verwaltungsgerichts und der Bundesgerichtshof an die Stelle des Oberverwaltungsgerichts tritt. § 111 Abs. 2 Nr. 1 bestimmt, dass die Entscheidung über die Berufung in die **sachliche Zuständigkeit** des Bundesgerichtshofs fällt.[178]

Erforderlich ist zudem, dass die Berufung vom Oberlandesgericht oder vom Bundesgerichtshof **zugelassen** wird.[179] Hat das Oberlandesgericht hat in seinem Urteil die Berufung nicht zugelassen, ist gegen diese Entscheidung nicht das Rechtsmittel der Berufung, sondern lediglich der Antrag auf Zulassung der Berufung gem. § 111d iVm §§ 124 Abs. 1, 124a Abs. 4 VwGO gegeben. Zwischen der **Einlegung der Berufung** und dem **Antrag auf Berufungszulassung** ist deutlich zu unterscheiden, auch bei der Formulierung der Anträge. Prozesshandlungen der Beteiligten können durch das Rechtsmittelgericht ausgelegt werden, um den Willen des Erklärenden zu ermitteln. Der maßgebliche objektive Erklärungswert bestimmt sich danach, wie der Empfänger die Erklärung verstehen muss, insbesondere nach der „recht verstandenen Interessenlage". Auch wenn die **Auslegung** nicht am Wortlaut der Erklärung haftet, kann ein ausdrücklich als „Berufung" bezeichnetes Rechtsmittels als Antrag auf Zulassung der Berufung abgelehnt werden.[180] Die **Umdeutung** einer (fehlerhaften) Prozesserklärung einer anwaltlich vertretenen Partei kann allenfalls dann erfolgen, wenn der zulässige Antrag noch innerhalb der dafür geltenden Rechtsmittelfrist gestellt worden ist.[181]

Hat das Oberlandesgericht die **Berufung** gem. § 124a Abs. 1 S. 1 VwGO **zugelassen,** ist diese innerhalb eines Monats nach Zustellung des vollständigen Urteils beim Oberlandesgericht einzulegen und innerhalb von zwei Monaten nach Urteilszustellung zu begründen (§ 124a Abs. 2 S. 1, Abs. 3 S. 1 VwGO). Die Begründung ist, sofern sie nicht zugleich mit der Einlegung der Berufung erfolgt, beim Bundesgerichtshof einzureichen und muss einen bestimmten Antrag enthalten sowie die Gründe der Anfechtung (Berufungsgründe); die Begründungsfrist kann auf einen vor ihrem Ablauf gestellten Antrag verlängert werden (§ 124a Abs. 3 S. 2 bis S. 4 VwGO).

Lässt das Urteil des Oberlandesgerichts die Berufung **nicht** zu, kann der Beschwerte nach § 124a Abs. 4 VwGO **Antrag auf Zulassung der Berufung** innerhalb eines Monats nach Zustellung des vollständigen Urteils beim Oberlandesgericht stellen.[182] Enthält dieser Antrag nicht bereits die Darlegung der Zulassungsgründe iSv § 124 Abs. 2 VwGO, muss die Darlegung der Zulassungsgründe innerhalb von zwei Monaten nach Zustellung des vollständigen Urteils gegenüber dem Bundesgerichtshof zu erfolgen. Bei dieser zweimonatigen

---

[176] Kopp/Schenke/*W.-R. Schenke* VwGO § 84 Rn. 3; Schoch/Schneider/Bier/*Clausing* VwGO § 84 Rn. 7.
[177] → § 111d Rn. 2 ff.
[178] → § 111 Rn. 8.
[179] Hierzu → § 111d Rn. 2 ff.
[180] BGH NJW-RR 2016, 757 mwN.
[181] BGH NJW-RR 2016, 757 (757 f.).
[182] → § 111d Rn. 3 ff.

Frist aus § 124a Abs. 4 S. 4 VwGO handelt es sich um eine **nicht verlängerbare** gesetzliche Frist iSv § 57 Abs. 2 VwGO iVm § 224 Abs. 2 ZPO,[183] innerhalb deren der Text der Berufungsbegründung vollumfänglich beim Berufungsgericht eingehen muss.[184] Lässt der Bundesgerichtshof die Berufung zu, wird das Antragsverfahren als Berufungsverfahren fortgesetzt, ohne dass es der Einlegung einer Berufung bedarf (§ 124a Abs. 5 S. 5 VwGO). Die Berufung ist dann innerhalb eines Monats nach Zustellung des Zulassungsbeschlusses gegenüber dem Bundesgerichtshof zu begründen, wobei hier wieder eine Möglichkeit zur Fristverlängerung besteht (§ 124a Abs. 6 VwGO).

79 Das Berufungsgericht prüft nach § 128 VwGO den vor ihm anhängig gemachten Streitfall im Rahmen der **Berufungsanträge** (§ 129 VwGO) grundsätzlich im selben Umfang wie das Gericht erster Instanz in tatsächlicher und rechtlicher Hinsicht,[185] so dass der **Bundesgerichtshof** als **zweite Tatsacheninstanz** entscheidet.

II. Beschwerde

80 Nach Abs. 1 S. 2 steht das Oberlandesgericht einem Oberverwaltungsgericht gleich. In Verbindung mit § 152 Abs. 1 VwGO bedeutet die Gleichstellung, dass gegen Entscheidungen der Oberlandesgerichte – von gesetzlichen Ausnahmen abgesehen – **grundsätzlich keine Beschwerde** an den Bundesgerichtshof gerichtet werden kann.[186]

81 Einen Sonderfall stellt die **Beschwerde nach § 17a Abs. 4 S. 4 GVG** dar. Diese ist im Gesetz ausdrücklich in § 152 Abs. 1 VwGO angesprochen sowie in § 111 Abs. 2 Nr. 2, der die sachliche Zuständigkeit des Bundesgerichtshofs für diese Beschwerde bestimmt. Die **Beschwerde gegen die Entscheidung über die Zulässigkeit des Rechtswegs** bedarf der Zulassung des Oberlandesgerichts. Hat das Oberlandesgerichts die gemäß § 17a Abs. 4 S. 4 GVG statthafte Beschwerde gegen den Beschluss über den zulässigen Rechtsweg nicht zugelassen, ist der Zwischenstreit um die Rechtswegfrage beendet. Gegen die Nichtzulassungsentscheidung hat das Gesetz eine Nichtzulassungsbeschwerde bewusst nicht vorgesehen; der Bundesgerichtshof ist vielmehr aufgrund von § 17a Abs. 1 GVG an die Entscheidung über den Rechtsweg gebunden.[187] Gemäß § 17a Abs. 5 GVG prüft das Gericht im Rechtsmittelverfahren gegen die in der Hauptsache ergangene Entscheidung die Zulässigkeit des beschrittenen Rechtswegs nicht mehr.

82 Die Regelung des **§ 99 Abs. 2 VwGO** könnte einen weiteren Sonderfall einer Beschwerdemöglichkeit darstellen, der nicht nach § 152 Abs. 1 VwGO ausgeschlossen wäre. Es ist aber nicht geklärt, ob eine solche Entscheidung des Oberlandesgerichts über die Feststellung, ob die Verweigerung der Vorlage der Urkunden oder Akten, der Übermittlung der elektronischen Dokumente oder der Erteilung von Auskünften durch eine Behörde rechtmäßig ist, auch in verwaltungsrechtlichen Notarsachen angefochten werden kann, obwohl für eine derartige Beschwerde in § 111 Abs. 2 eine Zuständigkeitsbestimmung für den Bundesgerichtshof fehlt.[188]

83 Im Übrigen ist seit der Neuregelung des Rechts der Beschwerde und der Gehörsrüge **kein** Raum mehr für eine „**außerordentliche**" Beschwerde.[189]

III. Anhörungsrüge

84 Die Anhörungsrüge gem. § 152a VwGO ist ein außerordentlicher Rechtsbehelf ohne Devolutiv- und Suspensiveffekt.[190] Mit ihr soll fachgerichtlicher Rechtsschutz gegen **Ge-**

---

[183] BGH DNotZ 2015, 870.
[184] BGH DNotZ 2015, 548 (549 f.).
[185] Kopp/Schenke/*W.-R. Schenke* VwGO § 128 Rn. 1.
[186] → § 111 Rn. 9; so auch BGH DNotZ 2011, 75 (76); 2015, 557.
[187] BGH DNotZ 2015, 872 (872 f.) mwN.
[188] S. hierzu Schippel/Bracker/*Herrmann* BNotO § 111b Rn. 96.
[189] BGH 5.10.2015 – NotZ 1/15, BeckRS 2015, 18059 Rn. 2 mwN.
[190] Schoch/Schneider/Bier/*Rudisile* VwGO § 152a Rn. 7.

hörsverletzungen** durch Gerichte im Wege einer Selbstkontrolle gewährleistest werden.[191] Eine statthafte Anhörungsrüge eröffnet keine weitere Instanz.[192]

G. Gerichtskosten und Streitwertbemessung

In verwaltungsrechtlichen Notarsachen richten sich die Gerichtskosten nach dem Gebührenverzeichnis der Anlage zur BNotO sowie im Übrigen nach den Regelungen des GKG (§ 111f). § 111g Abs. 1 S. 1 regelt, dass sich der Streitwert nach § 52 GKG bestimmt. In Statusangelegenheiten gilt die Spezialregelung des § 111g Abs. 2. Wegen der Einzelheiten zu Gerichtskosten und Streitwertbemessung wird auf die Kommentierungen der §§ 111f und 111g verwiesen. **85**

H. Abweichungen gegenüber der VwGO (Abs. 1 S. 2, Abs. 2 bis Abs. 4)

Die in Abs. 1 S. 1 angeordnete Verweisung auf die Bestimmungen der VwGO gilt nicht ohne Einschränkungen. Abs. 1 S. 2 und Abs. 2 bis Abs. 4 enthalten **bestimmte Abweichungen,** die den Besonderheiten des notariellen Berufsrechts Rechnung tragen. **86**

I. Gleichstellung mit dem Oberverwaltungsgericht außerhalb des Berufungsverfahrens (Abs. 1 S. 2)

Nach der **Spezialregelung in § 111d S. 2** gilt für das Berufungsverfahren[193] der 12. Abschnitt der VwGO (§§ 124 bis 130b VwGO), wobei der Bundesgerichtshof an die Stelle des Oberverwaltungsgerichts tritt. **Im Übrigen** ordnet **§ 111b Abs. 1 S. 2 als allgemeine Vorschrift** eine andere Gleichstellung an: Danach steht das **Oberlandesgericht** einem **Oberverwaltungsgericht** gleich, was zu Abweichungen von der VwGO führt. So finden zB Bestimmungen, die nur für das Verfahren vor dem Verwaltungsgericht gelten, wie die Übertragung auf den Einzelrichter nach § 6 VwGO oder die Klageerhebung zur Niederschrift des Urkundsbeamten der Geschäftsstelle nach § 81 Abs. 1 S. 2 VwGO, keine Anwendung.[194] (Eine Übertragung auf den Einzelrichter würde im Übrigen auch § 111 Abs. 4 widersprechen, wonach das Oberlandesgericht in der für Disziplinarsachen gegen Notare vorgeschriebenen Besetzung entscheidet.) In Verbindung mit § 152 Abs. 1 VwGO bedeutet die Gleichstellung, dass Entscheidungen der Oberlandesgerichte – von gesetzlichen Ausnahmen abgesehen – grundsätzlich nicht mit der Beschwerde an den Bundesgerichtshof angegriffen werden können.[195] **87**

II. Sonderregelungen für notarielle Beisitzer (Abs. 2 S. 1 Alt. 1)

Das Oberlandesgericht entscheidet nach § 111 Abs. 4 in der Besetzung mit dem Vorsitzenden, einem richterlichen Beisitzer und einem Notarbeisitzer (§ 101), der Bundesgerichtshof in der Besetzung mit dem Vorsitzenden, zwei richterlichen Beisitzern und zwei Notarbeisitzern (§ 106).[196] Für die Bestellung der notariellen Beisitzer, ihre Rechte und Pflichten, ihre Entschädigung und ihre Amtsenthebung enthält die BNotO in den §§ 103, 104 und 108 eigene Vorschriften, so dass es der Bestimmungen der VwGO über die Bestellung und Mitwirkung ehrenamtlicher Richter nicht bedarf. § 111b Abs. 2 S. 1 Alt. 1 ordnet daher konsequenterweise an, dass die Vorschriften der VwGO über die Mitwirkung ehrenamtlicher Richter nicht anzuwenden sind, ohne die Vorschriften im **88**

---

[191] Schoch/Schneider/Bier/*Rudisile* VwGO § 152a Rn. 7.
[192] BGH 24.8.2015 – NotZ (Brfg) 6/14, BeckRS 2015, 16086 Rn. 5.
[193] Hierzu → Rn. 75 ff.
[194] BT-Drs. 16/11385, 41, 54.
[195] → Rn. 80 und → § 111 Rn. 9; so auch BGH DNotZ 2011, 75 (76); 2015, 557.
[196] Für das frühere Recht s. *Custodis* in der 3. Aufl., § 111 aF Rn. 199 und 230.

Einzelnen zu benennen. Die Nichtanwendung betrifft **alle** Bestimmungen der VwGO, die ehrenamtliche Richter zum Regelungsgegenstand haben, also insbesondere § 19 VwGO über die Mitwirkung bei der mündlichen Verhandlung und Urteilsfindung, § 5 Abs. 3 S. 2 VwGO über die Nichtmitwirkung bei Beschlüssen und Gerichtsbescheiden und § 117 Abs. 1 S. 4 VwGO, wonach Urteile von ehrenamtlichen Richtern nicht unterschrieben werden müssen. § 111b Abs. 2 S. 1 Alt. 1 ist zu eng formuliert. Auch die §§ 20 ff. VwGO über die Bestellung der ehrenamtlichen Richter und das Wahlverfahren finden keine Anwendung.

III. Vertreter des öffentlichen Interesses, Normenkontrollverfahren (Abs. 2 S. 1 Alt. 2)

89 § 111b Abs. 2 S. 1 Alt. 2 ordnet an, dass die Bestimmungen über den Vertreter des öffentlichen Interesses (§§ 35 und 36 VwGO) und über das Normenkontrollverfahren (§ 47 VwGO)[197] nicht anzuwenden sind.

IV. Verlängerung von Fristen (Abs. 2 S. 2)

90 Die Vorschrift **modifiziert die Fristen,** die in § 116 Abs. 2 VwGO für die Übermittlung des nicht durch Verkündung erlassenen Urteils an die Geschäftsstelle zum Zweck der die Verkündigung ersetzenden Zustellung und in § 117 Abs. 4 VwGO für die Übermittlung der vollständigen Fassung eines bei Verkündung nur teilweise abgefassten Urteils sowie die Übermittlung der unterschriebenen Urteilsformel an die Geschäftsstelle zum Zweck der Zustellung bestimmt sind. Da auch die Notarbeisitzer das Urteil zu unterzeichnen haben, könnte die Zwei-Wochen-Frist zu knapp bemessen sein.[198] § 111b Abs. 2 S. 2 sieht daher jeweils eine Frist von fünf Wochen vor. Die Verletzung der Frist stellt einen Verfahrensmangel dar.[199]

V. Selbstvertretung in verwaltungsrechtlichen Notarsachen (Abs. 3)

91 In Erweiterung der Regelung des § 67 Abs. 4 VwGO können sich Notare und Notarassessoren in verwaltungsrechtlichen Notarsachen gem. § 111b Abs. 3 selbst vertreten.[200] Das Selbstvertretungsrecht gilt in beiden Instanzen.[201]

VI. Aufschiebende Wirkung, Ende der aufschiebenden Wirkung (Abs. 4)

92 Widerspruch und Anfechtungsklage haben nach § 80 Abs. 1 S. 1 VwGO grundsätzlich aufschiebende Wirkung. Die aufschiebende Wirkung entfällt nach § 80 Abs. 2 S. 1 Nr. 3 VwGO, wenn dies durch Gesetz angeordnet ist. Die aufschiebende Wirkung des Widerspruchs und der Anfechtungsklage endet nach § 80b Abs. 1 VwGO mit der Unanfechtbarkeit (Alt. 1), oder, wenn die Anfechtungsklage im ersten Rechtszug abgewiesen worden ist, drei Monate nach Ablauf der gesetzlichen Begründungsfrist des gegen die abweisende Entscheidung gegebenen Rechtsmittels (Alt. 2). Mit dieser gesetzlichen Befristung der aufschiebenden Wirkung der Anfechtungsklage sollte im Interesse der Gerichte einem Missbrauch des durch den Suspensiveffekt bewirkten Vollzugsaufschubs vorgebeugt werden.[202] Da Ziel und Umfang der in Alt. 2 geregelten Ausnahme umstritten sind, hat der Gesetzgeber in verwaltungsrechtlichen Notarsachen auf die Übernahme dieser Ausnahme-

---

[197] → Rn. 10.
[198] BT-Drs. 16/11385, 41, 54.
[199] Vgl. Kopp/Schenke/*W.-R. Schenke* VwGO § 116 Rn. 12.
[200] Hierzu → Rn. 12.
[201] BT-Drs. 16/11385, 54.
[202] Zur Entstehungsgeschichte und Kritik der Vorschrift Schoch/Schneider/Bier/*Schoch* VwGO § 80b Rn. 3 ff.; Kopp/Schenke/*W.-R. Schenke* VwGO § 80b Rn. 1 f.

bestimmung verzichtet.²⁰³ Die aufschiebende Wirkung der Anfechtungsklage endet also stets erst mit der Bestandskraft des angefochtenen Verwaltungsakts.

§ 111c [Beklagter]

(1) ¹**Die Klage ist gegen die Notarkammer oder Behörde zu richten,**
1. **die den Verwaltungsakt erlassen hat oder zu erlassen hätte; für hoheitliche Maßnahmen, die berufsrechtliche Rechte und Pflichten der Beteiligten beeinträchtigen oder verwirklichen, gilt dies sinngemäß;**
2. **deren Entschließung Gegenstand des Verfahrens ist.**
²**Klagen gegen Prüfungsentscheidungen und sonstige Maßnahmen des Prüfungsamtes sind gegen den Leiter des Prüfungsamtes zu richten.**

(2) **In Verfahren zwischen einem Mitglied des Präsidiums oder Vorstandes und der Notarkammer wird die Notarkammer durch eines ihrer Mitglieder vertreten, das der Präsident des zuständigen Gerichts besonders bestellt.**

A. Allgemeines

§ 111c wurde durch das Gesetz zur Modernisierung von Verfahren im anwaltlichen und notariellen Berufsrecht, zur Errichtung einer Schlichtungsstelle der Rechtsanwaltschaft sowie zur Änderung sonstiger Vorschriften mit Wirkung vom 1.9.2009 eingefügt.¹ Die Vorschrift hat in Abs. 1 eine **weitere Abweichung von der VwGO** zum Inhalt, indem sie **nicht** dem **Rechtsträgerprinzip** des § 78 Abs. 1 Nr. 1 VwGO folgt, wonach die Klage gegen den Rechtsträger der Behörde zu richten wäre, die den angefochtenen Verwaltungsakt erlassen oder den beantragten Verwaltungsakt unterlassen hat, nicht aber gegen die Behörde selbst (dies nach § 78 Abs. 1 Nr. 2 VwGO nur ausnahmsweise, wenn das Landesrecht es bestimmt).² 1

B. Die Notarkammer oder Behörde als Beklagte (Abs. 1)

Die Regelung des Abs. 1 S. 1 Nr. 1 Hs. 1 betrifft Anfechtungs- und Verpflichtungsklagen sowie Klagen auf Feststellung der Nichtigkeit eines Verwaltungsakts und Fortsetzungsfeststellungsklagen. Die Klage ist gegen die Notarkammer oder Behörde zu richten, die den angefochtenen Verwaltungsakt erlassen oder den beantragten Verwaltungsakt abgelehnt oder unterlassen hat (sog. **Behördenprinzip**). Gleiches gilt nach Abs. 1 S. 1 Nr. 1 Hs. 2 für alle sonstigen hoheitlichen Maßnahmen, die nicht Verwaltungsakt sind, dh für Leistungs- und Unterlassungsklagen, die hoheitliche Maßnahmen betreffen, welche berufsrechtliche Rechte und Pflichten der Beteiligten beeinträchtigen oder verwirklichen. § 111c folgt also nicht dem Rechtsträgerprinzip des § 78 Abs. 1 Nr. 1 VwGO. Das Rechtsträgerprinzip gilt jedoch in den Fällen der *allgemeinen* Leistungs- und Unterlassungsklage, da diese vom Regelungsbereich des Abs. 1 S. 1 Nr. 1 nicht erfasst sind. Die Bestimmungen des Abs. 1 S. 1 sind auf die Notarkasse und die Ländernotarkasse entsprechend anzuwenden.³ Die in Abs. 1 S. 1 Nr. 2 genannten Entschließungen erfassen Wahlen und Beschlüsse der 2

---

²⁰³ BT-Drs. 16/11385, 41, 54.
¹ BGBl. 2009 I 2449; s. hierzu → Vor §§ 111–111g.
² Nach § 111 Abs. 4 S. 3 aF war der Antrag auf gerichtliche Entscheidung gegen die Landesjustizverwaltung zu richten. Hierunter wurde nicht nur die Spitze der Verwaltung, sondern die Justizverwaltung als Ganzes zu verstanden, so dass Antragsgegner ebenfalls die Behörde war, die die angefochtene Maßnahme erlassen oder die beantragte Maßnahme abgelehnt oder unterlassen hatte; s. hierzu *Custodis* in der 3. Auflage, § 111 aF Rn. 114.
³ So auch Schippel/Bracker/*Herrmann* BNotO § 111c Rn. 2.

BNotO § 111d 1   Vierter Teil. Übergangs- und Schlußbestimmungen

Organe der Notarkammern, der Bundesnotarkammer und der Kassen, die nach § 111e angefochten werden können.[4]

3   Das nach § 7g Abs. 1 errichtete „Prüfungsamt für die notarielle Fachprüfung bei der Bundesnotarkammer" ist eine fachlich unabhängige und selbstständige Verwaltungseinheit in organisatorischer Trägerschaft der Bundesnotarkammer.[5] Klagen gegen dessen **Prüfungsentscheidungen** und sonstige Maßnahmen sind nach Abs. 1 S. 2 gegen die Leiterin oder den Leiter des Prüfungsamtes zu richten.[6]

C. Vertretung der Notarkammer in Verfahren zwischen einem Mitglied des Präsidiums oder Vorstands und der Kammer (Abs. 2)

4   Die Vorschrift des Abs. 2 regelt die Vertretung der Notarkammer in Verfahren zwischen einem Vorstands- bzw. Präsidiumsmitglied und der Kammer. Abweichend von der allgemeinen Regelung, wonach der Präsident die Kammer gerichtlich und außergerichtlich vertritt (§§ 70 Abs. 1, 82 Abs. 1), ist in solchen Fällen ein Vertreter aus dem Kreis der Mitglieder besonders zu bestellen. Damit sollen **Interessenkollisionen** vermieden werden. Mit der Vertretung sollte daher auch nur ein Mitglied betraut werden, das nicht dem Vorstand bzw. Präsidium angehört. Die besondere Vertretung der Kammer erstreckt sich auf alle Verfahren, in denen eine Interessenkollision droht.[7] Wie die Bestimmungen des Abs. 1 S. 1 sind auch diejenigen des Abs. 2 auf die **Notarkasse** und die **Ländernotarkasse** entsprechend anzuwenden.[8]

§ 111d [Berufung]

[1] Gegen Endurteile einschließlich der Teilurteile, Grundurteile und Zwischenurteile über die Zulässigkeit steht den Beteiligten die Berufung zu, wenn sie vom Oberlandesgericht oder vom Bundesgerichtshof zugelassen wird. [2] Für das Berufungsverfahren gilt der Zwölfte Abschnitt der Verwaltungsgerichtsordnung mit der Maßgabe, dass das Oberlandesgericht an die Stelle des Verwaltungsgerichts und der Bundesgerichtshof an die Stelle des Oberverwaltungsgerichts tritt.

A. Allgemeines

1   § 111d wurde durch das Gesetz zur Modernisierung von Verfahren im anwaltlichen und notariellen Berufsrecht, zur Errichtung einer Schlichtungsstelle der Rechtsanwaltschaft sowie zur Änderung sonstiger Vorschriften mit Wirkung vom 1.9.2009 eingefügt.[1] Gegen die Entscheidung des Oberlandesgerichts kommen die Rechtsmittel der VwGO mit der Maßgabe zur Anwendung, dass nach Satz 1 gegen Endurteile das Rechtsmittel der **Berufung** stattfindet. Ergänzend hierzu ordnet § 111 Abs. 2 Nr. 1 an, dass die Entscheidung über die Berufung in die sachliche Zuständigkeit des Bundesgerichtshofs fällt. Nach Satz 2

---

[4] BT-Drs. 16/11385, 41, 54.
[5] Die Regelungen über die notarielle Fachprüfung (§§ 7a bis 7i) wurden mit dem Gesetz zur Änderung der Bundesnotarordnung (Neuregelung des Zugangs zum Anwaltsnotariat) mWv 9.4.2009 (BGBl. 2009 I 696) eingeführt.
[6] Die Bestimmung entspricht der früheren Fassung des § 7d Abs. 3 S. 3. Seit der Neufassung von § 111 Abs. 3 Nr. 1 mWv 28.12.2010 (→ § 111 Rn. 10) hat sich die frühere Zweifelsfrage erledigt, ob für prüfungsrechtliche Klagen das Kammergericht als das für die Bundesnotarkammer örtlich zuständige Oberlandesgericht nach der Grundregel des § 111 Abs. 1 oder der Bundesgerichtshof nach § 111 Abs. 3 aF sachlich zuständig ist.
[7] BT-Drs. 16/11385, 42, 54. Die Vorgängerregelung des § 91 Abs. 1 S. 2 BRAO aF beschränkte sich auf die Fälle der Anfechtung von Wahlen und Beschlüssen.
[8] Ebenso Schippel/Bracker/*Herrmann* BNotO § 111c Rn. 9.
[1] BGBl. 2009 I 2449; → Vor §§ 111–111g.

gilt für das Berufungsverfahren der 12. Abschnitt der VwGO (§§ 124 bis 130b VwGO), wobei der Bundesgerichtshof an die Stelle des Oberverwaltungsgerichts tritt. Das Berufungsgericht prüft nach § 128 VwGO den vor ihm anhängig gemachten Streitfall im Rahmen der Berufungsanträge (§ 129 VwGO) grundsätzlich im selben Umfang wie das Gericht erster Instanz in tatsächlicher und rechtlicher Hinsicht.[2] Der **Bundesgerichtshof** entscheidet daher aufgrund erneuter Sach- und Rechtsprüfung als **zweite Tatsacheninstanz**.[3] Der Weg zu einer solchen Entscheidung ist dem Kläger jedoch nur eröffnet, wenn die Berufung vom Oberlandesgericht oder vom Bundesgerichtshof **zugelassen** wird. Von der Möglichkeit, die Berufung – abweichend von dem Rechtsmittelsystem der VwGO – zulassungsfrei zu gestalten,[4] hat der Gesetzgeber abgesehen, weil eine solche Berufung dem angestrebten Ziel, die gerichtlichen Verfahren anzugleichen, widersprochen hätte.[5] Daneben sprach auch die Nähe des Notaramts zum öffentlichen Dienst gegen eine zulassungsfreie Berufungsmöglichkeit, da es diese auch in beamtenrechtlichen Verwaltungsstreitigkeiten nicht gibt.[6] **Satz 2** stellt, was die Gleichstellung mit dem Oberverwaltungsgericht anbelangt, eine **Spezialregelung** gegenüber der allgemeinen Regelung in § 111b Abs. 1 S. 2 dar.[7]

B. Das Berufungsverfahren bei Zulassung durch das Oberlandesgericht

§ 111d iVm § 124a Abs. 1 VwGO sieht die Zulassung der Berufung durch das Oberlandesgericht vor. Diese Zulassung erfolgt **antragsunabhängig von Amts wegen,** wenn einer der **Zulassungsgründe des § 124 Abs. 2 Nr. 3 und Nr. 4 VwGO** vorliegt, wenn also die Sache grundsätzliche Bedeutung hat (Nr. 3)[8] oder wenn das Urteil von einer Entscheidung des Bundesgerichtshofs, des Gemeinsamen Senats der obersten Gerichtshöfe des Bundes oder des Bundesverfassungsgerichts abweicht und auf dieser Abweichung beruht (Nr. 4).[9] Maßgeblicher Zeitpunkt für die Zulassungsentscheidung ist der Tag der letzten mündlichen Verhandlung oder bei Entscheidungen ohne mündliche Verhandlung der Zeitpunkt der Entscheidung. Einen Ermessens- oder Beurteilungsspielraum hat das Oberlandesgericht nicht. Liegen die Tatbestandsvoraussetzungen des § 124 Abs. 2 Nr. 3 und Nr. 4 vor, gehört die Berufungszulassung als prozessuale Nebenentscheidung kraft Sachzusammenhangs in die Entscheidung zur Hauptsache. Der Bundesgerichtshof ist an die Zulassung der Berufung durch das Oberlandesgericht gebunden.[10]

C. Das Berufungsverfahren mit Antrag auf Zulassung durch den Bundesgerichtshof

Wird die Berufung in dem Urteil des Oberlandesgerichts **nicht** zugelassen, kann der Beschwerte nach § 111d iVm § 124a Abs. 4 VwGO **Antrag auf Zulassung** der Berufung stellen.[11] Der Antrag ist **innerhalb eines Monats** nach Zustellung des vollständigen Urteils **bei dem Oberlandesgericht zu stellen.** Sind die Zulassungsgründe nicht schon im

---

[2] Kopp/Schenke/*W.-R. Schenke* VwGO § 128 Rn. 1; s. zum Berufungsverfahren auch → § 111b Rn. 75 ff.
[3] So auch nach der früheren Rechtslage iRd sofortigen Beschwerde nach § 111 Abs. 4 S. 1 aF, s. dazu *Custodis* in der 3. Auflage, § 111 aF Rn. 229.
[4] Die sofortige Beschwerde nach § 111 Abs. 4 S. 1 aF war indes nicht von einer besonderen Zulassung durch das Ausgangs- oder Beschwerdegericht abhängig.
[5] BT-Drs. 16/11385, 42, 53.
[6] BT-Drs. 16/11385, 53.
[7] → § 111b Rn. 87.
[8] → Rn. 7 sowie ausführlich Kopp/Schenke/*W.-R. Schenke* VwGO § 124 Rn. 10.
[9] → Rn. 8 sowie ausführlich Kopp/Schenke/*W.-R. Schenke* VwGO § 124 Rn. 11 f.
[10] Zu diesem Berufungsverfahren s. Kopp/Schenke/*W.-R. Schenke* VwGO § 124a Rn. 3 ff.
[11] Zur Umdeutung eines ausdrücklich als „Berufung" eingelegten Rechtsmittels → § 111b Rn. 76.

Antrag dargelegt worden, hat die **Darlegung der Zulassungsgründe** innerhalb von **zwei Monaten** nach Zustellung des vollständigen Urteils gegenüber dem Bundesgerichtshof zu erfolgen.[12] Die hinreichende Darlegung eines Zulassungsgrundes erfordert eine substantiierte, auf den jeweiligen Zulassungsgrund bezogene Auseinandersetzung mit der angegriffenen Entscheidung; nicht ausreichend ist das bloße Benennen des Zulassungsgrundes oder eine pauschale Bezugnahme auf den erstinstanzlichen Vortrag bzw. dessen bloße Wiederholung.[13] Über den Antrag entscheidet der Bundesgerichtshof durch Beschluss. Er lässt die Berufung zu, wenn einer der Gründe des § 124 Abs. 2 VwGO dargelegt ist und vorliegt (§ 124a Abs. 5 S. 2 VwGO).[14] Die Entscheidung über die Zulassung oder Ablehnung soll kurz begründet werden (§ 124a Abs. 5 S. 3 VwGO), wobei nicht jedes Vorbringen der Beteiligten in den Gründen ausdrücklich beschieden werden muss.[15]

D. Zulassungsgründe

4 Die Berufung ist nur zuzulassen, wenn einer der in § 124 Abs. 2 VwGO genannten Berufungszulassungsgründe gegeben ist. Insoweit besteht ein Gleichlauf mit den Voraussetzungen für die Berufung gegen Urteile in Disziplinarsachen, die nicht über eine Disziplinarklage ergangen sind (§ 105 iVm § 64 Abs. 2 BDG, § 124 Abs. 2 VwGO).[16]

I. Ernstliche Zweifel an der Richtigkeit (§ 124 Abs. 2 Nr. 1 VwGO)

5 Ernstliche Zweifel an der Richtigkeit des Urteils bestehen, wenn der Kläger im Zulassungsverfahren einen einzelnen tragenden Rechtssatz oder eine einzelne erhebliche Tatsachenfeststellung mit schlüssigen Gegenargumenten in Frage stellen kann. Neue oder bisher nicht berücksichtigte Tatsachen und Beweismittel sind dabei zu berücksichtigen.[17] Zweifel an der Richtigkeit einzelner Rechtssätze oder tatsächlicher Feststellungen füllen den Zulassungsgrund aber dann nicht aus, wenn solche Zweifel nicht auch die Richtigkeit des Ergebnisses erfassen.[18]

II. Besondere tatsächliche oder rechtliche Schwierigkeiten (§ 124 Abs. 2 Nr. 2 VwGO)

6 Die Rechtssache weist besondere tatsächliche oder rechtliche Schwierigkeiten auf, wenn sie wegen einer erheblich über dem Durchschnitt liegenden Komplexität des Verfahrens oder der ihr zugrunde liegenden Rechtsmaterie in tatsächlicher oder rechtlicher Hinsicht das normale Maß nicht unerheblich überschreitende Schwierigkeiten verursacht. Eine allgemeine Fehlerkontrolle soll nur in solchen Fällen ermöglicht werden, die dazu besonderen Anlass geben. Der Antragsteller muss die Entscheidungserheblichkeit der aufgeworfenen Fragen darlegen. Soweit er die Schwierigkeiten des Falles darin erblickt, dass das Gericht auf bestimmte tatsächliche Aspekte nicht eingegangen ist oder notwendige Rechtsfragen nicht oder unzutreffend beantwortet hat, muss er diese Gesichtspunkte in nachvollziehbarer Weise darstellen und ihren Schwierigkeitsgrad plausibel machen.[19] Besondere rechtliche Schwierigkeiten sind gegeben, wenn die Rechtssache eine Qualität hat, bei der keine hinreichend sichere Erfolgsaussicht der Berufung prognostiziert werden kann.[20]

---

[12] Bei dieser Frist handelt es sich um eine nicht verlängerbare gesetzliche Frist, innerhalb deren der (vollständige) Text der Berufungsbegründung beim Berufungsgericht eingehen muss (→ § 111b Rn. 78).
[13] BGH ZNotP 2018, 332; NJW-RR 2012, 121.
[14] Zu diesem Berufungsverfahren s. Kopp/Schenke/*W.-R. Schenke* VwGO § 124a Rn. 38 ff.
[15] BGH 18.2.2019 – NotZ(Brfg) 5/18, BeckRS 2019, 3132 unter Verweis auf BVerfGE 96, 205 (216 f.).
[16] → § 105 Rn. 12.
[17] Vgl. Kopp/Schenke/*W.-R. Schenke* VwGO § 124 Rn. 7b f. mwN.
[18] BGH DNotZ 2015, 944 (945) mwN.
[19] BGH 25.11.2013 – NotZ(Brfg) 8/13, BeckRS 2014, 00526 Rn. 5 mwN.
[20] BGH DNotZ 2015, 944 (952) mwN.

III. Grundsätzliche Bedeutung (§ 124 Abs. 2 Nr. 3 VwGO)

Die Rechtssache hat grundsätzliche Bedeutung, wenn es im konkreten Fall auf eine konkrete Tatsachen- oder Rechtsfrage ankommt, die über den von der ersten Instanz entschiedenen Fall hinausgeht und an deren Klärung daher im Interesse der Einheit oder der Fortbildung des Rechts auch für vergleichbare Fälle ein Interesse besteht.[21] **7**

IV. Divergenz (§ 124 Abs. 2 Nr. 4 VwGO)

Das Urteil muss von einer Entscheidung des Bundesgerichtshofs, des Gemeinsamen Senats der obersten Gerichtshöfe des Bundes oder des Bundesverfassungsgerichts abweichen und auf dieser Abweichung beruhen. Eine Abweichung liegt vor, wenn das Gericht der ersten Instanz mit einem seine Entscheidung tragenden abstrakten Rechtssatz von einem in der Rechtsprechung der genannten Gerichte aufgestellten ebensolchen Rechtssatz in Anwendung derselben oder einer inhaltsgleichen Rechtsvorschrift ausdrücklich oder konkludent abrückt. Zwischen den Gerichten muss ein prinzipieller Auffassungsunterschied über den Bedeutungsgehalt einer bestimmten Rechtsvorschrift oder eines Rechtsgrundsatzes bestehen.[22] **8**

V. Verfahrensmangel (§ 124 Abs. 2 Nr. 5 VwGO)

Die Berufung ist schließlich auch dann zuzulassen, wenn ein der Beurteilung des Berufungsgerichts unterliegender Verfahrensmangel geltend gemacht wird und vorliegt,[23] auf dem die Entscheidung beruhen kann.[24] **9**

§ 111e [Klagen gegen Wahlen und Beschlüsse]

(1) **Wahlen und Beschlüsse der Organe der Notarkammern, der Bundesnotarkammer und der Kassen mit Ausnahme der Richtlinienbeschlüsse nach § 71 Abs. 4 Nr. 2 können für ungültig oder nichtig erklärt werden, wenn sie unter Verletzung des Gesetzes oder der Satzung zustande gekommen oder wenn sie ihrem Inhalt nach mit dem Gesetz oder der Satzung nicht vereinbar sind.**

(2) ¹**Die Klage kann durch die Behörde, die die Staatsaufsicht führt, oder ein Mitglied der Notarkammer erhoben werden.** ²**Die Klage eines Mitglieds der Notarkammer gegen einen Beschluss ist nur zulässig, wenn es geltend macht, durch den Beschluss in seinen Rechten verletzt zu sein.**

(3) **Ein Mitglied der Notarkammer kann den Antrag nur innerhalb eines Monats nach der Wahl oder Beschlussfassung stellen.**

A. Allgemeines

§ 111e wurde durch das Gesetz zur Modernisierung von Verfahren im anwaltlichen und notariellen Berufsrecht, zur Errichtung einer Schlichtungsstelle der Rechtsanwaltschaft sowie zur Änderung sonstiger Vorschriften mit Wirkung vom 1.9.2009 eingefügt.[1] Ein **1**

---

[21] BGH DNotZ 2015, 944 (952 f.) mwN.
[22] BGH DNotZ 2015, 944 (953) mwN.
[23] So zB, wenn das erstinstanzliche Gericht eine ursprünglich erhobene Anfechtungs- und Verpflichtungsklage, die nach Erledigung von dem Kläger auf eine Fortsetzungsfeststellungsklage umgestellt worden ist (§ 113 Abs. 1 S. 4 VwGO), unzutreffend als Feststellungsklage (§ 43 VwGO) ansieht, BGH 23.4.2018 – NotZ(Brfg) 5/17, BeckRS 2018, 9639.
[24] S. hierzu im Einzelnen Kopp/Schenke/*W.-R. Schenke* VwGO § 124 Rn. 13 f.
[1] BGBl. 2009 I 2449; → Vor §§ 111–111g. Durch G v. 12.5.2017 (BGBl. I 1121) wurde Abs. 3 geändert mWv 18.5.2017.

Verfahren zur Anfechtung von Wahlen und Beschlüssen der Organe der Notarkammern, der Bundesnotarkammer und der Kassen kannte die BNotO bis dahin nicht.[2] Wahlen und Beschlüsse der Kammer- und Kassenorgane können für ungültig oder nichtig erklärt werden, wenn sie unter Verletzung des Gesetzes oder der Satzung zustande gekommen oder wenn sie ihrem Inhalt nach mit dem Gesetz oder der Satzung nicht vereinbar sind. Eine solche Fehlerhaftigkeit führt nicht ipso iure zur Nichtigkeit, vielmehr bedarf es eines **Verfahrens, in dem die Ungültigkeit oder Nichtigkeit festgestellt** wird.[3]

B. Wahlen

2   Wahlen im Sinne des Abs. 1 sind Wahlen zum Kammervorstand nach § 69 Abs. 2, zum Präsidium der Bundesnotarkammer nach § 81 Abs. 1 S. 1 sowie zum Präsidenten und zum Verwaltungsrat der Notarkassen nach § 113 Abs. 10, Abs. 12 und Abs. 13. Nicht (gesondert) anfechtbar sind die Wahlen der Kammerpräsidenten und des Präsidenten der Bundesnotarkammer, da diese selbst keine Organe ihrer Körperschaften sind.[4] Die „Wahl" eines Ehrenpräsidenten ist mangels Übertragung eines Amtes keine Wahl im Sinne des Abs. 1.[5]

C. Beschlüsse

3   Hierbei kann es sich handeln um Beschlüsse der Kammerversammlung (§ 71), des Vorstands (§ 69), einer Abteilung des Vorstands (§ 69b), des Präsidiums der Bundesnotarkammer (§ 80), der Vertreterversammlung der Bundesnotarkammer (§ 86) sowie um Beschlüsse der Kassenorgane (§ 113). Von der Anfechtbarkeit sind kraft Gesetzes **ausgenommen** die **Richtlinienbeschlüsse** der Kammerversammlung nach § 71 Abs. 4 Nr. 2, da diese der Prüfung durch die Landesjustizverwaltung unterliegen und erst mit deren Genehmigung Rechtswirksamkeit erlangen (§ 67 Abs. 2 S. 2 iVm § 66 Abs. 1 S. 2). Anfechtbar sind **im Übrigen** nur solche Beschlüsse, die **allgemeine Wirkung** gegenüber den Mitgliedern haben. Soweit es also um die Regelung eines Einzelfalls geht, ist eine Klage gegen den Beschluss unzulässig. Darüber hinaus muss der Beschluss auf die **unmittelbare Herbeiführung eines Rechtserfolges** gerichtet sein.[6]

D. Voraussetzungen der Anfechtbarkeit

4   Wahlen und Beschlüsse können für ungültig oder nichtig erklärt werden, wenn sie unter Verletzung des Gesetzes oder der Satzung zustande gekommen oder wenn sie ihrem Inhalt nach mit dem Gesetz oder der Satzung nicht vereinbar sind. Das Gesetz unterscheidet also zwischen formellen und inhaltlichen (sachlichen) Mängeln.

I. Formelle Mängel

5   Hierbei geht es, wie im allgemeinen Verbandsrecht, um die Verletzung von Vorschriften über die ordnungsgemäße Einberufung, die Ankündigung von Beschlussgegenständen, die Beschlussfähigkeit, die Ausübung des Stimmrechts, die Art der Abstimmung, die Stimmenmehrheit und ähnliche Verstöße.

---

[2] Vorbild für die Regelung waren die §§ 90, 91, 191 BRAO aF (nunmehr zusammengefasst in § 112f BRAO).
[3] Vgl. Weyland/*Kilimann* BRAO § 112f Rn. 2; Henssler/Prütting/*Deckenbrock* BRAO § 112f Rn. 4.
[4] So auch Arndt/Lerch/Sandkühler/*Sandkühler* BNotO § 111e Rn. 6.
[5] Weyland/*Kilimann* BRAO § 112f Rn. 5; Henssler/Prütting/*Deckenbrock* BRAO § 112f Rn. 9.
[6] Weyland/*Kilimann* BRAO § 112f Rn. 7 mwN; Schippel/Bracker/*Herrmann* BNotO § 111e Rn. 4; Arndt/Lerch/Sandkühler/*Sandkühler* BNotO § 111e Rn. 8.

II. Inhaltliche Mängel

Ein inhaltlicher Mangel liegt vor, wenn gegen materielle Rechtsnormen verstoßen **6** worden ist, sei es, dass der Organbeschluss ohne gesetzliche oder satzungsrechtliche Ermächtigungsgrundlage gefasst worden ist, sei es, dass der Beschluss eine Ermessensentscheidung betraf und hierbei entweder die gesetzlichen Grenzen überschritten worden sind oder das Ermessen fehlerhaft ausgeübt worden ist. Ein Beschluss ist auch dann ohne Ermächtigungsgrundlage gefasst, wenn mit ihm außerhalb des Verbandszwecks der Kammer oder Kasse liegende Aufgaben wahrgenommen werden.[7] Die Frage nach der Reichweite des Verbandszwecks und damit der **Überschreitung der funktionellen Zuständigkeit** taucht typischerweise auf, wenn es um die Rechtmäßigkeit von Beitragsordnungen geht, was früher nur inzident aus Anlass der Anfechtung eines Beitragsbescheides geprüft werden konnte.[8]

E. Klagebefugnis (Abs. 2)

Klagebefugt sind die jeweilige Behörde, die die Staatsaufsicht führt, und jedes Kammermitglied. **7**

I. Staatsaufsicht

§ 111e Abs. 2 S. 1 Hs. 1 muss mit Blick auf den Zweck der Regelung und die Aufgaben **8** der Staatsaufsichtsbehörden einschränkend ausgelegt werden. Diese sind nur klagebefugt, wenn es sich um einen Beschluss handelt, der gewährend oder versagend in die **Rechte aller Mitglieder im Allgemeinen** eingreift. Greift der Beschluss nur in die Rechte eines Mitglieds ein, fehlt die Klagebefugnis.[9] Die Behörden, die die Staatsaufsicht führen, sind die Landesjustizverwaltung (für ihre Notarkammer(n), § 66 Abs. 2 S. 1), das Bundesministerium der Justiz und für Verbraucherschutz (für die Bundesnotarkammer, § 77 Abs. 2 S. 1), das Bayerische Staatsministerium der Justiz (für die Notarkasse, § 113 Abs. 1 S. 5) und das Sächsische Staatsministerium der Justiz (für die Ländernotarkasse, § 113 Abs. 2 S. 5).

II. Mitglied

Nach dem Gesetzeswortlaut muss es sich um ein „Mitglied der Notarkammer" handeln. **9** Da nach Abs. 1 aber auch Wahlen und Beschlüsse der Organe der Kassen angefochten werden können, sind über den Wortlaut hinaus Kassen-„Mitglieder" ebenfalls klagebefugt.[10] Im Bereich der Kassen sind daher die einzelnen Notare im jeweiligen Tätigkeitsbereich klagebefugt, im Bereich der Bundesnotarkammer sind es die Notarkammern.[11]

Geht es um die **Anfechtung von Beschlüssen,** hängt die Klagebefugnis davon ab, dass **10** das Mitglied geltend macht, durch den Beschluss **in seinen Rechten** verletzt zu sein (Abs. 2 S. 2).[12] Dies ist etwa der Fall, wenn das Mitglied einen erhöhten Beitrag zahlen müsste oder wenn der Beschluss in die Freiheitsrechte des Mitglieds eingreift, weil sein Regelungsgegenstand außerhalb des Verbandszwecks liegt.[13] Durch Umkehrschluss aus Abs. 2 ergibt sich, dass die Klagebefugnis hinsichtlich der Anfechtung von Wahlen nicht eingeschränkt ist.

---

[7] Weyland/*Kilimann* BRAO § 112f Rn. 27; Henssler/Prütting/*Deckenbrock* BRAO § 112f Rn. 30.
[8] Vgl. hierzu *Custodis* in der 3. Auflage, § 111 aF Rn. 124 mwN.
[9] Weyland/*Kilimann* BRAO § 112f Rn. 34; im Ergebnis ebenso: Arndt/Lerch/Sandkühler/*Sandkühler* BNotO § 111e Rn. 15; aA Schippel/Bracker/*Herrmann* BNotO § 111e Rn. 9.
[10] Auch wenn die Kassen als Anstalten des öffentlichen Rechts nicht mitgliedschaftlich organisiert sind.
[11] So auch Arndt/Lerch/Sandkühler/*Sandkühler* BNotO § 111e Rn. 17; Schippel/Bracker/*Herrmann* BNotO § 111e Rn. 10.
[12] Zur Klagebefugnis im Allgemeinen → § 111b Rn. 13 ff.
[13] Weyland/*Kilimann* BRAO § 112f Rn. 37 f.; Henssler/Prütting/*Deckenbrock* BRAO § 112f Rn. 18.

F. Frist (Abs. 3)

11 Die **Klage der Staatsaufsichtbehörde** ist **nicht fristgebunden,** was sich im Wege eines Umkehrschlusses aus Abs. 3 ergibt. Dagegen kann ein **Mitglied** seine Klage nur **innerhalb eines Monats** nach der Wahl oder Beschlussfassung einlegen.[14] Im Hinblick auf die Möglichkeit der Kenntnisnahme durch das Mitglied ist hierbei **zu unterscheiden** zwischen Wahlen und Beschlüssen der Kammerversammlung und solchen des Vorstands oder Präsidiums. Bei **Wahlen und Beschlüssen der Kammerversammlung** beginnt die Frist – ordnungsgemäße Einberufung (§ 71 Abs. 3) vorausgesetzt – mit dem Tag der Kammerversammlung, unabhängig davon, ob das Mitglied an der Versammlung teilgenommen hatte oder nicht.[15] Hinsichtlich **Wahlen und Beschlüssen des Vorstands oder Präsidiums** beginnt die Frist spätestens mit Kenntniserlangung.[16] Sind die Ergebnisse im Wege allgemeiner Bekanntmachung (zB Kammerrundschreiben) veröffentlicht worden, beginnt die Frist mit dem Tag zu laufen, an dem das Mitglied die Möglichkeit der Kenntnisnahme hatte. Eine förmliche Bekanntgabe (Veröffentlichung im Amtlichen Mitteilungsblatt der Kammer oder förmliche Zustellung an jedes Kammermitglied) ist nicht erforderlich. Gehört das Mitglied dem Vorstand oder Präsidium an, beginnt die Frist mangels Schutzbedürftigkeit bereits mit dem Zeitpunkt der Wahl oder Beschlussfassung.[17] Erfolgte die Bekanntmachung durch persönliche Mitteilung oder förmliche Zustellung, ist der Tag des Zugangs maßgebend.

12 Umstritten ist die Frage, ob bei **Fristversäumung Wiedereinsetzung in den vorigen Stand** gewährt werden kann.[18] § 60 Abs. 1 VwGO als die maßgebende Vorschrift über die Wiedereinsetzung in den vorigen Stand ist nicht anwendbar, wenn es sich um eine Ausschlussfrist handelt.[19] Als Vorfrage ist daher im Wege der Auslegung der die Klagefrist begründenden Norm zu klären,[20] welchen Rechtscharakter die Frist hat. Nur bei Annahme einer Ausschlussfrist lässt sich gewährleisten, dass nicht ein Zustand längerer Ungewissheit über die Gültigkeit von Wahlen oder Beschlüssen eintreten kann.[21]

G. Klagegegner

13 Nach § 111c Abs. 1 Nr. 2 ist die Klage gegen die Notarkammer oder Behörde zu richten, deren Entschließung Gegenstand des Verfahrens ist. Die in § 111c Abs. 1 Nr. 2 genannten Entschließungen erfassen Wahlen und Beschlüsse der Organe der Notarkammern, der Bundesnotarkammer und der Kassen.[22]

---

[14] § 111e Abs. 3 entspricht § 91 Abs. 3 BRAO aF, wobei es hier aber statt „Antrag" hätte „Klage" heißen müssen.
[15] Vgl. Weyland/*Kilimann* BRAO § 112f Rn. 46; Henssler/Prütting/*Deckenbrock* BRAO § 112f Rn. 22.
[16] Auf die Umstände des Einzelfalls abstellend: Arndt/Lerch/Sandkühler/*Sandkühler* BNotO § 111e Rn. 19.
[17] So auch Henssler/Prütting/*Deckenbrock* BRAO § 112f Rn. 23.
[18] Verneinend: Arndt/Lerch/Sandkühler/*Sandkühler* BNotO § 111e Rn. 20 (Ausschlussfrist); für die Parallelvorschrift des § 112f BRAO ebenfalls ablehnend: Henssler/Prütting/*Deckenbrock* BRAO § 112f Rn. 26 (Ausschlussfrist); differenzierend: Weyland/*Kilimann* BRAO § 112f Rn. 47 (keine Wiedereinsetzung bei Wahlen) mwN.
[19] Kopp/Schenke/*W.-R. Schenke* VwGO § 60 Rn. 4.
[20] Kopp/Schenke/*W.-R. Schenke* VwGO § 57 Rn. 3.
[21] Ebenso Henssler/Prütting/*Deckenbrock* BRAO § 112f Rn. 26.
[22] BT-Drs. 16/11385, 41, 54.

§ 111f [Gebühren]

¹In verwaltungsrechtlichen Notarsachen werden Gebühren nach dem Gebührenverzeichnis der Anlage zu diesem Gesetz erhoben. ²Im Übrigen sind die für Kosten in Verfahren vor den Gerichten der Verwaltungsgerichtsbarkeit geltenden Vorschriften des Gerichtskostengesetzes entsprechend anzuwenden, soweit in diesem Gesetz nichts anderes bestimmt ist.

A. Allgemeines

§ 111f wurde durch das Gesetz zur Modernisierung von Verfahren im anwaltlichen und notariellen Berufsrecht, zur Errichtung einer Schlichtungsstelle der Rechtsanwaltschaft sowie zur Änderung sonstiger Vorschriften mit Wirkung vom 1.9.2009 eingefügt.[1] Seitdem sind die Gerichtsgebühren (Gebührenbetrag bzw. Satz der Gebühr nach § 34 GKG) in verwaltungsrechtlichen Notarsachen unmittelbar in der BNotO geregelt.[2] Das als **Anlage zu § 111f S. 1** eingeführte **Gebührenverzeichnis** entspricht Teil 2 des als Anlage zu § 193 S. 1 BRAO erstellten Gebührenverzeichnisses für gerichtliche Verfahren in verwaltungsrechtlichen Anwaltssachen.[3] Dem gerichtlichen Aufwand und der Bedeutung der Verfahren gerecht werdend, führte die Umstellung der Gebührenstruktur auf die Gebühren des GKG zu einer deutlichen Erhöhung des Gebührenniveaus gegenüber dem früheren Recht.[4]

B. Gebührenverzeichnis (S. 1)

I. Abschnitt 1

Dieser Abschnitt regelt die Gerichtsgebühren für den ersten Rechtszug.

1. Unterabschnitt 1. Nummer 110 GV sieht für das **erstinstanzliche Verfahren vor dem Oberlandesgericht** eine Gebühr in Höhe der Gebühr Nummer 5112 KV GKG für das erstinstanzliche Verfahren vor dem Oberverwaltungsgericht vor. Wird das gesamte Verfahren einvernehmlich erledigt, reduziert sich nach Nummer 111 GV die Gebühr, wie nach Nummer 5113 KV GKG, auf einen Satz von 2,0. Eine Ermäßigung tritt nicht ein, wenn der Antrag als unzulässig abgewiesen wird.[5]

2. Unterabschnitt 2. Die Gebühren Nummer 120 und 121 GV entsprechen den Nummern 5114 und 5115 KV GKG und entstehen, wenn der **Bundesgerichtshof** in der Hauptsache **erstinstanzlich** zuständig ist (§ 111 Abs. 3).

II. Abschnitt 2

Nach Nummer 200 GV fällt die **Gebühr für das Berufungsverfahren** vor dem Bundesgerichtshof in Höhe der Gebühr Nummer 5130 KV GKG für das letztinstanzliche Verfahren vor dem Bundesverwaltungsgericht an. Wird das gesamte Verfahren einvernehmlich erledigt, reduziert sich die Verfahrensgebühr auch in Berufungsverfahren nach Num-

---

[1] BGBl. 2009 I 2449; → Vor §§ 111–111g.
[2] Hinsichtlich der Kosten des Verfahrens verwies § 111 Abs. 4 S. 2 aF auf die §§ 200 bis 203 BRAO aF, die ihrerseits auf Vorschriften der Kostenordnung verwiesen.
[3] Die Struktur ist nach dem Vorbild des Gebührenverzeichnisses zu § 195 S. 1 BRAO (Teil 2: Gerichtliche Verfahren in verwaltungsrechtlichen Anwaltssachen) gestaltet worden.
[4] So auch zu Recht die Begr. RegE BT-Drs. 16/11385, 49, 54, mit Blick auf den Personal- und Sachaufwand der Länder und mit einem vergleichenden Berechnungsbeispiel.
[5] Eine solche Ermäßigung sah die frühere Rechtslage gem. § 202 Abs. 4 S. 2 BRAO aF vor. Da das GKG eine diesbezügliche Reduzierung im Gegensatz zur früheren Kostenordnung (§ 130 Abs. 1 KostO aF) aber nicht kennt, wurde diese Bestimmung nicht übernommen, s. BT-Drs. 16/11385, 49, 54.

III. Abschnitt 3

6 Dieser Abschnitt regelt die Gebühren im Verfahren des vorläufigen Rechtsschutzes (§ 111b iVm §§ 80, 80a und 123 VwGO). Es fallen an: vor dem Oberlandesgericht eine Gebühr mit einem Satz von 2,0 (Nummer 310 GV) und vor dem Bundesgerichtshof (als Rechtsmittelgericht in der Hauptsache) eine Gebühr mit einem Satz von 1,5 (Nummer 320 GV). Ist der Bundesgerichtshof sowohl in der Hauptsache als auch im Rahmen des vorläufigen Rechtsschutzes erstinstanzlich zuständig (§ 111 Abs. 3), fällt eine Verfahrensgebühr mit einem Satz von 2,5 an (Nummer 330 GV). Die Regelungen nach Nummern 311, 321 und 331 GV entsprechen den Ermäßigungstatbeständen der Nummern 5221, 5211 und 5231 KV GKG.

IV. Abschnitt 4

7 Die Regelung in Nummer 400 sieht im Verfahren über die Rüge wegen Verletzung des Anspruchs auf rechtliches Gehör (§ 111b iVm § 152a VwGO), wie auch Nummer 5400 KV GKG, einen festen Gebührenbetrag vor.[7]

C. Verweisung auf das Gerichtskostengesetz (S. 2)

8 Für die Gerichtsgebühren sind die Bestimmungen des GKG für Verfahren vor den Gerichten der Verwaltungsgerichtsbarkeit maßgeblich.[8] Auch für die Erhebung von Auslagen sind die Vorschriften des GKG (Teil 9 KV GKG) anzuwenden.[9]

Anlage zu § 111f Satz 1
Gebührenverzeichnis

Gliederung

Abschnitt 1. Erster Rechtszug

    Unterabschnitt 1. Oberlandesgericht
    Unterabschnitt 2. Bundesgerichtshof

Abschnitt 2. Zulassung und Durchführung der Berufung

Abschnitt 3. Vorläufiger Rechtsschutz

    Unterabschnitt 1. Oberlandesgericht
    Unterabschnitt 2. Bundesgerichtshof als Rechtsmittelgericht in der Hauptsache
    Unterabschnitt 3. Bundesgerichtshof

Abschnitt 4. Rüge wegen Verletzung des Anspruchs auf rechtliches Gehör

---

[6] → Fn. 5.
[7] Der Gebührenbetrag in Nummer 5400 KV GKG ist indes zwischenzeitlich auf 60,00 EUR erhöht worden.
[8] Nach früherem Recht in der BRAO enthaltene Sonderregelungen wurden durch die Verweisung entbehrlich, vgl. BT-Drs. 16/11385, 46, 54.
[9] BT-Drs. 16/11385, 46, 54.

Anlage zu § 111f Satz 1: Gebührenverzeichnis   § 111f Anl. BNotO

Nr.	Gebührentatbestand	Gebührenbetrag oder Satz der Gebühr nach § 34 GKG
	Abschnitt 1. Erster Rechtszug	
	Unterabschnitt 1. Oberlandesgericht	
110	Verfahren im Allgemeinen …	4,0
111	Beendigung des gesamten Verfahrens durch	

	1. Zurücknahme der Klage
	   a) vor dem Schluss der mündlichen Verhandlung,
	   b) wenn eine solche nicht stattfindet, vor Ablauf des Tages, an dem das Urteil, der Gerichtsbescheid oder der Beschluss in der Hauptsache der Geschäftsstelle übermittelt wird,
	   c) im Fall des § 111b Abs. 1 Satz 1 der Bundesnotarordnung iVm § 93a Abs. 2 VwGO vor Ablauf der Erklärungsfrist nach § 93a Abs. 2 Satz 1 VwGO,
	2. Anerkenntnis- oder Verzichtsurteil,
	3. gerichtlichen Vergleich oder
	4. Erledigungserklärungen nach § 111b Abs. 1 Satz 1 der Bundesnotarordnung iVm § 161 Abs. 2 VwGO, wenn keine Entscheidung über die Kosten ergeht oder die Entscheidung einer zuvor mitgeteilten Einigung der Beteiligten über die Kostentragung oder der Kostenübernahmeerklärung eines Beteiligten folgt,	

	es sei denn, dass bereits ein anderes als eines der in Nummer 2 genannten Urteile, ein Gerichtsbescheid oder Beschluss in der Hauptsache vorausgegangen ist:	
	Die Gebühr 110 ermäßigt sich auf …	2,0
	Die Gebühr ermäßigt sich auch, wenn mehrere Ermäßigungstatbestände erfüllt sind.	
	Unterabschnitt 2. Bundesgerichtshof	
120	Verfahren im Allgemeinen …	5,0
121	Beendigung des gesamten Verfahrens durch	

	1. Zurücknahme der Klage
	   a) vor dem Schluss der mündlichen Verhandlung,
	   b) wenn eine solche nicht stattfindet, vor Ablauf des Tages, an dem das Urteil oder der Gerichtsbescheid der Geschäftsstelle übermittelt wird,
	   c) im Fall des § 111b Abs. 1 Satz 1 der Bundesnotarordnung iVm § 93a Abs. 2 VwGO vor Ablauf der Erklärungsfrist nach § 93a Abs. 2 Satz 1 VwGO,
	2. Anerkenntnis- oder Verzichtsurteil,
	3. gerichtlichen Vergleich oder
	4. Erledigungserklärungen nach § 111b Abs. 1 Satz 1 der Bundesnotarordnung iVm § 161 Abs. 2 VwGO, wenn keine Entscheidung über die Kosten ergeht oder die Entscheidung einer zuvor mitgeteilten Einigung der Beteiligten über die Kostentragung oder der Kostenübernahmeerklärung eines Beteiligten folgt,	

	es sei denn, dass bereits ein anderes als eines der in Nummer 2 genannten Urteile, ein Gerichtsbescheid oder Beschluss in der Hauptsache vorausgegangen ist:	
	Die Gebühr 120 ermäßigt sich auf …	3,0

BNotO § 111f Anl. Vierter Teil. Übergangs- und Schlußbestimmungen

Nr.	Gebührentatbestand	Gebührenbetrag oder Satz der Gebühr nach § 34 GKG
	Die Gebühr ermäßigt sich auch, wenn mehrere Ermäßigungstatbestände erfüllt sind.	
	Abschnitt 2. Zulassung und Durchführung der Berufung	
200	Verfahren über die Zulassung der Berufung:	
	Soweit der Antrag abgelehnt wird …	1,0
201	Verfahren über die Zulassung der Berufung:	
	Soweit der Antrag zurückgenommen oder das Verfahren durch anderweitige Erledigung beendet wird …	0,5
	Die Gebühr entsteht nicht, soweit die Berufung zugelassen wird.	
202	Verfahren im Allgemeinen …	5,0
203	Beendigung des gesamten Verfahrens durch Zurücknahme der Berufung oder der Klage, bevor die Schrift zur Begründung der Berufung bei Gericht eingegangen ist:	
	Die Gebühr 202 ermäßigt sich auf …	1,0
	Erledigungserklärungen nach § 111b Abs. 1 Satz 1 der Bundesnotarordnung iVm § 161 Abs. 2 VwGO stehen der Zurücknahme gleich, wenn keine Entscheidung über die Kosten ergeht oder die Entscheidung einer zuvor mitgeteilten Einigung der Beteiligten über die Kostentragung oder der Kostenübernahmeerklärung eines Beteiligten folgt.	
204	Beendigung des gesamten Verfahrens, wenn nicht Nummer 203 erfüllt ist, durch	

	1. Zurücknahme der Berufung oder der Klage
	   a) vor dem Schluss der mündlichen Verhandlung,
	   b) wenn eine solche nicht stattfindet, vor Ablauf des Tages, an dem das Urteil oder der Beschluss in der Hauptsache der Geschäftsstelle übermittelt wird, oder
	   c) im Fall des § 111b Abs. 1 Satz 1 der Bundesnotarordnung iVm § 93a Abs. 2 VwGO vor Ablauf der Erklärungsfrist nach § 93a Abs. 2 Satz 1 VwGO,
	2. Anerkenntnis- oder Verzichtsurteil,
	3. gerichtlichen Vergleich oder
	4. Erledigungserklärungen nach § 111b Abs. 1 Satz 1 der Bundesnotarordnung iVm § 161 Abs. 2 VwGO, wenn keine Entscheidung über die Kosten ergeht oder die Entscheidung einer zuvor mitgeteilten Einigung der Beteiligten über die Kostentragung oder der Kostenübernahmeerklärung eines Beteiligten folgt,
	es sei denn, dass bereits ein anderes als eines der in Nummer 2 genannten Urteile oder ein Beschluss in der Hauptsache vorausgegangen ist:	

	Die Gebühr 202 ermäßigt sich auf …	3,0
	Die Gebühr ermäßigt sich auch, wenn mehrere Ermäßigungstatbestände erfüllt sind.	

Anlage zu § 111f Satz 1: Gebührenverzeichnis § 111f Anl. BNotO

Nr.	Gebührentatbestand	Gebührenbetrag oder Satz der Gebühr nach § 34 GKG
	Abschnitt 3. Vorläufiger Rechtsschutz	
	Vorbemerkung 3:	
	(1) Die Vorschriften dieses Abschnitts gelten für einstweilige Anordnungen und für Verfahren nach § 111b Abs. 1 Satz 1 der Bundesnotarordnung iVm § 80 Abs. 5 und § 80a Abs. 3 VwGO.	
	(2) Im Verfahren über den Antrag auf Erlass und im Verfahren über den Antrag auf Aufhebung einer einstweiligen Anordnung werden die Gebühren jeweils gesondert erhoben. Mehrere Verfahren nach § 111b Abs. 1 Satz 1 der Bundesnotarordnung iVm § 80 Abs. 5 und 7 und § 80a Abs. 3 VwGO gelten innerhalb eines Rechtszugs als ein Verfahren.	
	Unterabschnitt 1. Oberlandesgericht	
310	Verfahren im Allgemeinen …	2,0
311	Beendigung des gesamten Verfahrens durch 1. Zurücknahme des Antrags a) vor dem Schluss der mündlichen Verhandlung oder, b) wenn eine solche nicht stattfindet, vor Ablauf des Tages, an dem der Beschluss der Geschäftsstelle übermittelt wird, 2. gerichtlichen Vergleich oder 3. Erledigungserklärungen nach § 111b Abs. 1 Satz 1 der Bundesnotarordnung iVm § 161 Abs. 2 VwGO, wenn keine Entscheidung über die Kosten ergeht oder die Entscheidung einer zuvor mitgeteilten Einigung der Beteiligten über die Kostentragung oder der Kostenübernahmeerklärung eines Beteiligten folgt, es sei denn, dass bereits ein Beschluss über den Antrag vorausgegangen ist: Die Gebühr 310 ermäßigt sich auf …	0,75
	Die Gebühr ermäßigt sich auch, wenn mehrere Ermäßigungstatbestände erfüllt sind.	
	Unterabschnitt 2. Bundesgerichtshof als Rechtsmittelgericht in der Hauptsache	
320	Verfahren im Allgemeinen …	1,5
321	Beendigung des gesamten Verfahrens durch 1. Zurücknahme des Antrags a) vor dem Schluss der mündlichen Verhandlung oder, b) wenn eine solche nicht stattfindet, vor Ablauf des Tages, an dem der Beschluss der Geschäftsstelle übermittelt wird, 2. gerichtlichen Vergleich oder 3. Erledigungserklärungen nach § 111b Abs. 1 Satz 1 der Bundesnotarordnung iVm § 161 Abs. 2 VwGO, wenn keine Entscheidung über die Kosten ergeht oder die Entscheidung einer zuvor mitgeteilten Einigung der Beteiligten über die Kostentragung oder der Kostenübernahmeerklärung eines Beteiligten folgt, es sei denn, dass bereits ein Beschluss über den Antrag vorausgegangen ist: Die Gebühr 320 ermäßigt sich auf …	0,5

Nr.	Gebührentatbestand	Gebührenbetrag oder Satz der Gebühr nach § 34 GKG
	Die Gebühr ermäßigt sich auch, wenn mehrere Ermäßigungstatbestände erfüllt sind.	
	Unterabschnitt 3. Bundesgerichtshof	
	Vorbemerkung 3.3:	
	Die Vorschriften dieses Unterabschnitts gelten, wenn der Bundesgerichtshof auch in der Hauptsache erstinstanzlich zuständig ist.	
330	Verfahren im Allgemeinen ...	2,5

331	Beendigung des gesamten Verfahrens durch
	1. Zurücknahme des Antrags
	   a) vor dem Schluss der mündlichen Verhandlung oder,
	   b) wenn eine solche nicht stattfindet, vor Ablauf des Tages, an dem der Beschluss der Geschäftsstelle übermittelt wird,
	2. gerichtlichen Vergleich oder
	3. Erledigungserklärungen nach § 111b Abs. 1 Satz 1 der Bundesnotarordnung iVm § 161 Abs. 2 VwGO, wenn keine Entscheidung über die Kosten ergeht oder die Entscheidung einer zuvor mitgeteilten Einigung der Beteiligten über die Kostentragung oder der Kostenübernahmeerklärung eines Beteiligten folgt,
	es sei denn, dass bereits ein Beschluss über den Antrag vorausgegangen ist:	

	Die Gebühr 330 ermäßigt sich auf ...	1,0
	Die Gebühr ermäßigt sich auch, wenn mehrere Ermäßigungstatbestände erfüllt sind.	
	Abschnitt 4. Rüge wegen Verletzung des Anspruchs auf rechtliches Gehör	
400	Verfahren über die Rüge wegen Verletzung des Anspruchs auf rechtliches Gehör:	
	Die Rüge wird in vollem Umfang verworfen oder zurückgewiesen ...	50,00 EUR

§ 111g [Streitwert]

(1) ¹Der Streitwert bestimmt sich nach § 52 des Gerichtskostengesetzes. ²Er wird von Amts wegen festgesetzt.

(2) ¹In Verfahren, die Klagen auf Bestellung zum Notar oder die Ernennung zum Notarassessor, die Amtsenthebung, die Entfernung aus dem Amt oder vom bisherigen Amtssitz oder die Entlassung aus dem Anwärterdienst betreffen, ist ein Streitwert von 50 000 Euro anzunehmen. ²Unter Berücksichtigung der Umstände des Einzelfalls, insbesondere des Umfangs und der Bedeutung der Sache sowie der Vermögens- und Einkommensverhältnisse des Klägers, kann das Gericht einen höheren oder einen niedrigeren Wert festsetzen.

(3) Die Festsetzung ist unanfechtbar; § 63 Abs. 3 des Gerichtskostengesetzes bleibt unberührt.

A. Allgemeines

§ 111g wurde durch das Gesetz zur Modernisierung von Verfahren im anwaltlichen und notariellen Berufsrecht, zur Errichtung einer Schlichtungsstelle der Rechtsanwaltschaft sowie zur Änderung sonstiger Vorschriften mit Wirkung vom 1.9.2009 eingefügt.[1]   1

B. Streitwertbestimmung und Festsetzung im Allgemeinen (Abs. 1)

Nach Abs. 1 S. 1 bestimmt sich der Streitwert **grundsätzlich nach § 52 GKG**, der allgemein für verwaltungsgerichtliche Verfahren gilt. Nach § 52 Abs. 1 GKG ist in Verfahren vor den Gerichten der Verwaltungs-, Finanz- und Sozialgerichtsbarkeit, soweit nichts anderes bestimmt ist, der Streitwert nach der sich aus dem Antrag des Klägers für ihn ergebenden Bedeutung der Sache nach Ermessen zu bestimmen. Ergeben sich aus dem Sach- und Streitstand keine genügenden Anhaltspunkte, ist ein Streitwert von 5.000 EUR anzunehmen (§ 52 Abs. 2 GKG). Geht es bei dem Antrag um eine bezifferte Geldleistung oder einen hierauf bezogenen Verwaltungsakt, ist nach § 52 Abs. 3 GKG deren Höhe maßgebend. Die Festsetzung des Streitwerts hat nach Abs. 1 S. 2 **von Amts wegen** zu erfolgen.[2]   2

C. Streitwertbestimmung und Festsetzung in Statusangelegenheiten (Abs. 2)

Abweichend von Abs. 1 S. 1 beträgt der Streitwert in Statusangelegenheiten in Anlehnung an die Rechtsprechung des Bundesgerichtshofs 50.000 EUR. Es handelt sich um einen **Regelstreitwert,** von dem unter Berücksichtigung des Einzelfalls nach oben oder unten abgewichen werden kann.   3

D. Unanfechtbarkeit der Streitwertfestsetzung (Abs. 3)

Eine Streitwertbeschwerde an den Bundesgerichtshof ist nicht vorgesehen.[3] Die Wertfestsetzung des Oberlandesgerichts ist daher unanfechtbar. Allerdings bleibt eine Änderung der Festsetzung von Amts wegen nach § 63 Abs. 3 GKG innerhalb von sechs Monaten möglich, nachdem die Entscheidung in der Hauptsache Rechtskraft erlangt oder das Verfahren sich anderweitig erledigt hat.   4

§ 111h [Rechtsschutz bei überlangen Gerichtsverfahren]

¹ Auf den Rechtsschutz bei überlangen Gerichtsverfahren sind die Vorschriften des Siebzehnten Titels des Gerichtsverfassungsgesetzes anzuwenden. ² Die Vorschriften dieses Gesetzes, die die Besetzung des Oberlandesgerichts und des Bundesgerichtshofs in verwaltungsrechtlichen Notarsachen regeln, sind nicht anzuwenden.

---

[1] BGBl. 2009 I 2449; → Vor §§ 111–111g.
[2] So auch nach dem früheren Recht gem. § 202 Abs. 2 S. 2 BRAO aF.
[3] Eine „Beschwerde" gegen die Streitwertfestsetzung kann als Gegenvorstellung ausgelegt werden, BGH 15.9.2014 – NotZ (Brfg) 15/13, BeckRS 2014, 18379 Rn. 1.

A. Allgemeines

1 § 111h wurde durch das Gesetz über den Rechtsschutz bei überlangen Gerichtsverfahren und strafrechtlichen Ermittlungsverfahren mit Wirkung vom 3.12.2011 eingefügt.[1] Eine nahezu wortgleiche Regelung enthält der parallel eingefügte § 96 Abs. 5 für den Bereich der disziplinarrechtlichen Verfahren.[2]

2 Mit dem 17. Titel des GVG wurde ein Entschädigungsanspruch für überlange Gerichtsverfahren eingeführt, der dem Betroffenen bei einer Verletzung des Rechts auf angemessene Verfahrensdauer die daraus resultierenden Nachteile ersetzen soll.[3] Das oben genannte Änderungsgesetz sollte eine Rechtsschutzlücke schließen, die sowohl den Anforderungen des GG als auch denen der EMRK widersprochen hatte, da gerichtlicher Rechtsschutz nur dann effektiv sein kann, wenn er nicht zu spät kommt. Der Einführung des Gesetzes waren Entscheidungen des EGMR vorausgegangen, nach denen Rechtsuchenden für bereits entstandene Verzögerungen eine angemessene Entschädigung – insbesondere auch für immaterielle Nachteile – zu gewähren war (kompensatorische Wirkung).[4]

3 Die Bundesregierung hat das Verfahren zur Gewährung von Rechtsschutz bei überlangen Gerichtsverfahren nach Ablauf von zwei Jahren seit Inkrafttreten des Änderungsgesetzes **evaluiert**.[5] Danach machten die insgesamt niedrigen Zahlen von Verzögerungsrügen und erst recht von Entschädigungsklagen unter Einbeziehung der Rechtsmittelinstanz deutlich, dass die Problematik unangemessener Verfahrensdauer **quantitativ keinen großen Umfang** habe. Die befürchtete Klagewelle sei selbst in der Geltungszeit der Übergangsregelung ausgeblieben, in der auch Altfälle vor Gericht gebracht werden konnten.[6] Die (sehr wenigen) erfolgreichen Entschädigungsklagen betrafen insbesondere Familiensachen, Arzthaftungsfälle und sonstige Einzelfälle.[7] In verwaltungsrechtlichen Notarsachen bestand offenbar kein Anlass für entsprechende Klagen.

B. Anwendungsbereich

4 Die Vorschriften des 17. Titels des GVG über den Rechtsschutz bei überlangen Gerichtsverfahren gelangen auch in den verwaltungsrechtlichen Notarsachen zur Anwendung. Einschlägig sind die Regelungen von § 198 GVG (Entschädigung und Verzögerungsrüge), § 200 GVG (Anspruchsgegner) und § 201 GVG (Zuständigkeit und Verfahren).[8] Erfasst sind **alle Verfahrensarten** von der Einleitung bis zum rechtskräftigen Abschluss einschließlich der Verfahren auf Gewährung vorläufigen Rechtsschutzes und zur Bewilligung von Prozess- oder Verfahrenskostenhilfe (§ 198 Abs. 6 Nr. 1 GVG).

C. Anspruchsvoraussetzungen

5 Voraussetzung für die Geltendmachung eines Entschädigungsanspruchs ist die **unangemessene Dauer** eines Gerichtsverfahrens, wobei sich die Angemessenheit der Verfahrensdauer nach den Umständen des Einzelfalls richtet, insbesondere nach der Schwierigkeit

---

[1] BGBl. 2011 I 2302.
[2] → § 96 Rn. 48.
[3] Ein solcher Entschädigungsanspruch ist in allen gerichtlichen Verfahren und Verfahren zur Vorbereitung der öffentlichen Klage in Strafverfahren eingeführt worden; für das Bundesverfassungsgericht wurde mit der sog. Verzögerungsbeschwerde eine Sonderregelung in §§ 97a ff. BVerfGG getroffen, vgl. BT-Drs. 17/3802, 2.
[4] S. hierzu näher Begr. RegE, BT-Drs. 17/3802, 1 f.
[5] BT-Drs. 18/2950 (für den Berichtszeitraum 3.12.2011-31.12.2013).
[6] BT-Drs. 18/2950, 32.
[7] BT-Drs. 18/2950, 11 f.
[8] § 199 GVG betrifft Strafverfahren einschließlich Verfahren auf Vorbereitung der öffentlichen Klage.

und Bedeutung des Verfahrens und nach dem Verhalten der Verfahrensbeteiligten und Dritter (§ 198 Abs. 1 GVG).[9] Ein **Verschulden** ist nicht erforderlich.[10] Weitere **zwingende** Voraussetzung ist, dass der Betroffene die Verfahrensdauer gegenüber dem Gericht gerügt hat. Eine solche **Verzögerungsrüge** (§ 198 Abs. 3 GVG) kann erst erhoben werden, wenn Anlass zur Besorgnis besteht, dass das Verfahren nicht in einer angemessenen Zeit abgeschlossen wird; eine Wiederholung der Verzögerungsrüge ist frühestens nach sechs Monaten möglich, außer wenn ausnahmsweise eine kürzere Frist geboten ist.

D. Anspruchsgegner

Für Nachteile infolge von Verzögerungen beim Oberlandesgericht haftet das jeweilige Bundesland (§ 200 S. 1 GVG). Für Nachteile infolge von Verzögerungen beim Bundesgerichtshof haftet der Bund (§ 200 S. 2 GVG). **6**

E. Entschädigung

Nach § 198 Abs. 1 GVG sind die infolge der unangemessenen Dauer eines Gerichtsverfahrens erlittenen Nachteile **angemessen zu entschädigen.** Der Ersatz umfasst die materiellen Nachteile und – soweit nicht nach den Einzelfallumständen Wiedergutmachung auf andere Weise (§ 198 Abs. 4 GVG) ausreichend ist – auch die immateriellen Nachteile (§ 198 Abs. 2 GVG). Hierfür sieht § 198 Abs. 2 S. 3 GVG einen **pauschalen Betrag** iHv 1.200 EUR für jedes Jahr der Verzögerung vor, den das Gericht jedoch im Einzelfall der Billigkeit entsprechend erhöhen oder absenken kann. Eine mögliche Form der Wiedergutmachung auf andere Weise ist die Feststellung des Entschädigungsgerichts, dass die Verfahrensdauer unangemessen war, was gem. § 201 Abs. 4 GVG zu einer Freistellung des Klägers von den Kosten des Entschädigungsrechtsstreits führen kann. **7**

F. Zuständigkeit und Verfahren

Ausschließlich zuständig für die Entschädigungsklage iSd § 198 GVG sind das Oberlandesgericht und der Bundesgerichtshof (§ 201 Abs. 1 GVG). Das **Oberlandesgericht** entscheidet erstinstanzlich über die gegen ein Bundesland gerichtete Klage auf Entschädigung. Der **Bundesgerichtshof** ist als erste (und zugleich letzte) Instanz zuständig für die Klage gegen den Bund sowie als Rechtsmittelgericht gegen die Entscheidung des Oberlandesgerichts für die Revision bzw. die Nichtzulassungsbeschwerde (§ 201 Abs. 2 S. 3 GVG). Abweichend von § 111 Abs. 4 iVm §§ 101, 106 entscheiden die Senate in der für Zivilverfahren vorgesehenen **Besetzung** (Satz 2). Nach § 201 Abs. 2 GVG gelten die **Vorschriften der ZPO** entsprechend. Eine **Klage** zur Durchsetzung eines Anspruchs nach § 198 Abs. 1 GVG kann **frühestens sechs Monate nach Erhebung der Verzögerungsrüge** erhoben werden; die Klage muss jedoch spätestens sechs Monate nach Eintritt der Rechtskraft der Entscheidung, die das Verfahren beendet, oder einer anderen Erledigung des Verfahrens erhoben werden (§ 198 Abs. 5 GVG). Das Entschädigungsgericht kann das **Verfahren aussetzen,** wenn das Gerichtsverfahren, von dessen Dauer ein Anspruch nach § 198 GVG abhängt, noch andauert (§ 201 Abs. 3 S. 1 GVG). **8**

---

[9] S. hierzu ausführlich BeckOK BNotO/*Herrmann* BNotO § 111h Rn. 4–9.
[10] BeckOK BNotO/*Herrmann* BNotO § 111h Rn. 10.

§ 112 [Übertragung von Befugnissen der Landesjustizverwaltung]

¹Die Landesregierungen werden ermächtigt, die Aufgaben und Befugnisse, die den Landesjustizverwaltungen nach diesem Gesetz zustehen, durch Rechtsverordnung auf diesen nachgeordnete Behörden zu übertragen. ²Die Landesregierungen können diese Ermächtigung durch Rechtsverordnung auf die Landesjustizverwaltungen übertragen.

A. Allgemeines

1   Durch das Gesetz zur Modernisierung von Verfahren im anwaltlichen und notariellen Berufsrecht, zur Errichtung einer Schlichtungsstelle der Rechtsanwaltschaft sowie zur Änderung sonstiger Vorschriften, das am 1.9.2009 in Kraft trat, wurde § 112 S. 1 neu gefasst und § 112 S. 2 eingefügt.[1] Die Delegationsermächtigung wurde damit an die verfassungsrechtlichen Vorgaben angepasst, die sich aus Art. 80 GG an die Ausgestaltung einer solchen Ermächtigung ergeben.[2]

B. Anwendungsbereich, Normzweck

2   Die dem Staat obliegenden Verwaltungsaufgaben und -befugnisse werden in der BNotO teils der **„Landesjustizverwaltung"** (zB in § 7 Abs. 2, Abs. 3 und Abs. 7, § 8 Abs. 1, § 10a Abs. 1), teils der **„Aufsichtsbehörde"** (zB in § 8 Abs. 3, § 9 Abs. 1 Nr. 1, § 10 Abs. 2 und Abs. 4) zugewiesen. Ferner ermächtigt die BNotO die **„Landesregierung oder die von ihr durch Rechtsverordnung bestimmte Stelle"**[3] zum Erlass bestimmter Rechtsverordnungen (zB in § 7 Abs. 5, § 9 Abs. 1, § 25 Abs. 2).

3   Soweit allgemein die Aufsichtsbehörden zuständig sind, bestimmt das Justizministerium (oder die Senatsverwaltung für Justiz) als oberste Aufsichtsbehörde kraft ihrer Organisationsgewalt, welche der in § 92 genannten Aufsichtsbehörden sachlich und örtlich zuständig ist. Auf diese Kompetenzfestlegung ist § 112 nicht anwendbar. Ebenso wenig betrifft § 112 die in der BNotO speziell geregelten Ermächtigungen zum Erlass bestimmter Rechtsverordnungen.

4   § 112 S. 1 regelt nur die Übertragung von Aufgaben und Befugnissen, deren Ausübung nach dem Gesetz **in die Zuständigkeit der Landesjustizverwaltung** fällt. Diese Aufgaben und Befugnisse können die Landesregierungen auf nachgeordnete Behörden übertragen, um eine Anhäufung von Verwaltungsgeschäften bei der Landesjustizverwaltung zu vermeiden und örtlichen Gepflogenheiten Rechnung zu tragen.[4] Nach § 112 S. 2 kann auch die Delegationsermächtigung selbst auf die Landesjustizverwaltungen übertragen werden (sog. Subdelegationsermächtigung).[5]

C. Übertragbarkeit von Aufgaben und Befugnissen

5   Grundsätzlich sind **sämtliche Verwaltungsaufgaben und -befugnisse,** die der Landesjustizverwaltung zustehen, übertragbar.[6] Jedoch entzieht sich die Zuständigkeit der

---

[1] BGBl. 2009 I 2449.
[2] BT-Drs. 16/11385, 54.
[3] Teilweise auch „Landesregierungen oder die von ihnen durch Rechtsverordnung bestimmten Stellen".
[4] Begr. RegE, BT-Drs. 3/219, 39.
[5] Für Beispiele von Übertragungen in einzelnen Bundesländern s. BeckOK BNotO/*Bracker* BNotO § 112 Rn. 5.
[6] Mit dem Dritten Gesetz zur Änderung der Bundesnotarordnung und anderer Gesetze (BGBl. 1998 I 2585) wurde § 112 S. 2 aF mWv 8.9.1998 gestrichen. Gesetzlich angeordnete Ausnahmen, wie zB im Hinblick auf eine ausgeschlossene Übertragbarkeit der Zuständigkeit, Notare zu bestellen und ihres Amtes zu entheben, gibt es seitdem nicht mehr.

Landesjustizverwaltung, die Satzung der Notarkammer zu genehmigen und über die Notarkammer die Aufsicht zu führen (§ 66 Abs. 1 und Abs. 2) **auch ohne eine gesetzliche Ausnahmebestimmung** einer Übertragbarkeit. Eine Delegation würde der Aufgabenstellung der Notarkammer nicht gerecht.[7]

Übertragungsempfänger können nicht nur die nachgeordneten Aufsichtsbehörden 6 (§ 92), sondern auch andere nachgeordnete Justizbehörden sein, zB der Generalstaatsanwalt.[8] Vor dem Hintergrund der historischen Entwicklung betrachtet, die die Aufsicht aus der Zuständigkeit der Generalprokuratoren gelöst hat, wäre eine solche Übertragung einzelner Zuständigkeiten auf den Generalstaatsanwalt allerdings als ein Rückschritt anzusehen.[9]

D. Form der Übertragung

Die Delegation (und auch die Subdelegation an die Landesjustizverwaltungen gem. § 112 7 S. 2) bedarf einer Rechtsverordnung. Die Übertragung durch Verwaltungsvorschrift in Gestalt einer Allgemeinverfügung genügt nicht.[10]

§ 113 [Notarkasse und Ländernotarkasse]

(1) ¹Die Notarkasse ist eine rechtsfähige Anstalt des öffentlichen Rechts des Freistaates Bayern. ²Sie hat ihren Sitz in München. ³Ihr Tätigkeitsbereich umfasst den Freistaat Bayern und den Bezirk des Pfälzischen Oberlandesgerichts Zweibrücken. ⁴Sie führt ein Dienstsiegel. ⁵Sie untersteht der Rechtsaufsicht des Bayerischen Staatsministeriums der Justiz. ⁶Dieses übt die Aufsicht nach näherer Vereinbarung der beteiligten Justizverwaltungen aus. ⁷Die Haushalts- und Wirtschaftsführung der Notarkasse wird vom Bayerischen Obersten Rechnungshof nach Maßgabe der Vorschriften der Bayerischen Haushaltsordnung geprüft.

(2) ¹Die Ländernotarkasse ist eine rechtsfähige Anstalt des öffentlichen Rechts des Freistaates Sachsen. ²Sie hat ihren Sitz in Leipzig. ³Ihr Tätigkeitsbereich umfasst die Bezirke der Notarkammern Brandenburg, Mecklenburg-Vorpommern, Sachsen, Sachsen-Anhalt und Thüringen. ⁴Sie führt ein Dienstsiegel. ⁵Sie untersteht der Rechtsaufsicht des Sächsischen Staatsministeriums der Justiz. ⁶Dieses übt die Aufsicht nach näherer Vereinbarung der beteiligten Justizverwaltungen aus. ⁷Die Haushalts- und Wirtschaftsführung der Ländernotarkasse wird vom Sächsischen Rechnungshof nach Maßgabe der Sächsischen Haushaltsordnung geprüft.

(3) Die Notarkasse und die Ländernotarkasse (Kassen) haben folgende Aufgaben zu erfüllen:
1. Ergänzung des Berufseinkommens der Notare, soweit dies zur Aufrechterhaltung einer geordneten vorsorgenden Rechtspflege erforderlich ist;
2. Versorgung der ausgeschiedenen Notare im Alter und bei Amtsunfähigkeit, der Notarassessoren bei Dienstunfähigkeit sowie Versorgung ihrer Hinterbliebenen, wobei sich die Höhe der Versorgung unabhängig von der Höhe der geleisteten Abgaben nach der ruhegehaltfähigen Dienstzeit einschließlich An- und Zurechnungszeiten bemisst;

---

[7] Arndt/Lerch/Sandkühler/*Sandkühler* BNotO § 112 Rn. 7; im Ergebnis ebenso Schippel/Bracker/*Herrmann* BNotO § 112 Rn. 3.
[8] Arndt/Lerch/Sandkühler/*Sandkühler* BNotO § 112 Rn. 8; Schippel/Bracker/*Herrmann* BNotO § 112 Rn. 4.
[9] S. hierzu Wolffram/Klein/*Schmidt-Thomé*, Recht und Rechtspflege in den Rheinlanden, 1969, S. 372 ff., 376 ff., 386.
[10] Unter der Vorgängerregelung wurde die Übertragung aufgrund einer Verwaltungsvorschrift noch für ausreichend erachtet; vgl. Arndt/Lerch/Sandkühler/*Sandkühler* BNotO § 112 Rn. 9.

3. einheitliche Durchführung der Versicherung der Notare nach § 19a und der Notarkammern nach § 61 Abs. 2 und § 67 Abs. 3 Nr. 3;
4. Förderung der wissenschaftlichen und praktischen Fortbildung der Notare und Notarassessoren sowie der fachlichen Ausbildung des Personals der Notare einschließlich der Durchführung von Prüfungen;
5. Bereitstellung der erforderlichen Haushaltsmittel der im Gebiet der Kasse gebildeten Notarkammern;
6. Zahlung der Bezüge der Notarassessoren an Stelle der Notarkammern;
7. wirtschaftliche Verwaltung der von einem Notariatsverwalter wahrgenommenen Notarstellen an Stelle der Notarkammern;
8. Erstattung notarkostenrechtlicher Gutachten, die eine Landesjustizverwaltung, ein Gericht oder eine Verwaltungsbehörde im Tätigkeitsbereich der Kasse anfordert.

(4) ¹Die Kassen können weitere, dem Zweck ihrer Errichtung entsprechende Aufgaben wahrnehmen. ²Sie können insbesondere
1. fachkundige Mitarbeiter beschäftigen, die den Notaren im Tätigkeitsbereich der Kasse zur Dienstleistung zugewiesen werden,
2. allein oder gemeinsam mit der anderen Kasse oder Notarkammern Einrichtungen im Sinne von § 67 Abs. 4 Nr. 3 zu unterhalten,
3. über Absatz 3 Nr. 3 hinausgehende Anschlussversicherungen abschließen,
4. die zentrale Erledigung von Verwaltungsaufgaben der einzelnen Notarstellen bei freiwilliger Teilnahme unter Ausschluss der Gewinnerzielung gegen Kostenerstattung übernehmen.

(5) Aufgaben der Notarkammern können mit deren Zustimmung und der Zustimmung der Kasse durch die Landesjustizverwaltungen der Kasse übertragen werden.

(6) Die Notare sind verpflichtet, die ihnen zur Dienstleistung zugewiesenen, in einem Dienstverhältnis zur Kasse stehenden Mitarbeiter zu beschäftigen.

(7) Auf die nach Absatz 3 Nr. 2 und 6 gegen die Kasse begründeten Versorgungs- und Besoldungsansprüche sind die für Beamtenbezüge geltenden verfahrensrechtlichen Vorschriften entsprechend anzuwenden.

(8) Die Organe der Kasse sind der Präsident und der Verwaltungsrat.

(9) ¹Der Präsident vertritt die Kasse gerichtlich und außergerichtlich. ²Er leitet ihre Geschäfte und ist für die Erledigung derjenigen Angelegenheiten zuständig, die nicht dem Verwaltungsrat obliegen. ³Der Präsident führt den Vorsitz in den Sitzungen des Verwaltungsrates und vollzieht dessen Beschlüsse.

(10) ¹Der Präsident der Notarkasse wird von den Notaren im Tätigkeitsbereich der Notarkasse für die Dauer von vier Jahren gewählt. ²Der Präsident der Ländernotarkasse wird von dem Verwaltungsrat der Ländernotarkasse für die Dauer von vier Jahren gewählt. ³Der Präsident muss Notar im Tätigkeitsbereich der Kasse und darf nicht zugleich Mitglied des Verwaltungsrates sein.

(11) ¹Der Verwaltungsrat beschließt insbesondere über
1. Satzungen und Verwaltungsvorschriften,
2. den Haushaltsplan sowie die Anpassung der Abgaben an den Haushaltsbedarf,
3. die Höhe der Bezüge der Notarassessoren,
4. die Grundsätze für die Ausbildung, Prüfung und Einstellung von fachkundigen Mitarbeitern,
5. die Festlegung der Gesamtzahl und der Grundsätze für die Zuteilung von fachkundigen Mitarbeitern an die Notare,
6. die Grundsätze für die Vermögensanlage der Kasse.

²Der Verwaltungsrat fasst seine Beschlüsse mit der einfachen Mehrheit der abgegebenen Stimmen, soweit durch Satzung nichts anderes bestimmt ist.

(12) ¹Die Mitglieder des Verwaltungsrates der Notarkasse werden für die Dauer von vier Jahren durch die Notare in den jeweiligen Oberlandesgerichtsbezirken im Tätig-

keitsbereich der Notarkasse gewählt. ²Die Notare eines Oberlandesgerichtsbezirks wählen jeweils zwei Mitglieder in den Verwaltungsrat. ³Übersteigt die Zahl der Einwohner in einem Oberlandesgerichtsbezirk zwei Millionen, so erhöht sich die Zahl der Verwaltungsratsmitglieder aus diesem Oberlandesgerichtsbezirk für je weitere angefangene zwei Millionen um ein Mitglied. ⁴Die Mitglieder des Verwaltungsrates müssen Notar mit Amtssitz im Bezirk des jeweiligen Oberlandesgerichts sein.

(13) ¹Die Mitglieder des Verwaltungsrates der Ländernotarkasse werden für die Dauer von vier Jahren durch die Notare in den jeweiligen Notarkammern im Tätigkeitsbereich der Ländernotarkasse gewählt. ²Die Notare einer Notarkammer wählen jeweils zwei Mitglieder in den Verwaltungsrat; bei mehr als drei Millionen Einwohnern in dem Bezirk einer Notarkammer sind drei Mitglieder zu wählen. ³Die Mitglieder des Verwaltungsrates müssen Notar mit Amtssitz im Bezirk der jeweiligen Notarkammer sein.

(14) ¹Für die Organe und Mitarbeiter der Kasse gilt § 69a entsprechend. ²Der Verwaltungsrat kann von der Verpflichtung zur Verschwiegenheit befreien. ³Er erteilt in gerichtlichen Verfahren die Aussagegenehmigung.

(15) Vor der Ausschreibung und Einziehung von Notarstellen und der Ernennung von Notarassessoren im Tätigkeitsbereich der Kasse ist diese anzuhören.

(16) ¹Vor dem Beschluss ihres Haushaltsplans hören die Notarkammern im Tätigkeitsbereich der Kasse diese an. ²Bei der Kasse wird zur Beratung in Angelegenheiten des Absatzes 3 Nr. 5 ein Beirat gebildet, in den jede Notarkammer im Tätigkeitsbereich der Kasse ein Mitglied und der Verwaltungsrat ebenso viele Mitglieder entsenden. ³Den Vorsitz in den Beiratssitzungen führt der Präsident der Kasse. ⁴Die Kasse ist an das Votum des Beirats nicht gebunden.

(17) ¹Die Kasse erhebt von den Notaren Abgaben auf der Grundlage einer Abgabensatzung, soweit dies zur Erfüllung ihrer Aufgaben erforderlich ist. ²Zur Sicherstellung der Verpflichtungen, die sich aus den Aufgaben der Kasse ergeben, kann Vermögen gebildet werden. ³Die Höhe der Abgaben richtet sich nach der Leistungsfähigkeit des Notars. ⁴Die Abgaben können auch gestaffelt nach der Summe der durch den Notar zu erhebenden Gebühren festgesetzt werden. ⁵Die Abgabensatzung kann Freibeträge und von der Abgabepflicht ausgenommene Gebühren festlegen. ⁶Sie regelt ferner
1. die Bemessungsgrundlagen für die Abgaben,
2. die Höhe, die Festsetzung und die Fälligkeit der Abgaben,
3. das Erhebungsverfahren,
4. die abgaberechtlichen Nebenpflichten des Notars,
5. die Stundung und Verzinsung der Abgabeschuld sowie die Geltendmachung von Säumniszuschlägen und Sicherheitsleistungen,
6. ob und in welcher Höhe die Bezüge von Notarassessoren (§ 7 Abs. 4 Satz 4) oder fachkundigen Mitarbeitern, die einem Notar zugewiesen sind, zu erstatten sind.

⁷Fehlt eine Abgabensatzung, kann die Aufsichtsbehörde die Abgaben vorläufig festsetzen. ⁸Rückständige Abgaben können auf Grund einer vom Präsidenten ausgestellten, mit der Bescheinigung der Vollstreckbarkeit versehenen Zahlungsaufforderung nach den Vorschriften über die Vollstreckbarkeit gerichtlicher Entscheidungen in Zivilsachen eingezogen werden. ⁹Die Kasse kann die Erfüllung der Abgabepflicht einschließlich der zu Grunde liegenden Kostenberechnungen und des Kosteneinzugs durch den Notar nachprüfen. ¹⁰Der Notar hat dem mit der Prüfung Beauftragten Einsicht in seine [bis 31.12.2021: Akten, Urkunden, Konten, Verzeichnisse und Bücher] *[ab 1.1.2022: Urkunden, Akten, Verzeichnisse und Konten]* zu gestatten, diese auszuhändigen und die erforderlichen Auskünfte zu erteilen.

(18) ¹Die Kasse kann in Ausübung ihrer Befugnisse von den Notaren und Notarassessoren Auskünfte, die Vorlage von [bis 21.12.2021: Büchern und Akten] *[ab 1.1.2022: Akten und Verzeichnissen]* sowie das persönliche Erscheinen vor dem Präsidenten oder dem Verwaltungsrat verlangen. ²Der Präsident kann zur Erzwingung dieser

Pflichten nach vorheriger schriftlicher Androhung, auch wiederholt, Zwangsgeld festsetzen. ³Das einzelne Zwangsgeld darf eintausend Euro nicht übersteigen. ⁴Das Zwangsgeld fließt der Kasse zu; es wird wie eine rückständige Abgabe beigetrieben.

(19) ¹Im Übrigen bestimmen sich die Aufgaben und Rechtsverhältnisse der Kassen, ihrer Organe und deren Zuständigkeiten nach einer Satzung. ²Erlass und Änderungen der Satzung und der Abgabensatzung bedürfen zu ihrer Wirksamkeit der Genehmigung durch die Aufsichtsbehörde und der Bekanntmachung. ³Für die Notarkasse erfolgt die Bekanntmachung im „Amtlichen Mitteilungsblatt der Landesnotarkammer Bayern und der Notarkasse". ⁴Für die Ländernotarkasse erfolgt die Bekanntmachung im „Amtlichen Mitteilungsblatt der Ländernotarkasse".

Übersicht

	Rn.
A. Sinn und Zweck, Gesetzgebungsgeschichte, verfassungsrechtliche Bezüge	1
B. Organisationsstruktur der Notarkassen, Tätigkeitsbereiche	4
I. Organisation als rechtsfähige Anstalten des öffentlichen Rechts des Freistaats Bayern, Abs. 1 S. 1 bzw. des Freistaats Sachsen, Abs. 2 S. 1	4
II. Tätigkeitsbereich und Sitz, Abs. 1 S. 2 und S. 3 bzw. Abs. 2 S. 2 und S. 3	7
III. Organe, Abs. 8	8
1. Präsident	9
2. Verwaltungsrat	12
C. Aufgaben der Notarkasse, Abs. 3 bis Abs. 5	14
I. Nr. 1: Ergänzung des Berufseinkommens	15
II. Nr. 2: Alters-, Dienstunfähigkeits- und Hinterbliebenenversorgung	16
III. Nr. 3: Haftpflicht- und Vertrauensschadenversicherung	17
IV. Nr. 4: Fortbildung der Notare und Notarassessoren, Ausbildung der Fachangestellten	18
V. Nr. 5: Bereitstellung der Haushaltsmittel für die Notarkammern	20
VI. Nr. 6: Besoldung der Notarassessoren	21
VII. Nr. 7: Wirtschaftliche Führung von Notariatsverwaltungen	22
VIII. Nr. 8: Erstattung notarkostenrechtlicher Gutachten	23
IX. Abs. 4 Nr. 1: Beschäftigung fachkundiger Mitarbeiter	24
X. Abs. 4 Nr. 2, Nr. 3: Notarversicherungsfonds und ergänzende Versicherungen	26
XI. Abs. 4 Nr. 4: Verwaltungsunterstützung der Notare	27
XII. Abs. 17 S. 9 iVm § 93 Abs. 2 S. 2: Kostenprüfung	28
XIII. Abs. 4, Abs. 5: Wahrnehmung bzw. Übertragung weiterer Aufgaben	29
D. Verfahrensrecht, Abs. 7	30
E. Pflichten der Notare gegenüber der Notarkasse, Abs. 6 und Abs. 17	32
I. Abgabepflicht, Abs. 17	33
1. Ausgestaltung	33
2. Durchführung	35
II. Beschäftigungspflicht, Abs. 6	37
F. Staatsaufsicht	38
I. Satzungsrechtliche Genehmigungsvorbehalte	39
II. Allgemeine Staatsaufsicht	40
III. Prüfungsrecht des Rechnungshofs	42
G. Rechtsschutz	43
I. Rechtsstreitigkeiten im Zusammenhang mit Aufgaben nach Abs. 3	44
II. Rechtsstreitigkeiten im Zusammenhang mit der Abgabepflicht und Kostenprüfung	45
III. Rechtsstreitigkeiten im Zusammenhang mit der Beschäftigungspflicht	46

A. Sinn und Zweck, Gesetzgebungsgeschichte, verfassungsrechtliche Bezüge

§ 113 regelt, soweit vom rechtsstaatlichen Gesetzesvorbehalt gefordert, umfassend Einrichtung, Aufgaben, Organe und Finanzierung der Notarkasse in München und der Ländernotarkasse in Leipzig. Die seit der Zusammenführung der zuvor getrennten Bestimmungen zur Notarkasse (§ 113 aF) und Ländernotarkasse (früherer § 113a) in einer Vorschrift im Jahr 2006 aus neunzehn Absätzen bestehende Vorschrift stellt damit praktisch ein Gesetz innerhalb des Gesetzes dar. § 113a war nach der Herbeiführung der Rechtseinheit im Notarrecht durch die Novelle 1998 zunächst die neue gesetzliche Grundlage für die Tätigkeit der im Rahmen der Wiedereinrichtung des freiberuflichen Notariats in der ehemaligen DDR nach dem Vorbild der Notarkasse München geschaffenen Ländernotarkasse mit Zuständigkeit für das Beitrittsgebiet ohne den Ostteil von Berlin. Nachdem durch die Novelle 1998 die zuvor bestehenden geringfügigen Unterschiede in der Aufgabenzuweisung nahezu eingeebnet worden waren, entsprach die Vorschrift im Wesentlichen § 113, so dass die Zusammenführung in einer Vorschrift nahelag. Übersichtlicher ist die Regelung dadurch allerdings nicht geworden.

§ 113 steht – soweit es die Notarkasse in München betrifft – in engem Zusammenhang mit **Art. 138 GG.** Danach bedürfen Änderungen der Einrichtungen des bei Inkrafttreten des Grundgesetzes bestehenden Notariats in Bayern und Baden-Württemberg (vgl. dazu die Kommentierung des § 114) der Zustimmung der Regierung dieser Länder. Die Notarkasse ist, wie sich aus den Protokollen des Parlamentarischen Rats belegen lässt, eine Einrichtung im Sinne dieser Norm. Sie war 1925, damals noch auf landesrechtlicher Grundlage, geschaffen worden, um die Altersversorgung der Notare im damaligen bayerischen Staatsgebiet, welche zu jener Zeit noch Staatsbeamte, freilich ohne Anspruch auf Besoldung waren, auf eine neue Grundlage zu stellen. Auch die Einkommensergänzung der Notare (Abs. 3 Nr. 1) gehörte von Beginn an zu den Aufgaben der Bayerischen Notarkasse. Die RNotO von 1937 vollendete die Ablösung des hergebrachten Systems der Altersversorgung der Notare durch Pensionssicherungsvereine und machte die Altersversorgung zu einer unmittelbaren Aufgabe der Notarkasse. Gleichzeitig erhielt die Institution auf diese Weise eine reichsgesetzliche Grundlage. An dieser bundesgesetzlichen Grundlage hat sich auch unter der Kompetenzordnung des Grundgesetzes nichts geändert. Die Notarkasse ist nicht Altersversorgungswerk, sondern ein System, um die flächendeckende Versorgung der Bevölkerung mit überdurchschnittlich qualifizierten Berufsträgern dauerhaft zu gewährleisten, und daher vom Kompetenztitel des **Art. 74 Abs. 1 Nr. 1 GG** mit umfasst. Art. 138 GG stellt sicher, dass eine Änderung dieses Systems nur mit dem Einverständnis des Freistaats Bayern erfolgen kann (während dem ebenfalls mitbetroffenen Land Rheinland-Pfalz kein ebensolches Vetorecht eingeräumt ist).

Art. 138 GG begründet nach der Lesart des BVerfG[1] einen **gesetzgeberischen Zustimmungsvorbehalt zugunsten des Freistaats Bayern,** enthebt aber nicht von der Prüfung, ob das überkommene Regelungssystem mit dem Grundgesetz, insbesondere dem Demokratie- und dem Rechtsstaatsprinzip übereinstimmt. Er hat daher nicht verhindern können, dass auch für die Notarkasse in München in gleicher Weise wie für die Ländernotarkasse die parlamentsgesetzlichen Grundlagen nachgebessert werden mussten. Inwieweit aus ihm geminderte Anforderungen inhaltlicher Art abgeleitet werden könnten, brauchte das BVerfG nicht zu entscheiden, denn alle hergebrachten Strukturprinzipien entsprachen offensichtlich so eindeutig der Verfassung, dass sich jede Diskussion darüber für das BVerfG erübrigte. So problematisierte es weder unter dem Blickwinkel des Demokratie- noch des Rechtsstaatsprinzips, dass die Notarkasse im Gegensatz zu den Notarkammern (§ 65 Abs. 1 S. 1: „Die Notare ... bilden eine Notarkammer") nicht als Körperschaft, sondern als

---

[1] DNotZ 2004, 942 mAnm *Hepp* DNotZ 2004, 952.

Anstalt organisiert ist.[2] Auch die systemimmanente Umverteilungswirkung (maßvoll) progressiver Abgaben in einem System nach beamtenrechtlichen Grundsätzen gewährleisteter Alters- und Berufsunfähigkeitsversorgung war, ohne dass es auf Art. 138 GG ankam, weder rechtsstaatlich noch grundrechtlich angreifbar.[3] Dies zu Recht, denn Art. 12 GG ist hierdurch nicht verletzt, weil der Gesetzgeber mit diesem System den legitimen Zweck des Gemeinwohls verfolgt, die Versorgung auch von Gebieten mit geringerer Wirtschaftskraft mit qualifizierten notariellen Dienstleistungen sicherzustellen. Zur Erreichung dieses Zwecks ist das System Notarkasse, wie die Entwicklung des bayerisch-pfälzischen Notariats seit 1925 und nunmehr auch die Entwicklung im Beitrittsgebiet seit 1990 gezeigt hat, nicht nur geeignet, mit ihm sind auch für denjenigen, der durch das Solidarprinzip stärker belastet wird, keine iSd Verfassungsrechts übermäßigen Eingriffe in seine Berufsausübungsfreiheit und sein verfassungsrechtlich geschütztes Eigentum verbunden.

Anders als die Notarkasse in München genießt die Ländernotarkasse **keinen** besonderen **verfassungsrechtlichen Bestandsschutz.** Etwaige wesentliche Änderungen wären auch gegen den Willen der betroffenen Länder möglich, allerdings nicht ohne Zustimmung des Bundesrats als solchem (Art. 84 Abs. 1 GG).

B. Organisationsstruktur der Notarkassen, Tätigkeitsbereiche

I. Organisation als rechtsfähige Anstalten des öffentlichen Rechts des Freistaats Bayern, Abs. 1 S. 1 bzw. des Freistaats Sachsen, Abs. 2 S. 1

4 Die Notarkassen sind **Anstalten** des öffentlichen Rechts, nicht Körperschaften, somit zweck-, nicht mitgliederorientiert. Die in ihrem jeweiligen räumlichen Einzugsbereich tätigen Notare sind Nutzer, nicht Mitglieder der Notarkassen. Die Notarkassen sind vorrangig geschaffen zur Erfüllung der ihnen gesetzlich enumerativ zugewiesenen Aufgaben. Infolge der Neuformulierung des Abs. 4 haben sie nunmehr aber auch ein über die Kataloge des Abs. 3 und Abs. 4 S. 2 Nr. 1 bis Nr. 4 hinausgehendes begrenztes Aufgabenfindungsrecht. Daneben ermöglicht Abs. 5 schließlich eine Aufgabenübertragung von den Notarkammern durch die Landesjustizverwaltungen, allerdings nur bei beiderseitiger Zustimmung. Der Anstaltscharakter ist freilich nicht lupenrein, sondern vor allem bei der Organisationsstruktur mit körperschaftlichen Elementen angereichert. Die Notarkassen sind als rechtsfähige Anstalten **Einrichtungen der mittelbaren Landesverwaltung.** Mit dieser Festlegung ist im Übrigen dem Gesetzgeber des Freistaats Bayern und des Landes Rheinland-Pfalz bzw. der Länder im Einzugsbereich der Ländernotarkasse die Freiheit genommen, die Aufgaben des Abs. 3 durch Behörden unmittelbarer Landesverwaltung wahrzunehmen. Verfassungsrechtlich ist dies unproblematisch, da die Ausgestaltung des Landesvollzugs von Bundesgesetzen gem. Art. 84 Abs. 1 GG zwar an sich in die Regelungskompetenz der Länder fällt, Bundesgesetze mit Zustimmung des Bundesrates aber etwas anderes bestimmen können. Indem sich gem. Abs. 19 Aufgaben und Rechtsverhältnisse „im Übrigen", also soweit nicht in der BNotO geregelt, nach einer Satzung bestimmen, über deren Änderungen der Verwaltungsrat der Notarkasse beschließt, kann der Landesgesetzgeber nicht einmal ergänzende Ausgestaltungsregelungen treffen, sondern haben sich die Freistaaten Bayern bzw. Sachsen auf die ihnen durch Abs. 1 S. 3 bzw. Abs. 2 S. 3 zugewiesene Aufgabe der Staatsaufsicht zu beschränken.

5 Als **rechtsfähige** Anstalten sind die Notarkassen berechtigt, in eigenem Namen am Rechtsverkehr teilzunehmen. Sie können als solche klagen und verklagt werden und sind unbeschränkt grundbuchfähig.

6 Weil sie öffentlich-rechtliche Anstalten des Freistaats Bayern bzw. Sachsen sind, unterliegen sie deren **Landesverwaltungsverfahrensrecht,** soweit nicht der Gesetzgeber Abwei-

---

[2] BVerfG DNotZ 2004, 948 ff.
[3] BVerfG DNotZ 2004, 950 f.

chendes verfügt hat. Hinsichtlich der Beitreibung rückständiger Abgaben hat der Gesetzgeber freilich genau dieses getan. Gemäß Abs. 17 S. 8 erfolgt eine diesbezüglich notwendige Vollstreckung nicht nach bayerischem bzw. sächsischem Verwaltungsvollstreckungsrecht, sondern nach den Vorschriften der ZPO über die Vollstreckung von Urteilen in bürgerlich-rechtlichen Rechtsstreitigkeiten. Im Übrigen jedoch findet auf die Notarkasse und sie berührende Rechtsverhältnisse in ihrem gesamten räumlichen Tätigkeitsbereich bayerisches bzw. sächsisches Landesrecht Anwendung, so etwa im Fall der Notarkasse München auch auf die Dienstverhältnisse der Mitarbeiter, welche an Notarstellen im Bezirk des Pfälzischen OLG Zweibrücken tätig sind, und in Ergänzung der versorgungsrechtlichen Bestimmungen der Satzung auch auf die Versorgungsansprüche der pfälzischen Notare und ihrer Angehörigen.

II. Tätigkeitsbereich und Sitz, Abs. 1 S. 2 und S. 3 bzw. Abs. 2 S. 2 und S. 3

Der Tätigkeitsbereich der **Notarkasse** mit Sitz in München (Abs. 1 S. 2) umfasst den **Freistaat Bayern** und zusätzlich den Teil des Landes Rheinland-Pfalz, der zum **Bezirk des Pfälzischen OLG Zweibrücken** gehört. Dieser OLG-Bezirk ist nahezu identisch mit dem linksrheinischen bayerischen Staatsgebiet zu Zeiten der Schaffung der Notarkasse. In Bezug genommen ist der räumliche Umfang dieses OLG-Bezirks nach dem Stand von 1998, als die frühere Bezugnahme auf den als solchen nicht mehr existierenden Regierungsbezirk Pfalz durch die Bezugnahme auf den Gerichtsbezirk des Pfälzischen OLG Zweibrücken abgelöst wurde. Etwaige künftige Erweiterungen dieses Gerichtsbezirks durch rheinland-pfälzisches Gerichtsorganisationsrecht würden nicht automatisch auch zu einer Erweiterung des Tätigkeitsbereichs der Notarkasse führen, da eine solche Dynamik nicht in der Vorstellung des Gesetzgebers lag, dem es nur darum ging, eine obsolete durch eine gültige Bezugsgröße zu ersetzen. Wollte man Notare aus dem Bezirk der Notarkammer Koblenz im Falle einer Erweiterung des Bezirks des OLG Zweibrücken in den Kreis der Anstaltsbetroffenen einbeziehen, so bedürfte es hierzu einer ausdrücklichen Willensäußerung des Bundesgesetzgebers, der hierzu gem. Art. 138 GG auch das Einverständnis der bayerischen Staatsregierung einholen müsste, da dies eine wesentliche Änderung im Vergleich zu dem dort geschützten Erscheinungsbild bedeuten würde. Erst recht gelte dies, wollte der Bundesgesetzgeber den Tätigkeitsbereich der Notarkasse über den derzeitigen Stand hinaus auf weitere OLG-Bezirke oder Bundesländer erweitern.

Bei der Definition des **Tätigkeitsbereichs** der **Ländernotarkasse** hat der Gesetzgeber nicht wie bei der Notarkasse an den Umfang eines Bundeslands bzw. Gerichtsbezirks, sondern an Notarkammerbezirke angeknüpft. Der Tätigkeitsbereich erstreckt sich auf die Bezirke der Notarkammern Brandenburg, Mecklenburg-Vorpommern, Sachsen, Sachsen-Anhalt und Thüringen. Eine Änderung ist nur durch Bundesgesetz möglich. Keines der betroffenen Bundesländer ist selbst in der Lage, die Zuständigkeit der Ländernotarkasse für die Notare dieses Landes kraft Landesrecht auszuschließen.

Auch der **Sitz** – Leipzig – ist bundesgesetzlich festgelegt und daher nur durch Bundesgesetz änderbar. Kein Bundesgesetz, wohl aber eine entsprechende Ergänzung der Satzung, die gem. Abs. 19 S. 2 von dem Sächsischen Ministerium der Justiz genehmigt werden müsste, wäre notwendig, wollte die Ländernotarkasse Außenstellen ihrer Verwaltung schaffen.

III. Organe, Abs. 8

Die Notarkassen haben gem. Abs. 8 jeweils zwei Organe: Präsident und Verwaltungsrat. Der Präsident vertritt die Notarkasse gerichtlich und außergerichtlich, Abs. 9 S. 1. Er leitet deren Verwaltung („ihre Geschäfte") und nimmt alle die Aufgaben wahr, die nicht dem Verwaltungsrat übertragen sind, Abs. 9 S. 2. Stark ausgeweitet hat der Reformgesetzgeber 2006 im Gefolge des Grundlagenurteils des BVerfG aus dem Jahr 2004 die zuvor weitgehend nur in den Satzungen festgelegte Regelung der Zuständigkeiten des Verwaltungsrats: dieser beschließt nicht mehr nur Änderungen der (Haupt-)Satzungen, Abs. 6 S. 2 aF, und die Abgabensatzungen, Abs. 8 S. 2. aF Vielmehr ist den Verwaltungsräten nunmehr in Abs. 11 kraft Gesetzes ein ausführlicher Katalog von Aufgaben zugeordnet. Verschränkt miteinander sind die Organe im übrigen dadurch, dass der jeweilige Präsident die Sitzungen des jeweiligen Verwaltungsrats leitet, Abs. 9 S. 3, ohne dessen Mitglied zu sein, Abs. 10 S. 3. Die Besetzung der beiden Anstaltsorgane erfolgt in nunmehr lupenreiner Selbstverwaltung, indem der Präsident wie die Mitglieder des Verwaltungsrats aus dem Kreis der Anstaltsunterworfenen durch Wahl bestimmt werden, und – anders als vor 2006 – keiner ergänzenden Ernennung mehr durch die Justizverwaltung bedürfen. Das frühere System der **Vorschlagswahlen** zur Vorbereitung der Entscheidung des Ministers ist damit abgeschafft.

9   **1. Präsident.** Der **Präsident,** zu dessen Vertretung im Falle der Verhinderung bei der Ländernotarkasse ein, bei der Notarkasse ein erster und ein zweiter Vizepräsident bestellt sind, ist **Repräsentant der Notarkasse nach außen,** dh sowohl gegenüber der Aufsichtsbehörde, den Notaren in ihrem Tätigkeitsbereich wie auch im allgemeinen Rechtsverkehr. Gleichzeitig übt er das Direktionsrecht über die Mitarbeiter der Kasse aus. Beschlüsse des Verwaltungsrats, dem er vorsitzt, aber nicht angehört, bereitet er vor und führt sie aus. Auch die Ausfertigung der vom Verwaltungsrat erlassenen Rechtsnormen fällt in seine Zuständigkeit.

10 Der Präsident der Notarkasse wird für jeweils vier Jahre in einer gemeinsamen Versammlung beider betroffenen Notarkammern gewählt, Abs. 10 S. 1. Der Präsident der Ländernotarkasse wird dagegen für jeweils vier Jahre vom Verwaltungsrat dieser Kasse gewählt, Abs. 10 S. 2. Wiederholte Bestellung ist unbeschränkt zulässig.

11 Zur Entlastung des Präsidenten bei den Geschäften der laufenden Verwaltung sieht die Satzung der Notarkasse die Bestellung eines (gegebenenfalls sogar mehrerer) **Geschäftsführer** vor. Zuständig für die Geschäftsführerbestellung ist ebenfalls der Präsident. Er muss nach § 11 Abs. 2 der Satzung aber zuvor die Zustimmung des Verwaltungsrats einholen, ebenso zu einer etwaigen Abberufung. Auch wenn der Geschäftsführer streng genommen kein Berufsangehöriger sein müsste, wird doch in der Praxis diese Aufgabe regelmäßig einer/einem zur Notarernennung anstehenden Notarassessorin/Notarassessor bzw. einer/einem jüngeren Notarin/Notar übertragen.

12 **2. Verwaltungsrat.** Die Verwaltungsräte sind das **Normsetzungsorgan** der Kassen und darüber hinaus dazu berufen, den Haushalt festzustellen, die Höhe der Bezüge der Notarassessoren festzulegen (Nr. 3), die Grundsätze für die Ausbildung, Prüfung und Einstellung fachkundiger Mitarbeiter aufzustellen, die Gesamtzahl der fachkundigen Mitarbeiter und ihre Zuweisung zu den Notarstellen zu regeln sowie Grundsätze über die Vermögensanlage festzulegen. Indem dies alles jetzt gesetzlich übertragene Aufgabe der Verwaltungsräte ist, hat der Gesetzgeber die notwendige Konsequenz aus der vom BVerfG im Jahre 2004 festgestellten Verfassungswidrigkeit einer weitgehend bloß satzungsmäßigen Kompetenzabgrenzung gezogen. Nur in dem dadurch gezogenen Rahmen bleibt noch Raum für ergänzende satzungsmäßige Regelungen. So wirken sie bei der Bestellung und Abberufung der Geschäftsführung der Notarkasse mit. Richtlinien als Vorgaben für eine einheitliche Verwaltungspraxis ohne Normcharakter hat der Verwaltungsrat beispielsweise bezüglich der Durchführung von Notariatsverwaltungen und der Absetzung uneinbringlicher Gebühren erlassen.

13 Ebenfalls wegen der vom BVerfG festgestellten Verfassungwidrigkeit des früheren Rechtszustands nicht mehr satzungsmäßig, sondern gesetzlich geregelt sind die Zusammensetzungen der Verwaltungsräte. Wegen der Einzelheiten soll es hier genügen, bzgl. der Notarkasse auf Abs. 12 und bzgl. der Ländernotarkasse auf Abs. 13 zu verweisen. Auch hier ist die Wahl eine abschließende, keine Vorschlagswahl mehr wie in den Jahren bis 2006. Auch die Mitglieder des Verwaltungsrats werden jeweils für vier Jahre bestellt.

C. Aufgaben der Notarkasse, Abs. 3 bis Abs. 5

Abs. 3 benennt zunächst die **Pflichtaufgaben** beider Notarkassen. Ein Entscheidungsspielraum der Organe, ob die Kasse diese Aufgaben wahrnehmen soll, besteht nicht. Dies ist anders bei dem Katalog **fakultativer Aufgaben** des Abs. 4, bei dem es auch in der Praxis nach wie vor deutliche Unterschiede zwischen den Kassen gibt. Infolge der Neufassung des Abs. 4 besteht nunmehr sogar ein auf den Anstaltszweck bezogenes **Aufgabenfindungsrecht,** denn der Katalog der Nr. 1 bis Nr. 4 hat ausdrücklich nur beispielhaften Charakter. Weitere Aufgaben aus dem Zuständigkeitsbereich der Notarkammern können den Kassen durch die Landesjustizverwaltung übertragen werden, wenn sowohl die betroffene Notarkammer wie die Kasse dem zustimmen, Abs. 5.

Die gesetzlichen Aufgaben sind im Einzelnen:

I. Nr. 1: Ergänzung des Berufseinkommens

Jeder Notar im Tätigkeitsbereich der Kassen hat Anspruch auf ein Berufseinkommen, das nach Abzug der mit der Unterhaltung der Notarstelle notwendig verbundenen Kosten dem Dienstgehalt eines Richters in der Besoldungsgruppe R 1 entspricht (Art. 2 der jeweiligen Satzung iVm Anl. zu Art. 2 der Satzung). Erreicht der Nettoertrag[4] einer Notarstelle diesen Betrag nicht, zahlt die Notarkasse den Unterschiedsbetrag zu. Dies soll eine bürgernahe Versorgung der Bevölkerung mit notariellen Dienstleistungen auch in strukturschwachen Räumen sicherstellen, an Orten, an denen ansonsten eine Notarstelle keine Berufsperspektive für einen qualifizierten Juristen bieten würde. Seit der Neufassung des § 113 im Jahr 2006 hat der Gesetzgeber diese Zweckbestimmung auch gesetzlich festgeschrieben, indem die Einkommensergänzung (nur) vorgesehen und zulässig ist zur Aufrechterhaltung einer geordneten vorsorgenden Rechtspflege. Sie hat, wie die Rechtsprechung bereits zum alten Recht mehrfach betont hat, keinen Alimentationscharakter.[5] Bei der Ausgestaltung im Detail steht den Kassen ein weiter Ermessensspielraum zu, der insbesondere Leistungskürzungen nicht völlig ausschließt.[6] In der Praxis hat die **Einkommensergänzung** im Bereich der Notarkasse München – anders als im Bereich der Ländernotarkasse[7] – vor allem Relevanz beim Aufbau neu errichteter Notarstellen in der Anlaufphase, in der schon ein Kanzleibetrieb unterhalten werden muss, ohne dass eine Kostendeckung gewährleistet ist. Die Einkommensergänzung ist so Existenzgründungsbeihilfe. Betrachtungszeitraum für den Einkommensvergleich ist das Kalenderjahr, bei Ausübung des Notaramts nur während eines Teils des Jahres nur dieser Zeitraum.

II. Nr. 2: Alters-, Dienstunfähigkeits- und Hinterbliebenenversorgung

In der Sicherstellung der **Versorgung der Notare im Alter und ihre Versorgung und die der Notarassessoren bei Dienstunfähigkeit sowie ihrer Hinterbliebenen im Todesfall** liegt von alters her und auch heute noch eine ganz zentrale Aufgabe der Notarkasse, auch für die Ländernotarkasse war dies von Anfang an prägend. Voraussetzungen und Umfang der Versorgung regeln im einzelnen Versorgungssatzungen. Allen Einzelregelungen gemein ist die Orientierung an den Strukturprinzipien der Versorgung der Beamten und Richter. Die **Versorgung nach beamtenrechtlichen Grundsätzen** ist geradezu das prägende Merkmal der Versorgungssysteme der Notarkassen und unterscheidet diese fundamental von einem nach versicherungswirtschaftlichen Grundsätzen aufgebauten Versorgungswerk, wie es jeweils den Notarkammern des hauptberuflichen Nota-

---

[4] Zur Berücksichtigungsfähigkeit von Kosten der Amtsführung bei der Ermittlung dieses Nettoertrags s. BGH NJW 2000, 2429; DNotZ 2002, 68 und 69.
[5] S. (mit geringfügig unterschiedlicher Diktion) BGH ZNotP 2005, 194 und 2008, 133.
[6] BGH ZNotP 2008, 133.
[7] S. bspw. BGH DNotZ 2002, 70; ZNotP 2005, 194.

riats außerhalb des Tätigkeitsbereichs der Notarkassen angegliedert ist. Wer die entsprechende Zahl von Dienstjahren, die nach der Satzung für das Erreichen der Höchstversorgung erforderlich ist, absolviert hat, hat Anspruch auf die gleiche Versorgung unabhängig davon, in welchem Maß er durch seine Abgaben gem. Abs. 17 zu seiner Altersversorgung beigetragen hat. Dieses Prinzip hat der Gesetzgeber wiederum im Hinblick auf Vorgaben des BVerfG zur Reichweite des Parlamentsvorbehalts[8] durch den „wobei"-Halbsatz in der Aufgabenzuweisung nunmehr auch gesetzlich vorgeschrieben. Zur langfristigen finanziellen Sicherstellung der auch im Bereich der Notarkasse stetig wachsenden Versorgungsansprüche hat diese schon seit langem Rückstellungen in Form eines **Sondervermögens** gebildet, welches nunmehr auch in Abs. 17 S. 2 gesetzlich abgesichert ist. Dieser Deckungsstock wird von der Notarkasse nach Anlagegrundsätzen verwaltet, welche aufzustellen Aufgabe des jeweiligen Verwaltungsrats ist, Abs. 11 S. 1 Nr. 6, und die anders als früher nicht mehr der Genehmigung der Aufsichtsbehörde unterliegen. Zur Versorgung der Notare im Alter und bei Dienstunfähigkeit gehört – beamtenrechtlichen Grundsätzen entsprechend – im Übrigen nicht nur die Zahlung einer Versorgungsrente, sondern auch die Leistung von Beihilfe im Krankheitsfall (näher § 26 der Anlage).

III. Nr. 3: Haftpflicht- und Vertrauensschadenversicherung

17   Aufgabe der Notarkassen ist auch, für die Tätigkeit der in ihren Tätigkeitsbereich bestellten Notare umfassenden Haftpflichtversicherungsschutz sicherzustellen. Damit entlasten sie teils den einzelnen Notar – hinsichtlich der Basisversicherung –, teils die Notarkammern hinsichtlich der Gruppenanschluss- bzw. Vertrauensschadensversicherung gem. § 67 Abs. 3 Nr. 3 und der Versicherung im Zusammenhang mit Notariatsverwaltungen gem. § 61. In Erfüllung der ihr zugewiesenen Aufgaben haben die Notarkassen je einen Versicherungsvertrag über die **Haftpflichtversicherung** und die **Vertrauensschadensversicherung** geschlossen. Die Beiträge der Notarkammern zu dem auf der Grundlage von § 67 Abs. 4 Nr. 3 bestehenden Vertrauensschadensfonds werden dagegen – vorbehaltlich einer Übernahme auch dieser Aufgabe durch die Kassen auf der Grundlage des Abs. 4 Nr. 2 – unmittelbar aus dem jeweiligen Kammerhaushalt entrichtet, daher nur mittelbar von der Notarkasse getragen.

IV. Nr. 4: Fortbildung der Notare und Notarassessoren, Ausbildung der Fachangestellten

18   Die **Fortbildung der Notare und Notarassessoren** ist ein Aufgabengebiet, das sich die Notarkasse mit anderen verfassten Einrichtungen des Notariats, und zwar außer den betroffenen Kammern noch mit den Notarvereinen bzw. -bünden, teilt. Hervorzuheben ist als Aktivität der Kasse in München in diesem Kontext die Herausgabe eines Leitfadens zum Kostenrecht. Auch die umfangreiche Hilfestellung, die die Notarkassen gegenüber den Notaren ihres Tätigkeitsbereichs bei der Kostenberechnung in Form von Einzelauskünften erbringt, kann hierunter subsumiert werden.

19   Noch umfangreicher ist die Tätigkeit der Notarkassen auf dem Gebiet der **Mitarbeiterausbildung**. Sie ist zunächst iSd BBiG verantwortlich für die Gestaltung der Ausbildung zur/zum Notarfachangestellten, wobei sowohl der berufskundliche Unterricht wie auch die Abnahme der Abschlussprüfung in den Händen der Notarkassen liegen. Weiterhin führt die Notarkasse in München die auf der Fachangestelltenprüfung aufbauende Anwärterausbildung für die bei → Rn. 24 beschriebene Laufbahn der qualifizierten Fachangestellten im Dienst der Notarkasse durch und hält sowohl die Eingangs-(Inspektorenanwärter-)prüfung wie die Abschluss-(Inspektoren-)prüfung ab.

---

[8] BVerfG DNotZ 2004, 950 f.

V. Nr. 5: Bereitstellung der Haushaltsmittel für die Notarkammern

Die Notarkammern im Tätigkeitsbereich der Notarkassen erheben entgegen § 73 Abs. 1 **20** **keine eigenen Beiträge** von den ihnen angehörenden Notaren, sondern erhalten, nachdem auch die Notariatsverwaltungen ausschließlich auf Rechnung der Notarkassen durchgeführt werden (→ Rn. 22), die von ihnen benötigten **Haushaltsmittel** ausschließlich von „ihrer" Notarkasse, an die sie verbleibende Restbeträge auch zurückführen. Es findet dabei keine formale Trennung dahingehend statt, dass etwa im Tätigkeitsbereich der Notarkasse in München die Haushaltsmittel für die Landesnotarkammer Bayern nur von den bayerischen Notaren und die für die Notarkammer Pfalz benötigten Mittel nur von den pfälzischen Notaren aufgebracht werden. Dies begegnet aber keinen Bedenken, da jedenfalls aufkommensmäßig eine möglicherweise problematische Querfinanzierung faktisch ausgeschlossen ist. Allerdings war die Tatsache, dass alle Notare im jeweiligen Tätigkeitsgebiet einer Kasse die Abgaben erwirtschaften, über deren Verwendung im Kammerhaushalt jeweils nur Teilgruppen, nämlich die der jeweiligen Kammer angehörigen Notare, beschließen, für das BVerfG in seiner Grundlagenentscheidung aus dem Jahr 2004 ein maßgeblicher Grund, eine eingehendere gesetzliche Regelung der Organisationsstruktur einzufordern.[9] In der Gestaltung ihrer **Haushaltsführung** sind die Notarkammern grds. autonom. Die Notarkasse hat den Kammern die von diesen zur pflichtgemäßen Erfüllung ihrer Aufgaben für erforderlich gehaltenen Mittel zur Verfügung zu stellen und kein Mitspracherecht bei der Mittelverwendung. Die Haushaltskontrolle obliegt auch in diesen Kammern der Versammlung ihrer Mitglieder. Um allerdings den Bedenken des BVerfG wegen der unterschiedlichen Mittelaufbringung und -verwendung Rechnung zu tragen, hat der Gesetzgeber im 2006 neu in das Gesetz aufgenommenen Abs. 16 ein Verfahren der Anhörung eingeführt, das es den Kassen ermöglichen soll, die Interessen der nicht der jeweiligen Kammer angehörigen Abgabezahler mit in die Haushaltsberatungen der Kammern einfließen zu lassen.

VI. Nr. 6: Besoldung der Notarassessoren

Wie in den anderen Bundesländern ist auch in den Bundesländern im Tätigkeitsbereich **21** der Kassen das jeweilige Bundesland, dem gegenüber das besondere öffentlich-rechtliche Dienstverhältnis des Notarassessors besteht, nicht zur Alimentation verpflichtet. Der **Quasi-Alimentationsanspruch der Notarassessoren** im Tätigkeitsbereich der Notarkassen richtet sich abweichend von § 7 Abs. 4 S. 3 anstelle der zuständigen Notarkammer gegen die jeweilige Notarkasse, welche im Übrigen – anders als die Notarkammern – nicht nur die Dienstbezüge gewährt, sondern auch nach beamtenrechtlichen Grundsätzen Beihilfe im Krankheitsfall leistet sowie im Fall von Tod oder Dienstunfähigkeit für die Versorgung des bzw. der Betroffenen aufkommt. Letztere Aufgabenzuweisung findet sich seit der Reform 2006 allerdings nunmehr in der Nr. 2, → Rn. 16. Aufgabe der Notarkasse ist dabei – entgegen dem möglicherweise missverständlichen Wortlaut – nicht nur die Zahlung der Bezüge aus ihrem Haushalt, sondern auch die Ausgestaltung der Ansprüche im Einzelnen auf der Grundlage der Vorgabe in § 7 Abs. 4, dass die Bezüge des Notarassessors denen eines Richters auf Probe anzugleichen sind. Der den Notarkammern in § 7 Abs. 4 S. 3 erteilte Auftrag, hierzu Richtlinien zu erlassen, ist durch § 113 Abs. 3 Nr. 6 auf die Notarkasse übergegangen. Zur Abgeltung des mit der Zuweisung des Notarassessors verbundenen Sondervorteils sind die betreffenden Notare nach den Abgabensatzungen verpflichtet, an die Notarkasse einen nach der Berufserfahrung des zugewiesenen Notarassessors gestaffelten **Besoldungsbeitrag** zu leisten (s. hierzu auch Abs. 17 S. 6 Nr. 6).

---

[9] BVerfG DNotZ 2004, 947 ff.

VII. Nr. 7: Wirtschaftliche Führung von Notariatsverwaltungen

22 **Notariatsverwaltungen** werden – auch hier vorbehaltlich abweichender Vereinbarungen gem. § 59 Abs. 3 – im Bereich der Notarkassen auf ihre Rechnung statt auf Rechnung der zuständigen Notarkammer durchgeführt. Sämtliche Befugnisse, die die §§ 59 ff. der Notarkammer im Verhältnis zum Verwalter zuweisen, stehen gleichermaßen der jeweiligen Notarkasse zu. Sie kann dem Notariatsverwalter Anweisungen hinsichtlich der Wirtschaftsführung, nicht aber hinsichtlich seiner Beurkundungstätigkeit erteilen (→ § 59 Rn. 9 ff.), hat das Akteneinsichtsrecht des § 63 und könnte gegebenenfalls festgestellte Überschussbeträge wie rückständige Abgaben gem. Abs. 8 S. 6 zwangsweise beitreiben. Umgekehrt trifft sie – und nicht die zuständige Notarkammer – die Haftung gem. § 61 Abs. 1. Nach Beendigung der Verwaltung kann sie gem. § 64 Abs. 4 die noch offenen Kostenforderungen beitreiben, überträgt dies aber in der Praxis regelmäßig dem neuen Inhaber der verwalteten Notarstelle (§ 64 Abs. 4 S. 3). Die Durchführung von Notariatsverwaltungen **auf Rechnung der Notarkasse** wird im Einzelnen näher durch Richtlinien des Verwaltungsrats geregelt. Eine Selbstbindung begründende Richtlinie dazu, wann eine Verwaltung **auf Rechnung des Verwalters** durchgeführt werden kann, besteht nicht. In der Praxis lassen die Notarkassen solche Verwaltungen nur in besonders gelagerten Ausnahmefällen zu, insbesondere in Einzelfällen bei sozietätsgebundenen Notarstellen mit unterdurchschnittlichem Urkundsaufkommen.

VIII. Nr. 8: Erstattung notarkostenrechtlicher Gutachten

23 Diese bei der Reform 2006 neu eingefügte Ziffer ist § 67 Abs. 5 nachgebildet, freilich beschränkt auf **kostenrechtliche** Gutachten, welche von einer Landesjustizverwaltung, einem Gericht oder einer Verwaltungsbehörde im Tätigkeitsbereich der jeweiligen Kasse angefordert werden. Damit können die betreffenden Stellen sich auf gesicherter Rechtsgrundlage den besonderen kostenrechtlichen Sachverstand der Kassen zunutze machen, über den diese kraft ihrer Beauftragung zur Kostenprüfung, Abs. 17 S. 9, verfügen. In Übereinstimmung mit der Kommentierung zu § 67[10] ist davon auszugehen, dass die Beantwortung einer Gutachtenanfrage nicht in das Ermessen der betroffenen Kasse gestellt ist, sondern eine prinzipielle Pflicht zur „Amtshilfe" besteht. Die in den Gutachten geäußerten Rechtsansichten sind für die anfordernde Stelle nicht verbindlich, sie stellen auch keine Sachverständigengutachten iSd §§ 402 ff. ZPO dar.[11]

IX. Abs. 4 Nr. 1: Beschäftigung fachkundiger Mitarbeiter

24 Neben der Alters-, Dienstunfähigkeits- und Hinterbliebenenversorgung der Notare ist die **Beschäftigung qualifizierter Fachkräfte,** die den Notaren im Tätigkeitsbereich der Kasse zur Unterstützung zugewiesen sind, und deren Besoldung eine zweite historisch wie aktuell zentrale Aufgabe der **Notarkasse München.** Abs. 4 Nr. 1 steht in engem Zusammenhang mit Abs. 3 Nr. 4, der der Notarkasse auch die fachliche Ausbildung des Personals der Notare einschließlich der Durchführung von Prüfungen zur Aufgabe macht. Auf dieser Grundlage hat die Notarkasse in der Vergangenheit eine regelrechte Laufbahn für qualifizierte Fachangestellte im Notariat etabliert und ein System ihrer Zuteilung zu den Notarstellen entwickelt. Gerade in einem durch das Vorrückungsprinzip geprägten Notariatssystem, wie es für die Flächenstaaten Bayern und (Rheinland-)Pfalz typisch ist, ist die Kontinuität der qualifizierten Fachangestellten von kaum zu unterschätzender Bedeutung für die Lebensfähigkeit weniger ertragreicher Notarstellen.[12] Diese Kontinuität stellt das Kassenangestelltenwesen der Notarkasse in besonderer Weise sicher, und zwar etwa auch

---
[10] → § 67 Rn. 83.
[11] S. Schippel/Bracker/*Püls* BNotO § 67 Rn. 51.
[12] BGH DNotZ 2014, 958.

dadurch, dass die von der Notarkasse gestellten Fachkräfte grundsätzlich gleiche Chancen des beruflichen Aufstiegs haben unabhängig davon, ob sie in einem Großstadtnotariat oder an einer ländlichen Notarstelle tätig sind. Arbeitsverhältnis und Besoldung (im untechnischen Sinn, da es sich um Angestellte handelt) der Fachkräfte sind im Einzelnen durch Art. 4 der Satzung samt zugehöriger Anlage geregelt, die Zuweisung der Angestellten zu den Notarstellen durch Richtlinien, deren Festlegung in die Zuständigkeit des Verwaltungsrats fällt (Art. 6 Abs. 1 lit. g der Satzung).

In der **Ländernotarkasse** gibt es ein vergleichbares System von Kassenangestellten bislang nicht, obwohl auch die Vorgängerbestimmung § 113a bereits der Ländernotarkasse diese Möglichkeit eröffnet hatte. Da es sich bei den Aufgaben des Abs. 4 aber nur um fakultative handelt, kann es auch zukünftig bei diesem Stand verbleiben.

Abs. 6 statuiert eine ausdrückliche **Beschäftigungspflicht** des Notars hinsichtlich der ihm zugewiesenen Kassenangestellten. Die Zuweisung ist ein Verwaltungsakt.[13]

X. Abs. 4 Nr. 2, Nr. 3: Notarversicherungsfonds und ergänzende Versicherungen

Neben der Basis und Gruppenanschlussversicherung, deren Übernahme durch die Kassen Pflichtaufgabe nach Abs. 3 Nr. 3 ist, können die Kassen auch die Beteiligung am **Notarversicherungsfonds** der Notarkammern gem. § 67 Abs. 4 Nr. 3 anstelle der Notarkammern in ihrem Tätigkeitsbereich übernehmen sowie weitergehende Versicherungen zugunsten der in ihrem Tätigkeitsgebiet tätigen Notare abschließen.

XI. Abs. 4 Nr. 4: Verwaltungsunterstützung der Notare

Mit der 2006 ebenfalls neu in das Gesetz aufgenommenen Bestimmung gibt die BNotO der als Teil der Notarkasse in München bestehenden Zentralen Gehaltsbuchhaltung (ZGB) eine gesetzlich unanfechtbare Grundlage. Bei der Ländernotarkasse besteht eine vergleichbare Servicestelle, die den angeschlossenen Notaren das Vorhalten einer eigenen Gehaltsbuchhaltung oder deren Abgabe an einen externen Dienstleister erspart, nicht.

XII. Abs. 17 S. 9 iVm § 93 Abs. 2 S. 2: Kostenprüfung

Die den Notarkassen in Abs. 17 S. 9 eingeräumte Berechtigung, die Erfüllung der Abgabepflicht einschließlich der zugrundeliegenden Kostenberechnungen zu überprüfen, ist weniger selbstständige Aufgabe als Mittel zum Zweck, das der Durchsetzung der Abgabepflicht dient. Eigenständigen Aufgabencharakter erhält diese Bestimmung im Zusammenhang mit § 93 Abs. 3 S. 4, wonach die Kostenrevision der Notarkasse die an sich gebotene eigene **Kostenrevision der Dienstaufsicht** entbehrlich macht.

XIII. Abs. 4, Abs. 5: Wahrnehmung bzw. Übertragung weiterer Aufgaben

Der Notarkasse als Teil der Staatsverwaltung steht nunmehr infolge der Neuformulierung des Abs. 4 durch die Novelle 2006 und vergleichbar der einige Jahre älteren Regelung in § 67 Abs. 6 für die Kammern **ein autonomes Aufgabenfindungsrecht** zu. Sie dürfen nunmehr weitere, über die vorstehend beschriebenen hinausgehende Aufgaben wahrnehmen, wenn sie der Verwirklichung des Anstaltszwecks entsprechen. Zweck des Kassensystems ist dabei die Gewährleistung einer flächendeckenden Versorgung der Bevölkerung im Tätigkeitsbereich der Kassen mit qualifiziertem notariellem Rechtsrat.

Daneben können die Justizverwaltungen mit Zustimmung sowohl der Notarkammer wie der Notarkasse Kammeraufgaben auf die Notarkasse übertragen, Abs. 5, und zwar durch Organisationserlass. Eine einheitliche Handhabung der betroffenen Justizverwaltungen ist dabei nicht zwingend. Die praktische Bedeutung des Abs. 5 dürfte freilich gering sein.

---

[13] BGH DNotZ 2014, 953 f.

Denn die den Notarkammern im Tätigkeitsgebiet der Kassen noch verbliebenen Aufgaben, für die nicht sowieso schon eine Parallelzuständigkeit besteht, dürften weitgehend ihrer Natur nach von einer solchen Aufgabenübertragung ausgeschlossen sein, da es sich um originäre Angelegenheiten beruflicher Selbstverwaltung handelt. Dies gilt sowohl für die allgemeine Aufgabe, die Interessen des Berufsstands zu vertreten und über die Lauterkeit der Berufsausübung zu wachen (§ 67 Abs. 1), wie für den Erlass von Richtlinien nach § 67 Abs. 2.

D. Verfahrensrecht, Abs. 7

30   Bereits bei → Rn. 6 wurde dargestellt, dass die Verwaltungstätigkeit der Notarkasse und die zu ihr bestehenden Dienstverhältnisse vorbehaltlich abweichender Regelung generell bayerischem bzw. sächsischem Landesverwaltungsverfahrensrecht unterliegen. Abs. 7 ergänzt dies dahingehend, dass für **Versorgungsansprüche** der Notare und Notarassessoren sowie ihrer Hinterbliebenen die für Beamtenbezüge geltenden verfahrensrechtlichen Vorschriften gelten. Für alle betroffenen Personen, auch die im Bezirk des Pfälzischen OLG Zweibrücken bei der Notarkasse München bzw. die nicht-sächsischen bei der Ländernotarkasse, richten sich Erlass, Änderung und Aufhebung von Versorgungsbescheiden sowie Rechtsstreitigkeiten hierüber nach bayerischem bzw. sächsischem Beamtenrecht. Für Rechtsstreitigkeiten ist damit bei der Notarkasse München nach Art. 122 BayBG der Rechtsweg zum Verwaltungsgericht eröffnet. Diese durch Abs. 7 mittelbar begründete Rechtswegzuweisung geht § 111 vor.

31   Abs. 7 gilt hinsichtlich der Notarassessoren außer für deren Versorgungs- auch für die **Besoldungsansprüche,** dem Quasi-Alimentationsanspruch des § 7 Abs. 4 S. 3 Dies ist ebenfalls eine Neuerung der Novelle des § 113 im Jahr 2006. Obwohl die Notarassessoren in einem öffentlich-rechtlichen Dienstverhältnis zum jeweiligen Land stehen, hat der Gesetzgeber dadurch die Besoldung der pfälzischen bzw. nicht-sächsischen Notarassessoren dem bayerischen bzw. sächsischen öffentlichen Dienstrecht unterworfen. Damit gilt für den Rechtsweg für etwaige Rechtsstreitigkeiten in Besoldungssachen der Notarassessoren generell nicht mehr, wie bis 2006, § 111, sondern die jeweilige verwaltungsgerichtliche Rechtswegzuweisung des bayerischen bzw. sächsischen Landesrechts.

E. Pflichten der Notare gegenüber der Notarkasse, Abs. 6 und Abs. 17

32   Der im Tätigkeitsbereich der Notarkasse in München tätige Notar hat im Rahmen des Anstaltsnutzungsverhältnisses zwei Hauptpflichten zu erfüllen: Durch Abgaben aus seinem Gebührenaufkommen zur Aufbringung der von der Notarkasse benötigten Haushaltsmittel beizutragen und ihm gegebenenfalls zur Dienstleistung zugewiesene qualifizierte Fachkräfte zu beschäftigen. Da es bei der Ländernotarkasse solche Angestellte nach wie vor nicht gibt, gilt für die dortigen Notare Abs. 6 derzeit nicht und bleibt nur die Abgabepflicht übrig.

I. Abgabepflicht, Abs. 17

33   **1. Ausgestaltung.** Jede Notarkasse ist berechtigt, von den Notaren ihres Tätigkeitsbereichs Abgaben zu erheben, soweit dies zur Erfüllung ihrer Aufgaben erforderlich ist, Abs. 17 S. 1. Diese Abgaben stellen im Sinne der abgabenrechtlichen Begriffsbestimmung eine **Sonderabgabe** dar,[14] da einem abgegrenzten, durch ein gemeinsames Merkmal verbundenen Personenkreis – den Notaren in Bayern und der Pfalz – bzw. in den Bundesländern Brandenburg, Mecklenburg-Vorpommern, Sachsen, Sachsen-Anhalt und Thüringen – eine Geldleistungspflicht hoheitlich auferlegt ist, die einem über die bloße Deckung

---

[14] Zuletzt BGH DNotZ 2014, 958.

des allgemeinen staatlichen Finanzbedarfs hinausgehenden Zweck zu dienen bestimmt ist. Dieser besteht in der Sicherstellung der Arbeitsfähigkeit der Kasse als Institution zur Gewährleistung einer flächendeckenden qualifizierten Versorgung der Bevölkerung mit notariellen Dienstleistungen. Die die Heranziehung der Notare (anstelle der Allgemeinheit) rechtfertigende **Gruppenverantwortlichkeit** für den verfolgten Zweck besteht darin, dass die Beurkundungstätigkeit genuin staatliche Tätigkeit ist. Wenn der Staat diese Tätigkeit Privaten zur Ausübung überträgt, kann er den hierdurch begünstigten Personenkreis in Anspruch nehmen, um ein unerwünschtes Attraktivitätsgefälle zwischen ertragreichen und weniger ertragreichen Notarstellen abzufedern. Indem das Abgabenaufkommen außer zur Deckung der Verwaltungskosten ausschließlich zugunsten der Berufsangehörigen Verwendung findet, ist auch das Erfordernis in der verfassungsgerichtlichen Rechtsprechung zu den Sonderabgaben, dass deren Aufkommen **gruppennützig** verwendet werden muss, gewahrt.

Die **Ausgestaltung der Abgabepflicht** hat der Gesetzgeber zwar der Notarkasse überantwortet. Dies geschieht durch eine Satzung, deren Erlass Aufgabe des Verwaltungsrats ist, Abs. 11 Nr. 1. Der Gesetzgeber hat dem Verwaltungsrat freilich durch die in der Reform 1998 eingefügten Sätze 4 und 5 des Abs. 8 aF gleichzeitig eigene klare Handlungsanweisungen gegeben. Damit trägt der Gesetzgeber dem rechtstaatlichen Gesetzesvorbehalt im Hinblick auf die mit der Abgabeerhebung verbundenen Grundrechtseingriffe Rechnung. Die betreffenden Regelungen finden sich nunmehr in den Sätzen 3 ff. des Abs. 17, seit 2006 außerdem ergänzt durch die Klarstellung, dass es auch erlaubt ist, Vermögen zu bilden (Satz 2). Zentral und für das Kassensystem prägend ist, dass sich die Abgabepflicht nach der individuellen Leistungsfähigkeit der Notare richtet, Abs. 17 S. 3. Wie bereits seit jeher üblich, kann die Notarkasse die Abgaben dabei aufgrund einer **Staffel** der von den Notaren festgesetzten Gebühren erheben, S. 4. Da dies nur Kann-Bestimmung ist, sind die Notarkassen freilich nach wie vor berechtigt, einen Teil der Abgaben – und zwar den für die Zuweisung eines fachkundigen Angestellten der Notarkasse oder eines Notarassessors erhobenen **Besoldungsbeitrag** – ohne Anknüpfung an das jeweilige Gebührenaufkommen des Notars in Form von Festbeträgen zu erheben. Dass dieser Besoldungsbeitrag nicht die vollen Kosten der fachkundigen Mitarbeiter abdeckt, hat der BGH für unbedenklich gehalten.[15] Mit Satz 4 ist im Übrigen jeglichen Bedenken wegen mangelnder gesetzlicher Grundlage der Staffelabgabe der Boden entzogen. Ein Mehr an gesetzgeberischer Präzisierung ist durch das Grundgesetz nicht verlangt. Das BVerfG hat in seiner Grundlagenentscheidung vom Juli 2004 die gesetzliche Neuregelung aus 1998 inzident als verfassungsgemäß anerkannt.[16] **Grundrechtliche Bedenken** sind gegen die stufenweise Progression der Staffelabgabenhöhe ebenfalls **nicht** angebracht. Durch die Freistellung der Auslagen von jeglicher Abgabepflicht, die Gewährung von Freibeträgen, eine **Staffeldehnung** sowie das Zugreifen der Progression nur auf die der jeweiligen Staffelstufe zuzurechnenden Gebühren anstelle einer Einbeziehung aller über der Freigrenze liegenden Gebühren in den höchsten anwendbaren Staffelsatz haben die Abgabensatzungen bislang dauerhaft gewährleistet, dass die Notarkassenabgabe selbst bei den höchst belasteten Notaren keine konfiskatorische Wirkung entfaltet. Dies gilt erst recht, nachdem seit dem Abrechnungsjahr 2002 die zuvor vorgesehenen Spitzenstaffelstufen von 60, 70 und 80 % ersatzlos gestrichen wurden, so dass generell von keiner abgabenpflichtigen Gebühr mehr als 50 % an Abgabe zu leisten ist.

2. Durchführung. Da die Ausgaben (und die Einnahmen aus Finanzanlagen) der Notarkasse die Summe der zu vereinnahmenden Abgaben bestimmen, leisten die Notare während eines Wirtschaftsjahres Staffelabgaben zunächst nur auf der Grundlage einer **vorläufigen Abgabestaffel,** welche sich an dem prognostizierten Haushaltsbedarf ausrichtet. Nach Ende des Haushaltsjahres, wenn der Finanzbedarf der Kasse endgültig festgestellt

---
[15] BGH DNotZ 2014, 957 f.
[16] S. BVerfG DNotZ 2004, 950 f.

werden kann, erfolgt eine Abrechnung mit den Notaren, wobei gleichzeitig auch im Sinne einer gleichmäßigen Belastung über das gesamte Jahr monatliche Spitzen ausgeglichen werden. Die Besoldungsbeiträge sind dagegen unabänderlich und werden nur in gewissen zeitlichen Abständen an die Entwicklung des Tarifeinkommens im öffentlichen Dienst angepasst.

36 Um die Abgabepflicht im Interesse der Erfüllung ihrer Aufgaben effektiv durchsetzen zu können, hat der Gesetzgeber die Notarkasse sowohl zur **Prüfung der Gebührenfestsetzung und Kosteneinzugs der Notare,** Abs. 17 S. 9 und S. 10 (s. hierzu bereits → Rn. 28) als auch zur **zwangsweisen Beitreibung geschuldeter Abgaben** aufgrund eines vom Präsidenten selbst für vollstreckbar erklärten Abgabebescheids nach den Vorschriften über die Vollstreckung aus (Zahlungs-)Titeln in bürgerlichen Rechtsstreitigkeiten ermächtigt, Abs. 17 S. 8. Zur Durchsetzung der der Festsetzung der Abgaben notwendigerweise vorausgehenden **Mitteilung der abgabepflichtigen Gebühren** kann die Notarkasse Zwangsgelder androhen und festsetzen, da die Durchsetzung der Meldepflicht nicht den Vorschriften der ZPO über die Vollstreckung zivilgerichtlicher Urteile, sondern dem Verwaltungsvollstreckungsrecht (des Freistaats Bayern bzw. des Freistaats Sachsen) unterliegt.[17] Die Notarkasse ist im Übrigen auch berechtigt, zu rückständigen Abgaben Säumniszuschläge zu erheben.[18]

II. Beschäftigungspflicht, Abs. 6

37 Abs. 6 verpflichtet die Notare im Tätigkeitsbereich der Notarkasse ausdrücklich dazu, ihnen zugewiesene fachkundige Angestellte der Notarkasse zu beschäftigen, was die Pflicht zur **Annahme einer Zuweisung** miteinschließt. Die Vorschrift hat auch im Bereich der Notarkasse in München bislang wenig praktische Bedeutung erlangt, da die Notarkasse einerseits die Zahl der Angestellten an dem mittelfristig gesicherten Bedarf ausrichtet und andererseits die Beschäftigung solcher Angestellten grundsätzlich attraktiv genug für die Notare ist, dass sie sich einer Zuweisung nicht entziehen. Die **Entscheidung über die Zuweisung wie auch** die Entscheidung **über die Beendigung** der Zuweisung stehen aber im **pflichtgemäßen Ermessen** der Notarkasse.[19] Der Notar als Adressat der Entscheidung über den Widerruf der Zuweisung hat dementsprechend grundsätzlich nur einen Anspruch auf ermessensfehlerfreie Entscheidung.[20] Gründe, die die Kündigung eines Privatangestellten rechtfertigen könnten sowie persönliche Gründe wie Krankheit, betriebliche Erfordernisse sowie persönliches Fehlverhalten können freilich aus Sicht des BGH im Einzelfall einen Anspruch eines Notars begründen, dass eine Zuweisung eines fachkundigen Mitarbeiters aufgehoben wird.

Für die Ländernotarkasse läuft die Bestimmung mangels Beschäftigung fachkundiger Angestellter für die Notare derzeit leer.

F. Staatsaufsicht

38 Die Staatsaufsicht über die Notarkassen findet im Wesentlichen in dreierlei Form statt: Durch Genehmigungsvorbehalte beim Erlass von Satzungen, durch eine allgemeine Aufsicht des Bayerischen bzw. Sächsischen Staatsministeriums der Justiz und durch die Prüfung der Haushalts- und Wirtschaftsführung durch die Rechnungshöfe beider Länder.

---

[17] BGH DNotZ 1997, 822.
[18] BGH DNotZ 1999, 166, zur Verjährung BGH NJW 2000, 2431.
[19] BGH DNotZ 2014, 953.
[20] BGH DNotZ 2014, 953.

I. Satzungsrechtliche Genehmigungsvorbehalte

Jegliche anstaltsinterne **Normsetzung** unterliegt einem Genehmigungsvorbehalt zugunsten der Aufsichtsbehörde. Dies gilt sowohl für Änderungen der „Hauptsatzung" einschließlich ihrer verschiedenen Anlagen (insbesondere die Versorgungssatzung, Satzung über die Ergänzung des Berufseinkommens) wie für die jeweilige jährliche Abgabensatzung, Abs. 19 S. 2. **Richtlinien,** die die Verwaltungsräte teils aufgrund entsprechender satzungsmäßiger Grundlage (s. etwa die Richtlinien betreffend die Absetzung uneinbringlicher Gebühren, den Gehaltszuschuss für auf Regelstellen eingesetzte private Angestellte und den Gehaltszuschuss für Inspektorenanwärter), teils ohne spezifische satzungsrechtliche Ermächtigung erlassen hat – letzteres gilt beispielsweise für die Richtlinien für die Durchführung von Notariatsverwaltungen –, bedürfen keiner aufsichtsbehördlichen Bestätigung, da sie keine Normen sind, sondern nur ermessensleitende Vorgaben für die Verwaltung der Notarkasse zur Sicherstellung einer gleichmäßigen Verwaltungspraxis.

II. Allgemeine Staatsaufsicht

Die dem Bayerischen bzw. Sächsischen Staatsministerium der Justiz durch Abs. 1 S. 5 bzw. Abs. 2 S. 5 überantwortete allgemeine Staatsaufsicht ist nur **Rechts-, nicht Fachaufsicht.**[21] Dies ist nunmehr seit der Novelle 2006 auch gesetzlich ausdrücklich verankert. Dadurch bestätigt das Gesetz der Notarkasse ihre historisch gewachsene, im Übrigen bzgl. der Notarkasse München durch Art. 138 GG dem Zugriff des Gesetzgebers entzogene Eigenschaft als Anstalt mit selbstverwaltungsgeprägter Organisationsstruktur. Das BVerfG spricht insofern von „Einrichtungen funktionaler Selbstverwaltung"[22] Mit einer solchen Organisationsstruktur ist eine Zweckmäßigkeitskontrolle ihres Verwaltungshandelns durch die Aufsichtsbehörde nicht vereinbar. Hieran hat sich im Übrigen auch die Ausübung des der Aufsichtsbehörde durch die Satzung eingeräumten Rechts zur Genehmigung des Haushalts (Art. 15 Abs. 2 S. 4), zur Prüfung der Haushaltsrechnung (Art. 15 Abs. 3 S. 2) und zur Genehmigung einer Änderung der Grundsätze über die Anlage des Vermögens der Notarkasse (Art. 16 Abs. 2 S. 2) auszurichten.

Im Hinblick auf die Zuständigkeit der Notarkasse auch für den Gerichtsbezirk des Pfälzischen OLG Zweibrücken führt das Bayerische Staatsministerium der Justiz seine Aufsicht über die Notarkasse in Abstimmung mit dem rheinland-pfälzischen Justizministerium durch. In gleicher Weise hat das Sächsische Staatsministerium sein Aufsicht in Abstimmung mit den Ministerien der weiteren beteiligten vier Bundesländer auszuüben.

III. Prüfungsrecht des Rechnungshofs

Gemäß Abs. 1 S. 7 ist der Bayerische Oberste Rechnungshof berechtigt, die Haushalts- und Wirtschaftsführung gem. den Vorschriften der Bayerischen Haushaltsordnung zu überprüfen. Gleiches gilt für sein sächsisches Pendant hinsichtlich der Ländernotarkasse, Abs. 2 S. 7. Für die **Kontrolldichte** dieser Prüfung spielt die Tatsache der selbstverwaltungsgeprägten Organisationsstruktur keine Rolle. Der Rechnungshof ist nicht anders als bei echten Selbstverwaltungskörperschaften zur umfassenden Überprüfung der Haushaltswirtschaft nach den für die Haushalts- und Wirtschaftsführung geltenden Grundsätzen, ua der **Wirtschaftlichkeit** und **Sparsamkeit,** Art. 111 iVm Art. 90 BayHO, berechtigt. Sollte eine Prüfung zu Beanstandungen Anlass geben, ist es allerdings vorrangig Sache der Organe der jeweiligen Notarkasse, diesbezüglich Maßnahmen zu ergreifen. Ein **Weisungsrecht der Aufsichtsbehörde** besteht nur, soweit mit dem beanstandeten Verhalten auch ein Rechtsverstoß verbunden wäre. Art. 111 Abs. 1 S. 3 BayHO begründet in dieser Hinsicht kein erweitertes Weisungsrecht.

---

[21] Ebenso Arndt/Lerch/Sandkühler/*Sandkühler* BNotO § 113 Rn. 12.
[22] DNotZ 2004, 946.

G. Rechtsschutz

43 Für Rechtsstreitigkeiten zwischen Notarkasse und Notaren, Notarassessoren und Notariatsverwaltern gelten folgende Grundsätze über die gerichtliche Zuständigkeit:

I. Rechtsstreitigkeiten im Zusammenhang mit Aufgaben nach Abs. 3

44 Rechtsstreitigkeiten über die **Versorgung** der Notare, Notarassessoren und ihrer Hinterbliebenen fallen über die Verweisungsnorm des Abs. 7 in die Zuständigkeit der Verwaltungsgerichtsbarkeit (bereits → Rn. 30). Gleiches gilt nunmehr auch für Rechtsstreitigkeiten über die **Besoldung der Notarassessoren,** sie sind seit der Novelle 2006 auch bei der Notarkasse München nicht mehr nach § 111 auszutragen (→ Rn. 31), ebenso solche im Zusammenhang mit der **Einkommensergänzung.** Für Rechtsstreitigkeiten zwischen Notarkasse und **Notariatsverwaltern,** welche die Vergütung, Abrechnung oder Haftung für Amtspflichtverletzungen betreffen, gilt die Rechtswegzuweisung zum Landgericht gem. § 62 entsprechend. Rechtsstreitigkeiten zwischen den **Angestellten der Notarkasse** und dieser aus dem Beschäftigungsverhältnis sowie zwischen Auszubildenden und Laufbahnanwärtern im Zusammenhang mit der fachlichen Ausbildung fallen in die Zuständigkeit der Arbeitsgerichte.

II. Rechtsstreitigkeiten im Zusammenhang mit der Abgabepflicht und Kostenprüfung

45 Rechtsstreitigkeiten im Zusammenhang mit der **Festsetzung der Abgaben** und der ihr vorausgehenden **Auskunftspflicht** fallen in die Zuständigkeit des Notarsenats beim OLG (§ 111).[23] Abgabenbescheide gehören zu den Notarverwaltungsakten, bei denen der Widerspruch keine aufschiebende Wirkung hat, § 111b iVm § 80 Abs. 2 Nr. 1 VwGO). Soweit der Notar sich gegen **Zwangsmaßnahmen im Rahmen der Vollstreckung** wendet, sind die einschlägigen vollstreckungsrechtlichen Rechtsschutzmöglichkeiten eröffnet, entweder nach der ZPO (Vollstreckung der Abgaben) oder nach der VwGO (Vollstreckung zur Durchsetzung der Auskunftspflicht).[24]

Gegen Beanstandungen der Notarkasse im Rahmen der Kostenprüfung gem. Abs. 17 S. 9 ist ebenso wie gegen Beanstandungen der Dienstaufsichtsbehörde im Rahmen der allgemeinen Geschäftsprüfung der Rechtsweg nach § 111 eröffnet.

III. Rechtsstreitigkeiten im Zusammenhang mit der Beschäftigungspflicht

46 Auch für rechtliche Auseinandersetzungen zwischen Notaren und Notarkasse im Rahmen des Abs. 6 ist der Klageweg nach § 111 einzuschlagen.

§ 113a [aufgehoben]

---

[23] S. BGH MittBayNot 1994, 366; DNotZ 1996, 213; zur Auskunftspflicht und Androhung eines Zwangsgelds DNotZ 1997, 822; zur Anfechtung der Festsetzung von Säumniszuschlägen DNotZ 1999, 167 – die Entscheidungen sind zwar mehrheitlich zu § 25 Abs. 3 NotVO ergangen, gelten aber auch im Rahmen des § 113.

[24] Zu letzterem vgl. BGH DNotZ 1997, 822: Wenn Grundlage für die zwangsweise Durchsetzung der Meldepflicht hinsichtlich der abgabepflichtigen Gebühren das Landesverwaltungsvollstreckungsgesetz ist, muss folgerichtig für Rechtsstreitigkeiten das Verwaltungsgericht zuständig sein.

§ 113b [Notarkammern außerhalb der Tätigkeitsbereiche von Notarkasse und Ländernotarkasse]

Notarkammern außerhalb der Tätigkeitsbereiche der Notarkasse und Ländernotarkasse, in deren Bereich Notare zur hauptberuflichen Amtsausübung bestellt sind, können:
1. Maßnahmen zur erforderlichen Unterstützung von Amtsinhabern neu besetzter Notarstellen treffen;
2. Beiträge nach § 73 Abs. 1 mit Rücksicht auf die Leistungsfähigkeit der Notare gestaffelt erheben; Bemessungsgrundlage können insbesondere einzeln oder gemeinsam die Geschäftszahlen und die Summe der durch den Notar erhobenen Kosten sein;
3. außerordentliche Beiträge von einem Notar erheben, der eine Verbindung zur gemeinsamen Berufsausübung mit dem Amtsnachfolger nicht fortsetzt.

A. Sinn und Zweck

Mit dem durch die Novelle 1998 neu eingefügten § 113b will der Gesetzgeber den Notarkammern des hauptberuflichen Notariats die Möglichkeit verschaffen, auf gesicherter gesetzlicher Grundlage Unterstützungsmaßnahmen angelehnt an das Vorbild des § 113 Abs. 3 Nr. 1außerhalb der Tätigkeitsbereiche der beiden Notarkassen vorzusehen, um eine flächendeckende ausreichende Versorgung mit notariellen Dienstleistungen auch unter wirtschaftlich schwierigen Voraussetzungen sicherstellen zu können.[1]

Dabei ist der innere Zusammenhang mit diesem Gesetzeszweck bei Nr. 2 freilich nicht unmittelbar einsichtig. Allenfalls als mittelbare Beitragsentlastung durch stärkere Belastung der Inhaber ertragreicher Notarstellen lässt sich ein solcher Zusammenhang herstellen. Letztlich erscheint die **Nr. 2** aber als **Fremdkörper** an dieser Stelle. Systematisch richtig wäre diese Vorschrift – analog der Vorgabe in § 113 Abs. 17 zu den Staffelabgaben – in § 73 Abs. 1 zu integrieren.

Von der Ermächtigung des § 113b Gebrauch gemacht hat bislang allein die Rheinische Notarkammer,[2] auf deren Initiative die Aufnahme der Vorschrift in das Gesetz auch maßgeblich zurückgeht.

B. Anwendungsbereich

Nach dem Wortlaut der Eingangsformulierung gelten alle drei Ziffern nur für Notarkammern außerhalb des Tätigkeitsbereichs der Notarkassen, in deren Bereich hauptberuflich tätige Notare bestellt sind, also zwar auch in den sog. **gemischten Kammerbezirken** der Rheinischen Notarkammer und der Baden-Württembergischen Notarkammer, nicht aber im Bereich der reinen **Anwaltsnotarkammern**. Bei den mit dem Gesetzeszweck eng verknüpften Nr. 1 und Nr. 3 ist dies auch einleuchtend, insofern als Anwaltsnotare einer Unterstützung nach Übertragung des Notaramts nicht bedürfen sollten, da sie Einkünfte jedenfalls aus ihrer anwaltlichen Tätigkeit erwirtschaften, und es die die Grundlage der Nr. 3 bildende faktische Ämterkontinuität im Anwaltsnotariat so nicht gibt, dem Anwaltsnotariat daher auch die Problematik der faktischen Nullstelle bei Nichtfortsetzung einer beruflichen Zusammenarbeit fremd ist. Für Nr. 2 darf das Gesetz dagegen nicht dahin verstanden werden, dass im Gegenschluss in reinen Anwaltsnotarkammern die **Erhebung gestaffelter Beiträge** unzulässig wäre. Die Gesetzesmateria-

---
[1] Vgl. BT-Drs. 13/4184, 35.
[2] Richtlinien zur Unterstützung von Notaren aus dem Ausgleichsfonds für den Aufbau von Notarstellen mit Schiedsvertrag vom 13.5.2000, MittRhNotK Amtl. Teil Nr. 2/2000.

lien[3] verweisen selbst darauf, dass die Erhebung gestaffelter Beiträge bereits vor der Novelle 1998 nach dem maßgeblichen Schrifttum zweifelsfrei zulässig war, und zwar ohne Unterschied nach der Notariatsform. Hieran hat der Gesetzgeber nichts ändern wollen, so dass auch im Anwaltsnotariat die Erhebung gestaffelter Beiträge weiterhin uneingeschränkt möglich ist.

3 Die Beschränkung des Anwendungsbereichs des § 113b auf Notarkammern *außerhalb* der Tätigkeitsbereiche der Notarkassen gilt im Kassengebiet auch für Nr. 3. Nicht die Kammern, sondern nur die jeweilige Notarkasse könnte auf der Grundlage des § 113 Abs. 17 Sonderabgaben zu Lasten von Notaren erheben, welche eine Berufsverbindung mit einem neuen Notar nicht fortsetzen wollen. Dort ist aber eine entsprechende Ermächtigung nicht vorgesehen, so dass im Zuständigkeitsbereich der Kassen nach derzeitiger Rechtslage entsprechende Sonderbeiträge nicht zugelassen sind.[4]

C. Unterstützung von Amtsinhabern neu besetzter Notarstellen, Nr. 1

4 Um eine ausgewogene Notariatsstruktur zu fördern, können die betroffenen Notarkammern als erstes Maßnahmen zur erforderlichen Unterstützung von Amtsinhabern neu besetzter Notarstellen treffen. Dem Gesetzgeber schwebte dabei ausweislich der Gesetzesmaterialien insbesondere die Gewährung einer **Mindesteinkommensgarantie** nach dem Vorbild der Notarkassen (§ 113 Abs. 3 Nr. 1, → § 113 Rn. 15) vor. Ein solches System ist aber nur eine zulässige Möglichkeit der Förderung. Auch **Einmalzahlungen** in Form verlorener Zuschüsse oÄ sind nach dem Gesetz möglich. Entscheidend ist nur, dass die Förderung auf das „erforderliche" Maß beschränkt wird, was eine Förderung nur bei Bedürftigkeit impliziert. Außerdem darf die Förderung nur den Inhabern „neu besetzter" Notarstellen zugute kommen. Maßnahmen nach Nr. 1 haben den Charakter einer **Anschubfinanzierung.** Eine dauerhafte Alimentierung ist zwar damit – in der Theorie – nicht völlig ausgeschlossen. Hat eine Notarstelle aber ein ausreichendes Maß an Lebensfähigkeit entwickelt, entfällt die Berechtigung zur weiteren Unterstützung und kann auch nicht später wieder aufleben. Generell liegt eine Förderung unter ein wirtschaftlich vertretbares Maß abgesunkener Notarstellen außerhalb des Zulässigen. Hierin liegt ein wesentlicher Unterschied zur Gewährleistung eines Mindesteinkommens durch die (Länder-)Notarkasse, die auch solche Fälle mit abdeckt. Neubesetzung von Notarstellen umfasst zum einen sowohl die erstmalige Notarernennung wie die Amtssitzverlegung gem. § 10 Abs. 1, zum anderen sowohl die Übertragung einer bereits existenten, vakant gewordenen Notarstelle wie die Übertragung einer neu geschaffenen Stelle.[5]

5 Als **Begünstigte** kommen nach Sinn und Zweck des Gesetzes auch im Bereich der gemischten Notarkammern **nur hauptberufliche Notare** in Frage, da nur sie in der Einkommenserzielung allein auf die Notargebühren angewiesen sind, während dem neu ernannten Anwaltsnotar wenigstens seine Anwaltstätigkeit als Einkommensquelle zur Verfügung steht, wenn sich das Notariat zunächst wirtschaftlich nicht trägt.

6 Die Gewährung von Unterstützung für die Inhaber neu besetzter Notarstellen gem. Nr. 1 bedarf **nicht zwingend** einer **Satzung** als Grundlage. Solches wird von § 113b – anders als von § 113 (s. dort Abs. 19) – nicht ausdrücklich verlangt und folgt auch nicht aus allgemeinen Rechtsgrundsätzen. Dem rechtsstaatlichen Vorbehalt des Gesetzes ist dadurch Rechnung getragen, dass § 113b eine formell-gesetzliche Grundlage für die Leistungsgewährung bietet und die Grundzüge des Leistungsprogramms festlegt. Weitere Ausfüh-

---

[3] BT-Drs. 13/4184, 35.
[4] Ebenso Schippel/Bracker/*Bracker* BNotO § 113b Rn. 1.
[5] Die Richtlinien der Rheinischen Notarkammer (→ Fn. 2) sehen freilich eine Unterstützung nur für Amtsnachfolgestellen vor, bei denen eine bisherige Sozietät nicht fortgesetzt oder innerhalb von drei Jahren wieder aufgelöst wird. Somit werden zwar Inhaber „unechter Nullstellen", nicht aber Inhaber „echter Nullstellen" gefördert.

rungsbestimmungen sind daher auch in Form ermessensleitender **Richtlinien** der Notarkammer[6] oder des Kammervorstandes möglich. Letztlich kann eine Förderung sogar nur nach Einzelfallentscheidung erfolgen, unbeschadet der Bindung der Notarkammer und ihrer Organe an den Gleichheitsgrundsatz auch in diesem Fall.

D. Staffelung der Kammerbeiträge, Nr. 2

Mit der Nr. 2 bestätigt der Gesetzgeber die auch schon zuvor anerkannte und praktizierte Möglichkeit, die Beiträge zur Deckung des Kammerhaushalts gestaffelt nach der individuellen Leistungsfähigkeit der Notare zu erheben. Als **Parameter der Staffelung** benennt das Gesetz – nicht abschließend – die Geschäftszahlen und das Gebührenaufkommen, wobei unzweifelhaft letzteres Kriterium individuelle Leistungsfähigkeit besser abbildet als das ein Geschäftswertgefälle unberücksichtigt lassende Urkundsaufkommen. Eine reine Beitragsstaffelung nach dem Urkundsaufkommen wäre daher mit dem Willkürverbot nur schwer in Einklang zu bringen. Nur als Teil eines Mischmodells erscheint dieser Anknüpfungspunkt vertretbar. Solche Mischmodelle, auch unter Einbeziehung eines für alle Notare gültigen einheitlichen Grundbeitrags, sind vom Gesetz ausdrücklich zugelassen und auch in der Praxis der Notarkammern weithin verbreitet. Außer durch das verfassungsrechtliche Willkürverbot sind der Gestaltungsfreiheit des Satzungsgebers bei der Umsetzung einer an der Leistungsfähigkeit orientierten Beitragserhebung keine Grenzen gezogen.

E. Erhebung außerordentlicher Beiträge, Nr. 3

Nr. 3 gibt den Notarkammern mit hauptberuflich tätigen Mitgliedern das Recht, solche Notare, die eine mit einem (an diesem Ort) nicht mehr amtierenden anderen Notar begründete Verbindung zur gemeinsamen Berufsausübung mit dem auf diese Stelle neu ernannten Notar nicht fortsetzen, mit einem **Sonderbeitrag** zu belasten. Die vom Gesetzgeber als außerordentlicher „Beitrag" bezeichnete Belastung kommt in Wirklichkeit einer **Sonderabgabe** gleich. Ihr drohender Anfall soll nach dem Willen des Gesetzes für den Notar, der sich mit dem Gedanken trägt, eine Berufsverbindung mit dem neuen Notar nicht fortzusetzen, Anlass und Anreiz sein, seine Haltung zu überdenken.[7] Sie hat also Lenkungscharakter und ergänzt § 9. Sie setzt stillschweigend das Bestehen einer **Pflicht zur Fortsetzung einer gemeinsamen Berufsausübung** voraus. Eine solche Pflicht ist aber der BNotO nicht von vornherein immanent, sondern kann sich nur auf der Grundlage einer Landesverordnung nach § 9 Abs. 2 oder subsidiär einer Richtlinie der Notarkammer nach § 67 Abs. 2 Nr. 5 ergeben.[8] Wo weder der Landesverordnungsgeber noch die Notarkammer eine entsprechende Fortsetzungspflicht verfügt haben, ist daher auch kein Raum für die Erhebung von Sonderbeiträgen nach Nr. 3.[9]

Mit der Erhebung außerordentlicher Beiträge soll Verwerfungen der Notariatsstruktur vorgebeugt werden, die nach Einschätzung des Gesetzgebers dadurch entstehen können, dass der aus der Berufsverbindung verbliebene Notar das Geschäftsvolumen der neu besetzten Stelle an sich zieht und der auf die vakante Notarstelle berufene Notar auf den Stand einer neu geschaffenen Notarstelle zurückgeworfen wird.[10] Diese Einschätzung ist realistisch, soweit der verbliebene Notar seine Tätigkeit weiterhin in den bisherigen

---

[6] So im Fall der RL der RhNotK, → Fn. 2.
[7] BT-Drs. 13/4184, 35.
[8] Solche grundsätzlichen Fortsetzungspflichten ergeben sich zB aus Ziff. V. Abs. 4 der Berufsrichtlinien der LNotK Bayern. § 3 der Richtlinien der RhNotK für die Verbindung hauptberuflicher Notare verlangt von jedem zur gemeinsamen Berufsausübung verbundenen Notar die Verpflichtung, sich entweder mit dem Amtsnachfolger zu verbinden oder in den Ausgleichsfonds einzuzahlen.
[9] AA Schippel/Bracker/*Bracker* BNotO § 113b Rn. 4
[10] S. BT-Drs. 13/4184, 35.

gemeinsamen Kanzleiräumen ausübt. Tut er dies nicht, sondern gibt diese Räume auf oder überlässt sie gar dem anderen Notar, wird es in der Regel zu einem solchen Aufsaugen der neu besetzten Notarstelle nicht kommen. Ein Satzungsgeber, der von der Möglichkeit der Nr. 3 Gebrauch machen will, wird daher zur **Wahrung der Verhältnismäßigkeit** die Belastung des Notars von dem Verbleib in den bisherigen Amtsräumen abhängig machen müssen.[11] Auch im Übrigen ist im Hinblick auf Art. 12 GG Zurückhaltung bei der Abgabeerhebung angebracht. Art. 12 GG schützt auch das durch die Interessen einer geordneten vorsorgenden Rechtspflege nur überlagerte, nicht aber völlig außer Kraft gesetzte Recht zur Eingehung und Nicht-Eingehung einer Berufsverbindung. Eine Abgabe auf der Grundlage von Nr. 3 darf daher die Wahrnehmung dieses Rechts nicht wirtschaftlich sinnlos machen, umso mehr als die vom Gesetzgeber missbilligte Verwerfung der Notariatsstruktur regelmäßig nur vorübergehender Natur ist. Weder bei der Höhe der Abgabe noch der Dauer ihrer Erhebung darf der Gesetzgeber dies außer Acht lassen.

10 Eine besondere **Zweckbindung der Erträge** einer solchen Abgabe ist vom Gesetzgeber **nicht** vorgegeben. Sie können, müssen aber nicht zwingend für Unterstützungsmaßnahmen nach Nr. 1 verwendet werden.[12] Zweifellos ist die Akzeptanz der Abgabenerhebung bei einer solchen Zweckbestimmung höher. Auch die verfassungsrechtliche Unbedenklichkeit der Abgabenerhebung lässt sich in diesem Fall leichter dartun, da die Legitimität des spezifischen Zwecks, Amtsinhaber neu besetzter Notarstellen zu fördern, offensichtlicher ist als die Legitimität, allgemeinen Verwerfungen in der Notariatsstruktur vorzubeugen.

§ 114 [Sondervorschriften für das Land Baden-Württemberg]

(1) ¹Im Land Baden-Württemberg werden Notare nach § 3 Absatz 1 bestellt. ²Ergänzend gelten dort die besonderen Vorschriften der Absätze 2 bis 7.

(2) ¹Wer am 31. Dezember 2017 als Notar im Landesdienst oder als Notarvertreter im Sinne des baden-württembergischen Landesgesetzes über die freiwillige Gerichtsbarkeit vom 12. Februar 1975 (Gesetzblatt für Baden-Württemberg S. 116), das zuletzt durch Artikel 4 des Gesetzes vom 21. April 2015 (Gesetzblatt für Baden-Württemberg S. 281) geändert worden ist, in der am 31. Dezember 2017 geltenden Fassung in den Abteilungen „Beurkundung und vorsorgende Rechtspflege" der staatlichen Notariate tätig war und mit Ablauf des 31. Dezember 2017 auf eigenen Antrag aus dem Landesdienst entlassen wurde, gilt als am 1. Januar 2018 zum Notar im Sinne des § 3 Absatz 1 bestellt. ²Die Landesjustizverwaltung erteilt als Nachweis über die Bestellung eine Bestallungsurkunde. ³§ 13 gilt entsprechend.

(3) ¹Die Notare nach Absatz 2 führen die notariellen Geschäfte aus den von ihnen am 31. Dezember 2017 geleiteten Referaten und Abteilungen der staatlichen Notariate in ihrer Eigenschaft als nach § 3 Absatz 1 bestellter Notar fort. ²Das Land Baden-Württemberg bleibt nach den bisherigen landesrechtlichen Vorschriften einschließlich der Überleitungsvorschriften an den Kostenforderungen insoweit berechtigt, als ein Notar im Verhältnis zu einem Notariatsverwalter nach § 58 Absatz 2 Satz 2 berechtigt wäre. ³Die Notare nach Absatz 2 übernehmen die notariellen Akten und Bücher sowie die amtlich übergebenen Urkunden und Wertgegenstände, die in diesen Referaten und Abteilungen geführt oder die ihnen übergeben wurden. ⁴Die Notare nach Absatz 2 können bis zum 31. Dezember 2019 vollständige Jahrgänge von Akten und Büchern sowie hierzu amtlich übergebene Urkunden, die sie zur Wahrnehmung ihrer Aufgaben nicht mehr benötigen, gemäß § 51 Absatz 1 in Verwahrung geben.

---

[11] Die Richtlinien der RhNotK sehen zwar eine solche Einschränkung nicht vor, da die Abgabepflicht jedoch entfällt, wenn die Erhebung unter Berücksichtigung sämtlicher Umstände des Einzelfalls nicht sachgerecht erscheint, ist die Berücksichtigung dieses Gesichtspunkts trotzdem nicht ausgeschlossen.
[12] Vgl. BT-Drs. 13/4184, 35. Die Richtlinien der RhNotK (→ Fn. 7) sehen ausdrücklich vor, dass die Abgabe (ausschließlich) dem Ausgleichsfonds für den Aufbau von Notarstellen zufließt.

(4) ¹Die am 31. Dezember 2017 noch nicht abgeschlossenen notariellen Geschäfte der Referate und Abteilungen der staatlichen Notariate, die nicht nach Absatz 3 fortgeführt werden, werden von Notariatsabwicklern abgewickelt. ²Die näheren Bestimmungen zum Amt des Notariatsabwicklers ergeben sich aus Landesrecht.

(5) ¹Personen, die am 31. Dezember 2017 zum Notar im Landesdienst bestellt waren oder die Voraussetzungen für die Ernennung zum Bezirksnotar erfüllten und sich um eine Bestellung zum Notar nach § 3 Absatz 1 bewerben, stehen Bewerbern gleich, die einen dreijährigen Anwärterdienst als Notarassessor geleistet haben und sich im Anwärterdienst des Landes Baden-Württemberg befinden. ²§ 5 Satz 1 gilt insoweit nicht. ³§ 6 Absatz 3 Satz 1 und 2 gilt mit der Maßgabe, dass auch der berufliche Werdegang der Bewerber zu berücksichtigen ist, vor allem die im Justizdienst des Landes erbrachten Leistungen.

(6) ¹Zugang zum Anwärterdienst im Sinne des § 7 hat auch, wer am 31. Dezember 2017 die Befähigung für die Laufbahn des Bezirksnotars besaß. ²Die Landesjustizverwaltung kann davon absehen, Personen mit Befähigung zum Richteramt nach dem Deutschen Richtergesetz in den Anwärterdienst zu übernehmen, wenn geeignete Bewerber mit Befähigung für die Laufbahn des Bezirksnotars nach Satz 1 zur Verfügung stehen; die Auswahl unter solchen Bewerbern ist nach der persönlichen und fachlichen Eignung unter besonderer Berücksichtigung des Ergebnisses der Laufbahnprüfung vorzunehmen. ³Wer einen dreijährigen Anwärterdienst geleistet hat und sich im Anwärterdienst des Landes Baden-Württemberg befindet, gilt als befähigt im Sinne des § 5.

(7) Die Aufsichtsbehörden können auch Beamte des Landes Baden-Württemberg, die am 31. Dezember 2017 zum Notar im Landesdienst bestellt waren oder die die Voraussetzungen für die Ernennung zum Bezirksnotar erfüllten, mit der Prüfung und Überwachung der Amtsführung der Notare und des Dienstes der Notarassessoren beauftragen.

Übersicht

	Rn.
A. Sinn und Zweck, historische Entwicklung	1
B. Notariatsverfassung in Baden-Württemberg seit 2018 (Abs. 1 und Abs. 2)	11
C. Abwicklung der staatlichen Notariate (Abs. 3 und Abs. 4)	22
D. Zugang zum Notaramt, Anwärterdienst (Abs. 5 und Abs. 6)	26
E. Ehemalige Notare im Landesdienst und Beamte mit der Befähigung zum Bezirksnotar als Notarprüfer (Abs. 7)	29

A. Sinn und Zweck, historische Entwicklung

§ 114 trifft eine **Sonderbestimmung für das Notariat in Baden-Württemberg**. Dies hat seinen Grund in der historisch gewachsenen besonderen Notariatsstruktur in diesem Bundesland. Aus alter Tradition heraus bestanden bis Ende 2017 und teilweise sogar noch darüber hinaus in einer Zweiteilung des Landes Besonderheiten gegenüber dem Rest der Bundesrepublik. Die Zweiteilung innerhalb Baden-Württembergs entsprach dabei weitestgehend, aber nicht ganz den Grenzen der Oberlandesgerichtsbezirke Karlsruhe und Stuttgart.[1] Stufenweise hat der Gesetzgeber mit den in den Jahren 2009 und 2015 erfolgten Novellierungen, vor allem aber mit der 2015 mit dem Gesetz „zur Abwicklung der staatlichen Notariate in Baden-Württemberg" verabschiedeten und zum 1.1.2018 in Kraft getretenen Fassung der Vorschrift gemeinsam mit dem ebenfalls novellierten § 116 Abs. 1 die beiden Notariatssysteme zueinander und an das System der BNotO herangeführt. Am

---

[1] S. § 1 Abs. 4 LFGG, danach gehören wenige Teile des OLG-Bezirks Karlsruhe zum württembergischen Rechtsgebiet.

Ende dieser Entwicklung steht seit dem Jahr 2018 auch in Baden-Württemberg eine durch ein hauptberuflich-freiberufliches Notariat gekennzeichnete Struktur, in der das traditionelle Amtsnotariat keine und das im früheren württembergischen Rechtsgebiet ebenfalls in geringem Umfang bestehende Anwaltsnotariat nur noch vorübergehend eine Rolle spielen.

2 Das, was wie eine schlichte Selbstverständlichkeit klingt – Abs. 1 S. 1: „Im Land Baden-Württemberg werden Notare nach § 3 Abs. 1 bestellt." – stellt in Wirklichkeit einen Epochenwechsel dar, mit dem nach vielen Jahrzehnten die Rechtszersplitterung des Notariatswesens in Baden-Württemberg selbst und gegenüber dem Rest des Bundesgebiets beendet wurde. Beiden Landesteilen gemein war zuvor bisher die Prägung der Notariatsverfassung durch ein **Amtsnotariat,** wobei diese Prägung in Baden bis 2005 eine ausschließliche, in Württemberg stets nur eine vorherrschende war. Im **württembergischen Rechtsgebiet** konnten ergänzend zu den Notaren im Landesdienst schon in der Vergangenheit sowohl Notare zur hauptberuflichen Tätigkeit wie auch Anwaltsnotare bestellt werden, was – wenn auch faktisch beschränkt auf die größeren Städte des OLG-Bezirks Stuttgart – zu einer **einzigartigen Koexistenz aller drei Notariatsformen** in Deutschland führte. Die Existenz freiberuflicher Notare in Württemberg ging letztlich zurück auf die Notariatsordnung für das Königreich Württemberg aus dem Jahre 1808 und hatte – anders als im badischen Landesteil – auch die Einführung des Amtsnotariats überlebt.[2] So bestanden beispielsweise 1998 im OLG-Bezirk Stuttgart 27 Stellen für Nur-Notare und 91 Stellen für Anwaltsnotare. **Amtsnotariate** zeichneten sich dabei nicht nur dadurch aus, dass die Notare in die Landesverwaltung eingegliedert, sondern auch dass ihnen **Aufgaben der freiwilligen Gerichtsbarkeit** übertragen waren, die in den übrigen, durch ein freiberufliches Notariat geprägten Bundesländern gem. FamFG in die Zuständigkeit der Gerichte fielen. Diese mehrfache Abweichung vom Leitbild der BNotO des mit den Aufgaben nach §§ 20 ff. betrauten, in eigener Praxis tätigen Notars erzwangen besondere Regelungen, welche im Wesentlichen durch das Landesrecht getroffen wurden (s. Abs. 3). Die Einzelheiten hierzu regelte das Landesgesetz über die freiwillige Gerichtsbarkeit.[3]

3 Vor allem zwei **Ursachen** waren verantwortlich für die Überführung des baden-württembergischen Notariatssystems in das der BNotO. Zum einen gab es im badischen Landesteil bereits seit den 90er Jahren des vergangenen Jahrhunderts **Zweifel**, ob das überkommene Richternotariat den Anforderungen der Zukunft noch gewachsen sei, bzw. ob das Land in der Lage sein würde, die Amtsnotariate auf Dauer so auszustatten, dass dies möglich sein würde.[4] Zum zweiten hat die **Rechtsprechung des EuGH** die Entwicklung erheblich befördert, indem der EuGH mehrfach urteilte, dass die Gebühren, die ein Amtsnotar in gesellschaftsrechtlichen Angelegenheiten erhebt, als steuerähnliche Abgabe gegen die Richtlinie 69/335/EWG (Gesellschaftsteuer-Richtlinie) verstoßen, wenn wenigstens ein Teil der Gebühren dem Staat, hier dem Land Baden-Württemberg, zufließt. Aus einem Urteil des EuGH aus dem Jahr 2007 wurde sogar die Befürchtung abgeleitet, bereits die Tatsache der Beurkundung durch einen Amtsträger als solche könne schlechthin zu einem Verbot der Erhebung von Gebühren führen.

4 Die verfassungsrechtliche Sonderbestimmung des **Art. 138 GG** stand der Neuordnung des Notariats in Baden-Württemberg nicht entgegen. Wie in der 2. Auflage erläutert,[5] begründete diese Vorschrift nicht nur einen verfassungsrechtlichen **Bestandsschutz für die hergebrachten Strukturen des Amtsnotariats** in den beiden Landesteilen im Falle etwaiger Kollisionen mit Grundrechten, sondern vermittelte der baden-württembergischen Landesregierung auch ein Vetorecht im Rahmen der Bundesgesetzgebung bei Änderungen dieser hergebrachten Struktur. Da aber die Reform auf Initiative und im Einvernehmen

---

[2] Zur Geschichte des freiberuflichen Notariats in Württemberg s. *Keller* BWNotZ 2001, 49.
[3] GBl. Ba-Wü 1975, 116, zuletzt geändert durch Gesetz vom 21.4.2015, GBR S. 281.
[4] Ausführlich zur Diskussion 2. Auflage, Rn. 4 zu § 115 und für den Zeitraum 1991 bis Februar 2000 *Sandweg*, Festgabe 100 Jahre Badischer Notarverein, 2000, 17–81.
[5] Rn. 2 zu § 114.

mit der Landesregierung von Baden-Württemberg erfolgte, wurde dem umfassend Rechnung getragen. Die baden-württembergische Landesregierung hat dementsprechend dem „Gesetz zur Abwicklung der staatlichen Notariate in Baden-Württemberg" vom 15.7.2009 auch förmlich zugestimmt.[6] Mit der Heranführung des baden-württembergischen Notariatssystems an das der BNotO dürfte sich der Zustimmungsvorbehalt des Art. 138 GG für das Land Baden-Württemberg erledigt haben.

In einer **ersten Stufe des Vereinheitlichungsprozesses** war bereits im Jahr 2005 die **Einführung des hauptberuflich-freiberuflichen Notariats im badischen Rechtsgebiet** erfolgt, das zuvor im Gegensatz zum württembergischen Rechtsgebiet ausschließlich durch ein Amtsnotariat gekennzeichnet war. Allerdings konnten von ursprünglich 25 geplanten Stellen letztlich nur 15 Stellen besetzt werden. Mit der **zweiten Stufe** des Jahres 2009 führte der Gesetzgeber dann die zuvor getrennten Vorschriften für den OLG-Bezirk Karlsruhe und den OLG-Bezirk Stuttgart in einer Bestimmung zusammen und hob § 115 auf. Wie bereits § 115 Abs. 1 in der Fassung von 2005 für das badische Rechtsgebiet erklärte nunmehr § 114 die **Bestellung von Notaren nach § 3 Abs. 1 landeseinheitlich** zum **Regelfall**. Notare im Landesdienst stellten rechtlich (zunächst aber noch nicht in der Praxis) dazu die Ausnahme dar. 5

In der 2018 erreichten **dritten und letzten Stufe** der Reform sieht § 114 nun **nur noch** die **Bestellung von Notaren nach § 3 Abs. 1** vor. Gleichzeitig regelt die Vorschrift den Systemübergang. Die wichtigste Bestimmung enthält Abs. 2: Amtsnotare, genauer: Notare oder Notarvertreter, die am 31.12.2017 im Landesdienst bei den Abteilungen „Beurkundung und vorsorgende Rechtspflege" der staatlichen Notariate wirkten und zu diesem Stichtag ihre Entlassung aus dem Landesdienst beantragt hatten, gelten seit 1.1.2018 als Notare iSd § 3 Abs. 1. Das Gesetz **fingiert** insoweit **das Fortbestehen des Notaramts,** das diese Notare und Notarvertreter im Landesdienst bis zum Ablauf des 31.12.2017 auf landesrechtlicher Grundlage innehatten.[7] 6

Die am 1.1.2018 im württembergischen Rechtsgebiet amtierenden **Anwaltsnotare genießen Bestandsschutz** (§ 116 Abs. 1 in der Fassung, die zum 1.1.2018 in Kraft trat). Neue Anwaltsnotare werden aber nicht mehr bestellt. Für den Status der bereits vor dem 1.1.2018 bestellten hauptberuflichen Notare änderte sich sowieso nichts. 2015 waren in ganz Baden-Württemberg 44 hauptberufliche und im württembergischen Rechtsgebiet noch 64 Anwaltsnotare (mit abnehmender Tendenz) bestellt. Am 31.3.2020 waren noch 35 Anwaltsnotare bestellt; die Zahl der hauptberuflichen Notare betrug demgegenüber 295. 7

Eine besondere, bei der Gestaltung des Transformationsprozesses zu beachtende Eigenart des württembergischen Notariats – auch im Verhältnis zum badischen Rechtsgebiet – bestand in der Tatsache, dass die Amts-(Bezirks-)Notare **nicht** der **Befähigung zum Richteramt** bedurften, sondern einen besonderen, ausschließlich auf sie zugeschnittenen Ausbildungsgang an der Württembergischen Notarakademie durchlaufen hatten. Berücksichtigung findet dies insbesondere bei der Regelung des Zugangs zum hauptberuflich-freiberuflichen Notariat und zum Anwärterdienst, Abs. 5 und Abs. 6. 8

Der Transformationsprozess war – nicht überraschend – Gegenstand einer ganzen Reihe höchstrichterlicher Entscheidungen.[8] Dabei entschied der BGH nicht nur, dass den Amtsnotaren, die im Landesdienst verbleiben wollten, kein Klagerecht gegen die damalige Ausschreibung freiberuflich-hauptberuflicher Notarstellen im badischen Rechtsgebiet zustand.[9] Auch akzeptierte der BGH die Anwendung der Höchstaltersgrenze des § 6 Abs. 1 S. 2 für die erstmalige Ernennung dieser Notare.[10] Auch dem Ausschluss der württembergischen Bezirksnotare von der Ausschreibung der Stellen, welche auf der Grundlage des § 115 aF 9

---

[6] BGBl. 2009 I 1800.
[7] BR-Drs. 137/15, 8.
[8] Übersicht für den Zeitraum bis Mitte 2007 bei *Offenloch* BWNotZ 2007, 97.
[9] BGH ZNotP 2007, 394.
[10] BGH ZNotP 2008, 170.

im Jahr 2005 ausgeschrieben wurden, legte er keine Steine in den Weg.[11] Besonders zahlreiche Entscheidungen gab es zur korrekten Bewerberauswahl innerhalb sehr heterogener Bewerberfelder.[12]

10   Die **Vereinbarkeit des endgültigen Systemwechsels mit dem GG** musste dann letztlich sogar das BVerfG überprüfen, kam aber in einem Nichtannahmebeschluss zur Auffassung, dass verfassungsrechtliche Bedenken, insbesondere unter dem Blickwinkel des Art. 33 Abs. 5 GG, nicht bestehen und der Gesetzgeber mit seiner Entscheidung für einen Systemwechsel nach dem Stichtagsprinzip anstelle eines langsamen Auslaufenlassens des Amtsnotariats keine verfassungsmäßigen Rechte solcher Notare verletzte, welche gerne im Landesdienst bleiben und ihre Beurkundungszuständigkeit behalten wollten.[13]

B. Notariatsverfassung in Baden-Württemberg seit 2018 (Abs. 1 und Abs. 2)

11   Auch in Baden-Württemberg ist die Notariatsverfassung seit 1.1.2018 durch die Bestellung von Notarinnen und Notaren zur hauptberuflichen Amtsausübung gekennzeichnet. Anwaltsnotare gibt es nur noch im Rahmen des § 116 Abs. 1. Wer am 31.12.2017 als Anwaltsnotar bestellt war, kann dies bis zum Erreichen der Altersgrenze bleiben oder auf Antrag zum hauptberuflichen Notar bestellt werden.

12   Zu den hauptberuflichen Notaren zählen zum einen diejenigen, die bereits vor 2018 ernannt worden waren, sei es im ehemals württembergischen Rechtsgebiet auf der Grundlage des § 114 auch schon früherer Gesetzesfassung, sei es im ehemals badischen Rechtsgebiet auf der Grundlage des 2005 geänderten § 115. Das Gros der hauptberuflich tätigen Notarinnen und Notare bilden aber diejenigen ehemaligen Notare im Landesdienst, welche gem. Abs. 2 seit dem 1.1.2018 als „bestellt gelten", dh diejenigen Notarinnen und Notare im Landesdienst sowie nach Landesrecht bestellte Notarvertreter im Landesdienst, welche am 31.12.2017 bei den Abteilungen „Beurkundung und vorsorgende Rechtspflege" der ehemals ca. 300 staatlichen Notariate tätig waren und auf ihren Wunsch mit Ablauf des 31.12.2017 aus dem Landesdienst entlassen wurden, sind seit 1.1.2018 auf Lebenszeit zur hauptberuflichen Amtsausübung bestellte Notare nach der BNotO. Analog der Statusverleihung erfolgte auch die Zuweisung des Amtssitzes dieser Notare kraft Gesetzes. Gemäß § 46 Abs. 1 des Landesgesetzes über die freiwillige Gerichtsbarkeit (LFGG) wurde ihnen der Ort als Amtssitz zugewiesen, in dem das staatliche Notariat seinen Sitz hatte, in dessen Abteilung „Beurkundung und vorsorgende Rechtspflege" sie am 31.12.2017 jeweils tätig waren, mit einer Sonderbestimmung für die Städte Stuttgart und Karlsruhe wegen der dort seinerzeit bestehenden mehreren staatlichen Notariate. Auch die kraft gesetzlicher Fiktion „ernannten" Notarinnen und Notare erhielten eine Bestallungsurkunde, deren Aushändigung aber im Gegensatz zu § 12 nur deklaratorische Wirkung hatte. Auch für sie bestand die Pflicht zum Amtseid und das Gebot, sich vor der Eidesleistung jeder Amtshandlung zu enthalten, Abs. 2 S. 3 iVm § 13, insbesondere dessen Abs. 3 S. 2.

13   Neue Notarernennungen vollziehen sich nun auch in Baden-Württemberg nur nach Maßgabe der §§ 4 ff. Was die Zahl der Notarstellen und deren Verteilung im Land angeht, so liegt der aktuellen Situation ein vom baden-württembergischen Ministerium der Justiz und für Europa entwickeltes Standortkonzept zugrunde, das das Ministerium selbst als „zurückhaltend kalkuliert" bezeichnet.[14] Weitere Notarstellen wurden seit dem 1.1.2018 in geringem Umfang geschaffen.

---

[11] BGH ZNotP 2007, 154 und 469 (anders jetzt die Rechtslage nach der Aufhebung des § 115 und Neufassung des § 114 im Jahr 2009).

[12] S. bspw. BGH ZNotP 2007, 471 zum Regelvorrang besonders qualifizierter Notare im Landesdienst vor landesfremden Bewerbern.

[13] BVerfG DNotZ 2017, 706; zustimmend *Damm* BWNotZ 2017, 56 f.

[14] https://notariatsreform.justiz-bw.de/pb/,Lde/Startseite/Notariatsreform.

Für die Notarinnen und Notare gelten uneingeschränkt die allgemeinen Vorschriften, **14** ggf. notariatsformspezifisch je nachdem, ob hauptberuflicher oder Anwaltsnotar. Von der Ermächtigung des § 9 Abs. 1 S. 2 zur Regelung der beruflichen Zusammenarbeit hauptberuflicher Notare hat das Land dahingehend Gebrauch gemacht, dass die Verbindung zur gemeinsamen Berufsausübung hauptberuflicher Notare genehmigungspflichtig ist und eine solche Verbindung in der Regel nicht genehmigt werden darf, wenn sich mehr als drei Berufsträger verbinden wollen (§ 11 Abs. 3 NotarVO).[15] Juristische Mitarbeiter dürfen nur im Rahmen des § 12 NotarVO beschäftigt werden. Alle baden-württembergischen Notare bilden gemeinsam die Notarkammer Baden Württemberg, vormals Notarkammer Stuttgart.

C. Abwicklung der staatlichen Notariate (Abs. 3 und Abs. 4)

Der vollständige Systemwechsel zum freiberuflichen Notariat zum Stichtag 1.1.2018 **15** bedingte umfangreiche Vorkehrungen zur Überleitung der Notariatsverfahren, zur Gebührenabgrenzung und zur Verwahrung der notariellen Akten und Bücher sowie amtlich übergebener Urkunden und Wertgegenstände. Die entsprechenden Regelungen sind zum einen in Abs. 3 und Abs. 4, zum anderen im LFGG enthalten.

Die Fortführung der in den ehemaligen Abteilungen für Beurkundung und vorsorgende **16** Rechtspflege anhängigen notariellen Verfahren erfolgte durch die gem. Abs. 2 zu hauptberuflich-freiberuflich tätigen Notaren gewordenen ehemaligen Angehörigen dieser Abteilungen, Abs. 3 S. 1. Diese führten also „ihre" Geschäfte fort. Der Gesetzgeber ging auch kostenrechtlich motiviert von einem einheitlichen notariellen Verfahren aus, wenn es im Staatsnotariat begonnen und vom gleichen Notar als freiberuflichem Notar zu Ende geführt wurde.[16] Im Sinne einer ausdrücklich gewünschten „Ämter"kontinuität sieht bzw. sah das Gesetz in Abs. 3 S. 3 ergänzend auch die Übernahme der notariellen Akten, Bücher, amtlich übergebenen Urkunden und Wertgegenstände des jeweiligen Referats durch den nunmehr freiberuflich tätigen Notar vor. Zur Entlastung der Betroffenen wurde ihnen aber befristet bis Ende 2019 durch Abs. 3 S. 4 anheimgestellt, vollständige Jahrgänge von Akten und Büchern sowie hierzu übergebene Urkunden dem zuständigen Amtsgericht in Verwahrung zu geben.

Für die Verfahren der Referate und Abteilungen der staatlichen Notariate, deren Inhaber **17** nicht gem. Abs. 2 hauptberufliche Notare wurden, sondern im Landesdienst verblieben, sieht bzw. sah das Gesetz die Abwicklung durch einen Notariatsabwickler vor, Abs. 4. Die Ausgestaltung der Notariatsabwicklung war Sache des Landesgesetzgebers und er hat dies in §§ 12 ff. LFGG geregelt. Für die Notariatsabwicklung und -abwickler gelten danach allerdings über eine Rückverweisung weitgehend die Bestimmungen der BNotO über die Notariatsverwaltung, § 56 ff., entsprechend, § 13 S. 2 LFGG. Neue Notariatsgeschäfte durfte der Abwickler nicht vornehmen, § 15 LFGG. Anders als der Notariatsverwalter nach § 56 führte der Notariatsabwickler sein Amt auf eigene Rechnung, § 18 Abs. 1 LFGG, das Land Baden-Württemberg war an den Kostenforderungen nur nach Maßgabe des § 58 Abs. 2 S. 2 beteiligt. Unterschiedlich ausgestaltet war und ist auch die Amtshaftung des Notariatsabwicklers: nur das Land haftet (§ 19 S. 1 LFGG) und kann nur nach beamtenrechtlichen Regelungen Regress nehmen (§ 19 S. 2 LFGG), und zwar auch in den Fällen, in denen nicht ein Landesbeamter, sondern ein mit der Abwicklung betrauter freiberuflicher Notar die Abwicklung durchführte. Nach § 14 Abs. 2 S. 1 LFGG erfolgt die Abwicklerbestellung in der Regel für zwölf Monate und endete analog § 64 Abs. 2 mit Zeitablauf. Die Abwicklungen sollten zwischenzeitlich eigentlich abgeschlossen sein, tatsächlich waren aber Ende März 2020 nach 153 Abwickler für 231 Notarstellen tätig.

---

[15] GBl. 2017 S. 511
[16] BR-Drs. 137/15, 9.

D. Zugang zum Notaramt, Anwärterdienst (Abs. 5 und Abs. 6)

18 Werden seit dem 1.1.2018 neue Notarstellen geschaffen oder bestehende Stellen vakant, so sind diese grundsätzlich nach Maßgabe der §§ 5 ff. zu besetzen. Es gelten aber weiterhin struktur- bzw. historisch bedingte Besonderheiten. Diese wirken sich auch auf den Anwärterdienst aus.

19 Die Regel des § 7 Abs. 1, dass zur hauptberuflichen Amtsausübung nur bestellt werden soll, wer einen mindestens dreijährigen Anwärterdienst im Dienst des Landes Baden-Württemberg absolviert hat, ist durch Abs. 5 eingeschränkt. Danach stehen zunächst Personen, die am 31.12.2017 Notare im Landesdienst waren, aber nicht in das hauptberuflich-freiberufliche Notariat gewechselt sind und stattdessen seit 1.1.2018 anderweitig im Landesdienst verwendet werden, Notarassessoren im Anwärterdienst bei der Bewerbung um eine Notarstelle gleich. Gleiches gilt für Personen, die zwar am 31.12.2017 nicht Notare im Landesdienst waren, aber die Voraussetzungen zur Ernennung zum württembergischen Bezirksnotar erfüllten. Der Erwerb dieser Befähigung erfolgte durch die erfolgreiche Ablegung der Laufbahnprüfung nach der „Ausbildungs- und Prüfungsordnung für das Amt des Bezirksnotars".[17] Dass für diese Bewerber, die gerade keine Befähigung zum Richteramt besitzen, § 5 nicht gilt, stellt Abs. 5 S. 2 nochmals ausdrücklich klar. „Gleichstehen" heißt im Übrigen, dass es kein Besetzungsprivileg für Bewerber der einen oder der anderen Qualifikation gibt. Missverständlich spricht das BVerfG[18] davon, dem betreffenden Personenkreis komme bei der Besetzung von Notarstellen nach dem 1.1.2018 ein Regelvorrang zu. Dies kann sich nur auf externe Bewerber, die also keinen Anwärterdienst in Baden-Württemberg absolviert haben, beziehen, nicht aber auf baden-württembergische Notarassessoren. Zwischen solchermaßen unterschiedlichen Bewerbern ist vielmehr ausschließlich aufgrund eines Vergleichs der jeweiligen persönlichen und fachlichen Eignung zu entscheiden, was sicher nicht einfach ist. Zugunsten der Bewerber aus der Laufbahn des Bezirksnotars ist ausdrücklich auch dessen beruflicher Werdegang im Landesdienst zu berücksichtigen.[19] Sollte allerdings der ausdrückliche Verweis in Abs. 5 S. 3 auch auf § 6 Abs. 3 S. 2 so zu verstehen sein, dass bei gleicher Bewertung der jeweils gezeigten Leistungen die Länge der Dienstzeit den Ausschlag gibt, dann würde dies Bewerber aus dem Landesdienst gegenüber Notarassessoren aus dem Anwärterdienst erheblich begünstigen. Dies mag in der aktuellen Übergangssituation noch angehen, ist auf längere Sicht aber nur schwer erträglich, weil mit fortschreitender Zeit der Bezug solcher „spätberufener" Bewerber aus dem Landesdienst zum Beurkundungswesen immer schwächer wird.

20 Folgen hat die Neugestaltung der Notariatsverfassung auch für die Einrichtung eines **Anwärterdienstes.** Früher bestand ein solcher nicht, auch nicht im württembergischen Rechtsgebiet. In der Vergangenheit hatte der Bundesgesetzgeber der Landesjustizverwaltung ausdrücklich anheimgestellt, auf die Einrichtung eines Anwärterdienstes zu verzichten, wenn für die (wenigen) Notarstellen zur hauptberuflich-freiberuflichen Amtsausübung geeignete Bewerber aus den Reihen der Bezirksnotare und der Personen mit Befähigung zum Amt des Bezirksnotars zur Verfügung standen (§ 114 Abs. 3 S. 3 aF). Mit der flächendeckenden Einführung des hauptberuflich-freiberuflichen Notariats wurde die Einrichtung eines solchen Anwärterdienstes zwingend. Auch bei der Gestaltung des Anwärterdienstes gilt eine Besonderheit, die der historischen Sonderentwicklung des württembergischen Rechtsgebiets Rechnung trägt: dieser ist auch Bewerbern mit der Befähigung zum Amt des Bezirksnotars eröffnet, und solange für den Anwärterdienst genügend Bewerber aus diesem Kreis zur Verfügung stehen, brauchen Bewerber mit der Befähigung zum Richteramt nicht

---

[17] Näheres s. 4. Aufl. Rn. 6.
[18] DNotZ 2017, 715; missverständlich auch *Damm* BWNotZ 2017, 60: „Eine Person, die am 31.12.2017 zum Notar im Landesdienst bestellt war, ist regelmäßig (lies: „eigentlich immer") geeigneter als eine Person, bei der diese Voraussetzungen nicht vorliegen" – auch das kann sich nur auf externe Bewerber beziehen.
[19] Beispiele für relevante Gesichtspunkte nennt *Damm* BWNotZ 2017, 59.

berücksichtigt zu werden, Abs. 6 S. 1 und S. 2. Tatsächlich bilden aber Bewerber mit der Befähigung zum Bezirksnotar die absolute Ausnahme unter den Notarassessorinnen und Notarassessoren.[20]

E. Ehemalige Notare im Landesdienst und Beamte mit der Befähigung zum Bezirksnotar als Notarprüfer (Abs. 7)

Als weiterer Bestandteil der Abwicklung der staatlichen Notariate bestimmt Abs. 7, dass die Aufsichtsbehörden auch ehemalige Notare im Landesdienst, die im Landesdienst verblieben sind und einen durch Art. 33 Abs. 5 GG verbrieften Anspruch auf amtsangemessene Beschäftigung haben, sowie Landesbeamte mit der Befähigung zum Bezirksnotar mit der Prüfung und Überwachung der Amtsführung der Notare und des Dienstes der Notarassessoren beauftragen dürfen, selbst wenn sie nicht über eine Befähigung zum Richteramt verfügen Dass es dazu einer ausdrücklichen gesetzlichen Regelung bedarf, lässt sich aus § 93 Abs. 3 S. 3 schließen, wonach zur Kosten- und Verwahrungsprüfung hinzugezogenen Beamten der Justizverwaltung ein Aufsichtsrecht über die Notare gerade nicht zusteht. Für das BVerfG war Abs. 7 neben dem verwandten § 33 Abs. 3 RPflG ein gewichtiges Argument dafür, dass der Systemwechsel in das freiberufliche Notariat und damit der Entzug der Beurkundungsbefugnis für Landesbeamte diese nicht in ihrem grundrechtsgleichen Recht auf amtsangemessene Beschäftigung verletzt.[21]

§ 115 [aufgehoben]

§ 116 [Sondervorschriften für einzelne Länder]

(1) ¹Anwaltsnotare, die am 31. Dezember 2017 in Baden-Württemberg bestellt sind, bleiben im Amt. ²Sie können auf Antrag nach Anhörung der Notarkammer an ihrem bisherigen Amtssitz zum Notar im Sinne des § 3 Absatz 1 bestellt werden. ³§ 6 Absatz 1 Satz 2, Absatz 3 Satz 1 und 2 sowie die §§ 6b, 7 und 13 finden keine Anwendung. ⁴Mit der Bestellung zum Notar im Sinne des § 3 Absatz 1 gilt die Zulassung zur Rechtsanwaltschaft als bestandskräftig widerrufen. ⁵Die Landesjustizverwaltung hat eine Bestellung nach Satz 4 der Rechtsanwaltskammer mitzuteilen.

(2) ¹In den Ländern Hamburg und Rheinland-Pfalz gilt § 3 Abs. 2 nicht. ²Soweit am 1. April 1961 dort Rechtsanwälte das Amt des Notars im Nebenberuf ausgeübt haben, behält es dabei sein Bewenden.

(3) In den in Artikel 1 Abs. 1 des Staatsvertrages zwischen den Ländern Mecklenburg-Vorpommern und Niedersachsen über die Umgliederung der Gemeinden im ehemaligen Amt Neuhaus und anderer Gebiete nach Niedersachsen genannten Gebiet werden ausschließlich Anwaltsnotare bestellt.

A. Sinn und Zweck

§ 116 behandelt verschiedene Überleitungsfragen infolge der Änderung der Notariatsverfassung in Baden-Württemberg (Abs. 1) bzw. im Zusammenhang mit territorialen Neugliederungen vor bzw. nach dem 2. Weltkrieg bzw. im Zuge der Wiedervereinigung.

---

[20] Laut Auskunft des Ministeriums der Justiz und für Europa eine/r von 39 per 31.3.2020.
[21] BVerfG DNotZ 2017, 711.

B. Anwaltsnotariat in Baden-Württemberg, Abs. 1

2 Da gem. § 3 Abs. 1 das hauptberufliche Notariat Regelform der Bestellung von Notaren ist, brauchte es bereits in der Vergangenheit eine ausdrückliche gesetzliche Regelung, um die historisch bedingte Existenz von Anwaltsnotaren im ehemals württembergischen Rechtsgebiet (im Wesentlichen identisch mit dem Bezirk des OLG Stuttgart) abzusichern. Das auf der Grundlage der früheren Gesetzesfassung abgesicherte Anwaltsnotariat „in den Gerichtsbezirken der früher württembergischen und hohenzollerischen Teile des Landes Baden-Württemberg, in denen am 1.4.1961 Anwaltsnotare bestellt werden konnten" (§ 116 BNotO aF) ist aber nunmehr, nach Änderung des § 114 zum 1.1.2018 mit der flächendeckenden Einführung des freiberuflich-hauptberuflichen Notariats in ganz Baden-Württemberg anstelle des zuvor vorherrschenden Staatsnotariats, ein Auslaufmodell. Weil auch die Bestellung von Anwaltsnotaren nach der baden-württembergischen Notariatsreform nicht mehr länger gewünscht war, wurde zum 31.12.2017, dem Außer-Kraft-Treten der alten Gesetzesfassung des § 114, auch § 116 geändert. Grundaussage des Abs. 1 ist, dass die bis dahin bestellten Anwaltsnotare (längstens bis zum Erreichen der Altersgrenze) im Amt bleiben. Neue Anwaltsnotare werden seit diesem Zeitpunkt aber nicht mehr bestellt.

2a Um die Vereinheitlichung des Notariatswesens in Baden-Württemberg ggf. zu beschleunigen und auf Bedürfnisse der Praxis besser reagieren zu können, hat der Gesetzgeber in Abs. 1 S. 2 für die bis 31.12.2017 bestellten Anwaltsnotare im Übrigen die Möglichkeit eröffnet, sie als „Nur-Notare" zu bestellen. Infolge nochmaliger Gesetzesänderung im Jahr 2019 ist die ursprüngliche Befristung dieser Option bis zum 31.12.2019 entfallen. Für den jetzt also unbefristet möglichen „Systemwechsel" mussten dazu einige für die Bestellung zum hauptberuflich tätigen Notar gültige Vorschriften für unanwendbar erklärt werden, siehe im einzelnen Abs. 1 S. 3. So gelten weder die Höchst-Altersgrenze des § 6 Abs. 1 S. 2 noch die Pflicht zur Ausschreibung für eine solche Ernennung. Die Vorschrift ist allerdings „Kann"-Vorschrift. Die betroffenen Anwaltsnotare haben somit keinen persönlichen Anspruch auf den „Systemwechsel". Ob die Justizverwaltung einen nebenberuflichen Notar auf dessen Antrag zum hauptberuflichen Notar bestellt, liegt allein in ihrem Entscheidungsermessen, dessen Ausübung sie ausschließlich an den Bedürfnissen der geordneten Rechtspflege auszurichten hat. Mit der Ernennung zum hauptberuflichen Notar zwingend verbunden ist gem. Abs. 1 S. 4 die Fiktion des bestandskräftigen Widerrufs der Rechtsanwaltszulassung. Von der Option wurde bisher in wenigen Einzelfällen Gebrauch gemacht.

C. Anwaltsnotariat in Hamburg und in Rheinland-Pfalz, Abs. 2

3 Als durch das Groß-Hamburg-Gesetz von 1937 bestimmte ehemals preußische Gemeinden nach **Hamburg** eingegliedert wurden, stellte sich auch die Frage der künftigen hamburgischen Notariatsverfassung, nachdem im alten Hamburg Nur-Notariat, in den eingegliederten Gemeinden jedoch Anwaltsnotariat bestand. Die Entscheidung fiel zugunsten eines reinen Nur-Notariats, so dass neue Anwaltsnotare nicht mehr bestellt wurden. Da aber bei Inkrafttreten der BNotO noch Anwaltsnotare im Amt waren, bedurfte es der Einpassung dieser Situation in das System der BNotO. Dies geschah durch Abs. 2, der in Satz 1 einerseits klarstellte, dass auch in den hamburgischen Amtsgerichtsbezirken, in denen am 1.4.1961 nur Anwaltsnotare bestellt waren, Nur-Notariat besteht und § 3 Abs. 2 nicht im Sinne des Gegenteils verstanden werden durfte. Anderseits sicherte der Gesetzgeber in Satz 2 die Tätigkeit der noch im Amt befindlichen Anwaltsnotare auch unter Geltung der BNotO ab.

Ähnlich verhielt es sich in dem nach dem Zweiten Weltkrieg neu gebildeten Bundesland **Rheinland-Pfalz.** Auch hier bestand in einem Teil des Bundeslands ein Anwaltsnotariat, welches nach der in der Notarordnung (NotO) für Rheinland-Pfalz aus dem Jahre 1949 getroffenen Grundentscheidung nicht weitergeführt werden sollte. Der Bundesgesetzgeber respektierte diese Entscheidung und sicherte das Auslaufen des Anwaltsnotariats in den betreffenden Gebieten auch unter Geltung der BNotO in entsprechender Weise wie im Fall des hamburgischen Notariats ab.

In beiden Bundesländern ist die **Überleitung** in ein reines hauptberufliches Notariat seit langem **abgeschlossen.**

D. Anwaltsnotariat im Amt Neuhaus, Abs. 3

Aufgrund Staatsvertrags der betroffenen Bundesländer wurden im Jahre 1993 bestimmte nach dem Zweiten Weltkrieg zunächst zur sowjetischen Besatzungszone und später nach Wiederbegründung der Länder auf dem Gebiet der ehemaligen DDR zu **Mecklenburg-Vorpommern** gehörige Gebiete dem Land **Niedersachsen** angegliedert. Um in den betreffenden Gebieten die Bestellung von Anwaltsnotaren zu ermöglichen, wurde mit der Novelle 1998 der Abs. 3 dem § 116 angefügt.[1] Nur-Notare mit Amtssitz in dem betroffenen Gebiet waren nicht bestellt, so dass es einer diesbezüglichen Übergangsregelung nicht bedurfte.

§ 117 [Gemeinschaftliches Oberlandesgericht für mehrere Länder]

Besteht für mehrere Länder ein gemeinschaftliches Oberlandesgericht, so gilt folgendes:
1. Die Landesjustizverwaltung des Landes, in dem das Oberlandesgericht seinen Sitz nicht hat, kann die nach diesem Gesetz dem Oberlandesgerichtspräsidenten zustehenden Befugnisse auf einen anderen Richter übertragen.
2. ¹Die Notare eines jeden Landes bilden eine Notarkammer. ²§ 86 Abs. 1 Satz 2 ist nicht anzuwenden.

A. Sinn und Zweck

§ 117 trifft besondere Vorkehrungen für den Fall, dass aufgrund Staatsvertrags mehrere Bundesländer ein Oberlandesgericht mit übergreifender Zuständigkeit für die beteiligten Länder schaffen sollten, vergleichbar der früher bestehenden Zuständigkeit des OVG Lüneburg auch für das Gebiet des Landes Schleswig-Holstein. **Praktische Bedeutung** hat § 117 derzeit **nicht,** da alle Bundesländer ein oder mehrere Oberlandesgerichte eingerichtet haben.

B. Regelungsinhalt

Die Vorschrift ermöglicht in Nr. 1 der Landesjustizverwaltung des bzw. der Nicht-Sitzländer, nach der BNotO an sich dem Präsidenten des Oberlandesgerichts zugeordnete Befugnisse einem anderen Richter zu übertragen. Wesentliche praktische Bedeutung kommt dem nicht zu, da in der BNotO, von § 92 Nr. 2 abgesehen, dem OLG-Präsidenten keine spezifischen Befugnisse zugewiesen sind, sondern sich entsprechende Zuständigkeiten etwa im Zusammenhang mit der Vertreter- und Notariatsverwalterbestellung uÄ regel-

---
[1] Vgl. BT-Drs. 13/4184, 35.

mäßig erst aus dem Landesorganisationsrecht ergeben, in dessen Ausgestaltung die Länder bundesrechtlich von vornherein frei sind (s. auch § 112).

3 Praktisch bedeutsam wäre dagegen die zwingende Vorschrift der Nr. 2. Auch bei Einrichtung eines länderübergreifenden Oberlandesgerichts hätte **für jedes Bundesland eine Notarkammer** fortzubestehen, die dann auch jeweils eine Stimme in der Vertreterversammlung der Bundesnotarkammer hätte. Diese Rechtsfolge ergäbe sich im Übrigen bereits aus § 86 Abs. 1 S. 1. Nr. 2 S. 2, der dies klarstellen soll, ist an sich überflüssig, da er nach seinem Wortlaut die Anwendbarkeit des hier gerade nicht einschlägigen § 65 Abs. 1 S. 2 voraussetzt.

§ 117a [Notarkammern im Oberlandesgerichtsbezirk Frankfurt am Main und in den neuen Bundesländern]

(1) **Im Bereich des Oberlandesgerichtsbezirks Frankfurt am Main können abweichend von § 65 Abs. 1 Satz 1 zwei Notarkammern bestehen.**

(2) **Die am 8. September 1998 in den Ländern Brandenburg, Mecklenburg-Vorpommern, Sachsen, Sachsen-Anhalt und Thüringen bestehenden Notarkammern, deren Sitz sich abweichend von § 65 Abs. 2 nicht am Sitz des Oberlandesgerichts befindet, bleiben bestehen.**

A. Bedeutung der Norm

1 § 117a enthält zwei Sonderregelungen: Abs. 1 befasst sich mit dem OLG-Bezirk Frankfurt a. M., Abs. 2 mit abweichenden Sitzen von Notarkammern in den neuen Bundesländern.

B. OLG-Bezirk Frankfurt a. M.

2 Abs. 1 bestimmt, dass im Bereich des OLG Frankfurt a. M. zwei Notarkammern bestehen können. Dies bezieht sich auf die beiden **Notarkammern Frankfurt a. M. und Kassel**. Dies ist erforderlich gewesen, weil § 65 Abs. 1 S. 1 die Bildung mehrerer Notarkammern im selben OLG-Bezirk nicht gestattet (→ § 65 Rn. 12).

C. Sitz von Kammern

3 Abs. 2 bestimmt für die Länder Brandenburg, Mecklenburg-Vorpommern, Sachsen, Sachsen-Anhalt und Thüringen, dass die dortigen Notarkammern, **deren Sitz sich nicht am Sitz des jeweiligen Oberlandesgerichts** gem. § 65 Abs. 2 befindet, weiterhin ihren bisherigen Sitz behalten können. Konkret handelt es sich dabei um alle Notarkammern im Beitrittsgebiet mit Ausnahme des Freistaats Sachsen. Damit wurde die Regelung aus § 27 Abs. 2 NotVO, wonach die Satzung den Sitz der jeweiligen Notarkammer bestimmt, bestätigt. Nunmehr bestimmt das Gesetz, dass die Notarkammern, einschließlich ihrer Sitze, wie am Stichtag gegeben „bestehen bleiben". Es handelt sich damit um eine gesetzliche Festschreibung auch der Sitze, die von § 65 Abs. 2 abweicht, und nun auch nicht mehr durch bloße Satzungsänderung geändert werden kann.

§ 117b [Sondervorschriften für Notarassessoren und Notare aus den neuen Bundesländern]

¹Abweichend von § 5 kann auch zum Notar bestellt werden, wer ein rechtswissenschaftliches Studium an einer Universität oder Hochschule der Deutschen Demokratischen Republik mit dem Staatsexamen abgeschlossen und einen zweijährigen Vorbereitungsdienst mit einer Staatsprüfung absolviert hat. ²Auf den Vorbereitungsdienst mit der Staatsprüfung wird verzichtet, wenn der Bewerber als Notar in einem Staatlichen Notariat tätig war oder zehn Jahre als Jurist gearbeitet hat und notarspezifische Kenntnisse nachweist.

A. Sinn und Zweck

§ 117b überführt Übergangsbestimmungen in die BNotO, welche zuvor in Art. 13 des 3. Gesetzes zur Änderung der BNotO vom 31.8.1998[1] enthalten waren, mit dem seinerseits die Rechtseinheit im Notariat hergestellt und die zuvor eigenständige Regelung für das Notariat im Beitrittsgebiet in Form der VONot aufgehoben worden war.

B. Regelungsinhalt

Die Vorschrift gewährleistet Personen, die nicht über die **Befähigung zum Richteramt** nach dem DRiG verfügen, jedoch über die hier genannten Qualifikationen, den Zugang zum Notariat, setzt insoweit also § 5 partiell außer Kraft. Der Geltungsbereich der Vorschrift ist territorial nicht begrenzt, so dass theoretisch Personen mit den genannten Qualifikationen, welche bereits nach der VONot zur Notarbestellung im Beitrittsgebiet hinreichend waren, auch der Zugang zu Notarstellen in der alten Bundesrepublik ermöglicht ist. Dies war notwendig, nachdem das BVerfG die noch in Abs. 7 des Art. 13 des 3. Änderungsgesetzes enthaltene territoriale Begrenzung auf das Beitrittsgebiet ohne Berlin für mit dem Grundgesetz unvereinbar erklärt hatte.[2]

§ 118 [aufgehoben]

[§ 118 ab 1.1.2022:]

§ 118 *Übergangsvorschrift für Akten, Bücher und Verzeichnisse*

(1) Für die Bücher des Notars der Jahrgänge bis einschließlich 2021 gelten die die Akten und Verzeichnisse betreffenden Regelungen der §§ 45, 51a, 55 Absatz 1 und 2, des § 58 Absatz 1 und 3 Satz 3, der §§ 63, 74, 93 Absatz 2 Satz 2, Absatz 3 Satz 3 und Absatz 4 Satz 1 und 2 sowie des § 113 Absatz 17 und 18 entsprechend.

(2) Für Akten, Bücher und Verzeichnisse, die das Amtsgericht bereits vor dem 1. Januar 2022 in Verwahrung genommen hat, sind die §§ 45, 51 Absatz 1 Satz 2 und 3 und Absatz 3, § 55 Absatz 1 und § 58 Absatz 1 in ihrer am 31. Dezember 2021 geltenden Fassung weiter anzuwenden.

(3) Die Aufbewahrungsfristen für die von dem Amtsgericht oder der Notarkammer verwahrten Akten, Bücher und Verzeichnisse richten sich nach den für den Notar geltenden Vorschriften.

---

[1] BGBl. I 2585.
[2] BVerfG DNotZ 2002, 231.

§ 119 [aufgehoben]

[§ 119 ab 1.1.2022:]

§ 119 Übergangsvorschrift für bereits verwahrte Urkundensammlungen

(1) [1] Das Amtsgericht kann von ihm verwahrte Schriftstücke aus den Urkundensammlungen der Notare einschließlich der Vermerkblätter in die elektronische Form übertragen. [2] Die elektronischen Dokumente sind in elektronischen Urkundensammlungen zu verwahren. [3] Für jede elektronische Urkundensammlung ist ein Urkundenverzeichnis anzulegen. [4] § 55 Absatz 2 des Beurkundungsgesetzes gilt entsprechend. [5] Die in den Urkundensammlungen verwahrten Erbverträge sind zuvor zu gesonderten Sammlungen zu nehmen und in den Urkundensammlungen durch beglaubigte Abschriften zu ersetzen. [6] Für die Übertragung der Papierdokumente in die elektronische Form und die Einstellung der elektronischen Dokumente in die elektronischen Urkundensammlungen gilt § 56 Absatz 1 und 2 des Beurkundungsgesetzes entsprechend; anstelle des Notars handelt der Urkundsbeamte der Geschäftsstelle. [7] Für die rechtliche Stellung der elektronischen Dokumente gilt § 56 Absatz 3 des Beurkundungsgesetzes entsprechend. [8] In das Urkundenverzeichnis werden aus der Urkundenrolle mindestens die Angaben zum Namen und Amtssitz des Notars, zum Jahrgang der Urkundenrolle und zu der laufenden Nummer aufgenommen, unter der das Amtsgeschäft in der Urkundenrolle eingetragen ist.

(2) [1] An den jeweiligen elektronischen Dokumenten setzen sich die bis zur Übertragung geltenden Aufbewahrungsfristen fort. [2] Die Aufbewahrungsfristen für die übertragenen Dokumente richten sich ab der Übertragung nach den ab dem 1. Januar 2022 für den Notar geltenden Vorschriften. [3] Die Aufbewahrungsfristen für die übertragenen Dokumente beginnen mit dem ersten Tag des auf die Einstellung der elektronischen Dokumente in das Elektronische Urkundenarchiv folgenden Kalenderjahres neu und enden spätestens mit dem Ablauf der Aufbewahrungsfrist für die jeweiligen elektronischen Dokumente. [4] Für die Urkundenverzeichnisse gelten die Aufbewahrungsfristen für die Urkundenrollen entsprechend.

(3) [1] Der Notar kann Schriftstücke aus von ihm verwahrten Urkundensammlungen der Jahrgänge bis einschließlich 2021 einschließlich der Vermerkblätter in die elektronische Form übertragen sowie auch ohne eine solche Übertragung Urkundenverzeichnisse anlegen. [2] Absatz 1 Satz 2 bis 8 und Absatz 2 gelten entsprechend.

(4) [1] Die Notarkammer kann Schriftstücke aus von ihr verwahrten Urkundensammlungen der Jahrgänge bis einschließlich 2021 einschließlich der Vermerkblätter in die elektronische Form übertragen sowie auch ohne eine solche Übertragung Urkundenverzeichnisse anlegen. [2] Absatz 1 Satz 2 bis 8, Absatz 2 und § 70 Absatz 1 Satz 2 gelten entsprechend.

§ 120 [Übergangsvorschrift zur Neuregelung des Zugangs zum Anwaltsnotariat]

[§ 120 bis 31.12.2021:]

Für Besetzungsverfahren, die bei Inkrafttreten des Artikels 1 Nr. 1 des Gesetzes zur Änderung der Bundesnotarordnung (Neuregelung des Zugangs zum Anwaltsnotariat) vom 2. April 2009 (BGBl. I S. 696) nicht abgeschlossen sind, gilt § 6 der Bundesnotarordnung in der bis zu diesem Zeitpunkt geltenden Fassung.

[§ 120 ab 1.1.2022:]

§ 120 Übergangsvorschrift für die Übernahme durch ein öffentliches Archiv

(1) Zum Ablauf der jeweiligen Aufbewahrungsfristen sind die Urkundenrolle, das Namensverzeichnis zur Urkundenrolle und die in der Urkundensammlung verwahrten Schriftstücke der Jahr-

gänge bis einschließlich 2021 dem zuständigen öffentlichen Archiv nach den jeweiligen archivrechtlichen Vorschriften zur Übernahme anzubieten.

(2) ¹ Werden Urkundensammlungen der Jahrgänge bis einschließlich 2021, deren Aufbewahrungsfristen noch nicht abgelaufen sind, bereits vom zuständigen öffentlichen Archiv verwahrt, so werden Ausfertigungen, vollstreckbare Ausfertigungen und Abschriften vom Notar erteilt, wenn es sich um Urkunden eines noch in seinem Amt befindlichen Notars oder um Urkunden handelt, die auf Grund des § 51 Absatz 1 Satz 2 einem anderen Notar zur Verwahrung übergeben worden waren. ² In sonstigen Fällen werden sie von dem Amtsgericht erteilt, in dessen Bezirk der Notar seinen Sitz hatte. ³ § 45 Absatz 4 und 5 Satz 1 dieses Gesetzes sowie § 797 Absatz 3 der Zivilprozessordnung gelten entsprechend. ⁴ Für die Erteilung von Ausfertigungen und Abschriften durch das Amtsgericht gelten die Vorschriften über die Erteilung von Ausfertigungen oder Abschriften gerichtlicher Urkunden. ⁵ Abweichend von § 45 Absatz 5 stehen die Kosten in diesem Fall der Staatskasse zu.

Die bis zum 31.12.2021 geltende Fassung der Vorschrift enthält Übergangsregelungen für Besetzungsverfahren, die vor dem 1. Mai 2009 noch nicht abgeschlossen waren; seit diesem Zeitpunkt gelten §§ 7a ff. Sie hat sich durch Zeitablauf erledigt. 1

Die Kommentierung der ab 1.1.2022 geltenden Fassung bleibt der nächsten Auflage vorbehalten. 2

§ 121 [aufgehoben]

2. Beurkundungsgesetz

vom 28. August 1969 (BGBl. I 1513),

zuletzt geändert durch Art. 13 des Gesetzes zur Änderung von Vorschriften über die außergerichtliche Streitbeilegung in Verbrauchersachen und zur Änderung weiterer Gesetze vom 30. November 2019 (BGBl. I 1942)

Einleitung

A. Das öffentliche Beurkundungswesen

I. Vorsorgende Rechtspflege

Das Beurkundungswesen ist ein Teilbereich der **vorsorgenden Rechtspflege** *(jurisdictio cautelaria).* Diese, meist irreführend als Freiwillige Gerichtsbarkeit bezeichnet, umfasst staatliche Tätigkeiten, die das Ziel haben, private Rechtsverhältnisse so zu gestalten, dass die schutzwürdigen Interessen des Einzelnen gefördert und gegen zukünftige Verletzung gesichert werden mit dem Ziel, auf diese Weise der Gerechtigkeit und dem Rechtsfrieden zu dienen.[1] Die vorsorgende Rechtspflege will **Streit vermeiden,** nicht – wie die streitige Gerichtsbarkeit – Streit entscheiden. Angesichts der Überlastung der mit der Spruchpraxis beschäftigten Justiz kommt diesem auf Vorsorge und Vorbeugung ausgerichteten Bereich der Rechtspflege eine erhöhte Bedeutung zu.[2]

II. Funktion der Formvorschriften

Grundlage des Beurkundungswesens sind materielle und formelle Formvorschriften, die als Ausnahme von der grundsätzlich bestehenden Formfreiheit bestimmte Willenserklärungen, Rechtsgeschäfte und Verfahrensanträge einer Form unterwerfen. Wird die Form nicht eingehalten, ist die Willenserklärung nichtig, wenn das materielle Recht die Form verlangt. Beruht die Formbedürftigkeit – wie zB im Registerrecht – auf Verfahrensnormen, bleibt die Willenserklärung wirksam, kann aber nicht den angestrebten verfahrensrechtlichen Erfolg herbeiführen.

Formvorschriften haben drei Funktionen: Sie sollen zum einen davor schützen, unüberlegte und voreilige risikovolle Willenserklärungen abzugeben **(Warnfunktion),** zum andern Abschluss und Inhalt eines Rechtsgeschäfts klarstellen **(Beweisfunktion)** und schließlich – im Fall der notariellen Beurkundung – eine sachkundige Belehrung und Beratung der Beteiligten gewährleisten **(Beratungsfunktion).** Zum Ausdruck kommt dieser Zweck der Beurkundung vor allem in § 17 BeurkG, der den Notar verpflichtet, den Willen der Beteiligten zu erforschen, den Sachverhalt zu klären, die Beteiligten über die rechtliche Tragweite des Geschäfts zu belehren und ihre Erklärungen klar und unzweideutig in der Niederschrift wiederzugeben.

---

[1] Zur Geschichte der Freiwilligen Gerichtsbarkeit *Wacke* DNotZ 1988, 732.
[2] Zum Stellenwert der vorsorgenden Rechtspflege und zu den Aufgaben des Notariats *Armbrüster/Preuß/Renner* BeurkG Einl. Rn. 5 ff.

B. Rechtsquellen

4 Das Beurkundungsgesetz vom 28.8.1969, in der alten Bundesrepublik am 1.1.1970 und in den neuen Bundesländern am 3.10.1990[3] in Kraft getreten, mit dem der Bund seine konkurrierende Gesetzgebungskompetenz aus Art. 74 Nr. 1 GG wahrgenommen hat, beendete die bis dahin in der Bundesrepublik sowohl in der Beurkundungszuständigkeit als auch im Beurkundungsverfahren bestehende Rechtszersplitterung und stellte die dringend notwendige **Rechtseinheit** her.[4] Landesrecht wurde weitgehend aufgehoben (§§ 60, 61), während abweichendes Bundesrecht grundsätzlich bestehen blieb (§ 59). Die Bedeutung des Beurkundungsgesetzes liegt insbesondere in der Begründung eines faktischen **Beurkundungsmonopols** für die Notare.[5] Sie verbinden in ihrer Tätigkeit die Wahrnehmung eines öffentlichen Amtes mit der Beweglichkeit und Unabhängigkeit eines Freien Berufs. Diese Kombination lässt sie zur Wahrnehmung dieser wichtigen Rechtspflegeaufgabe besser geeignet erscheinen als die in bürokratische Strukturen eingebundenen Gerichte und Behörden.

I. Bisherige Änderungen

5 Das BeurkG erfuhr seit 1970 eine ganze Reihe von Änderungen, unter anderem:
– Eine grundlegende Überarbeitung erfolgte durch das Dritte Gesetz zur Änderung der BNotO und anderer Gesetze vom 31.8.1998, das insbesondere den §§ 44a (Änderung in den Urkunden) und die §§ 54a bis 54e (Verwahrung) einfügte.[6]
– Als Folge der Einführung des Zentralen Vorsorgeregisters (§ 78a BNotO) vom 23.4.2004 wurde die Hinweispflicht des § 20a aufgenommen.[7]
– Die elektronischen Kommunikationsformen in der Justiz, eingeführt durch das JKomG vom 22.3.2005 brachten § 39a sowie Änderungen der §§ 42, 19 und 64 in das BeurkG.[8]
– Es folgten Änderungen durch die Reform des Personenstandsrechts durch das Gesetz vom 19.2.2007.[9]
– Durch das Gesetz vom 15.7.2009 wurden wegen der Aufhebung der Sonderregelungen für das Notariat in Baden-Württemberg § 61 Abs. 4 und § 64 mit Wirkung zum 1.1.2018 aufgehoben.[10]
– Durch das Gesetz zur Modernisierung des Benachrichtigungswesens in Nachlasssachen durch Schaffung des Zentralen Testamentsregisters bei der Bundesnotarkammer und zur Fristverlängerung nach der Hofraumverordnung vom 22.12.2010 wurde § 20a geändert und § 34a (Mitteilungs- und Ablieferungspflichten) völlig neu gefasst.[11]
– Durch das Gesetz zur Stärkung des Verbraucherschutzes im notariellen Beurkundungsverfahren vom 15.7.2013 wurde § 17 Abs. 2a neu gefasst und geregelt, dass Verbraucherverträge nach § 311 Abs. 1 S. 1 und Abs. 3 BGB jetzt vom beurkundenden Notar oder dem mit ihm zur gemeinsamen Berufsausübung verbundenen Notar zu versenden sind. Disziplinarisch wurde die Einhaltung dieser Verpflichtung durch Änderung des § 50 Abs. 1 Nr. 9 BNotO verschärft, nach dem bei groben Verstößen die Amtsenthebung droht.[12]
– Durch Art. 5 des Gesetzes zum Internationalen Erbrecht und zur Änderung von Vorschriften zum Erbschein sowie zur Änderung sonstiger Vorschriften vom 29.6.2015

---
[3] BGBl. I 1513; Art. 8 des Einigungsvertrags v. 31.8.1990 (BGBl. II 889).
[4] Zum früheren Recht und zur Entstehung des BeurkG *Winkler* BeurkG Einl. Rn. 2 ff.
[5] *Armbrüster/Preuß/Renner* BeurkG Einl. Rn. 5 ff.
[6] BGBl. 1998 I 2585.
[7] BGBl. 2004 I 598.
[8] BGBl. 2005 I 837 ff.
[9] BGBl. 2007 I 122.
[10] BGBl. 2009 I 1798.
[11] BGBl. 2010 I 2225.
[12] BGBl. 2013 I 2378.

wurde § 56 Abs. 3 aufgehoben. Trotz der in § 56 Abs. 4 geregelten ausschließlichen Zuständigkeit des Notars für die Beurkundung oder Beglaubigung ist gem. § 36 Abs. 2 des Internationalen Erbrechtsverfahrensgesetzes (IntErbRVG) für die Aufnahme der eidesstattlichen Versicherung für das Europäische Nachlasszeugnis (ENZ) dennoch das Gericht neben dem Notar zuständig. Die bezweckte Beseitigung von Doppelzuständigkeiten besteht danach fort.[13]
– Durch das Gesetz zur Abwicklung der staatlichen Notariate in Baden-Württemberg wurde § 54b Abs. 3 S. 3 dahingehend ergänzt, dass die Abwicklung der Notaranderkonten für zum 31.10.2017 auslaufende Notariate durch Notariatsabwickler erfolgt.[14]
– Durch das Gesetz zur Einrichtung des Elektronischen Urkundenarchivs wurden die beurkundungsrechtlichen Voraussetzungen für das Archiv geschaffen.[15]
– Art. 13 des Gesetzes zur Änderung von Vorschriften über die außergerichtliche Streitbeilegung in Verbrauchersachen und zur Änderung weiterer Gesetze, durch den die Einführung des elektronischen Urkundenarchivs auf den 1.1.2022 festgesetzt wurde.[16]

Das im Beurkundungsgesetz vorgeschriebene Verfahren der Beurkundung ist ein Verfahren der **Freiwilligen Gerichtsbarkeit.** Der Notar wird nicht tätig aufgrund eines privatrechtlichen Vertrags, sondern als Folge eines dem öffentlichen Recht zugehörigen **Antrags** auf Vornahme einer **Amtshandlung.**[17] Der Notar ist verpflichtet, diesem Antrag zu entsprechen, § 15 BNotO **(Urkundsgewährungsanspruch),** es sei denn, die beantragte Amtstätigkeit ist mit seinen Amtspflichten nicht vereinbar (§ 4). Darf der Notar ohne Verletzung materiell- oder öffentlich-rechtlicher Pflichten tätig werden, muss er es, auch auf Antrag von Ausländern und ohne Rücksicht darauf, ob eine notarielle Beurkundung vorgeschrieben ist.[18] Eine Ausnahme besteht nur bei der notariellen Rechtsbetreuung (§§ 23, 24 BNotO), die nicht zu der in § 15 BNotO genannten Urkundstätigkeit zählt; solche rechtsbetreuenden Tätigkeiten kann der Notar nach seinem Ermessen ablehnen.[19]

Das Beurkundungsverfahren ist durch das Beurkundungsgesetz wesentlich vereinfacht worden. Die Fälle, in denen eine Beurkundung **nichtig** ist, wurden aus Gründen der Sicherheit des Rechtsverkehrs eingeschränkt. Sie sind in der Terminologie des Gesetzes durch **Muss-Vorschriften** gekennzeichnet, zB §§ 6, 7, 13, 16 Abs. 2. Die Nichtbeachtung von **Soll-Vorschriften** berührt die Wirksamkeit der Beurkundung nicht (§§ 3, 4, 9 Abs. 2, 10 bis 12); diese Normen begründen aber **unbedingte Amtspflichten** des Notars, deren Verletzung dienstrechtliche Konsequenzen nach sich ziehen kann.[20]

Die **Gliederung** des Beurkundungsgesetzes in fünf Abschnitte ist durch die Novelle 1998 geändert worden; die Inkorporierung der Verwahrungsregelung machte einen weiteren Abschnitt notwendig. Die ersten vier Abschnitte betreffen das Beurkundungsverfahren. Der erste Abschnitt (§§ 1 bis 5) enthält gleichsam einen Allgemeinen Teil, also Normen, die für alle Beurkundungen gelten. Es folgen im zweiten Abschnitt (§§ 6 bis 35) die Regelungen des Verfahrens bei der Beurkundung von Willenserklärungen und im dritten Abschnitt (§§ 36 bis 43) die Vorschriften über das Verfahren bei sonstigen Beurkundungen. Der vierte Abschnitt (§§ 44 bis 54) regelt die Behandlung von Urkunden, der fünfte Abschnitt (§§ 55, 56) gilt erst mit dem Inkrafttreten des Elektronischen Urkundenarchivs am 1.1.2022 und regelt dafür geltende Grundsätze, der sechste Abschnitt (§§ 57 bis 62) regelt die Verwahrung. Den Schluss bilden im siebten Abschnitt (§§ 63 bis 76) die Übergangsvorschriften.

---

[13] BGBl. 2015 I 1042.
[14] BGBl. 2015 I 2090.
[15] BGBl. 2017 I 396.
[16] BGBl. 2019 I 1942.
[17] *Winkler* BeurkG Einl. Rn. 28.
[18] Schippel/Bracker/*Reithmann* BNotO § 15 Rn. 15 f.
[19] Schippel/Bracker/*Reithmann* BNotO § 15 Rn. 67.
[20] BT-Drs. V/3282, 24.

II. Künftige Änderungen

9 Weitere wichtige Änderungen des Verfahrensrechts werden sich durch die nationale Umsetzung des EU-Company Law Package ergeben, mit der erstmals die online-Gründung einer GmbH und online durchgeführte Handelsregisteranmeldungen möglich werden.[21] Ähnliche, aber kaum strukturierte Möglichkeiten gibt es bereits im Rahmen der streitigen Gerichtsbarkeit (vgl. § 128a ZPO). Die beurkundungsrechtlichen Vorgaben für die neuen Verfahren tragen geänderten technischen Möglichkeiten und Bedürfnissen Rechnung, ohne Abstriche gegenüber den mit sonstigen notariellen Verfahren verbundenen Funktionen zu machen.

Erster Abschnitt. Allgemeine Vorschriften

§ 1 Geltungsbereich

(1) Dieses Gesetz gilt für öffentliche Beurkundungen und Verwahrungen durch den Notar.

(2) Soweit für öffentliche Beurkundungen neben dem Notar auch andere Urkundspersonen oder sonstige Stellen zuständig sind, gelten die Vorschriften dieses Gesetzes, ausgenommen § 5 Abs. 2 *[ab 1.1.2022: und des Fünften Abschnitts]*, entsprechend.

Übersicht

	Rn.
A. Allgemeines	1
B. Der Begriff der Notare	3
C. Geltung für Beurkundungen und Verwahrung	4
I. Beurkundungen	4
II. Verwahrung	6
III. Bedeutung der Beurkundung	7
1. Beweiskraft öffentlicher Urkunden	7
2. Erhöhung der Vertragsgerechtigkeit	8
3. Gerichtsentlastung, ökonomische Effizienz	9
4. Beurkundung als Ansatz staatlicher Überwachung	9d
IV. Verschiedene Arten der Beurkundungen	10
1. Beurkundungen von Willenserklärungen	10
2. Beurkundung von Tatsachen	12
3. Beglaubigungen	13
4. Elektronische Urkunden, Elektronisches Urkundenarchiv, Online-Beurkundung	13b
D. Geltung für andere Urkundspersonen und sonstige zuständige Stellen (§ 1 Abs. 2)	14
I. Überblick	14
II. Beurkundungen durch andere Stellen unter Geltung des Beurkundungsgesetzes	15
1. Amtsgerichte	15
2. Jugendamt	16
3. Beurkundungen durch Konsularbeamte	18
4. Sonstige Zuständigkeiten	19

---

[21] Vgl. hierzu Bormann/Stelmaszczyk NZG 2019, 601. Vgl. zur möglichen Umsetzung den Gesetzesantrag NRW BR-Drs. 611/19.

A. Allgemeines

§ 1 Abs. 1 regelt den sachlichen **Anwendungsbereich** des BeurkG. Bis zur Neuregelung durch die BNotO-Novelle von 1998 war in § 1 Abs. 1 der Geltungsbereich nur für die öffentlichen Beurkundungen eröffnet, seitdem ist auch die Verwahrung im Beurkundungsrecht geregelt (§§ 54a ff.). Die Vorschrift wurde durch das Gesetz zur Neuordnung der Aufbewahrung von Notariatsunterlagen und zur Einrichtung des Elektronischen Urkundenarchivs bei der Bundesnotarkammer vom 1.6.2017 (BGBl. I 1396) ab 1.1.2022 dahingehend geändert, dass in das BeurkG der 5. Abschnitt – Verwahrung der Urkunden – eingefügt wird, dessen Bestimmungen durch andere Urkundspersonen als Notare oder sonstige öffentliche Stellen nicht anzuwenden sind. Die Vorschrift enthält keine Zuständigkeitsnorm;[1] die Zuständigkeit des Notars ist geregelt in §§ 20 bis 24 BNotO.[2] Von den verschiedenen Zuständigkeiten des Notars (Beglaubigungen von Abschriften, Vornahme von Verlosungen und Auslosungen, Aufnahme von Vermögensverzeichnissen, Anlegung und Abnahme von Siegeln, Aufnahme von Protesten, Zustellung von Erklärungen, Durchführung von freiwilligen Versteigerungen, Vermittlung von Nachlass- und Gesamtgutsauseinandersetzungen bzw. Vermittlungsverfahren nach dem SachenRBerG, Ausstellung von Bescheinigungen über die Vertretungsberechtigung, Abnahme von Eiden, Anfertigung von Urkundsentwürfen, Beratung, Vollzugs- und Treuhandtätigkeiten, §§ 20 bis 24 BNotO) regelt das BeurkG nur die Beurkundung und seit der Berufsrechtsnovelle die Verwahrung von Geld, Wertpapieren und Kostbarkeiten iSd § 23 BNotO. Es ist daher bei der Anwendung immer zu fragen, ob es sich um eine öffentliche Beurkundung oder Verwahrung handelt oder um ein anderes Amtsgeschäft.

§ 1 Abs. 2 ordnet die Anwendung des BeurkG, mit Ausnahme des § 5 Abs. 2 und ab 1.1.2022 des Fünften Abschnitts des BeurkG, für öffentliche Beurkundungen von anderen Beurkundungspersonen oder sonstigen Stellen an, sofern diese nach **Sondervorschriften** zur Beurkundung zuständig sind.[3] Darüber hinaus ordnen eine Reihe von Sondergesetzen die entsprechende Anwendung des BeurkG an (zB §§ 2249 Abs. 1, 2250 Abs. 3 BGB).

B. Der Begriff der Notare

Personell richtet sich das BeurkG nach § 1 Abs. 1 an den Notar. Geregelt wird das Verfahren der Beurkundung und Verwahrung durch den Notar. Voraussetzung für die Anwendbarkeit ist also, dass ein Notar im Sinne der Definition vorliegt. Notare sind nach § 1 BNotO die unabhängigen **Träger eines öffentlichen Amtes,** die für die Beurkundung von Rechtsvorgängen und anderen Aufgaben auf dem Gebiet der vorsorgenden Rechtspflege in den Ländern bestellt werden. Unmittelbar gilt das BeurkG nur für die Notare nach der BNotO; das sind die zur hauptberuflichen Amtsausübung auf Lebenszeit bestellten Nur-Notare nach § 3 Abs. 1 BNotO und die Notare im Nebenberuf, die sog. Anwaltsnotare nach § 3 Abs. 2 BNotO. Die dritte Form des Notariats, die sog. Notare im Landesdienst von Baden-Württemberg, wurde durch das Gesetz zur Änderung der Bundesnotarordnung und anderer Gesetze vom 15.7.2009[4] durch Änderung des § 114 BNotO ab 1.1.2018 in die Form des „Nur-Notariats" überführt. Im Rahmen dieser baden-württembergischen Notariatsreform werden die Notare im Landesdienst und Notarvertreter, die bei den Abteilungen „Beurkundung und vorsorgende Rechtspflege" der staatlichen Notariate

---

[1] So zu Recht *Winkler* BeurkG § 1 Rn. 1.
[2] Armbrüster/Preuß/Renner/*Preuß* BeurkG § 1 Rn. 11 ff.; *Winkler* BeurkG § 1 Rn. 1; Grziwotz/Heinemann/*Grziwotz* BeurkG § 1 Rn. 1; BeckOK BeurkG/*Kindler* BeurkG § 1 Rn. 1.
[3] Armbrüster/Preuß/Renner/*Preuß* BeurkG § 1 Rn. 19 ff.; *Winkler* BeurkG § 1 Rn. 23 ff.; BeckOK BeurkG/*Kindler* BeurkG § 1 Rn. 23 ff.; BeckOGK/*Gößl* BeurkG § 1 Rn. 25 ff.
[4] BGBl. 2009 I 1798.

tätig waren, auf eigenen Antrag zu Notaren zur hauptberuflichen Amtsausübung bestellt.[5] Keine ausdrückliche Erwähnung finden die Notarvertreter und Notariatsverwalter (früher Notarverweser).[6] Da diese an die Stelle des Notars treten, gilt auch für sie das BeurkG.[7]

3a Das BeurkG gilt nur für **deutsche Notare**.[8] Nur diese sind befugt in Deutschland hoheitliche Beurkundungsgewalt auszuüben.[9]

C. Geltung für Beurkundungen und Verwahrung

I. Beurkundungen

4 Das BeurkG gilt nicht für alle Amtshandlungen des Notars,[10] sondern nur für Beurkundungen und Verwahrungsgeschäfte. Die Verwendung des Begriffs „Beurkundung" in BNotO und BeurkG ist aber nicht deckungsgleich. In § 20 Abs. 1 S. 1 BNotO wird die Beurkundung auf der einen Seite genannt und daneben die Zuständigkeit zur Beglaubigung von Unterschriften, Handzeichen und Abschriften.[11] Demgegenüber geht das BeurkG von einem **weiten Begriff der Beurkundung** aus, da in den §§ 36 ff. auch die sonstigen Beurkundungen als Beurkundung iSd BeurkG verstanden werden wie etwa die Beglaubigung einer Unterschrift, die Abnahme von Eiden oder eidesstattlichen Versicherungen, die Beglaubigung einer Abschrift, die Beurkundung von sonstigen Tatsachen oder Vorgängen. Demgemäß gilt das BeurkG nicht für Amtshandlungen des Notars, die nicht Beurkundungen in diesem weiten Sinne sind, etwa Betreuungsgeschäfte nach § 24 BNotO, die Ausstellung von Teilhypothekenbriefen und Teilgrundschuldbriefen (§ 20 Abs. 2 BNotO), die Vermittlung nach den Bestimmungen des SachenRBerG (§ 20 Abs. 4 BNotO), die Vermittlung von Nachlass- und Gesamtgutsauseinandersetzungen (§ 20 Abs. 1 BNotO) sowie Maßnahmen der Nachlasssicherung (§ 20 Abs. 5 BNotO).[12] Für letztere gelten besondere Vorschriften in Spezialgesetzen. Für die Amtstätigkeiten, die keine Beurkundung im weitesten Sinne sind, gilt daher nur die BNotO, die allerdings in § 16 auf die Mitwirkungsverbote des § 3 verweist.[13] Im BeurkG ist daher von einem weiten Beurkundungsbegriff auszugehen. Der Beurkundungsvorgang muss zur Errichtung einer öffentlichen Urkunde iSd § 415 Abs. 1 ZPO führen.[14] Beurkundung ist die Herstellung einer amtlichen Zeugnisurkunde, in dem der Notar in amtlicher Eigenschaft die Wahrnehmung bestimmter Vorgänge bezeugt.[15] Das Verfahren notarieller Zeugnisgewinnung wird mit der Niederschrift abgeschlossen, diese hat damit Verfahrensfunktion.[16] Das BeurkG ist das **Verfahrensrecht** des Notars, das ebenso wie die ZPO von Förmlichkeiten geprägt ist, die auch einem spezifischen Schutzzweck dienen. Der Einsatz dieses **spezifischen Vertragsschlussverfahrens**[17] gewährleistet, dass den Beteiligten der volle Ver-

---

[5] Die Verfassungsmäßigkeit wurde bestätigt, vgl. BVerfG DNotZ 2017, 706; dazu *Damm* BWNotZ 2017, 5 ff.
[6] Vgl. Erläuterungen zu §§ 56 ff. BNotO.
[7] Armbrüster/Preuß/Renner/*Preuß* BeurkG § 1 Rn. 11.
[8] Armbrüster/Preuß/Renner/*Armbrüster* BeurkG § 1 Rn. 42; BeckOK BeurkG/*Kindler* BeurkG § 1 Rn. 6; BeckOGK/*Gößl* BeurkG § 1 Rn. 5; vgl. auch BGH DNotI-Report 2015, 143.
[9] → § 2 Rn. 8 ff.
[10] *Winkler* BeurkG § 1 Rn. 5; Armbrüster/Preuß/Renner/*Preuß* BeurkG § 1 Rn. 4.
[11] Hierauf weist zu Recht Arndt/Lerch/Sandkühler/*Sandkühler* BNotO § 20 Rn. 9 hin.
[12] *Winkler* BeurkG § 1 Rn. 5; Armbrüster/Preuß/Renner/*Preuß* BeurkG § 1 Rn. 4.
[13] *Winkler* BeurkG § 1 Rn. 5.
[14] *Jansen* BeurkG § 1 Rn. 2; *Winkler* BeurkG § 1 Rn. 2 ff.; Armbrüster/Preuß/Renner/*Preuß* BeurkG § 1 Rn. 11 f.; BeckOGK/*Gößl* BeurkG § 1 Rn. 6; Grziwotz/Heinemann/*Grziwotz* BeurkG § 1 Rn. 7.
[15] Vgl. Begründung zum BeurkG, BT-Drs. V, 3282; *Jansen* BeurkG § 1 Rn. 2; *Winkler* BeurkG § 1 Rn. 2; Arndt/Lerch/Sandkühler/*Sandkühler* BNotO § 20 Rn. 7; Armbrüster/Preuß/Renner/*Preuß* BeurkG § 1 Rn. 11 ff.; *Lerch* BeurkG § 1 Rn. 2; BeckOGK/*Gößl* BeurkG § 1 Rn. 6; Grziwotz/Heinemann/*Grziwotz* BeurkG § 1 Rn. 7; *Limmer* ZNotP 2002, 261 (262).
[16] *Bohrer* DNotZ 2008, 39 (42).
[17] Vgl. aus der Sicht der Mediation *Walz* DNotZ 2003, 164 ff.

tragstext bekannt ist: Er muss verlesen werden (§ 13 Abs. 1).[18] Das Beurkundungsverfahren gewährleistet weiterhin, dass der Text den Beteiligten intellektuell zugänglich gemacht wurde: Über den Inhalt muss belehrt werden (§ 17). Darüber hinaus hat der Notar bei der Beurkundung auch die Verpflichtung zur interessengerechten Vertragsgestaltung unter Berücksichtigung des angestrebten Rechtszwecks.[19] Die Beurkundung soll gewährleisten, dass die Urkunde eine hohe Wahrscheinlichkeit einer interessengerechten Vertragsgestaltung bietet.[20] Die Verhandlung ist durch den Beginn des Verfahrens gekennzeichnet und findet ihren Abschluss mit der Unterschrift der Urkunde durch den Notar.[21] Gegenstand der in der Urkunde verkörperten Wahrnehmung können Willenserklärungen sein, aber auch sonstige tatsächliche Vorgänge (§§ 36 ff.). Für den Begriff der Beurkundung ist, wie das BeurkG selbst ergibt, unerheblich, in welcher Form die Niederlegung erfolgt: Niederschrift oder Vermerk.[22] Da es sich um das Zeugnis über eine Wahrnehmung des Notars handelt, scheiden nach der hM **Eigenurkunden** oder Dispositivurkunden aus, in denen der Aussteller seinen eigenen Willensentschluss als Hoheitsträger verlautbart; auf diese ist das BeurkG nicht anwendbar, sie sind gesetzlich nicht geregelt.[23]

Da nur Tatsachen und Willenserklärungen Gegenstand der Beurkundung sein können, sind keine Beurkundungen iSd BeurkG die sog. **Notarbestätigungen,** wenn der Notar auf der Grundlage seiner Wahrnehmungen nicht nur diese Wahrnehmungen bezeugt, sondern hieraus rechtliche Schlussfolgerungen gutachterlich zieht.[24] Notarbestätigungen spielen eine immer größere Rolle und sind auf der Grundlage von §§ 21, 24 BNotO ohne weiteres zulässig. Da dabei aber auf die Richtigkeit der inhaltlichen Schlussfolgerung und der rechtlichen Würdigung vertraut wird, kann es sich nicht um Beurkundungen iSd BeurkG handeln.[25] Etwas anderes gilt für Notarbescheinigungen, die nur Tatsachenwahrnehmungen enthalten, etwa die Registerbescheinigung nach § 21 BNotO.[26] Dabei handelt es sich um Beurkundungen iSd §§ 36 ff.

II. Verwahrung

Vor der BNotO-Novelle von 1998 fanden sich Regelungen über die notarielle Verwahrung nur in § 23 BNotO und in den §§ 11 ff. DONot. § 23 BNotO regelte dabei die notarielle Zuständigkeit, während die Durchführung der Verwahrung nur in den §§ 11 ff.

---

[18] → § 13 Rn. 1 ff.; *Lerch* FS Spiegelberger 2009, 1430 (1433); Grziwotz/Heinemann/*Heinemann* BeurkG § 13 Rn. 1; Armbrüster/Preuß/Renner/*Piegsa* BeurkG § 13 Rn. 3; *Winkler* BeurkG § 13 Rn. 2; BeckOK BeurkG/*Bremkamp* BeurkG § 13 Rn. 18 ff.; BeckOGK/*Seebach/Rachlitz* BeurkG § 13 Rn. 2 ff.; *Bohrer* DStR 2012, 1232.
[19] Vgl. BGH NJW 1994, 2283 und → BNotO § 20 Rn. 8. *Grziwotz* NJW 1995, 641; vgl. auch *Winkler* BeurkG Einl. Rn. 19 ff.; *Basty* FS Schippel 1996, 571 ff.; Staudinger/*Hertel* BeurkG Vorb. zu §§ 127a, 128 Rn. 14 ff.; Armbrüster/Preuß/*Renner* BeurkG Einl. Rn. 26 ff.; BeckOGK/*Gößl* BeurkG § 1 Rn. 11 ff.
[20] *Limmer* FS 200 Jahre Rheinischer Notarverein 1998, 14 ff. Vgl. auch *Reithmann* DNotZ 2003, 603, der die Verhandlung zu Recht als Kernstück der Beurkundung ansieht.
[21] *Reithmann* DNotZ 2003, 603 (606 ff.).
[22] *Weber* DNotZ 1962, 24; *Winkler* BeurkG § 1 Rn. 4; *Lerch* BeurkG § 1 Rn. 4; Armbrüster/Preuß/Renner/*Preuß* BeurkG § 1 Rn. 12 ff.
[23] BayObLGZ 1975, 227; LG Berlin Rpfleger 1994, 167; *Jansen* BeurkG § 1 Rn. 2, 35; *Winkler* BeurkG § 1 Rn. 3, 6; Armbrüster/Preuß/Renner/*Preuß* BeurkG § 1 Rn. 15 f.; BeckOGK/*Gößl* BeurkG § 1 Rn. 8; *Lerch* NotBZ 2014, 373.
[24] Vgl. allgemein zur Notarbestätigung → BNotO § 21 Rn. 2 ff.; BayObLG DNotZ 1971, 249 (253); OLG Hamm DNotZ 1987, 54; OLG Frankfurt a. M. MittRhNotK 1956, 53; OLG Zweibrücken DNotZ 1970, 183; Schippel/Bracker/*Reithmann* BNotO § 24 Rn. 24 ff.; *Ertl* DNotZ 1969, 650; Arndt/Lerch/Sandkühler/*Sandkühler* BNotO § 24 Rn. 21; BeckOGK/*Gößl* BeurkG § 1 Rn. 10; Schreiben des *Präsidenten der BNotK* DNotZ 1987, 1 sowie 1999, 369 ff. Formulierungsvorschläge für Notarbestätigungen und Treuhandaufträge, abgedruckt bei *Weingärtner,* Notarrecht, Nr. 295; Armbrüster/Preuß/Renner/*Preuß* BeurkG § 39 Rn. 13 ff.
[25] BGH VersR 1985, 883; BGHZ 96, 157 (165) = DNotZ 1986, 406 (407); *Winkler* BeurkG § 1 Rn. 7; Armbrüster/Preuß/Renner/*Preuß* BeurkG § 1 Rn. 16.
[26] S. oben Erläuterungen zu § 21 BNotO.

DONot geregelt war. Mit der am 8.9.1998 in Kraft getretenen Neufassung von BNotO und BeurkG erfolgte erstmals eine gesetzliche Regelung des notariellen Verwahrungsverfahrens, und zwar in den §§ 54a bis 54e BeurkG. Der Gesetzgeber hat die notarielle Verwahrung im BeurkG und nicht in der BNotO geregelt, die weiterhin in § 23 BNotO nur die Zuständigkeit bestimmt, da er das BeurkG als einheitliches notarielles Verfahrensrecht ansah, wobei das Verwahrungsverfahren nur eine spezifische Besonderheit dieses Verfahrens sein sollte, so dass es systematisch besser im BeurkG angesiedelt werden konnte.[27] In § 1 Abs. 1 BeurkG musste daher auch der Geltungsbereich entsprechend erweitert werden. Wegen der Einzelheiten kann auf die Erläuterungen zu § 23 BNotO und §§ 54a bis 54e BeurkG verwiesen werden.

III. Bedeutung der Beurkundung

1. Beweiskraft öffentlicher Urkunden. Die Beurkundung zielt auf Errichtung einer öffentlichen Urkunde iSd §§ 415, 418 ZPO.[28] Diese begründet den vollen Beweis des durch die Urkundsperson beurkundeten Vorgangs bzw. der darin bezeugten Tatsachen (§§ 415 Abs. 1, 418 Abs. 1 ZPO).[29] Es besteht für die über ein Rechtsgeschäft aufgenommenen Urkunden nach der ständigen Rechtsprechung des BGH die Vermutung der Vollständigkeit und Richtigkeit.[30] Urkunde iSd Zivilprozessordnung ist zunächst jede verkörperte Gedankenerklärung.[31] Elektronisch signierte elektronische Dokumente sind nach ZPO Augenscheinsobjekte, für die jedoch nach § 37a ZPO die Regeln über den Urkundsbeweis entsprechend gelten.[32] Unter Ausschluss richterlicher Beweiswürdigung wird der volle Beweis für die Abgabe der beurkundeten Erklärung bewirkt. Erklärungen, Verhandlungen oder Tatsachen, auf die sich der öffentliche Glaube der Urkunde erstreckt, haben die „volle Beweiswirkung" für und gegen jedermann.[33] Die Beweissicherung erfolgt zum einen im Parteiinteresse, um den Vertragsinhalt sowohl für die Parteien als auch für Dritte zuverlässig feststellbar zu machen und auch mit erhöhten Beweisregeln auszustatten (§ 415 ZPO).[34] Bewiesen ist, dass die in der Urkunde bezeichnete Person zur angegebenen Zeit, am angegebenen Ort vor dem Notar die Erklärung des wiedergegebenen Inhalts abgegeben hat. Ob die Feststellung des Notars über die Identität nach § 10[35] auch Beweis nach § 415 ZPO über die Identität und damit auch die Existenz dieser Person begründet, ist zwar streitig, wird aber von der überwiegenden Meinung zu Recht bejaht.[36] Die Feststellung des Notars gehört auch zum Teil der Urkunde und nimmt an deren Wirkungen auch der des

---

[27] Begründung zum RegE, BT-Drs. 13/4184, 37.
[28] Der EuGH hat im Urteil v. 17.6.1999 (DNotZ 1999, 919 mAnm *Fleischhauer*) zum Begriff der „öffentlichen Urkunde" iSv Art. 50 des Brüsseler EWG-Übereinkommens v. 27.9.1968 über die gerichtliche Zuständigkeit und die Vollstreckung gerichtlicher Entscheidungen in Zivil- und Handelssachen (EuGVÜ) einen spezifischen europarechtlichen Begriff der öffentlichen Urkunde entwickelt.
[29] BGH DNotZ 2017, 48; 1965, 636; *Jansen* BeurkG § 1 Rn. 2; *Winkler* BeurkG § 1 Rn. 2 ff.; Armbrüster/Preuß/Renner/*Preuß* BeurkG § 1 Rn. 11 f.; BeckOGK/*Gößl* BeurkG § 1 Rn. 6, 14 ff.; Grziwotz/ Heinemann/*Grziwotz* BeurkG § 1 Rn. 7.
[30] BGH DNotZ 2017, 48; NJW 2002, 3164; DNotZ 1965, 636.
[31] BGHZ 65, 300 (301); 136, 357 (362).
[32] Armbrüster/Preuß/Renner/*Preuß* BeurkG § 1 Rn. 12.
[33] BGH NJW 1998, 3790; 2001, 3135; OLG Köln Rpfleger 2002, 197; vgl. auch OLG Hamm NJW-RR 2000, 406; BayObLG NJW 1992, 1841 (1842); *Winkler* BeurkG § 1 Rn. 8; Armbrüster/Preuß/Renner/*Preuß* BeurkG § 1 Rn. 14 f.; Staudinger/*Hertel* BeurkG Vorb. zu §§ 127a, 128 Rn. 18 f.; 702 ff.; BeckOGK/*Gößl* BeurkG § 1 Rn. 6, 14 ff.; Grziwotz/Heinemann/*Grziwotz* BeurkG § 1 Rn. 7 ff.; *Frenz* FG Weichler 1997, 175 ff.
[34] Vgl. hierzu *Winkler* BeurkG Einl. Rn. 19; BGHZ 58, 386 (394); *Thorn* AcP 147 (1947), 91 ff.; *Winkler* NJW 1971, 402; Staudinger/*Hertel* BeurkG Vorb. zu §§ 127a, 128 Rn. 18 ff.; Armbrüster/Preuß/Renner BeurkG Einl. Rn. 10 ff.; *Frenz* FG Weichler 1997, 175 ff.
[35] Vgl. Erläuterungen zu § 10.
[36] Vgl. BGH DNotZ 2011, 340; KG DNotZ 2014, 698 (699); OLG Celle DNotZ 2006, 297 (299), OLG Hamm VersR 2000, 1219; LG Mainz NJW-RR 1999, 1032; LG Halle NotBZ 2014, 436 mAnm *Heinemann*, der für die Frage eines späteren Prozesses darauf hinweist, dass in diesem ggf. eine neue Identitätsfeststellung für diesen Prozess notwendig ist, Armbrüster/Preuß/Renner/*Piegsa* BeurkG § 10 Rn. 10; *Lerch* BeurkG § 10 Rn. 9; *Winkler* BeurkG § 1 Rn. 13 und § 10 Rn. 46 ff.; BeckOGK/*Gößl* BeurkG § 1 Rn. 19; Grziwotz/

§ 415 ZPO teil.³⁷ Dies ergibt sich wegen des Zeugnischarakters der Identitätsfeststellung aus § 418 ZPO.³⁸ Darüber hinaus besteht auch die Vermutung der vollständigen und richtigen Wiedergabe der getroffenen Vereinbarung.³⁹ Urkunden über Tatsachen beweisen alle in der Urkunde bezeugten Tatsachen, soweit diese auf eigenen Wahrnehmungen der Urkundsperson beruhen.⁴⁰ Im Rahmen strafrechtlicher Verfahren zu § 348 StGB hat der BGH entschieden, dass die Frage, welche Angaben in einer Urkunde volle Beweiswirkung für und gegen jedermann haben, sich in erster Linie aus den gesetzlichen Bestimmungen ergebe, die für die Errichtung und den Zweck der öffentlichen Urkunde maßgeblich seien. Dabei seien auch die Anschauungen des Rechtsverkehrs zu beachten.⁴¹ Angaben iSv § 16 über die Sprachkunde einer Person würden nicht hierzu gehören.⁴² Dem ist zuzustimmen, da notarielle Urkunden nicht nur Willenserklärungen und Tatsachenfeststellungen, sondern auch gutachterliche oder bewertende Äußerungen des Notars enthalten können.⁴³ Die Feststellungen des Notars zur Geschäfts- und Testierfähigkeit nach § 11 beruhen auf der Einschätzung des Notars und nehmen nicht an der besonderen Beweiskraft des § 418 ZPO teil.⁴⁴ Allerdings sind auch die Grenzen des Beweiswertes zu beachten. Beurkundeter Vorgang ist die Abgabe der Erklärung. Dass die Erklärung auch inhaltlich richtig ist, wird dagegen von der formellen Beweiskraft des § 415 ZPO nicht erfasst. Diese unterliegt lediglich der freien Beweiswürdigung nach § 286 ZPO.⁴⁵ Auch bei § 418 ZPO gilt im Ergebnis nichts anderes; insbesondere werden von der dortigen formellen Beweiskraft nur Tatsachen an sich, nicht aber die Ergebnisse einer rechtlichen Beurteilung, wie etwa Testier- oder Geschäftsfähigkeit, erfasst.⁴⁶ Notarielle Erklärungen über den Bedingungseintritt hat das OLG Frankfurt a. M.⁴⁷ lediglich als gutachtliche Stellungnahme auf dem Gebiet der vorsorgenden Rechtspflege bewertet (§ 24 Abs. 1 S. 1 BNotO), für die Wahrheitsvermutung der §§ 415, 418 ZPO nicht in Betracht kommt. Von **ausländischen Notaren** errichtete Urkunden haben nicht die vom deutschen Rechtssystem vorgegebene Beweiskraft,⁴⁸ da diese auf der vom deutschen Staat verliehenen Urkundsgewalt beruht.⁴⁹

2. Erhöhung der Vertragsgerechtigkeit. In den letzten Jahren wurde deutlich, dass **8** besonders das Beurkundungsverfahren bei Rechtsgeschäften dazu führt, dass notariell beurkundete Verträge eine **höhere innere Vertragsgerechtigkeit** und **Richtigkeit** haben.⁵⁰ Zum Teil wird zu Recht auch vom Verbraucherschutz, mE besser noch vom Bürgerschutz

---

Heinemann/*Grziwotz* BeurkG § 1 Rn. 8; Musielak/Voit/*Huber* ZPO § 415 Rn. 10; anders MüKoZPO/*Schreiber* ZPO § 415 Rn. 27.
³⁷ BGH DNotZ 2011, 340 (341).
³⁸ Armbrüster/Preuß/Renner/*Piegsa* BeurkG § 10 Rn. 10; Staudinger/*Hertel* BeurkG Vorb. zu §§ 127a, 128 Rn. 702; Zöller/*Geimer* ZPO § 415 Rn. 5 und § 418 Rn. 3.
³⁹ BGH DNotZ 1971, 37; 1986, 78; OLG Köln NJW-RR 1992, 572; OLG Frankfurt a. M. DNotZ 1991, 389; Arndt/Lerch/Sandkühler/*Sandkühler* BNotO § 20 Rn. 14 ff.; *Winkler* BeurkG § 1 Rn. 12; Zöller/*Geimer* ZPO § 415 Rn. 5; *Reithmann* DNotZ 1974, 6 (7 f.); BeckOGK/*Gößl* BeurkG § 1 Rn. 15; Grziwotz/Heinemann/*Grziwotz* BeurkG § 1 Rn. 7 ff.
⁴⁰ Vgl. BayObLG DNotZ 1975, 555; Zöller/*Geimer* ZPO § 418 Rn. 3.
⁴¹ BGH NJW 1998, 3790; 2001, 3135; vgl. auch BayObLG NJW 1992, 1841 (1842).
⁴² BGH NJW 2001, 3135.
⁴³ So auch BayObLG DNotZ 1975, 555 zur Geschäftsfähigkeit; OGHZ 2 (1949), 45 (54) zur Testierfähigkeit; vgl. zu gutachterlichen Notarbestätigungen auch die Erläuterungen zu § 21 BNotO.
⁴⁴ BeckOGK/*Gößl* BeurkG § 1 Rn. 20; vgl. Erläuterungen zu § 11.
⁴⁵ BGH NJW-RR 2007, 1006 (1007); JZ 1987, 522; Thomas/Putzo/*Reichold* ZPO § 415 Rn. 5; Musielak/*Huber* ZPO § 415 Rn. 10; Armbrüster/Preuß/Renner/*Preuß* BeurkG § 1 Rn. 15; Staudinger/*Hertel* BeurkG Vorb. zu §§ 127a, 128 Rn. 702.
⁴⁶ Thomas/Putzo/*Reichold* ZPO § 415 Rn. 5; Musielak/*Huber* ZPO § 415 Rn. 10.
⁴⁷ OLG Frankfurt a. M. Rpfleger 1996, 151.
⁴⁸ Arndt/Lerch/Sandkühler/*Sandkühler* BNotO § 20 Rn. 24a; *Reithmann* DNotZ 1995, 360 (369); BeckOGK/*Gößl* BeurkG § 1 Rn. 17.
⁴⁹ Vgl. zum internationalen Urkundenverkehr → § 2 Rn. 8 ff.
⁵⁰ Ausführlich *Limmer* FS Rheinisches Notariat 1998, 15 ff.; *Winkler* BeurkG Einl. Rn. 19 ff.; *Basty* FS Schippel 1996, 571 ff.; Staudinger/*Hertel* BeurkG Vorb. zu §§ 127a, 128 Rn. 14 ff.; Armbrüster/Preuß/Renner BeurkG Einl. Rn. 29 ff.; *Frenz* FG Weichler 1997, 175 ff.; *Krafka* DNotZ 2002, 677 (679 ff.); Arndt/Lerch/

durch Beurkundung gesprochen.[51] Während früher vor allem der Zweck der Beweissicherung im Mittelpunkt der notariellen Beurkundung stand,[52] hat insbesondere in den letzten Jahren, bedingt durch die Haftungsrechtsprechung des BGH, die Belehrungssicherung erhebliche Bedeutung gewonnen und stellt mittlerweile den wichtigsten Formzweck dar.[53] Mit der notariellen Beurkundung sind Überlegungssicherung bzw. Warnfunktion und die Belehrungssicherung[54] verbunden, außerdem hat der Notar eine Pflicht zur ausgewogenen und interessengerechten Vertragsgestaltung.[55] Erst 2017 hat der BGH betont: Die Beurkundung solle die Beteiligten vor übereilten Verträgen bewahren, sie auf die Wichtigkeit des Geschäfts hinweisen und ihnen die Möglichkeit rechtskundiger Belehrung und Beratung eröffnen. Mit der Durchführung eines strengen Regeln unterworfenen Beurkundungsverfahrens, insbesondere durch die dem Notar in §§ 17 ff. BeurkG auferlegten Prüfungs- und Belehrungspflichten, solle sichergestellt werden, dass der Inhalt der Urkunde dem Willen der mit der rechtlichen Tragweite vertraut gemachten Beteiligten entspricht.[56] Der Notar hat nach der Rechtsprechung des BGH sogar die Aufgabe, die Beteiligten zu beraten, in welcher rechtlichen Form das von ihnen erstrebte Ziel zu erreichen ist. In einem solchen Fall müsse der Notar über die notwendige Belehrung hinaus weitere Vorschläge für die erforderlichen Regelungen unterbreiten, wenn aus den ihm erkennbaren Umständen Bedarf dafür bestehe.[57] Der Notar hat daher auch die Aufgabe „planender Beratung".[58] Über reine Belehrungspflicht hinausgehend hat der BGH auf der Grundlage des § 17 mittlerweile eine **Pflicht zur „richtigen" Vertragsgestaltung** entwickelt. So hat der BGH entschieden, dass der Notar eine umfassende, ausgewogene und interessengerechte Vertragsgestaltung und Belehrung über alle entscheidenden Punkte schuldet.[59] Der Notar müsse nach Art des zu beurkundenden Rechtsgeschäfts unter Anwendung der Erfahrungen der Kautelarjurisprudenz alle regelungsbedürftigen Fragen ansprechen, die hierzu nötigen Belehrungen erteilen und bei Bedarf entsprechende Regelungen vorschlagen. Er könne nicht erwarten, dass die Beteiligten diese Fragen selbst erkennen und zur Diskussion stellen. Daher ist der Notar gehalten, den Vertrag so zu gestalten, dass er dem Stand der „notariellen Technik" entspricht, dh er muss die Klauseln aufnehmen, die üblicherweise in Verträge aufgenommen werden und er muss alle Fragen besprechen, die ersichtlich für die Beteiligten eine Rolle spielen und zur angemessenen Vertragsgestaltung erforderlich sind. *Grziwotz*[60] hat daher zu Recht diese Rechtsprechung des BGH dahin gehend interpretiert, dass der Notar zur Einhaltung eines inhaltlichen **Mindeststandards für notarielle Rechtsgeschäfte** verpflichtet ist. Dieser Mindeststandard gehe über diejenigen Punkte hinaus, die die Parteien eines Rechtsgeschäfts notwendigerweise regeln müssten. Er ergebe sich aus den einschlägigen Formularbüchern und den Veröffentlichungen im Fachschrifttum. Beim Grundstückskauf sind daher nicht nur „Hauptleistung, Termin und Preis"[61] regelungsbedürftig, sondern auch weitere Fragen, wie etwa die Frage der Erschließungsbeiträge nach dem BauGB und der Abgaben nach den

---

Sandkühler/*Sandkühler* BNotO § 20 Rn. 19; Diehn/*Kilian* BNotO § 20 Rn. 75 ff.; BeckOGK/*Gößl* BeurkG § 1 Rn. 12.

[51] Diehn/*Kilian* BNotO § 20 Rn. 75 ff.

[52] Vgl. die Ausführungen von *Basty* zum Bedeutungswandel der Notarfunktion, FS Schippel 1996, 571 (572 ff.).

[53] Vgl. hierzu *Reithmann*, Rechtspflege, S. 126; *Winkler* BeurkG Einl. Rn. 21 ff.; *Winkler* DNotZ Sonderheft 1977, 113 (117); Staudinger/*Hertel* BeurkG Vorb. zu §§ 127a, 128 Rn. 12 ff. Armbrüster/Preuß/*Renner* BeurkG Einl. Rn. 33 ff.; Grziwotz/Heinemann/*Grziwotz* BeurkG § 17 Rn. 8 ff.; *Krafka* DNotZ 2002, 677 (679 ff.).

[54] Zu den Formzwecken → Einl. Rn. 1; zur Warnfunktion zuletzt BGH DNotZ 2017, 48.

[55] Vgl. BGH DNotZ 1996, 568; NJW 1994, 2283; 1995, 330; *Jerschke* DNotZ Sonderheft 1989, 21 (28); *Reithmann* FS Schippel 1996, 769 (774); *ders.* FS Bärmann/Weitnauer 1990, 131 ff.

[56] BGH DNotZ 2017, 48.

[57] BGH NJW DNotZ 1996, 568 (571); *Krafka* DNotZ 2002, 677 (679 ff.); dazu *Reithmann* ZNotP 1999, 142 ff.

[58] So *Reithmann* ZNotP 1999, 142 (143).

[59] BGH NJW 1994, 2283; 1995, 330.

[60] NJW 1995, 641.

[61] Vgl. *Meins*, Die Vertragsverhandlung, 1990, S. 23.

einschlägigen Landeskommunalabgabengesetzen.[62] Die Besonderheit dieser Rechtsprechung ist aber, dass der Notar nicht nur zur Erörterung bestimmter Punkte verpflichtet ist, sondern auch zum Vorschlag einer gerechten vertraglichen Regelung.[63] So gehört es zB zu den Kardinalpflichten des Notars, das Risiko ungesicherter Vorleistungen zu verhindern und dadurch Schäden zu vermeiden.[64] Notarielle Verträge enthalten daher bezüglich ihrer inneren Vertragsgerechtigkeit eine größere Parität zwischen den Beteiligten als nicht beurkundete Verträge.[65] Bei Beglaubigungen besteht zumindest eine Evidenzkontrolle des Inhalts der Erklärung.[66] *Kilian* weist daher zu Recht darauf hin, dass die von § 17 vorgegebenen Prüfungs- und Belehrungspflichten („*magna carta* **des Notariats**") effektiv eine intellektuelle Waffengleichheit der Vertragsparteien herstellen und damit zwischen ihnen ein relatives Machtgleichgewicht schaffen.[67]

Der BGH hat in einer Entscheidung zur Inhaltskontrolle von Eheverträgen auf den Aspekt der **Gestaltung des konkreten Beurkundungsverfahrens** hingewiesen:[68] Der Notar hat durch entsprechende Gestaltung des Beurkundungsverfahrens dafür zu sorgen, dass keine subjektive Imparität des Vertrages infolge der Ausnutzung der sozialen und wirtschaftlichen Abhängigkeit eines Vertragspartners entsteht; es muss gewährleistet werden, dass jede Vertragspartei ausreichend Gelegenheit hat (zB durch Übersendung eines Entwurfes und eingehende Belehrung), den Inhalt des Vertrages zu erfassen. Auch im Bereich der letztwilligen Verfügungen hat die notarielle Beurkundung die Wirkung, dass der Erblasser durch die Anwesenheit des Notars vor äußeren Einflüssen geschützt und die Überlegungssicherung gewährleistet wird,[69] wenngleich auch der Notar nicht die völlig unbeeinflusste Entscheidung garantieren kann.[70] Allerdings kann der Notar auch hier durch entsprechende Gestaltung des Beurkundungsverfahrens diesen Effekt erhöhen, indem er zB die Beurkundung allein mit dem Testierenden durchführt. 8a

3. Gerichtsentlastung, ökonomische Effizienz. Darüber hinausgehend haben notarielle Urkunden gerichtsentlastende Funktion. So hat zB die zwingende Einschaltung des Notars im **Vorfeld einer Register- und Grundbucheintragung** eine deutliche Gerichtsentlastung dadurch zur Folge, dass der Notar eine Identitäts- nach § 10 und **Legalitätskontrolle** nach § 14 Abs. 2 BNotO vornimmt, notarielle Urkunden eine erhöhte **Beweissicherung** bewirken und durch die Belehrung und Verpflichtung zur gerechten Vertragsgestaltung auch eine höhere **inhaltliche Bestandskraft** der Urkunden erreicht wird. 9

Register sind in erster Linie **Publizitätsmittel,** die die Sicherheit des Rechtsverkehrs dadurch garantieren, dass wichtige Informationen kundgegeben werden, die im Interesse der Öffentlichkeit und auch zum Schutz der am Wirtschaftsleben teilnehmenden Personen jedermann zugänglich sind.[71] In einer arbeitsteiligen Gesellschaft, die auf einer freien 9a

---

[62] Vgl. auch die Checkliste von BeckNotar-HdB/*Herrler* A. I. Rn. 8 ff., der eine Vielzahl von unterschiedlichen regelungsbedürftigen Punkten anspricht.

[63] So die Interpretation von *Grziwotz* NJW 1995, 641; vgl. auch *Winkler* BeurkG Einl. Rn. 19 ff.; *Basty* FS Schippel 1996, 571 ff.; Staudinger/*Hertel* BeurkG Vorb. zu §§ 127a, 128 Rn. 14 ff.; *Armbrüster/Preuß/Renner* BeurkG Einl. Rn. 21 ff.

[64] Vgl. BGH WM 1995, 118; NJW 1989, 102; NJW-RR 1989, 1492; NJW 2008, 1319; MittBayNot 2012, 241; WM 1995, 118; *Haug/Zimmermann*, Die Amtshaftung des Notars, Rn. 505 ff.; *Ganter* NotBZ 2000, 277 ff.

[65] *Limmer* FS Rheinisches Notariat 1998, 15 (39); *Keim* MittBayNot 1994, 2 (5); *Winkler* BeurkG Einl. Rn. 21 ff.; *Reithmann,* Rechtspflege, S. 126; *Winkler* NJW 1971, 403; *Winkler* BeurkG Einl. Rn. 22; Staudinger/*Hertel* BeurkG Vorb. zu §§ 127a, 128 Rn. 14 ff.; vgl. auch *Crezelius* NJW 2008, 2098 ff.

[66] → § 40 Rn. 1 ff.

[67] Diehn/*Kilian* BNotO § 20 Rn. 75.

[68] BGH NJW 2017, 1883 mAnm *Reetz* DNotZ 2017, 809; vgl. auch Langenfeld/Milzer/*Milzer*, Handbuch Eheverträge und Scheidungsvereinbarungen, 8. Aufl. 2019, Rn. 1 ff.; *Walz* DNotZ 2003, 164.

[69] Vgl. Soergel/*Mayer* BGB § 2231 Rn. 7; Schmoeckel/*Röthel*, Das holographische Testament, 2015, 57; *Christandl* notar 2017, 339 (344).

[70] Vgl. allerdings auch zu den Grenzen *Christandl* notar 2017, 339 (344).

[71] Vgl. zum Handelsregister *Limmer* Notarius International 1997, 32.

Marktwirtschaft beruht, stellt das Handelsregister neben dem Grundbuch eine Informationseinrichtung dar, die für bedeutende Geschäftsvorfälle eine wichtige Rolle spielt. Die im Handelsregister enthaltenen Informationen sind Grundlagen für Vertragsschlüsse und andere wichtige Entscheidungen von Investoren, Unternehmen und Verbrauchern. Es liegt daher im öffentlichen Interesse, die Richtigkeit, Vollständigkeit, Aktualität und leichte Zugänglichkeit des Registers so weit wie möglich zu gewährleisten.[72] Sowohl beim Grundstück als auch beim Unternehmen gibt es Rechtsverhältnisse, die für die Rechtsstellung eines Dritten, der in Ansehung des Grundstücks bzw. Unternehmens ein Rechtsgeschäft vornimmt, erheblich werden. Diese Rechtsverhältnisse sind, wenn sie allein auf dem Gestaltungswillen des Grundstückseigentümers bzw. Unternehmensinhabers beruhen, für die Öffentlichkeit meist nicht zuverlässig erkennbar. Zu diesem Zweck werden die für den Rechtsverkehr wichtigen Informationen zuverlässig und mit Vertrauensschutz in den verschiedenen Registern bzw. Grundbüchern ausgestaltet und veröffentlicht. Die Register bzw. Grundbücher dienen somit dem **öffentlichen Interesse nach Verkehrsschutz**.[73] Der Gesetzgeber hat aber durch bestimmte Formerfordernisse – die notarielle Beurkundung oder Beglaubigung – sichergestellt, dass schon im Vorfeld **Notare in das Registrierungssystem eingeschaltet** sind. In der Regel bedürfen Eintragungen in ein Grundbuch oder Handelsregister der öffentlichen Beglaubigung oder sogar der Beurkundung durch einen Notar. Der Gesetzgeber hat also als Grundlage für Eintragungen in diese Register eine bestimmte Form der Urkunde vorgeschrieben und damit einen Teil der Verantwortung für den Inhalt des Registers auf den Notar verlagert. Die Notare sind daher Teil des einheitlichen Registrierungsverfahrens und nehmen hierbei eigene öffentliche Aufgaben wahr, die letztendlich der Registereintragung und damit auch dem Staatsinteresse dienen.

9b Dadurch, dass der Notar die Beteiligten über die rechtliche Wirksamkeit des Rechtsgeschäfts unterrichten und dafür sorgen muss, dass der Rechtsordnung entsprechende wirksame Urkunden errichtet werden, werden die Gerichte deutlich von unwirksamen oder der Rechtsordnung widersprechenden Urkunden entlastet **Gerichtsentlastungsfunktion oder Filterfunktion**).[74] Schließlich führen die umfangreichen Pflichten des Notars zur Belehrung und ausgewogenen Vertragsgestaltung[75] dazu, dass diese zu deutlich weniger Rechtsstreitigkeiten führen, als nicht beurkundete Verträge. Der Notar ist dabei für die unzweideutige Textfassung der öffentlichen Urkunde mit dem Beweiswert der Vollständigkeit und Richtigkeit verantwortlich.[76] Auch hierdurch werden generell die Rechtsordnungen und die Gerichte von Streitigkeiten entlastet. Der Gesetzgeber hat diese Richtigkeitsfunktion zB im Rahmen der Entlastung handelsrechtlichen Registerverfahrens berücksichtigt, als er bei der Novellierung des § 9c GmbHG die Prüfungspflichten des Gerichts bzgl. der notariell beurkundeten Satzung beschränkte und damit die Verantwortung des Notars hervorhob. Die Bedeutung dieser Aufgaben des Notars im **Vorfeld für die Richtigkeit** des Grundbuchs oder Registers darf nicht unterschätzt werden, gerade der Vergleich mit Ländern, die den Notar nicht kennen, zeigt welche erheblichen Schutzprobleme bestehen, wenn keine Präventivkontrolle besteht.[77] Derartige Register sind leicht Ziel von betrügerischen Aktionen und bieten keinerlei Verkehrsschutz.[78]

---

[72] Vgl. *Zipp/Auer*, Vom Handelsregister zum Firmenbuch, 1997, S. 25.
[73] Vgl. auch *Reithmann*, Vorsorgende Rechtspflege, S. 56.
[74] Staudinger/*Hertel* BeurkG Vorb. zu §§ 127a, 128 Rn. 23, 25 ff.; *Baumann* MittRhNotK 1996, 6 (19); *Priester* DNotZ Sonderheft 2001, 52 (64); Gsell/Herresthal/*Limmer*, Vollharmonisierung im Privatrecht, 2009, S. 188, 20; *Keim* MittBayNot 1994, 2 (5).
[75] → § 17 Rn. 1 ff.
[76] *Jerschke* ZNotP 2001, 89 (90); *ders.* FS Hagen 1999, 289.
[77] Vgl. dazu zB *Vogel* FS Max Planck Institut für Privatrecht 2001, 1065 = notar 2002, 45 zu den Problemen des schwedischen Grundstücksverkehrs; *Franzmann* MittBayNot 2009, 346 ff. zu Betrugsrisiken im englischen Grundstücksrecht. Vgl. auch *Mauch* ZVglRWiss 106 (2007), 272 ff. zum Systemvergleich im Gesellschaftsrecht.
[78] Vgl. *Franzmann* MittBayNot 2009, 346 ff.

Auch **rechtsökonomische Analysen** haben gezeigt, dass die mit der Beurkundung verbundene Legalitäts- und Richtigkeitsgewähr in Verbindung mit Registrierungssystemen der Freiwilligen Gerichtsbarkeit eine erhebliche Effizienzsteigerung von Transaktionen auf der Grundlage von Grundbuch und Handelsregister und damit auch volkswirtschaftliche Vorteile mit sich bringt:[79] Durch Register wie Grundbuch und Handelsregister werden Informationsasymmetrien reduziert, eine verlässliche Berechtigungsprüfung gewährleistet und Transaktionen mit hoher Rechtssicherheit ausgestattet, so dass in diesem Bereich nachfolgende kostspielige Rechtsstreitigkeiten selten sind. Nachweisprobleme im Rechtsverkehr, zB bei Eintragungen im Register des englischen Companies House, zeigen die Vorteile des deutschen Systems.[80] Auch der europäische Gesetzgeber hat diese besondere Rolle der Beurkundung anerkannt. Im sog. „Company Law Package"[81] wurde im Rahmen des Vorschlages zur Einführung einer elektronischen Online-Gründung von Gesellschaften betont: „Um gegen Betrug und Unternehmensidentitätsdiebstahl vorzugehen und um Garantien für die Verlässlichkeit und Vertrauenswürdigkeit der in den nationalen Registern enthaltenen Urkunden und Informationen bereitzustellen, sollten die Bestimmungen über die Online-Verfahren gemäß dieser Richtlinie auch Kontrollen der Identität sowie der Rechts- und Geschäftsfähigkeit der Personen, die eine Gesellschaft gründen oder Zweigniederlassung eintragen oder Urkunden und Informationen einreichen wollen, enthalten. Diese Überprüfungen könnten ein Teil der in einigen Mitgliedstaaten vorgeschriebenen Legalitätskontrolle sein."[82] Damit wird auch bei der Online-Gründung Rechtssicherheit und Legalitätskontrolle gewährleistet.[83]

4. Beurkundung als Ansatz staatlicher Überwachung. Durch die Einbindung des Notars in die staatliche Organisation, durch die staatliche Aufsicht und die strikte Bindung an Recht und Gesetz erreicht der Gesetzgeber, dass bestimmte Rechtsgeschäfte einer zuverlässigen staatlichen Kontrolle unterworfen werden können. Zum einen wird gewährleistet, dass die Einschaltung des Notars eine behördliche Überwachung des Rechtsgeschäftes möglich macht, die aus verschiedenen fiskalischen oder sonstigen öffentlich-rechtlichen Interessen geboten ist.[84] Die Beteiligten sind, wenn sie ein wirksames Rechtsgeschäft errichten wollen, gezwungen, den Notar zu konsultieren und eine notarielle Urkunde zu errichten. Der Notar wiederum ist aufgrund seiner Amtspflichten verpflichtet, den staatlichen Mitteilungsgeboten Rechnung zu tragen. Hierdurch werden im Grunde die Beteiligten gezwungen, bei bestimmten Rechtsgeschäften den Staat bzw. bestimmten Behörden über dieses Rechtsgeschäft, das den Anknüpfungspunkt für fiskalische oder öffentlich-rechtliche Verwaltungsverfahren darstellt, in Kenntnis zu setzen. Zum anderen dient die notarielle Beurkundung der **Beweissicherung.** Das Formerfordernis bezweckt, das Rechtsgeschäft mit seinem gesamten Inhalt deutlich zu kennzeichnen und den Geschäftsinhalt samt aller Nebenabreden klar, eindeutig und abschließend festzustellen.[85] Hierdurch wird aber auch gegenüber den staatlichen Behörden gewährleistet, dass sämtliche Abreden

---

[79] Vgl. dazu die Analysen: *Murray,* Real Estate Conveyancing in 5 European Union Member States, 2007; *Bormann/Hoischen* RNotZ 2016, 345; *Gärtner* AcP 217 (2017), 805; *Stürner* DNotZ 2017, 904; *ders.,* Markt und Wettbewerb über alles? – Gesellschaft und Recht im Fokus neoliberaler Marktideologie, 2007, S. 272 f.; *Limmer* FS 200 Jahre Carl Heymanns Verlag 2015, 245; *ders.* European Review of Contract Law 2013, 387; *Resch,* Sicherungsinstrumente beim Grundstückserwerb, 2016, S. 425 ff.; *Schmitz-Vornmoor/Kordel* notar 2009, 4; *Lieder,* Die rechtsgeschäftliche Sukzession, 2015, S. 365 ff.; *Preuß* RNotZ 2009, 529 ff.; *Teichmann* ZGR 2017, 543 ff.; *Bormann/Stelmaszczyk* ZIP 2018, 764 ff.
[80] Vgl. KG DNotZ 2012, 604; OLG Köln FGPrax 2013, 18; OLG Nürnberg FGPrax 2014, 156; *Pfeiffer* Rpfleger 2012, 240.
[81] Vorschlag für eine Richtlinie des Europäischen Parlaments und des Rates zur Änderung der Richtlinie (EU) 2017/1132 im Hinblick auf den Einsatz digitaler Werkzeuge und Verfahren im Gesellschaftsrecht, COM(2018), 239 final.
[82] Erwägungsgrund 20 der Richtlinie.
[83] Vgl. *Bormann/Stelmaszczyk* NZG 2019, 601; *Lieder* NZG 2018, 1081.
[84] Vgl. *Reithmann,* Rechtspflege, S. 129.
[85] Vgl. *Winkler* BeurkG Einl. Rn. 19; *Reithmann,* Rechtspflege, S. 125.

diesen bekannt werden. Werden etwa in der notariellen Urkunde bestimmte Nebenabreden nicht aufgenommen, dann besteht die Gefahr, dass der gesamte Vertrag nichtig ist. Die Beteiligten werden also ebenfalls aufgrund der Nichtigkeitssanktion gezwungen, alle Abreden, die im Zusammenhang mit einem Rechtsgeschäft für sie von Bedeutung sind, in die notarielle Urkunde aufzunehmen und dadurch dem Staat kenntlich zu machen. So wird mit der Nichtigkeitssanktion zB im Bereich der Grunderwerbsteuer gewährleistet, dass die richtige Bemessungsgrundlage für die Grunderwerbsteuer gewährleistet ist. Geben die Beteiligten etwa einen niedrigeren Kaufpreis an, dann ist nach der deutschen Rechtsdogmatik die Beurkundung unwirksam (§ 125 BGB).[86] Die Beteiligten würden sich daher einen rechtswidrigen Steuervorteil mit dem erheblichen Risiko erkaufen, dass ihr Rechtsgeschäft vor Gerichten nicht anerkannt wird. Insofern stellt die Nichtigkeitssanktion und das Beurkundungserfordernis in Deutschland ein erhebliches Druckmittel dar, dass die Angaben in der notariellen Urkunde der Wahrheit entsprechen. In der Praxis ist es daher relativ selten, dass unrichtige Angaben gemacht werden, da die Nichtigkeitssanktion doch erhebliche Auswirkungen haben kann und für die Parteien ein deutliches Risiko darstellt. Damit dient die Beurkundung auch der **Transparenzsicherung** und ist Ansatz staatlicher Kontrolle und Überwachung, die in vielen Ländern auch zur Bekämpfung krimineller Machenschaften wie Geldwäsche oÄ eingesetzt wird.[87]

IV. Verschiedene Arten der Beurkundungen

10 1. **Beurkundungen von Willenserklärungen.** Einer der Schwerpunktbereiche notarieller Beurkundung sind die Beurkundungen von Willenserklärungen; die Zuständigkeit ergibt sich hierfür aus § 20 Abs. 1 S. 1 BNotO. Verfahrensrechtlich sind die Beurkundungen von Willenserklärungen in den §§ 8 ff. geregelt. Nach § 8 ist immer die Errichtung einer Niederschrift über die Verhandlung erforderlich. Eine Beurkundung über eine **Willenserklärung** liegt vor, wenn es um Äußerungen eines auf die Herbeiführung einer Rechtswirkung gerichteten Willens geht, die einen Rechtsfolgewillen zum Ausdruck bringen, dh einen Willen, der auf die Begründung, inhaltliche Änderung oder Beendigung eines privatrechtlichen Rechtsverhältnisses abzielt.[88] Um eine Beurkundung von Willenserklärungen handelt es sich auch, wenn es sich um **öffentlich-rechtliche Willenserklärungen,** zB beim Abschluss eines öffentlich-rechtlichen Vertrags oder um **Prozesserklärungen** (zB Unterwerfung unter die sofortige Zwangsvollstreckung) handelt.[89] Soll eine **geschäftsähnliche Handlung** (Mahnung, Rücktrittserklärung etc) beurkundet werden, so ist im Einzelfall nach Sinn und Zweck zu klären, ob die §§ 8 ff. einzuhalten sind.

11 Notarielle Urkunden, die über Willenserklärungen errichtet wurden, begründen **vollen Beweis des beurkundeten Vorgangs** (§ 415 Abs. 1 ZPO).

12 2. **Beurkundung von Tatsachen.** Die Zuständigkeit für Beurkundungen von Tatsachen ergibt sich aus § 20 Abs. 1 S. 2 letzter Hs. BNotO.[90] Dort ist allgemein von der Beurkundung von amtlich wahrgenommenen Tatsachen die Rede. Der Gesetzgeber hat durch die Neuregelung durch das Dritte Gesetz zur Änderung der Bundesnotarordnung klargestellt, dass der Notar nur Tatsachen, also **Vorgänge der Außenwelt,** beurkunden kann, die er unmittelbar wahrgenommen hat.[91] Rechtliche **Schlussfolgerungen** oder **Wertungen** können nicht Gegenstand einer Zeugnisurkunde sein. In § 20 Abs. 1 S. 1

---

[86] Vgl. BGH NJW 1976, 237; OLG München NJW-RR 1986, 13.
[87] *Baumann* Notarius International 1996, Heft 2, S. 20 ff.; *Pasqualis* Notarius International 2001, Heft 1, S. 13 ff.
[88] Palandt/*Ellenberger* BGB Einführung Vor § 116 Rn. 1; *Winkler* BeurkG Vor § 6 Rn. 2; Staudinger/*Hertel* BeurkG Vorb. zu §§ 127a, 128 Rn. 225 ff.; Armbrüster/Preuß/Renner/*Renner* BeurkG § 8 Rn. 16 ff.; BeckOGK/*Bord* BeurkG § 8 Rn. 5.
[89] Vgl. Armbrüster/Preuß/Renner/*Piegsa* BeurkG § 8 Rn. 17 ff.; Grziwotz/Heinemann/*Heinemann* BeurkG § 8 Rn. 5; *Lerch* BeurkG § 8 Rn. 2; BeckOGK/*Bord* BeurkG § 8 Rn. 5.
[90] Vgl. dazu die Kommentierung zu § 20 BNotO.
[91] BR-Drs. 890/95, 25.

BNotO sind aber auch einige der Tatsachenbeurkundungen ausdrücklich genannt: Beurkundung von Versammlungsbeschlüssen, etc. Das Beurkundungsverfahren wird für diese Beurkundungen in den §§ 36 ff. geregelt.⁹² Auch bei der Beurkundung der Wahrnehmung von Tatsachen ist in der Regel eine Niederschrift aufzunehmen, wenn nicht ausnahmsweise ein einfaches Zeugnis nach § 39 genügt (zB Feststellung des Zeitpunkts, zu dem eine private Urkunde vorgelegt worden ist etc). Ergänzt werden diese Vorschriften durch Sondervorschriften, wie zB § 130 AktG für die Beurkundung einer Hauptversammlung. Enthalten Tatsachenvorgänge (zB eine Gesellschafterversammlung) auch Willenserklärungen, die an sich beurkundet werden müssen, dann muss die Beurkundung der Tatsachenwahrnehmung unter Beachtung der §§ 8 ff. erfolgen. Grundsätzlich kann der Notar zB auch den Beschluss einer Gesellschafterversammlung, der an sich ein Fall der Tatsachenbeurkundung nach §§ 36, 37 ist, auch als Willenserklärung unter Beachtung der §§ 8 ff. beurkunden.⁹³ Auch die notarielle Urkunde, die über Tatsachenwahrnehmungen errichtet wurde, begründet nach § 418 Abs. 1 ZPO den vollen Beweis der darin bezeugten Tatsachen.⁹⁴ Daher können auch Notarbescheinigungen die Beweiskraft des § 418 ZPO haben, wenn sie nur Tatsachen bescheinigen.⁹⁵

3. Beglaubigungen. Auch bei der Beglaubigung handelt es sich um eine Beurkundung einer Tatsache, dass die Unterschrift von einer bestimmten Person herrührt und dass der Aussteller persönlich seine Unterschrift vor der Urkundsperson vollzogen oder anerkannt hat.⁹⁶ Darüber hinaus wird bei der Beglaubigung aufgrund einer **Evidenzkontrolle** durch den Notar eine geringere Stufe der materiell-rechtlichen Richtigkeit als bei Beurkundungen von Willenserklärungen nach §§ 8 ff. garantiert.⁹⁷ § 20 Abs. 1 BNotO nennt ausdrücklich die Beglaubigung von Unterschriften, Handzeichen und Abschriften. Verfahrenstechnisch werden diese in §§ 36 ff. geregelt, wobei nach § 39 keine Niederschrift über die Tatsachenwahrnehmung aufgenommen werden muss, sondern es genügt ein einfaches Zeugnis (Vermerk). Das Zeugnis muss die Unterschriften, das Präge- oder Farbdrucksiegel des Notars enthalten und soll Ort und Tag der Ausstellung angeben. Die Beglaubigung einer Unterschrift ist in § 40 im Einzelnen geregelt, so dass hierauf verwiesen werden kann, in § 41 ist die Beglaubigung der Zeichnung einer Namensunterschrift geregelt. In § 42 die Beglaubigung einer Abschrift. Auch insofern kann auf die Kommentierungen zu den genannten Vorschriften verwiesen werden. 13

Durch das Gesetz zur Neuordnung der Aufbewahrung von Notariatsunterlagen und zur Einrichtung des Elektronischen Urkundenarchivs bei der Bundesnotarkammer sowie zur Änderung weiterer Gesetze vom 1.6.2017⁹⁸ wurden in § 378 Abs. 3 FamFG und § 15 Abs. 3 GBO neue **Prüfungs- und Einreichungspflichten im Registerverkehr** eingeführt.⁹⁹ Danach sind sämtliche Anmeldungen in Grundbuch- und Registersachen mit Ausnahme der Genossenschafts- und Partnerschaftsregistersachen vor ihrer Einreichung für das Registergericht von einem Notar auf Eintragungsfähigkeit zu prüfen. Somit ist der 13a

---

⁹² Vgl. dazu Erläuterungen zu § 36 BeurkG; speziell zur Einmann-GmbH vgl. OLG Celle NZG 2017, 422.
⁹³ OLG Celle NZG 2017, 422; OLG München DNotZ 2011, 142 (146); *Röll* DNotZ 1979, 644 (650); Armbrüster/Preuß/Renner/*Preuß* BeurkG § 36 Rn. 3 ff.; *Winkler* BeurkG § 36 Rn. 7 und § 37 Rn. 9; Staudinger/*Hertel* BeurkG Vorb. zu §§ 127a, 128 Rn. 600; *Röll* DNotZ 1979, 644 (650); *Winkler* BeurkG Vor § 36 Rn. 17; Spindler/Stilz/*Wicke* AktG § 130 Rn. 16; Grziwotz/Heinemann/*Heinemann* BeurkG § 8 Rn. 2; ablehnend speziell zu § 130 AktG K. Schmidt/Lutter/*Ziemons* AktG § 130 Rn. 26.
⁹⁴ Zöller/*Geimer* ZPO § 418 Rn. 3.
⁹⁵ Zur Beweiskraft von Bescheinigungen → BNotO § 21 Rn. 10 ff.
⁹⁶ Vgl. Erläuterungen zu § 40 BeurkG und BGHZ 37, 79 (86); OLG Karlsruhe NotBZ 2003, 73; *Winkler* BeurkG § 40 Rn. 2; *Lerch* BeurkG § 40 Rn. 1; Arndt/Lerch/Sandkühler/*Reithmann* BNotO § 20 Rn. 27; Grziwotz/Heinemann/*Grziwotz* BeurkG § 50 Rn. 1 ff.
⁹⁷ → § 40 Rn. 1 ff.
⁹⁸ BGBl. 2017 I 1396.
⁹⁹ Vgl. dazu *Weber* RNotZ 2017, 427; *Eickelberg* FGPrax 2017, 14; *Krafka* NZG 2017, 889; *Attenberger* MittBayNot 2017, 335 (336); *Diehn/Rachlitz* DNotZ 2017, 487 (489 f.); *Ott* BWNotZ 2017, 146; *Zimmer* NJW 2017, 1909; Gutachten DNotI-Report 2017, 89 (90); BeckOK GBO/*Otto* GBO § 29 Rn. 103a ff.; BeckOK GBO/*Reetz* GBO § 15 Rn. 73 ff.; BeckOK FamFG/*Otto* FamFG § 378 Rn. 22 ff.

Notar verpflichtet, dafür Sorge zu tragen, dass nur sachgerecht abgefasste und vollständige Anmeldungen beim Gericht eingereicht werden. Damit wird in diesem Bereich auch bei nur beglaubigten Unterschriften eine weitergehende notarielle Kontrollfunktion bzgl. des Inhalts des Dokuments vorgegeben.

13b **4. Elektronische Urkunden, Elektronisches Urkundenarchiv, Online-Beurkundung.**[100] Das **Justizkommunikationsgesetzes,**[101] das am 1.4.2005 in Kraft getreten ist, ist Grundlage für die Erstellung **elektronischer Urkunden.** In den §§ 39a, 42 Abs. 4 BeurkG und § 15 Abs. 3 BNotO ist erstmals die elektronische notarielle Urkunde geregelt.[102] § 39a BeurkG regelt die Erstellung sog. **einfacher elektronischer Zeugnisse,** § 42 Abs. 4 BeurkG die **Beglaubigung von Ausdrucken durch den Notar,** dh die „Umwandlung" eines elektronischen Dokumentes in ein Papierdokument. § 78h BNotO sieht vor, dass die Bundesnotarkammer als Urkundenarchivbehörde ein zentrales elektronisches Archiv betreibt, das den Notaren die Führung der elektronischen Urkundensammlung, des Urkundenverzeichnisses und des Verwahrungsverzeichnisses ermöglicht (Elektronisches Urkundenarchiv).[103]

13c Der Vorschlag für eine Richtlinie des Europäischen Parlaments und des Rates zur Änderung der Richtlinie (EU) 2017/1132 im Hinblick auf den Einsatz digitaler Werkzeuge und Verfahren im Gesellschaftsrecht, das sog. „Company-Law Package", sieht für die EU-Mitgliedstaaten die Einführung einer Online-Gründung von Kapitalgesellschaften vor.[104] Die Richtlinie ist von den Mitgliedstaaten bis 1.8.2021 umzusetzen. Nach Art. 13g Abs. 1 S. 1 müssen die Mitgliedstaaten gewährleisten, dass die Eintragung von Gesellschaften vollständig online durchgeführt werden kann, ohne dass die Antragsteller oder ihre Vertreter persönlich vor einer zuständigen Behörde oder einer sonstigen mit der Bearbeitung der Anträge auf Eintragung betrauten Person oder Stelle erscheinen müssen. Die Richtlinie sieht einen weiten Spielraum für Mitgliedstaaten vor, so dass jedes Land seinem nationalen Recht entsprechend eine Online-Gründung entwickeln kann, die seinen Standards, seiner Rechtskultur und seiner Sicherheitsarchitektur entspricht. Erwägungsgrund 19 bestimmt, dass im Sinne der Achtung bestehender gesellschaftsrechtlicher Traditionen der Mitgliedstaaten es wichtig sei, ihnen Flexibilität bei der Art und Weise zu lassen, wie sie ein vollständig online funktionierendes System zur Gründung von Gesellschaften, zur Eintragung von Zweigniederlassungen und zur Einreichung von Urkunden und Informationen gewährleisten; dies gelte auch in Bezug auf die Rolle von Notaren oder Rechtsanwälten in allen Phasen eines solchen Online-Verfahrens. Nach Erwägungsgrund 20 sollten, um gegen Betrug und Unternehmensidentitätsdiebstahl vorzugehen und um Garantien für die Verlässlichkeit und Vertrauenswürdigkeit der in den nationalen Registern enthaltenen Urkunden und Informationen bereitzustellen, die Bestimmungen über die Online-Verfahren auch Kontrollen der Identität sowie der Rechts- und Geschäftsfähigkeit der Personen, die eine Gesellschaft gründen oder Zweigniederlassung eintragen oder Urkunden und Informationen einreichen wollen, enthalten. Diese Überprüfungen könnten ein Teil der in einigen Mitgliedstaaten vorgeschriebenen Legalitätskontrolle sein. Nach Art. 13g Abs. 3 haben die Mitgliedstaaten bei der Online-Gründung Folgendes vorzusehen:

---

[100] *Apfelbaum/Bettendorf* RNotZ 2007, 89; *dies.* DNotZ 2008, 19; *Gassen* RNotZ 2007, 142; *Gassen/Wegerhoff* ZNotP 2005, 413; *dies.*, Elektronische Beglaubigung und elektronische Handelsregisteranmeldung in der Praxis, 2. Aufl. 2009; *Püls* NotBZ 2005, 305; *ders.* notar 2011, 75; *Preuß* DNotZ Sonderheft 2013, 96; *Reithmann* ZNotP 2007, 370; *Weikart* NotBZ 2007, 73.

[101] BGBl. 2005 I 837.

[102] → § 39a Rn. 1 ff.

[103] → § 78h Rn. 1 ff.

[104] Vgl. *Bock* DNotZ 2018, 643 ff.; *Bormann/Stelmaszczyk* EuZW 2018, 1009; *Bremer* NZG 2018, 776 f.; *Knaier* GmbHR 2018, R148 ff.; *ders.* GmbHR 2018, 560 ff.; *ders.* GmbHR 2019, R132 ff.; *Kumpan/Pauschinger* EuZW 2019, 357 (358 ff.); *Lieder* NZG 2018, 1081 ff.; *Mayer/Kleinert* EuZW 2019, 393 f.; *Noack* DB 2018, 1324 ff.; *J. Schmidt* DK 2018, 229 ff. und 2018, 273 ff.; *Spindler* ECFR 2019, 106 f.; *Teichmann* ZIP 2018, 2451 ff.; *ders.* ECFR 2019, 3 ff.; *ders.* ZfPW 2019, 247 (252 f.); *Teichmann/Götz* ZEuP 2019, 260 (283 ff.); *Wachter* GmbH-StB 2018, 214 ff. und 2018, 263 ff.; *Wolf* MittBayNot 2018, 510 (520).

a) die Verfahren zur Gewährleistung der erforderlichen Rechts- und Geschäftsfähigkeit der Antragssteller und ihrer Befugnis zur Vertretung der Gesellschaft;
b) die Mittel zur Überprüfung der Identität der Antragsteller gemäß Art. 13b;
c) die Verpflichtung der Antragsteller, in der Verordnung (EU) 910/2014 genannte Vertrauensdienste zu nutzen;
d) die Verfahren zur Überprüfung der Rechtmäßigkeit des Unternehmensgegenstands, sofern im Rahmen des nationalen Rechts vorgesehen;
e) die Verfahren zur Überprüfung der Rechtmäßigkeit des Namens der Gesellschaft, sofern im Rahmen des nationalen Rechts vorgesehen;
f) die Verfahren zur Überprüfung der Bestellung von Geschäftsführern.

Damit sind die Eckpunkte einer notariellen Online-Gründung vorgegeben, anhand derer ein Verfahren digitaler Fernbeurkundung entwickelt werden kann, das den deutschen Prinzipien vorsorgender Rechtspflege genügt.[105] Die Bundesnotarkammer hat zur Umsetzung der Richtlinie bereits einen digitalen Probe-Assistenten vorgestellt, mit dem das Beurkundungsverfahren mittels Videokonferenz durchgeführt werden kann und die Identifizierung der Beteiligten in Übereinstimmung mit der eIDAS-Verordnung durch Auslesen der eID vorgenommen wird.[106]

D. Geltung für andere Urkundspersonen und sonstige zuständige Stellen (§ 1 Abs. 2)

I. Überblick

Das BeurkG von 1970 hatte die davor vielfältig bestehenden konkurrierenden Zuständigkeiten anderer Urkundsstellen, insbesondere der Amtsgerichte, weitgehend beseitigt (§§ 55 ff.) und aus der allgemeinen Zuständigkeit des Notars eine nahezu ausschließliche gemacht.[107] Ziel des BeurkG von 1970 war daher zum einen die Beseitigung der verschiedenen Zuständigkeiten und Bündelung beim Notar sowie eine Zusammenfassung der früher in Bundes- und Landesgesetzen verstreuten Regelungen über das Beurkundungsverfahren. Da der Gesetzgeber aber nicht alle neben dem Notar bestehenden Beurkundungszuständigkeiten beseitigte, jedoch ein einheitliches Verfahren garantiert werden sollte, ist in § 1 Abs. 2 der Geltungsbereich auf alle Urkundspersonen und sonstigen Stellen ausgedehnt worden, die öffentliche Beurkundungen neben dem Notar wahrnehmen.[108] Da der Gesetzgeber allerdings das BeurkG nicht für jegliche öffentlichen Urkunden anwenden wollte, war eine Abgrenzung notwendig. So sollte etwa die Befugnis des Gerichts nicht angetastet werden, Vergleiche zu Protokoll zu nehmen, und auch nicht vorgeschrieben werden, dass das Protokoll in diesem Fall wie eine notarielle Niederschrift gestaltet und vorgelesen, genehmigt und unterschrieben werden musste.[109] Der Gesetzgeber hat daher den Notar als Vergleichsmaßstab genommen. Entscheidend ist, ob eine öffentliche Beurkundung vorliegt, die auch vom Notar vorgenommen werden könnte.[110] In den Fällen, in denen auch ein Notar die in Betracht kommende Zeugnisurkunde hätte errichten können, soll nach § 1 Abs. 2 das BeurkG entsprechend anwendbar sein. Dadurch wird ein einheitliches Beurkundungsrecht für Notare und andere Urkundsorgane geschaffen, die ursprüng-

---

[105] Vgl. dazu Bormann/Stelmaszczyk NZG 2019, 601.
[106] Vgl. Tagungsbericht Vilgertshofer MittBayNot 2019, 529.
[107] Vgl. zu den vielfältigen Beurkundungszuständigkeiten vor der Neuregelung durch das BeurkG 1970 Mecke DNotZ 1968, 584.
[108] Mecke DNotZ 1968, 589; Armbrüster/Preuß/Renner/Preuß BeurkG § 1 Rn. 19 ff.; Winkler BeurkG § 1 Rn. 23 ff.; Lerch BeurkG § 1 Rn. 25.
[109] Mecke DNotZ 1968, 589.
[110] Mecke DNotZ 1968, 592; Winkler BeurkG § 1 Rn. 24; Armbrüster/Preuß/Renner/Preuß BeurkG § 1 Rn. 19 f.

lich notarielle Aufgaben wahrnehmen.[111] Für Beurkundungen, die nicht zu den Aufgaben des Notars gehören, gilt das BeurkG dagegen nicht. Insbesondere im Bereich **behördlicher Beglaubigungen** können Abgrenzungsprobleme entstehen, ob es sich dabei um öffentlich beglaubigte Urkunden iSv § 129 BGB oder um amtlichen Beglaubigung iSv § 34 VwVfG zu handelt.[112] Zur öffentlichen Beglaubigung von Unterschriften oder Handzeichen (§ 129 BGB) sind nach § 20 Abs. 1 S. 1 BNotO allgemein die Notare zuständig. Sonderzuständigkeiten zur Unterschriftsbeglaubigung aufgrund Bundesrechts bestehen insbesondere zugunsten der deutschen Konsularbeamten im Ausland sowie für die Standesbeamten bei der Beurkundung oder Beglaubigung von Erklärungen über den Ehe- und Geburtsnamen (§§ 15c, 31a PStG iVm §§ 1355, 1617 ff. BGB). Davon zu unterscheiden ist die amtliche Beglaubigung nach § 34 VwVfG. Diese dient nur zur Vorlage bei der angegebenen Behörde oder Stelle (§ 34 Abs. 3 S. 2 Nr. 3 VwVfG). Die **amtliche Beglaubigung** erfüllt die Anforderung an eine öffentliche Beglaubigung iSv § 129 BGB nicht (§ 34 Abs. 1 S. 2 VwVfG).

II. Beurkundungen durch andere Stellen unter Geltung des Beurkundungsgesetzes

15 1. **Amtsgerichte.** Folgende Zuständigkeiten der Amtsgerichte sind aufrechterhalten worden, für die das BeurkG gilt:[113]
- § 57 Abs. 3 Nr. 4: Ausschlagung einer Erbschaft oder Anfechtung der Annahme oder Ausschlagung (§§ 1945, 1955 BGB). Nach § 1945 Abs. 2 BGB wird die Niederschrift des Nachlassgerichts nach den Vorschriften des BeurkG errichtet.
- § 56 Abs. 3 S. 2: Danach bleibt § 2356 Abs. 2 S. 1 BGB unberührt, wonach die eidesstattliche Versicherung zum Nachweis bestimmter Angaben im Rahmen des Erbscheinverfahrens auch vor Gericht erfolgen kann. Dies gilt entsprechend für ein Zeugnis über die Fortsetzung der Gütergemeinschaft (§ 1507 S. 2 BGB) und das Testamentsvollstreckerzeugnis (§ 2368 Abs. 3 BGB).
- § 67 Abs. 1 Nr. 1: Erklärungen über die Anerkennung der Vaterschaft, die nach § 1597 Abs. 1 BGB (neu gefasst durch das Kindschaftsrechtsreformgesetz vom 16.12.1997, BGBl. I 2942) der öffentlichen Beurkundung bedürfen; zuständig ist der Rechtspfleger (§ 3 Nr. 1 f. RPflG). § 1597 Abs. 1 BGB bestimmt, dass auch Anerkennung und Zustimmung der Mutter, des Kindes und eventuell des gesetzlichen Vertreters des Kindes der öffentlichen Beurkundung bedürfen, so dass der Vorbehalt in § 67 Abs. 1 Nr. 1 auch diese Erklärungen erfasst.[114] Nach § 1597 Abs. 2 BGB sind beglaubigte Abschriften der Anerkennung und aller Erklärungen, die für die Wirksamkeit der Anerkennung bedeutsam sind, dem Vater, der Mutter und dem Kind sowie dem Standesbeamten zu übersenden.
- § 67 Abs. 1 Nr. 2: Die Vorschrift sieht noch die Zuständigkeit der Amtsgerichte für Verpflichtungen zur Erfüllung von Unterhaltsansprüchen eines Kindes vor. Infolge der Aufhebung der Unterscheidung zwischen ehelichen und nichtehelichen Kindern durch das Kindschaftsrechtsreformgesetz und das Kindesunterhaltsgesetz, die zum 1.7.1998 in Kraft traten, gilt nunmehr auch bei nichtehelichen Kindern allgemeines Unterhaltsrecht.
- In § 9 Abs. 2 S. 1 und § 14 Abs. 3 S. 3 HöfeO ist bestimmt, dass die Erklärungen der Wahl unter mehreren Höfen und Bestimmung des Hoferben unter den Abkömmlingen des Eigentümers durch den überlebenden Ehegatten nach den Vorschriften des BeurkG zu beurkunden sind.

---

[111] BT-Drs. 5/3282, 27.
[112] Vgl. Armbrüster/Preuß/Renner/*Preuß* BeurkG § 1 Rn. 19 ff.; *Winkler* BeurkG § 1 Rn. 50; *Spanl* Rpfleger 2007, 372 ff.; Gutachten DNotI-Report 2005, 121 ff.; *Renner* BtPrax 2006, 174 ff.
[113] Armbrüster/Preuß/Renner/*Preuß* BeurkG § 1 Rn. 25 ff.; *Winkler* BeurkG § 1 Rn. 38 ff.; *Lerch* BeurkG § 1 Rn. 37 ff.
[114] *Winkler* BeurkG § 1 Rn. 2.

§ 1 Geltungsbereich 16, 17 § 1 BeurkG

2. Jugendamt. Nach § 59 SGB VIII ist das Jugendamt befugt, bestimmte Erklärungen 16 zu beurkunden.[115] Es handelt sich dabei um Beurkundungen iSd § 1 Abs. 2, so dass das Jugendamt das BeurkG anzuwenden hat.[116] §§ 59 und 60 SGB VIII wurden teilweise neu gefasst durch das Kindschaftsrechtsreformgesetz vom 16.12.1997 (BGBl. I 2942), das am 1.7.1998 in Kraft getreten ist. Nach § 59 Abs. 1 SGB VIII ist das Jugendamt zu folgenden Beurkundungen befugt:

– die Erklärung, durch die die Vaterschaft anerkannt oder die Anerkennung widerrufen wird, die Zustimmungserklärung der Mutter sowie die etwa erforderliche Zustimmung des Mannes, der im Zeitpunkt der Geburt mit der Mutter verheiratet ist, des Kindes, des Jugendlichen oder eines gesetzlichen Vertreters zu einer solchen Erklärung (Erklärungen über die Anerkennung der Vaterschaft);
– die Erklärung, durch die die Mutterschaft anerkannt wird, sowie die etwa erforderliche Zustimmung des gesetzlichen Vertreters der Mutter (§ 44 Abs. 2 PStG);
– die Verpflichtung zur Erfüllung von Unterhaltsansprüchen eines Abkömmlings oder seines gesetzlichen Rechtsnachfolgers, sofern der Abkömmling zum Zeitpunkt der Beurkundung das 21. Lebensjahr noch nicht vollendet hat;
– die Verpflichtung zur Erfüllung von Ansprüchen auf Unterhalt (§ 1615l BGB), auch des gesetzlichen Rechtsnachfolgers;
– die Bereiterklärung der Adoptionsbewerber zur Annahme eines ihnen zur internationalen Adoption vorgeschlagenen Kindes (§ 7 Abs. 1 des Adoptionsübereinkommens-Ausführungsgesetzes);
– den Widerruf der Einwilligung des Kindes in die Annahme als Kind (§ 1746 Abs. 2 BGB);
– die Erklärung, durch die der Vater auf die Übertragung der Sorge verzichtet (§ 1747 Abs. 3 Nr. 2 BGB);
– die Sorgeerklärungen (§ 1626a Abs. 1 Nr. 1 BGB) sowie die etwa erforderliche Zustimmung des gesetzlichen Vertreters eines beschränkt geschäftsfähigen Elternteils (§ 1626c Abs. 2 BGB);
– eine Erklärung des auf Unterhalt in Anspruch genommenen Elternteils nach § 252 FamFG aufzunehmen; § 129a ZPO gilt entsprechend.

Die Zuständigkeit der Notare bleibt hierdurch unberührt (§ 59 Abs. 1 S. 2 SGB VIII). 17 Früher konnte das Jugendamt auch namensrechtliche Beurkundungen vornehmen, § 59 Abs. 1 Nr. 5 SGB VIII wurde durch das Kindschaftsrechtsreformgesetz aufgehoben. Namensrechtliche Angelegenheiten sollten originäre Aufgaben der Standesämter sein. Neu ist auch die durch das Kindschaftsrechtsreformgesetz eingeführte Beurkundung von Sorgeerklärungen bei nicht miteinander verheirateten Eltern nach § 1626a Abs. 1 Nr. 1 BGB. Das Jugendamt hat bei der Geburt eines Kindes, dessen Eltern nicht miteinander verheiratet sind, auf die Möglichkeit der gemeinsamen Sorge hinzuweisen (§ 52a Abs. 1 S. 2 Nr. 5 SGB VIII). Nach § 59 Abs. 2 SGB VIII soll die Urkundsperson in diesen Fällen eine Beurkundung nicht vornehmen, wenn ihr in der betreffenden Angelegenheit die Vertretung eines Beteiligten obliegt. Außerdem bestimmt § 59 Abs. 3 SGB VIII, dass das Jugendamt geeignete Beamte und Angestellte zur Wahrnehmung der Aufgaben nach Abs. 1 zu ermächtigen hat. Insofern kann nicht jeder Beamte des Jugendamts, sondern nur die hierzu Ermächtigten beurkunden. Bei der Beurkundung sind die Mitwirkungsverbote und Ausschließungsgründe der §§ 3, 6 und die sonstigen Vorschriften der §§ 9 ff. sowie die Prüfungs- und Belehrungspflichten nach §§ 17 ff. zu beachten.[117] Nach § 60 kann aus diesen Urkunden auch die Zwangsvollstreckung stattfinden, wenn die Erklärung die Zah-

---
[115] Vgl. eingehend *Knittel*, Beurkundungen im Kindschaftsrecht, 7. Aufl. 2013; *Haegele* Rpfleger 1969, 368; *Winkler* BeurkG § 1 Rn. 46; Armbrüster/Preuß/Renner/*Preuß* BeurkG § 1 Rn. 28 ff.; BeckOGK/*Gößl* BeurkG § 1 Rn. 30.
[116] *Knittel*, Beurkundung und Kindschaftsrecht, 7. Aufl. 2013, S. 5 ff., 70 ff.; *Winkler* BeurkG § 1 Rn. 48.
[117] *Knittel*, Beurkundung im Kindschaftsrecht, 7. Aufl. 2013, S. 45 ff., 70 ff.; *Winkler* BeurkG § 1 Rn. 48; Armbrüster/Preuß/Renner/*Preuß* BeurkG § 1 Rn. 28.

BeurkG § 1 18–19   Erster Abschnitt. Allgemeine Vorschriften

lung einer bestimmten Geldsumme betrifft und der Schuldner sich in der Urkunde der sofortigen Zwangsvollstreckung unterworfen hat.

18   **3. Beurkundungen durch Konsularbeamte.**[118] § 10 Abs. 1 KonsularG bestimmt, dass die Konsularbeamten über Tatsachen und Vorgänge, die sie in Ausübung ihres Amtes wahrgenommen haben, Niederschriften oder Vermerke aufnehmen dürfen, insbesondere vor ihnen abgegebene Willenserklärungen und eidesstattliche Versicherungen beurkunden sowie Unterschriften, Handzeichen und Abschriften zur Beglaubigung oder sonstige einfache Zeugnisse (zB Lebensbescheinigung) ausstellen dürfen. Nach § 10 Abs. 2 KonsularG stehen die von einem Konsularbeamten aufgenommenen Urkunden denen von einem inländischen Notar aufgenommenen gleich. § 1 Abs. 2 regelt die entsprechende Anwendung der Vorschriften des BeurkG, wobei eine Reihe von Ausnahmen vorgesehen sind:[119]

– Urkunden können auf Verlangen auch in einer anderen als der deutschen Sprache errichtet werden,
– Dolmetscher brauchen nicht vereidigt zu werden,
– die Abschrift einer nichtbeglaubigten Abschrift soll nicht beglaubigt werden,
– die Urschrift einer Niederschrift soll den Beteiligten ausgehändigt werden, wenn nicht einer von ihnen amtliche Verwahrung verlangt,
– solange die Urschrift nicht ausgehändigt oder an das Amtsgericht abgesandt ist, sind die Konsularbeamten befugt, Ausfertigungen zu erteilen.

18a   *Bindseil*[120] hat trotz dieser grundsätzlichen Zuständigkeit deutlich herausgearbeitet, dass eine ganze Reihe von Bestimmungen des Konsulargesetzes die wesentlichen qualitativen Unterschiede zum Notariatswesen in Deutschland aufzeigt. Grundsätzlich muss auch der Konsularbeamte alle Vorschriften des BeurkG beachten, insbesondere auch die Belehrung nach § 17 vornehmen.[121]

18b   Testamente und Erbverträge sollen Konsularbeamte allerdings nur beurkunden, wenn die Erblasser Deutsche sind (§ 11 Abs. 1 S. 1 KonsularG).[122] Die §§ 2232, 2233 und 2276 BGB sind entsprechend anzuwenden. Für die besondere amtliche Verwahrung (§§ 34, 34a BeurkG, § 342 Abs. 1 Nr. 1 FamFG) ist das Amtsgericht Schöneberg in Berlin zuständig. Der Erblasser kann jederzeit die Verwahrung bei einem anderen Amtsgericht verlangen. Stirbt der Erblasser, bevor das Testament oder der Erbvertrag an das Amtsgericht abgesandt ist, oder wird eine solche Verfügung nach dem Tode des Erblassers beim Konsularbeamten abgeliefert, so kann dieser die Eröffnung vornehmen. § 348 Abs. 1 und Abs. 2 sowie die §§ 349 und 350 FamFG sind entsprechend anzuwenden.

19   **4. Sonstige Zuständigkeiten. a) Beglaubigungszuständigkeiten von Ratsschreibern bzw. Vorstehern der Ortsgerichte.** Nach § 6 sind Länder befugt, durch Gesetz die Zuständigkeit für die öffentliche Beglaubigung von Abschriften und Unterschriften anderen Personen oder Stellen zu übertragen. Von dieser Befugnis haben Baden-Württemberg, Hessen, Niedersachsen und Rheinland-Pfalz Gebrauch gemacht.[123] In Baden-Württemberg sind die Ratsschreiber (§ 32 LFGG vom 12.2.1975, BWGBl. S. 116), in Hessen die Vorsteher der Ortsgerichte (§ 13 HessOGerG in der Fassung vom 2.4.1980, GVBl. I 113) und die rheinland-pfälzischen Ortsbürgermeister, Gemeinde und Stadtverwaltungen (§§ 2, 1

---

[118] Hecker/Müller-Chorus/*Bindseil* § 4 B Rn. 1 ff.; *Hoffmann/Glietsch*, Konsularrecht, Stand 2011; *Bindseil* DNotZ 1993, 5 ff.; *Geimer* DNotZ 1978, 3 ff.; *Lerch* BeurkG § 1 Rn. 40 ff.; *Winkler* BeurkG § 1 Rn. 40 ff.; *Eickelberg* DNotZ 2018, 332 ff.; BeckOK BeurkG/*Kindler* BeurkG § 1 Rn. 9; BeckOGK/*Gößl* BeurkG § 1 Rn. 33.
[119] Hecker/Müller-Chorus/*Bindseil* § 4 B Rn. 4 ff.
[120] *Bindseil* DNotZ 1993, 14 ff.
[121] *Bindseil* DNotZ 1993, 15; Hecker/Müller-Chorus/*Bindseil* § 4 B Rn. 7; Armbrüster/Preuß/Renner/ *Armbrüster* BeurkG § 17 Rn. 205, *Geimer* DNotZ 1978, 321.
[122] *Eickelberg* DNotZ 2018, 332 (339).
[123] Vgl. Armbrüster/Preuß/Renner/*Rezori* BeurkG § 63 Rn. 6; *Winkler* BeurkG § 68 Rn. 1; Grziwotz/ Heinemann/*Heinemann* BeurkG § 63 Rn. 8 ff.; *Stoltenberg* JurBüro 1989, 307.

Abs. 1 Nr. 1 bis Nr. 3 des Gesetzes über die Beglaubigungsbefugnis vom 21.7.1978, RPGVBl. S. 597) zuständig. § 63 erlaubt allerdings nicht die Erklärung auch zu entwerfen.[124] In Niedersachsen kann die Gemeinde die Übernahme einer Baulast beglaubigen (§ 92 Abs. 2 Nds. BauO).

b) Standesbeamte. Die Standesbeamten sind zwar zuständig für Beurkundungen nach §§ 41 bis 45b Personenstandsgesetz (in der Fassung vom 17.7.2017, BGBl. I 2522, dafür gilt allerdings nicht das BeurkG. Für diese Beurkundungen gelten die Verwaltungsvorschriften für Standesbeamte.

c) Gerichtsvollzieher. Gerichtsvollzieher sind nach § 166 ZPO und § 132 BGB zur Beurkundung von Zustellungen, gem. § 383 Abs. 3 BGB, § 817 ZPO zur Durchführung öffentlicher Versteigerungen und gem. Art. 79 Abs. 1 WG und Art. 55 Abs. 3 ScheckG für die Aufnahme von Wechsel- und Scheckprotesten zuständig. Das Verfahren richtet sich nach der ZPO, dem WG und den landesrechtlichen Vorschriften.[125]

d) Betreuungsbehörde. Im Rahmen der Neuregelungen, durch das 2. Betreuungsrechtsänderungsgesetz[126] wurde in § 6 Abs. 2 BtBG geregelt, dass eine Urkundsperson der Betreuungsbehörde seit 1.7.2005 (nur) Unterschriften und Handzeichen unter Vorsorgevollmachten und Betreuungsverfügungen beglaubigen kann. Die Bedeutung dieser Beglaubigungszuständigkeit im System der öffentlichen Urkunde war anfangs sehr unklar.[127] Es ergab sich aus dem Gesetz nicht eindeutig, ob die Unterschriftsbeglaubigung durch die Urkundsperson der Betreuungsbehörde auch eine öffentlichen Beglaubigung iSd § 129 BGB und § 29 GBO oder nur eine amtliche Beglaubigung nach § 34 VwVfG darstellte. Diese dient nur zur Vorlage bei der angegebenen Behörde oder Stelle (§ 34 Abs. 3 S. 2 Nr. 3 VwVfG). Die **amtliche Beglaubigung** erfüllt die Anforderung an eine öffentliche Beglaubigung iSv § 129 BGB nicht (§ 34 Abs. 1 S. 2 VwVfG). Insbesondere die Zuständigkeitsbeschränkung auf „Vorsorgevollmachten" und „Betreuungsverfügungen" machte die Einordnung schwierig. Durch die Neufassung durch Gesetz vom 6.7.2009[128] hat sich der Streit über den Umfang der Beglaubigungskompetenz erledigt, da der Gesetzgeber nunmehr ausdrücklich zur Beglaubigung nach § 129 BGB ermächtigt.[129] Auch wenn man von einer öffentlichen Beglaubigung ausgeht, ist weitere Voraussetzung, dass sich aus der Urkunde entnehmen lässt, dass es sich um eine Vorsorgevollmacht handelt (also insbesondere wenn sich aus der Urkunde ergibt, dass sich die Verwendung der Vollmacht jedenfalls im Innenverhältnis auf den Fall der Betreuungsbedürftigkeit bzw. von Krankheiten oÄ des Vollmachtgebers beschränken soll) – und nicht um eine unabhängig von der Vermeidung eines möglichen Betreuungsverfahrens erteilte General- oder Spezialvollmacht. Dabei erfordert § 29 GBO, dass sich die Eigenschaft als Vorsorgevollmacht und damit die Beglaubigungszuständigkeit der Urkundsperson der Betreuungsbehörde aus der vorgelegten Vollmachtsurkunde selbst ergibt oder jedenfalls aus anderen, der Form des § 29 GBO genügenden Nachweisen.[130]

---

[124] Armbrüster/Preuß/Renner/*Rezori* BeurkG § 63 Rn. 4; *Lerch* BeurkG § 63 Rn. 2; *Winkler* BeurkG § 63 Rn. 1.
[125] *Winkler* BeurkG § 1 Rn. 54.
[126] BGBl. 2005 I 1073.
[127] Armbrüster/Preuß/Renner/*Preuß* BeurkG § 1 Rn. 29; *Winkler* BeurkG § 1 Rn. 50; *Spanl* Rpfleger 2007, 372 ff.; Gutachten DNotI-Report 2005, 121 ff.; *Renner* BtPrax 2006, 174 ff.
[128] BGBl. I 1696.
[129] Armbrüster/Preuß/Renner/*Preuß* BeurkG § 1 Rn. 29; Grziwotz/Heinemann/*Grziwotz* BeurkG § 1 Rn. 15.
[130] Gutachten DNotI-Report 2005, 121 ff.

§ 2 Überschreiten des Amtsbezirks

Eine Beurkundung ist nicht deshalb unwirksam, weil der Notar sie außerhalb seines Amtsbezirks oder außerhalb des Landes vorgenommen hat, in dem er zum Notar bestellt ist.

Übersicht

	Rn.
A. Allgemeines	1
B. Dienstrechtliche Vorgaben	2
C. Keine örtliche Zuständigkeit	4
D. Internationale Zuständigkeit	7
I. Begriff	7
II. Territorialitätsgrundsatz, Beurkundung im Ausland	8
III. Beurkundung des Auslandssachverhalts	10
IV. Beurkundung von ausländischen Notaren	11
1. Formstatut	12
2. Gleichwertigkeitsprüfung, Substitution	16
V. Legalisation und Apostille	17
1. Legalisation	17
2. Apostille	19
3. Bilaterale Abkommen	20
VI. Vollstreckbare Urkunde im europäischen Rechtsverkehr	21
VII. Der Umfang des Territoriums der Bundesrepublik Deutschland	22

A. Allgemeines

1 Die Vorschrift regelt nur indiziell einen Teilausschnitt der **notariellen örtlichen Zuständigkeit,** die allerdings keine Zuständigkeit im allgemeinen Sinne wie etwa §§ 12 ff. ZPO, § 3 VwVfG, sondern mehr eine örtliche Tätigkeitsbeschränkung darstellt. Die örtliche Zuständigkeit ergibt sich in erster Linie aus §§ 10a ff. BNotO. § 11 Abs. 3 BNotO enthält eine gleich lautende Vorschrift, die allerdings einen weiteren Anwendungsbereich hat, da sie anders als das BeurkG nicht nur Beurkundung iSd Beurkundungsrechts erfasst, sondern generell von der Gültigkeit der Urkundstätigkeit spricht und damit auch andere Amtshandlungen erfasst, die keine Beurkundungen sind.[1] Ihrem Wortlaut nach ordnet die Vorschrift zunächst nur die Wirksamkeit von Beurkundungen an, die außerhalb des Amtsbezirks oder außerhalb des Bundeslandes vorgenommen wurden. Die Vorschrift enthält keine positive oder negative Regelung der dienstrechtlichen Zulässigkeit von derartigen Beurkundungen, hier ist allein die BNotO (§§ 10a, 11) maßgebend.[2]

B. Dienstrechtliche Vorgaben

2 Dienstrechtlich ist die Zuständigkeit des Notars durch §§ 10a und 11 BNotO geregelt.[3] Nach § 11 Abs. 1 BNotO ist der **Amtsbezirk** des Notars der Oberlandesgerichtsbezirk, in dem er seinen Amtssitz hat. Nach § 11 Abs. 2 BNotO darf der Notar Urkundstätigkeiten außerhalb seines Amtsbezirks nur vornehmen, wenn Gefahr in Verzuge ist oder die Aufsichtsbehörde es genehmigt hat. Die dienstrechtliche Rechtsprechung ist relativ streng.[4]

---

[1] Vgl. *Winkler* BeurkG § 2 Rn. 1; aA Grziwotz/Heinemann/*Grziwotz* BeurkG § 2 Rn. 1; BeckOGK/ *Gößl* BeurkG § 2 Rn. 1: danach befasst sich die Vorschrift nur mit der Wirksamkeit notarieller Beurkundung und nicht mit der örtlichen Zuständigkeit.

[2] Vgl. Erläuterungen dort.

[3] Vgl. Erläuterungen dort.

[4] → BNotO § 11 Rn. 1 ff.

Die BNotO hat zwei weitere Zuständigkeitspunkte geregelt. Nach § 10 Abs. 1 BNotO wird dem Notar ein bestimmter Ort als **Amtssitz** zugewiesen. Diese räumliche Beschränkung hat nur Bedeutung für dienstrechtliche Maßgaben und stellt keine Begrenzung dar. Eine räumliche Tätigkeitsbegrenzung ergibt sich erst aus § 10a BNotO. Danach ist der **Amtsbereich** des Notars der Bezirk des Amtsgerichts, in dem er seinen Amtssitz hat. Nach § 10a Abs. 2 BNotO soll der Notar seine Urkundstätigkeit nur innerhalb seines Amtsbereichs ausüben, sofern nicht besondere berechtigte Interessen der Rechtsuchenden ein Tätigwerden außerhalb des Amtsbereichs gebieten. In solchen Fällen hat der Notar der Aufsichtsbehörde oder nach deren Bestimmung der Notarkammer, der er angehört, unverzüglich die Urkundstätigkeit außerhalb des Amtsbereichs unter Angabe der Gründe mitzuteilen. Die Vorschrift wurde teilweise neu gefasst. Durch die Änderung der Ausnahmen der Tätigkeit außerhalb des Amtsbereichs soll der Ausnahmecharakter einer Urkundstätigkeit außerhalb des Amtsbereichs deutlicher herausgestellt werden.[5] Die Vorschriften bedeuten, dass der Notar im Regelfall seinen engeren räumlichen Amtsbereich einhalten muss.

Verstöße gegen diese örtlichen Begrenzungen können dienstaufsichtsrechtlich oder disziplinarrechtlich geahndet werden, beurkundungsrechtlich spielen sie keine Rolle.[6] Die Gültigkeit der Beurkundung ist von der Einhaltung des Amtsbezirks nicht abhängig. Dies setzt § 2 als selbstverständlich voraus und regelt weiter, dass auch die Überschreitung des Amtsbezirks oder des Bundeslandes, das den Notar ernannt hat, für die Wirksamkeit der Urkundstätigkeit unerheblich ist. Die Urkundsgewalt des Notars folgt aus der BNotO, so dass Beurkundungen im gesamten Bundesgebiet wirksam sind, auch wenn der Notar von einem Bundesland ernannt wurde.[7]

C. Keine örtliche Zuständigkeit

Das BeurkG selbst kennt keine Vorschriften über die **örtliche Zuständigkeit,** wie etwa §§ 12 ff. ZPO, § 3 VwVfG. Bei der allgemeinen Beurkundungstätigkeit bestehen also keine Zuständigkeitsvorgaben dergestalt, dass ein Notar örtlich für einen bestimmten Bereich zuständig wäre.[8] Der Notar kann daher jeden Beurkundungsantrag oder sonstigen Antrag auf Amtstätigkeit grundsätzlich annehmen, unabhängig von der Belegenheit der Sache, dem Wohnort oder Aufenthalt der Beteiligten oder anderen Zuständigkeitskriterien. Die örtliche Allzuständigkeit des Notars korreliert mit dem **Grundsatz der freien Notarwahl:** Die Beteiligten können jeden Notar ihrer Wahl mit einer Amtshandlung beauftragen, sofern die beantragte Tätigkeit überhaupt in den Zuständigkeitsbereich des Notars fällt.[9] Das Prinzip der freien Notarwahl macht die Nähe des Notaramts zu einem freien Beruf deutlich und unterscheidet ihn von dem Amt im beamtenrechtlichen Sinne.[10]

Allerdings gilt der Grundsatz der örtlichen Allzuständigkeit und der Freiheit der Notarwahl nicht in allen Bereichen notarieller Amtstätigkeiten, in manchen **Sonderbereichen** hat der Gesetzgeber örtliche Zuständigkeitsvorschriften vorgesehen, die dem Prinzip Rechnung tragen, dass eine Amtstätigkeit durch einen ortsnahen, mit den Verhältnissen ver-

---

[5] Vgl. Begr. zum RegE, BR-Drs. 890/95, 23.
[6] BGH NJW 1998, 3790; *Winkler* BeurkG § 2 Rn. 10; Armbrüster/Preuß/Renner/*Preuß* BeurkG § 2 Rn. 5, 17; Staudinger/*Hertel* BeurkG Vorb. zu §§ 127a, 128 Rn. 257, 262; Grziwotz/Heinemann/*Grziwotz* BeurkG § 2 Rn. 5; BeckOGK/*Gößl* BeurkG § 2 Rn. 10.
[7] *Winkler* BeurkG § 2 Rn. 11; Armbrüster/Preuß/Renner/*Preuß* BeurkG § 2 Rn. 18; *Lerch* BeurkG § 2 Rn. 1; *Höfer/Huhn,* Allgemeines Urkundenrecht, 1968, S. 71; BeckOGK/*Gößl* BeurkG § 2 Rn. 10; s. auch die Erläuterungen oben zu § 11 BNotO.
[8] *Jansen* BeurkG § 2 Rn. 1; *Winkler* BeurkG § 2 Rn. 10; Armbrüster/Preuß/Renner/*Preuß* BeurkG § 2 Rn. 1 f.; Schippel/Bracker/*Püls* BNotO § 10 Rn. 1 mit Hinweis zu einzelnen Einschränkungen; BeckOGK/*Gößl* BeurkG § 2 Rn. 11; vgl. auch BGH NJW 1998, 3790 f.
[9] Schippel/Bracker/*Püls* BNotO § 10 Rn. 1; Armbrüster/Preuß/Renner/*Preuß* BeurkG § 2 Rn. 1.; Grziwotz/Heinemann/*Grziwotz* BeurkG § 2 Rn. 6; BeckOGK/*Gößl* BeurkG § 2 Rn. 12.
[10] *Preuß,* Zivilrechtspflege durch externe Funktionsträger, 2005, S. 109.

BeurkG § 2 6   Erster Abschnitt. Allgemeine Vorschriften

trauten Notar vorgenommen werden soll. Hierdurch wird die Freiheit der Notarwahl eingeschränkt.

6   Folgende **Sondervorschriften** definieren örtliche Zuständigkeiten:
- Art. 29 Abs. 1 NdsFGG; Art. 39, 86 HessFGG: Freiwillige Versteigerung von Grundstücken.
- Art. 38 Abs. 2, Abs. 3 BayAGGVG:[11] In Bayern ist der Notar auch für die amtliche Vermittlung der Nachlassauseinandersetzung nach §§ 342 ff. FamFG zuständig.[12] Eingeschränkte Zuständigkeiten in Hessen (Art. 24 ff. HessFGG) mit denen sich aus Art. 24 Abs. 3 HessFGG ergebenden Beschränkungen und in Niedersachsen (Art. 14 ff. NdsFGG).
- Durch das Gesetz zur Übertragung von Aufgaben im Bereich der freiwilligen Gerichtsbarkeit auf Notare vom 26.6.2013 wurde die allgemeine Zuständigkeit zur **Vermittlung von Nachlass- und Gesamtgutsauseinandersetzungen** einschließlich der **Erteilung von Zeugnissen nach den §§ 36 und 37 GBO** geschaffen:[13] § 344 Abs. 4a FamFG regelt die örtliche Zuständigkeit[14] von Notaren zur Vermittlung einer Nachlassauseinandersetzung. Für die Auseinandersetzung eines Nachlasses ist danach jeder Notar zuständig, der seinen Amtssitz im Bezirk des Amtsgerichts hat, in dem der Erblasser seinen letzten Wohnsitz hatte. Hatte der Erblasser keinen Wohnsitz im Inland, so ist jeder Notar zuständig, der seinen Amtssitz im Bezirk eines Amtsgerichts hat, in dem sich Nachlassgegenstände befinden. Sind mehrere Notare örtlich zuständig, so ist derjenige zur Vermittlung berufen, bei dem zuerst ein auf Auseinandersetzung gerichteter Antrag eingeht. § 344 Abs. 5 S. 1 FamFG nF enthält eine entsprechende Regelung für die örtliche Zuständigkeit von Notaren für die Auseinandersetzung des Gesamtguts einer Gütergemeinschaft, falls ein Anteil an dem Gesamtgut zu einem Nachlass gehört, indem auf die örtliche Zuständigkeitsregelung zur Nachlassauseinandersetzung verwiesen wird. Im Übrigen ist gem. § 344 Abs. 5 S. 2 FamFG nF für die Auseinandersetzung des Gesamtguts einer Gütergemeinschaft jeder Notar zuständig, der seinen Amtssitz im Bezirk des nach § 122 Nr. 1 bis Nr. 5 FamFG zuständigen Gerichts hat. Ist nach diesen Regelungen keine Zuständigkeit gegeben, so ist gem. § 344 Abs. 5 S. 3 und S. 4 FamFG nF jeder Notar zuständig, der seinen Amtssitz im Bezirk eines Amtsgerichts hat, in dem sich Gegenstände befinden, die zum Gesamtgut gehören. Von mehreren zuständigen Notaren ist entsprechend § 344 Abs. 4a S. 3 FamFG nF der Notar berufen, bei dem zuerst ein auf Auseinandersetzung gerichteter Antrag eingeht.
- § 88 SachenRBerG: Für das Vermittlungsverfahren nach dem SachenRBerG ist jeder Notar zuständig, dessen Amtsbezirk sich in dem Land befindet, in dem das betroffene Grundstück oder Gebäude ganz oder zum größten Teil belegen ist. Die Beteiligten können allerdings auch die Zuständigkeit eines anderen nicht zuständigen Notars für das Vermittlungsverfahren vereinbaren (Prorogation).[15] Können sich Grundstückseigentümer und Nutzer nicht auf einen Notar verständigen, so wird der örtlich zuständige Notar durch das Landgericht bestimmt, in dessen Bezirk das Grundstück oder Gebäude ganz oder zum größten Teil belegen ist (§ 88 Abs. 2 SachenRBerG);
- Durchführung von obligatorischen Streitschlichtungen auf der Grundlage der Landesgesetze zu § 15a EGZPO.[16]

---

[11] BayGVBl. 1981, 188.
[12] → BNotO § 20 Rn. 51; *Bracker* MittBayNot 1984, 114; BayObLG MittBayNot 1983, 136.
[13] BGBl. 2013 I 1800; → BNotO § 20 Rn. 51 f.; dazu auch *Preuß* DNotZ 2013, 740 ff.; Bumiller/Harders/Schwamb/*Harders* FamFG § 344 Rn. 13a; *Heinemann* FGPrax 2013, 139; *Kutschmann* RNotZ 2019, 301.
[14] Vgl. Rundschreiben BNotK vom 10.6.2013, www.bnotk.de; Bumiller/Harders/Schwamb/*Harders* FamFG § 344 Rn. 13a; *Heinemann* FGPrax 2013, 139; *Kutschmann* RNotZ 2019, 301.
[15] *Vossius*, Sachenrechtsbereinigungsgesetz, 2. Aufl. 1996, SachenRBerG § 88 Rn. 4 ff.
[16] → BNotO § 20 Rn. 53 ff.

D. Internationale Zuständigkeit

I. Begriff

Der Begriff der internationalen Zuständigkeit wird weder in der BNotO noch im BeurkG definiert. § 2 BeurkG regelt die Frage der internationalen Zuständigkeit nicht. Die internationale Komponente notarieller Zuständigkeit kann daher nur aus **allgemeinen Rechtsprinzipien** abgeleitet werden, wobei hier eine Vielzahl unterschiedlicher Fragen zu diskutieren ist.[17] 7

II. Territorialitätsgrundsatz, Beurkundung im Ausland

Es besteht Einigkeit, dass Urkundsakte eines deutschen Notars im Ausland unwirksam sind, weil sich die Hoheitsbefugnisse des Notars als öffentlichem Amtsträger auf das deutsche Staatsgebiet nach dem völkerrechtlichen **Territorialitätsgrundsatz** beschränken.[18] Grund hierfür ist die Tatsache, dass die Beurkundung nach allen internationalen Rechtsordnungen Ausübung hoheitlicher Gewalt ist, die dem Notar von seinem Staat, genauso wie dem Richter, originär verliehen wurde und daher die Staatsgrenzen einhalten muss. Es ist allgemeine Meinung im Völkergewohnheitsrecht, dass auf fremdem Staatsgebiet ein Amtsträger anderer Staaten ohne das Einverständnis dieses Staates nicht tätig werden darf.[19] 8

Im Urteil vom 20.7.2015[20] hat der BGH diesen Grundsatz bestätigt und zu Recht entschieden, dass die Amtstätigkeit des bestellten Notars nach § 10a Abs. 1 S. 1 BNotO auf die Urkundstätigkeit in seinem Amtsbereich beschränkt sei. Ein ausländischer Notar könne nach § 11a S. 3 BNotO im Geltungsbereich der BNotO (§ 1) lediglich auf Ersuchen eines nach deutschem Recht bestellten Notars und selbst dann nur zu dessen Unterstützung tätig werden. In Deutschland dürfe der ausländische Notar keine hoheitlichen Funktionen ausüben.[21] Diese Gemeinwohlbelange legitimierten auch die Begrenzung der Berufsfreiheit des *notary* englischen Rechts nach § 11a S. 3 und S. 4 BNotO. Die Zulassungsbeschränkungen dienten der Lebensfähigkeit und Leistungsfähigkeit der Notarstellen und damit insgesamt der bedarfsgerechten und flächendeckenden Organisation des Notariats.[22] Es solle ein „Reisenotariat" verhindert werden. Das Zulassungswesen und das Amtsbereichsprinzip seien „ein zentrales Element zur Sicherung der Gemeinwohlbelange in Gestalt der Funktionsfähigkeit der vorsorgenden Rechtspflege und der freiwilligen Gerichtsbarkeit." § 11a S. 3 BNotO stehe auch mit dem EU-Recht in Einklang. Soweit die inländische Urkundstätigkeit des *notary* überhaupt in den Schutzbereich der unionsrechtlichen Niederlassungs- 8a

---

[17] Vgl. eingehend *Stürner* DNotZ 1995, 343; *Rechberger*, Notarielle Beurkundungszuständigkeit mit Auslandsbezug, 1997; *Schütze* DNotZ 1992, 66; *Bärmann* AcP 159 (1960), 5 ff.; Armbrüster/Preuß/Renner/*Armbrüster* BeurkG § 1 Rn. 42 ff.; Staudinger/*Hertel* BeurkG Vorb. zu §§ 127a, 128 Rn. 722 ff.; WürzNotar-HdB/*Limmer* Teil 1 Kap. 2 Rn. 22 ff.; *Winkler* BeurkG Einl. Rn. 39 ff., 1 ff.; Grziwotz/Heinemann/*Grziwotz* BeurkG § 2 Rn. 11 ff.; *Geimer* DNotZ 1978, 3 ff.; *Winkler* BeurkG Einl. Rn. 39; *Reithmann* DNotZ 1995, 360; Reithmann/Martiny S. 477 ff.; *Schoettensack* DNotZ 1952, 265.
[18] BGHZ 138, 359 = DNotZ 1999, 346 = WM 1998, 1275 mAnm *Riering*; *Saenger* JZ 1999, 103; BGH DNotZ 2013, 630; *Geimer* IPRrax 2000, 366 (368 f.); *Pelikan* notar 2013, 165; *Eickelberg* NotBZ 2012, 338; *Waldhoff* NJW 2015, 3039; *Rachlitz* DNotZ 2015, 953; *Huttenlocher* MittBayNot 2016, 77; *Winkler* BeurkG Einl. Rn. 40 f.; *Schütze* DNotZ 1992, 66; *Eickelberg* DNotZ 2018, 332; Armbrüster/Preuß/Renner/*Preuß* BeurkG § 2 Rn. 19.; Staudinger/*Hertel* BeurkG Vorb. zu §§ 127a, 128 Rn. 258; WürzNotar-HdB/*Limmer* S. 39 ff.; Schippel/Bracker/*Püls* BNotO § 11a Rn. 1; Diehn/*Bormann* BNotO § 5 Rn. 12 ff.; Arndt/Lerch/Sandkühler/*Lerch* BNotO § 11 Rn. 12; BeckOGK/*Gößl* BeurkG § 2 Rn. 16.
[19] *Geimer* DNotZ 1978, 6 f. mwN
[20] DNotZ 2015, 944 mAnm *Rachlitz* = NJW 2015, 3034 mAnm *Waldhoff* = MittBayNot 2016, 72 mAnm *Huttenlocher* = DNotI-Report 2015, 143.
[21] Vgl. BT-Drs. 13/4184, 23.
[22] Vgl. BGH DNotZ 2013, 630 (635).

freiheit (Art. 49 AEUV) falle, handele es sich bei § 11a S. 3 BNotO um eine zulässige Beschränkung der Niederlassungsfreiheit. Grundfreiheiten dürften nach dem Urteil des EuGH vom 24.5.2011[23] beschränkt werden, wenn dies aus zwingenden Gründen des Allgemeininteresses gerechtfertigt und die Begrenzung zur Zweckerreichung geeignet sei und nicht über das zur Zielerreichung Erforderliche hinausgehe. An diesem **Territorialitätsgrundsatz** ist auch dann festzuhalten, wenn der Notar die Urkunde erst in Deutschland, die Beteiligten dann aber im Ausland unterzeichnet haben, da es sich um einen einheitlichen Beurkundungsvorgang handelt.[24]

8b Unzulässig ist auch die Beurkundung **tatsächlicher Vorgänge** im Ausland.[25] Zu Recht ist die hL allerdings der Auffassung, dass eine Unterschriftsbeglaubigung oder eine Tatsachenbeurkundung im Ausland wirksam ist, wenn die Beglaubigung bzw. die Protokollerrichtung im Inland stattgefunden hat.[26] Dies folgt für die Beglaubigung aus der Tatsache, dass § 40 nur eine Sollvorschrift ist.

9 Das Dritte Gesetz zur Änderung der BNotO hat allerdings § 11a BNotO geschaffen, der grenzüberschreitende **notarielle Amtshilfe** zulässt. Das deutsche Recht kann insoweit nur den Auslandsnotar im Inland zur Amtshilfe zulassen und dem Inlandsnotar die Befugnis geben, im Rahmen der Amtshilfe im Ausland tätig zu werden, sofern das ausländische Recht dies ebenfalls zulässt.[27] Der Verstoß gegen den Territorialitätsgrundsatz führt zur Unwirksamkeit der Urkunde als notarielle Urkunde,[28] als Privaturkunde, zB als schriftliche Urkunde, kann die Urkunde allerdings aufrechterhalten werden.[29] Auch für Beurkundungen, die keine rechtsgeschäftlichen Willenserklärungen zum Gegenstand haben, sondern nur die Sinneswahrnehmung des Notars wiedergeben, wie etwa Versammlungsbeschlüsse nach § 36, ist die Einheitlichkeit des Beurkundungsvorgangs[30] ebenfalls anzunehmen, so dass eine **Aufspaltung** der notariellen Tätigkeit in hoheitliche und nicht hoheitliche Betätigung, die eine Sinneswahrnehmung des Notars im Ausland zulassen würde, nicht möglich ist.[31] Auch bei der notariellen **Beglaubigung** einer Unterschrift nach § 40 lässt sich eine Schwerpunktbetrachtung, wie sie die hM vornimmt, nicht rechtfertigen; danach soll der Schwerpunkt der notariellen Tätigkeit im Beglaubigungsvermerk des Notars liegen, so dass die sinnliche Wahrnehmung der Unterschriftsleistung bzw. deren Anerkennung im Ausland erfolgen kann.[32] Dem widerspricht, dass alle Teilakte einer notariellen Amtshandlung Ausübung von Hoheitsgewalt sind.[33] Da es sich bei § 40 aber um eine Sollvorschrift handelt, sind derartige Beglaubigungen,

---

[23] EuGH DNotZ 2011, 462 (472).
[24] BGHZ 138, 359 = DNotZ 1999, 346 mAnm. *Saenger* JZ 1999, 103; Armbrüster/Preuß/Renner/*Preuß* BeurkG § 2 Rn. 20; Schippel/Bracker/*Püls* BNotO § 11a Rn. 2 ff.; Diehn/*Bormann* BNotO § 5 Rn. 20.
[25] Armbrüster/Preuß/Renner/*Preuß* BeurkG § 2 Rn. 20; BeckOGK/*Gößl* BeurkG § 2 Rn. 19.
[26] Armbrüster/Preuß/Renner/*Preuß* BeurkG § 2 Rn. 20; Grziwotz/Heinemann/*Grziwotz* BeurkG § 2 Rn. 12; *Winkler* BeurkG Einl. Rn. 47; Schippel/Bracker/*Püls* BNotO § 11a Rn. 2; BeckOGK/*Gößl* BeurkG § 2 Rn. 21.
[27] → BNotO § 11a Rn. 1 ff.
[28] BGHZ 138, 359 = NJW 1998, 2830; Armbrüster/Preuß/Renner/*Preuß* BeurkG § 2 Rn. 20; Staudinger/*Hertel* BeurkG Vorb. zu §§ 127a, 128 Rn. 258; BGH DNotZ 2013, 630; *Geimer* IPRrax 2000, 366 (368 f.); *Pelikan* notar 2013, 165; *Eickelberg* NotBZ 2012, 338; *Waldhoff* NJW 2015, 3039; *Rachlitz* DNotZ 2015, 953; *Huttenlocher* MittBayNot 2016, 77; *Winkler* BeurkG Einl. Rn. 40 f.; *Schütze* DNotZ 1992, 66; *Eickelberg* DNotZ 2018, 332; Armbrüster/Preuß/Renner/*Preuß* BeurkG § 2 Rn. 19; Staudinger/*Hertel* BeurkG Vorb. zu §§ 127a, 128 Rn. 258; WürzNotar-HdB/*Limmer* S. 39 ff.; Schippel/Bracker/*Püls* BNotO § 11a Rn. 1; Diehn/*Bormann* BNotO § 5 Rn. 12 ff.; Arndt/Lerch/Sandkühler/*Lerch* BNotO § 11 Rn. 12; BeckOGK/*Gößl* BeurkG § 2 Rn. 16.
[29] Jansen BeurkG § 2 Rn. 6; *Schoettensack* DNotZ 1952, 265 (271); *Winkler* BeurkG Einl. Rn. 41 und § 2 Rn. 2; BeckOGK/*Gößl* BeurkG § 2 Rn. 16.
[30] So der Begriff bei BGHZ 138, 359 = NJW 1998, 2830.
[31] *Winkler* BeurkG § 2 Rn. 3; Rohs/Heinemann Rn. 231; *Höfer/Huhn,* Allgemeines Urkundenrecht, 1968, S. 75 ff.; Staudinger/*Hertel* BeurkG Vorb. zu §§ 127a, 128 Rn. 260; aA *Schoettensack* DNotZ 1952, 271; vgl. auch *Blumenwitz* DNotZ 1968, 712 (719).
[32] *Winkler* BeurkG § 2 Rn. 4; Jansen BeurkG § 2 Rn. 7; RG DNotV 1927, 526 = JW 1927, 2126; *Schoettensack* DNotZ 1952, 271; *Zimmermann* Rpfleger 1964, 107.
[33] So auch BGHZ 138, 359 = NJW 1998, 2830.

deren Unterschrift im Ausland erfolgte oder anerkannt wurde, wirksam.[34] Zu Recht ist daher die hL allerdings der Auffassung, dass eine Unterschriftsbeglaubigung oder eine Tatsachenbeurkundung im Ausland wirksam ist, wenn die Beglaubigung bzw. die Protokollerrichtung im Inland stattgefunden hat.[35] Dies folgt für die Beglaubigung aus der Tatsache, dass § 40 nur eine Sollvorschrift ist. Für dieses Ergebnis spricht auch § 11a BNotO. Keinen Verstoß gegen den Territorialitätsgrundsatz stellt **die schriftliche Belehrung eines im Ausland befindlichen GmbH-Geschäftsführers** durch einen deutschen Notar nach § 8 Abs. 3 GmbHG dar, da der Notar bei dieser Belehrung nicht die Grenzen des deutschen Territoriums verlässt und die Belehrung für den deutschen Rechtsverkehr abgegeben wird.[36] Auch hierfür spricht § 11a BNotO. Der Gesetzgeber hat dies auch durch das MoMiG in § 8 Abs. 3 GmbHG klargestellt, dass die Belehrung nach § 53 Abs. 2 des Bundeszentralregistergesetzes schriftlich vorgenommen werden oder auch durch einen Notar oder einen im Ausland bestellten Notar, durch einen Vertreter eines vergleichbaren rechtsberatenden Berufs oder einen Konsularbeamten vorgenommen werden kann.

III. Beurkundung des Auslandssachverhalts

Es besteht Einigkeit, dass es das Territorialitätsprinzip nicht verbietet, dass der Notar Beurkundungen vornimmt, die einen ausländischen Bezug haben (zB ausländische Beteiligte, ausländische Belegenheit etc) oder bei denen die ausschließliche **Verwendung im Ausland** vorgesehen ist (zB Verkaufsvollmacht, Grundstückskaufvertrag über ausländisches Grundstück etc). Insofern geht das deutsche Recht vom **Grundsatz der freien Notarwahl auch für Ausländer** aus.[37] Grundsätzlich spielt weder die Staatsangehörigkeit noch der Wohnsitz oder die Belegenheit der Sache eine Rolle bei der Zuständigkeit des deutschen Notars.[38] Der Notar kann unter Anwendung des deutschen BeurkG beurkunden. Soll vor einem deutschen Notar der Kaufvertrag über ein im Ausland belegenes Grundstück beurkundet werden, so stellt sich die Frage, inwieweit diese **Beurkundungen im Ausland** anerkannt werden, wo unter Umständen der weitere Vollzug des Vertrages in dortige Register notwendig ist.[39] Für diese Frage kommt es entscheidend zunächst auf die Kollisionsregeln des Belegenheitsstaates hinsichtlich der Form des Grundstückskaufvertrages an, da das dortige öffentliche Register die Wirksamkeitsfrage zunächst nach dem eigenen IPR entscheiden wird. Die Frage der Anerkennung ausländischer Urkundshandlungen stellt sich aber häufig doch auf der **Ebene der Registrierung.** Die meisten Rechte verlangen für die aus Publizitätsgründen meist gebotene Eintragung im öffentlichen Register die Vorlage eines Notarvertrages. Da es sich hierbei dann um eine Frage des Sachstatutes handelt, richtet sich auch die Form nach der *lex rei sitae*. Es stellt sich also dann auch hier die Frage, ob wie bei der deutschen Auflassung der Notarvertrag, der Grundlage für eine Eintragung im öffentlichen Register oder Grundbuch sein soll, auch vor einem auslän-

---

[34] *Winkler* BeurkG § 2 Rn. 4 und Einl. Rn. 47; Armbrüster/Preuß/Renner/*Preuß* BeurkG § 2 Rn. 20; Grziwotz/Heinemann/*Grziwotz* BeurkG § 2 Rn. 12; *Winkler* BeurkG Einl. Rn. 47; Schippel/Bracker/*Püls* BNotO § 11a Rn. 2.

[35] Armbrüster/Preuß/Renner/*Preuß* BeurkG § 2 Rn. 20; Grziwotz/Heinemann/*Grziwotz* BeurkG § 2 Rn. 12; *Winkler* BeurkG Einl. Rn. 47; Schippel/Bracker/*Püls* BNotO § 11a Rn. 2.

[36] BNotK Rundschreiben Nr. 39/98, DNotZ 1998, 913; aA *Wolff* GmbHR 1998, 35.

[37] *Schütze* DNotZ 1992, 66 (71); *Bardy* MittRhNotK 1993, 305; Armbrüster/Preuß/Renner/*Armbrüster* BeurkG § 1 Rn. 65 ff.; Staudinger/*Hertel* BeurkG Vorb. zu §§ 127a, 128 Rn. 754 ff. mit Hinweisen zu ausländischen Beurkundungserfordernissen; *Winkler* BeurkG Einl. Rn. 49; Grziwotz/Heinemann/*Grziwotz* BeurkG § 2 Rn. 14 ff.; BeckOGK/*Gößl* BeurkG § 2 Rn. 23; *Höfer/Huhn*, Allgemeines Urkundenrecht, 1968, S. 78; *Schoettensack* DNotZ 1952, 268.

[38] Armbrüster/Preuß/Renner/*Armbrüster* BeurkG § 1 Rn. 65 ff.; *Winkler* BeurkG Einl. Rn. 49 f.; Grziwotz/Heinemann/*Grziwotz* BeurkG § 2 Rn. 14 ff.; BeckOGK/*Gößl* BeurkG § 2 Rn. 23.

[39] Vgl. die Übersicht über ausländische Beurkundungserfordernisse bei Staudinger/*Hertel*, 13. Bearb., BeurkG Vorb. zu §§ 127a, 128 Rn. 754 ff.; *European University Institute Florence, European Private Law Forum/ Deutsches Notarinstitut,* Real Property Law and Procedure in the European Union, 2008, S. 27 ff.

dischen Notar errichtet werden kann.[40] Nach einigen Rechtsordnungen ist vorgesehen, dass nur eine von Urkundspersonen des Landes oder gar des Amtsbezirkes am Lageort vorgenommene Beurkundung Grundlage für eine Eintragung im Grundbuch bilden kann.[41] Andere Länder erkennen Beurkundungen durch einen ausländischen Notar grundsätzlich an, sofern die Urkunde legalisiert bzw. im Anwendungsbereich des Haager Übereinkommens mit der Apostille versehen ist.[42] Andere Länder wiederum erkennen die Beurkundung an, sofern die ausländische Beurkundung der Beurkundung des eigenen Landes gleichwertig ist.[43] Auch Frankreich, das grundsätzlich die deutsche Urkunde als Eintragungsgrundlage anerkennt, verlangt, dass ausländische öffentliche Urkunden, um im Grundbuchregister publiziert werden zu können, der Legalisation bedürfen und bei einem französischen Notar hinterlegt werden müssen.[44] Dabei fällt für die Hinterlegung eine Gebühr an, die derjenigen, die für die Beurkundung durch den französischen Notar entsteht, entspricht.[45] Auch in Spanien wurde von einigen Grundbuchregistratoren aus verschiedenen Gründen verlangt, dass für die Eintragung im *registro de la propriedad* die Urkunde vor einem spanischen Notar errichtet worden war.[46] Mittlerweile kann wohl dies auch von einem ausländischen Notar vorgenommen werden.[47] Schließlich kann die Eintragung auf der Grundlage einer im Grundsatz anerkannten Beurkundung durch einen deutschen Notar im ausländischen Register auch daran scheitern, dass ähnlich wie im deutschen Recht eine Vielzahl von steuerrechtlichen Bestimmungen beachtet und deren Beachtung dem Grundbuchamt nachgewiesen werden muss bzw. öffentlich-rechtliche Genehmigungen vorgelegt werden müssen, die oft von Region zu Region verschieden sein können.[48]

Die Problematik derartiger Beurkundungen liegt allerdings darin, dass zum einen die Frage des anwendbaren Rechts geklärt werden muss und zum anderen, ob das ausländische Recht die inländische Beurkundung anerkennt. Insbesondere beim Vollzug in ausländischen Registern kann Zurückhaltung angebracht sein, wenn dem Beteiligten mit der inländischen Beurkundung nicht geholfen ist, weil das ausländische Verfahrens- oder Registerrecht eine inländische Urkunde verlangt.[49] Aus dem BeurkG selbst oder der BNotO folgt allerdings keine Zuständigkeitsbeschränkung.

IV. Beurkundung von ausländischen Notaren

11   Die Beurkundung eines **ausländischen Notars im Inland** verstößt gegen das deutsche Territorialitätsprinzip und ist damit nach deutschem Recht nichtig. Hiervon zu trennen ist die Frage, ob die Beurkundung eines ausländischen Notars im Inland anerkannt wird. Hier

---

[40] Vgl. zu diesem Problem *Küppers* DNotZ 1973, 667; *Meyer* ZVglRW 83 (1994), 72 (83); *Löber* DNotZ 1993, 789; *Hegmanns* MittRhNotK 1987, 1 (9 f.); Koller/*Schwander*, Der Grundstückskauf, 2. Aufl. 2001, S. 450; *Winkler* BeurkG Einl. Rn. 49 ff.; vgl. im Einzelnen → Rn. 16 ff. und eine Übersicht über die verschiedenen Grundbuchsysteme *von Hoffmann*, Das Recht des Grundstückskaufs, 1982, S. 15 ff.; *Küppers* DNotZ 1973, 645 ff.; *Wagemann*, Funktion und Bedeutung von Grundstücksregistern, 2002; *Weike* notar 2009, 92; vgl. auch Staudinger/*Hertel* BeurkG Vorb. zu §§ 127a, 128 Rn. 754 ff.; vgl. auch die Länderberichte in *Frank/Wachter*, Handbuch Immobilien in Europa, 2. Aufl. 2015; Bauer/Schaub/*Schaub*, GBO, 4. Aufl. 2018, K. Internationale Bezüge im Grundstücksrecht Rn. 469 ff.
[41] So in einigen Schweizer Kantonen, vgl. Koller/*Schwander*, Der Grundstückskauf 2. Aufl. 2001, S. 450.
[42] So etwa Italien, Polen.
[43] Vgl. die Übersicht bei Staudinger/*Hertel* BeurkG Vorb. zu §§ 127a, 128 Rn. 780 ff.
[44] Art. 4 des Dekrets vom 4.1.1955 idF des Dekrets vom 7.1.1959; vgl. *Wehrens/Gresser* FS Schippel 1996, 961 ff.; Staudinger/*Hertel* BeurkG Vorb. zu §§ 127a, 128 Rn. 785.
[45] Vgl. *Küppers* DNotZ 1973, 672.
[46] Vgl. *Löber* DNotZ 1993, 789; *Löber/Steinmetz* ZfIR 2014, 222 ff.; Staudinger/*Hertel* BeurkG Vorb. zu §§ 127a, 128 Rn. 795; *Gantzer*, Spanisches Immobilienrecht, 9. Aufl. 2003, S. 103; *Eberl* MittBayNot 2000, 516.
[47] *Eberl* MittBayNot 2000, 515 (516).
[48] Vgl. zu dem Aspekt *Küppers* DNotZ 1973, 676 bzw. *Gantzer* MittBayNot 1984, 15; vgl. auch *Boos* MittRhNotK 1973, 289 (302 f., 321), und *Hegmanns* MittRhNotK 1987, 10.
[49] Vgl. zu diesem Problem *Küppers* DNotZ 1973, 667; *Mayer* ZfR 83 (1994), 72 (83); *Löber* DNotZ 1993, 789; Staudinger/*Hertel* BeurkG Vorb. zu §§ 127a, 128 Rn. 754 ff.

spielen eine Reihe von Fragen des Internationalen Privatrechts sowie der Gleichwertigkeit eine Rolle.

1. Formstatut. Zur Einordnung von ausländischen Beurkundungen ist zunächst die Frage des **anwendbaren Rechts** festzustellen (Formstatut). Die Frage, welche **Form auf ein schuldrechtliches Geschäft** anzuwenden ist, wird grundsätzlich nach Art. 11 Abs. 1 EGBGB bzw. Art. 11 Rom I-VO gesondert angeknüpft. Nach Art. 11 Abs. 1 EGBGB ist ein Rechtsgeschäft formgültig, wenn es entweder die Formerfordernisse des Rechts, das auf das seinen Gegenstand bildende Rechtsverhältnis anzuwenden ist (sog. Geschäftsrecht), oder des Rechts des Staates erfüllt, in dem es vorgenommen wird (sog. Ortsform).[50] Im Bereich der von der Rom I-VO[51] erfassten Schuldverträge geht allerdings die Regelung in Art. 11 Rom I-VO vor. Auch insoweit bleibt es bei der Alternativanknüpfung, wie sie auch Art. 11 Abs. 1 EGBGB vorsieht. In erster Linie entscheidet das **Geschäftsstatut** über die Form des Rechtsgeschäfts; das Rechtsgeschäft ist allerdings auch wirksam, wenn es der Ortsform genügt. Ist etwa deutsches Recht Geschäftsstatut, so gilt nach Art. 11 Abs. 1 Rom I-VO bzw. Art. 11 Abs. 1 EGBGB grundsätzlich § 311b BGB für den Grundstückskaufvertrag, so dass nach deutschem Recht eine notarielle Beurkundung erforderlich wäre. Für den Kaufvertrag und seine Wirksamkeit genügt aber auch die Einhaltung der Ortsform, also auch die Beurkundung durch einen ausländischen Notar und sogar ein privatschriftlicher Vertrag, wenn dies nach der Ortsform für Grundstückskaufverträge genügend ist.[52]

Dieser allgemeine Grundsatz der Anknüpfung von Formvorschriften findet allerdings vielfältige **Einschränkungen.** Bei schuldrechtlichen Verträgen über Grundstücke bestimmt Art. 11 Abs. 4 Rom I-VO ähnlich wie früher Art. 9 Abs. 6 EVÜ bzw. Art. 11 Abs. 4 EGBGB, dass abweichend von den Art. 11 Abs. 1 bis Abs. 3 Rom I-VO Verträge, die ein dingliches Recht an einer unbeweglichen Sache zum Gegenstand haben, den Formvorschriften des Staates, in dem die unbewegliche Sache belegen ist, unterliegen, sofern diese Vorschriften nach dem Recht dieses Staates unabhängig davon gelten, in welchem Staat der Vertrag geschlossen wird oder welchem Recht dieser Vertrag unterliegt, und von ihnen nicht durch Vereinbarung abgewichen werden darf. Wenn der Belegenheitsstaat für die Form ausschließlich und zwingend sein Recht beruft, dann hat dies bei Grundstückskaufverträgen Vorrang. § 311b Abs. 1 BGB wurde allerdings nach der herrschenden Meinung nicht als eine derartige Formvorschrift, die unbedingten Geltungswillen hat, angesehen.[53] Hieraus und aus § 925 Abs. 1 S. 2 BGB folgt, dass die **Auflassung** deutscher Grundstücke nur von deutschen Notaren beurkundet werden kann.[54] Dafür

---

[50] Vgl. hierzu Reithmann/Martiny/*Reithmann* Rn. 5.521 ff.; *Bindseil* DNotZ 1992, 275; *Schütze* DNotZ 1992, 66; *Langhein* Rpfleger 1996, 45; Gutachten DNotI-Report 1995, 33; Armbrüster/Preuß/Renner/*Armbrüster* BeurkG § 1 Rn. 55 ff.; Staudinger/*Hertel* BeurkG Vorb. zu §§ 127a, 128 Rn. 722 ff.; BeckOGK/*Gößl* BeurkG § 2 Rn. 28.

[51] Verordnung (EG) 593/2008 des Europäischen Parlaments und des Rates vom 17.6.2008 über das auf vertragliche Schuldverhältnis anzuwendende Recht). Sie ist am 17.12.2009 in Kraft getreten und gilt für alle EU-Staaten mit Ausnahme von Dänemark und Großbritannien, dazu vgl. Reithmann/Martiny/*Martiny* Rn. 1.49 ff. mwN.

[52] Vgl. die frühere Rechtsprechung zum EGBGB: RGZ 121, 154 = IPRspr. 1928 Nr. 24; RG IPRspr. 1931, Nr. 20; BGH IPRspr. 1970 Nr. 17 = AWD 1970, 564; OLG Stuttgart OLGZ 1981, 257; Staudinger/*Winkler von Mohrenfels* (2013) EGBGB Art. 11 Rn. 65 f. und Rom I-VO Art. 11 Rn. 100 f.; MüKoBGB/*Spellenberg* EGBGB Art. 11 Rn. 167.

[53] Vgl. RegBegr. BT-Drs. 10/504, 49; MüKoBGB/*Spellenberg* EGBGB Art. 11 Rn. 164; Palandt/*Thorn* EGBGB Art. 11 Rn. 20; Staudinger/*Winkler von Mohrenfels* EGBGB Art. 11 Rn. 65 f. und Rom I-VO Art. 11 Rn. 100 f.

[54] BGH WM 1968, 1171; OLG Köln DNotZ 1972, 489; KG MittRhNotK 1986, 262 = NJW-RR 1986, 1462; LG Ellwangen BWNotZ 2000, 45 = RIW 2001, 945; Reithmann/Martiny/*Limmer* Rn. 6.852 ff.; Palandt/*Thorn* EGBGB Art. 11 Rn. 9; *Schöner/Stöber* Rn. 3337; Staudinger/*Winkler v. Mohrenfels* (2013) EGBGB Art. 11 Rn. 296; MüKoBGB/*Kanzleiter* BGB § 925 Rn. 14; *Demharter* GBO § 20 Anm. 15; *Kropholler* ZHR 140 (1976), 394 (410); *Riedel* DNotZ 1955, 521; *Blumenwitz* DNotZ 1968, 712; *Bausback* DNotZ 1996, 254; Hügel/*Zeiser* GBO Internationale Bezüge Rn. 28; *Kanzleiter* DNotZ 2007, 222 (224f.)

14 Grundsätzlich ist es auch denkbar, § 311b BGB als international zwingende Vorschrift oder Eingriffsnorm iSd Art. 9 Rom I-VO anzusehen, die sich gegen die übliche Anknüpfung durchsetzt.[55] Denn mit der Formvorschrift werden zumindest bei Vorgängen, die im Grundbuch eingetragen werden, auch öffentliche Interessen des Forumstaates (zB die Richtigkeit des öffentlichen Registers) geschützt. Im Bericht von *Giuliano/Lagarde*[56] wurde zu Art. 7 Abs. 2 EVÜ darauf hingewiesen, dass auch Formvorschriften als international zwingende Normen durchgesetzt werden können. Das OLG Köln[57] verneinte den international zwingenden Charakter der Formvorschrift für Grundstücksgeschäfte. *Martiny*[58] weist zu Recht darauf hin, dass in diesen Urteilen inhaltliche Erwägungen fehlen und der Versuch gar nicht unternommen werde, eine einheitliche Auslegung dieser auf das EVÜ zurückgehenden Vorschrift zu erreichen. Es sprechen daher gute Gründe für eine Sonderanknüpfung der Formvorschrift des § 311b BGB.

Die notarielle Beurkundung lässt sich zumindest bei Bauträgerverträgen, Time-Sharing-Verträgen und sonstigen spezifischen Verträgen damit rechtfertigen, dass dadurch auch öffentlich-rechtliche Zwecke des Belegenheitsstaates erfüllt werden, so dass unter diesen Umständen auch die Formvorschrift des § 311b BGB als international zwingende Vorschrift iSd Art. 9 Rom I-VO anzusehen ist. Dies wurde nochmals von Gesetzgeber deutlich gemacht durch die Einführung des § 17 Abs. 2a BeurkG. Am 1.8.2002 ist diese Vorschrift durch das OLGVertrÄndG vom 23.7.2002 (BGBl. I 2850 ff.) in Kraft getreten. Hierdurch wurden neue und bedeutende Amtspflichten des Notars zur Gestaltung des Beurkundungsverfahrens bei Verbraucherverträgen begründet. Nach § 17 Abs. 2a S. 2 BeurkG „soll" der Notar bei Verbraucherverträgen darauf hinwirken, dass die rechtsgeschäftlichen Erklärungen des Verbrauchers von diesem persönlich oder durch eine Vertrauensperson abgegeben werden (Nr. 1) und der Verbraucher ausreichend Gelegenheit erhält, sich vorab mit dem Gegenstand der Beurkundung auseinander zu setzen (Nr. 2). Damit wird ein erheblicher Sozialschutz im Vorfeld des Vertragsschlusses erreicht.[59] Es ist nicht einzusehen, dass dieser Schutz durch Wahl eines Rechtes außer Kraft gesetzt wird, das die Formvorschrift nicht kennt.[60]

Art. 11 Abs. 4 EGBGB bestimmt, dass über die Formgültigkeit von Verfügungsgeschäften bezüglich Sachen, also auch den Eigentumsübergang, allein das Geschäftsrecht entscheidet, dh die *lex rei sitae*. Die Ortsform ist damit ausgeschlossen. Deutsche Grundstücke können daher nur durch eine notariell beurkundete Auflassung übereignet werden. Darüber hinaus ist bezüglich der Auflassung der materiell-rechtlichen Vorschrift des § 925 Abs. 1 S. 2 BGB und dem hiermit verbundenen Zweck zu entnehmen, dass die **Auflassung deutscher Grundstücke nur von deutschen Notaren** beurkundet werden kann.[61] Hierfür sprechen nicht nur historische Gründe, die aus der Entstehungsgeschichte

---

[55] Vgl. zu Art. 34 EGBGB *Martiny* ZEuP 1995, 67 (73).
[56] Bericht über das Übereinkommen über das auf vertragliche Schuldverhältnisse anzuwendende Recht, ABl. 1980 6282/1, 31 = BT-Drs. 10/503, 33 (63).
[57] OLG Köln RIW 1993, 414.
[58] ZEuP 1995, 73 f.
[59] Vgl. dazu die Erläuterungen zu § 17 BeurkG.
[60] Vgl. Reithmann/Martiny/*Limmer* Rn. 6.852 ff.
[61] S. BGH WM 1968, 1171; OLG Köln DNotZ 1972, 489; KG MittRhNotK 1986, 262 = NJW-RR 1986, 1462; LG Ellwangen BWNotZ 2000, 45 = RIW 2001, 945; Reithmann/Martiny/*Limmer* Rn. 6.852 ff.; Palandt/*Thorn* EGBGB Art. 11 Rn. 9; *Schöner/Stöber* Rn. 3337; MüKoBGB/*Kanzleiter* BGB § 925 Rn. 14; *Demharter* GBO § 20 Anm. 15; *Kropholler* ZHR 140 (1976), 394 (410); *Riedel* DNotZ 1955, 521; *Blumenwitz* DNotZ 1968, 712; *Bausback* DNotZ 1996, 254; Hügel/*Zeiser* GBO Internationale Bezüge Rn. 28; *Kanzleiter* DNotZ 2007, 222 (224 f.); *Döbereiner* ZNotP 2001, 465 ff.; *Jansen*, FGG, 3. Bd., 1971, BeurkG Einl. Rn. 31; *Kuntze/Ertl/Herrmann/Eickmann*, Grundbuchrecht, 6. Aufl. 2006, § 20 Rn. 115; *Winkler* NJW 1972, 985; *Demharter* GBO § 20 Anm. 6a; zweifelnd; Erman/*Hohloch* EGBGB Art. 11 Rn. 34; *Kropholler* ZHR 140 (1976), 394 (410); *Riedel* DNotZ 1955, 521; *Blumenwitz* DNotZ 1968, 712; *Schöner/Stöber* Rn. 3337; *Bausback* DNotZ 1996, 254; aA *Heinz* RIW 2001, 928.

der Norm abzuleiten sind, sondern vor allem auch sachliche Erwägungen:[62] Der Notar hat bei der Beurkundung der Auflassung nicht nur Pflichten den Beteiligten gegenüber, sondern auch eine Verantwortung für die Richtigkeit des Grundbuches. Schließlich obliegen dem Notar eine Reihe von Mitteilungspflichten steuer- oder öffentlich-rechtlicher Art (zB gegenüber Grunderwerbssteuerstelle, Gutachterausschuss etc), die nur durch einen inländischen Notar eingehalten werden können. Auch andere Länder, die die spezifische dingliche Verfügung kennen, lassen die Beurkundung durch ausländische Notare nicht zu,[63] so zB die Schweiz[64] oder die Niederlande, wo nach Art. 3:29 B. W. Eigentumsübertragungen an niederländischen Grundstücken nur vor einem niederländischen Notar vorgenommen werden können. Diese Zuständigkeitsbeschränkung ist auch angesichts der Einbindung des sachenrechtlichen Transformationsaktes in das mit öffentlichem Glauben ausgestattete Grundbuchwesen sachgerecht. Der Notar ist Teil des Registrierungsverfahrens und damit für die Richtigkeit des Grundbuches verantwortlich. Er prüft vielfältige Wirksamkeitselemente, die das Grundbuchamt nicht prüfen kann.[65]

Im **Gesellschaftsrecht** ist die Auffassung herrschend, dass die Vorgänge, die die Struktur **15** der Gesellschaft betreffen, zwingend den Formvorschriften des Wirkungsstatuts unterliegen, also sich nach dem Recht richten, dem die Gesellschaft selbst untersteht **(Gesellschaftsstatut).**[66] Für die Einschränkung der Anknüpfung der Formvorschriften im Gesellschaftsrecht auf das Wirkungsstatut spricht die Tatsache, dass insbesondere öffentliche Interessen durch die Formvorschriften des Wirkungsstatuts geschützt werden, nämlich Rechtssicherheit, Verkehrsschutz und Richtigkeitsgewähr öffentlich-rechtlicher Register.[67] Gerade bei Kapitalgesellschaften haben Strukturänderungen wie Gründung, Satzungsänderung, Abschluss eines Unternehmensvertrages, Verschmelzung, Spaltung, Umwandlung etc nicht nur für die unmittelbar an dem Vorgang beteiligten Personen erheblichen Einfluss, sondern für Dritte (Gläubiger, zukünftige Gesellschafter), den öffentlichen Rechtsverkehr und die Rechtssicherheit allgemein.[68] Die Einhaltung der Form des Wirkungsstatuts, also die notarielle Beurkundung durch einen deutschen Notar, sichert nicht nur die Richtigkeit der Registereintragung, sondern umfassenden Verkehrsschutz durch „strukturelle" Richtigkeitsgewähr im Gesellschaftsrecht.[69] Auch der Entwurf für ein Gesetz zum Internationalen Privatrecht der Gesellschaften, Vereine und juristischen Personen sieht die Unzulässigkeit der Ortsform vor.[70]

2. Gleichwertigkeitsprüfung, Substitution. Ergibt sich aufgrund der internationalen **16** privatrechtlichen Formvorschriften, dass die Form des Geschäftsstatuts einzuhalten ist und sieht dieses notarielle Beurkundung vor, dann stellt sich im zweiten Schritt die Frage,

---

[62] S. eingehend *Döbereiner* ZNotP 2001, 465 ff.
[63] *Löber* DNotZ 1993, 789.
[64] S. *Wachter* RNotZ 2001, 65 (73).
[65] Vgl. dazu die Erläuterungen bei → § 1 Rn. 9 ff.
[66] So KG DNotZ 2019, 134; 2019, 141; OLG Hamm NJW 1974, 1057; OLG Karlsruhe RIW 1979, 567; AG Köln RIW 1989, 991; AG Fürth MittBayNot 1991, 30; LG Augsburg MittBayNot 1996, 318; AG Berlin-Charlottenburg RNotZ 2016, 119; Heidel/*Braunfels*, Aktienrecht, 4. Aufl. 2014, AktG § 23 Rn. 4; K. Schmidt/Lutter/*Seibt*, AktG, 2. Aufl. 2010, § 23 Rn. 17; GroßkommAktG/*Röhricht* § 23 Rn. 48; Baumbach/Hueck/*Fastrich* GmbHG § 2 Rn. 9; MüKoAktG/*Pentz* 3. Aufl. 2008, AktG § 23 Rn. 30; *Schervier* NJW 1992, 593; *Ebenroth/Wilken* JZ 1991, 1064; *Goette* FS Boujong 1996, 137; *von Randenbergh* GmbHR 1996, 909; *Wolff* ZIP 1995, 1491; *Winkler* BeurkG Einl. Rn. 61 ff.; *Großfeld/Berndt* RIW 1996, 630; Scholz/*Westermann* GmbHG Einl. Rn. 93; Lutter/Hommelhoff/*Bayer* GmbHG § 2 Rn. 18; *Kindler* AG 2007, 721 (725); Gutachten DNotI-Report 1995, 219; Staudinger/*Hertel* BeurkG Vorb. zu §§ 127a, 128 Rn. 726; *Cramer* DStR 2018, 747 (748); *Cziupka* EWiR 2018, 137; *Heckschen* DB 2018, 685 (687); *Hermanns* RNotZ 2018, 271; *Lieder* ZIP 2018, 805 (808); *Stelmaszczyk* GWR 2018, 103; *Weber* MittBayNot 2018, 215; *Wicke* GmbHR 2018, 380; aA Erman/*Hohloch* EGBGB Art. 11 Rn. 27; Palandt/*Thorn* EGBGB Art. 11 Rn. 8 ff.
[67] Vgl. Gutachten DNotI-Report 1995, 219.
[68] Vgl. auch den grundlegenden „Supermarkt-Beschluss" BGHZ 105, 324 (338) = NJW 1989, 295; vgl. auch OLG Hamburg NJW-RR 1993, 1317.
[69] *Hommelhoff* DNotZ Sonderheft 1989, 104 (111); Staudinger/*Großfeld* IntGesR Rn. 442; *Goette* FS Boujong 1996, 131 (142).
[70] Vgl. RefE abrufbar unter http://www.bmj.de/media/rchive/2751.pdf, dazu *Leuering* ZRP 2008, 73 (77); C. *Schneider* BB 2008, 566 (574); *Wagner/Timm* IPrax 2008, 81 (88).

inwieweit auch ein **ausländischer Notar** die inländische Form der notariellen Beurkundung erfüllen kann. Diese Frage lässt sich nicht einheitlich beantworten, sondern es kommt auf den spezifischen Schutzzweck der Formvorschrift an.[71] Bei der Auslegung der Formvorschrift muss entschieden werden, inwieweit die Beurkundung durch einen ausländischen Notar der inländischen gleichwertig ist **(Substitution).**[72] Notarielle Formvorschriften dienen nicht nur dem Schutz der Beteiligten durch Überlegungssicherung und Belehrungssicherung, sondern auch generell dem Rechtsverkehr durch erhöhte Beweissicherung und der Gerichtsentlastung.[73] Insbesondere bei solchen Beurkundungen, die Grundlage für eine Register- oder Grundbucheintragung sind, erfüllt der Notar durch Einhaltung des spezifischen Beurkundungsverfahrens öffentlich-rechtliche Aufgaben: Legalitätskontrolle (§ 14 Abs. 2 BNotO), Identitätskontrolle (§ 10), Prüfung der Geschäftsfähigkeit (§ 11), Prüfung der Vertretungsmacht (§ 12). Mit der Wahrnehmung dieser auch im öffentlichen Interesse bestehenden Pflichten wird die Richtigkeit der zum Zwecke des öffentlich-rechtlichen Verkehrsschutzes geschaffenen Register und Grundbücher garantiert. Damit ist der Notar **Teil des Register- und Grundbuchverfahrens** und nimmt damit genuin Zwecke des inländischen Rechts wahr, die durch einen ausländischen Notar so nicht wahrgenommen werden können. Darüber hinausgehend hat der Gesetzgeber dem Notar vielfältigste Mitteilungspflichten des öffentlichen und Steuerrechts auferlegt, deren Erfüllung allein im öffentlichen Interesse erfolgt und die zwingend mit der Beurkundung verknüpft sind.[74] Die notarielle Beurkundung dient daher nicht nur dem Zweck der Errichtung einer beweissichernden Urkunde und dem Beteiligtenschutz, sondern vielfältigsten öffentlich-rechtlichen, steuerrechtlichen und Verkehrsschutzinteressen. Da ausländische Notare weder den öffentlich-rechtlichen und steuerrechtlichen Mitteilungspflichten noch dem inländischen Verkehrsschutz und dem inländischen Register- und Grundbuchverfahren verpflichtet sind, gewinnt in Literatur und Rechtsprechung die Meinung an Zuwachs, dass bei solchen Fällen eine ausländische Beurkundung der inländischen nicht gleichwertig sein kann.[75] Die Frage ist aber im Einzelnen noch sehr umstritten.[76] In der Literatur wird vermehrt angesichts aktueller Entwicklungen besonders

---

[71] Vgl. *Winkler* BeurkG Einl. Rn. 54; *Reithmann*, Urkundenrecht, Rn. 573 ff. Armbrüster/Preuß/Renner/*Armbrüster* BeurkG § 1 Rn. 57 ff.; Staudinger/*Hertel* BeurkG Vorb. zu §§ 127a, 128 Rn. 723 ff.; Staudinger/*Winkler v. Mohrenfels* EGBGB Art. 11 Rn. 285 ff, 293 f.; MüKoBGB/*Spellenberg* EGBGB Art. 11 Rn. 77 ff.; 86 ff.

[72] Vgl. BGH DNotZ 2014, 457; 2015, 207 mAnm *Hüren* zur Beurkundung der Hauptversammlung einer AG; KG DNotZ 2019, 141; 2019, 134; ausführlich auch AG Charlottenburg RNotZ 2016, 119; dazu *Küller* NJW 2014, 1994; *Heckschen* BB 2014, 462; *Tebben* DB 2014, 585; *Herrler* GmbHR 2014, 225; *Wicke* DB 2013, 1099; *Lieder/Ritter* notar 2014, 187; *Bayer* GmbHR 2013, 897 (911); BGHZ 80, 76; OLG Stuttgart IPRsp 1981 Nr. 10a; OLG Düsseldorf RIW 1989, 225; OLG München RIW 1998, 148; *Reithmann*, Urkundenrecht, Rn. 573; *Reithmann* NJW 2003, 185 ff.; Armbrüster/Preuß/Renner/*Armbrüster* BeurkG § 1 Rn. 57 ff.; Staudinger/*Hertel* BeurkG Vorb. zu §§ 127a, 128 Rn. 723 ff.; *Kröll* ZGR 2000, 111 ff.; Reithmann/Martiny/*Reithmann* Rn. 5.318 ff.; Staudinger/*Großfeld* IntGesR Rn. 431; *Wolfsteiner* DNotZ 1978, 532; *Kropholler* ZHR 140 (1976) 394 (410); *Bokelmann* NJW 1975, 1625; *Mann* ZHR 138 (1974) 448 (453 ff.); MüKoBGB/*Spellenberg* EGBGB Art. 11 Rn. 77 ff.; 86 ff.; sehr ausführlich mit Darstellung auch der Entwicklung und des heutigen Standes und mit umfassenden Nachw. Staudinger/*Winkler v. Mohrenfels* (2013) EGBGB Art. 11 Rn. 285 ff., 293 f.; *Cramer* DStR 2018, 747 (748); *Cziupka* EWiR 2018, 137; *Heckschen* DB 2018, 685 (687); *Hermanns* RNotZ 2018, 271; *Lieder* ZIP 2018, 805 (808); *Stelmaszczyk* GWR 2018, 103; *Weber* MittBayNot 2018, 215; *Wicke* GmbHR 2018, 380; *Stelmaszczyk* RNotZ 2019, 177 ff.

[73] → BNotO § 20 Rn. 8 ff.

[74] → BNotO § 18 Rn. 65 ff.

[75] AG Berlin-Charlottenburg RNotZ 2016, 119 mit eingehender und überzeugender Begründung; Reithmann/Martiny/*Reithmann* Rn. 5.318 ff., 573 ff.; *Winkler* BeurkG Einl. Rn. 54 ff.; LG Augsburg MittBayNot 1996, 318; *Lichtenberger* FS Schippel 1996, 729 ff.; *Götte* FS Boujong 1996, 131 (139 ff.); Staudinger/*Großfeld*, Internationales Gesellschaftsrecht der Registerurkunden, 1998, S. 1 Rn. 431 ff.; *Langhein*, Kollisionsrecht, 1994, S. 100 ff.; *ders.* Rpfleger 1996, 45 ff.; *Schervier* NJW 1992, 595 ff.; *König/Götte/Bormann* NZG 2009, 881 ff.; *Böttcher* ZNotP 2010, 6 ff.; *Braun* DNotZ 2009, 585 ff.; *Bauer/Anders* BB 2012, 593 ff.

[76] Vgl. Nachweise bei Palandt/*Thorn* EGBGB Art. 11 Rn. 8 ff. Reithmann/Martiny/*Reithmann* Rn. 5.318 ff.; MüKoBGB/*Spellenberg* EGBGB Art. 11 Rn. 77 ff.; 86 ff.; vgl. auch die Diskussion nach der jüngsten BGH-Entscheidung BGH DNotZ 2014, 457; dazu *Küller* NJW 2014, 1994; *Heckschen* BB 2014, 462; *Tebben* DB 2014, 585; *Herrler* GmbHR 2014, 225; *Wicke* DB 2013, 1099; *Lieder/Ritter* notar 2014, 187;

auch im gesetzgeberischen Bereich zu Recht darauf hingewiesen, dass der Standpunkt der bisherigen herrschenden Meinung, wonach es auf eine „oberflächliche" Gleichwertigkeit der Beurkundungssysteme ankommt, die bestehende Rechtsunterschiede und die speziellen Aufgaben des deutschen Notars gegenüber dem deutschen Staat zu wenig berücksichtigt und deshalb das pauschale Gleichwertigkeitspostulat fraglich ist.[77] Insbesondere im Bereich der nach § 15 GmbHG beurkundungspflichtigen Abtretung eines GmbH-Anteils ist eine Diskussion durch das MoMiG[78] und die dadurch neu geschaffene Gesellschafterliste nach § 40 Abs. 2 GmbHG entstanden. Nach § 40 Abs. 2 GmbHG hat der Notar, der die Übertragung von GmbH-Geschäftsanteilen beurkundet, die Pflicht, aus der Übertragung resultierende Änderungen der Gesellschafterstruktur in einer neuen Gesellschafterliste zu erfassen und diese von ihm unterzeichnet an das Handelsregister und die Gesellschaft zu übermitteln. Die Literatur geht zT davon aus, dass ein ausländischer Notar dieser Pflicht wegen Fehlens von Amtsbefugnissen in Deutschland nicht nachkommen und dementsprechend auch keine gleichwertige mehr Beurkundung durchführen kann.[79] Das LG Frankfurt ist dieser Meinung gefolgt.[80] Der BGH hat dies allerdings abgelehnt und entschieden, dass das Registergericht eine zum Handelsregister eingereichte Gesellschafterliste nicht bereits aus dem Grund zurückweisen darf, weil sie von einem Notar mit Sitz in Basel (Schweiz) eingereicht worden ist.[81] Zu beachten ist allerdings, dass in der Schweiz seit dem 1.1.2008 die Übertragung von Geschäftsanteilen nur noch der Schriftform bedarf (Art. 785 Abs. 1 OR). Die Zulassung der Ortsform mit der Konsequenz, dass auch eine privatschriftliche Vereinbarung nach Art. 785 OR für die Anteilsabtretung ausreicht, widerspricht eindeutig dem durch die Neufassung der §§ 16 Abs. 1 und Abs. 3, 40 Abs. 2 GmbHG nochmals verstärkten Zweck, im Falle von Anteilsübertragungen ein hohes Maß an Rechtssicherheit zu leisten.[82] Allerdings hat das KG sowohl die **Beurkundung der Gründung einer deutschen GmbH**[83] als auch die **Beurkundung eines Verschmelzungsvertrages nach UmwG**[84] durch einen Schweizer Notar mit Amtssitz in Bern bzw. Basel als gleichwertig angesehen. Diese Entscheidungen sind mit der überwiegenden Literatur abzulehnen,[85] da die in den jeweiligen Kantonen der Schweiz geltenden Beurkundungsgesetze deutlich vom deutschen BeurkG abweichen: zB ist keine Verlesung – das Zentralelement des deutschen Beurkundungsverfahrens – vorgesehen.[86] Darüber hinaus ist es fraglich, ob ein ausländischer Notar die vertieften Kenntnisse des deutschen Gesellschaftsrechts haben kann, die den Standards entspricht, die die deutsche Rechtsprechung, vor allem die Haftungsrechtsprechung, vom deutschen Notar verlangt, zB zur Haftung bei Belehrung über die Gefahren einer verdeckten Sacheinlage. Insofern ist es widersprüchlich, den deutschen Notar zur umfangreichen Belehrung qua Haftung zu ver-

---

Bayer GmbHR 2013, 897 (911); *Cramer* DStR 2018, 747 (748); *Cziupka* EWiR 2018, 137; *Heckschen* DB 2018, 685 (687); *Hermanns* RNotZ 2018, 271; *Lieder* ZIP 2018, 805 (808); *Stelmaszczyk* GWR 2018, 103; *Weber* MittBayNot 2018, 215; *Wicke* GmbHR 2018, 380; *Stelmaszczyk* RNotZ 2019, 177 ff.

[77] Vgl. *Lutter/Hommelhoff/Bayer* GmbHG § 2 Rn. 19, § 15 Rn. 27; *Goette* DStR 1996, 709 f.; *Reithmann* NJW 2003, 185 (186 ff.); *Ulmer/Habersack/Winter/Ulmer* GmbHG § 2 Rn. 17a; *König/Götte/Bormann* NZG 2009, 881 ff.; *Böttcher* ZNotP 2010, 6 ff.; *Braun* DNotZ 2009, 585 ff.; *Bauer/Anders* BB 2012, 593 ff.

[78] Gesetz zur Modernisierung des GmbH-Rechts und zur Bekämpfung von Missbräuchen (MoMiG) vom 23.10.2008, BGBl. I 2026.

[79] *Bayer* DNotZ 2009, 887; *Link* RNotZ 2009, 199; *Rodewald* GmbHR 2009, 196 (197) *Böttcher* ZNotP 2010, 6 (9 ff.); *Braun* DNotZ 2009, 585 ff.; *Preuß* RNotZ 209, 529 (533); *König/Götte/Bomann* NZG 2009, 1069 ff.

[80] LG Frankfurt a. M. NJW 2010, 683 mAnm *Pilger*.

[81] Vgl. BGH DNotZ 2014, 457; dazu *Küller* NJW 2014, 1994; *Heckschen* BB 2014, 462; *Tebben* DB 2014, 585; *Herrler* GmbHR 2014, 225; *Wicke* DB 2013, 1099; *Lieder/Ritter* notar 2014, 187.

[82] *Bayer* DNotZ 2009, 887; *Pilger* NJW 2010, 683; *Böttcher* ZNotP 2010, 6 (11); *Lieder/Ritter* notar 2014, 187.

[83] KG DNotZ 2019, 134; anders die Vorinstanz AG Charlottenburg RNotZ 2016, 119.

[84] KG DNotZ 2019, 141; vgl. dazu *Stelmaszczyk* RNotZ 2019, 177 ff.

[85] *Stelmaszczyk* RNotZ 2019, 177 ff.; *Diehn* DNotZ 2019, 141; *Cramer* DStR 2018, 746 (751); *Cziupka* EWiR 2018, 137 (138).

[86] Vgl. *Diehn* DNotZ 2019, 141; *Cramer* DStR 2018, 746 (751); *Cziupka* EWiR 2018, 137 (138).

pflichten, bei ausländischen Notaren aber davon abzusehen.[87] Darüber hinaus ist die Annahme des KG, dass der Schweizer Notar über ausländisches Recht beraten muss, falsch.[88]

16a Die allgemeine Form einer **öffentlichen Urkunde** nach deutschem Recht (zB iSd § 29 GBO) kann auch durch eine von einem ausländischen Notar ausgestellte Urkunde prinzipiell erreicht werden. Auch hier wird man auf die Frage der Gleichwertigkeit bzw. die Möglichkeit der Substitution[89] abstellen müssen, allerdings nur für die Frage, ob nach dem ausländischen Recht eine öffentliche Urkunde vorliegt, zB ob bei einer Unterschriftsbeglaubigung durch den ausländischen Notar eine öffentliche Urkunde gegeben ist. Für die Substitution einer deutschen Unterschriftsbeglaubigung durch eine ausländische Unterschriftsbeglaubigung wird von *Hertel* gefordert, dass die ausländische Beglaubigung von einer mit einer entsprechenden öffentlichen Befugnis ausgestatteten Person vorgenommen wurde, dass die Beglaubigung nach dem maßgeblichen ausländischen Recht wirksam vorgenommen wurde und dass das ausländische Recht dieser Beglaubigungsform ebenfalls Beweiskraft und Echtheitsvermutungen ähnlich §§ 416, 418, 440 Abs. 2 ZPO beimisst.[90] *Reithmann* stellt darauf ab, ob der ausländische Notar als Organ der Rechtspflege handelt; deshalb sei eine Beglaubigung durch eine Person, die keiner Aufsicht unterliege nicht substituierbar iSd § 129 BGB.[91] Im Ergebnis wird man es genügen lassen müssen, wenn ein Notar nach seinem Rechtssystem zu derartigen Aufgaben offiziell befugt ist und das Verfahren eine Gewähr für die Echtheit der Unterschrift gibt.[92] Es spricht ein Erfahrungssatz des internationalen Rechtsverkehrs dafür, dass ausländische Notare die für sie maßgeblichen Zuständigkeits- und Formvorschriften beachten. Sofern also die Echtheit der ausländischen öffentlichen Urkunde feststeht und keine gewichtigen Anhaltspunkte für ihre fehlerhafte oder kompetenzwidrige Errichtung vorliegen, kann man sich auf den genannten Erfahrungssatz verlassen und ist an ihn gebunden.[93]

V. Legalisation und Apostille

17 **1. Legalisation.** Sollen inländische Urkunden im Ausland verwendet werden oder ausländische im Inland (zB zu Beweiszwecken im Gerichtsverfahren etc), dann bedürfen diese idR eines ausdrücklichen Anerkennungsverfahrens entweder in der ausführlichen Form der sog. Legalisation oder der einfachen Form der Echtheitsbestätigung, der sog. Apostille.[94] Im Verkehr mit bestimmten Staaten ist aufgrund zwischenstaatlicher Abkommen oder aufgrund Gewohnheitsrecht anerkannt, dass ausländische öffentlich-rechtliche Urkunden ohne weiteres den inländischen gleichgestellt sind.

17a § 438 ZPO bestimmt, dass die Frage, ob eine Urkunde, die als von einer ausländischen Behörde oder von einer mit öffentlichem Glauben versehenen Person des Auslandes errichtet wurde, ohne näheren Nachweis als echt anzusehen sei, das Gericht nach den

---

[87] Vgl. auch *Stelmaszczyk* GWR 2018, 103 (106).
[88] Vgl. dazu *Heckschen* DB 2018, 685 (688 f.); *Weber* MittBayNot 2018, 219 f. mit Nachweisen zum Schweizer Recht.
[89] Vgl. *Winkler* BeurkG Einl. Rn. 66; MüKoBGB/*v. Hein* IPR Einl. Rn. 602 ff.; Reithmann/Martiny/*Reithmann* Rn. 5.318 ff.; *Hug*, Die Substitution im IPR, 1983; *Manse* FS W. Lorenz 1991, 689 ff.; Bauer/von Oefele/*Knothe* GBO Internationale Bezüge Rn. 623, 628 ff.; Hügel/*Zeiser* GBO Internationale Bezüge Rn. 238 ff.
[90] Staudinger/*Hertel* BGB § 129 Rn. 157.
[91] Reithmann/Martiny/*Reithmann* Rn. 5.310.
[92] Vgl. auch Reithmann/Martiny/*Reithmann* Rn. 5.310 ff.
[93] OLG Zweibrücken MittRhNotK 1999, 241 (242) = FGPrax 1999, 86; LG Darmstadt MittBayNot 2008, 317; LG Wuppertal RNotZ 2005, 123; *Demharter* GBO § 29 Rn. 50 ff.; Armbrüster/Preuß/Renner/*Armbrüster* BeurkG § 1 Rn. 54; *Roth* IPrax 1994, 86 (87).
[94] Vgl. allgemein hierzu *Geimer/Schütze*, Internationaler Rechtsverkehr in Zivil- und Handelssachen, Stand 2019, Bd. II, Abschnitt D; *Bindseil* DNotZ 1992, 275; *Stürner* DNotZ 1995, 343; *Roth* IPRax 1994, 86; *Winkler* BeurkG Einl. Rn. 82 ff.; Armbrüster/Preuß/Renner/*Armbrüster* BeurkG § 1 Rn. 72 ff.; Staudinger/*Hertel* BeurkG Vorb. zu §§ 127a, 128 Rn. 803; *Kierdorf*, Die Legalisation von Urkunden, 1975; Wieczorek/Schütze/*Ahrens* ZPO § 438 Rn. 1 ff.; Musielak/Voit/*Huber* ZPO § 438 Rn. 1 ff.; MüKoZPO/*Schreiber* ZPO § 438 Rn. 4; Zöller/*Geimer* ZPO § 438 Rn. 2; BeckOGK/*Gößl* BeurkG § 2 Rn. 33 ff.

Umständen des Falles zu ermessen habe, wobei zum Beweis der Echtheit einer solchen Urkunde die Legalisation durch einen Konsul oder Gesandten des Bundes genügt.

Nach Art. 2 S. 2 des Haager Übereinkommens vom 5.10.1961 zur Befreiung ausländischer öffentlicher Urkunden von der Legalisation (BGBl. 1965 II 875; 1966 II 106) ist eine **Legalisation** „die Förmlichkeit, durch welche die diplomatischen oder konsularischen Vertreter des Landes, in dessen Hoheitsgebiet die Urkunde vorgelegt werden soll, die Echtheit der Unterschrift, die Eigenschaft, in welcher der Unterzeichner der Urkunde gehandelt hat, und ggf. die Echtheit des Siegels oder Stempels, mit dem die Urkunde zu versehen ist, bestätigen." Die Legalisation ist also die Bestätigung der Echtheit einer ausländischen öffentlichen Urkunde durch den Konsularbeamten des Staates, in dem die Urkunde verwendet werden soll. Die deutschen Konsularbeamten sind allgemein befugt, die in ihrem Amtsbereich ausgestellten öffentlichen ausländischen Urkunden zu legalisieren (§ 13 Abs. 1 KonsularG).[95] Nach § 13 Abs. 4 KonsularG kann auf Antrag in dem Legalisationsvermerk auch bestätigt werden, dass der Aussteller zur Aufnahme der Urkunde zuständig war und dass die Urkunde in der den Gesetzen des Ausstellungsorts entsprechenden Form aufgenommen worden ist (Legalisation im weiteren Sinne). Soll eine deutsche notarielle Urkunde im Ausland verwendet werden, so ist ebenfalls die Legalisation durch die Konsularbehörden des Verwendungsstaats erforderlich.[96] Da diese idR die Unterschrift des deutschen Notars nicht kennen, wird meistens ein inländisches Beglaubigungsverfahren verlangt, das für die Legalisation erforderlich ist. Im ersten Schritt ist eine sog. **Zwischenbeglaubigung** durch den zuständigen Landgerichtspräsidenten erforderlich. Dieser leitet die Urkunde dann weiter über das Landes- an das Bundesjustizministerium. Zur Entlastung der Bundesbehörden ist das **Bundesverwaltungsamt** in Köln[97] für die **Endbeglaubigung** zuständig. Viele ausländische Vertretungen verzichten auf vertragloser Grundlage auf diese Endbeglaubigung und begnügen sich mit der Zwischenbeglaubigung durch einen Präsidenten des Landgerichts.

2. Apostille. Bei den Staaten, die das Haager Übereinkommen vom 5.10.1961 zur Befreiung ausländischer öffentlicher Urkunden von der Legalisation ratifiziert haben, tritt anstelle der Legalisation eine vereinfachte Form der Echtheitsbestätigung, die sog. **Apostille.**

Die Zahl der Vertragsstaaten wächst kontinuierlich.[98] Urkunden aus diesen Staaten bedürfen daher keiner Legalisation; sie gelten in allen Vertragsstaaten als echt, wenn sie mit der Apostille versehen sind. Zu öffentlichen Urkunden gehören auch die Urkunden ausländischer Notare[99], wenn sie gleichwertig sind.[100] Ausfertigungen sind ebenso öffentliche Urkunden wie Urschriften.[101] Auch eine öffentlich beglaubigte Urkunde oder eine Privaturkunde mit Unterschriftsbeglaubigung ist öffentliche Urkunde in diesem Sinne, wobei bei letzterer der Beglaubigungsvermerk die öffentliche Urkunde ist.[102] Ob die

---

[95] Armbrüster/Preuß/Renner/*Armbrüster* BeurkG § 1 Rn. 80 ff.; Bindseil DNotZ 1992, 275 (275 f.); Hecker/Müller-Chorus/*Bindseil* C § 4 Rn. 14; BeckOGK/*Gößl* BeurkG § 2 Rn. 35.
[96] Vgl. Informationen des Auswärtigen Amtes zu den einzelnen Konsulaten der Länder: https://www.auswaertiges-amt.de/de/ReiseUndSicherheit/reise-und-sicherheitshinweise/konsularinfo/internationaler-urkundenverkehr#content_0.
[97] Vgl. *Bindseil* DNotZ 1992, 275 (276 ff.); Hecker/Müller-Chorus/*Bindseil* C § 4 Rn. 14; https://www.bva.bund.de/DE/Services/Buerger/Ausweis-Dokumente-Recht/Apostillen-Beglaubigungen/apostillen-beglaubigungen_node.html mit Listen der Staaten, die eine Endbeglaubigung verlangen und Antragsformular.
[98] Vgl. das Verzeichnis der Beitrittsstaaten zum Haager Übereinkommen www.dnoti.de und die Homepage der Haager Konferenz mit einem aktuellen Überblick: www.hcch.net/index_en.php?act=conventions.status&cid=41; ferner das Auswärtige Amt: https://www.auswaertiges-amt.de/blob/2096892/39f304aa09e0312cb98e93fa3c024107/liste-haager-apostille-data.pdf.
[99] Armbrüster/Preuß/Renner/*Armbrüster* BeurkG § 1 Rn. 53; Staudinger/*Hertel* BeurkG Vorb. zu §§ 127a, 128 Rn. 803.
[100] → Rn. 16.
[101] Armbrüster/Preuß/Renner/*Armbrüster* BeurkG § 1 Rn. 53.
[102] Armbrüster/Preuß/Renner/*Armbrüster* BeurkG § 1 Rn. 53.

Urschrift oder eine Ausfertigung mit der Apostille versehen wird, entscheidet sich nach § 45 Abs. 2, wonach die Aushändigung der Urschrift zulässig ist, wenn dargelegt wird, dass die Urkunde im Ausland verwendet werden soll und sämtliche Personen zustimmen, die nach § 51 eine Ausfertigung verlangen können. Das ist zB der Fall, wenn – wie häufig bei Vollmachten – das ausländische Recht die Stellvertreterform der Ausfertigung nicht kennt.

19b Die Apostille ist nach dem Muster in der Anlage zum Übereinkommen abzufassen und auf der Urkunde, die im Ausland verwendet werden soll (je nachdem, ob Urschrift notwendig ist oder Ausfertigung genügt, auf dieser) selbst oder auf einem mit ihr verbundenen Blatt anzubringen. Die Überschrift „Apostille (convention de la Haye du 5 octobre 1961)" muss in französischer Sprache gefasst sein, im Übrigen kann der Text in der Amtssprache der ausstellenden Behörde bzw. der gedruckte Text auch in einer zweiten Sprache verfasst sein. Nach Art. 6 des Übereinkommens bestimmt jeder Vertragsstaat die Behörde, die zuständig ist, die Apostille auszustellen. Die Zuständigkeit für die Erteilung der Apostille in Deutschland ist in der Verordnung vom 8.2.1966 seit der Durchführung des Art. 2 des Gesetzes zum Haager Übereinkommen vom 5.10.1961 geregelt. Zuständig für die Erteilung der Apostille hinsichtlich notarieller Urkunden ist danach der Präsident des Landgerichts. In den ausländischen Staaten sind unterschiedliche Behörden hierfür zuständig.[103]

Verzeichnis der Beitrittsstaaten zum Haager Übereinkommen zur Befreiung ausländischer öffentlicher Urkunden von der Legalisation vom 5.10.1961 (BGBl. 1965 II 876):[104]

Albanien	seit 9.12.2016	BGBl. 2017 II 160
Andorra	seit 31.12.1996	BGBl. 1996 II 2802
Antigua und Barbuda	seit 1.11.1981	BGBl. 1986 II 542
Argentinien	seit 18.2.1988	BGBl. 1988 II 235
Armenien	seit 14.8.1994	BGBl. 1994 II 2532
Australien	seit 16.3.1995	BGBl. 1995 II 222
Bahamas	seit 10.7.1973	BGBl. 1977 II 20
Bahrain	seit 31.12.2013	BGBl. 2013 II 1593
Barbados	seit 11.8.1995	BGBl. 1996 II 934
Belarus (Weißrussland)	seit 31.5.1992	BGBl. 1993 II 1005
Belgien	seit 9.2.1976	BGBl. 1976 II 199
Belize	seit 11.4.1993	BGBl. 1993 II 1005
Bolivien	seit 7.5.2018	BGBl. 2018 II 102
Bosnien-Herzegowina	seit 6.3.1992	BGBl. 1994 II 82
Botsuana	seit 30.9.1966	BGBl. 1970 II 121
Botswana	seit 30.9.1966	BGBl. 1970 II 121
Brasilien	seit 14.8.2016	BGBl. 2016 II 1008
Brunei-Darussalam	seit 3.12.1987	BGBl. 1988 II 154
Bulgarien	seit 29.4.2001	BGBl. 2001 II 801
Chile	seit 30.8.2016	BGBl. 2016 II 1008

---

[103] Vgl. Verzeichnis der zuständigen Behörden, abgedr. in *Geimer/Schütze*, Internationaler Rechtsverkehr in Zivil- und Handelssachen, Stand 2019, Abschn. D.
[104] Vgl. die ständig aktualisierte Übersicht http://www.dnoti.de/arbeitshilfen-kopie/ipr-und-auslaendisches-recht.

§ 2 Überschreiten des Amtsbezirks　　　　　　　　　　　　　19b　§ 2 BeurkG

China (nur für Urkunden aus Hongkong und Macao; siehe dort)		
Cookinseln	seit 30.4.2005	BGBl. 2005 II 752
Costa Rica	seit 14.12.2011	BGBl. 2012 II 79
Dänemark (außer Grönland, Färöer)	seit 17.6.1936	Deutsch-Dänisches Beglaubigungsabkommen vom 17.6.1936 (RGBl. 1936 II 213) – daneben Haager Abkommen seit 29.12.2006 (BGBl. 2008 II 224)
Dominica	seit 3.11.1978	BGBl. 2003 II 734
Ecuador	seit 2.4.2005	BGBl. 2005 II 752
El Salvador	seit 31.5.1996	BGBl. 1996 II 934
Estland	seit 30.9.2001	BGBl. 2002 II 626
Fidschi	seit 10.10.1970	BGBl. 1971 II 1016
Finnland	seit 26.8.1985	BGBl. 1985 II 1006
Frankreich	seit 13.2.1966	BGBl. 1966 II 106
Georgien	seit 3.2.2010 (für Deutschland)[105]	BGBl. 2010 II 809
Grenada	seit 7.2.1974	BGBl. 1975 II 366
Griechenland	seit 18.5.1985	BGBl. 1985 II 1108
Großbritannien (Vereinigtes Königreich von Großbritannien und Nordirland) (ebenso für folgende britische Kron- bzw. Überseegebiete: Anguilla, Bermuda, Caymaninseln = Kaimaninseln, Falklandinseln, Gibraltar, Guernsey, Isle of Man, Jersey, Britische Jungferninseln = British Virgin Islands, Montserrat, St. Helena, Turks- und Caicosinseln)	seit 13.2.1966	BGBl. 1966 II 106
Guatemala	seit 18.9.2017	BGBl. 2017 II 1309
Guyana	seit 18.4.2019	
Honduras	seit 30.9.2004	BGBl. 2005 II 64
Hongkong (China)	seit 25.4.1965	BGBl. 2003 II 583
Irland	seit 9.3.1999	BGBl. 1999 II 142
Island	seit 27.11.2004	BGBl. 2005 II 64
Israel	seit 14.8.1978	BGBl. 1978 II 1198
Italien	seit 11.2.1978	BGBl. 1978 II 153
Japan	seit 27.7.1970	BGBl. 1970 II 752
Kap Verde	seit 13.2.2010	BGBl. 2010 II 93
Kasachstan	seit 30.1.2001	BGBl. 2001 II 298

[105] Deutschland und Griechenland haben einen Einspruch nach Art. 12 Abs. 2 des Abkommens eingelegt. Deutschland hat diesen Einspruch allerdings mit Schreiben vom 2.2.2010 mit Wirkung zum 3.2.2010 wieder zurückgenommen.

Kolumbien	seit 30.1.2001	BGBl. 2001 II 298; BGBl. 2005 II 752
Korea (Republik Südkorea)	seit 14.7.2007	BGBl. 2008 II 224
Kroatien[106]	seit 8.10.1991	BGBl. 1994 II 82
Lesotho	seit 4.10.1966	BGBl. 1972 II 1466
Lettland	seit 30.1.1996	BGBl. 1996 II 223
Liechtenstein	seit 17.9.1972	BGBl. 1972 II 1466
Litauen	seit 19.7.1997	BGBl. 1998 II 1400
Luxemburg	seit 3.6.1979	BGBl. 1979 II 684
Macao (China)	seit 4.2.1969	BGBl. 1969 II 120
Malawi	seit 2.12.1967	BGBl. 1968 II 76
Malta	seit 2.3.1968	BGBl. 1968 II 131
Marschallinseln	seit 14.8.1992	BGBl. 1992 II 948
Mauritius	seit 12.3.1968	BGBl. 1970 II 121
Mexiko	seit 14.8.1995	BGBl. 1995 II 694
Monaco	seit 31.12.2002	BGBl. 2003 II 63
Montenegro	seit 3.6.2006	BGBl. 2008 II 224
Namibia	seit 30.1.2001	BGBl. 2001 II 298
Neuseeland	seit 22.11.2001	BGBl. 2002 II 626
Nicaragua	seit 14.5.2013	BGBl. 2013 II 528
Niederlande	seit 13.2.1966	BGBl. 1966 II 106
Niue	seit 2.3.1999	BGBl. 1999 II 142
Nord-Mazedonien (FY ROM)	seit 17.9.1991	BGBl. 1994 II 1191
Norwegen	seit 29.7.1983	BGBl. 1983 II 478
Österreich	seit 13.1.1968	BGBl. 1968 II 76
Oman	seit 30.2.2012	BGBl. 2013 II 273
Panama	seit 4.8.1991	BGBl. 1991 II 998
Peru	seit 1.1.2014	BGBl. 2014 II 137
Polen	seit 14.8.2005	BGBl. 2006 II 132
Portugal	seit 4.2.1969	BGBl. 1969 II 120
Puerto Rico	seit 15.10.1981	BGBl. 1981 II 903
Rumänien	seit 16.3.2001	BGBl. 2001 II 801
Russland	seit 31.5.1992	BGBl. 1992 II 948
Samoa	seit 13.9.1999	BGBl. 1999 II 794
San Marino	seit 13.2.1995	BGBl. 1995 II 222
São Tome und Principe	ab 13.9.2008	BGBl. 2009 II 596
Schweden	seit 1.5.1999	BGBl. 1999 II 420
Schweiz	seit 11.3.1973	BGBl. 1973 II 176

---

[106] Als einer der Nachfolgestaaten der Sozialistischen Föderativen Republik Jugoslawien (Nachfolgeerklärung BGBl. 1993 II 1962).

Serbien	seit 24.1.1965	BGBl. 1966 II 106; BGBl. 2008 II 224
Seychellen	seit 31.3.1979	BGBl. 1979 II 417
Slowakei	seit 18.2.2002	BGBl. 2002 II 626
Slowenien	seit 25.6.1991	BGBl. 1993 II 1005
Spanien	seit 25.9.1978	BGBl. 1978 II 1330
St. Kitts und Nevis	seit 14.12.1994	BGBl. 1994 II 3765
St. Lucia	seit 31.7.2002	BGBl. 2002 II 2503
St. Vincent und die Grenadinen	seit 27.10.1979	BGBl. 2003 II 698
Südafrika	seit 30.4.1995	BGBl. 1995 II 326
Suriname	seit 25.11.1975	BGBl. 1977 II 593
Swasiland	seit 6.9.1968	BGBl. 1979 II 417
Tonga	seit 4.6.1970	BGBl. 1972 II 254
Trinidad und Tobago	seit 14.7.2000	BGBl. 2000 II 34
Tschechische Republik	seit 16.3.1999	BGBl. 1999 II 142
Türkei	seit 29.9.1985	BGBl. 1985 II 1108
Ukraine[107]	seit 22.7.2010 (für Deutschland)	BGBl. 2008 II 224; BGBl. 2010 II 1195
Ungarn	seit 18.1.1973	BGBl. 1973 II 65
Uruguay	seit 4.10.2012	BGBl. 2012 II 1029
Vanuatu	seit 30.7.1980	Notifikation v. 1.8.2009; BGBl. 2009 II 596
Venezuela	seit 16.3.1999	BGBl. 1999 II 142
Vereinigte Staaten von Amerika	seit 15.10.1981	BGBl. 1981 II 903
Weißrussland (Belarus)	seit 31.5.1992	BGBl. 1993 II 1005
Zypern	seit 30.4.1973	BGBl. 1973 II 391

3. Bilaterale Abkommen. Mit einer Reihe von Staaten sind zwei- oder mehrseitige **20** Verträge abgeschlossen worden, wonach Urkunden, die in diesen Staaten verwendet werden sollen, weder eine Legalisation noch eine Apostille benötigen. Dieser Verzicht auf Förmlichkeiten im bilateralen Urkundenverkehr geht davon aus, dass die Behörden in dem Verwendungsstaat auf die Rechtmäßigkeit der Erstellung der Urkunde im Herstellungsland vertrauen. Die Bundesrepublik Deutschland hat mit folgenden Staaten bilaterale Verzichtsabkommen in diesem Sinne geschlossen:[108]

– **Belgien:** Vertrag zwischen der Bundesrepublik Deutschland und dem Königreich Belgien über die Befreiung öffentlicher Urkunden von der Legalisation vom 13.5.1975 (BGBl. 1980 II 815);
Das Abkommen wird jedoch offenbar zT **in Belgien nicht anerkannt.**[109] Es dürfte sich daher empfehlen, bei der Verwendung deutscher Urkunden in Belgien vorsichtshalber eine Apostille einzuholen. Umgekehrt ist hingegen für die Verwendung belgischer Urkunden in Deutschland keine Apostille erforderlich.

---

[107] Besonderheiten für die Krim, Donezk und Lugansk.
[108] Vgl. im Einzelnen *Bülow/Böckstiegel/Geimer/Schütze,* Internationaler Rechtsverkehr in Zivil- und Handelssachen, Stand 2008, Abschn. D; *Weingärtner,* Notarrecht, Dok.-Nr. 420. Die folgenden Erläuterungen wurden von der Homepage des DNotI (www.dnoti.de, abgerufen am 25.2.2016) übernommen.
[109] Vgl. BeckNotar-HdB/*Süß* H. Rn. 344B.

– **Dänemark:** Deutsch-Dänisches Beglaubigungsabkommen vom 17.6.1936 (RGBl. II 213).
– **Frankreich:** Abkommen zwischen der Bundesrepublik Deutschland und der Französischen Republik über die Befreiung öffentlicher Urkunden von der Legalisation vom 13.9.1971 (BGBl. 1974 II 1100).
– **Griechenland:** Deutsch-griechisches Abkommen über die gegenseitige Rechtshilfe in Angelegenheiten des bürgerlichen und Handels-Rechts vom 11.5.1938 (RGBl. 1939, 848).
– **Italien:** Vertrag zwischen der Bundesrepublik Deutschland und der Italienischen Republik über den Verzicht auf die Legalisation von Urkunden vom 7.6.1969 (BGBl. 1974 II 1069).
– **Österreich:** Deutsch-österreichischer Beglaubigungsvertrag vom 21.6.1923 (RGBl. 1924 II 61).

20a Sonderfälle:

– **Griechenland:** Das Deutsch-griechische Abkommen über die gegenseitige Rechtshilfe in Angelegenheiten des bürgerlichen und Handels-Rechts vom 11.5.1938 (RGBl. 1939 II 848) stellt bestimmte **gerichtliche** und behördliche Urkunden von jeglichem Echtheitsnachweis frei (Landgericht oder höheres Gericht, oberste Verwaltungsbehörde, oberster Verwaltungsgerichtshof). Für Urkunden anderer Gerichte und Behörden sowie von **Notaren,** Grundbuchämtern etc ist hingegen eine Überbeglaubigung durch den Präsidenten des jeweiligen Gerichtshofs erster Instanz in Griechenland (bzw. für deutsche Urkunden Überbeglaubigung durch den Landgerichtspräsidenten) erforderlich (wobei in der Praxis statt dessen eine Apostille verwendet wird).
– **Polen:** In der Weimarer Zeit schlossen Polen und das Deutsche Reich ein bilaterales Abkommen zur Befreiung vom Legalisationserfordernis ab (RGBl. 1925 II 139). Das Abkommen wird aber infolge des Zweiten Weltkrieges und der damaligen Besetzung Polens durch Deutschland **nicht mehr angewandt.**
– **Schweiz:** Der deutsch-schweizerische Vertrag über die Beglaubigung öffentlicher Urkunden vom 14.2.1907 (RGBl. 411) **gilt nicht für notarielle Urkunden.** Für notarielle Urkunden ist daher eine Apostille erforderlich.

VI. Vollstreckbare Urkunde im europäischen Rechtsverkehr

21 Mit der Verordnung (EG) Nr. 44/2001 vom 20.12.2000 **(Brüssel I-VO)** über die gerichtliche Zuständigkeit und die Anerkennung und Vollstreckung von Entscheidungen in Zivil- und Handelssachen (ABl. 2001 L 12) wurde das Brüsseler Gerichtsstands- und Vollstreckungsübereinkommen von 1968 (EuGVÜ) vergemeinschaftet.[110]

21a Am 10.1.2015 ist die neue Verordnung (EU) Nr. 1215/2012 des Europäischen Parlaments und des Rates vom 12.12.2012 über die gerichtliche Zuständigkeit und Anerkennung und Vollstreckung von Entscheidungen in Zivil- und Handelssachen in Kraft getreten. Die Brüssel I-VO Nr. 44/2001 wird hierdurch abgelöst.[111] Die Verordnung ist unmittelbar anwendbares Recht in den Mitgliedstaaten. Das Gesetz zur Durchführung der Verordnung (EU) Nr. 1215/2012 sowie zur Änderung sonstiger Vorschriften vom 8.7.2015[112] regelt die Durchführung der Verordnung. Art. 58 der Verordnung betrifft die grenzüberschreitende Vollstreckbarkeit von öffentlichen Urkunden. Öffentliche Urkunden, die im Ursprungsmitgliedstaat vollstreckbar sind, sind danach in den anderen Mitgliedstaaten vollstreckbar, ohne dass es einer Vollstreckbarerklärung bedarf. Die Zwangsvollstreckung aus der öffentlichen Urkunde kann nur versagt werden, wenn sie der öffentlichen Ordnung *(ordre public)*

---

[110] *Fleischhauer* MittBayNot 2002, 15 ff.; *Geimer* IPRax 2002, 69; *Piltz* NJW 2002, 789; *Wagner* IPRax 2002, 75.
[111] ABl. L 351, 1 ff.; vgl. dazu *Alio* NJW 2014, 2.
[112] BGBl. I 890.

des ersuchten Mitgliedstaats offensichtlich widersprechen würde. Die bis zur Neuregelung nach VO Nr. 44/2001 notwendige Vollstreckbarkeitserklärung entfällt. Stattdessen hat der Antragsteller nun nur noch der Vollstreckungsbehörde die Ausfertigung der Entscheidung im Original und eine nach Art. 53 ausgestellte Bescheinigung, mit der bestätigt wird, dass die Entscheidung vollstreckbar ist, vorzulegen. Das Formular für die Bescheinigung ist im Anhang II zur Verordnung enthalten. Nach der Verordnung bestimmen die Mitgliedstaaten selbst, welche Stellen für die Vollstreckbarerklärung ausländischer öffentlicher Urkunden und für die Erteilung der Bescheinigung über die Vollstreckbarkeit inländischer Urkunden zuständig sind. Zuständig für die Ausstellung der Vollstreckungsbescheinigung für Urkunden ist nach § 1110 ZPO nF der zuständige Notar.

Für **Geldforderungen** wurde durch EG-Verordnung Nr. 805/2004 vom 21.4.2004 zur **21b** Einführung eines europäischen Vollstreckungstitels für unbestrittene Forderungen[113] und das zu ihrer Umsetzung erlassene EG-Vollstreckungsänderungsgesetz[114] eine Vereinfachung geschaffen.[115] Die Regelungen wurden in den §§ 1079 bis 1086 ZPO umgesetzt. Sie regeln auch die Vollstreckung notarieller Urkunden über Geldforderungen in anderen EU-Staaten. Nach **Art. 25 EG-Verordnung Nr. 805/2004** kann eine öffentliche Urkunde (Art. 4 Nr. 3 VO Nr. 805/2004, insbes. notarielle Niederschriften) über „eine Forderung auf Zahlung einer **bestimmten Geldsumme,** die fällig ist oder deren **Fälligkeitsdatum** in (…) der öffentlichen Urkunde angegeben ist" (Art. 4 Nr. 2 VO Nr. 805/2004) auf Antrag „als **Europäischer Vollstreckungstitel** bestätigt" werden. Die öffentliche Urkunde ist dann in den anderen EU-Mitgliedstaaten (außer Dänemark) vollstreckbar, ohne dass es dort einer Vollstreckbarerklärung bedarf und ohne dass ihre Vollstreckbarkeit angefochten werden kann. **Die Bestätigung als Europäischer Vollstreckungstitel** erfolgt nur auf entsprechenden Antrag des Vollstreckungsgläubigers. Zuständig für die Bestätigung ist der Notar, der die Vollstreckungsunterwerfung beurkundet hat (§§ 1079, 797 Abs. 2 ZPO). Für die Bestätigung ist das Formblatt nach Anhang II der VO Nr. 805/2004 zu verwenden.

VII. Der Umfang des Territoriums der Bundesrepublik Deutschland

Die Zuständigkeit des Notars folgt aus dem Territorialitätsprinzip; das Territorium der **22** Bundesrepublik Deutschland stellt auch umgekehrt die äußerste Zuständigkeitsgrenze für ein Tätigwerden des Notars dar. Das **Staatsgebiet** umfasst dabei die Häfen, geschlossene Buchten und die Küstengewässer innerhalb von drei Seemeilen vom Uferrand zur Zeit der Ebbe. Innerhalb dieser Grenzen darf der Notar auch auf fremden Handelsschiffen beurkunden.[116] **Seeschiffe** auf hoher See, also außerhalb des Hoheitsgebiets eines anderen Staates, unterstehen grundsätzlich der Hoheitsgewalt des Flaggenstaates, so dass ein deutscher Notar auf einem deutschen Schiff beurkunden darf.[117] Dies gilt nicht für Kriegsschiffe, diese gelten immer als Teil des Heimatstaates.[118] Wie Schiffe zu behandeln sind Luftschiffe, die sich in der Luft befinden.[119] Flugzeuge auf Flughäfen sind Teil des Staatsgebietes. Die Gebäude **diplomatischer Vertretungen** und die Wohnungen exterritorialer Personen sind Hoheitsgebiet des Empfangs- und nicht des Absendestaates, so dass ein deutscher Notar in Deutschland in sämtlichen Botschaften Beurkundungsakte vornehmen darf, nicht aber in deutschen Botschaften im Ausland.[120]

---

[113] ABl. L 143, 15.
[114] BGBl. 2005 I 2477.
[115] Vgl. *Franzmann* MittBayNot 2005, 470.
[116] Armbrüster/Preuß/Renner/*Preuß* BeurkG § 2 Rn. 21 f.; *Winkler* BeurkG Einl. Rn. 43.
[117] Vgl. Armbrüster/Preuß/Renner/*Preuß* BeurkG § 2 Rn. 21 f.; *Winkler* BeurkG Einl. Rn. 43; Schippel/Bracker/*Püls* BNotO § 11a Rn. 5.
[118] Armbrüster/Preuß/Renner/*Preuß* BeurkG § 2 Rn. 21 f.; *Winkler* BeurkG Einl. Rn. 43.
[119] Armbrüster/Preuß/Renner/*Preuß* BeurkG § 2 Rn. 21; *Eder* BWNotZ 1982, 75; *Winkler* BeurkG Einl. Rn. 44.
[120] Armbrüster/Preuß/Renner/*Preuß* BeurkG § 2 Rn. 23; *Winkler* BeurkG Einl. Rn. 42; *Schoettensack* DNotZ 1952, 265 (270).

§ 3 Verbot der Mitwirkung als Notar

(1) ¹Ein Notar soll an einer Beurkundung nicht mitwirken, wenn es sich handelt um
1. eigene Angelegenheiten, auch wenn der Notar nur mitberechtigt oder mitverpflichtet ist,
2. Angelegenheiten seines Ehegatten, früheren Ehegatten oder seines Verlobten,
2a. Angelegenheiten seines Lebenspartners oder früheren Lebenspartners,
3. Angelegenheiten einer Person, die mit dem Notar in gerader Linie verwandt oder verschwägert oder in der Seitenlinie bis zum dritten Grade verwandt oder bis zum zweiten Grade verschwägert ist oder war,
4. Angelegenheiten einer Person, mit der sich der Notar zur gemeinsamen Berufsausübung verbunden oder mit der er gemeinsame Geschäftsräume hat,
5. Angelegenheiten einer Person, deren gesetzlicher Vertreter der Notar oder eine Person im Sinne der Nummer 4 ist,
6. Angelegenheiten einer Person, deren vertretungsberechtigtem Organ der Notar oder eine Person im Sinne der Nummer 4 angehört,
7. Angelegenheiten einer Person, für die der Notar, eine Person im Sinn der Nummer 4 oder eine mit dieser im Sinn der Nummer 4 oder in einem verbundenen Unternehmen (§ 15 des Aktiengesetzes) verbundene Person außerhalb einer Amtstätigkeit in derselben Angelegenheit bereits tätig war oder ist, es sei denn, diese Tätigkeit wurde im Auftrag aller Personen ausgeübt, die an der Beurkundung beteiligt sein sollen,
8. Angelegenheiten einer Person, die den Notar in derselben Angelegenheit bevollmächtigt hat oder zu der der Notar oder eine Person im Sinne der Nummer 4 in einem ständigen Dienst- oder ähnlichen ständigen Geschäftsverhältnis steht, oder
9. Angelegenheiten einer Gesellschaft, an der der Notar mit mehr als fünf vom Hundert der Stimmrechte oder mit einem anteiligen Betrag des Haftkapitals von mehr als 2 500 Euro beteiligt ist.

²Der Notar hat vor der Beurkundung nach einer Vorbefassung im Sinne der Nummer 7 zu fragen und in der Urkunde die Antwort zu vermerken.

(2) ¹Handelt es sich um eine Angelegenheit mehrerer Personen und ist der Notar früher in dieser Angelegenheit als gesetzlicher Vertreter oder Bevollmächtigter tätig gewesen oder ist er für eine dieser Personen in anderer Sache als Bevollmächtigter tätig, so soll er vor der Beurkundung darauf hinweisen und fragen, ob er die Beurkundung gleichwohl vornehmen soll. ²In der Urkunde soll er vermerken, daß dies geschehen ist.

(3) ¹Absatz 2 gilt entsprechend, wenn es sich handelt um
1. Angelegenheiten einer Person, deren nicht zur Vertretung berechtigtem Organ der Notar angehört,
2. Angelegenheiten einer Gemeinde oder eines Kreises, deren Organ der Notar angehört,
3. Angelegenheiten einer als Körperschaft des öffentlichen Rechts anerkannten Religions- oder Weltanschauungsgemeinschaft oder einer als Körperschaft des öffentlichen Rechts anerkannten Teilorganisation einer solchen Gemeinschaft, deren Organ der Notar angehört.

²In den Fällen der Nummern 2 und 3 ist Absatz 1 Nr. 6 nicht anwendbar.

Übersicht

	Rn.
A. Bedeutung und Gesetzeszweck	1
B. Reichweite der Norm	3
I. Sachlicher Geltungsbereich	3
II. Persönlicher Geltungsbereich	6
C. Begriff der „Angelegenheit"	7
I. Angelegenheit = Rechtssache	7

	Rn.
II. Materielle Sachbeteiligung	8
III. Einzelfälle	9
D. Die Mitwirkungsverbote im Einzelnen	30
I. Eigenbeteiligung, Abs. 1 Nr. 1	30
II. Beteiligung des Ehepartners, Abs. 1 Nr. 2	31
III. Beteiligung von Angehörigen, Abs. 1 Nr. 3	32
IV. Beteiligung von beruflich verbundenen Personen, Abs. 1 Nr. 4	33
V. Beteiligung von gesetzlich vertretenen Personen, Abs. 1 Nr. 5	35
VI. Beteiligung als Organmitglied, Abs. 1 Nr. 6	38
VII. Außernotarielle Befassung, Abs. 1 Nr. 7	40
VIII. Bevollmächtigungen sowie Dienst- oder ähnliche Geschäftsverhältnisse, Abs. 1 Nr. 8	56
IX. Beteiligung an einer Kapitalgesellschaft, Abs. 1 Nr. 9	58
E. Hinweis- und Fragepflicht gem. Abs. 2 und Abs. 3	60
I. Gesetzeszweck	60
II. Fallgestaltungen im Einzelnen	62
III. Belehrungs- und Dokumentationspflicht	63
F. Folgen eines Verstoßes	65
I. Berufsrechtliche Sanktionen	65
II. Strafrechtliche Sanktionen	66
III. Zivilrechtliche Folgen	67
IV. Kostenrechtliche Folgen	69

A. Bedeutung und Gesetzeszweck

Der Notar ist (wie der Richter) zur **unparteiischen Amtsausübung** verpflichtet. Gesetzliche Tätigkeitsbeschränkungen in den §§ 3, 6, 7 und 27 sollen (entsprechend den für Richter geltenden § 41 ZPO, §§ 22, 23 StPO) das Publikum vor Gefährdungen dieser Unparteilichkeit schützen. Im Interesse einer geordneten vorsorgenden Rechtspflege soll bereits der Anschein einer Gefährdung der Unabhängigkeit und Neutralität vermieden werden.[1] Die in § 3 enthaltenen Mitwirkungsverbote, die vor allem das **Anwaltsnotariat** treffen, sind mit Rücksicht auf die erweiterte Zulässigkeit nebenberuflicher Tätigkeiten und die gewandelten Organisationsformen beruflicher Zusammenarbeit durch die Novelle 1998 erheblich erweitert und verschärft worden (zu den vom Notar zu treffenden Vorkehrungen für die Einhaltung der Mitwirkungsverbote vgl. § 28 BNotO, zu den Kontrollrechten der Notaraufsicht § 93 Abs. 4 BNotO).

§ 3 ist eine **Soll-Vorschrift,** begründet aber eine **unbedingte Amtspflicht.**[2] Ihre Verletzung führt nicht zur Unwirksamkeit der Beurkundung, wenn nicht einer der in den §§ 6, 7, 27 genannten qualifizierten Tatbestände vorliegt.

B. Reichweite der Norm

I. Sachlicher Geltungsbereich

§ 3 gilt für die gesamte Urkundstätigkeit des Notars. § 16 Abs. 1 BNotO erweitert seinen Geltungsbereich auf die gesamte Amtstätigkeit des Notars und damit auch auf reine Unterschriftsbeglaubigungen.

Die *ratio legis* verbietet es, § 3 bei der Beurkundung von **Vollzugsvollmachten** anzuwenden, die den Notar zur Vorbereitung und Durchführung von Amtsgeschäften berechtigen. Diese Vollmachten begünstigen den Notar nicht, sondern dienen der Durch-

---

[1] BT-Drs. 13/4184, 36.
[2] BGH DNotZ 1985, 231.

führung seiner Amtsgeschäfte.³ So ist es üblich, dem Notar eine von ihm selbst beurkundete Vollmacht zu erteilen, die Grundbuchanträge der Parteien zu berichtigen und zu ergänzen sowie die erforderlichen Genehmigungen einzuholen. Ebenso kann der Notar auf diese Weise ermächtigt werden, die Genehmigung des Betreuungs- bzw. Familiengerichts im Auftrag des gesetzlichen Vertreters dem anderen Teil zu erklären (§ 1829 Abs. 1 S. 2 BGB) und die Genehmigung in Vollmacht des Vertragspartners entgegenzunehmen.⁴

5   **Vollstreckungsklauseln** werden gem. § 52 nach den Vorschriften der ZPO erteilt. Hier gilt für die Mitwirkungsverbote § 3 über § 16 BNotO entsprechend.⁵ Dies gilt auch für die Vollstreckbarkeitserklärung eines Anwaltsvergleichs gem. § 796c ZPO.⁶

II. Persönlicher Geltungsbereich

6   Gemäß § 1 Abs. 2 gilt § 3 für **alle Beurkundungsorgane.** Für den gem. §§ 22, 25, 29 hinzugezogenen **zweiten Notar** geht § 26 als *lex specialis* vor⁷ (für den **Notarvertreter** vgl. §§ 39 Abs. 4, 41 Abs. 2 BNotO; er muss also seine eigenen und die Verhinderungstatbestände des Vertretenen beachten.

C. Begriff der „Angelegenheit"

I. Angelegenheit = Rechtssache

7   Der zentrale Begriff in § 3 ist die „Angelegenheit". Er bedeutet das Gleiche wie der Begriff der „Rechtssache" in den § 356 StGB, § 45 BRAO, § 3 BORA, der unausgesprochen auch § 43a Abs. 4 BRAO zugrunde liegt. Soweit in den §§ 45, 46 BRAO der Begriff „Angelegenheit" auftaucht, beinhaltet er auch dort das Gleiche wie „Rechtssache". **Rechtssache** und **Angelegenheit** sind in diesem Zusammenhang **synonyme Begriffe** und bezeichnen einen **Lebenssachverhalt** mit den sich daraus ergebenden Rechtsverhältnissen.⁸ Die inhaltliche Übereinstimmung beider Begriffe wird besonders deutlich, wenn es, wie in den praktisch bedeutsamsten Tatbeständen des § 3 Abs. 1 Nr. 7 und Nr. 8, auf die Identität der Angelegenheit ankommt.

II. Materielle Sachbeteiligung

8   Ob jemand an einer Angelegenheit **beteiligt** ist, bestimmt sich nach **materiellem Recht** und nicht danach, ob er am Beurkundungsvorgang teilnimmt.⁹ Erforderlich ist, dass

---

³ BayObLGZ 1955, 155 (161) = DNotZ 1956, 209 (213); weitere Nachweise bei *Winkler* BeurkG § 3 Rn. 155.
⁴ OLG Oldenburg DNotZ 1957, 543; OLG Düsseldorf NJW 1959, 391; OLG Hamm DNotZ 1964, 541; BayObLG DNotZ 1983, 295; *Winkler* BeurkG § 3 Rn. 155.
⁵ HM: Armbrüster/Preuß/Renner/*Armbrüster* BeurkG § 3 Rn. 12, streitig ist lediglich, ob anstelle des verhinderten Notars das Amtsgericht oder ein anderer Notar für die Erteilung der Vollstreckungsklausel zuständig ist. Für das Amtsgericht: *Grziwotz* BeurkG § 3 Rn. 3, *Winkler* BeurkG § 3 Rn. 22a, für den anderen Notar: Arndt/Lerch/Sandkühler/*Sandkühler* BNotO § 16 Rn. 8; mit Schippel/Bracker/*Schäfer* BNotO § 16 Rn. 12 ist davon auszugehen, dass in entsprechender Anwendung des § 45 Abs. 3 ZPO beide Möglichkeiten bestehen.
⁶ Arndt/Lerch/Sandkühler/*Sandkühler* BNotO § 16 Rn. 8.
⁷ *Winkler* BeurkG § 3 Rn. 14 mit dem zutreffenden Hinweis, dass für den Notar als Zeugen nicht strengere Vorschriften gelten können als für jeden Zeugen; aA Armbrüster/Preuß/Renner/*Armbrüster* BeurkG § 3 Rn. 4.
⁸ Die von *Armbrüster/Leske* ZNotP 2001, 450 (455 Fn. 45) vermisste Begründung liegt auf der Hand: Sowohl durch § 3 BeurkG als auch durch § 45 BRAO soll verhindert werden, dass der Notar oder Rechtsanwalt in eine Situation kommt, bei der Gefahr läuft, bei der Wahrnehmung seiner Pflichten dadurch beeinträchtigt zu werden, dass er zuvor in demselben Lebenssachverhalt die Interessen eines anderen Beteiligten entweder als Anwalt ausschließlich oder als Notar aufgrund seiner Verpflichtung zur Neutralität neben anderen Interessen wahrzunehmen hatte. In § 45 BRAO werden die zu vermeidenden Gefährdungssituationen enumerativ aufgezählt wie in § 3 BeurkG.
⁹ *Winkler* BeurkG § 3 Rn. 23; Schippel/Bracker/*Schäfer* BNotO § 16 Rn. 17; *Mihm* DNotZ 1999, 8 (20); *Armbrüster/Leske* ZNotP 2002, 450 (454); aA *Strunz* ZNotP 2002, 133.

seine Rechte und Pflichten, die sich aus einem bestimmten Lebenssachverhalt ergeben, durch den konkreten Beurkundungsvorgang zumindest faktisch **unmittelbar** berührt werden.[10] Personen, deren Interessen lediglich mittelbar, rechtlich oder wirtschaftlich betroffen sind, bleiben außer Betracht.[11]

III. Einzelfälle

Bei der Prüfung der materiellen Sachbeteiligung und der Identität einer Angelegenheit kann die umfangreiche Rechtsprechung und Literatur zu § 356 StGB, §§ 43a Abs. 4, 45 BRAO und § 3 BORA herangezogen werden.[12] In der Praxis kommen vor allem folgende Fallkonstellationen vor:

– Einseitig abgegebene Willenserklärungen sind eine Angelegenheit auch der **Adressaten,** an die sich ein Angebot oder eine Kündigung richtet oder die bevollmächtigt werden.[13]
– Willenserklärungen eines **Vertreters** oder gegenüber einem Vertreter sind Angelegenheiten des Vertreters und des Vertretenen, ohne dass es auf das Vorhandensein einer Vertretungsmacht ankommt.[14]
– **Treuhandverhältnisse** sind Angelegenheiten des Treugebers und -händers.[15]
– Bei **Erklärungs- und Empfangsboten** ist dagegen nur der Geschäftsherr materiell beteiligt.[16]
– Hängt die Wirksamkeit oder die Erfüllung eines Rechtsgeschäfts von der **Zustimmung eines Dritten** ab (zB die Veräußerung oder Belastung eines Erbbaurechts oder die zustimmungspflichtige Veräußerung einer Eigentumswohnung), ist dieser materiell beteiligt.[17]

---

[10] BGH DNotZ 1985, 231; *Winkler* BeurkG § 3 Rn. 24 f.; Arndt/Lerch/Sandkühler/*Sandkühler* BNotO § 16 Rn. 16; *Mihm,* Berufsrechtliche Kollisionsprobleme beim Anwaltsnotar, Diss. 2000, 98; Armbrüster/*Leske* ZNotP 2001, 450 (453), wollen keine bloß faktische Betroffenheit ausreichen lassen. In dem von ihnen geschilderten Fall (A, vertreten durch den Anwaltsnotar X, klagt mit Erfolg auf Übereignung eines Grundstücks. A will später das Grundstück an B verkaufen. Darf X den Vertrag beurkunden?) fehlt es bereits an einem einheitlichen Lebenssachverhalt. Es liegen zwei „Angelegenheiten" vor, die allenfalls mittelbar wirtschaftlich zusammenhängen. Vorkenntnisse des X (zB über Mängel des Grundstücks) stellen keinen unmittelbaren Zusammenhang her. Derartige Vorkenntnisse hat ein Notar aus vorangegangenen anwaltlichen oder notariellen Tätigkeiten nicht gerade selten. Darf er sie wegen einer nicht aufgehobenen Verschwiegenheitsverpflichtung bei einer Beurkundung nicht verwenden, kann er seinen Verpflichtungen aus § 17 BeurkG nicht nachkommen und muss die Beurkundung ablehnen. Ein einheitlicher Lebenssachverhalt, der seine Mitwirkung von vornherein verbieten würde, läge nur dann vor, wenn A sich mit Hilfe des darüber informierten X das Grundstück von vornherein zum Weiterverkauf beschafft hätte. Ein Verstoß gegen § 45 Abs. 1 Nr. 1 BRAO wäre gegeben, wenn X einen Kaufvertrag über ein ihm noch nicht gehörendes Grundstück beurkundet hätte und anschließend beauftragt würde, das Grundstück für den A anzukaufen.

[11] *Winkler* BeurkG § 3 Rn. 25; Schippel/Bracker/*Schäfer* BNotO § 16 Rn. 17; Grziwotz/Heinemann/*Grziwotz* BeurkG § 3 Rn. 7; aA Armbrüster/Preuß/Renner/*Armbrüster* BeurkG § 3 Rn. 19, der den Begriff der Angelegenheit weiter fasst.

[12] Henssler/Prütting/*Henssler* BRAO § 43a Rn. 199 ff. und Henssler/Prütting/*Kilian* BRAO § 45 Rn. 13 ff., 27 ff.; LK/*Gillmeister* StGB § 356 Rn. 87 ff.

[13] OLG Celle ZNotP 2004, 117; *Winkler* BeurkG § 3 Rn. 26; Arndt/Lerch/Sandkühler/*Sandkühler* BNotO § 16 Rn. 17.

[14] OLG Köln NJW 2005, 2092; *Winkler* BeurkG § 3 Rn. 30; *Harborth/Lau* DNotZ 2002, 412 (414); Armbrüster/Preuß/Renner/*Armbrüster* BeurkG § 3 Rn. 23. Die von *Armbrüster/Leske* ZNotP 2001, 450 (456) geäußerten Bedenken sind unbegründet, da rechtliche Konsequenzen der Beurkundung nicht den vollmachtlosen, sondern auch den bevollmächtigten Vertreter treffen, so zB bei Vollmachtsmissbrauch, vgl. Palandt/*Ellenberger* BGB § 164 Rn. 15. Außerdem ist eine im Innenverhältnis auftragswidrige Ausübung der Vollmacht zumindest faktisch eine unmittelbare Konsequenz der Beurkundung. Die von *Maaß* ZNotP 2003, 322 und 2004, 91 und teilweise auch von Aufsichtsbehörden vertretene Auffassung, der Anwaltssozius dürfe bei notariellen Durchführungs- und Abwicklungsgeschäften entgegen § 3 Abs. 1 Nr. 4 als Vertreter von Urkundsbeteiligten tätig werden, ist angesichts der Vertragshaftung, der der BGH NJW 2003, 578 den Auflassungsbevollmächtigten unterwirft, unhaltbar und kann lediglich als Anstoß für eine Gesetzesänderung gewertet werden; vgl. dazu auch *Lerch* ZNotP 2004, 54.

[15] *Winkler* BeurkG § 3 Rn. 35.

[16] Arndt/Lerch/Sandkühler/*Sandkühler* BNotO § 16 Rn. 19; Armbrüster/Preuß/Renner/*Armbrüster* BeurkG § 3 Rn. 23.

[17] Arndt/Lerch/Sandkühler/*Sandkühler* BNotO § 16 Rn. 26.

Die nicht zustimmungspflichtige Veräußerung von Wohnungseigentum und der Verkauf eines ideellen Miteigentumsanteils sind dagegen nicht eine Angelegenheit der anderen Eigentümer.[18]

13 — **Verwalter kraft Amtes** (Insolvenz-, Zwangs- und Nachlassverwalter sowie Testamentsvollstrecker) sind nicht Vertreter des Inhabers der verwalteten Vermögensmasse; sie handeln in eigener Angelegenheit.[19] An Geschäften, die der Vermögensinhaber selbst wirksam vornehmen kann (zB Erbausschlagung, Erbscheinsantrag), ist der Verwalter nicht materiell beteiligt.[20]

14 — Wirkt ein Rechtsgeschäft unmittelbar **für oder gegen Dritte,** ist es auch deren Angelegenheit. Beispiele sind der Vertrag zugunsten Dritter, die Geschäftsführung ohne Auftrag,[21] die Verfügung von Todes wegen für Erben, Vermächtnisnehmer und Testamentsvollstrecker,[22] nicht hingegen für die durch eine Auflage Begünstigten, die Erbausschlagung für die dadurch Erben werdenden Personen, nicht aber für Pflichtteilsberechtigte, Vermächtnisnehmer und Nachlassgläubiger,[23] die Grundpfandrechtsbestellung und die Unterwerfung unter die Zwangsvollstreckung für den Gläubiger sowie die Löschungsbewilligung für den Eigentümer.

15 — Dagegen ist die **Abtretung** eines Rechts keine Angelegenheit des Schuldners; mögliche mittelbare Auswirkungen reichen nicht aus.[24] An der Stellung einer Sicherheit durch Dritte (Grundpfandrecht, Bürgschaft) ist schon wegen des in aller Regel zugrunde liegenden Grundgeschäfts (Auftrag, Geschäftsführung ohne Auftrag) nicht nur der Gläubiger, sondern auch der Schuldner beteiligt.[25] Der Kaufvertrag, der eine Provisionsforderung für den Makler entstehen lässt, ist auch dessen Angelegenheit.[26]

16 — Rechtsgeschäfte von **Personengesellschaften** sind Angelegenheit aller Gesellschafter und unterfallen, falls der Notar, seine Angehörigen oder mit ihm beruflich verbundene Personen Gesellschafter sind § 3 Abs. 1 Nr. 1 bis Nr. 4.[27] Dies gilt entsprechend für nichtrechtsfähige Vereine. Die Rechtsprechung des BGH[28] zur Rechtsfähigkeit der GbR-Außengesellschaft hat an diesen Grundsätzen nichts geändert. Anders ist es bei Kapitalgesellschaften mit eigener Rechtsfähigkeit; hier gilt die Sonderregelung in § 3 Abs. 1 Nr. 9, die indessen nur eingreift, wenn der Notar selbst beteiligt ist. Aus der Nichterwähnung von Angehörigen und Sozien ist zu schließen, dass ihre Beteiligung kein Mitwirkungshindernis darstellt, es sei denn, sie sind wirtschaftlicher Inhaber der Gesellschaft (→ Rn. 58 f. und → § 6 Rn. 8).

17 — **Beglaubigt** der Notar die **Unterschrift** unter einer von ihm selbst entworfenen Urkunde, handelt es sich um eine Angelegenheit aller an der Beurkundung **materiell** Beteiligten. Aus § 40 Abs. 2 lässt sich schließen, dass dies auch bei einer Beglaubigung

---

[18] *Winkler* BeurkG § 3 Rn. 36.
[19] *Winkler* BeurkG § 3 Rn. 31.
[20] *Winkler* BeurkG § 3 Rn. 31.
[21] Arndt/Lerch/Sandkühler/*Sandkühler* BNotO § 16 Rn. 22.
[22] *Winkler* BeurkG § 3 Rn. 29; Arndt/Lerch/Sandkühler/*Sandkühler* BNotO § 16 Rn. 23; *Jansen* BeurkG § 3 Rn. 12; Harboth/Lau DNotZ 2002, 412 (414); aA BGH DNotZ 1975, 430: Der Notar, der das Testament beurkundet hat, benötigt zur Entbindung von der Verschwiegenheitsverpflichtung keine Zustimmung der Erben; → BNotO § 18 Rn. 31. *Thiel* ZNotP 2003, 244 (246) verneint mit begriffsjuristischer Argumentation ebenfalls eine Beteiligung der Erben, obwohl unstreitig ist, dass dem Notar bei der Beurkundung eines Testaments auch Amtspflichten gegenüber den Erben obliegen, BGH DNotZ 1997, 791. Die Konsequenz der von *Thiel* vertretenen Auffassung wäre, dass der Anwaltsnotar, der als Anwalt den Sohn eines Unternehmers im Hinblick auf die von ihm in Verhandlungen mit seinem Vater angestrebte Erbfolge beraten hat, später ein Testament des Vaters beurkunden dürfte.
[23] *Winkler* BeurkG § 3 Rn. 29.
[24] Schippel/Bracker/*Schäfer* BNotO § 16 Rn. 19; Arndt/Lerch/Sandkühler/*Sandkühler* BNotO § 16 Rn. 24; *Winkler* BeurkG § 3 Rn. 29.
[25] HM: Schippel/Bracker/*Schäfer* BNotO § 16 Rn. 19; *Winkler* BeurkG § 3 Rn. 29; Arndt/Lerch/Sandkühler/*Sandkühler* BNotO § 16 Rn. 25.
[26] BGH DNotZ 1985, 231.
[27] *Winkler* BeurkG § 3 Rn. 34; Armbrüster/Preuß/Renner/*Armbrüster* BeurkG § 3 Rn. 23.
[28] BGHZ 146, 341.

ohne Entwurf gilt.[29] Der Notar muss also auch dann den Inhalt der Urkunde feststellen, sodann unter Heranziehung der von ihm nach § 28 BNotO und § 15 DONot getroffenen Vorkehrungen prüfen, ob er an der Mitwirkung verhindert ist, und schließlich noch die Frage nach § 3 Abs. 1 S. 2 stellen. Dieses wird als leere Förmelei empfunden.[30] Daraus erklären sich die Versuche, bei Beglaubigungen von Unterschriften und Abschriften den Grundsatz der materiellen Beteiligung zu verlassen.[31] Sie sind jedoch mit der gesetzlichen Regelung nicht in Einklang zu bringen. Fraglich ist allerdings, ob die dem Notar bei der bloßen Beglaubigung auferlegten Pflichten noch dem verfassungsrechtlichen Verhältnismäßigkeitsgrundsatz genügen oder wegen des Verstoßes gegen das Übermaßverbot den Grundsatz der Berufsfreiheit verletzen. Es kommt äußerst selten vor, dass ein Notar bei einer Unterschriftsbeglaubigung eine falsche Identitätsfeststellung trifft. Auch ist der Anschein mangelnder Unparteilichkeit nicht zu befürchten, wenn bei der Beglaubigung von Unterschriften oder Abschriften die Mitwirkungsverbote des § 3 auf die Beteiligung der vor dem Notar Erschienenen beschränkt werden. Der Gesetzgeber, der die Auswirkungen der erweiterten Mitwirkungsverbote auf die Beglaubigung von Unterschriften und Abschriften nicht gesehen und deshalb auch nicht problematisiert hat, sollte baldmöglichst in § 3 eine entsprechende Einschränkung aufnehmen.[32]

– Die Erteilung einfacher und vollstreckbarer **Ausfertigungen** sind als Folgegeschäfte der Beurkundung anzusehen, so dass deren Beteiligte maßgebend sind. Im Falle einer Rechtsnachfolge sind die neuen Gläubiger oder Schuldner ebenfalls Beteiligte und können ein Mitwirkungsverbot auslösen mit der Folge, dass der Notar analog § 45 Abs. 3 BNotO vorzugehen hat.[33] 18

– Die Beurkundung des **Versammlungsbeschlusses** einer juristischen Person (zB einer AG) ist Angelegenheit der Gesellschaft, ihrer Organe (Vorstand, Geschäftsführer, Aufsichtsrat). Als einfaches Mitglied ist der Notar an deren Geschäften nicht beteiligt, so dass er eine Hauptversammlung protokollieren darf, obwohl er an der Abstimmung beteiligt war.[34] Weiter ausgeschlossen ist der Notar aber immer dann, wenn er selbst einem Organ angehört oder der zu protokollierende Beschluss unmittelbare Auswirkung auf seine Rechtsstellung als Gesellschafter hat (Wahl des Notars in ein Organ der Gesellschaft);[35] vgl. im Übrigen → Rn. 59. 19

---

[29] Grziwotz/Heinemann/*Grziwotz* BeurkG § 3 Rn. 15; Arndt/Lerch/Sandkühler/*Sandkühler* BNotO § 16 Rn. 71; aA Armbrüster/Preuß/Renner/*Armbrüster* BeurkG § 3 Rn. 35, Schippel/Bracker/*Schäfer* BNotO § 16 Rn 40 mit der Begründung, dass sich der maßgebliche Lebenssachverhalt auf die Unterschriftsleistung beschränke. Die Beglaubigung von Abschriften soll dagegen nur eine Angelegenheit des Antragstellers sein, *Winkler* BeurkG § 3 Rn. 59; Schippel/Bracker/*Schäfer* BNotO § 16 Rn. 28; *Winkler* BeurkG § 3 Rn. 131 ff.; *Lerch* BWNotZ 1999, 41; *Maaß* ZNotP 1999, 178; *Armbrüster/Leske* ZNotP 2001, 450 (456). Es gibt kaum tragfähige Gründe für eine unterschiedliche Behandlung. In beiden Fällen werden durch die bloße Beglaubigung die Rechte der materiellen Beteiligten nicht berührt. § 40 Abs. 2 gilt zwar nicht für die Beglaubigung von Abschriften, jedoch ist dort durchaus streitig, ob und in welchem Umfang der Notar vor der Beglaubigung einer Abschrift den Text der Urkunde zur Kenntnis nehmen und verstehen können muss, vgl. *Winkler* BeurkG § 42 Rn. 14 ff.

[30] *Winkler* BeurkG § 3 Rn. 17, 132; Brambring NJW 2000, 3769.

[31] *Winkler* BeurkG § 3 Rn. 131 ff.; *Armbrüster/Leske* ZNotP 2001, 450 (455); zweifelnd *Mihm* DNotZ 1999, 8 (19).

[32] Dies wird auch von der BNotK verlangt, DNotZ 2002, 485; aA *Harboth/Lau* DNotZ 2002, 412 (421) unter Verkennung der Tragweite des Verhältnismäßigkeitsgrundsatzes: Auch ein Prinzip kann bei bestimmten Fallgestaltungen gegen das Übermaßverbot verstoßen.

[33] Schippel/Bracker/*Schäfer* BNotO § 16 Rn. 11.

[34] Schippel/Bracker/*Schäfer* BNotO § 16 Rn. 20; Diehn/*Seger* BNotO § 16 Rn. 23 mit dem Hinweis auf § 3 Abs. 1 Nr. 9 als *lex specialis,* aA Arndt/Lerch/Sandkühler/*Sandkühler* BNotO § 16 Rn. 37; Armbrüster/Preuß/Renner/*Armbrüster* BeurkG § 3 Rn. 43.

[35] Schippel/Bracker/*Schäfer* BNotO § 16 Rn. 20; Diehn/*Seger* BNotO § 16 Rn. 24; *Winkler* BeurkG § 3 Rn. 38 ff.; dieser zählt bei der GmbH und der eingetragenen Genossenschaft je nach ihrer kapitalistischen oder personalistischen Struktur die Gesellschafterversammlung bzw. die Generalversammlung (§ 43 GenG) zu den Organen. Dies ist nicht nur unpraktikabel und führt zu einer erheblichen Rechtsunsicherheit, sondern widerspricht auch der in § 3 Abs. 1 Nr. 9 zum Ausdruck gekommenen Intention, geringe Beteiligungen nicht zu einem Mitwirkungsverbot führen zu lassen.

20 – Die Beurkundung einer **eidesstattlichen Versicherung** ist Angelegenheit aller, deren Rechtsstatus dadurch berührt wird. Bei einem Erbscheinsantrag sind das alle Personen, die ein Erbrecht in Anspruch nehmen, nicht dagegen Testamentsvollstrecker, Nachlassverwalter oder -pfleger, Vermächtnisnehmer und Pflichtteilsberechtigte, denn in ihre Rechte greift der beantragte Erbschein nicht unmittelbar ein.[36]

21 – Bei der Aufnahme eines **Vermögensverzeichnisses** (§ 20 Abs. 1 S. 2 BNotO) sind der Antragsteller, der Eigentümer, der Taxator sowie die Personen beteiligt, die daraus berechtigt und verpflichtet werden, also bei der Aufnahme eines Nachlassverzeichnisses die Erben und die Pflichtteilsberechtigten.[37]

22 – **Verlosungen** und **Auslosungen** (§ 20 Abs. 1 S. 2 BNotO) sind Angelegenheit nur des Antragstellers, nicht der Inhaber der Lose, so dass der Notar tätig werden darf, auch wenn er selbst ein Los besitzt.[38]

23 – Bei einer freiwilligen **Versteigerung** (§ 20 Abs. 3 BNotO) sind ungeachtet der Beschränkung der formellen Beteiligung in § 15 Veräußerer, Ersteher und alle Bieter materiell beteiligt.[39]

24 – **Wechsel-** und **Scheckproteste** (§ 20 Abs. 1 S. 2 BNotO) sind Angelegenheit sämtlicher Wechselverpflichteten sowie derjenigen Personen, für und gegen die protestiert wird.[40]

25 – Bei **Siegelungen** sind die Personen beteiligt, für und gegen die die Siegelung erfolgt.[41]

26 – Die **Zustellung** von Erklärungen ist Angelegenheit des Auftraggebers, des Zustellungsempfängers sowie derjenigen Personen, deren Rechte und Pflichten vom Inhalt der Erklärung berührt werden.[42]

27 – An der Vermittlung einer **Nachlass-** oder **Gesamtgutauseinandersetzung** sind die in § 363 Abs. 2 FamFG genannten Antragsberechtigten sowie die vom Antragsteller nach § 363 Abs. 3 FamFG zu bezeichnenden Beteiligten, nicht aber die Nachlassgläubiger beteiligt.[43]

28 – Die Erteilung einer **Vertretungsbescheinigung** (§ 21 BNotO) ist Angelegenheit des Antragstellers, des Vertretenen, des Vertreters sowie desjenigen, in dessen Interesse die Bescheinigung verwendet werden soll.[44]

29 – An einer **Notarbestätigung** sind der Antragsteller sowie diejenigen Personen beteiligt, deren Verhältnisse die Bestätigung behandelt und in deren Interesse sie erteilt wird.[45]

D. Die Mitwirkungsverbote im Einzelnen

I. Eigenbeteiligung, Abs. 1 Nr. 1

30 Ebenso wie der Richter (§ 41 Nr. 1 ZPO, § 22 Nr. 1 StPO) darf der Notar nicht an **eigenen Angelegenheiten** mitwirken. Dass auch Mitberechtigung und -verpflichtung eingeschlossen sind, ist eine überflüssigerweise im Gesetzestext erwähnte Selbstverständlichkeit.

---

[36] Schippel/Bracker/*Schäfer* BNotO § 16 Rn. 24; *Lerch* BeurkG § 3 Rn. 21; *Winkler* BeurkG § 3 Rn. 53; aA *Jansen* BeurkG § 3 Rn. 20, der den Testamentsvollstrecker als beteiligt ansieht.
[37] *Winkler* BeurkG § 3 Rn. 58.
[38] *Winkler* BeurkG § 3 Rn. 57; Arndt/Lerch/Sandkühler/*Sandkühler* BNotO § 16 Rn. 41; *Grziwotz* BeurkG § 3 Rn. 21.
[39] Schippel/Bracker/*Schäfer* BNotO § 16 Rn. 23.
[40] *Winkler* BeurkG § 3 Rn. 56.
[41] Schippel/Bracker/*Schäfer* BNotO § 16 Rn. 30.
[42] Arndt/Lerch/Sandkühler/*Sandkühler* BNotO § 16 Rn. 45.
[43] *Winkler* BeurkG § 3 Rn. 54; Schippel/Bracker/*Schäfer* BNotO § 16 Rn. 25.
[44] Arndt/Lerch/Sandkühler/*Sandkühler* BNotO § 16 Rn. 49.
[45] Arndt/Lerch/Sandkühler/*Sandkühler* BNotO § 16 Rn. 50.

II. Beteiligung des Ehepartners, Abs. 1 Nr. 2

Das Mitwirkungsverbot erstreckt sich auch auf den **früheren Ehegatten,** nicht aber auf **31** den früheren Verlobten. Eine entsprechende Anwendung auf die nichteheliche Lebensgemeinschaft mit einem heterosexuellen Partner kommt nicht in Betracht; in solchen Fällen sollte sich der Notar allerdings gem. § 16 Abs. 2 BNotO für befangen erklären. Gemäß Nr. 2a, eingefügt durch § 15 Nr. 1 des LPartG vom 16.2.2001, gilt das Mitwirkungsverbot auch in Angelegenheiten des jetzigen oder früheren eingetragenen Lebenspartners oder Verlobten.

Aufgrund des Gesetzes zur Einführung des Rechts auf Eheschließung für Personen **31a** gleichen Geschlechts (Eherechtsänderungsgesetz vom 20.7.2017) können ab dem 1.10.2017 keine neuen Lebenspartnerschaften mehr eingegangen werden, da jetzt nicht nur Personen verschiedenen oder gleichen Geschlechts, sondern auch die des dritten Geschlechts Ehen schließen können. Da neue Lebenspartnerschaften somit nicht mehr geschlossen werden können, gibt es auch keine Verlobten iSd § 3 Abs. 1 Nr. 2a mehr.

III. Beteiligung von Angehörigen, Abs. 1 Nr. 3

Die in dieser Vorschrift genannten Verwandtschafts- und Schwägerschaftsverhältnisse **32** bestimmen sich nach den materiell-rechtlichen Definitionen. Für **Verwandtschaft** gilt § 1589 BGB. Ein nichteheliches Kind ist mit den Eltern verwandt, ein Adoptivkind und seine Abkömmlinge mit dem Annehmenden und dessen Verwandten (§ 1754 BGB), ausgenommen die Adoption eines Volljährigen (§ 1770 BGB), nicht aber mit seinen bisherigen Verwandten (§ 1755 BGB). Nicht verwandt in der Seitenlinie sind mehrere angenommene Kinder untereinander. Die **Schwägerschaft** definieren § 1590 Abs. 1 BGB und § 11 Abs. 2 LPartG. Sie dauert gem. § 1590 Abs. 2 BGB, § 11 Abs. 2 S. 3 LPartG auch nach Beendigung der Ehe/Partnerschaft fort. Nach Auflösung der Ehe kann eine Schwägerschaft nicht mehr entstehen; der erste Ehemann ist daher nicht mit den zweitehelichen Kindern seiner früheren Ehefrau verschwägert. Das Mitwirkungsverbot bleibt bestehen, auch wenn die Verwandtschaft oder die Schwägerschaft erlischt, etwa durch Adoption (§ 1755 BGB) oder durch Aufhebung der Adoption (§ 1764 Abs. 2 BGB).

IV. Beteiligung von beruflich verbundenen Personen, Abs. 1 Nr. 4

Diese Vorschrift erstreckt das Mitwirkungsverbot auf Angehörige sozietätsfähiger Berufe, **33** die als **Sozien, Partner, Angestellte** oder **freie Mitarbeiter** ihren Beruf **gemeinsam** mit dem Notar ausüben oder mit denen er gemeinsame Geschäftsräume hat. Entsprechend dem Gesetzestext ist allein auf die gemeinsame Raumnutzung abzustellen.[46] Es bedarf keiner darüber hinausgehender Nutzung weiterer sachlicher oder personeller Ressourcen.[47] Wie bei §§ 45 Abs. 3, 46 Abs. 3 BRAO sind auch GmbH, die Europäische Wirtschaftliche Interessenvereinigung (EWIV) und Kooperationen eingeschlossen. Bei Kooperationen ist der äußere Anschein der Gemeinschaftlichkeit maßgebend. Kooperationen fallen dann unter § 3 Abs. 1 Nr. 4, wenn sie sich verfestigt haben, wovon regelmäßig auszugehen ist, wenn sie nach außen auf Briefbögen etc verlautbart sind.[48] § 3 Abs. 1 Nr. 4 ist durch die

---

[46] Diehn/*Seger* BNotO § 16 Rn. 37; *Winkler* BeurkG § 3 Rn. 76; Schippel/Bracker/*Schäfer* BNotO § 26 Rn. 39.
[47] So aber Arndt/Lerch/Sandkühler/*Sandkühler* BNotO § 16 Rn. 60; Grziwotz/Heinemann/*Grziwotz* BeurkG § 3 Rn. 30.
[48] BNotK-Rundschreiben Nr. 20/2000, ZNotP 2000, 386, Arndt/Lerch/Sandkühler/*Sandkühler* BNotO § 16 Rn. 58; Armbrüster/Preuß/Renner/*Armbrüster* BeurkG § 3 Rn. 67; Schippel/Bracker/*Schäfer* BNotO § 16 Rn. 39b; Diehn/*Seger* BNotO § 16 Rn. 35; aA *Lerch* BeurkG § 3 Rn. 32c, der eine wirtschaftliche Abhängigkeit fordert. Der von *Frenz* ZNotP 2000, 383 geäußerten Kritik ist einzuräumen, dass heimliche Kooperationen gefährlicher sind als verlautbarte. Kooperationshinweise sind aber auch immer bewusst eingesetzte Mittel des Marketings, welche eine Einschränkung der Berufsfreiheit rechtfertigen, so auch BeckNotar-HdB/*Sandkühler* § 33 Rn. 89.

Novelle 1998 eingefügt worden, „um Gefährdungen für das Vertrauen auf die Unparteilichkeit des Notars von vornherein auszuschließen."[49] Zur Vertretung von Urkundsbeteiligten durch Sozien → Rn. 11. Die im Gesetzesentwurf zunächst vorgesehene Erstreckung auf ehemalige Sozien ist vom Rechtsausschuss gestrichen worden.[50] An Beurkundungen für Angehörige von Sozien ist der Notar nicht gehindert, ebenso wenig an Beurkundungen für Bürovorsteher, sonstige Angestellte und Referendare; § 16 Abs. 2 BNotO gibt ihm die Möglichkeit, seine Amtstätigkeit zu verweigern, wenn er sich befangen fühlt.

34 Der Notar ist durch § 3 Abs. 1 Nr. 4 daran gehindert, eine letztwillige Verfügung zu beurkunden, in der sein Sozius als **Testamentsvollstrecker** eingesetzt wird.[51] Die Entscheidung des BGH, wonach die Beurkundung eines Testaments mit einer solchen Anordnung selbst dann nicht gegen §§ 7, 27 verstößt, wenn der Notar an der Testamentsvollstreckervergütung partizipiert,[52] hat damit an praktischer Bedeutung verloren; sie verhindert nur noch die Unwirksamkeit der Einsetzung zum Testamentsvollstrecker, schützt den Notar aber in Zukunft nicht vor den berufsrechtlichen Konsequenzen einer Amtspflichtverletzung.

V. Beteiligung von gesetzlich vertretenen Personen, Abs. 1 Nr. 5

35 Unter Nr. 5 fallen die gesetzlichen Vertreter natürlicher Personen; das sind Eltern (§ 1629 BGB), Vormund (§ 1633 BGB), Betreuer (§ 1902 BGB) und Pfleger (§§ 1909 ff. BGB). Verwalter kraft Amtes sind nicht gesetzliche Vertreter, so dass der Notar, der Insolvenzverwalter ist, für den Gemeinschuldner außerhalb des Insolvenzverfahrens beurkunden darf. Die Zugehörigkeit zu einem vertretungsberechtigten Organ einer juristischen Person des privaten und öffentlichen Rechts ist in der als Spezialvorschrift zu betrachtenden Nr. 6 behandelt.

36 Miteinbezogen sind alle mit dem Notar beruflich verbundenen Personen mit der Folge, dass der Notar für eine Person nicht beurkunden darf, deren Pfleger sein Sozius ist. Das Mitwirkungsverbot ist nicht davon abhängig, ob im konkreten Fall der Notar oder sein Sozius als gesetzlicher Vertreter tätig wird;[53] der Notar darf auch dann nicht beurkunden, wenn die in Frage stehende Angelegenheit außerhalb des Wirkungskreises des Pflegers oder Betreuers liegt, da sämtliche Angelegenheiten betroffen sind.

37 Dass **Angehörige** des Notars gesetzliche Vertreter sind, erfüllt nicht den Tatbestand der Nr. 5. Geben sie aber als gesetzliche Vertreter Willenserklärungen ab, darf der Notar gem. § 3 Abs. 1 Nr. 2, Nr. 3 nicht tätig werden, denn eine Angelegenheit des Vertretenen ist stets auch eine solche des Vertreters (→ Rn. 11).

VI. Beteiligung als Organmitglied, Abs. 1 Nr. 6

38 Vertretungsberechtigte Organe bei **juristischen Personen des privaten Rechts** sind der Vereins- und Stiftungsvorstand, die Geschäftsführer einer GmbH, der Vorstand einer AG oder eingetragenen Genossenschaft, bei **juristischen Personen des öffentlichen Rechts** zB der Präsident einer Anwalts- oder Notarkammer. In den Fällen des § 3 Abs. 3 Nr. 2 und Nr. 3 ist die Vorschrift nicht anwendbar (§ 3 Abs. 3 S. 2). Noch deutlicher als in § 3 Abs. 1 Nr. 5 bringt der Gesetzeswortlaut zum Ausdruck, dass die bloße Mitgliedschaft im vertretungsberechtigten Organ bereits zum Mitwirkungsverbot führt; dieses greift also auch dann ein, wenn nur die anderen Organmitglieder handeln.

39 Angelegenheiten der aufsichtsberechtigten Organe fallen nicht unter das Mitwirkungsverbot des § 3 Abs. 1 Nr. 6. Die Mitgliedschaft im Aufsichtsrat einer AG oder eingetragenen Genossenschaft oder im Verwaltungsrat einer Sparkasse begründet also nur eine

---

[49] BT-Drs. 13/4184, 36.
[50] BT-Drs. 13/11034, 40.
[51] *Vaasen/Starke* DNotZ 1998, 661 (670); *Winkler* BeurkG § 3 Rn. 73.
[52] BGH DNotZ 1997, 466.
[53] *Winkler* BeurkG § 3 Rn. 87; Schippel/Bracker/*Schäfer* BNotO § 16 Rn. 42.

Hinweispflicht gem. § 3 Abs. 3 Nr. 1. Handelt der Aufsichtsrat ausnahmsweise als gesetzlicher Vertreter (zB gem. §§ 112, 246 Abs. 2, 287 Abs. 2 AktG, § 52 Abs. 1 GmbHG, § 39 Abs. 1 GenG) oder bedarf ein Geschäft seiner Zustimmung (§§ 111 Abs. 4, 114 Abs. 1, 115 AktG, § 52 Abs. 1 GmbHG, §§ 27 Abs. 2, 39 Abs. 2 GenG), trifft den Notar allerdings nach der *ratio legis* ein Mitwirkungsverbot.[54]

VII. Außernotarielle Befassung, Abs. 1 Nr. 7

Das im Jahre 1998 eingeführte Mitwirkungsverbot des § 3 Abs. 1 Nr. 7 hat das Ziel, **40** notarielle und außernotarielle Tätigkeit strikt zu trennen und ist deshalb insbesondere für das Anwaltsnotariat von herausragender Bedeutung. Der Mitbegründer dieses Kommentars und damalige Vorsitzende des Rechtsausschusses, der lange Jahre als Anwaltsnotar tätig war, *Horst Eylmann,* hat die Wirkungen des § 3 Abs. 1 Nr. 7 knapp wie folgt zusammengefasst: „War oder ist der Anwalt selbst oder sein Sozius oder Partner als Rechtsanwalt, Patentanwalt, Steuerberater, Wirtschaftsprüfer, vereidigter Buchprüfer oder in sonstiger Weise, die auch ein privates Handeln einschließt, in einer Angelegenheit tätig, ist diese für ihn als Notar tabu."[55] Gemäß § 45 Abs. 1 Nr. 1 BRAO unterliegt der Anwaltsnotar einem Tätigkeitsverbot nach vorangegangener notarieller Tätigkeit. Als Folge der Aufhebung des Verbots der Sternsozietät durch das Rechtsdienstleistungsgesetz ist der Wortlaut der Nr. 7 mit Wirkung vom 1.7.2008 durch Art. 5 des Gesetzes zur Neuregelung des Rechtsberatungsrechts vom 12.12.2007 geändert worden.[56] Durch die Erstreckung auf Sternsozietäten soll die notarielle Unabhängigkeit auch für solche Strukturen anwaltlicher Zusammenarbeit gewährleistet sein.

Einbezogen sind alle Personen, mit denen sich der Notar zur **gemeinsamen Berufs- 41 ausübung** verbunden oder mit denen er **gemeinsame Geschäftsräume** hat. Es ist somit auch nicht möglich, einem Anwalt in einer Sozietät ein Einzelmandat zu erteilen; auch in diesem Fall trifft das Mitwirkungsverbot alle in dieser Sozietät tätigen Notare. Werden Räumlichkeiten nur teilweise gemeinschaftlich genutzt, kommt es darauf an, ob die Einhaltung der Verschwiegenheitspflicht gesichert ist. Wird nur ein Eingang gemeinsam benutzt, ist dies zu bejahen, nicht aber bei einem gemeinsamen Empfangsraum.[57]

Der Tatbestand der Nr. 7 erfordert zunächst, dass der Notar oder seine Sozien für **42** Personen **tätig** waren oder sind, die um eine Beurkundung nachsuchen. Auf die Art dieser Tätigkeit kommt es nicht an. In der Regel werden es berufliche Leistungen im Bereich der Rechts-, Steuer- und Wirtschaftsberatung sein. Aber auch außerbetriebliche Nebentätigkeiten werden erfasst. Dies verkennen die Stimmen, die die Anwendbarkeit der Nr. 7 auf das hauptberufliche Notariat verneinen und damit contra legem ein Sonderrecht für Nur-Notare begründen wollen.[58] Nach der Gesetzesbegründung sollen alle Angelegenheiten erfasst werden, mit denen der Notar oder sein Sozius „in irgendeiner Weise beruflich,

---

[54] Arndt/Lerch/Sandkühler/*Sandkühler* BNotO § 16 Rn. 65; *Winkler* BeurkG § 3 Rn. 92.
[55] *Eylmann* NJW 1998, 2929 (2931).
[56] Art. 5 des Gesetzes zur Neuregelung des Rechtsberatungsrechts vom 12.12.2007, BGBl. I 2840.
[57] AA Armbrüster/Preuß/Renner/*Armbrüster* BeurkG § 3 Rn. 68, der ein gemeinsames Wartezimmer als Grenzfall aber für zulässig ansieht.
[58] *Heller/Vollrath* MittBayNot 1998, 322; *Hermann* MittRhNotK 1998, 359; *Lischka* NotBZ 1998, 208; *Winkler* BeurkG § 3 Rn. 102 ff.; *Grziwotz* BeurkG § 3 Rn. 42; gegen einen derart großzügigen Umgang mit dem Gesetz zu Recht *Mihm* DNotZ 199, 8 (17 Fn. 28). Das Argument, alle gem. § 8 BNotO möglichen Nebentätigkeiten seien durch § 3 Abs. 1 S. 1 Nr. 6 und Abs. 2, Abs. 3 BeurkG abgedeckt, ist unrichtig; so auch Arndt/Lerch/Sandkühler/*Sandkühler* BNotO § 16 Rn. 73; *Vaasen/Starke* DNotZ 1998, 661 (670); *Maaß* ZNotP 1999, 178; Armbrüster/Preuß/Renner/*Armbrüster* BeurkG § 3 Rn. 85; Diehn/*Seger* BNotO § 16 Rn. 44. Zuzugeben ist allerdings, dass außernotarielle Vorbefassungen im Nur-Notariat unverhältnismäßig seltener sind als im Anwaltsnotariat. Das erleichtert aber auch ihre Überprüfung und Feststellung. Das Nur-Notariat von der Anwendbarkeit der Nr. 7 auszunehmen oder zumindest die Fragepflicht entfallen zu lassen, ist Sache des Gesetzgebers und kann ebenso wenig wie bei der Unterschriftsbeglaubigung durch fragwürdige Auslegungsversuche erreicht werden.

geschäftlich oder in sonstiger Weise" befasst gewesen oder noch befasst ist. Zu keinem Zeitpunkt ist während des Gesetzgebungsverfahrens der Gedanke geäußert worden, die Anwendung der Nr. 7 auf das hauptamtliche Notariat auszuschließen. Wenn zB der Sozius des Nur-Notars mit Genehmigung der Aufsichtsbehörde im Gewerbebetrieb seiner Ehefrau beratend tätig ist und mit der Gründung einer GmbH befasst war, darf der Notar den Gesellschaftsvertrag nicht beurkunden. Mit unterschiedlichen, aber allesamt nicht überzeugenden Begründungen wird die Meinung vertreten, **private** Vorbefassungen würden kein Mitwirkungsverbot auslösen.[59] Die Konsequenz wäre, dass zB ein Notar, der als Vereinsmitglied den Vorstand eines Golfclubs im Hinblick auf den Erwerb eines Grundstücks beraten hat, den Kaufvertrag beurkunden dürfte. Dies entspricht weder dem Wortlaut des Gesetzes noch der *ratio legis*. Mit der aus § 3 Abs. 3 ersichtlichen Intention des Gesetzgebers, die Mitarbeit des Notars in Aufsichtsräten sowie in Organen kommunaler und religiöser Körperschaften nicht mit einem Mitwirkungsverbot zu belegen (→ Rn. 60 f.), dürfte es allerdings nicht vereinbar sein, Vorbefassungen in diesen Gremien als Tätigkeit iSv Nr. 7 zu bewerten.[60] Die Mitwirkung des Notars an der gemeindlichen Bauleitplanung hindert ihn jedenfalls nicht, Kaufverträge über davon betroffene Grundstücke zu beurkunden, denn hier fehlt es schon an dem unmittelbaren Sachzusammenhang (→ Rn. 8).

43 Das Mitwirkungsverbot erfasst auch frühere Tätigkeiten. Damit will der Gesetzgeber eine Umgehung des Mitwirkungsverbots durch willkürliche Mandatsniederlegungen verhindern.[61] Auch viele Jahre zurückliegende Tätigkeiten können ein Mitwirkungsverbot auslösen, immer vorausgesetzt, die Tätigkeit bezog sich auf dieselbe Angelegenheit. Zwei Tätigkeitsbereiche sind wegen des offensichtlichen Fehlens eines Interessengegensatzes ausgenommen:

44 **Notarielle Tätigkeiten** bleiben unberücksichtigt, weil der Notar bei ihrer Ausübung seine Amtspflicht zur unabhängigen und unparteiischen Betreuung erfüllen muss (§ 14 Abs. 1 BNotO). Diese Verpflichtung besteht auch dann, wenn der Notar selbstständige Betreuungstätigkeiten für nur einen Auftraggeber wahrnimmt.[62] § 24 BNotO bietet die

---

[59] *Winkler* BeurkG § 3 Rn. 110a; Arndt/Lerch/Sandkühler/*Sandkühler* BNotO § 16 Rn. 80; *Mihm* DNotZ 1999, 8 (17); aA Schippel/Bracker/*Schäfer* BNotO § 16 Rn. 50; Diehn/*Seger* BNotO § 16 Rn. 41; *Grziwotz* BeurkG § 3 Rn. 45. Es kommt nicht darauf an, ob Vorbefassungen im privaten Bereich nach außen sichtbar geworden sind; aA *Heller/Vollrath* MittBayNot 1998, 322 (324), die interne Vorklärungen im Rahmen notarieller Amtstätigkeit mit amtsfremden Tätigkeiten vermengen.

[60] *Winkler* BeurkG § 3 Rn. 185; *Grziwotz* BeurkG § 3 Rn. 45; *Lerch* BeurkG § 3 Rn. 47; *Jansen* BeurkG § 3 Rn. 59; aA Arndt/Lerch/Sandkühler/*Sandkühler* BNotO § 16 Rn. 78; Schippel/Bracker/*Schäfer* BNotO § 16 Rn. 85; Diehn/*Seger* BNotO § 16 Rn. 76; Armbrüster/Preuß/Renner/*Armbrüster* BeurkG § 3 Rn. 108 mit der Begründung, die Privilegierung von Tätigkeiten in kommunalen und kirchlichen Angelegenheiten gelte nach § 3 Abs. 3, Abs. 2 BeurkG nur für Nr. 6 und nicht für Nr. 7. Dieser Schluss ist aber nicht zwingend. Bliebe Nr. 7 anwendbar, würden die in den Kommunalvertretungen und kirchlichen Körperschaften ehrenamtlich mitarbeitenden Notare in den meisten Fällen einem Mitwirkungsverbot unterliegen. Zweck der in § 3 Abs. 2 S. 1 Nr. 2 und Nr. 3 BeurkG getroffenen Regelung ist aber gerade, in diesen Gremien tätige Notare keinen beruflichen Einschränkungen zu unterwerfen. Das BVerfG hat in seiner Entscheidung zur Tätigkeit der Notare in Aufsichtsräten von Kreditinstituten (DNotZ 2003, 65 mAnm *Vollhart*) nur allgemein erwähnt, der Notar unterliege auch in dieser Funktion den Ge- und Verboten des § 3, ohne auf den in § 3 Abs. 1 S. 1 enthaltenen Katalog einzugehen.

[61] BT-Drs. 13/4184, 36; die daraus von *Heller/Vollrath* MittBayNot, 1998, 322 (326) gezogene Schlussfolgerung, dem Nur-Notar könnten Vorbefassungen vor der Bestellung kein Mitwirkungsverbot auslösen, verkennt, dass Nr. 7 präventiv Situationen verhindern will, die Gefahren für die Unparteilichkeit mit sich bringen könnten. Der Richter ist gem. § 41 Nr. 4 ZPO ausgeschlossen, wenn er früher für eine Partei tätig war. Für den Nur-Notar kann nichts anderes gelten; so auch Arndt/Lerch/Sandkühler/*Sandkühler* BNotO § 16 Rn. 77; *Maaß* ZNotP 1999, 178 (179).

[62] *Winkler* BeurkG § 3 Rn. 110; *Vaasen/Starke* DNotZ 1998, 661 (670). Dass der Notar wegen einer notariellen Vorbefassung niemals befangen sein könnte, weil er sein Amt stets unparteilich wahrnehme, wird aus innerberuflicher Sicht als selbstverständliches und keines Nachweises bedürftiges Axiom behandelt. Rechtsuchende empfinden das bei bestimmten Fallkonstellationen durchaus anders, vgl. *Schlosser* NJW 2002, 1376 (1378). Kann schon aus früheren Urkundstätigkeiten zumindest der Anschein einer Befangenheit entstehen, so gilt das erst recht für die Betreuung und Vertretung von Beteiligten gem. § 24 BNotO. Diese Fragen harren noch einer näheren Untersuchung. Auf jeden Fall sollte dem Notar bewusst sein, dass ihm auch eine notarielle Vorbefassung nahe legen kann, von § 16 Abs. 2 BNotO Gebrauch zu machen.

Möglichkeit, notwendige Vorklärungen einer späteren Beurkundung als Notar vorzunehmen, mit der Bindung an das GNotKG.

Eine **außernotarielle Tätigkeit** löst dann kein Mitwirkungsverbot aus, wenn sie für **alle Personen** ausgeübt wurde oder wird, die an der Beurkundung materiell beteiligt sein sollen. Auch hier droht keine Konfliktsituation.[63] Wenn zB der Sozius des Notars als Steuerberater die späteren Gesellschafter einer GmbH steuerlich betreut, darf der Notar den GmbH-Vertrag beurkunden. Zu beachten ist allerdings, dass die Kreise der materiell und formell Beteiligten sich nicht zu decken brauchen (→ Rn. 8). Ist der Notar als Anwalt von jemandem mit der Regulierung seiner Verbindlichkeiten betraut, darf er für seinen Mandanten kein Schuldanerkenntnis und auch keine Grundpfandrechtsbestellung beurkunden, weil materiell daran auch die Gläubiger beteiligt sind.[64]

Der Schlüsselbegriff in Nr. 7 ist „**dieselbe Angelegenheit**"; in dieser muss die außernotarielle Tätigkeit erfolgt sein oder erfolgen. Aus welchen in der Notariatspraxis häufig vorkommenden Lebenssachverhalten sich für welche Personen Rechte und Pflichten ergeben mit der Folge, dass sie an diesem Sachverhalt materiell beteiligt sind, ist oben unter → Rn. 9 bis 29 im Einzelnen dargestellt.

Die **eheliche Lebensgemeinschaft** ist der typische Fall eines solchen Lebenssachverhalts mit unterschiedlichen rechtlichen Wirkungen und Konsequenzen für die Ehepartner und gemeinsamen Kinder. Der Notar, der selbst oder dessen Sozius einen Ehepartner in einer ehelichen Angelegenheit (auch außerhalb eines Ehescheidungsverfahrens) beraten oder vertreten hat, darf als Notar keinen Ehe-, Unterhalts- oder Scheidungsfolgenvertrag beurkunden. Immer dann, wenn er durch die Annahme eines Mandats vom anderen Ehepartner gegen das Verbot, widerstreitende Interessen zu vertreten (§ 43a Abs. 4 BRAO, § 3 BORA), verstoßen würde, ist er auch als Notar ausgeschlossen.

Die **Erb-** und **Nachlassverhältnisse** einer Person sind häufig in ähnlicher Weise die Quelle einer Vielzahl von Ansprüchen und rechtlichen Wechselwirkungen. Wer als Anwalt oder Steuerberater jemanden im Hinblick auf die Erbfolge beraten hat, darf als Notar weder die letztwillige Verfügung des Mandanten beurkunden noch nach dem Erbfall an Erbscheinsanträgen und Nachlassauseinandersetzungen mitwirken (→ Rn. 14).

Je weit gespannter die außernotarielle Tätigkeit als Anwalt, Steuerberater oder Wirtschaftsprüfer für einen Mandanten war, umso eher wird sie auch eine Angelegenheit berührt haben, die Gegenstand einer notariellen Amtshandlung für diesen Mandanten ist. Führt die **Steuer- und Wirtschaftsberatung** durch einen Sozius des Notars zu einem Notariatsgeschäft, darf der Notar daran jedenfalls dann nicht mitwirken, wenn – wie in der Regel – die inhaltliche Ausgestaltung dieses Geschäfts, zB die Fassung eines Gesellschafts- oder Fusionsvertrags, durch die Beratung beeinflusst wird. Gibt die steuerliche Beratung nur den Anlass zu einem Notariatsgeschäft, zB einem Grundstückskauf, ohne dass seine

---

[63] Die hiergegen von *Vossius* notar 1998, 17 (20) und *Winkler* BeurkG § 3 Rn. 119 f. erhobenen Bedenken zeigen eine mangelnde Vertrautheit mit der anwaltlichen Tätigkeit, die keineswegs immer eine parteiliche Interessenwahrnehmung beinhaltet, sondern zunehmend im Auftrag mehrerer Mandanten im Wege der Vermittlung und Mediation einen Interessenausgleich herbeizuführen sucht, vgl. *Schlosser* NJW 2002, 1376 (1378). Der von *Winkler* BeurkG § 3 Rn. 121 aus der Gesetzesformulierung „beteiligt sein sollen" gezogene Schluss, bereits bei Erteilung des anwaltlichen Mandats müsse feststehen, eine etwaige Beurkundung des Ergebnisses der anwaltlichen Beratung durch den Anwaltsnotar vornehmen zu lassen, steht in einem offensichtlichen Widerspruch zur *ratio legis*. Es gibt nicht den geringsten Grund für die Annahme, ein erst später gefasster Entschluss könne eine Befangenheit des Notars auslösen. Entscheidend ist doch, dass alle Urkundsbeteiligten dem Anwaltsnotar zuvor ein anwaltliches gleich gerichtetes Mandat erteilt haben; so auch Möglichkeit/Bracker/*Schäfer* BNotO § 16 Rn. 57a, Armbrüster/Preuß/Renner/*Armbrüster* BeurkG § 3 Rn. 89; Arndt/Lerch/Sandkühler/*Sandkühler* BNotO § 16 Rn. 84.

[64] Dass auch bei der Ausnahme des § 3 Abs. 1 S. 1 Nr. 7 Hs. 2 vom materiellen Beteiligtenbegriff auszugehen ist, erschließt sich zwingend aus dem Zweck der Vorschrift: Der Notar soll durch die im Auftrage einiger Beteiligten erfolgte Vorbefassung nicht in die Gefahr geraten, die Interessen anderer Urkundsbeteiligten zu vernachlässigen; *Winkler* BeurkG § 3 Rn. 122; Arndt/Lerch/Sandkühler/*Sandkühler* BNotO § 16 Rn. 85; *Mihm* DNotZ 1999, 8 (20); *Harder/Schmidt* DNotZ 1999, 949 (962); *Armbrüster/Leske* ZNotP 2002, 46 (49); aA *Strunz* ZNotP 2002, 133.

Ausformung in irgendeiner Weise mit der steuerlichen Beratung zusammenhängt, liegt nicht dieselbe Angelegenheit vor. Der Notar, der einen Ehepartner im Scheidungsverfahren vertreten hat, ist auch nicht von der Beurkundung eines Kaufvertrags ausgeschlossen, zu dem sich sein Mandant wegen des ihm zugeflossenen Zugewinnausgleichs entschließt.

50 Die Bezugnahme auf die in Nr. 4 genannten Personen, die im Zeitpunkt der Beurkundung mit dem Notar zur gemeinsamen Berufsausübung verbunden sind, lässt es nicht zu, in derselben Angelegenheit ausgeübte Tätigkeiten eines **früheren Sozius** unter Nr. 7 zu subsumieren. Dies ist nicht unbedenklich, wenn der Notar – zB aus der in der Kanzlei verbliebenen Anwaltsakte – über Kenntnisse verfügt, die einerseits unter die anwaltliche Schweigepflicht fallen, die er andererseits aber verwerten müsste, um seiner notariellen Belehrungspflicht zu genügen. Dem Notar bleibt dann nur der Ausweg, sich gem. § 16 Abs. 2 BNotO der Ausübung des Amtes zu enthalten. Im Falle eines **Sozietätswechsels** unterliegen die in der aufnehmenden Sozietät tätigen Notare einem Mitwirkungsverbot, wenn der aufgenommene Anwalt zuvor mit der Angelegenheit befasst war. Hat er in der abgebenden Sozietät den Fall nicht selbst bearbeitet, verfügt er über kein sensibles Wissen und stimmen die über den Sachverhalt unterrichteten betroffenen Urkundsbeteiligten der Beurkundung durch den Notar zu, so entfällt das Mitwirkungsverbot.[65] Zur Übertragung der Dokumentationen gem. § 28 BNotO im Falle des Sozietätswechsels → RLEmBNotK VI. Rn. 4.

51 Der Tatbestand der Nr. 7 verlangt nicht ein Handeln in **gegensätzlichem Interesse.** Er ist bei Vorliegen der oben genannten Voraussetzungen auch dann erfüllt, wenn der Notar bei der Beurkundung niemanden bevorteilt oder benachteiligt hat. Wie in dem in § 45 Abs. 1 Nr. 1 BRAO geregelten umgekehrten Fall einer vorausgegangenen notariellen Tätigkeit zielt das Mitwirkungsverbot darauf ab, **präventiv** eine Situation auszuschließen, die für den Notar Gefahren für seine Unabhängigkeit und Unparteilichkeit mit sich bringen könnte. Das **Einverständnis** der an der Beurkundung Beteiligten mit der Tätigkeit des Notars entlastet diesen nicht, wie sich schon im Umkehrschluss aus § 3 Abs. 2 ergibt. Die in § 3 Abs. 1 enthaltenen Mitwirkungsverbote dienen nicht primär dem Schutz der Urkundsbeteiligten, sondern der Funktionsfähigkeit der vorsorgenden Rechtspflege (zur Bedeutung des Einverständnisses im Falle des Sozietätswechsels → Rn. 50).

52 Die in § 3 Abs. 1 S. 2 statuierte **Frage- und Dokumentationspflicht** soll „dem in einer beruflichen Verbindung tätigen Notar die Bedeutung dieses Mitwirkungsverbots in besonderer Weise bewusst" machen und „eine effektive Überwachung seiner Einhaltung durch die Aufsichtsbehörden" gewährleisten.[66] Der Gesetzesbegründung lässt sich also entnehmen, dass die Vorschrift nicht für allein praktizierende Notare gelten soll. Da der Gesetzeswortlaut eine solche Einschränkung nicht enthält und man die Vergesslichkeit der Notare berücksichtigt wissen will, verlangt die Notaraufsicht weithin auch von den allein praktizierenden Notaren die Einhaltung der Fragepflicht.[67] Sie trifft grundsätzlich auch Nur-Notare (→ Rn. 42). Demgegenüber wird in der Literatur vertreten, dass die generelle Frage- und Vermerkpflicht für den hauptberuflichen Notar nicht gilt.[68] *Winkler* hält es für möglich, dass auch für den allein praktizierenden Anwaltsnotar die Frage- und Vermerkpflicht nicht besteht.[69] Der Gesetzgeber sollte dieser in der Praxis längst zu einem leeren Formalismus erstarrten und in einem offensichtlichen Missverhältnis zum tatsächlichen

---

[65] Die Grundsätze, die im Hinblick auf § 43a Abs. 4, § 3 BORA für den Sozietätswechsel von Anwälten vom BVerfG NJW 2003, 2520 entwickelt worden sind, müssen für die Mitwirkungsbeschränkung des Notars entsprechend gelten; ähnlich Armbrüster/Leske ZNotP 2002, 46 (48). Ausführlich zu dieser Problematik im anwaltlichen Berufsrecht Henssler/Prütting/*Henssler* BORA § 3 Rn. 13 f.
[66] BT-Drs. 13/4184, 37.
[67] Harborth/Lau DNotZ 2002, 412 (422);
[68] Armbrüster/Preuß/Renner/*Armbrüster* BeurkG § 3 Rn. 93; Grziwotz/Heinemann/*Grziwotz* BeurkG § 3 Rn. 56; *Winkler* BeurkG § 3 Rn. 126; Arndt/Lerch/Sandkühler/*Sandkühler* BNotO § 16 Rn. 86.
[69] *Winkler* BeurkG § 3 Rn. 128; aA Armbrüster/Preuß/Renner/*Armbrüster* § 3 Rn. 92; Grziwotz/Heinemann/*Grziwotz* BeurkG § 3 Rn. 56 mit der Begründung, dass der allein praktizierende Anwaltsnotar schließlich als Anwalt tätig gewesen sein kann. Eine Vorbefassung iSd § 3 Abs. 1 Nr. 7 ist auch beim Nur-Notar denkbar (→ Rn. 42).

Gefahrenpotential stehenden Regelung baldmöglichst dadurch ein Ende bereiten, dass Nur-Notare und allein praktizierende Anwaltsnotare von der Fragepflicht (keineswegs von der Geltung des § 3 Abs. 1 S. 1 Nr. 7) ausgenommen werden. Hier deutet sich aber eher das Gegenteil an, da der zurzeit diskutierte Entwurf der Verordnung nach § 36 BNotO ein Beteiligtenverzeichnis lediglich vom Anwaltsnotar fordert.

De lege lata ist folgende Formulierung zu empfehlen: „Der beurkundende Notar erläuterte den Erschienenen zunächst die Hinderungsgründe des § 3 Abs. 1 S. 1 Nr. 7 BeurkG. Seine Frage, ob eine seiner Mitwirkung an der Amtshandlung ausschließende Vorbefassung vorliege, wurde von den Erschienenen verneint." Erlaubt ist auch die verbreitete Kurzfassung: „Die vom Notar gestellte Frage nach einer außernotariellen Vorbefassung gem. § 3 Abs. 1 Nr. 7 BeurkG wurde von den Erschienenen verneint." Die Praxis lehrt, dass in jedem Fall zusätzliche Erläuterungen nötig sind, damit die Urkundsbeteiligten Sinn und Zweck der Frage verstehen. Gehört der Notar einer überörtlichen Sozietät an, sollte er darauf hinweisen, dass auch die an anderen Orten tätigen Sozien von § 3 Abs. 1 Nr. 7 umfasst werden. Da der Grundsatz der materiellen Sachbeteiligung auch bei Unterschriftsbeglaubigungen gilt, muss die Frage auch hier gestellt und im Beglaubigungsvermerk selbst oder in dem zu verwahrenden Vermerkblatt dokumentiert werden.[70] Eine Ausnahme ist anzuerkennen, wenn der Notar die Unterschrift unter einer Urkunde beglaubigen soll, die in einer von ihm nicht beherrschenden Sprache abgefasst ist; hier entfällt analog § 30 S. 4 die Prüfungspflicht aus § 40 Abs. 2 und damit auch die Frage- und Dokumentationspflicht.[71] 53

Bei Beurkundungen, die – wie zB die Auflassung – dem **Vollzug** eines Notariatsgeschäfts dienen, ohne zu einer materiellen Beteiligung anderer Personen zu führen, wäre die erneute Frage nach einer Vorbefassung einen leere Förmelei; sie kann entfallen.[72] Frage und Dokumentation gem. § 3 Abs. 1 S. 2 werden andererseits nicht dadurch entbehrlich, dass außerdem noch Belehrung und Frage gem. § 3 Abs. 2 S. 2 erfolgen und dokumentiert werden müssen. 54

Die Fragepflicht besteht, ebenso wie bei § 3 Abs. 2 S. 2, nur gegenüber den bei der Beurkundung **anwesenden formell Beteiligten,** nicht etwa gegenüber anderen materiell Betroffenen. Da es aber in vielen Fällen solche geben wird, entlastet die Verneinung der Frage den Notar nicht in jedem Fall, denn den Erschienenen können Tätigkeiten für nicht erschienene materiell Beteiligte verborgen geblieben sein. In diesem Zusammenhang ist auf Schwierigkeiten hingewiesen worden, die sich ergeben können, wenn in einer Hauptversammlung ein anwesender Aktionär eine außernotarielle Vorbefassung des protokollierenden Notars offenbart.[73] Sie sind nicht durch den Wegfall der Fragepflicht zu lösen, denn das Mitwirkungsverbot bleibt bestehen. Das Risiko einer erheblichen Verzögerung im Ablauf einer stark besuchten Hauptversammlung lässt sich nur durch die vorsorgliche Hinzuziehung eines Ersatznotars mindern. 55

VIII. Bevollmächtigungen sowie Dienst- oder ähnliche Geschäftsverhältnisse, Abs. 1 Nr. 8

Der erste Halbsatz dieser Vorschrift begründet ein Mitwirkungsverbot für den Fall einer **gewillkürten Vertretungsmacht.** Hat die Bevollmächtigung zu einer **Tätigkeit** in derselben Angelegenheit geführt, greift auch Nr. 7 ein. Die praktische Relevanz der Nr. 8 beschränkt sich somit auf die seltenen Fälle, in denen der Bevollmächtigte selbst nicht gehandelt hat. Deshalb ist auch die Frage noch nicht aktuell geworden, ob vom ersten 56

---

[70] *Winkler* BeurkG § 3 Rn. 141; *Arndt/Lerch/Sandkühler/Sandkühler* BNotO § 16 Rn. 88; aA *Diehn/Seger* BNotO § 16 Rn. 60, wonach die Dokumentation nur im Vermerkblatt nicht ausreichend sein soll.
[71] *Winkler* BeurkG § 3 Rn. 134.
[72] AA *Harborth/Lau* DNotZ 2002, 412 (424) unter völliger Missachtung des Verhältnismäßigkeitsgrundsatzes.
[73] *Harborth/Lau* DNotZ 2002, 412 (423); *Armbrüster/Leske* ZNotP 2002, 46 (50).

Halbsatz der Nr. 8 auch die den Sozien des Notars erteilten Vollmachten eingeschlossen sein sollen und dies lediglich aufgrund eines Redaktionsversehens nicht im Gesetzestext zum Ausdruck gekommen ist.[74] Wird der Notar von allen, die an der Beurkundung teilnehmen sollen, bevollmächtigt, kommt Nr. 8 nicht zur Anwendung, denn wenn in solchen Fällen selbst das Tätigwerden gem. Nr. 7 Hs. 2 nicht schadet, kann es die bloße Bevollmächtigung erst recht nicht.[75] Eine **Generalvollmacht** soll immer zu einem Mitwirkungsverbot führen, also auch dann, wenn sie nicht in der Absicht erteilt wurde, den Bevollmächtigten „in derselben Angelegenheit" tätig werden zu lassen. Dies widerspricht der im Gesetz zum Ausdruck gekommenen Intention des Gesetzgebers, auch bei der nicht ausgeübten Vollmacht eine konkrete Verbindung zwischen der Bevollmächtigung und dem Beurkundungsgeschäft zu verlangen.[76] Wird die Vollmacht vor der Beurkundung zurückgezogen, darf der Notar tätig werden, wie der Umkehrschluss aus § 3 Abs. 2 ergibt; ihm obliegt lediglich die dort geregelte Hinweispflicht (zu notariellen Vollzugsvollmachten → Rn. 4).

57 Der zweite Halbsatz der Nr. 8 begründet ein Mitwirkungsverbot des Notars für Angelegenheiten einer Person, zu der in einem bestimmten Dienst- oder ähnlichem Geschäftsverhältnis steht. Hier werden auch die mit dem Notar beruflich verbundenen Personen iSd Nr. 4 erfasst. Die häufig gehörte Begründung, die Vorschrift solle den „Hausnotar" verhindern,[77] ist missverständlich, denn den Anwaltsnotar, der das Vertrauen eines Mandanten besitzt und von ihm bei Bedarf als „Hausnotar" oder „Hausanwalt" in Anspruch genommen wird, trifft allein deshalb kein Mitwirkungsverbot. Anders hingegen bei dem von *Armbrüster* beschriebenen Hausnotar, von dessen Beauftragung das Kreditinstitut die Vergabe eines Kredites abhängig macht.[78] Auch hier liegt kein Fall des Nr. 8 vor. Ein solches Verhalten widerspricht aber den grundlegenden Amtsprinzipien des Notars. Nur wenn die vertraglichen Beziehungen zwischen dem Notar und dem Klienten einen **ständigen Dienstvertrag** darstellen oder ihm ähneln, also über den üblichen Mandatsvertrag, der eine Geschäftsbesorgung iSd § 675 BGB zum Inhalt hat, hinausgehen und den Notar in die für einen Dienstvertrag typische **Abhängigkeit** bringen, ist ihm untersagt, für seinen Dienstherrn als Notar tätig zu werden. Betroffen ist also der Notar, der selbst oder dessen Sozius als **Syndikus** auf der Grundlage eines Dienstvertrags gegen feste Vergütung bei einem Unternehmen oder Verband als ständiger Rechtsberater tätig ist. Beratungsverträge, wie sie von Anwälten zunehmend mit einer Vergütungsvereinbarung gem. § 3a RVG abgeschlossen werden, fallen nicht unter Nr. 8, denn in diesem Fall fehlt es an der Weisungsgebundenheit des Anwalts. Dies gilt auch für Verträge von Steuerberatern und Wirtschaftsprüfern, die eine **Dauerberatung** vorsehen. Sie führen zwar zu einem ständigen Geschäftsverhältnis; dieses ist jedoch einem ständigen Dienstverhältnis nicht **ähnlich**, weil Anwälte, Steuerberater und Wirtschaftsprüfer auch bei solchen Vertragsgestaltungen die unabhängige Position eines Freiberuflers behalten und nicht dem Weisungsrecht ihres Mandanten unterworfen sind. Der Anwalt gerät auch faktisch nicht in eine größere Abhängigkeit vom Mandanten, wenn er statt einer Kette von Einzelmandaten von diesem eine Dauerberatung übertragen erhält. Für ein Dienst- oder ähnliches Geschäftsverhältnis iSd Nr. 8 ist nach herrschender Meinung eine Weisungsgebundenheit erforderlich.[79] Je

---

[74] *Winkler* BeurkG § 3 Rn. 148 hält dies für sicher; Arndt/Lerch/Sandkühler/*Sandkühler* BNotO § 16 Rn. 89 für möglich; Armbrüster/Preuß/Renner/*Armbrüster* BeurkG § 3 Rn. 101 verweist zu Recht auf die Initiative des Bundesrates, aufgrund derer bewusst nur der zweite Halbsatz der Nr. 8 auf Personen iSd Nr. 4 ausgedehnt wurde.
[75] *Winkler* BeurkG § 3 Rn. 147; *Harborth/Lau* DNotZ 2002, 412 (424); aA Schippel/Bracker/*Schäfer* BNotO § 16 Rn. 63; Arndt/Lerch/Sandkühler/*Sandkühler* BNotO § 16 Rn. 90; Armbrüster/Preuß/Renner/*Armbrüster* BeurkG § 3 Rn. 100.
[76] AA Arndt/Lerch/Sandkühler/*Sandkühler* BNotO § 16 Rn. 93; Grziwotz/Heinemann/*Grziwotz* BeurkG § 3 Rn. 60; Diehn/*Seger* BNotO § 16 Rn. 63.
[77] *Winkler* BeurkG § 3 Rn. 157; Arndt/Lerch/Sandkühler/*Sandkühler* BNotO § 16 Rn. 97.
[78] Armbrüster/Preuß/Renner/*Armbrüster* BeurkG § 3 Rn. 103.
[79] *Winkler* BeurkG § 3 Rn. 157; Grziwotz/Heinemann/*Grziwotz* BeurkG § 3 Rn. 61; Armbrüster/Preuß/Renner/*Armbrüster* BeurkG § 3 Rn. 102.

umfassender das Beratungsmandat ist, umso eher wird allerdings auch der Tatbestand des § 3 Abs. 1 Nr. 7 erfüllt sein (→ Rn. 49).

IX. Beteiligung an einer Kapitalgesellschaft, Abs. 1 Nr. 9

Während die Mitgliedschaft des Notars in einer Personalgesellschaft unter Nr. 1 zu subsumieren ist, erfasst Nr. 9 nur Beteiligungen an Kapitalgesellschaften. Nur eine geringe Minderheitsbeteiligung lässt kein Mitwirkungsverbot entstehen. Die Beschränkung auf einen Nominalwert der Beteiligung von 2.500,– EUR hat das Ziel, auch bei prozentual niedriger Beteiligung an einer kapitalstarken Gesellschaft zu einem Mitwirkungsverbot zu kommen.[80] Dabei ist berücksichtigt worden, dass der Marktwert regelmäßig ein Vielfaches des Nominalwerts der Beteiligung ausmacht. Auch Genossenschaften sind Gesellschaften (§ 1 Abs. 1 GenG). Unter Haftkapital sind bei der AG Aktien und bei der GmbH oder Genossenschaft Geschäftsanteile zu verstehen. Bei Schachtelbeteiligungen müssen alle Beteiligungen wirtschaftlich als Einheit gewertet werden.[81] 58

Versammlungsbeschlüsse einer Kapitalgesellschaft darf der an dieser Gesellschaft beteiligte Notar nur beurkunden, wenn seine Beteiligung die in Nr. 9 gesetzte Grenze nicht überschreitet. Sind seine Angehörigen oder Sozien beteiligt (auch über die Grenzen der Nr. 9 hinaus), darf er beurkunden (→ Rn. 19). 59

E. Hinweis- und Fragepflicht gem. Abs. 2 und Abs. 3

I. Gesetzeszweck

Die in Abs. 2 und Abs. 3 aufgeführten Fallgestaltungen gefährden die unabhängige und unparteiische Amtstätigkeit des Notars nicht so stark, dass Mitwirkungsverbote gerechtfertigt sind. Vielmehr sollen die (formell) Beteiligten selbst entscheiden können, ob sie hinreichendes **Vertrauen zur Unparteilichkeit** des Notars haben. Damit nicht ihre Unwissenheit ausgenutzt werden kann, statuiert die gesetzliche Regelung eine **Informations- und Fragepflicht** des Notars gegenüber den bei ihm erschienenen, nicht aber gegenüber den nicht anwesenden materiell Beteiligten.[82] Der Gesetzeszweck erfordert eine Belehrung nicht, wenn der Notar nur den formell Beteiligten in anderer Sache vertritt, denn nicht dieser soll geschützt werden, sondern von mehreren Beteiligten derjenige, für den der Notar nicht tätig ist. Den Besteller einer Grundschuld muss er also belehren, wenn er den Grundpfandrechtsgläubiger in anderer Sache vertritt. Die Belehrungspflicht entfällt dagegen bei einem Notariatsgeschäft dieses Gläubigers, zB der Beglaubigung einer Löschungsbewilligung. Ebenso braucht der Notar, der dem Aufsichtsrat einer Bank angehört, die vor ihm erschienenen Vorstandsmitglieder nicht zu belehren, wohl aber den Schuldner der Bank, der bei ihm eine Grundschuld zu deren Gunsten bestellt. 60

Die **Privilegierung kommunalpolitischer und kirchlicher Tätigkeiten** in Abs. 3 Nr. 2 und Nr. 3 gegenüber der eigentlich für diese Fälle geltenden Regelung in Abs. 1 Nr. 6 beruht auf dem Bestreben des Gesetzgebers, Notaren nicht zu erschweren, sich für solche Tätigkeiten zur Verfügung zu stellen.[83] Mit dem in Nr. 2 und Nr. 3 verwendeten Begriff „Organ" ist das Kollektivorgan, wie zB das Gemeindeparlament, nicht aber die organschaftliche Vertretung der Gemeinde durch den jeweiligen Hauptverwaltungsbeamten gemeint. Ist der Sozius des Notars Bürgermeister einer Gemeinde, besteht ein Mitwirkungsverbot gem. § 3 Abs. Nr. 6.[84] 61

---

[80] BT-Drs. 13/11034, 40.
[81] *Winkler* BeurkG § 3 Rn. 168.
[82] *Winkler* BeurkG § 3 Rn. 189.
[83] BT-Drs. III 2183, 4 f.
[84] Grziwotz/Heinemann/*Grziwotz* BeurkG § 3 Rn. 39.

II. Fallgestaltungen im Einzelnen

62 Nach dem wenig übersichtlichen Gesetzesaufbau, der durch fehlende Abstimmung zu der neuen Regelung in § 3 Abs. 1 Nr. 7 noch zusätzlich verunklart wird, sind folgende Sachverhalte zu unterscheiden:
- Der Notar oder sein Sozius ist **früher in derselben Angelegenheit** als gesetzlicher oder gewillkürter Vertreter für materiell Beteiligte **tätig** gewesen: Mitwirkungsverbot gem. Abs. 1 Nr. 7; die aus Abs. 2 Alt. 1 folgende Belehrungspflicht ist obsolet.
- Der Notar oder sein Sozius ist **in derselben Angelegenheit jetzt** noch **tätig**: Mitwirkungsverbot gem. Abs. 1 Nr. 7.
- Der Notar oder sein Sozius war **früher gesetzlicher** oder **gewillkürter Vertreter** eines materiell Beteiligten, ohne in derselben Angelegenheit tätig geworden zu sein: kein Mitwirkungsverbot, keine Hinweispflicht.
- Der Notar oder sein Sozius ist **jetzt** noch **gesetzlicher Vertreter** einer materiell beteiligten Person, ohne in derselben Angelegenheit tätig zu sein: Mitwirkungsverbot gem. Abs. 1 Nr. 5.
- Der Notar oder sein Sozius ist **in derselben Angelegenheit** von einer materiell beteiligten Person **bevollmächtigt,** ohne tätig gewesen oder noch tätig zu sein: Mitwirkungsverbot gem. Abs. 1 Nr. 8.
- Der Notar ist im Falle des Vorhandenseins mehrerer materiell Beteiligter für einen von ihnen in einer **anderen Angelegenheit** als Bevollmächtigter **tätig**: Hinweispflicht gem. Abs. 2 Alt. 2.
- Der Notar gehört einem **nicht vertretungsberechtigten Organ** (zB dem Aufsichtsrat) einer juristischen Person des privaten oder öffentlichen Rechts an, deren Angelegenheit beurkundet werden soll: kein Mitwirkungsverbot, aber Hinweispflicht gem. Abs. 3 Nr. 1.
- Der Notar gehört dem **vertretungsberechtigten Organ** einer **Gemeinde**, eines **Kreises** oder einer der in Abs. 3 Nr. 3 genannten Körperschaften an, deren Angelegenheit beurkundet werden soll: kein Mitwirkungsverbot (Abs. 1 Nr. 6 ist gem. Abs. 3 S. 2 nicht anwendbar!)[85], selbst wenn der Notar an der Beschlussfassung des Organs mitgewirkt hat[86] (→ Rn. 42), sondern nur Belehrungspflicht gem. Abs. 3 Nr. 2 und Nr. 3.
- Der Notar gehört dem **vertretungsberechtigten Organ** einer nicht in Abs. 3 Nr. 2 und Nr. 3 genannten juristischen Person des privaten oder öffentlichen Rechts an: Mitwirkungsverbot gem. Abs. 1 Nr. 6.

III. Belehrungs- und Dokumentationspflicht

63 Die **Belehrung** ist in der Urkunde etwa wie folgt zu vermerken: „Der Notar wies darauf hin, dass er zurzeit für den Erschienenen zu 1) als Bevollmächtigter in anderer Angelegenheit tätig ist, und fragte die Erschienenen, ob er die Beurkundung gleichwohl vornehmen soll. Die Erschienenen bejahten dies." Hinweis- und Dokumentationspflicht gilt bei jedem Beurkundungsvorgang iSd § 1 Abs. 1, also auch bei der **Beglaubigung,** weil der Notar die Urkunde gem. § 40 Abs. 2 im Hinblick auf Mitwirkungshindernisse zu prüfen hat. Der Vermerk über den erfolgten Hinweis könnte hier wie folgt lauten: „Der Notar hat vor der Beglaubigung darauf hingewiesen, dass er dem Aufsichtsrat der Grundpfandgläubigerin angehöre. Seine Frage, ob er gleichwohl die Beglaubigung vornehmen solle, wurde bejaht."

64 Enthält die Belehrung wie in dem erstgenannten Beispiel den Hinweis auf ein dem Notar in seiner Eigenschaft als Anwalt, Steuerberater oder Wirtschaftsprüfer übertragenes Mandat, muss der Notar zuvor von seiner **Schweigepflicht** (§ 43a Abs. 2 BRAO, § 57 Abs. 1 StBerG, § 47 Abs. 1 WPO) entbunden worden sein.[87] Schon die bloße Mandatierung des

---
[85] *Winkler* BeurkG § 3 Rn. 83.
[86] S. Fn. 60; *Winkler* BeurkG § 3 Rn. 185.
[87] *Brieske* AnwBl. 1995, 481 (483, 488).

Anwalts fällt unter die Schweigepflicht.[88] Die BGH-Rechtsprechung zum Zurücktreten der Schweigepflicht im Interesse einer Schadensverhinderung[89] ist hier nicht anwendbar, da den Beteiligten kein Schaden droht. Wird die Entbindung von der Schweigepflicht abgelehnt, muss der Notar gem. § 14 Abs. 2 BNotO die Beurkundung verweigern, denn er kann die gesetzliche Pflicht zur Belehrung nicht erfüllen. Das **Ablehnungsrecht** steht nur dem zu, der die Amtstätigkeit des Notars in Anspruch nehmen will, nicht aber anderen materiell Beteiligten ohne Rücksicht darauf, ob diese zugegen sind.[90] Ein Aktionär, der an der vom Notar zu beurkundenden Hauptversammlung nicht teilnimmt, kann daher den Notar nicht ablehnen, auch nicht derjenige, gegen den ein Wechselprotest aufgenommen wird. Das Ablehnungsrecht ist zeitlich nicht beschränkt und darf noch bis zur Beendigung der Beurkundung ausgeübt werden. Zu den Kostenfolgen einer späten Rücknahme des Beurkundungsersuchens vgl. § 21 GNotKG.

F. Folgen eines Verstoßes

I. Berufsrechtliche Sanktionen

Die große **Bedeutung der Mitwirkungsverbote** wird aus mehreren Vorschriften deutlich, die ihre Beachtung sichern sollen (s. §§ 28, 93 Abs. 4 BNotO, § 3 Abs. 1 S. 2 BeurkG, Abschnitt VI RLEmBNotK, § 15 DONot). Bei einem Verstoß wird nur in Ausnahmefällen eine Missbilligung gem. § 94 BNotO in Betracht kommen. Bei wiederholter grober Verletzung der in § 3 Abs. 1 enthaltenen Mitwirkungsverbote sieht § 50 Abs. 1 Nr. 9 BNotO eine **Amtsenthebung** vor.[91] **65**

II. Strafrechtliche Sanktionen

Wenn der Notar im Zusammenwirken mit den an der Beurkundung Beteiligten nach der Frage einer Vorbefassung eine Verneinung protokolliert, obwohl von einer Vorbefassung die Rede gewesen ist, dürfte er eine **Falschbeurkundung** im Amt gem. § 348 StGB begehen,[92] was zum Verlust des Notaramtes führen könnte.[93] Zwar kann nicht jede Angabe in einer notariellen Urkunde Gegenstand einer Falschbeurkundung sein. So ist eine unrichtige Angabe des Beurkundungsortes strafrechtlich irrelevant, weil nur eine Soll-Vorschrift verletzt ist und die Beurkundung wirksam bleibt.[94] Die fehlerhafte Dokumentation von Frage und Antwort gem. § 3 Abs. 1 S. 2 berührt ebenfalls nicht die Wirksamkeit der Beurkundung. Eine andere Beurteilung könnte sich aber daraus ergeben, dass der Gesetzgeber die Einhaltung des aus der außernotariellen Vorbefassung folgenden Mitwirkungsverbots für sehr wichtig hält und sich deshalb nach der *ratio legis* die erhöhte Beweiskraft der öffentlichen Urkunde auch auf die Dokumentation einer etwaigen Vorbefassung erstrecken soll. **66**

III. Zivilrechtliche Folgen

Die Verletzung des Mitwirkungsverbots führt – anders als bei einem Verstoß gegen die Ausschließungsgründe der §§ 6 und 7 – nicht zur Unwirksamkeit der Beurkundung. Das gilt auch für die Erteilung einer **Vollstreckungsklausel;** diese kann jedoch gem. §§ 797 Abs. 3, 732 ZPO angefochten werden.[95] Verzögert sich die Zwangsvollstreckung, weil die **67**

---

[88] KG NJW 1989, 2873; LG Dresden NJW 2007, 2789.
[89] BGH DNotZ 1973, 494 (496).
[90] *Winkler* BeurkG § 3 Rn. 190.
[91] Vgl. BT-Drs. 13/11034, 39.
[92] Grziwotz/Heinemann/*Grziwotz* BeurkG § 3 Rn. 73.
[93] BT-Drs. 13/4184, 37; Schippel/Bracker/*Schäfer* BNotO § 16 Rn. 60.
[94] BGH ZNotP 1998, 462.
[95] Schippel/Bracker/*Schäfer* BNotO § 16 Rn. 12.

Vollstreckungsklausel aufgehoben wird, kann sich daraus ein Schadensersatzanspruch gegen den Notar ergeben.

68 Hat der Notar unter Verletzung von § 3 Abs. 1 einen Vertrag beurkundet, so kann auch daraus eine **Schadensersatzverpflichtung** folgen. Zu prüfen ist in einem solchen Fall, ob und mit welchem Inhalt der Vertrag bei einem anderen Notar beurkundet worden wäre.[96] Unterlässt der Notar die Dokumentation der in Abs. 1 S. 2 und Abs. 3 S. 2 vorgeschriebenen Fragen und Hinweise, ist von einer unterbliebenen Belehrung auszugehen; die Beweislast für das Gegenteil liegt beim Notar.[97]

IV. Kostenrechtliche Folgen

69 Gemäß § 21 GNotKG sind Kosten, die bei richtiger Behandlung der Sache nicht entstanden wären, nicht zu erheben. Folgt man dem Gesetzeswortlaut, wäre bei einem Verstoß gegen § 3 dieser Tatbestand stets erfüllt, denn wenn der Notar pflichtgemäß die Beurkundung abgelehnt hätte, würde er auch keine Kostenforderung erlangt haben. Der mögliche Einwand, trotz des Verstoßes gegen das Mitwirkungsverbot bleibe das Urkundsgeschäft wirksam mit der Folge, dass die Beteiligten eine notarielle Urkundstätigkeit kostenlos erhielten, überzeugt nicht, denn § 16 Abs. 1 S. 1 setzt nicht die Unwirksamkeit des Amtsgeschäfts voraus, mag dies auch häufig die Folge der fehlerhaften Sachbehandlung sein. Die Vorschrift wird allerdings insofern einschränkend ausgelegt, als nicht jede objektiv fehlerhafte Sachbehandlung ihre Anwendung rechtfertigt, sondern nur offen zutage tretende Verstöße gegen eindeutige gesetzliche Normen oder offensichtliche Versehen.[98] Diese Rechtsprechung führt zu einer differenzierten Bewertung: bei geringem Verschulden, insbesondere in zweifelhaften oder unklaren Fallgestaltungen, verbleibt dem Notar der Kostenanspruch, bei vorsätzlichen oder grobfahrlässigen Verstößen geht er verloren.[99]

§ 4 Ablehnung der Beurkundung

Der Notar soll die Beurkundung ablehnen, wenn sie mit seinen Amtspflichten nicht vereinbar wäre, insbesondere wenn seine Mitwirkung bei Handlungen verlangt wird, mit denen erkennbar unerlaubte oder unredliche Zwecke verfolgt werden.

A. Sachlicher Anwendungsbereich

1 Diese Vorschrift unterscheidet sich von dem fast gleichlautenden § 14 Abs. 2 BNotO nur insoweit, als sie das in der letztgenannten Bestimmung für **alle** notariellen Amtsgeschäfte ausgesprochene Mitwirkungsverbot speziell für **Beurkundungen** anordnet. Da somit § 4 in seinem sachlichen Anwendungsbereich nicht weiter reicht als § 14 Abs. 2 BNotO, kann auf die Erläuterungen unter → BNotO § 14 Rn. 27 ff. verwiesen werden.

B. Persönlicher Anwendungsbereich

2 Gemäß § 1 Abs. 2 gilt § 4 auch für andere Urkundspersonen (vgl. in diesem Zusammenhang auch §§ 2, 10 ff. KonsularG).

---

[96] BGH DNotZ 1985, 231 = JR 1985, 152 mAnm *Winkler; Winkler* BeurkG § 3 Rn. 11; vgl. auch *Haug* Rn. 361 ff.
[97] *Haug* Rn. 835.
[98] BGH NJW 1962, 2107; OLG Celle Rpfleger 1970, 365; KG DNotZ 1976, 334.
[99] Ebenso Grziwotz/Heinemann/*Grziwotz* BeurkG § 3 Rn. 73.

§ 5 Urkundensprache

(1) Urkunden werden in deutscher Sprache errichtet.

(2) ¹Der Notar kann auf Verlangen Urkunden auch in einer anderen Sprache errichten. ²Er soll dem Verlangen nur entsprechen, wenn er der fremden Sprache hinreichend kundig ist.

A. Allgemeines

Als Konsequenz der zunehmenden internationalen Verflechtung erlaubt § 5 Abs. 2 dem Notar (gem. § 10 Abs. 3 Nr. 1 KonsularG auch den Konsuln, nicht aber anderen Urkundspersonen, vgl. § 1 Abs. 2), Urkunden in anderen Sprachen zu errichten. Dafür dürfen auch fremde Schriftzeichen verwendet werden.[1] Gemäß § 15 Abs. 1 BNotO ist er dazu aber nicht verpflichtet, selbst dann nicht, wenn er die fremde Sprache hinreichend beherrscht. Die Vorschrift gilt für **Beurkundungen aller Art** einschließlich der Vermerke, ebenso für Anlagen.[2] Es ist auch zulässig, einzelne Abschnitte einer Urkunde in unterschiedlichen Sprachen aufzunehmen.[3] (Zur Abfassung der Niederschrift in einer fremden Sprache, zur Verständigung mit den Beteiligten und zur Herstellung von Übersetzungen vgl. §§ 16, 32, 50). Fremdsprachige Formulare werden in steigender Zahl veröffentlicht.[4] Die Beurkundung in fremder Sprache löst die Zusatzgebühr nach Nr. 26001 GNotKG KV aus.

B. Fremdsprachige Beurkundung

I. Verlangen der Beteiligten

Der Notar darf nur dann fremdsprachig beurkunden, wenn alle formell Beteiligten dies **übereinstimmend verlangen,** weshalb es sich empfiehlt, das Verlangen der Beteiligten in der Urkunde zu vermerken. Wird eine Urkunde ohne dieses Verlangen fremdsprachig aufgenommen, bleibt sie wirksam.[5] Teilweise wird auch deren Unwirksamkeit mit der Begründung, dass den Beteiligten keine Urkunde in einer fremden Sprache aufgedrängt werden könne, vertreten.[6] Richtig ist, dass, wenn nur einer der Beteiligten der Beurkundung in einer fremden Sprache widerspricht, der Notar die Beurkundung in dieser Sprache nicht durchführen darf. Widerspricht aber keiner der Urkundsbeteiligten, ist die Urkunde wirksam, auch wenn sich einer der Beteiligten später auf das fehlende übereinstimmende Verlangen beruft. Dieses folgt aus § 16. Danach bleibt eine Urkunde, wenn sie in einer fremden Sprache aufgenommen wurde, bei unrichtigen Angaben eines der Urkundsbeteiligten über seine Sprachkunde nach herrschender Meinung wirksam.[7] Diese differenzierende Betrachtung zwischen § 5 und § 16 ist nicht nachvollziehbar.

---

[1] *Winkler* BeurkG § 5 Rn. 7; Armbrüster/Preuß/Renner/*Preuß* BeurkG § 5 Rn. 8; Palandt/*Heinrichs*, 50. Aufl. 1991, BeurkG § 5 Rn. 1.
[2] *Winkler* BeurkG § 5 Rn. 3.
[3] BT-Drs. 5/3282, 28; *Winkler* BeurkG § 5 Rn. 11.
[4] DNotI.de Arbeitshilfen für ausländisches Recht mit Link zu Notarios international 2001, 96; WürzNotar-HdB/*Hertel* Teil 7 Kap. 1 (fremdsprachige Beglaubigungsvermerke); Homepage BMJV Service Übersetzungen von Vorsorgevollmachten in diverse Sprachen.
[5] *Jansen* BeurkG § 5 Rn. 8; *Hagena* DNotZ 1978, 397;
[6] *Winkler* BeurkG § 6 Rn. 6; Grziwotz/Heinemann/*Grziwotz* BeurkG § 5 Rn. 6.
[7] *Winkler* BeurkG § 16 Rn. 11; Armbrüster/Preuß/Renner/*Piegsa* BeurkG § 16 Rn. 4; OLG Köln FamRZ 2019, 1689 (1690).

II. Sprachkenntnis des Notars

3   Der Notar darf nur dann in fremder Sprache beurkunden, wenn er dieser „hinreichend kundig" ist. Dies hat er nach pflichtgemäßem Ermessen zu beurteilen. Er muss auf jeden Fall den fremdsprachigen Text vollständig verstehen. Ist dies nicht der Fall, drohen ihm dienst- und haftungsrechtliche Konsequenzen; die Beurkundung selbst bleibt wirksam.[8]

III. Sprachkenntnis der Beteiligten

4   Die Beteiligten brauchen die Urkundssprache nicht zu verstehen. Der Notar kann zB ihre auf Deutsch abgegebenen Erklärungen fremdsprachig beurkunden.[9] Beherrscht der Notar die Sprache der Beteiligten nicht, muss er einen Dolmetscher hinzuziehen (§ 16 Abs. 3).

C. Sonderregelungen

5   Vor dem 1.1.1970 in einer Fremdsprache errichtete Urkunden sind nichtig. Eine Ausnahme gilt nur für Testamente, die bis zum 31.12.1969 beurkundet wurden. Für sie gelten weiter die durch § 57 Abs. 3 Nr. 8 aufgehobenen §§ 2234 bis 2246 BGB aF, hier also § 2245 BGB aF. Die Niederschrift des durch mündliche Erklärung vor drei Zeugen errichteten Nottestaments kann außer in der deutschen auch in einer anderen Sprache aufgenommen werden, § 2250 Abs. 3 S. 3 BGB. Diese Erleichterung gilt ebenso für Nottestamente auf See, § 2251 BGB.

6   Schließlich gibt es eine Sonderregelung gem. § 483 Abs. 2 BGB für Teilzeit-Wohnrechteverträge. Ist ein solcher Vertrag vor einem deutschen Notar zu beurkunden, so gelten die §§ 5 und 16 mit der Maßgabe, dass dem Verbraucher eine beglaubigte Übersetzung des Vertrages in der von ihm gewählten Sprache auszuhändigen ist. Anderenfalls ist die Beurkundung nichtig.

Zweiter Abschnitt. Beurkundung von Willenserklärungen

1. Ausschließung des Notars

§ 6 Ausschließungsgründe

(1) **Die Beurkundung von Willenserklärungen ist unwirksam, wenn**
1. der Notar selbst,
2. sein Ehegatte,
2a. sein Lebenspartner,
3. eine Person, die mit ihm in gerader Linie verwandt ist oder war,
oder
4. ein Vertreter, der für eine der in den Nummern 1 bis 3 bezeichneten Personen handelt,
an der Beurkundung beteiligt ist.

(2) **An der Beurkundung beteiligt sind die Erschienenen, deren im eigenen oder fremden Namen abgegebene Erklärungen beurkundet werden sollen.**

---

[8] *Winkler* BeurkG § 5 Rn. 7; *Mecke* DNotZ 1968, 599; Grziwotz/Heinemann/*Grziwotz* BeurkG § 5 Rn. 11.
[9] *Winkler* BeurkG § 5 Rn. 9.

A. Bedeutung und Anwendungsbereich

Durch diese Vorschrift werden besonders schwerwiegende Verstöße gegen die in § 3 genannten Mitwirkungsverbote mit der Konsequenz der **Unwirksamkeit** der Beurkundung belegt. Entsprechend hoch ist das Haftungsrisiko des gegen § 6 verstoßenden Notars. Die Unwirksamkeit erfasst im Gegensatz zu § 7 die Beurkundung als Ganzes. Im Interesse der Rechtssicherheit ist diese Regelung auf Fälle beschränkt, in denen der Rechtsverkehr in der Regel das Vorliegen der Unwirksamkeitsvoraussetzungen aus der Urkunde selbst ersehen kann.[1]

Die Vorschrift ist nur bei der Beurkundung von **Willenserklärungen** anwendbar, somit auch auf Testamente und Erbverträge, für die darüber hinaus Sonderregelungen gem. § 27 gelten. Nicht anwendbar ist sie auf die Beurkundung sonstiger Rechtshandlungen (Versammlungsbeschlüsse, Beglaubigungen von Unterschriften und Abschriften und andere Tatsachenbescheinigungen). Werden in Niederschriften über Versammlungsbeschlüsse auch Willenserklärungen, zB hinsichtlich der Übernahme von Stammeinlagen gem. § 55 Abs. 2 GmbHG, abgegeben, gilt allerdings § 6;[2] ebenso wegen der Verweisung in § 38 bei eidesstattlichen Versicherungen.[3] (Wegen des persönlichen Anwendungsbereichs → § 3 Rn. 6.)

B. Begriff der Beteiligung

Aus § 6 Abs. 2 ist zu entnehmen, dass die Beteiligung im Gegensatz zu § 3 in **formellem** Sinne zu verstehen ist: Beteiligt sind nur die vor dem Notar Erschienenen, die Erklärungen abgeben, nicht diejenigen, deren Rechte und Pflichten durch die Erklärungen berührt werden, mögen sie auch bei der Beurkundung zugegen sein.[4] Nur in Abs. 1 Nr. 4 kommt es ausnahmsweise auf die materielle Sachbeteiligung an.

C. Unwirksamkeitsgründe

I. Eigenbeteiligung des Notars, Abs. 1 Nr. 1

Diese Vorschrift gilt nicht für **Eigenurkunden** des Notars, die er aufgrund einer Durchführungsvollmacht für Beteiligte abgibt (→ § 3 Rn. 4). Die Beurkundung eines Angebots, das an den Notar selbst gerichtet ist, fällt nicht unter Nr. 1, weil es an der formellen Beteiligung des Notars fehlt. Nichtig ist dagegen die Beurkundung, wenn der Notar als Vertreter eines Urkundsbeteiligten auftritt.

II. Beteiligung des Ehe- und Lebenspartners, Abs. 1 Nr. 2, Nr. 2a

Von dieser Vorschrift werden in Abweichung von § 3 Abs. 1 Nr. 2 frühere Ehe- und Lebenspartner nicht erfasst.

III. Beteiligung von Verwandten, Abs. 1 Nr. 3

Zum Begriff der Verwandten in gerader Linie vgl. § 1589 BGB. Anders als beim Ehepartner bleibt der Ausschließungsgrund auch bei Erlöschen der Verwandtschaft, zB durch Adoption (§ 1755 BGB), bestehen. Das nichteheliche Kind ist mit dem leiblichen Vater in gerader Linie verwandt, wenn die Vaterschaft anerkannt oder festgestellt wurde (§ 1592 BGB).

---

[1] BT-Drs. 5/3282, 29; *Weber* DRiZ 1970, 48.
[2] *Winkler* BeurkG Vorb. §§ 6 ff. Rn. 3; Armbrüster/Preuß/Renner/*Armbrüster* BeurkG § 6 Rn. 2.
[3] *Winkler* BeurkG Vorb. §§ 6 ff. Rn. 3; *Jansen* BeurkG § 7 Rn. 11; *Lerch* BeurkG § 6 Rn. 1.
[4] BGH DNotZ 1992, 411; *Grziwotz* BeurkG § 6 Rn. 3; *Winkler* BeurkG § 6 Rn. 5.

IV. Beteiligung von Vertretenen, Abs. 1 Nr. 4

7 Diese Vorschrift erweitert die Beteiligung über die formelle Teilnahme am Beurkundungsvorgang hinaus auf Personen, für die bei der Beurkundung ein gesetzlicher oder bevollmächtigter **Vertreter** handelt. Der Notar und seine Angehörigen können also die Nichtigkeit der Beurkundung nicht dadurch vermeiden, dass sie sich vertreten lassen. Ob der Vertreter mit oder ohne Vertretungsmacht handelt, ist unerheblich.[5] Unter Nr. 4 fällt nach der ratio legis auch das Handeln eines Dritten, dem der bevollmächtigte Notar Untervollmacht erteilt hat.[6] Verwalter kraft Amtes wie Nachlassverwalter, Testamentsvollstrecker und Insolvenzverwalter sind wie Vertreter zu behandeln.[7]

8 Gehören der Notar oder seine in Nr. 2 und Nr. 3 genannten Angehörigen einer **Personengesellschaft** an, ist seine Beurkundung einer Willenserklärung dieser Gesellschaft gem. Nr. 4 unwirksam (→ § 3 Rn. 16). Im Gegensatz dazu führt die Mitgliedschaft des Notars oder seiner in Nr. 2 und Nr. 3 genannten Angehörigen in einer **Kapitalgesellschaft** (AG, GmbH) nicht zur Unwirksamkeit, selbst wenn eine Mitgliedschaft im Organ der juristischen Person vorliegt.[8] § 3 Abs. 1 Nr. 9 kann aus Gründen der Rechtssicherheit nicht entsprechend angewendet werden, weil Beteiligungen an juristischen Personen in den wenigsten Fällen aus der Urkunde selbst ersichtlich sind. Die Bedeutung der Rechtsbeständigkeit einer notariellen Urkunde für den geschäftlichen Verkehr ist vom BGH für die testamentarische Benennung eines mit dem Notar soziierten Testamentsvollstreckers hervorgehoben worden.[9] Dieser Gesichtspunkt gilt für die von §§ 6, 7 erfassten Fälle nicht minder. Eine Ausnahme kann allenfalls dann gelten, wenn der Notar oder sein Angehöriger wirtschaftlicher Inhaber der Kapitalgesellschaft ist, also zB einziger Gesellschafter einer GmbH.[10]

D. Nichtigkeit der beurkundeten Willenserklärung

9 Die Unwirksamkeit der Beurkundung hat nur dann die Unwirksamkeit der beurkundeten **Willenserklärung** zur Folge, wenn deren notarielle Beurkundung gesetzlich vorgeschrieben oder in dem Sinne vereinbart ist, dass die Nichteinhaltung der Form die Unwirksamkeit zur Folge haben soll (§§ 125 ff. BGB). Fehlt es an diesen Voraussetzungen, ist die fehlerhaft beurkundete Willenserklärung als Privaturkunde wirksam; das gilt insbesondere für eine unter Verstoß gegen § 6 beurkundete Auflassung, da § 925 BGB deren Beurkundung nicht verlangt.[11] Ist der Notar selbst beteiligt, kann er allerdings nicht vor sich selbst eine wirksame Auflassungserklärung abgeben.

§ 7 Beurkundungen zugunsten des Notars oder seiner Angehörigen

Die Beurkundung von Willenserklärungen ist insoweit unwirksam, als diese darauf gerichtet sind,
1. dem Notar,
2. seinem Ehegatten oder früheren Ehegatten,
2a. seinem Lebenspartner oder früheren Lebenspartner oder

---

[5] KG DNotZ 1935, 656.
[6] OLG Hamm DNotZ 1956, 103 mAnm *Keidel*; *Winkler* BeurkG § 6 Rn. 21.
[7] *Jansen* BeurkG § 6 Rn. 9; *Winkler* BeurkG § 6 Rn. 23; Grziwotz/Heinemann/*Grziwotz* BeurkG § 6 Rn. 12.
[8] OLG Hamm DNotZ 1956, 104; *Winkler* BeurkG § 6 Rn. 24.
[9] BGH DNotZ 1997, 466 mAnm *Reimann*.
[10] So OLG Frankfurt a. M. OLG-Report 1993, 174 zu § 7 BeurkG.
[11] BGH DNotZ 1993, 55; *Winkler* BeurkG § 6 Rn. 9; Armbrüster/Preuß/Renner/*Armbrüster* BeurkG § 6 Rn. 26.

3. einer Person, die mit ihm in gerader Linie verwandt oder verschwägert oder in der Seitenlinie bis zum dritten Grade verwandt oder bis zum zweiten Grade verschwägert ist oder war,

einen rechtlichen Vorteil zu verschaffen.

A. Bedeutung und Anwendungsbereich

Stellt § 6 auf die formelle Beteiligung ab, greift § 7 darüber hinaus und erstreckt die Unwirksamkeit von Beurkundungen auf Fälle **materieller Beteiligung**.[1] Die Unwirksamkeit ist allerdings eingeschränkt und erfasst nur die den Notar oder nahe Angehörige **begünstigenden** Teile der beurkundeten Willenserklärung. § 7 gilt ferner über § 16 Abs. 3 S. 2 für den Dolmetscher und über § 27 für Verfügungen von Todes wegen und den Testamentsvollstrecker. Zum sachlichen Anwendungsbereich → § 6 Rn. 2, wobei hier umstritten ist, ob § 7 auch bei der Abnahme und der Aufnahme eidesstattlicher Versicherungen Anwendung findet.[2] Zum persönlichen Anwendungsbereich → § 3 Rn. 6 und zum Kreis der ausgeschlossenen Personen → § 3 Rn. 30 ff. Anders als in § 3 Abs. 1 Nr. 2 ist das Verlöbnis in § 7 Nr. 2 nicht genannt. 1

B. Inhalt der Willenserklärung

I. Rechtlicher Vorteil

Der Vorteil, der dem begünstigten Personenkreis durch die beurkundete Willenserklärung verschafft werden soll, muss rechtlicher Natur sein, mithin **Rechte erweitern** oder **Pflichten vermindern**, wobei auch solche ideeller Art erfasst werden.[3] Ob auch eine wirtschaftliche Besserstellung eintritt, ist unerheblich, so dass es auf Gegenleistungen jeglicher Art nicht ankommt und keineswegs nur Schenkungen erfasst werden,[4] dies im Gegensatz zu § 107 BGB, wo vorausgesetzt wird, dass das Geschäft dem Minderjährigen allein einen rechtlichen Vorteil bringt.[5] 2

II. Zweckgerichtetes Handeln

Die Willenserklärung muss auf die Verschaffung eines rechtlichen Vorteils „gerichtet" sein. Daraus folgt die Notwendigkeit einer **unmittelbaren Verknüpfung** zwischen Willenserklärung und rechtlichem Vorteil. Eine nur mittelbar eingetretene rechtliche oder wirtschaftliche Besserstellung reicht nicht aus. Sie ist schon deshalb nicht zu berücksichtigen, weil sie im Rechtsverkehr nicht oder nur nach weiteren Ermittlungen erkennbar ist. Deshalb hat der BGH auch die testamentarische Einsetzung einer mit dem Notar beruflich verbundenen Person zum Testamentsvollstrecker nicht als nichtig angesehen (→ § 27 Rn. 10). Ebenso wie bei § 6 ist auch in § 7 die Beeinträchtigung der Rechtssicherheit im Urkundsverkehr, die durch die Unwirksamkeit der Beurkundung eintritt, auf Fälle beschränkt, in denen auch unbeteiligte Personen die Ausschließungstatbestände in aller Regel relativ leicht aus der Urkunde selbst entnehmen können (→ § 6 Rn. 8). 3

Nach hM braucht die Vorteilsverschaffung nicht beabsichtigt zu sein; allein die objektive Verbesserung der Rechtsposition soll ausreichen.[6] Der Gesetzeswortlaut spricht aber eher 4

---

[1] *Grziwotz* BeurkG § 7 Rn. 1, *Harborth/Lau* DNotZ 2002, 412 (413).
[2] Für eine Anwendbarkeit *Grziwotz* BeurkG § 7 Rn. 2 und Armbrüster/Preuß/*Renner/Armbrüster* BeurkG § 7 Rn. 2, dagegen trotz des eindeutigen Wortlauts des § 38 Abs. 1 *Lerch* BeurkG § 7 Rn. 2.
[3] *Winkler* BeurkG § 7 Rn. 3.
[4] *Winkler* BeurkG § 7 Rn. 5; *Jansen* BeurkG § 7 Rn. 4.
[5] Vgl. zum Vorteilsbegriff *Stürner* AcP 173 (1973), 402 und *Moritz* NJW 1992, 3215.
[6] *Grziwotz* BeurkG § 7 Rn. 10; *Winkler* BeurkG § 7 Rn. 4; Armbrüster/Preuß/*Renner/Armbrüster* BeurkG § 7 Rn. 3.

für das Erfordernis eines **zweckgerichteten Handelns**. Will der Handelnde dem ausgeschlossenen Personenkreis keinen Vorteil verschaffen, wird es in den meisten Fällen schon an der unmittelbaren kausalen Verknüpfung fehlen; zumindest wird aber auch hier der Rechtszuwachs aus der Urkunde kaum ersichtlich sein, so dass er im Interesse ihrer Rechtsbeständigkeit vom Vorsatz umfasst sein muss.

III. Einzelfälle

5   Ein an den Notar oder seine Angehörigen gerichtetes **Angebot** verschafft diesen einen rechtlichen Vorteil. Das gilt auch dann, wenn ein vollmachtloser Vertreter ein Verkaufsangebot dahin abgibt, dass der Empfänger von einem Dritten noch zu bezeichnen ist, und wenn die Beteiligten darin übereinstimmen, dass als Empfänger der beurkundende Notar benannt werden soll.[7] Dagegen soll die **Annahme** eines Angebots dem Anbietenden keinen rechtlichen Vorteil bringen.[8] Dies ist nicht haltbar, weil ihm erst die Annahme den Erfüllungsanspruch verschafft.

6   Die **Verstärkung** einer schon vorhandenen Rechtsposition ist ein rechtlicher Vorteil. Der Notar darf daher ihm oder seinen Angehörigen gegenüber abgegebene Schuldanerkenntnisse, Auflassungen oder Löschungsbewilligungen nicht beurkunden.[9]

7   Der rechtliche Vorteil kann auch in einer **Mitberechtigung** liegen (vgl. deren ausdrückliche Erwähnung in § 3 Abs. 1 Nr. 1 und § 41 Nr. 1 ZPO). Wird einem nicht rechtsfähigen Verein oder einer nicht rechtsfähigen Gesellschaft ein Vorteil verschafft, ist er ein Vorteil aller Gesellschafter (→ § 3 Rn. 16). Wird dagegen der Vorteil einer juristischen Person eingeräumt, deren Mitglied der Notar oder seine Angehörigen sind, erlangen diese nur mittelbar einen wirtschaftlichen Vorteil, was nicht unter § 7 zu subsumieren ist (vgl. – auch zur Ausnahme einer wirtschaftlichen Alleininhaberschaft – → § 6 Rn. 8).

8   Eine **Vollmacht** auf sich selbst oder seine Angehörigen darf der Notar schon nach § 3 Abs. 1 Nr. 1 bis Nr. 3 nicht beurkunden; die Beurkundung einer solchen Vollmacht ist aber auch gem. § 7 unwirksam, da die Gewährung der Vertretungsmacht, zumindest aber der in der Regel zugrunde liegende Auftrag, eine Erweiterung der rechtlichen Befugnisse und damit einen rechtlichen Vorteil darstellt.[10] Vollmachten, die dem Notar zur Vorbereitung und Durchführung von Amtsgeschäften erteilt werden, sind dagegen wirksam (→ § 3 Rn. 4). Die Benennung als **Vormund, Betreuer** oder **Pfleger** fällt nach hM nicht unter § 7, da sich aus der besonderen Erwähnung des Testamentsvollstreckers in § 27 ergeben soll, dass der Gesetzgeber die Berufung in diese Ämter grundsätzlich nicht als rechtlichen Vorteil wertet.[11] Dieser Umkehrschluss ist gewagt, denn aus § 27 lässt sich nur entnehmen, dass die Ernennung zum Testamentsvollstrecker auch dann unwirksam sein soll, wenn sich im konkreten Fall kein rechtlicher Vorteil feststellen lässt.[12] Verstöße gegen § 3 Abs. 1 Nr. 1 bis Nr. 4 bleiben unberührt. Die Berufung zum Schiedsrichter beinhaltet einen rechtlichen Vorteil.[13]

9   Der Notar kann keine **Bürgschaft** für eine Forderung beurkunden, deren Gläubiger er oder ein Angehöriger ist.[14] Dagegen ist die Bürgschaft wirksam, wenn er oder ein Angehöriger Schuldner ist, denn hier fehlt es an dem unmittelbar eintretenden rechtlichen Vorteil.[15] Ein Verstoß gegen § 3 Abs. 1 Nr. 1 bis Nr. 3 liegt aber auch in diesen Fällen vor (→ § 3 Rn. 15).

---

[7] KG-Report 1996, 52.
[8] Armbrüster/Preuß/Renner/*Armbrüster* BeurkG § 7 Rn. 4; *Winkler* BeurkG § 7 Rn. 7.
[9] *Winkler* BeurkG § 7 Rn. 7; aM *Jansen* BeurkG § 7 Rn. 3.
[10] *Jansen* BeurkG § 7 Rn. 7; Armbrüster/Preuß/Renner/*Armbrüster* BeurkG § 7 Rn. 5; *Reimann* DNotZ 1990, 436; aA *Lerch* BeurkG § 7 Rn. 7.
[11] *Winkler* BeurkG § 7 Rn. 7 mwN; aA *Lerch* BeurkG § 7 Rn. 6.
[12] BGHZ 134, 230 = NJW 1997, 947; insoweit ebenfalls zweifelnd Grziwotz/Heinemann/*Grziwotz* BeurkG § 7 Rn. 11.
[13] Armbrüster/Preuß/Renner/*Armbrüster* BeurkG § 7 Rn. 4; *Winkler* BeurkG § 7 Rn. 7.
[14] *Jansen* BeurkG § 7 Rn. 6; Armbrüster/Preuß/Renner/*Armbrüster* BeurkG § 7 Rn. 4.
[15] *Jansen* BeurkG § 7 Rn. 8; Armbrüster/Preuß/Renner/*Armbrüster* BeurkG § 7 Rn. 4.

C. Folgen eines Verstoßes

Eine gegen § 7 verstoßende Beurkundung ist nicht als Ganzes, sondern nur insoweit **nichtig,** als darin dem betroffenen Personenkreis ein rechtlicher Vorteil verschafft wird. Das rechtliche Schicksal des restlichen Inhalts bestimmt sich nach § 139 BGB, hängt also davon ab, ob die Beteiligten die beurkundeten Erklärungen auch ohne den unwirksamen Teil abgegeben hätten. Anders bei letztwilligen Verfügungen (vgl. § 2085 BGB). 10

Von der Nichtigkeit der Beurkundung ist die **Nichtigkeit des beurkundeten Rechtsgeschäfts** zu unterscheiden (→ § 6 Rn. 9). Eine vor einem ausgeschlossenen Notar erklärte Auflassung ist wirksam, da sie nicht der notariellen Beurkundung bedarf.[16] Das gilt auch für andere beurkundete Willenserklärungen, die zu ihrer Wirksamkeit keiner Beurkundung bedürfen, zB eine beurkundete Vollmacht. 11

2. Niederschrift

§ 8 Grundsatz

Bei der Beurkundung von Willenserklärungen muß eine Niederschrift über die Verhandlung aufgenommen werden.

A. Allgemeines

Systematisch unterscheidet das BeurkG zwischen der Beurkundung von **Willenserklärungen** (§§ 8 ff.) und den im dritten Abschnitt geregelten **sonstigen Beurkundungen** (§§ 36 ff.).[1] Während für Willenserklärungen immer nach § 8 BeurkG eine Niederschrift über die Verhandlung erforderlich ist, muss bei anderen Erklärungen als Willenserklärungen eine solche nicht immer aufgenommen werden (§ 36). Eine Niederschrift ist nicht erforderlich, wenn es sich um die Erteilung eines einfachen Zeugnisses handelt, dann genügt nach § 39 ein Vermerk (zB Beglaubigung einer Unterschrift, Bescheinigung über die Eintragung in öffentlichen Registern, Abschriftsbeglaubigung etc). Die Abgrenzung zwischen Willenserklärung und sonstigen Erklärungen hat weniger im Hinblick auf die Niederschrift Bedeutung, die den Regelfall der notariellen Urkunde darstellt, als für die Anwendung der maßgeblichen Vorschriften. Willenserklärungen unterliegen den strengen Vorschriften der §§ 8 ff., während die sonstigen Beurkundungen viel weniger strengeren Verfahrensvorschriften unterliegen (§ 37: kein Verlesen, keine Unterschrift der Beteiligten etc). Die Abgrenzung der anwendbaren beurkundungsrechtlichen Vorschriften spielt daher für die Wirksamkeit eine erhebliche Rolle, da eine Niederschrift nach § 37 dann zur Nichtigkeit der Urkunde führen würde, wenn das materielle Recht die Beurkundung einer Willenserklärung verlangt.[2] 1

Auch bei sog. **gemischten Beurkundungen,** bei denen tatsächliche Erklärungen und Willenserklärungen zusammentreffen (zB Beurkundung eines Verschmelzungsbeschlusses und die Beurkundung von Verzichtserklärungen nach dem Umwandlungsgesetz in einer Urkunde), muss die strengere Form, also die §§ 8 ff. entsprechende Form eingehalten werden, da andernfalls die Beurkundung der Willenserklärung nichtig wäre.[3] 2

---

[16] BGH DNotZ 1993, 55.
[1] Vgl. auch Staudinger/*Hertel* BeurkG Vorb. zu §§ 127a, 128 Rn. 225; Armbrüster/Preuß/Renner/*Piegsa* BeurkG § 8 Rn. 1 ff.; *Winkler* BeurkG § 8 Rn. 1 ff.; Grziwotz/Heinemann/*Heinemann* BeurkG § 8 Rn. 1; BeckOGK/*Bord* BeurkG § 1 Rn. 1.
[2] *Winkler* BeurkG § 8 Rn. 2; BeckOGK/*Bord* BeurkG § 1 Rn. 4.
[3] *Winkler* BeurkG Vor § 36 Rn. 16; Staudinger/*Hertel* BeurkG Vorb. zu §§ 127a, 128 Rn. 600; Armbrüster/Preuß/Renner/*Preuß* BeurkG § 36 Rn. 7 ff.; Grziwotz/Heinemann/*Heinemann* BeurkG § 8 Rn. 2; BeckOGK/*Bord* BeurkG § 1 Rn. 6; *Röll* DNotZ 1979, 644 (646).

3 Für die Beurkundung von **Eiden** und **eidesstattlichen Versicherungen** verweist § 38 ebenfalls auf die Niederschriftsform nach §§ 8 ff. Wählt der Notar für die Beurkundung von sonstigen Erklärungen die strengere Form der Beurkundung von Willenserklärungen nach §§ 8 ff., so ist die Beurkundung wirksam, da die strengere Form die einfachere enthält.[4] Es ist dem **Ermessen** des Notars überlassen, welche Form er wählt; eine Amtspflicht, generell die strengere Form zu wählen, besteht nicht, sonst wären die §§ 36 ff. überflüssig. Der **Beschluss einer Gesellschafterversammlung,** der an sich ein Fall des § 36 ist,[5] kann daher auch als Willenserklärung unter Beachtung der §§ 8 ff. beurkundet werden.[6] In diesen Fällen ist allerdings zu berücksichtigen, dass uU das materielle Recht, zB § 130 AktG, Vorgaben macht, die über das BeurkG hinausgehen und die auch bei der Beurkundung nach §§ 8 ff. zu berücksichtigen sind.[7] Zum Teil wird die alleinige Anwendung der §§ 8 ff. kritisch gesehen, da nach den §§ 36, 37 alle relevanten Wahrnehmungen des Notars zu beurkunden seien, während sich ein Vorgehen nach den §§ 8 ff. auf die Beurkundung der Willenserklärungen beschränke.[8] Es ist aber davon auszugehen, dass der Notar „relevante Vorgänge" auch im Protokoll nach § 8 festhalten kann und wird. Wenn die Urkunde keine derartigen Hinweise enthält, dann gab es keine besonderen Wahrnehmungen. An der grundsätzlichen Zulässigkeit der Beurkundung nach § 8 ändert sich daher nichts.

4 Für die Beurkundung von Verfügungen von Todes wegen gelten zusätzlich die Sondervorschriften in den §§ 27 ff.

B. Einzelfragen

I. Begriff der Willenserklärung

5 Entscheidendes Abgrenzungskriterium für die Wahl der richtigen Beurkundungsform ist der Begriff der **Willenserklärung.** Das sind nach allgemeiner Zivilrechtsdogmatik Äußerungen eines auf die Herbeiführung einer Rechtswirkung gerichteten Willens, die einen Rechtsfolgewillen zum Ausdruck bringen, dh einen Willen, der auf die Begründung, inhaltliche Änderung oder Beendigung eines privatrechtlichen Rechtsverhältnisses abzielt.[9] Das Beurkundungsrecht geht aber über den privatrechtlichen Begriff der Willenserklärung hinaus und meint auch öffentlich-rechtliche Willenserklärungen (zB Abschluss eines öffentlich-rechtlichen Vertrages) und sonstige Willenserklärungen wie Prozesserklärungen (zB Unterwerfung unter die sofortige Zwangsvollstreckung) oder geschäftsähnliche Handlungen.[10] Sonstige Rechtshandlungen, die keine Willenserklärungen darstellen, insbesondere Tathandlungen, können nur Gegenstand einer Urkunde nach §§ 36 ff. sein.

---

[4] Staudinger/*Hertel* BeurkG Vorb. zu §§ 127a, 128 Rn. 600; Armbrüster/Preuß/Renner/*Preuß* BeurkG § 36 Rn. 7 ff.; *Winkler* BeurkG § 36 Rn. 7 und § 37 Rn. 9; Grziwotz/Heinemann/*Heinemann* BeurkG § 8 Rn. 2.

[5] OLG Celle NZG 2017, 422; Baumbach/Hueck/*Zöllner/Noack* GmbHG § 53 Rn. 70; vgl. ausführlich zu diesen Fragen *Grotheer* RNotZ 2015, 4; *Nordholtz/Hupka* DNotZ 2018, 404; Herrler/*Haines*, Gesellschaftsrecht in der Notar- und Gestaltungspraxis, 2017, § 6 Rn. 36.

[6] OLG München DNotZ 2011, 142 (146); OLG Köln MittBayNot 1993, 170 mAnm *Röll*; Lutter/Hommelhoff/*Bayer* GmbHG § 53 Rn. 16; MüKoGmbHG/*Harbarth* GmbHG § 53 Rn. 68; *Röll* DNotZ 1979, 644 (650); *Winkler* BeurkG Vor § 36 Rn. 17; Staudinger/*Hertel* BeurkG Vorb. zu §§ 127a, 128 Rn. 600; Armbrüster/Preuß/Renner/*Preuß* BeurkG § 36 Rn. 7 ff.; Spindler/Stilz/*Wicke* AktG § 130 Rn. 16; Grziwotz/Heinemann/*Heinemann* BeurkG § 8 Rn. 2; BeckOGK/*Bord* BeurkG § 1 Rn. 8.1; ablehnend speziell zu § 130 AktG K. Schmidt/Lutter/*Ziemons* AktG § 130 Rn. 26.

[7] *Winkler* BeurkG Vor § 36 Rn. 17; Staudinger/*Hertel* BeurkG Vorb. zu §§ 127a, 128 Rn. 605; Armbrüster/Preuß/Renner/*Preuß* BeurkG § 36 Rn. 7; Spindler/Stilz/*Wicke* AktG § 130 Rn. 16.

[8] So Baumbach/Hueck/*Zöllner/Noack* GmbHG § 53 Rn. 70.

[9] Vgl. BGH NJW 2001, 289 (290); Palandt/*Ellenberger* BGB Vor § 116 Rn. 1; *Winkler* BeurkG Vor § 6 Rn. 2; Armbrüster/Preuß/Renner/*Piegsa* BeurkG § 8 Rn. 17 ff.; Grziwotz/Heinemann/*Heinemann* BeurkG § 8 Rn. 5 f.; *Lerch* BeurkG § 8 Rn. 2.

[10] Armbrüster/Preuß/Renner/*Piegsa* BeurkG § 8 Rn. 17 ff.; Grziwotz/Heinemann/*Heinemann* BeurkG § 8 Rn. 5 f.; *Lerch* BeurkG § 8 Rn. 2.

Bei geschäftsähnlichen Handlungen, auf die die Vorschriften über Willenserklärungen entsprechend anwendbar sind, ist im Einzelfall nach Sinn und Zweck zu klären, ob auch §§ 8 ff. BeurkG einzuhalten sind. Im Zweifel sollte dies aus Gründen der Sicherheit geschehen.

II. Niederschrift

Die Niederschrift ist insbesondere vom Vermerk abzugrenzen. Die Vermerkform ist nur **6** in den in § 39 genannten Fällen ausreichend, in allen anderen Fällen hat der Notar eine Niederschrift zu errichten. Die Niederschrift selbst kann entweder die strenge nach §§ 9 ff. oder die einfache Niederschrift nach § 37 sein, bei der zB nur die Bezeichnung des Notars sowie der Bericht über die Wahrnehmung genügt. Der Begriff der Niederschrift ist im Gesetz nicht definiert, ergibt sich aber aus dem Ziel der Niederschrift: der Herstellung einer öffentlichen Urkunde iSv § 415 ZPO. Dementsprechend wird auch die Urkunde iSd §§ 415 ff. ZPO definiert als eine durch Niederschrift verkörperte Gedankenerklärung, die geeignet ist, Beweis für streitiges Parteivorbringen zu erbringen.[11] Entscheidend ist die **Schriftlichkeit und die Verkörperung einer Gedankenerklärung.**[12] Dementsprechend setzt die Niederschrift eine schriftliche Verkörperung voraus. Eine Niederschrift wird daher nicht errichtet, wenn der Notar ein Tonband oder eine Schallplatte, einen EDV-Datenträger oder eine CD-ROM über die Willenserklärungen errichtet. Die Gleichstellung von elektronisch mit schriftlich niedergelegten Erklärungen kann nur durch den Gesetzgeber erfolgen,[13] so dass auch Anlagen zu Niederschriften nur dann als Teil der Niederschrift anzusehen sind, wenn sie schriftlich niedergelegt sind. Das **Justizkommunikationsgesetz,**[14] das am 1.4.2005 in Kraft getreten ist, ist Grundlage für die Erstellung **elektronischer Urkunden.** In den §§ 39a, 42 Abs. 4 und § 15 Abs. 3 BNotO ist erstmals die elektronische notarielle Urkunde geregelt. § 39a BeurkG regelt die Erstellung sog. **einfacher elektronischer Zeugnisse,** § 42 Abs. 4 BeurkG die **Beglaubigung von Ausdrucken durch den Notar,** dh die „Umwandlung" eines elektronischen Dokumentes in ein Papierdokument.

Eine Änderung in Richtung digitaler Urkunde wird sich ergeben im Bereich des **6a** Gesellschaftsrechtes: Der Vorschlag für eine Richtlinie des Europäischen Parlaments und des Rates zur Änderung der Richtlinie (EU) 2017/1132 im Hinblick auf den Einsatz digitaler Werkzeuge und Verfahren im Gesellschaftsrecht, das sog. „Company-Law Package", sieht für die EU-Mitgliedstaaten die Einführung einer Online-Gründung von Kapitalgesellschaften vor.[15] Die Richtlinie ist von den Mitgliedstaaten bis 1.8.2021 umzusetzen. Nach Art. 13g Abs. 1 S. 1 müssen die Mitgliedstaaten gewährleisten, dass die Eintragung von Gesellschaften vollständig online durchgeführt werden kann, ohne dass die Antragsteller oder ihre Vertreter persönlich vor einer zuständigen Behörde oder einer sonstigen mit der Bearbeitung der Anträge auf Eintragung betrauten Person oder Stelle erscheinen müssen.

---

[11] BGHZ 65, 300 = NJW 1976, 294; Armbrüster/Preuß/Renner/*Piegsa* BeurkG § 8 Rn. 3, 10; *Bohrer* DNotZ 2008, 39 (42 ff.); Grziwotz/Heinemann/*Heinemann* BeurkG § 8 Rn. 5; BeckOGK/*Bord* BeurkG § 1 Rn 11.

[12] Vgl. *Schreiber,* Die Urkunde im Zivilprozess, 1982, S. 42; Armbrüster/Preuß/Renner/*Piegsa* BeurkG § 8 Rn. 11 f.; Grziwotz/Heinemann/*Heinemann* BeurkG § 8 Rn. 20 f.

[13] BeckOGK/*Bord* BeurkG § 1 Rn. 11.1.

[14] BGBl. 2005 I 837.

[15] Vgl. *Bock* DNotZ 2018, 643 ff.; *Bormann/Stelmaszczyk* EuZW 2018, 1009; *Bremer* NZG 2018, 776 f.; *Knaier* GmbHR 2018, R148 ff.; *ders.* GmbHR 2018, 560 ff.; *ders.* GmbHR 2019, R132 ff.; *Kumpan/Pauschinger* EuZW 2019, 357 (358 ff.); *Lieder* NZG 2018, 1081 ff.; *Mayer/Kleinert* EuZW 2019, 393 f.; *Noack* DB 2018, 1324 ff.; *J. Schmidt* DK 2018, 229 ff. und 2018, 273 ff.; *Spindler* ECFR 2019, 106 ff.; *Teichmann* ZIP 2018, 2451 ff.; *ders.* ECFR 2019, 3 ff.; *ders.* ZfPW 2019, 247 (252 f.); *Teichmann/Götz* ZEuP 2019, 260 (283 f.); *Wachter* GmbH-StB 2018, 214 ff. und 2018, 263 ff.; *Wolf* MittBayNot 2018, 510 (520).

III. Durchführung der Verhandlung

7 1. Schutzzwecke. § 8 verlangt eine Niederschrift über die **Verhandlung**.[16] Der Begriff der Verhandlung findet keine Definition im Gesetz, so dass er nur aus der gängigen notariellen Praxis und dem Sinn und Zweck des Beurkundungsverfahrens erschlossen werden kann. Es ergibt sich aus dem Zusammenspiel von §§ 8 und 9.[17] Die Verhandlung ist das Ergebnis, das rechtsgeschäftlich niedergelegt werden soll. **Vorphasen** sind daher nicht in die Niederschrift aufzunehmen. Die Verhandlung hat den Zweck (unter Einhaltung der Verfahrensgarantien), die öffentliche Urkunde zu errichten. Das Verfahren notarieller Zeugnisgewinnung wird mit der Niederschrift abgeschlossen, diese hat damit Verfahrensfunktion.[18]

7a Im Urteil vom 10.6.2016[19] hat der BGH Klarheit zur Frage geschaffen, welche Bedeutung der **Entwurf einer Urkunde** im Verhältnis zur endgültigen Urkunde hat. Nach § 17 Abs. 2a ist bei Verbraucherverträgen, die der Beurkundungspflicht nach § 311b Abs. 1 S. 1 und Abs. 3 des BGB unterliegen, dem Verbraucher der beabsichtigte Text des Rechtsgeschäfts zur Verfügung zu stellen. Dies soll im Regelfall zwei Wochen vor der Beurkundung durch den Notar erfolgen.[20] Der Entwurf hat aber keine finale Funktion, dies hat allein die unterschriebene Urkunde. Der BGH[21] weist zu Recht darauf hin, dass die bei Verbraucherverträgen in § 17 Abs. 2a normierte Amtspflicht des Notars, den beabsichtigten Text des Rechtsgeschäfts den Vertragsparteien schon vor der Beurkundung zur Verfügung zu stellen, allein dazu diene, ihnen Gelegenheit zu geben, sich vorab mit dem Gegenstand der Beurkundung auseinanderzusetzen, Unklarheiten und Änderungswünsche vorher zu klären und sich auf die Beurkundungsverhandlung vorzubereiten.[22] Der Entwurf dokumentiere hingegen nicht den abschließenden Parteiwillen. Die Aufgabe des Notars, diesen zu ermitteln und den Erklärungen eine Fassung zu geben, die den Absichten und Interessen der Beteiligten gerecht werde, bringe es gerade mit sich, dass es während der Beurkundungsverhandlung – etwa aufgrund einer Anregung durch den Notar oder aufgrund entsprechender Parteiwünsche – noch zu Änderungen in dem vorab zur Verfügung gestellten Entwurfstext kommen könne. In der Beurkundung findet der interaktive Prozess zwischen Notar und den Beteiligten statt. Und häufig führen genau diese Erläuterungen des Notars dazu, dass Änderungen und Konkretisierungen in die finale Urkunde aufgenommen werden. Hin und wieder finden auch erneute Vertragsverhandlungen statt, weil zB neue Aspekte aufgetreten sind. Deswegen ist die Urkunde zu verlesen, zu genehmigen und zu unterschreiben (§ 13 Abs. 1). Durch das Verlesen soll den Beteiligten eine genaue Kenntnis der Niederschrift verschafft werden. Die Genehmigung und die Unterschrift durch die Beteiligten gewährleisten zum einen das Einverständnis mit dem Inhalt und zum anderen das Einverständnis mit der konkreten körperlichen Urkunde. Die Unterschrift des Notars macht dessen Verantwortlichkeit für die Ordnungsmäßigkeit des Beurkundungsverfahrens bei dieser konkreten Urkunde deutlich. Das Verlesen, die Genehmigung und die Unterschrift stellen zwischen einem inhaltlichen Text und einer konkreten körperlichen Urkunde eine enge Beziehung her, durch die die Richtigkeit notarieller Beurkundung zum Schutz des Rechtsverkehrs und der Beteiligten gewährleistet werden soll. Aus diesem Grund ist allein die finale unterzeichnete Urkunde die Urkunde iSd § 415 ZPO.

---

[16] Vgl. auch *Reithmann* DNotZ 2003, 603, der von der Verhandlung als dem Kernstück der Beurkundung spricht.
[17] *Reithmann* DNotZ 2003, 603 (606); Armbrüster/Preuß/Renner/*Piegsa* BeurkG § 8 Rn. 4 ff.; *Lerch* BeurkG § 8 Rn. 11; vgl. auch *Bohrer* DNotZ 2008, 39 (42 f.).
[18] *Bohrer* DNotZ 2008, 39 (42).
[19] DNotZ 2017, 48.
[20] Vgl. die Erläuterungen zu § 17 BeurkG.
[21] BGH DNotZ 2017, 48.
[22] Vgl. WürzNotar-HdB/*Limmer* Teil 1 Kap. 2 Rn. 153.

Das BeurkG ist das **Verfahrensrecht** des Notars, das ebenso wie die ZPO von Förmlich- 7b
keiten geprägt ist, die auch einem spezifischen Schutzzweck dienen. Der Einsatz dieses
spezifischen Vertragsschlussverfahrens[23] gewährleistet, dass den Beteiligten der volle
Vertragstext bekannt ist: Er muss verlesen werden (§ 13 Abs. 1).[24] Das Beurkundungsverfahren
gewährleistet weiterhin, dass der Text den Beteiligten intellektuell zugänglich
gemacht wurde: Über den Inhalt muss belehrt werden (§ 17). Darüber hinaus hat der Notar
bei der Beurkundung auch die Verpflichtung zur interessengerechten Vertragsgestaltung
unter Berücksichtigung des angestrebten Rechtszwecks.[25] Die Beurkundung soll gewährleisten,
dass die Urkunde eine hohe Wahrscheinlichkeit einer interessengerechten Vertragsgestaltung
bietet.[26] Der Zweck der notariellen Beurkundung liegt darin, den Erklärenden
vor übereilter Bindung bei besonders riskanten oder besonders bedeutsamen Geschäften zu
schützen (Überlegungssicherung bzw. Warnfunktion).[27] Darüber hinaus bezweckt das Formerfordernis
und das Beurkundungsverfahren, den Geschäftsabschluss mit seinem gesamten
Inhalt deutlich zu kennzeichnen und den Geschäftsinhalt samt aller Nebenabreden klar,
eindeutig und abschließend festzustellen und dabei von unverbindlichen Werbeanpreisungen,
Vorverhandlungen etc deutlich abzugrenzen (Beweissicherung).[28] Wie, wann und von
wem vorbereitende Texte gefertigt wurden, ist unerheblich. Die Beweissicherung erfolgt
zum einen im Parteiinteresse, um den Vertragsinhalt sowohl für die Parteien als auch für
Dritte zuverlässig feststellbar zu machen, aber auch im öffentlichen Interesse, für Grundbuch-
und Registereintragungen wird eine besondere Beweissicherung und Gerichtsentlastung
erreicht.[29] Dementsprechend ist die Verhandlung gekennzeichnet durch die Förmlichkeit
des Verfahrens vor dem Notar, in dessen Rahmen die Willenserklärungen abgegeben
werden, bei dem der Notar die nach § 17 notwendigen Belehrungen abgibt und die
sonstigen Aufgaben (Identitätsfeststellung, Feststellung der Vertretung etc) wahrnimmt. Die
Verhandlung ist durch den Beginn des Verfahrens gekennzeichnet und findet ihren Abschluss
mit der Unterschrift der Urkunde durch den Notar.[30]

Verschiedene Vorschriften regeln die Verhandlung: zB § 13, der das Verlesen der Nieder- 8
schrift in Gegenwart des Notars und der Beteiligten sowie die Genehmigung und die
Unterschrift verlangt, § 16 Übersetzungen etc. Darüber hinaus soll nach der Regelung des
§ 17 Abs. 2a der Notar das Beurkundungsverfahren so gestalten, dass die Einhaltung der
Prüfungs- und Belehrungspflichten nach § 17 Abs. 1 und Abs. 2 gewährleistet ist. Diese
Vorschrift wirkt unmittelbar auch auf die Verhandlung vor dem Notar ein, da die damit
verbundenen Schutzaspekte und Belehrungssicherheiten durch eine sachgemäße Verhandlungsführung
gewährleistet werden müssen.[31]

2. Verfahrensleitung durch den Notar. Grundsätzlich obliegt es dem verantwortungs- 9
vollen **Ermessen** des Notars,[32] wie er die Verhandlung durchführt, wie er den Urkundentext
aufbaut, welche Belehrungen er abgibt und welche Belehrungsvermerke er aufnimmt;

---

[23] Vgl. aus der Sicht der Mediation *Walz* DNotZ 2003, 164 ff.
[24] *Lerch* FS Spiegelberger 2009, 1430 (1433); Grziwotz/Heinemann/*Heinemann* BeurkG § 13 Rn. 1; Armbrüster/Preuß/Renner/*Piegsa* BeurkG § 13 Rn. 3; *Winkler* BeurkG § 13 Rn. 2; *Bohrer* DStR 2012, 1232.
[25] Vgl. BGH NJW 1994, 2283 und → BNotO § 20 Rn. 8; *Grziwotz* NJW 1995, 641; vgl. auch *Winkler* BeurkG Einl. Rn. 19 ff.; *Basty* FS Schippel 1996, 571 ff.; Staudinger/*Hertel* BeurkG Vorb. zu §§ 127a, 128 Rn. 14 ff.; Armbrüster/Preuß/*Renner* BeurkG Einl. Rn. 18 ff.
[26] *Limmer* FS 200 Jahre Rheinischer Notarverein 1998, 14 ff.; vgl. auch *Reithmann* DNotZ 2003, 603, der die Verhandlung zu Recht als Kernstück der Beurkundung ansieht.
[27] BGHZ 58, 386 (394); *Heldrich* AcP 147 (1947), 91 ff.; *Winkler* NJW 1971, 402; ders. BeurkG Einl. Rn. 19; BGHZ 58, 386 (394); Staudinger/*Hertel* BeurkG Vorb. zu §§ 127a, 128 Rn. 7 ff.; *Frenz* FG Weichler 1997, 175 ff.; *Bohrer* DNotZ 2002, 579.
[28] *Winkler* BeurkG Einl. Rn. 19 ff.; *Reithmann* DNotZ 2003, 603 (608).
[29] Vgl. *Reithmann*, Rechtspflege, S. 125; *Heldrich* AcP 147 (1947), 91 ff.; *Winkler* NJW 1971, 402; *Bohrer* DNotZ 2008, 39 (44); Staudinger/*Hertel* BeurkG Vorb. zu §§ 127a, 128 Rn. 18 ff.; Armbrüster/Preuß/*Renner* BeurkG Einl. Rn. 14 ff.; *Frenz* FG Weichler 1997, 175 ff.; ausführlich → BNotO § 20 Rn. 8.
[30] *Reithmann* DNotZ 2003, 603 (606 ff.).
[31] Vgl. Erläuterungen zu § 17 BeurkG.
[32] BeckOGK/*Bord* BeurkG § 1 Rn. 28.

er muss sich dabei nach den Vorgaben des BeurkG, den Grundsätzen der notariellen Vertragskunst sowie den dienstrechtlichen Vorgaben richten; im Übrigen ist er bei der Gestaltung des Verfahrens frei, solange der grundsätzliche Zweck des Beurkundungsverfahrens und der Verhandlung eingehalten wird: Schaffung einer mit besonderer Beweiskraft ausgestatteten öffentlichen Urkunde in einem förmlichen, auf Interessenausgleich gerichteten Verfahren.[33] Die Beurkundung wird zu Recht als **Gestaltungsverfahren** beschrieben.[34] *Regler* weist zu Recht darauf hin, dass der Notar Verfahrensverantwortung, Inhaltsverantwortung und Vertrauensverantwortung hat.[35] Durch den Pflichtenkanon des § 17 Abs. 2a werden die Verantwortlichkeiten des Notars, über ein sachgerechtes und verbraucherschützendes Verfahren die „Richtigkeit" des Ergebnisses zu gewährleisten, deutlich gestärkt.[36]

10 Die Verhandlungsführung wird daher entscheidend geprägt durch das BeurkG und die amtsrechtlichen Pflichten der BNotO. Der Notar ist dabei allerdings in seiner Amtsführung innerhalb dieser berufsrechtlichen und beurkundungsrechtlichen Grenzen nicht nur persönlich, sondern auch sachlich **unabhängig**. Er darf dabei nicht angewiesen werden, eine bestimmte Rechtsansicht zu vertreten.[37] Im Rahmen dieser Unabhängigkeit hat der Notar, ähnlich wie der Richter, seine verfahrensleitenden Verfügungen zu treffen. Insoweit kann daher der Notar die Festsetzung der Termine und die zeitliche Abwicklung eines Beurkundungsverfahrens frei bestimmen.[38]

11 Das BeurkG hat eine Reihe von **spezifischen Pflichten** geregelt, die die Durchführung der Beurkundungsverhandlung regeln und Amtspflichten des Notars darstellen:
– Identitätsfeststellung der Beteiligten (§ 10)
– Feststellung der Geschäftsfähigkeit und evtl. schwerer Krankheiten (§ 11)
– Prüfung der Nachweise der Vertretungsberechtigung (§ 12)
– Vorlesung, Genehmigung und Unterschrift der Niederschrift (§ 13)
– Übersetzung der Niederschrift (§ 16)
– Prüfungs- und Belehrungspflichten (§ 17)
– Hinweise über Genehmigungserfordernisse (§ 18)
– Hinweis auf Unbedenklichkeitsbescheinigung (§ 19)
– Hinweis auf gesetzliche Vorkaufsrechte (§ 20)
– Unterrichtung über Grundbuchinhalt (§ 21)
– Besondere Vorschriften bei Beteiligung von behinderten Personen (§§ 22 ff.).

IV. Einheit der Verhandlung

12 Das BeurkG enthält keine Regelungen über das Erfordernis einer **Einheitlichkeit** der Beurkundungsverhandlung. Lediglich § 9 Abs. 3 bestimmt, dass die Angabe von Ort und Tag der Verhandlung vorgeschrieben ist. Es ist daher anerkannt, dass eine Unterbrechung der Verhandlung zulässig ist und deshalb auch bei einer sich über mehrere Tage hin erstreckenden Verhandlung eine einheitliche notarielle Niederschrift erstellt werden kann.[39] Ebenso ist anerkannt, dass eine einheitliche Niederschrift erfolgen kann, wenn Teile der Verhandlung an verschiedenen Orten stattgefunden haben.[40] Der Notar ist auch nicht

---

[33] Vgl. auch *Walz* DNotZ 2003, 164 ff.; *Bohrer* DNotZ 2008, 39 ff.; *Reithmann* DNotZ 2003, 603 (606 ff.).
[34] *Bohrer* DNotZ 2008, 39 (44); *Odersky* DNotZ 1994, 7 (9); vgl. auch *Walz* DNotZ 2003, 164 ff. zur mediativen Gestaltung.
[35] *Regler* MittBayNot 2017, 116.
[36] Vgl. BGH DNotZ 2017, 48; *Regler* MittBayNot 2017, 116.
[37] BGH DNotZ 1972, 549; OLG Hamm DNotZ 1976, 312.
[38] Vgl. *Winkler* BeurkG Einl. Rn. 29 f.; *Jansen* BeurkG § 8 Rn. 7; *Armbrüster/Preuß/Renner* BeurkG Einl. Rn. 29 ff.; Staudinger/*Hertel* BeurkG Vorb. zu §§ 127a, 128 Rn. 376.
[39] KG DNotZ 1938, 741; JFG 17, 366; Armbrüster/Preuß/Renner/*Piegsa* BeurkG § 8 Rn. 7 ff.; *Winkler* BeurkG § 9 Rn. 86; *Jansen* BeurkG § 9 Rn. 31 und § 8 Rn. 7; Grziwotz/Heinemann/*Heinemann* BeurkG § 8 Rn. 12 ff.
[40] *Winkler* BeurkG § 9 Rn. 82; *Lerch* BeurkG § 9 Rn. 22; Grziwotz/Heinemann/*Heinemann* BeurkG § 8 Rn. 18.

verpflichtet, Erklärungen, die sachlich oder wirtschaftlich zusammengehören, in einer einheitlichen Urkunde niederzulegen. Umgekehrt können mehrere Rechtsgeschäfte, die in keinem Zusammenhang stehen, in einer Urkunde niedergelegt werden.[41] Zu beachten sind allerdings die materiell-rechtlichen Vorgaben: Besteht eine Verknüpfungsabsicht, so sind beide Rechtsgeschäfte beurkundungsbedürftig. Die Beurkundung kann hierbei in einer oder aber in zwei formgerecht errichteten Urkunden erfolgen. Auf der Zahl der Urkunden kommt es nicht an, entscheidend ist vielmehr die Beurkundung auch der Verknüpfungsabsicht. Fehlt die Beurkundung der Verknüpfungsabsicht, so sind beide Vereinbarungen formunwirksam.[42] Streitig ist jedoch, ob die Beurkundung der Verknüpfungsabrede in einer der beiden Urkunden genügt, falls die verknüpften Rechtsgeschäfte in getrennten Urkunden beurkundet werden.[43] Es obliegt im Übrigen dem Ermessen des Notars, wie er die Verhandlung und die Niederschrift sachgerecht gestaltet. Hierbei gilt als Leitlinie, dass sachlich zusammengehörende Erklärungen in einer Urkunde beurkundet werden sollen; es ist nicht ermessensfehlerhaft, wenn getrennte Vorgänge auch getrennt beurkundet werden. Hieraus folgt auch keine unrichtige Sachbehandlung iSd § 21 Abs. 1 GNotKG. Auch sachliche Gründe können die Trennung einer an sich einheitlichen Niederschrift erforderlich machen, etwa weil das Risiko besteht, dass einer der Beteiligten schwer erkrankt oder verstirbt oder sonstige Gründe dies nahelegen. Wird eine **zeitliche Unterbrechung** oder eine **örtliche Veränderung** der Verhandlung vorgenommen, dann folgt aus dem Gebot, dass die Niederschrift Ort und Tag der Verhandlung enthalten soll (§ 9 Abs. 2), die Pflicht, dass die Unterbrechung oder die Ortsveränderung aus der Urkunde ersichtlich ist. Es genügt dabei jedoch, wenn kenntlich gemacht wird, dass sich der Beurkundungsvorgang über mehrere Tage hingezogen hat; eine Differenzierung dahingehend, welcher Teil der Niederschrift wann und wo aufgenommen wurde, ist nicht erforderlich.[44] Das fehlende Gebot der einheitlichen Verhandlung gilt auch in **persönlicher Hinsicht,** so dass der Notar auch mit den einzelnen Beteiligten getrennt verhandeln kann, soweit nicht das materielle Recht etwas anderes verlangt (zB gleichzeitige Anwesenheit, §§ 925, 1410, 2276, 2290 BGB).[45] Dementsprechend steht es einer wirksamen notariellen Vertragsbeurkundung nicht entgegen, wenn ein Vertragspartner nach Verlesung seiner eigenen Vertragserklärung diese genehmigt, die Vertragsurkunde unterschreibt und sodann die Verhandlung verlässt, bevor der weitere Vertragstext verlesen und von den übrigen Beteiligten genehmigt und unterschrieben wird.[46] Werden daher in der Niederschrift verschiedene Rechtsgeschäfte nacheinander beurkundet, können das Verlesen, die Genehmigung und die Unterschrift der jeweils Beteiligten für die einzelnen Rechtsgeschäfte gesondert stattfinden, und auch die Unterschriftsvollziehung des Notars braucht nur einmal am Schluss der Niederschrift vorgenommen zu werden.[47] Wird ein einheitliches Rechtsgeschäft von den Beteiligten in Abwesenheit getrennt verhandelt, so muss die Urkunde jedem Beteiligten vollständig vorgelesen und von diesen und dem Notar am Ende unterzeichnet werden. Bei diesem Verfahren handelt es sich materiell-rechtlich um die Beurkundung von Angebot und Annahme, wobei entgegen § 128 BGB nicht getrennte Niederschriften, sondern eine

---

[41] *Jansen* BeurkG § 8 Rn. 8.
[42] BGH DNotZ 2000, 635; DNotI-Report 2000, 105; 2003, 64; WürzNotar-HdB/*Hertel* Teil 2 Rn. 445 ff.
[43] Zum Streitstand vgl. WürzNotar-HdB/*Hertel* Teil 2 Rn. 445 ff.
[44] BGH DNotZ 1959, 215; *Winkler* BeurkG § 9 Rn. 89; Armbrüster/Preuß/Renner/*Piegsa* BeurkG § 8 Rn. 7; Staudinger/*Hertel* BeurkG Vorb. zu §§ 127a, 128 Rn. 376; Grziwotz/Heinemann/*Heinemann* BeurkG § 8 Rn. 12 ff.
[45] *Winkler* BeurkG § 8 Rn. 7; *Jansen* BeurkG § 8 Rn. 8; Armbrüster/Preuß/Renner/*Piegsa* BeurkG § 13 Rn. 84 ff.
[46] OLG Hamburg DNotZ 1994, 306; Staudinger/*Hertel* BeurkG Vorb. zu §§ 127a, 128 Rn. 375; *Winkler* BeurkG § 13 Rn. 27; Armbrüster/Preuß/Renner/*Piegsa* BeurkG § 13 Rn. 84 ff.
[47] *Jansen* BeurkG § 8 Rn. 8; Staudinger/*Hertel* BeurkG Vorb. zu §§ 127a, 128 Rn. 375; *Winkler* BeurkG § 13 Rn. 27; Armbrüster/Preuß/Renner/*Piegsa* BeurkG § 13 Rn. 84 ff.; aA OLG Hamburg DNotZ 1994, 306 (308), das bei verschiedenen Rechtsgeschäften in einer Urkunde verlangt, dass der Beteiligte dort im Urkundentext unterschreibt, wo seine rechtsgeschäftlichen Erklärungen beendet sind.

einheitliche Niederschrift über getrennte Willenserklärungen erfolgt. Dies ist zulässig; die zeitlich getrennte Abgabe der Erklärungen muss allerdings in der Niederschrift zum Ausdruck gebracht werden, da andernfalls die Niederschrift den Anschein hätte, als ob die Vertragserklärungen bei gleichzeitiger Anwesenheit der Beteiligten abgegeben worden seien.[48] Fehlt der entsprechende Klarstellungsvermerk, so ist die Urkunde dennoch wirksam.[49]

V. Die körperliche Herstellung der Niederschrift

13   Das BeurkG enthält über die körperliche Herstellung der Niederschrift mit Ausnahme von § 44 keine Vorschriften. Die Frage der **Formgestaltung** der notariellen Urkunden ist im 6. Abschnitt der DONot (§§ 28 ff. DONot) geregelt, die allerdings nur eine allgemeine Verwaltungsvorschrift der Bundesländer ist.[50] Die Nichtbeachtung der DONot hat daher keinen Einfluss auf die Wirksamkeit der Urkunde, allerdings kann die Beweiskraft der Niederschrift als öffentliche Urkunde iSd §§ 415 ff. ZPO beeinträchtigt werden.[51] Urschriften notarieller Niederschriften müssen daher mit schwarzer oder blauer Tinte oder Farbbändern hergestellt werden, sofern diese handelsüblich als urkunden- oder dokumentenecht bezeichnet sind (§ 29 Abs. 2 DONot). Filzschreiber oder ähnliche Schreibgeräte dürfen nicht verwendet werden. Die Urschriften können auch im Druckverfahren mit schwarzer oder dunkelblauer Druckfarbe hergestellt werden, auch Fotokopien oder andere Verfahren (zB elektrografische/elektro-fotografische Herstellungsverfahren) sind zulässig, sofern für die zur Herstellung verwendete Anlage (zB Kopiergeräte, Laserdrucker, Tintenstrahldrucker) ein Prüfungszeugnis der Papiertechnischen Stiftung (PTS) in Heidenau (früher Bundesanstalt für Materialprüfung) vorliegt (§ 29 Abs. 2 DONot). Für den Abschlussvermerk ist der Gebrauch von Stempeln unter Verwendung von haltbarer schwarzer oder dunkelblauer Stempelfarbe zulässig (§ 29 Abs. 3 DONot).[52] Als Urkundenpapier ist festes weißes oder gelbliches Papier im DIN-Format zu verwenden (§ 29 Abs. 1 DONot). Recyclingpapier wird als noch nicht zulässig angesehen.[53]

VI. Inhalt der Niederschrift

14   Besondere Vorschriften über den Inhalt der Niederschrift enthalten die §§ 9 ff. Ähnlich wie bei der Gestaltung des Verfahrens finden sich hier eine Reihe von konkreten Angaben, die die Urkunde enthalten muss. Zu unterscheiden ist zwischen dem Erklärungsinhalt und dem Feststellungsinhalt.[54] Der **Erklärungsinhalt** bildet den rechtsgeschäftlichen Kern der Urkunde und ist nach § 9 Abs. 1 Nr. 2 in die Niederschrift aufzunehmen. Damit sind die rechtsgeschäftlichen Erklärungen der Beteiligten gemeint, durch die das materiell-rechtliche Willensgeschäft geprägt wird. Verfahrensrechtlich ergänzt das BeurkG die Urkunde durch eine Vielzahl von Regelungen, die den sog. **Feststellungsinhalt** der Niederschrift kennzeichnen. Dabei handelt es sich um die Angaben, die Tatsachenaspekte der Beurkundung betreffen und sich entweder auf die Beteiligten und deren Eigenschaften (Geschäftsfähigkeit, Sprachkundigkeit, Krankheit etc) beziehen oder sonstige Hinweise des Notars (insbesondere Belehrungshinweise) enthalten, die im Rahmen der Verhandlung abgegeben wurden. Folgende Feststellungshinweise sind vorgesehen. Hierbei ist zu unter-

---

[48] So RGZ 69, 130 (134); OLG Hamburg DNotZ 1994, 306 (308); *Jansen* BeurkG § 8 Rn. 8; *Winkler* BeurkG § 8 Rn. 7 und § 13 Rn. 27; Staudinger/*Hertel* BeurkG Vorb. zu §§ 127a, 128 Rn. 375; Armbrüster/Preuß/Renner/*Piegsa* BeurkG § 13 Rn. 84 ff.
[49] Vgl. OLG Hamburg DNotZ 1994, 306; *Jansen* BeurkG § 8 Rn. 8, RGZ 69, 134; Staudinger/*Hertel* BeurkG Vorb. zu §§ 127a, 128 Rn. 375; Armbrüster/Preuß/Renner/*Piegsa* BeurkG § 13 Rn. 84 f.
[50] → DONot Einl. Rn. 1; BGH DNotZ 1980, 181.
[51] → DONot § 28 Rn. 2; BGH DNotZ 1956, 643; OLG Hamm Rpfleger 1957, 113; *Winkler* BeurkG § 8 Rn. 8; Armbrüster/Preuß/Renner/*Piegsa* BeurkG § 8 Rn. 13.
[52] Vgl. im Einzelnen unten Erläuterungen zu §§ 29 ff. DONot.
[53] → DONot § 29 Rn. 13.
[54] *Jansen* BeurkG § 9 Rn. 2.

scheiden zwischen **Mussvorschriften**, die die Wirksamkeit der Urkunde beeinträchtigen, und **Sollvorschriften**, die nur disziplinarrechtliche bzw. haftungsrechtliche Folgen haben können.

Mussvorschriften: 15
- Bezeichnung des Notars und der Beteiligten (§ 9 Abs. 1)
- Erklärung der Beteiligten (§ 9 Abs. 1 Nr. 2)
- Vorlesung, Genehmigung und Unterzeichnung der Niederschrift in Gegenwart des Notars (§ 13)

Sollvorschriften: 16
- Angabe von Ort und Tag der Verhandlung (§ 9 Abs. 2)
- Genaue Bezeichnung der Beteiligten (§ 10)
- Angabe von Zweifeln an der Geschäftsfähigkeit bzw. schwerer Krankheit (§ 11)
- Beifügung von Vollmachten und Berechtigungsnachweisen (§ 12)
- Feststellung der fehlenden Sprachkundigkeit (§ 16 Abs. 1) bzw. Hinweise auf Möglichkeit der Übersetzung (§ 16 Abs. 2 und Abs. 3)
- Vermerk über den Hinweis auf bestehende Genehmigungserfordernisse (§ 18)
- Hinweis auf Unbedenklichkeitsbescheinigung (§ 19)
- Hinweis auf gesetzliche Vorkaufsrechte (§ 20)
- Hinweis auf fehlende Grundbucheinsicht (§ 21)

Abgeschlossen wird schließlich die Niederschrift durch das in §§ 13, 14 geregelte **Abschlussverfahren,** das verlangt, dass die Niederschrift in Gegenwart des Notars den Beteiligten vorgelesen, von ihnen genehmigt und eigenhändig unterschrieben werden muss.

VII. Änderungen in der Niederschrift

Änderungen in den Urkunden sind in § 44a ausdrücklich geregelt.[55] 17

§ 9 Inhalt der Niederschrift

(1) ¹**Die Niederschrift muß enthalten**
1. die Bezeichnung des Notars und der Beteiligten
sowie
2. die Erklärungen der Beteiligten.
²Erklärungen in einem Schriftstück, auf das in der Niederschrift verwiesen und das dieser beigefügt wird, gelten als in der Niederschrift selbst enthalten. ³Satz 2 gilt entsprechend, wenn die Beteiligten unter Verwendung von Karten, Zeichnungen oder Abbildungen Erklärungen abgeben.

(2) **Die Niederschrift soll Ort und Tag der Verhandlung enthalten.**

Übersicht

	Rn.
A. Allgemeines	1
B. Die Bezeichnung des Notars und der Beteiligten	2
I. Die Bezeichnung des Notars	2
II. Bezeichnung der Beteiligten	4
III. Sonstige Personen	5
C. Die Erklärung der Beteiligten sowie Anlagen zur Niederschrift	6
I. Allgemeines	6
II. Erklärungen der Beteiligten in der Urkunde (Abs. 1 Nr. 2)	7

[55] → § 44a Rn. 1 ff.

	Rn.
III. Anlagen zur Niederschrift (Abs. 1 S. 2)	8
1. Grundsatz	8
2. Gegenstand der Verweisung	19
3. Verfahren der Verweisung	22
D. Fehlerwirkungen	25
E. Angabe von Ort und Tag	26

A. Allgemeines

1 Die Vorschrift enthält in Abs. 1 als Mussvorschrift die **zwingenden Mindestangaben** für die Wirksamkeit der Beurkundung. Neben § 13, der den Grundsatz des Verlesens, der Genehmigung und der Unterschrift als weitere Mussvorschrift konstituiert, handelt es sich bei § 9 Abs. 1 um eine der Grundlagenbestimmungen. § 9 Abs. 1 Nr. 1 und Abs. 2 regeln einen Teil des sog. **Feststellungsinhaltes** der Urkunde, dh also die Angaben, die der Notar feststellt und die nicht von den Beteiligten erklärt werden.[1] Dieser wird durch weitere Sondervorschriften ergänzt: unter anderem §§ 14 Abs. 3, 15 S. 2, 30 S. 1, 32 S. 1 und S. 2. Die Niederschrift muss daher die Bezeichnung des Notars und der Beteiligten sowie die Erklärungen der Beteiligten enthalten. § 9 Abs. 2 enthält als Sollvorschrift, deren Verletzung die Wirksamkeit der Urkunde nicht beeinträchtigt, die Verpflichtung, Ort und Tag der Verhandlung anzugeben. Hierdurch soll für den Rechtsverkehr verlässlich gekennzeichnet werden, welche rechtlichen Erklärungen von welchen Personen abgegeben wurden und welcher Notar das Verfahren geleitet hat und die Verantwortung für die Erstellung der Urkunde übernimmt. Insofern unterscheidet sich die notarielle Urkunde deutlich von Privaturkunden, die derartige Kautelen nicht verlangen, und sanktioniert diese Mindestangaben mit der Nichtigkeitsfolge.[2]

1a Umstritten ist, ob die nach § 9 Abs. 1 aufzunehmenden Angaben, dh der Feststellungsinhalt, zwingend in die Haupturkunde aufgenommen werden müssen oder ob eine Aufnahme in eine Anlage iSd § 9 Abs. 1 S. 2 ausreicht. In der Praxis finden sich diese Angaben idR am Anfang der Urkunde, zwingend ist dies jedoch nicht. So können zB datenschutzrechtliche Gründe dafür sprechen, zB die persönlichen Angaben der Beteiligten ans Ende der Urkunde zu setzen, um zB auszugsweise Abschriften zu fertigen. Dementsprechend spricht viel dafür, die Angaben auch in die Anlage zu nehmen. Zum Teil wird dies allerdings wegen des Wortlautes der Vorschrift „Erklärungen" abgelehnt.[3] Niederschrift und Anlage iSd § 9 Abs. 1 S. 2 bilden aber eine Einheit.[4] Für Niederschrift und Anlage gelten die gleichen Formvorschriften, dh sie müssen vorgelesen werden und über den Inhalt der Niederschrift und der Anlage muss eine Belehrung erfolgen, sodass es für die Wirksamkeit einer Beurkundung genügt, wenn die notwendigen Angaben entweder in der Niederschrift oder in der Anlage enthalten sind.[5] Dies gilt auch für die Feststellungsvermerke, die das BeurkG vorschreibt (zB Person der Beteiligten, Dolmetscher, Grundbucheinsicht etc[6]).

---

[1] Vgl. zum Begriff Grziwotz/Heinemann/*Heinemann* BeurkG § 8 Rn. 35; BeckOK BeurkG/*Bremkamp* BeurkG § 13 Rn. 158.
[2] Zur Sanktion vgl. *Jansen* BeurkG § 9 Rn. 3; *Winkler* BeurkG § 9 Rn. 66; Staudinger/*Hertel* BeurkG Vorb. zu §§ 127a, 128 Rn. 327; Armbrüster/Preuß/Renner/*Piegsa* BeurkG § 9 Rn. 1.
[3] Grziwotz/Heinemann/*Heinemann* BeurkG § 9 Rn. 20; ablehnend iErg auch BeckOGK/*Bord* BeurkG § 9 Rn. 41.
[4] Hierauf weist zu Recht *Winkler* BeurkG § 9 Rn. 37 hin.
[5] *Winkler* BeurkG § 9 Rn. 36 f.; *Rothmann*, Beurkundung und Bezugnahme, 2018, S. 69 f.
[6] So zu Recht *Winkler* BeurkG § 9 Rn. 37.

B. Die Bezeichnung des Notars und der Beteiligten

I. Die Bezeichnung des Notars

§ 9 Abs. 1 Nr. 1 verlangt zwingend die **Bezeichnung des Notars;** eine Verletzung 2 dieser Mussvorschrift führt zur Nichtigkeit der Beurkundung. Wie die Bezeichnung zu erfolgen hat, regelt die Vorschrift allerdings nicht. Die Vorschrift wird ergänzt durch § 13 Abs. 3, nach der der Notar die Niederschrift eigenhändig unterschreiben muss und seine Amtsbezeichnung beifügen soll. Zweck dieser Regelung ist, klar festzustellen, welche Amtsperson die Verhandlungsführung geleitet hat und demgemäß die Richtigkeit des Verfahrens verbürgt.[7] Außerdem wird hierdurch die Nachprüfbarkeit der Amtsbefugnisse ermöglicht. Die reine Amtsbezeichnung ist hingegen kein zwingender Bestandteil des Urkundseingangs.[8] Dies folgt aus dem Wortlaut und auch dem Schutzzeck der Vorschrift.[9]

Um eine einfache und klare Feststellung zu ermöglichen, empfiehlt sich für die Praxis das 3 übliche Verfahren, dass der Notar im Eingang der Urkunde seinen Namen, seine Amtsbezeichnung und seine Geschäftsstelle bezeichnet; zB: „Erschienen vor mir, Gerhard Müller, Notar in …, in den Amtsräumen in X-Stadt, Josefsplatz 1 …". Von diesen üblichen und möglichst vollständigen Angaben zu unterscheiden ist allerdings die Frage, welche **Mindestangaben** § 9 Abs. 1 Nr. 1 für die Wirksamkeit der Beurkundung verlangt. Keinesfalls kann von der Üblichkeit auf den rechtlichen Gehalt der Vorschrift geschlossen werden. Für den Sinn und Zweck der sachgerechten Feststellung des Verhandlungsführers genügt es, wenn der Textkopf iVm der Unterschrift nach § 13 Abs. 3 erkennen lässt, wer die Verhandlung geführt hat. Denn dann lässt sich ohne weiteres aus der Urkunde der Verhandlungsführer feststellen.[10] Der Notar hat seinen Namen anzugeben, am besten Vor- und Zuname, wobei der Nachname genügt, bei einem Doppelnamen, diesen.[11] In der Literatur wird zT festgestellt, dass allein die Unterzeichnung durch den Notar nicht dem Erfordernis nach § 9 Abs. 1 Nr. 1 genügt.[12] Meines Erachtens sollte dies großzügiger gesehen werden. Es ist ausreichend, wenn sich aus einer Gesamtschau der Urkunde ergibt, wer in welcher Funktion tätig war, dabei kann auch die Unterschrift ausreichend sein.[13] Es ist aber ausreichend, dass sich der Notar zumindest im Text als Notar bezeichnet und sich aus der Namensunterschrift auch die Identität des Notars ergibt.[14] Umgekehrt genügt der Notar dieser Bestimmung mit der schlichten Angabe seines Namens im Eingang; die Vorschrift stellt auf die Bezeichnung der Person des Beurkundenden, nicht aber auf die Bezeichnung des Amts ab.[15]

---

[7] Armbrüster/Preuß/Renner/*Piegsa* BeurkG § 9 Rn. 5; Grziwotz/Heinemann/*Heinemann* BeurkG § 9 Rn. 4; BeckOGK/*Bord* BeurkG § 9 Rn. 19; *Winkler* BeurkG § 9 Rn. 3; Gutachten DNotI-Report 2019, 15.
[8] Armbrüster/Preuß/Renner/*Piegsa* BeurkG § 9 Rn. 5; Gutachten DNotI-Report 2019, 15.
[9] *Winkler* BeurkG § 9 Rn. 3; Gutachten DNotI-Report 2019, 15; Armbrüster/Preuß/Renner/*Piegsa* BeurkG § 9 Rn. 5; Gutachten DNotI-Report 2019, 15.
[10] So BGHZ 38, 130 (135) = DNotZ 1964, 104; OLG Frankfurt a. M. Rpfleger 1986, 184; LG Koblenz DNotZ 1969, 702; LG Nürnberg/Fürth DNotZ 1971, 764; *Winkler* BeurkG § 9 Rn. 3; Staudinger/*Hertel* BeurkG Vorb. zu §§ 127a, 128 Rn. 328; Armbrüster/Preuß/Renner/*Piegsa* BeurkG § 9 Rn. 6; Grziwotz/Heinemann/*Heinemann* BeurkG § 9 Rn. 4; *Lerch* BeurkG § 9 Rn. 2; vgl. auch Gutachten DNotI Report 2006, 9 ff.
[11] Vgl. KG DNotZ 2003, 794; Staudinger/*Hertel* BeurkG Vorb. zu §§ 127a, 128 Rn. 328; Armbrüster/Preuß/Renner/*Piegsa* BeurkG § 9 Rn. 6.
[12] *Jansen* BeurkG § 9 Rn. 8; *Winkler* BeurkG § 9 Rn. 3; KG DNotZ 1940, 75; großzügiger Grziwotz/Heinemann/*Heinemann* BeurkG § 9 Rn. 4; Armbrüster/Preuß/Renner/*Piegsa* BeurkG § 9 Rn. 7; einen Überblick über die Rechtsprechung siehe Gutachten DNotI Report 2006, 9 f.
[13] So Grziwotz/Heinemann/*Heinemann* BeurkG § 9 Rn. 4; Armbrüster/Preuß/Renner/*Piegsa* BeurkG § 9 Rn. 7.
[14] Ähnlich *Lerch* BeurkG § 9 Rn. 2; *Winkler* BeurkG § 9 Rn. 3; Staudinger/*Hertel* BeurkG Vorb. zu §§ 127a, 128 Rn. 328; Armbrüster/Preuß/Renner/*Piegsa* BeurkG § 9 Rn. 6; Gutachten DNotI Report 2006, 9 f.
[15] Armbrüster/Preuß/Renner/*Piegsa* BeurkG § 9 Rn. 7; Gutachten DNotI Report 2006, 9 f.

3a Handelt ein **Notarvertreter**, so ist es üblich und zweckmäßig, wenn bereits im Eingang der Name und die Funktion als Notarvertreter für einen bestimmten Notar deutlich gemacht wird. Nach § 41 Abs. 1 BNotO hat er eine Unterschrift und einen ihn als Vertreter kennzeichnenden Zusatz beizufügen. Da der Vertreter allerdings für den Notar in dessen Namen handelt, ist er im konkreten Fall der handelnde Notar, so dass kein Widerspruch besteht, wenn im Eingang der Niederschrift nur der Notar aufgeführt ist und der Vertreter als Notarvertreter unterzeichnet.[16]

3b Der **Notariatsverwalter** (früher Notariatsverweser) vertritt nicht den Notar, sondern tritt an seine Stelle (§ 56 BNotO). Er verwaltet anstatt eines Notars die Notarstelle für die Zeit, in der entweder kein Notar bestellt ist oder in der der bestellte, aber von der Amtsausübung ausgeschlossene Notar die Notarstelle auch nicht wirtschaftlich verwalten darf. Er ist Träger eines eigenen persönlichen Amts, das inhaltlich dem Notaramt gleichsteht und nur durch die zeitliche Begrenztheit gekennzeichnet ist.[17] Das bedeutet, dass der Notariatsverwalter sich selbst mit seiner Amtsbezeichnung im Urkundseingang bezeichnen muss.[18] Unzureichend und falsch wäre daher die Bezeichnung des früheren Notars im Eingang, da der Notariatsverwalter gerade nicht für den früheren Notar handelt.[19] Insofern ist zwischen Notariatsverwalter und Notarvertreter deutlich zu unterscheiden, da der eine für den anderen als Vertreter handelt, der andere aber im eigenen Namen, so dass der Notar überhaupt nicht an der Beurkundung beteiligt ist.[20] Weniger streng sind das LG Koblenz[21] und das LG Nürnberg/Fürth,[22] wonach es genügt, wenn sich die Urkundsperson aus der Unterschrift iVm dem Vorlesungsvermerk und einem der Unterschrift beigefügtem Zusatz ergibt. Meines Erachtens ist aber auch hier ausreichend, dass sich der Notariatsverwalter zumindest im Text als Notar bezeichnet und sich aus der Namensunterschrift auch seine Identität ergibt.[23] Handelt ein Notar nach Erreichen der Altersgrenze weiter als Notar, obwohl er mittlerweile Notariatsverwalter ist, stellen sich die gleichen Fragen; der Verstoß führt nicht zur Unwirksamkeit der Urkunde.[24]

3c Fraglich ist inwieweit eine **fehlende Bezeichnung** als offensichtliche Unrichtigkeit durch einen Nachtragsvermerk nach § 44a Abs. 2 berichtigt werden kann.[25] Nach überwiegender Auffassung in der Literatur können offensichtliche Unrichtigkeiten im Feststellungsinhalt der Urkunde auch dann korrigiert werden, soweit dadurch erst nachträglich für die Wirksamkeit der Urkunde erforderliche Vermerke aufgenommen werden.[26] Hingegen hatte das OLG Hamm die Berichtigung einer Niederschrift, die von einem Notarvertreter beurkundet worden war, in der aber lediglich von einem – im Urkundseingang auch namentlich bezeichneten – Notar die Rede war, durch die nachträgliche Feststellung, dass die Beurkundung nicht vor dem Notar selbst, sondern vor dem Notarvertreter statt-

---

[16] Streitig so *Reithmann* DNotZ 1988, 568; Armbrüster/Preuß/Renner/*Piegsa* BeurkG § 9 Rn. 10 ff.; Gutachten DNotI Report 2006, 9 f.; Staudinger/*Hertel* BeurkG Vorb. zu §§ 127a, 128 Rn. 329; aA OLG Hamm DNotZ 1988, 565; *Winkler* BeurkG § 9 Rn. 4; Grziwotz/Heinemann/*Heinemann* BeurkG § 9 Rn. 5.
[17] Schippel/Bracker/*Bracker* BNotO § 56 Rn. 1 f.; Arndt/Lerch/Sandkühler/*Lerch* BNotO § 56 Rn. 2.
[18] Grziwotz/Heinemann/*Heinemann* BeurkG § 9 Rn. 6; BeckOGK/*Bord* BeurkG § 9 Rn. 17; *Winkler* BeurkG § 9 Rn. 6; Gutachten DNotI-Report 2019, 15.
[19] OLG Hamm DNotZ 1973, 444; Armbrüster/Preuß/Renner/*Piegsa* BeurkG § 9 Rn. 13; Gutachten DNotI Report 2006, 9 f.; Staudinger/*Hertel* BeurkG Vorb. zu §§ 127a, 128 Rn. 330.
[20] Insofern bestätigt mE die Entscheidung OLG Hamm DNotZ 1973, 444, nicht die Entscheidung OLG Hamm DNotZ 1988, 565, obwohl sich das OLG Hamm, ausdrücklich auf die alte Entscheidung bezieht. Hier wird der grundlegende Unterschied zwischen Notariatsverwalter (früher Verweser) und Notarvertreter verkannt.
[21] LG Koblenz DNotZ 1969, 702.
[22] LG Nürnberg/Fürth DNotZ 1971, 764.
[23] Grziwotz/Heinemann/*Heinemann* BeurkG § 9 Rn. 6; BeckOGK/*Bord* BeurkG § 9 Rn. 19; *Winkler* BeurkG § 9 Rn. 6; Gutachten DNotI-Report 2019, 15.
[24] Vgl. Gutachten DNotI-Report 2019, 15.
[25] Vgl. Gutachten DNotI Report 2006, 9 f.
[26] *Kanzleiter* DNotZ 1999, 292 (304); *Reithmann* DNotZ 1999, 27 (32); Staudinger/*Hertel* BeurkG Vorb. §§ 127a, 128 Rn. 637; *Winkler* BeurkG § 44a Rn. 22 ff., 28; Armbrüster/Preuß/Renner/*Piegsa* BeurkG § 9 Rn. 8; BeckOGK/*Regler* BeurkG § 44a Rn. 27; aA *Bracker* DNotZ 1997, 95 (96).

gefunden hatte, für unzulässig gehalten.²⁷ Die Voraussetzung des § 44a Abs. 2 einer offensichtlichen Unrichtigkeit liegen aber vor, da diese nicht nur Unrichtigkeiten erfasst, die sich aus dem Text der Urkunde selbst ergeben, sondern auch solche, die sich aus dem Gesamtzusammenhang der Beurkundung ergeben, wozu auch außerhalb der Urkunde liegende Umstände herangezogen werden können, so dass es genügt, wenn die Unrichtigkeit für den Notar offensichtlich ist.²⁸

Unterschreibt der Notar versehentlich mit „Notarvertreter", beeinträchtigt dies die Wirksamkeit der Urkunde nicht, sofern § 9 Abs. 1 S. 1 Nr. 1 gewahrt ist und auch ansonsten über die Urkundsperson kein Zweifel besteht; eine **Richtigstellung der Amtsbezeichnung** auf der Grundlage des § 44a Abs. 2 S. 1 ist möglich.²⁹ Handelt ein Anwaltsnotar, so darf er sich nicht als Rechtsanwalt bezeichnen, wobei dieser Fehler nicht zur Unwirksamkeit der Urkunde führt, sondern allenfalls dienstrechtliche Konsequenzen hat.³⁰ In der Literatur wird zu Recht darauf hingewiesen, dass die Frage der Bezeichnung von der Frage der Urkundsgewalt des Notarvertreters zu trennen ist.³¹ Es ist unschädlich, wenn die Person des vertretenen Notars falsch bezeichnet ist, da der handelnde Vertreter richtig bezeichnet ist und dieser wirksam zum Notarvertreter bestellt wurde.³² Fehlt es hingegen an der Bestellung, ist die Urkunde mangels vom Staat verliehener Urkundsgewalt unwirksam.³³

II. Bezeichnung der Beteiligten

Auch die Bezeichnung der Beteiligten bezweckt eine klare und zuverlässige Zuordnung der rechtsgeschäftlichen Erklärungen zu den die Erklärung abgebenden Personen.³⁴ Beteiligt iSd § 9 ist nicht der materiell Beteiligte, sondern der **formell Beteiligte** iSd § 6 Abs. 2, dh die Person, die vor dem Notar Erklärungen abgibt, sei es als eigene, sei es als Vertreter im fremden Namen.³⁵ Die Vorschrift wird ergänzt durch die Sollvorschrift des § 10, wonach die Person der Beteiligten so genau bezeichnet werden soll, dass Zweifel und Verwechslungen ausgeschlossen sind. Handelt ein Beteiligter als **Vertreter,** so ist der Vertreter formell Beteiligter und als solcher zu bezeichnen. Die Erklärung, als Bevollmächtigter oder Vertreter ohne Vertretungsmacht für einen anderen zu handeln, gehört nicht zur Bezeichnung des Beteiligten, sondern zum Erklärungsinhalt, ebenso der Name des Vertretenen.³⁶ Da § 10 als Sollvorschrift die Anforderungen ergänzt, muss der die Wirksamkeit begründenden Mussvorschrift eine geringere Bedeutung zugemessen werden, so dass es genügt, wenn sich eine bestimmte Person ermitteln lässt.³⁷ Es reichen daher alle Bezeich-

---

²⁷ OLG Hamm OLGZ 1988, 227 = DNotZ 1988, 565 mAnm *Reithmann*.
²⁸ → § 44a Rn. 14; *Brambring* FGPrax 1998, 201 (203); *Kanzleiter* DNotZ 1999, 292 (305); *Winkler* BeurkG § 44a Rn. 19; Armbrüster/Preuß/Renner/*Piegsa* BeurkG § 9 Rn. 8.
²⁹ Gutachten DNotI-Report 2011, 35.
³⁰ Grziwotz/Heinemann/*Heinemann* BeurkG § 9 Rn. 7; BeckOGK/*Bord* BeurkG § 9 Rn. 13; *Winkler* BeurkG § 9 Rn. 55.
³¹ Grziwotz/Heinemann/*Heinemann* BeurkG § 9 Rn. 5; BeckOGK/*Bord* BeurkG § 9 Rn. 16.1; *Winkler* BeurkG § 9 Rn. 5.
³² Grziwotz/Heinemann/*Heinemann* BeurkG § 9 Rn. 5; BeckOGK/*Bord* BeurkG § 9 Rn. 16.1; *Winkler* BeurkG § 9 Rn. 5; anders offenbar *Peterßen* RNotZ 2008, 181 (201).
³³ BeckOGK/*Bord* BeurkG § 9 Rn. 16.1; *Winkler* BeurkG § 9 Rn. 5.
³⁴ Vgl. OLG Hamm DNotZ 1973, 444; 1988, 565; BGH DNotZ 1964, 104; Armbrüster/Preuß/Renner/*Piegsa* BeurkG § 9 Rn. 14 ff.; Staudinger/*Hertel* BeurkG Vorb. zu §§ 127a, 128 Rn. 331; Grziwotz/Heinemann/*Heinemann* BeurkG § 9 Rn. 8; BeckOGK/*Bord* BeurkG § 9 Rn. 20; *Winkler* BeurkG § 9 Rn. 7.
³⁵ Vgl. *Jansen* BeurkG § 9 Rn. 9; *Winkler* BeurkG § 9 Rn. 7; Armbrüster/Preuß/Renner/*Piegsa* BeurkG § 9 Rn. 14 ff.; Staudinger/*Hertel* BeurkG Vorb. zu §§ 127a, 128 Rn. 331; Grziwotz/Heinemann/*Heinemann* BeurkG § 9 Rn. 7; *Lerch* BeurkG § 9 Rn. 5; BeckOGK/*Bord* BeurkG § 9 Rn. 20; *Winkler* BeurkG § 9 Rn. 7.
³⁶ *Jansen* BeurkG § 9 Rn. 9; Grziwotz/Heinemann/*Heinemann* BeurkG § 9 Rn. 7; Armbrüster/Preuß/Renner/*Piegsa* BeurkG § 9 Rn. 14; vgl. BGH DNotZ 2005, 845 (846).
³⁷ BGHZ 38, 130 (135) = DNotZ 1964, 104 (106); BGH DNotZ 2005, 845; *Winkler* BeurkG § 9 Rn. 7; *Lerch* BeurkG § 9 Rn. 5; *Jansen* BeurkG § 9 Rn. 9 Armbrüster/Preuß/Renner/*Piegsa* BeurkG § 9 Rn. 14 ff.; Staudinger/*Hertel* BeurkG Vorb. zu §§ 127a, 128 Rn. 331; Grziwotz/Heinemann/*Heinemann* BeurkG § 9 Rn. 8; BeckOGK/*Bord* BeurkG § 9 Rn. 22; *Winkler* BeurkG § 9 Rn. 9.

nungen, die einen Schluss auf die Identität zulassen; Verwendung eines Künstlernamens, Verwendung einer eindeutigen Amtsbezeichnung, sofern die eindeutige Zuordnung durch Auslegung möglich ist. Ähnlich wie bei der Bezeichnung des Notars ist es ausreichend, wenn sich die Beteiligten aus einer Gesamtschau der Urkunde ergeben. Nach hM kann der Notar sogar bei unklaren Bezeichnungen die Identität des in der Niederschrift Genannten in einer selbstständigen Urkunde bezeugen.[38] Fraglich ist auch insoweit, inwieweit eine fehlende Bezeichnung als offensichtliche Unrichtigkeit durch einen Nachtragsvermerk nach § 44a Abs. 2 berichtigt werden kann. Nach überwiegender Auffassung in der Literatur können offensichtliche Unrichtigkeiten im Feststellungsinhalt der Urkunde auch dann korrigiert werden, soweit dadurch erst nachträglich für die Wirksamkeit der Urkunde erforderliche Vermerke aufgenommen werden.[39] § 9 verlangt keine ausdrückliche Klarstellung, ob im eigene Namen oder fremden Namen gehandelt wurde; ausreichend ist, dass es sich aus den Umständen ergibt.[40] Für die Praxis ist allerdings zu beachten, dass an dieser Stelle nur die Frage der Mindestanforderungen für die Gültigkeit der Urkunde zu behandeln sind; es besteht die Amtspflicht des Notars nach § 10, eine genaue Bezeichnung zu verwenden.[41] der Verstoß gegen § 10 führt allerdings nicht zur Unwirksamkeit[42]

III. Sonstige Personen

5   Sind sonstige Personen an der Beurkundung beteiligt (Dolmetscher, zweiter Notar, Zeuge etc), so besteht keine Wirksamkeitsvoraussetzung, dass diese zu nennen sind. Allerdings schreiben die jeweiligen Sollvorschriften vor, dass die Tatsache der Beiziehung einer weiteren Person in der Niederschrift festgestellt werden soll, die auch die Niederschrift unterschreiben soll (§§ 22, 24, 25, 29).[43]

C. Die Erklärung der Beteiligten sowie Anlagen zur Niederschrift

I. Allgemeines

6   § 9 Abs. 1 Nr. 2 bestimmt, dass die Erklärungen der Beteiligten in der Niederschrift enthalten sind. Satz 2 sieht alternativ vor, dass Erklärungen in einem Schriftstück, auf das in der Niederschrift verwiesen und das dieser beigefügt wird, als in der Niederschrift selbst enthalten gelten. Beide Vorschriften beschreiben daher die Verpflichtung des Notars im Hinblick auf den sog. **Erklärungsinhalt der Urkunde,** der sich vom sog. Feststellungsinhalt abgrenzt und der den rechtsgeschäftlichen Charakter der Urkunde umschreibt. Mit Erklärungen sind die Willenserklärungen gemeint, durch die das beurkundungsbedürftige Rechtsgeschäft abgeschlossen wird.[44] Allerdings wird die gleichzeitige Beurkundung von Willenserklärungen und Tatsachen in einer Urkunde durch § 9 nicht ausgeschlossen.[45] Das Gesetz sieht zwei Möglichkeiten vor, wie Willenserklärungen der Beteiligten in die Niederschrift eingefügt werden können. Entweder kann nach § 9 Abs. 1 Nr. 2 die Erklärung der Beteiligten in die Urkunde aufgenommen werden oder die Beteiligten können die Erklärungen in einem gesonderten **Schriftstück als Anlage** niederlegen, auf das in der Nieder-

---

[38] *Winkler* BeurkG § 9 Rn. 9; *Lerch* BeurkG § 9 Rn. 6.
[39] *Kanzleiter* DNotZ 1999, 292 (304); *Reithmann* DNotZ 1999, 27 (32); Staudinger/*Hertel* BeurkG Vorb. §§ 127a, 128 Rn. 637; *Winkler* BeurkG § 44a Rn. 22 ff., 28; Armbrüster/Preuß/Renner/*Piegsa* BeurkG § 9 Rn. 17; Grziwotz/Heinemann/*Heinemann* BeurkG § 9 Rn. 13; BeckOGK/*Bord* BeurkG § 9 Rn. 26; *Winkler* BeurkG § 9 Rn. 12.
[40] BGH DNotZ 2005, 845.
[41] Vgl. Erläuterungen zu § 10.
[42] BGH DNotZ 2005, 845.
[43] Grziwotz/Heinemann/*Heinemann* BeurkG § 9 Rn. 10; BeckOGK/*Bord* BeurkG § 9 Rn. 25; *Winkler* BeurkG § 9 Rn. 13.
[44] *Winkler* BeurkG § 9 Rn. 15; Armbrüster/Preuß/Renner/*Piegsa* BeurkG § 9 Rn. 18; Staudinger/*Hertel* BeurkG Vorb. zu §§ 127a, 128 Rn. 350; Grziwotz/Heinemann/*Heinemann* BeurkG § 9 Rn. 10.
[45] → § 8 Rn. 2.

schrift verwiesen und das dieser beigefügt wird. Über die **Inkorporationsfiktionswirkung** des § 9 Abs. 1 S. 2 gelten diese Erklärungen als in der Niederschrift selbst enthalten und damit auch beurkundet.[46] Da sie damit als Teil der Niederschrift anzusehen sind, bestehen keine Zweifel, dass auch Anlagen iSd § 9 dem Verfahren nach § 13 (insbesondere Verlesung) unterliegen. Niederschrift und Anlage iSd § 9 Abs. 1 S. 2 bilden eine Einheit.[47] Für Niederschrift und Anlage gelten die gleichen Formvorschriften, dh sie müssen vorgelesen werden und über den Inhalt der Niederschrift und der Anlage muss eine Belehrung erfolgen.[48]

II. Erklärungen der Beteiligten in der Urkunde (Abs. 1 Nr. 2)

Üblicherweise werden die Erklärungen der Beteiligten nach § 9 Abs. 1 Nr. 2 in die Niederschrift aufgenommen. Es obliegt dem verfahrensleitenden Ermessen des Notars,[49] in welcher Weise er die Erklärungen der Beteiligten niederlegt. Er kann dies in direkter oder indirekter Rede vornehmen, wörtlich oder eine entsprechende Umschreibung. Dem Notar obliegt die **Formulierungs- und Gestaltungspflicht,** die darauf zielt, den Willen der Beteiligten in entsprechende rechtliche Kategorien zu transformieren.[50] Eine unrichtige oder unvollständige, ungenaue oder unverständliche Wiedergabe der Erklärungen berührt nicht die Gültigkeit der Urkunde, sondern insofern gelten die Vorschriften des materiellen Rechts, so dass der Inhalt der Urkunde durch Auslegung zu klären ist. Erforderlichenfalls sind die sonstigen Institute des materiellen Rechts anzuwenden: Anfechtung, Wegfall der Geschäftsgrundlage etc. Der BGH hat auf der Grundlage des § 17 mittlerweile eine **Pflicht zur „richtigen" Vertragsgestaltung** entwickelt. So hat der BGH entschieden, dass der Notar eine umfassende, ausgewogene und interessengerechte Vertragsgestaltung und Belehrung über alle entscheidenden Punkte schuldet.[51] Diese Rechtsprechung ist bei der inhaltlichen Gestaltung der Urkunde zu berücksichtigen. Sie stellt an die Gestaltungs- und Formulierungspflicht des Notars umfangreiche Anforderungen. Der Notar muss daher immer diese Vorgaben, die man als Mindeststandards für notarielle Rechtsgeschäfte bezeichnen kann, berücksichtigen. Daher ist der Notar gehalten, den Vertrag so zu gestalten, dass er dem Stand der „notariellen Technik" entspricht, dh er muss die Klauseln aufnehmen, die üblicherweise in Verträge aufgenommen werden und er muss alle Fragen besprechen, die ersichtlich für die Beteiligten eine Rolle spielen und zur angemessenen Vertragsgestaltung erforderlich sind.

III. Anlagen zur Niederschrift (Abs. 1 S. 2)

1. Grundsatz. Bei der Auslegung des § 9 bzw. der §§ 13 ff. ist zu beachten, dass diese nur das beurkundungstechnische Verfahren, nicht aber die materiell-rechtlichen Formfragen regeln. In der Praxis ist zunächst vom materiellen Recht aus zu klären, welche Erklärungen und Schriftstücke **Inhalt des Rechtsgeschäfts** sind. Der Umfang der Beurkundungspflicht ist festzustellen, wobei die Formvorschriften – zB § 311b BGB, § 15 GmbHG – zT unterschiedliche Anforderungen stellen.

Hermanns hat zu Recht darauf hingewiesen, dass auch **versteckte Beurkundungserfordernisse** zu beachten sind, die dann gegeben sind, wenn in Vertragskomplexen – wie zB Unternehmenskauf – einzelne Regelungen zur Beurkundungsbedürftigkeit des gesamten Vertrags führen:[52] Nach § 311b Abs. 3 BGB muss zB ein Vertrag, durch den sich der eine

---

[46] OLG Köln FGPrax 2014, 12.
[47] *Lichtenberger* NJW 1984, 159; *Winkler* BeurkG § 9 Rn. 37; *Rothmann,* Beurkundung und Bezugnahme, 2018, S. 63 ff.
[48] *Winkler* BeurkG § 9 Rn. 36 f.
[49] → § 8 Rn. 9 ff.
[50] *Lerch* BeurkG § 9 Rn. 8 f.; *Winkler* BeurkG § 9 Rn. 21; Armbrüster/Preuß/Renner/Piegsa BeurkG § 9 Rn. 19; Staudinger/Hertel BeurkG Vorb. zu §§ 127a, 128 Rn. 350 ff. 474 ff. *Reithmann* DNotZ 2003, 603 (606); *Bohrer* DNotZ 2008, 39 (42 f.); vgl. aus der Sicht der Mediation *Walz* DNotZ 2003, 164 ff.
[51] → BNotO § 20 Rn. 8. BGH NJW 1994, 2283; 1995, 330.
[52] *Hermanns* DNotZ 2013, 9 ff.; vgl. auch *Krick/Sagmeister* MittBayNot 2014, 205 ff.

Teil verpflichtet, sein gegenwärtiges Vermögen oder einen Bruchteil desselben zu übertragen oder mit einem Nießbrauch zu belasten, notariell beurkundet werden. § 179a AktG hat zu vielfältigen Fragen auch außerhalb des AktG geführt.[53] In diesem Zusammenhang ist nach materiellem Recht die Reichweite des Beurkundungserfordernisses zu klären, vor allem bei **zusammengesetzten Rechtsgeschäften,** bei denen an sich ein Teil beurkundungsbedürftig wäre, der andere an sich nicht.[54] Auch formal selbstständige Vereinbarungen können zB der Beurkundungspflicht nach § 311b BGB unterliegen, wenn diese Vereinbarungen und der Grundstücksübertragungsvertrag nach dem Willen der Parteien miteinander „stehen und fallen" sollen.[55]

9 Ist der Umfang der beurkundungsbedürftigen Erklärungen, Schriftstücke und Anlagen festgestellt, so ist in einem zweiten Schritt nach den Regeln des Beurkundungsrechts verfahrensrechtlich festzustellen, wie dem Beurkundungsgebot Rechnung getragen werden soll.[56] Grundsätzlich gilt das Verfahren nach § 9 Abs. 1. Danach ist entweder die rechtsgeschäftliche Erklärung zum Gegenstand der Erklärung nach § 9 Abs. 1 Nr. 2 zu machen oder es wird in der Niederschrift auf die Anlage verwiesen, die vorzulesen und der Niederschrift beizufügen ist. Dabei kann es sich in der Anlage um Erklärungen handeln, die den Inhalt des Rechtsgeschäfts lediglich ergänzen, die Anlage kann aber auch das zu beurkundende Rechtsgeschäft selbst enthalten.[57] Es gibt keinen Grundsatz, dass nicht auch wesentliche Teile des Rechtsgeschäftes in die Anlage ausgegliedert werden dürfen.[58] Nur wenn eine andere notarielle Urkunde vorliegt, die nach den Vorschriften über die Beurkundung von Willenserklärungen errichtet worden ist, kann auf diese andere notarielle Niederschrift in dem vereinfachten Verfahren nach § 13a verwiesen werden **(echte Verweisung).**[59] Die Vereinfachung liegt darin, dass die Beteiligten auf das Vorlesen und Beifügen dieser anderen Niederschrift verzichten.

9a Zulässig sind **Kettenverweisungen,** dh die Anlage verweist ihrerseits auf eine weitere Anlage.[60] Umstritten ist die Zulässigkeit der sog. **dynamischen Verweisung,** zB auf die jeweils geltende Schiedsgerichtsordnung des DIS, mit der Folge, dass diese nicht mitbeurkundet werden muss, da deren Inhalt zum Zeitpunkt der Beurkundung noch nicht feststeht; es wird im Ergebnis das DIS ermächtigt, den jeweiligen Inhalt festzulegen. Zum Teil wird die dynamische Verweisung abgelehnt, da Gegenstand einer Beurkundung nur ein konkreter Inhalt sein könne.[61] Andererseits sind diese Literaturstimmen der Meinung, dass dies doch über das materielle Recht nach §§ 315, 317 BGB erfolgen

---

[53] Vgl. BGH NJW 2019, 1512; *Bayer/Lieder/Hoffmann* AG 2017, 717; *Brocker/Schulenburg* BB 2015, 1993; *Eschwey* MittBayNot 2018, 299; *Hüren* RNotZ 2014, 77; *Weber* DNotZ 2018, 96; *Werner* GmbHR 2018, 888.

[54] *Hermanns* DNotZ 2013, 9 (14); *Rothmann,* Beurkundung und Bezugnahme, 2018, S. 27 ff.

[55] StRspr, BGHZ 103, 393 (396); BGH NJW 1984, 369; 1987, 1069; 1992, 3237; 2002, 2559 (2260); DNotZ 2009, 619; 2011, 196 (197); OLG Koblenz RNotZ 2014, 549 (551); MüKoBGB/*Kanzleiter* BGB § 311b Rn. 53 ff.; Palandt/*Grüneberg* BGB § 311b Rn. 32 ff.; *Frank* NotBZ 2003, 211.

[56] *Winkler* BeurkG § 9 Rn. 26; *Brambring* DNotZ 1980, 281; *Korte* DNotZ 1984, 3 ff. und 82 ff.; Armbrüster/Preuß/Renner/*Piegsa* BeurkG § 9 Rn. 20 ff.; Staudinger/*Hertel* BeurkG Vorb. zu §§ 127a, 128 Rn. 406 ff.; zum Unternehmenskauf vgl. *Hermanns* DNotZ 2013, 9 ff.; speziell zur Baubeschreibung *Krick/Sagmeister* MittBayNot 2014, 205 ff.

[57] BGH NJW 1968, 1331; KG DNotI-Report 1998, 29; *Winkler* BeurkG § 9 Rn. 31; Gutachten DNotI-Report 2016, 33.

[58] Vgl. OLG Köln FGPrax 2014, 12; Grziwotz/Heinemann/*Heinemann* BeurkG § 9 Rn. 19; BeckOGK/*Bord* BeurkG § 9 Rn. 25; *Winkler* BeurkG § 9 Rn. 33; *Rothmann,* Beurkundung und Bezugnahme, 2018, S. 66.

[59] Vgl. zum Begriff *Rothmann,* Beurkundung und Bezugnahme, 2018, S. 60 ff.; *Brambring* DNotZ 1980, 286; *Stauf* RNotZ 2001, 130; Armbrüster/Preuß/Renner/*Piegsa* BeurkG § 9 Rn. 23 ff.; Staudinger/*Hertel* BeurkG Vorb. zu §§ 127a, 128 Rn. 3406 ff.; BGH NJW 1979, 1498; 1998, 3197; 1989, 164 (165); NJW-RR 2008, 1237; OLG Köln FGPrax 2014, 12 (13); *Winkler* BeurkG § 9 Rn. 47 ff.; Gutachten DNotI-Report 2016, 33.

[60] Armbrüster/Preuß/Renner/*Piegsa* BeurkG § 9 Rn. 29; Grziwotz/Heinemann/*Heinemann* BeurkG § 9 Rn. 28; BeckOGK/*Bord* BeurkG § 9 Rn. 57; *Winkler* BeurkG § 9 Rn. 54.

[61] So Grziwotz/Heinemann/*Heinemann* BeurkG § 9 Rn. 28, 40; BeckOGK/*Bord* BeurkG § 9 Rn. 58; *Winkler* BeurkG § 9 Rn. 54a.

könne.⁶² Dies überzeugt nicht, da natürlich immer das materielle Recht zunächst entscheidet, was überhaupt beurkundet werden muss. Dementsprechend enthält eine dynamische Verweisung konkludent das Recht des Dritten, den Inhalt nach §§ 315, 317 BGB zu bestimmen. Dementsprechend ist mE die dynamische Verweisung generell anzuerkennen.⁶³ Dies wird im Übrigen bei der Verweisung auf eine Schiedsgerichtsordnung überwiegend so gesehen.⁶⁴ So kann danach zB auch auf einen „Mustervertrag des Gesamtverbands gemeinnütziger Wohnungsunternehmen eV" dynamisch verwiesen werden, bei dem eine Beurkundung des jeweils geltenden Musters im Zeitpunkt der Beurkundung des Grundstücksvertrags nicht möglich ist.⁶⁵

Eine **Ausnahme** enthält auch § 14, wonach auf bestimmte, dort genannte Schriftstücke **10** verwiesen werden kann (**ergänzende Bezugnahme**),⁶⁶ ohne dass diese vorgelesen werden; nur im eingeschränkten Rahmen des § 14 kann auf das Vorlesen verzichtet werden.

Zu unterscheiden von der soeben genannten echten Verweisung⁶⁷ ist die sog. **erläutern- 11 de Verweisung**,⁶⁸ die keine Regelungsqualität hat, zT wird auch von der Bezugnahme⁶⁹ gesprochen. Sie kommt nur in Frage, wenn der Text, auf den verwiesen wird, nicht zu dem nach materiellem Recht beurkundungspflichtigen Teil des Rechtsgeschäfts gehört.⁷⁰ Ist dieser Text selbst nicht beurkundungsbedürftig, kann in der Niederschrift lediglich zur Verdeutlichung und Erläuterung des beurkundeten Inhalts auf Erklärungen in einem anderen Schriftstück hingewiesen werden, das selbst nicht zum beurkundungsbedürftigen Inhalt des Rechtsgeschäfts gehört. In diesem Fall spricht man von einer Bezugnahme oder unechten Verweisung. Dann muss die Anlage nicht verlesen werden. Erklärungen in einem Schriftstück, auf das in dieser Form Bezug genommen wird, sind nicht Inhalt der Niederschrift und somit nicht beurkundet. Die Bezugnahme kann zB auch als Auslegungsbehelf gedacht sein. Die Abgrenzung hat daher entscheidende Bedeutung und ist für die Wirksamkeit der Urkunde von äußerster Wichtigkeit (zu Beispielsfällen → Rn. 12 ff.).⁷¹

Insbesondere bei den Anlagen stellt sich häufig in der Praxis die Frage, ob eine echte **12** Verweisung nach § 9 Abs. 1 S. 2 erforderlich ist mit der Folge, dass auch die Anlagen verlesen werden müssen, oder ob eine sog. unechte Verweisung oder Bezugnahme genügt.⁷²

---

⁶² BeckOGK/*Bord* BeurkG § 9 Rn. 58; *Winkler* BeurkG § 9 Rn. 54a

⁶³ So auch *Rothmann*, Beurkundung und Bezugnahme, 2018, S. 173; wohl auch *Weber* RNotZ 2016, 377 in Fn. 82.

⁶⁴ OLG München DNotZ 2014, 206 (211 f.); Gutachten DNotI-Report 2008, 188 (189); 2014, 169; *Hauschild/Böttcher* DNotZ 2012, 577 (593); *Wachter* EWiR 2014, 267 (268); *Heskamp* DNotZ 2014, 212 (214 f.); *ders.* RNotZ 2012, 415 (427); auch *Winkler* BeurkG § 9 Rn. 84; aA *Kindler* NZG 2014, 961 (965 f.).

⁶⁵ So zu Recht *Weber* RNotZ 2016, 377 in Fn. 82; *Rothmann*, Beurkundung und Bezugnahme, 2018, S. 173; anders LG Ellwangen BWNotZ 1986, 148 (149).

⁶⁶ *Reithmann* ZEV 2001, 285 (386); Armbrüster/Preuß/Renner/*Piegsa* BeurkG § 9 Rn. 32; Staudinger/ *Hertel* BeurkG Vorb. zu §§ 127a, 128 Rn. 407; vgl. dazu die Erläuterungen in § 14.

⁶⁷ Vgl. zum Begriff *Brambring* DNotZ 1980, 286; *Stauf* RNotZ 2001, 130; *Winkler* BeurkG § 9 Rn. 47 ff.; Armbrüster/Preuß/Renner/*Piegsa* BeurkG § 9 Rn. 33 ff.; Staudinger/*Hertel* BeurkG Vorb. zu §§ 127a, 128 Rn. 407 ff.; OLG Köln RNotZ 2014, 368.

⁶⁸ Vgl. BGH NJW 1979, 1984 „Identifizierungsbehelf"; BGH DNotZ 1994, 476; 1999, 50 mAnm *Kanzleiter*; NJW 1989, 164 (165); NJW-RR 2005, 1148; *Stauf* RNotZ 2001, 130; *Reithmann* ZEV 2001, 285 (386); Armbrüster/Preuß/Renner/*Piegsa* BeurkG § 9 Rn. 32; Staudinger/*Hertel* BeurkG Vorb. zu §§ 127a, 128 Rn. 407 ff.; Grziwotz/Heinemann/*Heinemann* BeurkG § 9 Rn. 39 f.

⁶⁹ Armbrüster/Preuß/Renner/*Piegsa* BeurkG § 9 Rn. 33 ff.; Grziwotz/Heinemann/*Heinemann* BeurkG § 9 Rn. 39 f.; *Lerch* BeurkG § 9 Rn. 14.

⁷⁰ Vgl. BGH NJW 1979, 1498; 1998, 3197; 1989, 164 (165); NJW-RR 2005, 1148; *Korte*, Handbuch der Beurkundung von Grundstücksgeschäften, 1990, Rn. 3130 f.; Armbrüster/Preuß/Renner/*Piegsa* BeurkG § 9 Rn. 33 ff.; Staudinger/*Hertel* BeurkG Vorb. zu §§ 127a, 128 Rn. 407 ff.; Grziwotz/Heinemann/*Heinemann* BeurkG § 9 Rn. 39 f.

⁷¹ Zur Abgrenzung zum Unternehmenskauf vgl. auch *Hermanns* DNotZ 2013, 9 ff.; zur Baubeschreibung *Krick/Sagmeister* MittBayNot 2014, 205 (207).

⁷² Vgl. auch die Übersichten bei Armbrüster/Preuß/Renner/*Piegsa* BeurkG § 9 Rn. 33 ff.; Staudinger/ *Hertel* BeurkG Vorb. zu §§ 127a, 128 Rn. 407 ff.; Grziwotz/Heinemann/*Heinemann* BeurkG § 9 Rn. 39 ff.; BeckOGK/*Bord* BeurkG § 9 Rn. 46 ff.; *Winkler* BeurkG § 9 Rn. 38 ff.; zum Unternehmenskauf vgl. *Hermanns* DNotZ 2013, 9 ff.

13 Bei der **Übernahme von Rechten,** Verträgen (zB Mietverhältnisse) oder bei einer Schuldübernahme ist nur der Eintritt bzw. die Übernahme als solche Inhalt des Rechtsgeschäfts, die Rechte, in die eingetreten wird, das Mietverhältnis oder die übernommene Schuld und deren einzelne Bedingungen sind nur die Grundlage der Übernahme im Veräußerungsvertrag und selbst nicht beurkundungsbedürftig,[73] so dass eine erläuternde Verweisung zulässig ist. Die Rechtsverhältnisse werden inhaltlich nicht verändert und sind damit nicht Gegenstand der Urkunde. Die Übernahme führt nur zu einer Änderung der Rechtszuständigkeit, nicht zum Rechtsinhalt.[74] Dies gilt mE auch dann, wenn der zur Übernahme betroffene Vertrag selbst der Beurkundung bedurfte, da auch in diesem Fall das bestehende Rechtsgeschäft inhaltlich nicht verändert wird.[75] Auch wenn die Urkunde die Garantie enthält, dass der in Bezug genomme Vertrag in der Form besteht, in der er der Urkunde beigefügt ist, wird dadurch nicht der darin in Bezug genommene Vertrag Teil der Urkunde, da er inhaltlich nicht verändert wird.[76]

13a Werden in einem Grundstückskaufvertrag die Rechte an einer vorhandenen Baugenehmigungsplanung übertragen, müssen die Unterlagen nicht mitbeurkundet werden.[77]

14 Auch beim **Eintritt** in eine Gesellschaft oder einen Erbbaurechtsvertrag ist nur die Eintrittserklärung als solche beurkundungsbedürftig, nicht der Vertrag. **Vollmachten,** die nach § 12 der Niederschrift beigefügt werden sollen, sind keine Anlagen iSv § 9 Abs. 1 S. 2, da diese keine Erklärungen der Beteiligten enthalten. Sie müssen daher auch nicht mitverlesen werden.[78] Das Gleiche gilt für **sonstige Zeugnisse** und Urkunden, die nur zur Identifizierung bzw. zum Nachweis der Rechtsmacht dienen (Erbscheine, Registerzeugnisse, Testamentsvollstreckerzeugnisse etc).

15 Sind mit einem **Grundstückskaufvertrag** sonstige Verträge verbunden, die gleichzeitig mit abgeschlossen werden sollen (Mietvertrag, Bauvertrag, Treuhand- und Geschäftsbesorgungsverträge etc), dann unterfallen diese Verträge auch der Formpflicht des § 311b BGB und müssen im Verfahren nach § 9 Abs. 1 S. 2 beurkundet werden. Beurkundungsbedürftig ist nach § 311b S. 1 BGB nicht nur die Vereinbarung, die unmittelbar auf die Eigentumsübertragung des Grundstücks gerichtet ist; erforderlich ist vielmehr die Beurkundung aller Vereinbarungen, aus denen sich nach dem Willen der Beteiligten der schuldrechtliche Vertrag zusammensetzt.[79] Maßgeblich für die Beurkundungspflicht einer Vereinbarung ist dabei nicht die formale Verbindung der Vereinbarung in einer einheitlichen Urkunde. Auch formal selbstständige Vereinbarungen können der Beurkundungspflicht nach § 311b BGB unterliegen, wenn diese Vereinbarung und der Grundstücksübertragungsvertrag nach dem Willen der Parteien miteinander „stehen und fallen"

---

[73] BGH DNotZ 1994, 476; *Hagen* DNotZ 1984, 267; *Brambring* DNotZ 1980, 281; *Stauf* RNotZ 2001, 129 (134, 137); Armbrüster/Preuß/Renner/*Piegsa* BeurkG § 9 Rn. 43 f.; Grziwotz/Heinemann/*Heinemann* BeurkG § 9 Rn. 42 ff.; Staudinger/*Hertel* BeurkG Vorb. zu §§ 127a, 128 Rn. 407; BeckOGK/*Bord* BeurkG § 9 Rn. 47.1; *Rothmann,* Beurkundung und Bezugnahme, 2018, S. 120 f., 133 ff.

[74] *Hermanns* DNotZ 2013, 9 ff.; speziell zur Baubeschreibung *Krick/Sagmeister* MittBayNot 2014, 205 ff. BGH NJW 1968, 1331; KG DNotI-Report 1998, 29; *Winkler* BeurkG § 9 Rn. 31; Gutachten DNotI-Report 2016, 33; *Rothmann,* Beurkundung und Bezugnahme, 2018, S. 137.

[75] *Rothmann,* Beurkundung und Bezugnahme, 2018, S. 137; anders *Hermanns* ZIP 2006, 2296 (2299 f.).

[76] Vgl. auch *Winkler* BeurkG § 9 Rn. 29.

[77] BGH DNotZ 1999, 50 mAnm *Kanzleiter;* Grziwotz/Heinemann/*Heinemann* BeurkG § 9 Rn. 39 ff.; Staudinger/*Hertel* BeurkG Vorb. zu §§ 127a, 128 Rn. 49 f.

[78] BayObLGZ 1980, 180 = DNotZ 1981, 320; LG Berlin Rpfleger 1974, 239; RG JW 1914, 350; *Winkler* BeurkG § 9 Rn. 32; Armbrüster/Preuß/Renner/*Piegsa* BeurkG § 9 Rn. 50; Grziwotz/Heinemann/*Heinemann* BeurkG § 9 Rn. 39 ff.; Staudinger/*Hertel* BeurkG Vorb. zu §§ 127a, 128 Rn. 407; *Jansen* BeurkG § 9 Rn. 14; *Stöber* Rpfleger 1994, 393; *Stauf* RNotZ 2001, 129 (137); *Lerch* BeurkG § 9 Rn. 11.

[79] BGHZ 63, 359 (361); 39, 266 (268); 74, 346 (348); BGH NJW 1981, 222 und 565; 2002, 2559 (2260); DNotZ 2009, 619; 2011, 196 (197); OLG Koblenz RNotZ 2014, 549 (551); ausführlich *Keim* DNotZ 2001, 827 ff.; *Seeger* MittBayNot 2003, 11 ff.; *Weber* RNotZ 2016, 377 ff.; vgl. BGH DNotZ 2003, 632; Palandt/*Grüneberg* BGB § 311b Rn. 32 ff.; Staudinger/*Schumacher* (2011) BGB § 311b Rn. 174; Staudinger/*Hertel* BeurkG Vorb. zu §§ 127a, 128 Rn. 407; dazu eingehend *Frank* NotBZ 2003, 211 zum sog. zusammengesetzten Grundstücksgeschäft.

sollen.⁸⁰ Dies gilt auch, wenn es sich um Verträge öffentlich-rechtlicher Natur (zB städtebauliche Verträge, Erschließungsverträge) handelt⁸¹ oder wenn unterschiedliche Personen beteiligt sind⁸² oder unterschiedliche Formvorschriften bestehen⁸³ (§ 311b Abs. 1 BGB, § 15 GmbHG) – oder wenn bei mehreren Verträgen möglicherweise zwischen einzelnen Verträgen, von denen ein Grundstücksvertrag abhängt, keine „Quer"-abhängigkeit besteht.⁸⁴ In mehreren Entscheidungen hat der BGH diese Formel dahingehend präzisiert, dass diese rechtliche Einheit auch bei einseitiger Abhängigkeit des Grundstückskaufvertrages von dem anderen Vertrag gegeben sein kann, nicht aber umgekehrt.⁸⁵ Die ständige Rechtsprechung stellt in diesem Zusammenhang auf den Verknüpfungswillen der Parteien ab: Eine Verknüpfung soll vorliegen, wenn eine Partei einen Verknüpfungswillen hat und die andere Partei diesen Willen erkannt und hingenommen hat.⁸⁶ Zu beachten sind allerdings die materiell-rechtlichen Vorgaben: Besteht eine Verknüpfungsabsicht, so sind beide Rechtsgeschäfte beurkundungsbedürftig. Die Beurkundung kann hierbei in einer oder aber in zwei formgerecht errichteten Urkunden erfolgen. Auf die Zahl der Urkunden kommt es nicht an, entscheidend ist vielmehr die Beurkundung auch der Verknüpfungsabsicht. Fehlt die Beurkundung der Verknüpfungsabsicht, so sind beide Vereinbarungen formunwirksam.⁸⁷ Streitig ist jedoch, ob die Beurkundung der Verknüpfungsabrede in einer der beiden Urkunden genügt, falls die verknüpften Rechtsgeschäfte in getrennten Urkunden beurkundet werden.⁸⁸ In diesem Fall der Einheit muss auch die **Verknüpfungsabrede** mitbeurkundet werden.⁸⁹

15a In der Regel bedarf auch der neben einem Grundstückskaufvertrag abgeschlossene **Fertighausvertrag** der Beurkundung.⁹⁰ Beim **Bauherrenmodell** sind neben dem Kaufvertrag auch der Treuhandvertrag und der Gesellschaftsvertrag sowie sonstige damit zusammenhängende Verträge beurkundungspflichtig.⁹¹ Derartige zusammengesetzte Verträge und Erklärungen sind nur dann wirksam beurkundet, wenn in der Niederschrift auf sie verwiesen wird und sie mitverlesen werden. Die bloße Beifügung der Anlagen und ihre Verbindung mit der Urkunde durch Schnur und Siegel ersetzt die Verweisungserklärung nicht und führt zur Nichtigkeit des Vertrags.⁹²

15b Die in der Anlage zu einer notariellen Urkunde enthaltene **Auflassung** kann Gegenstand einer Verweisung gemäß § 9 Abs. 1 S. 2 BeurkG sein.⁹³

15c Soll bei einem **Unternehmenskaufvertrag** oder einer **Spaltung** nach dem Umwandlungsgesetz zum Zwecke der Feststellung, welche Vermögensgegenstände übertragen werden, auf Anlagen wie Inventare, Bestandsverzeichnisse verwiesen werden, so ist auch

---

⁸⁰ BGHZ 103, 393 (396); BGH NJW 1984, 369; 1987, 1069; 1992, 3237; 2002, 2559 (2260); DNotZ 2009, 619; 2011, 196 (197); OLG Koblenz, RNotZ 2014, 549 (551); MüKoBGB/*Kanzleiter* BGB § 311b Rn. 53 ff.; Palandt/*Grüneberg* BGB § 311b Rn. 32 ff.; *Frank* NotBZ 2003, 211.
⁸¹ BVerwG DNotZ 1991, 309; OLG Köln MittBayNot 2019, 615 mAnm *Grziwotz*; OLG Schleswig MittBayNot 208, 488; *Busse/Grziwotz*, VEP – Der Vorhaben- und Erschließungsplan, 3. Aufl. 2016, Rn. 140.
⁸² BGH MDR 1966, 749; DNotZ 1976, 685; BGHZ 76, 43 (49) = NJW 1980, 829; 78, 346 (349) = NJW 1981, 274; BGH DNotZ 2003, 632; NJW 2002, 2559 (2260); DNotZ 2009, 619; 2011, 196 (197); OLG Hamm BauR 1998, 545; OLG Koblenz RNotZ 2014, 549 (551).
⁸³ BGH NJW 2001, 226; *Wufka* MittBayNot 2003, 48 ff.; MüKoBGB/*Kanzleiter* BGB § 311b Rn. 53 ff.
⁸⁴ BGH DNotZ 2003, 632.
⁸⁵ BGH DNotZ 2003, 632; 2000, 635; NJW 2001, 226; NotBZ 2002, 297; dazu *Frank* NotBZ 2003, 211 ff.; *Hartmann* MittRNotK 2000, 12 ff.; *Keim* DNotZ 2001, 827 ff.; *Pohlmann* RNotZ 2003, 44 ff.; *Seeger* MittBayNot 2003, 11 ff.; MüKoBGB/*Kanzleiter* BGB § 311b Rn. 53 ff.
⁸⁶ *Weber* RNotZ 2016, 377 (379) mwN.
⁸⁷ BGH DNotZ 2000, 635; DNotI-Report 2000, 105; 2003, 64; WürzNotar-HdB/*Hertel* Teil 2 Rn. 445 ff.; MüKoBGB/*Kanzleiter* BGB § 311b Rn. 55.
⁸⁸ Zum Streitstand vgl. WürzNotar-HdB/*Hertel* Teil 2 Rn. 445 ff.; MüKoBGB/*Kanzleiter* BGB § 311b Rn. 55; *Kanzleiter* DNotZ 2003, 178 ff.
⁸⁹ BGH DNotZ 2003, 632; dazu *Frank* NotBZ 2003, 211 ff.; *Kanzleiter* DNotZ 2003, 178 ff.
⁹⁰ OLG Köln OLGR 1996, 258; OLG Hamm NJW-RR 1995, 1045.
⁹¹ BGHZ 101, 396; BGH NJW 1992, 3238; 1997, 312; NJW-RR 2005, 1148.
⁹² OLG Köln NJW-RR 1993, 223; LG Ingolstadt Rpfleger 1992, 289; *Winkler* BeurkG § 9 Rn. 33.
⁹³ OLG Köln RNotZ 2014, 367.

diesbezüglich das Verfahren nach § 9 Abs. 1 S. 2 einzuhalten, insbesondere sind die Anlagen zu verlesen, da sie Teil der rechtsgeschäftlichen Erklärung sind. Allerdings ist zu beachten, dass durch die Regelung in § 14 Abs. 1 eine eingeschränkte Vorlesungspflicht bei derartigen Verzeichnissen besteht. Auch im Rahmen des § 15 GmbHG wendet die hM ähnlich wie bei § 311b BGB den Vollständigkeitsgrundsatz an, dh das Formerfordernis erstreckt sich auf alle Abreden, die nach dem Willen der Parteien Bestandteil der Vereinbarung über die Verpflichtung zur Abtretung sein sollen.[94]

16 Ergibt sich bei einem Bauträgervertrag oder einem sonstigen Bauvertrag der Umfang der Pflichten des Bauunternehmers aus einer **Baubeschreibung**, so ist auch diese im Verfahren nach § 9 Abs. 1 S. 2 einzubeziehen und mitzuverlesen.[95] Allerdings kann auf das Verlesen nach § 13a verzichtet werden, wenn die Baubeschreibung, wie häufig in der Praxis, bereits Gegenstand einer anderen notariellen Urkunde ist.[96] Bei der **Veräußerung von Wohnungseigentum** genügt für die hinreichend bestimmte Bezeichnung die Angabe der betreffenden Eintragung im Wohnungsgrundbuch.[97] Ist die Aufteilung in Wohnungseigentum noch nicht im Grundbuch vollzogen und sollen bereits auf der Grundlage des Aufteilungsplans Kaufverträge über das Wohnungseigentum geschlossen werden, so muss zur hinreichenden Identifizierung des Vertragsobjekts auf die im Grundbuch noch nicht eingetragene Teilungserklärung samt Aufteilungspläne verwiesen werden.[98] Grundsätzlich müssen die Teilungserklärung nach § 9 Abs. 1 S. 2 und die Aufteilungspläne nach Satz 3 in den Vertrag einbezogen werden, was ein Verlesen voraussetzt. Die bloße Bezugnahme genügt nur unter der Voraussetzung des § 13a; bei lediglich notariell beglaubigter Teilungserklärung fällt dieses Verfahren aus, so dass eine Verlesung erforderlich ist.[99] Soll auf **Baupläne** zur Beschreibung der Pflichten der Beteiligten Bezug genommen werden, so sind diese nach § 9 Abs. 1 S. 3 einzubeziehen.[100] Etwas anderes gilt, wenn das Objekt bereits fertiggestellt ist. Dann muss nicht mehr auf die Baubeschreibung verwiesen werden, da der Leistungsgegenstand keiner Beschreibung mehr bedarf.[101] Ein Bodengutachten, das nach der Baubeschreibung zu beachten ist, nicht aber die vertragliche Beschaffenheit bestimmt, bedarf keiner Beurkundung.[102] Wird auf **gesetzliche Vorschriften** verwiesen, so genügt die Bezugnahme; § 9 Abs. 1 S. 2 gilt dabei nicht.

16a Soll die **VOB** in die Urkunde einbezogen werden, so genügt es nach der überwiegenden Meinung, dass hierauf verwiesen wird, ohne dass das Verfahren nach § 9 Abs. 1 S. 2 eingehalten und der Text der Urkunde beigefügt wird.[103] Von dieser beurkundungstech-

---

[94] Vgl. BGH NJW 2002, 142 (143); 1996, 3338 (3339); Lutter/Hommelhoff/*Bayer* GmbHG § 15 Rn. 49; Baumbach/Hueck/*Fastrich* GmbHG § 15 Rn. 30; Scholz/*Seibt* GmbHG § 15 Rn. 66–66d.
[95] BGHZ 69, 266; 74, 348; BGH NJW 1979, 1495; 1979, 1984; OLG Celle OLG-Report 1998, 349; BGH NJW 2002, 1050; ZNotP 2003, 216; *Schauf* RNotZ 2001, 129 (136); BGH NJW-RR 2005, 1148; MüKoBGB/*Kanzleiter* BGB § 311b Rn. 55; Grziwotz/Heinemann/*Heinemann* BeurkG § 9 Rn. 39 ff.; BeckOGK/*Bord* BeurkG § 9 Rn. 46.1; *Winkler* BeurkG § 9 Rn. 38 ff.; Krick/Sagmeister MittBayNot 2014, 205 ff.
[96] *Krick/Sagmeister* MittBayNot 2014, 205 ff.
[97] BGH NJW 1979, 1495; 1994, 1347; Armbrüster/Preuß/Renner/*Piegsa* BeurkG § 9 Rn. 41; Grziwotz/Heinemann/*Heinemann* BeurkG § 9 Rn. 39 ff.; BeckOGK/*Bord* BeurkG § 9 Rn. 46.1; *Winkler* BeurkG § 9 Rn. 28.
[98] Vgl. hierzu *Reul* DNotI-Report 1998, 50; Gutachten DNotI-Report 1996, 58; *Bücker/Viehues* ZNotP 2004, 428 (429); Armbrüster/Preuß/Renner/*Piegsa* BeurkG § 9 Rn. 41; Grziwotz/Heinemann/*Heinemann* BeurkG § 9 Rn. 39 ff.
[99] BGH NJW 1979, 1498.
[100] BGH WM 1983, 343; BGHZ 63, 349.
[101] *Brambring* DNotZ 1980, 281 (288); *Stauf* RNotZ 2001, 129 (136 f.).
[102] BGH ZNotP 2003, 216; OLG Hamm BauR 2013, 514.
[103] OLG Düsseldorf DNotZ 1985, 626; Gutachten DNotI-Report 1996, 65; Armbrüster/Preuß/Renner/*Piegsa* BeurkG § 9 Rn. 40; Grziwotz/Heinemann/*Heinemann* BeurkG § 9 Rn. 39 ff.; *Lerch* BeurkG § 9 Rn. 14; *Winkler* BeurkG § 9 Rn. 82; *Krick/Sagmeister* MittBayNot 2014, 205 (207); *Lichtenberger* NJW 1984, 159; *Schmidt* DNotZ 1983, 473; *Stauf* RNotZ 2001, 129 (138); BeckOGK/*Bord* BeurkG § 9 Rn. 49; *Winkler* BeurkG § 9 Rn. 80 ff.

nischen Frage zu trennen ist die Frage, inwieweit materiell-rechtlich eine Vereinbarung der VOB zulässig ist.[104] Im Bauträgervertrag kann in der Regel aus materiell-rechtlichen Gründen die VOB nicht vereinbart werden.[105] Der BGH behandelt die VOB/B allerdings als allgemeine Geschäftsbedingungen und hat entschieden, dass gegenüber einem weder im Baugewerbe tätigen noch sonst im Baubereich bewanderten Vertragspartner die VOB/B nicht durch bloßen Hinweis auf ihre Geltung in den Vertrag einbezogen werden kann.[106] Auf **Regelungswerke,** die wie DIN-Normen, Tarifvertrag des öffentlichen Dienstes, öffentliche Indices wie Verbraucherpreisindex, Unterhaltstabellen, Bewertungs- und Bilanzierungsgrundsätze wie zB IDW-Standard oder die Mitteilungen der Länderarbeitsgemeinschaft Abfall (LAGA) an die Anforderungen an die stoffliche Verwertung von mineralischen Abfällen allgemein bekannt und in zugänglicher Form publiziert sind, kann ebenfalls außerhalb des Verfahrens nach § 9 Abs. 1 S. 2 Bezug genommen werden.[107] Entscheidendes Argument ist mE die Tatsache, dass es sich im Kern bei Verweisung auf diese Regelwerke um eine dynamische Verweisung[108] handelt und damit dem Regelwerkausgeber das Leistungsbestimmungsrecht der inhaltlichen Ausgestaltung des Regelwerkes zugebilligt wird.[109]

Umstritten war die Frage der Beurkundungsbedürftigkeit einer **Schiedsvereinbarung.**[110] Nach Auffassung des BGH in seiner Entscheidung vom 24.7.2014[111] ist eine im Zusammenhang mit einem formbedürftigen Rechtsgeschäft abgeschlossene Schiedsvereinbarung ihrerseits nicht formbedürftig, wenn die Schiedsvereinbarung gemäß Auslegung unabhängig von der Wirksamkeit des Hauptvertrags gelten soll. Räume die Schiedsvereinbarung dem Schiedsgericht die Kompetenz zur Entscheidung über die Wirksamkeit des Hauptvertrags ein, sei die Schiedsvereinbarung als selbständig zu betrachten und damit nicht Teil des formpflichtigen Hauptvertrags. Aus § 1040 Abs. 1 S. 2 ZPO folge, dass die Schiedsklausel als von den übrigen Bestimmungen unabhängige Vereinbarung gelten solle. Um Unklarheiten zu vermeiden, sollte die Schiedsklausel stets ausdrücklich zu der Frage Stellung nehmen, ob sie auch für Streitigkeiten über die Wirksamkeit des Vertrags gilt.[112] Im Gesellschaftsvertrag soll allerdings etwas anderes gelten. Die Schiedsvereinbarung ist im Gesellschaftsvertrag zwingend notariell zu beurkunden, damit sie materieller Satzungsbestandteil werden kann. Nur wenn die notarielle Form gewahrt ist, kann die Klausel als Satzungsinhalt auch gegenüber künftigen Gesellschaftern wirken.[113] Fraglich ist auch der Umfang der Beurkundungsbedürftigkeit, wenn auf eine **Schiedsgerichtsordnung** – wie zB der Deutschen Institution für Schiedsgerichtsbarkeit eV (DIS) – verwiesen wird. Dabei wird unterschieden, ob es sich um eine starre oder **dynamische Verweisung** handelt.[114] Bei dynamischen Verweisungen auf die Schiedsordnung in der jeweiligen Fassung geht die überwiegende Ansicht nicht davon

---

[104] Vgl. BGH NJW 1990, 715, wonach die Einbeziehung der VOB regelmäßig an § 2 Abs. 1 AGBG (= § 305 BGB) scheitert; OLG Celle NJW-RR 1994, 475; Gutachten DNotI-Report 1996, 65; Armbrüster/Preuß/Renner/*Piegsa* BeurkG § 9 Rn. 40; Grziwotz/Heinemann/*Heinemann* BeurkG § 9 Rn. 39 ff.; Krick/ *Sagmeister* MittBayNot 2014, 205 (207).
[105] OLG Celle NJW-RR 1994, 475; *Basty,* Der Bauträgervertrag, 7. Aufl. 2013, Rn. 1113; Gutachten DNotI-Report 1996, 65.
[106] BGH NJW 1990, 715; BGHZ 86, 135 = NJW 1983, 816.
[107] OLG Düsseldorf DNotZ 1985, 626; *Winkler* BeurkG § 9 Rn. 80; *Stauf* RNotZ 2001, 129 (139); Grziwotz/Heinemann/*Heinemann* BeurkG § 9 Rn. 39 ff.; Krick/*Sagmeister* MittBayNot 2014, 205 (207); Armbrüster/Preuß/Renner/*Piegsa* BeurkG § 9 Rn. 40; BeckOGK/*Bord* BeurkG § 9 Rn. 49; *Winkler* BeurkG § 9 Rn. 80 ff.
[108] Vgl. oben → Rn. 9a.
[109] So zu Recht *Rothmann,* Beurkundung und Bezugnahme, 2018, S. 173 ff.
[110] Vgl. Gutachten DNotI-Report 2014, 169.
[111] NJW 2014, 7652 = DNotZ 2014, 912 = NZG 2014, 1155 = DNotI-Report 2014, 141; ähnlich auch bereits BGHZ 69, 260 = DNotZ 1978, 151.
[112] So DNotI-Report 2014, 142.
[113] So Gutachten DNotI-Report 2014, 169.
[114] Vgl. BeckOGK/*Bord* BeurkG § 9 Rn. 49; *Winkler* BeurkG § 9 Rn. 84 ff.

16c Die Beurkundungspflicht bei Satzungen nach § 2 Abs. 1 S. 1 GmbHG erstreckt sich grundsätzlich sowohl auf obligatorische (vgl. § 3 Abs. 1 GmbHG) als auch auf fakultative Abreden des Gesellschaftsvertrags, soweit der entsprechenden Klausel körperschaftliche Wirkungen zukommen und sie Satzungscharakter haben soll. **Sämtliche materiellen Satzungsbestandteile** sind nach § 2 Abs. 1 S. 1 GmbHG **beurkundungspflichtig.**[117]

aus, dass sich das Beurkundungserfordernis auf die Schiedsordnung erstreckt.[115] Anderes soll gelten bei einer starren Verweisung.[116]

17 Wird die getrennte **Annahme** eines Angebots beurkundet, so ist das Angebot nicht Bestandteil dieser rechtsgeschäftlichen Erklärung und muss nicht als Anlage beigefügt werden; dies kann allenfalls im Wege der erläuternden Verweisung erfolgen, ohne dass das Verfahren nach § 9 Abs. 1 S. 2 zu beachten ist.[118] Zu beachten ist allerdings, dass bei Vollmachten, die in der Angebotsurkunde enthalten sind und von denen der Annehmende Gebrauch machen will (zB Auflassungsvollmacht, Beleihungsvollmacht), die Ausfertigung zum Nachweis der Vollmacht dem Notar vorgelegt werden muss.[119]

18 Ebenfalls keine Verweisung nach § 9 Abs. 1 S. 2 ist erforderlich, wenn die Vertragsparteien eine frühere **Vereinbarung abändern, ergänzen** oder aufheben. In diesen Fällen erschöpft sich die rechtsgeschäftliche Erklärung in der Änderungserklärung die frühere Urkunde ist nicht Teil des neuen Rechtsgeschäfts, so dass sie auch nicht im Verfahren nach § 9 Abs. 1 S. 2 einbezogen werden muss, es genügt die erläuternde Bezugnahme.[120] Das gilt auch bei Fristverlängerungen, es sei denn die Frist ist abgelaufen und es bedarf einer Neubeurkundung, dann ist eine Verweisung nach § 13a erforderlich.[121] Etwas anderes gilt auch, wenn eine Vertragserweiterung dergestalt erfolgen soll, dass ein weiterer Vertragspartner der Erklärung beitritt; dann ist in der Regel das Verfahren nach § 9 Abs. 1 S. 2 einzuhalten, insbesondere muss die gesamte frühere Urkunde mitverlesen werden. Etwas anderes gilt wiederum nur, wenn eine Schuldübernahme stattfindet.[122]

Bei der **Beurkundung von Testamenten** ist die Frage diskutiert worden, ob auf Vergütungstabellen zur Festlegung der **Testamentsvollstreckervergütung** nach § 9 – als Teil der Niederschrift – verwiesen werden muss[123] oder ob eine erläuternde Verweisung genügt.[124] Der letzteren Auffassung ist zuzustimmen. Die Bezugnahme auf Vergütungstabellen stellt nur einen Auslegungsbehelf zur Festlegung der angemessenen Vergütung dar und ist daher nicht Teil der Niederschrift.[125]

18a Die **Bestätigung** einer – gleichgültig aus welchem Grunde – unwirksamen Verpflichtung nach § 141 Abs. 1 BGB ist formbedürftig, da sie eine neue Verpflichtung begründet.[126]

---

[115] OLG München DNotZ 2014, 206 (211 f.); Gutachten DNotI-Report 2008, 188 (189); 2014, 169; *Hauschild/Böttcher* DNotZ 2012, 577 (593); *Wachter* EWiR 2014, 267 (268); *Heskamp* DNotZ 2014, 212 (214 f.); ders. RNotZ 2012, 415 (427); aA *Kindler* NZG 2014, 961 (965 f.).
[116] *Hauschild/Böttcher* DNotZ 2012, 577 (592); Gutachten DNotI-Report 2008, 188 (189); aA *Wachter* EWiR 2014, 267 (268); Rowedder/Schmidt-Leithoff/*Görner* GmbHG § 15 Rn. 40.
[117] BGH NJW 1969, 131; MüKoGmbHG/*J. Mayer* GmbHG § 2 Rn. 38; Baumbach/Hueck/*Fastrich* GmbHG § 2 Rn. 12.
[118] Vgl. Armbrüster/Preuß/Renner/*Piegsa* BeurkG § 9 Rn. 38; Grziwotz/Heinemann/*Heinemann* BeurkG § 9 Rn. 39 ff.; Staudinger/*Hertel* BeurkG Vorb. zu §§ 127a, 128 Rn. 407; *Lichtenberger* NJW 1979, 1859; *Brambring* DNotZ 1980, 289; *Stauf* RNotZ 2001, 129 (131); BeckOGK/*Bord* BeurkG § 9 Rn. 47.1.
[119] Vgl. *Stauf* RNotZ 2001, 129 (131).
[120] Armbrüster/Preuß/Renner/*Piegsa* BeurkG § 9 Rn. 37; Grziwotz/Heinemann/*Heinemann* BeurkG § 9 Rn. 39 ff.; Staudinger/*Hertel* BeurkG Vorb. zu §§ 127a, 128 Rn. 407; *Tietke* DNotZ 1991, 348; *Stauf* RNotZ 2001, 129 (131); BeckOGK/*Bord* BeurkG § 9 Rn. 47.1; *Winkler* BeurkG § 9 Rn. 73. aA *Lichtenberger* NJW 1980, 864.
[121] *Stauf* RNotZ 2001, 129 (133).
[122] → Rn. 13.
[123] So *Zimmermann* ZEV 2001, 334 (335).
[124] So *Reithmann* ZEV 2001, 285 (386).
[125] Zu Recht *Reithmann* ZEV 2001, 285 (386); Armbrüster/Preuß/Renner/*Piegsa* BeurkG § 9 Rn. 40; Grziwotz/Heinemann/*Heinemann* BeurkG § 9 Rn. 39 ff.; BeckOGK/*Bord* BeurkG § 9 Rn. 50; *Winkler* BeurkG § 9 Rn. 82.
[126] BGH NJW 1985, 2579; MüKoBGB/*Ruhwinkel* BGB § 311b Rn. 65.

Fraglich ist allerdings, ob das unwirksame Rechtsgeschäft mit beurkundet werden muss, wobei entweder der Weg nach § 9 Abs. 1 S. 2 oder – im Falle des beurkundeten Rechtsgeschäftes – evtl. auch nach § 13a gegangen werden kann, oder ob keine echte Verweisung erforderlich ist. Zum Teil wird die Ansicht vertreten, dass auch der nichtige Ursprungsvertrag mitbeurkundet werden muss, dann bleibt nur der erste Weg.[127] Zum Teil wird angenommen, dass, falls keine Formunwirksamkeit vorliegt, keine völlige Neubeurkundung erforderlich ist.[128]

2. Gegenstand der Verweisung. a) Gegenstand. Gegenstand der Verweisung nach 19 § 9 Abs. 1 S. 2 können Erklärungen in einem Schriftstück sein. Entscheidend ist die **schriftliche Verkörperung** auf Papier, die Verweisung auf elektronische Datenträger, CD-ROM uÄ ist in diesem Verfahren nicht möglich.[129] Es ist unerheblich, in welcher Weise die rechtsgeschäftlichen Erklärungen als Teil der Anlage oder als Teil der Niederschrift gemacht werden. Hier steht es den Beteiligten und dem Notar frei, rechtsgeschäftliche Erklärungen entweder in die Niederschrift oder in die Anlagen aufzunehmen oder teilweise aufzuteilen. So ist es etwa üblich, dass bei der Gründung von Kapitalgesellschaften die eigentliche Niederschrift nur den Gründungsvorgang enthält und die gesamte Satzung als Anlage nach § 9 Abs. 1 S. 2 beurkundet wird.[130] Bei Kaufverträgen wird üblicherweise der größte Teil der rechtsgeschäftlichen Erklärung in die Niederschrift aufgenommen; in die Anlage werden häufig nur Bestandsverzeichnisse, Baubeschreibungen und Pläne aufgenommen. Es ist zulässig, eine Auflassung als Anlage zu beurkunden.[131] Auch die Unterwerfung unter die sofortige Zwangsvollstreckung nach § 794 Abs. 1 Nr. 5 ZPO kann in der Anlage enthalten sein.[132] Unerheblich ist, wer die Anlagen erstellt hat. Niederschrift und Anlage bilden eine Einheit.[133]

b) Karten, Zeichnungen, Abbildungen. § 9 Abs. 1 S. 3 erweitert die Einbeziehungs- 20 fiktion des Satzes 2, wenn die Beteiligten unter Verwendung von Karten, Zeichnungen oder Abbildungen Erklärungen abgeben. Die Vorschrift ist erst mit dem Beurkundungsänderungsgesetz eingeführt worden; zuvor bestand dabei die Problematik, auf welche Weise derartige Anlagen zum Teil der öffentlichen Urkunde gemacht werden können.[134] Hierdurch sollte die sonst häufig schwierige Umschreibung von Plänen und Karten vermieden werden. Die Regelung beruht auf dem Urteil des BGH vom 6.4.1979,[135] in dem der BGH entschieden hat, dass auch Pläne Protokollanlagen sein können. Demgemäß hat das Beurkundungsänderungsgesetz vom 20.2.1980[136] Satz 3 neu eingeführt. Damit nehmen auch die genannten Anlagen an der Form der öffentlichen Beurkundung teil und sind damit Teil der Urkunde selbst und nicht mehr lediglich wie nach altem Recht Identifizierungsmittel. Häufig legen erst Pläne den konkreten Inhalt der rechtsgeschäftlichen Ansprüche fest, zB Teilflächenverkauf, Bauverträge etc. Durch § 9 Abs. 1 S. 3 können nunmehr diese Anlagen als Inhalt der vertraglichen Verpflichtung vereinbart werden.[137]

---

[127] Staudinger/*Schumacher* BGB § 311b Abs. 1 Rn. 97.
[128] *Winkler* BeurkG § 9 Rn. 79a; *Rothmann*, Beurkundung und Bezugnahme, 2018, S. 130 ff.
[129] Armbrüster/Preuß/Renner/*Piegsa* BeurkG § 9 Rn. 26; Grziwotz/Heinemann/*Heinemann* BeurkG § 9 Rn. 30; BeckOGK/*Bord* BeurkG § 9 Rn. 75; *Winkler* BeurkG § 9 Rn. 35; *Müller* NJW 2015, 3271 (3272) zur Frage des Datenträgers als Anlagen von Urkunden und zu Lösungsvorschlägen.
[130] OLG Stuttgart DNotZ 1979, 359; OLG Frankfurt a. M. DNotZ 1981, 706; *Winkler* BeurkG § 9 Rn. 33; *Winkler* DNotZ 1980, 578; Armbrüster/Preuß/Renner/*Piegsa* BeurkG § 9 Rn. 50 f.; Staudinger/*Hertel* BeurkG Vorb. zu §§ 127a, 128 Rn. 410.
[131] OLG Köln RNotZ 2014, 368 = FGPrax 2014, 12 (13); LG Ingolstadt Rpfleger 1992, 289; *Lerch* BeurkG § 9 Rn. 10.
[132] OLG Celle DNotZ 1954, 32; *Winkler* BeurkG § 9 Rn. 33; *Jansen* BeurkG § 9 Rn. 13.
[133] Hierauf weist zu Recht *Winkler* BeurkG § 9 Rn. 37 hin; vgl. auch Armbrüster/Preuß/Renner/*Piegsa* BeurkG § 9 Rn. 53 f.; Staudinger/*Hertel* BeurkG Vorb. zu §§ 127a, 128 Rn. 410.
[134] Vgl. *Jansen* BeurkG § 9 Rn. 27; Armbrüster/Preuß/Renner/*Piegsa* BeurkG § 9 Rn. 53 ff.; Staudinger/*Hertel* BeurkG Vorb. zu §§ 127a, 128 Rn. 414 ff.
[135] BGHZ 74, 346 = DNotZ 1979, 476.
[136] BGBl. I 157.
[137] Vgl. eingehend BGHZ 74, 346 = DNotZ 1979, 476; Armbrüster/Preuß/Renner/*Piegsa* BeurkG § 9 Rn. 53 ff.; Staudinger/*Hertel* BeurkG Vorb. zu §§ 127a, 128 Rn. 414 ff.

21 c) Elektronische Datenträger. Der Gesetzgeber hat bisher den Schritt noch nicht getan, den Schriftstücken, Plänen und Karten auch elektronische Datenträger gleichzustellen. Es besteht daher nach geltendem Recht keine Möglichkeit, rechtsgeschäftliche Erklärungen, die in **elektronischer Form** auf elektronischen Speichern, Festplatten, CD-ROM etc vorliegen, zum Inhalt der Urkunde zu machen.[138] In der Praxis besteht bei sog. Prioritätsverhandlungen das Bedürfnis, elektronische Daten Teil der notariellen Urkunde werden zu lassen. Dies ist grundsätzlich möglich, indem etwa ein verschlossener Umschlag mit einer Urkunde verbunden wird.[139] Dann handelt es sich bei einer derartigen Bezugnahme aber nur um eine unechte Bezugnahme, ohne dass der Inhalt, der auf dem Datenträger gespeichert ist, zum Inhalt der Urkunde wird.

22 3. Verfahren der Verweisung. Sowohl für Anlagen nach § 9 Abs. 1 S. 2 als auch für Karten und Zeichnungen nach Satz 3 ist erforderlich, dass eine Einbeziehung in die Niederschrift durch Verweisung erfolgt. Das Gesetz verlangt, dass auf die Anlage „in der Niederschrift" verwiesen wird. Ein Vermerk auf dem Schriftstück selbst genügt nicht; der Verweisungsvermerk muss in der Niederschrift enthalten sein.[140]

23 Das Gesetz selbst nennt den **Text der Verweisungserklärung,** die in der Niederschrift selbst enthalten sein muss, nicht. Es ist kein bestimmter Text für die Verweisung erforderlich, entscheidend ist, dass die Verweisungserklärung als Erklärung der Beteiligten protokolliert wird und den Willen erkennen lässt, dass Erklärungen in der beigefügten Anlage ebenfalls Gegenstand der Beurkundung sein sollen.[141] Die Verweisung muss klar ergeben, welche Schrift unter den Anlagen gemeint ist, so dass über den Gegenstand der Beurkundung kein Zweifel bestehen kann.[142] Sind mehrere Anlagen der Urkunde beigefügt, so muss deutlich sein, welche Anlagen nach § 9 Abs. 1 S. 2 einbezogen werden sollen. Ein Vermerk auf dem Schriftstück selbst genügt nicht, der Verweisungsvermerk muss in der Niederschrift enthalten sein.[143] Es genügt allerdings, wenn im Wege der Auslegung aus der Niederschrift entnommen werden kann, dass eine Verweisung erfolgen sollte.[144] In der Praxis finden sich Bezeichnungen wie „wird verwiesen", „genehmigen", „fügen als Anlage bei", „anerkennen", „wiederholen" etc.[145] Erforderlich ist (nur), dass der Wille des Erklärenden ersichtlich wird, die Anlage zum Gegenstand der Beurkundung zu machen.[146]

24 Da Niederschrift und Anlage nach § 9 Abs. 1 S. 2 eine Einheit bilden, gelten sämtliche Vorschriften des BeurkG auch für die Anlage. Diese muss mitverlesen werden, der Notar muss

---

[138] Armbrüster/Preuß/Renner/*Piegsa* BeurkG § 9 Rn. 26; Grziwotz/Heinemann/*Heinemann* BeurkG § 9 Rn. 30; BeckOGK/*Bord* BeurkG § 9 Rn. 75; *Winkler* BeurkG § 9 Rn. 35; *Müller* NJW 2015, 3271 (3272) zur Frage des Datenträgers als Anlage von Urkunden und zu Lösungsvorschlägen; eingehend auch *Rothmann,* Beurkundung und Bezugnahme, 2018, S. 83 ff.

[139] Vgl. *Heyn* DNotZ 1998, 177 (185); Gutachten DNotI-Report 1996, 45; hierzu *Menzel* DNotI-Report 1997, 132; vgl. auch *Waldner,* Die Kostenordnung für Anfänger, 1995, Rn. 299.

[140] OLG Köln FGPrax 2014, 12 (13); MittBayNot 1993, 170; BGH DNotZ 1982, 228; Armbrüster/Preuß/Renner/*Piegsa* BeurkG § 9 Rn. 27; Grziwotz/Heinemann/*Heinemann* BeurkG § 9 Rn. 27; BeckOGK/*Bord* BeurkG § 9 Rn. 53; *Winkler* BeurkG § 9 Rn. 51.

[141] BGH NJW DNotZ 1995, 35; OLG Köln FGPrax 2014, 12 (13); *Winkler* BeurkG § 9 Rn. 52; *Jansen* BeurkG § 9 Rn. 16; OLG Celle DNotZ 1954, 32; RG JW 1936, 990; Armbrüster/Preuß/Renner/*Piegsa* BeurkG § 9 Rn. 27; Staudinger/*Hertel* BeurkG Vorb. zu §§ 127a, 128 Rn. 412; Grziwotz/Heinemann/*Heinemann* BeurkG § 9 Rn. 27; BeckOGK/*Bord* BeurkG § 9 Rn. 53.

[142] BGH DNotZ 1995, 35; Armbrüster/Preuß/Renner/*Piegsa* BeurkG § 9 Rn. 27; Staudinger/*Hertel* BeurkG Vorb. zu §§ 127a, 128 Rn. 412.

[143] OLG Köln FGPrax 2014, 12 (13); MittBayNot 1993, 170; BGH DNotZ 1982, 228; *Winkler* BeurkG § 9 Rn. 51; Armbrüster/Preuß/Renner/*Piegsa* BeurkG § 9 Rn. 27; Staudinger/*Hertel* BeurkG Vorb. zu §§ 127a, 128 Rn. 412.

[144] OLG Köln FGPrax 2014, 12 (13); MittBayNot 1993, 170; *Winkler* BeurkG § 9 Rn. 53; Armbrüster/Preuß/Renner/*Piegsa* BeurkG § 9 Rn. 27 ff.; Staudinger/*Hertel* BeurkG Vorb. zu §§ 127a, 128 Rn. 412; Grziwotz/Heinemann/*Heinemann* BeurkG § 9 Rn. 26; *Winkler* BeurkG § 9 Rn. 51.

[145] Vgl. *Lerch* BeurkG § 9 Rn. 16; *Winkler* BeurkG § 9 Rn. 53; OLG Köln Rpfleger 1984, 407; Armbrüster/Preuß/Renner/*Piegsa* BeurkG § 9 Rn. 27 ff.; Staudinger/*Hertel* BeurkG Vorb. zu §§ 127a, 128 Rn. 412.

[146] OLG Köln FGPrax 2014, 12 (13).

über den Inhalt nach § 17 belehren, das Schriftstück in der Anlage muss genehmigt, eventuell auch zur Durchsicht vorgelegt werden.[147] Die **Feststellung,** dass die Niederschrift vorgelesen und genehmigt wurde (§ 13 Abs. 1 S. 2), bezieht sich auf die Anlage, die als Teil der Niederschrift gilt, auch wenn sie nicht ausdrücklich erwähnt ist.[148] In der Praxis empfiehlt sich allerdings im Abschlussvermerk darauf hinzuweisen, dass auch die Anlagen vorgelesen und genehmigt wurden.[149] Die Anlagen müssen auch **nicht gesondert unterzeichnet** werden, da die Unterschrift unter der Niederschrift auch die Anlagen deckt.[150] Die Anlagen sind nach § 9 Abs. 1 S. 2 der Niederschrift beizufügen. Nach § 44 geschieht dies durch Verbindung mit Schnur und Prägesiegel. § 44 ist aber nur eine Sollvorschrift und damit nicht Wirksamkeitsvoraussetzung. Allerdings ist das **Beifügen** Wirksamkeitsvoraussetzung.[151] Fehlt es an einem wirksamen Beifügen, so wird das in Bezug genommene Schriftstück nicht Bestandteil der Niederschrift. Die Nichtbeachtung der zwingenden Verfahrensvorschrift des § 9 Abs. 1 S. 2 führt zur Unwirksamkeit der Beurkundung.[152] An der erforderlichen Beifügung des Schriftstücks, auf das in der Urkunde verwiesen wird, fehlt es, wenn das Schriftstück im Zeitpunkt der Beurkundung dem Notar und den Urkundsbeteiligten nicht vorlag, sondern erst später nachgereicht wurde. Auch die anschließende Verbindung mit Schnur und Siegel nach § 44 kann dieses Erfordernis des Beifügens nicht ersetzen.[153] Die Vermutung des § 13 Abs. 1 S. 3 bezieht sich auch auf die Anlagen, so dass, wenn sich aus der Niederschrift ergibt, dass diese den Beteiligten vorgelesen und von ihnen unterschrieben worden ist, vermutet wird, dass auch die als Anlagen bezeichneten Schriftstücke bei Unterzeichnung der Urkunde beigefügt waren.[154] Beifügen bedeutet aber nur ein loses Vorhandensein zum Zeitpunkt der Beurkundung und spätestens bei der Niederschrift.[155] Die Einheit der Urkunde muss nicht nur durch die gedankliche Verbindung, die in der Bezugnahme liegt, sondern auch äußerlich durch Beifügen des in Bezug genommenen Schriftstücks in Erscheinung treten.[156]

D. Fehlerwirkungen

§ 9 Abs. 1 ist eine **Mussvorschrift,** so dass Verstöße grundsätzlich zur Unwirksamkeit der Beurkundung führen.[157] Damit ist allerdings noch nichts ausgesagt über die materiellrechtliche Wirksamkeit. Der Verstoß gegen § 9 Abs. 1 S. 2 betrifft nur den Teil, der in der Anlage enthalten ist.[158] Nach dem materiellen Recht ist die Frage zu beantworten, inwieweit Gesamtnichtigkeit eintritt, was idR nach § 139 BGB anzunehmen ist. Es kommt dabei auf den Einheitlichkeitswillen der Parteien im Zeitpunkt der Vornahme des Rechtsgeschäfts unter Berücksichtigung der Interessen der beteiligten Verkehrssitte an.[159]

---

[147] *Lerch* BeurkG § 9 Rn. 18; *Winkler* BeurkG § 9 Rn. 55 ff.; Armbrüster/Preuß/Renner/*Piegsa* BeurkG § 9 Rn. 27; Staudinger/*Hertel* BeurkG Vorb. zu §§ 127a, 128 Rn. 413.
[148] BGH DNotZ 1995, 26 (27); RGZ 71, 318; RG DNotZ 1933, 282; OLG Celle Rpfleger 1983, 310; *Winkler* BeurkG § 9 Rn. 56; Armbrüster/Preuß/Renner/*Piegsa* BeurkG § 9 Rn. 32; Staudinger/*Hertel* BeurkG Vorb. zu §§ 127a, 128 Rn. 412; Grziwotz/Heinemann/*Heinemann* BeurkG § 9 Rn. 30.
[149] So auch *Lerch* BeurkG § 9 Rn. 19; *Winkler* BeurkG § 9 Rn. 56; Grziwotz/Heinemann/*Heinemann* BeurkG § 9 Rn. 30.
[150] RGZ 54, 195 (197); 107, 291 (294); *Winkler* BeurkG § 9 Rn. 57; Armbrüster/Preuß/Renner/*Piegsa* BeurkG § 9 Rn. 31; Staudinger/*Hertel* BeurkG Vorb. zu §§ 127a, 128 Rn. 412; Grziwotz/Heinemann/*Heinemann* BeurkG § 9 Rn. 31; BeckOGK/*Bord* BeurkG § 9 Rn. 66; *Rothmann,* Beurkundung und Bezugnahme, 2018, S. 64 f.
[151] *Jansen* BeurkG § 9 Rn. 19.
[152] BGH DNotZ 1995, 26.
[153] BGH DNotZ 1995, 26; *Winkler* BeurkG § 9 Rn. 63.
[154] BGH DNotZ 1995, 26; *Tropf* ZNotP 1998, 258 (260); *Brambring* FGPrax 1996, 161 (163); Armbrüster/Preuß/Renner/*Piegsa* BeurkG § 9 Rn. 31; Staudinger/*Hertel* BeurkG Vorb. zu §§ 127a, 128 Rn. 412.
[155] BGH DNotZ 1995, 26; *Winkler* BeurkG § 9 Rn. 64 f.
[156] BGHZ 40, 255 (263).
[157] BGH DNotZ 1995, 26; Armbrüster/Preuß/Renner/*Piegsa* BeurkG § 9 Rn. 1.
[158] So zu Recht *Jansen* BeurkG § 9 Rn. 20; ähnlich auch *Winkler* BeurkG § 9 Rn. 66.
[159] BGHZ 50, 13; BGH NJW 1990, 1474.

E. Angabe von Ort und Tag

26 § 9 enthält schließlich eine **Sollvorschrift**; nach § 9 Abs. 2 soll die Niederschrift Ort und Tag der Verhandlung enthalten. Die Nichtbeachtung dieser Vorschrift führt nicht zur Unwirksamkeit der Beurkundung. Hatte der Notar wahrheitswidrig einen falschen Verhandlungsort angegeben, so ist die Urkunde zwar wirksam; dies stellt aber eine Dienstpflichtverletzung, jedoch keine Falschbeurkundung im Amt dar.[160] Den Angaben kommt allerdings große Bedeutung für die Glaubwürdigkeit und die Beweiskraft einer Niederschrift als öffentlicher Urkunde iSd §§ 415 ff. ZPO zu. Das Gesetz enthält keine weiteren Angaben über die Ortsangabe, so dass grundsätzlich der Ort genügt, weitere Angaben, insbesondere die Straßenangabe, können allerdings zweckmäßig sein.

27 Wird die Verhandlung unterbrochen und zu einem späteren Zeitpunkt oder an einem anderen Ort fortgesetzt, so ergibt sich aus § 9 Abs. 2, dass auch diese Veränderungen in der Niederschrift vermerkt werden müssen.[161] Es muss nicht erkennbar sein, welcher Teil der Niederschrift zu welchem Zeitpunkt und an welchem Ort aufgenommen wurde.

28 Angaben von Ort und Zeit gehören zum Feststellungsinhalt der Urkunde. Die Angaben sind nach § 13 Abs. 1 S. 2 mitzuverlesen. Im Übrigen ist es unerheblich, an welcher Stelle der Niederschrift diese Angaben gemacht werden, dies liegt im Ermessen des Notars.[162]

§ 10 Feststellung der Beteiligten

(1) Der Notar soll sich Gewissheit über die Person der Beteiligten verschaffen.

(2) In der Niederschrift soll die Person der Beteiligten so genau bezeichnet werden, daß Zweifel und Verwechslungen ausgeschlossen sind.

(3) [1] Aus der Niederschrift soll sich ergeben, ob der Notar die Beteiligten kennt oder wie er sich Gewißheit über ihre Person verschafft hat. [2] Kann sich der Notar diese Gewißheit nicht verschaffen, wird aber gleichwohl die Aufnahme der Niederschrift verlangt, so soll der Notar dies in der Niederschrift unter Anführung des Sachverhalts angeben.

Übersicht

	Rn.
A. Allgemeines	1
B. Bezeichnung der Beteiligten (Abs. 1)	2
C. Identifizierungspflicht	7
I. Allgemeines	7
II. Kenntnis der Person des Beteiligten	8
III. Unbekannte Beteiligte	9
IV. Erkennungszeugen	10
V. Sonstige Beweismittel	11
VI. Nachträgliche Identitätsfeststellung	12
D. Identitätsfeststellungsvermerk	13
E. Beurkundung ohne Identitätsfeststellung	14
F. Legitimationsprüfung nach Geldwäschegesetz	15

---

[160] BGH NJW 1998, 3790; kritisch *Ressler* NotBZ 1999, 13.
[161] Armbrüster/Preuß/Renner/*Piegsa* BeurkG § 9 Rn. 60; *Lerch* BeurkG § 9 Rn. 22; *Winkler* BeurkG § 9 Rn. 82.
[162] *Jansen* BeurkG § 9 Rn. 29.

A. Allgemeines

Die Vorschrift ist eine Sollvorschrift, deren Verletzung nicht zur Nichtigkeit der Beur- 1
kundung führt; sie ergänzt § 9 Abs. 1 Nr. 1, der für die Gültigkeit der Beurkundung nur
die Bezeichnung der Beteiligten verlangt und dabei jede Form der Bezeichnung, die eine
Zuordnung ermöglicht, zulässt. § 10 Abs. 1 wurde durch das Gesetz zur Neuordnung der
Aufbewahrung von Notariatsunterlagen und zur Einrichtung des Elektronischen Urkundenarchivs bei der Bundesnotarkammer sowie zur Änderung weiterer Gesetze vom
1.6.2017 eingeführt.[1] Die Amtspflichten des Notars im Hinblick auf die Beteiligten werden
durch § 10 allerdings dadurch erheblich verschärft, dass eine genaue Bezeichnung verlangt
(§ 10 Abs. 2) und eine Identifizierungspflicht (§ 10 Abs. 3) begründet wird. Die Vorschrift
wird ergänzt durch § 26 DONot, der weitere Verpflichtungen zur Feststellung und
Bezeichnung der Beteiligten enthält.[2] Durch die Bezeichnungspflicht der Beteiligten wird
die Rechtssicherheit der notariellen Urkunde erhöht. Allgemein zum Schutz des Rechtsverkehrs soll eindeutig festgestellt werden, wer die Erklärungen in der Urkunde abgegeben
hat. § 10 Abs. 2 und seine Identifizierungspflicht dienen darüber hinaus der Entlastung
nachfolgender Gerichts- und Registerverfahren.[3] Die Identitätskontrolle ist für die Sicherheit der Register und des Grundbuchs ein wesentlicher Faktor, da durch eine genaue
Kontrolle Missbrauch und Betrug verhindert werden, wie er teilweise im Ausland, vor allen
in Rechtssystemen ohne Notar als sog. „identity fraud", nicht selten vorkommt und zu
erheblichen volkswirtschaftlichen Schäden führt.[4] Der Notar muss ferner eine weitergehende Legitimationsprüfung, zB im Rahmen des Geldwäschegesetzes, vornehmen.[5] Auf Unterschriftsbeglaubigungen sind § 10 Abs. 1, Abs. 2 und Abs. 3 S. 1 entsprechend anzuwenden (§ 40 Abs. 4).

B. Bezeichnung der Beteiligten (Abs. 1)

§ 10 Abs. 1 bestimmt, dass der Notar sich Gewissheit über die Person der Beteiligten 2
verschaffen soll. Zum einen besteht damit die Pflicht, die Beteiligten **zu identifizieren**.[6]
Die Person der Beteiligten soll zweifelsfrei und richtig ermittelt werden. Durch die Neuregelung wurde aber auch klargestellt, dass der Notar alle für die Eintragung in das
Urkundenverzeichnis erforderlichen (personenbezogenen) Daten auch ohne Einwilligung
der Betroffenen bei den Beteiligten erheben darf.[7] Dies gilt auch über die der reinen
Identifizierung der Beteiligten dienenden Daten hinaus. Damit ist auch die Ermächtigungsgrundlage für die Datenverarbeitung dieser Daten iSv Art. 6 Abs. 1 S. 1 lit. e) DS-GVO
geschaffen.[8] Auch darüber hinaus benötigt der Notar zur Gestaltung der Urkundsgeschäfte

---

[1] BGBl. 2017 I 1396.
[2] Vgl. Erläuterungen zu § 26 DONot.
[3] Vgl. zu diesem Aspekt → BNotO § 20 Rn. 9; Armbrüster/Preuß/Renner/*Piegsa* BeurkG § 10 Rn. 1; Staudinger/*Hertel* BeurkG Vorb. zu §§ 127a, 128 Rn. 332; *Winkler* BeurkG § 10 Rn. 2; BeckOGK/*Bord* BeurkG § 10 Rn. 5; *Winkler* BeurkG § 10 Rn. 2; BeckOK BeurkG/*Bremkamp* BeurkG § 10 Rn. 14; Grziwotz/Heinemann/*Heinemann* BeurkG § 10 Rn. 1.
[4] Vgl. dazu die Untersuchungen zu Schweden *Vogel* notar 2002, 42 ff.; zu Großbritannien *Frantzmann* MittBayNot 2009, 346 ff.; allgemein zur Rechtssicherheit vgl. *Limmer* EPLJ 2013, 387 ff.
[5] → Rn. 15.
[6] *Winkler* BeurkG § 10 Rn. 2; BeckOK BeurkG/*Bremkamp* BeurkG § 10 Rn. 14; Grziwotz/Heinemann/*Heinemann* BeurkG § 10 Rn. 1; *Grziwotz* MittBayNot 2019, 207.
[7] BReg-Entwurf eines Gesetzes zur Neuordnung der Aufbewahrung von Notariatsunterlagen und zur Einrichtung des Elektronischen Urkundenarchivs bei der Bundesnotarkammer, BR-Drs. 18/10607, 83; *Winkler* BeurkG § 10 Rn. 2; BeckOK BeurkG/*Bremkamp* BeurkG § 10 Rn. 14; Grziwotz/Heinemann/*Heinemann* BeurkG § 10 Rn. 4; *Grziwotz* MittBayNot 2019, 207 ff.
[8] *Winkler* BeurkG § 10 Rn. 2; BeckOK BeurkG/*Bremkamp* BeurkG § 10 Rn. 14; Grziwotz/Heinemann/*Heinemann* BeurkG § 10 Rn. 4.

häufig personenbezogene Daten, die über die in das Urkundenverzeichnis aufzunehmenden Kerndaten hinausgehen. Daher dürfen auch Daten zB über den Güterstand, Staatsangehörigkeit, Geburtsdatum, Geburtsort, Familienverhältnisse, in welchen Einkommens- und Vermögensverhältnissen die Beteiligten leben, erfasst und gespeichert werden.[9] Die Identifizierung und Bezeichnung der Beteiligten bezweckt eine klare und zuverlässige Zuordnung der rechtsgeschäftlichen Erklärungen zu den die jeweiligen Erklärungen abgebenden Personen.[10] Hiervon zu unterscheiden ist die Frage, wie die Person im Grundbuch zu bezeichnen ist. Dies richtet sich nach der Spezialvorschrift des § 15 GBV. Das Grundbuchamt darf also einen Eintragungsantrag nicht wegen eines Verstoßes gegen § 26 DONot, sondern nur wegen eines Verstoßes gegen § 15 GBV ablehnen.[11]

3 **Beteiligte** iSd § 10 sind ebenso wie iSd § 9 nicht die materiell Beteiligten, sondern die **formell Beteiligten** iSv § 6 Abs. 2, dh die Personen, die vor dem Notar Erklärungen abgeben, sei es als eigene, sei es als Vertreter im fremden Namen.[12] Trotz der Definition des Beteiligtenbegriffs in § 6 Abs. 2, der auch für § 10 gilt, geht die überwiegende Meinung zu Recht davon aus, dass die Bezeichnungspflicht auch den **materiell Berechtigten betrifft,** in dessen Namen Erklärungen abgegeben werden.[13] Dies ergibt sich nicht nur aus der Intention des § 10, sondern auch aus § 12, so dass der Notar ebenfalls mit hinreichender Verlässlichkeit die materiell Beteiligten und das Verhältnis zwischen formell und materiell Beteiligten bezeichnen muss. Er ist insbesondere verpflichtet niederzulegen, ob eine Form der Vertretung (gesetzliche oder aufgrund Vollmacht) oder welche sonstige Legitimation des Handelns im fremden Namen vorliegt: zB Insolvenzverwalter, Nachlassverwalter, Testamentsvollstrecker, Betreuer etc. Zum Teil wird dies allerdings abgelehnt, wobei dann eine vergleichbare Pflicht aus § 17 abgeleitet wird.[14]

4 Sind **sonstige Personen** an der Beurkundung beteiligt (Dolmetscher, zweiter Notar, Zeuge etc), so werden diese nicht durch § 10 erfasst. Allerdings schreiben die jeweiligen Sondervorschriften vor, dass die Tatsache der Beiziehung einer weiteren Person in der Niederschrift niedergeschrieben werden soll, die auch die Niederschrift unterschreiben soll (§§ 22, 25, 25, 29). Auch insofern wird man eine § 10 Abs. 1 entsprechende Feststellungspflicht verlangen müssen.[15]

5 § 10 Abs. 2 regelt nicht im Einzelnen, wie die Beteiligten zu bezeichnen sind. Es wird nur das Ergebnis vorgegeben: Die Beteiligten sollen so genau bezeichnet werden, dass Zweifel und Verwechslungen ausgeschlossen sind. Damit hat der Gesetzgeber einer detaillierten Angabepflicht eine **generalklauselartige Verpflichtung** des Notars vorgezogen, die es grundsätzlich in sein Ermessen legt, wie er der Pflicht nachkommt, um Zweifel und Verwechslungen auszuschließen. § 26 Abs. 2 DONot, der § 10 Abs. 2 ergänzt, verlangt, dass bei der Bezeichnung natürlicher Personen der Name, das Geburtsdatum, der Wohnort und die Wohnung angegeben werden. Weicht der zurzeit der Beurkundung geführte Familienname von dem Geburtsnamen ab, ist auch der Geburtsname anzugeben.[16] Von der

---

[9] BR-Drs. 18/10607, 57; *Winkler* BeurkG § 10 Rn. 2; BeckOK BeurkG/*Bremkamp* BeurkG § 10 Rn. 14; Grziwotz/Heinemann/*Heinemann* BeurkG § 10 Rn. 5; *Grziwotz* MittBayNot 2019, 207.
[10] Vgl. OLG Hamm DNotZ 1973, 444; 1988, 565; BGH DNotZ 1964, 104; Grziwotz/Heinemann/*Heinemann* BeurkG § 10 Rn. 1; *Winkler* BeurkG § 10 Rn. 3; BeckOK BeurkG/*Bremkamp* BeurkG § 10 Rn. 14; BeckOGK/*Bord* BeurkG § 10 Rn. 4.
[11] Gutachten DNotI-Report 2016, 72; *Winkler* BeurkG § 10 Rn. 14.
[12] *Winkler* BeurkG § 10 Rn. 4; Armbrüster/Preuß/Renner/*Piegsa* BeurkG § 10 Rn. 5; Staudinger/*Hertel* BeurkG Vorb. zu §§ 127a, 128 Rn. 331; BeckOK BeurkG/*Bremkamp* BeurkG § 10 Rn. 14; Grziwotz/Heinemann/*Heinemann* BeurkG § 10 Rn. 7; BeckOGK/*Bord* BeurkG § 10 Rn. 7.
[13] Armbrüster/Preuß/Renner/*Piegsa* BeurkG § 10 Rn. 6; Staudinger/*Hertel* BeurkG Vorb. zu §§ 127a, 128 Rn. 331; *Winkler* BeurkG § 10 Rn. 4; *Kanzleiter* DNotZ 1975, 29; BeckOGK/*Bord* BeurkG § 10 Rn. 12.
[14] So Grziwotz/Heinemann/*Heinemann* BeurkG § 10 Rn. 7.
[15] Armbrüster/Preuß/Renner/*Piegsa* BeurkG § 10 Rn. 6; aA Grziwotz/Heinemann/*Heinemann* BeurkG § 10 Rn. 4; der die Analogie ablehnt und der Meinung ist, dass § 26 Abs. 2 DONot unmittelbar gilt, sodass eine Dienstpflicht zur genauen Bezeichnung dieser Personen besteht.
[16] *Winkler* BeurkG § 10 Rn. 4; BeckOK BeurkG/*Bremkamp* BeurkG § 10 Rn. 14; BeckOGK/*Bord* BeurkG § 10 Rn. 8; Gutachten DNotI-Report 2016, 72.

Angabe der Wohnung ist abzusehen, wenn dies in besonders gelagerten Ausnahmefällen zum Schutz gefährdeter Beteiligter oder ihrer Haushaltsangehörigen erforderlich ist (§ 26 Abs. 1 S. 2 DONot). Auch wenn es sich bei der DONot um keine gesetzliche Vorschrift handelt, so sind die darin festgestellten Pflichten auch zur Auslegung des § 10 heranzuziehen, da es sich um die notwendigen verlässlichen Bezeichnungsangaben handelt, die im Rechtsverkehr zur Identifizierung einer Person allgemein anerkannt sind.[17] Die Angabe des Berufs ist weder nach § 10 noch nach § 26 DONot vorgeschrieben. Problematisch hierbei ist, dass der Notar von sich aus die Berufsangaben nicht überprüfen kann, so dass uU ein falscher Eindruck erweckt werden kann. Deshalb wird zum Teil in der Literatur empfohlen, auf die Berufsangabe generell zu verzichten.[18] Als Argument dafür spricht, dass der Beruf im Rechtsverkehr immer bedeutungsloser wird und Berufswechsel häufig sind. Hierfür spricht auch, dass zB durch das HRefG vom 22.6.1998[19] § 40 HRVerf dahin gehend geändert wurde, dass anstelle des Berufs das Geburtsdatum im Handelsregister einzutragen ist. **Rechtsfähige Gesellschaften** und **juristische Personen** sind mit ihrer Firma zu bezeichnen. Problematisch ist die **BGB-Gesellschaft.** In der Entscheidung des BGH vom 29.1.2001[20] wurde die Rechtsfähigkeit der **GbR** erstmals vom BGH vollständig anerkannt. Der II. Zivilsenat des BGH hat die GbR in dem Umfang im Zivilprozess als parteifähig angesehen, indem sie als Teilnehmer am Rechtsverkehr Träger von Rechten und Pflichten sein kann.[21] In seinem grundlegenden Beschluss vom 4.12.2008[22] erlaubt der BGH erstmals die Eintragung einer GbR in das Grundbuch, ohne dass die Gesellschafter genannt werden müssen. Damit hat der BGH anerkannt, dass auch eine GbR in das Grundbuch als Rechtsinhaberin eingetragen werden darf, die unter einem ihr von den Gesellschaftern gegebenen Namen auftritt. Der BGH hat festgestellt, dass **Gesellschaft bürgerlichen Rechts unter der Bezeichnung in das Grundbuch** eingetragen werden kann, die ihre Gesellschafter im Gesellschaftsvertrag für sie vorgesehen haben. Sehe der Gesellschaftsvertrag keine Bezeichnung der GbR vor, werde die GbR als „Gesellschaft bürgerlichen Rechts bestehend aus..." und den Namen ihrer Gesellschafter eingetragen. Auszugehen sei davon, dass die GbR, ohne juristische Person zu sein rechtsfähig sei, soweit sie durch Teilnahme am Rechtsverkehr eigene Rechte und Pflichten begründen. Nach Auffassung des BGH führt die Anerkennung der Teilrechtsfähigkeit der GbR dazu, dass eine GbR auch Eigentum an Grundstücken und grundstücksgleichen Rechte sowie beschränkte dingliche Rechte an Grundstücken und grundstücksgleichen Rechten erwerben könne. Deshalb sei ein Grundstück, als dessen Eigentümer mehrere natürliche Personen mit dem Zusatz „als Gesellschafter bürgerlichen Rechts" eingetragen sind, auch nicht (gesamthänderisch gebundenes) Eigentum dieser natürlichen Personen, sondern Eigentum der GbR.[23] Eine GbR könne durch ihre Organe handeln. Durch das ERVGBG[24] hat der Gesetzgeber in § 47 Abs. 2 GBO und § 899a BGB für das Grundbuch eine Sonderregelung geschaffen. Für § 10 BeurkG kann mE aber die BGH-Rechtsprechung gelten:

---

[17] Vgl. Armbrüster/Preuß/Renner/*Piegsa* BeurkG § 10 Rn. 7 ff.; Grziwotz/Heinemann/*Heinemann* BeurkG § 10 Rn. 9; Staudinger/*Hertel* BeurkG Vorb. zu §§ 127a, 128 Rn. 332; *Winkler* BeurkG § 10 Rn. 4; BeckOK BeurkG/*Bremkamp* BeurkG § 10 Rn. 14; BeckOGK/*Bord* BeurkG § 10 Rn. 7.
[18] *Renner* NotBZ 2002, 432; *Lerch* BeurkG § 10 Rn. 3; vgl. auch *Winkler* BeurkG § 10 Rn. 5; Grziwotz/Heinemann/*Heinemann* BeurkG § 10 Rn. 6 weist darauf hin, dass die Angabe der Berufsbezeichnung einen Anhaltspunkt dafür liefern kann, ob die Beteiligten Verbraucher oder Unternehmer sind.
[19] BGBl. I 1474 (1482).
[20] BGHZ 146, 342 = DNotZ 2001, 234.
[21] BGHZ 79, 374 (378) = NJW 1981, 1213; 116, 86 (88) = NJW 1992, 499 ff.; 136, 254 (257) = NJW 1997, 2754 ff.; BGH DB 2000, 2117; vgl. auch die vorhergehenden Entscheidungen BGHZ 79, 374 ff. = NJW 1981, 1213; 116, 86 ff. = NJW 1992, 499 ff.
[22] BGH NJW 2009, 594 = notar 2009, 30 mAnm *Jeep;* dazu vgl. *Böhringer* NotBZ 2009, 86; *Zimmermann* MDR 2009, 237 ff.; *Lautner* NotBZ 2009, 77; *Tebben* NZG 2009, 288 ff.
[23] BGH NJW 2006, 3716 (3717).
[24] Gesetz zur Einführung des elektronischen Rechtsverkehrs und der elektronischen Akte im Grundbuchverfahren sowie zur Änderung weiterer grundbuch-, register- und kostenrechtlicher Vorschriften, BGBl. 2009 I 2713; dazu vgl. *Rebhan* NotBZ 2010, 445; *Lautner* DNotZ 2009, 650.

Führt die GbR einen Namen, so ist dieser anzugeben, wenn nicht die Gesellschafter. Im Bereich von Urkunden über Immobilie sind allerdings die §§ 47 GBO und 899a BGB zu beachten, so dass auch die Gesellschafter anzugeben sind, da diese in das Grundbuch eingetragen werden müssen.[25]

6 In manchen Fällen kann es zweckmäßig sein, **weitere Angaben** zur Beschreibung der Personen aufzunehmen, zB Staatsangehörigkeit (zB bei Ehe- und Erbschaftsangelegenheiten etc). Dann sollte darauf geachtet werden, dass diese Angaben nicht zum Feststellungsinhalt iSv § 10 gemacht werden, da der Notar diese Angaben nicht überprüfen kann, sondern als Erklärung der Beteiligten aufgenommen werden und damit zum Erklärungsinhalt der Urkunde gehören. Die Erfassung und Speicherung solcher Daten ist nach der Neuregelung des § 10 Abs. 1 ohne weiteres zulässig.[26]

C. Identifizierungspflicht

I. Allgemeines

7 Abs. 1 begründet die Identifizierungspflicht des Notars. Zur Sicherung der Verlässlichkeit der Urkunde und damit zum Schutz des Rechtsverkehrs und nachfolgender Registereintragungen verpflichtet die Vorschrift den Notar, die Identität des Beteiligten zuverlässig festzustellen.[27] Das Gesetz gibt keine Vorgaben, auf welche Weise er dieser Pflicht genügen soll. Lediglich § 26 Abs. 1 DONot enthält einige Hinweise für das dabei zu beachtende Verfahren. Aus der grundsätzlichen Herrschaft des Notars über das Verfahren[28] folgt, dass der Notar auch bei der Identifizierungspflicht – außerhalb des Anwendungsbereiches des Geldwäschegesetzes (→ Rn. 15) – grundsätzlich nach eigenem Ermessen die notwendigen Feststellungen zu treffen hat.[29] Das BayObLG[30] hat entschieden, dass der Notar mit besonderer Sorgfalt vorzugehen habe, wobei er hinsichtlich der Anforderungen an den Nachweis der Personenidentität einen weiten Ermessensspielraum habe. In der Regel müsse er sich einen amtlichen mit Lichtbild versehenen Ausweis vorlegen lassen. Im Übrigen sei als Legitimationspapier nur ein Lichtbildausweis geeignet, anhand dessen überprüft werden kann, ob der Erschienene mit dem im Lichtbild Dargestellten identisch sei, neben Personalausweisen und Reisepässen also auch alle von einer Behörde im Rahmen ihrer Funktion ausgestellten Lichtbildausweise. Für die zu beachtende Verfahrensgestaltung kommt es daher auf den Einzelfall an. Der Prüfungsvorgang ähnelt dabei der freien richterlichen Beweiswürdigung.[31] Als Ermessensmaßstab wird teilweise von „besonderer Sorgfalt" (§ 26 Abs. 1 DONot), zum Teil sogar von „äußerster Sorgfalt"[32] gesprochen. Ob die Feststellung des Notars Beweis nach § 415 ZPO über die Identität und damit auch die Existenz dieser Person begründet, ist zwar streitig, wird aber

---

[25] *Rebhan* NotBZ 2010, 445; *Lautner* DNotZ 2009, 650; Armbrüster/Preuß/Renner/*Piegsa* BeurkG § 10 Rn. 9; Grziwotz/Heinemann/*Heinemann* BeurkG § 10 Rn. 10; *Lerch* BeurkG § 10 Rn. 6b; BeckOGK/*Bord* BeurkG § 10 Rn. 15.

[26] BR-Drs. 18/10607, 57; *Winkler* BeurkG § 10 Rn. 2; BeckOK BeurkG/*Bremkamp* BeurkG § 10 Rn. 14; Grziwotz/Heinemann/*Heinemann* BeurkG § 10 Rn. 5; *Grziwotz* MittBayNot 2019, 207.

[27] *Winkler* BeurkG § 10 Rn. 2; BeckOK BeurkG/*Bremkamp* BeurkG § 10 Rn. 14; Grziwotz/Heinemann/*Heinemann* BeurkG § 10 Rn. 1; *Grziwotz* MittBayNot 2019, 207.

[28] → § 8 Rn. 1 ff.

[29] RGZ 81, 157 (159); BayObLGZ 2004, 331 (335) = FGPrax 2005, 19 (20); OLG Celle NJW-RR 2006, 448 (449); *Winkler* BeurkG § 10 Rn. 17; Armbrüster/Preuß/Renner/*Piegsa* BeurkG § 10 Rn. 10 ff.; Schippel/Bracker/*Kanzleiter* DONot § 25 Rn. 5; BeckOK BeurkG/*Bremkamp* BeurkG § 10 Rn. 14; Grziwotz/Heinemann/*Heinemann* BeurkG § 10 Rn. 18; BeckOGK/*Bord* BeurkG § 10 Rn. 4.

[30] BayObLGZ 2004, 331 (335) = FGPrax 2005, 19 (20).

[31] So zu Recht OLG Frankfurt a. M. DNotZ 1989, 640 (542); *Winkler* BeurkG § 10 Rn. 10; Weingärtner/Gassen/*Weingärtner* DONot § 26 Rn. 3 ff.

[32] RG DNotZ 1940, 310; BGH DNotZ 1956, 502; Weingärtner/Gassen/*Weingärtner* DONot § 26 Rn. 3.

von der überwiegenden Meinung zu Recht bejaht.[33] Die Feststellung des Notars gehört auch zum Teil der Urkunde und nimmt an deren Wirkungen, auch der des § 415 ZPO, teil.[34]

II. Kenntnis der Person des Beteiligten

Kenntnis der Person iSd § 10 Abs. 3 S. 1 liegt vor, wenn der Notar die Identität des Beteiligten aufgrund früherer Vorbefassungen oder sonstiger Umstände zuverlässig kennt, wobei auch die einmalige Vorbefassung genügt, wenn er in dem dortigen Verfahren sich mit der notwendigen Zuverlässigkeit von der Identität überzeugt hat.[35] Bekanntheit setzt allerdings Zuverlässigkeit der Kenntnis voraus, so dass unsichere Quellen, wie zB „Kennen vom Sehen", nicht genügen. Die Einschätzung, ob ein persönliches Kennen vorliegt, liegt im Ermessen des Notars und seiner Verantwortung. 8

III. Unbekannte Beteiligte

Bei unbekannten Beteiligten muss der Notar sich nach § 10 Abs. 3 S. 1 „Gewissheit über ihre Person" verschaffen. Auch dabei besteht die Freiheit, welche Beweismittel herangezogen werden. Die Vorschrift verlangt nur, dass der Notar angibt, wie er sich positiv Gewissheit über die Person der Beteiligten verschafft hat. Er braucht nicht anzugeben, welche Zweifelspunkte er dabei überwunden hat, wenn er die Gewissheit erlangt.[36] Als **Regelfall** gilt, dass der Notar mit Rücksicht auf die außerordentliche Bedeutung seiner Amtshandlung für den Rechtsverkehr und den öffentlichen Glauben notarieller Urkunden auf die zweifelsfreie Feststellung der vor ihm erschienenen Personen äußerste Sorgfalt zu verwenden hat und sich deshalb in der Regel einen amtlichen, mit Lichtbild versehenen Ausweis vorlegen lassen muss, wenn der Erschienene ihm nicht persönlich bekannt ist oder von zuverlässigen Personen vorgestellt wird.[37] Als zuverlässige Lichtbildausweise anerkannt sind der Reisepass, Personalausweis, Führerschein, Personen- und Dienstausweise einer Behörde.[38] Der Notar muss sich in der Regel das Original des Ausweises vorlegen lassen und auch die Prüfung höchstpersönlich vornehmen.[39] Auch abgelaufene Ausweise genügen, wenn an der Identität durch den Ablauf keine Zweifel bestehen und keine strengeren Vorgaben des Geldwäschegesetzes gelten.[40] Sonstige Urkunden, insbesondere Urkunden 9

---

[33] Vgl. BGH DNotZ 2011, 340; KG DNotZ 2014, 698 (699); OLG Celle DNotZ 2006, 297 (299), OLG Hamm VersR 2000, 1219; LG Mainz NJW-RR 1999, 1032; LG Halle NotBZ 2014, 436 mAnm *Heinemann*, der für die Frage eines späteren Prozesses darauf hinweist, dass in diesem ggf. eine neue Identitätsfeststellung für den Prozess notwendig ist; Armbrüster/Preuß/Renner/*Piegsa* BeurkG § 10 Rn. 10; *Lerch* BeurkG § 10 Rn. 9; *Winkler* BeurkG § 10 Rn. 90; anders MüKoZPO/*Schramm* § 415 Rn. 27.
[34] BGH DNotZ 2011, 340 (341).
[35] *Winkler* BeurkG § 10 Rn. 18; Armbrüster/Preuß/Renner/*Eickelberg* DONot § 26 Rn. 6 ff.; Staudinger/*Hertel* BeurkG Vorb. zu §§ 127a, 128 Rn. 334; Weingärtner/Gassen/*Weingärtner* DONot § 26 Rn. 8; *Lerch* BeurkG § 10 Rn. 5; BeckOK BeurkG/*Bremkamp* BeurkG § 10 Rn. 14; Grziwotz/Heinemann/*Heinemann* BeurkG § 10 Rn. 17; BeckOGK/*Bord* BeurkG § 10 Rn. 21.
[36] OLG Frankfurt a. M. DNotZ 1989, 640.
[37] RGZ 81, 125; 124, 62; 156, 82; BGH DNotZ 1956, 502; BayObLGZ 2004, 331 (335) = FGPrax 2005, 19 (20); *Winkler* BeurkG § 10 Rn. 19; Armbrüster/Preuß/Renner/*Eickelberg* DONot § 26 Rn. 7 ff.; Staudinger/*Hertel* BeurkG Vorb. zu §§ 127a, 128 Rn. 334; Weingärtner/Gassen/*Weingärtner* DONot § 26 Rn. 9; Grziwotz/Heinemann/*Heinemann* BeurkG § 10 Rn. 18; BeckOGK/*Bord* BeurkG § 10 Rn. 25.
[38] Armbrüster/Preuß/Renner/*Eickelberg* DONot § 26 Rn. 7 ff.; Staudinger/*Hertel* BeurkG Vorb. zu §§ 127a, 128 Rn. 334; Weingärtner/Gassen/*Weingärtner* DONot § 26 Rn. 9; *Winkler* BeurkG § 10 Rn. 19 f.; *Lerch* BeurkG § 10 Rn. 7; Grziwotz/Heinemann/*Heinemann* BeurkG § 10 Rn. 19; BeckOGK/*Bord* BeurkG § 10 Rn. 20; *Grziwotz* MittBayNot 2019, 207.
[39] Armbrüster/Preuß/Renner/*Eickelberg* DONot § 26 Rn. 8; Staudinger/*Hertel* BeurkG Vorb. zu §§ 127a, 128 Rn. 334; Weingärtner/Gassen/*Weingärtner* DONot § 26 Rn. 9; *Grziwotz* MittBayNot 2019, 207.
[40] BGH DNotZ 1956, 502; OLG Frankfurt a. M. DNotZ 1989, 640 (642); Armbrüster/Preuß/Renner/*Eickelberg* DONot § 26 Rn. 9; Staudinger/*Hertel* BeurkG Vorb. zu §§ 127a, 128 Rn. 334; Weingärtner/Gassen/*Weingärtner* DONot § 26 Rn. 9; OLG Frankfurt a. M. DNotZ 1989, 15; Soergel/*J. Mayer* BeurkG § 10 Rn. 5; Grziwotz/Heinemann/*Heinemann* BeurkG § 10 Rn. 19; BeckOGK/*Bord* BeurkG § 10 Rn. 25.2; *Grziwotz* MittBayNot 2019, 207.

ohne Lichtbild verlangen, dass der Notar weitere einwandfreie Erkenntnismittel hinzuzieht, um sich Gewissheit über die Person des Erschienenen zu verschaffen.[41]

9a Schwierig kann die Identifizierung bei **Befreiung von der Ausweispflicht** sein.[42] Der Notar muss sich auch bei Befreiung von der Ausweispflicht von der Identität des Urkundsbeteiligten überzeugen. Allein die Vorlage des Schreibens, in dem der Betroffene von der Ausweispflicht befreit wurde, genügt hierzu regelmäßig nicht.[43] Ein abgelaufener Ausweis und das Befreiungsschreiben können dabei genügen. Auch die Vorstellung durch eine zuverlässige Person ist möglich. Letztlich kann der Notar, wenn es keine andere Identifizierungsmöglichkeit gibt, aufgrund mehrerer Kriterien und letztlich auch aufgrund Vorlage des Befreiungsschreibens und Sachkenntnis den Beteiligten beurkundungsrechtlich identifizieren, wobei er die entsprechenden Angaben in die Urkunde aufzunehmen hat.[44]

9b Problematisch sind **Passersatzpapiere**. Verfügen Ausländer nicht über Pässe oder Personalausweise ihres Heimatlandes, stellen deutsche Behörden nach § 4 Abs. 1 AufenthVO[45] sog. Passersatzpapiere aus. Passersatzpapiere können nach § 4 Abs. 6 AufenthVO mit dem Hinweis ausgestellt werden, dass die Personendaten auf den eigenen Angaben des Antragstellers beruhen. Die darin enthaltenen Angaben beruhen dann auf den Angaben des jeweiligen Ausländers. Allerdings wird in der Literatur zu Recht empfohlen, wenn der Notar die Beurkundung nicht ablehnen will, das vorgelegte Ausweispapier in der Urkunde bzw. im Beglaubigungsvermerk genau zu bezeichnen und auf die Unsicherheit hinzuweisen.[46] Das ist mE ein gangbarer Weg. Letztendlich obliegt es dem Verfahrensermessen des Notars, inwieweit er dies genügen lässt.

IV. Erkennungszeugen

10 § 25 Abs. 1 S. 3 DONot aF nannte ausdrücklich auch als Beweismittel Erkennungszeugen. In der neuen DONot ist dies gestrichen. Es besteht aber Einigkeit, dass diese in § 25 Abs. 1 S. 3 DONot enthaltenen Grundsätze auch weiterhin gelten.[47] Die Vorschrift bestimmte, dass als Erkennungszeugen nur solche Personen geeignet sind, die der Notar selbst als zuverlässig kennt und die nicht an der den Gegenstand der Amtshandlung bildenden Angelegenheit beteiligt sind oder zu einem Beteiligten in näheren verwandtschaftlichen oder sonstigen, dem Notar bekannten Beziehungen stehen.[48] Auch insofern regelte § 25 DONot aF allerdings keinen absoluten Ausschlussgrund, sondern nur einen Hinweis, wie ein Verfahren regelmäßig abzulaufen hat.[49] In der Regel soll sich der Notar dabei auf verlässliche Erkennungszeugen berufen, zB Angestellte des Notariats oder andere Personen, die er selbst als zuverlässig einschätzt.[50] Möglich ist aber auch, dass der

---

[41] BGH DNotZ 1956, 502; Armbrüster/Preuß/Renner/*Eickelberg* DONot § 26 Rn. 11; Staudinger/*Hertel* BeurkG Vorb. zu §§ 127a, 128 Rn. 334; Grziwotz/Heinemann/*Heinemann* BeurkG § 10 Rn. 19; BeckOGK/*Bord* BeurkG § 10 Rn. 25.3.
[42] *Grziwotz* MittBayNot 2019, 207 ff.
[43] *Grziwotz* MittBayNot 2019, 207 (209).
[44] *Grziwotz* MittBayNot 2019, 207 (209).
[45] BGBl. 2004 I 2945.
[46] Armbrüster/Preuß/Renner/*Eickelberg* DONot § 26 Rn. 7; Weingärtner/Gassen/*Weingärtner* DONot § 26 Rn. 9; *Winkler* BeurkG § 10 Rn. 21; Grziwotz/Heinemann/*Heinemann* BeurkG § 10 Rn. 19; BeckOGK/*Bord* BeurkG § 10 Rn. 25.4.
[47] Weingärtner/Gassen/*Weingärtner* DONot § 26 Rn. 13 ff.; *Winkler* BeurkG § 10 Rn. 23; Armbrüster/Preuß/Renner/*Eickelberg* DONot § 26 Rn. 14; Soergel/*J. Mayer* BeurkG § 10 Rn. 6.
[48] RGZ 24, 62; OLG Celle NJW-RR 2006, 448 (449); Armbrüster/Preuß/Renner/*Eickelberg* DONot § 26 Rn. 14; Staudinger/*Hertel* DONot § 26 Rn. 13 ff.; *Lerch* BeurkG § 10 Rn. 7; *Winkler* BeurkG § 10 Rn. 23; Grziwotz/Heinemann/*Heinemann* BeurkG § 10 Rn. 22; BeckOGK/*Bord* BeurkG § 10 Rn. 28.
[49] Armbrüster/Preuß/Renner/*Eickelberg* DONot § 26 Rn. 14; Staudinger/*Hertel* BeurkG Vorb. zu §§ 127a, 128 Rn. 334; *Winkler* BeurkG § 10 Rn. 23; Weingärtner/Gassen/*Weingärtner* DONot § 26 Rn. 13 ff.
[50] Armbrüster/Preuß/Renner/*Eickelberg* DONot § 26 Rn. 14; Staudinger/*Hertel* BeurkG Vorb. zu §§ 127a, 128 Rn. 334; Weingärtner/Gassen/*Weingärtner* DONot § 26 Rn. 13 ff.; *Lerch* BeurkG § 10 Rn. 7.

dem Notar nicht bekannte Erkennungszeuge sich seinerseits durch einen Ausweis ausweist, wenn an der Zuverlässigkeit keine erkennbaren Zweifel bestehen. Auch eine Sachbeteiligung schließt nicht zwingend, sondern nur im Regelfall die Person als Erkennungszeugen aus.[51] Letztendlich liegt es im pflichtgemäßen Ermessen des Notars, die im Einzelfall angemessene Prüfungsmethode zu wählen und die Ergebnisse zu bewerten. Der Notar hat bei der Wahl seiner Mittel ein verfahrensleitendes Ermessen, wie er zu seiner Erkenntnis kommt.[52]

V. Sonstige Beweismittel

In der Praxis sind die genannten Beweismittel diejenigen, die am häufigsten verwendet werden und die auch regelmäßig die sachlich richtigen sind. Dies schließt allerdings nicht aus, dass auch andere Beweismittel erhoben werden, die den Schluss auf die Identität zulassen. Eine Amtspflichtverletzung liegt dann nicht vor, wenn die konkreten Umstände die sonstigen Beweismittel ausreichen ließen. Dabei muss sich der Notar allerdings von strengen Voraussetzungen leiten lassen insbesondere der Nachweis der Identität aufgrund Sachkunde kann nur in seltenen Fällen genügen.[53] **11**

VI. Nachträgliche Identitätsfeststellung

Grundsätzlich hat die Identitätsfeststellung vor Beginn der Niederschrift zu erfolgen. Allerdings kann auch eine nachträgliche Identitätsfeststellung erfolgen. In diesem Fall ist keine Beurkundung nach § 36 erforderlich, es genügt ein **selbstständiger Vermerk** nach § 39.[54] **12**

D. Identitätsfeststellungsvermerk

§ 10 Abs. 3 verlangt nicht nur, dass der Notar die Identität der Beteiligten feststellen soll, sondern er soll auch in der Niederschrift niederlegen, wie er sich über die Gewissheit der Person Kenntnis verschafft hat. Notwendig ist also in jedem Fall im Feststellungsteil der Urkunde ein Identitätsfeststellungsvermerk. Da § 10 keine Angaben über den **Inhalt des Vermerks** macht, ist der Notar relativ frei. Es dürfen keine überspannten Anforderungen an den Vermerk gestellt werden; er muss deutlich machen, welches Verfahren mit welchen konkreten Beweismitteln der Notar angewendet hat. Vermerke „persönlich bekannt" genügen. Es müssen keine Angaben enthalten sein, woraus die persönliche Bekanntschaft folgt. Werden Ausweise vorgelegt, so genügt der allgemeine Hinweis „ausgewiesen durch amtlichen Lichtbildausweis". Die ausstellende Behörde, das Ausstellungsdatum, gar Ausweisnummer und die Gültigkeit des Ausweises müssen nicht angegeben werden.[55] Der Notar kann sich auch mit Hilfe eines ungültigen Ausweises Gewissheit über die Person des Beteiligten verschaffen.[56] Die Feststellung der Identität der erklärenden Person gehört zu dem an der Beweiskraft teilnehmenden Inhalt der Urkunde, soweit in ihr nicht gemäß § 10 **13**

---

[51] *Winkler* BeurkG § 10 Rn. 16.
[52] Vgl. auch *Winkler* BeurkG § 10 Rn. 16.
[53] Armbrüster/Preuß/Renner/*Eickelberg* DONot § 26 Rn. 17; Staudinger/*Hertel* BeurkG Vorb. zu §§ 127a, 128 Rn. 334; *Lerch* BeurkG § 10 Rn. 6; *Winkler* BeurkG § 10 Rn. 26; Grziwotz/Heinemann/*Heinemann* BeurkG § 10 Rn. 22; BeckOGK/*Bord* BeurkG § 10 Rn. 33.
[54] LG Würzburg DNotZ 1975, 680; *Winkler* BeurkG § 10 Rn. 28; Armbrüster/Preuß/*Eickelberg* DONot § 26 Rn. 31; Staudinger/*Hertel* BeurkG Vorb. zu §§ 127a, 128 Rn. 334.
[55] OLG Frankfurt a. M. DNotZ 1989, 640; Armbrüster/Preuß/Renner/*Eickelberg* DONot § 26 Rn. 31; Staudinger/*Hertel* BeurkG Vorb. zu §§ 127a, 128 Rn. 334.
[56] OLG Frankfurt a. M. DNotZ 1989, 640; Armbrüster/Preuß/Renner/*Eickelberg* DONot § 26 Rn. 9; Staudinger/*Hertel* BeurkG Vorb. zu §§ 127a, 128 Rn. 334; *Winkler* BeurkG § 10 Rn. 94; Grziwotz/Heinemann/*Heinemann* BeurkG § 10 Rn. 28; BeckOGK/*Bord* BeurkG § 10 Rn. 49.

E. Beurkundung ohne Identitätsfeststellung

14   Nach § 10 Abs. 3 S. 2 ist die Beurkundung ohne Identitätsfeststellung zulässig, nämlich dann, wenn gleichwohl die Aufnahme der Niederschrift verlangt wird. In diesem Fall soll der Notar dies in der Niederschrift unter Anführung des Sachverhalts angeben. In diesen Fällen wird auch eine gesteigerte Belehrungspflicht des Notars anzunehmen sein, dass die Beweiskraft der Urkunde eingeschränkt sein kann.[58] Bestehen die Beteiligten gleichwohl auf Beurkundung, dann kann der Notar die Beurkundung nicht ablehnen, wenn nicht sonstige Ablehnungsgründe (unredlicher Zweck, Rechtswidrigkeit der Urkunde etc) vorliegen.[59] In diesen Fällen sollte ein Vermerk enthalten sein, dass die Beteiligten die Identität nicht beibringen konnten und dennoch auf Beurkundung bestanden. Denn in diesen Fällen ist es auch zum Schutz des Rechtsverkehrs wichtig, dass sich aus der Urkunde das Fehlen der Identitätsfeststellung deutlich ergibt.

F. Legitimationsprüfung nach Geldwäschegesetz

15   § 10 regelt, welchen Legitimationsprüfungspflichten der Notar bei jeder Beurkundung von Willenserklärungen unterliegt. Strengere **Identifizierungspflichten** stellt das **Geldwäschegesetz** für Beurkundungen auf.[60] Durch Gesetz vom 23.6.2017 wurde das Gesetz über das Aufspüren von Gewinnen aus schweren Straftaten (Geldwäschegesetz – GwG) neu gefasst.[61] Eine weitere Neuregelung ist am 1.1.2020 in Kraft getreten.[62] Der **Anwendungsbereich** des GwG wird für Notare in § 2 Abs. 1 Nr. 10 lit. a GwG festgelegt. Notare werden danach erfasst, wenn sie an der Planung oder Durchführung folgender Geschäfte mitwirken: Kauf und Verkauf von Immobilien oder Gewerbebetrieben, Verwaltung von Geld, Wertpapieren oder sonstigen Vermögenswerten, Eröffnung oder Verwaltung von Bank-, Spar- oder Wertpapierkonten, Beschaffung der zur Gründung, zum Betrieb oder zur Verwaltung von Gesellschaften erforderlichen Mittel, Gründung, Betrieb oder Verwaltung von Treuhandgesellschaften, Gesellschaften oder ähnlichen Strukturen. **Spezialvollmachten** im Zusammenhang mit den genannten Geschäften fallen ebenfalls in den Anwendungsbereich des GwG. Das GwG ist auch anwendbar auf **Unterschriftsbeglaubigungen** iSd § 40, die ein Geschäft im Anwendungsbereich des GwG betreffen.[63]

---

[57] BGH DNotZ 2011, 340; OLG Celle NJW-RR 2006, 448; KG DNotZ 2014, 698; OLG Celle NJW-RR 2006, 448 (449); *Winkler* BeurkG § 10 Rn. 96; Grziwotz/Heinemann/*Heinemann* BeurkG § 10 Rn. 35; BeckOGK/*Bord* BeurkG § 49 Rn. 19 ff.

[58] *Jansen* BeurkG § 10 Rn. 8; *Lerch* BeurkG § 10 Rn. 9; Armbrüster/Preuß/Renner/*Eickelberg* DONot § 26 Rn. 30 f.; Staudinger/*Hertel* BeurkG Vorb. zu §§ 127a, 128 Rn. 334; *Winkler* BeurkG § 10 Rn. 27 f.

[59] *Winkler* BeurkG § 10 Rn. 27 f.

[60] Vgl. dazu WürzNotar-HdB/*Hertel* Kap. 2 Teil 2 Rn. 44 ff.; Staudinger/*Hertel* BeurkG Vorb. zu §§ 127a, 128 Rn. 335; Armbrüster/Preuß/Renner/*Piegsa* BeurkG § 10 Rn. 15 ff.; *Fahl* DNotZ 2019, 580; *Winkler* BeurkG § 10 Rn. 31 ff.; BeckOGK/*Bord* BeurkG § 49 Rn. 34 ff.; Weingärtner/Gassen/*Weingärtner* DONot § 26 Rn. 27 ff.; Grziwotz/Heinemann/*Heinemann* BeurkG § 10 Rn. 35 ff.; *Lerch* BeurkG § 10 Rn. 19 ff.; vgl. BNotK-Anwendungsempfehlungen Stand März 2018, Download unter https://www.bnotk.de/_downloads/Anwendungsempfehlungen/Anwendungsempfehlungen_zum_Geldwaeschegesetz_BNotK.pdf.

[61] BGBl. 2017 I 1822 ff.; dazu BNotK-Anwendungsempfehlungen Stand März 2018 (Fn. 60).

[62] Gesetz zur Umsetzung der Änderungsrichtlinie zur Vierten EU-Geldwäscherichtlinie v. 19.12.2019 (BGBl. I 2602); vgl. dazu Gesetzentwurf der Bundesregierung (BT-Drs. 19/13827) mit vom Finanzausschuss vorgeschlagenen und vom Bundestag beschlossenen Änderungen (BT-Drs.19/15163.

[63] Vgl. BNotK-Anwendungsempfehlungen Stand März 2018 (Fn. 60), S. 8; *Winkler* BeurkG § 10 Rn. 36; Grziwotz/Heinemann/*Heinemann* BeurkG § 10 Rn. 46; BeckOGK/*Bord* BeurkG § 49 Rn. 34.3 f.

Dem GwG unterfallen dagegen **nicht:** Schenkungen und Übergabeverträge, sämtliche **15a** Vorgänge, die auf die Begründung, Änderung oder Löschung sonstiger Rechte an einem Grundstück gerichtet sind (insbesondere Grundpfandrechte), familienrechtliche Angelegenheiten, erbrechtliche Angelegenheiten, Nachlassauseinandersetzungen, die Grundstücke oder Gewerbebetriebe betreffen.[64]

Die für den Notar wesentliche **Pflicht zur Identifizierung** ist in § 11 Abs. 1 Nr. 1 **15b** GwG festgelegt: Verpflichtete haben **Vertragspartner,** ggf. für diese auftretende Personen und **wirtschaftlich Berechtigte** vor Begründung der Geschäftsbeziehung oder vor Durchführung der Transaktion zu identifizieren. Die Tätigkeit des Identifizierens beinhaltet die Feststellung der Identität (§ 11 Abs. 1 GwG) und die Überprüfung der Identität (§ 12 GwG).

Nach § 11 Abs. 3 GwG müssen zur **Feststellung der Identität** des „Vertragspart- **15c** ners" folgende Angaben erhoben werden:
– **bei einer natürlichen Person:** Vorname und Nachname, Geburtsort, Geburtsdatum, Staatsangehörigkeit und eine Wohnanschrift oder, sofern kein fester Wohnsitz mit rechtmäßigem Aufenthalt in der Europäischen Union besteht und die Überprüfung der Identität im Rahmen des Abschlusses eines Basiskontovertrags iSv § 38 Zahlungskontengesetz erfolgt, die postalische Anschrift, unter der der Vertragspartner sowie die gegenüber dem Verpflichteten auftretende Person erreichbar ist;
– **bei einer juristischen Person oder bei einer Personengesellschaft:** Firma, Name oder Bezeichnung, Rechtsform, Registernummer, falls vorhanden, Anschrift des Sitzes oder der Hauptniederlassung und die Namen der Mitglieder des Vertretungsorgans oder die Namen der gesetzlichen Vertreter und, sofern ein Mitglied des Vertretungsorgans oder der gesetzliche Vertreter eine juristische Person ist, von dieser juristischen Person dieselben Daten.

Die Pflicht zur Identifizierung des „Vertragspartners" und der ggf. „für ihn auftretenden **15d** Person" bezieht sich immer nur auf die **formell Beteiligten,** also die Erschienenen.[65]

Nach § 12 Abs. 1 GwG muss die **Identifizierung einer natürlichen Person** durch **15e** einen gültigen amtlichen Ausweis, der ein Lichtbild des Inhabers enthält und mit dem die Pass- und Ausweispflicht im Inland erfüllt wird, insbesondere anhand eines inländischen oder nach ausländerrechtlichen Bestimmungen anerkannten oder zugelassenen Passes, Personalausweises oder Pass- oder Ausweisersatzes, erfolgen (Überprüfung der Identität). Die anderen in § 10 vorgesehenen Identitätsmittel sind im Rahmen des GwG nicht zulässig.[66] Die Identitätsüberprüfung hat bei **einer juristischen Person oder einer Personengesellschaft** anhand eines Auszuges aus dem Handels- oder Genossenschaftsregister oder aus einem vergleichbaren amtlichen Register oder Verzeichnis, von Gründungsdokumenten oder von gleichwertigen beweiskräftigen Dokumenten oder einer eigenen dokumentierten Einsichtnahme des Verpflichteten in die Register- oder Verzeichnisdaten zu erfolgen. Darunter fallen ausweislich der Gesetzesbegründung insbesondere das Partnerschaftsregister, das Vereinsregister, die Stiftungsverzeichnisse sowie vergleichbare ausländische Register und Verzeichnisse. Bei inländischen juristischen Personen des Privatrechts und eingetragenen Personengesellschaften muss sich der Notar nach der Neuregelung ab 1.1.2020 vor der Beurkundung grundsätzlich einen Nachweis der Registrierung im Transparenzregister vorlegen lassen oder selbst Einsicht ins Transparenzregister nehmen. Soweit sich der wirtschaftlich Berechtigte aus dem Handelsregister oder einem anderen Register ergibt, kann die Vorlage eines entsprechenden Nachweises bzw. die Einsicht in das entsprechende Register genügen. Sofern eine ausländische Gesellschaft eine im Inland gelegene Immobilie

---

[64] Vgl. BNotK-Anwendungsempfehlungen Stand März 2018 (Fn. 60), S. 8; *Winkler* BeurkG § 10 Rn. 35; Grziwotz/Heinemann/*Heinemann* BeurkG § 10 Rn. 46; BeckOGK/*Bord* BeurkG § 49 Rn. 34.2.
[65] Vgl. BNotK-Anwendungsempfehlungen Stand März 2018 (Fn. 60), S. 14; *Winkler* BeurkG § 10 Rn. 46.
[66] *Winkler* BeurkG § 10 Rn. 53.

erwerben will, muss sich der Notar künftig ebenfalls vor der Beurkundung einen Nachweis der Registrierung im Transparenzregister vorlegen lassen oder selbst Einsicht in das Transparenzregister nehmen. Soweit die Gesellschaft im Transparenzregister eines anderen EU-Mitgliedstaats eingetragen ist, bezieht sich die Pflicht auf das jeweilige ausländische Transparenzregister. Solange die ausländische Gesellschaft ihrer Mitteilungspflicht nicht nachgekommen ist, hat der Notar die Beurkundung abzulehnen.

15f § 11 Abs. 1, Abs. 5 GWG verlangt ferner, dass der Notar ermittelt, ob der Vertragspartner für einen **wirtschaftlich Berechtigten** handelt. Ferner besteht in eingeschränktem Umfang die Verpflichtung, Verdachtsfälle anzuzeigen.[67]

15g In § 6 GwG sind bei bestimmten Personen **verstärkte Sorgfaltspflichten** vorgegeben: Bei politisch exponierten Personen (§ 6 Abs. 2 Nr. 1 GwG), abwesenden Vertragspartnern (§ 6 Abs. 2 Nr. 2 GwG), zweifelhaften oder ungewöhnlichen Sachverhalten (§ 6 Abs. 2 Nr. 3 GwG) oder bei erhöhtem Risiko (§ 6 Abs. 2 Nr. 4 GwG) gelten zusätzliche Sorgfaltspflichten.[68] Nach § 8 GwG besteht die Pflicht, die entsprechend den Sorgfaltspflichten erhobenen Angaben und eingeholten Informationen über Vertragspartner, wirtschaftlich Berechtigte, Geschäftsbeziehungen und Transaktionen aufzuzeichnen. Zur Erleichterung der Aufzeichnung genügt die Anfertigung einer Kopie der vorgelegten Dokumente und Unterlagen. Im Falle einer Einsichtnahme in elektronisch geführte Register bei Gesellschaften gilt die Anfertigung eines Ausdrucks als Aufzeichnung der darin enthaltenen Angaben.

15h Der Notar kann ferner auch aufgrund **ausdrücklichen Auftrags** auch darüber hinausgehende Aufgaben übernehmen. Insbesondere im Zusammenhang mit dem Geldwäschegesetz (GwG) kann der Notar Identifizierungsaufgaben und eine Legitimationsprüfung übernehmen, die dem GwG sowie § 154 AO entspricht.[69] Kreditinstitute sind bei einer Kontoeröffnung nach § 154 Abs. 2 AO zur Legitimationsprüfung sowie zur Feststellung des wirtschaftlich Berechtigten nach GwG verpflichtet. Kreditinstitute, die über kein weit verzweigtes Filialnetz verfügen, wie insbesondere Hypothekenbanken, schalten häufig den Notar zur Übernahme dieser spezifischen Legitimationsprüfung und Identifizierungspflicht ein. Übernimmt der Notar eine über § 10 hinausgehende zusätzliche Identitätsprüfung, dann handelt es sich um eine **Tatsachenbeurkundung,** für die der Notar nach § 20 Abs. 1 S. 2 zuständig ist.[70] Der Notar übernimmt damit eine Identifizierungspflicht für die Banken nach § 1 Abs. 5 GwG. **Die Vorschrift verlangt für eine Identifizierung iSd GwG** das Feststellen des Namens aufgrund eines Personalausweises oder Reisepasses sowie das Geburtsdatum und der Anschrift, soweit diese im Ausweis enthalten sind, und das Feststellen von Art, Nummer und ausstellender Behörde des amtlichen Ausweises. Andere Identifizierungsmöglichkeiten, die nach § 10 zulässig wären, scheiden im Rahmen des GwG aus.[71] Die Bundesnotarkammer schlägt daher in ihrem Rundschreiben 13/1997 folgende **Formulierung einer Identitätsbescheinigung** nach dem GwG vor:

16 *„Zum Zwecke der Identifizierung gem. § 154 Abs. 2 AO, § 8 i.V.m. § 1 Abs. 5 GwG stelle ich fest, dass vor mir erschienen ist und vorstehend eigenhändig unterschrieben hat: Herr/ Frau..., geb. am..., als Adresse entnahm ich dem amtlichen Ausweispapier/wurde mir genannt... Die Identifikation erfolgte anhand... (Ausweisart/Nummer/ausstellende Behörde). Siegel/Unterschrift".*

---

[67] Vgl. BNotK-Rundschreiben 48/2003 v. 19.11.2003 und 28/2008 v. 20.10.2008 unter www.bnotk.de auch das Vorläuferrundschreiben der BNotK 13/1997 v. 10.4.1997, Staudinger/*Hertel* BeurkG Vorb. zu §§ 127a, 128 Rn. 335; Armbrüster/Preuß/Renner/*Piegsa* BeurkG § 10 Rn. 15 ff.; Weingärtner/Gassen/ *Weingärtner* DONot § 26 Rn. 27 ff.; *Lerch* BeurkG § 10 Rn. 23.
[68] Vgl. dazu BNotK-Rundschreiben 4/2012 v. 14.3.2012, S. 22; *Winkler* BeurkG § 10 Rn. 70.
[69] Vgl. dazu BNotK-Rundschreiben 13/1997 v. 10.4.1997; Staudinger/*Hertel* BeurkG Vorb. zu §§ 127a, 128 Rn. 335; *Winkler* BeurkG § 10 Rn. 31 ff.; Armbrüster/Preuß/Renner/*Piegsa* BeurkG § 10 Rn. 44.
[70] Armbrüster/Preuß/Renner/*Piegsa* BeurkG § 10 Rn. 15.
[71] Armbrüster/Preuß/Renner/*Piegsa* BeurkG § 10 Rn. 23; *Winkler* BeurkG § 10 Rn. 52 ff.

§ 11 Feststellungen über die Geschäftsfähigkeit

(1) ¹Fehlt einem Beteiligten nach der Überzeugung des Notars die erforderliche Geschäftsfähigkeit, so soll die Beurkundung abgelehnt werden. ²Zweifel an der erforderlichen Geschäftsfähigkeit eines Beteiligten soll der Notar in der Niederschrift feststellen.

(2) **Ist ein Beteiligter schwer krank, so soll dies in der Niederschrift vermerkt und angegeben werden, welche Feststellungen der Notar über die Geschäftsfähigkeit getroffen hat.**

A. Allgemeines

Die Vorschrift enthält lediglich eine **Sollvorschrift** und betrifft den **Feststellungsteil** der Urkunde und begründet damit Amtspflichten des Notars für das Beurkundungsverfahren.[1] Sinn und Zweck ist der Schutz des Rechtsverkehrs vor Urkunden, die wegen fehlender Geschäftsfähigkeit unwirksam sind. Auch damit wird wie durch die Identifizierungspflicht nach § 10 ein erheblicher Registerschutz gewährleistet. Die Vorschrift wird durch § 28 bei letztwilligen Verfügungen ergänzt. Die Prüfungspflicht des Notars ist allerdings in diesem Bereich eingeschränkt, da er häufig nicht abschließend feststellen kann, ob tatsächlich die medizinischen Voraussetzungen der Geschäftsunfähigkeit vorliegen oder nicht.[2]

§ 11 gilt nur für die Beurkundung von **Willenserklärungen.** Nach § 38 Abs. 1 gilt die Vorschrift entsprechend für die **Abnahme von Eiden** und die **Aufnahme eidesstattlicher Versicherungen.**[3] Auf Tatsachenbeurkundungen nach §§ 36 ff. findet die Bestimmung keine, auch keine entsprechende Anwendung.[4]

Umstritten ist, ob aus anderen Gründen der Notar eine Beurkundung ablehnen soll, wenn er einen Beteiligten für geschäftsunfähig hält.[5] Meines Erachtens kommt es dabei auf den Einzelfall an. Eine Hauptversammlung muss sicherlich beurkundet werden, auch wenn zB bei einem Aktionär Zweifel an der Geschäftsfähigkeit bestehen.[6]

1

1a

1b

B. Geschäftsfähigkeit

I. Begriff

Der Begriff des BeurkG knüpft an das materielle Recht an. Entscheidend ist die Fähigkeit, Rechtsgeschäfte selbstständig vollwirksam vorzunehmen, wobei es darauf ankommt, welche Art von Geschäftsfähigkeit die Beurkundung verlangt.

Beim **Testament** verlangt die Rechtsprechung, dass der Testierende nicht nur erfassen können muss, dass er ein Testament errichtet und welchen Inhalt die darin enthaltenen Verfügungen aufweisen. Er muss auch imstande sein, den Inhalt des Testaments von sich aus zu bestimmen und sich aus eigener Überlegung ein klares Urteil über die Tragweite seiner Anordnungen zu bilden. Das erfordert, dass er sich die für und gegen die Anordnungen sprechenden Gründe vergegenwärtigen und sie gegeneinander abwägen kann. Es muss ihm

2

2a

---

[1] Staudinger/*Hertel* BeurkG Vorb. zu §§ 127a, 128 Rn. 337; Armbrüster/Preuß/Renner/*Piegsa* BeurkG § 11 Rn. 1 f.; *Winkler* BeurkG § 11 Rn. 1

[2] *Jansen* BeurkG § 11 Rn. 2; Armbrüster/Preuß/Renner/*Piegsa* BeurkG § 11 Rn. 13.

[3] Grziwotz/Heinemann/*Heinemann* BeurkG § 11 Rn. 4; Armbrüster/Preuß/Renner/*Piegsa* BeurkG § 11 Rn. 4.

[4] Grziwotz/Heinemann/*Heinemann* BeurkG § 11 Rn. 5; Armbrüster/Preuß/Renner/*Piegsa* BeurkG § 11 Rn. 6.

[5] Grziwotz/Heinemann/*Heinemann* BeurkG § 11 Rn. 4; Armbrüster/Preuß/Renner/*Piegsa* BeurkG § 11 Rn. 6.

[6] So zu Recht Armbrüster/Preuß/Renner/*Piegsa* BeurkG § 11 Rn. 6.

deshalb bei der Testamentserrichtung möglich sein, sich an Sachverhalte und Ereignisse zu erinnern, Informationen aufzunehmen, Zusammenhänge zu erfassen und Abwägungen vorzunehmen.[7]

2b Im Rechtsverkehr kann grundsätzlich davon ausgegangen werden, dass die Beteiligten an einer Beurkundung geschäftsfähig sind. Daher hat der Notar zwar nach § 11 allgemein die erforderliche Geschäftsfähigkeit zu prüfen, ist aber nicht verpflichtet, in jedem Fall das Ergebnis in der Niederschrift zu erwähnen.[8] Etwas anderes gilt bei der Beurkundung letztwilliger Verfügungen; hier muss der Notar nach § 28 immer seine Wahrnehmungen über die erforderliche Geschäftsfähigkeit in der Niederschrift vermerken. Die Vorschrift des § 11 begründet für den Notar die tatsächliche Vermutung, dass ein volljähriger Beteiligter auch voll geschäftsfähig ist.[9]

II. Prüfungspflichten

3 Die Vorschrift begründet daher für den Notar verschiedene Pflichten:[10]
– Feststellung des Alters, um die Volljährigkeit und damit Geschäftsfähigkeit nach § 104 BGB festzustellen;
– Prüfung, ob sonstige Zweifel an der Geschäftsfähigkeit bestehen.

Liegt keine Geschäftsfähigkeit vor, so muss der Notar weiter prüfen, welche weiteren Voraussetzungen erforderlich sind, damit der Beteiligte rechtswirksam Erklärungen abgeben kann (zB rechtlicher Vorteil des Minderjährigen nach § 107 BGB, Zustimmung des gesetzlichen Vertreters, Zustimmung des Familiengerichts, Bestellung eines Ergänzungspflegers etc). Ist ein Beteiligter Ausländer, richtet sich die Geschäftsfähigkeit nach seinem Personalstatut.[11]

4 Bei der **Prüfung der Geschäftsfähigkeit** liegt die Verfahrensleitung im Ermessen des Notars. In der Regel hat er die Beteiligten nicht danach zu fragen, ob sie voll geschäftsfähig sind, hiervon kann er im Regelfall ausgehen. Lediglich wenn er aufgrund des Verhaltens oder sonstiger Informationen Zweifel an der Geschäftsfähigkeit haben muss, ist er zu weiteren Nachforschungen verpflichtet.[12] Auch braucht er das Alter der Beteiligten nicht besonders zu prüfen, wenn ihr Aussehen oder Verhalten keinen Zweifel aufkommen lässt. Zweifel an der erforderlichen Geschäftsfähigkeit eines Beteiligten soll der Notar in der Niederschrift vermerken. Dies bedeutet zunächst, dass der Notar in eigener Kompetenz prüfen muss, ob die notwendige Überzeugung von der fehlenden Geschäftsfähigkeit vorliegt. Hierbei ist er – wie ein Richter iRd Beweiswürdigung – frei.[13] Hat der Notar Bedenken, so muss er ihnen nachgehen. Der Notar muss nach Möglichkeit eine ärztliche oder psychologische Stellungnahme einholen, um diese Zweifel nach Möglichkeit auszuräumen. Auch erscheint es zweckmäßig, wenn der Notar in der Urkunde angibt, auf

---
[7] OLG München ZEV 2013, 504; FamRZ 2007, 2009; Palandt/*Weidlich* BGB § 2229 Rn. 2.
[8] BGH DNotZ 2002, 536 (538) (zur Sprachkunde); BayObLG DNotZ 1993, 471; OLG Hamm RNotZ 2016, 60; *Lerch* BeurkG § 11 Rn. 4; Armbrüster/Preuß/Renner/*Piegsa* BeurkG § 11 Rn. 21; *Winkler* BeurkG § 11 Rn. 12 ff.; Grziwotz/Heinemann/*Heinemann* BeurkG § 11 Rn. 20 ff.; *Zimmermann* BWNotZ 2000, 97 (100); *Lerch* BeurkG § 11 Rn. 7.
[9] BayObLG DNotZ 1993, 471; BayObLGZ 1989, 111 (112) = MDR 1989, 748; BayObLG NJW-RR 1990, 721; OLG Frankfurt a. M. NotBZ 2006, 258 ff.; *Zimmermann* BWNotZ 2000, 97 (100); Staudinger/*Hertel* BeurkG Vorb. zu §§ 127a, 128 Rn. 337; Armbrüster/Preuß/Renner/*Piegsa* BeurkG § 11 Rn. 13; Grziwotz/Heinemann/*Heinemann* BeurkG § 11 Rn. 20 ff.; *Winkler* BeurkG § 11 Rn. 3.
[10] Staudinger/*Hertel* BeurkG Vorb. zu §§ 127a, 128 Rn. 337 ff.; Armbrüster/Preuß/Renner/*Piegsa* BeurkG § 11 Rn. 13 ff., 18 ff.; *Winkler* BeurkG § 11 Rn. 8 ff.; Grziwotz/Heinemann/*Heinemann* BeurkG § 11 Rn. 10 ff.
[11] Vgl. zur Volljährigkeit in ausländischen Rechtsordnungen *Süß* Rpfleger 2003, 54 ff.; Armbrüster/Preuß/Renner/*Piegsa* BeurkG § 11 Rn. 17, 18 ff.; *Winkler* BeurkG § 11 Rn. 6; *Lerch* BeurkG § 11 Rn. 2.
[12] Vgl. OLG Frankfurt a. M. DNotZ 1978, 506; OLG Karlsruhe Justiz 1980, 18; OLG Hamm RNotZ 2016, 60; Staudinger/*Hertel* BeurkG Vorb. zu §§ 127a, 128 Rn. 337 ff.; Armbrüster/Preuß/Renner/*Piegsa* BeurkG § 11 Rn. 1 ff.; *Winkler* BeurkG § 11 Rn. 8; Grziwotz/Heinemann/*Heinemann* BeurkG § 11 Rn. 10.
[13] OLG Frankfurt a. M. DNotZ 1989, 640 (642); Armbrüster/Preuß/Renner/*Piegsa* BeurkG § 11 Rn. 15; Grziwotz/Heinemann/*Heinemann* BeurkG § 11 Rn. 11; *Winkler* BeurkG § 11 Rn. 8.

welchen Grundlagen basierend er von einer Geschäftsfähigkeit ausgeht, oder nach wie vor Zweifel hat. In der Literatur wurde vorgeschlagen, dass der Notar **medizinische** bzw. **psychologische Screeningverfahren** anwendet;[14] das ist abzulehnen, da der Notar mangels entsprechender medizinischer oder psychologischer Ausbildung derartige Verfahren gar nicht mit der notwendigen Sicherheit beherrschen kann.[15] Nach § 28 soll der Notar seine **Wahrnehmungen über die erforderliche Geschäftsfähigkeit des Erblassers** in der Niederschrift vermerken. § 28 ist Spezialnorm im Verhältnis zu § 11.

III. Rechtsfolgen

Kommt der Notar zu der Überzeugung, dass die Geschäftsfähigkeit fehlt, so ist die Beurkundung abzulehnen (§ 11 Abs. 1 S. 1). Bestehen Zweifel, so soll der Notar die Beurkundung durchführen, aber die Zweifel in der Niederschrift feststellen (§ 11 Abs. 1 S. 2). Aus diesen Vorschriften folgt zunächst, dass der Notar in eigener Kompetenz prüfen muss, ob die notwendige Überzeugung von der fehlenden Geschäftsfähigkeit vorliegt oder nicht. Auch insofern ist er wie ein Richter im Rahmen der Beweiswürdigung frei.[16] Kommt er nicht zur letztlichen Überzeugung der fehlenden Geschäftsfähigkeit, dann muss er beurkunden, soll allerdings die Zweifel niederlegen. Dieser Vermerk über die Zweifel an der Geschäftsfähigkeit soll den Rechtsverkehr davor schützen, dass später die sichere Überzeugung von der Geschäftsfähigkeit durch den öffentlichen Glauben der Urkunde suggeriert wird.[17] Die Beurkundung eines Geschäftsunfähigen kann auch nur dann abgelehnt werden, wenn keine Möglichkeit der Genehmigung des gesetzlichen Vertreters besteht oder wenn mit Erteilung dieser Genehmigung nicht zu rechnen ist. Ist hingegen die Einwilligung oder Genehmigung zu erwarten, so muss der Notar die Beurkundung vornehmen.[18]

C. Kranke Personen

Ist ein Beteiligter schwer krank, so soll dies in der Niederschrift vermerkt und angegeben werden, welche Feststellung der Notar über die Geschäftsfähigkeit getroffen hat (§ 12 Abs. 2). Die Vorschrift enthält insofern eine Einschränkung von dem generellen Grundsatz, dass der Notar immer von der Geschäftsfähigkeit volljähriger Personen ausgehen kann. Die Vorschrift unterscheidet nicht zwischen körperlicher und psychischer Krankheit, so dass auch bei körperlich Kranken der Notar besondere Feststellungen über die Geschäftsfähigkeit machen und dies auch niederlegen muss. Da der Notar in der Regel nicht die medizinischen Kenntnisse hat, um zuverlässig die Geschäftsfähigkeit bei Zweifeln festzustellen, empfiehlt es sich in solchen Fällen immer, einen entsprechenden Arzt zuzuziehen oder ein Attest der Urkunde beizufügen.[19] Dies gilt insbesondere bei letztwilligen Verfügungen nach § 28. Insbesondere bei Krankheiten, die auch auf die Geschäftsfähigkeit Auswirkungen haben, ist besondere Sorgfalt angebracht. Einige Anhaltspunkte beim Betroffenen lassen allerdings auch für den Notar gewisse Schlussfolgerungen zu:[20] fehlende Informationsauf-

---

[14] Vgl. *Stoppe/Lichtenwimmer* DNotZ 2005, 806 ff.
[15] *Müller* DNotZ 2006, 325 ff.; *Cording/Forster* DNotZ 2006, 329 ff.; *Winkler* BeurkG § 11 Rn. 14 („abwegig"); Armbrüster/Preuß/Renner/*Piegsa* BeurkG § 11 Rn. 15 ff.; Grziwotz/Heinemann/*Heinemann* BeurkG § 11 Rn. 12.
[16] Vgl. auch OLG Frankfurt a. M. DNotZ 1989, 640 (642); Armbrüster/Preuß/Renner/*Piegsa* BeurkG § 11 Rn. 1 ff.; *Winkler* BeurkG § 11 Rn. 8; Grziwotz/Heinemann/*Heinemann* BeurkG § 11 Rn. 10.
[17] *Zimmermann* BWNotZ 2000, 97 (100); Staudinger/*Hertel* BeurkG Vorb. zu §§ 127a, 128 Rn. 337 f.; Armbrüster/Preuß/Renner/*Piegsa* BeurkG § 11 Rn. 21 ff.
[18] *Lerch* BeurkG § 11 Rn. 5; *Winkler* BeurkG § 11 Rn. 11.
[19] Eingehend *Zimmermann* BWNotZ 2000, 97 (102 ff.); *Winkler* BeurkG § 11 Rn. 14; Staudinger/*Hertel* BeurkG Vorb. zu §§ 127a, 128 Rn. 337; Armbrüster/Preuß/Renner/*Piegsa* BeurkG § 11 Rn. 1 ff., 25 f.; *Winkler* BeurkG § 11 Rn. 8; Grziwotz/Heinemann/*Heinemann* BeurkG § 11 Rn. 17 ff.
[20] *Zimmermann* BWNotZ 2000, 97 (102 ff.).

nahmefähigkeit, fehlende Wahlmöglichkeiten, fehlende Nutzung gegebener Informationen, fehlende Einsicht in die Auswirkungen der Entscheidung, fehlende zeitliche und/oder örtliche Orientierung etc.

D. Vermerk über die Geschäftsfähigkeit

7 § 11 spricht grundsätzlich davon, dass die Feststellungen über die Geschäftsfähigkeit in der Niederschrift angegeben werden sollen. Überwiegend wird daher der Schluss daraus gezogen, dass im Regelfall die **Feststellungen in die Urkunde** und nicht außerhalb aufgenommen werden müssen.[21] Allerdings ist anerkannt, dass bestimmte sachliche Gründe es rechtfertigen können, von dem Vermerk in der Niederschrift eine Ausnahme zu machen.[22] Anerkannt ist dabei, dass ausnahmsweise die Feststellung außerhalb der Niederschrift niedergelegt werden kann, wenn Befürchtungen bestehen, dass der Beteiligte durch die Aufnahme in die Niederschrift belastet werden könnte und auch das Beurkundungsziel der sachgerechten Rechtsgestaltung erschwert wird.[23] Der Beweiswert derartiger Feststellungen über die Geschäftsfähigkeit ist eingeschränkt.

8 Die Beurkundung begründet zwar allgemein den vollen Beweis des durch die Urkundsperson beurkundeten Vorgangs bzw. der darin bezeugten Tatsachen (§§ 415 Abs. 1, 418 Abs. 1 ZPO). Im Rahmen strafrechtlicher Verfahren zu § 348 StGB hat der BGH aber zu Recht entschieden, dass die Frage, welche Angaben in einer Urkunde volle Beweiswirkung für und gegen jedermann haben, sich in erster Linie aus den gesetzlichen Bestimmungen ergeben, die für die Errichtung und den Zweck der öffentlichen Urkunde maßgeblich seien. Dabei seien auch die Anschauungen des Rechtsverkehrs zu beachten.[24] Angaben iSv § 16 über die Sprachkunde einer Person würden nicht hierzu gehören.[25] Dem ist zuzustimmen, da notarielle Urkunden nicht nur Willenserklärungen und Tatsachenfeststellungen, sondern auch gutachterliche oder bewertende Äußerungen des Notars enthalten können. Das Gleiche gilt für die Feststellung nach § 11 BeurkG.[26] Der Notar trifft diese Feststellungen auch nicht als Sachverständiger, sondern „als Zeuge des Geschehens".[27] An der Beweiskraft des § 418 ZPO nehmen nur die festgestellten Tatsachen teil, nicht aber die Schlussfolgerungen.[28]

§ 12 Nachweise für die Vertretungsberechtigung

¹Vorgelegte Vollmachten und Ausweise über die Berechtigung eines gesetzlichen Vertreters sollen der Niederschrift in Urschrift oder in beglaubigter Abschrift beigefügt werden. ²Ergibt sich die Vertretungsberechtigung aus einer Eintragung im Handelsregister oder in einem ähnlichen Register, so genügt die Bescheinigung eines Notars nach § 21 der Bundesnotarordnung.

---

[21] BayObLG DNotZ 1993, 471; *Winkler* BeurkG § 11 Rn. 15; *Zimmermann* BWNotZ 2000, 97 (100).
[22] Vgl. *Kanzleiter* DNotZ 1993, 434, der insbesondere auch auf § 18 BNotO und das Recht auf informationelle Selbstbestimmung hinweist.
[23] *Winkler* BeurkG § 11 Rn. 15; Staudinger/*Hertel* BeurkG Vorb. zu §§ 127a, 128 Rn. 576; Armbrüster/Preuß/Renner/*Piegsa* BeurkG § 11 Rn. 29; *Kruse* NotBZ 2001, 448 (453); *Lichtenwimmer* MittBayNot 2002, 240 (244) und 448 (453); *Haegele* Rpfleger 1969, 415; Soergel/*J. Mayer* BeurkG § 11 Rn. 8; Grziwotz/Heinemann/*Heinemann* BeurkG § 11 Rn. 26 ff.
[24] BGH NJW 1998, 3790; 2001, 3135; vgl. auch BayObLG NJW 1992, 1841 (1842).
[25] BGH NJW 2001, 3135.
[26] So BayObLG DNotZ 1975, 555 zur Geschäftsfähigkeit; OGHZ 2 (1949), 45 (54) zur Testierfähigkeit; vgl. auch unten gutachterliche Notarbestätigungen Erläuterungen zu § 21; *Zimmermann* BWNotZ 2000, 97 (100).
[27] *Winkler* BeurkG § 11 Rn. 14; *Zimmermann* BWNotZ 2000, 97 (100).
[28] *Zimmermann* BWNotZ 2000, 97 (100).

A. Allgemeines

Nach dem Wortlaut behandelt die Vorschrift nur die Frage, wie der Nachweis der Vertretungsberechtigung bei der Beurkundung behandelt werden soll: Er soll der Niederschrift beigefügt werden, ausdrückliche Prüfungspflichten der Vertretungs- und Verfügungsbefugnis sind nicht enthalten. § 29 BNotO aF, der der Vorschrift vorging und in Abs. 3 wortgleich war, enthielt in den Abs. 1 und Abs. 2 ausführlichere Regelungen der **Prüfungspflichten des Notars.**[1] Die Vorschrift bestimmte, dass bei der Beurkundung von Rechtsgeschäften der Notar die Vertretungsmacht und die Verfügungsbefugnis der Beteiligten prüfen soll. Bestanden Zweifel, so war der Notar verpflichtet, die Beteiligten über die Rechtslage zu belehren und einen entsprechenden Vorbehalt in die Urkunde aufzunehmen. Die alte Fassung regelte weiter, dass der Notar die Beurkundung abzulehnen hat, wenn er feststellt, dass die Vertretungsmacht oder Verfügungsbefugnis fehlt und auch eine nachträgliche Genehmigung durch die Berechtigten nicht möglich ist. Offenbar hat der Gesetzgeber diese ausführlichere Prüfungspflicht nicht mehr in das BeurkG aufgenommen, weil er sie als Bestandteil der allgemeinen Prüfungspflicht des § 17 angesehen hat und eine speziellere Regelung für entbehrlich hielt.[2] § 12 knüpft daher an die aus § 17 fließende Prüfungs- und Belehrungspflicht über die Verfügungs- und Vertretungsbefugnis an und verlangt eine bestimmte Dokumentation dieser Prüfung. 1

Aus der systematischen Stellung des § 12 im Abschnitt über die Willenserklärung folgert die hM, dass die Vorschrift nur für die Beurkundung rechtsgeschäftlicher Erklärungen gilt. Bei Beurkunden nach den §§ 36 ff., insbesondere bei der Beurkundung von Versammlungsbeschlüssen oder Beglaubigung nach § 40, braucht der Notar die Vertretungsmacht der Beteiligten grundsätzlich nicht zu prüfen.[3] 2

B. Die Prüfung der Vertretungs- und Verfügungsbefugnis

I. Grundsatz

Nach der hM hat der Notar gem. § 17 iVm § 12 die Vertretungsmacht und die Verfügungsbefugnis des Beteiligten zu prüfen.[4] Insbesondere aus der Pflicht gem. § 17, über die rechtliche Tragweite des Geschäfts zu belehren, um die Errichtung einer dem Willen der Beteiligten entsprechenden, rechtswirksamen Urkunde zu gewährleisten, folgt die Verpflichtung, die Vertretungsmacht der Beteiligten zu prüfen.[5] Diese Prüfungspflicht resultiert daraus, dass der Notar verpflichtet ist mitzuwirken, dass die Urkunde wirksam ist und der Rechtsverkehr darauf vertrauen kann, dass die Wirksamkeitsvoraussetzungen entweder geprüft werden oder etwaige Mängel sich aus der Urkunde ergeben. 3

II. Prüfung der Vertretungsmacht

Die Frage, ob die spezifische Prüfungspflicht besteht, richtet sich danach, ob ein Handeln im fremden oder im eigenen Namen vorliegt. Beim Handeln im fremden Namen ist immer 4

---

[1] Vgl. § 29 BNotO aF, abgedr. bei Armbrüster/Preuß/Renner/*Piegsa* BeurkG § 12 Rn. 2.
[2] Vgl. BGH DNotZ 1989, 43; OLG Schleswig OLG-Report 2004, 211; OLG Hamm DNotZ 200, 379 (382); *Winkler* BeurkG § 12 Rn. 4 ff.; Staudinger/*Hertel* BeurkG Vorb. zu §§ 127a, 128 Rn. 340; Armbrüster/Preuß/Renner/*Piegsa* BeurkG § 12 Rn. 4 f.; *Klein* DNotZ 1993, 276 (277); *Lerch* BeurkG § 12 Rn. 1; Grziwotz/Heinemann/*Heinemann* BeurkG § 12 Rn. 3 f.
[3] Armbrüster/Preuß/Renner/*Piegsa* BeurkG § 12 Rn. 4; *Winkler* BeurkG § 12 Rn. 2.
[4] BGH DNotZ 1994, 485; 1989, 43; OLG Jena OLG-Report 1997, 191; OLG Schleswig OLG-Report 2004, 211; OLG Hamm DNotZ 200, 379 (382); *Winkler* BeurkG § 12 Rn. 4 ff.; Staudinger/*Hertel* BeurkG Vorb. zu §§ 127a, 128 Rn. 340; Armbrüster/Preuß/Renner/*Piegsa* BeurkG § 12 Rn. 2 f.; *Jansen* BeurkG § 12 Rn. 1; BeckOGK/*Bord* BeurkG § 12 Rn. 6 ff.; *Winkler* BeurkG § 12 Rn. 4a ff.; Grziwotz/Heinemann/*Heinemann* BeurkG § 12 Rn. 5 ff.; *Thelen* DNotZ 2019, 725 (735 ff.).
[5] BGH NJW 1993, 2744.

BeurkG § 12 5, 6   Zweiter Abschnitt. Beurkundung von Willenserklärungen

die Rechtsmacht für dieses Handeln zu prüfen. Beim Handeln aufgrund Vertretungsmacht ist der Notar daher verpflichtet zu prüfen,[6]
– ob eine Vertretung bei dem fraglichen Rechtsgeschäft überhaupt zulässig ist (zB unzulässig bei höchstpersönlichen Rechtsgeschäften),
– ob die Vertretungsmacht dem Umfang nach das vorzunehmende Rechtsgeschäft deckt,
– ob ein Insichgeschäft nach § 181 BGB bzw. eine Befreiung vorliegt.

5 Bei der Vertretungsmacht gilt nach dem BGB die Regelung, dass das **Innen- vom Außenverhältnis** zu unterscheiden ist. Die Vertretungsmacht ist grundsätzlich abstrakt von dem zugrundeliegenden Rechtsverhältnis und daher auch nicht davon abhängig, ob der Vertreter sich an das Innenverhältnis hält.[7] In einigen Fällen begrenzt jedoch das Gesetz die Vertretungsmacht ausdrücklich auf „ordnungsgemäße" Geschäfte des Vertreters (zB § 2206 Abs. 1 S. 1 BGB), auf bestimmte Arten von Geschäften (zB auf Geschäfte „zur angemessenen Deckung des Lebensbedarfs der Familie", § 1357 BGB) oder auf Geschäfte, die einem Liquidationszweck dienen (§§ 48 Abs. 2, 88 S. 2, 730 Abs. 2 S. 1 BGB, § 149 HGB, § 70 GmbHG etc). In all diesen Fällen ist anhand der konkreten materiell-rechtlichen Grundlage zu prüfen, wie weit die Vertretungsmacht reicht.

6 Bei **rechtsgeschäftlicher Vertretung** richtet sich der Umfang der gewillkürten Vertretungsmacht nach dem **Inhalt der Vollmacht**.[8] Der Notar muss bei der Vollmacht also prüfen, ob eine Vertretung überhaupt möglich ist (zB unzulässig bei höchstpersönlichen Rechtsgeschäften), eine wirksame Vollmacht vorliegt und ob die Vollmacht das Rechtsgeschäft abdeckt.[9] Grundsätzlich bedarf die Erteilung der Vollmacht keiner Form (§ 167 S. 2 BGB). In der notariellen Praxis spielen allerdings folgende Formvorschriften eine Rolle:[10]
– **Schriftform:** Stimmrechtsvollmacht (§§ 134 Abs. 3 S. 2, 135 AktG), Vollmacht für Gesellschafterversammlung (§ 47 Abs. 3 GmbHG).
– **Öffentliche Beglaubigung:** Vollmacht im Grundbuchverkehr (§ 29 GBO), Vollmacht im Handelsregisterverkehr (§ 12 HGB), Feststellung der GmbH bzw. AG-Satzung (§ 2 Abs. 2 GmbHG, § 23 Abs. 1 AktG), Vollmacht zur Erbausschlagung (§ 1945 Abs. 3 BGB), Vollmacht zur Abgabe eines Gebotes (§ 71 Abs. 2 ZVG).
– **Notarielle Beurkundung:** Eine Vollmacht kann der Formvorschrift des Hauptgeschäfts (§ 311b BGB, § 15 GmbHG, § 1410 BGB) unterliegen, wenn das Hauptgeschäft vorweggenommen wird bzw. eine Bindung durch die Vollmacht erreicht wird:[11] wenn zB die Vollmacht wirksam unwiderruflich erteilt worden ist,[12] wenn der Bevollmächtigte von § 181 BGB befreit worden ist und weitere Umstände hinzukommen.[13] Die widerruflich erteilte Vollmacht zum Abschluss eines Ehevertrags bedarf grundsätzlich keiner notariellen Beurkundung;[14] offen ist, ob die zu § 311b BGB ergangene Rechtsprechung auf die Vollmacht für den Ehevertrag übertragbar ist.[15] Die Erteilung einer Vollmacht zur Übertragung eines Erbteils bedarf ausnahmsweise der notariellen Beurkundung, wenn

---

[6] Staudinger/*Hertel* BeurkG Vorb. zu §§ 127a, 128 Rn. 341; Armbrüster/Preuß/Renner/*Piegsa* BeurkG § 12 Rn. 6 ff.; Grziwotz/Heinemann/*Heinemann* BeurkG § 12 Rn. 5 ff.; *Thelen* DNotZ 2019, 725 (735 ff.).
[7] Vgl. BGH NJW 1999, 2883; Palandt/*Ellenberger* BGB § 164 Rn. 13; MüKoBGB/*Schubert* BGB § 164 Rn. 206.
[8] Vgl. *Thelen* DNotZ 2019, 725 ff.
[9] OLG Hamm DNotZ 2000, 382; Staudinger/*Hertel* BeurkG Vorb. zu §§ 127a, 128 Rn. 340; Armbrüster/Preuß/Renner/*Piegsa* BeurkG § 12 Rn. 9 f.; Grziwotz/Heinemann/*Heinemann* BeurkG § 12 Rn. 5; *Winkler* BeurkG § 12 Rn. 4 ff.
[10] Staudinger/*Hertel* BeurkG Vorb. zu §§ 127a, 128 Rn. 341; Armbrüster/Preuß/Renner/*Piegsa* BeurkG § 12 Rn. 6 f.; Grziwotz/Heinemann/*Heinemann* BeurkG § 12 Rn. 8; *Winkler* BeurkG § 12 Rn. 5.
[11] Vgl. die Übersicht bei MüKoBGB/*Schubert* BGB § 167 Rn. 17 ff.; *Thelen* DNotZ 2019, 725 (726).
[12] BGH DNotZ 1966, 92; BayObLG NJW-RR 1996, 848.
[13] BGH NJW 1979, 2306; DNotZ 1966, 92; OLG Frankfurt a. M. Rpfleger 1979, 133.
[14] BGH MittBayNot 1998, 350; OLG Frankfurt a. M. DNotI-Report 1997, 221; aA *Einzele* NJW 1998, 1206.
[15] Vgl. Staudinger/*Thiele* BGB § 1410 Rn. 5.

die Vollmacht unwiderruflich erteilt worden ist oder durch die Vollmacht die gleiche Bindungswirkung wie beim Abschluss des formbedürftigen Hauptvertrags eintreten soll.[16] Nach der hM ist bei der Vollmacht zur Abtretung von GmbH-Anteilen nach § 15 GmbHG selbst dann Formfreiheit gegeben, wenn die Vollmacht unwiderruflich ist.[17] Blankovollmachten sind im Bereich von § 15 GmbHG unzulässig.[18] Zu beachten ist, dass auch in bestimmten Bereichen Generalvollmachten unzulässig sind. Insbesondere Generalvollmachten, die von Geschäftsführern von Kapitalgesellschaften an Dritte erteilt werden, sind nach der überwiegenden Auffassung nichtig.[19] Auch öffentlich rechtliche Körperschaften können keine Generalvollmacht erteilen.[20] Generell gilt, dass die zu § 311b S. 1 BGB entwickelten Grundsätze der Formbedürftigkeit einer Vollmacht auch auf andere Bereiche übertragbar sein können, etwa Bevollmächtigung zu einem Gesamtvermögensgeschäft gem. § 311 BGB, zu einem Erbschaftsvertrag gem. § 312 Abs. 2 BGB, über den Erbschaftskauf (§§ 2371, 2385 BGB) und den Erbverzicht (§§ 2348, 2351, 2352 BGB).[21] Schwierig ist nicht selten die **inhaltliche Prüfung der Vollmacht,** wenn der Notar die Umstände der Vollmachtserteilung nicht kennt. In solchen Fällen kann mE der Notar grundsätzlich von der Wirksamkeit ausgehen, zu weiteren Nachforschungen ist er im Regelfall nicht verpflichtet. Grundsätzlich ist im Rahmen der Prüfungs- und Belehrungspflichten der §§ 4 und 17 anerkannt, dass der Notar nicht von sich aus Amtsermittlung betreiben muss. So muss der Notar nicht von sich aus nachforschen, ob mögliche weitere Unwirksamkeitsgründe bestehen, solange sich hierfür nach dem von den Beteiligten vorgetragenen Sachverhalt keine Anhaltspunkte ergeben. Bestehen allerdings **Anhaltspunkte für eine Unwirksamkeit,** so ist der Notar nach dem vorstehend Ausgeführten zunächst verpflichtet, bei den Beteiligten nachzufragen – und falls Zweifel bleiben (etwa weil die Beteiligten den Geschäftsbesorgungsvertrag nicht dabei haben, aber die sofortige Beurkundung der Vollmacht wünschen), auch eine Belehrung nach § 17 Abs. 2 vorzunehmen. Unwirksam sind nach der Rechtsprechung des BGH **Treuhandvollmachten** im Zusammenhang mit dem Erwerb von Anlageimmobilien und Immobilienfondsanteilen infolge des Verstoßes der Treuhandtätigkeit gegen das frühere Rechtsberatungsgesetz.[22]

Bei **gesetzlichen Vertretern** oder **Verwaltern kraft Amtes** hat der Notar ebenfalls die Vertretungsbefugnis, die sich aus dem materiellen Recht ergibt, zu prüfen. Beim Vormund, Pfleger oder Betreuer, Beistand erfolgt der Nachweis der Vertretungsmacht durch Vorlage der Bestallungsurkunde.[23] Der Testamentsvollstrecker hat sein Testamentsvollstreckerzeugnis vorzulegen (§ 2368 BGB). Beim Insolvenzverwalter ist zu unterscheiden, ob es sich um einen vorläufigen Insolvenzverwalter ohne Verfügungsbefugnisse handelt oder einen Insolvenzverwalter mit Verwaltungs- und Verfügungsbefugnissen (§§ 21, 22 InsO). 7

Eltern vertreten ihr Kind in der Regel gemeinschaftlich (§ 1629 Abs. 1 S. 2 BGB). Die Eltern, die gemeinschaftlich handeln, brauchen daher im Regelfall als gesetzliche Vertreter keine besonderen Nachweise ihrer Vertretungsmacht vorzulegen.[24] Das Kindschaftsrecht, 8

---

[16] OLG Dresden ZEV 1996, 461; BGH ZEV 1996, 462; aA *Keller* ZEV 1996, 462.
[17] Baumbach/Hueck/*Fastrich* GmbHG § 15 Rn. 22; Lutter/Hommelhoff/*Bayer* GmbHG § 15 Rn. 32; *Roth/Altmeppen* GmbHG § 15 Rn. 53.
[18] BGH NJW 1954, 1157; 1956, 58; Baumbach/Hueck/*Fastrich* GmbHG § 15 Rn. 22; Lutter/Hommelhoff/*Bayer* GmbHG § 15 Rn. 32.
[19] BGH DNotZ 1977, 119; WM 1978, 1047; DNotZ 2003, 147; Staudinger/*Hertel* BeurkG Vorb. zu §§ 127a, 128 Rn. 341; Armbrüster/Preuß/Renner/*Piegsa* BeurkG § 12 Rn. 10
[20] *Neumayer* RNotZ 2001, 249 (263); Armbrüster/Preuß/Renner/*Piegsa* BeurkG § 12 Rn. 10.
[21] Vgl. MüKoBGB/*Schubert* BGB § 167 Rn. 21; Soergel/*Leptien* BGB § 167 Rn. 13.
[22] Vgl. BGH NJW 2001, 70 ff.; 2002, 66 ff. und 2325 f.; WM 2007, 731 (732); 2008, 244 (245); BGHZ 174, 334; zusammenfassend *Nittel* NJW 2002, 2599 ff.
[23] Staudinger/*Hertel* BeurkG Vorb. zu §§ 127a, 128 Rn. 343; Armbrüster/Preuß/Renner/*Piegsa* BeurkG § 12 Rn. 53 ff.; *Winkler* BeurkG § 12 Rn. 11.
[24] Staudinger/*Hertel* BeurkG Vorb. zu §§ 127a, 128 Rn. 343; Armbrüster/Preuß/Renner/*Piegsa* BeurkG § 12 Rn. 56 ff.; *Winkler* BeurkG § 12 Rn. 11; vgl. auch zu etwaigen Genehmigungserfordernissen *Schöner/Stöber* Rn. 3680 ff.

das seit 1.7.1998 gilt,[25] sieht allerdings mehrere abgestufte Alleinentscheidungs- und Vertretungsbefugnisse vor, nach denen zum einen bei Bestehen der gemeinsamen Sorge ein Elternteil allein entscheiden und vertreten darf, zum anderen bestimmte Dritte bei Bestehen der elterlichen Sorge das Kind vertreten dürfen. Ist einem Elternteil die elterliche Sorge übertragen worden, so vertritt er das Kind alleine (§ 1629 Abs. 1 S. 2 BGB). Nach § 1628 S. 1 BGB kann in den Fällen, in denen sich die Eltern nicht einigen können, die Entscheidung durch das Gericht einem Elternteil übertragen werden, der dann das Kind alleine vertritt (§ 1629 Abs. 1 S. 2 BGB). Bei Gefahr in Verzug ist nach der Neuregelung jeder Elternteil dazu berechtigt, alle Rechtshandlungen vorzunehmen, die zum Wohl des Kindes notwendig sind (Notvertretungsrecht, § 1629 Abs. 1 S. 4 BGB). Leben Eltern, denen die elterliche Sorge gemeinsam zusteht, nicht nur vorübergehend getrennt, so ist grundsätzlich gemeinschaftliches Handeln erforderlich (§§ 1627, 1687 BGB). Auch in diesen Fällen kann das Familiengericht das Entscheidungsrecht auf ein Elternteil übertragen. Nach der gesetzlichen Neuregelung wird der Notar noch genauer prüfen müssen, welcher Fall der Sorge – Alleinsorge oder gemeinschaftliche Sorge mit entsprechender Vertretungsregelung – vorliegt. Auch bei getrennt lebenden oder geschiedenen Eltern ist die **gemeinsame Sorge der Regelfall,** so dass eine behauptete Alleinsorge durch einen entsprechenden gerichtlichen Beschluss nachgewiesen werden muss (§ 1671 BGB). Bei Kindern, deren Eltern bei der Geburt nicht miteinander verheiratet sind, hat im Zweifel die Mutter die elterliche Sorge (§ 1626a Abs. 2 BGB), es sei denn, es wird eine Sorgeerklärung, die öffentlich beurkundet werden muss, vorgelegt. Allgemein anerkannt ist, dass es dem Notar nach pflichtgemäßem Ermessen obliegt, die entsprechenden Nachweise zu verlangen. Die Sterbeurkunde bei einem verstorbenen Elternteil wird nach der hM nicht verlangt, wenn der andere Elternteil den Tod behauptet.[26] Bei Insichgeschäften ist die Bestellung eines **Ergänzungspflegers** erforderlich, es sei denn, dass das Rechtsgeschäft ausschließlich in der Erfüllung einer Verbindlichkeit besteht (§ 1629 Abs. 2 iVm § 181 BGB).

9 Bei **juristischen Personen** ergibt sich die Vertretungsmacht aus den materiell-rechtlichen Bestimmungen. Dabei ist zu beachten, ob gemeinschaftliche oder Einzelvertretung vorliegt. Bei **öffentlich-rechtlichen Körperschaften** regelt das zugrunde liegende Organisationsrecht die Vertretungsbefugnis.[27]

III. Verfügungsbefugnis

10 Nicht nur die Vertretungsmacht, sondern auch die Verfügungsbefugnis muss vom Notar geprüft werden.[28] Schwerpunkt dieser Prüfungspflicht ist allerdings nicht § 12, sondern § 17.[29]

IV. Verhalten des Notars

11 Kommt der Notar nach Prüfung der Vertretungs- und Verfügungsmacht zu der Auffassung, dass die erforderliche Rechtsmacht nicht vorliegt, so hat er nach der hM zunächst die Beteiligten hierüber zu belehren (§ 17). Bestehen die Beteiligten auf Beurkundung, so

---

[25] Gesetz zur Reform des Kindschaftsrechts vom 16.12.1997 (BGBl. I 2942); vgl. dazu *Zimmermann* DNotZ 1998, 405 ff.; *Schwab* DNotZ 1998, 437 ff.
[26] *Winkler* BeurkG § 12 Rn. 11; Staudinger/*Hertel* BeurkG Vorb. zu §§ 127a, 128 Rn. 343; Armbrüster/Preuß/Renner/*Piegsa* BeurkG § 12 Rn. 59 ff.
[27] Vgl. Staudinger/*Hertel* BeurkG Vorb. zu §§ 127a, 128 Rn. 343; Armbrüster/Preuß/Renner/*Piegsa* BeurkG § 12 Rn. 40 ff. eingehend zur Vertretung von Bund, Ländern und Gemeinden, Kirchen; WürzNotar-HdB/*Hertel* Teil 6 Rn. 88 ff.; *Schöner/Stöber* Rn. 3656 ff.; *Neumeyer* RNotZ 2001, 249 ff.; *Freuen* MittRhNotK 1996, 301 ff.; *Grziwotz* BayVBl. 2006, 367 ff.; zu Sparkassen *Lepper* RNotZ 2005, 645 ff.
[28] BGH NJW-RR 1998, 133; NJW 1993, 2744; *Winkler* BeurkG § 12 Rn. 1, § 17 Rn. 3, 50.
[29] Vgl. daher Erläuterungen zu § 17.

ist ein entsprechender Vorbehalt in die Urkunde aufzunehmen (§ 17 Abs. 2 S. 2). Erscheint die nachträgliche Genehmigung ausgeschlossen, ist die Beurkundung abzulehnen (§ 4, § 14 Abs. 2 BNotO).[30]

Vollmachten und sonstige die Vertretungsmacht rechtfertigende Urkunden (zB Bestal- **12** lungsnachweise) müssen in Urschrift oder – wenn notarielle Beurkundung vorliegt – in Ausfertigung vorgelegt werden.[31] Kann die entsprechende Urkunde in der gehörigen Form vorgelegt werden, so kann der Notar von dem Fortbestand der Vollmacht ausgehen.[32] Streitig ist ob, der Nachweis einer (fort-)- bestehenden Vollmacht für einen zu gleicher Urkunde gemeinsam Bevollmächtigten nicht durch die dem anderen Bevollmächtigten erteilte Ausfertigung der Vollmachtsurkunde erbracht werden kann.[33] Bei Handeln aufgrund **Untervollmacht (Kettenvollmachten)** ist grundsätzlich sowohl die Haupt- als auch die Untervollmacht zu prüfen.[34] Nach überwiegend vertretener Ansicht ist der Bestand der Untervollmacht in dieser Konstellation allerdings unabhängig vom Fortbestand der Hauptvollmacht.[35] Die Untervollmacht sei wirksam, wenn im Zeitpunkt ihrer Erteilung ihre Hauptvollmacht wirksam bestand. Vom weiteren Fortbestand der Hauptvollmacht sei die Untervollmacht hingegen nicht abhängig.

V. Beifügen der Vollmacht

Nach § 12 sollen die Vollmachten und Berechtigungsausweise der Niederschrift in **13** Urschrift oder beglaubigter Abschrift beigefügt werden. Nach § 19 Abs. 5 DONot sind diese Urkunden anzukleben oder nach § 29 DONot beizuheften.[36] Nach der hM gilt diese Vorschrift und die Beifügungspflicht auch für nachträgliche Genehmigungen nach § 177 BGB oder Vollmachtsbestätigungen. Dies gilt auch, wenn die Urschrift bereits geheftet ist.[37] Das Beifügen bedeutet aber nicht, dass dann die Urkunde zum Bestandteil der Niederschrift iSv § 9 Abs. 1 S. 2 wird, sie muss daher auch nicht mitverlesen werden.[38] Zu beachten ist auch die vollstreckungsrechtliche Bedeutung der beizufügenden Vollmacht. Nach Ansicht des BGH setzt die Wirksamkeit einer durch einen Vertreter abgegebenen Unterwerfungserklärung nicht voraus, dass die Vollmacht notariell beurkundet ist. Die Klausel für eine Urkunde mit einer Unterwerfungserklärung darf aber nur erteilt werden, wenn die Vollmacht in öffentlicher oder öffentlich beglaubigter Urkunde nachgewiesen wird.[39]

---

[30] BGH NJW-RR 1998, 133; DNotZ 1994, 485; 1989, 43; Staudinger/*Hertel* BeurkG Vorb. zu §§ 127a, 128 Rn. 340; Armbrüster/Preuß/Renner/*Piegsa* BeurkG § 12 Rn. 15; *Winkler* BeurkG § 12 Rn. 4.
[31] BGH NJW 1993, 2744; DNotZ 1989, 43; *Winkler* BeurkG § 12 Rn. 14; Grziwotz/Heinemann/*Heinemann* BeurkG § 12 Rn. 9; Armbrüster/Preuß/Renner/*Piegsa* BeurkG § 12 Rn. 13; *Thelen* DNotZ 2019, 725 (735 ff.).
[32] BayObLG NJW 1959, 2119; OLG Köln Rpfleger 1984, 182; 2002, 198; OLG Karlsruhe BWNotZ 1992, 102; Staudinger/*Hertel* BeurkG Vorb. zu §§ 127a, 128 Rn. 341; Armbrüster/Preuß/Renner/*Piegsa* BeurkG § 12 Rn. 13.
[33] Bejahend OLG Köln Rpfleger 2002, 197; ablehnend OLG München NotBZ 2008, 397, dazu *Helms* RNotZ 2002, 235; *Walnder/Mehler* MittBayNot 1999, 261 ff.; *dies.* Rpfleger 2002, 198.
[34] Staudinger/*Hertel* BeurkG Vorb. zu §§ 127a, 128 Rn. 342; Armbrüster/Preuß/Renner/*Piegsa* BeurkG § 12 Rn. 14; *Bous* RNotZ 2004, 483 (493 ff.).
[35] KGJ 37, 239; Schöner/Stöber Rn. 3565; Staudinger/*Schilken* BGB § 167 Rn. 68; Soergel/*Leptin* BGB § 167 Rn. 59; Bamberger/Roth/*Habermeier* BGB § 167 Rn. 36; *Schüle* BWNotZ 1984, 157 (158); *Wolf* MittBayNot 1996, 266 ff.
[36] Staudinger/*Hertel* BeurkG Vorb. zu §§ 127a, 128 Rn. 346; Armbrüster/Preuß/Renner/*Piegsa* BeurkG § 12 Rn. 13, 63; Grziwotz/Heinemann/*Heinemann* BeurkG § 12 Rn. 17 ff.
[37] So zu Recht *Winkler* BeurkG § 12 Rn. 30; aA *Lerch* BeurkG § 12 Rn. 11.
[38] BayObLG DNotZ 1980, 320; *Winkler* BeurkG § 12 Rn. 31; Staudinger/*Hertel* BeurkG Vorb. zu §§ 127a, 128 Rn. 342; Armbrüster/Preuß/Renner/*Piegsa* BeurkG § 12 Rn. 64.
[39] BGH NotBZ 2006, 427 = ZNotP 2007, 75 = MittBayNot 2007, 337; dazu *Böttcher* Rpfleger 2007, 109 ff.; *Bolkart* MittBayNot 2007, 338; *Wolf* ZNotP 2007, 86; *Zimmer* ZfIR 2007, 111 (112).

VI. Registerbescheinigung nach § 21 BNotO

14 Nach § 12 S. 2 genügt anstelle der Vorlage einer Vollmacht oder eines beglaubigten Handelsregisterauszugs auch eine Vertretungsbescheinigung eines Notars nach § 21 BNotO, wenn sich die Vertretung aus der Handelsregistereintragung oder einem ähnlichen Register ergibt. Durch § 21 Abs. 1 S. 2 BNotO ist mittlerweile festgestellt, dass die Bescheinigung den gleichen Beweiswert wie das Zeugnis eines Registergerichts hat, so dass § 12 S. 2 dies nur für das Beurkundungsrecht wiederholt, während § 21 den allgemeinen Grundsatz der Beweiswertigkeit aufstellt, wonach die notarielle Registerbescheinigung dem Auszug aus dem Register gleichkommt.[40]

§ 13 Vorlesen, Genehmigen, Unterschreiben

(1) ¹Die Niederschrift muß in Gegenwart des Notars den Beteiligten vorgelesen, von ihnen genehmigt und eigenhändig unterschrieben werden; soweit die Niederschrift auf Karten, Zeichnungen oder Abbildungen verweist, müssen diese den Beteiligten anstelle des Vorlesens zur Durchsicht vorgelegt werden. ²In der Niederschrift soll festgestellt werden, daß dies geschehen ist. ³Haben die Beteiligten die Niederschrift eigenhändig unterschrieben, so wird vermutet, daß sie in Gegenwart des Notars vorgelesen oder, soweit nach Satz 1 erforderlich, zur Durchsicht vorgelegt und von den Beteiligten genehmigt ist. ⁴Die Niederschrift soll den Beteiligten auf Verlangen vor der Genehmigung auch zur Durchsicht vorgelegt werden.

(2) ¹Werden mehrere Niederschriften aufgenommen, die ganz oder teilweise übereinstimmen, so genügt es, wenn der übereinstimmende Inhalt den Beteiligten einmal nach Absatz 1 Satz 1 vorgelesen oder anstelle des Vorlesens zur Durchsicht vorgelegt wird. ²§ 18 der Bundesnotarordnung bleibt unberührt.

(3) ¹Die Niederschrift muß von dem Notar eigenhändig unterschrieben werden. ²Der Notar soll der Unterschrift seine Amtsbezeichnung beifügen.

Übersicht

	Rn.
A. Allgemeines	1
B. Verlesungspflicht	3
I. Die Bedeutung der Verlesungspflicht	3
II. Anwesenheit des Notars und Leitung der Beurkundungsverhandlung	4
III. Verlesung der Urkunde	5
1. Die notwendige Beziehung zwischen verlesenem Text und körperlicher Niederschrift	5
2. Verlesen vom Bildschirm	7
3. Verlesung neu ausgedruckter Seiten	8
4. Anwesenheit der Beteiligten/Abschnittsweises Verlesen	9
5. Umfang des Verlesens	11
6. Art des Verlesens	12
IV. Vorlage zur Durchsicht	13
1. Karten, Zeichnungen oder Abbildungen	13
2. Vorlage auf Verlangen	14
V. Sammelbeurkundung	15
C. Genehmigung	16
D. Unterzeichnung	17
I. Zweck der Unterschrift	17
II. Anforderungen an die Unterschrift	18

---

[40] → BNotO § 21 Rn. 1 ff. mwN.

III. Unterzeichnung durch den Notar 22
   1. Normzweck 22
   2. Zeitpunkt der Unterschrift des Notars 23
IV. Nachholung der Unterschrift der Beteiligten 24
V. Unterschrift mitwirkender Personen 25
VI. Schlussvermerk 26

A. Allgemeines

Die Vorschrift regelt die *essentialia* der notariellen Beurkundung: das Vorlesen, Genehmigen und Unterschreiben. Bezüglich der in § 13 Abs. 1 S. 1 enthaltenen Maßgaben ist die Vorschrift eine **Mussvorschrift,** das endgültige Fehlen einer dieser Bestandteile macht die Niederschrift insoweit formnichtig.[1] Davon zu unterscheiden sind die Sollvorschriften, die § 13 ebenfalls enthält: Feststellung, dass vorgelesen, genehmigt und unterschrieben wurde, Vorlage zur Durchsicht, Beifügen der Amtsbezeichnung des Notars. Die Vorschrift gilt für Niederschriften, für rechtsgeschäftliche Erklärungen, Verfügungen von Todes wegen und nach § 38 entsprechend für die Abnahme von Eiden und die Aufnahme von eidesstattlichen Versicherungen.[2] Das BeurkG enthält selbst allerdings Ausnahmen von den zwingenden Geboten des § 13, insbesondere von der Verpflichtung zur Vorlesung: zB eingeschränkte Vorlesungspflicht nach §§ 13a, 14; bei Sprachunkundigen anstelle des Vorlesens nach § 16 die Übersetzung, Verzicht auf das Vorlesen bei Tauben nach § 23, Verzicht auf die Unterschrift bei Schreibunfähigen nach § 25. 1

Zweck der Vorschrift ist die Sicherung der Richtigkeit notarieller Beurkundung. Durch das Verlesen soll den Beteiligten eine genaue Kenntnis der Niederschrift verschafft werden.[3] Die Genehmigung und die Unterschrift durch die Beteiligten gewährleisten zum einen das Einverständnis mit dem Inhalt und zum anderen das Einverständnis mit der konkreten körperlichen Urkunde. Die Unterschrift des Notars macht dessen Verantwortlichkeit für die Ordnungsmäßigkeit des Beurkundungsverfahrens bei dieser konkreten Urkunde deutlich. Das Verlesen, die Genehmigung und die Unterschrift stellen zwischen einem inhaltlichen Text und einer konkreten körperlichen Urkunde eine enge Beziehung her, durch die die Richtigkeit notarieller Beurkundung zum Schutz des Rechtsverkehrs und der Beteiligten gewährleistet werden soll. Wie § 13 Abs. 2 deutlich macht, der die sog. Sammelbeurkundung zulässt, besteht keine unauflösbare Beziehung zwischen diesen drei Elementen. Es kann bei einer Sammelbeurkundung auch eine andere körperliche Urkunde vorgelesen werden, die einen Text enthält, der einer weiteren Urkunde entspricht, ohne dass dies die für die Wirksamkeit der Beurkundung notwendige Beziehung zwischen Text und vorgelesenem Inhalt zerstört. Insbesondere die Diskussion um das sog. Verlesen vom Bildschirm bzw. die Frage des Verlesens bei Änderungen im Urkundstext machen deutlich, dass keine absolute unauflösliche Beziehung zwischen Körperlichkeit und verlesenem Text besteht, sondern dass nur eine hinreichende Beziehung bestehen muss, die die Sicherheit der Beurkundung gewährleistet.[4] 2

---

[1] Armbrüster/Preuß/Renner/*Piegsa* BeurkG § 13 Rn. 1; *Winkler* BeurkG § 13 Rn. 1; BeckOGK/*Seebach/Rachlitz* BeurkG § 13 Rn. 2 f.; vgl. auch *Bohrer* DStR 2012, 1232.

[2] Armbrüster/Preuß/Renner/*Piegsa* BeurkG § 13 Rn. 2; *Winkler* BeurkG § 13 Rn. 2; Grziwotz/Heinemann/*Heinemann* BeurkG § 13 Rn. 1, 4; BeckOGK/*Seebach/Rachlitz* BeurkG § 13 Rn. 7 f.

[3] OLG Hamm DNotZ 1978, 54 (57); Gutachten DNotI-Report 2016, 33 (34); *Kanzleiter* DNotZ 1997, 261 (262); Staudinger/*Hertel* Vorb. zu §§ 127a, 128 Rn. 358; Armbrüster/Preuß/Renner/*Piegsa* BeurkG § 13 Rn. 3; *Winkler* BeurkG § 13 Rn. 2; Grziwotz/Heinemann/*Heinemann* BeurkG § 13 Rn. 1; BeckOGK/*Seebach/Rachlitz* BeurkG § 13 Rn. 3 f.; *Bohrer* DStR 2012, 1232; *Lerch* BeurkG § 13 Rn. 3.

[4] Vgl. zu dieser Diskussion *Kanzleiter* DNotZ 1997, 261; *Ehlers* NotBZ 1997, 109; *Basty* NotBZ 1997, 201; *Mihm* NJW 1997, 3121; BNotK-Rundschreiben Nr. 19/1997 v. 3.7.1997 zur Verlesung vom Bildschirm bzw. Verlesungspflicht bei Neuausdruck, abgedr. bei *Weingärtner*, Notarrecht, 9. Aufl. 2009, Nr. 151; vgl. auch zur Frage wortgleicher Passagen in der Niederschrift Gutachten DNotI-Report 2016, 33.

B. Verlesungspflicht

I. Die Bedeutung der Verlesungspflicht

3 Die Verlesung der notariellen Urkunde nach § 13 ist Kernstück der notariellen Beurkundungsverhandlung. Das Fehlen der Verlesung macht die Niederschrift – bzgl. der nicht verlesenen Teile – formnichtig.[5] **Zweck der Verlesung** ist es insbesondere, den Beteiligten den Erklärungsinhalt der Urkunde mitzuteilen und ihnen dabei eine Prüfung und Kontrolle zu ermöglichen, ob der Wortlaut der Urkunde ihre Willenserklärungen richtig, vollständig und unzweideutig wiedergibt.[6] Darüber hinaus gewährleistet die Verlesung, dass der Notar persönlich auf die Beteiligten eingehen und seinen Belehrungspflichten nach § 17 genügen kann.[7] Der Notar übernimmt daher die Einstandspflicht für die inhaltliche Übereinstimmung vom vorgelesenen, genehmigten und unterschriebenen Schriftstück.[8] Die **Verlesung ist zwingend**. Auf sie kann keiner der Beteiligten wirksam verzichten.[9] Außerhalb der gesetzlichen Regelungen (§ 23 bzw. §§ 13a, 14) genügt es auch nicht, dass ein Beteiligter auf andere Weise Kenntnis vom Inhalt erlangt.[10]

II. Anwesenheit des Notars und Leitung der Beurkundungsverhandlung

4 Nach hM verlangen diese Grundsätze zwar nicht, dass der Notar selbst die Urkunde verliest. Sie fordern jedoch, dass die Verlesung in seiner **Gegenwart** und unter seiner **Leitung** stattfindet.[11] Der Notar muss beim gesamten Verlesen gegenwärtig sein. Die Gegenwart des Notars setzt nach der Rechtsprechung des BGH die Einheitlichkeit des Ortes voraus.[12] Es ist zwar nicht erforderlich, dass sich der Notar im selben Raum wie die Beteiligten befindet. Jedoch ist in jedem Fall erforderlich, dass sich der Notar und die Beteiligten sehen und hören können.[13] Es reicht also nicht aus, wenn bei der Beurkundung die Tür zum Nachbarzimmer offensteht, in dem sich der Notar befindet und anderen Dingen widmet. Die Gegenwart des Notars, der sich nicht im Beurkundungszimmer aufhält, liegt nur vor, wenn er bei der Beurkundung seine Aufmerksamkeit dem Geschehen zuwendet und die Kontrolle des Vorgangs ausübt.[14] Im Regelfall erfordert die Gegenwart des Notars die Anwesenheit im gleichen Zimmer, ausnahmsweise kann ein Nebenzimmer genügen, wenn die notwendige gegenseitige Aufmerksamkeit möglich war.

---

[5] BGH DNotZ 1975, 365; OLG Hamm DNotZ 1978, 54; BayObLGZ 1979, 232 = Rpfleger 1979, 458; OLG Celle OLG-Report 2001, 284; Armbrüster/Preuß/Renner/Piegsa BeurkG § 13 Rn. 1; *Lerch* FS Spiegelberger 2009, 1430; *Winkler* BeurkG § 13 Rn. 2; *Bohrer* DStR 2012, 1232.

[6] OLG Hamm DNotZ 1978, 54 (57); Gutachten DNotI-Report 2016, 33 (34); *Kanzleiter* DNotZ 1997, 261 (262); *Lerch* FS Spiegelberger 2009, 1430 (1433); *ders.* BeurkG § 13 Rn. 3; Grziwotz/Heinemann/ *Heinemann* BeurkG § 13 Rn. 1; Armbrüster/Preuß/Renner/Piegsa BeurkG § 13 Rn. 3; *Winkler* BeurkG § 13 Rn. 2; *Bohrer* DStR 2012, 1232.

[7] OLG Hamm DNotZ 1978, 54; BayObLGZ 1979, 232; *Winkler* BeurkG § 13 Rn. 2; *Lerch* BeurkG § 13 Rn. 3; *Kanzleiter* DNotZ 1997, 261 (262); *Lerch* FS Spiegelberger 2009, 1430 (1433).

[8] BGHZ 115, 169 (174); *Basty* NotBZ 1997, 201.

[9] OLG Celle NZG 2002, 459 = OLGReport 2001, 284; OLG Hamm DNotZ 1978, 54 ff.; Staudinger/ *Hertel* BeurkG Vorb. zu §§ 127a, 128 Rn. 357; Armbrüster/Preuß/Renner/Piegsa BeurkG § 13 Rn. 1; Grziwotz/Heinemann/*Heinemann* BeurkG § 13 Rn. 4; *Winkler* BeurkG § 13 Rn. 4.

[10] *Winkler* BeurkG § 13 Rn. 4; Staudinger/*Hertel* BeurkG Vorb. zu §§ 127a, 128 Rn. 358; Armbrüster/ Preuß/Renner/Piegsa BeurkG § 13 Rn. 3; *Kanzleiter* DNotZ 1997, 261 (262).

[11] BGH DNotZ 1975, 365; Staudinger/*Hertel* BeurkG Vorb. zu §§ 127a, 128 Rn. 359; Armbrüster/ Preuß/Renner/Piegsa BeurkG § 13 Rn. 6 f.; *Kanzleiter* DNotZ 1997, 261 (262); *Winkler* BeurkG § 13 Rn. 5; Grziwotz/Heinemann/*Heinemann* BeurkG § 13 Rn. 5; BeckOGK/Seebach/Rachlitz BeurkG § 13 Rn. 38.

[12] BGH DNotZ 1975, 365.

[13] BGH DNotZ 1975, 365; Staudinger/*Hertel* BeurkG Vorb. zu §§ 127a, 128 Rn. 359 f.; Armbrüster/ Preuß/Renner/Piegsa BeurkG § 13 Rn. 6.

[14] BGH DNotZ 1975, 365.

III. Verlesung der Urkunde

1. Die notwendige Beziehung zwischen verlesenem Text und körperlicher Niederschrift. Zu verlesen ist die **körperliche Niederschrift** selbst. Anders als beim gerichtlichen Protokoll genügt es daher nicht, wenn der Notar den geschriebenen Text nicht vor Augen hat, sondern ihn lediglich in Gegenwart der Beteiligten diktiert und diese dann den diktierten Text unterschreiben lässt, ohne ihn nochmals vorher vorzulesen.[15] In diesen Fällen fehlt es an jeglicher körperlichen Beziehung. Die Verlesung setzt voraus, dass ein Text besteht, von dem abgelesen werden kann.

§ 13 Abs. 2 macht allerdings deutlich, dass die Kenntnisvermittlung auch dadurch erfolgen kann, dass eine inhaltlich weitgehend gleich lautende Urkunde vorgelesen wird, nicht aber die eigentliche Urkunde, die dann genehmigt und unterzeichnet wird. Die Beziehung zwischen Körperlichkeit und Inhalt wird in bestimmten Bereichen aufgelöst, so dass man hieraus schließen kann, dass auch im Übrigen keine unauflösbare Beziehung besteht.

2. Verlesen vom Bildschirm. Ebenso wenig wie das Diktat genügt nach noch hM nicht das Verlesen vom Bildschirm.[16] In diesen Fällen fehlt es an jeglicher körperlichen Erklärung, so dass die Minimalvoraussetzung – eine auf dem Medium Papier verkörperte Erklärung – fehlt. Umgekehrt genügt es, wenn nicht die Niederschrift selbst, sondern ein zB als Entwurf bezeichnetes Schriftstück vorgelesen wird, das den Beteiligten den Inhalt der Urkunde vermittelt.[17] Zulässig ist es allerdings, dass der Notar die Niederschrift verliest und gleichzeitig den Beteiligten per Beamer den Text zum Mitverfolgen zur Verfügung stellt.[18] Meines Erachtens ist diese Frage allerdings zu überdenken und das Verlesen vom Bildschirm zuzulassen.

3. Verlesung neu ausgedruckter Seiten. Beim Einsatz der EDV stellt sich die Frage, ob ein bereits ausgedruckter Text nochmals vollständig verlesen werden muss, wenn während der Beurkundungsverhandlung eine **Änderung** vorgenommen und anschließend die gesamte Seite neu ausgedruckt wird. In diesem Fall fehlt die Beziehung zwischen dem körperlich vorgelesenen und anschließend genehmigten und unterzeichneten Text. Da das Gesetz allerdings keine unauflösbare Beziehung verlangt, genügt es auch in diesen Fällen, wenn lediglich die Änderungen vorgelesen werden. Es muss nicht noch einmal die gesamte Seite vorgelesen werden.[19] Es ist Aufgabe des Notars, im Rahmen seiner Prüfungs- und Belehrungspflicht zu gewährleisten, dass **keine inhaltlichen Abweichungen** vorliegen. Fehler in diesem Bereich führen nicht zur Nichtigkeit der Beurkundung, sondern können allenfalls Amtshaftungsansprüche zur Folge haben.[20] Dementsprechend könnte auch ein vollständiger Neuausdruck aus dem EDV-System

---

[15] BayObLGZ 1979, 232 = Rpfleger 1979, 458; KG DNotZ 1944, 153; Staudinger/*Hertel* BeurkG Vorb. zu §§ 127a, 128 Rn. 360; Armbrüster/Preuß/Renner/Piegsa BeurkG § 13 Rn. 9 ff.; *Lerch* BeurkG § 13 Rn. 5; *Winkler* BeurkG § 13 Rn. 18; Grziwotz/Heinemann/*Heinemann* BeurkG § 13 Rn. 4.

[16] So OLG Frankfurt a. M. DNotZ 2000, 513; OLG Brandenburg RNotZ 2012, 525; *Mihm* NJW 1997, 3121 (3122); *Ehlers* NotBZ 1997, 109; BNotK-Rundschreiben Nr. 19/1997 v. 3.7.1997; Staudinger/*Hertel* BeurkG Vorb. zu §§ 127a, 128 Rn. 360; Armbrüster/Preuß/Renner/Piegsa BeurkG § 13 Rn. 8; *Lerch* BeurkG § 13 Rn. 7; unrichtig LG Stralsund NJW 1997, 3178; Grziwotz/Heinemann/*Heinemann* BeurkG § 13 Rn. 7; BeckOGK/*Seebach*/*Rachlitz* BeurkG § 13 Rn. 44 f.

[17] *Kanzleiter* DNotZ 1997, 261 (269).

[18] Grziwotz/Heinemann/*Heinemann* BeurkG § 13 Rn. 7; BeckOGK/*Seebach*/*Rachlitz* BeurkG § 13 Rn. 45; *Winkler* BeurkG § 13 Rn. 12.

[19] Armbrüster/Preuß/Renner/Piegsa BeurkG § 13 Rn. 9 ff.; *Lerch* BeurkG § 13 Rn. 9; *Winkler* BeurkG § 13 Rn. 18; Grziwotz/Heinemann/*Heinemann* BeurkG § 13 Rn. 8; Gutachten DNotI-Report 2016, 33; BeckOGK/*Seebach*/*Rachlitz* BeurkG § 13 Rn. 60 ff.

[20] Im Ergebnis ebenso *Mihm* NJW 1997, 3121 (3122 ff.); *Kanzleiter* DNotZ 1997, 261; *Basty* NotBZ 1997, 201; BNotK-Rundschreiben Nr. 19/1997; Staudinger/*Hertel* BeurkG Vorb. zu §§ 127a, 128 Rn. 362; Armbrüster/Preuß/Renner/Piegsa BeurkG § 13 Rn. 11 ff.; unrichtig dagegen *Ehlers* NotBZ 1997, 109 ff.

erfolgen.²¹ Nicht zulässig ist dagegen die Änderung der Niederschrift nach Unterschriftsleistung; ab diesem Zeitpunkt gilt § 44a.²²

9   4. Anwesenheit der Beteiligten/Abschnittsweises Verlesen. Der Urkundentext muss den Beteiligten, die im Urkundeneingang als anwesend aufgeführt sind, verlesen werden.²³ Die Verlesung kann aber auch abschnittsweise erfolgen.²⁴ Abschnittsweise Beurkundung bedeutet dabei, dass ein Beteiligter, dessen Willenserklärung bereits vollständig verlesen wurde, diesen Abschnitt genehmigt und unterschreibt, den Raum verlässt, während aus derselben Urkunde noch weitere Abschnitte mit ihn nicht betreffenden Teilen verlesen werden müssen. Es ist anerkannt, dass eine notarielle Urkunde in Abschnitten verlesen und dabei – namentlich soweit verschiedene Rechtsgeschäfte nacheinander abgeschlossen werden – jeweils gesondert genehmigt werden kann. Dies bedeutet, dass nach der Fertigstellung eines Teils der Urkunde dieser Teil, nach Vollendung der Niederschrift der andere Teil verlesen wird.²⁵ In diesem Zusammenhang steht auch nichts im Wege, sofern das Gesetz nicht im Einzelfall etwas anderes vorschreibt, dass die Erklärungen mehrerer Beteiligter nicht gleichzeitig und in Anwesenheit aller Beteiligter beurkundet werden; vielmehr können die Erklärungen eines jeden Beteiligten nacheinander aufgenommen werden. Da zB der (schuldrechtliche) Kaufvertrag eine gleichzeitige Erklärung der Vertragspartner nicht voraussetzt, ist es möglich, dass ein Beteiligter nach Verlesung der Teile der Urkunde, die von ihr namens beider Beklagten hierzu abgegebenen rechtsgeschäftlichen Erklärungen zum Inhalt hatten, diese welche genehmigt, ohne dass gleichzeitig auch die andere Partei entsprechende Genehmigungserklärungen abgibt.

In Literatur und Rechtsprechung ist daneben aber auch anerkannt, dass der Notar bei Erstellung der Niederschrift auch mit den Beteiligten getrennt verhandeln kann, soweit gesetzlich nicht die gleichzeitige Anwesenheit der Beteiligten vorgeschrieben ist, wie zB bei §§ 925, 1410 BGB.²⁶

10 Die Situation ist ähnlich, wenngleich auch nicht identisch, bei der Beurkundung mehrerer Rechtsgeschäfte in einer Urkunde. Die Literatur weist zu Recht darauf hin, dass die Vorlesung und Genehmigung für die einzelnen Rechtsgeschäfte auch gesondert erfolgen könne, wenn in einer Niederschrift verschiedene Rechtsgeschäfte nacheinander beurkundet werden. Die Beteiligten müssten selbstverständlich bei der Verlesung, Genehmigung und Unterzeichnung ihrer Erklärungen zugegen sein. Allerdings ist zB die hM der Auffassung, dass bei der abschnittsweisen Beurkundung der Notar nur einmal am Schluss unterschreiben muss.²⁷ *Jansen*²⁸ weist darauf hin, dass bei der Frage der abschnittsweisen

---

²¹ So zu Recht *Kanzleiter* DNotZ 1997, 269; Armbrüster/Preuß/Renner/*Piegsa* BeurkG § 13 Rn. 9 ff.; *Lerch* BeurkG § 13 Rn. 5; *Winkler* BeurkG § 13 Rn. 18; Grziwotz/Heinemann/*Heinemann* BeurkG § 13 Rn. 8; *Winkler* BeurkG § 13 Rn. 18; Gutachten DNotI-Report 2016, 33; BeckOGK/*Seebach/Rachlitz* BeurkG § 13 Rn. 60 ff.
strenger allerdings OLG Hamm DNotZ 1978, 54 (57); Staudinger/*Hertel* BeurkG Vorb. zu §§ 127a, 128 Rn. 371.
²² BGH DNotZ 1999, 350.
²³ BGH DNotZ 2000, 535; Staudinger/*Hertel* BeurkG Vorb. zu §§ 127a, 128 Rn. 371 f.; Armbrüster/Preuß/Renner/*Piegsa* BeurkG § 13 Rn. 83 ff.; Grziwotz/Heinemann/*Heinemann* BeurkG § 13 Rn. 10; *Winkler* BeurkG § 13 Rn. 62; *Lerch* BeurkG § 13 Rn. 21.
²⁴ Grziwotz/Heinemann/*Heinemann* BeurkG § 13 Rn. 10; KG DNotZ 1953, 255; OLG Hamburg DNotZ 1994, 306; *Winkler* BeurkG § 13 Rn. 18; *Lerch* BeurkG § 13 Rn. 2; Staudinger/*Hertel* BeurkG Vorb. zu §§ 127a, 128 Rn. 371 f.; Armbrüster/Preuß/Renner/*Piegsa* BeurkG § 13 Rn. 83 ff.; *Bohrer* DStR 2012, 1232 ff.; BeckOGK/*Seebach/Rachlitz* BeurkG § 13 Rn. 194 ff.
²⁵ KG DNotZ 1953, 255; OLG Hamburg DNotZ 1994, 306; *Winkler* BeurkG § 13 Rn. 18; *Lerch* BeurkG § 13 Rn. 2, 6; Staudinger/*Hertel* BeurkG Vorb. zu §§ 127a, 128 Rn. 371 f.; Armbrüster/Preuß/Renner/*Piegsa* BeurkG § 13 Rn. 83 ff.
²⁶ RGZ 69, 130 – bezeichnenderweise auch zu einem Erbverzicht; weiter *Winkler* BeurkG § 13 Rn. 19; *Lerch* BeurkG § 13 Rn. 10; Palandt/*Ellenberger* BGB § 128 Rn. 3; Staudinger/*Hertel* BeurkG Vorb. zu §§ 127a, 128 Rn. 371 ff.; Armbrüster/Preuß/Renner/*Piegsa* BeurkG § 13 Rn. 84.
²⁷ *Winkler* BeurkG § 13 Rn. 19; Armbrüster/Preuß/Renner/*Piegsa* BeurkG § 13 Rn. 83 ff.
²⁸ *Jansen* BeurkG § 13 Rn. 7.

Beurkundung in der Reichstagskommission ein Antrag vorlag, nach welchem das Verfahren der abschnittsweisen Beurkundung in einer besonderen Vorschrift zugelassen werden sollte; es wurde angeführt, dass bei Versteigerungen die einzelnen Ersteigerer, nachdem sie ihren Zweck erreicht hätten, sich baldmöglichst entfernen wollten. Die Auffassung ging aber dahin, dass der Antrag überflüssig sei, weil die Vorschrift der Zulässigkeit dieses Verfahrens nicht entgegenstehe. Der Abschlussvermerk und die Unterschrift des Notars brauchen nur einmal am Schluss der Niederschrift zu erscheinen. Auch das OLG Hamburg[29] hat dies bestätigt. Es war allerdings der Auffassung, dass dieses vom Normalfall der gleichzeitigen Anwesenheit abweichende Verfahren in der Niederschrift zum Ausdruck gebracht werden soll. Allerdings – und auch darüber besteht Einigkeit – führt ein Verstoß gegen die Pflicht, dieses besondere Verfahren der Beurkundung bei nicht gleichzeitiger Anwesenheit der Parteien zum Ausdruck zu bringen, nicht zur Unwirksamkeit der Urkunde.[30] Argument hierfür ist vor allem, dass das Beurkundungsgesetz keine Regelung über das Erfordernis einer Einheitlichkeit der Beurkundungsverhandlung enthält. Dementsprechend sind zeitliche Unterbrechungen und auch örtliche Veränderungen der Verhandlung erforderlich. Das fehlende Gebot der einheitlichen Verhandlung gilt auch in persönlicher Hinsicht, so dass der Notar auch mit einzelnen Beteiligten getrennt verhandeln kann. Insofern ist nach dem Beurkundungsgesetz bei der Beurkundung von Willenserklärungen nach den §§ 8 ff. keine Pflicht des Notars festzustellen, nur bei gleichzeitiger Anwesenheit der Beteiligten die Beurkundung durchzuführen.

5. Umfang des Verlesens. Vorzulesen ist die **gesamte Niederschrift**.[31] Auch Anlagen, die nach § 9 Abs. 1 S. 2 Teil der Niederschrift selbst sind, müssen verlesen werden. Anlagen, die nur zur Erläuterung beigefügt werden und nicht Inhalt der Niederschrift sind, müssen nicht verlesen werden.[32] Auch der Eingangsvermerk nach § 9 Abs. 1 und Abs. 2 ist zu verlesen, ebenso der sonstige Feststellungsteil der Urkunde.[33] Nicht verlesen werden müssen Seitenzahlen, Gliederungspunkte uÄ.[34] Bezüglich der Wirkungen muss allerdings unterschieden werden, ob es sich um Soll- oder Mussangaben handelt. Werden Mussangaben nicht verlesen, führt dies zur Nichtigkeit der Beurkundung. Werden nur Sollvorschriften nicht verlesen, so hat es auf die Wirksamkeit keinen Einfluss.[35] 11

Werden **Teile der Urkunde nicht verlesen,** die an sich verlesungspflichtig sind, so ist nicht die gesamte Urkunde unwirksam, sondern nur der nicht verlesene Teil.[36] Dies kann bewusst geschehen, etwa wenn die Beteiligten eine bestimmte Klausel nicht aufnehmen wollen oder versehentlich. In jedem Fall kann von der Wirksamkeit des verlesenen Teils ausgegangen werden. Die Frage der Gesamtnichtigkeit richtet sich nach § 139 BGB.[37] Bei unwesentlichen Teilen oder Nebenabreden *(accidentalia),* zB Belehrungen, Formalien, Anträgen, wird man im Zweifel davon auszugehen haben, dass keine Gesamtnichtigkeit 11a

---

[29] OLG Hamburg DNotZ 1994, 306.
[30] OLG Hamburg DNotZ 1994, 306; RGZ 69, 130 (134).
[31] BayObLG DNotZ 1974, 49; *Winkler* BeurkG § 13 Rn. 21; *Kanzleiter* DNotZ 1990, 487; Staudinger/*Hertel* BeurkG Vorb. zu §§ 127a, 128 Rn. 361; Armbrüster/Preuß/Renner/*Piegsa* BeurkG § 13 Rn. 4; Grziwotz/Heinemann/*Heinemann* BeurkG § 13 Rn. 10; Gutachten DNotI-Report 2016, 33.
[32] Vgl. Erläuterungen → § 9 Rn. 8 ff. zur Abgrenzung der echten von der erläuternden Verweisung.
[33] BayObLGZ 1973, 213 = DNotZ 1974, 49; *Winkler* BeurkG § 13 Rn. 21; Armbrüster/Preuß/Renner/*Piegsa* BeurkG § 13 Rn. 4; Staudinger/*Hertel* BeurkG Rn. 361; BeckOGK/*Seebach/Rachlitz* BeurkG § 13 Rn. 23.
[34] *Winkler* BeurkG § 13 Rn. 25; Armbrüster/Preuß/Renner/*Piegsa* BeurkG § 13 Rn. 16; Staudinger/*Hertel* BeurkG Rn. 361; BeckOGK/*Seebach/Rachlitz* BeurkG § 13 Rn. 66 f.
[35] Armbrüster/Preuß/Renner/*Piegsa* BeurkG § 13 Rn. 5; BeckOGK/*Seebach/Rachlitz* BeurkG § 13 Rn. 29.
[36] Staudinger/*Hertel* BeurkG Vorb. zu §§ 127a, 128 Rn. 370; Armbrüster/Preuß/Renner/*Piegsa* BeurkG § 13 Rn. 17; wohl auch *Winkler* BeurkG § 9 Rn. 66, § 13 Rn. 25a.
[37] OLG Frankfurt a. M. MittBayNot 2012, 401 mAnm *Winkler; Wicke* MittBayNot 2014, 13 (14); *Winkler* BeurkG § 13 Rn. 25a; Armbrüster/Preuß/Renner/*Piegsa* BeurkG § 13 Rn. 16; Staudinger/*Hertel* BeurkG Rn. 361; BeckOGK/*Seebach/Rachlitz* BeurkG § 13 Rn. 69.

eintritt.[38] Ferner ist anerkannt, dass nicht jeder Verstoß gegen die Verlesungspflicht zu einer Unwirksamkeit des gesamten Beurkundungsakts führt. Bezieht sich der Verlesungsmangel nur auf solche Passagen der Niederschrift, die nicht nach § 9 Abs. 1 deren zwingender Bestandteil sind, sondern bloße Sollvorschriften des notariellen Verfahrensrechts, führt dies zwar zu einem Verfahrensfehler im Beurkundungsverfahren, den der Notar im Rahmen seiner Amtspflichten zu vermeiden hat. Die Nichtverlesung von Sollbestandteilen der Niederschrift führt aber nicht zur Unwirksamkeit des Beurkundungsakts, weil die formelle Wirksamkeit der Urkunde selbst dann nicht beeinträchtigt worden wäre, wenn diese Sollbestandteile von vornherein keinen Eingang in den Text der Niederschrift gefunden hätten.[39]

11b Der Schlussvermerk muss nicht verlesen werden. Ausnahmen von der Vorlesungspflicht enthalten die §§ 13a, 14; dies auch im Interesse der Vertragsparteien. Diese Vorschriften ermöglichen eine **Konzentration** des Vorlesungsstoffes auf das Wesentliche und dienen so auch der Erhaltung des Schutzzweckes des Vorlesens durch Verhinderung von die Aufnahmefähigkeit überschreitenden langdauernden Texten.[40]

12 **6. Art des Verlesens.** Das Verlesen setzt die **Wahrnehmung des körperlichen Textes** und die Wiedergabe durch die Stimme des Verlesenden voraus. Das Vorlesen hat wörtlich zu erfolgen, sinngemäße Umschreibungen genügen nicht.[41] Die Verlesung kann daher nicht durch Abspielung eines Tonbands mit dem Urkundstext ersetzt werden, da anderenfalls die notwendige Richtigkeitsgewähr im Hinblick auf Inhalt und Belehrung nicht gewährleistet wäre.[42] Eine bestimmte Reihenfolge des Vorlesens der Passagen ist nicht vorgeschrieben.[43]

12a Unklar ist, ob dies auch gilt für **Texterkennungssysteme,** die wirklich den Text der Urkunde vorlesen. Meines Erachtens müsste ein solches Verfahren zulässig sein, wenn der Notar bei der Verlesung anwesend ist. § 13 spricht nicht davon, dass die Verlesung durch eine Person erfolgen muss.[44] Das Tonbandproblem – Abweichen des vorgelesenen Textes von der Urkunde – stellt sich bei diesen Techniken nicht. Das Argument des Medienbruchs entfällt damit. Die Kontrollfunktion durch den Notar entfällt nicht, er ist ja anwesend. Zu beachten ist allerdings, dass die überwiegende Literatur dies noch ablehnt, so dass in der Praxis nicht davon Gebrauch gemacht werden sollte.[45]

IV. Vorlage zur Durchsicht

13 **1. Karten, Zeichnungen oder Abbildungen.** Soweit die Niederschrift auf Karten, Zeichnungen oder Abbildungen verweist, die nicht vorgelesen werden können, müssen diese den Beteiligten anstelle des Vorlesens zur Durchsicht vorgelegt werden. In diesen Fällen ersetzt die Vorlage das Vorlesen. Ebenso wie das Vorlesen setzt die Vorlage zur Durchsicht voraus, dass die Beteiligten die Möglichkeit haben, den Inhalt visuell zur Kenntnis zu nehmen. Ob sie dies tatsächlich tun, ist für die Wirksamkeit der Beurkundung unerheblich.

---

[38] *Winkler* BeurkG § 13 Rn. 25a; BeckOGK/*Seebach/Rachlitz* BeurkG § 13 Rn. 69 f.; Armbrüster/ Preuß/Renner/*Piegsa* BeurkG § 13 Rn. 18.
[39] So BGH DNotZ 2019, 830 mAnm *Ott; Winkler* BeurkG § 13 Rn. 25; Armbrüster/Preuß/Renner/ *Piegsa* BeurkG § 13 Rn. 16; Staudinger/*Hertel* BeurkG Rn. 361; BeckOGK/*Seebach/Rachlitz* BeurkG § 13 Rn. 66 f.
[40] Auf diesen Aspekt weist zu Recht BGH ZNotP 2003, 429 hin.
[41] BeckOGK/*Seebach/Rachlitz* BeurkG § 13 Rn. 31 f.
[42] OLG Hamm DNotZ 1978, 54; Staudinger/*Hertel* BeurkG Vorb. zu §§ 127a, 128 Rn. 362; Armbrüster/ Preuß/Renner/*Piegsa* BeurkG § 13 Rn. 7; *Winkler* BeurkG § 13 Rn. 7; Grziwotz/Heinemann/*Heinemann* BeurkG § 13 Rn. 7.
[43] Armbrüster/Preuß/Renner/*Piegsa* BeurkG § 13 Rn. 13; BeckOGK/*Seebach/Rachlitz* BeurkG § 13 Rn. 32, 49.
[44] So aber wohl OLG Hamm DNotZ 1978, 54 in der Tonbandentscheidung.
[45] Armbrüster/Preuß/Renner/*Piegsa* BeurkG § 13 Rn. 7; *Winkler* BeurkG § 13 Rn. 12a; Grziwotz/ Heinemann/*Heinemann* BeurkG § 13 Rn. 9; BeckOGK/*Seebach/Rachlitz* BeurkG § 13 Rn. 47 f.

2. Vorlage auf Verlangen. Nach § 13 Abs. 1 S. 4 können die Beteiligten darüber **14** hinaus vor der Genehmigung auch die Durchsicht der gesamten Niederschrift verlangen. In diesen Fällen hat die Vorlage nur einen zusätzlichen Sicherheitscharakter, ersetzt aber nicht, wie im Falle der Karten und Zeichnung, die Verlesung.[46]

V. Sammelbeurkundung

Nach § 13 Abs. 2 besteht eine erleichterte Form der Vorlesung bei Sammelbeurkundun- **15** gen. Werden mehrere Niederschriften aufgenommen, die ganz oder teilweise übereinstimmen, so genügt es, wenn der übereinstimmende Inhalt den Beteiligten einmal vorgelesen oder anstelle des Vorlesens **zur Durchsicht vorgelegt** wird.[47] Bei Sammelbeurkundungen ist im Hinblick auf den Zweck der Beurkundung ein einmaliges Verlesen zulässig.[48] Das Beurkundungsverfahren soll dadurch nicht zu einem „leeren *Formalismus* herabgewürdigt" werden.[49] Die Vorschrift erkennt damit an, dass keine absolute Beziehung zwischen dem körperlichen Text und verlesenem Inhalt bestehen muss und ermöglicht aus Vereinfachungsgründen eine vereinfachte Form der Kenntnisvermittlung. Der Notar hat dabei allerdings seine Verschwiegenheitspflicht nach § 18 BNotO zu beachten und muss daher vor diesem Verfahren das Einverständnis der Beteiligten einholen. Eine Sammelbeurkundung ist jedoch nur wirksam, wenn allen Beteiligten beim ersten Verlesen klar ist, dass der verlesene Text sich auch auf ihre Erklärungen bezieht.[50] Die Urkunde muss allerdings keinen Hinweis enthalten.[51] § 13 Abs. 2 ist entsprechend anzuwenden, wenn eine Urkunde wortgleiche Passagen enthält, so dass es genügt, wenn diese nur einmal vorgelesen werden.[52] Die hL steht zu Recht auf dem Standpunkt, dass textidentische Passagen (zB sich wiederholender Grundbuchbeschrieb uÄ) nicht zweimal verlesen werden müssen.[53] Dies gilt auch, wenn in derselben Urkunde mehrere Verträge enthalten sind, die aber identisch sind.[54] Wenn bei mehreren identischen Urkunden auf das doppelte Verlesen verzichtet werden kann, so muss dies erst recht gelten, wenn die Passagen sich in derselben Urkunde befinden.[55]

Zu beachten ist, dass die berufsrechtlichen **Richtlinien** die Sammelbeurkundung be- **15a** schränken: die Richtlinienempfehlungen der BNotK auf nicht mehr als fünf,[56] die bayerischen Richtlinien[57] auf maximal zwei.[58]

---

[46] Staudinger/*Hertel* BeurkG Vorb. zu §§ 127a, 128 Rn. 366; Armbrüster/Preuß/Renner/*Piegsa* BeurkG § 13 Rn. 20 ff.; *Winkler* BeurkG § 13 Rn. 26.
[47] Vgl. Grziwotz/Heinemann/*Heinemann* BeurkG § 13 Rn. 15; Armbrüster/Preuß/Renner/*Piegsa* BeurkG § 13 Rn. 24; *Winkler* BeurkG § 13 Rn. 31 ff.; *Lerch* BeurkG § 13 Rn. 16; BeckOGK/*Seebach/Rachlitz* BeurkG § 13 Rn. 85.
[48] Vgl. zur damaligen Zweckrichtung *Saage* DNotZ 1959, 340 (345); *Keidel* DNotZ 1959, 347 (348); *ders.*, Allgemeines Urkundenrecht, 1968, § 52 Rn. 3.
[49] So *Keidel* DNotZ 1959, 348.
[50] OLG Frankfurt a. M. OLG-Report 1999, 141 = DNotI-Report 1999, 113; Revision abgelehnt vom BGH DNotZ 2000, 512; Grziwotz/Heinemann/*Heinemann* BeurkG § 13 Rn. 15; Armbrüster/Preuß/Renner/*Piegsa* BeurkG § 13 Rn. 24; *Winkler* BeurkG § 13 Rn. 31 ff.; *Lerch* BeurkG § 13 Rn. 16.
[51] *Winkler* BeurkG § 13 Rn. 22; Staudinger/*Hertel* BeurkG Vorb. zu §§ 127a, 128 Rn. 368; Armbrüster/Preuß/Renner/*Piegsa* BeurkG § 13 Rn. 20 ff.; Gutachten DNotI-Report 2016, 33; unrichtig OLG Frankfurt a. M. OLG-Report 1999, 141 = DNotI-Report 1999, 113.
[52] Vgl. eingehend Gutachten DNotI-Report 2016, 33.
[53] Gutachten DNotI-Report 2016, 33; *Winkler* BeurkG § 13 Rn. 36a; Grziwotz/Heinemann/*Heinemann* BeurkG § 13 Rn. 16; Armbrüster/Preuß/Renner/*Piegsa* BeurkG § 13 Rn. 5; BeckOGK/*Seebach/Rachlitz* BeurkG § 13 Rn. 87 f.
[54] BeckOGK/*Seebach/Rachlitz* BeurkG § 13 Rn. 87 f.
[55] *Winkler* BeurkG § 13 Rn. 36a.
[56] → RLEmBNotK II. Rn. 36 f.
[57] *Notarkasse*, Handbuch für das Notariat in Bayern und in der Pfalz, 23. Aufl. 2019, Nr. 51.
[58] *Winkler* BeurkG § 13 Rn. 40; Grziwotz/Heinemann/*Heinemann* BeurkG § 13 Rn. 18.

C. Genehmigung

16 Die Beteiligten müssen die ihnen vorgelesene Niederschrift genehmigen, dh ihr Einverständnis mit dem Inhalt der Niederschrift abgeben.[59] Das Gesetz hat keine bestimmte Form vorgeschrieben, so dass **jede Form der Genehmigungserklärung**, auch die konkludente, genügt.[60] In der Regel ergibt sich die Genehmigung aus der Unterschrift durch die Beteiligten. Genehmigt werden müssen nur die Erklärungen der Beteiligten, nicht die Feststellungen, Belehrungen und Hinweise des Notars.[61] Die Genehmigung muss **in Gegenwart des Notars** erfolgen, wobei der gleiche Gegenwartsbegriff gilt wie beim Verlesen.[62] Wird die Genehmigung von einem Beteiligten verweigert, von einem anderen aber erteilt, so ist die Beurkundung bezüglich der Erklärung der anderen Beteiligten wirksam, nicht aber bezüglich des Verweigernden. Nach dem materiellen Recht beurteilt sich dann die Frage, ob ein Rechtsgeschäft wirksam zustande gekommen ist oder nicht.[63]

D. Unterzeichnung

I. Zweck der Unterschrift

17 Mit der Unterschrift wird dokumentiert, dass sich die Beteiligten ihre Erklärungen zurechnen lassen und die Urkunde in ihrer körperlichen Form genehmigen; die Unterschrift dient folglich als formelles Zeichen der Verantwortungsübernahme für Geltung und Gültigkeit des beurkundeten Rechtsgeschäfts. Mit der Unterschrift wird dokumentiert, dass sich die Beteiligten ihre in der Urkunde niedergelegten Erläuterungen zurechnen lassen. Dies ist ein formelles Zeichen der Verantwortungsübernahme für Geltung und Gültigkeit der beurkundeten Erklärungen.[64] Des Weiteren dient die Unterschrift für die Echtheit des beurkundeten Willens der Beteiligten, da die Urkunde nicht etwa Erklärungen des Notars, die er aufgrund des ihm mitgeteilten Willens der Beteiligten abgibt, sondern die eigenen Willenserklärungen der Beteiligten enthält. Die Identifizierbarkeit der Beteiligten ist indes nicht Sinn der Unterschrift; hierzu dient die nach § 10 zu treffende Identitätsfeststellung.[65] Durch die Unterschrift wird die Richtigkeitsgewähr der Urkunde erhöht: Die Beteiligten müssen nicht nur gegenüber dem Notar die Genehmigung abgeben, sondern diese auch noch durch eine Unterschriftsleistung bestärken. Die Unterschrift des Notars sichert, dass er die Verantwortung für die Beurkundung und die Einhaltung der Verfahrensvorschriften übernimmt und sich ebenfalls das Beurkundungsverfahren als sein eigenes zurechnen lässt. Durch diese Elemente wird daher die Richtigkeitsgewähr der notariellen Urkunde gegenüber schriftlichen Erklärungen deutlich erhöht.[66] Die Unterschrift ist Wirksamkeitsbedingung.[67] Eine

---

[59] Staudinger/*Hertel* BeurkG Vorb. zu §§ 127a, 128 Rn. 382 ff.; Armbrüster/Preuß/Renner/*Piegsa* BeurkG § 13 Rn. 28 ff.; *Winkler* BeurkG § 13 Rn. 40 ff.; Grziwotz/Heinemann/*Heinemann* BeurkG § 13 Rn. 20; BeckOGK/*Seebach/Rachlitz* BeurkG § 13 Rn. 104.

[60] Armbrüster/Preuß/Renner/*Piegsa* BeurkG § 13 Rn. 284; Grziwotz/Heinemann/*Heinemann* BeurkG § 13 Rn. 20.

[61] *Winkler* BeurkG § 13 Rn. 29; Staudinger/*Hertel* BeurkG Vorb. zu §§ 127a, 128 Rn. 382; Armbrüster/Preuß/Renner/*Piegsa* BeurkG § 13 Rn. 28; Grziwotz/Heinemann/*Heinemann* BeurkG § 13 Rn. 20.

[62] → Rn. 4.

[63] Staudinger/*Hertel* BeurkG Vorb. zu §§ 127a, 128 Rn. 3621; Armbrüster/Preuß/Renner/*Piegsa* BeurkG § 13 Rn. 33; *Winkler* BeurkG § 13 Rn. 32; Grziwotz/Heinemann/*Heinemann* BeurkG § 13 Rn. 20.

[64] BGHZ 152, 155 = DNotZ 2003, 269; OLG Köln RNotZ 2010, 345; OLG Düsseldorf FGPrax 2017, 267.

[65] BGHZ 152, 155 = DNotZ 2003, 269; KG NJW-RR 1996, 1414; OLG Köln RNotZ 2010, 345; OLG Düsseldorf FGPrax 2017, 267; *Heinemann* ZNotP 2003, 269; *Winkler* BeurkG § 13 Rn. 45.

[66] Armbrüster/Preuß/Renner/*Piegsa* BeurkG § 13 Rn. 22, 35; *Winkler* BeurkG § 13 Rn. 45; *Heinemann* ZNotP 2002, 223 (224); *Kanzleiter* MittBayNot 2003, 197.

[67] Staudinger/*Hertel* BeurkG Vorb. zu §§ 127a, 128 Rn. 385; Armbrüster/Preuß/Renner/*Piegsa* BeurkG § 13 Rn. 35; *Winkler* BeurkG § 13 Rn. 45 ff.

Urkunde ohne Unterschrift der Beteiligten führt dazu, dass deren Erklärungen nicht wirksam beurkundet wurden. Eine Unterzeichnung ohne den Notar führt zur Unwirksamkeit der Beurkundung. Nach Unterschriftsleistung sind Änderungen in der Niederschrift oder der Austausch von Teilen derselben unzulässig. Nur so dient die Unterschrift der Bekräftigung, dass das ihr Voranstehende auch das den Beteiligten Vorgelesene und von ihnen Gewollte darstellt, das die Vermutung des § 13 Abs. 1 S. 3 rechtfertigt.[68] Der nachträgliche Austausch von Seiten der Urkunde, etwa um eine Reinschrift zu fertigen, verstößt gegen § 13.[69]

II. Anforderungen an die Unterschrift

Auch das BGB regelt in § 126 Abs. 1 BGB, wie die Unterschrift zur Wahrung der Schriftform zu erfolgen hat, nämlich „eigenhändig durch Namensunterschrift".[70] Teilweise können die hierzu ergangenen Auslegungserwägungen auch im Rahmen des § 13 herangezogen werden. Es ist aber zu beachten, dass durch die Gegenwart des Notars der Unterschriftsbegriff im BeurkG ein eigenständiger sein kann, da hier durch das Beurkundungsverfahren andere Sicherungsmittel vorliegen als bei der Schriftform.[71] Sowohl die Unterschrift der Beteiligten als auch die des Notars müssen **eigenhändig** erfolgen (§ 13 Abs. 1 S. 1), so dass Stempel, Unterschriftenautomaten etc nicht zulässig sind und zur Unwirksamkeit führen. Eine **Schreibhilfe** ist zulässig, sofern der Aussteller lediglich unterstützt und der Schriftzug von seinem Willen bestimmt wird.[72] 18

Die Unterschrift der Beteiligten muss in **Gegenwart** des Notars erfolgen, da auch hierdurch der Notar die Richtigkeit der Unterschriftsleistung und damit die Identität des Erklärenden garantiert. Ebenso wie beim Vorlesen setzt daher auch der Begriff der Gegenwart voraus, dass die notwendige Einheitlichkeit des Orts gegeben ist und der Notar die Unterschriftsleistung visuell wahrnehmen kann. 19

Im **gerichtlichen Verkehr** hat die Rechtsprechung für sog. bestimmende Schriftsätze relativ strenge Anforderungen an das Aussehen einer Unterschrift entwickelt.[73] Danach ist bei fristwahrenden Schriftsätzen erforderlich, dass ein individueller Schriftzug vorliegt, der sich – ohne lesbar sein zu müssen – als Wiedergabe des Namens darstellt und die Absicht einer vollen Unterschriftsleistung erkennen lässt.[74] Einzelne Buchstaben müssen nicht erkennbar sein. Unzureichend sind nach dieser Rechtsprechung Striche, Kreise, Haken uÄ.[75] Diese Grundsätze sind nicht ohne weiteres auf die notarielle Beurkundung übertragbar, da durch die Mitwirkung des Notars unabhängig von der Qualität der Unterschrift eine konkrete Zuordnung der Willenserklärung zum Aussteller gewährleistet ist.[76] Es kann, anders als bei einem Schriftsatz, der von dem bloßen Entwurf abzugrenzen ist, kein Zweifel bestehen, dass in der Beurkundung in Gegenwart des Notars die Unterschriften der Beteiligten „ernst gemeint" sind. Die Rechtsprechung zu den bestimmenden Schriftsätzen eines Rechtsanwalts kann daher nicht auf die notarielle Beurkundung übertragen werden. 20

---

[68] BGH DNotZ 1999, 351.
[69] OLG Hamm DNotZ 2001, 129 zum Verfahren einer Testamentsbeurkundung in Form einer „Reinschrift" mit Blankounterschrift; vgl. auch Anm. *Reithmann* DNotZ 2001, 131.
[70] Vgl. hierzu *Köhler* FS Schippel 1996, 209 ff.
[71] Unklar *Köhler* FS Schippel 1996, 209, inwieweit er die Rechtsprechung zu § 126 BGB auf § 13 BeurkG übertragen möchte.
[72] BGHZ 47, 71; BGH NJW 1981, 1900; BayObLG DNotZ 1986, 299; *Köhler* FS Schippel 1996, 209 (216); Staudinger/*Hertel* BeurkG Vorb. zu §§ 127a, 128 Rn. 388; Armbrüster/Preuß/Renner/*Piegsa* BeurkG § 13 Rn. 39; *Lerch* BeurkG § 13 Rn. 38.
[73] Vgl. die Zusammenfassung bei *Schneider* NJW 1998, 1844; BGH NJW 1997, 3380; 1992, 243; 1982, 1467.
[74] BGH NJW 1997, 3380; BGHSt 12, 317 (319 f.) = NJW 1959, 734; BGH MDR 1964, 747; NJW 1967, 2310; 1974, 1090; 1975, 1704; 1982, 1467; 1985, 1227; BayObLGSt 2003, 73; OLG Nürnberg NJW 1961, 1777; NStZ-RR 2007, 151.
[75] BGH NJW 1982, 1467.
[76] Vgl. eingehend zur Unterschrift *Kanzleiter* DNotZ 2002, 520; *ders.* MittBayNot 2003, 197; *Heinemann* ZNotP 2002, 223; *ders.* DNotZ 2003, 243.

Hier ist es ausreichend, dass eine **Zuordnung der Unterschrift** möglich ist.[77] Das Pfälzische OLG Zweibrücken[78] war bei der Unterschrift eines Rechtspflegers unter eine Grundbucheintragung ebenfalls zu Recht großzügig, so dass es genügt, wenn ein die Identität des Unterschreibenden kennzeichnender individueller Schriftzug vorliegt, der einmalig ist, entsprechende charakteristische Merkmale aufweist, sich als über ein bloßes Handzeichen hinausgehende Wiedergabe eines Namens darstellt und die Absicht einer vollen Unterschriftsleistung erkennen lässt. Lesbar braucht sie nicht zu sein.

20a Unrichtig ist mE die Entscheidung des OLG Stuttgart,[79] die die Rechtsprechung zu bestimmenden Schriftsätzen auf die Unterzeichnung der notariellen Urkunde überträgt. Allein aus Gründen der Rechtssicherheit ist davon auszugehen, dass bei Unterschriften unter notariellen Urkunden im Zweifel die Absicht einer vollen Unterschriftszeichnung besteht, da bereits durch das notarielle Verfahren mit Identitätsfeststellung die individuelle Zuordnung zur Person gewährleistet ist. Der notarielle Schlussvermerk „vorgelesen, genehmigt und eigenhändig unterschrieben" lässt keinen Zweifel zu, dass die Unterschriftsleistung von den Beteiligten auch als Unterschrift im Rechtssinne gemeint ist. Die Unterschrift im Rahmen der notariellen Beurkundung ist Teil eines in sich abgestimmten rechtlichen Beweisverfahrens, das aus verschiedenen Teilelementen besteht: Feststellungen, Vorlesen, Belehrungen, Genehmigen, Unterschreiben. Es darf nicht sein, dass subjektive – auf die innere Willensrichtung eines Beteiligten abstellende – Anforderungen an den Begriff der Unterschrift das gesamte Verfahren und damit die Verbindlichkeit und Rechtssicherheit notarieller Urkunden entwerten. Aus diesem Grund ist mE auch die heftig kritisierte Entscheidung des BGH vom 25.10.2002 nicht richtig, in der dieser entschied, dass die bloße Unterzeichnung mit dem Vornamen nicht genügt und damit zur Formnichtigkeit führt.[80] Die Entscheidung geht an der Praxis und ihren Bedürfnissen vorbei, wenn sie feststellt, dass nach einer eingehenden Verhandlung vor dem Notar die Unterschrift mit dem Vornamen nicht das Einstehen für das Rechtsgeschäft bedeute.[81] Es ist kaum denkbar, wenn am Ende einer Verhandlung ein Beteiligter unterzeichnet, dies aber nicht ernst meint, ohne dies deutlich zu machen. Die Entscheidung zwingt in der Praxis die Beteiligten zu kleinlichen „Schreibübungen". Die Literatur hat zu Recht diese übertriebenen Anforderungen, die auch in der Praxis erhebliche Probleme bereiten, da gerade „Vielunterschreiber" nur noch sehr abgekürzte Nachnamenunterschriften verwenden, kritisiert.[82] Zu beachten ist allerdings, dass die **Gerichte** teilweise mE **überzogene Forderungen an die Unterschrift** unter Anwendung der Rechtsprechung zu bestimmenden Schriftsätzen fordern, sodass in der Praxis die Empfehlung gilt, eher etwas strenger zu sein.[83]

20b Mittlerweile ist auch der **BGH** zum Schriftbild der Unterschrift **großzügiger** und stellt fest, dass „in Anbetracht der Variationsbreite, die selbst Unterschriften ein und derselben Person aufweisen, jedenfalls bei gesicherter Urheberschaft bei den an eine Unterschrift zu stellenden Anforderungen ein großzügiger Maßstab anzulegen" sei.[84] Eine Unterschrift setze einen die Identität des Unterzeichnenden ausreichend kennzeichnenden Schriftzug

---

[77] Ebenso Staudinger/*Hertel* BeurkG Vorb. zu §§ 127a, 128 Rn. 387; *Winkler* BeurkG § 13 Rn. 51; kritisch dazu Armbrüster/Preuß/Renner/*Piegsa* BeurkG § 13 Rn. 35 ff.; Grziwotz/Heinemann/*Heinemann* BeurkG § 13 Rn. 24 ff.; Meines Erachtens unrichtig OLG Naumburg OLG-Report 2000, 239, das übersteigerte Anforderungen an die Unterschrift eines Notars stellt und dabei die Besonderheiten des Beurkundungsverfahrens nicht ausreichend berücksichtigt.

[78] OLG Zweibrücken FGPrax 2000, 92.

[79] OLG Stuttgart DNotZ 2002, 543 mAnm *Kanzleiter* DNotZ 2002, 520; *Heinemann* ZNotP 2002, 223.

[80] BGH DNotZ 2003, 269; ablehnend *Heinemann* DNotZ 2003, 243 ff.; *Renner* NotBZ 2003, 118 ff.; *Kanzleiter* MittBayNot 2003, 197 ff.; *ders.* NotBZ 2003, 210.

[81] Vgl. *Kanzleiter* MittBayNot 2003, 157; *Heinemann* ZNotP 2003, 169.

[82] *Heinemann* DNotZ 2003, 243 ff.; *Kanzleiter* MittBayNot 2003, 197 ff.

[83] Vgl. eingehend zur Unterschrift *Kanzleiter* DNotZ 2002, 520 ff.; *ders.* MittBayNot 2003, 197 ff.; *Heinemann* ZNotP 2002, 223 ff.; *ders.* DNotZ 2003, 243 ff.; *Köhler* FS Schippel 1996, 209 ff.; Armbrüster/Preuß/Renner/*Piegsa* BeurkG § 13 Rn. 35 ff.; *Winkler* BeurkG § 13 Rn. 45 ff.; *Lerch* BeurkG § 13 Rn. 48; Grziwotz/Heinemann/*Heinemann* BeurkG § 13 Rn. 24 ff.

[84] BGH NJW-RR 2017, 445.

voraus, der individuelle und entsprechend charakteristische Merkmale aufweise, die die Nachahmung erschweren, der sich als Wiedergabe eines Namens darstelle und der die Absicht einer vollen Unterschrift erkennen lasse, selbst wenn er nur flüchtig niedergelegt und von einem starken Abschleifungsprozess gekennzeichnet sei. Unter diesen Voraussetzungen könne selbst ein vereinfachter und nicht lesbarer Namenszug – anders als eine dem äußeren Erscheinungsbild nach bewusste und gewollte Namensabkürzung – als Unterschrift anzuerkennen sein, wobei insbesondere von Bedeutung sei, ob der Unterzeichner auch sonst in gleicher oder ähnlicher Weise unterschreibe.[85] Es dürfen bei der Unterschrift auch fremde Schriftzeichen verwendet werden.[86]

21 Zu unterschreiben ist grundsätzlich mit dem Familiennamen, bei den Beteiligten sollte auch der Vorname aufgenommen werden, wobei dies nicht Wirksamkeitsvoraussetzung ist.[87] Allein der Vorname soll allerdings nicht genügen.[88] Unterzeichnungen mit einem Künstlernamen sind nach der hM zulässig.[89] Da anders als § 126 Abs. 1 BGB § 13 nicht die ausdrückliche Namensunterschrift verlangt, kommt es allein auf die Zuordenbarkeit der Unterschrift zu einer konkreten Person an. Auch Unterschriften mit einem Pseudonym oder sogar die versehentliche Unterzeichnung mit einem fremden Namen genügen, wenn sich die Identität des Unterzeichnenden einwandfrei aus der Urkunde ergibt und die Zurechnung der Unterschrift zu dem im Eingang Beteiligten feststellen lässt.[90] Neben der Unterschrift mit dem vom Erblasser von Gesetzes wegen zu führenden Vor- und Familiennamen kann dies auch bei einem von diesem abweichenden Namen der Fall sein. In Betracht kommen Künstler- oder Spitznamen, aber auch Verstümmlungen, Vereinfachungen oder Abkürzungen des rechtmäßigen Namens. Verwendet der Erblasser einen solchen Namen auch sonst und erkennt er ihn als den Seinigen an, ist von der Wirksamkeit auch der Unterschriftsleistung mit diesem Namen auszugehen, da dann kein Anlass besteht, an der Ernsthaftigkeit der beurkundeten Erklärung zu zweifeln.[91]

III. Unterzeichnung durch den Notar

22 **1. Normzweck.** Durch die Unterschrift des Notars übernimmt dieser die Verantwortung für die Rechtmäßigkeit der Beurkundungsverhandlung und damit die Rechtssicherheit der Urkunde. Durch die Unterschrift des Notars soll das **Ende der Verhandlung** gekennzeichnet werden, deshalb sollte die Unterschrift auch räumlich als letzte auf die Urkunde gesetzt werden.[92] Da allerdings das Gesetz keine bestimmte Reihenfolge der Unterzeichnung vorsieht, kann ein Verstoß gegen diese räumliche Abschlussfunktion nicht die Wirksamkeit der Beurkundung beeinträchtigen.[93] Die Beifügung des **Siegels** ist keine Wirksamkeitsvoraussetzung.[94]

---

[85] BGH NJW-RR 2017, 445.
[86] Grziwotz/Heinemann/*Heinemann* BeurkG § 13 Rn. 25; Armbrüster/Preuß/Renner/*Piegsa* BeurkG § 13 Rn. 49; *Winkler* BeurkG § 13 Rn. 52.
[87] BGHZ 152, 256 = DNotZ 2003, 269; OLG Köln RNotZ 2010, 345; Staudinger/*Hertel* BeurkG Vorb. zu §§ 127a, 128 Rn. 389; *Winkler* BeurkG § 13 Rn. 56; Armbrüster/Preuß/Renner/*Piegsa* BeurkG § 13 Rn. 43 ff.; Grziwotz/Heinemann/*Heinemann* BeurkG § 13 Rn. 24 f.
[88] BGHZ 152, 256 = DNotZ 2003, 269; OLG Köln RNotZ 2010, 345; ablehnend *Heinemann* DNotZ 2003, 243 ff.; *Renner* NotBZ 2003, 188 ff.; *Kanzleiter* MittBayNot 2003, 197 ff.; *ders.* NotBZ 2003, 210.
[89] OLG Köln RNotZ 2010, 345; *Winkler* BeurkG § 13 Rn. 42; Staudinger/*Hertel* BeurkG Vorb. zu §§ 127a, 128 Rn. 390; Armbrüster/Preuß/Renner/*Piegsa* BeurkG § 13 Rn. 49 ff.
[90] Vgl. auch BayObLG NJW 1956, 25; *Köhler* FS Schippel 1996, 209 (210 ff.).
[91] OLG Köln RNotZ 2010, 345; KG FGPrax 1996, 113.
[92] Vgl. *Winkler* BeurkG § 13 Rn. 79 f.; Staudinger/*Hertel* BeurkG Vorb. zu §§ 127a, 128 Rn. 399; Armbrüster/Preuß/Renner/*Piegsa* BeurkG § 13 Rn. 68 f.; Grziwotz/Heinemann/*Heinemann* BeurkG § 13 Rn. 31; BeckOGK/*Seebach/Rachlitz* BeurkG § 13 Rn. 173.
[93] *Winkler* BeurkG § 13 Rn. 79; *Lerch* BeurkG § 13 Rn. 27; Staudinger/*Hertel* BeurkG Vorb. zu §§ 127a, 128 Rn. 399; Armbrüster/Preuß/Renner/*Piegsa* BeurkG § 13 Rn. 68 f.; BeckOGK/*Seebach/Rachlitz* BeurkG § 13 Rn. 173, 188.
[94] Staudinger/*Hertel* BeurkG Vorb. zu §§ 127a, 128 Rn. 402; Armbrüster/Preuß/Renner/*Piegsa* BeurkG § 13 Rn. 69 f.; *Lerch* BeurkG § 13 Rn. 26.

23 2. Zeitpunkt der Unterschrift des Notars. Erst mit der Unterschrift des Notars ist die **Verhandlung abgeschlossen** und die Urkunde wirksam. Das Gesetz regelt nicht, bis zu welchem Zeitpunkt die Unterschrift vorgenommen werden kann, so dass der Notar auch noch später die Unterschriftsleistung nachholen kann. Bis zur Unterschriftsleistung ist die Urkunde schwebend unwirksam, aber nicht nichtig.[95] Da die Unterschrift des Notars nur die Richtigkeitsgewähr für die durchgeführte Beurkundung darstellt, lassen sich aus dem Gesetz keine zeitlichen Grenzen schließen, so dass die vergessene Unterschrift auch noch dann nachgeholt werden kann, wenn bereits Ausfertigungen erteilt wurden.[96] Für die Nachholung der vergessenen Unterschrift ist auch eine Nachtragsverhandlung nicht erforderlich.[97] § 44a Abs. 2 regelt diesen Fall nicht.

23a Ob es dabei eine **zeitliche Grenze** gibt, ist umstritten, mE aber abzulehnen. Das OLG Stuttgart hat allerdings bei einem Hauptversammlungsprotokoll entschieden, dass bei einer monate- oder jahrelangen bewussten Unterlassung der Unterzeichnung eine Nachholung nicht mehr möglich ist.[98]

23b Bei Verfügungen von Todes wegen gelten wegen § 35 Besonderheiten.

IV. Nachholung der Unterschrift der Beteiligten

24 Hat einer der Beteiligten der Verhandlung beigewohnt und die Niederschrift genehmigt, aber seine Unterschrift vergessen, so ist ungeregelt, ob auch insoweit eine Nachholung der Unterschrift möglich ist. Da die Funktion der Unterschrift eines Beteiligten eine andere ist als die des Notars, sind hier andere Maßstäbe anzulegen. Mit der Unterschrift autorisiert der Beteiligte den Inhalt seiner Erklärungen und gibt zu erkennen, dass er mit der Niederschrift einverstanden ist. Dies kann auch noch nach Abschluss der Beurkundung geschehen, so dass grundsätzlich die Möglichkeit des Nachholens einer vergessenen Unterschrift anzuerkennen ist.[99] Da allerdings durch die Unterschrift des Notars die Beurkundung abgeschlossen ist, kann die Nachholung der vergessenen Unterschrift nur im Wege einer **Nachtragsbeurkundung** durch eine neue Niederschrift erfolgen.[100] Der Rechtsgedanke des § 44a Abs. 2 lässt sich hierfür heranziehen. Die Nachtragsverhandlung muss zum Ausdruck bringen, dass der Beteiligte die Unterschrift versehentlich unterlassen hat und jetzt nachholt; gleichzeitig hat er hierbei zu bestätigen, dass ihm die Niederschrift am Tag der Errichtung vorgelesen worden ist und dass er sie damals in Gegenwart des Notars und der übrigen Beteiligten genehmigt hat. Die anderen Beteiligten müssen an dieser Nachtragsverhandlung grundsätzlich nicht teilneh-

---

[95] So zu Recht *Winkler* BeurkG § 13 Rn. 69; *Lerch* BeurkG § 13 Rn. 27; Staudinger/*Hertel* BeurkG Vorb. zu §§ 127a, 128 Rn. 404; Armbrüster/Preuß/Renner/*Piegsa* BeurkG § 13 Rn. 70.

[96] So *Winkler* BeurkG § 13 Rn. 88; *Lerch* BeurkG § 13 Rn. 27; *Lischka* NotBZ 1999, 8 (10); Staudinger/*Hertel* BeurkG Vorb. zu §§ 127a, 128 Rn. 404; Armbrüster/Preuß/Renner/*Piegsa* BeurkG § 13 Rn. 72 f. ff.; LG Aachen DNotZ 1976, 428; Grziwotz/Heinemann/*Heinemann* BeurkG § 13 Rn. 34; *Lischka* NotBZ 1999, 8 (11); einschränkend *Keidel* DNotZ 1957, 583; BeckOGK/*Seebach/Rachlitz* BeurkG § 13 Rn. 175 ff.; aA OLG Naumburg OLG-Report 2000, 239; *Jansen* BeurkG § 13 Rn. 40.

[97] *Winkler* BeurkG § 13 Rn. 88; *Lischka* NotBZ 1999, 8 (11); aA LG Aachen DNotZ 1976, 428; Staudinger/*Hertel* BeurkG Vorb. zu §§ 127a, 128 Rn. 404; Armbrüster/Preuß/Renner/*Piegsa* BeurkG § 13 Rn. 72 f.; *Keidel* DNotZ 1957, 483 (489), die eine Nachtragsverhandlung verlangen, die allerdings das Gesetz überhaupt nicht vorsieht.

[98] OLG Stuttgart AG 2015, 282.

[99] So *Winkler* BeurkG § 13 Rn. 88 ff.; *Jansen* BeurkG § 8 Rn. 21; *Haug* Rn. 600; Gutachten DNotI-Report 1998, 33; Staudinger/*Hertel* BeurkG Vorb. zu §§ 127a, 128 Rn. 396 ff.; Armbrüster/Preuß/Renner/*Piegsa* BeurkG § 13 Rn. 63 ff.; BeckOGK/*Seebach/Rachlitz* BeurkG § 13 Rn. 160 ff.; aA *Lischka* NotBZ 1999, 8 (9); *Wochner* DNotZ 2000, 3030 (305) mit Hinweis auf § 147 Abs. 1 BGB.

[100] OLG Düsseldorf MittRhNotK 1999, 162; *Jansen* BeurkG § 8 Rn. 21; *Winkler* BeurkG § 13 Rn. 67; vgl. Gutachten DNotI-Report 1998, 33 (34); Staudinger/*Hertel* BeurkG Vorb. zu §§ 127a, 128 Rn. 396 ff.; Armbrüster/Preuß/Renner/*Piegsa* BeurkG § 13 Rn. 61 ff.; Grziwotz/Heinemann/*Heinemann* BeurkG § 13 Rn. 30; BeckOGK/*Seebach/Rachlitz* BeurkG § 13 Rn. 166; unklar die Entscheidung des BayObLG MittBayNot 2001, 200, die die Frage der Nachholung durch Nachtragsbeurkundung nicht erörtert.

men.¹⁰¹ Da die fehlende Unterschrift dazu führt, dass zumindest die Erklärungen des Beteiligten, der die Unterschrift vergessen hat, schwebend unwirksam sind, wird man in Anlehnung an den Rechtsgedanken des § 177 BGB davon ausgehen müssen, dass eine Nachtragsbeurkundung dann nicht mehr möglich ist, wenn die anderen Beteiligten zwischenzeitlich ihr Einverständnis und die Genehmigung widerrufen haben. Insofern gilt der allgemeine Grundsatz, dass ein Beteiligter bis zum endgültigen Abschluss der Beurkundung seine Genehmigung noch zurücknehmen kann.¹⁰² Eine Eigenurkunde des Notars führt jedenfalls nicht zur Heilung der fehlenden Unterschrift, auch nicht bei der Auflassungsverhandlung.¹⁰³

Verweigert der betreffende Beteiligte **die Nachholung der Unterschrift,** ist die 24a Erklärung des betreffenden Beteiligten nicht wirksam beurkundet. Die Erklärungen der anderen Beteiligten sind hingegen formwirksam beurkundet.¹⁰⁴ Nach dem materiellen Recht beurteilt sich dann die Frage, ob ein Rechtsgeschäft wirksam zustande gekommen ist oder nicht.¹⁰⁵ Dabei ist der Rechtsgedanke des § 139 BGB heranzuziehen. Das Rechtsgeschäft ist wirksam, wenn die Erklärungen des die Unterschrift verweigernden Beteiligten selbständige Bedeutung haben und nur (zufällig) aus Anlass der Beurkundung des Rechtsgeschäfts der anderen Beteiligten in eine einheitliche Niederschrift aufgenommen wurden; sind die Erklärungen des die Unterschrift verweigernden Beteiligten demgegenüber für das zu beurkundende Rechtsgeschäft „wesentlich" iSd § 139 BGB, ist die Beurkundung insgesamt nichtig.¹⁰⁶

V. Unterschrift mitwirkender Personen

Wirken an der Beurkundung Dritte mit (Zeuge, zweiter Notar, Dolmetscher etc), dann 25 ist in Spezialgesetzen geregelt, dass auch diese unterzeichnen müssen: §§ 16 Abs. 3 S. 5, 22 Abs. 2, 24 Abs. 3 S. 3, 25 S. 3, 29 S. 2. Diese unterschreiben in der Regel nach den Beteiligten. Die Vorschriften über die Unterzeichnung durch mitwirkende Personen sind nur Sollvorschriften und führen nur im Falle des § 25 für das Fehlen der Unterschrift zur Unwirksamkeit.

VI. Schlussvermerk

Nach § 13 Abs. 1 S. 2 soll in der Niederschrift festgestellt werden, dass die Niederschrift 26 in Gegenwart des Notars dem Beteiligten vorgelesen, von ihm genehmigt und eigenhändig unterschrieben worden ist und, soweit auf Karten, Zeichnungen oder Abbildungen verwiesen wurde, diese zur Durchsicht vorgelegen haben. Der sog. Schlussvermerk ist nur eine Sollvorschrift, das Fehlen führt nicht zur Unwirksamkeit der Beurkundung.¹⁰⁷

§ 13a Eingeschränkte Beifügungs- und Vorlesungspflicht

(1) ¹**Wird in der Niederschrift auf eine andere notarielle Niederschrift verwiesen, die nach den Vorschriften über die Beurkundung von Willenserklärungen errichtet worden ist, so braucht diese nicht vorgelesen zu werden, wenn die Beteiligten erklären,**

---

¹⁰¹ OLG Düsseldorf MittRhNotK 1999, 162; Gutachten DNotI-Report 1998, 33 (34); Armbrüster/Preuß/Renner/*Piegsa* BeurkG § 13 Rn. 64; Grziwotz/Heinemann/*Heinemann* BeurkG § 13 Rn. 30; *Winkler* BeurkG § 13 Rn. 67.
¹⁰² *Winkler* BeurkG § 13 Rn. 33; *Jansen* BeurkG § 13 Rn. 25.
¹⁰³ BayObLG MittBayNot 2001, 200.
¹⁰⁴ Staudinger/*Hertel* BeurkG Vorb. zu §§ 127a, 128 Rn. 397; Armbrüster/Preuß/Renner/*Piegsa* BeurkG § 13 Rn. 60; BeckOGK/*Seebach/Rachlitz* BeurkG § 13 Rn. 167; *Winkler* BeurkG § 13 Rn. 64.
¹⁰⁵ Staudinger/*Hertel* BeurkG Vorb. zu §§ 127a, 128 Rn. 397; Armbrüster/Preuß/Renner/*Piegsa* BeurkG § 13 Rn. 33; *Winkler* BeurkG § 13 Rn. 32; Grziwotz/Heinemann/*Heinemann* BeurkG § 13 Rn. 20.
¹⁰⁶ *Winkler* BeurkG § 13 Rn. 43, 64; Staudinger/*Hertel* BeurkG Vorb. zu §§ 127a, 128 Rn. 397.
¹⁰⁷ BGH NJW 1999, 2806 (2807); *Klein* DNotZ 2005, 193 (199); Armbrüster/Preuß/Renner/*Piegsa* BeurkG § 13 Rn. 87 f.

daß ihnen der Inhalt der anderen Niederschrift bekannt ist, und sie auf das Vorlesen verzichten. ²Dies soll in der Niederschrift festgestellt werden. ³Der Notar soll nur beurkunden, wenn den Beteiligten die andere Niederschrift zumindest in beglaubigter Abschrift bei der Beurkundung vorliegt. ⁴Für die Vorlage zur Durchsicht anstelle des Vorlesens von Karten, Zeichnungen oder Abbildungen gelten die Sätze 1 bis 3 entsprechend.

(2) ¹Die andere Niederschrift braucht der Niederschrift nicht beigefügt zu werden, wenn die Beteiligten darauf verzichten. ²In der Niederschrift soll festgestellt werden, daß die Beteiligten auf das Beifügen verzichtet haben.

(3) ¹Kann die andere Niederschrift bei dem Notar oder einer anderen Stelle rechtzeitig vor der Beurkundung eingesehen werden, so soll der Notar dies den Beteiligten vor der Verhandlung mitteilen; befindet sich die andere Niederschrift bei dem Notar, so soll er diese dem Beteiligten auf Verlangen übermitteln. ²Unbeschadet des § 17 soll der Notar die Beteiligten auch über die Bedeutung des Verweisens auf die andere Niederschrift belehren.

(4) Wird in der Niederschrift auf Karten oder Zeichnungen verwiesen, die von einer öffentlichen Behörde innerhalb der Grenzen ihrer Amtsbefugnisse oder von einer mit öffentlichem Glauben versehenen Person innerhalb des ihr zugewiesenen Geschäftskreises mit Unterschrift und Siegel oder Stempel versehen worden sind, so gelten die Absätze 1 bis 3 entsprechend.

A. Allgemeines

1   Die Vorschrift war die gesetzgeberische Reaktion auf eine geänderte Einschätzung eines in der Praxis üblichen Verfahrens durch die Rechtsprechung des BGH.[1] Bis zu dieser Rechtsprechungsänderung wurde die Bezugnahme auf eine andere notarielle Urkunde als zulässig angesehen.[2]

2   Die Vorschrift enthält eine Ausnahme von der grundsätzlich **unbeschränkten Vorlesungspflicht** nach § 13 iVm § 9. Auch Anlagen, die nach materiellem Recht Gegenstand der rechtsgeschäftlichen Erklärungen sind und nach § 9 Abs. 1 der Urkunde beigefügt werden sollen, sind Teil der Urkunde und damit mitzuverlesen. Lediglich bei der sog. erläuternden Bezugnahme, bei der auf Anlagen verwiesen wird, die nicht den Gegenstand des Rechtsgeschäfts bilden, ist bereits aus materiellen Gründen keine Beurkundung erforderlich und dementsprechend auch kein Verlesen der Anlage.[3] § 13a schafft eine Ausnahme von diesem strengen Grundsatz der uneingeschränkten Verlesungspflicht und lässt unter Berücksichtigung der Voraussetzung des § 13a eine Verweisung auf eine andere notarielle Niederschrift zu, die durch dieses Verweisen zum Inhalt der rechtsgeschäftlichen Erklärung dieser Niederschrift wird, ohne dass die andere Niederschrift verlesen werden muss. Durch eine Verweisung gemäß § 13a wird eine andere notarielle Niederschrift in das Schriftstück inkorporiert; sie gilt als in der Niederschrift selbst enthalten. Dies hat zur Folge, dass damit auch die in Bezug genommenen Rechte und Pflichten übernommen werden.[4] Anlass war die damalige Praxis, auf WEG-Teilungserklärungen, Baubeschreibungen[5] uÄ zu verweisen, die bereits in einer anderen notariellen Urkunde niedergelegt waren.[6] Man spricht in diesem

---

[1] BGH NJW 1979, 1495; DNotZ 1979, 476; Staudinger/*Hertel* BeurkG Vorb. zu §§ 127a, 128 Rn. 420 ff.; Armbrüster/Preuß/Renner/*Piegsa* BeurkG § 13a Rn. 1; Grziwotz/Heinemann/*Heinemann* BeurkG § 13a Rn. 1; BeckOGK/*Seebach/Rachlitz* BeurkG § 13a Rn. 11 ff.; *Rothmann*, Beurkundung und Bezugnahme, 2018, S. 206 ff.; zur rechtspolitischen Diskussion der Ausweitung der Ausnahmevorschriften vgl. Deutscher Notarverein notar 2008, 229 ff.
[2] *Hitzelberger* BB 1979, 1263.
[3] Im Einzelnen → § 9 Rn. 11 ff.; *Winkler* BeurkG § 13a Rn. 20 ff.
[4] OLG Braunschweig FGPrax 2019, 231; OLG Hamm FGPrax 2016, 108; OLG Düsseldorf FGPrax 2003, 88 (89).
[5] Vgl. zur Baubeschreibung eingehend *Krick/Sagmeister* MittBayNot 2014, 205 ff.
[6] Zur Entstehungsgeschichte vgl. BeckOGK/*Seebach/Rachlitz* BeurkG § 13a Rn. 11.

Zusammenhang von einer sog. **Bezugsurkunde,** deren Inhalt durch die Verweisung zum Gegenstand der Niederschrift gemacht wird. Der BGH hat allerdings zu Recht darauf hingewiesen, dass § 13a auch als eigenständige Regelung aufgefasst werden kann, die den Besonderheiten des typisierten Grundstücksverkehrs mit seinen aufeinander aufbauenden Vertragswerken Rechnung trägt und die Verweisung gerade auch im Interesse der Vertragsparteien erfolgt und eine Reduzierung der Vorlesungspflicht auf das Wesentliche ermöglicht.[7]

Die Vorschrift besteht teilweise aus Soll- und teilweise Mussvorschriften. Zwingend für **3** die Wirksamkeit der Verweisung ist, dass die Beteiligten erklären, dass ihnen der Inhalt der anderen Niederschrift bekannt ist und sie auf das Vorlesen verzichten. Außerdem muss die andere Vorschrift eine notarielle Niederschrift sein, die nach den Grundsätzen der §§ 8 ff. über die Beurkundung von Willenserklärungen errichtet worden ist.[8] Die weiteren Voraussetzungen sind nur Sollvorschriften; ihre Verletzung führt nicht zur Unwirksamkeit der Urkunde.[9]

B. Inhaltliche Grenzen der Beurkundung durch Verweisung

§ 13a stellt eine beurkundungstechnische Möglichkeit dar, einen Teil des Inhalts der **4** Urkunde so auszulagern, dass kein Verlesen erforderlich ist. Die **Belehrungspflichten** nach § 17 bestehen über den Inhalt der Urkunde, auf die verwiesen wird.[10] § 13a Abs. 3 S. 2 bestimmt daher, dass unbeschadet des § 17 der Notar die Beteiligten auch über die **Bedeutung des Verweisens** auf die andere Niederschrift belehren soll; dh der Notar muss zunächst über die Bedeutung der Verweisung als solcher belehren.[11] Darüber hinaus bleibt es bei der **allgemeinen Belehrungspflicht** des § 17.[12] Der Gesetzgeber hat keine bestimmten Fallgruppen oder sonstige inhaltliche Einschränkungen für das Verfahren der Bezugnahme vorgeschrieben, so dass die Beurkundungen, die unter Einhaltung des § 13a erfolgt sind, in allen Fällen wirksam sind. Rein theoretisch könnte sogar der gesamte Inhalt der Urkunde in die Bezugsurkunde ausgelagert werden. Mit der Neuregelung des BeurkG hat allerdings der Gesetzgeber möglichen Missbrauchsgefahren durch § 17 Abs. 2a vorgebeugt. Danach soll der Notar das Beurkundungsverfahren so gestalten, dass die Einhaltung seiner Amtspflichten gewährleistet ist, insbesondere die Einhaltung der Belehrungspflicht. Das bedeutet, dass der Notar im Rahmen seiner Verfahrenshoheit nach eigenem Ermessen entscheiden muss, in welchem Maß er von der Möglichkeit des § 13a Gebrauch macht. Er muss dabei sicherstellen, dass die Einhaltung seiner Amtspflichten, insbesondere die Belehrungspflicht, gewährleistet ist. Mit einem derartigen Zweck würde sich zB die Auslagerung des gesamten Rechtsgeschäfts auf eine Bezugsurkunde verbieten, auch wenn dies nach § 13a beurkundungstechnisch möglich wäre. Beschränkungen erfolgen daher aus der Pflicht zur Wahl des sachgerechten Verfahrens nach § 17 Abs. 2a.[13] Die **Richtlinien der Notarkammern** bestimmen daher übereinstimmend in Abschnitt II Nr. 2, dass die

---

[7] BGH ZNotP 2003, 429; vgl. auch Staudinger/*Hertel* BeurkG Vorb. zu §§ 127a, 128 Rn. 420 ff.; Armbrüster/Preuß/Renner/*Piegsa* BeurkG § 13a Rn. 2 ff.; Grziwotz/Heinemann/*Heinemann* BeurkG § 13a Rn. 1; *Krick/Sagmeister* MittBayNot 2014, 205 ff.; BeckOGK/*Seebach/Rachlitz* BeurkG § 13a Rn. 2.
[8] Staudinger/*Hertel* BeurkG Vorb. zu §§ 127a, 128 Rn. 421; Armbrüster/Preuß/Renner/*Piegsa* BeurkG § 13a Rn. 6 ff.; Grziwotz/Heinemann/*Heinemann* BeurkG § 13a Rn. 3 ff.
[9] BGH ZNotP 2003, 429, *Winkler* BeurkG § 13a Rn. 48, 75; Staudinger/*Hertel* BeurkG Vorb. zu §§ 127a, 128 Rn. 421; Armbrüster/Preuß/Renner/*Piegsa* BeurkG § 13a Rn. 7.
[10] *Krick/Sagmeister* MittBayNot 2014, 205 (206); *Basty,* Bauträgervertrag, 7. Aufl. 2012, Rn. 159; *Pause,* Bauträgervertrag, 5. Aufl. 2011, Rn. 123.
[11] Armbrüster/Preuß/Renner/*Piegsa* BeurkG § 13a Rn. 35; *Winkler* BeurkG § 13a Rn. 109; *Stauf* RNotZ 2001, 129 (143 f.); BeckOGK/*Seebach/Rachlitz* BeurkG § 13a Rn. 117.
[12] Armbrüster/Preuß/Renner/*Piegsa* BeurkG § 13a Rn. 35; *Winkler* BeurkG § 13a Rn. 110; *Stauf* RNotZ 2001, 129 (143 f.); BeckOGK/*Seebach/Rachlitz* BeurkG § 13a Rn. 120 ff.
[13] Vgl. im Einzelnen Anmerkungen zu § 17 Abs. 2a, vgl. auch *Winkler* BeurkG § 13a Rn. 5 ff.; *Wöstmann* ZNotP 2002, 246 (254 f.); *Starke* ZNotP Sonderheft 2002, 13; Armbrüster/Preuß/Renner/*Piegsa* BeurkG § 13a Rn. 2 ff.; Grziwotz/Heinemann/*Heinemann* BeurkG § 13a Rn. 18.

missbräuchliche Auslagerung geschäftswesentlicher Vereinbarungen in Bezugsurkunden unzulässig ist.[14]

C. Die Verweisung

I. Begriff

5 Die Verweisung iSd § 13a ist abzugrenzen von der erläuternden Verweisung bzw. Bezugnahme, die auch auf nicht notarielle Schriftstücke erfolgen kann, bei denen allerdings der Inhalt dieser Erklärung nicht zum Inhalt der Niederschrift gemacht werden soll. Das materielle Recht entscheidet, welche Schriftstücke und Erklärungen beurkundet werden müssen. Besteht Beurkundungspflicht, kann eine Verweisung nach § 9 Abs. 1 erfolgen, wobei dann die Anlage mitverlesen werden muss und behandelt wird wie ein Bestandteil der Niederschrift.[15] Sind die Voraussetzungen des § 13a (insbesondere notarielle Niederschrift) gegeben, dann kann ausnahmsweise das vereinfachte Verfahren nach § 13a gewählt werden.

5a Die Verweisung muss – wie im Rahmen des § 9 Abs. 1 S. 2[16] – als Erklärung der Beteiligten protokolliert werden und den Willen erkennen lassen, dass die Erklärungen in der beigefügten Anlage ebenfalls Gegenstand der Beurkundung sein sollen.[17] Es ist kein bestimmter Text für die Verweisung erforderlich, entscheidend ist, dass die Verweisungserklärung als Erklärung der Beteiligten protokolliert wird und den Willen erkennen lässt, dass Erklärungen in der beigefügten Anlage ebenfalls Gegenstand der Beurkundung sein sollen.[18] Im Ergebnis gelten für die Frage des Verweisens die Regeln des § 9 Abs. 1 S. 2 entsprechend.[19]

II. Gegenstand der Verweisung

6 Gegenstand der Verweisung nach § 13a kann nur „eine andere notarielle Niederschrift (sein), die nach den Vorschriften für die **Beurkundung von Willenserklärungen** errichtet worden ist". Notarielle Niederschriften in diesem Sinne sind nur **Niederschriften,** die nach §§ 8 ff. errichtet wurden.[20] Es genügen nicht: beglaubigte Erklärungen, Niederschriften in der Form der §§ 36 ff., die Abnahme von Eiden iSv § 38.[21] Die Urkunde eines ausländischen Notars genügt nicht, da dieser nicht an das BeurkG gebunden ist.[22] Allein

---

[14] Vgl. Richtlinienempfehlungen der Bundesnotarkammer → RLEmBNotK II Rn. 38.
[15] → § 9 Rn. 8 ff. zur Abgrenzung zur erläuternden Verweisung; *Winkler* BeurkG § 13a Rn. 20 ff.
[16] → § 9 Rn. 22 ff.
[17] BGH DNotZ 1995, 35 (36); BeckOGK/*Seebach/Rachlitz* BeurkG § 13a Rn. 14; *Winkler* BeurkG § 13a Rn. 30; Armbrüster/Preuß/Renner/*Piegsa* BeurkG § 9 Rn. 3; *Rothmann*, Beurkundung und Bezugnahme, 2018, S. 212.
[18] BGH DNotZ 1995, 35; OLG Köln FGPrax 2014, 12 (13); *Winkler* BeurkG § 9 Rn. 52; *Jansen* BeurkG § 9 Rn. 16; OLG Celle DNotZ 1954, 32; RG JW 1936, 990; Armbrüster/Preuß/Renner/*Piegsa* BeurkG § 9 Rn. 27; Staudinger/*Hertel* BeurkG Vorb. zu §§ 127a, 128 Rn. 412; Gziwotz/Heinemann/*Heinemann* BeurkG § 9 Rn. 26; BeckOGK/*Bord* BeurkG § 9 Rn. 53.
[19] BeckOGK/*Seebach/Rachlitz* BeurkG § 13a Rn. 14; *Winkler* BeurkG § 13a Rn. 30; Armbrüster/Preuß/Renner/*Piegsa* BeurkG § 9 Rn. 3; *Rothmann*, Beurkundung und Bezugnahme, 2018, S. 212.
[20] OLG Braunschweig FGPrax 2019, 231; OLG Düsseldorf FGPrax 2003, 88 (89); *Rothmann*, Beurkundung und Bezugnahme, 2018, S. 209 f.; *Winkler* BeurkG § 13a Rn. 32 ff.; Staudinger/*Hertel* BeurkG Vorb. zu §§ 127a, 128 Rn. 421; Armbrüster/Preuß/Renner/*Piegsa* BeurkG § 13a Rn. 8 ff.; Gziwotz/Heinemann/*Heinemann* BeurkG § 13a Rn. 3; *Lerch* BeurkG § 13a Rn. 6; BeckOGK/*Seebach/Rachlitz* BeurkG § 13a Rn. 26 ff.; *Krick/Sagmeister* MittBayNot 2014, 205; *Brambring* DNotZ 1980, 296; *Stauf* RNotZ 2001, 129 (139 f.).
[21] *Winkler* BeurkG § 13a Rn. 32 ff.; Staudinger/*Hertel* BeurkG Vorb. zu §§ 127a, 128 Rn. 421; Armbrüster/Preuß/Renner/*Piegsa* BeurkG § 13a Rn. 8 ff.; Gziwotz/Heinemann/*Heinemann* BeurkG § 13a Rn. 3; *Lerch* BeurkG § 13a Rn. 6; BeckOGK/*Seebach/Rachlitz* BeurkG § 13a Rn. 26 ff.; *Krick/Sagmeister* MittBayNot 2014, 205; *Brambring* DNotZ 1980, 296; *Stauf* RNotZ 2001, 129 (139 f.).
[22] *Winkler* BeurkG § 13a Rn. 35; Staudinger/*Hertel* BeurkG Vorb. zu §§ 127a, 128 Rn. 421; Armbrüster/Preuß/Renner/*Piegsa* BeurkG § 13a Rn. 11; Gziwotz/Heinemann/*Heinemann* BeurkG § 13a Rn. 3; *Lerch* BeurkG § 13a Rn. 9.

entscheidend ist dabei, dass die Urkunde beurkundungsrechtlich wirksam errichtet wurde, dh unter Einhaltung der §§ 8 ff., wobei es dabei nur auf die Einhaltung der Muss-Vorschriften ankommen kann.[23] Auf die **materielle Wirksamkeit** kommt es nicht an, so dass grundsätzlich auch auf anfechtbare oder nichtige Erklärungen, die nach materiellem Recht unwirksam sind, verwiesen werden kann.[24] Da das Gesetz keinen bestimmten Inhalt der Bezugsurkunde vorschreibt, kann diese jeden Inhalt enthalten; es kann sich um rechtsgeschäftliche Erklärungen handeln, es können aber auch bloße Tatsachen oder Erklärungen vorliegen, die mangels Rechtsfolgewillens (noch) keine Willenserklärungen sind.[25] In der Praxis wird häufig eine Bezugsurkunde für die sog. Baubeschreibung aufgenommen.[26] Möglich ist auch die Schaffung von Musterverträgen durch Bezugsurkunde.[27] Derartige Bezugsurkunden, die lediglich Tatsachen oder vorbereitende Erklärungen enthalten, sind aber als rechtsgeschäftsähnliche Erklärungen anzusehen, für die auch die Mitwirkungsverbote der §§ 3 ff. gelten. Es spielt keine Rolle, wer an der Bezugsurkunde beteiligt ist.[28] Die Verweisung ist daher auch zulässig, wenn die erklärenden Personen der Bezugsurkunde nicht identisch mit denen der Haupturkunde sind; die in der erstgenannten Urkunde enthaltene Erklärung ist dann als von der an der zweitgenannten Urkunde beteiligten Person abgegeben anzusehen.[29] In der Niederschrift kann auch auf Teile der anderen Niederschrift verwiesen werden, es muss keine vollständige Verweisung erfolgen.[30] Auch eine Teilverweisung, dh auf Teile einer Urkunde, und eine *Kettenverweisung* sind zulässig, bei der auf eine andere Niederschrift verwiesen wird, die ihrerseits wieder auf eine dritte Niederschrift verweist.[31]

Unklar ist, ob ein Erfordernis des **„Schließens" einer Bezugsurkunde vor Beginn** 6a **der Verhandlung über die Haupturkunde** besteht, dh die Frage, ob eine Bezugsurkunde vor Beginn der Verhandlung über die Haupturkunde in verweisungsfähiger Form existieren („geschlossen" sein) muss, oder ob es ausreicht, dass dies unmittelbar vor Beendigung der Verhandlung über die Haupturkunde geschieht.[32] Das Gesetz trifft keine konkrete Aussage über den Zeitpunkt zu dem die Niederschrift, auf die verwiesen wird, vorliegen muss. Daher muss es ausreichend sein, wenn die Bezugsurkunde spätestens zum Zeitpunkt der Beendigung der Beurkundung wirksam errichtet ist.[33]

---

[23] *Winkler* BeurkG § 13a Rn. 40; BeckOGK/*Seebach/Rachlitz* BeurkG § 13a Rn. 28 ff.; Armbrüster/Preuß/Renner/*Piegsa* BeurkG § 13a Rn. 13; *Rothmann,* Beurkundung und Bezugnahme, 2018, S. 217.

[24] Einhellige Meinung: OLG Braunschweig FGPrax 2019, 231; OLG Düsseldorf FGPrax 2003, 88 (89); *Winkler* BeurkG § 13a Rn. 31; Staudinger/*Hertel* BeurkG Vorb. zu §§ 127a, 128 Rn. 422; Armbrüster/Preuß/Renner/*Piegsa* BeurkG § 13a Rn. 13; *Lerch* BeurkG § 13a Rn. 7; *Stauf* RNotZ 2001, 129 (140); Grziwotz/Heinemann/*Heinemann* BeurkG § 13a Rn. 4; *Rothmann,* Beurkundung und Bezugnahme, 2018, S. 216 f.

[25] *Winkler* BeurkG § 13a Rn. 31; Staudinger/*Hertel* BeurkG Vorb. zu §§ 127a, 128 Rn. 421; Armbrüster/Preuß/Renner/*Piegsa* BeurkG § 13a Rn. 10 ff.; *Stauf* RNotZ 2001, 129 (139).

[26] *Winkler* Rpfleger 1980, 172; *Lichtenberger* NJW 1980, 867; Staudinger/*Hertel* BeurkG Vorb. zu §§ 127a, 128 Rn. 422; Armbrüster/Preuß/Renner/*Piegsa* BeurkG § 13a Rn. 12; Grziwotz/Heinemann/*Heinemann* BeurkG § 13a Rn. 6.

[27] Staudinger/*Hertel* BeurkG Vorb. zu §§ 127a, 128 Rn. 421; Armbrüster/Preuß/Renner/*Piegsa* BeurkG § 13a Rn. 6; Grziwotz/Heinemann/*Heinemann* BeurkG § 13a Rn. 6.

[28] OLG Düsseldorf FGPrax 2003, 88; *Winkler* BeurkG § 13a Rn. 33; *Stauf* RNotZ 2001, 129 (139); Staudinger/*Hertel* BeurkG Vorb. zu §§ 127a, 128 Rn. 422; Armbrüster/Preuß/Renner/*Piegsa* BeurkG § 13a Rn. 14; Grziwotz/Heinemann/*Heinemann* BeurkG § 13a Rn. 5; *Lerch* BeurkG § 13a Rn. 7, 10.

[29] OLG Braunschweig FGPrax 2019, 231; OLG Hamm FGPrax 2016, 108; OLG Düsseldorf FGPrax 2003, 88 (89); BeckOGK/*Seebach/Rachlitz* BeurkG § 13a Rn. 14; *Winkler* BeurkG § 13a Rn. 30; Armbrüster/Preuß/Renner/*Piegsa* BeurkG § 9 Rn. 3; *Rothmann,* Beurkundung und Bezugnahme, 2018, S. 212.

[30] Staudinger/*Hertel* BeurkG Vorb. zu §§ 127a, 128 Rn. 422; Armbrüster/Preuß/Renner/*Piegsa* BeurkG § 13a Rn. 15; *Brambring* DNotZ 1980, 303.

[31] Armbrüster/Preuß/Renner/*Piegsa* BeurkG § 13a Rn. 15, 17; *Winkler* BeurkG § 13a Rn. 46; *Brambring* DNotZ 1980, 298; *Stauf* RNotZ 2001, 129 (141); BeckOGK/*Seebach/Rachlitz* BeurkG § 13a Rn. 34.

[32] Vgl. Gutachten DNotI-Report 2017, 161.

[33] So zu Recht *Winkler* BeurkG § 13a Rn. 96 f.; Gutachten DNotI-Report 2017, 161 (163); aA jedoch Grziwotz/Heinemann/*Heinemann* BeurkG § 13a Rn. 4.

III. Eingeschränkte Vorlesungspflicht

7 Die Hauptfunktion des § 13a liegt darin, dass eine eingeschränkte Vorlesungspflicht bei den Bezugsurkunden besteht. Als Mussvorschrift ist allerdings Voraussetzung, dass die Beteiligten erklären, dass ihnen der Inhalt der anderen Niederschrift bekannt ist und sie auf das Vorlesen verzichten **(doppelter Verzicht)**. Alle Beteiligten müssen diese Erklärung abgeben,[34] anderenfalls ist die Urkunde nichtig.[35] Von der Erklärung abzugrenzen ist die Feststellung dieser Erklärungen in der Urkunde. Insofern handelt es sich nur um Sollvorschriften, deren Fehlen die Wirksamkeit nicht beeinträchtigt.[36] Ebenfalls nicht erforderlich ist die tatsächliche Kenntnis der Beteiligten, es genügt, dass sie dies erklären.[37] Die versehentlich unterlassene Feststellung des Verzichts kann nach § 44a Abs. 2 im Wege der Berichtigung nachgeholt werden.[38]

8 Außerdem soll der Notar nur beurkunden, wenn die Niederschrift zumindest in beglaubigter Abschrift vorliegt, wobei dies auch eine elektronisch beglaubigte Abschrift nach § 39a sein kann.[39] Das Vorliegen muss bei der Beurkundung gegeben sein, damit die Möglichkeit der Konsultation der Bezugsurkunde jederzeit gewährleistet ist. Auf das Vorliegen der Bezugsurkunde kann nicht verzichtet werden.[40] Allerdings wird man eine Verweisung für zulässig und wirksam halten können, auch wenn keine beglaubigte, sondern nur eine einfache Abschrift vorliegt und alle Beteiligten trotz Belehrung darauf verzichten.[41] Zum Teil wird allerdings verlangt, dass ein „Eilfall"[42] vorliegt; zum Teil wird dies generell abgelehnt.[43]

IV. Eingeschränkte Beifügungspflicht

9 Eine weitere Vereinfachung sieht § 13a Abs. 2 vor. Die andere Niederschrift braucht der Niederschrift nicht beigefügt werden, wenn die Beteiligten darauf verzichten. Auch insofern ist der Verzicht durch alle Beteiligten erforderlich. Ohne Verzicht und ohne Beifügung ist die Beurkundung unwirksam.[44] Die Feststellung des Verzichts ist wiederum nur Sollvorschrift. Das Fehlen des Feststellungsvermerks führt nicht zur Unwirksamkeit.[45] Die

---

[34] *Winkler* BeurkG § 13a Rn. 47; *Stauf* RNotZ 2001, 129 (142 ff.); Staudinger/*Hertel* BeurkG Vorb. zu §§ 127a, 128 Rn. 423; Armbrüster/Preuß/Renner/*Piegsa* BeurkG § 13a Rn. 22 ff.; Grziwotz/Heinemann/ *Heinemann* BeurkG § 13a Rn. 11 f.; BeckOGK/*Seebach/Rachlitz* BeurkG § 13a Rn. 70 ff.; *Rothmann*, Beurkundung und Bezugnahme, 2018, S. 214 ff.

[35] Staudinger/*Hertel* BeurkG Vorb. zu §§ 127a, 128 Rn. 427; Armbrüster/Preuß/Renner/*Piegsa* BeurkG § 13a Rn. 22 ff.; Grziwotz/Heinemann/*Heinemann* BeurkG § 13a Rn. 11 f.; großzügiger ist die OLG Hamm OLG-Report 2000, 352, das die Verweisung genügen lässt, auch wenn kein Verzicht erklärt wurde.

[36] BGH DNotZ 1993, 615; 2004, 188; Staudinger/*Hertel* BeurkG Vorb. zu §§ 127a, 128 Rn. 426; Armbrüster/Preuß/Renner/*Piegsa* BeurkG § 13a Rn. 22 ff.; BeckOGK/*Seebach/Rachlitz* BeurkG § 13a Rn. 71, 78; *Winkler* BeurkG § 13a Rn. 37.

[37] *Winkler* BeurkG § 13a Rn. 72; Grziwotz/Heinemann/*Heinemann* BeurkG § 13a Rn. 11 f. BeckOGK/ *Seebach/Rachlitz* BeurkG § 13a Rn. 75; Armbrüster/Preuß/Renner/*Piegsa* BeurkG § 13a Rn. 23; *Rothmann*, Beurkundung und Bezugnahme, 2018, S. 214 f.

[38] *Winkler* BeurkG § 13a Rn. 99; Grziwotz/Heinemann/*Heinemann* BeurkG § 13a Rn. 28; BeckOGK/ *Seebach/Rachlitz* BeurkG § 13a Rn. 99.

[39] *Winkler* BeurkG § 13a Rn. 88.

[40] Vgl. *Winkler* BeurkG § 13a Rn. 81 ff.; BeckOGK/*Seebach/Rachlitz* BeurkG § 13a Rn. 92 ff.; *Stauf* RNotZ 2001, 129 (143).

[41] *Arnold* DNotZ 1982, 267 (277); *Lichtenberger* NJW 1980, 869, der § 21 Abs. 1 S. 2 BeurkG anwenden will; Staudinger/*Hertel* BeurkG Vorb. zu §§ 127a, 128 Rn. 430; BeckOGK/*Seebach/Rachlitz* BeurkG § 13a Rn. 94.2 ff.

[42] *Winkler* BeurkG § 13a Rn. 85 f.; *Brambring* DNotZ 1980, 281 (300).

[43] *Stauf* RNotZ 2001, 129 (143); Armbrüster/Preuß/Renner/*Piegsa* BeurkG § 13a Rn. 25; Grziwotz/ Heinemann/*Heinemann* BeurkG § 13a Rn. 16.

[44] *Lerch* BeurkG § 13a Rn. 16; *Winkler* BeurkG § 13a Rn. 98; BeckOGK/*Seebach/Rachlitz* BeurkG § 13a Rn. 80.

[45] BGH DNotZ 1993, 615; 2004, 188; *Winkler* BeurkG § 13a Rn. 99; Staudinger/*Hertel* BeurkG Vorb. zu §§ 127a, 128 Rn. 426; Armbrüster/Preuß/Renner/*Piegsa* BeurkG § 13a Rn. 26 ff.; Grziwotz/Heinemann/ *Heinemann* BeurkG § 13a Rn. 16; BeckOGK/*Seebach/Rachlitz* BeurkG § 13a Rn. 82.

versehentlich unterlassene Feststellung kann nach § 44a Abs. 2 im Wege der Berichtigung nachgeholt werden.[46]

D. Hinweis auf Einsichtsmöglichkeit/Belehrung

Nach § 13a Abs. 3 soll der Notar die Beteiligten auf die Möglichkeit der Einsicht in die 10 Urschrift der Niederschrift bei einem anderen Notar oder einer anderen Stelle hinweisen. Der Notar soll einem Beteiligten auf sein Verlangen die Bezugsurkunde übermitteln. Darüber hinaus soll der Notar unbeschadet seiner allgemeinen Belehrungspflicht über die Bedeutung des Verweisens belehren, dh dass die Niederschrift, auf die verwiesen wird, Inhalt der Beurkundung wird.

E. Vorlage zur Durchsicht von Karten, Zeichnungen und Abbildungen

Über die notarielle Niederschrift hinausgehend lässt § 13a Abs. 4 auch die Möglichkeit 11 der Bezugnahme auf Karten oder Zeichnungen zu, die von einer öffentlichen Behörde innerhalb der Grenzen ihrer Amtsbefugnisse oder von einer mit öffentlichem Glauben versehenen Person innerhalb des ihr zugewiesenen Geschäftsbereiches mit Unterschrift und Siegel oder Stempel versehen worden ist.[47] Gegenstand der Verweisung können daher nicht private Karten oder Zeichnungen sein;[48] auf diese kann entweder nach § 9 Abs. 1 S. 2 verwiesen werden, dann sind sie Teil der Niederschrift und müssen den Beteiligten vorgelegt werden, oder wenn sie in einer anderen notariellen Niederschrift enthalten sind, dann besteht die Möglichkeit des Verweises nach § 13a Abs. 1. § 13a Abs. 4 meint nur Karten von Behörden, die von einer iSv § 415 ZPO qualifizierten Stelle entweder von ihr selbst angefertigt oder bei ihr eingereicht und dort mit Unterschrift und Stempel oder Siegel versehen worden sind.[49] Beispiele hierfür sind genehmigte Baupläne, genehmigte Aufteilungspläne nach § 7 Abs. 4 Nr. 1 WEG, auch Bebauungspläne und Flächennutzungspläne, allerdings nur dann, wenn sie rechtskräftig sind, da es sich vorher nur um einen Entwurf handelt.[50]

§ 14 Eingeschränkte Vorlesungspflicht

(1) ¹**Werden Bilanzen, Inventare, Nachlaßverzeichnisse oder sonstige Bestandsverzeichnisse über Sachen, Rechte und Rechtsverhältnisse in ein Schriftstück aufgenommen, auf das in der Niederschrift verwiesen und das dieser beigefügt wird, so braucht es nicht vorgelesen zu werden, wenn die Beteiligten auf das Vorlesen verzichten.** ²**Das gleiche gilt für Erklärungen, die bei der Bestellung einer Hypothek, Grundschuld, Rentenschuld, Schiffshypothek oder eines Registerpfandrechts an Luftfahrzeugen aufgenommen werden und nicht im Grundbuch, Schiffsregister, Schiffsbauregister oder im Register für Pfandrechte an Luftfahrzeugen selbst angegeben zu werden brauchen.** ³**Eine Erklärung, sich der sofortigen Zwangsvollstreckung zu unterwerfen, muß in die Niederschrift selbst aufgenommen werden.**

---

[46] *Winkler* BeurkG § 13a Rn. 99; Grziwotz/Heinemann/*Heinemann* BeurkG § 13a Rn. 28; BeckOGK/*Seebach/Rachlitz* BeurkG § 13a Rn. 99.
[47] *Winkler* BeurkG § 13a Rn. 44 ff.; BeckOGK/*Seebach/Rachlitz* BeurkG § 13a Rn. 44 ff.
[48] *Winkler* BeurkG § 13a Rn. 48; BeckOGK/*Seebach/Rachlitz* BeurkG § 13a Rn. 46.
[49] *Brambring* DNotZ 1980, 303; *Nieder* BB 1980, 1130; Staudinger/*Hertel* BeurkG Vorb. zu §§ 127a, 128 Rn. 434 f.; Armbrüster/Preuß/Renner/*Piegsa* BeurkG § 13a Rn. 19 f.; *Winkler* BeurkG § 13a Rn. 44 ff.; BeckOGK/*Seebach/Rachlitz* BeurkG § 13a Rn. 44 ff.; Grziwotz/Heinemann/*Heinemann* BeurkG § 13a Rn. 7 f.
[50] OLG Karlsruhe DNotZ 1990, 422.

(2) ¹Wird nach Absatz 1 das beigefügte Schriftstück nicht vorgelesen, so soll es den Beteiligten zur Kenntnisnahme vorgelegt und von ihnen unterschrieben werden; besteht das Schriftstück aus mehreren Seiten, soll jede Seite von ihnen unterzeichnet werden. ²§ 17 bleibt unberührt.

(3) In der Niederschrift muß festgestellt werden, daß die Beteiligten auf das Vorlesen verzichtet haben; es soll festgestellt werden, daß ihnen das beigefügte Schriftstück zur Kenntnisnahme vorgelegt worden ist.

A. Allgemeines

1 § 14 enthält eine Ausnahme von § 9 Abs. 1 iVm § 13, weil die Vorlesungspflicht eingeschränkt und eine besondere Form der Bezugnahme vorgesehen wird.[1] Vor der Neuregelung durch das Dritte Gesetz zur Änderung der BNotO vom 31.8.1998[2] sah § 14 nur eine Einschränkung für Erklärungen bei Bestellung einer Hypothek, Grundschuld, Rentenschuld, Schiffshypothek oder eines Registerpfandrechts an Luftfahrzeugen dergestalt vor, dass unter den besonderen Voraussetzungen der Vorschrift auf Anlagen verwiesen werden konnte, die Teil der rechtsgeschäftlichen Erklärung wurden, die aber nicht vorgelesen werden mussten, wenn es sich bei diesen Anlagen um Erklärungen handelte, die nicht in das Grundbuch, Schiffsregister, Schiffsbauregister oder das Register für Pfandrechte an Luftfahrzeugen angegeben werden mussten.[3] An diese in der Praxis bewährte Verfahrensgestaltung hat der Gesetzgeber mit der Neuregelung in § 14 Abs. 1 S. 1 angeknüpft und auch die Anlagen von der Vorlesungspflicht freigestellt, die nur Zahlenwerke und sonstige Aufzählungen von rein tatsächlicher Bedeutung darstellen, soweit sich diese auf einen real existierenden Bestand beziehen. Die Vorschrift wurde erst auf Vorschlag des Rechtsausschusses in das Gesetz eingefügt.[4] Anlass für die Regelungen waren die den Zweck des Beurkundungsverfahrens eher beeinträchtigenden uferlosen Verlesungen von Inventaren und Bestandsverzeichnissen bei Unternehmenskaufverträgen oder Spaltungsplänen nach dem Umwandlungsgesetz. Der Gesetzgeber wollte in Ergänzung der bisherigen Regelung bei Grundpfandrechten und sonstigen vergleichbaren Pfandrechten auch für die Fälle der Bestandsverzeichnisse eine Ausnahme schaffen.

2 Bei der Auslegung des § 14 ist wie bei der Auslegung der anderen[5] Ausnahmevorschriften zu beachten, dass diese nur das beurkundungstechnische Verfahren regeln, nicht aber Vorschriften über die materiell-rechtlichen Fragen der Beurkundungspflicht enthalten. Es ist daher immer zunächst vom materiellen Recht aus zu klären, welche Erklärungen und Schriftstücke Inhalt des Rechtsgeschäfts sind, es ist also der **Umfang der Beurkundungspflicht** materiell-rechtlich festzustellen.[6] Dies richtet sich nach den die Formpflicht auslösenden Vorschriften, zB § 13 BGB, § 15 GmbHG. In der Regel gilt etwa bei Grundstücksgeschäften, dass der gesamte Vertrag der Beurkundung bedarf, wie er sich aus Leistung und Gegenleistung zusammensetzt, somit alle Vereinbarungen beurkundungsbedürftig sind, aus denen nach dem Willen der Beteiligten der schuldrechtliche Veräußerungsvertrag gebildet wird.[7] Wird etwa mit einem Grundstückskaufvertrag eine Sachgesamtheit veräußert, so bedürfte auch der Vertrag über die Veräußerung der Sachgesamtheit (zB Lager,

---

[1] Armbrüster/Preuß/Renner/Piegsa BeurkG § 14 Rn. 1 ff.; Winkler BeurkG § 14 Rn. 1 ff.; Grziwotz/Heinemann/Heinemann BeurkG § 14 Rn. 1; Staudinger/Hertel BeurkG Vorb. zu §§ 127a, 128 Rn. 437 ff.; BeckOGK/Seebach/Rachlitz BeurkG § 14 Rn. 1; Ising/von Loewenich ZNotP 2003, 176; Kanzleiter DNotZ 1999, 292; Stauf RNotZ 2001, 129; Rothmann, Beurkundung und Bezugnahme, 2018, S. 224 ff.
[2] BGBl. 1998 I 2585.
[3] Zur Entstehungsgeschichte vgl. BeckOGK/Seebach/Rachlitz BeurkG § 14 Rn. 14 ff.
[4] Vgl. Beschlussempfehlung und Bericht des Rechtsausschusses BT-Drs. 13/11034, 24 (40).
[5] Vgl. Beschlussempfehlung und Bericht des Rechtsausschusses BT-Drs. 13/11034, 24 (40).
[6] → § 9 Rn. 8 ff.; Hermanns DNotZ 2013, 9 ff. speziell zu Unternehmenskaufverträgen, bei denen § 14 eine große Rolle spielt.
[7] Vgl. nur BGH NJW 1986, 248; 1984, 974.

Warenbestand etc) nach materiellem Recht der Beurkundung, dh Listen und Inventare, die die Sachgesamtheit umschreiben, müssten nach § 9 iVm § 13 mitverlesen werden.[8]

Für diese Fälle sieht § 14 eine das Beurkundungsverfahren erleichternde Ausnahmevorschrift vor, indem Bilanzen, Inventare, Nachlassverzeichnisse oder sonstige Bestandsverzeichnisse nicht vorgelesen werden müssen, wenn die Beteiligten auf das Vorlesen verzichten. Die Vorschrift dient ähnlich wie § 13a auch den Interessen der Vertragsparteien, indem sie eine **Konzentration der Vorlesungspflicht** auf die wesentlichen Vertragsbestandteile zulässt und eine unnötige – letztendlich kontraproduktive – Vorlesung[9] von Bestandsverzeichnissen verhindert.[10] Sie sollte daher eher großzügig ausgelegt werden. 3

Auch im Rahmen des § 14 ist bzgl. der Anlagen die echte Bezugnahme von der sog. **erläuternden Verweisung** abzugrenzen, die keine Regelungsqualität hat.[11] Sie kommt überhaupt nur in Frage, wenn der Text, auf den verwiesen wird, nicht zu dem nach materiellem Recht beurkundungspflichtigen Teil des Rechtsgeschäfts gehört.[12] Ist dieser Text selbst nicht beurkundungsbedürftig, kann in der Niederschrift lediglich zur Verdeutlichung und Erläuterung des beurkundeten Inhalts auf Erklärungen in einem anderen Schriftstück hingewiesen werden, das selbst nicht zum beurkundungsbedürftigen Inhalt des Rechtsgeschäfts gehört. Sind die Anlagen hingegen nach materiellem Recht Teil der Urkunde, dann muss eine echte Verweisung nach § 9 Abs. 1 S. 2 erfolgen und diese Anlagen müssten verlesen werden.[13] 3a

B. Anwendungsbereich

I. Beurkundung von Willenserklärungen

Umstritten ist, ob das Verfahren nach § 14 nur bei Niederschriften iSd §§ 6ff. BeurkG, dh Beurkundung von Willenserklärungen, anwendbar ist. Der Streit besteht insbesondere bei der Frage, ob § 14 auch bei eidesstattlichen Versicherungen nach § 38 anwendbar ist, dies insbesondere bei Nachlassverzeichnissen. Zum Teil wird angenommen, dass § 14 nicht gilt für die eidesstattlichen Versicherungen, die die Vollständigkeit und Richtigkeit von Bestandsverzeichnissen zum Gegenstand haben.[14] Diese Einschränkung ergibt sich weder aus dem Wortlaut des § 14 noch des § 38, der in Abs. 1 allgemein auf die Vorschriften über die Beurkundung von Willenserklärungen verweist,[15] noch aus Sinn und Zweck der Vorschriften, so dass mE § 14 ohne weiteres anwendbar ist.[16] Die Richtigkeitsgewähr wird auch im Verfahren nach § 14 erreicht. 3b

---

[8] Vgl. *Vaasen/Starke* DNotZ 1998, 661 (676); *Stauf* RNotZ 2001, 129 (144).
[9] Vgl. Beschlussempfehlung und Bericht des Rechtsausschusses BT-Drs. 13/11034, 24 (40).
[10] Vgl. zu diesem Aspekt BGH ZNotP 2003, 429; Armbrüster/Preuß/Renner/*Piegsa* BeurkG § 14 Rn. 1ff.; *Winkler* BeurkG § 14 Rn. 1f.; Grziwotz/Heinemann/*Heinemann* BeurkG § 14 Rn. 1; Staudinger/*Hertel* BeurkG Vorb. zu §§ 127a, 128 Rn. 437 ff.; BeckOGK/*Seebach/Rachlitz* BeurkG § 14 Rn. 9f.; *Ising/von Loewenich* ZNotP 2003, 176; *Kanzleiter* DNotZ 1999, 292 (293); *Stauf* RNotZ 2001, 129.
[11] → § 9 Rn. 11 ff.; vgl. zum Begriff *Brambring* DNotZ 1980, 286; *Stauf* RNotZ 2001, 130; *Winkler* BeurkG § 14 Rn. 47ff.; Armbrüster/Preuß/Renner/*Piegsa* BeurkG § 9 Rn. 33 ff.; Staudinger/*Hertel* BeurkG Vorb. zu §§ 127a, 128 Rn. 407 ff.; OLG Köln RNotZ 2014, 368.
[12] Vgl. BGH NJW 1979, 1498; 1998, 3197; 1989, 164 (165); NJW-RR 2005, 1148; *Korte,* Handbuch der Beurkundung von Grundstücksgeschäften, 1990, Rn. 3130 f.; Armbrüster/Preuß/Renner/*Piegsa* BeurkG § 9 Rn. 33 ff.; Staudinger/*Hertel* BeurkG Vorb. zu §§ 127a, 128 Rn. 407 ff.; Grziwotz/Heinemann/*Heinemann* BeurkG § 9 Rn. 39 f.
[13] → § 9 Rn. 9 ff.
[14] So *Winkler* BeurkG § 14 Rn. 22; BeckOGK/*Seebach/Rachlitz* BeurkG § 14 Rn. 6 ff.; Staudinger/*Hertel* BeurkG Vorb. zu §§ 127a, 128 Rn. 439.
[15] → § 38 Rn. 1 ff.
[16] So Armbrüster/Preuß/Renner/*Piegsa* BeurkG § 14 Rn. 9; Grziwotz/Heinemann/*Heinemann* BeurkG § 14 Rn. 4.

II. Bestandsverzeichnisse

4 Mit der Neuregelung sollen **Zahlenwerke** und **sonstige Aufzählungen** von rein tatsächlicher Bedeutung aus der Vorlesungspflicht ausgeklammert werden, soweit sie sich auf einen real existierenden Bestand beziehen.[17] Der Rechtsausschuss verwies auf § 260 BGB. Unter einem Bestand wird nach § 260 Abs. 1 BGB ein „Inbegriff von Gegenständen" verstanden. Voraussetzung ist nach § 260 Abs. 1 BGB eine Mehrheit von Vermögensgegenständen, Sachen, Rechten oder Forderungen, bei denen eine Einzelbezeichnung nur schwer möglich ist und bei der ein einseitiger Rechtsgrund die Mehrheit der Gegenstände zu einem Inbegriff vereinigt.[18] Im Schrifttum wird allerdings im Rahmen des § 14 zu Recht eine weite, die Vorgaben des § 260 BGB überschreitende, und daher auch autonome Auslegung befürwortet,[19] da eine enge sachliche Verbindung der aufgelisteten Gegenstände oftmals nicht in der Beurkundungsverhandlung festgestellt werden kann.[20] Darunter fallen zB Sachgesamtheiten (Bibliothek, Warenlager, Inventar, Betriebsgegenstände etc) oder Sondervermögen (zB Nachlass), auch Gesamtheiten, die sich unter einem einheitlichen Rechtsgrund zusammenfassen lassen, zB die unter Eigentumsvorbehalt gelieferten Waren, die Gesamtheit provisionspflichtiger Umsätze etc.[21] Als Bilanzen iSd Vorschrift ist der gesamte Jahresabschluss samt Gewinn- und Verlustrechnung zu verstehen.[22] Auch Verzeichnisse über Personen sind von der Vorschrift erfasst (zB Mitarbeiter-, Schuldnerverzeichnisse etc).[23] Als Bestand iSd Vorschrift und in Abweichung von § 260 BGB lässt sich auch ein **Bestand** ansehen, der erst durch die Urkunde zum Bestand, dh zur Sachgesamtheit des zu beurkundenden Vertrages gemacht wird, der Bestand muss nicht unbedingt bereits vorher bestehen, das ergibt sich bereits aus dem Wortlaut der Vorschrift, aber auch aus dem Zweck der Vereinfachung der Beurkundung.[24] Ob bei der Veräußerung eines Immobilienbestandes, zB von einer Konzerntochter auf die andere, § 14 eingreift, ist umstritten.[25] Auch bei einem Verzeichnis des zu veräußernden Grundbesitzes kann mE grds. auf die Möglichkeit des § 14 mit der eingeschränkten Vorlesungspflicht zurückgegriffen werden.[26] Das DNotI hat die Ansicht vertreten, dass es für eine Beurkundung nach § 14 entscheidend darauf ankomme, ob die zu veräußernden Grundstücke durch ein einheitliches Rechtsverhältnis miteinander verbunden sind. Ein solches einheitliches Rechtsverhältnis liege nur dann vor, wenn der gesamte Grundbesitz des Veräußerers veräußert werde oder wenn der zu veräußernde Grundbesitz durch ein bereits bestehendes Rechtsverhältnis

---

[17] Vgl. Beschlussempfehlung und Bericht des Rechtsausschusses BT-Drs. 13/11034, 40.
[18] RGZ 90, 137 (139); MüKoBGB/*Krüger* BGB § 260 Rn. 4 f.; Staudinger/*Bittner* BGB § 260 Rn. 4; Armbrüster/Preuß/Renner/*Piegsa* BeurkG § 14 Rn. 10 ff.; *Winkler* BeurkG § 14 Rn. 12 ff.; Grziwotz/Heinemann/*Heinemann* BeurkG § 14 Rn. 3 f.; Staudinger/*Hertel* BeurkG Vorb. zu §§ 127a, 128 Rn. 437 ff.
[19] BeckOGK/*Seebach/Rachlitz* BeurkG § 14 Rn. 33 f.; Grziwotz/Heinemann/*Heinemann* BeurkG § 14 Rn. 3; *Winkler* BeurkG § 14 Rn. 12 ff.; BeckOK BeurkG/*Bremkamp* BeurkG § 14 Rn. 5 ff.
[20] Grziwotz/Heinemann/*Heinemann* BeurkG § 14 Rn. 3; anders *Lerch* BeurkG § 14 Rn. 2, der sich für eine enge Auslegung ausspricht.
[21] Vgl. BGH NJW 1971, 656; *Winkler* BeurkG § 14 Rn. 12 ff.; *Kanzleiter* DNotZ 1999, 292 (298).
[22] *Brambring* FGPrax 1998, 201 (202); *Stauf* RNotZ 2001, 129 (145).
[23] *Stauf* RNotZ 2001, 129 (146).
[24] Str., so die wohl mittlerweile hM: Armbrüster/Preuß/Renner/*Piegsa* BeurkG § 14 Rn. 10 ff.; *Winkler* FS Geimer, 2002, 1509; Staudinger/*Hertel* BeurkG Vorb. zu §§ 127a, 128 Rn. 438; *Ising/von Loewenich* ZNotP 2003, 176 ff.; *Kanzleiter* DNotZ 1999, 292 (298 ff.); *Stauf* RNotZ 2001, 129 (146); vgl. auch Gutachten DNotI Report 2003, 17 f.; BeckOGK/*Seebach/Rachlitz* BeurkG § 14 Rn. 33 f.; Grziwotz/Heinemann/*Heinemann* BeurkG § 14 Rn. 3; *Winkler* BeurkG § 14 Rn. 12 ff.; BeckOK BeurkG/*Bremkamp* BeurkG § 14 Rn. 5 ff.
[25] Gutachten DNotI-Report 2003, 17: nur wenn der gesamte Grundbesitz veräußert werde; dagegen *Ising/von Loewenich* ZNotP 2003, 176 ff.
[26] *Kanzleiter* DNotZ 1999, 292 (298 f.); *Winkler* FS Geimer, 2002, 1509 (1513 ff.); Armbrüster/Preuß/Renner/*Piegsa* BeurkG § 14 Rn. 13; *Winkler* BeurkG § 14 Rn. 23 ff.; Staudinger/*Hertel* BeurkG Vorb. zu §§ 127a, 128 Rn. 439; BeckOGK/*Seebach/Rachlitz* BeurkG § 14 Rn. 43.3; Grziwotz/Heinemann/*Heinemann* BeurkG § 14 Rn. 3; *Winkler* BeurkG § 14 Rn. 12 ff.; BeckOK BeurkG/*Bremkamp* BeurkG § 14 Rn. 5 ff.

miteinander verbunden sei, was zB dann der Fall ist, wenn die in Rede stehenden Grundstücke zu einem Teilbetrieb gehörten.[27] Eine andere Auffassung wird demgegenüber in der Literatur vertreten.[28] Nach dieser Ansicht hänge der Inhalt eines Bestandsverzeichnisses iSd § 14 allein vom Parteiwillen ab. Ein Rückgriff auf die Vorschrift des § 260 BGB sei nicht angezeigt. Ein real existierender Bestand liege auch dann vor, wenn aus einer größeren Menge gleichartiger Güter ein Teil ausgewählt und zum Gegenstand des Vertrages gemacht wird. Auf die Tatsache, dass die in Rede stehenden Gegenstände bereits außerhalb des Vertrages – wie auch immer – miteinander verbunden gewesen waren, komme es nicht an. Zur Begründung verweisen die Vertreter dieser Auffassung im Wesentlichen auf den mit der Vorschrift verfolgten Zweck des Gesetzgebers, nämlich Zahlenwerke und sonstige Aufzählungen von rein tatsächlicher Bedeutung aus der Verlesungspflicht auszuklammern, und den äußeren Beurkundungsvorgang zur Hervorhebung der Prüfungs- und Belehrungspflichten des Notars abzukürzen. Meines Erachtens ist der weiteren Auffassung zu folgen, da der Gesetzgeber die Beurkundung in solchen Fällen von der unnötigen Verlesung von umfangreichen Zahlenwerken befreien wollte.[29] Auch das Grundbuch ist ein Bestandsverzeichnis, so dass der Grundbuchinhalt auch in eine Anlage nach § 14 ausgelagert werden kann.[30] Dementsprechend können auch die Belastungen eines Grundstücks in den Abteilungen II und/oder III des Grundbuchs in die Anlage aufgenommen werden.[31]

Nach Sinn und Zweck der Vorschrift fallen unter den Begriff des Bestandsverzeichnisses **5** nicht sog. **Stamm- oder Mutterurkunden** über künftige Rechtsverhältnisse, die den rechtsgeschäftlichen Inhalt der abzuschließenden Vereinbarung ausmachen. Eine Beschreibung oder Auflistung von Gegenständen, die erst noch beschafft oder hergestellt werden müssen, zB die **Baubeschreibung** im Rahmen eines Bauträgervertrags, soll nach der Begründung zu dem Gesetzesentwurf nach wie vor der uneingeschränkten Vorlesungspflicht unterfallen, da diese häufig im besonderen Maße zur Konkretisierung wesentlicher vertraglicher Rechte und Pflichten herangezogen werden.[32] Die Stammurkunden bei Immobilienfonds oder Baumodellen, die den Abschluss eines Geschäftsbesorgungsvertrags, Treuhandvertrags, Kaufvertrags, Miet-, Mietgarantie- und Steuerberatungsvertrags enthalten, sind daher keine Bestandsverzeichnisse, da in ihnen keine Gesamtheit an existierenden Rechten bezeichnet wird, sondern neu abzuschließende Rechtsgeschäfte, die Gegenstand der Beurkundung sein sollen. Diese müssen daher wie bisher entweder als Anlage nach § 9 Abs. 1 S. 2 mitverlesen werden oder auf diese muss nach § 13a verwiesen werden.[33] Zulässig ist es, Zusicherungen, die die Anlage betreffen, in die Urkunde aufzunehmen.[34]

III. Anlagen bei Grundpfandrechten

§ 14 Abs. 1 S. 2 regelt Ausnahmen für bestimmte Grundpfandrechte: Hypothek, Grund- **6** schuld, Rentenschuld, Schiffshypothek an Schiffen oder Schiffsbauwerken, Registerpfand-

---

[27] DNotI-Report 2003, 17 f.
[28] *Ising/von Loewenich* ZNotP 2003, 176 ff.; BeckOGK/*Seebach/Rachlitz* BeurkG § 14 Rn. 33 f.; Grziwotz/Heinemann/*Heinemann* BeurkG § 14 Rn. 3; *Winkler* BeurkG § 14 Rn. 12 ff.; BeckOK BeurkG/*Bremkamp* BeurkG § 14 Rn. 5 ff.
[29] Ebenso Grziwotz/Heinemann/*Heinemann* BeurkG § 14 Rn. 5; Armbrüster/Preuß/Renner/*Piegsa* BeurkG § 14 Rn. 13; BeckOGK/*Seebach/Rachlitz* BeurkG § 14 Rn. 33 f.; *Winkler* BeurkG § 14 Rn. 12 ff.; BeckOK BeurkG/*Bremkamp* BeurkG § 14 Rn. 5 ff.
[30] BeckOGK/*Seebach/Rachlitz* BeurkG § 14 Rn. 43.2 f.; Armbrüster/Preuß/Renner/*Piegsa* BeurkG § 14 Rn. 13; Grziwotz/Heinemann/*Heinemann* BeurkG § 14 Rn. 18; *Winkler* BeurkG § 14 Rn. 23; BeckOK BeurkG/*Bremkamp* BeurkG § 14 Rn. 9.1; *Ising/von Loewenich* ZNotP 2003, 176 ff.
[31] BeckOGK/*Seebach/Rachlitz* BeurkG § 14 Rn. 43.2 f.; Armbrüster/Preuß/Renner/*Piegsa* BeurkG § 14 Rn. 13; Grziwotz/Heinemann/*Heinemann* BeurkG § 14 Rn. 18; *Winkler* BeurkG § 14 Rn. 24; BeckOK BeurkG/*Bremkamp* BeurkG § 14 Rn. 9.1; *Ising/von Loewenich* ZNotP 2003, 176 ff.
[32] Vgl. Beschlussempfehlung und Bericht des Rechtsausschusses BT-Drs. 13/11034, 40; vgl. auch *Vaasen/Starke* DNotZ 1998, 661 (676); *Stauf* RNotZ 2001, 129 (144 f.); Grziwotz/Heinemann/*Heinemann* BeurkG § 14 Rn. 3; *Winkler* BeurkG § 14 Rn. 30.
[33] *Winkler* BeurkG § 14 Rn. 27 ff.
[34] *Stauf* RNotZ 2001, 129 (146).

rechte an Luftfahrzeugen. Entscheidend ist, dass es um eine „Bestellung" geht, so dass andere Rechtsgeschäfte in diesem Zusammenhang nicht von dieser Ausnahme erfasst sind. Es spielt allerdings keine Rolle, ob neben der Bestellung des Grundpfandrechts die Urkunde auch andere Rechtsgeschäfte enthält, so dass auch bei einer Restkaufpreishypothek § 14 anwendbar ist.[35] Voraussetzung ist allerdings, dass die in den Anlagen enthaltenen Erklärungen im Zusammenhang mit der Bestellung des Grundpfandrechts und dem Sicherungsgeschäft stehen; andere, nur bei Gelegenheit der Bestellung abgegebene Erklärungen fallen nicht unter die Ausnahmevorschrift.[36] In die Niederschrift selbst aufgenommen und mitverlesen werden müssen die Angaben bei der Grundpfandrechtsbestellung, die in das Grundbuch einzutragen sind, und die Zwangsversteigerungsunterwerfung nach § 794 ZPO bzw. § 800 ZPO (§ 14 Abs. 1 S. 3). Handelt es sich um einen Fall des § 800 ZPO, ist auch die Eintragungsbewilligung in die Niederschrift aufzunehmen.[37] In die der Sondervorschrift unterfallende Anlage dürfen nur die Erklärungen aufgenommen werden, die nicht im Grundbuch oder im Register selbst eingetragen werden müssen. Das sind entweder die Erklärungen, auf die Bezug genommen werden kann und die dadurch zum Inhalt des Grundbuchs werden, ohne selbst eingetragen zu werden, oder sonstige Erklärungen, die das schuldrechtliche Grundgeschäft betreffen.[38]

C. Verfahren

I. Anlage

7 Der nicht vorlesungspflichtige Teil muss sich in einem Schriftstück befinden, auf das in der Niederschrift verwiesen und dieser beigefügt wird, also eine Legaldefinition des § 9 Abs. 1 S. 2, also in einer Anlage.[39] Voraussetzung ist eine räumliche Trennung von der vorlesungspflichtigen Niederschrift.[40] Ausreichend ist eine deutliche Trennung, ein gesondertes Blatt ist nicht erforderlich.

II. Verweisung und Beifügen

8 Nach § 14 Abs. 1 ist weitere Voraussetzung, dass auf die Anlage verwiesen und sie der Niederschrift beigefügt wird. Verweisung bedeutet, dass die Erklärung der Beteiligten über die Einbeziehung in der Niederschrift enthalten ist.[41] Ein bestimmter Text ist nicht erforderlich. Entscheidend ist, dass die Verweisungserklärung als Erklärung der Beteiligten protokolliert wird und den Willen erkennen lässt, dass die Erklärungen der beigefügten Anlage ebenfalls Gegenstand des Rechtsgeschäfts und der Beurkundung sein sollen.[42] Ein Vermerk auf dem Schriftstück selbst genügt nicht, der Verweisungsvermerk muss in der

---

[35] Armbrüster/Preuß/Renner/Piegsa BeurkG § 14 Rn. 18 ff.; Staudinger/Hertel BeurkG Vorb. zu §§ 127a, 128 Rn. 440; Winkler BeurkG § 14 Rn. 26; Stauf RNotZ 2001, 129 (146).
[36] So wird mittlerweile die Entscheidung des BayObLG DNotZ 1974, 376 von der hM zu Recht ausgelegt, vgl. Kanzleiter DNotZ 1974, 380; Armbrüster/Preuß/Renner/Piegsa BeurkG § 14 Rn. 19 ff.; Staudinger/Hertel BeurkG Vorb. zu §§ 127a, 128 Rn. 440; Winkler BeurkG § 14 Rn. 26.
[37] LG Landshut MittBayNot 1973, 392.
[38] LG Landshut MittBayNot 1973, 392; OLG Celle DNotZ 1971, 601; LG Osnabrück Rpfleger 1973, 247; Winkler BeurkG § 14 Rn. 29; Kanzleiter DNotZ 1974, 380.
[39] Vgl. im Einzelnen → § 9 Rn. 19 ff.
[40] Vgl. BayObLG DNotZ 1974, 49 (52); Schalkhausser MittBayNot 1972, 217; Armbrüster/Preuß/Renner/Piegsa BeurkG § 14 Rn. 22; Staudinger/Hertel BeurkG Vorb. zu §§ 127a, 128 Rn. 441.
[41] Vgl. im Einzelnen → § 9 Rn. 22 ff.
[42] BGH DNotZ 1995, 35; Winkler BeurkG § 9 Rn. 38 f.; Stauf RNotZ 2001, 129 (146); Armbrüster/Preuß/Renner/Piegsa BeurkG § 14 Rn. 22; Staudinger/Hertel BeurkG Vorb. zu §§ 127a, 128 Rn. 441; Armbrüster/Preuß/Renner/Piegsa BeurkG § 9 Rn. 26; Grziwotz/Heinemann/Heinemann BeurkG § 14 Rn. 11; BeckOGK/Seebach/Rachlitz BeurkG § 14 Rn. 71 ff.; eingehend auch Rothmann, Beurkundung und Bezugnahme, 2018, S. 83 ff.

Niederschrift enthalten sein.⁴³ Es genügt allerdings, wenn die Verweisung im Wege der Auslegung aus der Niederschrift entnommen werden kann.

Die Anlagen sind weiterhin der Niederschrift beizufügen. Dies geschieht nach § 44 mit **9** Schnur- und Prägesiegel. § 44 ist dabei nur eine Sollvorschrift und damit nicht Wirksamkeitsvoraussetzung. Allerdings ist das Beifügen bei § 14 Wirksamkeitsvoraussetzung. Daran fehlt es, wenn das Schriftstück zum Zeitpunkt der Beurkundung dem Notar und den Beteiligten nicht vorlag, sondern erst später nachgereicht wurde. Auch die anschließende Verbindung mit Schnur und Siegel nach § 44 kann dieses Erfordernis des Beifügens nicht ersetzen.⁴⁴ Beifügen bedeutet aber nur ein loses Vorhandensein zum Zeitpunkt der Beurkundung.

III. Verzicht auf Vorlesen und Vorlage zur Kenntnisnahme

Nach § 14 Abs. 1 S. 1 ist Voraussetzung für die eingeschränkte Vorlesungspflicht der **10** Verzicht der Beteiligten. Ähnlich wie bei § 13a müssen alle Beteiligten diese Erklärung abgeben,⁴⁵ wobei auch ein konkludenter Verzicht, der im Wege der Auslegung festgestellt werden kann, genügt.⁴⁶

Außerdem soll das Schriftstück in diesen Fällen nach § 14 Abs. 2 den Beteiligten zur **11** Kenntnisnahme vorgelegt werden. Das Gesetz trifft keine Regelungen, auf welche Weise das Vorlegen zur Kenntnisnahme erfolgen soll, so dass es dem Ermessen des Notars überlassen bleibt, wie dies zu geschehen hat.⁴⁷ Der Notar kann es entweder den Beteiligten inhaltlich erläutern und ihnen die Möglichkeit der Einsichtnahme geben bzw. das Schriftstück zum Lesen überreichen. Bei der Wahl des Verfahrens sind die Beteiligten und der Notar frei, wobei der Notar die Wünsche der Beteiligten zu berücksichtigen hat.⁴⁸ Entscheidend ist allerdings, dass den Belehrungspflichten genügt werden muss. Da die Vorschrift Sollvorschrift ist, führt eine Verletzung nicht zur Unwirksamkeit.

IV. Unterzeichnung

Während § 14 in der alten Fassung nur die Unterzeichnung des Schriftstücks vorsah, **12** bestimmt nun die Neuregelung, dass, wenn das Schriftstück aus mehreren Seiten besteht, jede Seite von den Beteiligten (nicht vom Notar) unterzeichnet werden soll. Auch insoweit handelt es sich nur um eine Sollvorschrift, deren Verletzung auf die Wirksamkeit der Beurkundung keine Auswirkung hat.⁴⁹ Unverständlich ist allerdings, warum der Gesetzgeber die bisher dem Beurkundungsgesetz völlig fremde, in ausländischen Rechtsordnungen teilweise vorgeschriebene Unterzeichnung jeder Seite vorgesehen hat. Es ist Aufgabe des Notars, über die Vollständigkeit der Urkunde Sorge zu tragen, dies betrifft auch die

---

⁴³ OLG Köln FGPrax 2014, 12 (13); MittBayNot 1993, 170; BGH DNotZ 1982, 228; Grziwotz/Heinemann/*Heinemann* BeurkG § 14 Rn. 11; BeckOGK/*Seebach/Rachlitz* BeurkG § 14 Rn. 71 ff.

⁴⁴ BGH DNotZ 1995, 26; Armbrüster/Preuß/Renner/*Piegsa* BeurkG § 14 Rn. 25 f.; Staudinger/*Hertel* BeurkG Vorb. zu §§ 127a, 128 Rn. 441.

⁴⁵ *Winkler* BeurkG § 14 Rn. 38 f.; Armbrüster/Preuß/Renner/*Piegsa* BeurkG § 14 Rn. 29; Staudinger/*Hertel* BeurkG Vorb. zu §§ 127a, 128 Rn. 444; BeckOGK/*Seebach/Rachlitz* BeurkG § 14 Rn. 79 ff.; Armbrüster/Preuß/Renner/*Piegsa* BeurkG § 14 Rn. 13; Grziwotz/Heinemann/*Heinemann* BeurkG § 14 Rn. 12; *Winkler* BeurkG § 14 Rn. 24; BeckOK BeurkG/*Bremkamp* BeurkG § 14 Rn. 16; *Ising/von Loewenich* ZNotP 2003, 176 ff.

⁴⁶ *Winkler* BeurkG § 14 Rn. 31; *Stauf* RNotZ 2001, 129 (149).

⁴⁷ BeckOGK/*Seebach/Rachlitz* BeurkG § 14 Rn. 87 f.; Armbrüster/Preuß/Renner/*Piegsa* BeurkG § 14 Rn. 13; Grziwotz/Heinemann/*Heinemann* BeurkG § 14 Rn. 13; *Winkler* BeurkG § 14 Rn. 40; BeckOK BeurkG/*Bremkamp* BeurkG § 14 Rn. 23; *Ising/von Loewenich* ZNotP 2003, 176 ff.

⁴⁸ *Stauf* RNotZ 2001, 129 (149).

⁴⁹ Vgl. *Winkler* BeurkG § 14 Rn. 41: Sinn und Zweck der Unterzeichnung ist, dass die Beteiligten die Verantwortung für den Text übernehmen; BeckOGK/*Seebach/Rachlitz* BeurkG § 14 Rn. 93; Armbrüster/Preuß/Renner/*Piegsa* BeurkG § 14 Rn. 13; Grziwotz/Heinemann/*Heinemann* BeurkG § 14 Rn. 25; BeckOK BeurkG/*Bremkamp* BeurkG § 14 Rn. 9.1; *Ising/von Loewenich* ZNotP 2003, 176 ff.; Staudinger/*Hertel* BeurkG Vorb. zu §§ 127a, 128 Rn. 441.

Anlagen, so dass die gesonderte Unterzeichnung ein dem Beurkundungsgesetz wesensfremdes Element darstellt. Unklar bleibt dabei auch, ob mit Seite das Blatt gemeint ist. Weiterhin unklar ist, ob beim Unterzeichnen auch die Möglichkeit der Verwendung eines Kürzels genügt. Zur Dokumentierung der Verantwortlichkeit hätte die bisherige Schlussunterzeichnung, die sich auch in der Praxis bewährt hat, genügt. Wegen des eindeutigen Gesetzeswortlauts ist an der als Sollvorschrift ausgestalteten Pflicht der gesonderten Unterzeichnung jeder Seite festzuhalten, wobei keine allzu hohen Anforderungen an dieses Verfahren gestellt werden dürfen. Andernfalls würde der Zweck des § 14, der insbesondere die Beurkundung bei umfangreichen Verzeichnissen erleichtern sollte, aufgehoben. Da auch bisher nicht verlangt war, dass der Notar die Anlagen unterzeichnet, wird man davon ausgehen dürfen, dass für den Begriff der Unterzeichnung in § 14 Abs. 2 nicht die strengen Anforderungen des § 13 gemeint sind, so dass die Unterzeichnung auch nicht zwingend in Gegenwart des Notars erfolgen muss.[50] Die Unterzeichnung muss nicht in der Beurkundungsverhandlung erfolgen, die Anlage kann daher schon unterzeichnet mitgebracht werden.[51] Auch die Unterzeichnung mit einer Paraphe wird wohl ausreichend sein, da hierdurch ebenfalls der Sinn und Zweck, die Verantwortung für die Vollständigkeit, gewahrt wird.[52] Insofern besteht allerdings noch erhebliche Rechtsunsicherheit aufgrund der missglückten gesonderten Unterzeichnungspflicht.

D. Feststellung in der Niederschrift

13 Der Verzicht auf das Vorlesen muss in der Niederschrift festgestellt werden, so dass das Fehlen dieser Niederschrift die Unwirksamkeit zur Folge hat.[53] Außerdem soll festgestellt werden, dass das Schriftstück zur Kenntnisnahme vorgelegt worden ist. Das Fehlen dieses Vermerks hat keinen Einfluss auf die Wirksamkeit der Beurkundung.[54]

§ 15 Versteigerungen

¹Bei der Beurkundung von Versteigerungen gelten nur solche Bieter als beteiligt, die an ihr Gebot gebunden bleiben. ²Entfernt sich ein solcher Bieter vor dem Schluß der Verhandlung, so gilt § 13 Abs. 1 insoweit nicht; in der Niederschrift muß festgestellt werden, daß sich der Bieter vor dem Schluß der Verhandlung entfernt hat.

A. Allgemeines

1 Die Vorschrift gilt für freiwillige Versteigerungen von beweglichen Sachen, Grundstücken, grundstücksgleichen Rechten, Wohnungs- und Teileigentum, nicht für die Zwangsversteigerungsverfahren oder die Teilungsversteigerung nach ZVG.[1] Die Vorschrift enthält

---

[50] *Winkler* BeurkG § 14 Rn. 45; *Kanzleiter* DNotZ 1999, 292 (299); Armbrüster/Preuß/Renner/*Piegsa* BeurkG § 14 Rn. 32; Staudinger/*Hertel* BeurkG Vorb. zu §§ 127a, 128 Rn. 444; Grziwotz/Heinemann/*Heinemann* BeurkG § 14 Rn. 16.
[51] Staudinger/*Hertel* BeurkG Vorb. zu §§ 127a, 128 Rn. 444; Grziwotz/Heinemann/*Heinemann* BeurkG § 14 Rn. 16; *Stauf* RNotZ 2001, 129 (150); *Winkler* BeurkG § 14 Rn. 45; BeckOGK/*Seebach/Rachlitz* BeurkG § 14 Rn. 43.2 f.; Armbrüster/Preuß/Renner/*Piegsa* BeurkG § 14 Rn. 106; BeckOK BeurkG/*Bremkamp* BeurkG § 14 Rn. 28; *Ising/von Loewenich* ZNotP 2003, 176 ff.
[52] *Winkler* BeurkG § 14 Rn. 43; BeckOGK/*Seebach/Rachlitz* BeurkG § 14 Rn. 100; Armbrüster/Preuß/Renner/*Piegsa* BeurkG § 14 Rn. 31; BeckOK BeurkG/*Bremkamp* BeurkG § 14 Rn. 26; anders Grziwotz/Heinemann/*Heinemann* BeurkG § 14 Rn. 16.
[53] Vgl. *Winkler* BeurkG § 14 Rn. 46; Armbrüster/Preuß/Renner/*Piegsa* BeurkG § 14 Rn. 30; Grziwotz/Heinemann/*Heinemann* BeurkG § 14 Rn. 25.
[54] Grziwotz/Heinemann/*Heinemann* BeurkG § 14 Rn. 27.
[1] Vgl. im Einzelnen → BNotO § 20 Rn. 36 ff.; allgemein zur freiwilligen Versteigerung *Limmer* FS Bezzenberger 2000, 509; *Dietsch* NotBZ 2000, 322; vgl. Kersten/Bühling/*Basty* § 32 Rn. 1 ff.; BNotK

eine Sondervorschrift für das Beurkundungsverfahren einer Versteigerung und schafft insoweit eine Ausnahme von § 13 Abs. 1 für den Bieter. Für die Versteigerung sind außerdem § 156 S. 1 BGB zu beachten sowie spezialgesetzliche Vorschriften des Landesrechts, die die Versteigerung regeln. Die **allgemeinen Vorschriften** für die Versteigerung sind verstreut geregelt: § 156 BGB, § 15 BeurkG, § 383 Abs. 3 BGB. Für die freiwillige Versteigerung von **Wohnungseigentum** als Folge eines Entziehungsurteils nach §§ 18, 19 WEG sind die §§ 53 ff. WEG als Sondervorschriften durch das Gesetz zur Änderung des Wohnungseigentums vom 27.3.2007[2] aufgehoben worden, hierfür ist jetzt das allgemeine Zwangsversteigerungsverfahren anwendbar. Die Einzelheiten der freiwilligen Versteigerung sind ausführlich bei → BNotO § 20 Rn. 36 ff. beschrieben.

Die Bundesnotarkammer hat einen **Leitfaden zur freiwilligen Grundstücksversteigerung** veröffentlicht, der aus berufsrechtlichen Gründen zu beachten ist.[3]   1a

B. Zuständigkeit

Die Zuständigkeit der Notare ergibt sich aus § 20 Abs. 3 BNotO.[4] Eine Versteigerung beweglicher Sachen soll der Notar nach § 20 Abs. 3 S. 2 BNotO nur vornehmen, soweit sie durch die Versteigerung unbeweglicher Sachen oder durch eine von ihm beurkundete Vermögensauseinandersetzung veranlasst ist.   2

C. Vertragsschluss

Gem. § 156 Abs. 1 BGB ist das Gebot als Vertragsantrag des Bieters, der Zuschlag als Annahme des Angebots aufzufassen, so dass hierdurch ein Vertrag, etwa ein Grundstückskaufvertrag, zustande kommt.[5] Die freiwillige Versteigerung führt zu einem Vertragsschluss und hängt von den Willenserklärungen, nämlich einem Angebot (Gebot) und einer Annahme (Zuschlag) ab.[6] § 156 Abs. 1 BGB hat lediglich die Wirkung, dass die Veranstaltung der Versteigerung eine Einladung an die Bieter darstellt, ein Vertragsangebot zu machen, das dann durch den Zuschlag angenommen werden kann.[7] Die Vorschrift enthält insoweit dispositives Recht, so dass für den Inhalt des Vertrags die allgemeinen Versteigerungsbedingungen Besonderheiten vorsehen können.[8]   3

D. Formzwang und Beurkundungsverfahren

Die Frage der Formbedürftigkeit ist unabhängig von der Frage des Versteigerungsverfahrens zu beantworten, so dass auch Grundstücksversteigerungen grundsätzlich notarieller   4

DNotZ 2005, 161; *Röll* MittBayNot 1981, 64 ff.; *v. Hoyningen-Huene* NJW 1973, 1473 ff.; Gutachten DNotI-Report 1996, 209; *Götte* BWNotZ 1992, 105 ff. mit Mustern; vgl. auch *Heil* MittRhNotK 1999, 73 ff.; *Lerch* BeurkG § 15 Rn. 2.
[2] BGBl. 2007 I 370.
[3] BNotK DNotZ 2007, 161.
[4] Vgl. im Einzelnen → BNotO § 20 Rn. 36 ff.
[5] Vgl. BGHZ 138, 339 (342) = NJW 1998, 2350; BGH NJW 1983, 1186; 1992, 905; 1998, 2350; MüKoBGB/*Busche* BGB § 156 Rn. 4; Gutachten DNotI-Report 1996, 209; Armbrüster/Preuß/Renner/*Piegsa* BeurkG § 15 Rn. 22 ff.; BNotK DNotZ 2005, 161 (164); BeckOGK/*Seebach*/*Rachlitz* BeurkG § 15 Rn. 21.
[6] BGH NJW 1983, 1186; 1992, 905; BGHZ 138, 339 (342) = NJW 1998, 2350; Gutachten DNotI-Report 1996, 209; Armbrüster/Preuß/Renner/*Piegsa* BeurkG § 15 Rn. 22 ff.; BNotK DNotZ 2005, 161 (164).
[7] BGHZ 138, 339 (342) = NJW 1998, 2350; NJW 1983, 1186; MüKoBGB/*Busche* BGB § 156 Rn. 4; Staudinger/*Bork* BGB § 156 Rn. 2; Soergel/*Wolf* BGB § 156 Rn. 14.
[8] MüKoBGB/*Busche* BGB § 156 Rn. 8; Soergel/*Wolf* BGB § 156 Rn. 14.

Beurkundung nach § 311b BGB bedürfen.⁹ Auch bei der freiwilligen Versteigerung gelten die allgemeinen Regeln nach §§ 6 ff. BeurkG, insbesondere die Anforderungen des § 13.¹⁰ § 15 hat nur Bedeutung für die Bieterseite. Nicht alle Bieter, sondern aus ihrem Kreis in der Regel nur der Meistbietende, gelten als urkundsbeteiligt. Daraus kann aber nicht gefolgert werden, dass nur der Meistbietende Beteiligter ist, nicht aber der Auktionator.¹¹ Dementsprechend sind die Willenserklärungen des Versteigerers und des Meistbietenden nach den Vorschriften der §§ 6 ff. zu beurkunden.¹² § 15 S. 2 schafft nur insoweit eine Ausnahmevorschrift, als aus Vereinfachungsgründen § 13 Abs. 1 nicht für den an sein Gebot gebundenen Bieter gilt, der sich vor Schluss der Verhandlung entfernt. Insoweit genügt ein entsprechender Feststellungsvermerk des Notars, der allerdings zur Wirksamkeit der Beurkundung unerlässlich ist.¹³ Umstritten ist, ob dies auch für den Fall gilt, dass der Bieter durch die Entfernung seine Unterschrift verweigern will. Die überwiegende Meinung geht in diesem Fall von der Nichtigkeit aus.¹⁴ § 15 S. 2 hat nicht die Funktion, eine wirksame Beurkundung entgegen den Willen der Beteiligten zu fingieren, sondern dient lediglich der Verfahrensvereinfachung.¹⁵ Zu Recht wird allerdings eine deutliche Äußerung verlangt.¹⁶ Von diesem Ausnahmefall abgesehen, gilt auch für die Beurkundung einer Versteigerung § 13, so dass die notarielle Urkunde sowohl dem Auktionator als auch dem Ersteigerer vorgelesen und von diesen genehmigt und unterzeichnet werden muss.¹⁷ Sowohl der Auktionator, als auch der Ersteigerer sind danach Beteiligte iSd § 6. Ist der Notar selbst Auktionator, so darf er entgegen § 6 auch ausnahmsweise seine eigene Versteigerung beurkunden.¹⁸ Die Sondervorschriften des § 15 gelten nicht für eine bei dieser Gelegenheit abgegebene Auflassung, da diese schon aufgrund der Abstraktion außerhalb des eigenen Versteigerungsvorgangs liegt, der durch § 15 geregelt wird.¹⁹

§ 16 Übersetzung der Niederschrift

(1) **Ist ein Beteiligter nach seinen Angaben oder nach der Überzeugung des Notars der deutschen Sprache oder, wenn die Niederschrift in einer anderen als der deutschen Sprache aufgenommen wird, dieser Sprache nicht hinreichend kundig, so soll dies in der Niederschrift festgestellt werden.**

(2) ¹**Eine Niederschrift, die eine derartige Feststellung enthält, muß dem Beteiligten anstelle des Vorlesens übersetzt werden.** ²**Wenn der Beteiligte es verlangt, soll die**

---

⁹ BGH NJW 1992, 905; BGHZ 138, 339 (342) = NJW 1998, 2350; Staudinger/*Bork* BGB § 156 Rn. 7; Schippel/Bracker/*Reithmann* BNotO § 20 Rn. 62; Armbrüster/Preuß/Renner/*Piegsa* BeurkG § 15 Rn. 17; BNotK DNotZ 2005, 161 (163); BeckOK BeurkG/*von Schwander* BeurkG § 15 Rn. 2; BeckOGK/*Seebach/Rachlitz* BeurkG § 15 Rn. 2.
¹⁰ BGH NJW 1998, 2350; vgl. im Einzelnen → BNotO § 20 Rn. 44 ff.
¹¹ BeckOK BeurkG/*von Schwander* BeurkG § 15 Rn. 7; BeckOGK/*Seebach/Rachlitz* BeurkG § 15 Rn. 45.
¹² Vgl. im Einzelnen → BNotO § 20 Rn. 44 ff.; *Winkler* BeurkG § 15 Rn. 4; Schippel/Bracker/*Reithmann* BNotO § 20 Rn. 62 ff.; Armbrüster/Preuß/Renner/*Piegsa* BeurkG § 15 Rn. 27; BNotK DNotZ 2005, 161 (163).
¹³ BGHZ 138, 339 (342) = NJW 1998, 2350; *Winkler* BeurkG § 15 Rn. 14; Gutachten DNotI-Report 1996, 210; BeckOK BeurkG/*von Schwander* BeurkG § 15 Rn. 12; BeckOGK/*Seebach/Rachlitz* BeurkG § 15 Rn. 53.
¹⁴ *Winkler* BeurkG § 15 Rn. 11; *Jansen* BeurkG § 15 Rn. 17; Gutachten DNotI-Report 1996, 210; *Lerch* BeurkG § 15 Rn. 7; BeckOK BeurkG/*von Schwander* BeurkG § 15 Rn. 14; BeckOGK/*Seebach/Rachlitz* BeurkG § 15 Rn. 56; aA *Röll* MittBayNot 1981, 64 (66); Grziwotz/Heinemann/*Heinemann* BeurkG § 15 Rn. 24.
¹⁵ *Winkler* BeurkG § 15 Rn. 11; BeckOK BeurkG/*von Schwander* BeurkG § 15 Rn. 14; BeckOGK/*Seebach/Rachlitz* BeurkG § 15 Rn. 56.
¹⁶ BeckOGK/*Seebach/Rachlitz* BeurkG § 15 Rn. 56.1.
¹⁷ BGHZ 138, 339 (342) = NJW 1998, 2350; *Winkler* BeurkG § 15 Rn. 11; BeckOK BeurkG/*von Schwander* BeurkG § 15 Rn. 8 ff.; BeckOGK/*Seebach/Rachlitz* BeurkG § 15 Rn. 42 ff.
¹⁸ BGHZ 138, 339 (342) = NJW 1998, 2350; *Winkler* BeurkG § 15 Rn. 5; BeckOK BeurkG/*von Schwander* BeurkG § 15 Rn. 8; BeckOGK/*Seebach/Rachlitz* BeurkG § 15 Rn. 45 ff.
¹⁹ BGHZ 138, 339 (342) = NJW 1998, 2350; *Winkler* BeurkG § 15 Rn. 12; Grziwotz/Heinemann/*Heinemann* BeurkG § 15 Rn. 26; Armbrüster/Preuß/Renner/*Piegsa* BeurkG § 15 Rn. 20.

Übersetzung außerdem schriftlich angefertigt und ihm zur Durchsicht vorgelegt werden; die Übersetzung soll der Niederschrift beigefügt werden. ³Der Notar soll den Beteiligten darauf hinweisen, daß dieser eine schriftliche Übersetzung verlangen kann. ⁴Diese Tatsachen sollen in der Niederschrift festgestellt werden.

(3) ¹Für die Übersetzung muß, falls der Notar nicht selbst übersetzt, ein Dolmetscher zugezogen werden. ²Für den Dolmetscher gelten die §§ 6, 7 entsprechend. ³Ist der Dolmetscher nicht allgemein vereidigt, so soll ihn der Notar vereidigen, es sei denn, daß alle Beteiligten darauf verzichten. ⁴Diese Tatsachen sollen in der Niederschrift festgestellt werden. ⁵Die Niederschrift soll auch von dem Dolmetscher unterschrieben werden.

Übersicht

	Rn.
A. Allgemeines	1
B. Prüfung der Sprachkunde	4
I. Sprachkunde	4
II. Nach Angabe der Beteiligten oder Überzeugung des Notars	5
III. Feststellung in der Niederschrift	7
C. Pflicht zur Übersetzung (Abs. 2)	8
D. Übersetzungsperson	10
I. Übersetzung durch den Notar	10
II. Hinzuziehung eines Dolmetschers	11
III. Vereidigung des Dolmetschers	13
IV. Anwesenheit und Unterschrift durch den Dolmetscher	14
E. Feststellungen	15

A. Allgemeines

Die Vorschrift regelt das anzuwendende Verfahren, wenn einer der Beteiligten der Urkundssprache nicht mächtig ist.[1] Urkundssprache kann entweder die deutsche Sprache sein oder nach § 5 Abs. 2 auch eine andere Sprache, wenn alle Beteiligten dies verlangen. Der Notar soll dem Verlangen nur entsprechen, wenn er der fremden Sprache hinreichend kundig ist. Zu den Einzelheiten → § 5 Rn. 1 ff. **1**

§ 5 Abs. 2 gestattet es auch, eine **doppelsprachige Urkunde** zu errichten.[2] Dabei ist unterschiedlich zu verfahren, je nachdem, ob ein Sprachunkundiger beteiligt ist oder nicht.[3] Es sollte in jedem Fall in der Urkunde genau klargestellt werden, welche Gestaltung gewählt wurde, um Auslegungsschwierigkeiten zu vermeiden.[4] **1a**

– Sind alle Beteiligten der deutschen Sprache mächtig, so handelt es sich nicht idR um einen Fall des § 16, sondern nur um eine **fakultative Übersetzung.**[5] In diesem Fall bedarf es keiner (mündlichen) Übersetzung der Niederschrift.[6] Es handelt sich vielmehr um die Anwendung des § 50.[7] Bei der fakultativen Übersetzung sollte klargestellt wer-

---

[1] Zum Dolmetscher bei Beurkundungen *Eckhardt* ZNotP 2005, 221 ff.; *Lerch* NotBZ 2006, 6 ff.; *Renner* ZNotP 2005, 145 ff.; zur Frage zweisprachiger Urkunden vgl. *Hertel* FS Wolfsteiner 2007, 51 ff.; *Ott* RNotZ 2015, 189 ff.

[2] BGH DNotZ 2019, 830 (831) mAnm *Ott* = MittBayNot 2019, 508 mAnm *Forschner*; vgl. eingehend *Ott* RNotZ 2015, 189; *Hertel* FS Wolfsteiner 2007, 51 ff.; Armbrüster/Preuß/Renner/*Preuß* BeurkG § 5 Rn. 8 und § 16 Rn. 3; BeckOGK/*Seebach*/*Rachlitz* BeurkG § 16 Rn. 59.

[3] Vgl. zur Abgrenzung der verschiedenen Varianten BGH DNotZ 2019, 830 mAnm *Ott* = MittBayNot 2019, 508 mAnm *Forschner*; *Hertel* FS Wolfsteiner 2007, 51 (55); *Ott* RNotZ 2015, 189 ff.; BeckOGK/*Seebach*/*Rachlitz* BeurkG § 16 Rn. 59 ff.; BeckOK BeurkG/*von Schwander* BeurkG § 16 Rn. 5.

[4] Vgl. dazu BGH DNotZ 2019, 8230 mAnm *Ott* = MittBayNot 2019, 508 mAnm *Forschner*.

[5] Zu den Einzelheiten → § 50 Rn. 1 ff.; *Ott* RNotZ 2015, 189 (193); BeckOGK/*Seebach*/*Rachlitz* BeurkG § 16 Rn. 62.

[6] *Ott* RNotZ 2015, 189 (193); *ders.* DNotZ 2019, 836 ff.

[7] *Hertel* FS Wolfsteiner 2007, 51 (59); *Ott* RNotZ 2015, 189.

den, welcher Text der maßgebliche Urkundstext und welcher die Übersetzung ist. In diesem Fall bezieht sich die Pflicht zur Vorlesung nach § 13 Abs. 1 ausschließlich auf den Text der Niederschrift. Der Übersetzungstext muss nicht vorgelesen werden.[8]

– Hiervon zu unterscheiden ist die nach ganz überwiegender Meinung ebenfalls zulässige Errichtung einer Niederschrift, welche **zwei gleichwertige Sprachfassungen** enthält.[9] Für die Praxis wird davon allerdings zu Recht abgeraten, da dies zu Auslegungsschwierigkeiten führen kann, da bestimmte Fachbegriffe zT in den verschiedenen Rechtssystemen unterschiedliche Funktionen haben können.[10] In jedem Fall sollte klargestellt werden, welche Fassung bei Auslegungsschwierigkeiten die maßgebende ist.[11] Die Errichtung einer solchen Niederschrift setzt voraus, dass der Notar beider Sprachen hinreichend kundig ist. Außerdem müssen beide Sprachfassungen verlesen werden, weil erst beide Sprachfassungen zusammen die Niederschrift bilden.[12] Darüber hinaus ist zu beachten, dass eine Übersetzung nach § 16 zu erfolgen hat, wenn (auch nur) ein formell Beteiligter nicht beider Sprachen hinreichend kundig ist.[13] Es genügt dabei, wenn beide Sprachfassungen vorgelesen werden.[14]

Enthält eine doppelsprachige Urkunde keinen Vermerk über die vorherrschende Sprache, so ist im Zweifel anzunehmen, dass es sich um deutsche Urkunde kombiniert mit einer Übersetzung nach § 50 handelt.

1b Für den Fall der Sprachunkundigkeit sieht das Gesetz die Übersetzung in die den Beteiligten bekannte Sprache vor. Aus deutscher Sicht kann entweder in die deutsche Sprache oder aus der deutschen Sprache übersetzt werden je nachdem, welche die Urkundssprache ist. Der Gesetzgeber hat dadurch ein flexibles Verfahren der Vermittlung des Inhalts der Urkunde vorgesehen. Die Vorschrift enthält weitgehend Sollvorschriften, lediglich in § 16 Abs. 2 S. 1 und § 16 Abs. 3 S. 1 sind Mussvorschriften enthalten.

2 Die Vorschrift gilt für Willenserklärungen und nach § 38 Abs. 1 auch für die Abnahme von Eiden und die Aufnahme eidesstattlicher Versicherungen.[15] Für **Verfügungen von Todes** wegen sind die **Sondervorschriften** zu beachten (§§ 30 S. 4, 32, 33). Nach § 32 gilt: Ist ein Erblasser, der dem Notar seinen letzten Willen mündlich erklärt, der Sprache, in der die Niederschrift aufgenommen wird, nicht hinreichend kundig und ist dies in der Niederschrift festgestellt, so muss eine schriftliche Übersetzung angefertigt werden, die der Niederschrift beigefügt werden soll. Der Erblasser kann hierauf verzichten; der Verzicht muss in der Niederschrift festgestellt werden.

3 Zwingend ist, dass bei Sprachunkundigkeit eine Übersetzung zu erfolgen hat (§ 16 Abs. 2 S. 1), falls der Notar die Übersetzung nicht leisten kann, muss diese Übersetzung durch einen Dolmetscher erfolgen (§ 16 Abs. 3 S. 1). Auf diese Vorschriften können die Beteiligten nicht verzichten.[16]

---

[8] *Ott* RNotZ 2015, 189 (193); BeckOGK/*Seebach*/*Rachlitz* BeurkG § 16 Rn. 59 ff.; BeckOK BeurkG/*von Schwander* BeurkG § 16 Rn. 5.

[9] BGH DNotZ 2019, 830 (831) mAnm *Ott* = MittBayNot 2019, 508 mAnm *Forschner*; *Ott* RNotZ 2015, 189 (193); *ders*. DNotZ 2019, 837; BeckOGK/*Seebach*/*Rachlitz* BeurkG § 16 Rn. 59 ff.; BeckOK BeurkG/*von Schwander* BeurkG § 16 Rn. 5; vgl. auch Armbrüster/Preuß/Renner/*Preuß* BeurkG § 5 Rn. 8; *Hertel* FS Wolfsteiner 2007, 51 (61).

[10] *Hertel* FS Wolfsteiner 2007, 51 (61); *Ott* RNotZ 2015, 189 (193); *ders*. DNotZ 2019, 837.

[11] *Hertel* FS Wolfsteiner 2007, 51 (61); *Ott* RNotZ 2015, 189 (193); *ders*. DNotZ 2019, 837; BeckOGK/*Seebach*/*Rachlitz* BeurkG § 16 Rn. 61.

[12] BGH DNotZ 2019, 830 (831) mAnm *Ott* = MittBayNot 2019, 508 mAnm *Forschner*; *Hertel* FS Wolfsteiner 2007, 51 (61); BeckOGK/*Seebach*/*Rachlitz* BeurkG § 16 Rn. 60.

[13] *Ott* RNotZ 2015, 189 (193); BGH DNotZ 2019, 830 (831) mAnm *Ott* = MittBayNot 2019, 508 mAnm *Forschner*; *Hertel* FS Wolfsteiner 2007, 51 (61); BeckOGK/*Seebach*/*Rachlitz* BeurkG § 16 Rn. 60.

[14] BeckOGK/*Seebach*/*Rachlitz* BeurkG § 16 Rn. 60.

[15] Armbrüster/Preuß/Renner/*Piegsa* BeurkG § 16 Rn. 6; Grziwotz/Heinemann/*Heinemann* BeurkG § 16 Rn. 2; BeckOGK/*Seebach*/*Rachlitz* BeurkG § 16 Rn. 2.

[16] OLG Köln OLG-Report 1999, 22; Armbrüster/Preuß/Renner/*Piegsa* BeurkG § 16 Rn. 4 f.; Staudinger/*Hertel* BeurkG Vorb. zu §§ 127a, 128 Rn. 541 f.

B. Prüfung der Sprachkunde

I. Sprachkunde

Die Vorschrift knüpft an die **Urkundssprache** an. Der Notar muss prüfen, ob alle Beteiligten dieser Urkundssprache, die wegen § 5 Abs. 2 auch eine andere als die deutsche sein kann, hinreichend kundig sind. Kommt der Notar nach dieser Prüfung zu der Auffassung, dass keine **Sprachkunde** vorliegt, so gilt die Pflicht zur Übersetzung. Die Auslegung des Begriffs der Sprachkunde, die für die notarielle Prüfung maßgebend ist, ist umstritten. Während einerseits aktive Sprachkenntnis verlangt wird,[17] genügt es nach anderer überwiegender Auffassung, wenn der Beteiligte passiv den Inhalt der Niederschrift versteht und auch die Genehmigung zum Ausdruck bringen kann.[18] Letztere Auffassung ist insofern vorzugswürdig, da § 16 nur die Kenntnisvermittlung sichern will. Bei passiver Sprachfähigkeit bestehen in der Regel auch so viele aktive Sprachmöglichkeiten, dass zumindest rudimentär der Wille zum Ausdruck gebracht werden kann. Vollständige aktive Sprachfähigkeit ist in den wenigsten Fällen selbst bei guten Sprachkenntnissen der Fall. Nicht ausreichend ist, dass ein Beteiligter der Sprache „weitgehend mächtig" ist.[19]

Hat der Notar in der Urkunde festgestellt, dass ein Beteiligter der deutschen Sprache nicht hinreichend kundig ist, weil dieser Englisch sowie „etwas Deutsch" spreche, so ist die Niederschrift insgesamt und nicht nur teilweise („bei Bedarf") zu übersetzen.[20] In solchen Fällen muss sich die Übersetzung auch dann auf die gesamte Niederschrift beziehen, wenn der sprachunkundige Beteiligte einige Teile des deutschen Texts der Urkunde selbst versteht.[21]

4

4a

II. Nach Angabe der Beteiligten oder Überzeugung des Notars

Zweite Voraussetzung für die Übersetzungspflicht ist, dass entweder der Notar **nach seiner Überzeugung** die fehlende Sprachkunde annimmt oder die diesbezügliche **Angabe der Beteiligten**.[22] Für die Übersetzungspflicht genügt eine der beiden Alternativen, so dass der Notar nicht an falsche Behauptungen der Beteiligten gebunden ist, wenn er selbst der Überzeugung ist, die Sprachkunde liegt nicht vor.[23] Umgekehrt besteht auch eine Pflicht zur Übersetzung, wenn der Notar der Auffassung ist, dass Sprachkunde vorliegt, der Beteiligte sie aber verneint.[24]

5

---

[17] BGH DNotZ 1964, 174.
[18] BayObLG MittRhNotK 2000, 178; *Winkler* BeurkG § 16 Rn. 7; *Lerch* BeurkG § 16 Rn. 2; *Winkler* NJW 1971, 652; Armbrüster/Preuß/Renner/*Piegsa* BeurkG § 16 Rn. 10; Staudinger/*Hertel* BeurkG Vorb. zu § 127a, 128 Rn. 541 f.; Grziwotz/Heinemann/*Heinemann* BeurkG § 16 Rn. 9; BeckOGK/*Seebach/Rachlitz* BeurkG § 16 Rn. 16 ff.
[19] LG Dortmund NJW-RR 2006, 196.
[20] LG Bonn NJOZ 2015, 90.
[21] BGH DNotZ 2019, 830 (831, 833) mAnm *Ott* = MittBayNot 2019, 508 mAnm *Forschner; Hertel* FS Wolfsteiner 2007, 51 (61); BeckOGK/*Seebach/Rachlitz* BeurkG § 16 Rn. 38; Gutachten DNotI-Report 2013, 129; LG Dortmund NJW-RR 2006, 196 (197); *Lerch* BeurkG § 16 Rn. 4; *Winkler* BeurkG § 16 Rn. 12.
[22] Armbrüster/Preuß/Renner/*Piegsa* BeurkG § 16 Rn. 13 ff.; Staudinger/*Hertel* BeurkG Vorb. zu §§ 127a, 128 Rn. 541 f.; *Lerch* BeurkG § 16 Rn. 3; Grziwotz/Heinemann/*Heinemann* BeurkG § 16 Rn. 12; *Ott* RNotZ 2015, 189 (190).
[23] Armbrüster/Preuß/Renner/*Piegsa* BeurkG § 16 Rn. 13 ff.; Staudinger/*Hertel* BeurkG Vorb. zu §§ 127a, 128 Rn. 541 f.; *Lerch* BeurkG § 16 Rn. 3; Grziwotz/Heinemann/*Heinemann* BeurkG § 16 Rn. 12 f.
[24] *Winkler* BeurkG § 16 Rn. 5; Armbrüster/Preuß/Renner/*Piegsa* BeurkG § 16 Rn. 13 ff.; Staudinger/*Hertel* BeurkG Vorb. zu §§ 127a, 128 Rn. 541 f.; *Lerch* BeurkG § 16 Rn. 3; BeckOGK/*Seebach/Rachlitz* BeurkG § 16 Rn. 24.

6 Da es sich bei der Vorprüfung um eine Ermessensentscheidung des Notars handelt, führt eine fehlerhafte Einschätzung oder eine fehlerhafte Angabe nicht zur Unwirksamkeit der Beurkundung.[25] Denn die Gültigkeit der Beurkundung entfällt nur dann, wenn die Feststellung über mangelnde Sprachkunde in der Niederschrift selbst enthalten ist.[26]

III. Feststellung in der Niederschrift

7 Der Notar soll diese Voraussetzungen in der Niederschrift feststellen. Liegen hingegen diese Voraussetzungen nicht vor, dann muss eine Urkunde keinen Feststellungsvermerk enthalten.[27] Der Feststellungsvermerk in der Urkunde ist Ansatzpunkt für die Mussvorschriften des § 16 Abs. 2 und Abs. 3.[28] Im Rahmen strafrechtlicher Verfahren zu § 348 StGB hat der BGH entschieden, dass die Frage, welche Angaben in einer Urkunde volle Beweiswirkung für und gegen jedermann haben, sich in erster Linie aus den gesetzlichen Bestimmungen ergebe, die für die Errichtung und den Zweck der öffentlichen Urkunde maßgeblich seien. Dabei seien auch die Anschauungen des Rechtsverkehrs zu beachten.[29] Angaben iSv § 16 über die Sprachkunde einer Person würden nicht hierzu gehören.[30] Dem ist zuzustimmen, da notarielle Urkunden nicht nur Willenserklärungen und Tatsachenfeststellungen, sondern auch gutachterliche oder bewertende Äußerungen des Notars enthalten können.[31]

C. Pflicht zur Übersetzung (Abs. 2)

8 Sind die Voraussetzungen des § 16 Abs. 1 (Sprachunkunde und Feststellung in der Niederschrift) gegeben, dann tritt **anstelle des Vorlesens nur im Hinblick auf den Sprachunkundigen** die Übersetzung, die in der Regel mündlich ist (§ 16 Abs. 2 S. 1). Diesen Beteiligten gegenüber ersetzt damit die Übersetzung die ansonsten nach § 13 Abs. 1 S. 1 erforderliche Verlesung.[32] Daher kann die Verlesung in der Urkundssprache unterbleiben, wenn der Fremdsprachige der einzige Beteiligte ist.[33]

8a Die Niederschrift ist im selben **Umfang** zu übersetzen, wie sie gegenüber sprachkundigen Beteiligten zu verlesen ist.[34] Zu übersetzen sind deshalb nicht nur die sachlichen Erklärungen der Beteiligten, sondern es ist die gesamte Niederschrift einschließlich aller tatsächlichen Feststellungen und Vermerke des Notars in dem gleichen Umfang zu über-

---

[25] BayObLG MittRhNotK 2000, 178; OLG Köln MittBayNot 1999, 59; *Jansen* BeurkG § 16 Rn. 8; *Winkler* BeurkG § 16 Rn. 10; *Hertel* FS Wolfsteiner 2007, 51 (53); Armbrüster/Preuß/Renner/*Piegsa* BeurkG § 16 Rn. 17; kritisch *Lerch* ZNotP 2006, 6 ff.; *Hertel* FS Wolfsteiner 2007, 51 (53).
[26] BayObLG MittRhNotK 2000, 178; OLG Köln MittBayNot 1999, 59; *Winkler* BeurkG § 16 Rn. 10.
[27] Armbrüster/Preuß/Renner/*Piegsa* BeurkG § 16 Rn. 15 ff.; Staudinger/*Hertel* BeurkG Vorb. zu §§ 127a, 128 Rn. 541 f.; *Lerch* BeurkG § 16 Rn. 3; BeckOGK/*Seebach/Rachlitz* BeurkG § 16 Rn. 28.
[28] OLG München MittBayNot 1986, 140; OLG Köln OLG-Report 1999, 22; *Winkler* BeurkG § 16 Rn. 11; Armbrüster/Preuß/Renner/*Piegsa* BeurkG § 16 Rn. 15 ff.; Staudinger/*Hertel* BeurkG Vorb. zu §§ 127a, 128 Rn. 542.
[29] BGH NJW 1998, 3790; 2001, 3135; vgl. auch BayObLG NJW 1992, 1841 (1842).
[30] BGH NJW 2001, 3135 = JR 2001, 517 mAnm *Puppe*.
[31] So auch BayObLG DNotZ 1975, 555 zur Geschäftsfähigkeit; OGHZ 2 (1949), 45 (54) zur Testierfähigkeit; → BNotO § 21 Rn. 19 ff. zu gutachterlichen Notarbestätigungen.
[32] BGH DNotZ 2019, 830 (831, 833) mAnm *Ott* = MittBayNot 2019, 508 mAnm *Forschner*; *Hertel* FS Wolfsteiner 2007, 51 (61); BeckOGK/*Seebach/Rachlitz* BeurkG § 16 Rn. 31.
[33] BGH DNotZ 2019, 830 (831, 833) mAnm *Ott* = MittBayNot 2019, 508 mAnm *Forschner*; *Hertel* FS Wolfsteiner 2007, 51 (61); BeckOGK/*Seebach/Rachlitz* BeurkG § 16 Rn. 38; Gutachten DNotI Report 2006, 183; *Hertel* FS Wolfsteiner 2007, 51 (53); *Winkler* BeurkG § 16 Rn. 16; *Jansen* BeurkG § 16 Rn. 10; Bamberger/Roth/*Litzenburger* BGB nach § 2233 und BeurkG § 16 Rn. 4; Armbrüster/Preuß/Renner/*Piegsa* BeurkG § 16 Rn. 18; *Ott* RNotZ 2015, 189 (192).
[34] *Winkler* BeurkG § 16 Rn. 12; BeckOK BGB/*Litzenburger* BeurkG § 16 Rn. 5; DNotI-Report 2006, 183; BGH DNotZ 2019, 830 (831, 833) mAnm *Ott* = MittBayNot 2019, 508 mAnm *Forschner*; Armbrüster/Preuß/Renner/*Piegsa* BeurkG § 16 Rn. 18; Grziwotz/Heinemann/*Heinemann* BeurkG § 16 Rn. 18; BeckOGK/*Seebach/Rachlitz* BeurkG § 16 Rn. 39 ff.

setzen, in dem sie gegenüber einem sprachkundigen Beteiligten nach § 13 S. 1 BeurkG zu verlesen wären.[35] Wie bei § 13 führt aber nicht jeder Fehler zur Unwirksamkeit. Bezieht sich der Übersetzungsmangel nur auf die Sollvorschriften des notariellen Verfahrensrechts, führt dies nicht zur Unwirksamkeit des Beurkundungsakts, weil die formelle Wirksamkeit der Urkunde selbst dann nicht beeinträchtigt worden wäre, wenn diese Sollbestandteile von vornherein keinen Eingang in den Text der Niederschrift gefunden hätten.[36] Die Übersetzung kann unmittelbar mündlich, zB auch abschnittsweise erfolgen; zulässig ist aber auch, dass stattdessen nur eine vorliegende schriftliche Übersetzung vorgelesen wird.[37] Ausreichend ist, wenn die mündliche Übersetzung lediglich sinngemäß erfolgt.[38]

Wird eine (zweispaltige) **zweisprachige Niederschrift** errichtet und ist ein Sprachunkundiger beteiligt, so bezieht sich deshalb die Pflicht zur Vorlesung nach § 13 Abs. 1 nur auf den Text der Niederschrift und nicht auf den in einer zweiten Spalte enthaltenen Übersetzungstext.[39] Dem der Urkundssprache nicht kundigen Beteiligten muss die Niederschrift anstelle des Vorlesens nach § 16 Abs. 2 S. 1 übersetzt und auf Verlangen auch zur Durchsicht vorgelegt werden. 8b

Den anderen Beteiligten ist die Niederschrift hingegen in der Urkundssprache zu verlesen. Dies ist nach § 13 Abs. 1 S. 1 Wirksamkeitsvoraussetzung. Die Übersetzung ersetzt insoweit die Verlesung der Niederschrift nicht, da die Ersetzungswirkung nach § 16 Abs. 2 S. 1 nur für den mit der Urkundssprache nicht hinreichend kundigen Beteiligten gilt. Ein Verstoß gegen die Übersetzungspflicht führt zur Unwirksamkeit der Beurkundung.[40] Gegenstand der Übersetzung ist die gesamte Niederschrift, samt Anlagen, und zwar auch dann, wenn der sprachunkundige Beteiligte einige Teile des deutschen Texts der Urkunde versteht.[41] Sieht das Gesetz allerdings ausnahmsweise die Möglichkeit eines Verzichts des Vorlesens vor, wie bei § 13a und 14, dann kann auch der Beteiligte auf die Übersetzung verzichten.[42] Bei § 14 gilt allerdings § 14 Abs. 2, so dass in diesem Fall der Notar eine schriftliche Übersetzung des nicht mündlich übersetzten Schriftstücks zur Kenntnis vorlegen und unterschreiben lassen soll.[43] 8c

Auf Verlangen eines Beteiligten soll allerdings eine schriftliche Übersetzung angefertigt und diese zur Durchsicht vorgelegt werden. Der Notar soll den Beteiligten darauf hinweisen, dass er eine schriftliche Übersetzung verlangen kann und diese Tatsachen in der Niederschrift feststellen. Liegt eine schriftliche Übersetzung vor, dann soll sie der Niederschrift beigefügt werden. Die Übersetzung kann nach § 44 mit Schnur und Prägesiegel mit der Urkunde verbunden werden, zwingend ist dies allerdings nicht.[44] 9

---

[35] BGH DNotZ 2019, 830 (831, 833) mAnm *Ott* = MittBayNot 2019, 508 mAnm *Forschner*.
[36] BGH DNotZ 2019, 830 (831, 833) mAnm *Ott* = MittBayNot 2019, 508 mAnm *Forschner*.
[37] BGH DNotZ 2019, 830 (831, 833) mAnm *Ott* = MittBayNot 2019, 508 mAnm. *Forschner*; Grziwotz/Heinemann/*Heinemann* BeurkG § 16 Rn. 27; *Lerch* BeurkG § 16 Rn. 10.
[38] LG Dortmund NJW-RR 2006, 197; BeckOK BeurkG/*von Schwander* BeurkG § 16 Rn. 15; Armbrüster/Preuß/Renner/*Piegsa* BeurkG § 16 Rn. 19; Grziwotz/Heinemann/*Heinemann* BeurkG § 16 Rn. 19; *Winkler* BeurkG § 16 Rn. 14; etwas strenger BeckOGK/*Seebach/Rachlitz* BeurkG § 16 Rn. 33: „sinngetreu".
[39] *Ott* RNotZ 2015, 189 (192).
[40] BayObLG MittRhNotK 2000, 178; OLG Köln MittBayNot 1999, 59; LG Bonn RNotZ 2015, 316; Armbrüster/Preuß/Renner/*Piegsa* BeurkG § 16 Rn. 17 ff.; Staudinger/*Hertel* BeurkG Vorb. zu §§ 127a, 128 Rn. 543 f.
[41] BGH DNotZ 2019, 830 (831, 833) mAnm *Ott* = MittBayNot 2019, 508 mAnm *Forschner*; LG Dortmund NJW-RR 2006, 196 (197); Armbrüster/Preuß/Renner/*Piegsa* BeurkG § 16 Rn. 20; *Lerch* BeurkG § 16 Rn. 4; *Winkler* BeurkG § 16 Rn. 12.
[42] *Winkler* BeurkG § 16 Rn. 13; Armbrüster/Preuß/Renner/*Piegsa* BeurkG § 16 Rn. 18; Grziwotz/Heinemann/*Heinemann* BeurkG § 16 Rn. 18; BeckOGK/*Seebach/Rachlitz* BeurkG § 16 Rn. 39.
[43] Armbrüster/Preuß/Renner/*Piegsa* BeurkG § 16 Rn. 19; *Winkler* BeurkG § 16 Rn. 13.
[44] BGH DNotZ 2019, 830 (831, 833) mAnm *Ott* = MittBayNot 2019, 508 mAnm *Forschner; Winkler* BeurkG § 16 Rn. 17; Armbrüster/Preuß/Renner/*Piegsa* BeurkG § 16 Rn. 22 f.; Staudinger/*Hertel* BeurkG Vorb. zu §§ 127a, 128 Rn. 541 f.; *Lerch* BeurkG § 16 Rn. 3; *Hertel* FS Wolfsteiner 2007, 51 (53).

D. Übersetzungsperson

I. Übersetzung durch den Notar

10 § 16 Abs. 3 S. 1 lässt die Übersetzung durch den Notar selbst zu. Hier ist der Maßstab des § 5 Abs. 2 heranzuziehen, so dass der Notar die Übersetzung nur dann selbst vornehmen soll, wenn er der fremden Sprache hinreichend kundig ist.[45] Auch insoweit handelt es sich um eine Sollvorschrift, deren Fehleinschätzung durch den Notar nicht zur Unwirksamkeit der Urkunde führt.[46] Der Notar entscheidet dies nach pflichtgemäßer Selbsteinschätzung.[47] Der Notar kann selbst übersetzen, wenn er die erforderlichen Sprachkenntnisse hat; er kann sich dabei auch auf eine nicht von ihm gefertigte Übersetzung stützen, wenn er sie für zuverlässig hält und ihre Zuverlässigkeit auch beurteilen kann.

II. Hinzuziehung eines Dolmetschers

11 Ist der Notar nicht der Sprache hinreichend kundig, muss für die Übersetzung ein Dolmetscher zugezogen werden. Das Gesetz definiert den Begriff des Dolmetschers nicht, so dass **keine bestimmten Anforderungen** an die Person des Dolmetschers zu stellen sind.[48] Teilweise wird dies in der Literatur in Frage gestellt und werden strengere Anforderungen verlangt.[49] Dem ist nicht zu folgen, das Gesetz lässt die Auswahl bewusst in der Ermessenentscheidung des Notars.[50] Es ist daher Aufgabe des Notars, im Rahmen seiner sachgerechten Gestaltung des Beurkundungsverfahrens dafür zu sorgen, dass eine hinreichend kompetente Übersetzung stattfindet, so dass als Dolmetscher nur eine Person herangezogen werden soll, die in der Lage ist, den Inhalt der Niederschrift hinreichend richtig zu übersetzen.[51] Eine falsche oder unzureichende Übersetzung ist allerdings kein Unwirksamkeitsgrund.

11a Der Notar muss während des gesamten Vorlesens ununterbrochen persönlich gegenwärtig sein, da es sich um eine einheitliche Amtshandlung handelt.[52]

12 Für den Dolmetscher gelten nach § 16 Abs. 3 S. 2 die Ausschlussgründe der §§ 6, 7 entsprechend, so dass auch die Rechtsfolgen der §§ 6 und 7 die Wirksamkeit der Beurkundung beeinträchtigen können. So ist zB die notarielle Beurkundung eines Vertrages unter Eheleuten bei Mitwirkung der Tochter als Dolmetscherin nichtig.[53]

III. Vereidigung des Dolmetschers

13 Der Dolmetscher ist in der Regel zu vereidigen. Gleichgestellt ist der Fall, dass der Dolmetscher bereits allgemein vereidigt ist; dann genügt es, dass er sich auf diesen allgemeinen Eid nach § 189 Abs. 2 GVG bezieht, indem er also erklärt, dass er für die Richtigkeit der Übersetzung mit diesem Eid einstehen wird.[54] Nicht ausreichend ist hin-

---

[45] *Winkler* BeurkG § 16 Rn. 20; Armbrüster/Preuß/Renner/*Piegsa* BeurkG § 16 Rn. 18; Grziwotz/Heinemann/*Heinemann* BeurkG § 16 Rn. 29; BeckOGK/Seebach/*Rachlitz* BeurkG § 16 Rn. 70 f.
[46] *Winkler* BeurkG § 16 Rn. 20; Armbrüster/Preuß/Renner/*Piegsa* BeurkG § 16 Rn. 25; Staudinger/*Hertel* BeurkG Vorb. zu §§ 127a, 128 Rn. 547; *Hertel* FS Wolfsteiner 2007, 51 (53).
[47] *Winkler* BeurkG § 16 Rn. 20; Armbrüster/Preuß/Renner/*Piegsa* BeurkG § 16 Rn. 18; Grziwotz/Heinemann/*Heinemann* BeurkG § 16 Rn. 29; BeckOGK/Seebach/*Rachlitz* BeurkG § 16 Rn. 70 f.
[48] Armbrüster/Preuß/Renner/*Piegsa* BeurkG § 16 Rn. 27 ff.; Staudinger/*Hertel* BeurkG Vorb. zu §§ 127a, 128 Rn. 548; Grziwotz/Heinemann/*Heinemann* BeurkG § 16 Rn. 34; BeckOGK/Seebach/*Rachlitz* BeurkG § 16 Rn. 74.
[49] *Lerch* ZNotP 2006, 6 (9); *Eckhardt* ZNotP 2005, 221 ff.
[50] Grziwotz/Heinemann/*Heinemann* BeurkG § 16 Rn. 34; BeckOGK/Seebach/*Rachlitz* BeurkG § 16 Rn. 74.
[51] Ebenso Armbrüster/Preuß/Renner/*Piegsa* BeurkG § 16 Rn. 28; *Renner* ZNotP 2005, 145 ff.
[52] BeckOK BeurkG/*von Schwander* BeurkG § 16 Rn. 25.
[53] OLG Karlsruhe NotBZ 2014, 295; Armbrüster/Preuß/Renner/*Piegsa* BeurkG § 16 Rn. 27 ff.; Grziwotz/Heinemann/*Heinemann* BeurkG § 16 Rn. 37 ff.; BeckOGK/Seebach/*Rachlitz* BeurkG § 16 Rn. 76 f.
[54] Armbrüster/Preuß//Renner/*Piegsa* BeurkG § 16 Rn. 32 ff.; Staudinger/*Hertel* BeurkG Vorb. zu §§ 127a, 128 Rn. 549.

gegen die allgemeine Vereidigung von Dolmetschern nur für gerichtliche Angelegenheiten oder sonst eingeschränkte Vereidigungen.[55] Nimmt der Notar die Vereidigung vor, dann erfolgt dies nach § 189 GVG. Der Dolmetscher hat den Eid zu leisten, dass er treu und gewissenhaft übersetzen wird. Die Vereidigung hat vor der Übersetzung zu erfolgen, wobei auch der Nacheid nicht zur Unwirksamkeit der Beurkundung führt.[56] Die Beteiligten können – was in der Praxis regelmäßig geschieht – auf die Vereidigung verzichten. Voraussetzung ist, dass alle Beteiligten verzichten.[57] Die Zuziehung des Dolmetschers, seine Vereidigung bzw. der Verzicht auf die Vereidigung sollen in der Niederschrift festgestellt werden (§ 16 Abs. 3 S. 4). Da es sich insoweit um Sollvorschriften handelt, führt ein Verstoß nicht zur Unwirksamkeit.[58]

IV. Anwesenheit und Unterschrift durch den Dolmetscher

Nach § 16 Abs. 3 S. 5 soll die Niederschrift auch vom Dolmetscher unterschrieben werden. Es handelt sich dabei nur um eine Sollvorschrift, deren Fehlen nicht die Wirksamkeit der Beurkundung beeinträchtigt. Auch Anwesenheit während der gesamten Verhandlung ist nicht erforderlich, es genügt Anwesenheit während der Übersetzung.[59] Dies ist allerdings streitig. 14

E. Feststellungen

§ 16 verlangt eine Reihe von Feststellungsvermerken, folgende Feststellungen müssen getroffen werden:[60] 15
– Erklärung der Beteiligten oder Überzeugung des Notars über fehlende Sprachkundigkeit;
– die mündliche Übersetzung;
– Hinweis, dass der Beteiligte eine schriftliche Übersetzung verlangen kann;
– bei schriftlicher Übersetzung, Anfertigung der schriftlichen Übersetzung und Vorlage zur Durchsicht;
– Verteidigung des Dolmetschers bzw. Bezugnahme auf den allgemeinen Eid bzw. Verzicht der Beteiligten sowie Angaben über die Identität des Dolmetschers.

3. Prüfungs- und Belehrungspflichten

§ 17 Grundsatz

(1) ¹Der Notar soll den Willen der Beteiligten erforschen, den Sachverhalt klären, die Beteiligten über die rechtliche Tragweite des Geschäfts belehren und ihre Erklärungen klar und unzweideutig in der Niederschrift wiedergeben. ²Dabei soll er darauf achten, daß Irrtümer und Zweifel vermieden sowie unerfahrene und ungewandte Beteiligte nicht benachteiligt werden.

---

[55] Armbrüster/Preuß/Renner/*Piegsa* BeurkG § 16 Rn. 33; *Winkler* BeurkG § 16 Rn. 24; Grziwotz/Heinemann/*Heinemann* BeurkG § 16 Rn. 44 f.; BeckOGK/Seebach/*Rachlitz* BeurkG § 16 Rn. 83.
[56] Armbrüster/Preuß/Renner/*Piegsa* BeurkG § 16 Rn. 35; Staudinger/*Hertel* BeurkG Vorb. zu §§ 127a, 128 Rn. 548.
[57] Armbrüster/Preuß/Renner/*Piegsa* BeurkG § 16 Rn. 32; Staudinger/*Hertel* BeurkG Vorb. zu §§ 127a, 128 Rn. 549; *Lerch* BeurkG Rn. 10; *Winkler* BeurkG § 16 Rn. 27; Grziwotz/Heinemann/*Heinemann* BeurkG § 16 Rn. 49; BeckOGK/Seebach/*Rachlitz* BeurkG § 16 Rn. 86.
[58] Grziwotz/Heinemann/*Heinemann* BeurkG § 16 Rn. 46; BeckOGK/Seebach/*Rachlitz* BeurkG § 16 Rn. 87; Armbrüster/Preuß/Renner/*Piegsa* BeurkG § 16 Rn. 35.
[59] So Armbrüster/Preuß/Renner/*Piegsa* BeurkG § 16 Rn. 37; anders aber *Winkler* BeurkG § 16 Rn. 28; Grziwotz/Heinemann/*Heinemann* BeurkG § 16 Rn. 50
[60] Armbrüster/Preuß/Renner/*Piegsa* BeurkG § 16 Rn. 39; Grziwotz/Heinemann/*Heinemann* BeurkG § 16 Rn. 52 ff.; BeckOGK/Seebach/*Rachlitz* BeurkG § 16 Rn. 98 ff.

(2) ¹Bestehen Zweifel, ob das Geschäft dem Gesetz oder dem wahren Willen der Beteiligten entspricht, so sollen die Bedenken mit den Beteiligten erörtert werden. ²Zweifelt der Notar an der Wirksamkeit des Geschäfts und bestehen die Beteiligten auf der Beurkundung, so soll er die Belehrung und die dazu abgegebenen Erklärungen der Beteiligten in der Niederschrift vermerken.

(2a) ¹Der Notar soll das Beurkundungsverfahren so gestalten, daß die Einhaltung der Pflichten nach den Absätzen 1 und 2 gewährleistet ist. ²Bei Verbraucherverträgen soll der Notar darauf hinwirken, dass

1. die rechtsgeschäftlichen Erklärungen des Verbrauchers von diesem persönlich oder durch eine Vertrauensperson vor dem Notar abgegeben werden und
2. der Verbraucher ausreichend Gelegenheit erhält, sich vorab mit dem Gegenstand der Beurkundung auseinanderzusetzen; bei Verbraucherverträgen, die der Beurkundungspflicht nach § 311b Absatz 1 Satz 1 und Absatz 3 des Bürgerlichen Gesetzbuchs unterliegen, soll dem Verbraucher der beabsichtigte Text des Rechtsgeschäfts vom beurkundenden Notar oder einem Notar, mit dem sich der beurkundende Notar zur gemeinsamen Berufsausübung verbunden hat, zur Verfügung gestellt werden. Dies soll im Regelfall zwei Wochen vor der Beurkundung erfolgen. Wird diese Frist unterschritten, sollen die Gründe hierfür in der Niederschrift angegeben werden.

³Weitere Amtspflichten des Notars bleiben unberührt.

(3) ¹Kommt ausländisches Recht zur Anwendung oder bestehen darüber Zweifel, so soll der Notar die Beteiligten darauf hinweisen und dies in der Niederschrift vermerken. ²Zur Belehrung über den Inhalt ausländischer Rechtsordnungen ist er nicht verpflichtet.

Vgl. hierzu auch → RLEmBNotK Abschnitt II.

Übersicht

	Rn.
A. Vorbemerkungen	1
B. Willenserforschung	4
C. Sachverhaltsklärung	6
D. Belehrung über die rechtliche Tragweite	7
I. Vorbemerkungen	7
II. Pflichteninhalt	9
1. Rechtliche Tragweite	9
2. Grenzen	15
III. Weitere Einzelfälle aus der BGH-Rechtsprechung	21
E. Wiedergabe der Erklärung, Abs. 1	22
F. Behandlung von Zweifelsfällen, Abs. 2	23
G. Gestaltung des Beurkundungsverfahrens, Abs. 2a	27
I. Vorbemerkungen	27
II. Einzelfälle	32
1. Beurkundung mit Vertretern	32
2. Aufspaltung in Angebot und Annahme	37
3. Sonstige Anforderungen	38
H. Verbraucherverträge, Abs. 2a S. 2 und S. 3	40
I. Vorbemerkungen	40
II. Verbraucherverträge	43
III. Hinwirkungspflichten	44
IV. Abs. 2a S. 2 Nr. 1	45
V. Abs. 2a S. 2 Nr. 2	48
1. Ausreichende Gelegenheit	48
2. 2-Wochen-Frist	50
I. Anwendung ausländischen Rechts, Abs. 3	62

A. Vorbemerkungen

Die Vorschrift stellt das Kernstück des Gesetzes dar.[1] Sie gilt nur für die Beurkundung von Willenserklärungen und ist die Grundlage dafür, dass Formvorschriften des materiellen Rechts die notarielle Beurkundung als Wirksamkeitsvoraussetzung vorsehen. Die Formzwecke des materiellen Rechts müssen sich in den Verfahrensregelungen wiederfinden, ansonsten bliebe das Wirksamkeitserfordernis sinnlos.[2] Zugleich legitimiert erst die sachgerechte Ausgestaltung des Beurkundungsverfahrens die besonderen Beweiswirkungen der notariellen Urkunde, die im Übrigen auch dann gelten, wenn die Willenserklärung zu ihrer Formwirksamkeit der notariellen Beurkundung nicht bedarf, entsprechend dem Antrag der Beteiligten aber gleichwohl beurkundet werden soll. Wesentliche Teile der Erwartungen, die damit an das Verfahren zur Beurkundung von Willenserklärungen gestellt werden (Legitimation der Formzwecke und Legitimation der besonderen Beweiskraft) beruhen auf den Pflichten, die in § 17 aufgestellt werden. Die in § 17 Abs. 1 enthaltenen Pflichten etwa dienen dazu, wichtige Rechtsgeschäfte vorab einer qualifizierten rechtlichen Überprüfung zu unterziehen und dabei die Beteiligten nicht nur über die rechtliche Tragweite des Geschäfts zu belehren, sondern auch eine Benachteiligung ungewandter Beteiligter zu vermeiden. Verstöße gegen die Pflichten aus § 17 Abs. 1 kommt daher besonderes Gewicht zu. Sie berühren die Legitimation der Übertragung von Staatsaufgaben der Notare.[3] Bei allen Zweifeln, die zu den daraus folgenden Pflichteninhalten im Einzelfall möglich sind, und bei aller Kritik an manchen eher überraschenden Gerichtsentscheidungen: Der Pflichtenkatalog des § 17 beschreibt in wenigen Worten die sachliche Grundlage für die obligatorische Mitwirkung von Notaren an bestimmten Rechtsgeschäften, die **Grundlage** also für die bei weitem größte Zahl **notarieller Zuständigkeiten.**

Die Pflichten nach § 17 sind vom Notar **persönlich** zu erfüllen, entsprechende Tätigkeiten seiner Mitarbeiter ersetzen die Pflichterfüllung durch den Notar nicht.[4] Außerdem sind sie im Verfahren der Beurkundung selbst **(Hauptverfahren)** zu erbringen. Nimmt der Notar etwa Belehrungen, die er nach § 17 schuldet, vor der Beurkundung in einem ersten Beratungsgespräch vor, so ist die Pflicht damit noch nicht erfüllt. Allerdings kann er bei einer Beurkundung an die außerhalb des Beurkundungsverfahrens erfolgt Belehrung anknüpfen und, sofern die Beteiligten sie vergessen haben, hieran erinnern und damit die Beurkundung erleichtern.[5] Zu dem **geschützten Personenkreis,** dem gegenüber die Pflichten nach § 17 bestehen, → BNotO § 19 Rn. 10 ff.

§ 17 gilt unmittelbar nur für Beurkundungsverfahren und – wie bereits erwähnt – nur bei der **Beurkundung von Willenserklärungen.** Nicht erfasst werden damit (unter anderen) alle Amtstätigkeiten außerhalb förmlicher Beurkundungsverfahren. Dazu gehören insbesondere alle Betreuungstätigkeiten nach § 24 BNotO. Diese Tätigkeitsbereiche sind zwar – wie jede notarielle Tätigkeit[6] – verfahrensgeleitet, aber ohne spezialgesetzliche Regelung. Solange dieser Zustand andauert, wird man für die dabei bestehenden notariellen Pflichten teilweise auf die Pflichteninhalte nach § 17 zurückgreifen müssen und können (→ BNotO § 14 Rn. 26).

---

[1] *Lerch* BeurkG § 17 Rn. 1.
[2] Vgl. *Frenz* FG Weichler 1997, 175 (180 ff.).
[3] BVerfGE 131, 130 (141); BGH DNotZ 2015, 461; vgl. auch → BNotO § 1 Rn. 20 ff. und zum Verfahren allgemein → § 8 Rn. 7 ff.
[4] BGH NJW 1989, 586; *Winkler* BeurkG § 17 Rn. 5.
[5] BGH NJW 1996, 2037 f.; Ganter/Hertel/Wöstmann/*Ganter* Rn. 997.
[6] → BNotO § 1 Rn. 18 ff.

B. Willenserforschung

4 Der Notar soll bei der schriftlichen Erfassung der abgegebenen Willenserklärungen Zweifel und Irrtümer vermeiden (§ 17 Abs. 1 S. 2). Gesicherte Wirkung hat das Rechtsgeschäft nur, wenn tatsächlicher Wille und objektive Erklärungsbedeutung übereinstimmen.[7] Dies setzt unter anderem voraus, dass der Notar den Willen der Beteiligten kennt. § 17 Abs. 1 S. 2 gibt ihm daher auf, den Willen der Beteiligten zu erforschen. Die Willenserforschung wird der Notar dabei durch Fragen und Antworten, die sich an einem geäußerten Hauptzweck orientieren, entsprechend seiner kautelarjuristischen Erfahrung so strukturieren, dass im Ergebnis alle für die Errichtung einer wirksamen Urkunde notwendigen Regelungsbestandteile erfasst sind. Er darf sich bei der Vertragsbeurkundung nicht auf die Regelung nur der Hauptleistungspflichten beschränken, vielmehr schuldet er eine umfassende, ausgewogene und interessengerechte Vertragsgestaltung.[8] Er muss sich hierzu bezüglich aller Punkte, die üblicherweise zum Gegenstand des Rechtsgeschäftes gemacht werden, vergewissern, ob die Partei bewusst, aus Versehen oder Unkenntnis von einer üblicherweise erfolgenden Regelung absieht.[9]

5 Die Urkunde soll den **wahren** Willen der Beteiligten wiedergeben. Verwenden die Beteiligten bei ihren Äußerungen Rechtsbegriffe, so hat der Notar sie nicht ungeprüft als wahren Willen zu übernehmen, sondern zu klären, ob die Beteiligten mit diesen Rechtsbegriffen zutreffende Inhalte verbinden.[10] Erklärt etwa im Rahmen einer Testamentsbeurkundung der Erblasser, seine Ehefrau solle Vorerbin und der Sohn Nacherbe sein, so ist es Aufgabe des Notars, zu prüfen, ob der Erblasser die Bedeutung dieser Rechtsbegriffe zutreffend erfasst. Erklären die Beteiligten, sie wollten eine Kapitalerhöhung im Wege der Bareinzahlung durchführen, so muss der Notar klären, ob die Beteiligten nicht tatsächlich eine Verrechnung von Gesellschafterforderungen beabsichtigen und dieses Verfahren ebenfalls aus Laiensicht als Bareinzahlung werten.[11] Gleiches gilt, wenn der Entwurf der beabsichtigten Erklärung von den Beteiligten oder ihren Beratern bereits gefertigt wurde und dem Notar mit der Bitte um Beurkundung vorgelegt wird. Der Notar ist zur Verwendung des Entwurfs nicht verpflichtet.[12] Die Entwurfsvorlage entbindet ihn nicht von der Prüfung, ob der Text dem wahren Willen der Beteiligten entspricht. Soll in der Beurkundung von einem Entwurf abgewichen werden, der von einem Berater der Beteiligten stammt oder mit ihm (zB einem Steuerberater) abgestimmt wurde, kann der Notar verpflichtet sein, den Beteiligten die Überprüfung der geplanten Änderung mit dem Berater abzustimmen.[13] Fehlt es zu einem regelungsbedürftigen Punkt an einem (übereinstimmenden) Willen der Beteiligten, so ist es schon wegen seiner Verpflichtung zur Unparteilichkeit nicht Aufgabe des Notars, seinen eigenen Willen an die Stelle des Beteiligten-Willens zu setzen. Er hat vielmehr die Beurkundung abzulehnen und kann ihnen empfehlen, anderweitig Rat einzuholen. Sind die Beteiligten in Unkenntnis über den angemessenen Weg, ein bestimmtes Ziel zu erreichen, so ist der Notar nicht verpflichtet, einen entsprechenden „offenen" Beurkundungsauftrag, der zunächst der Beratung über den sachgerechten Weg dient, anzunehmen. Besteht allerdings bei den Beteiligten Einvernehmen über das beabsichtigte wirtschaftliche Ergebnis, aber Unkenntnis über die Möglichkeiten der rechtlichen Umsetzung, so muss er sie über interessengerechte und rechtlich zuverlässige Gestaltungsmöglichkeiten im Rahmen der Beurkundung beraten.[14]

---

[7] *Jansen* BeurkG § 17 Rn. 5; *Lerch* BeurkG § 17 Rn. 6; BGH DNotZ 2015, 461.
[8] BGH WM 1994, 1673; NJW 1996, 522 f.
[9] Vgl. BGH WM 1994, 1673; NJW 1996, 522 f.
[10] BGH DNotZ 1987, 450 (452); *Haug* Rn. 66.
[11] BGH WM 1996, 78.
[12] *Winkler* BeurkG § 17 Rn. 209.
[13] BGH DNotZ 2003, 845.
[14] BGH WM 1996, 84.

C. Sachverhaltsklärung

Der Notar muss, um eine wirksame Urkunde errichten zu können, nicht nur den Willen **6** der Beteiligten kennen, sondern auch den zugrundeliegenden Sachverhalt. Er muss daher den **Tatsachenkern** des zu beurkundenden Rechtsgeschäftes aufklären.[15] Eine Amtsermittlungspflicht trifft ihn hierbei nicht (ausgenommen nur die Einsichtspflicht nach § 21), vielmehr kann er sich grundsätzlich auf die Tatsachenangaben der Beteiligten verlassen, ohne sie nachprüfen zu müssen. Verwenden die Beteiligten hierbei aber Rechtsbegriffe wie zB „Besitz"[16] etc, muss der Notar – ebenso wie bei der Willenserforschung – damit rechnen, dass sie von den Beteiligten falsch verstanden werden und klären, ob solche Fehlvorstellungen bestehen. Im Übrigen hat er von sich aus nach allen Sachverhaltsteilen zu fragen, die für die Vornahme der beantragten Beurkundung von Bedeutung sind. Er darf nicht erwarten, dass die Beteiligten von sich aus alle relevanten Tatsachen vortragen.[17] Solches Nachfragen verstößt nicht gegen die Pflicht zur Unparteilichkeit.[18] Sind Tatsachenvorträge nicht schlüssig oder in sich widersprüchlich, muss der Notar hierauf hinweisen und die Beteiligten und zu eigener weiterer Aufklärung anhalten. Legen die Beteiligten ihm Unterlagen vor, so muss er sich über ihren Inhalt unterrichten und prüfen, inwieweit sie für die beantragte Beurkundung relevant sind.[19] Auch insoweit gilt allerdings, dass der Notar keine Nachfragen „ins Blaue hinein" stellen muss. Besteht jedoch ein Anhaltspunkt dafür, dass bestimmte Punkte nach dem Willen der Parteien regelungsbedürftig sein könnten, muss der Notar entsprechende Fragen stellen, insbesondere, wenn das beabsichtigte Rechtsgeschäft einen Aspekt aufwirft, der üblicherweise zum Gegenstand der vertraglichen Abreden gemacht wird.[20] Der Notar **darf nicht Mitarbeitern die Entscheidung** darüber **überlassen**, ob und welche Unterlagen dem Notar vorgelegt werden.[21] Hat andererseits zB der Verkäufer in seinem Erwerbsvertrag schuldrechtliche Verpflichtungen übernommen mit der Maßgabe, sie seinem Rechtsnachfolger weiter zu geben, muss er den Notar darauf hinweisen; der Notar ist nicht verpflichtet, ohne Anlass alte Vertragsurkunden des Verkäufers auf solche theoretisch denkbaren Verpflichtungen durchzusehen.[22] Bei einer **Testamentsbeurkundung** muss der Notar nicht ohne besonderen Anlass in seinem Notariat nach dem Vorliegen eines Erbvertrages forschen, der die Testierfreiheit des Erblassers einschränken könnte.[23]

D. Belehrung über die rechtliche Tragweite

I. Vorbemerkungen

Die Pflicht zur Belehrung über die rechtliche Tragweite nach § 17 Abs. 1 S. 1 gilt **7** grundsätzlich nur bei **Beurkundung von Willenserklärungen.** Außerhalb von förmlichen Beurkundungsverfahren, insbesondere bei Betreuungstätigkeiten nach § 24 BNotO, kann sie höchstens aufgrund entsprechender Anwendung von § 17 Abs. 1 S. 1 eingreifen.[24]

---

[15] BGH DNotZ 1996, 563.
[16] BGH DNotZ 1987, 157 f.
[17] BGH WM 1996, 30 (31); 1995, 118 (120); 1999, 1328 f.
[18] BGH NJW 1992, 3237 (3239).
[19] BGH DNotZ 1996, 563.
[20] *Ganter* WM 1996, 701 (703); BGH NJW 2011, 1355: Im Rahmen einer Reihensache (23 Kaufverträge) wird in einem einzelnen Kaufvertrag eine Regelung vergessen.
[21] BGH WM 1988, 1853.
[22] Grziwotz/Heinemann/*Grziwotz* BeurkG § 17 Rn. 17.
[23] BGH 16.9.1993 – IX ZR 246/92, nv, mitgeteilt von *Ganter* WM 1996, 701 (703); ebenso Grziwotz/Heinemann/*Grziwotz* BeurkG § 17 Rn. 17.
[24] → Rn. 3 und → BNotO § 14 Rn. 26.

8 Die Belehrungspflicht ist gerichtet auf die Voraussetzungen, die für den Eintritt des erstrebten rechtlichen Erfolgs erforderlich sind, und die unmittelbaren Rechtsfolgen, die sich an ihn knüpfen.[25] Soweit die spezialgesetzlichen Pflichten des BeurkG reichen, sind sie grundsätzlich abschließend. Daneben gelten aber für den Notar auch **allgemeine Amtspflichten,** für die man nicht auf § 14 Abs. 1 S. 2 BNotO (Notar als Betreuer) rekurrieren muss, die sich vielmehr ergeben aus der Amtsstellung des Notars und der Hoheitlichkeit seiner Amtstätigkeit. Hierzu zählt etwa die Pflicht zu unparteilichem Verhalten, die Pflicht wahr zu bezeugen, und ferner unter besonderen weiteren Umständen die Pflicht, die Beteiligten vor erheblichen Schäden zu bewahren, die durch einen kurzen Hinweis verhindert werden könnten. Diese allgemeinen Amtspflichten gelten entsprechend für jeden Hoheitsträger. Sie sind verfahrensunabhängig und folglich von dem Notar auch bei der Beurkundung von Willenserklärungen zu beachten. Sie folgen nicht aus § 17 und sind daher von der in § 17 Abs. 1 S. 1 aufgegebenen Belehrung über die rechtliche Tragweite zu unterscheiden.[26] Zum Inhalt dieser von der Rechtsprechung als „Warn- und Hinweispflichten aus Betreuung" und als „außerordentlichen Aufklärungspflichten" charakterisierten Pflichtenkreise → BNotO § 14 Rn. 19 ff. und Rn. 26 ff.

II. Pflichteninhalt

9 **1. Rechtliche Tragweite.** Der Notar muss die Beteiligten über die rechtliche Bedeutung ihrer Erklärungen und über die unmittelbaren rechtlichen Bedingungen für den Eintritt des beabsichtigten Rechtserfolges aufklären.[27] Die Belehrung umfasst alle Momente, die nach dem wahren Willen der Beteiligten für das Zustandekommen einer formgültigen Urkunde erforderlich sind.[28] Bei Formverstößen entfällt die Belehrungspflicht nicht dadurch, dass eine Heilung durch Vollzug (etwa nach § 311b Abs. 1 S. 2 BGB) möglich ist, da der Notar bereits Gefährdungen der Rechtswirksamkeit des von ihm beurkundeten Rechtsgeschäftes verhindern soll.[29] Ist das beabsichtigte Rechtsgeschäft wegen Verstößen gegen materielles Recht unwirksam, hat er die Beteiligten darauf hinzuweisen.[30]

10 Zu den belehrungs- und prüfungspflichtigen Gesichtspunkten gehören die Geschäftsfähigkeit, die Vertretungsbefugnis, die Verfügungsmacht (§ 1365 ff. BGB, ebenso wenn ein aus sonstigen Gründen Nichtbefugter handelt),[31] das Erfordernis von Genehmigungen,[32] das Bestehen von Vorkaufsrechten, bei Grundstücksgeschäften die Belehrung darüber, inwieweit etwaige Rechte Dritter dem beabsichtigten Rechtserfolg entgegenstehen.

11 Haben die Beteiligten zwar bestimmte Vorstellungen über das zu erreichende Ziel, nicht aber über die rechtliche Form, um das Ziel zu erreichen, und belehrt der Notar über die bestehenden Gestaltungsmöglichkeiten, so hat er sie bei der Auswahl einer interessengerechten und rechtlich zuverlässigen Lösung zu beraten.[33] Dazu gehört, dass er die Beteiligten über die rechtlichen Vor- und Nachteile, die mit den verschiedenen Alternativen verbunden sind, belehrt. Der Notar handelt auch pflichtwidrig, wenn er hierbei Lösungen

---

[25] *Winkler* BeurkG § 17 Rn. 224 mwN.
[26] Vgl. BGH NJW 1993, 729: „getrennte Pflichtenkreise, die sich allerdings nach Inhalt und Umfang häufig decken werden"; *Reithmann,* Rechtspflege, S. 170 f.
[27] BGH WM 1992, 527 (529).
[28] BGH WM 1988, 1454 f.
[29] BGH WM 1992, 1662.
[30] BGH DNotZ 1995, 494.
[31] BGH NJW-RR 2018, 494: Pflicht zur Prüfung der Existenz des Vertretenen und der Vertretungsmacht des Vertreters; BGH DNotZ 1989, 43 (Überprüfung einer Vollmacht); BGH DNotZ 1975, 628; WM 1997, 1901 (1902); OLG München 25.7.2013 – 1 U 2067/11, zitiert nach juris Rn. 14ff: Notar muss bei Veräußerung eines noch nicht begründeten Sondernutzungsrechtes prüfen, ob der Verkäufer das Sondernutzungsrecht noch begründen kann.
[32] Auch bei Genehmigungen, auf die nicht schon nach § 18 hinzuweisen ist, zB Veräußerungs- und Belastungsgenehmigungen bei Erbbaurechten: BGH NJW 2005, 3495; OLG Hamm 1.6.2012 – 11 U 45/11, zitiert nach juris.
[33] BGH DNotZ 1995, 494.

vorschlägt, die nach materiellem Recht unzulässig sind. Fraglich kann nur sein, ob der Pflichtverstoß auf die unterlassene rechtliche Aufklärung nach § 17 Abs. 1 S. 1 gestützt werden kann. Tatsächlich dürfte der eigentliche Vorwurf darin liegen, dass der Notar (aus Unkenntnis) einen rechtlich nicht möglichen Weg vorschlägt und zum Urkundsgegenstand macht. Ist jedenfalls die Beurkundung unwirksam, weil der Notar verfahrensrechtliche (Muss-)Vorschriften verletzt hat, so ist der Verstoß nicht aus § 17 Abs. 1 herzuleiten, sondern aus dem Verstoß gegen die Verfahrensvorschrift selbst.

Nach der (inzwischen) ständigen Rechtsprechung des BGH greift die Belehrungspflicht über die rechtliche Tragweite auch **bei ungesicherten Vorleistungen** ein, die als solche nicht zu erkennen sind. Danach trifft den Notar in diesen Fällen eine doppelte Belehrungspflicht: Er muss zum einen über die Folgen belehren, die eintreten, wenn der durch die Vorleistungen Begünstigte seinerseits leistungsunfähig wird. Zum anderen muss der Notar Wege aufzeigen, wie diese Risiken vermieden werden können. Die von der Rechtsprechung hierbei aufgestellten Pflichten überschreiten hierbei regelmäßig den Bereich der Rechtspflichten und geben dem Notar eine planende Beratung auf; sie werden ohne Not im Übrigen auch dann postuliert, wenn es sich – wegen Fehlen eines Synallagmas – gar nicht um Vorleistungen handelt (wie zB bei Darlehen), als würden sich notarielle Pflichten nur aus diesen Gesichtspunkten begründen lassen.[34] Dem steht die Pflicht zur Unparteilichkeit nicht entgegen, da die Pflicht zur Belehrung über die rechtliche Tragweite vorgeht.[35] Bestehen mehrere Möglichkeiten, den beabsichtigten Erfolg zu erreichen und haben sich die Beteiligten auf einen bestimmten Weg noch nicht festgelegt, hat der Notar ihnen im Rahmen einer von ihnen erbetenen Beratung den sichersten[36] und unter gleich sicheren auch den Weg vorzuschlagen, bei dem die geringste Gefahr der Schädigung eines Vertragsbeteiligten besteht.[37] Im Einzelfall können hierbei auch Kostenfolgen eine Rolle spielen.[38] Entscheiden sich die Beteiligten aus Kostengründen für einen weniger sicheren Weg, muss der Notar sie nicht davon abhalten.[39]

Der **Umfang der Belehrung** ist abhängig von dem Gegenstand der Beurkundung. Bei einer **Angebotsannahme** soll sich nach der Rechtsprechung des BGH die Pflicht zur Rechtsbelehrung in der Aufklärung über die rechtliche Bedeutung der Annahmeerklärung erschöpfen. Der Inhalt des Vertragsangebotes, dem die Annahme gilt, gehöre nicht zur rechtlichen Tragweite der Annahme-Beurkundung.[40] In anderen Entscheidungen hat der BGH klargestellt, dass es der Beurkundung der Annahme nicht entgegensteht, wenn der Annehmende, weil er nicht kann oder weil er nicht will, die Angebotsurkunde nicht vorgelegt hat. Der Umfang der Belehrung reduziere sich in diesem Fall auf die rechtlichen Auswirkungen der Annahmeerklärung „und damit abstrakt auf die Gefahren, die mit jedem Kaufvertrag verbunden sind".[41] Dem Notar wird aber nach der heutigen Rechtsprechung abverlangt, auf wirksame Annahmefristen bei Angeboten und eine etwaige Unwirksamkeit von Fortgeltungsklauseln hinzuweisen.[42] Wird die **Genehmigung** zu einem Vertrag beurkundet, bezieht sich die Belehrungspflicht grundsätzlich nur auf die Genehmigung und deren rechtliche Folge, „d. h. auf das Wirksamwerden des Geschäftes, nicht aber notwendigerweise auf Inhalt und Ausgestaltung des Vertretergeschäftes".[43]

---

[34] Vgl. BGH MittBayNot 2012, 243 mAnm *Regler*; ferner *Schlick* ZNotP 2013, 2; zur Kritik an der Rspr. *Frenz* ZNotP 2012, 122; ausführlich iÜ *Ganter/Hertel/Wöstmann/Ganter* Rn. 1061 ff.

[35] Anders die frühere Ansicht des BGH, die Pflichten bei Vorleistungen aus § 14 BNotO ableitete, vgl. BGH ZNotP 1999, 330 f.

[36] BGHZ 27, 274; *Winkler* BeurkG § 17 Rn. 210.

[37] BGHZ 27, 274.

[38] *Ganter/Hertel/Wöstmann/Ganter* Rn. 97 ff.

[39] OLG Hamm DNotZ 1979, 236 (239).

[40] BGH DNotZ 1993, 754 (756); bestätigt in MittBayNot 2013, 168 mAnm *Sorge*; zweifelhaft; befriedigen kann auch nicht, dass der BGH für Ausnahmefälle, in denen erkennbar Vermögensschäden des Annehmenden drohen, auf eine Belehrungspflicht aus allgemeiner Betreuung nach § 14 zurückgreift.

[41] BGH WM 1994, 746 (747); ebenso MittBayNot 2013, 168.

[42] Vgl. etwa BGH DNotZ 2018, 130; hierzu *Frenz* ZNotP 2018, 48.

[43] BGH WM 1994, 746 (747).

14 Die Belehrung muss inhaltlich so gestaltet sein, dass die Beteiligten die rechtlichen Folgen auch erkennen können. Ebenso wie der Notar bei der Willens- und Sachverhaltserforschung nicht davon ausgehen kann, dass die Beteiligten von ihnen verwandte Rechtsbegriffe von Rechtstatsachen als juristische Laien richtig verstehen, muss er auf den Empfängerhorizont auch bei der Belehrung Rücksicht nehmen. Rechtsfolgen alleine mit juristischen Begriffen zu erklären, genügt daher regelmäßig nicht. Sie sind vielmehr in geeigneter Weise so zu „übersetzen", dass die Beteiligten auch als juristische Laien die Folgen nachvollziehen können.[44]

15 **2. Grenzen.** Der Umfang der Belehrungspflicht ist nicht nur vom Gegenstand der Beurkundung abhängig, sondern auch von den beteiligten Personen. Der Notar muss nicht „ins Blaue hinein" mechanisch und ohne Rücksicht auf ein schutzwürdiges Interessen der Beteiligten belehren,[45] da ein solches Verfahren die Aufmerksamkeit nur von den wesentlichen Punkten ablenken würde. In Ausnahmefällen kann eine Pflicht zur Belehrung entfallen, wenn die **Beteiligten** aus eigener Kompetenz über die rechtliche Tragweite informiert sind und damit **keiner weiteren Aufklärung bedürfen.**[46] Sind die Beteiligten sich über die rechtliche Tragweite ihrer Erklärungen vollständig im Klaren und wollen sie die konkrete Vertragsgestaltung ernsthaft, muss der Notar sie nicht belehren.[47] Ob diese Voraussetzungen vorliegen, ist im Einzelfall schwierig zu beurteilen. Im Haftpflichtprozess hat der Notar jedenfalls die Beweislast für die fehlende Belehrungsbedürftigkeit, da es sich um einen Ausnahmetatbestand von der gesetzlichen Belehrungspflicht handelt.[48] Ob allgemeine Kriterien wie Vorbildung, Beruf, kaufmännische Erfahrung etc ausreichen, um von einer fehlenden Bedürftigkeit auszugehen, hängt von dem betroffenen Rechtsgeschäft und seinem Inhalt ab. Den Unterschied etwa zwischen einem Vertragsabschluss und einem bloßen Vertragsangebot wird ein durchschnittlicher Erwachsener selbst erkennen können.[49] Je spezieller aber die Rechtsfolgen sind, desto weniger wird man die Belehrungsbedürftigkeit verneinen können. Dies gilt angesichts heutiger Spezialisierungen auch dann, wenn es sich bei den Beteiligten um einen Rechtsanwalt handelt. Der Notar tut jedenfalls gut daran, sich – von offensichtlich eindeutigen Fällen abgesehen – von dem Fehlen einer Belehrungsbedürftigkeit durch geeignetes Nachfragen sorgfältig zu überzeugen und regelmäßig nicht mit bloß pauschalen Äußerungen, dies sei alles bekannt, von der Erfüllung seiner Belehrungspflicht abhalten zu lassen.

16 Fehlende Belehrungsbedürftigkeit ist nicht gleichzusetzen mit einem **Belehrungsverzicht.** Belehrungspflichten sind hoheitliche Amtspflichten des Notars. Sie sind keiner Vereinbarung mit den Beteiligten zugänglich. Folglich kann auch die gesetzliche Pflicht nicht durch einen von den Beteiligten erklärten „Verzicht" entfallen.[50]

17 Gewissermaßen am anderen Ende einer Skala der Belehrungsbedürftigkeit stehen die **unerfahrenen und ungewandten Beteiligten,** deren Fürsorge dem Notar durch § 17 Abs. 1 S. 2 besonders aufgegeben wird. Der BGH hat in seiner Rechtsprechung, wonach die Belehrung über ungesicherte Vorleistungen zur Belehrung über die rechtliche Tragweite gehören, immer auch darauf abgestellt, dass nicht auf den ersten Blick erkennbare Vorleistungen gerade für ungewandte und unerfahrene Personen ein besonderes Risiko darstellen.[51] Er hat außerdem dem Notar im Einzelfall für verpflichtet angesehen, denjeni-

---

[44] Vgl. BGH WM 1996, 84 (86).
[45] BGH WM 1992, 1662 (1665); DNotZ 1995, 407 (409); ausführlich zur Belehrungsbedürftigkeit *Haug* Rn. 446 ff. mwN.
[46] Ständige Rechtsprechung, vgl. BGH NJW 1993, 729 (731); DNotZ 1995, 407 mAnm *Haug;* 1997, 51 (52); BeckOGK/*Regler* BeurkG § 17 Rn. 11.
[47] BGH DNotZ 1995, 407 (409).
[48] BGH DNotZ 1995, 407 (409).
[49] RG DNotZ 1939, 194 (196).
[50] *Winkler* DNotZ 1976, 124; *Haug* Rn. 447; BeckOGK/*Regler* BeurkG § 17 Rn. 14.
[51] Vgl. die Nachw. bei Fn. 32.

gen Beteiligten, der weiß, dass er eine ungesicherte Vorleistung erbringt, über naheliegende Möglichkeiten zur Vermeidung oder Verminderung des Risikos zu beraten.[52] Die Frage, inwieweit diese Rechtsprechung mit der Unparteilichkeit des Notars zu vereinbaren ist,[53] sollte mit § 17 Abs. 1 S. 2 beantwortet werden: Wenn das Beurkundungsgesetz spezielle Verfahrenspflichten aufstellt, darauf zu achten, dass unerfahrene und ungewandte Beteiligte nicht benachteiligt werden, geht diese Pflicht der allgemeinen Unparteilichkeitspflicht vor.[54] Gleiches sollte auch für alle anderen Aspekte der Belehrung über die rechtliche Tragweite gelten. Zuzugeben ist *Haug*, dass die Grenze zwischen aufgegebener Belehrung nach § 17 Abs. 1 und Pflicht zur Unparteilichkeit vor allem im Grenzbereich zwischen Belehrung und gestalterischer Beratung schwierig zu bestimmen ist.[55] Der BGH verneint in diesen Fällen einen Verstoß gegen die Unparteilichkeit, wenn der Notar eine Regelung vorschlägt, die geeignet ist, den Interessen beider Vertragsparteien uneingeschränkt gerecht zu werden.[56]

Der Notar schuldet keine **wirtschaftliche Beratung oder Belehrung,** weder aus § 17, noch aus anderen Vorschriften.[57] Eine Ausnahme kann nur dann eingreifen, wenn der Notar aus allgemeinen Amtspflichten („Betreuung") verpflichtet ist, nicht sehenden Auges zuzulassen, dass ein Beteiligter erhebliche Vermögensschäden erleidet, die durch einen kurzen Hinweis vermieden werden könnten (→ § 14 Rn. 21). **18**

Dem Notar obliegt aus § 17 auch keine Belehrungspflicht über **steuerliche Folgen** des Rechtsgeschäftes.[58] Hinweispflichten steuerlicher Art können sich aus Spezialvorschriften ergeben (vgl. §§ 19, 13 Abs. 1 und 5 EStDV). Hierbei handelt es sich um Ausnahmevorschriften, die einer Verallgemeinerung auf andere Fälle nicht zugänglich sind.[59] Daneben können in Sonderfällen Hinweis- und Warnpflichten bezüglich steuerlicher Folgen sich nur aus den allgemeinen Amtspflichten („Betreuung") nach § 14 BNotO ergeben.[60] Unternimmt, wozu er nicht verpflichtet ist, der Notar allerdings eine steuerliche Beratung als selbständige Betreuungstätigkeit nach § 24 BNotO, so können sich in den Grenzen des übernommenen Auftrags Belehrungspflichten ergeben, für deren Umfang möglicherweise § 17 analog angewandt werden kann. Eine Belehrung über steuerliche Folgen aus § 17 wird allenfalls dann in Betracht kommen können, „wenn die Steuerfragen das geplante Rechtsgeschäft unmittelbar berühren".[61] Als Beispielsfall wird etwa der Unternehmensverkauf genannt, bei dem die Haftung nach § 25 HGB ausgeschlossen werden soll. In diesem Fall wird von dem Notar ein Hinweis auf §§ 75 ff. AO verlangt.[62] **19**

Den Notar trifft schließlich grundsätzlich auch keine Belehrungspflicht über die mit dem Rechtsgeschäft verbundenen **Kosten,** auch nicht über die gesamtschuldnerische Haftung der Kostenschuldner.[63] Entsprechend Fragen hierzu hat er selbstverständlich zu beantworten. Eine Hinweispflicht besteht ausnahmsweise dann, wenn der vertraglich vorgesehene Kostenschuldner offensichtlich zahlungsunfähig ist.[64] **20**

---

[52] ZNotP 1999, 330.
[53] Vgl. die kritischen Anmerkungen von *Haug* Rn. 419 f.
[54] *Bohrer*, Berufsrecht, Rn. 97 spricht denn auch von einer „fürsorgenden Unparteilichkeit".
[55] *Haug* Rn. 423.
[56] BGH WM 1996, 84 (86); Grziwotz/Heinemann/*Grziwotz* BeurkG § 17 Rn. 38 verkennt, dass hier auf die BGH-Rspr. hingewiesen wird.
[57] Vgl. nur *Lerch* BeurkG § 17 Rn. 13; *Winkler* BeurkG § 17 Rn. 237 ff.; *Ganter* DNotZ 1998, 851 (856 f.); BeckOGK/*Regler* BeurkG § 17 Rn. 74 ff. Dies verkennt grundlegend *Knops* NJW 2015, 3121.
[58] Ständige Rechtsprechung: BGH WM 1995, 1502, ausführlich *Ganter* DNotZ 1998, 851 (856 f.); bzgl. des Anfalls von Umsatzsteuer ebenfalls verneinend BGH DNotZ 2008, 370.
[59] Vgl. BGH WM 1985, 523; *Ganter* DNotZ 1998, 851 (856 f.).
[60] → BNotO § 14 Rn. 26.
[61] *Ganter* DNotZ 1998, 851 (857).
[62] *Haug* Rn. 406; *Ganter* DNotZ 1998, 851 (857).
[63] Vgl. *Winkler* BeurkG § 17 Rn. 268 mwN.
[64] *Winkler* BeurkG § 17 Rn. 268.

III. Weitere Einzelfälle aus der BGH-Rechtsprechung

21 **Bejaht** wurde in der Rechtsprechung des BGH eine **Belehrungspflicht** zB in folgenden weiteren Fällen:
- bestehende Belastungen des Grundstücks;[65]
- unsicherer Rang einer Grunddienstbarkeit zugunsten des Kaufgrundstückes;[66]
- Sicherungsmöglichkeit des Käufers durch Auflassungsvormerkung;[67]
- Erfordernis der Genehmigung der Schuldübernahme durch den Gläubiger;[68]
- Unwirksamkeit einer Reallast zugunsten nicht beteiligter Dritter;[69]
- Bestellung einer Finanzierungsgrundschuld durch den Verkäufer zugunsten des Gläubigers des Käufers, wenn die Zahlung des Kaufpreises nicht gesichert ist;[70]
- Tragung der Erschließungskosten;[71]
- keine Erfüllung der Bareinlageverpflichtung im Rahmen einer Kapitalerhöhung durch Verrechnung mit Gesellschafterforderungen;[72]
- erst künftiges Entstehen eines Geschäftsanteils, der abgetreten oder verpfändet wird;[73]
- Verpflichtung zu Leistung einer Bareinlage, wenn eingebrachte Sachwerte den Betrag der übernommenen Bareinlage nicht erreichen;[74]
- Vorleistung bei der Abtretung eines Rückgewähranspruchs vor Erhalt des Kaufpreises;[75]
- Anzeige der Verpfändung von Schuldforderungen als Wirksamkeitserfordernis;[76]
- Hinweispflicht auf Vorkaufsrecht eines Miterben bei Erbteilsveräußerung;[77]
- Ausgleichungspflicht unter den Miterben als Folge einer vorweggenommenen Erbfolge.[78]

E. Wiedergabe der Erklärung, Abs. 1

22 Der Notar soll den ermittelten wahren Willen der Beteiligten nach Klärung des Sachverhaltes und Belehrung über die rechtliche Tragweite klar und eindeutig in der Niederschrift wiedergeben und dabei darauf achten, dass Irrtümer und Zweifel vermieden werden (§ 17 Abs. 1). Mit der Vermeidung von Irrtümern ist gemeint, dass der Wille und der objektive Erklärungswert nicht auseinanderfallen sollen, um Anfechtungsgründe zu vermeiden. Die Wiedergabe soll aber auch so eindeutig sein, dass spätere Auslegungsfragen (Zweifel) nach Möglichkeit gar nicht erst auftreten können. Erfüllt die Urkunde diese Anforderungen nicht, wird der beabsichtigte Zweck des Beurkundungsverfahrens verfehlt.[79]

F. Behandlung von Zweifelsfällen, Abs. 2

23 Die Dienstordnung zur RNotO unterschied bei Zweifelsfällen in § 35 noch zwischen folgenden Stadien:

---

[65] BGH DNotZ 1992, 457; 2011, 192: Bei einem Bauträgervertrag genügt es nicht, wenn ein Zwangsversteigerungsvermerk lediglich als „Vermerk" benannt wird.
[66] BGH DNotZ 1993, 752.
[67] BGH DNotZ 1989, 449.
[68] BGH 20.1.1994 – IX ZR 88, 93, nv, mitgeteilt von *Ganter* WM 1996, 701 (704).
[69] BGH DNotZ 1995, 494.
[70] BGH ZNotP 1999, 330.
[71] BGH WM 1994, 1673; OLG Hamm RNotZ 2013, 49.
[72] BGH DNotZ 1990, 737.
[73] BGH 8.7.1993 – IX ZR 218/92, nv, mitgeteilt von *Ganter* WM 1996, 701 (704).
[74] BGH WM 1996, 78 f.; vgl. im Übrigen zu den notariellen Belehrungspflichten bei der GmbH-Gründung umfassend *Meyding/Heidinger* ZNotP 1999, 190.
[75] BGH WM 1998, 783.
[76] BGH DNotZ 1997, 51.
[77] BGH WM 1968, 1042.
[78] BGH WM 2000, 1808 (1812).
[79] Vgl. *Reithmann* FS Schippel 1996, 769 ff.

(1) Der Notar soll bestehende Zweifel an der Gültigkeit des Rechtsgeschäftes oder Übereinstimmung mit dem wahren Willen der Beteiligten erörtern.
(2) Kommt er zu dem Ergebnis, dass das Rechtsgeschäft nichtig ist oder die Beteiligten unerlaubte oder unredliche Zwecke verfolgen, muss er die Beurkundung ablehnen.
(3) Verbleiben dem Notar auch nach Erörterung lediglich Zweifel, bestehen die Beteiligten aber auf der Beurkundung, muss der Notar zwar beurkunden, gleichzeitig aber seine Zweifel und die Erklärungen der Beteiligten hierzu in der Niederschrift festhalten.

Das BeurkG hat diese durchaus sinnvolle Differenzierung vom Gesetzeswortlaut her dadurch aufgelöst, dass dem Notar bei Überzeugung von der Unwirksamkeit des Geschäftes bzw. Unerlaubtheit oder Unredlichkeit der verfolgten Zwecke eine allgemeine, verfahrensunabhängige Pflicht zur Amtsverweigerung in § 4 BeurkG bzw. § 14 Abs. 2 BNotO auferlegt wurde. Die verbleibenden Verfahrensschritte sind jetzt zusammengefasst in § 17 Abs. 2. An der sachlichen Berechtigung, zwischen den geschilderten Stadien entsprechend dem Wortlaut der Dienstordnung zur RNotO zu unterscheiden, ändert sich hierdurch nichts.

Eine **Erörterungspflicht** besteht für den Notar zunächst, wenn er selbst **Zweifel** hat, ob das Geschäft dem wahren Willen der Beteiligten entspricht. Dies betrifft seine Pflicht zur Willenserforschung und gibt ihm nur eine im Grunde selbstverständliche Anleitung, den wahren Willen weiter aufzuklären. Betreffen seine Zweifel die rechtliche Wirksamkeit des Rechtsgeschäftes, so muss er diese Zweifel gleichfalls mit den Beteiligten erörtern. Maßgebend hierfür ist, ob der Notar zweifelt. Bestehen objektive Zweifel, etwa aufgrund einer unklaren Rechtsprechung, kennt aber der Notar diese Rechtsprechung nicht, so zweifelt er nicht und die Erörterungspflicht geht ins Leere.[80] Hat der Notar im Vorfeld Zweifel an der Wirksamkeit gehegt, diese Zweifel aber nach Überprüfen wieder aufgegeben, zweifelt er gleichfalls nicht (mehr) und muss auch nicht erörtern.[81] Weiß er, dass in Rechtsprechung und Literatur Bedenken gegen die Wirksamkeit ähnlicher Rechtsgeschäfte geäußert wurden, ist aber selbst davon überzeugt, dass das Rechtsgeschäft wirksam ist, zweifelt er schließlich ebenfalls nicht, hat aber im Rahmen seiner Rechtsbelehrungspflicht nach § 17 Abs. 1 die Beteiligten auf die geäußerten Bedenken hinzuweisen.[82]

Als Ergebnis der Erörterung mit den Beteiligten kommen zwei Alternativen in Betracht: Verdichten sich die Zweifel des Notars zur **Überzeugung,** dass das Rechtsgeschäft unwirksam ist, mit dem Willen der Beteiligten nicht übereinstimmend oder dass die Beteiligten unredliche oder unerlaubte Zwecke verfolgen, so muss er die Beurkundung ablehnen (§ 4).[83] **Verbleiben** dem Notar lediglich **Zweifel** und bestehen die Beteiligten auf der Beurkundung, kann er die Beurkundung nicht ablehnen, da ihm hierfür ein ausreichender Grund fehlt (vgl. § 15 Abs. 1 S. 1 BNotO). Seine hierzu gemachten Belehrungen, ebenso wie die entsprechenden Äußerungen der Beteiligten, hat er **in der Niederschrift festzuhalten.** Nach einer Entscheidung des BGH aus 1974 sollen sich aus dem unterlassenen Belehrungsvermerk über Zweifel an der Rechtswirksamkeit des Testamentes in der Testamentsniederschrift keine Ansprüche Dritter herleiten lassen.[84] Es spricht einiges dafür, dass dies dem Sinn der Dokumentationspflicht und der Bedeutung des Beurkundungsverfahrens nicht gerecht wird. Die Dokumentationspflicht dient wohl auch dem Vertrauen der von dem Rechtsgeschäft Betroffenen an die Ordnungsgemäßheit der Beurkundung und Richtigkeit des beurkundeten Rechtsgeschäfts.[85] Die Dokumentation über die erfolgte Belehrung und die Erklärung der Beteiligten sollte daher in der Niederschrift selbst und nicht etwa außerhalb in Aktenvermerken erfolgen.

---

[80] AA *Haug* Rn. 490 und ihm folgend Arndt/Lerch/Sandkühler/*Sandkühler* BNotO § 14 Rn. 160; hiergegen zu Recht *Ganter* DNotZ 1998, 851 (854).
[81] RG DNotZ 1939, 193; *Jansen* BeurkG § 17 Rn. 16.
[82] *Ganter* DNotZ 1998, 851 (854).
[83] Vgl. Erläuterungen bei § 4 BeurkG bzw. § 14 Abs. 2 BNotO.
[84] Ebenso die hM in der Literatur, vgl. die Nachweise bei *Haug* Rn. 590.
[85] So zu Recht *Jansen* BeurkG § 17 Rn. 18; ebenso wohl auch *Haug* Rn. 591 unter Hinweis auf OLG Frankfurt a. M. DNotZ 1986, 244.

G. Gestaltung des Beurkundungsverfahrens, Abs. 2a

I. Vorbemerkungen

27 § 17 Abs. 2a S. 1 ist im Rahmen der Berufsrechtsnovelle 1998 aufgrund eines Vorschlages des Bundesrates in das Gesetz aufgenommen worden. Der Bundesrat hat seinen Vorschlag damit begründet, dass in der notariellen Praxis verstärkt Beurkundungen unter Beteiligung vollmachtloser Vertreter festzustellen seien. Da nach dem Gesetz eine Belehrung durch den die Unterschrift unter die Genehmigung beglaubigenden Notar nicht vorgesehen sei, werde die in § 17 Abs. 1 und Abs. 2 geforderte ausreichende Belehrung des materiell Beteiligten durch eine solche planmäßige, missbräuchliche Gestaltung des Urkundsverfahrens eindeutig unterlaufen. Dem müsse entgegengewirkt werden, indem die Verantwortung des Notars für die Gestaltung des Beurkundungsverfahrens hervorgehoben werde und die Notare angehalten werden, die Beurkundung in einer Weise durchzuführen, die die notwendige Belehrung der formell und materiell Beteiligten sicherstelle.[86] Die BNotK hat ihren Richtlinien-Empfehlungen einen Katalog von Verhaltensanweisungen aufgestellt, die der Wahrung der Unparteilichkeit und Unabhängigkeit des Notars dienen und dazu beitragen sollen, schon den Anschein der Abhängigkeit und Parteilichkeit zu vermeiden.[87] Diese Richtlinien betreffen in der Sache die Anforderungen nach § 17 Abs. 2a. § 17 Abs. 2a zielt zwar auf die Einhaltung der Pflichten zur Erfassung des Willens, der zugrundeliegenden Tatsachen, Rechtsbelehrung und zur eindeutigen Formulierung ab, während die Richtlinien-Empfehlungen zu § 14 Abs. 3 BNotO auf die Anscheinsvermeidung ausgerichtet sind. Da aber die Pflichten nach § 17 nur sinnvoll erfüllt werden können durch den unabhängigen und unparteilichen Verfahrensträger Notar, widersprechen sich die unterschiedlichen Regelungsansätze und Zweckrichtungen nicht, sondern zielen gemeinsam darauf ab, von Seiten des Notars ein leistungsfähiges, den Formzwecken entsprechendes Beurkundungsverfahren sicherzustellen.

28 Die **Richtlinien-Empfehlungen** der Bundesnotarkammer leiden unter dem Mangel, dass sie in einem besonders umstrittenen Punkt einen Begriff verwenden, über dessen Inhalt die die Empfehlungen beschließende Vertreterversammlung der BNotK uneinig war. Diese Uneinigkeit wurde auch im Protokoll festgehalten. Der Dissens betrifft den in Abschnitt II. Nr. 1 S. 4 lit. c verwandten Begriff der „Vollzugsgeschäfte". Hierzu wurde zu Protokoll festgehalten, dass der Begriff „wegen unterschiedlicher Auffassungen nicht näher definiert" wurde.[88] Die Vertreterversammlung der BNotK vom 24.9.2010 hat klargestellt, dass Finanzierungsgrundschulden von Verbrauchern kein Vollzugsgeschäft zum Kaufvertrag darstellen. Die Richtlinien der Notarkammer Frankfurt a. M. erlauben daher neben Vollzugsgeschäften auch Finanzierungsgrundschulden durch Mitarbeiter zu beurkunden. Diese Regelungen dürften nach der neuen Rechtsprechung des BGH nicht mehr zu halten sein.[89]

29 Allerdings leidet die **Begründung des Bundesrates** auch an erheblichen Mängeln: Die Belehrungspflicht nach § 17 Abs. 1 besteht immer nur gegenüber dem formell Beteiligten, nicht gegenüber dem materiell Beteiligten.[90] Die Belehrung des Vertreters ist aber gerade in den von dem Bundesrat inkriminierten Fällen gewährleistet. Insofern sagt Abs. 2a in der Tat „nicht das, was er nach dem Willen des Gesetzgebers bezweckt".[91]

30 Tatsächlich sind immer schon besondere Gestaltungen des Beurkundungsverfahrens Gegenstand kritischer Erörterungen und mahnender Kammerrundschreiben hinsichtlich der Frage gewesen, inwieweit sie die Erfüllung der Formzwecke gewährleisten. § 17 Abs. 2a

---

[86] Stellungnahme des Bundesrates, abgedr. bei *Frenz* S. 231.
[87] → BNotO § 14 Rn. 18.
[88] Abgedr. bei *Frenz* S. 287.
[89] BGH DNotZ 2016, 72. Zum Beschluss der BNotK *Sorge* MittBayNot 2011, 384.
[90] St. Rspr.: BGH DNotZ 1995, 495 mwN.
[91] *Frenz/Winkler* Rn. 303 ff.

S. 1 enthält daher keine grundsätzlich neuen Anforderungen,[92] sondern hebt – allerdings über den in der Begründung genannten Anlass hinaus – die **Verantwortung des Notars** für die Verfahrensleitung bei der Beurkundung besonders hervor.

Bezüglich des geschilderten **Zusammenhangs von Standesrichtlinien und BeurkG** ist ergänzend noch auf folgendes hinzuweisen: Verfahrensrecht dient der Verwirklichung des materiellen Rechts.[93] Verfahrensrecht kann daher nicht materiell-rechtlich zulässige Geschäfte ausschließen. Ein ähnliches Verhältnis besteht zwischen dem Berufsrecht und dem Verfahrensrecht: Das Berufsrecht soll gewährleisten, dass ein Verfahrensträger vorhanden ist, der den Anforderungen des Verfahrensrechts gerecht wird. Das Berufsrecht würde hingegen seinen Zweck verfehlen, wenn es Pflichten aufstellte, die im Widerspruch zu Verfahrensregelungen stünden. Erst recht können durch berufsständische Regelungen nicht verfahrensrechtliche Bestimmungen außer Kraft gesetzt werden.[94] Zum anderen sind die Verfahrenszwecke in jedem einzelnen Beurkundungsverfahren bei seiner Gestaltung zu berücksichtigen. Für die Einzelbeurkundung – damit aber auch für die Auslegung von § 17 Abs. 2a – ist es völlig irrelevant, ob der Notar eine zweckwidrige und damit amtspflichtwidrige Gestaltung nur gerade bei diesem Beurkundungsverfahren wählt oder bei einer Vielzahl von Verfahren. Nichts anderes gilt für die Anscheinsvermeidung. Wenn daher die Richtlinien-Empfehlungen mit dem Begriff „systematisch" die Vorstellung einer wiederholten Gestaltungsverfehlung verbinden, so wird nicht recht klar, welcher Effekt damit angesprochen werden soll. Schon die pflichtwidrige Gestaltung des Beurkundungsverfahrens in einem einzelnen Fall ist eben amtspflichtwidrig. Für die Beteiligten und (aus objektiver Sicht) die Formzwecke ist es kein „Trost", ob die Pflichtwidrigkeit einmal, „systematisch" oder immer praktiziert wird.[95]

II. Einzelfälle

1. Beurkundung mit Vertretern. Dass Beurkundungen mit Vertretern **grundsätzlich zulässig** sind, ist selbstverständlich und folgt aus der Tatsache, dass das materielle Recht nur in seltenen Ausnahmefällen höchstpersönliches Handeln verlangt. Der grundsätzlichen Zulässigkeit steht auch nicht entgegen, dass in diesen Fällen die notariellen Pflichten nach § 17 nur dem Vertreter als formell Beteiligten gegenüber bestehen[96] und nicht gegenüber dem Vertretenen. Solange die Genehmigungen und Vollmachten nur in Ausnahmefällen der Form des Vertretergeschäftes bedürfen, muss dieses Belehrungsdefizit als gesetzlich gewollt hingenommen werden.[97]

Anders hingegen ist es, wenn diese Gesetzeslage nach dem Willen einer Partei ausgenutzt werden soll, um die Beteiligung der anderen Vertragsseite am Beurkundungsverfahren, an der dem Notar aufgegebenen Willens- und Tatsachenerforschung, der Rechtsbelehrung und der zutreffenden Niederlegung der Erklärung zu hindern. Solche Verfahrensweisen sind **rechtsmissbräuchlich,** eine entsprechende Gestaltung des Verfahrens amtspflichtwidrig. Ob hierbei ein vollmachtloser Vertreter auftritt oder ein Bevollmächtigter, ist dabei völlig unerheblich. Dies ist vom Ausgangspunkt aus auch im Wesentlichen unstreitig.[98]

---

[92] *Winkler* BeurkG § 17 Rn. 20.
[93] Frenz/*Winkler* Rn. 308.
[94] → Rn. 27 mwN.
[95] Zustimmend Soergel/*J. Mayer* BeurkG § 17 Fn. 194.
[96] BGH DNotZ 1995, 495 mwN.
[97] Vgl. BGH NJW 1998, 1857 f. und hierzu *Kanzleiter* NJW 1999, 1612; ebenso BeckOGK/*Regler* BeurkG § 17 Rn. 121.
[98] Vgl. nur *Winkler* BeurkG § 17 Rn. 36 ff.; Armbrüster/Preuß/Renner/*Armbrüster* BeurkG § 17 Rn. 173 ff; BeckOGK/*Regler* BeurkG § 17 Rn. 124. Kritisch zum Vorstehenden allerdings Soergel/*J. Mayer* BeurkG § 17 Rn. 35, der meint, hierdurch werde § 17 Abs. 2a S. 1 in ein zulässigerweise verkürzt und im Übrigen übersehen, dass sich die Vorschrift an den Notar richtet. Dem sei entgegengehalten, dass der Notar zum einen Ansinnen entsprechender Verfahrensgestaltungen abzulehnen hat, zum anderen aber selbstverständlich derartige Verfahrensweisen nicht von sich aus vorschlagen kann. Etwas anderes wurde bisher nicht behauptet. Eine unzulässige Verkürzung kann ich nicht sehen, wie denn auch die Ergebnisse von *J. Mayer* von

Wichtigster Anhaltspunkt dafür, ob eine danach missbräuchliche Gestaltung vorliegt, ist, ob die andere Vertragsseite nach der Eigenart des betroffenen Rechtsgeschäftes auf die dem Notar nach § 17 obliegenden Pflichten in der Weise angewiesen ist, dass ihre persönliche Teilnahme an der Beurkundung geboten ist. Dies wird etwa bei Gemeinden etc zu verneinen sein, da mit ihnen Vertragsvereinbarungen regelmäßig im Vorfeld im Einzelnen abgestimmt werden. Gleiches wird gelten bei vertretenen Bauträgern etc, insbesondere wenn es sich um Reihenverträge handelt. Ist eine Vertragsseite aus faktischen Gründen (Krankheit, Urlaub etc) an der eigentlich sinnvollen Teilnahme am Beurkundungsverfahren gehindert, bestehen verschiedene Gestaltungsmöglichkeiten. Zulässig wäre ein Beurkundungsverfahren mit einem Bevollmächtigten, der das besondere Vertrauen des Vertretenen genießt, weil es sich etwa um einen nahen Angehörigen, seinen Rechtsanwalt oder einen anderen Berater handelt. Die Zulässigkeit im Einzelfall wird nicht dadurch verhindert, dass bei der Vollmachtsbeurkundung, etwa weil es sich um eine Generalvollmacht handelt, eine Belehrung über das gerade abzuschließende Rechtsgeschäft unterblieben ist. Die Beurkundung müsste auch dann im Einzelfall durchgeführt werden, wenn es sich nur um eine privatschriftliche Vollmacht handelt und für die Vollmacht materiell-rechtlich keine Formerfordernisse bestehen. Denkbar wäre es ebenso, im Vorfeld der Beurkundung unter Mitwirkung des Notars Einzelheiten des Vertragsinhaltes abzustimmen und sich mit einer späteren Genehmigungserklärung zu begnügen.

34 Besteht keine Vollmacht eines dem Vertragspartner besonders Verbundenen (Familienangehöriger, Rechtsanwalt etc), kann auch die Bevollmächtigung einer sonstigen Person genügen, wenn durch eine vorangegangene Beurkundung das Vertretergeschäft nach Vertragswillen, zugrundeliegenden Tatsachen, Erklärungswortlaut und rechtlicher Tragweite bereits Gegenstand einer notariellen Verhandlung mit dem Vertretenen war. Auch dies ist im Grundsatz unstrittig.[99] Die Bevollmächtigung etwa des Käufers durch den Verkäufer zur Bestellung von Finanzierungsgrundpfandrechten ist nur unter diesen Voraussetzungen gerechtfertigt und erfordert eine Belehrung bezüglich aller den Verkäufer hieraus treffenden unmittelbaren Rechtsfolgen, nicht nur bezüglich des Risikos der Löschungskosten bei Scheitern des Vertrages. Der Verkäufer erbringt nämlich hierbei eine Vorleistung, die bei wertausschöpfender Belastung einer Übereignung des Grundstücks nahe kommt.[100]

35 **Umstritten** ist, inwieweit als Bevollmächtigte auch **Mitarbeiter** oder verbundene **Sozien des Notars** in Betracht kommen können. Abschnitt II. Nr. 1 S. 4 lit. c RLEmBNotK lässt dies nur zu, wenn es sich um ein Vollzugsgeschäft handelt, wobei im Bereich mancher Notarkammern auch die Bestellung von Finanzierungsgrundpfandrechten als Vollzugsgeschäft angesehen wurden. Der BGH hat mit Recht klargestellt, dass Finanzierungsgrundschulden keine Vollzugsgeschäfte sind, was sich für ihn schon daraus ergibt, dass ein Grundstückskaufvertrag auch ohne Finanzierungsgrundschulden vollzogen werden kann.[101] Er hat ferner festgestellt, dass Notariatsmitarbeiter nicht Vertrauensperson eines Beteiligten sein können, weil Vertrauensperson nur sein könne, wer als Interessenvertreter des Verbrauchers handelt. Ein zur Neutralität Verpflichteter kommt daher als Vertrauensperson nicht in Betracht.[102] Dies gilt natürlich auch dann, wenn die Finanzierungsgrundschulden in Richtlinien nicht als Vollzugstätigkeit aufgeführt sind, sondern besonders benannt werden.

---

dem hier Vertretenen kaum abweichen. Schließlich: Die entsprechenden Amtspflichten würden auch ohne § 17 Abs. 2a S. 1 bestehen. Die Vorschrift betont sie nur und erinnert nachdrücklich daran, dass Beurkundung ein Verfahren ist und sich nicht im Vorlesen erschöpft.

[99] Vgl. nur die Nachw. in Fn. 98; die Formulierung in Abschnitt II. Nr. 1 S. 4 lit. b Hs. 2 RLEmBNotK „Belehrung über den Inhalt" ist unglücklich, weil sie mit § 17 nicht übereinstimmt, aber gerade dies erforderlich wäre.

[100] BGH ZNotP 1999, 330 (331).

[101] BGH DNotZ 2016, 72 mN zum Streitstand.

[102] BGH DNotZ 2016, 72 ebenfalls mN zum Streitstand.

Verpflichtet aus all dem ist in keinem Fall der Notar, der später die Unterschrift unter 36 einer vorbereiteten Genehmigungserklärung beurkundet. Er darf die Beurkundung nicht etwa mit der Begründung ablehnen, der das Vertretergeschäft beurkundende Notar habe gegen § 17 Abs. 2a verstoßen.[103]

2. Aufspaltung in Angebot und Annahme. Die für Vertretungsfälle ausgestellten 37 Grundsätze gelten in gleicher Weise auch für die Aufspaltung in Angebot und Annahme. Selbstverständlich kann, soweit das materielle Recht eine Trennung zulässt, auch ein formbedürftiger Vertrag durch getrennte Angebote und Annahmen zustande kommen. Allerdings besteht nach geltender Rechtslage auch in diesen Fällen insofern ein Verfahrensdefizit, als nach der Rechtsprechung des BGH der die Annahme beurkundende Notar nur zur Belehrung über die rechtliche Bedeutung der Annahme, nicht über den Inhalt des Angebotes verpflichtet ist.[104] Der Gefahr einer missbräuchlichen Ausnutzung dieses Defizits muss der Notar begegnen, indem entsprechend den Richtlinien-Empfehlungen (Abschnitt II. Nr. 1 S. 4 lit. d) das Angebot von dem belehrungsbedürftigen Teil, also regelmäßig von dem Käufer, auszugehen hat. Anders gerichtete Ansinnen des Verkäufers etc muss der Notar ablehnen. Hat der das Angebot beurkundende Notar das Verfahren sachwidrig gestaltet, darf der für die Beurkundung der Annahmeerklärung angegangene Notar diese Beurkundung nicht ablehnen. Er kann anbieten, im Rahmen einer Betreuung nach § 24 BNotO auch über den Vertragsinhalt zu belehren. Nach Auffassung des BGH kann im Einzelfall die Aufspaltung auch dann bei Verbraucherverträgen unzulässig sein, wenn das Angebot mit dem Verbraucher beurkundet wird: Die Aussage des Bauträgers, er habe wenig Zeit, rechtfertige eine solche Aufspaltung nicht.[105]

3. Sonstige Anforderungen. Die (berechtigte) Forderung, die gleichzeitige **Beurkun-** 38 **dung mehrerer Niederschriften** auf fünf zu beschränken (Abschnitt II. Nr. 1 S. 4 lit. e RLEmBNotK – gemeint sind offensichtlich nur gleichartige Niederschriften) entspricht dem Schreiben der Bundesnotarkammer vom 13.2.1973.[106] Damit soll nach früheren Erfahrungen mit Sammelbeurkundungen der Gefahr des Anscheins der Parteilichkeit vorgebeugt, aber auch die Durchführbarkeit der dem Notar gegenüber jedem einzelnen Verfahrensbeteiligten nach dem BeurkG obliegenden Amtspflichten gewährleistet werden.[107]

Die nach **§ 13a** ermöglichten Erleichterungen des Beurkundungsverfahrens dürfen nicht 39 in einer Weise genutzt werden, dass die Funktionen des Beurkundungsverfahrens ins Leere gehen.[108] Die Richtlinien-Empfehlungen verlangen (Abschnitt II. Nr. 2) im Grundsatz, dass alle geschäftswesentlichen Vereinbarungen in die Niederschrift selbst aufgenommen werden und nicht lediglich in die Bezugsurkunde. Damit ist zB nicht vereinbart, wiederkehrende allgemeine Vertragsbedingungen aus einer Bauträgermaßnahme nach Art allgemeiner Geschäftsbedingungen in eine Bezugsurkunde zu verlagern. Zulässig ist es jedoch, im Rahmen eines Erwerbsvertrages die noch nicht vollzogene Teilungserklärung nebst Gemeinschaftsordnung oder auch die Baubeschreibung, in einer Bezugsurkunde zu belassen und hierauf bei der Beurkundung des Erwerbsvertrages zu verweisen. Für bestimmte Rechtsgeschäfte bietet im übrigen § 14 in der Neufassung durch die Berufsrechtsnovelle 1998 weitere sinnvolle Erleichterungen der Beurkundung an. Auch die dort genannten Urkundsinhalte können zum Gegenstand einer besonderen Urkunde im Sinne von § 13a gemacht werden.[109]

---

[103] So zu Recht Frenz/*Winkler* Rn. 321; iE wohl ebenso Armbrüster/Preuß/Renner/*Armbrüster* BeurkG § 17 Rn. 174; *Winkler* BeurkG § 17 Rn. 71.
[104] BGH DNotZ 1993, 754, → Rn. 13. Zumindest missverständlich daher Frenz/*Winkler* Rn. 335.
[105] BGH DNotI-Report 2019, 190.
[106] Abgedr. bei *Tiffert,* Deutscher Notartag, 1973, 138 ff.
[107] Vgl. Seybold/*Schippel* RLNot § 1 Rn. 3.
[108] Zum Verfahren → § 13a Rn. 1 ff.
[109] Im Übrigen → § 13a Rn. 4.

H. Verbraucherverträge, Abs. 2a S. 2 und S. 3

I. Vorbemerkungen

40 § 17 Abs. 2a S. 2 und S. 3 wurden eingefügt durch das Gesetz vom 23.6.2002 (BGBl. I 2850). Anlass waren Beurkundungspraktiken im Zusammenhang mit Bauträgerobjekten und Immobilienverkäufen durch sog. „Strukturvertriebe", die von den Verbraucherschutzverbänden heftig kritisiert worden waren. Nach allgemeiner Meinung ist § 17 Abs. 2a S. 2 misslungen.[110] Dies gilt auch für die Neufassung von Abs. 2a S. 2 Nr. 2 im Jahr 2013 (BGBl. I 2378). Sie hat ein kaum noch überschaubares Schrifttum ausgelöst,[111] so dass fast schon der Eindruck entstehen kann, die neue Regelung stelle offensichtlich die zentrale Vorschrift des Beurkundungsverfahrens dar. Das Bemühen, misslungene Vorschriften mit dogmatischen Strukturen zu erfassen und auszudeuten,[112] muss von vorn herein erfolglos bleiben und führt eher dazu, gesicherte Strukturen ohne Grund zu gefährden.

41 § 17 Abs. 2a S. 3 ist ohne eigenen Gehalt. § 17 Abs. 2a S. 2 Nr. 1 betont nur für Verbraucherverträge, was im Grundsatz für alle Beurkundungsverfahren gilt. § 17 Abs. 2a S. 2 Nr. 2 wiederholt für Verbraucherverträge – überflüssigerweise – in seinem Hs. 1 eine Bestimmung aus den Richtlinienempfehlungen der BNotK, die von den Satzungen der Notarkammern übernommen worden ist und im Grundsatz ebenfalls für alle Beurkundungsverfahren gilt. Hs. 2 versucht eine Konkretisierung des Hs. 1 für den „Regelfall" und stellt eine 14-Tages-Frist auf, die als stete Quelle für Absurditäten herhalten muss und als Vorgabe schon im Ansatz verfehlt ist: Die 14-Tages-Frist soll dem Verbraucher Gelegenheit geben, seinen Vertragsschluss zu überdenken, und will ihn schützen vor unbedachten Immobilienerwerben. Nur: Die in den vergangenen Jahren gemachten Erfahrungen zeigen, dass nicht die vertraglichen Regelungen Verbraucher benachteiligt haben, sondern vor allem, dass Verbraucher von einem falschen Wert des Vertragsobjektes und seiner wirtschaftlichen Verwendbarkeit ausgegangen sind. Diese wirtschaftlichen Gesichtspunkte sind aber nicht Gegenstand der Beurkundung und naturgemäß auch nicht aus dem zu versendenden Entwurf ersichtlich.[113] Zur Wahrung des Verbraucherschutzes bezüglich rechtlicher Fragen des Vertragsschlusses genügt Hs. 1 und das Beurkundungsverfahren allemal – welche Verbraucherverträge werden ansonsten vollständig vorgelesen und von einer unparteiischen Person mit dem Pflichtenkanon des § 17 Abs. 1 und Abs. 2 erläutert! Hs. 2 knüpft daher mit der 14-Tages-Frist zwar an die Beurkundung an, zielt aber im Wesentlichen auf Aspekte ab, die mit dem Beurkundungsverfahren nichts zu tun haben. Wenn im französischen Recht eine vergleichbare Regelung besteht, macht dies deshalb Sinn, weil der französische Notar regelmäßig auch mit der Bewertung des Vertragsobjektes befasst ist.[114] Für die deutschen Rechtsverhältnisse ist die Regelung unbrauchbar und führt zu eher fruchtlosen Diskussionen.

42 Der Umgang mit der Regelung ist auch dadurch nicht leichter geworden dass der BGH (ohne nähere Diskussion) die Auffassung vertritt, die aufgegebene 14-Tages-Frist gehe der Urkundsgewährungspflicht nach § 15 Abs. 1 BNotO vor, da der mit der Regelfrist verbundene Zweck – Schaffung einer Überlegungsfrist von zwei Wochen – nur gewahrt werde, wenn dem Notar die **Amtspflicht** auferlegt wird, **die Beurkundung abzulehnen,** sofern die Frist noch nicht abgelaufen ist und die Zwecke der Wartefrist nicht anderweitig erfüllt sind.[115]

---

[110] Vgl. nur *Winkler* BeurkG § 17 Rn. 75; *Bohrer* DNotZ 2002, 579 (591).
[111] Fast alle neueren Entscheidungen zu § 17 betreffen ausschließlich Fragen im Zusammenhang mit Abs. 2a.
[112] So vor allem *Bohrer* DNotZ 2002, 579 (591).
[113] Hierauf weist zu Recht *Bohrer* DNotZ 2002, 579 (585 f.) nachdrücklich hin.
[114] Vgl. *Litzka*, Notare in Frankreich und Deutschland, 1999, S. 48 ff.
[115] BGH DNotZ 2013, 552 unter Hinweis auf vergleichbare Zielsetzungen des § 355 BGB.

II. Verbraucherverträge

Verbraucherverträge sind alle Verträge, an denen ein Verbraucher (§ 13 BGB) und ein **43** Unternehmer (§ 14 BGB) beteiligt sind (vgl. § 310 BGB), gleichgültig, ob es sich um schuldrechtliche, dingliche, gesellschaftsrechtliche oder sonstige Verträge handelt.[116] Der Vertrag ist auch dann ein Verbrauchervertrag, wenn der Verbraucher von einem Unternehmer vertreten wird.[117] Kommt der Vertrag durch getrennte Angebots- und Annahmeerklärung zustande, gilt § 17 Abs. 2a S. 2 für die vom Verbraucher abzugebende Angebots- oder Annahmeerklärung.[118] Sind auf beiden Seiten des Vertrages nur Verbraucher oder nur Unternehmer beteiligt, greift § 17 Abs. 2a S. 2 nicht ein. Richtigerweise ist von einem Verbrauchervertrag auch dann auszugehen, wenn neben einem Verbraucher eine juristische Person des öffentlichen Rechts Vertragspartner ist und es sich um eine gewerbliche, nicht nur fiskalische Tätigkeit der juristischen Person handelt.[119]

III. Hinwirkungspflichten

Nach § 17 Abs. 2a S. 2 soll der Notar auf die in Nr. 1 und Nr. 2 genannten Verfahrens- **44** weisen „hinwirken". Soll-Vorschriften begründen Amtspflichten, Verstöße führen allerdings nicht zur Unwirksamkeit der Urkunde. Die Hinwirkungspflichten nach Nr. 1 und Nr. 2 können unterschiedliche Anforderungen haben. Wenn aber bei Nichteinhaltung der Regelfrist nach § 17 Abs. 2a S. 2 Nr. 2 Hs. 2 eine Ablehnungspflicht besteht,[120] so ist kaum begründbar, warum im Falle von § 17 Abs. 2a S. 2 Nr. 1 keine Ablehnungspflicht bestehen soll,[121] jedenfalls wenn – wie auch bei Nr. 2 Hs. 2 – der Normzweck nicht auf andere Weise erreicht werden kann.[122] Für Nr. 2 Hs. 1 bedeutet „hinwirken" Verschaffung der geforderten Gelegenheit. Ob der Verbraucher die Gelegenheit nutzt, kann vom Notar nicht geprüft werden. Nr. 2 Hs. 2 sichert für den Verbraucher diese Möglichkeit in den dort genannten Vertragsfällen. Das Unbehagen an der Entscheidungssituation beruht nicht darauf (wie etwa *Grziwotz* glauben macht)[123], dass alle anderen Notare tendenziell dazu neigen würden, notarielle Verfahren ohne Rücksicht auf verbraucherschützende Aspekte zu gestalten. Das Unbehagen beruht darauf, dass die Urkundsgewährungspflicht, die nur vor dem Hintergrund der Formbedürftigkeit erklärbar ist, in einem offensichtlichen Spannungsverhältnis zu den Pflichten nach § 17 Abs. 2a S. 2 steht und der Gesetzgeber offensichtlich nicht willens oder in der Lage ist, dieses Spannungsverhältnis eindeutig zu lösen, sondern dies dem einzelnen Notar überlässt, der die Richtigkeit seiner getroffenen Entscheidungen erst aufgrund späterer Regressentscheidungen erfahren wird.

IV. Abs. 2a S. 2 Nr. 1

Nach § 17 Abs. 2a S. 2 Nr. 1 soll der Notar darauf hinwirken, dass Erklärungen des **45** Verbrauchers von diesen persönlich oder einer Vertrauensperson abgegeben werden. Zur Vertrauensperson → Rn. 34. Der an dem Vertrag beteiligte Unternehmer und ihm nahestehende Personen kommen grundsätzlich nicht als Vertrauenspersonen in Betracht.[124] In

---

[116] Der Verbraucherbegriff in § 17 Abs. 2a ist mit dem des BGB identisch.
[117] Solveen RNotZ 2002, 318 (319); zustimmend Zugehör/Ganter/Hertel/*Ganter* Fn. 1110.
[118] Soergel/*J. Meyer* BeurkG § 17 Rn. 39; Solveen RNotZ 2002, 318 (319); Litzenburger NotBZ 2002, 280.
[119] Wie hier Soergel/*J. Mayer* BeurkG § 17 Rn. 39; *Hertel* ZNotP 2002, 325 (328); *Sorge* DNotZ 2002, 593 (599); BeckOGK/*Regler* BeurkG § 17 Rn. 155 f.; aA *Rieger* MittBayNot 2002, 325 (328).
[120] BGH DNotZ 2013, 552.
[121] Nach den Anwendungsempfehlungen der BNotK ist der Notar bei Nr. 1 nur berechtigt abzulehnen, wenn der Verbraucher „sich ohne vernünftige Gründe dem vom Gesetzgeber angestrebten Beurkundungsverfahren" verweigert (Anwendungsempfehlungen S. 3)
[122] Meine frühere Auffassung (Vorrang der Urkundsgewährungspflicht, vgl. 3. Aufl., Rn. 39d) halte ich *de lege lata* nach der Rspr. des BGH DNotZ 2013, 552 nicht mehr aufrecht.
[123] ZB Grziwotz/Heinemann/*Grziwotz* BeurkG § 17 Rn. 56.
[124] Vgl. nur Armbrüster/Preuß/Renner/*Armbrüster* BeurkG § 17 Rn. 176.

Einzelfällen kann etwa anderes gelten. Verkauft etwa die Ehefrau des Bauträgers an den Bauträger ein Grundstück, wird die Unternehmereigenschaft überlagert durch das unabhängig hiervon bestehende Vertrauensverhältnis. Im Übrigen sollte nach dem Inhalt der Verbrauchererklärungen differenziert werden: Handelt es sich um bloße Vollzugsgeschäfte (→ Rn. 28), deren Inhalt durch den Vertragsabschluss selbst ausreichend vorgegeben ist, sollte auch eine Vertretung durch den Unternehmer möglich sein.[125] Nach Auffassung der BNotK liegt ein Vollzugsgeschäft in diesem Sinne auch dann vor, wenn der kaufende Unternehmer aufgrund einer Beleihungsvollmacht des Verbrauchers eine Finanzierungsgrundschuld bestellt,[126] während ansonsten die Finanzierungsgrundschuld gerade nicht als Vollzugsgeschäft angesehen wird. Dem ist im Ergebnis zuzustimmen mit dem Argument, dass die erforderliche Belehrung durch die Beurkundung der Vollmacht selbst gesichert ist. Für die Beurkundung durch Mitarbeiter des Notars gelten die allgemeinen Anforderungen, → Rn. 35.

46 Ob die Erklärungen von dem Verbraucher oder seiner Vertrauensperson abgegeben werden, ist im Übrigen gleichgültig. Das Gesetz stellt insoweit keine Rangfolge auf.[127]

47 Auch ein vollmachtloser Vertreter kann Vertrauensperson sein.[128]

V. Abs. 2a S. 2 Nr. 2

48 **1. Ausreichende Gelegenheit.** Nach § 17 Abs. 2a S. 2 Nr. 2 Hs. 1 soll der Notar darauf hinwirken, dass der Verbraucher ausreichend Gelegenheit hat, sich mit dem Beurkundungsgegenstand auseinander zu setzen. Wie dies im Einzelfall geschieht, ist außerhalb der Konkretisierung in Hs. 2 für Grundstücksveräußerungen eine Frage der sachgerechten Verfahrensleitung durch den Notar. Maßgebend dürfte der Vertragsinhalt sein. Bei Vollzugsgeschäften etwa, die von einem Bevollmächtigten abgeschlossen werden, genügt die ausreichend ausgestattete Vollmacht, bei Finanzierungsgrundschulden, die der Verbraucher als Käufer bestellt, die Formulierung der Beleihungsvollmacht im Kaufvertrag.[129]

49 Im Übrigen gilt für Grundschulden die Regelfrist nach Nr. 2 Hs. 2 nicht, da sie keine Verträge nach § 311b Abs. 1 S. 1 oder Abs. 3 BGB darstellen. Angesichts des in wesentlichen Teilen verfahrensrechtlichen Inhalts von Grundschulden dürfte eine denkbare vorherige Entwurfsübersendung kaum das Verständnis des Verbrauchers für den Textinhalt verbessern. Richtiger dürfte es sein, vor der Eröffnung des eigentlichen Beurkundungsverfahrens die Grundstruktur des Urkundsinhalts zu verdeutlichen und zu erörtern. Hinzu kommt, dass die Beurkundungssituation eine andere ist, da der Grundschuldvertragspartner Kreditinstitut an der Beurkundung nicht teilnimmt und außerdem Kreditinstitute einer staatlichen Aufsicht unterliegen, was seinen Niederschlag auch im Urkundsinhalt findet.

50 **2. 2-Wochen-Frist.** Für Verträge im Sinne von § 311b Abs. 1 S. 1 BGB und (aber ohne praktische Bedeutung) Abs. 3 verlangt Hs. 2 für den Regelfall eine Zurverfügungstellung des beabsichtigten Textes zwei Wochen vor der Beurkundung. Der Text muss dem Verbraucher **vom Notar** oder dem Notarsozius zur Verfügung gestellt werden. Bei einem Bauträgervertrag sind auch etwaige Bezugsurkunden für Baubeschreibung, Teilungserklärung etc innerhalb der Frist zuzusenden.

51 Welchen Anforderungen der **„beabsichtigte Text"** genügen muss, um die 2-Wochen-Frist auszulösen, wird sehr unterschiedlich beantwortet. Zwingend ist kein Vorschlag. Die Argumentation gleicht jeweils Beschwörungen, was nicht verwundert, da selbst minimale dogmatische Strukturen fehlen. Angesichts der BGH-Rechtsprechung sollte, wer vorsichtig

---

[125] Anwendungsempfehlungen BNotK, S. 3.
[126] Anwendungsempfehlungen BNotK, S. 3.
[127] Zutreffend Armbrüster/Preuß/Renner/*Armbrüster* BeurkG § 17 Rn. 174; *Winkler* BeurkG § 17 Rn. 116.
[128] Wie hier Ganter/Hertel/Wöstmann/*Ganter* Rn. 1445; *Litzenburger* NotBZ 2002, 280 (281).
[129] Dass Grundschulden Verbraucherverträge iSv § 17 Abs. 2a S. 2 sind, hat BGH DNotZ 2016, 72 klargestellt.

ist, auch insoweit den Vergleich zu der 14-tägigen Widerrufsfrist nach § 355 Abs. 2 BGB ziehen: Der vom Notar versandte Text kann danach nicht nur ein Leermuster sein, sondern sollte einen vollständigen Vertragstext umfassen, der auch so beurkundet werden könnte.[130]

Wann bei **Textänderungen** nach Versendung die Frist neu beginnt, ist noch sehr viel schwieriger zu beantworten, gleichwohl aber in der Beurkundungspraxis von erheblicher Bedeutung. Für Änderungen kann auch kaum auf § 355 BGB abgestellt werden, schon deshalb nicht, weil auch dort zur Frage, ob Abänderungen von Verträgen ein erneutes Widerrufsrecht auslösen, kaum belastbares Schrifttum[131] und noch weniger Rechtsprechung[132] zu finden ist. Im Übrigen ist im Bereich von § 355 BGB die Situation von späteren Vertragsänderungen nach Vertragsabschluss nicht vergleichbar mit der hier in Frage stehenden Konstellation von Änderungen innerhalb oder außerhalb der 14-Tage-Frist, aber vor Vertragsschluss. Immerhin ist bei bestimmten, auf § 355 BGB Bezug nehmenden Vertragstypen, anerkannt, dass manche Änderungen kein Widerrufsrecht auslösen.[133] Nicht fernliegend dürfte es für vorsichtige Verfahrensleiter sein, dass alle Änderungen der Hauptleistungspflichten, die über bloße Geringfügigkeiten hinausgehen, eine neue Frist auslösen könnten. 52

Bei einem **Bauträgervertrag** könnte dies bedeuten, das eine neue Frist auslösen dürften: 53
– ein anderes Kaufobjekt, auch dann, wenn Lage vergleichbar und Zuschnitt, Ausstattung und Kaufpreis identisch;[134]
– ein anderer Zahlungsplan;
– die Aufnahme von Sonderwünschen, die einen Wert von mehr als 1% des Kaufpreises ausmachen;
– die nicht nur geringfügige Erhöhung des Kaufpreises ohne Leistungsänderung (Grenze: 1%);
– die nicht nur geringfügige Änderung eines Fertigstellungstermins (zB um mehr als zwei Monate).[135]

Keine neue Frist dürfte ausgelöst werden, **wenn der Verbraucher die** Aufnahme der **Änderung verlangt.**[136] 54

Ändert sich der Verbraucher, also die Vertragspartei, beginnt die Frist neu zu laufen, zB wenn nicht der Ehemann kauft, sondern die Ehefrau oder nicht mehr der Ehemann kauft alleine, sondern gemeinsam mit der Ehefrau.[137] 55

Maklerklauseln machen einen Vertrag nicht zum Verbrauchervertrag.[138] 56

Für **Grundstücksversteigerungen** gilt nach Auffassung des BGH: Bei einer echten Versteigerung muss die Regelfrist eingehalten werden; eine Ausnahme soll möglich sein, soweit der Notar seine Beratungs- und Belehrungspflichten bereits während des Verfahrens erfüllen kann.[139] 57

Die Pflicht zur Einhaltung der Frist entfällt auch nicht dann, wenn dem Verbraucher ein **freies Rücktrittsrecht** eingeräumt wird.[140] 58

---

[130] Die sonstige Literatur ist teilweise großzügiger (Nachw. in Fn. 111); ferner DNotI-Gutachten 141470; Rechtsprechung liegt nicht vor, ausgenommen zur freiwilligen Grundstücksversteigerung: Nach BGH DNotZ 2015, 314 genügt das Muster auf der Homepage des Notars nicht.
[131] Vgl. Bamberger/Roth/*Schmidt-Räntsch* BGB § 312b Rn. 39; Spindler/Schuster/*Schirmbacher* BGB § 312 Rn. 4; MüKoBGB/*Schürnbrand* BGB § 492 Rn. 13a.
[132] OLG Koblenz MMR 2012, 456; KG BeckRS 2015, 16988.
[133] Nachw. in Fn. 131.
[134] AA Armbrüster/Preuß/Renner/*Armbrüster* BeurkG § 17 Rn. 222.
[135] Die übrige Literatur ist durchaus großzügiger, Nachw. in Fn. 130. Rechtsprechung hierzu fehlt.
[136] BGH DNotZ 2019, 37; ebenso etwa *Winkler* BeurkG § 17 Rn. 174; *Sorge* DNotZ 2002, 593.
[137] Großzügiger bei Wechsel im Familienkreis etwa Diehn/*Seger* BNotO § 14 Rn. 101. Wie hier Armbrüster/Preuß/Renner/*Armbrüster* BeurkG § 17 Rn. 222.
[138] Zutreffend *Bremkamp* RNotZ 2014, 461 mwN zum Streitstand.
[139] BGH DNotZ 2015, 314.
[140] BGH NJW 2015, 2646; vgl. hierzu *Schlick* ZNotP 2015, 322 (325). AA zu Unrecht Armbrüster/Preuß/Renner/*Armbrüster* BeurkG § 17 Rn. 231.

59 Wann eine **Verkürzung der Frist oder** auch eine **Verlängerung** in Betracht kommt, ist eine Frage des Einzelfalls. Dass anstehende Erhöhungen der Grunderwerbsteuer eine Verkürzung rechtfertigen, sollte nicht angenommen werden. Denkbar erscheint eine Verkürzung bei wirtschaftlich eher weniger bedeutenden Verträgen zB beim Kauf einer Garage.[141] Eine Verlängerung der Frist dürfte insbesondere bei Fallgestaltungen geboten sein, deren Komplexität über einen üblichen Bauträgervertrag hinausgeht, wenn etwa zusätzliche Gesellschaftsverträge etc beurkundet werden sollen.

60 Nach der BGH-Rechtsprechung ist ein **Unterschreiten der Regelfrist nur** zulässig, **wenn ein sachlicher Grund vorliegt und der Übereilungsschutz** der Wartefrist **auf andere Weise gesichert ist**.[142] Ob diese Anforderungen kumulativ vorliegen müssen, bleibt zweifelhaft. Wer das Meinungsbild im Schrifttum überblickt, kann den Eindruck bekommen, dass es in einer Vielzahl von Fällen auf die 14-Tages-Frist nicht ankommt. Eine 14-Tages-Frist soll danach nicht erforderlich sein bei

– Geschäftserfahrung des Verbrauchers;[143]
– Beratung durch Anwalt, Steuerberater oder Wirtschaftsprüfer;[144]
– Vorgespräch mit dem Notar;[145]
– bevorstehender Steuererhöhung;[146]
– bevorstehender Urlaub oder Krankenhausaufenthalt;[147]
– Erwerberkonkurrenz.[148]

61 Irgendwelche Rechtsprechung zu den genannten Beispielen ist nicht ersichtlich. Führt man sich den vom BGH genannten Zweck der Regelung und den Vergleich zu § 355 BGB vor Augen,[149] so erscheint mehr als zweifelhaft, dass sich die genannten Beispiele als Ausnahmen begründen lassen.

I. Anwendung ausländischen Rechts, Abs. 3

62 Kommt ausländisches Recht zur Anwendung oder bestehen darüber Zweifel, soll der Notar darauf hinweisen und dies in der Niederschrift vermerken.[150] Der Notar hat grundsätzlich nicht zu ermitteln, ob Tatsachen vorliegen, die zur Anwendbarkeit ausländischen Rechts führen.[151] Liegen allerdings Anhaltspunkte vor (zB Ausweise, Wohnort, Familienname, Sprache, ggf. auch Aussehen etc) muss er dem nachgehen.[152] Die Hinweispflicht ist ähnlich wie in § 17 Abs. 2 mit einer Vermerkspflicht verbunden. Ein Vermerk außerhalb der Urkunde dürfte nicht genügen.[153] Den Notar trifft keine Pflicht, über den Inhalt des ausländischen Rechts zu belehren (§ 17 Abs. 3 S. 2), auch dann nicht, wenn er das ausländische Recht kennt. Hierdurch wird nicht die Haftung des Notars eingeschränkt, sondern seine Belehrungspflicht. Berät daher der Notar über ausländisches Recht (im Rahmen einer selbständigen Betreuung nach § 24 BNotO), haftet er im Rahmen des von ihm angenommenen Beratungsauftrages für fehlerhafte Beratungen. Im Rahmen des Beur-

---

[141] Zweifelnd Grziwotz/Heinemann/*Grziwotz* BeurkG § 17 Rn. 84.
[142] BGH NJW 2013, 1452; DNotZ 2015, 892.
[143] *Terner* NJW 2013, 1404; *Heinze* ZNotP 2013, 122; Armbrüster/Preuß/Renner/*Armbrüster* BeurkG § 17 Rn. 230.
[144] Staudinger/*Hertel* BeurkG Vorb. zu §§ 127a, 128 Rn. 529.
[145] *Litzenburger* NotBZ 2002, 280.
[146] So der *Verfasser* in der 3. Aufl.; meine damalige Auffassung beruhte auf der Annahme, dass die Urkundsgewährungspflicht vorgeht. Meine damalige Auffassung halte ich nicht mehr aufrecht. *Hertel* ZNotP 2002, 286; *Terner* NJW 2013, 1404.
[147] *Heinze* ZNotP 2013, 122; *Sorge* DNotZ 2002, 593.
[148] *Terner* NJW 2013, 1404; *Helens* ZNotP 2005, 13; *Heinze* ZNotP 2013, 122.
[149] → Rn. 41 und Fn. 115.
[150] Vgl. hierzu vor allem *Bardy* MittRheinNot 1993, 305; *Schotten* FS Schippel 1996, 945 ff.
[151] *Böhringer* BWNotZ 1987, 17; 1988, 49; *Lichtenberger* MittBayNot 1986, 119.
[152] *Haug* Rn. 496 unter Hinweis auf die sehr notarfreundliche Entscheidung des BGH DNotZ 1963, 315.
[153] → Rn. 26.

kundungsverfahrens wird man von ihm zugleich verlangen können, dass er auf geeignete Wege zur Klärung verweist, etwa auf die Einholung eines Gutachtens[154] (auch eines Gutachtens des DNotI). Nicht zum ausländischen Recht gehört das deutsche IPR. Insoweit bestehen daher uneingeschränkte Belehrungspflichten.[155]

§ 18 Genehmigungserfordernisse

Auf die erforderlichen gerichtlichen oder behördlichen Genehmigungen oder Bestätigungen oder etwa darüber bestehende Zweifel soll der Notar die Beteiligten hinweisen und dies in der Niederschrift vermerken.

A. Anwendungsbereich

§ 17 Abs. 1 S. 1 verpflichtet den Notar zur Belehrung über die **rechtliche Tragweite** **1** **des Geschäftes.** Ein Teilaspekt der danach geschuldeten Belehrung ist durch § 18 besonders geregelt, indem vom Notar verlangt wird, auf die zur Rechtswirksamkeit erforderlichen gerichtlichen oder behördlichen Genehmigungen oder bestehende Zweifel über die Genehmigungsbedürftigkeit hinzuweisen und dies in der Niederschrift zu vermerken.

Nicht erfasst werden von § 18 **privatrechtliche Genehmigungen** wie zB die Geneh- **1a** migung durch einen vollmachtlos Vertretenen oder die Verwaltergenehmigung nach § 12 WEG. Die Belehrungspflicht über die Erforderlichkeit solcher Genehmigungen ergibt sich aus § 17 Abs. 1.[1] Eine Vermerkpflicht über die erteilte Belehrung besteht daher aus § 18 nicht.[2] Die Hinweis- und Vermerkpflicht gilt außerdem nur bei Beurkundungen nach §§ 6 ff., nicht bei **Vermerkurkunden**.[3]

Zur Wirksamkeit etwa erforderliche **Bestätigungen,** die in § 18 noch erwähnt werden, **2** bestehen nach heutigem Stande nicht. Sie betrafen die Bestätigung des Adoptionsvertrages und seiner Aufhebung nach §§ 1741 S. 2, 1770 BGB aF.[4]

B. Pflichteninhalt

Inhalt der Belehrungspflicht ist nicht nur der allgemeine Hinweis, dass (mögli- **3** cherweise) Genehmigungen erforderlich sind, vielmehr wird von dem Notar die einzelne Aufzählung der konkret in Betracht kommenden Genehmigungen verlangt.[5] Mit pauschalen Hinweisen und Vermerken wie: „Der Notar hat die Beteiligten auf die zur Durchführung dieses Vertrages erforderlichen Genehmigungen hingewiesen" erfüllt der Notar die ihm nach § 18 obliegende Pflicht nicht. Der Notar muss ferner auch darüber aufklären, inwieweit das Rechtsgeschäft bis zur Erteilung der Genehmigung durchgeführt bzw. nicht durchgeführt werden kann. Er hat somit auch über die Folgen der schwebenden Unwirksamkeit aufzuklären. Darüber hinaus muss er über die Folgen belehren, die sich ergeben, wenn das Rechtsgeschäft schon vor Erteilung der Genehmigung eingeleitet werden sollen, die Genehmigung später aber endgültig versagt wird.[6] Bestehen **Zweifel** über die Genehmigungsbedürftigkeit oder -fähigkeit, hat der Notar hierüber gleichfalls zu belehren. Über die Voraussetzungen der Genehmigung und das Genehmigungsverfahren muss der Notar

---

[154] *Haug* Rn. 497; Armbrüster/Preuß/Renner/*Armbrüster* BeurkG § 17 Rn. 271; *Winkler* BeurkG § 17 Rn. 194.
[155] *Winkler* BeurkG § 17 Rn. 194; *Haug* Rn. 497.
[1] BGH DNotZ 1997, 62 ff.
[2] Grziwotz/Heinemann/*Heinemann* BeurkG § 18 Rn. 2.
[3] Grziwotz/Heinemann/*Heinemann* BeurkG § 18 Rn. 2.
[4] Vgl. hierzu *Jansen* BeurkG § 18 Rn. 2.
[5] BGH NJW 1993, 648 ff. mit umfangreichen weiteren Nachweisen; ebenso BeckOGK/*Regler* BeurkG § 18 Rn. 6.
[6] BGH NJW 1993, 648; Armbrüster/Preuß/Renner/*Rezori* BeurkG § 18 Rn. 3.

jedoch nicht belehren.⁷ Etwa nach öffentlichem Recht bestehende Nutzungsbeschränkungen, die dem Notar bekannt oder für ihn doch erkennbar sind, werden von § 18 nicht erfasst.⁸ Richtigerweise wird man insoweit eine Belehrungspflicht nur in Ausnahmefällen aus § 14 BNotO herleiten können. Bei Zweifelsfragen sollte vor der Beurkundung bei den zuständigen Stellen die Genehmigungsbedürftigkeit und -fähigkeit erfragt werden.⁹ Zur Einholung der Genehmigung selbst ist der Notar nur verpflichtet, wenn er dies im Rahmen eines selbstständigen Betreuungsgeschäftes nach § 24 BNotO übernimmt. In der Urkunde sollte in jedem Fall festgehalten werden, ob die Genehmigung vom Notar oder von den Beteiligten selbst eingeholt wird.¹⁰

3a   Der Notar hat den erfolgten Hinweis in der Urkunde zu vermerken. Der fehlende Hinweis beeinträchtigt nicht die Wirksamkeit der Urkunde. Fehlt der Vermerk trägt im Regressfall der Notar die Darlegungs- und Beweislast, dass er den Hinweis erteilt hat.¹¹

C. Beispiele für Genehmigungserfordernisse

4   **Gerichtliche Genehmigungen:** Der Genehmigung des Betreuungsgerichts bedürfen alle in §§ 1821, 1822, 1643 BGB aufgeführten Geschäfte, die ein Vormund, Betreuer, Pfleger oder die Eltern vornehmen. Rechtsgeschäfte des Nachlasspflegers bedürfen der Genehmigung des Nachlassgerichts, soweit es sich um Geschäfte handelt, die als Geschäfte eines Vormundes oder Pflegers der betreuungsgerichtlichen Genehmigung bedürfen (§ 1962 iVm §§ 1821, 1822, 1643 BGB). Im Bereich der HöfeO bedarf der Übergabevertrag im Wege der vorweggenommenen Erbfolge der Genehmigung des Landwirtschaftsgerichts (§ 17 HöfeO).

5   **Behördliche Genehmigungen:** Juristische Personen des öffentlichen Rechts bedürfen regelmäßig für bestimmte Rechtsgeschäfte der Genehmigung durch die zuständigen Aufsichtsbehörden. Bei Versicherungsunternehmen ist zur Verfügung über Grundstücke und brieflose Grundpfandrechte, die zum Deckungsstock genommen worden sind, die Zustimmung des Treuhänders des Deckungsstocks erforderlich (§§ 70 ff. VAG). Die Veräußerung eines land- und forstwirtschaftlichen Grundstücks, auch nur eines Teils davon oder eines Miteigentumsanteils und die Erbteilsübertragung, nicht aber die Bestellung eines Erbbaurechtes, bedürfen regelmäßig der Genehmigung nach dem GrdstVG, sofern das Rechtsgeschäft nicht nach einem ausgeübten Ländervorbehalt gemäß § 2 Abs. 3 Nr. 2 genehmigungsfrei ist. Eine Genehmigungsbedürftigkeit nach BauGB kommt in Betracht für: die Teilung eines Grundstücks (§ 19 BauGB), Teilungen und Verfügungen über Grundstücke und Grundstücksrechte, wenn das Grundstück in ein Umlegungsverfahren (§ 51 Abs. 1 Nr. 1 BauGB) oder in ein Enteignungsverfahren (§ 109 BauGB) oder Sanierungsverfahren (§ 144 BauGB) einbezogen ist. Begründung und Teilung von Wohnungs- und Teileigentum, Dauerwohn- und Dauernutzungsrechten in Fremdenverkehrsgebieten, sofern die Gemeinden auf Grund einer Länderrechtsverordnung die Genehmigungspflicht eingeführt haben (§ 22 BauGB).

§ 19 Unbedenklichkeitsbescheinigung

Darf nach dem Grunderwerbsteuerrecht eine Eintragung im Grundbuch erst vorgenommen werden, wenn die Unbedenklichkeitsbescheinigung des Finanzamts vorliegt, so soll der Notar die Beteiligten darauf hinweisen und dies in der Niederschrift vermerken.

---

⁷ *Ganter* DNotZ 2007, 246 (254); Armbrüster/Preuß/Renner/*Rezori* BeurkG § 18 Rn. 3.
⁸ AA *Ganter* WM Beilage 1 1993, 4 unter Hinweis auf BGH NJW 1993, 648 (651).
⁹ *Winkler* BeurkG § 18 Rn. 45; *Haug* Rn. 505.
¹⁰ *Haug* Rn. 505.
¹¹ BGH DNotZ 1974, 296 (301) mAnm *Haug*; 1990, 441 (442).

Dem Notar obliegt nach § 17 keine Belehrungspflicht bezüglich der steuerlichen Folgen.[1] Eine solche Pflicht wird auch nicht durch § 19 begründet. Vielmehr soll der Notar die Beteiligten nur darauf hinweisen, dass der Vollzug des von ihnen beabsichtigten Rechtsgeschäftes den Nachweis der erfolgten Steuerzahlung notwendig macht, soweit dies in den im Gesetz genannten Steuergesetzen vorgesehen ist, und dies in der Urkunde vermerken. Hieraus folgt aber nicht, dass der Notar über den möglichen Anfall und die Höhe einer solchen Steuer oder über steuersparende Gestaltungsmöglichkeiten belehren müsste.[2] Belehrungspflichten über steuerliche Folgen können daher grundsätzlich nur bestehen, wenn der Notar im Rahmen eines selbstständigen Betreuungsgeschäftes nach § 24 BNotO eine steuerliche Beratung übernommen hat.

Auf die Umsatzsteuer ist § 19 nicht (analog) anwendbar.[3]

Nach § 22 GrEStG darf der Erwerber eines Grundstücks im Grundbuch erst dann eingetragen werden, wenn die Bescheinigung des Finanzamtes vorgelegt wird, dass der Eintragung steuerliche Bedenken nicht entgegenstehen. Die Regelung bewirkt eine **Grundbuchsperre.** § 19 verpflichtet daher den Notar, auf dieses Erfordernis hinzuweisen. Die Länder haben jedenfalls teilweise von der Möglichkeit Gebrauch gemacht, gem. § 22 Abs. 1 S. 2 GrEStG Ausnahmen von der Vorlagepflicht der Unbedenklichkeitsbescheinigung zuzulassen. Die Ausnahmetatbestände betreffen insbesondere die Fälle, in denen schon nach den Bestimmungen des GrEStG keine Grunderwerbsteuer anfällt (etwa Schenkungen unter Ehegatten, zwischen Eltern und Abkömmlingen gerader Linie etc).

Das Grundbuchamt hat vor der beantragten Eintragung selbstständig zu prüfen, ob ein steuerbarer Vorgang im Sinne von § 1 GrEStG vorliegt.[4]

Ein Verstoß gegen die aus § 19 folgenden Pflichten (Hinweis und Vermerk) stellt eine **Amtspflichtverletzung** dar. Ein daraus resultierender Schaden ist schwer vorstellbar. Allenfalls könnte das Unterbleiben der Eigentumsumschreibung ein Auslöser für Schadensersatzansprüche sein.[5] Der fehlende Vermerk hat zur Folge, dass der Notar die Darlegungs- und Beweislast über die Erteilung des Hinweises trifft.[6]

§ 20 Gesetzliches Vorkaufsrecht

Beurkundet der Notar die Veräußerung eines Grundstücks, so soll er, wenn ein gesetzliches Vorkaufsrecht in Betracht kommen könnte, darauf hinweisen und dies in der Niederschrift vermerken.

A. Hinweis- und Vermerkpflicht

Bei Grundstücksveräußerungen soll der Notar auf etwa mögliche Vorkaufsrechte „hinweisen". Wie bei den gerichtlichen und behördlichen Genehmigungen nach § 18 obliegt dem Notar nur der **Hinweis auf evtl. Vorkaufsrechte,** aber keine weitergehende Belehrung über Voraussetzungen, Bedeutung und Verfahren,[1] obwohl § 18 und § 20 einheitlich den Begriff „hinweisen" verwenden. Begründet wird die Pflichteneinschränkung mit dem Unterschied zur Vorgänger-Vorschrift § 33 BNotO, die noch eine Aufklärung über die Bedeutung des Vorkaufsrechtes vorsah. Allerdings wird wiederum aus der Rechts-

---
[1] → § 17 Rn. 19.
[2] BGH WM 1992, 1533 (1535); DNotZ 2008, 370 (371) mAnm *Moes;* Armbrüster/Preuß/Renner/*Preuß* BeurkG § 19 Rn. 3.
[3] BGH VersR 1971, 740 ff.
[4] *Winkler* BeurkG § 19 Rn. 7; Armbrüster/Preuß/Renner/*Preuß* BeurkG § 19 Rn. 7; BeckOGK/*Regler* BeurkG § 19 Rn. 6.
[5] Grziwotz/Heinemann/*Heinemann* BeurkG § 19 Rn. 16.
[6] Grziwotz/Heinemann/*Heinemann* BeurkG § 19 Rn. 17.
[1] *Jansen* BeurkG § 20 Rn. 16; Armbrüster/Preuß/Renner/*Rezori* BeurkG § 20 Rn. 2; *Haug* Rn. 508.

belehrungspflicht nach § 17 hergeleitet, dass der Notar „die Beteiligten, falls erforderlich, über die rechtlichen Wirkungen zu belehren hat".[2] Ist allerdings für den Notar erkennbar, dass ein bestimmtes gesetzliches Vorkaufsrecht in Betracht kommt (etwa das Vorkaufsrecht nach § 577 BGB), so sollte dies von ihm auch konkret angesprochen werden.

2 Die Hinweispflicht nach § 20 umfasst **nur gesetzliche Vorkaufsrechte,** und zwar nur solche, die bei Grundstücksveräußerungen eingreifen können. Nicht erfasst sind somit Vorkaufsrechte, die im Grundbuch eingetragen sind. Insoweit ergibt sich allerdings die Belehrungspflicht aus § 17 bzw. § 21. Darüber hinaus wird eine Hinweispflicht auf das gesetzliche Vorkaufsrecht des Miterben bei der Erbteilsveräußerung angenommen,[3] und zwar unabhängig davon, ob zum Nachlass Grundbesitz gehört oder nicht. Der Notar soll auch darauf hinweisen, dass die gesetzlichen Vorkaufsrechte weder durch eine auflösende Bedingung, noch durch ein Rücktrittsvorbehalt ausgeschlossen werden können (§ 465 BGB).[4]

3 Den gemäß § 20 erfolgten Hinweis hat der Notar in der Niederschrift zu vermerken.

B. Beispiele für gesetzliche Vorkaufsrechte

4 Nach **bundesgesetzlichen** Vorschriften kommen unter anderen folgende Vorkaufsrechte in Betracht:
 – Vorkaufsrechte gemäß § 24 ff. BauGB;
 – nach § 4 Reichssiedlungsgesetz bei landwirtschaftlichen Grundstücken, die größer als zwei Hektar sind, und für die eine erforderliche Genehmigung nach § 9 Grundstücksverkehrsgesetz zu versagen wäre;
 – Vorkaufsrecht des Mieters nach § 577 BGB bei Mietwohnungen, an denen nach Überlassung an den Mieter Wohnungseigentum begründet worden ist; nach der (unzutreffenden) Rspr. des BGH soll dies entsprechend gelten beim Verkauf nach Realteilung eines Wohnungsgrundstücks;[5]
 – Vorkaufsrechte nach dem Gesetz zur Vereinfachung der Planungsverfahren für Verkehrswege und das Gesetz zur Neuordnung des Eisenbahnwesens (§ 19 Abs. 3 Allgemeines Eisenbahngesetz; § 9a Abs. 6 Bundesfernstraßengesetz; § 15 Abs. 3 Bundeswasserstraßengesetz; § 8a Abs. 3 Luftverkehrsgesetz; § 28 Abs. 3 Personenbeförderungsgesetz).

5 Daneben bestehen eine Vielzahl **landesrechtlicher** Vorkaufsrechte.[6]

§ 20a Vorsorgevollmacht

Beurkundet der Notar eine Vorsorgevollmacht, so soll er auf die Möglichkeit der Registrierung bei dem Zentralen Vorsorgeregister hinweisen.

A. Zielsetzung

1 Die Vorschrift ist durch Gesetz vom 23.4.2004 in die BNotO eingefügt worden und am 31.7.2004 in Kraft getreten.[1] Sie soll gewährleisten, dass möglichst viele Vorsorgevollmachten registriert werden. Der Wortlaut ist, was den Anwendungsbereich der Hinweispflicht betrifft, eher unglücklich formuliert (→ Rn. 2).

---

[2] *Winkler* BeurkG § 20 Rn. 49; Armbrüster/Preuß/Renner/*Rezori* BeurkG § 20 Rn. 2.
[3] BGH WM 1968, 1042.
[4] *Winkler* BeurkG § 20 Rn. 49; *Haug* Rn. 512; Ganter/Hertel/Wöstmann/*Ganter* Rn. 1219.
[5] BGH NJW 2008, 2257.
[6] Vgl. hierzu die Zusammenstellung des DNotI unter www.dnoti.de/arbeitshilfen-kopie/-immobilienrecht.
[1] BGBl. I 598.

B. Anwendungsbereich

Die Hinweispflicht besteht nur bei einer Vorsorgevollmacht. Die Definition der Vorsorgevollmacht in § 1901c S. 2 BGB – Bevollmächtigung mit der Wahrnehmung von Angelegenheiten des Vollmachtgebers – ist eher tautologischer Natur[2] und hilft nicht weiter. Zielführender ist es, auf die Funktion der **Vorsorge als Ersatz für eine Betreuung** abzustellen (§ 1896 Abs. 2. S. 2 BGB).[3] Charakterisierend für die Vorsorgevollmacht ist daher ihr im Mittelpunkt stehender Verwendungszweck in Situationen der **Fürsorgebedürftigkeit.** Ob sie daneben auch in Vertretungssituationen verwendet werden kann, in denen eine Fürsorgesituation nicht besteht, ist unerheblich. Unerheblich ist auch, ob die Vollmacht alle denkbaren Aufgabenbereiche abdeckt. Wenn die Vollmacht etwa Vermögensangelegenheiten nicht umfasst, besteht die Hinweispflicht gleichwohl.

Für eine Generalvollmacht oder Spezialvollmacht – etwa für einzelne Vermögenswerte –, die nicht aus Fürsorgegesichtspunkten, sondern im Sinne einer davon unabhängigen **Aufgabendelegation** erteilt wird, besteht hingegen keine Hinweispflicht. 3

Von der Vorsorgevollmacht zu unterscheiden ist eine **Patientenverfügung** iSd § 1901a Abs. 1 S. 1 BGB, die nur im Zusammenhang mit einer Vollmacht registriert werden kann. (§ 1 Abs. 1 Nr. 6c VRegV) und für die ein verpflichtender Hinweis nach § 20a nicht besteht.[4] 4

Voraussetzung für eine Hinweispflicht ist, dass der Notar die Vollmacht „beurkundet" hat. Beurkundung meint ein Verfahren nach §§ 8 ff. Eine Beglaubigung der Unterschrift wäre danach nicht pflichtenbegründend, wobei es bei Lichte betrachtet keinen Unterschied machen kann, ob der Entwurf vom beglaubigenden Notar stammt oder nicht.[5] Das gleichwohl ein Hinweis sinnvoll ist – auch ohne Verpflichtung – steht außer Frage. 5

C. Hinweispflicht

Statuiert wird nur eine Pflicht zum Hinweis auf die Registrierungsmöglichkeit, keine Verpflichtung, dies in der Urkunde zu vermerken[6] und auch keine Verpflichtung des Notars zur Durchführung der Registrierung. Übernimmt er dies als Aufgabe nach § 24 BNotO, sollte der entsprechende Antrag in der Urkunde vermerkt werden, um die damit einhergehende Datenmitteilung zu verdeutlichen.[7] 6

Verstöße gegen § 20a sind **Amtspflichtverletzungen.** Das aus ihnen Schäden entstehen könnten, ist schwer vorstellbar. Auch aus einer eingerichteten Betreuung, die wegen des Vorliegens einer Vollmacht nicht hätte erfolgen müssen,[8] wird man kaum einen Schadenersatzanspruch herleiten können, da nur der Hinweis verpflichtend ist, nicht aber die Registrierung. 7

§ 21 Grundbucheinsicht, Briefvorlage

(1) ¹**Bei Geschäften, die im Grundbuch eingetragene oder einzutragende Rechte zum Gegenstand haben, soll sich der Notar über den Grundbuchinhalt unterrichten.** ²Sonst soll er nur beurkunden, wenn die Beteiligten trotz Belehrung über die damit

---

[2] Grziwotz/Heinemann/*Heinemann* BeurkG § 20a Rn. 3.
[3] Grziwotz/Heinemann/*Heinemann* BeurkG § 20a Rn. 3; ähnlich Armbrüster/Preuß/Renner/*Rezori* BeurkG § 20a Rn. 4.
[4] Grziwotz/Heinemann/*Heinemann* BeurkG § 20a Rn. 6.
[5] Grziwotz/Heinemann/*Heinemann* BeurkG § 20a Rn. 7; Armbrüster/Preuß/Renner/*Rezori* BeurkG § 20a Rn. 12.
[6] Grziwotz/Heinemann/*Heinemann* BeurkG § 20a Rn. 11; *Winkler* BeurkG § 20a Rn. 14.
[7] Grziwotz/Heinemann/*Heinemann* BeurkG § 20a Rn. 11.
[8] Diesen Fall nennt Grziwotz/Heinemann/*Heinemann* BeurkG § 20a Rn. 14 als möglichen Schadensfall.

verbundenen Gefahren auf einer sofortigen Beurkundung bestehen; dies soll er in der Niederschrift vermerken.

(2) **Bei der Abtretung oder Belastung eines Briefpfandrechts soll der Notar in der Niederschrift vermerken, ob der Brief vorgelegen hat.**

A. Vorbemerkungen

1 Die Vorschrift enthält in Abs. 1 und Abs. 2 Regelungen, die nichts miteinander zu tun haben:
– Abs. 1 verpflichtet den Notar in Satz 1, sich bei Grundstücksgeschäften vor Beurkundung über den Grundbuchinhalt zu informieren. Ohne **Grundbucheinsicht** soll er nach Satz 2 nur beurkunden, wenn die Beteiligten darauf bestehen und einen entsprechenden Vermerk in die Niederschrift aufnehmen.
– Abs. 2 stellt eine **Vermerkpflicht** bei der Abtretung oder Belastung von Briefpfandrechten auf.

1a Die **Vorgängervorschriften** fanden sich **in der BNotO**, nämlich in §§ 35, 36. Sie sind mit der Verabschiedung des BeurkG in das BeurkG übernommen worden, allerdings mit teilweise geänderten Pflichteninhalt. Nach § 35 Abs. 1 BNotO aF sollte der Notar sich bei Geschäften, die im Grundbuch eingetragene Rechte zum Gegenstand haben, (nur) darüber vergewissern „ob die Beteiligten eine zuverlässige Kenntnis des Grundbuchinhaltes besitzen." Konnte er die Gewissheit nicht erlangen, sollte er, falls er den Grundbuchinhalt selbst nicht feststellen konnte, die Beteiligten über die Notwendigkeit der Grundbucheinsicht belehren und nur beurkunden, wenn die Beteiligten trotz Belehrung auf einer sofortigen Beurkundung bestanden (§ 35 Abs. 1 S. 2 BNotO aF). Nur bei der Beurkundung einer Auflassung oder der Bestellung oder Übertragung eines grundstücksgleichen Rechtes war der Notar verpflichtet, das Grundbuch oder eine beglaubigte Abschrift hiervon einzusehen. (§ 36 Abs. 1 S. 2 BNotO aF). Die Einsicht in eine Grundbuchblattabschrift genügte aber nur, „wenn diese in jüngster Zeit aufgestellt oder berichtigt und es nach den Umständen unwahrscheinlich ist, dass in der Zwischenzeit Änderungen vorgenommen worden sind" (§ 36 Abs. 2 S. 3 BNotO aF). Zu der Vermerkpflicht bei Briefübergabe sah § 35 Abs. 2 BNotO aF vor: „bei der Beurkundung oder Beglaubigung der Abtretung oder Belastung eines Briefpfandrechtes soll der Notar in der Urkunde feststellen, ob der Brief vorgelegen hat".

1b Die Entstehungsgeschichte macht deutlich, was mit § 21 erreicht werden soll: Grundsätzlich muss der Notar nicht selbst den einer Beurkundung zugrundeliegenden Sachverhalt ermitteln, sondern kann sich insoweit auf die Angaben der Beteiligten verlassen.[1] Von diesem Grundsatz macht § 21 Abs. 1 eine Ausnahme, indem er in Ergänzung zu § 17 dem Notar ausnahmsweise aufgibt, sich bei Grundstücksgeschäften durch eigene Ermittlungen die Grundbuchinformationen zu beschaffen, die für die von ihm nach § 17 geforderte Belehrung erforderlich sind;[2] außerdem „sollen Urkunden, die nicht vollziehbar sind, tunlichst vom Grundbuchamt fern gehalten werden".[3] Die dem Notar aufgegebene Ermittlungspflicht dient damit der **Entlastung des Grundbuchamtes,** sie verdeutlicht die Komplementärfunktion des Notars im Rahmen der vorsorgenden Rechtspflege als präventive Rechts- und Wirksamkeitskontrolle zur Entlastung der gerichtlichen Rechtspflege.[4] Der Notar kann eine Beurkundung nur im Rahmen von § 15 Abs. 1 BNotO ablehnen. Wenn daher trotz fehlender Kenntnis des Grundbuchstandes beurkundet werden soll, statuiert § 21 Abs. 2 S. 2 eine entsprechende Vermerkpflicht. Die Urkundsgewährungs-

---
[1] BGH NJW 1992, 3237 (3240).
[2] Amtl. Begründung BT-Drs. V/3282, 32 ff.
[3] Amtl. Begründung BT-Drs. V/3282, 32 ff.
[4] → BNotO § 1 Rn. 21; ferner Diehn/*Bormann* BNotO § 1 Rn. 12 ff.

pflicht geht somit der Unterrichtungspflicht vor, wenn eine Unterrichtung dem Notar nicht möglich ist. Angesichts heutiger technischer Möglichkeiten wird aber nur in Ausnahmefällen eine vorherige Unterrichtung nicht möglich sein.

Gefordert wird vom Notar folglich in Grundstücksangelegenheiten eine entsprechende Vorbereitung um eine im Grundbuch vollziehbare, dem Willen der Beteiligten entsprechende Urkunde erstellen zu können. Ziel von § 21 Abs. 1 ist nicht die Unterrichtung der Beteiligten, sondern die **Unterrichtung des Notars** selbst. **1c**

Irgendwelche **steuerlichen Aspekte** sind für die Unterrichtungspflicht **unerheblich,** daher kann aus § 21 Abs. 1 auch keine Pflicht zur Ermittlung steuerlich relevanter Tatsachen (etwa § 23 EStG) hergeleitet werden.[5] **1d**

Als Ausnahmevorschrift ist § 21 im Rahmen ihres Anwendungsbereichs eng auszulegen. Aus ihr kann schon nach ihrem Wortlaut und ihrem Zweck[6] nicht eine Einsichtspflicht in andere Register oder Verzeichnisse (zB Baulastenverzeichnis) abgeleitet werden.[7] **1e**

B. Unterrichtungspflicht, Abs. 1 S. 1

I. Voraussetzungen

Eine Unterrichtungspflicht besteht nur bei Rechtsgeschäften, die im Grundbuch eingetragene Rechte oder einzutragende Rechte zum Gegenstand haben. Nach einhelliger Auffassung ist der denkbar weite **Anwendungsbereich einzuschränken.** So ist § 21 Abs. 1 S. 1 nach allgemeiner Auffassung etwa bei Maklerverträgen über Grundbesitz ebenso wenig anwendbar, wie bei einem Treuhand- oder Baubetreuungsvertrag oder einer Kauf- oder Verkaufsvollmacht.[8] Im Anschluss an den BGH[9] wird dies damit begründet, dass bei Rechtsgeschäften, die **bloß mittelbar wirkenden wirtschaftlichen Zwang** zum Erwerb oder zur Veräußerung eines Grundstücks auslösen, keine Unterrichtungspflicht besteht.[10] Wieso dem mittelbaren oder unmittelbaren (wirtschaftlichen) Zwang allerdings eine Bedeutung für die Anwendung von § 21 Abs. 1 S. 1 zukommen sollte, ist nicht ersichtlich. Sachgerechter erscheint es, die Abgrenzung nach dem weiteren von § 21 Abs. 1 S. 1 verfolgten Zweck, nämlich das Grundbuchamt vor nicht vollziehbaren Urkunden zu schützen[11], vorzunehmen. Entscheidend müsste daher sein, **ob die Urkunde unmittelbar im Grundbuch vollzogen werden soll** oder nicht. Bei einem Maklervertrag, einem Treuhandvertrag oder einem Baubetreuungsvertrag erfolgt kein Vollzug im Grundbuch. Eine Verkaufs- oder Erwerbsvollmacht wird ebenfalls nicht unmittelbar im Grundbuch vollzogen, sondern erst der unter Verwendung der Vollmacht abgeschlossene Kaufvertrag. Aus diesem Grund besteht auch keine Unterrichtungspflicht nach § 21 Abs. 1 S. 1 bei Testamenten oder Erbverträgen, die etwa Grundstücksvermächtnisse oder Teilungsanordnungen zum Gegenstand haben. Hier erfolgt der Grundbuchvollzug erst nach dem Erbfall und Abschluss des Vermächtniserfüllungs- oder Erbauseinandersetzungsvertrages. **1f**

Fraglich ist, ob eine Unterrichtungspflicht nur besteht, wenn es sich um Beurkundungen nach §§ 6 ff. handelt, oder auch bei Unterschriftsbeglaubigungen unter vom beglaubigenden Notar entworfenen oder fremden Texten. Nach hM besteht eine Unterrichtungspflicht auch bei Unterschriftsbeglaubigungen, wenn der beglaubigende Notar den Text selbst entworfen hat; bei bloßer Unterschriftsbeglaubigung ohne Fertigung des Textes wird hin- **1g**

---

[5] *Winkler* BeurkG § 21 Rn. 5; Grziwotz/Heinemann/*Heinemann* BeurkG § 21 Rn. 2; Armbrüster/Preuß/Renner/*Rezori* BeurkG § 21 Rn. 4.
[6] → Rn. 1b.
[7] Grziwotz/Heinemann/*Heinemann* BeurkG § 21 Rn. 6; *Winkler* BeurkG § 21 Rn. 2; Armbrüster/Preuß/Renner/*Rezori* BeurkG § 21 Rn. 9; Ganter/Hertel/Wöstmann/*Ganter* Rn. 903.
[8] Vgl. BGH NJW 1992, 3237; Armbrüster/Preuß/Renner/*Rezori* BeurkG § 21 Rn. 3; Grziwotz/Heinemann/*Heinemann* BeurkG § 21 Rn. 4; *Winkler* BeurkG § 21 Rn. 7.
[9] BGH NJW 1992, 3237.
[10] Nachweise bei → Fn. 8.
[11] → Rn. 1b.

gegen ein Eingreifen von § 21 Abs. 1 S. 1 abgelehnt.[12] Besonders überzeugend ist diese Trennlinie nicht. Gegen die Erfassung von Unterschriftsbeglaubigungen spricht zunächst der Standort der Vorschrift: Die Regelung gehört zum zweiten Abschnitt des BeurkG, der die Beurkundung von Willenserklärungen zum Gegenstand hat. Eine vergleichbare Vorschrift findet sich nicht im dritten Abschnitt, wo Unterschriftsbeglaubigungen geregelt sind. Daher kann auch nicht verwundern, dass die weiteren Teile von § 21 schon dem Wortlaut nach ebenfalls von der Beurkundung von Willenserklärungen ausgehen: Der Vermerk von § 21 Abs. 1 S. 2 Hs. 2 ist „in der Niederschrift" aufzunehmen, gleiches gilt für den Vermerk der Briefvorlage bei der Abtretung oder Belastung von Briefpfandrechten: Auch dieser Vermerk ist „in der Niederschrift" aufzunehmen. Die Vorgängervorschrift von § 21 Abs. 2 sprach noch von Beurkundung oder *Beglaubigung* der Abtretung und vom Vermerk in der *Urkunde*.[13] Die Wortwahl in § 21 ist auch bewusst vorgenommen worden. In der Begründung zu § 21 Abs. 2 heißt es ausdrücklich, dass diese Pflichten nicht bei der Beglaubigung, sondern nur bei der Beurkundung einer Abtretung oder Belastung gelten sollen.[14] Dass „Niederschrift" in § 21 Abs. 1 S. 2 etwas anderes bedeuten könnte als in § 21 Abs. 2, ist nicht anzunehmen. Folgte man – wie dies die hM bei der Anwendung von § 21 Abs. 2 tut – alleine dem Wortlaut der Vorschrift und der Gesetzesbegründung, kann eine Unterrichtungspflicht bei bloßer Unterschriftsbeglaubigung nicht in Betracht kommen, gleichgültig von wem der Entwurf stammt. Dem dürfte aber das heutige Verständnis des Notars als Teil der vorsorgenden Rechtspflege und seiner Komplementärfunktion zur Entlastung der Grundbuchämter nicht mehr gerecht werden.[15] Die miterstrebte Entlastung der Grundbuchämter hängt nicht davon ab, ob es sich um eine Niederschrift nach §§ 6 ff. oder einen Vermerk nach §§ 39 ff. handelt. Für die Entlastungsfunktion ist es ebenso unerheblich, ob der Entwurf von dem beglaubigenden Notar stammt oder nicht. Sinnvoller erscheint es, den Gedanken der Begrenzung der § 21 Abs. 1 S. 2 unterfallenden Geschäfte – unmittelbar zum Vollzug im Grundbuch[16] – aufzunehmen. Danach wäre eine **Unterrichtungspflicht bei Unterschriftsbeglaubigungen** dann anzunehmen, **wenn der Notar mit der Einreichung der Urkunde zum Grundbuchamt beauftragt wird.** Dies würde auch den heutigen Regelungen des GNotKG entsprechen.[17]

II. Pflichteninhalt

2   Die Unterrichtung über den Grundbuchinhalt hat der Beurkundung vorauszugehen. Spätere Einsichten mögen aus Vollzugsgründen sinnvoll sein,[18] ersetzen aber nicht die durch § 21 begründete Pflicht, im Interesse eines gesicherten Urkundeninhalts den Grundbuchstand vorher festzustellen. Die Angemessenheit des Zeitraums zu beurteilen, liegt im pflichtgemäßen Ermessen des Notars.[19] Wie lange die Unterrichtung zum Zeitpunkt der Beurkundung zurückliegen darf, wird teilweise unterschiedlich beantwortet. Ein Zeitraum von zwei bis vier Wochen dürfte im Normalfall genügen.[20] Ist aber etwa aus den bisherigen Eintragungen von mehreren kürzlich erfolgten Sicherungshypotheken zu befürchten, dass noch weitere Eintragungen erfolgen oder beantragt wurden, sollte eine zeitnähere Einsicht versucht werden. Ist dies nicht möglich, muss nach § 21 Abs. 1 S. 2 verfahren werden.

---

[12] *Winkler* BeurkG § 21 Rn. 3; Grziwotz/Heinemann/*Heinemann* BeurkG § 21 Rn. 3; Armbrüster/Preuß/Renner/*Rezori* BeurkG § 21 Rn. 2; Ganter/Hertel/Wöstmann/*Ganter* Rn. 898.
[13] → Rn. 1a.
[14] BT-Drs. V/3282, 33.
[15] → Rn. 1b.
[16] → Rn. 1f.
[17] Vgl. § 112 GNotKG.
[18] Vgl. BGH DNotZ 1991, 757.
[19] BGH DNotZ 2019, 37; Armbrüster/Preuß/Renner/*Rezori* BeurkG § 21 Rn. 15.
[20] LG München II MittBayNot 1978, 237 f.: 14 Tage ausreichend; *Winkler* BeurkG § 21 Rn. 14: in Grenzfällen sechs Wochen ausreichend; *Haug* Rn. 525: im Normalfall reichen vier Wochen; wie hier Armbrüster/Preuß/Renner/*Rezori* BeurkG § 21 Rn. 16.

Gegenstand der Einsicht muss das aktuelle Grundbuchblatt sein, angesichts der verfahrensrechtlich vorgesehenen Identität genügt aber in aller Regel auch das Handblatt.[21] Die Grundakten sind nur dann einzusehen, wenn der Inhalt von Eintragungen, die für das zu beurkundende Geschäft von Bedeutung sind, sich nur aus den Urkunden ergibt, auf die die Eintragung nach § 874 BGB Bezug nimmt.[22] Dies bedeutet aber nicht, dass der Notar bei dem Verkauf einer Eigentumswohnung die Teilungserklärung nebst Aufteilungsplänen einsehen müsste.[23] Eine Einsicht der Grundakten kann ferner geboten sein, wenn auf Grund konkreter Umstände mit unerledigten Anträgen zu rechnen ist.[24] Genügend ist die Unterrichtung aus einer beglaubigten Grundbuchblattabschrift, sofern sie in dem genannten Zeitraum vor der Beurkundung erstellt wurde.[25] Nach der BGH-Rechtsprechung muss der Notar sich fehlerhafte Einsichten von Mitarbeitern nach § 278 BGB zurechnen lassen, und zwar unabhängig von einem Organisations- oder Auswahlverschulden.[26] 3

Der Notar ist nicht verpflichtet, über eine erfolgte Grundbucheinsicht einen Vermerk in die Urkunde aufzunehmen. Die Vermerkspflicht nach § 21 Abs. 1 S. 2 Hs. 2 bezieht sich schon ihrem Wortlaut nach nicht auf § 21 Abs. 1 S. 1. Gleichwohl ist die Aufnahme einer entsprechenden Erklärung in die Niederschrift sinnvoll. Eine Wiedergabe des Grundbuchstandes ist gesetzlich nicht vorgesehen,[27] aber gleichfalls sinnvoll. Eine Pflicht zur Wiedergabe von im Zeitpunkt der Beurkundung gelöschten Eintragungen, zB Zwangsversteigerungsvermerken, besteht nicht.[28] Dass der Notar die Beteiligten bei erfolgter Einsicht über den Grundbuchinhalt und die daraus sich ergebenden Folgen belehren muss, folgt aus der Rechtsbelehrungspflicht nach § 17 Abs. 1 S. 1, nicht aus § 21 Abs. 1 S. 1. Das Interesse eines Beteiligten an der Verschweigung des Grundbuchinhaltes, ist insofern unbeachtlich. 4

C. Belehrungs- und Vermerkpflicht bei fehlender Unterrichtung, Abs. 1 S. 2

Fehlt eine vorherige Unterrichtung oder liegt die erfolgte Einsichtnahme zu lange zurück – was bei heutigen technischen Möglichkeiten nur ausnahmsweise der Fall sein kann –, bleibt nur das Verfahren nach § 21 Abs. 1 S. 2. Der Notar soll die Beteiligten über seine Amtspflicht zur Einsichtnahme und die aus der fehlenden Unterrichtung sich ergebenden Risiken eingehend belehren,[29] denn damit fehlt die Tatsachenbasis für die von § 17 Abs. 1 bezweckte gesicherte Errichtung einer wirksamen Urkunde. Nur wenn alle Beteiligten trotz der Belehrung auf der Beurkundung, und zwar auf der sofortigen Beurkundung bestehen, darf der Notar beurkunden. Beides, die erfolgte Belehrung und das Bestehen der Beteiligten auf sofortiger Beurkundung, sind in der Niederschrift zu vermerken. Unterbleibt der Vermerk, dreht sich die Beweislast um: Der Notar muss beweisen, dass er der Belehrungspflicht nachgekommen ist.[30] Die unverzügliche Nachholung der Einsicht ist empfehlenswert, auch wenn sie nicht verpflichtend ist.[31] 5

§ 21 Abs. 1 S. 2 bedeutet nicht, dass die Beteiligten den Notar von der Unterrichtungspflicht befreien könnten. Vielmehr löst die Regelung das Konkurrenzverhältnis zwischen Urkundsgewährungspflicht nach § 15 Abs. 1 BNotO und Unterrichtungspflicht nach § 21 5a

---

[21] *Haug* Rn. 518 mwN.
[22] *Winkler* BeurkG § 21 Rn. 22; BGH NJW 1985, 1225 (1226).
[23] BGH MittBayNot 2009, 317.
[24] *Winkler* BeurkG § 21 Rn. 22; *Lerch* BeurkG § 21 Rn. 6, OLG Karlsruhe Beschl. v. 2.2.2015 – 14 Wx 16/15, zitiert nach juris Rn. 24.
[25] *Winkler* BeurkG § 21 Rn. 18.
[26] BGH DNotZ 1996, 581 mAnm *Preuß* DNotZ 1996, 508 ff.; → BNotO § 19 Rn. 55 ff.
[27] Vgl. *Winkler* BeurkG § 21 Rn. 8. Nach BGH WM 1984, 700 kann die unterbliebene Wiedergabe der Belastungen als Indiztatsache für die Beweiswürdigung von Bedeutung sein.
[28] BGH DNotZ 2019, 37.
[29] Vgl. BayObLG DNotZ 1990, 667; *Winkler* BeurkG § 21 Rn. 24.
[30] *Frenz* ZNotP 2016, 86; zustimmend Ganter/Hertel/Wöstmann/*Ganter* Rn. 932.
[31] *Winkler* BeurkG § 21 Rn. 25; *Lerch* BeurkG § 21 Rn. 11.

Abs. 1 S. 1 dahingehend, dass die Urkundsgewährungspflicht vorgeht, wenn eine vorherige Unterrichtung über den Grundbuchinhalt nicht möglich ist.

D. Vermerkpflicht bezüglich Briefvorlage, Abs. 2

6 Die Vorschrift betrifft unmittelbar nur den Fall, dass der Notar die Abtretung oder Belastung eines Briefpfandrechtes beurkundet im Rahmen der Beurkundung von Willenserklärungen. Belehrungspflichten treffen ihn in diesem Fall nicht aus § 21 Abs. 2, sondern aus § 17, etwa darüber, dass die wirksame Abtretung die Briefvorgabe voraussetzt.

6a Das hier vertretene Verständnis bezüglich der Unterrichtungspflicht bei Unterschriftsbeglaubigungen, wenn der Notar mit der Einreichung der Urkunde zum Grundbuchamt beauftragt wird,[32] gilt nicht für § 21 Abs. 2. § 21 Abs. 2 bezweckt nicht die Entlastung des Grundbuchamtes, sondern die materielle Wirksamkeit der Abtretung, die eben die Briefübergabe bei Briefrechten voraussetzt. Daher besteht auch kein Anlass, von dem Wortlaut der Vorschrift und dem mit ihr verbundenen Zweck[33] abzuweichen. Eine Vermerkspflicht besteht daher nur bei Abtretungen in Form der Niederschrift, nicht bei Unterschriftsbeglaubigungen, auch dann nicht, wenn der beglaubigende Notar den Entwurf gefertigt hat.[34] Besondere praktische Bedeutung hat § 21 Abs. 2 bisher nicht erlangt.

4. Beteiligung behinderter Personen

§ 22 Hörbehinderte, sprachbehinderte und sehbehinderte Beteiligte

(1) ¹Vermag ein Beteiligter nach seinen Angaben oder nach der Überzeugung des Notars nicht hinreichend zu hören, zu sprechen oder zu sehen, so soll zu der Beurkundung ein Zeuge oder ein zweiter Notar zugezogen werden, es sei denn, daß alle Beteiligten darauf verzichten. ²Auf Verlangen eines hör- oder sprachbehinderten Beteiligten soll der Notar einen Gebärdensprachdolmetscher hinzuziehen. ³Diese Tatsachen sollen in der Niederschrift festgestellt werden.

(2) Die Niederschrift soll auch von dem Zeugen oder dem zweiten Notar unterschrieben werden.

Schrifttum: S. Schrifttum zu § 27.

Übersicht

	Rn.
A. Normzweck	1
B. Anwendungsbereich	2
C. Regelungsinhalt	3
I. Behinderung	3
II. Feststellung der Behinderung	5
III. Zuziehung	7
1. Zeuge, zweiter Notar (Abs. 1 S. 1)	7
2. Gebärdensprachdolmetscher (Abs. 1 S. 2)	10
IV. Verzicht auf Zeugen und zweiten Notar	11c
V. Anwesenheit Dritter	11d
VI. Feststellungsvermerke in der Niederschrift (Abs. 1 S. 3)	12
VII. Unterschrift (Abs. 2)	14
D. Rechtsfolgen	16
E. Sonderregelungen	17

---

[32] → Rn. 1g.
[33] → Rn. 1b.
[34] Ebenso die hM, zB *Winkler* BeurkG § 21 Rn. 28; Grziwotz/Heinemann/*Heinemann* BeurkG § 21 Rn. 28; Ganter/Hertel/Wöstmann/*Ganter* § 21 Rn. 937.

A. Normzweck

Die Vorschrift dient dem **Behindertenschutz** hörbehinderter, sprachbehinderter und 1
sehbehinderter Beteiligter (zum Beteiligtenbegriff vgl. § 6 Abs. 2) im Beurkundungsverfahren. Durch Hinziehung eines Zeugen oder zweiten Notars sollen etwaige Missverständnisse ausgeschlossen werden, die aufgrund der Behinderung auftreten können. Darüber hinaus können hör- oder sprachbehinderte Beteiligte verlangen, dass ein Gebärdensprachdolmetscher hinzugezogen wird.[1] Damit soll der Schutz der Hör- oder Sprachbehinderten gestärkt werden. Mit dem Tatbestandsmerkmal „Verlangen" soll verhindert werden, dass der Notar gegen den Willen des Behinderten einen Gebärdensprachdolmetscher hinzuzieht. Die Behindertenschutzvorschriften unterstreichen die rechts- und sozialstaatlichen Funktionen[2] des notariellen Beurkundungsverfahrens. Sie verlangen aber bei den genannten Behinderungen keine Beurkundungen, wenn das Gesetz nur notarielle Beglaubigungen erfordert.[3]

B. Anwendungsbereich

Die Vorschrift findet Anwendung auf alle notariellen Beurkundungen und auf die 2
Abnahme von Eiden und eidesstattlichen Versicherungen (§ 38). Dagegen findet die Vorschrift keine Anwendung auf einfache Zeugnisse nach § 39 und auf Unterschriftsbeglaubigungen (§ 40).[4]

C. Regelungsinhalt

I. Behinderung

Die Vorschrift verlangt keine vollständige Taubheit, Stummheit oder Blindheit. Die 3
Vorschrift ist bereits dann anwendbar, wenn die jeweilige Behinderung ein Maß erreicht, wonach die Verständigung mit dem beurkundenden Notar bzw. die Wahrnehmung des geschriebenen Textes so eingeschränkt ist, dass ein ordnungsgemäßes Beurkundungsverfahren nicht sichergestellt ist.[5]

Hörbehinderungen liegen vor, wenn der Urkundsbeteiligte in der akustischen Wahr- 4
nehmung eingeschränkt ist.[6] Dies kann zB bei Taubheit auf einem Ohr nach dem Normzweck der Vorschrift und dem Schutzzweck des notariellen Beurkundungsverfahrens erfordern, dass der Betroffene mit dem hörfähigen Ohr in Richtung Notar sitzt, auch wenn das Gesetz dies nicht ausdrücklich anordnet. **Sprachbehinderungen** sind anzunehmen, wenn der Beteiligte seine Erklärungen nicht für einen durchschnittlichen Erklärungsempfänger derselben Sprache verständlich artikuliert ausdrücken kann.[7] **Sehbehinderungen** sind anzunehmen, wenn der Beteiligte den ihm vorgelegten Urkundstext aufgrund seiner Behinderung auch mit Sehhilfen nicht lesen kann.[8] Das kann – bei entsprechender Behin-

---

[1] Mit Wirkung v. 1.8.2002 (BGBl. I 2850) wurde Satz 2 neu eingefügt.
[2] Dazu *Baumann* MittRhNotK 1996, 1 ff.
[3] LG Darmstadt MittBayNot 1998, 369; *Lerch* BeurkG § 22 Rn. 7.
[4] Ebenso *Winkler* BeurkG § 22 Rn. 2; Soergel/*Mayer* BeurkG § 22 Rn. 3; Grziwotz/Heinemann/*Heinemann* BeurkG § 22 Rn. 3.
[5] *Frenz* ZNotP 1998, 374 mit tabellarischer Übersicht; Soergel/*Mayer* BeurkG § 22 Rn. 4.
[6] Zur Hörbehinderung Armbrüster/Preuß/Renner/*Seger* BeurkG § 22 Rn. 4; *Winkler* BeurkG § 22 Rn. 5; Grziwotz/Heinemann/*Heinemann* BeurkG § 22 Rn. 7.
[7] BayObLG DNotZ 1969, 301; OLG Köln MittRhNotK 1995, 269 (271); Grziwotz/Heinemann/*Heinemann* BeurkG § 22 Rn. 8.
[8] Anders Armbrüster/Preuß/Renner/*Seger* BeurkG § 22 Rn. 4 (mwN), der eine Sehbehinderung erst dann annimmt, wenn „ein Beteiligter nicht in der Lage ist, dem Beurkundungsvorgang optisch zu folgen"; ebenso Bamberger/Roth/*Litzenburger* BeurkG § 22 Rn. 1; ähnlich *Lerch* BeurkG § 22 Rn. 5; wie hier *Winkler* BeurkG § 22 Rn. 7; Grziwotz/Heinemann/*Heinemann* BeurkG § 22 Rn. 10.

derung – auch der Fall sein, wenn ein Urkundsbeteiligter im Termin seine Lesebrille vergessen hat.[9]

II. Feststellung der Behinderung

5 Ob die Voraussetzungen einer Behinderung vorliegen, richtet sich nach den Angaben des Beteiligten[10] oder nach der Überzeugung des Notars.[11] Die Vorschrift findet deshalb dann Anwendung, wenn die Behinderung entweder nur nach Angaben des Beteiligten oder nur nach der Überzeugung des Notars während des Beurkundungshauptverfahrens vorliegt. Der Notar ist an die Angaben des Beteiligten gebunden, sofern dieser erklärt, er sei behindert.[12] Dagegen kann der Notar sich eine gegenteilige Überzeugung bilden, wenn der Beteiligte behauptet, nicht behindert zu sein.[13]

6 Das Unvermögen des Behinderten muss nicht dauerhaft, sondern im Zeitpunkt des Beurkundungshauptverfahrens vorliegen. Daher muss die Feststellung im Beurkundungshauptverfahren erfolgen und führt zur Anwendbarkeit der Vorschrift, selbst wenn der Beteiligte alle Vorbesprechungen ohne behauptete oder vom Notar festgestellte Behinderung geführt hat.

III. Zuziehung

7 **1. Zeuge, zweiter Notar (Abs. 1 S. 1).** Bei Feststellung einer der genannten Behinderungen im Beurkundungshauptverfahren soll der Notar[14] einen Zeugen oder zweiten Notar hinzuziehen, sofern die Beteiligten nicht auf die Hinzuziehung verzichten. Die **Zuziehung eines einzigen Zeugen genügt,** auch wenn mehrere Personen mit unterschiedlicher Behinderung beteiligt sind.[15] Die Zuziehung des Zeugen oder zweiten Notars erfolgt durch den beurkundenden Notar, wobei der Notar Vorschlägen der Beteiligten – wegen der fehlenden Verschwiegenheitspflicht des Zeugen, aber auch im Hinblick auf deren von den Beteiligten an den Zeugen zu zahlende, mögliche Vergütung[16] – folgen sollte. Die Wirksamkeit der Zuziehung iSd § 22 setzt voraus, dass der Zeuge von dem beurkundenden Notar auf die rechtliche Bedeutung seiner Aufgabe hingewiesen worden ist und zur Übernahme bereit ist.[17] Der zugezogene Zeuge oder zweite Notar muss während des gesamten Beurkundungshauptverfahrens seine Verfahrensfunktionen wahrnehmen.[18] Besondere qualitative Anforderungen werden an den Zeugen nicht gestellt.[19] Er muss jedoch in der Lage sein, Zeugenfunktionen zu erfüllen. Obwohl der Zeuge nicht zur Verschwiegenheit verpflichtet ist,[20] ist eine besondere Inpflichtnahme oder Vereidigung durch den Notar nicht statthaft.[21]

8 Nahe Angehörige des körperlich behinderten Erblassers können als Zeugen hinzugezogen werden, soweit nicht die Ausschließungsgründe des § 26 eingreifen. Als Zeuge oder als zweiter Notar sind die in § 26 aufgeführten Personen ausgeschlossen.

---

[9] Grziwotz/Heinemann/*Heinemann* BeurkG § 22 Rn. 10; *Winkler* BeurkG § 22 Rn. 7.
[10] Grziwotz/Heinemann/*Heinemann* BeurkG § 22 Rn. 12.
[11] Zum Beurkundungsverfahren BeckFormB ErbR/*Keim* Form. B. III. 3–6.
[12] OLG Hamm MittRhNotK 1999, 314 (315); *Winkler* BeurkG § 22 Rn. 13.
[13] Grziwotz/Heinemann/*Heinemann* BeurkG § 22 Rn. 13.
[14] Zum Verfahren bei anderen Urkundspersonen Grziwotz/Heinemann/*Heinemann* BeurkG § 22 Rn. 4.
[15] *Lerch* BeurkG § 22 Rn. 11; Grziwotz/Heinemann/*Heinemann* BeurkG § 22 Rn. 18.
[16] Zur Vergütung des Zeugen *Lerch* BeurkG § 22 Rn. 10; Grziwotz/Heinemann/*Heinemann* BeurkG § 22 Rn. 16; *Winkler* BeurkG § 22 Rn. 17. Die Vergütung des zweiten Notars bemisst sich nach Nr. 25505 KV GNotKG.
[17] OLG Celle OLGZ 1968, 487.
[18] Zutreffend Grziwotz/Heinemann/*Heinemann* BeurkG § 22 Rn. 19.
[19] Armbrüster/Preuß/Renner/*Seger* BeurkG § 22 Rn. 6.
[20] Reimann/Bengel/Mayer/*Bengel* BeurkG § 22 Rn. 15; Grziwotz/Heinemann/*Heinemann* BeurkG § 22 Rn. 16.
[21] *Winkler* BeurkG § 22 Rn. 17; Reimann/Bengel/Mayer/*Bengel* BeurkG § 22 Rn. 15; Grziwotz/Heinemann/*Heinemann* BeurkG § 22 Rn. 16.

Da die Zuziehung des Zeugen oder zweiten Notars bloße Sollvorschrift ist, wird die **9** Wirksamkeit der Beurkundung durch deren Nichthinzuziehung, durch Hinzuziehung ungeeigneter Personen oder einen fehlerhaft protokollierten Verzicht nicht berührt, jedoch kann der Beweiswert der öffentlichen Urkunde dann – wenn die Behinderungen in der Urkunde festgestellt sind, die ordnungsgemäße Hinzuziehung aber unterblieben ist – trotz der öffentlichen Amtsfunktionen des Notars wegen der Verfahrensmängel geschwächt werden.

2. Gebärdensprachdolmetscher (Abs. 1 S. 2). Ein hör- oder sprachbehinderter Be- **10** teiligter kann verlangen, dass der Notar einen Gebärdensprachdolmetscher hinzuzieht (Abs. 1 S. 2). Ohne Verlangen des Behinderten, insbesondere gegen den Willen des Behinderten, ist der Notar nicht befugt, einen Gebärdensprachdolmetscher hinzuzuziehen.[22] Der Notar sollte aber bei einem hör- und sprachbehinderten Beteiligten empfehlen,[23] einen Gebärdensprachdolmetscher hinzuzuziehen und eine etwaige Ablehnung (ggf. zur eigenen Absicherung) in der Niederschrift vermerken.

Der Gebärdensprachdolmetscher muss keine spezielle Ausbildung abgeschlossen haben[24] **10a** und weder allgemein vereidigt sein, noch ist für ihn eine Vereidigung im Beurkundungsverfahren vorgesehen.[25] Der Gebärdensprachdolmetscher muss fähig sein, eine Verständigung zwischen dem Behinderten, den übrigen Urkundsbeteiligten und dem Notar zu ermöglichen.[26] Der Zeuge oder zweite Notar kann nicht zugleich Gebärdensprachdolmetscher sein,[27] auch der Schreibzeuge iSd § 25 darf nicht zugleich Gebärdensprachdolmetscher sein.[28]

Ist der Hörbehinderte der deutschen Sprache nicht mächtig, so muss ihm eine schriftliche **11** Übersetzung vorgelegt werden. Ein Gebärdensprachdolmetscher sollte hinzugezogen werden, der sich mit dem Behinderten in der Fremdsprache und mit den übrigen Urkundsbeteiligten und dem Notar auch als Sprachdolmetscher (§ 16) verständigen kann (→ § 23 Rn. 5). In solchen Fällen ist er Dolmetscher nach § 16 und zugleich Gebärdensprachdolmetscher. In allen anderen Fällen ist der Gebärdensprachdolmetscher kein Dolmetscher iSv § 16 Abs. 3.[29]

Die Ausschließungs- und Verbotsvorschriften der §§ 6, 7, 26 und 27 finden auf ihn keine **11a** Anwendung. Gleichwohl sollte der Notar zum Schutz des Behinderten darauf hinwirken, dass solche Personen nicht als Gebärdensprachdolmetscher mitwirken.[30] Ein Ablehnungs- oder Ausschließungsrecht hat der Notar nicht, wenn der Behinderte mit der Zuziehung einverstanden ist.

Der Gebärdensprachdolmetscher muss in dieser Funktion beim gesamten Beurkundungs- **11b** hauptverfahren anwesend sein.[31]

IV. Verzicht auf Zeugen und zweiten Notar

Auf den Zeugen oder zweiten Notar – nicht den Gebärdensprachdolmetscher – kann **11c** verzichtet werden (Abs. 1 S. 1).[32] Dadurch hat auch ein körperlich Behinderter im Sinne dieser Bestimmung die Möglichkeit, bei Beurkundungen, insbesondere letztwilligen Ver-

---

[22] *Winkler* BeurkG § 22 Rn. 22.
[23] *Frank* NotBZ 2003, 8 (9).
[24] Grziwotz/Heinemann/*Heinemann* BeurkG § 22 Rn. 27.
[25] Soergel/*Mayer* BeurkG § 22 Rn. 13.
[26] *Winkler* BeurkG § 22 Rn. 23.
[27] *Rossak* ZEV 2002, 435 (436); Armbrüster/Preuß/Renner/*Seger* BeurkG § 22 Rn. 9; *Winkler* BeurkG § 22 Rn. 24.
[28] *Frank* NotBZ 2003, 8 (9); Armbrüster/Preuß/Renner/*Seger* BeurkG § 22 Rn. 9; so auch schon der *Verfasser* in der 3. Aufl., § 22 Rn. 10; vgl. aber Grziwotz/Heinemann/*Heinemann* BeurkG § 22 Fn. 83.
[29] Soergel/*Mayer* BeurkG § 22 Rn. 13.
[30] Ebenso Armbrüster/Preuß/Renner/*Seger* BeurkG § 22 Rn. 9.
[31] Grziwotz/Heinemann/*Heinemann* BeurkG § 22 Rn. 30.
[32] Grziwotz/Heinemann/*Heinemann* BeurkG § 22 Rn. 20 f.

fügungen, diese vor Dritten mit Ausnahme gegenüber der öffentlichen Urkundsperson (Notar, Konsul, Bürgermeister) und ggf. der nach § 24 zwingend beizuziehenden Verständigungsperson geheim zu halten. Mehrere Urkundsbeteiligte können nur gemeinsam verzichten (auch die nicht behinderten Urkundsbeteiligten [„alle Beteiligten"] müssen verzichten!),[33] da jeder Beteiligte ein Interesse an der durch die zugezogene Person erhöhten Beweiswirkung hat.

V. Anwesenheit Dritter

11d Dritte (Begleitpersonen, Angehörige, Beistände) können ohne förmlich als Zeugen beigezogen zu werden[34] am Beurkundungsverfahren teilnehmen, sofern alle Urkundsbeteiligten und der Notar dem zustimmen,[35] sie können aber auch – wie nach TestG – als formell beigezogene Zeugen der Testamentsbeurkundung beiwohnen. Da das Beurkundungsverfahren nicht öffentlich[36] ist, kann der Notar Dritte von der Verhandlung ausschließen,[37] insbesondere wenn sie den Ablauf des Beurkundungsverfahrens stören.[38]

VI. Feststellungsvermerke in der Niederschrift (Abs. 1 S. 3)

12 Der Notar soll alle Tatsachen, die die Voraussetzungen des Beurkundungsverfahrens gem. Abs. 1 S. 1 und S. 2 betreffen, in der Niederschrift feststellen.[39] Er soll insbesondere die Art des Gebrechens in die Niederschrift aufnehmen und angeben, ob er durch eigene Überzeugung oder durch die Angaben eines Beteiligten davon Kenntnis erlangt hat.[40] Wie der Notar sich Gewissheit von der Behinderung verschafft hat, muss nicht in der Urkunde dargelegt werden. Der Notar ist nicht verpflichtet, Amtsermittlungen über Behinderungen anzustellen und nicht befugt, dem Behinderten Auflagen zu erteilen, wie die vorherige Beibringung eines ärztlichen Attests,[41] sondern kann dies allenfalls aus Zweckmäßigkeitsgründen anregen.

13 Die Niederschrift[42] soll die Feststellung enthalten, ob ein zweiter Notar oder ein Zeuge zugezogen worden ist oder ob die Beteiligten darauf verzichtet haben.[43] Hat ein Hör- oder Sprachbehinderter verlangt, dass ein Gebärdensprachdolmetscher hinzugezogen wird, so soll auch dies in der Niederschrift festgestellt werden. Die personenbezogenen Daten des hinzugezogenen Zeugen, zweiten Notars oder Gebärdensprachdolmetschers sind in der Urkunde so hinreichend anzugeben, dass jederzeit eine Feststellung dieser Person möglich ist.

VII. Unterschrift (Abs. 2)

14 Gemäß **Abs. 2** soll der Zeuge oder der zweite Notar die Niederschrift unterschreiben. Die fehlende Unterschrift eines Zeugen in der Niederschrift beeinflusst die Gültigkeit der Beurkundung nicht, weil die öffentlichen Beurkundungsfunktionen auch bei Zuziehung eines zweiten Notars allein dem amtierenden Notar zustehen. Der zweite Notar nimmt keine Beurkundungsfunktionen, sondern nur amtliche Zeugenfunktionen wahr.[44] Prozes-

---

[33] Armbrüster/Preuß/Renner/*Seger* BeurkG § 22 Rn. 7.
[34] Grziwotz/Heinemann/*Heinemann* BeurkG § 22 Rn. 22 f.
[35] Die Zustimmung aller Urkundsbeteiligten ist erforderlich, weil diese Dritten – im Unterschied zur Beurkundungsperson (Notar) und seinen Angestellten – keiner Verschwiegenheitspflicht unterliegen.
[36] Armbrüster/Preuß/Renner/*Seger* BeurkG § 22 Rn. 8.
[37] *Jansen* BeurkG § 22 Rn. 17; Grziwotz/Heinemann/*Heinemann* BeurkG § 22 Rn. 22 f.
[38] Grziwotz/Heinemann/*Heinemann* BeurkG § 22 Rn. 22; Armbrüster/Preuß/Renner/*Seger* BeurkG § 22 Rn. 8.
[39] Armbrüster/Preuß/Renner/*Seger* BeurkG § 22 Rn. 10.
[40] *Lerch* BeurkG § 22 Rn. 7.
[41] Reimann/Bengel/Mayer/*Bengel* BeurkG § 22 Rn. 9.
[42] Zum Beurkundungsverfahren BeckFormB ErbR/*Keim* Form. B. III. 3–6.
[43] *Winkler* BeurkG § 22 Rn. 27.
[44] Vgl. auch Armbrüster/Preuß/Renner/*Seger* BeurkG § 22 Rn. 11.

suale Beweislastprobleme können dann auftreten, wenn der Zeuge oder zweite Notar die Unterschrift verweigert, der amtierende Notar aber (von der Richtigkeit überzeugt, entsprechend seinen Amtspflichten) die Beurkundung durch seine Unterschrift abschließt. Dann bleibt die Niederschrift öffentliche Urkunde, kann aber von den Beteiligten mit Hilfe der Aussagen des Zeugen oder zweiten Notars angegriffen werden. Der Notar sollte in solchen Zweifelsfällen weitere Zeugen hinzuziehen, wobei in Anwesenheit jedes Zeugen das vollständige Beurkundungshauptverfahren (notfalls durch Wiederholung) stattzufinden hat.

Die Unterschrift des Gebärdensprachdolmetschers ist – wohl durch ein Versehen des Gesetzgebers – nicht einmal als Sollvorschrift vorgesehen, obwohl er am Urkundsverfahren beteiligt ist. Der beurkundende Notar sollte aber auch den Gebärdensprachdolmetscher die Niederschrift unterschreiben lassen.[45]   **15**

D. Rechtsfolgen

Die Vorschrift ist **Sollvorschrift,** so dass Verstöße die Wirksamkeit der Beurkundung   **16**
nicht beeinträchtigen.[46] Da die Beteiligten auf die Zuziehung verzichten können, bleibt es ohne Einfluss auf die Wirksamkeit der Beurkundung, wenn der Zeuge oder zweite Notar nicht zugezogen oder nicht während des gesamten Beurkundungshauptverfahrens anwesend ist. Auch die Nichtzuziehung eines Gebärdensprachdolmetschers trotz Verlangens des Behinderten führt aus Gründen der Rechtssicherheit nicht zur Unwirksamkeit der Beurkundung, sofern alle übrigen Beurkundungserfordernisse eingehalten sind. Auch die Unterschriftsleistung ist – im Unterschied zum Schreibzeugen nach § 25 BeurkG – nur eine Sollvorschrift. Verstöße gegen Sollvorschriften können für den Notar als Hoheitsträger aber disziplinarrechtliche Verfahren der staatlichen Dienstaufsichtsbehörde nach sich ziehen[47] und die Beweiskraft der öffentlichen Urkunde in Streitfällen wegen der Verfahrensmängel schwächen.[48]

E. Sonderregelungen

Ist mit **hörbehinderten** Beteiligten eine schriftliche Verständigung nicht möglich, so ist   **17**
außerdem § 24 zu beachten. Kann der Hörbehinderte nicht einmal seinen Namen schreiben, so muss das Verfahren nach § 25 eingehalten werden.

Bei **sprachbehinderten** Beteiligten, mit denen auch eine schriftliche Verständigung   **18**
nicht möglich ist, ist § 24 zu beachten. Kann der Sprachbehinderte auch seinen Namen nicht schreiben, so muss das Verfahren nach § 25 eingehalten werden.

§ 23 Besonderheiten für hörbehinderte Beteiligte

¹Eine Niederschrift, in der nach § 22 Abs. 1 festgestellt ist, daß ein Beteiligter nicht hinreichend zu hören vermag, muß diesem Beteiligten anstelle des Vorlesens zur Durchsicht vorgelegt werden; in der Niederschrift soll festgestellt werden, daß dies

---

[45] Ebenso Staudinger/*Hertel* BeurkG Vorb. zu §§ 127a, 128 Rn. 570; Soergel/*Mayer* BeurkG § 22 Rn. 12; Armbrüster/Preuß/Renner/*Seger* BeurkG § 22 Rn. 11; *Winkler* BeurkG § 22 Rn. 28; Grziwotz/Heinemann/*Heinemann* BeurkG § 22 Rn. 41 („unschädlich").
[46] BeckOK BGB/*Litzenburger* BeurkG § 22 Rn. 7.
[47] *Winkler* BeurkG § 22 Rn. 29; Grziwotz/Heinemann/*Heinemann* BeurkG § 22 Rn. 45.
[48] Nach Grziwotz/Heinemann/*Heinemann* BeurkG § 22 Rn. 45 führen Verstöße gegen bloße Ordnungsvorschriften nicht zu einer Minderung des Beweiswertes der wirksam errichteten öffentlichen Urkunde. Für diese Rechtsansicht spricht, dass die öffentliche Amtsperson Notar in Wahrnehmung staatlicher Justizfunktionen der Freiwilligen Gerichtsbarkeit für die Richtigkeit der beurkundeten Vorgänge bürgt. Dazu auch OLG Frankfurt a. M. BeckRS 2017, 115057.

geschehen ist. ²Hat der Beteiligte die Niederschrift eigenhändig unterschrieben, so wird vermutet, daß sie ihm zur Durchsicht vorgelegt und von ihm genehmigt worden ist.

A. Normzweck

1   Die Vorschrift regelt in Ergänzung zu § 22 das Beurkundungsverfahren mit hörbehinderten Menschen zum Schutz der Hörbehinderten. Da sie dem mündlichen Vortrag des Notars beim Verlesen nicht folgen können, muss ihnen die Niederschrift zur Durchsicht vorgelegt werden. Der Notar wird durch die Vorschrift nicht geschützt, auch nicht, soweit seine Fehler zum Schutz des Rechtsverkehrs unbeachtlich sind (→ Rn. 10), da Verletzungen seiner Amtspflichten zur ordnungsgemäßen Feststellung der Hörbehinderung für den Notar haftungs- oder disziplinarrechtliche Folgen haben können.[1]

B. Anwendungsbereich

2   Die Vorschrift findet nur Anwendung, wenn die Hörbehinderung in der Niederschrift[2] festgestellt ist (vgl. § 22 Abs. 1 S. 2).[3] Ist die Hörbehinderung nicht in der Niederschrift festgestellt, so darf der Notar nicht nach § 23 verfahren und auf das nach § 13 zwingend vorgeschriebene Vorlesen der Niederschrift verzichten, selbst wenn der Urkundsbeteiligte keine akustische Wahrnehmungsfähigkeit hat. Enthält die Niederschrift die Feststellung der Hörbehinderung, so ist die Vorlage der Niederschrift zur Durchsicht zwingende Voraussetzung eines ordnungsgemäßen Beurkundungsverfahrens. Ist mit dem Hörbehinderten auch eine schriftliche Verständigung nicht möglich, so ist § 24 zu beachten.

C. Regelungsinhalt

3   Eine Niederschrift muss hörbehinderten Urkundsbeteiligten **nicht vorgelesen** werden, **wenn** die Hörbehinderung in der Niederschrift **festgestellt** ist.[4] Das Verlesen muss bei Feststellung der Hörbehinderung auch nicht gegenüber dem nach § 22 zugezogenen Zeugen oder zweiten Notar und/oder dem Gebärdensprachdolmetscher erfolgen; dies folgt schon daraus, dass die unterlassene Hinzuziehung dieser Personen ohne Einfluss auf die Wirksamkeit der Beurkundung bleibt. Die Vorschrift enthält damit eine Ausnahme zu § 13.[5]

4   Die **Vorlage** der Niederschrift **zur Durchsicht ist zwingendes Erfordernis**, auch wenn ein Gebärdensprachdolmetscher hinzugezogen wurde, sofern die Hörbehinderung in der Niederschrift festgestellt ist. Das Vorlegen zur Durchsicht ersetzt das Verlesen der Niederschrift. Nach dem Normzweck genügt, wenn dem Hörbehinderten während des Beurkundungshauptverfahrens zunächst nur eine Kopie der Niederschrift („Mitlesexemplar") zur Durchsicht vorgelegt wird,[6] wobei die Unterschriften nur unter den Abschlussvermerk der Original-Niederschrift zu setzen sind, so dass der lesefähige Hörbehinderte sich vor der Unterschriftsleistung von der Übereinstimmung der Urschrift mit dem ihm vorliegenden Leseexemplar überzeugen kann.

---

[1] Unrichtig Soergel/*Harder*, 12. Aufl., BeurkG § 23 Rn. 2, der einen Schutzzweck zugunsten des beurkundenden Notars annimmt.
[2] Zum Beurkundungsverfahren BeckFormB ErbR/*Keim* Form. B. III. 3–6.
[3] Zur Beurkundung des Testaments eines „fast taubstummen" Erblassers OLG Hamm DNotZ 1989, 584 (586 f.) mAnm *Burkart;* Soergel/*Mayer* BeurkG § 23 Rn. 2.
[4] *Winkler* BeurkG § 23 Rn. 2.
[5] Grziwotz/Heinemann/*Heinemann* BeurkG § 23 Rn. 5.
[6] *Kanzleiter* DNotZ 1997, 261 ff.; *Winkler* BeurkG § 23 Rn. 2; Armbrüster/Preuß/Renner/*Seger* BeurkG § 23 Rn. 2.

Ist ein fremdsprachiger Hörbehinderter der deutschen Sprache nicht mächtig, muss ihm **5** die schriftliche Übersetzung zur Durchsicht vorgelegt werden.[7] Ein Verzicht darauf (vgl. § 32 S. 2) ist bei einem Hörbehinderten unzulässig, da die Vorlage zur Durchsicht für den Hörbehinderten das zwingende Verlesen ersetzt. Der Verzicht auf die Vorlage der schriftlichen Übersetzung ist auch unzulässig, wenn ein Gebärdensprachdolmetscher hinzugezogen ist, der sich in der Fremdsprache auch als Sprachdolmetscher verständigen kann.

Ist eine schriftliche Verständigung mit dem Hörbehinderten nicht möglich, so muss – **6** selbst wenn der Hörbehinderte lesen kann – zusätzlich das Verfahren nach § 24 eingehalten werden. Dies gilt auch, wenn der Hörbehinderte nicht fähig ist, Geschriebenes zu lesen, da wegen der Leseunfähigkeit eine schriftliche Verständigung mit ihm nicht möglich ist. Die Vorlage der Niederschrift zur Durchsicht kann und wird bei einem Leseunfähigen unterbleiben.[8] Pläne und Zeichnungen sind jedoch dem Leseunfähigen zur Durchsicht vorzulegen, sofern er sehfähig ist.[9]

Aus der Notwendigkeit, sich schriftlich mit dem Hörbehinderten zu verständigen, folgt, **7** dass der Notar auch Fragestellungen dem lesefähigen Hörbehinderten schriftlich vorlegen muss. Dies gilt insbesondere für die abschließende Frage, ob die Niederschrift den letzten Willen des Erblassers enthalte.[10] Kann der Hörbehinderte die deutsche Sprache nicht lesen, so ist § 16 zu beachten.

Der Schlussvermerk der Urkunde (§ 13 Abs. 1 S. 2) ist dahin zu fassen,[11] dass die **8** Niederschrift (und ggf. die schriftliche Übersetzung) dem Hörbehinderten „von dem Notar zur Durchsicht vorgelegt, genehmigt und von allen Beteiligten und dem Notar unterschrieben" worden ist.[12]

D. Gesetzliche Vermutung

S. 2 enthält die gleiche Vermutung wie § 13 Abs. 1 S. 3,[13] obwohl in S. 2 – im **9** Unterschied zu § 13 Abs. 1 S. 3 – die Worte „in Gegenwart des Notars" fehlen. Da es sich um ein offensichtliches Redaktionsversehen handelt,[14] muss die Vorlage zur Durchsicht in Gegenwart des Notars erfolgen.[15] Hat der Hörbehinderte unterschrieben, geht die Vermutung dahin, dass die Niederschrift (bzw. die Übersetzung) und etwaige zum Beurkundungsverfahren notwendige Fragestellungen ihm in Gegenwart des Notars zur Durchsicht vorgelegt wurden.[16]

E. Rechtsfolgen

Ist die Feststellung der Hörbehinderung durch ein Versehen des Notars unterblieben, so **10** findet die Vorschrift keine Anwendung und damit auch nicht die zwingende Vorlage zur Durchsicht.[17] Die „Feststellung" ist bloße Sollvorschrift.[18] Das Versehen des Notars hat

---

[7] Reimann/Bengel/Mayer/*Bengel* BeurkG § 23 Rn. 8.
[8] Soweit es sich um als Anlage genommene Pläne handelt, die keine Lesefähigkeit voraussetzen, sind diese dem Leseunkundigen vorzulegen; zutreffend *Winkler* BeurkG § 23 Rn. 2. Dagegen muss der Urkundstext dem **leseunfähigen** Hörbehinderten nicht vorgelegt werden; aA Grziwotz/Heinemann/*Heinemann* BeurkG § 23 Rn. 6.
[9] *Winkler* BeurkG § 23 Rn. 2.
[10] Ebenso OLG Hamm DNotZ 1989, 584 (587); Armbrüster/Preuß/Renner/*Seger* BeurkG § 23 Rn. 4; aA *Burkart* DNotZ 1989, 589. Der Streit ist irrelevant, weil die gesetzliche Vermutung der Vorlage der Niederschrift (→ Rn. 9) sich auch auf die beurkundsverfahrensrechtlichen Tatsachen erstreckt.
[11] Grziwotz/Heinemann/*Heinemann* BeurkG § 23 Rn. 10 ff. mit Formulierungsmustern.
[12] *Lerch* BeurkG § 23 Rn. 5.
[13] BeckOK BGB/*Litzenburger* BeurkG § 23 Rn. 5.
[14] *Winkler* BeurkG § 23 Rn. 5; Soergel/*Harder* 12. Aufl., BeurkG § 23 Rn. 3; *Lerch* BeurkG § 23 Rn. 3.
[15] Reimann/Bengel/Mayer/*Bengel* BeurkG § 23 Rn. 7.
[16] Armbrüster/Preuß/Renner/*Seger* BeurkG § 23 Rn. 3.
[17] *Winkler* BeurkG § 23 Rn. 8; Grziwotz/Heinemann/*Heinemann* BeurkG § 23 Rn. 15.
[18] Armbrüster/Preuß/Renner/*Seger* BeurkG § 23 Rn. 5.

keine Folgen für die Wirksamkeit der Beurkundung.[19] Der Rechtsverkehr soll vor den Folgen eines Versehens geschützt werden.

11 Die Nichtvorlage der Niederschrift beim lesefähigen Hörbehinderten macht die Beurkundung verfahrensrechtlich unwirksam, wenn der Notar die Hörbehinderung in der Urkunde festgestellt hat,[20] selbst wenn der Hörbehinderte die Worte des Notars – zB durch Lippenablesen oder durch Vermittlung des Gebärdensprachdolmetschers – verstanden hat.[21] Hat der Hörbehinderte die Niederschrift unterschrieben, so wird nach S. 2 vermutet, dass sie ihm in Gegenwart des Notars zur Durchsicht vorgelegt und von ihm genehmigt worden ist.[22] Fehlt der entsprechende Vermerk, obwohl die Niederschrift in Gegenwart des Notars zur Durchsicht vorgelegt wurde, kann er vom Notar ohne Nachtragsverhandlung nachgeholt werden.[23] Die beurkundeten Erklärungen der nicht behinderten Urkundsbeteiligten sind verfahrensrechtlich grds. wirksam, können aber wegen der Einheitlichkeit des Rechtsakts materiell-rechtlich unwirksam sein.[24]

§ 24 Besonderheiten für hör- und sprachbehinderte Beteiligte, mit denen eine schriftliche Verständigung nicht möglich ist

(1) ¹**Vermag ein Beteiligter nach seinen Angaben oder nach der Überzeugung des Notars nicht hinreichend zu hören oder zu sprechen und sich auch nicht schriftlich zu verständigen, so soll der Notar dies in der Niederschrift feststellen.** ²**Wird in der Niederschrift eine solche Feststellung getroffen, so muss zu der Beurkundung eine Person zugezogen werden, die sich mit dem behinderten Beteiligten zu verständigen vermag und mit deren Zuziehung er nach der Überzeugung des Notars einverstanden ist; in der Niederschrift soll festgestellt werden, dass dies geschehen ist.** ³**Zweifelt der Notar an der Möglichkeit der Verständigung zwischen der zugezogenen Person und dem Beteiligten, so soll er dies in der Niederschrift feststellen.** ⁴**Die Niederschrift soll auch von der zugezogenen Person unterschrieben werden.**

(2) **Die Beurkundung von Willenserklärungen ist insoweit unwirksam, als diese darauf gerichtet sind, der nach Absatz 1 zugezogenen Person einen rechtlichen Vorteil zu verschaffen.**

(3) **Das Erfordernis, nach § 22 einen Zeugen oder zweiten Notar zuzuziehen, bleibt unberührt.**

A. Normzweck

1 Die Vorschrift soll **einem hör- oder sprachbehinderten Beteiligten ermöglichen, eine notariell beurkundete Erklärung abzugeben,** selbst wenn der Notar sich mit ihm nicht einmal schriftlich verständigen kann.[1] Sie sieht die Hinzuziehung einer Verständigungsperson vor, damit der Wille des Mehrfachbehinderten im Beurkundungsverfahren zuverlässig ermittelt werden kann.[2]

---

[19] *Lerch* BeurkG § 23 Rn. 2; Grziwotz/Heinemann/*Heinemann* BeurkG § 23 Rn. 15 f.; *Winkler* BeurkG § 23 Rn. 8.
[20] BeckOK BGB/*Litzenburger* BeurkG § 23 Rn. 4.
[21] *Winkler* BeurkG § 23 Rn. 7.
[22] Dazu *Winkler* BeurkG § 23 Rn. 6.
[23] Bamberger/Roth/*Litzenburger* BeurkG § 23 Rn. 3; Grziwotz/Heinemann/*Heinemann* BeurkG § 23 Rn. 15.
[24] So zutreffend Reimann/Bengel/Mayer/*Bengel* BeurkG § 23 Rn. 1.
[1] Grziwotz/Heinemann/*Heinemann* BeurkG § 24 Rn. 1.
[2] BT-Drs. 14/9266, 61; *Winkler* BeurkG § 24 Rn. 1.

B. Anwendungsbereich

Die Vorschrift findet ohne Ausnahme auf alle notariellen Beurkundungsverfahren zur 2
Beurkundung von Willenserklärungen und die Abnahme von Eiden und eidesstattlichen
Versicherungen (§ 38) bei hör- und/oder sprachbehinderten Beteiligten, mit denen auch
eine schriftliche Verständigung nicht möglich ist, Anwendung. Keine Anwendung findet
die Vorschrift auf Tatsachenbeurkundungen, einfache Zeugnisse nach § 39 und auf Unterschriftsbeglaubigungen (§ 40).[3]

Die fehlende Möglichkeit, sich schriftlich zu verständigen, kann auf Schreib- und/oder 3
Leseunfähigkeit des Behinderten beruhen und zwar abhängig von der Art der Behinderung. Der Hörbehinderte ist durch Leseunfähigkeit, der Sprachbehinderte durch Schreibunfähigkeit von der schriftlichen Verständigungsmöglichkeit ausgeschlossen. Die Möglichkeit der schriftlichen Verständigung fehlt auch, wenn es an der Fähigkeit mangelt, den Sinn des Geschriebenen zu erfassen und zu kontrollieren.[4]

C. Regelungsinhalt

Die Vorschrift begründet die Amtspflicht des Notars, die Behinderung und die fehlende 4
schriftliche Verständigungsmöglichkeit des Beteiligten in der Niederschrift festzustellen,
wenn diese Mängel nach Angaben des Betroffenen oder nach der Überzeugung des Notars
vorliegen.[5] In die Niederschrift soll auch aufgenommen werden, ob der Notar seine
Feststellungen auf die Angaben der Beteiligten oder auf seine eigene Überzeugung stützt.

Erklärt der Beteiligte hör- oder sprachbehindert zu sein und sich auch nicht schriftlich 5
verständigen zu können, so kommt es auf die gegenteilige Beurteilung des Notars nicht an.
Der Notar kann sich an die Angaben des Beteiligten gebunden halten.[6] Der Notar kann
jedoch bei einem behinderten Beteiligten, der angibt, sich schriftlich verständigen zu
können, ermessensfehlerfrei zu einem gegenteiligen Ergebnis und damit zur Anwendbarkeit
des § 24 kommen.[7]

Enthält die Niederschrift die Feststellung, dass der hör- oder sprachbehinderte Urkunds- 6
beteiligte sich **nicht schriftlich verständigen** kann, so **muss zur Beurkundung eine
Person zugezogen werden, die sich mit dem Behinderten zu verständigen vermag**
und mit deren Zuziehung der Behinderte nach Überzeugung des Notars **einverstanden**
ist.[8] Ein Verzicht auf die Verständigungsperson ist nicht zulässig.[9] Die Auswahl dieser
Verständigungsperson obliegt dem Notar, der sich das Einverständnis mit der Zuziehung
vom Behinderten einzuholen hat.[10]

Fachliche Anforderungen an die zugezogene Verständigungsperson (Erklärungshelfer) 7
werden nicht gestellt.[11] Eine besondere Vertrauensbeziehung zwischen Verständigungsperson und behindertem Urkundsbeteiligten muss nicht, darf aber bestehen.[12] Angehörige[13] oder Mitarbeiter des Notars sind als zugezogene Personen nicht ausgeschlossen und

---

[3] Grziwotz/Heinemann/*Heinemann* BeurkG § 24 Rn. 3.
[4] BayObLG NJW-RR 1997, 1438; Armbrüster/Preuß/Renner/*Seger* BeurkG § 24 Rn. 1.
[5] Zu weiteren Feststellungspflichten des Notars *Krug* FGPrax 2000, 154.
[6] Armbrüster/Preuß/Renner/*Seger* BeurkG § 24 Rn. 2.
[7] OLG Hamm NJW 2002, 3410; Reimann/Bengel/Mayer/*Bengel* BeurkG § 24 Rn. 8; Grziwotz/Heinemann/*Heinemann* BeurkG § 24 Rn. 8.
[8] *Nieder* ZNotP 2003, 202 (206); Reimann/Bengel/Mayer/*Bengel* BeurkG § 24 Rn. 2; Armbrüster/Preuß/Renner/*Seger* BeurkG § 24 Rn. 5.
[9] Grziwotz/Heinemann/*Heinemann* BeurkG § 24 Rn. 10; Bamberger/Roth/*Litzenburger* BeurkG § 24 Rn. 4.
[10] *Lerch* BeurkG § 24 Rn. 7; Grziwotz/Heinemann/*Heinemann* BeurkG § 24 Rn. 12 f.
[11] Grziwotz/Heinemann/*Heinemann* BeurkG § 24 Rn. 12.
[12] Armbrüster/Preuß/Renner/*Seger* BeurkG § 24 Rn. 7.
[13] *Winkler* BeurkG § 24 Rn. 11; Grziwotz/Heinemann/*Heinemann* BeurkG § 24 Rn. 12.

beeinträchtigen daher weder die Wirksamkeit noch die Beweiskraft der öffentlichen Urkunde. Die zugezogene Person muss kein Gebärdensprachdolmetscher sein, da der Hör- aber nicht Sprachbehinderte zB die Worte der zugezogenen Person von deren Lippen ablesen kann und durch seine eigene Lautsprache belegen kann, ob er sie richtig verstanden hat. Der Sprach- aber nicht Hörbehinderte kann durch Gesten und Gebärden zum Ausdruck bringen, dass er mit dem verlesenen Text einverstanden ist.[14] Für mehrere Behinderte genügt die Zuziehung einer Person.[15] Ist eine Verständigung auch mit einer zugezogenen Verständigungsperson nicht möglich, so ist der Erblasser faktisch testierunfähig.[16]

8 Die Mitwirkungsverbote nach §§ 6, 7 und die Zuziehungsverbote nach § 26 gelten für die zugezogene Verständigungsperson nicht.[17] Ausgeschlossen als zugezogene Person ist nach Abs. 2, wer einen rechtlichen Vorteil aus der zu beurkundenden Willenserklärung erlangt[18] oder in ihr zum Testamentsvollstrecker ernannt wird (vgl. § 27). Auch der nach § 22 zugezogene zweite Notar oder der Zeuge sowie der Schreibzeuge nach § 25 können nicht zugleich die zugezogene Person sein, die sich mit dem Behinderten zu verständigen vermag, da sie nach dem Gesetz andere (nämlich reine Zeugen-) Funktionen zu erfüllen haben,[19] der Schreibzeuge darüber hinaus anstelle des Schreibunfähigen die Unterschrift leisten soll. Die zugezogene Person kann aber mit dem Dolmetscher nach § 16 Abs. 3[20] oder dem Gebärdensprachdolmetscher nach § 22 identisch sein,[21] da diese ebenfalls die Verständigung zwischen dem Behinderten, den anderen Urkundsbeteiligten und dem Notar ermöglichen sollen.

9 Die Niederschrift soll den Vermerk[22] enthalten, dass ein Urkundsbeteiligter nach seinen Angaben und/oder nach Überzeugung des Notars hör- oder sprachbehindert ist und sich nicht schriftlich zu verständigen vermag und dass eine und welche Person zur Verständigung zugezogen worden ist (Abs. 1 S. 2).[23] Der Notar soll die Verständigungsmöglichkeit und das Einverständnis des Behinderten mit der Zuziehung ebenso wie etwaige Zweifel an der Verständigungsmöglichkeit[24] in der Niederschrift feststellen. Hat der Notar nicht bloße Zweifel sondern die sichere Überzeugung, dass die Verständigungsperson sich mit dem Behinderten nicht verständigen kann, so muss er die Beurkundung ablehnen.[25]

10 Mit Hilfe der zugezogenen Verständigungsperson (Erklärungshelfer) kann der Behinderte seinen Willen äußern und den Inhalt der Niederschrift erfahren. Die zugezogene Verständigungsperson muss deshalb während des gesamten Beurkundungshauptverfahrens anwesend sein.[26] Der Notar hat die zugezogene Verständigungsperson auf ihre Mitverantwortung für die Ermittlung des Willens des Behinderten hinzuweisen.[27] Die Niederschrift soll von der zugezogenen Verständigungsperson unterschrieben werden (Abs. 1 S. 4).[28]

---

[14] *Rossak* ZEV 2002, 435.
[15] Armbrüster/Preuß/Renner/*Seger* BeurkG § 24 Rn. 8; Bamberger/Roth/*Litzenburger* BeurkG § 24 Rn. 5.
[16] *Rossak* ZEV 2002, 435 (436); *Nieder* ZNotP 2003, 202 (206).
[17] *Rossak* ZEV 2002, 435 (436); *Winkler* BeurkG § 24 Rn. 13; Armbrüster/Preuß/Renner/*Seger* BeurkG § 24 Rn. 7.
[18] *Winkler* BeurkG § 24 Rn. 13; Grziwotz/Heinemann/*Heinemann* BeurkG § 24 Rn. 15 f.
[19] Ebenso *Nieder* ZNotP 2003, 202 (206); Armbrüster/Preuß/Renner/*Seger* BeurkG § 24 Rn. 8.
[20] Wenn der Hör- und Sprachbehinderte die Urkundssprache nicht beherrscht; vgl. Staudinger/*Hertel* BeurkG Vorb. zu §§ 127a, 128 Rn. 559; Grziwotz/Heinemann/*Heinemann* BeurkG § 24 Rn. 7.
[21] Soergel/*Mayer* BeurkG § 24 Rn. 9; *Winkler* BeurkG § 24 Rn. 7; Armbrüster/Preuß/Renner/*Seger* BeurkG § 24 Rn. 5.
[22] Formulierungsbeispiele bei Grziwotz/Heinemann/*Heinemann* BeurkG § 24 Rn. 22 ff.
[23] *Winkler* BeurkG § 24 Rn. 16.
[24] Grziwotz/Heinemann/*Heinemann* BeurkG § 24 Rn. 14.
[25] Grziwotz/Heinemann/*Heinemann* BeurkG § 24 Rn. 14.
[26] OLG Hamm NJW 2002, 3410; *Lerch* BeurkG § 24 Rn. 9.
[27] OLG Hamm NJW 2002, 3410; *Winkler* BeurkG § 24 Rn. 14; Grziwotz/Heinemann/*Heinemann* BeurkG § 24 Rn. 19.
[28] Grziwotz/Heinemann/*Heinemann* BeurkG § 24 Rn. 21.

D. Rechtsfolgen

Der Feststellungsvermerk des Notars schließt den Einwand aus, eine schriftliche Verständigung sei möglich gewesen.[29] Wird der Feststellungsvermerk pflichtwidrig vom Notar nicht in die Urkunde aufgenommen, so ist die Urkunde zum Schutz des Rechtsverkehrs wirksam. Fahrlässige oder vorsätzliche Verletzungen von beurkundsrechtlichen Sollvorschriften, wie zB die Feststellung der Behinderung in die Urkunde aufzunehmen, können für den Notar jedoch haftungsrechtliche und disziplinarrechtliche Folgen haben und wegen der Verfahrensmängel den Beweiswert der öffentlichen Urkunde schwächen. [11]

Ist der Feststellungsvermerk über die Behinderung und das Schreibunvermögen in der Urkunde enthalten, so ist die Urkunde unwirksam, wenn die Zuziehung einer Person, mit der sich der Behinderte zu verständigen vermag, unterblieben ist[30] oder wenn die Verständigungsperson gar nicht in der Lage ist, sich mit dem Behinderten zu verständigen,[31] oder wenn die Verständigungsperson nicht während des gesamten Beurkundungsvorgangs in dieser Funktion anwesend ist.[32] Wird eine Person zugezogen, die aus der Beurkundung einen rechtlichen Vorteil erlangt (Abs. 2), so sind die beurkundeten Willenserklärungen ebenfalls unwirksam. Enthält die Urkunde nicht den Vermerk, dass eine oder welche Person zugezogen worden ist, so hat dies keinen Einfluss auf die Wirksamkeit der Urkunde. Die fehlende Unterschrift der zugezogenen Person hat ebenfalls keinen Einfluss auf die Wirksamkeit der Urkunde, da die zugezogene Person nach Abs. 1 S. 4 unterschreiben „soll". [12]

§ 25 Schreibunfähige

¹ Vermag ein Beteiligter nach seinen Angaben oder nach der Überzeugung des Notars seinen Namen nicht zu schreiben, so muß bei dem Vorlesen und der Genehmigung ein Zeuge oder ein zweiter Notar zugezogen werden, wenn nicht bereits nach § 22 ein Zeuge oder ein zweiter Notar zugezogen worden ist. ² Diese Tatsachen sollen in der Niederschrift festgestellt werden. ³ Die Niederschrift muß von dem Zeugen oder dem zweiten Notar unterschrieben werden.

A. Normzweck

Die Errichtung einer öffentlichen Urkunde setzt grds. die eigenhändige Unterschrift voraus. Die Vorschrift soll demjenigen, der eine solche Unterschrift nicht leisten kann, die Errichtung einer öffentlichen Urkunde ermöglichen, indem ein Schreibzeuge oder ein zweiter Notar anstelle des Schreibunfähigen unterschreibt.[1] [1]

B. Anwendungsbereich

Die Vorschrift findet Anwendung, wenn ein Urkundsbeteiligter seinen Namen nicht schreiben kann. Die Angaben des Beteiligten über seine Behinderung oder die Über- [2]

---

[29] *Winkler* BeurkG § 24 Rn. 7; Armbrüster/Preuß/Renner/*Seger* BeurkG § 24 Rn. 4.
[30] OLG Köln MittBayNot 2010, 401 (402); *Lerch* BeurkG § 24 Rn. 6; *Winkler* BeurkG § 24 Rn. 20; Grziwotz/Heinemann/*Heinemann* BeurkG § 24 Rn. 29.
[31] In diesem Fall ist das Testament unwirksam (eventuell wegen faktischer Testierunfähigkeit), weil die zwingende Voraussetzung („muss") sich auch auf die Worte bezieht: „mit dem behinderten Beteiligten zu verständigen vermag". So zutreffend *Kuhn* ZErb 2020, 92. Missverständlich oder sogar falsch Grziwotz/Heinemann/*Heinemann* BeurkG § 24 Rn. 14; BeckOK BGB/*Litzenburger* BeurkG § 24 Rn. 5.
[32] OLG Hamm NJW 2002, 3410.
[1] Amtl. Begr. BT-Drs. V/3282, 34.

zeugung des Notars sind Grundlage der Feststellung. Der Notar ist an die Angabe des Beteiligten **gebunden, wenn dieser angibt,** seinen Namen **nicht** schreiben zu können.² Der Schreibunfähige muss keinen Schreibversuch machen. **Behauptet** der Beteiligte seinen **Namen schreiben zu können,** kann der Notar **zu einer gegenteiligen Feststellung** kommen. Wird ein Urkundsbeteiligter vertreten, kommt es – entgegen dem Wortlaut aufgrund des Normzwecks – nicht auf die Schreibfähigkeit des Beteiligten, sondern auf die seines Vertreters an, weil nur letzterer die eigenhändige Unterschrift unter die Niederschrift leistet.

3   Maßgebend ist die Fähigkeit, den Namen zu schreiben.³ Daher fallen Analphabeten oder Blinde, die ihren Namen schreiben können, nicht in den Anwendungsbereich der Vorschrift.⁴ Die Unterschrift muss nicht mit der Hand sondern kann auch mittels Prothese, Fuß, Mund usw. geleistet werden.⁵ Bloße Handzeichen (drei Kreuze) reichen als Namensunterschrift nicht aus.⁶

C. Regelungsinhalt

I. Voraussetzungen

4   Der Beteiligte ist **schreibunfähig,** wenn er nicht einmal seinen Namen schreiben kann. Die Schreibunfähigkeit kann auf Schreibunkenntnis, Verletzungen, Lähmungen oder sonstigen (auch vorübergehenden) Gebrechen (zB Armbruch) beruhen.⁷

5   Zur **Feststellung der Schreibunfähigkeit**⁸ genügt die Angabe des Beteiligten. Die Feststellung der Überzeugung des Notars von der Schreibunfähigkeit des Beteiligten muss nicht ausdrücklich in der Niederschrift festgehalten werden. Es genügt, wenn sich aus der Niederschrift mittelbar ergibt, dass der Notar sich eine entsprechende Überzeugung gebildet hat.⁹ Die Niederschrift muss Anhaltspunkte darüber enthalten, dass der Notar diese Überzeugung gehabt hat. Aus außerhalb der Niederschrift liegenden Umständen können Anhaltspunkte für die Überzeugung des Notars nicht entnommen werden,¹⁰ selbst wenn die Schreibunfähigkeit nachträglich anderweitig nachweisbar ist.¹¹

6   Die Hilfe eines Dritten bei der Unterschrift ist zulässig, solange der Dritte die Hand des Urkundsbeteiligten nicht führt, sondern nur stützt (zB bei Parkinson). Der Urkundsbeteiligte ist schreibfähig, wenn er seine Unterschrift selbst formen kann. In Zweifelsfällen sollte der Notar die Schreibunfähigkeit feststellen und nach § 25 verfahren.¹² Die deutsche Rechtsordnung verlangt nicht, dass der Beteiligte mit römischen Schriftzeichen unterschreibt. Zulässig sind daher auch Schriftzüge in Schriftsprachen, die der Notar nicht lesen kann (zB griechisch, arabisch, japanisch oder chinesisch).¹³ Der Notar kann von dem Urkundsbeteiligten auch nicht eine zweite Unterschrift in römischen Schriftzeichen verlangen. Deshalb ist für den Notar bei ausländischen Beteiligten oft nicht nachvollziehbar,

---

² OLG Hamm DNotZ 2013, 233.
³ Zu den Anforderungen an eine Namensunterschrift BGH MittBayNot 1994, 270; *Renner* NotBZ 2003, 178 ff.; *Baumann* RNotZ 2010, 310 zu Anforderungen an Namensunterschriften unter beurkundeten Verfügungen von Todes wegen.
⁴ BGHZ 31, 136 (141 ff.) = DNotZ 1960, 158; BGH DNotZ 1968, 188; *Winkler* BeurkG § 25 Rn. 3.
⁵ So zum „eigenhändigen" Testament, bei dem grds. strengere Anforderungen gelten, Staudinger/*Baumann,* 2018, BGB § 2247 Rn. 38.
⁶ *Frenz* ZNotP 1998, 373; *Winkler* BeurkG § 25 Rn. 3; Grziwotz/Heinemann/*Heinemann* BeurkG § 25 Rn. 8.
⁷ Grziwotz/Heinemann/*Heinemann* BeurkG § 25 Rn. 6.
⁸ Zum Inhalt der notariellen Niederschrift BeckFormB ErbR/*Keim* Form. B. III. 2.
⁹ OLG Saarbrücken DNotZ 1962, 657; OLG Stuttgart NJW 1949, 755.
¹⁰ BGHZ 28, 188 = DNotZ 1958, 650; BGHZ 17, 36 = DNotZ 1955, 395 = LM Nr. 1 zu § 2242 mAnm *Ascher.*
¹¹ KG DNotZ 1940, 76; aA *Boehmer* DNotZ 1940, 140.
¹² Armbrüster/Preuß/Renner/*Seger* BeurkG § 25 Rn. 6.
¹³ *Winkler* BeurkG § 25 Rn. 4.

ob diese mit ihrem Vor- oder Nachnamen unterschrieben haben. Da in manchen Ländern dem Vornamen größere Bedeutung zur Individualisierung als dem Nachnamen zukommt, ist die Rechtsprechung des BGH, eine Unterschrift nur mit dem Vornamen[14] führe zur Unwirksamkeit der Beurkundung, abwegig.[15] Sie widerspricht im Übrigen der jahrzehntelangen höchstrichterlichen Rechtsprechung zu Unterschriften bei eigenhändigen Testamenten,[16] bei denen sogar Unterschriften mit Kosenamen oder der Familienbezeichnung („Euer Vater") als wirksam anerkannt werden. Warum für Unterschriften, die vor dem Notar geleistet werden und deren Urheberschaft damit amtlich dokumentiert wird, strengere Anforderungen an eine Unterschrift gelten sollen, erschließt sich nicht,[17] auch wenn jeder Notar auf eine ordnungsgemäße Unterschrift hinwirken wird. Ein Handzeichen genügt als Unterschrift nicht.[18] Letzteres kann aber als schriftliche Dokumentation des mündlichen Erklärungswillens des Behinderten neben der Unterschrift des Schreibzeugen zweckmäßig sein und ist in jedem Fall unschädlich, wenn eine gültige Unterschrift des Schreibzeugen vorliegt. Erforderlich ist ein Handzeichen des Schreibunfähigen nicht.

II. Vorgeschriebenes Beurkundungsverfahren

Liegen die Voraussetzungen einer Schreibunfähigkeit vor, so kann auf die **Zuziehung** des Schreibzeugen oder zweiten Notars **nicht verzichtet** werden.[19] Die Zuziehung ist nur dann entbehrlich, wenn bereits nach § 22 ein zweiter Notar oder ein Zeuge zur Verhandlung zugezogen worden ist; in diesem Fall gelten aber für den nach § 22 hinzugezogenen Zeugen oder zweiten Notar die strengeren Tatbestandsvoraussetzungen des § 25. Ein Schreibzeuge oder zweiter Notar ist nur dann „zugezogen", wenn er sich bewusst ist, dass er bei der Errichtung einer öffentlichen Urkunde mitwirkt und wenn er mit Rücksicht hierauf dem Vorlesen und der Genehmigung der Niederschrift seine Aufmerksamkeit widmet und am gesamten Beurkundungshauptverfahren, also dem Vorlesen und der Genehmigung teilnimmt.[20] Wird er später zugezogen, so sind die versäumten Teile des Beurkundungsvorgangs in seiner Gegenwart zu wiederholen, da der Schreibzeuge mit seiner Unterschrift die Abgabe der Willenserklärung des Behinderten dokumentiert, auch wenn er auf die Willenserklärung selbst keinen Einfluss nimmt.[21] Die Mitwirkungsverbote der §§ 26, 27 gelten für den gem. § 25 S. 1 beigezogenen Schreibzeugen nach dem Gesetzeswortlaut nicht.[22]

Der Notar soll in der Niederschrift die Schreibunfähigkeit sowie die Tatsachen ihrer Feststellung in einem Vermerk festhalten (S. 2).[23] Ebenso soll er in dem Vermerk die Zuziehung des Zeugen oder zweiten Notars festhalten. Unterlässt der Notar die Aufnahme solcher Vermerke, bleibt diese fehlende Feststellung in der Niederschrift auf die Wirksamkeit der in der Urkunde wiedergegebenen Willenserklärungen ohne Einfluss.[24]

Der **Schreibzeuge** oder zweite Notar unterschreibt anstelle des bzw. der Schreibunfähigen (S. 3).[25] Deren Unterschrift ersetzt damit die Unterschrift des bzw. der schreibunfä-

---

[14] BGH DNotZ 2003, 269.
[15] Kritisch auch *Kanzleiter* MittBayNot 2003, 243; *Heinemann* DNotZ 2003, 243; Staudinger/*Baumann*, 2018, BGB § 2247 Rn. 112.
[16] Staudinger/*Baumann*, 2018, BGB § 2247 Rn. 88 ff.
[17] *Baumann* RNotZ 2010, 310.
[18] BGHZ 28, 188 = DNotZ 1958, 650; *Frenz* ZNotP 1998, 373; Armbrüster/Preuß/Renner/*Seger* BeurkG § 25 Rn. 3.
[19] *Winkler* BeurkG § 25 Rn. 10; Grziwotz/Heinemann/*Heinemann* BeurkG § 25 Rn. 16 f.
[20] BayObLG 1984, 141 = DNotZ 1985, 217; Grziwotz/Heinemann/*Heinemann* BeurkG § 25 Rn. 19; *Winkler* BeurkG § 25 Rn. 11.
[21] OLG Hamm DNotZ 2013, 233 Rn. 22.
[22] Grziwotz/Heinemann/*Heinemann* BeurkG § 25 Rn. 18 fordern gleichwohl (aber ohne nähere Begründung) die Beachtung der Mitwirkungsverbote gem. §§ 26, 27. Dem mag aus Zweckmäßigkeitsgründen grds. zuzustimmen sein mit der Maßgabe, dass ein Verstoß weder eine Dienstpflichtverletzung des Notars begründet, noch zur Unwirksamkeit der Urkunde führt; OLG Hamm DNotZ 2013, 233.
[23] Grziwotz/Heinemann/*Heinemann* BeurkG § 25 Rn. 21 ff. mit Formulierungsmustern.
[24] *Winkler* BeurkG § 26 Rn. 16; Reimann/Bengel/Mayer/*Bengel* BeurkG § 25 Rn. 10.
[25] Grziwotz/Heinemann/*Heinemann* BeurkG § 25 Rn. 26 f.

higen Urkundsbeteiligten. Daher kann auf den Schreibzeugen bzw. zweiten Notar und seine Unterschrift vom Urkundsbeteiligten[26] nicht verzichtet werden. Die Unterschrift des **Schreibzeugen** ersetzt die des Schreibunfähigen oder auch die Unterschriften mehrerer Schreibunfähiger. **Ein** Schreibzeuge genügt, auch wenn mehrere Urkundsbeteiligte schreibunfähig sind.

10   Die nach § 24 zugezogene Verständigungsperson,[27] der Dolmetscher (§ 16) und der Gebärdensprachdolmetscher (§ 22) können nicht zugleich Schreibzeuge sein.[28]

D. Rechtsfolgen

11   Die **fehlende Feststellung** der Schreibunfähigkeit oder Zuziehung lassen die Wirksamkeit der Urkunde unberührt.[29] Die **fehlende Zuziehung** oder die **fehlende Unterschrift** des Schreibzeugen oder zweiten Notars führen zur **Nichtigkeit** der Urkunde,[30] **selbst wenn die Schreibunfähigkeit in der Urkunde nicht festgestellt ist.**

§ 26 Verbot der Mitwirkung als Zeuge oder zweiter Notar

(1) **Als Zeuge oder zweiter Notar soll bei der Beurkundung nicht zugezogen werden, wer**
1. selbst beteiligt ist oder durch einen Beteiligten vertreten wird,
2. aus einer zu beurkundenden Willenserklärung einen rechtlichen Vorteil erlangt,
3. mit dem Notar verheiratet ist,
3a. mit ihm eine Lebenspartnerschaft führt oder
4. mit ihm in gerader Linie verwandt ist oder war.

(2) **Als Zeuge soll bei der Beurkundung ferner nicht zugezogen werden, wer**
1. zu dem Notar in einem ständigen Dienstverhältnis steht,
2. minderjährig ist,
3. geisteskrank oder geistesschwach ist,
4. nicht hinreichend zu hören, zu sprechen oder zu sehen vermag,
5. nicht schreiben kann oder
6. der deutschen Sprache nicht hinreichend kundig ist; dies gilt nicht im Falle des § 5 Abs. 2, wenn der Zeuge der Sprache der Niederschrift hinreichend kundig ist.

A. Normzweck

1   Die Vorschrift soll durch die festgelegten Mitwirkungsverbote ein ordnungsgemäßes Beurkundungsverfahren bei behinderten Urkundsbeteiligten gewährleisten. Sie beschränkt den Katalog der allgemeinen Mitwirkungsverbote der §§ 3, 6, 7 für den Zeugen oder zweiten Notar. Angehörige des behinderten Beteiligten, die er kennt und denen er vertraut, sollen nicht ausgeschlossen werden.[1]

---

[26] *Winkler* BeurkG § 25 Rn. 13.
[27] OLG Hamm DNotZ 2000, 706 = NotBZ 2000, 268 mAnm *Lösler* = FGPrax 2000, 151 mAnm *Krug*.
[28] Armbrüster/Preuß/Renner/*Seger* BeurkG § 25 Rn. 8; Reimann/Bengel/Mayer/*Bengel* BeurkG § 25 Rn. 9; *Lerch* BeurkG § 25 Rn. 5a; *Winkler* BeurkG § 25 Rn. 11; Grziwotz/Heinemann/*Heinemann* BeurkG § 25 Rn. 20.
[29] Grziwotz/Heinemann/*Heinemann* BeurkG § 25 Rn. 28 f.; *Winkler* BeurkG § 25 Rn. 16.
[30] Soergel/*Mayer* BeurkG § 25 Rn. 4; *Winkler* BeurkG § 25 Rn. 16.
[1] Armbrüster/Preuß/Renner/*Seger* BeurkG § 26 Rn. 1.

B. Anwendungsbereich

Die Vorschrift legt in inhaltlich teilweiser Übereinstimmung mit den §§ 3, 6 und 7 die Mitwirkungsverbote für die Zeugen und den zweiten Notar bei der Beurkundung mit behinderten Personen gem. §§ 22, 25, 29 fest. Sie findet nur auf die mitwirkenden Zeugen und den zweiten Notar, **nicht** aber auf Dolmetscher (vgl. § 16 Abs. 3 S. 2), Gebärdensprachdolmetscher (§ 22 Abs. 1), zugezogene Personen, mit denen der Behinderte sich zu verständigen vermag (vgl. aber § 24 Abs. 2) oder Erkennungszeugen Anwendung.[2] Der Notar sollte zum Schutz eines unabhängigen und unparteilichen Beurkundungsverfahrens darauf hinwirken, dass auch die genannten Hilfspersonen des öffentlich-rechtlichen Beurkundungsverfahrens nur beigezogen werden, wenn sie nicht unter das Verbot des § 26 fallen.[3]

C. Regelungsinhalt

I. Allgemeines

Die Auswahl des Zeugen oder zweiten Notars steht dem beurkundenden Notar zu.[4] Die Beteiligten haben keinen Anspruch auf die Auswahl bestimmter Personen als Zeugen.

Besteht ein Mitwirkungsverbot, soll die betreffende Person als Zeuge oder zweiter Notar zur Beurkundung nicht zugezogen werden. Der Notar hat das Bestehen von Mitwirkungsverboten vor der Beurkundung zu klären. Werden die Tatsachen eines Mitwirkungsverbotes erst während des Beurkundungshauptverfahrens bekannt, so ist eine andere Person beizuziehen. Das Beurkundungshauptverfahren muss wiederholt werden,[5] um den Anforderungen des § 26 zu genügen.

II. Regelungen in Abs. 1

Abs. 1 gilt für die **Zeugen** und den **zweiten Notar**, sowie bei gerichtlichen und konsularischen Beurkundungen für den entsprechenden Personenkreis. Beim Bürgermeistertestament (§ 2249 BGB) gelten nur Nr. 3, Nr. 3a und Nr. 4.[6]

In Nr. 3a und Nr. 4 sollte zur Klarstellung das Wort „ihm" jeweils durch „dem Notar" ersetzt werden. Zu prüfen bliebe auch, ob in Nr. 4 die Worte „oder war" nicht entfallen können, da sie nur in den seltenen Fällen nach Auflösung einer Verwandtschaft (Anfechtung der Vaterschaft, Adoption mit starken Wirkungen) gelten, in denen aber keine emotionale Bindung besteht.

– **Nr. 1** entspricht § 6 Abs. 1 Nr. 1 und Nr. 4. Wer formell (§ 6 Abs. 2) selbst beteiligt oder vertreten ist, soll nicht gleichzeitig als Zeuge oder zweiter Notar mitwirken.
– **Nr. 2** entspricht §§ 7 und 24 Abs. 2, indem er die Mitwirkung einer Person als Zeuge oder zweiter Notar verbietet, falls diese durch die zu beurkundende Willenserklärung einen rechtlichen Vorteil erlangt. Nr. 2 gilt gem. § 27 auch für Personen, die in einer Verfügung von Todes wegen bedacht oder zum Testamentsvollstrecker ernannt werden.[7] Geschäftsfähige Kinder des Erblassers können daher als Zeugen bei einer Testamentserrichtung mitwirken, solange sie selbst nicht bedacht werden. Dies ist zumindest dann

---

[2] *Winkler* BeurkG § 26 Rn. 2; *Armbrüster/Preuß/Renner/Seger* BeurkG § 26 Rn. 3.
[3] *Frank* NotBZ 2003, 9; *Grziwotz/Heinemann/Heinemann* BeurkG § 26 Rn. 3; *Winkler* BeurkG § 26 Rn. 2.
[4] *Armbrüster/Preuß/Renner/Seger* BeurkG § 26 Rn. 13; *Winkler* BeurkG § 26 Rn. 3.
[5] *Dumoulin* DNotZ 1973, 56.
[6] Dazu Staudinger/*Baumann*, 2018, BGB § 2249 Rn. 29.
[7] Dazu OLG Hamm NotBZ 2012, 111.

bedenklich, wenn die als Zeugen auftretenden Kinder einen indirekten Vorteil erlangen. Tritt zB als Zeuge ein Kind auf, dessen Abkömmlinge zu alleinigen Erben unter gleichzeitigem Ausschluss anderer Kinder des Erblassers eingesetzt werden, so ist zwar kein unmittelbarer rechtlicher Vorteil erlangt; wegen der Interessenkollision sollte der Notar von einer Hinzuziehung dieses Zeugen abraten, auch wenn die Wirksamkeit der Beurkundung nicht berührt wird.[8]

– **Nr. 3** entspricht § 6 Abs. 1 Nr. 2. Der Ausschluss als Zeuge oder zweiter Notar bezieht sich auf den Ehepartner des beurkundenden Notars im Zeitpunkt der Beurkundung. Verlobte oder frühere Ehepartner des Notars des Beteiligten sind als Zeugen nicht ausgeschlossen.[9]

– **Nr. 3a** entspricht § 6 Abs. 1 Nr. 2a. Der Ausschluss bezieht sich nur auf den eingetragenen Lebenspartner des beurkundenden Notars im Zeitpunkt der Beurkundung.

– **Nr. 4** entspricht § 6 Abs. 1 Nr. 3. Nur die Verwandten des Notars auf- und absteigender Linie sind als Zeugen oder als zweiter Notar ausgeschlossen, nicht die Verwandten des Beteiligten.

III. Regelungen in Abs. 2

7 Abs. 2 gilt **nur für Zeugen,** nicht für den zweiten Notar. Abs. 2 gilt auch für das Bürgermeistertestament (§ 2249 BGB).

8 Beim Dreizeugentestament (§ 2250 BGB) gelten nur Nr. 2 bis Nr. 5.[10]

– **Nr. 1** entspricht § 3 Abs. 1 Nr. 5 Hs. 2. Als Zeugen sind an der Mitwirkung danach nicht nur die Mitarbeiter im Notariat verhindert, sondern auch Angestellte des Notars im privaten Bereich oder im Bereich ausgeübter Nebentätigkeiten,[11] weil eine Abhängigkeit der Zeugen vermieden werden soll. Das Mitwirkungsverbot gilt auch bei Angestellten von Notarvertretern und Notariatsverwaltern. Kein ständiges Dienstverhältnis zum Notar besteht mit Notarassessoren oder zur Ausbildung zugewiesenen Referendaren sowie mit Notariatsbeamten oder Notarkassenangestellten;[12] gleichwohl sollte der Notar wegen der bestehenden dienstlichen Weisungsbefugnis von einer Hinzuziehung solcher Personen als Zeugen möglichst absehen.[13] Ein ständiges Dienstverhältnis des Zeugen zu einem Beteiligten oder einem von ihm Vertretenen führt nicht zu einem Mitwirkungsverbot.

– **Nr. 2:** Minderjährig ist eine Person bis zur Vollendung des 18. Lebensjahres (§ 2 BGB), sofern sie nicht für volljährig erklärt ist (§§ 2, 3 BGB).

– **Nr. 3:** Geisteskrankheit und Geistesschwäche (§ 104 Nr. 2 BGB) eines Zeugen schließen dessen Mitwirkung aus. Da diese Tatbestände idR nur von psychiatrischen oder neurologischen Sachverständigen zuverlässig beurteilt werden können,[14] sollte der Notar bereits bei Zweifeln an der Geschäftsfähigkeit von einer Hinzuziehung der Person als Zeuge absehen. Der unter Betreuung Gestellte (§§ 1896 ff. BGB) fällt nicht automatisch unter Nr. 3, selbst wenn ein Einwilligungsvorbehalt gem. § 1903 BGB angeordnet ist, wohl aber bei Vorliegen von Geistesschwäche. Ein seine Geistesfähigkeiten beeinträchtigend unter Medikamenten-, Drogen- oder Alkoholeinfluss stehender Zeuge sollte vom Notar abgelehnt werden.[15] Wegen des Normzwecks, einen zuverlässigen Zeugen bei der Beurkundung zu haben, sollte der Notar bei Zweifeln an der Geeignetheit einen anderen Zeugen hinzuziehen.

---

[8] Ebenso *Winkler* BeurkG § 26 Rn. 6.
[9] Armbrüster/Preuß/Renner/*Seger* BeurkG § 26 Rn. 5.
[10] Soergel/*Mayer* BeurkG § 26 Rn. 9 mwN.
[11] *Winkler* BeurkG § 26 Rn. 8; Armbrüster/Preuß/Renner/*Armbrüster*, 5. Aufl., BeurkG § 26 Rn. 8.
[12] Staudinger/*Hertel* BeurkG Vorb. zu §§ 127a, 128 Rn. 563; *Winkler* BeurkG § 26 Rn. 8.
[13] Ebenso Armbrüster/Preuß/Renner/*Armbrüster*, 5. Aufl., BeurkG § 26 Rn. 8; aA Armbrüster/Preuß/Renner/*Seger* BeurkG § 26 Rn. 8.
[14] Staudinger/*Baumann*, 2018, BGB § 2229 Rn. 70.
[15] Ähnlich Grziwotz/Heinemann/*Heinemann* BeurkG § 26 Rn. 15.

– **Nr. 4** schließt sich an den Wortlaut des § 22 an.
– **Nr. 5** Nicht schreiben kann, wer, zB als Analphabet, schreibunkundig oder verletzungsbedingt schreibunfähig ist oder die Schriftzeichen der Urkundssprache nicht beherrscht.[16] Die Regelung stellt auf die generelle Schreibunfähigkeit ab – nicht nur auf die bloße Fähigkeit eine Unterschrift zu leisten.[17] Ein nach § 25 hinzugezogener Schreibzeuge muss nur seinen Namen schreiben können, damit die Beurkundung wirksam ist.[18] Die in § 25 vorgesehene Erleichterung soll für Zeugen gem. Nr. 5 nicht gelten, da der Notar gegebenenfalls einen anderen Zeugen beiziehen kann.[19]
– **Nr. 6** soll gewährleisten, dass der Zeuge die Urkundssprache beherrscht, damit er der Verhandlung inhaltlich folgen kann.

D. Rechtsfolgen

§ 26 ist Sollvorschrift. Ein Verstoß gegen die Sollbestimmungen führt nicht zur Unwirksamkeit der Beurkundung, kann aber die Beweiskraft der öffentlichen Urkunde schwächen und bei bewusster Missachtung der Vorschrift haftungs- und disziplinarrechtliche Folgen für den Notar nach sich ziehen können.[20] Die „Sollbestimmung" gilt auch für den nach § 25 notwendig beizuziehenden Schreibzeugen, da er auf die Willenserklärung des schreibunkundigen Beteiligten keinen Einfluss nimmt; er muss jedoch wegen § 25 S. 3 mindestens seinen Namen schreiben können, damit die Beurkundung wirksam ist.[21]

5. Besonderheiten für Verfügungen von Todes wegen

Schrifttum (geordnet nach Erscheinungsdatum): *Rossak,* Kann ein schreibunfähiger Stummer ein Testament errichten?, MittBayNot 1991, 193; *Ertl,* Gestaltung von Testamenten und anderen Rechtsgeschäften für den Todesfall von sprech- und schreibbehinderten Personen, MittBayNot 1991, 196; *Moritz,* Der Notar-Sozius als Testamentsvollstrecker, NJW 1992, 3215; *Reimann,* Notare als Testamentsvollstrecker, DNotZ 1994, 659; *Rossak,* Die Testierfähigkeit bzw Testiermöglichkeit Mehrfachbehinderter, ZEV 1995, 236; *Frenz,* Verfahrensrechtliche Besonderheiten bei der Beurkundung von Testamenten mit behinderten Personen, ZNotP 1998, 373; *Lösler,* Zur Testiermöglichkeit schreib- und sprechunfähiger Stummer, NotBZ 1999, 185; *Rossak,* Folgen des verfassungswidrigen Ausschlusses Mehrfachbehinderter von jeglicher Testiermöglichkeit für die notarielle Praxis, ZEV 1999, 254; *Frenz,* Verfahrensrechtliche Besonderheiten bei der Beurkundung von Testamenten mit behinderten Personen, ZAP 2000, 1127, Fach 12, 87; *Rohlfing/Mittenzwei,* Die verfassungsrechtliche Beurteilung des Ausschlusses von Mehrfachbehinderten von der Testierfähigkeit, FamRZ 2000, 654; *Nieder,* Testamentserrichtung äußerungsbehinderter Erblasser, ZNotP 2001, 335; *Rossak,* Neue Vorschriften zum materiellen Recht der Testamentserrichtung und zum Beurkundungsrecht bei Beteiligung von behinderten Erblassern, ZEV 2002, 435; *Reimann,* Die Änderungen des Erbrechts durch das OLG-Vertretungsänderungsgesetz, FamRZ 2002, 1383; *Frank,* Erbrechtliche Regelungen des OLG-VertRÄndG, NotBZ 2003, 8; *von Dickhuth-Harrach,* Testament durch Wimpernschlag – Zum Wegfall des Mündlichkeitserfordernisses bei der Beurkundung von Testamenten und Erbverträgen, FamRZ 2003, 493; *Nieder,* Errichtung von Testamenten erklärungsbehinderter Erblasser, ZNotP 2003, 202.

---

[16] *Winkler* BeurkG § 26 Rn. 12; aA Bamberger/Roth/*Litzenburger* BeurkG § 26 Rn. 3: Zeuge muss nur seinen Namen schreiben können; für das Ergebnis in der Praxis bedeutungslos, da nur Sollvorschrift und die Fähigkeit, die Unterschrift zu leisten, jedenfalls ausreicht, um dem Notar keine haftungs- oder disziplinarrechtlich relevanten Verstöße vorwerfen zu können.
[17] *Winkler* BeurkG § 26 Rn. 12.
[18] *Lerch* BeurkG § 27 Rn. 8.
[19] Ähnlich *Winkler* BeurkG § 26 Rn. 12; aA Bamberger/Roth/*Litzenburger* BeurkG § 26 Rn. 3.
[20] Soergel/*Mayer* BeurkG § 26 Rn. 15; Grziwotz/Heinemann/*Heinemann* BeurkG § 26 Rn. 21; *Winkler* BeurkG § 26 Rn. 14.
[21] *Winkler* BeurkG § 26 Rn. 14.

Vorbemerkungen zu §§ 27 bis 35

1 Die §§ 27 bis 35 gelten für alle öffentlichen Testamente (§§ 2231 Nr. 1, 2232 BGB), Erbverträge (§ 2276 BGB), öffentliche Widerrufstestamente (§ 2254 BGB), Aufhebungsverträge von Erbverträgen (§ 2290 Abs. 4 BGB), Rücktrittserklärungen vom Erbvertrag gem. § 2297 BGB sowie Schenkungsversprechen von Todes wegen (§ 2301 BGB).[1] Da die Formvorschriften des BGB – soweit sie die notarielle Beurkundungsform vorschreiben – Legalverweisungen auf notarielle Verfahrensvorschriften beinhalten, erschließt sich das Verständnis dieser Verfahrensvorschriften – insbesondere bei den Formvorschriften der Verfügungen von Todes wegen[2] – nur im Regelungskonnex mit den materiell-erblichen Vorschriften des BGB.[3]

2 Für alle Erbfälle seit dem 17.8.2015 mit internationalem Bezug gilt die **Europäische Erbrechtsverordnung.**[4] Gemäß Art. 21 Abs. 1 EuErbVO richtet sich die Anwendbarkeit des materiellen Rechts nicht mehr nach der Staatsangehörigkeit des Erblassers, also bei deutschen Erblassern nicht zwingend nach dem BGB, sondern nach dem letzten gewöhnlichen Aufenthalt des Erblassers, sofern er keine Rechtswahl gem. § 22 EuErbVO getroffen hat.

3 Die §§ 27 bis 35 finden **keine Anwendung** auf die Anfechtung des Erbvertrages (§ 2282 Abs. 3 BGB), den Rücktritt vom Erbvertrag gem. § 2296 BGB, den einseitigen Widerruf des gemeinschaftlichen Testaments (§§ 2270, 2271 BGB), den Erb- oder Pflichtteilsverzichtsvertrag (§§ 2346, 2348 BGB),[5] den Zuwendungsverzicht (§ 2352 BGB) und die Aufhebung des Erbverzichts (§ 2351 BGB).

§ 27 Begünstigte Personen

Die §§ 7, 16 Abs. 3 Satz 2, § 24 Abs. 2, § 26 Abs. 1 Nr. 2 gelten entsprechend für Personen, die in einer Verfügung von Todes wegen bedacht oder zum Testamentsvollstrecker ernannt werden.

A. Normzweck

1 Die Vorschrift soll ein ordnungsgemäßes Beurkundungsverfahren bei der Errichtung einer öffentlichen Verfügung von Todes wegen (öffentliches Testament, Erbvertrag) durch Wahrung der Unparteilichkeit des Notars gewährleisten.[1] Die Interessen Dritter sollen keinen Einfluss auf die letztwilligen Verfügungen nehmen.[2]

B. Anwendungsbereich

2 Die Vorschrift ist auf alle **öffentlichen** letztwilligen Verfügungen von Todes wegen **(beurkundete Testamente und Erbverträge),** Widerrufstestamente, Aufhebungsverträge und Rücktrittserklärungen von Erbverträgen sowie auf Schenkungsversprechen von Todes wegen anzuwenden, nicht auf Erb-, Pflichtteils- und Zuwendungsverzichte.[3]

---

[1] Armbrüster/Preuß/Renner/*Seger* BeurkG Vorb. zu §§ 27–35 Rn. 2; *Lerch* BeurkG § 27 Rn. 1.
[2] Staudinger/*Baumann*, 2018, BGB § 2230 Rn. 18 ff.
[3] Zu Recht weist Armbrüster/Preuß/Renner/*Seger* BeurkG Vorb. zu §§ 27–35 Rn. 1, 6 auf diesen Regelungszusammenhang hin.
[4] Verordnung (EU) Nr. 650/2012 v. 4.7.2012 mit dem deutschen Ausführungsgesetz v. 29.6.2015, BGBl. I 1042.
[5] OLG Düsseldorf RNotZ 2014, 56 (Ls.) mAnm *Armasow* = MittBayNot 2014, 281 mAnm *Winkler*.

[1] MüKoBGB/*Sticherling* BeurkG § 27 Rn. 1.
[2] MüKoBGB/*Sticherling* BeurkG § 27 Rn. 1.
[3] OLG Hamm NotBZ 2014, 54; → BeurkG Vorb. §§ 27–35 Rn. 3.

C. Regelungsinhalt

Die aufgeführten §§ 7, 16 Abs. 3 S. 2, 24 Abs. 2 erklären **Beurkundungen von Willenserklärungen für unwirksam,** in welchen den dort genannten Personen ein rechtlicher Vorteil verschafft wird. Die ebenfalls in Bezug genommene Regelung des § 26 Abs. 1 Nr. 2, die nur den Zeugen oder zweiten Notar betrifft, führt nicht zur Unwirksamkeit, sondern mindert die Beweiskraft der Urkunde.[4] § 27 erweitert den Anwendungsbereich der zitierten Vorschriften, falls die betreffenden Personen in einer Verfügung von Todes wegen bedacht oder zum Testamentsvollstrecker ernannt werden.

Bedacht ist jeder, der aufgrund letztwilliger Verfügung einen Vermögensvorteil erhalten kann,[5] also Erben (auch Vor- und Nacherben), Ersatzerben, Vermächtnisnehmer (auch Vor- und Nachvermächtnisnehmer), Ersatzvermächtnisnehmer. Aufgrund des Normzwecks sollten auch Auflagenbegünstigte als Bedachte anzusehen sein (streitig).[6] Zwar haben Begünstigte aus einer Auflage nach § 1940 BGB keinen eigenen Anspruch auf Vollziehung bzw. Erfüllung, jedoch kann zB jeder Miterbe oder ein Testamentsvollstrecker den Vollzug der Auflage verlangen. Insofern kann auch der Auflagenbegünstigte durch die Verfügung von Todes wegen bedacht werden.[7]

Unwirksam sind auch letztwillige Anordnungen, in denen dem Notar das Bestimmungsrecht eingeräumt wird, den Vermächtnisnehmer auszuwählen, den Gegenstand oder die Höhe der Zuwendung festzulegen oder den Testamentsvollstrecker zu benennen.[8] Materiell-rechtlich wirksam sind zwar eigenhändige Testamente, in denen der Urkundsnotar selbst im Anschluss an das Beurkundungsverfahren eines notariellen Testaments zum Testamentsvollstrecker eingesetzt wird; erfolgt die Errichtung eines solchen privatschriftlichen Testaments aufgrund Beratung durch den Urkundsnotar, ist ein solches Trennungsverfahren wegen der Selbstbegünstigung und des Verstoßes gegen die Amtspflicht zur Unparteilichkeit jedoch standesrechtlich unzulässig und kann disziplinarrechtlich geahndet werden.[9]

Ist der beurkundende **Notar** selbst, sein Ehegatte oder früherer Ehegatte, sein (gegenwärtiger oder früherer) Verwandter oder Verschwägerter in gerader Linie oder in der Seitenlinie sein (gegenwärtiger oder früherer) Verwandter bis zum dritten Grade oder sein Verschwägerter bis zum zweiten Grad in dem notariellen Testament vom Erblasser als **Testamentsvollstrecker** eingesetzt, so ist die Anordnung der Testamentsvollstreckung unwirksam,[10] auch wenn der Testamentsvollstrecker keine Vergütung erhält, da es nicht auf den wirtschaftlichen, sondern auf den rechtlichen Vorteil der Testamentsvollstreckerernennung ankommt.[11] Auch die Mitbeurkundung eines Wunsches, den beurkundenden Notar durch das Nachlassgericht zum Testamentsvollstrecker zu ernennen, ist unwirksam.[12]

---

[4] → § 26 Rn. 9.
[5] MüKoBGB/*Sticherling* BeurkG § 27 Rn. 23.
[6] Wie hier Armbrüster/Preuß/Renner/*Seger* BeurkG § 27 Rn. 4; Lange/*Kuchinke* § 18 II 4c; Soergel/*Mayer* BeurkG § 27 Rn. 4; Bamberger/Roth/*Litzenburger* BeurkG § 27 Rn. 2; aA Erman/*M. Schmidt* BeurkG § 27 Rn. 3; MüKoBGB/*Sticherling* BeurkG § 27 Rn. 23; Reimann/Bengel/Mayer/*Bengel* BeurkG § 27 Rn. 4; *Winkler* BeurkG § 27 Rn. 7; *Lerch* BeurkG § 27 Rn. 3.
[7] Auf die „funktionale Nähe" zwischen Vermächtnis und Auflage weist auch Armbrüster/Preuß/Renner/*Armbrüster*, 5. Aufl., BeurkG § 27 Rn. 5 hin, der gleichwohl die Anwendbarkeit des § 27 ablehnt; anders Armbrüster/Preuß/Renner/*Seger* BeurkG § 27 Rn. 4, der sich mit guten Argumenten für die Anwendbarkeit ausspricht.
[8] BGH WM 1987, 564; ZEV 1997, 103; BayObLG NJW 1991, 3210; NJW-RR 1996, 9; MüKoBGB/*Sticherling* BeurkG § 27 Rn. 25.
[9] OLG Köln RNotZ 2018, 336 mAnm der Schriftleitung.
[10] OLG Oldenburg DNotZ 1990, 431 mit ablehnender Anm. *Reimann* DNotZ 1990, 433; zustimmend *Moritz* NJW 1992, 3215 f.; aA OLG Stuttgart DNotZ 1990, 430.
[11] *Armbrüster/Leske* ZNotP 2002, 46 schlagen Ersatzlösungen vor; dazu auch Armbrüster/Preuß/Renner/*Seger* BeurkG § 27 Rn. 6, der zutreffend darauf hinweist, dass der Notar derartige Gestaltungsempfehlungen nicht geben darf.
[12] AA OLG Stuttgart OLGZ 1990, 14; MüKoBGB/*Sticherling* BeurkG § 27 Rn. 27 mwN.

7 Da der eindeutige Wortlaut nur die Testamentsvollstreckerbenennung erfasst, wirkt sich die Benennung als Vormund (§§ 1776 ff. BGB), Betreuer (§ 1897 Abs. 4 BGB), Pfleger (§§ 1915, 1917 BGB) oder Beistand (§§ 1712 ff. BGB) auf die Wirksamkeit der Beurkundung nicht nach § 27 aus, selbst wenn mit der Wahrnehmung dieser Aufgaben eine Vergütung (vgl. §§ 1836, 1915 BGB) verbunden ist (streitig).[13] Aus standesrechtlichen Gründen – auch wenn ein Rechtsverbot nicht besteht – sollte der Notar von einer derartigen Gestaltung abraten, um den bloßen Anschein der Abhängigkeit und Parteilichkeit zu vermeiden.[14]

8 Ob die Unwirksamkeit auch bei Ernennung von Personen zum Testamentsvollstrecker gilt, die mit dem beurkundenden Notar zur gemeinsamen Berufsausübung verbunden sind, war streitig.[15] Der BGH hat aus Gründen der Rechtssicherheit wegen der Bedeutung des öffentlichen Testaments für den Rechtsverkehr eine solche Beurkundung zu Recht als wirksam angesehen.[16] Ist der Notar über den Berufsverbindungsvertrag selbst an den Einnahmen aus der Testamentsvollstreckervergütung beteiligt, bestehen aus berufs- und standesrechtlichen Gründen erhebliche Bedenken gegen die Testamentsvollstreckereinsetzung eines in Bürogemeinschaft Verbundenen, weil solche Verfügungen Unabhängigkeit und Unparteilichkeit des öffentlichen Notaramtes gefährden können.[17] Da wirtschaftliche Einnahmen über anderweitige Vergünstigungen versteckt erfolgen können, ist von einer Einsetzung eines mit dem Notar in Bürogemeinschaft Verbundenen zum Testamentsvollstrecker – bei entsprechend geäußertem Wunsch der Urkundsbeteiligten – dringend abzuraten, zumal der BGH[18] auf die Anfechtungsmöglichkeit nach § 2078 BGB[19] verwiesen hat und sich nach erfolgreicher Anfechtung Amtshaftungsansprüche gegen den beurkundenden Notar ergeben können. Außerdem kann – trotz der Wirksamkeit des öffentlichen Testaments – die Beweiskraft gemindert sein, wenn sich nachweisen lässt, dass der Notar – mittelbar aufgrund der Berufsverbindung – ein eigenes wirtschaftliches Interesse an der Beurkundung hatte. Dementsprechend statuiert § 3 Abs. 1 S. 1 Nr. 4 als Sollvorschrift ein Mitwirkungsverbot des Notars, bei allen Angelegenheiten einer Person, mit der sich der Notar zur gemeinsamen Berufsausübung verbunden oder mit der er gemeinsame Geschäftsräume hat.[20] Eine Verletzung dieser Sollvorschrift führt zwar nicht zur Unwirksamkeit der Testamentsvollstreckereinsetzung, kann aber für den Notar disziplinarrechtliche Folgen haben.[21] Der Notar kann zwar faktisch nicht verhindern, dass er selbst oder sein Sozius in einem eigenhändigen oder vor einem anderen Notar beurkundeten Testament zum Testamentsvollstrecker eingesetzt wird,[22] bei Interessenkollisionen mit seinem Notaramt aber die Testamentsvollstreckung ablehnen.

9 Obwohl die §§ 7, 27 insoweit nicht einschlägig sind, sollte der Notar keine Beurkundungen vornehmen, bei denen seine Angestellten oder Notarkassenbeschäftigte zu Testamentsvollstreckern eingesetzt werden. Die Bestellung von Mitarbeitern kann den bösen Schein schaffen, dass die Unparteilichkeit des Notars nicht gewahrt ist, umso mehr wenn Mitarbeiter im Angestelltenverhältnis den Weisungen des Notars unterliegen.

---

[13] Wie hier Erman/*M. Schmidt* BeurkG § 27 Rn. 3; *Winkler* BeurkG § 27 Rn. 8 mwN; Soergel/*Mayer* BeurkG § 27 Rn. 4; Armbrüster/Preuß/Renner/*Seger* BeurkG § 27 Rn. 5; aA Soergel/*Harder*, 12. Aufl., BeurkG § 27 Rn. 3.
[14] Armbrüster/Preuß/Renner/*Seger* BeurkG § 27 Rn. 5 weist aber auf die anders geartete Rechts- und Interessenlage hin.
[15] Für Unwirksamkeit OLG Oldenburg DNotZ 1990, 431.
[16] BGH DNotZ 1997, 466 (468) mit zustimmender Anm. *Reimann* = MittBayNot 1997, 248 mit zustimmender Anm. *Winkler* = JZ 1997, 951 mit kritischer Anm. *Moritz*.
[17] OLG Köln NJW 2005, 2092; *Lerch* BeurkG § 27 Rn. 2.
[18] BGH DNotZ 1997, 466 (468).
[19] Staudinger/*Otte*, 2013, BGB § 2078 Rn. 8 ff.
[20] Dazu MüKoBGB/*Sticherling* BeurkG § 27 Rn. 29.
[21] *Winkler* BeurkG § 3 Rn. 73.
[22] *Lerch* BeurkG § 28 Rn. 3.

Die Beurkundung einer **Vollmacht** über den Tod hinaus auf sich selbst kann der Notar nur dann vornehmen, wenn sie entweder dem Vollzug beurkundeter Rechtsgeschäfte oder ausschließlich den Interessen anderer Personen dient und dem Notar keinen Vorteil sachlicher oder rechtlicher Art gewährt.[23] Der Bevollmächtigte ist mit einer abstrakten Vollmacht noch nicht bedacht, kann es aber mit einem entgeltlichen Grundverhältnis sein. Unbedenklich sind dementsprechend Ermächtigungen und Vollmachten zum Vollzug von beurkundeten Rechtsgeschäften (sog. Durchführungsvollmachten eines beurkundeten Rechtsgeschäfts), die in letztwilligen Verfügungen allerdings sehr selten vorkommen (nicht unter Vollzugsvollmachten fallen Vollmachten zum Vollzug von Auflagen oder Vermächtnissen, weil deren Erfüllung dem Beschwerten obliegt und nicht zur Durchführung eines bereits beurkundeten Rechtsgeschäftes dient; der Vermächtniserfüllungsvertrag muss – soweit er beurkundungspflichtig ist – zuvor von den Beteiligten beurkundet werden). Eine vom Erblasser über den Tod hinaus dem Notar erteilte Vollmacht zur Verwaltung des Nachlasses darf dieser nicht selbst beurkunden.[24]

10

D. Rechtsfolgen

Ein Verstoß gegen § 27 iVm § 26 Abs. 1 Nr. 2 macht die Beurkundung nicht unwirksam, da diese Vorschrift Sollvorschrift ist,[25] sondern mindert nur die Beweiskraft. Ein Verstoß gegen § 27 iVm §§ 7, 16 Abs. 3 S. 2, 24 Abs. 2 führt, soweit diese Vorschriften zwingenden Inhalt haben, in entsprechender Anwendung des § 7 grds. nicht zur Unwirksamkeit der gesamten letztwilligen Verfügung,[26] sondern nur zur Nichtigkeit der Zuwendung an den Bedachten.[27] Nach § 2085 BGB ist zu beurteilen, ob die Unwirksamkeit dieser Zuwendung die Unwirksamkeit der gesamten Verfügung zur Folge hat.[28] Die Unwirksamkeit gilt auch, wenn der Notar bei Testamentserrichtung durch Übergabe einer verschlossenen Schrift[29] keine Kenntnis vom Inhalt hat. Genügt die verschlossene Schrift der Form des § 2247 BGB, so kann die Verfügung trotz Unwirksamkeit der Beurkundung als eigenhändiges Testament wirksam sein.[30]

11

§ 28 Feststellungen über die Geschäftsfähigkeit

Der Notar soll seine Wahrnehmungen über die erforderliche Geschäftsfähigkeit des Erblassers in der Niederschrift vermerken.

Schrifttum (geordnet nach Erscheinungsdatum): *Cording/Nedopil,* Psychiatrische Begutachtungen im Zivilrecht, 2014; *Wetterling,* Beeinträchtigung der Geschäfts-/Testierfähigkeit durch Medikamente, Alkohol und Drogen, ErbR 2015, 179; *Litzenburger,* Sind die notariellen Vermerkpflichten zur Geschäftsfähigkeit mit dem Grundrecht auf Schutz der Privatsphäre vereinbar?, ZEV 2016, 1; *Wetterling,* Mehr Schein als Sein – zum sogenannten Fassadenphänomen, ZNotP 2016, 60; *Heinemann,* Mehr sollen als Sein – zur Feststellung der Geschäfts- und Testierfähigkeit, ZNotP 2016, 170; *Zimmer,* „Die Fahrt ins Ungewisse?" – Darf der Notar vor der Auswärtsbeurkundung Nachweise zur Geschäftsfähigkeit verlangen?, NotBZ 2018, 176; s. auch die Literatur bei Staudinger/*Baumann,* 2018, BGB § 2229 Rn. 26.

---

[23] RGZ 155, 172 (178); BayObLGZ 1955, 161. Dieser Vorteil darf sich auch nicht aus dem der Vollmacht zugrunde liegenden Kausalverhältnis ergeben.
[24] BGHZ 15, 97; OLG Düsseldorf NJW 1959, 391.
[25] OLG Hamm NotBZ 2012, 111.
[26] Armbrüster/Preuß/Renner/*Seger* BeurkG § 27 Rn. 7.
[27] BayObLG FamRZ 1995, 1524; Armbrüster/Preuß/Renner/*Armbrüster* BeurkG § 27 Rn. 8; MüKoBGB/*Sticherling* BeurkG § 27 Rn. 26.
[28] Staudinger/*Otte,* 2013, BGB § 2085 Rn. 3 ff.
[29] Staudinger/*Baumann,* 2018, BGB § 2232 Rn. 43 ff.
[30] Staudinger/*Baumann,* 2018, BGB § 2231 Rn. 30; MüKoBGB/*Sticherling* BGB § 2232 Rn. 34; Soergel/*Mayer* BGB § 2232 Rn. 24; *Winkler* BeurkG § 27 Rn. 14.

A. Normzweck

1 Der Wahrnehmungsvermerk des Notars soll Beweisfunktionen erfüllen.[1] Diese sind bei Verfügungen von Todes wegen nach dem Tod des Erblassers von besonderer Bedeutung.[2] Die Vorschrift ist verfassungsgemäß, weil der Notar seine Feststellungen treffen kann, ohne die Persönlichkeitsrechte des Erblassers zu verletzen, indem er die Einzelheiten seiner Feststellungen zB außerhalb der öffentlichen Urkunde in einem beurkundeten Vermerk (Tatsachenbescheinigung) treffen kann,[3] der im Testamentsumschlag beizufügen ist.

B. Anwendungsbereich

2 § 28 findet als Ergänzung zu § 11[4] auf alle Beurkundungen von Verfügungen von Todes wegen (Testamenten, Erbverträgen) Anwendung. Die Vorschrift gilt auch für Bürgermeister- (§ 2249 BGB)[5] und Konsulartestamente (§§ 11 Abs. 1, 10 Abs. 3 KonsG)[6] und ist auf Nottestamente vor drei Zeugen (§§ 2250 Abs. 3, 2251 BGB) entsprechend anwendbar.[7]

C. Regelungsinhalt

3 Nach § 11 Abs. 1 soll der Notar **Zweifel** an der erforderlichen Geschäftsfähigkeit eines Beteiligten in der Niederschrift feststellen. Nach der weitergehenden Ordnungsvorschrift des § 28 soll der Notar seine **Wahrnehmungen** über die erforderliche Geschäftsfähigkeit des Erblassers in der Niederschrift vermerken, also die Geschäftsfähigkeit auch feststellen, wenn keine Zweifel bestehen. Dabei sollte, wenn der Notar keine Zweifel hat, sich seine Feststellung mit sprachlicher Eindeutigkeit darauf beschränken, dass der Notar sich von der Geschäftsfähigkeit überzeugt hat.[8] Schwere Erkrankungen des Erblassers sind nach § 11 Abs. 2 zusätzlich zu vermerken, soweit sie Einfluss auf die Geschäftsfähigkeit oder das Beurkundungsverfahren haben (also zB nicht, dass der Erblasser gehbehindert im Rollstuhl sitzt).

4 Der Notar hat sich ein eigenes Urteil über die Geschäftsfähigkeit zu bilden.[9] Durch welche Wahrnehmungen der Notar sich dieses Urteil bildet, steht in seinem pflichtgemäßen Ermessen,[10] wobei der Notar seine Feststellungen mit gebotener Sorgfalt zu treffen hat. Wie er seine Wahrnehmungen begründet, liegt ebenfalls im Ermessen des Notars.[11] Maßgebender Zeitpunkt für die Feststellungen ist das Beurkundungshauptverfahren, also der eigentliche Beurkundungsvorgang, weil die Geschäftsfähigkeit zu diesem Zeitpunkt vorliegen muss.[12] Der Notar kann beim Vorlesen und Erörtern des Urkundsinhalts im Rahmen seiner Belehrungen gem. § 17 die Verständnisfähigkeit des Erblassers einschätzen.[13] Sogenannte

---

[1] BT-Drs. V/3282, 34; OLG Frankfurt a. M. ZEV 2012, 542 (545); *Lichtenwimmer* MittBayNot 2002, 240.
[2] MüKoBGB/*Sticherling* BeurkG § 28 Rn. 1.
[3] *Winkler* BeurkG § 11 Rn. 16 und § 28 Rn. 11 ff.; aA mit *Litzenburger* ZEV 2016, 1.
[4] BT-Drs. V/3282, 34; OLG Celle MittBayNot 2008, 492 (493).
[5] Zum Bürgermeistertestament Staudinger/*Baumann*, 2018, BGB § 2249 Rn. 11 ff.
[6] Grziwotz/Heinemann/*Heinemann* BeurkG § 28 Rn. 2. Zu Konsulartestamenten Staudinger/*Baumann*, 2018, BGB Vorb. zu §§ 2229 ff. Rn. 49 ff.
[7] Grziwotz/Heinemann/*Heinemann* BeurkG § 28 Rn. 2; Staudinger/*Baumann*, 2018, BGB § 2250 Rn. 27 und § 2251 Rn. 10.
[8] OLG Düsseldorf DNotZ 2013, 620; *Kruse* NotBZ 2001, 405; *Winkler* BeurkG § 28 Rn. 11, 13; BeckOK BGB *Litzenburger* BeurkG § 28 Rn. 2.
[9] Ausführlich dazu OLG Celle MittBayNot 2008, 492 (493 ff.) mAnm *Winkler*.
[10] *Müller* DNotZ 2006, 325; *Cording/Foerster* DNotZ 2006, 329.
[11] OLG Celle MittBayNot 2008, 492 mAnm *Winkler*; MüKoBGB/*Sticherling* BeurkG § 28 Rn. 17.
[12] Armbrüster/Preuß/Renner/*Seger* BeurkG § 28 Rn. 7 mwN.
[13] Dazu MüKoBGB/*Sticherling* BeurkG § 28 Rn. 17 ff.

Screeningverfahren sind vom Notar nicht durchzuführen,[14] sondern – bei Vorliegen entsprechender Anhaltspunkte – von psychiatrischen oder neurologischen Sachverständigen. Die Feststellungen des Notars zur Geschäftsfähigkeit des Erblassers unterliegen der **freien gerichtlichen Beweiswürdigung nach § 286 ZPO**[15] und können insbesondere mit psychiatrischen oder neurologischen Sachverständigengutachten widerlegt werden.

Hat der Notar nur Zweifel an der Geschäftsfähigkeit des Erblassers, so ist er nicht berechtigt, die Beurkundung abzulehnen.[16] Eine Ablehnung der Beurkundung durch den Notar darf nur erfolgen,[17] wenn „jeder vernünftige Zweifel daran, dass der Beteiligte geschäfts- oder testierunfähig ist, schlechthin ausgeschlossen erscheint".[18] Wird die Beurkundung trotz begründeter Zweifel des Notars an der Geschäftsfähigkeit gewünscht, so sollte der Notar die Vorlage eines ärztlichen Attestes anregen, das der letztwilligen Verfügung beigefügt werden kann (bei einem Testament oder einem in besondere amtliche Verwahrung gegebenen Erbvertrag im Testamentsumschlag; beim in der Verwahrung des Notars verbleibenden Erbvertrag der Urschrift ohne Anlage oder Bestandteil der Urkunde zu sein). Ist das Attest von einem Neurologen erstellt, kommt ihm besonderes Gewicht zu, weil Neurologen spezifische Messverfahren zur Feststellung kognitiver Fähigkeiten einsetzen können.[19] Durch das Beifügen im versiegelten und vom Notar unterschriebenen Testamentsumschlag wird das Attest Bestandteil der öffentlichen Testamentsurkunde, nimmt am nachlassgerichtlichen Eröffnungsverfahren teil und ist nach Eröffnung auch Bestandteil des nachlassgerichtlichen Eröffnungsprotokolls. Bei der Beurkundung letztwilliger Verfügungen von Betreuten[20] sollte der Notar immer die Vorlage eines ärztlichen Attestes verlangen oder den Betreuer als Zeugen mitwirken lassen. Sind die Zweifel des Notars durch ein ärztliches Attest nicht auszuräumen, so muss der Notar seine Beobachtungen in der letztwilligen Verfügung niederlegen, ohne jedoch einen medizinisch abschließend wertenden Befund abzugeben.[21] Keinesfalls darf der Notar uneingeschränkt beurkunden, dass er sich von der Geschäftsfähigkeit überzeugt habe, wenn er Zweifel an der Geschäftsfähigkeit hat. Der Erblasser kann dem Notar die Aufnahme eines die Testierfähigkeit bezweifelnden Vermerks in die Verfügung von Todes wegen nicht untersagen.

Die Beurkundung ablehnen muss der Notar, wenn die Geschäftsunfähigkeit zweifellos feststeht. Dies ist zB der Fall, wenn das ärztliche Attest die Geschäftsunfähigkeit feststellt und diese Feststellung der Wahrnehmung des Notars entspricht. Kommt der Notar entgegen der Aussage des ärztlichen Attestes zur Überzeugung, der Erblasser sei testierfähig, so sollte er möglichst nur mit einem zweiten Attest oder mit sehr ausführlicher Dokumentation seiner abweichenden Wahrnehmungen beurkunden. In allen Zweifelsfällen sollte der Notar beurkunden,[22] weil der Schaden durch Errichtung eines unwirksamen Testaments geringer ist als der Schaden durch Unterlassung der Beurkundung eines wirksamen Testaments.[23]

---

[14] *Müller* DNotZ 2006, 325; *Winkler* MittBayNot 2008, 495; *Lerch* BeurkG § 28 Rn. 3; MüKoBGB/*Sticherling* BeurkG § 28 Rn. 17; Armbrüster/Preuß/Renner/*Seger* BeurkG § 28 Rn. 8; Grziwotz/Heinemann/*Heinemann* BeurkG § 11 Rn. 12 und § 28 Rn. 11; *Winkler* BeurkG § 28 Rn. 10; aA nur Stoppe/Lichtenwimmer DNotZ 2005, 806 (813); dagegen aus fachmedizinischer Sicht *Cording/Foerster* DNotZ 2006, 329.
[15] *Zimmermann* BWNotZ 2000, 97 (100); *Nieder* ZNotP 2003, 202.
[16] OLG München MittBayNot 2012, 68 (69); OLG Düsseldorf DNotZ 2013, 620 Rn. 23; *Winkler* BeurkG § 28 Rn. 9.
[17] Zum Beschwerdeverfahren bei Ablehnung der Beurkundung MüKoBGB/*Sticherling* BeurkG § 28 Rn. 26. Darüber hinaus drohen dem Notar Schadensersatzansprüche der potentiell Bedachten, falls der Erblasser ohne letztwillige Verfügung verstirbt.
[18] MüKoBGB/*Sticherling* BeurkG § 28 Rn. 20 mwN.
[19] *Cording* Fortschr Neurol Psychiat 2003, 71.
[20] *Cypionka* NJW 1992, 207 (208); *Weser* MittBayNot 1992, 161.
[21] MüKoBGB/*Sticherling* BeurkG § 28 Rn. 21; Grziwotz/Heinemann/*Heinemann* BeurkG § 28 Rn. 13.
[22] *Winkler* BeurkG § 28 Rn. 9: „muss beurkunden", weil er kein Recht zur Ablehnung hat.
[23] „In dubio pro testamento" so *Jerschke* ZEV 1994, 305; Staudinger/*Baumann*, 2018, BGB § 2229 Rn. 66; hM.

6 § 28 spricht ebenso wie § 11 von der „**erforderlichen Geschäftsfähigkeit**", nicht von der Testierfähigkeit des Erblassers. Da letztere aber von der Geschäftsfähigkeit umfasst wird,[24] sind beide Vorschriften auf die Beurkundung von **Erbverträgen** (Geschäftsfähigkeit) und Testamenten (Testierfähigkeit von Minderjährigen)[25] anwendbar. Allein körperliche Erkrankungen oder hohes Alter begründen noch keine Zweifel an der Geschäftsfähigkeit.[26] An die Testierfähigkeit sind keine strengeren Anforderungen als an die Geschäftsfähigkeit zu stellen,[27] vielmehr sind an die Annahme der Testier- und Geschäfts**unfähigkeit** strengere Anforderungen zu stellen.[28]

D. Rechtsfolgen

7 Den Feststellungen des Notars zur Testierfähigkeit kommt eine gewichtige indizielle Bedeutung zu.[29] Fehlt der Vermerk zu den Wahrnehmungen über die Geschäftsfähigkeit des Erblassers in der Niederschrift, so bleibt die Beurkundung wirksam.[30] Allerdings ist die Beweiskraft geschwächt, da öffentlich beurkundete Feststellungen zur Geschäftsfähigkeit fehlen. Die positive Feststellung des Notars, der Beteiligte sei im Zeitpunkt der Errichtung der Verfügung von Todes wegen geschäftsunfähig gewesen, kann durch qualifizierte neurologische Gutachten widerlegt werden.[31]

§ 29 Zeugen, zweiter Notar

[1] Auf Verlangen der Beteiligten soll der Notar bei der Beurkundung bis zu zwei Zeugen oder einen zweiten Notar zuziehen und dies in der Niederschrift vermerken.
[2] Die Niederschrift soll auch von diesen Personen unterschrieben werden.

A. Normzweck

1 Die Zuziehung von Zeugen oder eines zweiten Notars soll der Beurkundung zusätzliche Beweiskraft über die Geschäfts- bzw. Testierfähigkeit und Entschlussfreiheit des Erblassers, die materielle Richtigkeit der Niederschrift und die Ordnungsgemäßheit des Beurkundungsverfahrens geben.[1]

---

[24] Armbrüster/Preuß/Renner/*Seger* BeurkG § 28 Rn. 3, 7; Staudinger/*Baumann*, 2018, BGB § 2229 Rn. 12 ff.
[25] Zur Volljährigkeit von Ausländern *Süß* Rpfleger 2003, 54.
[26] OLG Bamberg DNotZ 2013, 863 (864 f.); OLG Brandenburg RNotZ 2014, 321 (322 f.); *Lichtenwimmer* MittBayNot 2002, 240 (244); *Winkler* BeurkG § 28 Rn. 8; Grziwotz/Heinemann/*Heinemann* BeurkG § 28 Rn. 9.
[27] AA *Busch* ErbR 2014, 90 (91 f.); ausdrücklich dagegen zu Recht Grziwotz/Heinemann/*Heinemann* BeurkG § 28 Rn. 10, der zudem rechtsvergleichend auf die Ausführungen von *Laimer* RabelsZ 77 (2013), 556 (586) hinweist, wonach im österreichischen Recht geringere Anforderungen an die Testier- als an die Geschäftsfähigkeit gestellt werden.
[28] OLG München MittBayNot 2012, 68 (69).
[29] OLG Düsseldorf FamRZ 2019, 317.
[30] MüKoBGB/*Sticherling* BeurkG § 28 Rn. 26.
[31] BayObLG NotBZ 2004, 433; weitergehend *Lerch* BeurkG § 28 Rn. 3, der einer Feststellung des Notars keinen Beweiswert beilegt. Dem ist zu widersprechen, weil der Notar als neurologischer Laie zwar keine fachärztliche Diagnose ersetzen kann, sehr wohl aber feststellen kann, ob der Testierende bei klarem Bewusstsein eigenständig gedachte Vorstellungen beurkunden lässt oder geistesgestört ist oder im Zeitpunkt der Beurkundung unter Drogen- oder Alkoholeinfluss steht. Dementsprechend handelt der Notar zwar nicht als neurologischer oder psychiatrischer Sachverständiger, aber als amtliche Zeugnisperson. So zutreffend Armbrüster/Preuß/Renner/*Armbrüster*, 5. Aufl., BeurkG § 28 Rn. 8; *Nieder* ZNotP 2003, 2002; *Müller* DNotZ 2006, 325 (326 ff.); zur retrospektiven Befundermittlung Cording/Nedopil, Psychiatrische Begutachtungen im Zivilrecht, Kap. 2, 3.
[1] *Winkler* BeurkG § 29 Rn. 3; *Lerch* BeurkG § 29 Rn. 1a; MüKoBGB/*Sticherling* BeurkG § 29 Rn. 1.

B. Anwendungsbereich

Die Vorschrift gilt für notarielle und konsularische (§ 16a Abs. 1 S. 1 KonsularG) Beurkundungsverfahren einer Verfügung von Todes wegen. Dagegen findet die Vorschrift auf das Bürgermeistertestament gem. § 2249 BGB keine Anwendung, weil nach § 2249 Abs. 1 S. 2 BGB ohnehin Zeugenzwang besteht. 2

C. Regelungsinhalt

Der Notar kann nicht nach eigenem Ermessen weitere Personen als Mitwirkende zur Testamentserrichtung hinzuziehen.[2] Nur wenn die Beteiligten dies **verlangen,** soll die Hinzuziehung eines oder zweier Zeugen oder eines zweiten Notars erfolgen.[3] Ein konkludentes Verlangen genügt.[4] Das Verlangen muss von allen Beteiligten gestellt werden;[5] das Verlangen nur eines Beteiligten ist unbeachtlich.[6] Die Vorschrift schließt als Sollvorschrift nicht aus, dass auf Verlangen der Beteiligten mehr als zwei Zeugen hinzugezogen werden, insbesondere wenn dies nach den Formvorschriften ausländischer Rechtsordnungen erforderlich ist.[7] 3

Das Verlangen und die Zuziehung sollen in der Niederschrift vermerkt werden. Werden keine Zeugen gewünscht, ist der Vermerk, dass die Zuziehung von Zeugen nicht gewünscht werde, immer noch – wohl aufgrund des ursprünglich vorgeschriebenen, erst durch das Testamentsgesetz vom 31.7.1938 beseitigten Zeugenzwangs – praxisüblich, aber keineswegs erforderlich.[8] 4

Die Niederschrift soll von den zugezogenen Personen unterschrieben werden. Nach § 6 Abs. 2 sind **an der Beurkundung beteiligt** die Erschienenen, deren Erklärungen beurkundet werden sollen. Diese müssen auch die Niederschrift unterschreiben (§ 13 Abs. 1) ebenso wie als mitwirkende Personen der Dolmetscher (§§ 16, 32) und der Notar. Der Dolmetscher (§ 16), der Gebärdensprachdolmetscher (§ 22) und die zur Verständigung zugezogene Person (§ 24) können nicht zugleich Zeugen sein. Die Zeugen gehören nicht zu den Beteiligten; auch der zweite Notar wird nicht mitbeurkundende Person, sondern steht einem Zeugen gleich. Daher bestimmt § 29 S. 2, dass die Niederschrift auch von diesen Personen unterschrieben werden soll. 5

D. Rechtsfolgen

Die Wirksamkeit der Beurkundung wird durch Formfehler nach § 29 (zB fehlende Unterschrift eines oder beider Zeugen oder des zweiten Notars) nicht berührt, da es sich um eine Sollvorschrift handelt.[9] Das Testament bleibt auch wirksam, wenn die nach freiem Ermessen zugezogenen Zeugen ungeeignet (zB geschäftsunfähig), nach §§ 26, 27 ausgeschlossen oder während des Beurkundungsverfahrens nicht anwesend waren.[10] Der nach 6

---

[2] Soergel/*Mayer* BeurkG § 29 Rn. 3.
[3] MüKoBGB/*Sticherling* BeurkG § 29 Rn. 5.
[4] *Haegele* Rpfleger 1969, 416; *Höfer* JurA 1970, 750; Staudinger/*Firsching*, 12. Aufl., BeurkG § 29 Rn. 7.
[5] Reimann/Bengel/Mayer/*Mayer* BeurkG § 29 Rn. 4; MüKoBGB/*Sticherling* BeurkG § 29 Rn. 3.
[6] Armbrüster/Preuß/Renner/*Seger* BeurkG § 29 Rn. 5.
[7] Erman/*M. Schmidt* BeurkG § 29 Rn. 3; MüKoBGB/*Sticherling* BeurkG § 29 Rn. 7; WürzNotar-HdB/*Limmer* Teil 1 Kap. 1 Rn. 117 weist zutreffend darauf hin, dass bei Testamenten, die im US-amerikanischen Rechtskreis Geltung beanspruchen, die Hinzuziehung von Zeugen (zur Sicherheit drei Zeugen) zu empfehlen ist.
[8] Armbrüster/Preuß/Renner/*Armbrüster*, 5. Aufl., BeurkG § 29 Rn. 7: „weder vorgeschrieben noch praktisch".
[9] *Winkler* BeurkG § 29 Rn. 12; Soergel/*Mayer* BeurkG § 29 Rn. 4.
[10] MüKoBGB/*Sticherling* BeurkG § 29 Rn. 19.

§ 25 notwendig zuzuziehende **Schreibzeuge** muss die Niederschrift unterschreiben, weil sonst die Beurkundung unwirksam ist.[11]

7 Kommt der Notar dem Verlangen der Beteiligten, Zeugen hinzuzuziehen, nicht nach, so wird die Wirksamkeit der letztwilligen Verfügung ebenfalls nicht berührt.[12] Die Wirksamkeit bleibt auch unberührt, wenn die Hinzuziehung gegen den Willen eines Beteiligten erfolgt, kann dann aber disziplinarrechtliche Folgen für den Notar haben (Verletzung der Verschwiegenheitspflicht).[13]

§ 30 Übergabe einer Schrift

[1] Wird eine Verfügung von Todes wegen durch Übergabe einer Schrift errichtet, so muß die Niederschrift auch die Feststellung enthalten, daß die Schrift übergeben worden ist. [2] Die Schrift soll derart gekennzeichnet werden, daß eine Verwechslung ausgeschlossen ist. [3] In der Niederschrift soll vermerkt werden, ob die Schrift offen oder verschlossen übergeben worden ist. [4] Von dem Inhalt einer offen übergebenen Schrift soll der Notar Kenntnis nehmen, sofern er der Sprache, in der die Schrift verfaßt ist, hinreichend kundig ist; § 17 ist anzuwenden. [5] Die Schrift soll der Niederschrift beigefügt werden; einer Verlesung der Schrift bedarf es nicht.

A. Normzweck

1 Die Vorschrift soll ein ordnungsgemäßes öffentliches Beurkundungsverfahren bei der Testaments- bzw. Erbvertragserrichtung durch Übergabe einer Schrift gewährleisten, um den letzten Willen des Erblassers zuverlässig festzuhalten.[1]

2 § 30 bildet die verfahrensrechtliche Ergänzung zur materiell-rechtlichen Regelung der Testamentserrichtung durch Übergabe einer Schrift gem. § 2232 BGB[2] und zur entsprechenden Errichtung eines Erbvertrages gem. § 2276 Abs. 1 S. 2 BGB.

B. Anwendungsbereich

3 Die Vorschrift findet auf notarielle und konsularische (§ 10 Abs. 3 KonsularG) Beurkundungsverfahren sowie auf das Bürgermeistertestament (§ 2249 Abs. 1 S. 4 BGB) Anwendung, soweit die Testamentserrichtung in diesen Fällen durch Übergabe einer Schrift erfolgt.[3] Gemäß § 33 gilt die Vorschrift auch für die Annahmeerklärung durch Übergabe einer Schrift des nicht testierenden Vertragspartners beim Erbvertrag.

C. Regelungsinhalt

4 Die Niederschrift[4] muss zwingend die Feststellung enthalten, dass die Schrift übergeben worden ist und den letzten Willen des Erblassers enthält (Muster: „Der Erschienene übergab eine verschlossene (oder: offene) Schrift und erklärte hierzu, dass diese seinen letzten Willen enthalte."). Die Beurkundungspflicht der Feststellung, dass die Schrift den letzten Willen des Erblassers enthält, ergibt sich aus § 9 Abs. 1 Nr. 2 BeurkG iVm § 2232 BGB.[5]

---

[11] *Winkler* BeurkG § 29 Rn. 12.
[12] BeckOK BGB/*Litzenburger* BeurkG § 29 Rn. 2.
[13] MüKoBGB/*Sticherling* BeurkG § 29 Rn. 20.
[1] MüKoBGB/*Sticherling* BeurkG § 30 Rn. 1.
[2] Einzelheiten zum Verfahren nach § 2232 BGB bei Staudinger/*Baumann*, 2018, BGB § 2232 Rn. 27 ff., 48 ff.
[3] MüKoBGB/*Sticherling* BeurkG § 30 Rn. 3.
[4] Zum Urkundsinhalt BeckFormB ErbR/*Keim* Form. B. II. 3.
[5] Dazu Staudinger/*Baumann*, 2018, BGB § 2232 Rn. 31 ff., 43 ff.

Die zum Ausschluss einer Verwechselung gem. S. 2 vorgesehene **Kennzeichnung der Schrift** kann durch den Notar oder den Erblasser erfolgen. Vor allem bei verschlossenen Schriften und bei nicht unterschriebenen maschinenschriftlichen Texten sollte die Kennzeichnung durch Namensaufschrift und Errichtungsdatum erfolgen. Die Art und Weise der Kennzeichnung der Schrift steht im pflichtgemäßen Ermessen des Notars.[6] Die Kennzeichnung kann durch eine genaue Beschriftung und die Bezeichnung des Erblassers und des Vorganges erfolgen oder durch Anbringung eines Merkmales, auf das in der Niederschrift verwiesen wird. Die Verbindung der übergebenen Schrift mit der Niederschrift durch Schnur und Siegel ist nicht vorgeschrieben, kann aber zweckmäßig sein.

In der Niederschrift soll vermerkt werden, ob die Schrift offen oder verschlossen übergeben worden ist (S. 3). Der Vermerk ist von Bedeutung, weil der Notar bei Übergabe einer **offenen Schrift** vom Inhalt dieser Schrift Kenntnis nehmen muss (S. 4), „sofern er der Sprache, in der die Schrift verfasst ist, hinreichend kundig ist" (vgl. § 5 Abs. 2). Den Notar trifft in diesem Fall bei Übergabe einer offenen Schrift die volle Prüfungs- und Belehrungspflicht des § 17.[7] Ist die offene Schrift in einer fremden Sprache abgefasst, die der Notar nicht hinreichend beherrscht, so soll er sich vom Erblasser über den Inhalt unterrichten lassen, um seinen Beratungs- und Belehrungspflichten nachzukommen.[8] Lehnt der Erblasser die Erörterung ab, so hat der Notar kein Recht und keine Amtspflicht, vom Inhalt Kenntnis zu nehmen. Er sollte vermerken, dass eine rechtliche Beratung nicht stattgefunden hat und er den Inhalt der fremdsprachigen Schrift nicht verstanden hat.

Bei einer **verschlossen übergebenen Schrift,** trifft den Notar die Prüfungs- und Belehrungspflicht nur in dem Umfang, in dem der Erblasser ihm den Inhalt mitteilt. Der Notar hat den Erblasser aber nach dem Inhalt der verschlossenen Schrift zu befragen, sofern dieser eine Erörterung nicht sofort ablehnt. Der Notar sollte, wenn der Erblasser eine Kenntnisnahme durch den Notar ablehnt, in der Beurkundungsverhandlung zumindest ermitteln, dass der Erblasser den Umschlag selbst verschlossen hat und ein Unterschieben eines fremden Umschlags ausgeschlossen ist, da die Schrift nicht vom Erblasser selbst gefertigt sein muss.[9] Im Übrigen gelten für das Beurkundungsverfahren die allgemeinen Regeln.

Die Niederschrift enthält bei einer übergebenen Schrift nicht die letztwillige Verfügung, sondern bezeugt nur den Akt der Übergabe an den Notar. Dieses Tatsachenprotokoll hat der Notar nach den allgemeinen Regeln einer notariellen Niederschrift vorzulesen, von den Erblassern genehmigen und unterschreiben zu lassen und selbst zu unterschreiben.

§ 30 S. 5 ordnet an, dass die übergebene Schrift der beurkundeten Niederschrift beigefügt werden soll.[10] Eine Verlesung der – offen – übergebenen Schrift ist nicht erforderlich,[11] eine Besprechung ihres Inhalts wegen der Prüfungs- und Belehrungspflicht des Notars[12] aber zweckmäßig. Nur die Niederschrift, mit welcher der Tatsachenvorgang der Übergabe protokolliert wird, ist vorlesungspflichtig.

D. Rechtsfolgen

Enthält die Niederschrift nicht die Feststellung, dass die Schrift übergeben worden ist oder die Erklärung des Erblassers, dass sie seinen letzten Willen enthält, so ist die Beurkundung unwirksam.[13] Der Vermerk in der Niederschrift, ob die Schrift offen oder verschlossen übergeben worden ist, dient nur Beweiszwecken. Die Nichtbeachtung der Soll-

---

[6] Vorschläge bei Armbrüster/Preuß/Renner/*Seger* BeurkG § 30 Rn. 9.
[7] Soergel/*Mayer* BeurkG § 30 Rn. 6; MüKoBGB/*Sticherling* BeurkG § 30 Rn. 9.
[8] AA Soergel/*Mayer* BeurkG § 30 Rn. 7; Armbrüster/Preuß/Renner/*Seger* BeurkG § 30 Rn. 13.
[9] Staudinger/*Baumann*, 2018, BGB § 2232 Rn. 48.
[10] *Lerch* BeurkG § 30 Rn. 9.
[11] MüKoBGB/*Sticherling* BeurkG § 30 Rn. 13.
[12] *Lerch* BeurkG § 30 Rn. 8.
[13] *Winkler* BeurkG § 30 Rn. 21.

vorschriften des Notars beeinflusst die Wirksamkeit der Beurkundung nicht,[14] kann aber als Amtspflichtverletzung geahndet werden, insbesondere wenn die Verstöße die Beweiskraft des öffentlichen Testaments schwächen.

§ 31 [aufgehoben][1]

§ 32 Sprachunkundige

[1] Ist ein Erblasser, der dem Notar seinen letzten Willen mündlich erklärt, der Sprache, in der die Niederschrift aufgenommen wird, nicht hinreichend kundig und ist dies in der Niederschrift festgestellt, so muß eine schriftliche Übersetzung angefertigt werden, die der Niederschrift beigefügt werden soll. [2] Der Erblasser kann hierauf verzichten; der Verzicht muß in der Niederschrift festgestellt werden.

A. Normzweck

1   Letztwillige Verfügungen müssen wegen der folgenreichen Wirkungen einer Verfügung von Todes wegen und weil der Erblasser sich im Zeitpunkt der Testamentseröffnung zu seinen Erklärungen und seinem wahren Willen nicht mehr äußern kann, richtig und unmissverständlich in dauerhaften Formen festgehalten werden. Daher schreibt § 32 als Regel vor, dass eine **schriftliche Übersetzung** angefertigt werden muss, wenn die mangelnde Sprachkunde in der Niederschrift festgestellt wird, während nach § 16 grds. die mündliche Übersetzung der Niederschrift genügt und nur auf Verlangen eines Beteiligten eine schriftliche Übersetzung angefertigt werden muss.[1] Indem der Erblasser auf die schriftliche Übersetzung verzichten kann, soll verhindert werden, dass die Beurkundung einer Testamentserrichtung nicht mehr wirksam durchgeführt werden kann, weil die Zeit zur vor oder während der Beurkundung anzufertigenden schriftlichen Übersetzung bei einem schwerkranken Erblasser nicht ausreicht, obwohl er seinen letzten Willen mit Hilfe eines Dolmetschers hinreichend erklärt hat.

B. Anwendungsbereich

2   Die Vorschrift gilt nur bei Errichtung einer Verfügung von Todes wegen durch mündliche Erklärung. Die Vorschrift ergänzt § 16 für Fälle, in denen der Erblasser, der seinen letzten Willen mündlich erklärt, die Beurkundungssprache nicht ausreichend beherrscht.
3   Die Vorschrift gilt nach § 33 auch für die Erklärungen des sprachunkundigen, nicht verfügenden Erbvertragschließenden. Sie gilt ferner für Konsulartestamente gem. § 10 Abs. 3 KonsularG und das Nottestament vor dem Bürgermeister gem. § 2249 Abs. 1 S. 4 BGB, nicht dagegen für Dreizeugentestamente.[2]
4   Wird ein Testament durch Übergabe einer Schrift errichtet, so gilt für das Beurkundungsverfahren mit Sprachunkundigen nur § 16. In diesem Fall muss nur das Protokoll der

---

[14] Grziwotz/Heinemann/*Heinemann* BeurkG § 30 Rn. 24 f.; *Winkler* BeurkG § 30 Rn. 21.
[1] *[§ 31 vom 1.1.2000 bis 31.7.2002:]* **§ 31 Übergabe einer Schrift durch Stumme**
[1] Ein Erblasser, der nach seinen Angaben oder nach der Überzeugung des Notars nicht hinreichend zu sprechen vermag (§ 2233 Abs. 3 des Bürgerlichen Gesetzbuchs), muß die Erklärung, daß die übergebene Schrift seinen letzten Willen enthalte, bei der Verhandlung eigenhändig in die Niederschrift oder auf ein besonderes Blatt schreiben, das der Niederschrift beigefügt werden soll. [2] Das eigenhändige Niederschreiben der Erklärung soll in der Niederschrift festgestellt werden. [3] Die Niederschrift braucht von dem behinderten Beteiligten nicht besonders genehmigt zu werden.
Vgl. hierzu die Kommentierung von *Baumann* in der 3. Aufl. 2011.
[1] → § 16 Rn. 9.
[2] MüKoBGB/*Sticherling* BeurkG § 32 Rn. 2.

notariellen Niederschrift, nicht die übergebene Schrift übersetzt werden, auf Wunsch des Erblassers auch schriftlich.[3] Wünscht der Erblasser eine rechtliche Beratung über die offen übergebene fremdsprachige Schrift, ist diese nur mündlich zu übersetzen.

C. Regelungsinhalt

Der Erblasser ist sprachunkundig,[4] wenn er sich in der Urkundssprache nicht hinreichend verständlich machen kann.[5] Urkundssprache ist gem. § 5 Abs. 1 grds. Deutsch.[6] Nur auf Verlangen aller Beteiligten kann der Notar (ohne Pflicht zur Beurkundung) in einer Fremdsprache beurkunden (§ 5 Abs. 2), sofern er über die zum Beurkundungsverfahren erforderlichen Sprachkenntnisse verfügt, Urkundssprache ist daher die vom Notar gewählte Sprache. Der Notar hat die Sprachunkundigkeit eines Beteiligten in der Niederschrift festzustellen. Die schriftliche Übersetzung kann vom Notar (bei entsprechender Fremdsprachenkenntnis) oder einem Übersetzer gefertigt sein. Die Niederschrift muss gem. § 16 Abs. 2 auch mündlich übersetzt werden. Die schriftliche Übersetzung ersetzt nicht die mündliche, sondern tritt zur zwingend gebotenen mündlichen Übersetzung hinzu. Die mündliche Übersetzung kann das Vorlesen des Notars ersetzen, nicht aber dessen Beratungen und Belehrungen, die im Beurkundungshauptverfahren ebenfalls zu übersetzen sind. Die mündliche Übersetzung ist nur dann entbehrlich, wenn die schriftliche Übersetzung vorgelesen wird.[7]

Die schriftliche Übersetzung kann dem Erblasser bzw. den Erbvertragsbeteiligten vorgelesen werden.[8] Die schriftliche Übersetzung hat der Notar nach § 34 mit der Testamentsniederschrift im Testamentsumschlag zu verschließen und in die amtliche Verwahrung zu bringen. Die Übersetzung bedarf keiner Genehmigung durch den Erblasser. Auf Verlangen der Beteiligten hat der Notar die schriftliche Übersetzung zur Durchsicht vorzulegen (§ 16 Abs. 2 S. 2).[9]

Der Erblasser kann auf die schriftliche Anfertigung der Übersetzung (§ 32 S. 2), nicht aber auf die mündliche Übersetzung verzichten (§ 16 Abs. 2). Da auf ein Beurkundungserfordernis verzichtet wird, muss der Verzicht in der Niederschrift – zu der auch der Abschlussvermerk als Teil der Niederschrift gehört – festgestellt werden.

D. Rechtsfolgen

Das Testament ist nichtig, wenn eine schriftliche Übersetzung trotz der in der Niederschrift getroffenen Feststellung der mangelnden Sprachkunde des Erblassers unterbleibt, es sei denn der Erblasser hat auf die schriftliche Übersetzung verzichtet und der Verzicht ist in der Niederschrift festgestellt.[10] Ohne mündliche Übersetzung ist das Testament eines Sprachunkundigen immer nichtig, da der Erblasser auf eine mündliche Übersetzung nicht verzichten kann (§ 16 Abs. 2). Ist der **Verzicht** auf die schriftliche Übersetzung **nicht in die Testamentsniederschrift aufgenommen,** so ist das **Testament** auch dann **nichtig,** selbst wenn der Verzicht vom Erblasser unstreitig erklärt wurde.[11] Ist die schriftliche Übersetzung der Niederschrift im Testamentsumschlag nicht beigefügt, so bleibt das Testament wirksam.

---

[3] *Winkler* BeurkG § 32 Rn. 7.
[4] Zur Sprachunkundigkeit Armbrüster/Preuß/Renner/*Seger* BeurkG § 32 Rn. 6.
[5] BGH DNotZ 1964, 174 (176).
[6] MüKoBGB/*Stichterling* BeurkG § 32 Rn. 5.
[7] *Winkler* BeurkG § 32 Rn. 4 mwN.
[8] *Winkler* BeurkG § 32 Rn. 10.
[9] *Lerch* BeurkG § 32 Rn. 3.
[10] MüKoBGB/*Stichterling* BeurkG § 32 Rn. 22.
[11] Reimann/Bengel/Mayer/*Bengel* BeurkG § 32 Rn. 14.

§ 33 Besonderheiten beim Erbvertrag

Bei einem Erbvertrag gelten die §§ 30 und 32 entsprechend auch für die Erklärung des anderen Vertragschließenden.

A. Normzweck

1 Verfügen alle Vertragspartner im Erbvertrag, so gelten die §§ 30 und 32 unmittelbar. Die Vorschrift ordnet die entsprechende Anwendung der verfahrensrechtlichen §§ 30 und 32 auf Erklärungen eines nur annehmenden und nicht selbst verfügenden Erbvertragspartners an (sog. einseitig verfügender Erbvertrag).

B. Anwendungsbereich

2 Die Vorschrift findet auf alle einseitig verfügenden Erbverträge Anwendung und erstreckt die Anwendbarkeit der §§ 30 und 32 auf **Erklärungen des die letztwilligen Verfügungen des Erblassers Annehmenden, selbst nicht Testierenden,** die vor einem Notar oder deutschen Konsul abgegeben werden müssen.[1] Bei bis zum 31.7.2002 errichteten Erbverträgen war für den nicht Testierenden auch § 31 zu beachten.[2]

C. Regelungsinhalt

3 Bei der Beurkundung eines Erbvertrages müssen alle Vertragspartner gleichzeitig anwesend sein (§ 2276 Abs. 1 S. 1 BGB).[3] Eine getrennte Beurkundung von Angebot und Annahme ist unzulässig. Während der Erblasser den Vertrag persönlich abschließen muss (§ 2274 BGB), kann der nicht testierende Vertragsteil sich vertreten lassen.[4] Die Anwendbarkeit der §§ 22 bis 25 und 32 richtet sich dann nach der Person des Vertreters, nicht des Vertretenen.[5]

4 Erbverträge können mit anderen Verträgen in derselben Urkunde verbunden werden,[6] so dass in der einheitlichen Urkunde auch für die anderen Erklärungen die strengeren Vorschriften der §§ 30, 32 anzuwenden sind.[7] Vorsicht ist geboten bei Mitbeurkundung eines Erbverzichts durch den Verfügenden. Beim Erb- und/oder Pflichtteilsverzicht kann sich nur der Verzichtende vertreten lassen,[8] während die den Verzicht Annehmende die Erklärungen persönlich abgeben muss (§ 2347 BGB).

D. Rechtsfolgen

5 Verstöße gegen zwingende Bestimmungen der §§ 30, 32 führen zur Nichtigkeit der Erklärungen des anderen Vertragschließenden und damit im Zweifel zur Nichtigkeit des

---

[1] MüKoBGB/*Sticherling* BeurkG § 33 Rn. 3.
[2] Dazu der *Verfasser* in der 2. Aufl., § 31 Rn. 1 ff.
[3] Palandt/*Weidlich* BGB § 2276 Rn. 7.
[4] *Reithmann* DNotZ 1957, 527; Staudinger/*Kanzleiter*, 2013, BGB § 2274 Rn. 4.
[5] Armbrüster/Preuß/Renner/*Armbrüster*, 5. Aufl., BeurkG § 33 Rn. 7; *Winkler* BeurkG § 33 Rn. 8; Soergel/*Mayer* BeurkG § 33 Rn. 2.
[6] MüKoBGB/*Sticherling* BeurkG § 33 Rn. 24 f.
[7] *Lerch* BeurkG § 33 Rn. 3.
[8] Da der Verzichtende seine Erb- oder Pflichtteilsrechte verliert, bedarf dieser zu seinem Schutz in höherem Maße umfassender rechtlicher Beratung als der den Verzicht nur Annehmende, so dass die gesetzliche Regelung des § 2347 BGB unter dem Aspekt des Formschutzes durch das öffentliche Beurkundungsverfahren fragwürdig erscheint.

Erbvertrages.⁹ Im Einzelfall ist zu prüfen, ob die Erklärungen des Erblassers als einseitiges Testament wirksam bleiben.¹⁰

§ 34 Verschließung, Verwahrung

(1) ¹**Die Niederschrift über die Errichtung eines Testaments soll der Notar in einen Umschlag nehmen und diesen mit dem Prägesiegel verschließen.** ²**In den Umschlag sollen auch die nach den §§ 30 und 32 beigefügten Schriften genommen werden.** ³**Auf dem Umschlag soll der Notar den Erblasser seiner Person nach näher bezeichnen und angeben, wann das Testament errichtet worden ist; diese Aufschrift soll der Notar unterschreiben.** ⁴**Der Notar soll veranlassen, daß das Testament unverzüglich in besondere amtliche Verwahrung gebracht wird.**

(2) **Beim Abschluß eines Erbvertrages gilt Absatz 1 entsprechend, sofern nicht die Vertragschließenden die besondere amtliche Verwahrung ausschließen; dies ist im Zweifel anzunehmen, wenn der Erbvertrag mit einem anderen Vertrag in derselben Urkunde verbunden wird.**

(3) **Haben die Beteiligten bei einem Erbvertrag die besondere amtliche Verwahrung ausgeschlossen, so bleibt die Urkunde in der Verwahrung des Notars.**
[Abs. 4 ab 1.1.2022:]
(4) Die Urschrift einer Verfügung von Todes wegen darf nicht nach § 56 in die elektronische Form übertragen werden.

A. Normzweck

Die Vorschrift¹ soll durch möglichst sichere Verfahrensvorschriften über die Verschließung und Verwahrung gewährleisten, dass sowohl die Interessen des Erblassers (Geheimhaltung und Schutz seines letzten Willens) als auch die öffentlichen Interessen der Rechtspflege an einem geordneten Verwahrungsverfahren gewahrt werden. Der **Zweck der Verschließung** beschränkt sich nicht nur auf die Geheimhaltung der getroffenen Verfügungen; es sollen auch nachträgliche Einwirkungen auf den Inhalt des Testaments (Unterdrückung, Verfälschung) durch die staatliche Verwahrung verhindert werden.² 1

B. Anwendungsbereich

Die Vorschrift findet auf alle notariell errichteten Verfügungen von Todes wegen (Testamente, Erbverträge) Anwendung. Sie wird ergänzt durch §§ 18 Abs. 4, 20 DONot.³ Nach §§ 11 Abs. 1, 10 Abs. 3 KonsularG⁴ gilt § 34 auch für die vor einem Konsularbeamten errichteten Verfügungen von Todes wegen, sowie nach § 2249 Abs. 1 S. 4 BGB für Nottestamente vor dem Bürgermeister.⁵ § 34 Abs. 1 gilt nicht für das Dreizeugentestament (§ 2250 Abs. 2 BGB) und das Seetestament (§ 2251 BGB),⁶ weil es sich bei ihnen nicht um öffentliche Testamente handelt.⁷ 2

---

⁹ Grziwotz/Heinemann/*Heinemann* BeurkG § 33 Rn. 12; *Winkler* BeurkG § 33 Rn. 11.
¹⁰ *Winkler* BeurkG § 33 Rn. 11.
¹ Bis zum 31.12.2008 iVm § 2258b BGB; dazu Staudinger/*Baumann*, 2003, BGB § 2258b Rn. 7.
² OLG Stuttgart OLGRspr 9 (1904), 411; Grziwotz/Heinemann/*Heinemann* BeurkG § 34 Rn. 1; MüKoBGB/*Sticherling* BeurkG § 34 Rn. 1.
³ Dazu Schippel/Bracker/*Bracker* DONot § 18 Rn. 5 und § 20 Rn. 1 ff.
⁴ Staudinger/*Baumann*, 2018, BGB Vorb. zu §§ 2229 ff. Rn. 48 ff.
⁵ Staudinger/*Baumann*, 2018, BGB § 2249 Rn. 29.
⁶ *Lerch* BeurkG § 34 Rn. 1.
⁷ Staudinger/*Baumann*, 2018, BGB § 2250 Rn. 40 und § 2251 Rn. 11; MüKoBGB/*Sticherling* BeurkG § 34 Rn. 6; *Winkler* BeurkG § 34 Rn. 2.

3 Die Aufhebung eines Erbvertrages oder der Widerruf wechselbezüglicher Verfügungen eines gemeinschaftlichen Testaments soll nach hM[8] nicht unter § 34 fallen.[9] Überzeugend ist diese Ansicht nicht, weil auch der in der Aufhebung enthaltene Widerruf eine letztwillige Verfügung – ebenso wie ein Widerrufstestament – ist, die denselben verfahrensrechtlichen Schutz im Interesse der Rechtspflege, wie verdient. Die Streitfrage dürfte an Bedeutung verloren haben, weil die Beteiligten jetzt einen Erbvertrag nach § 2300 Abs. 2 BGB durch Rücknahme aus der öffentlichen Verwahrung widerrufen können (→ Rn. 12). Sollte gleichwohl die Beurkundung einer Aufhebung von den Beteiligten gewünscht oder sogar geboten[10] sein, sollte der Notar nach § 34 verfahren. In jedem Fall ist der Notar verpflichtet, die Widerrufserklärung dem Zentralen Testamentsregister mitzuteilen.[11]

4 Güterrechtliche Vereinbarungen, die sich lediglich auf die gesetzliche Erbfolge auswirken, gehören nicht in die besondere amtliche Verwahrung;[12] Sorgerechtsverfügungen, mit denen vom Benennungsrechts eines Vormunds gem. § 1776 BGB Gebrauch gemacht wird, nur, wenn sie in Form einer letztwilligen Verfügung für den Todesfall (§ 1777 Abs. 3 BGB), nicht für den Fall des lebzeitigen Ausfalls durch Geschäftsunfähigkeit, errichtet werden.[13]

C. Regelungsinhalt

5 Die **Verschließungs- und Verwahrungspflicht** gilt für alle öffentlichen Verfügungen von Todes wegen. Eine schriftliche Übersetzung, die nach § 32 angefertigt wurde, ist mit der Niederschrift zu verschließen. Auch die nach §§ 30 und 32 übergebenen Schriften sind in dem Testamentsumschlag[14] mit zu verschließen. Ein eingeholtes ärztliches Attest zur Geschäftsfähigkeit sollte aus Beweissicherungsgründen ebenfalls dem Testamentsumschlag im Original beigefügt werden, weil es dann auch mit der Eröffnung Bestandteil des nachlassgerichtlichen Eröffnungsprotokolls wird.[15] Die Verschließung hat mittels Lack- bzw. Wachssiegels (Petschaft) oder mit geprägtem Oblatensiegel (Siegelpresse) durch Notariatsangestellte in der Weise zu erfolgen, dass der Testamentsumschlag ohne Verletzung des Siegels nicht geöffnet werden kann.[16]

6 Die Verschließung gehört nicht zum Vorgang der Testamentserrichtung. Die Verschließung muss nicht in Gegenwart des Erblassers oder der mitwirkenden Personen erfolgen. Die Gefahr von Verwechselungen bei nachträglicher Verschließung soll nach § 30 S. 2 durch **Kennzeichnung der Schrift** ausgeschlossen werden. Da der Notar nach § 34 Abs. 1 S. 4 veranlassen soll, dass das Testament unverzüglich, dh ohne schuldhaftes Zögern (§ 121 BGB), in die besondere amtliche Verwahrung gebracht wird, ist die Verzögerung der Verschließung zeitlich begrenzt.

---

[8] *Winkler* BeurkG § 34 Rn. 14; MüKoBGB/*Sticherling* BeurkG § 34 Rn. 3; Grziwotz/Heinemann/*Heinemann* BeurkG § 34 Rn. 5; Soergel/*Mayer* BeurkG § 34 Rn. 6; Palandt/*Weidlich* BGB § 2290 Rn. 3; MüKoBGB/*Musielak* BGB § 2290 Rn. 7; Reimann/Bengel/Mayer/*Mayer* BGB § 2290 Rn. 20; aA *Planck/Greiff*, 4. Aufl. 1930, BGB § 2290 Anm. 3; *Commichau* MittBayNot 1998, 235.

[9] Zum Widerruf wechselbezüglicher Verfügungen eines gemeinschaftlichen Testaments Armbrüster/Preuß/Renner/*Seger* BeurkG § 34 Rn. 13; Reimann/Bengel/Mayer/*Mayer* BGB § 2290 Rn. 20; Soergel/*Mayer* BeurkG § 34 Rn. 6; aA *Planck/Greiff*, 4. Aufl. 1930, BGB § 2290 Anm. 3; *Commichau* MittBayNot 1998, 235.

[10] Wenn der Erbvertrag einen konkludenten Pflichtteilsverzicht enthält, greift die Widerrufsfiktion des § 2256 Abs. 1 BGB nach dem Wortlaut des § 2300 Abs. 2 BGB nicht. Dazu *von Dickhuth-Harrach* RNotZ 2002, 384 (389).

[11] Armbrüster/Preuß/Renner/*Seger* BeurkG § 34 Rn. 13; Grziwotz/Heinemann/*Heinemann* BeurkG § 34 Rn. 5.

[12] *Mümmler* JurBüro 1976, 1616.

[13] DNotI-Report 2010, 203; 2011, 91.

[14] Zum Testamentsumschlag nach Maßgabe der Anlage 1 der Benachrichtigung in Nachlasssachen Grziwotz/Heinemann/*Heinemann* BeurkG § 34 Rn. 7.

[15] BeckOK BGB/*Litzenburger* BeurkG § 34 Rn. 1.

[16] Armbrüster/Preuß/Renner/*Seger* BeurkG § 34 Rn. 6; MüKoBGB/*Sticherling* BeurkG § 34 Rn. 23.

Der Erblasser kann dem Notar die Verschließung und Ablieferung nicht untersagen. Die **7**
Ablieferung zur amtlichen Verwahrung darf nur dann dauerhaft unterbleiben, wenn der
Erblasser sich vor Ablieferung zum Widerruf entschließt und das Testament in Gegenwart
des Notars selbst vernichtet.[17] Der Notar sollte in einem solchen Fall das bei Rückgabe
eines Erbvertrages einzuhaltende Verfahren entsprechend anwenden. § 2256 BGB findet
keine Anwendung, da das Testament sich nicht in der amtlichen Verwahrung des Gerichts
befunden hat und eine Ablieferung nur zum Zwecke der Vernichtung nicht erforderlich ist,
für den Erblasser wegen der Verzögerung der Widerrufswirkungen sogar mit Risiken
verbunden wäre. Zeitlich angemessen befristet kann der Erblasser den Notar anweisen, die
Ablieferung der Verfügung von Todes wegen hinauszuzögern, zB wenn der Erblasser das
Testament vor einer Operation als vorläufig gewolltes „Nottestament" errichtet und er sich
nach überstandener Operation eine Aufhebung mit Neufassung vorbehält.[18] Unbedenklich
dürften Zeiträume von etwa acht Wochen sein. Der Notar sollte sich derartige Anweisungen schriftlich erteilen lassen, weil er nach Abs. 1 S. 4 zur unverzüglichen Ablieferung
(etwa innerhalb von einer Woche) an das Nachlassgericht verpflichtet ist.

Für die besondere amtliche Verwahrung ist nach § 23a Abs. 1 Nr. 2, Abs. 2 Nr. 2 GVG **8**
iVm §§ 342 Abs. 1 Nr. 1, 344 Abs. 1 S. 1 Nr. 1 FamFG, § 1 Abs. 2 LFGG das Amtsgericht zuständig, in dessen Bezirk der Notar seinen Sitz hat. Die Verwahrung ist ein
schlichter Verwaltungsvorgang, der durch die Ablieferung des Testaments durch den Notar
ausgelöst wird.[19] Beim Bürgermeistertestament gilt § 344 Abs. 1 S. 1 Nr. 2 FamFG. Das
Konsulartestament ist nach § 11 Abs. 2 KonsularG beim Amtsgericht Schöneberg in Berlin
zu verwahren, sofern die Beteiligten kein anderes Verwahrungsgericht bestimmt haben.[20]
Der Erblasser kann nach § 344 Abs. 1 S. 2 FamFG die Verwahrung bei einem anderen
Amtsgericht wählen.[21]

Die **Beschriftung des Umschlags** umfasst die nähere Bezeichnung des Erblassers und **9**
die Angabe, wann das Testament errichtet worden ist. Diese Aufschrift soll von der
Urkundsperson unterschrieben werden.[22] Die Aufschrift gewinnt durch § 35 besondere
Bedeutung, da eine fehlende Unterschrift des Notars unter der Niederschrift über die
Testamentserrichtung durch die Unterschrift auf dem verschlossenen Umschlag ersetzt
wird. Zur Verschließung des Testaments soll ein Umschlag verwendet werden nach dem
Muster der Anl. 1 zur bundeseinheitlichen AV über Benachrichtigungen in Nachlasssachen
in der seit dem 1.1.2012 geltenden Fassung.[23]

Für **gemeinschaftliche Testamente und Erbverträge** ist entweder ein Umschlag zu **10**
nehmen, auf dem die Personalien beider Ehegatten bzw. Lebenspartner bzw. Erbvertragspartner sowie der Errichtungstag vermerkt werden, oder es sind zwei Umschläge gesondert
auszufüllen, wobei das gemeinschaftliche Testament bzw. der Erbvertrag in einen Umschlag
genommen und der andere Umschlag außen beigefügt wird.[24] Einschlägig sind ferner die
§§ 9, 18 Abs. 4, 20 DONot,[25] die das notarielle Verfahren im Einzelnen vorschreiben.

Die Beteiligten können jederzeit verlangen, dass der in besonderer amtlicher Verwahrung **11**
befindliche Erbvertrag in die Verwahrung des Notars zurückzugeben ist.[26] Schließen die
Beteiligten die amtliche Verwahrung des Erbvertrages aus, so verbleibt dieser in der Ver-

---

[17] Grziwotz/Heinemann/*Heinemann* BeurkG § 34 Rn. 15; *Winkler* BeurkG § 34 Rn. 9 mwN.
[18] Dazu auch MüKoBGB/*Sticherling* BeurkG § 34 Rn. 21.
[19] OLG Schleswig BeckRS 2018, 38363 Rn. 12.
[20] Staudinger/*Baumann*, 2018, BGB Vorb. zu §§ 2229 ff. Rn. 56; Armbrüster/Preuß/Renner/*Seger* BeurkG § 34 Rn. 23 ff.
[21] OLG Brandenburg DNotZ 2008, 295 f.; Staudinger/*Baumann*, 2003, BGB § 2258a Rn. 13.
[22] *Lerch* BeurkG § 34 Rn. 3.
[23] Nachweise für NRW und Bayern bei Grziwotz/Heinemann/*Heinemann* BeurkG § 34 Fn. 16. Vgl. dazu auch § 78 ff. BNotO und die ZTR-Verordnung. Dazu *Diehn*, Das zentrale Testamentsregister in der notariellen Praxis, DNotZ 2011, 679; *ders.*, Das Zentrale Testamentsregister, NJW 2011, 481.
[24] *Winkler* BeurkG § 34 Rn. 7.
[25] Einzelheiten bei *Bettendorf* RNotZ-Sonderheft 2001, 20 f.; *Vollhardt* MittBayNot 2001, 245 f.
[26] OLG Hamm DNotZ 1974, 460 (461).

wahrung des Notars, sie können aber auch später jederzeit die besondere amtliche Verwahrung verlangen. Der Notar hat eine Erbvertragskartei über alle von ihm verwahrten Erbverträge anzulegen und dem Zentralen Testamentsregister, das bei der Bundesnotarkammer geführt wird, die Errichtung der letztwilligen Verfügung anzuzeigen.[27] Nachdem der Erbvertrag nach dem ersten Erblasser vom Nachlassgericht eröffnet worden ist, kann und darf eine Verwahrung der Urschrift des Erbvertrages beim Notar nicht mehr erfolgen, selbst wenn die Beteiligten dies wünschen.

12 **Die Rückgabe von Erbverträgen** zum Zwecke der Aufhebung hat der Gesetzgeber – nach Kritik im Schrifttum[28] – mit Wirkung seit dem 1.8.2002 in § 2300 Abs. 2 BGB geregelt.[29] Verlangt der Erblasser die Herausgabe der Urschrift eines Erbvertrages, so sollten ihm auch alle beglaubigten Abschriften und Ausfertigungen, die der Notar in seinen Akten oder der Urkundensammlung hat, zur Vernichtung herausgegeben werden.[30] Anderenfalls ist die neben dem Widerruf möglicherweise vom Erblasser beabsichtigte Geheimhaltung gefährdet, weil bei Fehlen der Urschrift im Todesfall beglaubigte Abschriften oder Ausfertigungen letztwilliger Verfügungen zu eröffnen sind und der Widerruf durch Rücknahme dann nachzuweisen ist.[31]

12a Abs. 4 wurde durch Art. 2 Nr. 3 des am 8.6.2017 verkündeten Gesetzes zur Neuordnung der Aufbewahrung von Notariatsunterlagen und zur Errichtung des Elektronischen Urkundenarchivs bei der Bundesnotarkammer sowie zur Änderung weiterer Gesetze vom 1.6.2017 (BGBl. I 1396) neu eingefügt. Die Vorschrift tritt am 1.1.2022 in Kraft. Abs. 4 regelt, dass die Urschrift einer notariell beurkundeten Verfügung von Todes wegen nicht gem. § 56 BeurkG-2022 von der Papierform in die elektronische Form übertragen und nicht ausschließlich in elektronischer Fassung statt als Urschrift in Papierform im Elektronischen Urkundenarchiv (§ 78h BNotO) verwahrt werden darf. Die elektronische Fassung ersetzt bei Verfügungen von Todes wegen daher nicht die Urschrift.[32] Sind mit der Verfügung von Todes wegen andere Urkundsinhalte verbunden (zB Ehe- und Erbvertrag), so gilt die Nichtübertragbarkeit der Urschrift in eine elektronische Fassung für den gesamten Urkundsinhalt. Bei Verfügungen von Todes wegen gilt also das bisherige Verfahren fort.

D. Rechtsfolgen

13 § 34 enthält nur **Ordnungsvorschriften,**[33] deren Nichtbefolgung auf die Gültigkeit des Testaments zwar keinen Einfluss hat, aber eine Amtspflichtverletzung bedeuten kann.[34] Deshalb kann die Aufsichtsbehörde den Notar anhalten, ein Testament auch gegen den Willen der Beteiligten in die besondere amtliche Verwahrung zu bringen.[35] Auch die nicht in die besondere amtliche Verwahrung gebrachte Verfügung von Todes wegen bleibt öffentliche Urkunde.[36]

---

[27] Zu diesen Benachrichtigungspflichten des Notars vgl. die entsprechenden Rechtsverordnungen (Nachweise bei MüKoBGB/*Sticherling* BeurkG § 34 Fn. 2 f.) und die AV über die Benachrichtigung in Nachlasssachen v. 10.8.2007 (abgedr. bei *Firsching/Graf* Anh. 3; Armbrüster/Preuß/Renner/*Renner* Teil IV m. Erl. J) in der seit dem 1.1.2012 geltenden Neufassung (Nachweise bei Grziwotz/Heinemann/*Heinemann* BeurkG § 34 Fn. 16).
[28] *Faßbender* MittRhNotK 1989, 125; Staudinger/*Baumann*, 1996, BGB § 2258b Rn. 25; *Weirich* DNotZ 1997, 7 ff.; *Baumann* in der 1. Aufl., Rn. 6; *Römer* MittRhNotK 2000, 311.
[29] *Von Dickhuth-Harrach* RNotZ 2002, 384.
[30] *Von Dickhuth-Harrach* RNotZ 2002, 384 (387 f., 396).
[31] Ausführlich zum Rückgabeverfahren *Winkler* BeurkG § 34 Rn. 29 ff.; Grziwotz/Heinemann/*Heinemann* BeurkG § 34 Rn. 34 ff.
[32] *Damm* DNotZ 2017, 426 (437).
[33] *Lerch* BeurkG § 34 Rn. 1; *Winkler* BeurkG § 34 Rn. 30; MüKoBGB/*Sticherling* BeurkG § 34 Rn. 70; Grziwotz/Heinemann/*Heinemann* BeurkG § 34 Rn. 46.
[34] BGH DNotZ 1990, 436.
[35] BGH DNotZ 1990, 436 (437).
[36] Zutreffend Armbrüster/Preuß/Renner/*Seger* BeurkG § 34 Rn. 8.

Beachtet der Notar Abs. 4 nicht, indem er die Urschrift durch eine elektronische Fassung ersetzt, bleibt auch hier – wie bei unfreiwillig abhanden gekommenen Testamenten – die letztwillige Verfügung von Todes wegen gültig, aber es können Beweisprobleme auftreten.

§ 34a Mitteilungs- und Ablieferungspflichten

(1) ¹Der Notar übermittelt nach Errichtung einer erbfolgerelevanten Urkunde im Sinne von § 78d Absatz 2 Satz 1 der Bundesnotarordnung die Verwahrangaben im Sinne von § 78d Absatz 2 Satz 2 der Bundesnotarordnung unverzüglich elektronisch an die das Zentrale Testamentsregister führende Registerbehörde. ²Die Mitteilungspflicht nach Satz 1 besteht auch bei jeder Beurkundung von Änderungen erbfolgerelevanter Urkunden.

(2) Wird ein in die notarielle Verwahrung genommener Erbvertrag gemäß § 2300 Absatz 2, § 2256 Absatz 1 des Bürgerlichen Gesetzbuchs zurückgegeben, teilt der Notar dies der Registerbehörde mit.

(3) ¹Befindet sich ein Erbvertrag in der Verwahrung des Notars, liefert der Notar ihn nach Eintritt des Erbfalls an das Nachlassgericht ab, in dessen Verwahrung er danach verbleibt. ²Enthält eine sonstige Urkunde Erklärungen, nach deren Inhalt die Erbfolge geändert werden kann, so teilt der Notar diese Erklärungen dem Nachlassgericht nach dem Eintritt des Erbfalls in beglaubigter Abschrift mit.

A. Normzweck

Die Vorschrift soll durch das gesetzlich vorgeschriebene Benachrichtigungs- und Ablieferungssystem das zuverlässige Auffinden notariell beurkundeter erbfolgerelevanter Willenserklärungen sicherstellen,[1] insbesondere von Erbverträgen, um Rechtsunsicherheiten und Streitfälle nach dem Erbfall zu vermeiden.[2] Die Zentralisierung des Benachrichtigungssystems[3] soll – vor allem bei dem wachsenden Ausländeranteil der Erblasser[4] in Deutschland – der schnelleren und zuverlässigeren Eröffnung letztwilliger Verfügungen dienen.[5] Die Verlagerung der Mitteilungspflichten auf die Notare dient der Entlastung der Nachlassgerichte.[6]

B. Anwendungsbereich

Die Norm wurde mit Wirkung zum 1.1.2009 durch Art. 2 Nr. 10 Personenstandsrechtsreformgesetz[7] in das BeurkG eingefügt und durch das Gesetz zur Modernisierung des Benachrichtigungswesens in Nachlasssachen durch Schaffung des Zentralen Testamentsregisters bei der Bundesnotarkammer und zur Fristenverlängerung nach der Hofraumverordnung vom 22.12.2010 (BGBl. I 2255) mit Wirkung zum 1.1.2012 vollständig neu gefasst. Sie findet Anwendung auf alle erbfolgerelevanten Urkunden (§ 78 Abs. 2 BNotO) und ist nicht abdingbar.

---

[1] MüKoBGB/*Sticherling* BeurkG § 34a Rn. 1.
[2] BeckOK BGB/*Litzenburger* BeurkG § 34a Rn. 1.
[3] Zum früher geltenden dezentralen Benachrichtigungssystem *Baumann* in der 3. Aufl., Rn. 2 ff.
[4] Nach altem Recht waren die Standesämter des Geburtsortes für die Benachrichtigungen zuständig, für Ausländer Berlin-Schöneburg, das zunehmend überlastet war.
[5] Zur Notwendigkeit eines zentralen Registers aus europäischen Harmonisierungsgründen *Baumann* in der 3. Aufl., Rn. 3.
[6] MüKoBGB/*Sticherling* BeurkG § 34a Rn. 2.
[7] Gesetz v. 19.2.2007 (BGBl. I 122); BT-Drs. 16/1831.

C. Regelungsinhalt

3 Die Vorschrift normiert in Abs. 1 die Verpflichtung des Notars zur Übermittlung der Verwahrangaben erbfolgerelevanter Urkunden.[8] Verwahrangaben sind Angaben, die zum Auffinden erbfolgerelevanter Urkunden erforderlich sind. Die mitteilungspflichtigen Verwahrangaben werden durch § 1 der Verordnung über das Zentrale Testamentsregister (ZTRV) näher bestimmt. Erbfolgerelevante Urkunden sind nach der Legaldefinition in § 78 Abs. 2 BNotO Testamente, Erbverträge und alle Urkunden mit Erklärungen, welche die Erbfolge beeinflussen können, also insbesondere Aufhebungsverträge, Rücktritts- und Anfechtungserklärungen, Erb- und Zuwendungsverzichtsverträge, Ehe- und Lebenspartnerschaftsverträge mit erbfolgerelevanten Veränderungen des Güterstandes und Rechtswahlen betreffend den Ehegüterstand mit erbrechtlichen Auswirkungen.[9] Damit wird auch hinsichtlich beurkundeter Testamente, die der Notar in die besondere amtliche Verwahrung des Amtsgerichts zu geben hat (→ § 34 Rn. 8), eine Verpflichtung des Notars zur Meldung eröffnet, was die Nachlassgerichte entlastet.[10]

4 Der Notar verletzt mit der Datenweitergabe nicht seine Amtspflicht zur Verschwiegenheit gem. § 18 BNotO, da § 34a eine Mitteilungspflicht vorschreibt. Als Befreiungstatbestand von der in § 18 BNotO normierten Amtspflicht zur Verschwiegenheit des Notars ist die Pflicht zur Weitergabe von Daten im Beurkundungsgesetz geboten.[11] Diese Weitergabe der meldepflichtigen Angaben ist Amtspflicht, von der die Beteiligten den Notar nicht befreien, sich insbesondere nicht auf seine Amtspflicht zur Verschwiegenheit berufen können.

5 Die **Benachrichtigung** darf bei solchen Rechtsgeschäften **nicht** erfolgen, die keine Auswirkungen auf die Erbfolge haben (Pflichtteilsverzichtsverträge, Verträge der vorweggenommenen Erbfolge, Eheverträge ohne erbrechtliche Auswirkungen).[12] Dies hat der Notar auch bei verbundenen Verträgen (zB Ehevertrag mit scheidungsbezogener Modifikation verbunden mit Erbvertrag) zu beachten, damit er seine Amtspflicht zur Verschwiegenheit gem. § 18 BNotO nicht verletzt.

6 Der Notar ist verpflichtet, die Angaben elektronisch zu melden. Eine Meldung der Daten in anderer als elektronischer Form ist für den Notar nicht vorgesehen. Die elektronische Meldung ist möglich über das Web-Interface des Zentralen Testamentsregisters[13] bzw. über die Notarsoftware (§ 9 ZTRV). Eine Meldung in Papierform ist für Konsularbeamte nach § 9 Abs. 3 ZTRV weiterhin zulässig[14] sowie für die Gerichte bei nach § 78b Abs. 4 BNotO zu registrierenden gerichtlichen Vergleichen.

7 Die Meldung hat unverzüglich zu erfolgen. Unverzüglich ist die Meldung, die ohne schuldhaftes Zögern nach Errichtung der Urkunde erfolgt (§ 121 BGB). Unter Errichtung der Urkunde ist der Zeitpunkt zu verstehen, in dem die Urkunde Rechtswirksamkeit erlangt.[15] Unverzüglich in diesem Sinne ist jedenfalls die Meldung, die binnen einer üblichen Bearbeitungszeit beim Register eingeht.[16] Dies dürften nach hier vertretener Auffassung jedenfalls fünf Werktage, ggf. sogar mehr, sein, da die Anforderungen an die

---

[8] *Winkler* BeurkG § 34a Rn. 8 ff.; MüKoBGB/*Sticherling* BeurkG § 34a Rn. 5.
[9] BeckOK BGB/*Litzenburger* BeurkG § 34a Rn. 2; Berichtigungsvermerke nach § 44a Abs. 2 sind nicht gesondert zu registrieren, allenfalls ist eine bereits erfolgte Registrierung zu korrigieren. Dazu *Diehn*, Das Zentrale Testamentsregister in der notariellen Praxis, DNotZ 2011, 676 ff.
[10] Gleichwohl erhält die Justizverwaltung die Verwahrgebühr für solche Testamente, dem Notar steht für den Mehraufwand keine Gebühr zu.
[11] *Winkler* BeurkG § 34a Rn. 1.
[12] MüKoBGB/*Sticherling* BeurkG § 34a Rn. 11.
[13] https://ztr.bnotk.de.
[14] Hier gilt § 34a nach § 10 Abs. 3 Konsulargesetz entsprechend.
[15] So auch Bamberger/Roth/*Litzenburger* BeurkG § 34a Rn. 3.
[16] MüKoBGB/*Sticherling* BeurkG § 34a Rn. 18 weist zu Recht darauf hin, dass die Frist im Regelfall großzügig bemessen werden kann, weil von einigen Tagen Verzögerung keine Gefahr ausgeht.

vom Notar seit Einführung des ZTR zusätzlich zu erbringende Tätigkeit nicht überspannt werden dürfen und bei einer Registrierung binnen fünf Werktagen der von der Gesetzesänderung erstrebte Zeitgewinn gegenüber den bisherigen Meldeverfahren mehr als gegeben ist.[17] Ob eine Registrierung noch unverzüglich ist, wenn sie erst nach längerer Zeit erfolgt, weil der Erblasser dem Notar seine Geburtsregisternummer nicht mitgeteilt hat, ist bisher nicht entschieden.[18] Der Wortlaut von § 2 Abs. 2 ZTRV könnte dafür sprechen, dass die unverzügliche Meldung notfalls ohne diese Angabe zu erfolgen hat. Eine Verpflichtung des Notars, die Geburtsregisternummer auch dann zu ermitteln, wenn sie ihm von den Beteiligten nicht mitgeteilt wird, besteht nicht, vgl. § 2 Abs. 3 ZTRV. Ebenso besteht keine Verpflichtung des Notars, ihm mitgeteilte Erblasserangaben zu überprüfen, soweit sich nicht aus der Identifizierungspflicht etwas anderes ergibt.

8 Abs. 1 S. 2 ergänzt S. 1 für den Fall der Änderung erbfolgerelevanter Urkunden und ordnet eine entsprechende Mitteilungspflicht des Notars an.

9 Abs. 2 regelt die Mitteilungspflicht für den Fall, dass ein Erbvertrag aus der notariellen Verwahrung zurückgenommen wird. Da mit der Rücknahme des Erbvertrages aus der notariellen Verwahrung die Wirkungen des § 2256 BGB eintreten (§ 2300 Abs. 2 BGB), ist dem Zentralen Testamentsregister die Änderung mitzuteilen.

10 Abs. 3 entspricht – mit redaktionellen Anpassungen – dem früheren Abs. 2 und regelt die Ablieferungspflicht des Notars für von ihm verwahrte Erbverträge.[19] Nach dem Tod des Erblassers sind Testamente und Erbverträge, die sich bei einer anderen Behörde als dem Gericht befinden, von dieser an das Nachlassgericht abzuliefern (§§ 2259 Abs. 2, 2300 Abs. 1 BGB), wobei entgegen dem Gesetzeswortlaut nicht auf den Erbfall abzustellen ist, sondern auf die Kenntnis des Notars vom Tod des Erblassers.[20] Mit Eintritt des ersten Erbfalls hat der Notar den Erbvertrag an das Nachlassgericht abzuliefern, sofern der Erbvertrag nicht durch Rückgabe widerrufen worden ist. Abs. 2 übernimmt aus systematischen Gründen den Regelungsinhalt von § 34 Abs. 3 S. 2 BeurkG aF und ergänzt die Vorschrift hinsichtlich sonstiger Urkunden, die Erklärungen enthalten, nach deren Inhalt die Erbfolge geändert wird. Für diese Urkunden hatte sich die Verpflichtung des Notars, dem Nachlassgericht beglaubigte Abschriften der sonstigen Erklärungen zur Verfügung zu stellen, bisher nur auf Verwaltungsbestimmungen (§ 20 Abs. 3 S. 2 DONot) gegründet.[21] Für Erbverträge gilt jedoch, dass diese immer als vollständige Urschrift abzuliefern sind, auch wenn in derselben Urkunde andere Willenserklärungen mitbeurkundet worden sind (zB Ehe- und Erbvertrag).[22] Hat der Erblasser die Urschriften von Testamenten oder Erbverträgen nach Rücknahme aus der Verwahrung vernichtet, so können gleichwohl beglaubigte Abschriften, die sich in der Verwahrung des Notars befinden, abzuliefern sein, nicht aber einfache Ablichtungen, weil sonst ein möglicher Verstoß gegen seine Verschwiegenheitspflicht in Betracht kommt.[23]

11 Für konsularische Urkunden mit erbrechtsrelevanten Wirkungen, für die § 11 Abs. 2 KonsularG auf §§ 34, 34a verweist, muss zur Sicherheit des Rechtsverkehrs dasselbe Benachrichtigungssystem gelten,[24] aber mit Registrierung in Papierform (→ Rn. 3).

---

[17] Es ist ausgeschlossen, dass erbfolgerelevante Entscheidungen (Erbscheinserteilungen) vor Ablauf einer solchen Bearbeitungszeit ergehen, schon weil die Nachlassgerichte erheblich längere Bearbeitungszeiten haben, auch weil diese – insbesondere bei einem soeben erst verstorbenen Erblasser – eigenen Ermittlungspflichten, ob weitere Verfügungen von Todes wegen in eigenhändiger Form existieren, die nicht registriert sind, nachgehen müssen. Sollte der Erblasser zB noch am Tag der Beurkundung versterben, so ist es Aufgabe der Registerbehörde sicherzustellen, dass bei einer Registrierung einer bereits verstorbenen Person Mitteilungen zeitnah ergehen.
[18] *Diehn*, Das Zentrale Testamentsregister in der notariellen Praxis, DNotZ 2011, 676 (680).
[19] MüKoBGB/*Sticherling* BeurkG § 34a Rn. 22.
[20] MüKoBGB/*Sticherling* BeurkG § 34a Rn. 25.
[21] So die amtliche Begründung, BT-Drs. 16/1831, 55.
[22] MüKoBGB/*Sticherling* BeurkG § 34a Rn. 22.
[23] *Von Dickhuth-Harrach* RNotZ 2002, 384 (387 f., 396).
[24] *Diehn*, Das Zentrale Testamentsregister in der notariellen Praxis, DNotZ 2011, 679; anders Armbrüster/Preuß/Renner/*Seger* BeurkG § 34a Rn. 8.

D. Rechtsfolgen

12   Verletzt der Notar seine Mitteilungs- und Ablieferungspflichten, so hat er einen daraus entstehenden Schaden zu ersetzen.[25] Dieser kann entstehen, weil zB bei vorbehaltenen Rücktrittsrechten seit Einführung des Testamentsregisters keine eidesstattliche Versicherung über die Nichtausübung des Rücktrittsrechts mehr erforderlich ist.[26] Bei groben Verstößen kommen daneben disziplinarrechtlich zu würdigende Dienstpflichtverletzungen in Betracht.[27]

§ 35 Niederschrift ohne Unterschrift des Notars

Hat der Notar die Niederschrift über die Errichtung einer Verfügung von Todes wegen nicht unterschrieben, so ist die Beurkundung aus diesem Grunde nicht unwirksam, wenn er die Aufschrift auf dem verschlossenen Umschlag unterschrieben hat.

A. Normzweck

1   Die umständlich formulierte Vorschrift soll eine Fehlerquelle beseitigen, die zur Nichtigkeit von Verfügungen von Todes wegen führen könnte.[1] Eine Beurkundung ist grds. unwirksam, wenn die Niederschrift vom Notar nicht eigenhändig unterschrieben ist. Die Unterschrift des Notars ist wesentliches Formerfordernis (§ 13 Abs. 3). Der Testamentsumschlag ist insoweit Teil der notariellen Urkunde.

B. Anwendungsbereich

2   Die umständlich formulierte Vorschrift findet nur auf öffentliche Verfügungen von Todes wegen Anwendung (notarielle und konsularische Testamente und Erbverträge sowie Nottestamente vor dem Bürgermeister). § 35 gilt nicht beim Dreizeugentestament (§ 2250 Abs. 2 BGB)[2] und beim Seetestament (§ 2251 BGB),[3] da es sich bei diesen nicht um öffentliche Testamente handelt. Die Bestimmung ist auch nicht ausdehnbar auf die fehlende Bezeichnung des Notars in der Niederschrift oder die fehlende Unterschrift des Erblassers oder des nach § 25 zugezogenen Zeugen oder zweiten Notars.

3   Auf den **Erbvertrag** ist § 35 nur anwendbar, wenn der Erbvertrag in einem Umschlag verschlossen wird und zwar selbst dann, wenn der verschlossene Umschlag vorschriftswidrig nicht in die besondere amtliche Verwahrung gebracht worden ist.[4] Dagegen genügt die Unterschrift unter der auf die Erbvertragsurkunde gesetzten Kostenberechnung nicht.[5] Streitig ist, ob § 35 auf mit Erbverträgen verbundene Verträge anwendbar ist.[6] Die Anwendbarkeit wird aufgrund des Normzwecks der Vorschrift anzunehmen sein, wenn die Verträge eine Einheit iSv § 139 BGB bilden. Dann sind aufgrund der Unterschrift auf dem

---

[25] Grziwotz/Heinemann/*Heinemann* BeurkG § 34a Rn. 22; *Winkler* BeurkG § 34a Rn. 38; MüKoBGB/*Sticherling* BeurkG § 34a Rn. 28.
[26] OLG München ZEV 2015, 705 mAnm *Volmer* ZEV 2016, 401.
[27] *Winkler* BeurkG § 34a Rn. 38; Grziwotz/Heinemann/*Heinemann* BeurkG § 34a Rn. 18; MüKoBGB/*Sticherling* BeurkG § 34a Rn. 28.
[1] BT-Drs. V/3282, 36; Soergel/*Mayer* BeurkG § 35 Rn. 1; MüKoBGB/*Sticherling* BeurkG § 35 Rn. 1.
[2] Staudinger/*Baumann*, 2018, BGB § 2250 Rn. 40.
[3] Staudinger/*Baumann*, 2018, BGB § 2251 Rn. 11.
[4] *Winkler* BeurkG § 35 Rn. 5 mwN.
[5] BayObLGZ 1976, 275 = DNotZ 1977, 432.
[6] Dazu differenzierend MüKoBGB/*Sticherling* BeurkG § 35 Rn. 18 f. Für Anwendbarkeit Armbrüster/Preuß/Renner/*Armbrüster*, 5. Aufl., BeurkG § 35 Rn. 9; ebenso Armbrüster/Preuß/Renner/*Seger* BeurkG § 35 Rn. 9; *Lischka* NotBZ 1999, 8 (12); gegen Anwendbarkeit Soergel/*Mayer* BeurkG § 35 Rn. 4.

Umschlag neben dem – ohnehin nach § 35 wirksamen – Erbvertrag auch die verbundenen Verträge wirksam, da der Testamentsumschlag Teil der notariellen Urkunde ist.[7] Sollen aber zB Ehe- und Erbvertrag unabhängig voneinander gelten, kann die Vorschrift auf den Ehevertrag keine Anwendung finden, so dass dieser nichtig ist, während der unabhängig davon gewollte Erbvertrag nach § 35 wirksam errichtet worden ist.[8]

Während für alle seit Inkrafttreten des BeurkG (1.1.1970) vorgenommenen Beurkundungen § 35 maßgebend ist, soll diese Erleichterung für die bis 31.12.1969 beurkundeten letztwilligen Verfügungen nicht zur Anwendung kommen; sie sollen nach älteren Ansichten weiterhin dem § 2242 Abs. 4 BGB aF unterliegen, wonach die Testamentserrichtung mangels Unterschrift unwirksam war. Die Problematik dürfte an praktischer Bedeutung verloren haben; gleichwohl ist nicht einsehbar, warum die Formerleichterung nicht auch dem eindeutig erklärten Willen des Erblassers in älteren Testamenten zugute kommen soll, weil die Rechtssicherheit durch die Unterschrift auf dem Testamentsumschlag in gleicher Weise wie bei späteren Testamenten gewährleistet ist[9] und nur im Zeitpunkt des Inkrafttretens der Gesetzesänderung bereits eröffnete Verfügungen von Todes wegen vom Anwendungsbereich ausgeschlossen sind.

C. Regelungsinhalt

§ 35 bestimmt ausdrücklich, dass die Beurkundung trotz fehlender Unterschrift des Notars unter der Niederschrift dann nicht unwirksam ist, wenn er die Aufschrift auf dem verschlossenen Umschlag unterschrieben hat. Da das Testament zusammen mit dem vom Notar unterschriebenen Testamentsumschlag eine einheitliche öffentliche Urkunde bildet, reicht die Unterschrift auf dem Testamentsumschlag aus. Notwendig ist die Unterschrift der Urkundsperson, die die Beurkundung vorgenommen hat.[10] Daher reicht bei fehlender Unterschrift des Notars unter der Niederschrift die Unterschrift des Notarvertreters oder Notariatsverwalters auf dem Testamentsumschlag ebensowenig aus wie die Unterschrift des Notars auf dem Testamentsumschlag, wenn dieser im Beurkundungstermin amtlich vertreten worden war. Die Vorschrift findet auf vor einem Konsularbeamten errichtete Verfügungen von Todes wegen (§ 10 Abs. 3 KonsularG) oder vor einem Bürgermeister errichtete Nottestamente (§ 2249 BGB) entsprechende Anwendung,[11] nicht auf das Nottestament vor drei Zeugen.[12]

Die Unterschrift auf dem Testamentsumschlag muss vor der amtlichen Testamentseröffnung bzw. der ersten Eröffnung des Erbvertrages geleistet sein.[13] Ob der Umschlag im Zeitpunkt der Unterschriftsleistung bereits verschlossen war, ist unerheblich.[14] Nicht entscheidend ist, ob der Erblasser im Zeitpunkt der Unterschriftsleistung noch lebte[15] (Beispiel: Das Testament wurde im Krankenhaus errichtet. Der Erblasser stirbt, während der Notar in seine Kanzlei fährt. Unterschreibt der Notar hier vor Weitergabe an das Verwahrungsgericht in seiner Kanzlei den Testamentsumschlag, so ist das Testament wirksam). Für dieses Ergebnis sprechen Gründe der Rechtssicherheit, weil die Wirksamkeit eines

---

[7] Im Ergebnis ebenso Grziwotz/Heinemann/*Heinemann* BeurkG § 35 Rn. 11; *Winkler* BeurkG § 35 Rn. 6.
[8] Ähnlich Armbrüster/Preuß/Renner/*Seger* BeurkG § 35 Rn. 10.
[9] Ebenso Soergel/*Mayer* BeurkG § 35 Rn. 1.
[10] *Winkler* BeurkG § 35 Rn. 1.
[11] MüKoBGB/*Sticherling* BeurkG § 35 Rn. 3.
[12] MüKoBGB/*Sticherling* BeurkG § 35 Rn. 4.
[13] OLG Hamm OLGZ 1986, 159 (161) hält die Nachholung sogar bis zur Eröffnung der Verfügung von Todes wegen für möglich; dem zustimmend Armbrüster/Preuß/Renner/*Seger* BeurkG § 35 Fn. 1; Grziwotz/Heinemann/*Heinemann* BeurkG § 35 Rn. 21.
[14] AA *Lerch* BeurkG § 35 Rn. 4.
[15] AA MüKoBGB/*Sticherling* BeurkG § 35 Rn. 17; anders auch *Winkler* BeurkG § 35 Rn. 8, der aber unkommentiert auf die hier vertretene Ansicht hinweist; wie hier Grziwotz/Heinemann/*Heinemann* BeurkG § 35 Rn. 21.

Testaments wegen seiner Bedeutung für den Rechtsverkehr klare Abgrenzungen erfordert. Ob der Erblasser während der Unterschriftsleistung des Notars auf dem Testamentsumschlag noch lebte, wird in Grenzfällen nicht feststellbar sein und hat darüber hinaus für die im ordnungsgemäßen Beurkundungsverfahren abgegebenen Erklärungen des Erblassers keine Bedeutung. Deshalb muss selbst im Beurkundungstermin genügen, dass der Erblasser seinen letzten Willen zu Lebzeiten erklärt und unterschrieben hat. Erleidet der Erblasser unmittelbar nach Leistung der Unterschrift im Beurkundungstermin zB einen tödlichen Schlaganfall und unterschreibt der Notar sofort im Anschluss daran, so ist ein wirksames Testament als letzter Wille des Erblassers errichtet. Ist der Testamentsumschlag ohne Unterschrift des Notars in die amtliche Verwahrung gegeben worden, so kann die Unterschrift jedoch nur zu Lebzeiten des Erblassers nachgeholt werden.[16]

D. Rechtsfolgen

7 Die Unterschrift des Notars auf dem Testamentsumschlag erfüllt dieselben Funktionen wie seine Unterschrift unter der Niederschrift. Die letztwillige Verfügung bildet als öffentliche Urkunde eine Einheit mit dem Testamentsumschlag, so dass auf sie die § 415 ff. ZPO uneingeschränkt Anwendung finden, selbst wenn die Unterschrift des Notars unter der Niederschrift fehlt.[17]

Dritter Abschnitt. Sonstige Beurkundungen

1. Niederschriften

§ 36 Grundsatz

Bei der Beurkundung anderer Erklärungen als Willenserklärungen sowie sonstiger Tatsachen oder Vorgänge muß eine Niederschrift aufgenommen werden, soweit in § 39 nichts anderes bestimmt ist.

A. Allgemeines

1 Die §§ 36 ff. gelten für die Beurkundung von **anderen Erklärungen** als Willenserklärungen sowie sonstigen Tatsachen oder Vorgängen. Für Willenserklärungen gelten die §§ 8 ff. Für Willenserklärungen ist immer eine Niederschrift über die Verhandlung erforderlich, bei anderen Erklärungen kann der Notar entweder die Form der Niederschrift oder, wenn es sich um ein einfaches Zeugnis handelt, lediglich einen Vermerk nach § 39 aufnehmen. Lediglich bei Eiden und eidesstattlichen Versicherungen bestimmt § 38, dass die Niederschriftsform der §§ 8 ff. gilt. § 37 bestimmt, dass für die Niederschrift die weniger strengen Verfahrensregeln des § 37 gelten (kein Verlesen, keine Unterschrift der Beteiligten etc). Der Notar kann allerdings anstelle der einfachen Form für Beurkundungen im Rahmen des dritten Abschnitts auch die strengere Form der Beurkundung von Willenserklärungen nach §§ 8 ff. wählen. Die Beurkundungen sind selbstverständlich wirksam, da die strengere Form die einfachere enthält. Es ist dabei dem Ermessen des Notars überlassen, welche Form er wählt; eine Amtspflicht, generell die strengere Form zu wählen, existiert nicht, sonst wären die §§ 36 ff. überflüssig. So kann

---

[16] *Winkler* BeurkG § 35 Rn. 7.
[17] Ebenso MüKoBGB/*Sticherling* BeurkG § 35 Rn. 21; Soergel/*Mayer* BeurkG § 35 Rn. 6 mwN; aA Soergel/*Harder*, 12. Aufl., BeurkG § 35 Rn. 4.

zB der Beschluss einer Gesellschafterversammlung oder Hauptversammlung, der an sich ein Fall der §§ 36, 37 ist,[1] auch als Willenserklärung unter der Beachtung der §§ 8 ff. beurkundet werden.[2] In diesen Fällen ist allerdings zu berücksichtigen, dass uU das materielle Recht, zB § 130 AktG Vorgaben macht, die über das BeurkG hinausgehen. Zum Teil wird die alleinige Anwendung der §§ 8 ff. kritisch gesehen, da nach den §§ 36, 37 alle relevanten Wahrnehmungen des Notars zu beurkunden seien, während sich ein Vorgehen nach den §§ 8 ff. auf die Beurkundung der Willenserklärungen beschränke.[3] Es ist aber davon auszugehen, dass der Notar „relevante Vorgänge" auch im Protokoll nach § 8 festhalten kann und wird. Wenn die Urkunde keine derartigen Hinweise enthält, dann gab es keine besonderen Wahrnehmungen. An der grundsätzlichen Zulässigkeit der Beurkundung nach § 8 ändert sich daher nichts. Auch der Gesetzgeber hat diese „Wahlfreiheit" dem Notar zugebilligt und in der Begründung zum Regierungsentwurf festgestellt: „Inwieweit der Notar darüber hinaus die Vorschriften über die Beurkundung von Willenserklärungen anwendet, etwa die Niederschrift vorliest und unterschreiben läßt, steht in seinem Ermessen."[4]

Bei sog. **gemischten Beurkundungen,** bei denen tatsächliche Erklärungen und Willenserklärungen zusammentreffen (zB Beurkundung eines Verschmelzungsbeschlusses und Beurkundung von Verzichtserklärungen nach dem UmwG) muss die strengere Form, also die der §§ 8 ff. eingehalten werden, da andernfalls die beurkundete Willenserklärung nichtig wäre.[5] Die alternative Aufspaltung der Beurkundung in zwei separate Urkunden ist ebenfalls zulässig.[6] Möglich ist es auch, die Urkunde mit den beurkundeten Willenserklärungen als Anlage zum Tatsachenprotokoll zu nehmen.[7]

B. Anwendungsbedingungen

I. Andere Erklärungen, Tatsachen oder Vorgänge

Die von den §§ 36 ff. geregelten notariellen Tätigkeiten sind im Vergleich zu den in §§ 8 ff. geregelten Beurkundungen über Willenserklärungen vergleichsweise heterogen. §§ 36 und 37 enthalten den Grundsatz des Beurkundungsverfahrens, sie werden ergänzt durch Sondervorschriften für Eide und eidesstattliche Versicherungen (§ 38), einfache Zeugnisse (§ 39), Beglaubigungen einer Unterschrift (§ 40), Beglaubigung der Zeichnung einer Namensunterschrift (§ 41), Beglaubigung einer Abschrift (§ 42), Feststellung des Zeitpunkts der Vorlegung einer privaten Urkunde (§ 43). Schließlich sind darüber hinausgehend Vorschriften außerhalb des Beurkundungsgesetzes zu beachten, wie zB § 130 AktG für die Beurkundung einer Gesellschafterversammlung, Art. 80 ff. WG, Art. 55 ScheckG für die Aufnahme von Wechsel- und Scheckprotesten etc.

---

[1] OLG Celle NZG 2017, 422; Baumbach/Hueck/*Zöllner/Noack* GmbHG § 53 Rn. 70; vgl. ausführlich zu diesen Fragen *Grotheer* RNotZ 2015, 4; *Nordholtz/Hupka* DNotZ 2018, 404; Herrler/*Haines,* Gesellschaftsrecht in der Notar- und Gestaltungspraxis, 2017, § 6 Rn. 365.
[2] OLG München DNotZ 2011, 142 (146) mAnm *Priester;* OLG Köln MittBayNot 1993, 170 mAnm *Röll;* Scholz/*Priester* GmbHG § 53 Rn. 70; Gutachten DNotI-Report 1997, 228 (229); Lutter/Hommelhoff/*Bayer* GmbHG § 53 Rn. 16; MüKoGmbHG/*Harbarth* GmbHG § 53 Rn. 68; *Röll* DNotZ 1979, 644 (650); *Winkler* BeurkG Vor § 36 Rn. 17; Staudinger/*Hertel* BeurkG Vorb. zu §§ 127a, 128 Rn. 600; Armbrüster/Preuß/Renner/*Preuß* BeurkG § 36 Rn. 7 ff.; Spindler/Stilz/*Wicke* AktG § 130 Rn. 16; Grziwotz/Heinemann/*Grziwotz* BeurkG § 36 Rn. 5; *Lerch* BeurkG § 36 Rn. 5; BeckOGK/*Bord* BeurkG § 1 Rn. 8.1; BeckOGK/*Theilig* BeurkG § 36 Rn. 8; *Grotheer* RNotZ 205, 4; *Nordholtz/Hupka* DNotZ 2018, 404 (411 f.).
[3] So Baumbach/Hueck/*Zöllner/Noack* GmbHG § 53 Rn. 70.
[4] Begr. RegE BeurkG, BT-Drs. V/3282, 37.
[5] *Winkler* BeurkG Vor § 36 Rn. 16; Staudinger/Hertel BeurkG Vorb. zu §§ 127a, 128 Rn. 600; Armbrüster/Preuß/Renner/*Preuß* BeurkG § 36 Rn. 7 ff.; *Röll* DNotZ 1979, 644 (646).
[6] BeckOGK/*Theilig* BeurkG § 36 Rn. 8; *Nordholtz/Hupka* DNotZ 2018, 404 (411 f.).
[7] So *Nordholtz/Hupka* DNotZ 2018, 404 (411 f.).

II. Zuständigkeit

4 Die §§ 36 ff. enthalten keine Zuständigkeitsnormen, sondern nur **Verfahrensvorschriften**. Die Zuständigkeit des Notars für die Beurkundung von anderen Erklärungen als Willenserklärungen, Tatsachen, Vorgängen oder die Beglaubigung, ergibt sich aus den Einzelvorschriften der §§ 20 ff.[8] BNotO. Die §§ 36 ff. enthalten nur Vorschriften, in welcher Weise das Verfahren durchzuführen ist und welche inhaltlichen Anforderungen an die zu errichtende Urkunde bestehen.

III. Zielrichtung und Rahmenbedingungen der sonstigen Beurkundungen

5 1. **Errichtung einer öffentlichen Urkunde.** Auch die Beurkundung nach §§ 36 ff. zielt auf Errichtung einer öffentlichen Urkunde iSd §§ 415, 418 ZPO.[9] Bei den Urkunden im Rahmen des § 38 kann es sich teilweise um Urkunden iSd § 415 ZPO handeln, soweit Erklärungen beurkundet werden, teilweise um Urkunden iSd § 418 ZPO über Wahrnehmungen oder Handlungen des Notars, die keine Erklärungen Dritter sind. In beiden Fällen begründet die Urkunde den **vollen Beweis** des durch die Urkundsperson beurkundeten Vorgangs bzw. der darin bezeugten Tatsachen (§§ 415 Abs. 1, 418 Abs. 1 ZPO).[10] Enthält die Urkunde Erklärungen, dann wird der volle Beweis für die Abgabe der beurkundeten Erklärung bewirkt. Bewiesen ist dabei, dass die in der Urkunde bezeichnete Person zur angegebenen Zeit, am angegebenen Ort vor dem Notar die Erklärung des wiedergegebenen Inhalts abgegeben hat. Darüber hinaus besteht auch im Rahmen des § 36 die Vermutung der vollständigen und richtigen Wiedergabe der getroffenen Vereinbarung.[11] Urkunden über Tatsachen iSd § 418 ZPO beweisen alle in der Urkunde bezeugten Tatsachen, soweit diese auf den Wahrnehmungen der Urkundsperson beruhen.[12]

6 Abzugrenzen von der Herstellung einer Urkunde ist die **Bescheinigung,** in der der Notar über die Wiedergabe der amtlichen Wahrnehmungen hinausgehend auf der Grundlage von wahrgenommenen Tatsachen rechtliche Schlussfolgerungen zieht.[13] Grundsätzlich haben notarielle Zeugnisurkunden iSd § 20 BNotO, spezifische Beweiskraft nach §§ 415, 418 ZPO.[14] Zeugnisurkunden begründen den vollen Beweis des durch die Urkundsperson beurkundenden Vorgangs bzw. die darin bezeugten Tatsachen. Da bei einer Bescheinigung im Zentrum die gutachterliche Würdigung steht, scheidet diese besondere Beweiswirkung

---

[8] BeckOGK/*Theilig* BeurkG § 36 Rn. 3.
[9] Armbrüster/Preuß/Renner/*Preuß* BeurkG § 36 Rn. 3; *Winkler* BeurkG Vor § 36 Rn. 4; Grziwotz/Heinemann/*Grziwotz* BeurkG § 36 Rn. 6; *Lerch* BeurkG § 36 Rn. 5; BeckOGK/*Theilig* BeurkG § 36 Rn. 4.
[10] Armbrüster/Preuß/Renner/*Preuß* BeurkG § 36 Rn. 3; *Winkler* BeurkG Vor § 36 Rn. 4; Grziwotz/Heinemann/*Grziwotz* BeurkG § 36 Rn. 6; *Lerch* BeurkG § 36 Rn. 5; BeckOGK/*Theilig* BeurkG § 36 Rn. 4
[11] BGH DNotZ 1971, 37; 1986, 78; OLG Köln NJW-RR 1992, 572; Zöller/*Geimer* ZPO § 415 Rn. 5; Musielak/Voigt/*Huber* ZPO § 415 Rn. 10; Armbrüster/Preuß/Renner/*Preuß* BeurkG § 36 Rn. 3.
[12] Vgl. BayObLG DNotZ 1975, 555; Zöller/*Geimer* ZPO § 418 Rn. 3; Musielak/Voigt/*Huber* ZPO § 418 Rn. 1, 3.
[13] → BNotO § 21 Rn. 2 ff.; vgl. zur Notarbescheinigung *Assenmacher* Rpfleger 1990, 195; *Böhringer* RENOprax 2010, 102; *Dieterle* BWNotZ 1990, 33; *Ertl* DNotZ 1969, 650; *Geimer* IPRax 2009, 58; *Groß* Rpfleger 1972, 241; *Limmer* ZNotP 2002, 261; *Reithmann* DNotZ 1975, 340; *ders.* NotBZ 2000, 244; *Pfeiffer* Rpfleger 2012, 240; Kersten/Bühling/*Terner*, 23. Aufl. 2010, § 15 Rn. 26 ff.; Schippel/Bracker/*Reithmann* BNotO Vor §§ 20–25 Rn. 28 ff.; *Winkler* DNotZ 1980, 578; Armbrüster/Preuß/Renner/*Preuß* BeurkG § 39 Rn. 1 ff.; Armbrüster/Preuß/Renner/*Piegsa* BeurkG § 12 Rn. 23 ff.; Diehn/*Kilian* BNotO § 21 Rn. 4 ff.; Arndt/Lerch/Sandkühler/*Sandkühler* BNotO § 21 Rn. 4 ff.; allg. zu den Tätigkeiten des § 24 BNotO vgl. *Bohnenkamp*, Unparteilichkeit des Notars bei Tätigkeiten nach § 24 Abs. 1 BNotO, 2005, S. 49 ff.
[14] → BNotO § 20 Rn. 6; Zöller/*Geimer* ZPO § 418 Rn. 3; Musielak/Voigt/*Huber* ZPO § 415 Rn. 8, 10 und § 418 Rn. 1, 3; Armbrüster/Preuß/Renner/*Preuß* BeurkG § 36 Rn. 3; *Winkler* BeurkG Vor § 36 Rn. 4; Grziwotz/Heinemann/*Grziwotz* BeurkG § 36 Rn. 6; *Lerch* BeurkG § 36 Rn. 5; BeckOGK/*Theilig* BeurkG § 36 Rn. 4; kritisch *Koch/Rudzio* ZZP 2009, 37 (58 ff.) zur Beweiskraft nach der Elektronisierung des Handelsregisters und Streichung des § 9 Abs. 3 HGB aF.

von vorneherein aus.[15] Der einzige Beweiswert nach der ZPO, den eine derartige Bescheinigung hat, ist der nach § 437 ZPO, wonach Urkunden, die nach Form und Inhalt als von einer öffentlichen Behörde oder von einer mit öffentlichem Glauben versehenen Person errichtet sich darstellen, die Vermutung der Echtheit für sich haben, also den Beweis begründen, dass der Notar der Aussteller der Urkunde ist.

Allgemein haben Notarbestätigungen **keinen besonderen Beweiswert**. Als gutachterliche Äußerung genießen sie nur das Vertrauen des Rechtsverkehrs in die Richtigkeit der vom Notar vorgenommenen Schlussfolgerungen. Etwas anderes gilt nach § 21 Abs. 1 S. 2 BNotO für die Registerbescheinigung.[16] Diese ist dem registergerichtlichen Zeugnis gleichgestellt. Die **spezifische Beweiswirkung** von Zeugnissen des Registergerichts ist in Spezialgesetzen geregelt. § 69 BGB bestimmt, dass der Nachweis, dass der Vorstand aus den im Register eingetragenen Personen besteht, Behörden gegenüber durch ein derartiges Zeugnis geführt wird. Ähnliches regeln § 26 Abs. 2 GenG, § 9 Abs. 3 HGB und am wichtigsten § 32 GBO. Diese Bestimmungen sind aufgrund ihrer Funktionsgleichheit einheitlich auszulegen.[17] Sie bezwecken eine Erleichterung des Rechtsverkehrs, so zB § 32 GBO des Grundbuchverkehrs. Bei Fehlen einer entsprechenden Vorschrift müssten die genannten Handelsgesellschaften, Genossenschaften uÄ gem. § 29 Abs. 1 S. 2 GBO Vertretungsbefugnis und Existenz der Gesellschaft durch entsprechende öffentliche Urkunden nachweisen. Nach allgemeiner Meinung sind daher diese Vorschriften Spezialgesetze zum strengen Formgebot des § 29 Abs. 1 GBO.[18] Die Vorschriften sind verfahrensrechtliche Normen für den Verkehr mit dem Grundbuchamt bzw. den Behörden, allerdings ohne materiell-rechtliche Bedeutung. Es handelt sich um gesetzliche Beweisregeln, die zB nach § 32 GBO den Rechtspfleger von der Verpflichtung entbinden, die maßgebliche materiell-rechtliche Lage zu ermitteln.[19] Die genannten Zeugnisse, also auch die notarielle Registerbescheinigung, erbringen danach für das entsprechende Verfahren, zB das Grundbuchverfahren, den vollen Beweis für den bezeugten Umstand.[20]

Für die Errichtung von **gutachterlichen Bescheinigungen** des Notars sehen die §§ 36 ff. keine Regelungen vor. Die **Zuständigkeit** ergibt sich aus §§ 21, 24 BNotO, das **Verfahren** hat der Notar nach freiem Ermessen unter Berücksichtigung allgemeiner Grundsätze zu gestalten. Die §§ 36 ff. gelten nicht. Auch die einfachen Zeugnisse nach § 39 sind öffentliche Urkunden, wobei nur der Vermerk als solcher eine solche darstellt, nicht die privatschriftliche Erklärung, unter die der Vermerk gesetzt wird.[21]

2. Durchführung eines förmlichen Beurkundungsverfahrens. Auch Beurkundungen nach §§ 36 ff. haben nicht nur den Zweck der Schaffung einer Zeugnisurkunde mit besonderer Beweiskraft, sondern dienen darüber hinaus vielfältigen rechtsstaatlichen Anforderungen, etwa erhöhter Richtigkeitsgewähr im Rahmen registerrechtlicher Verfahren (zB §§ 29, 12 HGB).[22] Ebenso, wie bei der Beurkundung von Willenserklärungen, hat der

---

[15] Schippel/Bracker/*Reithmann* BNotO § 21 Rn. 6; Armbrüster/Preuß/Renner/*Preuß* BeurkG § 39 Rn. 1; Arndt/Lerch/Sandkühler/*Sandkühler* BNotO § 21 Rn. 18 ff.; *Reithmann* DNotZ 1974, 6 (16); ders. MittBayNot 1990, 82 f.
[16] → BNotO § 21 Rn. 4 ff.
[17] Vgl. OLG Köln Rpfleger 1990, 352; Meikel/*Krause* GBO § 32 Rn. 4; *Demharter* GBO § 32 Rn. 5 ff.; *Limmer* DNotZ 2000, 294 ff.; kritisch *Koch/Rudzio* ZZP 2009, 37 (45 ff.); vgl. auch MüKoBGB/*Arnold* BGB § 69 Rn. 1; Staudinger/*Habermann* BGB § 69 Rn. 1; für 26 GenG Pöhlmann/Fandrich/Bloehs/*Fandrich* GenG § 26 Rn. 3; Henssler/Strohn/*Geibel* GenG § 26 Rn. 3.
[18] Vgl. Meikel/*Krause* GBO § 32 Rn. 4 f.; *Demharter* GBO § 32 Rn. 5 ff., MüKoBGB/*Arnold* BGB § 69 Rn. 1; Staudinger/*Habermann* BGB § 69 Rn. 1; Pöhlmann/Fandrich/Bloehs/*Fandrich* GenG § 26 Rn. 3; Henssler/Strohn/*Geibel* GenG § 26 Rn. 3; Schippel/Bracker/*Reithmann* BNotO § 21 Rn. 3 ff.
[19] Meikel/*Krause* GBO § 32 Rn. 5; *Demharter* GBO § 32 Rn. 1.
[20] Vgl. Meikel/*Krause* GBO § 32 Rn. 7; Schöner/Stöber Rn. 3637; *Demharter* GBO § 32 Rn. 12.
[21] → § 39 Rn. 1.
[22] Armbrüster/Preuß/Renner/*Preuß* BeurkG § 36 Rn. 3; *Winkler* BeurkG Vor § 36 Rn. 4; Grziwotz/Heinemann/*Grziwotz* BeurkG § 36 Rn. 6; *Lerch* BeurkG § 36 Rn. 5; BeckOGK/*Theilig* BeurkG § 36 Rn. 4.

Notar Recht und **Pflicht zur sachgerechten Verfahrensleitung**.[23] Der Notar hat auch im Rahmen der §§ 36 ff. das Verfahren so zu gestalten, dass die spezifischen Zwecke, die durch die Beurkundung erreicht werden sollen, verwirklicht werden. Wegen der Heterogenität der Sachverhalte lassen sich anders als bei der Beurkundung von Willenserklärungen keine allgemein gültigen Grundsätze aufstellen. Hier ist die vom Ermessen geprägte Leitungsbefugnis des Notars von noch größerer Bedeutung als bei der Beurkundung von Willenserklärungen.

8   Da der Notar auch im Rahmen der §§ 36 ff. dem allgemeinen Legalitätsprinzip des § 14 BNotO bzw. § 4 unterliegt, wird durch diese Urkunden auch eine **Legalitätssicherheit** gewährleistet.

C. Grundsatz Niederschrift

9   § 36 bestimmt, dass auch bei den sonstigen Erklärungen und Tatsachenvorgängen grundsätzlich eine Niederschrift aufgenommen werden muss, an die allerdings § 37 deutlich **geringere Anforderungen** als die §§ 8 ff. stellt. Eine Niederschrift ist nicht erforderlich, soweit nach § 39 für einfache Feststellungen ein **Vermerk** genügt. Bei der Beurkundung von Erklärungen, die keine Willenserklärungen sind, muss daher immer geprüft werden, ob die strengere Form der Niederschrift nach § 37 erforderlich oder ob die Vermerkform des § 39 ausreichend ist. Auch insoweit gilt der Grundsatz, dass die strengere Form die schwächere ersetzt, so dass auch in den Bereichen, in denen an sich ein Vermerk ausreichend wäre, eine Niederschrift nach § 37 errichtet werden kann und diese selbstverständlich wirksam ist.[24]

10 Die Regelform des § 36 ist die Niederschrift. Der Begriff der Niederschrift ist im Gesetz nicht definiert, ergibt sich aber aus dem Ziel der Niederschrift: Die Herstellung einer öffentlichen Urkunde iSv §§ 415, 418 ZPO. Dementsprechend wird auch die Urkunde iSd §§ 415 ff. ZPO definiert als durch die Niederschrift verkörperte Gedankenerklärung, die geeignet ist, Beweis für streitiges Parteivorbringen zu erbringen.[25] Entscheidend ist also die Schriftlichkeit und die Verkörperung einer Gedankenerklärung.

11 Für die sonstigen Beurkundungen nach § 36 gelten grundsätzlich die Vorschriften des ersten Abschnitts, dh die §§ 1 bis 5.[26] Die Bestimmungen des zweiten Abschnitts, dh die §§ 6 ff., gelten grundsätzlich nicht, es sei denn, hierauf wird ausdrücklich Bezug genommen.[27]

12 Wegen der Regelung des § 3 durch das Dritte Gesetz zur Änderung der Bundesnotarordnung ist fraglich, inwieweit die **Mitwirkungsverbote** des § 3 auch für die Beurkundung nach §§ 36 ff. gelten, da § 3 in erster Linie die Beurkundung von Willenserklärungen betrifft, bei denen der Notar eine Gestaltungsaufgabe über den Inhalt der Urkunde hat; diese Aufgabe besteht im Rahmen der Beurkundung nach §§ 36 ff. nicht, wo nur reine Abläufe bezeugt werden. Dem ist durch eine einschränkende Auslegung des § 3 zweckentsprechend Rechnung zu tragen.[28]

13 Auch die Belehrungspflicht nach § 17 gilt nicht für die Beurkundung nach §§ 36 ff.[29] Der Notar braucht daher bei der Protokollierung von derartigen Erklärungen oder

---

[23] → § 8 Rn. 1 ff.
[24] *Winkler* BeurkG § 36 Rn. 4; Armbrüster/Preuß/Renner/*Preuß* BeurkG § 36 Rn. 3.
[25] BGHZ 65, 300 = NJW 1976, 294; Armbrüster/Preuß/Renner/*Preuß* BeurkG § 36 Rn. 3.
[26] Vgl. *Winkler* BeurkG Vor § 36 Rn. 11; BeckOGK/*Theilig* BeurkG § 36 Rn. 10; Grziwotz/Heinemann/*Grziwotz* BeurkG § 36 Rn. 7.
[27] *Winkler* BeurkG Vor § 36 Rn. 12; BeckOGK/*Theilig* BeurkG § 36 Rn. 10; Grziwotz/Heinemann/*Grziwotz* BeurkG § 36 Rn. 7.
[28] Für Anwendung des § 3 jedoch *Winkler* BeurkG Vor § 36 Rn. 11; BeckOGK/*Theilig* BeurkG § 36 Rn. 7; Grziwotz/Heinemann/*Grziwotz* BeurkG § 37 Rn. 10.
[29] *Winkler* BeurkG § 17 Rn. 4; Staudinger/Hertel BeurkG Vorb. zu §§ 127a, 128 Rn. 604; Armbrüster/Preuß/Renner/*Preuß* BeurkG § 36 Rn. 14; BeckOGK/*Theilig* BeurkG § 36 Rn. 7.

§ 37 Inhalt der Niederschrift   § 37 BeurkG

Vorgängen, zB Versammlungsbeschlüssen, keine Bedenken gegen die Gültigkeit anzumelden. Etwas anderes gilt nur, wenn für den Notar in erkennbarer Weise schwerwiegende Informationsdefizite oder Zweifel an der Ernsthaftigkeit und Eindeutigkeit der Erklärungen oder an der Geschäftsfähigkeit bestehen.[30] Beratungs- und Belehrungspflichten unterliegt der Notar allerdings dann, wenn die Beteiligten ihn dazu gesondert beauftragen.

D. Überblick über Einzelfälle

Folgende notarielle Tätigkeiten sind nach den §§ 36 ff. zu beurkunden, wobei in vielen **14** Fällen die Abgrenzung, ob es sich um sonstige Erklärungen oder um wahrgenommene Tatsachen oder Vorgänge handelt, nicht einfach ist. Die Abgrenzung ist allerdings auch nicht erforderlich, da das Verfahren in beiden Fällen das Gleiche ist. **Tatsachenbeurkundungen** liegen allerdings vor, wenn Vorgänge der Außenwelt, die unmittelbar mit dem Auge oder Ohr wahrgenommen werden,[31] vom Notar in der Urkunde wiedergegeben werden. Der Notar muss bei der Errichtung derartiger Urkunden darauf achten, dass keine Schlussfolgerungen in der Urkunde enthalten sind, da andernfalls das Risiko einer Haftung gegenüber gutgläubigen Dritten besteht. Bei der Formulierung der Niederschrift über Tatsachen ist daher großer Wert darauf zu legen, nur die tatsächlich wahrgenommenen Tatsachen möglichst konkret zu beschreiben, damit kein Irrtum Dritter entstehen kann. Auch rechtliche Schlussfolgerungen sind in diesem Rahmen nicht zulässig, hierzu bedarf es einer notariellen Bescheinigung nach §§ 21, 24 BNotO, die deutlich macht, dass es sich um ein Gutachten des Notars handelt.[32] Im Einzelnen sind folgende Tätigkeitsbereiche von §§ 36 ff. erfasst:

– Versammlungsniederschriften über Hauptversammlung einer Aktiengesellschaft bzw. Gesellschafterversammlung einer GmbH oder sonstigen Gesellschaften (→ § 37 Rn. 11 ff.);
– Vornahme von Verlosungen und Auslosungen (→ BNotO § 20 Rn. 14 ff.);
– Aufnahme von Vermögensverzeichnissen (→ BNotO § 20 Rn. 18 ff.);
– Anlegen von Siegeln (→ BNotO § 20 Rn. 27 ff.);
– Abnahme von Eiden und eidesstattlichen Versicherungen (→ BNotO § 22 Rn. 1 ff.);
– Durchführung oder Beurkundung von freiwilligen Versteigerungen (→ BNotO § 20 Rn. 36 ff.);
– Beglaubigung einer Unterschrift (→ § 40 Rn. 1 ff.);
– Beglaubigung der Zeichnung einer Namensunterschrift (→ § 41 Rn. 1 ff.);
– Beglaubigung einer Abschrift (→ § 42 Rn. 1 ff.);
– Feststellung des Zeitpunkts der Vorlegung einer privaten Urkunde (→ § 43 Rn. 1 ff.);
– Übersetzungsbescheinigung (→ § 50 Rn. 1 ff.);
– Wechsel- und Scheckproteste (Art. 79 ff. WG, Art. 40 ff. ScheckG).

§ 37 Inhalt der Niederschrift

(1) ¹**Die Niederschrift muß enthalten**
1. **die Bezeichnung des Notars sowie**
2. **den Bericht über seine Wahrnehmungen.**

²**Der Bericht des Notars in einem Schriftstück, auf das in der Niederschrift verwiesen und das dieser beigefügt wird, gilt als in der Niederschrift selbst enthalten.** ³Satz 2 gilt

---
[30] *Winkler* BeurkG Vorb. § 36 Rn. 14; Staudinger/Hertel BeurkG Vorb. zu §§ 127a, 128 Rn. 604; Armbrüster/Preuß/Renner/*Preuß* BeurkG § 36 Rn. 14.
[31] OLG Zweibrücken DNotZ 1970, 183; *Winkler* BeurkG Vorb. § 36 Rn. 6.
[32] → BNotO § 21 Rn. 2 ff.

Limmer   1275

entsprechend, wenn der Notar unter Verwendung von Karten, Zeichnungen oder Abbildungen seinen Bericht erstellt.

(2) **In der Niederschrift sollen Ort und Tag der Wahrnehmungen des Notars sowie Ort und Tag der Errichtung der Urkunde angegeben werden.**

(3) § 13 Abs. 3 gilt entsprechend.

Übersicht

	Rn.
A. Allgemeines	1
B. Zwingende Erfordernisse	2
I. Bezeichnung des Notars	2
II. Bericht über die Wahrnehmungen des Notars	3
III. Anlagen	7
IV. Unterschrift des Notars	9
C. Sollerfordernisse	10
D. Sondervorschriften und Einzelfälle	11
I. Gesellschafterversammlungen	11
1. Allgemeines	11
2. Sondervorschriften bei AG und KGaA	14
3. Sonstige Gesellschafterversammlungen	17
4. Berichtigung von Gesellschafterprotokollen	18a
II. Notarielle Prioritätsverhandlungen im Urheberrecht	19
1. Bedeutung	19
2. Beurkundungsverfahren	20
III. Sonstige Tatsachenbeurkundungen nach §§ 36, 37	22
1. Zuständigkeiten nach § 20 BNotO	22
2. Tatsachenbeurkundungen durch einfaches Zeugnis	23

A. Allgemeines

1 Die Vorschrift regelt Form und Inhalt einer sog. **einfachen Niederschrift** iSd § 36 für die Beurkundung von anderen Erklärungen als Willenserklärungen sowie sonstigen Tatsachen oder Vorgängen. § 36 geht von dem Grundsatz aus, dass auch bei sonstigen Erklärungen und Tatsachenvorgängen grundsätzlich eine Niederschrift aufgenommen werden muss, es sei denn, es genügt nach § 39 ein Vermerk. Dies ist nur bei den einfachen Zeugnissen iSd § 39 der Fall. Bei allen anderen Urkunden iSd § 36 ist eine Niederschrift zu errichten, die den Anforderungen des § 37 genügt. In Abgrenzung zu den Niederschriften über die Beurkundung von Willenserklärungen (§§ 8 ff.) stellt § 37 deutlich geringere Anforderungen. Insbesondere ist weder die Bezeichnung der Beteiligten erforderlich (§ 9 Abs. 1 Nr. 1) noch das Vorlesen, die Genehmigung und die Unterschrift der Beteiligten. Die Vorschrift enthält in Abs. 1 und Abs. 3 Mussvorschriften, in Abs. 2 lediglich eine Sollvorschrift.

B. Zwingende Erfordernisse

I. Bezeichnung des Notars

2 Die Niederschrift muss nach § 37 Abs. 1 Nr. 1 den Notar bezeichnen. Eine Verletzung dieser Mussvorschrift führt zur Nichtigkeit der Beurkundung. Es gelten hier die gleichen Grundsätze wie bei § 9 Abs. 1 Nr. 1.[1]

---

[1] → § 9 Rn. 2 ff.; OLG Frankfurt a. M. MittBayNot 1986, 274; Armbrüster/Preuß/Renner/*Preuß* BeurkG § 37 Rn. 5; Staudinger/*Hertel* BeurkG Vorb. zu §§ 127a, 128 Rn. 601; Grziwotz/Heinemann/*Grziwotz* BeurkG § 37 Rn. 2 ff.; BeckOGK/*Theilig* BeurkG § 37 Rn. 2; BeckOK BeurkG/*Boor* BeurkG § 37 Rn. 1.

II. Bericht über die Wahrnehmungen des Notars

§ 37 Abs. 1 Nr. 2 nennt als zweites zwingendes Erfordernis, dass die Niederschrift den **3** Bericht über die Wahrnehmungen des Notars enthalten muss. Dies ist an sich selbstverständlich, da genau hierüber die Urkunde errichtet werden soll. Wie dieser Bericht über die Wahrnehmungen auszusehen hat, regelt das BeurkG nicht. Es besteht das allgemeine **Gestaltungsermessen des Notars,**[2] so dass es sich nach den Umständen des Einzelfalls richtet, welchen Inhalt im Einzelnen dieser Bericht enthält. Der Notar kann sich je nach den Gegebenheiten des Falles auf zusammenfassende Erläuterungen beschränken oder ausführlich seine Wahrnehmungen beschreiben. Gegenstand der Wahrnehmungen sind **Tatsachen,** keine Schlussfolgerungen. Tatsachen sind alle der äußeren Wahrnehmung zugängliche Geschehnisse oder Zustände. Da es sich um Wahrnehmungen des Notars handeln muss, ist entscheidend, dass der Notar diese Vorgänge der Außenwelt selbst mit seinen Sinnen in seiner amtlichen Eigenschaft wahrgenommen hat.

Der Notar muss darauf achten, dass er keine Angaben in die Urkunde aufnimmt, die bei **4** Dritten **Fehlvorstellungen** hervorrufen können. Insofern besteht ein hohes Haftpflichtrisiko, da der Notar durch seine Beurkundung den bescheinigten Tatsachen eine besondere Vertrauenswürdigkeit gibt. Tatsachen, die der Notar nicht wahrgenommen hat, kann er daher auch nicht bescheinigen; Schlussfolgerungen dürfen ebenfalls nicht in der Urkunde enthalten sein, da andernfalls die Fehlvorstellung entstehen könnte, der Notar habe auch die Schlussfolgerung amtlich wahrgenommen. Die Rechtsprechung zum Haftungsrecht stellt zum Schutz der Öffentlichkeit hohe Ansprüche an die Exaktheit und Unmissverständlichkeit solcher Beurkundungen. Für die Richtigkeit der beurkundeten Tatsachen haftet der Notar jedem Dritten gegenüber, dem die Urkunde vorgelegt wird.[3]

Insbesondere die Beurkundung über wahrgenommene Tatsachen kann missbraucht wer- **5** den, um Dritte zu täuschen.[4] Auch insofern gilt, dass der Notar ausschließlich die Wahrheit bezeugen darf. Er darf nur beurkunden, was er nach gewissenhafter Prüfung als zutreffend erkannt hat.[5] Mit seinen **Amtspflichten** wäre es unvereinbar, wenn er durch seine Tätigkeit einen falschen Anschein erweckt, durch den geschützte Dritte in Gefahr eines folgenschweren Irrtums geraten.[6] Insofern ist auch anerkannt, dass der Notar, der eine Tatsachenbeurkundung übernimmt, Amtspflichten zur wahren Bezeugung auch demgegenüber hat, für den diese bestimmt ist.[7] Insbesondere voreilige Schlussfolgerungen begründen große Haftpflichtrisiken, zB wenn der Notar im Rahmen einer Tatsachenbescheinigung die Lagerung von „Goldbarren" bestätigt, ohne tatsächlich geprüft zu haben, ob es sich bei dem Gelbmetall um Gold handelt.[8]

Maßgebende Richtschnur für den Inhalt der Niederschrift sollte auch die **intendierte** **6** **Beweiswirkung** sein. Nach § 418 Abs. 1 ZPO begründen auch öffentliche Urkunden, die einen anderen als den in §§ 415, 417 ZPO bezeichneten Inhalt haben, vollen Beweis der darin bezeugten Tatsachen. Eine derartige Urkunde beweist alle in der Urkunde bezeugten Tatsachen, soweit diese auf eigenen Wahrnehmungen der Urkundsperson

---

[2] → § 36 Rn. 7; Armbrüster/Preuß/Renner/*Preuß* BeurkG § 36 Rn. 10 ff.; *Lerch* BeurkG § 36 Rn. 7 und § 37 Rn. 5a; *Winkler* BeurkG § 39 Rn. 8; Grziwotz/Heinemann/*Grziwotz* BeurkG § 37 Rn. 4; BeckOGK/*Theilig* BeurkG § 37 Rn. 3.
[3] BGH DNotZ 1973, 245; NJW-RR 1992, 1176; BGHZ 134, 100 (107) = NJW 1997, 661; WürzNotar-HdB/*Ganter* Kap. 2 Teil 1 Rn. 40; Armbrüster/Preuß/Renner/*Preuß* BeurkG § 36 Rn. 15; Grziwotz/Heinemann/*Grziwotz* BeurkG § 37 Rn. 5.
[4] Vgl. die Übersicht bei *Haug/Zimmermann* Rn. 662 ff.
[5] BGH NJW-RR 1992, 1176; BGHZ 134, 100 (107) = DNotZ 1997, 221; Armbrüster/Preuß/Renner/*Preuß* BeurkG § 36 Rn. 15; Grziwotz/Heinemann/*Grziwotz* BeurkG § 37 Rn. 5.
[6] BGH DNotZ 1992, 819; BGHZ 96, 157 (165); BGH DNotZ 1997, 221; Armbrüster/Preuß/Renner/*Preuß* BeurkG § 36 Rn. 15.
[7] BGH DNotZ 1973, 245; 1984, 425; 1997, 221; *Reithmann* DNotZ 1970, 5 (18); Grziwotz/Heinemann/*Grziwotz* BeurkG § 37 Rn. 5.
[8] *Haug/Zimmerman* Rn. 662 ff.

beruhen.⁹ Der Notar muss daher deutlich klarstellen, welche konkreten Tatsachen er wahrgenommen hat. Ist zB der ordnungsgemäße Verfahrensablauf eines Vorgangs nachzuweisen, dann sollten die Tatsachen vorgetragen werden, die den Schluss hierauf zulassen. Lücken oder fehlerhafte Darstellungen berühren allerdings nicht die Wirksamkeit der Urkunde, sondern nur deren Beweiskraft.¹⁰

III. Anlagen

7 Ebenso wie bei § 9 gilt auch der Bericht des Notars in einem Schriftstück, auf das in der Niederschrift verwiesen und das dieser beigefügt wird, als in der Niederschrift selbst enthalten. Das Gleiche gilt, wenn der Notar unter Verwendung von Karten, Zeichnungen oder Ablichtungen seinen Bericht erstellt und diese der Niederschrift beifügt (§ 37 Abs. 1 S. 2). Es kann auf die Ausführungen zu § 9 Abs. 1 S. 2 verwiesen werden.¹¹ Gegenstand der Verweisung nach § 37 Abs. 1 S. 2 können nur Erklärungen in einem Schriftstück sein. Entscheidend ist die schriftliche Verkörperung auf Papier, die Verweisung auf elektronische Datenträger, CD-ROM uÄ ist nicht möglich, wenn es um den Bericht selbst geht.¹² Etwas anderes gilt, wenn der Datenträger als solcher nur Teil der Tatsachenbeurkundung ist und nicht dessen Inhalt. So besteht etwa bei der notariellen Prioritätsfeststellung nach dem Urheberrecht die Möglichkeit des Verweises auf einen Datenträger, der der Urkunde beigefügt wird, wobei dann allerdings der Inhalt des Datenträgers nicht Teil der Niederschrift ist.¹³

8 Entscheidend ist, dass auf die Anlage „in der Niederschrift" in vollem Umfange verwiesen wird. Ein bestimmter Text für die Verweisung ist nicht erforderlich, entscheidend ist, dass die Verweisungserklärung den Willen erkennen lässt, dass der Inhalt der Niederschrift als Teil des notariellen Berichts über seine Wahrnehmungen gelten soll. Nach § 44 S. 2 soll das Schriftstück mit der Niederschrift durch Schnur und Prägesiegel verbunden werden.

IV. Unterschrift des Notars

9 § 37 Abs. 3 verweist bezüglich der Unterschrift des Notars auf § 13 Abs. 3, so dass auch die Niederschrift nach § 37 von dem Notar eigenhändig unterschrieben werden muss. Dabei soll der Notar seine Amtsbezeichnung beifügen.¹⁴

C. Sollerfordernisse

10 Nach § 37 Abs. 2 soll die Niederschrift den **Ort** und den **Tag** der Wahrnehmung sowie den Ort und den Tag der Errichtung der Urkunde angeben.¹⁵ Da bei Tatsachenprotokollen Zeitpunkt und Ort der Wahrnehmung und Zeitpunkt und Ort der Errichtung der Ur-

---

⁹ BGH DNotZ 1971, 37; 1986, 78; OLG Köln NJW-RR 1992, 572; Zöller/*Geimer* ZPO § 415 Rn. 5 und § 418 Rn. 3; Musielak/Voigt/*Huber* ZPO § 415 Rn. 10; Armbrüster/Preuß/Renner/*Preuß* BeurkG § 36 Rn. 3; *Winkler* BeurkG Vor § 36 Rn. 4; Grziwotz/Heinemann/*Grziwotz* BeurkG § 36 Rn. 6; *Lerch* BeurkG § 36 Rn. 5; BeckOGK/*Theilig* BeurkG § 36 Rn. 4.
¹⁰ Vgl. *Jansen* BeurkG § 37 Rn. 3; *Lerch* BeurkG § 37 Rn. 2.
¹¹ → § 9 Rn. 8 ff.; Armbrüster/Preuß/Renner/*Preuß* BeurkG § 37 Rn. 5; *Winkler* BeurkG § 37 Rn. 5; Grziwotz/Heinemann/*Grziwotz* BeurkG § 37 Rn. 7; *Lerch* BeurkG § 37 Rn. 3; BeckOGK/*Theilig* BeurkG § 36 Rn. 1; BeckOK BeurkG/*Boor* BeurkG § 37 Rn. 5.
¹² Armbrüster/Preuß/Renner/*Preuß* BeurkG § 37 Rn. 5; *Winkler* BeurkG § 37 Rn. 5; Grziwotz/Heinemann/*Grziwotz* BeurkG § 37 Rn. 7; *Lerch* BeurkG § 37 Rn. 3; BeckOGK/*Theilig* BeurkG § 36 Rn. 12; BeckOK BeurkG/*Boor* BeurkG § 37 Rn. 7.
¹³ → Rn. 19 ff.
¹⁴ Vgl. im Einzelnen → § 13 Rn. 21 ff.; Armbrüster/Preuß/Renner/*Preuß* BeurkG § 37 Rn. 2 ff.; Staudinger/*Hertel* BeurkG Vorb. zu §§ 127a, 128 Rn. 601; *Winkler* BeurkG § 37 Rn. 6; Grziwotz/Heinemann/*Grziwotz* BeurkG § 37 Rn. 3.
¹⁵ Armbrüster/Preuß/Renner/*Preuß* BeurkG § 37 Rn. 2 ff.; Staudinger/*Hertel* BeurkG Vorb. zu §§ 127a, 128 Rn. 601; *Winkler* BeurkG § 37 Rn. 7; Grziwotz/Heinemann/*Grziwotz* BeurkG § 37 Rn. 8; BeckOGK/*Theilig* BeurkG § 36 Rn. 6; BeckOK BeurkG/*Boor* BeurkG § 37 Rn. 3.

kunde auseinanderfallen können, sollen beide in der Niederschrift angegeben werden, damit auch hierdurch die Beweiswirkung erhöht wird. Insbesondere der Zeitabstand zwischen diesen Ereignissen lässt Schlüsse auf den Beweiswert der Urkunde zu.[16] Grundsätzlich sind bezüglich der Ort- und Zeitangabe die gleichen Anforderungen wie bei § 9 zu beachten.[17]

D. Sondervorschriften und Einzelfälle

I. Gesellschafterversammlungen

1. Allgemeines. Ein wichtiger Anwendungsbereich der Niederschrift nach § 37 sind Gesellschafterversammlungen, insbesondere bei GmbH, AG, KGaA, Versicherungsverein auf Gegenseitigkeit, zT auch Genossenschaften etc.[18] Es handelt sich dabei nicht um die Beurkundung von Willenserklärungen, sondern um die **Beurkundung von sonstigen Tatsachen.**[19] Ein Beschluss in einer Gesellschafterversammlung ist ein mehrseitiges, aber nicht vertragliches Rechtsgeschäft eigener Art, das auf den Stimmabgaben der Gesellschafter beruht und auf eine verbindliche Willensbildung gerichtet ist.[20] Die Stimmabgabe ist eine einseitige zugangsbedürftige Willenserklärung.[21] Bei der Beurkundung eines Versammlungsbeschlusses werden allerdings nicht diese Willenserklärungen beurkundet, sondern der tatsächliche Hergang der erfolgten Abstimmung als gesellschaftsrechtlicher Gesamtakt.[22] IRd Frage, inwieweit ein **Hauptversammlungsprotokoll** noch **nach der Hauptversammlung berichtigt** werden kann, hat der BGH im Urteil vom 16.2.2009 grundlegend entschieden, dass ein notarielles Hauptversammlungsprotokoll iSd § 130 Abs. 1 S. 1 AktG den Charakter **eines Berichtes Notars** über seine Wahrnehmungen habe; es müsse von ihm nicht in der Hauptversammlung fertig gestellt, sondern könne auch noch danach im Einzelnen ausgearbeitet und unterzeichnet werden.[23] Zu beachten ist allerdings, dass für bestimmte gesellschaftsrechtliche Vorgänge neben dem Beschluss auch **rechtsgeschäftliche Willenserklärungen** erforderlich sind (zB Übernahmeerklärung für neue Einlage bei Kapitalerhöhungen nach § 55 GmbHG, Verzichtserklärungen bei Verschmelzungsbeschlüssen nach §§ 8 Abs. 3, 12 Abs. 3 UmwG etc). Diese sind Willenserklärungen und müssen nach den §§ 8 ff. beurkundet werden.[24] Abzugrenzen sind sonstige formlos gültige Willenserklärungen, deren Abgabe (fakultativ) im Verhandlungsprotokoll

---

[16] *Lerch* BeurkG § 37 Rn. 5f.; Staudinger/*Hertel* BeurkG Vorb. zu §§ 127a, 128 Rn. 601; *Winkler* BeurkG § 37 Rn. 7.
[17] S. daher → § 9 Rn. 26ff.
[18] Vgl. zu den Aufgaben des Notars in der Hauptversammlung der AG *Priester* DNotZ 2001, 661; *Krieger* ZIP 2002, 1597; *ders.* NZG 2003, 366; *Lamers* DNotZ 1962, 287; *Maaß* ZNotP 2005, 50; *ders.* ZNotP 2005, 377; *Reul* AG 2002, 543; WürzNotar-HdB/*Reul* Teil 5 Rn. 481 ff.; *Schulte* AG 1985, 33; *Sigel/Schäfer* BB 2005, 2137; *Wilhelmi* BB 1987, 1331; *Will* BaWüNotZ 1977, 133; *Wolfsteiner* ZNotP 2005, 376; *Hauschild* notar 2015, 271; speziell zur Einpersonen-AG vgl. *Steffen* RNotZ 2014, 423.
[19] BGHZ 180, 9 = DNotZ 2009, 688 = ZIP 2009, 460 mAnm *Mutter;* OLG Celle NZG 2017, 422; Armbrüster/Preuß/Renner/*Preuß* BeurkG § 37 Rn. 2ff.; Staudinger/*Hertel* BeurkG Vorb. zu §§ 127a, 128 Rn. 601; *Winkler* BeurkG § 37 Rn. 12; Grziwotz/Heinemann/*Grziwotz* BeurkG § 37 Rn. 16ff.; Beck-OGK/*Theilig* BeurkG § 36 Rn. 16; Nordholz/*Hupka* DNotZ 2018, 404 (405).
[20] Vgl. BGH NJW 1979, 49; WM 1979, 71; *K. Schmidt,* Gesellschaftsrecht, 4. Aufl. 2002, § 15 I 2a; Lutter/Hommelhoff/*Bayer* GmbHG § 47 Rn. 1; Ulmer/*Hüffer* GmbHG § 47 Rn. 3; Scholz/*K. Schmidt* GmbHG § 45 Rn. 18; *Winkler* BeurkG § 36 Rn. 5 und § 37 Rn. 12; *Hauschild* notar 2015, 271 (273).
[21] BGH NJW 1952, 98; OLG Jena GmbHR 2006, 985f.; Lutter/Hommelhoff/*Bayer* GmbHG § 47 Rn. 1; Ulmer/*Hüffer* GmbHG § 47 Rn. 41; Scholz/*K. Schmidt* GmbHG § 45 Rn. 122.
[22] Vgl. BGHZ 180, 9 = DNotZ 2009, 688; *Winkler* BeurkG § 36 Rn. 5 und § 37 Rn. 12; *Jansen* BeurkG § 37 Rn. 8; Armbrüster/Preuß/Renner/*Preuß* BeurkG § 37 Rn. 7ff.; Staudinger/*Hertel* BeurkG Vorb. zu §§ 127a, 128 Rn. 614; Grziwotz/Heinemann/*Grziwotz* BeurkG § 37 Rn. 13.
[23] BGH DNotZ 2009, 688; vgl. auch *Kanzleiter* DNotZ 2007, 804 ff.; *Eylmann* ZNotP 2005, 300 ff.
[24] → § 36 Rn. 1 f. zur sog. gemischten Beurkundung; *Jansen* BeurkG § 37 Rn. 10; *Winkler* BeurkG § 37 Rn. 13; Armbrüster/Preuß/Renner/*Preuß* BeurkG § 37 Rn. 8; Staudinger/*Hertel* BeurkG Vorb. zu §§ 127a, 128 Rn. 600; Spindler/Stilz/*Wicke* AktG § 130 Rn. 11.

dokumentiert werden kann, wie insbesondere ein Bezugsrechtsverzicht, der Verzicht auf die Einberufungsmodalitäten bei der Vollversammlung, die Zustimmung zur nachträglichen Einführung einer Einziehungs- oder Vinkulierungsklausel oder die Erklärung des gewählten Aufsichtsratsmitglieds zur Annahme des Amts.[25]

12 **Gründungsakte** zur Errichtung von Kapitalgesellschaften sind keine Beschlüsse, sondern Rechtsgeschäfte, die auf Einigung zielende Willenserklärungen enthalten und deshalb nach §§ 8 ff. beurkundet werden müssen. Auch **Vertragsänderungen** im Gründungsstadium vor der Eintragung sind Änderungen des gemeinsamen Rechtsgeschäfts und unterliegen den Gründungsbestimmungen der §§ 2 ff. GmbHG und müssen daher ebenfalls nach den §§ 8 ff. beurkundet werden. Satzungsänderungen nach Eintragung erfolgen durch Beschluss (zB § 53 Abs. 1 GmbHG), so dass die Beurkundung nach §§ 36 ff. genügt.

13 Eine nachträgliche Änderung liegt auch vor, wenn die Satzung vollständig neu gefasst wird, so dass auch in diesen Fällen die Beurkundung nach §§ 36, 37, ausreicht.[26]

14 **2. Sondervorschriften bei AG und KGaA.** Nach § 59 bleiben bundesrechtliche Vorschriften über Beurkundungen unberührt, so dass die in den Gesellschaftsrechten geregelten Sondervorschriften für die Beurkundung von Versammlungsbeschlüssen weiterhin Bedeutung haben. Der Notar muss daher immer die Sondervorschriften für die Errichtung des Protokolls und für das Verfahren der Beurkundung von Versammlungsbeschlüssen beachten:

15 Insbesondere bei der **Aktiengesellschaft** regelt § 130 AktG eine Reihe von Sondervorschriften für die Beurkundung einer Hauptversammlung.[27] Nach § 130 Abs. 1 S. 1 AktG ist jeder Beschluss der Hauptversammlung beurkundungspflichtig. Durch das Gesetz für kleine Aktiengesellschaften und zur Deregulierung des Aktienrechts vom 2.8.1994 (BGBl. I 1961) hat der Gesetzgeber auf die Beurkundung der Hauptversammlungsniederschrift verzichtet, wenn die Aktien der AG nicht an einer Börse zum Handel zugelassen sind und keine Grundlagenbeschlüsse mit mindestens Dreiviertelmehrheit gefasst werden.[28] Bei der Beurkundung des Hauptversammlungsbeschlusses handelt es sich nicht um eine Beurkundung der Stimmabgaben der einzelnen Gesellschafter, sondern um die Beurkundung des rechnerischen Ergebnisses aus der Addition für oder gegen einen Beschluss abgegebener Stimmen bzw. der Stimmenthaltungen. Der Versammlungsbeschluss wird in der Niederschrift daher lediglich nach Art eines tatsächlichen Vorganges erfasst. Aus diesem Grunde bedarf es auch nicht der sonst vorgeschriebenen Verlesung der Niederschrift. Des Weiteren ist auch nicht die Personenfeststellung durch Vorlegung amtlicher Ausweise für die dem Notar nicht persönlich bekannten Teilnehmer[29] notwendig. Auch muss die Niederschrift von keiner weiteren Person als der Urkundsperson unterschrieben werden. Dies alles gilt jedoch nur insofern, als Gang und Ergebnisse der Versammlung Gegenstand der Beurkundung sind. Neben den Beschlüssen sind die in § 130 Abs. 1 S. 2 AktG genannten Minderheitsverlangen in die Niederschrift aufzunehmen. Wird dem Aktionär die Auskunft verweigert, so ist auf sein Verlangen auch die Frage und der Verweigerungsgrund in die Niederschrift aufzunehmen.[30] Beurkundungspflichtig sind auch Widersprüche von Aktio-

---

[25] Spindler/Stilz/*Wicke* AktG § 130 Rn. 11.
[26] OLG Celle NZG 2017, 422; Baumbach/Hueck/*Noack/Zöllner* GmbHG § 53 Rn. 70; MüKoGmbHG/*Harbarth* GmbHG § 53 Rn. 70; Lutter/Hommelhoff/*Bayer* GmbHG § 53 Rn. 16; *Nordholz/Hupka* DNotZ 2018, 404 (410); *Winkler* BeurkG § 37 Rn. 12; BeckOGK/*Theilig* BeurkG § 36 Rn. 19. Zweifelnd und offen gelassen von OLG Köln MittBayNot 1993, 170; vgl. auch *Röll* DNotZ 1973, 483 (485); *Winkler* DNotZ 1982, 494 (495).
[27] OLG Düsseldorf DNotZ 2003, 775; *Priester* DNotZ 2001, 661; *Hüffer* AktG § 130 Rn. 11; *Maaß* ZNotP 2005, 377 (378); Spindler/Stilz/*Wicke* AktG § 130 Rn. 1; Armbrüster/Preuß/*Renner/Preuß* BeurkG § 37 Rn. 8; Staudinger/*Hertel* BeurkG Vorb. zu §§ 127a, 128 Rn. 605, Grziwotz/Heinemann/*Grziwotz* BeurkG § 37 Rn. 13; *Hauschild* notar 2015, 271; zu den Besonderheiten der Einpersonen-AG vgl. *Steffen* RNotZ 2014, 423.
[28] Vgl. zur Regelung der kleinen AG *Heckschen* DNotZ 1995, 275 ff.; *Lutter* AG 1994, 429.
[29] Vgl. *Jansen* BeurkG § 37 Rn. 8; Spindler/Stilz/*Wicke* AktG § 130 Rn. 23 ff.
[30] Vgl. eingehend zur notariellen Niederschrift bei Hauptversammlungen Semler/Volhard/Reichert/*Volhard*, Arbeitshandbuch für die Hauptversammlung, 3. Aufl. 2011, § 13 Rn. 1 ff; *Schaaf*, Die Praxis der Haupt-

nären. Anerkannt ist, dass der Notar die Niederschrift über den gesetzlich geforderten Mindestinhalt hinaus nach seinem pflichtgemäßen Ermessen um **weitere Angaben** ergänzen kann. Insofern sind zweckmäßig Angaben zu Beginn und Ende der Hauptversammlung, zur Person des Hauptversammlungsleiters, zu seinen Ordnungsmaßnahmen etc. Streitig ist allerdings, ob und inwieweit der Notar verpflichtet ist, weitere vom Gesetz nicht vorgenannte Vorgänge zu beurkunden.[31] Zum Teil wird dies als **Ausfluss der Amtspflichten des Notars** bejaht,[32] während eine Mindermeinung eine Beurkundung nur hinsichtlich der ausdrücklich bestimmten Umstände für notwendig erachtet. Einigkeit besteht heute aber insoweit, dass ein Verstoß gegen ungeschriebene Beurkundungspflichten die Wirksamkeit der Beschlussfassung unberührt lässt und lediglich haftungsrechtliche Konsequenzen auslösen kann, da die **Nichtigkeitsgründe wegen Protokollmängeln** in den §§ 130, 241 Nr. 2 AktG aus Gründen der Rechtssicherheit **abschließend geregelt** sind.[33]

Die für § 241 Nr. 2 AktG relevanten Protokollierungspflichten des Notars sind allerdings in § 130 AktG abschließend geregelt.[34] Gemäß § 130 Abs. 2 AktG sind folgende **Pflichtangaben** in die Niederschrift aufzunehmen:[35] Ort und Tag der Versammlung, Name des Notars, Art der Abstimmung, Ergebnis der Abstimmung, Feststellung des Versammlungsleiters über die Beschlussfassung. Bei börsennotierten Gesellschaften umfasst die Feststellung über die Beschlussfassung für jeden Beschluss auch die Zahl der Aktien, für die gültige Stimmen abgegeben wurden den Anteil des durch die gültigen Stimmen vertretenen Grundkapitals, die Zahl der für einen Beschluss abgegebenen Stimmen, Gegenstimmen und gegebenenfalls die Zahl der Enthaltungen. Abweichend davon kann der Versammlungsleiter die Feststellung über die Beschlussfassung für jeden Beschluss darauf beschränken, dass die erforderliche Mehrheit erreicht wurde, falls kein Aktionär eine umfassende Feststellung gemäß Satz 2 verlangt.

Gemäß § 130 Abs. 3 AktG sind der Niederschrift die Belege über die Einberufung (§ 21 Abs. 3 AktG) als Anlagen beizufügen, und zwar in Urschrift. Nach der Neuregelung durch das NaStraG vom 18.1.2001[36] muss das Teilnehmerverzeichnis[37] nicht mehr der Niederschrift beigefügt werden. Sondervorschriften können die Beifügung weiterer Dokumente verlangen, zB Unternehmensverträge (§ 293g Abs. 2 AktG), Verschmelzungsverträge (§ 17 Abs. 1 UmwG) etc.[38] Die Niederschrift ist vom Notar zu unterschreiben (§ 130 Abs. 4 AktG). Die Unterschrift muss nicht in der Hauptversammlung erfolgen, sondern kann nach deren Ende geleistet werden. Nach überwiegender Meinung folgt aus § 130 Abs. 5 AktG, wonach unverzüglich nach der Versammlung die Einreichung zum Handelsregister erfolgen soll, dass die Niederschrift alsbald im Anschluss an die Hauptversammlung vom Notar fertig zu stellen ist.[39]

---

versammlung, 3. Aufl. 2010; *Hüffer* AktG § 130 Rn. 2 ff.; *Bezzenberger* FS Schippel 1996, 361 ff.; *Lamers* DNotZ 1962, 287 ff.; *Schulte* AG 1985, 33 ff.; *Wilhelmi* DB 1987, 1331; *Will* BWNotZ 1977, 133 ff. *Krieger* ZIP 2002, 1597; *ders.* NZG 2003, 366; *Lamers* DNotZ 1962, 287; *Maaß* ZNotP 2005, 50; *ders.* ZNotP 2005, 377; *Reul* AG 2002, 543; WürzNotar-HdB/*Reul* Teil 5 Kap. 4 Rn. 481 ff.; *Schulte* AG 1985, 33; *Sigel/Schäfer* BB 2005, 2137; *Will* BaWüNotZ 1977, 133; *Wolfsteiner* ZNotP 2005, 376; Armbrüster/Preuß/Renner/*Preuß* BeurkG § 37 Rn. 7 ff.; Staudinger/*Hertel* BeurkG Vorb. zu §§ 127a, 128 Rn. 605 ff.

[31] *Hüffer* AktG § 130 Rn. 5, *Schaaf*, Die Praxis der Hauptversammlung, 3. Aufl. 2010, Rn. 820 ff.
[32] Vgl. BGH DNotZ 2009, 688; OLG Düsseldorf ZIP 2003, 1147 (1151); Spindler/Stilz/*Wicke* AktG § 130 Rn. 12; *Hüffer* AktG § 130 Rn. 12.
[33] BGH DNotZ 2009, 688; OLG Düsseldorf ZIP 2003, 1147 (1151); Spindler/Stilz/*Wicke* AktG § 130 Rn. 12; *Hüffer* AktG § 130 Rn. 12.
[34] BGH DNotZ 2009, 688.
[35] Spindler/Stilz/*Wicke* AktG § 130 Rn. 12; Armbrüster/Preuß/Renner/*Preuß* BeurkG § 37 Rn. 7 f.; Staudinger/*Hertel* BeurkG Vorb. zu §§ 127a, 128 Rn. 610; Semler/Volhard/Reichert/*Volhard*, Arbeitshandbuch für die Hauptversammlung, 3. Aufl. 2011, § 13 Rn. 35 ff.
[36] BGBl. I 123.
[37] Vgl. zur Einpersonen-AG *Steffen* RNotZ 2014, 423.
[38] Semler/Volhard/Reichert/*Volhard*, Arbeitshandbuch für die Hauptversammlung, 3. Aufl. 2011, § 13 Rn. 72 ff.
[39] *Hüffer* AktG § 130 Rn. 26; *Schaaf*, Die Praxis der Hauptversammlung, 3. Aufl. 2010, Rn. 857.

17 **3. Sonstige Gesellschafterversammlungen.** Bei den sonstigen Gesellschafterversammlungen, insbesondere bei der GmbH fehlen Spezialvorschriften für die notarielle Niederschrift. Es bleibt daher nur bei den allgemeinen Vorschriften des § 37.[40] Die in der Niederschrift zu treffenden notwendigen Feststellungen ergeben sich jedoch aus den besonderen Tatbestandsmerkmalen, zB des § 53 GmbHG: Angegeben werden muss danach der Beschlussgegenstand (Wortlaut der beantragten Satzungsänderung), ferner dass es sich um einen Versammlungsbeschluss handelt und das Abstimmungsergebnis (Zahl der abgegebenen und der bejahenden Stimmen) sowie dessen etwaige Feststellung durch einen Versammlungsleiter.[41] Teilweise stellen auch die Satzungen bestimmte Anforderungen an das Beschlussprotokoll auf. In der Praxis empfiehlt sich eine **förmliche Beschlussfeststellung,** die durch den Verhandlungs- oder Abstimmungsleiter zu erfolgen hat, der dabei zu erkennen gibt, dass er den Beschluss als wirksam ansieht.[42] Das GmbHG schreibt dies zwar nicht vor, dies hat aber den Vorteil, dass die förmliche Feststellung und Verkündung des Abstimmungsergebnisses den Beschlussinhalt verbindlich festlegt. Allgemein gilt, dass die notarielle Niederschrift über eine Gesellschafterversammlung sich an die Vorgaben des § 130 AktG orientieren sollte, da diese zweckmäßige Inhalte eines Versammlungsprotokolls darstellen. Wird kein reines **Ergebnisprotokoll** geführt, so empfiehlt sich besonders bei kontroversen Abstimmungen größerer Gesellschaften ein an § 130 AktG angelehntes Protokoll, das über die in § 37 genannten hinausgehende Angaben enthalten kann:[43] Angaben über die Feststellung der Einberufung oder Beifügung der Einberufungsbelege zum Protokoll, Teilnehmerverzeichnis in der Niederschrift oder entsprechend § 129 AktG als Anlage, Feststellung über die Ordnungsmäßigkeit von Stimmrechtsvollmachten bzw. Beifügung zum Protokoll (§ 47 Abs. 3 GmbHG), Nennung des Versammlungsleiters, die Nennung der zur Abstimmung gestellten Beschlussanträge, Ergebnis der Abstimmung (Ja- und Nein-Stimmen, Enthaltungen, abgegebene ungültige Stimmen), Feststellung des Versammlungsleiters über das Abstimmungsergebnis.

18 In der Regel ist das notarielle Protokoll ein **Ergebnisprotokoll,** zu beurkunden sind nur die Beschlüsse und für deren Zustandekommen wesentliche Elemente. Zum Zweck der Beweissicherung kann es bedeutungsvoll sein, außerdem noch folgende Erklärungen bzw. Tatsachen in die Niederschrift aufzunehmen: Widerspruch eines Gesellschafters, Verzicht auf die Rüge formeller Mängel, Auskunftsverlangen und -verweigerung, verfahrensleitende Verfügungen des Versammlungsleiters etc.

18a **4. Berichtigung von Gesellschafterprotokollen.** Im Rahmen der Frage, inwieweit ein **Hauptversammlungsprotokoll** noch **nach der Hauptversammlung berichtigt** werden kann, hat der BGH im Urteil vom 16.2.2009 grundlegend entschieden, dass ein notarielles Hauptversammlungsprotokoll iSd § 130 Abs. 1 S. 1 AktG den Charakter **eines Berichtes Notars** über seine Wahrnehmungen habe; es müsse von ihm nicht in der Hauptversammlung fertig gestellt, sondern könne auch noch danach im Einzelnen ausgearbeitet und unterzeichnet werden.[44] Urkunde iSd Gesetzes sei erst die von dem Notar autorisierte, unterzeichnete und in den Verkehr gegebene Endfassung. Die **Überwachung** und **Protokollierung der Stimmenauszählung** fällt nach Meinung des BGH nicht unter die zwingenden, mit der Nichtigkeitssanktion des § 241 Nr. 2 AktG bewehrten Protokol-

---

[40] Vgl. dazu *Eickhoff,* Die Praxis der Gesellschafterversammlung bei GmbH und GmbH & Co., 4. Aufl. 2006, Rn. 283 ff.; *Wicke* notar 2017, 235; *Winkler* BeurkG § 37 Rn. 12; BeckOGK/*Theilig* BeurkG § 36 Rn. 16 ff.

[41] Vgl. Scholz/*Priester* GmbHG § 53 Rn. 69; *Eickhoff,* Die Praxis der Gesellschafterversammlung bei GmbH und GmbH & Co., 4. Aufl. 2006, Rn. 283 ff.

[42] Vgl. OLG Stuttgart NJW-RR 1994, 811; Scholz/*K. Schmidt* GmbHG § 48 Rn. 57; *Eickhoff,* Die Praxis der Gesellschafterversammlung bei GmbH und GmbH & Co., 4. Aufl. 2006, Rn. 283.

[43] Vgl. *Röll* DNotZ 1979, 644 (646 ff.); *Eickhoff,* Die Praxis der Gesellschafterversammlung der GmbH und GmbH & Co., 4. Aufl. 2006, Rn. 287 ff.; *Wicke* notar 2017, 235; *Winkler* BeurkG § 37 Rn. 12; BeckOGK/*Theilig* BeurkG § 36 Rn. 16 ff.

[44] BGH DNotZ 2009, 688; vgl. auch *Kanzleiter* DNotZ 2007, 804 ff.; *Eylmann* ZNotP 2005, 300 ff.

lierungserfordernisse gem. § 130 Abs. 1, Abs. 2 und Abs. 4 AktG. In der Praxis wird regelmäßig vor der Hauptversammlung anhand der Einberufungsunterlagen ein umfassender Entwurf erstellt, der dann anhand der Vorgänge in der Hauptversammlung handschriftlich oder stenografisch vervollständigt wird.[45] Erst danach wird das eigentliche **Protokoll in Reinschrift** erstellt, wobei Änderungen oder Ergänzungen ggü. den aufgenommenen Notizen oder auch gegenüber einem in der Hauptversammlung bereits fertig gestellten Protokoll aufgrund eigener Erinnerung des Notars ohne Weiteres möglich sind, solange die bisherige Ausarbeitung noch ein „Internum" bildet, mag sie auch von ihm schon unterzeichnet sein. Das gilt nach nahezu einhelliger Auffassung zumindest so lange, bis der Notar Ausfertigungen oder Abschriften der von ihm autorisierten Endfassung erteilt.[46] Solange sich die **Niederschrift noch im Gewahrsam des Notars** befindet und er sich ihrer nicht entäußert hat, kann er sie auch vernichten und neu fertigen, wenn ihm Formulierungen nicht behagen oder er Unrichtigkeiten feststellt.[47]

Im Urteil vom 10.10.2017[48] hat der BGH dies nochmals bestätigt: Wahrnehmungen des **18b** Notars, die nicht in die Urkunde aufgenommen worden sind, können im Wege der Berichtigung als offensichtliche Unrichtigkeit iSd § 44a Abs. 2 S. 1 aufgenommen oder ergänzt werden. Umstritten ist im Rahmen des § 130 AktG, ob ein Hauptversammlungsprotokoll auch nach der sog. Entäußerung noch berichtigt werden kann[49] und ob dazu die Mitwirkung zB des Versammlungsleiters erforderlich ist. Diese Auffassungen verkennen grundlegend das Beurkundungsverfahren nach § 37: Allein der Notar errichtet die Urkunde und berichtet über seine Wahrnehmungen. Der BGH stellt zu Recht klar, dass „der Notar ein Hauptversammlungsprotokoll ohne Zustimmung des Versammlungsleiters oder der in der Hauptversammlung anwesenden Aktionäre durch eine ergänzende Niederschrift über seine eigenen Wahrnehmungen gemäß § 44a Abs. 2 Satz 3 BeurkG berichtigen" kann.

II. Notarielle Prioritätsverhandlungen im Urheberrecht[50]

1. Bedeutung. Im Rahmen des Urheberrechts spielt die zeitliche Priorität für den **19** Urheber eines Werks eine bedeutende Rolle. § 10 Abs. 1 UrhG bestimmt, dass derjenige, der auf den vervielfältigten Stücken eines erschienenen Werks oder auf dem Original eines Werks der bildenden Künste in der üblichen Weise als Urheber bezeichnet ist, bis zum Beweis des Gegenteils als Urheber des Werks angesehen wird. In einem Prozess wäre ein Urheber in Beweisnot, da die Urhebervermutung des § 10 UrhG nur für Werke gilt, die bereits erschienen sind.[51] Zu diesem Zweck hat sich in der Praxis ein Verfahren der sog. Prioritätsverhandlung beim Notar entwickelt, das den Beweis sichert, dass der Urheber das Werk der mit der Urkunde verbundenen Fassung an einem bestimmten Tag als von ihm stammend dem Notar vorgelegt hat.[52] Durch das Gesetz zur Regelung der Rahmenbedingungen der Informations- und Kommunikationsdienste (BGBl. 1997 I 1870) ist auch der

---

[45] Vgl. *Happ/Zimmermann*, Aktienrecht, 3. Aufl. 2007, 10.17 Rn. 3; Spindler/Stilz/*Wicke* AktG § 130 Rn. 23.
[46] Vgl. *Bohrer* NJW 2007, 2019 f.; *Görk* MittBayNot 2007, 382; Heidel/Terbrack/*Lohr*, Aktienrecht, 2. Aufl. 2007, § 130 Rn. 16; *Kanzleiter* DNotZ 2007, 804; *Krieger* FS Priester 2007, 400; *Maass* ZNotP 2005, 50 (52) und 377 (379); *Priester* DNotZ 2006, 403 (417 f.); K. Schmidt/Lutter/*Ziemons* AktG § 130 Rn. 41; Spindler/Stilz/*Wicke* AktG § 130 Rn. 125.
[47] Vgl. *Winkler* BeurkG § 37 Rn. 32; *Görk* MittBayNot 2007, 382 (383 f.); Grziwotz/Heinemann/*Grziwotz* BeurkG § 37 Rn. 16.
[48] BGH DNotZ 2018, 382.
[49] Ablehnend zB MüKoAktG/*Kubis* AktG § 130 Rn. 24.
[50] Vgl. *Börner* NJW 1998, 3321; *Heym* DNotZ 1998, 177; *Leistner* MittBayNot 2003, 3; *Meyer* RNotZ 2011, 385; *Milzer* ZNotP 2004, 348; Kersten/Bühling/*Terner* § 15 Rn. 40 ff.; BeckOGK/*Theilig* BeurkG § 36 Rn. 22 ff.
[51] Vgl. *Fromm/Nordemann* UrhG § 10 Rn. 1 ff.
[52] Vgl. im Einzelnen hierzu Gutachten DNotI-Report 1996, 45; *Leistner* MittBayNot 2003, 3; *Nordemann*, Münchener Vertragshandbuch Bd. 3, 1992, S. 802; *Heyn* DNotZ 1998, 177 ff.; *Mensel* DNotI-Report 1997, 132; *Milzer* ZNotP 2004, 348; Kersten/Bühling/*Terner* § 15 Rn. 40 ff.; *Meyer* RNotZ 2011, 385 (397 ff.).

Urheberschutz für Datenbanken gegeben, so dass auch dafür eine notarielle Prioritätsverhandlung zur Beweisführung genutzt werden kann.[53]

20 **2. Beurkundungsverfahren.** Weder im Urheberrecht noch im Beurkundungsgesetz ist geregelt, auf welche Weise die Beurkundung einer notariellen Prioritätsverhandlung zu erfolgen hat. Demgemäß obliegt es dem **verfahrensleitenden Ermessen** des Notars, welche Form der Beurkundung er anwendet. Er hat sich dabei von dem Zweck der Prioritätsverhandlung leiten zu lassen, nämlich Herstellung einer öffentlichen Urkunde iSv §§ 415, 418 ZPO, die beweist, dass ein bestimmtes Werk bzw. eine bestimmte urheberrechtliche Leistung an einem bestimmten Tag existent war und von einer bestimmten Person dem Notar vorgelegt worden ist. Je nach Werk bzw. urheberrechtlicher Leistung kann auch ein unterschiedliches Verfahren gewählt werden. Grundsätzlich können die verschiedenen notariellen Beurkundungsverfahren eingesetzt werden:[54]
– Unterschriftsbeglaubigung durch einfaches Zeugnis gem. §§ 39, 40;
– Erteilung einer Tatsachenbescheinigung gem. § 43, in der der Zeitpunkt, zu dem eine Privaturkunde dem Notar vorgelegt worden ist, festgestellt wird;
– Erteilung einer Tatsachenbescheinigung nach §§ 36 ff. in der Form einer Niederschrift;
– Aufnahme einer eidesstattlichen Versicherung nach § 38;
– Kombination der verschiedenen Verfahren mit einer Verwahrung durch den Notar gem. § 23 BNotO, §§ 57 ff.

21 Am sachgerechtesten ist in der Regel die Aufnahme einer **Tatsachenbescheinigung** nach §§ 36, 37, in der der Notar den Bericht über seine Wahrnehmungen, also die Erklärung des Beteiligten, aufnimmt, Urheber eines bestimmten Werks zu sein.[55] Zulässig ist wohl auch die Aufnahme einer **eidesstattlichen Versicherung,** in der der Beteiligte die Urheberschaft des Werks versichert.[56] Die eidesstattliche Versicherung hätte den Vorteil, dass in etwaigen einstweiligen Verfügungsverfahren, die im Urheberrecht eine große Rolle spielen, die Glaubhaftmachung als Beweismittel nach § 294 ZPO zulässig ist. Hauptproblem bei allen Varianten einer notariellen Prioritätsverhandlung ist, eine **beweiskräftige Verbindung der Feststellung bzw. Erklärung** mit dem Werk selbst herzustellen, wenn es sich bei dem Werk nicht um eine Urkunde, sondern etwa um eine Diskette oder Kassette handelt. Eine Möglichkeit ist hier die **(untechnische) Verwahrung** durch den Notar nach § 24 Abs. 1 BNotO.[57] Insoweit gelten die §§ 54a ff. zwar nicht unmittelbar, doch empfiehlt sich eine schriftliche Verwahrungsanweisung mit allen auch bei einer notariellen Verwahrung nach § 23 BNotO, §§ 54a ff. regelungsbedürftigen Punkten. Eine Pflicht zur Amtsausübung besteht hier nicht.[58] Auch sind die strengen Verfahrensvorschriften der §§ 11 bis 13 DONot (zB Eintragung in das Verwahrungsbuch und das Massebuch) grundsätzlich nicht anwendbar; die Beachtung der allgemeinen notariellen Amtspflichten genügt. Gleichwohl ist es empfehlenswert, iVm der Tatsachenbescheinigung ein **Protokoll** aufzunehmen, aus dem sich die tatsächlichen Umstände der Übergabe des Werks, Vorgaben für die sachgerechte Lagerung sowie genaue Treuhand- und Herausgabeanweisungen an den Notar ergeben.[59] Dabei ist allerdings zu beachten, dass nach einer Entscheidung des OLG Hamm[60]

---

[53] Vgl. hierzu *Heyn* DNotZ 1998, 177 ff.; *Meyer* RNotZ 2011, 385 (397).
[54] Vgl. Gutachten DNotI-Report 1996, 45; *Heyn* DNotZ 1998, 177 (182 ff.); *Meyer* RNotZ 2011, 385 (397 ff.); Grziwotz/Heinemann/*Grziwotz* BeurkG § 37 Rn. 16.
[55] So Gutachten DNotI-Report 1996, 45 (47).
[56] So *Heyn* DNotZ 1998, 183; *Meyer* RNotZ 2011, 385 (398); *W. Nordemann/J. B. Nordemann,* Münchener Vertragshandbuch Bd. 3, 1992, Muster X 1.1, S. 825 ff.; wohl auch Armbrüster/Preuß/Renner/*Renner* BeurkG § 54e Rn. 18; Arndt/Lerch/Sandkühler/*Sandkühler* BNotO § 23 Rn. 40; zweifelnd Gutachten DNotI-Report 1996, 47.
[57] So etwa das Formulierungsmuster von *W. Nordemann/J. B. Nordemann,* Münchener Vertragshandbuch Bd. 3, 1992, Muster X 1.1, S. 825 ff.; vgl. auch *Meyer* RNotZ 2011, 385 (397 ff.).
[58] Armbrüster/Preuß/Renner/*Renner* BeurkG § 54e Rn. 16 ff.; *Leistner* MittBayNot 2003, 3 ff.; vgl. auch ein Muster bei *Milzer* ZNotP 2004, 348 (353 ff.); Kersten/Bühling/*Terner* § 15 Rn. 40 ff.
[59] *Leistner* MittBayNot 2003, 3 (7 ff.); *Meyer* RNotZ 2011, 385 (399).
[60] NotBZ 2006, 59.

solche **Verwahrungsanweisungen** vom Hinterleger einseitig frei widerrufen werden können, da notarielle Prioritätsverhandlungen in aller Regel allein den Interessen des Hinterlegers dienen und keine Amtspflichten gegenüber Dritten begründen. Einem Notar, der mehrere untechnische Verwahrungen abwickelt, sei daneben ein an § 13 DONot orientiertes Ein- und Ausgangsregister empfohlen, das jenseits der gesetzlichen Verpflichtungen die ordnungsgemäße Abwicklung der Verwahrung zu erleichtern vermag. Die andere Möglichkeit und für den Notar einfacher – ist die **Versiegelung**[61] eines Umschlages oder sonstigen Behältnisses mit dem Datenträger und dessen Bindung mit einer Tatsachenbescheinigung[62] oder mit einer eidesstattlichen Versicherung.[63] Der andere, in den letzten Jahren immer häufiger nachgefragte Fall der untechnischen Verwahrung aus Urheberschutzgründen ist die Hinterlegung eines **Software-Quellcodes** bei einem Treuhänder (sog. „Escrow-Agreements").[64] Hintergrund ist hier der Interessenkonflikt zwischen dem Anwender einer meist individuell entwickelten Betriebssoftware und dem Softwarehersteller. Der Anwender kann ein Interesse daran haben, auf den Quellcode („Source Code") der Software zuzugreifen, wenn eine Störung vorliegt oder die Anpassung der Software an neue Hardware etc nötig wird und der Hersteller – etwa infolge Insolvenz – das Problem nicht beseitigen kann oder will. Mithilfe des Quellcodes, also der inneren Programmstruktur einer Softwareanwendung, würden die eigenen Systemtechniker in die Lage versetzt, die erforderlichen Reparaturen oder Anpassungen selbst durchzuführen. Der Softwarehersteller will demgegenüber dem Kunden das der Software zugrunde liegende Know-how nicht von vornherein in Form des Quellcodes verfügbar machen, sondern nur in bestimmten, genau definierten „Herausgabefällen". Neben kommerziellen Hinterlegungsstellen, sogenannten „Escrow-Agents", werden zur Lösung des Problems immer häufiger auch Notare mit der Verwahrung des Quellcodes beauftragt. In einer **notariell beurkundeten Hinterlegungsvereinbarung** sollten dann die Voraussetzungen für die Offenlegung des Quellcodes möglichst formalisiert festgelegt werden, um sie auch für den Treuhänder sicher anwendbar zu machen. Als Mittel zur Absicherung der beiderseitigen Verpflichtungen ist die **Vereinbarung einer Vertragsstrafe** gem. §§ 339 ff. BGB zu empfehlen, deren Erbringung wiederum durch Stellung einer Bankbürgschaft abgesichert werden kann. Auch die Zahlung eines Geldbetrages als Vergütung des Softwareentwicklers für die Bereitstellung des Quellcodes wird häufig vereinbart. In diesem Fall kann auch das gem. § 54a Abs. 2 Nr. 1 geforderte berechtigte Sicherungsinteresse für die Abwicklung über Notaranderkonto angenommen werden.

III. Sonstige Tatsachenbeurkundungen nach §§ 36, 37

1. Zuständigkeiten nach § 20 BNotO. § 20 BNotO regelt noch eine Reihe von Zuständigkeiten für Tätigkeitsbereiche des Notars, in denen die Beurkundung einer Tatsachenwahrnehmung durch Errichtung einer einfachen Niederschrift nach § 37 erfolgt. Wegen der Einzelheiten kann auf die Kommentierungen zu § 20 BNotO verwiesen werden.[65] Es handelt sich dabei im Einzelnen um folgende Aufgaben:
– Beurkundung über Verlosungen und Auslosungen;
– Aufnahme von Vermögensverzeichnissen;
– Anlegung und Abnahme von Siegeln;
– Aufnahme von Protesten nach Wechsel- und Scheckgesetz;

---

[61] Vgl. *Leistner* MittBayNot 2003, 3 (6); *Milzer* ZNotP 2004, 348 (353); *Meyer* RNotZ 2011, 385 (399).
[62] So der Vorschlag von *Menzel* DNotI-Report 1997, 132; *Weingärtner*, Das notarielle Verwahrungsgeschäft, Rn. 243.
[63] So das Formulierungsmuster von *Heyn* DNotZ 1998, 177 (193 f.).
[64] Armbrüster/Preuß/Renner/*Renner* BeurkG § 54e Rn. 16 ff.; *Leistner* MittBayNot 2003, 3 ff.; *Meyer* RNotZ 2011, 385 ff.; vgl. auch ein Muster bei *Milzer* ZNotP 2004, 348 (353 ff.); Kersten/Bühling/*Terner* § 15 Rn. 40 ff.
[65] → § 20 Rn. 14 ff.

– Durchführung freiwilliger Versteigerungen.

23 **2. Tatsachenbeurkundungen durch einfaches Zeugnis.** Neben die Tatsachenbeurkundung durch Niederschrift tritt die Tatsachenbescheinigung in Vermerkform nach § 39. Auch insoweit kann auf die Ausführungen zu § 39 verwiesen werden.

§ 38 Eide, eidesstattliche Versicherungen

(1) **Bei der Abnahme von Eiden und bei der Aufnahme eidesstattlicher Versicherungen gelten die Vorschriften über die Beurkundung von Willenserklärungen entsprechend.**

(2) **Der Notar soll über die Bedeutung des Eides oder der eidesstattlichen Versicherung belehren und dies in der Niederschrift vermerken.**

A. Allgemeines

1 § 38 regelt nur das bei der Aufnahme von Eiden und eidesstattlichen Versicherungen zu beachtende formelle Beurkundungsverfahren.[1] Die Vorschrift ist **keine Zuständigkeitsnorm.** Die Zuständigkeit des Notars zur Aufnahme von Eiden und eidesstattlichen Versicherungen ergibt sich aus **§ 22 BNotO.**[2] Ergänzt werden diese Vorschriften durch die Strafvorschriften über den Meineid und die falsche Versicherung an Eides statt (§§ 154, 156 StGB). Strafbarkeit tritt nur ein, wenn „vor einer zur Abnahme von Eiden bzw. von Versicherungen an Eides statt zuständigen Behörde" falsch geschworen bzw. falsch versichert wird. Es ist daher zu unterscheiden zwischen der Abnahme im strafrechtlichen Sinne und der Aufnahme.[3] Die **Aufnahme** ist lediglich die Beurkundung des Eides oder der Versicherung. Die **Abnahme** bedeutet die Vornahme der Vereidigung oder die amtliche Entgegennahme der eidesstattlichen Versicherung.

2 Für das Beurkundungsverfahren ordnet § 38 die Anwendung der Vorschriften über die Beurkundung von Willenserklärungen an, so dass die §§ 6 ff. zu beachten sind. Die Niederschrift muss verlesen und von den Erschienenen genehmigt und unterschrieben werden (§§ 9 ff.). Hierdurch soll sichergestellt werden, dass die Erklärung genau und dem Willen der Erschienenen entsprechend festgelegt wird.[4]

B. Zuständigkeit

I. Abnahme von Eiden

3 Die Zuständigkeit des Notars zur Abnahme von Eiden ergibt sich aus § 22 Abs. 1 BNotO.[5] Danach ist der Notar zur Abnahme (iSd § 154 StGB) nur zuständig, wenn der Eid nach dem Recht eines ausländischen Staats oder zur Wahrnehmung von Rechten im Ausland erforderlich ist. Einer der Hauptanwendungsfälle ist das im angelsächsischen

---

[1] Vgl. Erläuterungen zu § 22 BNotO; ferner Armbrüster/Preuß/Renner/*Preuß* BeurkG § 38 Rn. 4 ff.; *Winkler* BeurkG § 38 Rn. 1 ff.; Grziwotz/Heinemann/*Grziwotz* BeurkG § 38 Rn. 1; Kersten/Bühling/*Terner* § 16 Rn. 1 ff. mit Formulierungsmustern.
[2] Vgl. Erläuterungen zu § 22 BNotO; vgl. Armbrüster/Preuß/Renner/*Preuß* BeurkG § 38 Rn. 2 ff.; *Lerch* BeurkG § 38 Rn. 2; *Winkler* BeurkG § 38 Rn. 3; Grziwotz/Heinemann/*Grziwotz* BeurkG § 37 Rn. 2; BeckOGK/*Theilig* BeurkG § 37 Rn. 3.
[3] Vgl. Armbrüster/Preuß/Renner/*Preuß* BeurkG § 38 Rn. 3; *Lerch* BeurkG § 38 Rn. 1; Arndt/Lerch/Sandkühler/*Sandkühler* BNotO § 22 Rn. 7 f.
[4] Vgl. Amtl. Begründung BT-Drs. V/3282, 37.
[5] → BNotO § 22 Rn. 3 ff.; Klingsch/von Stralendorff notar 2017, 3; Armbrüster/Preuß/Renner/*Preuß* BeurkG § 38 Rn. 2 ff.; *Lerch* BeurkG § 38 Rn. 2; *Winkler* BeurkG § 38 Rn. 3; Grziwotz/Heinemann/*Grziwotz* BeurkG § 38 Rn. 2; BeckOGK/*Theilig* BeurkG § 38 Rn. 3.

Rechtskreis häufig notwendige **Affidavit**.⁶ Eine allgemeine Zuständigkeit zur Abnahme von Eiden für inländische Verfahren besteht danach nicht.

Etwas anderes kann sich allerdings aus **Sondervorschriften** ergeben. Eine Sondervorschrift ist § 16 Abs. 3. Danach ist dem Notar die Vereidigung von Dolmetschern gestattet. Darüber hinaus ist auch die Vereidigung durch den Notar im Rahmen der gerichtsähnlichen Vermittlungsverfahren nach dem Sachenrechtsbereinigungsgesetz zulässig (§§ 89, 97 SachenRBerG iVm §§ 373 ff., 445 ff. ZPO)⁷ sowie innerhalb der förmlichen Vermittlung einer Nachlass- oder Gesamtgutsauseinandersetzung nach § 20 Abs. 1 BNotO. Besteht eine Zuständigkeit zur Abnahme, dann ist der Notar ermächtigt, die Vereidigungshandlung, dh die Entgegennahme des Eides, vorzunehmen mit der Folge der strafrechtlichen Relevanz. Insofern spricht § 38 Abs. 1 zutreffend von der Abnahme von Eiden, da der Notar die Vereidigung durchführt und beim Eid keine Unterscheidung zwischen Auf- und Abnahme möglich ist, da beide mit dem Schwur zusammenfallen.⁸

II. Aufnahme eidesstattlicher Versicherungen

Zur Aufnahme (nicht Abnahme) eidesstattlicher Versicherungen ist der Notar in allen Fällen zuständig, in denen gegenüber einer Behörde oder sonstigen Dienststelle eine tatsächliche Behauptung oder Aussage glaubhaft gemacht werden soll (§ 22 Abs. 2 BNotO).⁹ Der Notar muss daher prüfen, wem gegenüber die eidesstattliche Versicherung abgegeben werden soll und ob es sich dabei um eine **Behörde oder sonstige Dienststelle** handelt. Behörden sind Stellen, die Aufgaben öffentlicher Verwaltung wahrnehmen (§ 1 Abs. 4 VwVfG).¹⁰ Entscheidend ist, ob es sich um eine Einrichtung handelt, der Aufgaben der öffentlichen Verwaltung und entsprechende Zuständigkeiten zur eigenverantwortlichen Wahrnehmung übertragen worden sind¹¹ und ob eine Befugnis zum Erlassen von Verwaltungsakten, zum Abschluss öffentlich-rechtlicher Verträge und auch zu sonstigen, nach öffentlichem Recht zu beurteilenden Handlungen besteht. Keine Behörden sind danach staatliche und kommunale Wirtschaftsunternehmen und andere Einrichtungen, die ausschließlich im Bereich des allgemeinen Rechtsverkehrs tätig werden und über keinerlei öffentlich-rechtliche Befugnisse verfügen.¹² Dementsprechend sind Banken und Sparkassen keine Behörden, die eidesstattliche Versicherungen verlangen können.

Die Vorschrift regelt nur die Aufnahme der eidesstattlichen Versicherung, nicht aber die strafrechtsrelevante Entgegennahme (Abnahme). Ob der Notar zur Abnahme zuständige Behörde iSd § 156 StGB ist, bestimmt sich nach den einschlägigen materiell-rechtlichen Verfahrensvorschriften, die das jeweilige Verfahren regeln. Eine Reihe von Vorschriften sehen auch die Zuständigkeit des Notars zur Abnahme vor: Erbschein (§ 2356 Abs. 2 BGB), Testamentsvollstreckerzeugnis (§ 2368 Abs. 3 BGB), Zeugnis über die Fortsetzung einer Gütergemeinschaft (§ 1507 BGB); Bestellung von Sonderprüfern für eine AG (§§ 142 Abs. 2, 258 Abs. 2 AktG), nach §§ 36, 77 GBO iVm § 344 Abs. 5 FamFG. Das Gesetz spricht in diesen Fällen davon, dass die Versicherung „vor Gericht oder einem Notar" abzugeben ist. Der Notar ist auch zur Aufnahme einer eidesstattlichen

---

⁶ → Rn. 10 ff.; Armbrüster/Preuß/Renner/*Preuß* BeurkG § 38 Rn. 2 ff.; *Lerch* BeurkG § 38 Rn. 6; *Winkler* BeurkG § 38 Rn. 21; Grziwotz/Heinemann/*Grziwotz* BeurkG § 38 Rn. 11; BeckOGK/*Theilig* BeurkG § 38 Rn. 25.
⁷ *Vossius,* Sachenrechtsbereinigungsgesetz, 2. Aufl. 1996, SachenRBerG § 89 Rn. 19; *Faßbender,* Rechtshandbuch Vermögen und Investitionen in den neuen Bundesländern, 70. Aufl. 2019, SachenRBerG § 89 Rn. 16; aA Prütting/*Waldner,* Grundstücksrecht Ost, 2003, SachenRBerG § 97 Rn. 7.
⁸ Unrichtig daher Arndt/Lerch/Sandkühler/*Sandkühler* BNotO § 22 Rn. 9; *Lerch* BeurkG § 38 Rn. 1.
⁹ → BNotO § 22 Rn. 4 ff.; vgl. zu den Behörden in diesem Sinne *Klingsch/von Stralendorff* notar 2017, 3 (4 ff.).
¹⁰ *Klingsch/von Stralendorff* notar 2017, 3 (4 ff.).
¹¹ Vgl. *Winkler* BeurkG § 38 Rn. 5; Arndt/Lerch/Sandkühler/*Sandkühler* BNotO § 22 Rn. 19 f.; Armbrüster/Preuß/Renner/*Preuß* BeurkG § 39 Rn. 11.
¹² *Winkler* BeurkG § 38 Rn. 5.

Limmer

Versicherung zur Vorlage bei einer ausländischen Behörde nach § 22 Abs. 2 BNotO berechtigt.[13]

C. Beurkundungsverfahren

I. Anwendung der Vorschriften über Willenserklärungen

6   § 38 Abs. 1 bestimmt, dass bei der Abnahme von Eiden und bei der Aufnahme von eidesstattlichen Versicherungen die Vorschriften über die **Beurkundung von Willenserklärungen** entsprechend anzuwenden sind.[14] Das bedeutet zunächst, dass die Ausschließungsgründe der §§ 6, 7 zu beachten und die Verfahrensvorschriften der §§ 8 ff. einzuhalten sind. Dh der Notar muss eine Niederschrift über die Verhandlung aufnehmen, die die Bezeichnung des Notars und der Beteiligten (§ 9 Abs. 1 Nr. 1) sowie die Erklärungen der Beteiligten (§ 9 Abs. 1 Nr. 2) enthalten muss. Außerdem soll die Niederschrift Ort und Tag der Verhandlung enthalten (§ 9 Abs. 2). Es gelten die Feststellungspflichten im Hinblick auf die Beteiligten und die Geschäftsfähigkeit (§§ 10, 11). Schließlich muss die Niederschrift in Gegenwart des Notars den Beteiligten vorgelesen, von ihnen genehmigt und eigenhändig unterschrieben sowie auch vom Notar eigenhändig unterschrieben werden, dabei soll der Notar seine Amtsbezeichnung beifügen (§ 13 Abs. 1, Abs. 3). Auch das Verfahren nach § 9 Abs. 2 S. 2 ist zulässig, so dass der Eid oder die eidesstattliche Versicherung in einer Anlage enthalten sein kann.[15] Zu beachten ist, dass Eide und eidesstattliche Versicherungen **höchstpersönliche Erklärungen** sind, die nicht von einem Vertreter abgegeben werden können.[16]

II. Sondervorschriften bei Eiden

7   Das Beurkundungsgesetz selbst regelt die Einzelheiten für die Beeidigung nicht. Ist ausnahmsweise der Notar in **inländischen Angelegenheiten** zur Abnahme von Eiden zuständig, so ergibt sich in der Regel aus der Verweisung auf die Vorschriften des FamFG (§ 89 SachenRBerG, § 20 Abs. 4 BNotO, §§ 363 ff., 373 FamFG, Art. 6 bis 8 BayNachlG) die Anwendbarkeit der Vorschriften der ZPO über das Verfahren bei der Abnahme von Eiden (§§ 392, 410, 481 ff. ZPO). Im Übrigen wird man bei **ausländischen Angelegenheiten** die Vorschriften entsprechend anzuwenden haben. Für die Beeidigung der Dolmetscher ist der Wortlaut des Eides in § 189 GVG angegeben.

8   Das bedeutet für die Beurkundung von Eiden durch den Notar, dass zunächst die zu **beeidende Aussage** nach § 13 vom Notar den Beteiligten vorgelesen werden muss. Im Anschluss hieran folgt die **Eidesleistung,** die sich aus dem Vorspruch des Notars (§ 481 Abs. 1 ZPO) und der Eidesformel des Schwörenden (§ 481 Abs. 2 ZPO) zusammensetzt. Wobei sich der Schwur wiederum aus der Eingangsformel (Schwur) und der Eidesnorm gem. § 392 ZPO, dass die Erklärung wahr ist, zusammensetzt. Der Schwörende soll bei der Eidesleistung die rechte Hand erheben (§ 481 Abs. 4 ZPO). Der Eid kann mit oder ohne religiöse Beteuerung geleistet werden (§ 481 Abs. 1 und Abs. 2 ZPO).

9   **Beispiel:** „Der Notar las dem Erschienenen die vorliegende Niederschrift vor. Der Erschienene bestätigte die Richtigkeit des Inhalts der Niederschrift und bat um Beeidigung. Der Notar belehrte über die Bedeutung des Eides, insbesondere darüber, dass die vorsätzliche oder falsche Beeidigung strafbar ist. Der Erschienene leistete den Eid wie folgt:

---

[13] *Winkler* BeurkG § 38 Rn. 7; *Klingsch/von Stralendorff* notar 2017, 3 (5); Gutachten DNotI-Report 2012, 9 f.

[14] Vgl. Armbrüster/Preuß/Renner/*Preuß* BeurkG § 38 Rn. 17 ff.; Staudinger/*Hertel* BeurkG Vorb. zu §§ 127a, 128 Rn. 594.

[15] *Winkler* BeurkG § 38 Rn. 12; Armbrüster/Preuß/Renner/*Preuß* BeurkG § 38 Rn. 18; Grziwotz/Heinemann/*Grziwotz* BeurkG § 38 Rn. 6.

[16] Vgl. §§ 393, 455 Abs. 2 ZPO.

Der Notar sprach die Worte vor: Sie schwören bei Gott, dem Allmächtigen und Allwissenden, dass die soeben vorgelesene Erklärung wahr ist. Der Erschienene sprach darauf die Worte, wobei er die rechte Hand erhob: Ich schwöre, dass die mir vorgelesene Erklärung wahr ist, so wahr mir Gott helfe."

III. Affidavit

Die häufigste Form der Abnahme von Eiden für den **ausländischen Rechtsverkehr** ist das sog. Affidavit, dessen Vorlage im Bereich des angloamerikanischen Rechtsverkehrs bei Prozessen und sonstigen Verfahren notwendig ist.[17] Affidavits werden im angloamerikanischen Rechtssystem dann benötigt, wenn im Gerichtsverfahren der schriftliche Beweis ausnahmsweise zugelassen und auf die an sich notwendige Form des mündlichen Zeugenbeweises vor dem Gericht verzichtet wird.[18] Die frühere Meinung in der Literatur vertrat, dass für ein Affidavit im Sinne des angloamerikanischen Rechtskreises oder eine ähnliche Bekräftigung immer die Abnahme eines Eides nach § 38 erforderlich sei.[19] Die hM geht mittlerweile davon aus, dass § 38 grundsätzlich nicht für Affidavits anwendbar ist, da sich diese nach ausländischem Recht richten und dieses Recht im Grunde über die Form entscheidet.[20] Dieser Meinung ist zu folgen, da sie dem ausländischen Recht Rechnung trägt. Eine Beurkundung nach § 38 Abs. 1 ist daher nur erforderlich, wenn es sich um einen Eid oder eine eidesstattliche Versicherung im Sinne des deutschen Rechts handelt. Bei einer von einer fremden Rechtsordnung verlangten Bekräftigung ist somit danach zu unterscheiden, welche Bedeutung die fremde Rechtsordnung dieser Bekräftigung beimisst.[21]

Beim angloamerikanischen Affidavit oder ähnlichen Formen erfolgt in der Regel bei Abnahme vor einem dortigen notary public gerade keine Eidesleistung – anders etwa bei einer „verification" als Beweismittel für einen Prozess. Vielmehr bescheinigt der notary public nur die Echtheit der Unterschrift. Er belehrt nicht und prüft nicht. Demnach ist das Affidavit in aller Regel kein Eid bzw. keine eidesstattliche Versicherung im Sinne des deutschen Rechts, sondern eine Bekräftigung eigener Art.[22] In der Regel genügt daher ein bloßer Vermerk nach § 39.[23]

IV. Eidesstattliche Versicherung

§ 38 Abs. 1 regelt nur die Frage, welche Vorschriften bei der Aufnahme, dh der Beurkundung der eidesstattlichen Versicherung gelten. Auch hier sind die Vorschriften über die Beurkundung von Willenserklärungen anzuwenden. Ist der Notar ausnahmsweise auch zur

---

[17] Vgl. *Brambring* DNotZ 1976, 726 ff.; Schreiben des Bundesministers der Justiz zur Gestaltung von Urkunden, die zur Verwendung im Ausland bestimmt sind, DNotZ 1963, 323; Armbrüster/Preuß/Renner/*Preuß* BeurkG § 38 Rn. 7 ff.; Staudinger/*Hertel* BeurkG Vorb. zu §§ 127a, 128 Rn. 594; Grziwotz/Heinemann/*Grziwotz* BeurkG § 38 Rn. 11; *Lerch* BeurkG § 38 Rn. 6; *Winkler* BeurkG § 38 Rn. 21; BeckOGK/*Theilig* BeurkG § 38 Rn. 25; Kersten/Bühling/*Terner* § 16 Rn. 11 M, mit Formulierungsmustern.
[18] Vgl. eingehend *Ready* Brooke's Notary 2013, 156 ff.
[19] *Brambring* DNotZ 1976, 726; *Hagena* DNotZ 1978, 387, so auch der *Verfasser* in der 2. Aufl., § 38 Rn. 10.
[20] Gutachten DNotI Report 1996, 4 ff.; Armbrüster/Preuß/Renner/*Preuß* BeurkG § 38 Rn. 7 ff.; Staudinger/*Hertel* BeurkG Vorb. zu §§ 127a, 128 Rn. 594; Kersten/Bühling/*Terner* § 16 Rn. 6 f.; Grziwotz/Heinemann/*Grziwotz* BeurkG § 38 Rn. 10.
[21] Schippel/Bracker/*Reithmann* BNotO § 22 Rn. 6; Gutachten DNotI Report 1996, 4 ff.; Staudinger/*Hertel* BeurkG Vorb. zu §§ 127a, 128 Rn. 594; Kersten/Bühling/*Terner* § 16 Rn. 6 f.; Armbrüster/Preuß/Renner/*Preuß* BeurkG § 38 Rn. 2 ff.; *Winkler* BeurkG § 38 Rn. 21; Grziwotz/Heinemann/*Grziwotz* BeurkG § 38 Rn. 11; BeckOGK/*Theilig* BeurkG § 38 Rn. 25; anders jedoch *Lerch* BeurkG § 38 Rn. 6.
[22] Gutachten DNotI Report 1996, 4 ff.; Armbrüster/Preuß/Renner/*Preuß* BeurkG § 38 Rn. 2 ff.; *Lerch* BeurkG § 38 Rn. 6; *Winkler* BeurkG § 38 Rn. 21; Grziwotz/Heinemann/*Grziwotz* BeurkG § 38 Rn. 11; BeckOGK/*Theilig* BeurkG § 38 Rn. 25.
[23] Armbrüster/Preuß/Renner/*Preuß* BeurkG § 38 Rn. 7 ff.; Staudinger/*Hertel* BeurkG Vorb. zu §§ 127a, 128 Rn. 594; Kersten/Bühling/*Terner* § 16 Rn. 6 f.; Grziwotz/Heinemann/*Grziwotz* BeurkG § 38 Rn. 10; Musterformulierung in Gutachten DNotI Report 1996, 4 ff.; BeckOGK/*Theilig* BeurkG § 38 Rn. 25.

Abnahme, dh zur Entgegennahme der eidesstattlichen Versicherung zuständig, so ist er auch zuständige Behörde iSd § 156 StGB, so dass eine vorsätzliche oder falsche fahrlässig eidesstattliche Versicherung schon bei der Abnahme durch den Notar den Straftatbestand verwirklicht, während dies sonst erst mit Eingang bei der zur Abnahme zuständigen Behörde der Fall ist.

13 Der Notar muss in allen Fällen seine **Zuständigkeit** prüfen. Soll die eidesstattliche Versicherung aber gegenüber der Behörde abgegeben werden, bei der eine tatsächliche Behauptung oder Aussage glaubhaft gemacht werden soll, muss diese zur Entgegennahme zuständig sein. Da der Notar in diesen Fällen nur die Aufnahme beurkundet und die Abnahme der Behörde obliegt, braucht er nicht zu prüfen, ob die Behörde überhaupt zur Abnahme von eidesstattlichen Versicherungen zuständig ist. Kommt er zu dem sicheren Schluss, dass dies nicht der Fall ist, dann darf er ablehnen, ist aber hierzu nicht verpflichtet.[24]

14 Die Versicherung an Eides statt selbst ist eine besondere, vom Eid verschiedene Beteuerung der Richtigkeit einer Angabe.[25] Sie besteht in der nach dem Willen des Versichernden erkennbaren Versicherung „an Eides statt" oder „eidesstattlich".[26] Dementsprechend ist beim Verfahren zu beachten, dass der versicherte Text verlesen wird. Er kann dabei allerdings auch nach § 9 Abs. 1 S. 2 in einer Anlage enthalten sein. Schließlich muss die „Versicherung der Richtigkeit der Angaben an Eides statt" aufgenommen werden.

V. Belehrung

15 Nach § 38 Abs. 2 soll der Notar über die Bedeutung des Eides oder der eidesstattlichen Versicherung belehren und dies in der Niederschrift niederlegen. § 38 Abs. 2 ist im Verhältnis zu § 17 eine **Spezialvorschrift zur Belehrungspflicht.** Die Prüfungs- und Belehrungspflichten der §§ 17 ff. scheiden weitgehend aus, da es nicht um einen gewollten Rechtserfolg geht. Es besteht ein eigenständiges Belehrungspflichtenprogramm, das dem bei der gerichtlichen Vereidigung ähnelt. Notwendig ist die Belehrung über die Bedeutung des Eides oder der eidesstattlichen Versicherung und über die strafrechtlichen Folgen der falschen Erklärungen.[27]

2. Vermerke

§ 39 Einfache Zeugnisse

Bei der Beglaubigung einer Unterschrift oder eines Handzeichens oder der Zeichnung einer Namensunterschrift, bei der Feststellung des Zeitpunktes, zu dem eine Privaturkunde vorgelegt worden ist, bei Bescheinigungen über Eintragungen in öffentlichen Registern, bei der Beglaubigung von Abschriften, Abdrucken, Ablichtungen und dergleichen (Abschriften) und bei sonstigen einfachen Zeugnissen genügt anstelle einer Niederschrift eine Urkunde, die das Zeugnis, die Unterschrift und das Präge- oder Farbdrucksiegel (Siegel) des Notars enthalten muß und Ort und Tag der Ausstellung angeben soll (Vermerk).

---

[24] Schippel/Bracker/*Reithmann* BNotO § 22 Rn. 19; *Winkler* BeurkG § 38 Rn. 6; aA Armbrüster/Preuß/Renner/*Preuß* BeurkG § 38 Rn. 15; *Lerch* BeurkG § 38 Rn. 6.
[25] RGSt 67, 169.
[26] RGSt 70, 266 ff.
[27] Armbrüster/Preuß/Renner/*Preuß* BeurkG § 38 Rn. 19; *Winkler* BeurkG § 38 Rn. 14; Grziwotz/Heinemann/*Grziwotz* BeurkG § 38 Rn. 14 f.; BeckOGK/*Theilig* BeurkG § 38 Rn. 17 f.; vgl. auch BNotK-Rundschreiben Nr. 39/98, DNotZ 1998, 913 (919 f.).

A. Allgemeines

§ 39 regelt die vereinfachte Form der Beurkundung für andere Erklärungen als Willens- 1
erklärungen (§ 36).[1] Bei anderen Erklärungen als Willenserklärungen ist nach § 36 grundsätzlich eine vereinfachte Niederschrift aufzunehmen, soweit in § 39 nichts anderes bestimmt ist, so dass der Notar in den in § 39 genannten Fällen die noch schwächere Form des Vermerks wählen kann. Es gilt dabei der Grundsatz, dass die strengere Form die schwächere ersetzt, so dass auch in den Bereichen, wo an sich ein Vermerk ausreichend wäre, eine Niederschrift nach § 37 errichtet werden kann und diese selbstverständlich wirksam ist.[2] Auch der Vermerk ist eine öffentliche Urkunde iSv §§ 415 ff. ZPO, wobei nur der Vermerk als solcher die Urkundsfunktion begründet, nicht die privatschriftliche Erklärung, unter die der Vermerk gesetzt wird.[3]

B. Anwendungsbereich

I. Einfaches Zeugnis

Will der Notar anstelle der grundsätzlich notwendigen Niederschrift des § 37 ausnahms- 2
weise den Vermerk verwenden, so ist zu prüfen, ob eine der in § 39 geregelten Ausnahmen vorliegt. Dabei ist zu beachten, dass § 39 nur Beispiele aufzählt, so dass auch darüber hinausgehend die Vermerkform ausreichend sein kann.[4] Auch der Vermerk ist die Beurkundung einer anderen Erklärung, sonstigen Tatsache oder eines Vorgangs. Inhaltlich unterscheiden sich daher Beurkundungen nach § 37 und solche, die in Vermerkform niedergelegt werden können, nicht. Beides sind Zeugnisse.[5] Entscheidend für die Abgrenzung ist, ob der Inhalt dieses amtlichen Zeugnisses knapp in der Vermerksangabe wiedergegeben werden kann. Die in § 39 genannten Beispiele sind daher vorbildhaft für den Anwendungsbereich. Sind längere Ausführungen über die Wahrnehmung für die Beweiskraft erforderlich, dann ist die Niederschrift zu wählen. Bei Zweifelsfällen hat der Notar ein **Ermessen,** welche Form er wählt. Die Beurkundung ist in jedem Fall wirksam, da sich diese Ermessensausübung der Nachprüfung entzieht.[6]

II. Beispiele

§ 39 zählt beispielhaft die wichtigsten Fälle der einfachen Zeugnisse auf:[7] 3
– Beglaubigung einer Unterschrift oder eines Handzeichens (§ 40),
– Beglaubigung der Zeichnung einer Firma oder Namensunterschrift (§ 41),
– Feststellung des Zeitpunkts, zu dem eine Privaturkunde vorgelegt worden ist (§ 43),
– Bescheinigung über die Eintragung in öffentlichen Registern (§ 21 BNotO),
– Beglaubigung von Abschriften (§ 42).

---

[1] S. zur Abgrenzung → § 36 Rn. 1 ff.
[2] *Winkler* BeurkG Vor § 36 Rn. 16; Armbrüster/Preuß/Renner/*Preuß* BeurkG § 39 Rn. 1; Grziwotz/Heinemann/*Grziwotz* BeurkG § 39 Rn. 1; BeckOGK/*Theilig* BeurkG § 39 Rn. 6.
[3] Vgl. OLG Brandenburg FGPrax 2010, 210; LG Kassel MittBayNot 2002, 526; *Winkler* BeurkG § 39 Rn. 2 f.; Armbrüster/Preuß/Renner/*Preuß* BeurkG § 39 Rn. 1; Grziwotz/Heinemann/*Grziwotz* BeurkG § 39 Rn. 3; *Lerch* BeurkG § 39 Rn. 2; BeckOGK/*Theilig* BeurkG § 39 Rn. 3.
[4] *Winkler* BeurkG § 39 Rn. 5; Armbrüster/Preuß/Renner/*Preuß* BeurkG § 39 Rn. 4; Grziwotz/Heinemann/*Grziwotz* BeurkG § 39 Rn. 4; *Lerch* BeurkG § 39 Rn. 3 f.; BeckOGK/*Theilig* BeurkG § 39 Rn. 6; *Baumann* RNotZ 2006, 621.
[5] *Winkler* BeurkG § 39 Rn. 6; *Lerch* BeurkG § 36 Rn. 6; Armbrüster/Preuß/Renner/*Preuß* BeurkG § 39 Rn. 4.
[6] Strenger BeckOGK/*Theilig* BeurkG § 39 Rn. 23.
[7] Vgl. Armbrüster/Preuß/Renner/*Preuß* BeurkG § 39 Rn. 3; Grziwotz/Heinemann/*Grziwotz* BeurkG § 39 Rn. 4; *Lerch* BeurkG § 39 Rn. 3; BeckOGK/*Theilig* BeurkG § 39 Rn. 7 ff.; Kersten/Bühling/*Terner* § 15 Rn. 26 ff. mit Formulierungsmustern.

3a Durch das Gesetz zur Übertragung von Aufgaben im Bereich der freiwilligen Gerichtsbarkeit auf Notare vom 26.6.2013[8] wurde § 133a GBO eingeführt, der in Abs. 1 vorsieht, dass Notare demjenigen, der ihnen ein berechtigtes Interesse im Sinne des § 12 GBO darlegt, den Inhalt des Grundbuchs mitteilen dürfen. Hierüber kann der Notar eine Vermerkurkunde nach §§ 39, 39a über die Einsicht in das elektronisch geführte Grundbuchblatt errichten.[9]

III. Bescheinigung über Eintragungen in öffentlichen Registern

3b § 39 nennt ausdrücklich auch „Bescheinigungen über Eintragungen in öffentlichen Registern". Register in diesem Sinne sind insbesondere das Handels-, Vereins-, Genossenschafts- oder Partnerschaftsregister.[10] Im Rahmen der Bescheinigung nach § 39 darf der Notar nur den Inhalt des Registers bezeugen, aber keine Beurteilung abgeben.[11] Die Möglichkeit einer Beurteilung wird aber über § 21 BNotO eröffnet durch die dort geregelte Registerbescheinigung.[12] Zeugnisse nach § 39 können auch mit einer Bescheinigung nach § 21 BNotO verbunden werden.[13] Beurkundungsrechtlich zulässig wäre es, im Rahmen der Registerbescheinigung zunächst den Inhalt des Registers festzustellen. Dies könnte theoretisch auch derart geschehen, dass der Notar einen entsprechenden Vermerk vor oder auf einen Ausdruck aus dem elektronischen Handelsregister setzt. Bereits vor Inkrafttreten des § 23 RNotO als Vorgängernorm des heutigen § 21 BNotO konnten Notare anerkanntermaßen bezeugen, dass ihnen ein Zeugnis des Registergerichts vorgelegen habe, und dessen Inhalt wortgetreu in ihrer Bescheinigung wiedergeben.[14]

IV. Sonstige Fälle

4 In der Praxis können durch die einfache Vermerkform auch **andere Tatsachenvorgänge** beurkundet werden, etwa Lebensbescheinigungen (Zeugnisse, dass eine bestimmte Person einen bestimmten Tag erlebt hat), Zeugnisse über die Übergabe einer Geldsumme oder sonstiger Gegenstände, ein Zeugnis, dass eine bestimmte Vollmachtsurkunde vorgelegen hat, Satzungsbescheinigung nach § 54 GmbHG, § 181 AktG, Bescheinigung über die Zustellung von Erklärungen etc.[15]

C. Verfahren

5 Nach § 39 genügt für den Vermerk eine Urkunde, die das Zeugnis, die Unterschrift und das Präge- oder Farbdrucksiegel des Notars enthalten muss und den Ort und den Tag der Ausstellung angeben soll. Für die Unterschrift gelten die allgemeinen Grundsätze. Ist sie

---

[8] BGBl. I 1800
[9] Armbrüster/Preuß/Renner/*Preuß* BeurkG § 39 Rn. 3; *Preuß* DNotZ 2013, 740 (752); Formulierungsvorschläge bei *Mai* notar 2015, 98 (100); *Böhringer* DNotZ 2014, 23; *Püls* NotBZ 2013, 229 (331).
[10] *Winkler* BeurkG § 39 Rn. 10; Armbrüster/Preuß/Renner/*Preuß* BeurkG § 39 Rn. 3; Grziwotz/Heinemann/*Grziwotz* BeurkG § 39 Rn. 5; *Lerch* BeurkG § 39 Rn. 3.
[11] *Winkler* BeurkG § 39 Rn. 10; Armbrüster/Preuß/Renner/*Preuß* BeurkG § 39 Rn. 3; Grziwotz/Heinemann/*Grziwotz* BeurkG § 39 Rn. 5; *Lerch* BeurkG § 39 Rn. 3.
[12] Vgl. Erläuterungen zu → BNotO § 21 Rn. 13 ff.; Gutachten DNotI-Report 2014, 81 (82); *Winkler* BeurkG § 39 Rn. 10; Armbrüster/Preuß/Renner/*Preuß* BeurkG § 39 Rn. 3; Grziwotz/Heinemann/*Grziwotz* BeurkG § 39 Rn. 5; *Lerch* BeurkG § 39 Rn. 3.
[13] *Winkler* BeurkG § 39 Rn. 11; Armbrüster/Preuß/Renner/*Preuß* BeurkG § 39 Rn. 3; Grziwotz/Heinemann/*Grziwotz* BeurkG § 39 Rn. 9; *Lerch* BeurkG § 39 Rn. 3; Gutachten DNotI-Report 2014, 81 (82).
[14] Gutachten DNotI-Report 2014, 81 (82).
[15] *Lerch* BeurkG § 39 Rn. 3 f.; *Winkler* BeurkG § 39 Rn. 14 ff.; Armbrüster/Preuß/Renner/*Preuß* BeurkG § 39 Rn. 3 ff.; Grziwotz/Heinemann/*Grziwotz* BeurkG § 39 Rn. 4 ff., 10 ff.; *Lerch* BeurkG § 39 Rn. 4; BeckOGK/*Theilig* BeurkG § 39 Rn. 16 ff.; *Baumann* RNotZ 2006, 621; Schippel/Bracker/*Reithmann* BNotO § 20 Rn. 39 ff.

versehentlich unterblieben, so kann sie vom Notar nachgeholt werden.¹⁶ Anders als bei der Niederschrift der Willenserklärung ist die Beifügung des Siegels wegen der Mussvorschrift Wirksamkeitsvoraussetzung für den Vermerk.¹⁷ Der **Inhalt** des amtlichen Zeugnisses ergibt sich aus den sachlichen Notwendigkeiten und wird in der Regel mit wenigen Worten beschrieben. Die Angabe des Ortes und des Tages der Ausstellung ist für die Wirksamkeit nicht erforderlich, es handelt sich dabei nur um eine Sollvorschrift.¹⁸ Den Zeitpunkt der Wahrnehmung selbst muss die Niederschrift nicht enthalten, dies empfiehlt sich aber, um den Beweiswert der Urkunde zu erhöhen.

§ 39a Einfache elektronische Zeugnisse

(1) ¹**Beglaubigungen und sonstige Zeugnisse im Sinne des § 39 können elektronisch errichtet werden.** ²**Das hierzu erstellte Dokument muss mit einer qualifizierten elektronischen Signatur versehen werden.** ³**Diese soll auf einem Zertifikat beruhen, das auf Dauer prüfbar ist.** ⁴**Der Notar muss die Signatur selbst erzeugen und die elektronischen Signaturerstellungsdaten selbst verwalten.**

(2) ¹**Mit dem Zeugnis muss eine Bestätigung der Notareigenschaft durch die zuständige Stelle verbunden werden.** ²**Das Zeugnis soll Ort und Tag der Ausstellung angeben.**

(3) **Bei der Beglaubigung eines elektronischen Dokuments, das mit einer qualifizierten elektronischen Signatur versehen ist, soll das Ergebnis der Signaturprüfung dokumentiert werden.**

Übersicht

	Rn.
A. Grundlagen	1
B. Elektronische Signatur	2
C. Elektronische Urkunden	3
I. Errichtung der elektronischen Urkunde	3
II. Vorlage von elektronischen Urkunden	7
III. Einzelfälle	9
1. Elektronisch beglaubigte Abschrift der Papierurkunde	9
2. Originär elektronische Urkunde	10
3. Signaturbeglaubigung, elektronische Unterschriftsbeglaubigung	11

A. Grundlagen

Der Notar kann Urkunden nicht nur in der traditionellen Form auf Papier herstellen, **1** auch die Errichtung von elektronischen Urkunden ist möglich. Nach § 39a können Beglaubigungen und sonstige Zeugnisse iSd § 39 auch elektronisch errichtet werden. Die Vorschrift bezieht sich derzeit nur auf die Vermerkurkunde nach § 39¹ und regelt, wie diese Urkunden als elektronische Urkunden erzeugt werden können.² Die Beurkundung von Willenserklärungen und von sonstigen Niederschriften ist derzeit noch papiergebunden

---

¹⁶ Vgl. *Winkler* BeurkG § 39 Rn. 21; Grziwotz/Heinemann/*Grziwotz* BeurkG § 39 Rn. 12; BeckOGK/ *Theilig* BeurkG § 39 Rn. 27.
¹⁷ *Winkler* BeurkG § 39 Rn. 21; Armbrüster/Preuß/Renner/*Preuß* BeurkG § 39 Rn. 21 ff.; Grziwotz/ Heinemann/*Grziwotz* BeurkG § 39 Rn. 12 ff.
¹⁸ Armbrüster/Preuß/Renner/*Preuß* BeurkG § 39 Rn. 21 ff.; Grziwotz/Heinemann/*Grziwotz* BeurkG § 39 Rn. 13.
¹ Vgl. die Erläuterungen zu § 39 BeurkG.
² *Büttner/Frohn/Seebach,* Elektronischer Rechtsverkehr und Informationstechnologie im Notariat, 2019, S. 13; BeckOK BeurkG/*Frohn* BeurkG § 39a Rn. 9; BeckOGK/*Theilig* BeurkG § 39a Rn. 10; *Winkler* BeurkG § 39a Rn. 6; Armbrüster/Preuß/Renner/*Kruse* BeurkG § 39a Rn. 10.

und kann noch nicht in rein elektronischer Form erfolgen.³ Eine elektronische Urkunde wird als elektronisches Dokument technisch als eine digital codierte und elektronisch gespeicherte Datenmenge (idR ein Text) auf einem Trägermedium erfasst. Der Notar signiert elektronische Urkunden mit der Notarsignatur oder der Beurkundungssignatur.

1a Grundlage für die **Erstellung elektronischer Urkunden** sind die §§ 39a, 42 Abs. 4 BeurkG und § 15 Abs. 3 BNotO. Die Vorschriften traten auf der Grundlage des Justizkommunikationsgesetzes (JKomG)⁴ am 1.4.2005 in Kraft. Durch das Gesetz zur Neuordnung der Aufbewahrung von Notariatsunterlagen und zur Einrichtung des Elektronischen Urkundenarchivs bei der Bundesnotarkammer sowie zur Änderung weiterer Gesetze vom 1.6.2017⁵ wurde die Vorschrift neu gefasst. Danach können Beglaubigungen und sonstige Zeugnisse iSd BeurkG auch elektronisch errichtet werden. Das JKomG erlaubt dem Notar mit der Einführung von § 39a, einfache Vermerkurkunden in elektronischer Form zu errichten. Dadurch können elektronisch beglaubigte Abschriften von Papiervorlagen oder originäre elektronische Urkunden⁶ errichtet werden.

1b § 39a als Zentralnorm der elektronischen Urkunde bestimmt, dass Beglaubigungen und sonstige Zeugnisse iSd § 39 elektronisch errichtet werden können. Das hierzu **erstellte Dokument** muss mit einer **qualifizierten elektronischen Signatur** versehen werden. Diese soll auf einem **Zertifikat** beruhen, das auf Dauer prüfbar ist. Mit dem Zeugnis muss eine **Bestätigung der Notareigenschaft** durch die zuständige Stelle verbunden werden. Das Zeugnis soll Ort und Tag der Ausstellung angeben. Bei der Beglaubigung eines elektronischen Dokuments, das mit einer qualifizierten elektronischen Signatur versehen ist, soll das Ergebnis der Signaturprüfung dokumentiert werden (§ 39a Abs. 3). Die qualifizierte elektronische Signatur stellt einen **Ersatz für die Unterschrift des Notars** und das Notarattribut als Bestandteil des qualifizierten Zertifikats des Notars einen **Ersatz für das Dienstsiegel** dar.⁷

1c Umgekehrt kann der Notar nach § 42 Abs. 4 aus elektronischen Dateien, die mit einer elektronischen Signatur versehen sind, beglaubigte Papierdokumente aus diesen elektronischen Dokumenten erstellen, indem er das elektronische Dokument ausdruckt und die Übereinstimmung des Ausdrucks mit dem elektronischen Dokument sowie die erfolgreiche Prüfung der elektronischen Signatur bestätigt.

1d Die Vorschriften werden ergänzt durch § 33 BNotO.⁸ Danach muss der Notar über ein auf Dauer prüfbares qualifiziertes **Zertifikat eines qualifizierten Vertrauensdiensteanbieters** und über die technischen Mittel für die Erzeugung und Validierung qualifizierter elektronischer Signaturen verfügen.

1e Die Beurkundung von Willenserklärungen und von sonstigen Niederschriften ist derzeit noch papiergebunden und kann noch nicht in rein elektronischer Form erfolgen.⁹ Allerdings sieht die Richtlinie des Europäischen Parlaments und des Rates zur Änderung der Richtlinie (EU) 2017/1132 im Hinblick auf den Einsatz digitaler Werkzeuge und Verfahren im Gesellschaftsrecht, das sog. „Company-Law Package", für die EU-Mitgliedstaaten die Einführung einer Online-Gründung von Kapitalgesellschaften vor.¹⁰ Die Richtlinie ist von

---

³ *Winkler* BeurkG § 39a Rn. 7; Gutachten DNotI-Report 2017, 148; siehe aber unten → Rn. 1e.
⁴ BGBl. 2005 I 837.
⁵ BGBl. 2017 I 1396.
⁶ Vgl. OLG Stuttgart FGPrax 2018, 114; Gutachten DNotI-Report 2017, 147.
⁷ Vgl. BT-Drs. 18/10607, 85; Gutachten DNotI-Report 2009, 183; *Bettendorf* RNotZ 2005, 267 (281 ff.); *Apfelbaum/Bettendorf* RNotZ 2007, 89 (90); *Gassen* RNotZ 2007, 142 (143 f.); *Gassen/Wegerhoff*, Elektronische Beglaubigung und elektronische Handelsregisteranmeldung in der Praxis, 2. Aufl. 2009, Rn. 48.
⁸ → BNotO § 33 Rn. 1 ff.
⁹ *Winkler* BeurkG § 39a Rn. 7; Gutachten DNotI-Report 2017, 148.
¹⁰ → § 1 Rn. 13g; dazu *Bock* DNotZ 2018, 643; *Bormann/Stelmaszczyk* EuZW 2018, 1009; *Bremer* NZG 2018, 776 f.; *Knaier* GmbHR 2018, R148; *ders.* GmbHR 2018, 560; *ders.* GmbHR 2019, R132; *Kumpan/Pauschinger* EuZW 2019, 357 (358 ff.); *Lieder* NZG 2018, 1081; *Mayer/Kleinert* EuZW 2019, 393 f.; *Noack* DB 2018, 1324; *J. Schmidt* DK 2018, 229 und 2018, 273; *Spindler* ECFR 2019, 106; *Teichmann* ZIP 2018, 2451; *ders.* ECFR 2019, 3; *ders.* ZfPW 2019, 247 (252 f.); *Teichmann/Götz* ZEuP 2019, 260 (283 f.); *Wachter* GmbH-StB 2018, 214 und 2018, 263; *Wolf* MittBayNot 2018, 510 (520).

den Mitgliedstaaten bis 1.8.2021 umzusetzen. Nach Art. 13g Abs. 1 S. 1 müssen die Mitgliedstaaten gewährleisten, dass die Eintragung von Gesellschaften vollständig online durchgeführt werden kann, ohne dass die Antragsteller oder ihre Vertreter persönlich vor einer zuständigen Behörde oder einer sonstigen mit der Bearbeitung der Anträge auf Eintragung betrauten Person oder Stelle erscheinen müssen. Damit sind die Eckpunkte einer notariellen Online-Gründung vorgegeben, anhand derer ein Verfahren digitaler Fernbeurkundung zur Errichtung einer elektronischen Urkunde entwickelt werden kann, das den deutschen Prinzipien vorsorgender Rechtspflege genügt.[11] Die Bundesnotarkammer hat zur Umsetzung der Richtlinie bereits einen digitalen Probe-Assistenten vorgestellt, mit dem das Beurkundungsverfahren mittels Videokonferenz durchgeführt werden kann und die Identifizierung der Beteiligten in Übereinstimmung mit der eIDAS-Verordnung durch Auslesen der eID vorgenommen wird.[12]

B. Elektronische Signatur

Der Notar ist berechtigt, **Bescheinigungen** iRv **Zertifizierungen im elektronischen Rechtsverkehr** abzugeben.[13] Am 1.8.1997 ist das Gesetz zur Digitalen Signatur (SigG) in Kraft getreten.[14] Zweck des Gesetzes war es, Rahmenbedingungen für digitale Signaturen zu schaffen, unter denen diese als sicher gelten und Fälschungen digitaler Signaturen oder Verfälschungen von signierten Daten zuverlässig festgestellt werden können. Hauptelement ist die qualifizierte elektronische Signatur. 2

Mit Inkrafttreten der eIDAS-Verordnung[15] wurde das SigG aufgehoben und durch das eIDAS-Durchführungsgesetz, insbesondere das mit Art. 1 erlassene Vertrauensdienstegesetz (VDG)[16] ersetzt. Eine das VDG ausgestaltende Vertrauensdiensteverordnung wurde am 15.2.2019 erlassen.[17] Art. 3 Nr. 10 VO (EU) Nr. 910/2014 definiert die „elektronische Signatur" als Daten in elektronischer Form, die anderen elektronischen Daten beigefügt oder logisch mit ihnen verbunden werden und die der Unterzeichner zum Unterzeichnen verwendet. Eine **fortgeschrittene elektronische Signatur**[18] muss nach Art. 26 VO (EU) Nr. 910/2014 folgende Anforderungen erfüllen: 2a

– sie ist eindeutig dem Unterzeichner zugeordnet;
– sie ermöglicht die Identifizierung des Unterzeichners;
– sie wird unter Verwendung elektronischer Signaturerstellungsdaten erstellt, die der Unterzeichner mit einem hohen Maß an Vertrauen unter seiner alleinigen Kontrolle verwenden kann;
– sie ist so mit den auf diese Weise unterzeichneten Daten verbunden, dass eine nachträgliche Veränderung der Daten erkannt werden kann.

---

[11] Vgl. dazu *Bormann/Stelmaszczyk* NZG 2019, 601.
[12] Vgl. Tagungsbericht *Vilgertshofer* MittBayNot 2019, 529.
[13] Vgl. zum elektronischen Rechtsverkehr *Fritzsche/Malzer* DNotZ 1995, 3 ff.; *Erber-Faller* MittBayNot 1995, 182; BNotK (Hrsg.), Elektronischer Rechtsverkehr – Digitale Signaturverfahren und Rahmenbedingungen, 1995; *Malzer* DNotZ 1998, 96; *Schippel* FS Odersky 1996, 657 ff.; *Kindl* MittBayNot 1999, 29 ff.; *Apfelbaum/Bettendorf* RNotZ 2007, 89; *dies.* DNotZ 2008, 19; *Gassen* RNotZ 2007, 142; *Gassen/Wegerhoff* ZNotP 2005, 413; *dies.,* Elektronische Beglaubigung und elektronische Handelsregisteranmeldung in der Praxis, 2. Aufl. 2009; *Püls* NotBZ 2005, 305; *ders.* notar 2011, 75; *Preuß* DNotZ Sonderheft 2012, 96 (101); *Reithmann* ZNotP 2007, 370; *Weikart* NotBZ 2007, 73; *Büttner/Frohn/Seebach,* Elektronischer Rechtsverkehr und Informationstechnologie im Notariat, 2019, S. 8 ff.
[14] BGBl. I 1870; vgl. hierzu *Malzer* DNotZ 1998, 96 ff.
[15] VO (EU) Nr. 910/2014 des Europäischen Parlaments und des Rates v. 23.7.2014 über elektronische Identifizierung und Vertrauensdienste für elektronische Transaktionen im Binnenmarkt und zur Aufhebung der Richtlinie 1999/93/EG (ABl. L 257, 73, ber. ABl. 2015 L 23, 19 und ABl. 2016 L 155, 44).
[16] Vgl. dazu *Roßnagel* MMR 2018, 31.
[17] BGBl. 2019 I 1114.
[18] Vgl. zu den verschiedenen Arten der elektronischen Signatur *Büttner/Frohn/Seebach,* Elektronischer Rechtsverkehr und Informationstechnologie im Notariat, 2019, S. 9.

2b Nach § 33 Abs. 1 BNotO muss der Notar über ein auf Dauer prüfbares qualifiziertes Zertifikat eines qualifizierten Vertrauensdiensteanbieters und über die technischen Mittel für die Erzeugung und Validierung qualifizierter elektronischer Signaturen verfügen. Das zum elektronischen Signieren verwendete Schlüsselpaar, bestehend aus privatem und öffentlichem Schlüssel, muss erstellt (generiert) werden. Mit einer zur Verfügung stehenden Hard- und Software (zB Chip-Karte) erzeugt der Anwender aus einem Dokument unter Einsatz eines geheimen Schlüssels die digitale Signatur. Dokument und Signatur werden dem Empfänger zusammen mit einem öffentlichen Schlüssel des Erklärenden übermittelt; der Empfänger ist unter Zuhilfenahme des öffentlichen Schlüssels in der Lage zu prüfen, ob die Erklärung inhaltlich unverfälscht ist und wer der Aussteller ist.[19] Der **öffentliche Schlüssel** wird jedem konkreten Teilnehmer durch den sog. qualifizierten Vertrauensdiensteanbieter zugeordnet, der auch die Überprüfbarkeit im Datenverkehr möglich macht.

2c Die §§ 9 bis 16 VDG enthalten allgemeine Bestimmungen, die für alle qualifizierten Vertrauensdiensteanbieter gelten. Qualifiziert sind Vertrauensdiensteanbieter nach Art. 3 Nr. 20 eIDAS-VO, wenn sie qualifizierte Vertrauensdienste erbringen und ihnen von der Aufsichtsstelle der Status eines qualifizierten Anbieters verliehen wurde.[20] Diese hat die **Signaturschlüsselzertifikate** zu erteilen und in diesem Zusammenhang verschiedene Identifikationsaufgaben zu erfüllen.[21] Die Bundesnotarkammer hat eine Zertifizierungsstelle eingerichtet, die Signaturkarten mit eIDAS-konformen Zertifikaten ausgibt.[22] Bei den sog. **Attributzertifikaten** besteht die Tätigkeit darin, in das Zertifikat aufzunehmende Rechtsverhältnisse zu prüfen (zB die berufsrechtliche Zulassung als Arzt, Rechtsanwalt bzw. gesetzliche Vertretungsmacht).

2d In der notariellen Praxis findet vorwiegend das Programm der NotarNet GmbH SigNotar Einsatz zur Erzeugung der elektronischen Signatur.[23] SigNotar dient der Erstellung und Verarbeitung elektronischer Urkunden. Hauptanwendungsfall ist die Erstellung elektronisch beglaubigter Abschriften für die Handelsregisteranmeldung. Mittlerweile ist das Programm SigNotar in das Programm XNotar integriert.[24] Zudem integriert SigNotar Scanner-Funktionen für die Papiererfassung und ist ausgerichtet auf das datentechnisch einfache, nicht an Herstellerlizenzen gebundene Datenformat „TIFF" (Tagged Image File Format). Die entsprechend signierten Daten sind mit den technischen Vorrichtungen aufseiten der Gerichte optimal kompatibel. Mit den von SigNotar angebotenen Funktionen werden unmittelbar die notariellen Beglaubigungszuständigkeiten nach §§ 39a und 42 Abs. 4 aufgegriffen. Hierbei hält SigNotar an der Papierform des Ausgangsdokuments fest. Es wird keine originäre elektronische Urkunde eingeführt, vielmehr tritt die elektronische Urkunde neben die Urkunde in Papierform. Neben der Erstellung elektronisch beglaubigter Abschriften ermöglicht SigNotar auch die **Überprüfung von (empfangenen) Signaturen**, die **Fertigung beglaubigter Ausdrucke elektronischer Urkunden** sowie die **Änderung der PIN von Signaturkarten**. Die Signatur nach dem SigG soll die eindeutige Zuordnung eines elektronischen Dokuments ermöglichen und die Sicherheit des Inhalts vor nachträglichen Verfälschungen gewährleisten.[25]

---

[19] Vgl. *Malzer* DNotZ 1998, 96 (97); allg. zur digitalen Signatur *Hammer* CR 1992, 435 (437); *Fritzsche/Malzer* DNotZ 1995, 3 (5).
[20] *Roßnagel* MMR 2018, 31 (33); *Büttner/Frohn/Seebach*, Elektronischer Rechtsverkehr und Informationstechnologie im Notariat, 2019, S. 10.
[21] Vgl. die Übersicht bei *Malzer* DNotZ 1998, 101.
[22] *Büttner/Frohn/Seebach*, Elektronischer Rechtsverkehr und Informationstechnologie im Notariat, 2019, S. 10.
[23] Vgl. www.notarnet.de; *Gassen/Wegerhoff* ZNotP 2005, 413; vgl. auch *Tiedt/Heller*, Anwenderhandbuch zu SigNotar, 2010; http://www.elrv.info/de/software/signotar/index.php.
[24] Vgl. http://www.elrv.info/de/software/.
[25] *Püls* notar 2011, 75; *Hähnchen* NJW 2001, 2831; zu technischen und rechtlichen Rahmenbedingungen vgl. *Schmittner* BWNotZ 2001, 111; *Bertsch/Fleisch/Michel* DuD 2/2002, 69 ff. (72); *Hänichen/Hockenholz* JurPC 2008, Web-Dok. 39/2008; zur Wirksamkeit der Urkunde; *Bormann/Apfelbaum* RNotZ 2007, 15.

C. Elektronische Urkunden[26]

I. Errichtung der elektronischen Urkunde

Das **Aussehen der elektronischen notariellen Urkunde** ist in § 39a geregelt. Aufgrund des anders gearteten Trägermediums ergeben sich Unterschiede zur Urkunde in papiergebundener Form. Da bei der elektronischen Urkunde aus technischen Gründen weder die Unterschrift noch das Siegel beigefügt werden können, hat der Gesetzgeber an die Stelle der eigenhändigen Unterschrift und des Siegels funktionsgleiche elektronische Äquivalente gesetzt. Diese sind in § 39a geregelt. Der **Beglaubigungsvermerk** ist eine öffentliche Urkunde und muss daher gem. § 39a eine qualifizierte elektronische Signatur des Notars einschließlich des Nachweises seiner Notareigenschaft enthalten. Hierzu wird eine eigene Signaturdatei erzeugt, die untrennbar mit der zu signierenden Datei, der Abschrift, verbunden ist. Bei der von einem **Notarvertreter,** der eine eigene Signaturkarte hat, erstellten Urkunde erfolgt der Nachweis der Vertretereigenschaft zB regelmäßig durch eine elektronische beglaubigte Abschrift der Bestellungsurkunde.[27] Wurde die Vertreterbestellungsurkunde von der Aufsichtsbehörde bereits originär elektronisch mit qualifizierter elektronischer Signatur erstellt, kann diese elektronische Urkunde direkt verwendet werden.[28] Gemäß § 39a S. 2 muss die elektronische Datei eine qualifizierte elektronische Signatur tragen. Die **qualifizierte elektronische Signatur** ist das Äquivalent der eigenhändigen Unterschrift.[29] Dies ergibt sich aus der Funktion der qualifizierten elektronischen Signatur. Bei dieser wird in einem Zertifizierungsverfahren ein Signaturschlüssel nachweislich einer bestimmten Person durch den Zertifizierungsdienstanbieter (Zertifizierungsstelle, Trust Center) zugewiesen und auf einer sicheren Signaturerstellungseinheit (Signaturkarte) gespeichert (vgl. insbesondere § 5 SigG). Durch Eingabe der zugehörigen PIN in das Kartenlesegerät kann die qualifizierte elektronische Signatur (die elektronische Unterschrift) erzeugt werden.

Die qualifizierte elektronische Signatur stellt einen **Ersatz für die Unterschrift des Notars** und das Notarattribut als Bestandteil des qualifizierten Zertifikats des Notars einen **Ersatz für das Dienstsiegel** dar.[30] Der Gesetzgeber hat in §§ 126 Abs. 3, 126a BGB die Funktionsäquivalenz von eigenhändiger Unterschrift und qualifizierter elektronischer Signatur anerkannt. Aus der Funktion als Ersatz der Unterschrift ergibt sich nach Auffassung der herrschenden Meinung für den Notar auch das Prinzip der **Höchstpersönlichkeit** bei der Zuordnung und Verwendung der Signaturkarte. Die Signaturkarte darf demnach nicht Mitarbeitern oder Dritten zur Verwendung überlassen werden und ist zudem vor Missbrauch zu schützen.[31]

---

[26] Vgl. *Gassen* RNotZ 2007, 142 ff.; *Weikart* NotBZ 2007, 73 ff.; *Apfelbaum/Bettendorf* RNotZ 2007, 89 (96); *Gassen/Wegerhoff,* Elektronische Beglaubigung und elektronischer Rechtsverkehr in der Praxis, 2. Aufl. 2009, Rn. 45 ff.; erste Entscheidungen: LG Gera RNotZ 2010, 67 mAnm *Mödl;* OLG Jena DNotZ 2010, 215 mAnm *Bettendorf/Mödl;* OLG Schleswig DNotZ 2008, 709 mAnm *Apfelbaum;* Gutachten DNotI-Report 2009, 183.

[27] Vgl. Rundschreiben der BNotK 25/2006 vom 7.12.2006; *Büttner/Frohn/Seebach,* Elektronischer Rechtsverkehr und Informationstechnologie im Notariat, 2019, S. 17 f.; BeckOK BeurkG/*Frohn* BeurkG § 39a Rn. 27; BeckOGK/*Theilig* BeurkG § 39a Rn. 10; *Winkler* BeurkG § 39a Rn. 41a; Armbrüster/Preuß/Renner/*Kruse* BeurkG § 39a Rn. 16.

[28] *Büttner/Frohn/Seebach,* Elektronischer Rechtsverkehr und Informationstechnologie im Notariat, 2019, S. 17 f.; BeckOK BeurkG/*Frohn* BeurkG § 39a Rn. 29; BeckOGK/*Theilig* BeurkG § 39a Rn. 10; *Winkler* BeurkG § 39a Rn. 41a; Armbrüster/Preuß/Renner/*Kruse* BeurkG § 39a Rn. 16.

[29] Vgl. BT-Drs. 18/10607, 85.

[30] Vgl. BT-Drs. 18/10607, 85; Gutachten DNotI-Report 2009, 183; BeckOGK/*Theilig* BeurkG § 39a Rn. 19; *Winkler* BeurkG § 39a Rn. 38; *Bettendorf* RNotZ 2005, 267 ff. (281 ff.); *Apfelbaum/Bettendorf* RNotZ 2007, 89 f. (90); *Gassen* RNotZ 2007, 142 ff. (143 f.); *Gassen/Wegerhoff,* Elektronische Beglaubigung und elektronische Handelsregisteranmeldung in der Praxis, 2. Aufl. 2009, Rn. 48.

[31] So BeckOGK/*Theilig* BeurkG § 39a Rn. 19; *Winkler* BeurkG § 39a Rn. 38; *Gassen* RNotZ 2007, 142; *Weikart* NotBZ 2007, 73 (80); *Apfelbaum/Bettendorf* RNotZ 2007, 89 (90); *dies.* DNotZ 2008, 85; Grziwotz/Heinemann/*Grziwotz* BeurkG § 39a Rn. 6; *Preuß* DNotZ Sonderheft 2012, 96; Armbrüster/Preuß/Renner/*Kruse* BeurkG § 39a Rn. 12; aA *Bohrer* DNotZ 2008, 39 ff.; *Maass* ZNotP 2008, 198 (200).

4a Diese Frage war vor der Neuregelung des § 39a umstritten,[32] ist jetzt aber klar in § 39a Abs. 1 S. 4 geregelt. Die Begründung zum Gesetzentwurf stellt fest:[33] Es müsse ausgeschlossen werden, dass eine Signatur durch Mitarbeiter erfolgt oder die Signaturerstellungsdaten durch externe Dienstleister verwaltet werden können. Durch die Neuregelung bringe das Gesetz nunmehr auch unmissverständlich zum Ausdruck, dass eine nicht von der Notarin oder dem Notar persönlich qualifiziert elektronisch signierte Urkunde nichtig sei.

5 Wenn der Notar den Signiervorgang nicht selbst vornimmt, sondern unter Verstoß gegen das Beurkundungsgesetz und die Richtlinien nach **Weitergabe von Signaturkarte und PIN** durch einen Dritten ausführen lässt, ist die elektronische Vermerkurkunde nach Auffassung der herrschenden Meinung und auch der BNotK unwirksam.[34] Die frühere andere Meinung[35] ist durch die Neuregelung überholt.[36]

6 Für die elektronische Urkunde nach § 39a gelten grundsätzlich dieselben rechtlichen Regeln wie für die papiergebundene Vermerkurkunde nach § 39.[37] § 39a macht aufgrund des anders gearteten Mediums nur nähere Vorgaben zur Ausgestaltung der elektronischen Urkunde. Hinsichtlich der Frage des Inhaltes der vom Notar zu erstellenden Urkunde sind die Generalnorm des § 39 und § 39a jedoch deckungsgleich.[38] Grundsätzlich kann daher jede Vermerkurkunde, die bislang in papiergebundener Form erzeugt wurde, auch in elektronischer Form dargestellt werden. Konsequenz daraus ist, dass die weiteren Vorschriften der §§ 39 ff., die nähere Vorgaben zum Inhalt der Vermerkurkunde machen, auch auf die elektronische Urkunde Anwendung finden müssen, sofern sie nicht – wie bei der Unterschriftsbeglaubigung (§ 40) – zwingend eine papiergebundene Form voraussetzen.

6a Ungeregelt war die Frage, ob die Datei, die mit dem Vermerk iSd § 39a versehen ist und in qualifizierter elektronischer Form zu signieren ist, nur über den Weg des Scannens oder auch auf andere Weise elektronisch erstellt werden kann. Das Gesetz gibt dem Notar keine eindeutige Vorgabe. Dies geschah ausweislich der Begründung zum JKomG[39] auch ganz bewusst, damit keine unnötigen Restriktionen die Entwicklung des elektronischen Rechtsverkehrs behindern, was mit Blick auf sich täglich neu entwickelnde Formate und Techniken auch dem Anliegen des elektronischen Rechtsverkehrs nicht dienlich gewesen wäre. Mittlerweile ist entschieden, dass die Urkunde auch **originär elektronisch erstellt** werden kann (zB als elektronische Eigenurkunde[40] oder als elektronische „Leseabschrift" einer Papierurkunde[41]) und der Umweg über die Papierurkunde nicht erforderlich ist.[42]

---

[32] Gegen Höchstpersönlichkeit *Bohrer* DNotZ 2008, 39; *Maass* ZNotP 2008, 198 (200).

[33] Vgl. BT-Drs. 18/10607, 85.

[34] So *Gassen* RNotZ 2007, 142; *Weikart* NotBZ 2007, 73 (80); *Apfelbaum/Bettendorf* RNotZ 2007, 89 (90); *dies.* DNotZ 2008, 85; *Winkler* BeurkG § 39a Rn. 37 a f.; *Preuß* DNotZ Sonderheft 2012, 96; aA *Bohrer* DNotZ 2008, 39 ff.; *Maass* ZNotP 2008, 198 (200).

[35] Armbrüster/Preuß/Renner/*Kruse* BeurkG § 39a Rn. 12 ff.

[36] Vgl. BT-Drs. 18/10607, 85; so BeckOGK/*Theilig* BeurkG § 39a Rn. 19; *Winkler* BeurkG § 39a Rn. 39; *Gassen* RNotZ 2007, 142; *Weikart* NotBZ 2007, 73 (80); *Apfelbaum/Bettendorf* RNotZ 2007, 89 (90); *dies.* DNotZ 2008, 85; Grziwotz/Heinemann/*Grziwotz* BeurkG § 39a Rn. 6; *Preuß* DNotZ Sonderheft 2012, 96; Armbrüster/Preuß/Renner/*Kruse* BeurkG § 39a Rn. 12.

[37] So BT-Drs. 15/4067, 54; *Apfelbaum/Bettendorf* RNotZ 2007, 89 (91 f.); *Bormann/Apfelbaum* RNotZ 2007, 15 (17 f.); Scherf/Schmieszek/Viefhues/*Meyer-Wehage*, Elektronischer Rechtsverkehr – Kommentar und Handbuch, 2006, Teil C VI Rn. 10 f.; Büttner/Frohn/Seebach, Elektronischer Rechtsverkehr und Informationstechnologie im Notariat, 2019, S. 13; BeckOGK/*Theilig* BeurkG § 39a Rn. 19; *Winkler* BeurkG § 39a Rn. 15, 35; *Gassen* RNotZ 2007, 142; *Weikart* NotBZ 2007, 73 (80).

[38] BeckNotar-HdB/*Püls* M. Rn. 105; Büttner/Frohn/Seebach, Elektronischer Rechtsverkehr und Informationstechnologie im Notariat, 2019, S. 13.

[39] BT-Drs. 15/4067, 54.

[40] OLG Stuttgart FGPrax 2018, 114; Gutachten DNotI-Report 2017, 147; Büttner/Frohn/Seebach, Elektronischer Rechtsverkehr und Informationstechnologie im Notariat, 2019, S. 13 f.

[41] LG Chemnitz MittBayNot 2007, 340 mAnm *Strauß*; BeckOK BeurkG/*Frohn* BeurkG § 39a Rn. 12; BeckOGK/*Theilig* BeurkG § 39a Rn. 12; *Winkler* BeurkG § 39a Rn. 12.

[42] OLG Stuttgart FGPrax 2018, 114; Gutachten DNotI-Report 2017, 147; LG Chemnitz MittBayNot 2007, 340 mAnm *Strauß*; BeckOK BeurkG/*Frohn* BeurkG § 39a Rn. 12; BeckOGK/*Theilig* BeurkG § 39a Rn. 12; *Winkler* BeurkG § 39a Rn. 12.

Auch bei der **elektronischen Beglaubigung** muss nicht unbedingt eine vom äußeren **6b** Erscheinungsbild identische Abschrift gefertigt werden; in der dem notariellen Zeugnis über den Gleichlaut vorangestellten Abschrift muss daher auch kein dem Original bildlich entsprechendes Gegenstück zum Dienstsiegel enthalten sein, ebenso wenig die Originalunterschriften, so dass folglich ein Vermerk, dass sich an dieser Stelle das Siegel bzw. eine Unterschrift befindet, völlig ausreichend ist.[43] Das OLG Brandenburg hat zB festgestellt, dass § 42 Abs. 1 auch für das elektronische Zeugnis nach § 39a gilt.[44] Das hat zur Folge, dass der Beglaubigungsvermerk nicht nur die Übereinstimmung der elektronischen Aufzeichnung mit dem Papierdokument zu bezeugen, sondern auch die in § 42 Abs. 1 genannten Auskünfte zu geben hat.[45]

II. Vorlage von elektronischen Urkunden

Bezüglich der Vorlage von elektronischen Urkunden gelten auch die allgemeinen Regeln, so dass zB beim elektronischen Handelsregister das Bestehen einer Vollmacht nur **7** durch eine aktuelle elektronische Beglaubigung nachgewiesen werden kann.[46] Liegt die Vollmacht dem Notar in Urschrift vor, kann er eine elektronisch beglaubigte Abschrift der Urschrift fertigen (§§ 39a S. 1, 39). Liegt die Vollmacht bereits dem Registergericht vor, ist dieses Verfahren unnötig kompliziert.[47] Der Notar kann auf die (elektronisch) beglaubigten Abschriften beim Registergericht verweisen und eine notarielle Bescheinigung darüber erteilen, dass die Vollmacht dem Notar in Urschrift vorliegt (§ 12 Abs. 1 S. 3 HGB iVm § 21 Abs. 3 BNotO).[48]

Zulässig ist auch, dass ein anderer Notar die Urkunde des beurkundenden Notars in **8** elektronischer Form beglaubigt und diese dann beim Register oder Grundbuchamt elektronisch einreicht. Dieser muss nicht zwingend als Notarvertreter des Beurkundungsnotars handeln, was in vielen Fällen auch gar nicht möglich ist.[49] Dass der versendende Notar die elektronisch beglaubigte Abschrift der notariellen Urkunde des Beurkundungsnotars mit seiner Signaturkarte „in eigenem Namen" erstellt hat, schadet nicht, denn so wird lediglich die Form des § 29 GBO iVm § 137 GBO und § 39a BeurkG gewahrt; die Erklärung des Beurkundungsnotars wird dadurch jedoch nicht zu einer Erklärung des einreichenden Notars.[50]

III. Einzelfälle[51]

1. Elektronisch beglaubigte Abschrift der Papierurkunde. Hauptfall ist derzeit **9** noch die Transformation der papiergebundenen Urkunde, von der § 39a die Herstellung elektronisch beglaubigter Abschriften ermöglicht.[52] Von jeder notariellen Urkunde bzw. auch sonstigen Papierdokumenten kann ein elektronisches Dokument erzeugt werden, das die Qualität einer beglaubigten Abschrift hat und unmittelbar an Gerichte, Behörden und Beteiligte übermittelt werden kann.[53] Die elektronisch beglaubigte Abschrift besteht aus der elektronischen Abschrift des Originals der papiergebundenen Urkunde und dem elektronischen Siegel. Das Ausgangsdokument kann entweder in einer grafisch nicht veränder-

---

[43] LG Chemnitz MittBayNot 2007, 340; LG Hagen RNotZ 2007, 491; LG Regensburg MittBayNot 2007, 522; OLG Jena DNotZ 2010, 215 mAnm *Bettendorf/Mödl*; BeckNotar-HdB/*Püls* M. Rn. 66.
[44] OLG Brandenburg DNotZ 2011, 54.
[45] *Winkler* BeurkG § 39a Rn. 13; Armbrüster/Preuß/*Renner*/*Kruse* BeurkG § 39a Rn. 19 ff.
[46] OLG Karlsruhe MittBayNot 2015, 426.
[47] Vgl. *Jeep/Wiedemann* NJW 2007, 2439 (2445).
[48] *Kilian* notar 2014, 14 (17); *Jeep/Wiedemann* NJW 2007, 2439 (2445).
[49] Gutachten DNotI-Report 2018, 169.
[50] Gutachten DNotI-Report 2018, 169.
[51] Vgl. zu den Anwendungsfällen *Malzer* DNotZ 2006, 9 (13 ff.); *Weikart* NotBZ 2007, 73 (80 ff.); *Winkler* BeurkG § 39a Rn. 9 ff.; BeckOK BeurkG/*Frohn* BeurkG § 39a Rn. 11 ff.
[52] *Malzer* DNotZ 2006, 9 (13 ff.); *Weikart* NotBZ 2007, 73 (80 ff.); *Winkler* BeurkG § 39a Rn. 9 ff.; BeckOK BeurkG/*Frohn* BeurkG § 39a Rn. 11 ff.
[53] Gutachten DNotI-Report 2017, 147.

baren Form gespeichert (sog. TIFF-Datei) werden, zulässig ist aber auch eine „nur" elektronische Zweitschrift (zB nur in Word), deren inhaltlicher Gleichlaut mit der Urschrift durch den Notar bestätigt wird; eine optische Übereinstimmung ist nicht erforderlich.[54] Auch nicht notariell beurkundete oder beglaubigte Urkunden, also sonstige öffentliche oder private Urkunden, auch sonstige Schriftstücke wie Pläne oder Zeichnungen, die bisher nach § 39 der Abschriftsbeglaubigung zugänglich sind, können gemäß § 39a in elektronische beglaubigte Abschriften transformiert werden.[55] Nach bislang herrschender Meinung kann von einer notariellen Papierurkunde nur ein elektronisch beglaubigtes Dokument iSd § 39a erstellt werden, nicht möglich soll hingegen die Herstellung einer elektronischen Ausfertigung sein.[56] Ein Erbscheinsantrag einschließlich der vor einem Notar abgegebenen eidesstattlichen Versicherung kann allerdings als elektronisches Dokument beim Nachlassgericht eingereicht werden.[57]

10   **2. Originär elektronische Urkunde.** Die elektronische Urkunde kann auch unmittelbar errichtet werden. Daher genügt ein originär elektronisch errichtetes, einfaches, mit einer qualifizierten elektronischen Signatur versehenes Zeugnis gem. § 39a und es ist zB bei der notariellen Eigenurkunde[58] oder einer Gesellschafterliste,[59] die vom Notar selbst errichtet wird, nicht notwendig, dass der Notar die Urkunde zunächst in Papierform mit Unterschrift und Siegel errichtet und diese als ein mit einem einfachen elektronischen Zeugnis nach § 39a versehenes elektronisches Dokument übermittelt. Vielmehr genügt ein mit qualifizierter elektronischer Signatur und dem entsprechenden Notarattribut versehenes elektronisches Dokument.[60]

11   **3. Signaturbeglaubigung, elektronische Unterschriftsbeglaubigung.** Weiterer Anwendungsfall, der allerdings bisher wenig praktische Relevanz hat, ist die sog. Signaturbeglaubigung, dh der Notar bestätigt elektronisch, dass die in Frage stehende elektronische Signatur für das vorliegende signierte elektronische Dokument durch den Karteninhaber selbst erfolgt ist.[61] Damit bestätigt der Notar für den konkreten Einzelfall die „elektronische Unterschriftsleistung" durch die signierende Person und damit die eindeutige Zuordnung der geleisteten elektronischen Signatur zur Person des Erklärenden. Insoweit ist § 40 entsprechend anzuwenden.[62]

12   Umstritten ist, die Zulässigkeit der elektronischen Unterschriftsbeglaubigung, bei der der Beteiligte die Unterschrift auf Papier vollzieht oder anerkennt und der Notar hierüber einen ausschließlich elektronischen Vermerk erstellt, bei der die Verfahren nach § 40 und § 39a also kombiniert werden. Überwiegend wird dies abgelehnt, da für die Abschriftsbeglaubigung nach § 39a ein vollständiges Original der Unterschriftsbeglaubigung gem. § 40 vorliegen muss, wozu auch der Papier-Beglaubigungsvermerk des Notars gehört.[63] Nach anderer vorzugswürdiger Ansicht ist die Kombination zulässig.[64]

---

[54] LG Chemnitz MittBayNot 2007, 340 mAnm *Strauß*; BeckOK BeurkG/*Frohn* BeurkG § 39a Rn. 12; BeckOGK/*Theilig* BeurkG § 39a Rn. 12; *Winkler* BeurkG § 39a Rn. 12; *Büttner/Frohn/Seebach*, Elektronischer Rechtsverkehr und Informationstechnologie im Notariat, 2019, S. 13 f.

[55] *Malzer* DNotZ 2006, 9 (13).

[56] *Winkler* BeurkG § 39a Rn. 8, 14; Grziwotz/Heinemann/*Grziwotz* BeurkG § 39a Rn. 4; Gutachten DNotI-Report 2011, 90.

[57] OLG Oldenburg FGPrax 2019, 138 mAnm *Heinrich*.

[58] OLG Stuttgart FGPrax 2018, 114.

[59] KG NJW-RR 2012, 59.

[60] OLG Stuttgart FGPrax 2018, 114; KG NJW-RR 2012, 5; OLG Schleswig DNotZ 2008, 709 mAnm *Apfelbaum*; Gutachten DNotI-Report 2017, 147.

[61] *Malzer* DNotZ 2006, 9 (21); *Winkler* BeurkG § 39a Rn. 28; BeckOK BeurkG/*Frohn* BeurkG § 39a Rn. 13.

[62] *Malzer* DNotZ 2006, 9 (21); *Winkler* BeurkG § 39a Rn. 28; BeckOK BeurkG/*Frohn* BeurkG § 39a Rn. 13.

[63] So BeckOK BeurkG/*Frohn* BeurkG § 39a Rn. 14; ebenso *Preuß* DNotZ-Sonderheft 2012, 96, 99; Armbrüster/Preuß/Renner/*Kruse* BeurkG § 39a Rn. 25.

[64] Jeep/Wiedemann, NJW 2007, 2439, 2442; Reithmann, ZNotP 2007, 167; Staudinger/Hertel, § 129 BGB Rdn. 133, 134; wohl auch Lerch BeurkG § 39a Rn. 2.

§ 40 Beglaubigung einer Unterschrift

(1) Eine Unterschrift soll nur beglaubigt werden, wenn sie in Gegenwart des Notars vollzogen oder anerkannt wird.

(2) Der Notar braucht die Urkunde nur darauf zu prüfen, ob Gründe bestehen, seine Amtstätigkeit zu versagen.

(3) ¹Der Beglaubigungsvermerk muß auch die Person bezeichnen, welche die Unterschrift vollzogen oder anerkannt hat. ²In dem Vermerk soll angegeben werden, ob die Unterschrift vor dem Notar vollzogen oder anerkannt worden ist.

(4) § 10 Absatz 1, 2 und 3 Satz 1 gilt entsprechend.

(5) ¹Unterschriften ohne zugehörigen Text soll der Notar nur beglaubigen, wenn dargelegt wird, daß die Beglaubigung vor der Festlegung des Urkundeninhalts benötigt wird. ²In dem Beglaubigungsvermerk soll angegeben werden, daß bei der Beglaubigung ein durch die Unterschrift gedeckter Text nicht vorhanden war.

(6) Die Absätze 1 bis 5 gelten für die Beglaubigung von Handzeichen entsprechend.

Übersicht

	Rn.
A. Allgemeines	1
B. Beglaubigungsverfahren	6
I. Unterschrift und Handzeichen	6
1. Beweiswirkung	6
2. Unterschrift	7
3. Handzeichen	8
II. Vollzug oder Anerkennung der Unterschrift (bzw. des Handzeichens)	9
1. Gegenwart des Notars	10
2. Vollzug	11
3. Anerkennung	12
4. Auslandssachverhalte	14
III. Kontrollpflichten des Notars	15
1. Identitätsfeststellung	16
2. Evidenzkontrolle	19
C. Beglaubigungsvermerk	22
D. Blanko-Unterschrift	24
E. Öffentliche Urkunden von Behörden und Beglaubigungszuständigkeit	28

A. Allgemeines

§ 40 regelt das in der Praxis wichtige Verfahren der Beglaubigung einer Unterschrift. **1** In einer Reihe von **Spezialgesetzen** ist die öffentliche Beglaubigung einer Unterschrift vorgesehen.[1] Die gesetzlichen Gründe für die Anordnung der öffentlich-beglaubigten Erklärung sind vielfältig: Teilweise ist die öffentliche Beglaubigung aus verfahrensrechtlichen Gründen angeordnet (wichtigster Fall § 29 GBO, § 12 HGB), teilweise bestehen Ansprüche auf Abgabe öffentlich-beglaubigter Erklärungen (zB §§ 371, 403, 411 BGB). In anderen Fällen wiederum ist die öffentliche Beglaubigung Wirksamkeitsform, deren Nichteinhaltung zur Unwirksamkeit der Erklärung selbst führt (zB § 55 Abs. 1 GmbHG Übernahme Kapitalerhöhung; §§ 1945, 1955 BGB Erbschaftsausschlagung).[2]

---

[1] Vgl. Überblick bei *Winkler* BeurkG § 40 Rn. 4; Palandt/*Ellenberger* BGB § 129 Rn. 1; *Malzer* DNotZ 2000, 169 (171 ff.); Grziwotz/Heinemann/*Grziwotz* BeurkG § 40 Rn. 3; BeckOGK/*Theilig* BeurkG § 40 Rn. 2; vgl. Kersten/Bühling/*Terner* § 17 S. 163 ff. mit Formulierungsmustern.

[2] Vgl. RGZ 50 (48); Scholz/*Priester* GmbHG § 55 Rn. 79; *Reithmann* DNotZ 1999, 34 (35); *Malzer* DNotZ 2000, 169 (172); Armbrüster/Preuß/Renner/*Preuß* BeurkG § 40 Rn. 1 ff.; Staudinger/*Hertel* BeurkG § 129 Rn. 3.

Darüber hinausgehend haben notariell beglaubigte Urkunden Filterfunktion.[3] So hat zB die zwingende Einschaltung des Notars im **Vorfeld einer Register- und Grundbucheintragung** eine deutliche Gerichtsentlastung[4] dadurch zur Folge, dass der Notar eine Identitätskontrolle nach § 10 und eine **Legalitätskontrolle** nach § 14 Abs. 2 BNotO vornimmt. Die Bedeutung dieser Aufgaben des Notars im Vorfeld für die Richtigkeit des Grundbuchs oder Registers darf nicht unterschätzt werden, gerade der Vergleich mit Ländern, die den Notar nicht kennen, zeigt welche erheblichen Schutzprobleme bestehen, wenn keine Präventivkontrolle besteht.[5] Derartige Register sind leicht Ziel von betrügerischen Aktionen und bieten keinerlei Verkehrsschutz. Damit dient die Beglaubigung in erheblichem Maß dem Schutz der Register und damit der Verkehrssicherheit.

1a Auch **rechtsökonomische Analysen** haben gezeigt, dass die mit der Beurkundung verbundene Legalitäts- und Richtigkeitsgewähr in Verbindung mit Registrierungssystemen der Freiwilligen Gerichtsbarkeit eine erhebliche Effizienzsteigerung von Transaktionen auf der Grundlage von Grundbuch und Handelsregister und damit auch volkswirtschaftliche Vorteile mit sich bringt:[6] Durch Register wie Grundbuch und Handelsregister werden Informationsasymmetrien reduziert, eine verlässliche Berechtigungsprüfung gewährleistet und Transaktionen mit hoher Rechtssicherheit ausgestattet, so dass in diesem Bereich nachfolgende kostspielige Rechtsstreitigkeiten selten sind. Nachweisprobleme im Rechtsverkehr, zB bei Eintragungen im Register des englischen Companies House, zeigen die Vorteile des deutschen Systems.[7] Auch der europäische Gesetzgeber hat diese besondere Rolle der Beurkundung anerkannt. Im sog. „Company Law Package"[8] wurde im Rahmen des Vorschlages zur Einführung einer elektronischen Online-Gründung von Gesellschaften betont: „Um gegen Betrug und Unternehmensidentitätsdiebstahl vorzugehen und um Garantien für die Verlässlichkeit und Vertrauenswürdigkeit der in den nationalen Registern enthaltenen Urkunden und Informationen bereitzustellen, sollten die Bestimmungen über die Online-Verfahren gemäß dieser Richtlinie auch Kontrollen der Identität sowie der Rechts- und Geschäftsfähigkeit der Personen, die eine Gesellschaft gründen oder Zweigniederlassung eintragen oder Urkunden und Informationen einreichen wollen, enthalten. Diese Überprüfungen könnten ein Teil der in einigen Mitgliedstaaten vorgeschriebenen Legalitätskontrolle sein."[9] Damit wird auch bei der Online-Gründung Rechtssicherheit und Legalitätskontrolle gewährleistet.[10]

---

[3] *Baumann* MittRhNotK 1996, 6 (19); Armbrüster/Preuß/Renner/*Preuß* BeurkG § 40 Rn. 5; Staudinger/*Hertel* BeurkG § 129 Rn. 17.

[4] → § 1 Rn. 9 ff.; Armbrüster/Preuß/Renner/*Preuß* BeurkG § 40 Rn. 4; Staudinger/*Hertel* BeurkG § 129 Rn. 20; *Malzer* DNotZ 2000, 169 (172); *Baumann* MittRhNotK 196, 6 (19); *Priester* DNotZ Sonderheft 2001, 52 (64); Gsell/Herresthal/*Limmer*, Vollharmonisierung im Privatrecht, 2009, S. 188, 20; *Keim* MittBayNot 1994, 2 (5).

[5] Vgl. dazu zB *Vogel* FS Max Planck Institut für Privatrecht 2001, 1065 = notar 2002, 45 zu den Problemen des schwedischen Grundstücksverkehrs; *Franzmann* MittBayNot 2009, 346 ff. zu Betrugsrisiken im englischen Grundstücksrecht; vgl. auch *Mauch* ZVglRWiss 106 (2007), 272 ff. zum Systemvergleich im Gesellschaftsrecht.

[6] Vgl. dazu die Analysen: *Murray*, Real Estate Conveyancing in 5 European Union Member States, 2007; *Bormann/Hoischen* RNotZ 2016, 345; *Gärtner* AcP 217 (2017), 805; *Stürner* DNotZ 2017, 904; *ders.*, Markt und Wettbewerb über alles? – Gesellschaft und Recht im Fokus neoliberaler Marktideologie, 2007, S. 272 f.; *Limmer* FS 200 Jahre Carl Heymanns Verlag 2015, 245; *ders.* European Review of Contract Law 2013, 387; *Resch*, Sicherungsinstrumente beim Grundstückserwerb, 2016, S. 425 ff.; *Schmitz-Vornmoor/Kordel* notar 2009, 4; *Lieder*, Die rechtsgeschäftliche Sukzession, 2015, S. 365 ff.; *Preuß* RNotZ 2009, 529; *Teichmann* ZGR 2017, 543; *Bormann/Stelmaszczyk* ZIP 2018, 764.

[7] Vgl. KG DNotZ 2012, 604; OLG Köln FGPrax 2013, 18; OLG Nürnberg FGPrax 2014, 156; *Pfeiffer* Rpfleger 2012, 240.

[8] Vorschlag für eine Richtlinie des Europäischen Parlaments und des Rates zur Änderung der Richtlinie (EU) 2017/1132 im Hinblick auf den Einsatz digitaler Werkzeuge und Verfahren im Gesellschaftsrecht, COM(2018), 239 final.

[9] Erwägungsgrund 20 der Richtlinie.

[10] Vgl. *Bormann/Stelmaszczyk* NZG 2019, 601; *Lieder* NZG 2018, 1081.

Durch das Gesetz zur Neuordnung der Aufbewahrung von Notariatsunterlagen und zur **1b** Einrichtung des Elektronischen Urkundenarchivs bei der Bundesnotarkammer sowie zur Änderung weiterer Gesetze vom 1.6.2017[11] wurden in § 378 Abs. 3 FamFG und § 15 Abs. 3 GBO **neue Prüfungs- und Einreichungspflichten** im Registerverkehr eingeführt.[12] Danach sind sämtliche Anmeldungen in Grundbuch- und Registersachen mit Ausnahme der Genossenschafts- und Partnerschaftsregistersachen vor ihrer Einreichung für das Registergericht von einem Notar auf Eintragungsfähigkeit zu prüfen. Somit ist der Notar verpflichtet, dafür Sorge zu tragen, dass nur sachgerecht abgefasste und vollständige Anmeldungen beim Gericht eingereicht werden. Damit wird in diesem Bereich auch bei nur beglaubigten Unterschriften eine weitergehende notarielle Kontrollfunktion bzgl. des Inhalts des Dokuments vorgegeben. Der Gesetzgeber beabsichtigte demnach die Stärkung der Filter- und Entlastungsfunktion der Notare:[13] In der Praxis komme dieser Funktion der notariellen Tätigkeit bereits bisher eine besondere Bedeutung zu. Durch die notarielle Vorabprüfung wird gewährleistet, dass Grundbuchämter weitgehend rechtlich einwandfreie, sachgerecht formulierte und vollzugsfähige Anträge und Erklärungen erhalten. Der Notar „übersetzt" die Wünsche der Beteiligten in rechtsförmliche Anträge und Erklärungen und hält damit unzulässige, sachwidrige oder missverständliche Anträge und Erklärungen von den Grundbuchämtern fern.[14] Im Falle der „Unterschriftsbeglaubigung ohne Entwurf" erfordert § 15 Abs. 3 S. 1 GBO einen Prüfvermerk, zB in Form einer Eigenurkunde oder durch formlose Bestätigung im Antragsschreiben.[15]

Der **Begriff „öffentliche Beglaubigung"** ergibt sich aus § 129 Abs. 1 BGB. Danach **2** muss die Erklärung schriftlich abgefasst und die Unterschrift des Erklärenden „von einem Notar beglaubigt werden". Die hM definiert die öffentliche Beglaubigung als die öffentliche Beurkundung der Tatsache, dass die Unterschrift von einer bestimmten Person herrührt und dass der Aussteller persönlich seine Unterschrift oder sein Handzeichen vor der Urkundsperson vollzogen oder anerkannt hat.[16] Dabei wird insbesondere abgegrenzt zur Beurkundung, bei der der Notar darüber hinausgehend bezeugt, dass die beurkundeten Erklärungen von den Beteiligten mündlich abgegeben und von der Urkundsperson in der niedergeschriebenen Form wahrgenommen und verantwortlich geprüft wurden.[17] Diese Definition der Beglaubigung und die Abgrenzung zur Beurkundung überzeugt allerdings insofern nicht, da dabei nicht berücksichtigt wird, dass der Notar auch bei der Beglaubigung eine **Verantwortlichkeit** – wenngleich auch geringerer Natur – für den Text und dessen Inhalt hat, der von der Unterschrift gedeckt wird.[18] Nach der ganz hM hat der Notar gewisse Prüfungs- und Belehrungspflichten auch im Hinblick auf den Text, den die Unterschrift abschließt. Insofern greifen die vorgenannten Definitionen zu kurz, wenn die Verantwortlichkeit des Notars nur für die Identität des Antragstellers angenommen wird. Insbesondere bei den registergerichtlichen Beglaubigungen (zB § 29 GBO, § 12 HGB)

---

[11] BGBl. 2017 I 1396.
[12] Vgl. dazu *Weber* RNotZ 2017, 427; *Eickelberg* FGPrax 2017, 14; *Krafka* NZG 2017, 889; *Attenberger* MittBayNot 2017, 335 (336); *Diehn/Rachlitz* DNotZ 2017, 487 (489 f.); *Ott* BWNotZ 2017, 146; *Zimmer* NJW 2017, 1909; Gutachten DNotI-Report 2017, 89 (90); BeckOK FamFG/*Otto* FamFG § 378 Rn. 21 ff.
[13] Vgl. Begründung zum Gesetzentwurf BT-Drs. 18/10607, 106 ff.; OLG Celle DNotZ 2018, 449 (450).
[14] OLG Celle DNotZ 2018, 449 (450).
[15] OLG Celle DNotZ 2018, 449 (450); OLG Schleswig DNotZ 2017, 862 mAnm *Rachlitz;* mit Formulierungsbeispielen DNotI-Report 2017, 89 (92); BNotK-Rundschreiben Nr. 5/2017 v. 23.5.2017, S. 7; *Weber* RNotZ 2017, 427 (434); *Diehn/Rachlitz* DNotZ 2017, 487 (497); *Eickelberg/Böttcher* FGPrax 2017, 145 (149).
[16] Vgl. BGHZ 37, 79 (86); LG Darmstadt MittBayNot 1998, 369; *Winkler* BeurkG § 40 Rn. 2; Armbrüster/Preuß/Renner/*Preuß* BeurkG § 40 Rn. 1 ff.; Grziwotz/Heinemann/*Grziwotz* BeurkG § 40 Rn. 2; Staudinger/*Hertel* BeurkG § 129 Rn. 3; *Lerch* BeurkG § 40 Rn. 1; Palandt/*Ellenberger* BGB § 129 Rn. 1; *Malzer* DNotZ 2000, 169 (178).
[17] BGH BGHZ 37, 79 (86); *Winkler* BeurkG § 40 Rn. 7.
[18] Eingehend *Malzer* DNotZ 2000, 169 (171 ff.); im Einzelnen zu den Prüfungs- und Belehrungspflichten des Notars im Hinblick auf den darüber stehenden Text → Rn. 15 ff.; Armbrüster/Preuß/Renner/*Preuß* BeurkG § 40 Rn. 26 ff.; Grziwotz/Heinemann/*Grziwotz* BeurkG § 40 Rn. 26 ff.; Staudinger/*Hertel* § 129 Rn. 86 ff.

findet durch die Beglaubigung auch eine Entlastung des Gerichts dadurch statt, dass der Notar zumindest bei offensichtlicher Nichtigkeit der Urkunde die Beglaubigung abzulehnen hat.[19] Der Notar übernimmt also auch bei der Beglaubigung Verantwortlichkeiten, die eine gewisse grobe Richtigkeitsgewähr durch **Evidenzkontrolle** der Urkunde gewährleisten.[20] Die Prüfungs- und Belehrungspflichten sind zwar im Vergleich zur Beurkundung deutlich gemindert, sind aber vorhanden. Besonderen Stellenwert hat dabei auch die Warnfunktion der Beglaubigung, da der Warneffekt durch das Erfordernis des Aufsuchens einer Amtsperson mit dem Warneffekt einer Beurkundung weitgehend vergleichbar ist.[21] Eine Beglaubigung muss daher richtigerweise **definiert** werden als die öffentliche Beurkundung der Tatsache, dass die Unterschrift oder das Handzeichen von einer bestimmten Person herrührt, dass der Aussteller persönlich seine Unterschrift oder sein Handzeichen vor der Urkundsperson vollzogen oder anerkannt hat und dass die beglaubigte Erklärung von der Urkundsperson daraufhin überprüft wurde, ob sie offensichtlich sittenwidrig, nichtig ist oder sonst im offenen Widerspruch zur Rechtsordnung steht. Dadurch wird insbesondere das Handelsregister- und das Grundbuchverfahren entscheidend entlastet.[22] Im Bereich der Register ist durch § 378 Abs. 3 FamFG und § 15 Abs. 3 GBO ein neuer **Prüfungs- und Einreichungspflichtenkanon im Registerverkehr** eingeführt worden.[23]

3 **Öffentliche Urkunde** iSd § 415 Abs. 1 ZPO ist nur der Beglaubigungsvermerk, die abgegebene Erklärung selbst ist eine Privaturkunde.[24] Der Beweiswert dieses Beglaubigungsvermerks geht allerdings – wie dargelegt – über den reinen Identitätsnachweis hinaus und gewährleistet auch eine Rechtmäßigkeitsprüfung der oben genannten Art.

4 Die Beglaubigung ist keine Beurkundung einer Willenserklärung, sondern eine **sonstige Beurkundung** iSd § 36, bei der nach § 39 es genügt, dass ein Vermerk aufgenommen wird. Unschädlich wäre allerdings auch die Beglaubigung durch Niederschrift nach § 37. Die Beurkundung ersetzt die Beglaubigung nach § 129 Abs. 2 BGB. In einer nach §§ 9 ff. errichteten Urkunde können daher sowohl Willenserklärungen enthalten sein, die beurkundet werden müssen, als auch Erklärungen, die der Beglaubigung bedürfen (zB notarielle Niederschrift über Gesellschafterversammlung, die gleichzeitig eine Handelsregisteranmeldung enthält).[25]

5 Auf die Beglaubigung sind daher die §§ 6 ff. nicht anzuwenden, aber die allgemeinen Vorschriften, insbesondere die §§ 3 bis 5. Der Notar muss die Beglaubigung ablehnen, wenn ein Mitwirkungsverbot nach § 3 besteht.[26]

B. Beglaubigungsverfahren

I. Unterschrift und Handzeichen

6 **1. Beweiswirkung.** Die Bedeutung der Unterschriftsbeglaubigung wird durch zwei Elemente erleuchtet: **Beweiswert** nach §§ 416, 440 ZPO und **notarielle Evidenzkontrolle.** Der Beglaubigungsvermerk selbst ist die öffentliche Urkunde, nicht dagegen die

---

[19] *Malzer* DNotZ 2000, 169 (173, 178); *Winkler* BeurkG § 40 Rn. 45.
[20] So wohl auch *Winkler* BeurkG § 40 Rn. 41; BeckOGK/*Theilig* BeurkG § 40 Rn. 26; *Heidinger* Rpfleger 2003, 545 (549); anders wohl Grziwotz/Heinemann/*Grziwotz* BeurkG § 40 Rn. 27.
[21] Zum Warneffekt der Beurkundung → Einl. Rn. 3.
[22] *Malzer* DNotZ 2000, 169 (173); Armbrüster/Preuß/Renner/*Preuß* BeurkG § 40 Rn. 4; Staudinger/*Hertel* BeurkG § 129 Rn. 20; *Baumann* MittRhNotK 196, 6 (19).
[23] → Rn. 1b.
[24] Vgl. OLG Brandenburg FGPrax 2010, 210; LG Kassel MittBayNot 2002, 526; *Malzer* DNotZ 2000, 169 (177); Palandt/*Ellenberger* BGB § 129 Rn. 1; Armbrüster/Preuß/Renner/*Preuß* BeurkG § 40 Rn. 36; Staudinger/*Hertel* BeurkG § 129 Rn. 112; *Winkler* BeurkG § 40 Rn. 77; Grziwotz/Heinemann/*Grziwotz* BeurkG § 40 Rn. 2; BeckOGK/*Theilig* BeurkG § 40 Rn. 2.
[25] BayObLG Rpfleger 1994, 27.
[26] *Jansen* BeurkG § 40 Rn. 24; *Lerch* BeurkG § 40 Rn. 13; *Winkler* BeurkG § 40 Rn. 44; *Malzer* DNotZ 2000, 169 (177); Palandt/*Ellenberger* BGB § 129 Rn. 1; Armbrüster/Preuß/Renner/*Preuß* BeurkG § 40 Rn. 36; Staudinger/*Hertel* BeurkG § 129 Rn. 112 ff.; → § 3 Rn. 17.

unterzeichnete Erklärung; der Beglaubigungsvermerk begründet daher den vollen Beweis der darin bezeugten Tatsachen.[27] Nach § 416 ZPO begründen Privaturkunden wiederum den vollen Beweis dafür, dass die in ihnen enthaltenen Erklärungen von den Ausstellern abgegeben sind, sofern sie von den Ausstellern unterschrieben oder mit notariell beglaubigten Handzeichen unterzeichnet sind. Dementsprechend ist nach § 418 Abs. 1 ZPO durch die öffentliche Urkunde des Beglaubigungsvermerks bezeugt, dass die Erklärung von dem Unterzeichnenden abgegeben wurde. § 416 ZPO stellt den beweismäßigen Zusammenhang zwischen Text und Unterzeichnenden her. Nach § 440 Abs. 2 ZPO schließlich hat die über der Unterschrift oder dem Handzeichen stehende Schrift die Vermutung der Echtheit für sich, wenn die Namensunterschrift feststeht oder das unter der Urkunde versehene Handzeichen notariell beglaubigt ist. Beweisrechtlich steht daher die beglaubigte Urkunde zwischen der notariellen Urkunde und der reinen Schrifturkunde.[28] Durch die Zurechnung der vollzogenen oder anerkannten Unterschrift wird die Frage, ob die Unterzeichnung echt im Sinne der Zuordnung zu der im Beglaubigungsvermerk ausgewiesenen Person ist, dem Streit entzogen. Ferner werden auch Ort und Zeit dokumentiert.[29]

2. Unterschrift. Aus diesen Beweisvorschriften der ZPO ergeben sich auch die Anforderungen an den Begriff der Unterschrift. Unterschrift ist danach ein unter dem Urkundentext stehender Namenszug, der vom Aussteller eigenhändig geleistet werden muss. § 416 ZPO verlangt keine Namensunterschrift, es genügt, dass sich die Person des Ausstellers unter Zuhilfenahme der Unterschrift ermitteln lässt, auch Künstlernamen sind zulässig.[30] Deswegen müssen auch Unterschriften in fremden Schriftzeichen genügen.[31] Die **Funktion der Unterschrift** liegt in der Übernahme der Verantwortung für den darüberstehenden Text durch den Aussteller und in der räumlichen Abschließung dieses Textes, deshalb genügt eine Oberschrift nicht.[32] Auch das BGB regelt in § 126 Abs. 1 BGB, wie die Unterschrift zur Wahrung der Schriftform zu erfolgen hat, nämlich „eigenhändig durch Namensunterschrift".[33] Teilweise können die hierzu ergangenen Auslegungserwägungen auch im Rahmen des § 40 herangezogen werden. Es ist aber zu beachten, dass durch die Gegenwart des Notars der Unterschriftsbegriff im BeurkG ein eigenständiger sein kann, da hier durch das Beglaubigungsverfahren andere Sicherungsmittel vorliegen als bei der Schriftform.[34]

Im gerichtlichen Verkehr hat die Rechtsprechung für sog. bestimmende Schriftsätze relativ strenge Anforderungen an das Aussehen einer Unterschrift entwickelt.[35] Danach ist bei fristwahrenden Schriftsätzen erforderlich, dass ein individueller Schriftzug vorliegt, der sich – ohne lesbar sein zu müssen – als Wiedergabe des Namens darstellt und die Absicht einer vollen Unterschriftsleistung erkennen lässt.[36] Einzelne Buchstaben müssen nicht

---

[27] → Rn. 3.
[28] *Malzer* DNotZ 2000, 169 (178).
[29] Staudinger/*Hertel* BeurkG § 129 Rn. 113, *Winkler* BeurkG § 40 Rn. 77.
[30] Zur Unterschrift → § 13 Rn. 17 ff.; vgl. OLG Frankfurt a. M. NJW-RR 1995, 1421; Zöller/*Geimer* ZPO § 416 Rn. 1; Armbrüster/Preuß/Renner/*Preuß* BeurkG § 40 Rn. 12 ff.; Staudinger/*Hertel* BeurkG § 129 Rn. 3; *Winkler* BeurkG § 40 Rn. 29; Grziwotz/Heinemann/*Grziwotz* BeurkG § 40 Rn. 10 ff.; BeckOGK/*Theilig* BeurkG § 40 Rn. 17.
[31] So zu Recht *Winkler* BeurkG § 40 Rn. 53; Armbrüster/Preuß/Renner/*Preuß* BeurkG § 40 Rn. 14; Staudinger/*Hertel* BeurkG § 129 Rn. 60; aA noch die frühere Lehre *Jansen* BeurkG § 40 Rn. 19.
[32] BGH NJW 1991, 487; BayObLG Rpfleger 1985, 106; Armbrüster/Preuß/Renner/*Preuß* BeurkG § 40 Rn. 14; Staudinger/*Hertel* BeurkG § 129 Rn. 56.
[33] Vgl. hierzu *Köhler* FS Schippel 1996, 209 ff.
[34] Unklar *Köhler* FS Schippel 1996, 209, inwieweit er die Rechtsprechung zu § 126 BGB auf § 13 BeurkG übertragen möchte.
[35] Vgl. die Zusammenfassung bei *Schneider* NJW 1998, 1844; BGH NJW 1997, 3380; 1992, 243; 1982, 1467.
[36] BGH NJW 1997, 3380; BGHSt 12, 317 (319 f.) = NJW 1959, 734; BGH MDR 1964, 747; NJW 1967, 2310; 1974, 1090; 1975, 1704; 1982, 1467; 1985, 1227; BayObLGSt 2003, 73; OLG Nürnberg NJW 1961, 1777; NStZ-RR 2007, 151.

erkennbar sein. Unzureichend sind nach dieser Rechtsprechung Striche, Kreise, Haken uÄ.[37] Diese Grundsätze sind nicht ohne weiteres auf die notarielle Beurkundung[38] oder Beglaubigung übertragbar, da durch die Mitwirkung des Notars unabhängig von der Qualität der Unterschrift eine konkrete Zuordnung der Willenserklärung zum Aussteller gewährleistet ist. Es kann anders als bei einem Schriftsatz, der von dem bloßen Entwurf abzugrenzen ist, kein Zweifel bestehen, dass in der Beurkundung in Gegenwart des Notars die Unterschriften der Beteiligten „Ernst gemeint" sind. Die Rechtsprechung zu den bestimmenden Schriftsätzen eines Rechtsanwalts kann daher nicht auf die notarielle Beurkundung oder Beglaubigung übertragen werden. Hier ist es ausreichend, dass eine Zuordnung der Unterschrift möglich ist.[39] Das Pfälzische OLG Zweibrücken[40] war bei der Unterschrift eines Rechtspflegers unter eine Grundbucheintragung ebenfalls zu Recht großzügig, so dass es genügt, wenn ein die Identität des Unterschreibenden kennzeichnender individueller Schriftzug vorliegt, der einmalig ist, entsprechende charakteristische Merkmale aufweist, sich als über ein bloßes Handzeichen hinausgehende Wiedergabe eines Namens darstellt und die Absicht einer vollen Unterschriftsleistung erkennen lässt. Lesbar braucht sie nicht zu sein. Unrichtig ist mE die Entscheidung des OLG Stuttgart,[41] die die Rechtsprechung zu bestimmenden Schriftsätzen auf die Unterzeichnung der notariellen Urkunde überträgt. Allein aus Gründen der Rechtssicherheit ist davon auszugehen, dass bei Unterschriften unter notariellen Urkunden im Zweifel die Absicht einer vollen Unterschriftszeichnung besteht, da bereits durch das notarielle Verfahren mit Identitätsfeststellung die individuelle Zuordnung zur Person gewährleistet ist. Die Literatur hat zu Recht die teilweise übertriebenen Anforderungen der Rechtsprechung kritisiert, die auch in der Praxis erhebliche Probleme bereiten, da gerade „Vielunterschreiber" nur noch sehr abgekürzte Nachnamenunterschriften verwenden, kritisiert.[42] Zu beachten ist allerdings, dass die **Gerichte** teilweise mE **überzogene Forderungen an die Unterschrift** unter Anwendung der Rechtsprechung zu bestimmenden Schriftsätzen fordern, sodass in der Praxis die Empfehlung gilt, eher etwas strenger zu sein.[43]

7b Mittlerweile ist auch der BGH zum Schriftbild der Unterschrift großzügiger und stellt fest, dass „in Anbetracht der Variationsbreite, die selbst Unterschriften ein und derselben Person aufweisen, jedenfalls bei gesicherter Urheberschaft bei den an eine Unterschrift zu stellenden Anforderungen ein großzügiger Maßstab anzulegen" sei.[44] Eine Unterschrift setze einen die Identität des Unterzeichnenden ausreichend kennzeichnenden Schriftzug voraus, der individuelle und entsprechend charakteristische Merkmale aufweise, die die Nachahmung erschweren, der sich als Wiedergabe eines Namens darstelle und der die Absicht einer vollen Unterschrift erkennen lasse, selbst wenn er nur flüchtig niedergelegt und von einem starken Abschleifungsprozess gekennzeichnet sei. Unter diesen Voraussetzungen könne selbst ein vereinfachter und nicht lesbarer Namenszug – anders als eine dem äußeren Erscheinungsbild nach bewusste und gewollte Namensabkürzung – als Unterschrift anzuerkennen sein, wobei insbesondere von Bedeutung sei, ob der Unterzeichner auch

---

[37] BGH NJW 1982, 1467.
[38] Zum vergleichbaren Problem bei der Beurkundung → § 13 Rn. 17 ff.
[39] Ebenso Staudinger/*Hertel* BeurkG Vorb. zu §§ 127a, 128 Rn. 387; *Winkler* BeurkG § 13 Rn. 51; kritisch dazu Armbrüster/Preuß/*Renner*/*Renner* BeurkG § 13 Rn. 30 ff.; mE unrichtig, vgl. OLG Naumburg OLG-Report 2000, 239, das gesteigerte Anforderungen an die Unterschrift eines Notars stellt und dabei die Besonderheiten des Beurkundungsverfahrens nicht ausreichend berücksichtigt.
[40] OLG Zweibrücken FGPrax 2000, 92.
[41] OLG Stuttgart DNotZ 2002, 543 mAnm *Kanzleiter* DNotZ 2002, 520; *Heinemann* ZNotP 2002, 223.
[42] *Heinemann* DNotZ 2003, 243 ff.; *Kanzleiter* MittBayNot 2003, 197 ff.
[43] Vgl. eingehend zur Unterschrift *Kanzleiter* DNotZ 2002, 520 ff.; ders. MittBayNot 2003, 197 ff.; *Heinemann* ZNotP 2002, 223 ff.; ders. DNotZ 2003, 243 ff.; *Köhler* FS Schippel 1996, 209 ff.; Armbrüster/Preuß/*Renner*/*Piegsa* BeurkG § 13 Rn. 35 ff.; *Winkler* BeurkG § 13 Rn. 45 ff.; *Lerch* BeurkG § 13 Rn. 25 ff.
[44] BGH NJW-RR 2017, 445.

sonst in gleicher oder ähnlicher Weise unterschreibe.⁴⁵ Es dürfen bei der Unterschrift auch fremde Schriftzeichen verwendet werden.⁴⁶

Zu unterschreiben ist grundsätzlich mit dem Familiennamen, bei den Beteiligten sollte auch der Vorname aufgenommen werden, wobei dies nicht Wirksamkeitsvoraussetzung ist.⁴⁷ Allein der Vorname soll allerdings nicht genügen.⁴⁸ Unterzeichnungen mit einem Künstlernamen sind nach der hM zulässig.⁴⁹ Da anders als § 126 Abs. 1 BGB § 40 nicht die ausdrückliche Namensunterschrift verlangt, kommt es allein auf die Zuordenbarkeit der Unterschrift zu einer konkreten Person an. Auch Unterschriften mit einem Pseudonym oder sogar die versehentliche Unterzeichnung mit einem fremden Namen genügen, wenn sich die Identität des Unterzeichnenden einwandfrei aus der Urkunde ergibt und die Zurechnung der Unterschrift zu dem im Eingang Beteiligten feststellen lässt.⁵⁰ 7c

Es genügen daher alle Schriftzeichen, sofern überhaupt Schriftzeichen verwendet werden, die auf den Namen im weitesten Sinne schließen lassen.⁵¹ Für eine Unterschrift, die beglaubigt worden ist, genügt ein die Identität des Unterschreibenden ausreichend kennzeichnender, individueller Schriftzug mit entsprechenden charakteristischen Merkmalen, der sich als Unterschrift des vollen Namens und nicht nur als Abkürzung darstellt.⁵² Keine Unterschriften sind hingegen mechanisch hergestellte Unterschriften durch Computer oder Faksimile.⁵³

3. Handzeichen. Nach § 40 Abs. 6 gelten die Vorschriften für die Beglaubigung von Unterschriften entsprechend für die Beglaubigung von Handzeichen. Handzeichen sind Zeichen, die keine Schriftzeichen mehr verwenden (zB drei Kreuze).⁵⁴ Auch ein Fingerabdruck ist ein Handzeichen.⁵⁵ Das notariell beglaubigte Handzeichen wahrt die Schriftform.⁵⁶ Die Abgrenzung zur Unterschrift erfolgt nach dem äußeren Erscheinungsbild, wobei der Notar ein Einschätzungsermessen hat.⁵⁷ Auch für das Handzeichen gelten die Beweisregeln der §§ 460, 440 Abs. 2 ZPO, sofern es beglaubigt ist. Der Unterzeichner hat dabei die Wahl zwischen Unterschrift und dem Handzeichen, das der Unterschrift gleichgestellt ist, wenn es beglaubigt ist.⁵⁸ 8

---

⁴⁵ BGH NJW-RR 2017, 445.
⁴⁶ Grziwotz/Heinemann/*Heinemann* BeurkG § 13 Rn. 25; Armbrüster/Preuß/Renner/*Piegsa* BeurkG § 13 Rn. 49; *Winkler* BeurkG § 13 Rn. 52.
⁴⁷ Staudinger/*Hertel* BeurkG Vorb. zu §§ 127a, 128 Rn. 389; *Winkler* BeurkG § 13 Rn. 51; Armbrüster/Preuß/Renner/*Piegsa* BeurkG § 13 Rn. 43 ff.
⁴⁸ BGH DNotZ 2003, 269; ablehnend *Heinemann* DNotZ 2003, 243 ff.; *Renner* NotBZ 2003, 118 ff.; *Kanzleiter* MittBayNot 2003, 197 ff.; ders. NotBZ 2003, 210.
⁴⁹ *Winkler* BeurkG § 13 Rn. 42; Staudinger/*Hertel* BeurkG Vorb. zu §§ 127a, 128 Rn. 390; Armbrüster/Preuß/Renner/*Renner* BeurkG § 13 Rn. 49 ff.
⁵⁰ Vgl. auch BayObLG NJW 1956, 25; *Köhler* FS Schippel 1996, 209 (210 ff.).
⁵¹ Vgl. auch Armbrüster/Preuß/Renner/*Preuß* BeurkG § 40 Rn. 14; Staudinger/*Hertel* BeurkG § 129 Rn. 60.
⁵² OLG Frankfurt a. M. NJW 1995, 1421.
⁵³ *Winkler* BeurkG § 40 Rn. 26; Armbrüster/Preuß/Renner/*Preuß* BeurkG § 40 Rn. 14; Staudinger/*Hertel* BeurkG § 129 Rn. 69 ff.; Grziwotz/Heinemann/*Grziwotz* BeurkG § 40 Rn. 12.
⁵⁴ *Winkler* BeurkG § 40 Rn. 72 f.; Armbrüster/Preuß/Renner/*Preuß* BeurkG § 40 Rn 40 ff.; Grziwotz/Heinemann/*Grziwotz* BeurkG § 40 Rn. 13; BeckOGK/*Theilig* BeurkG § 40 Rn. 49.
⁵⁵ Grziwotz/Heinemann/*Grziwotz* BeurkG § 40 Rn. 13; *Winkler* BeurkG § 40 Rn. 72.
⁵⁶ Armbrüster/Preuß/Renner/*Preuß* BeurkG § 40 Rn. 40; Grziwotz/Heinemann/*Grziwotz* BeurkG § 40 Rn. 13; *Winkler* BeurkG § 40 Rn. 72; BeckOGK/*Theilig* BeurkG § 40 Rn. 50.
⁵⁷ Armbrüster/Preuß/Renner/*Preuß* BeurkG § 40 Rn. 41; Grziwotz/Heinemann/*Grziwotz* BeurkG § 40 Rn. 14; *Winkler* BeurkG § 40 Rn. 72 f.; BeckOGK/*Theilig* BeurkG § 40 Rn. 49 ff.
⁵⁸ Vgl. LG Bonn BWNotZ 1963, 19; vgl. auch zur Abgrenzung im Rahmen der prozessrechtlichen Schriftsätze BGH NJW 1994, 55; Armbrüster/Preuß/Renner/*Preuß* BeurkG § 40 Rn. 41; Grziwotz/Heinemann/*Grziwotz* BeurkG § 40 Rn. 14.

II. Vollzug oder Anerkennung der Unterschrift (bzw. des Handzeichens)

9 Nach § 40 Abs. 1 soll die Unterschrift nur beglaubigt werden, wenn sie in Gegenwart des Notars vollzogen oder anerkannt wird. Da es sich nur um eine Sollvorschrift handelt, wäre die Beglaubigung auch dann wirksam, wenn dagegen verstoßen wird.[59]

10 **1. Gegenwart des Notars.** Sowohl die Unterschrift als auch die Anerkennung müssen in Gegenwart des Notars erscheinen. Das Gesetz verwendet den gleichen Begriff wie bei § 13.[60] Die Gegenwart des Notars setzt dabei die **Einheitlichkeit des Ortes** voraus.[61] Es reicht, dass der Notar in der Lage ist, visuell die Anerkennung bzw. den Vollzug zu begleiten. Im Regelfall erfordert die Gegenwart die Anwesenheit im gleichen Zimmer, ausnahmsweise kann ein Nebenzimmer genügen, wenn die notwendige gegenseitige Aufmerksamkeit und Kenntnisnahme möglich ist.

11 **2. Vollzug.** Vollzug der Unterschrift setzt voraus, dass die Unterschriftsleistung in Gegenwart des Notars, dh bei seiner visuellen Kenntnisnahme der Unterschriftsleistung, erfüllt wird. Auch Blinde, Taube und Stumme können ihre Unterschrift vor dem Notar vollziehen oder anerkennen, ohne dass die für Willenserklärungen geltenden besonderen Vorschriften eingehalten werden müssen.[62] Der Notar hat dabei erhöhte Sorgfalt an die Aufklärungspflichten zu stellen, um Maßnahmen zu treffen, dass keine Zweifel auftreten.[63] Bei ausländischen Beteiligten ist § 16 nicht anwendbar, da die Vorschrift nur für die Beurkundung von Willenserklärungen gilt. Ist der Beteiligte nicht der deutschen Sprache kundig, so kann dennoch die Unterschrift beglaubigt werden. Auch hier muss der Notar nach eigenem Ermessen prüfen, inwieweit die Heranziehung eines Dolmetschers oder eine Übersetzung erforderlich ist, um Missverständnisse und Zweifel auszuschalten.

12 **3. Anerkennung.** Auch die Anerkennung der Unterschrift muss in Gegenwart des Notars erfolgen. Auch dies setzt räumliche und visuelle Kenntnisnahme voraus, wobei sich die Einheitlichkeit des Ortes auch auf die Urkunde und die anerkannte Unterschrift beziehen muss. Unzulässig sind demgemäß Anerkennungen ohne Vorlage der Urkunde, telefonische oder schriftliche Anerkennung, Anerkennung durch Dritte, auch Anerkennung mit modernen Videomedien, da auch hier die Einheitlichkeit des Ortes fehlt.[64] Der Verstoß hiergegen kann auch eine Falschbeurkundung im Amt sein.[65]

13 Selbstverständlich kann der Notar die Anerkennung bzw. Unterschriftsleistung an einem anderen Ort entgegennehmen, als dem der Errichtung des Beglaubigungsvermerks. Da es sich hierbei um eine Tatsachenbescheinigung im Sinne der §§ 36 ff. handelt, muss nicht die Einheitlichkeit der Beurkundungshandlung und der Unterschriftshandlung gegeben sein.

14 **4. Auslandssachverhalte.** In der Literatur war umstritten, ob bei der Beurkundung tatsächlicher Vorgänge der Notar befugt ist, die Wahrnehmung selbst im Ausland vorzunehmen, wenn der eigentliche Urkundsakt im Inland erfolgt. Danach wäre eine Beglaubigung zulässig, solange nur der Beglaubigungsvermerk im Inland vorgenommen

---

[59] *Winkler* BeurkG § 40 Rn. 86; *Lerch* BeurkG § 40 Rn. 8; Armbrüster/Preuß/*Renner/Preuß* BeurkG § 40 Rn. 19 ff.; BeckOGK/*Theilig* BeurkG § 40 Rn. 22.
[60] → § 13 Rn. 15 ff.
[61] BGH DNotZ 1975, 365; Armbrüster/Preuß/*Renner/Preuß* BeurkG § 40 Rn. 19; Grziwotz/Heinemann/*Grziwotz* BeurkG § 40 Rn. 16; BeckOGK/*Theilig* BeurkG § 40 Rn. 22.
[62] LG Darmstadt MittBayNot 1998, 369; Armbrüster/Preuß/*Renner/Preuß* BeurkG § 40 Rn. 21; Grziwotz/Heinemann/*Grziwotz* BeurkG § 40 Rn. 16.
[63] LG Darmstadt MittBayNot 1998, 369; *Winkler* BeurkG § 40 Rn. 37 f.; Armbrüster/Preuß/*Renner/Preuß* BeurkG § 40 Rn. 19 ff.; Staudinger/*Hertel* BeurkG § 129 Rn. 74 ff.
[64] Vgl. *Winkler* BeurkG § 40 Rn. 34; *Lerch* BeurkG § 40 Rn. 9; Armbrüster/Preuß/*Renner/Preuß* BeurkG § 40 Rn. 20; Staudinger/*Hertel* BeurkG § 129 Rn. 69; BGH DNotZ 1988, 259 mit Hinweis auf die dienstrechtlichen Folgen einer sog. Fernbeglaubigung.
[65] Vgl. OLG Köln DNotZ 1977, 763; BGH DNotZ 1988, 259; BGHSt 22, 32; BGH DNotZ 1977, 762; OLG Frankfurt a. M. DNotZ 1986, 421.

wird.⁶⁶ Ob derartige Auslandsbetätigungen zur Unwirksamkeit der Beglaubigung führen⁶⁷ oder wegen Verstoßes gegen die Sollvorschrift des § 40 Abs. 1 nur disziplinarrechtliche Folgen haben können,⁶⁸ ist umstritten. Zu Recht ist die hL allerdings der Auffassung, dass eine Unterschriftsbeglaubigung im Ausland wirksam ist, wenn die Beglaubigung im Inland stattgefunden hat.⁶⁹ Dies folgt für die Beglaubigung aus der Tatsache, dass § 40 nur eine Sollvorschrift ist. Im Hinblick auf § 11a BNotO wird man wohl nicht mehr von der Unwirksamkeit ausgehen können, da der Gesetzgeber grenzüberschreitende Amtshilfe unter bestimmten Voraussetzungen zulässt.

III. Kontrollpflichten des Notars

15 Auf Beglaubigungen sind nicht die Vorschriften über Willenserklärungen, dh die §§ 6 ff. anwendbar. Insbesondere die ausführlichen Prüfungs- und Belehrungspflichten der §§ 10, 11, 12, 16, 17 ff. sind nicht anwendbar.⁷⁰ § 40 hat ein eigenes **Prüfungs- und Belehrungspflichtenprogramm** aufgestellt, das der Notar zu beachten hat. In diesem Zentrum besteht nach § 40 Abs. 4 die Identitätsfeststellung und nach § 40 Abs. 2 eine Evidenzprüfung im Hinblick auf die Rechtmäßigkeit des beglaubigten Textes.

16 **1. Identitätsfeststellung.** Am wichtigsten für den Beweiswert ist die Identitätsfeststellung,⁷¹ die in § 40 Abs. 4 dadurch geregelt ist, dass auf § 10 Abs. 1 und Abs. 2 S. 1 verwiesen wird. Der Notar soll danach im Beglaubigungsvermerk die **Person des Beteiligten** so genau bezeichnen, dass Zweifel und Verwechslungen ausgeschlossen sind (§ 10 Abs. 1). Außerdem soll sich aus der Niederschrift ergeben, ob der Notar die Beteiligten kennt oder wie er sich Gewissheit über ihre Person verschafft hat (§ 10 Abs. 2 S. 1). Diese Identitätsprüfung, die auch im Beglaubigungsvermerk niedergelegt ist, begründet nach § 415 Abs. 1 ZPO als öffentliche Urkunde vollen Beweis dafür, dass eine Personenidentität des Erklärenden gegeben ist.

17 Beteiligt ist dabei nicht der materiell Beteiligte, sondern der **formell Beteiligte,** dh die Person, deren Erklärung beglaubigt werden soll. Die Beteiligten sollen danach so genau bezeichnet werden, dass Zweifel und Verwechslungen ausgeschlossen sind. Der Gesetzgeber hat damit in § 10 keine detaillierten Angaben gemacht. Es liegt grundsätzlich im Ermessen des Notars, welchen Grad der Genauigkeit der Angaben er aufnimmt. Ergänzend gilt § 25 Abs. 2 DONot, wonach bei der Bezeichnung natürlicher Personen der Wohnort und die Wohnung, bei Verheirateten oder verheiratet gewesenen Personen auch der Geburtsname beizufügen ist. Der Geburtstag der Beteiligten soll angegeben werden und erscheint angebracht, um Verwechslungen zu vermeiden, darüber hinaus bei allen Beurkundungen und Beglaubigungen, die zur Eintragung im **Grundbuch, Vereins- und Güterrechtsregister** führen. Das Grundbuchamt darf einen nur Vor- und Zunamen enthaltenen Unterschriftsbeglaubigungsvermerk nicht beanstanden, wenn sich weitere Identitätsmerkmale aus einer Dritturkunde ergeben, auf die verwiesen wird.⁷²

18 § 40 Abs. 4 iVm § 10 Abs. 2 S. 1 begründet weiterhin die Identifizierungspflicht des Notars. Zur Sicherung der Verlässlichkeit der Beglaubigung und damit auch nachfolgen-

---

⁶⁶ Winkler BeurkG § 2 Rn. 3; vgl. zur alten Rechtsprechung und Literatur RG DNotV 1927, 526; KG JFG Erg. 17, 123.
⁶⁷ So offenbar BGHZ 138, 359 = NJW 1998, 2830.
⁶⁸ Winkler BeurkG § 40 Rn. 35; Armbrüster/Preuß/Renner/Preuß BeurkG § 40 Rn. 19 ff.; Staudinger/Hertel BeurkG § 129 Rn. 20.
⁶⁹ Armbrüster/Preuß/Renner/Preuß BeurkG § 2 Rn. 20; Grziwotz/Heinemann/Grziwotz BeurkG § 2 Rn. 12; Winkler BeurkG Einl. Rn. 47; Schippel/Bracker/Püls BNotO § 11a Rn. 2.
⁷⁰ Gutachten DNotI-Report 2015, 153; Winkler BeurkG § 40 Rn. 41 f.; Grziwotz/Heinemann/Grziwotz BeurkG § 40 Rn. 5 ff., 26 ff.; BeckOGK/Theilig BeurkG § 40 Rn. 2, 26; BeckOK BeurkG/Boor BeurkG § 40 Rn. 29.
⁷¹ Armbrüster/Preuß/Renner/Preuß BeurkG § 40 Rn. 22 ff.; Grziwotz/Heinemann/Grziwotz BeurkG § 40 Rn. 40; Staudinger/Hertel BeurkG § 129 Rn. 74 ff.
⁷² LG Ravensburg BWNotZ 1995, 72.

der Registereintragungen verpflichtet die Vorschrift den Notar, die Identität der Beteiligten zuverlässig festzustellen. Durch die Regelung ist aber auch klargestellt, dass der Notar alle für die Eintragung in das Urkundenverzeichnis erforderlichen (personenbezogenen) Daten auch ohne Einwilligung der Betroffenen bei den Beteiligten erheben darf.[73] Dies gilt auch über die der reinen Identifizierung der Beteiligten dienenden Daten hinaus. Damit ist auch die Ermächtigungsgrundlage für die Verarbeitung dieser Daten iSv Art. 6 Abs. 1 S. 1 lit. e DS-GVO geschaffen.[74] Ebenso wenig wie bei der Beurkundung finden sich bei der Beglaubigung gesetzliche Vorgaben, auf welche Weise dieser Pflicht zu genügen ist. Auch hier gilt § 25 Abs. 1 DONot. Aus der Herrschaft des Notars über das Verfahren folgt, dass der Notar auch bei der Identifizierungspflicht grundsätzlich die **nach eigenem Ermessen** notwendigen Feststellungen zu treffen hat.[75] Da § 10 Abs. 2 S. 2 ausdrücklich nicht in die Verweisung des § 40 Abs. 4 aufgenommen wurde, folgt daraus, dass der Notar die Beglaubigung ablehnen muss, wenn er sich nicht Gewissheit über die Person verschaffen kann.[76] Das BayObLG hat entschieden,[77] dass der Notar mit besonderer Sorgfalt vorzugehen habe, wobei er hinsichtlich der Anforderungen an den Nachweis der Personenidentität einen weiten Ermessensspielraum habe. In der Regel müsse er sich einen amtlichen mit Lichtbild versehenen Ausweis vorlegen lassen. Im Übrigen sei als Legitimationspapier nur ein Lichtbildausweis geeignet, anhand dessen überprüft werden kann, ob der Erschienene mit dem im Lichtbild Dargestellten identisch sei, neben Personalausweisen und Reisepässen also auch alle von einer Behörde im Rahmen ihrer Funktion ausgestellten Lichtbildausweise. Im Übrigen kann auf die Ausführungen zu § 10 verwiesen werden.[78]

19 **2. Evidenzkontrolle.** Aus § 40 Abs. 2 ergibt sich, dass sich die Funktion der Beglaubigung nicht auf die reine Identitätsfeststellung beschränkt. Danach braucht der Notar die Urkunde nur darauf zu prüfen, ob Gründe bestehen, seine Amtstätigkeit zu versagen. Diese Formulierung bedeutet aber umgekehrt, dass der Notar auch dieses minimale **Prüfungsprogramm** einhalten muss.[79]

20 Danach soll der Notar die Beglaubigung insbesondere dann ablehnen, wenn sie mit seinen Amtspflichten nicht vereinbar wäre, insbesondere wenn seine Mitwirkung bei Handlungen verlangt wird, mit denen erkennbar unerlaubte oder unredliche Zwecke verfolgt werden. Um dies beurteilen zu können, muss der Notar vom **Inhalt des Textes,** unter dem die Unterschrift beglaubigt werden soll, **Kenntnis nehmen.**[80] Die Prüfung darf sich allerdings auf eine Evidenzkontrolle beschränken. Im Einzelnen kann der Pflichtenkatalog des § 14 BNotO bzw. § 4 herangezogen werden, soweit der Notar die Unredlichkeit oder Unsittlichkeit oder den unerlaubten Zweck evident erkennen kann. Danach darf der Notar bei der Unterschriftsbeglaubigung an einem Scheingeschäft nicht mitwirken oder Rechtsgeschäfte vornehmen, die der Gläubigerbenachteiligung im strafrechtlichen Sinne dienen. Ist das Rechtsgeschäft materiell unwirksam, so besteht die Ableh-

---

[73] BReg-Entwurf eines Gesetzes zur Neuordnung der Aufbewahrung von Notariatsunterlagen und zur Einrichtung des Elektronischen Urkundenarchivs bei der Bundesnotarkammer, BR-Drs. 18/10607, 83; *Winkler* BeurkG § 10 Rn. 2; BeckOK BeurkG/*Bremkamp* BeurkG § 10 Rn. 14; Grziwotz/Heinemann/*Heinemann* BeurkG § 10 Rn. 4; *Grziwotz* MittBayNot 2019, 207 ff.
[74] *Winkler* BeurkG § 10 Rn. 2; BeckOK BeurkG/*Bremkamp* BeurkG § 10 Rn. 14; Grziwotz/Heinemann/*Heinemann* BeurkG § 10 Rn. 4.
[75] → § 10 Rn. 7 ff.
[76] Armbrüster/Preuß/Renner/*Preuß* BeurkG § 40 Rn. 23 ff.; Staudinger/*Hertel* BeurkG § 129 Rn. 20; *Winkler* BeurkG § 40 Rn. 56.
[77] BayObLGZ 2004, 331 (335) = FGPrax 2005, 19 (20).
[78] → § 10 Rn. 1 ff.
[79] Vgl. *Lerch* BeurkG § 40 Rn. 9; Armbrüster/Preuß/Renner/*Preuß* BeurkG § 40 Rn. 26 ff.; Staudinger/*Hertel* BeurkG § 129 Rn. 20; *Winkler* BeurkG § 40 Rn. 41; Grziwotz/Heinemann/*Grziwotz* BeurkG § 40 Rn. 5 ff., 26 ff.; BeckOGK/*Theilig* BeurkG § 40 Rn. 26 ff.; BeckOK BeurkG/*Boor* BeurkG § 40 Rn. 29.
[80] *Winkler* BeurkG § 40 Rn. 41; Armbrüster/Preuß/Renner/*Preuß* BeurkG § 40 Rn. 26 ff.; Staudinger/*Hertel* BeurkG § 129 Rn. 85 ff.

nungspflicht nur, wenn dies offensichtlich ist.[81] Im Übrigen bestehen die **Belehrungspflichten** iSd § 17 nicht. Auch die Pflicht zur Prüfung der **Geschäftsfähigkeit** (des § 12) gilt nicht für Beglaubigungen, es sei denn der Notar kann positiv aus der Urkunde erkennen oder ihm ist dies bekannt, dass die beglaubigte Urkunde wegen Geschäftsunfähigkeit nichtig ist.[82]

Bei bloßen **Zweifeln** an der Wirksamkeit oder Geschäftsfähigkeit besteht bei der Unterschriftsbeglaubigung keine Verpflichtung des Notars, diese Zweifel im Beglaubigungsvermerk festzuhalten. Anderseits ist der Notar berechtigt, Zweifel im Beglaubigungsvermerk niederzulegen. Etwas anderes gilt selbstverständlich für den Fall, dass der Notar die Vertragsurkunde selbst entworfen hat. Dann unterliegt er grundsätzlich denselben Prüfungs- und Belehrungspflichten wie bei der Beurkundung der Willenserklärung.[83]

C. Beglaubigungsvermerk

§ 40 Abs. 3 regelt den **Inhalt des Beglaubigungsvermerks.** Er muss die **Person bezeichnen,** welche die Unterschrift vollzogen oder anerkannt hat. In dem Vermerk soll angegeben werden, ob die Unterschrift vor dem Notar vollzogen oder anerkannt worden ist. Die Vorschrift wird ergänzt durch § 39, da es sich beim Beglaubigungsvermerk um ein einfaches Zeugnis in diesem Sinne handelt. Enthalten sein muss weiter das Zeugnis des Notars, die Vornahme der Beglaubigung, die Unterschrift und das Präge- oder Farbdrucksiegel des Notars und der Ort und der Tag der Ausstellung. Nach § 40 Abs. 4 iVm § 10 Abs. 1, Abs. 2 S. 1 ist weiterhin die Person des Beteiligten anzugeben[84] sowie die Art der Identitätsfeststellung.[85] Weitere Vorgaben macht das Gesetz über den Beglaubigungsvermerk nicht. Wegen der Abschlussfunktion der Beglaubigung wird empfohlen, den Beglaubigungsvermerk auf die Urkunde zu setzen, auf der die Unterschrift steht.[86] Ist nicht genügend Raum hierfür vorhanden, kann der Vermerk auf ein besonderes Blatt oder auf die Rückseite gesetzt werden. Bei einem gesonderten Blatt ist dann das Prägesiegel zu verwenden.[87] Um den Beweiswert der Urkunde nicht im Hinblick auf etwaige Lücken oder die Problematik der Blanko-Beglaubigung zu beeinträchtigen, sollte der Beglaubigungsvermerk möglichst nahe an der Unterschrift erfolgen, dennoch ist es unschädlich und beeinträchtigt die Wirksamkeit nicht, wenn zwischen Beglaubigungsvermerk, Unterschrift des Beteiligten und auch Unterschrift des Notars weiterer Text steht.[88] Der Beglaubigungsvermerk kann auch vor den Unterschriften, deren Echtheit beglaubigt wird, angebracht werden, wenn hierdurch der Inhalt der Beglaubigung nicht unklar wird.[89] Enthält die

---

[81] LG München Rpfleger 1972, 255 mAnm *Winkler* = MittBayNot 1972, 181; Armbrüster/Preuß/Renner/*Preuß* BeurkG § 40 Rn. 26 ff.; Staudinger/*Hertel* BeurkG § 129 Rn. 85 ff.

[82] OLG Stuttgart DNotZ 1995, 687 (690); Armbrüster/Preuß/Renner/*Preuß* BeurkG § 40 Rn. 26 ff.; Armbrüster/Preuß/Renner/*Piegsa* BeurkG § 11 Rn. 5; Staudinger/*Hertel* BeurkG § 129 Rn. 85 ff.; *Winkler* BeurkG § 40 Rn. 42; *Winkler* BeurkG § 40 Rn. 41 f.; Grziwotz/Heinemann/*Grziwotz* BeurkG § 40 Rn. 5 ff., 26 ff.; BeckOGK/*Theilig* BeurkG § 40 Rn. 2, 26; BeckOK BeurkG/*Boor* BeurkG § 40 Rn. 29. vgl. auch Gutachten DNotI-Report 2015, 153.

[83] BGH DNotZ 1956, 319; 1958, 101; *Lerch* BeurkG § 40 Rn. 10; Armbrüster/Preuß/Renner/*Preuß* BeurkG § 40 Rn. 27 ff.; Armbrüster/Preuß/Renner/*Piegsa* BeurkG § 11 Rn. 5; Staudinger/*Hertel* BeurkG § 129 Rn. 85 ff.; OLG Düsseldorf DNotI-Report 1995, 118; BGH DNotZ 1997, 51; Gutachten DNotI-Report 2015, 153.

[84] → § 10 Rn. 2 ff.

[85] Im Einzelnen → § 10 Rn. 8 ff.

[86] *Winkler* BeurkG § 40 Rn. 60; Armbrüster/Preuß/Renner/*Preuß* BeurkG § 40 Rn. 36 ff.; Staudinger/*Hertel* BeurkG § 129 Rn. 93 ff.

[87] Vgl. BayObLG Rpfleger 1973, 361; KG DNotZ 1980, 487; *Winkler* BeurkG § 40 Rn. 60.

[88] BayObLG DNotZ 1974, 49; KG DNotZ 1980, 487; Armbrüster/Preuß/Renner/*Preuß* BeurkG § 40 Rn. 36 ff.; Staudinger/*Hertel* BeurkG § 129 Rn. 93 ff.; *Winkler* BeurkG § 40 Rn. 60.

[89] BayObLG Rpfleger 1973, 361; Armbrüster/Preuß/Renner/*Preuß* BeurkG § 40 Rn. 36 ff.; Staudinger/*Hertel* BeurkG § 129 Rn. 93 ff.; *Winkler* BeurkG § 40 Rn. 60.

Urkunde verschiedene Unterschriften, so können auch die Unterschriften durch verschiedene Notare beglaubigt werden.

23 Auch hinsichtlich des **zeitlichen Ablaufs** der Beglaubigung enthält das Gesetz keine Vorschriften. Da es sich hierbei um eine Tatsachenbescheinigung handelt, gelten die allgemeinen Grundsätze.[90] Ort und Tag der Beglaubigung können ebenso auseinanderfallen, wie Ort und Tag der Vornahme der Unterschrift.[91] Solange wie der Notar sich an die Beglaubigung erinnern kann, kann er den Beglaubigungsvermerk vornehmen. Die zeitliche Spanne ist nur entscheidend für den Beweiswert des Beglaubigungsvermerks.[92] Das Verfahren steht insoweit im Ermessen des Notars. Er kann, wenn mehrere Unterschriften zeitlich nacheinander beglaubigt werden sollen, diese in einem einheitlichen Beglaubigungsvermerk beglaubigen. Er kann aber auch – auch wenn dies kostenrechtlich teurer ist – jede Unterschrift einzeln beglaubigen, da hierdurch Rechtsunsicherheit in zeitlicher Hinsicht vermieden wird. Es steht im Ermessen des Notars, welches Verfahren er wählt. Angaben über den Zeitpunkt des Vollzugs oder der Anerkennung und über die Art der Beglaubigung (vollzogen oder anerkannt) sollen nach Auffassung des OLG Karlsruhe mangels Feststellungspflicht keine rechtlich erheblichen Tatsachen iSd § 348 StGB sein.[93]

23a Die **nachträgliche Veränderung** des Textes einer Urkunde, deren Unterzeichnung notariell beglaubigt ist, beseitigt nicht die Formwirksamkeit der Beglaubigung.[94] Der Unterzeichner kann auch den Notar ermächtigen, solche Änderungen vorzunehmen; hat der Notar das Schriftstück entworfen, so ist er ermächtigt, Berichtigungen vorzunehmen.[95] Privaturkunden, unter denen die Unterschrift beglaubigt wurde, können daher jederzeit mit Zustimmung des Unterzeichners auch nachträglich geändert werden. Auch der Beglaubigungsvermerk kann nachträglich ohne Einhaltung der Voraussetzungen des § 44a berichtigt werden, da er allein die Wahrnehmung des Notars wiedergibt.[96]

D. Blanko-Unterschrift

24 Blanko-Unterschriften sind in § 40 Abs. 5 geregelt. Danach soll der Notar Unterschriften ohne zugehörigen Text nur beglaubigen, wenn dargelegt wird, dass die Beglaubigung vor der Festlegung des Urkundeninhalts benötigt wird. In dem Beglaubigungsvermerk soll angegeben werden, dass bei der Beglaubigung ein durch die Unterschrift gedeckter Text nicht vorhanden war. Damit soll der **Gefahr von Täuschungen und Fälschungen,** die bei der Beglaubigung von Blanketterklärungen größer ist als bei der Beglaubigung vollständiger Erklärungen, vorgebeugt werden. Insbesondere durch die Aufnahme des Hinweises wird für den Rechtsverkehr erkennbar, dass der Notar eine Prüfung des Textes der Urkunde nicht vorgenommen hat. Bei Blankobeglaubigungen entfällt das Element der Evidenzprüfung; dies soll dem Rechtsverkehr erkennbar sein.

---

[90] → § 37 Rn. 2 ff.
[91] *Winkler* BeurkG § 40 Rn. 60 ff.; Grziwotz/Heinemann/*Grziwotz* BeurkG § 40 Rn. 52; BeckOGK/*Theilig* BeurkG § 40 Rn. 2, 26; BeckOK BeurkG/*Boor* BeurkG § 40 Rn. 25, 53; Grziwotz/Heinemann/*Grziwotz* BeurkG § 40 Rn. 52.
[92] LG Ravensburg BWNotZ 1957, 154; Armbrüster/Preuß/Renner/*Preuß* BeurkG § 40 Rn. 35 ff.; Staudinger/*Hertel* BeurkG § 129 Rn. 93 ff.; *Winkler* BeurkG § 40 Rn. 62; Grziwotz/Heinemann/*Grziwotz* BeurkG § 40 Rn. 48.
[93] OLG Karlsruhe DNotZ 1999, 813, zweifelnd zu Recht *Zimmermann* DNotZ 1999, 816.
[94] KG DNotZ 2013, 129; OLG Brandenburg FGPrax 2010, 210; OLG Frankfurt a. M. DNotZ 2006, 767; *Demharter* GBO § 29 Rn. 44; *Hügel/Otto* GBO § 29 Rn. 192; MüKoBGB/*Einsele* BGB § 129 Rn. 5; Palandt/*Ellenberger* BGB § 129 Rn. 2; *Schöner/Stöber* GrundbuchR Rn. 163; *Winkler* BeurkG § 40 Rn. 81; Grziwotz/Heinemann/*Grziwotz* BeurkG § 40 Rn. 38; BeckOGK/*Theilig* BeurkG § 40 Rn. 55.
[95] *Winkler* BeurkG § 40 Rn. 81 f.; Grziwotz/Heinemann/*Grziwotz* BeurkG § 44a Rn. 4; BeckOGK/*Theilig* BeurkG § 40 Rn. 53.
[96] Armbrüster/Preuß/Renner/*Preuß* BeurkG § 44a Rn. 3; Grziwotz/Heinemann/*Heinemann* BeurkG § 44a Rn. 4; *Reithmann* DNotZ 1999, 27 (36 f.); *Winkler* BeurkG § 40 Rn. 82.

Welche Anforderungen der Notar an die Darlegung zu stellen hat, sagt das Gesetz nicht. 25
Es besteht Einigkeit, dass der Notar nach seinem Ermessen entscheiden kann und muss, ob
ein anerkennenswertes Interesse besteht. Dies können rechtliche aber auch wirtschaftliche
Gründe sein.

Für § 40 Abs. 5 spielt es keine Rolle, wer den Text einfügt; auch wenn der Notar 26
beauftragt wird, den Text einzufügen, handelt es sich um eine Blanko-Beglaubigung. Der
Notar hat insbesondere diese abzulehnen, wenn erkennbar ist, dass der Text vor ihm
verheimlicht werden soll,[97] wenn Vorratsbeglaubigungen geschaffen werden sollen, wenn
Täuschung des Rechtsverkehrs zu befürchten ist etc. Ebenfalls kein anerkennenswerter
Grund ist die Vereinfachung des Verfahrens oder das Vermeiden von Unannehmlichkeiten.

Ist der Text lediglich **lückenhaft,** dann hat der Notar nach pflichtgemäßem Ermessen zu 27
entscheiden, ob er das Verfahren nach § 40 Abs. 5, insbesondere unter Bezeichnung der
Lücken, anwendet oder nicht.[98] Dabei kommt es auf den Umfang und die Bedeutung der
Lücke im Gesamtzusammenhang an. Enthält der Text die Hauptpunkte des Rechtsgeschäfts
noch nicht, dann ist § 40 Abs. 5 im Zweifel anzuwenden. Das Gleiche gilt bei der
Beglaubigung einer Vollmacht, bei der der Name des Bevollmächtigten noch fehlt oder der
Umfang der Vollmacht unvollständig ist.[99]

E. Öffentliche Urkunden von Behörden und Beglaubigungszuständigkeit

§ 129 Abs. 1 BGB definiert den Begriff der öffentlichen Beglaubigung, an den das 28
Gesetz in verschiedenen Vorschriften anknüpft: danach liegt eine öffentliche Beglaubigung
nur vor, wenn eine schriftliche Erklärung gegeben ist und die Unterschrift des Erklärenden
von einem Notar beglaubigt wurde. Danach wäre nur eine notariell beglaubigte Urkunde
öffentliche Beglaubigung iSd § 129 Abs. 1 BGB. Unklar ist, inwieweit Urkunden, die eine
Behörde in eigenen Angelegenheiten erstellt, öffentlich-beglaubigten Urkunden gleichstehen. Zum Teil wird die Gleichstellung ohne weiteres angenommen.[100] Hierbei wird
allerdings übersehen, dass der Begriff der öffentlichen Beglaubigung nicht gleichbedeutend
mit dem der **öffentlichen Urkunde** ist. Nach § 415 Abs. 1 ZPO liegt eine öffentliche
Urkunde vor, wenn die Urkunde vor einer **öffentlichen Behörde** innerhalb der Grenzen
ihrer Amtsbefugnisse oder von einer mit öffentlichem Glauben versehenen Person innerhalb des ihr zugewiesenen Geschäftskreises in der vorgeschriebenen Form aufgenommen
ist. § 415 ZPO unterscheidet also zwischen den behördeneigenen Erklärungen (erste
Alternative) und als zweite Alternative den von mit öffentlichem Glauben versehenen
Personen aufgenommenen Urkunden. Dementsprechend kann § 129 Abs. 1 BGB seinem
Wortlaut nach nur die zweite Alternative betreffen, nämlich die Unterschriftsbeglaubigung
durch einen Notar. Die Gleichsetzung ist nur in den Fällen gerechtfertigt, in denen das
Gesetz dies ausdrücklich anordnet.[101] Wichtigster Fall ist der des § 29 Abs. 1 GBO. Auch
dort wird unterschieden zwischen der öffentlichen Urkunde und der öffentlich-beglaubigten Urkunde. Letztere kann nur von Notaren bzw. Amtsträgern, die zur Beglaubigung
befugt sind, errichtet werden. Erstere sind alle Urkunden, die eine Behörde im Rahmen
der eigenen Zuständigkeit zu eigenen Angelegenheiten abgegeben hat. Deshalb ist die hM
im **Grundbuchrecht** auch der Auffassung, dass jede öffentliche Behörde zuständig ist,
über rechtsgeschäftliche oder sonstige Erklärungen in eigenen Angelegenheiten öffentliche

---

[97] *Winkler* BeurkG § 40 Rn. 66; Grziwotz/Heinemann/*Grziwotz* BeurkG § 40 Rn. 29; Armbrüster/
Preuß/Renner/*Preuß* BeurkG § 40 Rn. 17.
[98] *Winkler* BeurkG § 40 Rn. 71; Armbrüster/Preuß/Renner/*Preuß* BeurkG § 40 Rn. 36 ff.; Staudinger/
Hertel BeurkG § 129 Rn. 93 ff.; Jansen BeurkG § 40 Rn. 16, Grziwotz/Heinemann/*Grziwotz* BeurkG § 40
Rn. 33.
[99] *Winkler* BeurkG § 40 Rn. 71; Armbrüster/Preuß/Renner/*Preuß* BeurkG § 40 Rn. 36 ff.; Staudinger/
Hertel BeurkG § 129 Rn. 93 ff.
[100] Vgl. MüKoBGB/*Einsele* BGB § 129 Rn. 7; vgl. auch BGHZ 45, 362.
[101] Armbrüster/Preuß/Renner/*Preuß* BeurkG § 40 Rn. 8 f.; Staudinger/*Hertel* BeurkG § 129 Rn. 47 ff.

BeurkG § 40 29   Dritter Abschnitt. Sonstige Beurkundungen

Urkunden iSd § 29 Abs. 1 GBO auszustellen.[102] Dann errichtet diese Behörde aber nur eine öffentliche Urkunde, nicht eine öffentlich-beglaubigte Urkunde.[103] Öffentlich-beglaubigte Urkunden können nach § 129 Abs. 1 BGB iVm § 40 Abs. 1 nur Notare errichten und solche Stellen, die ausdrücklich zur öffentlichen Beglaubigung befugt sind. Die Gleichsetzung der öffentlichen Urkunde einer Behörde mit der öffentlichen Beglaubigung ist nur in den Fällen möglich, in denen das Gesetz dies ausdrücklich vorsieht. Auch sachliche Gründe sprechen für diese Differenzierung, da dem Notar auch eine Pflicht zur Evidenzkontrolle (→ Rn. 2, 19) obliegt, nicht aber der Behörde. Obwohl § 12 HGB anders als § 29 GBO für die Anmeldung zum **Handelsregister** keine Gleichstellung von öffentlich-beglaubigter Urkunde und öffentlicher Urkunde vorsieht, sondern die öffentlich-beglaubigte Form verlangt, geht die überwiegende Meinung davon aus, dass ausnahmsweise eine öffentliche Beglaubigung nicht erforderlich ist, wenn eine juristische Person des öffentlichen Rechts eine Anmeldung abgibt, sofern die Anmeldung in behördlicher Eigenschaft vorgenommen wird.[104] Wegen des spezifischen Prüfungspflichtenprogramms des Notars – der Evidenzkontrolle – ist diese Gleichstellung nicht in allen Fällen gerechtfertigt, bei § 12 HGB lässt sie sich mit einer neueren Auffassung der Literatur nur mit der Rechtsähnlichkeit zwischen einer Eintragungsbewilligung nach der GBO und einer Anmeldung zum Handelsregister rechtfertigen.[105] Etwas anderes gilt bei der **Namenszeichnung** nach § 41. Da der Notar bei der Namenszeichnung neben der Identitäts- und Evidenzkontrolle nach § 41 auch bestätigt, dass die Zeichnung vor ihm erfolgte und damit dem Schutz des Rechtsverkehrs dient, genügt im Bereich der Namensunterzeichnung nicht allgemein eine öffentliche Urkunde, da diese nicht den Vollzug der Unterschriftsleistung vor einer bestimmten öffentlichen Person gewährleistet. Namensunterschriften müssen daher immer vom Notar beglaubigt werden.[106] Es ist daher immer am Einzelfall zu prüfen, welche Schutzzwecke mit der öffentlichen Beglaubigung nach dem materiellen Recht verbunden sind. Kommt es auf das spezifische Pflichtenprogramm der öffentlichen Beglaubigung nach § 40 an, dann genügt die gesiegelte Eigenerklärung einer Behörde nicht. Dies gilt etwa auch bei der Vollmacht zum Abschluss eines GmbH-Vertrags nach § 2 Abs. 2 GmbH, wonach eine notariell beurkundete oder beglaubigte Vollmacht erforderlich ist.[107] Anders als bei § 29 GBO oder § 12 HGB ist nach ganz hM die öffentliche Beglaubigung Wirksamkeitserfordernis für die Vollmachtserteilung, da durch die Beglaubigung Zweifel und Streitigkeiten über die Legitimation des Vertreters von vorneherein abgeschnitten werden sollen.[108]

29   Hiervon zu unterscheiden ist die Frage, inwieweit **Behörden befugt sind, Unterschriften zu beglaubigen.** § 63 normiert die Befugnis der Länder, durch Gesetz die Zuständigkeit für die öffentliche Beglaubigung von Unterschriften auch anderen Personen oder Stellen als Notaren zuzuweisen. Von dieser Befugnis haben Gebrauch gemacht:[109]

– **Baden Württemberg:** Ratsschreiber (§ 32 Abs. 3 LFGG);
– **Hessen:** Ortsgerichtsvorsteher nach § 13 des Hess. Ortsgerichtsgesetzes idF vom 2.4.1980 (GVBl. I 113);

---

[102] BayObLG Rpfleger 1975, 315; MittBayNot 1980, 113; *Demharter* GBO § 29 Rn. 34; DNotI-Report 1999, 175 f.
[103] Auf diese Differenzierung weisen zu Recht hin Armbrüster/Preuß/Renner/*Preuß* BeurkG § 40 Rn. 9; Staudinger/*Hertel* BeurkG § 129 Rn. 93 ff.; *Winkler* BeurkG § 40 Rn. 5 f.
[104] BayObLG DNotZ 1976, 120; Röhricht/Graf v. Westphalen/*Ammon*, 3. Aufl. 2008, HGB § 12 Rn. 7; OLG Düsseldorf MittRhNotK 1997, 436; LG Berlin Rpfleger 1994, 167; Staudinger/*Dilcher* BGB § 125 Rn. 24.
[105] Armbrüster/Preuß/Renner/*Preuß* BeurkG § 40 Rn. 36 ff.; Staudinger/*Hertel* BeurkG § 129 Rn. 93 ff.; *Winkler* BeurkG § 40 Rn. 5.
[106] So zu Recht *Wehrstedt* MittRhNotK 1999, 289.
[107] AA OLG Düsseldorf MittRhNotK 1997, 436 mit einer pauschalen Gleichsetzung.
[108] Vgl. Scholz/*Emmerich* GmbHG § 2 Rn. 24; Hachenburg/*Ulmer* GmbHG § 2 Rn. 27.
[109] Vgl. *Stoltenberg* JurBüro 1989, 307 ff.; Armbrüster/Preuß/Renner/*Rezori* BeurkG § 63 Rn. 1 ff.; Staudinger/*Hertel* BeurkG § 129 Rn. 44 ff.; *Winkler* BeurkG § 68 Rn. 1; BeckOGK/*Franken* BeurkG § 68 Rn. 3.

– **Rheinland Pfalz:** Ortsbürgermeister, Gemeinde und Stadtverwaltungen (§ 21 Abs. 1 Nr. 1 bis Nr. 3 des Gesetzes über die Beglaubigungsbefugnis vom 21.7.1978, GVBl. S. 587).

In Hessen und Rheinland Pfalz ist die örtliche Zuständigkeit allerdings eingeschränkt.

Im Rahmen der Neuregelungen durch das 2. Betreuungsrechtsänderungsgesetz[110] wurde **30** in § 6 Abs. 2 BtBG geregelt, dass eine Urkundsperson der Betreuungsbehörde seit 1.7.2005 (nur) Unterschriften und Handzeichen unter Vorsorgevollmachten und Betreuungsverfügungen beglaubigen kann. Die Bedeutung dieser Beglaubigungszuständigkeit im System der öffentliche Urkunde war anfangs sehr unklar.[111] Es ergab sich aus dem Gesetz nicht eindeutig, ob die Unterschriftsbeglaubigung durch die Urkundsperson der Betreuungsbehörde auch eine öffentlichen Beglaubigung iSd § 129 BGB und § 29 GBO oder nur eine amtliche Beglaubigung nach § 34 VwVfG darstellte. Diese dient nur zur Vorlage bei der angegebenen Behörde oder Stelle (§ 34 Abs. 3 S. 2 Nr. 3 VwVfG). Die **amtliche Beglaubigung** erfüllt die Anforderung an eine öffentliche Beglaubigung iSv § 129 BGB nicht (§ 34 Abs. 1 S. 2 VwVfG). Insbesondere die Zuständigkeitsbeschränkung auf „Vorsorgevollmachten" und „Betreuungsverfügungen" machte die Einordnung schwierig. Durch die Neufassung durch Gesetz vom 6.7.2009[112] hat sich der Streit über den Umfang der Beglaubigungskompetenz erledigt, da der Gesetzgeber nunmehr ausdrücklich zur Beglaubigung nach § 129 BGB ermächtigt.[113] Auch wenn man von einer öffentlichen Beglaubigung ausgeht, ist weitere Voraussetzung, dass sich aus der Urkunde entnehmen lässt, dass es sich um eine Vorsorgevollmacht handelt (also insbesondere wenn sich aus der Urkunde ergibt, dass sich die Verwendung der Vollmacht jedenfalls im Innenverhältnis auf den Fall der Betreuungsbedürftigkeit bzw. von Krankheiten oÄ des Vollmachtgebers beschränken soll) – und nicht um eine unabhängig von der Vermeidung eines möglichen Betreuungsverfahrens erteilte General- oder Spezialvollmacht. Dabei erfordert § 29 GBO, dass sich die Eigenschaft als Vorsorgevollmacht und damit die Beglaubigungszuständigkeit der Urkundsperson der Betreuungsbehörde aus der vorgelegten Vollmachtsurkunde selbst ergibt oder jedenfalls aus anderen, der Form des § 29 GBO genügenden Nachweisen.[114]

§ 41 Beglaubigung der Zeichnung einer Firma oder Namensunterschrift

¹Bei der Beglaubigung der Zeichnung einer Namensunterschrift, die zur Aufbewahrung beim Gericht bestimmt ist, muß die Zeichnung in Gegenwart des Notars vollzogen werden; dies soll in dem Beglaubigungsvermerk festgestellt werden. ²Der Beglaubigungsvermerk muß auch die Person angeben, welche gezeichnet hat. ³§ 10 Absatz 1, 2 und 3 Satz 1 gilt entsprechend.

A. Allgemeines

Die Vorschrift sieht eine Sonderregelung für die Unterschriftsbeglaubigungen vor, die **1** nach Sondervorschriften zur „Aufbewahrung beim Gericht" bestimmt sind (§ 12 HGB). In diesen Fällen genügt nicht, dass die Unterschrift anerkannt wird. Sie muss in **Gegenwart des Notars** vollzogen werden. Vor dem 1.7.1998 sah die Vorschrift außerdem noch vor, dass auch Firmenzeichnungen erfasst werden. Das HRefG vom 22.6.1998[1] hat die Hin-

---

[110] BGBl. 2005 I 1073.
[111] Armbrüster/Preuß/Renner/*Preuß* BeurkG § 1 Rn. 29; *Winkler* BeurkG § 1 Rn. 50; *Spanl* Rpfleger 2007, 372 ff.; Gutachten DNotI-Report 2005, 121 ff.; *Renner* BtPrax 2006, 174 ff.
[112] BGBl. I 1696.
[113] Armbrüster/Preuß/Renner/*Preuß* BeurkG § 1 Rn. 29; Grziwotz/Heinemann/*Grziwotz* BeurkG § 1 Rn. 15.
[114] Gutachten DNotI-Report 2005, 121 ff.
[1] BGBl. I 1474.

terlegung der öffentlich beglaubigten handschriftlichen Firmenzeichnung durch Einzelkaufleute (§ 29 HGB aF), vertretungsberechtigte Gesellschafter (§ 108 Abs. 2 HGB aF), Liquidatoren (§ 148 Abs. 3 HGB aF) und Prokuristen (§ 53 Abs. 2 aF) gestrichen. Mit dem Gesetz über elektronische Handelsregister und Genossenschaftsregister sowie das Unternehmensregister (EHUG)[2] wurde auch die bis 31.12.2006 notwendige Zeichnung der Namensunterschrift und deren Hinterlegung beim Handelsregister im Gesellschaftsrecht abgeschafft. Bis dahin sah das Gesellschaftsrecht die Hinterlegung der Namensunterschrift vor. Im Grunde ist der Anwendungsbereich für das Verfahren nach § 41 entfallen, dennoch wurde die Vorschrift nicht gestrichen, so dass sie nur noch für freiwillige Namenszeichnungen Bedeutung hat.[3] Die Namenszeichnung dient dem Schutz der Beteiligten, die durch Vergleich mit der Zeichnung die Echtheit der Unterschrift feststellen können.[4] Der Notar hat daher eine besondere Schutzfunktion des Rechtsverkehrs. Praktische Bedeutung hat die Vorschrift nicht mehr.[5]

B. Verfahren

2   Anders als bei der Beglaubigung einer Unterschrift nach § 40 muss in den genannten Fällen die Unterschrift **vor dem Notar vollzogen** werden. Eine Anerkennung genügt nicht. Zweck dieser strengeren Vorschrift ist die Sicherheit der Unterschriftsprobe. Es muss feststehen, dass auch wirklich die genannte Person gezeichnet hat.[6] Auch der Beglaubigungsvermerk muss zusätzlich angeben, dass die Unterschriftszeichnung in Gegenwart des Notars vollzogen wurde. Im Übrigen gelten die Anforderungen des § 40. Anders als bei § 40 genügt die öffentliche Urkunde einer Behörde nicht den Anforderungen des § 41 iVm § 12 HGB, so dass die Namenszeichnung immer durch einen Notar zu beglaubigen ist.[7]

§ 42 Beglaubigung einer Abschrift

(1) **Bei der Beglaubigung der Abschrift einer Urkunde soll festgestellt werden, ob die Urkunde eine Urschrift, eine Ausfertigung, eine beglaubigte oder einfache Abschrift ist.**

(2) **Finden sich in einer dem Notar vorgelegten Urkunde Lücken, Durchstreichungen, Einschaltungen, Änderungen oder unleserliche Worte, zeigen sich Spuren der Beseitigung von Schriftzeichen, insbesondere Radierungen, ist der Zusammenhang einer aus mehreren Blättern bestehenden Urkunde aufgehoben oder sprechen andere Umstände dafür, daß der ursprüngliche Inhalt der Urkunde geändert worden ist, so soll dies in dem Beglaubigungsvermerk festgestellt werden, sofern es sich nicht schon aus der Abschrift ergibt.**

(3) **Enthält die Abschrift nur den Auszug aus einer Urkunde, so soll in dem Beglaubigungsvermerk der Gegenstand des Auszugs angegeben und bezeugt werden, daß die Urkunde über diesen Gegenstand keine weiteren Bestimmungen enthält.**

(4) **Bei der Beglaubigung eines Ausdrucks eines elektronischen Dokuments, das mit einer qualifizierten elektronischen Signatur versehen ist, soll das Ergebnis der Signaturprüfung dokumentiert werden.**

---

[2] BGBl. 2006 I 2553.
[3] Armbrüster/Preuß/Renner/*Preuß* BeurkG § 41 Rn. 2.
[4] Vgl. RGZ 54, 168; Armbrüster/Preuß/Renner/*Preuß* BeurkG § 41 Rn. 3 ff.
[5] Armbrüster/Preuß/Renner/*Preuß* BeurkG § 41 Rn. 3; *Winkler* BeurkG § 41 Rn. 1; BeckOGK/*Theilig* BeurkG § 41 Rn. 2.
[6] Vgl. RGZ 54, 168; *Staub/Hüffer*, 5. Aufl., HGB § 12 Rn. 21; OLG Frankfurt a. M. Rpfleger 1974, 71; Armbrüster/Preuß/Renner/*Preuß* BeurkG § 41 Rn. 3; *Winkler* BeurkG § 41 Rn. 12.
[7] DNotI-Report 1999, 3; *Werstedt* MittRhNotK 1999, 289.

A. Allgemeines

Die Vorschrift enthält **Sonderregelungen** für die Beglaubigung der Abschrift einer 1
Urkunde, die entweder der Notar selbst hergestellt hat oder die ihm von einem Dritten zur
Beglaubigung vorgelegt wurde. Auch die Abschriftsbeglaubigung ist eine **Tatsachenbeurkundung** im Sinne der Vorschriften des dritten Abschnitts des BeurkG,[1] und zwar in der
besonderen Form des Vermerks nach § 39. Es gelten daher zunächst die allgemeinen
Erläuterungen zu § 39. Darüber hinausgehend enthält § 42 besondere Prüfungspflichten,
durch die gewährleistet werden soll, dass der Rechtsverkehr vor Täuschungen geschützt
wird.

Die Abschrift wird von der **Hauptschrift** gefertigt, wobei es für die Beglaubigung 2
unerheblich ist, ob es sich bei der Hauptschrift selbst um eine öffentliche Urkunde oder um
eine private Urkunde handelt. Die Hauptschrift ihrerseits kann wiederum selbst beglaubigte
Abschrift sein.[2] Durch die Beglaubigung einer privaten oder öffentlichen Urkunde wird
der Notar in die Lage versetzt, von dem gleichen Schriftstück mehrere Exemplare herzustellen. Das Gesetz hat ihm daher besondere Sorgfaltspflichten auferlegt, damit der Rechtsverkehr vor falschen Urkunden geschützt wird. Eine beglaubigte Abschrift ist nur von einer
Urkunde möglich, das sind Schriftstücke, aber auch Pläne, Zeichnungen, Bilder.[3] Keine
Urkunden in diesem Sinne sind **elektronische Datenträger** wie zB CD-ROM, USB-Sticks oÄ.[4] Für die beglaubigte Abschrift einer elektronischen Urkunde oder eines elektronischen Vorbildes gilt § 42 Abs. 4.[5]

§ 42 enthält keine Vorschrift darüber, welcher **Beweiswert** einer beglaubigten Ab- 3
schrift zukommt. Dies regelt das jeweilige Verfahrensrecht. Im Prozess kann eine öffentliche Urkunde in Urschrift oder in beglaubigter Abschrift vorgelegt werden (§ 435
ZPO). Die beglaubigte Abschrift selbst wird dadurch nicht zur öffentlichen Urkunde;
öffentliche Urkunde ist bei der beglaubigten Abschrift nur der Beglaubigungsvermerk.
Im Prozess wird aber in der Regel nach § 435 ZPO die öffentliche Urkunde durch
die Abschrift repräsentiert, wenn nicht ausnahmsweise die Anordnung der Urschrift
verlangt wird. Es handelt sich dabei ebenfalls um eine Zeugnisurkunde, mit der die
Übereinstimmung bescheinigt wird,[6] um Wahrscheinlichkeiten geht es dabei nicht.[7]
Auch im Grundbuchverfahren ist anerkannt, dass Eintragungsunterlagen, unabhängig
davon, ob sie unter § 29 GBO fallen, grundsätzlich in Urschrift, Ausfertigung oder
beglaubigter Abschrift vorgelegt werden können.[8] In der Regel genügt eine beglaubigte
Abschrift nur dann nicht, wenn eine Rechtsfolge an den Besitz dieser Urkunde
geknüpft wird, wie zB bei einer Vollmacht, einer Bestallung, einem Erbschein oder
einem Vollstreckungstitel. In diesem Fall muss die Urschrift oder die Ausfertigung
vorgelegt werden.

---

[1] Armbrüster/Preuß/Renner/*Preuß* BeurkG § 42 Rn. 1 f.; *Winkler* BeurkG § 42 Rn. 1; *Lerch* BeurkG § 42 Rn. 1; Grziwotz/Heinemann/*Heinemann* BeurkG § 42 Rn. 2; BeckOGK/*Theilig* BeurkG § 42 Rn. 4; *Heinemann* NotBZ 2003, 467.
[2] Vgl. *Winkler* BeurkG § 42 Rn. 12; Armbrüster/Preuß/Renner/*Preuß* BeurkG § 42 Rn. 4 f.; Grziwotz/Heinemann/*Heinemann* BeurkG § 42 Rn. 8; BeckOGK/*Theilig* BeurkG § 42 Rn. 11.
[3] Vgl. *Winkler* BeurkG § 42 Rn. 13a; Armbrüster/Preuß/Renner/*Preuß* BeurkG § 42 Rn. 4; Grziwotz/Heinemann/*Heinemann* BeurkG § 42 Rn. 7; BeckOGK/*Theilig* BeurkG § 42 Rn. 11.
[4] *Winkler* BeurkG § 42 Rn. 12; Armbrüster/Preuß/Renner/*Preuß* BeurkG § 42 Rn. 4; Grziwotz/Heinemann/*Heinemann* BeurkG § 42 Rn. 7; BeckOGK/*Theilig* BeurkG § 42 Rn. 11.
[5] Vgl. Erläuterungen zu § 39a.
[6] Armbrüster/Preuß/Renner/*Preuß* BeurkG § 42 Rn. 1; *Winkler* BeurkG § 42 Rn. 1; *Heinemann* NotBZ 2003, 467.
[7] Zu Unrecht relativierend *Bohrer* DNotZ 2008, 39 (42).
[8] OLG Düsseldorf Rpfleger 1961, 46; DNotZ 1993, 757; KG Rpfleger 1998, 108; Meikel/*Hertel* GBO § 29 Rn. 413 ff., 435 ff.; *Demharter* GBO § 29 Rn. 57; DNotI-Report 1998, 77; LG Neuruppin DNotI-Report 1998, 152.

4 § 45 wird dienstrechtlich durch § 27 DONot ergänzt. § 49 Abs. 3 regelt ein vereinfachtes Verfahren für die Beglaubigung von Anlagen bei der Fertigung der Ausfertigung.

B. Die Abschrift

5 Die Abschrift ist eine Zweitschrift, deren **inhaltlicher Gleichlaut** mit der Urschrift durch den Notar bestätigt wird.[9] § 39 spricht dabei von Abschriften, Abdrucken, Ablichtungen uÄ Gegenstand der Hauptschrift können nicht nur schriftliche Niederlegungen sein, sondern auch Pläne, Zeichnungen, Karten, Skizzen, Urkunden in fremder Sprache etc.[10]

6 Die Art der **Herstellung** der Abschrift wird in § 42 nicht geregelt. Aus § 39 ergibt sich allerdings, dass die Abschrift entweder wörtlich wiedergegeben werden kann, wobei das Schriftbild dann verändert wird. Aber auch Kopien durch Fotokopiergeräte, Bilder, Abdrucke etc können Gegenstand der beglaubigten Abschrift sein.[11] Entscheidend ist allein die Inhaltsgleichheit, nicht die optische Gleichheit.[12] Von notariellen **Urkunden mit handschriftlichen Änderungen** können Rein- oder Leseabschriften erstellt werden.[13]

6a § 29 DONot gibt **technische Vorgaben:**[14] Urschriften, Ausfertigungen und beglaubigte Abschriften notarieller Urkunden sind so herzustellen, dass sie gut lesbar, dauerhaft und fälschungssicher sind. Es ist festes holzfreies weißes oder gelbliches Papier in DIN-Format zu verwenden. Es dürfen ferner nur verwendet werden:
- blaue oder schwarze Tinte und Farbbänder, sofern sie handelsüblich als urkunden- oder dokumentenecht bezeichnet sind, zB auch unter Einsatz von Typenradschreibmaschinen oder Matrixdruckern (Nadeldruckern);
- blaue oder schwarze Pastentinten (Kugelschreiber), sofern Minen benutzt werden, die eine Herkunftsbezeichnung und eine Aufschrift tragen, die auf die DIN 16 554 oder auf die ISO 12757-2 hinweist;
- in klassischen Verfahren und in schwarzer oder dunkelblauer Druckfarbe hergestellte Drucke des Buch- und Offsetdruckverfahrens;
- in anderen Verfahren (zB elektrografische/elektrofotografische Herstellungsverfahren) hergestellte Drucke oder Kopien, sofern die zur Herstellung benutzte Anlage (zB Kopiergeräte, Laserdrucker, Tintenstrahldrucker) nach einem Prüfzeugnis der Papiertechnischen Stiftung (PTS) in Heidenau (früher der Bundesanstalt für Materialforschung und -prüfung in Berlin) zur Herstellung von Urschriften von Urkunden geeignet ist;
- Formblätter, die in den genannten Druck- oder Kopierverfahren hergestellt worden sind.

7 Der Notar muss auch nicht die Abschrift selbst vornehmen, die Beteiligten können eine Abschrift bereits mitbringen.[15] Dann obliegen ihm allerdings besondere Prüfungspflichten im Hinblick auf die Übereinstimmung mit der Urschrift.

8 Unterschriften in Abschriften, die nicht fotokopiert werden, sondern nur nachgeschrieben werden, können mit dem Schreibmaschinennamen und dem Zusatz „gez." wiederge-

---

[9] Vgl. BGH NJW 1961, 2307; 1974, 1383; Armbrüster/Preuß/Renner/*Preuß* BeurkG § 42 Rn. 7f.; BeckOGK/*Theilig* BeurkG § 42 Rn. 13 f.; *Heinemann* NotBZ 2003, 467 f.
[10] Vgl. *Lerch* BeurkG § 42 Rn. 3; *Winkler* BeurkG § 42 Rn. 12; Grziwotz/Heinemann/*Heinemann* BeurkG § 42 Rn. 7; BeckOGK/*Theilig* BeurkG § 42 Rn. 11.
[11] *Winkler* BeurkG § 42 Rn. 6; Armbrüster/Preuß/Renner/*Preuß* BeurkG § 42 Rn. 4 ff.; *Heinemann* NotBZ 2003, 467.
[12] *Winkler* BeurkG § 42 Rn. 8; Armbrüster/Preuß/Renner/*Preuß* BeurkG § 42 Rn. 4 ff.; Grziwotz/Heinemann/*Heinemann* BeurkG § 42 Rn. 16; BeckOGK/*Theilig* BeurkG § 42 Rn. 10; *Heinemann* NotBZ 2003, 467; Meikel/*Hertel* GBO § 29 Rn. 391, *Kanzleiter* DNotZ 1993, 759.
[13] Grziwotz/Heinemann/*Heinemann* BeurkG § 42 Rn. 16.
[14] Vgl. Erläuterungen zu § 29 DONot.
[15] Armbrüster/Preuß/Renner/*Preuß* BeurkG § 42 Rn. 6; Grziwotz/Heinemann/*Heinemann* BeurkG § 42 Rn. 19.

geben werden.[16] Siegel müssen nicht fotokopiert oder beschrieben werden, sondern können durch Bezeichnung dargestellt werden, zB durch das Wort „Siegel" oder die Abkürzung „l. s." bzw. „L. S.".[17] Das Herstellungsverfahren ist für den Beweiswert unerheblich. Die Richtigkeit wird durch den Beglaubigungsvermerk dokumentiert.

C. Beglaubigungsverfahren

I. Prüfung der Übereinstimmung

Wichtigste Prüfungsaufgabe des Notars ist die Prüfung des inhaltlichen Gleichlauts der Abschrift mit der Urschrift.[18] Der Notar muss durch eigene Prüfung diesen Gleichlaut feststellen, auf Prüfungen durch die Beteiligten oder Mitarbeiter darf er sich nicht beschränken.[19]

II. Allgemeine Amtspflichten

Auch bei der Abschriftsbeglaubigung gilt § 4, ähnlich wie bei der Unterschriftsbeglaubigung. Der Notar darf nicht an erkennbar unredlichen oder rechtswidrigen Zwecken mitwirken.[20] Erkennt der Notar den Verstoß gegen diese allgemeinen Amtspflichten im Rahmen einer **Evidenzkontrolle,** dann muss er seine Amtshandlung ablehnen. Der Notar hat zwar nicht die Rechtmäßigkeit des Besitzes zu überprüfen; in der Regel ist ihm dies auch nicht möglich. Erkennt er aber, dass die Urkunde unrechtmäßig erlangt wurde, dann darf er an diesem unrechtmäßigen Zustand nicht mitwirken.

III. Fremdsprachige Urkunden

In der Literatur ist umstritten, wie der Notar wegen der **Evidenzkontrolle bei fremdsprachlichen Texten** zu verfahren hat.[21] In diesen Fällen reduziert sich die Pflicht des Notars auf Gewährleistung des Gleichlauts, eine Evidenzkontrolle scheidet naturgemäß aus. Der Notar muss in diesen Fällen nur sicherstellen – etwa durch fotomechanische Kopie –, dass die Urschrift mit der Ausfertigung inhaltlich übereinstimmt, weitergehende Pflichten können ihn, sofern er den Text nicht versteht, nicht treffen.[22] Da Hauptzweck des § 42 der Schutz vor inhaltlicher Divergenz ist, kann der Notar in solchen Fällen auch nicht die Beglaubigung ablehnen. Die erweiterte Evidenzkontrolle im Hinblick auf seine sonstigen Amtspflichten kann nur einschlägig sein, wenn er dieser im konkreten Fall auch nachkommen kann. Es würde zu weit gehen, generell die Beglaubigung von fremden Texten zu verbieten; dies ergibt sich weder aus § 42, noch ist dies im Hinblick auf internationale Rechtsbeziehungen sachgerecht.[23]

---

[16] So zu Recht *Kanzleiter* MittRhNotK 1984, 60; *ders.* DNotZ 1993, 759; OLG Frankfurt a. M. DNotZ 1993, 757; *Winkler* BeurkG § 42 Rn. 9; Armbrüster/Preuß/Renner/*Preuß* BeurkG § 42 Rn. 4 ff.; *Heinemann* NotBZ 2003, 467; Grziwotz/Heinemann/*Heinemann* BeurkG § 42 Rn. 17.
[17] Grziwotz/Heinemann/*Heinemann* BeurkG § 42 Rn. 17; Armbrüster/Preuß/Renner/*Preuß* BeurkG § 42 Rn. 5; *Winkler* BeurkG § 42 Rn. 8 f.; BeckOGK/*Theilig* BeurkG § 42 Rn. 10.
[18] Vgl. BGH DNotZ 1960, 260; *Winkler* BeurkG § 42 Rn. 14; Armbrüster/Preuß/Renner/*Preuß* BeurkG § 42 Rn. 7 ff.; Grziwotz/Heinemann/*Heinemann* BeurkG § 42 Rn. 17; BeckOGK/*Theilig* BeurkG § 42 Rn. 13.
[19] BayObLGZ 1980, 183; *Jansen* BeurkG § 42 Rn. 7; Armbrüster/Preuß/Renner/*Preuß* BeurkG § 42 Rn. 7 ff.; *Winkler* BeurkG § 42 Rn. 14; BeckOGK/*Theilig* BeurkG § 42 Rn. 13.
[20] Armbrüster/Preuß/Renner/*Preuß* BeurkG § 42 Rn. 7 ff.; *Winkler* BeurkG § 42 Rn. 16; Grziwotz/Heinemann/*Heinemann* BeurkG § 42 Rn. 22; BeckOGK/*Theilig* BeurkG § 42 Rn. 15 f.
[21] Vgl. Armbrüster/Preuß/Renner/*Preuß* BeurkG § 42 Rn. 11; *Winkler* BeurkG § 42 Rn. 17 ff.; Grziwotz/Heinemann/*Heinemann* BeurkG § 42 Rn. 23; BeckOGK/*Theilig* BeurkG § 42 Rn. 16.
[22] So zu Recht *Winkler* BeurkG § 42 Rn. 15 ff.; Grziwotz/Heinemann/*Heinemann* BeurkG § 42 Rn. 23.
[23] Armbrüster/Preuß/Renner/*Preuß* BeurkG § 42 Rn. 11, 20; *Lerch* BeurkG § 42 Rn. 5; Grziwotz/Heinemann/*Heinemann* BeurkG § 42 Rn. 23.

IV. Lückenhafte Urkunden

12 Zum Schutz des Rechtsverkehrs bestimmt § 42 Abs. 2, dass der Notar im Beglaubigungsvermerk feststellen soll, ob in der Urschrift Lücken, Durchstreichungen, Einschaltungen, Änderungen oder unleserliche Worte vorhanden sind, sofern es sich nicht schon aus der Abschrift ergibt. Hierdurch soll verhindert werden, dass äußerliche Veränderungen der Urschrift, durch die der Beweiswert eingeschränkt werden kann, durch die Abschriftsbeglaubigung verloren gehen.

V. Auszugsbeglaubigungen

13 Soll aus einer vollständigen Urkunde ein Auszug beglaubigt werden, so ist § 42 Abs. 3 zu beachten; danach soll in dem Beglaubigungsvermerk der Gegenstand des Auszugs angegeben und bezeugt werden, dass die Urkunde über diesen Gegenstand keine weiteren Bestimmungen enthält. Die Vorschrift regelt nur den Fall, dass aus einer vollständigen Urkunde ein Auszug beglaubigt werden soll. Ist bereits die Urschrift nur ein Auszug, dann gilt § 42 Abs. 1 und Abs. 2.[24] Das Verfahren nach § 42 Abs. 3 verlangt, dass der Notar eine inhaltliche Prüfung dergestalt vornehmen muss, dass er den Gegenstand des Auszugs angeben und bezeugen soll, dass die Urkunde keine weiteren Bestimmungen über diesen Gegenstand enthält.

D. Beglaubigungsvermerk

14 Der Beglaubigungsvermerk richtet sich nach § 39, da es sich um ein einfaches Zeugnis handelt. Wirksamkeitsvoraussetzung sind die Unterschrift und das Präge- oder Farbdrucksiegel des Notars; außerdem sollen Ort und Tag der Ausstellung angegeben werden. Werden Abschriften von Urkunden mit der Ausfertigung durch Schnur und Prägesiegel verbunden oder befinden sich auf demselben Blatt, so genügt für die Beglaubigung dieser Abschriften der Ausfertigungsvermerk (§ 39 Abs. 3). Nach § 42 Abs. 1 soll schließlich der Beglaubigungsvermerk feststellen, ob die Hauptschrift eine Urschrift, eine Ausfertigung, eine beglaubigte oder eine einfache Abschrift ist.

E. Beglaubigung des Ausdrucks eines elektronischen Dokuments

15 § 39a regelt die Errichtung von elektronischen Beglaubigungsvermerken, also den Übergang vom Papier zur elektronischen Urkunde.[25] § 42 Abs. 4 regelt umgekehrt den Medienwechsel vom elektronischen Dokument in ein Papierdokument.[26] Bei der Beglaubigung eines Ausdrucks eines elektronischen Dokuments, das mit einer qualifizierten elektronischen Signatur nach dem Signaturgesetz versehen ist, soll das Ergebnis nach § 42 Abs. 4 der Signaturprüfung dokumentiert werden. Die Vorschrift wurde durch Art. 8 Nr. 2b des JKomG[27] am 1.4.2005 eingeführt. § 39a BeurkG regelt die Erstellung von elektronischen Beglaubigungsvermerken: „Elektronische beglaubigte Abschriften" können von Papierdokumenten hergestellt werden. Zu diesem Zweck wird eine inhaltlich

---

[24] *Jansen* BeurkG § 42 Rn. 10; *Winkler* BeurkG § 42 Rn. 30.
[25] Vgl. Erläuterungen zu § 39a BeurkG.
[26] Vgl. *Winkler* BeurkG § 42 Rn. 36; Armbrüster/Preuß/Renner/*Preuß* BeurkG § 42 Rn. 16; *Gassen/Wegerhoff*, Elektronische Beglaubigung und elektronische Handelsregisteranmeldung in der Praxis, 2. Aufl. 2009; *Püls* NotBZ 2005, 305; *Reithmann* ZNotP 2007, 370 ff.; *Weikart* NotBZ 2007, 73 (81); *Malzer* DNotZ 2006, 9 ff.; *Büttner/Frohn/Seebach*, Elektronischer Rechtsverkehr und Informationstechnologie im Notariat, 2019, S. 13; BeckOK BeurkG/*Frohn* BeurkG § 39a Rn. 9; BeckOGK/*Theilig* BeurkG § 39a Rn. 10; BeckOGK/*Theilig* BeurkG § 42 Rn. 24; Armbrüster/Preuß/Renner/*Kruse* BeurkG § 39a Rn. 10 und § 42 Rn. 32.
[27] BGBl. 2005 I 837.

mit dem Ausgangsdokument übereinstimmende elektronische Datei erstellt (zB durch Einscannen). Die Datei wird sodann mit dem elektronischen Beglaubigungsvermerk sowie einer qualifizierten elektronischen Signatur versehen (§ 39a). Umgekehrt kann der Notar aus elektronischen Dateien, die mit einer elektronischen Signatur versehen sind, beglaubigte Papierdokumente aus diesen elektronischen Dokumenten erstellen, indem er das elektronische Dokument ausdruckt und die Übereinstimmung des Ausdrucks mit dem elektronischen Dokument sowie die erfolgreiche Prüfung der elektronischen Signatur bestätigt. Dies regelt § 42 Abs. 4.[28] Nach § 371a Abs. 2 ZPO finden auf elektronische öffentliche Dokumente, also auf elektronische Beglaubigungsvermerke, die Vorschriften über die Beweiskraft und Echtheit öffentlicher Urkunden entsprechende Anwendung. Ein elektronischer Beglaubigungsvermerk nach § 39a hat also dieselben Beweiswirkungen wie ein Beglaubigungsvermerk im Rahmen einer herkömmlichen beglaubigten Abschrift nach § 42 Abs. 1. Als Ausgangsdokumente kommen lediglich elektronische Dokumente in Betracht, die mit einer qualifizierten elektronischen Signatur nach dem SigG versehen sind.[29] Dabei handelt es sich regelmäßig um Privaturkunden in der Form des § 126a BGB, aber auch um notarielle Fremdurkunden. Nur bei Dokumenten, die mit qualifizierten elektronischen Signaturen ausgestattet sind, besteht ausreichende Gewähr ihrer Echtheit, was die Erstellung eines beglaubigten Ausdrucks überhaupt erst rechtfertigt.[30] Der Beglaubigungsvermerk bestätigt also die Übereinstimmung des Ausdrucks mit dem elektronischem Dokument und dass die Überprüfung der elektronischen Signatur erfolgreich war und welcher Person die Signatur zuzuordnen ist, also den **Medientransfer**.[31]

§ 43 Feststellung des Zeitpunktes der Vorlegung einer privaten Urkunde

Bei der Feststellung des Zeitpunktes, zu dem eine private Urkunde vorgelegt worden ist, gilt § 42 Abs. 2 entsprechend.

A. Allgemeines

Die Vorschrift regelt nur einen Ausschnitt des zu beachtenden Verfahrens bei der Bescheinigung über die Feststellung des Zeitpunkts der Vorlegung einer privaten Urkunde. Auch dabei handelt es sich um ein einfaches Zeugnis iSd § 39 über eine Tatsachenbescheinigung iSv § 20 BNotO; der Notar bescheinigt, dass ihm zu einem bestimmten Zeitpunkt die Urkunde vorgelegt wurde.[1] Die Bescheinigung selbst ist öffentliche Urkunde iSd

---

[28] *Büttner/Frohn/Seebach*, Elektronischer Rechtsverkehr und Informationstechnologie im Notariat, 2019, S. 13; BeckOK BeurkG/*Frohn* BeurkG § 39a Rn. 9; BeckOGK/*Theilig* BeurkG § 42 Rn. 24; Armbrüster/Preuß/Renner/*Kruse* BeurkG § 42 Rn. 32.
[29] *Winkler* BeurkG § 42 Rn. 37; Armbrüster/Preuß/Renner/*Preuß* BeurkG § 42 Rn. 17; Grziwotz/Heinemann/*Heinemann* BeurkG § 42 Rn. 31; *Püls* NotBZ 2005, 305; *Reithmann* ZNotP 2007, 370 ff.; *Weikart* NotBZ 2007, 73 (81); *Malzer* DNotZ 2006, 9.
[30] *Winkler* BeurkG § 42 Rn. 39; Armbrüster/Preuß/Renner/*Preuß* BeurkG § 42 Rn. 17; Grziwotz/Heinemann/*Heinemann* BeurkG § 42 Rn. 31.
[31] *Winkler* BeurkG § 42 Rn. 39; Armbrüster/Preuß/Renner/*Preuß* BeurkG § 42 Rn. 17; Grziwotz/Heinemann/*Heinemann* BeurkG § 42 Rn. 31; *Püls* NotBZ 2005, 305 (307); *Weikart* NotBZ 2007, 73 (81); *Malzer* DNotZ 2006, 9 (12); *Büttner/Frohn/Seebach*, Elektronischer Rechtsverkehr und Informationstechnologie im Notariat, 2019, S. 13; BeckOK BeurkG/*Frohn* BeurkG § 39a Rn. 9; BeckOGK/*Theilig* BeurkG § 39a Rn. 10; BeckOGK/*Theilig* BeurkG § 42 Rn. 24; Armbrüster/Preuß/Renner/*Kruse* BeurkG § 39a Rn. 10 und § 42 Rn. 32.
[1] Grziwotz/Heinemann/*Heinemann* BeurkG § 43 Rn. 13; BeckOGK/*Theilig* BeurkG § 43 Rn. 2; *Winkler* BeurkG § 43 Rn. 1.

§§ 415 ff. ZPO, so dass über den Zeitpunkt der Vorlage der öffentliche Urkundenbeweis geführt werden kann.[2] Die Privaturkunde selbst bleibt natürlich Privaturkunde.[3]

B. Verfahren

I. Private Urkunde

2   Sowohl § 39 als auch § 43 sprechen von der privaten Urkunde. Damit ist in erster Linie eine **verkörperte Gedankenerklärung** gemeint. Bei den sog. Prioritätsfeststellungen, die für die urheberrechtliche Beweissituation wichtig sind,[4] stellt sich die Frage, ob § 43 auch die Vorlage von musikalischen Kompositionen, Computerprogrammen, Disketten, mathematischen Formeln, CD-ROMs, erfasst.[5] Da es sich bei körperlichen Gegenständen wie Disketten, CD-ROMs nicht um schriftlich verkörperte Gedankenerklärungen handelt, ist der Urkundenbegriff nicht erfüllt, so dass § 43 nicht anwendbar ist. Dagegen spricht auch, dass der Notar bei diesen Gegenständen nicht die inhaltliche Prüfung vornehmen kann, die für § 42 Abs. 2 zur Prüfung der Lückenhaftigkeit notwendig wäre. Für die Prioritätsfeststellung von derartigen körperlichen Gegenständen ist daher ein anderes Verfahren zu wählen.[6]

II. Feststellung des Zeitpunktes

3   Der Notar muss den Zeitpunkt der Vorlage bescheinigen. Zeitpunkt kann dabei der Tag sein, wenn die Beteiligten es wünschen, kann auch eine genauere Zeitbegrenzung erfolgen (Stunde, Minute).

III. Evidenzprüfung

4   Ebenso wie bei der Abschriftsbeglaubigung obliegt dem Notar eine Evidenzprüfung, ob er sich an einer offensichtlich rechtswidrigen oder sittenwidrigen Handlung beteiligt.[7] Ist ihm die Kenntnisnahme des Inhalts wegen fremder Schriftzeichen nicht möglich, dann kann er ohne diese Evidenzprüfung beglaubigen.

IV. Mängel der Hauptschrift

5   Ebenso wie bei § 42 hat der Notar Mängel der Hauptschrift im Vermerk deutlich zu machen.[8]

---

[2] Armbrüster/Preuß/Renner/*Preuß* BeurkG § 43 Rn. 4; Grziwotz/Heinemann/*Heinemann* BeurkG § 43 Rn. 13; BeckOGK/*Theilig* BeurkG § 43 Rn. 2; *Winkler* BeurkG § 43 Rn. 1.
[3] Armbrüster/Preuß/Renner/*Preuß* BeurkG § 43 Rn. 4; *Lerch* BeurkG § 43 Rn. 1; Grziwotz/Heinemann/*Heinemann* BeurkG § 43 Rn. 1; BeckOGK/*Theilig* BeurkG § 43 Rn. 2; *Winkler* BeurkG § 43 Rn. 1.
[4] Im Einzelnen → § 37 Rn. 19 ff.
[5] Bejahend Armbrüster/Preuß/Renner/*Preuß* BeurkG § 43 Rn. 2 f.; *Lerch* BeurkG § 43 Rn. 3; zweifelnd *Winkler* BeurkG § 43 Rn. 6; BeckOGK/*Theilig* BeurkG § 43 Rn. 5.
[6] → § 37 Rn. 19 ff.; Armbrüster/Preuß/Renner/*Preuß* BeurkG § 43 Rn. 3; Gutachten DNotI-Report 1996, 45 (46); großzügiger *Winkler* BeurkG § 43 Rn. 6 f.
[7] → § 42 Rn. 10; Armbrüster/Preuß/Renner/*Preuß* BeurkG § 43 Rn. 5; Grziwotz/Heinemann/*Heinemann* BeurkG § 43 Rn. 5.
[8] → § 42 Rn. 12; Armbrüster/Preuß/Renner/*Preuß* BeurkG § 43 Rn. 6; Grziwotz/Heinemann/*Heinemann* BeurkG § 43 Rn. 7.

Vierter Abschnitt. Behandlung der Urkunden

§ 44 Verbindung mit Schnur und Prägesiegel

¹Besteht eine Urkunde aus mehreren Blättern, so sollen diese mit Schnur und Prägesiegel verbunden werden. ²Das gleiche gilt für Schriftstücke sowie für Karten, Zeichnungen oder Abbildungen, die nach § 9 Abs. 1 Satz 2, 3, §§ 14, 37 Abs. 1 Satz 2, 3 der Niederschrift beigefügt worden sind.

A. Allgemeines

Die Vorschrift regelt die Behandlung von Urkunden, die aus mehreren Blättern bestehen oder bei der Schriftstücke als Anlagen beigefügt worden sind. Sie wird ergänzt durch § 30 DONot. Nach beiden Vorschriften ist jede Urschrift, Ausfertigung oder beglaubigte Abschrift, die mehr als einen Bogen oder Blatt umfasst, zu heften; der Heftfaden ist mit dem Prägesiegel anzusiegeln. Die Heftung und Siegelung soll unter Erhaltung der Lesbarkeit sowohl gewährleisten, dass die Urkunde vollständig bleibt, als auch verhindern, dass andere Schriftstücke nachträglich eingefügt werden.[1] Die Vorschrift ist nur eine Sollvorschrift, die Verletzung beeinträchtigt nicht die Wirksamkeit der Urkunde.[2] Dennoch handelt es sich um eine Amtspflicht, Verletzungen können den Beweiswert beeinträchtigen.[3]   **1**

Auch wenn § 44 eine bloße Ordnungsvorschrift darstellt, kann die fehlende Verbindung zumindest als **Indiz** dafür gewertet werden, dass es sich bei Blättern, die nicht nach § 44 verbunden sind, nicht um einen Teil der Niederschrift handelt.[4]   **1a**

B. Einzelfragen

In der Literatur ist umstritten, ob § 44 nur für die vom Notar errichteten Urkunden gilt oder auch für die Verbindung eines Beglaubigungsvermerks mit einer aus mehreren Blättern bestehenden Privaturkunde. Die überwiegende Meinung wendet die Vorschrift auch auf diesen Fall an.[5] Anlagen, die nur zur Erläuterung dienen und nicht Teil der Niederschrift sind, zB Vertretungsnachweise, Erbscheine, aber auch Anlagen, auf die nur erläuternd Bezug genommen wurde,[6] regelt die Vorschrift nicht; allerdings gilt hier § 30 Abs. 1 DONot, wonach in gleicher Weise Schriftstücke, die nach §§ 9 Abs. 1 S. 2 und S. 3, 14, 37 Abs. 1 S. 2 und S. 3 der Niederschrift beigefügt worden sind, mit dieser zu verbinden sind. Die Vorschrift gilt auch nicht für die nach § 30 übergebene offene oder verschlossene Schrift, auch nicht für die von einem Stummen nach § 31 abzugebenden Erklärungen, ebenso wenig für Übersetzungen iSd § 16.[7]   **2**

---

[1] BGH DNotZ 2011, 543.
[2] BGHZ 136, 357 (366); *Winkler* BeurkG § 44 Rn. 11; Armbrüster/Preuß/Renner/*Preuß* BeurkG § 44 Rn. 6; Grziwotz/Heinemann/*Heinemann* BeurkG § 44 Rn. 1; Staudinger/*Hertel* BeurkG Vorb. zu §§ 127a, 128 Rn. 630 ff.; BeckOGK/*Regler* BeurkG § 44 Rn. 4.
[3] BGH DNotZ 2019, 830 mAnm *Ott*; DNotZ 2011, 543; OLG Schleswig DNotZ 1972, 556; *Weingärtner*/*Ehrlich* DONot § 30 Rn. 462; Armbrüster/Preuß/Renner/*Preuß* BeurkG § 44 Rn. 6; Staudinger/*Hertel* BeurkG Vorb. zu §§ 127a, 128 Rn. 631.
[4] So zur Frage einer Übersetzung BGH DNotZ 2019, 830 mAnm *Ott*.
[5] Armbrüster/Preuß/Renner/*Preuß* BeurkG § 44 Rn. 2; *Winkler* BeurkG § 44 Rn. 5; *Lerch* BeurkG § 33 Rn. 2; *Jansen* BeurkG § 44 Rn. 2; Grziwotz/Heinemann/*Heinemann* BeurkG § 44 Rn. 2; BeckOGK/*Regler* BeurkG § 44 Rn. 8.
[6] → § 9 Rn. 11.
[7] Vgl. Armbrüster/Preuß/Renner/*Preuß* BeurkG § 44 Rn. 2; *Winkler* BeurkG § 44 Rn. 6.

3 Das **Verfahren der Heftung** ist nicht geregelt, der Notar kann dazu alle ihm zur Verfügung stehenden Hilfsmittel verwenden. Der Heftfaden soll die Landesfarben des jeweiligen Bundeslandes zeigen (§ 30 Abs. 1 DONot). Die Befestigung des Fadens muss mit dem Prägesiegel erfolgen.

4 Die Frage der **Entheftung** ist nicht geregelt. Weil die Heftung einer Gesamturkunde eine dauerhafte Verbindung der Urkunden schaffen soll, kann eine Entheftung nur in engen Ausnahmefällen in Betracht kommen.[8] Allerdings wird eine Pflicht des Notars angenommen, die Verbindung einer fehlerhaft gebundenen Urkunde zu lösen und sie neu zu verbinden. Angeführt wird dabei eine fehlerhafte Urkunde, bei der entweder die Reihenfolge der Blätter nicht zutrifft oder einzelne Blätter fehlen.[9] Der Notar ist nicht verpflichtet, eine aus mehreren Teilen bestehende Urkunde so zu heften, dass die Fotokopierfähigkeit der verbundenen Schriftstücke erhalten bleibt. Sind Teile der Urkunde lesbar, aber auf Grund der Heftung nicht kopierfähig, muss er die Urkunde nicht neu heften.[10]

§ 44a Änderungen in den Urkunden

(1) ¹Zusätze und sonstige, nicht nur geringfügige Änderungen sollen am Schluß vor den Unterschriften oder am Rande vermerkt und im letzteren Falle von dem Notar besonders unterzeichnet werden. ²Ist der Niederschrift ein Schriftstück nach § 9 Abs. 1 Satz 2, den §§ 14, 37 Abs. 1 Satz 2 beigefügt, so brauchen Änderungen in dem beigefügten Schriftstück nicht unterzeichnet zu werden, wenn aus der Niederschrift hervorgeht, daß sie genehmigt worden sind.

[Abs. 2 bis 31.12.2021:]

(2) ¹Offensichtliche Unrichtigkeiten kann der Notar auch nach Abschluß der Niederschrift durch einen von ihm zu unterschreibenden Nachtragsvermerk richtigstellen. ²Der Nachtragsvermerk ist am Schluß nach den Unterschriften oder auf einem besonderen, mit der Urkunde zu verbindenden Blatt niederzulegen und mit dem Datum der Richtigstellung zu versehen. ³Ergibt sich im übrigen nach Abschluß der Niederschrift die Notwendigkeit einer Änderung oder Berichtigung, so hat der Notar hierüber eine besondere Niederschrift aufzunehmen.

[Abs. 2 ab 1.1.2022:]

(2) ¹*Offensichtliche Unrichtigkeiten kann der Notar auch nach Abschluß der Niederschrift durch einen von ihm zu unterschreibenden Nachtragsvermerk richtigstellen.* ²*Der Nachtragsvermerk ist mit dem Datum der Richtigstellung zu versehen.* ³*Der Nachtragsvermerk ist am Schluß nach den Unterschriften oder auf einem besonderen, mit der Urkunde zu verbindenden Blatt niederzulegen.* ⁴*Wird die elektronische Fassung der Urschrift zum Zeitpunkt der Richtigstellung bereits in der elektronischen Urkundensammlung verwahrt, darf der Nachtragsvermerk nur noch auf einem gesonderten, mit der Urkunde zu verbindenden Blatt niedergelegt werden.*

[Abs. 3 ab 1.1.2022:]

(3) Ergibt sich im übrigen nach Abschluß der Niederschrift die Notwendigkeit einer Änderung oder Berichtigung, so hat der Notar hierüber eine besondere Niederschrift aufzunehmen.

Übersicht

	Rn.
A. Allgemeines	1
B. Änderungen vor Abschluss der Niederschrift	3
I. Allgemeines	3

---

[8] BGH DNotZ 2011, 543.
[9] BGH DNotZ 2011, 543; *Winkler* BeurkG § 44 Rn. 14; Armbrüster/Preuß/Renner/*Preuß* BeurkG § 44 Rn. 6; Grziwotz/Heinemann/*Heinemann* BeurkG § 44 Rn. 12; Staudinger/*Hertel* BeurkG Vorb. zu §§ 127a, 128 Rn. 630 ff.; BeckOGK/*Regler* BeurkG § 44 Rn. 23.
[10] BGH DNotZ 2011, 543.

	Rn.
II. Zusätze und sonstige, nicht nur geringfügige Änderungen	4
III. Rand- oder Schlussvermerk	5
IV. Rechtsfolgen	8
C. Änderungen nach Abschluss der Niederschrift	10
I. Überblick	10
II. Anwendungsbereich	12
1. Begriff der Niederschrift	12
2. Zeitlicher Anwendungsbereich	13
III. Offensichtliche Unrichtigkeiten	14
IV. Sonstige Änderungen	16
V. Tatsachenbeurkundungen	17
VI. Verfahren, Rechtsmittel	18

A. Allgemeines

Die Vorschrift wurde durch das Dritte Gesetz zur Änderung der BNotO und anderer Gesetze neu eingefügt und übernimmt die bis dahin in § 30 Abs. 3 und Abs. 4 DONot enthaltenen Bestimmungen weitgehend unverändert in das BeurkG. Die Begründung zum Regierungsentwurf weist darauf hin, dass dies wegen der Rechtsnatur der DONot als landesrechtliche Verwaltungsanordnung geboten sei, um die in diesen Regelungen ausgesprochene Befugnis zur Vornahme von Änderungen und Berichtigungen in den Urkunden auf eine rechtlich zweifelsfreie Grundlage zu stellen.[1] Es geht dabei um die für die Praxis wichtige Frage, wie Urkunden zu den bestimmten Zeitpunkten des Verfahrens geändert werden können.[2] **1**

Durch das Gesetz zur Neuordnung der Aufbewahrung von Notariatsunterlagen und zur Einrichtung des Elektronischen Urkundenarchivs bei der Bundesnotarkammer sowie zur Änderung weiterer Gesetze vom 1.6.2017[3] wird die Vorschrift redaktionell und im Hinblick auf das elektronische Urkundenarchiv geändert.[4] An den grundsätzlichen Änderungsmöglichkeiten der Urkunde hat die Neuregelung nichts geändert, sondern nur das Änderungsverfahren an die Verwahrung der Urkunde im elektronischen Urkundenarchiv angepasst.[5] **1a**

Die Vorschrift unterscheidet zwei **verschiedene Zeitpunkte**. § 44a Abs. 1 regelt die Frage, welche Zusätze und Änderungen **vor Abschluss der Beurkundung** vorgenommen werden können. § 44a Abs. 2 befasst sich mit der Frage der Berichtigung von Niederschriften **nach Abschluss der Beurkundung**. § 44a Abs. 1 ist eine Sollvorschrift, deren Verletzung die Wirksamkeit der Beurkundung nicht beeinträchtigt.[6] Die Vorschrift gilt dem Wortlaut nach für Niederschriften, dh zunächst für die Beurkundung von Willenserklärungen nach §§ 6 ff., aber im Grundsatz auch für Niederschriften für sonstige Beurkundungen iSd §§ 36 f.[7] Bei den Tatsachenbeurkundungen iSd §§ 36 f. sind allerdings die spezifischen Besonderheiten des Verfahrens zu berücksichtigen, so dass im Ergebnis eine **2**

---

[1] Vgl. BR-Drs. 890/95, 37.
[2] Vgl. dazu *Reithmann* DNotZ 1999, 27; *Brambring* FGPrax 1998, 202 ff.; *Bohrer* NJW 2007, 2019 f.; *Görk* MittBayNot 2007, 382; *Kanzleiter* DNotZ 1990, 478; *ders.* DNotZ 2007, 804; *Krieger* FS Priester 2007, 400; *Maas* ZNotP 2005, 50 (52) und 377 (379); *Priester* DNotZ 2006, 403 (417 f.).
[3] BGBl. 2017 I 1396.
[4] BT-Drs. 18/10607, 85; *Damm* DNotZ 2017, 426 (442).
[5] *Damm* DNotZ 2017, 426 (442); Grziwotz/Heinemann/*Heinemann* BeurkG § 44a Rn. 33; *Winkler* BeurkG § 44a Rn. 32a; BeckOGK/*Regler* BeurkG § 44a Rn. 35.
[6] BGH DNotZ 1995, 28; OLG Düsseldorf RNotZ 2019, 210; Staudinger/*Hertel* BeurkG Vorb. zu §§ 127a, 128 Rn. 636 ff.
[7] BGHZ 180, 9 = DNotZ 2009, 688 = ZIP 2009, 460 mAnm *Mutter;* Armbrüster/Preuß/*Preuß* BeurkG § 44a Rn. 2; Grziwotz/Heinemann/*Heinemann* BeurkG § 44a Rn. 3; *Winkler* BeurkG § 44a Rn. 3; *Röll* MittBayNot 1993, 172; *Kanzleiter* DNotZ 1990, 479 ff.; *Reithmann* DNotZ 1988, 567 (569); BeckOGK/*Regler* BeurkG § 44a Rn. 40.

weitergehende Änderungsmöglichkeit besteht als bei Urkunden über Willenserklärungen.[8] Eine entsprechende Anwendung auf einfache Zeugnisse nach § 39 (Vermerke) ist nur in Ausnahmefällen geboten, wenn dies sachgerecht ist. Für Wechselproteste ist die Sondervorschrift des Art. 85 WG zu beachten.[9] Privaturkunden, unter denen die Unterschrift beglaubigt wurde, können jederzeit mit Zustimmung des Unterzeichners auch nachträglich geändert werden. Der Unterzeichner kann auch den Notar ermächtigen, solche Änderungen vorzunehmen; hat der Notar das Schriftstück entworfen, so ist er ermächtigt, Berichtigungen vorzunehmen.[10] Privaturkunden, unter denen die Unterschrift beglaubigt wurde, können daher jederzeit mit Zustimmung des Unterzeichners auch nachträglich geändert werden. Auch der **Beglaubigungsvermerk** kann nachträglich ohne Einhaltung der Voraussetzungen des § 44a berichtigt werden, da er allein die Wahrnehmung des Notars wiedergibt.[11]

B. Änderungen vor Abschluss der Niederschrift

I. Allgemeines

3   § 44a Abs. 1 regelt nur einen speziellen Fall der Änderung vor Abschluss der Niederschrift, nämlich die Änderung durch Zusatz in Form eines **Randvermerks** oder **Schlussvermerks**. Selbstverständlich zulässig bleibt dabei das Verfahren, dass die Niederschrift während der Verhandlung insgesamt neu gefasst wird.[12] Sinn und Zweck der Verhandlung ist der Interessenausgleich zwischen den Beteiligten unter Einschaltung eines unabhängigen und unparteilichen Notars. Es ist in der Praxis üblich und entspricht auch dem Beurkundungsverfahren, dass noch Einzelfragen ausgehandelt werden, die dann zu Veränderungen in der Niederschrift führen. Die Änderung kann dann entweder dadurch geschehen, dass die gesamte Niederschrift oder das entsprechende Blatt neu ausgedruckt werden.[13] Sinn und Zweck des § 44a Abs. 1 ist die Regelung von Zusätzen und Änderungen, durch die der einheitliche Schreibtext, wie er vom Schreibcomputer oder der Schreibmaschine erstellt wurde, beeinträchtigt wird.[14] Nur wenn dieses einheitliche Schriftbild beeinträchtigt wird, stellt sich die Frage der nachträglichen Manipulation, die durch § 44a Abs. 1 entkräftet werden soll. Es genügt in diesen Fällen, wenn lediglich die Änderungen vorgelesen werden. Es muss nicht noch einmal die gesamte Seite oder gar die gesamte Urkunde vorgelesen werden.[15] Es ist Aufgabe des Notars, im Rahmen seiner Prüfungs- und Belehrungspflicht zu gewährleisten, dass keine inhaltlichen Abweichungen vorliegen. Fehler in diesem Bereich führen nicht zur Nichtigkeit der Beurkundung, sondern können allen-

---

[8] → Rn. 17 ff.; Armbrüster/Preuß/Renner/*Preuß* BeurkG § 44a Rn. 2; Grziwotz/Heinemann/*Heinemann* BeurkG § 44a Rn. 3; *Winkler* BeurkG § 44a Rn. 3; BeckOGK/*Regler* BeurkG § 44a Rn. 4.
[9] Vgl. hierzu *Huhn/v. Schuckmann* DONot § 30 Rn. 13; Armbrüster/Preuß/Renner/*Preuß* BeurkG § 44a Rn. 3; Grziwotz/Heinemann/*Heinemann* BeurkG § 44a Rn. 4.
[10] *Winkler* BeurkG § 40 Rn. 81 f.; Grziwotz/Heinemann/*Grziwotz* BeurkG § 44a Rn. 4; BeckOGK/*Theilig* BeurkG § 40 Rn. 53.
[11] OLG Düsseldorf RNotZ 2019, 210; Armbrüster/Preuß/Renner/*Preuß* BeurkG § 44a Rn. 3; Grziwotz/Heinemann/*Heinemann* BeurkG § 44a Rn. 4; *Reithmann* DNotZ 1999, 27, (36 f.); *Winkler* BeurkG § 40 Rn. 82 und § 44a Rn. 4; BeckOGK/*Regler* BeurkG § 44a Rn. 4; BeckOGK/*Lutz* BeurkG § 40 Rn. 51.
[12] Armbrüster/Preuß/Renner/*Preuß* BeurkG § 44a Rn. 4; Armbrüster/Preuß/Renner/*Eickelberg* BeurkG § 28 Rn. 6 ff. und DONot § 29 Rn. 7 ff.; Grziwotz/Heinemann/*Heinemann* BeurkG § 44a Rn. 6; BeckOGK/*Regler* BeurkG § 44a Rn. 19.
[13] → § 13 Rn. 8: Der nichtgeänderte Text muss nicht neu verlesen werden, auch wenn die Körperlichkeit des Blattes durch Neuausdruck verändert wird. Vgl. auch Armbrüster/Preuß/Renner/*Preuß* BeurkG § 44a Rn. 4; Armbrüster/Preuß/Renner/*Eickelberg* BeurkG § 28 Rn. 6 zu den Vor- und Nachteilen des Neuausdrucks und DONot § 29 Rn. 7 ff.; Grziwotz/Heinemann/*Heinemann* BeurkG § 44a Rn. 6.
[14] Vgl. Armbrüster/Preuß/Renner/*Preuß* BeurkG § 44a Rn. 4; *Winkler* BeurkG § 8 Rn. 16.
[15] Armbrüster/Preuß/Renner/*Piegsa* BeurkG § 13 Rn. 9 ff.; *Lerch* BeurkG § 13 Rn. 9; *Winkler* BeurkG § 13 Rn. 18; Grziwotz/Heinemann/*Heinemann* BeurkG § 13 Rn. 8; Gutachten DNotI-Report 2016, 33; BeckOGK/*Seebach/Rachlitz* BeurkG § 13 Rn. 60 ff.

falls Amtshaftungsansprüche zur Folge haben.[16] Dementsprechend kann auch ein vollständiger Neuausdruck aus dem EDV-System erfolgen.[17]

II. Zusätze und sonstige, nicht nur geringfügige Änderungen

Unter Berücksichtigung dieses Zweckes der Vorschrift sind auch die Begriffe „Zusatz" und „Änderung" auszulegen. Zusätze und Änderungen sind nur dann von § 44a Abs. 1 erfasst, wenn das einheitliche Schriftbild durchbrochen wird. Handelt es sich dabei um nicht nur geringfügige Änderungen, so muss das Verfahren nach § 44a Abs. 1, dh insbesondere die Unterschrift beim Randvermerk gewahrt bleiben. Im Umkehrschluss ergibt sich daraus, dass geringfügige Änderungen, die das Schriftbild durchbrechen, nicht besonders zu kennzeichnen sind. Ob eine Änderung geringfügig ist, entscheidet nicht ihr Umfang, sondern ihre Bedeutung im konkreten Fall.[18] **Geringfügige Änderungen** können ohne Randvermerk in den Text eingefügt werden. Geringfügige Änderungen sind insbesondere die Verbesserungen einer falschen Schreibweise, die Streichung eines doppelt geschriebenen Worts oder die nachträgliche Berichtigung der falschen Schreibweise eines Namens.[19] Nicht geringfügig sind alle Änderungen, die sich auf den Inhalt der Urkunde auswirken oder auswirken können.[20] Geringfügig kann eine Änderung auch dann sein, wenn sie größere Textpassagen erfasst, allein entscheidend ist der sachliche Kontext.[21] Änderungen von Zahlen sind nur dann geringfügig, wenn sie nicht zu den vertragswesentlichen Elementen gehören, die Änderung des Kaufpreises ist daher eine nicht geringfügige Änderung.

III. Rand- oder Schlussvermerk

Bei der nicht geringfügigen Änderung sieht § 44a Abs. 1 den Randzusatz oder den Schlusszusatz vor. Beim **Randzusatz** ist eine **gesonderte Unterzeichnung** des Notars erforderlich. Beim Schlusszusatz ist keine gesonderte Unterzeichnung notwendig, der **Schlusszusatz** wird vom allgemeinen Abschlussvermerk nach § 13 Abs. 1 S. 2 erfasst. Ein Randzusatz, der gesondert unterzeichnet werden muss, liegt auch vor, wenn der Zusatz nicht am seitlichen, sondern am oberen Rand des Blattes angebracht worden ist.[22]

Die **Fassung des Randvermerks** liegt im Ermessen des Notars.[23] Entscheidend ist, dass der Notar durch seine Unterschrift deutlich macht, dass die Änderung von ihm im Rahmen der Verhandlung erfolgt. Demgemäß kann er entweder den Zusatz an den Rand setzen und selbst unterschreiben oder den Zusatz in den Text aufnehmen und am Rand durch die Unterschrift die Garantiefunktion übernehmen. Bei größeren Zusätzen ist der Hinweis der

---

[16] Im Ergebnis ebenso *Mihm* NJW 1997, 3121 (3122 ff.); *Kanzleiter* DNotZ 1997, 261; *Basty* NotBZ 1997, 201; BNotK-Rundschreiben Nr. 19/1997; Staudinger/*Hertel* BeurkG Vorb. zu §§ 127a, 128 Rn. 362; Armbrüster/Preuß/Renner/*Piegsa* BeurkG § 13 Rn. 11 ff.; unrichtig dagegen *Ehlers* NotBZ 1997, 109 ff.
[17] So zu Recht *Kanzleiter* DNotZ 1997, 269; Armbrüster/Preuß/Renner/*Piegsa* BeurkG § 13 Rn. 9 ff.; *Lerch* BeurkG § 13 Rn. 5; *Winkler* BeurkG § 13 Rn. 18; Grziwotz/Heinemann/*Heinemann* BeurkG § 13 Rn. 8; *Winkler* BeurkG § 13 Rn. 18; Gutachten DNotI-Report 2016, 33; BeckOGK/*Seebach/Rachlitz* BeurkG § 13 Rn. 60 ff.; strenger allerdings OLG Hamm DNotZ 1978, 54 (57); Staudinger/*Hertel* BeurkG Vorb. zu §§ 127a, 128 Rn. 371.
[18] Armbrüster/Preuß/Renner/*Preuß* BeurkG § 44a Rn. 7; Grziwotz/Heinemann/*Heinemann* BeurkG § 44a Rn. 9; *Lerch* BeurkG § 44a Rn. 3; *Winkler* BeurkG § 44a Rn. 5.
[19] OLG Hamburg DNotZ 1951, 422; Armbrüster/Preuß/Renner/*Preuß* BeurkG § 44a Rn. 6 ff.; Grziwotz/Heinemann/*Heinemann* BeurkG § 44a Rn. 9; *Lerch* BeurkG § 44a Rn. 3; *Winkler* BeurkG § 44a Rn. 7.
[20] Armbrüster/Preuß/Renner/*Preuß* BeurkG § 44a Rn. 7; *Winkler* BeurkG § 44a Rn. 8; Grziwotz/Heinemann/*Heinemann* BeurkG § 44a Rn. 9; *Lerch* BeurkG § 44a Rn. 3.
[21] Zum alten Recht Seybold/Schippel/*Kanzleiter*, 6. Aufl. 1995, DONot § 30 Rn. 10.
[22] BGH DNotZ 1995, 28.
[23] *Wochner* DNotZ 1995, 33; Armbrüster/Preuß/Renner/*Preuß* BeurkG § 44a Rn. 7; *Winkler* BeurkG § 44a Rn. 12; Grziwotz/Heinemann/*Heinemann* BeurkG § 44a Rn. 14.

7 Auch für **Anlagen** gelten die genannten Regelungen, sofern es sich hierbei um Teile der Niederschrift handelt.[24] § 44a Abs. 1 S. 2 ermöglicht bei Änderungen in den Anlagen zum einen das Verfahren wie bei der Niederschrift (Randvermerk mit Unterschrift), oder die Änderung in der Anlage braucht nicht gesondert unterzeichnet werden, wenn aus der Niederschrift selbst hervorgeht, dass die Änderungen genehmigt worden sind.

IV. Rechtsfolgen

8 Bereits in der DONot war umstritten, welche Rechtsfolgen der Verstoß gegen die Sollvorschrift des § 30 Abs. 3 DONot aF hat. Der BGH ist in ständiger Rechtsprechung der Auffassung, dass Änderungen am Rande, ohne dass die Einfügung vom Notar entsprechend § 44a Abs. 1 gesondert unterzeichnet ist, die Beweiskraft der Urkunde nach § 415 Abs. 1 ZPO beeinträchtigen.[25] Ist das Verfahren nach § 44a Abs. 1 eingehalten, dann ist die Beweiskraft der Urkunde nicht gemindert, auch der Zusatz ist Teil der öffentlichen Urkunde und ihrer Beweiskraft nach § 415 Abs. 1 ZPO.

9 Im Rahmen des Grundbuchverkehrs kann ein Verstoß gegen § 44a Abs. 1 vom Grundbuchrechtspfleger nur dann beanstandet werden, wenn begründete Zweifel vorliegen, ob die Änderung nachträglich vorgenommen worden ist.[26]

C. Änderungen nach Abschluss der Niederschrift

I. Überblick

10 § 44a Abs. 2 regelt die Änderung in den Urkunden nach Abschluss der Niederschrift. § 30 Abs. 4 DONot aF sprach noch vom „offensichtlichen Schreibfehler", während § 44a Abs. 2 einen weiteren Begriff verwendet und von **„offensichtlichen Unrichtigkeiten"** spricht. Die Erläuterungen zu dieser Vorschrift machen nicht deutlich, warum der Gesetzgeber hier eine andere Begrifflichkeit als in der DONot gewählt hat. In der Begründung zum Regierungsentwurf spricht er davon, dass die Bestimmungen der DONot „unverändert ins Beurkundungsgesetz" übernommen wurden.[27]

11 § 44a Abs. 2 trifft eine Unterscheidung dahin, unter welchen Voraussetzungen ein Berichtigungsvermerk zur Richtigstellung zulässig (S. 1) und unter welchen Voraussetzungen eine Niederschrift zur Berichtigung erforderlich ist (S. 3).[28] Bei nachträglichen Änderungen ist daher dahingehend zu unterscheiden, ob es sich um eine offensichtliche Unrichtigkeit handelt; diese kann durch einfache Richtigstellung erfolgen. Andere Änderungen, die nicht offensichtliche Unrichtigkeiten sind, müssen nach § 44a Abs. 2 S. 2 durch eine „besondere Niederschrift" berichtigt werden Es ist immer zulässig, die Richtigstellung statt durch einen Nachtragsvermerk durch eine neue Niederschrift vorzunehmen.[29]

---

[24] S. zur Abgrenzung → § 9 Rn. 8 ff.; Armbrüster/Preuß/Renner/*Preuß* BeurkG § 44a Rn. 8; *Winkler* BeurkG § 44a Rn. 12.
[25] BGH DNotZ 1995, 28; Rpfleger 1956, 110; *Winkler* BeurkG § 44a Rn. 14; krit. *Wochner* DNotZ 1995, 32.
[26] OLG Hamm Rpfleger 1957, 113; *Winkler* BeurkG § 44a Rn. 14; Gutachten DNotI-Report 1997, 28.
[27] Vgl. BR-Drs. 890/95.
[28] BGHZ 180, 9 = DNotZ 2009, 688 = ZIP 2009, 460 mAnm *Mutter*; Armbrüster/Preuß/Renner/*Preuß* BeurkG § 44a Rn. 2; Grziwotz/Heinemann/*Heinemann* BeurkG § 44a Rn. 19; *Winkler* BeurkG § 44a Rn. 15; BeckOGK/*Regler* BeurkG § 44a Rn. 21.
[29] BGHZ 180, 9 = DNotZ 2009, 688 = ZIP 2009, 460 mAnm *Mutter*; Armbrüster/Preuß/Renner/*Preuß* BeurkG § 44a Rn. 24; *Kanzleiter* DNotZ 2007, 804 (809).

II. Anwendungsbereich

1. Begriff der Niederschrift. Die Vorschrift spricht von der Niederschrift, damit ist 12
klargestellt, dass § 44a Abs. 2 nicht nur Niederschriften über Willenserklärungen, sondern
auch Niederschriften über die Beurkundung von Tatsachen erfasst. Vor der Neuregelung
war in der Literatur nicht klar, ob bei Tatsachenbeurkundungen andere Maßstäbe anzusetzen sind.[30]

2. Zeitlicher Anwendungsbereich. Aus § 44a Abs. 2 ergibt sich auch der zeitliche 13
Anwendungsbereich: Erst ab Abschluss der Niederschrift muss bei Berichtigungen und
Änderungen das strengere Verfahren des § 44a Abs. 2 berücksichtigt werden. Vor Abschluss
der Niederschrift können Änderungen jederzeit erfolgen, hier gilt das oben Ausgeführte.[31]
Nach **Abschluss der Niederschrift** muss eine besondere Nachtragsverhandlung nach
§ 44a Abs. 2 S. 2 aufgenommen werden, es sei denn, es handelt sich um offensichtliche
Unrichtigkeiten. Entscheidend ist also der Zeitpunkt, in dem die Verhandlung beendet ist:
das ist der Zeitpunkt der Unterschriftsleistung, und zwar der Unterschrift durch den Notar,
die als letzte zu erfolgen hat. Vor der Neuregelung fand sich in der Literatur die Ausführung, dass spätestens mit der Erteilung von beglaubigten Abschriften oder Ausfertigungen jede Befugnis zur Berichtigung oder Änderung notarieller Urkunden ende.[32] Diese
Auffassung kann nicht mehr aufrechterhalten werden, da jetzt § 44a abschließend die Frage
regelt und nur danach unterscheidet, ob die Niederschrift abgeschlossen ist oder nicht. Auf
die **Erteilung von Ausfertigungen** uÄ kommt es nicht mehr an, auch nach der Erteilung
von Ausfertigungen können Änderungen nach § 44a Abs. 2 erfolgen.[33] Ist nach der Erteilung von Ausfertigungen oder beglaubigten Abschriften eine Berichtigung erforderlich und
möglich, ist der Notar in einem solchen Fall verpflichtet, die unrichtig gewordene Ausfertigung durch eine berichtigte zu ersetzen, und jeder, der eine solche Ausfertigung besitzt,
hat sie dem Notar zum Austausch gegen eine berichtigte Ausfertigung auszuhändigen.[34]
§ 44a Abs. 2 sieht für eine Berichtigung nach Abschluss der Niederschrift eine zeitliche
Beschränkung weder für offensichtliche Unrichtigkeiten noch für andere Unrichtigkeiten
vor.[35]

III. Offensichtliche Unrichtigkeiten

Berichtigt werden können alle Teile der Urkunde: der **Erklärungsinhalt**, aber auch 14
der **Feststellungsinhalt**, zB Identität, Daten der Beteiligten etc.[36] § 44a Abs. 2 lässt bei
offensichtlichen Unrichtigkeiten die Richtigstellung durch Nachtragsvermerk zu. § 30
Abs. 2 DONot aF sprach noch vom offensichtlichen Schreibfehler. Bei diesem Begriff war
umstritten, ob sich die offensichtliche Unrichtigkeit aus der Urkunde selbst ergeben muss
oder ob auch dann ein offensichtlicher Schreibfehler gegeben ist, wenn sich dies aus
anderen Umständen für jeden ergibt, der diese Umstände kennt.[37] Der Gesetzgeber hat

---

[30] Vgl. BGHZ 180, 9 = DNotZ 2009, 688 = ZIP 2009, 460 mAnm *Mutter; Winkler* BeurkG § 36 Rn. 7 f.;
Armbrüster/Preuß/Renner/*Preuß* BeurkG § 44a Rn. 2; Staudinger/*Hertel* BeurkG Vorb. zu §§ 127a, 128
Rn. 627; Reithmann DNotZ 1988, 567 (569); BeckOGK/*Regler* BeurkG § 44a Rn. 40.
[31] → Rn. 3 ff.
[32] Vgl. zum alten Recht Huhn/v. Schuckmann, 3. Aufl., BeurkG § 8 Rn. 16; *Jansen* BeurkG § 8 Rn. 22 ff.
[33] So auch zum alten Recht Kanzleiter DNotZ 1990, 478 (482); BGHZ 180, 9 = DNotZ 2009, 688 = ZIP
2009, 460 mAnm *Mutter*.
[34] So mittlerweile hM: Gutachten DNotI-Report 2000, 73 (75); Bergermann RNotZ 2002, 557 (568);
Kanzleiter DNotZ 1990, 478 (482); Armbrüster/Preuß/Renner/*Preuß* BeurkG § 44a Rn. 12.
[35] BGHZ 180, 9 = DNotZ 2009, 688 = ZIP 2009, 460 mAnm *Mutter; Winkler* BeurkG § 44a Rn. 30;
Armbrüster/Preuß/Renner/*Preuß* BeurkG § 44a Rn. 11; BeckOGK/*Regler* BeurkG § 44a Rn. 30; Staudinger/*Hertel*, 2017, BeurkG Vorb. Rn. 627.
[36] Grziwotz/Heinemann/*Heinemann* BeurkG § 44a Rn. 27; Armbrüster/Preuß/Renner/*Preuß* BeurkG
§ 44a Rn. 13 ff.; *Winkler* BeurkG § 44a Rn. 25 ff.; BeckOGK/*Regler* BeurkG § 44a Rn. 33.
[37] So zum alten Recht Seybold/Schippel/*Kanzleiter* DONot § 30 Rn. 16; Staudinger/*Hertel* BeurkG Vorb.
zu §§ 127a, 128 Rn. 637; *Winkler* BeurkG § 44a Rn. 19; vgl. auch OLG Jena OLG-Report 2001, 76.

jetzt den Begriff verwendet, der sich in § 319 Abs. 1 ZPO für die Berichtigung des Urteils findet; dort werden Schreibfehler, Rechnungsfehler und ähnliche offenbare Unrichtigkeiten genannt. Damit wird die eher großzügige Rechtsprechung zu § 319 Abs. 1 ZPO auch hier anwendbar sein. Nicht nur Schreibfehler und Rechenfehler, sondern auch sonstige offenbare Unrichtigkeiten können daher nach § 44a Abs. 1 berichtigt werden. In diesem Zusammenhang war auch unter der Vorläufervorschrift des § 30 DONot bereits anerkannt, dass zB falsche Grundbuchnummern des streitigen Grundstücks berichtigt werden können.[38] Nach der Neuregelung können daher auch Auslassungen und Unvollständigkeiten berichtigt werden, wenn sie versehentlich sind und dies sich aus dem Gesamtzusammenhang der Beurkundung ergibt, wobei die Umstände auch außerhalb der Urkunde liegen können.[39] Wahrnehmungen des Notars, die nicht in die Urkunde aufgenommen worden sind, können im Wege der Berichtigung als offensichtliche Unrichtigkeit iSd § 44a Abs. 2 S. 1 BeurkG aufgenommen oder ergänzt werden.[40] Auch Ziffernfehler, etwa beim Kaufpreis, können berichtigt werden, wenn sich der Fehler aus den Umständen ergibt und allen Beteiligten klar ist. Die Unrichtigkeit muss sich daher nicht aus der Urkunde selbst, sondern kann sich auch aus anderen Umständen (zB Nebenakte) ergeben.[41]

14a Streitig ist, auf wessen Einschätzung es für das Vorliegen einer offensichtlichen Unrichtigkeit ankommt. Zum Teil wird verlangt, dass sich die Unrichtigkeit für jedermann, also nicht nur für alle Urkundsbeteiligten oder den Notar, sondern auch außenstehende Dritte ergeben muss.[42] Da der Notar Herr des Verfahrens ist genügt es aber, wenn die Unrichtigkeit für den Notar offensichtlich ist.[43] Einigkeit besteht, dass ein aufgrund einer **falsa demonstratio** in der Urkunde falsch bezeichnetes Grundstück ein Fall der offensichtlichen Unrichtigkeit ist.[44] Von der Frage der Urkundenberichtigung zu unterscheiden ist die Frage der Auswirkungen auf das materielle Recht. Sind die Urkunden im Grundbuch vollzogen, stellen sich ganz andere Fragen. Die materiell-rechtliche Frage ist streng zu unterscheiden von der Frage der Berichtigung der Urkunde. § 44a betrifft nur die Frage, wie die Urkunde technisch berichtigt werden kann, nicht, welche Auswirkungen der Fehler und auch die nachträgliche Änderung der Urkunde auf das materielle Recht haben. Die materiell-rechtlichen Fragen sind völlig unabhängig von § 44a zu beurteilen. Es geht in diesem Zusammenhang vielmehr um die Fälle der falsa demonstratio im Grundstückskaufvertrag, bei der Auflassungserklärung und bei der Bestellung von Grundpfandrechte.[45] Umstritten ist zB, ob eine Berichtigung eines Gewinnabführungsvertrags ex tunc auf § 44a Abs. 2 BeurkG gestützt werden kann.[46]

---

[38] Vgl. Zöller/*Voll* ZPO § 319 Rn. 8; auch zum alten Recht Seybold/Schippel/*Kanzleiter* DONot § 30 Rn. 16; Huhn/*v. Schuckmann*, 3. Aufl., DONot § 30 Rn. 10; zu eng daher OLG Hamburg DNotZ 1951, 423.
[39] BGHZ 180, 9 = DNotZ 2009, 688 = ZIP 2009, 460 mAnm *Mutter;* OLG München NotBZ 2018, 153; *Kanzleiter* DNotZ 1999, 292 (304); Gutachten DNotI-Report 2014, 9; *Winkler* BeurkG § 44a Rn. 18; Armbrüster/Preuß/Renner/*Preuß* BeurkG § 44a Rn. 14 ff.; Staudinger/*Hertel* BeurkG Vorb. zu §§ 127a, 128 Rn. 637; Grziwotz/Heinemann/*Heinemann* BeurkG § 44a Rn. 21 ff.; des weiteren Zöller/*Vollkommer* ZPO § 319 Rn. 5.
[40] BGHZ 180, 9 = DNotZ 2009, 688 = ZIP 2009, 460 mAnm *Mutter;* OLG München NotBZ 2018, 153.
[41] Gutachten DNotI-Report 2000, 73 (75); *Kanzleiter* DNotZ 1999, 292 (305); *Regler* MittBayNot 2012, 504 (505); *Weber* ZWE 2018, 93 (95); *Winkler* BeurkG § 44a Rn. 18 ff.; *Brambring* FGPrax 1998, 202 (203); Staudinger/*Hertel* BeurkG Vorb. zu §§ 127a, 128 Rn. 637.
[42] KG ZNotP 2004, 74; OLG München NJOZ 2018, 764; OLG München DNotZ 2012, 828.
[43] OLG Düsseldorf RNotZ 2017, 189; Gutachten DNotI-Report 2000, 73 (75); *Kanzleiter* DNotZ 1999, 292 (305); *Regler* MittBayNot 2012, 504 (505); *Weber* ZWE 2018, 93 (95); *Winkler* BeurkG § 44a Rn. 18 ff.; *Brambring* FGPrax 1998, 202 (203); Staudinger/*Hertel* BeurkG Vorb. zu §§ 127a, 128 Rn. 637.
[44] LG Regensburg MittBayNot 2009, 63; Gutachten DNotI-Report 2000, 73 (75); *Regler* MittBayNot 2012, 504 (505); *Kanzleiter* DNotZ 1999, 292 (305); *Winkler* BeurkG § 44a Rn. 18 ff.; Staudinger/*Hertel* BeurkG Vorb. zu §§ 127a, 128 Rn. 637; Grziwotz/Heinemann/*Heinemann* BeurkG § 44a Rn. 23, in der Tendenz etwas strenger Armbrüster/Preuß/Renner/*Preuß* BeurkG § 44a Rn. 15.
[45] Gutachten DNotI-Report 2000, 73 (75); Armbrüster/Preuß/Renner/*Preuß* BeurkG § 44a Rn. 15.
[46] Offen gelassen BFH/NV 2013, 989; Verfahren am BFH anhängig unter dem Az. I R 42/18.

In Fällen der offensichtlichen Unrichtigkeit kann die Berichtigung durch **Nachtrags-** **15** **vermerk** erfolgen.[47] Eine Anhörung der Beteiligten ist nicht erforderlich.[48] Dieser Nachtragsvermerk ist vom Notar zu unterschreiben und am Schluss nach den Unterschriften oder auf einem besonderen, mit der Urkunde zu verbindenden Blatt niederzulegen und mit dem Datum der Richtigstellung zu versehen (§ 44a Abs. 2). Der Vermerk ist zur Urschrift zu nehmen, die beglaubigte Abschrift/Ausfertigung kann dann die Berichtigung in der Reinschrift berücksichtigen und muss den Nachtragsvermerk nicht mehr ausweisen.[49] Fraglich ist, wie zu verfahren ist, wenn ein Testament bereits in die besondere amtliche Verwahrung gegeben worden ist. In Betracht kommt allerdings die Möglichkeit, die Klarstellung in Form einer amtlichen Feststellung als „sonstiges einfaches Zeugnis" gem. § 39 – inhaltlich in Anlehnung an einen Vermerk gem. § 44a Abs. 2 S. 1 – in eine eigenständige Vermerkurkunde aufzunehmen und diese separat zu hinterlegen.[50] Auch die bereits am Handelsregister hinterlegte Gesellschafterliste kann nach § 44a Abs. 2 berichtigt werden.[51] Die Berichtigung kann auch von einem Vertreter des Urkundsnotars, einem Amtsnachfolger oder einem Aktenverwahrer vorgenommen werden, wenn er die Unrichtigkeit aufgrund seiner eigenen amtlichen Wahrnehmung (zB aus der Urkunde oder den Nebenakten) feststellen kann.[52]

Durch das Gesetz zur Neuordnung der Aufbewahrung von Notariatsunterlagen und zur **15a** Einrichtung des **Elektronischen Urkundenarchivs** bei der Bundesnotarkammer sowie zur Änderung weiterer Gesetze vom 1.6.2017[53] wird die Vorschrift redaktionell und im Hinblick auf das elektronische Urkundenarchiv ab 1.1.2022 geändert.[54] An den grundsätzlichen Änderungsmöglichkeiten der Urkunde wird die Neuregelung nichts ändern, sondern nur das Änderungsverfahren an die Verwahrung der Urkunde im elektronischen Urkundenarchiv angepasst:[55] Ist die Urkunde noch nicht in der elektronischen Verwahrung, bleibt es beim allgemeinen Verfahren. Der Nachtragsvermerk ist vom Notar zu unterschreiben und am Schluss nach den Unterschriften oder auf einem besonderen, mit der Urkunde zu verbindenden Blatt, niederzulegen und mit dem Datum der Richtigstellung zu versehen (§ 44a Abs. 2 S. 3).[56] Befindet sich die elektronische Fassung der Urschrift aber bereits zur Verwahrung im Elektronischen Urkundenarchiv, wird die Wahlmöglichkeit eingeschränkt, damit die Nachvollziehbarkeit der Richtigstellung auch bei der elektronischen Fassung der Urschrift sichergestellt wird.[57] Der Nachtragsvermerk darf dann nur noch auf einem gesonderten Blatt niedergelegt werden, das mit der Niederschrift zu verbinden ist.[58] Dieses Blatt ist nach § 56 Abs. 2 BeurkG-2022 in ein im Elektronischen Urkundenarchiv zu verwahrendes elektronisches Dokument zu übertragen.

---

[47] *Winkler* BeurkG § 44a Rn. 18; Armbrüster/Preuß/Renner/*Preuß* BeurkG § 44a Rn. 16; Staudinger/*Hertel* BeurkG Vorb. zu §§ 127a, 128 Rn. 638; Grziwotz/Heinemann/*Heinemann* BeurkG § 44a Rn. 30.
[48] Grziwotz/Heinemann/*Heinemann* BeurkG § 44a Rn. 36; *Winkler* BeurkG § 44a Rn. 34; BeckOGK/*Regler* BeurkG § 44a Rn. 36.
[49] *Winkler* BeurkG § 49 Rn. 7; Armbrüster/Preuß/Renner/*Preuß* BeurkG § 49 Rn. 4; Grziwotz/Heinemann/*Heinemann* BeurkG § 49 Rn. 7; *Kanzleiter* DNotZ 1990, 478 (484).
[50] DNotI-Gutachten Nr. 153366.
[51] OLG Nürnberg FGPrax 2018, 73.
[52] LG Gera NotBZ 2004, 112; Gutachten DNotI-Report 2014, 9; *Winkler* BeurkG § 44a Rn. 42; Staudinger/*Hertel* BeurkG Vorb. zu §§ 127a, 128 Rn. 638; Grziwotz/Heinemann/*Heinemann* BeurkG § 44a Rn. 34; kritisch *Zeiler* NotBZ 2004, 113 (114); offengelassen von OLG Düsseldorf DNotZ 2019, 661.
[53] BGBl. 2017 I 1396.
[54] *Damm* DNotZ 2017, 426 (442).
[55] *Damm* DNotZ 2017, 426 (442); Grziwotz/Heinemann/*Heinemann* BeurkG § 44a Rn. 31; *Winkler* BeurkG § 44a Rn. 32a; BeckOGK/*Regler* BeurkG § 44a Rn. 35.
[56] *Damm* DNotZ 2017, 426 (442); Grziwotz/Heinemann/*Heinemann* BeurkG § 44a Rn. 33; *Winkler* BeurkG § 44a Rn. 32a; BeckOGK/*Regler* BeurkG § 44a Rn. 35.
[57] BT-Drs. 18/10607, 85; *Damm* DNotZ 2017, 426 (442); Grziwotz/Heinemann/*Heinemann* BeurkG § 44a Rn. 33; *Winkler* BeurkG § 44a Rn. 32a; BeckOGK/*Regler* BeurkG § 44a Rn. 35.
[58] BT-Drs. 18/10607, 85.

IV. Sonstige Änderungen

16 Sonstige Änderungen, die **keine offenbaren Unrichtigkeiten** sind, können nur durch besondere Niederschrift nach § 44a Abs. 2 S. 3 erfolgen. Das ist an sich eine Selbstverständlichkeit, da diese Niederschrift voraussetzt, dass alle Anforderungen an die Niederschrift gegeben sind. Es müssen also alle Beteiligten anwesend sein, der Text muss verlesen werden und von allen genehmigt und unterschrieben sein.[59] Da die Beteiligten ohne weiteres auch ihre ursprüngliche Urkunde ändern könnten, drückt § 44a Abs. 2 S. 3 nur eine Selbstverständlichkeit aus und macht klar, dass bei anderen nicht offenbaren Unrichtigkeiten eine neue Nachtragsbeurkundung erforderlich ist.[60]

V. Tatsachenbeurkundungen

17 Die Abgrenzung zwischen offenbarer Unrichtigkeit und sonstigen Unrichtigkeiten gilt auch bei den sonstigen Beurkundungen, insbesondere **Tatsachenbeurkundungen.** Hier ist aber zu beachten, dass nicht Willenserklärungen der Beteiligten beurkundet werden, sondern Wahrnehmungen des Notars. Alleiniger Herr dieses Verfahrens ist der Notar, so dass er ohne weiteres durch Änderungs- oder Berichtigungsniederschriften nach § 44a Abs. 2 S. 3 die erste Niederschrift und seine dortigen Wahrnehmungen ändern oder berichtigen kann, unabhängig davon, ob bereits Ausfertigungen oder beglaubigte Abschriften erteilt wurden.[61] Dasselbe gilt im Übrigen, wenn etwa eine Beurkundung nach den Vorschriften über Willenserklärungen (§§ 6 ff.) durchgeführt wurde, eine Tatsachenbeurkundung aber genügt hätte (etwa bei einer Gesellschafterversammlung). Auch in diesen Fällen kann der Notar ohne weiteres im Wege der Tatsachenbeurkundung eine Berichtigung allein nach § 44a Abs. 2 S. 3 vornehmen.[62]

17a Zu erheblicher Unsicherheit hat die Entscheidung des OLG Frankfurt a. M. zum Hauptversammlungsprotokoll und dessen Berichtigung geführt.[63] Zur Frage, inwieweit ein **Hauptversammlungsprotokoll** noch **nach der Hauptversammlung berichtigt**[64] werden kann, hat der BGH im Urteil vom 16.2.2009[65] grundlegend entschieden, dass ein notarielles Hauptversammlungsprotokoll iSd § 130 Abs. 1 S. 1 AktG den Charakter **eines Berichts des Notars** über seine Wahrnehmungen habe; es müsse von ihm nicht in der Hauptversammlung fertig gestellt, sondern könne auch noch danach im Einzelnen ausgearbeitet und unterzeichnet werden. Urkunde iSd Gesetzes sei erst die von dem Notar autorisierte, unterzeichnete und in den Verkehr gegebene Endfassung. In der Praxis wird regelmäßig vor der Hauptversammlung anhand der Einberufungsunterlagen ein umfassender Entwurf erstellt, der dann anhand der Vorgänge in der Hauptversammlung handschriftlich oder stenografisch vervollständigt wird.[66] Erst danach wird das eigentliche **Protokoll in Reinschrift** erstellt, wobei Änderungen oder Ergänzungen ggü. den aufgenommenen

---

[59] Vgl. zur alten Regelung *Huhn/v. Schuckmann* DONot § 30 Rn. 11; weitergehend zur alten Regelung Seybold/Schippel/*Kanzleiter*, 6. Aufl. 1995, DONot § 30 Rn. 16, die allerdings nicht mehr aufrechterhalten werden dürfte.

[60] BGHZ 180, 9 = DNotZ 2009, 688 = ZIP 2009, 460 mAnm *Mutter;* Armbrüster/Preuß/Renner/*Preuß* BeurkG § 44a Rn. 17; *Kanzleiter* DNotZ 2007, 804 (809).

[61] So bereits zum alten Recht richtig *Röll* MittBayNot 1993, 172; ähnlich auch *Kanzleiter* DNotZ 1990, 479 ff.; → DONot § 30 Rn. 17; Armbrüster/Preuß/Renner/*Preuß* BeurkG § 44a Rn. 22 ff.; Grziwotz/Heinemann/*Heinemann* BeurkG § 44a Rn. 3.

[62] So zu Recht *Röll* MittBayNot 1993, 172; unrichtig OLG Köln MittBayNot 1993, 170; kritisch dazu Heckschen/*Kreußlein* NZG 2018, 401 in Fn. 68.

[63] OLG Frankfurt a. M. ZIP 2007, 1463.

[64] Vgl. dazu *Lubberich* DNotZ 2018, 324; Heckschen/*Kreußlein* NZG 2018, 401.

[65] BGH NotBZ 2009, 12; vgl. auch *Kanzleiter* DNotZ 2007, 804 ff.; *Eylmann* ZNotP 2005, 300 ff.

[66] Vgl. Armbrüster/Preuß/Renner/*Preuß* BeurkG § 44a Rn. 22 ff.; Spindler/Stilz/*Wicke* AktG § 130 Rn. 23; vgl. eingehend zur notariellen Niederschrift bei Hauptversammlungen *Schaaf,* Die Praxis der Hauptversammlung, 3. Aufl. 2010; *Hüffer* AktG § 130 Rn. 2 ff.; *Bezzenberger* FS Schippel 1996, 361 ff.; *Lamers* DNotZ 1962, 287 ff.; *Schulte* AG 1985, 33 ff.; *Wilhelmi* DB 1987, 1331; *Will* BWNotZ 1977, 133 ff.; *Krieger* ZIP 2002, 1597; *ders.* NZG 2003, 366; *Maass* ZNotP 2005, 50 und 377; *Reul* AG 2002, 543; *Schulte* AG

Notizen oder auch gegenüber einem in der Hauptversammlung bereits fertig gestellten Protokoll aufgrund eigener Erinnerung des Notars ohne Weiteres möglich sind, solange die bisherige Ausarbeitung noch ein „Internum" bildet, mag sie auch von ihm schon unterzeichnet sein. Das gilt nach nahezu einhelliger Auffassung zumindest so lange, bis der Notar Ausfertigungen oder Abschriften der von ihm autorisierten Endfassung erteilt.[67] Solange sich die **Niederschrift noch im Gewahrsam des Notars** befindet und er sich ihrer nicht entäußert hat, kann er sie auch vernichten und neu fertigen, wenn ihm Formulierungen nicht behagen oder er Unrichtigkeiten feststellt.[68]

Im Urteil vom 10.10.2017[69] hat der BGH dies nochmals bestätigt. Wahrnehmungen des Notars, die nicht in die Urkunde aufgenommen worden sind, können im Wege der Berichtigung als offensichtliche Unrichtigkeit iSd § 44a Abs. 2 S. 1 aufgenommen oder ergänzt werden. Umstritten ist im Rahmen des § 130 AktG, ob ein Hauptversammlungsprotokoll auch nach der sog. Entäußerung noch berichtigt werden kann[70] und ob dazu die Mitwirkung zB des Versammlungsleiters erforderlich ist. Diese Auffassungen verkennen grundlegend das Beurkundungsverfahren nach § 37: Allein der Notar errichtet die Urkunde und berichtet über seine Wahrnehmungen. Der BGH stellt zu Recht klar, dass „der Notar ein Hauptversammlungsprotokoll ohne Zustimmung des Versammlungsleiters oder der in der Hauptversammlung anwesenden Aktionäre durch eine ergänzende Niederschrift über seine eigenen Wahrnehmungen gemäß § 44a Abs. 2 Satz 3 BeurkG berichtigen" kann.

17b

VI. Verfahren, Rechtsmittel

§ 44a Abs. 2 spricht davon, dass der Notar die Berichtigung vornehmen kann. Hieraus folgt, dass die Berichtigung von Amts wegen möglich ist; der Notar ist sogar verpflichtet, eine Berichtigung vorzunehmen, damit unrichtige Urkunden vermieden werden.[71] Da § 44a Abs. 2 an § 319 ZPO angelehnt ist, wird man auch § 319 Abs. 3 ZPO entsprechend anwenden können, wonach gegen die Zurückweisung des Antrags auf offensichtliche Unrichtigkeitsberichtigung kein Rechtsmittel stattfindet.[72] Hierfür spricht insbesondere die Tatsache, dass eine offenbare Unrichtigkeit dann nicht mehr offenbar ist, wenn der Notar nach sachlicher Prüfung eines Berichtigungsantrags das Vorhandensein einer offenbaren Unrichtigkeit verneint.[73]

18

§ 44b Nachtragsbeurkundung [noch nicht in Kraft]

[§ 44b ab 1.1.2022:]
(1) ¹Wird der Inhalt einer Niederschrift in einer anderen Niederschrift berichtigt, geändert, ergänzt oder aufgehoben, soll der Notar durch einen mit dem Datum zu versehenden und von ihm zu unterschreibenden Nachtragsvermerk auf die andere Niederschrift verweisen. ²§ 44a Absatz 2

1985, 33; *Sigel/Schäfer* BB 2005, 2137; *Wolfsteiner* ZNotP 2005, 376; Staudinger/*Hertel* BeurkG Vorb. zu §§ 127a, 128 Rn. 605 ff.

[67] Vgl. *Bohrer* NJW 2007, 2019 f.; *Görk* MittBayNot 2007, 382; *Heidel/Terbrack/Lohr*, Aktienrecht, 3. Aufl. 2010, AktG § 130 Rn. 16; *Kanzleiter* DNotZ 2007, 804; *Krieger* FS Priester 2007, 400; *Maas* ZNotP 2005, 50 (52) und 377 (379); *Priester* DNotZ 2006, 403 (417 f.); K. Schmidt/Lutter/*Ziemons*, 2007, AktG § 130 Rn. 41.
[68] Vgl. *Winkler* BeurkG § 37 Rn. 32; *Görk* MittBayNot 2007, 382 (383 f.).
[69] BGH DNotZ 2018, 382; vgl. auch *Lubberich* DNotZ 2018, 324; *Heckschen/Kreußlein* NZG 2018, 401.
[70] Ablehnend zB MüKoAktG/*Kubis* AktG § 130 Rn. 24.
[71] Vgl. *Kanzleiter* DNotZ 1990, 478 (483); *Krieger* NZG 2003, 366 (368); *Heckschen/Kreußlein* NZG 2018, 401 (410).
[72] So bereits OLG Frankfurt a. M. DNotZ 1997, 79; OLG München FGPrax 2007, 239; OLG Köln FGPrax 2007, 97; LG Passau MittBayNot 2016, 268; zustimmend *Winkler* BeurkG § 44a Rn. 43; Grziwotz/Heinemann/*Heinemann* BeurkG § 44a Rn. 39; Armbrüster/Preuß/Renner/*Preuß* BeurkG § 44a Rn. 1; BeckOGK/*Regler* BeurkG § 44a Rn. 47.
[73] Vgl. auch OLG Brandenburg NJW-RR 1997, 1563.

Satz 3 und 4 gilt entsprechend. ³*Anstelle eines Nachtragsvermerks kann der Notar die andere Niederschrift zusammen mit der Niederschrift verwahren.*

(2) Nachtragsvermerke sowie die zusammen mit der Niederschrift verwahrten anderen Niederschriften nach Absatz 1 soll der Notar in Ausfertigungen und Abschriften der Urschrift übernehmen.

A. Allgemeines

1 Durch das Gesetz zur Neuordnung der Aufbewahrung von Notariatsunterlagen und zur Einrichtung des Elektronischen Urkundenarchivs bei der Bundesnotarkammer sowie zur Änderung weiterer Gesetze vom 1.6.2017[1] wird die Vorschrift ab 1.1.2022 neu eingeführt.[2] Sie regelt in Abs. 1 S. 1 und Abs. 2 erstmals die Nachtragsbeurkundung gesetzlich, definiert diese ausdrücklich als Änderung, Ergänzung oder Aufhebung des Inhalts einer Niederschrift in einer anderen Niederschrift und stellt klar, dass bei der Haupturkunde auf die nachträglich errichtete Urkunde verwiesen werden und dieser Nachtragsvermerk in spätere Ausfertigungen und Abschriften übernommen werden soll.[3] Die Vorschrift tritt an die Stelle von § 18 Abs. 2 DONot.[4] Es handelt sich um eine Sollvorschrift, deren Verstoß die Wirksamkeit der Beurkundung nicht beeinträchtigt.[5]

B. Anwendungsbereich

2 Die Vorschrift definiert als Nachtragsbeurkundung die „Änderung, Ergänzung oder Aufhebung des Inhalts einer Niederschrift in einer anderen Niederschrift".[6] Damit ist erstmals der Begriff des „Nachtrags" oder der „Nachtragsbeurkundung" gesetzlich definiert. Dem Wortlaut nach bezieht sie sich daher nur auf **Niederschriften über Willenserklärungen** iSd §§ 8 ff. Bei der Abnahme von Eiden und bei der Aufnahme eidesstattlicher Versicherungen gelten nach § 38 Abs. 1 die Vorschriften über die Beurkundung von Willenserklärungen entsprechend.[7]

3 **Tatsachenbeurkundungen** sind nicht erfasst, da nicht Willenserklärungen der Beteiligten beurkundet werden, sondern Wahrnehmungen des Notars. Alleiniger Herr dieses Verfahrens ist der Notar, so dass er ohne weiteres durch Änderungs- oder Berichtigungsniederschriften nach § 44a Abs. 2 S. 3 die erste Niederschrift und seine dortigen Wahrnehmungen ändern oder berichtigen kann, unabhängig davon, ob bereits Ausfertigungen oder beglaubigte Abschriften erteilt wurden.[8] Dennoch wird empfohlen, die Vorgaben des § 44b zu beachten.[9] Das kann nur gelten, wenn dafür ein Klarstellungsbedürfnis besteht.

4 Ebenfalls nicht erfasst sind **Vermerkurkunden,** wie zB der Beglaubigungsvermerk.[10] Auch notarielle Bescheinigungen können ohne Nachtragsvermerk geändert werden.[11]

---

[1] BGBl. 2017 I 1396.
[2] BT-Drs. 18/10607, 85; *Damm* DNotZ 2017, 426 (442).
[3] BT-Drs. 18/10607, 85; *Damm* DNotZ 2017, 426 (442); Grziwotz/Heinemann/*Heinemann* BeurkG § 44b Rn. 1; *Winkler* BeurkG § 44b Rn. 2; BeckOGK/*Regler* BeurkG § 44b Rn. 2.
[4] BT-Drs. 18/10607, 86.
[5] Grziwotz/Heinemann/*Heinemann* BeurkG § 44b Rn. 11; *Winkler* BeurkG § 44b Rn. 10.
[6] BT-Drs. 18/10607, 85.
[7] → § 38 Rn. 1 ff.
[8] → § 44a Rn. 17 ff.; vgl. BGHZ 180, 9 = DNotZ 2009, 688 = ZIP 2009, 460 mAnm *Mutter;* vgl. auch *Lubberich* DNotZ 2018, 324; *Heckschen/Kreußlein* NZG 2018, 401; Armbrüster/Preuß/Renner/*Preuß* BeurkG § 44a Rn. 22 ff.; Grziwotz/Heinemann/*Heinemann* BeurkG § 44a Rn. 3.
[9] Grziwotz/Heinemann/*Heinemann* BeurkG § 44b Rn. 1; *Winkler* BeurkG § 44b Rn. 2; BeckOGK/*Regler* BeurkG § 44b Rn. 2.
[10] Ebenso Grziwotz/Heinemann/*Heinemann* BeurkG § 44b Rn. 3; → § 44a Rn. 2; vgl. auch OLG Düsseldorf RNotZ 2019, 210; Armbrüster/Preuß/Renner/*Preuß* BeurkG § 44a Rn. 3; Grziwotz/Heinemann/*Heinemann* BeurkG § 44a Rn. 4; *Reithmann* DNotZ 1999, 27 (36 f.); *Winkler* BeurkG § 40 Rn. 82 und § 44a Rn. 4; BeckOGK/*Regler* BeurkG § 44a Rn. 4; BeckOGK/*Lutz* BeurkG § 40 Rn. 51.
[11] Grziwotz/Heinemann/*Heinemann* BeurkG § 44a Rn. 3.

C. Nachtragsvermerk

§ 44b Abs. 1 S. 1 stellt klar, dass bei der Haupturkunde auf die nachträglich errichtete Urkunde verwiesen werden und dieser Nachtragsvermerk in spätere Ausfertigungen und Abschriften übernommen werden soll.[12] Dadurch soll verhindert werden, dass die Nachtragsurkunde übersehen wird.[13] Nicht geregelt ist, dass in der Nachtragsurkunde auf die Haupturkunde hingewiesen wird. In der Praxis wird dies idR geschehen.[14]

Der Hinweis erfolgt in der **Form des Nachtragsvermerks;** in diesem soll der Notar durch einen mit Datum versehenen und von ihm unterschriebenen Nachtragsvermerk auf die andere Niederschrift verweisen.[15] Die Siegelung ist nicht vorgeschrieben, aber in der Praxis üblich und zweckmäßig.[16] Der Nachtragsvermerk ist am Schluss nach den Unterschriften oder auf einem besonderen, mit der Urkunde zu verbindenden Blatt niederzulegen und mit dem Datum der Richtigstellung zu versehen (§ 44b Abs. 1 S. 2 iVm § 44a Abs. 2 S. 3).[17] Befindet sich die elektronische Fassung der Urschrift aber bereits zur Verwahrung im Elektronischen Urkundenarchiv, wird die Wahlmöglichkeit ebenso wie in § 44a Abs. 2 S. 4 eingeschränkt, damit die Nachvollziehbarkeit der Richtigstellung auch bei der elektronischen Fassung der Urschrift sichergestellt wird.[18] Der Nachtragsvermerk darf dann nur noch auf einem gesonderten Blatt niedergelegt werden, das mit der Niederschrift zu verbinden ist.[19] Dieses Blatt ist nach § 56 Abs. 2 BeurkG-2022 in ein im Elektronischen Urkundenarchiv zu verwahrendes elektronisches Dokument zu übertragen.

Anstelle eines Nachtragsvermerks kann der Notar die andere Niederschrift nach § 44b Abs. 1 S. 3 zusammen mit der Niederschrift verwahren **(gemeinsame Verwahrung).** Für die durch Abs. 1 S. 3 eröffnete Möglichkeit der gemeinsamen Verwahrung der anderen Niederschrift mit der Niederschrift ist in § 78h Abs. 3 S. 1 BNotO die erforderliche Verknüpfung von Haupturkunde und Nachtrag im Elektronischen Urkundenarchiv durch eine technische Verknüpfung vorgeschrieben.[20] Denkbar ist also, dass der Notar in der Papierurkundensammlung bei der Haupturkunde durch einen Nachtragsvermerk auf die andere Niederschrift verweist und den Nachtragsvermerk gem. § 56 Abs. 2 BeurkG-2022 zusammen mit der elektronischen Fassung der Urschrift in der elektronischen Urkundensammlung verwahrt. Wenn die Notarin oder der Notar dagegen die Haupturkunde und die Nachtragsurkunde zusammen verwahrt, sind in der elektronischen Urkundensammlung Haupt- und Nachtragsurkunde durch einen Eintrag im Urkundenverzeichnis technisch zu verknüpfen. Entscheidend ist, dass sichergestellt ist, dass die Nachtragsurkunde beim Zugriff auf die Haupturkunde nicht übersehen werden kann.[21]

Wenn Ausfertigungen und Abschriften der Urschrift erzeugt werden, sollen diese nach § 44a Abs. 2 mit den Nachtragsvermerken erteilt werden oder mit den anderen Niederschriften, soweit diese bei der Urschrift verwahrt werden. Die auszugsweise beglaubigte Abschrift oder Ausfertigung bleibt nach § 78h Abs. 3 S. 2 BNotO zulässig.[22]

---

[12] BT-Drs. 18/10607, 86.
[13] Grziwotz/Heinemann/*Heinemann* BeurkG § 44b Rn. 4; *Winkler* BeurkG § 44b Rn. 4; BeckOGK/*Regler* BeurkG § 44b Rn. 7.
[14] *Winkler* BeurkG § 44b Rn. 3.
[15] Grziwotz/Heinemann/*Heinemann* BeurkG § 44b Rn. 5; *Winkler* BeurkG § 44b Rn. 2 ff.; BeckOGK/*Regler* BeurkG § 44b Rn. 7 ff.
[16] Grziwotz/Heinemann/*Heinemann* BeurkG § 44b Rn. 5; BeckOGK/*Regler* BeurkG § 44b Rn. 9.
[17] Grziwotz/Heinemann/*Heinemann* BeurkG § 44b Rn. 5; *Winkler* BeurkG § 44b Rn. 2 ff.; BeckOGK/*Regler* BeurkG § 44b Rn. 7 ff.
[18] BT-Drs. 18/10607, 85; *Damm* DNotZ 2017, 426 (442); Grziwotz/Heinemann/*Heinemann* BeurkG § 44a Rn. 33; *Winkler* BeurkG § 44a Rn. 32a; BeckOGK/*Regler* BeurkG § 44a Rn. 35.
[19] BT-Drs. 18/10607, 85.
[20] BT-Drs. 18/10607, 86; → BNotO § 78h Rn. 16.
[21] BT-Drs. 18/10607, 86.
[22] → BNotO § 78h Rn. 16 f.; Grziwotz/Heinemann/*Heinemann* BeurkG § 44b Rn. 10; *Winkler* BeurkG § 44b Rn. 8 f.; BeckOGK/*Regler* BeurkG § 44b Rn. 13.

9   Es handelt sich bei § 44b um eine Sollvorschrift, deren Verstoß die Wirksamkeit der Beurkundung oder der Abschriften und Ausfertigungen nicht beeinträchtigt.[23]

§ 45 Aushändigung der Urschrift

(1) **Die Urschrift der notariellen Urkunde bleibt, wenn sie nicht auszuhändigen ist, in der Verwahrung des Notars.**
[Abs. 2 bis 31.12.2021:]
(2) [1]**Die Urschrift einer Niederschrift soll nur ausgehändigt werden, wenn dargelegt wird, daß sie im Ausland verwendet werden soll, und sämtliche Personen zustimmen, die eine Ausfertigung verlangen können.** [2]**In diesem Fall soll die Urschrift mit dem Siegel versehen werden; ferner soll eine Ausfertigung zurückbehalten und auf ihr vermerkt werden, an wen und weshalb die Urschrift ausgehändigt worden ist.** [3]**Die Ausfertigung tritt an die Stelle der Urschrift.**
[Abs. 2 ab 1.1.2022:]
(2) **Wird die Urschrift der notariellen Urkunde nach § 56 in ein elektronisches Dokument übertragen und in der elektronischen Urkundensammlung verwahrt, steht die elektronische Fassung der Urschrift derjenigen in Papierform gleich.**
[Abs. 3 bis 31.12.2021:]
(3) **Die Urschrift einer Urkunde, die in der Form eines Vermerks verfaßt ist, ist auszuhändigen, wenn nicht die Verwahrung verlangt wird.**

A. Allgemeines

1   Abs. 1 der Vorschrift ist durch das Dritte Gesetz zur Änderung der Bundesnotarordnung und anderer Gesetze neu aufgenommen worden. Die Vorschrift war ursprünglich in § 25 Abs. 1 BNotO enthalten. Der Gesetzgeber ging davon aus, dass sie systematisch bei § 45 anzusiedeln ist.[1] Durch die Pflicht zur Verwahrung notarieller Urkunden wird die Sicherung der Urkundenexistenz erreicht.[2] Bei Niederschriften regelt § 45 Abs. 2, dass nur in Ausnahmefällen die Urschrift herauszugeben ist, in der Regel sollen hiervon nur Abschriften oder Ausfertigungen erteilt werden. Nach Abs. 3 gilt bei Urkunden in Vermerkform genau das umgekehrte, in der Regel ist die Urschrift herauszugeben. Die Urschrift wird im Rechtsverkehr nach § 47 vertreten durch die Ausfertigung, so dass erstere im Grundsatz nicht am Rechtsverkehr teilnimmt.[3]

1a   Durch das Gesetz zur Neuordnung der Aufbewahrung von Notariatsunterlagen und zur Einrichtung des Elektronischen Urkundenarchivs bei der Bundesnotarkammer sowie zur Änderung weiterer Gesetze vom 1.6.2017[4] wird die Vorschrift im Hinblick auf das elektronische Urkundenarchiv ab 1.1.2022 geändert.[5] Die Neufassung regelt nur noch die Verwahrung der Urkunde bei dem Notar und die Gleichstellung der Urschrift in Papierform mit der elektronischen Fassung der Urschrift.[6] Die Ausnahmevorschrift des § 45 Abs. 2 wird ab 1.1.2022 in § 45a geregelt sein.[7]

---

[23] Grziwotz/Heinemann/*Heinemann* BeurkG § 44b Rn. 11; *Winkler* BeurkG § 44b Rn. 10.
[1] BR-Drs. 890/95, 37.
[2] *Winkler* BeurkG § 45 Rn. 4; Armbrüster/Preuß/Renner/*Preuß* BeurkG § 45 Rn. 1; Staudinger/*Hertel* BeurkG Vorb. zu §§ 127a, 128 Rn. 632; Meikel/*Hertel* GBO § 29 Rn. 389; Grziwotz/Heinemann/*Heinemann* BeurkG § 45 Rn. 2.
[3] Armbrüster/Preuß/Renner/*Preuß* BeurkG § 45 Rn. 2; Grziwotz/Heinemann/*Heinemann* BeurkG § 45 Rn. 14.
[4] BGBl. 2017 I 1396.
[5] BT-Drs. 18/10607, 86.
[6] BT-Drs. 18/10607, 86
[7] Erläuterungen zu → § 45a Rn. 1 ff.

B. Verwahrung der Urschrift

Die Urschrift bleibt regelmäßig in der Verwahrung des Notars; hierdurch soll sichergestellt werden, dass für die Rechtsvorgänge, für die der Gesetzgeber notarielle Beurkundung anordnet und die daher sowohl für die Beteiligten als auch für den Rechtsverkehr insgesamt von erheblicher Bedeutung sind, die **Existenz der Urkunde gesichert wird**.[8] Hierdurch wird erheblicher Beteiligtenschutz und Schutz des Rechtsverkehrs erreicht. Die Notare nehmen dabei eine wichtige Rechtspflegefunktion wahr. 2

Die **Einzelheiten der Verwahrung** regelt weder die BNotO noch das BeurkG, hier gelten §§ 5, 18 ff. DONot.[9] 3

Bei **Verfügungen von Todes wegen** sieht § 34 Sondervorschriften vor, Testamente sind in Urschrift in die amtliche Verwahrung beim Amtsgericht zu geben, bei einem Erbvertrag kann die besondere amtliche Verwahrung nach § 34 Abs. 3 ausgeschlossen werden, dann gilt § 45 Abs. 1.[10] 4

Zuständig für die Verwahrung ist grundsätzlich der Notar.[11] Ist das Amt eines Notars erloschen oder wird sein Amtssitz in einen anderen Amtsgerichtsbezirk verlegt, sind die Akten und Bücher des Notars sowie die ihm amtlich übergebenen Urkunden dem Amtsgericht in Verwahrung zu geben (§ 51 Abs. 1 BNotO). Entsprechendes gilt im Falle der vorläufigen Amtsenthebung (§ 55 BNotO; s. auch §§ 56, 58 BNotO). 5

C. Aushändigung der Urschrift

Die Urschrift darf nur ausnahmsweise ausgehändigt werden, wenn die Voraussetzung des § 45 Abs. 2 vorliegt. In allen anderen Fällen muss die Urschrift an der Amtsstelle verbleiben auch die vorübergehende Überlassung an Behörden oder Gerichte ist nach § 45 Abs. 2 nicht zulässig.[12] Ergänzend zu beachten ist die Verschwiegenheitspflicht nach § 18 BNotO. Ab 1.1.2022 wird die Ausnahmevorschrift des § 45 Abs. 2 in § 45a geregelt sein.[13] 6

§ 45 Abs. 2 enthält insofern eine **Ausnahmevorschrift**, dass die Aushändigung der Urschrift zulässig ist, wenn dargelegt wird, dass die Urkunde im Ausland verwendet werden soll und sämtliche Personen zustimmen, die nach § 51 eine Ausfertigung verlangen können.[14] Ausländische Rechtsordnungen verlangen häufig Urschriften, so dass der Gesetzgeber durch diese Vorschrift dieser Rechtslage Rechnung tragen wollte. Es genügt, dass dem Notar die Verwendung im Ausland plausibel erscheint, Glaubhaftmachung ist nicht erforderlich. Der Notar muss auch nicht prüfen, aus welchen Gründen die Urschrift im Ausland verlangt wird.[15] Gegen die Entscheidung des Notars kann nach § 54 Beschwerde erhoben werden. Die Erklärung der Zustimmung ist formfrei und könnte auch mündlich erteilt werden.[16] 7

---

[8] Armbrüster/Preuß/Renner/*Preuß* BeurkG § 45 Rn. 2; BeckOGK/*Regler* BeurkG § 45 Rn. 7; *Winkler* BeurkG § 48 Rn. 4; BeckOK BeurkG/*Winnen* BeurkG § 45 Rn. 6.
[9] Vgl. Erläuterungen zu § 18 DONot.
[10] Vgl. BeckOGK/*Regler* BeurkG § 45 Rn. 10; *Winkler* BeurkG § 48 Rn. 2.
[11] Armbrüster/Preuß/Renner/*Preuß* BeurkG § 45 Rn. 3; Staudinger/*Hertel* BeurkG Vorb. zu §§ 127a, 128 Rn. 632; Grziwotz/Heinemann/*Heinemann* BeurkG § 45 Rn. 16; Schippel/Bracker/*Bracker* BNotO § 51 Rn. 8; BeckOGK/*Regler* BeurkG § 45 Rn. 9.
[12] Armbrüster/Preuß/Renner/*Preuß* BeurkG § 45 Rn. 6; *Winkler* BeurkG § 45 Rn. 8.
[13] Erläuterungen zu → § 45a Rn. 1 ff.
[14] Erläuterungen zu → § 51 Rn. 1 ff.
[15] Armbrüster/Preuß/Renner/*Preuß* BeurkG § 45 Rn. 7; *Winkler* BeurkG § 45 Rn. 9; Staudinger/*Hertel* BeurkG Vorb. zu §§ 127a, 128 Rn. 633; Grziwotz/Heinemann/*Heinemann* BeurkG § 45 Rn. 21 ff.; BeckOGK/*Regler* BeurkG § 45 Rn. 22; BeckOK BeurkG/*Winnen* BeurkG § 45 Rn. 16.
[16] Armbrüster/Preuß/Renner/*Preuß* BeurkG § 45 Rn. 7; *Winkler* BeurkG § 45 Rn. 9; Staudinger/*Hertel* BeurkG Vorb. zu §§ 127a, 128 Rn. 633; Grziwotz/Heinemann/*Heinemann* BeurkG § 45 Rn. 22; BeckOGK/*Regler* BeurkG § 45 Rn. 22; BeckOK BeurkG/*Winnen* BeurkG § 45 Rn. 18.

8 Wird die Urschrift herausgegeben, dann ist in allen Fällen die **Beifügung des Siegels** auf der Urschrift vorgeschrieben (§ 45 Abs. 2 S. 2). Dies ist zwar in der Praxis immer üblich, aber nicht notwendig.

9 In diesen Fällen soll der Notar eine Ausfertigung zurückbehalten und anstelle der Urschrift aufbewahren. Auf ihr ist zu vermerken, an wen und weshalb die Urschrift ausgehändigt worden ist. Es handelt sich dabei um einen Vermerk iSd § 39, der hierüber Zeugnis ablegt.[17]

9a Zu beachten ist, dass in der Regel die Urkunde für den **Auslandsverkehr** eines ausdrücklichen Anerkennungsverfahrens bedarf entweder in der ausführlichen Form der sog. **Legalisation** oder der einfachen Form der Echtheitsbestätigung, der sog. **Apostille**.[18] Die Apostille ist nach dem Muster in der Anlage zum Übereinkommen abzufassen und auf der Urkunde selbst oder auf einem mit ihr verbundenen Blatt anzubringen.

D. Aushändigung der Urschrift einer Vermerkurkunde

10 Bei Vermerken iSd § 40 ist im Regelfall die Urschrift auszuhändigen, wenn nicht die Verwahrung verlangt wird (§ 45 Abs. 3).[19] Bei Handelsregisteranmeldungen wird empfohlen, die Urschrift nicht an die Beteiligten auszuhändigen, sondern in der Urschriftensammlung zu verwahren, da diese elektronisch an das Gericht versendet werden, wobei idR ein konkludentes Verlangen der Beteiligten auf Verwahrung der Urschrift durch den Notar anzunehmen ist.[20]

E. Besonderheiten bei Erbverträgen

11 Mit dem sog. OLG-Vertretungsrechtsänderungsgesetz[21] ist auch eine Regelung zur Rücknahme von Erbverträgen aus der amtlichen oder notariellen Verwahrung am 1.8.2002 in Kraft getreten. In § 2300 Abs. 2 BGB ist das Verfahren geregelt. Die Vorschrift findet Anwendung auf Erbverträge, die **nur Verfügungen von Todes wegen** enthalten. Damit ist sichergestellt, dass der Rücknahme nichts entgegensteht, wenn der Erbvertrag – wie üblich – neben vertragsmäßigen auch einseitige Verfügungen von Todes wegen umfasst. Hiervon ausgenommen sind jedoch solche notariellen Urkunden, die neben einer Regelung für den Todesfall auch zu Lebzeiten wirksame Bestimmungen enthalten, etwa die Vereinbarung eines Verfügungsunterlassungsvertrages, um dem Erben trotz § 2286 BGB den Nachlass möglichst ungeschmälert zu erhalten. Auch die gekoppelte Beurkundung von Ehe- und Erbvertrag steht damit einem Herausgabeverlangen entgegen. Das Gesetz schreibt vor, dass die Rückgabe nur an alle Vertragschließenden gemeinschaftlich erfolgen darf. Die Entgegennahme durch einen allein löst demnach die Widerrufsfiktion, die sich aus der entsprechenden Anwendung von § 2256 Abs. 1 BGB ergibt (§ 2300 Abs. 2 S. 3 BGB), nicht aus. Die Rückgabe setzt zudem, wie auch aus der Gesetzesbegründung deutlich hervorgeht (vgl. BT-Drs. 14/9266, 49) und ebenso für § 2256 BGB verlangt wird, die körperliche Aushändigung der Urkunde an die Beteiligten voraus; eine **postalische** Versendung ist demnach unzulässig. Da auch die **gestufte** Aushändigung einer einheitlichen Urkunde an mehrere Beteiligte nicht vorstellbar ist, kann eine mit der Widerrufsfiktion verbundene Rückgabe nur dadurch realisiert werden, dass sämtliche, seinerzeit am Abschluss des Erbvertrages Beteiligten gleichzeitig bei dem verwahrenden Notar (oder seinem

---

[17] Armbrüster/Preuß/Renner/*Preuß* BeurkG § 45 Rn. 9; *Winkler* BeurkG § 45 Rn. 14.
[18] Erläuterungen zu → § 2 Rn. 17 ff.
[19] Grziwotz/Heinemann/*Heinemann* BeurkG § 45 Rn. 28; BeckOGK/*Regler* BeurkG § 45 Rn. 27; BeckOK BeurkG/*Winnen* BeurkG § 45 Rn. 22.
[20] Grziwotz/Heinemann/*Heinemann* BeurkG § 45 Rn. 31; BeckOGK/*Regler* BeurkG § 45 Rn. 22; BeckOK BeurkG/*Winnen* BeurkG § 45 Rn. 25.
[21] BGBl. 2002 I 2850; s. dazu *Rossak* ZEV 2002, 435 f.; *Nieder* ZNotP 2003, 202.

Amtsnachfolger) erscheinen bzw. der Notar die Beteiligten auf deren Ansuchen an einem anderen Ort (etwa in einem Krankenhaus) unter Berücksichtigung der §§ 10a ff. BNotO aufsucht. Aus der Verweisung auf die Anwendung von § 2290 Abs. 1 S. 2, Abs. 2 und Abs. 3 BGB ergibt sich ferner, dass die Rücknahme nur solange möglich ist, als **alle** Beteiligten, also auch die nur annehmende Partei, noch am Leben sind und eine Stellvertretung allenfalls für den Vertragsteil in Betracht kommt, der keine eigene Verfügung von Todes wegen hat beurkunden lassen. Dies ergibt sich nicht zuletzt daraus, dass die Herausgabe aufgrund ihrer Widerrufsfiktion zumindest in ihrer Wirkung einer erneuten Verfügung von Todes wegen gleichkommt,[22] die vom Erblasser nur persönlich vorgenommen werden kann. Dies hat auch zur Folge, dass die Wirkungen aus der Rückgabe nur eintreten können, wenn zumindest der verfügende Teil (weiterhin) testierfähig ist.

F. Elektronische Fassung der Urschrift

Durch das Gesetz zur Neuordnung der Aufbewahrung von Notariatsunterlagen und zur Einrichtung des Elektronischen Urkundenarchivs bei der Bundesnotarkammer sowie zur Änderung weiterer Gesetze vom 1.6.2017[23] wird die Vorschrift im Hinblick auf das elektronische Urkundenarchiv ab 1.1.2022 geändert.[24] Abs. 2 bestimmt, dass, wenn die Urschrift der notariellen Urkunde nach § 56 BeurkG-2022 in ein elektronisches Dokument übertragen und in der elektronischen Urkundensammlung verwahrt wird, die elektronische Fassung der Urschrift derjenigen in Papierform gleichsteht. 12

Nach § 56 Abs. 1 BeurkG-2022 wird ab 1.1.2022 der Medientransfer bei Urkunden stattfinden: Bei der Übertragung der in Papierform vorliegenden Schriftstücke in die elektronische Form soll durch geeignete Vorkehrungen nach dem Stand der Technik sichergestellt werden, dass die elektronischen Dokumente mit den in Papierform vorhandenen Schriftstücken inhaltlich und bildlich übereinstimmen. Dabei soll der Prozess der Übertragung technisch so gestaltet werden, dass die Darstellung des elektronischen Dokuments auf dem Wiedergabemedium inhaltlich und bildlich mit dem die Grundlage des Medientransfers bildenden und in Papierform vorhandenen Dokument übereinstimmt.[25] Die Einführung eines die Papierverwahrung ersetzenden elektronischen Aufbewahrungssystems verlangt daher die rechtliche Gleichstellung der in der elektronischen Urkundensammlung aufbewahrten elektronischen Fassung der Urschrift mit der in Papierform errichteten Urschrift einer notariellen Urkunde.[26] Ihre materielle Rechtfertigung findet diese gesetzliche Gleichstellung einerseits in der Sicherstellung eines qualifizierten Medientransfers, bei dem die inhaltliche und bildliche Übereinstimmung zwischen der Urschrift und deren elektronischer Fassung unter Verwendung einer qualifizierten elektronischen Signatur notariell bescheinigt wird (§ 56 Abs. 1 BeurkG-2022), andererseits in der technischen und organisatorischen Sicherheit des von der Bundesnotarkammer als Körperschaft des öffentlichen Rechts betriebenen Elektronischen Urkundenarchivs.[27] 13

§ 45a Aushändigung der Urschrift [noch nicht in Kraft]

[§ 45a ab 1.1.2022:]
(1) ¹Die Urschrift einer Niederschrift soll nur ausgehändigt werden, wenn dargelegt wird, dass sie im Ausland verwendet werden soll, und sämtliche Personen zustimmen, die eine Ausfertigung verlangen können. ²In diesem Fall soll die Urschrift mit dem Siegel versehen werden; ferner soll

---

[22] Vgl. dazu *Firsching/Graf* Rn. 4.26.
[23] BGBl. 2017 I 1396.
[24] BT-Drs. 18/10607, 86.
[25] BT-Drs. 18/10607, 89.
[26] BT-Drs. 18/10607, 86.
[27] BT-Drs. 18/10607, 86.

eine Ausfertigung zurückbehalten und auf ihr vermerkt werden, an wen und weshalb die Urschrift ausgehändigt worden ist. ³*Die Ausfertigung tritt an die Stelle der Urschrift.*

(2) Die Urschrift einer Urkunde, die in der Form eines Vermerks verfasst ist, ist auszuhändigen, wenn nicht die Verwahrung verlangt wird.

1 Durch das Gesetz zur Neuordnung der Aufbewahrung von Notariatsunterlagen und zur Einrichtung des Elektronischen Urkundenarchivs bei der Bundesnotarkammer sowie zur Änderung weiterer Gesetze vom 1.6.2017[1] wird die Vorschrift ab 1.1.2022 eingeführt.[2] Die Vorschrift des derzeitigen § 45 Abs. 2 und Abs. 3 werden ab 1.1.2022 in § 45a inhaltlich unverändert geregelt sein.[3] Es kann daher auf Erläuterungen zu § 45 diesbezüglich verwiesen werden.[4]

§ 46 Ersetzung der Urschrift

[§ 46 bis 31.12.2021:]

(1) ¹Ist die Urschrift einer Niederschrift ganz oder teilweise zerstört worden oder abhanden gekommen und besteht Anlaß, sie zu ersetzen, so kann auf einer noch vorhandenen Ausfertigung oder beglaubigten Abschrift oder einer davon gefertigten beglaubigten Abschrift vermerkt werden, daß sie an die Stelle der Urschrift tritt. ²Der Vermerk kann mit dem Beglaubigungsvermerk verbunden werden. ³Er soll Ort und Zeit der Ausstellung angeben und muß unterschrieben werden.

(2) Die Urschrift wird von der Stelle ersetzt, die für die Erteilung einer Ausfertigung zuständig ist.

(3) ¹Vor der Ersetzung der Urschrift soll der Schuldner gehört werden, wenn er sich in der Urkunde der sofortigen Zwangsvollstreckung unterworfen hat. ²Von der Ersetzung der Urschrift sollen die Personen, die eine Ausfertigung verlangen können, verständigt werden, soweit sie sich ohne erhebliche Schwierigkeiten ermitteln lassen.

[§ 46 ab 1.1.2022:]

(1) ¹Ist die Urschrift einer Niederschrift ganz oder teilweise zerstört worden oder abhanden gekommen und besteht Anlaß, sie zu ersetzen, so kann auf einer Ausfertigung oder beglaubigten Abschrift oder einer davon gefertigten beglaubigten Abschrift vermerkt werden, daß sie an die Stelle der Urschrift tritt. ²Der Vermerk kann mit dem Beglaubigungsvermerk verbunden werden. ³Er soll Ort und Zeit der Ausstellung angeben und muß unterschrieben werden.

(2) ¹Ist die elektronische Fassung der Urschrift ganz oder teilweise zerstört worden, soll die Urschrift erneut nach § 56 in die elektronische Form übertragen und in der elektronischen Urkundensammlung verwahrt werden. ²Ist die Urschrift nicht mehr vorhanden, gilt Absatz 1 entsprechend oder die Wiederherstellung erfolgt aus einer im Elektronischen Urkundenarchiv gespeicherten früheren elektronischen Fassung der Urschrift. ³Für die Wiederherstellung aus einer früheren elektronischen Fassung gilt § 56 Absatz 1 entsprechend; in dem Vermerk soll zusätzlich die Tatsache der sicheren Speicherung im Elektronischen Urkundenarchiv angegeben werden.

(3) Die Ersetzung erfolgt durch die Stelle, die für die Erteilung einer Ausfertigung zuständig ist.

(4) ¹Vor der Ersetzung der Urschrift soll der Schuldner gehört werden, wenn er sich in der Urkunde der sofortigen Zwangsvollstreckung unterworfen hat. ²Von der Ersetzung der Urschrift sollen die Personen, die eine Ausfertigung verlangen können, verständigt werden, soweit sie sich ohne erhebliche Schwierigkeiten ermitteln lassen.

---

[1] BGBl. 2017 I 1396.
[2] BT-Drs. 18/10607, 86.
[3] *Damm* DNotZ 2017, 426 (442); Grziwotz/Heinemann/*Heinemann* BeurkG § 45a Rn. 1; *Winkler* BeurkG § 45a Rn. 1 f.; BeckOGK/*Regler* BeurkG § 45a Rn. 1 ff.
[4] → § 45 Rn. 6 ff.

A. Allgemeines

Die Vorschrift soll sicherstellen, dass auch dann Rechtsgeschäfte urkundlich dokumentiert werden können, wenn die Urschrift einer Niederschrift ganz oder teilweise zerstört worden oder abhandengekommen ist. Allein der Verlust der Urkunde führt nicht zur Unwirksamkeit des Rechtsgeschäfts; es bestehen dann nur Nachweisschwierigkeiten, denen durch § 46 begegnet werden soll.[1] Die Vorschrift gilt auch für **Urkunden,** die vor In-Kraft-Treten des BeurkG errichtet wurden (§ 68 Abs. 1). Sie gilt aber nur für Urkunden, die von einem Notar oder einer sonstigen Urkundsperson iSd § 1 Abs. 2 nach dem BeurkG errichtet wurden;[2] auf Privaturkunden ist die Vorschrift nicht anwendbar. § 45 ist nur auf Niederschriften anzuwenden, nicht aber auf bloße Vermerkurkunden wie Unterschriftsbeglaubigungen.[3] Daher kommt eine Ersetzung von Vermerkurkunden iSd § 39 nicht in Frage, da der Vermerk nur mit der Privaturkunde im engen Zusammenhang steht und diese nach § 45 Abs. 2 in der Regel als Urschrift auszuhändigen ist.[4]

Durch das Gesetz zur Neuordnung der Aufbewahrung von Notariatsunterlagen und zur Einrichtung des Elektronischen Urkundenarchivs bei der Bundesnotarkammer sowie zur Änderung weiterer Gesetze vom 1.6.2017[5] wird die Vorschrift ab 1.1.2022 im Hinblick auf das elektronische Urkundenarchiv geändert.[6] § 46 regelt in seiner derzeitigen Fassung die Ersetzung der Urschrift bei deren vollständiger oder teilweiser Zerstörung. Ist die in Papierform vorhandene Urkunde ganz oder teilweise zerstört und wird im Elektronischen Urkundenarchiv eine elektronische Fassung der Urschrift verwahrt, existiert mit dieser ein Dokument, das der Urschrift gleichsteht. Unverändert soll gleichwohl die Ersetzung der Urkunde in Papierform möglich bleiben. An deren Stelle kann auch eine noch von der elektronischen Fassung der Urschrift neu zu fertigende Ausfertigung treten, was durch die Streichung der Wörter „noch vorhandenen" in Abs. 1 S. 1 verdeutlicht wird.[7]

B. Ersetzungsverfahren

Für die Ersetzung ist der **Notar zuständig,** der für die Erteilung der Ausfertigung zuständig wäre. Das Verfahren wird **auf Antrag** oder **von Amts** wegen eingeleitet.[8] Ersetzbar ist nur die Urschrift, nicht eine beglaubigte Abschrift oder eine Ausfertigung, hier kann eine neue erteilt werden. Weitere Voraussetzung ist, dass eine Niederschrift errichtet wurde; zum Inhalt der Niederschrift gehören auch die Anlagen, die Teil der Niederschrift sind (§§ 9 Abs. 1 S. 2, 14, 37 Abs. 1 S. 2), nicht dagegen andere nur zur Erläuterung beigefügte Schriftstücke, die nicht Teil der Niederschrift sind.[9]

Voraussetzung ist **Zerstörung** oder **Abhandenkommen.** Wenn Teile der Urkunde (zB Anlagen) abhandengekommen sind, so handelt es sich um ein teilweises Abhandenkommen, bei dem ebenfalls die Ersetzung möglich ist, wenn die übrigen Vorausset-

---

[1] Grziwotz/Heinemann/*Heinemann* BeurkG § 46 Rn. 3; BeckOGK/*Regler* BeurkG § 46 Rn. 1; BeckOK BeurkG/*Winnen* BeurkG § 46 Rn. 1; *Winkler* BeurkG § 46 Rn. 1; Gutachten DNotI-Report 2005, 120 (130).
[2] *Winkler* BeurkG § 46 Rn. 2; Armbrüster/Preuß/Renner/*Preuß* BeurkG § 46 Rn. 1; Staudinger/*Hertel* BeurkG Vorb. zu §§ 127a, 128 Rn. 635.
[3] *Winkler* BeurkG § 46 Rn. 5; Armbrüster/Preuß/Renner/*Preuß* BeurkG § 46 Rn. 2; Grziwotz/Heinemann/*Heinemann* BeurkG § 46 Rn. 9; BeckOK BeurkG/*Winnen* BeurkG § 46 Rn. 15 f.
[4] *Winkler* BeurkG § 46 Rn. 5; Armbrüster/Preuß/Renner/*Preuß* BeurkG § 46 Rn. 2.
[5] BGBl. 2017 I 1396.
[6] BT-Drs. 18/10607, 87; *Damm* DNotZ 2017, 426 (442).
[7] BT-Drs. 18/10607, 87.
[8] *Winkler* BeurkG § 46 Rn. 7; Armbrüster/Preuß/Renner/*Preuß* BeurkG § 46 Rn. 3.
[9] *Lerch* BeurkG § 46 Rn. 2; Armbrüster/Preuß/Renner/*Preuß* BeurkG § 46 Rn. 2.

zungen des § 46 vorliegen.[10] Dabei kann die Ersetzung teilweise oder vollständig erfolgen.[11] Die Ursachen spielen dabei keine Rolle, allein entscheidend ist, dass die zuständige Stelle keine Abschrift oder Ausfertigung erteilen kann, weil die Urschrift nicht mehr verfügbar ist.[12] Die Ersetzung setzt keinen förmlichen Antrag voraus, sondern kann auch von Amts wegen erfolgen.[13] Weitere Voraussetzung ist ein **Rechtsschutzinteresse,** was vorliegt, wenn die Notwendigkeit für eine Ausfertigung besteht, dh wenn ein Beteiligter eine Ausfertigung der Urschrift benötigt (zB für Vollmacht).[14] In der Regel ist kein Rechtsschutzbedürfnis für die Ersetzung von Verfügungen von Todes wegen anzuerkennen, da hier auch durch andere Beweismittel im Erbscheinsverfahren der Nachweis geführt werden kann.[15] Jedoch wird man bei einem Erbvertrag bei einem entsprechenden Antrag eines Erbvertragsbeteiligten und wohl auch der vertraglich eingesetzten Erben einen Anlass zur Ersetzung der verlorenen Urschrift bejahen können.[16]

3a Weitere Voraussetzung ist, dass noch eine vorhandene Ausfertigung oder beglaubigte Abschrift vorliegt, da anderenfalls der Inhalt nicht sicher festgestellt werden könnte. Eine einfache Abschrift genügt nicht.[17]

4 Vor der Ersetzung soll der **Schuldner gehört** werden, wenn er sich in der Urkunde der sofortigen Zwangsvollstreckung unterworfen hat (§ 46 Abs. 3). Hierdurch soll verhindert werden, dass dem Gläubiger eine zweite vollstreckbare Ausfertigung erteilt wird; hierfür gelten die besonderen Vorschriften der §§ 733, 755, 797 Abs. 3 ZPO. Die Anhörung kann unterbleiben, wenn der Aufenthalt des Schuldners dauernd unbekannt ist.[18]

5 Die Ersetzung erfolgt dadurch, dass nach § 46 Abs. 1 auf der noch vorhandenen Ausfertigung oder beglaubigten Abschrift oder einer davon gefertigten beglaubigten Abschrift vermerkt wird, dass diese anstelle der Urschrift tritt. Der Vermerk kann mit dem Beglaubigungsvermerk verbunden werden. Er soll Ort und Zeit der Ausstellung angeben und muss vom Notar unterschrieben werden. Die Unterschrift ist Wirksamkeitsvoraussetzung, eine Siegelung ist nicht erforderlich.[19] Dennoch ist es in der Praxis zweckmäßig, ein Siegel anzubringen.[20]

---

[10] Armbrüster/Preuß/Renner/*Preuß* BeurkG § 46 Rn. 4; Grziwotz/Heinemann/*Heinemann* BeurkG § 46 Rn. 13; BeckOGK/*Regler* BeurkG § 46 Rn. 13; BeckOK BeurkG/*Winnen* BeurkG § 46 Rn. 11; *Winkler* BeurkG § 46 Rn. 9.

[11] So *Winkler* BeurkG § 46 Rn. 9; BeckOK BeurkG/*Winnen* BeurkG § 46 Rn. 7; BeckOGK/*Regler* BeurkG § 46 Rn. 11; anders Grziwotz/Heinemann/*Heinemann* BeurkG § 46 Rn. 13, der nur vollständige Ersetzung zulässt.

[12] Armbrüster/Preuß/Renner/*Preuß* BeurkG § 46 Rn. 4; Grziwotz/Heinemann/*Heinemann* BeurkG § 46 Rn. 12 ff.

[13] Grziwotz/Heinemann/*Heinemann* BeurkG § 46 Rn. 18; BeckOGK/*Regler* BeurkG § 46 Rn. 13; BeckOK BeurkG/*Winnen* BeurkG § 46 Rn. 15; *Winkler* BeurkG § 46 Rn. 12; Gutachten DNotI-Report 2005, 120 (130).

[14] Grziwotz/Heinemann/*Heinemann* BeurkG § 46 Rn. 16 ff.; BeckOGK/*Regler* BeurkG § 46 Rn. 1; BeckOK BeurkG/*Winnen* BeurkG § 46 Rn. 14; *Winkler* BeurkG § 46 Rn. 12.

[15] Armbrüster/Preuß/Renner/*Preuß* BeurkG § 46 Rn. 5; *Lerch* BeurkG § 46 Rn. 4; BeckOGK/*Regler* BeurkG § 46 Rn. 13; BeckOK BeurkG/*Winnen* BeurkG § 46 Rn. 15a; *Winkler* BeurkG § 46 Rn. 13; Gutachten DNotI-Report 2005, 120 (130); Gutachten DNotI-Report 2008, 140.

[16] Gutachten DNotI-Report 2005, 120 (130); Gutachten DNotI-Report 2008, 140; BeckOGK/*Regler* BeurkG § 46 Rn. 14; BeckOK BeurkG/*Winnen* BeurkG § 46 Rn. 15a; *Winkler* BeurkG § 46 Rn. 13.

[17] Armbrüster/Preuß/Renner/*Preuß* BeurkG § 46 Rn. 6; Grziwotz/Heinemann/*Heinemann* BeurkG § 46 Rn. 15; BeckOGK/*Regler* BeurkG § 46 Rn. 15; BeckOK BeurkG/*Winnen* BeurkG § 46 Rn. 15a; *Winkler* BeurkG § 46 Rn. 10.

[18] *Winkler* BeurkG § 46 Rn. 18; Armbrüster/Preuß/Renner/*Preuß* BeurkG § 46 Rn. 9 f.; BeckOK BeurkG/*Winnen* BeurkG § 46 Rn. 23.

[19] Armbrüster/Preuß/Renner/*Preuß* BeurkG § 46 Rn. 11.

[20] *Winkler* BeurkG § 46 Rn. 18; Armbrüster/Preuß/Renner/*Preuß* BeurkG § 46 Rn. 11; BeckOK BeurkG/*Winnen* BeurkG § 46 Rn. 24; anders Grziwotz/Heinemann/*Heinemann* BeurkG § 46 Rn. 33: Siegel erforderlich, da Vermerk iSd § 39.

C. Wirkungen und Rechtsmittel

Die Wirkung der Ersetzung liegt darin, dass die Ersatzurkunde an die Stelle der Urschrift tritt. Es gelten dann die Vorschriften über die Urschrift für die Ersatzurkunde. Nach Ersetzung der Urschrift sollen die Personen, die eine Ausfertigung verlangen können, verständigt werden, soweit sie sich ohne erhebliche Schwierigkeiten ermitteln lassen (§ 46 Abs. 3 S. 2). Gegen die Ersetzung der Urschrift und gegen die Ablehnung ist nach § 54 Beschwerde zum Landgericht gegeben.

D. Ersetzung der elektronischen Fassung der Urschrift

Durch das Gesetz zur Neuordnung der Aufbewahrung von Notariatsunterlagen und zur Einrichtung des Elektronischen Urkundenarchivs bei der Bundesnotarkammer sowie zur Änderung weiterer Gesetze vom 1.6.2017[21] wird die Vorschrift ab 1.1.2022 im Hinblick auf das elektronische Urkundenarchiv geändert.[22] § 46 regelt in seiner derzeitigen Fassung die Ersetzung der Urschrift bei deren vollständiger oder teilweiser Zerstörung der Papierurkunde. § 46 Abs. 2 regelt ab 1.1.2022 das Verfahren der **Ersetzung einer elektronischen Fassung der Urschrift:** Ist die elektronische Fassung der Urschrift ganz oder teilweise zerstört worden, soll die Urschrift erneut nach § 56 BeurkG-2022 in die elektronische Form übertragen und in der elektronischen Urkundensammlung verwahrt werden. Ist die Urschrift nicht mehr vorhanden, gilt Abs. 1 entsprechend oder die Wiederherstellung erfolgt aus einer im Elektronischen Urkundenarchiv gespeicherten früheren elektronischen Fassung der Urschrift. Für die Wiederherstellung aus einer früheren elektronischen Fassung gilt § 56 Abs. 1 BeurkG-2022 entsprechend; in dem Vermerk soll zusätzlich die Tatsache der sicheren Speicherung im Elektronischen Urkundenarchiv angegeben werden. Ist die in Papierform vorhandene Urkunde ganz oder teilweise zerstört und wird im Elektronischen Urkundenarchiv eine elektronische Fassung der Urschrift verwahrt, existiert mit dieser ein Dokument, das der Urschrift gleichsteht. Unverändert soll gleichwohl die Ersetzung der Urkunde in Papierform möglich bleiben. An deren Stelle kann auch eine noch von der elektronischen Fassung der Urschrift neu zu fertigende Ausfertigung treten, was durch die Streichung der Wörter „noch vorhandenen" in Abs. 1 S. 1 verdeutlicht wird.[23]

§ 47 Ausfertigung

Die Ausfertigung der Niederschrift vertritt die Urschrift im Rechtsverkehr.

A. Allgemeines

Die Vorschrift definiert die Bedeutung der Ausfertigung einer notariellen Urkunde im Rechtsverkehr. Dies ist deshalb notwendig, da die Urschrift nach § 45 Abs. 1 in der Verwahrung des Notars bleibt.

---

[21] BGBl. 2017 I 1396.
[22] BT-Drs. 18/10607, 87; *Damm* DNotZ 2017, 426 (442).
[23] BT-Drs. 18/10607, 87.

B. Bedeutung der Ausfertigung

2 Die beglaubigte Abschrift ist das Zeugnis einer Urkundsperson, dass die Abschrift mit der Urschrift der Urkunde übereinstimmt. Durch sie kann auch der Inhalt im Rechtsverkehr bewiesen werden.[1] § 47 hat vor allem dann Bedeutung, wenn an den Besitz der Urschrift angeknüpft wird, die bei notariellen Urkunden wegen § 45 Abs. 1 nicht erlangt werden kann. In diesen Fällen ist nach § 47 der Besitz der Ausfertigung mit dem Besitz der Urschrift gleichbedeutend.[2] Im Rechtsverkehr sehen eine Reihe von Vorschriften allerdings vor, dass nicht nur der Inhalt der Urkunde nachgewiesen werden muss, sondern auch der Besitz der Urkunde. In diesen Fällen genügt der Besitz der Ausfertigung nach § 47. Die wichtigsten dieser Fälle sind[3]:

3 – Nach § 172 BGB wird durch den Besitz der Vollmachtsurkunde der Fortbestand der Vollmacht angenommen. In diesen Fällen wird der Besitz der Vollmachtsurkunde in Urschrift (bei privatschriftlichen oder öffentlich beglaubigten Vollmachten) oder in Ausfertigung (bei notariell beurkundeten Vollmachten) bewiesen.[4] Vorzulegen ist dabei durch den Bevollmächtigten stets eine auf seinen Namen ausgestellte Ausfertigung.[5]

4 – Das Gleiche gilt für den Nachweis einer Bestallung (§§ 1791, 1893 Abs. 2, 1897, 1915 BGB), beim Testamentsvollstreckerzeugnis (§ 2368) oder dem Erbschein (§ 2361); Bestallungsurkunden des Betreuers oder Insolvenzverwalters.[6]

5 Vollmachten und sonstige die Vertretungsmacht rechtfertigende Urkunden (zB Bestallungsnachweise) müssen in Urschrift oder – wenn notarielle Beurkundung vorliegt – in Ausfertigung vorgelegt werden.[7] Kann die entsprechende Urkunde in der gehörigen Form vorgelegt werden, so kann der Notar von dem Fortbestand der Vollmacht ausgehen.[8] Streitig ist, ob der Nachweis einer (fort-) bestehenden Vollmacht für einen zu gleicher Urkunde **gemeinsam Bevollmächtigten** nicht durch die dem anderen Bevollmächtigten erteilte Ausfertigung der Vollmachtsurkunde erbracht werden kann.[9]

6 Bei Handeln aufgrund **Untervollmacht (Kettenvollmachten)** ist grundsätzlich sowohl die Haupt- als auch die Untervollmacht zu prüfen.[10] Nach überwiegend vertretener Ansicht ist der Bestand der Untervollmacht in dieser Konstellation allerdings **unabhängig vom Fortbestand der Hauptvollmacht**.[11] Die Untervollmacht sei wirksam, wenn im

---

[1] *Winkler* BeurkG § 47 Rn. 7; *Schöner/Stöber* Rn. 169; Armbrüster/Preuß/Renner/*Preuß* BeurkG § 47 Rn. 1; Staudinger/*Hertel* BeurkG Vorb. zu §§ 127a, 128 Rn. 641; Meikel/*Hertel* GBO § 29 Rn. 389 ff.; Grziwotz/Heinemann/*Heinemann* BeurkG § 47 Rn. 1 ff.

[2] *Röll* MittBayNot 1958, 267 weist zu Recht darauf hin, dass § 47 BeurkG besser davon sprechen sollte, dass der Besitz der Ausfertigung im Rechtsverkehr den Besitz der Urschrift ersetzt. Vgl. OLG Frankfurt a. M. FGPrax 2013, 103; Armbrüster/Preuß/Renner/*Preuß* BeurkG § 47 Rn. 2; Staudinger/*Hertel* BeurkG Vorb. zu §§ 127a, 128 Rn. 641; Grziwotz/Heinemann/*Heinemann* BeurkG § 47 Rn. 8 ff.

[3] Grziwotz/Heinemann/*Heinemann* BeurkG § 47 Rn. 8 ff.

[4] Vgl. BayObLG MittBayNot 2002, 112; *Winkler* BeurkG § 47 Rn. 8; Armbrüster/Preuß/Renner/*Preuß* BeurkG § 47 Rn. 3; Staudinger/*Hertel* BeurkG Vorb. zu §§ 127a, 128 Rn. 641; Meikel/*Hertel* GBO § 29 Rn. 402.

[5] OLG München DNotZ 2008, 844.

[6] *Winkler* BeurkG § 47 Rn. 8; Armbrüster/Preuß/Renner/*Preuß* BeurkG § 47 Rn. 3; Staudinger/*Hertel* BeurkG Vorb. zu §§ 127a, 128 Rn. 641; Meikel/*Hertel* GBO § 29 Rn. 402.

[7] BGH NJW 1993, 2744; DNotZ 1989, 43; OLG München DNotZ 2008, 844; OLG Frankfurt a. M. FGPrax 2013, 103; OLG Schleswig NJOZ 2013, 634; *Winkler* BeurkG § 12 Rn. 14 und § 47 Rn. 8; Armbrüster/Preuß/Renner/*Preuß* BeurkG § 46 Rn. 2; Grziwotz/Heinemann/*Heinemann* BeurkG § 46 Rn. 9; BeckOK BeurkG/*Winnen* BeurkG § 47 Rn. 9.

[8] BayObLG NJW 1959, 2119; OLG Köln Rpfleger 1984, 182; 2002, 198; OLG Karlsruhe BWNotZ 1992, 102; Staudinger/*Hertel* BeurkG Vorb. zu §§ 127a, 128 Rn. 341, Armbrüster/Preuß/Renner/*Renner* BeurkG § 12 Rn. 13.

[9] Bejahend OLG Köln Rpfleger 2002, 197, ablehnend OLG München NotBZ 2008, 397.

[10] Staudinger/*Hertel* BeurkG Vorb. zu §§ 127a, 128 Rn. 342.

[11] KGJ 37, 239; *Schöner/Stöber* Rn. 3565, Staudinger/*Schilken* BGB § 167 Rn. 68.

Zeitpunkt ihrer Erteilung die Hauptvollmacht wirksam bestand. Vom weiteren Fortbestand der Hauptvollmacht sei die Untervollmacht hingegen nicht abhängig.

§ 48 Zuständigkeit für die Erteilung der Ausfertigung

¹ **Die Ausfertigung erteilt, soweit bundes- oder landesrechtlich nichts anderes bestimmt ist, die Stelle, welche die Urschrift verwahrt.** ² **Wird die Urschrift bei einem Gericht verwahrt, so erteilt der Urkundsbeamte der Geschäftsstelle die Ausfertigung.**

A. Allgemeines

Die Vorschrift regelt die Frage, wer für die Erteilung einer Ausfertigung zuständig ist: **1** Dies ist die Stelle, die die Urschrift verwahrt. Für vollstreckbare Ausfertigungen, dh die Erteilung der Vollstreckungsklausel, gilt § 52 iVm § 797 Abs. 2 ZPO. Nicht geregelt wird die Frage, wer ein Recht auf Ausfertigung hat; dies bestimmt § 51. Die Form der Ausfertigung ist in § 49 geregelt.

Nicht geregelt ist die Frage, wer einfache, beglaubigte Abschriften erteilt und wer **2** Einsicht in die Urschrift gewährt. Die BNotO enthält hierfür Sondervorschriften für den Fall der Abwesenheit oder Verhinderung des Notars (§ 45 Abs. 2 BNotO),[1] im Falle des Amtserlöschens oder der Amtssitzverlegung (§ 51 Abs. 1 BNotO)[2] und der Amtsenthebung (§ 55 Abs. 1 S. 2 BNotO).[3] In diesen Vorschriften wird allgemein davon gesprochen, dass Ausfertigungen und Abschriften von dieser Stelle zu erteilen sind und Einsicht in die Akten zu gestatten ist. Der Gesetzgeber hat den selbstverständlichen Fall, dass keiner der genannten Ausnahmefälle vorliegt, nicht geregelt, so dass er sich aus § 48 ergibt.[4]

B. Einzelzuständigkeiten

I. Zuständigkeit der verwahrenden Stelle

Zuständig ist die die Urschrift verwahrende Stelle; dies ist im Regelfall der Notar (§ 45 **3** Abs. 1).[5] Ist ein Vertreter bestellt worden, so ist dieser zuständig (§ 41 Abs. 1). Ist ein Notariatsverwalter bestellt, so übt dieser das Amt des Notars aus und ist daher ebenfalls zuständig (§ 56 Abs. 1 BNotO).

II. Zuständigkeit des Amtsgerichts

§ 48 S. 2 spricht den Fall an, in dem die Urschrift bei einem Gericht verwahrt wird. In **4** diesen Fällen ist der Urkundsbeamte der Geschäftsstelle für die Erteilung der Ausfertigung zuständig. Dies sind folgende Fälle:[6]
– Der Notar hat für die Dauer der Abwesenheit oder der Verhinderung seine Akten einem Amtsgericht nach § 45 Abs. 1 BNotO in Verwahrung gegeben.

---
[1] → BNotO § 45 Rn. 1 ff.
[2] → BNotO § 51 Rn. 1 ff.
[3] → BNotO § 55 Rn. 1 ff.
[4] *Winkler* BeurkG § 48 Rn. 6; *Lerch* BeurkG § 48 Rn. 3; Grziwotz/Heinemann/*Heinemann* BeurkG § 48 Rn. 16; Armbrüster/Preuß/Renner/*Preuß* BeurkG § 48 Rn. 1; BeckOK BeurkG/*Winnen* BeurkG § 48 Rn. 14.
[5] *Winkler* BeurkG § 48 Rn. 6; *Lerch* BeurkG § 48 Rn. 3; Grziwotz/Heinemann/*Heinemann* BeurkG § 48 Rn. 3; Armbrüster/Preuß/Renner/*Preuß* BeurkG § 48 Rn. 1; BeckOGK/*Regler* BeurkG § 48 Rn. 6; BeckOK BeurkG/*Winnen* BeurkG § 48 Rn. 7.
[6] *Winkler* BeurkG § 48 Rn. 4; *Lerch* BeurkG § 48 Rn. 5; Grziwotz/Heinemann/*Heinemann* BeurkG § 48 Rn. 11 f.; Armbrüster/Preuß/Renner/*Preuß* BeurkG § 48 Rn. 1; BeckOGK/*Regler* BeurkG § 48 Rn. 12 ff.; BeckOK BeurkG/*Winnen* BeurkG § 48 Rn. 13.

– Ist das Amt eines Notars erloschen oder wird sein Amtssitz in einen anderen Amtsgerichtsbezirk verlegt, so sind die Akten und Bücher des Notars sowie die ihm amtlich übergebenen Urkunden dem Amtsgericht in Verwahrung zu geben (§ 51 Abs. 1 BNotO), wenn nicht nach § 56 ein Notariatsverwalter bestellt wurde.
– Im Fall der vorläufigen Amtsenthebung hat das Amtsgericht, wenn für den Notar kein Vertreter bestellt ist, seine Akten in Verwahrung zu nehmen (§ 55 Abs. 1 BNotO).
– Der Notar hat Akten an das Staatsarchiv abgegeben (§ 51 Abs. 5 BNotO). In diesem Fall werden Ausfertigungen und Abschriften vom Amtsgericht erteilt, in dessen Bezirk der Notar seinen Sitz hat (§ 51 Abs. 5 S. 2 BNotO).

§ 49 Form der Ausfertigung

[Abs. 1 und Abs. 2 bis 31.12.2021:]
(1) ¹Die Ausfertigung besteht in einer Abschrift der Urschrift, die mit dem Ausfertigungsvermerk versehen ist. ²Sie soll in der Überschrift als Ausfertigung bezeichnet sein.

(2) ¹Der Ausfertigungsvermerk soll den Tag und den Ort der Erteilung angeben, die Person bezeichnen, der die Ausfertigung erteilt wird, und die Übereinstimmung der Ausfertigung mit der Urschrift bestätigen. ²Er muß unterschrieben und mit dem Siegel der erteilenden Stelle versehen sein.

[Abs. 1 und Abs. 2 ab 1.1.2022:]
(1) Die Ausfertigung besteht, jeweils mit dem Ausfertigungsvermerk versehen, in einer Abschrift der Urschrift oder in einem Ausdruck der elektronischen Fassung der Urschrift.

(2) ¹Der Ausfertigungsvermerk soll den Tag und den Ort der Erteilung angeben, die Person bezeichnen, der die Ausfertigung erteilt wird, und die Übereinstimmung der Ausfertigung mit der Urschrift oder der elektronischen Fassung der Urschrift bestätigen. ²Er muß unterschrieben und mit dem Siegel der erteilenden Stelle versehen sein. ³Besteht die Ausfertigung in einem Ausdruck der elektronischen Fassung der Urschrift, soll das Ergebnis der Signaturprüfung dokumentiert werden.

(3) Werden Abschriften von Urkunden mit der Ausfertigung durch Schnur und Prägesiegel verbunden oder befinden sie sich mit dieser auf demselben Blatt, so genügt für die Beglaubigung dieser Abschriften der Ausfertigungsvermerk; dabei soll entsprechend § 42 Abs. 3 und, wenn die Urkunden, von denen die Abschriften hergestellt sind, nicht zusammen mit der Urschrift der ausgefertigten Urkunde verwahrt werden, auch entsprechend § 42 Abs. 1, 2 verfahren werden.

(4) [bis 31.12.2021: Auf der Urschrift] *[ab 1.1.2022: Im Urkundenverzeichnis]* soll vermerkt werden, wem und an welchem Tage eine Ausfertigung erteilt worden ist.

(5) ¹Die Ausfertigung kann auf Antrag auch auszugsweise erteilt werden. ²§ 42 Abs. 3 ist entsprechend anzuwenden.

A. Allgemeines

1 § 49 regelt die Formvorschriften und das Verfahren für die Erstellung einer Ausfertigung.[1] Sie enthalten Mussvorschriften, die für die Wirksamkeit der Ausfertigung und damit für die Wirkung des § 47 erforderlich sind, und Sollvorschriften, die nur Amtspflichten für den Notar begründen.[2] § 49 Abs. 3 enthält eine Sondervorschrift für die

---
[1] BeckOK BeurkG/*Winnen* BeurkG § 49 Rn. 1; BeckOGK/*Regler* BeurkG § 49 Rn. 1; Grziwotz/Heinemann/*Heinemann* BeurkG § 49 Rn. 1.
[2] Armbrüster/Preuß/Renner/*Preuß* BeurkG § 49 Rn. 1; Staudinger/*Hertel* BeurkG Vorb. zu §§ 127a, 128 Rn. 641; Meikel/*Hertel* GBO § 29 Rn. 392 f.; BeckOK BeurkG/*Winnen* BeurkG § 49 Rn. 1; BeckOGK/ *Regler* BeurkG § 49 Rn. 1; Grziwotz/Heinemann/*Heinemann* BeurkG § 49 Rn. 1.

Beglaubigung von Abschriften, die mit der Ausfertigung durch Schnur und Prägesiegel verbunden sind. Die Vorschrift wird dienstrechtlich durch § 29 DONot ergänzt, der das technische Verfahren der Herstellung der Ausfertigung regelt.

Durch das Gesetz zur Neuordnung der Aufbewahrung von Notariatsunterlagen und zur Einrichtung des Elektronischen Urkundenarchivs bei der Bundesnotarkammer sowie zur Änderung weiterer Gesetze vom 1.6.2017[3] wird ab 1.1.2022 die Vorschrift an die Besonderheiten des Elektronischen Urkundenarchivs angepasst. 1a

B. Die Ausfertigung

I. Begriff

Die Ausfertigung ist eine **Zweitschrift der Urschrift,** bei der wie bei der beglaubigten Abschrift der inhaltliche Gleichlaut mit der Urschrift durch den Notar bestätigt wird, bei der aber darüber hinausgehend durch den Ausfertigungsvermerk die besondere Rechtswirkung als Ausfertigung und damit die Wirkung des § 47 – die Ersetzungsfunktion der Urschrift – erzeugt wird.[4] Der Ausfertigungsvermerk ist daher auch gleichzeitig ein einfaches Zeugnis iSd § 39, durch die die Übereinstimmung bestätigt wird. 2

Gegenstand der Ausfertigung ist die Urschrift, die eine Niederschrift sein muss, und zwar entweder in Form der Niederschrift über Willenserklärungen iSd §§ 8 ff. oder eine Niederschrift iSd §§ 36 ff.[5] Von einfachen Zeugnissen in Vermerkform nach § 39 kann keine Ausfertigung erstellt werden, da nur der Vermerk selbst öffentliche Urkunde ist.[6] Die Art der Herstellung der Ausfertigung wird in § 49 nicht geregelt. Aus § 49 ergibt sich allerdings, dass die Abschrift entweder wörtlich wiedergegeben werden kann, wobei das Schriftbild dann verändert wird, aber auch Kopien durch Fotokopiergeräte, Bilder, Abdrucke etc können Vorlage für die Ausfertigung sein.[7] Eine naturgetreue bildliche Wiedergabe ist nicht erforderlich.[8] Hat eine Berichtigung nach § 44a stattgefunden, so kann die Ausfertigung die Berichtigung in der Reinschrift berücksichtigen und muss den Nachtragsvermerk nicht mehr ausweisen.[9] 3

Nach § 29 Abs. 1 DONot sind Ausfertigungen so herzustellen, dass sie gut lesbar, dauerhaft und fälschungssicher sind. Nach § 27 Abs. 2 DONot ist festes holzfreies weißes oder gelbliches Papier in DIN-Format zu verwenden. Es dürfen ferner nur verwendet werden: 3a

– blaue oder schwarze Tinte und Farbbänder, sofern sie handelsüblich als urkunden- oder dokumentenecht bezeichnet sind, zB auch unter Einsatz von Typenradschreibmaschinen oder Matrixdruckern (Nadeldruckern);
– blaue oder schwarze Pastentinten (Kugelschreiber), sofern Minen benutzt werden, die eine Herkunftsbezeichnung und eine Aufschrift tragen, die auf die DIN 16 554 oder auf die ISO 12757-2 hinweist;

---

[3] BGBl. 2017 I 1396.
[4] *Winkler* BeurkG § 47 Rn. 7; *Schöner/Stöber* GrundbuchR Rn. 169; Armbrüster/Preuß/Renner/*Preuß* BeurkG § 47 Rn. 1; Staudinger/*Hertel* BeurkG Vorb. zu §§ 127a, 128 Rn. 641; Meikel/*Hertel* GBO § 29 Rn. 389 ff.; Grziwotz/Heinemann/*Heinemann* BeurkG § 47 Rn. 1 ff.
[5] *Winkler* BeurkG § 49 Rn. 2; Armbrüster/Preuß/Renner/*Preuß* BeurkG § 49 Rn. 1; Staudinger/*Hertel* BeurkG Vorb. zu §§ 127a, 128 Rn. 641; BeckOK BeurkG/*Winnen* BeurkG § 49 Rn. 2; BeckOGK/*Regler* BeurkG § 49 Rn. 2; Grziwotz/Heinemann/*Heinemann* BeurkG § 49 Rn. 6.
[6] *Winkler* BeurkG § 49 Rn. 4; Armbrüster/Preuß/Renner/*Preuß* BeurkG § 49 Rn. 1; Staudinger/*Hertel* BeurkG Vorb. zu §§ 127a, 128 Rn. 641; BeckOK BeurkG/*Winnen* BeurkG § 49 Rn. 2; BeckOGK/*Regler* BeurkG § 49 Rn. 2; Grziwotz/Heinemann/*Heinemann* BeurkG § 49 Rn. 2; vgl. auch *Kersten* ZNotP 2005, 205 ff.
[7] *Winkler* BeurkG § 49 Rn. 5; *Jansen* BeurkG § 49 Rn. 2.
[8] *Winkler* BeurkG § 49 Rn. 5; Armbrüster/Preuß/Renner/*Preuß* BeurkG § 49 Rn. 4; Staudinger/*Hertel* BeurkG Vorb. zu §§ 127a, 128 Rn. 641; BeckOK BeurkG/*Winnen* BeurkG § 49 Rn. 2; BeckOGK/*Regler* BeurkG § 49 Rn. 5 f.; Grziwotz/Heinemann/*Heinemann* BeurkG § 49 Rn. 8.
[9] *Winkler* BeurkG § 49 Rn. 7; Armbrüster/Preuß/Renner/*Preuß* BeurkG § 49 Rn. 4; Grziwotz/Heinemann/*Heinemann* BeurkG § 49 Rn. 7; *Kanzleiter* DNotZ 1990, 478 (484).

- in klassischen Verfahren und in schwarzer oder dunkelblauer Druckfarbe hergestellte Drucke des Buch- und Offsetdruckverfahrens;
- in anderen Verfahren (zB elektrografische/elektrofotografische Herstellungsverfahren) hergestellte Drucke oder Kopien, sofern die zur Herstellung benutzte Anlage (zB Kopiergeräte, Laserdrucker, Tintenstrahldrucker) nach einem Prüfzeugnis der Papiertechnischen Stiftung (PTS) in Heidenau (früher der Bundesanstalt für Materialforschung und -prüfung in Berlin) zur Herstellung von Urschriften von Urkunden geeignet ist;
- Formblätter, die in den genannten Druck- oder Kopierverfahren hergestellt worden sind.

4 Ebenso wie bei der beglaubigten Abschrift können **Unterschriften** in Ausfertigungen, die nicht auf der Grundlage von Fotokopien erstellt, sondern nur nachgeschrieben wurden, mit dem Schreibmaschinennamen und dem Zusatz „gez." wiedergegeben werden.

II. Prüfungspflichten des Notars

5 Die Art der **Herstellung** der Abschrift wird in § 49 nicht geregelt. Aus § 39 ergibt sich auch hier,[10] dass die Abschrift entweder wörtlich wiedergegeben werden kann, wobei das Schriftbild dann verändert wird. Aber auch Kopien durch Fotokopiergeräte, Bilder, Abdrucke etc können Gegenstand der auszufertigenden Abschrift sein.[11] Entscheidend ist allein die Inhaltsgleichheit, nicht die optische Gleichheit.[12]

Wichtigste Prüfungsaufgabe des Notars ist die Prüfung des **inhaltlichen Gleichlauts** der Ausfertigung mit der Urschrift.[13] Da die Ausfertigung nur den inhaltlichen Gleichlaut wiedergeben muss, müssen Änderungen, die vor Abschluss der Beurkundung vorgenommen wurden, nicht ersichtlich sein.[14]

6 Wurden zB vor Abschluss der Niederschrift handschriftliche Randvermerke nach § 44a Abs. 1 vorgenommen, kann die Abschrift als Reinschrift gefertigt werden, bei der die Änderungen in den Text aufgenommen wurden. Dem Notar obliegt dann besondere Sorgfalt bei der inhaltlichen Gleichlautprüfung.

7 Dies gilt auch für die nachträgliche Berichtigung **offensichtlicher Unrichtigkeiten** iSd § 44a Abs. 2 S. 1.[15] Eine einmal vorgenommene Berichtigung der Urschrift ändert den Inhalt der Urkunde.[16] Auch in diesen Fällen kann in der Ausfertigung dann der berichtigte Text wiedergegeben werden, denn das ist der Inhalt der Urkunde.[17] Etwas anderes gilt, wenn die auszufertigende Urkunde durch Nachtragsniederschrift nach § 44a Abs. 2 S. 2 geändert wurde. Dann handelt es sich um eine neue Niederschrift, die zwar inhaltlich die ursprüngliche Niederschrift ändert, bei der aber die erste Urkunde als körperliche Gedankenerklärung unverändert bleibt, so dass eine Änderung der Ausfertigung ausscheidet. § 8 Abs. 7 DONot bestimmt daher, dass zum Schutz des Rechtsverkehrs Urkunden, in denen der Inhalt einer in der Urkundenrolle eingetragenen Urkunde berichtigt, geändert, ergänzt oder aufgehoben wird, eine neue Nummer erhalten; in Spalte 5 ist jeweils wechselseitig auf

---

[10] Vgl. zum vergleichbaren Problem bei der beglaubigten Abschrift → § 42 Rn. 6.
[11] Armbrüster/Preuß/Renner/*Preuß* BeurkG § 49 Rn. 1 ff.; *Heinemann* NotBZ 2003, 467.
[12] *Winkler* BeurkG § 49 Rn. 5; Armbrüster/Preuß/Renner/*Preuß* BeurkG § 49 Rn. 4; Staudinger/*Hertel* BeurkG Vorb. zu §§ 127a, 128 Rn. 641; BeckOK BeurkG/*Winnen* BeurkG § 49 Rn. 2; BeckOGK/*Regler* BeurkG § 49 Rn. 5 f.; *Heinemann* NotBZ 2003, 467; Meikel/*Hertel* GBO § 29 Rn. 391, *Kanzleiter* DNotZ 1993, 759.
[13] *Winkler* BeurkG § 49 Rn. 6; Armbrüster/Preuß/Renner/*Preuß* BeurkG § 49 Rn. 3; Grziwotz/Heinemann/*Heinemann* BeurkG § 49 Rn. 6; Staudinger/*Hertel* BeurkG Vorb. zu §§ 127a, 128 Rn. 641; vgl. auch *Kersten* ZNotP 2005, 205 ff.
[14] *Winkler* BeurkG § 49 Rn. 6; Armbrüster/Preuß/Renner/*Preuß* BeurkG § 49 Rn. 4.
[15] HM: Armbrüster/Preuß/Renner/*Preuß* BeurkG § 49 Rn. 5; *Winkler* BeurkG § 49 Rn. 6; Grziwotz/Heinemann/*Heinemann* BeurkG Rn. 7.
[16] *Kanzleiter* DNotZ 1990, 478 (484); *Winkler* BeurkG § 49 Rn. 5; Armbrüster/Preuß/Renner/*Preuß* BeurkG § 49 Rn. 4; Staudinger/*Hertel* BeurkG Vorb. zu §§ 127a, 128 Rn. 641; BeckOK BeurkG/*Winnen* BeurkG § 49 Rn. 2; BeckOGK/*Regler* BeurkG § 49 Rn. 5 f.; Grziwotz/Heinemann/*Heinemann* BeurkG § 49 Rn. 8.
[17] Armbrüster/Preuß/Renner/*Preuß* BeurkG § 49 Rn. 4; *Winkler* BeurkG § 44a Rn. 33 und § 49 Rn. 7; Staudinger/*Hertel* BeurkG Vorb. zu §§ 127a, 128 Rn. 644; vgl. auch *Kersten* ZNotP 2005, 205 ff.

die Nummer der anderen Urkunde zu verweisen, zB mit den Worten „vgl. Nr....". Wird eine Urkunde bei einer anderen verwahrt (§ 18 Abs. 2), so ist in Spalte 5 bei der späteren Urkunde auf die frühere zu verweisen, zB mit den Worten „verwahrt bei Nr....". Der Vermerk ist auch in späteren Ausfertigungen und Abschriften zu übernehmen.

Fehlerhafte Abschriften kann der Notar jederzeit berichtigen.[18] Für die Berichtigung gilt nicht § 44a, da es nicht um die Berichtigung einer Niederschrift geht, sondern nur um die Ausfertigung. **8**

III. Formerfordernisse

1. **Überschrift.** Die Ausfertigung soll mit einer Überschrift bezeichnet sein (§ 49 Abs. 1 S. 2). **9**

2. **Ausfertigungsvermerk.** Der Ausfertigungsvermerk muss vom **Notar unterschrieben** und mit seinem **Siegel** versehen sein. Hierbei handelt es sich um Mussvorschriften, deren Verletzung zur Unwirksamkeit führt.[19] Außerdem soll der Ausfertigungsvermerk den Tag und den Ort der Erteilung angeben sowie die Person bezeichnen, der die Ausfertigung erteilt wird. Schließlich muss der Ausfertigungsvermerk auch die Übereinstimmung der Ausfertigung mit der Urschrift bestätigen (§ 49 Abs. 2 S. 1). Die frühere Regelung in § 154 KostO, wonach auf jede Ausfertigung eine Abschrift der Kostenberechnung zu setzen war, ist im GNotKG (§ 19 Abs. 6) nicht mehr enthalten.[20] **10**

IV. Anlagen der Niederschrift

1. **Anlagen als Teil der Niederschrift.** Anlagen, deren Inhalte Teil der Niederschrift selbst sind, auf die inhaltlich so Bezug genommen wurde, dass sie in die Niederschrift aufgenommen wurden (§ 9 Abs. 1 S. 2, §§ 14, 37 Abs. 1 S. 2), sind Teil der Niederschrift und daher mitauszufertigen.[21] **11**

2. **Unechte Anlagen.** Werden mit der Ausfertigung sonstige Anlagen, die nicht Teil der Niederschrift sind, ausgefertigt, indem sie durch Schnur und Prägesiegel verbunden werden oder befinden sie sich mit der Hauptschrift auf demselben Blatt, so genügt für die Beglaubigung dieser Abschriften der Ausfertigungsvermerk. Hierdurch wird die Ausfertigung und Beglaubigung in einem Akt ermöglicht. Erfasst sind zB sonstige Urkunden, die der Niederschrift beigefügt werden, um den Inhalt zu erläutern (unechte Bezugnahme) oder die sonstige Voraussetzungen darlegen (zB Vollmachten, Erbscheine, Genehmigungserklärungen, Vertretungsnachweise etc). Diese erhalten unter der Voraussetzung des § 49 Abs. 3 mit dem Ausfertigungsvermerk den Beglaubigungsvermerk.[22] **12**

V. Auszugsweise Ausfertigung

Die Ausfertigung kann auf Antrag auch auszugsweise erteilt werden. Es gelten dann die Bestimmungen für die auszugsweise Beglaubigung entsprechend.[23] **13**

VI. Vermerk auf der Urschrift/im Urkundenverzeichnis

Nach § 49 Abs. 4 soll auf der Urschrift vermerkt werden, wem und an welchem Tag eine Ausfertigung erteilt worden ist. Hierdurch soll sichergestellt werden, dass die Zahl und die **14**

---

[18] Armbrüster/Preuß/Renner/*Preuß* BeurkG § 49 Rn. 5; *Kanzleiter* DNotZ 1990, 482.
[19] *Winkler* BeurkG § 49 Rn. 9; Armbrüster/Preuß/Renner/*Preuß* BeurkG § 49 Rn. 7; Staudinger/*Hertel* BeurkG Vorb. zu §§ 127a, 128 Rn. 641; BeckOK BeurkG/*Winnen* BeurkG § 49 Rn. 2; BeckOGK/*Regler* BeurkG § 49 Rn. 17 f.; Grziwotz/Heinemann/*Heinemann* BeurkG § 49 Rn. 11.
[20] Grziwotz/Heinemann/*Heinemann* BeurkG § 49 Rn. 22; BeckOGK/*Regler* BeurkG § 49 Rn. 29.
[21] KG Rpfleger 1967, 50; *Winkler* BeurkG § 49 Rn. 8; *Lerch* BeurkG § 49 Rn. 5.
[22] *Winkler* BeurkG § 49 Rn. 13; Armbrüster/Preuß/Renner/*Preuß* BeurkG § 49 Rn. 10 ff.
[23] → § 42 Rn. 13.

Empfänger von Ausfertigungen zuverlässig festgestellt werden können. Dies ist etwa wichtig, wenn für andere Rechtsgeschäfte festgestellt werden muss, wem und in welcher Zahl Ausfertigungen erteilt wurden. So muss etwa beim Widerruf einer Vollmacht jede Ausfertigung zurückgefordert oder für kraftlos erklärt werden, um die Anscheinswirkung zu beseitigen (§ 172 Abs. 2 BGB).

14a In der Fassung des Gesetzes ab 1.1.2022[24] ist geregelt, dass im Urkundenverzeichnis vermerkt werden soll, wem und an welchem Tage eine Ausfertigung erteilt worden ist. Würde an der alten Regelung festgehalten, wäre die inhaltliche Übereinstimmung zwischen der Urschrift und ihrer zukünftigen elektronischen Fassung hinsichtlich des Vermerks nicht mehr in jedem Fall gegeben bzw. müsste die Notarin oder der Notar bei jeder hinzukommenden Ausfertigung den Vermerk sowohl auf der Urschrift als auch in der elektronischen Fassung der Urschrift nachtragen. Mit der Neufassung bestimmt Abs. 4 daher ab 1.1.2022, dass im Urkundenverzeichnis vermerkt werden soll, wem und an welchem Tage eine Ausfertigung erteilt worden ist.[25]

VII. Wirkung der Ausfertigungserteilung

15 Die Erteilung einer Ausfertigung führt zunächst zur Rechtswirkung des § 47: Die Ausfertigung vertritt die Urschrift im Rechtsverkehr. Die Ausfertigung ist erteilt, wenn dem Antragsteller die Ausfertigung mit Ausfertigungsvermerk körperlich übergeben wurde. Hierdurch erlangt der Antragsteller zum einen den Besitz der Ausfertigung und ist damit in der gleichen Rechtsposition wie derjenige, der die Urschrift in Besitz hat (zB Vollmacht; s. §§ 172, 175 BGB). Außerdem wird der Antragsteller auch Eigentümer der Urkunde.[26]

C. Ausfertigung bei der elektronischen Fassung der Urschrift

16 Durch das Gesetz zur Neuordnung der Aufbewahrung von Notariatsunterlagen und zur Einrichtung des Elektronischen Urkundenarchivs bei der Bundesnotarkammer sowie zur Änderung weiterer Gesetze vom 1.6.2017[27] wird ab 1.1.2022 die Vorschrift an die Besonderheiten des Elektronischen Urkundenarchivs angepasst. Die Neuregelungen tragen dem Umstand Rechnung, dass eine Ausfertigung auch von der elektronischen Fassung der Urschrift erteilt werden kann. In diesem Fall wird der Ausdruck der elektronischen Fassung der Urschrift mit dem Ausfertigungsvermerk versehen.[28]

§ 50 Übersetzungen

(1) ¹**Ein Notar kann die deutsche Übersetzung einer Urkunde mit der Bescheinigung der Richtigkeit und Vollständigkeit versehen, wenn er die Urkunde selbst in fremder Sprache errichtet hat oder für die Erteilung einer Ausfertigung der Niederschrift zuständig ist.** ²**Für die Bescheinigung gilt § 39 entsprechend.** ³**Der Notar soll die Bescheinigung nur erteilen, wenn er der fremden Sprache hinreichend kundig ist.**

(2) ¹**Eine Übersetzung, die mit einer Bescheinigung nach Absatz 1 versehen ist, gilt als richtig und vollständig.** ²**Der Gegenbeweis ist zulässig.**

---

[24] Gesetz zur Neuordnung der Aufbewahrung von Notariatsunterlagen und zur Einrichtung des Elektronischen Urkundenarchivs bei der Bundesnotarkammer sowie zur Änderung weiterer Gesetze v. 1.6.2017, BGBl. I 1396.
[25] BT-Drs. 18/10607, 88; vgl. Grziwotz/Heinemann/*Heinemann* BeurkG § 49 Rn. 29; BeckOGK/*Regler* BeurkG § 49 Rn. 31.
[26] *Lerch* BeurkG § 49 Rn. 3; OLG München DNotZ 1954, 552; *Ertl* DNotZ 1967, 339 (359).
[27] BGBl. 2017 I 1396.
[28] BT-Drs. 18/10607, 88.

(3) ¹Von einer derartigen Übersetzung können Ausfertigungen und Abschriften erteilt werden. ²Die Übersetzung soll in diesem Fall zusammen mit der Urschrift verwahrt werden.

A. Allgemeines

§ 50 regelt die Erteilung eines sog. **Übersetzungsvermerks**.[1] Die Vorschrift hat einen engen Anwendungsbereich und betrifft nur den Fall, dass ein Notar selbst eine Urkunde in einer fremden Sprache errichtet hat (§ 5) oder er die Urkunde eines anderen Notars verwahrt, der in dieser Weise verfahren hat. Sie ersetzt die Verordnung zur Vereinfachung des Verfahrens auf dem Gebiet des Beurkundungsrechts vom 21.10.1942 (RGBl. I 609), die durch das Erste Gesetz über die Bereinigung des Bundesrechts aufgehoben wurde.[2] § 2 dieser Verordnung bestimmt, dass die Übersetzung einer Urkunde, die in einer fremden Sprache abgefasst ist, als richtig und vollständig gilt, wenn dies von einem Übersetzer bescheinigt wird, der dazu ermächtigt ist. 1

B. Einzelheiten

I. Niederschrift und Vermerke

Die Vorschrift gilt für Niederschriften und Vermerkurkunden nach § 39.[3] 2

II. Voraussetzungen

Der Notar darf die Bescheinigung nur erteilen, wenn er der fremden Sprache hinreichend kundig ist.[4] Hier gelten die Anforderungen des § 5 Abs. 2.[5] Weitere Voraussetzung ist, dass der Notar die Urkunde selbst in fremder Sprache errichtet hat (§ 5 Abs. 2). Ausnahmsweise kann der Notar die Bescheinigung erteilen, wenn er die Urkunde nicht selbst errichtet hat, er aber für die Erteilung einer Ausfertigung zuständig ist.[6] Dies richtet sich wieder nach § 48, wenn er die Stelle ist, die die Urschrift verwahrt. Diese Fälle sind in den §§ 51 Abs. 1 S. 2 und S. 3, 45 Abs. 2 BNotO geregelt. 3

III. Zweisprachige Urkunden

§ 50 spielt eine Rolle bei den im internationalen Rechtsverkehr zunehmenden doppelsprachigen Urkunden. § 5 Abs. 2 gestattet es auch, eine **doppelsprachige Urkunde** zu errichten.[7] Dabei ist unterschiedlich zu verfahren, je nachdem, ob ein Sprachunkundiger beteiligt ist oder nicht.[8] 3a

Sind alle Beteiligten der deutschen Sprache mächtig, so handelt es sich nicht um einen Fall des § 16, sondern nur um eine **fakultative Übersetzung**.[9] In diesem Fall bedarf es 3b

---

[1] Armbrüster/Preuß/Renner/*Preuß* BeurkG § 50 Rn. 1 ff.; *Winkler* BeurkG § 50 Rn. 1 ff.; BeckOK BeurkG/*Winnen* BeurkG § 50 Rn. 3; BeckOGK/*Regler* BeurkG § 50 Rn. 6.
[2] Vgl. BGBl. 2006 I 866; Armbrüster/Preuß/Renner/*Preuß* BeurkG § 50 Rn. 1; BeckOK BeurkG/*Winnen* BeurkG § 50 Rn. 2.
[3] Armbrüster/Preuß/Renner/*Preuß* BeurkG § 50 Rn. 3; *Winkler* BeurkG § 50 Rn. 3; BeckOK BeurkG/*Winnen* BeurkG § 50 Rn. 3; BeckOGK/*Regler* BeurkG § 50 Rn. 6.
[4] Armbrüster/Preuß/Renner/*Preuß* BeurkG § 50 Rn. 4; *Winkler* BeurkG § 50 Rn. 3; BeckOK BeurkG/*Winnen* BeurkG § 50 Rn. 8; BeckOGK/*Regler* BeurkG § 50 Rn. 9.
[5] → § 5 Rn. 3 ff.
[6] Grziwotz/Heinemann/*Heinemann* BeurkG § 50 Rn. 7, 8; BeckOGK/*Regler* BeurkG § 50 Rn. 7; *Winkler* BeurkG Rn. 4, 5; BeckOK BeurkG/*Winnen* BeurkG § 50 Rn. 5 f.
[7] Erläuterung zu → § 5 Rn. 1 ff.; eingehend *Ott* RNotZ 2015, 189; *Hertel* FS Wolfsteiner 2007, 51 ff.; Armbrüster/Preuß/Renner/*Preuß* BeurkG § 5 Rn. 8; Armbrüster/Preuß/Renner/*Piegsa* BeurkG § 16 Rn. 3.
[8] *Hertel* FS Wolfsteiner 2007, 51 (55); *Ott* RNotZ 2015, 189 ff.
[9] *Ott* RNotZ 2015, 189 (193).

keiner (mündlichen) Übersetzung der Niederschrift.[10] Es handelt sich vielmehr um die Anwendung des § 50.[11] Bei der fakultativen Übersetzung sollte klargestellt werden, welcher Text der maßgebliche Urkundstext und welcher die Übersetzung ist. In diesem Fall, bezieht sich die Pflicht zur Vorlesung nach § 13 Abs. 1 ausschließlich auf den Text der Niederschrift. Der Übersetzungstext muss nicht vorgelesen werden.[12]

3c Hiervon zu unterscheiden ist die nach ganz überwiegender Meinung ebenfalls zulässige Errichtung einer Niederschrift, welche **zwei gleichwertige Sprachfassungen** enthält.[13] Für die Praxis wird davon allerdings zu Recht abgeraten.[14] Die Errichtung einer solchen Niederschrift setzt voraus, dass der Notar beider Sprachen hinreichend kundig ist. Außerdem müssen beide Sprachfassungen verlesen werden. Darüber hinaus ist zu beachten, dass eine Übersetzung nach § 16 zu erfolgen hat, wenn (auch nur) ein formell Beteiligter nicht beider Sprachen hinreichend kundig ist.[15]

3d Enthält eine doppelsprachige Urkunde keinen Vermerk über die vorherrschende Sprache, so ist **im Zweifel** anzunehmen, dass es sich um deutsche Urkunde kombiniert mit einer Übersetzung nach § 50 handelt.

IV. Bescheinigung durch Vermerk

4 Auch der Übersetzung wird durch einen Vermerk iSd § 39 bescheinigt, dass die deutsche Übersetzung richtig und vollständig ist.

V. Wirkungen

5 Nach § 50 Abs. 2 wird durch den Vermerk die Vermutung begründet, dass die Übersetzung richtig und vollständig ist. Bis zum Gegenbeweis gilt sie als richtig und vollständig.

VI. Ausfertigungen

6 Von einer solchen Übersetzung können dann wiederum Ausfertigungen und Abschriften erteilt werden. Die Übersetzung soll in diesem Fall zusammen mit der Urschrift verwahrt werden (§ 50 Abs. 3).

§ 51 Recht auf Ausfertigungen, Abschriften und Einsicht

(1) **Ausfertigungen können verlangen**
1. bei Niederschriften über Willenserklärungen jeder, der eine Erklärung im eigenen Namen abgegeben hat oder in dessen Namen eine Erklärung abgegeben worden ist,
2. bei anderen Niederschriften jeder, der die Aufnahme der Urkunde beantragt hat,

sowie die Rechtsnachfolger dieser Personen.

(2) **Die in Absatz 1 genannten Personen können gemeinsam in der Niederschrift oder durch besondere Erklärung gegenüber der zuständigen Stelle etwas anderes bestimmen.**

(3) **Wer Ausfertigungen verlangen kann, ist auch berechtigt, einfache oder beglaubigte Abschriften zu verlangen und die Urschrift einzusehen.**

(4) **Mitteilungspflichten**, die auf Grund von Rechtsvorschriften gegenüber Gerichten oder Behörden bestehen, bleiben unberührt.

---

[10] *Ott* RNotZ 2015, 189 (193).
[11] *Hertel* FS Wolfsteiner 2007, 51 (59); *Ott* RNotZ 2015, 189.
[12] *Ott* RNotZ 2015, 189 (193).
[13] *Ott* RNotZ 2015, 189 (193); vgl. auch Armbrüster/Preuß/Renner/*Preuß* BeurkG § 5 Rn 8; *Hertel* FS Wolfsteiner 2007, 51 (61).
[14] *Hertel* FS Wolfsteiner 2007, 51 (61).
[15] *Ott* RNotZ 2015, 189 (193).

A. Allgemeines

Die Vorschrift regelt, wer Ausfertigungen bzw. einfache oder beglaubigte Abschriften verlangen kann und wer berechtigt ist, die Urschrift einzusehen. Durch sie wird § 45 ergänzt, der die grundsätzliche Frage regelt, in welchen sachlichen Fällen die Urschrift ausgehändigt werden soll. Die Vorschrift hat deshalb große Bedeutung, da die Erteilung von Abschriften oder Ausfertigungen an Nichtberechtigte auch gleichzeitig einen Verstoß gegen die **Verschwiegenheitspflicht** nach § 18 BNotO darstellt[1] und uU auch den Strafbarkeitsvorwurf nach § 203 StGB begründen kann. Insofern hat der Notar sorgfältig zu prüfen, wem er die Ausfertigung bzw. Abschrift erteilen darf. Die Vorschrift eröffnet **kein Ermessen** für den Notar,[2] sondern regelt die tatbestandlichen Voraussetzungen für die **Antragsberechtigung**. Ist der Tatbestand erfüllt, dann hat der Betreffende einen Anspruch auf Erteilung einer Abschrift.[3] Die Frage einer eventuellen Verweigerung kann ggf. im Beschwerdeverfahren nach § 54 geprüft werden. Die Vorschrift wird ergänzt durch die Möglichkeit, dass die Beteiligten durch gemeinsame Anweisung auch ein **Antragsrecht dritter Personen** begründen können (§ 51 Abs. 2). Schließlich wird durch § 51 Abs. 4 klargestellt, dass gesetzliche Mitteilungspflichten ebenfalls das Recht und die Pflicht für den Notar begründen können, Abschriften an bestimmte Behörden zu übermitteln. Die Frage der Erteilung von vollstreckbaren Ausfertigungen richtet sich nach § 52 iVm §§ 724 ff., 795 ZPO.[4] 1

B. Anspruchsberechtigung

I. Niederschriften über Willenserklärungen

1. Anspruchsberechtigte. Nach § 51 Abs. 1 Nr. 1 kann bei Niederschriften Ausfertigungen jeder verlangen, der eine Erklärung im eigenen Namen abgegeben hat oder in dessen Namen eine Erklärung abgegeben worden ist. Insoweit deckt sich der Kreis der Personen, die Ausfertigungen fordern können, nicht mit dem Kreis der formell Berechtigten einer Beurkundung nach § 6 Abs. 2. 2

Nach der ersten Alternative ist zunächst derjenige antragsberechtigt, der eine **Erklärung im eigenen Namen** abgegeben hat. Das Recht auf eine Ausfertigung knüpft dabei nicht an die Anwesenheit bei der Beurkundung an, sondern setzt die Abgabe von eigenen Erklärungen voraus. Die Tatsache, dass ein Beteiligter bei der Beurkundung anwesend war, macht ihn selbst dann nicht zum Berechtigten, wenn die beurkundete Erklärung in seinen Rechtskreis eingreift.[5] 3

– Ist Gegenstand der Beurkundung ein **Vertrag, den die Vertragsteile persönlich vor dem Notar geschlossen haben,** so ist jeder von ihnen berechtigt.[6] Das Recht auf

---

[1] KG DNotZ 1998, 200; OLG Karlsruhe MittBayNot 2007, 70; Armbrüster/Preuß/Renner/*Preuß* BeurkG § 51 Rn. 2; Grziwotz/Heinemann/*Heinemann* BeurkG § 51 Rn. 1; Staudinger/*Hertel* BeurkG Vorb. zu §§ 127a, 128 Rn. 647; *Bous/Solveen* DNotZ 2005, 261 (280 f.).

[2] BGH BeckRS 2019, 28500; OLG Karlsruhe MittBayNot 2007, 70; *Winkler* BeurkG § 51 Rn. 1; Armbrüster/Preuß/Renner/*Preuß* BeurkG § 51 Rn. 2; Grziwotz/Heinemann/*Heinemann* BeurkG § 51 Rn. 8.

[3] OLG Karlsruhe MittBayNot 2007, 70; Armbrüster/Preuß/Renner/*Preuß* BeurkG § 51 Rn. 2; Grziwotz/Heinemann/*Heinemann* BeurkG § 51 Rn. 8 ff.; Staudinger/*Hertel* BeurkG Vorb. zu §§ 127a, 128 Rn. 647; BeckOGK/*Regler* BeurkG § 51 Rn. 19.

[4] → § 52 Rn. 1 ff.

[5] OLG Frankfurt a. M. FGPrax 1997, 119; FamRZ 1998, 964; Armbrüster/Preuß/Renner/*Preuß* BeurkG § 51 Rn. 22; Staudinger/*Hertel* BeurkG Vorb. zu §§ 127a, 128 Rn. 648.

[6] *Jansen* BeurkG § 51 Rn. 3; Armbrüster/Preuß/Renner/*Preuß* BeurkG § 51 Rn. 9; Staudinger/*Hertel* BeurkG Vorb. zu §§ 127a, 128 Rn. 648; Grziwotz/Heinemann/*Heinemann* BeurkG § 51 Rn. 18; BeckOGK/*Regler* BeurkG § 51 Rn. 18 ff.

Ausfertigung knüpft nicht daran an, ob die abgegebene Erklärung der Form der Niederschrift bedurfte. Auch derjenige kann eine Ausfertigung verlangen, wenn nur die Erklärung des anderen Teils beurkundungspflichtig ist, zB bei einem Schenkungsversprechen.[7]

- Gleiches gilt, wenn beispielsweise die Erklärung des Eigentümers über die Bestellung einer **Hypothek** beurkundet wurde und der Gläubiger diese Erklärung in derselben Urkunde angenommen hat.[8] Anders ist es, wenn nur die einseitige Erklärung des Eigentümers der Bewilligung einer Hypothek beurkundet wurde. In diesem Fall steht das Recht auf eine Ausfertigung nur dem erklärenden Eigentümer, nicht dem Gläubiger zu.
- Haben die Vertragsteile eines **Erbvertrags** nicht gemeinsam etwas anderes bestimmt, ist der die Vertragsurkunde verwahrende Notar jedem dies verlangenden Gesamtrechtsnachfolger eines Vertragsteils zur Erteilung einer Abschrift auch dann verpflichtet, wenn der andere noch lebende Vertragsteil dem widerspricht.[9]
- Wird die Einwilligung der Mutter zu der vom Vater beantragten **Ehelicherklärung des gemeinsamen Kindes** beurkundet, hat der Vater keinen Anspruch nach § 51 Abs. 1.[10] Dieser kann das Recht auf eine Ausfertigung nur durch eine Bestimmung des Erklärenden nach § 51 Abs. 2 erwerben.[11]

4 Sind bei einem Vertrag Antrag und Annahme gem. § 128 BGB gesondert beurkundet, so kann jeder Vertragsteil nur eine Ausfertigung der Niederschrift über die von ihm abgegebene Erklärung verlangen.[12]

5 Nach der zweiten Alternative kann eine Ausfertigung verlangen, **in dessen Namen eine Erklärung** abgegeben worden ist, also der Vertretene, nicht dagegen der Vertreter.[13] In solchen Fällen muss man allerdings annehmen, dass der Vertreter aufgrund der Vollmacht berechtigt ist, eine Ausfertigung für den Vertretenen zu fordern.[14]

6 **Parteien kraft Amtes** (Insolvenzverwalter, Testamentsvollstrecker und Nachlasspfleger) handeln aus eigenem Recht, sie sind keine Vertreter und haben daher das Recht auf Ausfertigung.[15] In diesen Fällen können auch die betroffenen Rechtsinhaber (zB Erbe, Gemeinschuldner) eine Ausfertigung verlangen.

7 **2. Prüfungspflicht.** Der Notar muss bei der Erteilung von Ausfertigungen die gesetzlich vorgeschriebenen **förmlichen Voraussetzungen** prüfen, insbesondere die Antragsberechtigung.[16] Fehlt diese, muss der Notar die Erteilung verweigern, anderenfalls besteht die Gefahr der Verschwiegenheitsverletzung. Ein berechtigtes Interesse ist weder ausreichend noch erforderlich. Der Notar ist weder berechtigt noch verpflichtet, die Erteilung

---

[7] *Jansen* BeurkG § 51 Rn. 3; Armbrüster/Preuß/Renner/*Preuß* BeurkG § 51 Rn. 9 f.; Staudinger/*Hertel* BeurkG Vorb. zu §§ 127a, 128 Rn. 648.
[8] *Winkler* BeurkG § 51 Rn. 8; *Lerch* BeurkG § 51 Rn. 3; Armbrüster/Preuß/Renner/*Preuß* BeurkG § 51 Rn. 9; Staudinger/*Hertel* BeurkG Vorb. zu §§ 127a, 128 Rn. 648.
[9] OLG Karlsruhe MittBayNot 2007, 70.
[10] OLG Frankfurt a. M. FamRZ 1998, 964; Armbrüster/Preuß/Renner/*Preuß* BeurkG § 51 Rn. 10.
[11] *Winkler* BeurkG § 51 Rn. 8; Armbrüster/Preuß/Renner/*Preuß* BeurkG § 51 Rn. 20; Staudinger/*Hertel* BeurkG Vorb. zu §§ 127a, 128 Rn. 648.
[12] LG Kempten MittBayNot 2006, 523; Armbrüster/Preuß/Renner/*Preuß* BeurkG § 51 Rn. 10; Staudinger/*Hertel* BeurkG Vorb. zu §§ 127a, 128 Rn. 648; *Jansen* BeurkG § 51 Rn. 3; *Lerch* BeurkG § 51 Rn. 3; *Winkler* BeurkG § 51 Rn. 8; Grziwotz/Heinemann/*Heinemann* BeurkG § 51 Rn. 18.
[13] OLG München DNotZ 2008, 844; *Winkler* BeurkG § 51 Rn. 9; Armbrüster/Preuß/Renner/*Preuß* BeurkG § 51 Rn. 9; Staudinger/*Hertel* BeurkG Vorb. zu §§ 127a, 128 Rn. 648; Grziwotz/Heinemann/*Heinemann* BeurkG § 51 Rn. 19.
[14] Armbrüster/Preuß/Renner/*Preuß* BeurkG § 51 Rn. 9; *Winkler* BeurkG § 51 Rn. 9.
[15] LG Mannheim ZInso 2001, 380; *Bous/Solveen* DNotZ 2005, 261 (280 f.); *Winkler* BeurkG § 51 Rn. 10; Armbrüster/Preuß/Renner/*Preuß* BeurkG § 51 Rn. 10; Grziwotz/Heinemann/*Heinemann* BeurkG § 51 Rn. 10; Staudinger/*Hertel* BeurkG Vorb. zu §§ 127a, 128 Rn. 647; BeckOGK/*Regler* BeurkG § 51 Rn. 21.
[16] *Winkler* BeurkG § 51 Rn. 10; Armbrüster/Preuß/Renner/*Preuß* BeurkG § 51 Rn. 10. Grziwotz/Heinemann/*Heinemann* BeurkG § 51 Rn. 2; Staudinger/*Hertel* BeurkG Vorb. zu §§ 127a, 128 Rn. 647; BeckOGK/*Regler* BeurkG § 51 Rn. 3.

der Ausfertigung von einer sachlichrechtlichen Prüfung abhängig zu machen.[17] Es kommt daher nicht darauf an, ob die Beteiligten an ihre Erklärung bereits gebunden sind oder sie noch einseitig widerrufen können oder ob das Geschäft wegen Fehlens einer Genehmigung schwebend unwirksam oder wegen Versagung der Genehmigung endgültig unwirksam geworden ist, ob das Geschäft angefochten ist oder ein Vertragsteil ein Rücktrittsrecht ausgeübt hat.[18]

Die **einseitige Weisung** eines Vertragsteils, dem anderen Teil keine Ausfertigung zu erteilen, darf der Notar nicht beachten.[19] Anders ist es nur, wenn das beurkundete Geschäft nichtig ist und die Nichtigkeit offen zutage liegt oder der Notar nachträglich erkennt, dass er die Beurkundung nach § 4 hätte ablehnen müssen.[20] Ist ein Kaufvertrag wegen zu niedrig angegebenem Kaufpreis (Unterverbriefung) nichtig, dann kann der Notar auch dann die Erteilung einer Ausfertigung verweigern, wenn er dies erst nachträglich erkennt.[21] **8**

3. Weitere Anspruchsgrundlagen. § 51 regelt nur allgemein, wer einen Anspruch auf Erteilung einer Ausfertigung hat. Aufgrund von **Sonderregelungen** können weitere Anspruchsberechtigungen bestehen. So kann zB ausnahmsweise der **Gläubiger** anstelle des Schuldners unter den Voraussetzungen der §§ 792, 896 ZPO die Erteilung einer Urkunde verlangen.[22] Nach § 792 ZPO kann der Gläubiger, der zum Zwecke der Zwangsvollstreckung einer Urkunde bedarf, diese anstelle des Schuldners vom Notar verlangen. Die Vorschrift hat zur Voraussetzung, dass sich der Gläubiger durch die Vorlage des vollstreckbaren Titels als Vollstreckungsgläubiger legitimiert.[23] Der Gläubiger muss also Inhaber des Titels sein und dartun, dass er die Erteilung der Urkunde für die Vollstreckung benötigt. Weitere Voraussetzung ist, dass der Gläubiger nachweist, dass er die Urkunde zum Zweck der Zwangsvollstreckung benötigt. **9**

II. Anspruchsberechtigung bei anderen Niederschriften

Nach § 51 Abs. 1 Nr. 2 hat bei anderen Niederschriften jeder, der die Aufnahme der Urkunde beantragt hat, das Recht auf Erteilung einer Ausfertigung. Mit dieser Vorschrift sind die sonstigen Beurkundungen nach §§ 36 ff., insbesondere die Tatsachenbeurkundungen, gemeint. Es kommt nicht darauf an, wer die Erklärung abgegeben hat, sondern wer die **Aufnahme der Urkunde beantragt** hat. Besonders bei Gesellschafterversammlungen ist die Auslegung der Vorschrift nicht ganz unproblematisch. Hier hat in der Regel die Gesellschaft die Aufnahme verlangt und ist daher antragsberechtigt. Die Gesellschafter sind grundsätzlich nicht antragsberechtigt, das gilt auch für Aktionäre, die Widerspruch zur Niederschrift des Notars erhoben haben.[24] Der BGH hat bisher nur entschieden, dass Aktionäre von der Gesellschaft, nicht vom Notar, Protokollabschrift ihres Redebeitrags verlangen können sowie dazu Antworten des Vorstands.[25] In der Literatur wurde die Vorschrift als verfehlt bezeichnet und sollte gestrichen werden.[26] Der Gesetzgeber hat diese Anregung nicht aufgegriffen, so dass sie weiterhin Bedeutung hat. Der Interessenkonflikt **10**

---

[17] KG DNotZ 1998, 200; OLG Jena NotBZ 1998, 239; LG Berlin DNotZ 1941, 68; *Winkler* BeurkG § 51 Rn. 4; Grziwotz/Heinemann/*Heinemann* BeurkG § 51 Rn. 9.
[18] OLG Jena NotBZ 1998, 239; *Winkler* BeurkG § 51 Rn. 7; Armbrüster/Preuß/Renner/*Preuß* BeurkG § 51 Rn. 1; Grziwotz/Heinemann/*Heinemann* BeurkG § 51 Rn. 9; Staudinger/*Hertel* BeurkG Vorb. zu §§ 127a, 128 Rn. 647; BeckOGK/*Regler* BeurkG § 51 Rn. 21.
[19] OLG Hamm DNotZ 1960, 41; *Jansen* BeurkG § 51 Rn. 12.
[20] OLG Jena NotBZ 1998, 239; *Winkler* BeurkG § 51 Rn. 7; Armbrüster/Preuß/Renner/*Preuß* BeurkG § 51 Rn. 1; *Heinemann* NotBZ 2003, 467 (468).
[21] OLG Jena NotBZ 1998, 239; vgl. auch *Ressler* NotBZ 1998, 86.
[22] *Winkler* BeurkG § 51 Rn. 28; Armbrüster/Preuß/Renner/*Preuß* BeurkG § 51 Rn. 22.
[23] Stein/Jonas/*Münzberg* ZPO § 792 Rn. 3; LG Kiel JurBüro 1960, 546; Armbrüster/Preuß/Renner/*Preuß* BeurkG § 51 Rn. 18.
[24] HM: *Winkler* BeurkG § 51 Rn. 11; Armbrüster/Preuß/Renner/*Preuß* BeurkG § 51 Rn. 12; *Lerch* BeurkG § 51 Rn. 5; Grziwotz/Heinemann/*Heinemann* BeurkG § 51 Rn. 21.
[25] BGHZ 127, 107 = DNotZ 1995, 549.
[26] *Lerch* BeurkG § 51 Rn. 5.

zwischen Gesellschafter bzw. Aktionär und Gesellschaft ist im Rahmen des Gesellschaftsrechts zu lösen; dort sind Auskunfts- und Mitteilungspflichten im Einzelnen geregelt, die dem § 51 vorgehen, so dass die Beschränkung auf den Antragsteller vertretbar erscheint.

III. Rechtsnachfolger

11 Nach § 51 können Ausfertigungen auch die Rechtsnachfolger der genannten Personen verlangen. Nach hM ist unter dem Begriff „Rechtsnachfolger" sowohl der **Gesamtrechtsnachfolger** (Erbfolge, Erbteilsabtretung, Gütergemeinschaft, Verschmelzung, Spaltung, Umwandlung etc)[27] als auch der **Sonderrechtsnachfolger** zu verstehen.[28] Voraussetzung ist, dass sich die Sonderrechtsnachfolge auf den Gegenstand der beurkundeten Willenserklärung bezieht und der Rechtsnachfolger in die fortbestehenden Rechte und Pflichten eines früher Berechtigten eintritt.[29] Der Anspruch besteht daher nur und insoweit, als sich die beurkundete Willenserklärung auf Rechte und Pflichten bezieht, die auf den Rechtsnachfolger übergegangen sind und noch fortbestehen. Unter Umständen besteht nur ein Anspruch auf eine auszugsweise Ausfertigung, wenn nur Teile des Rechtsverhältnisses übernommen wurden.[30] Zwar bewirkt eine Pfändung noch keine Rechtsnachfolge, sondern erst die Überweisung an Zahlung statt nach § 825 Abs. 2 ZPO. Es besteht aber Einigkeit, dass der Begriff der Rechtsnachfolge bei § 51 nicht im engen technischen Sinn zu verstehen ist. Entscheidend ist, dass ein gewichtiger Teil der Befugnisse des Rechtsinhabers auf den Betroffenen übergegangen sind. Dementsprechend wird auch der Pfändungsgläubiger als Rechtsnachfolger angesehen.[31] Der Anspruch besteht nur so lange, wie die Rechtsposition besteht. Mit dem Verlust endet auch die Anspruchsberechtigung. Der Notar muss bei der **Prüfung des Antragsrechts** des Rechtsnachfolgers die entsprechenden Unterlagen verlangen, Glaubhaftmachung genügt nicht.[32]

IV. Gemeinsame Anweisung der Berechtigten (Abs. 2)

12 Nach § 51 Abs. 2 können die Berechtigten nach Abs. 1 gemeinsam in der Niederschrift oder durch besondere Erklärung gegenüber dem Notar auch **Dritten** das Recht auf Erteilung einer Ausfertigung zubilligen. Die Beteiligten können den Kreis erweitern oder einschränken, zB auch zur Sicherung eines Beteiligten, zB durch die bis zur Kaufpreiszahlung zurückbehaltene Auflassungserklärung.[33] Natürlich kann jeder Beteiligte seine eigene Ausfertigung weiterreichen. Erforderlich ist eine übereinstimmende Erklärung der formell Beteiligten, die auch formlos erfolgen kann.[34] Auch der **Widerruf** ist nur durch übereinstimmende Erklärung der formell Beteiligten möglich.[35]

---

[27] Armbrüster/Preuß/Renner/*Preuß* BeurkG § 51 Rn. 15; *Winkler* BeurkG § 51 Rn. 14; *Jansen* BeurkG § 51 Rn. 5; Grziwotz/Heinemann/*Heinemann* BeurkG § 51 Rn. 25; *Lerch* BeurkG § 51 Rn. 6.

[28] KG DNotZ 1998, 200; Armbrüster/Preuß/Renner/*Preuß* BeurkG § 51 Rn. 14 ff.; *Winkler* BeurkG § 51 Rn. 15; *Jansen* BeurkG § 51 Rn. 5; Grziwotz/Heinemann/*Heinemann* BeurkG § 51 Rn. 24 ff.; *Lerch* BeurkG § 51 Rn. 6; aA *Röll* DNotZ 1970, 398.

[29] Armbrüster/Preuß/Renner/*Preuß* BeurkG § 51 Rn. 16; *Winkler* BeurkG § 51 Rn. 15; *Jansen* BeurkG § 51 Rn. 5; Grziwotz/Heinemann/*Heinemann* BeurkG § 51 Rn. 26; *Lerch* BeurkG § 51 Rn. 6.

[30] KG DNotZ 1998, 200; vgl. auch *Winkler* BeurkG § 51 Rn. 15; Armbrüster/Preuß/Renner/*Preuß* BeurkG § 51 Rn. 14 f.

[31] *Jansen* BeurkG § 51 Rn. 5; Armbrüster/Preuß/Renner/*Preuß* BeurkG § 51 Rn. 18.

[32] KG DNotZ 1998, 200; Armbrüster/Preuß/Renner/*Preuß* BeurkG § 51 Rn. 2.

[33] Vgl. BGH BeckRS 2019, 28500; *Lerch* BeurkG § 51 Rn. 8; *Winkler* BeurkG § 51 Rn. 21 ff.; Armbrüster/Preuß/Renner/*Preuß* BeurkG § 51 Rn. 20 ff.; Grziwotz/Heinemann/*Heinemann* BeurkG § 51 Rn. 29 ff.; Staudinger/*Hertel* BeurkG Vorb. zu §§ 127a, 128 Rn. 647; BeckOGK/*Regler* BeurkG § 51 Rn. 38 ff.

[34] BGH BeckRS 2019, 28500; Armbrüster/Preuß/Renner/*Preuß* BeurkG § 51 Rn. 20; Grziwotz/Heinemann/*Heinemann* BeurkG § 51 Rn. 32; Staudinger/*Hertel* BeurkG Vorb. zu §§ 127a, 128 Rn. 647; BeckOGK/*Regler* BeurkG § 51 Rn. 39.

[35] Armbrüster/Preuß/Renner/*Preuß* BeurkG § 51 Rn. 20; Grziwotz/Heinemann/*Heinemann* BeurkG § 51 Rn. 32; Staudinger/*Hertel* BeurkG Vorb. zu §§ 127a, 128 Rn. 647; BeckOGK/*Regler* BeurkG § 51 Rn. 39.

Zur **Auslegung** derartiger Anweisungen hat der BGH im Urteil vom 20.9.2019[36] **12a** entschieden, dass für den Inhalt einer gemeinsamen Anweisung der Urkundsbeteiligten an den Notar in erster Linie deren Wortlaut maßgeblich ist. Ergibt die Regelung bei wortlautgetreuer Auslegung keinen Sinn, müsse der Notar das von den Urkundsbeteiligten Gewollte aus den übrigen dem Notar bekannten Umständen, insbesondere aus dem von den Urkundsbeteiligten mit einer Klausel erkennbar verfolgten Zweck, erschließen und die Klausel auslegen.

C. Inhalt des Anspruchs

I. Anzahl der Ausfertigungen

Antragsberechtigte können eine **beliebige Anzahl** von Ausfertigungen verlangen, auch **13** zeitlich nacheinander.[37] Nur bei vollstreckbaren Ausfertigungen darf nur eine erteilt werden, wenn nicht Sondervorschriften vorliegen (§§ 733, 797 Abs. 3 ZPO, § 52).

II. Anspruch auf einfache oder beglaubigte Abschriften (Abs. 3)

Die Anspruchsberechtigten können anstelle der Ausfertigung auch **einfache oder be- 14 glaubigte Abschriften** verlangen (§ 51 Abs. 3). Dies gilt für Urkunden, die in Urschrift beim Notar verwahrt werden (§ 45). Bei privatschriftlichen Urkunden kann jeder eine beglaubigte Abschrift verlangen, der die Urschrift besitzt.[38]

III. Einsicht in Urschrift und Nebenakten; allgemeine Auskunftspflicht

§ 51 Abs. 3 regelt, dass der Antragsberechtigte, der eine Ausfertigung verlangen kann, **15** auch berechtigt ist, in die **Urschrift einzusehen.** Er kann dazu auch einen Beauftragten entsenden.[39]

Nicht geregelt ist die Frage der Einsicht in **Nebenakten.** Aus dem Schweigen des **16** Gesetzgebers muss man die Folgerung ziehen, dass der Notar nicht verpflichtet ist, hier Einsicht zu gewähren.[40] § 13 FamFG, in dem – wie früher in § 34 FGG – die Einsichtnahme in Gerichtsakten geregelt ist, ist nicht anwendbar.[41] Das Recht auf Einsicht beschränkt sich grundsätzlich auf die Urschrift. Auch Gerichte und Behörden (einschließlich Strafverfolgungsbehörden) sind aufgrund des hohen Stellenwertes von § 18 BNotO grundsätzlich nicht berechtigt, die Nebenakten des Notars einzusehen.[42] Die Frage ist allerdings von der Rechtsprechung noch nicht abschließend entschieden.[43] Einigkeit besteht aber, dass Einsicht in die notariellen Nebenakten jedenfalls nur dann gewährt

---

[36] BeckRS 2019, 28500.
[37] Armbrüster/Preuß/Renner/*Preuß* BeurkG § 51 Rn. 4; *Winkler* BeurkG § 51 Rn. 4.
[38] Vgl. oben § 45.
[39] Armbrüster/Preuß/Renner/*Preuß* BeurkG § 51 Rn. 6; *Lerch* BeurkG § 51 Rn. 12; *Winkler* BeurkG § 51 Rn. 35.
[40] So *Winkler* BeurkG § 51 Rn. 37; BeckOK BeurkG/*Kleba* BeurkG § 51 Rn. 25; BeckOGK/*Regler* BeurkG § 51 Rn. 58; → DONot § 22 Rn. 8; offengelassen von BGH DNotZ 2013, 711; 1990, 392 mAnm *Winkler*; LG Frankfurt a. M. NotBZ 2015, 117; Staudinger/*Hertel* BeurkG Vorb. zu §§ 127a, 128 Rn. 650; Armbrüster/Preuß/Renner/*Preuß* BeurkG § 51 Rn. 6; *Naumann* MittBayNot 2002, 524 (525); *Lerch* BeurkG § 51 Rn. 15; *Winkler* BeurkG § 51 Rn. 37.
[41] BGH DNotZ 2013, 711; 1990, 392 mAnm *Winkler*; Grziwotz/Heinemann/*Heinemann* BeurkG § 51 Rn. 45; *Winkler* BeurkG § 51 Rn. 37; Staudinger/*Hertel* BeurkG Vorb. zu §§ 127a, 128 Rn. 647; BeckOGK/*Regler* BeurkG § 51 Rn. 58.
[42] So zu Recht BeckOK BeurkG/*Kleba* BeurkG § 51 Rn. 25; vgl. auch Grziwotz/Heinemann/*Heinemann* BeurkG § 51 Rn. 47; *Winkler* BeurkG § 51 Rn. 38; Staudinger/*Hertel* BeurkG Vorb. zu §§ 127a, 128 Rn. 647; BeckOGK/*Regler* BeurkG § 51 Rn. 58.
[43] Offen gelassen von BGH DNotZ 2013, 711; 1990, 392 mAnm *Winkler*.

BeurkG § 52   Vierter Abschnitt. Behandlung der Urkunden

werden kann, wenn alle Beteiligten den Notar von der Pflicht zur Verschwiegenheit entbinden.[44]

16a   Die Einsichtnahme in Schriftstücke, welche von dem um Einsicht Nachsuchenden selbst stammen, kann erlaubt werden.[45] Legt der Notar Feststellungen, die an sich in die Urkunde aufzunehmen sind, vorschriftswidrig in einem von der Urkunde getrennten Aktenvermerk nieder, so steht einem Beteiligten das Einsichtsrecht in diesen Aktenvermerk ebenso zu wie in die Urkunde selbst.[46] Der Notar hat auch nicht **allgemein die Pflicht**, den Urkundsbeteiligten oder Behörden Auskunft über beurkundete Verträge zu geben.[47]

IV. Mitteilungspflichten (Abs. 4)

17   § 51 Abs. 4 stellt klar, dass die vielfältigen Mitteilungspflichten, die aufgrund von besonderen Rechtsvorschriften gegenüber Gerichten und Behörden bestehen, vom Notar unbeschadet von § 51 zu erfüllen sind. Dabei kommt es entscheidend auf die einzelne Vorschrift an, ob der Notar eine Abschrift übersenden oder auf andere Weise Auskunft erteilen muss. Im Einzelnen kann bezüglich der verschiedenen Mitteilungspflichten auf die Ausführungen zu § 18 BNotO verwiesen werden.[48]

V. Zurückbehaltungsrecht nach § 11 GNotKG

18   § 11 GNotKG bestimmt, dass Urkunden, Ausfertigungen, Ausdrucke und Kopien sowie gerichtliche Unterlagen nach billigem Ermessen zurückbehalten werden können, bis die in der Angelegenheit entstandenen Kosten bezahlt sind. Dies gilt nicht, soweit § 53 der Zurückbehaltung entgegensteht. Zur KostO war umstritten, ob der Notar berechtigt ist, vom Vollzug unter Berufung auf sein Zurückbehaltungsrecht abzusehen. Das Gesetz stellt nunmehr klar, dass die Einreichungspflicht des § 53 vorrangig ist.[49]

§ 52 Vollstreckbare Ausfertigungen

Vollstreckbare Ausfertigungen werden nach den dafür bestehenden Vorschriften erteilt.

Übersicht

	Rn.
A. Allgemeines	1
B. Verfahren	2
I. Zuständigkeit	2
II. Vollstreckbare Urkunde	3
1. Antrag	4
2. Vollstreckbare Urkunde	5
3. Vollstreckungsreife	9
4. Formelle Prüfungspflicht	12
III. Erteilung der vollstreckbaren Ausfertigung	14
1. Inhalt	14
2. Teilklausel	15
3. Eine vollstreckbare Ausfertigung, Rechtsnachfolge	16
IV. Vermerkpflicht	17

---

[44] BGH DNotZ 2013, 711; 1990, 392 mAnm *Winkler;* OLG Zweibrücken MittBayNot 2002, 523 mAnm *Naumann.*
[45] OLG Zweibrücken MittBayNot 2002, 523 mAnm *Naumann.*
[46] BayObLGZ 1993, 471.
[47] BGH DNotZ 2013, 711; OLG Brandenburg AnwBl. 1996, 474; OLG Hamm MittBayNot 1999, 89 (90); Staudinger/*Hertel* BeurkG Vorb. zu §§ 127a, 128 Rn. 650; *Bous/Solveen* DNotZ 2005, 261 (278); Grziwotz/Heinemann/*Heinemann* BeurkG § 51 Rn. 32.
[48] → BNotO § 18 Rn. 45 ff.
[49] Korintenberg/*Klüsener* GNotK § 11 Rn. 29; BeckOK BeurkG/*Kleba* BeurkG § 51 Rn. 33; BeckOGK/*Regler* BeurkG § 51 Rn. 66.

	Rn.
C. Vollstreckbarer Anwaltsvergleich	18
I. Überblick	18
II. Verfahren	20
1. Antrag	20
2. Zustimmung der Parteien	21
3. Zuständigkeit	22
4. Formelle Prüfung durch den Notar	23
5. Materiell-rechtliche Prüfung	26
6. Weitere Voraussetzungen	27
III. Rechtsmittel	28
D. Vollstreckbarerklärung eines Schiedsspruchs durch Notar nach § 1053 Abs. 4 ZPO	29
E. Vollstreckbare Urkunde im europäischen Rechtsverkehr	30

A. Allgemeines

Die Vorschrift verweist für die Fragen der Erteilung einer vollstreckbaren Ausfertigung auf die „dafür bestehenden Vorschriften". **1**

Die überwiegende Meinung in der Literatur versteht dies als Verweisung auf die §§ 724 ff. iVm §§ 794 Abs. 1 Nr. 5, 797 ZPO.[1] Zum Teil wird allerdings angenommen, dass mit Inkrafttreten des FamFG sich in den §§ 86 ff. FamFG nunmehr ebenfalls Vorschriften für die Zwangsvollstreckung auf dem Gebiet der freiwilligen Gerichtsbarkeit fänden.[2] § 52 könne daher nicht mehr als Gesamtverweisung auf die ZPO verstanden werden, vielmehr habe der Notar, soweit sich aus den §§ 724 ff. ZPO keine Regelungen ergeben, auf die allgemeinen Verfahrensvorschriften des FamFG zurückzugreifen, die besser auf das Klauselerteilungsverfahren passten als die allgemeinen Vorschriften der ZPO. Meines Erachtens ist das Verfahren abschließend nach ZPO zu verstehen. **1a**

Nach § 724 Abs. 1 ZPO wird die Zwangsvollstreckung aufgrund einer mit der Vollstreckungsklausel versehenen Ausfertigung durchgeführt. Da nach § 794 Abs. 1 Nr. 5 ZPO die Zwangsvollstreckung auch aus Urkunden erfolgen kann, wenn sich der Schuldner in der Urkunde der sofortigen Zwangsvollstreckung unterworfen hat, gelten diese Vorschriften auch für vollstreckbare notarielle Urkunden. Die einfache Ausfertigung wird durch die sog. **Vollstreckungsklausel** zur **vollstreckbaren Ausfertigung.**[3] Die vollstreckbare Ausfertigung einer Urkunde setzt sich zusammen aus einer einfachen Ausfertigung der Niederschrift und der Vollstreckungsklausel.[4] Vollstreckungsklausel ist die Bescheinigung des Notars über Bestand und Vollstreckbarkeit der Urkunde; sie hat Zeugnis- und Schutzfunktion.[5] Das Verhältnis der **Antragsberechtigung** nach § 52 iVm §§ 724 ff. ZPO zu § 51 ist umstritten. Da § 51 neben der Verschwiegenheitspflicht des Notars auch dem Beteiligtenschutz dient, indem die Beteiligten davor geschützt werden, dass Ausfertigungen an Personen gelangen, die weder an der Urkunde beteiligt sind, noch denen eine Ausfertigung zukommen soll, kann entgegen einer in der Literatur geäußerten Auffassung § 52 keine weitere Antragsberechtigung schaffen als § 51 vorsieht.[6] Der herrschenden Lehre ist daher **1b**

---

[1] Armbrüster/Preuß/Renner/*Preuß* BeurkG § 52 Rn. 2; *Lerch* BeurkG § 52 Rn. 1; *Winkler* BeurkG § 52 Rn. 3; BeckOGK/*Regler* BeurkG § 52 Rn. 2; BeckOK BeurkG/*Kleba* BeurkG § 52 Rn. 1; *J. Winkler* RNotZ 2019, 117.

[2] So Grziwotz/Heinemann/*Heinemann* BeurkG § 52 Rn. 2.

[3] Vgl. Kersten/Bühling/*Wolfsteiner* § 19 Rn. 135 ff. mit Formulierungsmustern; *Wolfsteiner* Rn. 1.13 ff.; *Müller* RNotZ 2010, 167 ff.; *Winkler* BeurkG § 52 Rn. 49; BeckOGK/*Regler* BeurkG § 52 Rn. 2; *Lerch* BeurkG § 52 Rn. 1; BeckOK BeurkG/*Kleba* BeurkG § 52 Rn. 1.

[4] OLG Düsseldorf FGPrax 2001, 166; *Winkler* BeurkG § 52 Rn. 1; Armbrüster/Preuß/Renner/*Preuß* BeurkG § 52 Rn. 4; *Wolfsteiner* Rn. 33.1 ff.; Grziwotz/Heinemann/*Heinemann* BeurkG § 52 Rn. 1.

[5] Vgl. Zöller/*Stöber* ZPO § 724 Rn. 1; Armbrüster/Preuß/Renner/*Preuß* BeurkG § 52 Rn. 2; *Wolfsteiner* Rn. 33.18 ff.

[6] So BayObLG DNotZ 2003, 847; OLG Düsseldorf RNotZ 2001, 298 (299); OLG Hamm DNotZ 1988, 241 (242); OLG Rostock NotBZ 2002, 33; LG Kempten MittBayNot 2011, 523 (524); *von Rintelen* RNotZ

durchaus darin zu folgen, dass die vollstreckbare Ausfertigung grundsätzlich nur von demjenigen verlangt werden kann, der einen Anspruch auf die einfache Ausfertigung nach § 51 hat[7] bzw. bereits eine Ausfertigung besitzt und dadurch dokumentiert, dass er antragsberechtigt war.[8]

B. Verfahren

I. Zuständigkeit

2   Zuständig für die Erteilung einer vollstreckbaren Ausfertigung für notarielle Urkunden ist nach § 797 Abs. 2 ZPO der **Notar, der die Urkunden verwahrt**.[9] Da nach § 45 Abs. 1 die Urschrift grundsätzlich in der Verwahrung des Notars verbleibt, ist auch dieser Notar in der Regel zuständig. Die Ausnahmen, dass ein anderer Notar oder ein Gericht die Urkunden verwahrt, gibt es vergleichsweise selten. In diesen Fällen ist nach § 797 Abs. 2 S. 2 ZPO die Urkunde durch den anderen Notar oder durch die verwahrende Behörde zu erteilen.[10]

II. Vollstreckbare Urkunde

3   Voraussetzung für die Erteilung der Vollstreckungsklausel ist, dass ein formloser Antrag eines Antragsberechtigten,[11] ein gültiger Vollstreckungstitel mit einem vollstreckungsfähigen Inhalt sowie die Vollstreckungsreife gegeben ist.[12]

4   **1. Antrag.** Die vollstreckbare Ausfertigung wird nur auf Antrag erteilt, der Antrag kann formlos, auch mündlich, gestellt werden.[13] Zum Teil wird § 23 FamFG angewendet, dann müsste der Antrag schriftlich gestellt werden.[14]

5   **2. Vollstreckbare Urkunde. a) Unterwerfung unter die sofortige Zwangsvollstreckung.** Nach § 794 Abs. 1 Nr. 5 ZPO findet die Zwangsvollstreckung auch statt aus Urkunden, die von einem deutschen Notar innerhalb der Grenzen seiner Amtsbefugnisse in der vorgeschriebenen Form aufgenommen sind, sofern die Urkunde über einen Anspruch errichtet ist, der einer vergleichsweisen Regelung zugänglich, nicht auf Abgabe einer Willenserklärung gerichtet ist und nicht den Bestand eines Mietverhältnisses über

---

2001, 2 (13); Armbrüster/Preuß/Renner/*Preuß* BeurkG § 52 Rn. 2; *Wolfsteiner* Rn. 11.50 ff.; Grziwotz/Heinemann/*Heinemann* BeurkG § 52 Rn 3; BeckOGK/*Regler* BeurkG § 52 Rn. 4; BeckOK BeurkG/*Kleba* BeurkG § 52 Rn. 3; aA *Winkler* BeurkG § 52 Rn. 49 ff.; *Lerch* BeurkG § 52 Rn. 5, der der Auffassung sind, dass jedem Gläubiger, zu dessen Gunsten eine Zwangsvollstreckungsunterwerfung erfolgte, unabhängig von § 51 eine vollstreckbare Ausfertigung erteilt werden kann. Hierbei wird allerdings verkannt, dass der Schuldner durchaus ein Interesse haben kann, die Ausfertigung, die die Zwangsvollstreckungsunterwerfung zugunsten eines bestimmten Gläubigers enthält, noch zurückzuhalten, um etwa bestimmte Konditionen zu verhandeln oÄ.

[7] KG DNotZ 1998, 200.
[8] BayObLG DNotZ 2003, 847; OLG Düsseldorf FGPrax 2001, 166; OLG Celle DNotZ 1974, 484; OLG Hamburg DNotZ 1987, 356; OLG Hamm DNotZ 1988, 241; OLG Schleswig MDR 1983, 761; LG Frankfurt a. M. DNotZ 1985, 479; *Jansen* BeurkG § 52 Rn. 23; Zöller/*Stöber* ZPO § 797 Rn. 2; Schöner/*Stöber* Rn. 2057; *von Rintelen* RNotZ 2001, 2 (13); Armbrüster/Preuß/Renner/*Preuß* BeurkG § 52 Rn. 4; *Wolfsteiner* Rn. 11.50 ff.
[9] Grziwotz/Heinemann/*Heinemann* BeurkG § 52 Rn. 11; BeckOGK/*Regler* BeurkG § 52 Rn. 6; BeckOK BeurkG/*Kleba* BeurkG § 52 Rn. 4; *Winkler* BeurkG § 52 Rn. 5; *Lerch* BeurkG § 52 Rn. 5; *J. Winkler* RNotZ 2019, 117 (119).
[10] → § 45 Rn. 2 ff.
[11] Vgl. Erläuterungen zu § 51 BeurkG; Grziwotz/Heinemann/*Heinemann* BeurkG § 52 Rn. 12; BeckOGK/*Regler* BeurkG § 52 Rn. 10; *Winkler* BeurkG § 52 Rn. 24; *Lerch* BeurkG § 52 Rn. 9; *J. Winkler* RNotZ 2019, 117 (119).
[12] Vgl. *Lerch* BeurkG § 52 Rn. 4; Armbrüster/Preuß/Renner/*Preuß* BeurkG § 52 Rn. 5 ff.; Grziwotz/Heinemann/*Heinemann* BeurkG § 52 Rn. 5 ff.; Zöller/*Stöber* ZPO § 724 Rn. 5 ff.
[13] BeckOGK/*Regler* BeurkG § 52 Rn. 10; *Winkler* BeurkG § 52 Rn. 24; *Lerch* BeurkG § 52 Rn. 9.
[14] Grziwotz/Heinemann/*Heinemann* BeurkG § 52 Rn. 12.

Wohnraum betrifft, und der Schuldner sich in der Urkunde wegen des zu bezeichnenden Anspruchs der sofortigen Zwangsvollstreckung unterworfen hat. § 794 Abs. 1 Nr. 5 ZPO setzt für die Erteilung einer vollstreckbaren Ausfertigung voraus, dass eine Urkunde mit vollstreckungsfähigem Inhalt vorliegt. Um eine vollstreckbare Ausfertigung zu erteilen, muss es sich daher um eine notarielle Urkunde handeln, in der sich der Schuldner der sofortigen Zwangsvollstreckung unterworfen hat (sog. **Vollstreckungsunterwerfung**).[15]

§ 794 Abs. 1 Nr. 5 ZPO wurde durch das Zweite Gesetz zur Änderung zwangsvollstreckungsrechtlicher Urkunden vom 17.12.1997 (BGBl. I 3039) entscheidend geändert. Während bis zum 31.12.1998 die Zwangsvollstreckung nur aus Urkunden stattfand, die von einem deutschen Notar innerhalb der Grenzen seiner Amtsbefugnisse aufgenommen waren, sofern die Urkunde über einen Anspruch errichtet war, der die Zahlung einer bestimmten Geldsumme oder die Leistung einer bestimmten Menge anderer vertretbarer Sachen oder Wertpapiere zum Gegenstand hatte, ist seit dem 1.1.1999 die Zwangsvollstreckungsunterwerfung für jeden Anspruch, ausgenommen Ansprüche auf Willenserklärungen und Ansprüche, die den Bestand eines Mietverhältnisses über Wohnraum betreffen, zulässig.[16] Damit hat der Gesetzgeber die Bedeutung der notariell vollstreckbaren Urkunde im Rahmen der Gerichtsentlastung deutlich erweitert. Wie in den meisten europäischen Ländern des lateinischen Notariats besteht daher die Möglichkeit, fast alle Ansprüche in einer notariellen Urkunde vollstreckungsfähig zu gestalten. Der Schuldner kann sich daher nicht nur wegen Zahlungsansprüchen der Zwangsvollstreckung unterwerfen, sondern auch wegen Ansprüchen, die auf die Herausgabe beweglicher oder unbeweglicher Sachen (zB Räumung), die Vornahme vertretbarer Handlungen (zB Bauleistungen, Mängelbeseitigung), die Vornahme unvertretbarer Handlungen (zB Auskunftserteilung, Rechnungslegung) oder auf Duldung oder Unterlassung gerichtet sind.[17] Auch dingliche Ansprüche etwa aus Reallasten oder Dienstbarkeiten sind unterwerfungsfähig.[18]

Voraussetzung ist allerdings, dass der Anspruch einer vergleichsweisen Regelung zugänglich ist, nicht auf Abgabe einer Willenserklärung gerichtet ist und nicht den Bestand **eines Mietverhältnisses über Wohnraum** betrifft. Hierdurch sollen zum einen Rechtsverhältnisse der Vollstreckung entzogen werden, die nicht dem Verfügungsrecht des Schuldners unterliegen oder die unverzichtbare gesetzliche Ansprüche betreffen.[19] Zum anderen sollen der Räumungs- und Herausgabeanspruch und die Ansprüche auf Fortsetzung eines Mietverhältnisses der Vollstreckung entzogen werden; der Mietzinsanspruch hingegen ist vollstreckungsfähig.[20] Die Literatur versteht die Einschränkung des § 794 Abs. 1 Nr. 5 ZPO nahezu einhellig dahingehend, dass **nicht jeder Wohnraum** geschützt ist (anders als bei §§ 721, 794a ZPO), sondern nur dann, wenn der Besitz der Wohnräume auf einem bestehenden oder vermeintlichen **Mietverhältnis beruht,** so dass der (wirksame oder vermeintliche) Rechtsgrund des Wohnbesitzes entscheidend ist.[21] Umstritten ist, ob eine Zwangsvollstreckungsunterwerfung bei beendetem Mietverhältnis zulässig ist.[22] Unter welchen Voraussetzungen § 794 Abs. 1 Nr. 5 ZPO auf ein sog. **Mischmietverhältnis**

---

[15] *J. Winkler* RNotZ 2019, 117 (118); *Wolfsteiner* DNotZ 1990, 531 (532).
[16] *Münch* ZNotP 1998, 474 ff.; *Limmer* DNotI-Report 1998, 9; *Wolfsteiner* DNotZ 1999, 306 ff.; *Hertel* DNotZ 1999, 3 ff.; Armbrüster/Preuß/Renner/*Preuß* BeurkG § 52 Rn. 18 ff.; *Wolfsteiner* Rn. 20.1 ff.; *von Rintelen* RNotZ 2001, 2 ff.
[17] *Limmer* DNotI-Report 1998, 9 mit Formulierungsbeispielen; vgl. Kersten/Bühling/*Wolfsteiner* § 19 Rn. 33 ff. mit Formulierungsmustern; *Wolfsteiner* Rn. 24.1 ff.
[18] *v. Rintelen* RNotZ 2001, 2 (3).
[19] Armbrüster/Preuß/Renner/*Preuß* BeurkG § 52 Rn. 20; Grziwotz/Heinemann/*Heinemann* BeurkG § 52 Rn. 8 ff.; *Wolfsteiner* DNotZ 1999, 306 (312); *Wolfsteiner* Rn. 23.1 ff.
[20] *von Rintelen* RNotZ 2001, 2 (4); *Wolfsteiner* Rn. 23.1 ff.; Armbrüster/Preuß/Renner/*Preuß* BeurkG § 52 Rn. 20; Grziwotz/Heinemann/*Heinemann* BeurkG § 52 Rn. 8 ff.; zur Abgrenzung im Einzelnen; Gutachten DNotI-Report 1999, 157 zu Mischmietverhältnissen.
[21] Stein/Jonas/*Münzberg* ZPO § 794 Rn. 108; Armbrüster/Preuß/Renner/*Preuß* BeurkG § 52 Rn. 20; Grziwotz/Heinemann/*Heinemann* BeurkG § 52 Rn. 9.
[22] Vgl. dazu Gutachten DNotI-Report 2009, 175 ff.

über (nicht trennbare) Wohn- und Geschäftsräume Anwendung findet, ist ebenfalls umstritten.[23] Die überwiegende Meinung will entsprechend der sog. Schwerpunkttheorie differenzieren und lässt die Unterwerfung nach § 794 Abs. 1 Nr. 5 ZPO (nur) dann nicht zu, wenn nach den vertraglichen Grundlagen des betroffenen Mietverhältnisses die Nutzung des Objekts zu Wohnzwecken den Schwerpunkt bildet.[24] Nach anderer Auffassung ist die Vollstreckung auch bei Mischmietverhältnissen generell unzulässig.[25]

5c Der Verkäufer kann sich in einem Kaufvertrag hinsichtlich seiner Räumungspflicht der sofortigen Zwangsvollstreckung aus der notariellen Urkunde unterwerfen – und zwar auch dann, wenn der vereinbarte Räumungstermin lange nach dem Zeitpunkt des Gefahrübergangs liegen soll und wenn der Verkäufer für die Zeit ab Empfang des Kaufpreises diesen zu verzinsen oder eine vertragliche Nutzungsentschädigung zu leisten hat, aber eben kein Mietverhältnis begründet wird.[26] Der BGH scheint eine derartige Klausel sogar zu verlangen.[27] **Unterwerfungsfähig** sind sämtliche Ansprüche aus anderen Nutzungsverhältnissen, zB aus Gewerberaummiete[28] oder Leihe, auch soweit sie den Sachbesitz betreffen. Der Verkäufer einer Immobilie kann sich somit zur Räumung verpflichten und darüber eine Unterwerfung abgeben, wenn ihm die Immobilie nach Kaufpreiszahlung noch verbleibt.[29] Auch in **öffentlich-rechtlichen Verträgen** ist die Zwangsvollstreckung möglich.[30]

6 Voraussetzung ist, dass sich der Schuldner in der Urkunde bezüglich eines vollstreckbaren Anspruchs der sofortigen Zwangsvollstreckung wegen dieses Anspruchs unterworfen hat. § 794 Abs. 1 Nr. 5 ZPO verlangt, dass **Grundlage der Vollstreckung eine notarielle Urkunde** ist.[31] Diese muss nach den §§ 8 ff. errichtet worden sein.[32] Hieraus folgt nicht, dass der gesamte Vertrag, der dem vollstreckbaren Anspruch zugrunde liegt, notariell beurkundet werden muss, wenn nicht andere Vorschriften (etwa § 311b BGB, § 15 GmbHG) dies vorschreiben. Nur die einseitige Erklärung des Schuldners und seine Unterwerfung unter die Zwangsvollstreckung sind zu beurkunden. Die Unterwerfungserklärung selbst ist keine privatrechtliche, sondern eine ausschließliche auf das Zustandekommen des Vollstreckungstitels gerichtete einseitige **prozessuale Willenserklärung**, die nur prozessrechtlichen Grundsätzen unterliegt.[33] Sie ist nicht auf die Änderung der materiellen Rechtslage gerichtet, hat **keine materiell-rechtlichen Auswirkungen** und bleibt auch von einer Unwirksamkeit des mitbeurkundeten materiellen Rechtsgeschäfts unberührt.[34] In seiner

---

[23] Vgl. BGH NJW 2008, 3361; NJW-RR 1986, 877; NJW 1977,1394; OLG Köln ZMR 2001, 963; OLG München ZMR 1995, 295; OLG Karlsruhe MDR 1988, 414; OLG Hamm ZMR 1986, 11.
[24] Zöller/*Stöber* ZPO § 794 Rn. 26; MüKoZPO/*Wolfsteiner* ZPO § 794 Rn. 214; BLAH/*Hartmann* ZPO § 794 Rn. 22.
[25] OLG Oldenburg NJW 2015, 709.
[26] AG Ingolstadt DGVZ 2001, 89; *Hertel* DNotZ 1999, 1 (2); *Kollbach-Mathar* ZMR 2000, 1 (2); *Schmitz* RNotZ 2001, 365 (370); *Wolfsteiner* DNotZ 1999, 306 (315 ff.); BLAH/*Hartmann* ZPO § 794 Rn. 22; MüKoZPO/*Wolfsteiner* ZPO § 794 Rn. 229; Zöller/*Stöber* ZPO § 794 Rn. 26; *Wolfsteiner* Rn. 23.13.
[27] Haftungsentscheidung BGH ZflR 2008, 370.
[28] LG Wuppertal ZMR 2000, 386; Armbrüster/Preuß/Renner/*Preuß* BeurkG § 52 Rn. 20; Grziwotz/Heinemann/*Heinemann* BeurkG § 52 Rn. 8.
[29] DNotI-Report 2008, 33; AG Ingolstadt DGVZ 2001, 89.
[30] BGH Rpfleger 2011, 139 = NotBZ 2011, 19.
[31] Armbrüster/Preuß/Renner/*Preuß* BeurkG § 52 Rn. 10; *Winkler* BeurkG § 52 Rn. 18; BeckOGK/*Regler* BeurkG § 52 Rn. 11; *Lerch* BeurkG § 52 Rn. 10; BeckOK BeurkG/*Kleba* BeurkG § 52 Rn. 7; Grziwotz/Heinemann/*Heinemann* BeurkG § 52 Rn. 5.
[32] Grziwotz/Heinemann/*Heinemann* BeurkG § 52 Rn. 5; *Wolfsteiner* DNotZ 1990, 531 (532); *J. Winkler* RNotZ 2019, 117 (118).
[33] BGHZ 147, 203 = NJW 2001, 2096; BGH NJW 2003, 1594; 2004, 62; 2004, 844; 2004, 839; MittBayNot 2008, 204; DNotZ 1981, 738; 1985, 474; BayObLG DNotZ 1992, 309; Stein/Jonas/*Münzberg* ZPO § 794 Rn. 125; Armbrüster/Preuß/Renner/*Preuß* BeurkG § 52 Rn. 6; Grziwotz/Heinemann/*Heinemann* BeurkG § 52 Rn. 5 f.; *Wolfsteiner* Rn. 11.18 ff.; *von Rintelen* RNotZ 2001, 2 ff.; BeckOGK/*Regler* BeurkG § 52 Rn. 14; BeckOK BeurkG/*Kleba* BeurkG § 52 Rn. 10; *Wolfsteiner* DNotZ 1990, 531 (532); *J. Winkler* RNotZ 2019, 117 (118).
So Grziwotz/Heinemann/*Heinemann* BeurkG § 52 Rn. 2.
[34] Grundlegend BGH MittBayNot 2001, 387; BGHZ 108, 372 (376); BGH WM 1996, 1735.

grundlegenden Entscheidung vom 3.4.2001 hat daher der BGH zu Recht festgestellt, dass die **Beweislast** durch die notarielle Zwangsvollstreckungsunterwerfung nicht umgekehrt wird.[35]

Bei der Zwangsvollstreckungsunterwerfung nach § 794 Abs. 1 Nr. 5 ZPO handelt es sich um eine **einseitige verfahrensrechtliche Erklärung des Vollstreckungsschuldners**.[36] Deshalb gelten nach allgemeiner Meinung die §§ 145 ff. BGB für die Zwangsvollstreckungsunterwerfungserklärung nicht. Insoweit genügt also die bloße Annahmeerklärung des Käufers bezüglich eines Verkäuferangebot, das bereits eine Zwangsvollstreckungsunterwerfung wegen des Kaufpreises enthält, nicht. Die Zwangsvollstreckungsunterwerfung muss vielmehr zusätzlich vom Vollstreckungsschuldner, dh dem Käufer, in der Angebotsurkunde erklärt werden. Insoweit ist allerdings zu beachten, dass nach einer Entscheidung des OLG Köln die Annahmeerklärung des Käufers bei einem Verkäuferangebot, das bereits eine Zwangsvollstreckungsunterwerfungserklärung bezüglich des Kaufpreises enthält, dahingehend auszulegen sein soll, dass die Annahmeerklärung auch die Wiederholung der in der Angebotsurkunde erklärten Zwangsvollstreckungsunterwerfung enthalte. Einer weiteren – ausdrücklichen – Erklärung des Käufers in der Annahmeurkunde bedürfe es dazu nicht.[37] Die Literatur ist allerdings anderer Auffassung und sieht in einer ohne weitere zusätzliche Erklärung abgegebenen bloßen Annahmeerklärung keine wirksame Zwangsvollstreckungsunterwerfung.[38] Auch soweit keine ausdrückliche Zwangsvollstreckungsunterwerfung verlangt wird, wird man doch beurkundungsrechtlich zumindest eine Verweisung nach § 13a auf die Angebotsurkunde verlangen müssen. Andernfalls wäre die Vollstreckungsunterwerfung nicht formgerecht beurkundet, da sie ja erst in der Angebotsurkunde erfolgt. Ist sie dort nicht ausdrücklich enthalten, so kann der Form nur durch eine Verweisung nach § 13a Genüge getan werden.[39] Eine solche Verweisung erübrigt sich nur hinsichtlich der Annahme als solche. Die Zwangsvollstreckungsunterwerfung gehört jedoch gerade nicht zur Annahme im materiell-rechtlichen Sinn.

Die Unterwerfungserklärung kann **durch Bevollmächtigte** wie auch durch einen vollmachtslosen Vertreter abgegeben werden.[40] Als Prozesshandlung sind die §§ 80 ff. ZPO anwendbar und nicht die §§ 164 ff. BGB.[41] Die Wirksamkeit einer durch einen Vertreter abgegebenen Unterwerfungserklärung hängt daher nicht davon ab, dass die Vollmacht notariell beurkundet ist.[42] Eine so errichtete Unterwerfungsurkunde führt zwar zum Entstehen eines wirksamen Titels, der aber nicht ohne Weiteres im Wege der Zwangsvollstreckung durchsetzbar ist.[43] Lag die Vollmacht bei Beurkundung noch nicht vor, darf eine vollstreckbare Ausfertigung der Urkunde jedoch erst dann erteilt werden, wenn die Vollmacht dem Notar später, spätestens im Klauselerteilungsverfahren in der Form des § 726 ZPO nachgewiesen wurde.[44] Die vollstreckbare Ausfertigung darf daher nur erteilt werden, wenn die Vollmacht zuvor in öffentlicher oder öffentlich beglaubigter Form nachgewiesen

---

[35] BGHZ 147, 203 = NJW 2001, 2096; ebenso BGH ZIP 2001, 2288.
[36] MüKoZPO/*Wolfsteiner* ZPO § 794 Rn. 162; BLAH/*Hartmann* ZPO § 794 Rn. 36; Stein/Jonas/*Münzberg* ZPO § 794 Rn. 125.
[37] OLG Köln OLG-Report 1996, 149 = NJW-RR 1996, 1296.
[38] *Bürgle* BWNotZ 1994, 60 (63); *Winkler* DNotZ 1971, 354 (359 f.).
[39] Str.; vgl. BeckOGK/*Regler* BeurkG § 52 Rn. 14; BeckOK BeurkG/*Kleba* BeurkG § 52 Rn. 11.
[40] BGH DNotZ 2008, 840; BGHZ 154, 283 (287) = NJW 2003, 1594; Stein/Jonas/*Münzberg* ZPO § 794 Rn. 93; Armbrüster/Preuß/Renner/*Preuß* BeurkG § 52 Rn. 14 f.; Grziwotz/Heinemann/*Heinemann* BeurkG § 52 Rn. 5 f.; *Zimmer* NotBZ 2006, 302 ff.; *J. Winkler* RNotZ 2019, 117 (122); *Wolfsteiner* MittRhNotK 1985, 113.
[41] BGHZ 154, 283 (287) = NJW 2003, 1594; BGHZ 59, 23; 88, 62; BGH NJW 2004, 844; Armbrüster/Preuß/Renner/*Preuß* BeurkG § 52 Rn. 14 f.; anders Grziwotz/Heinemann/*Heinemann* BeurkG § 52 Rn. 6, der auf § 11 FamFG abstellt.
[42] BGH DNotZ 2008, 840; NJW 2004, 844; Musielak/Voit/*Lackmann* ZPO § 794 Rn. 36; MüKoZPO/*Wolfsteiner* ZPO § 797 Rn. 13; *Böttcher* BWNotZ 2007, 109 ff.
[43] BGH DNotZ 2008, 840.
[44] BGH MittBayNot 2007, 337 mAnm *Bolkert*; DNotZ 2008, 840; NJW-RR 2008, 1018; *J. Winkler* RNotZ 2019, 117 (122); Musielak/Voit/*Lackmann* ZPO § 794 Rn. 36; MüKoZPO/*Wolfsteiner* ZPO § 797 Rn. 13; Armbrüster/Preuß/Renner/*Preuß* BeurkG § 52 Rn. 14.

ist.⁴⁵ Die Vollmacht muss außerdem dem Schuldner zugestellt werden.⁴⁶ Die Vollmacht muss rechtswirksam sein. Besondere Bedeutung hatte der Verstoß von Treuhandvollmachten gegen das RBerG.⁴⁷ Der BGH hat allerdings festgestellt, dass die Zustellung der **Belastungsvollmacht** entbehrlich ist, wenn der spätere Schuldner (beim Kaufvertrag zB der Käufer) selbst den Grundstückseigentümer bei der Grundschuldbestellung vertreten hatte⁴⁸ (oder wenn sich der spätere Schuldner der Zwangsvollstreckung bereits im Voraus auch im eigenen Namen unterworfen hatte („als künftiger Eigentümer").⁴⁹

6c Umstritten ist, ob ein **Nichtberechtigter** die Unterwerfungserklärung mit der Möglichkeit der Genehmigung abgeben kann. Zum Teil wurde dies wegen der Nichtanwendbarkeit des § 185 BGB abgelehnt.⁵⁰ Meines Erachtens ist die Genehmigungsfähigkeit der Zwangsvollstreckungsunterwerfungserklärung analog § 185 Abs. 2 S. 1 Alt. 1 BGB zuzulassen.⁵¹

7 **b) Bestimmtheitsgrundsatz.** Die vollstreckbare Urkunde unterliegt ebenso wie ein Urteil dem vollstreckungsrechtlichen Bestimmtheitsgrundsatz bzw. Konkretisierungsgebot. Im Vollstreckungsrecht gilt der Grundsatz, dass der vollstreckbare Anspruch (Art und Umfang der Handlung) inhaltlich im Vollstreckungstitel bestimmt ausgewiesen werden muss.⁵² Dies setzt voraus, dass der Titel aus sich heraus verständlich ist und auch für jeden Dritten erkennen lässt, was der Gläubiger vom Schuldner verlangen kann.⁵³ Für den Bereich der vollstreckbaren Urkunde bedeutet dies, dass sich aus der vollstreckbaren Urkunde selbst ergeben muss, welcher konkrete Anspruch (Identifizierungsfunktion) vollstreckbar gestaltet wird und welchen Inhalt (Art und Umfang der Handlung) dieser Anspruch hat.⁵⁴ Der Gesetzgeber hat das Bestimmtheitserfordernis deutlich gemacht, indem § 794 Abs. 1 Nr. 5 ZPO verlangt, dass sich der Schuldner „wegen des zu bezeichnenden Anspruches" der Zwangsvollstreckung unterworfen hat. In der Urkunde muss daher klar bestimmt werden, welcher Anspruch mit welchem Inhalt und Umfang vollstreckbar sein soll.⁵⁵ Zum einen muss der Anspruch also so formuliert sein, dass eine Vollstreckung ohne weiteres aus ihm möglich ist. Dies setzt etwa für die Räumung von Wohnräumen voraus, dass der herauszugebende Wohnraum möglichst genau beschrieben wird.⁵⁶ Zum zweiten muss die Vollstreckungsunterwerfung deutlich machen, welchen der in der Urkunde enthaltenen Ansprüche sie vollstreckbar stellt. Insofern reicht eine pauschale Unterwerfungserklärung nicht.

---

⁴⁵ BGH DNotZ 2008, 840; NJW-RR 2008, 1018; *J. Winkler* RNotZ 2019, 117 (122); Musielak/Voit/ *Lackmann* ZPO § 794 Rn. 36; MüKoZPO/*Wolfsteiner* ZPO § 797 Rn. 13.
⁴⁶ BGH DNotZ 2005, 133; 2007, 33 (34); 2008, 840; NJW-RR 2008, 1018; *J. Winkler* RNotZ 2019, 117 (122); *Bolkart* MittBayNot 2008, 338 f.; Armbrüster/Preuß/Renner/*Preuß* BeurkG § 52 Rn. 62.
⁴⁷ Armbrüster/Preuß/Renner/*Preuß* BeurkG § 52 Rn. 62; *Joswig* ZfIR 2004, 45.
⁴⁸ BGH NJW-RR 2005, 1359 (1360); 2008, 1018.
⁴⁹ Vgl. DNotI-Report 2008, 118.
⁵⁰ Vgl. KG DNotZ 1988, 238 (239); *Schöner/Stöber* Rn. 2041; Stein/*Jonas* ZPO § 794 Rn. 127; Musielak/ Voit/*Lackmann* ZPO § 800 Rn. 4.
⁵¹ So BGH DNotZ 2007, 33; OLG Braunschweig BeckRS 2013, 05405; KG BeckRS 2013, 03588 unter ausdrücklicher Aufgabe der früheren Meinung; *Demharter* GBO § 44 Rn. 28; Meikel/*Böttcher* GBO § 19 Rn. 108; MüKoBGB/*Bayreuther* BGB § 185 Rn. 16; BeckOK BGB/*Bub* BGB § 185 Rn. 4; *J. Winkler* RNotZ 2019, 117 (122).
⁵² BGH DNotZ 2015, 417 (419); Armbrüster/Preuß/Renner/*Preuß* BeurkG § 52 Rn. 21 f.; *Winkler* BeurkG § 52 Rn. 26; BeckOGK/*Regler* BeurkG § 52 Rn. 17; BeckOK BeurkG/*Kleba* BeurkG § 52 Rn. 14; Grziwotz/Heinemann/*Heinemann* BeurkG § 52 Rn. 8.
⁵³ Vgl. BGH DNotZ 2015, 417; NJW 1983, 2262; OLG Hamm NJW 1974, 652; FamRZ 1988, 1307; Zöller/*Stöber* ZPO § 704 Rn. 4; Armbrüster/Preuß/Renner/*Preuß* BeurkG § 52 Rn. 21; Grziwotz/Heinemann/*Heinemann* BeurkG § 52 Rn. 7; *Wolfsteiner* Rn. 16.1 ff. zu vielen Einzelfragen; *von Rintelen* RNotZ 2001, 2 ff.
⁵⁴ Vgl. BGH DNotZ 2015, 417; *von Rintelen* RNotZ 2001, 2 (7); *Winkler* BeurkG § 52 Rn. 19; Armbrüster/Preuß/Renner/*Preuß* BeurkG § 52 Rn. 18 ff.; BeckOGK/*Regler* BeurkG § 52 Rn. 17; BeckOK BeurkG/*Kleba* BeurkG § 52 Rn. 14; Grziwotz/Heinemann/*Heinemann* BeurkG § 52 Rn. 8; *Wolfsteiner* Rn. 61.1 ff. zu vielen Einzelfragen.
⁵⁵ Vgl. *Münch* ZNotP 1998, 474 (480); *Wolfsteiner* DNotZ 1999, 306 (323); *Hertel* DNotZ 1999, 1.
⁵⁶ *Schultes* DGVZ 1998, 177; *Limmer* DNotI-Report 1998, 10.

Der BGH hat mit Urteil vom 19.12.2014 entschieden, dass **pauschale Unterwerfungs-** 7a
erklärungen mit dem Konkretisierungsgebot des § 794 Abs. 1 Nr. 5 ZPO unvereinbar sind.[57] In einem Vertrag unterwarf sich der Käufer „wegen der in dieser Urkunde eingegangenen Zahlungsverpflichtungen, die eine bestimmte Geldsumme zum Gegenstand haben", der sofortigen Zwangsvollstreckung in sein gesamtes Vermögen gem. § 794 Abs. 1 Nr. 5 ZPO. Der BGH stellte fest, dass eine derartige Unterwerfung nicht hinreichend bestimmt ist. Das **Konkretisierungsgebot** sei eine **zusätzliche formelle Voraussetzung** für die Erteilung der Vollstreckungsklausel. Der Verstoß gegen das Konkretisierungsgebot führe zur Nichtigkeit der Unterwerfungserklärung. Aus der streitgegenständlichen Unterwerfungserklärung selbst ergebe sich die vollstreckbare Zahlungspflichtigkeit nicht. Die Unterwerfungserklärung benenne die Ansprüche nicht und verweise zB auch nicht auf die Regelung der Ansprüche im Vertrag. Die Erklärung sei damit unwirksam. Allerdings schließt es das Gesetz nicht aus, dass die Unterwerfungserklärung nicht nach jedem Anspruch konkret ausgesprochen wird, sondern am Ende der Urkunde, dann muss sie allerdings – wie die Entscheidung des BGH zeigt – eindeutig deutlich machen, auf welche Ansprüche sie sich konkret bezieht, etwa indem sie die Ansprüche nochmals unter Hinweis auf den Paragrafen der Klausel, in der der Anspruch geregelt ist, konkret bezeichnet.

Bei **Geldansprüchen** muss die Höhe der Zahlungspflicht in der Urkunde enthalten sein. 7b
Für eine Vollstreckungsunterwerfung wegen **Verzugszinsen** bedeutet dies, dass ein wirksamer Vollstreckungstitel nur vorliegt, wenn der Beginn der Verzinsung in der Urkunde mit dem Datum ebenso wie der anwendbare Zinssatz, etwa der zu verzinsende Betrag etc, festgehalten sind.[58] Auch Wertsicherungsklauseln, wie der vom Statistischen Bundesamt ermittelte Preisindex für die Lebenshaltungskosten, sind hinreichend bestimmt und aus ihnen kann somit vollstreckt werden.[59] Entscheidend ist, dass die in Bezug genommenen Daten, nämlich die Indizes des Statistischen Bundesamtes, leicht und zuverlässig feststellbar sind. Bei **dinglichen Rechten** gehört zu dem in der Unterwerfungserklärung wiederzugebenden Anspruchsinhalt auch die genaue Bezeichnung des Grundstücks, in das die Zwangsvollstreckung zu dulden ist. Diese Bezeichnung muss so genau sein, dass das belastete Grundstück als Gegenstand der Zwangsvollstreckung zuverlässig festgestellt werden kann.[60] Auch die **Gläubigerbezeichnung** unterliegt dem Bestimmtheitsgebot.[61] Neben der Bestimmtheit hinsichtlich des Leistungsgegenstands verlangt die hM dabei auch eine hinreichend genaue Bezeichnung des Gläubigers[62] sowie im Falle einer Gläubigermehrheit eine Bezeichnung des zwischen ihnen bestehenden Rechtsverhältnisses bzw. ihrer Anteile an der zu vollstreckenden Forderung.[63]

c) Vertragsrechtliche Grenzen. Lange war umstritten, inwieweit Zwangsvollstre- 8
ckungsunterwerfungen in **Bauträgerverträgen** zulässig sind. Der BGH hat mit Urteil vom 22.10.1998[64] die Zwangsvollstreckungsunterwerfung im Bauträgervertrag wegen Ver-

---

[57] BGH DNotZ 2015, 417.
[58] OLG Düsseldorf MittRhNotK 1988, 71; OLG Frankfurt a. M. InsO 1998, 52 (53); Armbrüster/Preuß/Renner/*Preuß* BeurkG § 52 Rn. 19; *Wolfsteiner* Rn. 16.1 ff. zu vielen Einzelfragen; *von Rintelen* RNotZ 2001, 2 ff.
[59] BGH Rpfleger 2004, 296 = NotBZ 2004, 103; Zöller/*Stöber* ZPO § 794 Rn. 26b; Musielak/*Lackmann* ZPO § 704 Rn. 7; Stein/Jonas/*Münzberg* ZPO vor § 704 Rn. 153.
[60] LG Weiden Rpfleger 1984, 280; MüKoZPO/*Wolfsteiner* ZPO § 749 Rn. 184; *Stöber* ZVG § 16 Rn. 3.7.
[61] *von Rintelen* RNotZ 2001, 2 (5); Armbrüster/Preuß/Renner/*Preuß* BeurkG § 52 Rn. 25; *Wolfsteiner* Rn. 15.1 ff. zu vielen Einzelfragen.
[62] KG MittBayNot 1975, 271 mAnm *Wolfsteiner* MittBayNot 1976, 35; *Schuschke/Walker*, Vollstreckung und vorläufiger Rechtsschutz, 1997, ZPO § 794 Rn. 37; Armbrüster/Preuß/Renner/*Preuß* BeurkG § 52 Rn. 22; Grziwotz/Heinemann/*Heinemann* BeurkG § 52 Rn. 7; *Wolfsteiner* Rn. 15.1 ff.
[63] Zöller/*Stöber* ZPO § 794 Rn. 26c; Musielak/*Lackmann* ZPO § 704 Rn. 10; zur Schuldnerseite auch *Sauer*, Bestimmtheit und Bestimmbarkeit im Hinblick auf die vollstreckbare notarielle Urkunde, 1986, S. 92; Armbrüster/Preuß/Renner/*Preuß* BeurkG § 52 Rn. 25; Grziwotz/Heinemann/*Heinemann* BeurkG § 52 Rn. 7; *Wolfsteiner* Rn. 15.1 ff.
[64] BGH DNotZ 1999, 53.

stoßes gegen §§ 3, 12 MaBV für unwirksam erklärt, wenn sie einen völligen Nachweisverzicht enthält. Klauseln, wonach eine vollstreckbare Ausfertigung lediglich auf Darlegung der Fälligkeit durch den Bauträger selbst erteilt werden kann, sind nach Maßgabe des BGH-Urteils ebenfalls unwirksam. Denn auch auf diese Klauseln trifft das Argument des BGH zu, der Bauträger dürfe nicht nach Belieben auf Vermögenswerte des Erwerbers zugreifen.[65] Ebenso als unwirksam sind Klauseln zu bewerten, wonach für die Erteilung einer Vollstreckungsklausel eine Bautenstandsbestätigung des bauleitenden Architekten ausreicht. Denn auch der bauleitende Architekt steht „im Lager" des Bauträgers.[66] In einer weiteren Entscheidungen hat der BGH diese Rechtsprechung ausgeweitet und festgestellt, dass auch außerhalb des Bauträgerbereichs die Unterwerfung unter die sofortige Zwangsvollstreckung mit Nachweisverzicht durch den Erwerber eines noch zu errichtenden Hauses gegen § 9 AGBG (§ 307 BGB) verstößt,[67] da sie gegen Grundgedanken der gesetzlichen Regelung verstößt, weil sie dem Unternehmer den Zugriff auf das Vermögen des Auftraggebers eröffne, ohne dass er nachweisen müsse, dass er seine Bauleistung entsprechend erbracht habe. Die Rechtsprechung sieht grundsätzlich die Zwangsvollstreckungsunterwerfung bei der **Grundschuld** – auch im Formularvertrag – als **zulässig** an.[68] Zu größeren Diskussionen hat die Zwangsvollstreckungsunterwerfung bei der Grundschuld im Zusammenhang mit Grundschuldabtretungen geführt.[69] Die formularmäßige Unterwerfung unter die sofortige Zwangsvollstreckung in einer notariellen Urkunde über die Bestellung einer Grundschuld ist auch mit Blick auf die freie Abtretbarkeit von Grundschuld und gesicherter Forderung nicht unangemessen iSv § 307 Abs. 1 BGB.[70] Zum Nachweisverzicht → Rn. 11.

8a   Zu einer Neuorientierung der Rechtsentwicklung im Bereich der prozessualen Rechtsnachfolge in titulierte Grundpfandrechte hat die **grundlegende BGH-Entscheidung vom 30.3.2010**[71] geführt. Der BGH bestätigt zunächst die früheren Entscheidungen, dass die formularmäßige Unterwerfung unter die sofortige Zwangsvollstreckung in einem Vordruck für die notarielle Beurkundung einer Sicherungsgrundschuld auch dann keine unangemessene Benachteiligung des Darlehensnehmers iSd § 307 Abs. 1 BGB darstelle, wenn die Bank die Darlehensforderung nebst Grundschuld frei an beliebige Dritte abtreten könne. Auch eine **veränderte Praxis von Kreditverkäufen** habe keine Auswirkungen auf die Wirksamkeit einer formularmäßigen Unterwerfungserklärung. Der BGH legt die Unterwerfungserklärung sodann in der für die **Klägerin günstigsten Weise** (§ 5 AGBG aF = § 305c Abs. 2 BGB) aus. Dabei gelangt er zu dem Ergebnis, dass sich die Unterwerfung nur auf eine **treuhänderisch gebundene Grundschuld** erstrecke – also nur Ansprüche aus einer solchen Grundschuld tituliert seien. Dies ergebe sich aus der zum Zeitpunkt der Unterwerfungserklärung maßgeblichen objektivierten Interessenlage von Gläubiger und Schuldner. Die für die Titelumschreibung zuständige Stelle **im Klauselerteilungsverfahren** habe **von Amts wegen zu prüfen,** ob der neue Grundschuldinhaber den „Eintritt in den Sicherungsvertrag" gem. § 727 Abs. 1 ZPO nachgewiesen habe.

---

[65] *Basty* LM § 134 BGB Nr. 162; *Hertel* ZNotP 1999, 3 (5); *Scheel* NotBZ 1999, 62 (65); vgl. Gutachten DNotI-Report 1999, 141 (142); *Blank* ZNotP 1998, 447 (449).
[66] OLG Jena DNotI-Report 2000, 10 = OLG-Report 1999, 400; AG Hamburg IBR 1999, 216; *Hertel* ZNotP 1999, 3 (5); *Scheel* NotBZ 1999, 62 (65); *Wolfsteiner* DNotZ 1999, 99 (106); vgl. Gutachten DNotI-Report 1999, 141 (142).
[67] BGH DNotZ 2002, 878.
[68] BGHZ 99, 274 = DNotZ 1987, 488; BGH DNotZ 2010, 52; BGHZ 114, 9 (12 f.) = DNotZ 1992, 91; BGH DNotZ 2003, 203; NJW 2004, 59; DNotZ 2004, 308; NJW 2004, 158; DNotZ 2011, 196; MittBayNot 2008, 204.
[69] *Schimansky* WM 2008, 1049; *Volmer* ZfIR 2008, 634; *Dümig* NJW 2008, 2786; *Zimmer* NotBZ 2008, 386.
[70] OLG Celle NotBZ 2009, 368; *Bachner* DNotZ 2008, 644 (649).
[71] BGH DNotZ 2010, 542; vgl. dazu BNotK-Rundschreiben 20/2010; Gutachten DNotI-Report 2010, 93; *Bolkart* DNotZ 2010, 483; *Wolfsteiner* ZNotP 2010, 322; *Vollmer* MittBayNot 2010, 383; *Muth/Kröger* BKR 2010, 371; *Stürner* JZ 2010, 774; *Stavorinus* NotBZ 2010, 281; *Skauradszun* MDR 2010, 845; *Herrler* BB 2010, 1495; *Sommer* RNotZ 2010, 378; *Clemente* ZfIR 2010, 441; *Zimmer* NotBZ 2008, 38.

Damit hat der BGH im Ergebnis als Voraussetzung einer dinglichen Klauselumschreibung festgelegt, dass der Neugläubiger in den bestehenden Sicherungsvertrag eintritt.[72] Nach der Entscheidung hat daher bereits im Klauselerteilungsverfahren die für die Titelumschreibung zuständige Stelle (Rechtspfleger, Notar) von Amts wegen zu prüfen, ob der neue Grundschuldinhaber den Eintritt in den Sicherungsvertrag nach den Maßgaben des § 727 Abs. 1 ZPO nachgewiesen hat, dh der Nachweis muss in öffentlich beglaubigter Form geführt werden. Die Zielsetzung des BGH besteht letztlich darin, dass dem Sicherungsgeber trotz Abtretung **alle Einreden und relevanten Rechte aus dem Sicherungsvertrag** erhalten bleiben sollen. Dies war in dem zu entscheidenden Altfall vor allem deswegen problematisch, weil nach früherer Rechtslage die Abtretung der Grundschuld nicht zwangsläufig den Eintritt in die Verpflichtungen aus dem Sicherungsvertrag nach sich zog.[73] Vielmehr konnte der Zessionar die Grundschuld unter den Voraussetzungen der §§ 1192 Abs. 1, 1157 S. 2, 892 BGB aF **„gutgläubig einredefrei"** erwerben. Durch das Inkrafttreten des § 1192 Abs. 1a BGB durch das Risikobegrenzungsgesetz[74] hat sich diese Ausgangslage maßgeblich geändert. Nach dieser Vorschrift können Einreden, die dem Eigentümer auf Grund des Sicherungsvertrags mit dem bisherigen Gläubiger gegen die Grundschuld zustehen oder sich aus dem Sicherungsvertrag ergeben, **jedem Erwerber der Grundschuld entgegengesetzt werden,** sofern die Grundschuld zur Sicherung eines Anspruchs verschafft worden ist (Sicherungsgrundschuld); § 1157 S. 2 BGB findet insoweit keine Anwendung. Der Eigentümer kann dem Gläubiger somit nicht nur die in § 1157 S. 1 BGB geregelten Einreden entgegensetzen. Denn diese Einreden setzen voraus, dass der Tatbestand der Einrede im Zeitpunkt des Rechtsübergangs bereits erfüllt war.[75] Ausweislich der Gesetzesbegründung ist die zweite Alternative („die sich aus dem Sicherungsvertrag ergeben") so zu verstehen, dass damit auch solche Einreden erfasst sind, die bereits im Zeitpunkt des Übergangs im Sicherungsvertrag **begründet** waren, deren Tatbestand aber **erst später vollständig verwirklicht wurde.**

Vor diesem dem BGH-Urteil zu entnehmenden Hintergrund wird man daher die neuen Prüfungspflichten nur für Abtretungen annehmen können, die noch nicht dieser Neuregelung, die jetzt gesetzlich den vom BGH geforderten Schutz bietet, unterworfen sind. Ein Neufall ist daher in all denjenigen Fällen gegeben ist, in denen die Grundschuldbestellung nach dem 19.8.2008 erfolgt ist (Brief- oder Buchgrundschuld) oder eine Buchgrundschuld zwar vor dem 20.8.2008 bestellt, aber ausweislich des Grundbuchs erstmals nach dem 19.8.2008 abgetreten wurde. In allen übrigen Fällen liegt ein (nicht privilegierter) Altfall vor.[76] In den nicht privilegierten Altfällen ist der Eintritt in den Sicherungsvertrag in der Form des § 727 ZPO nachzuweisen, wobei auch eine einseitige Geständniserklärung des Schuldners ausreichend sein wird.[77] Zum Teil wird verlangt, ein solches Geständnis sei zur Niederschrift eines Notars abzugeben, da es sich um eine Erweiterung der Vollstreckbarkeit handele.[78] Dem wird zu Recht entgegengehalten, durch das Geständnis werde nicht die originäre Vollstreckbarkeit erweitert, sondern lediglich ein derivativer Erwerb des vorhandenen Titels erleichtert, indem die Nachweisbedürftigkeit bestimmter klauselrelevanter Tatsachen aufgehoben wird. Daher genügt ein Geständnis in öffentlich beglaubigter Urkunde.[79] Eine Differenzierung danach, auf welcher Grundlage die Abtretung erfolgt ist – Forderungsverkauf oder Umschuldung bzw. Neuvalutierung –, kann im Klauselverfahren keine Rolle spielen, da der Notar die schuldrechtlichen Grundlagen nicht in der Form des § 727 ZPO prüfen kann.

---

[72] *Bolkart* DNotZ 2010, 483 (487); Gutachten DNotI-Report 2010, 93 (96).
[73] BGH NJW 1997, 461.
[74] Vom 12.8.2008, BGBl. I 1666; vgl. dazu *Sommer* RNotZ 2009, 578; *Schmidt/Voss* DNotZ 2008, 740; *Vogel* JA 2012, 887; *Nietsch* NJW 2009, 3606; *Volmer* MittBayNot 2009, 1; *Diekmann* BWNotZ 2009, 144.
[75] BGHZ 85, 388 = NJW 1983, 752.
[76] Vgl. Gutachten DNotI-Report 2010, 93 (97); *Herrler* BB 2010, 1495 ff.
[77] Vgl. Gutachten DNotI-Report 2010, 93 (100); *Herrler* BB 2010, 1495 ff.
[78] *Wolfsteiner* Rn. 46.69, 46.70.
[79] *Bollkart* DNotZ 2010, 483 (496 ff.); Gutachten DNotI-Report 2010, 93 (100).

9 **3. Vollstreckungsreife.** Nach § 795 ZPO sind auf die Zwangsvollstreckung aus vollstreckbaren notariellen Urkunden die §§ 724 ff. ZPO entsprechend anzuwenden, also auch § 726 ZPO. Danach darf bei Ansprüchen, deren Vollstreckung nach ihrem Inhalt von dem durch den Gläubiger zu beweisenden Eintritt einer anderen Tatsache als einer dem Gläubiger obliegenden Sicherheitsleistung abhängt, eine vollstreckbare Ausfertigung nur erteilt werden, wenn der **Beweis durch öffentlich oder öffentlich beglaubigte Urkunden** geführt wird.[80] Bei Urkunden über Zahlungsansprüche setzt dies voraus, dass der Eintritt der Fälligkeit durch öffentliche Urkunden nachzuweisen ist. Bei den jetzt aufgrund der Zwangsvollstreckungsnovelle zulässigen vollstreckbaren Urkunden über andere Ansprüche als Geldzahlungen sind auch andere Bedingungen denkbar, von denen der Anspruch nach seinem Inhalt abhängig ist, zB Kündigung und Ablauf der Kündigungsfrist bei Räumungsansprüchen, Zinszahlung bei Verzug etc. Den erforderlichen Beweis hat der Gläubiger an sich durch öffentliche oder öffentlich-beglaubigte Urkunden zu führen. Er muss dem Notar die Urkunden vorlegen.

10 Wird in einem Vertrag sowohl die Fälligkeit des Kaufpreises als auch die Vollstreckungsunterwerfung an die Erteilung einer rechtsbeständigen Baugenehmigung geknüpft, darf die Vollstreckungsklausel erst erteilt werden, wenn der Gläubiger durch öffentliche oder öffentlich-beglaubigte Urkunden die Erteilung einer rechtsbeständigen, dh bestandskräftigen Baugenehmigung nachgewiesen hat.[81]

11 Da in vielen Fällen (zB Fälligkeit, Kündigung etc) diese die Vollstreckungsreife begründenden Tatsachen in der Praxis nicht durch öffentliche Urkunden nachgewiesen werden können, sind hier andere Lösungen erforderlich. Es ist anerkannt, dass bereits in der Urkunde **Vereinbarungen über die Nachweispflicht** zulässig sind. So kann zB eine erleichterte Beweisführung statt der vollen Nachweispflicht durch öffentliche Urkunde vereinbart werden, zB Nachweis nur durch Privaturkunden.[82] Ebenfalls als zulässig erachtet wird ein genereller **Verzicht auf den Schutz des § 726 ZPO (Nachweisverzicht),** indem der Gläubiger von der Nachweispflicht durch den Schuldner befreit wird, etwa dergestalt, „dass dem Gläubiger auf Antrag eine vollstreckbare Ausfertigung auch ohne Nachweis der die Fälligkeit begründenden Tatsachen erteilt werden darf".[83] Der Nachweisverzicht bezieht sich nach Auffassung des BGH nur auf das Klauselerteilungsverfahren nach §§ 724 ff. ZPO und dient damit lediglich der Vereinfachung der problemlos gegebenen Vollstreckungsvoraussetzungen, die sonst in einer oft nicht praktikablen Weise nach § 726 Abs. 1 ZPO durch öffentliche Urkunden ggü. dem Notar zu erbringen ist. Deshalb ist ein Verstoß gegen § 307 Abs. 1 und Abs. 2 BGB beim Nachweisverzicht zu verneinen.[84]

11a Auch das **Risikobegrenzungsgesetz**[85] hat daran nichts geändert. Das Risikobegrenzungsgesetz hat zwar für Grundschulden, die der Sicherung von Geldforderungen dienen, vorgeschrieben, dass die Vorschrift des § 1193 Abs. 1 BGB zwingend anzuwenden ist. Das heißt, für das Kapital solcher Grundschulden gelten vor der Verwertung durch Versteigerung unabdingbar ein Kündigungserfordernis und eine sechsmonatige Kündigungsfrist. Im Falle der Grundschuldbestellung ist für die Erteilung der Vollstreckungsklausel somit grund-

---

[80] Armbrüster/Preuß/Renner/*Preuß* BeurkG § 52 Rn. 65; *Winkler* BeurkG § 52 Rn. 18; BeckOGK/*Regler* BeurkG § 52 Rn. 19; *Lerch* BeurkG § 52 Rn. 9; BeckOK BeurkG/*Kleba* BeurkG § 52 Rn. 15; Grziwotz/Heinemann/*Heinemann* BeurkG § 52 Rn. 21; *Gaier* ZNotP 2015, 322 (325).
[81] OLG Frankfurt a. M. OLG-Report 1997, 204.
[82] Vgl. Zöller/*Stöber* ZPO § 726 Rn. 17; OLG München NJW-RR 1995, 763.
[83] BGH NJW 1981, 2756; BGHZ 147, 203 = MittBayNot 2001, 386 mAnm *Heinemann;* BGH NJW-RR 2011, 567; OLG Frankfurt a. M. MittRhNotK 1997, 269; OLG München NJW-RR 1995, 763; *Winkler* BeurkG § 52 Rn. 43; *Brambring* DNotZ 1977, 572 (573); *Wolfsteiner* Rn. 6.46; Zöller/*Stöber* ZPO § 794 Rn. 31; BLAH/*Hartmann* ZPO § 726 Rn. 4 und § 794 Rn. 38; Musielak/*Lackmann* ZPO § 726 Rn. 5; Stein/Jonas/*Münzberg* ZPO § 727 Rn. 8; Thomas/Putzo/*Hüßtege* ZPO § 726 Rn. 6; Zöller/*Stöber* ZPO § 726 Rn. 16; Gutachten DNotI-Report 2011, 1; Armbrüster/Preuß/Renner/*Preuß* BeurkG § 52 Rn. 40, 65; BeckOGK/*Regler* BeurkG § 52 Rn. 20; BeckOK BeurkG/*Kleba* BeurkG § 52 Rn. 7; Grziwotz/Heinemann/*Heinemann* BeurkG § 52 Rn. 21; aA MüKoBGB/*Eickmann* BGB § 1193 Rn. 4.
[84] BGH NJW 2008, 3208.
[85] Vom 18.8.2008, BGBl. I 1666.

sätzlich § 726 ZPO einschlägig, die Kündigung daher durch öffentliche Urkunde nachzuweisen.[86] Umstritten war und ist dabei, ob die Kündigungsfrist abgelaufen sein muss, damit die Vollstreckungsklausel erteilt werden darf oder ob dies bereits zuvor möglich ist, wenn nur der Kündigungszugang nachgewiesen wurde.[87] Fraglich ist, ob dem Klauselorgan die Erteilung der Vollstreckungsklausel auch hinsichtlich des Grundschuldkapitals ohne Nachweis von Kündigung und Fristablauf gestattet wird (sog. Nachweisverzicht).[88] Mit der hM ist dies zu bejahen, der Verzicht verstößt weder gegen §§ 307, 309 Nr. 2 BGB noch gegen ein gesetzliches Verbot.[89] Allerdings ist darauf zu achten, dass Sondervorschriften Grenzen setzen können. So ist nach Auffassung des BGH im Bauträgervertrag eine Vollstreckungsunterwerfung mit Nachweisverzicht generell unzulässig.[90]

4. Formelle Prüfungspflicht. Da der Notar bei der Erteilung einer vollstreckbaren 12 Ausfertigung im Grunde die gleichen Aufgaben hat wie der Urkundsbeamte der Geschäftsstelle bei der Erteilung der Klausel für ein Urteil, hat er grundsätzlich nur die **formellen Voraussetzungen** für die Klauselerteilung zu prüfen: Antrag, wirksamer Vollstreckungstitel, Vollstreckungsreife. Grundsätzlich nicht zu prüfen hat der Notar die Frage, ob der der Vollstreckung zugrunde liegende materielle Anspruch besteht oder ob Einwendungen dagegen vorliegen.[91] Auszugehen ist zunächst davon, dass die Funktion des Notars im Rahmen des Klauselerteilungsverfahrens der eines Urkundsbeamten der Geschäftsstelle (§ 724 Abs. 2 ZPO) entspricht.[92]

Es ist allerdings anerkannt, dass nach dem allgemeinen **Legalitätsprinzip** der Notar 13 ausnahmsweise die Erteilung einer vollstreckbaren Ausfertigung ablehnen kann, wenn durch öffentliche bzw. öffentlich-beglaubigte Urkunden nachgewiesen oder für ihn sonst offenkundig ist, dass der materielle Anspruch nicht oder nicht mehr besteht.[93] Das Gleiche gilt, wenn der Notar ohne weiteres erkennt, dass der Anspruch nichtig ist oder gegen Gesetz oder die guten Sitten verstößt. Aus § 4 bzw. § 14 BNotO folgt, dass er, auch wenn ihm nachträglich solche Gründe bekannt werden, versuchen muss, den schädigenden Erfolg zu verhindern oder zu verringern.[94] Ein solcher Fall der **ausnahmsweisen materiellen Prüfung** ist anzunehmen, wenn der vom Schuldner zu zahlende Betrag nach dem notariellen Vertrag an den beurkundenden Notar zu zahlen war und sich aus dessen Unterlagen ergibt, dass er bezahlt worden ist, oder wenn der Gläubiger im Klauselverfahren selbst

---

[86] Gutachten DNotI-Report 2008, 161.
[87] Vgl. zum Streitstand MüKoBGB/*Eickmann* BGB § 1193 Rn. 4; Zöller/*Stöber* ZPO § 726 Rn. 6; *Dieckmann* BWNotZ 2009, 144; Schmid/*Voss* DNotZ 2008, 740 (755); *Clemente* ZfIR 2008, 589 (596); *Sommer* RNotZ 2009, 578 (584); *Volmer* MittBayNot 2009, 1 (7); *Böhringer* NJW 2010, 1647.
[88] Vgl. *Everts* DNotZ 2013, 730 ff.
[89] LG Lübeck Rpfleger 2009, 451; LG Essen Rpfleger 2011, 288; BNotK-Rundschreiben Nr. 23/2008 v. 26.8.2008; Gutachten DNotI-Report 2008, 161; *Everts* DNotZ 2013, 730 ff.; Palandt/*Bassenge* BGB § 1193 Rn. 3; *K. Müller* RNotZ 2010, 167 (179); Schmid/*Voss* DNotZ 2008, 756 f.; *Volmer* MittBayNot 2009, 1 (8); Armbrüster/Preuß/*Renner/Preuß* BeurkG § 52 Rn. 10; *Winkler* BeurkG § 52 Rn. 46; BeckOGK/*Regler* BeurkG § 52 Rn. 22; BeckOK BeurkG/*Kleba* BeurkG § 52 Rn. 7; aA Zöller/*Stöber* ZPO § 797 ZPO Rn. 12.
[90] BGH DNotZ 1999, 53; krit. *Wolfsteiner* DNotZ 1999, 99.
[91] Vgl. BayObLG FGPrax 2000, 41; OLG München DNotZ 2011, 204; BayObLG DNotZ 1998, 194; MittBayNot 1995, 484; OLG Frankfurt a. M. MittRhNotK 1997, 269; DNotZ 1989, 105; *Winkler* BeurkG § 52 Rn. 17; Armbrüster/Preuß/*Renner/Preuß* BeurkG § 52 Rn. 55 f.; *Wolfsteiner* Rn. 38.18 ff.; OLG Oldenburg DNotZ 1995, 145; *Kasper* RNotZ 2018, 133 (135); *J. Winkler* RNotZ 2019, 117 (120).
[92] BGH DNotZ 2009, 935; vgl. *Wolfsteiner* Rn. 33.32 ff., 35.9 ff.
[93] BayObLG FGPrax 2000, 41; MittBayNot 2005, 63; DNotZ 1998, 194; OLG München DNotZ 2011, 204; OLG Frankfurt a. M. MittRhNotK 1997, 269; AG München WM 2001, 1635 zur Frage des Verstoßes einer Vollmacht gegen das Rechtsberatungsgesetz; *Winkler* BeurkG § 52 Rn. 18; *Apfelbaum* MittBayNot 2005, 64 (65); Armbrüster/Preuß/*Renner/Preuß* BeurkG § 52 Rn. 59 ff.; Grziwotz/Heinemann/*Heinemann* BeurkG § 52 Rn. 21; *Wolfsteiner* Rn. 28.27 ff.; BeckOGK/*Regler* BeurkG § 52 Rn. 24 f.; BeckOK BeurkG/*Kleba* BeurkG § 52 Rn. 20; Grziwotz/Heinemann/*Heinemann* BeurkG § 52 Rn. 22; *Kasper* RNotZ 2018, 133 (135); *J. Winkler* RNotZ 2019, 117 (120 f.).
[94] BayObLG MittBayNot 2005, 63; *Winkler* BeurkG § 52 Rn. 18; Armbrüster/Preuß/*Renner/Preuß* BeurkG § 52 Rn. 61; Grziwotz/Heinemann/*Heinemann* BeurkG § 52 Rn. 21; *Wolfsteiner* Rn. 28.27 ff.

zugesteht, dass er wegen des titulierten Anspruchs bereits befriedigt ist.[95] Zweifelhafte materielle Rechtsfragen zu entscheiden, gehört dagegen in den Zuständigkeitsbereich des Prozessgerichts im Rahmen der Vollstreckungsabwehrklage nach § 767 ZPO.[96] Noch nicht entschieden ist die Frage, ob der Notar die Vollstreckungsklausel dem ursprünglichen Gläubiger der Forderung auf dessen Antrag erteilen darf (und muss), wenn die Forderung bereits gepfändet oder abgetreten war und die Veränderung der materiellen Rechtslage offenkundig ist. Man wird dem ursprünglichen Gläubiger auch im Fall der Pfändung auf seinen Antrag hin die Vollstreckungsklausel erteilen.[97] Denn der ursprüngliche Gläubiger behält das prozessuale Recht auf Vollstreckung, solange es nicht vermöge der neuen Vollstreckungsklausel auf den neuen Gläubiger übergegangen oder ihm nach § 767 ZPO entzogen wurde).[98]

III. Erteilung der vollstreckbaren Ausfertigung

14   **1. Inhalt.** Die Vollstreckungsklausel lautet nach § 725 iVm §§ 795 ZPO, 52: „Vorstehende Ausfertigung wird dem (Bezeichnung der Partei) zum Zweck der Zwangsvollstreckung erteilt". Sie ist nach § 725 ZPO der Ausfertigung der Urkunde am Schluss beizufügen, von dem Notar zu unterschreiben und mit dem Siegel zu versehen.[99]

15   **2. Teilklausel.** Auch nur wegen eines Teils einer Urkunde kann die Vollstreckungsklausel erteilt werden.[100] Die Beschränkung kann bei einem Anspruch betragsmäßig erfolgen. Enthält die Urkunde mehrere Ansprüche, dann kann die Klausel auf einen Teil der Ansprüche beschränkt werden. Entscheidend ist, dass dies aus der Klausel ausdrücklich ersichtlich ist.

16   **3. Eine vollstreckbare Ausfertigung, Rechtsnachfolge.** Aus § 733 iVm § 795 ZPO ergibt sich, dass grundsätzlich nur eine vollstreckbare Ausfertigung erteilt werden darf. Der Schuldner soll gegen mehrfache Zwangsvollstreckung aus demselben Titel geschützt werden.[101] Auch bei **Rechtsnachfolge** des Gläubigers kann nur eine vollstreckbare Ausfertigung erteilt werden, dies geschieht entweder dadurch, dass die alte Klausel zugunsten des Erstgläubigers eingezogen und eine neue Rechtsnachfolgeklausel nach § 727 ZPO zugunsten des neuen Gläubigers erteilt wird, oder dass die Klausel untechnisch „umgeschrieben" wird. Eine weitere vollstreckbare Ausfertigung kann der Notar erst nach Rückgabe der Ersten erteilen. Nach § 727 Abs. 1 ZPO ist die Rechtsnachfolge, wenn sie nicht offenkundig ist, durch öffentliche oder öffentlich beglaubigte Urkunden nachzuweisen. Dieser Nachweis ist nach allgemeiner Auffassung geführt, wenn aufgrund der Beweiskraft der öffentlichen oder öffentlich beglaubigten Urkunde mit dem Eintritt der nachzuweisenden Tatsache dem gewöhnlichen Geschehensablauf nach gerechnet werden kann.[102]

---

[95] BayObLG MittBayNot 1998, 51; OLG Frankfurt a. M. MittRhNotK 1997, 270; OLG München DNotZ 2011, 204; Armbrüster/Preuß/Renner/*Preuß* BeurkG § 52 Rn. 61; *Wolfsteiner* Rn. 28.27 ff.

[96] BayObLG MittBayNot 2005, 63; OLG München DNotZ 2011, 204; OLG Frankfurt a. M. MittRhNotK 1997, 270; LG Duisburg MittRhNotK 1984, 27; *Wolfsteiner* DNotZ 1978, 681; Armbrüster/Preuß/Renner/*Preuß* BeurkG § 52 Rn. 60; *Wolfsteiner* Rn. 38.29.

[97] Gutachten DNotI-Report 2010, 37 ff.; Stein/Jonas/*Münzberg* ZPO § 727 Rn. 51.

[98] Vgl. auch BGH NJW 1991, 839 (840).

[99] Vgl. auch *Winkler* BeurkG § 52 Rn. 68; Armbrüster/Preuß/Renner/*Preuß* BeurkG § 52 Rn. 55 ff.; BeckOGK/*Regler* BeurkG § 52 Rn. 27 f.; BeckOK BeurkG/*Kleba* BeurkG § 52 Rn. 18; Grziwotz/Heinemann/*Heinemann* BeurkG § 52 Rn. 25; *J. Winkler* RNotZ 2019, 117 (123).

[100] Zöller/*Stöber* ZPO § 724 Rn. 12; *Winkler* BeurkG § 52 Rn. 69; Armbrüster/Preuß/Renner/*Preuß* BeurkG § 52 Rn. 10; BeckOGK/*Regler* BeurkG § 52 Rn. 24; Grziwotz/Heinemann/*Heinemann* BeurkG § 52 Rn. 27.

[101] OLG Düsseldorf DNotZ 1977, 571; OLG Frankfurt a. M. NJW-RR 1988, 512; BeckOGK/*Regler* BeurkG § 52 Rn. 35; BeckOK BeurkG/*Kleba* BeurkG § 52 Rn. 26; Grziwotz/Heinemann/*Heinemann* BeurkG § 52 Rn. 28.

[102] BGH DNotZ 2018, 223; RGZ 57, 326 (328); MüKoZPO/*Wolfsteiner* ZPO § 726 Rn. 40 und § 727 Rn. 21; Stein/Jonas/*Münzberg* ZPO § 726 Rn. 19 und § 727 Rn. 41, 43; Zöller/*Stöber* ZPO § 726 Rn. 6.

Haften für eine Schuld mehrere als **Gesamtschuldner** und haben sie sich in einer 16a
notariellen Urkunde der sofortigen Zwangsvollstreckung unterworfen, so ist umstritten, ob
gegen die Gesamtschuldner nur eine einzige vollstreckbare Ausfertigung zu erteilen ist.[103]
Die bisher hM geht davon aus, dass nur eine einzige vollstreckbare Ausfertigung gegen die
Gesamtschuldner erteilt werden darf.[104] Nach anderer Auffassung ist eine Ausfertigung pro
Gesamtschuldner zu erteilen.[105] Letztere Auffassung ist überzeugend, da es sich bei der
Vollstreckungsunterwerfung von Gesamtschuldnern um mehrere prozessuale Ansprüche
handelt.

Ausnahmsweise besteht nach § 733 ZPO die Möglichkeit der Erteilung einer weiteren 16b
vollstreckbaren Ausfertigung. Die **weitere vollstreckbare Ausfertigung** ist beim Notar
zu beantragen.[106] Durch das Gesetz zur Übertragung von Aufgaben im Bereich der freiwilligen Gerichtsbarkeit auf Notare vom 26.6.2013[107] wurde § 797 Abs. 3 ZPO in seinem
Satz 2 dahingehend neu gefasst, dass die Entscheidung über die Erteilung einer weiteren
vollstreckbaren Ausfertigung bei einer notariellen Urkunde von dem die Urkunde verwahrenden Notar getroffen wird. Infolge dieser **Zuständigkeitsverlagerung** ist nun der
Notar für die Entscheidung nicht nur über die erstmalige, sondern auch über die Erteilung
weiterer vollstreckbarer Ausfertigungen zuständig. Gemäß § 52 hat also er selbst – ohne
Einschaltung des Amtsgerichts – nach Maßgabe des § 733 ZPO die weiteren vollstreckbaren Ausfertigungen zu erteilen.[108] Der Schuldner ist vorher anzuhören; wenn nicht
ausnahmsweise eine besondere Dringlichkeit besteht oder Zweifel an der Berechtigung des
Gläubigers ausgeschlossen sind.[109] Die weitere vollstreckbare Ausfertigung ist ausdrücklich
als solche zu bezeichnen (§ 733 Abs. 3 ZPO).

IV. Vermerkpflicht

Vor der Aushändigung einer vollstreckbaren Ausfertigung ist nach bisherigem Recht auf 17
der Urschrift der Urkunde zu vermerken, wem und zu welchem Zeitpunkt die vollstreckbare Ausfertigung erteilt wurde (§§ 734 S. 1, 795 S. 1 ZPO). Hierdurch wird die Vermerkpflicht nach § 49 Abs. 4 ergänzt. In der Fassung des Gesetzes ab 1.1.2022 wird in § 49
Abs. 4 geregelt, dass im Urkundenverzeichnis vermerkt werden soll, wem und an welchem
Tage eine Ausfertigung erteilt worden ist.[110] Grund hierfür ist folgender Gedanke: Würde
an der alten Regelung festgehalten, wäre die inhaltliche Übereinstimmung zwischen der
Urschrift und ihrer zukünftigen elektronischen Fassung hinsichtlich des Vermerks nicht
mehr in jedem Fall gegeben bzw. müsste die Notarin oder der Notar bei jeder hinzukommenden Ausfertigung den Vermerk sowohl auf der Urschrift als auch in der elektronischen
Fassung der Urschrift nachtragen. Mit der Neufassung bestimmt Abs. 4 daher ab 1.1.2022,
dass im Urkundenverzeichnis vermerkt werden soll, wem und an welchem Tage eine
Ausfertigung erteilt worden ist.

Da nach § 795 S. 1 ZPO auf die vollstreckbare Ausfertigung der notariellen Urkunde 17a
weiterhin der unveränderte § 734 ZPO anwendbar ist, ist fraglich, ob dieser der Vermerk
weiterhin auch auf der Urschrift angebracht werden muss.[111] Unklar ist, ob § 734 S. 2

---

[103] Vgl. Gutachten DNotI-Report 2015, 129.
[104] LG Augsburg Rpfleger 1999, 137; Zöller/*Stöber* ZPO § 724 Rn. 12; Stein/Jonas/*Münzberg* ZPO § 725 Rn. 5; *Lerch* BeurkG § 52 Rn. 16; *Winkler* BeurkG § 52 Rn. 59.
[105] MüKoZPO/*Wolfsteiner* ZPO § 724 Rn. 24 und § 733 Rn. 5 f.; *Wolfsteiner* Rn. 41.7 f.; Musielak/Voit/ *Lackmann* ZPO § 724 Rn. 8 und § 733 Rn. 4; Grziwotz/Heinemann/*Grziwotz* BeurkG § 52 Rn. 27.
[106] Vgl. *Winkler* BeurkG § 52 Rn. 61; Zöller/*Stöber* ZPO § 797 Rn. 5 und § 733 Rn. 12; BeckOGK/ *Regler* BeurkG § 52 Rn. 35 f.; BeckOK BeurkG/*Kleba* BeurkG § 52 Rn. 26; Grziwotz/Heinemann/*Heinemann* BeurkG § 52 Rn. 29.
[107] BGBl. 2013 I 1800.
[108] Vgl. Gutachten DNotI-Report 2013, 153 ff.; *Vossius* notar 2014, 99 ff. mit Checkliste und Formulierungsbeispiel.
[109] Gutachten DNotI-Report 2013, 153; Zöller/*Stöber* ZPO § 733 Rn. 11; *Vossius* notar 2014, 99 (100).
[110] → § 49 Rn. 14.
[111] Vgl. *Winkler* BeurkG § 52 Rn. 80; BeckOGK/*Regler* BeurkG § 52 Rn. 41.

ZPO anwendbar ist, der regelt, dass, wenn die Prozessakten elektronisch geführt werden, der Vermerk in einem gesonderten elektronischen Dokument festzuhalten ist. Das Dokument ist mit dem Urteil untrennbar zu verbinden. Es spricht einiges dafür, aus § 49 Abs. 4 BeurkG-2022 zu schließen, dass die Erteilung von Ausfertigungen, auch vollstreckbaren, einheitlich im Urkundenverzeichnis zu vermerken ist. Eine doppelte Erfassung wäre systemwidrig.

C. Vollstreckbarer Anwaltsvergleich

I. Überblick

18 Der Notar ist nicht nur zur Erteilung von vollstreckbaren Ausfertigungen von eigenen Urkunden befugt, nach § 796c Abs. 1 ZPO kann der Notar auch einen sog. vollstreckbaren Anwaltsvergleich nach § 796a ZPO vollstreckbar erklären, wenn die Parteien zustimmen. Bisher war der vollstreckbare Anwaltsvergleich in § 1044b ZPO geregelt; durch das Schiedsverfahrensneuregelungsgesetz vom 22.12.1997[112] hat der Gesetzgeber den vollstreckbaren Anwaltsvergleich in den §§ 796a ff. ZPO geregelt. Inhaltlich finden sich keine grundlegenden Abweichungen.

19 Nach § 796a Abs. 1 ZPO wird ein von Rechtsanwälten im Namen und mit Vollmacht der von ihnen vertretenen Parteien abgeschlossener Vergleich auf Antrag einer Partei für vollstreckbar erklärt, wenn sich der Schuldner darin der sofortigen Zwangsvollstreckung unterworfen hat und der Vergleich unter Angabe des Tages seines Zustandekommens bei einem Amtsgericht bzw. nach § 796c Abs. 1 ZPO bei einem Notar niedergelegt ist.[113] Das Schiedsverfahrensneuregelungsgesetz hat durch die Formulierung in § 794 Abs. 1 Nr. 4b ZPO klargestellt, dass beim vollstreckbaren Anwaltsvergleich Vollstreckungstitel allein die Beschlüsse der Vollstreckbarerklärung durch das Prozessgericht nach § 796b ZPO oder durch den Notar nach § 796c ZPO sind, nicht die anwaltlichen Vergleiche als solche.

II. Verfahren

20 **1. Antrag.** Wie bei jeder Vollstreckungsmaßnahme ist zunächst Voraussetzung ein **formloser Antrag,** der von einer Partei gestellt werden kann.[114]

21 **2. Zustimmung der Parteien.** § 796c Abs. 1 ZPO verlangt, dass der Vergleich nur dann von einem Notar in Verwahrung genommen und für vollstreckbar erklärt werden kann, wenn die **Parteien zustimmen.** Erforderlich ist die Zustimmungserklärung beider Parteien – nicht unbedingt der Anwälte – zur Vollstreckbarerklärung durch den Notar. Die Zustimmung ist an keine Form gebunden, sie kann bereits bei Abschluss des Vergleichs in den Vergleichstext aufgenommen oder nachträglich erteilt werden.[115] Die einmal erteilte Zustimmung ist nicht frei widerruflich, wenn die Beteiligten gemeinsam entweder im Vergleichstext selbst oder anschließend einvernehmlich die Zustimmung erteilt haben; denn in diesen Fällen kann man die Zustimmung als Teil einer rechtsgeschäftlichen Vereinbarung

---

[112] BGBl. I 3224.
[113] Vgl. Gutachten DNotI-Report 2007, 66 ff.; *Zimmer* NotBZ 2000, 175 ff.; Armbrüster/Preuß/Renner/ *Preuß* BeurkG § 52 Rn. 72 ff.; allgemein zum vollstreckbaren Anwaltsvergleich *Bachmayer* BWNotZ 1991, 135; *Geimer* DNotZ 1991, 266; *Ersfeld* MittRhNotK 1992, 229; *Hansen* NJW 1991, 961; *Keller* MittBayNot 1992, 313; *Lindemann* AnwBl. 1992, 457; BeckOGK/*Regler* BeurkG § 52 Rn. 47 ff.; BeckOK BeurkG/ *Kleba* BeurkG § 52 Rn. 35 ff.; Grziwotz/Heinemann/*Heinemann* BeurkG § 52 Rn. 35.
Veeser, Der vollstreckbare Anwaltsvergleich, 1996, sowie Kommentare zu § 1044b ZPO bzw. jetzt zu §§ 796a ff. ZPO.
[114] *Ersfeld* MittRhNotK 1992, 229 (233); *Winkler* BeurkG § 52 Rn. 83.
[115] Vgl. *Veeser,* Der vollstreckbare Anwaltsvergleich, 1996, S. 242; *Hansen* JurBüro 1991, 642; *Geimer* DNotZ 1991, 271.

ansehen, deren Grundlage durch den Widerruf vernichtet würde. Im Übrigen wäre auch sonst das Verfahren des § 796c ZPO weitgehend ineffizient.[116]

3. Zuständigkeit. Zuständig für die Verwahrung und die Vollstreckbarerklärung eines Anwaltsvergleichs ist nach § 796c Abs. 1 ZPO der Notar, der seinen Amtssitz in dem nach § 796a Abs. 1 ZPO zuständigen Gerichtsbezirk hat. Das ist wiederum das Amtsgericht, bei dem eine der Parteien zurzeit des Vergleichsabschlusses ihren allgemeinen Gerichtsstand hat.

4. Formelle Prüfung durch den Notar. Der Notar hat die formellen Voraussetzungen zu prüfen.[117] Voraussetzung ist, dass der Schuldner sich in der Urkunde der **sofortigen Zwangsvollstreckung unterworfen** hat. Außerdem muss der Vergleich von Rechtsanwälten im Namen und mit Vollmacht der von ihnen vertretenen Parteien abgeschlossen sein und den Tag seines Zustandekommens enthalten. Durch das Erfordernis des Handelns im Namen der vertretenen Parteien soll insbesondere die verdeckte Stellvertretung durch das Erfordernis des Handelns mit Vollmacht ausdrücklich eine vollmachtlose Vertretung ausgeschlossen werden. Der Unterzeichnung des Vergleichs durch die Parteien, wie § 1044b Abs. 1 ZPO sie noch forderte, bedarf es nach § 796a Abs. 1 ZPO nicht mehr; hierdurch soll eine Verfahrensbeschleunigung erreicht werden. Die Angabe des Tages des Zustandekommens des Vergleichs dient der Identifizierung des Vergleichs.

Weitere formelle Voraussetzung ist die **Niederlegung** bei einem Gericht, bei dem eine der Parteien zum Zeitpunkt des Vergleichsabschlusses ihren allgemeinen Gerichtsstand hatte (§ 796a Abs. 1 ZPO). Hierdurch soll der Schutz der Urkunde vor nachträglichen Änderungen und Verlusten gesichert werden. Nach § 796c Abs. 1 ZPO kann anstelle des Gerichts auch der Notar den Vergleich in diesem Sinne in **Verwahrung** nehmen.

In der DONot ist nicht geregelt, wie der Vergleich zu verwahren ist. Es spricht einiges dafür, den Anwaltsvergleich wie eine Urschrift einer eigenen Urkunde des Notars zu behandeln (§ 45 Abs. 1).[118] Eine Eintragung in die Urkundenrolle gem. § 8 DONot kann zurzeit mangels gesetzlicher Grundlage nicht verlangt werden, dürfte allerdings zulässig sein, da hierdurch die Auffindbarkeit erleichtert wird.[119]

5. Materiell-rechtliche Prüfung. Anders als bei der Vollstreckbarerklärung der notariellen Urkunden bestimmt § 796a Abs. 3 ZPO ausdrücklich, dass die Vollstreckbarerklärung abzulehnen ist, wenn der Vergleich unwirksam ist oder seine Anerkennung gegen die öffentliche Ordnung verstoßen würde. Der Notar muss daher nicht nur die formellen Voraussetzungen prüfen, sondern auch weiter prüfen, ob der Vergleich über einen vergleichsfähigen Gegenstand errichtet wurde, ob eine Ausnahme nach § 796a Abs. 2 ZPO vorliegt (Abgabe einer Willenserklärung, Vergleiche über Stand eines Mietverhältnisses über Wohnraum) oder sonstige Unwirksamkeitsgründe ersichtlich sind: Objektiv unmögliche Leistung (§ 306 BGB), Verstoß gegen gesetzliches Verbot (§ 135 BGB), Sittenwidrigkeit (§ 138 BGB), Vorliegen notwendiger Genehmigungen etc. Werden Einwendungen wie Anfechtung, Rücktritt, Wandelung geltend gemacht, so beeinträchtigen diese ebenfalls die Wirksamkeit. In der Literatur wird zT die Auffassung vertreten, dass ebenso wie bei anderen Vollstreckungstiteln nachträgliche Einwendungen auf die Vollstreckungsgegenklage nach § 767 ZPO zu verweisen sind und der Notar die Vollstreckungsklausel erteilen darf.[120] Diese Auffassung widerspricht aber dem klaren Wortlaut des § 796a Abs. 3 ZPO, der

---

[116] Im Ergebnis ebenso: *Veeser*, Der vollstreckbare Anwaltsvergleich, 1996, S. 244; *Ersfeld* MittRhNotK 1992, 229 (231); aA offenbar *Will* BWNotZ, 1992, 89 (91).
[117] Armbrüster/Preuß/Renner/*Preuß* BeurkG § 52 Rn. 67; Gutachten DNotI-Report 2007, 66 ff.; BeckOGK/*Regler* BeurkG § 52 Rn. 52; BeckOK BeurkG/*Kleba* BeurkG § 52 Rn. 38; Grziwotz/Heinemann/ *Heinemann* BeurkG § 52 Rn. 35.
[118] *Veeser*, Der vollstreckbare Anwaltsvergleich, 1996, S. 246; *Ersfeld* MittRhNotK 1992, 229 (234); *Geimer* DNotZ 1991, 266 (271).
[119] *Ersfeld* MittRhNotK 1992, 229 (234); *Geimer* DNotZ 1991, 266 (271).
[120] So *Hansen* JurBüro 1991, 639 (642); *Ersfeld* MittRhNotK 1992, 233.

27 **6. Weitere Voraussetzungen.** Die Vollstreckbarerklärung folgt im Übrigen den weiteren Voraussetzungen für die Erteilung einer Vollstreckungsklausel nach den allgemeinen Vorschriften, insbesondere den §§ 724 ff. ZPO.[122] Im Rahmen der Erteilung der vollstreckbaren Ausfertigung ist auch zu prüfen, ob nach dem Anwaltsvergleich bestehende Bedingungen für die Zwangsvollstreckung iSd § 726 ZPO eingetreten und der Bedingungseintritt durch öffentliche oder öffentlich-beglaubigte Urkunden nachgewiesen sind.[123]

III. Rechtsmittel

28 Nach § 796c Abs. 2 ZPO ist die Möglichkeit des Rechtsmittels neu eingeführt worden, wenn der Notar die Vollstreckbarerklärung ablehnt. Er hat diese dann zu begründen. Die Ablehnung kann mit dem Antrag auf gerichtliche Entscheidung bei dem nach § 796b Abs. 1 ZPO zuständigen Gericht angefochten werden. Hieraus wird man wohl zunächst entgegen der bisherigen hM den Schluss ziehen müssen, dass der Notar, wenn die Voraussetzungen vorliegen, verpflichtet ist, die Vollstreckbarerklärung durchzuführen.[124]

D. Vollstreckbarerklärung eines Schiedsspruchs durch Notar nach § 1053 Abs. 4 ZPO

29 Das Schiedsverfahrensrecht lässt eine Vollstreckbarkeitserklärung eines Schiedsspruches durch den Notar zu.[125] Geregelt ist in § 1053 Abs. 4 ZPO die Möglichkeit, dass mit Zustimmung der Parteien ein Schiedsspruch mit vereinbarten Wortlaut von einem Notar für vollstreckbar erklärt werden kann. Es handelt sich dabei um eine Besonderheit der Beendigung eines Schiedsverfahrens durch Vergleich, den sog. Schiedsspruch mit vereinbarten Wortlaut.[126] Vergleichen sich die Parteien während des schiedsrichterlichen Verfahrens über die Streitigkeit, so beendet das Schiedsgericht das Verfahren. Auf Antrag der Partei hält es den Vergleich in der Form eines Schiedsspruchs mit vereinbarten Wortlaut fest (§ 1053 Abs. 1 ZPO). Der Schiedsspruch mit vereinbarten Wortlaut ist als Schiedsspruch zu bezeichnen und muss in formeller Hinsicht den Anforderungen entsprechen, die für einen normalen Schiedsspruch gelten (§ 1053 Abs. 2 iVm § 1054 ZPO). Mit Zustimmung der Parteien kann ein Schiedsspruch mit vereinbarten Wortlaut auch von einem Notar für vollstreckbar erklärt werden. Wie sich aus der Gesetzesbegründung ergibt, richtet sich das Verfahren der Vollstreckbarerklärung weitgehend nach dem Verfahren, das für den vollstreckbaren Anwaltsvergleich gilt.[127] Insofern gelten die Erläuterungen zum vollstreckbaren Anwaltsvergleich auch im Rahmen der Vollstreckbarerklärung eines Schiedsspruchs mit vereinbarten Wortlaut.[128]

---

[121] Ebenso *Geimer* DNotZ 1991, 266 (282); Zöller/*Geimer* ZPO § 1044b Rn. 20.
[122] *Winkler* BeurkG § 52 Rn. 82; BeckOGK/*Regler* BeurkG § 52 Rn. 59; BeckOK BeurkG/*Kleba* BeurkG § 52 Rn. 39; Grziwotz/Heinemann/*Heinemann* BeurkG § 52 Rn. 35. *Ersfeld* MittRhNotK 1992, 229 (235); *Keller* MittBayNot 1992, 314.
[123] Vgl. OLG Köln NJW 1997, 1450.
[124] AA bisher Zöller/*Geimer* ZPO § 1044b Rn. 26; *Winkler* BeurkG § 52 Rn. 45 ff.
[125] BGBl. 1997 I 3224; vgl. dazu *Gottwald/Adolphsen* DStR 1998, 1017; *Kreindler/Mahlich* NJW 1998, 563; *Habscheid* JZ 1998, 445; *Lörcher* DB 1998, 245; BeckOGK/*Regler* BeurkG § 52 Rn. 61; BeckOK BeurkG/*Kleba* BeurkG § 52 Rn. 45; Grziwotz/Heinemann/*Heinemann* BeurkG § 52 Rn. 36; *Winkler* BeurkG § 52 Rn. 87.
[126] Vgl. dazu *Lachmann*, Handbuch für die Schiedsgerichtspraxis, 1998, S. 221 ff.; Armbrüster/Preuß/Renner/*Preuß* BeurkG § 52 Rn. 80 ff.; Gutachten DNotI-Report 2007, 72 ff.
[127] Vgl. BT-Drs. 13/5274, 55.
[128] Vgl. auch Armbrüster/Preuß/Renner/*Preuß* BeurkG § 52 Rn. 80 ff.; Gutachten DNotI-Report 2007, 72 ff.

E. Vollstreckbare Urkunde im europäischen Rechtsverkehr

Mit der Verordnung (EG) Nr. 44/2001 vom 20.12.2000 **(Brüssel I VO)** über die gerichtliche Zuständigkeit und die Anerkennung und Vollstreckung von Entscheidungen in Zivil- und Handelssachen (ABl. 2001 L 12) wurde das Brüsseler Gerichtsstands- und Vollstreckungsübereinkommen von 1968 (EuGVÜ) vergemeinschaftet.[129] 30

Am 10.1.2015 ist die neue **Verordnung** (EU) Nr. 1215/2012 des Europäischen Parlaments und des Rates vom 12.12.2012 **über die gerichtliche Zuständigkeit und Anerkennung und Vollstreckung von Entscheidungen in Zivil- und Handelssachen** in Kraft getreten **(Brüssel Ia-VO).** Die Brüssel I-VO Nr. 44/2001 wird hierdurch abgelöst.[130] Die Verordnung ist unmittelbar anwendbares Recht in den Mitgliedstaaten.[131] Das Gesetz zur Durchführung der Verordnung (EU) Nr. 1215/2012 sowie zur Änderung sonstiger Vorschriften vom 8.7.2015[132] regelt die Durchführung der Verordnung (§§ 1110 bis 1117 ZPO). Die Verordnung führt zu einer Vereinfachung der Vollstreckung in Zivil- und Handelssachen auf europäischer Ebene, da das Exequaturverfahren vollständig abgeschafft wurde.[133] 31

Art. 58 der Verordnung betrifft die **grenzüberschreitende Vollstreckbarkeit** von öffentlichen Urkunden. Öffentliche Urkunden, die im Ursprungsmitgliedstaat vollstreckbar sind, sind danach in den anderen Mitgliedstaaten vollstreckbar, ohne dass es einer Vollstreckbarerklärung bedarf. Die Zwangsvollstreckung aus der öffentlichen Urkunde kann nur versagt werden, wenn sie der öffentlichen Ordnung (ordre public) des ersuchten Mitgliedstaats offensichtlich widersprechen würde. Die bis zur Neuregelung nach VO Nr. 44/2001 notwendige Vollstreckbarkeitserklärung entfällt. Stattdessen hat der Antragsteller nun nur noch der Vollstreckungsbehörde die Ausfertigung der Entscheidung im Original und eine nach Art. 53 ausgestellte Bescheinigung, mit der bestätigt wird, dass die Entscheidung vollstreckbar ist, vorzulegen.[134] Das Formular für die Bescheinigung ist im Anhang II zur Verordnung enthalten. Nach der Verordnung bestimmen die Mitgliedstaaten selbst, welche Stellen für die Vollstreckbarerklärung ausländischer öffentlicher Urkunden und für die Erteilung der Bescheinigung über die Vollstreckbarkeit inländischer Urkunden zuständig sind. Zuständig für die Ausstellung der Vollstreckungsbescheinigung für Urkunden ist nach § 1110 ZPO der zuständige Notar. Umstritten ist, ob eine Vollstreckungsklausel für die Erteilung einer entsprechenden Bescheinigung erforderlich ist.[135] Dies wird überwiegend abgelehnt, da die Verordnung ein solches Erfordernis nicht vorsieht.[136] 32

Für **Geldforderungen** wurde durch EG-Verordnung Nr. 805/2004 vom 21.4.2004 zur Einführung eines europäischen Vollstreckungstitels für unbestrittene Forderungen[137] und das zu ihrer Umsetzung erlassene EG-Vollstreckungsänderungsgesetz[138] eine Vereinfachung geschaffen.[139] Die Regelungen sind in §§ 1079 bis 1086 ZPO umgesetzt worden. Sie regeln auch die Vollstreckung notarieller Urkunden über Geldforderungen in anderen EU-Staaten. Nach **Art. 25 EG-Verordnung Nr. 805/2004** kann eine öffentliche Urkunde 33

---

[129] *Fleischhauer* MittBayNot 2002, 15 ff.; *Geimer* IPRax 2002, 69; *Piltz* NJW 2002, 789; *Wagner* IPRax 2002, 75.
[130] ABl. L 351, 1; vgl. dazu *Alio* NJW 2014, 2; *Volmer* MittBayNot 2016, 20; *Fischer* MittBayNot 2015, 184.
[131] *Volmer* MittBayNot 2016, 20.
[132] BGBl. I 890.
[133] *Fischer* MittBayNot 2015, 184; BeckOGK/*Regler* BeurkG § 52 Rn. 62.
[134] Vgl. dazu *Volmer* MittBayNot 2016, 20.
[135] So *Franzmann* MittBayNot 2005, 470 (472).
[136] So *Leible/Lehmann* NotBZ 2004, 453 (458); *Fischer* MittBayNot 2015, 184 (185); *Rellermeyer* Rpfleger 2005, 189 (199).
[137] ABl. L 143, 15.
[138] BGBl. 2005 I 2477.
[139] Vgl. *Franzmann* MittBayNot 2005, 470.

(Art. 4 Nr. 3 VO Nr. 805/2004, insbesondere notarielle Niederschriften) über „eine Forderung auf Zahlung einer **bestimmten Geldsumme,** die fällig ist oder deren **Fälligkeitsdatum** in... der öffentlichen Urkunde angegeben ist" (Art. 4 Nr. 2 VO Nr. 805/2004) auf Antrag „als **Europäischer Vollstreckungstitel** bestätigt" werden. Die öffentliche Urkunde ist dann in den anderen EU-Mitgliedstaaten (außer Dänemark) vollstreckbar, ohne dass es dort einer Vollstreckbarerklärung bedarf und ohne dass ihre Vollstreckbarkeit angefochten werden kann. **Die Bestätigung als Europäischer Vollstreckungstitel** erfolgt nur auf entsprechenden Antrag des Vollstreckungsgläubigers. Zuständig für die Bestätigung ist der Notar, der die Vollstreckungsunterwerfung beurkundet hat (§§ 1079, 797 Abs. 2 ZPO). Für die Bestätigung ist das Formblatt nach Anhang II der VO Nr. 805/2004 zu verwenden.

§ 53 Einreichung beim Grundbuchamt oder Registergericht

Sind Willenserklärungen beurkundet worden, die beim Grundbuchamt oder Registergericht einzureichen sind, so soll der Notar dies veranlassen, sobald die Urkunde eingereicht werden kann, es sei denn, daß alle Beteiligten gemeinsam etwas anderes verlangen; auf die mit einer Verzögerung verbundenen Gefahren soll der Notar hinweisen.

Übersicht

	Rn.
A. Allgemeines	1
B. Voraussetzungen der Vollzugspflicht	3
I. Beurkundungen von Willenserklärungen	3
II. Vollzugsreife	5
III. Teilvollzug	8
C. Weisungen der Beteiligten	9
I. Gemeinsame Anweisung	9
II. Einseitiger Widerruf bzw. einseitige streitige Anweisung	11
III. Aussetzung des Vollzuges von Amts wegen	14
IV. Vorbescheid bei Zweifeln	15
D. Vollzugspflicht und Zurückbehaltungsrecht nach § 11 GNotKG	16
E. Elektronischer Vollzug im Handelsregister und Grundbuch	17
I. Elektronisches Handelsregister	17
II. Elektronisches Grundbuch	19

A. Allgemeines

1 § 53 bestimmt, dass der Notar nicht nur zur Aufnahme von Urkunden verpflichtet ist, sondern auch zu deren Vollzug in den Registern. Die Vorschrift statuiert eine entsprechende Amtspflicht, die im Übrigen abzugrenzen ist von der Vollzugstätigkeit im Rahmen sonstiger Betreuung nach § 24 Abs. 1 BNotO.

2 Mit dieser Pflicht nimmt der Notar die **Interessen der Beteiligten am zügigen Vollzug** ihrer Urkunden wahr, die Einreichung kann aber auch zur Sicherung der gegenseitigen Leistungspflichten dienen, etwa wenn die Eintragung der Auflassung bis zum Nachweis der Kaufpreiszahlung ausgesetzt wird. In diesem Zusammenhang stellt sich häufig die Frage, inwieweit einseitige Weisungen der Beteiligten zu beachten sind. Der Gesetzgeber hat anders als beim Verwahrungsverfahren die Problematik der widersprechenden Weisung im Rahmen der Vollzugspflicht nicht ausdrücklich geregelt. Die Problembereiche sind allerdings ähnlich, so dass der Rechtsgedanke der §§ 57 ff. auch im Rahmen der Vollzugspflichten angewendet werden kann, sofern der Sachverhalt vergleichbar ist.

B. Voraussetzungen der Vollzugspflicht

I. Beurkundungen von Willenserklärungen

Die spezifische Vollzugspflicht nach § 53 besteht nur, wenn Willenserklärungen beurkundet worden sind. Damit sind nur **Urkunden iSd §§ 6 ff.** gemeint.[1] Beglaubigte Unterschriften oder Tatsachenbeurkundungen iSd §§ 36 ff. begründen die besondere Vollzugspflicht nicht. Hier bedarf es eines **besonderen Ansuchens** der Beteiligten iSv § 24 Abs. 1 BNotO, für dessen Erfüllung der Notar nur bei Übernahme des Vollzugsauftrags haftet.[2] Bei Zweifelsfällen sollte der Notar allerdings von sich aus die Frage klären, ob er oder die Beteiligten den Vollzug übernehmen.[3] Hat der Notar den Entwurf angefertigt und die Unterschrift beglaubigt, so bestehen die gleichen Pflichten, wie wenn die Erklärung beurkundet worden wäre.[4]

Weitere Voraussetzung ist, dass es sich um Willenserklärungen handelt, die eines weiteren Vollzugs beim Grundbuchamt oder Registergericht bedürfen. **Register** in diesem Sinne sind Handelsregister, Vereinsregister, Genossenschaftsregister, Schiffsregister, Schiffsbauregister, Luftfahrzeugpfandregister, Güterrechtsregister. Auf andere vollzugsbedürftige Willenserklärungen ist die Vorschrift nicht anzuwenden, wenn es um einen anderweitigen Vollzug außerhalb eines Registers geht, zB Erbscheinsantrag, Genehmigungsantrag etc. In diesen Fällen besteht nicht die spezifische Vollzugspflicht des § 53, aber zumindest eine Belehrungspflicht über die Notwendigkeit des Vollzugs. Übernimmt der Notar den Vollzug, dann handelt es sich um eine sonstige Amtspflicht iSd § 24 BNotO. Die Einreichungspflicht nach § 53 obliegt dem Notar nur den Personen gegenüber, deren Erklärungen er beurkundet hat.[5]

Durch das Gesetz zur Neuordnung der Aufbewahrung von Notariatsunterlagen und zur Einrichtung des Elektronischen Urkundenarchivs bei der Bundesnotarkammer sowie zur Änderung weiterer Gesetze vom 1.6.2017 wurden in § 378 Abs. 3 FamFG und § 15 Abs. 3 GBO neue **Prüfungs- und Einreichungspflichten** im Registerverkehr eingeführt.[6] Danach sind sämtliche Anmeldungen in Grundbuch- und Registersachen mit Ausnahme der Genossenschafts- und Partnerschaftsregistersachen vor ihrer Einreichung für das Registergericht von einem Notar auf Eintragungsfähigkeit zu prüfen. Somit ist der Notar verpflichtet, dafür Sorge zu tragen, dass nur sachgerecht abgefasste und vollständige Anmeldungen beim Gericht eingereicht werden. Damit wird in diesem Bereich auch bei nur beglaubigten Unterschriften eine weitergehende notarielle Kontrollfunktion bzgl. des Inhalts des Dokuments vorgegeben. Auch die Gesetzesbegründung macht die Funktion deutlich:[7] Durch die Regelungen solle die Sicherstellung eines funktionierendes Grundbuch- und Registerwesens gewährleistet werden. Die Überprüfung von Anmeldungen in

---

[1] *Grein* RNotZ 2004, 115 (116); Armbrüster/Preuß/Renner/*Preuß* BeurkG § 53 Rn. 16; Grziwotz/Heinemann/*Heinemann* BeurkG § 53 Rn. 4; *Winkler* BeurkG § 53 Rn. 3; BeckOGK/*Regler* BeurkG § 52 Rn. 12; *Lerch* BeurkG § 53 Rn. 2; BeckOK BeurkG/*Kleba* BeurkG § 53 Rn. 6.

[2] Armbrüster/Preuß/Renner/*Preuß* BeurkG § 53 Rn. 16; Grziwotz/Heinemann/*Heinemann* BeurkG § 53 Rn. 4; *Winkler* BeurkG § 53 Rn. 3; BeckOGK/*Regler* BeurkG § 52 Rn. 12; *Lerch* BeurkG § 53 Rn. 2; BeckOK BeurkG/*Kleba* BeurkG § 53 Rn. 6.

[3] *Haug/Zimmermann* Rn. 618 f.

[4] Allg. Meinung BayObLG DB 1986, 1666; *Lerch* BeurkG § 53 Rn. 2; *Winkler* BeurkG § 53 Rn. 3; Armbrüster/Preuß/Renner/*Preuß* BeurkG § 53 Rn. 16; Grziwotz/Heinemann/*Heinemann* BeurkG § 53 Rn. 4.

[5] BGH DNotZ 1992, 813; Armbrüster/Preuß/Renner/*Preuß* BeurkG § 53 Rn. 19; *Grein* RNotZ 2004, 115 (116).

[6] Vgl. dazu *Weber* RNotZ 2017, 427; *Eickelberg* FGPrax 2017, 14; *Krafka* NZG 2017, 889; *Attenberger* MittBayNot 2017, 335 (336); *Diehn/Rachlitz* DNotZ 2017, 487 (489 f.); *Ott* BWNotZ 2017, 146; *Zimmer* NJW 2017, 1909; Gutachten DNotI-Report 2017, 89 (90); BeckOK FamFG/*Otto* FamFG § 378 Rn. 21 ff.

[7] BT-Drs. 18/10607, 106 ff. Zum Grundbuch OLG Schleswig FGPrax 2017, 210; OLG Celle FGPrax 2018, 5.

Registersachen auf Grundlage der dem Notar zur Verfügung stehenden Erkenntnismittel werde mit dem vorgeschlagenen § 378 Absatz 3 FamFG nunmehr unabhängig von der Beurkundung oder Beglaubigung ausdrücklich als notarielle Amtspflicht und registerrechtliche Verfahrensvorschrift geregelt. Durch die Regelung werde die faktische Filter- und Entlastungsfunktion des Notars im Interesse der Sicherung der hohen Qualität, Schnelligkeit und Effizienz der registergerichtlichen Eintragungsverfahren gesetzlich verankert. Als Verfahrensvorschrift ist der vorgeschlagene § 378 Absatz 3 FamFG zugleich formelle Voraussetzung im Eintragungsverfahren. Dadurch werde sichergestellt, dass in allen Fällen vorab die Prüfung der Anmeldung auf Eintragungsfähigkeit erfolgt und die Registergerichte ausschließlich sachgerecht formulierte Anmeldungen erhalten. Der Vermerk ist damit formelle Eintragungsvoraussetzung.

II. Vollzugsreife

5 § 53 verlangt die Einreichung, „sobald die Urkunde eingereicht werden kann". Grundsätzlich ist der Notar erst dann zur Einreichung verpflichtet, wenn sog. Vollzugsreife gegeben ist.[8] Das ist dann der Fall, wenn alle **materiell-rechtlichen und formellen Voraussetzungen** für die Eintragung im Grundbuch bzw. Register gegeben sind.

6 Zu einer **Einreichung vor Vollzugsreife** ist der Notar grundsätzlich nicht verpflichtet.[9] Nur in ganz engen **Ausnahmefällen** kann eine Vorlage vor Vollzugsreife notwendig sein, wenn die Beteiligten dies dem Notar deutlich machen und der Notar hierdurch eine Rangwahrung, zB über § 18 GBO, erreichen kann.[10] Dies setzt voraus, dass die Eintragungshindernisse mit Rückwirkung und kurzfristig behebbar sind.[11] Zu Unsicherheit hat die Entscheidung des BGH vom 25.11.2005[12] geführt bei einer Immobilienschenkung an minderjährige Kinder; es stellte sich dabei die Frage, ob bei wirksamer (genehmigungsfreier) Auflassung bereits vor Eintritt der Wirksamkeit des Verpflichtungsgeschäfts die Eigentumsumschreibung im Grundbuch beantragt werden soll. Hier besteht bis zur Wirksamkeit des schuldrechtlichen Grundgeschäftes keine Vollzugspflicht.[13]

7 Für die Vollzugsreife ist in der Regel erforderlich, dass alle **notwendigen Unterlagen** in der gehörigen Form für die Eintragung vorliegen; das können Genehmigungserklärungen, Vollmachten, Zustimmungen, Unbedenklichkeitsbescheinigungen des Finanzamts, Negativattest über Vorkaufsrechte etc sein. Die Einholung dieser weiteren Voraussetzungen und Genehmigungen ist grundsätzlich Sache der Beteiligten.[14] Da in der Praxis in den meisten Fällen allerdings der Notar diesen Auftrag als zusätzlichen Vollzugsauftrag iSd § 24 BNotO übernimmt, muss ein Notar, der entgegen dieser allgemeinen Praxis dies nicht für die Beteiligten tut, die Beteiligten darüber belehren, dass sie selbst die Genehmigungen ein-

---

[8] *Winkler* BeurkG § 53 Rn. 19; Armbrüster/Preuß/Renner/*Preuß* BeurkG § 53 Rn. 21; Grziwotz/Heinemann/*Heinemann* BeurkG § 53 Rn. 8; BeckOGK/*Regler* BeurkG § 52 Rn. 13; *Lerch* BeurkG § 53 Rn. 2; BeckOK BeurkG/*Kleba* BeurkG § 53 Rn. 7.
[9] *Winkler* BeurkG § 53 Rn. 16; Armbrüster/Preuß/Renner/*Preuß* BeurkG § 53 Rn. 21; *Haug/Zimmermann* Rn. 625; Grziwotz/Heinemann/*Heinemann* BeurkG § 53 Rn. 8; BeckOGK/*Regler* BeurkG § 52 Rn. 17; *Lerch* BeurkG § 53 Rn. 6; BeckOK BeurkG/*Kleba* BeurkG § 53 Rn. 11; *Grein* RNotZ 2004, 115 (117).
[10] BGH DNotZ 1983, 450; vgl. BeckOGK/*Regler* BeurkG § 52 Rn. 18; *Lerch* BeurkG § 53 Rn. 6; BeckOK BeurkG/*Kleba* BeurkG § 53 Rn. 1; Grziwotz/Heinemann/*Heinemann* BeurkG § 53 Rn. 10.
[11] *Lerch* BeurkG § 53 Rn. 7; *Winkler* BeurkG § 53 Rn. 19; Armbrüster/Preuß/Renner/*Preuß* BeurkG § 53 Rn. 21; *Becker-Berke* DNotZ 1993, 453; *Haug/Zimmermann* Rn. 626 ff.; BeckOGK/*Regler* BeurkG § 52 Rn. 18; *Lerch* BeurkG § 53 Rn. 6; BeckOK BeurkG/*Kleba* BeurkG § 53 Rn. 1; Grziwotz/Heinemann/*Heinemann* BeurkG § 53 Rn. 10.
[12] BGHZ 161, 170 = NJW 2005, 415.
[13] Ebenso Armbrüster/Preuß/Renner/*Preuß* BeurkG § 53 Rn. 22; *Böttcher* NJW 2008, 412 (413); *Reiß* RNotZ 2005, 224 (226); *Feller* MittBayNot 2005, 412 (413); *Everts* ZEV 2005, 66 (69).
[14] BGH DNotZ 1954, 551; *Winkler* BeurkG § 53 Rn. 12; Armbrüster/Preuß/Renner/*Preuß* BeurkG § 53 Rn. 21; Grziwotz/Heinemann/*Heinemann* BeurkG § 53 Rn. 9; BeckOGK/*Regler* BeurkG § 52 Rn. 16; *Lerch* BeurkG § 53 Rn. 8; BeckOK BeurkG/*Kleba* BeurkG § 53 Rn. 11; Grziwotz/Heinemann/*Heinemann* BeurkG § 53 Rn. 10.

holen müssen.¹⁵ Der Vollzug hat **unverzüglich** zu geschehen, dh ohne schuldhaftes Zögern.¹⁶ In der Regel ist dem Notar ein Zeitraum von acht bis zehn Arbeitstagen zuzubilligen.¹⁷ Auch **Vollzugsanweisungen** im Vertrag können gegen das AGBGB bzw. jetzt gegen die **Klauselverbote des BGB** verstoßen. So hat der BGH entschieden, dass eine Klausel in Allgemeinen Geschäftsbedingungen eines Bauträgervertrags, wonach der Notar angewiesen wird, den Antrag auf Umschreibung des Eigentums erst zu stellen, wenn der Kaufpreis vollständig bezahlt ist, unwirksam ist, weil sie den Klauselgegner wegen der Pflicht zur Vorleistung unangemessen benachteiligt.¹⁸

III. Teilvollzug

Nicht geregelt ist die Frage, ob Urkunden, die mehrere Willenserklärungen enthalten, **8** getrennt vollzogen werden sollen, wenn **teilweise Vollzugsreife** gegeben ist. Der Wortlaut des § 53 geht davon aus, dass alle in einer Urkunde enthaltenen Willenserklärungen gleichzeitig vollzogen werden, da die Urkunde einzureichen ist. Im Zweifel besteht daher keine Pflicht zum Teilvollzug bzw. sukzessiven Vollzug je nach Erreichung der Vollzugsreife der verschiedenen Willenserklärungen einer Urkunde.¹⁹ Die Pflicht zum Teilvollzug besteht dann, wenn die Beteiligten gemeinsam dies verlangen oder wenn die verschiedenen Willenserklärungen kein einheitliches Rechtsgeschäft betreffen und kein Einheitlichkeitswille iSd § 139 BGB vorliegt. Häufig stehen auch verschiedene Grundbuchanträge in einem solchen rechtlichen oder wirtschaftlichen Zusammenhang, dass ihr gemeinsamer Vollzug als von den Parteien gewollt angesehen werden muss.²⁰ Auch bei der Veräußerung verschiedener Grundstücke in einer Urkunde ist ein Teilvollzug mutmaßlich nicht gewünscht, wenn für den gesamten Grundbesitz ein einheitlicher Kaufpreis vereinbart worden ist und einheitliche Sicherungen in der Urkunde vorgesehen worden sind.²¹ Lediglich bei der formalen Zusammenfassung wirtschaftlich verschiedener Rechtsgeschäfte kann ein Teilvollzug in Betracht kommen. In Zweifelsfällen sollte man sich an der Rechtsprechung zu § 139 BGB und § 16 Abs. 2 GBO orientieren.

C. Weisungen der Beteiligten

I. Gemeinsame Anweisung

Nach § 53 können alle Beteiligten gemeinsam verlangen, dass der Notar nicht nach Vollzugsreife sofort den Vollzug betreibt. Durch diese vom Gesetz vorgesehene Möglichkeit können insbesondere **Sicherungsinteressen** der Beteiligten geschützt werden, zB durch die in der Praxis übliche Anweisung an den Notar, die Auflassungsurkunde erst dann vorzulegen, nachdem der Verkäufer dem Notar mitgeteilt hat, dass er den Kaufpreis erhalten hat.²²

---

¹⁵ BGH VersR 1959, 739; *Winkler* BeurkG § 18 Rn. 48; *Jansen* BeurkG § 18 Rn. 50.
¹⁶ BGH NJW 2002, 3391.
¹⁷ Armbrüster/Preuß/Renner/*Preuß* BeurkG § 53 Rn. 23; *Winkler* BeurkG § 53 Rn. 17; Grziwotz/Heinemann/*Heinemann* BeurkG § 53 Rn. 10; *Kanzleiter* DNotZ 1979, 314; *Schippel* MittBayNot 1979, 35; *Grein* RNotZ 2004, 115 (117); BeckOGK/*Regler* BeurkG § 52 Rn. 18; BeckOK BeurkG/*Kleba* BeurkG § 53 Rn. 12; Grziwotz/Heinemann/*Heinemann* BeurkG § 53 Rn. 10; enger LG Duisburg MittRhNotK 1993, 76.
¹⁸ BGH DNotZ 2002, 41 mAnm *Basty*; vgl. auch *Hertel* NotBZ 2001, 463.
¹⁹ Grziwotz/Heinemann/*Heinemann* BeurkG § 53 Rn. 12; *Winkler* BeurkG § 53 Rn. 19a.
²⁰ Vgl. zu § 16 Abs. 2 GBO BayObLG Rpfleger 1981, 283; OLG Frankfurt a. M. Rpfleger 1980, 108; OLG Hamm Rpfleger 1988, 404.
²¹ BayObLGE 18, 286; *Wulf* MittRhNotK 1986, 41 (47); Meikel/*Böttcher* GBO § 16 Rn. 15.
²² BGH BeckRS 2019, 28500; NJW-RR 2006, 1431; BayObLG ZNotP 2003, 75; Gutachten DNotI-Report 2019, 153; *Reithmann/Albrecht/Basty*, Handbuch der notariellen Vertragsgestaltung, 8. Aufl. 2001, Rn. 351 ff.; Schippel/Bracker/*Reithmann* BNotO § 24 Rn. 29 ff.; *Reithmann* NotBZ 2004, 100 ff.; BeckOGK/*Regler* BeurkG § 52 Rn. 21; BeckOK BeurkG/*Kleba* BeurkG § 53 Rn. 17; Grziwotz/Heinemann/*Heinemann* BeurkG § 53 Rn. 17; eingehend auch zu den verschiedenen Modell in der Praxis *Dieckmann* BWNotZ 2008, 134 ff.

10 Die Frage der Weisungsbefugnis entscheidet sich nach der Art der Willenserklärung. Bei zweiseitigen Willenserklärungen darf der Notar von der alsbaldigen Einreichung der Urkunde nur absehen, wenn beide Beteiligten dies übereinstimmend verlangen.[23] In diesen Fällen hat der Notar die Beteiligten auf die mit der Verzögerung verbundenen Gefahren hinzuweisen. Bei einseitigen Erklärungen ist der Beteiligte weisungsbefugt.

II. Einseitiger Widerruf bzw. einseitige streitige Anweisung

11 Eine bedeutsame Rolle spielt in der Praxis die Frage, unter welchen Umständen der Notar bei mehreren Beteiligten einseitige Weisungen eines Beteiligten beachten muss.[24] Dies kann entweder der Fall sein, wenn ein Beteiligter in Abweichung von der gesetzlichen Vollzugspflicht nach § 53 eine einseitige Weisung erteilt, oder wenn die Beteiligten ein bestimmtes Abwicklungsverfahren gemeinsam im Vertrag vorgeschrieben haben (zB Aussetzung der Auflassung) und nachträglich einer der Beteiligten diese Vollzugsvoraussetzungen widerruft. Die hM erkennt mittlerweile an, dass der Notar seine **Vollzugstätigkeit nach § 53 grundsätzlich** nicht **wegen einseitigen Widerrufs** der Vollzugsanweisung verweigern darf.[25] Die einseitige Anweisung eines Beteiligten ist bereits nach dem ausdrücklichen Gesetzeswortlaut grds. unbeachtlich.

12 Allerdings ist ebenfalls anerkannt, dass der Notar unter **besonderen Voraussetzungen** auch bei einer einseitigen Weisung den Vollzug aussetzen muss, nämlich dann, wenn dem Notar Umstände bekannt sind, aus denen sich mit einem hohen Wahrscheinlichkeitsgrad die Unwirksamkeit des zu vollziehenden Vertrags ergibt. In diesen Fällen hat nach der Rechtsprechung der Notar ausnahmsweise seine Amtstätigkeit nach § 14 Abs. 2 BNotO zu verweigern, damit nicht durch seine Mitwirkung die Unrichtigkeit des Grundbuchs oder des Registers eintritt.[26] Die Verpflichtung des Notars, unwirksame Beurkundungen zu unterlassen oder in anderer Weise zum Abschluss unwirksamer Rechtsgeschäfte beizutragen oder solche zu vollziehen, soll darüber hinaus den Betroffenen davor schützen, dass er im Vertrauen auf die vermeintliche Wirksamkeit des Geschäfts Aufwendungen tätigt, die sich wegen der Unwirksamkeit als nutzlos herausstellen.[27] Dies ist gegeben, wenn der Beteiligte einen ausreichend substantiierten und glaubhaften Sachverhalt vorträgt, der einen Anfechtungs- oder Unwirksamkeitsgrund des zu vollziehenden Vertrags als nahe liegend und offensichtlich gegeben erscheinen lässt und der andere Beteiligte dagegen keine durchgreifenden Einwendungen vorbringen kann. Eine Weigerung kann ferner berechtigt sein, wenn eine hohe Wahrscheinlichkeit dafür spricht, dass durch den Vollzug der Urkunde das Grundbuch unrichtig werden würde, ferner wenn mit hoher Wahrscheinlichkeit feststehen

---

[23] BGH DNotZ 1958, 29; BayObLG MittBayNot 1998, 198 und 200; OLG Hamm DNotZ 1987, 166; MittRhNotK 1994, 183; LG Köln MittRhNotK 1995, 144; *Winkler* BeurkG § 53 Rn. 20 ff.; Armbrüster/Preuß/*Renner/Preuß* BeurkG § 53 Rn. 30 ff.; *Grein* RNotZ 2004, 115 (117); *Sandkühler* DNotZ 2009, 164 (166); Grziwotz/Heinemann/*Heinemann* BeurkG § 53 Rn. 16 ff.

[24] Vgl. eingehend *Sandkühler* DNotZ 2009, 164 ff.; *Winkler* MittBayNot 1998, 141 ff.; *Grein* RNotZ 2004, 115 (117); *Everts* ZNotP 2005, 220; *Reithmann* ZNotP 2005, 57; *Schramm* ZNotP 1999, 342.

[25] BayObLG DNotZ 2000, 372 mAnm *Reithmann*; BayObLGZ 1998, 6 = DNotZ 1998, 645; BayObLG MittBayNot 1998, 200; ZNotP 2003, 75; OLG Hamm RNotZ 2008, 232; OLG München DNotZ 2008, 777; OLG Hamm DNotZ 2003, 848; OLGZ 1994, 495; OLG Köln OLGZ 1990, 397; *Winkler* BeurkG § 53 Rn. 22; *Jansen* BeurkG § 53 Rn. 17; Armbrüster/Preuß/Renner/*Preuß* BeurkG § 53 Rn. 31; Grziwotz/Heinemann/*Heinemann* BeurkG § 53 Rn. 19 ff.; BeckOGK/*Regler* BeurkG § 52 Rn. 24; BeckOK BeurkG/*Kleba* BeurkG § 53 Rn. 17; *Sandkühler* DNotZ 2009, 164 (167).

[26] Vgl. BGH DNotZ 2001, 486; ausführlich *Winkler* MittBayNot 1998, 141 (144 ff.); OLG Hamm RNotZ 2008, 232; OLG München DNotZ 2008, 777; OLG Hamm MittBayNot 1994, 183; DNotZ 2003, 848; BayObLG DNotZ 2000, 372 mAnm *Reithmann*; BayObLG ZNotP 1998, 388; BayObLGZ 1998, 6 = MittBayNot 1988, 198; BayObLG MittBayNot 1998, 200; OLG Zweibrücken MittBayNot 2002, 126; OLG Düsseldorf MittBayNot 2002, 206 f.; *Winkler* BeurkG § 53 Rn. 27 ff.; Armbrüster/Preuß/Renner/*Preuß* BeurkG § 53 Rn. 34; Grziwotz/Heinemann/*Heinemann* BeurkG § 53 Rn. 19 ff.; BeckOGK/*Regler* BeurkG § 52 Rn. 25; BeckOK BeurkG/*Kleba* BeurkG § 53 Rn. 22; *Grein* RNotZ 2004, 115 (117); *Sandkühler* DNotZ 2009, 164 (168 f.); *Kasper* RNotZ 2018, 133 (154).

[27] BGH DNotZ 2001, 486.

würde, dass der Kaufpreis noch nicht voll gezahlt ist, so dass eine Vollzugsreife fehlen würde.[28] Der Notar handelt allerdings nicht pflichtwidrig, wenn er eine Urkunde zum Vollzug einreicht, bei der er nicht sicher ist, ob das beurkundete Rechtsgeschäft wegen Formnichtigkeit einer Zusatzvereinbarung gem. § 139 BGB nichtig ist.[29] Es ist nicht Sache des Notars, die Wirksamkeit des Widerrufs eines Vollzugsantrags zu überprüfen, zumal § 53 ihn gerade dieser schwierigen, im Ergebnis oft zweifelhaften und für ihn mit einem erheblichen Risiko verbundenen Prüfung entheben wollte.[30] Der Notar hat ebenfalls nicht im Vollzugsverfahren nach § 53 zu klären, ob an der Wirksamkeit einer Weisung iSd § 53 aus Gründen des Rechts Allgemeiner Geschäftsbedingungen Zweifel bestehen.[31]

Die vergleichbare Problematik der widersprechenden Weisungen ist für den Bereich der Hinterlegung in §§ 57 ff. geregelt, so dass man mE, den darin enthaltenen Rechtsgedanken soweit wie möglich auch im Rahmen des § 53 zur Geltung bringen sollte.[32] Das spezifische gerichtliche Beschlussverfahren des § 60 ist allerdings nicht übertragbar. Diese Grundsätze betreffen nur die echten Vollzugspflichten und sind nicht ohne weiteres auf den Bereich übertragbar, in dem der Notar oder ein Angestellter aufgrund Vollmacht für die Beteiligten tätig werden soll. Ist in einem Kaufvertrag eine Vollzugsvollmacht für Notarangestellte enthalten, so besteht beim Streit der Parteien über die Höhe des Kaufpreises keine Amtspflicht des Notars, die Angestellten zur Abgabe der Erklärung anzuhalten.[33]

III. Aussetzung des Vollzuges von Amts wegen

Die Rechtsprechung ist darüber hinaus der Auffassung, dass der Notar unter ganz engen Voraussetzungen auch von Amts wegen den Vollzug aussetzen kann: Grundsätzlich ist ein Notar, der nachträgliche Zweifel daran hat, ob die Vertragsparteien alle zwischen ihnen ausgehandelten Vereinbarungen haben beurkunden lassen, nicht berechtigt, deswegen seine Vollzugstätigkeit aufzuschieben.[34] Etwas anderes gilt nur, wenn es für den Notar im hohen Maße wahrscheinlich ist, dass der beurkundete Kaufvertrag wegen Unterverbriefung als Scheingeschäft nichtig und der gewollte Vertrag nur durch die Eintragung ins Grundbuch gültig würde.[35] Die Pflicht, von Amts wegen den Urkundenvollzug auszusetzen, kann aber nur bei eindeutiger Kenntnis des Notars anzunehmen sein, bloße Zweifel genügen nicht.[36]

IV. Vorbescheid bei Zweifeln[37]

Die Einschätzung, ob die genannten Ausnahmen vorliegen, in denen ausnahmsweise der Notar den Vollzug von Amts wegen oder auf einseitige Weisung eines Beteiligten einstellen

---

[28] BayObLGZ 1998, 6 (9 Fn. 14); OLG Hamm MittRhNotK 1994, 183; 1995, 144; *Winkler* BeurkG § 53 Rn. 29 ff.; LG Köln MittRhNotK 1995, 144.
[29] BayObLG DNotZ 2000, 372 mAnm *Reithmann*.
[30] BayObLG DNotZ 2000, 372 mAnm *Reithmann*.
[31] BayObLG ZNotP 2003, 75.
[32] Ebenso *Sandkühler* DNotZ 2009, 164 (171).
[33] Zu Recht OLG Frankfurt a. M. FGPrax 2000, 124.
[34] BGH DNotZ 2001, 486 (487); OLG Zweibrücken MittBayNot 2002, 126; OLG Düsseldorf MittBayNot 2002, 206 f.; OLG Frankfurt a. M. FGPrax 1997, 238; Armbrüster/Preuß/Renner/*Preuß* BeurkG § 53 Rn. 34; Grziwotz/Heinemann/*Heinemann* BeurkG § 19 ff.; BeckOGK/*Regler* BeurkG § 52 Rn. 25; BeckOK BeurkG/*Kleba* BeurkG § 53 Rn. 22; *Grein* RNotZ 2004, 115 (117).
[35] BayObLG MittBayNot 1998, 198; vgl. auch OLG Jena NotBZ 1998, 239; Arndt/Lerch/Sandkühler/*Sandkühler* BNotO § 14 Rn. 135; *Reßler* NotBZ 1997, 86; *Hariefield* RNotZ 2019, 365 (366).
[36] BayObLG DNotZ 2000, 372; OLG Frankfurt a. M. FGPrax 1997, 239; OLG Zweibrücken MittBayNot 2002, 126; *Ressler* NotBZ 1997, 86; *Winkler* MittBayNot 1998, 141 (146); vgl. auch BGH DNotZ 1987, 558; Armbrüster/Preuß/Renner/*Preuß* BeurkG § 53 Rn. 34.
[37] Zum Vorbescheid vgl. *Hariefield* RNotZ 2019, 365; *Sandkühler* DNotZ 2009, 595; *Reithman* ZNotP 2009, 370 f.; *Heinemann* DNotZ 2009, 6 (37); *Reithmann* ZNotP 2005, 57; *Everts* ZEV 2005, 66 (69); Armbrüster/Preuß/Renner/*Preuß* BeurkG § 53 Rn. 39; BeckOGK/*Regler* BeurkG § 52 Rn. 36; BeckOK BeurkG/*Kleba* BeurkG § 53 Rn. 17; vgl. auch zum Vorbescheid nach dem FamFG: *Preuß* DNotZ 2010, 265 (270); *Sandkühler* DNotZ 2009, 595; *Hertel* FS 200 Jahre Notarkammer Pfalz 2003, 187; *Regler* MittBayNot 2010, 261 (263).

muss, ist häufig für den Notar nicht einfach, da er grundsätzlich anders als ein Gericht keine Möglichkeit der Sachverhaltsaufklärung und Beweisaufnahme hat. Häufig werden auch unterschiedliche Sachverhalte von den Beteiligten vorgetragen, so dass Zweifel bleiben. Daher gilt im Grundsatz, dass der Vollzugspflicht der Vorrang einzuräumen ist, wenn nicht substantiiert die Ausnahmefälle vorgetragen werden und auch eine hohe Wahrscheinlichkeit für die Richtigkeit dieses Vortrags spricht. In diesen Fällen ist anerkannt, dass der Notar im Wege eines sog. **Vorbescheids die weiteren Verfahrensschritte ankündigen** und den Beteiligten eine Frist setzen darf, innerhalb der sie dagegen Beschwerde nach § 15 BNotO erheben können oder die Frage vor dem Prozessgericht klären lassen.[38] Der Vorbescheid kann entweder dahingehend lauten, dass der einseitigen Anweisung eines Beteiligten Folge geleistet wird oder nicht. Der jeweils Betroffene muss dann zu Rechtsmitteln greifen. Dabei ist anerkannt, dass auch gegen eine angekündigte Vornahme oder Nichtvornahme einer Amtshandlung die Beschwerde nach § 15 BNotO zulässig ist. Diskussion ist entstanden zu der Frage, ob durch die Einführung des FamFG[39] der notarielle Vorbescheid nicht mehr zulässig ist.[40] Für das Erbscheinverfahren ist der Vorbescheid nicht mehr zulässig, dieser ist durch § 352 FamFG abgeschafft.[41] Für das Verfahren des Notars gilt das FamFG aber nicht unmittelbar.[42] Wie sich bereits aus der Regierungsbegründung zum FamFG ergibt, soll der Vorbescheid unberührt bleiben,[43] so dass er auch weiterhin zulässig ist.[44] Zum Teil wird aber in der Literatur der Vorbescheid kritisch angesehen.[45] Das ist mE unrichtig. Für das Beschwerdeverfahren gelten §§ 59 ff. FamFG, so dass nach § 64 Abs. 1 FamFG die Beschwerde nur noch beim Notar eingelegt werden kann.[46]

15a Es besteht zwar nach Auffassung des BGH keine **Beschwerdefrist,** dennoch wird beim Vorbescheid aus haftungsrechtlichen Gründen empfohlen, den Beteiligten eine Frist zu setzen.[47]

D. Vollzugspflicht und Zurückbehaltungsrecht nach § 11 GNotKG

16 Nach § 11 GNotKG können Ausfertigungen, Abschriften sowie zurückzugebende Urkunden, die aus Anlass des Geschäfts eingereicht sind, zurückbehalten werden, bis die in der Angelegenheit erwachsenen Kosten bezahlt sind. Der Notar ist daher berechtigt, Aus-

---

[38] Vgl. BayObLG DNotZ 1998, 646; 2000, 372; OLG Hamm MittBayNot 1994, 370; 1995, 411; OLG Frankfurt a. M. DNotZ 1992, 61; OLG Schleswig DNotZ 1993, 67; LG Frankenthal MittBayNot 1996, 321 mAnm *Vollhardt; Winkler* BeurkG § 53 Rn. 43; Armbrüster/Preuß/Renner/*Preuß* BeurkG § 53 Rn. 39; BeckOGK/*Regler* BeurkG § 52 Rn. 36; BeckOK BeurkG/*Kleba* BeurkG § 53 Rn. 17; *Winkler* MittBayNot 1998, 144 (147); *Hariefeld* RNotZ 2019, 365; *Sandkühler* DNotZ 2009, 595; *Reithmann* ZNotP 2005, 57; *Hertel* FS 200 Jahre Notarkammer Pfalz 2003, 187 f.

[39] Gesetz über das Verfahren in Familiensachen und in den Angelegenheiten der freiwilligen Gerichtsbarkeit vom 17.12.2008, BGBl. I 2586, 2587.

[40] *Sandkühler* DNotZ 2009, 595 ff.; *Heinemann* DNotZ 2009, 6 (37); *Reithmann* ZNotP 2009, 370 (371); zum vergleichbaren Problem bei § 15 BNotO vgl. die Erläuterungen zu § 15 BNotO und *Müller-Magdeburg* ZNotP 2009, 216; *Regler* MittBayNot 2010, 261 ff.

[41] Vgl. *Zimmermann* ZEV 2009, 53 ff.

[42] *Reithmann* ZNotP 2009, 370 (371).

[43] BT-Drs. 16/6308, 324.

[44] So zu Recht → BNotO § 1 Rn. 20; Armbrüster/Preuß/Renner/*Preuß* BeurkG § 53 Rn. 39; Armbrüster/Preuß/Renner/*Seeger* BeurkG § 54 Rn. 3; *Sandkühler* DNotZ 2009, 595 ff.; *Reithmann* ZNotP 2009, 370 (371). *Regler* MittBayNot 2010, 261 (263); *Preuß* DNotZ 2010, 265 (270); *Hariefeld* RNotZ 2019, 365 (368 f.).

[45] So Grziwotz/Heinemann/*Heinemann* BeurkG § 53 Rn. 50, der den Vorbescheid als obsolet ansieht und der Meinung ist, dass es sich daher bei dem „Vorbescheid" der Sache nach um einen Feststellungsbeschluss handelt, in dem der Notar die Voraussetzungen für die Vornahme der begehrten Amtshandlung für festgestellt erachtet, § 352 Abs. 1 S. 1 FamFG analog.

[46] → BNotO § 15 Rn. 33 ff.; *Sandkühler* DNotZ 2009, 595 (599); *Preuß* DNotZ 2010, 265 (271); *Heinemann* DNotZ 2009, 6 (38); *Hariefeld* RNotZ 2019, 365 (373); *Regler* MittBayNot 2010, 261 (263) mit Formulierungsmustern.

[47] *Hariefeld* RNotZ 2019, 365 (380).

fertigungen und Abschriften bis zur Kostenzahlung zurückzuhalten. Das Zurückbehaltungsrecht erstreckt sich nicht nur auf die erste Ausfertigung, sondern auch auf jede weitere, auch von dritter Seite angeforderte Ausfertigung. Ob das Zurückbehaltungsrecht auch die Vollzugspflicht nach § 53 suspendiert, war unter der alten KostO umstritten. Der BGH hat auch zur alten KostO entschieden, dass der mit dem Vollzug eines Kaufvertrags betraute Notar ein Tätigwerden hinsichtlich der Eigentumsumschreibung nicht nach § 14 iVm § 10 Abs. 1 KostO mit der Begründung verweigern kann, der Käufer habe Gebührenansprüche noch nicht erfüllt.[48]

§ 11 S. 2 GNotKG bestimmt jetzt, dass das Zurückbehaltungsrecht nicht gilt, soweit **16a** § 53 der Zurückbehaltung entgegensteht. Insoweit ist daher der Notar zum Vollzug verpflichtet. Die Beteiligten können aber eine abweichende Weisung erteilen.[49] Dies ist in der Praxis durchaus sachgerecht. Denn eine von der Kostenzahlung abhängige Vollzugsanweisung schützt auch den Verkäufer, der sonst Gefahr läuft, über die gesetzlich zwingende Gesamtschuldnerschaft der §§ 30, 32 GNotKG in Anspruch genommen zu werden.[50]

E. Elektronischer Vollzug im Handelsregister und Grundbuch[51]

I. Elektronisches Handelsregister

Bisher finden elektronische Urkunden in erster Linie im Handelsregisterverkehr Anwendung. Gemäß § 12 Abs. 1 HGB können Handelsregisteranmeldungen und ihre Anlagen nur noch elektronisch in **öffentlich beglaubigter Form** an das Registergericht übermittelt werden. Einreichungen in Papierform sind nicht mehr zulässig. Auch die in einigen Ländern bestehenden Übergangsvorschriften sind abgelaufen.[52] Die Beglaubigung erfolgt als einfaches elektronisches Zeugnis gem. § 39a. Auch die der Eintragung zugrundeliegenden Dokumente sind elektronisch einzureichen (§ 12 Abs. 2 S. 1 HGB). Die **Übermittlung einer elektronischen Aufzeichnung** genügt in den Fällen, in denen eine Urschrift oder eine einfache Abschrift einzureichen oder für das Dokument die Schriftform bestimmt ist (§ 12 Abs. 2 S. 2 Hs. 1 HGB). Ein mit einem **einfachen elektronischen Zeugnis** (§ 39a) versehenes Dokument ist zu übermitteln, wenn gesetzlich zwingend – wie etwa im Fall des § 130 Abs. 5 Hs. 1 AktG oder des § 199 Hs. 1 UmwG – ein notariell beurkundetes Dokument oder eine öffentlich beglaubigte Abschrift einzureichen ist (§ 12 Abs. 2 S. 2 Hs. 2 HGB). Die zum Handelsregister einzureichenden Dokumente, insbes. Registeranmeldungen, werden im ersten Schritt in Papierform – unter Beachtung der Vorschriften des BeurkG – durch den Notar errichtet, dh bei der Handelsregisteranmeldung wird der Anmeldungstext von den Beteiligten unterzeichnet und der Notar fügt seine Unterschriftsbeglaubigung ebenfalls in Papierform an. Damit unterscheidet sich die Urschrift nicht von anderen Urkunden. Erst im zweiten Schritt erfolgt die Elektronisierung: Die notariellen Papierdokumente sind in eine elektronische Form zu übertragen. Dies geschieht durch die **Herstellung elektronischer beglaubigter Abschriften** gem. § 39a. Gemäß § 39a S. 2 muss die elektronische Datei eine **qualifiziert elektronische Signatur** tragen.[53] Diese ist das Äquivalent der eigenhändigen Unterschrift. In den §§ 126 Abs. 3, 126a BGB hat der Gesetzgeber diese Funktionsäquivalenz begründet. Bei der elektronischen Signatur wird in einem Zertifizierungsverfahren ein Signaturschlüssel nachweislich einer bestimmten Person durch den Zertifizierungsanbieter zugewiesen und auf

---

[48] BGH notar 2015, 58.
[49] Grziwotz/Heinemann/*Heinemann* BeurkG § 53 Rn. 23.
[50] *Rupp* notar 2015, 58.
[51] *Gassen/Wegerhoff*, Elektronische Bearbeitung und elektronische Handelsregisteranmeldung in der Praxis, 2. Aufl. 2009, Rn. 135 ff.
[52] Vgl. *Apfelbaum/Bettendorf* RNotZ 2007, 89 (Fn. 2).
[53] Vgl. im Einzelnen zu den technischen Vorgängen: *Apfelbaum/Bettendorf* RNotZ 2007, 90; *Gassen* RNotZ 2007, 142; *Weikart* NotBZ 2007, 75.

einer sicheren Signatureinheit (Signaturkarte) gespeichert. Durch **Eingabe der PIN** wird die elektronische Signatur erzeugt. Gesetzliche Voraussetzung ist die Verwendung einer Signaturkarte mit Nachweis der Notareigenschaft, wie sie von der BNotK als **Zertifizierungsstelle** angeboten wird (www.notarnet.de). Die Zertifizierungsstelle stellt die Signaturkarte nur aus, wenn sie sich zuvor über die Identität des Antragstellers und dessen Amtsträgereigenschaft Gewissheit verschafft hat. In der Praxis werden die Dokumente zunächst eingescannt, dabei erhält das Dokument das TIFF-Format. Eine andere Möglichkeit ist die Verwendung der elektronischen Datei, diese wird dann um Unterschriften und Siegel ergänzt. Das letztere Verfahren ist wohl das in Praxis weniger gebräuchlichere, weil fehleranfälliger und auch nicht ganz unumstritten.[54] Sodann erfolgt die **Erzeugung einer qualifizierten Signatur.** Hierzu ist ein spezielles Programm notwendig. In der Praxis wird das von der Notarnet GmbH entwickelte Programm „SigNotar" verwendet (vgl. www.notarnet.de).[55] Spezielle Datenprogramme helfen bei der Erstellung und Bearbeitung der elektronischen Signaturen und Anmeldungen, insbes. zur Erzeugung von für das Registergericht kompatiblen Datenstrukturen im XML-Format.[56] Die Vorbereitung von Handelsregisteranmeldungen geschieht in der Praxis verbreitet mit dem durch die NotarNet GmbH entwickelten Programm „XNotar" (vgl. www.notarnet.de). Neben der Übermittlung der Handelsregisteranmeldung und ihrer Anlagen besteht künftig für den Notar eine Notwendigkeit zur Einreichung der später im Registerblatt zu verlautbarenden **Eintragungsdaten in strukturierter Form.** Für die Aufnahme der Strukturdaten ist das Format XML zu verwenden. Ziel ist es, dadurch künftig den Erfassungsaufwand beim Registergericht zu vermeiden und so den Eintragungsvorgang zu beschleunigen. Letztlich handelt es sich bei den Strukturdaten um eine zusätzliche – mit welchem Programm auch immer zu erzeugende – Datei im XML-Format, die **zusätzlich** an das Registergericht zu übermitteln ist. Die Notwendigkeit zur Einreichung von Strukturdaten ergibt sich aus den, von allen Landesjustizverwaltungen erlassenen Rechtsverordnungen für den elektronischen Rechtsverkehr, in denen insbes. auf der Grundlage von § 8a Abs. 2 HGB in der Fassung des EHUG nähere Vorgaben über die elektronische Einreichung der Dokumente getroffen werden. Danach wird regelmäßig die Möglichkeit einer automatisierten Weiterverarbeitung durch den Empfänger, also durch das Registergericht, in einem strukturierten Datenformat vorausgesetzt.

18   Diese elektronischen Daten werden über das **Elektronische Gerichts- und Verwaltungspostfach der Justiz, das sog. EGVP** an das Handelsregister geleitet (vgl. www.egvp.de).[57] Die Handelsregisteranmeldung und ihre Anlagen werden in Form von sog. OSCI-Nachrichten an das Registergericht übertragen. Es handelt sich hierbei um einen E-Government-Standard für die sichere und vertrauliche Übermittlung von Nachrichten, wobei auch Funktionen der qualifizierten elektronischen Signatur integriert sind. Technisch werden die einzelnen zu versendenden Dateien, also die Handelsregisteranmeldung, ihre Anlagen und die XML-Datei in einem virtuellen „Briefumschlag" zusammengefasst, auf den sich die Signatur bezieht. Auch bei diesem elektronischen Versand der Handelsregisteranmeldung wird der elektronische Schlüssel verwendet, der sich auf der Signaturkarte des Notars befindet.[58] Die Signatur ist Ausdruck seiner Übernahme der Gesamtverantwortung für den Inhalt der Nachricht und für die Richtigkeit der Strukturdaten. Zugleich sagt die Signatur aus, dass die Nachricht mit dem Willen des Notars an das Registergericht gelangt.

---

[54] *Apfelbaum/Bettendorf* RNotZ 2007, 94.
[55] Zu den einzelnen Schritten *Apfelbaum/Bettendorf* RNotZ 2007, 94, die iÜ aufgrund technischer Neuerungen immer wieder vereinfacht worden sind. Der aktuelle Programmstand kann auf der Homepage der Notarnet GmbH abgerufen werden (www.notarnet.de bzw. www.elrv.info.de).
[56] Vgl. *Willer/Krafka* DNotZ 2006, 885.
[57] Vgl. *Melchior* NotBZ 2007, 409; *Weikart* NotBZ 2007, 73.
[58] *Weikart* NotBZ 2007, 76.

II. Elektronisches Grundbuch[59]

Durch das zum 1.10.2009 in Kraft getretene ERVGBG[60] wurden die rechtlichen Rahmenbedingungen für die Bundesländer geschaffen, die elektronische Einreichung von Anträgen, Erklärungen und sonstigen Dokumenten zum Grundbuchamt zuzulassen. Im Bereich des Grundbuchs wurde der elektronische Rechtsverkehr zunächst im Rahmen von Pilotbetrieben erprobt.

19

Durch das **Gesetz zur Einführung eines Datenbankgrundbuchs** vom 1.10.2013 (BGBl. I 3719) wurden weitere Voraussetzungen für die Einführung des elektronischen Grundbuchs geschaffen. Entsprechende Regelungen für das Grundbuchverfahren finden sich in den §§ 135 ff. GBO. Grundbuchinhalte sollen danach – ähnlich wie das elektronische Handelsregister – künftig strukturiert und logisch verknüpft in einer Datenbank gespeichert werden können.[61] Dazu sollen rund 36 Mio. Grundbücher mit einem Gesamtbestand von mehr als 400 Mio. Seiten in eine **Datenbankstruktur** überführt werden. Das Gesetz ermöglicht den Ländern, die Grundbücher in ein Datenbankformat zu überführen. Die derzeit bereits elektronisch geführten Grundbücher sind im Wesentlichen aus Bilddateien zusammengesetzt, die aus papierbasierten Dokumenten gebildet wurden. Im künftigen Datenbankformat werden die Grundbuchinformationen – vergleichbar dem Handelsregister – strukturiert vorliegen. Hierdurch werden den Nutzern neue Recherche- und Auskunftsmöglichkeiten zur Verfügung stehen, die auch automatisiert in ihrer Fachsoftware weiterverarbeitet werden können. Für den Abschluss der Überführung in die Datenbankstruktur ist allerdings **keine Frist** vorgesehen. Die Länder können daher den Zeitpunkt der Einführung des Datenbankgrundbuchs selbst bestimmen, so dass noch längere Zeit unterschiedliche Systeme bestehen werden. Nach § 62 Abs. 1 GBV ist bei dem maschinell geführten Grundbuch der in den dafür bestimmten Datenspeicher aufgenommene und auf Dauer unverändert in lesbarer Form wiedergabefähige Inhalt des Grundbuchblatts (§ 3 Abs. 1 S. 1 GBO) das Grundbuch. Die Bestimmung des Datenspeichers nach Satz 1 kann durch Verfügung der zuständigen Stelle geändert werden, wenn dies dazu dient, die Erhaltung und die Abrufbarkeit der Daten sicherzustellen oder zu verbessern, und die Daten dabei nicht verändert werden. Die Verfügung kann auch in allgemeiner Form und vor Eintritt eines Änderungsfalls getroffen werden. Nach § 63 GBV muss der Inhalt des maschinell geführten Grundbuchs auf dem Bildschirm und in Ausdrucken so sichtbar gemacht werden können, wie es den durch diese Verordnung und die Wohnungsgrundbuchverfügung vorgeschriebenen Mustern entspricht. Wird das Grundbuch als Datenbankgrundbuch geführt, soll unter Verwendung dieser Muster die Darstellung auch auf den aktuellen Grundbuchinhalt beschränkt werden können; nicht betroffene Teile des Grundbuchblatts müssen dabei nicht dargestellt werden.

20

Die Landesregierungen werden nach § 135 Abs. 1 S. 2 GBO ermächtigt, durch **Rechtsverordnung** weitere Darstellungsformen für die Anzeige des Grundbuchinhalts und für Grundbuchausdrucke zuzulassen; sie können diese Ermächtigung durch Rechtsverordnung auf die Landesjustizverwaltungen übertragen. Von dieser Ermächtigung haben Gebrauch gemacht:[62]

21

---

[59] Vgl. *Wiggers* FGPrax 2013, 235; *Schöner/Stöber* GrundbuchR Rn. 84e; BeckOK GBO/*Zeiser* Sonderbereich GBV Rn. 70 ff.; *Gassen* DNotZ Sonderheft 2012, 115; *Büttner/Frohn* DNotZ-Sonderheft 2016, 157; *dies.* NotBZ 2016, 201; *Kahlfeld/Reuber* BWNotZ 2017, 152; *Becker* BWNotZ 2016, 165; Gutachten DNotI-Report 2017, 172.
[60] Gesetz zur Einführung des elektronischen Rechtsverkehrs und der elektronischen Akte im Grundbuchverfahren sowie zur Änderung weiterer grundbuch-, register- und kostenrechtlicher Vorschriften (ERVGBG).
[61] Vgl. *Wiggers* FGPrax 2013, 235; *Schöner/Stöber* Rn. 84e; BeckOK GBO/*Zeiser* Sonderbereich Grundbuchverfügung Rn. 70 ff.; *Gassen* DNotZ Sonderheft 2012, 115.
[62] Vgl. BeckOK GBO/*Wilsch* GBO § 135 Rn. 4.

– Baden-Württemberg: VO v. 20.12.2011,[63]
– Sachsen: VO v. 23.4.2014,[64]
– Rheinland-Pfalz: VO v. 10.7.2015.[65]

22   Soweit in Grundbuchsachen die Einreichung elektronischer Dokumente eröffnet ist, haben Notare idR Dokumente elektronisch einzureichen und „neben den Dokumenten darin enthaltene Angaben in strukturierter maschinenlesbarer Form im Format XML ... zu übermitteln".[66] Beteiligte können den Notar nicht anweisen, Papierdokumente beim Grundbuchamt einzureichen und auf diese Weise eine Dienstpflichtverletzung zu begehen.[67]

§ 54 Rechtsmittel

(1) **Gegen die Ablehnung der Erteilung der Vollstreckungsklausel oder einer Amtshandlung nach den [bis 31.12.2021: §§ 45, 46, 51]** *[ab 1.1.2022: §§ 45a, 46 und 51]* **sowie gegen die Ersetzung einer Urschrift ist die Beschwerde gegeben.**

(2) [1] Für das Beschwerdeverfahren gelten die Vorschriften des Gesetzes über das Verfahren in Familiensachen und in den Angelegenheiten der freiwilligen Gerichtsbarkeit. [2] Über die Beschwerde entscheidet eine Zivilkammer des Landgerichts, in dessen Bezirk die Stelle, gegen die sich die Beschwerde richtet, ihren Sitz hat.

A. Allgemeines

1   Grundsätzlich ist § 15 BNotO die Generalklausel für Rechtsmittel gegen notarielle Amtstätigkeiten. Die Vorschrift gilt nach der hM mittlerweile nicht mehr nur für die Verweigerung der Urkundstätigkeit, sondern auch für Handlungen des Notars im Rahmen der Verwahrung auf Anderkonto,[1] der Vollzugspflichten nach § 53[2] oder im Rahmen von sonstigen Treuhandtätigkeiten iSd § 24 BNotO, zB Ausstellung einer notariellen Fälligkeitsbestätigung[3] etc.[4] § 54 regelt für einige Teilbereiche den Rechtsweg.[5] An sich hätte im Rahmen der Änderung des BeurkG § 54 durch eine einheitliche Zuständigkeit im Rahmen des § 15 BNotO zum Teil ersetzt werden können, allerdings gilt § 54 noch für andere Stellen, die Zuständigkeiten nach dem BeurkG wahrnehmen (zB Klauselerteilung durch Amtsgericht etc), für diese Fälle hat die Rechtswegeröffnung eine besondere Bedeutung. Neben der Prüfung der Amtstätigkeit im Verfahren nach § 15 BNotO bleibt immer die Möglichkeit, die Streitfrage zwischen den Beteiligten im streitigen Verfahren vor dem Prozessgericht klären zu lassen.[6]

---

[63] BWGBl. 2012, 11.
[64] SächsGVBl. 2014, 294.
[65] GVBl. Rheinland-Pfalz 2015, 175.
[66] DNotI-Report 2017, 172.
[67] DNotI-Report 2017, 172.
[1] BayObLG MittBayNot 1995, 331; BGH DNotZ 1991, 682.
[2] Vgl. OLG Hamm FGPrax 1998, 234; OLG Schleswig OLGReport 1999, 361; OLG Köln MittBayNot 2001, 229; OLG Hamm MittBayNot 1995, 411; OLG Frankfurt a. M. FGPrax 2000, 124; DNotZ 1998, 196; BayObLG DNotZ 2000, 372; MittBayNot 1998, 200; zum Vorbescheid OLG Frankfurt a. M. FGPrax 1997, 238; *Winkler* MittBayNot 1998, 144 (147).
[3] OLG Hamm MittBayNot 1996, 399.
[4] → BNotO § 15 Rn. 1 ff.; *Regler* MittBayNot 2010, 261 ff.; *Preuß* DNotZ 2010, 265 ff. zur Bedeutung nach dem FamFG; *Hariefeld* RNotZ 2019, 365 (372).
[5] Durch das Gesetz zur Neuordnung der Aufbewahrung von Notariatsunterlagen und zur Einrichtung des Elektronischen Urkundenarchivs bei der Bundesnotarkammer sowie zur Änderung weiterer Gesetze v. 1.6.2017 (BGBl. I 1396) wird die Vorschrift ab 1.1.2022 redaktionell angepasst.
[6] OLG Köln MittBayNot 2001, 229.

B. Anwendungsbereich

Nach § 54 Abs. 1 ist die Beschwerde zum Landgericht in folgenden Fällen gegeben:[7] **2**
- wenn der Notar die Erteilung einer Vollstreckungsklausel, dh der vollstreckbaren Ausfertigung nach § 52 verweigert;
- wenn er sich weigert, die Urschrift einer Urkunde nach § 45 herauszugeben;
- wenn er sich weigert, die Urschrift einer Niederschrift nach § 46 zu ersetzen;
- wenn er sich weigert, eine Ausfertigung, beglaubigte oder einfache Abschrift zu erteilen oder Einsicht in die Urschrift zu gewähren (§ 51);
- wenn die Erteilung einer weiteren vollstreckbaren Ausfertigung abgelehnt wird.[8]

Hat das Landgericht auf Beschwerde eines Gläubigers den Notar angewiesen, eine vollstreckbare Ausfertigung zu erteilen, so steht dem Schuldner gegen diese Entscheidung keine weitere Beschwerde zu.[9]

C. Verfahren

Das Verfahren ist dem des § 15 BNotO vergleichbar. Es kann daher im Wesentlichen auf **3** die Ausführungen zu § 15 BNotO verwiesen werden.[10] Durch die Einführung des FamFG[11] gelten §§ 58 ff. FamFG:[12] Nach § 64 Abs. 1 FamFG kann die Beschwerde nur noch beim Notar eingelegt werden.[13] Die Beschwerde wird nach § 64 Abs. 2 FamFG durch Einreichung einer **Beschwerdeschrift** oder durch Niederschrift bei der Geschäftsstelle des Notars eingelegt. Die Beschwerde gegen die Verweigerung der Urkunds- oder sonstigen Amtstätigkeit des Notars ist nach der Entscheidung des BGH vom 3.11.2015 weder von einer **Beschwerdefrist** noch von der Überschreitung eines **Beschwerdewerts** von 600 EUR abhängig.[14] Gegen die Entscheidung steht den Beteiligten die weitere Beschwerde zu.

Der Notar selbst ist im Verfahren nach § 54 ebenso wie bei § 15 BNotO erste Instanz, **4** nicht Beschwerdegegner, so dass dem Notar auch keine Kosten auferlegt werden können.[15] Dementsprechend kann umgekehrt auch der Notar einen Beschluss im Beschwerdever-

---

[7] Armbrüster/Preuß/Renner/*Preuß* BeurkG § 54 Rn. 4; Grziwotz/Heinemann/*Heinemann* BeurkG § 54 Rn. 7 ff.; *Lerch* BeurkG § 54 Rn. 2; BeckOGK/*Regler* BeurkG § 54 Rn. 11; *Hariefeld* RNotZ 2019, 365 (373).
[8] BayObLG DNotZ 2000, 370 = Rpfleger 2000, 74 mAnm *Gruner;* Armbrüster/Preuß/Renner/*Preuß* BeurkG § 54 Rn. 4.
[9] OLG Düsseldorf DNotZ 1974, 99; BayObLG MittBayNot 1998, 272 mAnm *Wolfsteiner;* OLG Zweibrücken DNotZ 1971, 765.
[10] → BNotO § 15 Rn. 1 ff.
[11] Gesetz über das Verfahren in Familiensachen und in den Angelegenheiten der freiwilligen Gerichtsbarkeit vom 17.12.2008, BGBl. I 2586, 2587.
[12] *Heinemann* DNotZ 2009, 6 (36 ff.); *Sandkühler* DNotZ 2009, 595 ff.; Armbrüster/Preuß/Renner/*Preuß* BeurkG § 54 Rn. 10 ff.; Grziwotz/Heinemann/*Heinemann* BeurkG § 54 Rn. 16 ff.; *Preuß* DNotZ 2010, 265 ff.; *Regler* MittBayNot 2010, 261 ff. mit Formulierungsmustern zum vergleichbaren Problem bei § 15 BNotO vgl. die Erläuterungen zu § 15 BNotO und *Müller-Magdeburg* ZNotP 2009, 216.
[13] *Sandkühler* DNotZ 2009, 595 ff.; *Heinemann* DNotZ 2009, 6 (37); *Regler* MittBayNot 2010, 261 (264); *Preuß* DNotZ 2010, 265 (280); Armbrüster/Preuß/Renner/*Preuß* BeurkG § 54 Rn. 10 ff.; Grziwotz/Heinemann/*Heinemann* BeurkG § 54 Rn. 20; *Hariefeld* RNotZ 2019, 365; zu den weiteren formellen Voraussetzungen → BNotO § 15 Rn. 1 ff. sowie die Ausführungen von *Preuß* und *Regler.*
[14] BGH DNotZ 2016, 220 mAnm *Schönemann;* vgl. zur Streitfrage → BNotO § 15 Rn. 37; *Regler* MittBayNot 2010, 261 (264); Armbrüster/Preuß/Renner/*Preuß* BeurkG § 54 Rn. 15; *Winkler* BeurkG § 54 Rn. 15; Grziwotz/Heinemann/*Heinemann* BeurkG § 54 Rn. 20; BeckOGK/*Regler* BeurkG § 54 Rn. 22; *Hariefeld* RNotZ 2019, 372.
[15] BVerfG NJW 2013, 1588; BGH FGPrax 2011, 36; NJW 2001, 2181; OLG München FGPrax 2008, 174; OLG Düsseldorf DNotZ 1991, 557; 1996, 539; BayObLG DNotZ 1972, 371; 1993, 471; *Winkler* BeurkG § 54 Rn. 14; Armbrüster/Preuß/Renner/*Preuß* BeurkG § 54 Rn. 10; Grziwotz/Heinemann/*Heinemann* BeurkG § 54 Rn. 20; BeckOK BeurkG/*Kleba* BeurkG § 54 Rn. 12; *Hariefeld* RNotZ 2019, 365 (373).

fahren nach § 54 nicht anfechten.[16] Etwas anderes gilt nur dann, wenn der Notar ausnahmsweise in eigenen Rechten betroffen ist, wenn in seine persönlichen Belange eingegriffen wird, etwa wenn eigene Gebührenansprüche beeinträchtigt werden oder wenn ihm fehlerhafterweise Verfahrenskosten der Beschwerde auferlegt worden sind.[17] Dann hat er ein auf die Kosten beschränktes Beschwerderecht.[18] Im Verfahren nach § 15 BNotO – auch soweit Vollzugspflichten in Frage stehen – ist die Möglichkeit anerkannt, dass der Notar einen im Rahmen der Beschwerde nach § 15 BNotO überprüfungsfähigen **Vorbescheid** erlässt, mit dem er ein bestimmtes Verhalten ankündigt.[19] Bei unklarer Rechtslage ist dem Notar dadurch die Möglichkeit eröffnet, der Gefahr eines Haftpflichtprozesses zu entgehen, da bei Unterlassen des Einlegens der Beschwerde der Einwand der § 19 Abs. 1 S. 3 BNotO, § 839 Abs. 3 BGB durchgriffe und bei Herbeiführung einer Entscheidung des Gerichts eine Bindung des Notars an dessen Vorgaben.[20] Voraussetzung hierfür ist, dass der Notar in seinem Vorbescheid das vorgesehene Vorgehen konkret ankündigt und die Beteiligten auffordert, bis zu einem bestimmten Zeitpunkt eine abweichende gerichtliche Anweisung herbeizuführen und sie damit ausdrücklich auf die Beschwerdemöglichkeit zum LG hinweist.

5 Es besteht zwar nach Auffassung des BGH keine **Beschwerdefrist,** dennoch wird beim Vorbescheid aus haftungsrechtlichen Gründen empfohlen, den Beteiligten eine Frist zu setzen.[21]

§§ 54a–54e [nicht mehr belegt]

Fünfter Abschnitt. Verwahrung der Urkunden

§ 55 Verzeichnis und Verwahrung der Urkunden [noch nicht in Kraft]

[§ 55 ab 1.1.2022:]
(1) Der Notar führt ein elektronisches Verzeichnis über Beurkundungen und sonstige Amtshandlungen (Urkundenverzeichnis).
(2) Das Urkundenverzeichnis und die elektronische Urkundensammlung sind vom Notar im Elektronischen Urkundenarchiv (§ 78h der Bundesnotarordnung) zu führen.
(3) Die im Urkundenverzeichnis registrierten Urkunden verwahrt der Notar in einer Urkundensammlung, einer elektronischen Urkundensammlung und einer Erbvertragssammlung.

1 Die Vorschrift tritt am 1.1.2022 in Kraft. Im Zusammenspiel mit § 78h BNotO stellt sie eine der Kernvorschriften zur Einführung des elektronischen Urkundenarchivs dar:

---

[16] OLG Frankfurt a. M. OLGZ 1994, 254 = JurBüro 1994, 178; Armbrüster/Preuß/Renner/*Preuß* BeurkG § 54 Rn. 11.
[17] BayObLG DNotZ 1972, 372; OLG Frankfurt a. M. DNotZ 1967, 584; OLG Düsseldorf DNotZ 1991, 557; Armbrüster/Preuß/Renner/*Preuß* BeurkG § 54 Rn. 11; *Winkler* BeurkG § 54 Rn. 13.
[18] BVerfG NJW 2013, 1588; BayObLG DNotZ 1972, 371; OLG Naumburg FGPrax 2005, 272; OLG Köln FGPrax 2007, 285; Armbrüster/Preuß/Renner/*Preuß* BeurkG § 54 Rn. 11.
[19] → § 53 Rn. 5 ff.; BayObLG DNotZ 1998, 646; 2000, 372; OLG Zweibrücken RNotZ 2001, 121; LG Frankenthal MittBayNot 1996, 321; BayObLG DNotZ 2000, 376; OLG Hamm MittRhNotK 1996, 324; OLG Frankfurt a. M. DNotZ 1992, 61; ZNotP 1999, 83. Zum Vorbescheid vgl. *Reithmann* ZNotP 2005, 57; *Everts* ZEV 2005, 66 (69); Armbrüster/Preuß/Renner/*Preuß* BeurkG § 53 Rn. 39; *Hariefeld* RNotZ 2019, 365.
[20] LG Frankenthal MittBayNot 1996, 323 (324) mAnm *Vollhardt.*
[21] *Hariefeld* RNotZ 2019, 365 (380).

Mit dem Urkundenverzeichnis wird die Urkundenrolle (§ 8 DONot) als zentrale Aufzeichnung über die Amtsgeschäfte der Notarin oder des Notars durch ein elektronisches Verzeichnis im Elektronischen Urkundenarchiv abgelöst (Abs. 2). Die Verwahrung der Urkunden erfolgt neben der fortbestehenden Urkundensammlung (in Papier) nun auch in einer elektronischen Urkundensammlung im Elektronischen Urkundenarchiv (Abs. 3).

Urschriften von Erbverträgen sind nun stets gesondert in einer Erbvertragssammlung aufzubewahren (Abs. 3).[1] Dies rührt daher, dass von Verfügungen von Todes wegen nach § 34 Abs. 4 in der ab dem 1.1.2022 geltenden Fassung keine mit der Papierform gleichgestellte elektronische Fassung der Urschrift hergestellt werden kann. Damit kommt aber eine Verkürzung der Aufbewahrungsdauer für notariell verwahrte Erbverträge – anders als bei allen sonstigen in Papierform verwahrten Urkunden – nicht in Betracht, so dass die Urkundenbestände zu trennen sind.[2] Die Einzelheiten der in § 55 genannten Akten und Verzeichnisse wird die Rechtsverordnung nach § 36 BNotO regeln.

Zeitlich gilt die Vorschrift nur für Beurkundungen und sonstige Amtshandlungen, die ab dem 1.1.2022 vorgenommen werden (§ 76 Abs. 1).

§ 56 Übertragung der Papierdokumente in die elektronische Form; Einstellung der elektronischen Dokumente in die elektronische Urkundensammlung [noch nicht in Kraft]

[§ 56 ab 1.1.2022:]

(1) ¹Bei der Übertragung der in Papierform vorliegenden Schriftstücke in die elektronische Form soll durch geeignete Vorkehrungen nach dem Stand der Technik sichergestellt werden, dass die elektronischen Dokumente mit den in Papierform vorhandenen Schriftstücken inhaltlich und bildlich übereinstimmen. ²Diese Übereinstimmung ist vom Notar in einem Vermerk unter Angabe des Ortes und der Zeit seiner Ausstellung zu bestätigen. ³Durchstreichungen, Änderungen, Einschaltungen, Radierungen oder andere Mängel des Schriftstücks sollen im Vermerk angegeben werden, soweit sie nicht aus dem elektronischen Dokument eindeutig ersichtlich sind. ⁴Das elektronische Dokument und der Vermerk müssen mit einer qualifizierten elektronischen Signatur versehen werden. ⁵§ 39a Absatz 1 Satz 3 und 4, Absatz 2 Satz 1 gilt entsprechend.

(2) Werden nach der Einstellung der elektronischen Fassung einer in der Urkundensammlung zu verwahrenden Urschrift oder Abschrift in die elektronische Urkundensammlung Nachtragsvermerke, weitere Unterlagen oder andere Urschriften der Urschrift oder Abschrift beigefügt, sind die Nachtragsvermerke, die weiteren Unterlagen und die anderen Urschriften nach Absatz 1 in elektronische Dokumente zu übertragen und zusammen mit der elektronischen Fassung der Urschrift in der elektronischen Urkundensammlung zu verwahren.

(3) Die von dem Notar in der elektronischen Urkundensammlung verwahrten elektronischen Dokumente stehen den Dokumenten gleich, aus denen sie nach den Absätzen 1 und 2 übertragen worden sind.

A. Allgemeines

Die Vorschrift tritt zum 1.1.2022 in Kraft. Sie betrifft gewissermaßen das Herzstück des Elektronischen Urkundenarchivs: Die Erstellung der elektronischen Fassungen von Notarurkunden und ihre rechtliche Gleichstellung mit den entsprechenden Papierdokumenten.

---

[1] AA Grziwotz/Heinemann/*Heinemann* BeurkG § 55 Rn. 11 mit teleologischen Erwägungen, die angesichts des eindeutigen Wortlauts jedoch im Ergebnis nicht überzeugen.
[2] Vgl. BT-Drs. 18/10607, 88.

B. Herstellung der elektronischen Urkundensammlung

I. Übertragung in die elektronische Form (Abs. 1 S. 1)

2 Die Vorschrift enthält die wesentlichen Vorgaben für die Übertragung, die teilweise Wirksamkeitsvoraussetzung, teilweise bloße Amtspflicht sind. Welche Schriftstücke zu welchem Zeitpunkt in die elektronische Form zu übertragen sind, wird im Einzelnen in der Rechtsverordnung nach § 36 BNotO zu bestimmen sein.

3 Abs. 1 S. 1 verlangt zunächst die Sicherstellung, dass die eingescannten Dokumente mit den Vorlagen **inhaltlich und bildlich übereinstimmen**. Mit dem Erfordernis einer (auch) bildlichen Übereinstimmung geht die Vorschrift über das hinaus, was bei der Beglaubigung einer Abschrift gefordert wird. Namentlich genügt bei der Herstellung einer elektronisch beglaubigten Abschrift, wie sie seit dem Jahr 2007 im Handelsregisterverkehr Verwendung findet, die inhaltliche Übereinstimmung mit dem Ausgangsdokument.[1] Für die elektronische Urkundensammlung ist die bildliche Übereinstimmung erforderlich, weil nach der Zielrichtung des Elektronischen Urkundenarchivs die Aufbewahrung von notariellen Unterlagen in Papierform zeitlich verkürzt werden soll, wodurch die elektronische Urkundensammlung für einen wesentlichen Teil der Aufbewahrungsdauer die Funktion der Urkundensammlung in vollem Umfang übernehmen muss. Dazu erscheint es unzureichend, sich auf die bloße inhaltliche Übereinstimmung zu verlassen, weshalb der Gesetzgeber die Vorkehrungen dafür getroffen hat, dass dauerhaft ein exaktes Abbild der entsprechenden Dokumente zur Verfügung steht. Denn bei der Herstellung von nur inhaltlich übereinstimmenden Abschriften könnten in seltenen Fällen Ungenauigkeiten oder Fehler geschehen, die nach Vernichtung der papierförmigen Ausgangsdokumente nicht mehr aufzuklären wären.

4 Nicht in Betracht kommen für die Zwecke der Übertragung von in Papierform vorliegenden Dokumenten – und nur diesen Fall regelt § 56 Abs. 1 S. 1 – demnach Verfahren, die nicht ein Abbild, sondern bloß inhaltlich übereinstimmende Abschriften herstellen.[2]

5 Die bildliche und inhaltliche Übereinstimmung ist durch geeignete Vorkehrungen nach dem Stand der Technik sicherzustellen. Das bedeutet, dass die Notarin oder der Notar sich für die Darlegung der Einhaltung der Amtspflichten nicht darauf zurückziehen kann, im Einzelfall ein angemessenes Übertragungsergebnis herbeizuführen, sondern bei der **Gestaltung des Verfahrens** für das Einscannen angemessene Vorkehrungen treffen muss, die nach dem Stand der Technik eine inhaltliche und bildliche Übereinstimmung gewährleisten. Da schon beim Einscannen feststeht, dass binnen mittlerer Frist das Original vernichtet werden soll, handelt es sich um einen Anwendungsfall des **ersetzenden Scannens**. Damit kann für die Darlegung der Einhaltung des Standes der Technik auf die technische Richtlinie zum beweiswerterhaltenen ersetzenden Scannen des Bundesamts für Sicherheit in der Informationstechnik (BSI) – TR-3138 (TR RESISCAN) – zurückgegriffen werden. Diese erwähnt bereits die Begründung zum Regierungsentwurf.[3]

6 Um die **Umsetzbarkeit** durch die einzelnen Amtsträger ohne unverhältnismäßigen Aufwand und eine **effektive Kontrolle** durch die Notaraufsicht zu ermöglichen, liegt es nahe, dass die Notarkammern oder die Bundesnotarkammer **Muster- oder Rahmen-Vorgaben** entwerfen, bei deren Einhaltung der Stand der Technik erfüllt ist. Diese Muster- oder Rahmen-Prozesse können sich an der genannten TR RESISCAN oder vergleichbaren Regelwerken orientieren.

---

[1] OLG Düsseldorf NZG 2012, 957; MüKoHGB/*Krafka* HGB § 12 Rn. 56.
[2] Möglicherweise aA Grziwotz/Heinemann/*Heinemann* BeurkG § 56 Rn. 5, der auch andere Verfahren für zulässig zu erachten scheint, aber Abschrift und Ausfertigung als Anwendungsfall erwähnt. Es trifft zu, dass für die Herstellung von Abschriften und Ausfertigungen keine bildliche Übereinstimmung erforderlich ist, allerdings betrifft dies nicht die Regelung in § 56 Abs. 1 S. 1.
[3] BT-Drs. 18/10607, 89.

II. Bestätigung der Übereinstimmung (Abs. 1 S. 2–5)

Die übertragende Notarin oder der übertragende Notar hat die Übereinstimmung in einem Vermerk unter Angabe des Ortes und der Zeit der Ausstellung zu bestätigen. Die Vorschrift ist inhaltlich gleich mit den Anforderungen an einen Vermerk zur Abschriftsbeglaubigung gestaltet, mit der Ausnahme, dass hier auch die **bildliche Übereinstimmung** bestätigt werden muss. Dass in Abs. 1 S. 2 abweichend von § 39 („Ort und Tag") von der Angabe des Ortes und der „Zeit" die Rede ist, dürfte ein bloßes redaktionelles Versehen sein. Es ist kein vernünftiger Grund ersichtlich oder der Begründung zum Regierungsentwurf zu entnehmen, warum es hier anders als beim Beglaubigungsvermerk oder bei sonstigen Vermerkurkunden auf die Angabe von Stunden und Minuten oder etwa sogar Sekunden und Millisekunden ankommen sollte.[4] Zu dem Redaktionsversehen dürfte es bei der Übernahme der parallelen Regelung aus § 97 Abs. 1 S. 2 GBV („wann und durch wen") unter Umformulierung in die Nominalform gekommen sein.[5]

Die Regelung des Abs. 1 S. 3 bezüglich Mängeln des Ausgangsdokuments entspricht der Vorschrift bei der Beglaubigung einer Abschrift (§ 42 Abs. 2). Nach Abs. 1 S. 4 ist das übertragene elektronische Dokument samt Übereinstimmungsvermerk mit der qualifizierten elektronischen Signatur der Notarin oder des Notars zu versehen. Abs. 1 S. 5 verlangt durch Verweis auf die entsprechenden Vorschriften in § 39a, dass mit dem Vermerk eine Bestätigung der Notareigenschaft durch die zuständige Stelle verbunden wird, die Notarin oder der Notar die Signaturerstellungsdaten persönlich verwaltet und die Signatur persönlich vornimmt sowie dass die Signatur auf einem dauerhaft überprüfbaren Zertifikat beruht. Mit Ausnahme der letztgenannten sind dies **Wirksamkeitsvoraussetzungen**, deren Fehlen auch nach Aufnahme in die elektronische Urkundensammlung die Gleichstellung nach § 45 Abs. 2, § 56 Abs. 3 BeurkG-2022 verhindert.

Zuständig für die Übertragung von Papierdokumenten in die elektronische Form dürfte nur diejenige Stelle sein, die für die Verwahrung der betreffenden Unterlagen zuständig ist (→ BNotO § 78i Rn. 3 f.). Es genügt daher nicht, dass irgendeine Notarin oder irgendein Notar die Übertragung in die elektronische Form vornehmen. Vielmehr muss jeder Amtsträger für seine Urkunden diese Übertragung vornehmen. Ebenso wie bei der Erteilung von Ausfertigungen wird darauf insbesondere im Rahmen von Berufsausübungsgemeinschaften zu achten sein, wobei selbstverständlich im Rahmen einer Vertreterbestellung für die Sozia oder den Sozius auch deren oder dessen Urkunden wirksam in die elektronische Form übertragen werden können.

III. Nachträgliche Hinzufügungen (Abs. 2)

Abs. 2 stellt sicher, dass auch bei nachträglichen Hinzufügungen von Unterlagen in der (papierförmigen) Urkundensammlung der gleiche Inhalt in der elektronischen Urkundensammlung verfügbar ist. Die Verpflichtung zur Führung der elektronischen Urkundensammlung ist in Bezug auf das einzelne Amtsgeschäft daher nicht mit dem einmaligen Scannen und Aufnehmen in die elektronische Urkundensammlung erschöpft, sondern zwingt bei Änderungen am diesbezüglichen Bestand der Urkundensammlung zum laufenden Nachhalten der elektronischen Urkundensammlung.

---

[4] Nicht überzeugend ist die aA bei Grziwotz/Heinemann/*Heinemann* BeurkG § 56 Rn. 6: Es müssten Stunden und Minuten angegeben werden, damit nachvollziehbar sei, welches das jüngere elektronische Dokument ist. Dieses Argument trägt nicht, da nur ein Dokument als elektronische Fassung der Urschrift in die elektronische Urkundensammlung aufgenommen werden darf. Daher kann sich das Problem nicht stellen, eine zeitliche Reihenfolge nachzuvollziehen.

[5] § 97 GBV wird in der Begründung des Regierungsentwurfs als Vorbildregelung erwähnt, BT-Drs. 18/10607, 89.

C. Gleichstellung (Abs. 3)

11 Die elektronische Urkundensammlung kann die papierförmige Urkundensammlung nur dann gänzlich ersetzen, wenn die in ihr enthaltenen Dokumente rechtlich mit den in die papierförmige Urkundensammlung aufgenommenen Dokumenten gleichgestellt sind. Dies erfolgt durch Abs. 3. Gleichgestellt wird nur die in die elektronische Urkundensammlung aufgenommene elektronische Fassung des Dokuments, nicht jede beliebige andere Kopie. Dadurch ist insbesondere bei notariellen Urschriften sichergestellt, dass es **nur eine maßgebliche elektronische Fassung** gibt[6] und dass diese durch das Elektronische Urkundenarchiv hinsichtlich der in § 78h Abs. 2 S. 1 genannten Dimensionen der Datensicherheit geschützt ist.

12 Die vom Tatbestand des Abs. 3 erfassten Dokumente werden in der Rechtsfolge mit den *Ausgangsdokumenten* gleichgestellt. Das bedeutet, dass es auf den Charakter des eingescannten Dokuments ankommt. So ist nach § 34 Abs. 4 BeurkG-2022 die Übertragung der *Urschrift* einer Verfügung von Todes wegen in die elektronische Form unzulässig. Soweit die Rechtsverordnung nach § 36 BNotO dies vorschreibt oder zulässt, kann jedoch eine *Abschrift* eingescannt und in die elektronische Urkundensammlung aufgenommen werden.[7] Diese ist dann aber nicht nach § 56 Abs. 3, § 45 Abs. 2 BeurkG-2022 *mit der Urschrift* gleichgestellt.

13 Wesentliche Rechtsfolge von Abs. 3 ist, dass elektronisch verwahrte notarielle Niederschriften **Grundlage für die Erteilung von Abschriften und Ausfertigungen** sein können, wie es für die Ausfertigung ausdrücklich in § 49 Abs. 1 BeurkG-2022 klargestellt ist. Aufgrund der Wichtigkeit der Gleichstellung der in die elektronische Form übertragenen notariellen Urschriften findet sich eine spezielle Regelung diesbezüglich nochmals in § 45 Abs. 2 BeurkG-2022. Erst die umfassende Gleichstellung ermöglicht es, ohne Nachteile für die Beteiligten oder für öffentliche Interessen die Aufbewahrungsdauer der papierförmigen Unterlagen zu verkürzen.[8] Gleichwohl gilt die Gleichstellung, sobald die Voraussetzungen des Abs. 3 vorliegen, also nicht etwa erst, wenn das entsprechende Papierdokument vernichtet wurde.[9]

14 Dem **Verfügbarkeitsinteresse** der Beteiligten bezüglich ihrer notariellen Unterlagen ist dadurch Rechnung getragen, dass die Vorschrift nicht etwa das Vorliegen einer gleichgestellten elektronischen Fassung von Papierdokumenten davon abhängig macht, dass im Einzelfall eine Übertragung nach dem Stand der Technik stattgefunden hat. Selbst wenn ein Amtsträger keine geeigneten Vorkehrungen nach Abs. 1 S. 1 trifft, fällt ihm das zwar als Amtspflichtverstoß zur Last, lässt jedoch die Gleichstellung nach Abs. 3 unberührt, sofern nur die Muss-Vorschriften des Abs. 1 S. 2, S. 4 und S. 5 eingehalten sind.[10]

Sechster Abschnitt. Verwahrung

§ 57 Antrag auf Verwahrung

(1) **Der Notar darf Bargeld zur Aufbewahrung oder zur Ablieferung an Dritte nicht entgegennehmen.**

(2) **Der Notar darf Geld zur Verwahrung nur entgegennehmen, wenn**

---

[6] Vgl. *Winkler* BeurkG § 56 Rn. 9: „[...] ist singulär."
[7] *Winkler* BeurkG § 56 Rn. 12.
[8] Vgl. BT-Drs. 18/10607, 90 f.: „zwingende Voraussetzung für eine Verkürzung der Aufbewahrungsfrist [der Urkundensammlung in Papierform]".
[9] *Winkler* BeurkG § 56 Rn. 8; Grziwotz/Heinemann/*Heinemann* BeurkG § 56 Rn. 16.
[10] Grziwotz/Heinemann/*Heinemann* BeurkG § 56 Rn. 23.

§ 57 Antrag auf Verwahrung   § 57 BeurkG

1. hierfür ein berechtigtes Sicherungsinteresse der am Verwahrungsgeschäft beteiligten Personen besteht,
2. ihm ein Antrag auf Verwahrung verbunden mit einer Verwahrungsanweisung vorliegt, in der hinsichtlich der Masse und ihrer Erträge der Anweisende, der Empfangsberechtigte sowie die zeitlichen und sachlichen Bedingungen der Verwahrung und die Auszahlungsvoraussetzungen bestimmt sind,
3. er den Verwahrungsantrag und die Verwahrungsanweisung angenommen hat.

(3) **Der Notar darf den Verwahrungsantrag nur annehmen, wenn die Verwahrungsanweisung den Bedürfnissen einer ordnungsgemäßen Geschäftsabwicklung und eines ordnungsgemäßen Vollzugs der Verwahrung sowie dem Sicherungsinteresse aller am Verwahrungsgeschäft beteiligten Personen genügt.**

(4) **Die Verwahrungsanweisung sowie deren Änderung, Ergänzung oder Widerruf bedürfen der Schriftform.**

(5) **Auf der Verwahrungsanweisung hat der Notar die Annahme mit Datum und Unterschrift zu vermerken, sofern die Verwahrungsanweisung nicht Gegenstand einer Niederschrift (§§ 8, 36) ist, die er selbst oder sein amtlich bestellter Vertreter aufgenommen hat.**

(6) **Die Absätze 3 bis 5 gelten entsprechend für Treuhandaufträge, die dem Notar im Zusammenhang mit dem Vollzug des der Verwahrung zugrundeliegenden Geschäfts von Personen erteilt werden, die an diesem nicht beteiligt sind.**

Hinweise der Notarkammern: *Bundesnotarkammer,* Rundschreiben Nr. 1/96 vom 11.1.1996 und Nr. 31/2000 vom 4.9.2000, Internet: www.bnotk.de (unter Aufgaben und Tätigkeiten/Rundschreiben); *dies.,* Vorschlag für Anwendungsempfehlungen zum Geldwäschegesetz 2017 und Merkblatt Geldwäschegesetz, BNotK-Homepage (in internen Bereich); *Schleswig-Holsteinische Notarkammer,* „Handreichung der Schleswig-Holsteinische Notarkammer zur ordnungsgemäßen Durchführung von Verwahrungsgeschäften gemäß §§ 54a–54e BeurkG" mit Stand Mai 2002, Beilage zu Schleswig-Holsteinische Rechtsanwaltskammer/Schleswig-Holsteinische Notarkammer II/2002; *Westfälische Notarkammer* (früher Notarkammer Hamm), Gemeinsame Verlautbarung der Notarkammer Hamm und des Präsidenten des OLG Hamm über „Leitlinien zur Auslegung des § 54a Abs. 2 Nr. 1 BeurkG", Kammerreport Hamm 2001, 36 = ZNotP 2002, 137.

Sonstiges Schrifttum (vgl. auch die Nachweise bei § 23 BNotO): *Brambring,* Das „berechtigte Sicherungsinteresse" als Voraussetzung für notarielle Verwahrungstätigkeit, DNotZ 1999, 381; *ders.,* Kaufpreisabwicklung über Notaranderkonto: Nur als Maßanzug kein Auslaufmodell, DB 2000, 1319; *Gößmann,* Die neuen Anderkonten-Bedingungen 2000, WM 2000, 857; *ders.,* Der untreue Notar: Hat die das Anderkonto führende Bank drittbegünstigende Sorgfaltspflichten?, FS Fischer 2008, 159; *ders.,* Kein Reformbedarf: Das Anderkonto ist ein Erfolgsmodell, DNotZ 2008, 803; *Heinemann,* Schriftform der Verwahrungsanweisung, ZNotP 2002, 104; *Karlowski,* Zur Befristung von Treuhandaufträgen, NotBZ 1998, 225; *ders.,* Einseitige Treuhandaufträge der Finanzierungsgläubiger im Widerspruch zu Sinn und Zweck der Verwahrung, NotBZ 2002, 133; *Kemp,* Nochmals zum Begriff der Sicherstellung in Treuhandauflagen, ZNotP 2003, 27; *König,* Rechtsverhältnisse und Rechtsprobleme bei der Darlehensvalutierung über Notaranderkonten, 1988; *Maaß,* Sorgfaltspflichten und Haftungsrisiken des Notars bei widersprechenden Treuhandauflagen des finanzierenden Kreditinstituts, ZNotP 1998, 58; *Marcks,* Makler- und Bauträgerverordnung: MaBV, 7. Aufl. 2003; *Möhrle,* Kaufpreisabwicklung über Notaranderkonto – Auslaufmodell oder Maßanzug?, DB 2000, 605; *Müller-Magdeburg,* Notarielle Pflichten bei finanzierten Grundstückskaufverträgen, ZNotP 2003, 213; *Oppermann,* Treuhandauflagen der finanzierenden Bank, ZNotP 2006, 176; *Reithmann,* Erfüllungswirkung bei Kaufpreiszahlung auf Notar-Anderkonto, NJW 1996, 3327; *ders.,* Mehrseitige Treuhandverfahren beim Grundstücksverkauf – Kaufpreisfinanzierung über Notar-Anderkonto, NotBZ 1999, 57; *ders.,* Beitritt der finanzierenden Bank zum Anderkontenverfahren, DNotZ 2002, 247; *ders.,* Notarielle Verwahrung bei der Finanzierung des Grundstückskaufs, WM 2002, 683; *Renner,* Zum berechtigten Sicherungsinteresse bei der Verwahrung – Anmerkung zu OLG Köln, Beschl. v. 1.10.2007 – 2 Wx 30/05, NotBZ 2008, 142; *C. Sandkühler,* Zum Bestehen eines berechtigten Sicherungsinteresses für die Abwicklung eines Grundstückskaufvertrags über ein Notaranderkonto, MittBayNot 2005, 432; *Schilling,* Treuhandauftrag und Notarbestätigung, 1996; *ders.,* Gefahren beim Widerruf des Treuhandauftrages des abzulösenden Gläubigers bei der „Bayerischen Methode", ZNotP 2004, 138; *Tönnies,* Kaufpreisabwicklung über Notaranderkonto – gem. § 54a Abs. 2 Nr. 1 BeurkG ein Auslaufmodell, ZNotP 1999, 419; *ders.,* Verwahrung auf Notaranderkonto, ZNotP 1999, 462; *Tröder,* Pro und Contra Anderkonto nach neuem Beurkundungsrecht, AnwBl. 1999, 633; *ders.,* Verwahrung auf Anderkonto – Erwiderung zu Tönnies in ZNotP 1999, S. 419 ff.; *Volmer,* Zu den Sorgfaltspflichten des Notars bei Einrichtung eines Notaranderkontos, EWiR 2006, 249; *Wehrstedt,* Zum Begriff der Sicherstellung in Treuhandauflagen, ZNotP 1999, 462; 2002, 461; *Weingärtner,* Berechtigtes Sicherungsinteresse i. S. des § 54a Abs. 2 BeurkG, DNotZ 1999, 393; *Zimmermann,* Nochmals: Das „berech-

Hertel   1393

tigte" Sicherungsinteresse bei Übernahme einer Verwahrungstätigkeit, DNotZ 2000, 164; *ders.*, Der beteiligtenorientierte Anderkontenservice – ein Durchbruch!, DNotZ 2008, 91; *ders.*, Kein Reformbedarf bei Anderkonten? – eine Frage der Perspektive, DNotZ 2008, 807.

Übersicht

	Rn.
A. Überblick	1
B. Zulässigkeit der Verwahrung	2
I. Geld als Verwahrungsgegenstand (Abs. 1)	2
II. Berechtigtes Sicherungsinteresse (Abs. 2 Nr. 1)	5
1. Allgemein	5
2. Fallgruppen: Nur Absicherung über Notaranderkonto möglich	11
3. Absicherung über Anderkonto anderer Absicherungsart überlegen	13
4. Gleichwertige andere Art der Absicherung	18
5. Fehlendes Sicherungsinteresse beim Kaufvertrag	22
6. Sicherungsinteresse bei anderen Rechtsgeschäften	23
7. Rechtsfolgen bei fehlendem Sicherungsinteresse	24
III. Unzulässigkeit der Verwahrung	25
1. Zivilrechtlich unwirksame Verwahrungsanweisung	25
2. Notarielles Berufsrecht	27
C. Verwahrungsanweisung (Abs. 2 Nr. 2 und Abs. 4)	29
I. Schriftform (Abs. 4)	31
II. Inhalt der Verwahrungsanweisung (Abs. 2 Nr. 2 und Nr. 3)	36
1. Mindestinhalt	36
2. Inhaltliche Anforderungen	39
3. Anweisende und Empfangsberechtigte	43
4. Einzahlungsfälligkeit und Auszahlungsvoraussetzungen	46
5. Bedingungen der Verwahrung	56
D. Annahme von Verwahrungsantrag und -anweisung (Abs. 2 Nr. 3 und Abs. 5)	59
I. Keine Annahmepflicht	59
II. Annahmevermerk in Blattsammlung zum Anderkonto (Abs. 5)	60
III. Ablehnung bzw. Situation vor Annahme	62
E. Treuhandaufträge Dritter (Abs. 6)	63
I. Allgemeines	63
II. Treuhandauflagen der finanzierenden Bank	64
1. Rechtsnatur	64
2. Zeitpunkt der Erteilung	67
3. Prüfung und Annahme durch den Notar	70
4. Auslegung der Treuhandauflage, insbes. „Sicherstellung" der Eintragung	75
5. Erfüllung der kaufvertraglichen Einzahlungspflicht	87
6. Zulässigkeit von Treuhandauflagen der finanzierenden Bank	93
7. Rechtsfolgen einseitiger Treuhandauflagen	103
III. Treuhandauflagen abzulösender Grundpfandgläubiger	104
F. Pflichten des Notars nach dem Geldwäschegesetz	109
I. Rechtsgrundlage, Anwendungsbereich und Übersicht über die Sorgfaltspflichten (§§ 2, 10 GwG)	109
II. Identifizierung der formell Beteiligten (§ 10 Abs. 1 Nr. 1 GwG)	111
1. Zu identifizierende Personen	111
2. Durchführung der Identifizierung (§§ 11 bis 13 GwG)	112
3. Frühere Identifizierung (§ 11 Abs. 3 GwG)	115
4. Zeitpunkt der Identifizierung	116
III. Identifizierung des wirtschaftlich Berechtigten (§ 10 Abs. 1 Nr. 2 GwG)	117
IV. Weitere allgemeine Sorgfaltspflichten (§ 10 Abs. 1 Nr. 3 bis Nr. 5 GwG)	121
V. Verstärkte Sorgfaltspflicht bei höherem Risiko (§ 15 GwG)	122
VI. Aufzeichnungs- und Aufbewahrungspflicht (§ 8 GwG)	123
VII. Meldepflicht (§ 43 Abs. 2, Abs. 6 GwG)	125
VIII. Sanktionen	129

A. Überblick

§ 57 (vor dem 9.6.2017: § 54a) regelt die **formellen und materiellen Voraussetzungen** 1
für eine Verwahrung von Geld, insbesondere Verwahrungsantrag und Verwahrungsanweisung. Neu gegenüber der bis 1998 geltenden Regelung in § 11 DONot aF ist insbesondere, dass der Notar den Verwahrungsgegenstand nur annehmen darf, wenn ein berechtigtes Sicherungsinteresse für die Verwahrung besteht, das bei Direktzahlung nicht oder nur wesentlich schlechter abgesichert werden kann (§ 57 Abs. 2 Nr. 1) und wenn die Verwahrungsanweisung dem Sicherungsinteresse der Verwahrungsbeteiligten genügt. § 57 gilt entsprechend auch für die Verwahrung von Wertpapieren und Kostbarkeiten (§ 62 Abs. 1).

Hinsichtlich der Zuständigkeit der Notare zur Durchführung einer Verwahrung, der Rechtsgrundlagen und der Abgrenzung von anderen Rechtsinstituten vgl. die Kommentierung zu § 23 BNotO.

B. Zulässigkeit der Verwahrung

I. Geld als Verwahrungsgegenstand (Abs. 1)

§§ 57 bis 61 regeln die Verwahrung von Geld (dh gesetzlichen Zahlungsmitteln) auf 2
Notaranderkonto. Die Verwahrung von **Bargeld** als solchem zur Herausgabe *in natura* ist nun nach Abs. 1 verboten.[1] Nach dem Gesetzeswortlaut könnte man die Entgegennahme von Bargeld durch den Notar zur Einzahlung auf ein Anderkonto weiterhin für zulässig halten;[2] aus der Gesetzesbegründung lässt sich allerdings mE herauslesen, dass der Gesetzeszweck dem wohl entgegensteht: „Das neu eingeführte Verbot der Bargeldannahme (§ 57 Abs. 1) soll den Notar vor missbräuchlicher Inanspruchnahme für Geldwäschezwecke bewahren."[3] Denn die Gefahr einer Inanspruchnahme des Notars zu unredlichen Zwecken (§ 14 Abs. 2 BNotO) ist hoch,[4] ebenso die Gefahr einer Geldwäsche[5] – und ebenso das Risiko, dass das Geld verlorengeht. Dem Notar war daher – selbst wenn man die Bargeldannahme zur Einzahlung für zulässig halten sollte – von absoluten Ausnahmefällen abgesehen von einer Bargeldannahme zur Einzahlung auf Notaranderkonto dringend abzuraten.[6] Die Frage hat sich jetzt erübrigt, da Ziff. 4 S. 2 der Notaranderkontenbedingungen 2019[7] die Bareinzahlung auf ein Notaranderkonto verbietet.

Zulässig (aber in der Praxis kaum relevant) ist die Entgegennahme von Bargeld bei einem Scheck- oder Wechselprotest durch den Notar.[8]

Zulässig ist die Verwahrung von Geldbeträgen in **ausländischer Währung**[9] (als Buch- 3
geld, nicht als Bargeld) auf Fremdwährungskonten. Sie unterliegt den Vorschriften für die

---

[1] Die bisherige Regelung über die Verwahrung von Bargeld in natura (§ 12 Abs. 2 S. 8 DONot aF) war damit bereits vor der Neufassung der DONot 2001 überholt.
[2] Für Zulässigkeit daher Grziwotz/Heinemann/*Grziwotz* BeurkG § 57 Rn. 2; *Winkler* BeurkG Vor § 57 Rn. 8; *Weingärtner,* Verwahrungsgeschäft, Rn. 59; *Weingärtner/Wöstmann* RLEmBNotK III. Rn. 1; für ein absolutes Verbot hingegen Armbrüster/Preuß/Renner/*Renner* BeurkG § 57 Rn. 3; Arndt/Lerch/Sandkühler/*Sandkühler* BNotO § 23 Rn. 4.
[3] Regierungsbegründung BT-Drs. 13/4184, 37 = BR-Drs. 890/95, 37 = ZNotP 1998, Beilage 2/98.
[4] BNotK-Rundschreiben Nr. 5/1996; vgl. auch den Haftungsfall BGH DNotZ 1997, 221, bei dem in einem Bankschließfach verwahrtes Bargeld eine zehnprozentige Rendite erwirtschaften sollte.
[5] BNotK, Anwendungsempfehlungen GwG 2017, Teil E VIII, S. 22; → Rn. 109 ff.
[6] Ebenso BNotK-Rundschreiben Nr. 5/1996, Ziffer IV. 2; *Weingärtner,* Verwahrungsgeschäft, Rn. 59. Zudem sind keine Gründe erkennbar, warum die Beteiligten das Geld beim Notar in bar einzahlen wollen.
[7] DNotZ 2019, 801.
[8] Armbrüster/Preuß/Renner/*Renner* BeurkG § 57 Rn. 4. Denn dabei handelt der Notar als Protestbeamter, nicht zur Verwahrung (→ BNotO § 23 Rn. 12). Zur Begründung der Zulässigkeit muss man nicht auf eine teleologische Reduktion zurückgreifen (so aber Arndt/Lerch/Sandkühler/*Sandkühler* BNotO § 23 Rn. 40).
[9] → § 58 Rn. 8 und → DONot § 11 Rn. 17; Arndt/Lerch/Sandkühler/*Sandkühler* BNotO § 23 Rn. 37; vgl. auch § 7 Abs. 2 HinterlO (aF).

Verwahrung von Geld. Ist der Kaufpreis in einer Fremdwährung zu zahlen, empfiehlt sich, auch das Notaranderkonto bereits in dieser Währung zu führen, um Wechselkursrisiken bei der Auszahlung zu vermeiden (außer wenn ein größerer Teil des Kaufpreises voraussichtlich in heimischer Währung zur Ablösung von dinglichen Gläubigern auszuzahlen ist).

4 Ebenso zulässig ist die körperliche Verwahrung von **numismatischen Sammlermünzen** oder -scheinen – selbst solange sie noch als gesetzliche Zahlungsmittel zugelassen sind (wie zB manche Sonderprägungen) –, wenn sie als Sammlerstücke und nicht wegen ihres Wertes als amtliches Zahlungsmittel aufbewahrt werden sollen. Hierauf sind die Vorschriften über die Verwahrung von Kostbarkeiten anzuwenden.[10]

II. Berechtigtes Sicherungsinteresse (Abs. 2 Nr. 1)

5 **1. Allgemein.** Der Notar darf einen Verwahrungsantrag nur annehmen, wenn ein **berechtigtes Sicherungsinteresse** der Beteiligten für die Verwahrung besteht (§ 57 Abs. 2 Nr. 1). Vor 1998 ergab sich das Erfordernis eines Sicherungsinteresses nur indirekt aus § 11 Abs. 1 S. 2 DONot aF.[11] Nach der Regierungsbegründung soll hierdurch „einer ‚formularmäßig' vorgesehenen Verwahrung entgegengewirkt werden".[12] Bis 1998 war hingegen die Abwicklung über Notaranderkonto in einigen Regionen (vor allem Nord-)Deutschlands das Standardmodell, während in anderen Regionen (vor allem in Bayern) Verwahrungen nur äußerst selten vorkamen. Der Gesetzgeber wollte die Direktzahlung im Kaufvertrag als Standardmodell durchsetzen und die Verwendung des Notaranderkontos auf die Fälle beschränken, in denen es eine einfachere Absicherung als bei Direktzahlung ermöglicht.

6 Das Sicherungsinteresse ist nach **objektiven Kriterien** zu bestimmen.[13] Der bloße, auch einvernehmliche Wunsch der Beteiligten nach einer Verwahrung genügt nicht.[14] Allerdings kann ein subjektives Element eine Rolle spielen. So kann aus der Sicht des Vorstandes der Schleswig-Holsteinischen Notarkammer ein berechtigtes Sicherungsinteresse auch gegeben sein, wenn die Beteiligten bei der Erfüllung der (bei Direktzahlung) erforderlichen Mitwirkungspflichten erkennbar überfordert wären, beispielsweise wegen Geschäftsungewandtheit, Alters, Krankheit oder Ortsabwesenheit.[15] Auch wenn ein berechtigtes Sicherungsinteresse fehlt, liegt kostenrechtlich keine unrichtige Sachbehandlung iSd § 21 Abs. 1 GNotKG (bzw. früher § 16 Abs. 1 KostO) vor, wenn der Notar auf ausdrücklichen Wunsch der Beteiligten eine Abwicklung über Notaranderkonto durchführt.[16]

---

[10] → § 62 Rn. 6; Arndt/Lerch/Sandkühler/*Sandkühler* BNotO § 23 Rn. 32.

[11] So fordern ein Sicherungsinteresse bereits nach § 11 DONot aF: Arndt/Lerch/Sandkühler/*Sandkühler*, 3. Aufl. 1995, BNotO § 23 Rn. 11; *Weingärtner/Schöttler*, 7. Aufl. 1995, DONot Rn. 145b; *Zimmermann* DNotZ 1982, 42 (90, 108)

[12] Regierungsbegründung BT-Drs. 13/4184, 37/38.

[13] KG-Report 2004, 422 = MittBayNot 2005, 430 mAnm *C. Sandkühler;* OLG Celle BeckRS 2010, 22387 = NdsRpfl 2010, 321; 2011, 04505 = NotBZ 2011, 214; Regierungsbegründung BT-Drs. 13/4184, 37; Leitlinien der Notarkammer Hamm ZNotP 2002, 137; Handreichung der Notarkammer Schleswig-Holstein, Anlage zu Kammernachrichten II/2002; *Brambring* DNotZ 1999, 381 (383 f.); *Lerch* BeurkG § 57 Rn. 2; Armbrüster/Preuß/Renner/*Renner* BeurkG § 57 Rn. 9; Arndt/Lerch/Sandkühler/*Sandkühler* BNotO § 23 Rn. 44; *Tönnies* ZNotP 1999, 419 (420); *Vaasen/Starke* DNotZ 1998, 661 (677); *Winkler* BeurkG § 57 Rn. 10.

[14] AA *Weingärtner* DNotZ 1999, 393 (395 f.); *ders.*, Vermeidbare Fehler, Rn. 343; *ders.* NotBZ 2002, 188, wenn die Beteiligten trotz in (in der Urkunde festzuhaltender) Belehrung auf der Verwahrung bestehen; ähnlich *Rohs/Heinemann* Rn. 276. Jedoch ist das Sicherungsinteresse nicht zur Disposition der Beteiligten gestellt; vgl. *Tönnies* ZNotP 1999, 419 (420); *Winkler* BeurkG § 57 Rn. 10, 15. Nachdem aber auch *Weingärtner* nunmehr betont, dass dies nur gilt, wenn es „ein Ausnahmefall bleibt" (Vermeidbare Fehler, Rn. 343), ist dies im Ergebnis nicht weit von meiner Meinung entfernt. Denn ich würde ebenfalls zugestehen, dass sich im Einzelfall aus der objektiv nicht begründeten, aber beharrlichen Weigerung der Kaufvertragsparteien, sich auf eine Direktzahlung einzulassen, diese subjektiven Gründe im Ausnahmefall zu objektiven verdichten können, wenn der Vertragsschluss ansonsten nur hieran scheitern würde.

[15] Handreichung der Notarkammer Schleswig-Holstein, Beilage zu Schleswig-Holsteinische Rechtsanwaltskammer/Schleswig-Holsteinische Notarkammer II/2002.

[16] LG Dortmund NotBZ 2002, 187 mAnm *Weingärtner,* im Ergebnis wohl auch Grziwotz/Heinemann/*Grziwotz* BeurkG § 57 Rn. 6. Ansonsten ist hingegen eine Abwicklung über Notaranderkonto bei fehlendem

Ein berechtigtes Sicherungsinteresse besteht nur, soweit eine Absicherung der Beteiligten 7
ohne Notaranderkonto (dh bei Direktzahlung) nicht oder **nur durch Gewährung von
Sicherheiten außerhalb des Vertragsobjektes oder durch Einschaltung eines anderen Treuhänders** möglich wäre. Allerdings genügt, dass das Notaranderkonto die Absicherung gegenüber derjenigen bei Direktzahlung jedenfalls deutlich erleichtert. Ein Sicherungsinteresse fehlt hingegen, wenn das Geschäft für die Beteiligten ebenso sicher ohne Einschaltung eines Notaranderkontos abgewickelt werden könnte.[17]

Die Gegenauffassung[18] will hingegen ein berechtigtes Sicherungsinteresse bereits dann bejahen, wenn das Notaranderkonto überhaupt zur Absicherung der Beteiligten dient – unabhängig davon, ob dieselbe Absicherung auch bei Direktzahlung (dh ohne Anderkonto) möglich wäre. Dies ist mit der Gesetzesbegründung nicht zu vereinbaren. Ansonsten wäre im Ergebnis fast immer ein Anderkonto zulässig, während die Absicht des Gesetzgebers bewusst auf eine Einschränkung der notariellen Verwahrung auf einen möglichst geringen Umfang, nämlich die ein Anderkonto erfordernden Fallgruppen, abzielte.

Bei der Beurteilung, ob im Einzelfall ein berechtigtes Sicherungsinteresse vorliegt, steht 8
dem Notar aufgrund der sachlichen Unabhängigkeit seiner Amtsführung (§ 1 BNotO) ein gewisser **Beurteilungsspielraum** zu, der weder von der Notarprüfung noch im Disziplinarverfahren voll gerichtlich überprüfbar ist (erst recht nicht im Verfahren nach § 21 Abs. 1 GNotKG bzw. früher § 16 KostO).[19] Auch ist der Notar nicht verpflichtet, die das Sicherungsinteresse begründenden Umstände zu dokumentieren. Wickelt der Notar hingegen Kaufverträge immer oder sehr häufig über Anderkonto ab, so zeigt bereits dies, dass er den ihm zukommenden Beurteilungsspielraum gar nicht nutzt; dann kann die Dienstaufsicht in vollem Umfang nachprüfen, ob im jeweiligen Einzelfall ein berechtigtes Sicherungsinteresse bestand.[20] Doch geht das Kammergericht davon aus, dass der dem Notar zustehende, von den Aufsichtsbehörden nur eingeschränkt nachprüfbare Beurteilungsspielraum der Verhängung von Disziplinarmaßnahmen im Einzelfall nicht entgegensteht, auch wenn dem Notar keine regel- oder standardmäßige Verwendung von Notaranderkonten vorzuwerfen ist.[21]

Das berechtigte Sicherungsinteresse lässt sich für Grundstückskaufverträge am besten an 9
Hand von **Fallgruppen** bestimmen.

Dazu kann man für die Abwicklung von Kaufverträgen insbesondere auf das **Rundschreiben der Bundesnotarkammer Nr. 1/96** vom 11.1.1996[22] zurückgreifen. Die

---

Sicherungsinteresse eine unrichtige Sachbehandlung iSd § 21 Abs. 1 GNotKG bzw. früher § 16 Abs. 2 KostO, so dass die Notargebühren insoweit erhoben werden dürfen, als sie auch ohne Notaranderkonto entstanden wären (OLG Bremen MittBayNot 2005, 428 mAnm *C. Sandkühler;* OLG Schleswig BeckRS 2010, 07213 = notar 2010, 21. Ähnlich verneinte das OLG Frankfurt a. M. bei einem ausdrücklichen Wunsch der Beteiligten nach Abwicklung über Anderkonto ein Dienstvergehen (BeckRS 2010, 20197, → Rn. 24).

[17] *Brambring* DNotZ 1999, 381 (383 f.); Armbrüster/Preuß/Renner/*Renner* BeurkG § 57 Rn. 5 ff.; Arndt/Lerch/Sandkühler/*Sandkühler* BNotO § 23 Rn. 40 ff.; *Tönnies* ZNotP 1999, 419 (420); *Vaasen/Starke* DNotZ 1998, 661 (677); *Winkler* BeurkG § 57 Rn. 10.

[18] *Lerch* NJW 1998, 3697 (3698); *Möhrle* DB 2000, 605 (dagegen Erwiderung von *Brambring* DB 2000, 1319); *Tröder* AnwBl. 1999, 633; *ders.* ZNotP 1999, 462 (dagegen ausdrücklich Leitlinien der Notarkammer Hamm, Kammerreport Hamm 2001, 36 = ZNotP 2002, 137; *Brambring* NJW 2000, 3769); *Tröder* Arbeitsgemeinschaft Anwaltsnotariat 2/2001 und 2002, 2.

[19] OLG Rostock NotBZ 2005, 339 mAnm *Hückstädt;* OLG Frankfurt a. M. BeckRS 2010, 20197; BNotK-Rundschreiben Nr. 31/2000 vom 4.9.2000; Leitlinien der Notarkammer Hamm, ZNotP 2002, 137; Armbrüster/Preuß/Renner/*Renner* BeurkG § 57 Rn. 10; Arndt/Lerch/Sandkühler/*Sandkühler* BNotO § 23 Rn. 52; *Weingärtner,* Verwahrungsgeschäft, Rn. 62d; *ders.,* Vermeidbare Fehler, Rn. 343; *Zimmermann* DNotZ 2000, 164. Eine Überprüfung ist hingegen etwa möglich, wenn in einem Notariat ein besonders hoher Prozentsatz von Grundstückskaufverträgen über Anderkonto abgewickelt wird.

[20] OLG Frankfurt a. M. BeckRS 2014, 16741.

[21] KG RNotZ 2019, 492.

[22] BNotK-Rundschreiben Nr. 1/96 vom 11.1.1996, abgedruckt bei *Weingärtner* Nr. 298; im Internet: www.bnotk.de (unter Aufgaben und Tätigkeiten/Rundschreiben). Das BNotK-Rundschreiben konnte auf die im Wesentlichen bereits von *Brambring* in seinem Aufsatz DNotZ 1990, 615, entwickelten Fallgruppen zurückgreifen.

Bundesnotarkammer erließ dieses Rundschreiben zwar vor Inkrafttreten des damaligen § 54a bzw. jetzigen § 57, jedoch nachdem der Regierungsentwurf mit der auch jetzt Gesetz gewordenen Textfassung veröffentlicht war und unter ausdrücklicher Bezugnahme darauf. Diese Auslegung des Entwurfes durch die von der Regelung betroffene Berufsgruppe spielte daher auch eine Rolle bei den Gesetzesberatungen. Das BNotK-Rundschreiben Nr. 1/96 kann daher maßgeblich zur Auslegung des unbestimmten gesetzlichen Rechtsbegriffes des „berechtigten Sicherungsinteresses" herangezogen werden,[23] auch wenn es für den Notar nicht bindend ist (und auch keine Richtlinienempfehlung iSd § 78 Abs. 1 Nr. 5 BNotO darstellt).

Das Rundschreiben Nr. 1/96 ist zwar nur als Empfehlung der Bundesnotarkammer formuliert – entsprechend der damaligen Gesetzeslage, die ein Sicherungsinteresse nicht durch den Gesetzestext erforderte, sondern nur indirekt über § 11 DONot aF –; die Bundesnotarkammer bekräftigte jedoch in ihrem **Rundschreiben Nr. 31/2000** vom 4.9.2000,[24] dass sie die im Rundschreiben Nr. 1/96 aufgeführten Fallgruppen auch die Auslegung der Bundesnotarkammer für das durch die BNotO-Novelle von 1998 Gesetz gewordene „berechtigte Sicherungsinteresse" iSd § 57 Abs. 2 Nr. 1 darstellen.

10 Weitere Auslegungshilfen geben Rundschreiben zweier Notarkammern, zum einen eine gemeinsame Verlautbarung der **Notarkammer Hamm** (jetzt Westfälische Notarkammer) und des Präsidenten des OLG Hamm über „Leitlinien zur Auslegung des § 54a Abs. 2 Nr. 1 BeurkG",[25] zum anderen eine „Handreichung der **Schleswig-Holsteinischen Notarkammer** zur ordnungsgemäßen Durchführung von Verwahrungsgeschäften gemäß §§ 54a–54e BeurkG" mit Stand Mai 2002.[26] Beide Rundschreiben sind keine Richtlinien iSd § 67 Abs. 2 BNotO. Die Leitlinien Hamm wollen jedoch ausdrücklich einen einheitlichen Maßstab zur Auslegung der Vorschrift für die Justizverwaltung und die Notarkammer insbesondere für die Notarprüfung schaffen. Die in den beiden Kammerrundschreiben aufgeführten Fallgruppen sind denen des BNotK-Rundschreibens Nr. 1/96 sehr ähnlich, aber nicht völlig deckungsgleich. Insbesondere lässt die Handreichung der Notarkammer Schleswig-Holstein in ihrer Formulierung mehr Spielraum für Abweichungen im Einzelfall.

11 **2. Fallgruppen: Nur Absicherung über Notaranderkonto möglich.** Ein Sicherungsinteresse besteht eindeutig, wenn eine Absicherung des anderen Vertragsteiles (ohne Einschaltung anderer Treuhänder, dritter Sicherungsgeber oder Gewährung von Sicherheiten außerhalb des Vertragsobjektes) nur durch die notarielle Verwahrung möglich ist.

Hauptfall ist die **Besitzübergabe** des Kaufobjektes durch den Verkäufer schon vor dem voraussichtlichen Termin der Kaufpreisfälligkeit (insbesondere bei besonders langen Grundbuchbearbeitungszeiten für die Eintragung der Vormerkung oder weil noch Genehmigungen einzuholen sind, aber auch wenn der Käufer sofort nach Vertragsschluss mit der Renovierung des Vertragsobjekts beginnen will – in Kenntnis des Risikos verlorener Aufwendungen, sollte der Vertrag scheitern). Soll hier sowohl eine ungesicherte Vorleistung des Verkäufers durch Übergabe vor Kaufpreiszahlung, aber umgekehrt auch eine Kaufpreiszahlung vor Sicherung des Eigentumserwerbs des Käufers vermieden werden, so ist dies bei Direktzahlung nicht möglich; daher kann die Übergabe von der vorherigen Einzahlung des

---

[23] Auch die Literatur lehnt sich weitestgehend an die Fallgruppen des Rundschreibens an. Vgl. *Amann/Brambring* S. 1 ff.; *Brambring* DNotZ 1999, 381 (386 ff.); *ders.* DB 2000, 1319; *Brambring/Sandkühler/Starke* S. 111 ff.; *Grziwotz/Heinemann/Grziwotz* BeurkG § 57 Rn. 7ff; *Lerch* BeurkG Vor § 57 Rn. 13 und § 57 Rn. 3; *Armbrüster/Preuß/Renner/Renner* BeurkG § 57 Rn. 12 ff.; *Arndt/Lerch/Sandkühler/Sandkühler* BNotO § 23 Rn. 46 ff.; *Weingärtner*, Verwahrungsgeschäft, Rn. 62c; *Winkler* BeurkG § 57 Rn. 14. Beck-Notar-HdB/*Tönnies* A. I. Rn. 770 ff. untersucht darüber hinaus die Fallgruppen, in denen die Verwahrung nicht nur zulässig, sondern auch sinnvoll ist.

[24] Abgedruckt bei *Weingärtner* Nr. 298a; im Internet: www.bnotk.de (unter Aufgaben und Tätigkeiten/Rundschreiben).

[25] Abgedruckt als Kammerreport Hamm 2001, 36 = ZNotP 2002, 137.

[26] Abgedruckt als Beilage zu Schleswig-Holsteinische Rechtsanwaltskammer/Schleswig-Holsteinische Notarkammer II/2002.

Kaufpreises auf Anderkonto abhängig gemacht wird.[27] (Hingegen besteht im Regelfall kein Sicherungsinteresse, bereits bei Räumung des Vertragsbesitzes durch den Verkäufer dessen Kaufpreisanspruch abzusichern.)[28]

Ist eine vollständige Zug um Zug-Abwicklung von Kaufpreiszahlung und Besitzübergabe nicht möglich, weil der Verkäufer nach Besitzübergabe noch weitere Leistungen erbringen muss – wenn etwa die **Räumung** einer Wohnung oder anderer Gebäudeteile noch aussteht oder noch **Renovierungsarbeiten** geschuldet werden, so kann eine Absicherung beider Kaufvertragsparteien nur durch Verwahrung des auf die noch ausstehende Leistung entfallenden Kaufpreisteiles auf Notaranderkonto erfolgen **(Sicherheitseinbehalt).**[29] 12

Dasselbe gilt, wenn die Löschung eines Briefgrundpfandrechtes wegen **Verlust des Grundpfandbriefes** erst nach einem zeitaufwändigen Aufgebotsverfahren möglich ist.[30]

3. Absicherung über Anderkonto anderer Absicherungsart überlegen. In anderen Fällen ist eine Absicherung zwar auch ohne Notaranderkonto theoretisch denkbar, doch bietet die Absicherung über Anderkonto eine **erhöhte Sicherheit oder eine schnellere Abwicklung** – oder auch die alternative Absicherung wirft Probleme auf. Auch in diesen Fällen ist es zulässig, den Vertrag über Anderkonto abzuwickeln.[31] 13

Insbesondere gilt dies für den freihändigen Verkauf eines Grundstückes **nach Anordnung der Zwangsversteigerung** (oder eines Verfügungsverbotes aufgrund einstweiliger Verfügung nach §§ 935, 938 ZPO). Zwar ist hier auch eine Abwicklung durch Direktzahlung möglich, wenn die betreibenden Gläubiger die Erklärung ihrer Antragsrücknahme (oder ihrer Zustimmung zur Verfügung) dem Notar zu treuen Händen übermitteln. Dazu werden die Gläubiger aber eher bereit sein, wenn sie sehen, dass ihre Forderungen kurzfristig erfüllt werden können, weil das Geld bereits auf Anderkonto eingezahlt ist; auch dies genügt als berechtigtes Sicherungsinteresse.[32] 14

Ebenso sind möglicherweise bei einer **Überschuldung** des Grundstückes erfüllbare Treuhandauflagen nur zu erhalten, wenn das Geld bereits auf dem Anderkonto liegt.[33]

---

[27] BGH DNotZ 1995, 125; OLG Köln DNotZ 1989, 257 (260 f.); BNotK-Rundschreiben Nr. 1/96, Ziffer III. 1. d); *Amann/Brambring* S. 7; *Brambring* FGPrax 1998, 201 (204); *ders.* DNotZ 1999, 381 (390 f.); *Brambring/Sandkühler/Starke* S. 123; *Lerch* BeurkG Vor § 57 Rn. 13; *Armbrüster/Preuß/Renner/Renner* BeurkG § 57 Rn. 14; *Arndt/Lerch/Sandkühler/Sandkühler* BNotO § 23 Rn. 48; BeckNotar-HdB/*Tönnies* A. I. Rn. 355; *Winkler* BeurkG § 57 Rn. 17 f.; einschränkend hingegen *Tönnies* ZNotP 1999, 419 (420).

[28] Denn der Käufer kann dadurch abgesichert werden, dass die Räumung als Fälligkeitsvoraussetzung für die Kaufpreiszahlung vereinbart wird. Der Verkäufer wiederum kann die Mitwirkung des Käufers wieder rückgängig machen bzw. das Kaufobjekt anderweitig nutzen, falls der Käufer nicht zahlt; eine Leistung an den Käufer erbringt er erst mit der Besitzübergabe. Im Regelfall will der Verkäufer das Objekt ohnehin räumen, da er es sonst eben an jemand anderen verkaufen würde.

[29] BNotK-Rundschreiben Nr. 1/96, Ziffer III. 1e) bb); *Brambring* DNotZ 1999, 381 (391); *Brambring/Sandkühler/Starke* S. 124; *Lerch* BeurkG § 57 Rn. 3; *Armbrüster/Preuß/Renner/Renner* BeurkG § 57 Rn. 21; *Arndt/Lerch/Sandkühler/Sandkühler* BNotO § 23 Rn. 53; *Winkler* BeurkG § 57 Rn. 26. Jedenfalls sofern die zur Ablösung erforderlichen Beträge möglicherweise nur unter Einbeziehung auch des Sicherheitseinbehaltes zu erbringen sind, kann dann die gesamte Abwicklung über Anderkonto erfolgen. Sonst kann es Koordinationsprobleme zwischen dem direkt zu zahlenden (ersten) Kaufpreisteil und dem über Anderkonto abgewickelten Sicherheitseinbehalt geben. Es empfiehlt sich daher, im Kaufvertrag zumindest die Berechtigung des Käufers zur Abwicklung auch des übrigen Kaufpreisteiles über Notaranderkonto vorzusehen.

[30] BNotK-Rundschreiben Nr. 1/96, Ziffer III. 1e) cc); *Brambring/Sandkühler/Starke* S. 124. Ansonsten genügt zur Absicherung des Käufers regelmäßig, bei Direktzahlung das Vorliegen der Löschungsunterlagen als Voraussetzung für die Kaufpreisfälligkeit vorzusehen (BGH DNotZ 2004, 849 mAnm *Kesseler*).

[31] *Lerch* BeurkG § 57 Rn. 3; *Arndt/Lerch/Sandkühler/Sandkühler* BNotO § 23 Rn. 53; aA *Tönnies* ZNotP 1999, 419 (422) – später nach der Darstellung BeckNotar-HdB/*Tönnies*, 6. Aufl. 2015, A. I. Rn. 755 wohl nicht mehr so eng gesehen.

[32] BNotK-Rundschreiben Nr. 1/96, Ziffer III. 1. e) ee); *Brambring/Sandkühler/Starke* S. 127; *Brambring* DNotZ 1999, 381 (393); *Winkler* BeurkG § 57 Rn. 25. Allg. zum freihändigen Verkauf im Zwangsversteigerungsverfahren vgl. *Jursnik* MittBayNot 1999, 125 und 433; *Weirich* DNotZ 1989, 143; *Zimmer* ZfIR 2015, 478. Zur Belehrungspflicht des Notars beim freihändigen Verkauf nach Anordnung der Zwangsversteigerung vgl. OLG Schleswig OLG-Report 2005, 93 = SchlHA 2005, 371.

[33] Im Ergebnis ebenso *Brambring/Sandkühler/Starke* S. 127.

15 Dasselbe gilt, wenn **der Erwerber über mehrere Banken finanziert** und Grundpfandgläubiger oder andere **Drittberechtigte abzulösen** sind. Auch hier könnten sich die Banken theoretisch auch untereinander koordinieren, wer welche Treuhandaufträge erfüllt. Ebenso zulässig ist aber, wenn die Beteiligten diese Koordination dem Notar zur Abwicklung über Anderkonto übertragen, da die Koordination zwischen den verschiedenen Banken eine Treuhandtätigkeit ist, die die Einschaltung eines Dritten als Treuhänders nahelegt.[34]

16 Will der Verkäufer aufgrund besonderer Umstände des Einzelfalls auch die in der **Grundbucheintragung einer Vormerkung** liegende teilweise Vorleistung absichern (die aber keine „ungesicherte Vorleistung" iSd BGH-Rechtsprechung zu notariellen Belehrungspflichten ist), so kann er die Rückabwicklung grundsätzlich auch durch Löschungsvollmacht oder „Schubladenlöschung" (dh dem Notar unter Treuhandauflagen zur Verwendung übergebene Löschungsbewilligung) sichern. Diese Alternative hat jedoch ihre Schwächen.[35] Die Beteiligten können daher die Eintragung jedenfalls dann von der vorherigen Einzahlung auf Anderkonto abhängig machen, wenn die Sicherung der Löschung im konkreten Fall nicht genügt.[36] Zu einem der verschiedenen Sicherungsmitteln (Anderkonto, Schubladenlöschung/Löschungsvollmacht oder auflösend bedingte/befristete Vormerkung) wird man dem Verkäufer insbesondere raten, falls dem Erwerber Erklärungen (wie ein Rücktritt vom Vertrag) oder Klagen (zB auf Löschung der Auflassungsvormerkung) **im Inland nicht zugestellt** werden können. Dabei kann sich auch die Weigerung des Verkäufers, der Eintragung der Vormerkung vor der Einzahlung auf Notaranderkonto zuzustimmen (und damit ein subjektives Element), zu einem objektiven Sicherungsinteresse verdichten.[37]

Noch weitergehend bejahen das OLG Köln und Teile der Literatur ein berechtigtes Sicherungsinteresse bereits dann, wenn der Verkäufer die Eintragung einer Vormerkung vermeiden will – auch wenn im Sachverhalt keine besonderen Umstände vorliegen, die befürchten lassen, dass die Löschung der Vormerkung gar nicht oder nur unter besonderen

---

[34] BNotK-Rundschreiben Nr. 1/96, Ziffer III. 1. a); *Brambring* DNotZ 1999, 381 (388 f.); *Brambring/Sandkühler/Starke* S. 118 ff.; *Lerch* BeurkG § 57 Rn. 3; *Armbrüster/Preuß/Renner/Renner* BeurkG § 57 Rn. 14; Arndt/Lerch/Sandkühler/*Sandkühler* BNotO § 23 Rn. 53; BeckNotar-HdB/*Tönnies* A. I. Rn. 774f; *Winkler* BeurkG § 57 Rn. 24; ebenso zum früheren Recht vor 1998: OLG Hamm DNotZ 1992, 392.

[35] So kann etwa die Löschung nicht durch eine Löschungsbewilligung gesichert werden, wenn bei Erwerb durch eine ausländische Gesellschaft, deren Rechtsfähigkeit oder Vertretung fraglich ist – und damit die des die Löschung Bewilligenden – vgl. BGH DNotZ 1994, 485 und den darauf aufbauenden Fall der „Cheating Limited" bei *Amann/Brambring* S. 5 f. bzw. *Brambring/Sandkühler/Starke* S. 121 f. Vor allem übernimmt der Notar dabei eine unter dem Gesichtspunkt seiner Neutralität nicht ganz unbedenkliche Verantwortung, BNotK-Rundschreiben Nr. 1/96, Ziffer III. 1. b). Schließlich stellt die Einzahlung auf Anderkonto die Durchführung des Vertrages sicher, während die Löschungsvollmacht etc nur die Rückabwicklung ermöglicht – also ein anderes Interesse absichern! – insofern könnte man dies noch zur ersten Fallgruppe rechnen, in der eine Absicherung nur durch Anderkonto möglich ist.

[36] BNotK-Rundschreiben Nr. 1/96, Ziffer III. 1. b); *Brambring* DNotZ 1999, 381 (389 f.); *ders.* FGPrax 1999, 201 (204); Armbrüster/Preuß/Renner/*Renner* BeurkG § 57 Rn. 13; BeckNotar-HdB/*Tönnies* A. I. Rn. 782 f.; *ders.* ZNotP 1999, 419 (421); *Winkler* BeurkG § 57 Rn. 19; im Ergebnis ähnlich, wenngleich von einem anderen Ansatz her argumentierend: *Weingärtner*, Vermeidbare Fehler, Rn. 343. *Tönnies* ZNotP 1999, 419 (421) möchte dies auf den Fall beschränken, dass das „Standardrisiko" der in der Eintragung einer Vormerkung liegenden Vorleistung „infolge besonderer Umstände deutlich erhöht wird", etwa weil Rechtsfähigkeit oder Vertretungsbefugnis der als Käufer auftretenden Gesellschaft bei Beurkundung nicht geklärt werden können. *Brambring* DNotZ 1999, 381 (389 f.) und *Winkler* BeurkG § 57 Rn. 19, halten jedenfalls in diesem Fall ein Notaranderkonto für zulässig. Es würde hier auch ein subjektives Element berücksichtigt: Ob der Verkäufer im konkreten Fall ausnahmsweise hierfür eine Absicherung will, ist letztlich seine Entscheidung. Wünscht der Verkäufer – auch nach notarieller Beratung, etwa über die dadurch bedingte Verzögerung der Abwicklung – ausnahmsweise hierfür eine Absicherung, so kann er die Eintragung der Vormerkung auch von der vorherigen Einzahlung auf Anderkonto abhängig machen. Denn auch die Absicherungsmöglichkeit durch Löschungsvollmacht oder Schubladenlöschung wirft zivil- und standesrechtliche Probleme auf. Ist die Alternative zum Anderkonto aber ebenfalls mit Unsicherheiten behaftet, so steht es in der Wahlfreiheit der Vertragsparteien, ob sie die Absicherung durch Notaranderkonto wählen (insoweit im Ergebnis ähnlich Grziwotz/Heinemann/*Grziwotz* BeurkG § 57 Rn. 6; etwas enger hingegen Armbrüster/Preuß/Renner/*Renner* BeurkG § 57 Rn. 13).

[37] Handreichung der Schleswig-Holsteinischen Notarkammer, Beilage zu Schleswig-Holsteinische Rechtsanwaltskammer/Schleswig-Holsteinische Notarkammer II/2002.

Schwierigkeiten durchzusetzen wäre.[38] Dies erscheint mir zu weitgehend; denn die Absicherung über Anderkonto steht nach der jetzigen Gesetzeskonzeption nicht alternativ neben anderen Sicherungen zur Auswahl, sondern nur nachrangig zur Verfügung, wenn andere Sicherungen am Grundstück nicht ausreichen.[39]

Auch die Eintragung des **Finanzierungsgrundpfandrechtes** kann der Verkäufer nur in Ausnahmefällen von der vorherigen Einzahlung des Kaufpreises auf Notaranderkonto abhängig machen, falls nämlich die übliche Absicherung durch eine Einschränkung des Sicherungszwecks nicht genügt – etwa wenn eine Finanzierungsgrundschuld zugunsten einer Privatperson bestellt werden soll oder falls eine Einschränkung der Sicherungsabrede von der finanzierenden Bank nicht zu erlangen ist.[40]

Durch die Anerkennung der **Rechtsfähigkeit der GbR** (Gesellschaft bürgerlichen Rechts) und das Chaos, das der II. Zivilsenat dadurch im Immobilienrecht angerichtet hat, gibt es eine weitere Fallgruppe, in der das Notaranderkonto jedenfalls eine teilweise Absicherung ermöglicht (nämlich für den Leistungsaustausch, wenn auch möglicherweise nicht vor späteren Bereicherungsansprüchen). Hier kann der Käufer nicht durch die Vormerkung abgesichert werden, da diese mangels zugrundeliegenden Anspruchs gegen den Eigentümer unwirksam wäre, wenn andere als die handelnden Gesellschafter an der GbR beteiligt sind. Daher ist auch hier die Abwicklung über Notaranderkonto zulässig.[41]

4. Gleichwertige andere Art der Absicherung. Von einer **Mindermeinung** wird ein berechtigtes Sicherungsinteresse bereits dann bejaht, wenn überhaupt eine Absicherung der Beteiligten erforderlich ist, obwohl diese bei Direktzahlung ebenso gut abgesichert werden kann; nach dieser Ansicht steht es den Beteiligten zur Wahl, ob sie statt der **anderen gleichwertigen Absicherungsmöglichkeit** die Abwicklung über Notaranderkonto wählen.[42]

Diese Auffassung ist abzulehnen.[43] Zum einen verlangt der Gesetzeswortlaut ein Sicherungsinteresse gerade für die Verwahrung („hierfür"); daran fehlt es, wenn das Sicherungsinteresse ebenso gut durch andere Mittel als die Verwahrung abgesichert werden kann.[44]

---

[38] OLG Köln FGPrax 2007, 291 = ZNotP 2008, 255 mAnm *Tiedtke,* ferner abl. Anm. *Renner* NotBZ 2008, 142 (diese Frage ist nicht behandelt in der Revisionsentscheidung des BGH DNotZ 2008, 796); ebenso bereits *Möhrle* DB 2000, 605; *Tröder* AnwBl. 1999, 633; *ders.* ZNotP 1999, 462; *Tröder,* Arbeitsgemeinschaft Anwaltsnotariat 2/2001 und 2002, 2.

[39] Als zu weitgehend lehnen dies auch ab: Verlautbarung der Notarkammer Hamm und des Präsidenten des OLG Hamm Kammerreport Hamm 2001, 36 = ZNotP 2002, 137; *Brambring* DB 2000, 1319; *ders.* NJW 2000, 3769; *Hagenbucher* MittBayNot 2003, 249 (258); *Renner* NotBZ 2008, 142; Armbrüster/Preuß/*Renner* BeurkG § 57 Rn. 13.

[40] BNotK-Rundschreiben Nr. 1/96, Ziffer III. 1. c); Armbrüster/Preuß/Renner/*Renner* BeurkG § 57 Rn. 14; BeckNotar-HdB/*Tönnies* A. I. Rn. 776 ff.; *ders.* ZNotP 1999, 419 (421); *Winkler* BeurkG § 57 Rn. 19. Hier würde ich – anders als bei der Eintragung einer Vormerkung – grundsätzlich kein subjektives Element anerkennen. Denn im Normalfall wird jeder Verkäufer einsehen, dass ihm die Bank eine Löschungsbewilligung erteilen wird, wenn der Kaufvertrag nicht abgewickelt wird. Bei der Eintragung einer Vormerkung kann aber die subjektive Einschätzung der Zuverlässigkeit des Käufers etc eine wesentlich größere Rolle spielen; hier kann man dem Verkäufer schlecht vorschreiben, er müsse den Käufer für so vertrauenswürdig halten, dass er ggf. die Vormerkung auch ohne Klage wieder zur Löschung bewilligt (oder für so zahlungskräftig, dass er zumindest den entstandenen Schaden ersetzen könnte).

[41] Armbrüster/Preuß/Renner/*Renner* BeurkG § 57 Rn. 14.

[42] *Lerch* NJW 1998, 3697 (3698); *Möhrle* DB 2000, 605 (dagegen Erwiderung von *Brambring* DB 2000, 1319); *Tröder* AnwBl. 1999, 633; *ders.* ZNotP 1999, 462; dagegen ausdrücklich Leitlinien der Notarkammer Hamm, Kammerreport Hamm 2001, 36 = ZNotP 2002, 137; *Brambring* NJW 2000, 3769; *Tröder* Arbeitsgemeinschaft Anwaltsnotariat 2/2001 und 2002, 2; indirekt auch *Weingärtner* DNotZ 1999, 393 (395 f.); *ders.* NotBZ 2002, 188; *Weingärtner,* Vermeidbare Fehler, Rn. 343, der den bloßen Wunsch der Beteiligten nach Anderkontoabwicklung für ausreichend hält („wenn dies ein Ausnahmefall bleibt"); → Rn. 7.

[43] *Brambring* DNotZ 1999, 381 (383 f.); Armbrüster/Preuß/Renner/*Renner* BeurkG § 57 Rn. 10; Arndt/Lerch/Sandkühler/*Sandkühler* BNotO § 23 Rn. 53; *Tönnies* ZNotP 1999, 419 (420); Vaasen/*Starke* DNotZ 1998, 661 (677); *Winkler* BeurkG § 57 Rn. 10.

[44] Vgl. *Tönnies* ZNotP 1999, 419 (422). Der Gegenmeinung ist allerdings zuzugeben, dass man für die Einschränkung eines bis 1998 in der Rechtspraxis in einigen Teilen Deutschlands vorherrschenden Verfahrens eine deutlichere Äußerung des Gesetzgebers hätte erwarten können.

Auch soll nach der Gesetzesbegründung „einer „formularmäßig" vorgesehenen Verwahrung entgegengewirkt werden".[45] Würde aber etwa allein die Ablösung von Grundpfandrechtsgläubigern als Sicherungsinteresse genügen, wäre in den allermeisten Fällen („formularmäßig") doch weiterhin eine Verwahrung zulässig.

19 In der Praxis betrifft dies vor allem den Fall, dass zwar Grundpfandgläubiger abzulösen sind, aber der Kaufpreis (ganz oder teilweise) aus Eigenmitteln bezahlt wird und **nur durch eine einzige Bank** finanziert wird.[46] Hier bietet die Abwicklung über Anderkonto keinerlei Vorteile gegenüber der Direktzahlung auf Fälligkeitsmitteilung des Notars hin, in der der Notar genau auflistet, welche Beträge den einzelnen abzulösenden Gläubigern zur Erfüllung der ihm auferlegten Treuhandaufträge zu überweisen sind.[47] Hier ist deshalb eine Abwicklung über Anderkonto unzulässig.[48]

20 Dasselbe gilt für den umgekehrten Fall, dass der Käufer zwar über mehrere Kreditinstitute finanziert, aber nur ein dinglicher Gläubiger abzulösen ist.[49] Auch wenn der Käufer bei mehreren abzulösenden Gläubigern über mehrere Kreditinstitute finanziert, ist idR eine Direktzahlung möglich, da die Kreditinstitute sich dann idR untereinander abstimmen (und die Aufteilung der Finanzierung meist von sich aus vorgeschlagen haben, zB Volksbanken zusammen mit der Bausparkasse Schwäbisch Hall oder Sparkassen zusammen mit der LBS oder der jeweiligen regionalen Bausparkasse des Sparkassenverbundes).

21 *Tönnies* schlägt vor, im Kaufvertrag für den Fall, dass die eigentlich vorgesehene Direktzahlung auf unvorhergesehene Schwierigkeiten stößt, zusätzlich eine **fakultative Verwahrung** vorzusehen, wonach der Käufer zur Einzahlung auf Anderkonto berechtigt, aber nicht verpflichtet ist, wenn nachträglich ein berechtigtes Sicherungsinteresse entsteht oder erkennbar wird.[50] Eine derartige Regelung ist zulässig, erscheint mir aber im Normalfall unnötig und eher verwirrend.

21a Ich würde sie nur dann erwägen, wenn sich eine derartige Möglichkeit konkret abzeichnet – etwa weil die Verkäufer schon im Vorfeld der Beurkundung erkennen, dass ein Grundschuldbrief möglicherweise nicht auffindbar ist.[51] Dann kann ich für diesen Fall eine alternative Kaufpreisabwicklung vorsehen. Sinngemäß regle ich dann, dass der Käufer, wenn alle anderen Fälligkeitsvoraussetzungen mit Ausnahme des Briefes vorliegen (insbes.

---

[45] Regierungsbegründung BT-Drs. 13/4184, 37 f. Dies betonen insbes. *Brambring* DNotZ 1999, 381 (383 f.) und *Tönnies* ZNotP 1999, 419 (420). Dem BNotK-Rundschreiben Nr. 1/96 kann man entnehmen, dass ein wichtiges Anliegen des Rundschreibens wie der von der BNotK angestoßenen Regelung über das berechtigte Sicherungsinteresse in § 57 eine Beschränkung der Schäden durch (fahrlässige, in Einzelfällen aber auch vorsätzliche) Amtspflichtverletzungen bei der Hinterlegung war.

[46] OLG Bremen MittBayNot 2005, 428 mAnm *C. Sandkühler;* OLG Schleswig notar 2010, 88 mAnm *Wudy* (jeweils zur Hebegebühr); *Winkler* BeurkG § 57 Rn. 23. Auch bei teilweiser Zahlung aus Eigenmitteln kann das Kreditinstitut die Erfüllung aller Treuhandauflagen selbst kontrollieren, wenn die Eigenmittel ebenfalls über ein Konto desselben Kreditinstitutes fließen.

[47] Vgl. BNotK-Rundschreiben 1/96, Ziffer II.

[48] OLG Schleswig BeckRS 2010, 07213 = SchlHA 2010, 88; Verlautbarung der Notarkammer Hamm und des Präsidenten des OLG Hamm, 36 = ZNotP 2002, 137; Kammerreport Hamm 2001, 36 = ZNotP 2002, 137; *Brambring* DNotZ 1999, 381 (386 f.); *ders.* RWS-Forum 1998, 11 (13); *ders.* FGPrax 1999, 201 (204); *Brambring/Sandkühler/Starke* S. 114 f.; ebenso *Tönnies* ZNotP 1999, 419 (420 f.); *Winkler* BeurkG § 57 Rn. 23. AA *Weingärtner* DNotZ 1999, 393 (395 f.); *ders.* NotBZ 2002, 188 (ähnlich *ders.,* Verwahrungsgeschäft, Rn. 62), der ein berechtigtes Interesse auch dann bejaht, wenn die Abwicklung über die „bayerische Lösung" teurer oder sogar ökonomisch sinnvoller ist (einschränkend jedoch *ders.,* Vermeidbare Fehler, Rn. 326, „wenn dies ein Ausnahmefall bleibt"); ähnlich *Langhein* RWS-Forum 13, Immobilienrecht 1998, 27 (28) (Diskussion zu Vortrag Brambring); *Lerch* NJW 1998, 3697 (3698); *Rohs/Heinemann* Rn. 276.

[49] BNotK-Rundschreiben 1/96; Armbrüster/Preuß/Renner/*Renner* BeurkG § 57 Rn. 13; Arndt/Lerch/Sandkühler/*Sandkühler* BNotO § 23 Rn. 54; *Winkler* BeurkG § 57 Rn. 38.

[50] BeckNotar-HdB/*Tönnies,* 6. Aufl. 2015, A. I. Rn. 833 mit Formulierungsvorschlag. Will man aber den Kaufvertrag nicht durch eine Regelung über die Kaufpreiszahlung aufblähen (einerseits zur Direktzahlung, andererseits zur fakultativen Verwahrung), so ist bei Wahl der Verwahrung ein Vertragsnachtrag zur genauen Festlegung der Verwahrungsvereinbarung und -anweisung erforderlich.

[51] Ansonsten ist es einfacher, die dann konkret auftretende Abwicklungsschwierigkeit zu lösen, indem in einem Vertragsnachtrag eine konkret auf diesen Fall zugeschnittene Verwahrungsvereinbarung getroffen wird – etwa zur Verwahrung eines bestimmten Teilbetrages auf Notaranderkonto, wenn sich nachträglich herausstellt, dass ein Grundschuldbrief nicht auffindbar ist und daher erst ein Aufgebotsverfahren erforderlich wird.

auch die Löschungsbewilligung der eingetragenen Briefgrundschuldgläubigerin oder deren Abtretungserklärung und die Löschungsbewilligung der Zessionarin) einen Teilbetrag auf Notaranderkonto einzahlt (idR 1: 1 Umrechnung des DM-Nennbetrages in Euro – dh im Ergebnis ca. 200% des Nennbetrages) und den Rest wie vorgesehen zahlt. Dann kann der Besitz übergeben und das Eigentum umgeschrieben werden. Nachdem der verlorene Grundschuldbrief im Aufgebotsverfahren (das noch der Verkäufer auf seine Kosten durchführen muss) für kraftlos erklärt und die Grundschuld im Grundbuch gelöscht wurde, kann dann der Betrag vom Notaranderkonto ausgezahlt werden.

5. Fehlendes Sicherungsinteresse beim Kaufvertrag. Eindeutig **unzulässig** ist die 22 Annahme eines Verwahrungsantrages, wenn kein nicht bereits anderweitig abgesichertes objektives Sicherungsinteresse besteht. Dies betrifft insbesondere Fälle, in denen **keine Ablösebeträge** an dinglich Berechtigte zu zahlen sind (sei es, dass das Kaufobjekt in Abteilungen II und III lastenfrei ist, dass die Freistellung auflagenfrei möglich ist, dass der Verkäufer die bestehenden Lasten aus eigenen Mitteln vor Kaufpreiszahlung ablöst oder dass alle bestehenden Belastungen vom Käufer übernommen werden). Jedenfalls wenn die Einzahlung erst nach Eintragung einer Vormerkung für den Käufer fällig ist, so dass bei Einzahlung auch bereits die Auszahlungsvoraussetzungen vorliegen, würde das Anderkonto nur der Zahlungsabwicklung, nicht aber der Absicherung dienen und wäre damit unzulässig.[52]

Auch die Furcht des Verkäufers, für die **Grunderwerbsteuer** haften zu müssen, falls der 22a Käufer die Steuer nicht zahlt, begründet kein berechtigtes Sicherungsinteresse für die Abwicklung über Notaranderkonto. Denn der Verkäufer kann die Haftung vermeiden, indem er vom Kaufvertrag zurücktritt, wenn der Käufer seine kaufvertragliche Verpflichtung zur Übernahme der Grunderwerbsteuer nicht erfüllt. Auch wäre sonst praktisch bei jedem Kaufvertrag doch wieder eine Abwicklung über Anderkonto möglich, was § 57 Abs. 2 Nr. 1 gerade verhindern wollte.[53]

Zu verneinen ist ein berechtigtes Sicherungsinteresse auch für die Verwahrung (lediglich) 22b des **Maklerlohnes** (§ 652 BGB) aus dem Kaufpreis.[54]

6. Sicherungsinteresse bei anderen Rechtsgeschäften. Auch bei anderen Rechts- 23 geschäften kann ein berechtigtes Sicherungsinteresse für die Verwahrung auf Notaranderkonto bestehen.[55] Diese Fälle sind im Rundschreiben der Bundesnotarkammer Nr. 1/1996 nicht behandelt, da sie seltener vorkommen und sich für eine Fallgruppenbildung weniger anbieten. Hier ist nach der allgemeinen Formel im konkreten Fall zu fragen, ob die Vermeidung von Risiken, die das konkrete Rechtsgeschäft für die Beteiligten birgt, ohne Notaranderkonto, dh bei Direktzahlung, nicht (oder jedenfalls nicht so gut) möglich ist

---

[52] Vgl. die Fallgruppen im BNotK-Rundschreiben Nr. 1/96; ebenso bei *Brambring* DNotZ 1999, 381 (386 ff.); *Brambring/Sandkühler/Starke* S. 114; Armbrüster/Preuß/Renner/*Renner* BeurkG § 57 Rn. 13; Arndt/Lerch/Sandkühler/*Sandkühler* BNotO § 23 Rn. 52; *Winkler* BeurkG § 57 Rn. 30 ff. AA *Tröder* AnwBl. 12/99; ZNotP 1999, 462, der das Verbot auf „Evidenzfälle" beschränken will, „soweit ganz offensichtlich Sicherungsinteressen für die Hinterlegung fehlen." Noch weitergehend für Zulässigkeit bei bloßem subjektiven Wunsch der Beteiligten: *Weingärtner* DNotZ 1999, 393 (395 f.); *ders.* NotBZ 2002, 188; *ders.*, Verwahrungsgeschäft, Rn. 62; *ders.*, Vermeidbare Fehler, Rn. 343; → Rn. 6.
[53] OLG Schleswig BeckRS 2014, 22795 = notar 2015, 130 mAnm *Mohr* (entschieden im Rahmen einer Kostenentscheidung zur Berechtigung der Hebegebühr).
[54] Denn eine Absicherung des Maklers würde voraussetzen, dass dieser zum Verwahrungsbeteiligten wird; dies widerspricht aber Interessen des Käufers, sich im Fall einer Rückabwicklung des Vertrages nur mit dem Verkäufer auseinandersetzen zu müssen. Sinnvollerweise kann hier allenfalls eine einseitige Anweisung zur Auszahlung an den Makler vorgesehen werden.
[55] Vgl. etwa BGH DNotZ 2006, 912 mAnm *Krebs* = WuB VIII C § 17 BeurkG 1.07 mAnm *Lerch,* in dem der BGH dies – obiter dictum – für den Fall des Darlehensvertrag mit Grundschuldbestellung anspricht. Ferner DNotI Gutachten Abruf-Nr. 11 502 vom 18.12.2007 zur Sicherheitsleistungen nach Elektro- und Elektronikgerätegesetz (ElektroG). Ein anderer Fall wäre die Sicherung von Wertguthaben nach dem Altersteilzeitgesetz (AltTZG), die zulässig, aber praktisch schwierig ist.

(wobei die Möglichkeit, anderweitige Sicherheiten etwa durch Bürgschaft oder Realsicherheit zu stellen der Anderkontenabwicklung nicht entgegensteht).

24 **7. Rechtsfolgen bei fehlendem Sicherungsinteresse.** Nimmt der Notar eine Verwahrungsanweisung unzulässigerweise an, obwohl kein berechtigtes Sicherungsinteresse nach § 57 Abs. 2 Nr. 1 besteht, so hat er die angenommene Anweisung gleichwohl zu beachten; erst recht beeinträchtigt der Verstoß die Wirksamkeit der zivilrechtlichen Verwahrungsvereinbarung nicht.[56] Jedoch begeht der Notar eine **Amtspflichtverletzung,** für die er disziplinarisch belangt werden kann[57] und auch nach § 19 Abs. 1 BNotO haftet (etwa für einen durch die Verzögerung gegenüber der Direktzahlung entstandenen Zinsschaden).

Auch darf der Notar bei einer mangels Sicherungsinteresses unzulässigen Verwahrung nach **§ 21 Abs.** 1 **GNotKG** (früher § 16 KostO) die Gebühren nicht erheben, die durch die Verwahrung zusätzlich gegenüber einer Abwicklung durch Direktzahlung anfallen.[58] Bestanden die Beteiligten allerdings auf einer Abwicklung über Notaranderkonto, obwohl sie der Notar belehrte, dass eine gleichwertige Absicherung auch bei Direktzahlung möglich ist, so fällt die Hebegebühr trotz fehlenden Sicherungsinteresses an.[59] Denn der Mangel eines berechtigten Sicherungsinteresses ist nicht mit dem Tatbestand der unrichtigen Sachbehandlung gem. § 21 Abs. 1 S. 1 GNotKG gleichzusetzen. Der Einwand der unrichtigen Sachbehandlung gegen die Abwicklung über Notaranderkonto kann nur bei einem eklatanten Fehler des Notars erhoben werden. Das ist nicht der Fall, wenn der Notar die Art der Kaufpreisabwicklung mit den Kaufvertragsparteien erörtert und auf deren ausdrücklichen Wunsch hin eine Abwicklung über Notaranderkonto vorgesehen hat.[60]

III. Unzulässigkeit der Verwahrung

25 **1. Zivilrechtlich unwirksame Verwahrungsanweisung.** Trotz Bestehen eines Sicherungsinteresses ist die Annahme der Verwahrungsanweisung unzulässig (§ 14 Abs. 2 BNotO), wenn die **zivilrechtliche Verwahrungsvereinbarung unwirksam** ist – sei es wegen eines Verstoßes gegen materielles Recht, aber auch, wenn eine beurkundungsbedürftige Verwahrungsvereinbarung nicht beurkundet ist.[61]

26 Beim **Bauträgervertrag** darf der Notar keine Verwahrungsanweisung annehmen, die eine zu Lasten des Erwerbers von § 3 Abs. 1 und Abs. 2 MaBV abweichende Auszahlungsanweisung enthält.[62] Ebenso stellt die Einzahlung auf Anderkonto dann eine unzulässige Entgegennahme von Vermögenswerten des Erwerbers nach § 3 Abs. 1 **MaBV** dar, wenn die Auszahlung allein von der Weisung des Bauträgers oder eines seiner Erfüllungsgehilfen,

---

[56] Armbrüster/Preuß/Renner/*Renner* BeurkG Vor §§ 57 ff. Rn. 23; Arndt/Lerch/Sandkühler/*Sandkühler* BNotO § 23 Rn. 58.
[57] Dabei kann die Dienstaufsicht aber – da sie die Unabhängigkeit der Amtsführung des Notars (§ 1 BNotO) nicht beschränken darf – nur bei eindeutigen Verstößen eingreifen, zB wenn ein Notar formularmäßig immer eine Abwicklung über Notaranderkonto vorsieht oder wenn er den bloßen Wunsch der Beteiligten für eine Anderkontenabwicklung genügen lässt. → Rn. 8 sowie OLG Rostock NotBZ 2005, 339 mAnm *Hückstädt;* BNotK-Rundschreiben Nr. 31/2000 vom 4.9.2000; Leitlinien der Notarkammer Hamm ZNotP 2002, 137; Armbrüster/Preuß/Renner/*Renner* BeurkG § 57 Rn. 10; Arndt/Lerch/Sandkühler/*Sandkühler* BNotO § 23 Rn. 45; *Weingärtner,* Verwahrungsgeschäft, Rn. 62d; *ders.,* Vermeidbare Fehler, Rn. 326; *Zimmermann* DNotZ 2000, 164. Daher verneinte auch das OLG Frankfurt a. M. ein Dienstvergehen, wenn der Notar in einem Einzelfall auf ausdrücklichen Wunsch der Beteiligten und aufgrund eines von diesen subjektiv gesehenen Grundes eine Verwahrung auf Notaranderkonto vorgenommen hatte (29.10.2008 – 2 Not 5/08, nv – Auszug zitiert in Fußnote bei *Weingärtner,* Vermeidbare Fehler, Rn. 326). Deutlich strenger – aufsichtliches Eingreifen auch bei bloßem Verstoß in einem Einzelfall: KG RNotZ 2019, 492 (→ Rn. 8).
[58] OLG Bremen MittBayNot 2005, 428 mAnm *C. Sandkühler;* OLG Schleswig 6.10.2009 – 9 W 74/09, nv (zitiert nach Juris).
[59] LG Dortmund NotBZ 2002, 187 mAnm *Weingärtner.*
[60] OLG Düsseldorf ZNotP 2017, 37 mAnm *Fackelmann.*
[61] → Rn. 31.
[62] OLG Frankfurt a. M. OLG-Report 2006, 524; 2008, 618.

§ 57 Antrag auf Verwahrung

etwa des bauleitenden Architekten, abhängig gemacht wird. Kein Verstoß gegen die MaBV liegt hingegen vor, wenn das Geld erst nach Vorliegen der Auszahlungsvoraussetzungen nach § 3 Abs. 1 und Abs. 2 MaBV und deren Prüfung durch den Erwerber selber oder durch unabhängige Dritte ausgezahlt werden kann.[63]

Jedoch verstößt es nach der Rechtsprechung des BGH gegen **§ 11 Nr. 2a AGBG aF** (= § 309 Nr. 2a BGB), wenn der Erwerber im Bauträgervertrag ohne Rücksicht auf vorhandene Baumängel die beiden letzten Raten nach der MaBV (Bezugsfertigkeits- und Fertigstellungsrate) vor deren Fälligkeit auf Notaranderkonto einzahlen muss.[64]

Die Verwahrung allein der letzten Rate **(Fertigstellungsrate)** halten dagegen verschiedene Autoren hingegen für zulässig: Nach *Brambring* ist es zulässig, wenn die letzte Rate nach Bezugsfertigkeit und vor Übergabe einzuzahlen ist und erst auszuzahlen ist, wenn der Erwerber bestätigt hat, dass das Objekt vollständig fertiggestellt wurde und alle bei der Abnahme gerügten Mängel beseitigt sind.[65] *Basty* möchte die bei Verwahrung der Fertigstellungsrate erforderliche Absicherung des Erwerbers leitbildartig aus § 650f BGB (bis 31.12.2017: § 648a Abs. 2 S. 2 BGB aF) entnehmen: Bestünden bei Einzahlung unstreitig Baumängel, so dürfe der Erwerber einen Betrag in Höhe des zweifachen geschätzten Mängelbeseitigungsaufwandes einbehalten. Ausgezahlt werden dürfe nur mit ausdrücklicher Zustimmung des Erwerbers bzw. wenn dieser der Auszahlungsankündigung des Notars nicht binnen einer näher zu bestimmenden angemessenen Frist widerspreche.[66] Jetzt schränkt *Basty* dies tendenziell auf Gestaltungen ein, die Risiken absichern sollen, die nicht bereits in der Konzeption des § 3 MaBV angelegt sind.[67] Andere Autoren halten hingegen auch die Verwahrung der letzten Rate für generell unzulässig.[68]

Ein berechtigtes Sicherungsinteresse für die Verwahrung anderer als der letzten Rate besteht beim Bauträgervertrag grundsätzlich nicht.[69]

Ist die zu Grunde liegende vertragliche Regelung der Zahlungsmodalitäten zivilrechtlich unwirksam (etwa weil sie gegen AGB-Verbote verstößt), so ist eine gleichwohl vorgesehene Abwicklung über Notaranderkonto kostenrechtlich eine unrichtige Sachbehandlung iSd § 21 Abs. 1 GNotKG (bzw. früher § 16 Abs. 1 KostO).[70]

2. Notarielles Berufsrecht. Der Notar muss eine Verwahrung ablehnen, wenn dadurch **erkennbar unerlaubte oder unredliche Zwecke** verfolgt werden (§ 14 Abs. 2 BNotO), etwa wenn er erkennt, dass die Verwahrung der **Geldwäsche** dienen soll,[71] dass damit ein Beteiligter oder ein Dritter (etwa die finanzierende Bank) betrogen werden soll[72] oder wenn ein Beteiligter damit Gelder der erwarteten Insolvenz und dem Zugriff des Insolvenz-

---

[63] *Kanzleiter* DNotZ 1974, 542 (544); *Basty,* Der Bauträgervertrag, 6. Aufl. 2009, Rn. 572; BeckNotar-HdB/*Kutter* A. II. Rn. 89; *Marcks,* MaBV, 8. Aufl. 2009, § 3 Rn. 7.
[64] Denn damit ist das einseitig auszuübende Leistungsverweigerungsrecht des Erwerbers aus § 320 BGB und das Recht auf Minderung zumindest eingeschränkt, da er das Geld trotz Sachmängeln zunächst auf das Anderkonto einzahlen müsse und dann erst vom Bauträger die Zustimmung zur Rückzahlung erstreiten müsse – BGH DNotZ 1985, 287; OLG Hamm MittRhNotK 1994, 298; OLG Köln MDR 1991, 541.
[65] *Brambring* DNotZ 1990, 615 (620); *ders.* RWS-Forum 1998, 11 (22 f.); *ders.* DNotZ 1999, 381 (391 ff.); Formulierungsbeispiel: *Brambring/Sandkühler/Starke* S. 126; zustimmend etwa Armbrüster/Preuß/Renner/*Renner* BeurkG § 57 Rn. 18; Arndt/Lerch/Sandkühler/*Sandkühler* BNotO § 23 Rn. 53; dagegen *Blank* DNotZ 1997, 298; *ders.,* Bauträgervertrag, 5. Aufl. 2015, Rn. 243 ff. Der (die Einzahlungspflicht ausgleichende) Vorteil für den Erwerber in der Gestaltung *Brambrings* liegt darin, dass das Grundstückseigentum bereits nach Einzahlung der letzten Rate umgeschrieben wird, nicht erst nach Erhalt des Geldes durch den Bauträger.
[66] *Basty,* Bauträgervertrag, 7. Aufl. 2012, Rn. 143 ff.; dagegen *Blank* DNotZ 1997, 298; *ders.,* Bauträgervertrag, Rn. 274 ff; vgl. auch *F. Schmidt* MittBayNot 1995, 434 f.; BeckNotar-HdB/*Kutter* A. II. Rn. 89.
[67] *Basty,* Bauträgervertrag, Rn. 89.
[68] *Blank* DNotZ 1997, 298; *ders.,* Bauträgervertrag, Rn. 274 ff; Grziwotz/Heinemann/*Grziwotz* BeurkG § 57 Rn. 15.
[69] OLG Frankfurt a. M. BeckRS 2014, 16741; BNotK-Rundschreiben Nr. 1/96, Ziffer III. 2; *Brambring/Sandkühler/Starke* S. 124; *Winkler* BeurkG § 57 Rn. 39.
[70] OLG Frankfurt a. M. OLG-Report 2006, 227.
[71] Anhaltspunkte für Geldwäsche listet ein BKA-Schreiben auf. → Rn. 126 f.
[72] BGH NJW 2010, 1764.

verwalters entziehen will.[73] Abzulehnen ist etwa eine Verwahrung, die der Gesetzesumgehung (zB des Außenwirtschaftsgesetzes) oder der Verschleierung gegenüber dem Finanzamt dient.

Ebenso muss der Notar eine Verwahrung ablehnen, durch die eine tatsächlich nicht bestehende **Sicherheit vorgetäuscht** werden soll (Abschnitt III Nr. 2 S. 2 RLEmBNotK).[74] Anlass für eine Prüfung besteht insbesondere, wenn die Verwahrung nicht im Zusammenhang mit einer Beurkundung erfolgt (Abschnitt III Nr. 2 S. 3 RLEmBNotK), sondern der Notar etwa nur als Geldsammelstelle benutzt wird. Denn immer wieder versuchen Betrüger oder Anbieter des grauen Kapitalmarktes ihren Geschäften durch die Einschaltung eines Notars einen scheinbaren Anstrich von Seriosität zu geben, wie leider auch Haftungsfälle des Vertrauensschadensfonds belegen.[75] So darf ein Notar nur dann für eine Kapitalanlagegesellschaft eine Tätigkeit als Treuhänder für das von Anlegern gezeichnete Kapital übernehmen, wenn er auch die ordnungsgemäße Mittelverwendung vor der Auszahlung kontrolliert (oder jedenfalls bestimmte Punkte prüft); andernfalls verletzt er bereits mit Übernahme der Treuhändertätigkeit seine Amtspflichten.[76]

Ebenso sollte der Notar jede Verwahrung ablehnen, wenn ihm die Beteiligten den **wirtschaftlichen Sinn** des zugrundeliegenden Geschäftes **nicht verständlich** machen können.[77] Denn wenn die Beteiligten dem Notar den wirtschaftlichen Zweck ihres Geschäftes nicht verdeutlichen können, liegt dies meist nicht an fehlenden wirtschaftlichen Kenntnissen des Notars, sondern daran, dass die Beteiligten bestimmte Umstände verschweigen (sei es bewusst oder weil sie selbst getäuscht wurden). In manchen anderen der in der Literatur hierzu genannten Beispielsfälle fehlt es bereits an einem objektiven Sicherungsinteresse.[78]

28 Die **Mitwirkungsverbote des § 3** gelten jedenfalls über § 16 Abs. 1 BNotO (möglicherweise bereits aufgrund § 1 Abs. 1) auch für die Durchführung einer Verwahrung durch den Notar.[79] Verstöße machen eine dennoch angenommene Verwahrungsanweisung jedoch nicht unwirksam.

C. Verwahrungsanweisung (Abs. 2 Nr. 2 und Abs. 4)

29 Vor oder gleichzeitig mit der Entgegennahme des Verwahrungsgegenstandes muss eine Verwahrungsanweisung erteilt sein (§ 57 Abs. 2 Nr. 2 – zuvor § 11 Abs. 1 S. 1 DONot

---

[73] Vgl. den Fall von BGHZ 193, 129 = NJW 2012, 1959, der die Haftung eines privatrechtlichen Kontotreuhänders bei Insolvenzanfechtung betraf. Bei einem Notaranderkonto hätte man dies mE nicht über die Insolvenzanfechtung, sondern über Amtshaftung (§ 19 BNotO) wegen Verstoß gegen die notariellen Amtspflichten aus § 14 Abs. 2 BNotO bzw. § 61 Nr. 1 begründet.

[74] BGH DNotZ 1997, 221; OLG Hamm DNotZ 1997, 228 – beide mAnm *Reithmann*; OLG Bremen OLG-Report 2000, 64; OLG Hamm BeckRS 2008, 08259; *Amann/Brambring* S. 13; *Preuß* S. 53 ff.; Armbrüster/Preuß/*Renner/Renner* BeurkG § 57 Rn. 26 ff.; Griziwotz/Heinemann/*Griziwotz* BeurkG § 57 Rn. 17; *Weingärtner*, Verwahrungsgeschäft, Rn. 10 ff.; *Zimmermann* DNotZ 1982, 42 (90, 108); Kersten/Bühling/*Zimmermann* § 19 Rn. 6. *Tröder* AnwBl. 1999, 633; ZNotP 1999, 462 will im Ergebnis mit dem Verbot des § 57 Abs. 2 Nr. 1 nur diese Fälle erfassen.

[75] Beispiele s. BNotK-Rundschreiben vom 17.8.1994 und vom 6.12.1994 zu Wertdifferenzgeschäften – zitiert bei *Weingärtner/Schöttler*, 7. Aufl. 1995, DONot Rn. 145c; Rundschreiben Notarkammer Celle Nr. 2/1997, S. 22 ff.; Rundschreiben Notarkammer Frankfurt Nr. 1/1990 – zitiert bei *Weingärtner/Schöttler*, 7. Aufl. 1995, DONot Rn. 145c; Rundschreiben Rheinische Notarkammer vom 10.12.1981; *Bresgen* BNotK-Intern 6/98, S. 5; *Haug*, Die Amtshaftung des Notars, 2. Aufl. 1997, Rn. 203, 686 f. mit vielen Beispielen; *Haug/Zimmermann* Rn. 698; *Hey* Kriminalistik 1997, 480; *Zimmermann*, Das Anderkonto, DAI-Tagungsskript, 2.9./12.11.1994, S. 14 ff.

[76] OLG Frankfurt a. M. DNotZ 2004, 203 = EWiR 2004, 373 mAnm *Mues*.

[77] Griziwotz/Heinemann/*Griziwotz* BeurkG § 57 Rn. 19.

[78] So führt *Haug*, Die Amtshaftung des Notars, 2. Aufl. 1997, Rn. 686, etwa den Fall an, dass die Zahlung von Warentermingeschäften über Anderkonto abgewickelt wird – hier ist nicht ersichtlich, warum dies nicht ebenso gut eine Bank erledigen könnte; oder dass eine einseitige Verwahrungsanweisung allein vom Käufer erteilt wird, so dass der Verkäufer trotz Einzahlung des Geldes auf dem Anderkonto keinerlei Sicherheit hat.

[79] *Brambring/Sandkühler/Starke* S. 47 f.; *Winkler* BeurkG § 1 Rn. 22a und § 3 Rn. 20.

aF).⁸⁰ Dogmatisch ist zwischen öffentlich-rechtlicher **Verwahrungsanweisung** und zivilrechtlicher **Verwahrungsvereinbarung** zwischen den Kaufvertragsparteien zu unterscheiden. In der notariellen Urkunde fallen beide Regelungen zumeist zusammen, da sie weitgehend inhaltsgleich sind (und daher eine getrennte Regelung nur eine unnötige und verwirrende Verdoppelung wäre): Zum Beispiel wird der Notar angewiesen, unter gewissen Voraussetzungen auszuzahlen; dies bestimmt zugleich die Voraussetzungen, unter denen der Verkäufer die Auszahlung verlangen kann. Ist dem Notar keine gesonderte Verwahrungsanweisung erteilt, richtet sich deren Inhalt daher nach der zwischen den Vertragsparteien vereinbarten Verwahrungsvereinbarung.⁸¹

Um die Verwirrung komplett zu machen, gibt es auf der öffentlich-rechtlichen (ver- **29a** fahrensrechtlichen) Seite neben der Verwahrungsanweisung auch noch den **Verwahrungsantrag,** dh den Antrag, die Verwahrung (und die Verwahrungsanweisung) auch „anzunehmen", präziser: ihr stattzugeben.

Wegen **Formulierungsmustern** für Verwahrungsanweisung und -vereinbarung vgl. die **30** Literaturhinweise vor § 23 BNotO.

I. Schriftform (Abs. 4)

Die **Verwahrungsanweisung** bedarf der **Schriftform** (Abs. 4 – ebenso bereits früher **31** § 11 Abs. 2 S. 1 DONot aF).

Die zivilrechtliche **Verwahrungsvereinbarung** (Abrede der Kaufvertragsabwicklung über Notaranderkonto) hingegen bedarf als Modifikation der Zahlungspflicht häufig der Beurkundung, etwa nach § 311b Abs. 1 S. 1 BGB bzw. § 15 Abs. 4 GmbHG.⁸² Dieses Formerfordernis schlägt zwar nicht auf die öffentlich-rechtliche Verwahrungsanweisung durch,⁸³ doch darf der Notar eine Verwahrungsanweisung nicht annehmen, wenn er weiß, dass das **zugrundeliegende Geschäft** und damit auch die zivilrechtliche Verwahrungsvereinbarung **formunwirksam** (oder sonst nichtig) ist (§ 14 Abs. 2 BNotO).⁸⁴

Der verfahrensrechtlich ebenfalls erforderliche **Verwahrungsantrag** als solcher könnte **31a** zwar formfrei gestellt werden. Dies spielt aber praktisch kaum eine Rolle, da der Notar die Verwahrung nur annehmen darf, wenn ihm eine schriftliche Verwahrungsanweisung erteilt ist.⁸⁵

In der Praxis stellen sich Formfragen für die Anweisung der Vertragsparteien vornehmlich **32** bei einer **Vertragsänderung,** da die Verwahrungsanweisung fast ausnahmslos im Kaufvertrag mitbeurkundet wird. Die nachträgliche Vereinbarung der Kaufpreisabwicklung über Notaranderkonto bedarf nach § 311b Abs. 1 BGB bzw. § 15 Abs. 4 GmbHG grundsätzlich der Beurkundung, ebenso Änderungen in den Auszahlungsvoraussetzungen.⁸⁶ Ist die Vertragsänderung und damit die Änderung der Verwahrungsvereinbarung zwischen den Kaufvertragsparteien formbedürftig, die dafür erforderliche Form aber nicht eingehalten, so darf

---

⁸⁰ Auch wenn Gelder zunächst ohne Treuhandauftrag auf einem Konto des Notars eingehen, mit der alsbaldigen Erteilung einer Verwahrungsanweisung aber zu rechnen ist, kann der Notar zunächst ein paar Tage auf die Erteilung der Anweisung warten und sich einstweilen um deren Erteilung bemühen. Erhält er jedoch auch nach mehreren Tagen noch keine Verwahrungsanweisung – oder nimmt er die erteilte Anweisung nicht an, so muss er das Geld unverzüglich zurücküberweisen – *Weingärtner,* Verwahrungsgeschäft, Rn. 60.
⁸¹ BGH DNotZ 2000, 365.
⁸² OLG Brandenburg BeckRS 2010, 01989; *Kawohl* Rn. 31; *Lerch* NJW 1998, 3649; *Preuß* S. 37; Armbrüster/Preuß/Renner/*Renner* BeurkG § 57 Rn. 77 ff.; *Winkler* BeurkG § 57 Rn. 31.
⁸³ *Reithmann* NotBZ 1999, 57 (61); *Weingärtner,* Verwahrungsgeschäft, Rn. 98.
⁸⁴ Als Argument hierfür lässt sich auch die Regelung des § 60 Abs. 3 S. 1 heranziehen, wonach auch ein einseitiger Widerruf unter Berufung auf die Unwirksamkeit des mit der Verwahrung durchzuführenden Rechtsgeschäftes beachtlich ist.
⁸⁵ BGH NJW-RR 2017, 1336.
⁸⁶ So sind nach der Rechtsprechung beim Grundstückskauf etwa auch Änderungen in der Leistungszeit, zB ein Hinausschieben der Auflassung, beurkundungsbedürftig (BGH DNotZ 1971, 722; NJW 1974, 721; RGZ 76, 33) sowie Änderungen der Vorleistungspflicht (RG JZ 1908, 854; Staudinger/*Schumacher,* 2018, BGB § 311b Rn. 202).

der Notar mangels wirksamer (zivilrechtlicher) Verwahrungsvereinbarung die geänderte Verwahrungsanweisung nicht annehmen, obwohl diese der Schriftform des Abs. 4 genügt.[87]

Bedarf hingegen die Änderung der Vereinbarung keiner Form (etwa nach erklärter Auflassung beim Grundstückskauf), so bedarf doch die Änderung der Verwahrungsanweisung nach Abs. 4 der Schriftform. Dabei sah es das OLG Hamm – mE in dieser Allgemeinheit zu weitgehend – als unrichtige Sachbehandlung iSd § 16 Abs. 1 KostO (jetzt § 21 Abs. 1 GNotKG) an, wenn der Notar bei einer zivilrechtlich nicht beurkundungsbedürftigen Vertragsänderung (sei es, weil die Auflassung bereits beurkundet war, sei es, weil die Änderung nur der Behebung von Abwicklungsschwierigkeiten ohne wesentliche Änderung der beiderseitigen vertraglichen Pflichten diente), die Vertragsänderung und zugleich die Änderung der Verwahrungsanweisung beurkundete, ohne die Beteiligten auf die Möglichkeit einer bloß privatschriftlichen Änderung hinzuweisen.[88]

33 Praktische Bedeutung hat Abs. 4 vor allem für **einseitige Treuhandaufträge Dritter,** etwa der finanzierenden Bank oder der abzulösenden Grundpfandrechtsgläubiger. Insbesondere bei einer Verlängerung oder inhaltlichen Änderung des Treuhandauftrages muss der Notar hier auf einer schriftlichen Änderung bestehen. Denn das Schriftformerfordernis gilt auch für jede Änderung einer Verwahrungsanweisung.[89]

34 Bei § 57 Abs. 4 handelt es sich nicht um eine gesetzliche Schriftform iSd § 126 BGB, sondern um eine **verfahrensrechtliche Schriftform;** Vergleichsmaßstab ist daher die prozessrechtliche Schriftform (zB § 130 ZPO).[90]

Zur Wahrung der Schriftform genügt auch **Übermittlung per Telefax.**[91] Denn im streitigen Zivilprozess ist nach ganz überwiegender Auffassung in Rechtsprechung und Literatur die Einreichung von Schriftsätzen per Telefax ausreichend, auch soweit die ZPO Schriftform vorschreibt.[92] Bisher wurde für § 57 Abs. 4 jedoch verlangt, dass das Original der Anweisung unterzeichnet sein muss.[93] Nachdem jedoch die Rechtsprechung bei der prozessualen Schriftform auch ein Computerfax zugelassen hat,[94] wird man das (nur maschinell unterzeichnete) Computerfax auch für die ebenfalls verfahrensrechtliche Schrift-

---

[87] Vgl. *Weingärtner,* Verwahrungsgeschäft, Rn. 100 ff. Jedoch kann der Zahlungsverpflichtete einseitig und materiell formfrei auf das Vorliegen einer Auszahlungsvoraussetzung verzichten (und den Notar entsprechend schriftlich zur vorzeitigen Auszahlung anweisen), auch wenn eine entsprechende formlose Verpflichtung unwirksam wäre. Denn nach der Rechtsprechung kann die durch eine aufschiebende Bedingung Begünstigte einseitig formfrei auf den Bedingungseintritt verzichten (BGHZ 127, 129 = NJW 1994, 3227; BGH NJW 1998, 2360 mAnm *Pohlmann* NJW 1999, 190). Ebenso könnte der Verpflichtete bei Direktzahlung vor Fälligkeit zahlen. Allerdings sollte der Notar vor Ausführung einer solchen Anweisung den Beteiligten belehren, dass er damit den vertraglich vorgesehenen Schutz aufgibt. Da der Verzicht eine einseitige Anweisung ist, kann er auch einseitig widerrufen werden.
[88] OLG Hamm FGPrax 2008, 267. Im konkreten Fall ging es lediglich um die Anweisung zur Anlage als Festgeld; hierfür hätte Schriftform genügt. Verändert aber der Nachtrag die Rechte und Pflichten der Kaufvertragsparteien – etwa durch die nachträgliche Vereinbarung, einen Teil des Kaufpreises über Notaranderkonto abzuwickeln, weil sich herausgestellt hat, dass ein Grundschuldbrief fehlt und daher ein Aufgebotsverfahren erforderlich ist, so sollte der Notar – auch wenn die Auflassung schon beurkundet ist – in jedem Fall zur Beurkundung eines Nachtrages raten; das ist dann auch kostenrechtlich keine falsche Sachbehandlung (schon deshalb nicht, weil dieselben Gebühren auch angefallen wären, hätte die Beteiligten den Notar lediglich beauftragt, ihnen einen Entwurf für die Änderungsvereinbarung zu erstellen, den sie dann privatschriftlich abgeschlossen hätten).
[89] BGH DNotZ 2015, 224.
[90] BGH DNotZ 2006, 56.
[91] Ebenso *Brambring* FGPrax 1999, 201 (204); *Grziwotz/Heinemann/Grziwotz* BeurkG § 57 Rn. 25; *Mihm* DNotI-Report 1998, 223; *Munzig* MittBayNot 1999, 51 (52); *Armbrüster/Preuß/Renner/Renner* BeurkG § 57 Rn. 85; *Weimer* DNotI-Report 1998, 222 f.; *Weingärtner,* Verwahrungsgeschäft, Rn. 99a; *Winkler* BeurkG § 57 Rn. 52.
[92] BGH NJW 1990, 188; OLG München NJW 1992, 3042; *Baumbach/Lauterbach/Albers/Hartmann* ZPO § 129 Rn. 44; *MüKoZPO/Fritsche* ZPO § 129 Rn. 22; *Stein/Jonas/Leipold* ZPO § 130 Rn. 14 ff.
[93] LG Schwerin ZNotP 2002, 114 mAnm *Heinemann* ZNotP 2002, 104; *Mihm* DNotI-Report 1998, 223; *Weingärtner,* Verwahrungsgeschäft, Rn. 99a.
[94] GmS-OGB NJW 2000, 2340 (vgl. den Vorlagebeschluss des BGH an den Gemeinsamen Senat der obersten Gerichtshöfe NJW 1998, 3649; dazu *Borgmann* AnwBl. 1999, 50; *Düwell* NJW 2000, 3334.

form des § 57 Abs. 4 genügen lassen müssen.⁹⁵ Jedoch empfiehlt sich weiterhin, dass der Notar um Nachreichung des unterschriebenen Originals ansucht.⁹⁶ § 57 Abs. 4 ist hingegen nicht genügt, wenn das Ausgangsfax nicht unterzeichnet ist.⁹⁷

Ein **Verstoß** gegen das Schriftformerfordernis macht die Verwahrungsanweisung nicht unwirksam,⁹⁸ kann jedoch zu einer Beweislastumkehr im Haftpflichtprozess gegen den Notar führen, so dass der Notar ggf. beweisen muss, dass der Beteiligte eine Anweisung mit dem vom Notar angegebenen Inhalt erteilt hatte bzw. dass die in einem nicht unterschriebenen Fax enthaltene Anweisung tatsächlich von dem Beteiligten stammt.⁹⁹ Auch kann die Dienstaufsicht den Verstoß gegen das Schriftformerfordernis aufsichtlich ahnden.¹⁰⁰ 35

II. Inhalt der Verwahrungsanweisung (Abs. 2 Nr. 2 und Nr. 3)

1. Mindestinhalt. Zum Mindestinhalt der Verwahrungsanweisung gehört nach § 57 Abs. 2 Nr. 2 (früher § 11 Abs. 1 S. 1 DONot aF) die Angabe des **Anweisenden,** der die Verwahrungsanweisung erteilt (dh beim Kaufvertrag grundsätzlich beide Kaufvertragsparteien), und des **Empfangsberechtigten,** dh des Auszahlungsempfängers (beim Kaufvertrag also sowohl Verkäufer wie abzulösende Gläubiger). Deren Person muss bestimmt sein – sei es durch Feststellung der Beteiligten in der Urkunde nach § 10, sei es indem sie als Gläubiger der eingetragenen Rechte zumindest bestimmbar sind. 36

Zu den zeitlichen und sachlichen **Bedingungen der Verwahrung** gehören etwa besondere Anlageformen; § 11 Abs. 1 DONot aF hatte beispielhaft die Festgeldanlage genannt. Ist nichts geregelt, so eröffnet der Notar das Anderkonto als Girokonto bei einem von ihm ausgesuchten Kreditinstitut (§ 58 Abs. 1 S. 2). Unverzichtbar ist eine Regelung, wem die Kosten der Verwahrung zur Last fallen und wem Erträge (Zinsen) des Anderkontos zustehen. 37

Schließlich erfordert Abs. 2 Nr. 2 eine Regelung der **Auszahlungsvoraussetzungen.** Die **Einzahlungsvoraussetzungen** gehören zwar nicht zu den für die öffentlich-rechtliche Verwahrungsanweisung,¹⁰¹ wohl aber zu den für die zivilrechtliche Verwahrungsvereinbarung erforderlichen Punkten;¹⁰² sie werden leider in der Praxis manchmal nicht hinreichend geregelt oder nicht sauber von den Auszahlungsvoraussetzungen getrennt.¹⁰³ 38

2. Inhaltliche Anforderungen. Inhaltliche Anforderungen an die Verwahrungsanweisung stellt Abs. 3 auf, der § 11 Abs. 1 S. 2 DONot aF entspricht.¹⁰⁴ Oberstes Kriterium ist das **Sicherungsinteresse** aller am Verwahrungsgeschäft beteiligten Personen: Die Abwicklung über Anderkonto soll ungesicherte Vorleistungen eines Beteiligten verhindern. Insbesondere müssen die Auszahlungsvoraussetzungen so gestaltet sein, dass nicht ausgezahlt 39

---

⁹⁵ *Heinemann* ZNotP 2002, 104; ebenso im Ergebnis bereits *Weimer* DNotI-Report 1998, 222. Solange die Frage aber noch nicht obergerichtlich geklärt ist, ist es nicht amtspflichtwidrig, wenn der Notar vorsichtshalber auf einer Unterzeichnung des Anweisungsoriginals besteht (aA LG Schwerin DNotI-Report 2001, 182, dessen Argumentation aber durch BGH DNotZ 2006, 56 überholt ist).
⁹⁶ Armbrüster/Preuß/Renner/*Renner* BeurkG § 57 Rn. 85; *Weingärtner,* Verwahrungsgeschäft, Rn. 99a; *Winkler* BeurkG § 57 Rn. 52.
⁹⁷ BGH DNotZ 2006, 56.
⁹⁸ BGH DNotZ 1985, 234; 2006, 56; vgl. auch BayObLG DNotI-Report 2003, 158 (konkludenter Verwahrungsantrag bei der Verwahrung von Grundschuldbriefen).
⁹⁹ BGH DNotZ 1985, 234 (vom Notar behauptete mündliche Änderung der schriftlichen Anweisung); 2006, 56 (Änderung der Anweisung – Auszahlung an Dritten – durch nicht unterschriebenes Fax); Ganter/Hertel/Wöstmann/*Hertel* Rn. 1601.
¹⁰⁰ BGH NJW-RR 2017, 1336.
¹⁰¹ So jetzt wohl auch *Weingärtner,* Verwahrungsgeschäft, Rn. 66 (während er die Einzahlungsvoraussetzungen in der 1. Aufl., Rn. 66, noch unter die „zeitlichen Bedingungen" der Verwahrung fasste).
¹⁰² Grziwotz/Heinemann/*Grziwotz* BeurkG § 57 Rn. 33.
¹⁰³ *Haug,* Die Amtshaftung des Notars, 2. Aufl. 1997, Rn. 691.
¹⁰⁴ *Brambring/Sandkühler/Starke* S. 135; zum früheren Recht vgl. *Weingärtner/Schöttler,* 7. Aufl. 1995, DONot Rn. 148a ff.

wird, bevor die Zahlungspflichtigen für ihre Gegenansprüche abgesichert sind (und dies vom Notar auch überprüft wird).[105]

Daher treffen den Notar bei der Verwahrung dieselben **Belehrungspflichten** nach § 17 BeurkG, § 14 Abs. 2 BNotO wie bei der Beurkundung, insbesondere über ungesicherte Vorleistungen.[106] Auch nicht an der Verwahrung beteiligte Dritte können im Einzelfall in den Schutzbereich dieser Amtspflicht einbezogen sein.[107]

40 Verwahrungs- und Auszahlungsbedingungen müssen ebenso den **ordnungsgemäßen Vollzug** der Verwahrung selbst wie auch allgemein eine ordnungsgemäße Abwicklung des gesamten Rechtsgeschäftes ermöglichen, dem die Verwahrung dient. So müssen etwa Auszahlungsvoraussetzungen so formuliert werden, dass der Notar ihren Eintritt eindeutig und zweifelsfrei feststellen kann.[108] Auch eine nicht durch die Sicherungsinteressen der anderen Beteiligten gerechtfertigte unnötig lange Verwahrungsdauer oder zu frühe Festlegung des Einzahlungszeitpunktes verstößt gegen einen ordnungsgemäßen Vollzug der Verwahrung.

41 Hat der Notar die Verwahrungsanweisung ausnahmsweise nicht selbst entworfen, muss er prüfen, ob die von den Beteiligten gewünschte Anweisung den gesetzlichen Anforderungen entspricht.[109] Andernfalls darf er sie nicht annehmen, ohne die Beteiligten zuvor auf die in der unsachgemäßen Anweisung liegenden Gefahren aufmerksam zu machen (und ggf. eine sicherere Gestaltung vorzuschlagen).[110]

Entsteht durch eine unklare oder Sicherungsinteressen vernachlässigende Verwahrungsvereinbarung ein Schaden, so **haftet** der Notar für die Verletzung seiner Amtspflicht aus § 57 Abs. 3 – etwa für die Kosten des infolge der Unklarheit erforderlichen Rechtsstreites, selbst wenn die Sicherungsinteressen der Beteiligten gewahrt sind.[111]

42 Abs. 3 ist für das Verwahrungsverfahren Konkretisierung bzw. **Parallelnorm zu § 17** und den dort allgemein für das Beurkundungsverfahren normierten Prüfungs- und Belehrungspflichten des Notars. Rechtsprechung und Literatur zu den Belehrungspflichten bei Beurkundung kann daher auch für die Belehrungspflichten bei der notariellen Verwahrung herangezogen werden.[112]

Ebenso wie bei § 17 genügt der Notar seinen Pflichten, wenn er die Beteiligten auf die Risiken der von ihnen gewünschten Gestaltung hinweist und Gestaltungsmöglichkeiten zu deren Vermeidung benennt. Gehen die Beteiligten nach notarieller Belehrung Risiken ein, so ist dies ihre freie Entscheidung.

43 **3. Anweisende und Empfangsberechtigte.** Aus der Zusammenschau von § 57 Abs. 2 Nr. 2 und Abs. 3 lassen sich folgende Empfehlungen für die Gestaltung einer Verwahrungsanweisung (insbesondere für den Regelfall einer Kaufpreisabwicklung über Notaranderkonto) geben: Ausdrücklich sollte geregelt werden, welche Anweisungen von beiden Kaufvertragsparteien gemeinsam erteilt werden (grundsätzlich wohl alle: „Die Kaufvertragsparteien weisen den Notar an, ...") und welche **Anweisungen einseitig** erteilt werden (etwa

---

[105] OLG Bremen OLG-Report 2000, 64; OLG Hamm DNotZ 1997, 228 mAnm *Reithmann*; vgl. auch OLG Frankfurt a. M. BKR 2003, 835 (Treuhänderstellung des Notars für ein Unternehmen des Grauen Kapitalmarktes ohne Möglichkeit zu einer effizienten Kontrolle der Mittelverwendung).
[106] BGH DNotZ 2009, 45; OLG Braunschweig DNotI-Report 2003, 127.
[107] Vgl. etwa BGH 9.3.1995 – IX ZR 106/94, nv – zitiert nach *Ganter* WM 1996, 700 (702 Fn. 11); → § 60 Rn. 6. Jedenfalls sind Dritte gegenüber einer möglichen Täuschung durch die Verwahrung zu schützen.
[108] Für die Auszahlungsvoraussetzungen → Rn. 45.
[109] Grziwotz/Heinemann/*Grziwotz* BeurkG § 57 Rn. 31.
[110] BGH VersR 1960, 665. Ähnlich hielt das OLG Düsseldorf BeckRS 2012, 19321 den Notar zur Rückfrage verpflichtet, wenn die Bank einen (einseitigen) Treuhandauftrag entworfen hat und sich Hinweise ergeben, dass die Bank dabei Fehlvorstellungen unterliegt und erkennbar eine Sicherung erwartet, die nicht eintreten kann.
[111] BGH DNotI-Report 2004, 6; OLG Celle OLG-Report 2000, 15; Ganter/Hertel/Wöstmann/*Hertel* Rn. 1626.
[112] BGH DNotZ 2009, 45.

die Benennung eines bestimmten Kontos für die Auszahlung durch den Verkäufer). Ist nichts ausdrücklich geregelt, so ist im Zweifel nach den Sicherungsinteressen der Beteiligten auszulegen, welche Anweisungen mehrseitig erteilt sind.[113]

Mehrseitig auch vom Käufer zu erteilen ist insbesondere die Anweisung, aus dem eingezahlten Betrag vorab die von den Grundpfandrechtsgläubigern des Verkäufers angegebenen Forderungen abzulösen. An diese Ablösungsvereinbarung ist auch ein Zessionar oder Pfandgläubiger der Kaufpreisforderung gebunden.[114] Die Berechtigung der von den **abzulösenden Grundpfandrechtsgläubigern** (oder sonst abzulösenden dinglich abgesicherten Gläubigern) geforderten Beträge kann der Notar nicht überprüfen.[115] Im Interesse einer einfachen und zügigen Vertragsabwicklung ist daher eine Auszahlung des von den Gläubigern geforderten Betrages vorzusehen.[116] Hält der Verkäufer die Forderung für unberechtigt (zB die Höhe der von der Bank geforderten Vorfälligkeitsentschädigung), so muss er sich mit seinen Gläubigern auseinandersetzen; die Kaufvertragsabwicklung soll dadurch aber nicht behindert werden. Allenfalls bei abzulösenden privaten Gläubigern kann man erwägen, ein Widerspruchsrecht des Verkäufers gegen die Höhe des verlangten Ablösebetrages vorzusehen, bevor der Notar deren Treuhandauftrag annimmt. 44

Für den an den Verkäufer auszuzahlenden Restbetrag („samt Zinsen") sollte insbesondere die Zahlung auf ein bestimmtes (sinnvollerweise gemeinsames) Auszahlungskonto oder die **Berechtigung mehrerer Verkäufer untereinander** genau geregelt werden, um Abwicklungsprobleme etwa bei Pfändungen gegen oder bei abweichenden Auszahlungsanweisungen durch einen einzelnen Verkäufer zu vermeiden, sofern unterschiedliche Interessen der Verkäufer erkennbar sind (zB Verkauf durch geschiedene oder jedenfalls bereits getrennt lebende Ehegatten, häufig auch beim Verkauf durch Erbengemeinschaft oder durch Miteigentümer – während beim Verkauf durch nicht getrennt lebende Ehegatten idR eine gemeinsame Auszahlung sinnvoll ist).[117] 45

Nach § 401 BGB entspricht dabei das Gemeinschaftsverhältnis hinsichtlich des Auskehrungsanspruches dem hinsichtlich des Kaufpreisanspruches. Im Außenverhältnis liegt beim Verkauf durch Miteigentümer (Bruchteilsberechtigte) eine rechtlich unteilbare Forderung iSd § 432 BGB vor. Soll bei gesamthänderischer Berechtigung am Kaufpreisanspruch (zB bei Verkauf durch Erbengemeinschaft) der Restkaufpreis an die Gesamthänder je zu einem Bruchteil ausgezahlt werden, so muss jedenfalls konkludent eine Auseinandersetzung erfolgen – im Zweifel vorab auf den Zeitpunkt der Auszahlungsreife. Eine Auseinandersetzung vor Auszahlungsreife vorzusehen, wäre denkbar, aber nicht interessengerecht.

4. Einzahlungsfälligkeit und Auszahlungsvoraussetzungen. Die Kaufpreiszahlung wird bei der Abwicklung über Anderkonto in zwei Phasen aufgespalten: Einzahlung und Auszahlung. Um die Verwahrungsdauer im Interesse der Beteiligten kurz zu halten, sollte die **Einzahlung** grundsätzlich erst dann erfolgen, wenn dies das Sicherungsinteresse des Verkäufers erfordert (also zB die Besitzübergabe/Räumung oder die Eintragung der Vormerkung). Soweit möglich empfiehlt sich ein **fester Fälligkeitstermin** für die Einzahlung. 46

---

[113] → § 60 Rn. 4, 10 ff. und 17 f.
[114] → BNotO § 23 Rn. 39 ff.
[115] Grziwotz/Heinemann/*Grziwotz* BeurkG § 57 Rn. 31.
[116] Vgl. BeckNotar-HdB/*Tönnies*, 6. Aufl. 2015, A. I. Rn. 883; ebenso alle anderen Vertragsmuster. Dies gilt bei Grundschulden auch, wenn der verlangte Ablösungsbetrag über den dinglich gesicherten Betrag (Nennbetrag der Grundschuld zuzüglich Zinsen und anderer Nebenleistungen) hinausgeht. Denn nach dem zugrundeliegenden Sicherungsvertrag kann die Grundschuld durchaus aus Sicherheit für insgesamt den dinglich gesicherten Betrag übersteigende Forderungen dienen. – Anders jedenfalls für streng akzessorische (Zwangs-) Sicherungshypotheken (§ 867 ZPO iVm § 1184 BGB), bei denen der Eigentümer gegen Befriedigung des Gläubigers nach § 1144 BGB die Aushändigung einer grundbuchfähigen Löschungsbewilligung verlangen kann.
[117] Amann/*Brambring* S. 72; Grziwotz/Heinemann/*Grziwotz* BeurkG § 57 Rn. 30; *Haug*, Die Amtshaftung des Notars, 2. Aufl. 1997, Rn. 695, 700; *Weingärtner*, Verwahrungsgeschäft, Rn. 94; *Winkler* BeurkG § 57 Rn. 66. Vgl. zur Widerruflichkeit → § 57 Rn. 18 (dort auch zu KG DNotZ 2001, 865 mAnm *Hertel* = NotBZ 2001, 425 mAnm *Wegerhoff*).

Dies erleichtert den Vollzug; Verzugszinsen fallen allerdings nach neuem Schuldrecht auch dann ohne Mahnung an, wenn die Einzahlung von einer notariellen Fälligkeitsmitteilung abhängt.[118] – Teilt der Notar den Beteiligten durch eine Fälligkeitsmitteilung mit, sobald die Voraussetzungen zur Einzahlung auf Notaranderkonto eingetreten sind, stellt diese Fälligkeitsmitteilung eine selbstständige Betreuungstätigkeit iSd § 24 BNotO dar[119] (ebenso wie die bei Direktzahlung).

47 Stets ist zu überlegen, welche Voraussetzungen für die Wirksamkeit und den Vollzug des Vertrages zum Schutz des Erwerbers bereits als Einzahlungsvoraussetzung vorzusehen sind – und bei welchen genügt, wenn sie bei der Auszahlung vorliegen. Sicherzustellen ist dabei zumindest, dass bei Einzahlung die **Willenserklärungen beider Seiten wirksam** geworden sind, also insbesondere die Genehmigung eines vollmachtlos vertretenen Vertragsteiles vorliegt, ebenso ggf. die familien- oder betreuungsgerichtliche Genehmigung. Sonst besteht auf einer Seite keine wirksame und damit keine bindende Verwahrungsanweisung.[120]

48 Bei **behördlichen Genehmigungen** wird man diejenigen bereits als Einzahlungsvoraussetzung vorsehen, deren Erteilung fraglich erscheint, die anderen nur als Auszahlungsvoraussetzung. Dabei kann eine Einzahlungspflicht auch dann wirksam vereinbart werden, wenn die Wirksamkeit des Vertrages noch von der behördlichen Genehmigung abhängt.[121] Ist die Genehmigungserteilung fraglich, kann – insbesondere wenn die Einzahlung zur Absicherung des Verkäufers bereits erforderlich ist – auch statt einer entsprechenden Einzahlungsvoraussetzung eine Regelung über eine Rückzahlung vom Anderkonto getroffen werden, falls die betreffenden Voraussetzungen nicht bis zu einem bestimmten Termin vorliegen.

Dieselben Gestaltungsmöglichkeiten stehen zur Wahl, wenn sonst die Durchführung des Vertrages bei Vertragsschluss **konkret gefährdet** erscheint, etwa weil die Lastenfreistellung wegen der Höhe der eingetragenen Grundpfandrechte fraglich ist oder ein dingliches Vorkaufsrecht besteht.[122]

49 Als **Auszahlungsvoraussetzung** wird man vorsehen, was man bei einer Direktzahlung als Fälligkeitsvoraussetzung vereinbart hätte; denn beide Abwicklungsarten dienen gleichermaßen der Absicherung gegen eine ungesicherte Vorleistung des Käufers.[123] Auszahlungsvoraussetzungen dürfen nicht vom Käufer abhängen; der Notar haftet etwa, wenn er ohne weitere Belehrung die grunderwerbsteuerliche Unbedenklichkeitsbescheinigung (etwa als Voraussetzung der nicht näher definierten „Sicherstellung" der Umschreibung) als Auszahlungsvoraussetzung vorsieht.[124] Einzelne Vertragsmuster sehen deshalb eine Verzugshaftung

---

[118] *Amann/Brambring/Hertel* S. 48; *Brambring* DNotZ 2001, 590 (611); *Hertel* DNotZ 2001, 910 (921); Palandt/*Grüneberg* BGB § 286 Rn. 23.

[119] BGH DNotZ 1985, 50. Damit greift bei der Notarhaftung die Subsidiaritätsklausel des § 19 Abs. 1 S. 2 BNotO nicht ein; der Notar kann den geschädigten Beteiligten auch bei einer nur fahrlässigen Amtspflichtverletzung nicht auf eine anderweitige Ersatzmöglichkeit verweisen.
Zur Fälligkeitsmitteilung bei Direktzahlung → BNotO § 24 Rn. 20.

[120] *Amann/Brambring* S. 61 ff.; BeckNotar-HdB/*Brambring*, 5. Aufl. 2009, A. I. Rn. 263; vgl. KG DNotZ 1987, 169: Beim Verkauf durch eine Erbengemeinschaft wurden einzelne Miterben vollmachtlos vertreten. Da sie nicht nachgenehmigten, lag das Geld sechs Jahre später immer noch auf dem Notaranderkonto.

[121] BGH DNotZ 1979, 306 (§ 2 GrdStVG); 1999, 477; ebenso KG KG-Report 1999, 299 – beide für GVO-Genehmigung.

[122] *Amann/Brambring* S. 63 ff.; *Nieder/Otto* in Münchener Vertragshandbuch, Bd. 5, Muster I. 2 § 4 Abs. 9; BeckNotar-HdB/*Tönnies*, 6. Aufl. 2015, A. I. Rn. 868; wird hingegen in Kenntnis der Genehmigungsbedürftigkeit ein fester Fälligkeitstermin für die Einzahlung vereinbart, so kann der Einzahlungspflichtige nicht einwenden, dass die Genehmigung noch nicht erteilt wurde – BGH DNotZ 1999, 477.

[123] *Amann/Brambring* S. 64; BeckNotar-HdB/*Trömer* § 1 Rn. 872; *Winkler* BeurkG § 57 Rn. 76. Sofern keine ausdrückliche Regelung getroffen wurde, kann nach *Weingärtner* (Verwahrungsgeschäft, Rn. 86) in der Regel erst nach Eigentumsumschreibung an den Verkäufer ausgezahlt werden, da erst dann das Sicherungsinteresse des Käufers befriedigt ist.

[124] OLG Hamm DNotZ 1992, 821. Die meisten Vertragsmuster nehmen die Unbedenklichkeitsbescheinigung ausdrücklich von den Auszahlungsvoraussetzungen aus; vgl. auch *Amann/Brambring* S. 65. *Otto* in Münchener Vertragshandbuch, Bd. 5, Muster I.2. § 4 Abs. 10, lässt eine verzugsbegründende Mahnung des

des Käufers vor, falls sich die Auszahlung vom Anderkonto aus vom Käufer zu vertretenden Gründen verzögert.[125]

Ebenso wie bei der Direktzahlung erfordert das Sicherungsinteresse des Käufers eine Regelung, wonach aus dem Kaufpreis zunächst die von den abzulösenden Drittberechtigten verlangten Beträge auszuzahlen sind.[126] 50

Ist der Eintritt oder Nichteintritt einer bestimmten Tatsache nicht als Auszahlungsvoraussetzung vereinbart, so kann dies dafür sprechen, dass der Käufer auch sonst das Risiko des Eintritts bzw. Nichteintritts dieser Tatsache übernommen hat.[127]

Die Auszahlungsvoraussetzungen müssen **klar und eindeutig formuliert** sein (Abs. 3). So ist die „**Sicherstellung**" einer Eintragung als Auszahlungsvoraussetzung näher zu definieren[128] – ist dies erfolgt, kann der Begriff allerdings auch als schlagwortartige Zusammenfassung an anderen Stellen des Vertrages verwendet werden. Ist nichts anderes geregelt, so legt die Rechtsprechung den Begriff dahingehend aus, dass die Eintragung eines Rechts oder einer Rechtsänderung im Grundbuch im Allgemeinen erst dann sichergestellt ist, wenn hierzu nur noch das pflichtgemäße Handeln des hiermit betrauten Notars und des zuständigen Grundbuchbeamten erforderlich ist.[129] 51

Sinnvollerweise sollte man dies idR durch eine genauere Definition beschränken auf die Stellung des Eintragungsantrages beim Grundbuchamt, das Vorliegen der Eintragungsvoraussetzungen und das Fehlen von im Zeitpunkt der Antragstellung aus Grundbuch oder Grundakten erkennbaren Eintragungshindernissen.[130] Sofern man für diese Definition den Begriff der Sicherstellung verwendet, kann der Notar über verbleibende Risiken (beispielhaft) belehren, um zu verhindern, dass Privatleute durch den Begriff der „Sicherstellung" den Eindruck einer nicht bestehenden Sicherheit erhalten.

Auszahlungsvoraussetzungen müssen **vom Notar überprüfbar sein.** Kann der Notar den tatsächlichen Eintritt nicht prüfen, ist ggf. ist ein formalisiertes Nachweisverfahren zu regeln. So sollte zB nicht die tatsächliche Räumung des Vertragsobjektes durch den Verkäufer, sondern die Mitteilung eines vertrauenswürdigen Dritten hierüber Auszahlungsvoraussetzung sein – oder eine Mitteilung durch den Verkäufer, der der Käufer nicht binnen einer bestimmten Frist nach Weiterleitung durch den Notar an ihn widerspricht[131] (wäh- 52

Verkäufers zu, falls sich die Auszahlungsreife „durch das Nichtbeibringen der dem Käufer obliegenden Eintragungs- bzw. Auszahlungsvoraussetzungen, wie zB Zahlung der Notariats- und Grundbuchgebühren sowie der säumigen Bestellung seiner Finanzierungsgrundpfandrechte" verzögert; in der 6. Aufl. 2008 war hier auch noch die steuerlichen Unbedenklichkeitsbescheinigung erwähnt. Die Zahlung der Eintragungsgebühren ist mE im Regelfall nicht vom Begriff der Sicherstellung vorausgesetzt. Denn in Grundbuchsachen ist nur ausnahmsweise ein Kostenvorschuss zu erheben § 13 S. 2 GNotKG – ebenso früher § 8 Abs. 2 S. 1 Hs. 2 KostO). Jedenfalls genügt zur „Sicherstellung" der Eintragung, wenn die Gerichtskosten vom Notar aus dem bereits auf Anderkonto eingezahlten Betrag beglichen werden sollen – vgl. OLG Celle DNotZ 1994, 117; KG DNotZ 1991, 762.
[125] *Otto* in Münchener Vertragshandbuch, Bd. 5, Muster I.2. § 4 Abs. 10; *Weingärtner*, Verwahrungsgeschäft, Rn. 89. Auch die Verzögerung der Auszahlung durch einen unberechtigten Widerruf des Käufers kann Verzug begründen – OLG Frankfurt a. M. DNotZ 1989, 254.
[126] → Rn. 44.
[127] OLG Brandenburg MittBayNot 2007, 120 mAnm *Kilian*.
[128] → Rn. 75 ff. Vgl. insbes. OLG Celle Nds. Rpfl. 1997, 73; 1998, 45 (46); OLG Hamm DNotZ 1996, 384; ferner Erlass des Nds. Justizministeriums vom 16.5.1997, in: Notarkammer Celle Rundschreiben Nr. 2/97, S. 14 ff.; Rundschreiben des Präsidenten OLG Frankfurt an LG vom 12.7.1990 = als Anlage zu Notarkammer Kassel, Rundschreiben vom 29.7.1994, S. 5; Armbrüster/Preuß/Renner/*Renner* BeurkG § 57 Rn. 67; Arndt/Lerch/Sandkühler/*Sandkühler* BNotO § 23 Rn. 80; *Weingärtner*, Verwahrungsgeschäft, Rn. 91; *Winkler* BeurkG § 57 Rn. 79.
[129] BGH DNotZ 1987, 560 (561); NJW-RR 2008, 1644; → Rn. 76 ff.
[130] So der Formulierungsvorschlag des BNotK-Rundschreibens 5/99 vom 17.2.1999, Ziffer II = DNotI, Abruf-Nr. 162; Formulierungsvorschlag der Notarkammer Frankfurt, Rundschreiben 1/90, Nr. 13; ebenso für die „Sicherstellung" der Lastenfreistellung Formulierungen WürzNotar-HdB/*Hertel* Teil 2 Kap. 2 Rn. 652; BeckNotar-HdB/*Trömer* § 1 Rn. 878. Zum Begriff der Sicherstellung beim Treuhandauftrag der finanzierenden Bank → Rn. 60 ff.
[131] *Amann/Brambring* S. 64 f.; *Brambring* DNotZ 1990, 615 (628 f.); Arndt/Lerch/Sandkühler/*Sandkühler* BNotO § 23 Rn. 78

rend *Trömer*[132] eine gemeinsame Erklärung beider Vertragsbeteiligten als Gestaltung vorschlägt).

53 IdR sinnvoll ist auch die Regelung, dass Auszahlungen erst nach **vollständiger Einzahlung** des gesamten Kaufpreises erfolgen dürfen.[133] Zum Schutz des Verkäufers genügt zwar, wenn der eingezahlte Betrag zur Befriedigung aller von den abzulösenden Grundpfandgläubigern oder anderen Drittberechtigten geforderten Ablösebeträge ausreicht.[134] Allerdings wird die finanzierende Bank ein Interesse an einer derartigen Treuhandauflage haben, wenn sie nicht den gesamten Kaufpreis finanziert. Sonst könnte es bei Nichtzahlung der übrigen Teilbeträge zur Rückabwicklung des Vertrages kommen, ohne dass die Bank darauf Einfluss hätte.[135] Wird auch Verzugszins geschuldet, sollte nur die Einzahlung des Kaufpreises ohne Verzugszins Auszahlungsvoraussetzung sein; es sei denn der Notar kann eindeutig feststellen, ob Verzug vorliegt – etwa wenn ein fester Einzahlungstermin vereinbart wurde oder dieser nur vom Absenden einer Mitteilung des Notars abhängt.[136]

54 Bei **nachträglichen Änderungen** – etwa dem Wegfall einer als Auszahlungsvoraussetzung vereinbarten Genehmigungspflicht – sollte sich der Notar um eine einvernehmliche Anweisung aller Verwahrungsbeteiligten bemühen. Gelingt dies nicht, kann der Notar mE im Einzelfall ausnahmsweise eine ergänzende Auslegung der Anweisung vornehmen, wenn deren Ergebnis deutlich näher liegt als andere Auslegungen, bzw. auszahlen, wenn die strengsten sich bei einer möglichen ergänzenden Auslegung ergebenden Auszahlungskriterien erfüllt sind.[137] Dabei empfiehlt sich eine Ankündigung des beabsichtigten Handelns durch beschwerdefähigen Vorbescheid (§ 15 Abs. 2 S. 1 BNotO). Ansonsten muss der Notar die Beteiligten darauf verweisen, auf dem Klageweg gegeneinander eine einvernehmliche Anweisung zu erstreiten.

55 Eine Regelung von **Rückzahlungsvoraussetzungen** bei einem Scheitern des Vertrages ist gesetzlich nicht als Mindestinhalt der Verwahrungsanweisung gefordert.[138] Eine Regelung empfiehlt sich bei Vereinbarung eines vertraglichen Rücktrittsrechtes oder in ähnlichen Fällen, in denen eine Rückabwicklung aufgrund besonderer Umstände als **konkrete Möglichkeit** erscheint.[139] Dabei sind der Grund für das Rückzahlungsverlangen, Ausübungsfrist und -form genau zu regeln, ebenso die Erteilung von Löschungsbewilligungen für die Auflassungsvormerkung des Käufers und Finanzierungsgrundpfandrechte etc vor Rückzahlung des Geldes.[140] Dabei ist die Zug um Zug-Abwicklung auch für die Rück-

---

[132] BeckNotar-HdB/*Trömer* § 1 Rn. 873. Vgl. OLG Düsseldorf FGPrax 2010, 89 zu einem vom Verkäufer und Mieter gemeinsam zu unterzeichnenden Übergabeprotokoll.

[133] *Amann/Brambring* S. 65 ff.; *Brambring* DNotZ 1990, 615 (629); *Otto* in Münchener Vertragshandbuch, Bd. 5 Muster I. 2. § 4 Abs. 9.

[134] BeckNotar-HdB/*Trömer* § 1 Rn. 874; *Winkler* BeurkG § 57 Rn. 77.

[135] Daher sieht der Formulierungsvorschlag der Bundesnotarkammer für eine Treuhandauflage der finanzierenden Bank eine Wahlmöglichkeit für eine Treuhandauflage auf vollständige Einzahlung vor – BNotK-Rundschreiben Nr. 5/99 vom 17.2.1999, Ziffer II, DNotZ 1999, 369 (370 f.); → Rn. 68.

[136] Im Hinblick auf die übliche Vertragspraxis bei Fehlen einer ausdrücklichen Regelung eine auf (Ein-)Zahlung des „vollen Kaufpreises" gerichtete Auszahlungsvoraussetzung (oder auch Vorlagesperre für die bereits erklärte Auflassung) im Zweifel so auszulegen, dass dafür Einzahlung bzw. Zahlung der Verzugszinsen nicht erforderlich ist.

[137] So konnte es etwa den Beteiligten bei der entfallenen Teilungsgenehmigung nach § 19 BauGB nicht nur auf die Sicherung des Vertragsvollzuges angekommen sein, sondern auch auf die Bindungswirkung für das Baugenehmigungsverfahren nach § 21 BauGB aF. Dann wäre statt der Vorlage einer Teilungsgenehmigung wohl die eines – entsprechend auf die Frage der Grundstücksteilung beschränkten – Vorbescheides nach der jeweiligen Landesbauordnung erforderlich gewesen – oder genauer das Verstreichen eines Zeitraumes nach der Rechtsänderung, während dessen der Erwerber einen Antrag auf einen derartigen Vorbescheid hätte stellen und dieser verbeschieden hätte werden können § 162 Abs. 1 BGB).

[138] Trotz abweichenden Wortlaut von § 11 Abs. 1 S. 1 DONot aF galt dasselbe wohl auch schon vor 1998 – vgl. *Nieder* Münchener Vertragshandbuch Bd. 4 Bürgerliches Recht 1. Halbbd. 4. Aufl. 1998 Muster I. 1. Anm. 7, S. 19; *Weingärtner/Schöttler*, 7. Aufl. 1995, DONot Rn. 148 m.

[139] *Brambring* DNotZ 1990, 615 (631 ff.); *Bräu* Rn. 181; *Otto* in Münchener Vertragshandbuch, Bd. 5 Muster I. 2. Anm. 17; BeckNotar-HdB/*Trömer* § 1 Rn. 879; *Weingärtner*, Verwahrungsgeschäft, Rn. 83; *Winkler* BeurkG § 57 Rn. 80 f.

[140] *Amann/Brambring* S. 75 mit Formulierungsvorschlag; Formulierungsvorschlag für Löschungsvollmacht bei Rücktritt wegen nicht rechtzeitiger Einzahlung auf Anderkonto vgl. *Brambring/Sandkühler/Starke* S. 130.

zahlung zu sichern. Problematisch ist eine Rückzahlung, wenn dem Käufer zwischenzeitlich aufgrund der Einzahlung bereits der Besitz übergeben wurde oder der Verkäufer sonst eine Vorleistung erbracht hat; hier sollte geregelt werden, unter welchen Voraussetzungen Teile des verwahrten Betrages für allfällige Schadensersatzansprüche einzubehalten sind.[141]

Die **Rückzahlung** sollte immer **auf das Konto erfolgen, von dem aus eingezahlt wurde** – nie auf ein anderes Konto (auch nicht auf ein anderes Konto des Einzahlenden). Dies gilt insbesondere bei internationalen Überweisungen. Denn andernfalls könnte die Rückzahlung zur Geldwäsche missbraucht werden (da das Geld vom Notaranderkonto ja aus einer scheinbar sauberen Quelle kommt).[142]   55a

5. Bedingungen der Verwahrung. In der Verwahrungsanweisung ist zu regeln, falls die Beteiligten eine besondere Art der Anlage wünschen, etwa auf einem **Festgeldkonto**, einem Fremdwährungskonto oder in einem Geldmarktfonds (wobei letzteres idR dem Sicherungsinteresse der Beteiligten widerspricht).[143] Im Einzelfall kann der Notar verpflichtet sein, die Beteiligten auf die Möglichkeit einer Festgeldanlage hinzuweisen, wenn mit einer längeren Hinterlegungszeit zu rechnen ist und die vorzeitige Kündigung des Festgeldes nur zu einem Zinsverlust führt (nicht aber zu anderen Nachteilen wie zB der Pflicht, Kreditzinsen zu zahlen); vielfach bieten die Banken aber heute auch bei täglich fälligen Anderkonten ab bestimmten Mindestbeträgen eine Festgeldern vergleichbare Verzinsung.[144]   56

Zu regeln ist ferner, wem die **Zinsen** auf dem Anderkonto zustehen und wer die Kosten trägt. Zinsen stehen sinnvollerweise jedenfalls ab Besitzübergang des Grundstückes dem Verkäufer zu (vgl. § 452 BGB aF)[145] – mangels Regelung jedenfalls ab Auszahlungsreife.[146] Wenn – wie derzeit – ohnehin so gut wie keine Zinsen anfallen, erscheint mir einfacher, die Zinsen insgesamt dem Verkäufer zuzusprechen (zumal idR mit der Einzahlung der Besitz übergeht). Die Aufteilung der Zinsen bestimmt auch die Zurechnung der vom Notaranderkonto einbehaltenen Zinsabschlagsteuer (Kapitalertragssteuer).[147]   57

Die **Bankkosten** sind im Zweifel von demjenigen zu tragen, dem auch die Zinsen zustehen,[148] bzw. einfach von den Zinsen abzuziehen; meist verrechnet die Bank bereits selbst beim Rechnungsabschluss. Für die Abwicklung einfacher ist, wenn der Auszahlungsberechtigte auch die Bankkosten trägt; sonst müsste der andere Vertragsteil ggf. noch eine nachträgliche Zahlung an den Auszahlungsberechtigten leisten.

Nachdem die notariellen **Hebegebühren** nach Nr. 25300 KV GNotKG (bzw. früher § 149 Abs. 2 KostO) höher sind, wenn zur Ablösung von Grundpfandgläubigern der Kaufpreis in mehreren Teilbeträgen überwiesen werden muss, als bei Überweisung in einer   58

---

[141] Nach der Rechtsprechung sichert die Verwahrung bei einer Rückabwicklung nicht allfällige Schadensersatzansprüche: OLG Hamm DNotZ 1987, 574; KG DNotI-Report 1997, 230. Die Beteiligten können aber etwas anderes regeln.
[142] BNotK, Anwendungsempfehlungen GwG 2017, Teil E VIII, S. 22.
[143] → § 58 Rn. 8.
[144] → § 58 Rn. 7.
[145] Arndt/Lerch/Sandkühler/*Sandkühler* BNotO § 23 Rn. 75; *Lerch* BeurkG § 57 Rn. 10; *Otto* in Münchener Vertragshandbuch, Muster I. 2. Anm. 17a; BeckNotar-HdB/*Trömer* § 1 Rn. 860; aA *Weingärtner*, Verwahrungsgeschäft, Rn. 72. In jedem Fall stehen dem Käufer Zinsen für die vor Einzahlungsfälligkeit vorgenommene Einzahlung zu; denn insoweit liegt eine einseitige Verwahrung allein auf Anweisung des Käufers vor; → § 60 Rn. 16.
[146] IdR bereits ab Besitzübergang: BFH BStBl. II 1986, 404; *Reithmann*, Vorsorgende Rechtspflege durch Notar und Gericht, 1989, S. 227; *Winkler* BeurkG § 57 Rn. 69; erst ab Auszahlungsreife: OLG Schleswig DNotZ 1996, 169 mAnm *Kanzleiter*; *Weingärtner*, Verwahrungsgeschäft, Rn. 73 f.; zum steuerlichen Zuflusszeitpunkt vgl. BMF-Schreiben v. 26.10.1992, MittRhNotK 1992, 284 sowie v. 6.6.1995, MittRhNotK 1995, 285.
[147] Zur Behandlung der Steuerbescheinigung → DONot § 27 Rn. 7 ff.
[148] So früher ausdrücklich § 12 Abs. 3 S. 6 DONot aF; ebenso nach neuem Recht: *Weingärtner*, Verwahrungsgeschäft, Rn. 79; ebenso wenn jedenfalls Auslegung der Anweisung möglich ist: *Winkler* BeurkG § 57 Rn. 69.

Summe, kann man erwägen, dem Verkäufer die durch die Ablösung bedingten Mehrkosten aufzuerlegen. Zur Vereinfachung kann auch eine pauschalierte Aufteilung der Hebegebühr zwischen den Kaufvertragsparteien erfolgen.[149]

D. Annahme von Verwahrungsantrag und -anweisung (Abs. 2 Nr. 3 und Abs. 5)

I. Keine Annahmepflicht

59 Zur Durchführung einer Verwahrung nach § 23 BNotO ist der Notar grundsätzlich nicht verpflichtet – anders als zur Beurkundung nach § 15 Abs. 1 S. 1 BNotO.[150] Daher muss er zum Ausdruck bringen, dass er dem **Verwahrungsantrag stattgibt** – was das Gesetz in Anlehnung an die Vertragsterminologie als „Annahme" bezeichnet – so dass der Kontrast aus „Antrag" und „Annahme" auch terminologisch die Schwebe zwischen öffentlich-rechtlichem Charakter und privatrechts-ähnlicher Durchführung der Verwahrung ausdrückt. §§ 145 ff. BGB sind aber auf diese hoheitliche „Annahme" nicht anwendbar. Insbesondere muss die Annahme den Verwahrungsbeteiligten nicht zugehen.

II. Annahmevermerk in Blattsammlung zum Anderkonto (Abs. 5)

60 Im praktischen Regelfall (Kaufvertrag) sind öffentlich-rechtlicher Verwahrungsantrag und -anweisung an den Notar zumindest implizit in der schuldrechtlichen Verwahrungsvereinbarung der Beteiligten untereinander in der **notariellen Niederschrift** enthalten. Durch die Beurkundung bringt der Notar zum Ausdruck, dass er den darin enthaltenen Verwahrungsantrag und Verwahrungsanweisung annimmt (Abs. 5 Hs. 2).

61 Einer ausdrücklichen Annahme bedarf es nach dem Gesetz daher nur bei einer außerhalb einer eigenen notarieller Niederschrift erteilten Verwahrungsanweisung (Abs. 5 – entspricht inhaltlich § 11 Abs. 2 S. 2 DONot aF). Zweck der Vorschrift ist zugleich zu dokumentieren, dass der Notar persönlich die Prüfung des Treuhandauftrages vorgenommen hat.[151] Relevant ist der **Annahmevermerk** damit vor allem für die von Dritten – etwa der finanzierenden Bank des Käufers oder den abzulösenden Grundpfandgläubigern – erteilten Treuhandaufträge (Abs. 6).

Es genügt der Vermerk „angenommen", Datum und Unterschrift des Notars;[152] eine Beifügung des Amtssiegels ist nicht erforderlich. Der Notar bzw. sein gerade amtierender Vertreter im Amt muss selbst unterzeichnen.[153] Der nach § 3 Abs. 1 S. 2 vorgeschriebene Vermerk über die Antwort auf die Frage nach einer Vorbefassung iSd § 3 Abs. 1 Nr. 7[154] kann in einer Eigenurkunde[155] mit dem Annahmevermerk verbunden werden. (Unnötig ist dies, wenn der Vorbefassungsvermerk schon in dem der Verwahrung zugrundeliegenden Kaufvertrag etc enthalten ist.) In der **Blattsammlung zu dem betreffenden Verwahrungsgeschäft** in den Nebenakten des Notars muss nicht nur eine Abschrift des Treuhandauftrages, sondern auch des Annahmevermerkes verbleiben, letztere mit Originalunter-

---

[149] BeckNotar-HdB/*Tönnies*, 6. Aufl. 2015, A. I. Rn. 874.
[150] *Winkler* BeurkG § 57 Rn. 47; dazu und zur ausnahmsweisen Verdichtung des Ermessens zu einer Annahmepflicht → BNotO § 23 Rn. 7.
[151] OLG Celle Nds. Rpfl. 1998, 45; *Winkler* BeurkG § 57 Rn. 58; *Zimmermann* DNotZ 1985, 7 (11).
[152] *König* S. 90; Armbrüster/Preuß/Renner/*Renner* BeurkG § 57 Rn. 90; *Winkler* BeurkG § 57 Rn. 95; *Zimmermann* DNotZ 1985, 11.
[153] OLG Celle Nds. Rpfl. 1998, 45.
[154] Einer Frage nach der Vorbefassung bedarf es nicht wenn die finanzierende Bank eine Einzahlung für einen beurkundeten Kaufvertrag unter zusätzlichen Treuhandauflagen vornimmt. Denn dann wurde die Frage nach einer Vorbefassung bereits von den Kaufvertragsparteien bei der Vertragsbeurkundung beantwortet. Die Frage ist nur erforderlich bei einer Verwahrung, die nicht aufgrund einer Beurkundung erfolgt.
[155] *Brambring/Sandkühler/Starke* S. 48.

schrift des Notars (§ 22 Abs. 2 Nr. 4 DONot);[156] es genügt nicht, wenn nur der Bank auf deren Vordruck die Annahme bestätigt wird (und dann nicht mehr daran denkt, auch das Original für die eigenen Akten zu unterschreiben). Ein Zugang an die Beteiligten ist entbehrlich.

Auch eine mündliche oder konkludente Annahme (etwa durch Entgegennahme des Verwahrungsgegenstandes) ist wirksam. Der Annahmevermerk ist nur Amtspflicht zur Dokumentation, **nicht Wirksamkeitsvoraussetzung.**

III. Ablehnung bzw. Situation vor Annahme

Die **Ablehnung** eines Verwahrungsantrages bedarf keiner besonderen Form. 62

Nimmt der Notar den Treuhandauftrag des Einzahlenden (etwa der finanzierenden Bank) nicht an, so kommt kein Verwahrungsverhältnis zustande. Gleichwohl darf der Notar den erhaltenen Betrag nicht ohne Beachtung der Treuhandauflagen verwenden. Vielmehr muss er ihn zurück überweisen (es sei denn, nachträglich wird noch ein Treuhandauftrag erteilt, den er annimmt).[157]

Erhält der Notar treuhänderisch Gelder eingezahlt, ohne dass ihm bereits eine hinreichende schriftliche Verwahrungsanweisung vorliegt, so muss er unverzüglich darauf hinwirken, eine hinreichende schriftliche Verwahrungsanweisung von den Beteiligten zu erhalten. Gelingt dies nicht kurzfristig, so muss er die erhaltenen Gelder an den Einzahlenden **zurückzahlen.**[158] Dies lässt sich weitgehend vermeiden, wenn der Notar das Notaranderkonto erst anlegt und die Kontonummer den Beteiligten erst mitteilt, wenn ihm die Verwahrungsanweisung schon vorliegt. 62a

Ausnahmsweise hat eine Rückzahlung (vorerst) zu unterbleiben, wenn im Ausnahmefall bereits ein berechtigtes Vertrauen anderer in den Fortbestand der Verwahrung begründet wurde (zB der Einzahlende den anderen Vertragsteil aufgrund der Einzahlung zu einer Leistung veranlasst hat, die ohne die Einzahlung eine ungesicherte Vorleistung wäre).

E. Treuhandaufträge Dritter (Abs. 6)

I. Allgemeines

Praktisch bei jedem Anderkonto werden dem Notar auch Treuhandaufträge Dritter erteilt – so von Seiten der den Käufer **finanzierenden Bank** (genauer des finanzierenden Kreditinstitutes) und von den **abzulösenden Grundpfandrechtsgläubigern** und anderen Drittberechtigten. Dadurch werden zusätzliche Treuhandverhältnisse neben der Verwahrung für die Kaufvertragsparteien – bzw. dieser vorgeschaltet – begründet. 63

Die gesetzliche Regelung beschränkt sich darauf, durch eine Verweisung in § 57 Abs. 6 die entsprechende Anwendung von Abs. 3 bis Abs. 5 anzuordnen. Auch die Rechtsprechung hat noch nicht alle Streitfragen entschieden. So verbleiben vor allem für den Treuhandauftrag der finanzierenden Bank manche offenen Fragen; ggf. ist dem Notar zu empfehlen, einen beschwerdefähigen Vorbescheid zu erlassen.

II. Treuhandauflagen der finanzierenden Bank

1. Rechtsnatur. Nach ständiger **Rechtsprechung des BGH** sind Treuhandauflagen der finanzierenden Käuferbank **einseitig** und damit bis zu ihrer Erledigung einseitig frei 64

---

[156] *Weingärtner,* Vermeidbare Fehler, Rn. 376.
[157] OLG Frankfurt a. M. BeckRS 2008, 17164 = OLG-Report 2008, 384; OLG Schleswig OLG-Report 2005, 181 = SchlHA 2005, 369.
[158] BGH NJW-RR 2017, 1336.

abänderbar und widerruflich.¹⁵⁹ Dem haben sich mittlerweile auch die meisten neueren Kommentierungen angeschlossen.¹⁶⁰

Der BGH geht daher von zwei **hintereinandergeschalteten Treuhandverhältnissen** aus: Zunächst verwahrt der Notar das Geld nur für die Bank; erst mit der Erledigung der einseitigen Treuhandauflagen der Bank geht das Geld in eine mehrseitige Verwahrung für die Kaufvertragsparteien über. Als gedankliche Hilfskonstruktion kann man sich vorstellen, dass das Geld mit Erledigung der einseitigen Treuhandauflagen der Bank vom Unterkonto des Notaranderkontos „Verwahrung für die finanzierende Bank" umgebucht wird auf das Unterkonto „Verwahrung für die Kaufvertragsparteien".

65 Früher hatte die Literatur¹⁶¹ demgegenüber überwiegend eine **mehrseitige Verwahrung** angenommen – sei es in Form einer Beteiligung auch des Käufers am Verwahrungsverhältnis (als Darlehnsnehmers der Bank)¹⁶² – oder eine Beteiligung des Verkäufers, sei es aufgrund seines schutzwürdigen Interesses¹⁶³ oder da der Notar den Treuhandauftrag der Bank auch in Vertretung des Verkäufers angenommen habe¹⁶⁴ – oder auch eine Beteiligung sowohl des Käufers als auch des Verkäufers.¹⁶⁵ Dem war auch das **Kammergericht**¹⁶⁶ gefolgt; die diesbezüglich publizierte Entscheidung des KG krankt aber daran, dass sie mit keinem Wort auf die entgegenstehende BGH-Rechtsprechung eingeht.

Die Rechtsprechung des BGH könnte man durch den Gesetzeswortlaut bestätigt sehen, da § 57 Abs. 6 von Treuhandaufträgen Dritter spricht, die am Verwahrungsgeschäft „nicht beteiligt"¹⁶⁷ sind. Nach der Regierungsbegründung sollte die Novellierung aber die Streitfrage ausdrücklich nicht entscheiden.¹⁶⁸

An der Rechtsprechung des BGH ist aber nicht zu deuteln. Zwar spricht der IX. Zivilsenat in einem Urteil aus dem Jahr 2001¹⁶⁹ ausdrücklich von der Möglichkeit einer „gleichrangigen mehrseitigen Treuhandverwahrung" unter Einbeziehung sowohl des Finanzierungsgläubigers sowie der Kaufvertragsparteien. Dies verstand vor allem *Reithmann*¹⁷⁰ als Bestätigung der Meinung, die im Treuhandauftrag ein mehrseitiges Treuhandverhältnis

---

¹⁵⁹ BGH DNotZ 1987, 560 (561); NJW 1997, 2104 – unter ausdrücklicher Berufung auf *Brambring* DNotZ 1990, 615 (643); BGH DNotZ 2002, 269; RNotZ 2003, 402 mAnm *Kemp* = ZfIR 2003, 547 mAnm *Beining*; ebenso etwa OLG Frankfurt a. M. WM 1992, 91.

¹⁶⁰ Vgl. Arndt/Lerch/Sandkühler/*Sandkühler* BNotO § 23 Rn. 19; Armbrüster/Preuß/Renner/*Renner* BeurkG § 60 Rn. 57, 105 ff; *Winkler* BeurkG § 57 Rn. 91; ebenso schon früher insbes. *Brambring* DNotZ 1990, 615 (643); ferner etwa *Blaeschke* Rn. 1542; *Nieder* in Münchener Vertragshandbuch, Bd. 5 Bürgerliches Recht I 5. Aufl. 2003 Muster I.1 Anm. 8c), S. 22; *Schilling*, Treuhandauftrag und Notarbestätigung, 1996, S. 11 ff.; aA hingegen *Dornis* S. 105 ff.; Schippel/Bracker/*Reithmann*, 8. Aufl. 2006, BNotO § 23 Rn. 41 ff.

¹⁶¹ Allg. zum seinerzeitigen Meinungsstand vgl. Gutachten DNotI-Report 1997, 1 mwN.

¹⁶² *Bräu* Rn. 130; *König* S. 67; *Volhard* DNotZ 1987, 523 (525); Weingärtner/*Schöttler*, 7. Aufl. 1995, DONot Rn. 146a; *Zimmermann* DNotZ 1980, 451 (461 ff.); Schippel/Bracker/*Reithmann*, 8. Aufl. 2006, BNotO § 23 Rn. 41 ff.; ebenso noch Arndt/Lerch/Sandkühler/*Sandkühler*, 3. Aufl., BNotO § 23 Rn. 28.

¹⁶³ *Kawohl* Rn. 141 ff.; bzw. als Sicherungsgeber ab Eintragungsantrag für das Finanzierungsgrundpfandrecht – *Preuß* S. 110 ff.

¹⁶⁴ *Reithmann/Albrecht/Basty*, Handbuch der notariellen Vertragsgestaltung, 7. Aufl. 1995, Rn. 401. Möglich ist jedoch, dass der Notar den Treuhandauftrag ausdrücklich als Vertreter der Beteiligten entgegennimmt, *Schilling* S. 77.

¹⁶⁵ *Reithmann*, Vorsorgende Rechtspflege, S. 213; *ders*. WM 1991, 1493 (1497); *ders*. NotBZ 1999, 57 (60). Ebenso in der neuen Literatur *Dornis* S. 105 ff.

¹⁶⁶ KG MittRhNotK 1998, 99 = DNotI-Report 1997, 248 mwN. Im zugrundeliegenden Fall sah das KG neben der Bank sowohl Käufer wie Verkäufer an der Verwahrung beteiligt an – letzteren aufgrund der von ihm erteilten Belastungsvollmacht; ähnlich LG Bremen WM 1994, 1058; ferner RG DNotZ 1933, 649 (652); ablehnend auch *Brambring/Sandkühler/Starke* S. 145; *ders*. RWS-Forum 1998, 11 (20 f.); zustimmend hingegen *Weingärtner*, Verwahrungsgeschäft, Rn. 32; eher zustimmend auch BNotK-Rundschreiben Nr. 5/99 vom 17.2.1999, S. 11 f. Im konkreten Fall lässt sich das Ergebnis des KG allerdings auch unter Anwendung der vom BGH aufgestellten Grundsätze vertreten, da die Treuhandauflagen der Bank auf Sicherstellung der Eintragung ihres Finanzierungsgrundpfandrechtes und der Eigentumsumschreibung „erledigt" waren.

¹⁶⁷ In diesem Sinne *Brambring* RWS-Forum 1998, 11 (21); *ders*. ZfIR 1999, 333 (334).

¹⁶⁸ BT-Drs. 13/4184, 38.

¹⁶⁹ BGH DNotZ 2002, 269 mAnm *Reithmann* DNotZ 2002, 247 = MittBayNot 2002, 181 mAnm *Hertel* = NotBZ 2002, 60 mAnm *Reithmann* = ZfIR 2002, 128 mAnm *Mues*.

¹⁷⁰ *Reithmann* DNotZ 2002, 247 (248); *ders*. WM 2002, 683 (684).

sieht. Jedoch stellte der BGH nur fest, dass der von *Reithmann* treffend so bezeichnete „**Beitritt**" **der finanzierenden Bank zur Verwahrungsanweisung** der Kaufvertragsparteien denkbar ist (und ggf. eine im Sicherungsinteresse der Beteiligten sinnvolle Gestaltung sein kann) – aber auch nicht mehr. Im Regelfall, wenn nichts anderes im Treuhandauftrag zum Ausdruck kommt, betrachtet die Rechtsprechung des BGH einen Treuhandauftrag der finanzierenden Bank weiterhin als einseitige Anweisung, wenn dieser weitergehende Bedingungen enthält als die Verwahrungsanweisung.

Davon zu unterscheiden ist der Fall, dass die finanzierende Bank **keinen eigenen** (von **66** der kaufvertraglichen Verwahrungsanweisung abweichenden) **Treuhandauftrag** erteilt. Zahlt etwa die Bank die Valuta ohne Bedingungen und ohne Befristung auf das Notaranderkonto ein, so verstand dies das OLG Frankfurt a. M. in einem obiter dictum als „**Beitritt**" zur kaufvertraglichen Verwahrungsanweisung.[171] Ich bin mir nicht sicher, ob man so weit gehen kann.

Denn ein echter Beitritt ist nur im Einverständnis mit den Kaufvertragsparteien möglich; bei einem echten Beitritt kann weder die finanzierende Bank nachträglich einseitig Treuhandauflagen nachschieben noch können die Kaufvertragsparteien nachträglich ohne Mitwirkung der Bank die Auszahlungsvoraussetzungen abändern.

Ein Interesse der finanzierenden Bank an einer Einhaltung der im Kaufvertrag vereinbarten Auszahlungsvoraussetzungen und an deren Unabänderlichkeit besteht jedenfalls dann erkennbar, wenn die Bank zur Absicherung ihres Darlehns ein Grundpfandrecht an dem verkauften Grundstück erhalten soll (insbes. wegen der Einschränkung des Sicherungszwecks auf die Kaufpreiszahlung sowie der zur Rangverschaffung erforderlichen Ablösung vorrangiger Grundpfandrechtsgläubiger). Dieses Interesse kann man aber auch dadurch berücksichtigen, dass man ggf. auch die finanzierende Bank als in den Schutzbereich der aus der Verwahrungsanweisung entspringenden notariellen Amtspflichten einbezogen sieht (wobei wohl nur Auszahlungsvoraussetzungen einbezogen sind, die die lastenfreie Eigentumsumschreibung betreffen) – bzw. dass der Käufer schuldrechtlich verpflichtet ist, diese Auszahlungsvoraussetzungen nicht ohne Einverständnis der Bank abzuändern (und den Notar im Extremfall eine Warnpflicht treffen kann).

Von daher würde ich bei der vorbehaltlosen Einzahlung durch die finanzierende Bank nicht pauschal deren Beitritt zur kaufvertraglichen Verwahrungsanweisung annehmen; im Schweigen der Bank liegt eben keine Anweisung – schon gar nicht eine derart pauschale.

Erteilt die Bank hingegen **ausdrücklich** den Treuhandauftrag, dass nur unter Einhaltung der kaufvertraglichen Verwahrungsanweisung ausgezahlt werden dürfe, so würde ich dies als Antrag auf Beitritt zur kaufvertraglichen Verwahrungsanweisung ansehen.[172] Der Notar kann dies jedenfalls annehmen, wenn die Kaufvertragsparteien ausdrücklich zustimmen; im Normalfall dürfte sich mE eine konkludente Zustimmung bereits aus der im Kaufvertrag enthaltenen Finanzierungsvollmacht (mit eingeschränktem Sicherungszweck) ergeben.

2. Zeitpunkt der Erteilung. Einseitig kann die Bank ihren **Treuhandauftrag nur bis 67 spätestens zum Eingang des Geldes** auf dem Notaranderkonto erteilen.[173]

Danach kann sie einen einseitigen Treuhandauftrag nur erteilen, wenn sie sich dies bis spätestens zum Geldeingang vorbehalten hat. Für den **Vorbehalt** genügt noch nicht der bloße Vermerk „zu treuen Händen"[174] oder „Treuhandzahlung, i. A. Käufer",[175] da sich dies auch auf die kaufvertragliche Verwahrungsanweisung beziehen könnte. Hingegen genügt etwa ein Vermerk „Treuhandauftrag folgt" oÄ in dem auf dem Kontoauszug enthaltenen Überweisungstext oder auf dem Überweisungsträger (jedenfalls sofern der

---

[171] OLG Frankfurt a. M. BeckRS 2008, 13123.
[172] → Rn. 100.
[173] Zugang per Fax genügt, vgl. OLG Schleswig OLG-Report 2005, 181 = SchlHA 2005, 369.
[174] BGH DNotZ 2002, 269 mAnm *Reithmann* DNotZ 2002, 247 = MittBayNot 2002, 181 mAnm *Hertel* = NotBZ 2002, 60 mAnm *Reithmann* = ZfIR 2002, 128 mAnm *Mues* = LM § 23 Nr. 14 BNotO (4/2002) *(Basty)* = WuB IV A § 362 BGB 1.02 *(Hertel)*.
[175] OLG Frankfurt a. M. RNotZ 2011, 317.

Überweisungsträger ebenfalls dem Notar zugeht) oder in einem vorher oder gleichzeitig eingehenden (Fax-)Schreiben. Dies gilt auch, wenn dem Notar ausnahmsweise von der Bank telefonisch vorab nur der Geldeingang, nicht aber der im Überweisungstext enthaltene bzw. angekündigte Treuhandauftrag mitgeteilt wurde.[176]

68 Die maßgebliche BGH-Entscheidung vom 25.10.2001 ist leicht verständlich, wenn man mit dem BGH von zwei hintereinander geschalteten Treuhandverhältnissen ausgeht. Dann leuchtet ein, dass die Bank das Geld nicht wieder auf die Stufe der einseitigen Verwahrung zurückholen kann, wenn es (infolge der vorbehaltlosen Einzahlung) bereits auf der Stufe der mehrseitigen Verwahrung für die Kaufvertragsparteien angelangt ist.

Infolge dieser Entscheidung mussten die Banken ihre **Praxis umstellen.** Denn früher waren in der Praxis jedenfalls wenige Tage nach dem Geld eintreffende Treuhandauflagen allgemein als zulässig anerkannt worden – so auch noch in der ersten Auflage dieses Kommentars.[177] Dennoch ist die Entscheidung nicht nur dogmatisch konsequent, sondern auch in ihren praktischen Ergebnissen zu begrüßen. Denn dadurch vermeidet der BGH einen Schwebezustand, in dem Notar und Beteiligte nicht wissen, ob noch eine Treuhandauflage nachfolgt – oder ob möglicherweise schon ausgezahlt werden kann. Damit haben die Beteiligten Rechtssicherheit.

69 Erhält der Notar einen verspäteten (einseitigen) Treuhandauftrag der Bank, so kann er diesen ohne Zustimmung der Kaufvertragsparteien nicht annehmen; mit deren Zustimmung kann hingegen aus der mehrseitigen wieder eine einseitige Verwahrung werden. Häufig werden die Kaufvertragsparteien auch bereit sein, der Annahme des Treuhandauftrages zuzustimmen. Möglicherweise ist der Käufer als Darlehnsnehmer gegenüber seiner Bank sogar dazu verpflichtet. Daher ist dem Notar zu empfehlen, **bei den Kaufvertragsparteien nachzufragen,** ob sie der Annahme des Treuhandauftrages zustimmen.[178] Ggf. kann damit zugleich die Mitteilung verbunden werden, ob der Treuhandauftrag (bei rechtzeitiger Erteilung) mit der kaufvertraglichen Verwahrungsanweisung vereinbar wäre.

Ein bloßer Beitritt der finanzierenden Bank zur kaufvertraglichen Verwahrungsanweisung ist dagegen mE idR auch ohne ausdrückliche Zustimmung der Kaufvertragsparteien möglich, da sich diese Zustimmung konkludent bereits aus der Vereinbarung über die Vorwegbeleihung durch die Finanzierungsgrundschuld ergibt.[179]

70 **3. Prüfung und Annahme durch den Notar.** Formell bedarf der Treuhandauftrag der finanzierenden Bank der **Schriftform** (Abs. 6 iVm Abs. 4).[180] Die Annahme muss vom Notar durch einen **Annahmevermerk** mit Datum und Unterschrift dokumentiert werden (Abs. 6 iVm Abs. 5); der Annahmevermerk ist in die gesonderte Belegsammlung für die betreffende Masse aufzunehmen (§ 22 Abs. 2 Nr. 4 DONot).[181]

70a Da Abs. 6 nur für Treuhandaufträge Dritter im Zusammenhang mit der Verwahrung auf Notaranderkonto gilt, muss der Treuhandauftrag des abzulösenden Kreditinstituts nicht schriftlich angenommen werden. Indirekt ergibt sich hier spätestens aus der Fälligkeitsmitteilung des Notars, dass der Notar den Treuhandauftrag angenommen hat. Sonst könnte er den Kaufpreis nicht fällig stellen (und darin die Auflagen der abzulösenden Bank integrieren).

71 Vor allem aber muss der Notar den Treuhandauftrag **materiell prüfen,** ob er klar formuliert und auch mit den Sicherungsbedürfnissen auch der Kaufvertragsparteien und mit der im Kaufvertrag erteilten Verwahrungsanweisung vereinbar ist (Abs. 6

---
[176] OLG Frankfurt a. M. OLG-Report 2006, 576.
[177] Vgl. hierzu die 1. Auflage, § 54c Rn. 9 und Fn. 27; ebenso OLG Dresden als Vorinstanz zu BGH DNotZ 2002, 269; zur überwiegenden Praxis vgl. auch Basty LM § 23 BNotO Nr. 14.
[178] Hertel MittBayNot 2002, 181; Ganter/Hertel/Wöstmann/Hertel Rn. 1705 ff.
[179] → Rn. 66.
[180] → Rn. 31–35.
[181] So bereits bisher für Treuhandaufträge der finanzierenden Bank zu § 11 Abs. 2 S. 2 DONot aF: Weingärtner/Schöttler, 7. Aufl. 1995, DONot Rn. 149.

iVm Abs. 3).¹⁸² Dabei sollte der Notar ggf. auch nachfragen, ob von den Kaufvertragsparteien erteilte Anweisungen über besondere Bedingungen der Verwahrung – etwa Anlage auf Festgeld – auch bereits für die einseitige Verwahrung durch die Bank gelten sollen, soweit dies nicht ausdrücklich im Treuhandauftrag der Bank geregelt ist.¹⁸³

Ist der Treuhandauftrag **inhaltlich unklar** (insbes. auf „Sicherstellung" einer Eintragung 72 gerichtet), so muss sich der Notar um eine **Klarstellung durch die Bank bemühen;** andernfalls darf er ihn nicht annehmen (Abs. 3). Dabei muss die Bank selbst schriftlich (Abs. 4) den Inhalt des Treuhandauftrages präzisieren. Der Notar kann der Bank zwar mitteilen, wie er den Treuhandauftrag versteht (und ggf. auch eine Präzisierung oder Präzisierungsalternativen vorschlagen);¹⁸⁴ maßgeblich ist aber allein die Erläuterung bzw. Präzisierung durch die Bank.¹⁸⁵ Der Notar ist nicht berechtigt, ein nicht zweifelfreies Verständnis vom Inhalt einer Verwahrungsanweisung seinem Handeln zugrunde zu legen, ohne mit der Treugeberin ein Einvernehmen herbeigeführt zu haben.¹⁸⁶

Sind die Weisungen nicht miteinander vereinbar, so muss der Notar dies der Bank und 73 den Kaufvertragsparteien (jedenfalls dem Käufer) mitteilen, um ggf. eine (zumindest schriftliche) **Änderung der Weisungen durch die Beteiligten** und damit doch noch miteinander vereinbare Weisungen zu erhalten. Insbesondere kann dann der Käufer gegenüber seiner Bank auf die Erteilung vertragsgemäßer Auflagen hinwirken.¹⁸⁷ Gelingt dies nicht, so muss der Notar den Treuhandauftrag der finanzierenden Bank ablehnen und ihr das Geld zurücküberweisen;¹⁸⁸ auch darauf sollte er die Beteiligten und die Bank vorab hinweisen. Keinesfalls darf der Notar hingegen versuchen, eigenmächtig die voneinander abweichenden Anweisungen in Einklang zu bringen; damit verstieße er zumindest gegen eine der Anweisungen.¹⁸⁹

Hat der Notar den Treuhandauftrag bereits angenommen und merkt er erst dann, dass er 74 unklar ist oder der kaufvertraglichen Verwahrungsanweisung widerspricht, so kann er versuchen, möglichst noch eine nachträgliche Änderung der Weisungen zu erhalten. Ist dies nicht möglich, kann der Notar zumindest durch einen **Vorbescheid** die beabsichtigte Auszahlung (oder sonst sein beabsichtigtes Verhalten) ankündigen, um eine gerichtliche Überprüfung (im Wege der Beschwerde nach § 15 Abs. 2 BNotO) zu ermöglichen, bevor ein Schaden entstehen kann.¹⁹⁰

4. Auslegung der Treuhandauflage, insbes. „Sicherstellung" der Eintragung. 75 Häufig verlangt vielfach die finanzierende Bank in ihrem Treuhandauftrag die „Sicherstellung" einer Eintragung oder Löschung. Früher erachtete man derartige Auflagen vielfach als unproblematisch. Jedoch sollte der Notar hier unbedingt eine **Präzisierung**

---

¹⁸² BGH NJW 1997, 2104; *Brambring/Sandkühler/Starke* S. 136 f.; *Brambring* RWS-Forum 1998, 11 (13 f.) und 15 f.; *Weingärtner/Schöttler*, 7. Aufl. 1995, DONot Rn. 148b. Kurze Checkliste bei *Amann/Brambring* S. 83. → Rn. 87 ff., 93 ff.
¹⁸³ Die Bank kann die kaufvertragliche Anweisung zwar übernehmen; zwingend ist dies aber nicht, da ihr Treuhandauftrag einseitig ist.
¹⁸⁴ Vgl. etwa Formulierungsmuster für Anschreiben an die Bank bei *Hertel* ZNotP 1998, Beilage 3/98, S. 18 f.
¹⁸⁵ BGH DNotZ 1987, 560.
¹⁸⁶ BGH DNotZ 2015, 545.
¹⁸⁷ BGH DNotZ 1995, 489; OLG Düsseldorf OLG-Report 1996, 151; Arndt/Lerch/Sandkühler/*Sandkühler* BNotO § 23 Rn. 84; *Weingärtner*, Verwahrungsgeschäft, Rn. 35; Beispiele für Anschreiben des Notars bei *Amann/Brambring* S. 82, 85; *Hertel* ZNotP 1998, Beilage 3/98, S. 18 f. Andere Stimmen fordern zwar eine „sofortige" Zurückweisung unzulässiger Auflagen – Notarkammer Kassel, Rundschreiben vom 29.7.1994; *Weingärtner*, Verwahrungsgeschäft, Rn. 38 – wohl aber ohne damit einen vorläufigen Verbleib der Gelder beim Notar auszuschließen, mit dem mit einer Änderung in zulässige Auflagen zu rechnen ist.
¹⁸⁸ BGH DNotZ 1991, 555; 1995, 489; 1997, 70 (71); *Kawohl* Rn. 76; *Preuß* S. 111; Arndt/Lerch/Sandkühler/*Sandkühler* BNotO § 23 Rn. 87; *Weingärtner*, Verwahrungsgeschäft, Rn. 108e.
¹⁸⁹ BGH DNotZ 1995, 125 mAnm *Knoche;* 1997, 70 (71). Zur Verpflichtung des Notars zur peinlich genauen Befolgung der Verwahrungsanweisung → § 58 Rn. 25 ff.
¹⁹⁰ Vgl. *Hertel* DNotZ 2004, 220. Allgemein zum Vorbescheid → BNotO § 15 Rn. 33, → BNotO § 23 Rn. 49 ff.

veranlassen, bevor er den Treuhandauftrag annimmt. Dazu raten nicht nur Notarkammern[191] und Literaturstimmen,[192] dafür spricht auch das Eigeninteresse des Notars, Haftungsfälle infolge unklarer Treuhandauflagen zu vermeiden.[193] Nach einer (mE zu weitgehenden) Entscheidung des OLG Celle[194] kann die Annahme einer derartigen unbestimmten Auflage sogar disziplinarisch geahndet werden.

Ist der Begriff der „Sicherstellung" hingegen in der Anweisung einmal hinreichend definiert, kann er als schlagwortartige Zusammenfassung auch an anderen Stellen im Vertrag oder Treuhandauftrag verwendet werden.

76 Den allgemeinen **Begriff der Sicherstellung** einer Grundbucheintragung definierten der BGH und verschiedene Oberlandesgerichte in einer ganzen Reihe von Entscheidungen. Soweit nichts anderes geregelt ist, ist die Grundbucheintragung eines Rechtes oder einer Rechtsänderung dann „sichergestellt", wenn hierzu **nur noch das pflichtgemäße Handeln des Notars und des zuständigen Grundbuchbeamten erforderlich** ist.[195]

„Sichergestellt" heißt damit in der Auslegung der Rechtsprechung, dass alle anderen Eintragungsvoraussetzungen außer dem Handeln von Notar und Grundbuchamt vorliegen müssen. Die Rechtsprechung versteht den Treuhandauftrag also (zum Schutz des Treugebers) im weitest möglichen Sinn des Wortlauts.

Dies geht in einzelnen Punkten über das hinaus, was man bei einer vertraglichen Definition der Sicherstellung typischerweise mit einbezieht. Die Definition der Rechtsprechung geht daher mE zu weit, da sie sich nicht auf das beschränkt, was der Treugeber realistischerweise erwarten konnte – und womit er sich wohl beschieden hätte, hätte der Notar bei ihm nachgefragt.[196] Will daher nicht der Notar diese eigentlich nicht gemeinten, aber nach der Definition der Rechtsprechung einbezogenen Risiken im Rahmen seiner Notarhaftung tragen, muss er eine nähere Definition im Treuhandauftrag veranlassen.

Nach allgemeiner Ansicht bedeutet die „Sicherstellung" keine nach § 14 Abs. 4 S. 1 BNotO untersagte Gewähr der Eintragung durch den Notar.

77 **a) „Sicherstellung" der Lastenfreistellung.** Nachstehend wollen wir den Begriff der Sicherstellung für **drei hauptsächliche Fallgruppen** untersuchen:
– die Sicherstellung der Lastenfreistellung,
– die Sicherstellung der (ranggerechten) Grundschuldeintragung,
– und die Sicherstellung des (lastenfreien) Eigentumserwerbs des Käufers.

78 Bisher noch keine Probleme gab es, soweit mir ersichtlich, mit (kaufvertraglichen) Treuhandauflagen auf **„Sicherstellung der Lastenfreistellung"**. Der Begriff wird in der notariellen Praxis einheitlich dahingehend definiert, dass dem Notar alle Unterlagen vorliegen müssen, „um den verkauften Grundbesitz von Rechten freizustellen, die im Grundbuch bereits vor oder gleichzeitig mit der Vormerkung des Käufers eingetragen wurden

---

[191] BNotK-Rundschreiben Nr. 5/99 vom 17.2.1999, DNotZ 1999, 369 (376); Rundschreiben Rheinische Notarkammer Nr. 3/1990 vom 12.3.1990 = abgedruckt bei *Weingärtner* Nr. 299.

[192] Vgl. hier in der 2. Auflage, Rn. 45, 60 und 71; *Weingärtner,* Verwahrungsgeschäft, Rn. 91; ähnlich *Winkler,* 15. Aufl. 2003, BeurkG § 57 Rn. 78 und 84.

[193] Vgl. den Haftungsfall BGH DNotZ 2004, 218 mAnm *Hertel* = RNotZ 2003, 402 mAnm *Kemp* = ZflR 2003, 547 mAnm *Beining* = (mit einem potentiellen Schaden von bis zu 2,8 Mio. DM).

[194] OLG Celle Nds. Rpfl. 1998, 45 (46 f.).

[195] BGH DNotZ 1987, 560 (561); 2004, 218 mAnm *Hertel* = RNotZ 2003, 402 mAnm *Kemp* = ZflR 2003, 547 mAnm *Beining;* NJW-RR 2008, 1644 = NotBZ 2008, 464 =; KG DNotZ 2008, 687 = MittBayNot 2008, 236 = NotBZ 2008, 75; OLG Celle Nds.Rpfl. 1998, 45 (46); 1997, 73; DNotZ 1994, 117 (119); OLG Hamm DNotZ 1996, 384 (387); KG DNotZ 1991, 762; OLG München OLG-Report München 1997, 149; OLG Schleswig SchlHA 2001, 14 (1)S; OLG-Report Schleswig 2003, 376 = SchlHA 2003, 248; ebenso Erlass des Niedersächsischen. Justizministeriums vom 16.5.1997 – 3836-202.11, abgedruckt in: Notarkammer Celle Rundschreiben Nr. 2/97, S. 14 ff.; in der Literatur etwa: Arndt/Lerch/Sandkühler/*Sandkühler* BNotO § 23 Rn. 80; *Weingärtner,* Verwahrungsgeschäft, Rn. 91.

[196] Zwar könnte der Notar auch nach der Rechtsprechung ggf. bei Prüfung der Kausalität oder Zurechnung einwenden, dass der Treugeber auf Nachfrage seinen Treuhandauftrag entsprechend eingeschränkt hätte. Dafür ist er aber beweispflichtig – und der Beweis wird ihm kaum gelingen.

und vom Käufer nicht übernommen werden. Diese Unterlagen liegen auflagenfrei vor oder unter Auflagen, zu deren Erfüllung der Kaufpreis ausreicht."[197] Ältere Formulare verwandten den Begriff teilweise ohne nähere Definition; offenbar, weil sie davon ausgingen, dass der Begriff unmissverständlich ist.[198] Gleichwohl sollte man den Begriff im Vertrag definieren – etwa um klarzustellen, dass die Sicherstellung der Löschungskosten nicht zur „Sicherstellung der Lastenfreistellung" gehört. Eine ausdrückliche Definition im Vertrag dürfte heute dem Stand der Vertragsgestaltung entsprechen.

Im Wesentlichen derselbe Begriff gilt auch im **Bauträgervertrag**; dort ist er bereits durch den Verordnungsgeber definiert (§ 3 Abs. 1 S. 5 bis S. 8 MaBV).[199]

b) Sicherstellung der Grundbucheintragung der Finanzierungsgrundschuld. Soll 79 der Begriff der **Sicherstellung der (ranggerechten) Eintragung des Finanzierungsgrundpfandrechtes** in einem Treuhandauftrag definiert werden, so empfiehlt sich, auf einen **Formulierungsvorschlag der Bundesnotarkammer** zurückzugreifen, den diese in Abstimmung mit den im Zentralen Kreditausschuss zusammengeschlossenen Verbänden der deutschen Kreditwirtschaft erarbeitet hat.[200] Danach umfasst der Begriff der Sicherstellung der Eintragung des Finanzierungsgrundpfandrechtes folgende Voraussetzungen:

– **Antragstellung** beim Grundbuchamt unter Vorlage der Bestellungsurkunde für das Grundpfandrecht **auch im Namen der Grundpfandrechtsgläubigerin,**
– Vorliegen aller zur Rangverschaffung erforderlichen **Unterlagen** (Löschungsbewilligungen, Pfandfreigaben, Rangrücktritt etc), deren Verwendung nach Zahlung von aus dem verwahrten Betrag erfüllbaren Ablösebeträgen gestattet sein muss,[201]
– keine aus dem Grundbuch oder (wahlweise zusätzlich) den Grundakten (bzw. jetzt der Markentabelle eines elektronisch geführten Grundbuches) **erkennbaren Eintragungshindernisse.**

Meines Erachtens gibt diese in Zusammenarbeit mit der Kreditwirtschaft erarbeitete 80 Definition des Begriffs der Sicherstellung in dem Formulierungsvorschlag der Bundesnotarkammer dem Rechtsverkehr auch einen Anhaltspunkt für die **Auslegung** auf der Grundlage der Verkehrsanschauung in Notariat und Kreditgewerbe. Meines Erachtens sind

---

[197] BeckNotar-HdB/*Amann*, 5. Aufl. 2009, A. I. Rn. 104; ähnlich – allerdings ohne den Begriff der Sicherstellung zu verwenden – die Musterformulierungen WürzNotar-HdB/*Hertel* Teil 2 Kap. 2 Rn. 652; *Otto* in Münchener Vertragshandbuch Bd. 5 Muster I. 2 § 4 Abs. 9; vgl. OLG Hamm DNotZ 1996, 384 mAnm *Preuß*.
[198] Wurm/Wagner/Zartmann/*Götte*, 15. Aufl. 2007, Muster 37.2. (Kaufpreisabwicklung über Notaranderkonto – während bei der Direktzahlung des Kaufpreises in Muster 37.1. anstelle des Begriffs der „Sicherstellung" auch damals schon die übliche Definition verwandt wurde); ebenso Beck'sches Formularbuch zum Bürgerlichen, Handels- und Wirtschaftsrecht/*Schippel*, 7. Aufl. 1998, III. B. 5 § 3 Abs. 2, S. 161 (während die Bearbeiter in den späteren Auflagen den Begriff jeweils definierten); aA Präsident des LG Berlin, Rundschreiben an die Berliner Notare vom 25.11.2003, S. 5; vom 2.12.1998, S. 3 und vom 10.12.1997, S. 2 f.
[199] § 3 Abs. 1 S. 2 Nr. 3 MaBV spricht ebenfalls davon, dass die „Freistellung des Vertragsobjekts von allen Grundpfandrechten (...) gesichert" sein müsse und definiert die Sicherstellung im Wesentlichen ebenso wie die notarielle Praxis beim Kaufvertrag (§ 3 Abs. 1 S. 5 bis S. 8 MaBV).
[200] BNotK-Rundschreiben Nr. 5/99 vom 17.2.1999, Ziffer II, DNotZ 1999, 369 (370 f.). Das Rundschreiben enthält zugleich ein neues Muster einer Notarbestätigung, nicht zuletzt auch weil die Notarbestätigung (oder Rangbescheinigung) und die „Sicherstellung" der Grundbucheintragung viele ähnliche Elemente aufweisen. Die bisherigen Formulierungsvorschläge der BNotK für eine Notarbestätigung finden sich in DNotZ 1974, 643 ff. und im Rundschreiben v. 3.11.1986, DNotZ 1987, 1 ff.; Muster auch abgedruckt in: BeckNotar-HdB, 2. Aufl., A. I. Rn. 257; *Kersten/Bühling*, 20. Aufl., Rn. 663; vgl. ferner etwa: *Ertl* DNotZ 1969, 650; BeckNotar-HdB/*Amann*, 2. Aufl., A. VI. Rn. 106 f.; → BNotO § 20 Rn. 19, 24 ff. und → BNotO § 24 Rn. 21. Zur Auslegung eines Treuhandauftrages, der sich an das Formulierungsmuster der BNotK anlehnt, vgl. etwa BGH BeckRS 2007, 16635.
[201] Ist etwa eine Pfändung in das Anderkonto erfolgt, so muss der Notar prüfen, ob die Ablösungsvereinbarung auch gegenüber dem Pfändungspfandgläubiger wirkt. Ist dies der Fall, so ist die Rangverschaffung gesichert, selbst wenn der Pfändungsgläubiger gegen die beabsichtigte Ablösung Beschwerde nach § 15 Abs. 2 BNotO einlegt.

daher Treuhandauflagen zur „Sicherstellung der Eintragung" der Finanzierungsgrundschuld im Zweifel entsprechend dieses Formulierungsvorschlages auszulegen.[202]

Die **Rechtsprechung** legt derartige Treuhandaufträge hingegen meist weiter aus, da sie – entsprechend des allgemeinen Begriffs der Sicherstellung – verlangt, dass alle **Eintragungsvoraussetzungen vorliegen** außer dem pflichtgemäßen Handeln von Notar und Grundbuchamt.[203]

81 So werden von der Rechtsprechung manche Punkte unter den allgemeinen Begriff der Sicherstellung gefasst, die die Definition im Formulierungsvorschlag der BNotK bewusst **nicht enthält**:

– Eine **nochmalige Kontrolle** der Grundakten eine Woche nach Antragstellung bzw. eine Rückfrage beim zuständigen Rechtspfleger auf mögliche bereits zuvor eingegangene, aber noch nicht der entsprechenden Grundakte zugeordnete Eintragungsanträge ist nach dem Formulierungsvorschlag der BNotK nicht erforderlich, sofern die Bank dies nicht ausdrücklich verlangt – wie dies Hypothekenbanken und verwandten Institute bankrechtlich vorgeschrieben ist.[204] Nach dem allgemeinen Begriff der Sicherstellung könnte man hingegen argumentieren, dass der Notar auch das Risiko von ihm gar nicht erkennbaren vorrangigen Anträgen trägt.[205]

– Ebenso wenig ist die **Zahlung der Eintragungsgebühren des Grundbuchamtes** nach dem Formulierungsvorschlag der BNotK Voraussetzung der Sicherstellung der Eintragung.[206] Erfordert der Treuhandauftrag hingegen nur allgemein die „Sicherstellung" bzw. „Gewährleistung" der ranggerechten Grundschuldeintragung, so sah das KG dies nur als gegeben an, wenn auch die Grundbuchgebühren für die Löschung der vorrangigen Belastungen gezahlt bzw. gesichert waren oder der Notar für diese Kosten einsteht.[207]

– Die **Eintragungsverfügung des zuständigen Rechtspflegers**[208] oder gar die Eintragung[209] müssen nicht abgewartet werden (und zwar weder nach dem Formulierungsvorschlag der BNotK noch nach dem allgemeinen Begriff der Sicherstellung).

---

[202] Denn die im Formulierungsvorschlag zusammengefassten Voraussetzungen werden von Kreditwirtschaft und Notaren allgemein als Mindeststandard der „Sicherstellung" verstanden, während darüber hinausgehende Sicherungen nur bei ausdrücklichem Verlangen gewünscht sind. Dies gilt auch für früher erteilte Treuhandauflagen, da der Formulierungsvorschlag nur eine bereits zuvor eingeführte Praxis zusammenfasste. Ebenso OLG Düsseldorf ZNotP 2002, 486; die Entscheidung wurde aber aufgehoben durch die Revisionsentscheidung BGH DNotZ 2004, 218 = RNotZ 2003, 402 mAnm *Kemp.* Vgl. auch die Auslegung von Treuhandauflagen zur Sicherstellung einer Eintragung in BGH DNotZ 1987, 560 (561); OLG Celle Nds. Rpfl. 1997, 73; 1998, 45 (46); OLG Hamm DNotZ 1996, 384; ferner den instruktiven Erlass des Nds. Justizministeriums vom 16.5.1997 – 3836-202.11 – in: Notarkammer Celle, Rundschreiben Nr. 2/97, S. 14 ff.; ebenso Rundschreiben des Präs. OLG Frankfurt an LG vom 12.7.1994 – als Anlage zu Notarkammer Kassel, Rundschreiben vom 29.7.1994, S. 5; ebenso der Formulierungsvorschlag der Notarkammer Frankfurt, Rundschreiben 1/90, Nr. 13; ebenso für die „Sicherstellung" der Lastenfreistellung BeckNotar-HdB/*Amann*, 5. Aufl. 2009, A I Rn. 100.

[203] Vgl. etwa OLG Frankfurt a. M. BeckRS 2006, 12606 = OLG-Report 2006, 576; OLG Köln BeckRS 2012, 18159; OLG Schleswig OLG-Report 2003, 376; BeckRS 2004, 12215 = OLG-Report 2005, 181.

[204] Denn Hypothekenbanken und verwandte Institute dürfen bankrechtlich keinen Kredit auf ein noch nicht eingetragenes Grundpfandrecht auszahlen, wenn nicht eine Kontrolle auf mögliche Eintragungshindernisse in den Grundakten frühestens sieben Tagen nach Antragstellung erfolgte – vgl. BNotK DNotZ 1987, 2 f.

[205] Dagegen spricht allerdings, dass dies praktisch auf eine – nach § 14 Abs. 4 S. 1 BNotO unzulässige – Gewähr der Eintragung durch den Notar hinausliefe, die die Bank nicht erwarten kann.

[206] Ebenso für den Begriff der Sicherstellung einer Eintragung in der kaufvertraglichen Auszahlungsanweisung: KG DNotZ 1991, 762; Arndt/Lerch/Sandkühler/*Sandkühler* BNotO § 23 Rn. 113. Doch empfiehlt sich beim Kaufvertrag eine ausdrückliche Regelung, dass die Zahlung der Grundbuchkosten oder der Grunderwerbsteuer nicht umfasst ist, wenn die „Sicherstellung" der Eintragung des Erwerbers als Auszahlungsvoraussetzung vereinbart ist, da die Kaufvertragsparteien dies – anders als die geschäftserfahrene Bank – missverstehen könnten; → Rn. 45.

[207] KG DNotZ 2008, 687.

[208] Nach einer vermittelnden Meinung ist es besser, wenngleich nicht erforderlich, wenn zumindest die Eintragungsverfügung des Rechtspflegers abgewartet wird: LG Fulda 23.2.1994, nv, zustimmend zitiert bei *Weingärtner,* Verwahrungsgeschäft, Rn. 91.

[209] Nach einer Entscheidung des KG DNotZ 1987, 576 ist es nicht amtspflichtwidrig, wenn der Notar den Vollzug der Eintragung abwartet. Dies heißt aber nur, dass der Notar die Eintragung abwarten kann, nicht

Außerdem verbleiben bei dieser Definition der Sicherstellung im Formulierungsvorschlag 82
der BNotK einige **Risiken der Bank,** über die diese aber – anders als ein Privatmann –
aufgrund ihrer Geschäftserfahrung nicht eigens belehrt werden muss,[210] insbesondere:
– Widerruf der dinglichen Einigung über die Grundschuldbestellung, solange der Bank
 noch keine Ausfertigung der Bestellungsurkunde zuging (§ 873 Abs. 2 BGB),
– vorgehende Eintragungsanträge, die noch nicht zu den Grundakten gelangt waren oder
 in der Markentabelle noch nicht vermerkt waren,
– nicht ersichtliche Mängel der Verfügungsbefugnis des Bestellers oder nicht erkennbare
 öffentlich-rechtliche Genehmigungserfordernisse.
– Ferner kann die Rangverschaffung scheitern, wenn diesbezügliche Erklärungen der
 Inhaber vorrangiger Rechte oder Eintragungsanträge widerrufen werden oder eine
 Abtretung oder Pfändung des Rechtes oder des Rückgewähranspruches erfolgte.

Verlangt der Treuhandauftrag hingegen nur allgemein die „Sicherstellung" der Eintragung ohne nähere Definition, ist angesichts der Weite der Begriffsbestimmung durch die Rechtsprechung unklar, ob möglicherweise auch diese Risiken für die „Sicherstellung" ausgeschlossen sein müssen.

c) Sicherstellung der Eigentumsumschreibung. Eine Treuhandauflage der finanzie- 83
renden Bank auf **„Sicherstellung der Eigentumsumschreibung"** legte der BGH nicht
als Übernahme der kaufvertraglichen Auszahlungsvoraussetzungen aus,[211] sondern eigenständig nach den Interessen der Bank. Denn die Interessenlage der finanzierenden Bank sei
nicht notwendig mit der des Erwerbers identisch; insbesondere erfordere eine auf „Sicherstellung" der Eigentumsumschreibung gerichtete Treuhandauflage daher auch das Vorliegen
der grunderwerbsteuerlichen **Unbedenklichkeitsbescheinigung** (§ 22 GrEStG).[212] Die
Praxis wird sich auf diese Auslegung des BGH stützen, wenn eine präzise Definition fehlt,
auch wenn zumindest Zweifel angebracht sind, ob die Bank – hätte man bei ihr nach
Erteilung des Treuhandauftrages nachgefragt – auch die Unbedenklichkeitsbescheinigung
erwähnt hätte.[213]

Aus dem BGH-Urteil lässt sich schließen, dass die „Sicherstellung der Eigentums- 84
umschreibung" im Treuhandauftrag der Bank im Übrigen wohl zumindest die im Kaufvertrag zur Absicherung des Käufers **üblicherweise geregelten Auszahlungsvoraussetzungen** umfasst.[214] Setzt der Kaufvertrag strengere Anforderungen als üblich, so wird die
Bank diese im Zweifel wohl übernehmen wollen. Weist die kaufvertragliche Anweisung
hingegen Sicherungslücken gegenüber den üblichen Standards auf, so wird die Bank im
Zweifel den üblichen Standard als „Sicherstellung" verlangen (dh Eintragung der Auflassungsvormerkung, Vorliegen der Unterlagen zur Kostenfreistellung, erforderlicher Genehmigungen und Vorkaufsrechtsverzicht).[215]

---

dass er sie abwarten muss. Ebenso LG Gießen 16.9.1991, zitiert nach *Haug* Rn. 702 Fn. 741; ebenso *Lerch*
BeurkG § 57 Rn. 5; sowie früher das Formulierungsmuster von *Nieder* in Münchener Vertragshandbuch,
Bd. 5 Bürgerliches Recht I 5. Aufl. 2003 Muster I. 1. § 4 Abs. 9, S. 6 (anders seit *Nieder/Otto*, 6. Aufl.
2008).

[210] BNotK-Rundschreiben Nr. 5/99 vom 17.2.1999, Ziffer III 1, DNotZ 1999, 369 (371 ff.).
[211] So aber die Vorinstanz: OLG Düsseldorf ZNotP 2002, 486; zustimmend *Wehrstedt* ZNotP 2002, 46;
ebenso hier in der 2. Auflage, Rn. 71.
[212] BGH DNotZ 2004, 218 mAnm *Hertel* = MittBayNot 2004, 60 mAnm *Fembacher* = RNotZ 2003, 402
mAnm *Kemp* = WuB VIII A § 19 BNotO 2.03 mAnm *Maaß* = ZfIR 2003, 547 mAnm *Beining* – unter
Aufhebung von OLG Düsseldorf ZNotP 2002, 486; mit demselben Ergebnis wie der BGH: OLG Frankfurt
a. M. OLG-Report 2006, 576; OLG Schleswig OLG-Report 2003, 376; 2005, 181; dem OLG Düsseldorf
zustimmend: *Wehrstedt* ZNotP 2002, 461; gegen die Entscheidung des OLG Düsseldorf: *Kemp* ZNotP 2003,
27; zur BGH-Entscheidung vgl. *Müller-Magdeburg* ZNotP 2003, 213.
[213] *Hertel* DNotZ 2004, 220. Dieselbe Sachverhaltsspekulation findet sich bei *Kemp* ZNotP 2003, 27,
obwohl Kemp die Auslegung des OLG Düsseldorf nicht teilt.
[214] Ebenso OLG Frankfurt a. M. OLG-Report 2006, 524.
[215] Ganter/Hertel/Wöstmann/*Hertel* Rn. 1761.

85 Das OLG Celle hält sogar für erforderlich, dass bereits **Antrag auf Eigentumsumschreibung** gestellt sei; die bloße Eintragung einer Auflassungsvormerkung reiche nicht aus, um einen Treuhandauflage der finanzierenden Bank auf Sicherstellung der Eigentumsumschreibung zu erfüllen.[216] Das geht zu weit: Wollte man die Bank auch gegen die Anweisung auf Nichtvollzug der Auflassung schützen, so müsste man den Vollzug der Auflassung abwarten.[217]

86 Auch eine **kaufvertragliche Verwahrungsanweisung** auf (nicht näher definierte) „Sicherstellung" der Eigentumsumschreibung setzt nach einer älteren Entscheidung des OLG Hamm voraus, dass die Unbedenklichkeitsbescheinigung vorliegt;[218] in der Praxis werden im Kaufvertrag mittlerweile entweder die für die Sicherstellung erforderlichen Voraussetzungen näher bestimmt oder wird zumindest negativ die Unbedenklichkeitsbescheinigung davon ausgenommen.

87 **5. Erfüllung der kaufvertraglichen Einzahlungspflicht.** Hat der Notar den Inhalt des Treuhandauftrages der finanzierenden Bank festgestellt – ggf. nach einer klarstellenden Änderung durch die Bank –, so muss er, bevor er den Treuhandauftrag der Bank annimmt, **prüfen, ob dieser mit der kaufvertraglichen Verwahrungsanweisung vereinbar** ist.[219] Vereinbar sind die Treuhandauflagen jedenfalls dann, wenn die Einzahlungspflicht des Käufers trotz des Treuhandauftrages erfüllt ist (und damit der Verkäufer zu der durch die Einzahlung bedingten Leistung verpflichtet ist, etwa zur Besitzübergabe). Eine gesetzliche Regelung für beide Fragen fehlt; auch die Rechtsprechung hat diese Fragen noch nicht vollständig herausgearbeitet.

88 In mehreren Entscheidungen stellte der BGH lapidar fest, dass der Käufer seine **Einzahlungspflicht nicht erfüllt** habe, **solange noch eine einseitige Treuhandauflage** der Bank bestehe.[220] Denn die Bank kann ihren einseitigen Treuhandauftrag jederzeit einseitig widerrufen oder abändern (bis zu dessen Erledigung) und Rückzahlung des Geldes an sich verlangen.[221] Mit dem Widerruf entfiele auch aber auch die Absicherung des Verkäufers. Erst wenn der Treuhandauftrag der Bank erledigt ist und damit die Stufe der mehrseitigen Verwahrung erreicht ist, ist der Verkäufer gegenüber einem einseitigen Widerruf gesichert. Erst dann kann er seine eigene Leistung (zB die Übergabe des Besitzes an den Käufer) im Vertrauen auf die erfolgte Einzahlung erbringen.

89 Eine mehrseitige Verwahrung (und damit hinreichende Sicherheit des Verkäufers) besteht auch, wenn die Bank der kaufvertraglichen Verwahrungsanweisung **„beitritt"**.[222] Im Ergebnis dasselbe bewirkt eine unbefristete Bindung der Bank an ihren Treuhandauftrag.[223] Dazu wird die finanzierende Bank aber häufig nicht bereit sein.

---

[216] OLG Celle Nds. Rpfl. 1997, 73; ähnlich 1998, 45 (46) – jeweils im Rahmen eines Disziplinarverfahrens.
[217] Denn auch wenn – wie das OLG Celle fordert – der Antrag auf Eigentumsumschreibung bereits beim Grundbuchamt gestellt ist, können die Kaufvertragsparteien den Notar einvernehmlich anweisen, den Antrag wieder zurückzunehmen. Die Bank kann sich dagegen nicht absichern, da der Antrag auf Eigentumsumschreibung nicht auch im Namen der Bank gestellt werden kann (anders als der Antrag auf Eintragung eines Grundpfandrechtes für die Bank). Das OLG Celle verlangt damit über die Formel der Rechtsprechung hinaus nicht nur eine Sicherung des Vollzugs, sondern auch eine Absicherung gegen eine mögliche Rückabwicklung durch die Kaufvertragsparteien. Auch die Entscheidungen des OLG Celle zeigen, dass der Notar möglichen Auslegungsproblemen sinnvollerweise durch eine Präzisierung vor Annahme des Treuhandauftrages aus dem Weg gehen sollte – ansonsten zumindest durch einen Vorbescheid, wenn er das Problem erst nach Annahme des Treuhandauftrages bemerkt.
[218] OLG Hamm DNotZ 1992, 821; → Rn. 44; ebenso die Auslegung einer entsprechenden Treuhandauflage der finanzierenden Bank: BGH RNotZ 2003, 402 mAnm *Kemp* = MittBayNot 2004, 60 mAnm *Fembacher* = ZflR 2003, 547 mAnm *Beining*.
[219] BGH MittRhNotK 1998, 172; OLG Hamburg OLG-Report 1999, 258.
[220] BGH MittRhNotK 1998, 172 mAnm *Tönnies* (vgl. dazu *Brambring* RWS-Forum 1998, 11 (15); *Maaß* ZNotP 1998, 58); BGH DNotZ 2002, 269; 2002, 213; vgl. auch *Müller-Magdeburg* ZNotP 2003, 213.
[221] → Rn. 64 sowie → § 60 Rn. 10.
[222] *Reithmann* DNotZ 2002, 247 (248); *ders.* WM 2002, 683 (684); → Rn. 66.
[223] *Karlowski* NotBZ 1998, 225; *ders.* NotBZ 2002, 133.

In der **Praxis** lässt man jedoch häufig die Einzahlung trotz einseitiger Treuhandauflage 90 durch die Bank genügen.[224] Eine – allerdings nicht vollständige – Absicherung des Verkäufers erreicht man dadurch, dass sich die Bank für eine bestimmte Frist an ihren Treuhandauftrag gebunden hält, wobei die Frist lang genug sein muss, damit ihr Treuhandauftrag üblicherweise erfüllt werden kann (zuzüglich einer bestimmten Sicherheitsmarge). So schlägt der Formulierungsvorschlag der Bundesnotarkammer etwa eine **Bindungsfrist** von mindestens zwei Monaten für die (näher definierte) Sicherstellung der Eintragung des Finanzierungsgrundpfandrechtes vor.[225]

Zweites Element der Absicherung ist, dass nach einer insbesondere von *Brambring* vertretenen Auffassung,[226] die ich für richtig halte, **§ 60 Abs. 1** (früher § 54c Abs. 1) in diesen Fällen zwar einen Widerruf der finanzierenden Bank zulässt, die Rückzahlung des Geldes vom Notaranderkonto aber nur Zug um Zug gegen Rückabwicklung der vom Verkäufer im Vertrauen auf die Einzahlung erbrachten, sonst nicht abgesicherten Leistungen erfolgen kann. Auch damit bestünde eine umfassende Absicherung des Verkäufers.

Auch wenn sich aus der zitierten **BGH-Rechtsprechung** eine gegenteilige Tendenz entnehmen lässt, halte ich dennoch das letzte Wort noch nicht für gesprochen, ob der BGH nicht doch eine Absicherung durch entsprechend lange Bindungsfristen (in Kombination mit der dargestellten Beschränkung der Widerrufsfolgen nach § 60 Abs. 1) für ausreichend halten würde. Denn die erste einschlägige Entscheidung des BGH betraf einen Sonderfall, in dem im Kaufvertrag ausdrücklich eine „unwiderrufliche" Einzahlung verlangt war;[227] in den beiden anderen Fällen zitierte der BGH die Formel des ersten Urteils, ohne dass dies letztlich entscheidungserheblich gewesen wäre.[228]

Teilt der Notar dem Verkäufer mit, dass der Kaufpreis auf dem Notaranderkonto einge- 91 gangen ist, so sollte er zugleich einen einseitigen **Treuhandauftrag der Bank mitteilen.** Auch empfiehlt sich, darauf hinzuweisen, dass der Treuhandauftrag der Bank (nach Ablauf der Bindungsfrist) frei widerruflich ist und die Bank dann ggf. das Geld zurückverlangen kann (da zu der dargestellten Literaturauffassung zu § 60 Abs. 1 noch keine obergerichtlichen Entscheidungen vorliegen).

Selbstverständlich können die Kaufvertragsparteien auch ausdrücklich **vereinbaren,** dass 92 der Verkäufer zu seiner Leistung (zB zur Besitzübergabe) bereits dann verpflichtet ist, wenn der vollständige Kaufpreis eingezahlt ist, auch wenn noch eine einseitige Treuhandauflage der Bank besteht (und diese nur die banküblichen, ggf. näher definierten Bedingungen enthält). Auch hier sollte der Notar den Verkäufer aber auf das Risiko eines Widerrufs der Bank hinweisen.

6. Zulässigkeit von Treuhandauflagen der finanzierenden Bank. Aber auch wenn 93 die einseitige Treuhandauflage der Bank einer Erfüllung der Einzahlungspflicht entgegensteht (und der Verkäufer damit noch nicht zu seiner Leistung verpflichtet ist), kann die Auflage **zulässig** sein und damit vom Notar angenommen werden. Denn die Kaufvertragsparteien können (konkludent) die Einzahlungspflicht des Käufers solange aufgeschoben haben, bis bankübliche Auflagen der Bank erfüllt sind.[229] Zahlt der Käufer daher zum vereinbarten **Fälligkeitstermin** ein, so kann die Auslegung des Vertrages ergeben, dass für

---

[224] Auch *Weingärtner* Verwahrungsgeschäft, Rn. 108h; *ders.* Vermeidbare Fehler, Rn. 334 hält eine hinreichend lange Bindungsfrist für ausreichend zur Erfüllung der Einzahlungsverpflichtung.
[225] DNotZ 1999, 369 (370 f.).
[226] *Brambring* ZflR 1999, 336; ebenso LG Schwerin DNotI-Report 2001, 110 = NotBZ 2001, 231; zustimmend *v. Campe* NotBZ 2001, 209; ablehnend *Reithmann* WM 2002, 683 (685 f.); → § 60 Rn. 6.
[227] BGH MittRhNotK 1998, 172 mAnm *Tönnies*. Da die Entscheidung auf einen untypischen Sachverhalt bezogen ist, warnt *Brambring* RWS-Forum 1998, 11 (15), vor einer Generalisierung der Entscheidung. Zu den Folgerungen für die notarielle Vertragsgestaltung und Belehrungspflicht vgl. auch *Maaß* ZNotP 1998, 58.
[228] Vgl. Ganter/Hertel/Wöstmann/*Hertel* Rn. 1721 ff.
[229] BGH MittRhNotK 1998, 172 mAnm *Tönnies*.

die Rechtzeitigkeit der Zahlung auch die Einzahlung unter (zulässigen) einseitigen Treuhandauflagen genügt; der Käufer kommt dann nicht in Verzug.[230]

94 Man könnte im Kaufvertrag ausdrücklich regeln, von welchen Treuhandauflagen die Einzahlung durch die finanzierende Bank abhängen darf;[231] dazu würde man sich sinnvollerweise weitestgehend an den Formulierungsvorschlag der Bundesnotarkammer für einen Treuhandauftrag der finanzierenden Bank[232] anlehnen. Dennoch würde ich von einer **Regelung im Kaufvertrag** eher abraten: Denn eine umfassende Regelung wird leicht kompliziert. Enthält der Kaufvertrag aber nur eine knappe Regelung, so verhindert möglicherweise eine zu enge Formulierung die Annahme eines abweichend formulierten Treuhandauftrages, obwohl dieser den Sicherungsinteressen der Kaufvertragsparteien nicht widerspricht.

95 Sind die zulässigen Auflagen nicht ausdrücklich regelt, muss eine **Auslegung** des Kaufvertrages nach den **beiderseitigen Interessen** der Kaufvertragsparteien erfolgen.[233]

– Der **Verkäufer** wird keiner Regelung zustimmen, die seine durch die Verwahrung bezweckte Absicherung gefährdet. Der Treuhandauftrag der Bank darf daher nichts daran ändern, dass das eingezahlte Geld (nach Erbringung der abzusichernden Leistung des Verkäufers, also zB der Besitzübergabe) nur mit Zustimmung des Verkäufers zurückgezahlt werden kann **(Sicherungsinteresse)**. Außerdem darf die Auszahlung gegenüber den kaufvertraglich festgelegten Auszahlungsvoraussetzungen nicht erschwert werden **(Auszahlungsinteresse)**.

– Im Interesse des **Käufers** liegt es, alle **für die finanzierende Bank erforderlichen Absicherungen** zu gewährleisten, weil er sonst keine Finanzierung findet. Die Bank ihrerseits will einerseits eine dingliche Absicherung ihres Darlehns (Grundpfandrecht) vor der Verwendung des eingezahlten Geldes jedenfalls sichergestellt wissen. Andererseits will sie bei ungewisser Kaufvertragsabwicklung sich und ihr Geld nicht zu lange untätig auf dem Notaranderkonto binden. Der Verkäufer wird sich dabei, um sein Grundstück verkaufen zu können, auf „banküblichen" Absicherungen einlassen, soweit seine eigenen Interessen nicht entgegenstehen.[234]

96 **a) Ranggerechte Eintragung des Finanzierungsgrundpfandrechtes.** Ein in der Praxis **typischer Treuhandauftrag** der finanzierenden Bank verlangt dabei erstens die Sicherstellung der ranggerechten Eintragung des Finanzierungsgrundpfandrechtes, zweitens die Sicherstellung der Eigentumsumschreibung auf den Käufer, drittens die vollständige Einzahlung und ist schließlich viertens befristet.[235]

---

[230] OLG Schleswig DNotZ 1985, 310 bejahte hingegen in einem entschiedenen Fall Verzug infolge einseitiger Treuhandauflagen der Bank. Darauf will *Tönnies* MittRhNotK 1998, 173 (174) in seinem Formulierungsvorschlag ausdrücklich hinweisen. Übersieht der Notar allerdings, dass die Treuhandauflagen der Bank dem Kaufvertrag widersprechen und wickelt er deshalb den Vertrag so ab, als wäre ordnungsgemäß eingezahlt worden, so muss der Käufer – wenn die Treuhandauflagen der Bank später (etwa durch Erfüllung) wegfallen – insoweit keine Verzugszinsen zahlen, als durch die vertragswidrigen Auflagen die Abwicklung des Vertrages nicht verzögert wurde (OLG Hamburg OLG-Report 1999, 258).

[231] Vgl. Formulierungsvorschlag von *Hertel* ZNotP 1998, Beilage 3/98, S. 18 – nunmehr allerdings überholt durch den danach publizierten Formulierungsvorschlag der BNotK. Inhaltlich wäre mein bisheriger Formulierungsvorschlag dahingehend zu ändern, dass sofern die Einzahlung eine ansonsten ungesicherte Vorleistung des Verkäufers absichern soll (insbes. die Besitzübergabe), eine Bindung der Bank auch hinsichtlich der einseitigen Treuhandauflagen (Sicherstellung der Grundpfandrechtseintragung) für die voraussichtliche Abwicklungsdauer zur Erfüllung zu verlangen ist, so dass ein Widerruf der Bank erst nach (erfolglosem) Fristablauf möglich wäre.

[232] Dann müssen allerdings dessen wesentliche Regelungen im Kaufvertrag mitbeurkundet werden. Denn beurkundungsrechtlich genügt ein bloßer Verweis auf das Formulierungsmuster der BNotK nicht, da dieses weder eine gesetzliche Norm ist noch – wie etwa die VOB oder DIN-Normen (vgl. OLG Düsseldorf DNotZ 1985, 626; Gutachten DNotI-Report 1996, 8) – ähnlich einer Norm verkündet wird.

[233] Vgl. BGH MittRhNotK 1998, 172 mAnm *Tönnies*.

[234] Banküblich dürften dabei jedenfalls die im Formulierungsvorschlag der Bundesnotarkammer enthaltenen Voraussetzungen sein, da der Vorschlag in Zusammenarbeit mit den Verbänden der Kreditwirtschaft erarbeitet wurde.

[235] Als Beispiel für einen der Praxis nachgebildeten, bewusst fehlerhaften Treuhandauftrag vgl. *Amann/Brambring* S. 81 f.; vgl. ferner Beispiele bei *Schilling* S. 19 ff.; vgl. ferner den im Sachverhalt von BGH NJW 1997, 2104 geschilderten Treuhandauftrag.

Wichtigste und für die Bank unverzichtbare Treuhandauflage ist die „Sicherstellung" der **97**
ranggerechten Eintragung des **Finanzierungsgrundpfandrechtes.**[236] Ist die Bestellung
einer Finanzierungsgrundschuld – wie üblich – im Kaufvertrag bereits vorgesehen und
enthält der Kaufvertrag eine Finanzierungsvollmacht an den Käufer zu deren Bestellung, so
stehen Interessen des Verkäufers der Eintragung des Grundpfandrechtes noch vor Eigentumswechsel nicht entgegen.[237] Über die Sicherstellung hinaus auch die Eintragung des
Grundpfandrechtes als Treuhandauflage zu verlangen, ist nur dann zulässig, wenn sich
dadurch die Auszahlung voraussichtlich nicht verzögern wird (und wenn sich die Bank
zumindest für die voraussichtliche Zeitdauer bis zur Eintragung an ihren Treuhandauftrag
gebunden hält).

Unzulässig ist die Auflage hingegen, wenn die Verwahrung gerade zur Absicherung der
in der Eintragung der Finanzierungsgrundschuld liegenden Vorleistung gedacht ist.[238] Dann
kann der Schutz des Verkäufers gegen die in der Eintragung liegende Vorbelastung nur
erreicht werden, wenn zumindest ein bindender Treuhandauftrag der Bank vorliegt.

Dasselbe gilt auch für die **Sicherstellung der Rangverschaffung.** Denn die Lastenfrei- **98**
stellungserklärungen sind ohnehin zum Vollzug des Kaufvertrages erforderlich. Deren
Einholung kann zwar dauern; während dieser Zeit wäre der Treuhandauftrag der Bank frei
widerruflich und damit der Verkäufer nicht abgesichert. Der Formulierungsvorschlag der
Bundesnotarkammer löst dies dadurch, dass sich die Bank für eine bestimmte Frist an ihren
Treuhandauftrag bindet. Ist die Frist ausreichend bemessen, um die Erfüllung der einseitigen Treuhandauflagen der Bank zu ermöglichen – die Bundesnotarkammer schlägt idR
wenigstens zwei Monate Bindungsfrist vor, so ist dies eine angemessene Risikoverteilung.
Allerdings könnte im Lichte der BGH-Rechtsprechung eine Vertragsauslegung dahingehend vorzunehmen sein, dass die Einzahlung unter Auflage zwar die kaufvertragliche
Einzahlungspflicht erfüllt, aber eine allfällige Gegenleistung des Verkäufers (Besitzübergabe
etc) noch nicht verlangt werden kann, da dieser noch keine hinreichende Absicherung
hat.[239]

Der Vollzug der Rangverschaffung kann in aller Regel nicht verlangt werden; denn meist
ist dazu eine Ablösung vorrangiger dinglich Berechtigter erforderlich, für die Ablösesummen aus dem hinterlegten Kaufpreis zu verwenden sind.

b) Vollständige Einzahlung. Nach dem Formulierungsvorschlag der Bundesnotarkam- **99**
mer kann die Bank auch die **vollständige Einzahlung** („Hinterlegung") des Kaufpreises
verlangen.[240] Daran hat die finanzierende Bank ein Interesse, wenn sie nicht den vollständigen Kaufpreis finanziert, sondern ein Teil aus Eigenmitteln des Käufers gezahlt wird

---

[236] Vgl. Formulierungsvorschlag BNotK-Rundschreiben Nr. 5/99 vom 17.2.1999, Ziffer II, DNotZ 1999, 369 (370 f.).

[237] Der Verkäufer ist insoweit durch die Einschränkung des Sicherungszweckes der Grundschuld abgesichert. Die Sicherstellung der Eintragung (an nächstoffener Rangstelle) ist im Regelfall sehr frühzeitig gegeben, da die Eintragung idR unmittelbar nach Vertragsschluss zusammen mit der Eintragung der Auflassungsvormerkung für den Käufer beantragt wird. Insoweit ist die Treuhandauflage meist bei Einzahlung durch die Bank bereits erfüllt. Nach *Tönnies* MittRhNotK 1998, 173 setzt dies zusätzlich eine Verpflichtung des Verkäufers zur Mitwirkung bei der Finanzierung voraus, die jedenfalls zur Klarstellung ausdrücklich in den Vertrag aufgenommen werden sollte; abzuraten sei hingegen, die ranggerechte Eintragung der Finanzierungsgrundschuld bereits als kaufvertragliche Auszahlungsvoraussetzung vorzusehen, da sie wesentlich auch vom Verhalten des Käufers abhänge.

[238] → Rn. 15. Dies war der vom BGH zu entscheidende Sachverhalt in NJW 1997, 2104. Dort hatten die Kaufvertragsparteien die Eintragung des Grundpfandrechtes gerade von der vorherigen „unwiderruflichen" Einzahlung abhängig gemacht. Dann war eine Treuhandauflage der Bank natürlich unzulässig, die dieses Verhältnis auf den Kopf stellen wollte. Als problematisch sah der BGH auch weniger die Treuhandauflage als solche denn deren freie Widerruflichkeit an.

[239] Auch ohne Bindung zulässig ist die Auflage damit mE im Regelfall, wenn vor der Auszahlung keine nach dem Kaufvertrag abzusichernde Leistung des Verkäufers erfolgt, sondern die Abwicklung über Anderkonto etwa die Ablösung der Gläubiger bei Finanzierung durch mehrere Banken oder den freihändigen Verkauf nach Anordnung der Zwangsversteigerung absichern soll.

[240] Vgl. OLG Frankfurt a.M. BeckRS 2011, 20444: Ein Treuhandauftrag der finanzierenden Bank auf „Belegung" des ganzen Kaufpreises ist jedenfalls dann erfüllt, wenn auch der vom Käufer aus Eigenkapital

bzw. eine Finanzierung durch mehrere Kreditinstitute erfolgt.[241] Das Interesse des Verkäufers steht dem im Regelfall nicht entgegen – erst recht nicht, wenn der Kaufvertrag – wie häufig – die abzusichernde Gegenleistung des Verkäufers (zB die Besitzübergabe) ohnehin erst an die vollständige Einzahlung anknüpft. Anders ist dies nur in Sonderfällen, wie etwa bei kaufvertraglich vereinbarter Ratenzahlung.

100 **c) Sicherstellung der Eigentumsumschreibung.** In der Praxis verlangt die Bank häufig außerdem die **Einhaltung der kaufvertraglichen Auszahlungsvoraussetzungen;** zT auch unter der (missverständlichen und daher vom Notar klarzustellenden) Formulierung, dass die Eintragung des Käufers als neuer Eigentümer sichergestellt sein müsse,[242] teilweise auch unter ausdrücklicher Aufzählung einzelner diesbezüglicher Voraussetzungen. Eine derartige Auflage ist im Formulierungsvorschlag der Bundesnotarkammer nicht vorgesehen – auch nicht als Wahlmöglichkeit. Die Bank hat daran ein Interesse, da bis zum Eigentumsübergang nur die auf die Kaufpreiszahlung eingeschränkte Zweckvereinbarung für ihr Finanzierungsgrundpfandrecht gilt.[243] Den Verkäufer beeinträchtigt dies nicht in seinem Auszahlungsinteresse, da die Auszahlung gegenüber der kaufvertraglich vorgesehenen Auszahlungsbedingungen nicht verschoben wird. Beeinträchtigt ist er hingegen in seinem Sicherungsinteresse, falls diese Auflage einseitig erteilt wird: Ihm ist nicht zumutbar, dass dadurch das Geld bis zur Auszahlungsreife jederzeit einseitig von der Bank zurückverlangt werden könnte;[244] denn dann böte ihm das Notaranderkonto keinerlei Absicherung.

– Eine diesbezügliche einseitige Treuhandauflage ist daher allenfalls zulässig, wenn sich die Bank an ihren Treuhandauftrag für eine **lange Frist bindet,** binnen derer der Vertrag – auch bei Berücksichtigung gewisser Verzögerungen – aller Voraussicht nach vollzogen werden kann (also idR deutlich mehr als die sonst verlangten ca. zwei Monate).[245]

– Besser abgesichert ist der Verkäufer – und idR zulässig ist eine solche Treuhandauflage, wenn sich die Bank zumindest gegenüber dem Käufer daran bindet[246] oder wenn sie insoweit (mit Zustimmung der Kaufvertragsparteien) der kaufvertraglichen Verwahrungsanweisung **„beitritt".**[247] Dann kann sie zwar einen Widerruf oder eine Änderung ihrer

---

gezahlte Kaufpreisteil über das Notaranderkonto gezahlt wird, idR aber auch dann, wenn der Verkäufer dem Notar die Zahlung auch dieses Kaufpreisteils bestätigt.

[241] BNotK-Rundschreiben Nr. 5/99 vom 17.2.1999, Ziffer III 3. a), DNotZ 1999, 369 (376). *Amann/Brambring* S. 82, halten eine Treuhandauflage vollständiger Einzahlung für sachgerecht und aus Sicht der finanzierenden Bank sogar unverzichtbar. Die ranggerechte Eintragung der Finanzierungsgrundschuld setzt zwar ohnehin voraus, dass zumindest ein zur Ablösung aller vorrangigen Grundpfandrechtsgläubiger hinreichender Betrag verwahrt wird. Die volle Einzahlung sichert darüber hinaus, dass auch die Eigentumsumschreibung auf den Käufer, also den Darlehnsnehmer der Bank, erfolgen kann. Erst dann gilt die vom Darlehnsnehmer mit der Bank vereinbarte weite Sicherungsabrede und sind etwa auch die Darlehnszinsen abgesichert – ähnlich *Brambring* ZfIR 1999, 333 (334 f.).

[242] Vgl. BGH DNotZ 2004, 218 mAnm *Hertel* = RNotZ 2003, 402 mAnm *Kemp* = ZfIR 2003, 547 mAnm *Beining;* → Rn. 83 ff.

[243] Aufgrund der auf die Kaufpreiszahlung eingeschränkten Sicherungszweckabrede trägt die Bank etwa das Risiko einer Falschauszahlung durch den Notar. Vor allem aber sichert das Finanzierungsgrundpfandrecht erst nach Auszahlung vom Notaranderkonto bzw. Eigentumsübergang ihren Zinsanspruch (und damit sonstige von der weiten Zweckerklärung gegenüber dem Käufer als ihrem Darlehnsnehmer erfassten Ansprüche) – *Brambring* RWS-Forum 1998, 11 (20).

[244] Vgl. auch *Amann/Brambring* S. 71. Könnte die Bank aber auch insoweit einen einseitigen Treuhandauftrag erteilen, könnte sie diesen bis zum Vorliegen der kaufvertraglichen Auszahlungsvoraussetzungen einseitig widerrufen und Rückzahlung des Geldes verlangen; → Rn. 59 sowie → § 60 Rn. 8 ff.

[245] *Brambring* ZfIR 1999, 333 (335). Nach *Tönnies* MittRhNotK 1998, 173 kann auch für die Erfüllung der kaufvertraglichen Auszahlungsvoraussetzungen keinerlei Frist durch die Bank gesetzt werden.

[246] Vgl. Formulierungsmuster bei *Hertel* ZNotP 1998, Beilage 3/98, S. 18 = Frenz/*Hertel*, Neues Berufs- und Verfahrensrecht für Notare, Rn. 497; ebenso wohl *Tönnies* MittRhNotK 1998, 173. *Nieder/Otto* in Münchener Vertragshandbuch, Bd. 5 5. Aufl. 2003 Muster I.1. § 4 Abs. 8, S. 5, ließ hingegen in seinem Muster ausdrücklich nur die Eintragung des Finanzierungsgrundpfandrechtes als Treuhandauflage zu (anders seit *Nieder/Otto,* 6. Aufl. 2008).

[247] *Reithmann* DNotZ 2002, 247 (248); ders. WM 2002, 683 (684).

Treuhandauflage (nach Erfüllung ihrer Treuhandauflage hinsichtlich des Grundpfandrechtes) nicht darauf stützen, dass die kaufvertraglichen Auszahlungsvoraussetzungen noch nicht vorliegen. Jedoch kann sie verlangen, dass der Notar die kaufvertraglichen Auszahlungsvoraussetzungen auch ihr gegenüber beachtet (so dass er bei einem Verstoß auch der Bank gegenüber nach § 19 Abs. 1 BNotO haftet). Dann können die Auszahlungsvoraussetzungen von den Kaufvertragsparteien nicht mehr ohne Mitwirkung der Bank abgeändert, jedenfalls nicht erleichtert werden.

Soweit die Bank eine derartige Übernahme der kaufvertraglichen Auszahlungsvoraussetzungen als Treuhandauflage verlangt (oder eine „Sicherstellung" des Eigentumserwerbs ihres Darlehensnehmers), ist dies mE im Zweifel kaufvertragskonform als **insoweit bindende,** keine freie Abänderbarkeit begründende Treuhandauflage **auszulegen.**[248] Doch sollte dies der Notar vor Annahme des Treuhandauftrages unbedingt mit der Bank abklären! Außerdem ist zu prüfen, ob die Bank insoweit nur im Kaufvertrag auch vorgesehene Auszahlungsvoraussetzungen übernimmt und nicht etwa weitere, neue Voraussetzungen aufstellt. Deshalb empfiehlt sich eine eigenständige Formulierung durch die Bank zu vermeiden, sondern entweder die entsprechenden Auszahlungsvoraussetzungen des Kaufvertrages wörtlich zu wiederholen oder sie insgesamt zu übernehmen („Einhaltung der kaufvertraglichen Auszahlungsvoraussetzungen").[249]

Einen darüber hinaus allgemein unbefristet bindenden Treuhandauftrag lassen gewichtige Interessen der finanzierenden Bank nicht zu.[250] Ist eine Abwicklung innerhalb eines überschaubaren Zeitraumes nicht möglich, wird sich die finanzierende Bank daher einen Widerruf vorbehalten. Andererseits ist der Verkäufer nicht abgesichert, solange der Treuhandauftrag der Bank noch widerruflich ist. Eine beiden Interessen gemäße Lösung wird in einer **Bindung der Bank für die voraussichtliche Dauer der Erfüllung ihrer einseitigen Treuhandauflagen** (zuzüglich einer gewissen Sicherheitsmarge) liegen.[251] Da (mangels abweichender Regelung) als einseitige Treuhandauflage idR allein die ranggerechte Eintragung des Finanzierungsgrundpfandrechtes verlangt werden kann, ist dies dem Verkäufer auch zumutbar. Denn wenn die Rangverschaffung scheitert, etwa weil die Freistellungserklärungen nicht rechtzeitig eingehen, so liegt dies in seinem eigenen Risikobereich.

d) **Befristung.** Eine **Befristung des Treuhandauftrages** kann auf zwei verschiedene Arten zu verstehen sein:
– Entweder in dem eben dargestellten Sinn, dass sich die Bank bis zu dem genannten Termin an ihren Treuhandauftrag gebunden hält und sich lediglich nach Fristablauf einen freien Widerruf vorbehält **(Bindungsfrist).**[252]

---

[248] Die – in ihren allgemeinen Rechtsausführungen falsche – Entscheidung des KG DNotI-Report 1997, 230 lässt sich im Ergebnis auch darauf stützen, dass die Bank dort ihren Widerruf – nach Eintragung ihres Finanzierungsgrundpfandrechtes – auf die noch ausstehende Erfüllung der auch von ihr verlangten kaufvertraglichen Auszahlungsvoraussetzungen stützte. Insoweit hat das KG mE zurecht die Treuhandauflage der Bank als bindend ausgelegt.

[249] Vgl. Formulierungsvorschlag von *Hertel* ZNotP 1998, Beilage 3/98, S. 18/19; *Frenz/Hertel,* Neues Berufs- und Verfahrensrecht für Notare, Rn. 497.

[250] Denn die Einzahlung auf das Anderkonto sichert zwar ihr eingesetztes Kapital, nicht aber die für das Darlehn vom Käufer bereits geschuldeten Zinsen. Bankrechtlich ist bis zur Absicherung durch das Grundpfandrecht eine höhere Eigenkapitalquote zur Deckung des Kreditrisikos erforderlich. Aufgrund der eingeschränkten Sicherungsabrede sichert die Grundschuld aber bis zur vollständigen Kaufpreiszahlung an den Verkäufer der Bank nur, insoweit Gelder auf den Kaufpreis gezahlt wurden, also weder Zinsen noch andere Verbindlichkeiten des Käufers – vgl. *Brambring* RWS-Forum 1998, 11 (20); *Tönnies* MittRhNotK 1998, 173.

[251] So der Formulierungsvorschlag der Bundesnotarkammer DNotZ 1999, 369 (370 f.); vgl. LG Schwerin NotBZ 2007, 149 mAnm *Suppliet.* Zustimmend etwa auch *Weingärtner,* Verwahrungsgeschäft, Rn. 108h; *ders.,* Vermeidbare Fehler, Rn. 351.

[252] So der Formulierungsvorschlag der Bundesnotarkammer; ebenso Auslegung in BGH MittBayNot 1997, 285; ebenso *Brambring/Sandkühler/Starke* S. 145 f.; *Brambring* RWS-Forum 1998, 11 (21).

– Andererseits kann mit der Befristung auch eine **automatische Beendigung** des Treuhandauftrages bei Fristablauf ohne gesonderten Widerruf gemeint sein.[253] Von einer solchen automatischen Beendigung des Treuhandauftrages ist grundsätzlich abzuraten.[254] Wie dargestellt, erfordert in vielen Fällen das Sicherungsinteresse des Verkäufers eine Bindung jedenfalls für den zur „Sicherstellung" der ranggerechten Eintragung des Finanzierungsgrundpfandrechtes erforderlichen Abwicklungszeitraum. Eine Befristung ist daher im Zweifel vertragskonform dahingehend auszulegen, dass sich die Bank bis zum Fristende an ihren Treuhandauftrag gebunden hält.[255]

Jegliche Befristung ist hingegen unzulässig, falls der Kaufvertrag eine „unwiderrufliche" Einzahlung auf Anderkonto verlangt[256] – wozu die Bank aber idR nicht bereit sein wird. Ob auch für die Erfüllung der kaufvertraglichen Auszahlungsvoraussetzungen eine Bindungsfrist durch die Bank gesetzt werden darf, ist fraglich; jedenfalls muss die Frist sehr lang sein und auch evtl. Verzögerungen abdecken.[257]

103   7. **Rechtsfolgen einseitiger Treuhandauflagen.** +Solange noch einseitige Treuhandauflagen der Bank bestehen, verwahrt der Notar daher das Geld nur für die Bank.[258] Erst mit Erledigung der einseitigen Treuhandauflagen geht das Geld in die Verwahrung für die Kaufvertragsparteien über **(hintereinandergeschaltete Verwahrungsverhältnisse).** Soweit die Bank nach diesem Zeitpunkt noch die Einhaltung der kaufvertraglichen Auszahlungsvoraussetzungen auch ihr gegenüber verlangt, tritt sie der kaufvertraglichen (mehrseitigen) Verwahrung bei (Überlagerung verschiedener Verwahrungsverhältnisse).

Zivilrechtlich erfüllt eine Einzahlung unter zusätzlichen einseitigen Treuhandauflagen die **Einzahlungspflicht des Käufers** nach der Rechtsprechung des BGH im Zweifel nicht – bzw. nur dann, wenn sich die Bank für eine hinreichende Bindungsfrist an ihren Treuhandauftrag bindet.[259] Ein Empfang des **Darlehns** iSd § 607 Abs. 1 BGB aF bzw. dessen Zurverfügungstellung iSd § 488 Abs. 1 BGB liegt erst vor, wenn einseitige Treuhandauflagen zum Schutz der Bank erfüllt sind.[260] Beide Zeitpunkte können auseinanderfallen.

III. Treuhandauflagen abzulösender Grundpfandgläubiger

104   Erteilen abzulösende Grundpfandrechtsgläubiger (oder sonstige Drittberechtigte) Treuhandauflagen, wonach von den zu treuen Händen des Notars übersandten Löschungsbewilligungen etc nur gegen Zahlung eines bestimmten Betrages Gebrauch gemacht werden darf, so muss der Notar nach Abs. 6 iVm Abs. 3 vor allem prüfen, ob alle verlangten Ablösebeträge **zusammen aus dem Kaufpreis erfüllt** werden können (und nicht etwa den Kaufpreis übersteigen). Problematisch ist dies, wenn Tageszinsen verlangt werden und sich die Abwicklung über einen längeren Zeitraum hinzieht.

105   Ablehnen muss der Notar Treuhandauflagen, durch die er zur einseitigen Durchsetzung des Anspruchs eines Beteiligten missbraucht werden soll (§ 14 Abs. 2 BNotO), so etwa

---

[253] Vgl. OLG Hamm DNotZ 1996, 384 mAnm *Preuß*; *Amann/Brambring* S. 76 ff.
[254] Denn der Treuhandauftrag ist bei automatischer Befristung selbst dann beendet (und muss ggf. neu erteilt werden), wenn die Voraussetzungen nach Fristablauf doch noch eingetreten sind – *Brambring* DNotZ 1990, 615 (643); *Haug* Rn. 708; *Weingärtner*, Verwahrungsgeschäft, Rn. 191 = NotBZ 1998, 127 (128).
[255] Jedenfalls wenn der Bank das Sicherungsinteresse des Verkäufers bekannt ist (etwa aufgrund einer ihr vorliegenden Abschrift des Kaufvertrages).
[256] Vgl. BGH NJW 1997, 2104. Dies generell im Kaufvertrag vorzusehen, ginge aber über das Sicherungsinteresse des Verkäufers hinaus; *Tönnies* MittRhNotK 1998, 173. Demgegenüber plädiert *Karlowski* NotBZ 1998, 225; *ders.* NotBZ 2002, 133 generell für unbefristete Treuhandaufträge der Bank.
[257] → Rn. 100. Für eine unbefristete Bindung der Bank spricht sich insoweit auch *Tönnies* aus (MittRhNotK 1998, 173).
[258] → Rn. 64 ff.
[259] → Rn. 87 ff.
[260] → BNotO § 23 Rn. 25.

Treuhandauflagen über die Zahlung einer Gebühr für die **Verwalterzustimmung nach § 12 WEG**[261] oder über die Abgabe eines Einverständnisses des Grundstücksverkäufers mit der von der abzulösenden Bank verlangten Höhe der **Vorfälligkeitsentschädigung**.[262]

Entsprechend der Rechtsprechung zu Treuhandauflagen der finanzierenden Bank sind auch die Treuhandauflagen der abzulösenden Grundpfandrechtsgläubiger einseitig und bis zur Erledigung **frei widerruflich**.[263] Um Störungen des Vertragsvollzuges auszuschließen, vertrat die Literatur hingegen bisher überwiegend eine Bindung an den erteilten Treuhandauftrag. Es ist aber kein Grund ersichtlich, die abzulösenden Gläubiger anders zu behandeln als die finanzierende Bank. § 53c Abs. 1 ist analog anzuwenden; hieraus kann sich im Einzelfall ausnahmsweise ein Ausschluss des Widerrufes ergeben, wenn schutzwürdige Interessen Dritter entgegenstehen – insbesondere wenn für den abzulösenden Gläubiger bei Erteilung seines Treuhandauftrages erkennbar bereits mit der Vertragsabwicklung begonnen wurde.[264]

Alle Ablösungsbeträge sollten **auf einmal ausgezahlt** werden. Ansonsten könnte ein späterer Widerruf eines abzulösenden Gläubigers, dessen Auflage noch nicht erfüllt wurde, den Vollzug des Vertrages nachträglich unmöglich machen. Eine Ablösung kann daher erst erfolgen, wenn alle Treuhandauflagen vorliegen und die Erfüllung aller Auflagen aus dem auf Anderkonto eingezahlten Kaufpreisteil möglich ist.[265]

Wurde die Verwendung einer Löschungsbewilligung „**Zug um Zug**" von der Zahlung einer Ablösung abhängig gemacht, ist zwar nicht unbedingt am selben Tag, aber doch „unverzüglich" auszuzahlen.[266]

---

[261] Vgl. Gutachten DNotI-Report 1997, 209 (212).

[262] Denn das Kreditinstitut kann zwar Zahlung der verlangten Summe verlangen, nicht aber, dass der Darlehensnehmer auf eine spätere (gerichtliche) Nachprüfung der Summe verzichtet. Vgl. Amann/Brambring/*Hertel*, Vertragspraxis nach neuem Schuldrecht, S. 391 ff.; ebenso DNotI-Gutachten, Fax-Abruf-Nr. 1107 vom 24.9.1998 zur (im Ergebnis identischen) Rechtslage vor Inkrafttreten des § 490 Abs. 2 BGB. Auch Armbrüster/Preuß/Renner/*Renner* BeurkG § 57 Rn. 109 sieht darin die Gefahr, dass der Notar seine Neutralitätspflicht zugunsten des Kreditnehmers verletzt. Er empfiehlt deshalb, entweder die Einverständniserklärung an das Kreditinstitut zurückzuschicken mit der Bitte, eine Klärung unmittelbar mit dem Kreditnehmer herbeizuführen und dann dem Notar einen neuen Treuhandauftrag zu erteilen, der sich auf die Ableseforderung beschränkt (oder die Erklärung an den Kreditnehmer mit dem Hinweis weiterzuleiten, dass der Notar Höhe und Berechtigung der Abläseforderung nicht zu prüfen vermag).

[263] Armbrüster/Preuß/Renner/*Renner* BeurkG § 60 Rn. 57 ff.; Arndt/Lerch/Sandkühler/*Sandkühler* BNotO § 23 Rn. 18; *Schilling* S. 95; *Schilling* ZNotP 2004, 138; *Winkler* BeurkG § 60 Rn. 59; aA LG Köln DNotI-Report 1998, 97; *Bräu* Rn. 130; *Dornis* S. 105 f.; *Kawohl* Rn. 146 ff.; *König* S. 67; *Preuß* S. 112; *Reithmann*, Vorsorgende Rechtspflege, S. 212; Schippel/Bracker/*Reithmann*, 8. Aufl. 2006, BNotO § 23 Rn. 41 ff.

[264] → § 60 Rn. 6 ff.

[265] → Rn. 45; Muster einer fehlerhaften Treuhandanweisung und des Antwortschreibens des Notars bei Amann/Brambring S. 82, 85.

[266] Jedenfalls genügt Anweisung an die Bank an dem auf die Einreichung beim Grundbuchamt folgenden Arbeitstag (einem entschiedenen Fall auch drei Tage nach Antragstellung beim Grundbuchamt) – OLG Celle Nds. Rpfl. 1997, 47 (48, 49); vgl. auch Erlass des Nds. Justizministeriums v. 16.5.1997, in: Notarkammer Celle, Rundschreiben Nr. 2/97, S. 14 ff.; *Weingärtner*, Verwahrungsgeschäft, Rn. 156; Weingärtner/*Schöttler*, 7. Aufl. 1995, DONot Rn. 148n. *Schilling* S. 92 hält eine Treuhandauflage zur Verwendung der Grundbucherklärung nur „Zug um Zug" gegen Auszahlung für unzulässig, da keine Zug um Zug-Abwicklung im Wortsinn möglich ist. Zur „Sicherstellung" der Zahlung ist nicht Auszahlungsreife erforderlich, sondern lediglich Einzahlung und Sicherstellung des Vertragsvollzuges (insbes. Antragstellung beim Grundbuchamt, Vorliegen sämtlicher Eintragungsvoraussetzungen etc) und die – mit diesem Zeitpunkt aber regelmäßig gegebene Bindung der Kaufvertragsparteien an die erteilte Verwahrungsanweisung auch gegenüber dem abzulösenden Gläubiger, OLG Celle Nds. Rpfl. 1997, 226. Lautet die Treuhandauflage auf Löschung nur „gegen Zahlung" eines bestimmten Ablösungsbetrages, so ist strittig, ob die Zahlung Zug-um-Zug erfolgen muss oder bloße Sicherstellung der Zahlung durch bindend erfolgte Einzahlung auf Anderkonto genügt.

F. Pflichten des Notars nach dem Geldwäschegesetz

I. Rechtsgrundlage, Anwendungsbereich und Übersicht über die Sorgfaltspflichten (§§ 2, 10 GwG)

109 Seit der Änderung des Geldwäschegesetzes durch das **Geldwäschebekämpfungsgesetz** im Jahr 2002[267] sind auch **Notare** und andere rechtsberatende Berufe in dessen Anwendungsbereich einbezogen.[268] Nach zwei zwischenzeitlichen Neufassungen aus den Jahren 2008[269] und 2011[270] gilt jetzt eine Neufassung aus dem Jahr 2017 (GwG 2017) mit Änderungen aus dem Jahr 2019.[271] Das deutsche Geldwäschegesetz setzt entsprechende europarechtliche Grundlagen um, denen ihrerseits internationale Standards zugrunde liegen, die die von der OECD eingesetzte Financial Action Task Force on Money Laundering (FATF) gesetzt hat.

Die **Bundesnotarkammer** gab in Abstimmung mit den zuständigen Ministerien und dem Bundeskriminalamt (BKA) erstmals mit ihrem Rundschreiben Nr. 48/2003 Anwendungsempfehlungen zum Geldwäschegesetz heraus.[272] Nach jeder Neufassung des Geldwäschegesetzes wurden diese Anwendungsempfehlungen überarbeitet.[273] Die früheren Anwendungsempfehlungen sind durch die Neufassung des Geldwäschegesetzes 2017 überholt. Aktuell sind derzeit noch die **Anwendungsempfehlungen zum Geldwäschegesetz 2017** (nachstehend als „Anwendungsempfehlungen GwG 2017" bezeichnet – Stand März 2018), die aber wegen der Änderung des GwG in Kürze ersetzt werden sollen.[274] Rechtsqualität erhalten die Anwendungsempfehlungen, soweit sie vom jeweiligen Landgerichtspräsidenten für die Notare seines Landgerichtsbezirks genehmigt wurden (§ 50 Abs. 8 GwG), was für alle Landgerichtsbezirke in Deutschland zutreffen dürfte.

110 Jegliche notarielle Verwahrung von Geld auf **Notaranderkonto** nach § 23 BNotO fällt in den **Anwendungsbereich** des Geldwäschegesetzes. Dabei kann letztlich dahinstehen, ob man die Anwendung auf § 2 Abs. 1 Nr. 10 lit. a sublit. bb GwG stützt („Verwaltung von Geld, Wertpapieren oder sonstigen Vermögenswerten") – was wohl näherliegt – oder auf lit. a sublit. cc („Eröffnung oder Verwaltung von Bank-, Spar- oder Wertpapierkonten"). Dabei spielt keine Rolle, welcher Art von Rechtsgeschäft die Verwahrung dient (also ob sie im Zusammenhang mit einem „Kauf und Verkauf von Immobilien und Gewerbebetrieben", § 2 Abs. 1 Nr. 10 lit. a sublit. aa GwG, oder einer Gesellschaftsgründung, § 2 Abs. 1 Nr. 10 lit. a sublit. dd GwG, erfolgt). Auch spielt die Höhe des verwahrten Betrages keine Rolle (anders als man nach § 10 Abs. 3 Nr. 2 lit. b GwG vermuten könnte). Denn in dem jeweiligen Amtsgeschäft liegt die „Begründung einer Geschäftsbeziehung" iSd § 10

---

[267] BGBl. 2002 I 3105. Das Geldwäschebekämpfungsgesetz diente der Umsetzung der EG-Richtlinie 2001/97/EG vom 4.12.2001 zur Änderung der Geldwäsche-Richtlinie 91/308/EWG (ABl. 2001 L 344, 76 = NJW 2002, 804; ursprüngliche Richtlinie: ABl. 1991 L 166, 77). Zugleich wurde mit dem Geldwäschebekämpfungsgesetz anderen internationalen Vorgaben Rechnung getragen, insbesondere der von der OECD eingesetzten *Financial Action Task Force on Money Laundering* (FATF).
[268] Vor 2002 bestanden lediglich mittelbare Auskunftspflichten der Notare. Denn bei der Eröffnung von Notaranderkonten musste die Bank auch nach früherem Recht den Notar nach Namen und Anschrift der Beteiligten als der wirtschaftlich Berechtigten fragen (vgl. Gutachten DNotI-Report 2004, 51).
[269] Geldwäschebekämpfungsergänzungsgesetz vom 11.8.2008, BGBl. I 1690.
[270] Gesetz zur Optimierung der Geldwäscheprävention vom 1.12.2011, BGBl. I 2959.
[271] Geldwäschegesetz vom 23.6.2017, BGBl. I 1822, zuletzt geändert durch Art. 1 des Gesetzes vom 12.12.2019, BGBl. I 2602.
[272] BNotK-Rundschreiben Nr. 48/2003 vom 19.11.2003. Das Rundschreiben ersetzte die früheren BNotK-Rundschreiben Nr. 5/1996 und Nr. 24/1998, die die Rechtslage vor Inkrafttreten des Geldwäschebekämpfungsgesetzes betrafen, sowie das BNotK-Rundschreiben Nr. 23/2002, das nur der vorläufigen Information zur neuen Rechtslage diente.
[273] BNotK-Rundschreiben Nr. 16/2012. Erste Hinweise zum Inkrafttreten des neuen Geldwäschegesetzes hatte bereits das BNotK-Rundschreiben Nr. 28/2008 vom 20.10.2008 gegeben.
[274] Im Internet auf der Homepage der BNotK: www.bnotk.de/_downloads/Anwendungsempfehlungen/Anwendungsempfehlungen_zum_Geldwaeschegesetz_BNotK.pdf.

Abs. 3 GwG, so dass (jedenfalls) die allgemeinen Sorgfaltspflichten zu erfüllen sind. Die Pflichten nach dem GwG sollten auch bei der Verwahrung sonstiger Kostbarkeiten nach § 62 berücksichtigt werden.[275]

Dabei unterliegt das Anderkonto von der Art des Amtsgeschäfts her einer höheren Geldwäschegefahr als andere Amtsgeschäfte. Denn nur hier ist der Notar unmittelbar in den Geldfluss eingebunden. Oder, wie es in den Anwendungsempfehlungen der BNotK heißt: **110a**

*„Da Anderkonten dazu dienen können, die wahre Mittelherkunft zu verschleiern, muss der Notar **besondere Sensibilität** für Anhaltspunkte auf Geldwäsche im Zusammenhang mit der Verwahrung entwickeln."*[276]

Neu am Geldwäschegesetz 2017 ist der sog. **„risikobasierte Ansatz"** (auch wenn dieser in Ansätzen schon in §§ 5, 6 GwG idF aus dem Jahr 2008 enthalten war).[277] Bisher galten die Pflichten des Geldwäschegesetzes grds. für alle geregelten Fälle gleichermaßen. Jetzt muss der nach dem GwG Verpflichtete, also auch der Notar, zum einen eine allgemeine Risikoanalyse für die Struktur seines Notaramtes durchführen (§ 5 GwG),[278] zum anderen eine **konkrete Risikobewertung** des jeweiligen Amtsgeschäfts, um jeweils angemessene Maßnahmen zur Erfüllung seiner allgemeinen Sorgfaltspflichten zu treffen (§ 10 Abs. 2 GwG) bzw. bei einem höheren Risiko auch verstärkte Sorgfaltspflichten zu erfüllen (§ 15 GwG). Die Vornahme und das Ergebnis der konkreten Risikobewertung sind beim jeweiligen Amtsgeschäft zu vermerken. **110b**

Die **allgemeinen Sorgfaltspflichten** des § 10 GwG treffen den Notar bei jedem Amtsgeschäft im Geltungsbereich des Geldwäschegesetzes: **110c**
– Insbes. muss der Notar die formell (Urkunds- oder Verwahrungs-)Beteiligten **identifizieren** (§ 10 Abs. 1 Nr. 1 iVm §§ 11 bis 13 GwG).
– Ebenso muss er den **wirtschaftlich Beteiligten** feststellen (§ 10 Abs. 1 Nr. 2 iVm §§ 11 bis 13 GwG).
– Beim Notaranderkonto muss er jedenfalls die ihm erkennbare **Herkunft und Ziel der Gelder** prüfen (§ 10 Abs. 1 Nr. 3 und Nr. 5 lit. b GwG). Dies ist neu im GwG 2017 – oder jedenfalls jetzt stärker herausgehoben (da bisher insoweit jedenfalls § 14 Abs. 2 BNotO, § 61 BeurkG galt).

Diese allgemeinen Sorgfaltspflichten gelten dem Grunde nach unabhängig von der Höhe des Risikos des jeweiligen Amtsgeschäfts. Jedoch kann, vor allem bei den allgemeinen Sorgfaltspflichten des § 10 Abs. 1 Nr. 3 bis Nr. 5 GwG, je nach Risiko eine unterschiedliche Intensität der Sorgfalt gefordert sein.

Besteht beim konkreten Amtsgeschäft ein höheres Risiko, so muss der Notar **verstärkte Sorgfaltspflichten** einhalten (§ 15 GwG). **110d**

Die im Rahmen seiner Verpflichtungen nach GwG erhobenen Angaben und eingeholten Information muss der Notar **aufzeichnen** (zB durch Ausweiskopie bzw. Vermerk) und (mindestens) fünf Jahre aufbewahren (§ 8 GwG). **110e**

Bei Geldwäscheverdacht muss der Notar dies an die Zentralstelle für Finanztransaktionsuntersuchungen melden (nicht – wie früher – an die Bundesnotarkammer) (§§ 43 ff. GwG). **110f**

II. Identifizierung der formell Beteiligten (§ 10 Abs. 1 Nr. 1 GwG)

1. Zu identifizierende Personen. Bei den Identifizierungspflichten hat sich durch das GwG 2017 inhaltlich wenig gegenüber der bisherigen Gesetzesfassung geändert. Die Identifizierung muss bei jeder Verwahrung auf Notaranderkonto erfolgen (und bei jeder anderen unter § 2 Abs. 1 Nr. 10 GwG fallenden Amtstätigkeit). **111**

---

[275] BNotK, Anwendungsempfehlungen GwG 2017, Teil C, S. 8.
[276] BNotK, Anwendungsempfehlungen GwG 2017, Teil E VIII, S. 22.
[277] RegE zum Geldwäschebekämpfungsergänzungsgesetz 2008, BT-Drs. 16/9038, 35.
[278] Vgl. das Muster der BNotK, Anwendungsempfehlungen GwG 2017, Anlage, S. 25 ff.

111a	Nach § 10 Abs. 1 Nr. 1 GwG muss der Geldwäscheverpflichtete seinen „Vertragspartner" identifizieren. Im öffentlich-rechtlichen Beurkundungs- oder Verwahrungsverfahren gibt es keinen „Vertragspartner" im zivilrechtlichen Sinn; abzustellen ist auf den **formell Beteiligten** iSd § 6 Abs. 2 BeurkG.[279]
111b	Handelt ein Vertreter, so muss **nur der Vertreter** identifiziert werden, nicht der Vertretene. Eine juristische Person muss der Notar daher nie nach § 10 Abs. 1 Nr. 1 GwG identifizieren.[280] Die vertretene natürliche Person bzw. die hinter der vertretenen Gesellschaft stehenden Gesellschafter mit mindestens 25 % Kapitalanteil sind aber wirtschaftlich Berechtigte und damit nach § 10 Abs. 1 Nr. 2 GwG festzustellen.[281] (Die vertretene juristische Person ist auch nicht wirtschaftlich Berechtigte, sondern die hinter ihr stehenden Gesellschafter.)
112	**2. Durchführung der Identifizierung (§§ 11 bis 13 GwG).** Bei einer natürlichen Person muss der Notar zur **Identifizierung** deren Vor- und Nachamen, Geburtsort, Geburtsdatum, Staatsangehörigkeit und Wohnanschrift ermitteln (§ 11 Abs. 4 Nr. 1 GwG). Mit Ausnahme des **Geburtsortes** sind diese Angaben idR schon in der Feststellung zur Person der Beteiligten im Urkundseingang nach § 10 BeurkG, § 26 DONot enthalten.
112a	Auch beim **Geschäftsführer einer GmbH** (oder bei einem sonstigen Vertreter einer juristischen Person) muss daher nach GwG die Wohnanschrift festgestellt und dokumentiert werden (jedenfalls durch Ausweiskopie in den Nebenakten), auch wenn in der Urkunde selbst nur die Geschäftsanschrift angegeben wird (was für § 10 BeurkG genügt).
113	Zur **Überprüfung** der Identität muss sich der Notar grds. einen gültigen amtlichen Ausweis vorlegen lassen, der ein Lichtbild des Ausweisinhabers enthält und mit dem die Pass- und Ausweispflicht im Inland erfüllt wird (§ 12 Abs. 1 Nr. 1 GwG), dh grundsätzlich einen **gültigen Reisepass oder – bei EU- oder EWS-Bürgern – auch einen Personalausweis.** Der Personalausweis genügt jedoch grds. nur bei EU-Bürgern oder Staatsangehörigen anderer EWR-Staaten (Island, Liechtenstein, Norwegen); für alle anderen Staatsangehörigen muss grds. der Pass vorgelegt werden.[282]
113a	Dies geht über die Anforderungen nach § 10 BeurkG hinaus. Während nach § 10 etwa auch ein Führerschein oder ein abgelaufener amtlicher Ausweis genügen kann, wenn über die Identität trotz Ablaufs der Gültigkeitsdauer keine Zweifel bestehen,[283] genügt dies für die Identifizierung nach Geldwäschegesetz nicht (§ 12 Abs. 1 Nr. 1 GwG). Nur wenn im Einzelfall nur ein geringes Risiko der Geldwäsche besteht, kann der Notar zur Überprüfung der Identität auch andere Dokumente genügen lassen (§ 14 Abs. 2 S. 1 Nr. 2 GwG), zB einen abgelaufenen Ausweis.[284]
113b	Anstelle von Reisepass oder Personalausweis genügt auch ein amtlicher Pass- oder **Ausweisersatz,** etwa ein Passersatz nach §§ 3, 4 AufenthG, oder eine Bescheinigung über die Aufenthaltsgestattung nach § 64 Asylverfahrensgesetz – beides aber nur dann, wenn nach dem Inhalt des Dokuments die Personalangaben nicht lediglich auf den eigenen Angaben des Ausweisinhabers beruhen (sondern der Ausstellungsbehörde anderweitig nachgewiesen wurden).[285]
113c	Aus dem Reisepass kann man die Wohnanschrift nicht entnehmen (ebenso wenig teilweise aus Personalausweisen mancher EU-Mitgliedstaaten). Dennoch genügt der Reisepass in jedem Fall zur Identifizierung nach § 12 Abs. 1 Nr. 1 GwG. (Ebenso wenig erfordert das GwG einen zusätzlichen Nachweis des Wohnsitzes, wenn der Personalausweis noch eine alte Adressangabe enthält.)

---

[279] BNotK, Anwendungsempfehlungen GwG 2017, Teil E II, S. 14.
[280] BNotK, Anwendungsempfehlungen GwG 2017, Teil E II, S. 15.
[281] BNotK, Anwendungsempfehlungen GwG 2017, Teil E II 1, S. 14.
[282] BNotK, Anwendungsempfehlungen GwG 2017, Teil E II 2, S. 15.
[283] OLG Frankfurt a. M. DNotZ 1989, 640; *Kanzleiter* DNotZ 1970, 858; *Winkler* BeurkG § 10 Rn. 10.
[284] BNotK, Anwendungsempfehlungen GwG 2017, Teil E II 2, S. 16.
[285] BNotK, Anwendungsempfehlungen GwG 2017, Teil E II 2, S. 16.

Die gesetzliche Regelung zur Identifizierung einer **juristischen Person** oder einer 114
Personengesellschaft nach § 11 Abs. 4 Nr. 2 GwG sind in der notariellen Praxis nie
unmittelbar anwendbar, da eine juristische Person weder formell Beteiligte iSd § 6 Abs. 2
BeurkG noch wirtschaftlich Berechtigte iSd § 10 Abs. 1 Nr. 2 GwG sein kann. Die
Regelungen spielen für Notare nur indirekt zur Bestimmung der hinter der Gesellschaft
stehenden natürlichen Personen als wirtschaftlich Berechtigte eine Rolle.[286]

3. Frühere Identifizierung (§ 11 Abs. 3 GwG). Nach § 11 Abs. 3 GwG kann von 115
einer Identifizierung abgesehen werden, wenn der zu Identifizierende bereits früher nach
dem Geldwäschegesetz identifiziert wurde. Erforderlich ist aber, dass die **frühere Identifizierung ebenfalls nach Maßgabe des Geldwäschegesetzes** erfolgte;[287] eine frühere
Personalienfeststellung nur nach § 10 BeurkG oder persönliche Bekanntheit des Notars
genügt daher grds. nicht. (Besteht allerdings nur ein geringes Risiko der Geldwäsche, so
kann der Notar die Überprüfung der Identität nach § 14 Abs. 2 S. 1 Nr. 2 GwG „auf der
Grundlage von sonstigen Dokumenten, Daten oder Informationen durchführen, die von
einer glaubwürdigen und unabhängigen Quelle stammen und für die Überprüfung geeignet
sind".[288])

Die frühere Identifizierung muss nicht notwendig durch den beurkundenden Notar selbst
erfolgt sein. Es genügt, wenn ein **Amtsvorgänger** des Notars oder Notariatsverwalters
oder der vom Notarvertretene vertretene Notar (oder einer von dessen Amtsvorgängern)
eine Identifizierung nach Geldwäschegesetz vorgenommen hat[289] (und der Beteiligte dem
Notar oder einem Mitarbeiter persönlich bekannt ist).

4. Zeitpunkt der Identifizierung. Die Identifizierung hat grundsätzlich zu Beginn der 116
Amtshandlung des Notars zu erfolgen, dh spätestens bei der Beurkundung bzw. vor der
Annahme der Verwahrungsanweisung. Verweigern die Beteiligten die Mitwirkung bei der
Identifikation, kann der Notar die Amtshandlung gleichwohl vornehmen (§ 10 Abs. 9 S. 3
GwG). Jedoch ist er umgekehrt auch berechtigt, die Amtshandlung zu verweigern und
Abschriften und Ausfertigungen solange zurückzuhalten, bis ihm eine hinreichende Identifizierung möglich ist. Im Rahmen seiner Entscheidung kann der Notar insbes. differenzieren, ob sich jemand nachhaltig weigert oder ob die Beteiligten grds. zur Identifizierung
nach § 10 BeurkG ausreichende Ausweispapiere vorgelegt haben (zB einen Führerschein
oder einen erst kürzlich abgelaufenen Personalausweis).[290] Letzterenfalls ist auch die Durchführung einer Verwahrung auf Notaranderkonto gut vertretbar; bei völlig fehlender Identifizierung ist davon dringend abzuraten. Fehlt hingegen die Eigentums- und Kontrollstruktur (oder der Auszug aus dem Transparenzregister) für eine beteiligte Gesellschaft und
handelt es sich um einen Erwerbsvorgang iSd § 1 GrEStG, so darf der Notar nicht beurkunden (§ 10 Abs. 9 S. 4 GwG).

III. Identifizierung des wirtschaftlich Berechtigten (§ 10 Abs. 1 Nr. 2 GwG)

Neben der Identifizierung des formell Beteiligten muss der Notar abklären, ob dieser für 117
einen **wirtschaftlich Berechtigten** handelt (§ 10 Abs. 1 Nr. 2 GwG), und, soweit dies
der Fall ist, den wirtschaftlich Berechtigten nach Maßgabe des (flexibleren) § 11 Abs. 5
GwG identifizieren.

Eine ausdrückliche **Frage** ist entbehrlich, soweit anderweitig bereits zur Überzeugung
des Notars feststeht, dass die Beteiligten für eigene Rechnung handeln (etwa wenn dem
Notar aufgrund der Vorbesprechung oder der Beurkundungsverhandlung bekannt ist, dass
die Erwerber das Haus zur eigenen Wohnnutzung oder zur Vermietung erwerben wollen).

---

[286] BNotK, Anwendungsempfehlungen GwG 2017, Teil E II 1, S. 15.
[287] BNotK, Anwendungsempfehlungen GwG 2017, Teil E II 2, S. 16.
[288] BNotK, Anwendungsempfehlungen GwG 2017, Teil E II 2, S. 16.
[289] BNotK, Anwendungsempfehlungen GwG 2017, Teil E II 2, S. 16.
[290] BNotK, Anwendungsempfehlungen GwG 2017, Teil E VII 2, S. 21.

In der notariellen Praxis dürfte meist auch ohne ausdrückliche Frage feststehen, ob die Beteiligten für eigene oder für fremde Rechnung handeln.

118 **Wirtschaftlich Berechtigter** ist nach der Legaldefinition des § 3 Abs. 1 GwG „die natürliche Person, in deren Eigentum oder unter deren Kontrolle der Vertragspartner letztlich steht,‚‚ (Nr. 1) oder „die natürliche Person, auf deren Veranlassung eine Transaktion letztlich durchgeführt oder eine Geschäftsbeziehung letztlich begründet wird" (Nr. 2). Dies entspricht der bisherigen Definition.

119 Handelt ein **Vertreter für eine natürliche Person,** so ist der Vertretene lediglich wirtschaftlich Berechtigter. Der Vertretene muss daher nicht durch amtlichen Lichtbildausweis (§ 12 GwG) identifiziert werden, sondern zur Feststellung der Identität nach § 11 Abs. 5 GWG genügt die Angabe der ohnehin schon beurkundungsrechtlich zur Feststellung des Vertretenen erforderlichen Daten, also Name, Geburtsdatum und Anschrift.[291] Gegenüber den Daten für die Identifizierung nach § 11 Abs. 4 Nr. 1 GwG fehlen bei den Angaben zum Vertretenen in der Urkunde idR Staatsangehörigkeit und Geburtsort. Diese werden jedoch typischerweise entweder vorab bei Beurkundung der vorgelegten Vollmacht oder nachträglich bei der Unterschriftsbeglaubigung für die Nachgenehmigung erhoben; dies muss genügen. Eine weitere Überprüfung der Daten des Vertretenen ist idR nicht erforderlich. Denn idR werden die Personalien des Vertretenen entweder bei der Erteilung einer Vollmacht oder der Nachgenehmigung zumindest im Rahmen einer Unterschriftsbeglaubigung durch einen Notar geprüft.[292]

120 Ist eine **juristische Person** oder Personengesellschaft an der Beurkundung oder Verwahrung (materiell) beteiligt, so sind wirtschaftlich Berechtigte die natürlichen Personen, die unmittelbar oder mittelbar mehr als 25 % der Kapitalanteile halten oder auf vergleichbare Weise Kontrolle ausüben (§ 3 Abs. 2 GwG). Andernfalls gilt der Geschäftsführer der Gesellschaft als wirtschaftlich Berechtigter (§ 3 Abs. 2 S. 5 GwG).

120a Bei Beteiligung von Gesellschaften muss der Notar sich von der jeweiligen Gesellschaft vor der Beurkundung eine Darstellung der Eigentums- und Kontrollstruktur geben lassen sowie (aber nur, wenn er bisher keine Beurkundungen unter Beteiligung dieser Gesellschaft durchgeführt hat) einen Auszug aus dem Transparenzregister abrufen. Bei mehrstufigen Gesellschaften ist dies für alle Ebenen erforderlich (zB bei einer GmbH & Co. KG sowohl für die KG wie für die GmbH). Gesellschafterliste (bei einer GmbH) bzw. Handelsregisterauszug (bei einer Personengesellschaft) allein reichen nicht, da bei der GmbH die Richtigkeit der Liste und das Fehlen von Treuhandverhältnissen bzw. Stimmbindung von der GmbH zu bestätigen ist und da bei einer Personengesellschaft sich die Beteiligungs- sowie Stimmrechtsverhältnisse nicht aus dem Register entnehmen lassen. Solange diese Unterlagen nicht vorliegen, darf der Notar noch nicht beurkunden (§ 10 Abs. 9 S. 4 GwG – Ordnungswidrigkeit nach § 56 GwG, aber kein Unwirksamkeitsgrund). Auch diese Unterlagen sind zu den Nebenakten zu nehmen (wobei sich eine alphabetische Ablage für alle Gesellschaften empfiehlt, um die Unterlagen bei der nächsten Beurkundung mit derselben Gesellschaft schnell wieder zur Hand zu haben).[293]

IV. Weitere allgemeine Sorgfaltspflichten (§ 10 Abs. 1 Nr. 3 bis Nr. 5 GwG)

121 § 10 Abs. 1 enthält drei weitere allgemeine Sorgfaltspflichten, die aber in der notariellen Praxis nur eine geringe Rolle spielen:
– Informationen zu **Art und Zweck des Amtsgeschäfts** ergeben sich regelmäßig bereits aus der Urkunde und den Angaben der Beteiligten zur Vorbereitung der Urkunde.[294]

---

[291] BNotK, Anwendungsempfehlungen GwG 2017, Teil E III, S. 17.
[292] BNotK, Rundschreiben Nr. 16/2012, C. II. 2. a), S. 14 f.
[293] Vgl. im Einzelnen die Arbeitshilfen der BNotK zum GwG im internen Bereich der BNotK-Homepage.
[294] BNotK, Anwendungsempfehlungen GwG 2017, Teil E IV, S. 19.

– Zur Feststellung, ob es sich bei einem Urkundsbeteiligten oder dem wirtschaftlich Berechtigten um eine politisch exponierte Person (iSd § 1 Abs. 12 GwG = Regierungs- oder Parlamentsmitglied, Mitglieder von obersten Gerichtshöfen, der Zentralbank, Botschafter uÄ) handelt (§ 10 Abs. 1 Nr. 4 GwG), ist der Notar (außer seiner Zeitungslektüre und ggf. Internetrecherche) auf die Angaben der Beteiligten angewiesen.
– Eine Überwachung iSd § 10 Abs. 1 Nr. 5 GwG ist nur im Zeitraum zwischen der Anmeldung eines Amtsgeschäfts und dessen Vollzug möglich und erforderlich.[295]

Allerdings spielt die Kontrollpflicht beim Notaranderkonto eine größerer Rolle als bei anderen Amtsgeschäften: Denn anders als bei der Direktzahlung des Kaufpreises kann der Notar bei der Abwicklung über Notaranderkonto auch die Herkunft der Gelder erkennen. Sollte der Notar oder ein Mitarbeiter Auffälligkeiten erkennen, muss er weitere risikoangemessene Schritte zur Aufklärung ergreifen und dokumentieren.[296] Sollte etwa ein privater Dritter (also weder der Zahlungsverpflichtete noch ein Kreditinstitut) auf das Notaranderkonto einzahlen, würde ich beim Zahlungsverpflichteten nachfragen. Stellt sich dann etwa heraus, dass ein Elternteil dem Käufer einen Kaufpreisteil geschenkt hat, ist eine Anzeige an die Schenkungsteuerstelle vorzunehmen. 121a

Und bei fehlgeschlagenen Rechtsgeschäften hat der Notar zu beachten, dass er **Rücküberweisungen** vom Anderkonto nicht auf andere dritte Konten veranlasst, sondern lediglich **auf das Konto, von dem aus eingezahlt wurde.** Dies gilt insbesondere bei internationalen Überweisungen. Die Verwahrungsanweisungen sollten entsprechend gestaltet werden.[297] 121b

V. Verstärkte Sorgfaltspflicht bei höherem Risiko (§ 15 GwG)

Bei jedem Amtsgeschäft im Anwendungsbereich des GwG muss der Notar eine **konkrete Risikobewertung** vornehmen (§ 10 Abs. 2 GwG). Stellt er dabei fest, dass ein höheres Geldwäscherisiko vorliegt, sind zusätzlich verstärkte Sorgfaltspflichten zu erfüllen. 122

Nach § 15 Abs. 3 GwG liegt ein **höheres Risiko** insbesondere in folgenden Fällen vor: 122a
– bei Beteiligung einer **„politisch exponierten Person"** („PeP") iSd § 1 Abs. 12 GwG (= Regierungs- oder Parlamentsmitglied, Mitglieder von obersten Gerichtshöfen, der Zentralbank, Botschafter uÄ); oder
– ein Beteiligter oder Mittel kommen aus einem **unsicheren Drittstaat** gemäß der Delegierten Verordnung (EU) 2016/1675[298] (idF durch die Delegierte Verordnung (EU) 2018/1467 vom 27.7.2018[299] = Afghanistan, Äthiopien, Bosnien und Herzegowina, Guyana, Irak, Iran, Jemen, Demokratische Volksrepublik Korea (Nordkorea), Laos, Pakistan, Sri Lanka, Syrien, Trinidad und Tobago, Tunesien, Uganda, Vanuatu); oder
– die **Transaktion** ist im Verhältnis zu sonstigen Transaktionen des Notars besonders komplex oder groß, läuft **ungewöhnlich** ab oder erfolgt ohne offensichtlichen wirtschaftlichen oder rechtmäßigen Zweck.

Der Umfang der nach § 15 GwG zusätzlichen Maßnahmen hängt von dem jeweils festgestellten Risiko ab, wobei § 15 Abs. 4 GwG bestimmte mindestens erforderliche Zusatzmaßnahmen auflistet. Dazu heißt es in den Anwendungsempfehlungen der BNotK: 122b

> *„In jedem Fall sind aber folgende verstärkte Sorgfaltspflichten zu erfüllen:*
> *– Es sind angemessene Maßnahmen zu ergreifen, mit denen die Herkunft der im Rahmen des Vorgangs eingesetzten Vermögenswerte bestimmt werden kann (zB Mittel zur Zahlung des Kaufpreises oder zur Leistung der Einlagen bei einer Gesellschaftsgründung oder Kapital-*

---

[295] BNotK, Anwendungsempfehlungen GwG 2017, Teil E IV, S. 19.
[296] BNotK, Anwendungsempfehlungen GwG 2017, Teil E VIII, S. 22.
[297] BNotK, Anwendungsempfehlungen GwG 2017, Teil E VIII, S. 22.
[298] Internet: https://eur-lex.europa.eu/eli/reg_del/2016/1675/oj (dann die konsolidierte Fassung anklicken – oberhalb der verschiedenen Sprachfassungen).
[299] http://data.europa.eu/eli/reg_del/2018/1467/oj.

erhöhung). Hierzu wird dem Notar regelmäßig nur die Möglichkeit offen stehen, bei den Beteiligten Angaben zur Herkunft der Vermögenswerte abzufragen, diese auf Plausibilität zu überprüfen und die diesbezügliche Dokumentation zur Nebenakte zu nehmen. ...
– *Der Vorgang ist einer verstärkten kontinuierlichen Überwachung zu unterziehen.*
– *Vorgänge, die besonders komplex oder groß sind, ungewöhnlich ablaufen oder keinen wirtschaftlichen oder rechtmäßigen Zweck erkennen lassen, sind näher zu untersuchen."*[300]

VI. Aufzeichnungs- und Aufbewahrungspflicht (§ 8 GwG)

123 Die Regelungen zur Aufzeichnungs- und Aufbewahrungspflicht (§ 8 GwG) entsprechen in vielem dem bisherigen Recht.
– Insbes. sind die im Rahmen der Erfüllung der Sorgfaltspflichten erhobenen Angaben und eingeholten Information über die **formell Beteiligten** („Vertragspartner") und **wirtschaftlichen Berechtigten** sowie über die Transaktionen aufzuzeichnen und aufzubewahren (§ 8 Abs. 1 S. 1 Nr. 1 GwG). Die Aufzeichnungen müssen nicht in die Urkunde aufgenommen werden; es genügt, wenn sie sich bei den Nebenakten befinden. Es genügt daher, wenn die Urkunde selbst die nach § 10 BeurkG, § 26 DONot erforderlichen Angaben enthält.
– Sind Gesellschaften materiell beteiligt, dokumentiert der Notar die wirtschaftlich Berechtigten, dh die an den Gesellschaften mit mindestens 25 % des Kapitals oder der Stimmrechte Beteiligten, durch die von der Gesellschaft erklärte **Eigentums- und Kontrollstruktur** und ggf. den Auszug aus dem Transparenzregister. Diese legt der Notar am besten für alle Gesellschaften gesammelt alphabetisch ab, um die Unterlagen bei der nächsten Beurkundung mit derselben Gesellschaft schnell wieder zur Hand zu haben.[301]
– Neu ist, dass nunmehr auch das Ergebnis der **konkreten GwG-Risikobewertung** (§ 10 Abs. 2 GwG) aufzuzeichnen und aufzubewahren ist (§ 8 Abs. 1 S. 1 Nr. 2 GwG) – ebenso wenn der Notar bei höherem Risiko eine Untersuchung der Transaktion nach § 15 Abs. 5 Nr. 1 GwG vornimmt oder eine Meldepflicht nach § 43 Abs. 1 GwG erwägt (§ 8 Abs. 1 S. 1 Nr. 3, Nr. 4 GwG).

123a Zur Dokumentation der **konkreten Risikobewertung** (§ 8 Abs. 1 S. 1 Nr. 2 GwG) genügt zB ein im Einzelfall vom Notar anzukreuzendes (und ggf. mit zusätzlichen Bemerkungen zu versehendes) Formularvermerk auf dem Verfügungsbogen oder sonst in der Nebenakte. Dazu heißt es in den Anwendungsempfehlungen der BNotK:

„Der Verfügungsbogen könnte im Hinblick auf die Risikobewertung folgendermaßen gestaltet werden:
Konkrete GwG-Risikobewertung:
☐ *geringeres Risiko*   ☐ *mittleres Risiko*   ☐ *höheres Risiko*
(ggf. weitere Bemerkungen/Maßnahmen dokumentieren)

Wurden auf der Grundlage des festgestellten Risikos Maßnahmen ergriffen oder – bei Verdachtsmomenten – das Vorliegen einer Meldepflicht geprüft, ist dies mit den jeweiligen Ergebnissen ebenfalls zu dokumentieren."[302]

123b Bei den Aufzeichnungen zur Identifikation der formell Beteiligten sind auch die Art, die **Nummer und die ausstellende Behörde** des zur Überprüfung der Identität vorgelegten Ausweises aufzuzeichnen" (§ 8 Abs. 2 S. 1 GwG). Am einfachsten erfolgt dies durch eine **Kopie des Ausweises** (§ 8 Abs. 1 S. 3 GwG). Der Ausweis kann auch **eingescannt** werden (§ 8 Abs. 3 GwG); ein Ausdruck zu den Nebenakten ist nicht erforderlich, solange die Daten während der Aufbewahrungsfrist technisch zugänglich sind. Das Einverständnis

---
[300] BNotK, Anwendungsempfehlungen GwG 2017, Teil E V, S. 20.
[301] Vgl. im Einzelnen die Arbeitshilfen der BNotK zum GwG im internen Bereich der BNotK-Homepage.
[302] BNotK, Anwendungsempfehlungen GwG 2017, Teil D IV, S. 11.

der Beteiligten ist dazu nicht erforderlich, da der Notar insoweit zur Erfüllung seiner gesetzlichen Pflichten handelt.[303] (Theoretisch) möglich ist auch eine gesonderte Feststellung, entweder als zu der Blattsammlung für das jeweilige Verwahrungsgeschäft zu nehmender Vermerk (§ 22 Abs. 2 DONot) oder als Vermerk in der Urkunde.

Die Aufzeichnungen sind (mindestens) **fünf Jahre** aufzubewahren (§ 8 Abs. 4 GwG). Soweit die Aufzeichnungen nur für Geldwäschezwecke erfolgten, sind sie unverzüglich danach zu vernichten (§ 8 Abs. 4 GwG). Sind die Aufzeichnungen hingegen Teil der Nebenakte, können sie zusammen mit der übrigen Nebenakte für die Aufbewahrungsfrist der Nebenakte aufbewahrt werden und erst nach Ende der Aufbewahrungsfrist der Nebenakte gemeinsam mit dieser vernichtet werden, also im Regelfall (und frühestens) nach sieben Jahren (§ 5 Abs. 4 DONot) (bzw. später, sofern im Einzelfall eine längere Aufbewahrung der Nebenakten vom Notar verfügt wurde).[304] **124**

VII. Meldepflicht (§ 43 Abs. 2, Abs. 6 GwG)

Wichtige Änderungen gab es bei der Meldepflicht (jetzt §§ 43 ff. GwG). Weiter ist die Meldepflicht für Notare, Rechtsanwälte, Steuerberater etc wegen der Verschwiegenheitspflicht gegenüber der allgemeinen Meldepflicht eingeschränkt. Eine Meldepflicht des Notars nach § 43 Abs. 1 GwG besteht zum einen – wie bisher –, wenn der Notar weiß, dass ein Beteiligter die notarielle Amtstätigkeit „für den Zweck der Geldwäsche, der Terrorismusfinanzierung oder einer anderen Straftat genutzt hat oder nutzt" (§ 43 Abs. 2 S. 2 GwG – sog. Wissensmeldung). Durch die Änderung des GwG Ende 2019 neu eingefügt wurde eine Pflicht, bestimmte in einer Verordnung geregelte Sachverhalte immer zu melden (§ 43 Abs. 6 GwG – sog. Sachverhaltsmeldung). Die Verordnung war bei Redaktionsschluss (Anfang April 2020) noch nicht in Kraft getreten. **125**

Bis zum Inkrafttreten der Verordnung sind weiterhin nur Wissensmeldungen abzugeben. Bei der Wissensmeldung ist also die **Kenntnis des Notars** erforderlich, dass seine Amtstätigkeit zur Geldwäsche missbraucht wird. In **Zweifelsfällen** sollte sich der Notar immer an seine **Notarkammer** wenden, wie die BNotK dringend empfiehlt: **125a**

> „Bestehen Verdachtsmomente dafür, dass die notarielle Amtstätigkeit für Zwecke der Geldwäsche, der Terrorismusfinanzierung oder einer anderen Straftat genutzt wurde oder wird, sollte das weitere Vorgehen mit der regionalen Notarkammer abgesprochen werden. In diesen Fällen kann es sich empfehlen, eine Entscheidung der Aufsichtsbehörde nach § 18 Abs. 3 BNotO nachzusuchen."[305]

Eine gewisse Entlastung von dem Dilemma, auf unsicherer Tatsachengrundlage möglicherweise entweder gegen die Amtspflicht zur Verschwiegenheit (§ 18 BNotO) oder gegen die Meldepflicht nach § 43 GwG zu verstoßen, bietet § 48 GwG (**„Freistellung von der Verantwortlichkeit"**). Danach kann wegen einer Meldung nach § 43 GwG nur verantwortlich gemacht werden, wer die Meldung vorsätzlich oder grob fahrlässig unwahr erstattet hat. **125b**

Als Beispiele für eindeutige Meldefälle seien aus den Anwendungsempfehlungen der BNotK zum GwG 2017 die beiden Beispiele zum Missbrauch eines Anderkontos zitiert: **126**

Beispiel 1: Ein Notar nimmt Überweisungen auf einem Anderkonto von einem Käufer für einen Kauf entgegen. Nachdem der Kauf scheitert, soll der Notar die eingezahlten Mittel an einen Dritten zurückzahlen, der in einem risikobehafteten Staat in Osteuropa wohnhaft ist.
Erläuterung: Die Rückzahlung an einen Dritten dient der Verschleierung des Zahlungsweges. Der Abbruch des Geschäfts soll es ermöglichen, die Rückzahlung frei umleiten zu können. Handelt es sich um illegale Vermögenswerte, aus denen der Kaufpreis bestritten werden soll, so würden die Ermittlungen der Strafverfolgungsbehörden ggf. an der Verschwiegenheitspflicht des Notars

---

[303] BNotK, Anwendungsempfehlungen 2012, C. VI. 2, S. 26.
[304] BNotK, Anwendungsempfehlungen GwG 2017, Teil D IV, S. 11.
[305] BNotK, Anwendungsempfehlungen GwG 2017, Teil F I, S. 23.

scheitern. Die „Umleitung" der Zahlung durch den Notar an die dritte Partei wäre nicht mehr nachzuvollziehen und der paper trail unterbrochen.

Red flags: Geschäft wird ohne nachvollziehbaren Grund abgebrochen, unbeteiligte Dritte ohne erkennbaren Grund involviert, Zahlung in unsicheren Staat.

Beispiel 2: Anstelle des zahlungspflichtigen Käufers zahlt ein Dritter, möglicherweise eine Gesellschaft oder eine Behörde, der keinen erkennbaren Bezug zu dem Käufer oder der Kaufsache hat, aus einem risikobehafteten Drittstaat auf das Anderkonto ein.

Erläuterung: Die paper trail wird bereits durch die Einzahlung unterbrochen, weil dann keine Verbindung mehr zwischen Vermögenswert und Leistendem erkennbar ist und die notarielle Verschwiegenheitspflicht die Ermittlung der tatsächlich beteiligten Personen erschwert.

Red flags: Unbeteiligte Dritte ohne erkennbaren Grund involviert, Zahlung aus einem Staat mit erhöhtem Korruptionsrisiko oder mangelhafter Anti-Geldwäschegesetzgebung."[306]

126a   Weiterhin für aussagekräftig halte ich aber die Übersicht mit **Anhaltspunkten** für einen Geldwäscheverdacht, die das Bundeskriminalamt (BKA) im Jahr 2003 in Zusammenarbeit mit der Bundesnotarkammer und den anderen Berufskammern der rechtsberatenden Berufe erarbeitet hatte.[307]

– Anhaltspunkte in der Person der Beteiligten können danach insbesondere sein, dass der Beteiligte den **persönlichen Kontakt** mit der anderen Vertragspartei zu vermeiden sucht, dass Beteiligte übliche **Auskünfte verweigern** oder Auskunft auf Nachfragen inhaltlich ohne erkennbaren Grund verweigern (obwohl sie auf die notarielle Verschwiegenheitspflicht hingewiesen wurden). Anhaltspunkt kann auch sein, wenn die Beteiligten (insbesondere bei einem unüblichen Rechtsgeschäft) einen **Notar an einem anderen Ort aufsuchen,** ohne dass dafür ein nachvollziehbarer Grund erkennbar wäre.

– Anhaltspunkt aus dem Rechtsgeschäft selbst kann etwa sein, wenn der Käufer einen deutlich **überhöhten Kaufpreis** der Immobilie zu akzeptieren bereit ist oder wenn Beteiligte an für ihre sonstige berufliche Tätigkeit und ihre Vermögensverhältnisse **ungewöhnlichen Geschäften** beteiligt sind. Erst recht gilt dies, wenn der Käufer auf **Barzahlung** dringt (bzw. auf Bareinzahlung auf das Notaranderkonto).

127   Die Meldung ist (sowohl bei einer Wissensmeldung als auch bei einer Sachverhaltsmeldung) an die **Zentralstelle für Finanztransaktionsuntersuchungen** zu richten (nicht, wie früher, an die Bundesnotarkammer). Die Meldung hat über eine **spezielle Software** (goAML) zu erfolgen. Dafür muss sich der Notar zuvor für die Nutzung registrieren. Eine Pflicht, sich unabhängig von konkreten Meldungen zu registrieren, besteht erst mit Inbetriebnahme des neuen Informationsverbundes der Zentralstelle für Finanztransaktionsuntersuchungen, spätestens jedoch ab dem 1.1.2024.[308]

128   Zu den **Pflichten des Notars nach einer Meldung** führt die BNotK in ihren Anwendungsempfehlungen aus:

„Der Notar darf die Beteiligten nicht über eine beabsichtigte oder erstattete Meldung an die Zentralstelle für Finanztransaktionsuntersuchungen, ein aufgrund einer Meldung eingeleitetes Ermittlungsverfahren oder ein Auskunftsverlangen der Zentralstelle für Finanztransaktionsuntersuchungen informieren." [§ 47 Abs. 1 GwG]

„Wurde eine Meldung abgegeben, darf der Notar in dem Vorgang erst dann wieder tätig werden, wenn die Zentralstelle für Finanztransaktionsuntersuchungen oder die Staatsanwaltschaft der Fortsetzung zugestimmt hat oder der dritte Werktag nach dem Abgangstag der Meldung verstrichen ist, ohne dass diese die Fortsetzung untersagt haben." [§ 46 Abs. 1 GwG]

128a   Weiter weist die BNotK darauf hin:

---

[306] BNotK, Anwendungsempfehlungen GwG 2017, Teil B I, S. 3 f.
[307] Anlage zu BNotK-Rundschreiben Nr. 48/2003 vom 19.11.2003, Ziffer B. IX. 3.
[308] Nähere Informationen finden sich auf der BNotK-Homepage im internen Bereich unter Geldwäschegesetz.

"Durch das Verbot, die Beteiligten zu informieren, wird nicht ausgeschlossen, dass ein Notar sich bemüht, einen Beteiligten davon abzuhalten, eine rechtswidrige Handlung zu begehen."[309]

Wenn der Notar den Beteiligten nichts von der Meldung mitteilen darf, könnte er Schwierigkeiten haben, zu begründen, warum er das Amtsgeschäft nicht weiter vollzieht. Häufig wird er aber bereits einen Versagungsgrund nach § 14 Abs. 2 BNotO bzw. § 4 BeurkG bzw. jedenfalls diesbezügliche Rückfragen haben, auf die er den Aufschub des Vollzugs stützen kann. **128b**

VIII. Sanktionen

Das GwG begründet Amtspflichten, deren Einhaltung die Dienstaufsicht prüfen und bei Verstößen ggf. **disziplinarisch** einschreiten kann. Der Landgerichtspräsident ist für die Notare zugleich Aufsichtsbehörde nach dem Geldwäschegesetz (§ 50 Nr. 5 GwG). Daher erlässt der Landgerichtspräsident auch die Anwendungsempfehlungen zum GwG bzw. genehmigt die von der BNotK erstellten Ausführungshinweise (§ 50 Abs. 8 GwG).[310] **129**

Die meisten der Pflichten nach GwG sind als **Ordnungswidrigkeit** sanktionsbewehrt – so insbes. wenn der Notar die nach GwG vorgeschriebene Identifizierung, die Aufzeichnung der Feststellungen oder deren Aufbewahrung oder die Feststellung des wirtschaftlich Berechtigten unterlässt (§ 56 Abs. 1 Nr. 16, Nr. 17 GwG).

Als Beteiligung an der Geldwäsche **strafbar** nach **§ 261 StGB** wäre eine Beurkundung trotz Kenntnis, dass die Beurkundung der Geldwäsche dient. Dabei kann sich der Notar nach § 261 Abs. 1 und Abs. 2, insbesondere Abs. 2 Nr. 2 Var. 1, Abs. 5 StGB schon dann strafbar machen, wenn er leichtfertig nicht erkennt, dass das verwahrte Geld aus einer Vortat iSd § 261 StGB herrührt.

Umgekehrt ist auch eine unberechtigte Anzeige nach **§ 203 StGB** strafbar, soweit nicht § 13 GwG die Verantwortung ausschließt.[311]

§ 58 Durchführung der Verwahrung

(1) ¹Der Notar hat anvertraute Gelder unverzüglich einem Sonderkonto für fremde Gelder (Notaranderkonto) zuzuführen. ²Der Notar ist zu einer bestimmten Art der Anlage nur bei einer entsprechenden Anweisung der Beteiligten verpflichtet. ³Fremdgelder sowie deren Erträge dürfen auch nicht vorübergehend auf einem sonstigen Konto des Notars oder eines Dritten geführt werden.

(2) ¹Das Notaranderkonto muß bei einem im Inland zum Geschäftsbetrieb befugten Kreditinstitut oder der Deutschen Bundesbank eingerichtet sein. ²Die Anderkonten sollen bei Kreditinstituten in dem Amtsbereich des Notars oder den unmittelbar angrenzenden Amtsgerichtsbezirken desselben Oberlandesgerichtsbezirks eingerichtet werden, sofern in der Anweisung nicht ausdrücklich etwas anderes vorgesehen wird oder eine andere Handhabung sachlich geboten ist. ³Für jede Verwahrungsmasse muß ein gesondertes Anderkonto geführt werden, Sammelanderkonten sind nicht zulässig.

(3) ¹Über das Notaranderkonto darf nur der Notar persönlich, dessen amtlich bestellter Vertreter oder der Notariatsverwalter verfügen. ²Satz 1 gilt für den mit der Aktenverwahrung gemäß *§ 51 Abs. 1 Satz 2*¹ betrauten Notar entsprechend, soweit ihm die Verfügungsbefugnis über Anderkonten übertragen worden ist. ³Die Landesregierungen oder die von ihnen bestimmten Stellen werden ermächtigt, durch Rechtsverordnung zu bestimmen, daß Verfügungen auch durch einen entsprechend bevollmächtigten anderen Notar oder im Land Baden-Württemberg durch Notariatsabwickler

---

[309] BNotK, Anwendungsempfehlungen GwG 2017, Teil F III, S. 24.
[310] → Rn. 109.
[311] → Rn. 125.
¹ Richtig wohl: „§ 51 Abs. 1 Satz 2 *der Bundesnotarordnung*".

erfolgen dürfen. ⁴Verfügungen sollen nur erfolgen, um Beträge unverzüglich dem Empfangsberechtigten oder einem von diesem schriftlich benannten Dritten zuzuführen. ⁵Sie sind grundsätzlich im bargeldlosen Zahlungsverkehr durchzuführen, sofern nicht besondere berechtigte Interessen der Beteiligten die Auszahlung in bar oder mittels Bar- oder Verrechnungsscheck gebieten. ⁶Die Gründe für eine Bar- oder Scheckauszahlung sind von dem Notar zu vermerken. ⁷Die Bar- oder Scheckauszahlung ist durch den berechtigten Empfänger oder einen von ihm schriftlich Beauftragten nach Feststellung der Person zu quittieren. ⁸Verfügungen zugunsten von Privat- oder Geschäftskonten des Notars sind lediglich zur Bezahlung von Kostenforderungen aus dem zugrundeliegenden Amtsgeschäft unter Angabe des Verwendungszwecks und nur dann zulässig, wenn hierfür eine notarielle Kostenrechnung erteilt und dem Kostenschuldner zugegangen ist und Auszahlungsreife des verwahrten Betrages zugunsten des Kostenschuldners gegeben ist.

(4) Eine Verwahrung soll nur dann über mehrere Anderkonten durchgeführt werden, wenn dies sachlich geboten ist und in der Anweisung ausdrücklich bestimmt ist.

(5) ¹Schecks sollen unverzüglich eingelöst oder verrechnet werden, soweit sich aus den Anweisungen nichts anderes ergibt. ²Der Gegenwert ist nach den Absätzen 2 und 3 zu behandeln.

Schrifttum: Vgl. bei § 23 BNotO und § 57 BeurkG; ferner: *Bunte*, AGB-Banken und Sonderbedingungen mit AGB-Sparkassen und AGB-Postbank, WM 2009, 1536; *Gößmann*, Die neuen Anderkonten-Bedingungen 2000, WM 2000, 857; *ders.*, Der untreue Notar: Hat die das Anderkonto führende Bank drittbegünstigende Sorgfaltspflichten?, FS Fischer 2008, 159; *Hadding*, Besondere Bedingungen der Deutsche Bundespost AG für Anderkonten, FS Schippel 1996, 163; *Hellner*, Geschäftsbedingungen für Anderkonten, 1963; *Küperkoch*, Notarielle Mitteilungspflichten, RNotZ 2002, 297; *Schmitt*, Zinsabschlaggesetz und Anderkonto, NJW 1993, 1569; *Steuer*, Die neuen Anderkontenbedingungen, DNotZ 1979, 208.

Übersicht

	Rn.
A. Übersicht	1
B. Anlage auf Anderkonto (Abs. 1 und Abs. 2)	2
I. Unverzügliche Zuführung auf Anderkonto (Abs. 1 S. 1)	2
1. Kennzeichen des Notaranderkontos	2
2. Angaben gegenüber der Bank nach Geldwäschegesetz	5
3. Einzahlung durch die Beteiligten	6
II. Art der Anlage (Abs. 1 S. 2)	7
III. Trennung von Eigengeldern (Abs. 1 S. 3)	9
IV. Auswahl des Kreditinstitutes (Abs. 2 S. 1 und S. 2)	10
V. Trennung verschiedener Massen (Abs. 2 S. 3)	13
C. Auszahlung und andere Verfügungen über Notaranderkonto (Abs. 3)	14
I. Verfügungsbefugnis (Abs. 3 S. 1 bis S. 3)	14
1. Beurkundungsrechtliches Gebot persönlicher Verfügung des Notars	14
2. Bindung der Verfügungsbefugnis an das Notaramt	19
3. Abwicklung nach Ausscheiden des Notars aus dem Amt	21
II. Beachtung der Verwahrungsanweisung	25
1. Peinliche Genauigkeit	25
2. Persönliche und sorgfältige Prüfung der Auszahlungsvoraussetzungen	29
3. Amtshaftung, Versicherung und disziplinarische Sanktionen	31
III. Unverzügliche Auszahlung (Abs. 3 S. 4)	34
IV. Verbot von Umbuchungen und bargeldlose Auszahlung	36
1. Verbot von Umbuchungen (Abs. 3 S. 4)	36
2. Bargeldlose Auszahlung (Abs. 3 S. 5 bis S. 7)	37
V. Einbehalt von Notargebühren (Abs. 3 S. 8)	39
VI. Buchführung und Verschwiegenheit	42
1. Verwahrungs- und Massenbuch, Anderkontenliste und Blattsammlung (§§ 10 bis 12, 22 Abs. 2, 27 DONot)	42
2. Verschwiegenheitspflicht (§ 18 BNotO)	44
3. Meldepflicht nach Außenwirtschaftsgesetz (§ 26 AWG)	47

	Rn.
D. Nur ein Anderkonto je Masse (Abs. 4)	48
E. Behandlung von Schecks (Abs. 5)	49

A. Übersicht

Für die **Durchführung der Verwahrung** übernahm der 1998 in das BeurkG eingefügte 1 damalige § 54b bzw. jetzige § 58 BeurkG die wesentlichen Regelungselemente des § 12 Abs. 2 bis Abs. 4 DONot aF ohne inhaltliche Änderung.[2] Zulässig ist nur die Anlage auf einem Notaranderkonto (§ 58 Abs. 1 S. 1), über das allein der Notar verfügungsbefugt ist (Abs. 3 S. 1). Fremd- und Eigengelder sind strikt zu trennen (Abs. 1 S. 3), ebenso verschiedene Verwahrungsmassen (Abs. 2 S. 3 BeurkG). Verfügungen sollen grundsätzlich im bargeldlosen Zahlungsverkehr erfolgen (Abs. 3 S. 5). § 58 gilt nur für die Verwahrung von Geld, nicht für die Verwahrung von Wertpapieren und Kostbarkeiten (§ 62 Abs. 1).

B. Anlage auf Anderkonto (Abs. 1 und Abs. 2)

I. Unverzügliche Zuführung auf Anderkonto (Abs. 1 S. 1)

1. Kennzeichen des Notaranderkontos. Einzig zulässige Verwahrungsart für Geld ist 2 das **Notaranderkonto**. Die Verwahrung der dem Notar anvertrauten Gelder auf einem Rechtsanwaltsanderkonto des Notars oder eines seiner Sozien ist ebenso unzulässig wie – nach hM – ein Sperrkonto mit bloßem Mitverfügungsrecht des Notars.[3]

Das Notaranderkonto muss nach den einheitlichen **Bedingungen für Notaranderkonten** geführt werden (§ 27 Abs. 2 DONot). Die aktuellen Anderkontenbedingungen wurden von der Vertreterversammlung der Bundesnotarkammer am 27.9.2017 beschlossen.[4] Sie ersetzen die zuvor im September 2010 von der Bundesnotarkammer beschlossene Fassung.[5]

Vor dem Jahr 2004 waren die Anderkontenbedingungen von der Kreditwirtschaft selbst erlassen worden (§ 12 Abs. 2 S. 1 DONot aF). Mit der Neufassung der DONot, die in den Jahren 2001 und 2002 in den verschiedenen Bundesländern in Kraft trat, ging die Zuständigkeit zum Erlass der Anderkontenbedingungen auf die Bundesnotarkammer über (§ 27 Abs. 2 DONot). Einer der Hauptgründe für die Kompetenzübertragung war, dass Abs. 2 S. 1 nun auch eine Verwahrung bei einer inländischen Filiale einer ausländischen Bank zulässt.[6] Es war zweifelhaft, ob nach der gesetzlichen Wertung des Abs. 2 S. 1 auch die ausländischen Kreditinstitute an die ohne ihre Mitwirkung von der inländischen Konkurrenz erlassenen Anderkontenbedingungen gebunden sein konnten.[7] Diese Frage erübrigte sich, nachdem die BNotK von ihrer Kompetenz Gebrauch gemacht hatte. Bis zum Erlass durch die Bundesnotarkammer galten einstweilen die vom Zentralen Kreditausschuss erstellten Anderkontenbedingungen der Kreditwirtschaft weiter (§ 34 S. 5 DONot). Inhaltlich änderte sich durch den Übergang der Kompetenz zunächst nichts: In den Anderkontenbedingungen 2004 übernahm die BNotK wortgleich die letzte, im Jahr 2000 vom Zentralen Kreditausschuss erlassene Fassung der Anderkontenbedingungen.[8]

---

[2] Gemeint ist § 51 Abs. 1 S. 2 der Bundesnotarordnung. Regierungsbegründung BT-Drs. 13/4184, 38.
[3] → BNotO § 23 Rn. 8 und 15 ff.
[4] DNotZ 2019, 801. Die aktuellen Notaranderkontenbedingungen sind auch abgedruckt → DONot § 27 Rn. 8.
[5] DNotZ 2011, 481. Zuvor galten die Anderkontenbedingungen 2004, abgedruckt DNotZ 2004, 401.
[6] → Rn. 10.
[7] Huhn/von Schuckmann/*Renner*, 4. Aufl. 2004, BeurkG § 58 Rn. 6; ähnlich Arndt/Lerch/Sandkühler/*Sandkühler*, 5. Aufl. 2003, BNotO § 23 Rn. 85.
[8] DNotZ 2000, 561. Frühere Fassung: DNotZ 1990, 337.

Die jetzige Neufassung war infolge der Änderungen durch das **Geldwäschebekämpfungsergänzungsgesetz von 2008**[9] erforderlich geworden. Auch sie wurde von der BNotK in enger Abstimmung mit dem Zentralen Kreditausschuss der deutschen Bankwirtschaft erarbeitet. Inhaltlich wurde lediglich Ziff. 2 der Anderkontenbedingungen geändert (mit einer redaktionellen Folgeänderung in Ziff. 6).

3a Jetzt darf ein Notaranderkonto auch mittels **Online-Banking** geführt werden. Dies lässt § 27 Abs. 3 DONot in der Anfang 2017 (zu leicht unterschiedlichen Zeitpunkten) in den einzelnen Bundesländern erlassenen Neufassung zu.[10] Voraussetzung ist, das Anderkonto ist „nur durch solche informationstechnische Netze zugänglich, die durch die Bundesnotarkammer oder in deren Auftrag betrieben werden und die mit den Systemen der im Inland zum Geschäftsbetrieb befugten Kreditinstitute oder der Deutschen Bundesbank gesichert verbunden sind" (§ 27 Abs. 3 S. 2 DONot). Mit dieser Anforderung soll die Vertraulichkeit, Integrität und Authentizität der Überweisungen sowie der Umsatzdaten gesichert werden. Zuvor hatte § 27 Abs. 2 S. 2 DONot aF Online-Banking für Notaranderkonten verboten. Vor der Zulassung war zunächst ein Pilotprojekt „Elektronische Anderkontenführung" durchgeführt worden.[11]

Die Deutsche Bank bietet ein **„beteiligtenorientiertes"** Notaranderkonto an, das den Anderkontenbedingungen entspricht, aber noch zusätzlichen Service für die Beteiligten bietet, vor allem indem die Bank den Beteiligten sämtliche Kontoauszüge unmittelbar zusendet, so dass sie auch während der Laufzeit des Notaranderkontos jederzeit informiert sind, nicht erst mit der Schlussabrechnung durch den Notar.[12] Ein derartiges Anderkonto ist zulässig; der Notar ist aber nicht verpflichtet, diese Art von Anderkonto zu wählen oder die Beteiligten auf diese Möglichkeit aufmerksam zu machen. Auch ist der Zeitvorsprung für die Beteiligten nicht groß: Typischerweise erfolgen die Auszahlungen vom Notaranderkonto alle zeitgleich, so dass die Endabrechnung des Notars allenfalls bis zu zwei Wochen nach den direkt von der Bank versandten Kontoauszügen bei den Beteiligten ankommt. Zwischenzeitliche Auszahlungen (über die der Notar nicht informieren müsste) sind eher selten.

4 Der Bank gegenüber ist **allein der Notar aus dem Anderkonto berechtigt** und verpflichtet (Ziff. 1 und Ziff. 6 Anderkontenbedingungen).[13] Erlischt das Amt des Notars, gehen daher Verfügungsbefugnis und Kontoinhaberschaft auf den Amtsnachfolger bzw. den Notariatsverwalter über (Ziff. 11).[14]

Das Anderkonto ist ein offenes **Treuhandkonto.** Der Notar kann seinen Anspruch gegen die Bank weder abtreten noch (rechtsgeschäftlich) verpfänden (Ziff. 8 Anderkontenbedingungen). Bei einer Pfändung gegen den Notar im Wege der Zwangsvollstreckung steht den Verwahrungsbeteiligten die Drittwiderspruchsklage zu.[15] Treuhänder ist aber nur der Notar; die Bank prüft die Rechtmäßigkeit von Verfügungen des Notars über das Anderkonto nicht nach (Ziff. 7).[16]

5 **2. Angaben gegenüber der Bank nach Geldwäschegesetz.** Durch die Eröffnung eines Kontos als Anderkonto kommt der Notar seiner Pflicht nach dem Geldwäschegesetz[17] (§ 11 Abs. 6 S. 3 GwG) nach, gegenüber der Bank offenzulegen, dass er die Transaktion für einen wirtschaftlich Berechtigten durchführen will. Die dabei durch den Notar über-

---

[9] Geldwäschebekämpfungsergänzungsgesetz vom 11.8.2008, BGBl. I 1690. → § 57 Rn. 109.
[10] → DONot § 27 Rn. 17.
[11] BNotK DNotZ 2016, 561 (563).
[12] Befürwortend *Zimmermann* DNotZ 2008, 91 und 807; befürwortend auch *Weingärtner,* Vermeidbare Fehler, Rn. 343; skeptisch *Gößmann* DNotZ 2008, 803.
[13] Vgl. etwa BayObLG DNotZ 2000, 376. Daher steht auch ein Anspruch wegen Verletzung des Kontovertrages im Außenverhältnis allein dem Notar zu, nicht dem Auszahlungsberechtigten (OLG Brandenburg BeckRS 2009, 11353: Schadensersatzanspruch des Notars gegen Bank wegen unterlassener Festgeldanlage).
[14] → Rn. 20.
[15] → BNotO § 23 Rn. 45.
[16] Vgl. *Gößmann* FS Fischer 2008, 159.
[17] → § 57 Rn. 109 ff.

mittelten Angaben zu den wirtschaftlich Berechtigten genügen als Nachweis gem. § 11 Abs. 6 S. 4 GwG.[18] Nach Ziff. 2 S. 1 der Anderkontenbedingungen 2010 ist der Notar daher nur mehr „auf Verlangen der Bank" verpflichtet, die von ihm zur Feststellung der Identität des wirtschaftlich Berechtigten erhobenen Angaben mitzuteilen.

Wirtschaftlich berechtigt am Anderkonto ist, wer zum Zeitpunkt der Kontoeröffnung die Verwahrungsanweisung erteilt hatte, also bei der Kaufpreisabwicklung über Anderkonto **beide Kaufvertragsparteien**[19] (und ggf. ein Zessionar, wenn die Abtretung bereits bei Kaufvertragsschluss erfolgt) – hingegen nicht, wer nur empfangsberechtigt ist, ohne Anweisender zu sein, also nicht abzulösende Drittberechtigte; nicht anzugeben ist auch die finanzierende Bank.[20] Sofern die formell Beteiligten im notariellen Verfahren für einen wirtschaftlich Berechtigten handeln, sind die wirtschaftlich Berechtigten des notariellen Verfahrens auch die wirtschaftlich Berechtigten aus Sicht der Bank. Bei der Eröffnung eines Notaranderkontos reicht es daher grundsätzlich zur Erfüllung der geldwäscherechtlichen Pflichten aus, wenn der Notar der Bank – über die Angaben zur eigenen Person hinaus – den Namen dieser aus Sicht der Bank wirtschaftlich Berechtigten mitteilt.[21]

3. Einzahlung durch die Beteiligten. Die **Einzahlung** hat grundsätzlich **direkt auf das Notaranderkonto** zu erfolgen. Zahlen die Beteiligten dennoch auf ein Geschäftskonto des Notars ein, so muss der Notar unverzüglich auf das Anderkonto umbuchen (Abs. 1 S. 1).[22] Hält man – entgegen der hier vertretenen Meinung – ausnahmsweise auch die Annahme von Bargeld für zulässig (§ 57 Abs. 1),[23] so ist dieses unverzüglich (spätestens am folgenden Werktag) auf das Anderkonto einzuzahlen. Für Schecks ist die unverzügliche Einlösung in Abs. 5 geregelt.[24]

II. Art der Anlage (Abs. 1 S. 2)

Wünschen die Beteiligten eine bestimmte Art der Anlage, etwa Anlage auf einem Fremdwährungskonto oder als **Festgeld,** so ist dies in die Verwahrungsanweisung aufzunehmen (ähnlich früher § 11 Abs. 1 S. 1 DONot aF). Erteilen die Beteiligten keine andere Anweisung, so wird der Notar das Anderkonto im Regelfall als Girokonto führen. Denn das Sicherungsinteresse und die jederzeitige Verfügbarkeit haben Vorrang vor einem mit dem Anderkonto zu erwirtschaftenden Zinsertrag.[25] Jedoch hielt der BGH den Notar im Einzelfall für verpflichtet, auf die Möglichkeit einer Festgeldanlage hinzuweisen, wenn zum einen mit einer längeren Verwahrungszeit als üblich zu rechnen ist und zum anderen dem Notar bekannt ist, dass Notaranderkonten als Festgeld angelegt werden können und trotzdem jederzeit verfügbar sind, so dass bei vorzeitiger Freigabe für den unvollendeten Zeitraum lediglich die für Girkonten gewährten Zinsen gezahlt werden und darüber hinaus keine Nachteile entstehen (also insbesondere keine Vorfälligkeitszinsen verlangt

---

[18] BNotK, Anwendungsempfehlungen GwG 2017, Teil E VIII, S. 22.
[19] BNotK, Anwendungsempfehlungen GwG 2017, Teil E VIII, S. 22.
[20] Vgl. zur früheren Fassung des GwG: BNotK-Rundschreiben Nr. 48/2003, Ziff. C. II.; ebenso früher: BNotK DNotZ 1994, 4 – überarbeitet in BNotK-Rundschreiben Nr. 5/1996; *Weingärtner,* Verwahrungsgeschäft, Rn. 117.
[21] BNotK, Anwendungsempfehlungen GwG 2017, Teil E VIII, S. 22.
[22] Sofern der Notar – etwa durch Abwesenheit – verhindert ist, die Überweisung vom Eingangskonto auf das Notaranderkonto vorzunehmen, muss er die Weiterleitung durch geeignete Weisungen an sein Personal sicherstellen, jedenfalls wenn er mit einer Einzahlung rechnen muss, weil er zwar eine Verwahrung angenommen, aber den Beteiligten noch kein Anderkonto angegeben hat – BGH DNotZ 1987, 556.
[23] → § 57 Rn. 2. Eine Bareinzahlung durch die Beteiligten direkt auf das Notaranderkonto ist zulässig, wenn auch in der Praxis nahezu ausnahmslos eine Überweisung erfolgt.
[24] → Rn. 49 f.
[25] Ebenso wenig muss der Notar nach den günstigsten Bankkonditionen suchen; er ist Amtsperson, nicht Wirtschaftsberater der Beteiligten – OLG Schleswig DNotZ 1978, 183 (184); OLG Celle 26.3.1981, zustimmend zitiert bei *Haug,* Die Amtshaftung des Notars, 2. Aufl. 1997, Rn. 694a; LG Koblenz DNotZ 1983, 705; *Bräu* Rn. 176; *Custodis* MittRhNotK 1972, 123; *Weingärtner,* Verwahrungsgeschäft, Rn. 127; *Winkler* BeurkG § 57 Rn. 68.

werden).²⁶ Da heute so und so allenfalls marginale Zinsen anfallen, stellt sich das Problem in der Praxis bis zur nächsten Phase mit höheren Zinsen nicht mehr. Der Notar ist nicht verpflichtet, bei verschiedenen Kreditinstituten anzufragen, um die für Anderkonten hinsichtlich Verzinsung und Gebühren besten Bedingungen zu recherchieren. Denn Zweck der Anlage ist die sichere Verwahrung, nicht die möglichst rentable Anlage.

8   Einer Anlage auf einem **Fremdwährungskonto** stehen wegen des Wechselkursrisikos idR Sicherungsinteressen der Beteiligten (§ 57 Abs. 3) entgegen, sofern nicht auch der Kaufpreis in der Fremdwährung zu zahlen ist.

Eine Anlage in **Geldmarktfonds** oder sonstigen Wertpapieren ist nur zulässig, wenn die Beteiligten ausdrücklich dazu anweisen.²⁷ Doch ist davon wegen der Verlustrisiken dringend abzuraten; bei einem Wertverlust des Fonds könnte der Wert nicht mehr zur Ablösung der dinglichen Gläubiger genügen. Will der Verkäufer mit dem Geld schon arbeiten, empfiehlt sich eher eine frühere Auszahlung an ihn zu vereinbaren, verbunden mit einer Absicherung allfälliger Rückzahlungs- oder Gewährleistungsansprüche durch Bürgschaft oder andere Sicherheiten – etwa auch an einem anderen Objekt des Verkäufers.

III. Trennung von Eigengeldern (Abs. 1 S. 3)

9   Die Trennung des treuhänderisch verwahrten Geldes von Eigengeldern ist begriffsnotwendig für den Begriff des Anderkontos. Die – auch nur vorübergehende – vorsätzliche **Vermischung** von verwahrten Geldern mit Eigengeldern ist ein schwerwiegendes Dienstvergehen²⁸ und ist strafrechtlich als Untreue strafbar (§ 266 StGB).²⁹

9a Vermischt der Notar Fremd- und Eigengelder oder behandelt er sonst auf ein Notaranderkonto eingezahlte Fremdgelder als eigenes Vermögen (etwa indem er diverse Zu- und Abbuchungen für eigene Zwecke auf dem Anderkonto vornimmt), so verlieren die Fremdgelder insolvenzrechtlich den **Insolvenzschutz** und unterliegen dem Zugriff der Gläubiger des Notars. Bei einer Insolvenz des Notars könnte dann das noch vorhandene Restgutha-

---

²⁶ BGH DNotZ 1997, 53 mAnm *Tönnies* (Zinsdifferenz von ca. 1.150 DM bei einer Verwahrung von ca. 350.000 DM auf zwei Monate); vgl. auch LG Darmstadt JurBüro 1971, 2055; 1986, 431. *Tönnies* DNotZ 1997, 57 (58 f.) hält dabei bereits die über 30 Tage hinausgehende Verwahrungsdauer für unüblich lang. Dass im Regelfall keine Belehrungspflicht besteht, betont daher zu Recht OLG Schleswig OLG-Report 1999, 80. Vgl. *Amann/Brambring* S. 73; *Haug* NotBZ 1997, 24; *Weingärtner*, Verwahrungsgeschäft, Rn. 128; aA Armbrüster/Preuß/Renner/*Renner* BeurkG § 57 Rn. 67, der eine Belehrung nur bei wirtschaftlich und juristisch erfahrenen Beteiligten für entbehrlich hält.
Als praktische Lösung bietet sich an, dass der Verkäufer einseitig Verwahrung auf Girokonto oder Festgeld anweisen kann; dann kann er entweder bereits bei der Beurkundung Anlage auf Festgeld anweisen – oder später, wenn sich später erst herausstellt, dass die Verwahrung länger dauern wird – vgl. Formulierungsmuster von *Hertel* ZNotP 1998, Beilage 3/98, S. 18 = Frenz/*Hertel*, Neues Berufs- und Verfahrensrecht für Notare, Rn. 493 = Lambert-Lang/Tropf/Frenz/*Hertel*, Handbuch der Grundstückspraxis, 2. Aufl. 2005, Teil 2 Rn. 902.
²⁷ *Lerch* BeurkG § 54a Rn. 9; *Munzig* MittBayNot 1996, 282; *Weingärtner*, Verwahrungsgeschäft, Rn. 132; ähnlich *Winkler* BeurkG § 58 Rn. 14; aA – generelle Unzulässigkeit – Armbrüster/Preuß/Renner/*Renner* BeurkG § 57 Rn. 69; Bedenken äußert auch Arndt/Lerch/Sandkühler/*Sandkühler* BNotO § 23 Rn. 73. Bei extrem langer Verwahrungsdauer könnte man etwa auch öffentliche Anleihen oder Aktienfonds mit Rückzahlungsgarantie (und entsprechend eingeschränkter Gewinnchance) erwägen. Bei anderen, risikoträchtigeren Anlagearten besteht nicht nur die Gefahr, dass der Verkäufer am Ende weniger erhält (oder der Käufer bei der Rückabwicklung), sondern ein Wertverlust kann auch die Ablösung von Grundpfandrechten etc und damit die Vertragsabwicklung gefährden. Bei allen derartigen Anlagearten sollte ausdrücklich geklärt werden, wer das Verlustrisiko trägt (und auch die Gewinnchance hat) – im Zweifel wohl der Auszahlungsberechtigte hinsichtlich des Restkaufpreises (dh der Verkäufer) (oder ggf. der Rückzahlungsberechtigte).
²⁸ BGH DNotZ 2004, 226 mAnm *Rosenbusch* (Anlage von Geldern auf Sonderkonto der Rechtsanwaltskanzlei unter Vermischung mit Eigengeldern und Fremdgeldern anderer Beteiligter – aber ohne Schädigung oder konkrete ernsthafte Gefährdung von Vermögensinteressen der Beteiligten); BGH DNotZ 2015, 393 (Überweisung auf Geschäftskonto der Sozietät – möglicherweise für anwaltliche Gebührenforderung eines Sozius des verwahrenden Notars). Zu den disziplinarischen Folgen eines Verstoßes vgl. auch OLG Köln DNotI-Report 15/1994, 7.
²⁹ BGH DNotZ 2004, 226 mit kritischer Anm. *Rosenbusch*.

ben nicht ausgesondert werden, obwohl es sich formell weiterhin auf einem Notaranderkonto befindet.[30]

Verwahrungsrechtlich ändert dies aber nichts daran, dass die noch auf dem Notaranderkonto verwahrten Restbeträge und auch vom Notar wieder dort eingezahlte Beträge der Verwahrungsanweisung unterliegen und bei Vorliegen der Auszahlungsvoraussetzungen auszuzahlen sind – und zwar selbst dann, wenn der Notar, um treuwidrige Abbuchungen vom Notaranderkonto zu vertuschen, später den Fehlbestand durch eine ebenfalls treuwidrige Überweisung von einem anderen auf seinen Namen lautenden Notaranderkonto ausgeglichen hat.[31]

IV. Auswahl des Kreditinstitutes (Abs. 2 S. 1 und S. 2)

Das Notaranderkonto muss im **Inland** bei einem hier nach dem KWG zum Geschäftsbetrieb zugelassenen Kreditinstitut geführt werden (Abs. 2 S. 1); die frühere Regelung des § 12 Abs. 2 S. 1 DONot aF, die ein der deutschen Bankaufsicht unterliegendes Kreditinstitut verlangt, wurde im Jahr 1998 im Hinblick auf die gemeinschaftsrechtlichen Vorgaben des EG-Rechtes erweitert.[32] Unzulässig ist hingegen die Anlage bei einem Institut im Ausland (oder bei der ausländischen Filiale eines deutschen Kreditinstitutes);[33] auch die Beteiligten können den Notar dazu nicht anweisen. 10

Von der Beschränkung auf Kreditinstitute im **Amtsbereich des Notars** (§ 10a Abs. 1 BNotO) bzw. in den unmittelbar benachbarten Amtsgerichtsbezirken desselben OLG-Bezirkes können hingegen Abweichungen entweder auf ausdrückliche Anweisung der Beteiligten oder auch ohne Anweisung erfolgen, wenn dies sachlich geboten ist (Abs. 2 S. 2 – inhaltsgleich mit § 12 Abs. 2 S. 6 DONot aF). 11

Im Übrigen liegt die **Auswahl des Kreditinstitutes** im Ermessen des Notars, soweit ihn die Beteiligten nicht anders anweisen (so früher ausdrücklich § 12 Abs. 2 S. 7 DONot aF). Es gibt weder eine Regel, wonach alle Anderkonten beim selben Institut unterhalten werden sollen, noch dass sie auf die örtlichen Institute zu verteilen wären. Weicht der Notar von Wünschen der Beteiligten bei der Auswahl des Kreditinstitutes ab, haftet er für einen allfälligen Schaden.[34] Zweifeln an der Seriosität oder Liquidität des Kreditinstitutes muss der Notar nach einer Entscheidung des OLG Köln bei der Auswahl nachgehen.[35] Trifft den Notar hingegen kein Auswahlverschulden, so haftet er nicht für einen zufälligen Untergang des Anderkontos.[36] 12

Der Notar muss nicht von sich aus prüfen, ob und inwieweit für Konten bei dem ausgewählten Kreditinstitut eine **Insolvenzsicherung** besteht. Jedoch muss er diesbezügliche Hinweise berücksichtigen, die ihm das Kreditinstitut gibt – sei es bei der Kontoeröffnung oder später. Teilt ihm das Kreditinstitut mit (wozu es gesetzlich nach § 23a KWG verpflichtet ist), dass für seine Konten keine Insolvenzsicherung (mehr) besteht, muss der Notar entweder das Anderkonto zu einer anderen Bank verlagern oder jeden-

---

[30] BGHZ 188, 317 = NJW-RR 2011, 779.
[31] BGH DNotZ 2017, 788 mit kritischer Anm. *Ganter* WuB 2017, 421 und mit zustimmender Anm. *Hertel* DNotZ 2017, 791.
[32] Regierungsbegründung BT-Drs. 13/4184, 38.
[33] Der Wortlaut des § 58 Abs. 2 S. 1 ließe zwar auch ein Anderkonto bei einer ausländischen Filiale eines im Inland zum Geschäftsbetrieb zugelassenen Kreditinstitutes zu. Dies widerspräche aber dem Schutzzweck, wonach zum einen die Bank hinsichtlich dieses Kontos der deutschen Bankaufsicht unterliegen soll und zum anderen auch die Notaraufsicht auf ausländische Anderkonten nur indirekt – durch Maßnahmen gegen den Notar – Zugriff hätte – ebenso Armbrüster/Preuß/Renner/*Renner* BeurkG § 58 Rn. 5; *Weingärtner*, Verwahrungsgeschäft, Rn. 133; *Winkler* BeurkG § 58 Rn. 7; ebenso bereits zum früheren Recht: *Zimmermann* DNotZ 1985, 5 (12); Seybold/Schippel/*Kanzleiter*, 6. Aufl. 1995, DONot § 12 Rn. 9.
[34] BGH WM 1985, 204: Anweisung erfordert Bestätigung einer „deutschen Großbank" für Einlösung des Schecks.
[35] OLG Köln 26.5.1977 – 7 U 199/6, nv – zitiert bei *Haug*, Das Anderkonto, S. 187 und bei *Weingärtner/Schöttler*, 7. Aufl. 1995, DONot Rn. 167.
[36] LG Hamburg DNotZ 1950, 130.

falls die Verwahrungsbeteiligten informieren, damit ihm diese ggf. Weisungen erteilen können.[37]

V. Trennung verschiedener Massen (Abs. 2 S. 3)

13 Das Verbot der Vermischung verschiedener Verwahrungsmassen (Abs. 2 S. 3) gilt ausnahmslos.[38] Der inhaltsgleiche § 12 Abs. 2 S. 4 DONot aF hatte als Beispielsfall des Verbots **objektbezogene Sammelanderkonten** genannt. Die Kreditwirtschaft betrachtet dabei auch bloße Unterkonten als eigenständige Konten.[39] Die **Wiederverwendung** eines Anderkontos für eine andere Verwahrung wird mehrheitlich für zulässig gehalten, sofern eine hinreichend lange Sperrfrist abgelaufen ist, um Verwirrung zu vermeiden.[40] Jedoch würde ich von der Verwendung von Unterkonten oder der Wiederverwendung von Konten wegen der Verwechslungsgefahr abraten. Auch Verstöße gegen das Vermischungsverbot wiegen disziplinarisch schwer.[41]

13a Gegenstück des Vermischungsverbotes ist das Gebot, eine Verwahrung grundsätzlich **nur über ein einziges Anderkonto** abzuwickeln (Abs. 4); dort sind jedoch Ausnahmen möglich.[42]

C. Auszahlung und andere Verfügungen über Notaranderkonto (Abs. 3)

I. Verfügungsbefugnis (Abs. 3 S. 1 bis S. 3)

14 **1. Beurkundungsrechtliches Gebot persönlicher Verfügung des Notars.** Über das Notaranderkonto darf nur der Notar selbst als Amtsinhaber verfügen (Abs. S. 1 bis S. 3 (entspricht inhaltlich der früheren Regelung in § 12 Abs. 2 S. 2 DONot aF). Ziff. 11 S. 1 der Notaranderkontenbedingungen 2010[43] schreibt dies auch bankrechtlich fest. Ein Anderkonto darf daher weder als Und- noch als **Oder-Konto** eingerichtet werden – ebenso wenig mit Verfügungsbefugnis für mehrere Notare.[44]

15 **Kontovollmachten** sind seit 1998 kraft Gesetzes unzulässig (Umkehrschluss aus § 58 Abs. 3 S. 3 – ebenso früher ausdrücklich § 12 Abs. 2 S. 2 DONot aF; indirekt bankrechtlich auch Ziff. 11 S. 1 der Notaranderkontenbedingungen). Jedoch kann das Landesrecht durch Rechtsverordnung die Bevollmächtigung eines anderen Notars zulassen (S. 3); von

---

[37] BGHZ 165, 232 = BGHReport 2006, 360 mAnm *Weingärtner* = DNotZ 2006, 358 = EWiR 2006, 269 mAnm *Volmer* = WuB I L 1 § 23a KWG 1.06 mAnm *Artzt*. Vgl. Gutachten DNotI-Report 2008, 169; in dem Gutachten sind auch die – unterschiedlichen, aber grds. vom Gesetz als gleichwertig angesehenen – zusätzlichen freiwilligen Sicherungssysteme der verschiedenen Zweige der deutschen Kreditwirtschaft zum damaligen Stand dargestellt, nämlich von Privatbanken, Sparkassen, Volks- und Raiffeisenbanken, öffentlicher Banken sowie privater Bausparkassen.
[38] BGH DNotZ 1972, 551 (553).
[39] *Gößmann* WM 2000, 857 (861).
[40] Vgl. Ziff. 2 S. 2 der Notaranderkontenbedingungen 2004. *Gößmann* WM 2000, 857 (861); Armbrüster/Preuß/Renner/*Renner* BeurkG § 58 Rn. 10 (wobei *Renner* fordert, dass die Masse vollständig abgewickelt ist, insbesondere auch alle Quartalsabschlüsse und Steuerbescheinigungen vorliegen). AA meine der *Verfasser* in der 2. Auflage, Rn. 13. Die abweichende Ansicht habe ich aufgegeben, nachdem die Vertreterversammlung der Bundesnotarkammer mit der Verabschiedung der Notaranderkontenbedingungen im April 2004 in deren Ziff. 2 S. 2 (ebenso wie in den wortgleichen Anderkontenbedingungen der Kreditwirtschaft aus dem Jahr 2000) eine Wiederverwendung von Notaranderkonten ausdrücklich für möglich hielt. In der jetzigen Fassung der Notaranderkontenbedingungen 2010 (DNotZ 2011, 481) entfiel dieser Satz zwar – aber nicht, weil die BNotK ihre Auffassung geändert hätte, sondern weil er wegen der Abschaffung der automatischen Mitteilungspflicht des wirtschaftlich Berechtigten nicht mehr erforderlich war.
[41] BGH DNotZ 2014, 470. Im konkreten Fall ließ der BGH ausnahmsweise wegen minderer Schwere eine Missbilligung nach § 94 Abs. 1 S. 1 BNotO als Sanktion ausreichen.
[42] → Rn. 47.
[43] Abgedruckt → DONot § 27 Rn. 7.
[44] Auch nicht, wenn sich mehrere Notare zur gemeinsamen Berufsausübung verbunden haben – Arndt/Lerch/Sandkühler/*Sandkühler* BNotO § 23 Rn. 103.

dieser Möglichkeit machte nur **Hamburg** Gebrauch.[45] Unzulässig ist daher auch eine deklaratorische Vollmacht an den Notarvertreter,[46] die ein Teil der Literatur früher zur Legitimationserleichterung für zulässig hielt. Zulässig (und ggf. sinnvoll) ist hingegen, wenn der Notar der Bank mitteilt, wer für einen bestimmten Zeitraum als sein Notarvertreter bestellt wurde (möglichst zugleich unter Übersendung einer – beglaubigten – Kopie der Bestellungsverfügung des Landgerichtspräsidenten).

Abs. 3 S. 3 sieht in der ab 1.1.2018 geltenden Fassung eine Sonderregelung für **Baden-Württemberg** vor: Dort endet das bisherige staatliche Notariat mit dem Jahresende 2017. Ab 1.1.2018 gibt es nur noch freiberufliche Notare. Soweit die Inhaber der bisherigen Referate und Abteilungen der staatlichen Notariate im Landesdienst bleiben und damit ihre Beurkundungsbefugnis zum 1.1.2018 verlieren, werden nach § 114 Abs. 4 BNotO idF ab 1.1.2018 **Notariatsabwickler** bestellt, die die noch offenen notariellen Amtsgeschäfte zu Ende führen. Damit die Notariatsverwalter auch über die Notaranderkonten der ehemaligen staatlichen Notare verfügen können, für die sie jeweils zuständig sind, gibt Abs. 3 S. 3 der Landesregierung die Ermächtigung, sie durch Rechtsverordnung zur Verfügung zu ermächtigen.[47]

Der Notar darf auch nicht für die Zeit seiner Abwesenheit **blanko unterschriebene Überweisungsträger** bereitstellen.[48] Blanko unterschriebene Überweisungsaufträge sind aber nicht gemäß § 134 BGB unwirksam.[49] Für einen durch Blankoüberweisungen ermöglichten Missbrauch haftet der Notar nach § 19 BNotO.[50] Auch kann der Notar ggf. jedenfalls vorläufig des Amtes enthoben werden.[51]

Der Notar darf daher auch **keine Einzugsermächtigung** zulasten des Notaranderkontos erteilen, da damit Dritten der Zugriff auf das Anderkonto eröffnet würde. Erfolgt dennoch eine Lastschrift, so muss der Notar der Kontobelastung widersprechen, was nach den Lastschriftenbedingungen möglich ist und dazu führt, dass die Belastung wieder rückgängig gemacht wird.

2. Bindung der Verfügungsbefugnis an das Notaramt. Die **Verfügungsbefugnis** über das Notaranderkonto ist **an das Amt geknüpft:** Nach § 58 Abs. 3 S. 1 darf beurkundungsrechtlich an Stelle des Notars auch der **Notarvertreter**[52] bzw. der Notariatsverwalter während der Zeit ihrer Bestellung verfügen. Dem Aktenverwahrer (§ 51 BNotO) hingegen muss die Verfügungsbefugnis ausdrücklich durch die Landesjustizverwaltung[53] übertragen werden (S. 2). Den nach § 58 Abs. 3 BeurkG Verfügungsberechtigten ermög-

---

[45] HambGVBl. 1998, 209. Auch früher bestand in Hamburg eine generelle Gestattung der Bevollmächtigung anderer Notare, HambJVBl. 1985, 2. Auch während einer Notarvertretung verfügt daher in Hamburg idR nicht der Notarvertreter (idR ein Notar-assessor) aufgrund seiner Amtsbefugnis, sondern ein Sozius des Notars aufgrund einer ihm erteilten Vollmacht.
[46] Armbrüster/Preuß/Renner/*Renner* BeurkG § 58 Rn. 23; Seybold/Schippel/*Kanzleiter,* 6. Aufl. 1995, DONot § 12 Rn. 14; *Zimmermann* DNotZ 1985, 5 (12); aA – für Zulässigkeit: *Bräu* Rn. 80; Huhn/v. *Schuckmann,* 3. Aufl. 1995, DONot § 12 Rn. 11 sowie AGBNotAndKont. Rn. 60 f.; *Weingärtner,* Verwahrungsgeschäft, Rn. 144; *Weingärtner/Schöttler,* 7. Aufl. 1995, DONot Rn. 189. Problematisch ist, dass die Vollmacht in praxi kaum auf die Zeiträume der Vertretung beschränkt werden kann.
[47] Gesetzesbegründung, BT-Drs. 18/5218, 11.
[48] Präsident des LG Berlin DNotZ 1981, 466.
[49] BGHZ 164, 275 = BGHReport 2006, 41 mAnm *Zimmermann* = DNotZ 2006, 201 = EWiR 2006, 233 mAnm *Mues* = LMK 2006, I 22 mAnm *Krauß* = WuB VIII A § 55 BNotO 1.06 mAnm *Volmer.*
[50] Vgl. BGH NJW 2001, 3190 (zur Haftung des Konkursverwalters bei der Überlassung von blanko unterschriebenen Überweisungsformularen).
[51] BGH DNotZ 1986, 310.
[52] Solange der Vertreter bestellt ist, können daher sowohl der Notar selbst wie der Vertreter wirksam über das Anderkonto verfügen (Schippel/Bracker/*Reithmann,* 8. Aufl. 2006, BNotO § 23 Rn. 15). Nach der früheren Fassung der Notaranderkontenbedingungen konnte der Notar die Verfügungsbefugnis des Notarvertreters der Bank gegenüber beschränken, wenn er erklärte, dass der Vertreter auf seinen Antrag bestellt wurde (Ziff. 12 S. 2 Notaranderkontenbedingungen 1990); dies ist nach den Notaranderkontenbedingungen 2000/2004 nicht mehr möglich.
[53] Arndt/Lerch/Sandkühler/*Sandkühler* BNotO § 23 Rn. 200, zieht dies in Frage, da er eine entsprechend Befugnis der Notarkammer vermisst.

licht Ziff. 11 S. 1 der Anderkontenbedingungen auch bankrechtlich die Verfügung. Mit der Verfügungsbefugnis unterliegen sie auch denselben öffentlich-rechtlichen Amtspflichten aus Verwahrungsanweisung und Treuhandauflagen wie der Notar selbst.

20 Der Bank gegenüber kann die Verfügungsbefugnis durch die **Bestellungsverfügung** des Landgerichts (oder deren beglaubigte Abschrift) nachgewiesen werden.[54]

21 **3. Abwicklung nach Ausscheiden des Notars aus dem Amt.** Öffentlich-rechtlich endet die Verfügungsbefugnis, wenn das **Amt des Notars erlischt** (§ 47 BNotO). Auch bei einer **vorläufigen Amtsenthebung** verliert der Notar seine Verfügungsbefugnis über das Notaranderkonto (oder sonstiges Verwahrungsgut) (§ 55 Abs. 2 S. 3 BNotO); dennoch vorgenommene Verfügungen sind unwirksam (§ 134 BGB) – unabhängig ob das beauftragten Kreditinstitut von der Amtsenthebung Kenntnis hatte oder haben musste.[55] Bankrechtlich ergibt sich das Ende der Verfügungsbefugnis in diesen Fällen aus Ziff. 11 S. 2 Anderkontenbedingungen. Jedenfalls nach einer Literaturansicht kann die Dienstaufsicht außerdem (etwa bei Verdacht der Untreue) die alleinige Verfügungsbefugnis des Notars dahingehend einschränken, dass der Notar nur mit zusätzlicher Genehmigung der Dienstaufsicht oder einer von dieser benannten Person verfügen kann.[56]

22 Wenn der Notar (im hauptberuflichen Notariat) auf einen anderen **Amtssitz wechselt,** endet ebenfalls seine Verfügungsbefugnis (und geht bei entsprechender Verfügung der Justizverwaltung auf den Amtsnachfolger iSd § 51 BNotO bzw. den zwischenzeitlichen Notariatsverwalter über – und wandert nicht etwa an das neue Amt mit). Bankrechtlich ist dies in Ziff. 11 S. 2 Anderkontenbedingungen ausdrücklich geregelt.[57] Öffentlich-rechtlich ergibt sich dies daraus, dass der Notar nicht mehr das alte, sondern ein neues Amt bekleidet, während § 58 Abs. 3 BeurkG die Verfügungsbefugnis an das Amt bindet.

23 Mit der Verfügungsbefugnis geht auch die **Kontoinhaberschaft** auf den Amtsnachfolger bzw. Notariatsverwalter über (Ziff. 11 S. 5 und S. 6 Anderkontenbedingungen). Beim Tod eines Notars fällt das Anderkonto daher nicht in den Nachlass (ebenso früher die ausdrückliche Regelung in Ziff. 13 S. 1 Notaranderkontenbedingungen aF).[58] Es erfolgt aber kein Vertragsübergang, so dass Schuldner der Bank (etwa für einen möglichen Debetsaldo) weiterhin der Notar bzw. dessen Erben bleiben.[59]

---

[54] *Winkler* BeurkG § 58 Rn. 18.

[55] BGHZ 164, 275 = BGHReport 2006, 41 mAnm *Zimmermann* = DNotZ 2006, 201= EWiR 2006, 233 mAnm *Mues* = LMK 2006, I 22 mAnm *Krauß* = WuB VIII A § 55 BNotO 1.06 mAnm *Volmer;* ebenso bereits *Zimmermann* DNotZ 1982, 90 (100); aA (vor der BGH-Entscheidung) *Weingärtner,* Verwahrungsgeschäft, Rn. 148. Sonstige Amtsgeschäfte kann der vorläufig amtsenthobene Notar hingegen wirksam vornehmen, auch wenn ihm dies untersagt ist § 55 Abs. 2 S. 1 und S. 2 BNotO).

[56] *Lerch* BeurkG Vor § 57 Rn. 27; *Weingärtner,* Verwahrungsgeschäft, Rn. 143; *Weingärtner/Schöttler,* 7. Aufl. 1995, DONot Rn. 174; aA – da sie keine Ermächtigungsgrundlage für diese Eingriffsbefugnis sehen – Armbrüster/Preuß/Renner/*Renner* BeurkG § 58 Rn. 21; Arndt/Lerch/Sandkühler/*Sandkühler* BNotO § 23 Rn. 104; *Zimmermann* DNotZ 1985, 718. Dabei ergibt sich die bankrechtliche Eingriffsmöglichkeit aus der in Ziff. 11 der Notaranderkontenbedingungen geregelten Bindung der Verfügungsbefugnis an Dauer und Umfang der Amtsbefugnis. Die Beschränkung muss der Bank aber mitgeteilt werden – schonenderweise durch Schreiben des Notars mit „Einverständnis" der Dienstaufsicht. In Zweifel gezogen wird aber die berufsrechtliche Eingriffsgrundlage. Verneint man diese Eingriffsmöglichkeit, so bliebe der Dienstaufsicht nur das schärfere Mittel der vorläufigen Amtsenthebung.

[57] Der Begriff der Verlegung des Amtssitzes ist allerdings missverständlich. Gemeint ist nur eine Amtssitzverlegung durch Neubestellung auf ein anderes Amt (§§ 6, 12 BNotO). Wenn der Amtssitz verlegt wird, das Amt aber dasselbe bleibt § 10 Abs. 1 S. 3 BNotO), bleibt selbstverständlich auch die Verfügungsbefugnis über die Anderkonten bestehen.

[58] KG WM 1953, 316. In der früheren Fassung der Anderkontenbedingungen (Ziff. 13) wurde dies damit begründet, dass der Vertrag mit der Bank über die Eröffnung des Anderkontos einen (aufschiebend bedingten) Vertrag zugunsten Dritter darstelle, aus dem der neu Verfügungsbefugte ein eigenes Forderungsrecht erwirbt (§ 328 BGB). Die Neufassung der Anderkontenbedingungen 2000/2004 (Ziff. 11) wird hingegen teilweise als Sonderrechtsnachfolge in Nachzeichnung der berufsrechtlichen Regelung verstanden: *Gößmann* WM 2000, 857 (864).

[59] *Gößmann* WM 2000, 857 (864); Arndt/Lerch/Sandkühler/*Sandkühler* BNotO § 23 Rn. 204.

Bis zur Ernennung eines Amtsnachfolgers oder Verwalters ist die zuständige **Notarkam-** 24
mer Kontoinhaber (Ziff. 11 S. 6) Bei einer vorläufigen Amtsenthebung bleibt der Notar
Kontoinhaber, aber ohne Verfügungsbefugnis; die Verfügungsbefugnis geht bis zur Bestellung eines Vertreters oder Verwalters auf die Notarkammer über (Ziff. 11 S. 3 und S. 4).
Damit könnte die Notarkammer bankrechtlich über das Notaranderkonto verfügen. Eine gewichtige Meinung bezweifelt jedoch, ob die Notarkammer nach § 58 Abs. 3 öffentlich-rechtlich auch verfügen darf (oder nicht vielmehr erforderlichenfalls die Ernennung eines Vertreters oder Verwalters veranlassen muss).[60] Praxisgerechter – und mE auch mit einem weiten Verständnis des Begriffs „Notar" in § 58 Abs. 3 vereinbar – erscheint mir hingegen, der Notarkammer das Recht zur Verfügung über das Anderkonto zuzugestehen, solange bis der Verwalter von der Justiz bestellt ist.[61]

II. Beachtung der Verwahrungsanweisung

1. Peinliche Genauigkeit. Bei allen Verfügungen über das Notaranderkonto muss der 25
Notar die **Verwahrungsanweisung peinlich genau beachten** (Abschnitt III Nr. 1
RLEmBNotK).[62] Das Vertrauen zum Notar, das für die notarielle Amtstätigkeit unentbehrlich ist, ist in besonderem Maße davon abhängig, dass der Notar die ihm anvertrauten Geldbeträge und Wertsachen mit peinlicher Korrektheit behandelt.[63] Denn die Beteiligten haben dem Notar als unbeteiligtem Dritten übertragen, das Vorliegen der **Auszahlungs-voraussetzungen zu überprüfen** und die Auszahlung entsprechend vorzunehmen, um Abwicklungsstörungen durch vertragswidriges Verhalten einer Partei, aber auch durch Pfändung, Insolvenz oÄ zu vermeiden und die Zug um Zug-Abwicklung zu sichern. Ermessen bei der Feststellung der Auszahlungsvoraussetzungen hat der Notar nur, falls ihm dies ausnahmsweise eingeräumt wurde[64] – wovon aber abzuraten ist.

Dabei darf der Notar die Verwahrungsanweisung nicht **entgegen ihres Wortlauts** 25a
auslegen. Kann der Notar im konkreten Fall der Verwahrungsanweisung nicht entnehmen, wie er vorzugehen hat, so muss diese Frage zwischen den Beteiligten geklärt werden.[65] Allerdings kann der Notar mE ggf. durch Ankündigung der Auslegung, die er für richtig hält, insbes. mittels eines Vorbescheids die Beteiligten veranlassen, die Frage unter sich zu klären.

Ebenso darf der Notar die Verwahrungsanweisung beim Vollzug weder ergänzen noch 26
berichtigen. Eine **ergänzende Auslegung** der Verwahrungsanweisung über deren Wortlaut hinaus ist dem Notar untersagt – auch wenn er die Anweisung selbst entworfen hat und dabei lediglich in einzelnen Verträgen vergessen hatte, eine bestimmte Klausel aufzunehmen, die sich aber in anderen, im Übrigen gleich lautenden Anweisungen findet.[66] –

---

[60] *Gößmann* WM 2000, 857 (864); *Arndt/Lerch/Sandkühler/Sandkühler* BNotO § 23 Rn. 205. Nach dieser Ansicht gehen auch die Pflichten aus dem Verwahrungsverhältnis nicht auf die Notarkammer über, da diese öffentlich-rechtlich nicht über das Konto verfügen dürfe. Da die Verfügungsbefugnis an das Amt geknüpft ist, geht zugleich auch die Bindung an die Verwahrungsanweisung auf den nunmehr verfügungsbefugten Notarverwalter oder den Amtsnachfolger des verwahrenden Notars über – allerdings nur, soweit die Gelder noch auf dem Anderkonto liegen. Soweit die Gelder bereits ausgezahlt sind, kommen allenfalls Amtshaftungsansprüche gegen den auszahlenden Notar in Betracht (ebenso wie auch eine Beschwerde nach § 15 Abs. 2 BNotO nach Auszahlung unzulässig wäre, → BNotO § 23 Rn. 49).
[61] BNotK-Rundschreiben Nr. 3/1999 vom 4.2.1999; *Armbrüster/Preuß/Renner/Renner* NotAndKont Rn. 62; *Weingärtner*, Verwahrungsgeschäft, Rn. 144 ff.
[62] BGH DNotZ 1972, 551; 1986, 310; 1987, 556; 1995, 125; 2001, 856 mAnm *Hertel*; 2003, 218 = RNotZ 2003, 402 mAnm *Kemp*; OLG Celle DNotZ 1989, 55 (56); OLG Hamm DNotZ 1996, 384 mAnm *Preuß*; MittBayNot 2002, 127; OLG Schleswig OLG-Report 2000, 413; *Brambring/Sandkühler/Starke* S. 142; *Ganter/Hertel/Wöstmann/Hertel* Rn. 1841 ff.; *Weingärtner*, Verwahrungsgeschäft, Rn. 168; *Winkler* BeurkG § 57 Rn. 53.
[63] BGH DNotZ 1987, 556.
[64] *Weingärtner*, Verwahrungsgeschäft, Rn. 90.
[65] BGH RNotZ 2011, 326.
[66] OLG Hamm FGPrax 2002, 83; ähnlich KG KG-Report 2005, 727. Ausdrücklich auch in Abschnitt III. Nr. 1 der Richtlinien der Westfälischen Notarkammer. Von der – unzulässigen – Auslegung zu unterscheiden

Auch wenn den Beteiligten gegeneinander Ansprüche aus **Wegfall der Geschäftsgrundlage** zustehen mögen, kann der Notar darüber nicht entscheiden.[67] Der Notar kann allenfalls rückfragen, ob die Verwahrungsbeteiligten möglicherweise einvernehmlich die Anweisung abändern wollen. Nur in Ausnahmefällen hat der Notar die Auszahlung nach § 61 Nr. 2 zu stoppen, wenn infolge des erst nachträglich eingetretenen bzw. bemerkten Umstandes einem der Beteiligten ein unwiederbringlicher Schaden droht.

27 Ausnahme ist mE die **falsa demonstratio.** Hier ist der Notar nicht an den Wortlaut, sondern an den eindeutigen Sinn der Verwahrungsanweisung gebunden. Nachdem der BGH die Frage aber ausdrücklich offen ließ,[68] sollte der Notar den Beteiligten unbedingt vorab die von ihm beabsichtigte Auszahlung mitteilen und auf die Beschwerdemöglichkeit nach § 15 Abs. 2 BNotO hinweisen (notarieller Vorbescheid) – und sich möglichst den tatsächlich gewollten Inhalt der Anweisung von den Beteiligten noch schriftlich bestätigen lassen.

28 **Innerhalb des möglichen Wortlauts** muss der Notar hingegen eine mehrdeutige oder lückenhafte Weisung auslegen.[69] Denn wäre ihm auch insoweit eine Auslegung untersagt, so könnte der Notar gar nicht auszahlen – womit er gegen seine Verpflichtung zur unverzüglichen Auszahlung aus § 58 Abs. 3 S. 4 verstieße. Aus einer neueren Entscheidung des BGH[70] könnte man eine Tendenz herauslesen, jedenfalls bei einseitigen Treuhandauflagen aufgrund des Sicherungsinteresses des Treugebers innerhalb der vom Wortlaut her denkbaren Auslegungsmöglichkeiten im Zweifel die weitestmögliche Auslegung zu wählen – ohne dass jedoch die Entscheidungsgründe ausdrücklich eine diesbezügliche Auslegungsregel statuieren.

Soweit möglich sollte sich der Notar auch hier bemühen, von allen Verwahrungsbeteiligten eine einvernehmliche schriftliche Änderung des mehrdeutigen Wortlauts der Anweisung zu erhalten – und falls dies nicht möglich ist, einen notariellen Vorbescheid erlassen.

29 **2. Persönliche und sorgfältige Prüfung der Auszahlungsvoraussetzungen.** Der Notar muss **persönlich prüfen,** ob die Auszahlungsvoraussetzungen vorliegen. Er darf die Prüfung nicht gänzlich einem Angestellten oder Sozius überlassen, ohne eine eigene zusätzliche Prüfung vorzunehmen.[71] Denn die ausschließliche Befugnis des Notars zur Verfügung über das Notaranderkonto (§ 58 Abs. 3 S. 1) wäre zwar formell, nicht aber inhaltlich eingehalten, wenn die Entscheidung zur Auszahlung nicht vom Notar selbst kommt.

Ist auf dem Überweisungsauftrag des Notars eine **falsche Kontonummer** angegeben und wird das Geld deshalb auf ein falsches Konto überwiesen, so haftet der Notar, unabhängig ob er selbst den Überweisungsträger ausgefüllt hat oder dies vor seiner Unterschrift durch seine Angestellten vorbereiten ließ. Der BGH ließ offen, ob er dieses – richtige – Ergebnis auf eine Analogie zu § 278 BGB stützt oder auf die Verletzung einer Amtspflicht des Notars, den vorbereiteten Überweisungsträger nochmals selbst zu prüfen.[72]

---

ist der Fall, dass die Anweisung dem Notar von den Beteiligten erteilt und nur die Aufnahme in die Urkunde vergessen wurde. Ist die Unrichtigkeit offensichtlich, so kann der Notar die Urkunde nach § 44a Abs. 2 durch einen Nachtragsvermerk richtig stellen. Aber auch, wenn keine offensichtliche Unrichtigkeit vorliegt, die Anweisung aber erteilt wurde, ist der Notar daran gebunden (→ § 57 Rn. 35). Auch hier empfiehlt sich aber ein notarieller Vorbescheid bzw. eine (schriftliche) Bestätigung der Verwahrungsbeteiligten, dass die entsprechende Anweisung tatsächlich erteilt wurde.

[67] OLG Hamm DNotZ 1996, 384 mAnm *Preuß* (Anpassung bei geringfügiger Fristüberschreitung).
[68] BGH DNotZ 2001, 856 mAnm *Hertel*.
[69] *Hertel* DNotZ 2001, 858; Ganter/Hertel/Wöstmann/*Hertel* Rn. 1848; weitergehend für Zulässigkeit auch einer ergänzenden Auslegung zur Lückenfüllung, so aber OLG Jena OLG-Report 2001, 207.
[70] BGH RNotZ 2003, 402 mAnm *Kemp* = ZflR 2003, 547 mAnm *Beining* – unter Aufhebung von OLG Düsseldorf ZNotP 2002, 486; ähnlich wie der BGH: OLG Schleswig OLG-Report 2003, 376; dem OLG Düsseldorf zustimmend: *Wehrstedt* ZNotP 2002, 461; gegen die Entscheidung des OLG Düsseldorf: *Kemp* ZNotP 2003, 27; zur BGH-Entscheidung vgl. *Müller-Magdeburg* ZNotP 2003, 213.
[71] OLG München VersR 2000, 1490; vgl. Notarkammer Berlin Berliner Anwaltsblatt 2002, 292.
[72] BGH NJW-RR 2008, 1377. Das OLG Frankfurt a.M. (OLGR 2008, 368) als Vorinstanz hatte dieses Ergebnis ganz auf § 278 BGB gestützt.

Die Auszahlungsvoraussetzungen sind sorgfältig zu prüfen. Insbesondere hat der Notar **30** die **Empfangsberechtigung** des Auszahlungsempfängers bei einer **Pfändung oder Abtretung** des Auskehrungsanspruches (und des zugrundeliegenden Kaufpreisanspruches) zu prüfen.[73] Solange die Empfangsberechtigung nicht nachgewiesen ist, hat der Notar das Geld weiter auf dem Anderkonto zu verwahren.[74]

Auch die behauptete Empfangsberechtigung eines **Vertreters**[75] muss der Notar prüfen; bei Zweifeln kann der Notar eine Unterschriftsbeglaubigung der Empfangsvollmacht verlangen.[76]

Nach Ansicht des OLG Zweibrücken ist der Notar bei Vorliegen konkreter Anhaltspunkte verpflichtet, vor Auszahlung des Kaufpreises vom Anderkonto zu prüfen, ob ein **Insolvenzverfahren** über das Vermögen des zur Auszahlung an Dritte anweisenden Verkäufers eröffnet ist. Dabei müsse sich Notar jedenfalls bei Vorliegen von entsprechenden Indizien auch auf der Internet-Seite „www.insolvenzbekanntmachungen.de" nach einer möglichen Insolvenz des Verkäufers erkundigen.[77] Diese Entscheidung halte ich für falsch; das Gesetz begründet nirgends eine allgemeine Nachforschungspflicht des Notars nach der wirtschaftlichen Solvenz eines Beteiligten. Lediglich im Fall des § 61 Nr. 2, wenn einem Beteiligten „durch die Auszahlung des verwahrten Geldes ein unwiederbringlicher Schaden erkennbar droht", muss der Notar von der Auszahlung absehen; die Insolvenz muss damit für den Notar erkennbar sein.

Ist der Empfangsberechtigte **verstorben,** kann der Zahlungsverpflichtete verlangen, dass nur gegen Vorlage eines Erbscheines ausgekehrt wird.[78]

3. Amtshaftung, Versicherung und disziplinarische Sanktionen. Für Fehler bei **31** der Feststellung der Auszahlungsvoraussetzungen **haftet** der Notar nach § 19 Abs. 1 BNotO (wegen einer Verletzung seiner Amtspflicht aus § 58 Abs. 3 S. 4 bzw. aus der Verwahrungsanweisung).[79] Auf Unklarheiten der Verwahrungsanweisung kann er sich im Haftungsprozess idR nicht mit Erfolg berufen, da andernfalls ein Verstoß gegen seine Amtspflicht zur Formulierung einer einem ordnungsgemäßen Vollzug genügenden Verwahrungsanweisung (§ 57 Abs. 3) vorläge.[80]

---

[73] Zu Pfändung und Abtretung → BNotO § 23 Rn. 28 ff.
[74] OLG Schleswig NotBZ 2007, 146 = OLG-Report 2006, 615.
[75] *Haug/Zimmermann* Rn. 722; Armbrüster/Preuß/Renner/*Renner* BeurkG § 58 Rn. 30; Arndt/Lerch/Sandkühler/*Sandkühler* BNotO § 23 Rn. 115; *Weingärtner,* Verwahrungsgeschäft, Rn. 158 ff.; *Winkler* BeurkG § 58 Rn. 24.
[76] OLG Hamm DNotZ 1963, 635; zustimmend *Haug/Zimmermann* Rn. 723. Der Notar wird einen derartigen Nachweis aber nur ausnahmsweise verlangen, Schippel/Bracker/*Reithmann,* 8. Aufl. 2006, BNotO § 23 Rn. 23.
[77] OLG Zweibrücken MittBayNot 2007, 240 mAnm *C. Sandkühler.* Im konkreten Fall stützte das OLG Zweibrücken die Nachforschungspflicht allein darauf, dass der Kaufpreis vollständig an nicht grundbuchlich abgesicherte Dritte zu zahlen war.
[78] Dies gilt auch, wenn die Erben ein notarielles Testament mit Eröffnungsprotokoll des Nachlassgerichtes vorlegen. Dann kann zwar beim Grundstückskauf die Eigentumsumschreibung im Grundbuch nach § 35 Abs. 1 S. 2 GBO auch aufgrund Auflassung durch die Erben vollzogen werden; erfolgt dabei auch eine Zwischeneintragung möglich, wäre der Erwerber in seinem guten Glauben an deren Eigentum auch nach § 892 BGB geschützt. Doch ist der Zahlungsverpflichtete nur bei Vorlage eines Erbscheines in seinem guten Glauben an die Empfangsberechtigung der darin ausgewiesenen Erben (§ 2367 Var. 1 BGB) und damit gegen eine spätere Nachforderung des Kaufpreises durch die wirklichen Erben geschützt. Der Notar sollte daher das notarielle Testament nur bei schriftlich erklärtem (§ 57 Abs. 4) Einverständnis des Zahlungsverpflichteten als Erbnachweis genügen lassen; zuvor sollte er die Beteiligten möglichst auf den unterschiedlichen Gutglaubensschutz hinweisen. Vgl. auch zum gerichtlichen Hinterlegungsverfahren nach § 372 BGB: KG-Report 2008, 654 = Rpfleger 2008, 511. Anders wäre dies natürlich, wenn der Vertrag schon mit den Erben abgeschlossen wird. Dann muss der Vertragspartner spätestens bei Vertragsschluss geltend machen, welchen Nachweis der Erbenstellung er verlangt. Er kann nicht später „nachtarocken".
[79] BGH DNotZ 2001, 856 mAnm *Hertel;* Ganter/Hertel/Wöstmann/*Hertel* Rn. 1840 ff.
[80] → § 57 Rn. 41.

Allerdings liegt kein Schaden vor, wenn der eigentlich Auszahlungsberechtigte infolge der Falschauszahlung von einer anderweitigen Schuld gegen den Auszahlungsempfänger befreit wurde.[81]

32 Zahlt der Notar aus, obwohl er weiß, dass die Voraussetzungen nach der ihm erteilten Verwahrungsanweisung nicht vorliegen, so tritt seine Haftpflichtversicherung für den Schaden nicht ein. Denn **„wissentliche Pflichtverletzungen"** sind vom Versicherungsschutz der Berufshaftpflichtversicherung ausgeschlossen (§ 4 Nr. 5 der Allgemeinen Versicherungsbedingungen für Vermögensschäden).[82] Eine wissentliche Pflichtverletzung liegt auch vor, wenn der Notar meint, zu einer Abweichung von der Anweisung aufgrund ergänzender Auslegung berechtigt zu sein.[83] Dasselbe gilt, wenn der Notar gar nicht überprüft, ob die Auszahlungsvoraussetzungen vorliegen oder die Prüfung gänzlich einem Angestellten oder Sozius überlässt, ohne eine eigene zusätzliche Prüfung vorzunehmen.[84]

33 **Disziplinarisch** werden Verstöße gegen die erteilten Treuhandauflagen als schweres Dienstvergehen gewertet.[85]

III. Unverzügliche Auszahlung (Abs. 3 S. 4)

34 Liegen die Auszahlungsvoraussetzungen vor, so hat der Notar unverzüglich auszuzahlen (Abs. 3 S. 4) (der inhaltlich § 12 Abs. 3 DONot aF entspricht). Dabei ist dem Notar eine angemessene Prüfungsfrist zuzugestehen, um die Prüfung mit der angemessenen Ruhe und Gründlichkeit vornehmen zu können. **Unverzüglich** ist die Auszahlung, wenn die Anweisung **innerhalb von zwei bis fünf Werktagen** nach Eintritt der Auszahlungsvoraussetzungen bei der Bank eingeht – sofern nicht im Einzelfall besondere Dringlichkeit vorliegt.[86] Ohne ausdrückliche Anweisung ist der Notar nicht verpflichtet, für eine besondere Beschleunigung des Geldtransfers (zB Blitzgiro) zu sorgen.

Für eine verzögerte Auszahlung haftet der Notar aufgrund Amtspflichtverletzung nach § 19 Abs. 1 BNotO. Der Käufer schuldet hingegen keinen Verzugsschaden für eine vom Notar verursachte Verzögerung der Auszahlung; denn der Notar ist bei der Abwicklung der Verwahrung nicht Erfüllungsgehilfe des Käufers.[87]

35 Amtspflichtwidrig ist auch eine **verfrühte Auszahlung**[88] – auch wenn die Auszahlungsvoraussetzungen später doch noch eintreten. Bei nachträglichem Eintritt der Auszahlungsvoraussetzungen wird es häufig an der Kausalität für den Schaden fehlen.[89] Doch bejahte der BGH einen Amtshaftungsanspruch bei verfrühter Auszahlung, obwohl die Auszahlungsvoraussetzungen später – aber erst nach Ablauf der hierfür gesetzten Frist und nach zwischenzeitlichem Widerruf des Treugebers – doch noch eintraten; denn Schutzzweck des § 19 Abs. 1 BNotO sei auch, dass der Treugeber nicht durch eine verfrühte Auszahlung

---

[81] BGH NJW-RR 2003, 1497.
[82] Dieser Ausschluss ist nach § 19a Abs. 2 Nr. 1 BNotO zulässig.
[83] OLG Celle DNotZ 1989, 56; OLG Hamm AnwBl. 1996, 237.
[84] OLG München VersR 2000, 1490; vgl. Notarkammer Berlin Berliner Anwaltsblatt 2002, 292. Vgl. andererseits aber OLG Frankfurt a. M. DNotZ 2000, 378: Noch kein Ausschluss der Versicherung bei bloßer (wenngleich grober) Fahrlässigkeit, wenn der Notar nach oberflächlicher Durchsicht seiner Handakten infolge eines (aufgrund eines Büroversehens) auf dem Heftstreifen „Grundpfandrechte" angebrachten Stempelaufdrucks „Erledigt" irrtümlich davon ausgeht, dass die nach der Treuhandauflage erforderliche Grundschuldbestellung zugunsten des Kreditinstituts erfolgt ist.
[85] Vgl. etwa BGH DNotZ 1986, 310; OLG Celle DNotZ 1989, 55 (56); → BNotO § 23 Rn. 66.
[86] LG Frankfurt a. M. MittBayNot 1996, 231; zustimmend *Amann/Brambring* S. 73; *Haug* Rn. 703a; Armbrüster/Preuß/Renner/*Renner* BeurkG § 58 Rn. 35; *Weingärtner,* Verwahrungsgeschäft, Rn. 154; *ders.,* Vermeidbare Fehler, Rn. 350; *Winkler* BeurkG § 58 Rn. 22; ähnlich Arndt/Lerch/Sandkühler/*Sandkühler* BNotO § 23 Rn. 108. OLG Frankfurt a. M. NJW-RR 1996, 507 gesteht sogar bis zu zehn Arbeitstage Bearbeitungszeit zu – abhängig von der Eilbedürftigkeit. Bei der Bemessung der Frist ist neben dem Auszahlungsinteresse der Beteiligten auch zu berücksichtigen, dass oberstes Interesse der Beteiligten und oberste Pflicht des Notars eine sorgfältige Prüfung und richtige Auszahlung ist.
[87] OLG Hamburg OLG-Report 1999, 258.
[88] Vgl. etwa BGH NJW 1987, 3201; 1996, 3343.
[89] Vgl. etwa OLG Frankfurt a. M. BeckRS 2011, 24418.

die Möglichkeit zu einem zulässigen Widerruf verliere.⁹⁰ Ein Notar, der unter Missachtung von Treuhandauflagen verfrüht über das Treugut verfügt, kann sich jedenfalls dann nicht auf ein rechtmäßiges Alternativverhalten in Form einer hypothetisch möglich gewesenen Herbeiführung der Auszahlungsvoraussetzungen berufen, wenn nicht feststellbar ist, dass er diese Voraussetzungen noch vor Ablauf der vom Treugeber eingeräumten Frist herbeigeführt hätte.⁹¹ Eine verfrühte Auszahlung ist ein Dienstvergehen⁹² und kann auch strafrechtlich fremdnützige Untreue zugunsten Dritter (§ 266 Abs. 1 Var. 2 StGB) darstellen.

IV. Verbot von Umbuchungen und bargeldlose Auszahlung

1. Verbot von Umbuchungen (Abs. 3 S. 4). Abs. 3 S. 4 enthält auch das grundsätzliche Verbot zu anderen Verfügungen als Auszahlungen an die Empfangsberechtigten. **Umbuchungen** sind grundsätzlich unzulässig, sofern kein besonderer Grund vorliegt. Dies dient auch der besseren Kontrolle über das Anderkonto. Zulässig wäre hingegen etwa eine von den Beteiligten angewiesene Anlage auf Festgeld oder in einer Fremdwährung und die dazu erforderliche Umbuchung.⁹³ **36**

2. Bargeldlose Auszahlung (Abs. 3 S. 5 bis S. 7). Aus § 12 Abs. 3 S. 4 DONot aF übernommen wurde der Grundsatz der **bargeldlosen Auszahlung,** von dem lediglich bei besonderen berechtigten Interessen der Beteiligten Ausnahmen möglich sind (Satz 5). Die Banken geben daher in der Regel gar keine Scheckvordrucke für Notaranderkonten aus.⁹⁴ Ein **berechtigtes Interesse** für eine Auszahlung per Scheck wäre etwa anzuerkennen bei überlanger Dauer einer Überweisung oder wenn im Empfängerland allgemein die Übermittlung eines Schecks statt einer Überweisung üblich ist (zB in den USA).⁹⁵ Eine Barauszahlung wäre etwa denkbar, wenn ein mit einem geringen Betrag abzulösender Gläubiger kein Konto hat – ebenso eine Ablösung durch Auszahlung per Scheck, wenn lediglich die Postanschrift des Gläubigers bekannt ist, aber keine Bankverbindung (und es sich nur um eine geringe Summe handelt, so dass die Ermittlung der Bankverbindung einen unverhältnismäßigen Aufwand erfordert). **37**

Noch nicht in der DONot aF enthalten war die **Dokumentationspflicht** des Satz 6 für die Gründe, warum bar oder mittels Scheck ausgezahlt wurde. Eine **Empfangsquittung**⁹⁶ mit vorhergehender Personalienfeststellung (Satz 7) war hingegen bereits früher nach § 13 Abs. 4 S. 2 DONot aF erforderlich. **38**

V. Einbehalt von Notargebühren (Abs. 3 S. 8)

Abs. 3 S. 8 schränkt den auch früher nach § 12 Abs. 3 S. 5 DONot aF zulässigen Kosteneinbehalt ausdrücklich auf die notarielle **Gebühren aus demselben Amtsgeschäft** ein.⁹⁷ Einbehalten (dh vom Notaranderkonto entnehmen) darf der Notar nicht nur die **39**

---

⁹⁰ BGH DNotZ 1990, 661 (663 ff.) mAnm *Tönnies;* 1997, 70; 2004, 218 mAnm *Hertel* = RNotZ 2003, 402 mAnm *Kemp* = ZfIR 2003, 547 mAnm *Beining;* ähnlich OLG Düsseldorf DNotZ 1988, 393. Die entschiedenen Fälle betreffen alle den Widerruf des einseitigen Treuhandauftrages der finanzierenden Bank.
⁹¹ OLG Hamm RNotZ 2013, 513.
⁹² OLG Stuttgart BeckRS 2018, 39589.
⁹³ Die Umbuchung kann im Massenbuch vermerkt werden § 10 Abs. 2 Hs. 2 DONot), → DONot § 10 Rn. 27 ff.
⁹⁴ *Weingärtner/Schöttler,* 7. Aufl. 1995, DONot Rn. 186a.
⁹⁵ Vgl. Armbrüster/Preuß/Renner/*Renner* BeurkG § 58 Rn. 42. Denn im Bankensystem der USA erfolgen Zahlungen fast ausschließlich durch Übersendung von Schecks. Eine Überweisung – selbst eine Blitzüberweisung – in die USA dauert meist Wochen und ist teuer.
⁹⁶ Muster bei *Weingärtner,* Verwahrungsgeschäft Rn. 170. Erforderlich ist eine gesonderte Quittung, ein bloßer Vermerk im Massenbuch genügt nicht.
⁹⁷ Dieselbe Einschränkung nahm bereits vor der gesetzlichen Regelung die überwiegende Rechtsprechung vor: OLG Düsseldorf DNotZ 1991, 557 (558); OLG Hamm DNotZ 1989, 647; KG DNotZ 1987, 566; OLG Köln DNotZ 1989, 257; ebenso *Bräu* Rn. 250; *Weingärtner/Schöttler,* 7. Aufl. 1995, DONot Rn. 183a/b; aA – generelle Entnahmebefugnis auch für Gebühren aus anderen Amtsgeschäften (nach altem Recht) – etwa OLG Köln DNotZ 1987, 571; *Brambring* DNotZ 1990, 615 (633); Armbrüster/Preuß/Renner/*Renner,*

Hebegebühren, sondern auch die Gebühren für die Beurkundung und den Vollzug des Vertrages, zu dessen Abwicklung das Anderkonto dient. Zu demselben Amtsgeschäft kann auch eine andere notarielle Urkunde zählen, etwa ein Kaufvertragsnachtrag oder eine zum Vollzug dienende Löschungsbewilligung, Genehmigung oder Zustimmungserklärung, während die Bestellung der Finanzierungsgrundschuld trotz ihres wirtschaftlichen Zusammenhanges nach hM nicht mehr zu demselben Amtsgeschäft gehört.[98] Erst recht darf der Notar nicht anwaltliche Gebührenforderungen seines Sozius vom Notaranderkonto begleichen (außer der Auszahlungsberechtigte hat schriftlich zugestimmt).[99]

40 Formell setzt die Entnahme der Kosten vom Anderkonto den Zugang einer **notariellen Kostenberechnung** nach § 19 GNotKG (bzw. früher § 154 KostO) an den Kostenschuldner voraus. Bei der Auszahlung ist der Verwendungszweck im Verwahrungs- und Massenbuch zu vermerken.[100] Der Einbehalt (= Entnahme) darf erst erfolgen, nachdem die **Auszahlungsvoraussetzungen** für die Auszahlung an den Verkäufer eingetreten sind (Satz 8). Zuvor besteht jedoch bereits ein Zurückbehaltungsrecht.

Lediglich die Hebegebühr selbst (Nr. 25300 KV GNotKG – früher § 149 KostO) muss in der zugegangenen Kostenberechnung noch nicht enthalten sein. Denn die Hebegebühr kann der Notar aufgrund der Sonderregelung von Nr. 25300 KV GNotKG „bei der Ablieferung an den Auftraggeber entnehmen" (bzw. konnte er früher nach § 149 Abs. 1 S. 3 KostO bereits mit der betreffenden Auszahlung einbehalten[101]).

41 Wegen anderer Ansprüche kann der Notar aber den **Kaufpreisanspruch pfänden** und dabei auch eine Hilfspfändung des gegen sich selbst gerichteten Auskehrungsanspruches vornehmen.[102] Ebenso kann der Auszahlungsberechtigte schriftlich (§ 57 Abs. 4) sein Einverständnis mit einem über die Beschränkungen des § 58 Abs. 3 S. 8 hinausgehenden Einbehalt erklären[103] – sei es bereits in der Verwahrungsanweisung oder später.

VI. Buchführung und Verschwiegenheit

42 **1. Verwahrungs- und Massenbuch, Anderkontenliste und Blattsammlung (§§ 10 bis 12, 22 Abs. 2, 27 DONot).** Nicht in das Beurkundungsgesetz übernommen wurden die Vorschriften der DONot aF über Verwahrungsbuch, Massenbuch und Anderkontenliste (früher § 11 Abs. 3 bis Abs. 5 DONot aF) sowie über die Art der Buchung und Belegsammlung (§ 13 DONot aF), da sie lediglich **Dokumentationspflichten** enthielten und daher keiner gesetzlichen Regelung bedürfen.[104] Nach der Neufassung der DONot regelt jetzt § 5 DONot die vom Notar zu führenden Bücher und Register, § 6 DONot enthält allgemeine Vorschriften über die Verwendung amtlicher Muster, §§ 10 bis 12 DONot

---

3. Aufl. 1995, DONot § 12 Rn. 21; *Reithmann,* Vorsorgende Rechtspflege, S. 225; *Zimmermann* DNotZ 1985, 5 (15); *ders.* DNotZ 1987, 571; *ders.* DNotZ 1989, 262; unter gewissen Voraussetzungen auch *Preuß,* Die notarielle Hinterlegung, 1995, S. 238 f. Statt einer Entnahme kann auch ein bloßes Zurückbehaltungsrecht wegen Gebührenansprüchen aus demselben Amtsgeschäft geltend gemacht werden: OLG Frankfurt a. M. DNotI-Report 1998, 139; OLG Köln DNotZ 1989, 257; *Zimmermann* DNotZ 1989, 262 (264).

[98] *Armbrüster/Preuß/Renner/Renner* BeurkG § 58 Rn. 46; *Weingärtner/Schöttler,* 7. Aufl. 1995, DONot Rn. 183a.

[99] BGH DNotZ 2015, 393.

[100] Vgl. Muster 3 zur DONot (Verwahrungsbuch), Ausgabe Nr. 7; Muster 4 (Verwahrungsbuch Loseblattform) – laufende Nr. 14.

[101] OLG Celle BeckRS 2013, 04925; OLG Frankfurt a. M. OLG-Report 1998, 282; *Lappe* NotBZ 2001, 418; *Armbrüster/Preuß/Renner/Renner* BeurkG § 58 Rn. 50; *Rohs/Wedewer/Rohs,* 2009, KostO § 149 Rn. 20; *Arndt/Lerch/Sandkühler/Sandkühler* BNotO § 23 Rn. 118.

[102] OLG Köln DNotZ 1989, 257; *Armbrüster/Preuß/Renner/Renner* BeurkG § 58 Rn. 51; *Preuß* S. 236; *Arndt/Lerch/Sandkühler/Sandkühler* BNotO § 23 Rn. 119; *Weingärtner,* Verwahrungsgeschäft, Rn. 172; *Winkler* BeurkG § 58 Rn. 30. Der Notar verstößt mit der Pfändung weder gegen seine Verschwiegenheits- noch gegen seine Neutralitätspflicht.

[103] *Brambring/Sandkühler/Starke* S. 141; *Armbrüster/Preuß/Renner/Renner* BeurkG § 58 Rn. 51; *Arndt/Lerch/Sandkühler/Sandkühler* BNotO § 23 Rn. 119; *Weingärtner,* Verwahrungsgeschäft, Rn. 176; *Winkler* BeurkG § 58 Rn. 29; *Zimmermann* DNotZ 1989, 262 (265).

[104] Regierungsbegründung, BT-Drs. 13/4184, 38.

§ 58 Durchführung der Verwahrung   43–48 § 58 BeurkG

Vorschriften für Verwahrungs- und Massenbuch einschließlich der Anderkontenliste (§ 12 Abs. 5 DONot), § 17 DONot regelt die EDV-gestützte Buchführung, § 22 Abs. 2 DONot die für jedes Verwahrungsgeschäft anzulegende Blattsammlung, § 25 DONot die Übersicht über die Verwahrungsgeschäfte und § 27 DONot enthält diverse weitere Vorschriften über Verwahrungsgeschäfte, insbesondere auch für die Abrechnung (§ 27 Abs. 4 DONot).[105] Die DONot will damit eine Einheitlichkeit der Buchführung für Notaranderkonten vor allem im Interesse der Notarprüfung erreichen. Als justizinterne Verwaltungsvorschrift begründet sie aber keine (drittschützenden) Amtspflichten.

Die Buchführung muss der Notar nicht selbst vornehmen. (§ 58 Abs. 3 S. 1 gilt nur für Verfügungen über das Anderkonto.) Jedoch muss er einen geeigneten Mitarbeiter auswählen (wobei sinnvollerweise immer derselbe Mitarbeiter die Bücher führt) und hinreichend **überwachen**.[106]   43

2. Verschwiegenheitspflicht (§ 18 BNotO). Die Anderkontenunterlagen des Notars unterliegen der notariellen **Verschwiegenheitspflicht** (§ 18 BNotO); sie sind daher nach § 97 Abs. 1 StPO **beschlagnahmefrei**.[107] Die Aufzeichnungen nach dem Geldwäschegesetz (§ 8 GwG)[108] können hingegen in Strafverfahren zur Verfolgung von Geldwäschedelikten (§ 261 StGB) oder von Vortaten zur Geldwäsche oder bei Terrorismus (§ 129a Abs. 2 StGB) beschlagnahmt werden (§ 15 Abs. 1 GwG).   44

Soweit keine spezialgesetzlichen steuerlichen Auskunfts- oder Mitteilungspflichten bestehen,[109] muss der Notar bei einem Auskunftsersuchen des **Finanzamtes** (§ 102 Abs. 1 Nr. 3 AO) die Auskunft verweigern – es sei denn, die Beteiligten stimmen der Auskunft zu.   45

Die **Dienstaufsicht** hat nach § 93 Abs. 1 BNotO ein Einsichtsrecht. Zwar hat die Dienstaufsicht kein unmittelbares Auskunftsrecht gegenüber der Bank; doch muss der Notar ggf. die Dienstaufsicht zu entsprechenden Anfragen an die Anderkonten führenden Banken ermächtigen.[110]   46

3. Meldepflicht nach Außenwirtschaftsgesetz (§ 26 AWG). Durchbrochen wird die Verschwiegenheitspflicht des Notars auch durch die Meldepflicht nach § 26 Abs. 2 AWG und die Auskunftspflicht nach § 44 AWG. Nach § 26 Abs. 2 AWG iVm §§ 59 ff. AWV muss der Notar **Zahlungen von mehr als 12.500,– EUR von oder an Gebietsfremde** auf dem amtlichen Vordruck melden (für statistische Zwecke). Häufig bereitet die Bank, bei der die Meldung zur Weiterleitung an die Deutsche Bundesbank abzugeben ist, die Meldung schon vor und füllt den Vordruck aus. Eine unterlassene oder nicht ordnungsgemäße Meldung ist eine Ordnungswidrigkeit (§ 33 Abs. 5 Nr. 2 AWG iVm § 70 Abs. 6 Nr. 7 AWV).[111]   47

D. Nur ein Anderkonto je Masse (Abs. 4)

Die Abwicklung einer Verwahrung über mehrere Anderkonten setzt (ebenso wie nach § 12 Abs. 2 S. 5 DONot aF) materiell-rechtlich voraus, dass dies (objektiv) **sachlich**   48

---

[105] Zur Abrechnung → DONot § 27 Rn. 7 ff. – dort auch zur Behandlung der Steuerbescheinigung für vom Notaranderkonto einbehaltene Zinsabschlagsteuer (Kapitalertragsteuer).
[106] Armbrüster/Preuß/Renner/*Renner* BeurkG Vorb. §§ 57 ff. Rn. 18.
[107] Vgl. LG Aachen DNotZ 1999, 171; BNotK-Rundschreiben Nr. 15/1998 vom 22.5.1998, mit Merkblatt „Durchsuchungen und Beschlagnahmen im Notariat", MittRhNotK 1988, 188 = ZNotP 1998, 319; *Keller* DNotZ 1995, 99 (102 ff.).
[108] → § 57 Rn. 121 f. Auch die Auskunft des Notars an die Bank über den wirtschaftlich Berechtigten nach § 8 GwG (→ § 58 Rn. 5) durchbricht die notarielle Verschwiegenheitspflicht.
[109] Vgl. allg. *Küperkoch* RNotZ 2002, 297.
[110] Armbrüster/Preuß/Renner/*Renner* BeurkG Vor §§ 57 ff. Rn. 30 f.; *Weingärtner,* Verwahrungsgeschäft, Rn. 150.
[111] Vgl. BNotK-Rundschreiben Nr. 4/1996 vom 17.1.1996, abgedruckt bei *Weingärtner* Nr. 344, im Internet: www.bnotk.de (unter Aufgaben und Tätigkeiten/Rundschreiben); *Küperkoch* RNotZ 2002, 297 (313 ff.).

Hertel   1459

geboten ist[112] (etwa weil ein später auszuzahlender Teil der Masse zunächst auf Festgeld anzulegen ist oder Beträge in unterschiedlichen Währungen verwahrt werden), und – kumulativ[113] – verfahrensrechtlich, dass dies in der Verwahrungsanweisung **ausdrücklich bestimmt** ist. Dies soll eine einfachere Kontrolle durch die Notarprüfung (und den Notar selbst) ermöglichen. Soweit möglich, empfiehlt sich, die Anderkonten als Unterkonten (etwa als Festgeldkonto oder Fremdwährungskonto) zu bilden.

E. Behandlung von Schecks (Abs. 5)

49 Schecks sind nach Abs. 5 (der § 12 Abs. 4 DONot aF wortgleich übernahm) unverzüglich zugunsten des Notaranderkontos **einzulösen** und dann **wie Geld** zu verwahren. Bei Auszahlungsreife ist der Gegenwert zu überweisen; eine Auszahlung per Scheck ist nur unter den Voraussetzungen des Abs. 3 S. 5 bis S. 7 zulässig.

50 Die Beteiligten können den Notar zur **Aufbewahrung und Ablieferung** des Schecks **in natura** anweisen (anders als bei Bargeld – § 57 Abs. 1); für die Verwahrung des Schecks gelten dann die Vorschriften über die Verwahrung von Wertpapieren (§ 62). Für den Zahlungsverpflichteten hat dies den Vorteil, dass sein Konto zunächst nicht belastet wird.

Doch hat der Zahlungsempfänger durch die Verwahrung des Schecks bis zu dessen Einlösung **keine Sicherheit,** dass dieser nicht später gesperrt wird oder dass das Konto des Verpflichteten keine Deckung aufweist (sofern es sich nicht um einen „bankbestätigten" Scheck handelt).[114] Will daher der Verkäufer im Vertrauen auf die Verwahrung des Schecks bereits vor dessen Einlösung seine Leistung erbringen, so ist dies eine ungesicherte Vorleistung, auf deren Risiko der Notar hinweisen muss. – Im Einzelfall angebracht kann hingegen etwa eine Vereinbarung sein, wonach der Zahlungsverpflichtete dem Notar zunächst einen Scheck übergibt, den dieser nach Feststellung des Vorliegens der Einzahlungsvoraussetzungen zugunsten des Anderkontos einlöst, während Handlungen des Zahlungsempfängers (etwa die Besitzübergabe) erst nach erfolgter Einlösung vorzunehmen sind.

§ 59 Verordnungsermächtigung

¹**Das Bundesministerium der Justiz und für Verbraucherschutz hat durch Rechtsverordnung mit Zustimmung des Bundesrates die näheren Bestimmungen zu treffen über den Inhalt, den Aufbau und die Führung des Verwahrungsverzeichnisses einschließlich der Verweismöglichkeiten auf die im Urkundenverzeichnis zu der Urkunde gespeicherten Daten sowie über Einzelheiten der Datenübermittlung und -speicherung sowie der Datensicherheit.** ²**Die Verordnung kann auch Ausnahmen von der Eintragungspflicht anordnen.** ³**Die technischen und organisatorischen Maßnahmen zur Gewährleistung der Datensicherheit müssen denen zur Gewährleistung der Datensicherheit des Elektronischen Urkundenarchivs entsprechen.**

§ 59a Verwahrungsverzeichnis [noch nicht in Kraft]

[§ 59a ab 1.1.2022:]
(1) Der Notar führt ein elektronisches Verzeichnis über Verwahrungsmassen, die er nach § 23 der Bundesnotarordnung und nach den §§ 57 und 62 entgegennimmt (Verwahrungsverzeichnis).

---

[112] Die Änderung des Wortlautes gegenüber § 12 Abs. 2 S. 5 DONot aF stellt klar, dass ein objektiver Grund für die Aufteilung auf verschiedene Konten vorliegen muss – nicht nur einer nach der subjektiven Einschätzung des Notars.
[113] *Weingärtner/Schöttler,* 7. Aufl. 1995, DONot Rn. 169.
[114] Vgl. BGH WM 1985, 204 – Vergleichsverfahren über Vermögen der Bank, nach deren Bestätigung, dass ausreichend Mittel zur Einlösung des Schecks zur Verfügung stünden.

(2) ¹Das Verwahrungsverzeichnis ist im Elektronischen Urkundenarchiv (§ 78h der Bundesnotarordnung) zu führen. ²Erfolgt die Verwahrung in Vollzug eines vom Notar in das Urkundenverzeichnis einzutragenden Amtsgeschäfts, soll der Notar im Verwahrungsverzeichnis auf die im Urkundenverzeichnis zu der Urkunde gespeicherten Daten verweisen, soweit diese auch in das Verwahrungsverzeichnis einzutragen wären.

Schrifttum: *Damm*, Die Digitalisierung des Notariats, DNotZ 2017, 426; *Fischer*, Das Elektronische Urkundenarchiv – rechtliche Grundlagen, DNotZ-Sonderheft 2016, 124; *Gaul*, Das Elektronische Urkundenarchiv – technische Grundlagen, DNotZ-Sonderheft 2016, 130; *Kirchner*, Das Notariat auf dem Weg ins digitale Zeitalter?, DNotZ-Sonderheft 2016, 115.

A. Übersicht

§§ 59 und 59a lassen sich nur zusammen sinnvoll kommentieren. Beide Vorschriften wurden im Jahr 2017 durch das **Gesetz zur Neuordnung der Aufbewahrung von Notariatsunterlagen und zur Einrichtung des Elektronischen Urkundenarchivs bei der Bundesnotarkammer** sowie zur Änderung weiterer Gesetze[1] (Urkundenarchivgesetz) eingefügt. Nach § 59a muss jeder Notar ab dem 1.1.2022 (Art. 11 Urkundenarchivgesetz) ein elektronisches Verwahrungsverzeichnis für seine Notaranderkonten führen – und zwar als Teil des von der Bundesnotarkammer nach § 78h BNotO betriebenen Elektronischen Urkundenarchivs. Die Einzelheiten der Führung des Verwahrungsverzeichnisses wird das Bundesjustizministerium in einer Rechtsverordnung festlegen; § 59 enthält die Rechtsgrundlage dafür. (Eigenartigerweise steht die Verordnungsermächtigung im Gesetz vor der Norm, die sie eigentlich ausfüllen soll.[2]) 1

Bisher regelt nur die **DONot**, welche Bücher und Verzeichnisse der Notar bei der Verwahrung auf Notaranderkonto führen muss. § 59a übernimmt die Buchführungs- bzw. Verzeichnispflicht erstmals ausdrücklich in ein formelles Gesetz. Zugleich wird die bisherige Buchführung in Papierform durch ein elektronisches Verzeichnis ersetzt – und zwar als Teil des Elektronischen Urkundenarchivs. 2

§ 59a und damit die Verpflichtung zur Führung des elektronischen Verwahrungsverzeichnisses gilt erst ab dem **1.1.2022** (Art. 11 Urkundenarchivgesetz) – also zeitgleich mit der geplanten Einführung des Elektronischen Urkundenarchivs, dessen Bestandteil das elektronische Verwahrungsverzeichnis sein soll. 3

Die Verordnungsermächtigung des § 59a ist hingegen bereits seit dem 9.6.2017 in Kraft, damit die Verordnung rechtzeitig vor der ausgefüllten Rechtsnorm des § 59 erlassen werden kann und genug Zeit für die Bundesnotarkammer und die Hersteller von Notar-Software bleibt, um die erforderlichen **technischen Voraussetzungen** für das Elektronische Urkundenarchiv und die erforderlichen Schnittstellen zur sonstigen Notar-Software zu schaffen. 4

B. Elektronisches Verwahrungsverzeichnis (§ 59a)

Bisher muss der Notar für Notaranderkonten sowohl ein **Verwahrungs-** wie ein **Massenbuch** und eine Anderkontenliste führen (§ 5 Abs. 1 S. 1 Nr. 1, Nr. 2 und Nr. 3 DONot, §§ 10 bis 12 DONot). Im Verwahrungsbuch werden die Einnahmen und Ausgaben für alle verwahrten Massen in zeitlicher Reihenfolge gebucht. Im Massenbuch werden hingegen nur die Einnahmen und Ausgaben der betreffenden Masse gebucht. Die 5

---

[1] Gesetz zur Neuordnung der Aufbewahrung von Notariatsunterlagen und zur Einrichtung des Elektronischen Urkundenarchivs bei der Bundesnotarkammer sowie zur Änderung weiterer Gesetze vom 1.6.2017, BGBl. I 1396, in Kraft seit 9.6.2017. Vgl. *Damm* DNotZ 2017, 426; *Fischer* DNotZ-Sonderheft 2016, 124; *Gaul* DNotZ-Sonderheft 2016, 130; *Kirchner* DNotZ-Sonderheft 2016, 115.

[2] Kritisch zum Gesetzesaufbau insoweit auch die Stellungnahme des Bundesrates, BT-Drs. 602/16, 6; Armbrüster/Preuß/Renner/*Renner* BeurkG §§ 59, 59a ff. Rn. 6.

Anderkontenliste enthält eine Übersicht aller noch nicht abgeschlossenen Notaranderkonten, die vor allem für die Notarprüfung relevant ist.

6 Faktisch werden die Bücher bisher schon in **elektronischer Form** geführt. Rechtlich ist dies bisher aber nur eine „automationsgestützte Führung" der Bücher und Verzeichnisse (§ 17 DONot); dh rechtlich entscheidend ist der Ausdruck, nicht die elektronische Datei (was sich zB darin ausdrückt, dass eine Ersetzung nur für angefangene Seiten zulässig ist, nicht für bereits vollständig ausgedruckte Seiten, § 17 Abs. 1 S. 3 Hs. 2 DONot, und etwa für handschriftliche Randvermerke auf dem Ausdruck von Belang ist).

7 Die erste Änderung durch § 59a liegt darin, die Amtspflicht des Notars zur Führung bestimmter Bücher für seine Anderkonten erstmals ausdrücklich in einem **formellen Gesetz** zu regeln. Rechtsgrundlage der bisherigen Regelung in der DONot war die allgemeine Weisungs- und Kontrollbefugnis der §§ 92, 93 BNotO.[3]

8 Natürlich muss der Notar auch bisher schon Bücher für seine Notaranderkonten führen, auch wenn dies bisher kein förmliches Gesetz, sondern nur die DONot des jeweiligen Bundeslandes ausdrücklich regelt. Es handelt sich schließlich um eine öffentlich-rechtliche Verwahrungstätigkeit, die für die Verwahrungsbeteiligten, die Dienstaufsicht und ggf. auch einen mit der Aktenverwahrung betrauten Notariatsverwalter oder „Amtsnachfolger" nachvollziehbar sein muss. Daher kann die Art der Buchführung auch nicht in das Ermessen des einzelnen Notars gestellt sein, sondern kann von der Justizverwaltung vorgegeben werden. Dafür war keine ausdrückliche Gesetzesgrundlage erforderlich, sondern genügte die allgemeine Weisungs- und Kontrollbefugnis der Justizbehörden als Dienstaufsicht.[4]

9 Mit der Neuregelung des § 59a erfolgt zugleich die Umstellung von der Buchführung in Papierform zur **elektronischen Buchführung.** Bisher liegen die Daten alle schon in elektronischer Form vor. Es dürfte kaum einen Notar geben, der seine Bücher und Verzeichnisse allein papiergebunden führt. Bisher ist die elektronische Version (in der Bezeichnung der DONot die „automationsgestützte Führung") aber nur eine vorläufige Speicherung (§ 17 DONot); entscheidend ist der Ausdruck, der daher auch endgültig ist und nicht durch einen Neuausdruck ersetzt werden darf.

10 Die bisher schon vorhandenen elektronischen Buchungen erhalten mit Inkrafttreten des § 59a eine **neue Rechtsqualität.** Künftig sind sie maßgeblich und ist der Ausdruck nur mehr ein Hilfsmittel. Damit steigen natürlich auch die Anforderungen an die Daten- und Fälschungssicherheit der elektronischen Buchung.

11 Außerdem ändert sich der Ort der Speicherung, da die Verzeichnisse künftig Teil des **Elektronischen Urkundenarchivs** der Bundesnotarkammer sind (§ 59a Abs. 2 S. 1), auch wenn sie weiterhin vom einzelnen Notar geführt werden. Die Personalien werden dabei nicht doppelt gespeichert, sondern auf die Personalien im Urkundenarchiv verwiesen (§ 59a Abs. 2 S. 2) – schon um Fehler bei der doppelten Dateneingabe zu vermeiden. Die Software der einzelnen Notar-Softwareanbieter muss daher künftig die für das Elektronische Urkundenarchiv und das elektronische Verwahrungsverzeichnis als dessen Bestandteil erforderlichen Daten in einem einheitlichen Datenformat erfassen.

C. Voraussichtlicher Inhalt der Rechtsverordnung (§ 59)

12 Die nach § 59 zu erlassende Rechtsverordnung wird erstmals eine **bundeseinheitliche Regelung** treffen, während die DONot bisher von der jeweiligen Landesjustizverwaltung als Landesrecht erlassen wurde (auch wenn ihr Inhalt von den Landesjustizverwaltungen koordiniert wurde und daher weitestgehend wortgleich ist).

13 Wahrscheinlich wird es eine einheitliche **„Verordnung über die Führung von Akten und Verzeichnissen durch Notare (NotAktVV)"** geben, die sowohl die Rechtsgrundlage des § 36 BNotO (für die Akten und Verzeichnisse über Urkundsgeschäfte) wie des

---

[3] BVerfGE 131, 130 = DNotZ 2012, 945.
[4] BVerfGE 131, 130 = DNotZ 2012, 945.

§ 59 BeurkG (über Verwahrungsgeschäfte) zusammenfassend regelt. Nach beiden Rechtsgrundlagen ist die Zustimmung des Bundesrates erforderlich. Die Verordnung wird von einer Bund-Länder-Arbeitsgruppe vorbereitet, denn die Länder bringen die entsprechende Erfahrung aus der Dienstaufsicht ein und müssen die Verordnung später auch wieder im Rahmen der Dienstaufsicht prüfen. (Die Rechtsverordnung über das Elektronische Urkundenarchiv nach § 78 Abs. 4 BNotO dürfte das Bundesjustizministerium getrennt davon erlassen – wegen des unterschiedlichen Regelungsgehalts und auch, weil sie ohne Zustimmung des Bundesrates erlassen werden kann. Sie betrifft die unmittelbar vom Bundesjustizministerium beaufsichtigte Bundesnotarkammer.)

Während die DONot bisher für den Ausdruck getrennte Bücher erforderte, gibt es **14** künftig nur ein **einheitliches elektronisches Verwahrungsverzeichnis.**[5] Daraus kann man je nach Art des Ausdrucks entweder eine Gesamtübersicht (nach Art des bisherigen Verwahrungsbuchs) oder eine Übersicht nur für ein einzelnes Notaranderkonto (nach Art des bisherigen Massenbuchs) erstellen. Beides sind dann nur zwei unterschiedliche Arten der Darstellung derselben Daten. Ebenso ist die Anderkontenliste bzw. die Übersicht über die Verwahrungsgeschäfte nur ein Auszug derselben Daten.

Das elektronische Verwahrungsverzeichnis wird nach dem Gesetz Teil des **Elektro- 15 nischen Urkundenarchivs** sein (§ 59a Abs. 2 S. 1). Dabei gibt das Elektronische Urkundenarchiv die Leitlinien vor. Die technischen und organisatorischen Maßnahmen zur Gewährleistung der Datensicherheit müssen denen zur Gewährleistung der Datensicherheit des Elektronischen Urkundenarchivs entsprechen (§ 59 S. 3). Soweit Urkunds- und Verwahrungsbeteiligte identisch sind, ist auf die Personalien im Urkundenverzeichnis zu verweisen (§ 59a Abs. 2 S. 1). Daher muss die Verordnung die Einbindung in das Elektronische Urkundenarchiv und die Möglichkeit entsprechender Schnittstellen regeln.

In der Regierungsbegründung zu § 59a heißt es: **16**

> „Absatz 2 stellt klar, dass auch das Verwahrungsverzeichnis im Elektronischen Urkundenarchiv geführt wird. Es entsteht so eine einheitliche Datenstruktur und Sicherheitsarchitektur mit der Folge, dass das Verwahrungsverzeichnis vom hohen Sicherheitsstandard des Elektronischen Urkundenarchivs profitiert. Es erlaubt weiter Synergien, die die Notarin oder der Notar im Interesse einer zuverlässigen und effizienten Abwicklung und einer auch für die Aufsicht transparenten Aktenführung auch nutzen soll. So ist er gehalten in den Fällen, in denen er eine Verwahrung in Vollzug eines in das Urkundenverzeichnis einzutragenden Amtsgeschäfts vornimmt, Bezug auf die insoweit bereits im Urkundenverzeichnis zu der Urkunde gespeicherten Daten zu nehmen, soweit diese auch in das Verwahrungsverzeichnis einzutragen wären."[6]

Mit den möglichen **Ausnahmen** von der Eintragungspflicht (§ 59 S. 2) dürfte die **17** Verordnungsermächtigung eine Regelung ähnlich dem jetzigen § 10 Abs. 1 S. 2 DONot ermöglichen wollen. (Danach sind bisher etwa Grundpfandrechtsbriefe sowie zum Protest erhaltene Wechsel oder Schecks und das dafür erhaltene Geld nicht in den Büchern einzutragen. Das ist zwar wohl weitgehend nur klarstellend, da ohnehin keine Verwahrung nach § 23 BNotO vorliegt.[7] Sinnvoll ist eine solche ausdrückliche Regelung aber gleichwohl.)

Im Übrigen vermute ich, dass das Bundesjustizministerium die bisherigen Regelungen **18** der DONot zwar als Grundlage für die Neuregelung nimmt, aber doch die Neuregelung auch zum Anlass nimmt, den Inhalt der bisher geforderten Eintragung auf ihre Sinnhaftigkeit zu hinterfragen und ggf. **in einzelnen Punkten zu ändern.** So wird man künftig im amtlichen Eintragungsmuster nicht mehr „Peter H. in B." vorfinden, sondern die vollen Personalien (mit Geburtsdatum und voller Adresse). Auch muss man in elektronischen Datenfeldern den Einzahlenden und den wirtschaftlich Berechtigten trennen (bisher „C.

---

[5] Regierungsbegründung BR-Drs. 602/16, 105 = BT-Drs. 18/10607, 92.
[6] Regierungsbegründung BR-Drs. 602/16, 105 = BT-Drs. 18/10607, 92.
[7] → DONot § 10 Rn. 22 ff.

Bank in B. für Peter H. daselbst). Vielleicht lässt man künftig auch sowohl das Datum der Wertstellung wie das Datum des Eingangs der Kontoauszüge buchen – oder nur nach dem Datum der Wertstellung buchen (da das Buchungsdatum ohnehin vom System festgehalten wird). Dies würde Missverständnisse vermeiden, die die bisherige alleinige Buchung nach dem Eingang der Kontoauszüge aufwirft (vor allem beim Jahreswechsel).

19 Wünschenswert wäre auch, wenn die Neuregelung keine Buchung am Tag des Eingangs der Kontoauszüge, sondern zB binnen Wochenfrist verlangt. Denn in vielen Notariaten führt eine Teilzeitkraft die Buchhaltung und damit auch die Notaranderkonten, die nicht an allen Wochentagen arbeitet.

§ 60 Widerruf

(1) **Den schriftlichen Widerruf einer Anweisung hat der Notar zu beachten, soweit er dadurch Dritten gegenüber bestehende Amtspflichten nicht verletzt.**

(2) **Ist die Verwahrungsanweisung von mehreren Anweisenden erteilt, so ist der Widerruf darüber hinaus nur zu beachten, wenn er durch alle Anweisenden erfolgt.**

(3) [1]**Erfolgt der Widerruf nach Absatz 2 nicht durch alle Anweisenden und wird er darauf gegründet, daß das mit der Verwahrung durchzuführende Rechtsverhältnis aufgehoben, unwirksam oder rückabzuwickeln sei, soll sich der Notar jeder Verfügung über das Verwahrungsgut enthalten.** [2]**Der Notar soll alle an dem Verwahrungsgeschäft beteiligten Personen im Sinne des § 57 hiervon unterrichten.** [3]**Der Widerruf wird jedoch unbeachtlich, wenn**

1. **eine spätere übereinstimmende Anweisung vorliegt oder**
2. **der Widerrufende nicht innerhalb einer von dem Notar festzusetzenden angemessenen Frist dem Notar nachweist, daß ein gerichtliches Verfahren zur Herbeiführung einer übereinstimmenden Anweisung rechtshängig ist, oder**
3. **dem Notar nachgewiesen wird, daß die Rechtshängigkeit der nach Nummer 2 eingeleiteten Verfahren entfallen ist.**

(4) **Die Verwahrungsanweisung kann von den Absätzen 2 und 3 abweichende oder ergänzende Regelungen enthalten.**

(5) **§ 15 Abs. 2 der Bundesnotarordnung bleibt unberührt.**

Schrifttum (vgl. im Übrigen bei § 57 und § 23 BNotO): *Beining,* Pflichten des Notars bei Hinterlegung des Grundstückskaufpreises – Die Rechte der Kaufvertragsparteien und die Amtspflichten des Notars bei Störung der Abwicklung von Grundstückskaufverträgen über Anderkonten, Diss. Bremen, 1999; *Brambring,* Widerruf der notariellen Verwahrungsanweisung (§ 60 BeurkG), ZfIR 1999, 333; *ders.,* Der einseitige Widerruf der Auszahlungsanweisung, FS Schippel 1996, 587; *von Campe,* Der Widerruf des Treuhandauftrages des finanzierenden Kreditinstitutes bei Kaufpreisabwicklung über Notaranderkonto, NotBZ 2001, 208; *Karlowski,* Zur Befristung von Treuhandaufträgen, NotBZ 1998, 225; *Reithmann,* Rückforderung notariell hinterlegter Gelder und Urkunden, WM 1991, 1493; *Schlee,* Einseitiger Widerruf von übereinstimmend erteilten Hinterlegungsanweisungen, NotBZ 1997, 95; *Schmidt,* Risikoverteilung bei der Abwicklung von Immobilienkäufen über Notaranderkonto, ZfIR 2001, 701; *Schreindorfer,* Verwahrung zugunsten Dritter, MittBayNot 2015, 282; *Sudmann,* Rückzahlungspflicht des Notars für bereits auf das Anderkonto geleistete Beträge gegenüber dem den Rücktritt erklärenden Grundstückskäufe, DNotZ 1996, 13; *Volhard,* Amtspflichten des Notars bei Eingriffen in den Vertragsvollzug, DNotZ 1987, 543; *Weingärtner,* Der Widerruf der Verwahrungsanweisung nach der BNotO-Novelle, NotBZ 1998, 127; *Wettach,* Einseitige Weisungen im Rahmen der notariellen Verwahrung, DNotZ 1996, 2; *Zimmermann,* Weisungen der Beteiligten bei Verwahrungsgeschäften nach § 23 BNotO, DNotZ 1980, 451.

Übersicht

	Rn.
A. Übersicht	1
B. Schriftform des Widerrufs (Abs. 1)	2
C. Widerruf einseitiger Verwahrungsanweisung (Abs. 1)	3
I. Grundsatz freier Widerruflichkeit	3
II. Ausnahme bei Amtspflichten gegenüber Dritten	6

	Rn.
III. Fallgruppen des Widerrufs einseitiger Treuhandaufträge	10
1. Treuhandauftrag der finanzierenden Bank	10
2. Treuhandaufträge abzulösender Gläubiger	13
3. Einseitige Anweisung des Käufers bei Einzahlung	15
D. Widerruf mehrseitiger Verwahrungsanweisung (Abs. 2 und Abs. 3)	17
I. Fallgruppen mehrseitiger Anweisung	17
1. Verhältnis der Kaufvertragsparteien zueinander	17
2. Verhältnis mehrerer Verkäufer untereinander	18
II. Beachtlichkeit eines einseitigen Widerrufes	19
III. Verfahrensrechtliche Prüfung der Ernsthaftigkeit des Widerrufsgrundes	23
E. Abweichende Regelung über Widerrufsmöglichkeit (Abs. 4)	28
F. Rechtsschutzmöglichkeiten der Beteiligten (Abs. 5)	30

A. Übersicht

Die Anderkontenabwicklung ist streitanfällig. Die Beteiligten erwarten vom Notar häufig **1** eine richterähnliche Entscheidung von nachträglich zwischen ihnen auftretenden Streitigkeiten, zu der der Notar aber kraft Gesetzes gar nicht befugt ist. Der Notar findet sich dann in der unangenehmen und ihm aus seiner sonstigen Tätigkeit ungewohnten Lage, zwischen häufig lautstark vorgetragenen widerstreitenden Weisungen schnell entscheiden zu müssen – immer unter dem Damoklesschwert der Notarhaftung.

Die Behandlung eines Widerrufs war in der DONot aF nicht geregelt; mit § 60 BeurkG wurde im Jahr 1998 erstmals eine gesetzliche Regelung getroffen, die aber im Wesentlichen die bereits **von Rechtsprechung und mehrheitlicher Literatur gefundenen Lösungen festschreibt.**[1]

‚Für den praktisch wichtigsten Hauptfall des einseitigen Widerrufs einer mehrseitigen Verwahrungsanweisung fand der Gesetzgeber eine gegensätzlichen Interessen abgewogen berücksichtigende und **praktikable verfahrensrechtliche Lösung,** durch eine Fristsetzung des Notars die Ernsthaftigkeit des Widerrufs zu prüfen (Abs. 3 S. 3 Nr. 2), die auf Handlungsvorschlägen aufbaut, die vor allem *Brambring*[2] für das Vorgehen des Notars bereits nach bisherigem Recht entwickelt hatte. Die gesetzliche Regelung beseitigte die Rechtsunsicherheit, die vor 1998 beim einseitigen Widerruf des Käufers bestand.

B. Schriftform des Widerrufs (Abs. 1)

Für den Widerruf verlangt Abs. 1 mindestens (verfahrensrechtliche bzw. prozessuale) **2 Schriftform.** Die Anforderungen an die Schriftform sind dieselben wie für die Erteilung der Verwahrungsanweisung nach § 57 Abs. 4.[3] Ebenso wie für die Verwahrungsanweisung genügt ein Fax (sofern das Ausgangsschreiben unterzeichnet ist).[4] Ein mündlicher (telefonischer) Widerruf ist unbeachtlich, wenn ihn der Notar deswegen zurückweist; der Notar muss den Widerrufenden auf die erforderliche Form hinweisen.[5]

---

[1] Regierungsbegründung BT-Drs. 13/4184, 38; zur neuen Rechtslage *Brambring* FGPrax 1998, 201 (204); *ders.* RWS-Forum 13, Immobilienrecht 1998, S. 11 (17 ff.); *ders.* ZfIR 1999, 333; *Lerch* NJW 1998, 3697 (3698); *Weingärtner*, Verwahrungsgeschäft, Rn. 187 ff. = NotBZ 1998, 127.
[2] *Brambring* DNotZ 1990, 615 (647 ff.).
[3] Armbrüster/Preuß/Renner/*Renner* BeurkG § 60 Rn. 10; → § 57 Rn. 31 ff.
[4] → § 57 Rn. 34.
[5] Armbrüster/Preuß/Renner/*Renner* BeurkG § 60 Rn. 57 ff.; *Winkler* BeurkG § 60 Rn. 13.

C. Widerruf einseitiger Verwahrungsanweisung (Abs. 1)

I. Grundsatz freier Widerruflichkeit

3 Der gesetzliche Grundsatz der **freien Widerruflichkeit** und freien Abänderbarkeit der Anweisung (Abs. 1)[6] gilt nur für den Widerruf einseitiger Anweisungen bzw. den gemeinschaftlichen Widerruf mehrseitiger Anweisungen durch alle Beteiligten (Abs. 2). Auch wenn das Gesetz nur den Widerruf anführt, ist damit (als minus) eine bloße Änderung der Anweisung ebenfalls umfasst.[7]

4 Fälle **einseitiger Verwahrungsanweisungen** sind in der Praxis insbesondere:
– der Treuhandauftrag der finanzierenden Bank,[8]
– spätestens bei der Einzahlung (bei oder nach Fälligkeit) (zusätzlich zur im Kaufvertrag enthaltenen Verwahrungsanweisung) vom Käufer einseitig erteilte Treuhandauflagen (auch wenn sie vertragswidrig sind),[9]
– die Benennung eines Kontos für die Auszahlung durch den Verkäufer, sofern dies nicht der Lastenfreistellung dient (etwa sofern auf Verlangen der Globalgrundschuldgläubigerin ein bestimmtes Bausonderkonto bei dieser Bank gewählt wurde), oder andere Weisungen des Verkäufers für die Auszahlung (oder die weitere Verwahrung) nach Auszahlungsreife.

5 Bei einem zulässigen Widerruf eines **einseitigen** Treuhandauftrages muss der Notar das vom Widerrufenden unter Treuhandauflage eingezahlte Geld (einschließlich des Zinsüberschusses) wieder an diese **zurückzahlen**[10] (bzw. sind dem widerrufenden abzulösenden Gläubiger dessen Löschungsunterlagen wieder zurückzugeben).

II. Ausnahme bei Amtspflichten gegenüber Dritten

6 Von der freien Widerruflichkeit ausgenommen sind Fälle, in denen der Notar bei Beachtung des Widerrufs **Dritten gegenüber bestehende Amtspflichten** verletzen würde, dh wenn Sicherungsinteressen anderer am Verwahrungsgut bestehen, deren Beachtung sich zu einer Amtspflicht des Notars verdichtet hat.

7 Der Gesetzgeber überließ es ausweislich der Gesetzesbegründung ausdrücklich der Rechtsprechung und Literatur, die von dieser Generalklausel betroffenen **Fallgruppen** genauer herauszuarbeiten.[11] Heranziehen kann man etwa eine noch vor der BNotO-Novelle ergangene Entscheidung des **BGH**, wonach die Verwahrung mit der Anweisung, daraus die vom Käufer zu zahlende Maklerprovision auszuzahlen, auch Amtspflichten gegenüber dem an der Verwahrung selbst nicht beteiligten Makler begründet, so dass eine diesbezügliche einseitige Änderung der Anweisung durch den Käufers nicht ohne Zustimmung des Maklers ausgeführt werden darf.[12]

Zur BNotO-Novelle von 1998 nannte *Brambring* als Erster in der **Literatur** mögliche Fälle: Danach ist ein Widerruf unbeachtlich, wenn ein anderer nach der Einzahlung im schutzwürdigen Vertrauen darauf eine Handlung vorgenommen hat, und diese Möglichkeit dem Anweisenden bei Einzahlung bereits erkennbar war – etwa wenn die Verwahrung zur Ablösung einer Grundschuld erfolgt, die der Gläubiger im Vertrauen auf die Einzahlung löschen lässt.[13] In anderen Fällen erfordert das Sicherungsinteresse des Dritten nur eine Zug um Zug vorzunehmende „Rückabwicklung" des an den Widerrufenden Geleisteten (ähn-

---

[6] Regierungsbegründung BT-Drs. 13/4184, 38.
[7] *Reithmann* NotBZ 1999, 57 (59); *Winkler* BeurkG § 60 Rn. 2.
[8] BGH DNotZ 1991, 555 (556); wohl aA KG DNotZ 1985, 51 (53); → Rn. 8 sowie → § 57 Rn. 64 ff.
[9] → Rn. 15 f.
[10] OLG Hamm DNotZ 1996, 384 mAnm *Preuß*; *Winkler* BeurkG § 60 Rn. 63.
[11] Regierungsbegründung BT-Drs. 13/4184, 38.
[12] BGH 9.3.1995 – IX ZR 106/94, nv – zitiert bei *Ganter* WM 1996, 700 (702 Fn. 11.)
[13] *Brambring/Sandkühler/Starke* S. 144 ff.; *Brambring* ZfIR 1999, 333 (335 f.); *Winkler* BeurkG § 60 Rn. 14 und 64 ff.

lich § 348 BGB): Wurde etwa die Eintragung der Vormerkung von der vorherigen Einzahlung auf Anderkonto abhängig gemacht (und war dies der Bank vor Einzahlung bekannt, etwa aus einer übersandten Abschrift des Kaufvertrages), so kann eine Rückzahlung auf einseitigen Widerruf der finanzierenden Bank hin nur erfolgen, wenn zuvor eine Löschungsbewilligung für die Vormerkung erteilt wird.[14] Letztlich sind dies Fälle, in denen eine diesen Fall voraussehende Verwahrungsanweisung von vornherein ausdrücklich festgelegt hätte, dass ein Widerruf oder eine Änderung der Anweisung nur mit Zustimmung des Dritten zulässig ist, so dass man eine diesbezügliche Einschränkung über § 60 Abs. 1 hineinlesen muss.

Will man die **Voraussetzungen** für den Ausnahmetatbestand nach der hM in der Literatur näher umschreiben, so ist wohl zum Ersten erforderlich, dass ein nicht am Widerruf Beteiligter (idR der Verkäufer) eine Leistung nach der Einzahlung und im Vertrauen darauf erbracht hat. Zum zweiten muss dieses schutzwürdige Vertrauen dem (nunmehr widerrufenden) Anweisenden bei Einzahlung zumindest erkennbar gewesen sein. Und zum dritten ist der Widerruf nur insoweit ausgeschlossen (oder etwa auf eine Zug-um-Zug Rückabwicklung eingeschränkt), als dies das schutzwürdige Interesse des Dritten erfordert.[15]

In der **Rechtsprechung** gab es zunächst nur untergerichtliche Entscheidungen zur **8** Anwendung des § 60 Abs. 1 (sowie ein obiter dictum des OLG Hamm).[16] Diese entsprachen der vorstehend dargestellten Literaturmeinung. Danach kann die finanzierende Bank die Rückzahlung des auf Notaranderkonto eingezahlten Geldes nur verlangen, wenn sie Zug um Zug eine Löschungsbewilligung für das zu ihren Gunsten bereits eingetragene Grundpfandrecht erteilt sowie der Verkäufer die Auflassungsvormerkung löschen lässt und auch den Besitz an dem Grundstück zurück erlangt, wenn er entsprechend der vertraglichen Vereinbarungen den Besitz aufgrund der Einzahlung auf Notaranderkonto übertragen hatte bzw. die Vormerkung erst aufgrund der Einzahlung eintragen ließ.[17]

Das **Kammergericht** fasste aber nunmehr § 60 Abs. 1 enger.[18] Es lässt nicht genügen, **8a** dass sich Sicherungsinteressen eines Dritten zu einer Amtspflicht verdichten, sondern verlangt, dass unabhängig davon bereits eine Amtspflicht gegenüber dem Dritten besteht, die durch die Auszahlung verletzt würde. Dies verneinte es für den Fall, dass ein Teil des Kaufpreises trotz Vorliegens der kaufvertraglichen Auszahlungsvoraussetzungen auf einseitige Anweisung des Verkäufers weiter verwahrt wurde, weil Streit über möglicherweise noch erforderliche Erschließungsmaßnahmen entstanden war. Nach Ansicht des KG konnte der Verkäufer diese Verwahrung einseitig beenden, weil sie ohne formelle Beteiligung des Käufers angewiesen war – auch wenn sie materiell zur Absicherung des Käufers dienen sollte und erst aufgrund Schriftverkehrs zwischen den Kaufvertragsparteien angewiesen wurde. (Im Ergebnis kam es nicht darauf an, weil auch nach der von der hM – und auch mir – vertretenen Literaturauffassung eine schützenswerte Vermögensdisposition des Käufers fehlte. Der Käufer hatte lediglich unterlassen, bereits zuvor mögliche Ansprüche gegen den Verkäufer gerichtlich geltend zu machen.)

Demgegenüber folgte das **OLG Schleswig**[19] wiederum der Literaturmeinung. Es musste nicht an den BGH vorlegen, weil sich das Kammergericht nur in einem obiter dictum geäußert hatte.

---

[14] *Amann/Brambring* S. 105; vgl. auch → Rn. 12.
[15] Ganter/Hertel/Wöstmann/*Hertel* Rn. 1895 ff.; Armbrüster/Preuß/Renner/*Renner* BeurkG § 60 Rn. 12 f.; Arndt/Lerch/Sandkühler/*Sandkühler* BNotO § 23 Rn. 149 f.
[16] OLG Hamm RNotZ 2006, 72.
[17] LG Schwerin NotBZ 2001, 231; 2004, 446; zustimmend v. Campe NotBZ 2001, 209; *Weingärtner*, Vermeidbare Fehler, Rn. 384; ablehnend *Reithmann* WM 2002, 683 (685 f.); → Rn. 12.
[18] KG DNotZ 2011, 758.
[19] OLG Schleswig BeckRS 2014, 01461 = SchlHA 2014, 30.

BeurkG § 60 9–12   Sechster Abschnitt. Verwahrung

9   Für den Notar empfiehlt sich, in diesen Fällen zur eigenen Absicherung stets einen **Vorbescheid** zu erlassen und darin auf die Beschwerdemöglichkeit nach § 15 Abs. 2 BNotO zu verweisen.[20]

III. Fallgruppen des Widerrufs einseitiger Treuhandaufträge

10 **1. Treuhandauftrag der finanzierenden Bank.** Der Treuhandauftrag der finanzierenden Bank ist nach der Rechtsprechung des **BGH** grds. **einseitig** und damit bis zu seiner Erledigung einseitig **frei abänderbar und widerruflich** (so dass die Bank beim Widerruf auch Rückzahlung an sich verlangen kann).[21] § 60 Abs. 1 ist entsprechend anwendbar, auch wenn § 57 Abs. 6 nicht ausdrücklich darauf verweist.[22] Dasselbe gilt, wenn sonst ein Dritter für den Käufer unter zusätzlichen eigenen Treuhandauflagen einzahlt.[23]

10a (Grundsätzlich wäre – je nach dem Inhalt des Treuhandauftrages – auch denkbar, dass die Bank dem bereits bestehenden mehrseitigen Verwahrungsverhältnis beitritt. Dies dürfte aber in der Praxis der Ausnahmefall sein, da die Bank ihren Treuhandauftrag nicht gleichrangig, sondern vorrangig zu der von den Kaufvertragsparteien erteilten Verwahrungsanweisung beachtet wissen will – und da umgekehrt fraglich ist, ob die Beteiligten den Beitritt zulassen und damit Änderungen ihrer Verwahrungsanweisung von der Zustimmung der Bank abhängig machen wollen.[24])

11 Als **Erledigung,** ab deren Zeitpunkt die finanzierende Bank an ihren Treuhandauftrag gebunden ist, versteht *Brambring*[25] die erste Auszahlung vom Anderkonto bzw. jedenfalls Auszahlungsreife. Meines Erachtens tritt Bindung schon ein, wenn die in dem Treuhandauftrag genannten Voraussetzungen vorliegen, also etwa bei einem auf „Sicherstellung" der Grundschuldeintragung nach dem Formulierungsmuster der BNotK[26] formulierten Treuhandauftrag, wenn der Eintragungsantrag für das Grundpfandrecht gestellt ist und die für die Rangverschaffung erforderlichen Unterlagen vorliegen (unter aus dem bereits hinterlegten Betrag erfüllbaren Treuhandauflagen).[27]

12 Nach dem analog anwendbaren § 60 Abs. 1 ist der freie Widerruf mE jedoch ausgeschlossen bzw. eingeschränkt, wenn die Bank erkennen konnte, dass aufgrund ihres

---

[20] So selbst die Regierungsbegründung BT-Drs. 13/4184, 38; allg. zum Vorbescheid → BNotO § 23 Rn. 50 f.; ausführlich: *Hertel* FS 200 Jahre Notarkammer Pfalz 2003, 167–204.

[21] BGH DNotZ 1987, 560 (561); NJW 1997, 2104 – unter ausdrücklicher Berufung auf *Brambring* DNotZ 1990, 615 (643); BGH DNotZ 2002, 269; RNotZ 2003, 402 mAnm *Kemp* = ZfIR 2003, 547 mAnm *Beining;* ebenso etwa OLG Frankfurt a. M. WM 1992, 91. Zu abweichenden Literaturmeinungen → § 57 Rn. 64 ff.

[22] *v. Campe* NotBZ 2001, 208; *Reithmann* NotBZ 1999, 57 (60); Armbrüster/Preuß/Renner/*Renner* BeurkG § 60 Rn. 56, 72 f.; Arndt/Lerch/Sandkühler/*Sandkühler* BNotO § 23 Rn. 143; *Schilling* ZNotP 2004, 138 (139); *Winkler* BeurkG § 60 Rn. 58.

[23] OLG Jena BeckRS 2010, 10970.

[24] → § 57 Rn. 65.

[25] *Brambring* DNotZ 1990, 615 (640); *Brambring/Sandkühler/Starke* S. 145; *Brambring* ZfIR 1999, 333 (334 f.); offen *Winkler* BeurkG § 60 Rn. 62. *Brambring* begründet dies damit, dass der Treuhandauftrag der Bank auf Rangverschaffung im Regelfall erst dann erfüllt sei, wenn der Notar von den ihm zu treuen Händen vorliegenden Löschungsbewilligungen abzulösender vorrangiger dinglicher Gläubiger Gebrauch machen kann – also nach Zahlung der Ablösebeträge. Ebenso sei, wenn man annähme, dass die Bank stets implizit die kaufvertraglichen Auszahlungsvoraussetzungen als Bestandteil ihres eigenen, einseitigen Treuhandauftrages übernehme. Ersteres ist nach der Musterformulierung der BNotK DNotZ 1999, 369 (371) für einen Treuhandauftrag der finanzierenden Bank nicht der Fall, wenn die finanzierende Bank lediglich verlangt, dass sämtliche zur Rangverschaffung erforderlichen Unterlagen dem Notar vorliegen und aus dem hinterlegten Betrag erfüllbare Ablösebeträge verlangt werden. Auch eine Übernahme der kaufvertraglichen Auszahlungsvoraussetzungen sieht die Musterformulierung der BNotK jedenfalls nicht ausdrücklich vor. *Brambrings* Ansicht hätte zur Folge, dass die Bank ihren Treuhandauftrag stets bis zur Auszahlung frei wider rufen kann, sofern sie sich nicht ausdrücklich (zumindest für eine bestimmte Frist) daran bindet.

[26] BNotK DNotZ 1999, 369 (370 f.).

[27] Ebenso Armbrüster/Preuß/Renner/*Renner* BeurkG § 60 Rn. 64; *Schilling,* Treuhandauftrag und Notarbestätigung, 1996, S. 16.

Treuhandauftrages (ausnahmsweise) zulässigerweise bereits mit der Abwicklung des Verwahrungsgeschäftes begonnen wurde.[28] Daher kann das Geld an die widerrufende Bank nur zurückgezahlt werden, wenn Zug um Zug auch die vom Verkäufer im Vertrauen auf die Einzahlung des Kaufpreises erbrachten **Vorleistungen rückabgewickelt** werden: Ist das Finanzierungsgrundpfandrecht der Bank bereits eingetragen, so ist dessen Löschung Voraussetzung für die Rückzahlung des Geldes; ebenso müssen Zug um Zug gegen Rückzahlung die Auflassungsvormerkung gelöscht und der Besitz am Kaufobjekt zurückgegeben werden, wenn erst infolge der Einzahlung der Besitz übergeben wurde und die Vormerkung eingetragen werden konnte.[29]

Gegen dieses – mE interessengerechte – Ergebnis wurde allerdings von anderen Autoren eingewandt, dass es in unzulässiger Weise die materielle mit der verfahrensrechtlichen Ebene vermische; materiell-rechtliche Einwendungen gegen das Kreditinstitut könne der Verkäufer nur vor den ordentlichen Gerichten geltend machen.[30]

2. Treuhandaufträge abzulösender Gläubiger. Einseitig und damit einseitig widerrufbar sind auch Treuhandauflagen abzulösender (Grundpfand-) Gläubiger.[31] **Erledigt** (und damit nicht mehr einseitig widerruflich) ist der Treuhandauftrag, sobald der Notar die Auszahlung des geforderten Betrages vom Anderkonto veranlasst hat; maßgeblicher Zeitpunkt ist die **Absendung des Überweisungsauftrages** durch den Notar, jedenfalls sofern der Treuhandauftrag eine Verwendung der Löschungsunterlagen „Zug um Zug" gegen Zahlung des geforderten Ablösebetrages zulässt.[32]   13

Auch hier kann der freie Widerruf nach § 60 Abs. 1 aufgrund gegenüber Dritten bestehenden Amtspflichten ausgeschlossen sein. Dies dürfte allerdings bei der Vertragsabwicklung über Notaranderkonto selten sein.[33] Würde man für den Ausschluss des Widerrufs nur verlangen, dass dem Anweisenden die Möglichkeit schutzwürdigen Vertrauens in den Bestand seiner Treuhandauflage erkennbar war, so bestünde jedenfalls bei Treuhandauflagen von Banken und   14

---

[28] *Brambring/Sandkühler/Starke* S. 145; *Brambring* RWS-Forum (Fn. 1), 11 (21); Armbrüster/Preuß/Renner/*Renner* BeurkG § 60 Rn. 72 ff.; Arndt/Lerch/Sandkühler/*Sandkühler* BNotO § 23 Rn. 148; *Winkler* BeurkG § 60 Rn. 16; ähnlich *Lerch* BeurkG § 60 Rn. 1. Vgl. allg. → Rn. 6.

[29] LG Schwerin NotBZ 2001, 231; 2004, 446; zustimmend *v. Campe* NotBZ 2001, 209; *Weingärtner*, Vermeidbare Fehler, Rn. 366; ablehnend *Reithmann* WM 2002, 683 (685 f.).

[30] *Reithmann* WM 2002, 683 (685 f.).

[31] → § 57 Rn. 106 – ferner Armbrüster/Preuß/Renner/*Renner* BeurkG § 60 Rn. 57 ff; Arndt/Lerch/Sandkühler/*Sandkühler* BNotO § 23 Rn. 19; *Schilling* S. 95; *Winkler* BeurkG § 60 Rn. 59; aA *Dornis* S. 105 ff.; Schippel/Bracker/*Reithmann*, 8. Aufl. 2006, BNotO § 23 Rn. 41 ff.; ebenso die ältere Rechtsprechung und Literatur: LG Köln DNotI-Report 1998, 97; *Bräu* Rn. 130; *Kawohl* Rn. 146 ff.; *König*, Rechtsverhältnisse und Rechtsprobleme bei der Darlehensvalutierung über Notaranderkonto, 1988, S. 67; *Preuß*, Die notarielle Hinterlegung, 1995, S. 112; *Reithmann*, Vorsorgende Rechtspflege, S. 212. Armbrüster/Preuß/Renner/*Renner* BeurkG § 60 Rn. 61 hält eine Erhöhung des verlangten Ablösebetrages selbst bei einem ausdrücklich „unwiderruflich" erteilten Treuhandauftrag für zulässig, sofern keine schutzwürdigen Interessen Dritter betroffen sind (insbes. der Kaufpreis insgesamt weiter ausreicht). Meines Erachtens ist zu dieser Änderung zumindest die Zustimmung des Verkäufers (als über den Restkaufpreis Verfügungsbefugten) erforderlich; materiell-rechtlich kann der Verkäufer allerdings zur Zustimmung verpflichtet sein. Deshalb sollte der Notar erst bei den Beteiligten anfragen, ob sie der Änderung zustimmen.

[32] Armbrüster/Preuß/Renner/*Renner* BeurkG § 60 Rn. 75 f.; *Winkler* BeurkG § 60 Rn. 62. Erfüllt sind die Ansprüche jedoch erst mit dem Eingang des Geldes beim jeweiligen Gläubiger. Für die Bindung an den Treuhandauftrag genügt bei Absendung des Überweisungsauftrages durch den Notar. Andernfalls wäre eine Abwicklung nicht möglich, denn das verwahrte Geld darf erst bei Sicherung der Lastenfreistellung ausgezahlt werden. Dafür spricht auch § 270 Abs. 1 BGB, wonach erst bei einer Geldschuld als qualifizierter Schickschuld für die Rechtzeitigkeit der Leistungshandlung auf deren Absendung abkommt. – Erfolgt nach Absendung des Überweisungsauftrages eine Pfändung oder ein Widerruf, so ist der Notar auch dann nicht verpflichtet, die Überweisung zu widerrufen, wenn er dies noch könnte. Er wird die Überweisung insbesondere dann nicht widerrufen, wenn er gleichzeitig andere Vollzugshandlungen vorgenommen hat – etwa den Vertrag zum Vollzug der Auflassung dem Grundbuchamt vorgelegt hat, die möglicherweise ihrerseits nicht mehr widerruflich oder rückholbar sind.

[33] Anders ist dies bei Direktzahlung des Kaufpreises. Hier ist jedenfalls ein Kreditinstitut oder ein anderer ähnlich geschäftserfahrener Gläubiger bereits ab Absendung der notariellen Fälligkeitsmitteilung an seinen Treuhandauftrag gebunden (→ BNotO § 24 Rn. 44).

anderen Unternehmern immer eine Bindung.³⁴ Soweit möglich muss der Notar ohnehin durch entsprechende Gestaltung der Auszahlungsvoraussetzungen eine Absicherung gegen einen allfälligen Widerruf vorsehen (insbesondere indem alle Ablösebeträge auf einmal ausgezahlt werden, wenn absehbar ist, ob alle Treuhandauflagen aus dem hinterlegten Kaufpreis zu erfüllen sind).³⁵ Für § 60 Abs. 1 verbleiben dann (bei der Abwicklung über Notaranderkonto) nur die Fälle, in denen dies nicht möglich ist – etwa wenn das Vorliegen der Lastenfreistellungserklärungen bereits Voraussetzung der Einzahlungsfälligkeit war und zudem aufgrund der erfolgten Einzahlung eine weitere Handlung vorgenommen wurde – etwa die Eintragung einer Vormerkung etc. Doch auch dann fragt sich, ob dies dem abzulösenden Gläubiger bei Erteilung seiner Treuhandauflage erkennbar sein muss.³⁶ Für die Praxis empfiehlt sich daher, in diesen Fällen ausdrücklich eine bindende – ggf. befristet bindende – Treuhandauflage zu verlangen. In Zweifelsfällen sollte der Notar auch hier einen Vorbescheid erlassen.

15   **3. Einseitige Anweisung des Käufers bei Einzahlung.** Kein Widerruf, sondern eine **einseitige Anweisung des Einzahlenden** liegt vor, wenn der Käufer selbst unter vorheriger oder gleichzeitiger Erteilung zusätzlicher Treuhandauflagen einzahlt.³⁷ Dies ist einer einseitigen Auflage der finanzierenden Bank vergleichbar. Auch eine einseitige Auflage des Käufers ist daher nur möglich, wenn sie spätestens bei der Einzahlung erteilt oder zumindest angekündigt wird.³⁸

Grundsätzlich zulässig sind solche Weisungen, soweit sie sich auf eine Regelung für die Zeit bis zur Einzahlungsfälligkeit beschränken (zB einstweilen eine Anlage auf Festgeld anordnen). Aber auch dann, wenn sie gegen die kaufvertragliche Einzahlungspflicht verstoßen, sind einseitige Auflagen zu **beachten** (vorausgesetzt sie wurden spätestens bei der Einzahlung erteilt).³⁹ Der Notar sollte auch hier den Verkäufer informieren. Kann der Notar keine Rücknahme der vertragswidrigen einseitigen Weisungen erreichen und erklärt sich der Käufer nicht mit der Auflage einverstanden, muss der Notar das Geld (nach entsprechender Ankündigung) zurücküberweisen.⁴⁰ Solange die einseitige Anweisung besteht, hat der Käufer seine Einzahlungspflicht noch nicht erfüllt.⁴¹

16   Zu weitgehend erscheinen mir Literaturstimmen, die eine einseitige Verwahrung (für die Zeit bis zur vertraglichen Fälligkeit der Einzahlung) bereits dann annehmen, wenn der **Käufer vor Einzahlungsfälligkeit einzahlt**⁴² – auch wenn der Käufer dabei keine

---

³⁴ Im Ergebnis wäre man damit bei der von der Literatur bereits bisher (aufgrund der von ihr angenommenen Mehrseitigkeit der Treuhandauflage) mehrheitlich vertretenen Bindung der abzulösenden Grundpfandrechtsgläubiger an die von ihnen erteilten Treuhandauflagen. Dies ist mit der Rechtsprechung des BGH nicht vereinbar, vgl. BGH DNotZ 1987, 560 (561); NJW 1997, 2104; DNotZ 2002, 269; DNotI-Report 2003, 102 sowie → § 57 Rn. 64 ff. und 106.
³⁵ So hat der Notar zur Absicherung der Beteiligten nach § 57 Abs. 3 bei der Ablösung dinglicher Gläubiger als Auszahlungsvoraussetzung unter anderem vorzusehen, dass der verwahrte Betrag zur Ablösung aller Gläubiger genügt. Ist der Vertrag dann aufgrund einer geänderten Treuhandauflage nicht mehr vollziehbar, so kann bis zur Auszahlung (bei der alle Gläubiger zugleich abzulösen sind) noch eine Rückabwicklung ohne Schaden für die Beteiligten erfolgen. Soll der abzulösende Gläubiger nur aufgrund einer missglückten Verwahrungsanweisung des Notars an seiner Treuhandauflage festgehalten werden?
³⁶ Jedenfalls sind Widerruf oder Änderung zulässig, soweit trotz der geänderten Auflage die Vertragsabwicklung weiterhin möglich ist. Der Gläubiger kann also nachträglich (aber vor der Auszahlung) den geforderten Ablösungsbetrag erhöhen, soweit dies aus dem verwahrten – und nicht anderweitig zur Ablösung benötigten – Betrag noch bezahlt werden kann.
³⁷ BGH DNotZ 1991, 555 (556); OLG Schleswig OLG-Report 2005, 225 = SchlHA 2006, 78; *Kawohl* Rn. 76; *Preuß* S. 100 f.; *Weingärtner*, Verwahrungsgeschäft, Rn. 189; *Winkler* BeurkG § 60 Rn. 12.
³⁸ Vgl. BGH DNotZ 2002, 269; → § 57 Rn. 67.
³⁹ BGH DNotZ 1991, 555 (556); OLG Schleswig OLG-Report 2005, 181 = SchlHA 2005, 369.
⁴⁰ Ebenso wie bei einseitigen Auflagen der finanzierenden Bank, → § 57 Rn. 73.
⁴¹ Da der Käufer die einseitige Anweisung jederzeit einseitig widerrufen kann, hat der Verkäufer die vertraglich vereinbarte Sicherheit noch nicht erhalten, vgl. BGH DNotZ 1997, 70 (71); 2002, 269; ebenso ausdrücklich OLG Schleswig BeckRS 2005, 00487 = SchlHA 2006, 78; OLG-Report 2005, 225 = SchlHA 2006, 78; zum Treuhandauftrag der finanzierenden Bank → § 57 Rn. 88 ff.
⁴² So aber *Kawohl* Rn. 70 f.; Armbrüster/Preuß/Renner/*Renner* BeurkG § 60 Rn. 9; *Weingärtner*, Verwahrungsgeschäft, Rn. 27 = NotBZ 1998, 127 (128 f.); *Winkler* BeurkG § 60 Rn. 12; *Zimmermann* DNotZ 1980, 451 (458 ff.); ebenso noch der *Verfasser* in der 1. Auflage, Rn. 16.

gesonderte Verwahrungsanweisung erteilt hat. In Konsequenz könnte der Käufer dann bis zur Einzahlungsfälligkeit eine neue Weisung erteilen oder Rückzahlung des Geldes verlangen (soweit dies nicht infolge eines schutzwürdigen Vertrauens des Verkäufers in die erfolgte vorzeitige Einzahlung nach Abs. 1 ausgeschlossen ist).[43] Diese Ansicht vermischt mE unzulässig die kaufvertragliche mit der verfahrensrechtlichen Ebene.

D. Widerruf mehrseitiger Verwahrungsanweisung (Abs. 2 und Abs. 3)

I. Fallgruppen mehrseitiger Anweisung

1. Verhältnis der Kaufvertragsparteien zueinander. Ist nicht ausdrücklich geregelt, 17 ob eine Verwahrungsanweisung einseitig oder mehrseitig erteilt ist, so ist die Abgrenzung durch Auslegung entsprechend des Schutzbedürfnisses der Beteiligten vorzunehmen.[44]

Im Kaufvertrag sind daher im Zweifel im Verhältnis der Kaufvertragsparteien zueinander alle Anweisungen **mehrseitig,** die dem Schutz des Empfangsberechtigten ab Fälligkeit der Einzahlung bzw. dem **Schutz des Einzahlenden** bis zum Vorliegen der Auszahlungsvoraussetzungen dienen, also insbesondere

– die **Auszahlungsvoraussetzungen** selbst (auf deren Einhaltung der zahlungsverpflichtete Käufer allerdings einseitig verzichten kann)[45] sowie
– die Anweisung zur **Ablösung von Grundpfandrechtsgläubigern** und anderen Drittberechtigten aus dem Kaufpreis.[46]

Nach Art einer Faustregel kann man daher sagen, dass bis zum Vorliegen der Auszahlungsvoraussetzungen eine mehrseitige Verwahrung im Verhältnis zwischen Verkäufer und Käufer vorliegt, danach hingegen nur mehr eine einseitige Verwahrung für den Verkäufer.[47]

2. Verhältnis mehrerer Verkäufer untereinander. Haben **mehrere Verkäufer** eine 18 bestimmte Auszahlung oder Verteilung des Restkaufpreises geregelt, so können sie diese Auszahlung im Zweifel nur einvernehmlich untereinander (jedoch ohne Mitwirkung des Käufers) abändern.[48]

Demgegenüber hielt das **Kammergericht** eine im Kaufvertrag enthaltene Anweisung zur Aufteilung des Kaufpreises zwischen mehreren Miterben für einseitig widerruflich.[49] Ich halte diese Entscheidung für falsch; doch kann man diese Frage – auch aus Sicht des KG – vermeiden, wenn in der Verwahrungsanweisung ausdrücklich geregelt wird, dass die Anweisung im Verhältnis zwischen den Verkäufern mehrseitig (und damit nicht einseitig widerruflich) erteilt wird. Fehlt eine solche ausdrückliche Regelung, sollte der Notar bei einem einseitigen Widerruf vor der Auszahlung einen notariellen Vorbescheid erlassen.

Eine Auszahlungsanweisung an einen nicht an der Verwahrung und auch nicht am zugrundeliegenden Rechtsverhältnis beteiligten Dritten kann der Verkäufer hingegen im Zweifel einseitig abändern.[50]

---

[43] *Beining* S. 146.
[44] BayObLGZ 1995, 204 = MittBayNot 1995, 331; KG DNotZ 2001, 865 (866); OLG Hamm DNotZ 2000, 379 (381); FGPrax 2002, 83 (84); OLG Zweibrücken DNotZ 2004, 364.
[45] Vgl. Fußnoten zu → § 57 Rn. 32.
[46] → BNotO § 23 Rn. 39 ff. und → § 57 Rn. 44.
[47] *Kawohl* Rn. 70 ff.; Armbrüster/Preuß/Renner/*Renner* BeurkG § 60 Rn. 9; Arndt/Lerch/Sandkühler/ *Sandkühler* BNotO § 23 Rn. 145; *Weingärtner,* Verwahrungsgeschäft, Rn. 27 = NotBZ 1998, 127 (128 f.); *Winkler* BeurkG § 60 Rn. 11; *Zimmermann* DNotZ 1980, 451 (458 ff.) – allerdings mit zT abweichender Ansicht hinsichtlich der Zeit vor Einzahlungsfälligkeit; → Rn. 16.
[48] *Brambring/Sandkühler/Starke* S. 153; *Winkler* BeurkG § 60 Rn. 11.
[49] KG DNotZ 2001, 865 mAnm *Hertel* = NotBZ 2001, 425 mAnm *Wegerhoff;* ähnlich bereits KG 21.9.1999 – 1 W 2680/99, nv.
[50] Nicht einseitig abänderbar ist hingegen eine erfolgte Abtretung, → BNotO § 23 Rn. 33 ff.

II. Beachtlichkeit eines einseitigen Widerrufes

19 Erfolgt der Widerruf durch **alle Anweisenden,** so hat ihn der Notar zu beachten (Abs. 2). Gemeinsam können die Beteiligten den Notar zur Rückzahlung des Geldes oder zu einer anderen Auszahlung anweisen.

20 Der **einseitige Widerruf** einer mehrseitigen Verwahrungsanweisung (in praxi meist der Widerruf des Käufers, ggf. auch des Pfändungsgläubigers des Käuferanspruches)[51] ist hingegen nur dann ausnahmsweise beachtlich, wenn er sich darauf stützt, dass das Rechtsgeschäft, zu dessen Abwicklung die Verwahrung dient, **unwirksam oder rückabzuwickeln** ist (Abs. 3) oder wenn dem Notar erkennbar ist, dass er durch die Auszahlung an einem unredlichen Zweck mitwirken würde oder dem Auszahlungsberechtigten dadurch ein unwiederbringlicher Schaden entstünde (§ 61). Diese drei Fallgruppen wurden bereits in der bisherigen Rechtsprechung und hM in der Literatur entwickelt, gestützt vor allem auf einen Aufsatz von *Zimmermann.*[52] Beachtlich ist demnach eine Berufung auf eine (angebliche) Nichtigkeit, eine (erklärte) Anfechtung oder einen (erklärten) Rücktritt (oder eine erklärte Wandlung) vom Vertrag oder schließlich eine (formwirksame – § 311b Abs. 1 BGB) Vertragsaufhebung.[53]

Ebenso genügt nach der Rechtsprechung des Kammergerichts, dass beide Kaufvertragsparteien nicht mehr die Durchführung des Vertrages wollen, sondern – sei es auch mit abweichender rechtlicher Begründung – dessen **Nichtvollzug;** mE lässt sich damit nach § 60 Abs. 3 aber nur die Nichtauszahlung begründen; zu Unrecht lässt das KG weitergehend auch die Rückzahlung zu (allerdings nur wenn feststeht, dass auch die vom Verkäufer erbrachte Gegenleistung rückabgewickelt ist).[54]

Nach § 60 Abs. 3 **unbeachtlich** ist demgegenüber ein einseitiger Widerruf, der sich nur auf eine **Minderung** wegen Sach- oder Rechtsmängeln des Kaufgegenstandes, auf die

---

[51] BayObLG DNotZ 2005, 616.
[52] Grundlegend *Zimmermann* DNotZ 1980, 451 (465 ff.); BayObLGZ 1995, 204 = MittBayNot 1995, 331 (332); OLG Düsseldorf MittRhNotK 1988, 48; DNotZ 1995, 497; OLG Frankfurt a. M. DNotI-Report 1997, 185; OLG Hamm MittRhNotK 1994, 298 (299); KG DNotZ 1987, 577; OLG Oldenburg OLG-Report 1997, 46; OLG Schleswig DNotZ 1993, 67 (68) mAnm *Tönnies;* OLG Zweibrücken MittBayNot 1995, 162; LG Frankenthal MittBayNot 2001, 580; LG Lüneburg DNotZ 1989, 651; ebenso in der Literatur vor Inkrafttreten von § 60 etwa: *Amann/Brambring* S. 93 ff.; *Brambring* FS Schippel 1996, 587; *Haug,* Die Amtshaftung des Notars, 2. Aufl. 1997, Rn. 706 ff.; *Kawohl* Rn. 52 ff.; *Nieder* S. 21 ff.; *Schlee* NotBZ 1997, 95; BeckNotar-HdB/*Tönnies,* 2. Aufl. 1997, A. I. Rn. 379; *Weingärtner/Schöttler,* 7. Aufl. 1995, DONot Rn. 152 ff.; ähnlich: Arndt/Lerch/Sandkühler/*Sandkühler,* 3. Aufl. 1996, BNotO § 23 Rn. 103, 117; *Sudmann* DNotZ 1996, 13; *Wettach* DNotZ 1996, 2 (12); im Ergebnis trotz anderer Terminologie ähnlich: *Preuß* S. 177 ff.; aA, dass lediglich ein offensichtlich unbegründeter bzw. treuwidriger Widerspruch unbeachtlich wäre: *Bräu* Rn. 114; *Volhard* DNotZ 1987, 523 (530 f.); aA dass ein Widerruf trotz unwirksamen Grundgeschäftes bzw. Anfechtung unbeachtlich wäre: *Reithmann,* Vorsorgende Rechtspflege, S. 230 f.; *ders.* WM 1991, 1493; Seybold/Schippel/*Reithmann,* 6. Aufl. 1995, BNotO § 23 Rn. 36 ff.; vgl. auch Gutachten DNotI-Report 1997, 181 mwN; zum Widerruf bei behaupteter anderweitiger Kaufpreiserfüllung vgl. DNotI-Gutachten Abruf-Nr. 1130.
[53] Widerruft der Käufer die Auszahlungsanweisung, indem er sich Anfechtung oder Rücktritt (oder ggf. auch die Ausübung eines Verbraucherwiderrufsrechtes) nur „vorbehält" – aber eben nicht erklärt, so ist der Widerruf nach Abs. 3 unbeachtlich. Jedoch kann der Notar im Hinblick auf § 61 Nr. 2 die Auszahlung kurzfristig (zwei bis fünf Tage) aussetzen und dem Käufer entsprechende Frist zur Mitteilung setzen, ob er einen Rücktritt etc (gegenüber seinem Vertragspartner) erklärt oder sich diesen nur vorbehalte – unter Hinweis darauf, dass nur der erklärte Rücktritt etc beachtlich sei. Damit kann zugleich die Fristsetzung nach Abs. 3 S. 3 Nr. 2 verbunden werden, so dass der Käufer binnen der ersten Frist von zwei bis fünf Tagen mitzuteilen hätte, ob er den Rücktritt etc erklärt habe; in diesem Fall müsste er binnen einer weiteren Frist von zwei bis vier Wochen die Klageerhebung gegen seinen Vertragspartner nachweisen.
[54] KG DNotZ 1998, 204; 1999, 998; DNotI-Report 2002, 175. Ähnlich OLG Hamm DNotZ 1987, 574; 1983, 702; KG DNotZ 1985, 51. Offen gelassen in BayObLG DNotZ 2005, 616. Ebenso wie das KG: Arndt/Lerch/Sandkühler/*Sandkühler* § 23 Rn. 154; *Winkler* BeurkG § 60 Rn. 32. Dem KG ist zu widersprechen: Der Käufer hat zwar einen Anspruch gegen den Verkäufer auf Zustimmung zur Rückzahlung Zug um Zug gegen Rückabwicklung der Leistung des Verkäufers. Solange aber keine einvernehmliche Anweisung beider Kaufvertragsparteien vorliegt (bzw. ein diese ersetzendes rechtskräftiges Urteil), kann der Notar das Geld aber nicht zurückzahlen, sondern nur mit der Auszahlung innehalten.

Aufrechnung mit einer Gegenforderung oder ein bloßes Zurückbehaltungsrecht stützt.[55] Begründet der Widerrufende aber die Minderung damit, er sei arglistig getäuscht worden, so ist der Widerruf möglicherweise nach § 61 zu beachten.[56]

Unbeachtlich ist auch, wenn ein bei Kaufvertragsschluss durch einen Bevollmächtigten vertretener Beteiligter den Widerruf der Verwahrungsanweisung darauf stützt, er habe die zugrundeliegende Vollmacht nach (!) Vertragsschluss widerrufen.[57]

Der Notar muss **keine Schlüssigkeits- oder Begründetheitsprüfung** im zivilprozes- 21 sualen Sinn vornehmen. Denn § 60 Abs. 3 entbindet den Notar von einer solchen Prüfung. Der Widerrufende muss sich lediglich auf einen beachtlichen Widerrufsgrund berufen („gründen"), nicht aber hierfür – wie vor Gericht – schlüssigen Sachvortrag vortragen. „Hierdurch wird der Notar der Pflicht enthoben, im Rahmen des Verwahrungsverfahrens eine Entscheidung unter der – ihm zumeist kaum möglichen – Berücksichtigung der materiellen Rechtslage zwischen den Beteiligten zu treffen."[58]

Erforderlich ist mE lediglich eine **Plausibilitätsprüfung.** Der Widerrufende darf sich nicht mit einer pauschalen Aussage begnügen, das Rechtsgeschäft sei unwirksam, sondern muss Tatsachen benennen, die es wenigstens als möglich erscheinen lassen, dass seine Behauptung zutrifft.[59] Eine andere Meinung fordert eine Schlüssigkeitsprüfung, die allerdings weniger weitgehen soll als im Zivilprozess: Eine bloße Lückenhaftigkeit des Sachvortrages mache den Widerruf nicht unbeachtlich (auch wenn ein entsprechender Vortrag im Zivilprozess unschlüssig wäre).[60] Im Ergebnis ähneln sich damit beide Meinungen. Allerdings kann und sollte der Notar ggf. nachfragen und ggf. einen Vorbescheid erlassen.

Ausnahmsweise ist der Widerruf unbeachtlich, wenn sich bereits aus dem **eigenen Sachvortrag des Widerrufenden** eindeutig ergibt, dass kein Widerrufsgrund besteht[61] – etwa wenn der Widerrufende sich nur auf die Anfechtbarkeit beruft, sich aber die Anfechtung ausdrücklich nur vorbehält (ohne sie zu erklären – anders wenn er nur vorzutragen vergisst, dass er die Aufrechnung bereits erklärt hat), oder wenn der vorgetragene Unwirksamkeitsgrund rechtlich eindeutig nicht zur Unwirksamkeit führt.

Anstelle einer (ihm mangels Beweiserhebung nicht möglichen) materiell-rechtlichen 22 Prüfung kann der Notar nach der durch die BNotO-Novelle 1998 eingeführten Regelung des Abs. 3 S. 3 Nr. 2 verlangen, die **Ernsthaftigkeit des Widerrufs verfahrensrechtlich** dadurch zu belegen, dass binnen einer Frist, die der Notar setzen kann, ein gerichtliches Verfahren eingeleitet wird. Damit wird die Überprüfung der materiellen Rechtslage den dafür in der ZPO vorgesehenen gerichtlichen Verfahren zugewiesen (sei es des einstweiligen Rechtsschutzes oder des ordentlichen Klageverfahrens). Demjenigen, der widerruft, kann die verlangte gerichtliche Geltendmachung im Interesse aller Beteiligten an einer

---

[55] KG DNotZ 1987, 577; OLG Schleswig DNotZ 1993, 67 (68); LG Berlin DNotZ 1981, 318; LG Braunschweig DNotZ 1983, 778; LG Lüneburg DNotZ 1989, 651; *Brambring* DNotZ 1990, 615 (639); *ders.* ZfIR 1999, 333 (339) mwB; *Kawohl* Rn. 94; Arndt/Lerch/Sandkühler/*Sandkühler* BNotO § 23 Rn. 156; *Weingärtner*, Verwahrungsgeschäft, Rn. 196; *Winkler* BeurkG § 60 Rn. 33 ff. mwB; *Zimmermann* DNotZ 1980, 451 (470).

[56] KG DNotZ 1985, 51 (54); Gutachten DNotI-Report 2007, 44; → § 61 Rn. 4, 8.

[57] OLG Hamm DNotZ 2000, 379. Denn der Widerruf der Vollmacht nach Vertragsschluss beeinträchtigt die Wirksamkeit des Kaufvertrages nicht. Auch ist das „mit der Verwahrung durchzuführende Rechtsverhältnis" nicht die Vollmacht (oder der ihr zugrundeliegende Auftrag), sondern nur der Kaufvertrag.

[58] Regierungsbegründung BT-Drs. 13/4184, 38.

[59] Arndt/Lerch/Sandkühler/*Sandkühler* BNotO § 23 Rn. 155; im Ergebnis ähnlich *Weingärtner*, Verwahrungsgeschäft, Rn. 201 = NotBZ 1998, 127 (130). Jede materielle Prüfung ablehnend hingegen *Brambring* ZfIR 1999, 333 (337) (anders hingegen noch Brambring/Sandkühler/Starke S. 151 ff. – Prüfungspflicht für die (Form-)Wirksamkeit der behaupteten Kaufvertragsaufhebung zumindest noch erwogen).

[60] *Dornis* S. 15 ff.; Armbrüster/Preuß/Renner/*Renner* BeurkG § 60 Rn. 27; *Winkler* BeurkG § 60 Rn. 27; allgemein für eine „Schlüssigkeitsprüfung" auch *Lerch* BeurkG § 60 Rn. 8. Für eine weitergehende Prüfung hingegen *Beining* S. 147 f.

[61] Zwar soll der Notar keine richterähnliche Entscheidung treffen; doch erschiene es zu weitgehend, bei eindeutiger Rechtslage dem Vertragspartner des zu Unrecht Widerrufenden die Bürde einer Klageerhebung aufzuerlegen. Hierfür kann man wohl § 14 Abs. 2 BNotO heranziehen. IE ähnlich *Lerch* NJW 1998, 3697 (3698); *Weingärtner*, Verwahrungsgeschäft, Rn. 201 = NotBZ 1998, 127 (130).

beschleunigten Klärung abverlangt werden. Zugleich wird damit einem Missbrauch des einseitigen Widerrufs mit der bloßen Behauptung, das zugrundeliegende Rechtsgeschäft sei unwirksam, entgegengewirkt.[62]

III. Verfahrensrechtliche Prüfung der Ernsthaftigkeit des Widerrufsgrundes

23 Ist der einseitig geltend gemachte Widerrufsgrund einer mehrseitigen Anweisung beachtlich, so muss (unbedingte Amtspflicht) der Notar weitere Auszahlungen **vorerst einstellen** (Abs. 3 S. 1). Anders als bei einer entsprechenden allseitigen Anweisung oder dem Widerruf einer einseitigen Anweisung darf er aber das eingezahlte Geld nicht etwa wieder an den Einzahlenden zurücküberweisen.[63]

24 Zugleich muss der Notar alle an der Verwahrung beteiligten Personen (also die anweisenden Kaufvertragsparteien ebenso wie das finanzierende Kreditinstitut, wenn dessen Treuhandauflage nach § 57 Abs. 6 noch nicht erledigt ist),[64] vom Widerruf und den dafür vorgebrachten Gründen **unterrichten** (Abs. 3 S. 2) – am besten unter Übersendung einer Kopie des Widerrufsschreibens.

25 Außerdem kann der Notar dem Widerrufenden eine (idR zwei bis vierwöchige)[65] **Frist setzen,** binnen derer der Widerrufende ein gerichtliches Verfahren gegen die anderen Verwahrungsbeteiligten auf Erteilung einer einvernehmlichen Anweisung rechtshängig zu machen hat (Abs. 3 S. 3 Nr. 2).

Die Fristsetzung steht im **Ermessen** des Notars. Eine Fristsetzung empfiehlt sich, sofern nicht eine einvernehmliche Neuregelung durch alle Beteiligten zu erwarten ist oder der Widerruf mit überwiegender Wahrscheinlichkeit sachlich begründet ist. Denn die Fristsetzung ist die einzige Möglichkeit des Notars, von sich aus den Schwebezustand zu beenden, während dessen das Geld am Anderkonto festliegt und weder ausgezahlt noch zurückgezahlt werden kann.[66] Setzt der Notar keine Frist, so muss der andere Beteiligte gegen den Widerrufenden auf Zustimmung zur Auszahlung klagen.

Die Fristsetzung (oder deren Unterlassung) durch den Notar **bestimmt die Prozessrollen,** ändert jedoch nichts an der Beweislast im Zivilprozess. Denn der Widerrufende muss die Berechtigung seines Widerrufes im Zivilprozess in jedem Fall beweisen, unabhängig ob er die Klage (von sich aus oder aufgrund Fristsetzung durch den Notar) erhoben hat oder ob der andere Verwahrungsbeteiligte von sich aus Klage erhoben hat, um die vom Notar infolge des beachtlichen Widerrufes ausgesetzte Auszahlung zu erreichen.

---

[62] Regierungsbegründung, BT-Drs. 13/4184, 38; vgl. die Darstellung von *Weingärtner,* Verwahrungsgeschäft, Rn. 187 ff. = NotBZ 1998, 127. Die Neuregelung von 1998 legte damit weitgehend als gesetzliche Pflicht fest, was *Brambring* DNotZ 1990, 615 (647 ff.) bereits unter Geltung des bisherigen Rechtes dem Notar und den Beteiligten als Handlungsvorschlag gemacht hatte. Bisher war bereits ein nach § 15 Abs. 2 BNotO beschwerdefähigen Vorbescheid möglich. Im Übrigen konnte der Notar die Beteiligten nur darauf hinweisen, dass ein Zivilprozess der Beteiligten untereinander zielführender wäre. Nunmehr kann der Notar die durch die Beachtlichkeit des Widerrufes entstandene Blockade der weiteren Abwicklung von sich aus auflösen, indem er eine Frist zur Klageerhebung setzt.

[63] *Brambring* ZfIR 1999, 333 (340); *Winkler* BeurkG § 60 Rn. 39; ebenso früher etwa OLG Hamm MittRhNotK 1994, 298; *Preuß* S. 184; aA zum neuen Recht *Beining* S. 151 ff., 178 f. – Insofern anders zum früheren Recht (vor Inkrafttreten des § 54c) hingegen KG DNotZ 1998, 204, wonach der eingezahlte Kaufpreis sei auf Verlangen des Käufers wieder an diesen zurückzuzahlen, wenn beide Kaufvertragsparteien nicht mehr die Durchführung des Vertrages wollen (aus welchen unterschiedlichen Gründen), jedenfalls wenn eine vom Verkäufer erbrachte Vorleistung rückabgewickelt ist, also insbesondere eine zugunsten des Käufers eingetragene Auflassungsvormerkung gelöscht wurde; allfällige Schadensersatzansprüche des Verkäufers sichere der verwahrte Betrag hingegen nicht – ablehnend zur Entscheidung des KG: *Brambring* RWS-Forum 1998, 11 (18 f.); vgl. auch OLG Hamm DNotZ 1987, 574; 1983, 702; KG DNotZ 1985, 51 (54). Das KG differenziert seine Meinung mittlerweile dahingehend, dass nach endgültigem Scheitern der Vertragsdurchführung der beim Notar vom Käufer hinterlegte Kaufpreis nur dann an den Käufer zurückzuzahlen ist, wenn feststeht, dass die vom Verkäufer erbrachte Gegenleistung rückabgewickelt ist (KG DNotI-Report 1999, 153).

[64] *Brambring/Sandkühler/Starke* S. 148, 154; *Brambring* RWS-Forum 1998, 11 (12).

[65] Regierungsbegründung BT-Drs. 13/4184, 38.

[66] Vgl. *Wolfsteiner,* Diskussionsbeitrag 24. Deutscher Notartag Hamburg, DNotZ Sonderheft 1993, 209 f.

Die Fristsetzung muss nicht unmittelbar nach Eingang des Widerrufes erfolgen, sondern kann auch **später nachgeholt** werden – etwa wenn der Notar den Beteiligten erst Gelegenheit zu einer gütlichen Einigung geben will. Eine gesetzte Frist kann verlängert werden. Zwischenzeitlich empfiehlt sich eine verzinsliche Anlage des verwahrten Betrages, ggf. auch als Festgeld – sei es auf einvernehmliche Weisung hin (ggf. auf Anregung des Notars)[67] oder aufgrund von einem Beteiligten erwirkter einstweiliger Verfügung gegen die anderen Verwahrungsbeteiligten.

Setzt der Notar in einem notariellen Vorbescheid nach § 15 Abs. 2 BNotO eine Frist zur Einlegung der Beschwerde, so wirkt dies nur dann zugleich als Fristsetzung nach § 60 Abs. 3 S. 3 Nr. 2, wenn dies in der Fristsetzung eindeutig zum Ausdruck kommt.[68]

Ist bis Fristende dem Notar nicht durch die Zustellungsurkunde (§ 190 ZPO) nachgewiesen, dass entweder eine Klage zugestellt wurde oder zumindest ein Antrag auf einstweiligen Rechtsschutz nach §§ 935, 940 ZPO bei Gericht eingereicht wurde[69] (§§ 253, 261 ZPO), so wird der **Widerruf unbeachtlich.** Die ursprüngliche Verwahrungsanweisung ist dann weiter zu vollziehen und das Geld bei Vorliegen der Auszahlungsvoraussetzungen auszuzahlen. 26

Dasselbe gilt, wenn die Rechtshängigkeit des Verfahrens nachträglich entfällt (Abs. 3 S. 3 Nr. 3), also etwa bei Klagerücknahme oder rechtskräftiger Abweisung der Klage. Dringt der Widerrufende hingegen mit seiner Klage oder seinem Antrag durch, so liegt mit Rechtskraft des Urteils (§§ 894, 706 ZPO) eine den Notar bindende einvernehmliche Anweisung vor (§ 60 Abs. 3 S. 3 Nr. 1); dabei genügt ein Feststellungsurteil, dass dem Verkäufer kein Anspruch mehr zusteht.[70]

Ist der Widerruf unberechtigt, so kann darin eine Vertragsverletzung gegenüber der anderen Vertragspartei liegen und dieser ein **Schadensersatzanspruch gegenüber dem unberechtigt Widerrufenden** zustehen.[71] 27

E. Abweichende Regelung über Widerrufsmöglichkeit (Abs. 4)

Abweichende Regelungen der Beteiligten über die Beachtlichkeit und die Folgen eines einseitigen Widerrufes bei mehrseitiger Verwahrung lässt das Gesetz ausdrücklich zu (Abs. 4). Damit kann eine im Einzelfall interessengerechte Lösung vereinbart werden[72] – etwa zur Absicherung eines **vertraglichen Rücktrittsrechtes** oder wenn die Auszahlungsvoraussetzungen nicht bis zu einem bestimmtem Zeitpunkt vorliegen. So kann etwa vereinbart werden, dass nicht nur (gemäß Abs. 3 S. 1) der weitere Vollzug ausgesetzt, sondern darüber hinaus der eingezahlte Betrag zurückgezahlt wird, wenn dem Notar eine privatschriftliche Rücktrittserklärung des Erwerbers zugeht und der Veräußerer nicht binnen einer bestimmten Frist nach Weiterleitung (Absendung) dieser Erklärung durch den Notar an ihn dem Notar nachweist (durch Nachweis der Klagezustellung), dass er eine Feststellungsklage oder Klage auf Zustimmung zur Auszahlung gegen den Erwerber erhoben hat.[73] Praktisch wenig hilfreich erscheint mir der Vorschlag, den Notar als Schiedsrichter im Schiedsverfahren nach §§ 1025 ff. ZPO einzusetzen – wobei der Notar seine eigene Benennung zum Schiedsrichter nach § 3 Abs. 1 S. 1 Nr. 1 ohnehin nicht beurkunden dürfte.[74] 28

---

[67] *Weingärtner,* Verwahrungsgeschäft, Rn. 213 = NotBZ 1998, 127 (131).
[68] OLG München DNotZ 2008, 777 m.Anm. *Sandkuhler* DNotZ 2009, 164.
[69] *Brambring/Sandkühler/Starke* S. 156 f.; *Brambring* ZfIR 1999, 333 (338); *Winkler* BeurkG § 60 Rn. 48 ff.
[70] OLG Frankfurt a. M. FGPrax 1997, 159.
[71] OLG Frankfurt a. M. FGPrax 1997, 159.
[72] Regierungsbegründung, BT-Drs. 13/4184, 39.
[73] *Brambring* ZfIR 1999, 333 (336, 339 f.).
[74] Gegen die von *Milzer* ZNotP 2001, 290 (291) vorgeschlagene (schiedsrichterliche) Entscheidungskompetenz des Notars spricht, dass der Notar dann auch Sachverhaltsaufklärung betreiben müsste. Auch wird die Entscheidung durch ein staatliches Gericht (nach § 15 Abs. 2 BNotO) eher befriedend wirken, weil das

BeurkG § 61 Sechster Abschnitt. Verwahrung

29 Stets muss die Verwahrungsanweisung aber zumindest **durch alle Beteiligten gemeinsam** – ggf. zusammen mit bestimmten Dritten – **widerruflich** sein. Zwar kann eine einseitig (oder auch mehrseitig) erteilte Verwahrungsanweisung auch dergestalt erteilt werden, dass sie nur mit Zustimmung eines bestimmten Dritten abänderbar oder widerruflich ist[75] (und damit insoweit zur mehrseitigen Anweisung wird) – nicht aber dergestalt, dass sie allgemein „unwiderruflich" erteilt wird.[76]

F. Rechtsschutzmöglichkeiten der Beteiligten (Abs. 5)

30 Entsprechend des doppelten Rechtsverhältnisses der zivilrechtlichen Verwahrungsvereinbarung einerseits und der öffentlich-rechtlichen Verwahrungsanweisung andererseits steht den Beteiligten grundsätzlich als Rechtsbehelf sowohl einerseits die Beschwerde nach § 15 Abs. 2 BNotO gegen die Amtshandlung des Notars als auch andererseits die zivilrechtliche Klage gegen die anderen Verwahrungsbeteiligten auf Erteilung einer einvernehmlichen Anweisung zu.[77] § 57 Abs. 5 stellt dies für den praktischen Hauptfall der Entscheidung des Notars über die Beachtlichkeit oder Unbeachtlichkeit des Widerrufs ausdrücklich klar.[78] Man könnte sonst an der Zulässigkeit einer Notarbeschwerde nach § 15 Abs. 2 BNotO zweifeln, da der Notar die Beteiligten nach Abs. 3 S. 3 Nr. 2 auf einen Zivilprozess gegeneinander verweisen kann.

Es handelt sich aber um zwei unterschiedliche Verfahren. Daher wirkt die Fristsetzung im notariellen Vorbescheid nach § 15 Abs. 2 BNotO nur dann zugleich als Fristsetzung nach § 60 Abs. 3 S. 3 Nr. 2, wenn dies in der Fristsetzung eindeutig zum Ausdruck kommt.[79]

§ 61 Absehen von Auszahlung

Der Notar hat von der Auszahlung abzusehen und alle an dem Verwahrungsgeschäft beteiligten Personen im Sinne des § 57 hiervon zu unterrichten, wenn

---

Gericht auch die Entscheidung des Notars über den Verwahrungsgegenstand kontrollieren kann. Vermitteln bzw. beide Beteiligte gemeinsam über die Rechtslage bei unstreitigem Sachverhalt unterrichten kann der Notar auch ohne ausdrückliche Aufgabenzuweisung. – Zum Mitwirkungsverbot für die Beurkundung der eigenen Benennung zum Schiedsrichter vgl. BNotK DNotZ 2000, 401 (409); Armbrüster/Preuß/Renner/*Armbrüster* BeurkG § 7 Rn. 4; *Winkler* BeurkG § 7 Rn. 7.

[75] Vgl. OLG Rostock NotBZ 2005, 339 mAnm *Hückstädt*.
[76] Nach allgemeinen Grundsätzen des FGG-Verfahrensrechtes bzw. jetzt des FamFG können Anträge im FamFG-Verfahren grundsätzlich auch zurückgenommen werden. Für die dem Notar erteilte Verwahrungsanweisung kann nichts anderes gelten. Daraus kann man zwar nicht ableiten, dass ein Verzicht auf die Widerruflichkeit grundsätzlich eine unzulässige Verfahrenshandlung sei, wie dies eine Mindermeinung vertrat: *Bräu* Rn. 106; *Volhard* DNotZ 1987, 523 (529). Denn zu Recht betonen andere Autoren, dass soweit eine Bindung zwischen mehreren Verwahrungsbeteiligten besteht, den anderen Verwahrungsbeteiligten gegenüber auch verfahrensrechtlich eine Bindung möglich ist: *Kawohl* Rn. 63 ff.; *Zimmermann* DNotZ 1980, 451 (454). Dann bewirkt die Bindung im Verhältnis der Verwahrungsbeteiligten untereinander, dass Änderungen der Verwahrungsanweisung nur gemeinsam möglich sind. Dies ist jetzt durch § 53c Abs. 3 ausdrücklich geregelt. Eine Bindung gegenüber einem anderen Verwahrungsbeteiligten ist bei einer einseitigen Verwahrungsanweisung nicht möglich. Deshalb lässt auch § 60 Abs. 4 nur gegenüber Abs. 2 und Abs. 3 abweichende Regelungen zu, nicht gegenüber Abs. 1. Ist eine einseitige Verwahrungsanweisung jedoch „unwiderruflich" erteilt, so kann dies, wenn ein bestimmter Dritter dadurch geschützt werden soll, so auszulegen sein, dass eine mehrseitige Verwahrung vorliegt. Im Übrigen kann zumindest ein nach § 53c Abs. 1 zu berücksichtigendes schutzwürdiges Vertrauen Dritter in den Rechtsschein entstanden sein.
[77] → BNotO § 23 Rn. 47 ff.; ausführlich zum Vorbescheid: *Hertel* FS 200 Jahre Notarkammer Pfalz 2003, 167–204.
[78] Regierungsbegründung, BT-Drs. 13/4184, 39.
[79] OLG München DNotZ 2008, 777 mAnm *Sandkühler* DNotZ 2009, 164.

1. hinreichende Anhaltspunkte dafür vorliegen, daß er bei Befolgung der unwiderruflichen Weisung an der Erreichung unerlaubter oder unredlicher Zwecke mitwirken würde, oder
2. einem Auftraggeber im Sinne des § 57 durch die Auszahlung des verwahrten Geldes ein unwiederbringlicher Schaden erkennbar droht.

Schrifttum: Vgl. bei § 60 und § 23 BNotO.

A. Übersicht

§ 61 regelt zwei Fälle, in denen der Notar die **Auszahlung von Amts wegen auszusetzen** hat – obwohl die Auszahlungsvoraussetzungen vorliegen und auch ohne Widerruf eines Beteiligten. Beide Fallgruppen waren bereits vor Inkrafttreten von §§ 57 ff. in Rechtsprechung und Literatur[1] als Gründe für einen einseitigen Widerruf einer mehrseitigen Verwahrungsanweisung anerkannt. 1

Auch in den Fällen des § 61 kommt dem Notar keine streitentscheidende, richterähnliche Funktion zu. Das Gesetz will lediglich verhindern, dass der Notar **sehenden Auges an unredlichen Zwecken** oder an der Schädigung eines Beteiligten **mitwirkt**. Deshalb kann er in diesen Fällen die Auszahlung verweigern, obwohl die in der Verwahrungsanweisung geregelten Auszahlungsvoraussetzungen vorliegen, und das Geld weiter sicher auf dem Anderkonto verwahren – aber auch nicht mehr; der Notar kann nicht etwa das Geld an einen der Beteiligten aus- oder zurückzahlen, ohne dass die anderen Verwahrungsbeteiligten zustimmen. 2

B. Unerlaubter oder unredlicher Zweck (Nr. 1)

Nr. 1 regelt klarstellend einen **Spezialfall des § 14 Abs. 2 BNotO**,[2] wonach der Notar nicht an der Verfolgung unerlaubter oder unredlicher Zwecke mitwirken darf. 3

Hauptanwendungsbereich des § 61 Nr. 1 ist der Fall, dass der **unerlaubte oder unredliche Zweck** dem Notar **erst nach Eingang des Geldes ersichtlich** wird; dann muss der Notar nach § 61 Nr. 1 von Amts wegen von der Auszahlung absehen.

Ist hingegen der unerlaubte oder unredliche Zweck dem Notar schon vor Annahme des Verwahrungsantrages ersichtlich, so hat der Notar die Verwahrung abzulehnen (§ 14 Abs. 2 BNotO)[3] – ebenso wie gegebenenfalls auch die ganze Beurkundung (§ 4 BeurkG). Hat der Notar allerdings trotz Kenntnis des unerlaubten oder unredlichen Zwecks (unzulässigerweise) die Verwahrungsanweisung angenommen, so steht ebenfalls § 61 Nr. 1 der Auszahlung entgegen.[4] Der BGH hat aber auch in Fällen, in denen der unerlaubte Zweck schon bei der Beurkundung (bzw. bei Erteilung der Verwahrungsanweisung erkennbar war), § 61 Nr. 1 herangezogen (und nicht § 14 Abs. 2 BNotO, § 4 BeurkG);[5] letztlich läuft das auf dasselbe hinaus.

Beispielsfälle, in denen der Notar die Auszahlung nach § 61 Nr. 1 verweigern muss, sind etwa: 4

---

[1] Vgl. Nachweise in → § 60 Rn. 20 Fn. 52.
[2] Regierungsbegründung BT-Drs. 13/4184, 39; *Weingärtner*, Verwahrungsgeschäft, Rn. 216. Daher lassen sich auch Rechtsprechung und Kommentierungen zu § 14 Abs. 2 BNotO (und § 4 BeurkG) für § 61 Nr. 1 heranziehen.
[3] S. die Beispielsfälle → § 57 Rn. 27.
[4] BGH wistra 2009, 76.
[5] BGH NJW 2010, 1764 (Strafbarkeit wegen Untreue, § 266 StGB, wegen Auszahlung trotz schon vor der Beurkundung erlangter Kenntnis von einem von den Kaufvertragsparteien zum Nachteil des finanzierenden Geldinstituts geplanten Betrugs).

– wenn der Verkäufer dem Käufer Sachmängel arglistig verschwiegen hat;[6]
– wenn der Verkäufer einen Teil des Kaufpreises selbst einzahlt und damit dem Notar ein (versuchter) Betrug zu Lasten der finanzierenden Bank erkennbar wird;[7] oder die Kaufvertragsparteien den Kaufpreis nachträglich auf den von der finanzierenden Bank zu tragenden Kaufpreisteil beschränken (oder sogar einen Teil des vom Kreditgeber finanzierten Kaufpreises ohne Zustimmung der Bank direkt an den Käufer zurückgezahlt werden soll);[8]
– wenn der Notar nach Erhalt des Geldes erkennt, dass seine Amtstätigkeit möglicherweise zur Geldwäsche missbraucht werden soll (und die Beteiligten diesen Verdacht nicht zerstreuen);[9]
– wenn die Auszahlung gegen ein gesetzliches Verbot verstößt, etwa die (unmittelbar geltende) Verordnung EG Nr. 881/2002 über die Anwendung bestimmter spezifischer restriktiver Maßnahmen gegen bestimmte Personen und Organisationen, die mit Osama bin Laden, dem Al-Qaida-Netzwerk und den Taliban in Verbindung stehen (und dies dem Notar erkennbar ist).[10]

5 Als Vorstufe kann zumindest eine Amtspflicht zur **Mitteilung** an den anderen Vertragsteil oder die den Kaufpreis finanzierende Bank bestehen (die der notariellen Verschwiegenheitspflicht nach § 18 BNotO vorgeht), damit diese die bevorstehende Auszahlung ggf. noch im Wege einstweiligen Rechtsschutzes verhindern können.[11] So hielt der BGH den Notar für verpflichtet, die (auf das Anderkonto einzahlende) finanzierende Bank zu warnen, wenn ihm aufgrund einer nachträglichen Kaufpreisherabsetzung (und ähnlichen Vorgehens der Beteiligten in anderen Fällen) erkennbar war, dass der ursprüngliche höhere Kaufpreis nur zum Schein vereinbart war und die Urkunde zur Täuschung von Kreditgebern dienen sollte.[12]

C. Nachträglich unwiederbringlicher Schaden erkennbar (Nr. 2)

6 Nach Nr. 2 muss der Notar von der Auszahlung auch absehen, wenn nachträglich erkennbar wird, dass einem der Anweisenden (§ 57 Abs. 1 Nr. 1), insbesondere dem Käufer, oder der hinsichtlich des verwahrten Geldes Treuhandaufträge erteilenden Dritten

---

[6] KG DNotZ 1985, 51 (54); OLG Schleswig DNotZ 1993, 67 mAnm *Tönnies;* Gutachten DNotI-Report 2007, 44.
[7] KG MittBayNot 2014, 86 = ZfIR 2013, 505 mAnm *Heinemann.* Die Zahlung von Erwerbsnebenkosten aus dem Kaufpreis, insbes. der Grunderwerbsteuer, ist hingegen zulässig und gibt zu keinen Bedenken Anlass (BGH BeckRS 2014, 15884; Grziwotz/Heinemann/*Grziwotz* BeurkG § 61 Rn. 4 Fn. 5).
[8] BGHZ 213, 1 = ZIP 2017, 273.
[9] BNotK-Rundschreiben Nr. 48/2003 vom 19.11.2003, Ziffer D. II. – im Internet unter: www.bnotk.de – unter BNotK-Service/Merkblätter und Empfehlungen.
[10] EuGH DNotZ 2008, 688 mAnm *Schmucker.*
[11] OLG Frankfurt a. M. BeckRS 2011, 20443.
[12] BGH DNotZ 1978, 373; vgl. auch BGH DNotZ 2001, 566 (Strafbarkeit des Notars wegen Beihilfe zum Betrug, wenn der Notar weiß, dass ein von ihm beurkundetes Rechtsgeschäft ausschließlich dazu dient, die finanzierende Bank zu betrügen); *Weingärtner,* Verwahrungsgeschäft, Rn. 218 ff. Die notarielle Verschwiegenheitspflicht (§ 18 BNotO) tritt dann hinter die Warnpflicht des Notars zurück (vgl. BGH WM 1978, 190 (191); Ganter/Hertel/Wöstmann/*Wöstmann* Rn. 421). Ist hingegen im Unterschied zu dem Fall von BGH DNotZ 1978, 373, nur einem Beteiligten Unredlichkeit vorzuwerfen (hat etwa der Käufer die eingezahlten Gelder vom Firmenkonto veruntreut oder von der Bank durch betrügerische Vorspiegelungen erhalten), ist der andere Beteiligte aber schutzwürdig (weil er davon – anders als im BGH-Fall – nichts weiß) und schutzbedürftig (insbesondere wenn er im Vertrauen auf die erfolgte Einzahlung seinerseits eine Leistung erbracht hat), so greift § 61 Nr. 1 nicht ein. Der betrogene Geldgeber kann sich dann nur an seinen Vertragspartner (Darlehensnehmer, Angestellten) halten. Hat der finanzierende Geldgeber (Bank) aber einen noch nicht erledigten Treuhandauftrag erteilt, so kann er diesen noch einseitig widerrufen und das Geld zurückverlangen. (Vgl. auch Armbrüster/Preuß/Renner/*Renner* BeurkG § 61 Rn. 11.)

(§ 57 Abs. 6 – also der finanzierenden Bank) durch die Auszahlung ein **unwiederbringlicher Schaden** droht.[13]

- Beispielsfall ist etwa eine nachträgliche dramatische Verschlechterung der wirtschaftlichen Lage des Verkäufers, insbesondere dessen Konkurs oder **Insolvenz** oder die naheliegende Gefahr der Insolvenz.[14]
- Dem gleichzustellen ist eine **Vermögensverschlechterung** des Zahlungsempfängers (Verkäufers) iSd § 321 BGB; ebenso dessen Umzug nach Vertragsschluss in ein **ausländisches Land,** in dem Rechtshilfe oder gar Vollstreckung nicht oder nur sehr erschwert möglich sind – oder sonst eine naheliegende Gefahr entsteht, dass ein Anspruch gegen den Auszahlungsempfänger, auch wenn er tituliert würde, gleichwohl nicht realisiert werden könnte.[15]
- Für einen „unwiederbringlichen Schaden" genügt hingegen nicht, dass der Beteiligte gegen den Auszahlungsempfänger einen (mit Mühe und Kostenaufwand verbundenen) Prozess führen muss, um seinen Anspruch durchzusetzen.[16]

Damit kodifiziert die Fallgruppe der Nr. 2 die *clausula rebus sic stantibus* für das öffentlich-rechtliche Verwahrungsverhältnis. Die vergleichbare Kodifikation der *clausula rebus sic stantibus* des § 321 BGB im Zivilrecht kann daher auch zur Auslegung des § 61 Nr. 2 herangezogen werden. Weitere – ungeschriebene – Tatbestandsvoraussetzung ist daher (ebenso wie ausdrücklich nach § 321 BGB), dass die Gefahr eines Schadens dem Gefährdeten **bei Erteilung der Verwahrungsanweisung noch nicht erkennbar** war.[17] Ansonsten würde der Notar in das zwischen den Beteiligten vereinbarte Austauschverhältnis eingreifen. 7

Schließlich ist Voraussetzung, dass der Zahlungsverpflichtete (Käufer) gleichzeitig glaubhaft vorträgt, dass ihm Minderungsansprüche oder ähnliche Gegen- und **Rückzahlungsansprüche** zustünden – anders gesagt, dass er bei einer Direktzahlung die Zahlung verweigern dürfte (§§ 320, 273 BGB etc). Denn soweit nur ausgezahlt wird, was eindeutig geschuldet wird, kann dem Einzahlenden kein Schaden entstehen. Anders als für § 60 Abs. 3 genügt hierfür ein Minderungsanspruch; der Kaufvertrag muss nicht rückabgewickelt werden.[18] 8

D. Prüfungsmaßstab

Anders als in den Fällen des § 60 muss der Notar prüfen, ob nach den ihm bekannten Umständen „**hinreichende Anhaltspunkte**" für einen unerlaubten Zweck vorliegen oder ein Schaden „**erkennbar**" droht. Gewissheit ist damit für § 61 nicht erforderlich, es genügt eine fundierte Gefahr (wobei für Nr. 1 wie für Nr. 2 wohl im Wesentlichen dieselben Kriterien gelten). 9

Jedoch reicht eine unbestimmte Vermutung ebenso wenig aus wie die bloße Behauptung eines Beteiligten – anders als nach § 60 Abs. 3. So genügt nicht bereits die unsubstanziierte Behauptung des Käufers, ihm seien Sachmängel arglistig verschwiegen worden.[19] „Hinreichende Anhaltspunkte" für die behauptete arglistige Täuschung könnten etwa vorliegen,

---

[13] Vgl. zum Widerruf der finanzierenden Bank: BGH DNotZ 1978, 373; zum Widerruf des Käufers: OLG Düsseldorf MittRhNotK 1988, 48; DNotZ 1995, 497; OLG Hamm DNotZ 1983, 702; OLG Schleswig DNotZ 1993, 67 mAnm *Tönnies;* OLG Zweibrücken MittBayNot 1995, 162.
[14] Regierungsbegründung BT-Drs. 13/4184, 39; OLG Hamm DNotZ 1983, 702; *Brambring/Sandkühler/ Starke* S. 163; *Armbrüster/Preuß/Renner/Renner* § 61 Rn. 12; *Weingärtner,* Verwahrungsgeschäft, Rn. 227; *Winkler* BeurkG § 61 Rn. 9. Vgl. OLG Jena BeckRS 2010, 10970.
[15] Regierungsbegründung BT-Drs. 13/4184, 39; OLG Hamm DNotZ 2000, 379; *Armbrüster/Preuß/ Renner/Renner* § 61 Rn. 12; *Winkler* BeurkG § 61 Rn. 9.
[16] OLG Hamm DNotZ 2000, 379.
[17] So ausdrücklich die Rechtsprechung: BGH DNotZ 1978, 373; BayObLG MittBayNot 1995, 331 (333); ebenso *Winkler* BeurkG § 61 Rn. 11.
[18] Vgl. Gutachten DNotI-Report 2007, 44; ähnlich bereits KG DNotZ 1985, 51 (54).
[19] OLG Schleswig DNotZ 1993, 67 mAnm *Tönnies.*

wenn im Kaufvertrag die Aussage des Verkäufers enthalten, dass keine offenbarungspflichtigen Mängel vorliegen, und der Käufer dem Notar später Fotos eines Mangels vorlegt sowie Schriftstücke, die auf eine Kenntnis des Verkäufers hinweisen (etwa Rechnungen zu früheren – erfolglosen – Reparaturen des Mangels oder frühere Beschwerden des Mieters).[20]

10 Woher der Notar die hinreichenden Anhaltspunkte hat, spielt keine Rolle. Er muss sie nicht in amtlicher Eigenschaft erfahren haben; private Kenntnis genügt.[21] Auch der notariellen Verschwiegenheitspflicht unterliegende Kenntnis darf und muss der Notar berücksichtigen: Die Schutzpflicht geht der Verschwiegenheitspflicht vor.[22] Allerdings darf der Notar seiner Verschwiegenheitspflicht unterliegende Tatsachen dabei nur offenbaren, soweit dies zum Schutz der Beteiligten unumgänglich ist. In Zweifelsfällen kann er die Aufsichtsbehörde um Entscheidung nach § 18 Abs. 3 BNotO ersuchen.

11 Zu eigenen **Nachforschungen** ist der Notar aber **nicht verpflichtet**[23] – ebenso wenig wie nach § 4 BeurkG bzw. § 14 Abs. 2 BNotO. Falsch ist daher mE eine Entscheidung des OLG Zweibrücken, wonach der Notar bei Vorliegen konkreter Anhaltspunkte (im konkreten Fall nur wegen der Abtretung des Kaufpreises an Dritte) verpflichtet sei, vor Auszahlung vom Anderkonto zu prüfen, ob ein Insolvenzverfahren über das Vermögen des Verkäufers eröffnet ist (etwa durch Kontrolle der Internet-Seite „www.insolvenzbekanntmachungen.de").[24]

E. Verfahren

12 Allerdings muss der Notar den Beteiligten **rechtliches Gehör** gewähren; teilen die Beteiligten dann neue Tatsachen mit und zerstreuen so die „Anhaltspunkte", so hat der Notar auszahlen.[25]

13 Ebenso wie nach § 60 Abs. 3 hat der Notar alle am Verwahrungsgeschäft beteiligten Personen zu **unterrichten** – einschließlich der finanzierenden Bank, wenn deren Treuhandauftrag (§ 57 Abs. 6) noch nicht erledigt ist. Insoweit ist die Verschwiegenheitspflicht nach § 18 BNotO eingeschränkt.[26]

Dann darf der Notar bis zur Erteilung einer einvernehmlichen Weisung oder einer gerichtlichen Klärung durch die Beteiligten **keine weiteren Auszahlungen** vom Anderkonto mehr vornehmen. Hingegen darf er das eingezahlte Geld nicht etwa zurückzahlen. Anders als im Fall des § 60 Abs. 3 kann der Notar keine Klärung des Schwebezustands durch Setzung einer Frist zur Klageerhebung herbeiführen; er kann eine solche Klärung nur anregen. Ebenso kann er anregen, dass ihn die Beteiligten für die Dauer des Verfahrens einvernehmlich zur Verwahrung auf Festgeld anweisen.

14 Ist der unlautere Zweck oder die Gefahr des unwiederbringlichen Schadens dem Notar nicht hinreichend erkennbar, obwohl ein Verwahrungsbeteiligter darauf gestützt verlangt, von der Auszahlung abzusehen, so kann der Notar nach seinem pflichtgemäßen Ermessen ggf. die Auszahlung kurzfristig (etwa zwei Wochen) zurückzuhalten, um dem widerrufenden Beteiligten Gelegenheit zu geben, im Wege einstweiligen Rechtsschutzes gegen die beabsichtigte Auszahlung vorzugehen.[27]

---

[20] Gutachten DNotI-Report 2007, 44 (45).
[21] Armbrüster/Preuß/Renner/*Renner* BeurkG § 61 Rn. 9; *Winkler* BeurkG § 61 Rn. 7.
[22] Armbrüster/Preuß/Renner/*Renner* BeurkG § 61 Rn. 10; *Weingärtner*, Verwahrungsgeschäft, Rn. 220.
[23] *Brambring/Sandkühler/Starke* S. 162.
[24] OLG Zweibrücken MittBayNot 2007, 240 mAnm *C. Sandkühler*. Im konkreten Fall stützte das OLG Zweibrücken die Nachforschungspflicht allein darauf, dass der Kaufpreis vollständig an nicht grundbuchlich abgesicherte Dritte zu zahlen war.
[25] Arndt/Lerch/Sandkühler/*Sandkühler* BNotO § 23 Rn. 167; Armbrüster/Preuß/Renner/*Renner* BeurkG § 61 Rn. 16; ähnlich *Weingärtner*, Verwahrungsgeschäft, Rn. 224.
[26] Stellungnahme des Rechtsausschusses, BT-Drs. 13/10 589, 40.
[27] Meines Erachtens kann man sich hier auf die Entscheidung des OLG Hamm DNotZ 2006, 682 stützen. §§ 60, 61 stehen dem mE nicht entgegen, da sie nur abschließend regeln, wann dauerhaft keine Auszahlung erfolgen darf. In diese Richtung auch Gutachten DNotI-Report 2007, 44 (45).

F. Sanktionen

Verstößt der Notar gegen § 61 Nr. 1 und zahlt aus, obwohl er den unerlaubten oder 15 unredlichen Zweck erkennt, so kann dies disziplinarrechtlich bis hin zur **Amtsenthebung** sanktioniert werden (§ 50 Abs. 1 Nr. 8 BNotO).[28]

Strafrechtlich kann Mithilfe zum Betrug (§ 263 StGB) oder Untreue in der Form des Treubruchtatbestandes (§ 266 Abs. 1 Var. 2 StGB) vorliegen.[29]

§ 62 Verwahrung von Wertpapieren und Kostbarkeiten

(1) **Die §§ 57, 60 und 61 gelten entsprechend für die Verwahrung von Wertpapieren und Kostbarkeiten.**

(2) **Der Notar ist berechtigt, Wertpapiere und Kostbarkeiten auch einer Bank im Sinne des § 58 Absatz 2 in Verwahrung zu geben, und ist nicht verpflichtet, von ihm verwahrte Wertpapiere zu verwalten, soweit in der Verwahrungsanweisung nichts anderes bestimmt ist.**

Schrifttum: Vgl. Hinweise vor § 23 und § 24 BNotO; ferner: *Böhmer,* „Hinterlegung" von Software, NJW 1998, 3321; *Heyn,* Notarielle Prioritätsverhandlung und Schutz von Datenbanken, DNotZ 1998, 177; *Hertel,* Mozart und Einstein im Notariat, in: Liber amicorum Klaus Mock 2009, 91; *Leistner,* Notarielle Prioritätsverhandlungen im Urheber- und Computerrecht, MittBayNot 2003, 3; *Menzel,* Prioritätsfeststellung durch notarielle Verwahrung, DNotI-Report 1997, 132; *Meyer,* Die Hinterlegung von Quellcodes und Prioritätsverhandlungen in der notariellen Praxis, RNotZ 2011, 385; *Milzer,* Software Escrow-Agreements als notarielle Hinterlegungsvereinbarung, ZNotP 2004, 348 (mit Formulierungsbeispiel, S. 353 ff.); *Schreindorfer,* Verwahrung zugunsten Dritter, MittBayNot 2015, 282.

Übersicht

	Rn.
A. Übersicht	1
B. Begriffe (Abs. 1 und § 23 BNotO)	2
I. Wertpapiere und Verwahrungszweck	2
II. Kostbarkeiten	6
C. Annahme der Verwahrung (§ 57 analog)	7
I. Sicherungsinteresse	7
II. Gestaltung der Verwahrungsanweisung	8
D. Durchführung der Verwahrung (Abs. 2)	10
I. Arten der Verwahrung	10
II. Verwaltung und Eintragungspflicht	14
E. Ablieferung, Widerruf und Absehen von Ablieferung	16
F. Verwahrung nicht von § 23 BNotO erfasster Gegenstände	18
I. Allgemein	18
II. Quellcode-Hinterlegung	22
III. Notarielle Prioritätsverhandlung	26

A. Übersicht

Die Verwahrung von Wertpapieren und Kostbarkeiten ist von geringer praktischer und 1 rechtlicher Relevanz. Im Beurkundungsgesetz ist daher nur die **entsprechende Anwendung der meisten Vorschriften über die Verwahrung von Geld** angeordnet (§ 62 Abs. 1 bzw. § 54e vor dem 9.6.2017 – ähnlich wie bis 1998 § 11 DONot aF nicht zwischen der Verwahrung von Geld und der Verwahrung von Wertpapieren und Kost-

---

[28] BGH wistra 2009, 76; ZNotP 2008, 416.
[29] BGHSt 13, 333; wistra 1984, 71; NJW 1990, 3219; wistra 1996, 105; BGH wistra 2008, 466; NJW 2010, 1764.

barkeiten unterschied) – mit Ausnahme der Vorschriften über die Art der Verwahrung (§ 58), da hier allenfalls ein Anderdepot, aber kein Anderkonto möglich ist.

B. Begriffe (Abs. 1 und § 23 BNotO)

I. Wertpapiere und Verwahrungszweck

2 Wertpapiere iSd § 23 BNotO bzw. § 62 Abs. 1 BeurkG sind mE nur die Wertpapiere im Sinne des Wertpapierrechtes bzw. des § 372 BGB, also die Papiere, deren Innehabung zur Geltendmachung des Rechtes erforderlich ist (Inhaberpapiere – wie Aktien oder Inhaberschuldverschreibungen –, Orderpapiere und Namenspapiere)[1] – auch ggf. ein Grundschuld- oder Hypothekenbrief.[2] Die wohl überwiegende Ansicht fasst hingegen auch alle anderen **Papiere von Wert** darunter,[3] also zB auch Legitimationspapiere (§ 808 BGB), Dispositivurkunden, Schuldscheine, Anteilscheine an Fonds.[4]

3 Reine **Beweisurkunden** sind jedenfalls keine Wertpapiere iSd § 23 BNotO,[5] weil sie keinen objektiven Marktwert haben, sondern allenfalls einen subjektiven Wert für bestimmte Beteiligte.

4 Das Abgrenzungsproblem rührt daher, dass § 23 BNotO – anders als § 372 S. 1 BGB – „sonstige Urkunden" jedenfalls dem Gesetzeswortlaut nach nicht umfasst. Letztlich ist die Abgrenzung der Wertpapiere nach § 23 BNotO wenig relevant, da die treuhänderische Aufbewahrung und Ablieferung (oder Verwahrung im untechnischen Sinne) **anderer Urkunden und Gegenstände** als sonstige Betreuungstätigkeit nach § 24 Abs. 1 BNotO zulässig ist und darauf die §§ 57 bis 62 weitgehend analog anzuwenden sind.[6] Als entscheidendes Abgrenzungskriterium zu prüfen ist hingegen, ob eine Verwahrung bezweckt ist – oder ob der Notar die Papiere zum Vollzug oder zu einer anderen Treuhandtätigkeit erhält.

5 Ist der **Zweck** der Entgegennahme durch den Notar nicht die Aufbewahrung und Ablieferung des Papieres, sondern dessen Verwendung zur Beurkundung oder zum Grund-

---

[1] Schippel/Bracker/*Reithmann*, 8. Aufl. 2006, BNotO § 23 Rn. 17. Auch kostenrechtlich war nach allgemeiner Ansicht § 149 Abs. 4 KostO nur auf die Verwahrung echter Wertpapiere (im wertpapierrechtlichen Sinn) anwendbar, also auf solche Urkunden, an deren Innehabung die Geltendmachung des Rechts geknüpft ist und bei denen die Übertragung des Papiers zugleich die Übertragung des Rechts bedeutet (wie insbesondere Aktien, Wechsel oder Schecks), weiter vorausgesetzt der Notar verwahrt diese im Sinne des § 23 BNotO und nimmt sie nicht nur im Rahmen eines sonstigen Treuhandauftrages in Empfang (BayObLG DNotZ 1985, 101 (102); *Hartmann*, 40. Aufl. 2010, KostO § 149 Rn. 5, Wertpapier; Korintenberg/*Reimann*, 18. Aufl. 2010, KostO § 149 Rn. 14; *Rohs/Wedewer/Rohs*, 2009, KostO § 149 Rn. 6). Jetzt erfasst hingegen § 124 GNotKG auch die Verwahrung von Kostbarkeiten.

[2] OLG Hamm BeckRS 2011, 20169. Jedoch sind nach § 10 Abs. 1 S. 2 DONot (= § 11 Abs. 4 DONot aF) Hypothekenbriefe etc ausdrücklich von der Eintragungspflicht im Verwahrungs- und Massenbuch ausgenommen.

[3] Arndt/Lerch/Sandkühler/*Sandkühler* BeurkG § 23 Rn. 41; Armbrüster/Preuß/Renner/*Renner* BeurkG § 62 Rn. 3; *Weingärtner*, Verwahrungsgeschäft, Rn. 234.

[4] Schecks sind hingegen grundsätzlich wie Geld zu behandeln (§ 58 Abs. 5), können aber auch – bei entsprechender Anweisung – nach § 62 in natura zur Aufbewahrung und Ablieferung verwahrt werden (insofern anders als Bargeld) (ebenso früher § 11 Abs. 3 DONot aF). Vgl. Armbrüster/Preuß/Renner/*Renner* BeurkG § 62 Rn. 3; *Weingärtner*, Verwahrungsgeschäft, Rn. 233 – ebenso kostenrechtlich sowohl nach dem jetzigem GNotKG: Korintenberg/*Schwarz* GNotKG § 124 Rn. 4 – wie früher nach der KostO: Korintenberg/*Reimann*, 18. Aufl. 2010, KostO § 149 Rn. 14.

[5] Ebenso Arndt/Lerch/Sandkühler/*Sandkühler* BNotO § 23 Rn. 42; *Winkler* BeurkG § 62 Rn. 2; Kersten/Bühling/*Zimmermann* § 9 Rn. 11; Schippel/Bracker/*Reithmann*, 8. Aufl. 2006, BNotO § 23 Rn. 13; aA – die Wertpapiereigenschaft von Beweisurkunden bejahend hingegen *Bräu* Rn. 2; Armbrüster/Preuß/Renner/*Renner* BeurkG § 62 Rn. 3; *Weingärtner*, Verwahrungsgeschäft, Rn. 234.

[6] → Rn. 18 ff. – Die Unterscheidung reduziert sich damit im Wesentlichen auf die Frage, ob eine schriftliche Verwahrungsanweisung nach § 57 Abs. 4 vom Gesetz vorgeschrieben ist. Außerdem ist bei der Verwahrung sonstiger Gegenstände eine Ermessensreduktion mit der Folge einer Amtspflicht zur Annahme eines Verwahrungsantrages wohl kaum vorstellbar. Schließlich wirkt sich die Frage auf die Eintragungspflicht in das Verwahrungs- und Massenbuch aus, von der allerdings auch einige Wertpapiere (im wertpapierrechtlichen Sinn) nach § 10 Abs. 1 S. 1 DONot ausdrücklich ausgeschlossen sind.

buchvollzug, so ist § 62 auch dann nicht anwendbar, wenn es sich um ein an sich verwahrungsfähiges Wertpapier handelt.

– Dies gilt etwa, wenn dem Notar ein Hypotheken- oder **Grundschuldbrief** nicht zur Aufbewahrung und Ablieferung des Papieres, sondern (wie regelmäßig) zum Grundbuchvollzug übergeben wird.
– Ebenso fehlt es am Verwahrungszweck bei Urkunden, die eine **Willenserklärung** verkörpern (wie zB Vollmachten, Löschungs- und Eintragungsbewilligungen gegenüber dem Grundbuchamt oder Bürgschaften oder Freistellungserklärungen nach § 3 MaBV) (die idR schon keine Wertpapiere sind).[7]
– Dasselbe gilt für **Wechsel,** die der Notar zum Protest erhält (ebenso wie für das beim Protest erhaltene Geld).[8]
– Ebenso handelt es sich bei der Hinterlegung von **Aktien** zur Ausübung des **Stimmrechtes** (§ 123 Abs. 3 S. 2 AktG aF) nicht um eine Verwahrung nach § 23 BNotO bzw. § 62 BeurkG, da primärer Zweck nicht die sichere Aufbewahrung und Ablieferung der (an sich verwahrungsfähigen) Aktie ist, sondern damit eine Mehrfachausübung des Stimmrechtes verhindert werden soll.[9]
– Auch die vom Finanzamt erteilte **Zinsabschlagsteuerbescheinigung** erhält der Notar nicht zum Zweck der Verwahrung, sondern weil er rechtlich Inhaber des Notaranderkontos ist.[10]

II. Kostbarkeiten

Kostbarkeiten sind Sachen, deren Wert im Verhältnis zu ihrem Umfang besonders hoch ist und die auch nach allgemeiner Verkehrsanschauung als kostbar angesehen werden (**„klein, aber wertvoll"**),[11] wie Edelmetalle, Münzen (numismatische oder Edelmetall),[12] Schmuck, im Einzelfall auch (kleinformatige) Antiquitäten, Autographen oder eine Briefmarkensammlung. Ebenso wie für § 372 BGB dürfte Begriffsmerkmal auch sein, dass der Gegenstand leicht aufzubewahren und unverderblich ist.[13] **6**

C. Annahme der Verwahrung (§ 57 analog)
I. Sicherungsinteresse

Analog § 57 Abs. 2 Nr. 1 erfordert die Verwahrung ein berechtigtes **Sicherungsinteresse.** Auf die vor allem in den Rundschreiben der Bundesnotarkammer und der Literatur **7**

---

[7] Schippel/Bracker/*Reithmann,* 8. Aufl. 2006, BNotO § 23 Rn. 17; Armbrüster/Preuß/Renner/*Renner* BeurkG § 62 Rn. 3; Arndt/Lerch/Sandkühler/*Sandkühler* BNotO § 23 Rn. 41; *Weingärtner,* Verwahrungsgeschäft, Rn. 234; *Winkler* BeurkG § 62 Rn. 2.
[8] → § 57 Rn. 2; Arndt/Lerch/Sandkühler/*Sandkühler* BNotO § 23 Rn. 40.
[9] *Bräu* Rn. 3; Arndt/Lerch/Sandkühler/*Sandkühler* BNotO § 23 Rn. 41; *Weingärtner,* Verwahrungsgeschäft, Rn. 234; *Winkler* BeurkG § 62 Rn. 2; Muster für Hinterlegungsschein vgl. Kersten/Bühling/*Krauß* § 149 Rn. 19 M. Dasselbe gilt für die Hinterlegung von Schuldverschreibungen nach §§ 3, 4 des Gesetzes betreffend die gemeinsamen Rechte der Besitzer von Schuldverschreibungen vom 4.12.1899 (RGBl. S. 691).
[10] Notarkammer Stuttgart Rundschreiben Nr. 2/1995 v. 24.5.1995; Schippel/Bracker/*Reithmann,* 8. Aufl. 2006, BNotO § 23 Rn. 13; nunmehr Wertpapiereigenschaft „aus praktischen Gründen verneint" auch von *Weingärtner,* Verwahrungsgeschäft, Rn. 234; aA hingegen noch *Weingärtner/Schöttler,* 7. Aufl. 1995, DONot Rn. 153b. – Zur Steuerbescheinigung → DONot § 27 Rn. 27 ff.
[11] Schippel/Bracker/*Reithmann,* 8. Aufl. 2006, BNotO § 23 Rn. 19; Arndt/Lerch/Sandkühler/*Sandkühler* BNotO § 23 Rn. 44; *Weingärtner,* Verwahrungsgeschäft, Rn. 235. Ebenso zu § 124 GNotKG: Korintenberg/*Schwarz* GNotKG § 124 Rn. 4; Renner/Otto/Heinze/*Renner* GNotKG § 124 Rn. 20.
[12] Münzen als Kostbarkeiten sind dadurch abzugrenzen von Bargeld, dessen Wert einzig und allein in seiner Eigenschaft als gesetzliches Zahlungsmittel liegt und dessen Verwahrung in natura dem Notar nach § 57 Abs. 1 untersagt ist; → § 57 Rn. 2 ff.; Arndt/Lerch/Sandkühler/*Sandkühler* BNotO § 23 Rn. 37; Grziwotz/Heinemann/*Grziwotz* BeurkG § 62 Rn. 7.
[13] MüKoBGB/*Fetzer* BGB § 372 Rn. 3; Palandt/*Grüneberg* BGB § 372 Rn. 2: Ausgeschlossen sind damit etwa ein Pelzmantel (OLG Hamburg VersR 1982, 1081) oder eine Videokassette (OLG Frankfurt a.M. NJW-RR 1988, 443 (444)), ebenso lebende Tiere – vgl. auch Staudinger/*Olzen* BGB § 372 Rn. 5.

entwickelten Fallgruppen[14] lässt sich hier allerdings nicht unmittelbar zurückgreifen, da dort nur die Verwahrung von Geld zur Zahlungsabwicklung in einem Kaufvertrag behandelt wird.

Daneben ist sorgfältig zu prüfen, ob nicht ein **unerlaubter oder unredlicher Zweck** vorliegt (§ 14 Abs. 2 BNotO)[15] – vor allem, wenn der Verwahrung kein beurkundetes Rechtsgeschäft zugrunde liegt (wie häufig bei der Verwahrung von Wertpapieren und Kostbarkeiten) und wenn die Verwahrung häufig einseitig erfolgt (Abschnitt III Nr. 2 S. 2 RLEmBNotK).

II. Gestaltung der Verwahrungsanweisung

8   Die Verwahrungsanweisung ist schriftlich zu erteilen (§ 57 Abs. 4 analog); wirksam ist aber auch eine konkludent erteilte Anweisung.[16]

Inhaltlich gelten die Anforderungen von § 57 Abs. 2 Nr. 2 und Abs. 3 entsprechend; erforderlich ist eine den **Sicherungsinteressen** entsprechende und eine ordnungsgemäße Abwicklung ermöglichende, klare und eindeutige Anweisung. Die Gestaltung erfordert besondere Sorgfalt, da meist eine Einzelfalllösung erarbeitet werden muss und kaum auf vorhandene Formulare zurückgegriffen werden kann. Insbesondere ist zu beachten, dass eine nur **einseitige Verwahrung keine Sicherheit** bietet, da die Verwahrungsanweisung jederzeit einseitig widerrufen oder abgeändert werden kann (§ 60 Abs. 1). Auch sichert die **körperliche Verwahrung eines Schecks** zwar gegen dessen Verlust, aber nicht gegen mangelnde Deckung.[17]

9   Bei der Formulierung der Verwahrungsanweisung muss der Notar vermeiden, Dritten gegenüber einen falschen Anschein einer nicht bestehenden Sicherheit zu erwecken oder Täuschungen Dritter Vorschub zu leisten (§ 14 Abs. 2), insbesondere wenn er dem Hinterleger eine **Bescheinigung über die Verwahrung** erteilt. Die Bescheinigung (oder eine dem Hinterleger in Kopie erteilte Verwahrungsanweisung) sollte den Anschein vermeiden, der Notar habe die Echtheit des verwahrten Wertpapieres[18] oder der Kostbarkeit geprüft. *Haug* rät beispielsweise, anstelle des Erhaltes von Smaragden nur den Empfang von „bläulich schimmernden Steinen, die vom Hinterleger NN als Smaragde bezeichnet wurden", zu bescheinigen.[19]

---

[14] → § 57 Rn. 9 ff.
[15] Beispielsfälle vgl. BGHZ 134, 100 = DNotZ 1997, 221 mAnm *Reithmann* (Verwahrung von 3 Millionen DM Bargeld in einem Bankschließfach – noch vor Inkrafttreten von § 57 Abs. 1); Notarkammer Berlin Berliner Anwaltsblatt 2002, 292 (Verwahrung einer Bürgschaft mit Anweisung zur Herausgabe auf einseitige Anweisung des hinterlegenden Schuldners); *Keller* DNotZ 1995, 99 (110) (Notar darf an Verwahrung gestohlener Kunstwerke auch dann nicht mitwirken, wenn der Dieb diese dadurch gegen Zahlung einer „Belohnung" an den zur Eigentümer zurückgeben will – vgl. auch OLG Düsseldorf NJW 1979, 2320); *Weingärtner*, Verwahrungsgeschäft, Rn. 236 (Verwahrung von Wertpapieren, damit diese bei Hausdurchsuchung nicht auffindbar sind bzw. um Beschlagnahme zu vereiteln); vgl. auch *Haug/Zimmermann* Rn. 698; Ganter/Hertel/Wöstmann/*Hertel* Rn. 2008.
[16] Vgl. BayObLG DNotI-Report 2003, 158 (konkludenter Verwahrungsantrag bei der Verwahrung von Grundschuldbriefen).
[17] → § 58 Rn. 46.
[18] Vgl. RGZ 114, 295 zur Amtspflicht des Notars zur Prüfung der Echtheit bei ihm hinterlegter Wertpapiere vor Ausstellung eines Hinterlegungsscheines: Dabei darf der Notar von ihm entdeckte Besonderheiten nach Form oder Inhalt nicht unberücksichtigt lassen. Es liege aber keine Amtspflichtverletzung vor, wenn die Aktien selbst keine Merkmale aufwiesen, die den Verdacht einer Fälschung hätten erwecken können und sich auch aus den Umständen der Hinterlegung keine Besonderheiten ergeben. Vgl. BGH BeckRS 2000, 02487– zustimmend zitiert von Ganter/Hertel/Wöstmann/*Ganter* Rn. 2102: Bestätigung des Notars über die Verwahrung angeblicher Bürgschaftsurkunden, die auf den ersten Blick als bloße Fotokopien erkennbar sind und die ohne die verbürgte Haupturkunde keinen Wert haben. Vgl. auch Notarkammer Berlin Berliner Anwaltsblatt 2002, 292 (Verwahrung einer Bürgschaft).
[19] *Haug*, Das Anderkonto, S. 188; *ders.* DNotZ 1982, 539 (547) mwB; ebenso Arndt/Lerch/Sandkühler/ *Sandkühler* BNotO § 23 Rn. 46; *Weingärtner*, Verwahrungsgeschäft, Rn. 241; *Winkler* BeurkG § 62 Rn. 9.

D. Durchführung der Verwahrung (Abs. 2)

I. Arten der Verwahrung

Geld muss auf dem Notaranderkonto verwahrt werden (§ 58 Abs. 1 S. 1). Eine entsprechende allgemeingültige Regelung über die Art der Verwahrung von Wertpapieren und Kostbarkeiten gibt es nicht. Die Durchführung der Verwahrung ist in § 62 Abs. 2 nur ansatzweise geregelt. § 58 gilt nicht entsprechend; die dortigen Regelungen passen nur für das Notaranderkonto. Die Art der Verwahrung und deren nähere Bedingungen sind (als „Bedingungen der Verwahrung" nach § 57 Abs. 2 Nr. 2) in der **Verwahrungsanweisung** festzulegen. 10

Nach § 57 Abs. 3 darf der Notar die Verwahrungsanweisung aber nur annehmen, wenn sie dem **Sicherungsinteresse** der Verwahrungsbeteiligten und den Bedürfnissen eines ordnungsgemäßen Vollzugs genügen.

Im Regelfall wird dies eine Verwahrung im Safe erfordern.[20] Dies muss nicht der Büro- oder Banksafe des Notars sein. 11

– Nach § 62 Abs. 2 Hs. 1 (der § 12 Abs. 1 S. 2 DONot aF entspricht) ist für Wertpapiere und Kostbarkeiten auch eine **offene Verwahrung durch die Bank** zulässig; dabei erhält die Bank alleinigen unmittelbaren Besitz und Gewahrsam.[21] Es muss sich um eine inländische Filiale einer im Inland zum Geschäftsbetrieb befugten Bank handeln (§ 58 Abs. 2).

– Zweite Möglichkeit ist die Verwahrung durch den Notar im **Banksafe** (Schrankfach), zu dem dann allein der Notar den Schlüssel hat.[22] Auch hier kann nur eine inländische Bankfiliale gewählt werden.

– Drittens kommt schließlich die Verwahrung durch den Notar im **Bürosafe** in Betracht. Das Sicherungsinteresse der Beteiligten (§ 57 Abs. 3) erfordert, dass eine ausreichende Sicherung und Versicherung gegen Diebstahl und Feuer vorhanden ist.[23] (Zumindest muss der Notar die Beteiligten darauf hinweisen, falls er keine oder nur eine für die betreffende Verwahrung unzureichende Versicherung hat.)

Mehrere Massen können **in demselben Safe** oder Schließfach verwahrt werden; denn § 62 Abs. 1 verweist nicht auf § 58 und damit auch nicht auf das in § 58 Abs. 2 S. 3 enthaltene Verbot eines Sammelanderkontos. Denn anders als bei Buchgeld ist eine Unterscheidung jedenfalls möglich, welche Verwahrungsgegenstände welchem Verwahrungsgeschäft zuzuordnen sind. Um die einzelnen Massen jedoch sicher unterschieden zu können, schreibt § 27 Abs. 1 DONot vor, die **laufende Nummer des Verwahrungsbuches** (deutlich sichtbar und möglichst haltbar) auf dem Verwahrungsgut selbst (zB durch Etikettierung eines Schmuckstücks) oder auf der Hülle anzubringen (zB auf dem Umschlag, in dem Wertpapiere verwahrt werden). Zusätzlich empfiehlt sich, auch den Namen des Hinterlegers auf dem Umschlag zu vermerken.[24] 12

Gerade weil BeurkG und DONot hierfür keine näheren Vorgaben machen, wird der Notar in der **Verwahrungsanweisung** regeln, ob die Beteiligten eine bestimmte Verwahrungsart wünschen, um sich nicht hinterher dem Vorwurf auszusetzen, er hätte den verlangten Sicherheitsstandard nicht eingehalten. Insbesondere bei empfindlichen Kostbarkeiten wie Kunstwerken empfiehlt sich eine ausdrückliche Erklärung in der Verwahrungsanweisung, ob sowohl offene Verwahrung durch die Bank als auch Verwahrung durch den 13

---

[20] BGH DNotZ 1997, 221 (225).
[21] *Weingärtner*, Verwahrungsgeschäft, Rn. 238; Muster für „Hinterlegungsschein" für Wertpapiere vgl. Kersten/Bühling/*Zimmermann* § 9 Rn. 23 M.
[22] BGH DNotZ 1997, 221 (225); *Kanzleiter* DNotZ 1970, 583; *Weingärtner*, Verwahrungsgeschäft, Rn. 239.
[23] BGH DNotZ 1997, 221 (225); *Weingärtner*, Verwahrungsgeschäft, Rn. 240.
[24] → DONot § 27 Rn. 3; Weingärtner/Gassen/*Weingärtner* DONot § 27 Rn. 1.

Notar, sei es im Bankschließfach oder im Bürosafe ohne weitere Vorkehrungen zulässig ist oder ob die Beteiligten für den Erhalt der Kostbarkeit **bestimmte Bedingungen der Verwahrung** verlangen (sei es technische Schutzvorkehrungen, etwa gegen Einbruch oder Feuer, oder Schutz gegen Temperaturschwankungen oder Feuchtigkeit).

Es empfiehlt sich auch, die Frage einer **Versicherung** (und ggf. der Kostentragung hierfür im Innenverhältnis der Verwahrungsbeteiligten) ausdrücklich zu regeln.

II. Verwaltung und Eintragungspflicht

14 Soweit nichts anderes bestimmt ist, muss der Notar **Wertpapiere nicht verwalten** (Abs. 2 Hs. 2), dh sich nicht um die Einziehung von Zinsen oder Dividenden oder die Zahlung bei Fälligkeit zu kümmern. Der im Übrigen inhaltsgleiche § 12 Abs. 1 S. 3 DONot aF sah noch eine Hinweispflicht hierauf vor;[25] ein **Hinweis** empfiehlt sich weiterhin, da die Beteiligten sich sonst möglicherweise darauf verlassen, dass der Notar schon das Erforderliche regeln werde.

15 Verwahrte Wertpapiere und Kostbarkeiten müssen nach § 10 Abs. 1 S. 1 DONot in das **Verwahrungs- und Massenbuch** eingetragen werden.

Ausgenommen davon sind nach § 10 Abs. 1 S. 2 DONot ausdrücklich Hypotheken-, Grundschuld- und Rentenschuldbriefe, ebenso Wechsel, die der Notar zur Erhebung des Protestes erhält (sowie das ggf. dabei vereinnahmte Geld). Im Regelfall liegt dabei schon keine Verwahrung vor, da Zweck der Treuhand eine andere Tätigkeit des Notars ist.[26] Jedoch empfiehlt sich jedenfalls für Hypotheken- und **Grundschuldbriefe ein eigenes Eingangs- und Ausgangsbuch** zu führen (gegebenenfalls auch Empfangsquittungen für wieder herausgegebene bzw. beim Grundbuchamt abgelieferte Briefe zu verlangen), um jederzeit den Verbleib eines Briefes feststellen zu können.[27]

E. Ablieferung, Widerruf und Absehen von Ablieferung

16 In der Verwahrungsanweisung ist genau zu regeln, an wen und unter welchen Voraussetzungen die Wertpapiere oder Kostbarkeiten **abzuliefern** sind. Ist nichts anderes geregelt, muss der Empfangsberechtigte sie im Notariat zu den üblichen Geschäftszeiten abholen. Holt sie der Empfangsberechtigte trotz Aufforderung binnen eines zumutbaren Zeitraumes nicht ab, ist dies wie Annahmeverzug zu behandeln; der Notar könnte nach § 372 S. 1 BGB beim Amtsgericht hinterlegen.

17 Für **Widerruf** oder Absehen von der Ablieferung gelten §§ 60 und 61 entsprechend; liegt eine mehrseitige Verwahrung vor, ist daher ein einseitiger Widerruf nur unter den Voraussetzungen des § 60 Abs. 3 zu beachten.[28] Wird eine Kostbarkeit als Stückschuld geschuldet (etwa ein Kunstwerk), so kann ein unwiederbringlicher Schaden iSd § 61 Nr. 2 schon dann vorliegen, wenn ein möglicher Rückgabeanspruch in natura gefährdet ist – auch wenn ein Schadensersatzanspruch auf Geldersatz weiterhin durchsetzbar wäre.

F. Verwahrung nicht von § 23 BNotO erfasster Gegenstände

I. Allgemein

18 Zur Verwahrung anderer als der in § 23 BNotO genannten Gegenstände (Geld, Wertpapiere, Kostbarkeiten) ist der Notar im Rahmen des § 24 Abs. 1 S. 1 BNotO

---

[25] Deren Verletzung nach *Weingärtner/Ehrlich* Rn. 9, zu einer Amtshaftung führen soll, obwohl die DONot als Verwaltungsvorschrift keine gesetzlichen Amtspflichten begründen kann.

[26] → Rn. 5.

[27] *Leistner* MittBayNot 2003, 3 (7); Weingärtner/Gassen/*Weingärtner* DONot Vor § 27 Rn. 55

[28] Vgl. BayObLG DNotI-Report 2003, 158 zur Verwahrung von Grundschuldbriefen.

befugt.²⁹ Ein Beispiel aus der jüngeren Rechtsprechung ist die Verwahrung von Unterlagen über den Spender einer anonymen Samenspende.³⁰ Für die Verwahrung anderer Gegenstände enthält das Gesetz **keine Verweisung auf die §§ 57 bis 62**. Jedoch sind einige Vorschriften als gesetzliche Kodifikation allgemeiner Rechtsgrundsätze bzw. allgemeiner Amtspflichten analog anzuwenden, insbesondere §§ 57 Abs. 3, 60 Abs. 1 und Abs. 2 sowie § 61.

Möglicherweise analog § 57 Abs. 2 Nr. 1 erforderlich, jedenfalls aber empfehlenswert ist, **19** die Annahme der Verwahrung von einem **objektiven Sicherungsinteresse** abhängig zu machen (ggf. auch als Ausfluss von § 14 Abs. 2 S. 1 BNotO um zu vermeiden, dass durch die Verwahrung eine falsche Sicherheit vorgetäuscht wird). Im Übrigen empfiehlt sich für den Notar jedenfalls eine Anlehnung an die Vorschriften der §§ 57 ff. (bzw. früher der §§ 11 ff. DONot aF).³¹

Für die **Verwahrungsanweisung** ist **Schriftform** nicht vorgeschrieben (anders als nach **20** § 57 Abs. 4), aber jedenfalls aus Beweisgründen zu empfehlen.³²

In der Praxis stellt sich bei der Verwahrung sonstiger Gegenstände manchmal das Problem, dass die Gegenstände nicht mehr abgeholt werden, weil die Beteiligten mittlerweile ihr Interesse daran verloren haben – zB weil das Beweisstück mittlerweile irrelevant wurde. Aus Eigeninteresse des Notars (bzw. im Interesse eines künftigen Amtsnachfolgers, Aktenverwahrers oder Abwicklers) empfiehlt sich daher eine **Befristung der Verwahrung,** verbunden mit einer Regelung, wie der Notar den Gegenstand loswerden (und ggf. vernichten)³³ kann, wenn ihn die Beteiligten nicht binnen einer gewissen Frist nach Verwahrungsende und zusätzlicher Mahnung abholen – etwa durch Übersendung an die letzte dem Notar angegebene Adresse des empfangsberechtigten Beteiligten. Nach §§ 372 ff. BGB hinterlegen kann der Notar trotz Annahmeverzug in aller Regel deshalb nicht, weil der verwahrte Gegenstand nicht hinterlegungsfähig ist.

Bei der **Durchführung der Verwahrung** ist der Notar nicht an §§ 58 und 62 gebun- **21** den. Er kann also beispielsweise sperrige Gegenstände auch außerhalb des Safes aufbewahren;³⁴ es empfiehlt sich aber, dafür das ausdrückliche Einverständnis der Beteiligten in der Verwahrungsanweisung einzuholen.

Die Vorschriften der DONot über Verwahrungs- und Massenbuch gelten nicht für die sonstige Verwahrung. Zumindest empfiehlt sich aber, **Empfangsquittungen** zu den Nebenakten zu nehmen, ferner ab einem gewissen Umfang der sonstigen Verwahrungstätigkeit auch ein Eingangs- und Ausgangsbuch zu führen.³⁵

II. Quellcode-Hinterlegung

In der Praxis spielt heute vor allem die **Verwahrung elektronischer Datenträger** eine **22** Rolle, insbesondere die Hinterlegung eines **Quellcodes**.³⁶ Hier sichert die Verwahrung durch den Notar (als neutralen Treuhänder) die Zugriffsmöglichkeit durch den Lizenzneh-

---

²⁹ *Bräu* Rn. 3 f.; Arndt/Lerch/Sandkühler/*Sandkühler* BNot § 23 Rn. 35; *Weingärtner,* Verwahrungsgeschäft, Rn. 242; *Winkler* BeurkG § 62 Rn. 6.
³⁰ OLG NZFam 2014, 479 mAnm *Griziwotz;* dazu *Schreindorfer* MittBayNot 2015, 282.
³¹ *Bräu* Rn. 4; Gutachten DNotI-Report 1997, 55.
³² Eine ordnungsgemäße Verfahrensgestaltung dürfte aber im Regelfall erfordern, dass der Notar die Verwahrungsanweisung zumindest schriftlichen festhält – damit die Anweisung auch bei einer Verhinderung des Notars durch dessen Vertreter oder den Notariatsverwalter durchgeführt werden kann. Zu empfehlen (wenngleich nicht zwingend erforderlich) ist auch, die Beteiligten die Anweisung unterschreiben zu lassen.
³³ Armbrüster/Preuß/Renner/*Renner* BeurkG § 62 Rn. 12.
³⁴ ZB zehn Aktenordner Ausdruck eines Quellcodes, aufbewahrt in einem versiegelten Karton im Keller des Notariates, während die Disketten im Bürosafe lagern.
³⁵ Griziwotz/Heinemann/*Griziwotz* BeurkG § 62 Rn. 21; Weingärtner/Gassen/*Weingärtner* DONot Vor § 27 Rn. 55.
³⁶ Die Zuständigkeit des Notars zur Verwahrung eines Quellcodes oder eines sonstigen Datenträgers im Rahmen notarieller Betreuungstätigkeit ergibt sich aus § 24 BNotO: *Erber-Faller* MittBayNot 1995, 182 (188 f.); *Leistner* MittBayNot 2003, 3 (7 ff.). Ausführlich *Hertel* Liber amicorum Klaus Mock 2009, 91 ff.; vgl. *Meyer* RNotZ 2011, 385.

mer im Sicherungsfall (etwa bei Insolvenz des Lizenzgebers), ohne dass der Lizenzgeber den Quellcode bereits dem Lizenznehmer in die Hand geben muss (und damit nur auf dessen Zuverlässigkeit angewiesen ist).[37] Damit liegt ein berechtigtes Sicherungsinteresse für die Quellcode-Verwahrung vor.

23 Bei der Gestaltung der Verwahrungsanweisung stellt sich als erste Frage, wie die Beteiligten überprüfen wollen, ob die vom Lizenzgeber übergebenen Datenträger etc tatsächlich den angegebenen Quellcode enthalten. Denn der Notar wird dies in der Regel nicht prüfen können.

Wünscht der Lizenznehmer eine **Prüfung des Inhalts** vor der Verwahrung, müssen sich die Beteiligten auf eine Prüfmethode einigen. Vorzugswürdig ist, dass ein unabhängiger technischer Sachverständiger die Daten prüft – oder jedenfalls auf Verlangen des Lizenznehmers jederzeit prüfen kann.[38] Denn falls der Lizenznehmer selbst die Daten prüfen darf, könnte er ggf. schon wichtige Informationen über den Inhalt des Quellcodes erlangen. Dieselbe Prüfung oder Prüfungsmöglichkeit ist für spätere Updates des Quellcodes vorzusehen, sofern auch diese – wie häufig – beim Notar in Verwahrung gegeben werden sollen. Außerdem ist zu regeln, ob die vorhergehende Version gleichwohl weiter verwahrt werden soll.

24 Als Bedingungen der Verwahrung regelungsbedürftig ist insbesondere, ob für die Verwahrung besondere **technische Schutzvorkehrungen** (etwa gegen Einbruch oder Feuer) oder sonst besondere Bedingungen (Temperatur, Luftfeuchtigkeit, Schutz vor elektromagnetischen Strahlen) erforderlich sind (ggf. auch ob eine Versicherung erforderlich ist).

25 Ferner ist zu regeln, unter welchen Bedingungen eine **Herausgabe** erfolgen soll. So ist etwa häufig geregelt, dass der Quellcode bei Insolvenzeröffnung über das Vermögen des Lizenzgebers, bei Einstellung dessen Geschäftsbetriebes, Kündigung oder Nichterfüllung des Lizenzvertrages (insbes. bei Nichterbringung geschuldeter Updates) dem Lizenznehmer herauszugeben ist – ggf. mit Gegenausnahmen, etwa wenn der Geschäftsbetrieb durch einen Insolvenzverwalter fortgeführt wird, oder auch nur für den Fall, dass der Lizenzgeber nicht binnen einer gewissen Frist widerspricht.[39] Ebenso ist zu regeln, wem und unter welchen Voraussetzungen die Datenträger am Ende der Verwahrung herauszugeben sind.[40] Diese Anweisungen über die Herausgabe sind auch insolvenzfest in der Insolvenz des Lizenzgebers.[41]

In der Verwahrungsanweisung ist auch zu regeln, wer die Gebühren trägt.[42]

---

[37] Der Quellcode enthält die gesamte Programmierung, während die weitergegebene Software nur eine in Maschinensprache kompilierte Version ist. Mit der Weitergabe des Quellcodes würde der Lizenzgeber sein Know-how aus der Hand geben; auf dieser Grundlage könnten dann andere Programmierer die Software fortentwickeln, während ohne den Quellcode nur im Wesentlichen identische Kopien erstellt werden können. Andererseits hat der Lizenznehmer ein Interesse daran, den Zugriff auf den Quellcode für den Fall später erforderlicher Nachbesserungen oder Änderungen am Programm auch dann sicherzustellen, falls der Lizenzgeber in Konkurs geht oder sonst nicht zur Herausgabe bereit oder fähig ist. Die Lösung liegt in der Verwahrung des Quellcodes durch einen Treuhänder, wobei in der Praxis neben dem Notar auch einige EDV-Firmen eine nicht-notarielle Quellcode-Hinterlegung anbieten.

[38] Dies ist auch der Gestaltungsvorschlag von *Milzer* ZNotP 2004, 348 (353).

[39] Auch hier müssen die Herausgabebedingungen so gestaltet sein, dass der Notar zuverlässig feststellen kann, ob sie eingetreten sind (etwa durch ein formalisiertes Verfahren der Mahnung und Mitteilung an den Notar bei – behaupteter – Nicht- oder Schlechterfüllung).

[40] Vgl. *Erber-Faller* MittBayNot 1995, 182 (188 f.) – zur nicht-notariellen Quellcode-Hinterlegung insbes. bei kommerziellen „escrow agents" vgl. *Böhmer* NJW 1998, 3321; *Scheffield/Leeven* CR 1995, 306; *Schneider* CR 1995, 705. Die dort angesprochenen Gestaltungsfragen lassen sich auch für den Entwurf einer notariellen Verwahrungsanweisung heranziehen.

[41] Insolvenzfest ist nicht nur die verfahrensrechtliche Anweisung an den Notar (→ BNotO § 23 Rn. 43), sondern auch die zivilrechtliche Übergabeverpflichtung zwischen den Beteiligten, vgl. *Böhmer* NJW 1998, 3321 (3323); *Paulus* CR 1994, 83 (85 f.). Selbst wenn man annehmen würde, dass der Insolvenzverwalter des Lizenzgebers die Verwahrungsanweisung widerrufen könnte (analog § 60 Abs. 3 – wegen „Rückabwicklung" des Lizenzvertrages), haben die Beteiligten verfahrensrechtlich den Widerruf ausgeschlossen (§ 60 Abs. 4).

[42] Kostenrechtlich löst die Verwahrung keine Hebegebühr aus (da es sich nicht um eine Kostbarkeit iSd § 23 BNotO, § 149 Abs. 4 KostO handelt – s. Belege in Fn. 1), sondern eine Gebühr nach § 147 Abs. 2

III. Notarielle Prioritätsverhandlung

Von der Verwahrung zu unterscheiden ist die **notarielle Prioritätsverhandlung** (die 26 allerdings mit einer Verwahrung verbunden werden kann).[43] Durch die Prioritätsverhandlung soll für einen späteren Urheberrechtsprozess das Vorliegen eines (urheberrechtlich schutzfähigen) Werkes zu einem bestimmten Zeitpunkt festgestellt werden. Denn die amtliche Feststellung des Notars in der Prioritätsverhandlung, dass etwa ein Tonträger oder eine Notenschrift dem Notar zu dem angegebenen Zeitpunkt vorgelegt wurde, erbringt in einem späteren Prozess vollen Beweis (§ 418 Abs. 1 ZPO) über diese Tatsache. Damit kann der Beteiligte (Komponist etc) zwar nicht unmittelbar seine Urheberschaft beweisen, aber doch ein starkes – häufig entscheidendes – Indiz für die Urheberschaft.

Für die **notarielle Tatsachenbescheinigung** würde ein **Vermerk nach § 39** genügen. 27 Wird ein Schriftstück vorgelegt (also zB der Text und die Notenschrift), so ergibt sich dies aus § 43.[44] Auf eine nicht schriftliche Dokumentation – etwa einen Tonträger oder sonstigen Datenträger – ist § 43 mE nicht unmittelbar anwendbar;[45] allerdings genügt ein bloßer Vermerk nach § 39, da die Feststellung der Vorlage ein „sonstiges einfaches Zeugnis" iSd § 39 ist.

Ebenso zulässig ist, die notarielle Tatsachenfeststellung in eine **Niederschrift** nach §§ 36 ff. aufzunehmen (oder in eine über die Erklärungen der Beteiligten nach §§ 6 ff. aufgenommene Niederschrift).

In den Formulierungsmustern wird darüber hinaus meist eine **Erklärung des Betei-** 28 **ligten** über seine Urheberschaft und die Beanspruchung der Priorität vorgeschlagen. Zu deren beweiskräftiger Dokumentation würde eine Unterschriftsbeglaubigung (§ 40) genügen. IdR erfolgt jedoch eine **eidesstattliche Versicherung nach § 38**.[46]

Hauptproblem ist, eine **beweiskräftige Verbindung** der Feststellung bzw. Erklärung 29 mit dem Werk herzustellen.

KostO. Die notariellen Verwahrungsgebühren betragen meist nur einen Bruchteil der Gebühren gewerblicher *Escrow Agents* (*Leistner* MittBayNot 2003, 3 (9)).

[43] Ausführlich *Hertel* Liber amicorum Klaus Mock 2009, 91 ff.; vgl. die Formulierungsbeispiele von *Heyn* DNotZ 1998, 177 (193 f.); WürzNotar-HdB/*Limmer* Teil 1 Kap. 2 Rn. 177 ff.; *Milzer* ZNotP 2004, 348 (353 ff.); *W. Nordemann/J. B. Nordemann* in Münchener Vertragshandbuch, Band 3 Wirtschaftsrecht II, 6. Aufl. 2009, Muster XI. 1 S. 825 ff.; ferner die Darstellung von *Leistner* MittBayNot 2003, 3; *Meyer* RNotZ 2011, 385; *Winkler* BeurkG § 43 Rn. 3 ff.; Gutachten DNotI-Report 1996, 45; 2001, 69. In der Kommentarliteratur zum Urhebergesetz vgl. Dreier/Schulze/*Schulze*, 3. Aufl. 2008, UrhG § 2 Rn. 251; Fromm/Nordemann/*Nordemann*, 9. Aufl. 1998, UrhG § 10 Rn. 4; Schricker/*Loewenheim*, 3. Aufl. 2006, UrhG § 10 Rn. 6; Wandtke/Bullinger/*Thum*, 3. Aufl. 2009, UrhG § 10 Rn. 32; passim auch *Riesenhuber* GRUR 2003, 187 (188). Aus der Rechtsprechung vgl. OLG München ZUM 1990, 186 (189); ZUM-RD 1998, 165 (166).

[44] Vorlagefähige Urkunde in diesem Sinn ist jedes Schriftstück, nicht nur mit Text, sondern auch mit mathematischen Formeln, Musiknoten, Plänen oder Zeichnungen etc – vgl. Armbrüster/Preuß/Renner/*Preuß* BeurkG § 43 Rn. 2; *Lerch* BeurkG § 43 Rn. 3.

[45] Ebenso → § 43 Rn. 2; aA *Leistner* MittBayNot 2003, 3 (6); *Winkler* BeurkG § 43 Rn. 6. Bei körperlichen Gegenständen kann der Notar die in § 43 angeordnete inhaltliche Prüfung auf Lückenhaftigkeit nicht vornehmen.

[46] So die Formulierungsbeispiele von *Heyn* DNotZ 1998, 177 (193 f.); WürzNotar-HdB/*Limmer* Teil 1 Kap. 2 Rn. 182; *W. Nordemann/J. B. Nordemann* in Münchener Vertragshandbuch, Band 3 Wirtschaftsrecht II, 6. Aufl. 2009, Muster XI. 1 S. 825 ff. In der 2. Auflage, Rn. 23 hatte der *Verfasser* noch Zweifel an der Zulässigkeit der eidesstattlichen Versicherung geäußert (ebenso Gutachten DNotI-Report 1996, 45 (47)): Denn nach § 22 Abs. 2 BNotO steht den Notaren die Aufnahme einer eidesstattlichen Versicherung nur in den Fällen zu, „in denen einer Behörde oder sonstigen Dienststelle eine tatsächliche Behauptung oder Aussage glaubhaft gemacht werden soll". Zum Zeitpunkt der Prioritätsverhandlung ist aber noch kein behördliches oder gerichtliches Verfahren anhängig ist, in dem die Versicherung Verwendung finden könnte. Jedoch ist der hM zugegeben, das es genügen muss, dass die Versicherung bereits jetzt als Mittel zur Glaubhaftmachung (§ 294 Abs. 1 ZPO) für ein späteres einstweiliges Verfügungsverfahren (§§ 936, 920 Abs. 2 ZPO) gegen einen möglichen Verletzten abgegeben wird. Andernfalls wäre gar keine eidesstattliche Versicherung möglich, bevor ein gerichtliches Verfahren eingeleitet wurde, da ansonsten (noch) keine gerichtliche Zuständigkeit besteht; das einstweilige Verfügungsverfahren erfordert dann aber eine rasche Reaktion. Daher gebe ich meine abweichende Ansicht auf. (Für Zulässigkeit der eidesstattlichen Versicherung etwa auch Arndt/Lerch/Sandkühler/*Sandkühler* BNotO § 23 Rn. 45; *Winkler* BeurkG § 43 Rn. 4).

– Ist das Werk in Text oder Noten auf einem **Schriftstück** enthalten, so kann eine Kopie davon mit dem Vermerk bzw. der Niederschrift verbunden und darauf Bezug genommen werden.[47]
– Bei einem **Ton- oder Datenträger** (Diskette, Kassette, CD etc) empfiehlt sich, diesen in einem verschlossenen Umschlag an die für die Beteiligten bestimmte Ausfertigung(en) zu siegeln (etwa auch durch das Mittelloch der CD).[48] Dann mag der Beteiligte selbst die Ausfertigung(en) mit dem versiegelten Datenträger so lange und unter den Umständen verwahren, wie er es für angemessen hält. Eine Heftung zur Urschrift der eidesstattlichen Versicherung ist möglich, aber nicht erforderlich – letzterenfalls sollte allerdings, um den Inhalt der eidesstattlichen Versicherung feststellen zu können, der Beteiligte den Inhalt des Datenträgers in der beurkundeten Versicherung näher beschreiben (zB durch eine Liste mit Namen, Instrumentierung, Länge und evtl. Ton- und Taktart der Musikstücke).
– Möglich (§ 24 BNotO), aber (im Interesse des Notars) abzuraten ist von der **notariellen Verwahrung**.[49] Dabei ist insbes. abzuklären, ob den Beteiligten die offene Verwahrung in der Urkundensammlung des Notars genügt. Auch würde ich empfehlen, die Verwahrung zu befristen (insbes. bei sperrigem Verwahrungsgut) – und Regelungen zu treffen, wonach der Notar den Datenträger auch vernichten darf, wenn er nach Ende der Verwahrungsdauer nicht von den Beteiligten abgeholt wird.[50] Typischerweise liegt eine einseitige Verwahrung nur auf Weisung des die Prioritätsverhandlung veranlassenden Beteiligten vor (auch wenn dieser den Notar anweist, das Dokument unter bestimmten Voraussetzungen an Dritte herauszugeben).[51]

Siebter Abschnitt. Schlußvorschriften

1. Verhältnis zu anderen Gesetzen

a) Bundesrecht

§ 63 Beseitigung von Doppelzuständigkeiten

(1), (2) **[nicht wiedergegebene Änderungsvorschriften]**

(3) **[aufgehoben]**

(4) **Auch wenn andere Vorschriften des bisherigen Bundesrechts die gerichtliche oder notarielle Beurkundung oder Beglaubigung oder die Erklärung vor einem Gericht oder Notar vorsehen, ist nur der Notar zuständig.**

§ 64 Beurkundungen nach dem Personenstandsgesetz

Dieses Gesetz gilt nicht für Beurkundungen nach dem Personenstandsgesetz.

---

[47] Bei der eidesstattlichen Versicherung muss der der Text des Werkes bzw. die Notenschrift zwar nicht verlesen werden, da sie nicht Inhalt Versicherung ist. Sinnvollerweise ist aber dem Beteiligten wie „Karten, Zeichnungen oder Abbildungen" zur Durchsicht vorlegen (vgl. §§ 13 Abs. 1 S. 2, 9 Abs. 1 S. 3).
[48] Vgl. Formulierungsbeispiel von *Heyn* DNotZ 1998, 177 (193 f.); ebenso *Leistner* MittBayNot 2003, 3 (9 f.); *Menzel* DNotI-Report 1997, 132; *Winkler* BeurkG § 62 Rn. 6.
[49] Vgl. Formulierungsmuster von WürzNotar-HdB/*Limmer* Teil 1 Kap. 2 Rn. 182; *W. Nordemann/ J. B. Nordemann* in Münchener Vertragshandbuch, Band 3 Wirtschaftsrecht II, 6. Aufl. 2009, Muster XI. 1 S. 825 ff. Als Beispiel aus der Rechtsprechung vgl. den Sachverhalt von OLG Hamm RNotZ 2006, 72.
[50] Vgl. Gutachten DNotI-Report 2001, 69 (70); *Hertel* Liber amicorum Klaus Mock 2009, 91 (96).
[51] OLG Hamm RNotZ 2006, 72.

Siebter Abschnitt. Schlußvorschriften §§ 65, 66 BeurkG

§ 65 Unberührt bleibendes Bundesrecht

Soweit in diesem Gesetz nichts anderes bestimmt ist, bleiben bundesrechtliche Vorschriften über Beurkundungen unberührt.

b) Landesrecht

§ 66 Unberührt bleibendes Landesrecht

(1) Unbeschadet der Zuständigkeit des Notars bleiben folgende landesrechtliche Vorschriften unberührt:
1. Vorschriften über die Beurkundung von freiwilligen Versteigerungen; dies gilt nicht für die freiwillige Versteigerung von Grundstücken und grundstücksgleichen Rechten;
2. Vorschriften über die Zuständigkeit zur Aufnahme von Inventaren, Bestandsverzeichnissen, Nachlaßverzeichnissen und anderen Vermögensverzeichnissen sowie zur Mitwirkung bei der Aufnahme solcher Vermögensverzeichnisse;
3. Vorschriften, nach denen die Gerichtsvollzieher zuständig sind, Wechsel- und Scheckproteste aufzunehmen sowie das tatsächliche Angebot einer Leistung zu beurkunden;
4. Vorschriften, nach denen die Amtsgerichte zuständig sind, außerhalb eines anhängigen Verfahrens die Aussagen von Zeugen und die Gutachten von Sachverständigen, die Vereidigung sowie eidesstattliche Versicherungen dieser Personen zu beurkunden;
5. Vorschriften, nach denen Beurkundungen in Fideikommißsachen, für die ein Kollegialgericht zuständig ist, durch einen beauftragten oder ersuchten Richter erfolgen können;
6. Vorschriften, nach denen die Vorstände der Vermessungsbehörden, die das amtliche Verzeichnis im Sinne des § 2 Abs. 2 der Grundbuchordnung führen, und die von den Vorständen beauftragten Beamten dieser Behörden zuständig sind, Anträge der Eigentümer auf Vereinigung oder Teilung von Grundstücken zu beurkunden oder zu beglaubigen;
7. Vorschriften über die Beurkundung der Errichtung fester Grenzzeichen (Abmarkung);
8. Vorschriften über die Beurkundung von Tatbeständen, die am Grund und Boden durch vermessungstechnische Ermittlungen festgestellt werden, durch Behörden, öffentlich bestellte Vermessungsingenieure oder Markscheider;
9. Vorschriften über Beurkundungen in Gemeinheitsteilungs- und agrarrechtlichen Ablösungsverfahren einschließlich der Rentenübernahme- und Rentengutsverfahren;
10. Vorschriften über Beurkundungen im Rückerstattungsverfahren;
11. Vorschriften über die Beglaubigung amtlicher Unterschriften zum Zwecke der Legalisation;
12. Vorschriften über Beurkundungen in Kirchenaustrittssachen.

(2) Auf Grund dieser Vorbehalte können den Gerichten Beurkundungszuständigkeiten nicht neu übertragen werden.

(3) Auf Grund anderer bundesrechtlicher Vorbehalte kann
1. die Zuständigkeit der Notare für öffentliche Beurkundungen (§ 20 der Bundesnotarordnung) nicht eingeschränkt werden,
2. nicht bestimmt werden, daß für öffentliche Beurkundungen neben dem Notar andere Urkundspersonen oder sonstige Stellen zuständig sind, und
3. keine Regelung getroffen werden, die den Vorschriften des Ersten bis Vierten Abschnitts dieses Gesetzes entgegensteht.

§ 67 Zuständigkeit der Amtsgerichte, Zustellung

(1) Unbeschadet der Zuständigkeit sonstiger Stellen sind die Amtsgerichte zuständig für die Beurkundung von
1. Erklärungen über die Anerkennung der Vaterschaft,
2. Verpflichtungen zur Erfüllung von Unterhaltsansprüchen eines Kindes,
3. Verpflichtungen zur Erfüllung von Unterhaltsansprüchen nach § 1615l des Bürgerlichen Gesetzbuchs.

(2) Die Zustellung von Urkunden, die eine Verpflichtung nach Absatz 1 Nr. 2 oder 3 zum Gegenstand haben, kann auch dadurch vollzogen werden, daß der Schuldner eine beglaubigte Abschrift der Urkunde ausgehändigt erhält; § 173 Satz 2 und 3 der Zivilprozeßordnung gilt entsprechend.

§ 68 Übertragung auf andere Stellen

Die Länder sind befugt, durch Gesetz die Zuständigkeit für die öffentliche Beglaubigung von Abschriften oder Unterschriften anderen Personen oder Stellen zu übertragen.

§ 69 [aufgehoben]

c) Amtliche Beglaubigungen

§ 70 Amtliche Beglaubigungen

[1] Dieses Gesetz gilt nicht für amtliche Beglaubigungen, mit denen eine Verwaltungsbehörde zum Zwecke der Verwendung in Verwaltungsverfahren oder für sonstige Zwecke, für die eine öffentliche Beglaubigung nicht vorgeschrieben ist, die Echtheit einer Unterschrift oder eines Handzeichens oder die Richtigkeit der Abschrift einer Urkunde bezeugt, die nicht von einer Verwaltungsbehörde ausgestellt ist. [2] Die Beweiskraft dieser amtlichen Beglaubigungen beschränkt sich auf den in dem Beglaubigungsvermerk genannten Verwendungszweck. [3] Die Befugnis der Verwaltungsbehörden, Abschriften ihrer eigenen Urkunden oder von Urkunden anderer Verwaltungsbehörden in der dafür vorgeschriebenen Form mit uneingeschränkter Beweiskraft zu beglaubigen, bleibt unberührt.

d) Eidesstattliche Versicherungen in Verwaltungsverfahren

§ 71 Eidesstattliche Versicherungen in Verwaltungsverfahren

Dieses Gesetz gilt nicht für die Aufnahme eidesstattlicher Versicherungen in Verwaltungsverfahren.

e) Erklärungen juristischer Personen des öffentlichen Rechts

§ 72 [Erklärungen juristischer Personen des öffentlichen Rechts]

Die bundes- oder landesrechtlich vorgeschriebene Beidrückung des Dienstsiegels bei Erklärungen juristischer Personen des öffentlichen Rechts wird durch die öffentliche Beurkundung ersetzt.

f) Bereits errichtete Urkunden

§ 73 Bereits errichtete Urkunden

(1) ¹§§ 45 bis 49, 51, 52, 54 dieses Gesetzes gelten auch für Urkunden, die vor dem Inkrafttreten dieses Gesetzes errichtet worden sind. ²Dies gilt auch, wenn die Beurkundungszuständigkeit weggefallen ist.

(2) Eine vor dem Inkrafttreten dieses Gesetzes erteilte Ausfertigung einer Niederschrift ist auch dann als von Anfang an wirksam anzusehen, wenn sie den Vorschriften dieses Gesetzes genügt.

(3) § 2256 Abs. 1, 2 des Bürgerlichen Gesetzbuchs gilt auch für Testamente, die vor dem Inkrafttreten dieses Gesetzes vor einem Richter errichtet worden sind.

g) Verweisungen

§ 74 Verweisungen

Soweit in Gesetzen oder Verordnungen auf die durch dieses Gesetz aufgehobenen oder abgeänderten Vorschriften verwiesen ist, treten die entsprechenden Vorschriften dieses Gesetzes an ihre Stelle.

2. Geltung in Berlin

§ 75 Geltung in Berlin [gegenstandslos]

3. [bis 31.12.2021: Inkrafttreten] *[ab 1.1.2022: Übergangsvorschrift]*

§ 76 [bis 31.12.2021: Inkrafttreten]

Dieses Gesetz tritt am 1. Januar 1970 in Kraft.

§ 76 [ab 1.1.2022: Übergangsvorschrift zur Einführung des Elektronischen Urkundenarchivs]

(1) ¹Für Beurkundungen und sonstige Amtshandlungen, die vor dem 1. Januar 2022 vorgenommen worden sind, sind die §§ 55 und 56 nicht anzuwenden. ²Abweichend von § 49 Absatz 4 ist auf der Urschrift zu vermerken, wem und an welchem Tag eine Ausfertigung erteilt worden ist. ³Zusätze und Änderungen sind nach den vor dem 1. Januar 2022 geltenden Bestimmungen vorzunehmen.

(2) ¹Die Urkundensammlung und die Erbvertragssammlung für Urkunden, die vor dem 1. Januar 2022 errichtet wurden, werden von dem Notar nach Maßgabe der vor dem 1. Januar 2022 geltenden Vorschriften geführt und verwahrt. ²Zusätze und Änderungen sind nach den vor dem 1. Januar 2022 geltenden Bestimmungen vorzunehmen.

(3) ¹Für Verwahrungsmassen, die der Notar vor dem 1. Januar 2022 entgegengenommen hat, findet § 59a keine Anwendung. ²Für diese Verwahrungsmassen werden die Verwahrungsbücher, die Massenbücher, die Namensverzeichnisse zum Massenbuch und die Anderkontenlisten nach den vor dem 1. Januar 2022 geltenden Bestimmungen geführt und verwahrt.

(4) Die Urkundenrollen, die Erbvertragsverzeichnisse und die Namensverzeichnisse zur Urkundenrolle für Urkunden, die vor dem 1. Januar 2022 errichtet wurden, werden von dem Notar nach Maßgabe der vor dem 1. Januar 2022 geltenden Vorschriften geführt und verwahrt.

1 Die Neufassung der Vorschrift wird erst in der Folgeauflage ausführlich kommentiert. Einzelne Hinweise zum Inkrafttreten finden sich bei den betreffenden Vorschriften. Durch das Gesetz zur Änderung von Vorschriften über die außergerichtliche Streitbeilegung in Verbrauchersachen und zur Änderung weiterer Gesetze vom 30.11.2019 (BGBl. I 1942) wurde eine einheitliche Einführung des Elektronischen Urkundenarchivs zum 1.1.2022 geregelt. Durch Art. 13 des genannten Gesetzes hat § 76 seine jetzige Fassung mit dem 1.1.2022 als alleinigem Bezugspunkt für Übergangsregelungen erhalten.

3. Richtlinienempfehlungen der Bundesnotarkammer

Vom 29. Januar 1999 (DNotZ 1999, 258),
zuletzt geändert durch Beschluss vom 28. April 2006 (DNotZ 2006, 561)

Aufgrund des § 78 Abs. 1 Nr. 5 der Bundesnotarordnung (BNotO) hat die Bundesnotarkammer die nachfolgenden Empfehlungen für die von den Notarkammern nach § 67 Abs. 2 BNotO zu erlassenden Richtlinien beschlossen. Die Empfehlungen der Bundesnotarkammer dienen dem Schutz des Vertrauens, das dem Notar entgegengebracht wird, um der Wahrung des Ansehens des Berufsstandes. Sie sind ungeachtet der unterschiedlichen Organisationsformen Ausdruck des einheitlichen Notariats in Deutschland.

Richtlinien für die Amtspflichten und sonstigen Pflichten der Mitglieder der Notarkammer

Einleitung

A. Rechtsetzungskompetenz

Die Richtlinien zur näheren Bestimmung der Amtspflichten und sonstigen Pflichten der Notare erlassen nach § 67 Abs. 2 BNotO die Notarkammern. Sie greifen hierbei auf eine Richtlinienempfehlung der Bundesnotarkammer (§ 78 Abs. 1 Nr. 5 BNotO) zurück. Diese durch das Dritte BNotO-Änderungsgesetz[1] eingeführte Kompetenzregelung greift einen Vorschlag der Bundesnotarkammer auf und trägt dem Umstand Rechnung, dass die durch Satzung näher zu konkretisierenden Pflichtenkreise auch von einem regional bestimmten Verständnis geprägt sind. Die Begründung des Gesetzesentwurfs hebt allerdings zu Recht hervor, dass die Berufssatzungen der Notarkammern nicht zu einer Auseinanderentwicklung des notariellen Berufsrechts führen sollen. Die Begründung des Gesetzesentwurfs spricht in diesem Zusammenhang von der „notwendigen Erhaltung eines einheitlichen Berufsbilds".[2] Hierin liegt nur auf den ersten Blick ein möglicher Widerspruch zu den Ausführungen des BVerfG in der „Logo-Entscheidung",[3] die von unterschiedlichen Ausprägungen des Berufsbilds im Notariat ausgehen. Gerade weil es ein *soziologisch* einheitliches Berufsbild im Notariat ebenso wenig geben kann wie in irgendeinem anderen Beruf, der Notar aber seine hoheitlichen Funktionen unabhängig von seinem Arbeitsumfeld im Interesse des rechtsuchenden Publikums gleichmäßig auszuüben hat, ist es besonders wichtig, dass das Berufsrecht eine einheitliche Klammer bildet – ohne regionale Besonderheiten zu vernachlässigen. In diesem Sinne sind auch die Motive des Gesetzgebers zu verstehen.

1

---

[1] BGBl. 1998 I 2585 ff.
[2] BT-Drs. 13/4184, 31.
[3] BVerfG DNotZ 1998, 69; vgl. auch die Wirtschaftsprüfer-Entscheidung BVerfG DNotZ 1998, 754.

B. Richtlinienempfehlungen und Richtlinien

2 Die Bundesnotarkammer hatte bereits während der parlamentarischen Beratungen zum Dritten BNotO-Änderungsgesetz mit den Arbeiten an den Richtlinienempfehlungen nach § 78 Abs. 1 Nr. 5 BNotO begonnen. Sie wurden in einer außerordentlichen Vertreterversammlung der Bundesnotarkammer am 29.1.1999 verabschiedet und in der DNotZ veröffentlicht.[4]

3 Die Richtlinienempfehlungen (RLEmBNotK) verpflichten den einzelnen Notar nicht. Auch die Notarkammern sind beim Erlass ihrer Berufssatzungen hieran nicht gebunden. Die Notarkammern müssen allerdings bereits nach dem Grundsatz der Bundestreue ihren Entscheidungsgremien, also in der Regel dem Vorstand und der Kammerversammlung, die Empfehlungen der Bundesnotarkammer zur Beratung und Beschlussfassung vorlegen. Die intensive Einbeziehung der Notarkammern in die Vorbereitung der Richtlinienempfehlungen und die dadurch ermöglichte frühzeitige Diskussion der geplanten Regelungen in den Kammerbezirken haben aber dazu geführt, dass die von den Notarkammern verabschiedeten Berufssatzungen weitgehend den Richtlinienempfehlungen der Bundesnotarkammer entsprechen.

4 Die Berufsrichtlinien der Notarkammern müssen von den Landesjustizverwaltungen genehmigt werden (§ 67 Abs. 2 S. 2 iVm § 66 Abs. 1 S. 2 BNotO). Ebenso wie bei den Berufssatzungen der Rechtsanwälte beschränkt sich die Kontrollmöglichkeit der Landesjustizverwaltungen allerdings auf eine reine Rechtsaufsicht.[5] Die Aufsichtsbehörden dürfen daher nur prüfen, ob der Ermächtigungskatalog des § 67 Abs. 2 BNotO eingehalten wurde und ob die erlassenen Bestimmungen mit höherrangigem Recht vereinbart sind.

5 Die Aufgabe der Bundesnotarkammer nach § 78 Abs. 1 Nr. 5 BNotO erschöpft sich nicht in der erstmaligen Aufstellung von Richtlinienempfehlungen. Sie hat vielmehr die berufsrechtliche Entwicklung zu beobachten und bei entsprechendem Anlass die Richtlinienempfehlungen abzuändern oder zu ergänzen. Die Notarkammern sind in einem solchen Fall verpflichtet, die geänderten oder ergänzten Richtlinienempfehlungen ihren Entscheidungsgremien, in der Regel Vorstand und Kammerversammlung, zur Beratung und Entscheidung vorzulegen.

6 Die einzelne Notarkammer kann ihre Richtlinien im Rahmen von § 67 Abs. 2 S. 2 BNotO jederzeit ändern oder ergänzen. Vor einer solchen Maßnahme muss sie jedoch die Bundesnotarkammer informieren und ihr Gelegenheit geben, einen Meinungsaustausch auf Bundesebene herbeizuführen, der ggf. in eine neue Richtlinienempfehlung nach § 78 Abs. 1 Nr. 5 BNotO münden kann. Diese Pflicht der Notarkammern zur vorherigen Information lässt sich nicht nur aus dem bereits aufgeführten Grundsatz der Bundestreue,[6] sondern auch aus der Zielsetzung der Kompetenzregelungen in §§ 67 Abs. 2, 78 Abs. 1 Nr. 5 BNotO herleiten. Nur wenn die Diskussion über einzelne Richtlinien der Notarkammern auch in der Vertreterversammlung der Bundesnotarkammer geführt wird, kann einer möglichen Auseinanderentwicklung des notariellen Berufsrechts entgegengewirkt werden.[7]

---

[4] DNotZ 1999, 259 ff.
[5] Vgl. allgemein Schippel/Bracker/*Püls* BNotO § 66 Rn. 6 ff.; zum anwaltlichen Berufsrecht Feuerich/Weyland/*Schwärzer* BRAO § 191e Rn. 3; verfehlt Henssler/Prütting/*Hartung* BRAO § 191e Rn. 3.
[6] FS Schippel 1996, 652; Arndt/Lerch/Sandkühler/*Sandkühler* BNotO § 76 Rn. 6; Schippel/Bracker/*Püls* BNotO § 67 Rn. 27.
[7] Zu den Motiven des Gesetzgebers vgl. BT-Drs. 13/4184, 31.

C. Verhältnis zwischen BNotO und Berufsrichtlinien

Die BNotO enthält als förmliches Gesetz die grundlegenden Bestimmungen des notariellen Berufsrechts, insbesondere zur Bestellung zum Notar, zur Ausübung des Amtes und den hierbei zu beachtenden Pflichten, zur Notaraufsicht einschließlich des Disziplinarverfahrens und zur beruflichen Selbstverwaltung. Bei den Richtlinien der Notarkammern handelt es sich um autonomes Satzungsrecht, zu dessen Erlass die BNotO die Notarkammern ermächtigt. Die Berufsrichtlinien müssen von den Landesjustizverwaltungen im Rahmen ihrer Rechtsaufsicht genehmigt werden (§ 67 Abs. 2 S. 2 iVm § 66 Abs. 1 S. 2 BNotO). Die Richtlinien dürfen keine eigenständigen Berufspflichten begründen. Ihre Aufgabe ist es vielmehr, die bereits im förmlichen Gesetz verankerten Bestimmungen zu konkretisieren.[8] Die Richtlinienbestimmungen dürfen daher nur in den Pflichtbereichen erlassen werden, die der Ermächtigungskatalog des § 67 Abs. 2 BNotO nennt.[9] Die einzelne Richtlinienbestimmung muss sich darüber hinaus in den Grenzen bewegen, die das förmliche Gesetz, also insbesondere die BNotO, zieht. Diese Grenzen werden durch den Interpretationsspielraum der zugrunde liegenden Norm markiert: Die Richtlinienbestimmung darf nicht strenger, aber auch nicht liberaler gefasst werden als das mögliche Auslegungsergebnis bei unmittelbarer Anwendung des Gesetzes ausfallen würde. Die Richtlinien sollen aber – gerade hierin besteht ihre Aufgabe im Normgefüge – den möglichen Interpretationsspielraum des zugrunde liegenden Gesetzes konkretisieren. Sie können daher durchaus Akzente im Sinne einer strengeren oder einer liberaleren Interpretation der Gesetzesnorm setzen.[10]

Am Beispiel der Werbebestimmungen bedeutet dies, dass die Berufsrichtlinien zwar ein grundsätzlich liberales Verständnis von zulässigem notariellen Werbeverhalten zum Ausdruck bringen, aber den Grundsatz des § 29 BNotO, der im Ansatz von einem Verbot berufswidriger Werbung ausgeht, nicht aufheben dürfen. Ebenso wenig wäre es zulässig, wenn die Berufsrichtlinien dem Notar ein gewerbliches Verhalten erlaubten, da dies in § 29 Abs. 1 BNotO ausdrücklich und ohne jede Ausnahme verboten ist.[11]

Die Bindungswirkung der in dem geschilderten Rahmen erlassenen Richtlinien umfasst nicht nur die unmittelbaren Adressaten – also die Notare –, sondern auch die Aufsichtsbehörden im Rahmen ihrer Aufsichtstätigkeit. Auch die Gerichte dürfen die Richtlinien als autonomes Satzungsrecht nur daraufhin überprüfen, ob sie sich innerhalb der Satzungsermächtigung nach § 67 Abs. 2 BNotO bewegen und ob sie gegen höherrangiges Recht verstoßen. Den Gerichten ist es dagegen verwehrt, ihre eigene Interpretation des förmlichen Gesetzes, also etwa der BNotO, an die Stelle der durch den Richtliniengeber gewählten Auslegung zu setzen.[12]

Der Erlass von Berufssatzungen nach § 67 Abs. 2 BNotO schließt es nicht aus, dass berufsrechtliche Grundsätze daneben auch in Hinweisen oder Empfehlungen der Notarkammern an ihre Kammermitglieder konkretisiert werden. Im Gegensatz zu den Berufsrichtlinien nach § 67 Abs. 2 BNotO schaffen derartige Hinweise jedoch kein unmittelbar geltendes Berufsrecht, sondern bringen lediglich die Rechtsauffassung der Notarkammer im Rahmen ihrer Aufsichtstätigkeit (§ 67 Abs. 1 S. 2 BNotO) zum Ausdruck.

---

[8] Vgl. hierzu die amtl. Begr., BT-Drs. 13/4184, 31; BGH ZNotP 2009, 323 (324).
[9] Die Notarkammern brauchen diesen Katalog allerdings nicht auszuschöpfen. Insoweit gilt dasselbe wie bei der Satzungskompetenz für die anwaltliche Berufsordnung, § 59b BRAO; vgl. hierzu *Redeker* AnwBl. 1995, 218.
[10] *Starke* FS Bezzenberger 2000, 622 f.
[11] BGH ZNotP 2009, 323 (324).
[12] Hierin liegt ein entscheidender Unterschied zu den früheren Standesrichtlinien der freien Berufe, die – vgl. zB § 177 Abs. 2 Nr. 2 BRAO aF – zumeist nur deklaratorisch die Standesauffassung zu bestimmten berufsrechtlichen Fragen feststellten. Verfehlt daher BGH 3.12.1998 – I ZR 112/96, NJW 1999, 2444, der der Berufsordnung der Bundessteuerberaterkammer „nicht mehr als eine indizielle Wirkung" für die Auslegung der in § 57a StBerG normierten Werbebestimmung beimisst.

D. Verhältnis zwischen BNotO und DONot

11 Bei der Dienstordnung handelt es sich um aufsichtsrechtliche Verwaltungsbestimmungen, welche keine Rechtsnormqualität haben.[13] Sie sind von den Bundesländern im Wesentlichen gleich lautend erlassen worden und konkretisieren die Voraussetzungen und Maßstäbe der den Ländern gem. §§ 92 ff. BNotO obliegenden Rechtsaufsicht über die Notare. Die Befugnis der Landesjustizverwaltung, Sachverhalte durch allgemeine Weisungen in der DONot als Grundlage für deren Aufsichtsmaßnahmen zu regeln, ergibt sich aus ihrer in § 93 BNotO normierten Aufsichtspflicht.[14] Die DONot enthält insbesondere Bestimmungen zum Beurkundungsverfahren und zur notariellen Verwahrung nach §§ 54a ff. BeurkG sowie Regelungen über die Dokumentation der Amtstätigkeit und über die Aufbewahrung von Urkunden und sonstigen amtlichen Gegenständen. Als reines Verwaltungsinnenrecht kann die DONot Dritte weder verpflichten noch Rechte Dritter begründen.[15] Die Beachtung der DONot gehört dennoch zu den Amtspflichten des Notars.[16]

12 Das Verhältnis zwischen BNotO und DONot entspricht damit dem allgemeinen Verhältnis zwischen förmlichem Gesetz und norminterpretierender Verwaltungsvorschrift. Ebenso wie eine Einzelanordnung oder -weisung im Rahmen der Dienstaufsicht muss sich auch die DONot an die Grenzen des höherrangigen Rechts halten und darf auch innerhalb dieser Grenzen Recht nicht selbstständig begründen, sondern nur – interpretierend – die Rechtsauffassung der Verwaltung zum Ausdruck bringen. Eine Aufsichtsmaßnahme, die auf Grundlage der DONot getroffen wird, unterliegt daher in gleicher Weise der uneingeschränkten gerichtlichen Kontrolle wie die Maßnahme auf einem Gebiet, auf dem keine norminterpretierende Verwaltungsvorschrift erlassen worden ist.

E. Verhältnis zwischen Berufsrichtlinien und DONot

I. Unterschiedliche Normqualität

13 Während es sich bei der DONot – wie dargelegt – um reines Verwaltungsinnenrecht ohne Rechtsnormqualität handelt, legen die Berufsrichtlinien der Notarkammern als autonomes Satzungsrecht innerhalb des ihnen vom Gesetzgeber gewährten Spielraums die Interpretation von vorgegebenen Berufspflichten für den unmittelbaren Normadressaten, aber auch für die Aufsichtsbehörden unmittelbar fest. Die Berufsrichtlinien müssen sich nach § 67 Abs. 2 S. 1 BNotO innerhalb der „gesetzlichen Vorschriften und auf deren Grundlage erlassenen Verordnungen" bewegen. Da die DONot keine Verordnung, sondern eine Verwaltungsvorschrift ist, kann sie auch über § 67 Abs. 2 S. 1 BNotO den Rahmen der Richtlinien nicht näher bestimmen. Vielmehr geben die Satzungen der Notarkammern als Rechtsnormen der DONot ihre Anforderungen verbindlich vor und sind insofern als „höherrangig"[17] anzusehen.

---

[13] BVerfG 19.6.2012 – 1 BvR 3017/09, DNotZ 2012, 945.
[14] BVerfG 19.6.2012 – 1 BvR 3017/09, DNotZ 2012, 945
[15] Schippel/Bracker/*Bracker* DONot Einl. Rn. 8.; *Bohrer,* Berufsrecht, Rn. 171.
[16] So die hM; s. BGH DNotZ 1972, 551; 1973, 174; 1995, 125 (126); Arndt/Lerch/Sandkühler/*Sandkühler* BNotO § 14 Rn. 33; krit. *Bohrer,* Berufsrecht, Rn. 171 ff.
[17] Die allgemeinen Grundsätze der Normhierarchie greifen hier nur eingeschränkt, da bereits die Rechtsnorm*qualität* von DONot und Berufsrichtlinie eine andere ist. Deshalb können zB auch die Grundsätze, die zum Verhältnis von (konkurrierender) Bundesgesetzgebung und Landesgesetzgebung entwickelt worden sind, nicht entsprechend herangezogen werden.

II. Mögliche Lückenfüllung im Verhältnis zwischen DONot und Richtlinie

Das generelle Regelungsverhältnis zwischen Richtlinien und Dienstordnung schließt es allerdings nicht aus, in der DONot Regelungen auch für Bereiche zu treffen, für die eine Richtlinienkompetenz der Notarkammern besteht. Auch dies ergibt sich aus der Natur der DONot als Verwaltungsbestimmung, die die Maßstäbe der Rechtsaufsicht über die Notare konkretisiert: Gegenstand dieser Rechtsaufsicht ist nicht nur die Einhaltung der förmlichen Gesetze, also insbesondere der BNotO und des BeurkG, sondern auch die Beachtung der Berufsrichtlinien als unmittelbar geltendes Recht. Die Leitlinien, die die Dienstaufsicht hierbei verfolgt, können ebenso wie für die BNotO und das BeurkG auch für die Berufsrichtlinien in der DONot niedergelegt werden.[18]

Aus dem Vorrang des Gesetzes folgt aber, dass Bestimmungen in der DONot die Vorgaben der Berufsrichtlinien ebenso beachten müssen wie die Vorgaben der BNotO und des BeurkG. Die an die Aufsichtsbehörden adressierten Erläuterungen in der DONot dürfen insbesondere nicht dazu führen, dass eine von der BNotO, dem BeurkG oder den Richtlinien der Notarkammern dem Notar bewusst gelassene Entscheidungsfreiheit hinsichtlich der Gestaltung seiner Amtsführung verengt oder vernichtet wird.[19] Hieraus ergibt sich indessen nicht, dass jede unterbliebene Regelung in den Berufsrichtlinien als „bewusste Einräumung von Gestaltungsspielräumen" für den Notar angesehen werden könnte mit der Folge, dass es der Notaraufsicht untersagt wäre, in diesem Bereich durch eine Einzelanordnung oder durch eine Regelung in der DONot eine eigene Gesetzesauslegung vorzunehmen. Die Satzungskompetenz der Notarkammern entfaltet insoweit keine generelle Sperrwirkung.[20] Bereits nach allgemeinen Auslegungsgrundsätzen können die Motive für eine Regelung oder Nichtregelung durch den Normgeber nur dann bei der Interpretation herangezogen werden, wenn sie zumindest ansatzweise in der Bestimmung selbst Ausdruck gefunden haben. Für die rechtsanwendenden Aufsichtsbehörden muss daher erkennbar sein, dass bestimmte Bereiche in den Richtlinien deshalb nicht geregelt wurden, weil man den Notaren hier einen auch im Wege der Dienstaufsicht nicht überprüfbaren Entscheidungsspielraum belassen wollte.

III. Einschränkung der DONot durch späteres Satzungsrecht der Kammern

Den Notarkammern als Satzungsgebern ist es selbstverständlich möglich, Bestimmungen in den Berufsrichtlinien zu ändern, aufzuheben oder innerhalb des Kompetenzbereichs von § 67 Abs. 2 BNotO nachträglich neue Bestimmungen zu erlassen. Wenn diese neuen Regelungen mit Vorschriften der DONot nicht in Einklang stehen, gehen sie letzteren entsprechend den bereits oben (→ Rn. 13) dargelegten Grundsätzen vor. Sofern sich die Notarkammern im Rahmen ihrer Satzungskompetenz bewegen, haben sie daher die Möglichkeit, die Norminterpretation der Landesjustizverwaltungen durch eigene Normsetzung obsolet werden zu lassen.

---

[18] Eingehend hierzu *Starke* FS Bezzenberger 2000, 624 ff.; *Mihm/Bettendorf* DNotZ 2001, 38 f.; *Maaß* ZNotP 2001, 330; 2002, 335.
[19] Armbrüster/Preuß/Renner/*Eickelberg* DONot Vorb. Rn. 28.
[20] BVerfG 19.6.2012 – 1 BvR 3017/09, DNotZ 2012, 945.

I. Wahrung der Unabhängigkeit und Unparteilichkeit des Notars

1.1. Der Notar ist unparteiischer Rechtsberater und Betreuer sämtlicher Beteiligten.

1.2. Der Notar hat auch bei der Beratung und der Erstellung von Entwürfen sowie Gutachten auf einseitigen Antrag seine Unparteilichkeit zu wahren. Das selbe gilt für die gesetzlich zulässige Vertretung eines Beteiligten in Verfahren, insbesondere in Grundbuch- und Registersachen, in Erbscheinsverfahren, in Grunderwerbsteuer-, Erbschaftsteuer- und Schenkungsteuerangelegenheiten sowie Genehmigungsverfahren vor den Behörden und Gerichten.

2. Weitere berufliche Tätigkeiten des Notars sowie genehmigungsfreie oder genehmigte Nebentätigkeiten dürfen seine Unabhängigkeit und Unparteilichkeit nicht gefährden.

3. Der Anwaltsnotar hat rechtzeitig bei Beginn seiner Tätigkeiten gegenüber den Beteiligten klar zu stellen, ob er als Rechtsanwalt oder Notar tätig wird.

A. Unparteiischer Rechtsberater und Betreuer

1   Nr. 1.1 verweist auf § 14 Abs. 1 BNotO. Zu den Anforderungen an die Unparteilichkeit siehe daher die Ausführungen → BNotO § 14 Rn. 7 ff.

Die Verwendung des Begriffs „Rechtsberater und Betreuer" ist systematisch unzutreffend, da § 24 Abs. 1 S. 1 BNotO die Beratung als Unterfall der notariellen Betreuung definiert. Zu den hierbei bestehenden Amtspflichten siehe daher → BNotO § 24 Rn. 13 ff.

Zu den in Nr. 1.2 gezogenen Grenzen aus dem Gebot der Unparteilichkeit → BNotO § 14 Rn. 11.

B. Weitere berufliche Tätigkeiten und Nebentätigkeiten

2   Die in Nr. 2 genannten Gesichtspunkte für die Zulässigkeit weiterer beruflicher und sonstiger Tätigkeiten sind in § 8 BNotO exakt formuliert. Insbesondere ist – was Nr. 2 nicht erkennen lässt – dem Nur-Notar die Ausübung eines weiteren Berufs durch § 8 Abs. 2 S. 1 BNotO verwehrt, unabhängig vom Vorliegen irgendeines Gefährdungspotenzials. Vgl. daher die Kommentierung zu § 8 BNotO.

C. Anwaltstätigkeit oder Notartätigkeit

3   Nr. 3 zielt auf Betreuungen außerhalb der Beurkundungstätigkeiten ab, die ein Anwaltsnotar sowohl als Rechtsanwalt wie auch als Notar wahrnehmen könnte. Die Regelung verlangt von ihm, den anwaltlichen oder notariellen Charakter seines Handels „rechtzeitig vor Beginn seiner Tätigkeit" klarzustellen. Zu Recht weist *Sandkühler* darauf hin, das nicht auf den Beginn der Tätigkeit, sondern richtigerweise auf den Zeitpunkt vor der Übernahme des Auftrags abzustellen ist.[1]

II. Das nach § 14 Abs. 3 BNotO zu beachtende Verhalten

1. Der Notar hat das Beurkundungsverfahren so zu gestalten, dass die vom Gesetz mit dem Beurkundungserfordernis verfolgten Zwecke erreicht werden, insbesondere die Schutz- und Belehrungsfunktion der Beurkundung gewahrt und der Anschein der Abhängigkeit oder Parteilichkeit vermieden wird. Dies gilt insbesondere, wenn eine

---

[1] Arndt/Lerch/Sandkühler/*Sandkühler* BNotO § 24 Rn. 68; offen gelassen *Weingärtner/Wöstmann* § 1 Rn. 56.

II. Das nach § 14 Abs. 3 BNotO zu beachtende Verhalten

große Zahl gleichartiger Rechtsgeschäfte beurkundet wird, an denen jeweils dieselbe Person beteiligt ist oder durch die sie wirtschaftliche Vorteile erwirbt. Dazu gehört auch, dass den Beteiligten ausreichend Gelegenheit eingeräumt wird, sich mit dem Gegenstand der Beurkundung auseinanderzusetzen.

Demgemäß sind die nachgenannten Verfahrensweisen in der Regel unzulässig:

a) systematische Beurkundung mit vollmachtlosen Vertretern;
b) systematische Beurkundung mit bevollmächtigten Vertretern, soweit nicht durch vorausgehende Beurkundung mit dem Vollmachtgeber sichergestellt ist, dass dieser über den Inhalt des abzuschließenden Rechtsgeschäfts ausreichend belehrt werden konnte;
c) systematische Beurkundung mit Mitarbeitern des Notars als Vertreter, ausgenommen Vollzugsgeschäfte; gleiches gilt für Personen, mit denen sich der Notar zur gemeinsamen Berufsausübung verbunden hat oder mit denen er gemeinsame Geschäftsräume unterhält;
d) systematische Aufspaltung von Verträgen in Angebot und Annahme; soweit die Aufspaltung aus sachlichen Gründen gerechtfertigt ist, soll das Angebot vom belehrungsbedürftigeren Vertragsteil ausgehen;
e) gleichzeitige Beurkundung von mehr als fünf Niederschriften bei verschiedenen Beteiligten.

2. Unzulässig ist auch die mißbräuchliche Auslagerung geschäftswesentlicher Vereinbarungen in Bezugsurkunden (§ 13a BeurkG).

Übersicht

	Rn.
A. Vorbemerkungen zu Abschnitt II. der Richtlinienempfehlungen	1
B. Allgemeine Gestaltungspflichten, Nr. 1 S. 1 bis S. 3	5
C. Katalog unzulässiger Verfahrensweisen, Satz 4	13
I. Regelvermutung	14
II. Die „Systematik" als gemeinsames Tatbestandmerkmal verschiedener Regelbeispiele	17
III. Die Regelbeispiele im Einzelnen	19
1. Systematische Beurkundung mit vollmachtlosen Vertretern	20
2. Systematische Beurkundung mit bevollmächtigten Vertretern	25
3. Systematische Beurkundung mit Mitarbeitern des Notars als Vertreter	28
4. Systematische Aufspaltung von Verträgen in Angebot und Annahme	32
5. Gleichzeitige Beurkundung mehrerer Niederschriften	36
6. Missbräuchliche Auslagerung geschäftswesentlicher Vereinbarungen in Bezugsurkunden	38
D. Regelungen zu außerdienstlichem Verhalten	44
E. Beteiligung mehrerer Notare, unterschiedliche Richtlinienbestimmungen	46

A. Vorbemerkungen zu Abschnitt II. der Richtlinienempfehlungen

Dem **Notar als Träger eines öffentlichen Amtes** wird aufgrund seiner unabhängigen und unparteiischen Stellung, der Mitwirkungspflicht in diversen Rechtsbereichen sowie der mit dem Amt verbundenen hoheitlichen Befugnisse in der Bevölkerung in besonderem Maße Achtung und Vertrauen entgegengebracht.[1] Dieser, im Vergleich zu anderen juristischen Berufen, herausragenden Bedeutung[2] trägt § 14 Abs. 3 S. 1 BNotO dadurch Rechnung, dass dem Notar auferlegt wird, sich jederzeit inner- und außeramtlich dem Notaramt würdig zu zeigen **(Integritätsgebot)**.[3] Dazu gehört, so Satz 2, schon den Anschein eines

---

[1] Siehe dazu auch BeckNotar-HdB/*Bremkamp* § 32 Rn. 48.
[2] Dazu siehe auch *Starke* ZNotP Sonderheft 2002, 8 Rn. 16.
[3] So unter anderem bei BeckOK BNotO/*Görk* RLEmBNotK II. Rn. 1; *Starke* ZNotP Sonderheft 2002, 8 Rn. 16. Näher zum Integritätsgebot auch BeckNotar-HdB/*Bremkamp* § 32 Rn. 48 – 58.

pflichtwidrigen, abhängigen oder parteilichen Verhaltens zu vermeiden. Diese Grundsätze konkretisiert Abschnitt II der Richtlinienempfehlungen und nimmt dabei den Kern der notariellen Tätigkeit in den Blick, das Beurkundungsverfahren. Dem Notar wird aufgegeben und es unterliegt seiner Verantwortung als Urkundsperson, das Beurkundungsverfahren so zu gestalten, dass die mit dem Beurkundungserfordernis verfolgten Zwecke erreicht werden und der Anschein der Abhängigkeit oder Parteilichkeit vermieden wird. Die Gefahr der Verwirklichung dieses Anscheinstatbestandes besteht vor allem bei **atypischen Gestaltungen des Beurkundungsverfahrens**.[4] Abschnitt II der Richtlinienempfehlungen knüpft daher an solche besondere Verfahrensweisen an und sieht dafür Regelungen vor, die verhindern sollen, dass der Schutzzweck und die Belehrungsfunktion der notariellen Beurkundung unterlaufen werden.[5]

2   Dabei kommt es zu Überschneidungen mit § 17 Abs. 2a BeurkG,[6] der dem Notar ebenfalls Vorgaben für eine sachgerechte Gestaltung des Beurkundungsverfahrens im Hinblick auf die Sicherstellung der Schutz-, Belehrungs- und (unabhängigen) Betreuungsfunktion gegenüber den Urkundsbeteiligten macht. Der Regelungszweck von Abschnitt II der Richtlinienempfehlungen und § 17 Abs. 2a BeurkG ist vergleichbar,[7] lediglich der Ausgangspunkt ist ein anderer.[8] Nach § 67 Abs. 2 S. 1 BNotO sind die Richtlinien der Notarkammern Satzungen, die die Amtspflichten und sonstigen Pflichten ihrer Mitglieder im Rahmen der gesetzlichen Vorschriften und auf deren Grundlage erlassenen Verordnungen näher bestimmen. Damit wird die **Normenhierarchie** klargestellt: Im Verhältnis untereinander hat das förmliche Gesetz Vorrang, weswegen sich die Richtlinien als Berufsrecht innerhalb des gesetzlich gezogenen Rahmens bewegen müssen.[9] Begrifflich knüpft Abschnitt II der Richtlinien an das Verhalten des Notars an, das bei der Gestaltung des Beurkundungsverfahrens amtspflicht- und standesgemäß sein muss. Da die Notarkammerrichtlinien als Satzung unmittelbar geltendes Recht sind und den Notar binden,[10] ist ein ordnungsgemäßes, regelkonformes Beurkundungsverfahren ohne ein den Vorgaben der Richtlinien entsprechendes berufliches Verhalten nicht denkbar. Sowohl § 17 Abs. 2a BeurkG als auch Richtlinien dienen somit dem gleichen Ziel,[11] die den Notarberuf prägenden Grundpfeiler Unabhängigkeit und Unparteilichkeit sowie die Schutz- und Belehrungsfunktion des Beurkundungsverfahrens sicherzustellen. Insoweit stellt sich Abschnitt II der **Richtlinien als berufsrechtliche Konkretisierung der allgemeinen gesetzgeberischen Anordnungen** dar, der dem Notar Verhaltens- und Handlungsvorgaben für die Umsetzung in der täglichen Praxis macht. Den Rahmen, innerhalb dessen sich die Richtlinien bewegen dürfen, bestimmt das Gesetz. Setzt dieses engere Grenzen, können diese nicht durch weniger strenge Bestimmungen in den Richtlinien unterlaufen werden.[12] Ebenso wenig vermag Berufsrecht neue berufliche Pflichten originär zu schaffen;[13] es geht stets nur um deren nähere Ausgestaltung im gesetzlich vorgegebenen Rahmen (§ 67 Abs. 2 S. 1 BNotO).

3   Mit der Anordnung des Beurkundungserfordernisses für bestimmte Rechtsgeschäfte will der Gesetzgeber sicherstellen, dass für diese Rechtsgeschäfte zum einen die Vorgaben des materiellen Rechts sicher eingehalten werden und zum anderen die Urkundsbeteiligten vor

---

[4] Vgl. *Starke* ZNotP Sonderheft 2002, 8 Rn. 16; BeckOK BNotO/*Görk* RLEmBNotK II. Rn. 3.
[5] Vgl. *Starke* ZNotP Sonderheft 2002, 8 Rn. 16; BeckOK BNotO/*Görk* RLEmBNotK II. Rn. 3.
[6] BeckOK BNotO/*Görk* RLEmBNotK II. Rn. 4.
[7] Vgl. *Starke* ZNotP Sonderheft 2002, 8 Rn. 16.
[8] *Kanzleiter* DNotZ 1999, 292 (302).
[9] So mit Ausführungen zur Entstehungsgeschichte von § 17 Abs. 2a BeurkG *Starke* ZNotP Sonderheft 2002, 8 f. Rn. 16, 17 und *Wöstmann* ZNotP 2002, 246 (247).
[10] BeckNotar-HdB/*Bremkamp* § 32 Rn. 17.
[11] *Wöstmann* ZNotP 2002, 246 (248).
[12] Vgl. *Starke* ZNotP Sonderheft 2002, 8 Rn. 16. Soweit daher die Richtlinien der Westfälischen Notarkammer den Satz „Die besonderen Vorschriften über Verbraucherverträge in § 17 Abs. 2a Satz 2 BeurkG bleiben unberührt" enthalten, hat dies nur klarstellenden Charakter.
[13] BeckNotar-HdB/*Bremkamp* § 32 Rn. 17.

II. Das nach § 14 Abs. 3 BNotO zu beachtende Verhalten

riskanten Vertragsgestaltungen geschützt werden oder, wenn sie derartige Vertragsgestaltungen wünschen, jedenfalls in Kenntnis des hiermit verbundenen Risikos handeln. Dient damit die Anordnung des Beurkundungserfordernisses der **Sicherung des materiellen Rechts** und – darüber hinausgehend – **dem Schutz der Beteiligten** vor materiell-rechtlich zulässigen, gleichwohl riskanten Gestaltungen, so ist es nicht mehr als selbstverständlich, wenn auch die verfahrens- und berufsrechtlichen Direktiven an den Notar dazu bestimmt sind, diese Ziele zu erreichen. Insoweit ergänzen sich Verfahrensrecht, Berufsrecht und materielles Recht; das Verfahrensrecht dient der Verwirklichung des materiellen Rechts.[14] Materiell-rechtlich wird angeordnet, welche Rechtsgeschäfte dem Beurkundungserfordernis unterliegen, und verfahrens- und berufsrechtlich wird sichergestellt, wie das Beurkundungsverfahren zu gestalten ist, um die mit dem Beurkundungserfordernis verfolgten Zwecke zu erreichen.

In einem hiervon zu unterscheidenden Sinn stehen **materielles Recht einerseits und Verfahrens- und Berufsrecht andererseits aber auch in einem Spannungsverhältnis.** Vertragsgestaltungen, deren zivilrechtliche Wirksamkeit außer Zweifel steht, etwa der Vertragsschluss unter Einschaltung von Vertretern oder durch getrennte Erklärung von Angebot und Annahme, werden berufs- und verfahrensrechtlich nur eingeschränkt akzeptiert, weil sie die Gefahr bergen, dass die mit dem Beurkundungserfordernis verfolgten Zwecke, insbesondere die **Belehrungspflichten** des Notars, unterlaufen werden.[15] Der Regelungsansatz von Abschnitt II der Richtlinien liegt insoweit nicht in einer Beschränkung verfahrensrechtlicher Gestaltungsbefugnisse, sondern die Bestimmungen zielen **gegen den Missbrauch materiell-rechtlich zulässiger Gestaltungen,**[16] deren gemeinsamer Nenner darin zu sehen ist, dass die Gefahr besteht, dass der Notar seine Belehrungspflichten nicht allen Beteiligten gegenüber in vollem Umfang erfüllen kann.[17] Selbstverständlich wird die zivilrechtliche Wirksamkeit der geschlossenen Rechtsgeschäfte auch bei einem Verstoß gegen berufsrechtliche Vorgaben nicht angetastet.[18] Anders ausgedrückt: Ordnet das Berufsrecht eine bestimmte Verfahrensweise als unzulässig an, ist und bleibt das Rechtsgeschäft, das unter Anwendung dieses Verfahrens zustande kommt, gleichwohl zivilrechtlich möglich und wirksam. Damit ist aber nicht gesagt, dass der Notar die nach allgemeinem Zivilrecht zulässigen, aber gegen die berufsrechtlichen Vorgaben verstoßenden Gestaltungen in seinem Beurkundungsverfahren auch üben darf. Das Berufsrecht bindet und verpflichtet den Notar unmittelbar.[19] Unzulässige Verfahrensweisen sind dem Notar untersagt. Verstößt er gegen dieses Verbot, führt dies nicht nur zu **berufsrechtlichen Sanktionen,** sondern es können daraus auch **haftungsrechtliche Konsequenzen** erwachsen.[20] Zwar vermag das Berufsrecht materiell-zulässige Geschäfte nicht auszuschließen.[21] Es darf aber der Urkundsperson aufgeben, die Eigenverantwortung für jedes einzelne Verfahren, innerhalb dessen das Rechtsgeschäft überhaupt erst zustande kommen kann, stets nur so auszuüben, dass eine materiell-rechtlich zulässige Gestaltung nicht zur Umgehung der mit dem Beurkundungsverfahren angestrebten Schutzfunktionen zweckentfremdet wird. Dann gilt: Genauso wenig wie ein amtspflichtwidriges Verhalten die materielle Wirksamkeit des geschlossenen Vertrags beeinflussen kann, vermag die Tatsache eben jener Wirksamkeit den Vorwurf eines Verstoßes gegen das notarielle Berufsrecht auszuräumen. Folgerichtig kann sich Verfahrensrecht zumindest mittelbar auch auf materielles Recht auswirken, nämlich dann, wenn im Einzelfall eine zivilrechtlich denkbare Vertragsgestaltung einen Beteiligten verfahrensrechtlich benach-

---

[14] → BeurkG § 17 Rn. 31; *Kanzleiter* DNotZ 1999, 292 (293); *Winkler* MittBayNot 1999, 2 (13).
[15] *Starke* DNotI-Report 1998, 154 (155).
[16] *Kanzleiter* DNotZ 1999, 292 (301).
[17] Vgl. *Starke* DNotI-Report 1998, 154 (155); *Vaasen/Starke* DNotZ 1998, 661 (674).
[18] Differenzierend *Starke* ZNotP Sonderheft 2002, 8 Rn. 16.
[19] BeckNotar-HdB/*Bremkamp* § 32 Rn. 17.
[20] Siehe BGH DNotZ 2013, 552 ff. zur Einhaltung (genauer: Nichteinhaltung) der Zweiwochenfrist des § 17 Abs. 2a S. 2 Nr. 2 BeurkG.
[21] → BeurkG § 17 Rn. 31. Kritisch *Starke* ZNotP Sonderheft 2002, 8 Rn. 16.

teilt und der Notar dieses Schutzdefizit nicht durch anderweitige Maßnahmen ausgleichen kann, und ihm damit die Gestaltung dieses Rechtsgeschäfts berufsrechtlich untersagt ist.[22]

B. Allgemeine Gestaltungspflichten, Nr. 1 S. 1 bis S. 3

5   Der Inhalt der Gestaltungspflichten des Notars bestimmt sich gemäß Abschnitt II Nr. 1 S. 1 der Richtlinienempfehlungen nach den vom Gesetz mit dem Beurkundungserfordernis verfolgten Zwecken. Diese sehen die Richtlinien insbesondere in der **Schutz- und Belehrungsfunktion der Beurkundung** und in der **Meidung des Anscheins der Abhängigkeit oder Parteilichkeit**.

6   Satz 1 verpflichtet („hat zu") den Notar zunächst allgemein zu einer an den **Zwecken des Beurkundungserfordernisses ausgerichteten Verfahrensgestaltung.** Ausdrücklich obliegt es der Verantwortung des Notars, die **Schutz- und Belehrungsfunktion** der Beurkundung zu gewährleisten. Dies ergibt sich zwar schon aus § 17 Abs. 2a S. 1 iVm Abs. 1 BeurkG, dient hier aber der Hervorhebung des zentralen Zwecks des Beurkundungsverfahrens, der Erfüllung der Beratungs- und Belehrungspflichten gegenüber den Beteiligten durch den Notar.[23] Dahinter steht, wie bei § 17 Abs. 1 S. 2 BeurkG, der Gedanke, den **unerfahrenen und ungewandten Urkundsbeteiligten** zu schützen, der nicht durch besondere Gestaltungsformen von dem **Kernstück** jedes Beurkundungsverfahrens, der eigentlichen **Beurkundungsverhandlung,** ferngehalten werden soll.[24] Bei mehreren Vertragsbeteiligten mit unterschiedlichen Erfahrungsgraden ist eine Gestaltung zu wählen, die sicherstellt, dass der erkennbar unerfahrenere und damit belehrungsbedürftigere Urkundsbeteiligte bei dem Beurkundungsvorgang persönlich anwesend ist und belehrt werden kann.[25] Der Notar kommt in diesen Fällen in besonderem Maße seiner Aufgabe nach, den (gelegentlich auch nur vermeintlich[26]) Schwächeren vor Benachteiligungen zu bewahren. Da Satz 1 kein Erfahrungsgefälle bei den Urkundsbeteiligten voraussetzt, ist das Verfahren stets so zu gestalten, dass der Notar seinen Belehrungspflichten gegenüber jedem Beteiligten im individuell erforderlichen Umfang nachkommen kann, was durch idealerweise allseitige Teilnahme an der eigentlichen Beurkundungsverhandlung am besten gewährleistet ist.[27] Die Schutz- und Belehrungsfunktion ist „insbesondere" zu wahren, was bedeutet, dass ggf. auch andere mit dem Beurkundungserfordernis verfolgte Zwecke beachtet werden müssen. Dazu können die **Beweis- und Verhandlungsfunktion** sowie die **Richtigkeitsgewähr** gehören.

7   Das **Beurkundungsverfahren** ist zudem so zu **gestalten,** dass der **Anschein der Abhängigkeit oder Parteilichkeit vermieden** wird.[28] Dass der Notar unabhängiger und

---

[22] So im Ergebnis wohl auch *Starke* ZNotP Sonderheft 2002, 8 Rn. 16.
[23] In diesem Sinne auch BeckOK BNotO/*Görk* RLEmBNotK II Rn. 30.
[24] Vgl. BeckOK BNotO/*Görk* RLEmBNotK II Rn. 30; *Wöstmann* ZNotP 2002, 246 (248).
[25] Ausführlich dazu *Wöstmann* ZNotP 2002, 246 (248) und *Starke* ZNotP Sonderheft 2002, 8 f. Rn. 17.
[26] Nicht immer liegt der „schwächere Vertragsteil" auf der Hand. Veräußert der junge Bauträger die erste Wohnung aus seinem ersten Objekt an einen erfahrenen Baurechtsanwalt, ist im Zweifel der Verkäufer schutz- und belehrungsbedürftiger.
[27] Vgl. *Winkler* MittBayNot 1999, 2 (13).
[28] In ihrem Rundschreiben Nr. 9/2018 gelangt die Bundesnotarkammer im Zusammenhang mit der Beglaubigung einer Verwalterzustimmung zu der Einschätzung, dass „eine Beitreibung der Kosten der Beglaubigung der Verwalterzustimmung beim Erwerber grundsätzlich den Anschein der Abhängigkeit und Parteilichkeit i. S. d. § 14 Abs. 3 S. 2 BNotO begründet und daher als berufsrechtlich unzulässig einzustufen ist." Die Kostenrechnung für die Beglaubigungskosten der Zustimmung ist daher grundsätzlich auf den Verwalter auszustellen (S. 1 und S. 4 des Rundschreibens). Laut einer Entscheidung des OLG Celle vom 29.8.2018 – Not 1/18 können „wiederholte Auswärtsbeurkundungen von Grundstückskaufverträgen in den Räumlichkeiten einer Vertragspartei die Gefahr des Anscheins der Abhängigkeit und Parteilichkeit des Notars begründen." Es handelte sich um 13 Fälle, allerdings sämtlich Verträge dieser einen Vertragspartei mit wechselnden Urkundsbeteiligten und nicht einseitige Erklärungen der allein urkundsbeteiligten Partei, in deren Räumlichkeiten die Urkundstätigkeit vorgenommen wird.

unparteiischer Betreuer der Beteiligten zu sein hat, ergibt sich bereits aus § 14 Abs. 1 S. 2 BNotO, gehört also zu seinen notariellen Grundpflichten in jeder Hinsicht. Abschnitt II der Richtlinienempfehlungen hebt hervor, dass der Notar im Zusammenhang mit der Gestaltung des Beurkundungsverfahrens schon jeden „bösen Schein" der Abhängigkeit oder Parteilichkeit zu vermeiden hat. Diese Gefahr liegt stets nahe, wenn durch die Art und Weise der Gestaltung des Beurkundungsverfahrens der Eindruck erweckt wird, eine Partei könnte benachteiligt werden oder die andere mehr Vorteile erhalten, unabhängig davon, ob dies tatsächlich der Fall ist.[29] Je atypischer daher das Verfahren ist, umso detaillierter sind die Umstände, die dieses rechtfertigen, darzulegen und umso höher ist die Anforderung an den Notar, etwaigen **Belehrungsdefiziten** durch andere Maßnahmen **entgegenzuwirken.**[30]

Satz 2 der Richtlinienempfehlungen unterstellt offenbar, dass der Anschein der Abhängigkeit und der Parteilichkeit insbesondere dann hervorgerufen werden kann (und daher notarseits besondere Vorkehrungen zur Vermeidung dieses Scheins zu treffen sind), wenn bei gleichartigen Rechtsgeschäften häufiger dieselbe Person Urkundsbeteiligter vor dem Notar ist oder diese wirtschaftliche Vorteile aus dem Geschäft zieht. Die **Pflichten des Notars unterscheiden sich aber nicht danach,** ob ein **einzelnes Rechtsgeschäft** für die Beteiligten beurkundet wird oder **ob die Beurkundung einer großen Zahl** gleichartiger Rechtsgeschäfte, an denen jeweils dieselbe Person beteiligt ist oder durch die sie wirtschaftliche Vorteile erwirbt, in Rede steht. Dauerhafte Geschäftsbeziehungen zu einzelnen Beteiligten sind üblich, Ausdruck einer besonderen Zufriedenheit mit der Beurkundungstätigkeit des Notars und daher Teil seiner Berufsausübung. Zwar kann in diesem Fall leichter der bereits erwähnte „böse Schein" entstehen. Die Reaktion auf einen solchen Eindruck kann aber wiederum nur darin liegen, den Vertrag inhaltlich sachgerecht zu entwerfen und das Beurkundungsverfahren in einer Weise zu gestalten, dass die Schutz- und Belehrungsfunktion allseits gewahrt wird. Ist erkennbar, dass sich diejenige Vertragspartei, mit der keine dauernde Geschäftsbeziehung besteht, gerade deshalb benachteiligt fühlt oder der andere Beteiligte, für den der Notar schon häufiger tätig war, diesen Umstand zu seinem Vorteil auszunutzen versucht, muss der Notar besonders ausführlich und sorgfältig seinen Beratungs-, Belehrungs- und Hinweispflichten gegenüber dem unerfahreneren Urkundsbeteiligten nachkommen,[31] ohne freilich dabei in das andere Extrem zu verfallen und dem Dauermandanten gegenüber nicht mehr unparteiisch zu erscheinen.

Satz 3 von Abschnitt II. Nr. 1 der Richtlinienempfehlungen gibt dem Notar auf, dafür Sorge zu tragen, dass den Beteiligten **ausreichend Gelegenheit** eingeräumt wird, sich mit dem **Gegenstand der Beurkundung auseinanderzusetzen.** Dies gilt für alle Beurkundungsgeschäfte, nicht nur für Verbraucherverträge, für die § 17 Abs. 2a S. 2 Nr. 2 BeurkG diese Pflicht verschärft gesetzlich regelt. Gemeint ist damit insbesondere eine ausreichende Zeit[32] vor der eigentlichen Beurkundungsverhandlung, was § 17 Abs. 2a S. 2 Nr. 2 BeurkG bei Verbraucherverträgen durch das Wort „vorab" klarer zum Ausdruck bringt.

Die Richtlinienempfehlungen tragen damit einem weiteren wichtigen Zweck der notariellen Beurkundung Rechnung, dem **Schutz der Beteiligten vor Übereilung.**[33] Regelmäßig lässt sich dieses Ziel am besten durch eine vorherige rechtzeitige **Übersendung von Urkundsentwürfen** verwirklichen,[34] wobei die Richtlinienempfehlungen (anders als § 17 Abs. 2a S. 2 Nr. 2 Hs. 2 BeurkG bei bestimmten Verbraucherverträgen) keine Frist dafür vorsehen.[35] Keinesfalls darf die Zwei-Wochen-Frist des § 17 Abs. 2a BeurkG dahin miss-

---

[29] Vgl. *Starke* ZNotP Sonderheft 2002, 9 Rn. 17; *Wöstmann* ZNotP 2002, 246 (249).
[30] Vgl. *Vaasen/Starke* DNotZ 1998, 661 (675); *Wöstmann* ZNotP 2002, 246 (249).
[31] Vgl. *Wöstmann* ZNotP 2002, 246 (249).
[32] *Wöstmann* ZNotP 2002, 246 (249).
[33] *Starke* ZNotP Sonderheft 2002, 9 Rn. 17; BeckOK BNotO/*Görk* RLEmBNotK II. Rn. 32.
[34] Dies sehen die Richtlinien der Bremer Notarkammer, beschränkt auf Verträge, wörtlich vor: „Verträge sind in der Regel im Entwurf vorab auszuhändigen".
[35] BeckOK BNotO/*Görk* RLEmBNotK II. Rn. 33.

verstanden werden, dass mit deren Ablauf die Parteien stets und automatisch ausreichend Gelegenheit erhalten haben, sich mit dem Text des beabsichtigten Rechtsgeschäfts vertraut zu machen.[36] Wann die Übersendung „rechtzeitig" ist, ist vielmehr immer eine Frage des Einzelfalls.[37] Die Beteiligten sollen den Inhalt des Vertrages in Ruhe zur Kenntnis nehmen, verstehen und sich hinreichend auf den Notartermin vorbereiten können, ggf. unter Hinzuziehung sachkundiger Beratung zB durch Rechtsanwälte. Den Urkundsbeteiligten ist ferner die Möglichkeit einzuräumen, den Gegenstand der Beurkundung vorab mit dem Urkundsnotar persönlich oder zumindest telefonisch zu besprechen,[38] wobei darauf zu achten ist, dass dabei keine einseitige Parteiberatung erfolgt. Ebenso können steuerliche, bauliche oder allgemein wirtschaftliche Aspekte relevant sein. Auch insofern besteht oftmals das Bedürfnis oder Erfordernis, vor Durchführung der Beurkundung fachlichen Rat von dritter Seite einzuholen. Eines vorherigen Entwurfsversands bedarf es dann nicht, wenn offensichtlich kein entsprechendes Schutzbedürfnis gegeben ist. Dem Geschäftsführer eines Immobilienunternehmens vorab die Grundschuldbestellung im Entwurf zu übersenden, wäre daher unnötige Förmelei.

11   Die Beurteilung der **Angemessenheit der Überlegungsfrist** hängt von den Beteiligten und dem Gegenstand der Beurkundung ab. Unerfahrenere Parteien benötigen in der Regel mehr Zeit als geschäftserfahrene, wobei bei umfangreichen, rechtlich komplexen Beurkundungsvorgängen auch diesen vorab ein Entwurf auszuhändigen und eine angemessene Zeit zur Prüfung einzuräumen ist. Wenn beide Beteiligte allerdings aus dem Notar bekannten sachlichen Gründen auf die vorherige **Versendung von Entwürfen verzichten** und der Notar nicht den Eindruck hat, dass durch diesen Verzicht nur einem der Beteiligten der **Übereilungsschutz genommen** werden soll, kann im Einzelfall von der vorherigen Versendung von Urkundsentwürfen abgesehen werden. Dies sind jedoch Einzelfälle, die regelmäßig nicht in Unternehmer-Verbraucher-Konstellationen, sondern allenfalls dann vorliegen, wenn entweder die Vertragsbeteiligten gleichgerichtete Interessen verfolgen oder die aus einer Übereilung resultierende Benachteiligung eines Vertragsbeteiligten aus Sicht des Notars ausgeschlossen ist.

12   Auch die **Terminierungspraxis des Notars** muss sich an dem Gebot messen lassen, ein Unterlaufen des Übereilungsschutzes zu vermeiden. Selbstverständlich ist es dem Notar nicht verboten, auf Wunsch der Beteiligten auch **kurzfristige Termine** zu vergeben, solange dem nicht gesetzliche Vorgaben entgegenstehen (Zwei-Wochen-Frist des § 17 Abs. 2a S. 2 Nr. 2 BeurkG) und der Notar nicht den Eindruck hat, dass dadurch einem oder auch allen Urkundsbeteiligten die notwendige zeitliche Möglichkeit zum Überlegen und Überdenken verwehrt wird. Unzulässig ist es daher, ausschließlich auf das Betreiben eingeschalteter **Makler/gewerblicher Vermittler** zeitnahe Termine oder solche außerhalb der üblichen Geschäftszeiten (Abendstunden, Wochenende) zu vereinbaren, ohne dass derartige Terminvergaben aus in der Person der Urkundsbeteiligten liegenden Gründen sachlich gerechtfertigt oder von diesen selbst gewünscht wären. Durch solche **auffälligen Terminvergaben** kann der Eindruck erweckt werden, der Notar stehe dem Vermittler besonders nahe, so dass der Anschein der Parteilichkeit oder Abhängigkeit entstehen kann.[39] Ebenso kann die standardmäßige **Aufnahme** einer **Maklerklausel** in Immobilienkaufverträge, insbesondere einer solchen, die einen Zahlungsanspruch zugunsten des Vermittlers begründet, ohne dass der Notar zuvor die eigentlichen Urkundsbeteiligten über die Bedeutung der Klausel belehrt und erforscht hat, ob die Beurkundung der Courtageklausel überhaupt deren (und nicht nur des Maklers) Willen entspricht oder aus

---

[36] Gelegentlich versuchen Immobilienvermittler mit der Zwei-Wochen-Frist Zeitdruck aufzubauen, indem suggeriert wird, unverzüglich nach deren Ablauf müsse dann auch beurkundet werden. Erfährt der Notar von solchen Praktiken, hat er in besonderem Maße darauf zu achten, ob im jeweiligen Einzelfall dies tatsächlich eine ausreichende Überlegungsfrist für die Parteien war.
[37] Vgl. BeckOK BNotO/*Görk* RLEmBNotK II. Rn. 33.
[38] So auch *Starke* ZNotP Sonderheft 2002, 9 Rn. 17; *Wöstmann* ZNotP 2002, 246 (249).
[39] OLG München MittBayNot 1994, 373; *Wöstmann* ZNotP 2002, 246 (249).

anderen Gründen erforderlich ist, den „bösen Schein" der Abhängigkeit oder Parteilichkeit erzeugen.[40]

Das gilt auch für die bloße **„deklaratorische" Maklerklausel.**[41] Diese bewirkt jedenfalls eine Verbesserung der Beweissituation des Maklers gegenüber seinem Courtageschuldner,[42] ist damit auch fremdnützig, was sich im Übrigen schon daran zeigt, dass die Initiative für eine solche Klausel so gut wie immer von dem Makler ausgeht. Selbst diese einfache Maklerklausel darf, wenn überhaupt, nur und erst dann in den Urkundsentwurf aufgenommen werden, wenn der Notar zuvor seiner **Belehrungs- und Hinweispflicht** den Beteiligten gegenüber nachkommen konnte und die Aufnahme in Kenntnis dieser Hinweise dem Willen der Beteiligten entspricht.[43] **12a**

C. Katalog unzulässiger Verfahrensweisen, Satz 4

Während in Abschnitt II. Nr. 1 S. 1 bis S. 3 der Richtlinienempfehlungen allgemeine Grundsätze für die Gestaltung des Beurkundungsverfahrens enthalten sind, beschreibt Satz 4 einen Katalog von fünf Verfahrensweisen als in der Regel unzulässig.[44] Die Überleitung durch „Demgemäß" zeigt, dass diese Gestaltungsformen im Lichte der vorstehenden Grundsätze, insbesondere von Satz 1, zu bewerten sind.[45] Vor allem in der Beurkundungsverhandlung muss der Notar das Beurkundungsverfahren so gestalten, dass er den an ihn gestellten Schutz- und Belehrungspflichten gerecht wird. Abschnitt II der Richtlinien zählt bestimmte Gestaltungsvarianten auf, bei denen die Erreichung der Beurkundungszwecke besonders gefährdet erscheint.[46] Richtlinientechnisch handelt es sich bei dieser Aufzählung um **Regelbeispiele, die den Anschein einer Gefährdung des Beurkundungszwecks nahelegen.** Allgemein werden diese Katalogfälle als „atypische" Gestaltungsarten des Beurkundungsverfahrens bezeichnet.[47] Im Umkehrschluss aus den angeführten Fällen ist die „typische" Verfahrensform durch die persönliche Teilnahme aller materiell Beteiligten[48] an der (ausschließlich) eigenen Beurkundungsverhandlung gekennzeichnet, die dadurch unmittelbar und unter Berücksichtigung des jeweiligen individuellen Erfahrungsgrades von dem Notar belehrt werden können. Atypisch sind danach alle Gestaltungsformen, denen schon der Anschein innewohnt, die Schutz- und Belehrungspflichten des Notars könnten einem oder mehreren Urkundsbeteiligten gegenüber verkürzt und damit die wesentlichen mit dem notariellen Beurkundungserfordernis verfolgten Zwecke nicht oder nur eingeschränkt erreicht werden.[49] **13**

I. Regelvermutung

Wenn Abschnitt II Nr. 1 S. 4 der Richtlinienempfehlungen der BNotK und der hiermit übereinstimmenden Richtlinien der Notarkammern bestimmte Verfahrensweisen als **„in der Regel unzulässig"** bezeichnen, ergibt sich hieraus für den Notar, der das Beurkundungsverfahren in einer der nachgenannten Verfahrensweisen gestaltet, die Pflicht darzulegen, durch welchen **sachlichen Grund** die Wahl gerade dieses Verfahrens geboten war **14**

---

[40] BGH DNotZ 2015, 461 (463 f., 468). Detailliert zu den Amtspflichten des Notars bei der Beurkundung von Maklerklauseln anlässlich des vorgenannten Urteils siehe Rundschreiben der Bundesnotarkammer Nr. 5/2015 vom 2.6.2015.
[41] Das sieht auch *Viefhues* ZNotP 2018, 245 (251) so.
[42] Ebenso *Viefhues* ZNotP 2018, 245 (251).
[43] So auch das Fazit von *Viefhues* ZNotP 2018, 245 (251).
[44] *Wöstmann* ZNotP 2002, 246 (249).
[45] Siehe auch die Umsetzung in den Richtlinien der Notarkammern Sachsen, Thüringen und Brandenburg, die ausdrücklich durch „es sei denn" an diese Schutzzwecke anknüpfen.
[46] Vgl. *Starke* DNotI-Report 1998, 154 (155); *Vaasen/Starke* DNotZ 1998, 661 (674).
[47] So beispielsweise bei *Starke* ZNotP Sonderheft 2002, 9 Rn. 18 und *Wöstmann* ZNotP 2002, 246 (249).
[48] *Vaasen/Starke* DNotZ 1998, 661 (674).
[49] In diesem Sinne wohl auch *Vaasen/Starke* DNotZ 1998, 661 (674).

und durch welche **konkreten Maßnahmen** er ein möglicherweise gegebenes **Belehrungsdefizit ausgeglichen** hat.[50] Daher sind diese atypischen Gestaltungsformen dem Notar nicht schlechthin untersagt, vielmehr trifft den Notar eine erhöhte Beweislast zur Eigenrechtfertigung.[51] Jede andere Lesart würde verkennen, dass Verfahrensrecht materielles Recht im Interesse der Beteiligten und unter Beachtung deren Schutzbedürftigkeit verwirklichen soll, nicht aber danach mögliche Formen der Erklärung außer Kraft setzen kann.[52] Hieran knüpft sich die Folgefrage, wann ein solcher **sachlicher Grund,** der ein Abweichen von der Regel rechtfertigt, **vorliegen kann.** Da der wichtigste Zweck der Beurkundungsverhandlung einerseits in ihrer Schutz- und Belehrungsfunktion liegt und der Richtliniengeber andererseits die Gefahr sieht, dass diese Funktion bei bestimmten Gestaltungen des Beurkundungsverfahrens nicht erfüllt werden kann, ist das Regel-Ausnahme-Verhältnis danach zu konkretisieren, ob im Einzelfall eine Gefährdung der Schutz- und Belehrungsfunktion ausgeschlossen erscheint.[53] Demnach kann ein Abweichen vom üblichen Beurkundungsverfahren insbesondere dann gerechtfertigt sein, wenn entweder ein drohendes Schutz- oder Belehrungsdefizit durch konkrete anderweitige Maßnahmen kompensiert wird[54] oder aufgrund bestimmter objektivierbarer Umstände davon ausgegangen werden kann, dass im Einzelfall ein nur geringeres Schutz- und Belehrungsbedürfnis eines Beteiligten besteht. Der in der ersten Fallgruppe angesprochene Ausgleich eines drohenden Schutz- und Belehrungsdefizits muss durch konkrete Maßnahmen nachgewiesen werden. Es ist selbstverständlich, dass dieser Ausgleich nur durch den Notar selbst erfolgen kann und nicht durch eine Belehrung eines der Beteiligten durch andere Urkundsbeteiligte oder dritte Personen.

15 Von einer **strukturell geringeren Schutz- und Belehrungsbedürftigkeit** eines Beteiligten wird man regelmäßig ausgehen können, wenn dieser Beteiligte Verträge der in Rede stehenden Art bereits in großer Zahl abgeschlossen hat und daher eine erneute Belehrung durch den Notar für diesen Beteiligten keinen weitergehenden Schutz bewirken könnte. Der Bauträger etwa, der den Vertragsentwurf im Einzelnen mit dem Notar erörtert hat, oder die Gemeinde, die stets zu im Wesentlichen gleichen Konditionen veräußert, sind regelmäßig insoweit weder belehrungsbedürftig noch -willig. In diesem Fall kann es gerechtfertigt sein, zu Lasten eines strukturell weniger schutz- und belehrungsbedürftigen Beteiligten vom üblichen Beurkundungsverfahren abzuweichen. Neben der erforderlichen Belehrung des anderen Vertragsbeteiligten tritt hier eine andere Funktion der notariellen Beurkundung, nämlich die der Richtigkeitsgewähr für registergerichtete Erklärungen, in den Vordergrund.

16 Satz 4 ist bei den Länder-Notarkammern nicht durchweg einheitlich umgesetzt worden, was aber in der praktischen Anwendung zu kaum unterschiedlichen Ergebnissen führen dürfte.[55] Die Richtlinien der Notarkammern Celle und Oldenburg enthalten statt der Unzulässigkeitsvermutung die Verpflichtung, „auf die Einhaltung dieser Grundsätze besonders zu achten". Dieser anderslautende Ansatz ist nur scheinbar schwächer.[56] Auch hier wird der Notar, wählt er eine der aufgezählten Gestaltungsformen, darzulegen haben, warum er im Einzelfall davon Gebrauch gemacht und welche Vorkehrungen er getroffen hat, um etwaig daraus resultierenden Nachteilen für einzelne Urkundsbeteiligte entgegenzuwirken. Nur wer seiner Entscheidung für eine bestimmte Verfahrensgestaltung solche Überlegungen zugrunde legt, „achtet besonders" darauf, dass den Beteiligten die zentralen

---

[50] Vgl. *Starke* ZNotP Sonderheft 2002, 9 Rn. 18; *Vaasen/Starke* DNotZ 1998, 661 (675); *Wöstmann* ZNotP 2002, 246 (249).
[51] *Wöstmann* ZNotP 2002, 246 (249).
[52] *Brambring* DNotI-Report 1998, 184 (185); ebenso *Winkler* MittBayNot 1999, 2 (13).
[53] In diesem Sinne auch *Winkler* BeurkG § 17 Rn. 29 ff.; *Winkler* MittBayNot 1999, 2 (14), der bei Auslegung von § 17 Abs. 2a BeurkG darauf abstellt, ob „der erkennbar belehrungsbedürftigere Beteiligte von der Beurkundung (...) ausgeschlossen wird".
[54] *Starke* ZNotP Sonderheft 2002, 9 Rn. 18; *Vaasen/Starke* DNotZ 1998, 661 (675).
[55] Vgl. *Starke* ZNotP Sonderheft 2002, 10 Rn. 18; BeckOK BNotO/*Görk* RLEmBNotK II. Rn. 36.
[56] Vgl. *Starke* ZNotP Sonderheft 2002, 10 Rn. 18.

Beurkundungszwecke der S. 1 bis S. 3 nicht vorenthalten werden.[57] In den Richtlinien weniger regionaler Kammern erfolgt eine Ergänzung dergestalt, soweit „der in Satz 1 erwähnte/vorgenannte Schutzzweck nicht gefährdet ist".[58] Dieser Zusatz bedeutet indes keine (weitergehende) Einschränkung. Bereits durch das Regel-Ausnahme-Verhältnis kommt zum Ausdruck, dass die Wahl einer der genannten Verfahrensweisen durchaus gerechtfertigt sein kann, wenn im Einzelfall die Schutz- und Belehrungsfunktion aus in der Person der Beteiligten liegenden Gründen oder durch kompensierende Maßnahmen nicht beeinträchtigt ist.[59] Von daher hätte es eines solchen Zusatzes nicht bedurft.

II. Die „Systematik" als gemeinsames Tatbestandmerkmal verschiedener Regelbeispiele

Die in Satz 4 unter a) bis d) aufgeführten atypischen Gestaltungen des Beurkundungsverfahrens werden nach den Richtlinienempfehlungen der BNotK nur dann als unzulässig bezeichnet, wenn sie „systematisch" durchgeführt werden. Dieser **Begriff der Systematik** ist interpretationsfähig und -bedürftig. Anhaltspunkte für eine Auslegung geben die Berufsrichtlinien der Notarkammer Frankfurt am Main. Diese ziehen den Begriff vor die Klammer und definieren ihn sodann im Anschluss. Gemäß Satz 5 der Frankfurter Richtlinien „bedeutet ‚systematisch' im vorstehenden Sinne planmäßige und missbräuchliche Gestaltung des Beurkundungsverfahrens".[60] Demnach ist systematisch nicht gleichzusetzen mit „mehrfach", „wiederholt" oder „häufig". Die Anknüpfung an eine bestimmte Anzahl gleichgelagerter (atypischer) Beurkundungsfälle wäre willkürlich und stellt damit keinen tauglichen Maßstab zur Beurteilung der berufsrechtlichen Zulässigkeit einer bei einer konkreten Beurkundung gewählten Verfahrensweise dar.

Vielmehr ist die **Schutz- und Belehrungsfunktion** des Beurkundungsverfahrens nicht erst dann zu wahren bzw. der Anschein einer **Gefährdung der notariellen Neutralitätspflicht** nicht erst dann zu vermeiden, wenn mehrere von der Verfahrensweise her gleichartige Fälle vorliegen, sondern schon für jeden **Einzelfall**.[61] „Systematisch" bedeutet daher ein planmäßiges Vorgehen dergestalt, dass der Notar ohne sachlichen Grund eine besondere Gestaltung des Beurkundungsverfahrens wählt, obwohl für ihn ersichtlich dabei zumindest einem Beteiligten, vorzugsweise der belehrungsbedürftigeren Partei, die Schutzzwecke des Beurkundungsverfahrens ganz oder in mancher Hinsicht nicht zuteilwerden, ohne dass dieses Defizit anderweitig kompensiert würde.[62] Der Notar handelt systematisch im Sinne von planmäßig und missbräuchlich, wenn er sich über das Erfordernis eines sachlichen Grundes völlig hinwegsetzt und das Fehlen eines sachlichen Grundes bewusst hinnimmt.[63] Der Vorwurf der Amtspflichtwidrigkeit liegt daher nicht in der Wahl des zivilrechtlich zulässigen Gestaltungsmittels an sich, sondern in der bewussten Sorglosigkeit des Notars darüber, ob für die bei abstrakter Betrachtung eine Vertragspartei benachteiligende atypische Gestaltung des Beurkundungsverfahrens ein sachlicher Grund vorliegt, und zwar betrachtet für jeden einzelnen davon betroffenen Vorgang. Zwar mag eine generelle oder in Fällen gleichgelagerter Vertragsgestaltungen häufiger gewählte atypische Gestaltung ein gewichtiges Indiz für eine systematische Handhabung im vorgenannten Verständnis sein.[64] Daraus folgt, dass der Notar dann in besonderem Maße darzulegen hat,

---

[57] Ausführlicher dazu *Starke* ZNotP Sonderheft 2002, 10 Rn. 18.
[58] Richtlinien der Notarkammern Brandenburg und Sachsen. Ähnlich Notarkammer Thüringen, allerdings ohne „in der Regel" unzulässig, so dass hier der Zusatz wieder Sinn ergibt.
[59] → Rn. 14.
[60] Ebenso Nr. 2 S. 1 der Richtlinien der Notarkammer Kassel.
[61] BeckOK BNotO/*Görk* RLEmBNotK II. Rn. 38; *Wöstmann* ZNotP 2002, 246 (249). So wohl auch das Verständnis von *Lerch* Richtlinienempfehlungen Rn. 26.
[62] Siehe dazu auch BeckOK BNotO/*Görk* RLEmBNotK II. Rn. 39, der „systematisch" eher mit „zielgerichtet" gleichsetzt.
[63] BGH DNotZ 2016, 163 (165); *Viefhues* ZNotP 2018, 245 (246).
[64] In diesem Verständnis auch BeckOK BNotO/*Görk* RLEmBNotK II. Rn. 38 und *Wöstmann* ZNotP 2002, 246 (249). Mit Urteil vom 1.12.2017 – Not 13/17, DNotI-Report 2018, 12 (13), scheint das OLG

durch welche sachlichen Gründe die Wahl der Verfahren gerechtfertigt war und warum entweder keine Belehrungsdefizite bestanden haben oder durch welche Maßnahmen diese ausgeglichen wurden. Wird aber schon aus anderen Umständen die Systematik des Vorgehens deutlich,[65] trifft die Rechtsfolge der (berufsrechtlichen) Unzulässigkeit schon den ersten Fall einer geplanten Serie atypischer Beurkundungsverfahren, und zwar selbst dann, wenn es – wider Erwarten – zu keinen weiteren der erhofften Beurkundungen mit gleicher (atypischer) Gestaltungsform kommt. Einer zusätzlichen Missbrauchskomponente, wie in den Berufsrichtlinien der Notarkammern Frankfurt und Kassel vorgesehen, bedarf es nicht, da eine planmäßige atypische Verfahrensgestaltung mit einer daraus resultierenden Gefahr, dass ein erkennbar belehrungsbedürftiger Beteiligter zu seinem Nachteil von den Beurkundungszwecken ganz oder teilweise ferngehalten wird, aus sich heraus missbräuchlich ist.[66]

III. Die Regelbeispiele im Einzelnen

19 Die Richtlinienempfehlungen der BNotK – und übereinstimmend die Richtlinien der meisten Notarkammern – normieren **sechs Regelbeispiele für in der Regel unzulässige atypische Beurkundungsverfahren,** deren vier erste ihre Atypizität daraus beziehen, dass bei mehrseitigen Rechtsgeschäften nicht alle materiell Beteiligten an der Beurkundungsverhandlung teilnehmen (Abschnitt II Nr. 1 lit. a bis lit. d), während das Regelbeispiel der Sammelbeurkundung (Abschnitt II Nr. 1 lit. e) sich dadurch auszeichnet, dass in einer Beurkundungsverhandlung eine Mehrzahl von Rechtsgeschäften verschiedener Beteiligter beurkundet wird. Die Auslagerung geschäftswesentlicher Vereinbarungen in Bezugsurkunden schließlich (Abschnitt II Nr. 2) unterscheidet sich vom typischen Beurkundungsverfahren insoweit, als nicht der gesamte Inhalt der Vereinbarungen zwischen den Beteiligten Gegenstand ihrer eigenen Beurkundungsverhandlung ist, sondern auf bereits vorangegangene Beurkundungen Bezug genommen wird.

20 **1. Systematische Beurkundung mit vollmachtlosen Vertretern.** Erster Fall einer atypischen Verfahrensgestaltung ist die systematische Beurkundung mit **vollmachtlosen Vertretern.** Zivilrechtlich in der Regel ohne weiteres zulässig, bedeutet dieses Gestaltungsmittel verfahrensrechtlich, dass (mindestens) ein materiell Beteiligter von der Beurkundungsverhandlung ausgeschlossen ist und damit nicht von dem Notar über die rechtliche Tragweite des abzuschließenden Rechtsgeschäfts im Beurkundungstermin belehrt werden kann. Hier kann die Beurkundung ihre für die Beteiligten **wichtigste Funktion, nämlich die des Schutzes und der Belehrung, nicht erfüllen.** Wenn etwa beim Bauträgervertrag der im Vergleich zum in Beurkundungssachen erfahrenen Bauträger regelmäßig schutzbedürftigere Käufer in der Beurkundungsverhandlung nicht anwesend ist und durch einen vollmachtlosen Vertreter vertreten wird, kann der Notar den Käufer trotz entsprechender Belehrungsbedürftigkeit nicht über den Inhalt des Vertrages aufklären. Dieses Belehrungsdefizit kann auch nicht durch die nachträgliche Genehmigungserklärung ausgeglichen werden, da, sofern überhaupt ein Notar eingeschaltet ist, die Unterschrift darunter allenfalls beglaubigt wird.[67] Der beglaubigende Notar ist aber zu einer Belehrung nach § 17 Abs. 1 BeurkG nicht verpflichtet.[68]

Celle zwar ein planmäßiges Vorgehen von einer Mindestzahl – im konkreten Fall drei Beurkundungen, die nicht ausreichen sollten – abhängig zu machen. Allerdings ist diese Zahl auch nur im Sinne einer Indizwirkung zu verstehen, die eine Untersuchung der konkreten Umstände für jede einzelne Beurkundung, insbesondere unter welchen Vorzeichen eine atypische Gestaltung gewählt wurde, nicht entbehrlich macht. Eine Richtgröße im Sinne einer Untergrenze, bis zu welcher Urkundszahl gleicher atypisch gestalteter Verträge ein systematisches Vorgehen nicht gegeben ist, darf daraus also nicht hergeleitet werden.

[65] *Blaeschke* Rn. 1179.
[66] Ähnlich *Starke* ZNotP Sonderheft 2002, 10 Rn. 19.
[67] BeckOK BNotO/*Görk* RLEmBNotK II. Rn. 40.
[68] BeckOK BNotO/*Görk* RLEmBNotK II. Rn. 40. Ebenso *Wöstmann* ZNotP 2002, 246 (250).

II. Das nach § 14 Abs. 3 BNotO zu beachtende Verhalten

Eine vollmachtlose Vertretung bei der Beurkundung ist nur **zulässig,** wenn ein **sachli-** 21 **cher Grund** hierfür gegeben ist, die **Initiative** für diese Gestaltungsform ausdrücklich von dem Vertretenen, der damit nicht in den Genuss der Beurkundungsverhandlung kommt, ausgeht[69] und die **notariellen Beurkundungszwecke** nicht dessen persönliche Teilnahme an der Beurkundung gebieten.[70] Zusätzlich muss auch der andere Vertragsteil in Kenntnis der Risiken (zunächst schwebende Unwirksamkeit, ggf. Kostentragung bei endgültiger Verweigerung der Genehmigung) mit dieser Verfahrensweise einverstanden sein. Sachliche Gründe können Krankheit, berufs-/urlaubsbedingte Ortsabwesenheit oder Alter sein,[71] nicht jedoch, dass das Fernbleiben von der Beurkundung mit nachträglicher Genehmigung bequemer ist.[72] Liegt ein sachlicher Grund vor, ist zu beachten, dass bei unterschiedlich erfahrenen Vertragsparteien nicht der belehrungsbedürftigere Beteiligte von der Beurkundungsverhandlung abgeschnitten wird. Der Notar muss daher seine Beurkundungstätigkeit versagen, wenn der Bauträger die materiell-rechtlich zulässige Möglichkeit einer Vertretung rechtsmissbräuchlich dazu einsetzen will, den schutzbedürftigen Erwerber von der Beratung und Belehrung durch den Notar fernzuhalten.[73]

Unter dem Gesichtspunkt der Schutz- und Belehrungsbedürftigkeit bestehen demgegen- 22 über keine Bedenken, wenn sich ein **erfahrener Urkundsbeteiligter** (bspw. Bauträger, Gemeinde, Bank etc), der einen Vertrag dieser Art bereits vielfach beurkundet hat und über dessen Inhalt bereits zu anderer Gelegenheit belehrt wurde, vollmachtlos vertreten lässt.[74] Zu berücksichtigen ist aber, dass dann möglicherweise die **Verhandlungsfunktion** der Beurkundung nicht mehr gewährleistet ist.[75] Dies gilt jedenfalls in Fällen, in denen der vollmachtlose Vertreter nicht in gleicher Weise verhandlungskompetent ist wie der Vertretene und letzterer auch nicht für telefonische Rücksprachen zur Verfügung steht. Dann kann die bei der Beurkundung anwesende Partei nur darauf hoffen, dass im Zuge der Verhandlung vorgenommene Vertragsänderungen von dem anderen Teil akzeptiert werden, was nicht selten dazu führt, dass solche Änderungswünsche erst gar nicht geäußert werden, nur um den Vertragsschluss nicht zu gefährden;[76] die Belehrungs- und Beratungsfunktion des Notars wird dadurch teilweise entwertet.

Kommt eine Beurkundung mit vollmachtlosem Vertreter ausnahmsweise in Betracht, 23 muss der Notar **bestimmte Maßnahmen** ergreifen, um dem **drohenden Belehrungs- und Verhandlungsdefizit entgegenzuwirken.** Anzuraten ist eine zeitlich großzügiger als sonst bemessene vorherige Übersendung eines Urkundsentwurfs, verbunden mit der Aufforderung, etwaige Änderungswünsche vor Beurkundung dem Notar (und sinnvollerweise auch der anderen Vertragspartei) mitzuteilen,[77] sowie mit dem Angebot des Notars an den vollmachtlos Vertretenen, diesem den Vertragsentwurf vorab jedenfalls telefonisch zu erläutern.[78] Werden Änderungen gewünscht, empfiehlt sich eine erneute Versendung des überarbeiteten Vertragsentwurfs an alle Urkundsbeteiligten, verbunden mit der Bitte um Mitteilung etwaiger weiterer Ergänzungen. Soweit möglich, sollte eine Person auftreten, die aus der Sphäre des Vertretenen stammt und dessen persönliches Vertrauen genießt.[79]

Wenn der Notar im Einzelfall zu der Überzeugung gelangt, eine vollmachtlose Ver- 24 tretung auch des belehrungsbedürftigen Vertragsbeteiligten sei aus sachlichen Gründen

---

[69] Vgl. *Brambring* DNotI-Report 1998, 184 (186).
[70] Vgl. *Starke* ZNotP Sonderheft 2002, 10 Rn. 20.
[71] Siehe die Beispiele bei *Brambring* DNotI-Report 1998, 184 (186) und *Winkler* MittBayNot 1999, 2 (15).
[72] Ähnlich *Winkler* MittBayNot 1999, 2 (15), der bloße zeitliche Gründe für eine Ausnahme in Zweifel zieht.
[73] Im Ergebnis ebenso *Brambring* DNotI-Report 1998, 184 (186).
[74] *Brambring* DNotI-Report 1998, 184 (185 f.); *Winkler* BeurkG § 17 Rn. 39; *Winkler* MittBayNot 1999, 2 (15); vgl. auch *Lerch* Richtlinienempfehlungen Rn. 29.
[75] Vgl. *Starke* ZNotP Sonderheft 2002, 10 Rn. 20; BeckOK BNotO/*Görk* RLEmBNotK II. Rn. 42.
[76] In diesem Sinne auch BeckOK BNotO/*Görk* RLEmBNotK II. Rn. 42.
[77] So unter anderem die Empfehlung bei *Starke* ZNotP Sonderheft 2002, 10 f. Rn. 20; *Winkler* BeurkG § 17 Rn. 36 und *Wöstmann* ZNotP 2002, 246 (250).
[78] *Brambring* DNotI-Report 1998, 184 (186); *Wöstmann* ZNotP 2002, 246 (250).
[79] *Starke* ZNotP Sonderheft 2002, 10 Rn. 20; *Wöstmann* ZNotP 2002, 246 (250).

gerechtfertigt, sollten die Umstände, die den Notar zu seiner Meinungsbildung veranlasst haben, und die **Maßnahmen,** mit denen der Notar versucht hat, das Belehrungsdefizit auszugleichen, **dokumentiert werden.** In Anbetracht der auf sieben Jahre begrenzten Aufbewahrungsfrist der Nebenakten (§ 5 DONot), empfiehlt sich ein knapper dokumentierender Vermerk in der Niederschrift selbst.[80] Zusätzlich können sich diese Umstände auch aus den Nebenakten des Notars ergeben, zB bei einer schriftlichen Bestätigung des Vertretenen, dass er die Möglichkeit einer Beratung durch den Notar hatte und mit dem Inhalt des Vertragsentwurfs einverstanden ist.

25 **2. Systematische Beurkundung mit bevollmächtigten Vertretern.** Als zweites Beispiel einer atypischen Verfahrensgestaltung führen die Richtlinienempfehlungen in Abschnitt II S. 4 Nr. 1 lit. b die systematische Beurkundung mit **bevollmächtigten Vertretern** auf, soweit nicht durch vorausgehende Beurkundung mit dem Vollmachtgeber sichergestellt ist, dass dieser über den Inhalt des abzuschließenden Rechtsgeschäfts ausreichend belehrt werden konnte. Hier stellt sich in gleicher Weise die Problematik, dass einem materiell Beteiligten, möglicherweise sogar dem unerfahrenen und ungewandten Vertragsteil, die **Belehrung und Beratung** durch den **den Vertrag beurkundenden Notar vorenthalten** und nur der **erschienene Vertreter belehrt** wird.[81] Der Grund für die berufsrechtliche Skepsis mit bevollmächtigten Vertretern liegt darin, dass **Zweifel bestehen, ob der Vollmachtgeber bei Erteilung der Vollmacht stets in vollem Umfang über die Risiken der Vollmachtserteilung** und über den Inhalt der Rechtsgeschäfte, die aufgrund der Vollmacht abgeschlossen wurden, **belehrt werden kann.** Bei der Beurkundung mit bevollmächtigten Vertretern gelten sinngemäß die gleichen Überlegungen wie bei lit. a.[82] Gelangt der Notar, der die Vertragsbeurkundung mit dem bevollmächtigten Vertreter vornimmt, zu der Überzeugung, dass die Vollmacht zielgerichtet dazu missbraucht werden soll, die Beurkundungszwecke, insbesondere die Schutz- und Belehrungsfunktion, zu Lasten des Vertretenen zu unterlaufen, muss er die Beurkundung ablehnen. Diese Gefahr liegt stets nahe, wenn die Vertretung auf Veranlassung des Vertragsgegners erfolgt oder gar dieser selbst der bevollmächtigte Vertreter ist.[83] Ebenso ist die **Verhandlungsfunktion** gefährdet.[84] Zwar ist der mit Vollmacht versehene Abschlussvertreter befugt, im Namen des Vertretenen Erklärungen abzugeben.[85] Gleichwohl wird aber auch ein bevollmächtigter Vertreter im Innenverhältnis zu seinem Vollmachtgeber meist nicht uneingeschränkt zu inhaltlichen Umgestaltungen des vorab verhandelten Vertragsentwurfs berechtigt sein, so dass der andere Vertragsteil entweder gewisse Verhandlungsgrenzen im Beurkundungstermin hinnehmen oder aber, sollte der Vertretene zur Abklärung gravierender Änderungen nicht erreichbar sein, von der Beurkundung zunächst Abstand nehmen muss.

26 Ist durch **vorausgehende Beurkundung der Vollmacht** sichergestellt, dass der Vollmachtgeber über den Inhalt des abzuschließenden Rechtsgeschäfts **ausreichend belehrt werden konnte,** soll auch ein systematischer Einsatz von Vollmachten zulässig sein. Der Richtliniengeber greift damit einen denkbaren Fall der Kompensation eines Belehrungsdefizits heraus, dessen Vorliegen zu einer Rechtfertigung der atypischen Verfahrensweise führt. Da die Richtlinienempfehlungen die Möglichkeit einer Belehrung des Vertretenen sicherstellen wollen, **genügt** eine **Vollmacht mit beglaubigter Unterschrift** in Bezug

---

[80] So einschl. Formulierungsvorschlag bei *Brambring* DNotI-Report 1998, 184 (186); *Winkler* BeurkG § 17 Rn. 37; *Winkler* MittBayNot 1999, 2 (15); *Wöstmann* ZNotP 2002, 246 (250). AA *Hermanns* in der 3. Auflage, Rn. 19 und darauf Bezug nehmend BeckOK BNotO/*Görk* RLEmBNotK II. Rn. 43, wonach eine Dokumentation in den Akten ausreichend sein soll.
[81] *Wöstmann* ZNotP 2002, 246 (250 f.).
[82] Vgl. *Starke* ZNotP Sonderheft 2002, 11 Rn. 21.
[83] Vgl. *Winkler* MittBayNot 1999, 2 (15 f.); *Wöstmann* ZNotP 2002, 246 (251).
[84] Anders *Starke* ZNotP Sonderheft 2002, 11 Rn. 21 und *Wöstmann* ZNotP 2002, 246 (250), die bei bevollmächtigten Vertretern die Verhandlungsfunktion der Beurkundung als weniger gefährdet ansehen.
[85] *Wöstmann* ZNotP 2002, 246 (250).

auf die Wahrung der Beurkundungszwecke **nicht**.[86] Die Ausnahme macht nur Sinn, soweit es einer Belehrung des Vertretenen über den Inhalt des Rechtsgeschäfts überhaupt (noch) bedarf. Die Richtlinien der Hamburgischen Notarkammer sprechen daher von der Möglichkeit einer vorherigen Belehrung nur „soweit erforderlich". Demjenigen gegenüber, der sich über die Tragweite seiner Erklärungen und der mit dem Rechtsgeschäft verbundenen Risiken bereits aufgrund anderweitiger Umstände vollumfänglich bewusst ist, ist der mit der Beurkundung verfolgte Zweck auch bei einer atypischen Gestaltungsform nicht gefährdet.[87] Nach den Richtlinien der Notarkammer Bremen soll es daher auch genügen, wenn „der Vollmachtgeber die Vollmacht im Rahmen seiner **gewerblichen Tätigkeit** erteilt hat." Das ist in dieser generellen Form zu weitgehend und kann sinnentsprechend nur so verstanden werden, dass entweder die gewerbliche Tätigkeit einen Bezug zu dem Inhalt des aufgrund der Vollmacht abzuschließenden Rechtsgeschäfts aufweist (so etwa bei einem Bauträger oder gewerblichen Immobilienhändler,[88] der Vollmacht zum Abschluss eines Grundstückskaufvertrages erteilt) oder aber aufgrund anderer Umstände (bspw. Größe, Struktur, Rechtsform des Betriebs) davon auszugehen ist, dass der Gewerbetreibende seine Interessen trotz Vertretung im Beurkundungstermin hinreichend gewahrt hat.[89]

Nimmt man die Formulierung des Regelbeispiels beim Wort, so greift das Regelbeispiel **27** bei einer beurkundeten Vollmacht niemals ein, denn hier ist durch vorausgehende Beurkundung mit dem Vollmachtgeber sichergestellt, dass dieser über den Inhalt des Rechtsgeschäfts belehrt *werden konnte.* Ob die **Belehrung** bei Beurkundung der Vollmacht **tatsächlich erfolgt** ist, ist nach dem Wortlaut des Regelbeispiels unerheblich. Eine derartige wortlautgetreue Auslegung, wonach das Regelbeispiel bei Vorlage einer beurkundeten Vollmacht nie eingreift, wäre sinnentleert. Andererseits kann der Notar, der mit einem bevollmächtigten Vertreter beurkunden möchte, nicht überprüfen, ob durch den die Vollmacht beurkundenden Notar tatsächlich ausreichend belehrt *worden ist.*[90] Adressat des Richtlinienbeispiels ist nämlich erstaunlicherweise nicht der Notar, der die Vollmacht beurkundet, sondern der Notar, vor dem aufgrund der Vollmacht ein Rechtsgeschäft beurkundet werden soll. Im Ergebnis wird es – letztlich wie bei allen Regelbeispielen – auf die Einschätzung des (das Rechtsgeschäft mit dem bevollmächtigten Vertreter) beurkundenden Notars in jedem Einzelfall ankommen. Beurteilungsmaßstab ist stets das Gebot, eine Gestaltung zu vermeiden, bei der ein belehrungsbedürftiger Urkundsbeteiligter zielgerichtet von der Beurkundung ferngehalten und ihm damit die Möglichkeit genommen wird, nach Aufklärung und Belehrung durch den Notar seine Interessen gegenüber dem anderen Vertragsteil im Rahmen der Verhandlung bestmöglich wahrzunehmen. Ist die vorgelegte (beurkundete!) **Vollmacht** in Bezug auf den Inhalt des abzuschließenden Rechtsgeschäfts, auf das sie sich bezieht, **hinreichend bestimmt,** darf sich der Notar auf eine ausreichende vorherige Belehrung verlassen.[91] Dies gilt insbesondere, wenn zusätzlich Tatsache und Gegenstand der Belehrungen in der Vollmachtsurkunde selbst dokumentiert sind. Eine Pflicht des Notars, darauf hinzuwirken, dass jeder materiell Betroffene persönlich bei der Beurkundungsverhandlung zugegen ist und im Zuge der Verhandlung belehrt werden kann, entfällt, wenn der Bevollmächtigte eine **Vertrauensperson** (bspw. Familienangehöriger, Rechtsanwalt, enger Freund) des Vertretenen ist.[92] Bei solchen dem Vollmachtgeber besonders verbundenen Personen ist es fernliegend, dass die Bevollmächtigung dazu missbraucht werden soll, dem Vertretenen systematisch die Schutzzwecke des Beurkundungsverfahrens vorzuenthalten.

---

[86] So im Ergebnis auch BeckOK BNotO/*Görk* RLEmBNotK II. Rn. 44.
[87] Vgl. *Wöstmann* ZNotP 2002, 246 (252).
[88] Beispiele bei *Brambring* DNotI-Report 1998, 184 (185).
[89] Siehe dazu auch *Starke* ZNotP Sonderheft 2002, 11 Rn. 21, jedoch grundsätzlich so für Gewerbetreibende bejahend.
[90] Diese Problematik sehen auch *Starke* ZNotP Sonderheft 2002, 11 Rn. 21 und *Wöstmann* ZNotP 2002, 246 (251).
[91] Vgl. *Starke* ZNotP Sonderheft 2002, 11 Rn. 21; *Wöstmann* ZNotP 2002, 246 (251).
[92] *Brambring* DNotI-Report 1998, 184 (186).

28   3. Systematische Beurkundung mit Mitarbeitern des Notars als Vertreter. Das Verbot der systematischen Beurkundung mit **Mitarbeitern des Notars** als Vertreter ist ebenfalls von dem Gedanken motiviert, dass ein belehrungsbedürftiger Vertragsbeteiligter unmittelbar – und nicht nur bei Beurkundung der Vollmacht – in den Genuss der notariellen Belehrung kommen soll. Daher stellt das Regelbeispiel c) **systematisch nur einen besonders geregelten Unterfall des vorstehend unter b) behandelten Regelbeispiels** dar. Allerdings ergeben sich hier noch zusätzliche Bedenken im Hinblick auf die Unabhängigkeit und Unparteilichkeit des Notars.[93] Wer bei Beurkundung für einen Urkundsbeteiligten als Vertreter auftritt, ist jedenfalls formal betrachtet dessen Interessenvertreter; das **Verbot** der **einseitigen Interessenwahrnehmung** betrifft aber den **Mitarbeiter** in gleichem Maße wie den Notar selbst.[94] Weiterhin bestehen Bedenken an der **Unparteilichkeit** des Notars, wenn dessen Mitarbeiter für immer wieder gleiche Mandanten regelmäßig in Vertretung handeln.[95] Hinzu kommt, dass ungeachtet einer internen Freistellung durch den Notar oder einer möglichen Deckung durch die Versicherung eine persönliche Haftung der Mitarbeiter aus der Vertretung zumindest nicht ausgeschlossen werden kann, so dass auch die **arbeitsrechtliche Fürsorgepflicht** einen äußerst sorgsamen Umgang mit dieser Gestaltungsform gebietet.[96]

29   Laut den Richtlinienempfehlungen zulässig ist eine Beurkundung mit bevollmächtigten Mitarbeitern bei **Vollzugsgeschäften.** Dabei handelt es sich um Geschäfte, denen ein bereits (idealerweise unter persönlicher Mitwirkung aller materiell Beteiligten) beurkundetes Rechtsgeschäft zugrunde liegt, zu dessen Abwicklung es nunmehr unter verfahrensrechtlichen Gesichtspunkten noch der Abgabe bestimmter berichtigender oder formeller Erklärungen bedarf.[97] Bei solchen Vollzugsgeschäften ist die Belehrungsbedürftigkeit der Vertragsbeteiligten nur gering, da auf den materiellen Inhalt ihrer Verpflichtungen kein Einfluss (mehr) genommen werden kann. Daher sind derartige Vollzugsgeschäfte richtigerweise von der Regelvermutung ausgenommen und eine Beurkundung mit Mitarbeitern des Notars darf insoweit erfolgen.[98] Uneinigkeit besteht indes darüber, **welche Rechtsgeschäfte als Vollzugsgeschäfte** im vorstehenden Sinne **einzuordnen** sind. Zweifelsfrei dürfte dies für grundbuchrechtliche Klarstellungs-, Bewilligungs- oder Zustimmungserklärungen sowie ähnliche zur Durchführung des Hauptvertrages notwendige verfahrensrechtliche Folgeerklärungen gelten.[99] Auch die Auflassung eines Grundstücks dient dem Vollzug des Grundstückskaufvertrags und ist demzufolge ein Vollzugsgeschäft.[100] In bestimmten Fällen, so bspw. bei Identitätserklärungen,[101] kann es sinnvoll sein, zur Fehlervermeidung und Absicherung des Notars den Urkundsbeteiligten vorab den Entwurf der Vollzugsurkunde zur Kenntnis- und ggf. Stellungnahme zukommen zu lassen.

30   Uneinheitlich behandelt wird, ob die **Bestellung von Finanzierungsgrundpfandrechten** ein **Vollzugsgeschäft** im vorstehenden Verständnis ist.[102] Einige regionale Notar-

---

[93] Vgl. *Winkler* MittBayNot 1999, 2 (16); *Wöstmann* ZNotP 2002, 246 (252).
[94] *Starke* ZNotP Sonderheft 2002, 12 Rn. 22; *Wöstmann* ZNotP 2002, 246 (252).
[95] So der völlig zutreffende Hinweis von *Vießhues* ZNotP 2018, 245 (249).
[96] Kritisch wegen der arbeitsrechtlichen Fürsorgepflicht ebenfalls *Winkler* MittBayNot 1999, 2 (16) und *Wöstmann* ZNotP 2002, 246 (252).
[97] Ähnlich BeckOK BNotO/*Görk* RLEmBNotK II. Rn. 47.
[98] Vgl. *Brambring* DNotI-Report 1998, 184 (187); *Winkler* BeurkG § 17 Rn. 54; *Winkler* MittBayNot 1999, 2 (16).
[99] Vgl. die Beispiele bei *Starke* ZNotP Sonderheft 2002, 12 Rn. 22; *Winkler* MittBayNot 1999, 2 (16) und *Wöstmann* ZNotP 2002, 246 (252).
[100] So zutreffend die Richtlinien der Notarkammern Braunschweig, Frankfurt und Schleswig-Holstein. Die Richtlinien der Notarkammern Kassel und Oldenburg führen die Erklärung der Auflassung als Ausnahme neben Vollzugsgeschäften an. Anders und damit gegen die Auflassung als Vollzugsgeschäft *Wöstmann* ZNotP 2002, 246 (253) mwN; *Lerch* Richtlinienempfehlungen Rn. 39.
[101] Identitätserklärungen unterfallen unstreitig den Vollzugsgeschäften, *Wöstmann* ZNotP 2002, 246 (252); so auch in den Beispielen bei *Starke* ZNotP Sonderheft 2002, 12 Rn. 22 und *Winkler* MittBayNot 1999, 2 (16).
[102] Mit Blick auf § 17 Abs. 2a S. 2 BeurkG verneinend BeckOK BNotO/*Görk* RLEmBNotK II. Rn. 47.

II. Das nach § 14 Abs. 3 BNotO zu beachtende Verhalten

kammern enthalten dazu ausdrückliche Regelungen, allerdings mit unterschiedlicher Auffassung.[103] Nach den Berufsrichtlinien der Notarkammer Hamburg dienen Finanzierungsgrundschulden dem Vollzug des Grundstücksgeschäfts und können, wie bei den Frankfurter Richtlinien, die diesen Fall zusätzlich zu den Vollzugsgeschäften ebenfalls ausdrücklich erwähnen, zulässigerweise dann mit Notarmitarbeitern beurkundet werden, wenn die Beteiligten anlässlich der Vollmachtserteilung entsprechend belehrt worden sind. Dagegen ist nach Ansicht mehrerer anderer Notarkammern die Bestellung von Finanzierungsgrundpfandrechten ausdrücklich kein Vollzugsgeschäft,[104] was unter Zugrundelegung des Vollzugsbegriffs und berufsrechtlich vorzugswürdig ist.[105] Durch die Bestellung des Finanzierungsgrundpfandrechts und die Beurkundung der hiermit im Zusammenhang stehenden Erklärungen werden vom Grundstückskaufvertrag völlig unabhängige, rechtlich selbständige Ansprüche der Finanzierungsbank des Käufers begründet, deren Bestand und Inhalt für den Vollzug des Grundstücksgeschäfts ohne jeden Belang ist.[106] Der Grundstückskaufvertrag kann auch ohne die Bestellung einer/der Finanzierungsgrundschuld im Grundbuch vollzogen werden,[107] was sich ebenfalls daran zeigt, dass mitunter der Käufer angibt, den Kaufpreis anderweitig aufbringen zu können und daher gar keine Finanzierungsgrundschuld zu benötigen, ohne dass dieser Umstand irgendeinen Einfluss auf den Vollzug des Kaufvertrages hätte. Auch berufspolitisch ist dieser den Hamburgischen und Frankfurter Richtlinien zugrunde liegende Standpunkt äußerst fragwürdig, da der Zweck des Beurkundungserfordernisses bei einer Beurkundung mit Mitarbeitern des Notars nicht auch nur ansatzweise erreicht werden kann. Dem stehen die möglicherweise erheblichen Folgen für den Erwerber aus der Bestellung einer Finanzierungsgrundschuld (Umfang der Zweckerklärung; abstraktes Schuldversprechen; Vermögenseinschränkung durch Belastung des zukünftigen Eigentums; dingliche und persönliche Zwangsvollstreckungsunterwerfung) gegenüber. Würde man die Bestellung der Finanzierungsgrundschuld zu einem bloßen Vollzugsgeschäft abqualifizieren, entfiele bezüglich sämtlicher dieser Punkte jegliche unmittelbare Belehrung durch den Notar trotz entsprechenden Schutzbedürfnisses der Betroffenen. Dieses Defizit kann auch nur eingeschränkt durch eine Belehrung schon bei Erteilung der Finanzierungsvollmacht kompensiert werden, jedenfalls dann, wenn bei Beurkundung des Grundgeschäfts der Grundpfandrechtsgläubiger und damit der konkrete Inhalt der Grundschuld noch unbekannt sind.[108]

Das Regelbeispiel enthält ferner den klarstellenden Hinweis, dass auch eine Beurkundung **31** mit Personen, mit denen sich der Notar zur gemeinsamen Berufsausübung verbunden hat oder mit denen er gemeinsame Geschäftsräume unterhält, im gleichen Umfang wie Beurkundungen mit Mitarbeitern des Notars als Vertreter unzulässig ist. Allerdings läge dann schon ein **Verstoß gegen § 3 Abs. 1 Nr. 4 BeurkG** vor.[109]

---

[103] Siehe dazu und allgemein zu den unterschiedlichen Formulierungen in den Richtlinien einzelner Regionalkammern im Zusammenhang mit der Einschaltung von Vertretern die ausführliche Übersicht bei *Blaeschke,* Die Notarprüfung, DAI-Skript 2015, S. 61 ff. und *Blaeschke* Rn. 856.

[104] So die Richtlinien der Notarkammer Mecklenburg-Vorpommern, der Rheinischen Notarkammer, der Saarländischen Notarkammer sowie der Westfälischen Notarkammer. Die Richtlinien der Notarkammer Pfalz sehen schon „die Beurkundung von Vollmachten auf Mitarbeiter des Notars zur Bestellung von Grundpfandrechten" ohne Regelvermutung (!) als unzulässig an (siehe dort unter 2. b)).

[105] BGH DNotZ 2016, 72 (74 f.) mwN. Auch nach der überwiegenden Literaturmeinung ist die Bestellung von Grundpfandrechten kein Vollzugsgeschäft des Kaufvertrages, so Armbrüster/Preuß/Renner/*Armbrüster* BeurkG § 17 Rn. 182; → BeurkG § 17 Rn. 35; *Winkler* BeurkG § 17 Rn. 49 ff., jeweils mwN. Ebenso *Wöstmann* ZNotP 2002, 246 (253) mit ausführlicher Darstellung des Meinungsstandes im Zusammenhang mit § 17 Abs. 2a BeurkG. Unmissverständlich ebenso *Viefhues* ZNotP 2018, 245 (250): „Die Bestellung einer Finanzierungsgrundschuld ist im Verhältnis zu dem zu finanzierenden Kaufvertrag *kein bloßes Vollzugsgeschäft,* [...]".

[106] Siehe dazu auch die Argumente im Rundschreiben der Bundesnotarkammer Nr. 25/2010 unter III. Ähnlich *Wöstmann* ZNotP 2002, 246 (253), der allenfalls einen „wirtschaftlichen, nicht aber einen notwendigerweise rechtlichen Zusammenhang" sieht. Ausführlich und ebenso *Winkler* BeurkG § 17 Rn. 138.

[107] BGH Beschl. v. 20.7.2015, DNotZ 2016, 72 (74 f.) mwN; *Winkler* BeurkG § 17 Rn. 138 mwN.

[108] Vgl. Armbrüster/Preuß/Renner/*Armbrüster* BeurkG § 17 Rn. 181; *Wöstmann* ZNotP 2002, 246 (253).

[109] *Starke* ZNotP Sonderheft 2002, 12 Rn. 22; *Wöstmann* ZNotP 2002, 246 (253).

32 **4. Systematische Aufspaltung von Verträgen in Angebot und Annahme.** Wie die zuvor behandelten Fälle lit. a bis lit. c erkennt das materielle Recht auch eine **Aufspaltung** notariell beurkundeter Verträge **in Angebot und Annahme** als ein grundsätzlich zulässiges Gestaltungsmittel an (vgl. § 128 BGB). Gleichwohl besteht auch bei dieser Gestaltungsform die Gefahr, dass die **Verhandlungs- und Belehrungsfunktion der Beurkundung** zu kurz kommen.[110] Eine Verhandlung bei gleichzeitiger unmittelbarer Belehrung aller Vertragsparteien mit der daraus resultierenden Möglichkeit, vor dem Notar und unter dessen unparteiischer Mitwirkung auf den Vertragsinhalt Einfluss zu nehmen, findet nicht statt. Der Anbietende scheut sich oftmals, das vorbesprochene Angebot zu ändern, da er Gefahr läuft, dass der andere Teil mit den Änderungen nicht einverstanden ist und die Annahme verweigert. Der Annehmende hat nur die Möglichkeit, das Angebot anzunehmen, abzulehnen oder als neues Angebot mit der gleichen Ungewissheit über dessen Annahme zu modifizieren.[111]

33 Zwar ist, da sowohl Angebot als auch Annahme in Form einer Niederschrift beurkundet werden, die Gefahr von Belehrungsdefiziten nicht so groß wie in den Vertretungsfällen, bei denen für die vertretene Partei auch eine bloße Unterschriftsbeglaubigung genügen kann.[112] Allerdings ist der Umfang der geschuldeten Belehrung gemäß § 17 Abs. 1 BeurkG durch den nur die Annahme beurkundenden Notar auf die rechtlichen Auswirkungen der Annahmeerklärung und abstrakt auf die Gefahren, die mit jedem Kaufvertrag verbunden sind, beschränkt.[113] Zur **Belehrung über den Inhalt des Angebotes** ist der Annahmenotar nicht verpflichtet,[114] die **Angebotsurkunde** muss diesem für eine wirksame **Beurkundung der Annahme** noch nicht einmal **vorliegen**.[115] Üblicherweise erfolgt die Beurkundung der Annahme durch eine einfache Bejahung des Angebots, dessen Inhalt der Annehmende nicht mehr vorgelesen bekommt.[116] Demgegenüber enthält die Angebotsurkunde die wesentlichen Teile des Rechtsgeschäfts, so dass die annehmende Vertragspartei nicht oder bestenfalls nur stark eingeschränkt in den Genuss einer Belehrung durch den Notar über die relevanten Vertragsinhalte kommt. Infolgedessen erklären die Berufsrichtlinien die Aufspaltung richtigerweise für unzulässig, wenn sie nicht durch sachliche Gründe gerechtfertigt ist. Ein sachlicher Grund kann darin liegen, dass zunächst nur ein Urkundsbeteiligter sich zu binden bereit ist und daher nur diese Vertragspartei ein Angebot abgibt. Dies kann etwa bei der Veräußerung von Spezialimmobilien der Fall sein, wenn der Käufer vor seiner endgültigen Kaufentscheidung zunächst unter Einsatz finanzieller Mittel die Nutzungsmöglichkeiten des Kaufobjektes prüfen, dann aber auch den Verkäufer für einen gewissen Zeitraum an sich gebunden wissen will. Weitere sachliche Gründe können beispielsweise weit entfernt auseinander liegende Aufenthaltsorte der Beteiligten, deren geringe terminliche Disponibilität oder in der Person eines der Beteiligten liegende Gründe (bspw. Krankheit) sein. Werden im Rahmen einer überregionalen Immobilienvermarktung die Vertragsangebote stets an verschiedenen Orten von den Käufern abgegeben und diese dann zentral vom Verkäufer an dessen Geschäftssitz angenommen, so ist auch dies zulässig, da dem Wunsch des Verkäufers, nicht an jedem Vertriebsort Bevollmächtigte zu installieren, sondern mit nur wenigen Vertretern an seinem Geschäftssitz zu arbeiten, Rechnung getragen werden muss. In diesen Fällen ist die Aufspaltung und die sukzessive Beurkundung von Angebots- und Annahmeerklärung zulässig.

---

[110] BeckOK BNotO/*Görk* RLEmBNotK II. Rn. 48.
[111] Vgl. BeckOK BNotO/*Görk* RLEmBNotK II. Rn. 48.
[112] Vgl. *Starke* ZNotP Sonderheft 2002, 12 Rn. 23; *Winkler* MittBayNot 1999, 2 (16); *Winkler* BeurkG § 17 Rn. 58.
[113] BGH DNotZ 2012, 356 (357); *Viefhues* ZNotP 2018, 245 (247).
[114] BGH DNotZ 1993, 754 (756); 2012, 356 (357); → BeurkG § 17 Rn. 37. AA Armbrüster/Preuß/Renner/*Armbrüster* BeurkG § 17 Rn. 186; *Winkler* BeurkG § 17 Rn. 60.
[115] BGH DNotZ 2012, 356 (357); *Winkler* BeurkG § 17 Rn. 60. So wohl auch Armbrüster/Preuß/Renner/*Armbrüster* BeurkG § 17 Rn. 187, mit der Anmerkung, dass sich der Notar darum bemühen sollte, die Angebotserklärung zu erhalten.
[116] *Wöstmann* ZNotP 2002, 246 (254); vgl. auch *Starke* ZNotP Sonderheft 2002, 12 Rn. 23.

II. Das nach § 14 Abs. 3 BNotO zu beachtende Verhalten

In der zutreffenden Erkenntnis, dass der die Annahme beurkundende Notar nur zur Belehrung über die rechtliche Bedeutung der Annahme, nicht aber über den Inhalt des Angebots verpflichtet ist[117] und dass sich hieraus ein **Belehrungsdefizit des annehmenden Vertragsbeteiligten** ergeben kann, schreiben die Richtlinien vor, dass, wenn sachliche Gründe die Aufspaltung rechtfertigen, dann das **Vertragsangebot vom belehrungsbedürftigeren Vertragsteil** auszugehen hat. Bei Beachtung dieser Vorgabe kann die Beratungs- und Belehrungspflicht des Notars für den unerfahreneren Vertragsteil uneingeschränkt erfüllt werden, da die Angebotsurkunde die wesentlichen inhaltlichen Bestandteile des Rechtsgeschäfts konkretisieren muss. Darüber hinaus hat die belehrungsbedürftigere Vertragspartei – also in der Regel der Verbraucher – die Möglichkeit, durch inhaltliche Änderungen des Angebots, die gerade als Reaktion auf die notarielle Belehrung erfolgen können, auf den Inhalt des Vertrags Einfluss zu nehmen, wenngleich verbunden mit der Gefahr, dass dann die Annahme verweigert wird und der Anbietende „umsonst" die Kosten der Angebotsbeurkundung trägt. Das Gebot, das Angebot müsse vom belehrungsbedürftigeren Vertragsteil ausgehen, setzt allerdings logischerweise ein „Belehrungsbedürftigkeitsgefälle" voraus. Es ist zweifellos vorhanden in Unternehmer-Verbraucher-Konstellationen. Besteht es nicht, etwa weil auf beiden Seiten des Vertrags Privatleute agieren, dürfte es auch nicht geboten sein, dass das Angebot stets von einem Vertragsbeteiligten, etwa dem Käufer, ausgeht.

Teilweise wurde noch unter Geltung des alten Kostenrechts (§ 37 KostO: Gebühr iHv 15/10) angeführt, dass die Aufspaltung in Angebot und Annahme aus Kostengründen oft einer Bevollmächtigung vorgezogen wird.[118] Das GNotKG hat die Notarkosten nur für die Beurkundung des Antrags auf Abschluss eines Vertrages auf eine volle 2,0-Gebühr angehoben (Vorbemerkung 2.1.1 Nr. 1, Nr. 21100 des Kostenverzeichnisses). Von daher können neben den berufsrechtlichen Bedenken nunmehr auch die anfallenden **Mehrkosten,** über die der Notar dann auch zu belehren hätte, eher gegen die Wahl dieses Gestaltungsmittels sprechen.

5. Gleichzeitige Beurkundung mehrerer Niederschriften. Nach lit. e der Richtlinienempfehlungen ist eine gleichzeitige Beurkundung von mehr als fünf Niederschriften bei verschiedenen Beteiligten in der Regel unzulässig. Die verfahrensrechtliche Möglichkeit der Durchführung solcher **„Sammelbeurkundungen"** eröffnet § **13 Abs. 2 S. 1 BeurkG** für **ganz oder teilweise übereinstimmende Niederschriften,** was auch für dieses Regelbeispiel nur so gemeint sein kann.[119] Gleichwohl besteht auch bei dieser Verfahrensweise die Gefahr einer Beeinträchtigung der Schutz- und Belehrungsfunktion der Beurkundung, weil der Notar auf die individuellen Belange und Situationen jedes einzelnen Beteiligten nur schwerer eingehen kann.[120] Vielfach werden gerade geschäftsunerfahrene Beteiligte Hemmungen haben, vor einem größeren Publikum ihre Fragen an den Notar heranzutragen oder über einen vorbesprochenen Vertragstext noch einmal zu verhandeln.[121] Hinzu kommt, dass es dem Notar ab einer bestimmten Anzahl parallel zu beurkundender Niederschriften kaum mehr möglich sein wird, die Übersicht zu behalten und einen **seinen ihm obliegenden Pflichten entsprechenden, fehler- und irrtumsfreien Ablauf der Beurkundungsverhandlung(en) sicherzustellen.**[122] Völlig zu Recht beschränken die Richtlinienempfehlungen der BNotK daher die zahlenmäßige Grenze für Sammelbeurkundungen auf die gleichzeitige Errichtung von höchstens fünf Niederschriften. Die Zahl ist eine **Höchstgrenze,** so dass der Notar unter Berücksichtigung der

---

[117] Nachweise in Fn. 114.
[118] So *Winkler* BeurkG § 17 Rn. 58.
[119] → BeurkG § 17 Rn. 38, „gemeint sind offensichtlich nur gleichartige Niederschriften"; zu eng Armbrüster/Preuß/Renner/*Armbrüster* BeurkG § 17 Rn. 191, mit „(gleichlautenden) Niederschriften".
[120] BeckOK BNotO/*Görk* RLEmBNotK II. Rn. 51.
[121] In diesem Sinne schon *Starke* ZNotP Sonderheft 2002, 13 Rn. 24; *Wöstmann* ZNotP 2002, 246 (254). Ebenso BeckOK BNotO/*Görk* RLEmBNotK II. Rn. 51.
[122] So auch *Wöstmann* ZNotP 2002, 246 (254).

Verhältnisse jedes Einzelfalls prüfen muss, ob nicht je nach Inhalt, Schwierigkeitsgrad und Umfang der nicht übereinstimmenden Passagen in den einzelnen Urkunden ein pflicht- und verantwortungsbewusstes Beurkundungsverfahren nur bei einer geringeren Anzahl gewährleistet ist oder gar ein Sammeltermin auch für nur zwei Niederschriften ganz ausscheidet.[123] Wenn die Notarkammer Frankfurt und die Westfälische Notarkammer die Richtlinienempfehlungen insoweit nicht rezipiert haben,[124] erscheint dies aus standespolitischer Sicht bedenklich. Berufsrechtlich dürfte sich für den einzelnen Berufsangehörigen allerdings kein Unterschied ergeben, da eine Beurkundung unter gleichzeitiger Errichtung von mehr als fünf Niederschriften nicht mit dem beurkundungsrechtlichen Gebot des § 17 Abs. 2a BeurkG vereinbar sein dürfte.[125]

37 Fraglich erscheint es, in welchen **Ausnahmefällen** Sammelbeurkundungen auch bei einer über fünf Niederschriften hinausgehenden Anzahl noch als zulässig gewertet werden können.[126] Die vom Gesetz mit dem Beurkundungserfordernis verfolgten Zwecke gelten für jede Beurkundungsverhandlung gleichermaßen und ohne Ansehung der für die Beteiligten damit verbundenen, für jeden einzelnen Beteiligten ohnehin oftmals unterschiedlich empfundenen wirtschaftlichen Tragweite. Selbst bei rechtlich und tatsächlich einfach gelagerten Fällen oder – aus Sicht des Notars bzw. eines urkundserfahrenen Beteiligten – standardisierten Verträgen hat jeder Urkundsbeteiligte Anspruch auf eine seinen individuellen Bedürfnissen angepasste notarielle Belehrung und Betreuung. Es ist schwer vorstellbar, wie der Notar diesen ihm obliegenden Pflichten bei einer gleichzeitigen Beurkundung von mehr als fünf Niederschriften noch hinreichend nachkommen will.[127]

38 **6. Missbräuchliche Auslagerung geschäftswesentlicher Vereinbarungen in Bezugsurkunden.** Beurkundungsrechtlich ermöglicht **§ 13a BeurkG** die Bezugnahme auf bereits errichtete notarielle Urkunden mit der Folge, dass der Inhalt dieser Bezugsurkunden auch Inhalt der in Bezug nehmenden Urkunde wird. Nr. 2 von Abschnitt II. der Richtlinienempfehlungen erklärt die missbräuchliche Auslagerung **geschäftswesentlicher Vereinbarungen in Bezugsurkunden** (§ 13a BeurkG) für unzulässig. Wie Abschnitt II Nr. 1 lit. e betrifft Nr. 2 damit eine verfahrensrechtlich zulässige **Beurkundungserleichterung,** die zwar nicht grundsätzlich in Zweifel gezogen wird, der aber Grenzen gesetzt werden, indem der Notar eine ihm erlaubte Entlastung des Verfahrens nicht in einer Weise einsetzen darf, dass dadurch die mit dem Beurkundungserfordernis bezweckten Schutz- und Belehrungsfunktionen ausgehöhlt werden.[128]

39 Nach § 13a Abs. 1 S. 1 BeurkG braucht die Bezugsurkunde nicht vorgelesen werden, wenn den Beteiligten deren Inhalt bekannt ist und sie auf das Vorlesen verzichten. Die Erklärung eines solchen Verzichts dürfte in der Praxis der Regelfall sein. Es liegt auf der Hand, dass über den Inhalt der Bezugsurkunde dann nicht im gleichen Umfang belehrt werden kann wie bei Aufnahme aller Erklärungen in einer Urkunde, die vollständig verlesen wird.[129] Demgegenüber kann die Auslagerung bestimmter Teile in Bezugsurkunden durchaus Sinn machen, wenn anderenfalls die Haupturkunde zu sehr überfrachtet und die Urkundsbeteiligten dadurch von den geschäftswesentlichen Inhalten des Rechtsgeschäfts

---

[123] Die Richtlinien der Landesnotarkammer Bayern begrenzen die Höchstzahl sogar auf drei Niederschriften.
[124] Vgl. etwa die Richtlinie der Notarkammern Frankfurt/Main und der Westfälischen Notarkammer.
[125] Vgl. *Starke* ZNotP Sonderheft 2002, 13 Rn. 24; *Wöstmann* ZNotP 2002, 246 (256).
[126] Siehe *Hermanns* in der 3. Auflage, Rn. 29 in Fällen, in denen aufgrund von Vertrauensverhältnissen keine „belehrungsfeindliche Atmosphäre" herrscht; mit ähnlicher Argumentation auch BeckOK BNotO/ *Görk* RLEmBNotK II. Rn. 52. Wie hier kritisch bezüglich Sammelbeurkundungen mit mehr als fünf Niederschriften *Wöstmann* ZNotP 2002, 246 (254, 256).
[127] Vgl. *Wöstmann* ZNotP 2002, 246 (256), der dann zumindest eine plausible Erläuterung gegenüber der Dienstaufsicht erwartet, wie die Beurkundungszwecke im konkreten Fall gewahrt wurden.
[128] → BeurkG § 17 Rn. 39. Ähnlich *Starke* ZNotP Sonderheft 2002, 13 Rn. 25.
[129] Mit weiteren Überlegungen zu aus dieser Gestaltung resultierenden Gefahren siehe *Winkler* BeurkG § 17 Rn. 63 und *Winkler* MittBayNot 1999, 2 (17).

II. Das nach § 14 Abs. 3 BNotO zu beachtende Verhalten

abgelenkt würden.[130] Es besteht daher ein **Spannungsverhältnis zwischen der Belehrungspflicht des Notars einerseits und der Entlastungsfunktion des § 13a BeurkG andererseits**,[131] das versucht werden muss, sachgerecht aufzulösen. Die Richtlinien unternehmen diesen Versuch, indem sie die **missbräuchliche**[132] Auslagerung **geschäftswesentlicher** Vereinbarungen in Bezugsurkunden für unzulässig erklären. Bemerkenswert – und zutreffend – ist insoweit, dass es sich hierbei nicht um eine Regelvermutung handelt, sondern die Unzulässigkeit ohne weiteres festgestellt wird. Entscheidende Tatbestandsmerkmale sind die Geschäftswesentlichkeit einerseits und die Missbräuchlichkeit andererseits. Während jenes Merkmal weit auszulegen ist, kommt diesem eine einschränkend korrigierende Funktion zu.

Der **Begriff der Geschäftswesentlichkeit** ist – angesichts des weiteren einschränkenden Tatbestandsmerkmals der Missbräuchlichkeit – weit auszulegen. Geschäftswesentlich sind demzufolge alle Vereinbarungen, die für den materiellen Inhalt der Vereinbarungen zwischen den Beteiligten von Bedeutung sind, insbesondere Bestimmungen über den Inhalt der Leistungspflichten, deren Fälligkeit, über die Mängelhaftung oder über sonstige Nebenpflichten. Eine geschäftswesentliche Erklärung ist damit auch die Baubeschreibung oder die einer werdenden Eigentümergemeinschaft zugrunde liegende Teilungserklärung, ohne dass hiermit ein Urteil über deren Auslagerungsfähigkeit bereits gesprochen wäre. Nicht geschäftswesentlich dürften demgegenüber Erklärungen rein verfahrensrechtlicher Natur sein, etwa in einer Bezugsurkunde enthaltene Erklärungen zum registerrechtlichen Vollzug, da diese Erklärungen auf den Inhalt des Geschäfts regelmäßig keinen Einfluss nehmen. 40

Angesichts der weit gesteckten Grenzen des Begriffs der Geschäftswesentlichkeit kommt dem weiteren **Tatbestandsmerkmal der Missbräuchlichkeit** eine wichtige Korrektivfunktion zu. Die Auslagerung geschäftswesentlicher Erklärungen ist missbräuchlich, wenn sie nicht durch ein anerkennenswertes, insbesondere mit dem Schutzzweck der Beurkundung zu vereinbarendes Interesse gerechtfertigt ist. Der Begriff der Missbräuchlichkeit bezieht seine Konkretisierung aus der Reichweite der Belehrungspflicht des Notars einerseits und dem Adressatenkreis der auszulagernden Bestimmung andererseits. Dies bedeutet, dass die Auslagerung einer Bestimmung umso eher möglich ist, je geringer die Belehrungsfähigkeit und -pflicht des Notars hinsichtlich dieser Bestimmung ist. Über den Inhalt technischer Leistungsbeschreibungen kann der Notar nur sehr eingeschränkt belehren, so dass gegen deren Auslagerung in Bezugsurkunden keine Bedenken bestehen.[133] Unbedenklich ist es darüber hinaus, wenn im Rahmen von Unternehmenstransaktionen die Anlagen zu den eigentlichen Kauf- und Übertragungsverträgen in Bezugsurkunden ausgelagert werden. Zwar enthalten diese Anlagen idR geschäftswesentliche Erklärungen, etwa über den Inhalt von Gewährleistungen, von einer Missbräuchlichkeit der Auslagerung kann jedoch deswegen keine Rede sein, weil die Belehrungsbedürftigkeit der Beteiligten über den Inhalt der ihnen meistens bekannten Anlagen gering ist. 41

Stets unzulässig ist die **Auslagerung des gesamten Rechtsgeschäfts in eine Bezugsurkunde**.[134] Missbräuchlichkeit ist ferner anzunehmen, wenn dieses Verfahren von einem Beteiligten in der erkennbaren Absicht gewünscht wird, dass der anderen Partei bestimmte 42

---

[130] Vgl. *Winkler* BeurkG § 17 Rn. 64; *Winkler* MittBayNot 1999, 2 (17); *Wöstmann* ZNotP 2002, 246 (254).
[131] *Starke* ZNotP Sonderheft 2002, 13 Rn. 25; BeckOK BNotO/*Görk* RLEmBNotK II. Rn. 53.
[132] Die Richtlinien der Rheinischen Notarkammer sowie der Notarkammer Thüringen sprechen anstatt von „missbräuchlicher" von „zweckwidriger" Auslagerung. Für die Praxis führt diese sprachliche Abweichung zu keinen nennenswert anderen Ergebnissen. Eine Gestaltung, die den Beurkundungszwecken zuwiderläuft, stellt sich als rechtsmissbräuchlich dar.
[133] So auch die ausdrückliche Klarstellung in Abschnitt II Nr. 2 Hs. 2 der Richtlinien der Landesnotarkammer Bayern. Nach *Lerch* Richtlinienempfehlungen Rn. 44, ist die „Auslagerung von technischen Einzelheiten" bedenkenlos. Die Richtlinien der Notarkammer Baden-Württemberg erwähnen unter Nr. 2 allgemein die Baubeschreibung (neben Teilungserklärung, Gemeinschaftsordnung, Verwaltervertrag); ebenso für Teilungserklärung und/mit Baubeschreibung *Brambring* DNotI-Report 1998, 184 (187); *Winkler* BeurkG § 17 Rn. 64; *Winkler* MittBayNot 1999, 2 (17); *Wöstmann* ZNotP 2002, 246 (255).
[134] *Wöstmann* ZNotP 2002, 246 (254).

Vertragsinhalte möglichst nicht zur Kenntnis gelangen[135] oder eine notarielle Belehrung darüber nicht stattfindet. Die mit einer Verlagerung in eine Bezugsurkunde gewollte **Entlastungsfunktion** darf **nicht dazu zweckentfremdet** werden, in der Erwartung eines erklärten Verzichts auf das Vorlesen der Bezugsurkunde unangenehmen Diskussionen über einzelne Vertragsbestandteile aus dem Weg zu gehen, die bei einer notariellen Verlesung der Haupturkunde mit diesen Bestandteilen auftreten könnten. Nicht sachgerecht ist es daher, versteckte Regelungen über Kosten(beteiligungen) oder andere wesentliche Leistungspflichten zu Lasten eines Urkundsbeteiligten in die Bezugsurkunde auszulagern. Auch in Baubeschreibungen finden sich gelegentlich Bestimmungen, die nicht mehr rein technischer Natur sind, bspw. zur Möglichkeit von Sonderwünschen des Erwerbers, verbunden mit der Verpflichtung, dem Bauträger die dadurch entstehenden Mehrkosten zu erstatten. Um die Schutzfunktion der Beurkundung zu wahren, ist es ratsam, diese Passagen, ggf. gekürzt, dann in die zu verlesende Niederschrift aufzunehmen.[136]

43 Dagegen sind Bestimmungen, die sich ihrer Natur nach von vornherein an eine größere Zahl unbestimmter Adressaten richten, grundsätzlich ebenfalls in weitergehendem Maße auslagerungsgeeignet. Der **gleichsam normative Charakter dieser Bestimmungen** rechtfertigt es, diese Bestimmungen vorab in dem hierfür vorgesehenen Verfahren nach § 13a BeurkG niederzulegen und jedem einzelnen der künftigen Adressaten zur Kenntnis zu bringen. So kann etwa die einer werdenden Wohnungseigentümergemeinschaft zugrunde gelegte Teilungserklärung durchaus in eine Bezugsurkunde ausgelagert werden.[137] Dieser Befund wird durch die Erkenntnis bestätigt, dass die Teilungserklärung nach Bildung des Wohnungseigentums im Grundbuch ohnedies nicht mehr in Bezug genommen werden muss, sondern ohne weitere Inbezugnahme für jeden Wohnungseigentümer gilt. Im Unterschied zu den technischen Leistungsbeschreibungen sind derartige Bestimmungen „normativ-dinglicher" Natur, etwa Bestimmungen der Teilungserklärung, allerdings sehr wohl von rechtlicher Bedeutung für die Vereinbarungen zwischen den Beteiligten. Dies hat zur Konsequenz, dass der Notar trotz der Auslagerung über den Inhalt und die rechtliche Bedeutung der ausgelagerten Erklärungen belehren und die Beteiligten insbesondere auf außergewöhnliche oder möglicherweise sogar überraschende Bestimmungen hinweisen muss.[138]

D. Regelungen zu außerdienstlichem Verhalten

44 Die Richtlinien der Notarkammern Koblenz und Pfalz enthalten **ergänzende außerdienstliche Verhaltensanforderungen** an den Notar. Nr. 3 beider Richtlinien verpflichtet den Notar „darauf zu achten, dass durch seine persönliche und wirtschaftliche Lebensführung die Wertschätzung des Berufsstandes gewahrt bleibt und seine Amtsausübung nicht beeinträchtigt wird." Unregelmäßigkeiten bei den **privaten wirtschaftlichen Verhältnissen** sind schon Regelungsgegenstand von § 50 Abs. 1 Nr. 8 BNotO und können im äußersten Fall eine Amtsenthebung rechtfertigen.[139] Eine auch nur annähernd objektivierbare Grenze, ab wann eine persönliche Lebensführung des Notars als amtsschädlich anzusehen ist, ist kaum zu ziehen. Insofern kommt der Regelung eher die Bedeutung eines – in der Sache durchaus zu befürwortenden – Appells an jeden Notar zu, sich auch außerdienstlich stets der großen Bedeutung sowie des hohen Ansehens des Notaramtes in der Öffentlichkeit bewusst zu sein und sein gesamtes Verhalten daran auszurichten.

---

[135] *Starke* ZNotP Sonderheft 2002, 13 Rn. 25.
[136] So die richtige Anregung von *Winkler* MittBayNot 1999, 2 (17) und *Wöstmann* ZNotP 2002, 246 (255).
[137] Vgl. *Winkler* BeurkG § 17 Rn. 64; *Winkler* MittBayNot 1999, 2 (17); *Wöstmann* ZNotP 2002, 246 (255).
[138] Ähnlich *Starke* ZNotP Sonderheft 2002, 13 Rn. 25 und *Wöstmann* ZNotP 2002, 246 (255).
[139] Vgl. *Wöstmann* ZNotP 2002, 246 (257).

II. Das nach § 14 Abs. 3 BNotO zu beachtende Verhalten

Nach Nr. 4 der Richtlinien der Notarkammern Koblenz und Pfalz dürfen sowohl 45 genehmigungsfreie als auch genehmigte **Nebentätigkeiten des Notars** „seine Arbeitskraft nicht so in Anspruch nehmen, dass ihm nicht die erforderliche Zeit zur Ausübung seines Amtes verbleibt." Dieses Gebot ergibt sich aber schon aus der Stellung des Notars als Träger eines öffentlichen Amtes und der daraus resultierenden allgemeinen Amtspflicht, dieses Amt auch verantwortungsbewusst auszufüllen. Außerdem ist jeder äußere Einfluss, der sich derart einschränkend auf die Arbeitskraft des Notars auswirkt, dass nicht mehr genügend Zeit für eine ordnungsgemäße Amtsausübung verbleibt, zu vermeiden, und nicht nur ein solcher, der von einer Nebentätigkeit ausgeht.

E. Beteiligung mehrerer Notare, unterschiedliche Richtlinienbestimmungen

Die in Abschnitt II Nr. 1. unter a), b) und d) sowie Nr. 2 der Richtlinienempfehlungen 46 beschriebenen atypischen Gestaltungsformen sind dadurch gekennzeichnet, dass an dem Zustandekommen des Rechtsgeschäfts mehrere Notare beteiligt sein können (bspw. Angebots- und Annahmenotar). Abschnitt II der Richtlinienempfehlungen wendet sich an den Notar, der das Beurkundungsverfahren „gestaltet". Bei einer Aufspaltung des Beurkundungsverfahrens auf mehrere Notare treffen die Pflichten zu einer Verfahrensgestaltung, die den Beurkundungszwecken gerecht wird und jeglichen Anschein einer Gefährdung der notariellen Neutralitätspflicht vermeidet, primär den **„Zentralnotar"**, der naturgemäß größere Einflussmöglichkeiten auf die grundlegende Gestaltung des gesamten Beurkundungsvorgangs hat.[140] Aber auch der zweite Notar (**„Ortsnotar"**) führt eine eigene Amtshandlung durch, für die ausschließlich er selbständig verantwortlich ist und die er für diesen ihn betreffenden Teil unabhängig sowie unter Beachtung der Beurkundungszwecke gestalten muss. In diesem Rahmen hat der Ortsnotar selbständig zu prüfen, ob der ihm angetragene Beurkundungsauftrag mit den beurkundungs- und berufsrechtlichen Vorgaben vereinbar ist.[141] Würde daher beispielsweise ein Beurkundungsvorgang systematisch in der Weise aufgespalten, dass die Angebote eines Bauträgers stets bei einem Zentralnotar beurkundet und bei verschiedenen Ortsnotaren angenommen werden, hat sich sowohl der Zentralnotar als auch der Ortsnotar berufsrechtswidrig verhalten. Obschon der Zentralnotar faktisch eine größere Möglichkeit haben wird, durch Einwirkung auf den Projektinitiator das gesamte Beurkundungsverfahren zu gestalten, entbindet dies den Ortsnotar nicht von seiner selbstständigen Verpflichtung, die Vereinbarkeit des von ihm geübten Beurkundungsverfahrens mit dem für ihn geltenden Berufsrecht zu überprüfen.

Im Einzelnen unklar ist die Handhabung bei **Unterschriftsbeglaubigungen,** so typi- 47 scherweise wenn Gegenstand des Beurkundungsauftrags vor dem Ortsnotar lediglich die nachträgliche Genehmigung durch den zuvor vollmachtlos Vertretenen ist. Aus § 40 Abs. 2 BeurkG ergibt sich, dass der beglaubigende Notar keine Belehrungspflicht über den rechtlichen Inhalt der Erklärung hat,[142] gleichwohl aber zur Prüfung der Urkunde daraufhin verpflichtet ist, ob Gründe bestehen, seine Amtstätigkeit zu versagen. Auch die Unterschriftsbeglaubigung ist eine eigenständige notarielle Amtshandlung, die berufsrechts- und beurkundungsrechtskonform auszuüben ist.[143] Der Notar, der die Unterschrift unter einer Genehmigungserklärung beglaubigt, handelt nicht amtspflichtwidrig, solange die Prüfung der Urkunde (§ 40 Abs. 2 BeurkG) keine konkreten Hinweise auf eine vorangegangene missbräuchliche Gestaltung enthält. Ergeben sich dagegen aus der Genehmigungserklärung Anhaltspunkte dafür, dass ohne sachlichen Grund zum Nachteil eines unerfahrenen oder

---

[140] *Starke* ZNotP Sonderheft 2002, 13 Rn. 26; *Winkler* BeurkG § 17 Rn. 66; *Wöstmann* ZNotP 2002, 246 (255).
[141] *Starke* ZNotP Sonderheft 2002, 13 Rn. 26.
[142] *Winkler* BeurkG § 17 Rn. 71.
[143] Vgl. *Starke* ZNotP Sonderheft 2002, 13 Rn. 26; *Wöstmann* ZNotP 2002, 246 (255).

ungewandten Urkundsbeteiligten eine atypische Gestaltungsform eingesetzt wurde, darf auch der „nur" die Unterschrift beglaubigende Notar dies nicht ignorieren, so etwa bei wiederholten Genehmigungserklärungen vollmachtlos vertretener Käufer/Verbraucher im Rahmen eines Bauträgervorhabens. Ergibt sich, ggf. auch erst auf weiteres Nachfragen, ein möglicher Verstoß gegen Beurkundungs- und/oder Berufsrecht, darf der Zweitnotar nicht einfach darüber hinwegsehen, sondern muss seine Amtshandlung daran ausrichten, also entweder versuchen, etwaigen Defiziten bspw. durch erweiterte Belehrungen zu begegnen, oder im äußersten Fall seine **Amtshandlung ablehnen;** anderenfalls würde diese erkennbar Teil eines in seiner Gesamtheit die Beurkundungszwecke missachtenden Beurkundungsverfahrens.[144] Eine hiervon zu unterscheidende Frage ist, wann dieser Notar **berechtigt** ist, die **Beurkundung abzulehnen.** Dies wird jedenfalls dann zu bejahen sein, wenn die vorhergehende Gestaltung des Beurkundungsverfahrens ihm die Erfüllung seiner Belehrungspflichten unmöglich macht oder erheblich erschwert.[145]

48 Zusätzliche Fragen ergeben sich, wenn die beteiligten Notare **nicht der gleichen regionalen Kammer** angehören und damit den gleichen Richtlinien unterworfen sind. Hierfür gilt: Die Gestaltungsverantwortlichkeit jedes Notars bestimmt sich nach den Richtlinien, die von seiner Notarkammer beschlossen wurden.[146] Solange die Richtlinien einer Notarkammer in Kraft sind, kann einem Notar selbstverständlich kein Vorwurf daraus gemacht werden, dass er zwar in Übereinstimmung mit diesen Richtlinien, nicht aber in Übereinstimmung mit den Richtlinien anderer Notarkammern handelt. Dies gilt auch bei kammerübergreifenden Beurkundungen, also etwa bei Abgabe eines Angebots in Frankfurt und Annahme dieses Angebots in Hamburg. Hier muss jeder beteiligte Notar allein die Vorgaben der für ihn maßgebenden Richtlinien und – selbstverständlich – § 17 Abs. 2a BeurkG beachten.[147]

III. Wahrung fremder Vermögensinteressen[1]

1. Der Notar hat ihm anvertraute Vermögenswerte mit besonderer Sorgfalt zu behandeln und Treuhandaufträge sorgfältig auszuführen.

---

[144] Wie hier und ausführlicher zu diesem Problemkreis *Wöstmann* ZNotP 2002, 246 (255 f.). AA noch *Hermanns* in der 3. Auflage, Rn. 6; *Winkler* BeurkG § 17 Rn. 71.
[145] Ähnlich *Winkler* BeurkG § 17 Rn. 69 f.; *Winkler* MittBayNot 1999, 2 (17 f.).
[146] BeckOK BNotO/*Görk* RLEmBNotK II. Rn. 61.
[147] Zu diesem Themenkreis eingehender *Starke* ZNotP Sonderheft 2002, 14 Rn. 26.
[1] **Abweichende Fassung in Brandenburg, Sachsen und Thüringen:**
Die Überschrift lautet: „III. Wahrung fremder Vermögensinteressen (§ 67 Abs. 2 Nr. 3 BNotO)".
Vor Nr. 1 ist als Zwischenüberschrift eingefügt: „1. Anvertraute Vermögenswerte".
Vor Nr. 3 RLNot-BNotK ist als Zwischenüberschrift eingefügt: „2. Anvertrautes Wissen".
Nr. 1 und Nr. 2 RLNot-BNotK werden daher als Nr. 1.1. und Nr. 1.2 gezählt, Nr. 3 RLNot-BNotK als Nr. 2.
Abweichende Fassung in Bremen:
Nr. 2 lautet: 2. Der Notar darf nicht dulden, dass sein Amt zur Vortäuschung von Sicherheiten benutzt wird. (…) Anlass für eine entsprechende Prüfung besteht insbesondere, wenn die Verwahrung von Geld, Wertpapieren und Kostbarkeiten nicht im Zusammenhang mit einer Beurkundung erfolgt.
Anstelle von Nr. 3 ist eingefügt: 3. Auszahlungsvoraussetzungen haben der Notar oder sein Notarvertreter persönlich zu überprüfen.
Abweichende Fassung in Hamburg:
Nr. 1 ist um einen zusätzlichen Satz 2 ergänzt: 1. Der Notar hat ihm anvertraute Vermögenswerte mit besonderer Sorgfalt zu behandeln und Treuhandaufträge sorgfältig auszuführen. Bei der Überwachung von Zug um Zug zu erfüllenden Leistungspflichten der Beteiligten darf der Notar eigene Verantwortlichkeit nicht scheuen und soll den Beteiligten den sichersten Weg vorschlagen.
Abweichende Fassung in Mecklenburg-Vorpommern:
Nr. 3 lautet: 3. Der Notar darf ihm amtlich anvertrautes Wissen nicht zu Lasten von formell oder sachlich Beteiligten zum eigenen ungerechtfertigten Vorteil nutzen.
Abweichende Fassung in Oldenburg:
Nr. 1 lautet: 1. Der Notar hat mit Sorgfalt ihm anvertraute Vermögenswerte (…) zu behandeln und Treuhandaufträge (…) auszuführen.

2. Der Notar darf nicht dulden, daß sein Amt zur Vortäuschung von Sicherheiten benutzt wird. Der Notar darf insbesondere Geld, Wertpapiere und Kostbarkeiten nicht zur Aufbewahrung oder zur Ablieferung an Dritte übernehmen, wenn der Eindruck von Sicherheiten entsteht, die durch die Verwahrung nicht gewährt werden. Anlaß für eine entsprechende Prüfung besteht insbesondere, wenn die Verwahrung nicht im Zusammenhang mit einer Beurkundung erfolgt.
3. Der Notar darf ihm beruflich anvertrautes Wissen nicht zu Lasten von Beteiligten zum eigenen Vorteil nutzen.

Schrifttum: S. die Schrifttumshinweise bei § 23 BNotO.

A. Überblick

Die Richtlinienkompetenz der Notarkammern umfasst nach **§ 67 Abs. 2 S. 3 Nr. 3 BNotO** unter anderem insbesondere die nähere Bestimmung der Amtspflichten und sonstigen Pflichten „zur Wahrung fremder Vermögensinteressen". Dies füllt Abschnitt III. der Richtlinienempfehlung aus. Von Bedeutung ist der Abschnitt vor allem, aber nicht nur für die notarielle Verwahrung.[2]

Der Abschnitt konkretisiert entscheidende Amtspflichten des Notars. Denn die Amtstätigkeit des Notars ist nicht denkbar, ohne dass die Beteiligten Vertrauen in die Integrität des Notars haben.

B. Sorgfältige Ausführung von Treuhandaufträgen (Nr. 1)

Nr. 1 des Abschnitts III. schreibt dem Notar **besondere Sorgfalt** bei der Behandlung anvertrauter Vermögenswerte und der Ausführung von Treuhandaufträgen vor.[3] Sprachlich kürzer gefasst fand sich die Regelung bereits in § 10 der Richtlinien von 1962. Bei der **notariellen Verwahrung** haben sowohl der BGH wie die oberlandesgerichtlichen Entscheidungen in ständiger Rechtsprechung die grundlegende Bedeutung der Pflicht zur „peinlichen Genauigkeit bei Treuhandgeschäften" betont: „Das Vertrauen zum Notar ist in besonderem Maße davon abhängig, dass er die ihm anvertrauten Geldbeträge und Wertsachen mit peinlicher Korrektheit behandelt und die hierüber erlassenen Dienstvorschriften genau befolgt. Erweckt er auch nur den Anschein, dass Treuhandgelder bei ihm gefährdet seien, leidet nicht allein das Vertrauen der Betroffenen in die Integrität des Berufsstandes; vielmehr wird auch die Funktionsfähigkeit des Grundstücksmarktes und eines Teils des Kapitalmarktes in Mitleidenschaft gezogen. Für beide sind Treuhandgeschäfte ein unentbehrliches Instrument der Vertragsabwicklung. Peinliche Genauigkeit bei Treuhandgeschäften ist für den Notar daher eine grundlegende Pflicht."[4] Die Westfälische Notarkammer hat

---

Abweichende Fassung der Rheinischen Notarkammer:
Nr. 3 lautet: 3. Der Notar darf ihm amtlich anvertrautes Wissen nicht zu Lasten von formell oder sachlich Beteiligten zum eigenen Vorteil nutzen.
Abweichende Fassung in Sachsen:
wie Brandenburg (s. o.)
Abweichende Fassung in Thüringen:
wie Brandenburg (s. o.)
Abweichende Fassung in Westfalen:
1. Der Notar hat ihm anvertraute Vermögenswerte (...) und Treuhandaufträge sorgfältig **zu behandeln. Treuhandaufträge hat er wortgetreu zu beachten; sie sind nicht auslegungsfähig. Unklare, missverständlich formulierte oder undurchführbare Treuhandaufträge hat er zurückzuweisen.**

[2] *Starke* ZNotP Sonderheft 2002, 14 Rn. 27.
[3] Die abweichende Fassung für Oldenburg ist nur eine sprachliche Anpassung und soll keine Herabsetzung des Sorgfaltsmaßstabes bedeuten.
[4] BGH DNotZ 1987, 556. Ähnlich BGH DNotZ 1986, 310; 1995, 125; 2001, 856 mAnm *Hertel*; WM 2003, 1116, 1118; OLG Celle DNotZ 1989, 55 (56); OLG Hamm DNotZ 1996, 384 mAnm *Preuß*;

diese Verpflichtung zur wortgetreuen Einhaltung der Treuhandauflagen und das Auslegungsverbot ausdrücklich in ihre Richtlinien übernommen.

4   Derselbe besondere Sorgfaltsmaßstab gilt für andere Treuhandaufträge (etwa die **abzulösender Gläubiger** oder sonst hinsichtlich von Grundschuldbriefen[5]) sowie für andere anvertraute Vermögenswerte (etwa für eine **Verwahrung nach § 24 BNotO**). Die Beteiligten werden hier vom Notar nicht nur die Einhaltung von Mindeststandards erwarten, sondern besondere Sorgfalt.

5   Die Richtlinien der **Bremer Notarkammer** ergänzen Nr. 1 dahingehend, dass der Notar (oder der Notarvertreter) das Vorliegen der **Auszahlungsvoraussetzungen persönlich überprüfen** müsse. Dies ergibt sich aus § 54b Abs. 3 S. 1 BeurkG (und gilt damit auch außerhalb Bremens unmittelbar kraft Gesetzes). Da der Notar nur persönlich über das Notaranderkonto verfügen darf, muss er auch persönlich überprüfen, ob die Auszahlungsvoraussetzungen vorliegen. Nach der Rechtsprechung darf der Notar die Prüfung der Auszahlungsvoraussetzungen nicht gänzlich einem Angestellten oder einem Sozius überlassen, ohne eine eigene zusätzliche Prüfung vorzunehmen. Unterlässt er eine eigene Prüfung, so handelt der Notar **bewusst pflichtwidrig** iSd § 4 Nr. 5 AVB (Allgemeine Versicherungsbedingungen für Vermögensschäden).[6] Bei einem Auszahlungsfehler ist dann die Haftpflichtversicherung leistungsfrei; der Notar muss den Schaden selbst ersetzen.

6   Die **Hamburger** Notarkammer hat Nr. 1 dahingehend ergänzt, dass der Notar den sichersten Weg vorschlagen soll. Nicht nur bei der Verwahrung, sondern allgemein für die Wahl zwischen verschiedenen Gestaltungsmöglichkeiten hat der Notar nach ständiger BGH-Rechtsprechung die Gestaltungsmöglichkeit besonders hervorzuheben, mit der die Beteiligten das von ihnen angestrebte Ergebnis am sichersten erreichen können.[7] Unberührt durch die Regelung in den Richtlinien bleibt aber die vorrangige Vorschrift des § 54a Abs. 2 Nr. 1 BeurkG, wonach der Notar eine Verwahrung nur annehmen darf, wenn dafür ein berechtigtes Sicherungsinteresse besteht.

C. Keine Vortäuschung von Sicherheiten (Nr. 2)

7   Nach **§ 14 Abs. 2 BNotO** und **§ 4 BeurkG** hat der Notar seine Amtstätigkeit im Allgemeinen bzw. im Besonderen die Beurkundung abzulehnen, wenn seine Mitwirkungen bei Handlungen verlangt wird, mit denen erkennbar unerlaubte oder **unredliche Zwecke verfolgt** werden. Nr. 2 des Abschnitts III konkretisiert dies für die **Vortäuschung von Sicherheiten** als einen der praktischen Hauptfälle. Satz 1 enthält die Grundregel, Satz 2 und Satz 3 beziehen sich speziell auf die notarielle Verwahrung nach § 23 BNotO.

8   Bei der **notariellen Verwahrung** nach § 23 BNotO iVm §§ 54a ff. BeurkG besteht besonders die Gefahr, dass der Notar von Betrügern nur deshalb eingeschaltet wird, um dem Geschäft einen seriösen Anstrich zu geben, obwohl der Notar faktisch keine Kontrolle ausüben kann. In vielen Fällen ist hier die Verwahrung schon mangels eines berechtigten Sicherungsinteresses unzulässig (§ 54a Abs. 2 Nr. 1 BeurkG). Aber auch unabhängig davon muss der Notar die Verwahrung ablehnen, wenn dadurch der **falsche Anschein einer Sicherheit** entsteht. Entschieden wurde dies etwa für den Fall, dass das Notaranderkonto als bloße Geldsammelstelle eingesetzt wird und damit dient und damit nicht der Absiche-

---

MittBayNot 2002, 127 = RNotZ 2002, 113; OLG Schleswig OLG-Report 2000, 413; vgl. Ganter/Hertel/Wöstmann/*Hertel* Rn. 1841 ff.; Arndt/Lerch/Sandkühler/*Sandkühler* BNotO § 23 Rn. 133.

[5] Vgl. BayObLG ZNotP 2003, 477.
[6] OLG München VersR 2000, 1490; vgl. Notarkammer Berlin Berliner Anwaltsblatt 2002, 292.
[7] BGH DNotZ 1983, 450 mAnm *Becker-Berke;* NJW 1992, 3237 (3239); vgl. Ganter/Hertel/Wöstmann/*Hertel* Rn. 1628 ff.

rung oder Kontrolle dient, sondern allenfalls der Dokumentation des Zahlungsvorganges als **bloße Zahlstelle** verwendet wird.[8]

Auch soweit eine Verwahrung erfolgt, darf der Notar nicht den falschen Anschein einer größeren als der tatsächlich bestehenden Sicherheit erwecken. Nahm der Notar etwa Bargeld zur Verwahrung an (was vor der Einführung von § 54a Abs. 1 BeurkG 1998 zulässig war), so lag eine Amtspflichtverletzung bereits darin, dass der Notar an dem **Bankschließfach,** in dem er das Geld nach der Verwahrungsanweisung verwahrte, keinen Alleinbesitz hatte, sondern die Kapitalanlagegesellschaft, für die das Geld bestimmt war, Mitbesitz hatte;[9] damit war nicht zu entscheiden, ob der Notar die betrügerische Absicht der Verwahrung hätte erkennen müssen. (Der Banksafe wurde offenbar mit einem Zweitschlüssel der Gesellschaft leergeräumt.) 9

Der Notar hat seine Amtstätigkeit (nur dann) abzulehnen, wenn ihm der unredliche Zweck erkennbar ist. Der Notar muss grundsätzlich nicht nachforschen, ob vielleicht ausnahmsweise ein unredlicher Zweck verfolgt wird. Gibt es jedoch **Anhaltspunkte für einen unredlichen Zweck,** so muss ihnen der Notar nachgehen und ggf. (wenn die Beteiligten diese Anhaltspunkte nicht zerstreuen können) seine Amtstätigkeit ablehnen. 10

Anlass für eine entsprechende Prüfung besteht nach Satz 3 insbesondere, wenn die **Verwahrung nicht im Zusammenhang mit einer Beurkundung** erfolgt. Denn wenn der Notar das zugrundeliegende Rechtsgeschäft nicht aufgrund der Beurkundung kennt, muss er sich erst durch Nachfragen bei den Beteiligten informieren, wozu die Verwahrung dienen soll.

Auch wenn die Beteiligten dem Notar den **wirtschaftlichen Sinn der Verwahrung** und des zugrundeliegenden Geschäfts nicht verständlich machen können, ist dem Notar zu empfehlen, die Verwahrung abzulehnen.[10] Denn im Regelfall wird dies nicht daran liegen, dass der Notar zu unbedarft ist, um den wirtschaftlichen Sinn (in Grundzügen, nicht notwendig in den Einzelheiten) zu verstehen, sondern daran, dass die Beteiligten (oder ein Beteiligter) etwas Wesentliches bewusst verschweigen (und statt dessen häufig bei dubiosen Anlagemodellen eine Nebelwand aus tatsächlichen oder angeblichen finanziellen Fachtermini errichtet wird).[11] 11

D. Amtliches Wissen nicht für private Zwecke ausnutzen (Nr. 3)

Das Verbot der Ausnutzung beruflich (oder besser noch: amtlich) anvertrauten Wissens für private Zwecke (Nr. 3) haben alle Notarkammern mit **Ausnahme der Bremer Notarkammer** ausdrücklich in ihre Richtlinien übernommen. Die Richtlinien der No- 12

---

[8] OLG Hamm DNotZ 1997, 228 mAnm *Reithmann*. Vergleichbar wäre die von *Haug,* Die Amtshaftung des Notars, 2. Aufl. 1997, Rn. 686 referierte Abwicklung von Warentermingeschäften über Anderkonto. Weitere Beispiele vgl. auch *Bresgen* BNotK-Intern 6/98, 5; *Ganter/Hertel/Wöstmann/Hertel* Rn. 1615 ff.; *Hey,* Kriminalistik, 1997, 480; *Weingärtner,* Verwahrungsgeschäft, Rn. 10 f.
[9] BGHZ 134, 100 = DNotZ 1997, 221.
[10] *Starke* ZNotP Sonderheft 2002, 15 Rn. 28.
[11] Ein Beispiel sind die sog Immobilien-Wertdifferenz-Geschäfte. Hier wurden Grundstückseigentümer bei der Abtretung von Eigentümergrundschulden unter der Behauptung betrogen, die versprochenen hohen Renditen könnten erzielt werden, da ausländische Banken auch die Wertdifferenz zwischen den von den Eigentümern abgetretenen Eigentümergrundschulden und dem (höheren) Grundstückswert wirtschaftlich als Beleihungsgrundlage nutzen könnten (obwohl insoweit gerade keine Belastung erfolgte), vgl. BNotK-Rundschreiben vom 6.12.1994; *Starke* ZNotP Sonderheft 2002, 14 Rn. 28 Fn. 73; *Weingärtner/Schöttler,* DONot, 7. Aufl. 1995, Rn. 145c. Ein anderes Beispiel wäre das betrügerische „Anlagemodell", vor dem Vertrauensschadensfonds der Bundesnotarkammer in seinem (unveröffentlichten) Rundschreiben an alle Notarkammern vom 14.7.2000 warnte: Danach bot eine Gesellschaft interessierten Verkäufern an, für ihr Objekt einen Käufer zu finden, wenn der Verkäufer (sic!) zunächst einen Teil des späteren Kaufpreises auf Notaranderkonto einzahle. Das Geld sollte dann in den USA für den Verkäufer gewinnbringend angelegt werden und auf irgendeine, nicht näher erklärte wundersame Weise auch einem potentiellen Käufer die Finanzierung des Objekts erleichtern.

tarkammer Mecklenburg-Vorpommern und der Rheinischen Notarkammer enthalten insoweit leicht abweichende Formulierungen, die aber nur der Klarstellung dienen sollen.

13 Entsprechende Amtspflichten des Notars gründen einerseits in der **Verschwiegenheitspflicht** des § 18 BNotO, andererseits in der Stellung des Notars als **unabhängiger Amtsträger** (§§ 1, 14 Abs. 1 BNotO), die eine privatnützige Verwertung des dem Amtsträger Anvertrauten zu Lasten der Beteiligten verbieten. Die unbefugte Verwertung eines dem Notar (oder einem anderen gesetzlich zur Verschwiegenheit verpflichteten Berufsträger) anvertrauten Betriebs- oder Geschäftsgeheimnisses stellt **§ 204 StGB** sogar unter Strafe.

Ähnliche Verbote der Vermischung privater oder gewerblicher Interessen mit der Stellung des Notars als Amtsträger enthalten § 14 Abs. 4 und Abs. 5 BNotO (Verbot von Vermittlungstätigkeiten, Verbot der beherrschenden Beteiligung an Bauträgergesellschaften).

14 Abschnitt III. Nr. 3 der Richtlinienempfehlungen erfasst jegliches dem Notar anvertrautes und der **Verschwiegenheitspflicht des § 18 BNotO unterfallendes Wissen** (also nicht nur Betriebs- oder Geschäftsgeheimnisse iSd § 204 StGB). Während § 18 BNotO die Weitergabe dieses Wissens an Dritte verbietet, verbietet die Richtlinie auch die eigennützige Verwertung ohne Weitergabe an Dritte. Ein Beispielsfall wäre, dass sich der Notar selbst als Käufer eines Grundstücks anbietet, von dessen (günstigem) Verkauf er in seiner Eigenschaft als Notar erfahren hat.[12]

15 Weiter erforderlich ist, dass die Nutzung **zu Lasten eines Beteiligten** geht – unabhängig ob dieser formell oder materiell beteiligt ist (wie die Richtlinien der Notarkammer Mecklenburg-Vorpommern und der Rheinischen Notarkammer klarstellen). Es genügt, wenn einem Beteiligten durch das Dazwischentreten des Notars eine Geschäftschance entgeht[13] – also etwa wenn der ursprüngliche Kaufinteressent durch den Notar verdrängt wird. Anders wäre, wenn der Notar, nachdem ein von ihm zu beurkundender Kaufvertrag nicht zustande gekommen ist, dem verkaufswilligen Beteiligten mitteilt, dass er selbst Interesse an dem Grundstück hätte.[14]

IV. Pflicht zur persönlichen Amtsausübung

1. Der Notar hat sein Amt persönlich und eigenverantwortlich auszuüben.

2. Der Notar darf die zur Erzeugung seiner elektronischen Signatur erforderliche Signatureinheit von Zugangskarte und Zugangscode (sichere Signaturerstellungseinheit) nicht Mitarbeitern oder Dritten zur Verwendung überlassen. Er hat die Signatureinheit vor Missbrauch zu schützen.

3. Der Notar darf lediglich vorbereitende, begleitende und vollziehende Tätigkeiten delegieren. In jedem Fall muss es den Beteiligten möglich bleiben, sich persönlich an den Notar zu wenden. Es darf kein Zweifel daran entstehen, dass alle Tätigkeiten der Mitarbeiter vom Notar selbst verantwortet werden.

4. Der Notar ist verpflichtet, Beschäftigungsverhältnisse so zu gestalten, dass es zu keiner Beeinträchtigung oder Gefährdung der persönlichen Amtsausübung kommt.

5. Vertretungen des Notars dürfen nicht dazu führen, dass der Umfang seiner Amtstätigkeit vergrößert wird.

A. Allgemeiner Grundsatz (Nr. 1)

1 Die persönliche Amtsausübung, die Abschnitt IV. Nr. 1 hervorhebt, gehört zu den institutionellen Grundsätzen des Notariats. Mit der Übertragung eines Notaramts durch den

---

[12] *Starke* ZNotP Sonderheft 2002, 15 Rn. 29.
[13] *Starke* ZNotP Sonderheft 2002, 15 Rn. 29; *Weingärtner/Wöstmann* III. RLEmBNotK Rn. 17.
[14] Ab der Bekundung seines Interesses unterliegt der Notar jedoch einem Mitwirkungsverbot nach § 3 Abs. 1 Nr. 7 BeurkG für weitere Amtstätigkeiten hinsichtlich des Verkaufs dieses Grundstückes.

Staat wird seinem Träger die höchstpersönliche Befugnis verliehen, die Zuständigkeiten eines Notars wahrzunehmen. Dementsprechend muss der Notar die zur Ausübung des Amts erforderlichen Tätigkeiten im Kern selbst erbringen. Er darf seine Verantwortung nicht auf andere übertragen oder sie mit anderen teilen.[1] Abschnitt IV. Nr. 1 ist von allen Notarkammern übernommen worden.

B. Elektronische Signatur (Nr. 2)

Die Richtlinienempfehlungen sind im Jahr 2006 um Abschnitt IV. Nr. 2 ergänzt worden.[2] Das Verbot der Weitergabe von Zugangskarte und Zugangscode rechtfertigt sich aus der Funktionsäquivalenz von elektronischer Signatur und eigenhändiger Unterschrift, von der §§ 126 Abs. 3, 126a BGB ausgehen:[3] Ebenso wie § 13 Abs. 3 BeurkG die eigenhändige Unterschrift des Notars voraussetzt, erfordert die qualifizierte elektronische Signatur des Notars deren Erzeugung durch den Amtsträger persönlich.[4] Der Notar hat die Signatureinheit vor Missbrauch zu schützen (Abschnitt IV. Nr. 2 S. 2), genauso wie er nach § 2 Abs. 3 DONot dafür zu sorgen hat, dass die Amtssiegel nicht missbraucht werden können (zur Sperr- und Anzeigepflicht des Notars bei Verlust der Signaturkarte vgl. § 2a Abs. 3 DONot). Das berufsrechtliche Verbot der Weitergabe der Signatureinheit sagt noch nichts über die beurkundungs- und zivilrechtlichen Folgen eines Verstoßes gegen die Pflicht zur höchstpersönlichen Erzeugung aus. Beurkundungsrechtlich ist die Errichtung von Beglaubigungen und sonstigen Zeugnissen in § 39a BeurkG geregelt. Da diese Bestimmung sich unmittelbar auf § 39 BeurkG bezieht und § 39 BeurkG wiederum die eigenhändige Unterschrift des Notars verlangt, ist auch im beurkundungsrechtlichen Sinne von einer Funktionsäquivalenz auszugehen. Dies bedeutet, dass eine nicht vom Amtsträger höchstpersönlich erzeugte Signatur nicht nur einen Verstoß gegen das notarielle Berufsrecht, sondern auch gegen eine zwingende Norm des Beurkundungsrechts darstellt und damit zur Unwirksamkeit der elektronischen Urkunde führt.[5]

C. Delegation von Tätigkeiten (Nr. 3)

In der Organisation seines Büros ist der Notar grundsätzlich frei. Er hat allerdings zu gewährleisten, dass er die Organisationsgewalt über seine Geschäftsstelle einschließlich der personellen und sachlichen Hilfsmittel behält, um hierdurch die persönliche und eigenverantwortliche Amtsführung sicherzustellen. Die Beschäftigung von Angestellten, insbesondere auch von juristischen Mitarbeitern iSv § 25 BNotO, kommt grundsätzlich der Qualität der Amtstätigkeit zugute. Sie birgt aber gleichzeitig die Gefahr, dass auch Teile derjenigen Beratungs-, Betreuungs-, Vorbereitungs- und Vollzugstätigkeit delegiert werden, die der Notar kraft des ihm höchstpersönlich verliehenen öffentlichen Amts selbst auszuführen hat. Abschnitt IV. Nr. 3 S. 1 der Richtlinien – die von sämtlichen Notarkammern wörtlich oder sinngemäß übernommen wurde – bestimmt deshalb, dass der Notar lediglich vorbereitende, begleitende und vollziehende Tätigkeiten delegieren darf. Hierbei handelt es

---

[1] → BNotO § 25 Rn. 7 ff. und *Bohrer,* Berufsrecht, Rn. 9. Zu Möglichkeiten und Grenzen der Überwachung der persönlichen Amtsausübung durch die Notaraufsicht vgl. BGH DNotZ 1997, 223 mAnm *Gemes.*

[2] DNotZ 2006, 561.

[3] Rundschreiben Nr. 20/2007 der BNotK (www.bnotk.de).

[4] Näher *Bettendorf/Apfelbaum* DNotZ 2008, 85 ff.

[5] So die hM, vgl. Rundschreiben Nr. 20/2007 der BNotK (www.bnotk.de); *Weingärtner/Gassen* DONot § 32 Fn. 55; *Bettendorf/Apfelbaum* DNotZ 2006, 19 ff.; *dies.* DNotZ 2006, 89 f. AA insoweit *Bohrer* DNotZ 2006, 52 ff., demzufolge die vom Gesetzgeber angenommene Gleich**wertigkeit** von eigenhändiger Unterschrift und elektronischer Signatur noch keine Rückschlüsse auf deren gleich**artige** Herstellung erlaubt. Zur elektronischen Signatur nunmehr umfassend Büttner/Frohn/Seebach/*Büttner/Frohn,* Elektronischer Rechtsverkehr und Informationstechnologie im Notariat, S. 9 ff.

sich neben allgemeinen Büroarbeiten zB um Grundbuch- und Registereinsichten, die Einholung und Zusammenstellung weiterer erforderlicher tatsächlicher Angaben zur Vorbereitung der Beurkundung oder die Klärung einfach gelagerter Fragen im Rahmen des Vollzugs der Urkunde mit den hieran Beteiligten. Bei entsprechend qualifizierten – insbesondere juristischen – Mitarbeitern fällt hierunter auch die juristische Auf- und Vorbereitung rechtlicher Fragen zur Vorbereitung der Beurkundung im Rahmen des Vollzugs.

4   Dagegen darf der Mitarbeiter gegenüber den Beteiligten insbesondere keine eigenverantwortlichen Betreuungs- oder Beratungsleistungen erbringen. Urkundsentwürfe, die der (juristische) Mitarbeiter vorbereitet, hat der Notar selbst im Einzelnen zu überprüfen. Entsprechendes gilt für die Vorbereitung sonstiger Amtstätigkeiten durch den Mitarbeiter und auch im Rahmen des Vollzugs (so hat der Notar zB die Auszahlungsvoraussetzungen selbst zu prüfen, s. auch Abschnitt III. Nr. 3 der Richtlinien der Bremer Notarkammer). Bei der Bestellung einer qualifizierten elektronischen Signatur darf nur der Notar persönlich die Signaturkarte und die dazugehörige Geheimzahl verwenden.[6] Insgesamt darf kein Zweifel daran bestehen, dass alle Tätigkeiten der Mitarbeiter vom Notar selbst verantwortet werden (Abschnitt IV. Nr. 3 S. 3).[7]

5   Nach Abschnitt IV. Nr. 3 S. 2 muss es den Beteiligten in jedem Fall möglich bleiben, sich persönlich an den Notar zu wenden.[8] Dies soll sicherstellen, dass die Einschaltung von Mitarbeitern den persönlichen Kontakt zwischen den Beteiligten und dem Notar nicht verhindert. Dass der Notar „in jedem Falle" persönlich zur Verfügung stehen muss, bedeutet nicht, dass er dies auch „jederzeit" tun muss; selbstverständlich obliegt dies seiner zeitlichen Disposition, die er allerdings bereits aus eigenem Interesse soweit als möglich mit den Terminvorstellungen der Beteiligten in Übereinstimmung bringen wird. Insgesamt soll auch Abschnitt IV. Nr. 3 S. 2 gewährleisten, dass Grundlage der Beauftragung eines Notars das persönliche Vertrauensverhältnis zum Amtsinhaber bleibt.

D. Gestaltung von Beschäftigungsverhältnissen (Nr. 4)

6   Nach Abschnitt IV. Nr. 4 ist der Notar verpflichtet, Beschäftigungsverhältnisse so zu gestalten, dass es zu keiner Beeinträchtigung oder Gefährdung der persönlichen Amtsausübung kommt.[9] Dieses Gebot folgt bereits aus dem Grundsatz der Unabhängigkeit des Notars, die auch das Verhältnis zu seinen Angestellten prägt.[10] Speziell bei der Beschäftigung juristischer Mitarbeiter, die den Notar in besonderem Maße entlasten können, ist der Entstehung von Delegationsstrukturen entgegenzuwirken, die die Unabhängigkeit des Notars gegenüber diesen Mitarbeitern beeinträchtigen. Dies gilt nicht nur im Hinblick auf das Verbot einer Gebührenbeteiligung (§ 17 Abs. 1 S. 3 BNotO), sondern wirkt sich auch in der konkreten Aufgabenübertragung auf die Mitarbeiter aus. Diese darf nicht dazu führen, dass der Notar bei Ausübung seiner Amtstätigkeit auf die Beurteilung oder gar Entscheidung bestimmter Rechtsfragen durch den Mitarbeiter angewiesen ist. Wenn eine derartige Abhängigkeit entsteht, ist zugleich der Grundsatz der persönlichen Amtsausübung verletzt.

E. Vertretung des Notars (Nr. 5)

7   Der Grundsatz der persönlichen Amtsausübung bedingt, dass der Notar sich im Amt nur vertreten lassen darf, wenn und solange er an der Ausübung seines Amts im Ganzen

---

[6] Ebenso Schippel/Bracker/*Görk* RLE/BNotK IV Rn. 6.
[7] Die Bremer Notarkammer hat Abschnitt IV. Nr. 3 S. 3 nicht übernommen. Der Grundsatz folgt aber bereits aus der allgemeinen Pflicht zur persönlichen Amtsausübung, Abschnitt IV. Nr. 1 der Richtlinien.
[8] Auch diese Bestimmung ist von der Bremer Notarkammer nicht übernommen worden.
[9] Die Bremer Notarkammer hat diese Regelung nicht übernommen.
[10] → BNotO § 25 Rn. 11.

verhindert ist.¹¹ Abschnitt IV. Nr. 5 bestimmt deshalb in allgemeiner Form, dass Vertretungen des Notars nicht zu einer Vergrößerung des Umfangs seiner Amtstätigkeit führen dürfen.¹² Dies gilt auch, wenn die Vertretung der Ausbildung eines Notarassessors dient.¹³

Unzulässig ist es daher insbesondere, wenn der Notar den Vertretungszeitraum dazu **8** nutzt, Beurkundungen konkret vorzubereiten oder zB im Rahmen des Vollzugs tätig zu werden. Die Gefahr, dass es auf diese Weise zu einer unerwünschten¹⁴ Verdoppelung der Arbeitskraft kommt, besteht vor allem bei Bestellung eines ständigen Notarvertreters, da hier im Vertretungszeitraum die Amtsausübung zwischen Notar und Vertreter wechselt.

In das Spannungsverhältnis zwischen persönlicher Amtsausübung und Vertreterbestellung **9** fällt auch die Frage, ob ein juristischer Mitarbeiter des Notars zu dessen Vertreter bestellt werden kann.¹⁵ Der BGH hat es vor Einführung von § 25 in die BNotO ausdrücklich gebilligt, dass ein juristischer Mitarbeiter mit Befähigung zum Richteramt nicht zum Vertreter seines Anstellungsnotars bestellt worden ist, um schon dem Anschein entgegenzutreten, der Notar könne trotz eigener Verhinderung aufgrund seiner Weisungsbefugnis aus dem Arbeitsverhältnis Einfluss auf die Amtsführung seines Vertreters nehmen.¹⁶ An diesem Grundsatz ist – im Bereich des hauptberuflichen Notariats wie im Bereich des Anwaltsnotariats – festzuhalten, zumal die Vertretung des Notars durch einen seiner Angestellten auch aus anderen Gründen bedenklich erscheint: je häufiger und je regelmäßiger ein Notariatsangestellter den Notar vertritt, desto weniger kann das rechtsuchende Publikum die Funktionen beider Personen, die streng auseinander zu halten sind, unterscheiden. Im Einzelfall könnte sogar der Eindruck entstehen, der Notar übe sein Notaramt in Sozietät mit seinem Angestellten aus.¹⁷

Im Bereich des Anwaltsnotariats stellt sich die Frage, ob eine Verhinderung an der **10** Amtsausübung, die zur Vertreterbestellung berechtigt, auch mit Belastungen aus einer weiteren Berufstätigkeit nach § 8 Abs. 2 BNotO begründet werden kann (zB mit einer längeren Abwesenheit zur Wahrnehmung anwaltlicher Mandate). Dies ist zu verneinen. Die Verbindung des Notaramts mit dem Anwaltsberuf führt zwangsläufig dazu, dass das Notaramt nur in zeitlich begrenztem Umfang ausgeübt werden kann.¹⁸ Würde man dies durch Vertreterbestellungen ausgleichen, würde die Grenze zur hauptberuflichen Amtsausübung verwischt und die Gefahr einer Art „Verpachtung" des Notaramts begründet.¹⁹

---

¹¹ So ausdrücklich die in der Formulierung abweichenden Bestimmungen in Abschnitt IV. Nr. 4 der Notarkammern Koblenz und Pfalz, ähnlich die Regelung der Saarländischen Notarkammer (Abschnitt IV. Nr. 4. S. 1).

¹² Die Rheinische Notarkammer sowie die Notarkammern Bremen und Oldenburg haben diesbezüglich keine Regelung getroffen. Auch insoweit wird man dasselbe Prinzip aber bereits aus dem allgemeinen Grundsatz der persönlichen Amtsausübung, Abschnitt IV. Nr. 1 der Richtlinien, herleiten müssen. Ebenso Schippel/Bracker/*Görk* RLE/BNotK IV Rn. 19.

¹³ Vgl. Abschnitt IV. Nr. 4 S. 2, S. 3 der Richtlinien der Saarländischen Notarkammer.

¹⁴ Bereits bei der Bedürfnisprüfung, § 4 BNotO, muss sichergestellt sein, dass das Beurkundungsaufkommen einer Notarstelle sich ausschließlich aus der Amtstätigkeit einer Person herleitet.

¹⁵ Abschnitt IV. Nr. 3 der Richtlinien der Notarkammern Brandenburg, Sachsen und Thüringen schließen dies ausdrücklich aus.

¹⁶ BGH DNotZ 1996, 203.

¹⁷ → BNotO § 25 Rn. 16. Ebenso Schippel/Bracker/*Görk* RLE/BNotK IV Rn. 21.

¹⁸ Ebenso BGH NJW 2003, 2905 f. Insoweit können sinngemäß die Grundsätze übertragen werden, die das BVerfG in anderem Zusammenhang, nämlich zur Frage der Beurkundung außerhalb der Geschäftsstelle, aufgestellt hat (DNotZ 2000, 787 (791)): dort hat es ausgeführt, dass an Anwaltsnotaren keine zu strengen Anforderungen an die Verfügbarkeit gestellt werden dürften, da vornehmlich der Hauptberuf als Rechtsanwalt einer kontinuierlichen Anwesenheit am Amtssitz entgegenstehe.

¹⁹ Der Vertreter führt das Amt für Rechnung des Notars, → BNotO § 41 Rn. 6. Der Anwaltsnotar, der sich während der Ausübung anwaltlicher Tätigkeit als Notar vertreten lässt, würde dementsprechend gleichzeitig Einnahmen aus beiden, nach der Gesetzeskonstruktion (vgl. zB § 24 Abs. 2 BNotO) nur alternativ auszuübenden Tätigkeiten erzielen.

V. Begründung, Führung, Fortführung und Beendigung der Verbindung zur gemeinsamen Berufsausübung oder sonstiger zulässiger beruflicher Zusammenarbeit sowie zur Nutzung gemeinsamer Geschäftsräume

1. Die Verbindung zur gemeinsamen Berufsausübung, sonstige Formen beruflicher Zusammenarbeit sowie die Nutzung gemeinsamer Geschäftsräume dürfen die persönliche, eigenverantwortliche und selbständige Amtsführung des Notars, seine Unabhängigkeit und Unparteilichkeit sowie das Recht auf freie Notarwahl nicht beeinträchtigen.
2. Dies haben auch die insoweit schriftlich zu treffenden Vereinbarungen zwischen den beteiligten Berufsangehörigen zu gewährleisten (§ 27 Abs. 2 BNotO).

A. Vorbemerkungen

1 Die Ausgestaltung einer verfassten beruflichen Zusammenarbeit zwischen Notaren, aber auch im Fall der Notare im Nebenberuf zwischen Notar(en) und Angehörigen der anderen in § 9 Abs. 2 BNotO genannten Berufe ist für die Betroffenen von fundamentaler Bedeutung. Inwieweit sie dabei Gestaltungsfreiheit genießen, berührt jedoch nicht nur ihre eigenen Interessen, sondern ebenso in grundlegender Weise die des Staates als Träger der vorsorgenden Rechtspflege und die des rechtsuchenden Publikums. Da diese Interessen durchaus in einem Gegensatz zueinander stehen, ist ein aus staatlicher Gesetzgebung erwachsender **rechtlicher Rahmen** zwingend erforderlich. Der **Gesetzgeber** hat dabei nur die wesentlichen **Grundentscheidungen** selbst getroffen und die Ausfüllung dieses Rahmens entsprechend regionaler Traditionen dem Verordnungsgeber (§ 9 Abs. 1 BNotO) sowie der berufsständischen Selbstverwaltung (§ 67 Abs. 2 Nr. 5 BNotO) überantwortet.

2 §§ 9, 27 und 67 Abs. 2 Nr. 5 BNotO, die vorrangig den formell-gesetzlichen Rahmen der Richtlinien der Notarkammern abstecken, sind in ihrem **Anwendungsbereich** nicht deckungsgleich. § 9 Abs. 1 BNotO betrifft nur die Notare im Hauptberuf, Abs. 2, der im Übrigen keine Verordnungsermächtigung enthält,[1] nur die Notare im Nebenberuf. Allein Abs. 3 dieser Vorschrift macht ebenso wie §§ 27 und 67 Abs. 3 Nr. 5 BNotO keinen Unterschied zwischen beiden Notariatsformen. § 9 BNotO mit den aufgrund seines Abs. 1 erlassenen Verordnungen erfasst ebenso wie § 27 BNotO jedenfalls dem Wortlaut nach im Übrigen nur die Verbindung zur gemeinsamen Berufsausübung und die Bürogemeinschaft. § 67 Abs. 2 BNotO dagegen ermächtigt zum Erlass von Richtlinien auch für die Verbindung zu „sonstiger beruflicher Zusammenarbeit".

3 In der **Normenkollision** von auf der Grundlage des § 9 Abs. 1 BNotO erlassener **Rechtsverordnungen** und **berufsständischen Richtlinien** der Notarkammern hat der Gesetzgeber in § 67 Abs. 2 S. 1 BNotO den Verordnungen den Geltungsvorrang zugesprochen, so dass die Gestaltungsfreiheit der Notarkammern des hauptberuflichen Notariats zusätzlich durch die Rechtsverordnungen beschränkt wird. Von der Verordnungsermächtigung des § 9 Abs. 1 BNotO Gebrauch gemacht haben alle Länder mit (auch) hauptberuflichem Notariat mit Ausnahme des Saarlandes.[2]

---

[1] Bedenken hiergegen → BNotO § 9 Rn. 3.
[2] Baden-Württemberg: Verordnung des Justizministeriums zur Regelung von Angelegenheiten auf dem Gebiet des Notarwesens vom 18.9.2017 (GBl. S. 511); Bayern: Verordnung zur Regelung von Angelegenheiten auf dem Gebiet des Notarwesens vom 10.2.2000 (GVBl. S. 60); Mecklenburg-Vorpommern: Verordnung zur Ausführung der Bundesnotarordnung vom 10.12.1998 (GVOBl. S. 915); Nordrhein-Westfalen: Verordnung über die gemeinsame Berufsausübung hauptberuflicher Notare vom 19.1.2000 (GV NRW S. 51); Rheinland-Pfalz: Landesverordnung zur Ausführung der Bundesnotarordnung vom 14.7.1999 (GVBl. S. 189); Sachsen: Verordnung des Sächsischen Staatsministeriums der Justiz zur Ausführung der Bundesnotarordnung vom 16.12.1998 (GVBl. S. 666); Sachsen-Anhalt: Landesnotarverordnung vom 16.12.1998 (GVBl. S. 486); Thüringen: Thüringer Verordnung über die Angelegenheiten der Notare und Notarassessoren vom 16.8.1999 (GVBl. S. 519).

Vor dem Hintergrund dieses unterschiedlichen rechtlichen Rahmens, dazu unterschiedli- 4
cher Interessenlagen des hauptberuflichen und eines nicht unerheblichen Teils des Anwaltsnotariats, insbesondere des Teils, der in multiprofessionelle Sozietäten eingebunden ist,
erklärt sich, warum **Abschnitt V.** praktisch **keinen nennenswerten, über das Gesetz
hinausreichenden Regelungsgehalt** aufweist.³ Dass es überhaupt zur Aufnahme dieser
knapp gehaltenen Bestimmung kam, war nicht selbstverständlich: Im Gegensatz zum ersten
RLEmBNotK-Entwurf und der Schlussfassung, die der Vertreterversammlung zur Beschlussfassung vorlag, hatte der zweite RLEmBNotK-Entwurf auf jegliche Regelung zum
Themenkomplex „berufliche Zusammenarbeit" verzichtet. Darüber hinaus sind im ersten
Entwurf vorgesehene Bestimmungen zur Beteiligung von Notaren an Berufsträger-Kapital-
gesellschaften, Partnerschaftsgesellschaften und Europäischen Wirtschaftlichen Interessen-
vereinigungen in der Schlussfassung (unter anderem wegen Bedenken hinsichtlich der
Satzungskompetenz) nicht wieder aufgenommen worden.⁴

B. Regelungsgehalt der Norm

I. Wahrung der Unabhängigkeit und selbstständigen Amtsführung, Nr. 1

Da der Wortlaut der Nr. 1 weitgehend identisch mit § 9 Abs. 3 BNotO ist, wird 5
zunächst zur Vermeidung von Wiederholungen auf die dortige Kommentierung unter
→ Rn. 5 verwiesen. Über diese Bestimmung hinaus verfügt Nr. 1 dreierlei: dass die Ausgestaltung der beruflichen Zusammenarbeit auch die **Selbstständigkeit** der Amtsführung
des Notars nicht beeinträchtigen darf, dass sie das **Recht auf freie Notarwahl** nicht
nachteilig berühren darf, und dass die insoweit ergänzten Anforderungen auch für **sonstige
Formen beruflicher Zusammenarbeit** gelten. Hierzu im Einzelnen:

1. Selbstständigkeit und Unabhängigkeit der Amtsführung. Die Abgrenzung der 6
„Selbstständigkeit" zur bereits in § 9 Abs. 3 BNotO enthaltenen „eigenen Verantwortlichkeit" fällt schwer. So ist der Begriff eher als Verstärkung denn als Ergänzung des § 9 Abs. 3
BNotO zu lesen mit dem klaren Bekenntnis, dass jegliche **interne Handlungsvorgaben**
über die notarielle Verfahrensgestaltung beteiligter Notare, zB hinsichtlich zeitlicher, örtli-
cher und sachlicher Amtsbereitschaft, sowie über die Auslegung berufs- und sachlich-recht-
licher Normen, zB die Beurteilung des „berechtigten" Sicherungsinteresses bei Verwahrungsgeschäften oder der Umsetzung der Fortbildungspflicht, **unzulässig** sind. Selbstständigkeit in diesem Sinn weist einen engen Bezug zur Unabhängigkeit der Amtsführung auf.
Auch wenn ein entsprechender Konkretisierungsvorschlag in der Textfassung des Abschnitts V. keinen Niederschlag fand, ist doch unzweifelhaft, dass damit sowohl die berufliche wie auch die wirtschaftliche Unabhängigkeit eines jeden Notars gemeint ist. Wer von
Partnern der beruflichen Zusammenarbeit wirtschaftlich abhängig ist, ist uU faktisch außer
Stande, sein Amt selbstständig und eigenverantwortlich zu versehen. Es verwundert daher
nicht, dass die unter Abschnitt C. zu behandelnden Richtlinien der Notarkammern bzw.
die Ausführungsverordnungen zu § 9 BNotO im Bereich des hauptberuflichen Notariats
diesem Teilaspekt teilweise große Aufmerksamkeit widmen.

2. Freie Notarwahl. Jegliche **bindende interne Geschäftsverteilung** zwischen den 7
an der Berufsverbindung Beteiligten ist **verboten.** Die mögliche Gefährdung des Interesses
der Rechtsuchenden, sich den Notar ihres Vertrauens aussuchen zu können, durch derartige interne Absprachen dürfte in der Praxis des hauptberuflichen Notariats geringer sein
als zunächst zu vermuten ist. Hiermit unvereinbar wäre beispielsweise auch, Rechtsgeschäfte, die nicht kostendeckend erledigt werden können, ausschließlich einem, etwa dem

---

³ Die Begründung zum Ersten, nahezu gleich lautenden Entwurf sprach zu Recht von einem „Minimal-
konsens" (BNotK-Rundschreiben 58/97, 22).
⁴ Zu diesen Problemfeldern im Übrigen → BNotO § 9 Rn. 16–18.

jüngeren Partner zuzuweisen. Große Bedeutung entfaltet dieses Gebot demgegenüber im Anwaltsnotariat, weil man es auch als Gebot zur Wahrung des Zugangs zum Notar als Notar auch in der multiprofessionellen Zusammenarbeit sehen muss. Wenn § 15 BNotO dem Anwaltsnotar auferlegt, trotz damit einhergehender wirtschaftlicher Schlechterstellung ein nicht zwingend notariell zu erledigendes Geschäft als Notar (und nicht anwaltlich) zu bearbeiten, so darf der Anwaltsnotar keine Regelung akzeptieren, die die Bearbeitung entsprechender Mandate den Nur-Anwälten reserviert.

8   **3. Sonstige Formen beruflicher Zusammenarbeit.** § 9 BNotO, der „sonstige Formen beruflicher Zusammenarbeit" nicht erwähnt, gilt unzweifelhaft für in räumlicher, sachlicher und/oder personeller Hinsicht verfestigte Formen der beruflichen Zusammenarbeit von Notaren mit („Sozietät") bzw. ohne (Bürogemeinschaft) Teilung auch des wirtschaftlichen Ergebnisses der jeweiligen Tätigkeit. Unterhalb der Schwelle solcher räumlicher, sachlicher und/oder personeller Verbundenheit liegende Formen des Zusammenwirkens zum gegenseitigen Vorteil lassen sich unter § 9 BNotO nur subsumieren, wenn man dieser Vorschrift einen weiten Begriff von „gemeinsamer" Berufsausübung zugrunde legt. Für den Anwendungsbereich der Berufsrichtlinien besteht dank des eindeutigen Wortlauts des § 67 Abs. 2 BNotO diese Ungewissheit nicht, und so ist jedenfalls durch Abschnitt V. klargestellt, dass sonstige Formen der Zusammenarbeit, seien sie nach außen verlautbart oder nicht, keine Handhabe bieten, sich über den durch § 9 Abs. 3 BNotO gezogenen Rahmen hinwegzusetzen. Damit ist es dem Notar insbesondere verboten, sich in irgendeiner Weise einer Ausschließlichkeitsbindung gegenüber einem anderen Berufsträger zu unterwerfen, da dies mit der Unabhängigkeit des Notars nicht zu vereinbaren ist.

II. Vereinbarung über die berufliche Zusammenarbeit, Nr. 2

9   Nr. 2 erscheint zunächst nur als Ausdruck von Selbstverständlichkeiten: Wenn für die Gestaltung der beruflichen Zusammenarbeit bestimmte Regeln gelten, darf der Notar keine dem zuwiderlaufende Vereinbarung mit anderen Berufsträgern eingehen, und wenn die gesetzliche Pflicht zur Vorlage der Vereinbarung auf Anforderung der Aufsichtsbehörde und/oder der Notarkammer besteht, kann es keine diesbezüglichen mündlichen Vereinbarungen geben. Ein erster darüber hinausweisender Aussagegehalt liegt zunächst in der durch Nr. 1 unmissverständlich angeordneten Geltung auch für Formen beruflicher Zusammenarbeit unterhalb der Schwelle zur „Sozietät" bzw. Bürogemeinschaft. Schließlich spricht angesichts der fundamentalen Bedeutung dieser Grundsätze für die Interessen der Rechtspflege viel dafür, Nr. 2 ausdrücklich im Sinne eine **Handlungspflicht** zu lesen, so dass mit ihm übereinstimmende Richtlinien der einzelnen Notarkammern das ausdrückliche Gebot begründen, eine die Grundsätze der Nr. 1 bestätigende Bestimmung positiv in die Vereinbarung aufzunehmen. Dies mag formalistisch erscheinen, bietet aber gerade in multiprofessionellen Zusammenschlüssen die beste Gewähr, allen Beteiligten, insbesondere den anderen Berufsträgern, die besondere Rolle des Notars unmissverständlich vor Augen zu führen.

C. Überblick über die regionalen Richtlinien

10 Die einzelnen Notarkammern haben Abschnitt V. durchaus unterschiedlich umgesetzt. Dabei darf die unterschiedliche **Ausgangslage** der einzelnen Kammern nicht außer Acht gelassen werden. Hinsichtlich der Kammern des reinen Anwaltsnotariats existieren durchgängig keine **Durchführungsverordnungen auf der Grundlage des § 9 BNotO.**[5] Bei beiden „gemischten" Notarkammern besteht eine Durchführungsverordnung. Von den Ländern, deren Notarkammern ausschließlich hauptberufliche Notare angehören, haben

---

[5] Dass solche Verordnungen möglich wären, vertritt mit guten Gründen *Baumann* → BNotO § 9 Rn. 3.

V. Verbindung zur gemeinsamen Berufsausübung

alle mit Ausnahme des Saarlandes von der Verordnungsermächtigung des § 9 Abs. 1 BNotO Gebrauch gemacht, und dabei durchaus mit deutlichen Unterschieden in der Detailliertheit der Regelungen. Die Spannweite reicht dabei von der bloßen Anordnung einer Genehmigungspflicht[6] über rudimentäre Regelungen auch inhaltlicher Art, insbesondere zur Begrenzung der Zahl der Partner,[7] bis hin zu den sehr ins Einzelne gehenden Regelungen in § 3 der Rh. Pf. BNotO-AV.

Die **größte Gruppe** bilden die Notarkammern, die die Empfehlung der Bundesnotarkammer **buchstabengetreu**[8] oder mit nur redaktionell zu nennenden Änderungen[9] übernommen haben. Soweit Notarkammern aus dem **Anwaltsnotariat** auch inhaltlich zu nennende **Änderungen** vorgenommen haben, betreffen diese vorrangig die Nr. 2 des Abschnitts V. Das reicht von der bloßen Auslassung des Wortes „schriftlich" in den Richtlinien der Notarkammer Celle über die Streichung gleich der ganzen Formulierung „insoweit schriftlich zu treffenden" in den Richtlinien der Notarkammer Hamm bis hin zum völligen Wegfall der Nr. 2 in den Richtlinien der Notarkammern Berlin und Oldenburg. Während damit bei den beiden letztgenannten dem oben vertretenen „Zitiergebot" der Boden entzogen ist, ändern die Auslassungen der beiden anderen Kammern nichts daran, dass es der ausdrücklichen Wiedergabe der Grundsätze der Nr. 1 in der Vereinbarung bedarf. Denn bereits aus § 27 Abs. 2 BNotO, der jederzeitigen[10] Vorlagepflicht, folgt ein mittelbarer Zwang zur Schriftlichkeit der Vereinbarung, und da die jeweilige Vereinbarung über die berufliche Zusammenarbeit den Grundsätzen der Nr. 1 auch nach den Richtlinien der Notarkammern Celle und Hamm nicht nur „nicht widersprechen" darf, sondern sie „zu gewährleisten" hat, müssen auch dortige Notare die Grundsätze der Nr. 1 vertraglich fixieren. Eine Besonderheit weisen die Richtlinien der Notarkammer Hamm auf: deren Abschnitt V. Nr. 3 stellt klar, dass in Drucksachen oder elektronischen Medien verlautbarte Kooperationen eine Verbindung zur gemeinsamen Berufsausübung iSv § 3 Abs. 1 S. 1 Nr. 4 BeurkG darstellen.

Betrachtet man die Richtlinien der **Kammern des hauptberuflichen Notariats,** die die Richtlinien-Empfehlungen nicht wortlautidentisch oder mit ausschließlich redaktionellen Korrekturen übernommen haben, so gibt es auch hier eine Dreiteilung, was die Abweichungen vom Ursprungstext angeht. Untereinander fast deckungsgleich haben die Richtlinien der Notarkammern Brandenburg, Sachsen und Thüringen über die Richtlinien-Empfehlungen hinaus die Grundsätze des Abschnitts V. Nr. 1 als auch auf Vereinbarungen anlässlich der Beendigung einer beruflichen Zusammenarbeit anwendbar erklärt.[11] Diese Erweiterung fehlt in den Richtlinien der Notarkammer Sachsen-Anhalt, die Nr. 1 und Nr. 2 des Abschnitts V. zwar unverändert übernommen, ihnen aber noch eine Nr. 3 beigegeben hat, welche bei Sozietäten die Einräumung von Sondervorteilen für einen der beteiligten Notare hinsichtlich der Verfügungsbefugnis über Amtsräume, Personal sowie hinsichtlich der Auflösung der Sozietät, des Weiteren eine „unbillige" wirtschaftliche Schlechterstellung eines Partners ausdrücklich verbietet. Wiederum einen anderen Akzent setzen die Richtlinien der Notarkammer Koblenz, die nach wortlautgetreuer Wiedergabe der Nr. 1 und Nr. 2 des Abschnitts V. noch drei weitere Absätze vorsehen, in denen die

---

[6] § 9 SächsBNotOVO, § 2 BNotOAusfVO MV.
[7] S. § 3 BaWüBNotOVO, § 1 BayrVONot, § 9 ThürNotVO, § 1 LNotVO SA.
[8] Notarkammer Baden-Württemberg, Notarkammer Frankfurt, Hamburgische Notarkammer, Notarkammer Kassel, Notarkammer Mecklenburg-Vorpommern und die Saarländische Notarkammer, auch die Rheinische Notarkammer, die in ihrem Abschnitt V. Nr. 3 allerdings auf gesonderte Richtlinien für die hauptberuflichen Notare verweisen.
[9] Notarkammer Pfalz: gestraffte Überschrift; Notarkammer Braunschweig und Schleswig-Holsteinische Notarkammer: Ergänzung des „Unabhängigkeit" um die Adjektive „berufliche" und „wirtschaftliche"; Bremische Notarkammer: Einfügung einer klarstellenden Wortzusätze (selbständige Amtsführung des **einzelnen** Notars; Recht auf freie Notarwahl **auch innerhalb einer beruflichen Verbindung**).
[10] → BNotO § 9 Rn. 9.
[11] Allein die Notarkammer Thüringen hat demgegenüber die „sonstigen Formen beruflicher Zusammenarbeit" aus den Richtlinien gestrichen, möglicherweise in der Vorstellung, dass es im hauptberuflichen Notariat keine andere Form der Zusammenarbeit als Sozietät und Bürogemeinschaft geben könnte.

Pflicht zur Fortsetzung einer Berufsverbindung oder Bürogemeinschaft mit einem anstelle eines bisherigen Partners eingesetzten Notariatsverwalter sowie eine grundsätzliche Pflicht zur Fortsetzung einer beruflichen Zusammenarbeit auch mit dem Amtsnachfolger festgeschrieben ist.

13   Auf den ersten Blick ganz aus der Reihe fallen die **Richtlinien der Landesnotarkammer Bayern**. Sie haben aus der Richtlinien-Empfehlung zwar die Überschrift übernommen, hinter der sich aber ein detailliertes Regelwerk verbirgt, das ausgehend von einer Paraphrase des Abschnitts V. Nr. 1 und vergleichbar einer Inkriminierung bestimmter Sondervorteilsregelungen, aber weitergehend als die eben beschriebene Nr. 3 der sachsenanhaltinischen Richtlinien, in seinen Nr. 3 bis Nr. 5 präzise Vorschriften zur Gestaltung von Kündigungsregelungen und zur Fortführung einer Sozietät oder Bürogemeinschaft bei Ausscheiden eines Partners aufstellt. Die Alleinstellung der Landesnotarkammer Bayern relativiert sich freilich, wenn man berücksichtigt, dass hinsichtlich der beiden rheinlandpfälzischen Notarkammern bereits der Verordnungsgeber wesentliche Detailregelungen vorweggenommen hat und die Rheinische Notarkammer neben ihren allgemeinen Berufsrichtlinien ebenfalls auf der Basis des § 67 Abs. 2 S. 3 Nr. 5 BNotO gesonderte Richtlinien für die Verbindung hauptberuflicher Notare zur gemeinsamen Berufsausübung und Nutzung gemeinsamer Geschäftsräume erlassen hat,[12] die ebenfalls eingehende Regelungen zu den erwähnten Themenkreisen enthalten.

VI. Die Art der nach § 28 BNotO zu treffenden Vorkehrungen

1.1. Vor Übernahme einer notariellen Amtstätigkeit hat sich der Notar in zumutbarer Weise zu vergewissern, daß Kollisionsfälle i. S. des § 3 Abs. 1 BeurkG nicht bestehen.

1.2. Der Notar hat als Vorkehrungen i. S. des § 28 BNotO Beteiligtenverzeichnisse oder sonstige zweckentsprechende Dokumentationen zu führen, die eine Identifizierung der in Betracht kommenden Personen ermöglichen.

2. Der Notar hat dafür Sorge zu tragen, dass eine zur Erfüllung der Verpflichtungen aus § 3 Abs. 1 BeurkG und § 14 Abs. 5 BNotO erforderliche Offenbarungspflicht zum Gegenstand einer entsprechenden schriftlichen Vereinbarung gemacht wird, die der gemeinsamen Berufsausübung oder der Nutzung gemeinsamer Geschäftsräume zugrunde liegt.

3.1. Der Notar hat Gebühren in angemessener Frist einzufordern und sie bei Nichtzahlung im Regelfall beizutreiben.

3.2. Das Versprechen und Gewähren von Vorteilen im Zusammenhang mit einem Amtsgeschäft sowie jede Beteiligung Dritter an den Gebühren ist unzulässig. Insbesondere ist es dem Notar verboten,

a) ihm zustehende Gebühren zurückzuerstatten,
b) Vermittlungsentgelte für Urkundsgeschäfte oder
c) Entgelte für Urkundsentwürfe zu leisten,
d) zur Kompensation von Notargebühren Entgelte für Gutachten oder sonstige Leistungen Dritter zu gewähren oder auf ihm aus anderer Tätigkeit zustehende Gebühren zu verzichten.

3.3. Durch die Ausgestaltung der einer beruflichen Verbindung zugrundeliegenden Vereinbarung ist sicherzustellen, daß die übrigen Mitglieder der beruflichen Verbindung keine Vorteile gewähren, die der Notar gemäß Nummer 3.2. nicht gewähren darf.

---

[12] MittRhNotK amtl. Teil Nr. 2/2000.

VI. Die Art der nach § 28 BNotO zu treffenden Vorkehrungen

A. Allgemeines

Die durch die BNotO-Novelle 1998 neu eingeführte Bestimmung des § 28 BNotO dient in erster Linie der Absicherung der Mitwirkungsverbote. Nach dem Gesetz hat der Notar durch geeignete Vorkehrungen die Wahrung der Unabhängigkeit und Unparteilichkeit seiner Amtsführung, insbesondere die Einhaltung der Mitwirkungsverbote und weiterer Pflichten nach den Bestimmungen der BNotO, des Beurkundungsgesetzes und der Kostenordnung sicherzustellen. In der Begründung des Regierungsentwurfs wird als Vorkehrung iSv § 28 BNotO zur Absicherung der Mitwirkungsverbote insbesondere ein Beteiligtenverzeichnis erwähnt.[1]

Eine Dokumentation zur Einhaltung von Mitwirkungsverboten ist auch in § 15 DONot geregelt. Bei abweichenden Vorschriften in den Richtlinien der Notarkammern stellt sich damit in diesem Zusammenhang die Frage nach dem Verhältnis beider Normen zueinander. Hierzu wird zum Teil die Auffassung vertreten, dass zwischen Berufsrichtlinien und DONot eine „Normenhierarchie" bestehe und § 15 DONot gegen die entsprechende Bestimmung in den „höherrangigen" Richtlinien verstoße. Diese Ansicht ist in ihrer Allgemeinheit allerdings nicht zutreffend. Die allgemeinen Grundsätze der Normenhierarchie greifen hier nur eingeschränkt, da bereits die Rechtsnormqualität von DONot und Berufsrichtlinie eine andere ist. Die DONot enthält Verwaltungsbestimmungen, die die Maßstäbe der Rechtsaufsicht über die Notare konkretisieren. Gegenstand dieser Rechtsaufsicht aber ist nicht nur die Einhaltung der förmlichen Gesetze, sondern auch die Beachtung der Berufsrichtlinien als unmittelbar geltendes Recht. Sofern und soweit Berufsrichtlinien einen Interpretationsspielraum eröffnen, können die Leitlinien, an denen sich die Dienstaufsicht bei Ausfüllung dieses Interpretationsspielraums orientiert, in der DONot niedergelegt werden.[2]

B. Die Regelung in den Richtlinien[3]

I. Vorkehrungen iSd § 28 BNotO

Nach Abschnitt VI. Nr. 1.2 hat der Notar als Vorkehrungen[4] iSv § 28 BNotO Beteiligtenverzeichnisse oder sonstige zweckentsprechende Dokumentationen zu führen, die eine Identifizierung der in Betracht kommenden Personen ermöglichen. Der Begriff der „Dokumentation" muss hierbei vor dem Hintergrund gesehen werden, dass die Mitwirkungsverbote nicht mandantenbezogen, sondern mandatsbezogen sind. Dementsprechend kommt es nicht allein auf die beteiligten Personen an, sondern auch auf die betroffene „Angelegenheit". Deshalb haben auch die nach § 28 BNotO und den konkretisierenden Vorschriften in den Richtlinien zu treffenden Vorkehrungen nicht nur über die Person, sondern auch über die Angelegenheit Auskunft zu geben. Der hauptberufliche Notar, der keine Nebentätigkeiten ausübt, braucht keine Dokumentation zu führen.[5] In allen anderen Fällen kann eine „zweckentsprechende" Dokumentation nur dann angenommen werden, wenn in ihr sämtliche Mandanten aller Sozien aufgeführt sind und auch – zumindest in allgemeiner Form – der Gegenstand der nicht-notariellen Tätigkeit erkennbar wird. Nur auf diese Weise ist sichergestellt, dass sich der Notar vor Übernahme einer notariellen

---

[1] BT-Drs. 13/4184, 27.
[2] Näher → Einl. Rn. 13 ff.
[3] Die Notarkammern haben Abschnitt VI. zumeist nicht unverändert übernommen, den Regelungsgehalt im Kern aber beibehalten; zu den Abweichungen *Weingärtner/Wöstmann* VI. Rn. 47 ff.
[4] Zum Begriff der Vorkehrungen iSv § 28 BNotO und seiner Ausführung durch die Richtlinien → BNotO § 28 Rn. 10 ff. Ausführlich zu den Anforderungen an die Dokumentation *Weingärtner/Gassen* DONot § 15 Rn. 11 ff.; Armbrüster/Preuß/Renner/*Eickelberg* DONot § 15 Rn. 27 ff.
[5] So die ganz hM; vgl. *Harborth/Steimbke/Lau* DNotZ 2002, 437; *Weingärtner/Wöstmann* VI. Rn. 7.

Amtstätigkeit in zumutbarer Weise vergewissern kann, dass Kollisionsfälle iSv § 3 Abs. 1 BeurkG nicht bestehen.[6] Das Prozessregister genügt für sich genommen als Dokumentation nicht. Es ist in jedem Fall um die Beratungsmandate zu ergänzen.

II. Vorkehrungen bei Sozietätswechsel

4 Klärungsbedürftig ist die Frage, wie mit den Dokumentationen zur Einhaltung der Mitwirkungsverbote im Falle eines Sozietätswechsels zu verfahren ist. Insoweit ist auf die Grundsätze zurückzugreifen, die von der Bundesnotarkammer aufgestellt worden sind.[7]

- Der die Sozietät wechselnde Anwaltsnotar ist verpflichtet, die seit In-Kraft-Treten der Berufsrechtsnovelle am 8.9.1998 geführten Dokumentationen bezüglich seiner eigenen Vorbefassung in die neue Sozietät einzubringen und dort weiterzuführen. Insoweit empfiehlt es sich, dass der Notar innerhalb der Sozietät grundsätzlich eine getrennte oder zumindest trennbare Dokumentation über seine eigene Vorbefassung führt. Eine Rückdokumentation ist grundsätzlich – und damit auch für den Sozietätswechsler – nicht erforderlich.
- Die Einbringung der Dokumentation in die neue Sozietät verstößt nicht gegen die Verschwiegenheitspflicht gem. § 18 BNotO, sondern ist durch die gesetzliche Pflicht zur Führung eines Beteiligtenverzeichnisses gem. § 28 BNotO iVm den Richtlinienbestimmungen der Notarkammern und § 15 DONot gerechtfertigt.
- Zur Wahrung der schutzwürdigen Belange der früheren Sozien ist die mitzunehmende Dokumentation von dem Sozietätswechsler sensibel zu behandeln. Sie ist insbesondere der neuen Sozietät nicht allgemein zur Verfügung zu stellen bzw. zur Kenntnis zu geben, sondern darf nur für den Zweck der – auch elektronischen – Einsichtnahme im konkreten Fall einer Kollisionsprüfung vorgehalten werden.
- Der angehende Anwaltsnotar, der sich auf den Notarberuf vorbereitet, ist noch nicht verpflichtet, eine eigene Dokumentation zu führen. Dementsprechend braucht er eine solche Dokumentation beim Sozietätswechsel auch nicht einzubringen. Im Falle einer späteren Bestellung zum Anwaltsnotar ist eine Rückdokumentation nicht erforderlich.

III. Offenbarungsverpflichtung

5 Abschnitt VI. Nr. 2 soll sicherstellen, dass die Partner des Notars in einer Berufsverbindung diesem gestatten, auf die notwendigen Informationen zur Einhaltung der Mitwirkungsverbote und der Pflichten aus § 14 Abs. 5 BNotO zurückzugreifen. Da die Notarkammern nicht die Kompetenz besitzen, Regelungen für die berufsfremden Partner des Notars aufzustellen, richtet sich die Pflicht nach Abschnitt VI. Nr. 2 ausschließlich an die Notare in der Berufsverbindung.[8] Gelingt es dem Notar nicht, seine Partner, und zwar alle Partner, also auch die einer überörtlichen oder transnationalen Sozietät,[9] zum Abschluss einer entsprechenden Vereinbarung zu veranlassen, ist dies ein Anhaltspunkt dafür, dass die Verbindung zur gemeinsamen Berufsausübung die eigenverantwortliche Amtsführung, Unabhängigkeit und Unparteilichkeit des Notars beeinträchtigt und deshalb gegen § 9 Abs. 3 BNotO verstößt.

IV. Vorkehrungen zur Sicherung der Gebührenerhebung

6 Abschnitt VI. Nr. 3 beschäftigt sich mit Vorkehrungen zur Sicherung der Gebührenerhebung. § 17 Abs. 1 S. 1 BNotO verpflichtet den Notar, für seine Tätigkeit die gesetzlich vorgeschriebenen Gebühren zu erheben. Höhe, Anfall und Fälligkeit der Kosten

---

[6] Ebenso *Weingärtner/Wöstmann* VI. Rn. 10 f., 19.
[7] Rundschreiben Nr. 22/2001 der BNotK (www.bnotk.de).
[8] Näher *Weingärtner/Wöstmann* VI. Rn. 20 ff.
[9] Zutreffend Schippel/Bracker/*Görk* RLE/BNotK VI Rn. 11.

(Gebühren und Auslagen) ergeben sich abschließend aus § 125 GNotKG iVm weiteren kostenrechtlichen Vorschriften. Die Pflicht zur Kostenerhebung ist nicht mit der Ausstellung der Kostenrechnung erfüllt, sondern umfasst auch die ggf. erforderliche Eintreibung nicht gezahlter Kosten.[10] Abschnitt VI. Nr. 3 will in Konkretisierung der gesetzlichen Bestimmungen verhindern, dass die Pflicht zur Gebührenerhebung durch den Notar selbst oder seine Sozien umgangen wird.

Nach Abschnitt VI. Nr. 3.1 hat der Notar Gebühren in angemessener Frist einzufordern und sie bei Nichtzahlung im Regelfall beizutreiben. Als angemessen wird man in der Regel eine Frist von bis zu drei Monaten ansehen können. Die Eintreibungspflicht entfällt – außer in den Fällen des § 17 Abs. 2 BNotO (Verfahrenskostenhilfe) – nur dann, wenn die Eintreibung offensichtlich sinnlos ist oder soweit die damit verbundenen Kosten, die bei Erfolglosigkeit dem Notar verbleiben, in keinem Verhältnis zur Kostenforderung stehen.[11]

Abschnitt VI. Nr. 3.2 behandelt Fälle einer Umgehung der Kostenerhebungspflicht. Eine solche Umgehung kann zum einen darin bestehen, dass gezahlte Gebühren zurückerstattet oder Vermittlungsentgelte für Urkundsgeschäfte geleistet werden. Eine unzulässige Umgehung ist aber auch dann anzunehmen, wenn Entgelte für Urkundsentwürfe Dritter geleistet werden oder wenn der Notar zur Kompensation von Notargebühren Entgelte für Gutachten oder sonstige Leistungen Dritter gewährt oder auf ihm aus anderer Tätigkeit zustehende Gebühren verzichtet. Zu Einzelheiten → BNotO § 17 Rn. 14.

Nach Abschnitt VI. Nr. 3.3 ist durch die Ausgestaltung der jeweiligen Sozietätsvereinbarung sicherzustellen, dass die übrigen Mitglieder der beruflichen Verbindung keine Vorteile gewähren, die der Notar gem. Abschnitt VI. Nr. 3.2 nicht gewähren darf. Hiermit werden keine unmittelbaren Pflichten der Nicht-Notare in einer Sozietät begründet. Der Verstoß gegen Abschnitt VI. Nr. 3.3 der Richtlinien kann allerdings ein Anhaltspunkt dafür sein, dass die Verbindung zur gemeinsamen Berufsausübung die eigenverantwortliche Amtsführung, Unabhängigkeit und Unparteilichkeit des Notars beeinträchtigt und deshalb gegen § 9 Abs. 3 BNotO verstößt.

VII. Auftreten des Notars in der Öffentlichkeit und Werbung

1.1. Der Notar darf über die Aufgaben, Befugnisse und Tätigkeitsbereiche der Notare öffentlichkeitswirksam unterrichten, auch durch Veröffentlichungen, Vorträge und Äußerungen in den Medien.

1.2. Werbung ist dem Notar insoweit verboten, als sie Zweifel an der Unabhängigkeit oder Unparteilichkeit des Notars zu wecken geeignet oder aus anderen Gründen mit seiner Stellung in der vorsorgenden Rechtspflege als Träger eines öffentlichen Amtes nicht vereinbar ist.

1.3. Mit dem öffentlichen Amt des Notars unvereinbar ist ein Verhalten insbesondere, wenn

a) es auf die Erteilung eines bestimmten Auftrags oder Gewinnung eines bestimmten Auftraggebers gerichtet ist,
b) es den Eindruck der Gewerblichkeit vermittelt, insbesondere den Notar oder seine Dienste reklamehaft herausstellt,
c) es eine wertende Selbstdarstellung des Notars oder seiner Dienste enthält,
d) der Notar ohne besonderen Anlass allgemein an Rechtsuchende herantritt,
e) es sich um irreführende Werbung handelt.

1.4. Der Notar darf eine dem öffentlichen Amt widersprechende Werbung durch Dritte nicht dulden.

---

[10] → BNotO § 17 Rn. 5 ff.; zu der Frage der ausreichenden bzw. fehlenden Ermächtigungsgrundlage → BNotO § 17 Rn. 2.
[11] → BNotO § 17 Rn. 7; *Weingärtner/Wöstmann* VI. Rn. 27; Schippel/Bracker/Görk RL-E/BNotK VI Rn. 15.

2.1. Der Notar darf im Zusammenhang mit seiner Amtsbezeichnung akademische Grade, den Titel Justizrat und den Professortitel führen.
2.2. Hinweise auf weitere Tätigkeiten i. S. von § 8 Abs. 1, 3 und 4 BNotO sowie auf Ehrenämter sind im Zusammenhang mit der Amtsausübung unzulässig.
3. Der Notar darf sich nur in solche allgemein zugängliche Verzeichnisse aufnehmen lassen, die allen örtlichen Notaren offenstehen. Für elektronische Veröffentlichungen gilt dies entsprechend.
4. Anzeigen des Notars dürfen nicht durch Form, Inhalt, Häufigkeit oder auf sonstige Weise der amtswidrigen Werbung dienen.
5. Der Notar darf sich an Informationsveranstaltungen der Medien, bei denen er in Kontakt mit dem rechtsuchenden Publikum tritt, beteiligen. Er hat dabei die Regelungen der Nrn. 1 und 2 zu beachten.
6. Der Notar darf Broschüren, Faltblätter und sonstige Informationsmittel über seine Tätigkeit und zu den Aufgaben und Befugnissen der Notare in der Geschäftsstelle bereithalten. Zulässig ist auch das Bereithalten dieser Informationen in Datennetzen und allgemein zugänglichen Verzeichnissen. Die Verteilung oder Versendung von Informationen ohne Aufforderung ist nur an bisherige Auftraggeber zulässig und bedarf eines sachlichen Grundes.
7. Der Notar darf in Internet-Domainnamen keine Begriffe verwenden, die eine gleichartige Beziehung zu anderen Notaren aufweisen und nicht mit individualisierenden Zusätzen versehen sind. Das gilt insbesondere für Internet-Domainnamen, die notarbezogene Gattungsbegriffe ohne individualisierenden Zusatz enthalten oder mit Bezeichnungen von Gemeinden oder sonstigen geographischen oder politischen Einheiten kombinieren, es sei denn, die angegebene Gemeinde oder Einheit liegt im Amtsbereich keines anderen Notars.

Übersicht

	Rn.
A. Einleitung	1
B. Grundsatzregelungen	3
I. Unterrichtung der Öffentlichkeit	3
II. Unabhängigkeit und Unparteilichkeit unantastbar	5
III. Amtswidrige Werbung	7
IV. Drittwerbung	15
C. Titel und Ehrenämter	19
I. Akademische Grade	19
II. Nebentätigkeiten	21
III. Ehrenämter	22
D. Verzeichnisse	23
E. Anzeigen	25
I. Lex specialis	25
II. Anlass und Inhalt	26
III. Form und Format	28
IV. Häufigkeit	30
V. Verbreitungsgebiet	31
F. Informationsveranstaltungen der Medien	32
G. Die Kanzleibroschüre – gedruckt oder elektronisch	34
I. „Werben um Praxis"?	34
II. Zulässige Informationen	35
III. Besondere Leistungsangebote und Tätigkeitsschwerpunkte	39
IV. Werbung im Internet	44
V. Bereithalten und Versenden von Informationen	52

A. Einleitung

Die Novellierung der BNotO durch das Dritte Gesetz zur Änderung der BNotO und anderer Gesetze vom 31.8.1998[1] hat mit der Lockerung des Werbeverbots im neu eingefügten § 29 BNotO eine bis zu diesem Zeitpunkt für das Berufsrecht der Notare geltende Grundregel relativiert. Werbung ist dem Notar nur noch insoweit verboten, als sie dem **öffentlichen Amt widerspricht.** Gemäß § 67 Abs. 2 S. 3 Nr. 7 BNotO können die Notarkammern in Richtlinien „das nach § 29 zu beachtende Verhalten" näher regeln. Beispielhaft sind dort erwähnt die Bekanntgabe einer Amtsstelle, Amts- und Namensschilder im Rahmen landesrechtlicher Bestimmungen sowie Bürodrucksachen, Führung weiterer Berufsbezeichnungen, Führung von Titeln, Auftreten des Notars in der Öffentlichkeit und Führung seines Namens in Verzeichnissen. Die von der Vertreterversammlung der Bundesnotarkammer in Ausübung der ihr in § 78 Abs. 1 S. 2 Nr. 5 BNotO erteilten Ermächtigung beschlossenen Richtlinienempfehlungen waren insofern eine besonders wichtige Orientierung für die Notarkammern, als bei der Konkretisierung der in § 29 Abs. 1 BNotO getroffenen Grundsatzentscheidung – anders als in den übrigen Materien der Satzungskompetenz – juristisches Neuland betreten werden musste. Dabei hat keine Notarkammer den Text der beschlossenen Empfehlungen der Vertreterversammlung der Bundesnotarkammer wortgleich übernommen. Einige Notarkammern haben die Teile der Empfehlungen, die für zu allgemein gehalten wurden, konkretisiert und ergänzt. Bei den vorgenommenen Veränderungen lässt sich die Tendenz feststellen, dass die Kammern des Nur-Notariats eine stärkere Zurückhaltung bei der Festlegung erlaubter Werbeformen gezeigt haben als die Kammern des Anwaltsnotariats. Alle Kammern haben aber nicht nur die Gliederung des Abschnitts VII. übernommen, sondern sind den Empfehlungen auch bezüglich der Kernaussagen gefolgt.

Sämtliche Richtliniensatzungen sind in den aktuell geltenden Fassungen[2] gem. § 67 Abs. 2 S. 2 BNotO iVm § 66 Abs. 1 S. 2 BNotO von den Landesjustizverwaltungen genehmigt worden, ohne dass dabei verfassungsrechtlich bedenkliche Abweichungen der von den Notarkammern erlassenen Richtlinien in Bezug auf die Empfehlungen der Bundesnotarkammer konstatiert wurden. Gerade jedoch im Hinblick auf Art. 12 Abs. 1 GG hat bei der Auslegung und Anwendung von Satzungsrecht eine strikte Beachtung des Verhältnismäßigkeitsgrundsatzes unter konkreter Benennung der vom parlamentarischen Gesetzgeber vorgegebenen Belange stattzufinden.[3] Bei der Auslegung von Vorschriften in Bezug auf ein Werbeverbot sind die Meinungsfreiheit des Betroffenen und das Informationsbedürfnis des Publikums zu berücksichtigen.[4] Wenn einzelne Bestimmungen der von den Notarkammern erlassenen Richtlinien als Werbeschranke in verfassungsrechtlicher Hinsicht bedenklich eng oder gar zu eng formuliert worden sind, wird darauf nachfolgend hingewiesen werden.

B. Grundsatzregelungen

I. Unterrichtung der Öffentlichkeit

Die Regelung des Abschnitts VII. Nr. 1.1 – wonach der Notar über Aufgaben, Befugnisse und Tätigkeitsbereiche der Notare **öffentlichkeitswirksam** unterrichten darf, auch durch Veröffentlichungen, Vorträge und Äußerungen in den Medien – beinhaltet eine Selbstverständlichkeit, deren Formulierung wohl der Abkehr vom jahrelang geltenden

---

[1] BGBl. I 2585.
[2] Abrufbar unter www.bnotk.de, dort Menüpunkte „Der Notar", „Berufsrecht", „Richtlinien".
[3] BVerfG NJW 2003, 344.
[4] BVerfG NJW 2003, 344 (345).

Grundsatz des generellen Werbeverbotes geschuldet ist. Jeder Richter darf zweifelsohne auf die in der Regelung geschilderte Weise über die Justiz informieren. Es kann daher für den Notar nichts anderes gelten. Die Notarkammern sind beim Erlass ihrer Richtlinien der Empfehlung der BNotK gefolgt. Die Notarkammer Thüringen hat, offenbar aus Gründen der Klarstellung, den Zusatz angefügt, dass die Nennung des Namens und des Amtssitzes zulässig ist. Die Saarländische Notarkammer gestattet den Notaren die Erwähnung ihrer Amtsbezeichnung nur, wenn ein Bezug zur notariellen Tätigkeit besteht; dies wird zum Teil für verfassungswidrig erachtet.[5]

4   Die Richtlinienempfehlungen und die ihnen folgenden Kammersatzungen lassen jedoch im Zusammenhang mit der öffentlichkeitswirksamen Unterrichtung Fragen offen. Zum Beispiel darf der Notar nach Abschnitt VII. Nr. 1.1 Vorträge halten, also Informationsveranstaltungen durchführen. Dem Wortlaut nach könnte Abschnitt VII. Nr. 1.3 lit. d der Ankündigung einer solchen Informationsveranstaltung entgegenstehen. Das kann aber selbstverständlich nicht tatsächlich der Fall sein, denn wenn der Notar eine Informationsveranstaltung über die Aufgaben der Notare nicht öffentlich ankündigen dürfte, würde das unter Abschnitt VII. Nr. 1.1 statuierte Vortragsrecht praktisch blockiert. Ebenso kann man aus Abschnitt VII. Nr. 1.3 lit. d nicht schließen, der Notar benötige zur Unterrichtung über Aufgaben, Befugnisse und Tätigkeitsbereiche der Notare einen besonderen Anlass. Wenn die Justiz ohne besonderen Anlass Vertrauenswerbung betreibt, indem sie beispielsweise zu einem „Tag der offenen Tür" per Zeitungsinserat einlädt, wird man dem Notar ein entsprechendes Vorgehen nicht verwehren können. Die Notare stehen zwar, anders als die Justiz, untereinander faktisch in einem Konkurrenzverhältnis. Dies ist jedoch die logische Folge der gesetzgeberischen Entscheidung, einen wichtigen Bereich der vorsorgenden Rechtspflege Freiberuflern anzuvertrauen, die mit staatlichen Kompetenzen versehen werden. Deshalb kann auch die Verhinderung von Wettbewerb unter den Notaren kein Gemeinwohlbelang sein (→ Rn. 5). Ungeklärt bleibt in den Richtlinienempfehlungen auch die Frage, ob der Notar gezielt einen Personenkreis zu einer Informationsveranstaltung einladen darf und ob es sich bei dem einzuladenden Publikum um aktuelle Mandanten handeln muss oder auch potentielle Mandanten eingeladen werden dürfen. Diese Frage war im anwaltlichen Werberecht umstritten; inzwischen ist lange anerkannt, dass auch Nichtklienten eingeladen werden dürfen.[6] Den Notaren sollte dies gleichermaßen erlaubt sein. Die Unabhängigkeit und Unparteilichkeit des Notaramts können dadurch nicht gefährdet werden. Abschnitt VII. Nr. 1.3 lit. a ist insoweit nicht einschlägig, da es nicht um die Gewinnung eines bestimmten Auftraggebers geht. Eine im angemessenen Rahmen angebotene Bewirtung, wie man sie auch bei einem „Tag der offenen Tür" der Justiz vorfindet, macht eine solche Informationsveranstaltung nicht unzulässig. Schließlich könnte auch noch fraglich sein, ob der Notar gemäß dem Wortlaut des Abschnitts VII. Nr. 1.1 nur über „Aufgaben, Befugnisse und Tätigkeitsbereiche der Notare" allgemein referieren oder auch sein spezielles Leistungsangebot darstellen, also zB seine Sprachkenntnisse[7], angeben darf, wie es Abschnitt VII. Nr. 6 erlaubt, wo es heißt, der Notar dürfe auch „über **seine** Tätigkeit" Informationen bereithalten. Ein Umkehrschluss zu der letztgenannten Vorschrift dürfte der *ratio legis* des Abschnitts VII. Nr. 1.1 nicht entsprechen. Auch hier hängt die Entscheidung von der Beantwortung der Kernfrage ab, ob derartige Informationen **Zweifel an der Unabhängigkeit und Unparteilichkeit des Notars** zu wecken geeignet sind. Dies ist zu verneinen, vorausgesetzt der Notar preist nicht vor dem eingeladenen Publikum seine eigene Leistungsfähigkeit werbend an. Man kann dem auch nicht entgegenhalten, der Notar dürfe gem. § 14 Abs. 3 S. 2 BNotO nicht den **Anschein** einer amtswidrigen Werbung hervorrufen. Eine zu weite Auslegung dieses Begriffs würde zu einem generellen Verbot von Werbung und werbewirksamen Verhalten führen. Im Übrigen wird das Vor-

---

[5] *Eylmann* ZNotP 2002, 17 (19).
[6] BGH NJW 2001, 2087.
[7] Die Notarauskunft der BNotK unter www.notar.de lässt „Sprachen" als Suchkriterium zu.

handensein eines solchen Anscheins erfahrungsgemäß eher von Berufskollegen als vom Publikum, auf dessen Eindruck es ankommt, bejaht.

II. Unabhängigkeit und Unparteilichkeit unantastbar

Die in Abschnitt VII. Nr. 1.2 getroffene Aussage, dass dem Notar Werbung verboten ist, soweit sie mit seinem Amt nicht vereinbar ist, enthält keine inhaltliche Konkretisierung des § 29 BNotO, sondern eine Wiederholung des Gesetzestextes mit anderen Worten. Wichtig ist allerdings die Hervorhebung, dass der Amtscharakter der Tätigkeit des Notars vor allem in seiner **Unabhängigkeit** und **Unparteilichkeit** zum Ausdruck kommt. Werden diese Grundpflichten beeinträchtigt, leidet auch sein Amt. Deshalb muss bei der Prüfung der Frage, ob eine Werbung als amtswidrig zu bewerten ist, immer die Prüfung im Vordergrund stehen, ob sie den Notar in den Augen des Publikums als abhängig oder parteilich erscheinen lässt. Soweit auch pauschal andere Gründe erwähnt sind, aus denen Werbung amtswidrig sein könnte, ist zu betonen, dass der **Schutz vor Konkurrenz bzw. Wettbewerb** nicht dazu gehört; dabei handelt es sich nicht um einen verfassungsrechtlich erheblichen Gemeinwohlbelang.[8] Dass Werbung zur Verlagerung von Urkundsgeschäften führen kann, macht Werbung nicht amtswidrig. Wettbewerb steht nicht im Widerspruch zum öffentlichen Amt. Es hat ihn unter Notaren von jeher gegeben. Weil Wettbewerb zur größeren Leistungsbereitschaft und Effizienz führt, gibt es immer wieder Versuche, Wettbewerbselemente auch in die staatliche Verwaltung einzuführen. Hinter dem Notaramt steht insofern ein sehr modernes und – wie die Geschichte zeigt – erfolgreiches Modell, als es die Wahrnehmung von wichtigen Aufgaben der vorsorgenden Rechtspflege mit dem Wettbewerb der Amtsträger kombiniert.

Abschnitt VII. Nr. 1.2 bringt noch deutlicher als das Gesetz zum Ausdruck, dass Werbung als Ausfluss der durch Art. 12 GG garantierten **Berufsausübungsfreiheit** grundsätzlich erlaubt ist, sofern nicht ein Verbotstatbestand erfüllt wird. § 29 BNotO ist kein allgemeines Werbeverbot mit Erlaubnisvorbehalt zu entnehmen;[9] vielmehr beinhaltet diese Norm lediglich eine Einschränkung der allgemeinen Werbefreiheit.[10]

III. Amtswidrige Werbung

Abschnitt VII. Nr. 1.3 enthält eine **echte Konkretisierung** der Grundnorm, indem fünf Handlungsweisen als amtswidrige Werbung eingestuft werden. Das Wort „insbesondere" drückt aus, dass es sich dabei um keine abschließende Aufzählung handelt. Eine Gewichtung ist mit der Wahl der Reihenfolge jedenfalls offensichtlich nicht bezweckt.

Während im anwaltlichen Berufsrecht § 43b BRAO nur das Bemühen des Rechtsanwalts um einen konkreten Auftrag verbietet, nicht aber die Ansprache eines einzelnen potentiellen Klienten,[11] sind dem Notar beide Formen des **Direktmarketing** verboten. Die Amtswidrigkeit ergibt sich aus der Aufdringlichkeit eines solchen Vorgehens, das vielfach als Überrumpelung empfunden wird und den Eindruck erwecken kann, für den Notar sei die Umsatzerhöhung das entscheidende Motiv seines Handelns.

Unter Abschnitt VII. Nr. 1.3 lit. b ist als Beispiel für gewerbliches Verhalten die **„reklamehafte"** Herausstellung des Notars oder seiner Dienste genannt. Hier wird nicht auf den **Inhalt,** sondern auf die **Form** der Werbung abgehoben. Mit dem Adjektiv „reklamehaft" findet ein Begriff Verwendung, der in Rechtsprechung und Literatur zur anwaltlichen Werbung häufig auftaucht.[12] Reklame, ein Wort, das im 19. Jahrhundert aus dem Französischen übernommen wurde, bedeutet aber nichts anderes als das moderne Wort Werbung.

---

[8] BVerfG DNotZ 2000, 787 (792); *Jäger* ZNotP 2001, 2 (4).
[9] Diehn/*Diehn* BNotO § 29 Rn. 1.
[10] Schippel/Bracker/*Schäfer* BNotO § 29 Rn. 2.
[11] Henssler/Prütting/*Prütting* BRAO § 43b Rn. 75.
[12] ZB BGH BRAK-Mitt. 1998, 98; OLG Hamm AnwBl. 1996, 470; OLG Dresden BRAK-Mitt. 1998, 239.

Die Kombination „reklamehafte Werbung" ist damit eine Tautologie. In dem in Abschnitt VII. Nr. 1.3 lit. b verwendeten Zusammenhang ist unter „reklamehaft" zu verstehen, dass die Werbung **aufdringlich** und/oder **reißerisch** aufgemacht ist. Bei der Neuregelung der anwaltlichen Werbung in § 43b BRAO ist das Wort „reklamehaft" im Zuge des Gesetzgebungsverfahrens wegen seiner fehlenden Kontur gestrichen und durch die Formulierung ersetzt worden, die Werbung des Anwalts müsse „in Form und Inhalt sachlich" unterrichten.[13] Der Begriff wird auch in den Berufsordnungen der Steuerberater und Wirtschaftsprüfer nicht mehr gebraucht.

10 Die Gefahr bei der Bestimmung des Reklamehaften liegt darin, dass sich **Geschmacksfragen** in den Vordergrund schieben. Diese sind nicht justiziabel. Nach der aristotelischen Rhetorik kann die Beeinflussung des Menschen auf Ethos, Pathos oder Logos zielen.[14] Nur der letztgenannte Ansatz ist dem Notar gestattet, nämlich die sachliche Information des Publikums über berufsbezogene Fakten. Das kann durchaus in einer stilvollen, ästhetisch ansprechenden Form geschehen. Dem Notar steht daher bei der Gestaltung seiner Geschäftspapiere, Praxisbroschüren und Anzeigen ein individueller Freiraum zur Verfügung, den er auch unter Heranziehung eines Grafikers nutzen kann. **Logos, Wappen** und **Signets** sind zulässig.[15] Eine ihrem Inhalt nach mit dem Notaramt verträgliche Werbung schlägt erst dann in eine amtswidrige um, wenn die Form die Sache in den Hintergrund drängt und zu einer Nebensache degradiert.[16] Wodurch das erreicht werden kann, lehrt die Werbepsychologie: Das Bild wirkt emotionaler als das gesprochene Wort. Dieses wiederum ist in seiner suggestiven Wirkung dem gedruckten Text überlegen. Allein die Größe einer Werbeanzeige, besonders aber starke Farben und eine suggestive grafische Gestaltung können eine Reaktion des Betrachters hervorrufen, die mit dem Inhalt der übermittelten Sachinformation nur noch wenig zu tun hat. Nicht schon die Verwendung grafischer Elemente, sondern die zu starke Betonung der **suggestiven Wirkung** macht die Werbung des Notars amtswidrig. Da die suggestiven Wirkungen von Rundfunk-, Fernseh- und Kinowerbung stärker sind als die Werbung in den Printmedien, sind Ton- und Bildmedien den Notaren verschlossen. Das gilt auch für Plakat- und Bandenwerbung.

11 Typisches Kennzeichen der gewerblichen Werbung ist die Verwendung **wertender Begriffe**. Die Qualität von Waren und Dienstleistungen wird positiv herausgestrichen. Abschnitt VII. Nr. 1.3 lit. c verbietet solche Wertungen und befindet sich insoweit in Übereinstimmung mit dem anwaltlichen Werberecht.[17] Ebenso wie der Rechtsanwalt darf der Notar die Öffentlichkeit nur über Tatsachen unterrichten, die auf ihre Richtigkeit überprüft werden können. Wertungen, die im Gegensatz zu Tatsachenbehauptungen eines Beweises nicht zugänglich sind, sind für ihn tabu. Der Notar darf sich daher nicht mit Vokabeln wie „herausragend" oder „hoch" darstellen und dadurch den Eindruck einer besonderen Kompetenz, Sachkunde oder Seriosität vermitteln.

12 Von solchen Selbstbewertungen ist die Erwähnung von **Tatsachen** zu unterscheiden, auch wenn aus ihnen auf eine besondere Qualifikation geschlossen werden kann. Sie bleibt grundsätzlich zulässig. Der Notar darf also zB angeben, wie lange er schon als Notar amtiert. Angaben über **Qualifikationen und Spezialkenntnisse** sind nicht frei von Selbstbewertungen, sofern sie nicht durch Examina oder Prüfungen belegt sind. Das gilt zB für **Tätigkeitsschwerpunkte**. Dennoch sind sie durch Abschnitt VII. Nr. 1.3 lit. c nicht grundsätzlich verboten, weil sie im Kern eine Tatsachenbehauptung enthalten, deren Verifizierung möglich ist.[18] Genau diesem Umstand trägt im anwaltlichen Berufsrecht die

---

[13] BT-Drs. 12/7656, 46 (48).
[14] Zit. nach *Schweiger/Schrattenecker,* Werbung, 4. Aufl. 1995, S. 185.
[15] BVerfG NJW 1997, 2510; zu Landeswappen BGH NJW 2000, 1342; DNotZ 2000, 551 mAnm *Mihm.*
[16] BGH NJW 2002, 2642 für das anwaltliche Werberecht. Ein klassisches Beispiel ist das mannshohe Praxisschild eines Notars, BGH DNotZ 2002, 232.
[17] OLG Koblenz MDR 1999, 1166; OLG Stuttgart NJW 2002, 1433; die Rspr. tendiert allerdings zur Großzügigkeit bei der Zulassung von Ausnahmen, s. Henssler/Prütting/*Prütting* BRAO § 43b Rn. 15 ff.
[18] BGH NJW-RR 1994, 1480 zum anwaltlichen Werberecht.

Regelung des § 7 Abs. 1 BORA Rechnung. Gleichwohl wird in der Literatur zum Berufsrecht der Notare zT die gegenteilige Auffassung vertreten.[19] Die Zulässigkeit von Schwerpunkt- und Spezialisierungsangaben wird im Rahmen der Kommentierung zu Abschnitt VII. Nr. 6 näher behandelt (→ Rn. 39 ff.).

Das in Abschnitt VII. Nr. 1.3 lit. d enthaltene Verbot, **ohne besonderen Anlass allgemein** an Rechtsuchende heranzutreten, steht in engem Zusammenhang mit der in Abschnitt VII. Nr. 4 und Nr. 6 geregelten Werbung mit Anzeigen und anderen gedruckten oder in Datennetzen bereitgehaltenen Informationen; es wird deshalb dort kommentiert (→ Rn. 25 ff. und → Rn. 44 ff.).

Dass **unwahre** bzw. **irreführende** Tatsachenbehauptungen unzulässig sind, hätte in Abschnitt VII. Nr. 1.3 lit. e nicht erwähnt werden müssen. Solche Behauptungen verstoßen gegen die einschlägigen Bestimmungen des UWG. Jede Irreführung nach §§ 5, 5a UWG ist amtswidrig.[20]

IV. Drittwerbung

Lässt der Notar durch Dritte für sich werben, **veranlasst** er also deren Werbung oder **wirkt** er daran **mit,** ist ihm die Werbung der Dritten so zuzurechnen, als wenn er selbst für sich geworben hätte. Dies folgt schon aus § 29 BNotO.

Abschnitt VII. Nr. 1.4 geht darüber hinaus und verlangt, dass der Notar eine dem öffentlichen Amt widersprechende Werbung durch Dritte nicht **dulden** dürfe. Bei der Wahl dieser Formulierung ist die Problematik des Umfangs einer daraus folgenden Pflicht zum Handeln möglicherweise verkannt worden. § 29 Abs. 1 BNotO lässt sich keine Rechtsgrundlage für eine Verpflichtung zum Einschreiten gegen nicht selbst veranlasste oder geförderte amtswidrige Werbung entnehmen.[21] Aus einer vorangegangenen Informationserteilung kann nicht ohne Weiteres eine verantwortliche Mitwirkung an einer vom Notar nicht beabsichtigten unzulässigen Werbung oder eine Pflicht zum Einschreiten abgeleitet werden. Das gilt insbesondere, wenn der Presse lediglich sachliche Auskünfte erteilt und bzw. oder Lichtbilder ausgehändigt werden.[22] Der Notar ist nicht verpflichtet, der Presse grundsätzlich zu misstrauen und sich eine Kontrolle des Manuskripts vor der Veröffentlichung vorzubehalten, zumal sich kein Redakteur auf eine solche Bedingung einzulassen braucht. Anders ist nur der Fall zu beurteilen, in dem besondere Umstände eine amtswidrige Verwendung der Informationen nahe legen. Eine solche Situation wird aber wohl nur in Ausnahmefällen zu bejahen sein.

Dritte, die für Notare werben, unterliegen nicht den Beschränkungen des Berufsrechts, sondern nur dem UWG. Selbst wenn man also grundsätzlich eine Verpflichtung des Notars bejahen will, die berufsrechtswidrige Werbung eines Dritten nicht zu dulden, bedarf es der weiteren Prüfung, ob ein Vorgehen gegen diesen Dritten in tatsächlicher und rechtlicher Hinsicht Aussicht auf Erfolg verspricht.[23] Das ist zu verneinen, wenn der Dritte berechtigte Eigeninteressen hat. So gibt die durch Art. 5 Abs. 1 S. 2 GG garantierte Pressefreiheit der Presse das Recht, die Öffentlichkeit sachgerecht über Dienstleistungen freier Berufe zu informieren. Für die Amtstätigkeit der Notare kann nichts anderes gelten. Die von einer solchen Motivation geleitete, in ihrer Aussage verantwortbare und nicht irreführende Unterrichtung über Notarkanzleien stellt keine sittenwidrige Gefährdung fremden Wett-

---

[19] Arndt/Lerch/Sandkühler/*Sandkühler* BNotO § 29 Rn. 23; *Wöstmann* ZNotP 2002, 51 (57). Auch die Rheinische und die Saarländische Notarkammer halten in ihren Richtliniensatzungen die Angabe von Tätigkeitsschwerpunkten für eine „wertende Selbstdarstellung".
[20] Diehn/*Diehn* BNotO § 29 Rn. 18.
[21] Arndt/Lerch/Sandkühler/*Sandkühler* BNotO § 29 Rn. 32; *Wöstmann* ZNotP 2002, 51 (58). Die Notarkammer Bremen verbietet deshalb in ihren Richtliniensatzungen nur die Veranlassung amtswidriger Werbung.
[22] BVerfG NJW 2000, 1635 und OLG Frankfurt a. M. NJW 2000, 1652 zum anwaltlichen Berufsrecht.
[23] OVG Münster NJW 1995, 2432 zur Arztwerbung.

bewerbs dar.[24] Eine andere Beurteilung ist nur am Platze, wenn die Presse fragwürdige Bestenlisten veröffentlicht. Damit verstößt sie gegen § 1 UWG.[25]

18 Bauträger und Kommunen treten häufig gegenüber ihren Vertragspartnern dafür ein, die Beurkundung eines Vertrags bei einem bestimmten Notar vorzunehmen. Dies ist keine Werbung zugunsten eines Notars, sondern die Ausübung des jedem Vertragspartner zustehenden Rechts, einen Notar für die Beurkundung vorzuschlagen. In der Regel werden damit auch eigene legitime Interessen des Klienten verfolgt, der die Abwicklung gleichartiger Verträge in der Hand eines ihm vertrauten Notars sehen möchte. Der Notar ist in diesen Fällen gut beraten, seiner Neutralitätspflicht mit besonderer Sorgfalt nachzukommen, um nicht den Anschein einseitiger Interessenwahrnehmung zu erregen. Ebenso hat ein Makler durchaus das Recht, auf Anfrage einen Notar für die Beurkundung zu empfehlen, immer vorausgesetzt, er ist von dem betreffenden Notar dazu nicht veranlasst worden. Das wäre ein Verstoß gegen das Verbot der Direktwerbung und eine Beteiligung an der Vermittlung von Urkundsgeschäften iSd § 14 Abs. 4 BNotO.

C. Titel und Ehrenämter

I. Akademische Grade

19 Abschnitt VII. Nr. 2.1 erlaubt die Führung akademischer Grade, des Titels Justizrat und der Bezeichnung Professor. Nach wohl herrschender Ansicht schließt der Wortlaut dieser Regelung die Führung weiterer Titel aus.[26] Das dürfte auch die Intention der Vertreterversammlung gewesen sein; denn das in Abschnitt VII. Nr. 2.2 ausgesprochene Verbot, mit Ausnahme der in § 8 Abs. 2 BNotO genannten Berufe andere Tätigkeiten oder Ehrenämter im Zusammenhang mit der Amtsausübung zu erwähnen, deutet darauf hin.

20 Es dürfen alle akademischen Grade geführt werden, auch solche fremder Fachrichtungen.[27] Sofern sie im Ausland erworben worden sind, muss ihre Führung im Inland zulässig sein. Die Amts- bzw. Berufsbezeichnung Professor, es handelt sich dabei nicht um einen akademischen Grad, darf nach den gleichen Grundsätzen geführt werden; das gilt auch für den Professor an Fachhochschulen.

II. Nebentätigkeiten

21 Abschnitt VII. Nr. 2.2 untersagt dem Notar jeden Hinweis auf weitere Tätigkeiten iSv § 8 Abs. 1, Abs. 3 und Abs. 4 BNotO. Die Regelung erstreckt sich ausdrücklich nicht auf § 8 Abs. 2 BNotO. Der Anwaltsnotar darf also auf den von ihm ausgeübten Beruf des Patentanwalts, Steuerberaters, Wirtschaftsprüfers und vereidigten Buchprüfers hinweisen. Zum Teil wird vertreten, Abschnitt VII. Nr. 2.2 sei verfassungswidrig, weil die Regelung nicht mit Art. 12 Abs. 1 GG vereinbar sei.[28] Wenn bei zulässig ausgeübten Tätigkeiten deren tatsächliche Ausübung die Unabhängigkeit oder Unparteilichkeit die Amtsführung des Notars nicht beeinträchtige, könne für die bloße Nennung solcher Tätigkeiten nichts anderes gelten. Die Nennung könne dann nicht verboten sein.

III. Ehrenämter

22 Abschnitt VII. Nr. 2.2 verbietet die Nennung von Ehrenämtern. Dabei führt Abschnitt VII. Nr. 2.2 ausdrücklich aus, dass dieses Verbot im Zusammenhang mit der **Amts-**

---

[24] BVerfG NJW 2003, 277; es sieht in publizierten Ranking-Listen Meinungsäußerungen, die keinem Wahrheitsbeweis zugänglich sind, wertet sie aber nicht als Verletzung der Wettbewerbsregeln, solange sie den Leistungswettbewerb nicht beeinträchtigen.
[25] BGH NJW 1997, 2681 („Focus"-Serie „Die besten 500 Anwälte").
[26] Arndt/Lerch/Sandkühler/*Sandkühler* BNotO § 29 Rn. 15; *Wöstmann* ZNotP 2002, 51 (58).
[27] Schippel/Bracker/*Görk* RLE/BNotK VII Rn. 15.
[28] *Wöstmann* ZNotP 2002, 51 (59).

ausübung gilt. Wenn mit der Regelung des Abschnitt VII. Nr. 2.2 die Nennung von Ehrenämtern (und der weiteren Tätigkeiten iSv § 8 Abs. 1, Abs. 3 und Abs. 4 BNotO) in Bezug auf jegliche Handlungen bzw. jegliches Auftreten des Notars bezweckt worden wäre, hätte es der Verwendung des Begriffes der Amtsausübung nicht bedurft. Die Nennung von Ehrenämtern ist dem Notar damit nicht schlechthin verboten, sondern nur bei der Amtsausübung. Mit *Diehn*[29] kann eine Abgrenzung zwischen dem zulässigen und dem unzulässigen Hinweis des Notars auf ein Ehrenamt gezogen werden, indem auf die Umstände der Nennung abgestellt wird: Hinweise auf Ehrenämter im **unmittelbaren Zusammenhang** mit der Amtstätigkeit des Notars sind verboten, nicht hingegen dann, wenn die Nennung unter solchen Umständen geschieht, die mit der eigentlichen Amtstätigkeit nicht mehr in einem engen Zusammenhang steht. Warum einem Notar beispielsweise im Rahmen seiner Internetpräsenz ein Hinweis auf seine Mitgliedschaft im Vorstand einer Notarkammer oder auf die Tatsache, dass er deren Präsident ist, verboten sein sollte, erschließt sich nicht. Die Nennung von Ehrenämtern an derartigen „Stellen", die mit der Amtstätigkeit nicht eng verknüpft sind, stellt die ordnungsgemäße Amtsausübung durch den Notar kaum in Abrede. Die Angabe eines Ehrenamtes ist dann nicht geeignet, die Unabhängigkeit und Unparteilichkeit des Notars zu gefährden.

D. Verzeichnisse

Das in Abschnitt VII. Nr. 3 enthaltene Gebot, sich nur in solche allgemein zugänglichen Verzeichnisse aufnehmen zu lassen, die allen örtlichen Notaren offen stehen, leuchtet ein. In aller Regel erfüllen derartige Verzeichnisse diese Voraussetzung. Es kommt allerdings vor, dass nicht alle Notare vom Herausgeber angeschrieben werden oder auf andere Weise von solchen Verzeichnissen erfahren. Eine entsprechende Kontrollpflicht kann dem Notar nicht auferlegt werden; er darf auf die Angabe des Herausgebers vertrauen, das Verzeichnis stehe allen örtlichen Notaren offen (zur Möglichkeit des Notars, auf amtswidrige Veröffentlichungen in derartigen Verzeichnissen einzuwirken, → Rn. 17). Auch wenn ein Verzeichnis das Kriterium der allgemeinen Zugänglichkeit für alle örtlichen Notare erfüllt, kann ein Eintrag dennoch aufgrund des Charakters bzw. der Ausrichtung des Verzeichnisses unzulässig sein. 23

Für Inhalt und Form der Veröffentlichung gelten die allgemeinen Grundsätze. Bekannt gegeben werden darf alles, was für das rechtsuchende Publikum von Interesse ist und auch im Briefkopf stehen darf. Für die Form gilt, dass Übertreibungen in jeder Hinsicht, insbesondere in der Größe, in der Druckstärke sowie in der grafischen und farblichen Gestaltung zu vermeiden sind. Detaillierterer Anweisungen, wie sich zum Teil in den Richtlinien der Notarkammern finden,[30] bedarf es jedenfalls nicht zwingend, da die allgemeinen Grundsätze ausreichend sind, um eventuellen Auswüchsen zu begegnen. 24

E. Anzeigen

I. Lex specialis

Abschnitt VII. Nr. 4 behandelt das besonders praxisrelevante Werbemittel der Anzeigen. Die Vertreterversammlung der BNotK hat insoweit eine zurückhaltende Formulierung gewählt. In einem Protokollvermerk hat die Vertreterversammlung den Notarkammern die nähere Regelung der Anzeigen „nach regionalen Bedürfnissen" empfohlen. Wessen Bedürfnisse dabei maßgebend sein sollen, also die des rechtsuchenden Publikums oder der Notare, bleibt offen. Die meisten Notarkammern haben die Empfehlung der BNotK ohne 25

---

[29] Vgl. Diehn/*Diehn* BNotO § 29 Rn. 28, der insoweit von einer verfassungskonformen Auslegung spricht.
[30] Siehe zB die Richtlinien der Notarkammer Mecklenburg-Vorpommern.

wesentliche Änderung übernommen. Einige Kammern haben hingegen Konkretisierungen vorgenommen (→ Rn. 27, 31, 33). In einem weiteren Protokollvermerk wird der in Abschnitt VII. Nr. 4 getroffenen Regelung die Qualität einer *lex specialis* gegenüber Abschnitt VII. Nr. 1.3 zugewiesen. *Eylmann* hat in der 3. Auflage in Bezug auf das in Abschnitt VII. Nr. 1.3 lit. d enthaltene Verbot, **ohne besonderen Anlass allgemein** an Rechtsuchende heranzutreten, folgende Schlussfolgerung gezogen: Eine Spezialregelung verdränge grundsätzlich die Generalnorm. Der Protokollvermerk sei demnach dahin zu verstehen, dass Anzeigen **nicht** als ein **allgemeines Herantreten** an Dritte zu werten seien und auch **keines besonderen Anlasses** bedürften.

II. Anlass und Inhalt

26 Die hM verlangt trotz des erwähnten Protokollvermerks einen **besonderen Anlass** für eine Zeitungsanzeige, zB die Bestellung zum Notar oder die Verlegung der Geschäftsräume.[31] Dem Wortlaut des Abschnitts VII. Nr. 4 kann diese Einschränkung nicht entnommen werden. Eine solche zusätzliche Einschränkung ist auch nicht erforderlich. Die in Abschnitt VII. Nr. 4 aufgeführten Kriterien reichen aus, um etwaigen Auswüchsen entgegenwirken zu können. Zumindest ist es aber geboten, den Begriff des besonderen Anlasses weit zu fassen, wenn man denn an dieser (ungeschriebenen) Voraussetzung festhalten will. Als Anlass in diesem Sinne kann eine Gesetzesänderung oder eine wichtige Gerichtsentscheidung gelten, die für beurkundungspflichtige Rechtsgeschäfte von Bedeutung ist bzw. sein kann. Notare brauchen diese für das rechtsuchende Publikum interessanten Informationen nicht der Veröffentlichung durch Rechtsanwälte, Steuerberater etc. zu überlassen. Es reichen die ausdrücklich in Abschnitt VII. Nr. 4 aufgeführten Kriterien zur Beurteilung der Frage aus, ob die Anzeige geeignet ist, die Unabhängigkeit und Unparteilichkeit des Notars zu gefährden.

27 Vor diesem Hintergrund sind die in einigen Satzungen in Abweichung von der Richtlinienempfehlungen vorgenommenen Inhaltsbeschränkungen kritisch zu sehen. Das gilt zum Beispiel für die ausdrückliche Festlegung, welche Anzeigen inhaltlich zulässig sind, ohne sich ausdrücklich zur Zulässigkeit abweichender Anzeigen zu äußern.[32] Kritisch zu bewerten ist auch die in den Richtlinien der Hamburgischen Notarkammer enthaltene Bestimmung, die vorschreibt, dass Anzeigen über die Bestellung zum Notar, die Verlegung der Geschäftsräume, Veränderungen der beruflichen Zusammenarbeit oder über ähnliche Tatsachen ausschließlich durch die Notarkammer zu veranlassen sind. Allgemein sind die Notarkammern gut beraten, ihren Kammermitgliedern nicht zu detailreiche Vorschriften zu machen. Die Verwaltungserfahrung der Notarkammern dürfte im Übrigen durchweg zu der Erkenntnis führen, dass die ganz deutliche Mehrheit der Notare auch mit dem Thema der Veröffentlichung von Anzeigen dem Amt entsprechend verantwortungsbewusst umzugehen weiß.

III. Form und Format

28 Für die Form der Anzeigen gilt das in Abschnitt VII. Nr. 1.3 lit. b statuierte Verbot: Die Anzeige darf nicht den Eindruck der Gewerblichkeit vermitteln, insbesondere den Notar oder seine Dienste „reklamehaft" herausstellen (→ Rn. 9 ff.). Die **Größe** der Anzeige muss in einer angemessenen Relation zu der Bedeutung der übermittelten Information stehen. Eine starre Größenbegrenzung[33] berücksichtigt zu wenig den Umstand, dass die Angemessenheit auch von dem Umfang der übermittelten Informationen und dem Zeitungs- oder

---

[31] Schippel/Bracker/*Görk* RLE/BNotK VII Rn. 20; Arndt/Lerch/Sandkühler/*Sandkühler* BNotO § 29 Rn. 12; *Starke* FS Bezzenberger 2000, 630 f.
[32] So, mit Unterschieden in den Formulierungen, die Notarkammern Koblenz, Thüringen und Mecklenburg-Vorpommern.
[33] Die Richtlinien der Notarkammer Mecklenburg-Vorpommern sehen zB eine Beschränkung auf das Format DIN A6 vor.

Zeitschriftenformat abhängt. Zurückhaltende Farben, Symbole, Embleme, Logos, Signets und Initialen, deren Wiedererkennungsfunktion der Herausbildung einer Corporate-Identity dienen soll, sind zulässig.

Auf das **Umfeld** einer Anzeige kann es nicht ankommen. Entscheidend ist nicht, wo der Notar wirbt, sondern wie er wirbt. So wird eine Anzeige nicht dadurch in der Form unsachlich, dass sie im redaktionellen Teil der Zeitung erscheint. Sie darf auch inmitten gewerblicher Anzeigen stehen und ist dort angemessener platziert als unter den Familienanzeigen.[34] Reißerische Hervorhebungen sind unzulässig. Allgemein obliegt den Notaren hinsichtlich der Größe und Gestaltung der Anzeigen ein höheres Maß an Zurückhaltung als Rechtsanwälten. **29**

IV. Häufigkeit

Die Empfehlung, Anzeigen dürften nicht durch ihre **Häufigkeit** der amtswidrigen Werbung dienen, ist, mit Ausnahme der Bremer Kammer, deren Richtliniensatzung keine Bestimmung zur Anzeigenwerbung enthält, von allen Notarkammern übernommen worden. In der Tat kann eine zu häufige Wiederholung derselben Anzeige aufdringlich und übertrieben erscheinen. Andererseits sind starre Grenzziehungen[35] abzulehnen. Wenn zwei Stellenanzeigen eines Notars noch nicht zum Erfolg führen, wird man ihm das Recht einräumen müssen, auch noch eine dritte Anzeige zu schalten. Es ist nicht ersichtlich, dass dadurch seine Unabhängigkeit und Unparteilichkeit gefährdet sein könnten. **30**

V. Verbreitungsgebiet

Einige Kammern sind in ihren Satzungen bestrebt, Anzeigen in Printmedien zu verhindern, die auch **außerhalb des Amtsbereichs** erscheinen. Die Richtlinien der Notarkammer Mecklenburg-Vorpommern gestatten Veröffentlichungen nur in den Tageszeitungen des örtlichen Amtsbereichs. Die Saarländische Notarkammer lässt anlässlich der Neubestellung zum Notar oder der Amtssitzverlegung die jeweils zweimalige Veröffentlichung einer Anzeige in landesweit erscheinenden Zeitungen sowie in den im Bereich des neuen Amtssitzes erscheinenden lokalen Blättern zu. In mehreren Richtliniensatzungen heißt es allgemeiner, Anzeigen des Notars dürften nicht durch ihr Verbreitungsgebiet der amtswidrigen Werbung dienen. Das soll offenbar bedeuten, dass ein Notar nicht in einer Zeitung inserieren darf, die auch außerhalb seines Amtsbereichs verbreitet wird. Als Begründung dient die in § 10a Abs. 2 BNotO festgelegte Beschränkung der Urkundstätigkeit auf den Amtsbereich. Bei einer solchen Argumentation wird jedoch übersehen, dass es jedem außerhalb des Amtsbereichs wohnenden Bürger freisteht, den Notar seines Vertrauens in einem anderen Amtsbereich aufzusuchen. Die Werbung des Notars ist adressatenorientiert. Der Notar darf Betreuungstätigkeiten im ganzen Bundesgebiet übernehmen und er kann sich durch die Kenntnis wenig verbreiteter Sprachen oder durch herausragende Rechtskenntnisse auf Spezialgebieten eine Klientel verschaffen, die weit über seinen Amtsbereich hinausreicht. Ihm darf es deshalb auch nicht verwehrt werden, das Publikum durch Anzeigen in überregionalen Zeitungen zB über die Verlegung seiner Geschäftsstelle zu unterrichten.[36] Bei Stellenanzeigen kommt hinzu, dass sie dort veröffentlicht werden, wo der Notar am ehesten geeignete Bewerber zu finden hofft, zB im Umland von Ballungsgebieten. **31**

---

[34] AA OLG Celle OLGR 1998, 118, das es für unzulässig hielt, die Anzeige über die Neueröffnung einer Anwalts- und Notarkanzlei auf einer Anzeigensonderseite einer Tageszeitung zu platzieren.
[35] Die Richtlinien der Notarkammer Mecklenburg-Vorpommern sehen höchstens zwei Veröffentlichungen vor.
[36] So auch *Wöstmann* ZNotP 2002, 51 (60).

F. Informationsveranstaltungen der Medien

32   Nach Abschnitt VII. Nr. 5 darf sich der Notar an Informationsveranstaltungen der Medien beteiligen, bei denen er in Kontakt mit dem rechtsuchenden Publikum tritt. Die öffentlichkeitswirksame Unterrichtung über Aufgaben, Befugnisse und Tätigkeitsbereiche des Notars ist schon nach Abschnitt. VII Nr. 1.1 erlaubt. Eine Erweiterung dieser Befugnis wird offenbar darin gesehen, dass er bei solchen Gelegenheiten den Kontakt mit dem Publikum nicht zu scheuen braucht, also zB Fragen entgegennehmen und beantworten darf. Dass er dabei die Regelungen der Abschnitt VII. Nr. 1 und Nr. 2 zu beachten hat, ist wohl aus Gründen der Klarstellung hinzugefügt worden. Einschränkungen hinsichtlich Zeit, Ort und Medien ergeben sich aus Abschnitt VII. Nr. 5 nicht. Die Veranstaltung kann also auch außerhalb des Amtsbereichs oder des Amtsbezirks stattfinden. Die Äußerungen des Notars in der Veranstaltung, also sein eigener Vortrag und Antworten auf gestellte Fragen, dürfen in den Medien veröffentlicht werden. Eine Übertragung solcher Informationsveranstaltungen im Rundfunk oder Fernsehen ist zulässig.

33   Aus Sorge über die mögliche Erhöhung des Bekanntheitsgrads eines Notars durch solche Veranstaltungen und einen möglicherweise damit verbundenen Wettbewerbsvorteil haben einige Kammern bei der Übernahme der Richtlinienempfehlungen Beschränkungen hinzugefügt. In den Richtliniensatzungen der Rheinischen Notarkammer sowie der Notarkammern Mecklenburg-Vorpommern und Thüringen wird dem Notar aufgegeben, die Notarkammer von seiner Teilnahme zu unterrichten. Die Notarkammer Sachsen verlangt weniger, sie empfiehlt lediglich die vorherige Unterrichtung der Kammer. Nach den Richtlinien der Notarkammer Koblenz sind Fachvorträge und ihnen gleichzustellende Tätigkeiten dann erwünscht, wenn sie bei Veranstaltungen der Notare oder anderer Juristen stattfinden. Vor einem anderen Personenkreis sollen Vorträge außerhalb des Amtsbereichs grundsätzlich nur mit vorheriger Zustimmung der Notare des betroffenen Amtsbereichs zulässig sein; erscheint die Tätigkeit durch ein berechtigtes Interesse der Rechtspflege oder des Standes gerechtfertigt, kann die fehlende Zustimmung eines Kollegen durch die vorherige Entscheidung des Vorstands der Notarkammer ersetzt werden. Die durch die jeweiligen Richtlinien vorgesehenen Einschränkungen sind kritisch zu beurteilen. Ein Gemeinwohlbelang für die Einführung von Meldepflichten gegenüber den Kollegen oder Kammern ist nicht ersichtlich. Die oben dargestellten Bestimmungen dürften, gerade mit zunehmender Intensität der angeordneten Einschränkungen des Notars, einer Überprüfung am Maßstab des Grundrechts der Berufsausübungsfreiheit (Art. 12 GG) nicht standhalten.

G. Die Kanzleibroschüre – gedruckt oder elektronisch

I. „Werben um Praxis"?

34   Neben den Anzeigen sind **Kanzleibroschüren** und entsprechende **Informationen in Datennetzen** die wichtigsten Informationsmittel. Mit ihnen wendet sich der Notar, anders als bei der Direktwerbung, an eine Vielzahl potentieller Auftraggeber. Die in Abschnitt VII. Nr. 6 empfohlene Regelung zeigt, dass nach Auffassung der Vertreterversammlung dem Notar nicht nur ein werbewirksames Verhalten, sondern **Werbung im engeren Sinne** erlaubt ist, soweit sie die Grenze der Amtswidrigkeit nicht überschreitet. Die in der Gesetzesbegründung zum Ausdruck gekommene Auffassung des Gesetzgebers, der Notar solle nicht um „potentielle Mandanten" werben dürfen, da das „aufrecht zu erhaltene Vertrauen in Objektivität und Integrität notarieller Amtsführung ihm jegliches Werben um Praxis" verbiete,[37] ist damit überholt. Der Begriff **„Werben um Praxis"** war von vornherein wenig hilfreich, denn letztlich hat jede für das rechtsuchende Publikum interessante

---

[37] BT-Drs. 13/4184, 27.

Information auch den Haupt- oder Nebenzweck, potentielle Auftraggeber anzulocken und ist damit „Werben um Praxis". Abschnitt VII. Nr. 6 stellt eine Spezialregelung gegenüber Abschnitt VII. Nr. 1.3 lit. d dar; ein besonderer Anlass für die Bereitstellung einer Praxisbroschüre oder die Eröffnung einer Homepage ist somit nicht erforderlich. Die von der Vertreterversammlung empfohlene Regelung ist relativ liberal. Sie wurde mit Ausnahme der Notarkammer Pfalz von allen Kammern übernommen, in einigen wenigen Fällen mit Änderungen, die nachfolgend gesondert angesprochen werden.

II. Zulässige Informationen

Gemäß Abschnitt VII. Nr. 6 S. 1 darf der Notar über **„seine Tätigkeit"** informieren, und zwar nicht nur allgemein, wie es Abschnitt VII. Nr. 1.1 bestimmt, über Aufgaben, Befugnisse und Tätigkeitsbereiche der Notare. Mit dieser Empfehlung hat die Vertreterversammlung den Weg für eine Darstellung der jeweiligen Amtstätigkeit des einzelnen Notars eröffnet. Er darf in seiner Kanzleibroschüre und auf seiner Homepage alle Informationen anbieten, an denen Personen, die den Notar in Anspruch nehmen wollen, ein sachbezogenes Interesse haben. Es kommt nicht darauf an, ob die Angaben notwendig oder nur für einen Teil des rechtsuchenden Publikums nützlich sind. Gesichtspunkte des Konkurrenzschutzes spielen in diesem Zusammenhang keine Rolle. Dies mag der Grund dafür sein, dass die Notarkammer Koblenz die Worte „über seine Tätigkeit" gestrichen und die Notarkammer Pfalz insgesamt auf die Übernahme des Abschnitts VII. Nr. 6 der Empfehlungen verzichtet hat. Mit dieser (Teil-)Streichung wird aber eine amtsgemäße Werbung des Notars auch in diesen beiden Notarkammerbezirken nicht unzulässig. Der Maßstab der Amtsgemäßheit der Werbung ist insoweit ein bundeseinheitlicher. 35

Zu den ohne Weiteres zulässigen Informationen gehören Name, Anschrift und Kommunikationsverbindungen, Öffnungszeiten der Geschäftsstelle, Wegweiser oder Anfahrtsskizze und Parkmöglichkeiten. Diese Informationen können auch fremdsprachig erfolgen. 36

Die Darstellung der eigenen Berufstätigkeit lässt sich nicht sinnvoll von Angaben über die eigene **Person** trennen. Der Notar darf deshalb auch sein Alter und seinen beruflichen Werdegang verlautbaren sowie von sich und seiner Geschäftsstelle Fotos veröffentlichen[38] (zur Nennung von Titeln, Ehrenämtern, Zweitberufen und genehmigten Nebentätigkeiten → Rn. 19 ff.). Hat der Notar nicht genehmigungspflichtige Ämter iSd § 8 Abs. 4 BNotO übernommen (zB Aufgaben als Gütestelle gem. § 15a EGZPO, Testamentsvollstrecker, Insolvenzverwalter oder Schiedsrichter), braucht er auch diese nicht zu verschweigen.[39] Schließlich ist er auch berechtigt, zulässige Berufsverbindungen einschließlich bestehender Kooperationen zu erwähnen.[40] 37

Angaben über Mitarbeiterinnen bzw. Mitarbeiter und deren Qualifikationen sind ebenfalls zulässig.[41] Das Publikum kommt bei der Vorbereitung und Abwicklung notarieller Amtstätigkeit in vielfältiger Hinsicht mit den beim Notar beschäftigten Personen in Berührung und ist deshalb auch an einer näheren Unterrichtung über die Ausbildung und ggf. Fortbildung der Mitarbeiterinnen und Mitarbeiter interessiert. 38

III. Besondere Leistungsangebote und Tätigkeitsschwerpunkte

Nach der Gesetzesbegründung soll dem Notar eine werbende Information mit „besonderen Fach- oder Spezialkenntnissen in einem oder mehreren Rechtsgebieten" versagt sein, weil „ihm sein Amt zur umfassenden Wahrnehmung aller notariellen Zuständigkeiten auf dem Gebiet der vorsorgenden Rechtspflege übertragen" worden ist.[42] Hier wird die aus der 39

---

[38] *Starke* FS Bezzenberger 2000, 630; aA *Becker* NotBZ 1999, 239 (244); einschränkend auch *Fabis* DNotZ 2001, 85 (93).
[39] *Fabis* DNotZ 2001, 85 (90).
[40] *Starke* FS Bezzenberger 2000, 628.
[41] *Becker* NotBZ 1999, 239 (244).
[42] BT-Drs. 13/4184, 27.

Verpflichtung des § 15 Abs. 1 S. 1 BNotO gefolgerte „Allwissenheit" des Notars beschworen, die in der Rechtsanwaltschaft inzwischen mit der Einführung der Fachanwaltschaften und der Zulässigkeit der Benennung von Teilbereichen der Berufstätigkeit, vgl. § 7 BORA, überwunden ist. Von vornherein kann diese, für die Auslegung des § 29 BNotO letztlich nicht verbindliche, Auffassung des Gesetzgebers für die Amtsausübung außerhalb der Urkundstätigkeit gem. § 15 Abs. 1 S. 1 BNotO nicht gelten. Die Übernahme solcher Amtstätigkeiten liegt im pflichtgemäßen Ermessen des Notars. Eher weniger Notare sind daran interessiert, außerhalb der Urkundstätigkeit rechtsbetreuend und konfliktvermeidend tätig zu sein. Dem Publikum ist deshalb auch kaum bekannt, welche Aufgaben die Notare auf diesen Feldern übernehmen dürfen; teilweise wissen es nicht einmal die Notare selbst.[43] Umso mehr liegt es im Interesse des rechtsuchenden Publikums, dass Notare, die sich verstärkt diesem Tätigkeitsgebiet zugewendet und dabei auch spezielle Kenntnisse und Erfahrungen gesammelt haben, dies auch öffentlich mitteilen dürfen. Deshalb ist inzwischen anerkannt, dass der Notar als Tätigkeitsbereich die **Mediation** erwähnen darf.[44] Hingegen soll es ihm **verwehrt sein,** sich als **Mediator** zu bezeichnen, da dadurch der fälschliche und damit irreführende Eindruck hervorgerufen werde, der Notar übe neben seinem Amt einen weiteren Beruf aus.[45] Die gesetzliche Begriffsbestimmung, s. § 1 Abs. 2 Mediationsgesetz, definiert den Mediator als eine unabhängige und neutrale Person ohne Entscheidungsbefugnis, die die Parteien durch die Mediation führt. § 5 Mediationsgesetz regelt weitere fachliche Anforderungen. Der Begriff Mediator beschreibt damit eine Person mit bestimmten Eigenschaften und deren Tätigkeit. Es liegen keine belegbaren Erkenntnisse darüber vor, dass die angesprochenen Verkehrskreise die Bezeichnung Mediator im Zusammenhang mit dem Notaramt ausschließlich so verstehen, dass der Notar stets einen weiteren Beruf ausübt. Genauso gut kann der Begriff Mediator, der neben der Notarbezeichnung erwähnt wird, auch nur eine zusätzliche Eigenschaft des Notars als die Person bedeuten, die die Mediation „ausübt", und zwar in ihrem Notarberuf. Im Ergebnis sieht dies auch die Notarkammer Mecklenburg-Vorpommern so. Sie führt in ihrem Rundschreiben Nr. 4/2015 aus, dass es zulässig ist, wenn der Notar einen untergeordneten und nicht in besonderer Weise hervorgehobenen Hinweis auf die Mediationstätigkeit auf dem Briefkopf führt. Für zulässig erklärt wird dabei auch die Verwendung des Begriffs des Mediators bzw. zertifizierten Mediators, wenn Platzierung und Gestaltung die vorgenannten Voraussetzungen erfüllen sowie ausgeschlossen ist, dass dadurch der Eindruck eines Zweitberufs erweckt wird. Der bloße Begriff Mediator als solcher impliziert demnach nicht die Ausübung eines Zweitberufs. Die Nennung des Begriffs Mediator im unmittelbaren Zusammenhang mit der Amtstätigkeit, zB auf Urkunden und Urkundendeckblättern, ist hingegen unzulässig. Der Anwaltsnotar hat die Regelung des § 7a BORA zu beachten.

40 Auch für die Amtsausübung, die der Pflicht gem. § 15 Abs. 1 S. 1 BNotO unterliegt, darf der Notar solche Spezialkenntnisse verlautbaren, die über die gesetzlichen Anforderungen (§ 15 Abs. 1 S. 2 BNotO) hinausgehen und ihn zur Ablehnung seiner Amtstätigkeit berechtigen. Ihm ist folglich gestattet, seine Kenntnis fremder Sprachen und Rechtsordnungen anzugeben.[46] Für Rechtsuchende, die der deutschen Sprache nicht hinreichend mächtig sind, jedoch eine notarielle Beurkundung vornehmen lassen wollen oder müssen, ist dies eine unentbehrliche Information.

41 Allein die Landesnotarkammer Bayern hat dem Notar ausdrücklich gestattet, darauf hinzuweisen, dass er bereit ist, bestimmte Tätigkeiten auszuüben, zu deren Übernahme Notare nicht allgemein verpflichtet sind. Geknüpft ist die Gestattung jedoch an eine

---

[43] *Wagner* DNotZ 1998, 44, Sonderheft zum 25. Deutschen Notartag.
[44] Rundschreiben der BNotK Nr. 22/00 v. 13.7.2000, abrufbar im Internet unter www.bnotk.de; *Fabis* DNotZ 2001, 85 (90).
[45] Arndt/Lerch/Sandkühler/*Sandkühler* BNotO § 29 Rn. 16.
[46] Rundschreiben der BNotK Nr. 22/00; *Fabis* DNotZ 2001, 85 (89); Bettendorf/*Starke,* EDV und Internet in der notariellen Praxis, 2002, S. 175.

allgemeine Zustimmung des Vorstands der Landesnotarkammer Bayern. Ohne die Erlaubnis des Kammervorstands darf der bayerische Notar hingegen seine Bereitschaft anzeigen, in bestimmten Fremdsprachen zu verhandeln und zu beurkunden sowie bestimmte genehmigungsfreie Nebentätigkeiten zu übernehmen.

Für Amtstätigkeiten, die der uneingeschränkten Urkundsgewährungspflicht des Notars 42 unterliegen, setzt der Gesetzgeber zwar voraus, dass jeder Notar hinreichende Kenntnisse des deutschen Rechts besitzt, um im Stande zu sein, die ihm im Rahmen der vorsorgenden Rechtspflege obliegenden Aufgaben ordnungsgemäß zu erledigen. Bei realistischer Betrachtung wird aber bei vielen Notaren die Herausbildung von **Spezialisierungen** festzustellen sein. Es ist fraglich, ob durch die Angabe eines **Tätigkeitsschwerpunkts** die Unabhängigkeit und Unparteilichkeit eines Notars beeinträchtigt sein könnten. Insbesondere wenn der Notar mit der Nennung von Tätigkeitsschwerpunkten zugleich das umfassende Bestehen seiner Amtsbereitschaft im Übrigen darstellt, werden sich kaum Einwände erheben lassen.[47] Die Angabe von Tätigkeitsschwerpunkten stellt keine wertende Selbstdarstellung des Notars iSv Abschnitt VII. Nr. 1.3 lit. c dar. Sie ist vielmehr eine **Tatsachenbehauptung,** die einer Nachprüfung zugänglich ist (→ Rn. 12), und kann für das Informationsbedürfnis der Öffentlichkeit wichtig sein. Soweit Richtliniensatzungen der Kammern zu Tätigkeitsschwerpunkten nichts aussagen, kann daraus im Übrigen nicht geschlossen werden, dass sie damit die Nennung von Tätigkeitsschwerpunkten untersagt haben.[48] Es ist deshalb zu erwarten, dass sich entgegen der Gesetzesbegründung die Angabe von Tätigkeitsschwerpunkten in der Praxis durchsetzen wird.[49]

Einige Notarkammern haben in ihren Richtliniensatzungen die Angabe von Tätigkeits- 43 und Interessenschwerpunkten ausdrücklich untersagt. Von den Kammern Berlin, Bremen und Frankfurt ist aus der Richtlinienempfehlung das Verbot der „wertenden Selbstdarstellung", Abschnitt VII. Nr. 3 lit. c, nicht übernommen worden, möglicherweise aufgrund der Annahme, damit sei der Weg für die Verlautbarung von Tätigkeitsschwerpunkten eröffnet. Der Ausspruch des strikten Verbots von Schwerpunktangaben dürfte nach der jüngsten Rechtsprechung des BVerfG (→ Rn. 2) verfassungsrechtlich kritisch sein. Sind in einigen Kammerbezirken Tätigkeitsschwerpunkte erlaubt, werden sich keine hinreichenden Gemeinwohlbelange für ein Verbot in anderen Bezirken finden lassen. Was dort amtsgemäß ist, kann hier nicht amtswidrig sein.

IV. Werbung im Internet

Die **Homepage** hat in ihrer Bedeutung die Praxisbroschüre in der Print-Version längst 44 überholt. Für den zulässigen Homepage-Inhalt gelten die obigen Ausführungen; sie darf alles aussagen, was auch in einer Praxisbroschüre stehen darf. Die Eigenart dieses Mediums macht jedoch eine ergänzende Betrachtung notwendig.

Der Name der Homepage, die **Domain** des Notars, impliziert zivil-, wettbewerbs- und 45 berufsrechtliche Probleme. Sie kann Namensschutz genießen und Unterlassungs- oder Schadensersatzansprüche nach §§ 12, 823, 826 BGB, §§ 1, 3 UWG und §§ 5, 15 MarkenG hervorrufen.[50] Berufs- und wettbewerbsrechtlich ist die Verwendung von notarbezogenen Gattungsbegriffen (Notar, Anwaltsnotar, Notariat) und die Hinzufügung von geografischen Angaben im Zusammenhang mit der vergleichbaren Verwendung von Gattungsbegriffen in anwaltlichen Domains problematisiert worden. Nachdem dort die Rechtsprechung die Gefahr einer Irreführung zunächst unterschiedlich beurteilt hatte,[51] erklärte der BGH schließlich die Domain „rechtsanwaelte-notar" für zulässig.[52] Zuvor hatte

---

[47] So wohl auch Diehn/*Diehn* BNotO § 29 Rn. 26.
[48] AA Arndt/Lerch/Sandkühler/*Sandkühler* BNotO § 29 Rn. 21 und *Wöstmann* ZNotP 2002, 51 (57).
[49] So auch Schippel/Bracker/*Schäfer* BNotO § 29 Rn. 13.
[50] BGH NJW 2002, 2096; OLG Frankfurt a. M. BB 1997, 545.
[51] OLG München NJW 2001, 2100; LG Duisburg NJW 2002, 2114.
[52] BGH NJW 2003, 504; s. auch die vorangegangene Grundsatzentscheidung BGHZ 148, 1 = NJW 2001, 3262 – mitwohnzentrale.de.

das KG schon den Domainnamen „notare.rechtsanwaelte" gebilligt.[53] Diese Rechtsprechung hat die Vertreterversammlung zum Anlass genommen, Abschnitt VII. um einen siebten Absatz zu ergänzen, der die Übernahme der BGH-Rechtsprechung auf das Berufsrecht der Notare verhindern soll. Zum Teil wurde der empfohlene Text bereits in die örtlichen Richtliniensatzungen übernommen. Unter verfassungsrechtlichen Gesichtspunkten ist diskussionswürdig, ob per Satzung eine Irreführung statuiert werden kann, die der BGH mit der Begründung verneint, einer Irreführung des Internetnutzers durch missverständliche Domainbezeichnungen werde schon dadurch wirksam begegnet, dass sofort nach „Aufschlagen" der Homepage deren tatsächlicher Inhalt erkennbar sei.[54] Soweit zur Rechtfertigung der Richtlinienempfehlung angeführt wird, von einer Domain „notar" oder „notariat" gehe eine „anreißerische Wirkung" aus, ist dies nicht nachzuvollziehen, zumal mit dieser Begründung auch die vom BGH zugelassene Domain hätte abgelehnt werden müssen; eine „anreißerische" Werbung ist Anwälten und Notaren gleichermaßen untersagt.

46 Abschnitt VII. Nr. 7 verbietet generalisierende Domainnamen nicht nur auf einer Homepage, sondern auch in **E-Mail-Adressen.** Fehlen dort bei berufsbezogenen Gattungsbegriffen individualisierende Zusätze, liegt die gleiche Problematik vor. Auch hier sind Anwälten solche Bezeichnungen erlaubt worden.[55] Solange Abschnitt VII. Nr. 7 von den Notarkammern nicht übernommen worden ist, wird man jedenfalls in den dortigen Kammerbezirken notarbezogene Gattungsbegriffe in Domainnamen und E-Mail-Adressen auch ohne individualisierende Zusätze für zulässig halten dürfen.

47 Anders als die Praxisbroschüre ermöglicht das Internet dem Notar, umfangreichere Informationen auf seiner Homepage zu präsentieren. Er darf **Gesetzestexte,** wichtige **Gerichtsentscheidungen** sowie eigene und fremde **Fachveröffentlichungen** in seine Internetseiten aufnehmen;[56] es handelt sich um zulässige Sachinformationen. Dass Texte ausgeschlossen sein sollen, die sich nicht an Juristen oder juristisch qualifizierte Leser wenden,[57] ist nicht einzusehen. Das rechtsuchende Publikum besteht zum geringsten Teil aus Juristen. Abgrenzungskriterium ist vielmehr der Inhalt der Publikation. Der Notar darf alle Texte veröffentlichen, die – möglichst in allgemein verständlicher Form – über Angelegenheiten informieren, die für seine Amtsausübung von Bedeutung sind.

48 Sogenannte **Links** auf einer Webseite sind Verknüpfungen zu anderen Webseiten. Sie ermöglichen dem Benutzer ein sofortiges Weiterschalten auf eine andere Homepage. Die Einrichtung derartiger Links ist dem Notar grundsätzlich gestattet, allerdings nur zu solchen Webseiten, die keine für einen Notar unzulässigen Informationen enthalten.[58] Verweise auf kommerzielle Internetseiten, insbesondere von Maklern und Immobilienfirmen, sind unzulässig.

49 Das Internet ermöglicht eine schnelle Interaktion zwischen den Nutzern, dh der Besucher kann per Internet auf den Inhalt einer Homepage sofort reagieren. Diesem Zweck dient ein sog. **„Gästebuch",** in dem positive oder negative Anmerkungen zum Inhalt der Homepage oder zur Tätigkeit des Notars hinterlassen werden können. Seine Einrichtung wird im Berufsrecht der Anwälte und Notare als unzulässig angesehen, da im Falle positiver Reaktionen des Besuchers auf diese Weise das Verbot, die eigene Kompetenz mit wertenden Begriffen hervorzuheben, unter Mitwirkung des Notars unterlaufen werden kann.[59] Außerdem könnte auf diese Weise die Verschwiegenheitspflicht des Notars unterlaufen werden.

---

[53] KG DNotZ 2000, 955.
[54] AA offenbar *Wöstmann* ZNotP 2003, 292 (293), der übersieht, dass der Begriff der Irreführung im Berufsrecht der Notare nicht anders definiert werden kann als im anwaltlichen Berufsrecht.
[55] S. auch BGH NJW 2002, 2642, der die Belegung einer sog. Vanity-Nr. mit der Vorwahl 0800 mit berufsbezeichnenden oder tätigkeitsbeschreibenden Begriffen wie „Rechtsanwalt" oder „Anwaltskanzlei" zugelassen hat.
[56] So *Wöstmann* ZNotP 2003, 292 (295).
[57] So *Fabis* DNotZ 2001, 85 (91); *Becker* NotBZ 1999, 239 (244).
[58] *Becker* NotBZ 1999, 239 (245); *Oertel* MittRhNotK 2000, 193; *Fabis* DNotZ 2001, 85 (95).
[59] *Fabis* DNotZ 2001, 85 (96); *Becker* NotBZ 1999, 239 (245).

Dagegen ist die Bereitstellung einer neutralen **Eingabemaske** für eine Online-Kontaktaufnahme nicht zu beanstanden.[60] **Online-Vertragsformulare,** die der Besucher selbst ergänzen kann, werden für unzulässig gehalten mit der Begründung, es handele sich um die Anwerbung eines bestimmten Auftrags.[61] Dies trifft nicht zu, denn wenn der Notar zB das Formular eines Grundstückskaufvertrags in die Webseite einstellt, weiß er nicht, wer ein Grundstück verkaufen will. Dennoch ist ein solches Vorgehen nicht anzuraten, denn es suggeriert dem Publikum das falsche Bild, die Beurkundung eines Vertrags sei nicht viel mehr als das Ausfüllen eines Formulars. Unbedenklich ist es, auf die Homepage Checklisten für häufig vorkommende Vertragstypen einzustellen, damit das Publikum auch weiß, welche Daten und Auskünfte der Notar für die Beurkundung benötigt. 50

Der Notar hat auf seinem Internetauftritt weitere Informationspflichten zu beachten, wie sie sich insbesondere aus dem Telemediengesetz oder der DS-GVO ergeben. Es bestehen keine Bedenken dagegen, die Auffindbarkeit der Homepage des Notars durch eine suchmaschinenoptimierte Programmierung, zB unter Verwendung von Meta-Daten, zu steigern, solange dazu keine unwahren bzw. irreführenden Daten verwendet werden. Unzulässig wird die Suchmaschinenoptimierung dann, wenn abgesehen vom tatsächlichen Inhalt des Internetauftrittes eine künstliche Verbesserung der Auffindbarkeit erreicht werden soll, so zum Beispiel durch die Verwendung von Linkfarmen.[62] Die Nutzung von gewerblichen Diensten wie, allen voran, AdWords der Firma Google ist ebenfalls unzulässig. Diese Dienste zielen darauf ab, bei der Eingabe bestimmter Wörter oder der Eingabe von Wort-Kombinationen eine (Werbe-)Anzeige neben den eigentlichen Suchtreffern zu erzeugen. Ein weiterer Teil des Angebots dieser gewerblichen Dienste ist das „Placement", dh das Auslösen einer Anzeige auf anderen Websites bei der Verwendung zuvor definierter so genannter Keywords. Durch derartige Dienste kann auch der Anzeigenrang in der allgemeinen Suchtrefferliste verbessert werden. 51

V. Bereithalten und Versenden von Informationen

Gegenüber dem in Abschnitt VII. Nr. 1.3 lit. d statuierten Verbot, ohne „besonderen Anlass" zu werben, wird in Abschnitt VII. Nr. 6 S. 2 zunächst klargestellt, dass alle werbenden Informationen, zu deren Kenntnisnahme eine **eigene Aktivität des Adressaten** notwendig ist – entweder der Griff in die Informationsauslage im Wartezimmer der Geschäftsstelle oder der Mausklick im Internet – keines besonderen Anlasses bedürfen. Hier steht dem Notar also ein weites Feld für Informationen über seine Amtstätigkeit zur Verfügung, soweit seine Aussagen nach Form und Inhalt sachlich und damit amtsgemäß bleiben. 52

Will der Notar Kanzleibroschüren, Faltbriefe, Rundschreiben und ähnliche Informationsmittel nicht nur bereithalten, sondern ohne Aufforderung an das rechtsuchende Publikum **verteilen** oder **versenden,** ist dies gemäß Abschnitt VII. Nr. 6 S. 3 nur unter zwei Voraussetzungen zulässig: Zum einen ist der Adressatenkreis auf die **bisherigen Auftraggeber** zu beschränken, zum anderen muss ein **sachlicher Grund** für die Unterrichtung gegeben sein. 53

Mit der Eingrenzung des Adressatenkreises auf frühere Auftraggeber soll offensichtlich verhindert werden, dass der Notar durch Übersendung von Kanzleibroschüren oder mit Rundbriefen Personen außerhalb seines Mandantenkreises zu akquirieren versucht, obwohl dies das Ziel jeder Werbung, auch der dem Notar grundsätzlich erlaubten Informationswerbung, ist. Diese Regelung bevorzugt schon jahrelang tätig gewesene Amtsinhaber und benachteiligt auf der anderen Seite neu bestellte Notare. Der neu zugelassene Notar darf seinen Amtsantritt noch nicht einmal durch eine Postwurfsendung im Amtsbereich oder durch eine kleine Beilage in der Zeitung anzeigen; ihm bleibt nur die Zeitungsanzeige 54

---

[60] Rundschreiben der BNotK Nr. 22/00; *Fabis* DNotZ 2001, 85 (91).
[61] Rundschreiben der BNotK Nr. 22/00.
[62] Diehn/*Diehn* BNotO § 29 Rn. 54.

übrig. Die so zwischen amtswidriger und amtsgemäßer Werbung gezogene Grenze überzeugt nicht. Die Regelung sollte zumindest großzügig ausgelegt werden. So spricht im Bereich des durch eine faktische Ämterkontinuität gekennzeichneten Nur-Notariats alles dafür, auch die Auftraggeber des bisherigen Amtsinhabers zum erlaubten Adressatenkreis zu zählen. Bei Notaren, die sich gem. § 9 Abs. 1 BNotO zur gemeinsamen Berufsausübung verbunden haben, sollte dies trotz des Grundsatzes der persönlichen Amtswahrnehmung auch für Auftraggeber der Notarsozien gelten. Die Mandanten verstehen sich in diesen Fällen wohl weniger als bisherige Auftraggeber eines der Sozien, sondern eher als Mandanten der Sozietät; nicht selten bleibt es dem Zufall der gerade gegebenen Terminlage überlassen, welcher Sozius die Beurkundung oder Beglaubigung vornimmt. Im Anwaltsnotariat stellt sich die Frage, ob auch Mandanten, für die der Notar als Anwalt tätig war bzw. ist, Adressaten eines Informationsrundschreibens sein dürfen. Mandanten eines Anwaltsnotars nehmen diesen in aller Regel in beiden Berufen in Anspruch, falls nicht im Einzelfall dem ein Mitwirkungsverbot entgegensteht. Dies spricht dafür, es dem neu bestellten Notar zu gestatten, seine bisherigen Anwaltsmandanten per Rundschreiben über seine Bestellung zum Notar zu unterrichten. Geschieht dies sachlich und ohne Selbstanpreisung, sind keine Gründe ersichtlich, die einen solchen Schritt amtswidrig erscheinen lassen.

55 Ein „sachlicher Grund" für die Information ist dann gegeben, wenn das Publikum daran ein sachbezogenes Interesse hat. Alle die Amtsübung des Notars betreffenden Umstände, die Gegenstand einer Anzeige sein können, dürfen auch per **Rundbrief** der Klientel übermittelt werden. Ebenso kann dem Notar nicht verwehrt werden, seine Auftraggeber über bevorstehende oder schon erfolgte Gesetzesänderungen sowie über wichtige Gerichtsentscheidungen zu informieren, die sein Arbeitsfeld betreffen und jedenfalls für einen Teil der Mandantschaft von Interesse sein können.[63] Angesichts der anhaltenden Gesetzesflut gibt es keinen Mangel an sachbezogenen Gründen für derartige Informationen.

VIII. Beschäftigung und Ausbildung der Mitarbeiter

1. Der Notar hat die Beziehungen zu seinen Mitarbeitern so zu gestalten, dass seine Unabhängigkeit und Unparteilichkeit nicht gefährdet werden.

2. Der Notar hat seinen Mitarbeitern neben fachspezifischen Kenntnissen auch die berufsrechtlichen Grundsätze und Besonderheiten zu vermitteln und für angemessene Arbeitsbedingungen zu sorgen.

Übersicht

	Rn.
A. Vorbemerkungen	1
I. „Mitarbeiter" des Notars im Sinne der RLEmBNotK	2
II. Mitarbeiter des Notars betreffende Bestimmungen der BNotO	3
III. Abgrenzung zu Abschnitt IV.	4
IV. Vorläufer des Abschnitts VIII.	5
B. Beziehungen des Notars zu seinen Mitarbeitern (Nr. 1)	6
I. Wirtschaftliches Eigeninteresse der Mitarbeiter an der Amtstätigkeit	7
II. Abschnitt VIII. Nr. 1 im Kontext mit § 17 Abs. 1 S. 4 BNotO	8
III. Mitarbeiter als Urkundsbeteiligte in fremdem Interesse	10
IV. Mitarbeiter als Urkundsbeteiligte im mitarbeitereigenem Geschäftsinteresse	13
V. Mitarbeiter als Urkundsbeteiligte in persönlichen Angelegenheiten	14
VI. Wirtschaftliche Beziehungen des Notars zu seinen Mitarbeitern – Abhängigkeit	15

---

[63] *Mihm*, Berufsrechtliche Kollisionsprobleme beim Anwaltsnotar, 2000, S. 225; *Wöstmann* ZNotP 2002, 51 (61); aA OLG Celle Nds. Rpfl. 1999, 83 mit der praxisfernen Begründung, ein Bedürfnis der Adressaten an einer Unterrichtung über Änderungen der Erbschaftssteuer sei nicht ersichtlich.

	Rn.
VII. Außerdienstliches Verhalten	18
VIII. Sonstige Abhängigkeiten	19
C. Vermittlung fach- und berufsspezifischer Kenntnisse und das Gebot angemessener Arbeitsbedingungen (Nr. 2)	20
I. Pflicht zur Vermittlung fachspezifischer Kenntnisse	22
II. Pflicht zur Vermittlung der berufsrechtlichen Grundsätze und Besonderheiten	24
III. Sorge für angemessene Arbeitsbedingungen	26
IV. Förderung von Weiter- und Fortbildung	29
V. Fürsorge zur Vermeidung von Haftungsgefahren	30

A. Vorbemerkungen

Die Richtlinienbestimmungen zur Beschäftigung und Ausbildung von Mitarbeitern stützen sich auf eine Ermächtigung in § 67 Abs. 2 Nr. 8 BNotO. Die Richtlinien können nähere Regelungen enthalten für die Beschäftigung und Ausbildung der „Mitarbeiter". Alle Notarkammern sind der Richtlinienempfehlung gefolgt und haben – in Einzelfällen mit kleineren Abweichungen oder Erweiterungen[1] – den Abschnitt VIII. der Richtlinienempfehlung (RLEmBNotK) übernommen. **1**

I. „Mitarbeiter" des Notars im Sinne der RLEmBNotK

Die BNotO spricht an den Stellen, an denen alle für den Notar tätigen Personen erfasst werden sollen, von „bei ihm beschäftigten Personen" (§§ 26, 14 Abs. 4 BNotO) und bezeichnet den klassischen Notarangestellten als „Hilfskraft" (§§ 67 Abs. 3 Nr. 1 und Nr. 2, 78 Abs. 1 Nr. 6, Abs. 3 BNotO und die Notarkassenbestimmungen). „Mitarbeiter" lautet die Bezeichnung der BNotO nur im Rahmen des § 25 BNotO (Mitarbeiter mit Befähigung zum Richteramt etc, sog. juristische Mitarbeiter) und in der Richtlinienermächtigungsziffer 8 des § 67 Abs. 2 BNotO. **2**

Dennoch sind weder die Ermächtigung noch die Richtlinienbestimmungen als Spezialvorschrift für Mitarbeiter iSd § 25 BNotO, sondern als Sammelbegriff für alle Beschäftigten des Notars, einschließlich Hilfskräften im klassischen Sinn zu verstehen. Es ist nicht erkennbar, dass der Gesetzgeber mit „Mitarbeiter" iSd § 67 Abs. 2 BNotO nur exklusiv die juristischen erfassen wollte.[2]

II. Mitarbeiter des Notars betreffende Bestimmungen der BNotO

Weitere Pflichten des Notars im Zusammenhang mit seinen Mitarbeitern bestimmt die BNotO wie folgt: **3**
- § 30 Abs. 2 BNotO: Pflicht zur sorgfältigen Fachausbildung der vom Notar beschäftigten Auszubildenden.
- § 14 Abs. 4 BNotO: Der Notar hat dafür zu sorgen, dass sich bei ihm beschäftigte Personen nicht mit Geschäften befassen, die dem Notar verboten sind.

---

[1] Abschnitt VIII. Nr. 2 S. 1 RL der Notarkammer Koblenz und der Notarkammer Pfalz: „Der Notar hat für die kontinuierliche Förderung und Überwachung der beruflichen Aus-, Fort- und Weiterbildung seiner Mitarbeiter und für angemessene Arbeitsbedingungen zu sorgen (...)." Die Richtlinie der Notarkammer Bremen nimmt in Abschnitt VIII. Nr. 1 RL einengend die persönliche Amtsausübung ins Auge. Abschnitt VIII. Nr. 2 RL der Notarkammer Bremen lautet: „(...) für angemessene wirtschaftliche Arbeitsbedingungen sowie für Fortbildung zu sorgen." Die Notarkammer Thüringen hat Überschriften beigefügt (in Nr. 1 einengend).

[2] Für die Ausbildung – § 67 Abs. 2 Nr. 8 BNotO – der juristischen Mitarbeiter ist der Notar auch gar nicht zuständig. Die Richtlinienempfehlung nimmt vorweg, dass sich der antiquiert wirkende und wohl noch an den veralteten Begriff des Notargehilfen angelehnte Begriff der Hilfskraft überdauert hat (und im Zuge einer Novellierung bald entfallen sollte).

– § 25 BNotO: Beschäftigung von juristischen Mitarbeitern nur, wenn die persönliche Amtsausübung nicht gefährdet wird (mit Ermächtigung in Abs. 2 zur Statuierung einer Genehmigungspflicht durch die Landesregierung).

III. Abgrenzung zu Abschnitt IV.

4 Die Anforderungen an die Gestaltung der Beschäftigungsverhältnisse im Hinblick auf die Pflicht zur persönlichen Amtsausübung erfasst bereits Abschnitt IV., der ebenfalls weitergehend als § 25 BNotO *alle* Mitarbeiter des Notars betrifft. Dem Gefährdungspotential der juristischen Mitarbeiter im Hinblick auf die persönliche Amtsausübung begegnet speziell § 25 BNotO.[3] Die im Übrigen denkbaren Gefährdungen von Unabhängigkeit und Unparteilichkeit unterfallen Abschnitt VIII.

IV. Vorläufer des Abschnitts VIII.

5 Vorläufer des Abschnitts VIII. der RLEmBNotK sind die §§ 19, 20 und 21 der RLNotBNotK.[4] § 19 RLNot-BNotK ist in § 30 Abs. 2 BNotO aufgegangen.

B. Beziehungen des Notars zu seinen Mitarbeitern (Nr. 1)

6 Während Schutzobjekt des Abschnitts IV. vornehmlich die öffentlich wahrnehmbare persönliche Amtsausübung ist, soll Abschnitt VIII. nach innen wirken und für amtsinterne Verhältnisse sorgen, die dem Notar die unabhängige und unparteiliche Amtsausübung ermöglichen. Weitergehend als der durch Funktionsbegrenzung und Kompetenzabgrenzung im Beschäftigungsverhältnis zwischen Notar und Mitarbeiter wirkende Abschnitt IV. soll Abschnitt VIII. Nr. 1 alle „Beziehungen" erfassen. Durch die Wortwahl sollte verdeutlicht werden, dass über das arbeitsrechtliche Beschäftigungsverhältnis hinaus auch die persönlichen und wirtschaftlichen Beziehungen des Notars den Geboten der notariellen Berufseigenheiten unterstehen. Abschnitt VIII. Nr. 1 konkretisiert die §§ 14 Abs. 3, 28 BNotO in Bezug auf das Verhältnis Notar und Mitarbeiter. Der Notar hat danach dafür zu sorgen, dass auch seine Mitarbeiter Unabhängigkeit und Unparteilichkeit seiner Amtsausübung nicht gefährden. Durch § 14 Abs. 3 S. 2 BNotO gilt auch hier, dass bereits der Anschein der Abhängigkeit und Parteilichkeit zu vermeiden ist.[5]

I. Wirtschaftliches Eigeninteresse der Mitarbeiter an der Amtstätigkeit

7 Der Notar übt keinen auf Gewinnerzielung ausgerichteten Beruf, sondern ein öffentliches Amt aus[6] und hat jedes gewerbliche Verhalten zu unterlassen. Deshalb darf weder für den Notar noch für seine Mitarbeiter die Absicht der Gewinnmaximierung Handlungsziel bei der Erledigung von Amtsgeschäften sein. In der notariellen Amtsausübung darf die Ausführungsqualität nicht von Gebühr und Geschäftswert abhängig sein. Diese Prinzipien sollen auch nicht dadurch in Zweifel gezogen werden können, dass Mitarbeiter des Notars wirtschaftlich von der Amtsausübung profitieren. Abschnitt VIII. Nr. 1 soll vor denkbaren Interessenkollisionen schützen, die sich aus der wirtschaftlichen Beteiligung speziell der in die Erbringung der Amtstätigkeit einbezogenen Personen ergeben können.

---

[3] Ergänzt durch den Auffangtatbestand des Abschnitts IV.
[4] Allgemeine Richtlinien für die Berufsausübung der Notars (1962), kommentiert in den Vorauflagen des *Schippel/Bracker*.
[5] BeckOK BNotO/*Görk* RLEmBNotK VIII. Rn. 4.
[6] §§ 2 S. 3, 29 Abs. 1 S. 1 BNotO, vgl. die Begründung des Entwurfs zur BNotO-Novelle 1998, BT-Drs. 13/4184, 27.

II. Abschnitt VIII. Nr. 1 im Kontext mit § 17 Abs. 1 S. 4 BNotO

Ein spezieller Aspekt der wirtschaftlichen Verflechtung von Notar und Mitarbeiter, und zwar der durch Beteiligung an den Gebühren, ist bereits von § 17 Abs. 1 S. 4 BNotO erfasst.[7] „Dritte" iSd § 17 Abs. 1 S. 4 BNotO sind erst recht die Mitarbeiter des Notars. Abschnitt VIII. Nr. 1 soll als allgemeiner Auffangtatbestand hinzutreten und die übrigen Formen wirtschaftlicher Partizipation im besonders sensiblen Bereich von Notar und Mitarbeitern erfassen.

Unabhängigkeit und Unparteilichkeit des Notars erfordern es, dass dem Notar allein die Disposition über das wirtschaftliche Ergebnis seiner Amtstätigkeit zusteht. Er darf keine Verpflichtungen eingehen, die den wirtschaftlichen Ertrag seiner Tätigkeit einem anderen zuweisen. Über die echte Gebührenbeteiligung iSd § 17 Abs. 1 S. 4 BNotO hinaus ist danach auch die direkte Umsatz- oder Gewinnbeteiligung der Mitarbeiter unzulässig. Die Prämie für die Geschäftserledigung, Provisionsabsprachen, auch sonstige Formen der Kopplung des Arbeitsentgelts an das Monats- oder Jahresergebnis, jede Form der Teilhabe am Betriebsergebnis stellen eine die Unabhängigkeit und Unparteilichkeit des Notars gefährdende wirtschaftliche Beziehung zu seinen Mitarbeitern dar. Unproblematisch ist es dagegen, Zusatzentgelte für übermäßig arbeitsbelastende Zeiträume oder besondere Leistungen im Arbeitsvertrag zu vereinbaren. Zulässig ist auch die Gratifikation im Einzelfall oder aus besonderem Anlass. Ihre Höhe kann der Notar aus eigenem Ermessen – nicht aus vertraglicher Verpflichtung – danach bemessen, wie erfolgreich der abgelaufene Zeitraum war.

III. Mitarbeiter als Urkundsbeteiligte in fremdem Interesse

Ein Grund für die Aufnahme des Abschnitts VIII. Nr. 1 in die RLEmBNotK war das in der Praxis feststellbare Bemühen, Mitarbeiter des Notars verstärkt in vermeintliche Service-Angebote für die Klientel einzubinden.[8] Seinen Ausgangspunkt hat dies genommen in der üblichen und auch nicht zu beanstandenden Praxis, dass Mitarbeiter – unentgeltlich – als Bevollmächtigte beispielsweise für die Abgabe der Identitätserklärung und der Auflassung nach einem Teilflächenverkauf auftreten, als Vertreter ohne Vertretungsmacht im Einzelfall und auf Wunsch eines Beteiligten handeln oder bei der Abgabe von Erklärungen zur Beseitigung von Eintragungshindernissen und registerlichen Formalakten auftreten. Der Mitarbeiter fungiert hier als bloßes Sprachrohr eines Beteiligten.[9] Bei Verbraucherverträgen scheidet der Mitarbeiter als Vertreter schon aus, weil er nicht Vertrauensperson iSv § 17 Abs. 2a S. 2 Nr. 1 BeurkG ist.[10] Der Mitarbeiter steht im Pflichtenkreis des Notars, dessen Neutralität färbt auf ihn ab und verbietet dem Mitarbeiter die der Vertrauensperson wesenseigene einseitige Interessenwahrnehmung. Die früher zuweilen in einzelnen Kammerbezirken anzutreffende Übung, dass Mitarbeiter gegen Entgelt die Vertretung von Beteiligten übernehmen, ist mit Abschnitt VIII. Nr. 1 nicht vereinbar. Schon mit Rücksicht auf die Anforderungen zur Gestaltung des Beurkundungsverfahrens sollte der Notar nie die Einschaltung seines Mitarbeiters als Vertreter vorschlagen, sie höchstens im begründeten Einzelfall zulassen.[11] Auch der Mitarbeiter kann nicht zwei Herren gleichzeitig dienen.

Die beim beschäftigenden Notar ausgeübte Vollmacht eines Mitarbeiters etwa für eine Gesellschaft oder einen Verein dürfte so lange unbedenklich sein, wie sie sich auf Einzelfälle

---

[7] Vgl. schon den darin aufgegangenen § 20 S. 1 RLNot-BNotK.
[8] Zu den darin liegenden Gefahren im Hinblick auf die Gestaltung des Beurkundungsverfahrens: § 17 Abs. 2a BeurkG, Abschnitt II. Nr. 1 lit. c RLEmBNotK und bereits Rundschreiben der BNotK vom 28.4.2003 (www.bnotk.de); speziell zur Beurkundung von Finanzierungsgrundschulden (kein Vollzugsgeschäft!) *Püls* NotBZ 2016, 81 (89); *Galke* ZNotP 2017, 2 (7); *Litzenburger* RNotZ 2017, 625 ff. und *Zimmer* ZNotP 2007, 407 in Anm. zu OLG Schleswig RNotZ 2007, 622.
[9] Vgl. zur Auflassungsvollmacht BGH DNotZ 2017, 549.
[10] BGH DNotZ 2016, 72; siehe aber *Schulz* BWNotZ 2009, 73.
[11] *Genske* notar 2016, 152 (158); vgl. *Litzenburger* RNotZ 2007, 625 (626 f.) mwN.

oder als Bereichsvollmacht auf die Abgabe von Registererklärungen oder ähnliche Formalakte beschränkt.[12] Abschnitt VIII. Nr. 1 erfasst jedoch bereits die Generalbevollmächtigung an den Mitarbeiter, die dem Bevollmächtigten das eigene Auftreten ersparen soll. Als Service widerspricht ein solches Angebot § 29 BNotO. Tritt ein Mitarbeiter mehrfach für den gleichen Beteiligten bei Vertragsabschlüssen wie Geschäftsanteilsübertragungen oder Veräußerungsgeschäften auf, kann der Eindruck entstehen, in diesem Notariat nehme der Mitarbeiter des Notars die Interessen des Vollmachtgebers gegenüber Dritten wahr.

12 Im Anwendungsbereich des Abschnitts VIII. Nr. 1 liegt auch die Gründung und Veräußerung von Vorratsgesellschaften, bei denen Mitarbeiter des Notars als Gründungsgesellschafter oder Geschäftsführer eingebunden sind.[13] Erfolgt ihr Einsatz, um die in der Person des Notars oder eines Sozietätsmitglieds nicht mögliche Beteiligung zu umgehen, sind bereits §§ 3 Abs. 1 S. 1, 6 Abs. 1 BeurkG und §§ 14 Abs. 1 S. 4, 14 Abs. 5 BNotO einschlägig.[14] Wenn der Mitarbeiter auf eigene Rechnung oder im Interesse Dritter handelt, so handelt er gewerblich. Die Beurkundung beim beschäftigenden Notar ist dann bereits nach Abschnitt VIII. Nr. 1 unzulässig. Solche eigenen Geschäftsinteressen des Mitarbeiters sind mit der Unparteilichkeit des Notars nicht vereinbar. Werden die Geschäftsanteile zum Selbstkostenpreis weitergegeben, bleiben die mit Abschnitt VIII. Nr. 2 nicht zu vereinbarenden Haftungsgefahren.[15]

IV. Mitarbeiter als Urkundsbeteiligte im mitarbeitereigenem Geschäftsinteresse

13 Im Anwendungsbereich liegen auch die systematische Übernahme von Treuhandtätigkeiten, Testamentsvollstreckungen, Betreuungen, Vermögensverwaltungen etc durch Mitarbeiter. Die Erfahrung zeigt, dass Unregelmäßigkeiten in der Ausübung solcher Tätigkeiten durch den Mitarbeiter gern auf den beurkundenden Notar mit dem Vorwurf zurückfallen, im Hinblick auf seinen Mitarbeiter habe er es an der nötigen Neutralität fehlen lassen. Die regelmäßige Bestellung des Mitarbeiters für solche Tätigkeiten kann den bösen Schein schaffen, im gewollten Zusammenwirken mit dem Notar würden hier gemeinsame oder zumindest Geschäftsinteressen des Mitarbeiters verfolgt bzw. einer der Weisung des Notars unterliegenden Person würden Befugnisse zugewiesen, die die Urkundsperson selbst nicht übernehmen kann.[16] Auch wenn einzuräumen ist, dass die Übernahme solcher Tätigkeiten dem Mitarbeiter von Rechtsuchenden oft im Hinblick auf ein gerechtfertigtes Vertrauensverhältnis angetragen wird, sollte zur Vermeidung jedes Anscheins im Zweifel nicht beim Anstellungsnotar beurkundet werden.

V. Mitarbeiter als Urkundsbeteiligte in persönlichen Angelegenheiten

14 Ein weiteres Beispiel der Gefährdung von Unabhängigkeit und Unparteilichkeit ist die Beurkundung in privaten Angelegenheiten von Notarmitarbeitern. Das Beurkundungsgesetz schließt den Notar zwar grundsätzlich nicht von der Beurkundung aus, wenn sein Mitarbeiter in persönlicher Angelegenheit Beteiligter der Urkunde ist, der Mitarbeiter etwa eine Wohnung kauft oder einen Ehevertrag schließt.[17] Hier ergänzt Abschnitt VIII. Nr. 1 die allgemeinen Regelungen des § 14 Abs. 2 BNotO sowie § 4 BeurkG und stellt einen Anwendungsfall des § 16 Abs. 2 BNotO dar. Soweit eine Zustimmung der Notarkammer nach § 17 Abs. 1 S. 2 BnotO vorliegt und der amtshandelnde Notar von der Gebührenerhebung absehen könnte, wird der Mitarbeiter des Notars in einer persönlichen Angele-

---

[12] Beispiel: Auflassungsvollmacht, BGH DNotZ 2017, 549.
[13] Zur Haftungsproblematik → Rn. 30.
[14] Notarielle Mitwirkung bei der Gründung und beim Angebot von Vorratsgesellschaften: Rundschreiben der BNotK Nr. 25 vom 10.7.2001 (www.bnotk.de), und *Gass/Haberland* ZNotP 2001, 297 (303).
[15] → Rn. 30.
[16] Für die Testamentsvollstreckung s. §§ 7, 27 BeurkG.
[17] Vgl. §§ 3, 6, 7 BeurkG und → BeurkG § 3 Rn. 33.

genheit darauf drängen, dass sie bei „seinem" Notar beurkundet wird. Hier ist Vorsicht und Fingerspitzengefühl geboten. Vorsorgevollmachten und Verfügungen von Todes wegen etwa dürften unproblematisch sein. Ist aber in mehrseitigen Rechtsgeschäften zu befürchten, dass die weiteren Beteiligten an der Unparteilichkeit zweifeln könnten, hat sich der Notar in persönlichen Angelegenheiten seines Mitarbeiters der Amtsausübung zu enthalten. Es ist jedenfalls Transparenz über den Hinweis in der Urkunde zu empfehlen, dass alle Beteiligten in Kenntnis des Beschäftigungsverhältnisses eine Beurkundung durch den amtierenden Notar ausdrücklich wünschen.

VI. Wirtschaftliche Beziehungen des Notars zu seinen Mitarbeitern – Abhängigkeit

Der Notar hat sicherzustellen – § 28 BNotO –, dass seine wirtschaftlichen Verpflichtungen gegenüber Mitarbeitern ihn in seiner Unabhängigkeit und Unparteilichkeit nicht gefährden. Beispielsweise fällt die Gewährung von Darlehen durch den Mitarbeiter an den Notar in diesen Anwendungsbereich oder gemeinsame Gesellschaftsbeteiligungen, insbesondere zur Teilnahme an spekulativen Geschäften. Gefahren bergen auch die aus steuerlichen Gründen zuweilen praktizierten Modelle, in denen Mitarbeiter Eigentümer der Betriebsmittel des Notariats sind und der Notar diese Betriebsmittel von seinem Mitarbeiter anmietet. Der erste Entwurf der RLEmBNotK brachte es in Anlehnung an § 20 S. 1 RLNot noch auf den wesentlichen Punkt: „Der Notar darf von seinen Mitarbeitern wirtschaftlich nicht abhängig sein."

15

Da schon der Anschein einer Abhängigkeit und Parteilichkeit zu vermeiden ist (§ 14 Abs. 3 BNotO), ist die Erheblichkeitsschwelle nicht erst überschritten, wenn die wirtschaftlichen Verhältnisse des Notars eine Gefährdung der Interessen der Rechtsuchenden befürchten lassen.[18] Der Anschein einer Abhängigkeit oder Parteilichkeit liegt vor, wenn das Ausmaß der wirtschaftlichen Verflechtungen von Notar und Mitarbeiter nach objektivem Ermessen geeignet erscheint, dass Einfluss auf die Amtstätigkeit genommen werden kann. Im Unterschied zu wirtschaftlichen Verpflichtungen Dritten gegenüber schafft die Nähe des Mitarbeiters zur Amtsausübung ein besonderes Gefährdungspotential. So können Verpflichtungen einer Größenordnung, die gegenüber Dritten tolerierbar wären, gegenüber Mitarbeitern gefährdend sein.

16

Abtretungen von Kostenforderungen des Notars zur Sicherung von Verbindlichkeiten sind bereits Dritten, jedoch erst recht Mitarbeitern gegenüber unzulässig. Die nach allgemeinem Zivilrecht zwar mögliche und offengelegte Abtretung des – öffentlich-rechtlichen[19] – Gebührenanspruchs würde dazu führen, dass der Notar den Gebührenanspruch zugunsten des Abtretungsgläubigers einzuziehen hätte. Die Einziehung zugunsten des Mitarbeiters des Notars schafft den Anschein einer Abhängigkeit. Die „stille Zession", die eine Offenlegung und damit den öffentlichen Anschein einer Abhängigkeit verhindert, wird trotz fehlender Außenwirkung Alarmzeichen für die Notaraufsicht sein: ihre Notwendigkeit wird sich nur ergeben, wenn die wirtschaftlichen Verhältnisse des Amtsinhabers gefährdet sind.

17

VII. Außerdienstliches Verhalten

Abschnitt VIII. Nr. 1 konkretisiert die gesetzlichen Pflichten nach § 14 BNotO – speziell ergänzend zu § 14 Abs. 4 S. 2 BNotO – auch dahingehend, dass der Notar die mit seiner Amtstätigkeit nicht zu vereinbarenden außerdienstlichen Aktivitäten seiner Mitarbeiter zu berücksichtigen und uU zu unterbinden hat. Nebentätigkeiten seiner Mitarbeiter bei Bauträgern, die Übernahme von Testamentsvollstreckungen, Nachlassverwaltungen, Finanzberatungen etc können dazu führen, dass die Amtstätigkeit auch in den Fällen zu

18

---

[18] Und dann ein Amtsenthebungsgrund nach § 50 Abs. 1 Nr. 8 BNotO wären.
[19] S. dazu *Frenz* → BNotO § 17 Rn. 5 mwN.

verweigern ist, in denen der Mitarbeiter nicht als Urkundsbeteiligter auftritt. Auch über den unmittelbaren Anwendungsbereich des § 14 Abs. 4 S. 2 BNotO hinaus sind hier Fälle denkbar: Etwa die Tätigkeit von Mitarbeitern in Organen iSv § 8 Abs. 3 Nr. 2 BNotO. In keinem Fall kann der Einsatz des Mitarbeiters dazu dienen, den Ausschluss des amtshandelnden Notars zu umgehen. Der Notar hat es zu unterbinden, wenn sein Mitarbeiter den Kontakt zu Klienten für eine Empfehlung seiner Benennung als Testamentsvollstrecker, Betreuer, Pfleger oder seine Einschaltung als Vermögens- oder Finanzberater nutzt.

VIII. Sonstige Abhängigkeiten

19 Auch in persönlicher Hinsicht sind Abhängigkeiten des Notars denkbar. Den Notarkammern werden Fälle benannt, in denen durch persönliche Schwächen des Amtsinhabers in der Öffentlichkeit der Eindruck entsteht, der Notar unterliege den Anweisungen seiner Mitarbeiter oder sei ohne sie nicht amtshandlungsfähig. Die Anforderungen der elektronischen Signatur etwa muss der Notar in Person handhaben können. Er darf in ihrer Erzeugung nicht von seinen Mitarbeitern abhängig sein; hier greift seit 2006 speziell Abschnitt IV. Nr. 2. Wer Mitarbeiter einstellt oder nur deshalb nicht entlässt, weil bestimmte Klienten über sie angebunden sind, lässt die nötige Unabhängigkeit vermissen. Abhängigkeiten von Mitarbeitern sind auch schon dadurch entstanden, dass die Mitarbeiter „Mitwisser" von Angelegenheiten waren, deren Veröffentlichung den Notar in Misskredit bringen konnte. Dass die Richtlinie auf diesem Sektor eher als amtsethischer Appell denn als konkrete Handhabe zu wirken vermag, sei eingeräumt. Der Aufsicht wird sie als Anknüpfungspunkt für ein Aufgreifen des Einzelfalls dennoch willkommen sein.

C. Vermittlung fach- und berufsspezifischer Kenntnisse und das Gebot angemessener Arbeitsbedingungen (Nr. 2)

20 Nicht erst die Anforderungen einer geordneten Rechtspflege, denen der Notar verpflichtet ist, sondern schon das Eigeninteresse des Notars sollte ihn veranlassen, seine Mitarbeiter auf hohes Fachausbildungsniveau zu bringen und dort zu halten.[20] Seine Aufgaben im Rahmen der Rechtspflege wird der Notar umso besser wahrnehmen können, je fachqualifizierter seine Mitarbeiter ihn bei seinen Aufgaben unterstützen und ihn dadurch im Hinblick auf die wesentlichen Aufgaben entlasten können. Konkrete Pflichten schaffen für das Ausbildungsverhältnis bereits das Bundesbildungsgesetz und die ReNoPat-AusbildungsVO sowie allgemein die zum Teil bestehenden Weiter- und Fortbildungsgesetze der Länder.

21 Unbeschadet arbeits-, sozialversicherungs- und gewerbeaufsichtsrechtlicher Bestimmungen über die Angemessenheit von Arbeitsbedingungen erhebt Abschnitt VIII. Nr. 2 die Schaffung von „angemessenen" Arbeitsbedingungen zur Berufspflicht für den Notar.

I. Pflicht zur Vermittlung fachspezifischer Kenntnisse

22 Abschnitt VIII. Nr. 2 erweitert zunächst die in § 30 Abs. 2 BNotO zugunsten der Auszubildenden, des Berufsnachwuchses und der Referendare normierte Ausbildungspflicht als Pflicht zur Vermittlung der fachspezifischen Kenntnisse auf alle Mitarbeiter. Es ist damit Berufspflicht des Notars, die Fachqualifikation seiner Mitarbeiter zu fördern. Die Notarkammer Koblenz und die Notarkammer Pfalz verpflichten in ihren Richtlinien zur kontinuierlichen Förderung und Überwachung der beruflichen Aus-, Fort- und Weiterbildung. Die empfehlungsgebende Vertreterversammlung erachtete dies als von der Pflicht zur Vermittlung fachspezifischer Kenntnisse und vom Gebot angemessener Arbeitsbedingungen umfasst. Die Richtlinie sollte zum Ausdruck bringen, dass sich der Qualifikations- und

---

[20] *Dempfle* notar 2018, 1.

Fortbildungsanspruch, den das Gesetz an den Notar erhebt, in den Anforderungen an seine Mitarbeiter widerspiegelt.

Der Notar hat danach, sofern der Arbeitsablauf seines Büros es zulässt, die Teilnahme an 23 Bildungsmaßnahmen, etwa den Fortbildungsveranstaltungen der Notarkammern oder des Fachinstituts für Notare im DAI, zu ermöglichen und zu fördern. Maßnahmen hierzu sind die Freistellung für Fortbildungsmaßnahmen, Übernahme der Auslagen oÄ Orientierungsmaßstäbe für die Dauer des Freistellungszeitraums bieten hier etwa die zum Teil bestehenden Arbeitnehmerweiterbildungsgesetze oder Fortbildungsbestimmungen des öffentlichen Dienstes. Der Notar sollte den Maßstab, den er für sich zur Erfüllung der Fortbildungspflicht nach § 14 Abs. 6 BNotO anwendet, auf seine Mitarbeiter erstrecken. Einklagbare Ansprüche schafft die Richtlinie freilich nicht.

II. Pflicht zur Vermittlung der berufsrechtlichen Grundsätze und Besonderheiten

Die Richtlinie verpflichtet den Notar über die fachspezifischen Kenntnisse hinaus, seinen 24 Mitarbeitern die berufsrechtlichen Grundsätze und Besonderheiten zu vermitteln. Vorbild für diese Ergänzung des § 14 Abs. 4 BNotO war die Pflicht nach § 26 BNotO zur förmlichen Verpflichtung der beim Notar beschäftigten Personen unter anderem zur Verschwiegenheit. Vergleichbar diesem förmlichen Hinweis hat der Notar seine Mitarbeiter auf die Kardinalpflichten des notariellen Berufsrechts, deren Auswirkungen für ihre tägliche Berufsausübung und das sonstige Verhalten aufmerksam zu machen. Der Notar hat insbesondere auf §§ 14, 25, 28, 29 BNotO hinzuweisen. Im Zuge berufsrechtlicher Neuigkeiten sind die Hinweise zu aktualisieren. „Vermitteln" erschöpft sich nicht in bloßer Information, sondern umfasst mit Rücksicht auf § 14 Abs. 3 S. 2, speziell Abs. 4 S. 2 BNotO auch die Überwachung der Einhaltung und die Unterbindung ermittelbaren Missstands. Mit dem notariellen Berufsrecht unvereinbare Verhaltensweisen von Mitarbeitern lassen sich demnach für den Notar nicht einfach damit entschuldigen, sie seien aus Unwissenheit oder vom Notar nicht beherrschbaren Verhaltensweisen geschehen. Beispielsweise hat der Notar Hausbesuche seiner Mitarbeiter bei Klienten zur Anbahnung oder Vorbereitung von Amtsgeschäften zu unterbinden, so wie ihm selbst diese Verhaltensweisen schon aus § 29 BNotO verboten wären. Vertrauen ist gut, Kontrolle besser.

Es ist zu empfehlen, in den Arbeitsvertrag einen Hinweis auf die erfolgte Unterweisung 25 in die berufsrechtlichen Grundsätze und Besonderheiten und deren Auswirkungen auf das Arbeitsverhältnis aufzunehmen. Dies dient auch der Vorbeugung, bei entsprechenden Verstößen arbeitsrechtliche Schritte von Abmahnungen bis hin zu personenbedingten Kündigungen begründen zu können.

III. Sorge für angemessene Arbeitsbedingungen

Abschnitt VIII. Nr. 2 konkretisiert die arbeits- und berufsrechtliche Fürsorgepflicht des 26 Notars gegenüber seinen Mitarbeitern. Kennzeichen der notariellen Berufsausübung ist es daher auch, dass der Notar seinen Mitarbeitern nach objektiven Kriterien angemessene Arbeitsbedingungen zu bieten hat. „Angemessen" bedeutet nicht allein „wirtschaftlich angemessen",[21] sondern dem „notariellen Berufsbild angemessen".

Wesentliche Arbeitsbedingung ist die Vergütung. Etwa von der Notarkammer ausgesprochene Entgeltrichtlinien für Auszubildende oder Mitarbeiter in Abhängigkeit von der Dauer der Berufstätigkeit wird der Notar nur mit besonderem Grund unterschreiten können. Einklagbare Ansprüche für die Mitarbeiter bieten allerdings weder die Richtlinien noch die Empfehlungen der Notarkammer.

Zu den dem Berufsbild des Notars entsprechenden Arbeitsbedingungen wird man auch 28 zählen können, dass den Mitarbeitern ein den heutigen Verhältnissen entsprechender

---

[21] So aber Abschnitt VIII. Nr. 2 RL Notarkammer Bremen.

Arbeitsplatz, eine den familiären und sonstigen sozialen Bedürfnissen entsprechende Arbeitszeit und ein der Würde des Berufs angemessenes Arbeitsklima zwischen Arbeitgeber und Arbeitnehmer sowie der Mitarbeiter untereinander geboten wird. Den unbestimmten Rechtsbegriff der „angemessenen" Arbeitsbedingungen in der Praxis konkret zu fassen, wird jedoch schwerlich möglich sein. Insofern ist Abschnitt VIII. Nr. 2 aE eher Appell an das allgemeine Amtsverständnis des Notars und berufsethischer Programmsatz denn konkrete Handhabe gegen die Vernachlässigung angemessener Bedingungen im Einzelfall.

IV. Förderung von Weiter- und Fortbildung

29 Soweit man dies nicht bereits als Bestandteil der Pflicht zur Vermittlung der fachspezifischen Kenntnisse ansieht, gehört es zur angemessenen Arbeitsbedingung iSd Abschnitts VIII. Nr. 2., den Mitarbeitern Fort- und Weiterbildung zu ermöglichen.[22]

V. Fürsorge zur Vermeidung von Haftungsgefahren

30 Zu den angemessenen Arbeitsbedingungen zählt die Fürsorgepflicht, Haftungsgefahren für die Mitarbeiter zu vermeiden. Deren Einsatz als Bevollmächtigte von Beteiligten kann für diese haftungsrelevant sein. Hier sei nur auf das Beispiel verwiesen, dass bei der Gründung von Gesellschaften der Auftretende der Gefahr der Handelndenhaftung ausgesetzt sein kann.[23] Eine arbeitsrechtliche Pflicht des Mitarbeiters, für Beteiligte als Vertreter aufzutreten, besteht nicht und kann auch nicht im Arbeitsvertrag vereinbart werden. Der Mitarbeiter kann ein solches Ansinnen ablehnen. Es gehört zur Praxis, dass Mitarbeiter auf Wunsch eines Beteiligten im Einzelfall – nicht auf Vorschlag des Mitarbeiters oder des Notars – für diesen auftreten. Dadurch entsteht ein Geschäftsbesorgungsverhältnis zwischen dem Mitarbeiter und dem Vertretenen, das der Weisungsbefugnis des Notars als Arbeitgeber entzogen ist. Die Neutralitätspflicht des Notars verbietet es, dass er auf die Abgabe von Erklärungen durch einen Urkundsbeteiligten Einfluss nehmen könnte. Haftungsgefahren für den als Vertreter auftretenden Mitarbeiter des Notars sind tunlichst zu vermeiden. Hilfreich kann es hier sein, gegenüber der von einem Beteiligten gewünschten Vertretung durch einen Mitarbeiter darauf hinzuweisen, dass eine solche nur gegen Freistellung von der Haftung zuzumuten sei.[24] Unumgänglichen Haftungsgefahren sollte der Notar dadurch begegnen, dass er den Mitarbeitern eine entsprechende Versicherung empfiehlt, seine eigene Berufshaftpflichtversicherung so ausgestaltet, dass sie auch Handlungen der Mitarbeiter umfasst und er seinen Arbeitnehmer im Innenverhältnis von möglichen Haftungen in Fällen des von ihm befürworteten Einsatzes freistellt.

IX. Grundsätze zu Beurkundungen außerhalb des Amtsbereichs und der Geschäftsstelle

1. Der Notar soll seine Urkundstätigkeit (§§ 20–22 BNotO) nur innerhalb seines Amtsbereichs (§ 10a BNotO) ausüben, sofern nicht besondere berechtigte Interessen der Rechtsuchenden ein Tätigwerden außerhalb des Amtsbereichs gebieten. Besondere berechtigte Interessen der Rechtsuchenden liegen insbesondere dann vor, wenn
a) Gefahr im Verzug ist;

---

[22] → Rn. 22.
[23] Vgl. speziell im Zusammenhang mit der Gründung von Vorratsgesellschaften, *Gass/Haberland* ZNotP 2001, 297 (304); *Auernhammer* MittRhNotK 2000, 137 (141 f.).
[24] Der Notar kann seine Haftung gegenüber dem Beteiligten, auch die seines Mitarbeiters, nicht ausschließen. Er haftet allerdings nur für eigene bzw. ihm eventuell zuzurechnende Pflichtverstöße seines Mitarbeiters, grundsätzlich jedoch nicht für die dem Dritten aus dem eigenständigen Geschäftsbesorgungsverhältnis zwischen ihm und dem Mitarbeiter eventuell zustehende Ansprüche.

b) der Notar auf Erfordern einen Urkundsentwurf gefertigt hat und sich danach aus unvorhersehbaren Gründen ergibt, daß die Beurkundung außerhalb des Amtsbereichs erfolgen muß;
c) der Notar eine nach § 16 KostO zu behandelnde Urkundstätigkeit vornimmt;
d) in Einzelfällen eine besondere Vertrauensbeziehung zwischen Notar und Beteiligten, deren Bedeutung durch die Art der vorzunehmenden Amtstätigkeit unterstrichen werden muß, dies rechtfertigt und es den Beteiligten unzumutbar ist, den Notar in seiner Geschäftsstelle aufzusuchen.
2. Der Notar darf Amtsgeschäfte außerhalb der Geschäftsstelle vornehmen, wenn sachliche Gründe vorliegen.
3. Eine Amtstätigkeit außerhalb der Geschäftsstelle ist unzulässig, wenn dadurch der Anschein von amtswidriger Werbung, der Abhängigkeit oder der Parteilichkeit entsteht oder der Schutzzweck des Beurkundungsfordernisses gefährdet wird.

Vgl. hierzu die Erläuterungen bei → BNotO §§ 10a, 11.

X. Fortbildung[1]

1. Der Notar hat die Pflicht, seine durch Ausbildung erworbene Qualifikation in eigener Verantwortlichkeit zu erhalten und durch geeignete Maßnahmen sicherzustellen, dass er den Anforderungen an die Qualität seiner Amtstätigkeit durch kontinuierliche Fortbildung gerecht wird.
2. Auf Anfrage der Notarkammer ist der Notar verpflichtet, über die Erfüllung seiner Fortbildungspflicht zu berichten.

A. Vorbemerkungen

Die ständige berufliche Fortbildung ist gerade bei den Notaren von besonders großer 1 Bedeutung. Die Fortbildungspflicht ist in allen juristischen Berufen[2] die unumgängliche Folge der ständigen Veränderung des Rechts durch Erlass neuer und die Änderung bestehender Rechtsvorschriften sowie die zunehmende Ausdifferenzierung von Rechtsprechung und Literatur. Die streitverhütende Arbeit des vertragsgestaltenden Juristen erfordert beste Rechtskenntnisse und große praktische Erfahrung mit größtmöglicher Aktualisierung.[3] Beim Notar hat die Fortbildungspflicht im Hinblick auf die Urkundsgewährungspflicht

---

[1] Abweichende Richtlinien der Notarkammern:
Richtlinien der Hamburgischen Notarkammer und der Westfälischen Notarkammer
Nr. 2 entfällt
Richtlinie der Notarkammer Mecklenburg-Vorpommern
1. (…) Er soll mindestens zweimal im Jahr an einer notarspezifischen Fortbildungsveranstaltung teilnehmen.
2. (…)
Richtlinie der Notarkammer Celle
1. (…)
2. Jeder Notar ist verpflichtet, kalenderjährlich beginnend mit dem auf die Bestellung folgenden Jahr an notariellen Fortbildungsveranstaltungen hörend oder dozierend teilzunehmen. Bei Fortbildungsveranstaltungen, die nicht in Präsenzform durchgeführt werden, müssen die Möglichkeiten der Interaktion des Referenten mit den Teilnehmern sowie der Teilnehmer untereinander während der Dauer der Fortbildungsveranstaltung sichergestellt sein und der Nachweis der durchgängigen Teilnahme erbracht werden. Die Gesamtdauer der Teilnahme an den jährlichen Fortbildungsveranstaltungen darf sechs Zeitstunden nicht unterschreiten. (…)
3. Die Erfüllung der Fortbildungsverpflichtung ist der Notarkammer bis zum 31. Januar des Folgejahres unaufgefordert nachzuweisen.
[2] So ist bei den Rechtsanwälten die gesetzliche Fortbildungspflicht als unerlässliche Maßnahme der Qualitätssicherung anwaltlicher Leistung mit der Berufsrechtsnovelle 1994 den beruflichen Grundpflichten des § 43a BRAO zugeordnet worden, vgl. hierzu ausführlich Henssler/Prütting/*Henssler* BRAO § 43a Rn. 232 f.
[3] *Schippel* FS Bengl 1984, 405 (416).

gem. § 15 Abs. 1 BNotO und die zentrale notarielle Belehrungspflicht gem. § 17 BeurkG eine besondere Bedeutung.[4] Nur durch ständige Fortbildung kann der Notar den hohen Anforderungen gerecht werden, die im Interesse des rechtsuchenden Publikums an die Qualität und Sorgfalt seiner Amtstätigkeit zu stellen sind. Zugleich vermindert die kontinuierliche Fortbildung die mit der notariellen Berufsausübung verbundenen erheblichen Haftungsrisiken. Da die vom Notar beurkundeten Erklärungen oft erst nach Jahren oder nach Jahrzehnten richterlich geprüft werden und da der Notar neu verkündete Gesetze sofort anwenden muss, bevor eine Kommentierung oder klarstellende Rechtsprechung vorliegt, muss der Notar sich schon auf andeutende Entwicklungen in der Rechtsprechung einstellen.[5]

2   Wegen dieser besonderen Bedeutung der Fortbildung für die Sicherung der Qualität der Amtsausübung und zum anderen wegen der vergleichbaren Regelungen in anderen rechts- und wirtschaftsberatenden Berufsordnungen (§ 43a Abs. 6 BRAO, § 43 Abs. 2 WPO und seit 2008 auch § 57 Abs. 2a StBerG) war auf einer ersten Ebene die ausdrückliche gesetzliche Regelung der Fortbildungspflicht in § 14 Abs. 6 BNotO erforderlich. Darüber hinaus ermächtigt § 67 Abs. 2 S. 3 Nr. 10 BNotO die Kammern, den erforderlichen Umfang der Fortbildungspflicht näher zu bestimmen.

B. Inhalt und Umfang der Fortbildungspflicht

I. Grundsatz der Eigenverantwortlichkeit

3   Während das Gesetz in § 14 Abs. 6 BNotO bestimmt, dass sich der Notar in dem für seine Amtstätigkeit erforderlichen Umfang fortzubilden hat, machen die Richtlinienempfehlungen der Bundesnotarkammer in Abschnitt X. Nr. 1 von ihrer Kompetenz gem. § 78 Abs. 1 S. 2 Nr. 5 iVm § 67 Abs. 2 S. 3 Nr. 10 BNotO zur näheren Regelung zum erforderlichen Umfang der Fortbildung nur beschränkt Gebrauch. Die Richtlinienempfehlungen sehen ohne nähere Konkretisierung des Umfangs der Fortbildungspflicht vor, dass der Notar seine durch Ausbildung erworbene Qualifikation in eigener Verantwortlichkeit zu erhalten und durch geeignete Maßnahmen sicherzustellen hat, dass er den Anforderungen an die Qualität seiner Amtstätigkeit durch kontinuierliche Fortbildung gerecht wird. Der überwiegende Teil der Notarkammern übernimmt diese Empfehlung und sieht von einer Konkretisierung der Fortbildungspflicht ab. Es bleibt damit dem Notar selbst überlassen, Art und Umfang seiner Fortbildung eigenverantwortlich zu bestimmen.[6]

4   Insbesondere wurde von einer Konkretisierung der Fortbildungspflicht analog § 15 FAO, eine jährliche Mindestfortbildung von 15 Stunden in hörender oder dozierender Weise vorzuschreiben, in den Richtlinienempfehlungen der Bundesnotarkammer abgesehen. Es sollte grundsätzlich der Eigenverantwortung des einzelnen Notars überlassen bleiben, durch welche Maßnahmen er seiner Fortbildungspflicht nachkomme. In Betracht kommt insbesondere auch das Eigenstudium anhand der einschlägigen Fachliteratur. Mit der Normierung einer mindestens 15-stündigen Fortbildung könnte außerdem der Eindruck erweckt werden, dass der Notar mit einem solchen Veranstaltungsbesuch bereits seiner Fortbildungspflicht genügen würde,[7] obwohl dies nur im Sinne eines absoluten Mindeststandards zu verstehen wäre. Schließlich kommt auch eine Sanktionsregelung analog § 43c Abs. 4 S. 3 BRAO, dem Widerruf der Führung der Fachanwaltsbezeichnung, mangels einer ent-

---

[4] → BNotO § 14 Rn. 51.
[5] *Haug* Rn. 73; *Jerschke* FS Schippel 1996, 667 (684).
[6] Arndt/Lerch/Sandkühler/*Sandkühler* BNotO § 14 Rn. 362. Zum Grundsatz der Eigenverantwortlichkeit bei der anwaltlichen Fortbildungspflicht Henssler/Prütting/*Henssler* BRAO § 43a Rn. 238 unter Hinweis auf BT-Drs. 12/7656, 50 und Feuerich/Weyland/*Böhnlein* BRAO § 43a Rn. 96 f.
[7] So auch unter Hinweis auf verfassungsrechtliche Bedenken wegen Verstoßes gegen die Berufsausübungsfreiheit bei Festlegung der Fortbildungspflicht auf bestimmte Zeitstunden *Vollhardt* MittBayNot Beil. 4/1999, 18; *Jerschke* FS 50 Jahre DAI 2003, 71 (86 f.).

sprechenden Ermächtigungsgrundlage in der Bundesnotarordnung nicht in Betracht. Aus diesen Gründen wurde von der Normierung einer Pflicht zum Besuch einer zehnstündigen Fortbildungsveranstaltung abgesehen.[8]

II. Erhaltung der durch Ausbildung erworbenen Qualifikation und Sicherstellung der Anforderungen der Amtstätigkeit

Bewusst offen bleiben damit die konkreten Verhaltensanforderungen an Art und Umfang der gesetzlich und auf Ebene der Richtlinien normierten Fortbildungspflicht. Abschnitt X. Nr. 1 nimmt zum einen Bezug auf die „Erhaltung der durch Ausbildung erworbenen Qualifikation" und zum anderen auf die „Sicherstellung der Anforderungen an die Qualität der Amtstätigkeit". Von der Begrifflichkeit ist damit zunächst zwischen Ausbildung und Fortbildung zu unterscheiden.

Die Ausbildung richtet sich an den beruflichen Nachwuchs und ist notwendig, um das Berufsziel zu erreichen.[9] Hierzu zählten bis zur Novellierung des Zugangs zum Anwaltsnotariat für angehende Anwaltsnotare der erfolgreiche Besuch des Grundkurses, der zum Regelnachweis der fachlichen Eignung gem. § 6 Abs. 1 BNotO führte, sowie der erfolgreiche Besuch weiterer notarspezifischer Vorbereitungskurse. Mit der Einführung der notariellen Fachprüfung als Kernstück des neuen Zugangs- und Auswahlsystems wird auch die Vorbereitung auf diese Prüfung, also der theoretische Bereich der Ausbildung, weitgehend der Eigenverantwortlichkeit des Bewerbers überlassen. Die Bundesnotarkammer führt spezifische Vorbereitungslehrgänge für die notarielle Fachprüfung in ihrer Aus- und Fortbildungseinrichtung, dem Fachinstitut für Notare im Deutschen Anwaltsinstitut eV, durch.

Als weitere neue Zugangsvoraussetzung in Form einer Fortbildungsverpflichtung zur Gewährleistung und Erhaltung der fachlichen Qualifikation normiert § 6 Abs. 2 S. 1 Nr. 4 BNotO, dass der Bewerber für das Anwaltsnotariat ab dem auf das Bestehen der notariellen Fachprüfung folgenden Kalenderjahr im Umfang von mindestens 15 Zeitstunden jährlich an von den Notarkammern oder Berufsorganisationen durchgeführten notarspezifischen Fortbildungsveranstaltungen teilgenommen hat. Die Regelung ähnelt der Konkretisierung der Fortbildungsverpflichtung für angehende Fachanwälte nach erfolgreichem Abschluss des Fachlehrgangs gem. § 4 Abs. 2 iVm § 15 FAO, dort nunmehr auch mit einem Umfang von 15 Zeitstunden.[10] Der angehende Anwaltsnotar soll mit dieser speziellen gesetzlichen Fortbildungsverpflichtung nach Bestehen der notariellen Fachprüfung die unter Beweis gestellten Kenntnisse und sonstigen fachlichen Qualifikationen durch regelmäßige Fortbildung festigen und aktualisieren.[11]

Auch für die Bestellung zum hauptberuflichen Notar ist für die Erlangung der fachlichen Eignung gem. § 6 Abs. 1 BNotO der Besuch von Fortbildungsveranstaltungen im Rahmen des Assessorendienstes obligatorisch.

In Anknüpfung an die Ausbildung richtet sich die Fortbildung an den Berufsangehörigen und zielt darauf ab, den erworbenen Qualitätsstandard während der Berufsausübung zu erhalten.[12] Dementsprechend stellt die Fortbildungsverpflichtung in Abschnitt X. Nr. 1 darauf ab, die im Rahmen der Ausbildung erworbene Qualifikation von den amtierenden Notaren durch Fortbildung ständig zu erhalten. Diese Anknüpfung der Fortbildung an die Ausbildung spricht dafür, dass die Fortbildung auch, zumindest zum Teil, in der gleichen

---
[8] Zu den insoweit abweichenden Kammerrichtlinien in Celle und Mecklenburg-Vorpommern → Rn. 8 ff.
[9] *Jerschke* FS 50 Jahre DAI 2003, 7 (74 f.).
[10] Die Erhöhung der Pflichtfortbildung für Fachanwälte und angehende Fachanwälte in § 15 Abs. 3 FAO von 10 auf 15 Zeitstunden ist seit dem 1.1.2015 in Kraft
[11] Dies erschien dem Gesetzgeber vor allem deshalb erforderlich, weil wegen der geringen Zahl zu besetzender Stellen eine Bestellung zum Notar nur im Ausnahmefall zeitnah zur Prüfung erfolgen kann, amtl. Begründung zu § 6 Abs. 2 S. 1 Nr. 4, BT-Drs. 16/4972, 11.
[12] *Jerschke* FS Schippel 1996, 667 (667); *Jerschke* FS 50 Jahre DAI 2003, 71 (76 f.).

Form erfolgen sollte wie die Ausbildung, nämlich durch den Besuch von notarspezifischen Präsenzveranstaltungen.

7 Des Weiteren hat der Notar gem. Abschnitt X. Nr. 1 sicherzustellen, dass er durch kontinuierliche Fortbildung den Anforderungen an die Qualität seiner Amtstätigkeit gerecht wird. Die Anforderungen an die Qualität der Amtstätigkeit sind hoch. Gemäß § 20 Abs. 1 BNotO sind die Notare zuständig, Beurkundungen jeder Art vorzunehmen. Aus der Urkundsgewährungspflicht gem. § 15 Abs. 1 BNotO in Verbindung mit der weitreichenden Belehrungspflicht gem. § 17 BeurkG folgt, dass der Notar sich fortlaufend in allen einschlägigen Rechtsgebieten des breiten Feldes der notariellen Tätigkeit stetig fortbilden muss, um den strengen Pflichten und hohen Ansprüchen an die Ausübung notarieller Tätigkeit genügen zu können.

III. Geeignete Maßnahmen zur Erfüllung der Fortbildungspflicht

8 Zum Mindeststandard der Fortbildung gehört zunächst die regelmäßige Lektüre der Pflichtblätter (§ 32 BNotO), der Fachzeitschriften, Veröffentlichungen und Rundschreiben der Bundesnotarkammer und der Notarkammern sowie der veröffentlichten Gutachten des Deutschen Notarinstituts.[13] Auch die Verschaffung notwendiger Kenntnisse im Eigenstudium von Literatur und Rechtsprechung sowie Internetrecherchen auch aus Anlass schwieriger Einzelfälle der notariellen Praxis stellen praktische Formen der Fortbildung dar. Wenn auch nicht ausdrücklich vorgeschrieben, so ist doch für die umfassende und wirkungsvolle Fortbildung auch der regelmäßige Besuch von professionell aufbereiteten Fortbildungsveranstaltungen praktisch unumgänglich. Hier kommen neben dem regionalen Angebot der einzelnen Notarkammern insbesondere die notarspezifischen Fortbildungsveranstaltungen des von der Bundesnotarkammer getragenen Fachinstituts für Notare im Deutschen Anwaltsinstitut, das in der Praxis eine Leitfunktion für die Notarfortbildung entwickelt hat,[14] in Betracht. Von erfahrenen Praktikern und Experten werden hier die Grundlagenbereiche ebenso wie Spezialfragen und aktuelle Themen umfassend in anerkannten Arbeitsunterlagen vorbereitet und in der von äußeren Einflüssen des Tagesgeschäfts ungestörten Atmosphäre der Fachveranstaltung mit Gelegenheit zum fachlichen Austausch praxisnah vermittelt. Ähnlich wie bei § 15 FAO ist auch hier die dozierende Teilnahme – erst recht – der hörenden Teilnahme als Erfüllung der Fortbildungspflicht gleichzustellen. Schließlich dürften auch notarspezifische publizistische[15] und prüfende Tätigkeiten, etwa im zweiten juristischen Staatsexamen, weitere wirksame Formen der Fortbildung darstellen.

C. Abweichende Bestimmungen in den Kammerrichtlinien

9 In Abweichung zu der auf den Grundsatz der Eigenverantwortung abstellenden Richtlinienempfehlung der Bundesnotarkammer konkretisieren die Richtlinien der Notarkammer Celle und der Notarkammer Mecklenburg-Vorpommern die Fortbildungspflicht in Form des Besuchs von Fortbildungsveranstaltungen. Die Notarkammer Mecklenburg-Vorpommern verlangt vom Notar die Teilnahme von mindestens zwei Fortbildungsveranstaltungen im Jahr. Konkrete Anforderungen an den zeitlichen Umfang wie bei § 15 FAO werden dabei nicht gestellt. In der Regel handelt es sich jedoch bei den von der Notarkammer Mecklenburg-Vorpommern selbst bzw. zentral von den Kammern der neuen Länder veranstalteten Fortbildungen ebenso wie bei den Veranstaltungen des Fachinstituts für Notare im Deutschen Anwaltsinstitut um ganztägige, dh jeweils mindestens sechs Zeitstunden umfassende Veranstaltungen. Die Pflicht zum Besuch der Fortbildungsveranstaltungen

---

[13] Arndt/Lerch/Sandkühler/*Sandkühler* BNotO § 14 Rn. 364.
[14] *Jerschke* FS Schippel 1996, 667 (683); zur Arbeit des Fachinstituts für Notare im DAI: *Jerschke* FS 50 Jahre DAI 2003, 71 (77 f.).
[15] Zur Erfüllung der Fortbildungspflicht durch kurze Urteilsanmerkungen eines Fachanwalts AGH Schleswig NJW 2006, 1218 und *Schnabl/Richter* AnwBl. 2007, 265.

steht nach der Richtlinie der Notarkammer Mecklenburg-Vorpommern neben der generellen Pflicht zur Fortbildung, dh die Fortbildungspflicht wird noch nicht allein durch den Besuch von zwei Fortbildungsveranstaltungen erfüllt.

Demgegenüber setzt nach Abschnitt X. Nr. 2 die Richtlinie der Notarkammer Celle dem Notar für die Verpflichtung zur Fortbildung eine zeitliche Untergrenze von sechs Zeitstunden. Die hiermit nun ausdrücklich festgeschriebenen Mindeststandards des zeitlichen Umfanges erscheinen im Hinblick auf die Bedeutung der Fortbildung für die Ausübung der notariellen Tätigkeit äußerst niedrig angesetzt. Nicht in Präsenzform durchgeführte Veranstaltungen werden dabei auch anerkannt, wenn weitere bestimmte Anforderungen an Interaktion und Teilnahmekontrolle erfüllt sind. Hiermit sind Formen des e-learnings gemeint, die Regelung entspricht im Wortlaut dem § 15 Abs. 2 FAO.

D. Überprüfung der Fortbildungspflicht

Abschnitt X. Nr. 2 der Richtlinien (Ausnahme Hamburgische Notarkammer und Westfälische Notarkammer) verpflichtet den Notar, auf Anfrage der Notarkammer über die Erfüllung seiner Fortbildungspflicht zu berichten. Im Unterschied zu der in § 74 Abs. 1 BNotO verankerten allgemeinen Auskunftspflicht des Notars gegenüber der Notarkammer liegt der abweichende Regelungsgehalt der Richtlinienvorschrift darin, dass sich hiernach die Notarkammer jederzeit auch ohne besonderen Anlass von den Notaren über die Erfüllung der Fortbildungspflicht berichten lassen kann, während § 74 Abs. 1 BNotO einen Anlass voraussetzt, weil die Notarkammer Auskünfte nur „in Ausübung ihrer Befugnisse" verlangen kann.[16]

Es stellt sich aber die Frage, ob die in Abschnitt X. Nr. 2 normierte Vorlagepflicht, die im Übrigen auch im Spannungsverhältnis zu dem in Abschnitt X. Nr. 1 geregelten Eigenverantwortungsprinzip steht, überhaupt von der Satzungsermächtigung des § 67 Abs. 2 S. 3 Nr. 10 BNotO gedeckt wird. § 67 Abs. 2 S. 3 Nr. 10 BNotO ermächtigt die Notarkammern, „den erforderlichen Umfang der Fortbildung" näher zu bestimmen. Vom Wortlaut her enthält diese Ermächtigungsgrundlage keine Kompetenz für Berichtspflichten des Notars gegenüber der Kammer. Als einschränkende Regelung bedarf eine solche Norm aber, die – wie ausgeführt – auch über die allgemeine Regelung zur Auskunftspflicht in § 74 Abs. 1 BNotO gegenüber der Notarkammer hinausgeht, einer ausdrücklichen Ermächtigungsgrundlage. Etwas anderes würde gelten, wenn man die Regelung zur Berichtspflicht im Sinne einer Annexregelung zur Fortbildungspflicht verstehen würde. Die Berichtspflicht im Einzelfall auf Anfrage der Kammer ist die schwächste Form einer Regelung zur Überprüfbarkeit der ansonsten in der Regel sanktionslos bleibenden Fortbildungspflicht. Dabei ist auch einzubeziehen, dass die Fortbildung bzw. zumindest die Zurverfügungstellung der Mittel gem. § 67 Abs. 3 Nr. 1 BNotO originäre Kammeraufgabe ist. In der Praxis wird diese Frage keine entscheidende Rolle spielen, weil die Notarkammer in der Regel nur von sich aus anfragt, wenn sie einen Anlass hierfür hat und man dann diese Anfrage bzw. die Pflicht zur Auskunft auch über § 74 Abs. 1 BNotO fassen können wird.

In jedem Fall empfiehlt sich die Aufbewahrung der Nachweise zur Erfüllung der Fortbildungspflicht in Form der Teilnahmebescheinigungen in den Generalakten gem. § 23 DONot.

Ähnlich wie im anwaltlichen Berufsrecht stellt sich die Frage, ob Verstöße gegen die Fortbildungspflicht auch berufsrechtlich geahndet werden können. Sanktionen wie bei den Fachanwälten in § 43c Abs. 4 S. 2 BRAO, wonach die Erlaubnis zur Führung der Fachanwaltsbezeichnung widerrufen werden kann, wenn die in der Berufsordnung vorgeschriebene Fortbildung unterlassen wird, bestehen im notariellen Berufsrecht nicht. Soweit sich die Verletzung der Fortbildungspflicht in einer konkreten beruflichen Fehlleistung mani-

---

[16] *Vollhardt* MittBayNot Beil. 4/1999, 18.

festiert, weil zB Gesetzesänderungen oder Änderungen der Rechtsprechung unberücksichtigt blieben, kommen grundsätzlich auch aufsichtsrechtliche Sanktionen wie zB eine Ermahnung der Notarkammer gem. § 75 BNotO in Betracht, soweit der Sorgfaltsverstoß nachweisbar ist.[17]

Im Übrigen wird sich die Erfüllung der Fortbildungspflicht über das Haftungsrecht regeln. Amtshaftung bedeutet insoweit Fortbildungskontrolle, als bei der Fallprüfung ganz konkret festgestellt wird, ob der Wissensstand des Berufsträgers aktuell, fehlerfrei und vollständig war. Die Haftpflichtrechtsprechung hat hier schon vor Normierung der gesetzlichen Fortbildungspflicht in § 14 Abs. 6 BNotO die Anforderungen an die Berufspflichten ständig verschärft und zB im Rahmen des § 17 Abs. 2 BeurkG sogar eine Rechtsprechungsprognose gefordert.[18] Das Haftungsrisiko führt damit schon zu einer wirksamen Eigen- und Fremdkontrolle, so dass es aufsichtsrechtliche Maßnahmen im Bereich der Verletzung der Fortbildungspflicht nur im Einzelfall geben wird.

XI. Besondere Berufspflichten im Verhältnis zu anderen Notaren, zu Gerichten, Behörden, Rechtsanwälten und anderen Beratern seiner Auftraggeber

1.1. Der Notar hat sich kollegial zu verhalten und auf die berechtigten Interessen der Kollegen die gebotene Rücksicht zu nehmen.

1.2. Notare haben bei Streitigkeiten untereinander eine gütliche Einigung zu versuchen. Bleibt dieser Versuch erfolglos, so sollen sie eine gütliche Einigung durch Vermittlung der Notarkammer versuchen, bevor die Aufsichtsbehörde oder ein Gericht angerufen wird.

2. Ist das Amt eines Notars erloschen oder wird sein Amtssitz verlegt, so ist der Amtsinhaber, dem die Landesjustizverwaltung die Verwahrung der Bücher und Akten übertragen hat (§ 51 BNotO), dazu verpflichtet, die begonnenen Amtsgeschäfte abzuwickeln.

3.1. Ein Notar, dessen Amt erloschen ist, ist verpflichtet, dem Notariatsverwalter für die Verwaltung das Mobiliar, die Bibliothek und die EDV (Hardware und Software) zu angemessenen Bedingungen zur Verfügung zu stellen.

3.2. Hat ein Notar, dessen Amt erloschen oder dessen Amtssitz verlegt worden ist, seine Bücher und Akten auch mittels elektronischer Datenverarbeitung geführt, so ist er verpflichtet, dem Notariatsverwalter und dem Notar, dem die Landesjustizverwaltung die Verwahrung seiner Bücher und Akten übertragen hat (§ 51 BNotO), den Zugriff auf die gespeicherten Daten (Dateien) kostenlos zu ermöglichen. Die Weitergabe der Datenträger bzw. die Bereithaltung der Daten (Dateien) zur Übertragung auf ein anderes System hat ebenfalls unentgeltlich zu erfolgen. Etwaige Kosten einer notwendigen Datenkonvertierung braucht der die Daten überlassende Notar nicht zu übernehmen.

3.3. Für einen vorläufig amtsenthobenen Notar gelten die Nummern 3.1. und 3.2. entsprechend.

4. Begibt sich der Notar nach Maßgabe des § 11a BNotO ins Ausland, unterstützt er einen im Ausland bestellten Notar oder nimmt er die kollegiale Hilfe eines im Ausland bestellten Notars in Anspruch, hat er seinen Kollegen in gebotenem Maß darauf hinzuweisen, welchen berufsrechtlichen Bestimmungen er selbst unterliegt.

Vgl. hierzu die Erläuterungen → BNotO § 31 Rn. 8 ff. und → BNotO § 11a.

---

[17] Arndt/Lerch/Sandkühler/*Sandkühler* BNotO § 14 Rn. 366; für die anwaltliche Fortbildungspflicht ebenso Henssler/Prütting/*Henssler* BRAO § 43a Rn. 240 f.
[18] *Jerschke* FS Schippel 1996, 667 (684).

4. Dienstordnung für Notarinnen und Notare[1]

Vom 21. November 2000 (Nds. RPfl. S. 340),
zuletzt geändert durch Änderungs-AV vom 12. Januar 2017 (Nds. RPfl. S. 41)

Einleitung

A. Neue Entwicklung

Zum Abgabetermin der Kommentierung der 5. Auflage stand bereits fest, dass die DONot **1** in ihrer jetzigen Form eine grundlegende Änderung erfahren wird, da viele in ihr enthaltene Regelungen durch eine neue Verordnung ersetzt werden. Durch das Gesetz der Neuordnung der Aufbewahrung von Notariatsunterlagen zur Einrichtung des elektronischen Urkundenarchivs bei der Bundesnotarkammer sowie zur Änderung weiterer Gesetze[1] traten mit dem 9.6.2017 zwei Verordnungsermächtigungen für den Gesetzgeber in Kraft. § 36 BNotO enthält die Ermächtigung, bisherige Regelungen der DONot im Rahmen der Verordnung zu regeln. § 59 BeurkG schafft die Möglichkeit, nähere Bestimmungen über den Inhalt, den Aufbau, die Führung des Verwahrungsverzeichnisses einschließlich der Verweismöglichkeiten auf die im Urkundenverzeichnis zu der Urkunde gespeicherten Daten sowie über Einzelheiten der Datenübermittlung und Speicherung sowie zur Datensicherheit zu regeln.

Aufgrund beider Ermächtigungen wurde die Verordnung über die Führung von Akten **1a** und Verzeichnissen durch Notare (Arbeitstitel: NotAktVV) beraten, welche teilweise zum 1.1.2020 in Kraft treten sollte. Dieser Termin wurde nicht gehalten, so dass bei dem Schlusstermin für die Kommentierung die finale Fassung dieser Verordnung noch nicht vorlag. Fest steht aber, dass von der DONot in der jetzigen Fassung lediglich die §§ 1 bis 4 weiterhin Bestand haben, während alle anderen Vorschriften sinngemäß in die Verordnung übernommen werden. Aus diesem Grunde wurde in dieser Auflage die DONot in der im Jahre 2019 gültigen Fassung zunächst weiter kommentiert und aktualisiert.

B. Rechtsnatur, Rechtsgrundlage, Grenzen

I. Bundeseinheitliche allgemeine Verwaltungsvorschrift

Die DONot ist eine (weitestgehend) bundeseinheitliche allgemeine Verwaltungsvor- **1b** schrift der Landesjustizverwaltungen.[2] Ihre **Rechtsgrundlage** findet sie in deren allgemeinem Aufsichtsrecht über die Notare nach §§ 92 ff. BNotO.[3] Die Verbindlichkeit der Vor-

---

[1] Die nachfolgende Textfassung basiert auf der Fassung der für Niedersachsen erlassenen und verkündeten AV. Abweichungen in den für andere Länder erlassenen und verkündeten Fassungen sind entsprechend gekennzeichnet.
[1] BGBl. 2017 I 1396.
[2] Vgl. dazu und zum Folgenden *Kanzleiter* DNotZ 1972, 519 ff.; die Formulierungen weichen teilweise voneinander ab, in der Sache besteht Übereinstimmung; vgl. *Bohrer*, Berufsrecht, Rn. 170; Schippel/Bracker/*Bracker* DONot Einl. Rn. 1; Armbrüster/Preuß/Renner/*Eickelberg* DONot Vorb. Rn. 22 jeweils mwN.
[3] Diese bereits früher von *Kanzleiter* an dieser Stelle vertretene Ansicht wurde durch den Beschluss des Bundesverfassungsgerichts vom 19.6.2012 bestätigt. Danach enthält § 93 BNotO die ausreichende Grund-

schriften der DONot hängt also davon ab, dass sie sich im Rahmen dieses allgemeinen und umfassenden Aufsichtsrechts halten, das sich nach § 93 Abs. 1 BNotO auf die gesamte Amtsführung des Notars bezieht. Da die DONot nur Verwaltungsvorschriften enthält, würden bei einem Konflikt nicht nur die Vorschriften der BNotO, sondern auch der aufgrund § 67 Abs. 2 BNotO erlassenen Richtlinien der Notarkammern vorgehen.

II. Unabhängigkeit des Notars

2   Seine Grenze findet das Aufsichtsrecht der Justizverwaltung insbesondere am Grundsatz der Unabhängigkeit des Notars (§ 1 BNotO). Die Aufsicht erstreckt sich deshalb nicht auf sachliche Entscheidungen des Notars. Fragen der Zweckmäßigkeit in der inhaltlichen Gestaltung von Rechtsgeschäften oder sachliche Entscheidungen bei der Abwicklung von Amtshandlungen unterliegen keiner Kontrolle und keinen Weisungen der Aufsichtsbehörde. Umgekehrt ist die Gültigkeit einzelner Weisungen oder allgemeiner Weisungen der Aufsichtsbehörden auch auf den Gebieten, die in der DONot im Einzelnen geregelt sind, nicht an der DONot, sondern an den §§ 92 ff. BNotO zu messen.

III. Bindung der Aufsichtsbehörden an die DONot

3   Die Präsidenten des Landgerichts und des Oberlandesgerichts sind als Organe der Justizverwaltung an die DONot als Anordnung der übergeordneten Landesjustizverwaltung gebunden. Dem Notar gegenüber gelten für die DONot die allgemeinen Rechtsgrundsätze über die Selbstbindung der Verwaltung, so dass eine Änderung ihrer Vorschriften und eine von ihrem Wortlaut abweichende Änderung der Praxis der Aufsichtsbehörden nur zulässig ist, wenn sie mit den Erfordernissen einer geordneten Rechtspflege im Einklang steht.[4]

IV. Keine Einzelmaßnahmen

4   Wegen ihres Charakters als Verwaltungsvorschrift enthält die DONot selbst keine anfechtbaren Einzelmaßnahmen gegen den Notar, weil sie Verwaltungsverordnung, nicht Allgemeinverfügung ist. Der betroffene Notar kann deshalb nur eine aufgrund der DONot getroffene Einzelmaßnahme nach § 111 BNotO anfechten.[5]

V. Keine Unwirksamkeit des Amtsgeschäfts, keine Minderung der Beweiskraft bei Verstoß

5   Da die Vorschriften der DONot lediglich Dienstanweisungen, keine Rechtsnormen sind, ist ihre Nichtbeachtung auf die Wirksamkeit eines notariellen Amtsgeschäfts, insbesondere einer Beurkundung, ohne Einfluss. Ein Verstoß gegen Vorschriften der DONot lässt nicht nur die Wirksamkeit der Beurkundung unberührt, sondern beeinträchtigt auch nicht die Beweiskraft der Urkunde nach §§ 415, 418 ZPO.

---

lage für die in der Dienstordnung enthaltenen allgemeinen Weisungen der Disziplinaraufsicht (BVerfG 19.6.2012
– 1 BvR 317/09, NJW 2012, 2639; vgl. hierzu etwa *Bracker* MittBayNot 2012, 429. Anders *Harborth/Lau* DNotZ 2002, 412 (427 f.), die Aufsichtsbefugnis enger, nur als Recht zur Kontrolle auf anderer Rechtsgrundlage beruhender Vorschriften und Regeln auffassen und die meisten Vorschriften der DONot auf die Organisationsgewalt der Exekutive stützen; die §§ 92 ff. BNotO sind aber regelmäßig als allgemeiner Ausdruck der Befugnisse der Justiz gegenüber den Notaren als Träger mittelbarer Staatsgewalt verstanden worden, s. *Schippel* DNotZ 1965, 595 (596).
[4] BGH DNotZ 1980, 708.
[5] BGH DNotZ 1980, 181.

Ein Antrag auf Eintragung im Grundbuch oder Register kann deshalb nicht mit der Begründung zurückgewiesen werden, die Eintragungsunterlagen entsprächen nicht den Vorschriften der DONot.[6]

VI. Keine Rechtspflichten gegenüber den Beteiligten

Als allgemeine Dienstanweisung schafft die DONot nur Dienstpflichten des Notars gegenüber der Aufsichtsbehörde, keine Rechtspflichten gegenüber den Beteiligten, da ihm solche Rechtspflichten nur durch Gesetz auferlegt werden können. Gegen einen angeblichen Verstoß des Notars gegen Vorschriften der DONot hat der Betroffene deshalb keinen förmlichen Rechtsbehelf, sondern nur die Möglichkeit der Dienstaufsichtsbeschwerde.

VII. Keine Amtspflichten iSv § 19 BNotO

Auch Amtspflichten, die den Notar Dritten gegenüber zum Schadensersatz nach § 19 BNotO verpflichten, können nur durch Gesetz geschaffen werden.[7] Jedenfalls haben nur wenige Vorschriften der DONot den Zweck, die dritten Beteiligten zu schützen,[8] was im allgemeinen Staatshaftungsrecht Voraussetzung dafür ist, dass ein Schadensersatzanspruch auf die Verletzung einer Dienstanweisung gestützt werden kann.[9] Hat aber eine Vorschrift der DONot drittschützende Wirkung und führt ein Verstoß gegen diese Vorschrift dazu, dass ein Beteiligter geschädigt wird, so wird der Verstoß gegen diese Vorschrift der DONot wohl in allen Fällen auch einen Verstoß gegen eine Amtspflicht des Notars bedeuten, die sich aus anderen Normen ergibt.

C. Die Bedeutung der DONot; die Bedeutung von Verstößen

Die DONot soll die **äußere Ordnung** in der Notarkanzlei gewährleisten und ihre Einhaltung ist dazu unerlässlich.

Verstößt ein Notar gegen die Bestimmungen der DONot, so **verletzt** er damit seine **Amtspflichten**. Wegen der grundsätzlichen Bedeutung der DONot und wegen ihrer leichten Zugänglichkeit ist ein Verstoß gegen ihre Vorschriften regelmäßig (mindestens) grob fahrlässig.[10] Dies gilt nicht bei wirklichen Zweifelsfragen und bei Fehlern eines Angestellten.

Die **Bedeutung** der DONot darf aber **nicht überschätzt** werden. Wenn ein Notar eine Angelegenheit anders handhabt, als es in der DONot vorgesehen ist (häufig geschieht dies, weil bestimmte Büroangelegenheiten gewohnheitsmäßig in bestimmter Weise erledigt werden), ohne dass dadurch die äußere Ordnung in seiner Kanzlei beeinträchtigt wäre, so sollte sich die Aufsichtsbehörde auf einen Hinweis und das Verlangen beschränken, dass die Praxis in Zukunft der DONot angeglichen wird (schon weil eine noch so gute individuelle Handhabung, die von der DONot abweicht, die Tätigkeit der Aufsichtsbehörden erschwert).

---

[6] AA OLG Schleswig DNotZ 1972, 556: Die mehreren Blätter einer Urkunde waren nicht geheftet und gesiegelt, sondern in anderer Weise zusammengefügt; § 44 BeurkG ist nur Sollvorschrift, § 30 DONot nur Dienstanweisung; nach § 437 Abs. 2 ZPO hätte das Grundbuchamt eine Auskunft des Notars über die Echtheit aller Blätter einholen können, wenn es daran auf Grund ihrer nicht vorschriftsmäßigen Verbindung Zweifel hatte.
[7] Armbrüster/Preuß/Renner/*Eickelberg* DONot Vorb. Rn. 48; Schippel/Bracker/*Bracker* DONot Einl. Rn. 9; aA BGH DNotZ 1986, 418; Schippel/Bracker/*Schramm* BNotO § 19 Rn. 10.
[8] Schippel/Bracker/*Schramm* BNotO § 19 Rn. 10 mwN.
[9] Vgl. MüKoBGB/*Papier* BGB § 839 Rn. 191 ff.; Palandt/*Sprau* BGB § 839 Rn. 43.
[10] BGH DNotZ 1972, 551; 1973, 174.

D. Erfüllung der Verpflichtungen durch Angestellte

12 Der Notar ist berechtigt, die Erfüllung der ihm durch die DONot bestimmten Verpflichtungen auf Angestellte zu übertragen, soweit er die Pflicht nicht – nach Wortlaut oder Zweck – selbst erfüllen muss. Er ist dann zur **Überwachung** unter Berücksichtigung der Fähigkeiten und Zuverlässigkeit des Angestellten einerseits, der Bedeutung der Angelegenheit andererseits verpflichtet.

E. Die Entwicklung der DONot

13 **Vorgänger** der jetzigen Fassung der DONot waren die 1960 beschlossene und zusammen mit der BNotO 1961 in Kraft gesetzte vollständige Neufassung und deren Nachfolgerin aus dem Jahr 1970, als das Inkrafttreten des BeurkG zahlreiche Änderungen erforderlich machte. Nach einigen Änderungen im Jahr 1975 und der völligen Neugestaltung der Vorschriften über die Abwicklung der Verwahrungsgeschäfte 1985 führten die wesentlichen Änderungen des Notarrechts durch das Dritte Gesetz zur Änderung der Bundesnotarordnung und anderer Gesetze vom 31.8.1998 wieder zu einer **Neufassung** der DONot, der eine ausführliche Diskussion vorausgegangen war (und in der auch der technische Fortschritt durch den inzwischen üblichen Einsatz der elektronischen Datenverarbeitung berücksichtigt wurde). Nachdem durch die BNotO-Novelle 1998 verschiedene früher in der DONot geregelte Materien in BNotO, BeurkG und Richtlinien der Notarkammern übernommen wurden[11] und § 31 DONot ersatzlos aufgehoben wurde, wäre mit einer Verkürzung der DONot zu rechnen gewesen. Der (an manchen Stellen übertriebene) Perfektionismus der Neufassung, einschließlich der konsequenten alternativen Aufführung von angesprochenen Personen in der weiblichen und männlichen Form („die Auftraggeber" sind in § 13 Abs. 4, „die Urkundszeugen" in § 20 Abs. 1 und „der Urkundsbeteiligte" und „der Urheber" in § 29 Abs. 4 allerdings „durchgeschlüpft"), hat stattdessen zu einer erheblichen Verlängerung des Textes der DONot geführt. Dies und die Zunahme an bürokratischem Aufwand und an Regelungsdichte muss man nicht für unbedingt geboten halten; die neue DONot ist kein Beispiel für das Bemühen um Deregulierung. Aufgrund § 39a BeurkG zur Errichtung von Urkunden in elektronischer Form wurden § 2a und § 19 Abs. 4 in die DONot eingefügt und § 8 ergänzt. Die Möglichkeit zur Rückgabe von Erbverträgen aus der Verwahrung des Notars führte zu § 20 Abs. 3, § 351 FamFG führt zur Anpassung des § 20 Abs. 5, § 34a Abs. 1 S. 1 BeurkG ersetzt im Wesentlichen § 20 Abs. 2 S. 1. Weitere Änderungen erfolgten wegen der Einführung des Zentralen Testamentsregisters in § 29, außerdem wurde § 8 ergänzt um Abs. 4. Die Einführung des GNotKG führte zu einer Änderung der §§ 19, 20, 21, 22, in denen der Hinweis auf § 154 Abs. 3 S. 1 KostO gestrichen wurde. Die Bestimmungen der DONot werden, wie unter → Rn. 1 ff. dargestellt, weitgehend durch die Verordnung über die Führung von Akten und Verzeichnissen durch Notare ersetzt werden.

F. Auslegung der DONot

I. Grundsätzliches

14 Die Auslegung der DONot macht erheblich weniger Schwierigkeiten als die anderer Vorschriften. Das hat zwei Gründe: Zum einen sind ihre Vorschriften ausführlich und

---

[11] Vgl. § 32 BNotO, früher § 4 DONot; § 10 Abs. 3 BNotO und Abschnitt IX. Nr. 2 RL-E der BNotK, früher § 5 DONot; § 26 BNotO, früher § 6 DONot; §§ 54a ff. BeurkG, früher teilweise §§ 12, 13 DONot; § 44a BeurkG, früher § 30 Abs. 3, Abs. 4 DONot; § 93 BNotO, früher teilweise §§ 32, 33 DONot.

praxisnah und damit verständlich formuliert (abgesehen von einem übertriebenen Verweisungsperfektionismus, der schwer auf dem neuesten Stand zu halten ist, wenig erhellt und Fehler geradezu provoziert). Zum Zweiten sind die Aufsichtsbehörden im Rahmen ihres allgemeinen Aufsichtsrechts und unter Berücksichtigung der Rechtsgrundsätze über die Selbstbindung der Verwaltung (→ Rn. 3) berechtigt, Zweifelsfragen – für die Zukunft – durch eine allgemeine Weisung oder eine Einzelweisung zu klären. Dem Sinn der DONot als bundeseinheitlicher Vorschrift widerspräche es freilich (und die Grundsätze über die Selbstbindung der Verwaltung ließen es nicht zu), wenn die Aufsichtsbehörden die in der DONot geregelten Angelegenheiten durch deren unterschiedliche Auslegung oder durch von der DONot abweichende oder über sie hinausgehende Weisungen in erheblichem Umfang unterschiedlich behandeln würden. Dem Sinn der DONot als bundeseinheitlicher Vorschrift entspricht es – grundsätzlich – nur, dass sie wie ein Gesetz ausgelegt wird. Das macht auch ihre Kommentierung sinnvoll.

II. Grundsatz enger Auslegung

Aus zwei Gründen gilt die grundsätzliche Auslegungsregel, dass die Vorschriften der DONot eng, nicht über ihren Wortlaut hinaus, auszulegen sind: Zum einen gilt auch in ihrem Bereich die Regel *in dubio pro libertate*. Zum Zweiten haben es die Aufsichtsbehörden in der Hand, durch eine verbindliche Interpretation der betreffenden Vorschrift ihrer weitergehenden Auffassung Geltung zu verschaffen; solange sie dies nicht getan haben, und erst recht, wenn eine solche Interpretation am Rechtsgrundsatz der Selbstbindung der Verwaltung scheitert, müssen auch sie sich an deren enger Auslegung festhalten lassen. In manchen Bereichen der DONot tritt ein dritter Gesichtspunkt hinzu, der hier die Regel der engen Auslegung zusätzlich unterstützt: Manche Vorschriften der DONot gehen hinsichtlich ihrer Anforderungen und in ihrer Detailgenauigkeit über das, was sachlich geboten wäre, bereits hinaus. 15

III. Sollvorschriften

Im Rahmen des BeurkG binden Sollvorschriften den Notar in gleicher Weise wie sog „Mussvorschriften"; die Bedeutung von Sollvorschriften im BeurkG liegt darin, dass ihre Verletzung im Unterschied zur Verletzung einer Mussvorschrift nicht zur Unwirksamkeit der Beurkundung führt. Da ein Verstoß gegen eine Vorschrift der DONot schon wegen deren Rechtsnatur die Wirksamkeit des Amtsgeschäfts nicht beeinträchtigt (→ Rn. 5), muss der Sinn einer Sollvorschrift in der DONot notwendigerweise ein anderer sein: Sie bedeutet – entsprechend dem Wortsinn –, dass der Notar in der Regel wie in ihr vorgeschrieben verfahren muss, dass aber aus besonderen Gründen im Einzelfall eine Abweichung möglich ist. 16

1. Abschnitt. Amtsführung im Allgemeinen

§ 1 Amtliche Unterschrift

¹Notarinnen und Notare haben die Unterschrift, die sie bei Amtshandlungen anwenden, der Präsidentin oder dem Präsidenten des Landgerichts einzureichen. ²Der Vorname braucht in der Regel nicht beigefügt zu werden. ³Bei der Unterschrift soll die Amtsbezeichnung angegeben werden.

A. Allgemeines

1 Die Vorschrift regelt zunächst die **Unterschriftsprobe,** die der Notar bei dem zuständigen Landgerichtspräsidenten einzureichen hat. Fraglich ist, ob § 1 darüber hinaus auch **allgemeine Anforderungen** aufstellt, die der Notar bei Unterschriften zu beachten hat, die er bei seiner Amtstätigkeit vornimmt.

B. Unterschriftsprobe

I. Zweck

2 Die Unterschriftsprobe hat den Zweck, die **Prüfung der Unterschrift** zu ermöglichen, wenn sich bei einer Urkunde oder einem sonstigen Schriftstück Zweifel an der Echtheit der Unterschrift des Notars ergeben. Diese Funktion ist insofern vergleichbar mit der früher bei Handels- oder ähnlichen Registern einzureichenden Namenszeichnung.

3 Darüber hinaus ermöglicht die Unterschriftsprobe dem Präsidenten des Landgerichts auch einen Unterschriftenvergleich für die Vornahme von **Legalisationen.** Da der Präsident jedoch regelmäßig nicht über die Kenntnisse eines Schriftsachverständigen verfügt, ist der Vergleich der eingereichten mit der hinterlegten Unterschrift nicht mehr als ein Indiz für die Entscheidung über die Legalisation. So ist er zur Vornahme der Legalisation nicht verpflichtet, wenn trotz augenscheinlicher Übereinstimmung der Unterschriften Zweifel an der Echtheit bestehen. Und umgekehrt muss er die Legalisation sehr wohl vornehmen, wenn bei Abweichungen zwischen den beiden Unterschriften die Zweifel an der Echtheit der Unterschrift auf anderem Wege (zB durch Nachfrage bei dem Notar) ausgeräumt werden konnten.[1]

II. Einreichung der Unterschriftsprobe

4 Die Einreichung der Unterschriftsprobe beim zuständigen Präsidenten des Landgerichts muss bei oder unmittelbar nach **Amtsantritt** erfolgen. Ändert sich später der Name des Notars, zB durch Eheschließung, so ist eine neue Unterschriftsprobe einzureichen. Dasselbe gilt, wenn sich die Unterschrift des Notars im Laufe der Jahre verändert hat.[2] Unabhängig davon kann der Präsident des Landgerichts auf Grund seiner Aufsichtsbefugnisse jederzeit die **Aktualisierung** der Unterschriftsprobe verlangen.

III. Anforderungen an die Unterschriftsprobe

5 Besondere Anforderungen stellt § 1 an die einzureichende Unterschriftsprobe nicht.[3] Aus Satz 2 ergibt sich lediglich, dass der **Vorname** in der Regel **nicht** beigefügt zu werden braucht. Nach Satz 3 ist bei der Unterschrift außerdem die **Amtsbezeichnung** anzugeben. Da eine eigenhändige Ausführung dieser Angabe nicht vorgeschrieben ist, genügt ein maschinenschriftlicher, gestempelter oder anderweitig angebrachter Zusatz.

---

[1] Armbrüster/Preuß/Renner/*Eickelberg* DONot § 1 Rn. 4; aA *Keidel* DNotZ 1956, 101 – ohne nähere Begründung.

[2] BeckOK BNotO/*Bracker* DONot § 1 Rn. 2; Weingärtner/Gassen/Sommerfeldt/*Weingärtner* DONot § 1 Rn. 7; einschränkend Armbrüster/Preuß/Renner/*Eickelberg* DONot § 1 Rn. 3. In der Entwurfsfassung vom Juni 1999 war in § 1 noch ausdrücklich die Verpflichtung vorgesehen, bei Veränderung der Unterschrift eine neue Unterschriftsprobe einzureichen. Dieser Passus ist nicht übernommen worden, weil diese Pflicht einerseits selbstverständlich, andererseits ihre Einhaltung schwer kontrollierbar erschien. Es wurde deshalb für ausreichend gehalten, dass der Präsident des Landgerichts jederzeit eine Aktualisierung der Unterschriftsprobe verlangen kann.

[3] Zu den allgemeinen Anforderungen an die Unterschrift des Notars → Rn. 14.

Bei der Berufsrechtsreform des Jahres 1998 ist § 2 BNotO dahingehend ergänzt worden, dass die Amtsbezeichnung „Notarin" oder „Notar" lautet. Aufgrund dieser Änderung wird in der Literatur die Auffassung vertreten, dass Notarinnen die Amtsbezeichnung zwingend in der weiblichen Form führen müssten.[4] Eine Pflicht zur Führung der **geschlechtsspezifischen Amtsbezeichnung** geht jedoch aus dem Wortlaut des § 2 BNotO nicht hervor, ebenso wenig aus dem Wortlaut der einschlägigen Bestimmungen der DONot,[5] die wegen ihres Charakters als Verwaltungsvorschrift diesbezüglich ohnehin keine Regelungen treffen könnte. In den Gesetzesmaterialien zur BNotO[6] wird darauf hingewiesen, dass nach der bisherigen Rechtslage nur die männliche Amtsbezeichnung zulässig gewesen sei und nunmehr auch die Führung der weiblichen Amtsbezeichnung gestattet sein solle, wie es in der Praxis bereits weitgehend gehandhabt werde. Auch daraus lässt sich also keine Pflicht der Notarinnen ableiten, die Amtsbezeichnung in der weiblichen Form zu führen.[7]

Entscheidend ist jedoch, dass in der Gesetzesbegründung ausdrücklich der Vergleich mit Beamtinnen und Richterinnen hergestellt wird. Für diese Berufsgruppen ist in Anlage I Nr. 1 Abs. 1 bzw. Anlage III Nr. 1 zum Bundesbesoldungsgesetz ausdrücklich geregelt, dass Frauen die Amtsbezeichnung in der weiblichen Form führen, ihnen also ein **Wahlrecht** insoweit nicht zusteht. Hätte der Gesetzgeber auch für Notarinnen eine solche zwingende Regelung treffen wollen, so hätte dies im Gesetzeswortlaut oder zumindest in der Begründung deutlicher zum Ausdruck gebracht werden müssen. Deshalb ist davon auszugehen, dass Notarinnen entsprechend der früheren Praxis nach wie vor befugt sind, auch die männliche Amtsbezeichnung „Notar" zu führen.[8]

C. Allgemeine Anforderungen an die amtliche Unterschrift des Notars

I. Grundlagen

Nicht ganz eindeutig ist, ob § 1 außer der Unterschriftsprobe auch **allgemeine Anforderungen** an die Unterschriften aufstellt, die der Notar bei Amtshandlungen leistet. Diese Zweifel resultieren aus dem unklaren Wortlaut und Aufbau der Vorschrift: Satz 2 und Satz 3 können sich sowohl auf die einzureichende Unterschriftsprobe beziehen, als auch allgemein auf die Unterschriften, die der Notar bei seiner Amtstätigkeit anwendet.

Aus der Formulierung von Satz 1, „Unterschriften, die sie (sc. die Notare) bei Amtshandlungen anwenden", wird in der Literatur zutreffend der Schluss gezogen, dass der Notar gehalten ist, bei seiner Amtstätigkeit eine **einheitliche Form der Unterschrift** anzuwenden, die mit der eingereichten Unterschriftsprobe übereinstimmt.[9] Nur wenn die Unterschrift des Notar grundsätzlich in der gleichen Art und Weise erfolgt, kann die Unterschriftsprobe ihren Zweck erfüllen, eine Echtheitsprüfung zu ermöglichen.

Diese Überlegung zeigt, dass die Vorschrift des § 1 über die Unterschriftsprobe hinaus Regelungen trifft, die auch für die sonstigen bei Amtshandlungen vorzunehmenden Unterschriften des Notars gelten. Dies deckt sich auch mit der Überschrift des § 1, die nicht von der Unterschriftsprobe, sondern allgemein von der amtlichen Unterschrift des Notars spricht.

---

[4] *Vollhardt* MittBayNot 2001, 245; *Blaeschke* Rn. 631; → § 2 Rn. 9.
[5] §§ 1 Abs. 3, 2 Abs. 1 S. 2, 3 Abs. 1 S. 2, 33 Abs. 2 – anders lediglich § 33 Abs. 3.
[6] BT-Drs. 13/4184 v. 21.3.1996.
[7] Armbrüster/Preuß/Renner/*Eickelberg* DONot § 2 Rn. 13.
[8] Für Sachsen ist dies durch ein Schreiben des Ministeriums für Justiz ausdrücklich klargestellt, vgl. Weingärtner/Gassen/Sommerfeldt/*Weingärtner* DONot § 3 Fn. 4.
[9] BeckOK BNotO/*Bracker* DONot § 1 Rn. 2.

II. Angabe der Amtsbezeichnung

11 Praktische Konsequenzen hat dieser Gedanke lediglich hinsichtlich Satz 3, der **Beifügung der Amtsbezeichnung.** Danach hat der Notar bei jeder Amtshandlung seiner Unterschrift die Bezeichnung „Notar" oder „Notarin" beizufügen,[10] und nicht nur in den Fällen, in denen dies verfahrensrechtlich vorgeschrieben ist (nämlich für Niederschriften nach §§ 13 Abs. 3 S. 2 bzw. 37 Abs. 3 BeurkG). Die Amtsbezeichnung ist danach auch bei Vermerkurkunden (Unterschrifts- oder Abschriftsbeglaubigungen), Ausfertigungsvermerken, Randvermerken nach § 44a BeurkG, Änderungsvermerken in den notariellen Büchern, Vertretungsbescheinigungen nach § 21 BNotO, Rangbescheinigungen, Fälligkeitsmitteilungen, sonstigem Schriftwechsel mit den Beteiligten usw anzugeben. Die Angabe der Amtsbezeichnung bringt zum Ausdruck, dass der Notar im Rahmen seines Notaramts tätig wird und nicht etwa als Privatmann oder bei Ausübung einer Nebentätigkeit. Im Anwaltsnotariat wird damit gleichzeitig klargestellt, dass es sich um notarielle und nicht um anwaltliche Tätigkeit handelt.[11] Gerade weil bei Anwaltsnotaren die Angabe beider Berufe auf dem Briefkopf zulässig[12] und üblich ist, muss bei der Unterzeichnung von Schreiben durch den der Unterschrift beigefügten Zusatz „Notar" zum Ausdruck gebracht werden, dass der Unterzeichner als Notar und nicht als Rechtsanwalt handelt. Der Zusatz „Rechtsanwalt und Notar" bei der Unterschrift ist deshalb nicht zulässig.

12 Da die Angabe der Amtsbezeichnung **nicht eigenhändig** erfolgen muss, ist es ausreichend, wenn sie vorgedruckt, maschinenschriftlich, gestempelt (§ 29 Abs. 3) oder auf andere Weise angebracht wird.[13]

13 Im Ergebnis wird man die **Anforderungen** an die Angabe der Amtsbezeichnung jedoch **nicht überspannen** dürfen: Die Tatsache, dass der Notar im Rahmen seines Notaramts tätig wird, ergibt sich – gerade bei den hauptberuflichen Notaren – häufig bereits aus dem Sachzusammenhang, aus dem Briefkopf, dem Siegel oder ähnlichen Anhaltspunkten. Außerdem hat das Fehlen der Amtsbezeichnung bei der Unterschrift in keinem Fall die Unwirksamkeit einer Beurkundung zur Folge – selbst bei § 13 Abs. 3 S. 2 BeurkG handelt es sich lediglich um eine Sollvorschrift, deren Verletzung die Wirksamkeit der Beurkundung nicht beeinträchtigt. Auch die **Beweiskraft** der notariellen Urkunden wird in keiner Weise eingeschränkt, wenn bei der Unterschrift des Notars die Amtsbezeichnung fehlt, denn die DONot als bloße Verwaltungsvorschrift kann keine Vorschriften aufstellen, die über die gesetzlichen Beweiskraftregeln der §§ 415, 418 ZPO hinausgehen.[14]

III. Sonstige Anforderungen an die amtliche Unterschrift des Notars

14 Weitere Anforderungen an die amtliche Unterschrift des Notars enthält § 1 nicht. Deshalb gelten für die Unterschrift die allgemeinen Anforderungen, die von der Rechtsprechung in materiell- oder verfahrensrechtlicher Hinsicht entwickelt worden sind.[15] Bereits

---

[10] *Winkler* BeurkG § 39 Rn. 20; Weingärtner/Gassen/Sommerfeldt/*Weingärtner* DONot § 1 Rn. 13; BeckOK BNotO/*Bracker* DONot § 1 Rn. 5; Armbrüster/Preuß/Renner/*Eickelberg* DONot § 1 Rn. 7.
[11] Vgl. Ziff. I Nr. 3 der Richtlinienempfehlungen der Bundesnotarkammer und die entsprechenden Richtlinien der Notarkammern. In Nordrhein-Westfalen schreibt § 1 Abs. 2 AVNot (Justizministerialblatt v. 1.4.2002, S. 69) ausdrücklich vor, dass Anwaltshonorare bei der notariellen Tätigkeit ausschließlich die Amtsbezeichnung Notar oder Notarin führen müssen und nicht zusätzlich die Bezeichnung Rechtsanwalt oder Rechtsanwältin angeben dürfen.
[12] § 29 Abs. 3 BNotO und die hierzu ergangene Entscheidung BVerfG DNotZ 2005, 931.
[13] Weingärtner/Gassen/Sommerfeldt/*Weingärtner* DONot § 1 Rn. 14; BeckOK BNotO/*Bracker* DONot § 1 Rn. 4.
[14] → Einl. Rn. 5.
[15] Vgl. dazu etwa MüKoBGB/*Einsele* BGB § 126 Rn. 16; MüKoZPO/*Peters* ZPO § 129 Rn. 12; *Winkler* BeurkG § 13 Rn. 45 ff.; Armbrüster/Preuß/Renner/*Piegsa* BeurkG § 13 Rn. 35 ff.; *Kanzleiter* DNotZ 2002, 520; *Heinemann* ZNotP 2002, 223; *Kanzleiter* MittBayNot 2003, 197; *Heinemann* DNotZ 2003, 243; *Renner* NotBZ 2003, 178; OLG Stuttgart DNotZ 2002, 543; BGH DNotZ 2003, 269. Zur Namensführung auf dem Briefkopf vgl. KG NJW-RR 2002, 1648.

daraus ergibt sich in Übereinstimmung mit Satz 2, dass der Vorname weggelassen werden kann. Ausnahmen können sich ergeben, wenn an einem Ort oder gar in einer Sozietät mehrere Notare mit demselben Familiennamen tätig sind, zB Ehegatten, Verwandte usw. Erforderlich ist also die Unterzeichnung mit dem **Familiennamen,** bei Namen, die aus mehreren Worten bestehen (zB Doppelnamen, Adelstitel usw), genügt die Unterzeichnung mit einem kennzeichnenden Teil des Namens.[16] Die Unterschrift muss nicht lesbar sein, aber zumindest einzelne Buchstaben erkennen lassen; eine Abkürzung (Paraphe) genügt dagegen nicht.

In formeller Hinsicht ist davon auszugehen, dass bei der Herstellung von Urkunden auch § 29 Abs. 2 S. 2 zu beachten ist, der Notar also mit Tinte oder normgerechtem Kugelschreiber in blauer oder schwarzer Farbe zu unterschreiben hat.[17] Für andere Schriftstücke, etwa die übliche Korrespondenz, gilt diese Einschränkung allerdings nicht.   15

§ 2 Amtssiegel[1]

(1) [1]Notarinnen und Notare führen Amtssiegel (als Farbdrucksiegel und als Prägesiegel in Form der Siegelpresse und des Petschafts für Lacksiegel) *nach den jeweiligen*

---

[16] BeckOK BNotO/*Bracker* DONot § 1 Rn. 2; Armbrüster/Preuß/Renner/*Eickelberg* BeurkG § 13 Rn. 58.

[17] → § 29 Rn. 20.

[1] **Bayern:** „Zu § 2 DONot: Als Stempelfarbe ist ausschließlich schwarze ölhaltige, so genannte Metallstempelfarbe zu benützen. Die Verwendung von Gummistempeln ist unzulässig. Das Staatsministerium des Innern hat […] die Genehmigung erteilt, in der Umschrift der Dienstsiegel für Notare in Abweichung von § 6 Abs. 1 Satz 2 AVWpG das Wort „Bayern" wegzulassen."

Hamburg: „§ 2 Absatz 1 der nachstehenden Dienstordnung für Notarinnen und Notare ist mit der Maßgabe anzuwenden, dass im Amtssiegel das kleine hamburgische Landeswappen erscheint. Die Umschrift enthält den Namen der Notarin, bzw. des Notars und das Wort „Notariatssiegel" sowie über dem Landeswappen das Wort „Hamburg". Geht ein Amtssiegel einer Notarin, bzw. eines Notars (Prägesiegel einschließlich Petschaft oder Farbdrucksiegel) verloren, so führt die betroffene Notarin, bzw. der betroffene Notar künftig ein Amtssiegel, das in dem unteren Teil der Umschrift einen von der Justizbehörde zu bestimmenden Buchstaben enthält."

Nordrhein-Westfalen: „Zu § 2: Die Notarin und der Notar sowie die Notariatsverwalterin und der Notariatsverwalter führen das kleine Landessiegel (§ 4 Abs. 2 in Verbindung mit § 2 Abs. 1 Buchstabe k der Verordnung über die Führung des Landeswappens vom 16.5.1956 (GV.NW. S. 140/SGV. NW. 113), zuletzt geändert durch Verordnung vom 27.11.1986 (GV. NW. S. 743). In den Fällen des § 2 Abs. 3 Satz 2 wird nach Eingang einer entsprechenden Anzeige die Ungültigkeitserklärung durch Bekanntmachung im Justizministerialblatt für das Land Nordrhein-Westfalen veranlasst."

Schleswig-Holstein: Ergänzende Bestimmungen zu § 2:
„1.1 Als Amtssiegel (Prägesiegel und Farbdrucksiegel) ist das Landessiegel nach § 2 der Hoheitszeichenverordnung vom 26. Januar 2012 (GVOBl. Schl.-H. S. 272) zu führen. Die Siegelinschrift gibt als Umschrift den Namen und den Amtssitz der siegelführenden Notarin oder des siegelführenden Notars an (Muster 1 und 1a der Anlage). Der Amtssitz ist entsprechend der in der Anlage zu § 3 Abs. 2 des Gerichtsorganisationsgesetzes vom 24. Oktober 1984 (GVOBl. Schl.-H. S. 192), zuletzt geändert durch Gesetz vom 6. August 2009 (GVOBl. Schl.-H. S. 504), Ressortbezeichnung ersetzt durch Verordnung vom 8. September 2010 (GVOBl. Schl.-H. S. 575), verwendeten Schreibweise anzugeben.
1.2 Es dürfen bis zu vier gleichartige Siegel verwendet werden, die mit auf dem Abdruck erkennbaren arabischen Kennziffern fortlaufend zu nummerieren sind.
1.3 Die Beschaffung der Amtssiegel obliegt den Notarinnen und Notaren auf eigene Kosten. Unbrauchbar gewordene Amtssiegel sind zu vernichten, und zwar solche aus Gummi durch Verbrennen der Gummiplatte und solche aus Metall durch Abfeilen der Druckplatte. Die Vernichtung unbrauchbar gewordener Amtssiegel ist der Präsidentin oder dem Präsidenten des Landgerichts anzuzeigen.
1.4 Der Verlust eines Amtssiegels ist der Präsidentin oder dem Präsidenten des Schleswig-Holsteinischen Oberlandesgerichts von der Notarin oder dem Notar über den Präsidenten oder den Präsidenten des Landgerichts zu berichten. Die Präsidentin oder der Präsident des Landgerichts hat das Ergebnis der von ihr oder ihm durchgeführten Untersuchung mitzuteilen, zu der Frage der Ursache Stellung zu nehmen und eine Beschreibung des Siegels (Material, Umschrift usw.) beizufügen. Das verloren gegangene Amtssiegel wird von der Präsidentin oder dem Präsidenten des Schleswig-Holsteinischen Oberlandesgerichts für ungültig erklärt. Die Ungültigkeitserklärung wird in den Schleswig-Holsteinischen Anzeigen und im Amtlichen Anzeiger des Amtsblattes für Schleswig-Holstein veröffentlicht."

*landesrechtlichen Vorschriften*². ²Die Umschrift enthält den Namen der Notarin oder des Notars nebst den Worten „Notarin in … (Ort)" oder „Notar in … (Ort)".

(2) Ein Abdruck eines jeden Siegels ist der Präsidentin oder dem Präsidenten des Landgerichts einzureichen.

(3) ¹Die Notarinnen und Notare haben dafür zu sorgen, dass die Amtssiegel nicht missbraucht werden können. ²Verlust oder Umlauf einer Fälschung sind der Präsidentin oder dem Präsidenten des Landgerichts unverzüglich anzuzeigen.

Übersicht

	Rn.
A. Amtssiegel (Abs. 1)	1
I. Arten des Siegels	3
1. Farbdrucksiegel	4
2. Prägesiegel	6
3. Abweichende Siegelungstechniken	7
II. Gestaltung des Siegels	8
III. Zahl der Siegel	11
B. Nachweis des Siegels (Abs. 2)	12
C. Gebrauch des Siegels (Abs. 3 S. 1)	13
D. Verlust eines Siegels (Abs. 3 S. 2)	15
E. Ablieferung der Siegel	17

A. Amtssiegel (Abs. 1)

1 Das Amtssiegel ist äußerer Ausdruck der **hoheitlichen Funktion des Notars**.³ Die Befugnis, ein solches zu führen, ergibt sich aus § 2 S. 2 BNotO.

1a Nach gegenwärtigem Sachstand ist davon auszugehen, dass die in § 2 enthaltenen Regelungen auch in Zukunft Gegenstand der DONot bleiben werden, da sich die Verordnungsermächtigungen der § 36 BNotO, § 59 BeurkG nicht auf die Verwendung von Siegeln erstrecken, so dass nicht mit einer Verlagerung der Regelungen in die noch vom Bundesministerium der Justiz und für Verbraucherschutz zu erlassende Rechtsverordnung zu rechnen ist.

2 Der **Notarvertreter** ist berechtigt, das Amtssiegel des von ihm vertretenen Notars zu führen (§ 41 Abs. 1 S. 2 BNotO, § 33 Abs. 1 und Abs. 3), **Notariatsverwalter** führen dagegen ein eigenes Amtssiegel (§ 33 Abs. 2). Aus der Befugnis zum Führen des Amtssiegels ergibt sich zwar das Recht, das Landeswappen auf den notariellen Urkunden und

---

1.5 Wird ein für ungültig erklärtes Amtssiegel wieder aufgefunden, so ist es als unbrauchbar zu vernichten. Hierüber ist der Präsidentin oder dem Präsidenten des Schleswig-Holsteinischen Oberlandesgerichts unter Bezugnahme auf die Verlustanzeige von der Notarin oder dem Notar über die Präsidentin oder den Präsidenten des Landgerichts zu berichten.
1.6 Zur Unterscheidung von dem in Verlust geratenen Amtssiegel ist das neu anzufertigende Amtssiegel derselben Notarin oder desselben Notars mit einer arabischen Kennziffer oder im Falle der Nummer 1.2 mit einer weiteren fortlaufenden Kennziffer zu versehen. Eventuelle weitere nicht mit einer Kennziffer versehene Siegel sind zu vernichten."
² In **Sachsen:** „nach der Verordnung der Sächsischen Staatsregierung über die Verwendung des Wappens des Freistaates Sachsen (Wappenverordnung – WappenVO) vom 4. März 2005 (SächsGVBl. S. 40) und der Verwaltungsvorschrift des Sächsischen Staatsministeriums des Innern über die Gestaltung und Verwendung der Dienstsiegel (VwV Dienstsiegel) vom 16. Februar 2001 (SächsABl. S. 351), zuletzt geändert durch Verwaltungsvorschrift vom 1. März 2012 (SächsABl. S. 336), zuletzt enthalten in der Verwaltungsvorschrift vom 9. Dezember 2011 (SächsAbl. SDr. S. S 1648) in der jeweils geltenden Fassung."
³ Ausführlich zur Geschichte der Siegel *Schmidt-Thomé* DNotZ 1964, 455.

Urkundsumschlägen abzudrucken, nicht jedoch die Befugnis, dieses auch auf den Briefköpfen zu verwenden.[4]

I. Arten des Siegels

Der Notar führt das Amtssiegel in zwei Formen: 3

1. Farbdrucksiegel. Das Farbdrucksiegel ist wie ein Stempel gestochen, die erhabenen 4 Teile werden mit Stempelfarbe angefärbt und erzeugen den Abdruck. Das Siegel selbst kann aus Metall oder Gummi gefertigt sein.[5]

Zur **Stempelfarbe** enthält die DONot keine nähere Regelung, wenn man einmal von 5 dem an sich nicht einschlägigen § 29 Abs. 3 absieht, der für Textstempel die Verwendung von „haltbarer schwarzer oder dunkelblauer Stempelfarbe" vorschreibt.[6]

2. Prägesiegel. Das Prägesiegel wird aus Metall gefertigt und ist vertieft gestochen, 6 um in einem weichen Untergrund das Siegelbild plastisch erscheinen zu lassen, dementsprechend ist im Abdruck das Siegelbild erhöht. Das Prägesiegel existiert in der Form der Siegelpresse und des Petschafts. Beiden ist gemein, dass sie in einem mit der Urkunde fest verbundenen Stoff – im Fall der Siegelpresse in der Regel eine Oblate mit Siegelstern,[7] im Fall des Petschafts Siegellack – einen reliefartigen Eindruck (Prägung) hinterlassen.

3. Abweichende Siegelungstechniken. Bei den genannten herkömmlichen Siege- 7 lungstechniken kann gem. § 31 S. 3 davon ausgegangen werden, dass sie einen deutlich erkennbaren Abdruck oder eine deutlich erkennbare Prägung hervorrufen, der bzw. die nicht ohne sichtbare Spuren beseitigt werden kann. Andere Siegelungstechniken sind denkbar, bedürfen aber eines Prüfzeugnisses der Papiertechnischen Stiftung (§ 31 S. 3).

---

[4] Ob der Notar berechtigt ist, auf seinem **Briefkopf** das **Landeswappen** zu führen, richtet sich nach dem Landesrecht. In manchen Ländern wurde dies den Notaren ausdrücklich erlaubt (zB in Brandenburg: § 1 Abs. 3 HoheitszeichenVO; Mecklenburg-Vorpommern: § 3 Abs. 2 HoheitszeichenVO; Sachsen: § 2 WappenVO; Schleswig-Holstein: § 1 Abs. 2 HoheitszeichenVO), in anderen fehlt es an eindeutigen Grundlagen. Im Falle einer niedersächsischen Anwaltsnotarin, der die Verwendung des Landeswappens auf ihren Briefbögen untersagt worden war, hat der BGH die Untersagungsverfügung wegen Ermessensfehlern aufgehoben (DNotZ 2000, 551 mAnm *Mihm*); grundsätzlich dürfen dort aber weder das Landeswappen noch das Wappentier auf Briefbögen verwendet werden (§ 15 S. 2 AVNot Niedersachsen v. 1.3.2001, Nds. Rpfl. 2001, 100). In Hessen darf das Landeswappen nicht auf dem Briefkopf des Notars erscheinen (§§ 1, 2, 3, 7 Abs. 2 Nr. 3 HoheitszeichenVO). In Bremen darf das Landeswappen auf Urkunden und Urkundendeckblättern, nicht jedoch auf sonstigen Schriftstücken verwendet werden (§ 30 AVNot v. 25.10.2012, BrAbl S. 813). Vor einer Verwendung des Landeswappens empfiehlt sich in jedem Fall eine Rücksprache mit der eigenen Dienstaufsicht. Für den Anwaltsnotar kann die Verwendung des Landeswappens ohnehin nur für solche Schreiben in Betracht kommen, die er in seiner Funktion als Notar verfasst und bei denen seine Stellung als Rechtsanwalt räumlich und drucktechnisch so deutlich zurücktritt, dass das Landeswappen von den Empfängern verständigerweise nur auf die notarielle Tätigkeit bezogen werden kann (vgl. dazu Newsletter der Westfälischen Notarkammer Nr. 1/2019, S. 4). Inzwischen stellen allerdings manche Bundesländer leicht stilisierte Jedermann-Wappen jedem zur Verfügung, der auf diese Art und Weise seine Verbundenheit mit einem bestimmten Bundesland zum Ausdruck bringen möchte (zB das sog. „Hessenzeichen", das „Nordrhein-Westfalen-Zeichen" oder das „Landessymbol Freistaat Bayern"), die sogar als Dateien über die Internetseiten der Landesregierungen heruntergeladen werden können. Zur Benutzung eines derartigen Jedermann-Wappens ist auch der Notar berechtigt (OLG Schleswig BeckRS 2009, 16405).

[5] Eine Ausnahme besteht für Bayern: Dort untersagt Nr. 17.2.1 der Bekanntmachung betreffend die Angelegenheiten der Notare vom 25.1.2001 (Bay. JMBl. S. 32), zuletzt geändert durch Bekanntmachung v. 24.8.2007 (Bay. JMBl. S. 115), die Verwendung von Gummistempeln. Die sächsische VwV Dienstsiegel v. 16.2.2001 (SaABl. S. 351) gestattet dagegen neben Gummi auch eine Fertigung aus Polymer.

[6] In Bayern ist deswegen in einer Ergänzung zu § 2 DONot vorgeschrieben, dass als Stempelfarbe ausschließlich schwarze ölhaltige, sog. Metallstempelfarbe zu benutzen ist (Nr. 17.2.1 der Bekanntmachung betreffend die Angelegenheiten der Notare v. 25.1.2001, Bay. JMBl. 2001, 32).

[7] Vgl. dazu LG Berlin DNotZ 1984, 640.

II. Gestaltung des Siegels

8 Zur inhaltlichen Gestaltung sind zunächst die jeweiligen landesrechtlichen Vorschriften zu beachten.[8] Damit wird dem Umstand Rechnung getragen, dass die Befugnis zur Führung von Hoheitszeichen (und erst recht die Verpflichtung, sie zu führen) nur auf Grund Staatsrechts durch das jeweilige Bundesland verliehen werden kann. Inhaltlich wird in derartigen Vorschriften üblicherweise geregelt,[9] in welcher Form das jeweilige **Landes- bzw. Staatswappen** auf dem Siegel zu führen ist. Auch zum Text des Siegels und einer etwaigen besonderen Kennung des einzelnen Siegels in Fällen, in denen mehrere gleichartige Siegel geführt werden, enthalten manche Vorschriften Einzelheiten. Auch hinsichtlich der Ortsangabe ist der Notar gehalten, die Vorgaben genauestens zu beachten.[10]

9 Aus der Sicht des **Berufsrechts** regelt § 2 Abs. 1 S. 2, dass das Siegel in jedem Fall den Text „Notarin in … (Ort)" oder „Notar in … (Ort)" enthalten muss. Dabei besteht hinsichtlich des angegebenen Geschlechts kein Wahlrecht.[11] Auch eine sonstige Abweichung (zB durch die Verwendung des geschlechtsneutralen Begriffs „Notariat") ist unzulässig, es sei denn, landesrechtlich werden Ausnahmen zugelassen.[12]

9a Darüber hinaus hat das Siegel **„den Namen"** des Notars bzw. der Notarin zu enthalten. Üblicherweise wird man hierunter den Vor- und den Familiennamen verstehen.[13] Zwingend ist dieser Schluss aber nicht. Da der Notar seiner Unterschrift in der Regel den **Vornamen** nicht beizufügen braucht (§ 1 S. 2), wird man auch für das Siegel die Aufnahme des Vornamens in der Regel nicht verlangen können.[14] Dies gilt besonders dann, wenn der Notar mehrere Vornamen führt, die nicht alle Platz auf einem Siegel finden können. Daher bestehen auch keine Bedenken dagegen, wenn Vornamen auf dem Siegel abgekürzt werden. Dem Notar ist zu empfehlen, dies mit seiner Aufsichtsbehörde abzustimmen und im Übrigen darauf zu achten, dass es eine einheitliche Handhabung auf Briefkopf, Urkunde und Siegel gibt. Dagegen muss die Aufsichtsbehörde auf der Angabe auch des Vornamens bestehen, wenn es an einem Ort mehrere Notare mit gleichem Familiennamen gibt, da dann nur über den Vornamen eine sichere Zuordnung möglich ist.

---

[8] So heißt es zB für Nordrhein-Westfalen unter lit. a der Vorbemerkung zur DONot (AV v. 23.3.2001, JMBl. NRW S. 117): „Die Notarin und der Notar sowie die Notariatsverwalterin und der Notariatsverwalter führen das kleine Landessiegel (§ 4 Abs. 2 in Verbindung mit § 2 Abs. 1 Buchstabe k der Verordnung über die Führung des Landeswappens vom 16.5.1956 (GV. NW. S. 140/SGV. NW. 113), zuletzt geändert durch Verordnung vom 27.11.1986 (GV. NW. S. 743)." Für Schleswig-Holstein finden sich die entsprechenden Vorschriften im Abschnitt II 1. der Ergänzenden Bestimmungen zur DONot (SchlHA 2001, 86/93).

[9] In Sachsen wurden die entsprechenden Verweise sogar ausdrücklich in den Text des § 2 Abs. 1 DONot aufgenommen (JMBl. 2001, 34).

[10] So BGH – NotZ 5/02, BeckRS 2002, 06048 für einen Fall aus Hessen. Dort ist geregelt, dass die Ortsangabe der Schreibweise des Gerichtsorganisationsgesetzes zu folgen hat. Dieses sah für den Amtssitz des betroffenen Notars die Schreibweise „K. i. T." vor. Der Notar hatte auf seinen Siegeln die Schreibweise „K./T." gewählt. Auch nach Auffassung des BGH war er verpflichtet, diese zu ändern.

[11] AA → § 1 Rn. 6 f.: Nach *von Campes* Auffassung besteht für Notarinnen kein Zwang, die weibliche Form zu wählen. Ebenso BeckOK BNotO/*Bracker* DONot § 2 Rn. 5; Armbrüster/Preuß/Renner/*Eickelberg* DONot § 2 Rn. 13. In der Tat fehlt es an einer eindeutig zwingenden Formulierung. Aus Sinn und Zweck der Regelung kann man aber – ebenso wie aus § 2 BNotO – hinreichend deutlich entnehmen, dass die weibliche Amtsinhaberin die Bezeichnung „Notarin" führen soll. Ansonsten müsste man konsequenterweise auch dem männlichen Amtsinhaber gestatten, sich als „Notarin" zu bezeichnen. Auch die Eidesformel sieht die weibliche Form vor (§ 13 Abs. 1 S. 2 BNotO). Verfügt eine Notarin noch über Siegel aus der Zeit vor Inkrafttreten der DONot-Novelle 2000/2001, auf denen ihre Amtsbezeichnung „Notar" lautet, sollte die Dienstaufsicht deren Weiterverwendung dulden (so zu Recht Armbrüster/Preuß/Renner/*Eickelberg* DONot § 2 Rn. 13).

[12] So ist zB für die Notare in Hamburg vorgeschrieben, dass die Umschrift den Namen des Notars bzw. der Notarin und das Wort „Notariatssiegel" sowie über dem Landeswappen das Wort „Hamburg" zu enthalten hat (AV der Justizbehörde vom 17.1.2001, HmbJVBl. S. 13, Vorbemerkung zur DONot). Mit der Rechtsprechung des BGH, nach der der Begriff „Notariat" nicht nach außen hin verwendet werden darf (zuletzt DNotZ 2018, 930), ist diese Praxis freilich kaum zu vereinbaren.

[13] So Armbrüster/Preuß/Renner/*Eickelberg* DONot § 2 Rn. 12.

[14] So zu Recht Weingärtner/Gassen/Sommerfeldt/*Weingärtner* DONot § 2 Rn. 13.

Bei einem mehrteiligen **Familiennamen** müssen alle Bestandteile abgedruckt werden.[15] Akademische Grade, Professorentitel und der Titel „Justizrat" können aufgenommen werden; zwingend erforderlich ist es aber nicht.[16]

Für die Siegel des **Notariatsverwalters** gelten entsprechende Vorschriften (§ 33 Abs. 2 S. 1). Allerdings kommt hier der Name des Verwalters nicht mit auf das Siegel, damit es ggf. auch noch von anderen Verwaltern benutzt werden kann.[17] Der Notarvertreter führt kein eigenes Siegel, sondern das Siegel des vertretenen Notars (§ 41 Abs. 1 S. 2 BNotO). **10**

III. Zahl der Siegel

Abs. 1 enthält keine Begrenzung der Zahl der Siegel und lässt demnach das Führen mehrerer Siegel zu.[18] Dies kann zu einem leichtsinnigen Umgang mit Siegeln führen. Deswegen ist in manchen Bundesländern eine Genehmigungspflicht für die Anschaffung mehrerer gleichartiger Siegel sowie die Anbringung einer der Unterscheidung dienenden Kennung vorgesehen.[19] **11**

Auch dort, wo das Landesrecht keinen Zwang für eine derartige Kennung enthält, ist sie sinnvoll, weil der Notar dann die Aufbewahrung und den Gebrauch der Siegel besser kontrollieren (s. Abs. 3) und im Falle eines Verlusts eines Siegels dieses ganz gezielt für unwirksam erklärt werden kann. Dies gilt insbesondere für das Siegel des Notariatsverwalters, da dieses keinen Namen aufweist.[20] **11a**

§ 2 schreibt nicht vor, welche Arten von Siegeln der Notar vorhalten muss. Unbedingt notwendig für seine Amtstätigkeit sind nur Farbdrucksiegel und Prägesiegel (vgl. zB § 44 BeurkG). Auf den Einsatz von Petschaft und Siegellack kann er dagegen verzichten. Deswegen kann ihm die Dienstaufsicht auch nicht vorschreiben, ein Lacksiegel anzuschaffen.[21] **11b**

B. Nachweis des Siegels (Abs. 2)

Sobald ein (neues) Siegel angeschafft wird, ist ein Abdruck dieses Siegels bei der Verwaltung des zuständigen Landgerichts einzureichen, wo geprüft wird, ob das Siegel nach Form und Inhalt zulässig ist. Der Abdruck wird dort in den Akten des Notars aufbewahrt und kann in Zweifelsfällen dazu dienen, die Authentizität eines Siegelabdrucks zu überprüfen. **12**

C. Gebrauch des Siegels (Abs. 3 S. 1)

Von den Siegeln darf nur dann Gebrauch gemacht werden, wenn dies gesetzlich vorgeschrieben ist. Dabei sind die beiden Siegelungstechniken grundsätzlich gleichwertig (§ 39 BeurkG)[22]. Ist allerdings die Anbringung eines Prägesiegels vorgeschrieben (zB nach § 44 BeurkG), reicht ein Farbdrucksiegel nicht aus. Außerhalb der Erstellung öffentlicher Urkunden ist grundsätzlich kein Raum für die Verwendung des Siegels.[23] **13**

---

[15] BGH BeckRS 2002, 9783 für Drucksachen.
[16] BeckOK BNotO/*Bracker* DONot § 2 Rn. 5.
[17] → § 33 Rn. 21 f.
[18] Ebenso *v. Campe* NotBZ 2000, 366; *Mihm/Bettendorf* DNotZ 2001, 22 (25). Ausnahme Schleswig-Holstein: Bis zu vier gleichartige Siegel, s. Fn. 1.
[19] So zB § 16 AVNot Niedersachsen, wo außerdem festgelegt ist, dass die Zahl der Siegel auf das unumgänglich notwendige Maß beschränkt bleibt (Nds. Rpfl. 2005, 52). In der Hoheitszeichenverordnung des Landes Hessen vom 11.9.2014 (Hess. GVBl. S. 212) findet sich keine ausdrückliche Regelung, jedoch weist das beigefügte Muster 7 (kleines Landessiegel) eine Kennung in Form der Zahl „1" auf.
[20] Weingärtner/Gassen/Sommerfeldt/*Weingärtner* DONot § 2 Rn. 19.
[21] So Armbrüster/Preuß/Renner/*Eickelberg* DONot § 2 Rn. 4.
[22] LG Berlin DNotZ 1984, 640.
[23] AA Armbrüster/Preuß/Renner/*Eickelberg* DONot § 2 Rn. 7: der Notar dürfe außerhalb der vorgeschriebenen Anwendungsfälle das Siegel nur mit äußerster Zurückhaltung benutzen, wobei nicht der

13a Wird das Beidrücken eines Siegels vergessen oder versehentlich ein **falsches Siegel** beigedrückt, kann dieser Fehler jederzeit im Nachhinein behoben werden; es sollten aber Ort und Zeit der nachträglichen Beidrückung des richtigen Siegels dokumentiert werden.[24]

14 Der Notar hat nach Abs. 3 S. 1 dafür Sorge zu tragen, dass die Amtssiegel **nicht missbraucht** werden können. Dazu gehört zum einen die Überwachung ihres ordnungsgemäßen Gebrauchs, wobei zu Recht nicht verlangt wird, dass ihre Verwendung durch die Mitarbeiter des Notars nur unter dessen Aufsicht erfolgen dürfe,[25] zum anderen aber auch die Sicherung der Siegel gegen jegliche unbefugte Benutzung. Der Notar hat deswegen darauf hinzuwirken, dass die Siegel beispielsweise während der Dienstzeiten nicht für Besucher zugänglich sind und nach Dienstschluss ausreichend sicher verwahrt werden, zB indem sie weggeschlossen werden. Ihre Aufbewahrung in einem Stahlschrank oder gar einem Tresor ist freilich nicht vorgeschrieben und kann deswegen in der Regel ebenso wenig verlangt werden, wie die besondere Sicherung der Siegel nach jedem Gebrauch.

D. Verlust eines Siegels (Abs. 3 S. 2)

15 Der Verlust eines Siegels – aber auch der Umlauf einer Fälschung – sind dem Landgerichtspräsidenten mitzuteilen. Die Aufsichtsbehörden erhalten so die Möglichkeit, das Siegel ausdrücklich öffentlich für **kraftlos zu erklären.** Es kann dann dem Notar auf Grund landesrechtlicher Sonderregelungen uU vorgeschrieben werden, auf einem Ersatzsiegel eine besondere Kennung anzubringen, um eine Verwechslung beider Siegel auszuschließen.[26]

16 Wird ein für ungültig erklärtes Amtssiegel wieder aufgefunden, so ist dies dem Landgerichtspräsidenten mitzuteilen; im Regelfall ist das Amtssiegel in Absprache mit dem Landgerichtspräsidenten als unbrauchbar zu vernichten.[27]

E. Ablieferung der Siegel

17 Im Falle der **vorläufigen Amtsenthebung** hat das zuständige Amtsgericht die Siegel des Notars in Verwahrung zu nehmen (§ 55 Abs. 1 S. 1 BNotO). Wird die vorläufige Amtsenthebung wieder aufgehoben, erhält der Notar seine Siegel zurück; folgt die endgültige Amtsenthebung, so verfährt das Amtsgericht nach § 51 Abs. 2 BNotO. **Erlischt das Amt** des Notars oder wird sein **Amtssitz** in einen anderen Amtsgerichtsbezirk **verlegt,** so sind die Siegel beim bisher zuständigen Amtsgericht abzuliefern, das diese sodann vernichtet (§ 51 Abs. 2 BNotO). Bei der Siegelpresse reicht die Ablieferung des Prägeblocks. Wird der Amtssitz des Notars in einen anderen Amtsgerichtsbezirk innerhalb derselben Stadtgemeinde verlegt, so sind die Siegel nicht abzuliefern (§ 51 Abs. 4 S. 2 BNotO). Zur

---

Eindruck entstehen dürfe, es handele sich um eine öffentliche Urkunde. Eine klare Abgrenzung lässt sich damit aber nicht erreichen.

[24] Gutachten DNotI-Report 2019, 15.

[25] Armbrüster/Preuß/Renner/*Eickelberg* DONot § 2 Rn. 16; Weingärtner/Gassen/Sommerfeldt/*Weingärtner* DONot § 2 Rn. 38; *Bücker/Viefhues* ZNotP 2003, 331; die gegenteilige Auffassung des RG in RGZ 81, 130 wird dem heutigen Amtsverständnis nicht mehr gerecht und wäre auch praktisch schon wegen der Vielzahl der Geschäfte nicht mehr durchzuhalten.

[26] Früher war dies in der DONot ausdrücklich so vorgesehen (§ 2 Abs. 3 S. 2 aF). Jetzt zB vorgeschrieben für Schleswig-Holstein in Abschnitt II 1. der Ergänzenden Bestimmungen zur DONot SchlHA 2001, 86 (93).

[27] So ausdrücklich vorgeschrieben beispielsweise für Schleswig-Holstein in Abschnitt II 1. der Ergänzenden Bestimmungen zur DONot SchlHA 2001, 86 (93).

Vernichtung sollte das Farbdrucksiegel beispielsweise zerschnitten[28] und das Prägesiegel abgeschliffen werden.

§ 2a Qualifizierte elektronische Signatur

(1) [1]Errichten Notarinnen und Notare Urkunden in elektronischer Form, haben sie hierfür eine Signaturkarte eines akkreditierten Zertifizierungsdiensteanbieters zu verwenden. [2]Sie haben sich im Zertifizierungsverfahren durch eine öffentliche Beglaubigung ihrer Unterschrift unter den Antrag zu identifizieren. [3]Die Signaturen müssen mindestens dem technischen Standard ISIS-MTT entsprechen.

(2) Das Notarattribut muss neben der Notareigenschaft auch Amtssitz und das Land, in dem das Notaramt ausgeübt wird, sowie die zuständige Notarkammer enthalten.

(3) [1]Bei Verlust der Signaturkarte haben die Notarinnen und Notare eine sofortige Sperrung des qualifizierten Zertifikats beim Zertifizierungsdiensteanbieter zu veranlassen. [2]Der Verlust der Signaturkarte ist unverzüglich der Präsidentin oder dem Präsidenten des Landgerichts und der Notarkammer anzuzeigen. [3]Mit der Anzeige ist ein Nachweis über die Sperrung des qualifizierten Zertifikats vorzulegen.

A. Urkundenerrichtung in elektronischer Form

Die Vorschrift enthält in Ergänzung der Regelungen über die Errichtung notarieller Urkunden in elektronischer Form und der Bestimmungen über die elektronische Signatur Dienstpflichten des Notars im Zusammenhang mit dem Einsatz der qualifizierten elektronischen Signatur. Mit dem Gesetz zur Neuordnung der Aufbewahrung von Notariatsunterlagen und zur Einrichtung des Elektronischen Urkundenarchivs bei der Bundesnotarkammer[1] wurden diese Pflichten in die gesetzliche Regelung in § 33 Abs. 1 BNotO überführt und an Neuerungen im Recht der elektronischen Signatur angepasst.[2] § 2a **dürfte** daher in einer Neufassung der Dienstordnung **entfallen**. 1

I. Elektronische notarielle Urkunde

Einfache notarielle Zeugnisse können elektronisch errichtet werden, indem der Notar das hierzu erstellte Dokument qualifiziert elektronisch signiert und es mit einer Bestätigung seiner Notareigenschaft verbindet (§ 39a BeurkG). Die **qualifizierte elektronische Signatur** tritt hierbei (vergleichbar der elektronischen Form des § 126a BGB) an die Stelle der **Unterschrift** des Notars.[3] Die **Bestätigung der Notareigenschaft** erfüllt die Funktion des **Dienstsiegels**.[4] Neben dem praktisch häufigen Anwendungsfall der Errichtung elektronischer beglaubigter Abschriften können auch Satzungsbescheinigungen (§ 54 Abs. 1 GmbHG, §§ 181 Abs. 1, 248 Abs. 2 AktG), Bescheinigungen zu Gesellschafterlisten (§ 40 Abs. 2 S. 2 GmbHG) und sonstige Zeugnisurkunden im Sinne des § 39 BeurkG unmittelbar elektronisch errichtet werden.[5] 2

---

[28] Schleswig-Holstein verlangt das Verbrennen der Gummiplatte (!), s. Fn. 1.
[1] Vom 1.7.2017, BGBl. I 1396.
[2] → BNotO § 33 Rn. 1 ff.; BT-Drs. 18/10607, 50.
[3] → BeurkG § 39a Rn. 4.
[4] Armbrüster/Preuß/Renner/*Kruse* BeurkG § 39a Rn. 6; *Apfelbaum/Bettendorf* RNotZ 2007, 89 (91).
[5] → BeurkG § 39a Rn. 6; *Winkler* BeurkG § 39a Rn. 9 ff.; *Malzer* DNotZ 2006, 9 (13 ff.); str. für die Unterschriftsbeglaubigung, DNotI-Report 2019, 113 (116 f.).

II. Signatur[6]

3 Die allgemeinen Anforderungen an elektronische Signaturen ergeben sich aus der eIDAS-VO[7], dem eIDAS-Durchführungsgesetz[8] und der Vertrauensdiensteverordnung[9]. Der Notar muss über ein auf Dauer prüfbares Zertifikat eines qualifizierten Vertrauensdiensteanbieters und über die technischen Mittel für die Erzeugung und Validierung qualifizierter elektronischer Signaturen verfügen (§ 33 Abs. 1 S. 1 BNotO). Er benötigt hierzu eine **Signaturkarte**, ein **Kartenlesegerät** und **Signatursoftware**.[10] Die Signaturkarte enthält einen ausschließlich dem Inhaber zugeordneten privaten Signaturschlüssel, einen öffentlichen Signaturprüfschlüssel (beides elektronische Signaturerstellungsdaten, Art. 3 Nr. 13 eIDAS-VO) und ein qualifiziertes Zertifikat für elektronische Signaturen (Art. 3 Nr. 15 eIDAS-VO). Das qualifizierte Zertifikat bestätigt die Zuordnung des Signaturschlüssels zu einer bestimmten natürlichen Person und muss neben deren Namen weitere Angaben enthalten (§ 28 Abs. 1 iVm Anhang I der eIDAS-VO). Ein Vertrauensdiensteanbieter erteilt ein Zertifikat, nachdem er die Identität der Person geprüft hat, der das qualifizierte Zertifikat ausgestellt wird (Art. 24 Abs. 1 S. 1 eIDAS-VO).

3a Die eIDAS-VO definiert neben den qualifizierten (Art. 3 Nr. 12 eIDAS-VO) auch fortgeschrittene (Art. 3 Nr. 11 eIDAS) und einfache elektronische Signaturen (Art. 3 Nr. 10 eIDAS-VO) und regelt die Anforderungen an fortgeschrittene Signaturen (Art. 26 eIDAS-VO). Zur Errichtung elektronischer notarieller Zeugnisse eignet sich nur die qualifizierte elektronische Signatur (§ 39a Abs. 1 S. 2 BeurkG).

3b Beim **Vorgang des Signierens** bildet die Signatursoftware zunächst eine Prüfsumme der zu signierenden Daten (Hashwert). Diesen übergibt sie an die Signaturkarte, die ihn nach Eingabe der privaten Identifikationsnummer (PIN) mit dem privaten Signaturschlüssel zu einer digitalen Signatur verrechnet. Im elektronischen Rechtsverkehr wird die Signatur üblicherweise in einer separaten Datei mit der Endung „.pkcs7" *(Public Cryptography Standard Nr. 7)* gespeichert. Alternativ können signierte Daten und Signatur in einer Datei zusammengefasst werden (üblicherweise im Format „p7s").

4 Zur **Prüfung der Signatur** berechnet die Signatursoftware in einem ersten Schritt mit dem öffentlichen Signaturprüfschlüssel die digitale Signatur der Daten zu einem Hashwert zurück. Anschließend erstellt sie einen neuen Hashwert der elektronischen Daten und vergleicht ihn mit dem zurückberechneten Hashwert. Sind beide Hashwerte gleich, steht fest, dass die Daten mit dem angegeben Zertifikat signiert **(Herkunft)** und nach der Signatur nicht verändert wurden **(Unverfälschtheit)**. In einem zweiten Schritt überprüft die Signatursoftware online im Verzeichnis des Zertifizierungsdiensteanbieters, dass das Zertifikat tatsächlich durch diesen erteilt und nicht gesperrt wurde.

B. Signaturkarte (Abs. 1)

5 Bei der Auswahl seiner Signaturkarte hat der Notar Anforderungen zu beachten, die über das Signaturrecht hinausgehen. Vergleichbar den Anforderungen an Papier, Schreibmittel

---

[6] Ausführlich zur qualifizierten elektronischen Signatur im Notariat Büttner/Frohn/Seebach/*Büttner/Frohn* ELRV im Notariat Kap. 1 Rn. 29 ff.; *Gassen/Wegerhoff*, Elektronische Beglaubigung und elektronische Handelsregisteranmeldung in der Praxis, 2. Aufl. 2009, Rn. 25 ff., 452 ff.; *Bormann/Apfelbaum* RNotZ 2007, 15 (20 f.).

[7] Verordnung (EU) Nr. 910/2014 vom 23.7.2014 über elektronische Identifizierung und Vertrauensdienste für elektronische Transaktionen im Binnenmarkt und zur Aufhebung der Richtlinie 1999/93/EG; zu dieser im notariellen Umfeld *Püls/Gerlach* NotBZ 2019, 81.

[8] Gesetz zur Durchführung der Verordnung (EU) Nr. 910/2014 des Europäischen Parlaments und des Rates vom 23.7.2014 über elektronische Identifizierung und Vertrauensdienste für elektronische Transaktionen im Binnenmarkt und zur Aufhebung der Richtlinie 1999/93/EG, BGBl. 2017 I 2745.

[9] Verordnung zu Vertrauensdiensten, BGBl. 2019 I 114.

[10] Die eIDAS-VO spricht technikoffen von qualifizierter elektronischer Signaturerstellungseinheit (Art. 3 Nr. 23 eIDAS-VO) und Produkten (Art. 3 Nr. 21 eIDAS-VO).

und Siegel zur Errichtung von Urkunden in Papierform trägt die DONot hierdurch dem erhöhten Beweiswert elektronischer öffentlicher Urkunden (§ 371a Abs. 2 ZPO) durch die Pflicht zum Einsatz besonders fälschungssicherer Produkte Rechnung.[11] Die Regelung wurde mit aktualisierter Begrifflichkeit und ohne Festlegung auf die Signaturkarte als Medium in § 33 Abs. 1 S. 1 BNotO übernommen.

I. Akkreditierter Anbieter

Notare hatten eine Signaturkarte eines akkreditierten Anbieters zu verwenden. Das Signaturgesetz sah die Möglichkeit der Akkreditierung als besonderes **Gütezeichen** der zuständigen Bundesnetzagentur[12] vor (§ 15 SigG). Mit dem Außerkrafttreten des Signaturgesetzes (Art. 12 eIDAS-Durchführungsgesetz) ist auch die Möglichkeit der Akkreditierung entfallen. Für qualifizierte Vertrauensdiensteanbieter gelten nun einheitliche Anforderungen für die Beaufsichtigung (Art. 20 eIDAS-VO). Diese beinhalten eine regelmäßige Prüfung durch eine Konformitätsbewertungsstelle und die Einreichung des Prüfergebnisses bei der für die Aufsicht zuständigen Bundesnetzagentur. Die Europäische Kommission veröffentlicht ein Verzeichnis sämtlicher europäischer Zertifizierungsdiensteanbieter auf ihrer Internetseite in einem „Trusted List Browser".[13]

Bereits nach § 39a Abs. 1 S. 3 BeurkG soll die Signatur des Notars auf einem Zertifikat beruhen, das **auf Dauer prüfbar** ist. Während der Anbieter qualifizierte Zertifikate grundsätzlich nur in den fünf Jahren nach Ablauf der Gültigkeit in seinem Verzeichnis führen musste, erhöhte sich dieser Zeitraum für akkreditierte Anbieter auf 30 Jahre (§ 4 Abs. 2 SigV). Die Anforderung, die Signaturkarte eines akkreditierten Anbieters zu verwenden, stellte sich daher auch als Konkretisierung der Anforderung dauerhafter Prüfbarkeit dar.[14] Qualifizierte Vertrauensdiensteanbieter haben nun ihre Zertifikate allgemein für die gesamte Dauer ihres Betriebes auch über den Zeitraum ihrer Gültigkeit hinaus in einer Zertifikatsdatenbank zu führen (§ 16 Abs. 4 Nr. 1 eIDAS-Durchführungsgesetz) und dafür zu sorgen, dass diese bei Einstellung ihrer Tätigkeit durch einen anderen Anbieter oder die Bundesnetzagentur übernommen werden können (§ 16 Abs. 1 eIDAS-Durchführungsgesetz, § 4 Vertrauensdiensteverordnung). Durch diese Neuregelung dürfte das Merkmal der dauerhaften Prüfbarkeit neben der Anforderung der Verwendung eines qualifizierten Zertifikates keine eigenständige Bedeutung mehr haben.

II. Öffentliche Beglaubigung der Unterschrift

Bei der Ausstellung eines qualifizierten Zertifikats überprüft der qualifizierte Vertrauensdiensteanbieter anhand geeigneter Mittel die Identität und gegebenenfalls die spezifischen Attribute der Person, der das Zertifikat ausgestellt wird (Art. 24 Abs. 1 eIDAS-VO). Für die Wahl der Mittel lässt die eIDAS-VO einen weiten Rahmen und verweist weitgehend auf das nationale Recht. Auch elektronische Identifizierungsmittel aus der Ferne sind möglich, teilweise aufgrund unmittelbarer Zulassung durch die eIDAS-VO, teilweise aufgrund Zulassung durch die Bundesnetzagentur (§ 11 eIDAS-Durchführungsgesetz). Ob alle denkbaren Verfahren die Gleichstellung der auf ihrer Grundlage erzeugten Signatur mit der eigenhändigen Unterschrift rechtfertigen, ist zweifelhaft.[15] Manche Anbieter verwenden das Postident-Verfahren. Die Gleichstellung einer durch den Notar qualifiziert elektronisch signierten Datei mit einer notariellen Urkunde ließe sich jedoch nicht überzeugend

---

[11] Ausführlich *Bettendorf/Apfelbaum* DNotZ 2008, 19 (27 ff.).
[12] Vollständig Bundesnetzagentur für Elektrizität, Gas, Telekommunikation, Post und Eisenbahnen.
[13] https://webgate.ec.europa.eu/tl-browser/#/. Stand März 2020 geben die deutschen Anbieter Bundesagentur für Arbeit (für eigene Zwecke und an andere Behörden), Bundesnotarkammer, Deutsche Post AG, D-Trust GmbH, Deutsche Telekom AG, DGN Deutsches Gesundheitsnetz Service GmbH und medisign GmbH qualifizierte Zertifikate heraus.
[14] Weingärtner/Gassen/*Gassen* DONot § 2a Rn. 5.
[15] *Roßnagel* NJW 2005, 385 (388).

begründen, erfolgte die Zuordnung der Signatur zu der Person des Notars in einem Verfahren, dessen Zuverlässigkeit hinter der notariellen Beglaubigung zurückbleibt.[16] Der Notar darf daher nur eine Signaturkarte einsetzen, bei deren Beantragung er sich durch öffentliche Beglaubigung seiner Unterschrift (§ 129 BGB) identifiziert. Die Bundesnotarkammer gibt Signaturkarten ausschließlich nach öffentlicher Beglaubigung der Unterschrift des Antragstellers aus. Die Anforderung der öffentlichen Beglaubigung der Unterschrift in dem Identifizierungsverfahren wurde inhaltlich unverändert in § 33 Abs. 1 S. 2 BNotO übernommen.

III. Technischer Standard

9 Die Signatur des Notars musste mindestens dem technischen Standard Common PKI (ehemals ISIS-MTT) entsprechen. In ihm beschrieben die deutschen Trustcenterbetreiber international verbreitete und anerkannte technische Merkmale elektronischer Signaturen, Verschlüsselungen und Public Key-Infrastrukturen. Inzwischen wird die Spezifikation nicht mehr weiterentwickelt, so dass die Vorschrift auch insoweit **überholt** ist. Allgemeine Anforderungen an qualifizierte Zertifikate und Signaturerstellungseinheiten finden sich nun in den Anhängen I und II der eIDAS-VO.

C. Notarattribut (Abs. 2)

10 Die Wirksamkeit einer elektronischen notariellen Urkunde setzt voraus, dass sie mit einer **Bestätigung der Notareigenschaft** durch die zuständige Stelle verbunden wird (§ 39a Abs. 2 S. 1 BeurkG). Die einfachste Möglichkeit hierfür ist die Aufnahme der Notareigenschaft in das Signaturzertifikat des Notars als berufsbezogenes Attribut (Art. 28 Abs. 3 eIDAS-VO, § 12 Abs. 1 S. 1 Nr. 2 eIDAS-Durchführungsgesetz). Das Signaturrecht schreibt die Bestätigung des Attributes durch die zuständige Stelle vor (§ 12 Abs. 1 S. 3 eIDAS-Durchführungsgesetz), aber nicht die Formulierung des Attributs. Da das Notarattribut das Amtssiegel in der elektronischen Welt ersetzt, entsprechen auch die Vorgaben zu seinem Inhalt weitgehend denjenigen an die Gestaltung des Amtssiegels.[17] Zusätzlich zu Notareigenschaft, Amtssitz und Bundesland ist jedoch die zuständige Notarkammer aufzuführen. Sie bestätigt die Stellung als Notar bei der Vergabe qualifizierter Zertifikate (§ 67 Abs. 3 Nr. 5 BNotO). Das Notarattribut kann demnach beispielsweise lauten: „Notar in Köln, Nordrhein-Westfalen, Rheinische Notarkammer". Die Verwendung eindeutiger Abkürzungen (beispielsweise NRW, RhNotK) ist unbedenklich. Bei der Signaturprüfung – etwa mit der Funktion „Beglaubigter Ausdruck" des Programms SigNotar – wird der Text des Attributs in den Zertifikatsdetails und im Prüfbericht angezeigt. Die Anforderungen wurden inhaltlich unverändert in § 33 Abs. 1 S. 3 BNotO übernommen.

11 Für das Attribut des Notariatsverwalters gelten entsprechende Anforderungen (§ 33 Abs. 2 S. 3). **Notariatsverwalter** und **Notarvertreter** können statt eines Attributes eine elektronisch beglaubigte oder durch die Bestellungsbehörde qualifiziert signierte Abschrift der Bestellungsurkunde mit dem zu signierenden Dokument verbinden (§ 33 Abs. 2 S. 4, Abs. 4 S. 2).[18] Dieses Verfahren eignet sich auch für den Nachweis der Notareigenschaft, wenn etwa unmittelbar nach der Ernennung noch keine Signaturkarte mit Notarattribut zur Verfügung steht.

11a Erforderlich ist jedoch die Herstellung einer **Verbindung zwischen dem Zeugnis** (das heißt dem Beglaubigungsvermerk der elektronischen Abschriftsbeglaubigung) **und dem**

---

[16] Vgl. Armbrüster/Preuß/Renner/*Kruse* DONot § 2a Rn. 11; *Bettendorf/Apfelbaum* DNotZ 2008, 19 (30 f.).
[17] *Apfelbaum/Bettendorf* DNotZ 2008, 19 (30 f.).
[18] S. DNotI-Report 2019, 115.

Nachweis der Notareigenschaft (§ 39a Abs. 2 S. 1 BeurkG). Voraussetzung einer wirksamen elektronischen notariellen Urkunde ist eine Verbindung, die eine dauerhafte und rechtssichere Prüfung der Authentizität des Dokumentes ermöglicht.[19] Hierfür sprechen die Parallele zu dem Amtssiegel und der Zweck, eine zuverlässige Prüfung zu ermöglichen, ob das signierte Dokument von einem Amtsträger stammt. Praktisch erfolgt diese Verbindung durch die Zusammenfassung beider Dateien (durch die Urkundsperson signiertes zu beglaubigendes Dokument und beglaubigte oder durch die Bestellungsbehörde signierte Abschrift der Bestellungsurkunde) in einer Archivdatei im Format „ZIP", welche die Urkundsperson zur Herstellung der dauerhaft prüfbaren Verbindung wiederum signiert.[20] Bei der bloßen Übersendung beider Dateien in einer elektronischen Mitteilung ohne eine darüber hinausgehende Verbindung (vergleichbar dem Übersenden eines nicht gesiegelten Dokuments in einem gemeinsamen Umschlag mit einer beglaubigten Abschrift der Bestellungsurkunde) fehlt es hingegen an einer hinreichenden Verbindung.

D. Verlust der Signaturkarte (Abs. 3)

Bei Verlust der Signaturkarte sind wie bei dem Verlust des Amtssiegels Maßnahmen zu treffen, die den Anschein einer wirksamen notariellen Urkunde bei Verwendung durch eine dritte Person ausschließen.[21] Entscheidend ist die sofortige **Sperrung** des Zertifikats bei dem Anbieter, welche das Signaturrecht inzwischen als Verlangen des Widerrufs bezeichnet (§ 14 Abs. 1 S. 1 Nr. 1 eIDAS- Durchführungsgesetz).[22] Vor dem Widerruf wirksam erstellte Signaturen bleiben gültig. Vertrauensdiensteanbieter registrieren den Widerruf in ihrer Zertifikatsdatenbank und stellen Informationen über den Widerrufsstatus zur Verfügung (Art. 24 Abs. 3 und Abs. 4 eIDAS-VO), so dass vor dem Widerruf erzeugte Signaturen weiterhin prüfbar bleiben. **12**

Der **Verlust** der Signaturkarte ist dem Präsidenten des Landgerichts und der Notarkammer unter Vorlage eines Nachweises über die Sperrung **anzuzeigen.** Hierfür eignet sich ein Ausdruck des Eintrags im Zertifikatsverzeichnis des Anbieters[23], eine durch den Zertifizierungsdiensteanbieter über den Widerruf des Zertifikats erstellte Bestätigung oder das Ergebnis der Prüfung einer zu einem früheren Zeitpunkt mit der verlorenen Signaturkarte erstellen Signatur, aus dem erkennbar ist, dass das Zertifikat im Zeitpunkt der Prüfung widerrufen war. **13**

Die Anforderung, die Signaturkarte vor Missbrauch zu schützen, fand sich anders als für das Amtssiegel nicht in der Dienstordnung, sondern in Richtlinien der Notarkammern (Abschnitt IV Nr. 2 RLEmBNotK). Die Pflicht zur ausschließlich persönlichen Verwendung ist nunmehr in § 33 Abs. 3 BNotO gesetzlich angeordnet. Die Pflichten für den Fall eines Verlustes regelt § 34 BNotO einheitlich und konsequent für Amtssiegel, Signaturerstellungseinheit und Wissensdaten. **14**

§ 3 Amtsschild, Namensschild[1]

(1) [1]Notarinnen und Notare sind berechtigt, am Eingang zu der Geschäftsstelle und an dem Gebäude, in dem sich die Geschäftsstelle befindet, ein Amtsschild anzubrin-

---

[19] S. Rundschreiben der BNotK Nr. 25/2006, Abschnitt I Ziff. 4, abrufbar unter http://www.bnotk.de/Bundesnotarkammer/Aufgaben-und-Taetigkeiten/Rundschreiben/2006-25.php.
[20] Büttner/Frohn/Seebach/*Büttner/Frohn* ELRV im Notariat Kap. 1 Rn. 78 ff.
[21] *Apfelbaum/Bettendorf* DNotZ 2008, 19 (32 f.).
[22] Die Sperrung erfolgt in der Regel telefonisch, bei Signaturkarten der Bundesnotarkammer unter 0800–3550400; dort auch aus dem Notarnetz unter https://zertifizierungsstelle.bnotk.de/bestellung/service/login/proxy/false nach Eingabe von Benutzername und Passwort für die Register der Bundesnotarkammer.
[23] Armbrüster/Preuß/Renner/*Kruse* DONot § 2a Rn. 17.
[1] **Baden-Württemberg:** „Form und Ausführung der Amtsschilder der nichtbeamteten Notare richten sich nach der AV betreffend die Amtsschilder der Notare vom 12.10.1998 (Die Justiz S. 610). Die Prä-

gen. ²Das Amtsschild enthält das Landeswappen und die Aufschrift „Notarin" oder „Notar" oder beide Amtsbezeichnungen.

(2) ¹Notarinnen und Notare können auch Namensschilder anbringen. ²Ist kein Amtsschild angebracht, so muss durch ein Namensschild auf die Geschäftsstelle hingewiesen werden. ³Auf dem Namensschild kann das Landeswappen geführt werden, wenn der Bezug zu dem Notaramt und zu der dieses Amt ausübenden Person auch bei mehreren Berufsangaben deutlich wird.

Übersicht

	Rn.
A. Allgemeines, Pflicht zur „Beschilderung"	1
B. Amtsschild, Abs. 1	3
I. Gestaltung des Amtsschilds	3
II. Verwendung und Anzahl der Amtsschilder	6
C. Namensschild, Abs. 2	8
I. Gestaltung des Namensschilds	8
II. Verwendung und Anzahl der Namensschilder	13
D. Veränderungen durch Ausscheiden des Notars, Verlegung der Geschäftsstelle etc	14

A. Allgemeines, Pflicht zur „Beschilderung"

1   Die Vorschrift des § 3 regelt einerseits die Gestaltung und Verwendung von Schildern und normiert andererseits die Pflicht des Notars, auf seine Geschäftsstelle überhaupt durch ein Schild hinzuweisen. Diese Regelungen sind in einem mehrschichtigen Zusammenhang zu sehen: Sie haben zunächst **hoheitsrechtlichen Bezug**, weil die Schilder das Landeswappen tragen dürfen. Ferner hat die „Beschilderung" der Geschäftsstelle **werberechtliche Relevanz**, weshalb die meisten Notarkammern in ihren Richtlinien diesbezügliche Bestimmungen getroffen haben.² Und schließlich besteht ein Zusammenhang mit der **Pflicht** des Notars **zur Amtstätigkeit**, § 15 Abs. 1 BNotO, und zur Unterhaltung einer Geschäftsstelle, § 10 Abs. 2 BNotO:³ Der Notar ist gegenüber jedermann zur Amtstätigkeit verpflichtet und hat sich durch Einrichtung und Öffnung einer Geschäftsstelle amtsbereit zu halten. Damit korreliert die Pflicht aus § 3, auf diese Geschäftsstelle durch ein Amts- oder Namensschild hinzuweisen, damit der Notar für das rechtsuchende Publikum auffindbar ist und die Amtsausübung „im geheimen" für einen ausgewählten Klientenkreis ausgeschlossen wird.

2   Die Vorschrift unterscheidet – wie bisher – zwischen **Amts- und Namensschild** und trifft hierfür in den beiden Absätzen unterschiedliche Regelungen. Dabei gelten für das Amtsschild – sowohl hinsichtlich der Gestaltung als auch hinsichtlich der Verwendungs-

---

sidentin/der Präsident des Landgerichts kann aus besonderen Gründen eine andere Ausführung des Namensschildes zulassen."
Hamburg: „Für die Form und Ausführung des Amtsschildes (§ 3 der nachstehenden Dienstordnung für Notarinnen und Notare) gilt die Allgemeine Verfügung der Justizbehörde Nr. 5/1953 vom 20.3.1953 (Hamburgisches Justizverwaltungsblatt 1953 Seite 2), geändert durch die Allgemeine Verfügung Nr. 24/1970 (Hamburgisches Justizverwaltungsblatt 1970 Seite 71), mit der Maßgabe, dass im in Satz 2 genannten Muster des Amtsschildes für Notarinnen die Bezeichnung „Notarin" zu verwenden ist."
Nordrhein-Westfalen: „Zu § 3: Form und Ausführung des Amtsschildes richten sich nach § 8 der zu a) [→ Anmerkung zu § 2 DONot für Nordrhein-Westfalen] näher bezeichneten Verordnung über die Führung des Landeswappens."
Schleswig-Holstein: „Zu § 3: Form und Ausführung des Schildes richten sich nach meiner Allgemeinen Verfügung vom 20.4.1950 (SchlHA S. 190), geändert durch die Allgemeine Verfügung vom 9.10.1950 (SchlHA S. 286)."

² Die Richtlinienempfehlungen der Bundesnotarkammer enthalten hierüber keine Aussage.
³ Weingärtner/Gassen/*Weingärtner* DONot § 3 Rn. 1.

möglichkeiten – wesentlich strengere Bestimmungen als für das Namensschild. Dies beruht auf der Erwägung, dass das Amtsschild eine bundesweit einheitliche Darstellungsweise der Notare mit einem gewissen „Wiedererkennungseffekt" für den rechtsuchenden Bürger gewährleisten soll.[4] Dieser Erwägung kommt angesichts der unterschiedlichen Notariatsformen in den Ländern besondere Bedeutung zu, weshalb es zu bedauern ist, dass sich die Pflicht zur Anbringung eines Schilds nicht auf das Amtsschild beschränkt, sondern der Notar zwischen Amts- und Namensschild die Wahl hat.

Als Oberbegriff hat der im Jahr 2017 neu gefasste § 29 BNotO die Bezeichnung **„Geschäftsschilder"** eingeführt.

B. Amtsschild, Abs. 1

I. Gestaltung des Amtsschilds

Nach § 3 Abs. 1 enthält das Amtsschild das **Landeswappen** und die **Amtsbezeichnung** Notar oder Notarin. Welche Form des Landeswappens zu verwenden ist, unterliegt den landesrechtlichen Hoheitszeichenbestimmungen und wird in der DONot nicht geregelt. Jedenfalls ist aber die amtliche Form des Wappens zu verwenden und keine stilisierte oder verfremdete Darstellung.[5] Als Aufschrift sind nur die Angaben Notar oder Notarin zulässig, keine anderen Angaben wie Notariat oder Notariatskanzlei.[6] Auch die vom BGH auf einem Briefkopf für zulässig gehaltene Angabe (Rechtsanwalts- und) Notarkanzlei ist für das Amtsschild unzulässig, weil die Regelung des § 3 Abs. 1 insoweit eindeutig (und abschließend) ist.[7] **Zusätzliche Angaben,** wie der Name des Notars, die Öffnungszeiten usw sind auf dem Amtsschild nicht zulässig, sondern nur auf dem Namensschild (→ Rn. 11).

Für **Sozietäten** oder Bürogemeinschaften[8] wird ausdrücklich die Möglichkeit vorgesehen, beide Amtsbezeichnungen Notar und Notarin auf das Amtsschild zu setzen.[9] Ob die **Pluralform** Notare oder Notarinnen zulässig ist, ist nicht ausdrücklich geregelt. Der Wortlaut des § 3 Abs. 1 S. 2 spricht zunächst dagegen.[10] Die Begründung, die Zulassung der Pluralform würde zu unübersichtlich vielen denkbaren Varianten des Schilds führen, ist nicht nachvollziehbar,[11] ebenso wenig die Erwägung, dass die Schilder bei einem Wechsel des Amtsinhabers ausgetauscht werden müssten[12] – diese Notwendigkeit kann sich auch bei Amtsschildern mit einer Singular-Bezeichnung ergeben.[13] Der Rechtsklarheit dient die Zulassung der Pluralform, weil anderenfalls etwa Sozietäten aus zwei männlichen Notaren (oder aus zwei Notarinnen) nicht eindeutig bezeichnet werden könnten. Die doppelte Verwendung des Begriffs Notar oder die Anbringung zweier Amtsschilder würde demgegenüber eher Verwirrung stiften. Deshalb ist auch die Pluralform zulässig,

---

[4] BGH DNotZ 1980, 708.
[5] Weingärtner/Gassen/Sommerfeldt/*Weingärtner* DONot § 3 Rn. 4.
[6] BGH DNotZ 1986, 186; NJW-RR 2002, 1493; BeckOK BNotO/*Bracker* DONot § 3 Rn. 5; Armbrüster/Preuß/Renner/*Eickelberg* DONot § 3 Rn. 17, der für bloße Wegweiser, zB in Treppenhäusern oder Aufzügen, die Verwendung des Begriffs Notariat für zulässig hält; ebenso *Blaeschke* Rn. 128. In Hamburg ist die Angabe Notariat dagegen allgemein üblich. Der BGH (DNotZ 2018, 930) hält die Verwendung des Begriffs „Notariat" für unzulässig, wenn sie wie oder anstelle einer Amtsbezeichnung geführt wird; die Entscheidung bezieht sich auf die Verwendung des Begriffs im Briefkopf und auf der Internetseite. Ob der Begriff als Bezeichnung für die Geschäftsstelle (zB auf Wegweiserschildern) verwendet werden darf, lässt der BGH ausdrücklich offen.
[7] *Mihm/Bettendorf* DNotZ 2001, 26.
[8] Zur Anzahl der Amtsschilder in diesen Fällen → Rn. 7.
[9] Die räumliche Anordnung dieser beiden Angaben wird nicht geregelt, sie können also unter- oder nebeneinander angebracht werden.
[10] Weingärtner/Gassen/Sommerfeldt/*Weingärtner* DONot § 3 Rn. 7.
[11] *Mihm/Bettendorf* DNotZ 2001, 258.
[12] Weingärtner/Gassen/Sommerfeldt/*Weingärtner* DONot § 3 Rn. 7.
[13] Armbrüster/Preuß/Renner/*Eickelberg* DONot § 3 Rn. 8.

soweit die Länder dies in ihren Ausführungsbestimmungen nicht ausdrücklich anders geregelt haben.[14] In der Praxis dürfte das Problem jedoch insofern wenig Bedeutung erlangen, als durch die Verwendung des Landeswappens im Namensschild vielfältige Möglichkeiten eröffnet werden, auf Berufsverbindungen von Notaren in geeigneter Form hinzuweisen.[15]

5 Weitere Bestimmungen zur **Gestaltung** des Amtsschilds (Format, Größe, Farbgebung usw) trifft die DONot nicht. In einigen Bundesländern bestehen hierfür besondere Vorschriften.[16] Die räumliche Anordnung von Wappen und Aufschrift ist ebenfalls ungeregelt – üblich ist es jedoch, dass die Aufschrift unter dem Wappen steht.

II. Verwendung und Anzahl der Amtsschilder

6 Nach der Konzeption des § 3 Abs. 1 S. 1 kann der Notar insgesamt **zwei** Amtsschilder anbringen, nämlich eines am Eingang der Geschäftsstelle (zB im Flur oder Treppenhaus) und ein weiteres am Gebäude, in dem sich die Geschäftsstelle befindet (zB außen in der Nähe des Eingangs). Man wird jedoch den Zweck des Schilds, die Auffindbarkeit des Notars zu gewährleisten, berücksichtigen und deshalb etwa bei Eckhäusern ein Schild an jeder Straßenfront[17] zulassen müssen oder bei Häusern mit mehreren Eingängen **mehrere** Schilder.[18] Entsprechendes gilt für Amtsschilder in Treppenhäusern oder Aufzügen. Unterhält der Notar nach § 10 Abs. 3 BNotO eine zweite Geschäftsstelle oder einen auswärtigen Sprechtag, so kann er auch dort Amts- oder Namensschilder anbringen.[19] Dass Amtsschilder nur an Geschäftsstellen (und nicht etwa am privaten Wohnhaus des Notars) angebracht werden dürfen, ergibt sich seit 2017 auch aus § 29 Abs. 4 BNotO.

7 Bei **Berufsverbindungen** von Notaren ist früher vertreten worden, dass jeweils nur ein Amtsschild an den zugelassenen Orten angebracht werden könne.[20] Dieser Grundsatz ist nach der Neufassung der DONot nicht mehr aufrechtzuerhalten: Wenn das Amtsschild schon die Spezifizierung nach dem Geschlecht des Amtsinhabers zulässt, so muss auch die Möglichkeit bestehen, auf die **Anzahl der Amtsinhaber** hinzuweisen. Deshalb kann auf eine Berufsverbindung von Notaren auch durch die Anbringung mehrerer Amtsschilder hingewiesen werden.[21] Grenzen können sich allenfalls bei einer größeren Zahl von Notaren aus dem Werbeverbot ergeben, wenn die Vielzahl der Amtsschilder den Eindruck einer „gewerblichen" Beschilderung hervorruft.

7a Bei **überörtlichen** Berufsverbindungen von Anwaltsnotaren darf ein Amtsschild gem. § 29 Abs. 3 BNotO nicht nur an der Geschäftsstelle angebracht werden, an der der Notar seinen Amtssitz hat, sondern auch an den Geschäftsstellen seiner Sozien (→ Rn. 10).

---

[14] Armbrüster/Preuß/Renner/*Eickelberg* DONot § 3 Rn. 8; BeckOK BNotO/*Bracker* DONot § 3 Rn. 6.
[15] Diese Möglichkeit hatte bereits der BGH DNotZ 1980, 186 zur alten Rechtslage angedeutet.
[16] **Baden-Württemberg:** AV betreffend die Amtsschilder der Notare vom 12.10.1998, Die Justiz, 610; **Hamburg:** AV der Justizbehörde Nr. 5/1993 vom 20.3.1953 (JVBl. S. 2) geändert durch die AV Nr. 24/1974 (JVBl. S. 71) mit der Maßgabe, dass im in Satz 2 genannten Muster des Amtsschilds für Notarinnen die Bezeichnung „Notarinnen" zu verwenden ist; **Hessen:** VO über die Amtsschilder der Landesbehörden vom 26.11.1949, GVBl. I 171; **Niedersachsen:** Bekanntmachung des Ministers der Justiz vom 28.7.2000, Nds. Rpfl. S. 223; **Nordrhein-Westfalen:** VO über die Führung des Landeswappens vom 16.5.1956 (GV. NRW. S. 140/SGV NW.113), zuletzt geändert durch VO vom 27.11.1986 (GV. NRW. S. 743); **Schleswig-Holstein:** AV vom 20.4.1950 (SchlHA S. 190), geändert durch AV vom 9.10.1950 (SchlA S. 286).
[17] *Blaeschke* Rn. 129; Weingärtner/Gassen/Sommerfeldt/*Weingärtner* DONot § 3 Rn. 12.
[18] BeckOK BNotO/*Bracker* DONot § 3 Rn. 4; BGH DNotZ 2002, 232; aA Armbrüster/Preuß/Renner/*Eickelberg* DONot § 3 Rn. 6: nur zwei Amtsschilder, darüber hinaus nur Namensschilder.
[19] Weingärtner/Gassen/Sommerfeldt/*Weingärtner* DONot § 3 Rn. 15; Armbrüster/Preuß/Renner/*Eickelberg* DONot § 3 Rn. 9.
[20] BGH DNotZ 1980, 186.
[21] Armbrüster/Preuß/Renner/*Eickelberg* DONot § 3 Rn. 7.

C. Namensschild, Abs. 2

I. Gestaltung des Namensschilds

Anders als das Amtsschild zeichnet sich das Namensschild dadurch aus, dass es den vollständigen[22] **Namen des Notars** enthält. Zwingend ist außerdem die Amtsbezeichnung als Notar, weil nur so der Zweck des Schilds erfüllt wird, auf die Möglichkeit der Inanspruchnahme notarieller Dienste hinzuweisen.[23] Dabei ist es dem Ermessen des oder der Notare überlassen, ob die Amtsbezeichnung in der männlichen oder weiblichen, in der Singular- oder Pluralform verwendet wird.[24] Die Verwendung des Begriffs **Notariat** ist auch auf dem Namensschild unzulässig, weil die dagegensprechenden Gründe[25] unabhängig von der Art des Schilds gelten.[26] Auch die vom BGH für einen Briefkopf für zulässig gehaltene Angabe (Rechtsanwalts- und) Notarkanzlei dürfte auf dem Namensschild unzulässig sein: Anders als für das Briefpapier enthält die DONot in § 3 eine ausdrückliche Regelung über die Gestaltung der Schilder, die – entsprechend der Personenbezogenheit des Notaramts – eine personenbezogene Beschilderung vorsieht. Dies ergibt sich bereits aus dem Begriff des *Namens*schilds – die Führung eines Praxis- oder Kanzleischilds sieht § 3 gerade nicht vor.[27]

8

Weitere Vorgaben zur inhaltlichen oder optischen **Gestaltung** enthält die DONot nicht. Zulässig sind daher alle Angaben des Notars, die nach dem notariellen Berufsrecht zulässig sind, wie zB **akademische Grade,** der Titel Justizrat oder der Professorentitel, nicht dagegen Ehrenämter oder Nebentätigkeiten (Abschnitt VII Nr. 2.1–2.2 RLEmBNotK sowie die entsprechenden Richtlinien der Notarkammern). **Anwaltsnotare** dürfen selbstverständlich auf ihren Anwaltsberuf und die von ihnen sonst nach § 8 Abs. 2 S. 1 BNotO zulässigerweise ausgeübten sonstigen Berufe[28] hinweisen. Auch die Angaben, die nach dem Berufsrecht dieser weiteren Berufe zulässig sind, können gemacht werden. Allerdings dürfen diese weiteren Angaben, zB anwaltliche Tätigkeits- oder Interessenschwerpunkte, nur so gemacht werden, dass sie nicht den Eindruck erwecken, sich auch auf die notarielle Tätigkeit zu beziehen.[29]

9

Das Namensschild braucht sich nicht auf den oder die Notare zu beschränken, sondern kann selbstverständlich auch Angaben zu den übrigen Personen enthalten, mit denen ein Anwaltsnotar in einer nach § 9 Abs. 2 BNotO zulässigen **Berufsverbindung** tätig ist.[30] Die Gestaltung des Schilds muss allerdings eindeutig erkennen lassen, welcher der Partner Notar ist und welcher nicht. Die Angaben, die für diese weiteren Personen zulässig sind, ergeben sich aus dem jeweiligen **Berufsrecht.** Daneben gelten für assoziierte Anwaltsnotare die Vorgaben des im Jahr 2017 neu gefassten[31] § 29 Abs. 3 BNotO. Danach dürfen Namensschilder, die auf das Notaramt eines Sozius hinweisen, nicht nur an der notariellen Geschäftsstelle, sondern auch an anderen anwaltlichen Kanzleien oder Zweigstellen der

10

---

[22] *Blaeschke* Rn. 132.
[23] Armbrüster/Preuß/Renner/*Eickelberg* DONot § 3 Rn. 10.
[24] Armbrüster/Preuß/Renner/*Eickelberg* DONot § 3 Rn. 10.
[25] Höchstpersönlichkeit des Notaramts, unzutreffender Eindruck der Institutionalisierung des Notaramts, Verwechslungsgefahr mit dem württembergischen Bezirksnotariat, vgl. BGH DNotZ 1984, 246; 2006, 72 – Internetadresse; 2007, 152 – Briefkopf.
[26] BeckOK BNotO/*Bracker* DONot § 3 Rn. 5; differenzierend nach der Art des Schildes: Armbrüster/ Preuß/Renner/*Eickelberg* DONot § 3 Rn. 17. In Hamburg und Baden-Württemberg wird die Verwendung des Begriffes Notariat allerdings als zulässig angesehen.
[27] So bereits BGH DNotZ 1984, 246 (249).
[28] Patentanwalt, Steuerberater, Wirtschaftsprüfer und vereidigter Buchprüfer.
[29] OLG Celle NJW-RR 2001, 1721; Armbrüster/Preuß/Renner/*Eickelberg* DONot § 3 Rn. 10.
[30] Dies ergibt sich zwar nicht ausdrücklich aus der DONot, wird aber in § 3 Abs. 2 S. 2 aE vorausgesetzt. Es entspricht auch der zuvor geltenden Rechtslage, die durch die Neufassung nicht geändert werden sollte.
[31] BGBl. 2017 I 1121.

Sozien verwendet werden. Voraussetzung ist, dass der Notarbezeichnung die Angabe des Amtssitzes hinzugefügt wird.

11 Darüber hinaus sind auch **weitergehende Angaben** auf dem Namensschild zulässig, die sich nicht auf die Person des Notars oder seiner Sozien beziehen, wie zB Öffnungszeiten, Telefonnummer, E-Mail- oder Internet-Adresse.

12 Abs. 2 S. 3 erlaubt außerdem die Führung des **Landeswappens**[32] auf dem Namensschild und beseitigt damit die Schwierigkeiten, die in der Vergangenheit bei der – in der DONot nicht vorgesehenen, in der Praxis aber geduldeten – Verbindung von Amts- und Namensschild aufgetreten waren. Für derartige sog. Kombinationsschilder wurden in den Ländern unterschiedliche Zulässigkeitsvoraussetzungen[33] aufgestellt, die mit der Neuregelung entfallen sind. Die Verwendung des Wappens setzt lediglich voraus, dass bei Anwaltsnotaren der Bezug zum Notaramt und bei Berufsverbindungen der Bezug zur Person des Amtsinhabers deutlich wird. Erscheinen mehrere Notare auf dem Namensschild, so kann das Wappen bei jedem der Amtsträger angebracht werden, oder aber für alle gemeinsam – unter Beachtung der vorgenannten Voraussetzungen.

II. Verwendung und Anzahl der Namensschilder

13 Das Namensschild kann zusätzlich zum Amtsschild geführt werden; ansonsten enthält die DONot keine Regelung über Verwendung und Anzahl der Namensschilder. Es bleibt also dem Ermessen des Notars überlassen, an welchen Orten[34] und in welcher Anzahl[35] er Namensschilder anbringt, solange er die Grenzen des notariellen **Werbeverbots**[36] einhält. Außerdem ist § 29 Abs. 4 BNotO zu beachten, wonach Namensschilder nur an Geschäftsstellen von Notaren oder ihren anwaltlichen und sonstigen Sozien angebracht werden dürfen.

D. Veränderungen durch Ausscheiden des Notars, Verlegung der Geschäftsstelle etc

14 Durch Ausscheiden des Notars, die Verlegung seiner Geschäftsstelle oder die Veränderung anderer tatsächlicher Umstände können die angebrachten Schilder **inhaltlich unrichtig** werden. Andererseits besteht in einigen Fällen ein berechtigtes Interesse der rechtsuchenden Bevölkerung, über die eingetretene Veränderung (zB die Verlegung der Geschäftsstelle) informiert zu werden. Auch der Notar selber kann an einer solchen **Information** ein Interesse haben. Diese Interessen sind jedoch abzuwägen gegen die Interessen anderer betroffener Notare (zB des Amtsnachfolgers), gegen übergeordnete Belange der vorsorgenden Rechtspflege und gegen das notarielle **Werbeverbot**. Die Dienstordnung enthält für diese Fälle keine Regelung. Zu unterscheiden ist zunächst zwischen dem einfachen Namensschild einerseits und dem Amtsschild sowie dem Namensschild mit Landeswappen andererseits:

15 Da die Verwendung des Landeswappens als Hoheitszeichen an die Ausübung eines öffentlichen Amts und die Person seines Inhabers gebunden ist, muss das **Amtsschild**

---

[32] Zu Form und Gestaltung des Landeswappens gelten die Ausführungen zum Amtsschild entsprechend, → Rn. 3.
[33] Optische Trennung der beiden Bestandteile, Trennungslinie usw.
[34] ZB im oder am Gebäude, im zugehörigen Fahrstuhl oder Parkhaus des Gebäudes, auf Wegweisern im oder am Gebäude usw.
[35] Armbrüster/Preuß/Renner/*Eickelberg* DONot § 3 Rn. 12; aA Weingärtner/Gassen/Sommerfeldt/*Weingärtner* DONot § 3 Rn. 13 (restriktiv).
[36] Armbrüster/Preuß/Renner/*Eickelberg* DONot § 3 Rn. 12; BGH DNotZ 2002, 232: Die Anbringung von drei Namensschildern an einem Gebäudeeingang, davon eines mannsgroß, verstößt gegen § 29 BNotO. Die Notarkammern Koblenz, Mecklenburg-Vorpommern, Sachsen, Sachsen-Anhalt und Thüringen haben in ihren Richtlinien (jeweils unter Ziff. VII) die Geltung des Werbeverbots in Zusammenhang mit den Namensschildern besonders hervorgehoben.

unverzüglich entfernt werden, wenn der Notar aus dem Amt scheidet oder seine Geschäftsräume oder seinen Amtssitz verlegt.[37] Dasselbe gilt zwangsläufigerweise für ein **Namensschild mit Landeswappen.**[38] Auch auf einem „Umzugshinweis" des Notars[39] an der alten Geschäftsstelle darf das Landeswappen nicht erscheinen, weil es an die Amtsausübung vor Ort gebunden und ein Amtsschild nach § 3 Abs. 1 stets nur an der „aktuellen" Geschäftsstelle geführt werden darf. Werden die bisherigen Geschäftsräume vom Notariatsverwalter, Amtsnachfolger oder einem anderen Notar[40] übernommen, so kann dieser selbstverständlich das Amtsschild übernehmen und fortführen.

Für das reine **Namensschild ohne Landeswappen** gelten diese Beschränkungen nicht, es kann also für eine Übergangszeit an der bisherigen Geschäftsstelle verbleiben.[41] Hier haben die meisten Notarkammern in ihren Richtlinien Regelungen getroffen,[42] die vorrangig zu beachten sind. Fehlen solche Regelungen, so wird man bei der Beurteilung zwischen den verschiedenen Fallkonstellationen zu differenzieren haben. In jedem dieser Fälle ist zur Vermeidung von Missverständnissen das Schild um den Hinweis zu ergänzen, dass der Notar sein Amt an der Geschäftsstelle nicht mehr ausübt.

Scheidet ein Notar **aus dem Amt,** so wird er selber regelmäßig kein Interesse am Verbleib seines Namensschilds an der bisherigen Geschäftsstelle haben. Allenfalls könnte sein Amtsnachfolger oder seine Sozien an der Beibehaltung des Schilds interessiert sein, wenn sie von seinem guten Ruf profitieren wollen. Auch die Bevölkerung kann durch die Beibehaltung des Namensschilds darauf hingewiesen werden, dass der in derselben Geschäftsstelle amtierende Amtsnachfolger die Akten des ausgeschiedenen Notars übernommen hat. Diesem Interesse wird man jedoch nur für eine begrenzte Zeit Rechnung tragen können.[43]

Solange eine **Notariatsverwaltung** besteht, ist die Beibehaltung des Namensschildes zulässig, um dem Informationsinteresse der Bevölkerung Rechnung zu tragen.

Davon zu unterscheiden ist der Fall, dass der **Amtssitz** des Notars an einen anderen Ort **verlegt** wird. Hier ist die Beibehaltung des Schilds nur dann unproblematisch, wenn die Notarstelle eingezogen wird und der Notar seine Akten „mitnimmt". Die Interessen der rechtsuchenden Bevölkerung sprechen in diesem Falle gerade dafür, einen „Umzugshinweis" für einen begrenzten Zeitraum zuzulassen. Wird dagegen ein Amtsnachfolger bestellt oder werden die Akten einem anderen Notar übertragen, so werden dessen Interessen regelmäßig gegen die Beibehaltung des alten Namensschilds sprechen. Auch die Amtsbereichsbeschränkung des § 10a BNotO spricht dagegen, dass die Beibehaltung des alten Namensschilds zulässig ist. Wird allerdings zunächst ein Notariatsverwalter bestellt, so kann die Beibehaltung des alten Namensschilds (ohne Umzugshinweis) dazu dienen, die Zuständigkeit des Verwalters für die Akten des bisher amtierenden Notars zum Ausdruck zu bringen.

Verlegt schließlich der Notar lediglich seine **Geschäftsräume** innerhalb derselben Stadt (also an seinem Amtssitz), so ist der vorübergehende Verbleib des Namensschilds – ergänzt durch einen Umzugshinweis – zur Information der Bevölkerung sachgerecht.[44] Bezieht ein

---

[37] Weingärtner/Gassen/Sommerfeldt/*Weingärtner* DONot § 3 Rn. 17; BeckOK BNotO/*Bracker* DONot § 3 Rn. 9; Armbrüster/Preuß/Renner/*Eickelberg* DONot § 3 Rn. 5; *Blaeschke* Rn. 136 f.
[38] Vgl. dazu § 17 Abs. 1 AVNot Niedersachsen.
[39] Zu dessen Zulässigkeit → Rn. 18.
[40] Vgl. hierzu § 53 BNotO.
[41] Weingärtner/Gassen/Sommerfeldt/*Weingärtner* DONot § 3 Rn. 17; Armbrüster/Preuß/Renner/*Eickelberg* DONot § 3 Rn. 5.
[42] Dort jeweils unter Ziff. VII, vgl. die Übersicht bei *Blaeschke* Rn. 138. Keine solchen Regelungen getroffen haben die Landesnotarkammer Bayern, die Notarkammern Berlin, Bremen, Hamburg, Kassel, Pfalz und Stuttgart. Die Bundesnotarkammer hat in den Richtlinienempfehlungen ebenfalls keine Bestimmungen hierzu getroffen.
[43] Der Zeitraum von einem Jahr ist in den meisten Richtlinien der Notarkammern vorgesehen; derselbe Zeitraum war bereits in § 5 RLNot normiert. Diese Frist erscheint auch für die übrigen nachfolgend genannten Fälle angemessen.
[44] Vgl. dazu LG Aachen ZNotP 1999, 334 mAnm *Hermanns* ZNotP 1999, 313.

anderer Notar seine Amtsräume, so wird im Rahmen des nach § 53 BNotO erforderlichen Genehmigungsverfahrens ein Ausgleich der betroffenen Interessen erfolgen können.

§ 4 Verpflichtung der bei *der Notarin oder dem Notar*[1] beschäftigten Personen

(1) Notarinnen und Notare haben die Niederschrift über die Verpflichtung der bei ihnen beschäftigen Personen (§ 26 BNotO i. V. m. § 1 des Verpflichtungsgesetzes) bei den Generalakten aufzubewahren.

(2) **Die Verpflichtung nach § 26 BNotO hat auch zu erfolgen, wenn zwischen denselben Personen bereits früher ein Beschäftigungsverhältnis bestanden hat oder Beschäftigte einer anderen Notarin oder eines anderen Notars übernommen worden sind.**

A. Allgemeines

1 Die förmliche Verpflichtung der von dem Notar beschäftigten Personen ist in **§ 26 BNotO** geregelt, der im Jahr 2017 neu gefasst wurde.[2] Die DONot regelt in § 4 nur Details zu den Formalien und zur Auslegung des § 26 BNotO, ist allerdings noch nicht an die Änderung der BNotO angepasst worden.[3]

B. Niederschrift über die Verpflichtung, Abs. 1

2 Über die förmliche Verpflichtung des Mitarbeiters hat der Notar nach § 1 Abs. 3 VerpflG eine Niederschrift zu fertigen, hierfür gibt es ein von der Bundesnotarkammer erstelltes **Muster.**[4] Diese Niederschrift ist nach Abs. 1 (im Original) in der **Generalakte** zu verwahren (vgl. § 23 Abs. 1 S. 1 vorletzter Spiegelstrich).[5] Bei Sozietäten oder Bürogemeinschaften genügt es nach § 26 S. 3 BNotO, wenn die förmliche Verpflichtung durch einen der beteiligten Notare vorgenommen wird.[6] In diesen Fällen ist die Niederschrift nach Abs. 1 zu der Generalakte des Notars zu nehmen, der die Verpflichtung vorgenommen hat. Sinnvoll ist es darüber hinaus, eine Abschrift in den Generalakten der anderen beteiligten Notare zu verwahren – vorgeschrieben ist dies allerdings nicht.[7]

3 Bei **externen Dienstleistern,** die der Notar in Anspruch nimmt, schreibt die 2017 neu eingeführte Vorschrift des § 26a BNotO eine **schriftliche Verschwiegenheitsvereinbarung** vor. Dies gilt beispielsweise für EDV-Techniker, Buchbinder, Reinigungsdienste usw. Der Schriftform bedarf dabei nicht der gesamte Dienst- oder Werkvertrag, sondern lediglich die Verschwiegenheitsvereinbarung. Diese (privat)schriftliche Vereinbarung ist nach § 23 Abs. 1 S. 2 vierter Spiegelstrich in die Generalakte zu nehmen.[8]

---

[1] In Sachsen: „den Notarinnen oder den Notaren".
[2] BGBl. 2017 I 3618.
[3] § 4 spricht von **bei** dem Notar beschäftigten Personen, während § 26 BNotO bewusst die Formulierung **von** dem Notar beschäftigte Personen verwendet.
[4] Abgedruckt bei Weingärtner/Gassen/Sommerfeldt/*Weingärtner* DONot § 4 Rn. 21; Kersten/Bühling/*Terner* § 10 Rn. 52; abrufbar auch über die Internetseite der Bundesnotarkammer www.bnotk.de.
[5] Zusätzlich kann eine Abschrift zur Personalakte des Mitarbeiters genommen werden, → BNotO § 26 Rn. 11.
[6] Nach Auffassung der BNotK, Rundschreiben 4/2018, soll dies nicht für die Verschwiegenheitsvereinbarung nach § 26a BNotO gelten, so dass diese von jedem Notar gesondert abgeschlossen werden müsse.
[7] Armbrüster/Preuß/Renner/*Eickelberg* DONot § 4 Rn. 12.
[8] BNotK-Rundschreiben 4/2018.

C. Wiederholung der förmlichen Verpflichtung, Abs. 2

Abs. 2 enthält Hinweise zur Auslegung des § 26 BNotO für zwei Fälle, in denen ein **4** Notarmitarbeiter bereits einmal förmlich verpflichtet worden ist und es deshalb zweifelhaft sein könnte, ob bzw. wann eine **erneute Verpflichtung** vorzunehmen ist. Dabei gilt der Grundsatz, dass die förmliche Verpflichtung nur „ein für alle Mal" zu erfolgen hat und nicht in bestimmten Abständen zu wiederholen ist.[9] Hierfür gelten jedoch folgende Einschränkungen:

I. Früheres Beschäftigungsverhältnis bei demselben Notar

Die förmliche Verpflichtung eines Mitarbeiters ist zu wiederholen, wenn zwischen den **5** Beteiligten bereits **früher** ein Beschäftigungsverhältnis bestanden hat (Alt. 1). Dies ist etwa der Fall, wenn der Notar einen ausgeschiedenen Mitarbeiter später wieder einstellt oder eine Aushilfskraft wiederholt für einzelne Zeitabschnitte engagiert. Ob ein neues Beschäftigungsverhältnis vorliegt, richtet sich nach **arbeitsrechtlichen Kriterien.** Deshalb ist keine erneute Verpflichtung vorzunehmen, wenn die Aushilfskraft fest eingestellt ist, aber nur in unregelmäßigen Abständen tätig wird,[10] oder aber wenn eine Mitarbeiterin nach Mutterschutz- oder Elternzeit ihre Tätigkeit wieder aufnimmt.[11] Schließen jedoch arbeitsrechtlich getrennte Beschäftigungsverhältnisse bei demselben Notar zeitlich unmittelbar aneinander an, zB bei der Verlängerung befristeter Arbeitsverhältnisse oder bei der Übernahme eines Auszubildenden unmittelbar nach Abschluss der Ausbildung, so kann auf die Wiederholung der förmlichen Verpflichtung verzichtet werden.[12]

II. Früheres Beschäftigungsverhältnis bei einem anderen Notar

Nach Abs. 2 Alt. 2 ist die förmliche Verpflichtung auch dann (erneut) vorzunehmen, **6** wenn der Mitarbeiter zuvor bei einem anderen Notar beschäftigt war. Dies erklärt sich dadurch, dass die Verpflichtung nach dem VerpflG nicht generell für die Tätigkeit im Notarbüro erfolgt, sondern speziell für die **Tätigkeit bei dem konkreten Amtsträger.** Die Verpflichtung ist also vorzunehmen, wenn der Mitarbeiter eines anderen Notars übernommen wird – unabhängig davon, ob es sich um einen Fall der „Amtsnachfolge" handelt oder nicht. Auch der Notariatsverwalter, der Beschäftigte des ausgeschiedenen Notars übernimmt, hat diese förmlich zu verpflichten,[13] ebenso wie der „Amtsnachfolger", der wiederum die Mitarbeiter des Verwalters übernimmt. Wird dagegen der Notariatsverwalter zum Notar an der verwalteten Notarstelle bestellt, so ist keine erneute Verpflichtung vorzunehmen: Weder liegt ein neues Beschäftigungsverhältnis vor, noch hat die Person des Amtsinhabers[14] gewechselt, so dass beide Alternativen des Abs. 2 nicht erfüllt sind.[15]

In **Sozietäten** und Bürogemeinschaften besteht die Besonderheit, dass nach § 26 S. 3 **7** BNotO die förmliche Verpflichtung nur durch einen der beteiligten Notare vorzunehmen ist. Die Verpflichtung betrifft das Verhältnis zwischen der Sozietät als Arbeitgeber einerseits und dem Angestellten als Arbeitnehmer andererseits. Deshalb braucht sie nicht wiederholt

---

[9] Weingärtner/Gassen/Sommerfeldt/*Weingärtner* DONot § 4 Rn. 20.
[10] BeckOK BNotO/*Bracker* DONot § 4 Rn. 2.
[11] AA Armbrüster/Preuß/Renner/*Eickelberg* DONot § 4 Rn. 14.
[12] BeckOK BNotO/*Bracker* DONot § 4 Rn. 2; Armbrüster/Preuß/Renner/*Eickelberg* DONot § 4 Rn. 13; → BNotO § 26 Rn. 14.
[13] BeckOK BNotO/*Bracker* DONot § 4 Rn. 3; *Blaeschke* Rn. 301.
[14] Unerheblich ist in diesem Zusammenhang, dass das Verwalteramt rechtlich von dem Notaramt zu trennen ist; es kommt nur auf die Person des Amtsinhabers an.
[15] Armbrüster/Preuß/Renner/*Eickelberg* DONot § 4 Rn. 14.

zu werden, wenn der Notar, der die Verpflichtung vorgenommen hat, ausscheidet oder ein neuer Notar in die Sozietät eintritt.[16]

III. Externe Dienstleister

8   Für externe Dienstleister iSd § 26a BNotO enthält § 4 keine Regelung. Deswegen ist darauf abzustellen, ob der Vertrag mit dem Dienstleister auf eine dauerhafte Tätigkeit gerichtet ist, wie dies etwa bei EDV-Betreuern oder Reinigungsfirmen der Fall ist, oder ob es sich um eine einmalige Tätigkeit handelt, zB bei Umzugsunternehmen. Bei dauerhafter Tätigkeit genügt eine einheitliche Verschwiegenheitsvereinbarung, für jede einmalige Tätigkeit ist eine gesonderte Verschwiegenheitsvereinbarung erforderlich.

§ 5 Führung der Unterlagen, Dauer der Aufbewahrung[1]

(1) [1]Notarinnen und Notare führen die folgenden Bücher und Verzeichnisse:
1. die Urkundenrolle,
2. das Verwahrungsbuch,
3. das Massenbuch,
4. das Erbvertragsverzeichnis,
5. die Anderkontenliste,
6. die Namensverzeichnisse zur Urkundenrolle und zum Massenbuch,
7. Dokumentationen zur Einhaltung von Mitwirkungsverboten,
8. *im Bereich der Notarkasse in München und der Ländernotarkasse in Leipzig*[2] das Kostenregister.

[2]Sie führen folgende Akten:
1. die Urkundensammlung,
2. Sammelbände für Wechsel- und Scheckproteste,
3. die Nebenakten,
4. die Generalakten.

(2) Notarinnen und Notare erstellen jährliche Geschäftsübersichten und Übersichten über die Verwahrungsgeschäfte.

(3) [1]Die Unterlagen sind in der Geschäftsstelle zu führen. [2]Im Rahmen der elektronischen Datenverwaltung bedient sich die Notarin oder der Notar zur automationsgestützten Führung der Bücher und Verzeichnisse der hierfür nach § 27 Abs. 3 betriebenen Systeme und darf die für die Führung dieser Bücher und Verzeichnisse erforderlichen Daten auf diesen Systemen verarbeiten; die Vertraulichkeit und Integrität der Daten sind durch geeignete Verfahren nach dem jeweiligen Stand der Technik sicherzustellen. [3]Die Notarin oder der Notar hat eine Bescheinigung des Systembetreibers darüber einzuholen, dass es sich um ein System nach § 27 Abs. 3 handelt und welche Verfahren zur Anwendung kommen. [4]Zur Führung der Unterlagen dürfen nur Personen herangezogen werden, die bei der Notarin oder dem Notar beschäftigt sind; die Beauftragung dritter Personen oder Stellen ist unzulässig.

(4) [1]Für die Dauer der Aufbewahrung der Unterlagen gilt Folgendes:
– Urkundenrolle, Erbvertragsverzeichnis, Namensverzeichnis zur Urkundenrolle und Urkundensammlung einschließlich der gesondert aufbewahrten Erbverträge (§ 18 Abs. 4): 100 Jahre,

---

[16] BeckOK BNotO/*Bracker* DONot § 4 Rn. 4; differenzierend: Armbrüster/Preuß/Renner/*Eickelberg* DONot § 4 Rn. 16.
[1] **Nordrhein-Westfalen:** Die Verwaltungsvorschrift zu § 5 DONot enthält Regelungen über die Abgabe von Notariatsakten an ein Staatsarchiv.
Bayern: Aufbewahrung, Abgabe und Vernichtung von Notariatsakten, Verwaltungsvorschrift vom 29.11.2002, JMBl. 2003, 20; noch nicht an die neueren Änderungen in § 5 DONot angepasst.
[2] **Sachsen:** kursiv gesetzten Satzteil nicht übernommen.

- Verwahrungsbuch, Massenbuch, Namenverzeichnis zum Massenbuch, Anderkontenliste, Generalakten: 30 Jahre,
- Nebenakten: 7 Jahre; die Notarin oder der Notar kann spätestens bei der letzten inhaltlichen Bearbeitung schriftlich eine längere Aufbewahrungsfrist bestimmen, z. B. bei Verfügungen von Todes wegen oder im Falle der Regressgefahr; die Bestimmung kann auch generell für einzelne Arten von Rechtsgeschäften, z. B. für Verfügungen von Todes wegen, getroffen werden.
- Sammelbände für Wechsel- und Scheckproteste: 5 Jahre.

²Abschriften der Verfügungen von Todes wegen, die *gemäß § 16 Abs. 1 Satz 5 der Dienstordnung für Notare in der ab 1.1.1985 geltenden Fassung*[3] zu den Nebenakten genommen worden sind, sind abweichend von Satz 1 100 Jahre aufzubewahren. ³Die vor dem 1.1.1950 entstandenen Unterlagen sind abweichend von den in Satz 1 Nr. 1 und in Satz 2 genannten Fristen bis auf Weiteres dauernd aufzubewahren; eine Pflicht zur Konservierung besteht nicht. ⁴Die Aufbewahrungsfrist beginnt mit dem ersten Tage des auf die letzte inhaltliche Bearbeitung folgenden Kalenderjahres. ⁵Nach Ablauf der Aufbewahrungsfrist sind die Unterlagen zu vernichten, sofern nicht im Einzelfall ihre weitere Aufbewahrung erforderlich ist.

Übersicht

	Rn.
A. Allgemeines	1
B. Unterlagen des Notars, Abs. 1 und Abs. 2	2
C. Führung der Unterlagen, Verbot externer Bücherführung, Abs. 3	4
I. Führung der Unterlagen in der Geschäftsstelle	4
II. Führung der Unterlagen nur durch bei dem Notar beschäftigte Personen	9
D. Aufbewahrung der Unterlagen, Abs. 4	13
I. Aufbewahrungsfristen	13
1. Überblick	13
2. Abschriften von Verfügungen von Todes wegen, Abs. 4 S. 2	14
3. Nebenakten, Abs. 4 S. 1	15
II. Beginn und Ende der Aufbewahrungsfristen, Abs. 4 S. 3	24
III. Vernichtung der Unterlagen, Abs. 4 S. 4	25
IV. Verlängerte Aufbewahrung im Einzelfall, Abs. 4 S. 5	29
V. Zeitlicher Anwendungsbereich des Abs. 4	31
E. Ausblick: Elektronisches Urkundenarchiv	32

A. Allgemeines

Die Vorschrift des § 5 enthält eine **zusammenfassende Aufstellung** aller vom Notar zu führenden Bücher, Verzeichnisse und Akten. Darüber hinaus werden allgemeine Regelungen getroffen, die für alle diese Unterlagen gelten, nämlich das **Verbot externer Bücherführung** (Abs. 3) und die **Aufbewahrungsfristen** (Abs. 4). Im Rahmen der Zulassung der elektronischen Führung von Notaranderkonten im Jahr 2017 ist Abs. 3 ergänzt worden. 1

---

[3] **Sachsen:** „gemäß § 2 Abs. 1 der Verordnung über die Dienstordnung der Notare (DONot) vom 22.8.1990 (GBl. DDR I Nr. 57 S. 1332) in Verbindung mit § 16 Abs. 1 Satz 5 der Dienstordnung für Notare (DONot) des Bayerischen Staatsministeriums der Justiz in der ab 1. Februar 1985 geltenden Fassung (BayJMBl. S. 3, 6), Anlage II Kapitel III Sachgebiet A Abschnitt 1 Nr. 2 des Einigungsvertrags vom 31.8.1990 in Verbindung mit Artikel 1 des Gesetzes vom 23.9.1990 (BGBl. II S. 885, 925, 1153) und Artikel 13 Abs. 01 Nr. 3 des Dritten Gesetzes zur Änderung der Bundesnotarordnung und anderer Gesetze vom 31.8.1998 (BGBl. I S. 2585, 2589) sowie § 16 Abs. 1 Satz 5 der Anlage zu Ziffer I der Verwaltungsvorschriften des Sächsischen Staatsministeriums der Justiz über die Inkraftsetzung der Dienstordnung für Notare (VwV DONot) vom 12.2.1999 (SächsJMBl. S. 40)."
Sachsen-Anhalt: „gemäß § 16 Abs. 1 Satz 5 der Dienstordnung für Notare in der ab 1.2.1985 geltenden Fassung".

B. Unterlagen des Notars, Abs. 1 und Abs. 2

2   Der in der Überschrift enthaltene Begriff der Unterlagen umfasst als **Oberbegriff** die Akten sowie die Bücher und Verzeichnisse.[4] Die Aufzählung der nach der DONot zu führenden Unterlagen in Abs. 1 ist abschließend; in den folgenden Paragraphen werden die Unterlagen in jeweils einer oder mehreren aufeinander folgenden Bestimmungen näher geregelt. Durch diese übersichtliche Gliederung wird die Anwendbarkeit der Dienstvorschriften, insbesondere für die Notarmitarbeiter, erleichtert.

3   Nicht geregelt ist die **Abgrenzung** zwischen Büchern und Verzeichnissen. Diese spielt deshalb eine Rolle, weil in § 7 und § 14 Regelungen getroffen werden, die nur für Bücher, nicht jedoch für Verzeichnisse gelten. Dass zu den Büchern das Verwahrungs- und das Massenbuch gehören, folgt bereits aus der Terminologie. Der Vergleich zwischen Überschrift und Inhalt des § 14 zeigt ferner, dass daneben auch die Urkundenrolle von der DONot als Buch angesehen wird. Daraus ergibt sich im Umkehrschluss, dass die übrigen Register des Abs. 1 S. 1 als Verzeichnisse einzuordnen sind.[5]

Bücher und Verzeichnisse, in die der Notar nichts einzutragen hat, sind von ihm auch nicht anzulegen. So muss beispielsweise ein Notar, der keine Erbverträge verwahrt, auch kein Erbvertragsverzeichnis führen. Alles andere wäre sinnloser Formalismus.[6]

C. Führung der Unterlagen, Verbot externer Bücherführung, Abs. 3

I. Führung der Unterlagen in der Geschäftsstelle

4   Nach Abs. 3 S. 1 sind die Unterlagen in der Geschäftsstelle zu führen, zu deren Unterhaltung der Notar nach § 10 Abs. 2 S. 1 BNotO verpflichtet ist. Die Vorschrift wird jedoch überlagert durch die am 1.1.2020 in Kraft getretene Neufassung des § 35 BNotO.[7] Da die gesetzlichen Regelungen der BNotO höherrangig sind als die Regelungen der DONot, kommt der Vorschrift in Abs. 3 S. 1 künftig keine eigenständige Bedeutung mehr zu. Insoweit wird auf die Kommentierung zu § 35 BNotO verwiesen.[8]

5–7   [Einstweilen frei.]

8   Abs. 3 S. 2 und S. 3 sind im Jahr 2017 im Zuge der Zulassung der elektronischen Anderkontenführung eingefügt worden. Sie stellen Anforderungen an die Datenverarbeitungssysteme und legen dem Notar auf, eine Bescheinigung des Systembetreibers einzuholen, wonach das System den Anforderungen des § 27 Abs. 3 entspricht. Von der Systematik her hätte die Ergänzung besser in § 17 gepasst. Derzeit ist allerdings die elektronische Führung von Notaranderkonten noch nicht zulässig, weil die vorgeschriebenen informationstechnischen Datennetze noch nicht verfügbar sind.[9]

II. Führung der Unterlagen nur durch bei dem Notar beschäftigte Personen

9   Nach Satz 2 dürfen die Unterlagen nur von Personen geführt[10] werden, die bei dem Notar beschäftigt sind. Dies entspricht der am 1.1.2020 in Kraft getretenen Regelung des

---

[4] Bei den Regelungen zu den Übersichten über die Urkunds- und Verwahrungsgeschäfte handelt es sich um einmal jährlich zu erfüllende Berichtspflichten gegenüber der Aufsichtsbehörde, nicht dagegen um Akten oder Register, die vom Notar kontinuierlich zu führen bzw. zu bearbeiten sind. Ob sie unter den Begriff der Unterlagen zu subsumieren sind, kann dahingestellt bleiben, jedenfalls sind die Bestimmungen in den Abs. 3 und Abs. 4 für die Übersichten nicht einschlägig.
[5] IE ebenso *Bettendorf* RNotZ Sonderheft 2001, 6.
[6] Armbrüster/Preuß/Renner/*Eickelberg* DONot § 5 Rn. 5.
[7] BGBl. 2017 I 1396.
[8] Vgl. dazu auch das Rundschreiben 6/2019 der Bundesnotarkammer vom 12.11.2019.
[9] BNotK-Rundschreiben 3/2017.
[10] Zum Begriff des „Führens" der Unterlagen → Rn. 8.

§ 35 Abs. 5 BNotO. Die Bestimmung beruht auf der Erwägung, dass der Notar die Bearbeitung seiner Unterlagen besser **überwachen** kann, wenn sie durch eigene Mitarbeiter geschieht. Auch dient sie der Wahrung der **Verschwiegenheitspflicht,** indem sichergestellt wird, dass nur solche Personen die Unterlagen führen, die nach **§ 26 BNotO** iVm § 1 VerpflG förmlich zur Verschwiegenheit verpflichtet worden sind und bei denen eine Verletzung der Schweigepflicht strafrechtlich sanktioniert werden kann.

Wegen dieses Zusammenhanges wurde der Begriff der „*bei dem Notar beschäftigten* **10 Personen**" früher ebenso ausgelegt wie bei § 26 BNotO, also nicht nur nach arbeitsrechtlichen Kriterien.[11] Der Notar durfte also die Bearbeitung seiner Bücher und Akten nicht nur seinen Angestellten, sondern auch **freien Mitarbeitern** übertragen. Anwaltsnotare durften auch solche Mitarbeiter mit Notariatsangelegenheiten betrauen, die ansonsten nur im anwaltlichen Bereich tätig sind.

Nach der Änderung im Jahr 2017 gilt § 26 BNotO nur noch für arbeitsvertraglich **10a** beschäftigte Mitarbeiter.[12] Da § 5 Abs. 3 daraufhin nicht angepasst worden ist (obwohl die Vorschrift im Jahr 2017 in einem anderen Aspekt geändert wurde), kann davon ausgegangen werden, dass die bisherige Auslegung fort gilt. Durch den neu eingeführten § 26a BNotO ist die Einhaltung der Verschwiegenheit auch bei freien Mitarbeitern gewahrt.

Demzufolge fallen auch solche Personen unter Abs. 3, die – ohne in einem Dienst- oder **11** Arbeitsverhältnis zu stehen – dauerhaft **in den Büroablauf** des Notars **integriert** sind.[13] Dazu gehören beispielsweise Angestellte der Sozien des Notars, deren Arbeitsverhältnis nicht mit dem Notar selbst besteht,[14] – auch diesen Personen darf der Notar Aufgaben bei der Bearbeitung seiner Unterlagen übertragen.[15] Dasselbe gilt für Personen, die nur vorübergehend in den Büroablauf des Notars integriert sind, aber inhaltlich gerade Aufgaben zur unmittelbaren Unterstützung der notariellen Amtstätigkeit wahrnehmen sollen, wie zB Praktikanten, Mitarbeiter von **Zeitarbeitsfirmen** oder **Aushilfskräfte** aus anderen (Notar- oder Anwalts-)Büros, die für den Notar tätig werden, ohne bei ihm angestellt zu sein.[16] Da auch diese Personen nach § 26 BNotO oder § 26a BNotO zur Verschwiegenheit zu verpflichten sind und ein zumindest faktisches Weisungsverhältnis zum Notar besteht, kann ihnen die Bearbeitung der Bücher und Akten anvertraut werden.

Anderes gilt für **Auftragnehmer von Werkverträgen** oder Mitarbeiter von Unterneh- **12** men, mit denen der Notar einen Werkvertrag abgeschlossen hat, wie zB Handwerker, EDV-Techniker, Fensterputzer, Buchbinder usw. Dies ergibt sich daraus, dass Abs. 3 ebenso wie früher § 26 BNotO nur auf die „Beschäftigten" des Notars abstellt, während § 1 VerpflG auch die „für ihn tätigen" Personen einbezieht. Diese Personen sind nicht nach § 26 BNotO förmlich zu verpflichten[17] und unterliegen auch keiner direkten Weisungsbefugnis des Notars, weshalb sie nicht mit der Bearbeitung notarieller Unterlagen betraut werden dürfen.[18]

D. Aufbewahrung der Unterlagen, Abs. 4

I. Aufbewahrungsfristen

1. Überblick. In Abs. 4 werden die Aufbewahrungsfristen für (fast) alle vom Notar zu **13** führenden Unterlagen geregelt. Hierzu folgende Übersicht:

---

[11] Vgl. Eylmann/Vaasen/*Starke,* 4. Aufl. 2016, BNotO § 26 Rn. 4 ff.
[12] S. Gesetzesbegründung, BT-Drs. 18/11936, 37.
[13] Vgl. Eylmann/Vaasen/*Starke,* 4. Aufl. 2016, BNotO § 26 Rn. 8.
[14] Diese Personen sind nach § 26a BNotO privatschriftlich zur Verschwiegenheit zu verpflichten.
[15] AA Weingärtner/Gassen/Sommerfeldt/*Weingärtner* DONot § 5 Rn. 8.
[16] Vgl. dazu auch *Mihm/Bettendorf* DNotZ 2001, 27 f.; Armbrüster/Preuß/Renner/*Eickelberg* DONot § 5 Rn. 12.
[17] → BNotO § 26 Rn. 9.
[18] Armbrüster/Preuß/Renner/*Eickelberg* DONot § 5 Rn. 12.

Akten	Aufbewahrungsfrist	Bücher, Verzeichnisse	Aufbewahrungsfrist
Urkundensammlung	100 Jahre	Urkundenrolle	100 Jahre
Generalakten	30 Jahre	Namensverzeichnis zur Urkundenrolle	100 Jahre
Nebenakten	7 Jahre, Verlängerung möglich	Erbvertragsverzeichnis	100 Jahre
Sammelbände für Wechsel- und Scheckproteste	5 Jahre	Verwahrungsbuch	30 Jahre
Bücher, Verzeichnisse	**Aufbewahrungsfrist**	Massenbuch	30 Jahre
Dokumentationen zur Einhaltung der Mitwirkungsverbote	nicht geregelt	Namensverzeichnis zum Massenbuch	30 Jahre
Kostenregister	in Bayern: 30 Jahre, im Übrigen nicht geregelt	Anderkontenliste	30 Jahre

Für die im ersten Spiegelstrich von Abs. 4 S. 1 genannten Unterlagen galt früher eine dauernde Aufbewahrungspflicht; die Verkürzung auf 100 Jahre wurde im Jahr 2005 eingeführt. Hintergrund war ein entsprechender Wunsch der Archivverwaltungen des Bundes und der Länder, die Kosten für die Aufbewahrung dieser Unterlagen zu reduzieren (nach § 51 BNotO werden sie vielfach von den Amtsgerichten verwahrt).[19] Gleichzeitig wurde auch die Regelung in Abs. 4 S. 3 eingeführt, wonach Unterlagen, die vor dem Jahr 1950 entstanden sind, auch in Zukunft dauerhaft aufzubewahren sind. Dies beruht auf der Überlegung, dass durch die Kriegseinwirkungen diese Unterlagen möglicherweise an anderen Stellen (Grundbuchamt, Handelsregister usw) nicht mehr vorhanden sein könnten. Der zweite Halbsatz stellt klar, dass der Notar bzw. die verwahrende Stelle nicht zur Konservierung verpflichtet ist, also nicht dafür zu sorgen hat, die durch Papierzerfall, Korrosion von Heftklammern usw eintretende Beschädigung der Unterlagen zu beheben oder zu verhindern.

Für die Dokumentationen zur Einhaltung der Mitwirkungsverbote nach § 15 ist eine Aufbewahrungsfrist nicht geregelt. Da diese Dokumentationen weder für die Wirksamkeit noch für die Auffindbarkeit von Urkunden eine Rolle spielen, sondern lediglich disziplinarrechtliche Bedeutung haben, erscheint es sinnvoll, eine Aufbewahrung nur bis zum (endgültigen) Ausscheiden des Notars aus dem Notaramt zu verlangen.[20]

Nach § 51 Abs. 5 S. 1 BNotO können die Landesjustizverwaltungen Regelungen über die Abgabe von Notariatsakten an ein Staatsarchiv und über die Vernichtung von Notariatsakten treffen, durch die die Bestimmungen der DONot ergänzt oder geändert werden.

14 **2. Abschriften von Verfügungen von Todes wegen, Abs. 4 S. 2.** Bei der Regelung in Satz 2 handelt es sich um eine **Übergangsvorschrift**, die wegen des Sachzusammenhangs nicht in § 34, sondern an dieser Stelle getroffen worden ist. Bei Verfügungen von Todes wegen, die nicht in der Verwahrung des Notars bleiben, hat er auf Verlangen der Beteiligten eine beglaubigte Abschrift zurückzubehalten. Während nach § 20 Abs. 1 S. 4 diese beglaubigten Abschriften in der **Urkundensammlung** zu verwahren (und damit

---

[19] Zur Entstehungsgeschichte: Armbrüster/Preuß/Renner/*Eickelberg* DONot § 5 Rn. 13 ff.; *Bettendorf/Wegerhoff* DNotZ 2005, 484 (496).
[20] Weingärtner/Gassen/Sommerfeldt/*Weingärtner* DONot § 15 Rn. 14; Armbrüster/Preuß/Renner/*Eickelberg* DONot § 15 Rn. 28.

dauernd aufzubewahren) sind, konnte der Notar nach der früheren Regelung in § 16 Abs. 1 S. 5 DONot aF diese beglaubigten Abschriften auch in den **Nebenakten** verwahren. Um zu verhindern, dass die beglaubigten Abschriften mit den Nebenakten vernichtet werden, bestimmt Satz 3 ausdrücklich ihre dauernde Aufbewahrung. Hier bietet es sich an, die in den Nebenakten verwahrten Abschriften der Verfügungen von Todes wegen zur Urkundensammlung zu nehmen, vorgeschrieben ist dies jedoch nicht.

3. Nebenakten, Abs. 4 S. 1. Die in Satz 1 beim dritten Spiegelstrich getroffene Regelung über die **Aufbewahrung** der Nebenakten ist das Ergebnis einer längeren Diskussion im Rechtsetzungsverfahren und stellt einen Kompromiss zwischen den datenschutzrechtlichen Grundsätzen einerseits und den Belangen der Rechtspflege, der Notare und der Beteiligten andererseits dar.[21] Die Aufbewahrungsfrist für Nebenakten beträgt **sieben Jahre,** ist jedoch mit einer flexiblen **Verlängerungsmöglichkeit** verbunden: Der Notar kann spätestens bei der letzten inhaltlichen Bearbeitung schriftlich eine längere Aufbewahrung bestimmen. Der Regelung kommt deshalb besondere Bedeutung zu, weil nach Ablauf der Aufbewahrungsfrist die Unterlagen zwingend zu vernichten sind (§ 5 Abs. 4 S. 4). Diese Vernichtungspflicht kann bei Amtshaftungsansprüchen, die nach Jahren gegen den Notar erhoben werden, seine Verteidigungsmöglichkeiten erheblich beschränken.

Die letzte inhaltliche Bearbeitung der Nebenakte, die auch für den Beginn der siebenjährigen Regelfrist von Bedeutung ist, ist die **letzte Amtshandlung,** die der Notar in einer Angelegenheit vornimmt. Bei Nebenakten zu Verwahrungsgeschäften wäre etwa an die Auskehrung des Anderkontos und die Erteilung der Abrechnung an die Beteiligten zu denken, bei Nebenakten zu Grundstücksgeschäften an die Überprüfung der Eintragungsnachricht und die Abschlussmitteilung an die Beteiligten. Der Zeitpunkt der letzten inhaltlichen Bearbeitung lässt sich jedoch nicht allgemeingültig definieren, weil es von dem erteilten Auftrag und dem Ermessen des Notars abhängt, welche Vollzugstätigkeiten er für die Beteiligten ausführt und wie lange er seine Nebenakten führt.[22] Wird beispielsweise die Nebenakte zu einer Finanzierungsgrundschuld nicht mit dem Grundbuchvollzug geschlossen, sondern erst nach Eigentumsumschreibung und Erteilung einer entsprechenden Mitteilung an das Kreditinstitut, so ist eben dies die letzte inhaltliche Bearbeitung, so dass bis zu diesem Zeitpunkt eine Verlängerung der Aufbewahrungsfrist verfügt werden kann. Dasselbe gilt für den Fall, dass der Notar seine Nebenakten erst nach Begleichung der angefallenen Kosten schließt.

Kommt es dagegen nach der letzten „planmäßigen" Amtshandlung des Notars später zu Anfragen der Beteiligten oder weiterem Schriftwechsel, so wird dadurch die Aufbewahrungsfrist nicht erneut in Gang gesetzt.[23] Wenn sich durch solchen späteren Schriftwechsel für den Notar die Notwendigkeit einer längeren Aufbewahrung ergibt, so bliebe nach dem Wortlaut der DONot nur die Verlängerungsmöglichkeit nach Satz 5. Aus dem Sachzusammenhang folgt jedoch, dass es auch zulässig ist, eine Verlängerung der Aufbewahrung während des Laufs der Aufbewahrungsfrist zu verfügen, denn es wäre ein übertriebener Formalismus vom Notar zu verlangen, mit der Verlängerungsverfügung bis zum Fristablauf abzuwarten.[24]

Die Festlegung einer längeren Aufbewahrungsfrist kann – wie die Verwendung des Wortes „spätestens" zeigt – durchaus vor Abschluss der Akte getroffen werden oder sogar vor ihrer Anlegung, wie zB bei der **generellen Anordnung,** nach Abs. 4 S. 1 dritter Spiegelstrich.

---

[21] War im Entwurf zur Neufassung der DONot, Stand Juni 1999, noch eine Aufbewahrungsfrist von sieben Jahren mit anschließend zwingender Vernichtung vorgesehen, so führte die daran geäußerte Kritik dazu, dass in dem Entwurf von Juni 2000 eine Frist von 30 Jahren vorgesehen wurde und die Vernichtungspflicht mit einem Ausnahmevorbehalt versehen wurde, *Mihm/Bettendorf* DNotZ 2001, 28.
[22] Ebenso Armbrüster/Preuß/Renner/*Eickelberg* DONot § 5 Rn. 19.
[23] Differenzierend: Armbrüster/Preuß/Renner/*Eickelberg* DONot § 5 Rn. 23.
[24] BeckOK BNotO/*Bracker* DONot § 5 Rn. 10.

19 Aus dem Regelungszweck und dem Wortlaut von Satz 1 ergibt sich, dass bei Verlängerung der Aufbewahrungsfrist ein **konkretes Fristende** bestimmt werden muss (zB bis 31.12.2025). Vorläufige oder unbestimmte Fristen sind unzulässig.[25]

20 Dass die Verlängerung der Aufbewahrung durch eine **schriftliche Verfügung** zu erfolgen hat, beruht auf der Überlegung, dass dies erforderlich ist, damit die Frist von den Notarmitarbeitern beachtet wird und auch von den Stellen umgesetzt wird, die später mit der Aktenverwahrung betraut sind (Notariatsverwalter, Amtsgericht, Notar).[26] Wo diese schriftliche Verfügung anzubringen ist, wird nicht geregelt. Dies kann sowohl in der betroffenen Nebenakte selbst, als auch an anderer Stelle erfolgen, zB in gesonderten Archivakten. Generelle Verfügungen für bestimmte Aktenarten sind nach § 23 Abs. 1 S. 2 in der Generalakte aufzubewahren. Eine Unterzeichnung der Verfügung durch den Notar schreibt die DONot nicht vor;[27] bei generellen Verfügungen sollte aber eine Unterzeichnung erfolgen.

21 Die Verlängerung der Aufbewahrungsfrist über sieben Jahre hinaus ist weder von auf **bestimmte Gründe** noch auf Einzelfälle beschränkt. Dies ergibt sich aus dem Wortlaut von Satz 1 im Umkehrschluss zu der Formulierung in Satz 4. Die in Satz 1 genannten Fälle stellen dem Wortlaut zufolge lediglich praktische Beispiele dar, ohne dass die Möglichkeit der Fristverlängerung auf derartige Fallgruppen beschränkt wäre.[28] Dem Notar steht insoweit ein weiter Ermessensspielraum zu, der von der Dienstaufsicht nur eingeschränkt überprüft werden kann. Ferner ist nicht vorgeschrieben, dass die Verfügung einer längeren Aufbewahrungsfrist begründet zu werden braucht.[29] Dass sie nicht nur für einzelne Akten getroffen werden kann, sondern auch für ganze Gruppen von Nebenakten, wie zB Verfügungen von Todes wegen, Eheverträge, einheitliche Grundstückskaufverträge für ein bestimmtes Baugebiet usw, wurde durch eine Änderung des § 5 im Jahr 2008 ausdrücklich bestätigt. Die generelle Festlegung, alle Nebenakten über die siebenjährige Frist hinaus aufzubewahren, würde jedoch dem Zweck des § 5 Abs. 4 widersprechen und wäre deshalb unzulässig.[30]

21a Zuständig für die Führung und Aufbewahrung der Unterlagen ist stets der Notar, so lange, bis nach seinem Ausscheiden aus dem Amt oder einer Amtssitzverlegung die Akten nach § 51 BNotO einer anderen Stelle (Amtsnachfolger, Amtsgericht) übertragen werden. Daraus folgt, dass es **bei einem Amtssitzwechsel unzulässig** ist, Urschriften oder **Nebenakten mitzunehmen**.[31] Dies gilt auch dann, wenn der Amtsvorgänger oder die Beteiligten dazu ihr Einverständnis erklären. Denn die Regelungen über die Aufbewahrung und Übertragung von Akten dienen öffentlich-rechtlichen Zwecken (Auffindbarkeit der Unterlagen, klare Zuständigkeit, auch für spätere Amtshandlungen wie Erteilung von Ausfertigungen, Klauselumschreibungen usw.) und stehen nicht zur Disposition der beteiligten Amtsträger oder Urkundsbeteiligten. Das schließt nicht aus, dass Urkundsbeteiligte im Einzelfall bei laufenden Vorgängen den Vollzugsauftrag, der nach einem Amtssitzwechsel des Notars auf den Notariatsverwalter oder den Amtsnachfolger übergegangen ist,[32] widerrufen und den Notar, der seinen Amtssitz verlegt hat, mit der Fortsetzung des Vollzugs beauftragen. Auch dann dürfen jedoch Urschriften, Nebenakten oder Vollzugsunterlagen nicht mitgenommen werden; es können allenfalls Kopien auf Kosten der Urkundsbeteiligten gefertigt werden.[33]

---

[25] Armbrüster/Preuß/Renner/*Eickelberg* DONot § 5 Rn. 21.
[26] Auch diese Stellen sind nämlich an die Fristverlängerung gebunden, → Rn. 22.
[27] Armbrüster/Preuß/Renner/*Eickelberg* DONot § 5 Rn. 21; aA BeckOK BNotO/*Bracker* DONot § 5 Rn. 10.
[28] Armbrüster/Preuß/Renner/*Eickelberg* DONot § 5 Rn. 20, ähnlich: Weingärtner/Gassen/Sommerfeldt/*Weingärtner* DONot § 5 Rn. 18; BeckOK BNotO/*Bracker* § 5 DONot Rn. 10.
[29] Armbrüster/Preuß/Renner/*Eickelberg* DONot § 5 Rn. 21.
[30] *Blaeschke* Rn. 1501; Armbrüster/Preuß/Renner/*Eickelberg* DONot § 5 Rn. 20.
[31] BeckOK BNotO/*Frisch* BNotO § 51 Rn. 58.
[32] BeckOK BNotO/*Frisch* BNotO § 51 Rn. 63.
[33] Abgesehen von den kostenrechtlichen Folgen ist berufsrechtlich davon auszugehen, dass solche Vorgehensweisen auf besondere Einzelfälle beschränkt bleiben und die Initiative dazu nicht von einem der beteiligten Notare ausgehen darf.

Die Verlängerung der Aufbewahrungsfrist bindet nicht nur den Notar selbst, sondern 22 auch den Notariatsverwalter und die anderen Stellen, die die Akten des Notars nach § 51 Abs. 1 BNotO in Verwahrung nehmen, wie zB andere Notare oder Amtsgerichte.[34] Dies ist zwar nicht explizit geregelt, ergibt sich aber aus der Natur der Sache, weil anderenfalls die Verlängerungsmöglichkeit bei Ausscheiden des Notars aus seinem Amt leer laufen würde. Hat also der Notar für eine Nebenakte eine längere Aufbewahrungsfrist als sieben Jahre verfügt, so müssen auch die aktenverwahrenden Stellen die Nebenakte gemäß dieser Verfügung über die sieben Jahre hinaus aufbewahren.[35] Diese **Bindungswirkung** gilt auch für Generalverfügungen, die der ausgeschiedene Notar für eine Vielzahl von Nebenakten getroffen hat: Die aktenverwahrende Stelle hat diese Verfügung nicht nur für die abgeschlossenen Akten zu beachten, sondern auch für alle von dem Notar begonnenen Akten, die erst vom Notariatsverwalter oder dem Notar abgeschlossen werden, der die Akten in Verwahrung genommen hat.

Da mit der Aktenübertragung nach § 51 BNotO die öffentlich-rechtliche Zuständigkeit 23 für die Verwahrung auf eine andere Stelle übergeht, geht auch die Zuständigkeit über, über eine Verlängerung oder Verkürzung der Aufbewahrungsfristen für einzelne Akten oder Gruppen von Akten nach § 5 Abs. 4 S. 5 zu entscheiden. Der **Amtsnachfolger** oder das verwahrende Amtsgericht kann also **Aufbewahrungsverfügungen** des ausgeschiedenen Notars **ändern,**[36] darf dabei aber nicht eigene Interessen (Lagerungsprobleme, Kostenersparnis) in den Vordergrund stellen, sondern muss auf die berechtigten Belange des ausgeschiedenen Notars Rücksicht nehmen. Umgekehrt bedeutet dies auch, dass der Wunsch eines ausgeschiedenen Notars, auf Grund nachträglich eingetretener Umstände (zB Geltendmachung von Regressansprüchen) die Vernichtung einer Nebenakte nach Satz 4 zu unterlassen, von der Stelle, die die Akten verwahrt, beachtet werden muss.

II. Beginn und Ende der Aufbewahrungsfristen, Abs. 4 S. 3

Die Aufbewahrungsfrist beginnt nach Satz 3 mit dem 1.1. des auf die letzte inhaltliche 24 Bearbeitung folgenden Kalenderjahres. Das hat zur Folge, dass die Aufbewahrungsfristen immer zum **Jahresende** ablaufen und der Notar deshalb sich nur einmal im Jahr um die Vernichtung von Unterlagen kümmern muss. Vor diesem Hintergrund kann es sinnvoll sein, bei der Ablage der Unterlagen die Dauer der Aufbewahrungsfristen zu berücksichtigen, indem zB die Nebenakten nicht nach der UR- oder Masse-Nr. abgelegt werden, sondern nach dem Ablagezeitpunkt, weil dies die nach Ablauf der Aufbewahrungsfrist vorzunehmende Vernichtung erleichtern würde. Dass dabei die Auffindbarkeit der Akten gewährleistet sein muss, versteht sich von selbst.

III. Vernichtung der Unterlagen, Abs. 4 S. 4

Nach Fristablauf ist die Vernichtung der Unterlagen durch Satz 4 **zwingend** angeord- 25 net.[37] Diese neue Regelung beruht auf dem datenschutzrechtlichen Grundsatz der Datensparsamkeit,[38] wonach personenbezogene Daten nicht länger als erforderlich gespeichert bzw. aufbewahrt werden sollen. Die Vernichtungspflicht ist **rechtlich nicht ganz unbedenklich:** Sie kann den Notar in seinen Verteidigungsmöglichkeiten beschränken, wenn nach fristgemäßer Vernichtung einer Nebenakte ein diesbezüglicher Amtshaftungsanspruch gegen ihn erhoben wird. Häufig ist nämlich die Rekonstruktion des Vorgangs nur anhand

---

[34] AA (ohne Begründung) *Blaeschke* Rn. 1501.
[35] Vgl. Rundschreiben der Bundesnotarkammer 8/2010.
[36] *Blaeschke* Rn. 1501; *Armbrüster/Preuß/Renner/Eickelberg* DONot § 5 Rn. 22; Rundschreiben der BNotK 8/2010.
[37] Nach den Archivgesetzen der Länder kann sich allerdings die Pflicht des Notars ergeben, die Unterlagen vor der Vernichtung dem staatlichen Archiv anzubieten, etwa § 6 LArchivG M-V.
[38] *Mihm/Bettendorf* DNotZ 2001, 28, unter Hinweis auf § 3a Bundesdatenschutzgesetz.

der Nebenakte möglich, die den Schriftwechsel mit den Beteiligten, vorab übermittelte Entwürfe usw enthält. Die Verjährungsfrist für Schadensersatzansprüche nach § 19 BNotO beträgt maximal 30 Jahre nach der Amtspflichtverletzung (§§ 839, 199 Abs. 3 Nr. 2 BGB). Ob angesichts dieser gesetzlich angeordneten langen Haftung des Notars seine Verteidigungsmöglichkeiten durch eine Verwaltungsvorschrift beschränkt werden können, deren gesetzliche Grundlage zudem in der Literatur angezweifelt wird,[39] erscheint durchaus fraglich.[40] Die gegen die Vernichtungspflicht – insbesondere von Nebenakten – sprechenden Rechts- und Zweckmäßigkeitsgründe veranlassen jedenfalls dazu, dem Notar bei der Entscheidung über die verlängerte Aufbewahrung einen weiten Ermessensspielraum zuzugestehen.

26   Wie die Vernichtung zu erfolgen hat, ist nicht geregelt und unterfällt daher dem allgemeinen Organisationsermessen des Notars. Er muss die Vernichtung nicht selbst oder durch eigene Mitarbeiter vornehmen, sondern kann sich auch professioneller **Aktenvernichtungsfirmen** bedienen. Die Einhaltung der Verschwiegenheitspflicht[41] ist dabei durch vertragliche Vereinbarungen sicherzustellen.[42] Eine Dokumentation der vorgenommenen Vernichtung wird durch die DONot nicht vorgeschrieben; sie kann aber zweckmäßig sein zur eigenen Kontrolle des Notars oder für die später mit der Aktenverwahrung betrauten Stellen (Notariatsverwalter, Notar, Amtsgericht).

27   Angesichts der Vernichtungspflicht kommt für die Nebenakten der Bestimmung des **§ 18 Abs. 2** eine besondere Bedeutung zu: Nach dieser Vorschrift können Unterlagen, die mit der Wirksamkeit oder Durchführung des beurkundeten Rechtsgeschäfts zusammenhängen, gemeinsam mit der Urschrift verwahrt werden. Als Beispiel nennt die Vorschrift Genehmigungen, behördliche Beschlüsse und Bescheide, Erbscheine, Eintragungsnachrichten usw – also Unterlagen, die sich ansonsten in der Nebenakte befinden. Werden diese Unterlagen mit der Urschrift verwahrt, so dürfen sie dauerhaft aufbewahrt werden und müssen nicht bei Fristablauf mit der Nebenakte vernichtet werden.

28   In der Praxis werden viele der in Papierform vorhandenen Daten auch **in der EDV gespeichert.** Dies ist selbstverständlich zulässig, wurde jedoch in der DONot nicht geregelt, weil die Fragen der elektronischen Datenverarbeitung einer künftigen Regelung vorbehalten bleiben sollten.[43] Unstrittig ist, dass die Daten jedenfalls so lange gespeichert bleiben dürfen, wie die Aufbewahrungsfristen für die papierenen Unterlagen laufen.[44] In der Literatur wird aus der Vernichtungspflicht des Abs. 4 S. 5 auch eine Löschungspflicht für elektronisch gespeicherte Daten abgeleitet.[45] Dies ist jedoch mangels ausdrücklicher Regelung zweifelhaft. Bei der Novellierung der DONot im Jahr 2000 sind die Fragen des EDV-Einsatzes im Notariat bewusst außen vor gelassen und nur einige damit zusammenhängenden Aspekte geregelt worden.[46] Da Regelungen zur Speicherung und Löschung von Daten nicht getroffen worden sind, können die für Papierakten geltenden Vernichtungspflichten nicht ohne weiteres auf die gespeicherten Daten übertragen werden. Umgekehrt wird auch nicht verlangt, während des Laufs der Aufbewahrungsfristen die elektronischen Daten weiter gespeichert zu halten – bei einem Wechsel des EDV-Programms kommt es durchaus vor, dass ältere Daten nicht übernommen werden.

---

[39] *Bohrer*, Berufsrecht, Rn. 171 ff.; Armbrüster/Preuß/Renner/*Eickelberg* Vorbem. zur DONot Rn. 20 ff.
[40] *Otto* NotBZ 2004, 15 ff.; *Maaß* ZNotP 2004, 378 ff.; Armbrüster/Preuß/Renner/*Eickelberg* DONot § 5 Rn. 31; BeckOK BNotO/*Bracker* DONot § 5 Rn. 6.
[41] *Blaeschke* Rn. 1638; Weingärtner/Gassen/Sommerfeldt/*Weingärtner* DONot § 5 Rn. 18.
[42] Die Voraussetzungen für eine förmliche Verpflichtung nach § 26 BNotO dürften regelmäßig nicht erfüllt sein.
[43] → § 17 Rn. 1.
[44] *Bettendorf* RNotZ Sonderheft 2001, 7.
[45] Für eine Löschungspflicht: BeckOK BNotO/*Bracker* DONot § 5 Rn. 13; Armbrüster/Preuß/Renner/*Eickelberg* DONot § 5 Rn. 29; Weingärtner/Gassen/Sommerfeldt/*Weingärtner* DONot § 5 Rn. 18.
[46] → § 17 Rn. 1.

IV. Verlängerte Aufbewahrung im Einzelfall, Abs. 4 S. 5

Die Vernichtung kann unterbleiben, wenn im Einzelfall eine weitere Aufbewahrung der Unterlagen erforderlich ist. Mit dieser Ausnahmebestimmung in Satz 5 soll eine **flexible Handhabung** solcher Fälle ermöglicht werden, in denen sich nachträglich, also nach Abschluss der letzten inhaltlichen Bearbeitung, herausstellt, dass aus besonderen Gründen eine Vernichtung untunlich wäre. Die Anforderungen an diese **besonderen Gründe** sind nicht zu hoch anzusetzen, konkrete Regressgefahr, anstehende Folgebeurkundungen usw reichen aus. Allerdings darf es sich jeweils nur um **Einzelfälle** handeln; eine pauschal verfügte längere Aufbewahrung einer Vielzahl von Unterlagen, für die nicht jeweils im Einzelfall ein Grund gegeben ist, wäre unzulässig. Die Ausnahmebestimmung des Abs. 4 S. 5 gilt für alle Unterlagen des Notars, dürfte aber vor allem für die Nebenakten von Bedeutung sein. 29

Die **Schriftform** ist für die Verlängerung der Aufbewahrungsfrist zwar in Satz 4 nicht ausdrücklich vorgeschrieben, man wird hier jedoch Satz 1 analog anwenden können, denn nur auf Grund einer schriftlichen Verfügung können die Mitarbeiter des Notars und die später mit der Aktenverwahrung betrauten Stellen die verlängerte Aufbewahrung umsetzen. Auch ist wie in Satz 1 eine konkrete Frist zu bestimmen, die allerdings bei Bedarf verlängert werden kann. 30

V. Zeitlicher Anwendungsbereich des Abs. 4

Eine **Übergangsregelung** zu den Aufbewahrungsfristen des Abs. 4 ist weder in § 5 noch in § 34 getroffen worden. Deshalb ist davon auszugehen, dass die Aufbewahrungs- und Vernichtungsbestimmungen des Abs. 4 nicht für die Unterlagen gelten, die bei In-Kraft-Treten der Neufassung der DONot im Jahr 2000 bereits abgelegt waren. Für diese Unterlagen bestand nämlich keine Notwendigkeit, bei der Ablage die erforderliche Aufbewahrungsdauer zu prüfen und eine entsprechende schriftliche Verfügung zu treffen. Deshalb dürfen vorhandene Nebenakten nach § 21 Abs. 3 DONot aF auch ohne besondere Verfügung über die Siebenjahresfrist hinaus verwahrt werden. Die Bestimmungen des Abs. 4 gelten für alle Unterlagen, bei denen die geregelte Aufbewahrungsfrist nach In-Kraft-Treten der Neufassung der DONot beginnt.[47] 31

E. Ausblick: Elektronisches Urkundenarchiv

Das Gesetz zur Neuregelung der Aufbewahrung von Notariatsunterlagen und zur Einrichtung des Elektronischen Urkundenarchivs vom 1.6.2017[48] sieht zum 1.1.2022 nicht nur die elektronische Verwahrung notarieller Urkunden vor, sondern ändert auch die Art und Anzahl der vom Notar zu führenden Unterlagen.[49] Dabei werden eine Vielzahl von Bestimmungen aus der DONot in die BNotO, das BeurkG oder eine hierzu noch zu erlassende Rechtsverordnung verlagert.[50] 32

Nach § 55 Abs. 3 BeurkG-2022 wird der Notar künftig eine **elektronische Urkundensammlung** führen, und zwar parallel zu der bisherigen papiergebundenen Urkundensammlung. Alle Urkunden werden also künftig sowohl in Papierform als auch in elektronischer Form verwahrt. Hierfür wird die BNotK ein elektronisches Urkundenarchiv nach § 78h BNotO einrichten. In diesem Archiv werden elektronisch auch die neu eingeführten Verzeichnisse,[51] nämlich das Urkundenverzeichnis und das Verwahrungsverzeichnis, geführt werden. Das **Urkundenverzeichnis** gem. § 55 BeurkG-2022 wird 33

---

[47] AA Armbrüster/Preuß/Renner/*Eickelberg* DONot § 5 Rn. 17, 27; *Otto* NotBZ 2004, 12 (25).
[48] BGBl. 2017 I 1396.
[49] *Damm* DNotZ 2017, 426.
[50] Ermächtigungsgrundlage für die Rechtsverordnung sind § 36 BNotO und § 59 BeurkG.
[51] Der Begriff der „Bücher" wird künftig nicht mehr verwendet.

an die Stelle von Urkundenrolle, Namensverzeichnis zur Urkundenrolle und Erbvertragsverzeichnis treten. Und das **Verwahrungsverzeichnis** gem. § 59a BeurkG-2022 wird die Funktionen von Verwahrungs- und Massenbuch, Namensverzeichnis zum Massenbuch und Anderkontenliste übernehmen. Beide Verzeichnisse werden ausschließlich elektronisch im elektronischen Urkundenarchiv geführt werden. Neben der parallel in Papierform zu führenden Urkundensammlung ist eine (papiergebundene) Erbvertragssammlung vorgesehen.

34 Darüber hinaus wird die BNotK nach § 78k BNotO einen **elektronischen Notaraktenspeicher** führen, der es den Notaren ermöglicht, ihre Nebenakten und andere Akten und Verzeichnisse elektronisch zu führen, die nicht zwingend im elektronischen Urkundenarchiv geführt werden müssen. Diese Möglichkeit ist für die Notare freiwillig und mit Gebühren verbunden, die sie nicht den Beteiligten in Rechnung stellen können. Dabei muss der Notar sich nicht für eine Form der Aktenführung entscheiden, er kann eine Akte in Papierform, die andere elektronisch und sogar „Hybridakten" führen, die teils papiergebunden und teils elektronisch sind.[52]

35 Die Regelungen des Abs. 3 finden ihre Entsprechung in § 35 Abs. 3 bis Abs. 5 BNotO. Die **Aufbewahrungsfristen** sollen künftig durch die nach § 36 BNotO noch zu erlassende Rechtsverordnung des BMJV geregelt werden. Die Pflicht zur Vernichtung von Unterlagen nach Ablauf der Aufbewahrungsfristen ergibt sich aus § 35 Abs. 6 BNotO, und zwar sowohl für papiergebundene als auch für elektronische Unterlagen. Nach jetzigem Planungsstand sollen die elektronische Urkundensammlung und das Urkundenverzeichnis 100 Jahre, die papiergebundene Urkundensammlung und das Verwahrungsverzeichnis dagegen nur 30 Jahre aufbewahrt werden. Für Nebenakten dürfte es bei der siebenjährigen Aufbewahrungsfrist verbleiben.

36 Da eine Vielzahl von Bereichen, die bisher in der DONot geregelt waren, in die BNotO, das BeurkG und die noch zu erlassende Rechtsverordnung des BMJV verschoben werden, wird die DONot umfassend überarbeitet und verkürzt werden müssen.

2. Abschnitt. Bücher und Verzeichnisse

§ 6 Allgemeines[1]

(1) **Die Führung der Bücher und Verzeichnisse erfolgt auf dauerhaftem Papier; andere Datenträger sind lediglich Hilfsmittel.**

(2) **Bücher und Verzeichnisse können in gebundener Form oder in Loseblattform geführt werden.**

(3) [1]**Muster, welche durch die Dienstordnung vorgeschrieben sind, dürfen im Format (z. B. Hoch- oder Querformat, Breite der Spalten) geändert werden.** [2]**Abweichungen von der Gestaltung bedürfen der Genehmigung der Aufsichtsbehörde.**

A. Allgemeines

1 Die Vorschrift des § 6 regelt zusammenfassend allgemeine Anforderungen, die an die notariellen Register (Bücher und Verzeichnisse) gestellt werden.

---

[52] Damm DNotZ 2017, 426 (438).
[1] **Nordrhein-Westfalen:** „Zu §§ 6, 9: Die Notarin und der Notar darf die Führung der Bücher und der Verzeichnisse nur zu Beginn eines Kalenderjahres ändern. Das Gleiche gilt für den Wechsel zwischen dem Verzeichnis der Erbverträge und der Sammlung von Durchschriften der Verwahrungsnachrichten."

B. Papiergebundene Führung von Büchern und Verzeichnissen, Abs. 1

Abs. 1 bestimmt zunächst, dass die Bücher und Verzeichnisse auf dauerhaftem Papier zu führen sind. Aus dem Umkehrschluss zu § 29 Abs. 2 S. 1 ergibt sich, dass weder Format noch Farbe des Papiers vorgegeben sind, so dass beispielsweise Sozietäten zur leichteren Unterscheidbarkeit verschiedene Papierfarben verwenden können.

Das verwendete **Papier** muss **dauerhaft** sein – ein Begriff, der in der DONot nicht näher erläutert ist. Die Anforderungen, die an die Dauerhaftigkeit zu stellen sind, ergeben sich aus den Aufbewahrungsfristen, die in § 5 Abs. 4 geregelt sind. Nur für die Urkundenrolle nebst Namensverzeichnis und für das Erbvertragsverzeichnis, die 100 Jahre aufzubewahren sind, wird man deshalb höhere Anforderungen stellen können, bei den übrigen Unterlagen beträgt die Aufbewahrungsfrist längstens 30 Jahre. Heutzutage sind aber kaum noch minderwertige Papiersorten auf dem Markt, so dass das übliche Schreibmaschinen- oder Kopierpapier ausreichend ist.

Abs. 1 Hs. 2 stellt klar, dass andere Datenträger als das Papier nur Hilfsmittel sind und normiert damit ausdrücklich den **Grundsatz der papiergebundenen Bücherführung.** Daraus ergibt sich gleichzeitig, in Verbindung mit § 17, die Zulässigkeit des Einsatzes von EDV. Auch bei EDV-gestützter Bücherführung erfüllt aber nur der Ausdruck auf Papier die Anforderungen der DONot, und nur dieser Ausdruck unterliegt der aufsichtsrechtlichen Prüfung. Weitere Einzelheiten der EDV-gestützten Bücherführung regelt § 17. Obwohl die DONot über § 17 hinaus keine weiteren Regelungen für den EDV-Einsatz trifft, hat die Bundesnotarkammer Empfehlungen zur Gestaltung und Verwendung von EDV-Programmen herausgegeben, die eine dienstordnungsgerechte Führung der Unterlagen erleichtern sollen.[2] Für die **elektronische Anderkontenführung** enthalten § 5 Abs. 2 und § 27 Abs. 3 weitergehende Regelungen. Ab dem Jahr 2022 endet der Grundsatz der papiergebundenen Bücherführung (→ § 5 Rn. 32 ff.).

Die Vorschrift des § 6 Abs. 1 bezieht sich nach ihrem Wortlaut und der vorangestellten Überschrift des zweiten Abschnitts nur auf **Bücher und Verzeichnisse.** Sie gilt also nicht für die Geschäfts- und die Übersichten für die Verwahrungsgeschäfte. Auch wenn §§ 24 Abs. 1 S. 2, 25 Abs. 1 S. 2, die die Überlassung der Vordrucke durch den Präsidenten des Landgerichts an die Notare vorsehen, von der Papierform ausgehen, so ist diese jedoch nach § 6 Abs. 1 nicht zwingend. Es wäre also bereits heute zulässig, die Übermittlung dieser Übersichten in elektronischer Form durchzuführen, was den Aufsichtsbehörden die Auswertung und weitere Verarbeitung der Übersichten erleichtern würde.[3] Allerdings sollte hier vorab eine Abstimmung mit dem Präsidenten des Landgerichts vorgenommen werden, um die technischen Voraussetzungen zu klären.

Auch für die **Akten** des Notars gilt § 6 Abs. 1 nicht. Die Papierform ist zwar für die Urkundensammlung zwingend (§ 29 Abs. 2 S. 1), auch für die Sammelbände für Scheck- und Wechselproteste, da Art. 80 Abs. 3 WG von der Schriftform der Protesterhebung ausgeht. Die Führung der General- und der Nebenakten könnte jedoch auch anders als in Papierform, zB in **elektronischer Form** erfolgen.[4] Für die laufenden Akten ist dabei allerdings zu beachten, dass auch der in Papierform eingehende Schriftverkehr zur Akte gehört und deshalb erst durch Scannen oÄ in die elektronische Form gebracht werden müsste. Besonders für die Aufbewahrung der Akten können Alternativen zur Papierform von Interesse sein, zB bei Archivierung auf CD-ROM.

---

[2] EDV-Empfehlungen DNotZ 2005, 247, auch abrufbar über www.bnotk.de.
[3] Weingärtner/Gassen/Sommerfeldt/*Weingärtner* DONot § 6 Rn. 3; Armbrüster/Preuß/Renner/*Eickelberg* DONot § 6 Rn. 5.
[4] *Mihm*/*Bettendorf* DNotZ 2001, 29; *Bettendorf* RNotZ Sonderheft 2001, 9; Armbrüster/Preuß/Renner/*Eickelberg* DONot § 6 Rn. 4. AA *Blaeschke* Rn. 1668, anders dagegen bei Rn. 1284; BeckOK BNotO/ *Bracker* DONot § 23 Rn. 2; *Lerch* ZNotP 2001, 211.

7 Die zwingende Papierform gilt jedoch nicht für die nach § 15 zu führenden **Dokumentationen zur Einhaltung von Mitwirkungsverboten.** Dies ist durch die im Jahr 2005 erfolgte Einfügung des § 15 Abs. 2 klargestellt worden. Diese Dokumentationen können also auch in elektronischer Form geführt werden, müssen jedoch so gestaltet sein, dass bei Geschäftsprüfungen oder auf Anforderung der Aufsichtsbehörde jederzeit der Zugriff auf die Daten möglich ist.

7a Wenn in der Literatur bisweilen die Auffassung vertreten wird, die papiergebundene Führung von Büchern und Verzeichnissen sei **nicht mehr zeitgemäß** und würde – neben der in der Praxis eingesetzten EDV – nur noch für die Zwecke der Dienstaufsicht geführt,[5] so ist dem entgegenzuhalten, dass die gängigen EDV-Systeme derzeit keine langfristige (30 bis 100 Jahre gem. § 5) Speicherung und keinen langfristigen Zugriff auf die Daten gewährleisten. Auch bei einem Wechsel der Software, der bei einer Amtsnachfolge häufiger vorkommt, ist der Zugriff auf länger zurückliegende Daten nicht immer gesichert. Dasselbe gilt bei Übertragung der Akten auf das Amtsgericht. In solchen Fällen spielen die papiergebundenen Bücher und Verzeichnisse immer noch eine Rolle, um die Auffindbarkeit von Vorgängen zu gewährleisten.

C. Gebundene oder Loseblattform, Abs. 2

8 Abs. 2 stellt für alle Bücher und Verzeichnisse klar, dass sie in gebundener oder in Loseblattform geführt werden können. In der Praxis ist allerdings die Loseblattform seit Jahren zur Regel geworden, zunächst wegen der Verwendung von Schreibmaschinen und spätestens seit dem Einsatz von EDV. Für gebundene Bücher enthält § 7 weitergehende Regelungen, für die Loseblattform gilt § 14.

9 Beide Formen stehen gleichwertig nebeneinander, und der **Wechsel der Form** (zB wegen Einführung der EDV) ist jederzeit zulässig, nicht nur zum Jahreswechsel.[6] Auch bestehen keine Bedenken, dass beide Formen **nebeneinander** Verwendung finden, etwa wenn nach Einführung der EDV die noch laufenden Massen nicht saldiert und in das Loseblatt-Massenbuch übernommen werden, sondern wenn die alten Massen im gebundenen Massenbuch zu Ende geführt und für die neuen Massen neue Massenkarteiblätter angelegt werden. Dass für diesen **Übergangszeitraum** uU zwei Massen- und Verwahrungsbücher nebeneinander existieren, wird man in Kauf nehmen können: Zum einen ist dies ist eine Folge davon, dass der unterjährige Formwechsel ohne nähere Regelung zugelassen wurde, und zum anderen sind Gefahren oder Missbräuche daraus nicht zu befürchten, weil jede Masse nur in einem Massen- und in einem Verwahrungsbuch gebucht wird. Auch bei Notariatsverwaltungen oder bei der Aktenverwahrung nach § 51 BNotO kommt es vor, dass ein Notar parallel mehrere Massen- und Verwahrungsbücher führt.

D. Muster, Abs. 3

10 Als Anlage enthält die DONot acht Muster für die notariellen Bücher und die Geschäfts- und Verwahrungsübersichten. Diese Muster sind für den Notar ebenso **verbindlich** wie der Text der DONot, jedoch erlaubt Abs. 3 gewisse Abweichungen. Nicht verbindlich sind dagegen die in den Mustern vorgenommenen Eintragungen. Hier handelt es sich lediglich um **Beispiele,** die zur Veranschaulichung dienen sollen. Dies ergibt sich bereits daraus, dass in den Mustern die Namen der Beteiligten abgekürzt sind, was nach der DONot nicht zulässig wäre. Der Notar ist bei der Formulierung der Eintragungen selbstverständlich frei und an die aufgeführten Beispiele nicht gebunden.[7]

---

[5] Armbrüster/Preuß/Renner/*Eickelberg* DONot § 8 Rn. 4, § 13 Rn. 1.
[6] In Nordrhein-Westfalen ist dagegen der Wechsel der Form auf den Jahreswechsel beschränkt.
[7] BeckOK BNotO/*Bracker* DONot § 6 Rn. 5; *Mihm/Bettendorf* DNotZ 2001, 33 Fn. 24.

Zulässig sind nach Abs. 3 S. 1 ohne weiteres **Abweichungen im Format,** zB Hoch- oder Querformat, aber auch Abweichungen vom DIN-Format. Auch die Breite der Spalten darf geändert werden, so dass etwa selten genutzte Spalten schmaler gestaltet, nicht jedoch fortgelassen werden können.

Andere, insbesondere **inhaltliche Abweichungen** bedürfen dagegen der Genehmigung der Aufsichtsbehörde. Zu denken wäre zB an die Aufnahme zusätzlicher Spalten (zB für Angaben über den Grundbuchvollzug, den zuständigen Notarmitarbeiter, die Archivnummer oder die Aufbewahrungsfrist der Nebenakte usw), die Aufnahme des Datums in eine einheitliche statt in zwei getrennte Spalten, die Trennung von Euro und Cent durch Komma statt durch Spalten usw. Dabei muss die Aufsichtsbehörde die **Genehmigung** erteilen, wenn durch die Änderung der Zweck und der Informationsgehalt des Buches oder seine Übersichtlichkeit nicht leidet.[8] Ob die Änderung dagegen sachgerecht oder zweckmäßig ist, hat allein der Notar zu beurteilen.

§ 7 Bücher[1]

(1) [1]Bücher in gebundener Form sind in festem Einband herzustellen, mit einem Titelblatt zu versehen und von Seite zu Seite fortlaufend zu nummerieren. [2]Auf dem Titelblatt sind der Name der Notarin oder des Notars und der Amtssitz anzugeben. [3]Bevor Urkundenrolle und Verwahrungsbuch in Gebrauch genommen werden, hat die Notarin oder der Notar auf dem Titelblatt unter Beifügung von Datum, Unterschrift und Farbdrucksiegel die Seitenzahl des Buches festzustellen (Muster 1).

(2) Zusätze und sonstige Änderungen dürfen in den Büchern nur so vorgenommen werden, dass die ursprüngliche Eintragung lesbar bleibt; sie sind durch einen von der Notarin oder dem Notar zu datierenden und zu unterschreibenden Vermerk auf der Seite, auf der die Änderung eingetragen ist, zu bestätigen.

A. Allgemeines

Die Vorschrift des § 7 regelt in Abs. 1 die allgemeinen Anforderungen an die Bücher in gebundener Form, die in der Praxis allerdings kaum noch vorkommen dürften. Die in Abs. 2 enthaltenen Regelungen über Änderungen gelten dagegen für alle Bücher, ob in gebundener oder in Loseblattform.

B. Bücher in gebundener Form, Abs. 1

Die Bücher in gebundener Form sind in **festem Einband** herzustellen. Dadurch soll sichergestellt werden, dass die Bücher auch noch nach Jahrzehnten nutzbar sind und nicht auseinanderfallen. Broschierte Bücher oder Hefte sind danach unzulässig.

Die Seiten der Bücher (also jedes Blatt auf der Vor- und Rückseite)[2] sind fortlaufend zu **nummerieren,** wobei das Titelblatt nicht mitzuzählen ist.[3] Das Titelblatt ist für Urkundenrolle und Verwahrungsbuch nach dem Muster 1 zu erstellen. Bei der Angabe „Band" kann der Jahrgang (ggf. mehrere)[4] oder die Bandzahl (oder beides) angegeben werden.

Die in Satz 3 vorgeschriebene **Feststellung der Seitenzahl** dient dem Zweck, die nachträgliche Entfernung von Seiten erkennbar zu machen und zu verhindern. Deshalb

---

[8] Armbrüster/Preuß/Renner/*Eickelberg* DONot § 6 Rn. 13.
[1] → Anhang 1 Muster 1.
[2] Weingärtner/Gassen/Sommerfeldt/*Weingärtner* DONot § 7 Rn. 5; *Kersten* ZNotP 2001, 389.
[3] Dies ergibt sich aus den Mustern 1 und 2. Ebenso Weingärtner/Gassen/Sommerfeldt/*Weingärtner* DONot § 7 Rn. 5.
[4] Bei den gebundenen Büchern ist eine jahrgangsweise Führung nicht zwingend, anders als bei der Loseblattform nach § 14 Abs. 1 S. 5, so dass auch mehrere Jahrgänge in einem Band geführt werden können.

muss die Feststellung erfolgen, bevor der Notar das Buch in Gebrauch nimmt, also spätestens an dem Tag, an dem die erste Eintragung erfolgt.

5   Das **Muster 1** und die Regelung des Abs. 1 S. 3 gelten nach ihrem Wortlaut nur für Urkundenrolle und Verwahrungsbuch, nicht dagegen für das in gebundener Form geführte **Massenbuch**. Dies ist allerdings nicht ganz einsichtig, weil auch hier ein Interesse daran besteht, das Entfernen von Seiten zu verhindern.[5]

6   Für **Verzeichnisse** gilt § 7 Abs. 1 nicht, auch sie können selbstverständlich in Loseblattform geführt werden, ein besonderes Titelblatt oder die Feststellung der Seitenzahl sind jedoch nicht vorgeschrieben. Die Nummerierung der einzelnen Seiten ist ebenfalls nicht zwingend, aber natürlich unbedingt sinnvoll. Auch brauchen die Seiten am Jahresende nicht gesiegelt und geheftet zu werden.

C. Änderungen in Büchern, Abs. 2

7   Die Regelungen in Abs. 2 über die Änderungen in den Büchern gelten für gebundene Bücher ebenso wie für in Loseblattform geführte Bücher. Danach müssen die Änderungen zunächst so erfolgen, dass der **ursprüngliche Text lesbar** bleibt; Schwärzen, Ausschaben, die Verwendung von Tipp-Ex oder Korrekturbändern oÄ sind deshalb unzulässig. Beim Einsatz von EDV ist es außerdem **unzulässig, eingegebene Daten zu löschen** bzw. zu ändern und eine bereits ausgedruckte Seite durch einen Neuausdruck zu ersetzen; bei einer bereits ausgedruckten Seite können Änderungen daher nur „manuell" angebracht werden.[6] Bei der Änderung muss ferner ein vom Notar zu datierender und zu unterschreibender Vermerk angebracht werden (zB „geändert, Datum, Unterschrift, Notar"). Erforderlich ist eine Unterschrift des Notars, ein Handzeichen oder eine Paraphe reicht nicht aus.[7] Durch die Formulierung wird klargestellt, dass weder die Änderung selbst noch die Anbringung des Vermerks, sondern nur dessen Unterzeichnung und Datierung durch den Notar persönlich vorgenommen werden muss.[8] Denn es ist selbstverständlich, dass der Notar für die Führung seiner Unterlagen Mitarbeiter einsetzen darf. Der **Änderungsvermerk** ist auf derselben Seite anzubringen, auf der sich die zu ändernde Eintragung befindet,[9] also sinnvollerweise in räumlicher Nähe zu der Änderung oder in der Bemerkungsspalte.[10] Anzugeben ist das Datum des Tages, an dem der Änderungsvermerk unterschrieben wird – der Tag, an dem die Änderung vorgenommen worden ist, braucht nicht angegeben zu werden. Es ist jedoch zu empfehlen, den Vermerk zeitnah zur Vornahme der Änderung anzubringen, weil damit die Überwachung der Bücherführung durch den Notar erleichtert und dokumentiert wird.

8   Abs. 2 bezieht sich nicht nur auf Änderungen, sondern – wohl in Anlehnung an § 44a BeurkG – auch auf **Zusätze**. Gemeint sind allerdings nur solche Zusätze, die die Ein-

---

[5] Durch die Vergabe der fortlaufenden Massennummern können die angesprochenen Gefahren nicht ausgeschlossen werden, weil sich die Eintragungen zu einer Masse durchaus auf mehrere Seiten erstrecken können. Unabhängig davon unterscheidet sich das Massenbuch insofern von Urkundenrolle und Verwahrungsbuch, als dort Zwischenräume bzw. ganze Seiten freigelassen werden müssen, damit genügend Raum für die zu einer angelegten Masse anfallenden Eintragungen verbleibt. Solche Freiräume wären im Verwahrungsbuch und in der Urkundenrolle unzulässig. Dieser Unterschied rechtfertigt es jedoch nicht, beim Massenbuch geringere Vorkehrungen gegen die Entfernung von Seiten vorzusehen als bei den beiden anderen Büchern.
[6] → DONot § 17 Rn. 11.
[7] *Lerch* ZNotP 2001, 212.
[8] Armbrüster/Preuß/Renner/*Eickelberg* DONot § 7 Rn. 7, Weingärtner/Gassen/Sommerfeldt/*Weingärtner* DONot § 7 Rn 11.
[9] Dies ist vom Wortlaut des § 7 Abs. 2 nicht ausdrücklich vorgeschrieben; zwingend ist nur, dass sich die Änderung und der zugehörige Vermerk auf derselben Seite befinden. Mit der Übersichtlichkeit der notariellen Bücher wäre es jedoch unvereinbar, wenn Änderungen auf einer anderen Seite erfolgen als der, auf der etwas zu ändern ist.
[10] *Bettendorf* RNotZ Sonderheft 2001, 10.

tragung inhaltlich ändern oder ergänzen,[11] nicht dagegen spätere Eintragungen, die auf nachträglich eingetretene Umstände hinweisen, wie Verweise in der Urkundenrolle bei Änderungs- oder Ergänzungsurkunden (§ 8 Abs. 6) oder andere Eintragungen in der Bemerkungsspalte.[12] Die Anforderungen des Abs. 2 gelten allerdings nicht für **geringfügige Schreibfehler**; diese können ohne Berichtigungsvermerk korrigiert werden.[13]

9 Über die Änderungen und Zusätze hinaus gibt es weitere Fälle, in denen die Anbringung eines Vermerks zwar nicht vorgeschrieben, aber sinnvoll ist: Zu denken ist etwa an übersprungene oder doppelt belegte Nummern in der Urkundenrolle[14] oder an Stornobuchungen im Massen- und Verwahrungsbuch.

10 Die Bestimmungen des Abs. 2 gelten nur für Bücher, nicht für **Verzeichnisse**. Dort ist also ein zu unterzeichnender Änderungsvermerk nicht vorgeschrieben. Dass der ursprüngliche Text lesbar bleiben muss, ist ebenfalls nicht zwingend, aber zur Selbstkontrolle des Notars und seiner Mitarbeiter äußerst sinnvoll.

§ 8 Urkundenrolle[1]

(1) **In die Urkundenrolle sind einzutragen:**
1. Niederschriften gemäß § 8 BeurkG;
2. Niederschriften gemäß § 36 BeurkG, auch, soweit hierfür Sonderregelungen zu beachten sind; ausgenommen sind Wechsel- und Scheckproteste;
3. Niederschriften gemäß § 38 BeurkG;
4. Vermerke gemäß § 39 BeurkG, welche enthalten:
   – die Beglaubigung einer Unterschrift oder eines Handzeichens,
   – die Beglaubigung der Zeichnung einer Namensunterschrift;
4a. Elektronische Vermerke gem. § 39a BeurkG, welche die Beglaubigung einer elektronischen Signatur enthalten;
5. Vermerke gemäß § 39 BeurkG, welche enthalten:
   – die Feststellung des Zeitpunktes, zu dem eine Privaturkunde vorgelegt worden ist,
   – sonstige einfache Zeugnisse;
   ausgenommen sind solche Vermerke *gemäß Nr. 5,*[2] *die im Zusammenhang mit einer anderen Beurkundung erteilt und auf die betreffende Urschrift oder eine Ausfertigung oder ein damit zu verbindendes Blatt gesetzt werden;*
5a. Elektronische Vermerke gem. § 39a BeurkG, welche enthalten:
   – die Feststellung des Zeitpunkts, zu dem eine Privaturkunde oder ein privates elektronisches Zeugnis vorgelegt worden ist;
   – sonstige einfache Zeugnisse im Sinne des § 39 BeurkG
6. Vollstreckbarerklärungen gemäß § 796c Abs. 1, § 1053 Abs. 4 ZPO;
7. die Einigung, das Abschlussprotokoll, die Vertragsbeurkundung und die Vertragsbestätigung gemäß § 98 Abs. 2 Satz 1, § 99 Satz 1, § 96 Abs. 3 Satz 1 und § 96 Abs. 5 Satz 2 SachenRBerG.

(2) **Die Urkundenrolle ist nach dem Muster 2 zu führen.**

(3) **Die Eintragungen in die Urkundenrolle sind zeitnah, spätestens 14 Tage nach der Beurkundung in ununterbrochener Reihenfolge vorzunehmen und für jedes Kalenderjahr mit fortlaufenden Nummern zu versehen (Spalte 1).**

---

[11] ZB wenn nach den Worten „Handelsregisteranmeldung und Unterschriftsbeglaubigung" die Worte „mit Entwurf" angefügt werden.
[12] *Blaeschke* Rn. 416.
[13] Armbrüster/Preuß/Renner/*Eickelberg* DONot § 7 Rn. 7.
[14] BeckOK BNotO/*Bracker* DONot § 7 Rn. 3.
[1] → Anhang 1 Muster 2.
[2] **Sachsen:** kursiv gesetzten Satzteil nicht übernommen.

(4) ¹In Spalte 2a ist aufzuführen, wo das notarielle Amtsgeschäft vorgenommen worden ist. ²Ist das Amtsgeschäft in der Geschäftsstelle vorgenommen worden, genügt der Vermerk „Geschäftsstelle", anderenfalls sind die genaue Bezeichnung des Ortes, an dem das Amtsgeschäft vorgenommen wurde und dessen Anschrift aufzuführen.

(5) ¹In Spalte 3 sind aufzuführen
– bei notariellen Niederschriften nach §§ 8 und 38 BeurkG die Erschienenen, deren Erklärungen beurkundet worden sind,
– bei Beglaubigungen (§§ 39, 39a, 40, 41 BeurkG) diejenigen, welche die Unterschrift, die elektronische Signatur, das Handzeichen oder die Zeichnung vollzogen oder anerkannt haben,
– bei Vollstreckbarerklärungen (§ 796c Abs. 1, § 1053 Abs. 4 ZPO) die Parteien,
– bei Amtshandlungen nach dem Sachenrechtsbereinigungsgesetz (§ 98 Abs. 2 Satz 1, § 99 Satz 1, § 96 Abs. 3 Satz 1, § 96 Abs. 5 Satz 2 SachenRBerG) die Beteiligten i. S. dieses Gesetzes,
– bei allen übrigen Beurkundungen (§§ 36, 39, 39a, 43 BeurkG) diejenigen, welche die Beurkundung veranlasst haben.
²Anzugeben sind der Familienname, bei Abweichungen vom Familiennamen auch der Geburtsname, der Wohnort oder der Sitz und bei häufig vorkommenden Familiennamen weitere der Unterscheidung dienende Angaben. ³Sind gemäß Satz 1 mehr als zehn Personen aufzuführen, genügt eine zusammenfassende Bezeichnung. ⁴In Vertretungsfällen sind die Vertreterinnen und Vertreter sowie die Vertretenen aufzuführen; bei Beurkundungen in gesellschaftsrechtlichen Angelegenheiten ist auch die Gesellschaft aufzuführen.

(6) ¹In Spalte 4 ist der Gegenstand des Geschäfts in Stichworten so genau zu bezeichnen, dass dieses deutlich unterscheidbar beschrieben wird. ²Bei Beglaubigungen ist anzugeben, ob die Notarin oder der Notar den Entwurf der Urkunde gefertigt hat oder nicht; bei Beglaubigungen mit Entwurf ist der Gegenstand der entworfenen Urkunde aufzuführen, bei Beglaubigungen ohne Entwurf kann der Gegenstand der Urkunde aufgeführt werden. ³Gebräuchliche Abkürzungen können verwendet werden.

(7) ¹Urkunden, in denen der Inhalt einer in der Urkundenrolle eingetragenen Urkunde berichtigt, geändert, ergänzt oder aufgehoben wird, erhalten eine neue Nummer; in Spalte 5 ist jeweils wechselseitig auf die Nummer der anderen Urkunde zu verweisen, z. B. mit den Worten „Vgl. Nr. …". ²Wird eine Urkunde bei einer anderen verwahrt (§ 18 Abs. 2), so ist in Spalte 5 bei der späteren Urkunde auf die frühere zu verweisen, z. B. mit den Worten „Verwahrt bei Nr. …".

Übersicht

	Rn.
A. Allgemeines	1
B. Einzutragende Amtshandlungen, Abs. 1	3
C. Muster zur Urkundenrolle, Abs. 2	13
D. Eintragungszeitpunkt, Abs. 3	15
E. Eintragung des Ortes des Amtsgeschäfts	18a
F. Eintragung der Beteiligten, Abs. 5	19
I. Einzutragende Personen, S. 1 und S. 4	19
II. Inhalt der Eintragung der Beteiligten, S. 2 und S. 3	26
G. Gegenstand des Geschäfts, Abs. 6	30
H. Verweisungen auf andere Urkunden, Abs. 7	36

A. Allgemeines

1 Die Urkundenrolle ist das Register, das Auskunft über die wichtigsten vom Notar vorgenommenen Beurkundungen und Beschlüsse gibt. Sie hat den Zweck, das spätere

Auffinden von Urkunden zu ermöglichen, und ist insofern nicht nur für den Notar und seine Mitarbeiter selbst, sondern auch für einen Notarvertreter, einen Notariatsverwalter und den Notar bzw. das Amtsgericht von Bedeutung, das die Urkunden eines ausgeschiedenen Notars verwahrt. Auch für die Aufsichtsbehörden ist die Urkundenrolle wichtig, wenn bestimmte Urkunden herausgesucht werden sollen. So muss die Urkundenrolle ihren Zweck bisweilen viele Jahre nach Vornahme einer Beurkundung erfüllen, was ihre **100jährige Aufbewahrung** rechtfertigt (§ 5 Abs. 4).

Zusätzlich hat die Urkundenrolle in den letzten Jahren die Funktion erhalten, die Aufsicht über die Notare zu erleichtern. Durch die Pflicht zur Eintragung mittelbar Beteiligter nach Abs. 5 S. 4 kann die Einhaltung der Mitwirkungsverbote leichter überprüft werden. Und die Angabe des Ortes der Amtshandlung gem. Abs. 4 erleichtert die Prüfung, ob die Regelungen zur Auswärtsbeurkundung eingehalten worden sind.

Mit der Einführung des Elektronischen Urkundenarchivs im Jahr 2022 wird die Urkundenrolle durch ein elektronisch zu führendes Urkundenverzeichnis ersetzt (→ § 5 Rn. 32 ff.).

B. Einzutragende Amtshandlungen, Abs. 1

In Abs. 1 wird **abschließend aufgezählt,** welche Amtshandlungen des Notars in die Urkundenrolle einzutragen sind. Geschäfte, die in dem Katalog nicht enthalten sind, sind deshalb nicht eintragungspflichtig. Abs. 1 wurde im Jahr 2008 ergänzt, um den Änderungen Rechnung zu tragen, die durch die Einführung des elektronischen Rechtsverkehrs entstanden sind. Dabei sind aber nur solche elektronischen Vermerke iSd § 39a BeurkG für eintragungspflichtig erklärt worden, die auch in Papierform einzutragen wären. Zu den einzelnen Nummern des Absatzes ist Folgendes anzumerken:

Unter **Nr. 1** fallen alle Beurkundungen, bei denen die Form der Niederschrift nach §§ 8 ff. BeurkG gewählt worden ist.[3] Dies gilt also in erster Linie für die **Beurkundung von Willenserklärungen,** aber auch von anderen Erklärungen, wie Versammlungsbeschlüssen (wenn nicht die Form des § 36 BeurkG gewählt wird), Prozesshandlungen (zB Vollstreckungsunterwerfungen), Verfahrenshandlungen (zB Grundbuchanträge oder -bewilligungen), öffentlich-rechtliche Willenserklärungen (zB öffentlich-rechtliche Verträge) usw.

Die **Nr. 2** betrifft **sonstige Beurkundungen,** für die die Form der Niederschrift nach § 36 BeurkG gewählt wird. Hierzu gehören Tatsachenbeurkundungen, zB über Verlosungen oder Versteigerungen, aber auch über Versammlungsbeschlüsse, Lebensbescheinigungen, Prioritätsverhandlungen usw. Ausgenommen sind lediglich Wechsel- oder Scheckproteste. Der Hinweis auf zu beachtende Sonderregelungen bezieht sich auf Hauptversammlungen von Aktiengesellschaften.

Von **Nr. 3** werden **Eide und eidesstattliche Versicherungen** nach § 38 BeurkG erfasst, zB in Zusammenhang mit Erbscheinsanträgen.

Die **Nr. 4** nennt **Beglaubigungen** von Unterschriften oder Handzeichen nach § 40 BeurkG sowie Beglaubigungen der Zeichnung einer Namensunterschrift nach § 41 BeurkG, zB bei Registeranmeldungen.

Nr. 4a, eingefügt im Jahr 2008, regelt den Fall, dass die Vornahme einer elektronischen Signatur beglaubigt wird, und ist mit einer Unterschriftsbeglaubigung vergleichbar. Da eine dem § 129 BGB entsprechende Formvorschrift für die Beglaubigung elektronischer Signaturen fehlt, gibt es für die Vorschrift noch keinen praktischen Anwendungsfall.[4]

Nr. 5 betrifft zunächst den eher seltenen Fall der Feststellung des Zeitpunkts der Vorlegung einer Privaturkunde nach § 43 BeurkG.[5] Ferner sind **sonstige einfache Zeugnisse**

---
[3] → BeurkG § 8 Rn. 1–5.
[4] *Bettendorf/Apfelbaum* DNotZ 2008, 19 (33).
[5] Wird eine Prioritätsverhandlung über die Vorlegung von Ton- oder Datenträgern aufgenommen, so handelt es sich um eine Tatsachenbeurkundung, die nach Nr. 2 eintragungspflichtig ist.

eintragungspflichtig. Der Begriff ist ebenso zu verstehen wie in § 39 BeurkG, so dass die dort ausdrücklich genannten Vermerkurkunden nicht gemeint sind: Teilweise ist ihre Eintragung bereits in Nr. 4 und Nr. 5 geregelt, für die übrigen Fälle des § 39 BeurkG besteht keine Eintragungspflicht, also weder für **Abschriftsbeglaubigungen** noch für Vertretungs-oder andere **Bescheinigungen** über Eintragungen in öffentlichen Registern nach **§ 21 BNotO**.[6] Als sonstige Vermerke nach § 39 BeurkG, die eingetragen werden müssen, sind beispielsweise zu nennen Lebendbescheinigungen, Zeugnisse über die Übergabe einer Geldsumme oder eines anderen Gegenstands, Bescheinigungen über die Zustellung von Erklärungen usw.

9 Hier gilt wiederum die **Ausnahme,** dass die Eintragung unterbleiben kann, wenn der Vermerk in einem (inneren) Zusammenhang mit einer anderen Beurkundung oder Beglaubigung erteilt wird und auf die betreffende Urschrift, eine Ausfertigung oder ein damit zu verbindendes Blatt gesetzt wird, zB die in eine Grundschuldurkunde aufgenommene Legitimationsbescheinigung nach § 154 AO. Werden diese Vermerke dagegen isoliert gefertigt, so sind sie einzutragen.[7]

10 **Nicht eintragungspflichtig** sind Notarbestätigungen **(Rangbestätigungen),** die der Notar zB in Zusammenhang mit Grundschuldbestellungen abgibt.[8] Hierbei handelt es sich nicht um Tatsachenbeurkundungen iSd §§ 36, 39 BeurkG, sondern um gutachterliche Äußerungen, die der Notar im Rahmen des § 24 BNotO abgibt.[9] Auch **notarielle Eigenurkunden** muss der Notar nicht eintragen,[10] weil sie ebenfalls nicht unter das BeurkG fallen und in § 8 Abs. 1 nicht genannt sind: Es handelt sich zwar um öffentliche Urkunden iSd § 415 ZPO, jedoch bezeugt der Notar hierbei nicht die Wahrnehmung bestimmter Vorgänge, sondern gibt eine eigene Erklärung ab, idR Verfahrenserklärungen auf Grund entsprechender Vollmacht der Beteiligten.[11] Zu denken ist etwa an Identitätserklärungen infolge des Verkaufs unvermessener Teilflächen, Ergänzung oder Berichtigung von Grundbuchanträgen, Bestätigung des Zugangs einer vormundschaftsgerichtlichen Genehmigung auf Grund Doppelvollmacht; von der Auflassung getrennt erteilte Eintragungsbewilligung zur Eigentumsumschreibung.

10a Uneinheitlich wird in Literatur und Praxis die Frage gesehen, ob gesellschaftsrechtliche Bescheinigungen wie die **Satzungsbescheinigung** nach § 54 GmbHG oder § 181 AktG oder die Bescheinigung zur Gesellschafterliste nach § 40 GmbHG in die Urkundenrolle einzutragen sind. Dafür werden praktische Bedürfnisse (Auffindbarkeit) und die Überlegung angeführt, es handele sich um eine Urkunde über die Wahrnehmung des Notars.[12] In Bayern und Rheinland-Pfalz ist in dem Muster für die Geschäftsübersichten nach § 24 DONot eine eigne Rubrik für „Bescheinigungen" eingeführt worden, was – zumindest dort – für eine Eintragungspflicht spricht.[13] Überzeugend sind diese Argumente jedoch nicht. Die genannten Bescheinigungen enthalten außer tatsächlichen Feststellungen des

---

[6] Dies ergibt sich auch aus der Tatsache, dass die in § 8 Abs. 1 Nr. 5 des Entwurfs zur Neufassung der DONot, Stand Juni 1999, enthaltene Eintragungspflicht für Registerbescheinigungen nicht übernommen worden ist, *Bettendorf* RNotZ Sonderheft 2001, 10; Kersten/Bühling/*Terner* § 10 Rn. 10; Armbrüster/Preuß/Renner/*Eickelberg* DONot § 8 Rn. 5.

[7] Das in diesem Zusammenhang bisweilen angeführte Beispiel der in die Urkunde aufgenommenen Vertretungsbescheinigung ist nicht mehr einschlägig, weil Bescheinigungen nach § 21 BNotO generell nicht mehr eingetragen werden müssen.

[8] Weingärtner/Gassen/Sommerfeldt/*Weingärtner* DONot § 8 Rn. 4; *Kersten* ZNotP 2001, 389; BeckOK BNotO/*Bracker* DONot § 8 Rn. 4; Armbrüster/Preuß/Renner/*Eickelberg* DONot § 8 Rn. 5.

[9] → BNotO § 24 Rn. 24.

[10] BeckNotar-HdB/*Püls* § 34 Rn. 103; *Kersten* ZNotP 2001, 389; *Bettendorf* RNotZ Sonderheft 2001, 10; BeckOK BNotO/*Bracker* DONot § 8 Rn. 4; *Lerch* NotBZ 2014, 373 (375); Armbrüster/Preuß/Renner/*Eickelberg* DONot § 8 Rn. 6; Kersten/Bühling/*Terner* § 10 Rn. 10; *Blaeschke* Rn. 489 im Widerspruch zu Rn. 389; aA nur Weingärtner/Gassen/Sommerfeldt/*Weingärtner* DONot § 8 Rn. 4.

[11] *Winkler* BeurkG § 1 Rn. 6; BeckNotar-HdB/*Hagemann* § 1 Rn. 492; Armbrüster/Preuß/Renner/*Preuß* BeurkG § 1 Rn. 15.

[12] BeckOK BNotO/*Bracker* DONot § 8 Rn. 3; Weingärtner/Gassen/Sommerfeldt/*Weingärtner* DONot § 8 Rn. 4.

[13] BayJMBl. 2010, 2; JBl. RhPf 2010, 29.

Notars auch eine rechtliche Würdigung (zB zur Wirksamkeit satzungsrechtlicher Beschlüsse oder einer Geschäftsanteilsabtretung) und sind deshalb eher mit einer Registerbescheinigung nach § 21 BNotO zu vergleichen als mit einer reinen Tatsachenbescheinigung. Das spricht dafür, in beiden Fällen davon auszugehen, dass keine Eintragungspflicht besteht, wie dies die überwiegende Auffassung in der Literatur vertritt.[14] Einzuräumen ist allerdings, dass der Wortlaut des § 8 Abs. 1 Nr. 5 insoweit nicht eindeutig ist, als diese Bescheinigungen zwar in Zusammenhang mit einer anderen Beurkundung erteilt, aber nicht zwingend auf die Urschrift oder ein damit zu verbindendes Blatt gesetzt werden. Deshalb sollte bei der nächsten Änderung der Dienstordnung eine Klarstellung – in der einen oder anderen Richtung – erfolgen.

Nr. 5a regelt die Eintragungspflicht für **elektronische Vermerke** iSd § 39a BeurkG **10b** und entspricht der Regelung der Nr. 5. Einzutragen sind also nur solche elektronischen Beglaubigungen und Vermerke, die auch nach Nr. 5 einzutragen sind. Dafür gibt es derzeit noch wenige praktische Anwendungsfälle (zB elektronische notarielle Lebendbescheinigung oder Bescheinigung über die Vorlegung einer Privaturkunde). Der praktisch häufigste Anwendungsfall des § 39a BeurkG, die **elektronische Abschriftsbeglaubigung,** ist – wie die Abschriftsbeglaubigung in Papierform – nicht eintragungspflichtig.[15]

Nr. 6: Erstmals geregelt ist die Eintragungspflicht für **Vollstreckbarerklärungen** von **11** Anwaltsvergleichen nach § 796c Abs. 1 ZPO[16] und Schiedssprüchen mit vereinbartem Wortlaut nach § 1053 ZPO.[17] Dies ist auch deshalb eine Neuerung, weil es sich dabei nicht um eine Beurkundung nach dem BeurkG handelt, sondern um Beschlüsse nach der ZPO. Nach der DONot aF war die Eintragungspflicht diesbezüglich – wie auch für die unter Nr. 7 genannten Fälle – nicht geregelt. Mangels ausdrücklicher Regelung besteht keine Eintragungspflicht für die Beschlüsse und Bescheinigungen des Notars nach dem Anerkennungs- und Vollstreckungsausführungsgesetz (AVAG) vom 19.2.2001[18] in Zusammenhang mit der grenzüberschreitenden Vollstreckbarkeit notarieller Urkunden oder nach der Verordnung (EG) Nr. 805/2004 zur Einführung eines europäischen Vollstreckungstitels für unbestrittene Forderungen.[19]

Bei den in **Nr. 7** genannten Amtshandlungen nach dem **Sachenrechtsbereinigungs-** **12** **gesetz** handelt es sich um die Vertragsbeurkundung bei Einigung der Beteiligten (§ 98 Abs. 2 S. 1 SachenRBerG) und bei Säumnis eines Beteiligten (§ 96 Abs. 3 S. 1). In beiden Fällen erfolgt die Beurkundung nach §§ 8 ff. BeurkG,[20] so dass sich die Eintragungspflicht bereits aus der Nr. 1 ergibt. Die Vertragsbestätigung nach § 96 Abs. 5 S. 2 SachenRBerG ist ein Beschluss des Notars, infolgedessen der bei Säumnis eines Beteiligten beurkundete Vertrag wirksam wird. Wird der Beschluss auf die Urschrift der Vertragsurkunde gesetzt oder mit ihr verbunden, so ist entsprechend Nr. 5 die gesonderte Eintragung des Beschlusses in die Urkundenrolle entbehrlich.[21] Einzutragen ist schließlich das Abschlussprotokoll nach § 99 SachenRBerG, das der Notar aufnimmt, wenn es zu keiner Einigung der Beteiligten kommt. Die Eintragungspflicht beruht auf der Erwägung, dass es sich um eine verfahrensbeendende Maßnahme handelt, die Zulässigkeitsvoraussetzung für das gerichtliche Verfahren nach § 103 SachenRBerG ist. Alle anderen Verfahrenshandlungen nach dem SachenRBerG sind nicht in die Urkun-

---

[14] Armbrüster/Preuß/Renner/*Eickelberg* DONot § 8 Rn. 5; *Kersten* ZNotP 2001, 388; *Link* RNotZ 2009, 207; Kersten/Bühling/*Terner* § 10 Rn. 10; WürzNotar-HdB/*Kersten* Teil 1 Kap. 4 Rn. 25; Notarkammer Mecklenburg-Vorpommern RS 1/2009 B 3.
[15] *Bettendorf/Apfelbaum* DNotZ 2008, 19 (33); Armbrüster/Preuß/Renner/*Eickelberg* DONot § 8 Rn. 5.
[16] Vgl. dazu Kersten-Bühling/*Wolfsteiner* § 19 Rn. 213 ff.
[17] Vgl. dazu DNotI-Report 2000, 123; Kersten/Bühling/*Wolfsteiner* § 19 Rn. 231.
[18] BGBl. I 288, 436; zuletzt geändert durch Gesetz v. 17.12.2008 (BGBl. I 2586).
[19] Dazu Kersten/Bühling/*Wolfsteiner* § 19 Rn. 195 ff., 203 ff.
[20] *Vossius*, Sachenrechtsbereinigungsgesetz, 1. Aufl. 1995, SachenRBerG Vor § 87 Rn. 64; Eickmann/Albrecht, Sachenrechtsbereinigung, Stand Juni 2000, SachenRBerG § 96 Rn. 9, § 98 Rn. 12.
[21] *Vossius*, Sachenrechtsbereinigungsgesetz, 1. Aufl. 1995, SachenRBerG § 96 Rn. 55.

denrolle einzutragen[22] – ob der Notar hierfür ein gesondertes Verfahrensregister führt, ist ihm freigestellt.

C. Muster zur Urkundenrolle, Abs. 2

13 Abs. 2 bestimmt, dass die Urkundenrolle nach dem Muster 2 zu führen ist. Hierzu ist Folgendes anzumerken:

14 In Spalte 2 kann der Monat als Wort oder als Zahl angegeben werden, die Hinzufügung der Jahreszahl ist zulässig.[23] Anders als in den beispielhaften[24] Eintragungen muss der **Vorname** der Beteiligten nicht zwingend angegeben werden (§ 8 Abs. 4 S. 2), auch wenn dies in der Praxis verbreitet und durchaus sachgerecht ist. Zu der Eintragung lfd. Nr. 2 ist anzumerken, dass die Angabe des **Gemeinschaftsverhältnisses** „in Erbengemeinschaft nach …" nicht vorgeschrieben ist, ebenso wenig die Angabe der **Vertretungsverhältnisse**.[25] Auch der Verweis in Spalte 5 auf die später erfolgte Genehmigung ist nicht vorgeschrieben, denn es handelt sich dabei nicht um eine Änderung iSd § 8 Abs. 6 S. 1, und auch bei gemeinsamer Verwahrung ist ein Verweis nur bei der Urkunde vorgeschrieben, die abweichend von der Nummernfolge bei einer anderen verwahrt wird (§ 8 Abs. 6 S. 2).

D. Eintragungszeitpunkt, Abs. 3

15 Neu eingeführt ist im Jahr 2001 die Regelung des Eintragungszeitpunkts in Abs. 3. Danach ist die Eintragung spätestens **14 Tage nach Beurkundung** vorzunehmen. Erfolgt also die Beurkundung am 3. d. M., so ist die Eintragung spätestens am 17. d. M. vorzunehmen. Diese verhältnismäßig großzügige Frist soll Bedürfnissen der Praxis entgegenkommen, wenn zB in kleineren Notariaten die Eintragungen von Mitarbeitern vorgenommen werden, die nur tageweise beschäftigt sind. Eine große Erleichterung bedeutet die Frist auch für die Notare, die Urkundenrolle und Kostenregister gemeinsam führen, weil die Erstellung der Kostenberechnung nicht immer unmittelbar nach Vornahme der Beurkundung möglich ist. Die Frist gilt für alle Eintragungen, auch für die Verweise nach Abs. 7.

16 **Fristbeginn** ist der Tag, an dem die Urkunde nach den beurkundungsrechtlichen Bestimmungen vollständig errichtet ist. Bei Niederschriften kommt es also auf den Tag der Unterzeichnung durch den Notar an, bei Vermerkurkunden zusätzlich auf die Anbringung des Siegels. Dieser Zeitpunkt ist auch derjenige, der als Datum in der Spalte 2 anzugeben ist.[26]

17 Für jede Eintragung wird in Spalte 1 eine **Nummer**, fortlaufend für jedes Kalenderjahr, vergeben. Dies ist die „UR-Nr.", die nach § 28 Abs. 2 auf jede Urkunde, Ausfertigung oder Abschrift zu setzen ist. Das Aus- oder Freilassen von Nummern ist unzulässig. Bruch- oder Strichnummern dürfen nur verwendet werden, wenn eine Nummer versehentlich doppelt vergeben worden ist.[27] Bei der gemeinsamen Führung von Urkundenrolle und Kostenregister ist die Vergabe von **Bruchnummern** dagegen zwangsläufig, wenn Kostenrechnungen erteilt werden, die sich nicht direkt auf eine eintragungspflichtige Beurkun-

---

[22] Die Urkundenrolle gibt deshalb keine Auskunft über Anzahl und Stand der Vermittlungsverfahren. In den neuen Bundesländern sind hierzu jedoch in der Vergangenheit statistische Erhebungen durchgeführt worden, vgl. *v. Campe* NotBZ 1997, 159. Die praktische Bedeutung ist inzwischen sehr gering.
[23] Weingärtner/Gassen/Sommerfeldt/*Weingärtner* DONot § 8 Rn. 10.
[24] → § 6 Rn. 10.
[25] → Rn. 24.
[26] Armbrüster/Preuß/Renner/*Eickelberg* DONot § 8 Rn. 11; BeckOK BNotO/*Bracker* DONot § 8 Rn. 7.
[27] Zur Behandlung von Fehlern bei der Vergabe von Urkundennummern vgl. BeckNotar-HdB/*Püls* § 34 Rn. 110.

dung beziehen (§ 16). Aus dem Zusammenhang von Abs. 3 und § 28 Abs. 2 ergibt sich, dass die UR-Nr. vergeben werden darf, bevor die Beurkundung in die Urkundenrolle eingetragen wird.[28] In der Praxis behilft man sich dabei mit vorläufigen Aufzeichnungen, um einen Überblick über die vergebenen UR-Nummern zu haben.

Die Eintragungen sind in ununterbrochener räumlicher Reihenfolge (also ohne Leerräume oder Auslassung von Nummern)[29] vorzunehmen. Dabei wird unausgesprochen von der **zeitlichen Reihenfolge** nach Tagen ausgegangen, während innerhalb eines Tages die zeitliche Abfolge keine Rolle spielt.[30] Wird die Eintragung einer Urkunde vergessen, so ist sie unter der nächsten freien Nummer, aber unter dem Datum der Beurkundung nachzuholen.[31] **18**

E. Eintragung des Ortes des Amtsgeschäfts

Nach dem im Jahr 2012 eingeführten Abs. 4 ist in einer neuen Spalte 2a der Ort einzutragen, an dem das notarielle Amtsgeschäft vorgenommen worden ist. Zweck der Vorschrift ist es, den Aufsichtsbehörden die Prüfung zu erleichtern, ob der Notar die Regelungen beachtet hat, die für **Beurkundungen außerhalb der Geschäftsstelle** gelten (berufsrechtlich §§ 10, 10a, 11 BNotO und Ziff. IX der Richtlinien der Notarkammern sowie kostenrechtlich KV 26002 f. zum GNotKG). Anlass der Neuregelung war die Frage, ob bei häufigen Auswärtsbeurkundungen – etwa von Anwaltsnotaren an verschiedenen anwaltlichen Kanzleisitzen – faktisch ein auswärtiger Sprechtag oder eine weitere Geschäftsstelle vorliegt, die nach § 10 Abs. 4 BNotO genehmigungspflichtig sind.[32] **18a**

Bei Geschäften die, wie dies die Regel ist, in der Geschäftsstelle vorgenommen werden, genügt die Angabe „Geschäftsstelle", ansonsten ist die genaue Anschrift anzugeben. Bei Amtshandlungen, die **teilweise außerhalb** und teilweise in der Geschäftsstelle vorgenommen werden, handelt es sich um eine „Auswärtsbeurkundung", weil die Amtshandlung eben nicht vollständig in der Geschäftsstelle durchgeführt worden ist. Dies ist etwa der Fall bei Unterschriftsbeglaubigungen, wenn die Unterschriftsleistung der Beteiligten außerhalb der Geschäftsstelle erfolgt und der Notar anschließend den Beglaubigungsvermerk in der Geschäftsstelle fertigt. In solchen Fällen ist als Ort der Amtshandlung der Ort anzugeben, an dem die Leistung der Unterschrift in Gegenwart des Notars erfolgt ist. **18b**

F. Eintragung der Beteiligten, Abs. 5

I. Einzutragende Personen, S. 1 und S. 4

Abs. 4 regelt in S. 1 und S. 4, welche Beteiligten in Spalte 3 der Urkundenrolle einzutragen sind. Ausgangspunkt ist dabei der sog. **formelle Beteiligtenbegriff**. Einzutragen sind also bei Niederschriften nach §§ 8 und 38 BeurkG diejenigen Personen, deren Erklärungen beurkundet worden sind, und bei Beglaubigungen (§§ 39 bis 41) diejenigen, deren Unterschrift, Handzeichen oder Namenszeichnung beglaubigt worden ist. Bei den Beschlüssen zur Vollstreckbarerklärung sind die Parteien iSd ZPO einzutragen, also die Parteien des Anwaltsvergleichs oder des Schiedsspruchs. Bei den Amtshandlungen nach dem Sachenrechtsbereinigungsgesetz sind die Beteiligten nach diesem Gesetz einzutragen, also Grundstückseigentümer und Nutzer, § 96 Abs. 1 SaRBerG. Für alle übrigen Beur- **19**

---

[28] So auch für die DONot aF: Seybold/Schippel/*Kanzleiter* DONot § 10 Rn. 3.
[29] Armbrüster/Preuß/Renner/*Eickelberg* DONot § 8 Rn. 10.
[30] *Bettendorf* RNotZ Sonderheft 2001, 11; Weingärtner/Gassen/Sommerfeldt/*Weingärtner* DONot § 8 Rn. 9; Armbrüster/Preuß/Renner/*Eickelberg* DONot § 8 Rn. 10; BeckOK BNotO/*Bracker* DONot § 8 Rn. 6, der auch die Vergabe einer Bruchnummer unter dem tatsächlichen Datum für zulässig hält.
[31] Weingärtner/Gassen/Sommerfeldt/*Weingärtner* DONot § 8 Rn. 9; Armbrüster/Preuß/Renner/*Eickelberg* DONot § 8 Rn. 10.
[32] Dazu Armbrüster/Preuß/Renner/*Eickelberg* DONot § 8 Rn. 13.

kundungen (Tatsachenbeurkundungen, Vermerke über die Vorlegung von Privaturkunden und sonstige einfache Zeugnisse) gilt, dass derjenige einzutragen ist, der die Beurkundung veranlasst, also beim Notar in Auftrag gegeben hat.

20 In **Vertretungsfällen** sind nicht nur die (formell beteiligten) Vertreter, sondern **auch die Vertretenen** einzutragen sind. Mit dieser Regelung soll die Urkundenrolle auch für die Prüfung der Einhaltung der **Mitwirkungsverbote** nutzbar gemacht werden. Damit steht die Neuerung in der Tendenz der Berufsrechtsreform des Jahres 1998, die Mitwirkungsverbote zu stärken, und zwar nicht nur inhaltlich, sondern auch hinsichtlich der Feststellung[33] und der Sanktionierung[34] von Verstößen.

21 Da Vertretungsfälle in der Praxis häufig sind, führt die zusätzliche Eintragung der Vertretenen zu einer Ausweitung des **Umfangs der Urkundenrolle.** So ist ein Mittelweg zwischen der praktischen Handhabbarkeit einerseits und der vollständigen Abdeckung aller Fälle des § 3 BeurkG gewählt worden. Andere materiell Beteiligte iSd § 3 BeurkG als Vertretene sind nämlich für den Notar nicht immer zu erkennen. Deshalb beschränkt sich die Regelung auf die Vertretungsfälle, weil hier die materielle Beteiligung offen zutage tritt.

22 Die Vorschrift gilt für rechtsgeschäftliche ebenso wie für gesetzliche oder organschaftliche Vertretung, für bevollmächtigte und vollmachtlose Vertreter. Bei den Vollstreckbarerklärungen und den Amtshandlungen nach dem Sachenrechtsbereinigungsgesetz sind deshalb auch die beteiligten Rechtsanwälte einzutragen. Bei **gestuften Vertretungsverhältnissen** handelt regelmäßig der Untervertreter direkt für den Vertretenen und nicht für den Hauptvertreter.[35] Deshalb sind in diesen Fällen nur der handelnde Untervertreter und der Vertretene einzutragen.[36] Aufgabe der Urkundenrolle ist es nämlich nicht, die vollständige Legitimationskette wiederzugeben, aus der sich die Vertretungsmacht der handelnden Personen ergibt (dazu kann ggf. auf die Urkunde zurückgegriffen werden), sondern außer den auch schon bisher einzutragenden materiell Beteiligten auch die formell Beteiligten iSd Beurkundungsverfahrensrechts erkennen zu lassen. Handelt es sich dagegen um gestufte Vertretungsverhältnisse aufgrund gesetzlicher Vertretungsmacht, wie zB bei der GmbH & Co. KG, so wird vertreten, dass alle an der Vertretungskette beteiligten Personen einzutragen sind,[37] obwohl der Unterschied zur gewillkürten Vertretungsmacht nicht erkennbar ist.

23 Nicht ausdrücklich geregelt ist, ob beim Auftreten von Testamentsvollstreckern, Insolvenz- oder Nachlassverwaltern oder anderen **Parteien kraft Amtes** die jeweils materiell betroffenen Personen einzutragen sind. Auch wenn es sich nach der hM hierbei nicht um Fälle der Stellvertretung handelt,[38] ist die Situation hiermit doch vergleichbar, zumal die Mitwirkungsverbote des § 3 BeurkG unzweifelhaft gelten und die materielle Betroffenheit ebenso offenkundig ist wie bei der Stellvertretung. Deshalb sollte auch in diesen Fällen der jeweils materiell betroffene Erbe, Gemeinschuldner usw eingetragen werden.[39]

24 Die Angabe des **Vertretungsverhältnisses** in der Urkundenrolle ist zwar zulässig, nicht vorgeschrieben; es genügt, dass die betroffenen Personen namentlich aufgeführt werden.[40] Zur Prüfung der Mitwirkungsverbote genügt nämlich die Namensangabe; das Vertretungsverhältnis spielt dabei keine Rolle und kann ggf. der Urkunde entnommen werden.

Ist eine **juristische Person** an einer Urkunde beteiligt, so sind die für sie handelnden Personen nach Satz 1 und die juristische Person nach Satz 4 in die Urkundenrolle ein-

---

[33] §§ 28, 67 Abs. 2 Nr. 6 BNotO iVm den Richtlinien der Notarkammern, vgl. dazu Abschnitt VI RLEmBNotK.
[34] § 50 Abs. 1 Nr. 9 BNotO.
[35] Vgl. Palandt/*Heinrichs* BGB § 167 Rn. 12; MüKoBGB/*Schramm* BGB § 167 Rn. 93 ff.
[36] Armbrüster/Preuß/Renner/*Eickelberg* DONot § 8 Rn. 19.
[37] Armbrüster/Preuß/Renner/*Eickelberg* DONot § 8 Rn. 19; BeckNotar-HdB/*Püls* § 34 Rn. 111.
[38] Vgl. die Nachweise bei MüKoBGB/*Schramm* BGB Vor § 164 Rn. 9 ff.
[39] Armbrüster/Preuß/Renner/*Eickelberg* DONot § 8 Rn. 17.
[40] Ebenso *Bettendorf* ZNotP 2001, 44; *Mihm/Bettendorf* DNotZ 2001, 33; *Bettendorf* RNotZ Sonderheft 2001, 11; BeckOK BNotO/*Bracker* DONot § 8 Rn. 8; Armbrüster/Preuß/Renner/*Eickelberg* DONot § 8 Rn. 26; Weingärtner/Gassen/Sommerfeldt/*Weingärtner* § 8 Rn. 14.

zutragen. Dasselbe gilt für rechtsfähige Personengesellschaften wie **OHG** und **KG** sowie für die seit der WEG-Novelle von 2007 ebenfalls rechtsfähige **WEG-Gemeinschaft**.[41]

Für die **BGB-Gesellschaft** könnte dies deshalb ebenso gelten, weil sie nach der neueren Rechtsprechung ebenfalls rechtsfähig[42] und auch als solche in das Grundbuch einzutragen ist.[43] Hier besteht die praktische Schwierigkeit darin, dass viele BGB-Gesellschaften keinen Namen führen und dazu auch nicht verpflichtet sind, zB wenn Ehegatten in Gesellschaft bürgerlichen Rechts im Grundbuch eingetragen sind. In einem solchen Fall sollten nicht die GbR, sondern nur ihre Gesellschafter eingetragen werden. Führt dagegen die GbR einen Namen, so sind die GbR und die für sie handelnden Vertreter einzutragen, wie dies auch sonst für rechtsfähige Personengesellschaften (zB eine OHG) gilt. Die gegenteilige Auffassung, dass immer alle Gesellschafter und zusätzlich die GbR einzutragen sind, um die Kontrolle der Mitwirkungsverbote zu ermöglichen, überzeugt nicht: Zuzugeben ist zwar, dass – anders als etwa bei der OHG – kein Register Auskunft über die Gesellschafter der GbR gibt. Andererseits ist aber zu bedenken, dass die Kontrolle der Mitwirkungsverbote nicht der Hauptzweck der Urkundenrolle ist. Auch bei den nach § 8 Abs. 4 S. 3 zulässigen Sammelbezeichnungen ist die Urkundenrolle für die Kontrolle der Mitwirkungsverbote nicht ausreichend, sondern es müssen zusätzlich die Urkunde oder die Nebenakten herangezogen werden. Aus diesen Unterlagen kann aber auch bei der GbR regelmäßig der Gesellschafterbestand ermittelt werden, weil diese im Grundbuch eingetragen werden müssen.

Darüber hinaus bestimmt Abs. 4 S. 4 Hs. 2, dass in **gesellschaftsrechtlichen Angele-** 25 **genheiten** stets auch die Gesellschaft anzugeben ist. Damit sind nicht Fälle gemeint, bei denen eine Gesellschaft als Vertragspartei an einer Urkunde beteiligt ist (dazu → Rn. 24). Zu den gesellschaftsrechtlichen Angelegenheiten gehören vielmehr Registeranmeldungen für Gesellschaften, Abschluss, Änderung, Ergänzung oder Aufhebung von Gesellschaftsverträgen sowie Verfügungen über Gesellschaftsanteile. Die Regelung soll sicherstellen, dass in allen gesellschaftsrechtlichen Angelegenheiten stets auch die **Gesellschaft** eingetragen wird, ohne dass es auf die dogmatische Frage ankommt, ob ein Fall der Stellvertretung vorliegt oder nicht. Mit dieser Regelung soll das Auffinden solcher Urkunden erleichtert werden, denn ohne Angabe der Gesellschaft könnten die Urkunden nur anhand der Namen der Gesellschafter, Geschäftsführer oder anderer Organmitglieder gefunden werden, die nach vielen Jahren nicht mehr in allen Fällen bekannt sein dürften.[44] Der Zweck der Vorschrift gebietet es, auch Angelegenheiten von Vereinen, Genossenschaften oder BGB-Gesellschaften als gesellschaftsrechtlich anzusehen und auch dort den Verein, die Genossenschaft bzw. die BGB-Gesellschaft (sofern sie einen Namen führt) einzutragen.[45]

II. Inhalt der Eintragung der Beteiligten, S. 2 und S. 3

Satz 2 und Satz 3 des Abs. 4 regeln, wie die Beteiligten einzutragen sind. Anzugeben ist 26 bei natürlichen Personen der **Familienname**, ggf. zusätzlich der abweichende **Geburtsname**. Die Eintragung des Vornamens ist nicht vorgeschrieben,[46] in der Praxis aber üblich und sinnvoll,[47] regelmäßig auch notwendig zur Unterscheidbarkeit: Vorgeschrieben ist

---

[41] Armbrüster/Preuß/Renner/*Eickelberg* DONot § 8 Rn. 25. Zur Grundbuchfähigkeit: OLG Celle DNotZ 2008, 616.
[42] BGH DNotZ 2001, 234.
[43] BGH DNotZ 2009, 115; § 47 Abs. 2 GBO idF des Gesetzes zur Einführung des elektronischen Rechtsverkehrs (ERVGBG) v. 17.8.2009, BGBl. I 2713.
[44] Für Versammlungsbeschlüsse von Gesellschaften, die in der Form der Tatsachenbeurkundung protokolliert werden, gilt nach Abs. 4 S. 1 letzter Spiegelstrich ohnehin, dass die Gesellschaft anzugeben ist.
[45] Für Vereine und Genossenschaften: BeckOK BNotO/*Bracker* DONot § 8 Rn. 9; Armbrüster/Preuß/ Renner/*Eickelberg* DONot § 8 Rn. 25. Da Registeranmeldungen bei der BGB-Gesellschaft nicht vorkommen, sind hier vor allem die Fälle betroffen, in denen der Gesellschaftsvertrag oder die Übertragung von Gesellschaftsanteilen beurkundet wird.
[46] AA Weingärtner/Gassen/Sommerfeldt/*Weingärtner* DONot § 8 Rn. 15 unter Verweis auf das Muster.
[47] Armbrüster/Preuß/Renner/*Eickelberg* DONot § 8 Rn. 27.

nämlich bei häufig vorkommenden Familiennamen, weitere der Unterscheidung dienende Angaben zu machen, wie zB Geburtsdatum, weitere Vornamen, vollständige Anschrift usw. Bei juristischen Personen und rechtsfähigen Personengesellschaften ist die vollständige **Firmenbezeichnung** einzutragen.

27 Anzugeben ist ferner der **Wohnort** bzw. bei juristischen Personen und rechtsfähigen Personengesellschaften der **Sitz**. Die Angabe der vollständigen Anschrift ist nicht vorgeschrieben, aber zulässig. In der Praxis ist es üblich, bei Vertretern von juristischen Personen oder Kaufleuten, zB GmbH-Geschäftsführern oder Prokuristen, nicht den Wohnort, sondern den Geschäftssitz anzugeben, über den auch die Korrespondenz abgewickelt wird. Dies ist zulässig, weil die Angabe zur Identifikation der Beteiligten ausreichend ist.[48]

28 Um den Umfang der Eintragungen zu beschränken, erlaubt Satz 3 eine zusammenfassende Bezeichnung, wenn mehr als zehn Personen als Beteiligte einzutragen sind. Wie sich aus dem Wortlaut ergibt, ist es ausreichend, dass zu einer Beurkundung insgesamt mehr als zehn Personen einzutragen sind, es ist nicht erforderlich, dass die von der **Sammelbezeichnung** umfasste Gruppe aus mehr als zehn Personen besteht.[49] Anwendungsfälle sind etwa Erbengemeinschaften, BGB-Gesellschaften, Wohnungseigentümergemeinschaften, Kommanditisten einer Publikums-KG usw. Die Sammelbezeichnung ist – auch im Hinblick auf das Namensverzeichnis[50] – so zu wählen, dass sie hinreichend aussagefähig ist.

29 Der Wortlaut der Vorschrift, der auf Satz 1 verweist, legt den Schluss nahe, dass Sammelbezeichnungen nicht für die Vertretenen zulässig sind, die nach Satz 4 einzutragen sind. Dies würde jedoch dem Zweck der Sammelbezeichnung widersprechen, den Umfang der Urkundenrolle zu beschränken, denn gerade bei größeren Personengruppen ist **Stellvertretung** besonders häufig. Aus der Entstehungsgeschichte der Vorschrift ergeben sich keine Anhaltspunkte dafür, dass bei Vertretungsfällen **Sammelbezeichnungen** unzulässig sein sollen. Dass durch die Sammelbezeichnung die Eignung der Urkundenrolle beschränkt wird, die Prüfung der Einhaltung der Mitwirkungsverbote zu ermöglichen, liegt auf der Hand. Deshalb die Vertretungsfälle von der Möglichkeit der Vergabe einer Sammelbezeichnung auszunehmen, ist jedoch nicht gerechtfertigt.[51]

G. Gegenstand des Geschäfts, Abs. 6

30 Der Gegenstand des Geschäfts ist so genau zu bezeichnen, dass dieses **deutlich unterscheidbar** beschrieben wird. Die Anforderungen an die Beschreibung des Geschäftsgegenstands sind nicht näher geregelt und damit dem pflichtgemäßen Ermessen des Notars überlassen. Hierzu hatten sich in der Literatur unterschiedlich weit gehende Auffassungen gebildet.[52] Richtigerweise ergibt sich aus dem Zweck der Urkundenrolle, das spätere Auffinden von Urkunden zu gewährleisten, mit welcher Genauigkeit der Geschäftsgegenstand zu beschreiben ist. Anzugeben ist das Geschäft, das inhaltlich den **Hauptgegenstand der Urkunde** bildet. Ergänzende Regelungen, Hilfs- und Vollzugsgeschäfte oder andere Erklärungen, die typischerweise in derartigen Urkunden enthalten sind, brauchen nicht angegeben zu werden. Bei Grundschuldbestellungen muss beispielsweise weder das persönliche Schuldanerkenntnis, noch die (dingliche und persönliche) Zwangsvollstreckungsunterwerfung angegeben werden, geschweige denn die Abtretung von Rückgewähransprüchen, der Briefausschluss oder andere Erklärungen, die üblicherweise in den Grundschuldformularen der Kreditinstitute enthalten sind. Es geht nicht darum, eine erschöpfende

---

[48] → § 26 Rn. 10; *Renner* NotBZ 2002, 432; Armbrüster/Preuß/Renner/*Eickelberg* DONot § 8 Rn. 22.
[49] AA Armbrüster/Preuß/Renner/*Eickelberg* DONot § 8 Rn. 30.
[50] → § 13 Rn. 2.
[51] AA *Blaeschke* Rn. 397 ohne Begründung.
[52] Sehr weitgehend: *Weingärtner/Schöttler*, 9. Aufl., DONot § 8 Rn. 157 ff.; *Weingärtner*, Vermeidbare Fehler im Notariat, Rn. 72; differenziert: Armbrüster/Preuß/Renner/*Eickelberg* DONot § 8 Rn. 2.

Inhaltsangabe der rechtlichen Bestandteile der Urkunde zu machen, sondern lediglich eine **prägnante Beschreibung** zu wählen, die – auch noch nach Jahren – ohne weiteres der Urkunde zugeordnet werden kann. Hierfür genügen in den meisten Fällen ein oder einige wenige Worte (zB Grundstückskaufvertrag, Grundschuld, Gemeinschaftliches Testament, Kaufvertrag über GmbH-Geschäftsanteil).

Über den Hauptgegenstand hinaus sind zusätzliche Angaben nur dann geboten, wenn die Urkunde **weitere Geschäfte** enthält, die nicht typischerweise zu den Bestandteilen derartiger Urkunden gehören. Dies gilt zB für einen Ehe- und Erbvertrag, für eine Scheidungsfolgenvereinbarung mit Grundstücksübertragung oder für einen Überlassungsvertrag mit Pflichtteilsverzicht. Gerade wenn dritte Personen an der Beurkundung teilgenommen und ein rechtlich selbstständiges Geschäft vorgenommen haben, sollte auch dieses Geschäft angegeben werden. Erklären beispielsweise in einem Erbvertrag die weichenden Erben einen Pflichtteilsverzicht, so sollten beide Gegenstände in die Urkundenrolle eingetragen werden.

Aus der Entstehungsgeschichte der Vorschrift ergibt sich, dass die in einer Urkunde enthaltenen **schuldrechtlichen und dinglichen Geschäfte nicht gesondert** anzugeben sind.[53]

Die Bezeichnung des Geschäftsgegenstands muss dabei **aussagefähig** sein; farblose Angaben, wie zB Vertrag, Angebot, Vertragsergänzung, Vollmacht, Beurkundung usw, reichen deshalb nicht aus, weil sie das Geschäft nicht deutlich unterscheidbar beschreiben.

Bei **Beglaubigungen** ist nach Abs. 5 S. 2 stets anzugeben, ob der Notar den Entwurf gefertigt hat oder nicht. Der Zusatz „ohne Entwurf" oder „oE" ist nunmehr in allen Fällen einfacher Unterschriftsbeglaubigungen vorgeschrieben. Nach dem Wortlaut der Vorschrift reicht es nicht aus, den Entwurf unerwähnt zu lassen, um zum Ausdruck zu bringen, dass es sich um eine Unterschriftsbeglaubigung ohne Entwurf handelt. Der Gegenstand der unterzeichneten Urkunde ist stets dann anzugeben, wenn sie von dem beglaubigenden Notar entworfen worden ist, bei Beglaubigungen ohne Entwurf kann der Gegenstand der unterzeichneten Urkunde angegeben werden.

Wenn der Notar im Rahmen des Urkundsvollzugs die Genehmigung eines vollmachtlos vertretenen Beteiligten entwirft und dieser später zur Beglaubigung bei ihm erscheint, so stellt sich die Frage, ob die Urkunde als Unterschriftsbeglaubigung mit oder ohne Entwurf einzutragen ist. Kostenrechtlich handelt es sich um eine Beglaubigung ohne Entwurf, weil der Entwurf bereits durch die Vollzugsgebühr abgegolten ist (Vorbemerkung 2.2. des KV zum GNotKG).[54] Diese Sichtweise ist auch für die Urkundenrolle maßgeblich, denn die Unterscheidung zwischen Beglaubigungen mit und ohne Entwurf ist nur insofern relevant, als die Urkundenrolle und die auf ihrer Grundlage gem. § 24 erstellten Geschäftsübersichten Auskunft über den Urkundsanfall geben sollen, der für die Bemessung der Anzahl der Notarstellen eine Rolle spielt.[55] Der mit Vollzugsentwürfen verbundene Aufwand wird in der Urkundenrolle ohnehin nicht abgebildet, deshalb ist es nur konsequent, die Erfassung von Vollzugsentwürfen in der Urkundenrolle nicht davon abhängig zu machen, ob der Notar später eine Beglaubigung vornimmt oder nicht.

Abs. 5 S. 3 erlaubt die Verwendung gebräuchlicher **Abkürzungen,** um dem Notar die Eintragung zu erleichtern und den Umfang der Urkundenrolle zu beschränken. Gebräuchlich sind solche Abkürzungen, die für den Notar und seine Angestellten, aber auch für einen Notariatsverwalter, Amtsnachfolger oder die Aufsichtsbehörden verständlich sind (zB U.-Begl. oder UB, HR-Anm. usw). Wird der Urkundenrolle ein Abkürzungsverzeichnis hinzugefügt, so können auch seltenere Abkürzungen verwendet werden.

---

[53] Weingärtner/Gassen/Sommerfeldt/*Weingärtner* DONot § 8 Rn. 17; *Blaeschke* Rn. 404; Armbrüster/Preuß/Renner/*Eickelberg* DONot § 8 Rn. 34.
[54] Korintenberg/*Sikora* GNotKG KV 25100 Rn. 10; Streifzug durch das GNotKG (Hrsg.: Notarkasse München), 11. Aufl., Rn. 2269b; LG Bielefeld Beschl. v. 17.12.2014 – 23 T 433–439/14, NotBZ 2015, 276.
[55] Armbrüster/Preuß/Renner/*Eickelberg* DONot § 24 Rn. 3.

H. Verweisungen auf andere Urkunden, Abs. 7

36 In Abs. 6 ist geregelt, in welchen Fällen in der **Bemerkungsspalte** der Urkundenrolle ein Verweis auf eine andere Urkunde anzubringen ist.

37 Dies ist zum einen der Fall, wenn eine Urkunde durch eine andere **berichtigt, geändert, ergänzt oder aufgehoben** wird. Hier ist ein wechselseitiger Verweis vorgeschrieben, also in der Bemerkungsspalte sowohl der früheren als auch der späteren Urkunde.[56] Durch diesen Verweis soll sichergestellt werden, dass die Modifizierung der Urkunde bereits aus der Urkundenrolle hervorgeht, damit bei späterer Erteilung von Abschriften oder Ausfertigungen die Folgeurkunde nicht übersehen wird. Dieser Zweck wird zusätzlich durch den Vermerk gesichert, der nach § 18 Abs. 2 S. 1 letzter Spiegelstrich auf der Urschrift der modifizierten Urkunde vorgeschrieben ist. Außer für die Aufhebung gilt die Verweisungspflicht nur für inhaltliche Änderungen einer Urkunde. Für **Folgegeschäfte**, wie zB eine gesondert beurkundete Auflassung oder ein anderes Erfüllungsgeschäft, ist kein Verweis vorgesehen, ebenso wenig für Genehmigungen, Vollmachtsbestätigungen, den Rücktritt von einem Erbvertrag oder gemeinschaftlichen Testament, die Annahme eines Angebots[57] usw. Hierbei handelt es sich um rechtlich selbstständige Geschäfte, die zwar mit der zugrunde liegenden Urkunde zusammenhängen, sie jedoch nicht inhaltlich verändern. Zulässig (und zweckmäßig) ist ein Vermerk jedoch selbstverständlich auch in diesen Fällen.[58]

38 Zum anderen ist eine Verweisung vorgeschrieben in den Fällen, in denen eine Urkunde abweichend von der Nummernfolge nach § 18 Abs. 2 **bei einer anderen verwahrt** wird. Dieser Verweis soll die Auffindbarkeit der späteren Urkunde gewährleisten, welcher Zweck dadurch ergänzt wird, dass nach § 18 Abs. 2 S. 3 in die Urkundensammlung ein Hinweisblatt an die Stelle der anderweitig verwahrten Urkunde zu nehmen ist. Hier ist nur eine „Rückwärtsverweisung" vorgeschrieben, also nur ein Verweis in der Bemerkungsspalte der späteren Urkunde. Ein Vermerk bei der früheren Urkunde ist nicht zwingend, aber selbstverständlich zulässig.

39 Darüber hinaus können in die Spalte 5 der Urkundenrolle auch **andere Bemerkungen** und Hinweise aufgenommen werden, zB über den Grundbuchvollzug, den zuständigen Mitarbeiter, den Kosteneingang, die Aufbewahrungsfrist oder eine Archivnummer der zugehörigen Nebenakte usw, soweit dadurch nicht die Übersichtlichkeit der Urkundenrolle leidet.[59] Dass dies zulässig ist, ergibt sich außer aus allgemeinen Erwägungen auch aus der Bezeichnung der Spalte 5 mit der Überschrift Bemerkungen.[60]

§ 9 Erbvertragsverzeichnis

(1) ¹Notarinnen und Notare haben über die Erbverträge, die sie gemäß § 34 Abs. 3 BeurkG in Verwahrung nehmen (§ 18 Abs. 1, 4, § 20 Abs. 2 bis 5), ein Verzeichnis zu führen. ²Die Eintragungen sind zeitnah, spätestens 14 Tage nach der Beurkundung in

---

[56] Wird die Urkundenrolle mit Hilfe der EDV geführt, so kann die Verweisung bei der früheren Urkunde regelmäßig nur manuell angebracht werden, → § 17 Rn. 13.

[57] In allen diesen Fällen ist nach § 18 Abs. 2 S. 1 Spiegelstrich 1 und 2 die gemeinsame Verwahrung mit der „Haupturkunde" zulässig und in diesem Fall auch eine „Rückwärtsverweisung" in der Urkundenrolle nach § 8 Abs. 4 S. 2 erforderlich.

[58] Weingärtner/Gassen/Sommerfeldt/*Weingärtner* DONot § 8 Rn. 21; *Blaeschke* Rn. 409; Armbrüster/Preuß/Renner/*Eickelberg* DONot § 8 Rn. 38.

[59] AA Armbrüster/Preuß/Renner/*Eickelberg* DONot § 8 Fn. 109.

[60] Wird die Urkundenrolle EDV-gestützt geführt, so können solche Hinweise jedoch mit Hilfe der EDV nicht mehr eingetragen werden, nachdem die betroffene Seite ausgedruckt worden ist, weil einmal ausgedruckte Seiten nicht durch einen Neuausdruck ersetzt werden dürfen, → § 17 Rn. 13.

ununterbrochener Reihenfolge vorzunehmen und jahrgangsweise mit laufenden Nummern zu versehen. ³ In das Verzeichnis sind einzutragen:
1. die Namen der Erblasserinnen und Erblasser,
2. ihr Geburtsdatum,
3. der Tag der Beurkundung,
4. die Nummer der Urkundenrolle.

(2) Anstelle des Verzeichnisses können Ausdrucke der Bestätigungen der Registerbehörde über die Registrierungen der Erbverträge im Zentralen Testamentsregister in einer Kartei in zeitlicher Reihenfolge geordnet und mit laufenden Nummern versehen aufbewahrt werden; § 20 Abs. 2 bleibt unberührt.

(3) Wird der Erbvertrag später in besondere amtliche Verwahrung gebracht oder an das Amtsgericht abgeliefert (§ 20 Abs. 4 und 5), sind das Gericht und der Tag der Abgabe in das Erbvertragsverzeichnis oder die Kartei nach Absatz 2 einzutragen.

A. Zweck des Erbvertragsverzeichnisses

Nach § 34 Abs. 2 S. 1 BeurkG können auch Erbverträge in die besondere amtliche **1** Verwahrung beim Amtsgericht gegeben werden, müssen es aber nicht. Haben die Beteiligten die besondere amtliche Verwahrung ausgeschlossen, bleibt der Erbvertrag nach § 34 Abs. 3 BeurkG in der Verwahrung des Notars und wird in dessen Urkundensammlung (§ 18 Abs. 1) oder gesondert (§ 18 Abs. 4) aufbewahrt. Nach § 351 FamFG soll der Notar bei Erbverträgen, die er nach 30 Jahren noch nicht an das Nachlassgericht abgeliefert hat, ermitteln, ob der bzw. die Erblasser noch leben. Gemäß § 34a Abs. 2 BeurkG hat er von ihm verwahrte Erbverträge an das Nachlassgericht nach Kenntnis vom Eintritt des Erbfalls abzuliefern. Um die Erfüllung dieser Pflichten zu erleichtern, schreibt § 9 Abs. 1 S. 1 die Führung eines gesonderten Erbvertragsverzeichnisses vor, wobei dem Notar gem. § 9 Abs. 2 die Wahl zwischen der Führung in fortlaufender Buch- oder in Karteiform gelassen wird. Ab dem 1.1.2022 werden die im Urkundenverzeichnis registrierten Erbverträge zusätzlich zur Urkundensammlung auch in der elektronischen Urkundensammlung (§ 78h BNotO) und in einer Erbvertragssammlung (§ 55 Abs. 3 BeurkG-2022) verwahrt. Die Pflichten aus dem ab dann geltenden § 34 Abs. 4 BeurkG-2022 beziehen sich aber trotz der elektronischen Urschrift nur auf das Papierdokument.

B. Inhalt und Form des Erbvertragsverzeichnisses

Das Verzeichnis erfasst nur, aber auch alle Erbverträge iSd §§ 2274 ff. BGB, die der Notar **2** nicht beim Amtsgericht abliefert, sondern selbst verwahrt. Ist der Erbvertrag mit anderen Rechtsgeschäften verbunden (zB Ehe- und Erbvertrag, Erb- und Erbverzichtsvertrag), so ist die Urkunde ebenfalls in das Verzeichnis aufzunehmen. Umgekehrt sind Urkunden, die iSd § 34a Abs. 1 BeurkG zwar die Erbfolge ändern (zB Ehe- oder Erbverzichtsvertrag), aber kein Erbvertrag iSd §§ 2274 ff. BGB sind, nicht aufzuführen.

Die Eintragungen sind spätestens 14 Tage nach der Beurkundung „in ununterbrochener **3** Reihenfolge" vorzunehmen und jahrgangsweise mit laufenden Nummern zu versehen. Einzutragen sind nur die Namen und Geburtsdaten der Erblasser, nicht aber derjenigen Beteiligten, die nicht letztwillig verfügt haben. Anzugeben sind der Tag der Beurkundung des Erbvertrags und die Nummer in der Urkundenrolle.

Für die Führung und Aufbewahrung gelten die allgemeinen Vorschriften der DONot für **4** Bücher und Verzeichnisse, nämlich § 5 Abs. 3, Abs. 4 und § 6, nicht aber § 7. Im Übrigen hat der Notar freien Gestaltungsspielraum.

C. Vermerk über die Ab- bzw. Rückgabe des verwahrten Erbvertrags

5   Wird der Erbvertrag später doch noch in die amtliche Verwahrung gegeben (§ 34 Abs. 3 BeurkG) oder nach erfolglosen Ermittlungen gem. § 351 FamFG bzw. nach Eintritt des Erbfalls (§ 34a Abs. 2 BeurkG) an das Amtsgericht abgeliefert, sind das Datum und das Gericht im Erbvertragsverzeichnis bzw. auf der Abschrift des Benachrichtigungsschreibens zu vermerken. Darüber hinaus hat der Notar bei der Ablieferung eines Erbvertrags nach Eintritt des Erbfalls eine beglaubigte Abschrift nebst Kostenrechnung zur Urkundensammlung zu nehmen (§ 20 Abs. 4), es sei denn, dass sich dort gemäß § 20 Abs. 1 S. 3 bereits eine beglaubigte Abschrift befindet.

6   Bei der Rücknahme aus der Verwahrung durch die Beteiligten gem. § 2300 Abs. 2 BGB ist diese Tatsache und das Datum der Rückgabe vom Notar in das Verzeichnis einzutragen (§ 20 Abs. 3 S. 5).

§ 10 Gemeinsame Vorschriften für das Verwahrungsbuch und das Massenbuch

(1) [1] Verwahrungsmassen, welche Notarinnen und Notare gemäß § 23 BNotO, §§ 54a, 54e BeurkG entgegennehmen, sind in das Verwahrungsbuch und in das Massenbuch einzutragen. [2] Nicht eingetragen werden müssen

– Geldbeträge, die Notarinnen und Notare als Protestbeamtinnen oder Protestbeamte empfangen haben, wenn sie unverzüglich an die Berechtigten herausgegeben werden,
– Hypotheken-, Grundschuld- und Rentenschuldbriefe,
– Wechsel und Schecks, welche Notarinnen und Notare zwecks Erhebung des Protestes erhalten haben.

(2) Jede Einnahme und jede Ausgabe sind sowohl im Verwahrungsbuch als auch im Massenbuch noch am Tage der Einnahme oder der Ausgabe unter diesem Datum einzutragen; Umbuchungen zwischen einem Giroanderkonto und einem Festgeldanderkonto, die für dieselbe Verwahrungsmasse eingerichtet worden sind, sind weder als Einnahme noch als Ausgabe einzutragen; es kann jedoch durch einen Vermerk im Massenbuch auf sie hingewiesen werden.

(3) [1] Bei bargeldlosem Zahlungsverkehr sind die Eintragungen unter dem Datum des Eingangs der Kontoauszüge oder der Mitteilung über Zinsgutschriften oder Spesenabrechnungen noch an dem Tag vorzunehmen, an dem diese bei der Notarin oder dem Notar eingehen. [2] Bei bargeldlosem Zahlungsverkehr über das System der elektronischen Notaranderkontenführung sind die Eintragungen unter dem Datum des Abrufs der Umsatzdaten am Tag des Abrufs vorzunehmen; Notarinnen und Notare haben die Umsätze unverzüglich abzurufen, wenn sie schriftlich oder elektronisch Kenntnis von neuen Umsätzen erlangt haben. [3] Kontoauszüge oder Mitteilungen sind mit dem Eingangsdatum zu versehen.[1]

(4) Schecks sind an dem Tage, an dem die Notarin oder der Notar den Scheck entgegengenommen hat, unter diesem Datum einzutragen; stellt sich ein Scheck, der als Zahlungsmittel zur Einlösung übergeben wurde, als ungedeckt heraus, ist er als Ausgabe aufzuführen.

Schrifttum: S. hierzu die Schrifttumshinweise bei § 23 BNotO sowie zur DONot insgesamt, ferner: *Kersten*, Verwahrungs- und Massenbuch nach der Neufassung der Dienstordnung für Notarinnen und Notare (DONot), ZNotP 2001, 470.

---

[1] **Sachsen:** Absatz 3 ist um nachstehende Sätze 4 und 5 **ergänzt:** „Wahlweise können die Eintragungen auch unter dem Wertstellungsdatum vorgenommen werden. Die gewählte Handhabung ist konsequent durchzuführen."

Übersicht

	Rn.
A. Überblick	1
I. Doppelte Buchung sowohl im Verwahrungs- wie im Massenbuch	1
II. Außerhalb von § 10 geregelte allgemeine Grundsätze der Buchung	3
1. Amtliche Muster	3
2. Führung der Bücher in gebundener oder Loseblattform, EDV	4
3. Verantwortung des Notars für die Buchführung	13
4. Verzeichnisse für Notaranderkonten	15
5. Blattsammlung zum Verwahrungsgeschäft (§ 22 Abs. 2)	16
6. Aufbewahrungsfristen (§ 5 Abs. 4)	18
B. Eintragungspflichtige Massen (Abs. 1)	19
I. Verwahrung nach § 23 BNotO	19
II. Nicht einzutragende Verwahrungsgegenstände	21
1. Verwahrung anderer Gegenstände (§ 24 BNotO)	21
2. Ausnahmen von der Eintragungspflicht (Abs. 1 S. 2)	22
C. Eintragungspflichtige Vorgänge (Abs. 2)	25
I. Einnahme und Ausgabe	25
II. Umbuchungen können nicht verbucht, jedoch im Massenbuch vermerkt werden	27
D. Taggleiche Eintragung (Abs. 2 bis Abs. 4)	29
I. Sofortige Eintragung	29
II. Einzutragendes Datum	33
1. Theoretische Grundregel (Abs. 2) gilt nur für Barzahlungen	33
2. Bargeldloser Zahlungsverkehr: Datum des Eingangs der Kontoauszüge, nicht Wertstellung (Abs. 3)	35
3. Schecks (Abs. 4)	37
III. Abweichungen zwischen Kontostand und Saldo im Massen- und Verwahrungsbuch	40
1. Unterschiede zwischen Wertstellung der Bank und Büchern des Notars	40
2. Uneingelöste Schecks	42

A. Überblick

I. Doppelte Buchung sowohl im Verwahrungs- wie im Massenbuch

Nach § 5 Abs. 1 S. 1 Nr. 2 und Nr. 3 muss der Notar bei der Verwahrung nach § 23 **1** BNotO sowohl ein Verwahrungs- wie ein Massenbuch führen. Alle Einnahmen und Ausgaben sind dabei **doppelt zu buchen** (§ 10 Abs. 1 und Abs. 2):

– Im **Verwahrungsbuch** (§§ 10, 11) sind die Einnahmen und Ausgaben für alle verwahrten Massen gemeinsam kalendermäßig fortlaufend zu buchen.
– Gleichzeitig sind die Einnahmen und Ausgaben auch, für jede Masse getrennt, im **Massenbuch** (oder einer Massenkartei) zu buchen (§§ 10, 12).

Damit ergibt sich aus dem Verwahrungsbuch jeweils die Gesamtsumme aller Verwahrungsmassen (wie sie nach § 25 mit der Übersicht über die Verwahrungsgeschäfte zum 15.2. jeden Jahres zu melden ist). Demgegenüber kann man aus dem Massenbuch den Stand der einzelnen Verwahrung ersehen; nach dem Abschluss der betreffenden Verwahrung muss der Saldo des Massenbuches (Einnahmen minus Ausgaben) Null betragen.

§ 10 regelt **gemeinsame Vorschriften** für das Verwahrungsbuch und das Massenbuch, **2** § 11 hingegen speziell das Massenbuch, § 12 das Verwahrungsbuch (und die Anderkontenliste). §§ 10 ff. wurden noch nicht an die Neunummerierung der §§ 57 ff. BeurkG angepasst. Sie verweisen daher weiter auf §§ 54a ff. BeurkG aF.

II. Außerhalb von § 10 geregelte allgemeine Grundsätze der Buchung

3 **1. Amtliche Muster.** Für Verwahrungs- und Massenbuch gibt es jeweils **amtliche Muster** (§ 11 Abs. 1 bzw. § 12 Abs. 1 iVm Muster 3 und 4 bzw. Muster 5 und 6). Änderungen im Format (wie Spaltenbreite, Hoch- statt Querformat) sind ohne Genehmigung zulässig (§ 6 Abs. 3 S. 1). Alle anderen Abweichungen von den amtlichen Mustern (etwa in der Anordnung der Spalten) bedürfen der Genehmigung durch die Aufsichtsbehörde (§ 6 Abs. 3 S. 2).

Verbindlich sind die amtlichen Muster hinsichtlich der vorgegebenen Spalten und der Bezeichnung der Spalten. Der **ausgefüllte Text des Musters** ist **nur Beispiel**, nicht Teil der verbindlichen Dienstordnung. So können etwa bei der Bezeichnung der Verwahrungsbeteiligten oder der Verwahrungsgegenstände auch andere Arten der Bezeichnung zulässig sein, sofern die Bezeichnung bestimmt genug ist.[2]

4 **2. Führung der Bücher in gebundener oder Loseblattform, EDV.** Die Dienstordnung enthält jeweils ein Muster für die Führung der Bücher in **gebundener Form** und eines für die Führung in **Loseblattform** (vgl. § 6 Abs. 2). Die Buchführung mittels **EDV** ist nach §§ 6 Abs. 1 Hs. 2, 17 bloßes Hilfsmittel; maßgeblich ist der Papierausdruck (der dann in Loseblattform erfolgt).[3] In der DONot ist zunächst jeweils die Buchführung in gebundener Form als Regelfall geregelt; dann folgen ggf. Sondervorschriften für die Loseblattform (beim Massenbuch „Massenkartei" genannt) und ggf. nochmals weitere Sondervorschriften für die Buchführung unter Zuhilfenahme der EDV. Praktisch dürfte die Buchführung für Notaranderkonten heute ganz überwiegend mittels EDV erfolgen, so dass der Sonderfall der DONot der praktische Regelfall ist.

5 a) **Führung mittels EDV.** Wird das Verwahrungsbuch bzw. die Massenkartei mittels EDV („automationsgestützt") geführt, so sind Muster 4 bzw. 6 der amtlichen Anlage zu verwenden. Verwahrungsbuch bzw. Massenkartei iSd DONot ist der jeweilige **Ausdruck** (§ 17 Abs. 1 S. 2). Die Speicherung in der EDV ist „lediglich Hilfsmittel" (§ 6 Abs. 1 Hs. 2).[4]

6 Da die Buchungen jeweils **am Tag des Eingangs der Kontoauszüge** erfolgen müssen, muss noch am selben Tag auch ein **Ausdruck** erfolgen (§ 17 Abs. 1 iVm § 10 Abs. 2).[5] Der Ausdruck muss auf dauerhaftem Papier erfolgen (§ 6 Abs. 1).

7 Nach hM darf beim **Ausdruck** jeweils **nur das letzte Blatt ersetzt** werden (bzw. sonst geänderte Blätter) (Verbot wiederholender Ausdrucke).[6] Denn ansonsten besteht die Gefahr, dass handschriftliche Vermerke (über Buchungsfehler) auf bereits ausgedruckten Seiten vernichtet werden. Würden die Vermerke neu vorgenommen, so könnte dies nur unter dem neuen Datum erfolgen. Daher können Nachträge auf bereits ausgedruckten Seiten nach hM nicht per EDV erfolgen, sondern müssen auf dem Ausdruck vermerkt werden (idR handschriftlich).

---

[2] Ein Beispiel (nicht aus dem Bereich der Verwahrung) ist die Angabe des Wohnorts des Vertreters im amtlichen Muster 2 (Urkundenrolle). Diese Bezeichnung ist weder vom Text der DONot noch von den Spaltenüberschriften als erforderlich vorgegeben. Sie ist damit zulässig, aber (entsprechend der bisherigen Rechtslage) nicht erforderlich und bei gesetzlicher Vertretung einer juristischen Person auch nicht sinnvoll (→ § 8 Rn. 27).

[3] Vgl. *Bettendorf* RNotZ Sonderheft 2001, 7 ff.

[4] Vorgaben für elektronische Buchführungsprogramme finden sich in den „EDV-Empfehlungen für Notarinnen und Notare, Notarprüferinnen und Notarprüfer und Softwarehersteller im Hinblick auf eine dienstordnungsgerechte Führung der Bücher, Verzeichnisse und Übersichten im Notariat" der Bundesnotarkammer (im Internet abrufbar unter: www.bnotk.de/Service/Empfehlungen+Hinweise/EDV-Empfehlungen.2005.html).

[5] → § 17 Rn. 3.

[6] → § 17 Rn. 11; *Bettendorf* RNotZ Sonderheft 2001, 19 f.; *Blaeschke* Rn. 1285; *Kersten* ZNotP 2002, 470 (475); *Mihm/Bettendorf* DNotZ 2001, 40.

Zwischenausdrucke (des letzten Blattes) sind **zu vernichten** (§ 17 Abs. 1 S. 1) (Reißwolf oder sonst datenschutzsichere Vernichtung – § 18 BNotO).

Die ausgedruckten einzelnen Loseblätter müssen fortlaufend nummeriert sein (§ 14 **8** Abs. 1 S. 3). Sie sind zunächst in Schnellheftern oder **Aktenordnern** abzulegen (§ 14 Abs. 1 S. 3).

Während des Jahres enthält das **Titelblatt** hier nur die Bezeichnung als Verwahrungsbuch (ggf. mit Jahresangabe) bzw. Massenbuch (mit Angabe der Masse) sowie Name und Amtssitz des Notars (§ 7 Abs. 1 S. 2).

Unverzüglich **nach Jahresende** (dh nach der letzten Eintragung und dem Ausdruck aller Loseblätter) wird das Titelblatt ausgefüllt (Seitenzahl), vom Notar unterschrieben und die Einlageblätter mit Heftfaden **geheftet und gesiegelt** (mit Prägesiegel – anders als bei Buchform) (§ 14 Abs. 1 S. 3 iVm § 7 Abs. 1 S. 3 und § 30). Ein Einband in ein Buch mit festem Deckel ist zusätzlich zulässig, aber nicht erforderlich; im Regelfall dürften heute die in einem Aktenordner abgelegten Blätter geheftet werden.[7]

b) **Führung ohne EDV.** Wird das Verwahrungs- oder Massenbuch in Loseblattform, **9** aber ohne EDV geführt, so dürfen keine Blätter vernichtet werden. Im Übrigen gilt dasselbe wie bei Führung mit EDV, dh während des Jahres Ablage in Aktenordnern, **Heftung** mit Prägesiegel und Unterschrift **unverzüglich nach Jahresende** (§ 14 Abs. 1).

c) **Verwahrungs- oder Massenbuch in Buchform.** Wird das Verwahrungs- oder **10** Massenbuch in Buchform geführt, so muss der Inhalt Muster 3 bzw. 5 der Anlagen zur DONot entsprechen, während § 7 DONot Vorgaben zur äußeren Form macht:

Erforderlich ist ein **gebundenes Buch** mit festem Einband (§ 7 Abs. 1 S. 1) (anders als **11** bei der Loseblattform, bei der die Blätter erst nach Jahresende geheftet werden).

Das **Titelblatt** muss Muster 1 der Anlagen zur DONot entsprechen.[8] Es muss Name und Amtssitz (§ 10 BNotO) des Notars angeben. Vor Ingebrauchnahme muss der Notar das Titelblatt ausfüllen (Bandnummer und Seitenzahl) sowie unterschreiben (mit Angabe von Ort und Datum sowie Farbdrucksiegel) (§ 7 Abs. 1 S. 2 und S. 3).

Alle **Seiten** müssen fortlaufend nummeriert sein (§ 7 Abs. 1 S. 1). Seiten dürfen keines- **12** falls entfernt werden; verschriebene Seiten können nur durchgestrichen werden, dabei muss der ursprüngliche Text aber noch lesbar bleiben (§ 7 Abs. 2).

3. Verantwortung des Notars für die Buchführung. Nach § 58 Abs. 3 S. 1 BeurkG **13** darf nur der Notar persönlich (oder der Vertreter bzw. Nachfolger im Amt) über das Notaranderkonto verfügen, dh Überweisungen anweisen. Die **Buchführung** hingegen darf der Notar **delegieren**[9] (und wird er sinnvollerweise delegieren).

Die **Notarprüfung** prüft die Formalitäten der Buchführung für die Notaranderkonten **14** meist sehr genau, da eine schlampige oder inkorrekte Buchführung ein Indiz für Unregelmäßigkeiten bei der Verwahrung sein kann.[10]

4. Verzeichnisse für Notaranderkonten. Für alle Notaranderkonten gibt es zwei **Ver- 15 zeichnisse** ieS und zwei **Geschäftsübersichten** (die auch Verzeichnisse iwS sind):

– Der Notar muss eine **Anderkontenliste** (und Anderdepotliste) zu führen (§ 12 Abs. 5),[11] aus der die bei den einzelnen Kreditinstituten geführten Anderkonten hervorgehen (mit Kenntlichmachung der abgewickelten Massen). Damit soll insbesondere der Notarprüfung eine schnelle Übersicht ermöglicht werden.

---

[7] Auch beim Buchbinder stellt sich das Problem der Gewährleistung der Einhaltung der Verschwiegenheitspflicht (§ 18 BNotO). Jedoch muss ein Binden außerhalb des Notariats zulässig sein (ebenso wie die Pflege der Datenprogramme durch externe Dienstleister bei entsprechenden Sicherheitsmaßnahmen zulässig ist).
[8] Abgedruckt bei § 7 DONot.
[9] Weingärtner/Gassen/*Weingärtner* DONot § 10 Rn. 2.
[10] *Blaeschke* Rn. 1248.
[11] → § 12 Rn. 22.

– Zum Massenbuch ist ein **alphabetisches Namensverzeichnis** zu führen. Dies kann auch gemeinsam mit dem Namensverzeichnis zur Urkundenrolle geführt werden (§ 13 Abs. 1 und Abs. 4).[12]
– Eine **Übersicht über die Verwahrungsgeschäfte** (dh der geldmäßigen Summe aller zum Abschluss des Kalenderjahres vorhandenen Massen) (oder eine Fehlanzeige) ist dem Präsidenten des Landgerichtes ebenfalls nach amtlichem Muster **bis 15.2.** des Folgejahres einzureichen (§ 25).
– Eine (statistische) Übersicht über die Anzahl aller Urkunds- und Verwahrungsgeschäfte eines Jahres – einschließlich der abgeschlossenen Massen – enthält (derzeit noch) die jährliche **Geschäftsübersicht** (§ 24).

16 **5. Blattsammlung zum Verwahrungsgeschäft (§ 22 Abs. 2).** Schließlich ist für jedes Verwahrungsgeschäft als Nebenakte eine eigene **Blattsammlung** zu führen (§ 22 Abs. 2). Dient die Verwahrung, wie regelmäßig, der Abwicklung eines Urkundsgeschäftes, so ist gleichwohl die Nebenakte für das Urkundsgeschäft von der Blattsammlung für das Verwahrungsgeschäft getrennt zu führen. Denn bei der Prüfung des Notaranderkontos soll der Notar oder der Prüfer nicht zugleich den gesamten Schriftverkehr zum Vertragsvollzug durchblättern müssen.

Die gesonderte Blattsammlung kann damit entweder als eigenständiger Teil zur Nebenakte des zugrundeliegenden Urkundsgeschäftes geheftet werden (= mit Unterteilung gegenüber dem sonstigen Schriftverkehr) oder aber zusammen mit den anderen Blattsammlung für Verwahrungsgeschäfte aufgehoben werden (zB in einem Ordner „Verwahrungsgeschäfte", mit Unterteilungen für die einzelnen Verwahrungsgeschäfte).[13]

17 Im Rahmen der Notarprüfung werden häufig Fehler bei der Blattsammlung zu Notaranderkonten gerügt. **Häufige Fehlerquellen** sind insbesondere:
– Zur Blattsammlung gehört insbesondere auch eine Abschrift der **Verwahrungsanweisung** (§ 22 Abs. 2 S. 2 Nr. 1) sowie die Treuhandaufträge der finanzierenden Bank und der abzulösenden Grundpfandrechtsgläubiger (§ 22 Abs. 2 S. 2 Nr. 2) samt **Annahmevermerk** (§ 22 Abs. 2 S. 2 Nr. 4). Auch die Erklärung der Bank, den Notar aus einem Treuhandauftrag zu entlassen, sind bei Anderkontenabwicklung zur gesonderten Blattsammlung zu nehmen (§ 22 Abs. 2 S. 1, auch wenn S. 2 sie nicht ausdrücklich auflistet).[14] (Verfahrensrechtlich ist nicht erforderlich, dass die Bank die Entlassung aus dem Treuhandauftrag ausdrücklich erklärt; damit wird jedoch klargestellt, dass der Treuhandauftrag aus Sicht der Bank erledigt ist.)
– Ebenfalls zur Blattsammlung gehören die **Kontoauszüge** und sonstige **Belege** über Einnahmen und Ausgaben (§ 22 Abs. 2 S. 2 Nr. 5 und Nr. 6).
– Belege und Kontoauszüge sind je mit der **Nummer der Masse** zu versehen (§ 27 Abs. 3 S. 5). Auf allen eingehenden Kontoauszügen ist der **Tag des Eingangs** zu vermerken (§ 10 Abs. 3 S. 2) (Eingangsstempel oder auch handschriftlich), um der Notarprüfung die Kontrolle zu ermöglichen, ob auch tagglech gebucht wurde.
– Für alle Banküberweisungen ist eine **Ausführungsbestätigung der Bank** erforderlich. Der bloße Eingangsstempel der Bank genügt nicht. Es genügt etwa folgender Vermerk: „Dieser Auftrag wurde im Geschäftsbereich der ... Bank/Sparkasse ... ausgeführt. – Ort, Datum, 2 Unterschriften" – oder auch bloße Paraphen.[15]
– Auch wenn es in der DONot nicht ausdrücklich geregelt ist, gehören auch alle übrigen speziell auf die Verwahrung bezogenen Unterlagen in die Blattsammlung, so etwa der (schriftliche) **Widerruf** einer Verwahrungsanweisung, **Abtretungserklärungen, Pfändungs- und Überweisungsbeschlüsse** oder auch Bestätigungen der Beteiligten oder

---

[12] → § 13 Rn. 4 ff.
[13] *Blaeschke* Rn. 1341 ff.; *Kersten* ZNotP 2002, 470 (474); Weingärtner/Gassen/*Weingärtner* DONot § 22 Rn. 3.
[14] Als „Empfehlung" auch *Kersten* ZNotP 2002, 470 (474).
[15] *Kersten* ZNotP 2002, 470 (474); vgl. auch *Blaeschke* Rn. 1432.

von Dritten über das Vorliegen von Auszahlungsvoraussetzungen (zB ein Übergabeprotokoll).[16]
– **Eigenbelege des Notars genügen nie,** insbesondere auch keine unbestätigten Überweisungsträger – auch nicht in Verbindung mit anderen Nachweise (§ 27 Abs. 3 S. 2).
– Zur Blattsammlung gehört auch eine Kopie der **Kostenrechnung,** falls die Notarkosten der Masse entnommen wurden (und nicht direkt von den Beteiligten gezahlt wurden) (§ 22 Abs. 2 S. 2 Nr. 8).
– Schließlich gehört eine Kopie der **Abrechnung** über das Notaranderkonto gegenüber den Beteiligten zur gesonderten Blattsammlung (§§ 22 Abs. 2 S. 2 Nr. 7, 27 Abs. 4).

6. Aufbewahrungsfristen (§ 5 Abs. 4). Verwahrungs- und Massenbuch, die Anderkontenliste sowie das Namensverzeichnis zum Massenbuch sind 30 Jahre aufzubewahren (§ 5 Abs. 4 S. 1 2. Spiegelstrich). Die Blattsammlung ist als Nebenakte **sieben Jahre** aufzubewahren und dann grds. zu vernichten, sofern der Notar nicht im Einzelfall einer längere Aufbewahrungsfrist bestimmt (was etwa bei höheren Verwahrungsbeträgen sinnvoll sein kann). 18

B. Eintragungspflichtige Massen (Abs. 1)

I. Verwahrung nach § 23 BNotO

Einzutragen in das Verwahrungs- und Massenbuch sind nach § 10 Abs. 1 S. 1 nur die Verwahrungsmassen, hinsichtlich derer eine Verwahrung nach § 23 BNotO, §§ 57, 61 BeurkG erfolgt, also **Geld, Kostbarkeiten und Wertpapiere.**[17] 19

Zweite Voraussetzung ist aber auch, dass eine **Verwahrung nach § 23 BNotO** (iVm §§ 57, 61 BeurkG) erfolgt. Damit sind Geld, Kostbarkeiten und Wertpapiere dann nicht einzutragen, wenn sie der Notar nicht im Rahmen einer Verwahrung nach § 23 BNotO, sondern zu anderen Zwecken erhält. Nicht einzutragen sind daher insbesondere Grundschuldbriefe, die der Notar zur Vorlage zum Grundbuchvollzug erhält.[18] (Jedoch empfiehlt sich für die Grundschuldbriefe eine eigene Liste, damit deren Abgabe jederzeit überprüft werden kann.) 20

II. Nicht einzutragende Verwahrungsgegenstände

1. Verwahrung anderer Gegenstände (§ 24 BNotO). Nicht in Verwahrungs- und Massenbuch einzutragen sind hingegen **Verwahrungen anderer Gegenstände nach § 24 BNotO,** etwa Vollmachten oder Bürgschaften.[19] Auch hier kann sich aber empfehlen, dass der Notar Eingang und Ausgang in einer Liste vermerkt oder ggf. Empfangsquittungen zu den Nebenakten nimmt[20] (ebenso insbesondere auch für die ihm zur Vorlage beim Grundbuchamt übergegebenen Grundpfandrechtsbriefe). Derartige Listen unterliegen dann aber nicht den Regelungen der §§ 5 ff., 10 ff. 21

2. Ausnahmen von der Eintragungspflicht (Abs. 1 S. 2). a) Grundpfandrechtsbriefe. § 10 Abs. 1 S. 2 nimmt bestimmte, jedenfalls potentiell unter § 23 BNotO fallende Verwahrungsgegenstände von der Eintragung aus: Praktisch bedeutsam sind insbesondere die im zweiten Spiegelstrich genannten **Hypotheken-, Grundschuld- und Rentenschuldbriefe.** Im Regelfall erhält der Notar einen solchen Grundpfandrechtsbrief, um ihn zum Vollzug beim Grundbuchamt einzureichen (meist für eine Löschung, seltener für eine 22

---

[16] Blaeschke Rn. 1346.
[17] Zur Definition der Begriffe Wertpapiere und Kostbarkeiten → BeurkG § 62 Rn. 2–6.
[18] Im Einzelnen → BeurkG § 62 Rn. 4–5.
[19] Bettendorf RNotZ Sonderheft 2001, 14; Armbrüster/Preuß/Renner/Renner DONot § 10 Rn. 5.
[20] Weingärtner/Gassen/Weingärtner DONot § 10 Rn. 2.

Eintragung). Hier kommen §§ 10 ff. schon deshalb nicht zur Anwendung, weil keine Verwahrung nach § 23 BNotO vorliegt.

Aber auch wenn der Notar einen Grundpfandrechtsbrief zur Verwahrung nach § 23 BNotO erhält (was etwa im Rahmen einer Umschuldungsvereinbarung denkbar ist), so ist der Brief doch nach § 10 Abs. 1 S. 2 weder in das Verwahrungs- noch das Massenbuch einzutragen.

Gleichwohl wird man dem Notar raten, den Empfang und den Versand von Grundpfandrechtsbriefen zu dokumentieren (durch eine **Liste** und ggf. **Versendungsnachweise bzw. Empfangsquittungen**) – um bei einem Verlust des Briefes ggf. nachweisen zu können, dass der Brief nicht bei ihm verlorenging. Denn ein Aufgebotsverfahren für einen verloren gegangenen Grundpfandrechtsbrief (§ 1162 BGB, §§ 447 ff. FamFG) kann mehrere Monate dauern und kann für diese Zeit den Nominalwert des Briefes samt Zinsen blockieren (so dass etwa bei einem Verkauf ein entsprechender Betrag auf Notaranderkonto verbleibt).

23 **b) Wechsel- oder Scheckprotest.** Der erste und der dritte Spiegelstrich von § 10 Abs. 1 S. 2 nehmen sowohl die Wechsel und Schecks, die der **Notar zur Protesterhebung** erhalten hat (Spiegelstrich 3), wie die vom Notar als Protestbeamten vereinnahmten Geldbeträge (Spiegelstrich 1) von der Buchung in Verwahrungs- und Massenbuch aus. Denn der Notar handelt hier nicht nach § 23 BNotO, sondern aufgrund der jeweiligen Vorschriften des Wechsel- bzw. Scheckrechts. (Entsprechend erfolgen Zahlungen nicht über Notaranderkonto, sondern über ein Geschäftskonto des Notars.).

Außerdem sieht die DONot bereits **Sammelbände für Wechsel- und Scheckproteste** vor (§ 5 Abs. 1 S. 2 Nr. 2). Die zusätzliche Eintragung in Verwahrungs- und Massebuch wäre damit überflüssig – und auch nicht sinnvoll angesichts der geringen Zeitdauer, die ein zu protestierender Wechsel im Regelfall beim Notar verbleibt (manchmal nur wenige Stunden, selten mehr als ein paar Tage).

24 Wird ein Wechsel oder Scheck hingegen dem Notar **zur Verwahrung übergeben,** so sind § 23 BNotO und § 61 bzw. §§ 57 ff. BeurkG anwendbar. Der Scheck ist nach § 58 Abs. 5 BeurkG unverzüglich zugunsten des Notaranderkontos einzulösen (sofern keine abweichende Verwahrungsanweisung erteilt wurde). Wechsel oder Scheck sind dann auch nach § 10 Abs. 1 in Verwahrungs- und Massenbuch einzutragen.

C. Eintragungspflichtige Vorgänge (Abs. 2)

I. Einnahme und Ausgabe

25 Eintragungspflichtige Vorgänge sind jede **Einnahme** und jede **Ausgabe** (§ 10 Abs. 2 S. 1).

26 Jeder Zu- oder Abfluss auf dem Notaranderkonto muss gesondert gebucht werden. Werden dem Notaranderkonto etwa zunächst Zinsen gutgeschrieben und dann Zinsabschlagssteuer oder Kontoführungsgebühren belastet, so muss **jeder Zufluss und jede Belastung getrennt gebucht** werden. Eine Saldierung mehrerer Zu- und Abflüsse (etwa eines Tages oder eines Rechnungsabschlusses) ist unzulässig.

Hat hingegen die Bank bereits intern die Saldierung mehrerer Rechnungsposten vorgenommen und wird nur der **Saldo** in einer einheitlichen Summe dem Anderkonto **gutgeschrieben** oder belastet (wie dies häufig beim Rechnungsabschluss der Fall ist), so muss nur dieser einheitliche Zu- oder Abfluss in Verwahrungs- und Massenbuch gebucht werden. Denn nur dann stimmen Bücher und Kontoauszügen auch in den Einzelposten überein.[21]

---

[21] Armbrüster/Preuß/Renner/*Renner* DONot § 10 Rn. 12; Weingärtner/Gassen/*Weingärtner* DONot § 10 Rn. 16 (aA für Zinsen, Abgeltungssteuer und Bankspesen, bei denen er keine Saldierung vornehmen will: Weingärtner/Gassen/*Weingärtner* DONot § 12 Rn. 3).

II. Umbuchungen können nicht verbucht, jedoch im Massenbuch vermerkt werden

Nicht eintragungspflichtig sind **Umbuchungen** zwischen Giroanderkonto und **Festgeld-** 27 **anderkonto,** soweit sie für die dieselbe Verwahrungsmasse eingerichtet sind. Im Massenbuch ist ein entsprechender Vermerk jedoch zulässig (§ 10 Abs. 2 aE) – und zur besseren Übersicht auch zu empfehlen. Eine Buchung im Verwahrungsbuch ist hingegen unzulässig (und müsste ja auch denselben Betrag zugleich als Ausgabe wie als Einnahme verzeichnen).

Der Vermerk ist ggf. im Massenbuch (Muster 5) in Spalte 6 (Bemerkungen) anzubringen,[22] in der Massenkartei (dh auch bei EDV-Führung) hingegen in Spalte 3 (Auftraggeber oder Empfänger). Der Vermerk könnte etwa wie folgt lauten: „30.000,– Euro umgebucht von Giroanderkonto Nr. … auf Festgeldanderkonto Nr. … mit am … (Datum) eingegangenen Kontoauszug".

In jedem Fall erforderlich ist hingegen die Eintragung des Festgeldanderkontos in der **Anderkontenliste** (§ 12 Abs. 5).[23]

Werden **ausnahmsweise zwei Girokonten** für eine Verwahrungsmasse geführt (was 28 § 58 Abs. 4 BeurkG nur ausnahmsweise zulässt),[24] so sind Umbuchungen zwischen den beiden Girokonten ebenfalls nicht eintragungspflichtig; jedoch ist ein Vermerk im Massenbuch zulässig (analog § 10 Abs. 2 aE) und zu empfehlen.

D. Taggleiche Eintragung (Abs. 2 bis Abs. 4)

I. Sofortige Eintragung

Nach dem Grundsatz der **taggleichen Eintragung** müssen alle Eintragungen im Ver- 29 wahrungs- wie im Massenbuch **noch am Tag der Einnahme oder Ausgabe** erfolgen, wie § 10 Abs. 2 Hs. 1 für Barzahlungen anordnet.

Beim **bargeldlosen Zahlungsverkehr,** der nach § 57 Abs. 1 und Abs. 3 S. 5 BeurkG 30 der vom Gesetz vorgesehene Grundfall ist, sind alle **Eintragungen noch am Tag des Eingangs der Kontoauszüge** vorzunehmen (§ 10 Abs. 3 S. 1) bzw. bei Online-Konten am Tag des Abrufs (§ 10 Abs. 3 S. 2). Eine Buchung bereits mit Absendung der Überweisung an die Bank wäre hingegen verfrüht.[25]

Auch Schecks sind bereits am **Tag der körperlichen Entgegennahme** bzw. der Über- 31 gabe[26] durch den Notar als Einnahme bzw. Ausgabe zu verbuchen. Ersteres regelt § 10 Abs. 4 Hs. 1 ausdrücklich; Letzteres ergibt sich aus dem allgemeinen Grundsatz des § 10 Abs. 2 S. 1.

Der Grundsatz taggleicher Eintragung soll einen jederzeit aktuellen Stand der Buchungen 32 über die Notaranderkonten gewährleisten – sowohl für den Notar selbst wie für die Notarprüfung. Taggleiche Eintragung ist mehr als unverzügliche Eintragung; die Notarprüfung erkennt daher **Personalschwierigkeiten** zur Entschuldigung verspäteter Eintragungen nicht an.[27] Dieser strikte Maßstab führt allerdings zu Schwierigkeiten: Vor allem in Einzelnotariaten, aber auch in vielen Zweiersozietäten arbeitet die mit der Buchhaltung (und typischerweise auch mit der Buchung der Notaranderkonten) betraute Fachkraft nur in Teilzeit; die DONot verlangt dadurch im Ergebnis, dass bei Eingang der Kontoauszüge an anderen Tagen entweder der Notar selbst oder eine weniger erfahrene Kraft die Buchung vornimmt.[28] Bei Online-Konten ist dies etwas einfacher: Diese sind zwar unverzüglich

---

[22] Weingärtner/Gassen/*Weingärtner* DONot § 12 Rn. 4.
[23] → § 12 Rn. 21 ff.
[24] → BeurkG § 58 Rn. 37.
[25] Weingärtner/Gassen/*Weingärtner* DONot § 10 Rn. 15.
[26] Weingärtner/Gassen/*Weingärtner* DONot § 10 Rn. 13.
[27] Weingärtner/Gassen/*Weingärtner* DONot § 10 Rn. 13.
[28] Daher zweifelt Armbrüster/Preuß/Renner/*Renner* DONot § 10 Rn. 9, ob die vom Verordnungsgeber angeordnete Lösung praxisgerecht ist.

abzurufen (§ 10 Abs. 3 S. 2). Dafür dürfte es aber mE genügen, wenn dies ein oder zwei Tage später erfolgt, wenn die mit der Buchung beauftragte Fachkraft wieder anwesend ist.

II. Einzutragendes Datum

33 **1. Theoretische Grundregel (Abs. 2) gilt nur für Barzahlungen.** Einzutragen ist grundsätzlich das **Datum der Einnahme oder Ausgabe** (§ 10 Abs. 2 Hs. 1). Uneingeschränkt gilt diese Grundregel nur für Bareinnahmen und -ausgaben; auch für Schecks sieht Abs. 4 eine entsprechende Regel vor. Bei bargeldlosen Zahlungen ist hingegen das Datum einzutragen, an dem die Kontoauszüge beim Notar eingehen (Abs. 3 S. 1) bzw. bei Online-Konten unter dem Datum des Tags des Abrufs (Abs. 3 S. 2).

34 Erfolgt eine Eintragung versehentlich nicht am Tag der Einnahme oder Ausgabe, sondern erst später, ist gleichwohl das Datum der tatsächlichen Einnahme oder Ausgabe zu vermerken, **nicht das Datum der Eintragung.**

35 **2. Bargeldloser Zahlungsverkehr: Datum des Eingangs der Kontoauszüge, nicht Wertstellung (Abs. 3).** Bei bargeldlosem Zahlungsverkehr ist – abweichend von sonst üblichen Buchführungspraktiken **das Datum des Eingangs der Kontoauszüge** zu buchen (§ 10 Abs. 3 S. 1) – und **nicht etwa unter dem Datum der Wertstellung** oder der Buchung durch die Bank. Die Regelung der DONot ist nur historisch zu verstehen. Diese Regelung muss sich der buchführende Angestellte besonders einschärfen, weil man „gefühlsmäßig" anders buchen würde. Die Regelung mag nicht besonders sinnvoll sein; sie überschreitet aber nicht das Gestaltungsermessen der Landesjustizverwaltung für den Erlass der DONot als Verwaltungsvorschrift.[29] Sogar dem Verfassungsgericht meinte ein Notar die Frage vorlegen zu müssen, so dass die Norm jetzt als verfassungsmäßig bestätigt wurde.[30] Zur Verdeutlichung der Regelung der DONot halte ich es für zulässig – insbesondere für die Abrechnung gegenüber den Beteiligten –, in der Überschrift zu Spalte der amtlichen Muster 5 bzw. 6 unter „Datum" noch den Zusatz „(Eingang des Kontoauszugs)" hinzuzufügen; vorsichtshalber kann man für einen solchen Zusatz aber die Genehmigung der Aufsichtsbehörde einholen (§ 6 Abs. 3).

Lediglich in **Sachsen** genügt eine Eintragung unter dem Datum der Wertstellung.[31] Dort kann der Notar wählen, unter welchem Datum er einträgt; er muss die gewählte Eintragungsart dann aber einheitlich durchführen. Ein Wechsel der Eintragungsart sollte daher grundsätzlich nur zum Jahreswechsel erfolgen.

„Taggleiche" Buchung heißt nur am gleichen Werktag; Auszüge, die sich samstags in der Post finden, gehen erst mit den regulären Bürozeiten am Montag zu; es genügt daher eine Buchung am Montag.[32]

36 Die **Kontoauszüge** etc sind mit dem Eingangsdatum zu versehen (§ 10 Abs. 3 S. 2) (typischerweise durch **Eingangsstempel;** ein handschriftlicher Vermerk genügt aber ebenso).[33] Damit sind die Belege den Buchungen besser zuordenbar. In der Notarprüfung wird geprüft, ob sich die Kontoauszüge bei der Blattsammlung zu dem jeweiligen Verwahrungsgeschäft befinden (§ 22 Abs. 2 S. 2 Nr. 6), mit der Nummer der Masse und dem Eingangsdatum versehen sind.[34]

37 **3. Schecks (Abs. 4).** Für Schecks gilt hingegen wieder die Grundregel: Nach § 10 Abs. 4 Hs. 1 sind Schecks unter dem **Datum der körperlichen Entgegennahme** durch den Notar als Einnahme einzutragen – nicht etwa erst am Wertstellungsdatum. Buchung

---

[29] BGH NotBZ 2010, 93 mAnm *Renner.*
[30] BVerfGE 131, 130 = DNotZ 2012, 945. Interessant ist die Entscheidung, weil das BVerfG darin allgemein zu den Rechtsgrundlagen der DONot Stellung nahm.
[31] Dies war in Sachsen auch vor der Einführung der DONot üblich; vgl. *von Campe* NotBZ 2000, 366 (368).
[32] Armbrüster/Preuß/Renner/*Renner* DONot § 10 Rn. 8.
[33] *Kersten* ZNotP 2001, 470; Armbrüster/Preuß/Renner/*Renner* DONot § 10 Rn. 16.
[34] *Blaeschke* Rn. 1415 f.

und Wertstellung auf dem Anderkonto müssen – als bloße „Umbuchung" – nicht eingetragen werden; es kann jedoch ein Vermerk im Massenbuch (aber auch nur dort) erfolgen (entsprechend § 10 Abs. 2 letzter Hs.). Der Vermerk könnte etwa lauten: „Scheck Nr. … gutgeschrieben mit am … (Datum) eingegangenen Kontoauszug" (Massenbuch Spalte 6 bzw. Massenkartei Spalte 3). Hier halte ich den Vermerk aber für überflüssig – anders als bei der Umbuchung auf Festgeld (→ Rn. 27).

Stellt sich ein entgegen genommener Scheck im Nachhinein als **nicht gedeckt** heraus, so ist er als Ausgabe aufzuführen, zB (Spalte 5, Bezeichnung): „Scheck Nr. 12345, Volksbank M, Einlösung verweigert". 38

Wird umgekehrt ausnahmsweise ein **Scheck zu Lasten des Notaranderkontos** ausgestellt (§ 58 Abs. 3 S. 5 bis S. 7 BeurkG), so ist dies analog § 10 Abs. 4 Hs. 1 bereits am Tage der (vom Empfänger nach § 58 Abs. 3 S. 7 BeurkG zu quittierenden) Übergabe des Schecks und unter diesem Datum einzutragen. Dann sieht man sofort, dass das Geld bereits ausgegeben ist, auch wenn noch keine Belastung des Bankkontos erfolgte.[35] 39

Falls der Scheck **uneingelöst** wieder zum Notar zurückkommt, ist er entsprechend Abs. 4 aE als Einnahme zu verbuchen.

III. Abweichungen zwischen Kontostand und Saldo im Massen- und Verwahrungsbuch

1. Unterschiede zwischen Wertstellung der Bank und Büchern des Notars. Da die Eintragung in Verwahrungs- und Massenbuch zT erst nach der Buchung auf dem Bankkonto erfolgt, muss der Saldo nach dem Massenbuch nicht notwendig immer zeitgleich mit dem auf dem Bankkonto übereinstimmen. Immer übereinstimmen muss jedoch der Saldo aus den beim Notar eingegangenen Kontoauszügen und aus den Büchern des Notars. 40

Eine scheinbare Abweichung ergibt sich damit für die **Übersicht zum Jahreswechsel (§ 25).** Werden hier die Wertstellungen der Kontoauszüge per 31.12. addiert (§ 25 Abs. 2 S. 1 Nr. 1), so weicht dies von den Summen von Verwahrungs- und Massenbuch (§ 25 Abs. 2 S. 1 Nr. 2 und Nr. 3) ab, sofern die Kontoauszüge mit dem Saldo zum 31.12. erst nach Jahresschluss im Notariat eintrafen (was regelmäßig der Fall sein wird). 41

Nach § 10 Abs. 3 sind aber in der Übersicht nur die Kontostände der Auszüge anzugeben, die zum Jahresende bereits im Notariat zugegangen waren. In der Praxis wird eine Übereinstimmung aber teilweise auch dadurch erzielt, dass Verwahrungs- und Massenbuch für das jeweilige Jahr erst aufgrund der (typischerweise am 2.1. zugehenden) Kontoauszüge mit Wertstellung zum 31.12. abgeschlossen werden; dies lässt aber die Verwendung der Jahresendsalden auf den Kontoauszügen zu.[36]

2. Uneingelöste Schecks. Auch bei Schecks stimmen Kontostand und Saldo des Massenbuches bis zur Scheckeinlösung nicht überein. Darstellungsprobleme ergeben sich vor allem für die Übersicht zum Jahreswechsel (§ 25 DONot) oder falls **nach der Scheckausgabe das Anderkonto rechnerisch auf Null** stünde. 42

Soll mit dem Scheck der Restbetrag vom Notaranderkonto ausgezahlt werden, so ist die **Masse erst mit der Einlösung des Schecks abgewickelt** iSd § 12 Abs. 6. Schlusssaldo und Rötung (bzw. sonstiger Abschluss) können daher erst nach Einlösung des Schecks erfolgen.

Für die **Übersicht zum Jahreswechsel (§ 25)** empfiehlt sich bei uneingelösten Schecks (Einnahmen wie Ausgaben) ein Vermerk bei der einzelnen Masse – und ein entsprechender 43

---

[35] *Blaeschke* Rn. 1184, 1424; Armbrüster/Preuß/Renner/*Renner* DONot § 10 Rn. 19; Weingärtner/Gassen/*Weingärtner* DONot § 10 Rn. 13.
[36] Für Zulässigkeit dieses Vorgehens beim Jahresabschluss nach § 11 Abs. 5 früher insbes. *Huhn/v. Schuckmann*, 3. Aufl., DONot § 13 aF Rn. 10; → § 11 Rn. 26.

Vermerk in der Gesamtsumme, um die Abweichung zwischen den Kontoständen und der Summe der Massebücher bzw. des Verwahrungsbuches zu erklären.

§ 11 Eintragungen im Verwahrungsbuch[1]

(1) **Das Verwahrungsbuch ist nach dem Muster 3 zu führen.**

(2) **Die Eintragungen sind unter einer durch das Kalenderjahr fortlaufenden Nummer vorzunehmen (Spalte 1).**

(3) [1]**Geldbeträge sind in Ziffern einzutragen (Spalte 4) und aufzurechnen, sobald die Seite vollbeschrieben ist; das Ergebnis einer Seite ist sogleich auf die folgende Seite zu übertragen.** [2]**Bei Sparbüchern und Schecks, die als Zahlungsmittel übergeben werden, sind die Nennbeträge in Spalte 4 aufzuführen; in Spalte 5 sind die Bezeichnung der Sparbücher und deren Nummer oder die Nummer der Schecks und die Bezeichnung des Kreditinstituts anzugeben.** [3]**Wertpapiere werden gemäß § 12 Abs. 3 Satz 3 eingetragen oder nur nach der Gattung und dem Gesamtbetrag bezeichnet, Zins-, Renten- und Gewinnanteilscheine oder Erneuerungsscheine sind kurz zu vermerken (Spalte 5).**

(4) **Bei jeder Eintragung in das Verwahrungsbuch ist auf die entsprechende Eintragung im Massenbuch zu verweisen (Spalte 6).**

(5) [1]**Das Verwahrungsbuch ist am Schluss des Kalenderjahres abzuschließen und der Abschluss ist von der Notarin oder dem Notar unter Angabe von Ort, Tag und Amtsbezeichnung zu unterschreiben.** [2]**Der Überschuss der Einnahmen über die Ausgaben ist in das nächste Jahr zu übertragen.**

Schrifttum: S. die Schrifttumshinweise bei § 23 BNotO.

Übersicht

	Rn.
A. Überblick	1
B. Verwahrungsbuch	4
I. Allgemein	4
1. Amtliches Muster (Abs. 1)	4
2. Unterschiede zwischen gebundener Form und Loseblattform	6
II. Zu den einzelnen Spalten des Verwahrungsbuches	7
1. Laufende Nummer des Verwahrungsbuches (Spalte 1)	7
2. Datum (Spalte 2)	9
3. Bezeichnung des Auftraggebers oder Empfängers (Spalte 3)	11
4. Geldeinnahmen und -ausgaben (Spalte 4)	15
5. Wertpapiere und Kostbarkeiten (Spalte 5)	18
6. Verweis auf Massenbuch (Spalte 6)	21
7. Bemerkungen (Spalte 7)	22
C. Jahresabschluss (Abs. 5)	23
I. Jahresabschluss	23
II. Probleme der Rechnungsabgrenzung	26
III. Übertrag des Einnahmenüberschusses	27

A. Überblick

1   Das Verwahrungsbuch (§ 5 Abs. 1 S. 1 Nr. 2 iVm § 12) führt in chronologischer Reihenfolge die Einnahmen und Ausgaben **sämtlicher Verwahrungsmassen** auf – insofern vergleichbar einem Massenbuch (anders als das Massenbuch, das für jede Masse getrennt geführt wird und daher eher einem Kontobuch ähnelt).[2] Daraus lässt sich – für den

---

[1] → Anhang 1 Muster 3 und 4.
[2] Armbrüster/Preuß/Renner/*Renner* DONot § 11 Rn. 1.

Notar wie für die Notaraufsicht – zu jedem beliebigen Stichtag die **betragsmäßige Summe aller Verwahrungsmassen** ersehen.

Für das Verwahrungsbuch gibt es zwei leicht abweichende **amtliche Muster,** je nachdem ob das Verwahrungsbuch in gebundener Form **(Muster 3)** oder in Loseblattform **(Muster 4)** geführt wird. Die einzelnen Spalten der amtlichen Muster sind in vielem selbst erklärend und kehren ähnlich auch in den amtlichen Mustern für Massenbuch bzw. Massenkartei wieder.

§ 11 Abs. 5 regelt den **Jahresabschluss,** der als Teil der Übersicht über die Verwahrungsgeschäfte (§ 25 Abs. 2 S. 1 Nr. 2) auch dem Landgerichtspräsidenten als Dienstaufsicht zu melden ist.

B. Verwahrungsbuch

I. Allgemein

1. Amtliches Muster (Abs. 1). Für das Verwahrungsbuch gibt es ein **amtliches Muster** (**Muster 3** bei Buchform, **Muster 4** bei Loseblattform) (§ 11 Abs. 1 bzw. § 14 Abs. 1 S. 2). Praktisch dürfte heute aufgrund der elektronischen Buchführung (§ 17) wohl ganz überwiegend die Loseblattform verwendet werden.

Zahl, Art und Anordnung der Spalten dürfen nur mit Genehmigung der Aufsichtsbehörde verändert werden. Das **Format** des amtlichen Musters darf hingegen verändert werden (zB Hoch- oder Querformat, Breite der Spalten) (§ 6 Abs. 3) – zB um es in ein Notarprogramm einzufügen. Zulässig ist etwa auch die Ergänzung: „Verwahrungsbuch des Notars NN in X-Stadt für das Jahr 2020". Der ausgefüllte Text des Musters ist hingegen nur Beispiel, nicht Teil der verbindlichen Dienstordnung.[3]

2. Unterschiede zwischen gebundener Form und Loseblattform. Das Verwahrungsbuch weist sowohl in gebundener Form wie in Loseblattform dieselben sieben Spalten auf. Bei der Führung in **gebundener Form,** sind die **Spalten nach Eingaben und Ausgaben getrennt:** Auf der linken Blatthälfte sind die Eingaben, auf der rechten die Ausgaben zu verbuchen (nur die Bemerkungsspalte 7 gibt es nur einmal). Für die Loseblattform sieht hingegen Muster 4 der Anlagen zur DONot für die Textangaben gemeinsame Spalten für Einnahmen und Ausgaben vor; lediglich für die Betragsangabe bzw. die Angabe der Wertpapiere und Kostbarkeiten trennen Spalten 4 und 5 nach Einnahmen und Ausgaben.

II. Zu den einzelnen Spalten des Verwahrungsbuches

1. Laufende Nummer des Verwahrungsbuches (Spalte 1). Spalte 1 enthält die laufende Nummer der Eintragung in das Verwahrungsbuch. Die Eintragungen erfolgen in chronologischer Reihenfolge (noch am Tag des Eingangs der Kontoauszüge, § 10 Abs. 3) unter einer **für das gesamte Jahr fortlaufenden Nummerierung** (§ 11 Abs. 2). Bei Führung in gebundener Form werden Einnahmen und Ausgaben getrennt gezählt (Muster 3). Bei Loseblattform werden Einnahmen und Ausgaben in derselben Spalte verbucht, so dass eine einheitlich fortlaufende Nummerierung erfolgt (Muster 4).

Für jedes Kalenderjahr beginnt eine neue Zählung. Die erste Eintragung ist der Übertrag des **Einnahmenüberschusses aus dem Vorjahr.** Andernfalls empfiehlt sich eine Fehlanzeige – etwa mit dem Vermerk: „Keine Verwahrung über den Jahreswechsel 2009/2010 hinweg" oÄ. Da nichts geregelt ist, ist es bloße Geschmacksfrage, ob für den Übertrag die laufende Nummer 1 vergeben wird oder Nummer 1 die erste Einnahme oder Ausgabe des neuen Jahres ist. Empfehlen würde ich, keine Nummer für den Übertrag zu vergeben, da

---

[3] → § 8 Rn. 10; → § 10 Rn. 5.

andernfalls der ersten laufenden Nummer des Verwahrungsbuches keine Eintragung im Massenbuch gegenübersteht.[4]

9 **2. Datum (Spalte 2).** In der zweiten Spalte ist bei bargeldlosem Zahlungsverkehr das **Datum des Eingangs des Kontoauszuges** zu buchen, nicht das Datum der Wertstellung (§ 10 Abs. 3). Bei Barzahlungen und Entgegennahme von Wertpapieren oder Kostbarkeiten ist hingegen das Datum der Einnahme bzw. Ausgabe selbst zu vermerken (§ 10 Abs. 2).[5]

10 Bei jeder Buchung sind nach dem amtlichen Muster zumindest Tag und Monat anzugeben. Die **Jahreszahl** einmal zu Jahresbeginn zu nennen, genügt jedenfalls bei Führung in gebundener Form. Bei Loseblattform empfiehlt sich, sie zumindest einmal zu Beginn auf jeder Seite anzugeben bzw. bei EDV-Programmen für alle Eintragungen eine Datumsangabe mit Jahreszahl vorzusehen. Notfalls genügt, wenn sich die Jahreszahl aus dem Vorjahresübertrag ergibt.

11 **3. Bezeichnung des Auftraggebers oder Empfängers (Spalte 3).** In Spalte 3 sind Auftraggeber oder Empfänger anzugeben. Die Überschrift **„Auftraggeber"** ist amtlich, aber schief. Denn die notarielle Verwahrung ist Amtstätigkeit (§ 23 BNotO), nicht zivilrechtliche Geschäftsbesorgung (wie das Rechtsanwaltsanderkonto und wie man früher auch für das Notaranderkonto annahm).[6]

12 Die DONot selbst macht im Text keine Vorgaben, wie die Beteiligten zu bezeichnen seien. Das amtliche Muster sieht die Angabe von **Vor- und Familiennamen sowie Wohnort** vor.

13 Bei Zahlung durch einen Dritten gibt das amtliche Muster sowohl den Einzahlenden wie den Vertragsbeteiligten an – am Beispiel der Einzahlung durch die **finanzierende Bank:** „C-Bank in B. für Peter H, daselbst". Dies ist sowohl zur Wiedergabe der tatsächlichen Zahlungswege wie der Verwahrungsverhältnisse sinnvoll, da im Regelfall zunächst eine (einseitige) Verwahrung für die finanzierende Bank vorliegt (aufgrund deren Treuhandauftrages) und danach eine mehrseitige Verwahrung für die Kaufvertragsparteien, wobei im letzteren Verhältnis der Käufer Einzahlender ist.

Bei einem **abzulösenden Gläubiger** genügt mE Angabe des Auszahlungsempfängers (zB: „C-Bank in B"),[7] da für die Verwahrung irrelevant ist, dass mit der Zahlung zugleich eine Schuld des Verkäufers gegenüber dem abzulösenden Gläubiger erfüllt werden soll (anders als bei der Einzahlung, mit der zugleich die Einzahlungspflicht des Käufers erfüllt werden soll).

14 Bei der Gutschrift von **Zinsen** oder der Abbuchung von **Bankgebühren** genügt der schlichte Vermerk „Bankzinsen"; will man zusätzlich einen Einzahler angeben, so kann entweder die Bank angegeben werden („C-Bank in B (Bankzinsen/Kontogebühren)";[8] ebenso kann der Einzahler des Hauptbetrages angegeben werden (sinnvollerweise mit dem Zusatz „Bankzinsen/Kontogebühren").[9]

15 **4. Geldeinnahmen und -ausgaben (Spalte 4).** In Spalte 4 sind Geldeinnahmen und -ausgaben auch bei Loseblattform in getrennten Spalten zu buchen (auch bei Loseblatt-

---

[4] Ebenso Armbrüster/Preuß/Renner/*Renner* DONot § 11 Rn. 11.
[5] → § 10 Rn. 29 ff.
[6] Für den Begriff spricht aber, dass auch mögliche Alternativen nicht zweifelsfrei sind: Den früheren Begriff „Hinterleger" wollte man nicht mehr verwenden, nachdem auch §§ 57 ff. BeurkG (anders als früher §§ 11 ff. DONot aF) nur mehr von Verwahrung sprechen, nicht mehr von Hinterlegung (um eine Verwechslung mit der Hinterlegung beim Amtsgericht nach §§ 372 ff. BGB zu vermeiden). Beim Begriff „Einzahlender" würde man annehmen, es sei nur die finanzierende Bank, nicht aber der Käufer anzugeben. Probleme mit der Stellung der finanzierenden Bank könnte auch der wohl exakteste Begriff, „Verwahrungsbeteiligter", aufwerfen. Dann lieber ein schiefer, aber inhaltlich vertrauter Begriff.
[7] Ebenso Armbrüster/Preuß/Renner/*Renner* DONot § 11 Rn. 3; aA *Blaeschke* Rn. 1242.
[8] Armbrüster/Preuß/Renner/*Renner* DONot § 11 Rn. 5.
[9] *Blaeschke* Rn. 1244; Weingärtner/Gassen/*Weingärtner* DONot § 11 Rn. 6.

führung). Seit 1.1.2002 ist nur noch eine Buchführung in Euro zulässig.[10] Für Euro und Cent bestehen getrennte Spalten.

Am Ende jeder Seite sind Einnahmen und Ausgaben (je getrennt) abzuschließen und das Ergebnis auf die nächste Seite zu übertragen (§ 11 Abs. 3 S. 1). (Hierzu enthält das amtliche Muster kein Beispiel.) Der **Übertrag** erhält auf der neuen Seite keine laufende Nummer.

Schwierigkeiten bereitet die Eintragung bei **ausländischen Währungen** (also nicht auf Euro lautenden Währungen).[11] Zwar handelt es sich hierbei um Geld iSd § 23 BNotO und § 57 BeurkG; verfahrensrechtlich gelten daher die Regeln über die Verwahrung auf Notaranderkonto (§§ 57, 58 BeurkG und §§ 60, 61 BeurkG). Eine Eintragung in der für Geld bestimmten Spalte stößt jedoch im Verwahrungsbuch auf Schwierigkeiten.

Da die DONot insoweit keine Vorgaben macht, kann der Notar bei einem Fremdwährungsanderkonto nach seinem Ermessen zumindest zwischen zwei Buchungsmöglichkeiten wählen: Entweder er verbucht die Beträge in der für Geld vorgesehenen Spalte 4 – mit einem Zusatz, dass es sich entgegen der Spaltenüberschrift nicht um Euro handelt; dann muss er am Seitenende jeweils getrennte Salden für die einzelnen Währungen bilden. Um das Risiko einer versehentlichen Saldierung von Euro und Fremdwährungen zu vermeiden, halte ich es aber auch für zulässig, Fremdwährungsbeträge in der sonst für „Wertpapiere und Kostbarkeiten" vorgesehenen Spalte 5 zu verbuchen; allerdings muss dann auch hier eine Saldierung erfolgen (ggf. getrennt nach den verschiedenen Fremdwährungen).

Stornobuchungen der Bank sind einerseits als Einnahmen, andererseits als Ausgaben zu buchen, da sie tatsächlich doppelt auf dem Bankkonto gebucht wurden; zur Erläuterung empfiehlt sich eine Bemerkung in Spalte 7.[12]

Bei **Fehlbuchungen** ist hingegen zu unterscheiden: Bei Buchführung von Hand ist die Änderung so vorzunehmen, dass die ursprüngliche Eintragung noch lesbar bleibt; der Änderungsvermerk ist zu datieren und zu unterschreiben (§ 7 Abs. 2).

Bei **EDV-gestützter Buchführung** darf keinesfalls eine rückwirkende Änderung der Buchung erfolgen. Vielmehr ist die Korrektur durch eine neue Buchung zu korrigieren: Wurde eine tatsächlich auf dem betreffenden Konto gar nicht erfolgte Kontobewegung verbucht, so ist diese in derselben Spalte mit negativem Vorzeichen wieder auszubuchen; die Ausbuchung einer fälschlich verbuchten Einnahme als Ausgabe (und umgekehrt) ist hingegen nicht zulässig, da dem keine tatsächliche Kontobewegung zugrunde liegt. Wurde hingegen zunächst versehentlich nur eine zu geringe Summe gebucht, ist nach wohl hM nunmehr ergänzend der restliche Betrag zu buchen; jedenfalls ebenfalls zulässig (und klarer) erscheint mir, zunächst die Fehlbuchung wie vorstehend auszubuchen und dann den gesamten Betrag in richtiger Höhe neu zu buchen. Vergessene Buchungen sind an der nächsten freien Stelle, aber unter dem Datum des Eingangs der Kontoauszüge nachzuholen. In allen Fällen empfiehlt sich, einen erläuternden Vermerk sowohl bei der ursprünglichen Fehlbuchung (handschriftlich mit Datum und Unterschrift – analog § 7 Abs. 2) wie bei der neuen Korrekturbuchung anzubringen.[13]

5. Wertpapiere und Kostbarkeiten (Spalte 5). Wertpapiere und Kostbarkeiten[14] sind von den Geldern getrennt in Spalte 5 zu buchen.

Wertpapiere können entweder mit denselben Angaben wie im Massenbuch (§ 12 Abs. 3 S. 3) verbucht werden, dh unter Angabe ihrer Gattung, von Nennbetrag, Stückzahl, Serie und Nummer. Im Verwahrungsbuch genügt aber auch die Angabe nach Gattung und Gesamtbetrag (§ 11 Abs. 3 S. 3). Zins-, Renten- und Gewinnanteilscheine oder Erneue-

---

[10] Zu den Übergangsfragen → § 34 Rn. 11, 12.
[11] Die Verwahrung von Fremdwährungen ist grundsätzlich zulässig, → BeurkG § 57 Rn. 3. Die Verwahrung muss aber auf einem inländischen Anderkonto erfolgen.
[12] *Bettendorf* RNotZ Sonderheft 2001, 16; *Blaeschke* Rn. 1215.
[13] *Bettendorf* RNotZ Sonderheft 2001, 15 f.; *Armbrüster/Preuß/Renner/Renner* DONot § 10 Rn. 15.
[14] Zu den Begriffen → BeurkG § 62 Rn. 2 ff.

rungsscheine sind kurz zu vermerken (§ 11 Abs. 3 S. 3) (zB: „7 v. H. Bundesanleihe mit Erneuerungsscheinen") (ebenso im Verwahrungsbuch).

19 Werden **Sparbücher und Schecks** dem Notar als **Zahlungsmittel** übergeben, so sind die Nennbeträge in Spalte 4 zu buchen; in Spalte 5 sind dann die ausgebende bzw. bezogene Bank und die Bezeichnung der Sparbücher oder die Nummer des Schecks einzutragen (§ 11 Abs. 3 S. 2 Hs. 2). (Vgl. das amtliche Muster – Spalte 4: „900" (Euro) – Spalte 5: „Sparbuch Nr. 45 675 Sparkasse in H.".)

Sollen die Schecks und Sparbücher hingegen vom Notar **„in natura"** (dh als Wertpapier) verwahrt und als solche herausgegeben werden, so sind sie nur in Spalte 5 einzutragen (Bank, Art und Nummer des Sparbuchs bzw. des Schecks).

20 Für die Buchung von **Kostbarkeiten** trifft die DONot keine Regelung. Die Art der Buchung liegt im Ermessen des Notars. Die Bezeichnung muss bestimmt sein; insofern genügt aber, wenn sich der genaue Verwahrungsgegenstand aus der (bei der Blattsammlung befindlichen) Verwahrungsanweisung ergibt (wobei sich für die Verwahrungsanweisung eine möglichst präzise Beschreibung empfiehlt).[15]

21 **6. Verweis auf Massenbuch (Spalte 6).** In Spalte 6 ist auf die Seite des **Massenbuches** und die Nummer der Masse (oder der Massenkartei) zu verweisen, an der der Vorgang im Massenbuch verbucht wird. Der Verweis ermöglicht sowohl dem Notar selbst wie dem Notarprüfer die Kontrolle, ob die Vorgänge in beiden Büchern gleich verbucht wurden.

22 **7. Bemerkungen (Spalte 7).** Spalte 7 (Bemerkungen) gibt es bei Buchform wie bei Loseblattform nur einmal, zugleich für Einnahmen und Ausgaben. Das amtliche Muster enthält hierfür kein **Beispiel.** Hier könnte aber etwa vermerkt werden, wenn eine **Empfangsbescheinigung** in einer Niederschrift mitbeurkundet wurde (so ausdrücklich § 13 Abs. 5 S. 2 DONot aF); hingegen darf hier nicht ein Beteiligter unmittelbar den Empfang bescheinigen.[16] Auch bei Storno- oder Fehlbuchungen in der EDV-gestützten Buchführung empfiehlt sich eine Bemerkung.[17]

C. Jahresabschluss (Abs. 5)

I. Jahresabschluss

23 Das Verwahrungsbuch ist jeweils am Jahresende abzuschließen. Der Jahresabschluss muss enthalten:
– Summe der Einnahmen,
– Summe der Ausgaben (je aus Spalte 4),
– Abschlusssaldo (= Überschuss der Einnahmen über die Ausgaben),
– Ort, Datum, Amtsbezeichnung des Notars,
– Unterschrift des Notars.
Die Beifügung des Amtssiegels ist nicht erforderlich (aber zulässig).[18]

24 **Formulierungsbeispiel:** Der Abschlussvermerk könnte etwa wie folgt lauten:
„Jahresabschluss 2019

Gesamteinnahmen	567.018,– Euro
Gesamtausgaben	548.012,– Euro
Überschuss der Einnahmen über die Ausgaben	19.006,– Euro

Weilheim, 2. Januar 2020, (Unterschrift), Notar."

---

[15] → BeurkG § 62 Rn. 9.
[16] Weingärtner/Gassen/*Weingärtner* DONot § 11 Rn. 10.
[17] → Rn. 17.
[18] *Kersten* ZNotP 2001, 470 (472); Armbrüster/Preuß/Renner/*Renner* DONot § 11 Rn. 10; Weingärtner/Gassen/*Weingärtner* DONot § 11 Rn. 13.

Termin: Der Abschluss muss weder an Silvester noch an Neujahr erfolgen,[19] jedoch **25** unverzüglich. Die meisten Buchführungsprogramme für Notaranderkonten erfordern technisch zunächst den Abschluss des alten Jahres, bevor neue Buchungen vorgenommen werden können.[20]

II. Probleme der Rechnungsabgrenzung

Probleme für die Praxis ergeben sich daraus, dass die Kontoauszüge mit dem Jahres- **26** abschluss erst Anfang des neuen Jahres beim Notar eingehen – gleichwohl aber möglicherweise die **Wertstellung für Kontogebühren und -zinsen noch zum 31.12. des alten Jahres** erfolgt. Verbucht der Notar den Kontoabschluss (wie dies § 10 Abs. 3 S. 1 vorschreibt) unter dem Tag des Eingangs der Kontoauszüge (also im neuen Jahr), so stimmt der Abschlusssaldo des Verwahrungsbuches nicht mit den von der Bank mitgeteilten Kontoständen per 31.12. überein. Diese Differenz wäre etwa in der Übersicht über die Verwahrungsgeschäfte (§ 25) deutlich ersichtlich, falls man dort einerseits den Saldo der Bank-Kontoauszüge mit Wertstellung zum 31.12. dem Abschlusssaldo des Verwahrungsbuches einerseits und der Massebücher andererseits gegenüberstellen würde.

Es gibt verschiedene Lösungsvorschläge, um diesen Widerspruch zu vermeiden:

– Bei der „Praktikerlösung", einem spesenfrei geführten Konto, stellt sich das Problem zwar für die Bankgebühren nicht[21] – aber es verbleibt für die Zinsen.
– *Huhn/v. Schuckmann* wollten in der dritten Auflage 1995 den Jahresabschluss der Bankkonten noch im Verwahrungsbuch (und Massenbuch) verbuchen.[22] Dann würden aber Buchungen in den Jahresabschluss einbezogen, die erst im neuen Jahr und unter einem Datum des neuen Jahres erfolgten (§ 10 Abs. 3 S. 1 bzw. § 13 Abs. 1 S. 2 DONot aF). *Renner* gab diese Auffassung jedoch in den folgenden Auflagen auf.[23] Praxisgerecht ist diese Buchung gleichwohl; daher wird sie jedenfalls teilweise von der Dienstaufsicht nicht gerügt.
– Will man § 10 Abs. 3 S. 1 auch insoweit einhalten, so müsste man für die Bankkontostände den Stand nach den am 31.12. eingegangenen Kontoauszügen übernehmen. Dies erscheint mir die dem Wortlaut der DONot entsprechende Lösung.[24] (Hingegen stellt sich das Problem nicht, wenn die Wertstellung der Zinsen und Gebühren zum 1.1. erfolgt.)

III. Übertrag des Einnahmenüberschusses

Der Abschlusssaldo (Überschuss der Einnahmen über die Ausgaben) ist zum einen in das **27** **Verwahrungsbuch für das folgende Jahr** zu übertragen (§ 11 Abs. 5 S. 2). Die DONot regelt nicht, ob der Übertrag im neuen Jahr als laufende Nummer 1 oder ohne Nummerierung zu verbuchen ist; beides ist daher zulässig, sinnvoller erscheint mir eine Eintragung ohne eigene Nummer.[25]

Außerdem ist der Einnahmenüberschuss in die (bis zum 15.2. zu erstellende) **Übersicht** **28** **über die Verwahrungsgeschäfte** zu übernehmen (§ 25 Abs. 2 S. 1 Nr. 2).

---

[19] Armbrüster/Preuß/Renner/*Renner* DONot § 11 Rn. 11; *Sprick* DNotZ 1939, 706; aA *Seybold/Hornig*, 5. Aufl. 1976, DONot § 13 Rn. 2 – letztere zur gleich lautenden Formulierung des § 13 Abs. 2 S. 4 DONot aF.

[20] Armbrüster/Preuß/Renner/*Renner* DONot § 11 Rn. 11, hält einen Abschluss vor der ersten Buchung für sinnvoll, aber nicht rechtlich erforderlich.

[21] *Blaeschke* Rn. 1263.

[22] *Huhn/v. Schuckmann,* 3. Aufl., DONot § 13 Rn. 10 – anders jetzt Armbrüster/Preuß/Renner/*Renner* DONot § 11 Rn. 10 sowie DONot § 25 Rn. 5.

[23] Armbrüster/Preuß/Renner/*Renner* DONot § 11 Rn. 10 sowie DONot § 25 Rn. 5.

[24] Ebenso *Bettendorf* RNotZ Sonderheft 2001, 17; *Mihm/Bettendorf* DNotZ 2001, 22 (43); so jetzt auch Armbrüster/Preuß/Renner/*Renner* DONot § 11 Rn. 10 sowie DONot § 25 Rn. 5.

[25] Ebenso Armbrüster/Preuß/Renner/*Renner* DONot § 11 Rn. 11.

§ 12 Eintragungen im Massenbuch; Anderkontenliste[1]/[2]

(1) Das Massenbuch ist nach dem Muster 5 zu führen.

(2) [1]In das Massenbuch ist jede Verwahrungsmasse mit den zugehörigen Einnahmen und Ausgaben gesondert unter jährlich laufender Nummer einzutragen; Name und Anderkontennummer sowie ggf. Festgeldanderkontennummer des beauftragten Kreditinstituts sind zu vermerken. [2]Den Eintragungen, welche dieselbe Verwahrungsmasse betreffen, sind die Bezeichnung der Masse, die laufende Nummer und die Nummer der Urkundenrolle voranzustellen.

(3) [1]Geldbeträge sind für die einzelnen Massen gesondert aufzurechnen (Spalte 4). [2]Schecks und Sparbücher sind entsprechend § 11 Abs. 3 Satz 2 zu behandeln. [3]Wertpapiere werden nach der Gattung, dem Nennbetrag, der Stückzahl, den Serien und den Nummern eingetragen, Zins-, Renten- und Gewinnanteilscheine oder Erneuerungsscheine sind durch Angabe der Fälligkeitstermine oder Nummern näher zu bezeichnen (Spalte 5).

(4) Am Schluss des Kalenderjahres ist für jede nicht erledigte Masse der Saldo von Einnahmen und Ausgaben zu bilden; die Summe der Salden ist dem Abschluss im Verwahrungsbuch gegenüberzustellen und entsprechend § 11 Abs. 5 Satz 1 zu unterschreiben.

(5) [1]Notarinnen und Notare haben ein Verzeichnis der Kreditinstitute zu führen, bei denen Anderkonten oder Anderdepots (§ 54b BeurkG) eingerichtet sind (Anderkontenliste). [2]Bei Anlegung der Masse sind in das Verzeichnis einzutragen:
1. die Anschrift des Kreditinstituts,
2. die Nummer des Anderkontos bzw. Anderdepots,
3. die Nummer der Masse,
4. der Zeitpunkt des Beginns des Verwahrungsgeschäfts.

[3]Einzutragen sind ferner die Nummer eines Festgeldanderkontos und der Zeitpunkt der Beendigung des Verwahrungsgeschäfts.

(6) Ist eine Masse abgewickelt, so sind die zu ihr gehörenden Eintragungen in Massenbuch und Anderkontenliste zu röten oder auf andere eindeutige Weise zu kennzeichnen.

Schrifttum: S. die Schrifttumshinweise bei § 10.

Übersicht

	Rn.
A. Überblick	1
B. Massenbuch	4
I. Massenbuch oder Massenkartei	4
II. Zu den einzelnen Spalten des Massenbuches (Muster 5)	6
1. Nummer des Verwahrungsbuchs (Spalte 1)	7
2. Datum (Spalte 2)	8
3. Bezeichnung des Auftraggebers/Empfängers (Spalte 3)	9
4. Geld (Spalte 4)	10
5. Wertpapiere und Kostbarkeiten (Spalte 5)	11
6. Bemerkungen (Spalte 6)	13
III. Spalten der Massenkartei (Muster 6)	14
1. Laufende Nummer der Buchung im Massenbuch (Spalte 1)	15
2. Spalten 2 bis 5	16
3. Laufende Nummer des Verwahrungsbuchs (Spalte 6)	17
C. Jahresabschluss (Abs. 4)	19

---

[1] **Nordrhein-Westfalen:** „Zu § 12: Ein sinngemäßer Abschluss des Massenbuchs soll auch erstellt werden, wenn die Notarin oder der Notar im Laufe des Kalenderjahres aus dem Amt scheidet."

[2] → Anhang 1 Muster 5 und 6.

	Rn.
D. Anderkontenliste (Abs. 5)	21
I. Gestaltung und Inhalt	22
II. Zeitpunkt der Eintragungen	24
E. Abgewickelte Massen (Abs. 6)	26

A. Überblick

Das Massenbuch (§ 5 Abs. 1 S. 1 Nr. 3 iVm § 12) führt die Einnahmen und Ausgaben einer **einzelnen Verwahrungsmasse** in chronologischer Reihenfolge auf. Während der Dauer der Verwahrung muss der Saldo des Massenbuches mit dem jeweiligen Kontostand übereinstimmen. Nach Abwicklung einer Masse ist das Massenbuch zu schließen (§ 12 Abs. 6). **1**

Auch für das Massenbuch gibt es zwei unterschiedliche **amtliche Muster,** je nachdem ob das Massenbuch in gebundener Form **(Muster 5)** oder in Loseblattform geführt wird; die Loseblattform heißt **Massenkartei** (§ 14 Abs. 2) **(Muster 6).** Die Spalten entsprechen im Wesentlichen denen des Verwahrungsbuches. **2**

§ 12 Abs. 5 schreibt dem Notar vor, eine **Anderkontenliste** zu führen, in der sämtliche Kreditinstitute aufzuführen sind, bei denen der Notar Notaranderkonten unterhält, ferner die Nummern der Anderkonten und die zugehörigen Massen. Mit dieser Liste soll die **Dienstaufsicht** möglichst schnell alle Anderkonten des betreffenden Notars prüfen und erforderlichenfalls auch sperren können. **3**

B. Massenbuch

I. Massenbuch oder Massenkartei

Die DONot geht noch vom Regelfall der Führung des Massenbuches in Buchform aus (§ 12 Abs. 1) (Muster 5). Praktischer Regelfall ist aber heute die Führung als Massenkartei (Loseblattform) (§ 14 Abs. 2) – und zwar mittels EDV („automationsgestützt" – § 17) (Muster 6). **4**

Die Massenkartei wird (anders als ein in Loseblattform geführtes Verwahrungsbuch) nicht jahrgangsweise geführt und auch nicht am Jahresende gebunden.[3] Die Massenkartei kann dauerhaft zB in Karteikästen oder Aktenordnern geführt werden;[4] dabei müssen laufende von den abgewickelten Massen getrennt sein (§ 14 Abs. 2 S. 4) – etwa mittels einer Unterteilung im Karteikasten oder getrennter Aktenordner.

Jede Masse erhält eine jährlich fortlaufende Nummer. In der **Titelzeile** sind außerdem Bank und Kontonummer des Anderkontos anzugeben, ferner eine schlagwortartige Bezeichnung der Masse (neben den amtlichen Mustern zB auch „Kauf Maier/Müller") unter Angabe der Urkundsnummer, wenn sich die Verwahrung (wie regelmäßig) auf ein Urkundsgeschäft bezieht.[5] **5**

II. Zu den einzelnen Spalten des Massenbuches (Muster 5)

Bei Führung des Massenbuches in gebundener Form (Muster 5) sind auf jeder Seite **links die Einnahmen, rechts davon die Ausgaben** zu buchen – jeweils in fünf, im Übrigen gleich lautenden Spalten. Die sechste Spalte dient Bemerkungen – einheitlich für Einnahmen und Ausgaben. **6**

---

[3] *Blaeschke* Rn. 1164; *Kersten* ZNotP 2002, 470 (475).
[4] *Kersten* ZNotP 2002, 470 (475).
[5] *Bettendorf* RNotZ Sonderheft 2001, 15.

Zu beachten ist, dass das amtliche **Muster 5 vier Seiten des gebundenen Buches zusammenfasst!** Denn in der Praxis wird die erste Masse noch nicht abgewickelt sein, bevor die nächste begonnen wird. Dann kann aber nicht einfach unterhalb der noch nicht abgewickelten Masse fortgeschrieben werden, sondern muss für die neue Masse eine neue Seite begonnen werden.[6]

7 **1. Nummer des Verwahrungsbuchs (Spalte 1).** In der ersten Spalte des Massenbuches (= Spalte 6 der Massenkartei) ist die laufende Nummer der Eintragung des **Verwahrungsbuches** anzugeben, häufig auch des Jahres des Verwahrungsbuches (das sich allerdings schon aus dem Eintragungsdatum ergibt). Dadurch ist ein **schneller Abgleich mit dem Verwahrungsbuch** möglich.

8 **2. Datum (Spalte 2).** Die Spalte 2 enthält die **Datumsangabe** – neben Tag und Monat zumindest bei der ersten Eintragung jeder Masse (und natürlich bei jedem Jahreswechsel) auch die Jahreszahl – sinnvollerweise wiederholend am Beginn jeder Doppelseite.

9 **3. Bezeichnung des Auftraggebers/Empfängers (Spalte 3).** Die dritte Spalte (Auftraggeber/Empfänger) entspricht der dritten Spalte des Verwahrungsbuches.[7] Das amtliche Muster sieht die Angabe von Vor- und Nachname sowie Wohnort vor; bei Vertretern juristischer Personen erübrigt sich die Angabe des Wohnortes. Bei Einzahlung durch die finanzierende Bank ist sowohl diese als auch der Käufer anzugeben, für den die Einzahlung erfolgt (vgl. Muster 6: „C. Bank in B. für Peter H., daselbst").

10 **4. Geld (Spalte 4).** Spalte 4 enthält **Geldeinnahmen und -ausgaben** (erstere bei der Buchform auf der linken, letztere auf der rechten Blatthälfte). Dies entspricht Spalte 4 des Verwahrungsbuches; allerdings ist jede Masse nach ihrer Abwicklung gesondert aufzurechnen (§ 12 Abs. 3 S. 1); der Saldo muss Null ergeben. Ein Übertrag ist für das Massenbuch nicht vorgeschrieben (anders als für das Verwahrungsbuch in § 11 Abs. 3 S. 1 Hs. 2), da für eine Masse selten mehr als eine Seite benötigt wird. Wird das Notaranderkonto in einer Fremdwährung geführt, kann dies durch eine Angabe bei der betreffenden Buchung oder durch einen Vermerk in der Spaltenüberschrift vermerkt werden.

11 **5. Wertpapiere und Kostbarkeiten (Spalte 5).** Wertpapiere und Kostbarkeiten sind in Spalte 5 zu verbuchen (wie im Verwahrungsbuch). Grundsätzlich gilt für die Buchung dasselbe wie beim Verwahrungsbuch.[8] Für **Schecks** und Sparbücher verweist § 12 Abs. 3 S. 2 nur auf § 11 Abs. 3 S. 2.

12 Allerdings müssen andere **Wertpapiere** im Massenbuch mit Gattung, Nennbetrag, Stückzahl, Serien und Nummer eingetragen werden (§ 12 Abs. 3 S. 3), während im Verwahrungsbuch die Nennung von Gattung und Gesamtbetrag genügt (§ 11 Abs. 3 S. 3). Bei **Zins-,** Renten- und Gewinnanteilscheinen oder Erneuerungsscheinen ist neben deren Nummer auch der **Fälligkeitstermin** anzugeben.

13 **6. Bemerkungen (Spalte 6).** Nur das Massenbuch (nicht aber die Massenkartei) enthält eine eigene Spalte für **Bemerkungen** (Spalte 6). Hier kann man etwa (und sollte man sinnvollerweise) die Umbuchung auf oder von einem Festgeldkonto eintragen (§ 11 Abs. 2 aE). Ebenso könnte man hier eine Bemerkung eintragen, falls sich eine Empfangsbescheinigung nicht in der Blattsammlung findet, sondern in einer Niederschrift (sofern dann nicht eine auszugsweise Abschrift der Niederschrift zur Blattsammlung genommen wird).

---

[6] Ebenso widerspräche es ordnungsgemäßer Buchung, wenn neue Massen irgendwo weiter vorn im Massenbuch gebucht würden, wo gerade Platz ist – und nicht auf der nächstfolgenden freien Seite.
[7] → § 11 Rn. 11 ff.
[8] → § 11 Rn. 18 ff.

III. Spalten der Massenkartei (Muster 6)

Die Sonderregelungen über die Führung in Loseblattform als **Massenkartei** finden sich in § 14 Abs. 2. Das für die Massenkartei vorgeschriebene amtliche **Muster 6** der Anlage zur DONot entspricht im Wesentlichen dem Massenbuch. 14

Die Massenkartei muss zunächst nach bereits abgewickelten und noch nicht erledigten Massen getrennt sein; innerhalb jedes Teils sind die Karteikarten nach der Nummer der Verwahrungsmasse zu ordnen (§ 14 Abs. 3 S. 4). Auf jeder Karteikarte ist neben der Nummer der Masse auch die Seitenzahl der Karteikarte zu vermerken (§ 14 Abs. 3 S. 3), bei der ersten Seite also Seite „1" (damit bei einer Kontrolle sofort auffällt, falls eine Seite fehlt).

1. Laufende Nummer der Buchung im Massenbuch (Spalte 1). Wird eine Massenkartei geführt, so enthält Spalte 1 jeweils die laufende Nummer der Eintragung für die jeweilige Masse (**anders beim Massenbuch,** wo stattdessen auf die laufende Nummer des Verwahrungsbuches verwiesen wird – die sich wiederum bei der Massenkartei in Spalte 6 findet). 15

2. Spalten 2 bis 5. Spalten 2 bis 5 entsprechen den jeweiligen Spalten des Massenbuches. Spalte 2 enthält das Datum, Spalte 3 die Bezeichnung des „Auftraggebers" oder Empfängers, Spalte 4 Geldeinnahmen und -ausgaben, Spalte 5 die vereinnahmten oder herausgegebenen Wertpapiere und Kostbarkeiten. 16

3. Laufende Nummer des Verwahrungsbuchs (Spalte 6). Spalte 6 enthält den Verweis auf die laufende Nummer der Eintragung im **Verwahrungsbuch** (und entspricht damit Spalte 1 des Massenbuches). 17

Eine gesonderte Spalte für **Bemerkungen** gibt es in der Massenkartei nicht. Soweit hier Bemerkungen erforderlich oder gewünscht sind, müssen sie daher in Spalte 3 („Auftraggeber/Empfänger") eingetragen werden (etwa ein Vermerk über die Umbuchung auf Festgeldanderkonto). 18

C. Jahresabschluss (Abs. 4)

Der Jahresabschluss dient der Kontrolle, ob die Buchungen in beiden Büchern untereinander und mit den tatsächlichen Kontoständen übereinstimmen. Dazu hat der Notar nach § 12 Abs. 4 bei jeder zum Jahreswechsel noch nicht erledigten Masse den Saldo einerseits der Einnahmen, andererseits der Ausgaben sowie den Saldo der Masse zu bilden. (In ihrer früheren Fassung kannte die DONot nur einen Jahresabschluss für das Verwahrungsbuch, nicht für das Massenbuch, § 13 Abs. 2 S. 3 DONot aF) 19

Die **Summe der Salden** aller noch offenen Massen ist dem Abschluss des Verwahrungsbuches gegenüberzustellen und unter Angabe von Ort, Tag und Amtsbezeichnung **vom Notar zu unterzeichnen** (§ 12 Abs. 4 Hs. 2 iVm § 11 Abs. 5 S. 1). Zu unterzeichnen ist nur der Gesamtsaldo, nicht die Abschlüsse der einzelnen Massen.[9] Dabei kann der Notar zu oder vor diesen Abschluss auch die Liste der Salden der einzelnen Massen nehmen, aus denen er den Gesamtsaldo berechnet hat.[10]

Der Notar kann eine Kopie der Saldierung später zugleich **als Teil der Übersicht über die Verwahrungsgeschäfte** verwenden, die nach § 25 Abs. 2 S. 1 Nr. 3 auch „den Bestand der verwahrten Geldbeträge, nach den einzelnen Massen gegliedert", enthalten muss. Allerdings ist der Jahresabschluss unverzüglich nach dem Jahreswechsel zu erstellen, 20

---

[9] *V. Campe* NotBZ 2000, 366 (368).
[10] Armbrüster/Preuß/Renner/*Renner* DONot § 12 Rn. 12; aA – für Pflicht zur Übernahme aller Einzelsalden des Massen- in das Verwahrungsbuch – hingegen *Bettendorf* RNotZ Sonderheft 2001, 17; *Lerch* ZNotP 2001, 210 (213).

während der Notar die Übersicht nach § 25 erst bis zum 15.2. eingereicht haben muss. Auch ist der Jahresabschluss gesondert zu unterzeichnen, während für die Übersicht eine einzige Unterschrift genügt (§ 25 Abs. 3 aE) (und das unterschriebene Original zudem dem Landgericht einzureichen ist, während der unterschriebene Jahresabschluss beim Notar verbleibt). Daher genügt die Übersicht als solche noch nicht für den Jahresabschluss.

Nordrhein-Westfalen schreibt einen „sinngemäßen" Abschluss des Massenbuchs auch vor, wenn der Notar während des Jahres aus dem Amt scheidet.

D. Anderkontenliste (Abs. 5)

21 Die Anderkontenliste soll sowohl dem verwahrenden Notar, vor allem aber einem Notarvertreter bei Krankheit oder Urlaub des Notars oder der Notarprüfung einen schnellen Überblick über den Bestand der Notaranderkonten ermöglichen. Für den Notarprüfer muss es ein Alarmsignal sein, wenn Anderkonten in der Anderkontenliste fehlen und die dortigen Kontobewegungen auch sonst nicht gebucht sind.

I. Gestaltung und Inhalt

22 Für die Anderkontenliste gibt es **kein amtliches Muster**.[11] Nach § 6 Abs. 2 iVm § 14 kann die Liste sowohl in gebundener Form wie in Loseblattform geführt werden, letztere auch mit Hilfe der EDV. Erforderlich ist aber ein Ausdruck (§ 6 Abs. 1). Sowohl bei Buch- wie bei Loseblattform ist zulässig, für jedes Kreditinstitut ein eigenes Blatt anzulegen; denn dies dient der Übersichtlichkeit.[12]

23 Der Inhalt der Anderkontenliste ist aber durch § 12 Abs. 5 weitestgehend vorgegeben, so dass man im Wesentlichen nur die dortigen Pflichtangaben je in eine eigene Spalte umsetzen muss; zusätzliche Angaben sind natürlich zulässig:
– Die **Anschrift des Kreditinstitutes** (Nr. 1) kann auch als Überschrift über das jeweilige Blatt gesetzt sein, wenn die Liste für jedes Kreditinstitut ein eigenes Blatt beginnt. Vorsichtshalber sollte dann vor der Kontonummer aber zumindest noch das Kürzel des jeweiligen Kreditinstituts gesetzt werden, um versehentliche Falscheintragungen in die falsche Spalte zu vermeiden.
– Nr. 2 erfordert die Angabe der **Nummer des Anderkontos** bzw. Anderdepots. Erforderlichenfalls ist zusätzlich die Nummer eines Festgeldanderkontos anzugeben (Abs. 5 S. 3).
– Anzugeben ist weiter die Nummer der Masse (Nr. 3). Nachdem die Massen für jedes Jahr gesondert zu zählen sind (Abs. 2 S. 1), muss entweder die **Nummer der Masse samt Jahreszahl** angegeben werden – oder die Jahreszahl wird in einer zusätzlichen Spalte angegeben. Sinnvoll, wenngleich nicht vorgeschrieben ist auch die Angabe der **Urkundennummer.** Geschmacksfrage ist, ob die Nummer der Masse in einer Spalte nach oder vor der Kontonummer genannt wird. Letzteres würde ich selbst als übersichtlicher vorziehen, wenn nur eine Anderkontenliste für alle Banken geführt wird,[13] ersteres hingegen, wenn die Liste nach Kreditinstituten getrennt geführt wird.
– Schließlich muss sowohl der **Zeitpunkt des Beginns** (Nr. 4) **wie der Beendigung** des Verwahrungsgeschäftes (Abs. 5 S. 3) angegeben werden. Als Beginn ist die erste Buchung anzugeben,[14] als Beendigung die letzte Buchung (genauer wohl jeweils das Datum, zu dem der betreffende Kontoauszug im Notariat einging, da die Daten sonst von denen im Verwahrungs- und Massenbuch abweichen – § 10 Abs. 3).

---

[11] In der Literatur findet sich ein Muster bei Weingärtner/Gassen/*Weingärtner* DONot § 12 Rn. 18.
[12] Weingärtner/Gassen/*Weingärtner* DONot § 12 Rn. 16.
[13] So etwa das Muster von Weingärtner/Gassen/*Weingärtner* DONot § 12 Rn. 18.
[14] Weingärtner/Gassen/*Weingärtner* DONot § 12 Rn. 16.

II. Zeitpunkt der Eintragungen

Ein neues Anderkonto ist mit Anlegung der Masse in die Anderkontenliste einzutragen; 24
§ 10 Abs. 3 (Eintragung am Tag des Eingangs der ersten Kontoauszüge) regelt nur Eintragungen in Verwahrungs- und Massenbuch. Spätestens mit diesem Zeitpunkt ist das Anderkonto aber auch in die Anderkontenliste einzutragen. Eine frühere Eintragung bereits zu dem Zeitpunkt, an dem das Notaranderkonto einer bestimmten Verwahrung zugeordnet wird (zB indem die **Kontonummer den Beteiligten für die Einzahlung mitgeteilt** wird), dürfte sich aber empfehlen, auch aus § 12 Abs. 5 S. 2 noch keine entsprechende Pflicht entspringt.[15] Denn damit vermeidet der Notar, dass dieselbe Kontonummer versehentlich zwei Verwahrungen zugeordnet wird und es zu einer nach § 58 Abs. 2 S. 3 BeurkG unzulässigen Verwahrung auf Sammelanderkonto kommt.

Die **Beendigung** einer Verwahrung ist auch in der Anderkontenliste zu vermerken (§ 12 25
Abs. 6).

E. Abgewickelte Massen (Abs. 6)

Abgewickelte Massen sind im Massenbuch (nicht hingegen im Verwahrungsbuch!) zu 26
röten „oder auf andere eindeutige Weise zu kennzeichnen" (§ 12 Abs. 6). § 13 Abs. 5 S. 3
DONot aF hatte demgegenüber noch streng eine Rötung verlangt, ohne andere Alternativen anzubieten. Eine Änderung war erforderlich, da bei EDV-geführter Buchführung die Rötung idR nur von Hand vorgenommen werden könnte.

Es genügt etwa der **Vermerk „(Masse) abgewickelt";** ein Datum oder eine Unterschrift sind nicht erforderlich. In der Anderkontenliste genügt die bloße Angabe des Abschlussdatums (die § 12 Abs. 5 Nr. 4 erfordert) dafür noch nicht.[16] Im Massenbuch ergibt sich hingegen mE im Zweifelsfall bereits aus der Saldierung eines Anderkontos mit **„Endsaldo"** Null, dass die Masse abgewickelt ist (anders hingegen, wenn die Saldierung zum Jahresende erfolgt).

§ 10 Abs. 3 bzw. Abs. 2 schreiben vor, die letzte Auszahlung im Massenbuch am Tag des 27
Eingangs der letzten Kontoauszüge (bzw. am Tag der letzten Auszahlung) zu buchen. Sinnvollerweise erfolgt zugleich die Rötung bzw. der Abschlussvermerk. Da die DONot insoweit keine Regelung enthält, ist aber auch zulässig, den **Abschlussvermerk binnen weniger Tage nach der letzten Buchung** vorzunehmen – etwa weil der Abschluss bürointern noch von einem zweiten Mitarbeiter geprüft wird.

§ 13 Namensverzeichnisse

(1) ¹Notarinnen und Notare haben zu Urkundenrolle und Massenbuch alphabetische Namensverzeichnisse zu führen, die das Auffinden der Eintragungen ermöglichen. ²Die Namensverzeichnisse können auch fortlaufend, für mehrere Bände gemeinsam oder für Urkundenrolle und Massenbuch gemeinsam geführt werden.

(2) **Die Eintragungen im Namensverzeichnis sind zeitnah, spätestens zum Vierteljahresschluss vorzunehmen.**

(3) **Für die Eintragungen im Namensverzeichnis zur Urkundenrolle gilt § 8 Abs. 5 entsprechend.**

(4) **In das Namensverzeichnis zum Massenbuch sind die Auftraggeber, bei Vollzug eines der Verwahrung zugrunde liegenden Geschäfts nur die an diesem Geschäft Beteiligten einzutragen.**

---

[15] AA Armbrüster/Preuß/Renner/*Renner* DONot § 12 Rn. 6, der empfiehlt, das Konto auch in die Anderkontenliste erst mit der tatsächlichen Nutzung einzutragen.
[16] OLG Köln BeckRS 2014, 23732.

A. Allgemeines

1 Wie sich aus dem Wortlaut des § 13 ergibt, dienen die Namensverzeichnisse dem Zweck, das **Auffinden von Eintragungen** in Urkundenrolle und Massenbuch zu ermöglichen und damit letztlich dem Ziel, anhand der Namen der Beteiligten die zugehörigen Urkunden bzw. Vorgänge aufzufinden. Daneben gewinnt das Namensverzeichnis zur Urkundenrolle ebenso wie diese selbst[1] die Bedeutung, den Aufsichtsbehörden die Prüfung der Einhaltung der **Mitwirkungsverbote** zu ermöglichen (Abs. 3 und § 15 S. 2). Die Regelung des § 13 beschränkt sich auf das wesentliche und überlässt dem Notar hinsichtlich Inhalt und Form der Namensverzeichnisse einen großen Gestaltungsspielraum. Ein amtliches Muster gibt es nicht.

1a Mit der Einführung des Elektronischen Urkundenarchivs im Jahr 2022 werden die Namensverzeichnisse Bestandteile der elektronisch zu führenden Urkunden- und Verwahrungsverzeichnisse (→ § 5 Rn. 32 ff.).

B. Namensverzeichnis zur Urkundenrolle, Abs. 3

2 Abs. 3 und Abs. 4 regeln, welche Personen wie einzutragen sind. Für das Namensverzeichnis zur Urkundenrolle wird auf § 8 Abs. 5 verwiesen. Dieser Verweis gilt sowohl hinsichtlich der **einzutragenden Personen** (formell Beteiligte, bei Stellvertretung der Vertreter und der Vertretene, in gesellschaftsrechtlichen Angelegenheiten stets auch die Gesellschaft) als auch hinsichtlich der Angaben, die zu den Personen zu machen sind (Familienname, ggf. Geburtsname, Wohnort bzw. Sitz usw). Wird bei größeren Personengruppen in der Urkundenrolle eine **Sammelbezeichnung** vergeben, so kann diese auch in das Namensverzeichnis übernommen werden.[2] Eine Pflicht, die in der Urkundenrolle verwendete Sammelbezeichnung in dem zugehörigen Namensverzeichnis aufzulösen, besteht nicht, weil sich die Verweisung des Abs. 3 auf den ganzen § 8 Abs. 5 erstreckt. Damit sich aus der Verwendung der Sammelbezeichnung keine Schwierigkeiten für die Aussagefähigkeit des Namensverzeichnisses ergeben, sollte die zusammenfassende Bezeichnung sorgfältig gewählt werden, so dass sie auch dann aufgefunden wird, wenn sie in die alphabetische Reihenfolge eingeordnet ist oder wenn ein Beteiligter aus dieser Personengruppe später den Notar darum bittet, den Vorgang herauszusuchen.

3 Damit das Namensverzeichnis seinen Zweck erfüllt, sind außer den Personen auch Angaben zu dem Geschäft zu machen, an dem sie beteiligt waren. Hierzu enthält § 13 keine nähere Regelung, ausreichend ist also die **Angabe der UR-Nr.** oder die Seitenzahl der Urkundenrolle.[3] Zusätzliche Angaben zum Gegenstand der Beurkundung sind selbstverständlich zulässig. Ist eine Person innerhalb des Jahres an mehreren Beurkundungen beteiligt, so kann entweder der Name nur einmal und dahinter alle UR-Nummern eingetragen werden, oder aber der Name mehrfach mit Angabe jeweils nur einer UR-Nummer.[4]

C. Namensverzeichnis zum Massenbuch, Abs. 4

4 In das Namensverzeichnis zum Massenbuch sind nach Abs. 4 die **Auftraggeber** einzutragen, also diejenigen, die den Notar mit der Verwahrung beauftragt haben. In der

---

[1] → § 8 Rn. 2.
[2] *Weingärtner/Gassen/Sommerfeldt/Weingärtner* DONot § 13 Rn. 9; *Blaeschke* Rn. 425; BeckOK BNotO/*Bracker* DONot § 13 Rn. 4.
[3] *Blaeschke* Rn. 426; Armbrüster/Preuß/Renner/*Eickelberg* § 13 DONot Rn. 3.
[4] Armbrüster/Preuß/Renner/*Eickelberg* DONot § 13 Rn. 3; aA Weingärtner/Gassen/Sommerfeldt/*Weingärtner* DONot § 13 Rn. 9.

Regel dient die Verwahrung dem Vollzug eines zugrunde liegenden Rechtsgeschäfts, zB eines Grundstückskaufvertrags. In diesen Fällen sind nur die an diesem Geschäft beteiligten Personen einzutragen, nach der Terminologie des § 57 Abs. 6 BeurkG also nur die **Vertragsparteien,** nicht dagegen deren Vertreter oder finanzierende bzw. abzulösende Kreditinstitute.[5]

Welche **Angaben zu den Personen** zu machen sind, die in das Namensverzeichnis zum **5** Massenbuch eingetragen werden, regelt Abs. 4 nicht. Es bietet sich jedoch an, sich an § 8 Abs. 5 S. 2 zu orientieren und dieselben Angaben zu machen, wie im Namensverzeichnis zur Urkundenrolle. Unter den Bedingungen des § 8 Abs. 5 S. 3 dürften auch **Sammelbezeichnungen** zulässig sein, etwa dann wenn sie bei dem der Verwahrung zugrunde liegenden Geschäft auch in der Urkundenrolle eingetragen werden.

Der Bezug zwischen den eingetragenen Personen und dem Verwahrungsgeschäft wird **6** durch Angabe der **Massennummer** oder der Seitenzahl im Massenbuch hergestellt.

D. Eintragungszeitpunkt, Abs. 2

Nach Abs. 2 sind die Eintragungen in den Namensverzeichnissen zeitnah, spätestens **7** zum Vierteljahresschluss vorzunehmen. Dies würde bei wörtlicher Auslegung dazu führen, dass zum **Quartalsende** auch die Eintragungen zu solchen Beurkundungen vorzunehmen sind, die erst kurz zuvor erfolgt sind und für die die Frist des § 8 Abs. 3 zur Eintragung in die Urkundenrolle noch nicht abgelaufen ist. Eine solche Verfahrensweise wäre jedoch unpraktikabel, weil die Eintragung in das Namensverzeichnis wegen der erforderlichen Angabe der UR-Nummer nicht vor der Eintragung in die Urkundenrolle erfolgen kann. Auch bei automatisierter Bücherführung würden sich Schwierigkeiten ergeben, weil in den Notariatsprogrammen die Daten für das Namensverzeichnis regelmäßig aus der Urkundenrolle übernommen werden. Diese Erwägungen sprechen für eine einschränkende Auslegung der Vorschrift dahingehend, dass jeweils bis zum Quartalsende alle diejenigen Eintragungen vorgenommen werden müssen, die bis zu diesem Zeitpunkt auch in die Urkundenrolle einzutragen sind.[6] Für diese Sichtweise spricht auch die Entstehungsgeschichte der Vorschrift, denn im Entwurf zur Neufassung der DONot (Stand Juni 1999) war in § 13 Abs. 2 zunächst vorgesehen, dass die Eintragung unmittelbar nach Vornahme der Beurkundung zu erfolgen habe. Wegen des Zusammenhangs mit der Eintragung in die Urkundenrolle und der unpraktikablen Folgen für die automatisierte Bücherführung ist dieser Vorschlag jedoch nicht umgesetzt, sondern die großzügig bemessene Quartalsfrist eingeführt worden.[7]

Von dem Grundsatz des § 17 Abs. 1 S. 3, dass die per EDV geführten Bücher und Verzeichnisse an dem Tag ausgedruckt werden müssen, an dem bei herkömmlicher Bücherführung die Eintragung zu erfolgen hat, macht § 17 Abs. 2 S. 2 eine Ausnahme: Eingabe und Speicherung der Daten hat zwar quartalsweise, der Ausdruck aber nur jahresweise zum Jahresende zu erfolgen. Damit soll die „Papierflut" eingeschränkt werden, die durch den quartalsweisen Ausdruck der Namensverzeichnisse entstanden ist.

E. Form der Namensverzeichnisse

Die äußere Form der Namensverzeichnisse ist in der DONot nicht geregelt, ein amtliches Muster gibt es nicht. Die vorgegebene **alphabetische Reihenfolge** wird allgemein so verstanden, dass eine Sortierung nach dem Anfangsbuchstaben des Namens oder der Firma **8**

---

[5] *Blaeschke* Rn. 1572; Armbrüster/Preuß/Renner/*Eickelberg* § 13 DONot Rn. 3.
[6] *Bettendorf* ZNotP 2001, 43; Armbrüster/Preuß/Renner/*Eickelberg* DONot § 13 Rn. 7.
[7] BNotK-Intern 3/2000, 1.

erfolgen muss, innerhalb eines Buchstabens jedoch die alphabetische Ordnung nicht zwingend ist.[8] Bei EDV-gestützter Führung der Namensverzeichnisse ist dagegen eine absolut korrekte alphabetische Reihenfolge ohne Schwierigkeiten herzustellen und daher vorzugswürdig.

9 Die Namensverzeichnisse können jeweils als **Anlage** zu Urkundenrolle bzw. Massenbuch geführt werden oder aber als **gesonderte Verzeichnisse**. Zulässig ist auch die Führung eines gemeinsamen Namensverzeichnisses zu Urkundenrolle und Massenbuch. Nicht mehr zulässig ist es allerdings, dass Notare, die sich zur gemeinsamen Berufsausübung verbunden haben, ihre Namensverzeichnisse gemeinsam führen.[9]

10 Ausdrücklich freigestellt wird es dem Notar auch, ob er die Namensverzeichnisse **jährlich**, für mehrere Jahre zusammen oder aber **fortlaufend** führt. Zu beachten sind in diesem Zusammenhang jedoch die Wechselwirkungen mit § 17: Bei automatisierter Bücherführung muss zum Jahresende ein Ausdruck erfolgen. Wegen der alphabetischen Reihenfolge könnte sich der Ausdruck nicht auf die im abgelaufenen Jahr vorgenommenen Eintragungen beschränken, so dass bei jahrgangsübergreifender Führung im Ergebnis immer das gesamte (über mehrere Jahre uU sehr umfangreiche) Namensverzeichnis auszudrucken ist. Diesem Nachteil der jahrgangsübergreifenden Führung steht der Vorteil gegenüber, dass das Auffinden von Urkunden erleichtert wird, wenn die Beteiligten nicht mehr genau wissen, in welchem Jahr sie beurkundet haben. Deshalb werden in der Literatur hierzu unterschiedliche Empfehlungen ausgesprochen.[10]

§ 14 Führung der Bücher in Loseblattform[1]

(1) [1]**Urkundenrolle und Verwahrungsbuch können auch als Buch mit herausnehmbaren Einlageblättern geführt werden.** [2]**In diesem Fall ist das Verwahrungsbuch nach dem Muster 4 zu führen.** [3]**Die Einlageblätter müssen fortlaufend nummeriert sein.** [4]**Vollbeschriebene Einlageblätter sind in Schnellheftern oder Aktenordnern abzulegen.** [5]**Nach Ablauf des Kalenderjahres sind die Einlageblätter unverzüglich gemäß § 30 zu heften und zu siegeln; die Notarin oder der Notar hat dabei die in § 7 Abs. 1 Satz 3 vorgeschriebenen Feststellungen zu treffen.**

(2) [1]**Das Massenbuch kann auch als Kartei geführt werden.** [2]**In diesem Fall ist das Massenbuch nach dem Muster 6 zu führen.** [3]**Soweit Notaranderkonten elektronisch geführt werden, sind in Spalte 3 des Massenbuches bei Überweisungen vom Notaranderkonto neben dem Namen des Empfängers auch dessen Bankverbindung und der Verwendungszweck der Überweisung und ist bei Einzahlungen auf das Notaranderkonto neben dem Namen des Überweisenden oder des Einzahlers der Verwendungszweck anzugeben.** [4]**Zusätzlich zu der Nummer der Masse (§ 12 Abs. 2 Satz 1 Halbsatz 1) sind die Karteiblätter mit Seitenzahlen zu versehen.** [5]**Die Karteiblätter sind in der Folge der Massenummern sortiert und getrennt nach erledigten und nicht erledigten Massen aufzubewahren.**

---

[8] Weingärtner/Gassen/Sommerfeldt/*Weingärtner* DONot § 13 Rn. 7; Armbrüster/Preuß/Renner/*Eickelberg* § 13 DONot Rn. 3.

[9] Dies hatte § 7 Abs. 4 S. 2 DONot aF noch ausdrücklich zugelassen, allerdings unter der Einschränkung, dass eine Aufteilung des Verzeichnisses nach Notaren jederzeit ohne größeren Arbeitsaufwand möglich sein müsse, zB durch Verwendung verschiedenfarbiger Karteikarten.

[10] Für jahrgangsweise Führung: Mihm/Bettendorf DNotZ 2001, 36 f.; *Bettendorf* ZNotP 2001, 46; Weingärtner/Gassen/Sommerfeldt/*Weingärtner* DONot § 13 Rn. 3; Armbrüster/Preuß/Renner/*Eickelberg* DONot § 13 Rn. 1; für jahrgangsübergreifende Führung: BeckOK BNotO/*Bracker* DONot § 13 Rn. 2; Weingärtner/Gassen/Sommerfeldt/*Weingärtner* DONot § 13 Rn. 4 (bei größeren Notariaten).

[1] → Anhang 1 Muster 4 und 6.

A. Allgemeines

§ 14 regelt die Führung der Bücher in **Loseblattform,** die nach § 6 Abs. 2 gleichwertig 1
neben der Führung der Bücher in gebundener Form steht. In der Praxis ist dagegen die
Loseblattform wegen des EDV-Einsatzes seit Jahren zur Regel geworden. Die Regelung in
§ 14 bildet gewissermaßen das Pendant zu § 7 Abs. 1, und bei Führung mittels EDV
kommen die Sonderbestimmungen in § 17 hinzu. Wie sich aus dem Wortlaut ergibt, gilt
die Vorschrift nur für **Bücher,**[2] also Urkundenrolle, Verwahrungs- und Massenbuch, nicht
dagegen für die Verzeichnisse, bei denen dem Notar die Art der Führung weitgehend
freigestellt ist. Auch die Verzeichnisse kann der Notar also in Loseblattform führen, ist dabei
jedoch nicht an die Vorgaben des § 14 gebunden: Weder die jahrgangsweise Heftung und
Siegelung der Seiten, die Feststellung der Seitenzahl auf dem Titelblatt noch die Art der
Aufbewahrung der einzelnen Seiten sind vorgeschrieben. Selbst Seitenzahlen sind nicht
zwingend, aber für die praktische Handhabung unbedingt zu empfehlen.

B. Urkundenrolle und Verwahrungsbuch, Abs. 1

Abs. 1 enthält Vorschriften für Urkundenrolle und Verwahrungsbuch: Die einzelnen 2
beschriebenen Blätter sind nach Satz 3 fortlaufend zu **nummerieren,** dh dass keine Seitenzahlen übersprungen oder doppelt vergeben werden dürfen; sollte dies irrtümlich oder
wegen eines EDV-Fehlers gleichwohl geschehen sein, so sind doppelte Seiten zu kennzeichnen (zB 32a und 32b) und fehlende Seitenzahlen zu vermerken oder durch eine
Leerseite mit Füllstrichen zu ersetzen. Während des laufenden Jahres sind die einzelnen
Blätter[3] der beiden Bücher nach Satz 4 **in Aktenordnern, Schnellheftern** oder auf
ähnliche Weise – nicht dagegen lose – **abzulegen,** damit die Reihenfolge der Seiten und
damit die Verwendbarkeit der Bücher gewährleistet ist.

Nach Ablauf des Jahres schreibt Satz 5 vor, dass die Blätter nach § 30 mit Siegelschnur zu 3
heften und mit dem Prägesiegel zu **siegeln** sind. Damit ist für die Loseblattform die
jahrgangsweise Führung dieser beiden Bücher vorgeschrieben. Anders als früher ist eine
feste Einbindung der Blätter, zB durch den Buchbinder, nicht mehr vorgeschrieben.
Zulässig und empfehlenswert bleibt sie aber gleichwohl, wobei der Buchbinder vertraglich
zur Verschwiegenheit zu verpflichten ist.[4] Nach dem Wortlaut der Vorschrift hat die
Heftung der Seiten „unverzüglich" nach Jahresende zu erfolgen. Für die Urkundenrolle ist
hier jedoch zu berücksichtigen, dass nach § 8 Abs. 3 die Eintragungen erst bis zu 14 Tagen
nach Beurkundung erfolgen müssen. Die Heftung hat deshalb erst nach Ablauf dieser Frist
zu erfolgen, dann jedoch unverzüglich.[5]

Beim Heften ist den Seiten ein **Titelblatt** nach dem Muster 1 voranzustellen, auf dem 4
der Notar die Anzahl der gehefteten Seiten (ohne Titelblatt) festzustellen hat.[6] Während bei
den gebundenen Büchern diese Feststellung vor der ersten Eintragung zu erfolgen hat, ist
sie bei der Loseblattform nach der letzten Eintragung vorzunehmen, dies ergibt sich aus der
Natur der Sache. Auf dem Muster 1 muss nicht zwingend das Farbdrucksiegel angebracht
werden, sondern es kann auch das für die Heftung nach § 30 erforderliche Prägesiegel auf
das Titelblatt gesetzt werden.[7]

---

[2] Zum Begriff → § 5 Rn. 3. Für das Kostenregister gilt § 14 allerdings kraft ausdrücklicher Verweisung in den hierzu ergangenen Sonderbestimmungen, → § 16 Rn. 4.
[3] Diese Aufbewahrungsanweisung dürfte – entgegen dem Wortlaut – nicht nur für die vollbeschriebenen Seiten gelten, sondern auch für die letzte, noch nicht vollgeschriebene Seite; → § 17 Rn. 6.
[4] → BNotO § 26a.
[5] Armbrüster/Preuß/Renner/*Eickelberg* DONot § 14 Rn. 4.
[6] → § 7 Rn. 4.
[7] In § 7 Abs. 1 S. 3 ist das Farbdrucksiegel genannt, weil das Prägesiegel bei fest gebundenen Büchern nicht erforderlich und unpraktikabel wäre. § 14 Abs. 1 S. 5 Hs. 2 verweist lediglich auf die in § 7 vor-

5   Für das in Loseblattform geführte Verwahrungsbuch ist das Muster 4 anzuwenden, das sich von dem für die Buchform vorgesehenen Muster 3 in der Aufteilung der Spalten unterscheidet. Die Urkundenrolle richtet sich dagegen stets nach dem einheitlichen Muster 2.

C. Massenkartei, Abs. 3

6   Das in Loseblattform geführte Massenbuch wird von der Dienstordnung als **Massenkartei** bezeichnet, wohl wegen der (früher) verbreiteten Praxis, Karteikarten zu verwenden. Hierfür ist wiederum die Verwendung des besonderen Musters 6 vorgeschrieben, das sich von dem Muster 5 für die Buchform unterscheidet. Die einzelnen Seiten werden bei der Massenkartei jedoch nicht fortlaufend nummeriert, sondern mit der **Massennummer** und – innerhalb jeder Masse – mit Seitenzahlen versehen. Dies folgt daraus, dass im Massenbuch keine räumlich aufeinander folgenden Eintragungen vorgenommen werden wie in Urkundenrolle und Verwahrungsbuch, sondern jeweils auf den Blättern, die zu den einzelnen Massen geführt werden. Reicht für eine Masse ein Blatt nicht aus, so sind weitere Blätter zu verwenden, deren Zusammengehörigkeit sich aus der Massennummer ergibt; die einzelnen Seiten sind dann fortlaufend mit **Seitenzahlen** zu versehen. Besteht ein Karteiblatt aus nur einer Seite, so kann auf die Angabe einer Seitenzahl verzichtet werden.[8]

7   Abs. 2 S. 4 regelt, dass die Karteiblätter **getrennt nach laufenden und erledigten Massen** aufzubewahren sind. Eine jahrgangsweise Führung des Massenbuchs ist also nicht vorgeschrieben und wäre auch kaum möglich, weil viele Massen über den Jahreswechsel hinweg geführt werden. Eine Heftung und Siegelung der erledigten Massen ist – anders als bei Urkundenrolle und Verwahrungsbuch – nicht vorgeschrieben,[9] aber selbstverständlich zulässig. Auch die zusammengehörenden Blätter einer Masse müssen nicht miteinander verbunden werden. Anders als in Abs. 1 S. 4 ist auch nicht vorgeschrieben, dass die Ablage der Blätter in Ordnern oder Heftern zu erfolgen hat. Der Begriff „aufbewahren" ist wohl wiederum aus der Verwendung von Karteikarten zu erklären, die in Karteikästen oÄ aufgehoben werden. Dem Notar steht es also frei, wie er die Karteiblätter aufbewahrt, geregelt ist lediglich die Trennung von laufenden und erledigten Massen und die Reihenfolge nach der Massennummer. Aus der Formulierung des Abs. 2 S. 4 ist abzuleiten, dass es unzulässig ist, die zu einer laufenden Masse gehörenden Karteiblätter in der nach § 22 Abs. 2 zu führenden Nebenakte zu dem Verwahrungsgeschäft aufzubewahren.

8   Abs. 2 S. 2 regelt, welche zusätzlichen Eintragungen in der Massekartei vorzunehmen sind, wenn Anderkonten elektronisch geführt werden (dazu § 27 Abs. 3).

§ 15 Dokumentationen zur Einhaltung von Mitwirkungsverboten

(1) [1]**Die Vorkehrungen zur Einhaltung der Mitwirkungsverbote nach § 3 Abs. 1 Nr. 7 und Nr. 8 erste Alternative, Abs. 2 BeurkG genügen § 28 BNotO und den Richtlinien für die Amtspflichten und sonstigen Pflichten der Notarkammer Braunschweig vom 28.4.1999 und 18.3.2000 (Nds. Rpfl. 2000, S. 161), der Notarkammer Celle vom 28.4.1999 und 3.5.2000 (Nds. Rpfl. 2000, S. 353) und der Notarkammer Oldenburg vom 17.11.1999 (Nds. Rpfl. 2000 S. 164) nach § 67 Abs. 2 Satz 3 Nr. 6 BNotO, wenn**

---

geschriebenen „Feststellungen", nicht dagegen auf das dort vorgesehene Farbdrucksiegel. Auch ist das Muster 1 insofern geändert worden, als dort jetzt „Siegel" angegeben ist, während in der DONot aF „Stempel" vorgesehen war. Ebenso: Armbrüster/Preuß/Renner/*Eickelberg* DONot § 14 Rn. 4. AA (Farbdrucksiegel zusätzlich zum Prägesiegel erforderlich): Weingärtner/Gassen/Sommerfeldt/*Weingärtner* DONot § 14 Rn. 2.

[8] *Blaeschke* Rn. 1511.

[9] Hier besteht eine gewisse Parallele zu § 7 Abs. 1 S. 3, der für das Massenbuch ebenfalls darauf verzichtet, die Feststellung der Seitenzahl vorzuschreiben, → § 7 Rn. 5.

sie zumindest die Identität der Personen, für welche die Notarin oder der Notar oder eine Person i. S. v. § 3 Abs. 1 Nr. 4 BeurkG außerhalb ihrer Amtstätigkeit bereits tätig war oder ist oder welche die Notarin oder der Notar oder eine Person i. S. v. § 3 Abs. 1 Nr. 4 BeurkG bevollmächtigt haben, zweifelsfrei erkennen lassen und den Gegenstand der Tätigkeit in ausreichend kennzeichnender Weise angeben. ²Die Angaben müssen einen Abgleich mit der Urkundenrolle und den Namensverzeichnissen im Hinblick auf die Einhaltung der Mitwirkungsverbote ermöglichen. ³Soweit die Notarin oder der Notar Vorkehrungen, die diese Voraussetzungen erfüllen, zur Einhaltung anderer gesetzlicher Regelungen trifft, sind zusätzliche Vorkehrungen nicht erforderlich.

(2) § 6 findet keine Anwendung.

A. Entstehungsgeschichte

In der Berufsrechtsnovelle 1998 hat der Gesetzgeber durch die Neufassung des § 3 **1** BeurkG die Mitwirkungsverbote erweitert und ihre Bedeutung hervorgehoben. Daraus folgt eine gesteigerte Verpflichtung des Notars, seine Tätigkeit in einer Weise zu organisieren, die ihm die Einhaltung der Verbote ermöglicht. Der Gesetzgeber hat diese – im Grunde selbstverständliche – Konsequenz in § 28 BNotO normiert. Da der Gesetzestext sich mit der Forderung nach „geeigneten Vorkehrungen" recht allgemein verhält, sind die Notarkammern in § 67 Abs. 2 S. 3 Nr. 6 BNotO ermächtigt worden, nähere Regelungen über die Art der Vorkehrungen zu treffen. Die Hoffnung des Gesetzgebers, die Notarkammern würden ihm die angestrebte Konkretisierung abnehmen, hat sich jedoch nicht erfüllt. Bleibt die Empfehlung der BNotK schon im Ungefähren, als sie in Abschnitt VI Nr. 1.1 lediglich statuiert, als Vorkehrungen iSv § 28 BNotO kämen „insbesondere ein Beteiligtenverzeichnis oder eine sonstige zweckentsprechende Dokumentation in Betracht", haben sich relativ viele Kammern noch unwilliger gezeigt, dem Notar auf diesem Gebiet präzisere Anweisungen zu geben. Das gilt vor allem für die Kammern des Nur-Notariats, ist dort allerdings auch verständlich, weil Nur-Notare unverhältnismäßig seltener als Anwaltsnotare in die Gefahr geraten, gegen Mitwirkungsverbote zu verstoßen. Die Landesjustizverwaltungen haben diese aus ihrer Sicht unzureichende Regelung in den Richtliniensatzungen zum Anlass genommen, in § 15 weitere Konkretisierungen zu treffen.[1]

B. Verfassungsmäßigkeit

Die DONot trifft als von den Ländern bundeseinheitlich erlassene Verwaltungsvorschrift **2** Regelungen zum laufenden Geschäftsbetrieb der Notare. Der Länderexekutive wird allgemein das Recht zugestanden, die Art der Dokumentation der Amtsgeschäfte, die Gestaltung einzelner Geschäftsabläufe sowie die Aufbewahrung der Urkunden und ihr äußeres Aussehen vorzuschreiben.[2]

Die in § 15 enthaltene Regelung greift in die **Berufsfreiheit** ein und ist schon deshalb **3 verfassungswidrig**, weil eine Verwaltungsvorschrift nicht die von Art. 12 Abs. 1 S. 2 GG verlangte Rechtsnormqualität besitzt. Die vom Notar zu beachtenden Berufspflichten bedürfen grundsätzlich einer gesetzlichen Regelung.[3] Dies hat den Gesetzgeber veranlasst, die Verpflichtung zu „geeigneten Vorkehrungen" in § 28 BNotO aufzunehmen. Von den in § 5 Abs. 1 aufgeführten Büchern und Verzeichnissen haben allein die dort unter Nr. 7 genannten „Dokumentationen zur Einhaltung von Mitwirkungsverboten" eine solche

---
[1] Vgl. *Harborth/Lau* DNotZ 2002, 412 (426), wo dieser ursächliche Zusammenhang bestätigt wird.
[2] Nach dem Beschluss des Bundesverfassungsgerichts vom 19.6.2012 (BVerfG 19.6.2012 – BvR 317/09, NJW 2012, 2639) enthält § 93 BNotO die ausreichende Grundlage für die in der Dienstordnung enthaltenen allgemeinen Weisungen der Disziplinaraufsicht.
[3] BVerfGE 80, 257 (265); 98, 49; BVerfG DNotZ 2000, 787; kritisch *Harborth/Lau* DNotZ 2002, 412 (431 ff.).

gesetzliche Grundlage, wobei allerdings fraglich ist, ob die Einengung der vom Gesetzgeber verlangten „Vorkehrungen" auf „Dokumentationen" nicht schon über das gesetzlich Geforderte hinausgeht. Dies mag in diesem Zusammenhang dahingestellt bleiben; entscheidend ist, dass – anders als bei der Führung des Verwahrungs- und Massenbuchs – der Notar kraft eines **ausdrücklichen Gesetzesbefehls** angehalten ist, die Einhaltung der Mitwirkungsverbote durch „Vorkehrungen" zu gewährleisten. Dies ist umso bedeutsamer, als § 28 BNotO eine bloße Nebenpflicht enthält, deren Zweck es ist, die Erfüllung der in § 3 BeurkG normierten Hauptpflicht zu sichern. Der Gesetzgeber hat somit mit aller Klarheit zum Ausdruck gebracht, dass nach seiner Auffassung die in § 3 BeurkG und § 28 BNotO enthaltenen Regelungen keineswegs nur **Formalien** des laufenden Geschäftsbetriebs betreffen, sondern die **Berufsfreiheit** der Notare begrenzen und deshalb mit Rücksicht auf Art. 12 Abs. 1 S. 2 GG einer gesetzlichen Grundlage bedürfen.

4 Reicht dies schon aus, um die Verfassungswidrigkeit des § 15 festzustellen, kommt hinzu, dass die **Kompetenz zur Konkretisierung** der sich aus § 28 BNotO ergebenden Berufspflicht in § 67 Abs. 2 S. 3 Nr. 6 BNotO den **Notarkammern** zugewiesen worden ist. Unabhängig davon, ob überhaupt und mit welchem Inhalt die Kammern von dieser Ermächtigung Gebrauch gemacht haben, ist daraus zu entnehmen, dass nach dem Willen des Gesetzgebers **nur** die Kammern und nicht die Justizverwaltungen der Länder zu ergänzenden Regelungen befugt sein sollen. Verwaltungsvorschriften können weder statusregelnde Normen noch Richtliniensatzungen konkretisieren.

5 Selbst wenn man dies aber für zulässig halten sollte, ist unbestritten, dass nach dem Grundsatz der Normenhierarchie Verwaltungsvorschriften insoweit unwirksam sind, als sie Richtliniensatzungen widersprechen.[4] Ein Widerspruch liegt nicht vor, soweit einige Kammern keine Regelungen in ihren Richtliniensatzungen getroffen haben. Hätten Kammern in ihren Satzungen versehentlich Lücken oder in Verkennung der Rechtslage Raum für weitere Konkretisierungen der DONot gelassen, könnte auch noch zweifelhaft sein, ob weitergehende Verwaltungsvorschriften mit den Richtliniensatzungen kollidieren. Der wesentliche Unterschied der in § 15 getroffenen Regelung zu Abschnitt VI Nr. 1.1 RLEmBNotK besteht aber darin, dass in der Dokumentation eine Angabe des **Gegenstandes** der außernotariellen Tätigkeit in ausreichend kennzeichnender Weise verlangt wird. Dies jedoch wollten weder die BNotK noch die Notarkammern, die in Abschnitt VI ihrer Satzungen diesen Empfehlungen wörtlich oder inhaltlich gefolgt sind. Ihr Schweigen zur Angabe des Gegenstandes war beredt; es bedeutete Ablehnung einer solchen Verpflichtung, und dafür hatte man gute Gründe, → Rn. 6 ff. Infolgedessen ist § 15 S. 1 auch wegen eines offensichtlichen Widerspruchs gegen die genannten Richtliniensatzungen insoweit nichtig, als die Kennzeichnung der außernotariellen Tätigkeit in der Dokumentation verlangt wird.[5]

5a Die Entscheidung des BVerfG zu § 10 Abs. 3 berührt die vorgenannten Ausführungen nicht. In dieser Entscheidung wurde durch das BVerfG § 10 Abs. 3 als verfassungsgemäß

---

[4] *Mihm/Bettendorf* DNotZ 2001, 38; *Starke* FS Bezzenberger 2000, 625; *Harborth/Lau* DNotZ 2002, 412 (435 ff.).

[5] *Maaß* ZNotP 2002, 217 und 335. Die Auslegungskünste, mit denen im Schrifttum abweichende Auffassungen begründet werden, erinnern an Goethes Rat an die Juristen: „Im Auslegen seit frisch und munter, legt ihr's nicht aus, so legt was unter". *Lerch* BWNotZ 1999, 45 und ZNotP 2002, 166 sowie *Harborth/Lau* DNotZ 2002, 412 (436 ff.) wollen die Notwendigkeit der Gegenstandsangabe aus § 28 BNotO ableiten, obwohl der Gesetzeswortlaut dafür nichts hergibt und der Gesetzgeber es obendrein in der Gesetzesbegründung ausdrücklich von den Gegebenheiten des Einzelfalls abhängig macht, ob überhaupt das Treffen besonderer Vorkehrungen notwendig ist, BT-Drs. 13/4184, 27. *Wöstmann* ZNotP 2002, 96 (99), dem offenbar diese Auslegung zu gewagt erscheint, will aus Abschnitt VI Nr. 1.2 RLEmBNotK schließen, dass nur dann eine hinreichende Identifikation der Person vorliegt, wenn sie mit einer Geschäftsangabe kombiniert ist; es sollte selbstverständlich sein, dass man eine Person auch ohne Geschäftsangabe identifizieren kann. *Schippel/Bracker/Vollhardt* DONot § 15 Rn. 4 räumt ein, dass § 15 DONot in die Berufsausübungsfreiheit eingreift sieht indessen die dazu notwendige Ermächtigungsgrundlage in den §§ 28 und 93 BNotO, vernachlässigt aber dabei die vorrangige Ermächtigungsgrundlage für die Notarkammern; ebenso *Armbrüster/Preuß/Renner/Eickelberg* DONot § 15 Rn. 10.

bestätigt.⁶ § 10 Abs. 3 betrifft die Einhaltung der Formalien beim bargeldlosen Zahlungseingang und -ausgang sowie die damit verbundenen Dokumentationspflichten bei der Führung des Verwahrungs- und Massenbuches und somit den laufenden Geschäftsbetrieb. Das BVerfG stützt diese Entscheidung im Rahmen der Auslegung auf die in § 93 BNotO übertragene Dienstaufsicht. Die dort getroffenen Kriterien können nicht auf § 15 übertragen werden.⁷ Die Dokumentationspflichten bezüglich der Vorbefassung sind in § 28 BNotO aufgeführt und deren weitere Ausgestaltung in § 67 Abs. 2 S. 3 Nr. 6 BNotO den Notarkammern zugewiesen. Für eine Auslegung ist daher kein Raum, es mangelt weder an einer gesetzlichen Regelung noch besteht eine planwidrige Gesetzeslücke.

C. Nutzen und Praktikabilität

In der einschlägigen Literatur wird zur Verteidigung des § 15 ins Feld geführt, dem **6** Notar sei ohne Angabe des Geschäftsgegenstandes eine Einhaltung der Mitwirkungsverbote nicht möglich.⁸ Abgesehen davon, dass damit ein schon formal verfassungswidriger Eingriff in die Berufsfreiheit nicht verfassungsfest gemacht werden kann, offenbart diese Argumentation ein erstaunliches Maß an **Praxisfremdheit.** Es wird verkannt, dass allein die Angabe des Geschäftsgegenstandes in aller Regel den Notar nicht in die Lage versetzt, mit hinreichender Sicherheit ein Mitwirkungsverbot festzustellen. Die Angabe „Einziehungssache", „Werkvertragssache" oder „Beratung in einer gesellschaftsrechtlichen Auseinandersetzung" lässt auch bei festgestellter Personenidentität nicht erkennen, ob eine zu beglaubigende oder zu beurkundende Grundschuldbestellung in einem Zusammenhang mit der anwaltlich behandelten Angelegenheit steht. Ersucht eine Wohnungsbaugesellschaft um die Beurkundung eines Grundstückskaufvertrages und stellt der Notar fest, dass sein Sozius eben dieses Unternehmen in einer „Kaufvertragssache" beraten hat, steht damit noch nicht im Geringsten fest, dass es sich um die nämliche Angelegenheit handelt. Berät der Sozius auf der Grundlage eines vereinbarten Zeit- oder Pauschalhonorars dauernd ein Unternehmen in einer Vielzahl von Rechtsfragen, müsste bei jeder Einzelberatung, ja bei jeder telefonisch erteilten Auskunft der Gegenstand der Beratung neu dokumentiert werden; ein Aufwand, der in einem grotesken Missverhältnis zu seinem Nutzen stehen würde.⁹ In all diesen Fällen ist der Notar darauf angewiesen, die Handakte (falls noch vorhanden) einzusehen, sein Gedächtnis anzuspannen, seinen Sozius und/oder das Büropersonal zu befragen und, falls dies alles nicht zu einer Klärung führt, mit besonderer Sorgfalt die in § 3 Abs. 1 S. 2 BeurkG vorgesehene Befragung durchzuführen. Die Angabe des Gegenstandes der außernotariellen Vorbefassung kann also allenfalls einen ersten Anhaltspunkt für eine möglicherweise vorhandene Interessenkollision liefern. Dem Notar ist in Abschnitt VI Nr. 1.2 RLEmBNotK mit Recht überlassen worden zu entscheiden, auf welche Weise er sich die anhand des Beteiligtenverzeichnisses durchzuführende Suche nach einer möglichen Sachverhaltsidentität erleichtert.¹⁰ So würde es zB vor allem bei Dauermandanten ausreichen, Vertretungen und Beratungen in erb- und eherechtlichen Angelegenheiten zu kennzeichnen, da sich dort erfahrungsgemäß anwaltliche und notarielle Tätigkeiten relativ häufig überschneiden. Ob ein allein praktizierender Anwaltsnotar, der sich im anwaltlichen Bereich auf die Beratung einiger weniger Mandanten beschränkt und zudem noch seine Handakten erheblich länger als die in § 50 Abs. 2 BRAO verlangten fünf Jahre verwahrt,

---

⁶ BVerfG 19.6.2012 – 1 BVR 3017/09, NJW 2012, 2639.
⁷ So aber Armbrüster/Preuß/Renner/*Eickelberg* DONot § 15 Rn. 12
⁸ *Harborth/Lau* DNotZ 2002, 412 (438 ff.); *Wöstmann* ZNotP 2002, 96 (100); *Lerch* ZNotP 2002, 166; 2004, 54 (56).
⁹ Vgl. auch die instruktiven Beispiele bei *Maaß* ZNotP 2002, 217 (220 ff.).
¹⁰ *Mihm/Bettendorf* DNotZ 2001, 22 (39). Einige Kammern bemühen sich stattdessen, die Geschäftsangabe zu entwerten, indem sie Listen entwickeln, die allgemeine Kennzeichnungen für ausreichend halten, also zB Arbeitsrecht, Medienrecht, Strafrecht, Verwaltungsrecht und andere, siehe *Weingärtner*, Vermeidbare Fehler, Rn. 111 f.

überhaupt ein Beteiligtenverzeichnis führen muss, ist fraglich; Abschnitt VI Nr. 1.2 RLEmBNotK schreibt das nicht zwingend vor, lässt auch „sonstige zweckentsprechende Dokumentationen" zu und folgt damit der aus der Gesetzesbegründung ersichtlichen Auffassung des Gesetzgebers, von den Gegebenheiten des Einzelfalls hänge es ab, ob überhaupt besondere Vorkehrungen erforderlich seien.

7 Ohne die Bedeutung der in § 3 BeurkG geregelten Mitwirkungsverbotes schmälern zu wollen, lässt sich feststellen, dass § 15 das Musterbeispiel einer in der Praxis nutzlosen und weitgehend leerlaufenden Überreglementierung ist. Vor allem bleibt unberücksichtigt, dass der Gesetzgeber eine doppelte Sicherung gegen die Übertretung der Mitwirkungsverbote vorgesehen hat: Zur eigenverantwortlichen Prüfung außernotarieller Vorbefassung tritt die Befragung der Urkundsbeteiligten gem. § 3 Abs. 1 S. 2 BeurkG. Diese Befragung führt in aller Regel zur Aufdeckung möglicher Interessenkollisionen. Darauf darf sich der Notar zwar nicht allein verlassen, jedoch sollte die vorhandene Doppelsicherung dazu führen, ihm und seinen Mitarbeitern nicht einen Zeit- und Arbeitsaufwand abzuverlangen, der unzumutbar ist und in einem offensichtlichen Missverhältnis zu seinem Nutzen steht. Bezeichnend ist in diesem Zusammenhang auch die Forderung, die Dokumentation müsse ohne zeitliche Limitierung, also vielleicht 50 oder 100 Jahre geführt werden. Der darin liegende Verstoß gegen den Grundsatz der Datensparsamkeit ist offensichtlich; zu diesem Grundsatz → § 5 Rn. 25. Ein Übermaß an unnötiger bürokratischer Bevormundung verringert erfahrungsgemäß die Überzeugungskraft der gesetzgeberischen Intention und damit die Bereitschaft, als unsinnig empfundene Vorschriften aus eigener Einsicht zu beachten. Von § 15 könnte somit eher eine kontraproduktive Wirkung ausgehen.

8 In den letzten Jahren lässt sich beobachten, dass die Konflikte um die Dokumentationspflichten im Zusammenhang mit den Mitwirkungsverboten abgenommen haben. Die Notaraufsicht scheint sich auf das konzentriert zu haben, was sinnvoll ist. Mit der Einfügung des zweiten Absatzes in § 15 wurde geklärt, dass Beteiligtenverzeichnisse auch elektronisch geführt werden dürfen. Anwaltsnotare, die gemeinschaftlich mit anderen Anwälten ihren Beruf ausüben, sind verpflichtet, ein Verzeichnis über die in § 45 Abs. 1 BRAO genannten Tätigkeiten zu führen. § 15 Abs. 1 S. 3 BNotO erlaubt es, diese Register als notarielle Dokumentation zu nutzen.[11]

9 Ab dem 1.1.2022 wird § 15 voraussichtlich aufgrund der durch das Gesetz zur Neuordnung der Aufbewahrung von Notariatsunterlagen und zur Errichtung des elektronischen Urkundenarchivs bei der Bundesnotarkammer vom 1.6.2017[12] und der aufgrund dieses Gesetzes geschaffenen Verordnung über die Führung von Akten und Verzeichnissen durch Notare und hier durch § 32 dieser Verordnung ersetzt werden. Danach wird der Notar ein Beteiligtenverzeichnis zu führen haben, aus dem die Identität der Personen zweifelsfrei erkennbar sein und der Gegenstand der Tätigkeit hervorgehen muss. Es bestehen erhebliche Bedenken, ob der Text des jetzigen Entwurfs des § 32 der Verordnung durch die Ermächtigungsgrundlage aus § 36 BNotO gedeckt ist. Hier bleibt die endgültige Fassung des § 32 der Verordnung abzuwarten.

§ 16 Kostenregister

Notarinnen und Notare *im Bereich der Notarkasse in München und der Ländernotarkasse in Leipzig*[1] **führen ein Kostenregister.**

---

[11] Rundschreiben der Bundesnotarkammer Nr. 22/2001 vom 10.7.2001, in: *Weingärtner*, Vermeidbare Fehler, Anh. Ziff. XXIII.
[12] BGBl. 2017 I 1396.
[1] **Sachsen:** kursiv gesetzter Satzteil nicht übernommen.

A. Allgemeines

Die Notarkasse und die Ländernotarkasse sind Anstalten des öffentlichen Rechts, deren **1**
Stellung und Aufgaben in §§ 113, 113a BNotO geregelt sind. Zur Erfüllung ihrer Aufgaben erheben sie nach Abs. 8 der beiden vorgenannten Vorschriften von den Notaren, die in ihrem Tätigkeitsbereich amtieren, Abgaben, die sich nach der Leistungsfähigkeit der Notare, insbesondere nach den von ihnen zu erhebenden Kosten richten. Um die **Abgabenerhebung** und ihre Überprüfung zu ermöglichen, schreibt § 16 die Führung eines Kostenregisters vor.

Die Regelung in § 16 beschränkt sich auf einen bloßen Hinweis **deklaratorischer** **2**
Natur. Für eine bundeseinheitliche Verwaltungsvorschrift erschien die Aufnahme detaillierter Regelungen, die ohnehin nur in einzelnen Ländern gelten würden, nicht erforderlich.[2] Hierfür können die betroffenen Länder eigene Regelungen durch **Verwaltungsvorschrift** vorsehen. Außerdem sind die Notarkasse und die Ländernotarkasse auf Grund der ihnen zustehenden Satzungskompetenz in der Lage, selber die für ihre eigenen Zwecke erforderlichen Regelungen zu treffen. Von diesen Möglichkeiten ist in den Kassenbereichen in unterschiedlicher Weise Gebrauch gemacht worden: Für den Bereich der Notarkasse sind Regelungen über das Kostenregister in einer bayerischen Verwaltungsvorschrift getroffen worden, die Ländernotarkasse hat entsprechende Bestimmungen in ihre **Abgabensatzung** aufgenommen – beide sind nachfolgend unter B. und C. abgedruckt. Beide Regelungen enthalten Muster für das Kostenregister.

Inhaltlich unterscheiden sich die Vorschriften in den beiden Kassenbereichen kaum **3**
voneinander: Das Kostenregister ist in den ersten fünf Spalten ähnlich aufgebaut wie die Urkundenrolle, enthält also außer UR-Nr. und Datum Angaben zum Geschäftsgegenstand und zu den Beteiligten. Diese Angaben sind ebenso zu machen wie in der Urkundenrolle (§ 8 Abs. 5 und Abs. 6), so dass insbesondere bei den Beteiligten stets Vertreter und Vertretene anzugeben sind. Wegen dieser Übereinstimmungen können Urkundenrolle und Kostenregister auch **gemeinsam** geführt werden.[3] In den weiteren Spalten sind sodann Angaben zum Geschäftswert und zu den angefallenen Gebühren und Auslagen, zur Umsatzsteuer und zu den durchlaufenden Posten zu machen. Werden in das Kostenregister Amtsgeschäfte eingetragen, für die keine eigene Urkundsnummer zu vergeben ist (zB Entwurfs- oder Beratungstätigkeiten), so wird im Anschluss an eine UR-Nr. eine Unternummer mit Buchstaben oder als Strichnummer eingetragen.[4] Kommt es bei einer bereits eingetragenen Kostenberechnung zu einer nachträglichen Änderung oder Berichtigung, so wird die ursprüngliche Eintragung nicht verändert, sondern unter einer neuen Unternummer storniert und unter einer weiteren Unternummer sodann neu eingetragen. Dies folgt aus der Notwendigkeit der monatlichen Abgabenmeldung an die Notarkassen, die bei nachträglichen Änderungen ansonsten berichtigt werden mussten.[5] Zusätzlich sollten wechselseitige Vermerke angebracht werden. Wird das Kostenregister **gesondert** geführt, so ist die für die Urkundenrolle vorgeschriebene Spalte zum Ort des Amtsgeschäfts nicht erforderlich. Für den Bereich der Notarkasse ergibt sich dies aus dem Muster 9a, für den Bereich der Ländernotarkasse ist dies nicht geregelt, folgt aber aus dem Zweck der Spalte, die Überprüfung von Auswärtsbeurkundungen zu erleichtern. Dieser Zweck spielt für das Kostenregister keine Rolle.

Das Kostenregister kann in gebundener oder in Loseblattform geführt werden, §§ 7, 14 **4**
gelten entsprechend. Für **Änderungen** im Kostenregister wird auf § 7 Abs. 2 verwiesen,

---

[2] *Mihm/Bettendorf* DNotZ 2001, 39.
[3] Der Ort der Amtshandlung muss im Kostenregister, anders als in der Urkundenrolle nach § 8 Abs. 4, nicht angegeben werden, weil dies nicht ausdrücklich geregelt ist.
[4] BeckOK BNotO/*Bracker* DONot § 16 Rn. 3; Armbrüster/Preuß/Renner/*Eickelberg* DONot § 16 Rn. 8.
[5] BeckOK BNotO/*Bracker* DONot § 16 Rn. 2.

sie müssen also die ursprüngliche Eintragung lesbar lassen und vom Notar abgezeichnet werden. Im Bereich der Ländernotarkasse muss die Eintragung in das Kostenregister innerhalb derselben Frist erfolgen wie in die Urkundenrolle, also innerhalb von 14 Tagen nach Beurkundung. Für den Bereich der Notarkasse fehlt eine diesbezügliche Regelung.[6] Die Aufbewahrungsfrist für das Kostenregister ist nur in Bayern geregelt und beträgt dort 30 Jahre,[7] die Ländernotarkasse geht für ihren Bereich von einer Aufbewahrungspflicht von 10 Jahren aus.[8] Werden dagegen Urkundenrolle und Kostenregister gemeinsam geführt, so gilt die 100jährige Aufbewahrungsfrist des § 5 Abs. 4. Im Übrigen gelten die Regelungen der DONot über Verzeichnisse auch für das Kostenregister, also zB § 5 Abs. 3 (Verbot der externen Bücherführung) oder § 6 Abs. 1 (papiergebundene Führung). Obwohl ein ausdrücklicher Verweis auf § 17 fehlt, ist die Vorschrift nach dem vorgenannten Grundsatz anwendbar, so dass das Kostenregister selbstverständlich auch EDV-gestützt geführt werden kann.[9]

4a **Verweise** bei Änderungen von Kostenberechnungen sind nur im Bereich der Ländernotarkasse ausdrücklich vorgeschrieben und sind in der Bemerkungsspalte anzubringen. Da diese Spalte auch im Bereich der Notarkasse vorgeschrieben ist, sind solche Verweise auch dort geboten, denn der Zweck solcher Verweise besteht darin, bei der Überprüfung von Kostenberechnungen spätere Änderungen zu berücksichtigen. Die Satzung der Ländernotarkasse schreibt wechselseitige Verweise vor bei Änderung, Aufhebung, Absetzung oder Anrechnung von Gebühren. Darüber hinaus ist auch dann ein Verweis geboten, wenn zu einem Urkundsgeschäft nachträglich eine weitere Rechnung erteilt wird, etwa für die Treuhandgebühr nach Nr. 22201 KV GNotKG oder die Verwahrungsgebühr nach Nr. 25300 KV GNotKG, deren Höhe regelmäßig erst deutlich später feststeht als die Höhe der Beurkundungs-, Betreuungs- und Vollzugsgebühren. Nur dadurch wird es dem Kostenprüfer ermöglicht festzustellen, ob das Urkundsgeschäft vollständig und korrekt abgerechnet worden ist.

5 Die Führung des Kostenregisters gehört ebenso zu den **Dienstpflichten** des Notars wie die Führung der anderen in der DONot vorgeschriebenen Register. Deshalb kann die ordnungsgemäße Führung des Kostenregisters von den Aufsichtsbehörden überwacht und zum Gegenstand der Geschäftsprüfungen nach § 93 BNotO gemacht werden. Allerdings steht auch den beiden Kassen hinsichtlich der Erfüllung der Abgabepflicht einschließlich der zugrundeliegenden Kostenberechnungen eine **eigene Prüfungskompetenz** zu (§§ 113 Abs. 8 S. 6, 113a Abs. 8 S. 6 BNotO), die sich naturgemäß auf die ordnungsgemäße Führung des Kostenregisters erstreckt. Weil die beiden Kassen von dieser Prüfungskompetenz in der Praxis sehr effektiven Gebrauch machen, wird das Kostenregister bei den Geschäftsprüfungen nach § 93 BNotO regelmäßig nicht geprüft.

B. Regelungen im Bereich der Ländernotarkasse

6 Die Bestimmungen über das Kostenregister sind in § 19 Abs. 2 bis 4 der Abgabensatzung der Ländernotarkasse[10] enthalten und lauten wie folgt:

---

[6] BeckOK BNotO/*Bracker* DONot § 16 Rn. 2 hält ebenfalls für den Eintragungszeitpunkt dieselben Grundsätze für anwendbar wie für die Urkundenrolle.

[7] Gemeinsame Bekanntmachung des Bayer. Staatsministeriums der Justiz und des Bayer. Staatsministeriums für Unterricht und Kultus über die Aufbewahrung, Abgabe und Vernichtung von Notariatsakten vom 16.5.1972 (JMBl. S. 83).

[8] NotBZ 2007, 175.

[9] De lege ferenda wäre es auch denkbar, dass eine papierlose, rein elektronische Führung des Kostenregisters vorgesehen wird. Dies ergibt sich daraus, dass die Landesjustizverwaltungen frei sind, von § 6 Abs. 1 abweichende Regelungen zu treffen. Dieselbe Befugnis steht auch den beiden Kassen zu, da die von ihnen erlassenen Satzungen höherrangiges Recht darstellen als die DONot.

[10] Amtl. Mitteilungsblatt der Ländernotarkasse A. d. ö. R. Leipzig vom 16.9.2009, zuletzt geändert am 28.9.2017, Amtl. Mitteilungsblatt der Ländernotarkasse vom 7.3.2018.

(2) ¹Das Kostenregister → (§ 16 DONot) ist nach dem Muster der Anlage zur Abgabensatzung zu führen. ²Die Spalten Ia und II bis IV entsprechen denen der Urkundenrolle. ³In das Kostenregister sind die gemäß § 17 Abs. 1 Satz 1 BNotO zu erstellenden Kostenberechnungen innerhalb des in § 8 Abs. 3 DONot genannten Zeitraumes grundsätzlich in der Reihenfolge ihrer Entstehung zu übertragen. ⁴Die Änderung oder Aufhebung einer Kostenberechnung, ihre Absetzung wegen Uneinbringlichkeit (§ 8 Abs. 4) und die Anrechnung einer früher erhobenen Gebühr auf eine spätere Gebühr sind in dem Abrechnungsmonat einzutragen, in dem die Änderung, Aufhebung, Absetzung oder Anrechnung erfolgt. ⁵Bei der neuen Eintragung sowie bei der geänderten, aufgehobenen, abgesetzten oder in Anrechnung gebrachten Gebühr ist wechselseitig in der Bemerkungsspalte auf die jeweils andere Eintragung hinzuweisen. ⁶Die Gebühren und Auslagen werden seitenweise zusammengezählt, die Summen übertragen und am Ende des Abrechnungsmonats (§ 8 Abs. 1) abgeschlossen. ⁷Das Kostenregister kann auch gemeinsam mit der Urkundenrolle und im Fall einer nach § 10 zugelassenen gemeinsamen Abrechnung für mehrere Notare gemeinsam geführt werden.

(3) ¹Die §§ 7 und 14 Abs. 1 DONot über die Behandlung der Bücher gelten entsprechend. ²Abweichungen, die das Kostenregister den Mindestanforderungen nach § 19 Abs. 2 nicht mehr genügen lassen, bedürfen vorbehaltlich der Regelung in Absatz 4 der Zustimmung des Präsidenten der Ländernotarkasse.

(4) ¹Keiner Zustimmung bedarf das Zusammenfassen der Spalte I, wenn eine deutliche Unterscheidung zwischen Urkundsgeschäften und anderen Eintragungen gewährleistet ist. ²Werden Urkundenrolle und Kostenregister gemeinsam geführt, kann die Spalte V in die Unterspalten Va (für Bemerkungen zur Urkundenrolle) und Vb (für Bemerkungen zum Kostenregister) geteilt oder das Muster um eine weitere Spalte ergänzt werden.

C. Regelungen im Bereich der Notarkasse

Für den Bereich der Notarkasse sind Bestimmungen zum Kostenregister enthalten in der Bekanntmachung des Bayerischen Staatsministeriums der Justiz betreffend die Angelegenheiten der Notare (Notarbekanntmachung – NotBek) vom 25.1.2017,[11] die zuletzt durch Bekanntmachung vom 22.2.2017[12] geändert worden ist.[13] Sie lauten wie folgt:

17.2.2 Zu § 16 DONot:
aa) Der Notar hat das Kostenregister nach Muster 9a oder gemeinsam mit der Urkundenrolle nach Muster 9b zu führen.
bb) In das Kostenregister werden alle Gebühren und Auslagen des Notars in Geschäften, für welche die Kostenordnung maßgebend ist, in zeitlicher Reihenfolge eingetragen. Die Gebühren und Auslagen werden seitenweise zusammengezählt und die Summen übertragen. Das Kostenregister kann für mehrere Jahre angelegt werden. Jeder Jahrgang wird für sich abgeschlossen. § 7 Abs. 1 und 2 und § 14 Abs. 1 DONot gelten für die Führung des Kostenregisters entsprechend.
cc) Abweichungen von der Gestaltung des Kostenregisters, die nicht unter Buchst. dd) bis ff) ausdrücklich zugelassen sind oder sich nicht auf Abweichungen im Format beschränken, bedürfen der Genehmigung des zuständigen Präsidenten des Landgerichts.
dd) Im Anschluss an die jeweils letzte Spalte des Kostenregisters können weitere Spalten nach den Erfordernissen des Verwenders angefügt werden.
ee) Die Spalte I des Kostenregisters nach dem Muster 9a kann in zwei Unterspalten I a und I b für die Nummern im Kostenregister und in der Urkundenrolle aufgeteilt werden.
ff) Die Spalte V des Kostenregisters nach dem Muster 9b kann in Unterspalten V a und V b für Bemerkungen zur Urkundenrolle und Bemerkungen zum Kostenregister aufgestellt werden; Spalte XIII kann dann entfallen. Die Unterspalten I a und I b des Kostenregisters nach dem Muster 9b können zur Spalte I zusammengefasst werden, wenn eine deutliche Unterscheidung zwischen Urkundsgeschäften und anderen Eintragungen gewährleistet ist.

---

[11] JMBl. S. 32.
[12] JMBl. S. 46.
[13] www.gesetze-bayern.de/Content/Document/BayDONot.

§ 17 Automationsgestützte Führung der Bücher und Verzeichnisse

(1) ¹Werden Bücher und Verzeichnisse automationsgestützt geführt, dürfen die jeweils eingesetzten notarspezifischen Fachanwendungen und ihre Fortschreibungen keine Verfahren zur nachträglichen Veränderung der mit dem Ausdruck abgeschlossenen Eintragungen enthalten. ²Die Notarin oder der Notar hat eine Bescheinigung des Erstellers darüber einzuholen, dass die jeweils eingesetzte Anwendung solche Veränderungen nicht ermöglicht. ³Jeweils an dem Tage, an dem bei herkömmlicher Führung die Eintragung vorzunehmen wäre (§ 8 Abs. 3, § 10 Abs. 2 Halbsatz 1, Absatz 3 Satz 1 und 2, Absatz 4 Halbsatz 1, § 12 Abs. 6), müssen die Daten abgespeichert und ausgedruckt werden; wenn dabei Wiederholungen früherer Ausdrucke zuvor nicht abgeschlossener Seiten entstehen, sind diese zu vernichten, im Übrigen die wiederholenden Ausdrucke bereits abgeschlossener Seiten. ⁴Die voll beschriebenen Seiten bilden das Buch; für sie gilt § 14.

(2) ¹Werden Namensverzeichnisse, Anderkontenliste oder Erbvertragsverzeichnis automationsgestützt geführt, müssen die Daten jeweils an dem Tage abgespeichert werden, an dem bei herkömmlicher Führung die Eintragung vorzunehmen wäre (§ 9 Abs. 1 Satz 2, § 12 Abs. 5 Satz 2 und 3, Abs. 6, § 13 Abs. 2). ²Anderkontenliste und Erbvertragsverzeichnis sind nach der Speicherung, Namensverzeichnisse zum Jahresschluss auszudrucken. ³Frühere Ausdrucke sind zu vernichten.

(3) Änderungen in den Büchern sind gemäß § 7 Abs. 2 vorzunehmen, der Vermerk braucht jedoch erst bei Ausdruck der vollbeschriebenen oder abgeschlossenen Seite datiert und unterschrieben zu werden.

A. Allgemeines

1 Die Vorschrift des § 17, mit der im Jahr 2001 erstmalig Regelungen zum **Einsatz von EDV** im Notariat getroffen worden sind, ist im Jahr 2005 geändert worden.[1] Diese Änderungen beruhen auf den Arbeiten einer bereits im Jahr 2001 gebildeten Arbeitsgruppe der Landesjustizverwaltungen. Da aus rechtlichen und technischen Gründen nicht alle Ergebnisse dieser Arbeitsgruppe Aufnahme in der Dienstordnung finden konnten, hat die Bundesnotarkammer ergänzend EDV-Empfehlungen herausgegeben.[2] Der Aufbau der Vorschrift ist durch die Änderung im Jahr 2005 etwas unübersichtlich geworden: Abs. 1 S. 1 und S. 2 enthalten Anforderungen an die EDV-Programme; Abs. 1 S. 3 und S. 4 sowie Abs. 3 regeln die Eintragungen in den Büchern, Abs. 2 normiert die Eintragungen in den Verzeichnissen.

2 Die in § 17 getroffenen Regelungen beruhen auf dem Grundsatz der **papiergebundenen Registerführung** (§ 6 Abs. 1): Bücher und Verzeichnisse sind auf Papier zu führen, andere (zB elektronische) Datenträger sind nur Hilfsmittel. Das bedeutet, dass nur der Ausdruck der mittels EDV erstellten Unterlagen den Anforderungen der Dienstordnung genügt und der Prüfung durch die Dienstaufsicht unterliegt.[3] Dieser Grundsatz hat für die Namensverzeichnisse in Abs. 2 zwar Ausnahmen erfahren, ist aber zum Verständnis der Vorschrift nach wie vor von Bedeutung.

2a Mit der Einführung des Elektronischen Urkundenarchivs im Jahr 2022 wird der Grundsatz der papiergebundenen Buchführung aufgegeben und erstmals elektronische Verzeichnisse eingeführt (→ § 5 Rn. 32 ff.).

---

[1] Zu dieser Änderung allg.: *Bettendorf/Wegerhoff* DNotZ 2005, 484; *Krebs* MittBayNot 2005, 363; *Lerch* NotBZ 2005, 175.

[2] DNotZ 2005, 497, auch im Internet unter www.bnotk.de, dort unter Unser Service/ Merkblätter und Empfehlungen.

[3] *Mihm/Bettendorf* DNotZ 2001, 29.

B. Anforderungen an EDV-Programme

Auch wenn es grundsätzlich der papierene Ausdruck und nicht der gespeicherte **3** Datensatz ist, der den Anforderungen der DONot genügen muss, so eröffnet doch die Verwendung von elektronischen Datenverarbeitungssystemen die Möglichkeit, mit verhältnismäßig geringem Aufwand die gespeicherten Daten zu verändern und neue Ausdrucke herzustellen, denen man die nachträglich vorgenommenen Änderungen nicht ansieht.

Um solche Manipulationen zu verhindern, stellt § 17 Abs. 1 S. 1 erstmalig Anforderungen an die vom Notar verwendeten EDV-Programme: Diese dürfen es nicht zulassen, dass bei Büchern und Verzeichnissen solche Daten, die bereits ausgedruckt sind, nachträglich geändert werden. Da weder die Dienstaufsicht noch der Notar selbst in der Lage ist, abschließend zu prüfen, ob ein Programm diese Anforderung erfüllt, sieht Satz 2 weiter vor, dass der Notar eine entsprechende **Bescheinigung des Software-Herstellers** einholt und gem. § 23 in der Generalakte verwahrt.[4]

C. Eintragungen in den Büchern Abs. 1 S. 3 und S. 4, Abs. 3

Die Dienstordnung regelt für die verschiedenen Bücher und Verzeichnisse, zu welchem **4** Zeitpunkt spätestens eine Eintragung vorzunehmen ist. Werden die Register automationsgestützt geführt, so stellt sich die Frage, welche Handlung in diesem Sinne als Eintragung anzusehen ist. Diese Frage wird von § 17 für Bücher und Verzeichnisse unterschiedlich geregelt: Bei den Büchern ist als Eintragung die **Eingabe** in den Datenspeicher und der **Ausdruck** auf Papier anzusehen. Diese Regelung ist eine konsequente Umsetzung des Grundsatzes der papiergebundenen Registerführung: Nicht die Eingabe in den Datenspeicher ist als Eintragung anzusehen, sondern erst der Ausdruck der gespeicherten Daten auf Papier. Dieser Ausdruck muss innerhalb der in der Dienstordnung geregelten **Eintragungsfristen** erfolgen.

Bei den Verzeichnissen ist nach Abs. 2 S. 1 dagegen als Eintragung die Eingabe der Daten in den Datenspeicher anzusehen; diese Eingabe muss also innerhalb der vorgeschriebenen Eintragungsfristen vorgenommen werden. Für den Ausdruck sind je nach Art des Verzeichnisses großzügigere Fristen vorgesehen.

Zur Übersicht sind im Folgenden die Fristen noch einmal zusammengestellt:

Bücher	Eintragungszeitpunkt = Eingabe und Ausdruck	Verzeichnisse	Eintragungszeitpunkt = Eingabe; Zeitpunkt des Ausdrucks
Urkundenrolle	spätestens 14 Tage nach Beurkundung	Namensverzeichnisse	Dateneingabe spätestens zum Quartalsende, Ausdruck spätestens zum Jahresschluss
Verwahrungsbuch	am Tag des Eingangs des Kontoauszugs	Anderkontenliste	Dateneingabe und Ausdruck jeweils bei Anlegung der Masse[5]

---

[4] Muster abgedruckt in DNotZ 2005, 508.
[5] Insoweit stelle ich die Angabe in meiner Tabelle in NotBZ 2000, 369 richtig.

Bücher	Eintragungszeitpunkt = Eingabe und Ausdruck	Verzeichnisse	Eintragungszeitpunkt = Eingabe; Zeitpunkt des Ausdrucks
Massenbuch	am Tag des Eingangs des Kontoauszugs	Dokumentationen zur Einhaltung der Mitwirkungsverbote	nicht geregelt
Kostenregister	im Bereich der Ländernotarkasse: spätestens 14 Tage nach Beurkundung, im Bereich der Notarkasse: nicht geregelt	Erbvertragsverzeichnis	Dateneingabe und Ausdruck spätestens 14 Tage nach Beurkundung

5   Die Eingabe der Daten und ihr Ausdruck müssen bei den Büchern nicht notwendig gleichzeitig erfolgen; vielmehr ist es zulässig, die Eingaben beispielsweise täglich vorzunehmen, sie jedoch erst bei Ablauf der vorgenannten Fristen auszudrucken.[6] Bei den Anderkontenlisten und Erbvertragsverzeichnissen sieht Abs. 2 S. 2 dagegen vor, dass unmittelbar nach Eingabe der Daten ein Ausdruck erfolgen muss.[7] Ebenso ist es iE für die Eintragungen im Massen- und Verwahrungsbuch. Auch sind die genannten Fristen **Höchstfristen,** so dass häufigere Ausdrucke selbstverständlich möglich und uU auch sinnvoll sind.[8]

6   Da bei der Verwendung von EDV der Ausdruck in der Praxis auf losen Blättern erfolgt, verweist Abs. 1 S. 4 auf die Bestimmungen des § 14 über die Registerführung in **Loseblattform.** Dabei wird klargestellt, dass die vollbeschriebenen Seiten das Register iSd DONot darstellen.[9] Für **Verwahrungsbuch und Urkundenrolle** wird auf Regelungen des § 14 Abs. 1, für die Massenkartei auf Regelungen des § 14 Abs. 2 Bezug genommen.

7   Ist bei dem Ausdruck eines Buchs die letzte Seite nicht vollgeschrieben, so werden die später vorgenommenen Eintragungen regelmäßig so ausgedruckt, dass die angefangene Seite vollständig neu gedruckt wird und dann auch die hinzugekommenen Eintragungen enthält.[10] Der erste Ausdruck auf der nicht gefüllten Seite **(Zwischenausdruck)** wird also später wiederholt und um die neuen Eintragungen ergänzt. Solche Zwischenausdrucke entstehen bei Verwahrungs- und Massenbuch wegen des Grundsatzes der taggerechten Buchung (§ 10 Abs. 2 und Abs. 3) relativ häufig, weil an jedem Tag, an dem eine Buchung vorgenommen worden ist, ein Ausdruck erfolgen muss. Seltener sind die Zwischenausdrucke bei der Urkundenrolle, weil hier alle Eintragungen innerhalb der 14-tätigen Eintragungsfrist auf einmal ausgedruckt werden können.

8   Die Zwischenausdrucke sind nach Abs. 1 S. 3 Hs. 2 zu **vernichten,** sobald der neue Ausdruck hergestellt ist. Damit trifft § 17 eine angemessene und praxisgerechte Regelung, die die in der Vergangenheit bisweilen erhobene Forderung nach Aufbewahrung der Zwischenausdrucke verwirft.

[6] *Mihm/Bettendorf* DNotZ 2001, 40.

[7] Damit werden für das Erbvertragsverzeichnis strengere Anforderungen gestellt als für die Urkundenrolle: Werden etwa täglich die Daten für die Urkundenrolle eingegeben, so genügt trotzdem der Ausdruck im 14-Tages-Rhythmus. Beim Erbvertragsverzeichnis muss dagegen unmittelbar nach Eingabe der Daten ausgedruckt werden, nicht erst nach 14 Tagen. Ein sachlicher Grund für diesen Unterschied ist nicht zu erkennen.

[8] *Bettendorf* ZNotP 2001, 43.

[9] Diese Feststellung gilt streng genommen gleichermaßen für die ohne EDV in Loseblattform hergestellten Register und könnte demzufolge auch in § 14 aufgenommen werden.

[10] Die denkbaren Alternativen, dass die teilweise bedruckte Seite erneut in den Drucker eingelegt und dann weiter bedruckt wird, oder dass für den nächsten Ausdruck eine neue Seite begonnen wird, sind in der Praxis nicht üblich; *Bettendorf* RNotZ Sonderheft 2001, 19.

Aus der Zusammenschau der Regelungen zur automationsgestützten Registerführung **9** ergibt sich, dass eine vollbeschriebene, ausgedruckte und somit abzulegende Seite eines **Buchs** nicht mehr durch einen neuen Ausdruck ersetzt werden darf.[11] Mit dem Ausdruck einer vollen Seite sind die darin enthaltenen Eintragungen vorgenommen, eine **Wiederholung des Ausdrucks** lässt § 17 nur bei den Zwischenausdrucken zu. Auch ohne Verwendung von EDV geht die Dienstordnung bei der Loseblattform davon aus, dass die einzelnen Seiten nicht nachträglich neu geschrieben werden dürfen. Es wäre nämlich inkonsequent, wenn der Notar einerseits berechtigt wäre, einzelne Seiten nachträglich auszutauschen, andererseits jedoch die strengen Regelungen zur Nummerierung der Seiten, zur Feststellung der Seitenzahl und zur Heftung und Siegelung der Bücher beachten müsste. Für den Fall, dass es beim Ausdruck der Bücher dazu kommt, dass bereits ausgedruckte Seiten erneut ausgedruckt werden, schreibt Abs. 1 S. 3 aE ausdrücklich vor, dass diese späteren (und nicht die früheren) Ausdrucke zu vernichten sind.

Für **Verzeichnisse** gilt dagegen das Verbot wiederholender Ausdrucke nicht. Dieser **10** Grundsatz ist bei der Änderung der Vorschrift im Jahre 2005 dadurch zum Ausdruck gekommen, dass die Regelungen des Abs. 1 über Aufbewahrung und Vernichtung von Ausdrucken in Absatz 2 für die Verzeichnisse nicht erwähnt ist. Dies beruht auf dem Gedanken, dass – insbesondere bei den Namensverzeichnissen – die neuen Eintragungen nicht fortlaufend an die alten Eintragungen anschließen, sondern wegen der alphabetischen Sortierung zwischen die alten Eintragungen gesetzt werden. Hier ist es deshalb zulässig, komplett neu auszudrucken und überholte Ausdrucke zu vernichten, Abs. 2 S. 3.

Für das **Kostenregister** dürfte dagegen das Verbot wiederholender Ausdrucke gelten, auch wenn es nicht mit der Urkundenrolle zusammen geführt wird: Es wird nämlich ebenso wie die Bücher kontinuierlich geführt und die einschlägigen Bestimmungen erklären die für Bücher geltenden Regelungen des § 7 Abs. 2 (Änderungsverbot) und des § 14 Abs. 1 (Paginierung, Heftung, Siegelung) für anwendbar.

Dieses Verbot wiederholender Ausdrucke hat verschiedene **praktische Konsequenzen, 11** die beim Einsatz von EDV zu beachten sind: So können etwa **nachträgliche Eintragungen** in die Bemerkungsspalte der Urkundenrolle (zB zum Grundbuchvollzug, zu Archivnummer oder Aufbewahrungsfrist der Nebenakte usw) nicht per EDV vorgenommen werden, wenn die betroffenen Seiten bereits ausgedruckt sind. Solche Hinweise sind dann ggf. manuell einzutragen. Dasselbe gilt für die **wechselseitigen Verweisungen,** die bei nachträglicher Berichtigung, Änderung, Ergänzung oder Aufhebung einer Urkunde nach § 8 Abs. 6 in der Urkundenrolle vorzunehmen sind: Der Hinweis in der Bemerkungsspalte der früheren Urkunde kann nur dann per EDV erstellt werden, wenn die betroffene Seite noch nicht ausgedruckt ist; anderenfalls ist der Hinweis manuell einzutragen.[12]

Für **Änderungen, die in den Büchern** vorzunehmen sind, verweist Abs. 3 auf § 7 **12** Abs. 2. Es ist davon auszugehen, dass dieser Verweis auch für die „sonstigen Zusätze" iSd § 7 Abs. 2 gilt, also für Zusätze, die eine Eintragung inhaltlich ändern oder ergänzen.[13] Solche Änderungen oder Zusätze müssen als solche **erkennbar** sein, der ursprüngliche Text muss lesbar bleiben.

Da nach § 7 Abs. 2 die **Änderung** auf derselben Seite zu erfolgen hat, auf der der Fehler **13** aufgetreten ist,[14] kann sie bei bereits ausgedruckten Seiten nicht per EDV erfolgen, sondern muss **manuell nachgetragen** werden.[15] Dies ergibt sich aus dem vorgenannten Verbot wiederholender Ausdrucke. Nur wenn die betroffene Seite noch nicht ausgedruckt ist,

---

[11] *Mihm/Bettendorf* DNotZ 2001, 40; *Bettendorf* ZNotP 2001, 43; Weingärtner/Gassen/Sommerfeldt/*Weingärtner* DONot § 17 Rn. 13; *Blaeschke* Rn. 440; *Kersten* ZNotP 2001, 392 (475); *Lerch* ZNotP 2001, 214; Armbrüster/Preuß/Renner/*Eickelberg* DONot § 17 Rn. 11.
[12] *Mihm/Bettendorf* DNotZ 2001, 40; *Bettendorf* ZNotP 2001, 44; Armbrüster/Preuß/Renner/*Eickelberg* DONot § 17 Rn. 14; BeckOK BNotO/*Bracker* DONot § 17 Rn. 7.
[13] → § 7 Rn. 8.
[14] → § 7 Rn. 7.
[15] *Mihm/Bettendorf* DNotZ 2001, 40 f.; *Lerch* ZNotP 2001, 214; Schippel/Bracker/*Bracker* DONot § 17 Rn. 6.

kann die Änderung oder der Zusatz mit Hilfe der EDV vorgenommen werden, und zwar auch unter Löschung der bereits eingegebenen Daten, weil die bloße Eingabe noch keine Eintragung iSd Dienstordnung darstellt.[16] In den Verzeichnissen können dagegen Änderungen auch per EDV nachgetragen werden, weil für sie das Verbot wiederholender Ausdrucke nicht gilt.

14 Nach § 7 Abs. 2 ist bei der Änderung ein vom Notar zu unterzeichnender datierter Vermerk anzubringen. § 17 Abs. 3 trifft in Hs. 2 eine Sonderregelung für den Fall, dass die Änderung auf einem Zwischenausdruck erfolgt, also einer Seite, die beim Ausdruck nicht vollbeschrieben ist und durch spätere Ausdrucke ersetzt wird. Hier ist vorgesehen, dass der Notar den **Änderungsvermerk** erst dann datiert und unterzeichnet, wenn die Seite vollbeschrieben ausgedruckt wird. Befindet sich die Änderung auf der letzten Seite des Registers oder des letzten zu einer Masse gehörenden Karteiblatts, so ist der Vermerk mit dem letzten Ausdruck zu datieren und zu unterschreiben, auch wenn die Seite nicht ganz vollbeschrieben ist. Diese praktikable Lösung vereinfacht die Handhabung, erfordert aber vom Notar besondere Aufmerksamkeit, wenn der Ausdruck der vollbeschriebenen Seite erst lange nach Vornahme der Änderung erfolgt.

D. Eintragungen in Verzeichnissen, Abs. 2

15 Für Eintragungen in Verzeichnisse trifft Abs. 2 eine abweichende Regelung, weil diese – anders als die Bücher – nicht Seite für Seite fortgeschrieben werden, sondern – wie etwa beiden alphabetisch geführten Namensverzeichnissen – die neuen Eintragungen zwischen die bereits vorhandenen Eintragungen gesetzt werden. Dafür wären die für Bücher geltenden Regelungen unpraktikabel.

Für den **Eintragungszeitpunkt** sieht Abs. 2 vor, dass die Eingabe in den Datenspeicher innerhalb der von der Dienstordnung vorgesehenen Eintragungsfrist vorzunehmen ist, vgl. die obige Tabelle. Beim **Ausdruck** wird unterschieden: Erbvertragsregister und Anderkontenliste sind sofort nach Speicherung auszudrucken; die Namensverzeichnisse dagegen erst zum Jahresende. Diese Ausnahme für die Namensverzeichnisse soll die „Papierflut" vermeiden, die bei der bis 2005 geltenden vierteljährlichen Ausdruckspflicht entstanden ist. Auch vor dem Hintergrund, dass die Namensverzeichnisse unter anderem der Kontrolle der Mitwirkungsverbote dienen sollen, ist diese praktikable Regelung sinnvoll, da die Notarprüfer nach § 93 Abs. 4 BNotO ohnehin berechtigt sind, auf die EDV des Notars zu Prüfungszwecken zuzugreifen. Außerdem sind sie befugt, jederzeit Ausdrucke zu verlangen.[17]

Der Zeitpunkt „Jahresende" ist insofern irreführend, als die Eintragung im Namensverzeichnis zur Urkundenrolle nicht früher vorgenommen werden kann, als die Eintragung in die Urkundenrolle selbst. Deshalb ist die Regelung – ebenso wie § 13 Abs. 2 – so zu verstehen, dass alle Eintragungen, die sich auf das abgeschlossene Kalenderjahr beziehen, am Jahresanfang auszudrucken sind.[18] Werden die Verzeichnisse ausgedruckt, so sind die bisherigen Ausdrucke nach Abs. 2 S. 3 zu vernichten. Dies beruht darauf, dass die Verzeichnisse nicht kontinuierlich Seite für Seite fortgeführt werden, sondern nach anderen Kriterien aufgebaut sind und deshalb neue Eintragungen nicht zwangsläufig am Ende erfolgen, sondern zwischen den alten Eintragungen.

Auch das Änderungsverbot des § 7 Abs. 2 und die Bestimmungen des § 14 Abs. 1 (Feststellung der Seitenzahl, Heftung und Siegelung) gelten nicht für Verzeichnisse. Es bleibt also dem pflichtgemäßen Ermessen des Notars überlassen, wie er die Ausdrucke der Verzeichnisse sortiert und aufbewahrt.

---

[16] BeckOK BNotO/*Bracker* DONot § 17 Rn. 6.
[17] *Bettendorf/Wegerhoff* DNotZ 2005, 484 (489).
[18] → § 13 Rn. 7.

3. Abschnitt. Führung der Akten

§ 18 Aufbewahrung von Urkunden (Urkundensammlung)

(1) ¹Die von der Notarin oder dem Notar verwahrten Urschriften (§ 45 Abs. 1, Abs. 3 BeurkG; § 34 Abs. 3 BeurkG; § 796c Abs. 1, § 1053 Abs. 4 ZPO, § 98 Abs. 2 Satz 1, § 99 Satz 1, § 96 Abs. 3 Satz 1, § 96 Abs. 5 Satz 2 SachenRBerG), Ausfertigungen (§ 45 Abs. 2 Satz 2 und 3 BeurkG) und Abschriften (§§ 19, 20 Abs. 1 Satz 3 und 4, Abs. 3 Satz 1) sowie die Vermerkblätter über herausgegebene Urkunden (§ 20 Abs. 1 Satz 1 und 2) sind nach der Nummernfolge der Urkundenrolle geordnet in einer Urkundensammlung aufzubewahren. ²Die Urschrift des für vollstreckbar erklärten Anwaltsvergleichs sowie eine beglaubigte Abschrift des Schiedsspruchs mit vereinbartem Wortlaut sind bei der Vollstreckbarerklärung aufzubewahren.

(2) ¹Urkunden oder andere Unterlagen können einer anderen Urkunde angeklebt oder angeheftet (§ 30) und bei der Haupturkunde aufbewahrt werden,
– wenn sie ihrem Inhalt nach mit der in der Sammlung befindlichen Haupturkunde derart zusammenhängen, dass sie ohne diese von den Beteiligten in zweckdienlicher Weise nicht verwendet werden können (z. B. Vertragsannahme-, Auflassungs- oder Genehmigungserklärungen),
– wenn sie für die Rechtswirksamkeit oder die Durchführung des in der Haupturkunde beurkundeten Rechtsvorgangs bedeutsam sind (z. B. Genehmigungen, behördliche Beschlüsse und Bescheinigungen, Erbscheine, Eintragungsmitteilungen),
– wenn in ihnen der Inhalt der in der Sammlung befindlichen Haupturkunde berichtigt, geändert, ergänzt oder aufgehoben wird (vgl. § 8 Abs. 7); werden sie nicht mit der Haupturkunde verbunden, so ist bei der Haupturkunde durch einen Vermerk auf sie zu verweisen; der Vermerk ist in die späteren Ausfertigungen und Abschriften zu übernehmen.

²Nachweise über die Vertretungsberechtigung, die gemäß § 12 BeurkG einer Niederschrift beigefügt werden, sind dieser anzukleben oder anzuheften (§ 30) sowie mit ihr aufzubewahren. ³In die Urkundensammlung ist an der Stelle der bei der Haupturkunde verwahrten Urkunde ein Hinweisblatt oder eine Abschrift, auf der ein Hinweis auf die Haupturkunde anzubringen ist, aufzunehmen.

(3) Die verbundenen Urkunden können in die Ausfertigungen und Abschriften der Haupturkunde aufgenommen werden.

(4) ¹Erbverträge, die in der Verwahrung der Notarin oder des Notars bleiben (§ 34 Abs. 3 BeurkG), können abweichend von Absatz 1 gesondert aufbewahrt werden. ²Für die Urkundensammlung ist ein Vermerkblatt entsprechend § 20 Abs. 1 oder eine beglaubigte Abschrift zu fertigen; beglaubigte Abschriften sind in verschlossenem Umschlag zur Urkundensammlung zu nehmen, es sei denn, dass die Beteiligten sich mit der offenen Aufbewahrung schriftlich einverstanden erklären.

Übersicht

	Rn.
A. Überblick	1
B. Gestaltung der Urkundensammlung, Abs. 1	2
I. Zusammensetzung der Urkundensammlung	2
1. Urschriften	3
2. Ausfertigungen	4
3. Abschriften	5
4. Vermerkblätter	6
5. Satzungs- und Listenbescheinigungen	7
6. Eigenurkunden	8
II. Zeitpunkt, zu dem die Urkunden in die Urkundensammlung zu geben sind	9

	Rn.
III. Aufbau der Urkundensammlung	11
IV. Art der Aufbewahrung	13
C. Sachlich zusammenhängende Urkunden und andere Unterlagen, Abs. 2	15
I. Satz 1	15
II. Satz 2	21
III. Satz 3	22
D. Ausfertigungen und Abschriften der Haupturkunde, Abs. 3	23
E. Beim Notar verwahrte Erbverträge, Abs. 4	24
I. Satz 1	24
II. Satz 2	25

A. Überblick

1 § 18 definiert die **Urkundensammlung** als den Ort, an dem die **Urkunden** nach einem vorgegebenen Ordnungssystem **aufbewahrt** werden. Gleichzeitig überträgt die Vorschrift dem Notar die Pflicht zur dauerhaften Aufbewahrung der darin erwähnten Schriftstücke,[1] gibt abschließend den Inhalt der Urkundensammlung vor und regelt in der Folge die Art und Weise deren bürointernen Handhabung.[2] Nach der Überschrift des 3. Abschnitts ist die Urkundensammlung eine von mehreren Akten, die der Notar zu führen hat. Im Vergleich zu den anderen in diesem Abschnitt behandelten Akten (Sammelband für Wechsel- und Scheckproteste, Nebenakten, Generalakten) ist die **Urkundensammlung** von **zentraler Bedeutung**. Durch die darin enthaltenen Urkunden wird zum einen der Kern der notariellen Tätigkeit sichtbar und lückenlos dokumentiert.[3] Zum anderen dient die Aufbewahrungspflicht der Funktionsfähigkeit der Rechtspflege,[4] da die urkundlichen Vorgänge und Erklärungen der Urkundsbeteiligten auch noch Jahrzehnte[5] später im Bedarfsfall leicht auffindbar und nachweisbar sind.[6] Nur eine sorgsam geführte Urkundensammlung sichert auf Dauer das Recht der Urkundsbeteiligten auf Ausfertigungen, Abschriften und Einsicht nach § 51 BeurkG. Damit korrespondiert, dass die Urkundensammlung nach Beendigung des Amtes des Notars den Vorgaben von § 51 Abs. 1 BNotO entsprechend weiter verwahrt wird.[7]

1a Mit dem „**Gesetz zur Neuordnung der Aufbewahrung von Notariatsunterlagen und zur Einrichtung des Elektronischen Urkundenarchivs bei der Bundesnotarkammer sowie zur Änderung weiterer Gesetze**"[8] wurde das Elektronische Urkundenarchiv eingeführt. § 55 Abs. 3 BeurkG nF, der am 1.1.2022 in Kraft tritt,[9] sieht vor, dass „der Notar die im Urkundenverzeichnis registrierten Urkunden in einer Urkundensammlung, einer elektronischen Urkundensammlung und einer Erbvertragssammlung verwahrt". Von daher wird die **papiergeführte Urkundensammlung** (Verwahrung der Urschriften in Papierform) aufgrund gesetzlicher Vorgabe erhalten blei-

---

[1] Vgl. Armbrüster/Preuß/Renner/*Eickelberg* DONot § 18 Rn. 1; BeckOK BNotO/*Bracker* DONot § 18 Rn. 1; *Lerch* DONot § 18 Rn. 1.
[2] Armbrüster/Preuß/Renner/*Eickelberg* DONot § 18 Rn. 1 spricht von der Regelung der „bürotechnischen Organisation der Urkundensammlung".
[3] Die Urkunden stellen nach Armbrüster/Preuß/Renner/*Eickelberg* DONot § 18 Rn. 1 die „Essenz der notariellen Tätigkeit" dar; für BeckOK BNotO/*Bracker* DONot § 18 Rn. 1 ist die Urkundensammlung das „wesentliche sichtbare Ergebnis der Tätigkeit des Notars".
[4] Vgl. Weingärtner/Gassen/Sommerfeldt/*Weingärtner* DONot § 18 Rn. 1.
[5] Nach § 5 Abs. 4 erster Spiegelstrich beträgt die Dauer der Aufbewahrung der Urkundensammlung 100 Jahre.
[6] Vgl. Armbrüster/Preuß/Renner/*Eickelberg* DONot § 18 Rn. 1; Weingärtner/Gassen/Sommerfeldt/ *Weingärtner* DONot § 18 Rn. 1.
[7] Vgl. BeckOK BNotO/*Bracker* DONot § 18 DONot Rn. 9.
[8] Kurz „**Urkundenarchivgesetz**" genannt, vgl. Diehn/*Diehn* BNotO § 78h Rn. 1; Weingärtner/Löffler/*Löffler*, Vermeidbare Fehler, Rn. 558.
[9] Siehe Art. 11 des Urkundenarchivgesetzes.

ben,[10] ab dem 1.1.2022 parallel zur **elektronischen Urkundensammlung**.[11] Damit ist die Pflicht des Notars, seine Urkunden in einer Urkundensammlung (diese in zweifacher Form: papiergebunden und elektronisch) zu verwahren, ab 2022 in einem formellen Gesetz verankert. Weitere Vorgaben zu Inhalt, Form sowie Art und Weise der Urkundenaufbewahrung, sei es elektronisch, sei es in traditioneller Papierform, macht § 55 Abs. 3 BeurkG-2022 nicht.[12] Vielmehr hat der Gesetzgeber mit **§ 36 BNotO nF** die Regelungskompetenz für die näheren Bestimmungen über die vom Notar zu führenden Akten und Verzeichnisse, über deren Inhalt sowie die Art und Weise ihrer Führung dem Bundesministerium der Justiz und für Verbraucherschutz qua **Verordnungsermächtigung** mit Zustimmung des Bundesrates übertragen.[13] Damit ist die Rechtsgrundlage geschaffen, die nicht durchweg gleichlautenden landesrechtlichen Dienstordnungen für Notare in Teilen durch eine **einheitliche Rechtsverordnung** des Bundes zu ersetzen.[14] Dem wird mutmaßlich auch der hier gegenständliche § 18 formal zum Opfer fallen; inhaltlich bleibt abzuwarten, welche derzeit gültigen Regelungsinhalte die neue Rechtsverordnung wie übernimmt.

B. Gestaltung der Urkundensammlung, Abs. 1

I. Zusammensetzung der Urkundensammlung

Aus § 18 Abs. 1 S. 1 ergibt sich die Zusammensetzung der Urkundensammlung. **2**

1. Urschriften. Die Urkundensammlung enthält danach zunächst die vom Notar verwahrten Urschriften. **3**

a) Urschrift der notariellen Urkunde. Nach § 45 Abs. 1 BeurkG bleibt die **Urschrift der notariellen Urkunde** in der Verwahrung des Notars, wenn sie nicht auszuhändigen ist (§ 45 Abs. 2, Abs. 3 BeurkG; ab 1.1.2022 § 45a Abs. 1, Abs. 2 BeurkG-2022). Liegt keine solche Ausnahme vor, darf die Urschrift weder vorübergehend,[15] noch selbst dann, wenn alle Urkundsbeteiligten damit einverstanden sind,[16] aus der Verwahrung des Notars herausgegeben werden. Wird eine verlorene oder zerstörte Urschrift nach § 46 BeurkG ersetzt, tritt diese **Ersatzurkunde** an die Stelle der Urschrift.[17] **3a**

b) Urkunden in Vermerkform. Für **Urkunden in Vermerkform** bestimmt § 45 Abs. 3 BeurkG in Abweichung von dessen Absatz 1, dass diese auszuhändigen sind, wenn nicht die Verwahrung verlangt wird. Problematisch ist die Handhabung im Hinblick auf die Urschriften von **Vermerkurkunden, die elektronisch bei Gericht eingereicht werden.** **3b**
– Bei **Anmeldungen zum Handels-, Genossenschafts- und Partnerschaftsregister**,[18] die regelmäßig als Vermerkurkunde errichtet werden,[19] wurde vor Einführung des **elektronischen Rechtsverkehrs** die Urschrift ausgehändigt bzw. an das Registergericht ge-

---

[10] § 55 Abs. 3 BeurkG-2022 ist damit ein die Form vorschreibendes Gesetz iSv § 35 Abs. 2 S. 1 BNotO nF, das die darin grundsätzlich eingeräumte Wahlmöglichkeit des Notars für eine papiergebundene oder elektronische Aktenführung einschränkt: Ebenso Weingärtner/Löffler/*Löffler*, Vermeidbare Fehler, Rn. 572.
[11] Vgl. *Damm* DNotZ 2017, 426 (427); Diehn/*Diehn* BNotO § 78h Rn. 23.
[12] So *Damm* DNotZ 2017, 426 (427).
[13] *Damm* DNotZ 2017, 426, (427, 439).
[14] Diehn/*Diehn* BNotO § 36 Rn. 1.
[15] *Winkler* BeurkG § 45 Rn. 8; Weingärtner/Gassen/Sommerfeldt/*Weingärtner* DONot § 18 Rn. 26
[16] Armbrüster/Preuß/Renner/*Eickelberg* DONot § 18 Rn. 4; Weingärtner/Gassen/Sommerfeldt/*Weingärtner* DONot § 18 Rn. 2. Auch *Lerch* DONot § 18 Rn. 3, spricht in anderem Zusammenhang von einem „Verbot, diese Urkunden auszuhändigen".
[17] So auch Weingärtner/Gassen/Sommerfeldt/*Weingärtner* DONot § 18 Rn. 12.
[18] Armbrüster/Preuß/Renner/*Eickelberg* DONot § 18 Rn. 11; Weingärtner/Gassen/Sommerfeldt/*Weingärtner* DONot § 18 Rn. 7.
[19] *Schwerin* RNotZ 2007, 27; Armbrüster/Preuß/Renner/*Eickelberg*, DONot § 18 Fn. 23; *Winkler* BeurkG § 45 Rn. 17.

schickt,[20] was dem hinter dieser Vorschrift stehenden Gedanken entsprach, dass die Urschrift für den Rechtsverkehr bestimmt ist.[21] Nunmehr wird die Originalanmeldung nach Fertigung der elektronisch beglaubigten Abschrift für den Registervollzug, mithin den Rechtsverkehr, nicht mehr benötigt.[22] Eine Aushändigung der Originalanmeldung erfordert § 45 Abs. 3 BeurkG von seinem Sinn und Zweck in einem solchen Sonderfall daher nicht,[23] und diese wird auch kaum im Interesse der Beteiligten liegen.[24] In diesen Fällen kann die Urschrift der Vermerkurkunde auch ohne ausdrückliches Verlangen der Urkundsbeteiligten in der Urkundensammlung des Notars verwahrt werden.[25] Entscheidet sich der Notar gleichwohl für eine Aushändigung der Originalanmeldung,[26] sollte dies erst nach erfolgreichem Abschluss des Eintragungsverfahrens geschehen, da die Urschrift bis dahin möglicherweise, zB bei aufgetretenen technischen Problemen, weiterhin benötigt wird.[27]

– Am 1.10.2009 ist das „Gesetz zur Einführung des elektronischen Rechtsverkehrs und der elektronischen Akte im Grundbuchverfahren sowie zur Änderung weiterer grundbuch-, register- und kostenrechtlicher Vorschriften (ERVGBG)" in Kraft getreten. Der Zeitpunkt der **Einführung der elektronischen Akte in Grundbuchsachen** bleibt dabei den einzelnen Landesregierungen überlassen (§ 135 Abs. 1 S. 2 Nr. 1 GBO). Zwar überwiegen in **Grundbuchsachen** Niederschriftsurkunden, die nach § 45 Abs. 1 BeurkG in der Verwahrung des Notars verbleiben. Aber auch hier gibt es Urkunden in Vermerkform, so bspw. Löschungsbewilligungen und -anträge, isolierte Bestellung einer Dienstbarkeit etc., im Rahmen des Vertragsvollzugs zudem oftmals nicht als eigene Urkunde, sondern als Urschrift anderer Notare.[28] Können diese nur noch elektronisch eingereicht werden, stellt sich mit Blick auf § 45 Abs. 3 BeurkG die gleiche Frage nach dem Verbleib der Papierurkunde wie bei den Registersachen. Im Hinblick auf die eigenen Vermerkurkunden bietet sich eine identische Handhabung an. Somit ist nach vollzogener elektronischer Vorlage beim Grundbuchamt eine Verwahrung der Urschrift auch ohne ausdrückliche Verwahrungsanweisung, nicht aber gegen ein von dem/den Beteiligten geäußertes Herausgabeverlangen, in der Urkundensammlung[29] möglich. Bei Vermerkurkunden anderer Notare sowie sonstigen Original-Vollzugsunterlagen kann der Notar im Rahmen seines pflichtgemäßen Ermessens entscheiden, ob diese Unterlagen an die Beteiligten herausgegeben, nach § 18 Abs. 2 bei der Haupturkunde verwahrt oder zu den Nebenakten genommen werden sollen.[30]

3c **c) Sonstige Urschriften.** Ebenso in der Sammlung der Urkunden aufzubewahren sind die Urschriften von

– notariellen **Vollstreckbarerklärungen** eines **Anwaltsvergleichs** (§ 796c Abs. 1 ZPO). Nach § 18 Abs. 1 S. 2 ist (zusätzlich) die Urschrift des für vollstreckbar erklärten Anwaltsvergleichs in der Sammlung bei der Vollstreckbarerklärung zu verwahren;

---

[20] Vgl. Armbrüster/Preuß/Renner/*Eickelberg* DONot § 18 Rn. 11.
[21] Vgl. *Schwerin* RNotZ 2007, 27 (28); *Winkler* BeurkG § 45 Rn. 16.
[22] Vgl. *Schwerin* RNotZ 2007, 27 (28); Armbrüster/Preuß/Renner/*Eickelberg* DONot § 18 Rn. 11.
[23] *Schwerin* RNotZ 2007, 27 (28); *Winkler* BeurkG § 45 Rn. 18.
[24] Armbrüster/Preuß/Renner/*Eickelberg* DONot § 18 Rn. 11.
[25] *Schwerin* RNotZ 2007, 27 (28); Armbrüster/Preuß/Renner/*Eickelberg* DONot § 18 Rn. 11; *Winkler* BeurkG § 45 Rn. 19. Wer auf „Nummer sicher" gehen will, sieht in der Handelsregisteranmeldung eine entsprechende Verwahrungsanweisung vor (so der Hinweis von *Winkler* BeurkG § 45 Rn. 19 in Fn. 3).
[26] Wünscht einer der Beteiligten die Herausgabe, muss die Urschrift in jedem Fall ausgehändigt werden, da dann das Interesse am Erhalt der Urschrift zum Ausdruck gebracht wurde und somit § 45 Abs. 3 BeurkG wieder uneingeschränkt gilt.
[27] Siehe auch *Schwerin* RNotZ 2007, 27 (28); Weingärtner/Gassen/Sommerfeldt/*Weingärtner* DONot § 18 Rn. 7; *Winkler* BeurkG § 45 Rn. 19.
[28] *Winkler* BeurkG § 45 Rn. 20.
[29] Ein Abheften in der Nebenakte genügt hingegen nicht.
[30] So *Winkler* BeurkG § 45 Rn. 20, unter dieser Randnummer insgesamt vertiefend und sehr instruktiv zu dieser Problemstellung (mit Hinweis auf das Rundschreiben 2015/6 v. 21.10.2015 der Landesnotarkammer Bayern Ziffer 1).

– notariellen **Vollstreckbarerklärungen** eines **Schiedsspruchs mit vereinbartem Wortlaut** (§ 1053 Abs. 4 ZPO). Hier ist (zusätzlich) eine beglaubigte Abschrift des Schiedsspruchs bei der Vollstreckbarerklärung aufzubewahren (§ 18 Abs. 1 S. 2);
– nach dem **Sachenrechtsbereinigungsgesetz** aufzunehmende Urkunden (§§ 98 Abs. 2 S. 1, 99 S. 1, 96 Abs. 3 S. 1, Abs. 5 S. 2 SachenRBerG).

d) Erbvertrag. Haben die Beteiligten nach § 34 Abs. 3 BeurkG bei einem Erbvertrag **3d** die besondere amtliche Verwahrung ausgeschlossen, so bleibt die Erbvertragsurkunde in der Verwahrung des Notars. Diese ist dann in der Urkundensammlung aufzubewahren, sofern nicht von der Möglichkeit der gesonderten Aufbewahrung nach § 18 Abs. 4 Gebrauch gemacht wurde. Die Verwahrung erfolgt gemäß § 18 Abs. 1 S. 1 in Urschrift und somit wie bei jeder anderen Originalurkunde, die nur in der Sammlung des Notars verbleibt, offen.[31]

Ab dem 1.1.2022 gilt: Im Zusammenhang mit dem Elektronischen Urkundenarchiv **3e** wird **§ 34 Abs. 4 BeurkG-2022** eine **Sonderregelung für Verfügungen von Todes wegen** enthalten, wonach deren Urschriften nicht nach § 56 BeurkG-2022 in die elektronische Form übertragen werden dürfen. Das bedeutet bei seitens der Beteiligten verfügtem Ausschluss der besonderen amtlichen Verwahrung eine dauerhafte Aufbewahrung der **Erbverträge** beim Notar **(nur) als Papierurkunde,** und nicht parallel auch elektronisch.[32] Nach § 55 Abs. 3 BeurkG-2022 „verwahrt der Notar die im Urkundenverzeichnis registrierten Urkunden in einer Urkundensammlung, einer elektronischen Urkundensammlung und einer Erbvertragssammlung". Damit und als Folge aus § 34 Abs. 4 BeurkG-2022 ist die bisher mögliche gesonderte **Verwahrung der Erbverträge in der Erbvertragssammlung künftig zwingend** vorgeschrieben.[33] Soweit daher nach derzeitiger Rechtslage bei Erbverträgen, bei denen die Beteiligten die amtliche Verwahrung ausgeschlossen haben, als Regelfall die Aufbewahrung in der Urkundensammlung und nur wahlweise die Möglichkeit einer davon abweichenden Verwahrung der Urschriften in einer gesonderten Erbvertragssammlung vorgesehen ist, wird ab dem 1.1.2022 die Ausnahme zur Regel. Dann gilt: Wenn Verwahrung von Erbverträgen beim Notar, dann (wie bisher) die Urkunde ausschließlich in Papierform (also nicht auch als elektronische Fassung der Urschrift in der elektronischen Urkundensammlung) und (neu) nur in einer gesonderten Erbvertragssammlung.[34] **Weitere Konkretisierungen** zur Form der Aufnahme bleiben der **Rechtsverordnung zu § 36 Abs. 1 BNotO nF** vorbehalten.[35] Darin wird der Wortlaut des heutigen § 18 Abs. 4 so keinen Bestand mehr haben können, wobei Satz 2 insbesondere mit seinem Hinweis auf die Möglichkeit, beglaubigte Abschriften der Erbverträge zur Urkundensamm-

---

[31] Wie hier Grziwotz/Heinemann/*Heinemann* BeurkG § 34 Rn. 29. Diese zum Verfahren bei zusätzlich gefertigten beglaubigten Abschriften von letztwilligen Verfügungen „wenig systematische" Handhabung kritisiert Armbrüster/Preuß/Renner/*Eickelberg* DONot § 18 Rn. 29, und entwickelt daraus im Hinblick auf die „sensiblen Daten einer letztwilligen Verfügung" den allgemeinen Gedanken, „dass letztwillige Verfügungen grundsätzlich im Notariat nur noch in verschlossenen Umschlägen aufbewahrt werden dürfen". Auch MüKoBGB/*Sticherling* BeurkG § 34 Rn. 41, spricht sich für eine grundsätzliche Verwahrung der Originalniederschriften von Erbverträgen in verschlossenen Umschlägen aus. Dafür, dass Erbverträge „stets in einem verschlossen Umschlag aufzubewahren sind" wohl ebenfalls *Lerch* DONot § 18 Rn. 10, der im Folgesatz dann aber dieses Verfahren sogleich als „überhaupt nicht nachvollziehbar" bezeichnet. Dagegen (und damit insgesamt gegen die Sinnhaftigkeit einer Aufbewahrung von nur und gerade letztwilliger Verfügungen bzw. deren beglaubigten Abschriften in einem verschlossenen Umschlag als solches) spricht neben der ohnehin gegebenen besonderen Vertraulichkeit der Urkundensammlung, dass es genügend Urkundsgeschäfte gibt, deren Inhalte mindestens genau so sensibel und für die Urkundsbeteiligten unter Datenschutzgesichtspunkten geheimhaltungsbedürftig sind, wie bei einer letztwilligen Verfügung (bspw. Unternehmenskauf, Übergabeverträge, Scheidungsfolgevereinbarungen); vergleichbarer Gedanke bei *Lerch* DONot § 18 Rn. 10. Siehe ergänzend dazu auch die Ausführungen in Fn. 90.
[32] Siehe dazu auch *Damm* DNotZ 2017, 426 (437); ebenso Diehn/*Diehn* BNotO § 78h Rn. 22.
[33] BT-Drs. 18/10607, 88; *Damm* DNotZ 2017, 426 (437); ebenso *Winkler* BeurkG § 55 Rn. 4 und § 34 Rn. 28a.
[34] *Damm* DNotZ 2017, 426 (437).
[35] BT-Drs. 18/10607, 88.

lung zu nehmen, nicht zwingend entfallen muss. § 34 Abs. 4 BeurkG-2022 spricht von der „Urschrift einer Verfügung von Todes wegen" und schließt folglich nicht generell die Verwahrung von elektronischen Abschriften oder beglaubigten Abschriften in der elektronischen Urkundensammlung aus.[36] Wie die Rechtsverordnung nach § 36 BNotO nF mit dem Thema „beglaubigte Abschriften *in verschlossenem Umschlag* zur Urkundensammlung" umgehen wird, bleibt abzuwarten.

4 **2. Ausfertigungen.** Wird die Niederschriftsurkunde nach **§ 45 Abs. 2 BeurkG** ausgehändigt, tritt eine Ausfertigung an ihre Stelle und ist zur Urkundensammlung zu nehmen. Auf der Ausfertigung ist ein Vermerk mit dem Inhalt von § 45 Abs. 2 S. 2 Hs. 2 BeurkG anzubringen.

5 **3. Abschriften.** Bei in der Urkundensammlung aufzubewahrenden **Abschriften** ist zwischen einfachen und beglaubigten Abschriften zu differenzieren:
a) Bei **Unterschriftsbeglaubigungen mit Entwurf** muss (§ 19 Abs. 1), bei **reinen Unterschriftsbeglaubigungen** kann (§ 19 Abs. 2) eine **einfache Abschrift** zur Urkundensammlung gebracht werden. Sofern § 18 Abs. 1 S. 1 im Klammerzusatz hinter Abschriften ohne weitere Konkretisierung auf § 19 verweist, ist dies bezogen auf den dortigen Abs. 2 unpräzise, da dessen 2. Alternative von Satz 1 bei bloßen Unterschriftsbeglaubigungen wahlweise zur Abschrift die Möglichkeit eines Vermerkblatts eröffnet.
b) **Beglaubigte Abschriften** sind in folgenden Fällen denkbar:
aa) Bei **Verfügungen von Todes** wegen nach Ablieferung an das Nachlassgericht, wenn auf Wunsch der Urkundsbeteiligten eine beglaubigte Abschrift der Verfügung (verschlossen oder offen) zurückbehalten werden sollte (§ 20 Abs. 1 S. 3 und S. 4).
bb) Bei **Erbverträgen,** die nach § 18 Abs. 4 S. 1 gesondert aufbewahrt werden (§ 18 Abs. 4 S. 2 Hs. 1 Alt. 2) oder die nach Eintritt des Erbfalls an das Nachlassgericht abgeliefert wurden (§ 20 Abs. 4).
cc) In den Fällen gemäß vorstehend a), in denen der Notar **anstelle einer einfachen** eine **beglaubigte Abschrift** der entsprechenden Urkunde fertigt.[37]

6 **4. Vermerkblätter.** Die Urkundensammlung kann enthalten anzufertigende Vermerkblätter
– über **Verfügungen von Todes** wegen, die dem Amtsgericht zur besonderen amtlichen Verwahrung abgeliefert wurden (§ 20 Abs. 1 S. 1 und S. 2);
– bei gesonderter Aufbewahrung eines **Erbvertrages** (§ 18 Abs. 4 S. 2 Hs. 1 Alt. 1);
– nach § 19 Abs. 2, wenn bei **reinen Unterschriftsbeglaubigungen** oder sonstigen einfachen Zeugnissen keine Abschrift zu der Urkundensammlung gebracht wurde.

7 **5. Satzungs- und Listenbescheinigungen.** Bei **Satzungsbescheinigungen** (§ 54 Abs. 1 S. 2 GmbHG und § 181 Abs. 1 S. 2 AktG) sowie **Listenbescheinigungen** nach § 40 Abs. 2 S. 2 GmbHG hängt deren Eingang in die Urkundensammlung aufgrund des korrespondierenden Verhältnisses zu § 8 Abs. 1 davon ab, ob diese Vorgänge unter Vergabe einer Urkundennummer in die Urkundenrolle einzutragen sind. Dies wird unterschiedlich beurteilt.[38] Da aufgrund der sortierten Aufnahme in der Urkundensammlung eine Auffindbarkeit und dauerhafte Aufbewahrung dieser Dokumente, zB bei späteren erneuten Änderungen,[39] am besten gewährleistet bleibt, sprechen die besseren Argumente

---

[36] BT-Drs. 18/10607, 84.
[37] → § 19 Rn. 6.
[38] Zum Meinungsstand → § 8 Rn. 10a. Weiterhin *Blaeschke* Rn. 493; Armbrüster/Preuß/Renner/*Eickelberg* DONot § 8 Rn. 6 mwN in Fn. 22 und Weingärtner/Gassen/Sommerfeldt/*Weingärtner* DONot § 8 Rn. 4 mwN in Fn. 8.
[39] Armbrüster/Preuß/Renner/*Eickelberg* DONot § 8 Rn. 6; BeckOK BNotO/*Bracker* DONot § 8 Rn. 3.

für eine solche Handhabung.[40] Die Bescheinigungen sind dann in Urschrift oder Abschrift[41] in der Urkundensammlung – ggf. zusammen mit der Haupturkunde im Verfahren nach § 18 Abs. 2 – zu verwahren oder es ist ein entsprechendes Vermerkblatt zur Sammlung zu nehmen.[42]

6. Eigenurkunden. Eigenurkunden hingegen sind nach ganz überwiegender Meinung 8 nicht in die Urkundenrolle einzutragen[43] und damit auch nicht als selbständige Urkunden in die Urkundensammlung zu nehmen.[44] Allerdings spricht nichts dagegen, eine **(beglaubigte) Abschrift der Eigenurkunde** gemäß § 18 Abs. 2 bei der **Haupturkunde aufzubewahren.**[45] Geboten kann dies in den Fällen sein, in denen der Notar aufgrund der ihm entsprechend erteilten Vollmacht mittels Eigenurkunde in der Haupturkunde enthaltene Anträge und/oder Bewilligungen abändert oder ergänzt, da nur so der letztendliche Urkundstand der Urkundensammlung selbst, ohne Rückgriff zB auf die Nebenakte, zu entnehmen ist und damit dem Vollständigkeitsanspruch der Urkundensammlung Rechnung getragen wird.[46]

II. Zeitpunkt, zu dem die Urkunden in die Urkundensammlung zu geben sind

§ 18 Abs. 1 regelt nicht, wann die Urkunden zur Urkundensammlung zu nehmen sind. 9 Dies braucht also **nicht unmittelbar nach der Beurkundung** zu erfolgen.[47] Vielfach ist die Originalurkunde noch für die **laufende Bearbeitung** des beurkundeten Vorgangs erforderlich.[48] Müsste diese für jeden Arbeitsgang der Sammlung entnommen und danach wieder zugeführt werden, würde das nicht nur den praktischen Betriebsablauf und Urkundenvollzug erheblich erschweren,[49] sondern auch zu erhöhten Gebrauchsspuren an der Urkunde führen. Es spricht daher unter Zweckmäßigkeitsaspekten nichts dagegen, die Originalurkunde erst dann zur Sammlung zu nehmen und solange in der Handakte zu belassen, bis das betreffende Verfahren soweit erledigt ist, dass die Urkunde zunächst nicht mehr weiter benötigt wird.[50] Den Zeitpunkt bestimmt der Notar nach seinem pflichtgemäßen Ermessen. Von einer zu großzügigen Handhabung ist jedoch abzuraten, da anderenfalls der Sinn der Urkundensammlung als der zentrale Aufbewahrungsort für die Urkunden des Notars verlorengeht und zudem Gefahr besteht, dass Originalurkunden im

---

[40] Mit diesen Argumenten ebenfalls bejahend: Armbrüster/Preuß/Renner/Eickelberg DONot § 8 Rn. 6 (insoweit in Abänderung zur Vorauflage); BeckOK BNotO/*Bracker* DONot § 8 Rn. 3; BeckNotar-HdB/*Püls* § 34 Rn. 101; ähnlich auch: *Blaeschke* Rn. 493.
[41] Armbrüster/Preuß/Renner/*Eickelberg* DONot § 8 Rn. 7; BeckOK BNotO/*Bracker* DONot § 8 Rn. 3.
[42] Nach Weingärtner/Gassen/Sommerfeldt/*Weingärtner* DONot § 8 Rn. 4 sollte die Eintragung in die Urkundenrolle in der Urkundensammlung „mindestens" durch ein Vermerkblatt dokumentiert werden. Ebenso wohl auch *Blaeschke* Rn. 493.
[43] Gegen eine Eintragung in die Urkundenrolle und zugleich auch zum Meinungsstand → § 8 Rn. 10 mwN; Armbrüster/Preuß/Renner/*Eickelberg* DONot § 8 Rn. 7; BeckOK BNotO/*Bracker* DONot § 8 Rn. 4; BeckNotar-HdB/*Everts* 1 Rn. 493; BeckNotar-HdB/*Püls* § 34 Rn. 103; *Blaeschke* Rn. 489; *Lerch* DONot § 18 Rn. 7. AA Weingärtner/Gassen/Sommerfeldt/*Weingärtner* DONot § 8 Rn. 4, wonach eine notarielle Eigenurkunde in die Urkundenrolle einzutragen ist, wenn der Notar als Vertreter für die Beteiligten materiell-rechtliche Erklärungen abgibt, sowie auch in die Urkundensammlung (bei der Haupturkunde) aufzunehmen ist, Weingärtner/Gassen/Sommerfeldt/*Weingärtner* DONot § 18 Rn. 1 unter Ziff. 12. Für die Fälle der Abgabe materiell-rechtlicher Erklärungen vgl. auch *Blaeschke* Rn. 491, allerdings kritisch hinterfragend, ob dies im Einzelfall überhaupt beurkundungsrechtlich zulässig ist.
[44] *Blaeschke* Rn. 489; *Lerch* DONot § 18 Rn. 7; vgl. auch BeckOK BNotO/*Bracker* DONot § 8 Rn. 4.
[45] In diesem Sinne auch Armbrüster/Preuß/Renner/*Eickelberg* DONot § 8 Rn. 9. Dies meint möglicherweise auch Weingärtner/Gassen/Sommerfeldt/*Weingärtner* DONot § 18 Rn. 1 Ziff. 12, wobei eine Verpflichtung dazu gleichwohl nicht erkennbar ist.
[46] In diesem Sinne scheinbar auch *Blaeschke* Rn. 491.
[47] BeckOK BNotO/*Bracker* DONot § 18 Rn. 3.
[48] Vgl. BeckOK BNotO/*Bracker* DONot § 18 Rn. 3; *Blaeschke* Rn. 494.
[49] Armbrüster/Preuß/Renner/*Eickelberg* DONot § 18 Rn. 17; Weingärtner/Gassen/Sommerfeldt/*Weingärtner* DONot § 18 Rn. 23.
[50] *Blaeschke* Rn. 494.

Büroalltag in der Akte vergessen werden[51] oder gar vollständig abhandenkommen. Es kann zweckmäßig sein, bestimmte Urkunden, auf die immer wieder zurückgegriffen wird (zB die Teilungserklärung im Rahmen eines Bauträgerprojektes), in eine **besondere Akte** zu nehmen.[52] Eine solche Vorgehensweise steht dann nicht zu § 18 Abs. 1 in Widerspruch, wenn der laufende Vorgang, für dessen Bearbeitung die Urkunde weiterhin gebraucht wird, absehbar zeitlich begrenzt ist. Eine darüber hinausgehende, zeitlich unbeschränkte Aufnahme in Sonderakten verkennt, dass eine dauerhafte Auslagerung einzelner Urkunden die Geschlossenheit der Urkundensammlung beeinträchtigt und diese dadurch unübersichtlich macht, was dem Sinn und Zweck, einen raschen und gesicherten Zugriff auf die Urschriften zu ermöglichen, entgegensteht.[53]

10   Auch im Nachhinein kann eine Urkunde wieder aus der Urkundensammlung zu einer laufenden Akte genommen werden, wenn dies zur **Bearbeitung der späteren Angelegenheit** zweckmäßig ist (zB der Kaufvertrag bei einem späteren Verkauf durch den damaligen Käufer, wenn Bedingungen des früheren Kaufs für den Folgeverkauf von Bedeutung sein können, oder der Pflichtteilsverzicht eines Kindes oder eine Grundstücksschenkung an ein Kind bei der späteren Vorbereitung einer Verfügung von Todes wegen der Eltern). Ist der Zweck erfüllt, wird die Urkunde nicht mehr für den laufenden Vorgang benötigt und ist unverzüglich wieder in die Sammlung (zurück) zu geben.

III. Aufbau der Urkundensammlung

11   Nach § 18 Abs. 1 S. 1 sind die Schriftstücke nach der **Nummernfolge der Urkundenrolle geordnet** aufzubewahren. § 18 steht damit in direktem Zusammenhang zu den §§ 8 Abs. 1, 28 Abs. 2.[54] Schriftstücke aus notariellen Amtsgeschäften, die nicht in die Urkundenrolle eingetragen werden,[55] dürfen nicht zur Sammlung gegeben werden.[56]

12   Nur eine strikte **Einhaltung des vorgeschriebenen Ordnungssystems** nach der Nummernfolge garantiert ein späteres unproblematisches Wiederauffinden der Urkunde.[57] Damit wird ein jederzeitiger und sicherer Zugriff auf die Urkunden auch nach langer Zeit, die wesentliche Aufgabe der Urkundensammlung ist, gewährleistet. Sofern § 18 Abs. 2 in Ausnahmefällen eine Aufbewahrung an anderer Stelle zulässt, ist die dadurch entstehende Lücke in der Nummernfolge konsequenterweise durch ein Hinweisblatt oder eine Abschrift der an anderer Stelle verwahrten Urkunde zu schließen, § 18 Abs. 2 S. 3. Die Anfertigung eines Fehlblatts empfiehlt sich ferner, wenn die Urkunde später, sei es auch nur für kurze Zeit, wieder der Sammlung zu einem laufenden Vorgang entnommen wird;[58] so ist dokumentiert, wo sich die Originalurkunde gerade befindet und gegenüber der Notaraufsicht wird der Anschein einer Lücke vermieden.

IV. Art der Aufbewahrung

13   Die Art der Aufbewahrung der Urkunden regelt § 18 Abs. 1 nicht. Sowohl die lose Aufbewahrung in dazu geeigneten Aufbewahrungsmitteln als auch das Einheften in Aktenbände sowie Aktenordner sind zulässig; ein fest gebundenes Einheften ist unzweckmäßig,

---

[51] Auf diese Gefahr weist auch *Blaeschke* Rn. 494 hin.
[52] So noch *Kanzleiter* in der 3. Auflage, Rn. 9; ebenso und unter Bezug darauf: Armbrüster/Preuß/Renner/*Eickelberg* DONot § 18 Rn. 17. Zu empfehlen ist dann, anstelle der Urkunde ein Fehlblatt in die Sammlung zu nehmen, um die Lücke zu erklären sowie die Einhaltung der Nummernfolge sichtbar zu machen (so für den Fall einer späteren vorübergehenden Entnahme der Urkunde vgl. BeckOK BNotO/*Bracker* DONot § 18 Rn. 3).
[53] Insoweit in Abweichung zu *Kanzleiter* in der 3. Auflage, Rn. 9.
[54] Vgl. auch BeckOK BNotO/*Bracker* DONot § 18 Rn. 3.
[55] So die Beglaubigung von Abschriften, vgl. Weingärtner/Gassen/Sommerfeldt/*Weingärtner* DONot § 8 Rn. 5 mit weiteren Beispielen.
[56] Vgl. BeckOK BNotO/*Bracker* DONot § 18 Rn. 3.
[57] Weingärtner/Gassen/Sommerfeldt/*Weingärtner* DONot § 18 Rn. 19.
[58] So auch die Empfehlung bei BeckOK BNotO/*Bracker* DONot § 18 Rn. 3.

weil es die spätere Vorlage zur Einsicht nach § 51 Abs. 3 BeurkG und die spätere Erteilung von Abschriften erschwert.[59] Vorzugswürdig erscheint das geordnete Ablegen in **Urkundskästen,** da diese stabil sind, durch ihre allseitig geschlossene Form die Urkunden zusätzlich vor äußeren Einflüssen schützen und gegenüber einem Abheften in Ordnern den Vorteil haben, dass ein Substanzeingriff in die Urkunde durch Lochen oder eine weitergehende Beschädigung des Papiers beim Blättern vermieden wird.[60]

Die Urkundensammlung ist **gesichert** vor dem **Zugriff unbefugter Dritter** aufzubewahren.[61] Erfolgt dies in Räumen, die nur dem Notar oder seinen Mitarbeitern zugänglich sind, mag die Aufbewahrung in verschließbaren Schränken ratsam sein,[62] vorgeschrieben ist sie aber nicht, erst recht nicht in feuerbeständigen Stahlschränken.

C. Sachlich zusammenhängende Urkunden und andere Unterlagen, Abs. 2

I. Satz 1

§ 18 Abs. 2 S. 1 regelt, unter welchen Voraussetzungen Urkunden oder andere Unterlagen mit einer vom Notar verwahrten Haupturkunde **zusammen aufbewahrt** werden können. Das ist unter den dort niedergelegten drei Voraussetzungen der Fall, die sich überschneiden[63] und auch kumulativ vorliegen können. Die Regelung gilt für Niederschrifts- wie für Vermerkurkunden. Auch von anderen Notaren oder anderen Stellen errichtete Urkunden oder andere von dritter Seite stammende Unterlagen können nach § 18 Abs. 2 zusammen mit der „Haupturkunde" verwahrt werden. Bei mehreren Urkunden desselben Notars ist „Haupturkunde" regelmäßig die frühere Urkunde (von diesem Regelfall gehen § 18 Abs. 2 S. 1 dritter Spiegelstrich und § 8 Abs. 7 S. 2 aus). Ausnahmsweise kann aber auch die spätere Urkunde „Haupturkunde" sein und es kann dann ebenfalls nach § 18 Abs. 2 verfahren werden, die Spezialvollmacht zu einem Grundstückskaufvertrag mit Unterschriftsbeglaubigung etwa beim einige Zeit später erfolgenden Kaufvertrag verwahrt werden (§ 8 Abs. 7 S. 2 gilt dann entsprechend).[64]

Die **gemeinsame Verwahrung** bei der „Haupturkunde" ist regelmäßig **zweckmäßig,** weil sie den gleichzeitigen Zugriff auf den gesamten Vorgang gewährleistet. Ob und in welchem Maß der Notar davon Gebrauch macht, obliegt jedoch seiner Entscheidung;[65] eine Verpflichtung zur verbundenen Aufbewahrung besteht in den Katalogfällen von Satz 1 nicht („können").[66] Dagegen ist die **Technik der Verbindung** bei gemeinsamer Aufbewahrung, wenn sie denn gewählt wird, vorgeschrieben;[67] die Dokumente sind der Haupturkunde entweder anzukleben oder nach § 30 anzuheften (§ 18 Abs. 2 S. 1).[68]

---

[59] Von einem Binden der Urkundensammlung ebenfalls abratend Armbrüster/Preuß/Renner/*Eickelberg* DONot § 18 Rn. 14; Weingärtner/Gassen/Sommerfeldt/*Weingärtner* DONot § 18 Rn. 24.
[60] Ebenfalls und mit vergleichbarer Begründung eine Aufbewahrung in Urkundenkästen empfehlend: Armbrüster/Preuß/Renner/*Eickelberg* DONot § 18 Rn. 14. *Lerch* DONot § 18 Rn. 5, weist für eine Abheftung in Ordnern noch auf die latente Gefahr einer Durchtrennung der Siegelschnur hin.
[61] Armbrüster/Preuß/Renner/*Eickelberg* DONot § 18 Rn. 13.
[62] In diesem Sinne auch Weingärtner/Gassen/Sommerfeldt/*Weingärtner* DONot § 18 Rn. 24.
[63] Ebenso Armbrüster/Preuß/Renner/*Eickelberg* DONot § 18 Rn. 18.
[64] Ebenso Armbrüster/Preuß/Renner/*Eickelberg* DONot § 18 Rn. 18 erster Spiegelstrich.
[65] Zur Wahrung der Homogenität und Strukturiertheit der Urkundensammlung empfiehlt sich aber eine einheitliche Handhabung bei gleichgelagerten Urkundsgeschäften.
[66] Vgl. Armbrüster/Preuß/Renner/*Eickelberg* DONot § 18 Rn. 18 zweiter Spiegelstrich und Rn. 20.
[67] Vgl. Armbrüster/Preuß/Renner/*Eickelberg* DONot § 18 Rn. 22, mit dem richtigen Hinweis, dass „fliegende Blätter" in der Urkundensammlung zu vermeiden sind.
[68] Sowohl Armbrüster/Preuß/Renner/*Eickelberg* DONot § 18 Rn. 22, als auch BeckOK BNotO/*Bracker* DONot § 18 Rn. 6, weisen darauf hin, dass ein Anheften mit einer Heftklammer aus Metall wegen Rostgefahr unzulässig ist. Abgesehen davon, dass die heutigen Heftklammern bei sachgerechter Verwendung in normalen Büroräumlichkeiten nicht (mehr) rosten (und das Rostargument dann auch bei den zulässigen –

17 Ebenso zwingend vorgegeben ist die Verfahrensweise bei Urkunden, in denen der Inhalt einer in der Sammlung befindlichen Urkunde (die damit zur „Haupturkunde" im Sprachverständnis von § 18 Abs. 2 wird) berichtigt, geändert, ergänzt oder aufgehoben wird. Wird eine solche Urkunde, bei der der **enge Zusammenhang von § 18 Abs. 2 S. 1 Var. 3** besteht, nicht bei der Haupturkunde verwahrt, ist durch einen **Vermerk auf der Haupturkunde** auf die spätere Berichtigung (usw.) zu verweisen (§ 18 Abs. 2 S. 1 Var. 3 Hs. 2). Der Vermerk soll verhindern, dass bei einem späteren Zugriff auf die Haupturkunde deren Berichtigung (usw.) übersehen wird. Er ist daher gut sicht- und lesbar auf der ersten Seite der Haupturkunde anzubringen.[69] Inhaltlich genügt ein knapper Hinweis, bspw. „Änderung, siehe UR.-Nr. ..." oder „ergänzt/geändert durch UR.-Nr. ...".[70]

18 Nach dem Wortlaut ist der Verweisungsvermerk (nur) bei der Haupturkunde anzubringen. Nicht vorgeschrieben, aber auch nicht verboten und für die Praxis zweckmäßig dürfte es sein, ebenso auf der Änderungsurkunde (usw.) einen Hinweis auf die Haupturkunde anzubringen (bspw. „Siehe UR.-Nr. ..." oder „Änderung zu UR.-Nr. ..."). So wird die **gegenseitige Zusammengehörigkeit** auch bei der Änderungsurkunde auf den ersten Blick, und nicht erst nach Kenntnisnahme deren Inhalts, sichtbar.[71] Zudem entspricht die wechselseitige Verweisung der Handhabung bei der Urkundenrolle, § 8 Abs. 7 S. 1.

19 Um den falschen Schein zu vermeiden, die Haupturkunde sei unverändert in Kraft, ist der Vermerk nach § 18 Abs. 2 S. 1 Var. 3 Hs. 3 **in die späteren Ausfertigungen und Abschriften** zu übernehmen.[72] Dabei handelt es sich um eine Vorschrift des Beurkundungsverfahrensrechts, die richtigerweise im BeurkG hätte getroffen werden sollen;[73] da sie im Interesse der Beteiligten liegt, weil sie gewährleistet, dass möglichst sachgerechte Abschriften und Ausfertigungen erteilt werden, und weil das ausnahmsweise bestehende Interesse eines Beteiligten an einer Abschrift oder Ausfertigung ohne diesen Vermerk regelmäßig unredlich und daher nach § 14 Abs. 2 BNotO zu vernachlässigen wäre, wird sich die Vorschrift aber durch die allgemeine Pflicht des Notars zur Wahl sachgerechter Verfahrensweisen rechtfertigen lassen.

20 Da der Notar nicht verpflichtet ist, die in Satz 1 genannten Urkunden und Unterlagen bei der Haupturkunde aufzubewahren, kann diese Vorgehensweise auch nicht von der Dienstaufsicht eingefordert werden. Andererseits darf keine wahllose Verbindung beliebiger Schriftstücke mit den Urkunden in der Sammlung erfolgen, diese darf sich **nicht** zu einer **„zweiten Nebenakte"** entwickeln.[74] Bei seiner diesbezüglichen Ermessensentscheidung sollte der Notar stets mit Augenmaß vorgehen; eine Überfrachtung der Urkundensammlung gilt es zu vermeiden. Wie der Beispielkatalog zeigt, sind die beizufügenden Unterlagen rein urkundenbezogen im Hinblick auf deren Wirksamkeit und Vollzug geprägt; Schriftstücke über die Einhaltung dienstrechtlicher Pflichten des Notars bei dem konkreten Amtsgeschäft sind daher in der Sammlung fehl am Platz.[75] Eine in diesem Punkt zu weitgehende Handhabung kann dienstrechtlich beanstandet werden. Der Begriff „Akten" im Sinne von **§ 19 Abs. 6 GNotKG** bedeutet im Vergleich zum früheren Verständnis nicht mehr die Urkundensammlung, sondern meint die neben der Urkunde durch den Notar geführten

---

vgl. Weingärtner/Gassen/Sommerfeldt/*Weingärtner* DONot § 30 Rn. 8 – Metallösen greifen müsste), untersagt aber schon der Wortlaut der Vorschrift eine Verbindung durch Heftklammern.

[69] *Kersten* ZNotP 2001, 388 (390 f.); Armbrüster/Preuß/Renner/*Eickelberg* DONot § 18 Rn. 18 letzter Spiegelstrich; *Lerch* DONot § 18 Rn. 8. Empfehlenswert erscheint ein direkter räumlicher Zusammenhang zu der Angabe der Urkundenrollennummer auf der Vorderseite der Haupturkunde.

[70] Siehe Formulierungsvorschläge bei *Kersten* ZNotP 2001, 388 (390 f.); Weingärtner/Gassen/*Weingärtner* DONot § 18 Rn. 21.

[71] Dafür wohl auch Armbrüster/Preuß/Renner/*Eickelberg* DONot § 8 Rn. 43 zweiter Absatz.

[72] Armbrüster/Preuß/Renner/*Eickelberg* DONot § 18 Rn. 18 letzter Spiegelstrich.

[73] Ebenso Armbrüster/Preuß/Renner/*Eickelberg* DONot § 18 Rn. 18 letzter Spiegelstrich.

[74] Nach Armbrüster/Preuß/Renner/*Eickelberg* DONot § 18 Rn. 18 zweiter Spiegelstrich, „ist die Urkundensammlung keine ́kleine Blattsammlung ́".

[75] Das gilt insbesondere für die Dokumentation über eine durchgeführte Kollisionsprüfung oder die konkrete Risikoanalyse nach dem Geldwäschegesetz.

Unterlagen,[76] typischerweise die Nebenakten.[77] Gleichwohl dürfte es weiterhin zulässig sein, zusätzlich eine Kopie der **Kostenberechnung** der Urkunde für die Urkundensammlung beizufügen.[78]

II. Satz 2

§ 18 Abs. 2 S. 2 schreibt dem Notar zwingend, und somit nicht wahlweise wie in den Fällen von Satz 1,[79] die Vorgehensweise bei **Nachweisen über die Vertretungsberechtigung** vor: Diese sind der sie betreffenden Niederschrift anzukleben oder im Verfahren nach § 30 anzusiegeln und dann mit der Hauptkunde aufzubewahren. Welche Schriftstücke dies sind, regelt § 12 BeurkG. 21

III. Satz 3

Wird eine (eigene) Urkunde des Notars bei einer anderen Urkunde verwahrt, ist an der Stelle der eigenen Urkundenrollennummer dieser Urkunde ein **Hinweisblatt** oder eine **Abschrift** (mit einem Hinweis auf die Hauptkunde) in die Urkundensammlung zu nehmen (§ 18 Abs. 2 S. 3). 22

D. Ausfertigungen und Abschriften der Hauptkunde, Abs. 3

Nach § 18 Abs. 3 können die beigefügten Urkunden (einschließlich der Vertretungsnachweise nach § 12 BeurkG) **in Ausfertigungen und Abschriften der Hauptkunde aufgenommen** werden. Auch diese Vorschrift ist beurkundungsverfahrensrechtlicher Art. Da die Aufnahme in eine Ausfertigung oder beglaubigte Abschrift aber über die Beglaubigung der Übereinstimmung mit der Urschrift hinaus keine zusätzliche Bedeutung hat und da es sich nur um eine Kann-Vorschrift handelt, ist ihre Niederlegung in der DONot vielleicht unnötig, aber nicht unzulässig. Die Aufnahme der beigefügten Urkunden in Ausfertigungen und beglaubigte Abschriften ist jedenfalls sehr häufig zweckmäßig. In den Fällen des § 18 Abs. 2 Var. 3 kann die Pflicht des Notars, den falschen Anschein nicht zu fördern, die ursprüngliche Urkunde sei unverändert wirksam, zur Aufnahme der späteren Urkunde in eine Ausfertigung oder Abschrift der früheren Urkunde verpflichten.[80] 23

E. Beim Notar verwahrte Erbverträge, Abs. 4

I. Satz 1

Satz 1 eröffnet dem Notar eine wahlweise[81] Verfahrensweise bei **Erbverträgen,** die nach § 34 Abs. 2, Abs. 3 BeurkG in der **Verwahrung des Notars** verbleiben. Für diese gilt zunächst nichts anderes wie für alle anderen Niederschriftsurkunden, nämlich dass die Urschrift am Platz ihrer Nummernfolge in der Urkundensammlung offen aufzubewahren ist.[82] Alternativ hat der Notar die Möglichkeit, zur leichteren Wiederauffindbarkeit[83] Erbverträge **gesondert aufzubewahren.** Auch hier wird das Original offen, also nicht in einem verschlossenen Umschlag, verwahrt.[84] Es liegt im von der Dienstaufsicht nicht 24

---

[76] BT-Drs. 17/11471, 160.
[77] Vgl. Korintenberg/*Tiedtke* GNotKG § 19 Rn. 58.
[78] Dafür auch Korintenberg/*Tiedtke* GNotKG § 19 Rn. 58.
[79] Armbrüster/Preuß/Renner/*Eickelberg* DONot § 18 Rn. 21.
[80] Dies ist aus BGH DNotZ 1986, 418 mittelbar zu schließen.
[81] Zum Wegfall dieses Wahlrechts ab dem 1.1.2022 siehe zuvor → Rn. 3e.
[82] Siehe Nachweise und weitere Ausführungen unter → Rn. 3d und in Fn. 31.
[83] Grziwotz/Heinemann/*Heinemann* BeurkG § 34 Rn. 29.
[84] So auch Grziwotz/Heinemann/*Heinemann* BeurkG § 34 Rn. 29. Zu den gegenteiligen Auffassungen siehe Nachweise in Fn. 33.

überprüfbaren Ermessen des Notars, welche Verfahrensweise er anwendet.[85] Zur Form der gesonderten Aufbewahrung sagt das Gesetz nichts, hier gelten die gleichen Überlegungen wie bei Abs. 1.[86] Ob die getrennte Aufbewahrung zweckmäßig ist, ist zweifelhaft. Die Urkundensammlung ist der organisatorisch richtige und sichere Platz zur Verwahrung von Urkunden und damit auch zur Aufbewahrung der Urschriften von Erbverträgen.[87]

II. Satz 2

25 Bei **gesonderter Aufbewahrung** muss in die Urkundensammlung an der Stelle des Erbvertrages ein **Vermerkblatt** entsprechend § 20 Abs. 1 oder eine **beglaubigte Abschrift** genommen werden. Entscheidet sich der Notar für die beglaubigte Abschrift, bedarf es dazu – anders als bei § 20 Abs. 1 S. 3 – keines ausdrücklichen Wunsches der Erblasserin oder des Erblassers. Dagegen hängt die Art der Aufbewahrung von den Beteiligten ab. Die beglaubigte Abschrift kann nur dann offen, dh nicht in einem verschlossenen Umschlag,[88] zur Urkundensammlung genommen werden, wenn sich die Beteiligten mit der offenen Aufbewahrung schriftlich einverstanden erklären. Der Einfachheit halber und in der Praxis die Regel geschieht dies durch entsprechende Erklärungen in der Urkunde selbst, so dass die Schriftform durch die notarielle Beurkundung jedenfalls gewahrt ist. Zwingend ist dies aber nicht, so beispielsweise wenn das Einverständnis – zulässigerweise – erst nach der Beurkundung schriftlich erfolgt.[89] Die Sinnhaftigkeit und Zweckmäßigkeit einer verschlossenen Aufbewahrung wird zu Recht in Zweifel gezogen.[90]

§ 19 Urkunden, deren Urschriften nicht notariell verwahrt werden

(1) **Haben Notarinnen oder Notare eine Urkunde entworfen und Unterschriften oder Handzeichen darunter beglaubigt, so haben sie eine Abschrift der Urkunde für ihre Urkundensammlung zurückzubehalten; soweit Mitteilungspflichten gegenüber den Finanzämtern bestehen, ist ein Vermerk über die Absendung der Anzeige auf die Abschrift zu setzen.**

(2) ¹**Bei Urkunden, die gemäß § 8 Abs. 1 in die Urkundenrolle eingetragen werden, die aber weder in Urschrift noch in Abschrift bei der Notarin oder dem Notar zurückbleiben, z. B. bei Unterschriftsbeglaubigungen und sonstigen einfachen Zeugnissen (§ 45 Abs. 3 BeurkG), ist eine Abschrift der Urkunde oder ein Vermerkblatt zu der Urkundensammlung zu bringen.** ²**Das Vermerkblatt muss die Nummer der Urkundenrolle und die Angaben nach § 8 Abs. 5 und 6 enthalten und ist von der Notarin oder dem Notar zu unterschreiben.**

(3) **Die Abschriften müssen nur beglaubigt werden, wenn dies nach anderen Vorschriften erforderlich ist.**

---

[85] Vgl. BeckOK BNotO/*Bracker* DONot § 18 Rn. 7.
[86] → Rn. 13, 14.
[87] Im Ergebnis ebenso BeckOK BNotO/*Bracker* DONot § 18 Rn. 7, mit dem Hinweis darauf, dass schon das Erbvertragsverzeichnis ausreichende Grundlage für ein schnelles Wiederauffinden ist. Darauf weist auch Armbrüster/Preuß/Renner/*Eickelberg* DONot § 18 Rn. 27 in diesem Zusammenhang hin.
[88] Zur praktischen Umsetzung der Verwahrung im verschlossenen Umschlag → § 20 Rn. 8.
[89] Vgl. auch Armbrüster/Preuß/Renner/*Eickelberg* DONot § 18 Rn. 27.
[90] Siehe zunächst dazu die Ausführungen in Fn. 31. So auch *Kanzleiter* in der 3. Auflage, Rn. 8 mit den zutreffenden Hinweisen auf a) die ohnehin gegebene absolute Vertraulichkeit des Inhalts der Urkundensammlung und b) die Widersprüchlichkeit, dass die Urschrift des Erbvertrages offen in der Urkundensammlung verwahrt wird. BeckOK BNotO/*Bracker* DONot § 18 Rn. 8, bemerkt, dass in der Praxis die erforderliche Einverständniserklärung der Beteiligten in jeden Erbvertrag aufgenommen wird und regt daher eine Streichung der Vorschrift an. Ähnliche Überlegungen finden sich bei Armbrüster/Preuß/Renner/*Eickelberg* DONot § 18 Rn. 27 sowie § 20 Rn. 8.

(4) Für elektronische Vermerke über die Beglaubigung von elektronischen Signaturen gelten die Absätze 1 bis 3, für sonstige elektronische Vermerke die Absätze 2 und 3 entsprechend, wobei an die Stelle der Abschrift ein Ausdruck des elektronischen Dokuments tritt.

A. Überblick

Während bei Niederschriften die Urschrift der Urkunde regelmäßig in der Verwahrung des Notars bleibt (§ 45 Abs. 1, Abs. 2 BeurkG), wird die Urschrift einer **Urkunde in Form eines Vermerks** in aller Regel den Beteiligten ausgehändigt (§ 45 Abs. 3 BeurkG; künftig § 45a Abs. 2 BeurkG-2022). § 19 regelt die bürotechnische Verfahrensweise für solche notariellen Amtsgeschäfte, die in die Urkundenrolle eingetragen werden, bei denen aber die Urschrift der Urkunde (und ggf. noch nicht einmal deren Abschrift) weder notariell noch besonders amtlich verwahrt wird.[1] **1**

B. Entwurf des Notars mit Unterschriftsbeglaubigung, Abs. 1

Obwohl bei der Beglaubigung einer Unterschrift (oder eines Handzeichens) unter einer Erklärung, auch wenn diese vom Notar entworfen wurde, nur der Vermerk über die Unterschriftsbeglaubigung (bzw. das Handzeichen) öffentliche Urkunde ist, die abgegebene Erklärung dagegen eine private Urkunde bleibt,[2] ist in diesen Fällen nach § 19 Abs. 1 eine Abschrift **der vom Notar entworfenen und von dem/den Urkundsbeteiligten unterschriebenen Erklärung sowie des Beglaubigungsvermerks** für die Urkundensammlung zurückzubehalten.[3] In diesen Fällen bilden Entwurfsfertigung und Unterschriftsbeglaubigung eine einheitliche Amtstätigkeit.[4] Damit übernimmt der Notar auch die **Prüfungs- und Belehrungsverantwortung** für die Erklärungen in der Privaturkunde,[5] weshalb der Notar hier, anders als bei Abs. 2, nicht alternativ (nur) ein Vermerkblatt, das die Entwurfstätigkeit nicht dokumentieren würde,[6] in die Sammlung nehmen darf. Bleibt die Urschrift der Vermerkurkunde ausnahmsweise nach § 45 Abs. 3 in Verwahrung des Notars, ist eine zusätzliche Abschrift für die Urkundensammlung nicht erforderlich;[7] das gilt auch, wenn die Urschrift des Vermerks nach § 18 Abs. 2 bei einer anderen Urkunde verwahrt ist, es genügt dann zusätzlich das Hinweisblatt nach § 18 Abs. 2 S. 3. Da die Nummer der Urkundenrolle unmittelbar vor dem notariellen Beglaubigungsvermerk anzubringen ist,[8] dieser sich aber oftmals nicht auf der Vorderseite der Erklärung befindet, kann für ein leichteres Wiederfinden des Dokuments in der Urkundensammlung die Nummer der Urkundenrolle auf der ersten Seite der Abschrift handschriftlich wiederholt werden.[9] **2**

Nachdem das GNotKG Satz 2 und Satz 3 des früheren § 154 Abs. 3 KostO nicht übernommen hat, konnte der jeweilige Verweis auf die kostenrechtlichen Vorschriften gestri- **3**

---

[1] Die Überschrift ist insofern unpräzise, als auch Urschriften von Urkunden, die letztwillige Verfügungen zum Gegenstand haben, überwiegend nicht notariell verwahrt, sondern in die besondere amtliche Verwahrung gebracht werden (§ 34 BeurkG). Das dienstrechtlich zu beachtende Verfahren dafür regelt § 20 DONot.

[2] → BeurkG § 40 Rn. 3 mwN; *Winkler* BeurkG § 40 Rn. 77.

[3] Siehe auch Armbrüster/Preuß/Renner/*Eickelberg* DONot § 19 Rn. 3, mit dem zutreffenden Klammerzusatz, dass die Abschrift der „Urkunde" hier des entworfenen Textes, der Unterschrift darunter und des Beglaubigungsvermerks bedeutet.

[4] *Winkler* BeurkG § 40 Rn. 48.

[5] Vgl. *Winkler* BeurkG § 40 Rn. 48.

[6] Siehe auch BeckOK BNotO/*Bracker* DONot § 19 Rn. 2.

[7] Ebenso Armbrüster/Preuß/Renner/*Eickelberg* DONot § 19 Rn. 3.

[8] → § 28 Rn. 20.

[9] Gilt auch für Abschriften nach Abs. 2.

chen werden. Damit ist aber nur die **Verpflichtung** entfallen, die **Kostenberechnung** zu der Urkundensammlung zu bringen; zusätzlich (dh ungeachtet der Aufbewahrung der Kostenberechnung in den Nebenakten oder elektronisch) erlaubt dürfte dies aber nach wie vor sein.[10]

4   Wenn aufgrund steuerrechtlicher Vorschriften eine **Mitteilungspflicht gegenüber Finanzämtern** besteht, ist ein **Vermerk** über die Absendung der Anzeige auf die Abschrift (im Falle des § 45 Abs. 3 BeurkG auf die Urschrift; bei Verwendung eines Vermerkblatts nach § 19 Abs. 2 auf dieses) zu setzen. Die Fassung des Vermerks ist dem Notar überlassen; es genügt „An Finanzamt ... am ...". Gleiches gilt für die Art der Anbringung (handschriftlich; mit Stempel; bereits vorgesehen im Beglaubigungsvermerk; auf separatem, fest verbundenem Vollzugsblatt). Der Vermerk muss **nicht unterschrieben** werden (Umkehrschluss aus § 19 Abs. 2 S. 2).[11] **Ebenso wenig** ist ein **Siegel** erforderlich.

C. Sonstige Vermerkurkunden, Abs. 2

5   Bei anderen Vermerkurkunden als der Beglaubigung von Unterschrift oder Handzeichen unter einer vom Notar entworfenen Erklärung kann wahlweise **anstelle einer Abschrift** ein **Vermerkblatt** mit dem in § 19 Abs. 2 vorgeschriebenen Inhalt zur Urkundensammlung gebracht werden. Hauptanwendungsfall in der Praxis ist die reine Unterschriftsbeglaubigung,[12] dh ohne vorangegangene Entwurfstätigkeit des Notars. Das Vermerkblatt ist vom Notar zu **unterschreiben**, § 19 Abs. 2 S. 2. Welches Verfahren der Notar wählt, steht in seinem Ermessen. Im Regelfall ist eine Abschrift als Kopie leichter herzustellen als das Vermerkblatt und daher schon aus büroorganisatorischen Gründen vorzugswürdig.[13]

D. Beglaubigung der Abschrift, Abs. 3

6   Werden nach Abs. 1 oder Abs. 2 Abschriften für die Urkundensammlung zurückbehalten, müssen diese, wie sich aus § 19 Abs. 3 ergibt, **nicht beglaubigt** werden, es sei denn, andere Vorschriften verlangen dies. Solche sind nicht erkennbar.[14] Die **Beglaubigung der Abschrift** ist dessen ungeachtet zulässig und vielfach auch zweckmäßig. Die beglaubigte Abschrift kann, wenn nicht aufgrund anderer Bestimmungen die Vorlage von Original oder Ausfertigung geboten ist, anstelle der (ausgehändigten) Urschrift im Rechtsverkehr verwendet werden und es können von ihr weitere beglaubigte Abschriften gefertigt werden.[15]

E. Elektronische Vermerke, Abs. 4

7   Abs. 4 regelt das Verfahren für elektronische Vermerke (§ 39a BeurkG), soweit diese das **elektronische Gegenstück** zu den in Abs. 1 bis Abs. 3 behandelten **Vermerkurkunden**

---

[10] Vgl. dazu auch Korintenberg/*Tiedtke* GNotKG § 19 Rn. 58.
[11] Armbrüster/Preuß/Renner/*Eickelberg* DONot § 19 Rn. 5; BeckOK BNotO/*Bracker* DONot § 19 Rn. 2; Weingärtner/Gassen/Sommerfeldt/*Weingärtner* DONot § 19 Rn. 4, empfiehlt zwar eine Unterschriftsleistung unter dem Absendevermerk, erkennt aber aus der DONot auch keine Verpflichtung dazu.
[12] Vgl. Armbrüster/Preuß/Renner/*Eickelberg* DONot § 19 Rn. 1; Weingärtner/Gassen/Sommerfeldt/ *Weingärtner* DONot § 19 Rn. 5.
[13] So auch die Empfehlung von Armbrüster/Preuß/Renner/*Eickelberg* DONot § 19 Rn. 7 mit dem zusätzlichen Argument einer besseren Dokumentation.
[14] Ebenso Armbrüster/Preuß/Renner/*Eickelberg* DONot § 19 Rn. 11; BeckOK BNotO/*Bracker* DONot § 19 Rn. 7; *Lerch* DONot § 19 Rn. 3. AA Weingärtner/Gassen/Sommerfeldt/*Weingärtner* DONot § 19 Rn. 2 mit einem nicht nachvollziehbaren Hinweis auf den Fall des § 20 Abs. 2 S. 1 DONot.
[15] So auch die Argumentation bei Armbrüster/Preuß/Renner/*Eickelberg* DONot § 19 Rn. 11 und Weingärtner/Gassen/Sommerfeldt/*Weingärtner* DONot § 19 Rn. 2.

in **Papierform** sind.[16] Die Regelungssystematik ist parallel.[17] Handelt es sich um einen elektronischen Vermerk über die Beglaubigung von elektronischen Signaturen, der Beglaubigung von Unterschriften und Handzeichen unter Papierdokumenten vergleichbar,[18] gelten die Abs. 1 bis Abs. 3 entsprechend. Hat der Notar den Entwurf gefertigt, ist an Stelle der erforderlichen Abschrift der Ausdruck des elektronischen Dokuments[19] in der Urkundensammlung aufzubewahren. Bei fehlender eigener Entwurfstätigkeit des Notars sowie für sonstige elektronische Vermerke hat der Notar ein Wahlrecht zwischen Abschrift (= Ausdruck des elektronischen Dokuments) oder Aufnahme eines Vermerkblatts für die Urkundensammlung.[20] Eine **Archivierung „auf Papier"** ist für die Urkundensammlung also immer erforderlich.

§ 20 Verfügungen von Todes wegen und sonstige erbfolgerelevante Urkunden

(1) ¹Über jede Verfügung von Todes wegen, welche Notarinnen oder Notare dem Amtsgericht zur besonderen amtlichen Verwahrung abliefern (§ 34 Abs. 1 und 2 BeurkG, § 344 Abs. 1, Abs. 3 FamFG), haben sie für ihre Urkundensammlung ein Vermerkblatt anzufertigen und zu unterschreiben, das Namen, Geburtsdatum, Geburtsort mit Postleitzahl und Wohnort der Erblasserin oder des Erblassers beziehungsweise der Vertragschließenden – ggf. auch der zweiten Notarin oder des zweiten Notars oder der Urkundenzeugen – enthält sowie Angaben darüber, in welcher Form (§§ 2232, 2276 BGB) die Verfügung von Todes wegen errichtet worden ist und wann und an welches Amtsgericht sie abgeliefert wurde. ²Auf das Vermerkblatt ist die Nummer der Urkundenrolle zu setzen. ³Auf Wunsch der Erblasserin oder des Erblassers oder der Vertragschließenden soll eine beglaubigte Abschrift der Verfügung von Todes wegen zurückbehalten werden. ⁴Sie ist in einem verschlossenen Umschlag zu der Urkundensammlung zu nehmen, es sei denn, dass die Beteiligten sich mit der offenen Aufbewahrung schriftlich einverstanden erklären. ⁵Die beglaubigte Abschrift ist auf Wunsch den Beteiligten auszuhändigen.

(2) Ein Ausdruck der Bestätigung der Registerbehörde über jede Registrierung zu einer erbfolgerelevanten Urkunde im Sinne von § 78b Abs. 2 Satz 1 BNotO im Zentralen Testamentsregister ist in der Urkundensammlung bei der Urkunde, deren beglaubigter Abschrift oder dem Vermerkblatt (§ 18 Abs. 4 Satz 2, § 20 Abs. 1 Satz 1 und 2) aufzubewahren.

(3) ¹Bei der Rückgabe eines Erbvertrages aus der notariellen Verwahrung hat die Notarin oder der Notar die Erfüllung der ihr oder ihm obliegenden Pflichten gemäß § 2300 Abs. 2, § 2256 Abs. 1 Satz 2 BGB auf dem nach § 18 Abs. 4 Satz 2 in der Urkundensammlung verwahrten Vermerkblatt oder der beglaubigten Abschrift aktenkundig zu machen. ²Wurde der Erbvertrag bislang nicht gesondert aufbewahrt, gilt bei der Rückgabe § 18 Abs. 4 Satz 2 entsprechend. ³Die Anfertigung eines Vermerkblattes ist entbehrlich, wenn über die Rückgabe des Erbvertrages eine Urkunde in der gesetzlich vorgesehenen Form errichtet wird. ⁴Die gemäß Satz 1 zu fertigende Aktennotiz ist von der Notarin oder dem Notar unter Angabe des Datums zu unterzeichnen; sie muss die Personen, an die der Erbvertrag zurückgegeben wird, gemäß § 26 Abs. 2 bezeichnen. ⁵Ein Ausdruck der Bestätigung der Registerbehörde über die Registrierung der Rückgabe im Zentralen Testamentsregister ist in der Urkundensammlung bei dem Vermerkblatt oder der beglaubigten

---

[16] Vgl. Armbrüster/Preuß/Renner/*Kruse* BeurkG § 39a Rn. 26.
[17] Ausführlicher dazu bei Armbrüster/Preuß/Renner/*Eickelberg* DONot § 19 Rn. 12 und Rn. 13.
[18] Armbrüster/Preuß/Renner/*Kruse* BeurkG § 39a Rn. 26, mit Hinweis auf den weitestgehend noch fehlenden praktischen Anwendungsbereich der elektronischen Signaturbeglaubigung (in diesem Sinne auch Weingärtner/Gassen/Sommerfeldt/*Weingärtner* DONot § 19 Rn. 7).
[19] Das signierte Dokument einschließlich der elektronischen Vermerkurkunde des Notars, vgl. BeckOK BNotO/*Bracker* DONot § 19 Rn. 4.
[20] BeckOK BNotO/*Bracker* DONot § 19 Rn. 4.

Abschrift oder bei der Urkunde nach Satz 3 aufzubewahren. ⁶Die Rücknahme und der Tag der Rückgabe sind in das Erbvertragsverzeichnis oder die Kartei nach § 9 Abs. 2 einzutragen.

(4) Bei Ablieferung eines Erbvertrages nach Eintritt des Erbfalls (§ 34a Abs. 3 Satz 1 BeurkG) nimmt die Notarin oder der Notar eine beglaubigte Abschrift der Urkunde zu der Urkundensammlung.

(5) ¹Befindet sich ein Erbvertrag seit mehr als 30 Jahren in notarieller Verwahrung, so verfahren Notarinnen und Notare nach § 351 FamFG, liefern den Erbvertrag gegebenenfalls an das Nachlassgericht zur Eröffnung ab und teilen die Ablieferung der Registerbehörde elektronisch (§ 9 ZTRV) mit, wenn zu dem Erbvertrag bereits Verwahrangaben im Zentralen Testamentsregister registriert sind. ²Absatz 4 gilt entsprechend. ³Die Notarinnen und Notare haben das Erbvertragsverzeichnis oder die Kartei nach § 9 Abs. 2 am Jahresende auf diese Erbverträge hin durchzusehen und die Durchsicht und deren Ergebnis durch einen von ihnen unterzeichneten Vermerk zu bestätigen. ⁴Für Erbverträge, bei denen eine Ablieferung noch nicht veranlasst war, ist das Verfahren nach § 351 FamFG spätestens alle 5 Jahre zu wiederholen.

Übersicht

	Rn.
A. Überblick	1
B. Verfahren bei Verfügungen von Todes wegen, welche zur besonderen amtlichen Verwahrung abgeliefert werden, Abs. 1	2
I. Satz 1 und Satz 2	2
II. Satz 3	5
III. Satz 4 und Satz 5	7
C. Aufbewahrung eines Ausdrucks der Bestätigung der Registerbehörde, Abs. 2	11
D. Maßnahmen bei der Rückgabe eines Erbvertrages aus der notariellen Verwahrung, Abs. 3	15
E. Maßnahmen nach Eintritt des Erbfalls, Abs. 4	21
F. Länger als 30 Jahre verwahrter Erbvertrag, Abs. 5	23

A. Überblick

1   Das Beurkundungsverfahrensrecht trägt den Besonderheiten bei Verfügungen von Todes wegen in den speziellen Bestimmungen der §§ 27 bis 35 BeurkG Rechnung. Die Amtspflichten des Notars im Hinblick auf die urkundstechnische Behandlung (Verschließung, Verwahrung, Mitteilungs- und Ablieferungspflichten) letztwilliger Verfügungen im unmittelbaren Anschluss an die Beurkundung ergeben sich primär aus den **§§ 34, 34a BeurkG**. Diese werden **ergänzt durch § 20**,[1] der die weitere für den Notar bei letztwilligen Verfügungen zu beachtende bürointerne und aktenmäßige Vorgehensweise regelt. Die Vorschrift macht Vorgaben für den Umgang mit Verfügungen von Todes wegen und die damit zusammenhängenden Dokumente hinsichtlich der Aufbewahrung in der Urkundensammlung (Abs. 1), die Behandlung der Bestätigung der Registerbehörde über die Registrierung zu einer erbfolgerelevanten Urkunde (Abs. 2) sowie für beim Notar verwahrte Erbverträge bei deren Rückgabe, Ablieferung nach Eintritt des Erbfalls und nach Ablauf von 30 Jahren (Abs. 3 bis Abs. 5).

---

[1] Und § 18 Abs. 4 DONot.

B. Verfahren bei Verfügungen von Todes wegen, welche zur besonderen amtlichen Verwahrung abgeliefert werden, Abs. 1

I. Satz 1 und Satz 2

Nach § 34 Abs. 1 BeurkG sind öffentliche (Einzel- und gemeinschaftliche) **Testamente** 2 in die **besondere amtliche Verwahrung beim Amtsgericht** zu verbringen, so dass Urschriften von Testamenten nicht in der Urkundensammlung des Notars verbleiben. Auch für **Erbverträge** ist die Ablieferung in die amtliche Verwahrung des Amtsgerichts der Regelfall.[2] Etwas anderes – mit der Folge, dass die Urschrift des Erbvertrages in der Urkundensammlung des Notars oder gesondert nach § 18 Abs. 4 aufzubewahren ist – gilt dann, wenn die besondere amtliche Verwahrung entweder von den Vertragsbeteiligten ausdrücklich oder aufgrund der Zweifelsregelung nach § 34 Abs. 2 BeurkG ausgeschlossen ist. Das nach Beurkundung bezüglich der Originalurkunde einzuhaltende Verfahren beschreibt § 34 Abs. 1 BeurkG, wonach die Niederschrift über die Testamentserrichtung in einen zu beschriftenden Umschlag zu nehmen, mit Prägesiegel zu verschließen und unverzüglich in die besondere amtliche Verwahrung zu bringen ist.

Nach Ablieferung der Urschrift in die besondere amtliche Verwahrung würde in der 3 Urkundensammlung des Notars eine Lücke verbleiben, weswegen gemäß Abs. 1 S. 1 an Stelle der Urkunde ein **Vermerkblatt** für die Sammlung anzufertigen ist. Satz 1 und Satz 2 geben den Inhalt des Vermerkblattes vor. Unter „Name" sind (sämtliche)[3] Vornamen und der Familienname zu verstehen, sowie bei Abweichung auch der Geburtsname.[4] Die Angabe der Postleitzahl des Geburtsortes bereitet dann praktische Schwierigkeiten, wenn für diesen (mittlerweile) mehrere Postleitzahlen vergeben sind. Hier genügt die Angabe der Postleitzahl des Bezirks, in dem sich das zuständige Geburtsstandesamt (heute) befindet.[5] Bei der Angabe des Wohnortes wird keine Postleitzahl verlangt, diese ist gleichwohl aber zulässig und sinnvoll.[6] Zur Vereinfachung der notariellen Abwicklung wird dem Notar das Vermerkblatt vom Zentralen Testamentsregister auf Basis der übermittelten Daten zur Verfügung gestellt.

Nach Satz 2 ist auf das Vermerkblatt die Nummer der Urkundenrolle zu setzen, aber 4 nicht mehr verpflichtend eine Abschrift der Kostenberechnung. Der Vermerk ist gemäß Satz 1 von dem Notar zu **unterschreiben**. Das Beifügen des **Siegels** ist **nicht erforderlich**.

II. Satz 3

Nach § 20 Abs. 1 S. 3 soll auf Wunsch der Erblasserin oder des Erblassers oder der 5 Vertragsschließenden eine **beglaubigte Abschrift der Verfügung von Todes wegen** zurückbehalten werden, und zwar in der Urkundensammlung des Notars, wie sich aus Satz 4 ergibt. Das Verfahren erinnert an § 18 Abs. 4 sowie § 19 Abs. 2, unterscheidet sich davon aber in zwei wesentlichen Punkten: Zum einen hängt hier die Zulässigkeit der Anfertigung und Aufbewahrung einer beglaubigten Abschrift der errichteten Verfügung von Todes wegen von einem ausdrücklichen Verlangen des/der Testierenden ab. Zum

---

[2] Vgl. *Blaeschke* Rn. 479; BeckOK BNotO/*Bracker* DONot § 20 Rn. 4.
[3] Von diesen hat der Notar regelmäßig Kenntnis, entweder aufgrund des vorgelegten Legitimationspapiers oder der Urkunden, aus denen sich die Geburtenregisternummer/das Geburtsstandesamt ergeben, die wiederum nach § 1 ZTRV im Zuge des Verwahrangaben zu melden sind.
[4] Auch wenn dies, im Gegensatz zu § 26 Abs. 2 S. 1 Hs. 2, dem Wortlaut der Vorschrift nicht ausdrücklich zu entnehmen ist. Wie hier Armbrüster/Preuß/Renner/*Eickelberg* DONot § 20 Rn. 4; Weingärtner/Gassen/Sommerfeldt/*Weingärtner* DONot § 20 Rn. 8.
[5] Vgl. Armbrüster/Preuß/Renner/*Eickelberg* DONot § 20 Rn. 4.
[6] Armbrüster/Preuß/Renner/*Eickelberg* DONot § 20 Rn. 4, regt sogar die Aufnahme der gesamten Wohnanschrift einschließlich Straße und Hausnummer als sinnvoll an.

5a Der erst zum 1.1.2022 Geltung erlangende § 34 Abs. 4 BeurkG-2022 bestimmt ausdrücklich, dass „die Urschrift einer Verfügung von Todes wegen nicht nach § 56 [BeurkG-2022] in die elektronische Form übertragen werden darf". Damit ist eine Verwahrung von elektronischen Abschriften oder beglaubigten Abschriften in der Urkundensammlung aber nicht generell ausgeschlossen.[8] Details dazu werden der zu erlassenden Rechtsverordnung nach § 36 Abs. 1 Nr. 1 BNotO zu entnehmen sein.[9]

6 Den Wunsch auf **Zurückbehalten einer beglaubigten Abschrift** anzuregen, ist **zweckmäßig:** Die Verfügung bleibt auf einfache Weise zugänglich, auch wenn der Erblasser seine Abschrift verlegt hat (Einsicht beim Verwahrungsgericht ohne Widerrufswirkung des § 2256 Abs. 1 S. 1 BGB ist möglich, aber komplizierter), und von der Abschrift können weitere Abschriften erteilt werden.[10] Bei einer eventuellen späteren Änderung der Verfügung von Todes wegen, mit der derselbe Notar beauftragt wird, liegt ihm der Wortlaut der früheren Fassung schon vor.[11]

III. Satz 4 und Satz 5

7 Wünscht der Erblasser eine beglaubigte Abschrift der Verfügung für die Urkundensammlung des Notars, gilt bezüglich der Form der Aufbewahrung das gleiche Verfahren wie bei § 18 Abs. 4 S. 2 Hs. 2: Die Abschrift ist in einen **verschlossenen Umschlag** zur Urkundensammlung zu nehmen, wenn nicht die Beteiligten sich mit einer offenen Aufbewahrung schriftlich einverstanden erklären. Diese verschlossene Verwahrung ist nur ganz ausnahmsweise zweckmäßig, weil der Geheimhaltungsschutz für den gesamten Inhalt der Urkundensammlung auf Grund § 18 BNotO, § 203 StGB so streng ist, dass auch bei Verfügungen von Todes wegen keine zusätzlichen Maßnahmen erforderlich sind.[12] In der Regel ist es daher **sinnvoll, die offene Aufbewahrung zu gestatten** und das Einverständnis der Einfachheit halber in der Verfügung von Todes wegen selbst zu erklären.[13]

8 Was unter einem **„verschlossenen Umschlag"** zu verstehen ist, ergibt sich weder aus § 18 Abs. 4 S. 2 noch aus § 20 Abs. 1 S. 4. Verschlossen ist ein Umschlag, wenn er zugeklebt ist (und nicht nur werden kann).[14] Die Verschlussstelle ist mit dem Prägesiegel zu versehen.[15] Nur so lässt sich das (angebliche) besondere Geheimhaltungsinteresse bei letztwilligen Verfügungen rechtfertigen, da anderenfalls der Umschlag geöffnet und wieder verschlossen oder durch einen anderen handelsüblichen Umschlag ersetzt werden könnte, ohne dass die Öffnung und Einsichtnahme in die darin befindlichen Dokumente später bemerkbar wäre. Auch wenn das Vermerkblatt bei dem Umschlag verwahrt wird, empfiehlt es sich, zusätzlich noch den Umschlag mit der Urkundenrollennummer der innenliegenden letztwilligen Verfügung zu beschriften.

---

[7] Siehe auch BeckOK BNotO/*Bracker* DONot § 20 Rn. 5.
[8] BT-Drs. 16/10607, 84; *Winkler* BeurkG § 34 Rn 28a.
[9] Ausführlicher dazu bei *Winkler* BeurkG § 34 Rn 28a.
[10] Vgl. *Dumoulin* DNotZ 1966, 70 (72); Armbrüster/Preuß/Renner/*Eickelberg* DONot § 20 Rn. 7; Weingärtner/Gassen/Sommerfeldt/*Weingärtner* DONot § 20 Rn. 10.
[11] Ebenso Armbrüster/Preuß/Renner/*Eickelberg* DONot § 20 Rn. 7.
[12] Zur grundsätzlichen Kritik an dem Erfordernis einer Aufbewahrung in einem verschlossenen Umschlag siehe auch die Nachweise und Ausführungen bei → § 18 in Fn. 31 und Fn. 90.
[13] So auch mit Formulierungsvorschlag für die Urkunde Armbrüster/Preuß/Renner/*Eickelberg* DONot § 20 Rn. 8. Ebenso sieht BeckOK BNotO/*Bracker* DONot § 20 Rn. 5 die Verwahrung im verschlossenen Umschlag als unzweckmäßig an und empfiehlt eine alsbaldige Streichung oder Anpassung der Vorschrift an die praktischen Bedürfnisse.
[14] Siehe dazu auch Armbrüster/Preuß/Renner/*Eickelberg* DONot § 18 Rn. 28 mit dem zutreffenden Hinweis, dass *geschlossen* nicht identisch mit *verschlossen* ist.
[15] Wie hier *Kersten* ZNotP 2003, 370 (371). AA Armbrüster/Preuß/Renner/*Eickelberg* DONot § 18 Rn. 28.

Die Aufbewahrung im verschlossenen Umschlag soll die Geheimhaltung gegenüber **9** Dritten, nicht gegenüber dem Notar, sichern; deshalb darf der **Notar** – etwa zur Vorbereitung einer Testamentsänderung – den **Umschlag** ohne besondere Erlaubnis **öffnen**.[16] Gleiches gilt, wenn die **Dienstaufsicht** Einsicht in die letztwillige Verfügung nehmen will.[17] Ebenso haben die Beteiligten ein Einsichtsrecht in die zurückbehaltene beglaubigte Abschrift.[18] Ist der Zweck der Einsichtnahme erfüllt, ist die beglaubigte Abschrift wieder in den alten oder einen neuen Umschlag zu nehmen, zu verschließen und der Verschluss mit einem (neuen) Siegel zu versehen.

Auf ihren Wunsch ist die beglaubigte Abschrift den Beteiligten auszuhändigen (§ 20 **10** Abs. 1 S. 5). Der Wunsch muss von allen Beteiligten ausgehen, jeder für sich kann sich aber auf Grund § 51 Abs. 1, Abs. 3 BeurkG eine einfache/beglaubigte Abschrift erteilen lassen.[19]

C. Aufbewahrung eines Ausdrucks der Bestätigung der Registerbehörde, Abs. 2

Gemäß § 34a Abs. 1 S. 1 BeurkG hat der Notar nach Errichtung einer erbfolgerelevan- **11** ten Urkunde im Sinne von § 78d[20] Abs. 2 S. 1 BNotO die erforderlichen **Verwahrangaben** unverzüglich elektronisch an die das **Zentrale Testamentsregister führende Registerbehörde** zu übermitteln. Über die Registrierung und die übermittelten Verwahrangaben fertigt die Registerbehörde eine Eintragungsbestätigung, die der Melder (hier: der Notar) sofort nach Abschluss der Registrierung (ebenfalls elektronisch) erhält (§ 3 Abs. 2 S. 1 ZTRV). Abs. 2 regelt, dass der Notar einen **Ausdruck dieser Bestätigung** in seiner **Urkundensammlung,** und dort – je nach Art des notariellen Geschäfts bzw. der gewählten Verfahrensweise – bei der betreffenden Urkunde, deren beglaubigter Abschrift oder dem Vermerkblatt nach §§ 18 Abs. 4 S. 2, 20 Abs. 1 S. 1 und S. 2 aufbewahren muss. Daneben besteht die Pflicht, auch dem/den Beteiligten zur Überprüfung der Verwahrangaben, insbesondere der Erblasserdaten, die Eintragungsbestätigung zukommen zu lassen.[21] Der Notar sollte in seinem diesbezüglichen Anschreiben dem/den Urkundsbeteiligten die große Bedeutung der Richtigkeit der übermittelten Daten bewusst machen und daher eine besonders sorgfältige Überprüfung anregen.[22]

Was erbfolgerelevante Urkunden sind, ergibt sich aus § 78d Abs. 2 S. 1 BNotO. Neben **12** den Verfügungen von Todes wegen (Testamente, Erbverträge) sind dies alle sonstigen Urkunden mit Erklärungen, welche die Erbfolge beeinflussen können, deren dann folgende Aufzählung nicht abschließend ist („insbesondere").[23] Die **Pflicht zur Registrierung** besteht stets dann, wenn nicht auszuschließen ist, dass durch eine Urkunde die Erbfolge beeinflusst wird.[24] Wird eine erbfolgerelevante Urkunde später geändert, löst dies einen neuen, eigenständigen Registrierungsvorgang aus, § 34a Abs. 1 S. 2 BeurkG.[25]

Welche Verwahrangaben in das Zentrale Testamentsregister aufgenommen werden **13** und demzufolge von dem Notar zu übermitteln sind, ergibt sich aus § 1 S. 1 ZTRV. Bei

---

[16] Vgl. Armbrüster/Preuß/Renner/*Eickelberg* DONot § 18 Rn. 31.
[17] Armbrüster/Preuß/Renner/*Eickelberg* DONot § 18 Rn. 31.
[18] *Kanzleiter* DNotZ 1970, 581 (583 f. Fn. 9); Weingärtner/Gassen/Sommerfeldt/*Weingärtner* DONot § 20 Rn. 11.
[19] Siehe auch Weingärtner/Gassen/Sommerfeldt/*Weingärtner* DONot § 20 Rn. 11 mit Hinweis auf eine entsprechende Anwendung von § 51 BeurkG; im Ergebnis ebenso Armbrüster/Preuß/Renner/*Eickelberg* DONot § 20 Rn. 9.
[20] Entspricht inhaltlich dem früheren § 78b BNotO aF, siehe Diehn/*Diehn* BNotO § 78d Rn. 2.
[21] Weingärtner/Gassen/Sommerfeldt/*Weingärtner* DONot § 20 Rn. 16.
[22] Die gleiche Empfehlung findet sich bei Armbrüster/Preuß/Renner/*Eickelberg* DONot § 20 Rn. 12.
[23] Vgl. Armbrüster/Preuß/Renner/*Eickelberg* DONot § 20 Rn. 11 (nur „beispielhafte" Aufzählung).
[24] Armbrüster/Preuß/Renner/*Eickelberg* DONot § 20 Rn. 11; Weingärtner/Gassen/Sommerfeldt/*Weingärtner* DONot § 20 Rn. 13.
[25] Vgl. Weingärtner/Gassen/Sommerfeldt/*Weingärtner* DONot § 20 Rn. 16.

den Daten des Erblassers stößt die Abfrage der Geburtenregisternummer (§ 1 S. 1 Nr. 1c) ZTRV) gelegentlich auf praktische Schwierigkeiten bei deren (kurzfristiger) Auffindung. Dem trägt § 2 Abs. 2 S. 1 ZTRV dahingehend Rechnung, dass eine fehlende Geburtenregisternummer einer unverzüglichen Registrierung nicht entgegensteht, ungeachtet der Pflicht, diese nachträglich zu übermitteln. Der Notar kann nur nachdrücklich darauf hinwirken, dass ihm diese Angaben vollständig von dem/den Beteiligten mitgeteilt werden; eine darüber hinausgehende eigene Nachforschungspflicht hat er nicht.[26] Sinnvollerweise sollte das Büropersonal schon im Zuge der Terminierung der bei erbfolgerelevanten Urkunden regelmäßig notwendigen Vorbesprechung die Urkundsbeteiligten auffordern, zu dieser Besprechung die Geburtsurkunde oder andere Dokumente, aus denen sich die zu übermittelnden Daten ergeben, mitzubringen.

14 Nicht beschrieben ist, wie die Aufbewahrung „bei" der Urkunde (der beglaubigten Abschrift/dem Vermerkblatt) technisch erfolgen soll. Ein Ankleben oder ein Heften im Sinne von § 30 ist nicht erforderlich.[27] Zur Vermeidung loser Blätter sachlich zusammenhängender Vorgänge in der Urkundensammlung sollte eine feste Verbindung, regelmäßig durch Tackerung,[28] hergestellt werden. Zum Abschluss des Registrierungsvorgangs erteilt das Zentrale Testamentsregister dem Notar eine **Empfangsbestätigung** über den Eingang der Urkunde bei der Verwahrstelle, aus der zusätzlich das Datum des Eingangs sowie das dortige eigene Verwahrkennzeichen hervorgehen. Aus Gründen der Vollständigkeit und zum Nachweis einer unverzüglichen Ablieferung sollte auch diese Bestätigung bei der Urkunde (etc.) aufbewahrt werden.

D. Maßnahmen bei der Rückgabe eines Erbvertrages aus der notariellen Verwahrung, Abs. 3

15 Nach § 2300 Abs. 2 BGB können die Vertragsschließenden – gemeinsam – einen **Erbvertrag** (auch) aus der **notariellen Verwahrung zurücknehmen,** wenn er über Verfügungen von Todes wegen hinaus keine weiteren Erklärungen enthält. Da die Rückgabe nach §§ 2300 Abs. 2 S. 3, 2256 Abs. 1 BGB Widerrufswirkung hat, verpflichtet § 20 Abs. 3 den Notar zur sorgfältigen Dokumentation des Vorgangs: Nach §§ 2300 Abs. 2 S. 3, 2256 Abs. 1 S. 2 BGB hat der Notar über die „Folge der Rückgabe zu belehren, dies auf der Urkunde zu vermerken und aktenkundig zu machen, dass beides geschehen ist."[29] § 20 Abs. 3 regelt das in Umsetzung dieser materiell rechtlichen Vorschriften einzuhaltende aktentechnische Verfahren für die Rückgabe solcher Erbverträge, bei denen die besondere amtliche Verwahrung nach § 34 Abs. 2 BeurkG ausgeschlossen wurde und dementsprechend die Urkunde in der Verwahrung des Notars verblieben ist (§ 34 Abs. 3 BeurkG).

16 Satz 1 gilt für Erbverträge, die im Sinne von § 18 Abs. 4 gesondert aufbewahrt werden. Je nachdem, ob sich der Notar anstelle des Originals in der Urkundensammlung für ein Vermerkblatt oder für eine beglaubigte Abschrift entschieden hat, ist auf dem entsprechenden Dokument die Erfüllung der Pflichten zu **dokumentieren**.[30] **Satz 2** behandelt den Fall, dass die Urschrift des Erbvertrages nicht gesondert, sondern in der Urkundensammlung aufbewahrt wurde.[31] Bei Rückgabe gilt § 18 Abs. 4 S. 2 entsprechend, dh es ist ein

---

[26] Ähnlich Armbrüster/Preuß/Renner/*Eickelberg* DONot § 20 Rn. 12 (zutreffende Angaben im Verantwortungsbereich des Erblassers).
[27] Umkehrschluss aus § 18 Abs. 2 S. 1 und S. 2.
[28] Wegen der gegen eine Klammerung erhobenen Kritik der Rostgefahr siehe die Ausführungen bei → § 18 in Fn. 68.
[29] Ausführlich zu den Regelungen nach materiellem Recht bei Armbrüster/Preuß/Renner/*Eickelberg* DONot § 20 Rn. 18.
[30] Vgl. Armbrüster/Preuß/Renner/*Eickelberg* DONot § 20 Rn. 20 erster Spiegelstrich.
[31] Armbrüster/Preuß/Renner/*Eickelberg* DONot § 20 Rn. 20 zweiter Spiegelstrich; Weingärtner/Gassen/Sommerfeldt/*Weingärtner* DONot § 20 Rn. 26.

Vermerkblatt nach § 20 Abs. 1 zu fertigen und darauf die Rückgabenotiz anzubringen.[32] Gleiches gilt, wenn bei im Sinne von § 18 Abs. 4 S. 1 gesonderter Aufbewahrung eine beglaubigte Abschrift zur Urkundensammlung genommen wurde, die Beteiligten aber auch deren Herausgabe entsprechend § 20 Abs. 1 S. 5 wünschen.[33]

Zweckmäßiger ist es stets, über die Rückgabe eine Niederschrift mit dem Antrag der Beteiligten, dem Vorgang der Rückgabe und der Belehrung des Notars zu errichten.[34] Es handelt sich um eine in der Urkundensammlung zu verwahrende **Aufhebungsurkunde,**[35] die Anfertigung eines Vermerkblattes ist dann entbehrlich (Satz 3).

Laut Satz 4 muss die nach Satz 1 zu fertigende **Aktennotiz** das Datum des Vorgangs und die Empfänger der Urkunde, bezeichnet nach § 26 Abs. 2, enthalten und vom Notar unterzeichnet[36] werden.

Nach § 34a Abs. 2 BeurkG ist der Notar verpflichtet, der **Registerbehörde** die **Rückgabe** eines notariell verwahrten Erbvertrages **mitzuteilen.** Die Registerbehörde erteilt eine Bestätigung über die Registrierung der Rückgabe im Zentralen Testamentsregister, vgl. § 4 Abs. 2 iVm § 3 Abs. 2 ZTRV. Gemäß Satz 5 ist ein **Ausdruck dieser Bestätigung** in der Urkundensammlung – je nachdem – bei dem Vermerkblatt oder der beglaubigten Abschrift oder bei der über die Rückgabe des Erbvertrages nach Satz 3 gefertigten Urkunde aufzubewahren.

Satz 6 verpflichtet den Notar, die Rücknahme und den Tag der Rückgabe in das **Erbvertragsverzeichnis** oder die **Kartei** nach § 9 Abs. 2 einzutragen.

E. Maßnahmen nach Eintritt des Erbfalls, Abs. 4

§ 34a Abs. 3 S. 1 BeurkG verpflichtet den Notar, einen **in notarieller Verwahrung befindlichen Erbvertrag** (also das Original) **nach Eintritt des** (ersten[37]) **Erbfalls** an das Nachlassgericht abzuliefern, in dessen Verwahrung er danach verbleibt. § 20 Abs. 4 regelt, dass der Notar dann eine **beglaubigte Abschrift** der Erbvertragsurkunde zu fertigen und zur Urkundensammlung zu nehmen hat. Damit wird der Anschein einer Leerstelle in der Sammlung vermieden. Die beglaubigte Abschrift muss nicht in einem Umschlag verschlossen werden,[38] die Beifügung der Kostenberechnung ist nicht mehr erforderlich. Das Gericht, an das abgeliefert wurde, und der Tag der Abgabe sind in das Erbvertragsverzeichnis oder die Kartei nach § 9 Abs. 2 einzutragen, vgl. § 9 Abs. 3.

Bei **anderen** von dem Notar beurkundeten **Rechtsgeschäften,** die die **Erbfolge beeinflussen** können, ist dem Nachlassgericht eine **beglaubigte Abschrift zu übersenden** (§ 34a Abs. 3 S. 2 BeurkG). Dies gilt nach dem Wortlaut der Vorschrift nur für die Erklärungen, nach deren Inhalt die Erbfolge geändert werden kann; enthält die Urkunde darüber hinaus noch andere Rechtsgeschäfte, ist eine auszugsweise beglaubigte Abschrift zu übersenden.[39] Ob die Urkunde einen solchen Inhalt hat oder ob es sich um einen Erbvertrag handelt und damit die Ablieferungs- bzw. Mitteilungspflicht besteht, entscheidet

---

[32] Vgl. Armbrüster/Preuß/Renner/*Eickelberg* DONot § 20 Rn. 20 zweiter Spiegelstrich; Weingärtner/Gassen/Sommerfeldt/*Weingärtner* DONot § 20 Rn. 26.
[33] Rundschreiben 25/2002 der Bundesnotarkammer vom 13.8.2002 (S. 5 unter d).
[34] Armbrüster/Preuß/Renner/*Eickelberg* DONot § 20 Rn. 20 dritter Spiegelstrich; BeckOK BNotO/*Bracker* DONot § 20 Rn. 10.
[35] Armbrüster/Preuß/Renner/*Eickelberg* DONot § 20 Rn. 20 dritter Spiegelstrich.
[36] Ob der Vorschriftengeber im Gegensatz zu Abs. 1 S. 1 bewusst und gewollt den Begriff „unterzeichnen" gewählt hat, erscheint zweifelhaft, so dass auch hier von einem „unterschreiben" auszugehen ist; so auch Armbrüster/Preuß/Renner/*Eickelberg* DONot § 20 Rn. 20 vierter Spiegelstrich.
[37] Vgl. *Winkler* BeurkG § 34a Rn. 33 mit Hinweis auf § 349 Abs. 2, Abs. 4 FamFG.
[38] Armbrüster/Preuß/Renner/*Eickelberg* DONot § 20 Rn. 25; BeckOK BNotO/*Bracker* DONot § 20 Rn. 12; Weingärtner/Gassen/Sommerfeldt/*Weingärtner* DONot § 20 Rn. 17.
[39] Ebenso Armbrüster/Preuß/Renner/*Eickelberg* DONot § 20 Rn. 25; Weingärtner/Gassen/Sommerfeldt/*Weingärtner* DONot § 20 Rn. 17.

der Notar.[40] Kenntnis von dem Sterbefall erlangt der Notar als Verwahrstelle durch eine Sterbefallmitteilung des Zentralen Testamentsregisters, § 78e[41] BNotO, §§ 6, 7 ZTRV.

F. Länger als 30 Jahre verwahrter Erbvertrag, Abs. 5

23 Wird ein Erbvertrag länger als 30 Jahre verwahrt (die Frist wurde durch § 351 FamFG von 50 auf 30 Jahre herabgesetzt[42]), ist es möglich, dass der Erblasser verstorben ist und der Erbvertrag übersehen wurde. Deshalb sind nach § 351 FamFG **Ermittlungen** darüber anzustellen, **ob** der **Erblasser** noch **lebt** (bzw. die Erblasser noch leben). Die Vorschrift gilt unmittelbar, Verwahrung durch den Notar ist „amtliche Verwahrung" im Sinne dieser Vorschrift. § 20 Abs. 5 S. 1 ist deshalb nur deklaratorisch.

24 Um seine Verpflichtung nach § 351 FamFG zu erfüllen, hat der Notar das **Erbvertragsverzeichnis** oder die **Kartei mit den Bestätigungen der Registerbehörde nach § 9 Abs. 2 am Jahresende** auf diese Erbverträge hin **durchzusehen** und die Durchsicht „und deren Ergebnis" durch einen von ihm unterzeichneten **Vermerk** zu bestätigen, § 20 Abs. 5 S. 3. Zu bestätigen ist das Ergebnis der Durchsicht, nicht das des sich anschließenden Vorgehens;[43] es genügt also etwa „Erbvertragsverzeichnis für 1980 am 20.1.2011 durchgesehen, drei nicht abgelieferte Erbverträge aufgefunden." Verwahrt der Notar keine Erbverträge oder nur solche mit weniger als 30 Jahren Verwahrzeit, ist ein Vermerk sinnlos und daher entbehrlich. Nach § 20 Abs. 5 S. 3 sind die genannten Unterlagen auf „diese" Erbverträge hin durchzusehen, was sich nur auf Satz 1 beziehen kann. Etwas nicht Existentes kann aber nicht durchgesehen und daher auch kein Vermerk über eine Durchsicht erstellt werden.[44]

25 Sodann sind nach § 351 FamFG – „soweit tunlich" – **Ermittlungen** darüber anzustellen, **ob der Erblasser noch lebt.**[45] Das bedeutet, dass die nach pflichtgemäßem Ermessen[46] sachgerechten Maßnahmen zu ergreifen, dh regelmäßig die Meldebehörden um Auskunft zu ersuchen und deren Auskünfte weiter zu verfolgen sind.[47] Ergeben die Ermittlungen, dass alle Erblasser noch leben, bleibt der Erbvertrag in Verwahrung des Notars und das beschriebene Ermittlungsverfahren ist dann spätestens alle fünf Jahre zu wiederholen, § 20 Abs. 5 S. 4.

26 Ergeben die **Ermittlungen,** dass ein **Erblasser verstorben** ist, ist der Erbvertrag an das zuständige (wenn mehrere Erblasser verstorben sind, an das für den ersten Erbfall zuständige) Nachlassgericht abzuliefern. Haben die **Ermittlungen kein Ergebnis** (die Erblasser sind „verschollen"), ist der Erbvertrag an das für den Notar örtlich zuständige Nachlassgericht[48] zur Eröffnung abzuliefern (§ 351 FamFG). Lehnt das Gericht die Übernahme des Erbvertrags ab, kann der Notar Beschwerde nach §§ 58, 59 FamFG einlegen.[49] Nach § 20 Abs. 5 S. 2 gilt Abs. 4 entsprechend, dh der Notar hat vor Ablieferung des Erbvertrages an das Nachlassgericht eine beglaubigte Abschrift davon zu fertigen und diese zur Urkundensammlung zu nehmen. Wenn zu dem abgelieferten Erbvertrag bereits Verwahrangaben im Zentralen Testamentsregister registriert sind, ist die Ablieferung der Registerbehörde elektronisch mitzuteilen, § 20 Abs. 5 S. 1. § 9 Abs. 3 verweist in dem Klammerzusatz auch auf

---

[40] BNotK DNotZ 1972, 260 (261).
[41] Entspricht inhaltlich dem früheren § 78c BNotO aF, siehe Diehn/*Diehn* BNotO § 78e Rn. 2.
[42] *Heinemann,* FamFG für Notare, Rn. 320.
[43] Vgl. Armbrüster/Preuß/Renner/*Eickelberg* DONot § 20 Rn. 34; BeckOK BNotO/*Bracker* DONot § 20 Rn. 13.
[44] Ebenso *Blaeschke* Rn. 469 f.; Armbrüster/Preuß/Renner/*Eickelberg* DONot § 20 Rn. 34.
[45] Vgl. BGH DNotZ 1973, 379 (380).
[46] *Heinemann,* FamFG für Notare, Rn. 324; Weingärtner/Gassen/Sommerfeldt/*Weingärtner* DONot § 20 Rn. 19.
[47] So auch und eingehender dazu Armbrüster/Preuß/Renner/*Eickelberg* DONot § 20 Rn. 30, 31 sowie BeckOK BNotO/*Bracker* DONot § 20 Rn. 14.
[48] Dazu siehe auch bei *Heinemann,* FamFG für Notare, Rn. 329.
[49] Vgl. *Heinemann,* FamFG für Notare, Rn. 329 mwN in Fn. 235.

§ 20 Abs. 5, weswegen das Gericht und der Tag der Abgabe in das Erbvertragsverzeichnis oder die Kartei nach § 9 Abs. 2 einzutragen sind.

Für **andere Urkunden** als Erbverträge, **die die Erbfolge beeinflussen** (etwa einen 27 Erbverzichtsvertrag), gelten diese Vorschriften nicht.[50]

Vor dem Hintergrund, dass infolge von § 34 Abs. 4 BeurkG-2022 die Aufbewahrung der 28 beim Notar verbleibenden Erbverträge in einer gesonderten Erbvertragssammlung ab dem 1.1.2022 zwingend vorgeschrieben ist, wird jedenfalls der Inhalt der Absätze 3 bis 5 durch die Rechtsverordnung nach § 36 BNotO grundlegend angepasst werden müssen.[51]

§ 21 Wechsel- und Scheckproteste

¹**Die bei der Aufnahme von Wechsel- und Scheckprotesten zurückbehaltenen beglaubigten Abschriften der Protesturkunden und die über den Inhalt des Wechsels, Wechselabschrift oder des Schecks aufgenommenen Vermerke (Art. 85 Abs. 2 des Wechselgesetzes, Art. 55 Abs. 3 des Scheckgesetzes) sind nach der zeitlichen Reihenfolge geordnet in Sammelbänden zu vereinigen.** ²**Die Protestabschriften sind innerhalb eines jeden Bandes mit fortlaufenden Nummern zu versehen.** ³**Die Protestabschriften und die Vermerke sind möglichst auf dasselbe Blatt zu setzen.**

A. Überblick

Nach § 20 Abs. 1 S. 2 BNotO gehört zum Aufgabenbereich der Notare unter anderem 1 die Aufnahme von Protesten. Dazu zählen vor allem die Wechsel- und Scheckproteste.[1] Der Wechselprotest ist in den Art. 79 bis 87 WG geregelt, Art. 55 Abs. 3 ScheckG verweist für den Scheckprotest auf die Vorschriften über den Wechselprotest. Art. 85 Abs. 2 WG bestimmt, dass der Notar von dem Protest selbst eine beglaubigte Abschrift und über den Inhalt des Wechsels, der protestiert wurde, einen Vermerk (mit einem in Art. 85 Abs. 2 S. 3 WG genau geregelten Inhalt) zurückzubehalten und (Art. 85 Abs. 3 WG) die Abschriften und Vermerke geordnet aufzubewahren hat. In Ergänzung dazu regelt § 21 die konkrete **aktenmäßige Behandlung** von **Protestabschrift** und **Vermerk.** Da insbesondere Wechsel im Geschäftsleben erheblich an Bedeutung verloren haben, dürften Wechsel- und Scheckproteste in der notariellen Praxis nur noch verhältnismäßig selten vorkommen.[2]

B. Protestabschrift und Vermerk

Die beglaubigte **Abschrift des Protests** und der **Vermerk über** den **Inhalt des** 2 **Wechsels** (dessen Unterzeichnung Art. 85 Abs. 2 S. 2 WG nicht vorschreibt[3]) sind nach § 21 S. 3 möglichst auf dasselbe Blatt zu setzen; da sich die Vorschrift – in der Sache eingeschränkt dadurch, dass dies nur „möglichst" geschehen soll – nur auf die Unterlagen bezieht, die der Notar bei einem Protest zurückzubehalten hat, kann sie durch die

---

[50] BayObLGZ 1983, 149 ff.
[51] Bedenkt man, wie oft wegen weiterer inhaltlicher Konkretisierungen neben dieser auch an anderen Stellen auf § 36 BNotO und die aufgrund der dortigen Ermächtigungsgrundlage noch zu erlassende Rechtsverordnung verwiesen wurde, wird verständlich, wenn Weingärtner/Löffler/*Löffler,* Vermeidbare Fehler, Rn. 563 konstatiert, dass „für die notarielle Berufsausübung dabei die Verordnung nach § 36 BNotO die größte Bedeutung haben wird."
[1] Armbrüster/Preuß/Renner/*Eickelberg* DONot § 21 Rn. 1.
[2] In diesem Sinne auch Armbrüster/Preuß/Renner/*Eickelberg* DONot § 21 Rn. 6 sowie *Lerch* DONot § 21 Rn. 1. Siehe auch *Becker* notar 2015, 387 (390) mit grundsätzlichen Ausführungen und abschließendem Formulierungsvorschlag für einen Wechselprotest.
[3] Vgl. unter anderen Armbrüster/Preuß/Renner/*Eickelberg* DONot § 21 Rn. 3; Weingärtner/Gassen/*Weingärtner* DONot § 21 Rn 8.

DONot als Dienstanweisung getroffen werden. Der Vermerk über den Wechselinhalt kann durch eine vollständige Abschrift des Wechsels ersetzt werden, da diese alle vorgeschriebenen Angaben enthält.[4] Oft wird es am zweckmäßigsten sein, eine vollständige Abschrift von Wechsel und Protest zurückzubehalten, die dann beglaubigt werden muss, da die Protestabschrift der Beglaubigung bedarf. Die zugehörige Kostenberechnung ist seit Inkrafttreten des GNotKG nicht mehr mit in die Sammelbände aufzunehmen, weswegen der entsprechende Passus nebst Hinweis auf den früheren § 154 Abs. 3 S. 1 KostO gestrichen wurde.

C. Verwahrung von Protestabschriften und Vermerken

3 § 21 regelt die **Verwahrung** von **Protestabschriften und Vermerken** gesondert (nach § 8 Abs. 1 sind Proteste nicht in die Urkundenrolle aufzunehmen, nach § 19 Abs. 2 ist kein Vermerkblatt anzufertigen, das in die Urkundensammlung zu nehmen wäre). Er schreibt zeitlich geordnete Aufbewahrung in „Sammelbänden" vor und definiert diesen Begriff nicht näher, so dass jedes geeignete Behältnis in Frage kommt. Innerhalb jedes Bandes – der auch für mehrere Jahre geführt werden kann[5] – sind die Protestabschriften fortlaufend zu nummerieren. Nach Ablauf des fünften Kalenderjahres sind die zurückbehaltenen Unterlagen zu vernichten, sofern nicht im Einzelfall ihre weitere Aufbewahrung erforderlich ist (vgl. § 5 Abs. 4 S. 1 letzter Spiegelstrich iVm S. 5).[6]

§ 22 Nebenakten (Blattsammlungen und Sammelakten)

(1) **Die nicht zur Urkundensammlung zu nehmenden Schriftstücke, z. B. Schriftwechsel mit den Beteiligten sowie mit den Gerichten und Behörden, werden, auch soweit sie Urkundsgeschäfte betreffen, in Blattsammlungen für jede einzelne Angelegenheit oder in Sammelakten aufbewahrt.**

(2) [1] **Zu den Verwahrungsgeschäften und, soweit dies zur Vorbereitung und Abwicklung des Geschäfts geboten ist, zu den Beurkundungen haben Notarinnen und Notare jeweils Blattsammlungen zu führen.** [2] **Für jede Verwahrungsmasse ist eine gesonderte Blattsammlung zu führen, zu der zu nehmen sind:**
1. **sämtliche Verwahrungsanträge und -anweisungen (§ 54a Abs. 2 bis 4 BeurkG) im Original oder in Abschrift,**
2. **die Treuhandaufträge und Verwahrungsanweisungen im Original oder in Abschrift, die der Notarin oder dem Notar im Zusammenhang mit dem Vollzug des der Verwahrung zugrunde liegenden Geschäfts erteilt worden sind (§ 54a Abs. 6 BeurkG),**
3. **Änderungen oder Ergänzungen der Verwahrungsanweisungen und Treuhandaufträge im Original oder in Abschrift,**
4. **die Annahmeerklärungen (§ 54a Abs. 2 Nr. 3, Abs. 5 BeurkG),**
5. **die mit der Nummer der Masse versehenen Belege über die Einnahmen und Ausgaben (§ 27 Abs. 4 Satz 6),**
6. **die mit der Nummer der Masse versehenen Kontoauszüge (§ 27 Abs. 4 Satz 6), sofern das Notaranderkonto elektronisch geführt wird, an deren Stelle die Mitteilungen über neue Umsätze,**
7. **eine Durchschrift der Abrechnung (§ 27 Abs. 5),**

---

[4] Ebenso Armbrüster/Preuß/Renner/*Eickelberg* DONot § 21 Rn. 4; BeckOK BNotO/*Bracker* DONot § 21 Rn. 1; Weingärtner/Gassen/Sommerfeldt/*Weingärtner* DONot § 21 Rn. 9.
[5] Vgl. Armbrüster/Preuß/Renner/*Eickelberg* DONot § 21 Rn. 6; BeckOK BNotO/*Bracker* DONot § 21 Rn. 3.
[6] Kritisch zur Vernichtungspflicht Armbrüster/Preuß/Renner/*Eickelberg* DONot § 21 Rn. 8.

8. eine Durchschrift der an die Kostenschuldnerin oder den Kostenschuldner übersandten Kostenberechnung, wenn die Kostenberechnung nicht elektronisch aufbewahrt wird (§ 19 Abs. 6 GNotKG) und die Kosten der Masse entnommen worden sind.

A. Übersicht

§ 22 regelt den büroorganisatorischen Umgang mit solchen **Schriftstücken,** die im Zusammenhang mit einer notariellen Amtstätigkeit von Bedeutung, aber **nicht in die Urkundensammlung** zu nehmen sind.[1] Eine dienstrechtlich vorgeschriebene Pflicht zur Aufbewahrung bestimmter Dokumente bei der Urkunde/in der Urkundensammlung kann nicht durch Aufnahme in die Nebenakten ersetzt werden. 1

Nebenakten – auch **Handakten** genannt – können nach Abs. 1 in Form von **Blattsammlungen für jede einzelne Angelegenheit** oder von **Sammelakten** geführt werden. Dabei handelt es sich um keine notarspezifischen Begrifflichkeiten. Eine Blattsammlung wird in sich abgeschlossen für einen bestimmten Vorgang angelegt, während eine Sammelakte eine Vielzahl von (regelmäßig gleichartigen) Angelegenheiten enthält, ohne insoweit begrenzt zu sein.[2] 2

Die Nebenakten erfüllen wichtige Funktionen, weswegen sie sorgfältig und übersichtlich geführt und so geordnet werden müssen, dass sie jederzeit und unkompliziert einsehbar sind. Dem steht nicht entgegen, dass die Nebenakte auch „unschön aussehende" Schriftstücke enthält, zB **handschriftliche Aktenvermerke** oder für Dritte unleserliche Notizen des Notars, solange der Notar deren Abheftung im Rahmen seines insofern sehr weiten Organisationsermessens für geeignet hält und die Übersichtlichkeit darunter nicht leidet. Die **Handakte** dient vorzugsweise **internen Zwecken** und dabei in erster Linie einem **reibungslosen Urkundenvollzug.** Nur eine ordnungsgemäß geführte Nebenakte ermöglicht dem Notar und seinen Mitarbeitern einen schnellen Überblick über den Stand der Abwicklung, nicht nur zur notwendigen Selbstkontrolle,[3] sondern auch bei Nachfragen der Urkundsbeteiligten oder von Gerichten und Behörden. Aus dem Inhalt der Nebenakte können sich für den Notar entscheidende und entlastende Informationen bei möglichen Haftpflichtfällen ergeben, zB aus der Vorkorrespondenz mit den Beteiligten oder bei im Zuge der Vorbereitung immer wieder geänderten Urkundsentwürfen. Schließlich ist die Nebenakte Gegenstand der Prüfung durch die Aufsichtsbehörde, § 93 Abs. 2 S. 3 BNotO. 3

B. Inhalt und Gestaltung der Nebenakten im Allgemeinen, Abs. 1

§ 22 Abs. 1 spricht allgemein davon, dass die **nicht zur Urkundensammlung zu nehmenden Schriftstücke** in Nebenakten aufbewahrt werden. Eine unmittelbare Verpflichtung, zu jedem Vorgang stets eine Handakte anzulegen, ergibt sich aus Abs. 1[4] nicht. Fällt kein im Sinne der beispielhaften Aufzählung relevanter Schriftverkehr an, bedarf es – vorbehaltlich der Regelung in Abs. 2 – keiner Anlegung einer eigenen Handakte.[5] Nebenakten können nur in Form einer Blattsammlung für jede einzelne Angelegenheit oder als Sammelakte geführt werden. Für Abs. 1 steht die Auswahl im weitgehend **freien Ermessen des Notars,**[6] wobei sich in der Praxis die Art und Weise der Aktenführung durch die 4

---

[1] So auch Armbrüster/Preuß/Renner/*Eickelberg* DONot § 22 Rn. 1; *Lerch* DONot § 22 Rn. 1.
[2] Ähnlich Armbrüster/Preuß/Renner/*Eickelberg* DONot § 22 Rn. 13.
[3] Nach BeckOK BNotO/*Bracker* DONot § 22 Rn. 6 dient die Nebenakte in erster Linie der Selbstkontrolle des Notars und der Aufsicht.
[4] Im Gegensatz zu Abs. 2 S. 1.
[5] Ebenso Armbrüster/Preuß/Renner/*Eickelberg* DONot § 22 Rn. 1; Weingärtner/Gassen/Sommerfeldt/*Weingärtner* DONot § 22 Rn. 6.
[6] Vgl. Armbrüster/Preuß/Renner/*Eickelberg* DONot § 22 Rn. 13.

obligatorische Vorgabe in Abs. 2 auf Blattsammlungen für jede einzelne Angelegenheit konzentrieren dürfte. Die Führung einer **Sammelakte** kann sich bspw. aus Nachweisgründen für den dienstlichen Anlass bei **elektronischen Grundbucheinsichten** empfehlen, die in Vorbereitung eines Beurkundungsauftrags vorgenommen wurden,[7] es dann aber zu keiner Beurkundung kam.[8] Für Sammelakten ist kein Ordnungsprinzip vorgeschrieben. Sie können also insbesondere in zeitlicher Reihenfolge ohne weitere Untergliederung geführt werden.[9]

5 Über die angeführten Beispiele (Schriftwechsel mit Beteiligten, Gerichten und Behörden) und über § 22 Abs. 2 hinaus entscheidet der Notar über den **Umfang der Nebenakten** nach seinem **Ermessen**. Aus den Beispielen ergibt sich aber, dass andere Schriftstücke, deren Aufbewahrung von einem vergleichbaren Interesse ist, ebenfalls aufbewahrt werden sollen, was im Umkehrschluss bedeutet, dass nicht jedes Schriftstück, das im Zusammenhang mit einem Vorgang anfällt, aufzuheben ist.[10] Sind die Beteiligten anwaltlich oder steuerlich beraten, empfiehlt es sich zur Dokumentation der Entstehung der letztendlich beurkundeten Fassung der Niederschrift die diesbezügliche Korrespondenz abzuheften, ebenso bei mehrfach in relevanten Punkten geänderten und den Beteiligten zur Verfügung gestellten Urkundsentwürfen.[11] Aus § 20 Abs. 1 geht für Verfügungen von Todes wegen ein besonderes Geheimhaltungsinteresse hervor, weswegen die Handakten keine (offen aufbewahrten) Entwürfe dazu oder Abschriften davon enthalten dürfen.[12] Auch wenn, nach § 19 Abs. 6 GNotKG nunmehr genügend, eine elektronische Aufbewahrung der Kostenberechnung erfolgt, kann zusätzlich eine Kopie davon zur Nebenakte genommen werden. Die Nebenakte kann Schriftstücke enthalten, aus denen sich die Einhaltung notarieller Amtspflichten (zB der Fristwahrung nach § 17 Abs. 2a S. 2 Nr. 2 BeurkG oder über die Interessen-Kollisionsprüfung) ergibt, selbst wenn eine Dokumentationspflicht nicht besteht und die Aufbewahrung nur dem Notar zur Nachweiserleichterung dient. Soweit Aufzeichnungspflichten nach § 8 GwG bestehen, können und sollten die Ausweiskopien in der Handakte aufbewahrt werden.[13] Gleiches gilt für die bei geldwäscherechtlich relevanten Vorgängen erforderliche schriftliche Dokumentation des Ergebnisses der vom Notar vorgenommenen konkreten Risikobewertung nach dem GwG, bei erfolgter Einstufung als mittleres oder höheres Risiko ergänzt um die getroffenen Maßnahmen.[14]

6 Bei **Aufbewahrung und Ordnung der Nebenakten** ist der Notar im Wesentlichen frei, solange Übersichtlichkeit und ein problemloses, kurzfristiges Auffinden im Bedarfsfall gewährleistet sind.[15] In der Regel empfiehlt sich eine Aufbewahrung in handelsüblichen Akten-Heftern, bei umfangreicheren Vorgängen auch in Aktenordnern. Das Ordnungssystem (dh die Entscheidung darüber, ob eine Ordnung nach Namen der Beteiligten,

---

[7] Somit nicht schon eine Protokollpflicht nach § 133a GBO besteht, § 133a Abs. 4 Nr. 1 GBO.
[8] So auch die Empfehlung im BeckNotar-HdB/*Püls* § 34 Rn. 230. Armbrüster/Preuß/Renner/*Eickelberg* DONot § 22 Rn. 16 empfiehlt eine „gesonderte, nach Jahren sortierte Sammelakte ´Grundbucheinsichten´," für Protokolle nach § 133a Abs. 3 S. 1 GBO bei isolierten Grundbucheinsichten anzulegen.
[9] Weitere Einzelheiten zur Gestaltung der Sammelakte bei Weingärtner/Gassen/Sommerfeldt/*Weingärtner* DONot § 22 Rn. 9.
[10] Vgl. Armbrüster/Preuß/Renner/*Eickelberg* DONot § 22 Rn. 1.
[11] Vgl. Armbrüster/Preuß/Renner/*Eickelberg* DONot § 22 Rn. 1.
[12] Für Abschriften ebenso Weingärtner/Gassen/Sommerfeldt/*Weingärtner* DONot § 20 Rn. 10 sowie *Kersten* ZNotP 2003, 370 (371).
[13] Die Mindestaufbewahrungsfrist für diese Unterlagen von fünf Jahren wird angesichts der längeren Aufbewahrungspflicht für Nebenakten (vgl. § 5 Abs. 4 S. 1 dritter Spiegelstrich) jedenfalls gewahrt.
[14] Dazu unter anderem Newsletter 7/2018 der Notarkammer Frankfurt a. M. vom 5.12.2018 unter Ziff. 1. und mit Hinweis auf die entsprechenden Anwendungsempfehlungen der Bundesnotarkammer zum Geldwäschegesetz 2017, Stand März 2018. Für eine Aufnahme der relevanten Dokumente einschließlich des Ergebnisses der konkreten Risikoanalyse bei geldwäscherechtlich relevanten Vorgängen, sowie insgesamt ausführlich zu den umfangreichen und sich mit jeder Geldwäscherichtlinie verschärfenden Pflichten des Notars im Zusammenhang mit dem Geldwäschegesetz: Armbrüster/Preuß/Renner/*Eickelberg* DONot § 22 Rn. 2–11.
[15] Mit dem Zeitargument bei Notarprüfungen spricht sich auch *Lerch* DONot § 22 Rn. 1 für den Grundsatz einer „übersichtlichen Form" aus.

Urkundenrollennummern oder Aktenzeichen erfolgt) sollte einheitlich und nachvollziehbar sein, liegt im Übrigen aber in der freien Büroorganisation des Notars[16] und kann auch von der eingesetzten Notar-Software abhängen.[17] Gleiches gilt für den Ort der Aufbewahrung, zB Registraturschränke oder offene Regale mit Ablagefächern. Da auch die Nebenakten dem Geheimhaltungsschutz unterliegen, dürfen sie nicht in für die Allgemeinheit zugänglichen Räumen aufgehoben werden.

Ebenso steht der **innere Aufbau** der Nebenakte im Organisationsermessen des Notars. **7** Eine **Heftung** der Seiten ist nicht vorgeschrieben, aber sinnvoll,[18] und es empfiehlt sich eine chronologische Ordnung.[19] Eine Unterteilung zwischen Behördenteil (bspw. Schriftwechsel mit dem Grundbuchamt, Zwischenverfügungen, Eintragungsbekanntmachungen) und sonstigem Schriftverkehr ist möglich. Eine **Durchnummerierung** der Seiten kann **nicht verlangt** werden und würde nur zu einem deutlichen Mehraufwand im allgemeinen Bürobetrieb führen, ohne dass dem ein erkennbarer Nutzen gegenüberstünde.[20]

Bis zum 31.12.2019 galt: Die Akte ist in **Papierform** zu führen, wie sich schon aus **8** dem Wortlaut „Blattsammlung" ergibt.[21] Ergänzend können die in der Nebenakte befindlichen Dokumente ganz oder teilweise in der elektronischen Akte gespeichert werden,[22] was den täglichen Arbeitsablauf vielfach erleichtert. Eine die Papierform ersetzende elektronische Führung der Nebenakte ist derzeit nicht zulässig. Ist die Bearbeitung abgeschlossen, wird die Nebenakte also nicht mehr „geführt", ist sie für die vorgesehene Dauer (§ 5 Abs. 4 S. 1 dritter Spiegelstrich) aufzubewahren. Der Wortlaut von § 22 eröffnet immer noch nicht die Möglichkeit, die Nebenakte auf nicht papiergebundenen Speichermedien zu archivieren, mit der Folge, dass die Papierakte vor Ablauf der regulären Aufbewahrungsfrist nicht vernichtet werden kann, so gewichtige Argumente auch für eine solche Vorgehensweise sprechen mögen.[23]

Am 1.1.2020 ist § 35 BNotO nF in Kraft getreten,[24] dessen Abs. 2 S. 1 dem Notar **8a** ausdrücklich die Wahlmöglichkeit eröffnet, „Akten und Verzeichnisse **in Papierform oder elektronisch** zu führen, soweit nicht die Form durch Gesetz oder auf Grund eines Gesetzes

---

[16] Armbrüster/Preuß/Renner/*Eickelberg* DONot § 22 Rn. 14; Weingärtner/Gassen/Sommerfeldt/*Weingärtner* DONot § 22 Rn. 8.

[17] Darauf weist auch Armbrüster/Preuß/Renner/*Eickelberg* DONot § 22 Rn. 14 hin, der im Übrigen eine Aktenführung nach Urkundenrollennummern als sinnvoll erachtet. Weingärtner/Gassen/Sommerfeldt/*Weingärtner* DONot § 22 Rn. 8 hält demgegenüber eine Ordnung nach Namen der Urkundsbeteiligten und entsprechender alphabetischer Aufbewahrung für zweckmäßig.

[18] Ebenso Armbrüster/Preuß/Renner/*Eickelberg* DONot § 22 Rn. 13; *Blaeschke* Rn. 1283.

[19] Weingärtner/Gassen/Sommerfeldt/*Weingärtner* DONot § 22 Rn. 8.

[20] So auch Armbrüster/Preuß/Renner/*Eickelberg* DONot § 22 Rn. 13. AA *Blaeschke* Rn. 1283; *Lerch* DONot § 22 Rn. 1 und Weingärtner/Gassen/Sommerfeldt/*Weingärtner* DONot § 22 Rn. 8, die eine Nummerierung für sinnvoll erachten (damit aber ebenfalls nicht für zwingend).

[21] Mit diesem Argument ebenso BeckOK BNotO/*Bracker* DONot § 22 Rn. 3 und Weingärtner/Gassen/Sommerfeldt/*Weingärtner* DONot § 22 Rn. 10. Mit Hinweis auf die bessere und schnellere Überprüfbarkeit der Verwahrungsgeschäfte durch die Notaraufsicht ebenso *Blaeschke* Rn. 1668 (allerdings offen lassend – jedenfalls für die elektronische Archivierung – unter Rn. 1284). AA Armbrüster/Preuß/Renner/*Eickelberg* DONot § 6 Rn. 4 und § 22 Rn. 25, wonach dem Notar die elektronische Führung von Nebenakten grundsätzlich nicht verboten sei und lediglich die Blattsammlungen zu den Verwahrungsgeschäften nach dem Wortlaut (Originale und Abschriften) noch in Papierform zu führen seien. Dagegen spricht, dass es damit für die technische Aktenbehandlung zwei Arten von Blattsammlungen (teilweise papiergebunden, teilweise elektronisch) geben würde, was weder vom Wortlaut der Vorschrift gedeckt noch mit dem Gebot einer übersichtlichen Führung der Nebenakten im Einklang zu bringen ist. *Lerch* DONot § 22 Rn. 6 sieht generell eine elektronische Führung der Nebenakten mit dem Wortlautargument als möglich an, was auch die Blattsammlung für Verwahrungsgeschäfte einschließen würde – dem steht aber selbst nach *Eickelberg* (aaO) der Wortlaut von § 22 Abs. 2 S. 2 entgegen.

[22] So wohl auch Weingärtner/Gassen/Sommerfeldt/*Weingärtner* DONot § 22 Rn. 11.

[23] Siehe die immer noch zutreffenden Überlegungen und Argumente von *Kanzleiter* in Rn. 6 der 3. Auflage. Unentschlossen *Blaeschke* Rn. 1284 unter Hinweis auf die im Hinblick auf eine elektronische Behandlung der Nebenakten großzügigere Auffassung von *Mihm/Bettendorf* DNotZ 2011, 22 (29).

[24] Laut Art. 14 Nr. 2 des „Gesetzes zur Änderung von Vorschriften über die außergerichtliche Streitbeilegung in Verbrauchersachen und zur Änderung weiterer Gesetze" bleibt es dabei, dass § 35 der Bundesnotarordnung am 1.1.2020 in Kraft tritt.

vorgeschrieben ist."²⁵ Damit ist es dem Notar zukünftig und geregelt in einem formellen Gesetz erlaubt, die Nebenakte ausschließlich elektronisch zu führen,²⁶ was (jedenfalls für diesen Teil) eine Abkehr vom Grundsatz des papiergebundenen Notariats bedeutet.²⁷ Eine generelle Pflicht zur elektronischen Nebenaktenführung soll dadurch aber nicht begründet werden.²⁸ Folglich muss die Büroorganisation bezogen auf die Nebenakten weder zwingend noch vollständig zum 1.1.2020 umgestellt werden, vielmehr bleibt es jedem Notar selbst überlassen, ob überhaupt, wie schnell und in welchem Umfang er sich von der Nebenakte in Papierform trennen will.²⁹ Die Umstellung auf eine Digitalisierung kann auch schrittweise erfolgen. Nach dem Gesetzwortlaut steht Mischformen grundsätzlich nichts entgegen, womit sowohl ein Nebeneinander von einzelnen elektronischen und einzelnen papiergeführten Nebenakten möglich sein wird, als auch sogenannte „Hybridakten" denkbar sind, also solche, die teilweise elektronisch und teilweise in Papierform geführt werden.³⁰ Nähere Einzelheiten über die Art und Weise der Aktenführung bleibt der Rechtsverordnung gemäß § 36 BNotO vorbehalten, wobei sich insbesondere die praktische Umsetzung von Mischformen am Gebot der Gewährleistung von Transparenz und Verfügbarkeit wird messen lassen müssen, so verankert in § 36 Abs. 1 S. 2 Nr. 3 BNotO.³¹

8b § 22 dürfte daher vom Grundsatz her nicht obsolet werden, da einerseits eine (auch ausschließlich) papiergebundene Führung der Nebenakten zulässig bleibt,³² andererseits die Fragen zu Inhalt und Umfang einer Handakte von der Verkörperungsform der Aktenführung unabhängig sind.³³ Wie bei zahlreichen Bestimmungen der DONot können endgültige Aussagen für die notarielle Praxis aber erst gemacht werden, wenn die Ermächtigungsgrundlage in § 36 BNotO umgesetzt und die neue Rechtsverordnung erlassen ist.³⁴

C. Blattsammlungen für Urkundsgeschäfte, Abs. 2 S. 1

9 Zu den **Beurkundungen** sind **Blattsammlungen** zu führen, „soweit dies zur Vorbereitung und Abwicklung des Geschäfts geboten ist". Ob dies der Fall ist, hat der Notar nach pflichtgemäßem Ermessen zu entscheiden. Zulässig ist es, für **zusammenhängende Beur-**

---

[25] Vgl. Weingärtner/Löffler/*Löffler*, Vermeidbare Fehler, Rn. 572.
[26] Siehe bei Diehn/*Diehn* BNotO § 35 in der Fassung ab 1.1.2020 Rn. 2.
[27] So *Damm* DNotZ 2017, 426 (438); ebenso Diehn/*Diehn* BNotO § 35 in der Fassung ab 1.1.2020 Rn. 1.
[28] So Diehn/*Diehn* BNotO § 35 in der Fassung ab 1.1.2020 Rn. 6. Etwas zurückhaltender Weingärtner/Löffler/*Löffler*, Vermeidbare Fehler, Rn. 573, wonach „die Zulassung der elektronischen Aktenführung aller Voraussicht nach keine Verpflichtung zur elektronischen Aktenführung mit sich bringen wird."
[29] So auch der beruhigende Hinweis bei Weingärtner/Löffler/*Löffler*, Vermeidbare Fehler, Rn. 573.
[30] *Damm* DNotZ 2017, 426 (438); Diehn/*Diehn* BNotO § 35 in der Fassung ab 1.1.2020 Rn. 6; Weingärtner/Löffler/*Löffler*, Vermeidbare Fehler, Rn. 572.
[31] Für Hybridakten ebenso Weingärtner/Löffler/*Löffler*, Vermeidbare Fehler, Rn. 572 (und vertiefend Rn. 577) sowie der allgemeine Hinweis von *Damm* DNotZ 2017, 426 (438) auf die jedenfalls erforderliche Gewährleistung der Einhaltung der Grundsätze der §§ 35 f. BNotO.
[32] Wenngleich in Anbetracht der nicht mehr aufzuhaltenden Ausweitung der digitalen Welt nicht mehr zeitgemäß, abgesehen von den praktischen Nachteilen einer papiergebundenen Aktenführung (bspw. keine Suchfunktion mit Kriterien zur schnellen Wiederauffindung von Dokumenten, teure Lagerung durch zusätzlich erforderliche Raumkapazitäten).
[33] In diesem Zusammenhang gleichwohl sicher zutreffend die Prognose von Weingärtner/Löffler/*Löffler*, Vermeidbare Fehler, Rn. 577, dass bezüglich der elektronischen Aktenführung § 22 Abs. 1 zu wenig ergiebig ist und daher die Regelungsdichte in diesem Punkt zunehmen wird. Insgesamt unter dieser Randnummer auch vertiefende Überlegungen zu den in § 36 BNotO kodifizierten Regelungszielen.
[34] Sehr aufschlussreich dazu die Ausführungen von Weingärtner/Löffler/*Löffler*, Vermeidbare Fehler, Rn 563, der davon ausgeht, dass „sich ab dem Inkrafttreten der Verordnungen die DONot auf einen Rumpf reduzieren wird", allerdings „davon auszugehen ist, dass die Verordnung im Wesentlichen die bewährten Regelungen der DONot fortführt, soweit nicht durch das Urkundenarchivgesetz Änderungen vorgezeichnet sind."

kundungen (Kaufvertrag und Grundschuldbestellung; Gesellschafterversammlung und Handelsregisteranmeldung) eine **gemeinsame Blattsammlung** zu führen,[35] und das ist häufig zweckmäßig. Unstatthaft ist es hingegen, für Dauermandanten mit immer gleich gelagerten Beurkundungsfällen (zB Konzerngesellschaften, bei denen wiederkehrend Geschäftsführer/Prokuristen an- und abgemeldet werden) nur eine (fortlaufende) Handakte zu führen; dies käme einer Sammelakte gleich, die für die Fälle des Abs. 2 S. 1 nicht vorgesehen ist. Dem dahinterstehenden und für die Praxis sinnvollen Gedanken, dass so die Historie der Gesellschaft für den Notar immer wieder leicht nachzuvollziehen ist, kann dadurch Rechnung getragen werden, dass die für jede Beurkundung separat angelegten und geführten Handakten in einem eigenen Ordner oder Fach für diesen Dauermandanten abgelegt werden. Die Blattsammlung zu einer Beurkundung macht die obligatorische Blattsammlung zu einem mit ihr zusammenhängenden Verwahrungsgeschäft nicht entbehrlich (§ 22 Abs. 2 S. 2);[36] umgekehrt wäre denkbar, dass eine Blattsammlung zu einem Verwahrungsgeschäft dazu führt, dass eine gesonderte Blattsammlung zu der damit zusammenhängenden Beurkundung nicht mehr erforderlich ist.

D. Blattsammlung für Verwahrungsgeschäfte, Abs. 2 S. 1 und S. 2

Nach § 22 Abs. 2 S. 1 haben Notarinnen und Notare zu den **Verwahrungsgeschäften Blattsammlungen** zu führen.[37] Das Anlegen der Akte ist Amtspflicht, ebenso deren Führung als Blattsammlung (und nicht in Sammelakten). § 22 Abs. 2 S. 2 bestimmt, dass für jede Verwahrungsmasse eine gesonderte Blattsammlung zu führen ist. Deren jeweiliger (Mindest-)Inhalt ist in der dann folgenden Auflistung beschrieben. Diese ist nicht abschließend, so dass alle für die Dokumentation der erfolgten Abwicklung des Verwahrungsgeschäfts zweckmäßigen Unterlagen ebenso in die gesonderte Verwahrungs-Nebenakte zu nehmen sind.[38]

An welcher Stelle die Nebenakten aufbewahrt werden, entscheidet der Notar. Bei einem Verwahrungsgeschäft, das sich auf eine Beurkundung bezieht, kann deshalb die Blattsammlung über das Verwahrungsgeschäft auch bei den Nebenakten für die Beurkundung (als gesonderte Blattsammlung) aufbewahrt werden.[39]

E. Aufbewahrung

Die Nebenakte ist nach § 5 Abs. 3 S. 1 in der **Geschäftsstelle** zu führen, was den Notar aber nicht daran hindert, abgeschlossene Vorgänge an anderer Stelle außerhalb der Geschäftsstelle zu archivieren, solange sichergestellt ist, dass nur der Notar oder seine Mitarbeiter den alleinigen Zugriff darauf haben. Auch die Ablage beendeter Akten muss nach einem – im Ermessen des Notars stehenden – Ordnungssystem erfolgen, das ein problemloses und zeitnahes Wiederauffinden ermöglicht.

§ 35 BNotO in der seit dem 1.1.2020 geltenden Fassung[40] macht, nunmehr in Form eines formellen Gesetzes, Vorgaben über den **Ort,** wo die **Akten,** und damit auch die Nebenakten, und Verzeichnisse **zu führen sind.** Dabei bleibt es bei dem schon bislang geltenden Grundsatz, unabhängig von der Form der Aktenführung: Primär in der notariel-

---

[35] Vgl. Armbrüster/Preuß/Renner/*Eickelberg* DONot § 22 Rn. 14; BeckOK BNotO/*Bracker* DONot § 22 Rn. 2; Weingärtner/Gassen/Sommerfeldt/*Weingärtner* DONot § 22 Rn. 6.
[36] So auch Weingärtner/Gassen/Sommerfeldt/*Weingärtner* DONot § 22 Rn. 2 und Rn. 6.
[37] Ausführlich zum Verwahrungsgeschäft bei § 22 DONot Armbrüster/Preuß/Renner/*Eickelberg* DONot § 22 Rn. 17–25; Weingärtner/Gassen/Sommerfeldt/*Weingärtner* DONot § 22 Rn. 2–5.
[38] Vgl. auch Armbrüster/Preuß/Renner/*Eickelberg* DONot § 22 Rn. 21; Weingärtner/Gassen/Sommerfeldt/*Weingärtner* DONot § 22 Rn. 3.
[39] Ebenso Weingärtner/Gassen/Sommerfeldt/*Weingärtner* DONot § 22 Rn. 2.
[40] Der unter anderem § 5 Abs. 3 ersetzt, vgl. *Damm* DNotZ 2017, 426 (438).

len **Geschäftsstelle**.[41] Darüber hinaus sind die Möglichkeiten eingeschränkt. **Akten in Papierform** darf der Notar **außerhalb seiner Geschäftsstelle** nur bei der Notarkammer oder – dh an einem dritten Ort, der nicht eigene Geschäftsstelle oder Notarkammer ist – nur mit Genehmigung der Aufsichtsbehörde führen, vgl. § 35 Abs. 3 S. 1 BNotO nF. In jedem Fall muss die Verfügungsgewalt des Notars gewahrt bleiben, § 35 Abs. 3 S. 2 BNotO nF. Nach § 35 Abs. 4 BNotO nF darf der Notar **elektronische Akten** und Verzeichnisse **außerhalb der Geschäftsstelle** nur im Elektronischen Urkundenarchiv oder im Elektronischen Notaraktenspeicher führen.[42]

13 Die regelmäßige **Aufbewahrungsfrist** für Nebenakten beträgt sieben Jahre, § 5 Abs. 4 S. 1 dritter Spiegelstrich, sofern nicht der Notar eine längere Aufbewahrungsfrist bestimmt hat.

F. Geheimhaltung, Einsichtsrecht in die Nebenakten

14 Aus § 93 Abs. 2 S. 2, S. 3 BNotO ergibt sich ein **Einsichtsrecht der Aufsichtsbehörde** in die Nebenakten im Zuge der Geschäftsprüfung.[43]

15 In strafrechtlichen Verfahren bezieht sich das dem Notar zustehende **Zeugnisverweigerungsrecht** aus beruflichen Gründen gemäß § 53 Abs. 1 S. 1 Nr. 3 StPO auch auf die Nebenakten.[44] Gleiches gilt gegenüber dem **Finanzamt**, § 102 Abs. 1 Nr. 3b) iVm § 104 Abs. 1 AO,[45] sofern nicht gesetzliche Anzeige- oder Mitteilungspflichten des Notars gegenüber den Finanzbehörden bestehen, § 102 Abs. 4 AO. In Zivilprozessen kann das Gericht nach **§ 142 Abs. 1 ZPO** die Vorlage von Urkunden und sonstigen Unterlagen, auf die sich eine Partei bezogen hat, anordnen. Bei dieser Ermessensentscheidung sind der notariellen Verschwiegenheitspflicht aus § 18 BNotO und den Geheimhaltungsinteressen der Beteiligten in Abwägung zu dem Aufklärungsinteresse der die Vorlage beantragenden Prozesspartei ausschlaggebendes Gewicht beizumessen.[46]

16 Für die **Beteiligten** ist § 51 Abs. 3 BeurkG eine abschließende Regelung, die nur ein **Recht zur Einsicht** in die **Urschrift der Urkunde** vorsieht (ein Zurückgreifen auf § 13 FamFG ist deshalb unzulässig).[47] Von internen Vermerken des Notars oder seiner Mitarbeiter einmal abgesehen, kann die Nebenakte im Gegensatz zur Urschrift der Urkunde Informationen enthalten, die nicht für alle Urkundsbeteiligten gleichermaßen bestimmt sind, so bspw. die steuerliche Identifikationsnummer der jeweils anderen Vertragspartei oder das Ergebnis von Kollisionsprüfungen für jeden Beteiligten, weshalb ein Einsichtsrecht auch nicht aus einer entsprechenden Anwendung von § 51 Abs. 3 BeurkG abgeleitet werden kann. Im Gegenteil ist es dem Notar durch § 18 BNotO untersagt, einem Beteiligten ohne Zustimmung aller anderen Einsicht in die Handakte zu gewähren.[48] Eine Ausnahme besteht

---

[41] Siehe bei Diehn/*Diehn* BNotO § 35 in der Fassung ab 1.1.2020 Rn. 8, 10.
[42] Näher dazu *Diehn* BNotO § 35 in der Fassung ab 1.1.2020 Rn. 8–10; Weingärtner/Löffler/*Löffler*, Vermeidbare Fehler, Rn. 574.
[43] Armbrüster/Preuß/Renner/*Eickelberg* DONot § 22 Rn. 27; Weingärtner/Gassen/Sommerfeldt/*Weingärtner* DONot § 22 Rn. 16 sowie unmissverständlich unter Rn 13: „Die Dienstaufsicht hat unbeschränkte Einsicht in die Nebenakten", wobei auch diese strikte Aussage nur im Zuge einer Aufgabenwahrnehmung nach § 93 BNotO verstanden werden kann.
[44] Armbrüster/Preuß/Renner/*Eickelberg* DONot § 22 Rn. 26.
[45] Ausdrücklich auch für die Nebenakten Weingärtner/Gassen/Sommerfeldt/*Weingärtner* DONot § 7 Rn. 18. Siehe auch Armbrüster/Preuß/Renner/*Eickelberg* DONot § 6 Rn. 15.
[46] BGH ZNotP 2014, 232 (234).
[47] *Winkler* DNotZ 1990, 394 (395); Armbrüster/Preuß/Renner/*Eickelberg* DONot § 22 Rn. 28; BeckOK BNotO/*Bracker* DONot § 22 Rn. 6. AA Weingärtner/Gassen/Sommerfeldt/*Weingärtner* DONot § 22 Rn. 13, der eine Berechtigung zur Einsicht „entsprechend § 51 Abs. 3 BeurkG" sieht. AA offenbar auch *Lerch* DONot § 22 Rn. 7, mit dem aufgrund fehlender Vergleichbarkeit kaum überzeugenden Argument, hier müssten dieselben Grundsätze wie für den Zivilprozess gelten.
[48] HM, BGH DNotZ 1990, 392 f. mAnm *Winkler; Kanzleiter* DNotZ 1993, 434 (435 f.); BeckOK BNotO/*Bracker* DONot § 22 Rn. 6; die vom BayObLG DNotZ 1993, 471 ff. gemachte Ausnahme für Feststellungen über die Geschäftsfähigkeit ist abzulehnen.

nur für Schriftstücke, die vom Einsicht verlangenden Beteiligten selbst stammen.[49] Mit Rücksicht auf § 18 BNotO kann überhaupt nur zweifelhaft sein, ob das Einverständnis aller Beteiligten zu einem Einsichtsrecht führt. Auch das ist zu verneinen: Die Pflicht, Einsicht zu gewähren, kann sich nur aus einer anderen geschriebenen oder ungeschriebenen Amtspflicht ergeben, wenn es dem Interesse eines Beteiligten dient und die anderen Beteiligten zustimmen, letztlich aus der Pflicht des Notars, sein Amt „getreu im Dienste der Rechtsuchenden zu führen"[50] und die Beteiligten vor Schaden zu bewahren.[51] Sonst führt auch das Einverständnis aller Beteiligten nicht zu einem Einsichtsrecht,[52] erst recht nicht für einen nicht beteiligten Dritten.[53]

§ 23 Generalakten

(1) ¹Für Vorgänge, die die Amtsführung im Allgemeinen betreffen, sind Generalakten zu führen. ²Sie enthalten insbesondere
- Schriftverkehr mit den Aufsichtsbehörden, z. B. zu Nebentätigkeiten, Verhinderungsfällen, Vertreterbestellungen,
- die Berichte über die Prüfung der Amtsführung und den dazugehörenden Schriftwechsel,
- Schriftverkehr mit der Notarkammer und der Notarkasse oder der Ländernotarkasse,
- Schriftverkehr mit dem Datenschutzbeauftragten und sonstige Unterlagen zum Datenschutz,
- Originale oder Ablichtungen der Unterlagen über die Berufshaftpflichtversicherung einschließlich des Versicherungsscheins und der Belege über die Prämienzahlung,
- Niederschriften über die Verpflichtungen gemäß § 26 BNotO, § 1 des Verpflichtungsgesetzes (vgl. § 4 Abs. 1),
- die Anzeigen gemäß § 27 BNotO,
- Prüfzeugnisse, Bescheinigungen und vergleichbare Erklärungen,
- mit der Zertifizierung verbundene Schriftstücke,
- generelle Bestimmungen gemäß § 5 Abs. 4 Satz 1 dritter Spiegelstrich,
- Erklärungen gemäß § 27 Abs. 4 Satz 4.

(2) **Die Generalakten sind entweder nach Sachgebieten geordnet zu gliedern oder mit fortlaufenden Blattzahlen und einem Inhaltsverzeichnis zu versehen.**

A. Übersicht

Während § 22 Schriftstücke betrifft, die mit konkreten notariellen Amtsgeschäften im Zusammenhang stehen, regelt § 23 die büromäßige Behandlung von Unterlagen, welche mit der **Amtsführung** des Notars **im Allgemeinen** anfallen. Die Generalakte dient ausschließlich der Eigenkontrolle des Notars sowie des Nachweises über die Erfüllung bestimmter notarieller Amtspflichten, und ist damit Gegenstand der Prüfung durch die 1

---

[49] LG Frankfurt a. M. DNotZ 1990, 393 f. mAnm *Winkler;* Armbrüster/Preuß/Renner/*Eickelberg* DONot § 22 Rn. 29 zweiter Spiegelstrich. Ablehnend BeckOK BNotO/*Bracker* DONot § 22 Rn. 6, mit Hinweis darauf, die Schriftstücke könnten mit Vermerken (des Notars oder seiner Mitarbeiter) versehen sein; dagegen spricht: Auch wenn das umständlich sein mag, ist dann eine Kopie ohne diese individuellen Vermerke zu fertigen und zur Einsicht zu geben, vgl. Armbrüster/Preuß/Renner/*Eickelberg* DONot § 22 Rn. 29 zweiter Spiegelstrich.
[50] Schippel/Bracker/*Kanzleiter* BNotO § 14 Rn. 8.
[51] → BNotO § 14 Rn. 21.
[52] Unklar Armbrüster/Preuß/Renner/*Eickelberg* DONot § 22 Rn. 29 erster Spiegelstrich, wonach bei Einverständnis aller Beteiligten Einsicht regelmäßig gewährt werden „kann" – daraus folgt aber nicht zwingend ein Einsichts**recht**.
[53] KG DNotZ 2004, 202 f.; Armbrüster/Preuß/Renner/*Eickelberg* DONot § 22 Rn. 29 dritter Spiegelstrich; BeckOK BNotO/*Bracker* DONot § 22 Rn. 6.

Aufsichtsbehörde, § 93 Abs. 2 BNotO, darüber hinaus aber Dritten (Mitarbeiter des Notars sind keine „Dritten" in diesem Sinn[1]) nicht zugänglich.

B. Allgemeiner Inhalt der Generalakten, Abs. 1 S. 1

2   Nach § 23 Abs. 1 S. 1 gehören in die Generalakte alle Vorgänge, die „die Amtsführung im Allgemeinen betreffen". Gemeint sind damit sämtliche **Unterlagen,** die ausschließlich auf das **Notaramt als solches** bezogen sind. Nicht zur Generalakte zu nehmen sind daher Dokumente, die nicht typischerweise aus der Amtstätigkeit als Notar resultieren, wie bspw. Arbeits-, Miet- und Wartungsverträge sowie die Buchhaltungs- und Steuerunterlagen.[2] Solche Dokumente betreffen weder die Amtsführung als solche noch sind sie für die Prüfung einer ordnungsgemäßen Erledigung der Amtsgeschäfte erforderlich und würden daher die Generalakten nur unnötig überfrachten. Ebenso wenig in die Generalakten gehören Vorgänge, die die Anwaltstätigkeit eines Anwaltsnotars betreffen.[3]

3   Der Notar ist in dem für seine Amtstätigkeit erforderlichen Umfang zur Fortbildung verpflichtet, § 14 Abs. 6 BNotO. Die Erfüllung dieser Fortbildungspflicht ist der Dienstaufsicht darzulegen. Daher sind auch die **Fortbildungsnachweise** Gegenstand der Generalakte.[4] Dagegen müssen die **Rundschreiben** der regionalen Notarkammern nicht zur Generalakte genommen werden; diese fallen nicht unter den „Schriftverkehr mit der Notarkammer".[5]

4   Im Übrigen entscheidet der Notar im Rahmen pflichtgemäßer Ermessensausübung, welche Vorgänge „die Amtsführung im Allgemeinen betreffen", wobei stets die Übersichtlichkeit gewahrt bleiben muss und die Generalakte **nicht zur „Auffangakte"** für alle noch so unbedeutenden Dokumente, die irgendwann im notariellen Amtsbetrieb angefallen sind und keinem konkreten Vorgang zuzuordnen waren, ausufern darf.[6]

C. Beispielhafte Aufzählung, Abs. 1 S. 2

5   § 23 Abs. 1 S. 2 enthält Beispiele von Vorgängen, die die Amtsführung im Allgemeinen betreffen und daher Inhalt der Generalakte sind, und bringt durch das Wort „insbesondere" zum Ausdruck, dass die Aufzählung nicht abschließend ist. Auch im Rahmen der gegebenen Beispiele sind nur **wichtige Angelegenheiten,** die dies rechtfertigen, zu den Generalakten zu nehmen; dies ergibt sich aus dem Begriff „Amtsführung im Allgemeinen", den Beispielen aus dem Schriftverkehr mit den Aufsichtsbehörden und der 30-jährigen Aufbewahrungsfrist nach § 5 Abs. 4 S. 1 zweiter Spiegelstrich. Über die Grenzziehung entscheidet der Notar im Rahmen pflichtgemäßer Ausübung seines Ermessens.[7]

---

[1] *Blaeschke* Rn. 294, und Armbrüster/Preuß/Renner/*Eickelberg* DONot § 23 Rn. 4 regen an, Schriftverkehr zu disziplinarrechtlichen Vorgängen auszugliedern und getrennt ohne Zugriffsmöglichkeit für die Mitarbeiter des Notars aufzubewahren. Ebenso Weingärtner/Gassen/Sommerfeldt/*Weingärtner* DONot § 23 Rn. 1 letzter Spiegelstrich.

[2] Wie hier Armbrüster/Preuß/Renner/*Eickelberg* DONot § 23 Rn. 2; aA scheinbar BeckOK BNotO/Bracker DONot § 23 Rn. 3; unklar Weingärtner/Gassen/Sommerfeldt/*Weingärtner* DONot § 23 Rn. 1 letzter Spiegelstrich: „können" außerhalb der Generalakte verwahrt werden.

[3] Armbrüster/Preuß/Renner/*Eickelberg* DONot § 23 Rn. 2; Weingärtner/Gassen/Sommerfeldt/*Weingärtner* DONot § 23 Rn. 1.

[4] Wie hier auch Weingärtner/Gassen/Sommerfeldt/*Weingärtner* DONot § 23 Rn. 1 zwölfter Spiegelstrich. Nach Armbrüster/Preuß/Renner/*Eickelberg* DONot § 23 Rn. 8, „kann eine solche Aufnahme sinnvoll sein". *Blaeschke* Rn. 267 spricht davon, dass die „diesbezüglichen Unterlagen in die Generalakte aufgenommen werden sollten".

[5] So auch Armbrüster/Preuß/Renner/*Eickelberg* DONot § 23 Rn. 9, mit der sinnvollen Empfehlung, die Rundschreiben zu sammeln und geordnet abzuheften. Gegen eine Abheftung der Mitteilungen der Notarkammer in der Generalakte ebenfalls *Lerch* DONot § 23 Rn. 1.

[6] Siehe auch Armbrüster/Preuß/Renner/*Eickelberg* DONot § 23 Rn. 2.

[7] Vgl. Armbrüster/Preuß/Renner/*Eickelberg* DONot § 23 Rn. 2.

Was zum „**Schriftverkehr mit den Aufsichtsbehörden**" gehören kann, ist ebenfalls **6**
nur beispielhaft und nicht abschließend aufgeführt. Daher sind auch die Übersichten über
die Urkunds- und Verwahrungsgeschäfte (§§ 24, 25) zur Generalakte zu nehmen.[8]

Im Hinblick auf Satz 2 vierter Spiegelstrich gilt: Die neue Datenschutz-Grundverord- **6a**
nung (DS-GVO) hat den notariellen Pflichtenkanon auch auf diesem Feld (scheinbar)
erweitert, jedenfalls aber mehr in den Focus der Aufsichtsbehörden gerückt. Die datenschutzrechtlich
relevanten Dokumentationen sollten daher ebenfalls zur Generalakte genommen
werden. Diese sind:
– Benennung des Datenschutzbeauftragten;[9]
– Verzeichnis von Verarbeitungstätigkeiten nach Art. 30 DS-GVO;
– Übersicht über die technischen und organisatorischen Maßnahmen (Art. 25, 32 DS-GVO);
– Muster der Mandanten-Information nach Art. 13 DSGVO;[10]
– die abgeschlossenen Auftragsverarbeitungsvereinbarungen.[11]
– Soweit die Akten durch einen professionellen Anbieter vernichtet werden, empfiehlt sich
 die Aufnahme eines Nachweises über die mit diesem vereinbarte Sicherheitsklasse in die
 Generalakte.

Neben den ausdrücklich erwähnten **Verpflichtungserklärungen der Mitarbeiter** nach **6b**
§ 26 BNotO sollten in die Generalakte die Verschwiegenheitsvereinbarungen mit den
externen Dienstleistern gemäß § 26a Abs. 3 BNotO abgelegt werden.[12] Während § 26
BNotO mit dem Notar durch Arbeitsvertrag verbundene Mitarbeiter betrifft, geht es in
§ 26a BNotO um dritte Diensteanbieter, also „eine andere Person oder Stelle, die vom
Notar im Rahmen seiner Berufsausübung mit Dienstleistungen beauftragt wird" (§ 26a
Abs. 1 S. 2 BNotO).[13] Einzelheiten ergeben sich aus dem **Rundschreiben der Bundesnotarkammer
4/2018** vom 17.4.2018. Dessen Lektüre lohnt sich, da die Liste der
möglicherweise davon betroffenen extern Beauftragten länger ist, als man zunächst denkt,
und neben den auf der Hand liegenden IT-Dienstleistern auch Reinigungsdienste, Banken,
Aktenvernichtungsunternehmen etc betreffen kann.

Bei den mit der Zertifizierung verbundenen Schriftstücken ist darauf zu achten, dass der **6c**
Zugangscode wegen der Zugriffsmöglichkeit auch für die Mitarbeiter nicht in der Generalakte
hinterlegt sein darf.[14]

Relativ neu ist der vorletzte Spiegelstrich mit Verweis auf § 5 Abs. 4 S. 1 dritter Spiegel- **6d**
strich. Der Notar kann eine **längere Aufbewahrungspflicht bei Nebenakten** sowohl für
Einzelfälle als auch generell für einzelne Arten von Rechtsgeschäften (exemplarisch werden
Verfügungen von Todes wegen genannt) bestimmen. Letzterenfalls ist diese „**generelle
Bestimmung**" in die Generalakte zu nehmen.

Gegenüber der Vorauflage neu hinzugekommen ist der letzte Spiegelstrich mit den **6e**
Erklärungen der Kreditinstitute gemäß § 27 Abs. 4 S. 4 bei **elektronisch geführten
Anderkonten.**

Erweiterungen ergeben sich für die Aufnahme von Dokumenten in die Generalakte im **6f**
Hinblick auf die verschärften Anforderungen nach dem **Geldwäschegesetz:** Das schriftlich
dokumentierte Ergebnis der allgemeinen Risikoanalyse, deren jährlicher Überprüfung

---

[8] Blaeschke Rn. 293; Armbrüster/Preuß/Renner/*Eickelberg* DONot § 23 Rn. 4.
[9] In einigen Bundesländern – so in Hessen, dort § 5 Abs. 1 S. 1 HessDSG – muss bei einem behördlichen
Datenschutzbeauftragten auch ein Vertreter bestellt werden. Empfehlenswert ist es weiterhin, die Schulungsnachweise
darüber, wie sich der Datenschutzbeauftragte (und sein Vertreter) für diese Aufgabe qualifiziert hat,
zur Generalakte zu nehmen.
[10] Diese sollten in zumindest auch englischer Sprache bei nicht der deutschen Sprache mächtigen Beteiligten
verfügbar sein.
[11] Vgl. Empfehlung der Notarkammer Frankfurt a. M., Sondernewsletter 6/2018 vom 4.12.2018, S. 2.
[12] So wohl auch Weingärtner/Löffler/*Weingärtner*, Vermeidbare Fehler, Rn. 177, 178.
[13] Weingärtner/Löffler/*Weingärtner*, Vermeidbare Fehler, Rn. 177, 178.
[14] Auf diese Gefahr weisen ebenfalls Armbrüster/Preuß/Renner/Eickelberg DONot § 23 Rn. 6 und
Weingärtner/Gassen/Sommerfeldt/*Weingärtner* DONot § 23 Rn. 1 zehnter Spiegelstrich hin.

und die getroffenen internen Sicherungsmaßnahmen[15] einschließlich eines Nachweises über die erfolgten laufenden Schulungen (in Anbetracht der stets fortschreitenden Pflichten im Zusammenhang mit dem Geldwäschegesetz empfiehlt es sich, die Fortbildungen zu wiederholen, um den Notar und dessen Mitarbeiter auf dem neuesten Stand zu halten) sollten in der Generalakte abgeheftet werden.[16]

6g Es bietet sich an und ist auch zulässig, die Dokumentationen der beiden Bereiche „Datenschutz" und „Geldwäsche", die jeweils einen großen und ständig wachsenden bürokratischen Aufwand nach sich ziehen, als so zu kennzeichnenden Teil der Generalakte ausgegliedert in jeweils eigenen Akten, bspw. Aktenordnern, zu führen.[17]

D. Führung der Generalakten, Abs. 2

7 Nach § 23 Abs. 2 sind die Generalakten entweder **nach Sachgebieten geordnet** zu gliedern oder **mit fortlaufenden Blattzahlen und einem Inhaltsverzeichnis** zu versehen (dann werden sie naheliegenderweise in zeitlicher Reihenfolge des Anfalls abgelegt). Da die Anfertigung und Fortführung des Inhaltsverzeichnisses einen zusätzlichen Aufwand verursacht und bei der Ordnung nach Sachgebieten der Zugriff ohnehin besser gewährleistet ist, verdient diese Art der Generalaktenführung den Vorzug.[18]

8 Über § 23 Abs. 2 hinaus bestehen keine weiteren Vorschriften für die Führung der Generalakten. Entscheidet sich der Notar – wie hier als vorzugswürdig angesehen – für eine Ordnung nach Sachgebieten, ist es ratsam, aber keineswegs zwingend, sich bei der **Gliederung** sowohl thematisch als auch von der Reihenfolge her an der Auflistung in Abs. 1 S. 2 zu orientieren.[19] Eine „Ausgliederung" einzelner Sachbereiche[20] ist möglich, sofern es dafür einen sachlichen Grund gibt sowie Einheitlichkeit und Übersichtlichkeit der Generalakte dadurch nicht beeinträchtigt werden. Ein Abheften in handelsüblichen Aktenordnern ist zweckmäßig, aber nicht vorgeschrieben. Es liegt im von der Dienstaufsicht nur eingeschränkt überprüfbarem Organisationsermessen des Notars,[21] ob er mehrere Ordner mit einzelnen Sachgebieten anlegt und dadurch eine zusammenhängende Generalakte schafft, oder zeitlich fortlaufende Bände mit immer gleicher Untergliederung. Auch bei einer Gliederung nach Sachgebieten kann eine darauf bezogene Übersicht vorangestellt werden.

9 Die Generalakte ist in der **Geschäftsstelle zu führen,** vgl. § 5 Abs. 3 S. 1.[22] Nach § 5 Abs. 4 S. 1 zweiter Spiegelstrich beträgt die Aufbewahrungsfrist 30 Jahre. Eine frühere Aussonderung und Vernichtung einzelner Unterlagen, die „nicht zwingend" zur Akte genommen werden müssen,[23] wäre widersprüchlich, da der Generalakte nur Schriftstücke

---

[15] Siehe dazu die Anwendungsempfehlungen der Bundesnotarkammer zum Geldwäschegesetz 2017, Stand März 2018.

[16] Mit Ausnahme des Schulungsnachweises so auch Weingärtner/Löffler/*Weingärtner,* Vermeidbare Fehler, Rn. 176 sowie die Empfehlung im Newsletter der Notarkammer Frankfurt a. M. 7/2018 vom 5.12.2018 unter Ziff. 1. Für eine Ablage der Dokumentationen im Zusammenhang mit Geldwäsche in der Generalakte auch Armbrüster/Preuß/Renner/*Eickelberg* DONot § 23 Rn. 12.

[17] So wohl auch für den Bereich der Geldwäsche die Überlegung bei Armbrüster/Preuß/Renner/*Eickelberg* DONot § 23 Rn. 12.

[18] Ebenso Armbrüster/Preuß/Renner/*Eickelberg* DONot § 23 Rn. 17; BeckOK BNotO/*Bracker* DONot § 23 Rn. 1; Weingärtner/Gassen/Sommerfeldt/*Weingärtner* DONot § 23 Rn. 2.

[19] So auch die Empfehlung bei Armbrüster/Preuß/Renner/*Eickelberg* DONot § 23 Rn. 17.

[20] So angesprochen bei Armbrüster/Preuß/Renner/*Eickelberg* DONot § 23 Rn. 17.

[21] Zur freien Entscheidung des Notars bei der Ordnung nach Sachgebieten siehe auch Armbrüster/Preuß/Renner/*Eickelberg* DONot § 23 Rn. 17, mit dem richtigen Hinweis, dass die Übersichtlichkeit gewährleistet sein muss.

[22] Seit dem 1.1.2020 regeln die Absätze 3 und 4 von § 35 BNotO, wo unter anderem die Akten, sei es bei Führung in Papierform, sei es als elektronische Akte, geführt werden können.

[23] So noch die 3. Auflage, Rn. 5. Wie die 3. Auflage und insofern aA BeckOK BNotO/*Bracker* DONot § 23 Rn. 4, beispielhaft für Rundschreiben der Notarkammer, die nach diesseitiger Auffassung aber ohnehin nicht Bestandteil der Generalakte sind; für die Möglichkeit einer vorherigen Vernichtung von Unterlagen außerhalb der Regelbeispiele Weingärtner/Gassen/Sommerfeldt/*Weingärtner* DONot § 23 Rn. 3.

von Bedeutung zugeführt werden sollen (→ Rn. 4 f.). Darüber hat der Notar vorab in ordnungsgemäßer Ermessensausübung entschieden, insbesondere bei Vorgängen außerhalb des Beispielkataloges.

Mit Inkrafttreten von § 35 BNotO zum 1.1.2020 gelten für die Generalakte die gleichen Grundsätze wie für die Führung der Nebenakten wahlweise in Papierform oder elektronisch. Insofern kann auf die Ausführungen zu → § 22 Rn. 8 verwiesen werden. 10

4. Abschnitt. Erstellung von Übersichten

§ 24 Übersichten über die Urkundsgeschäfte[1/2]

(1) ¹Notarinnen und Notare haben nach Abschluss eines jeden Kalenderjahres eine Übersicht über die Urkundsgeschäfte nach dem Muster 7 aufzustellen und in zwei Stücken bis zum 15. Februar bei der Präsidentin oder dem Präsidenten des Landgerichts einzureichen. ²Diese lassen den Notarinnen und Notaren die erforderlichen Vordrucke zugehen.

(2) Bei der Aufstellung der Übersicht ist zu beachten:
1. Es sind alle in die Urkundenrolle eingetragenen Beurkundungen und Beschlüsse sowie die Wechsel- und Scheckproteste aufzunehmen; jede Urkunde ist nur einmal zu zählen.
2. Urkundenentwürfe sind in die Übersicht (1a) nur dann aufzunehmen, wenn die Notarin oder der Notar Unterschriften oder Handzeichen darunter beglaubigt hat.
3. Unter 1c sind alle vom Gericht überwiesenen Vermittlungen von Auseinandersetzungen (förmliche Vermittlungsverfahren) und die in die Urkundenrolle eingetragenen Beurkundungen und Beschlüsse nach dem Sachenrechtsbereinigungsgesetz (§ 8 Abs. 1 Nr. 7) aufzunehmen; die Beurkundung eines Auseinandersetzungsvertrages, dem ein förmliches Verfahren nicht vorausgegangen ist, ist unter 1d zu zählen.

(3) ¹Ist eine Notarin oder ein Notar im Laufe des Jahres ausgeschieden oder ist der Amtssitz verlegt worden, so ist die Übersicht der Geschäfte von der Stelle (Notariatsverwalterin oder –verwalter, Amtsgericht, Notarin oder Notar) aufzustellen, welche die Bücher und Akten in Verwahrung genommen hat. ²Für Notariatsverwalterinnen und –verwalter ist die Übersicht besonders aufzustellen; Satz 1 gilt entsprechend.

A. Allgemeines, Abs. 1

Die Bestimmung des § 24 normiert eine jährlich zu erfüllende **Berichtspflicht** des Notars gegenüber dem Präsidenten des Landgerichts als unterster Aufsichtsbehörde nach § 92 Nr. 1 BNotO. Die Übersichten über die Urkundsgeschäfte vermitteln dem Präsidenten des Landgerichts Aufschlüsse über die Höhe und die Zusammensetzung des **Urkundenaufkommens** der seiner Aufsicht unterstehenden Notare. Diese Kenntnisse sind insbesondere von Bedeutung für die Prüfung der Frage, ob die Zahl der eingerichteten Notarstellen den Erfordernissen einer geordneten Rechtspflege entspricht, ob also eine angemessene Versorgung der Rechtsuchenden mit notariellen Leistungen gegeben ist (§ 4 BNotO). Für diese Bedürfnisprüfung ist der Geschäftsanfall ein besonders wichtiges Kriterium.[3] 1

---

[1] **Bayern:** „Zu § 24 DONot: Der Notar hat ein weiteres Stück der Geschäftsübersicht für die Landesnotarkammer dem Präsidenten des Landgerichts einzureichen. Auch dafür lässt ihm der Präsident des Landgerichts den erforderlichen Vordruck zugehen.
Der Präsident des Landgerichts nimmt nach Prüfung und Erledigung etwaiger Ergänzungen oder Berichtigungen eine Ausfertigung zu seinen Akten, sendet eine weitere an die Landesnotarkammer und leitet die dritte dem Präsidenten des Oberlandesgerichts zu, der sie zu seinen Akten nimmt."
[2] → Anhang 1 Muster 7.
[3] BGH DNotZ 1980, 177 (179); → BNotO § 4 Rn. 6.

2 Die **Vordrucke** für die Übersichten nach dem Muster 7 sind nach Abs. 1 S. 2 den Notaren von den Präsidenten der Landgerichte (zweifach) zur Verfügung zu stellen. Besondere praktische Bedeutung hat diese Regelung allerdings nicht, denn die meisten EDV-Notariatsprogramme stellen die Muster selber her, und im Zeitalter der Kopiertechnik ist es ebenfalls kein besonderer Aufwand, wenn sich der Notar die Vordrucke aus den Verkündungsblättern der Justizverwaltungen oder anderen Veröffentlichungen fotokopiert. Unabhängig davon besteht jedoch für den Notar ein Anspruch auf Überlassung der Vordrucke durch den Präsidenten des Landgerichts.

Trotz der Regelung über die Vordrucke schreibt die Dienstordnung nicht vor, die Übersichten in Papierform einzureichen;[4] die Einreichung in elektronischer Form würde genügen, dürfte jedoch bisher noch kaum praktische Bedeutung haben.

3 Die Übersichten sind jeweils bis zum **15.2.** eines jeden Jahres einzureichen – diese Frist gilt einheitlich auch für die Übersichten über die Verwahrungsgeschäfte nach § 25.

4 Vorgeschrieben ist die Einreichung der Übersicht in **zwei Exemplaren,** damit der Präsident des Landgerichts ohne eigenen Aufwand die Zahlen an andere Aufsichtsbehörden weiterleiten kann.[5] Da das Zweitstück der Übersicht also nur zur Verwaltungsvereinfachung vorgeschrieben ist, bestehen keine Bedenken, wenn der Notar nur ein Exemplar unterzeichnet und eine (einfache) Kopie davon beifügt. In einigen Kammerbezirken verlangen auch die Notarkammern von ihren Mitgliedern die Übersendung einer Kopie der Übersicht, um die Urkundenzahlen rascher verfügbar zu haben. Hierzu sind sie nach § 74 BNotO berechtigt.

B. Inhalt der Übersicht, Abs. 2 und Muster 7

5 Der Inhalt der Übersicht über die Urkundsgeschäfte ergibt sich aus den Vorgaben des Musters 7, zu dem § 24 Abs. 2 weitere Erläuterungen enthält – beides ist im Wesentlichen aus sich heraus verständlich.

6 Bei der **Nr. I 1** sind alle Amtshandlungen[6] einzutragen, die nach § 8 in die Urkundenrolle aufzunehmen sind. Demzufolge muss diese Zahl regelmäßig übereinstimmen mit der letzten Urkundennummer in der Urkundenrolle. Dies ist nur dann nicht der Fall, wenn in der Urkundenrolle versehentlich einzelne Nummern nicht oder doppelt vergeben worden sind;[7] dann weicht die in die Übersicht einzutragende Zahl zwangsläufig von der letzten vergebenen UR-Nummer ab. Ein erläuternder Hinweis ist in diesem Falle nicht vorgeschrieben, kann aber sinnvoll sein zur Selbstkontrolle oder um Nachfragen der Aufsichtsbehörden (zB bei Geschäftsprüfungen) vorzubeugen.[8]

7 Dass jede Urkunde nur **einmal** zu zählen ist (Abs. 2 Nr. 1 Hs. 2), versteht sich eigentlich von selbst. In den Fällen, in denen eine Urkunde verschiedene Elemente enthält, zB einen Ehe- und Erbvertrag oder einen Partnerschafts- und Erbvertrag, richtet sich die Eintragung nach dem inhaltlichen Schwerpunkt der Urkunde.

8 Die Regelung des Abs. 1 Nr. 2, dass **Urkundenentwürfe** ohne nachfolgende Unterschriftsbeglaubigung nicht einzutragen sind, ergibt sich bereits daraus, dass sie nach § 8 Abs. 1 auch nicht in die Urkundenrolle einzutragen sind.

---

[4] Armbrüster/Preuß/Renner/*Eickelberg* DONot § 24 Rn. 4, § 6 Rn. 4, 5.
[5] In den Allgemeinen Verwaltungsvorschriften der Länder zur Ausführung der BNotO ist regelmäßig geregelt, welchen Aufsichtsbehörden in welcher Form die Geschäftszahlen übermittelt werden, zB in Mecklenburg-Vorpommern in § 19 der AV-BNotO vom 10.12.1998, ABl. MV, 1563.
[6] Die in Abs. 2 Nr. 1 und in Muster 7 verwendete Formulierung „alle Beurkundungen und Beschlüsse" ist insofern nicht ganz korrekt, als es sich bei dem Abschlussprotokoll nach § 99 SachenRBerG, das nach § 8 Abs. 1 einzutragen ist, nicht um einen Beschluss, sondern um eine verfahrensleitende Maßnahme des Notars handelt, → § 8 Rn. 12.
[7] Dazu → § 8 Rn. 17.
[8] Armbrüster/Preuß/Renner/*Eickelberg* DONot § 24 Rn. 8.

Unter der Nr. I 1b des Musters 7 sind die **Verfügungen von Todes wegen** einzutragen. 9
Dazu gehören Testamente, gemeinschaftliche Testamente und Erbverträge,[9] nicht dagegen
andere erbrechtliche Rechtsgeschäfte wie Erb- oder Pflichtteilsverzichtsverträge usw.[10]
Allerdings kommt es nicht darauf an, ob die Verfügung von Todes wegen eine Erbeinsetzung enthält oder nicht, so dass alle Rechtsgeschäfte dazugehören, für die Testament oder
Erbvertrag als Form vorgeschrieben sind (zB Anordnung von Vermächtnissen oder Auflagen, Widerruf eines Testaments usw).

Die Rubrik Nr. I 1c des Musters 7 wird durch die zugehörige Fußnote und den Text 10
des § 24 Abs. 2 Nr. 3 näher erläutert: Darunter fallen zunächst die förmlichen Verfahren
zur Vermittlung von **Nachlass- oder Gesamtgutauseinandersetzungen.** Die Zuständigkeit des Notars für diese Verfahren ergibt sich aus § 20 Abs. 1 S. 2 BNotO.[11] Darüber
hinaus sind unter der Rubrik die Beurkundungen und Beschlüsse nach dem **SachenRBerG** zu zählen, die nach § 8 Abs. 1 Nr. 7 in die Urkundenrolle einzutragen
sind.[12] Eine Aussage über die Zahl und die Erledigungsart der Verfahren nach dem
SachenRBerG ermöglicht diese Aufstellung daher nicht.[13] Auseinandersetzungsverträge,
die beurkundet worden sind, ohne dass eines der vorgenannten förmlichen Verfahren
vorausgegangen ist, zB Auseinandersetzungen von Erbengemeinschaften, BGB-Gesellschaften oder anderen Vermögensmassen, sind als „normale" Beurkundungen unter Nr. d
zu zählen.

Diese Nummer 1d ist gewissermaßen ein Auffangtatbestand, unter dem **alle Amtshand-** 11
lungen aus der Urkundenrolle einzutragen sind, die nicht unter die Buchstaben a) bis c)
fallen. Die Fußnote in Muster 7 stellt klar, dass hierzu auch die Beschlüsse zur Vollstreckbarerklärung von Anwaltsvergleichen und Schiedssprüchen mit vereinbartem Wortlaut
gehören.

Bei den gängigen EDV-Notariatsprogrammen wird die Übersicht regelmäßig auto- 12
matisch aus der Urkundenrolle heraus zusammengestellt. Deshalb ist bei der Eingabe in die
Urkundenrolle darauf zu achten, dass die Einordnung der Urkunden in die „richtige"
Kategorie erfolgt. Wo eine EDV-Programm oder eine solche Funktion nicht vorhanden ist,
muss die Urkundenrolle „manuell" ausgewertet werden.

Bis zur Änderung der Dienstordnung im Jahr 2005 war in einem Abschnitt II des 13
Musters 7 die Zahl (nicht die Geldbeträge) der **Eintragungen im Verwahrungsbuch**
anzugeben, und zwar getrennt nach Einnahmen und Ausgaben. Diese sinnlose[14] Regelung
ist ersatzlos gestrichen worden. Bedauerlich ist allerdings, dass man stattdessen nicht die
Angabe über die Anzahl der durchgeführten Verwahrungsgeschäfte vorgesehen hat. Diese
Zahl geht aus der Übersicht über die Verwahrungsgeschäfte nach § 25 nicht hervor, weil
danach nur die zum Jahresende noch laufenden Massen angegeben werden müssen. Sinnvoll wäre eine solche Angabe jedoch, um der Dienstaufsicht Anhaltspunkte dafür zu
geben, ob es sinnvoll ist, bei dem Notar die Einhaltung der Vorgaben des § 54a Abs. 2
BeurkG (Verwahrungsgeschäfte nur bei berechtigtem Sicherungsinteresse) zu überprüfen.[15]

Die **Unterzeichnung** der Übersicht schreibt § 7 nicht vor, allerdings ist im Muster 7 14
vorgesehen, dass der Notar die Richtigkeit der nachfolgenden Übersicht durch seine
Unterschrift bescheinigt. Ein Siegel ist nicht vorgeschrieben.[16]

---

[9] Vgl. § 1937 BGB; MüKoBGB/*Leipold* BGB § 1937 Rn. 4.
[10] BeckOK BNotO/*Bracker* DONot § 24 Rn. 6.
[11] → BNotO § 20 Rn. 51.
[12] → § 8 Rn. 12.
[13] Zu den hierzu durchgeführten statistischen Erhebungen in den neuen Bundesländern vgl. *v. Campe* NotBZ 1997, 159.
[14] Armbrüster/Preuß/Renner/*Eickelberg* DONot § 24 Rn. 9 mwN.
[15] BeckOK BNotO/*Bracker* DONot § 24 Rn. 4.
[16] Armbrüster/Preuß/Renner/*Eickelberg* DONot § 24 Rn. 5.

C. Berichtspflichtige Person, Abs. 3

15   Die Übersicht ist grundsätzlich von dem **Notar** für die von ihm im Vorjahr vorgenommenen Beurkundungen abzugeben. Scheidet der Notar unterjährig aus dem Amt oder wird sein Amtssitz verlegt, so trifft Abs. 3 eine Sonderregelung: Die Übersicht ist dann von dem Notar oder der sonstigen Stelle auszustellen, die die **Akten** nach § 51 BNotO **in Verwahrung** genommen hat. Für jeden Notar ist eine gesonderte Übersicht aufzustellen, ebenso nach Abs. 3 S. 2 für Notariatsverwalter. Beispiel: A war Notar bis 30.4., B war Notariatsverwalter bis 30.7. und C ist Notar seit 1.8. Zum 15.2. des Folgejahres muss der C dann drei Übersichten einreichen, die sich auf die Amtstätigkeit von A, B und C beziehen. Erfolgt im Folgejahr vor dem 15.2. ein weiterer Wechsel, so ist der Notar bzw. die Stelle zuständig, die bei Fristablauf am 15.2. die Verwahrung der Akten innehatte.[17]

§ 25 Übersichten über die Verwahrungsgeschäfte[1]

(1) [1]Notarinnen und Notare haben nach Abschluss eines jeden Kalenderjahres der Präsidentin oder dem Präsidenten des Landgerichts eine Übersicht über den Stand ihrer Verwahrungsgeschäfte nach dem Muster 8 bis zum 15. Februar einzureichen. [2]Die Präsidentin oder der Präsident des Landgerichts lässt den Notarinnen und Notaren die erforderlichen Vordrucke zugehen.

(2) [1]In der Übersicht ist anzugeben:
1. unter I 1 der Bestand der am Jahresschluss verwahrten Geldbeträge, soweit die Notaranderkonten elektronisch geführt werden ausweislich der letzten Eintragungen im Verwahrungs- und Massenbuch, im Übrigen ausweislich der am Jahresschluss vorliegenden Kontoauszüge;
2. unter I 2 der Überschuss der Einnahmen über die Ausgaben (§ 11 Abs. 5 Satz 2);
3. unter I 3 der Bestand der verwahrten Geldbeträge, nach den einzelnen Massen gegliedert;
4. unter II der Bestand der verwahrten Wertpapiere und Kostbarkeiten, nach Massen gegliedert; die Wertpapiere sind nur nach Gattung und Gesamtbetrag zu bezeichnen, Zinsscheine und dgl. sind kurz zu vermerken.

[2]Bei I 3 und II ist in der Spalte „Bemerkungen" die Art der Verwahrung genau anzugeben (Bezeichnung des Kreditinstituts, Nummer des Anderkontos, bei elektronisch geführten Notaranderkonten das Datum der letzten Eintragung im Verwahrungs- und Massenbuch, im Übrigen das Datum des letzten den Buchungen im Verwahrungs- und Massenbuch zugrunde liegenden Kontoauszuges).

(3) Notarinnen und Notare haben auf der Übersicht zu versichern, dass sie vollständig und richtig ist und dass die unter I 3 aufgeführten Geldbeträge mit den in den Rechnungsauszügen der Kreditinstitute und gegebenenfalls in den Sparbüchern angegebenen Guthaben oder, werden die Notaranderkonten elektronisch geführt, mit den im elektronisch geführten Verwahrungs- und Massenbuch angegebenen Guthaben übereinstimmen; sie haben die Übersicht zu unterschreiben.

(4) Sind am Schluss des Jahres keine Wertgegenstände in Verwahrung, so erstattet die Notarin oder der Notar Fehlanzeige.

---

[17] Bisweilen wird in derartigen Fällen von den Aufsichtsbehörden übersehen, dass die drei Übersichten inhaltlich zusammenhängen, weil sie sich auf dieselbe Notarstelle beziehen. Damit dieser Zusammenhang deutlich wird, empfiehlt es sich, durch einen Vermerk auf den Übersichten oder durch ein gesondertes Anschreiben ausdrücklich darauf hinzuweisen.

[1] → Anhang 1 Muster 8.

(5) **Die in Absatz 1 bezeichnete Übersicht hat die Notarin oder der Notar auch einzureichen, wenn das Amt wegen Erreichens der Altersgrenze (§ 47 Nr. 1 BNotO) oder gemäß § 47 Nrn. 2 bis 7 BNotO erlischt.**

Schrifttum: S. die Schrifttumshinweise bei § 23 BNotO.

A. Überblick

Neben der Geschäftsübersicht über die Zahl der Urkunds- und Verwahrungsgeschäfte nach § 24 hat der Notar nach § 25 auch eine Übersicht über die Verwahrungsgeschäfte abzugeben, die **betragsmäßig** den Umfang der **zum Jahreswechsel verwahrten Massen** angibt. § 25 entspricht weitestgehend wörtlich dem früheren § 24 DONot aF. 1

Die Übersicht über die Verwahrungsgeschäfte nach § 25 dient sowohl der Eigenkontrolle des Notars wie der Aufsicht und **Prüfung der Notare.** Unstimmigkeiten bei der Übersicht können Anlass zu einer Sonderprüfung geben.[2] 2

B. Zeitpunkt der Einreichung

I. Jährliche Übersicht zum 15.2. (Abs. 1)

Die jährliche Übersicht (mit den Ständen zum 31.12. des Vorjahres) ist spätestens am **15.2.** dem **Landgerichtspräsidenten** einzureichen.[3] 3

Der Landgerichtspräsident lässt dem Notar rechtzeitig die erforderlichen **Vordrucke** zugehen (Abs. 1 S. 2). Dies dient auch der Erinnerung des Notars. Gleichwohl sollte sich der Notar den Termin in seinen Terminkalender eintragen.

II. Übersicht bei Erlöschen des Amtes (Abs. 5)

Ebenso ist der Notar zur Einreichung einer Übersicht über die Verwahrungsgeschäfte verpflichtet, wenn sein **Amt erlischt** (ausgenommen, das Amt erlischt wegen Todes des Notars) (§ 25 Abs. 5 iVm § 47 BNotO). Insbesondere ist der Notar hierzu auch bei Amtsenthebung, Amtsverlust oder Entfernung aus dem Amt (§ 47 Nr. 2 bis Nr. 6 BNotO) verpflichtet. 4

Wechselt der (Nur-)Notar hingegen nur seinen **Amtssitz,** so ist keine Übersicht nach § 25 einzureichen. Jedoch müssen Amtsvorgänger und Amtsnachfolger im Rahmen der Übergabe auch prüfen (und im Protokoll der Übergabe bzw. Übernahme festhalten), ob die übergebenen bzw. vorgefundenen Kontenstände mit den Salden von Verwahrungs- und Massenbuch übereinstimmen. 5

C. Inhalt der Übersicht

I. Amtliches Muster (Abs. 2)

Für die Übersicht ist **Muster 8** der Anlage zur DONot zu verwenden. Das Muster erklärt sich weitgehend von selbst. § 25 Abs. 2 umschreibt zusätzlich in Worten den Inhalt des Musters: 6

– Gesamtbetrag der (Geld-)Kontenbestände ausweislich der Kontoauszüge,

---

[2] Weingärtner/Gassen/*Weingärtner* DONot § 25 Rn. 1.
[3] Nach der früheren Fassung der DONot bis 2001 lief die Einreichungsfrist demgegenüber erst zum 1.3. ab.

- Überschuss der (Geld-)Einnahmen über die Ausgaben, wie er sich als Saldo des Verwahrungsbuches zum 31.12. ergibt,
- Auflistung der einzelnen Notaranderkonten mit ihrem jeweiligen Bestand und der Summe des Massenbuches zum 31.12.,
- sowie getrennt davon die verwahrten Wertpapiere und Kostbarkeiten (dh nur Verwahrungen nach § 23 BNotO, keine sonstigen Verwahrungen nach § 24 BNotO).

7 Die ersten drei Summen, die alle den Geldbestand auf Notaranderkonten betreffen, müssen dabei **übereinstimmen.** Abweichungen ergeben sich jedoch, wenn einerseits die Kontenstände mit Wertstellung zum 31.12. den Salden von Verwahrungs- und Massenbuch mit Buchungsständen zum 31.12. gegenübergestellt werden, da in Verwahrungs- und Massenbuch nicht nach dem Wertstellungsdatum, sondern nach dem Datum des Eingangs der Kontoauszüge zu buchen ist (§ 10 Abs. 3). Die Übereinstimmung ist mE dadurch zu erreichen, dass die Kontostände ausweislich der zum 31.12. im Notariat eingegangenen Kontoauszüge aufgeführt werden.[4] Die ältere Literatur hielt es teilweise auch für zulässig, in den Jahresabschluss von Verwahrungs- und Massenbuch noch die mit Wertstellung im alten Jahr erfolgten Kontobewegungen einzubeziehen, auch wenn die betreffenden Kontoauszüge erst im neuen Jahr beim Notar eingehen;[5] entsprechend verfährt die Praxis teilweise auch noch heute. Ruft der Notar bei Online-Konten den Kontostand zum letzten Arbeitstag im Jahr ab, lassen sich Unterschiede zwischen gebuchtem und tatsächlichem Stand weitgehend vermeiden.

II. Versicherung der Richtigkeit (Abs. 3)

8 Das amtliche Muster enthält schließlich eine ausdrückliche Versicherung der Vollständigkeit und Richtigkeit der Übersicht – sowie der Übereinstimmung der Angaben zu den einzelnen Verwahrungsmassen mit den Kontoauszügen. Diese Versicherung muss der verwahrende Notar selbst auf dem Muster **unterschreiben.** Eine bloße Unterschrift auf dem Begleitschreiben an den Landgerichtspräsidenten genügt nicht;[6] der Landgerichtspräsident wird dann das ausgefüllte Muster dem Notar nochmals zur Unterschrift zuleiten.

III. Fehlanzeige (Abs. 4)

9 Hat der Notar zum Jahreswechsel keine Verwahrungsgegenstände nach § 23 BNotO in Verwahrung (also weder ein Notaranderkonto noch Wertpapiere noch Kostbarkeiten), so muss er anstelle der Übersicht eine **Fehlanzeige** abgeben (§ 25 Abs. 4) – ebenfalls bis spätestens zum 15.2. Ohne Fehlanzeige bestünde die Gefahr, dass das Landgericht gar nicht bemerkt, dass ein Notar die Übersicht gar nicht abgegeben hat (oder dass diese jedenfalls nicht angekommen ist).

IV. Ausscheiden aus dem Amt (Abs. 5)

10 Scheidet der Notar wegen Erreichung der Altersgrenze oder aus anderen Gründen aus dem Amt, so muss er die Übersicht über die Verwahrungsgeschäfte zu diesem Zeitpunkt abgeben.

---

[4] → § 11 Rn. 26; ebenso jetzt Armbrüster/Preuß/Renner/*Renner* DONot § 25 Rn. 5.
[5] *Huhn/v. Schuckmann*, 3. Aufl., DONot § 13 Rn. 10 – anders aber die jetzt hM (→ § 11 Rn. 26).
[6] *Lerch* DONot § 25 Rn. 4; Weingärtner/Gassen/*Weingärtner* DONot § 25 Rn. 356.

5. Abschnitt. Ergänzende Regelungen zur Abwicklung der Urkundsgeschäfte und der Verwahrungsgeschäfte

§ 26 Feststellung und Bezeichnung der Beteiligten bei der Beurkundung

(1) Notarinnen und Notare haben bei der Beurkundung von Erklärungen und bei der Beglaubigung von Unterschriften oder Handzeichen sowie der Zeichnung einer Namensunterschrift die Person der Beteiligten mit besonderer Sorgfalt festzustellen.

(2) ¹Bei der Bezeichnung natürlicher Personen sind der Name, das Geburtsdatum, der Wohnort und die Wohnung anzugeben; weicht der zur Zeit der Beurkundung geführte Familienname von dem Geburtsnamen ab, ist auch der Geburtsname anzugeben. ²Von der Angabe der Wohnung ist abzusehen, wenn dies in besonders gelagerten Ausnahmefällen zum Schutz gefährdeter Beteiligter oder ihrer Haushaltsangehörigen erforderlich ist. ³In Vertretungsfällen kann anstelle des Wohnortes und der Wohnung angegeben werden:
a) bei Vertreterinnen und Vertretern von juristischen Personen des öffentlichen und des Privatrechts die Dienst- oder Geschäftsanschrift der vertretenen Person,
b) bei Mitarbeiterinnen oder Mitarbeitern. der Notarin oder des Notars die Anschrift der Geschäftsstelle der Notarin oder des Notars.

A. Verhältnis zu §§ 10, 40 BeurkG

Die Amtspflicht des Notars, die Identität der Beteiligten in der Niederschrift bzw. bei der Unterschriftsbeglaubigung im Vermerk mit „äußerster Sorgfalt"[1] festzustellen, ist bereits in §§ 10, 40 Abs. 4 BeurkG umfassend geregelt. § 26 präzisiert diese Amtspflicht, stellt aber keine über die beurkundungsrechtlichen Vorschriften hinausgehenden Anforderungen.[2]

B. Identitätsfeststellung

I. Persönliche Kenntnis

Dem Notar ist ein formell Beteiligter iSd § 6 Abs. 2 BeurkG nur dann „von Person bekannt", wenn er selbst diesen privat kennt oder mindestens bei einer früheren Amtstätigkeit kennengelernt hat. Eine unmittelbar vorausgehende Besprechung oder Beurkundung reicht hierfür nicht aus.[3]

II. Amtlicher Lichtbildausweis

Kennt der Notar den Beteiligten nicht von Person, muss er sich einen von einer Behörde ausgestellten,[4] amtlichen Ausweis mit Lichtbild und Unterschrift (zB Personalausweis, Pass, Führerschein, Dienstausweis) vorlegen lassen. Auch ein Ausweis, dessen Gültigkeitsdauer abgelaufen ist, reicht aus, wenn an Hand des Lichtbildes und der Unterschrift eine zweifelsfreie Feststellung der Identität noch möglich ist.[5] Der Notar muss sich selbst von der Identität überzeugen. Im Falle einer **Vollverschleierung** (zB Burka, Niqab) muss der Schleier zu diesem Zweck vor dem Notar vollständig abgenommen werden. Andernfalls

---
[1] BGH DNotZ 1956, 502 (503).
[2] Vgl. BT-Drs. 5/3282, 30; *Kanzleiter* DNotZ 1970, 581 (585).
[3] AA Armbrüster/Preuß/Renner/*Eickelberg* DONot § 26 Rn. 15.
[4] Vgl. BGH DNotZ 1956, 503; OLG Düsseldorf Rpfleger 1956, 210; OLG Celle DNotI-Report 2006, 34; *Winkler* BeurkG § 10 Rn. 20; differenzierend Armbrüster/Preuß/Renner/*Eickelberg* DONot § 26 Rn. 14.
[5] OLG Frankfurt a. M. DNotZ 1989, 640 (642).

muss der Notar die Beurkundung ablehnen. Er darf die Identifikation auch nicht etwa einer Mitarbeiterin überlassen. Der amtliche Ausweis kann im Falle einer Beurkundung nachgereicht werden, bei einer Unterschriftsbeglaubigung dagegen nicht (§ 10 Abs. 2 S. 2 BeurkG). Der Ausweis sollte unverzüglich nach der Beurkundung dem Notar persönlich vorgelegt werden, der gem. §§ 36, 39 BeurkG sowohl die Vorlegung als auch die Identitätsfeststellung zu vermerken hat.[6] Die Angabe „amtlicher Lichtbildausweis" in der Urkunde bzw. im Vermerk genügt.[7] Bei nicht von einer deutschen Behörde ausgestellten Ausweispapieren ist die genaue Bezeichnung jedoch zu empfehlen. Eine Kopie des Ausweises ist unter den in § 11 GwG genannten Voraussetzungen auch dann zu den Akten zu nehmen, wenn der Beteiligte nicht zugestimmt hat.

III. Erkennungszeuge

4   Auch die Identifizierung eines Beteiligten durch einen Zeugen erfordert „äußerste Sorgfalt" seitens des Notars, so dass er sich von dessen Zuverlässigkeit persönlich überzeugen muss. Deshalb darf ein Erkennungszeuge weder an der Beurkundungsangelegenheit iSd § 3 BeurkG beteiligt noch mit einem Beteiligten verheiratet, verwandt, verschwägert oder auf sonstige Weise eng verbunden sein. Der Zeuge muss dem Notar persönlich als zuverlässige Person bekannt sein.[8]

IV. Ausweis durch besondere Sachkunde

5   Dieser Art der Identifikation kommt praktisch nur dann in Betracht, wenn jedes andere Identifizierungsmittel unerreichbar oder Gefahr im Verzug ist und der Beteiligte über spezielle Kenntnisse verfügt, die andere nicht haben können.[9] Dem Notar ist dringend zu empfehlen, allen maßgeblichen Tatsachen und das Verlangen der Beteiligten, ohne sonstige Identitätsfeststellung zu beurkunden, in der Urkunde von Amts wegen zu vermerken.

V. Unmöglichkeit ausreichender Identifizierung

6   Ist dem Notar keine sichere Identifikation des Beteiligten möglich und verlangen alle Beteiligten gleichwohl eine Beurkundung, darf er die Beurkundung nicht einfach ablehnen, sondern muss gem. § 10 Abs. 2 S. 2 BeurkG die Beteiligten auf die Folgen dieses Mangels für den Vollzug und die Beweiskraft der Urkunde hinweisen. Der Grund der Unmöglichkeit der Identitätsfeststellung, die Belehrung durch den Notar und das Beurkundungsverlangen sind in der Urkunde zu vermerken.[10] Eine Unterschriftsbeglaubigung muss der Notar dagegen ablehnen, weil § 40 Abs. 4 BeurkG auf diese Vorschrift nicht verweist.

C. Bezeichnung der Beteiligten

7   Zu den Mindestangaben gem. § 10 Abs. 1 BeurkG gehören bei einer natürlichen Person (mindestens ein) ausgeschriebener Vorname, der zur Zeit der Beurkundung geführte Familien- bzw. Ehename und das Geburtsdatum. Bei dem Vornamen muss es sich nicht um den im Lichtbildausweis vermerkten Rufnamen handeln. Auch Kurznamen (zB Heinz statt Heinrich, Rolf statt Rudolf) genügen den Anforderungen, wenn es sich um gebräuchliche Abkürzungen handelt. § 26 Abs. 2 S. 1 fordert zudem die Angabe eines vom Familien- bzw. Ehenamen verschiedenen Geburtsnamens sowie der genauen Anschrift der Wohnung,

---

[6] Vgl. LG Würzburg MittBayNot 1975, 34.
[7] Vgl. OLG Frankfurt a. M. DNotZ 1989, 640 (641 f.).
[8] OLG Celle DNotI-Report 2006, 34; aA *Winkler* BeurkG § 10 Rn. 22.
[9] Vgl. RGZ 78, 241; RG JW 1936, 1956; BGH DNotZ 1956, 502.
[10] Vgl. Armbrüster/Preuß/Renner/*Eickelberg* DONot § 26 Rn. 29.

letzteres jedoch gem. § 26 Abs. 2 S. 2 nur, wenn der Beteiligte oder dessen Haushaltsangehörige hierdurch nicht gefährdet werden, also beispielsweise bei bekannten Politikern, Sportlern oder Künstlern. Der Vertreter einer natürlichen Person ist in gleicher Weise zu bezeichnen wie die vertretene Person. Gemäß § 26 Abs. 2 S. 3 lit. b genügt jedoch im Falle der Vertretung durch Mitarbeiter des Notars die Angabe der Anschrift der Geschäftsstelle des Notars.

Zu den Mindestangaben bei einer vertretenen juristischen Person bzw. einer Gesellschaft **8** gehören der genaue Name bzw. die im Register eingetragene Firma, der Sitz und die genaue Anschrift. Bei eingetragenen Gesellschaften sollte außerdem das Amtsgericht und die Registernummer angegeben werden. Gemäß § 26 Abs. 2 S. 3 lit. a kann bei den Vertretern juristischer Personen aller Art deren Dienst- oder Geschäftsanschrift angegeben werden.

Die Angabe des Berufs ist zwar nicht mehr vorgeschrieben, aber im Hinblick auf die **9** besonderen Verfahrensgestaltungsvorschriften des § 17 Abs. 2a BeurkG insbesondere bei Verbraucher- und Eheverträgen sehr zu empfehlen.

Bei Verfügungen von Todes wegen, Eheverträgen und familienrechtlichen Geschäften **9a** (zB Adoption) kann aufgrund der Pflichten des Notars gem. § 17 Abs. 1 BeurkG die Angabe der Staatsangehörigkeit erforderlich sein, um die Wirksamkeit beurteilen und die Rechtsfolgen sicher gestalten zu können. Bei Veräußerungsverträgen kann die Feststellung des Güterstands im Hinblick auf § 1365 BGB aus dem gleichen Grunde zweckmäßig sein. Der Aufnahme dieser Daten in die Urkunde steht auch nicht das datenschutzrechtliche Prinzip der Datensparsamkeit (Art. 5 Abs. 1 lit. c DS-GVO, § 3a S. 1 BDSG) entgegen, weil § 17 BeurkG die entsprechende gesetzliche Grundlage hierfür darstellt. Bei einem Widerspruch des Beteiligten, diese personenbezogenen Daten in die Urkunde selbst aufzunehmen, darf der Notar die Beurkundung nicht ablehnen, sondern darf diese Feststellungen in der Nebenakte vermerken.

Weil das Recht auf informationelle Selbstbestimmung (Art. 2 Abs. 1 iVm. Art. 1 GG)[11] **10** Vorrang hat, darf der Notar gegen den Willen eines Beteiligten weder das Geburtsdatum, den Geburtsort noch den Geburtsnamen noch die Wohnanschrift in die Urkunde aufnehmen.[12] Der Notar darf die Beurkundung in diesem Fall nur dann gem. § 4 BeurkG ablehnen, wenn der Verwechslungsgefahr nicht durch andere Identitätsmerkmale vorgebeugt werden kann oder es sich um eine erbfolgerelevante Urkunde handelt, die der Notar dem Zentralen Testamentsregister (ZTR) unter Angabe der in § 1 S. 1 Nr. 1 ZTRV vorgeschriebenen Daten (Geburtsname, -datum und -ort) des Erblassers melden muss. Im Übrigen sind die Anforderungen bei gesetzlichen oder rechtsgeschäftlichen Vertretern und Parteien kraft Amtes (zB Testamentsvollstrecker, Insolvenzverwalter) geringer als bei materiell Beteiligten.[13] Statt der Wohnanschrift sollte mindestens der Wohnort und die Geschäfts- oder Büroadresse angegeben werden.[14] Das höherrangige Verfassungsrecht steht einem Umkehrschluss aus § 26 Abs. 2 S. 3, der dies nur für Vertretungen juristischer Personen und durch Notarmitarbeiter vorsieht, entgegen.

D. Wirkungen der Identitätsfeststellung

Die Identitätsfeststellung des Notars ist für alle Behörden bindend. Sie darf auch nicht **11** durch das Grundbuchamt oder das Handelsregister einer eigenen Würdigung unterzogen werden, und zwar auch dann nicht, wenn ein Vermerk über die Identitätsfeststellung völlig fehlt.[15] Dies gilt auch für die Feststellung des Ehenamens einer Person, die noch mit dem

---

[11] Vgl. BVerfGE 65, 1 (43 f.); 80, 367 (373); 84, 375 (379); *Renner* NotBZ 2002, 432 (435).
[12] *Renner* NotBZ 2002, 432 (435).
[13] Ausführlich Armbrüster/Preuß/Renner/*Eickelberg* DONot § 26 Rn. 26 ff.
[14] *Renner* NotBZ 2002, 432 (436).
[15] *Winkler* BeurkG § 10 Rn. 91 mwN.

Geburtsnamen im Grundbuch oder im Handelsregister eingetragen ist. Folglich ist die Feststellung des Notars in der Urkunde über die Identität einer verheirateten Person, die noch mit ihrem Geburtsnamen eingetragen ist, für das Grundbuchamt und das Handelsregister bindend.[16]

§ 27 Verwahrungsgeschäfte[1]

(1) Werden Wertpapiere und Kostbarkeiten verwahrt (§ 54e BeurkG), so ist die laufende Nummer des Verwahrungsbuches auf dem Verwahrungsgut oder auf Hüllen u. Ä. anzugeben.

(2) Notaranderkonten (§ 54b Abs. 1 Satz 1, Abs. 2 BeurkG) müssen entsprechend den von der Vertreterversammlung der Bundesnotarkammer beschlossenen Bedingungen eingerichtet und geführt werden.

(3) [1]Die Führung eines Notaranderkontos mittels Datenfernübertragung ist zulässig, wenn dem jeweiligen Stand der Technik entsprechende technische und organisatorische Maßnahmen zur Gewährleistung der Vertraulichkeit, Integrität und Authentizität der Überweisungen sowie der Umsatzdaten getroffen sind (elektronische Notaranderkontenführung). [2]Das System der elektronischen Notaranderkontenführung ist nur durch solche informationstechnische Netze zugänglich, die durch die Bundesnotarkammer oder in deren Auftrag betrieben werden und die mit den Systemen der im Inland zum Geschäftsbetrieb befugten Kreditinstitute oder der Deutschen Bundesbank gesichert verbunden sind. [3]Die Landesjustizverwaltung soll weitere Zugangswege nur zulassen, sofern diese den Anforderungen der Sätze 1 und 2 entsprechen.

(4) [1]Die Ausgaben müssen durch Belege nachgewiesen werden. [2]Eigenbelege der Notarin oder des Notars einschließlich nicht bestätigter Durchschriften des Überweisungsträgers sind auch in Verbindung mit sonstigen Nachweisen nicht ausreichend. [3]Bei Ausgaben durch Überweisung von einem Notaranderkonto ist die schriftliche Bestätigung des beauftragten Kreditinstituts erforderlich, dass es den Überweisungsauftrag jedenfalls in seinem Geschäftsbereich ausgeführt hat (Ausführungsbestätigung); die Ausführungsbestätigung muss allein oder bei Verbindung mit anderen Belegen den Inhalt des Überweisungsauftrages vollständig erkennen lassen. [4]Satz 3 gilt nicht, wenn das beauftragte Kreditinstitut vor erstmaliger Einrichtung eines elektronisch geführten Notaranderkontos schriftlich und unwiderruflich erklärt hat, dass es mit jeder elektronischen Bereitstellung der Umsatzdaten über die Ausführung einer Überweisung gleichzeitig bestätigt, den Überweisungsauftrag mit den in den Umsatzdaten enthaltenen Informationen in seinem Geschäftsbereich ausgeführt zu haben. [5]Hinsichtlich der Belege bei Auszahlungen in bar oder mittels Bar- oder Verrechnungsscheck wird auf § 54b Abs. 3 Satz 7 BeurkG hingewiesen. [6]Die Belege über Einnahmen und Ausgaben und die Kontoauszüge werden mit der Nummer der Masse bezeichnet und zur Blattsammlung genommen (vgl. § 22 Abs. 2 Satz 2 Nrn. 5 und 6).

(5) [1]Ist eine Masse abgewickelt (vgl. § 12 Abs. 6), so ist den Auftraggebern eine Abrechnung über die Abwicklung des jeweils erteilten Auftrages zu erteilen. [2]Beim Vollzug von Grundstückskaufverträgen und vergleichbaren Rechtsgeschäften muss den beteiligten Kreditinstituten nur auf Verlangen eine Abrechnung erteilt werden.

Schrifttum: S. die Schrifttumshinweise bei § 23 BNotO und § 58 BeurkG, ferner: *Gößmann,* Die neuen Anderkonten-Bedingungen 2000, WM 2000, 857; *Hadding,* Besondere Bedingungen der Deutschen Bundespost AG für Anderkonten, FS Schippel 1996, 163; *Hellner,* Geschäftsbedingungen für Anderkonten, 1963; *Schmitt,* Zinsabschlaggesetz und Anderkonto, NJW 1993, 1569; *Steuer,* Die neuen Anderkontenbedingungen, DNotZ 1979, 208.

---

[16] LG Mainz DNotZ 1999, 823; LG Berlin NJW 1962, 1353; LG Wuppertal MittRhNotK 1976, 597.
[1] **Nordrhein-Westfalen:** „Zu § 27: Eine Vereinbarung, wonach der Notarin oder dem Notar ein bei der Verwahrung anfallender Zinsbetrag zufallen soll, ist nicht zulässig."

Übersicht

	Rn.
A. Überblick	1
B. Verwahrung von Wertpapieren und Kostbarkeiten (Abs. 1)	2
C. Anderkontenbedingungen (Abs. 2)	4
I. Zuständigkeit und Erlass	4
II. Inhalt der Notaranderkontenbedingungen 2019	8
1. Wortlaut der Anderkontenbedingungen	8
2. Kontoeröffnung	9
3. Kontoführung	11
4. Verfügungsbefugnis	14
5. Inländische Filialen ausländischer Kreditinstitute	15
III. Online-Banking für Notaranderkonten (Elektronische Anderkontenführung, Abs. 3)	18
D. Belege (Abs. 4)	19
I. Belege allgemein	20
II. Ausführungsbestätigung für Banküberweisungen	21
III. Bar- oder Scheckauszahlungen	22
E. Abrechnung (Abs. 5)	23
I. Abrechnung nach Abschluss der Verwahrung	23
II. Kapitalertragssteuer	28
III. Auskunftsrecht während laufender Verwahrung	32

A. Überblick

§ 27 enthält **bunt zusammengewürfelt** alle die **Regelungen zu notariellen Verwahrungsgeschäften,** die nicht die Bücher und Verzeichnisse und auch nicht die Geschäftsübersicht betreffen. Insbesondere finden sich hier: **1**

– die Kompetenz der Bundesnotarkammer zum Erlass von **Anderkontenbedingungen** (Abs. 2),
– Voraussetzungen für die Führung von Notaranderkonten mittels Online-Banking (Abs. 3),
– das Erfordernis einer **Ausführungsbestätigung der Bank** für Überweisungen vom Notaranderkonto (Abs. 4 S. 3),
– sowie Regelungen über die **Abrechnung** gegenüber den Verwahrungsbeteiligten (Abs. 5).

B. Verwahrung von Wertpapieren und Kostbarkeiten (Abs. 1)

Geld muss auf dem Notaranderkonto verwahrt werden (§ 58 Abs. 1 S. 1 BeurkG). Eine entsprechende allgemeingültige Regelung über die **Art der Verwahrung** von Wertpapieren und Kostbarkeiten gibt es nicht. Die Art der Verwahrung ist vielmehr (als „Bedingungen der Verwahrung" nach § 57 Abs. 2 Nr. 2 BeurkG) in der Verwahrungsanweisung festzulegen. Dabei kommt neben der Verwahrung im **Büro- oder Banksafe** des Notars auch eine **offene Verwahrung durch die Bank** in Betracht.[2] **2**

Mehrere Massen können **in demselben Safe** oder Schließfach verwahrt werden; § 58 Abs. 2 S. 3 BeurkG verbietet ein Sammelanderkonto nur für Geld.[3] Erforderlich ist jedoch, dass die Massen jederzeit unterschieden und einem bestimmten Verwahrungsgeschäft eindeutig zugeordnet werden können. Deshalb schreibt § 27 Abs. 1 vor, die **laufende Nummer des Verwahrungsbuches** (deutlich sichtbar und möglichst haltbar) auf dem Verwahrungsgut selbst (zB durch Etikettierung eines Schmuckstücks) oder auf der Hülle **3**

---

[2] → BeurkG § 60 Rn. 10–12.
[3] → BeurkG § 58 Rn. 13.

anzubringen (zB auf dem Umschlag, in dem Wertpapiere verwahrt werden). Zusätzlich empfiehlt die Literatur, auch den Namen des Hinterlegers auf dem Umschlag zu vermerken, um Verwechslungen zu vermeiden.[4]

C. Anderkontenbedingungen (Abs. 2)

I. Zuständigkeit und Erlass

4   Zuständig zum Erlass der Anderkontenbedingungen ist seit der Neufassung der DONot 2000/2001 die Vertreterversammlung der **Bundesnotarkammer** (§ 27 Abs. 2 S. 1). Zuvor lag die Zuständigkeit hingegen beim „deutschen Bankgewerbe" bzw. der Deutschen Bundespost selbst (§ 12 Abs. 2 S. 1 DONot 1984); dies war angesichts der zunehmenden Bedeutung ausländischer Banken nicht mehr zeitgemäß, da danach allein die deutschen Kreditinstitute die Anderkontenbedingungen erließen – auch für ihre ausländischen Konkurrenten.

Zwar erhoben Teile der Literatur Bedenken gegen die Kompetenzzuweisung in § 27 Abs. 2.[5] Insbesondere wurde angeführt, dass der Bundesnotarkammer gesetzlich nur eine Empfehlungskompetenz, aber keine Normsetzungskompetenz für Regelungen zur Wahrung fremder Vermögensinteressen zustehe (§ 78 Abs. 1 Nr. 6 BNotO) und dass die Landesjustizverwaltungen den Inhalt der von ihnen indirekt angeordneten Anderkontenbedingungen durch die dynamische Verweisung auf künftige Beschlussfassungen der Bundesnotarkammer nicht beeinflussen können. Diese (und andere) Gegenargumente hatten aber erst recht für den (früheren) Erlass der Anderkontenbedingungen durch die Kreditwirtschaft gegolten.[6]

5   Unabhängig von der Zuständigkeit wurden die Bedingungen für Notaranderkonten sowohl früher wie auch jetzt in **enger Abstimmung** und nahezu ausnahmslos auch im Einvernehmen zwischen den Organisationen der Kreditwirtschaft und des Notariats erstellt. Denn einerseits sind die Besonderheiten der notariellen Verwahrung zu beachten, andererseits müssen die Bedingungen banktechnisch durchführbar sein.

6   Bis zum Erlass der neuen Anderkontenbedingungen durch die Bundesnotarkammer galten einstweilen die von der Kreditwirtschaft selbst erstellten Bedingungen weiter (§ 34 S. 5).

Die Anderkontenbedingungen der Banken und Sparkassen wurden **im Jahr 2000 neu gefasst** vom Zentralen Kreditausschuss, in dem die Spitzenverbände der Deutschen Kreditwirtschaft zusammengefasst sind. Diese Neufassung war Gegenstand von Gesprächen zwischen den im Zentralen Kreditausschuss zusammengeschlossenen Verbänden des Kreditgewerbes und der Bundesnotarkammer.[7] Gegen die endgültige Fassung der Empfehlung hatte die Bundesnotarkammer im Verfahren nach § 29 GWB keine Einwendungen erhoben.[8]

7   Die Bundesnotarkammer machte von ihrer neuen Kompetenz erstmals im April 2004 Gebrauch. Die damals beschlossenen **Notaranderkontenbedingungen 2004**[9] brachten keine Änderungen im Wortlaut gegenüber der Fassung der Kreditwirtschaft aus dem Jahr 2000. Durch die **Notaranderkontenbedingungen 2010**[10] wurde inhaltlich lediglich Ziff. 2 geändert (mit einer redaktionellen Folgeänderung in Ziff. 6). Die Änderung war

---

[4] Weingärtner/Gassen/*Weingärtner* DONot § 27 Rn. 1.
[5] Arndt/Lerch/Sandkühler/*Sandkühler*, 6. Aufl. 2008, BNotO § 23 Rn. 104; *Blaeschke* Rn. 1454.
[6] Vgl. Armbrüster/Preuß/Renner/*Renner* DONot § 27 Rn. 7, der die einzelnen Argumente ausführlich widerlegt.
[7] Vgl. DNotZ 1999, 540 und 2000, 577.
[8] Vgl. Mitteilung der BNotK DNotZ 2000, 561.
[9] DNotZ 2004, 401 und 2000, 561; vgl. *Gößmann* WM 2000, 857. Zur früheren Fassung vgl. ferner *Hadding* FS Schippel 1996, 163.
[10] DNotZ 2011, 481. Eine Kommentierung der Anderkontenbedingungen findet sich bei Armbrüster/Preuß/Renner/*Renner* S. 877 ff.

durch den „risikoorientieren Ansatz" des Geldwäschebekämpfungsergänzungsgesetzes von 2008[11] bedingt.

Jetzt gelten die **Notaranderkontenbedingungen 2019**.[12] Gegenüber der Fassung von 2010 wurde Ziff. 2 an die Neufassung des Geldwäschegesetzes angepasst. In Ziff. 4 S. 2 wurde ein Verbot aufgenommen, Bargeld auf Notaranderkonto einzuzahlen. Und in Ziff. 11 S. 5 wurde ein Hinweis auf den Notariatsabwickler in Baden-Württemberg aufgenommen. **7a**

II. Inhalt der Notaranderkontenbedingungen 2019

1. Wortlaut der Anderkontenbedingungen. Die aktuelle Fassung der Notaranderkontenbedingungen 2019[13] lautet wie folgt: **8**

Bedingungen für Anderkonten und Anderdepots von Notaren

Begriffsbestimmungen
1. Für Notare werden Anderkonten und Anderdepots (beide im Folgenden „Anderkonten" genannt) als Sonderkonten für fremde Gelder und Wertpapiere, die ihnen als Notare anvertraut wurden, eingerichtet. Der Bank gegenüber ist nur der Notar berechtigt und verpflichtet.

Kontoeröffnung
2. Auf Verlangen der Bank ist der Notar verpflichtet, der Bank unverzüglich den Namen und – soweit dies in Ansehung des im Einzelfall bestehenden Risikos der Geldwäsche oder der Terrorismusfinanzierung angemessen ist – weitere von ihm erhobene Identifizierungsmerkmale desjenigen mitzuteilen, auf dessen Veranlassung er handelt (wirtschaftlich Berechtigter). Auf Wunsch des Notars kann die Bank weitere Anderkonten auch ohne schriftlichen Kontoeröffnungsantrag einrichten.
3. Ist der Notar auch Rechtsanwalt (Anwaltsnotar), so führt die Bank das Anderkonto als Rechtsanwaltsanderkonto, sofern er nicht beantragt hat, das Anderkonto als Notaranderkonto zu führen.

Kontoführung
4. Der Notar darf Werte, die ihm nicht als Notar anvertraut wurden, nicht einem Anderkonto zuführen oder auf einem Anderkonto belassen. Auf ein Anderkonto darf weder durch den Notar noch durch einen Dritten Bargeld eingezahlt werden.
5. Die Eigenschaft eines Kontos als Anderkonto kann nicht aufgehoben werden. Ist der Notar auch Rechtsanwalt (Anwaltsnotar), so kann er bestimmen, dass ein Anderkonto in Zukunft als Rechtsanwaltsanderkonto zu führen ist.
6. Die Bank nimmt unbeschadet der Regelung in Nr. 2 Satz 1 keine Kenntnis davon, wer bei einem Anderkonto Rechte gegen den Notar geltend zu machen befugt ist. Rechte Dritter auf Leistung aus einem Anderkonto oder auf Auskunft über ein Anderkonto bestehen der Bank gegenüber nicht; die Bank ist demgemäß nicht berechtigt, einem Dritten Verfügungen über ein Anderkonto zu gestatten oder Auskunft über das Anderkonto zu erteilen, selbst wenn nachgewiesen wird, dass das Konto im Interesse des Dritten errichtet worden ist.
7. Die Bank prüft die Rechtmäßigkeit der Verfügungen des Notars in seinem Verhältnis zu Dritten nicht, auch wenn es sich um Überweisungen von einem Anderkonto auf ein Eigenkonto handelt.
8. Ansprüche gegen die Bank aus Anderkonten sind nicht abtretbar und nicht verpfändbar.
9. Im Falle der Pfändung wird die Bank den pfändenden Gläubiger im Rahmen der Drittschuldnererklärung auf die Eigenschaft als Anderkonto hinweisen.
10. Die Bank wird bei einem Anderkonto weder das Recht der Aufrechnung noch ein Pfand- oder Zurückbehaltungsrecht geltend machen, es sei denn wegen Forderungen, die in Bezug auf das Anderkonto selbst entstanden sind.

Verfügungsbefugnis und Rechtsnachfolge

---

[11] Geldwäschebekämpfungsergänzungsgesetz vom 11.8.2008, BGBl. 2008 I 1690; → BeurkG § 57 Rn. 109 ff.
[12] DNotZ 2019, 801.
[13] DNotZ 2019, 801.

11. Über das Notaranderkonto darf nur der Notar persönlich, dessen amtlich bestellter Vertreter oder der Notariatsverwalter oder eine sonstige nach § 54b Abs. 3 BeurkG berechtigte Person verfügen.
Wenn der Notar oder Notariatsverwalter aus rechtlichen Gründen (z. B. Erlöschen des Amtes, Verlegung des Amtssitzes, vorläufige Amtsenthebung) an der Amtsausübung gehindert ist, endet seine Verfügungsbefugnis.
Nach einer vorläufigen Amtsenthebung steht die Verfügungsbefugnis dem von der Landesjustizverwaltung wegen der Amtsenthebung bestellten Vertreter oder Notariatsverwalter zu, vor dessen Bestellung der zuständigen Notarkammer. Bis zur Bestellung eines Vertreters oder Notariatsverwalters bleibt der Notar Kontoinhaber ohne Verfügungsbefugnis (§ 55 Abs. 2 Satz 3 BNotO). Mit der Bestellung wird der Notariatsverwalter Kontoinhaber (§ 58 Abs. 1 BNotO).
In den übrigen Fällen wird die zuständige Notarkammer Kontoinhaber, bis die Landesjustizverwaltung einen Notariatsverwalter bestellt oder einem anderen Notar oder im Land Baden-Württemberg einem Notariatsabwickler die Verfügungsbefugnis übertragen hat (§ 54b Abs. 3 Satz 3 BeurkG).

Einzelverwahrung von fremden Wertpapieren und Kostbarkeiten

12. Für die Einzelverwahrung von fremden Wertpapieren und Kostbarkeiten, die nicht unter Verwendung eines Anderkontos erfolgt, gelten auf Antrag des Notars die vorstehenden Bedingungen mit Ausnahme von Nr. 2 sinngemäß.

9 **2. Kontoeröffnung.** Im Wesentlichen setzen die Anderkontenbedingungen nur die gesetzlichen Vorgaben um. (Bis zur Neufassung der Ziffer 2 ging die dortige automatische Mitteilungspflicht des wirtschaftlich Berechtigten hingegen über das nach dem Geldwäschegesetz Erforderliche hinaus.[14])

10 Ein Anwaltsnotar muss nach Ziffer I. 3 der Richtlinienempfehlung bei Beginn seiner Tätigkeit klarstellen, ob er als Anwalt oder als Notar handelt. Hat er das nicht getan und lässt sich auch sonst nicht durch Auslegung feststellen, ob er als Anwalt oder als Notar tätig geworden ist, so ist er nach § 24 Abs. 2 BNotO (wenn kein Amtsgeschäft nach §§ 20 bis 23 BNotO vorliegt) **im Zweifel als Rechtsanwalt** tätig geworden.[15] Ziffer 3 sieht eine entsprechende Zweifelsregel für die Anderkontoeröffnung vor.

11 **3. Kontoführung.** Ziffern 4 und 5 der Anderkontenbedingungen sichern das **Verbot der Vermischung von Fremdgeldern mit Eigengeldern** (vgl. § 58 Abs. 1 S. 3 BeurkG).

12 Ziffern 6 bis 10 enthalten den Kern dessen, was das Anderkonto als Treuhandkonto ausmacht: Der Bank gegenüber ist **allein der Notar aus dem Anderkonto berechtigt** und verpflichtet (Ziffern 1 und 6). „Treuhänder" ist aber nur der Notar; die Bank selbst übernimmt aber keine Pflichten als Treuhänder; deshalb prüft sie die Rechtmäßigkeit von Verfügungen des Notars über das Anderkonto nicht nach (Ziffer 7). Der Verwahrungsbeteiligte hat gegen die Bank weder einen Anspruch auf Leistung noch auch nur auf Auskunft.[16] Der Anderkontovertrag entfaltet auch keine Schutzwirkung gegenüber den Verwahrungsbeteiligten.[17] Daher können keine unmittelbaren vertraglichen Schadensersatzansprüche der Beteiligten gegen die Bank bestehen, sondern nur (ggf. an die Beteiligten abtretbare) Ansprüche des Notars.[18]

13 Da der Notar nur Treuhänder ist, kann er seinen Anspruch gegen die Bank aus dem Anderkonto weder abtreten noch (rechtsgeschäftlich) verpfänden (Ziffer 8). Die (öffentlich-rechtliche) Treuhand steht auch einer Pfändung durch Gläubiger des Notars entgegen;

---

[14] → BeurkG § 58 Rn. 5.
[15] → BNotO § 23 Rn. 13.
[16] *Gößmann* WM 2000, 857 (862).
[17] LG Berlin WM 1988, 1309; *Hadding* FS Schippel 1996, 163 (169).
[18] Theoretisch denkbar sind deliktische Ansprüche der Beteiligten gegen die Bank (§ 826 BGB), *Gößmann* WM 2000, 857 (862).

daher wird die Bank bei **Pfändung** durch Dritte diese zumindest im Rahmen der Drittschuldnererklärung auf die Eigenschaft als Anderkonto hinweisen (Ziffer 9). Die Bank selbst verpflichtet sich, wegen eigener Ansprüche gegen den Notar nicht auf das Anderkonto zurückzugreifen (Ziffer 10).

4. Verfügungsbefugnis. § 58 Abs. 3 S. 1 und S. 2 BeurkG erlaubt nur Verfügungen des Notars bzw. seines Vertreters im Amt (einschließlich Notariatsverwalter oder Aktenverwahrer) über das Notaranderkonto;[19] Adressat des § 58 Abs. 3 BeurkG ist aber nur der Notar selbst. Ziffer 11 der Anderkontenbedingungen setzt die **Bindung der Verfügungsbefugnis an das Notaramt** auch bankrechtlich um, so dass etwa die Erben des verstorbenen Notars aufgrund von Ziffer 11 der Anderkontenbedingungen (zivilrechtlich) nicht über das Anderkonto verfügen können – umgekehrt der Notarvertreter, Notariatsverwalter oder Aktenverwahrer auch zivilrechtlich über das Anderkonto verfügen kann. 14

5. Inländische Filialen ausländischer Kreditinstitute. Nach § 58 Abs. 2 S. 1 BeurkG ist seit 1998 auch eine Verwahrung bei der **inländischen Filiale eines ausländischen Kreditinstitutes** zulässig (anders früher § 12 Abs. 2 S. 1 DONot aF). Dies war einer der wesentlichen Gründe, die Zuständigkeit zum Erlass der Anderkontenbedingungen der Bundesnotarkammer zu übertragen. Aufgrund der gesetzlichen Wertung war daher fraglich, ob auch für eine Verwahrung bei (inländischen Filialen von) ausländischen Banken nach § 27 Abs. 2 die Einhaltung der ohne ihre Mitwirkung erstellten Anderkontenbedingungen verlangt werden konnte, solange noch die Anderkontenbedingungen der Kreditwirtschaft galten und noch keine Bedingungen durch die Bundesnotarkammer aufgestellt waren.[20] 15

Allerdings konnte man auch bei ausländischen Kreditinstituten einen **gleich hohen Schutzstandard** fordern, da auch deren Notaranderkonten den Anforderungen an ein „Sonderkonto für fremde Gelder (Notaranderkonto)" (§ 58 Abs. 1 S. 1 BeurkG) genügen müssen. Dafür konnten die deutschen Notaranderkontenbedingungen leitbildartig herangezogen werden, da sie weitgehend nur die sich bereits aus der Eigenart als Anderkonto ergebenden Besonderheiten festschreiben, wie insbesondere die spätere Übernahme des Wortlauts durch die BNotK zeigt. Im Ergebnis mussten daher Anderkontenbedingungen der inländischen Filiale eines ausländischen Kreditinstitutes vor Erlass der BNotK-Anderkontenbedingungen zwar nicht wörtlich den deutschen Anderkontenbedingungen entsprechen, wohl aber deren Schutzstandard. Zulässig war daher die Verwahrung, wenn die Bedingungen sinngemäß den deutschen entsprachen, auch wenn sie im Wortlaut (etwa in der Reihung) davon abwichen. 16

Allerdings musste der Notar dann die fremden Anderkontenbedingungen inhaltlich überprüfen. In der Praxis war dem Notar daher **zu raten, auch bei ausländischen Kreditinstituten die Anwendung der deutschen Anderkontenbedingungen zu vereinbaren.** 17

III. Online-Banking für Notaranderkonten (Elektronische Anderkontenführung, Abs. 3)

Bis zum Jahr 2017 untersagte § 27 Abs. 2 S. 2 DONot aF die Anderkontenführung durch **Online-Banking.** Jetzt lässt sie § 27 Abs. 3 unter bestimmten Voraussetzungen zu. Grund für das frühere Verbot war, dass man die notarielle Verschwiegenheitspflicht (§ 18 BNotO) nach dem damaligen Stand der Technik nicht abgesichert sah.[21] Daher erfordert 18

---
[19] → BeurkG § 58 Rn. 14, 18 ff.
[20] Armbrüster/Preuß/Renner/*Renner* BeurkG § 58 Rn. 6; insoweit ähnlich Arndt/Lerch/Sandkühler/*Sandkühler*, 5. Aufl., BNotO § 23 Rn. 85.
[21] Vgl. BNotK-Rundschreiben Nr. 42/1996 v. 30.10.1996; Stellungnahme an das Niedersächsische Justizministerium Ziff. II. 6 zu § 26 Abs. 4 = Anlage zu BNotK-Rundschreiben Nr. 50/1998 v. 23.12.1998; bereits vor der Regelung der DONot zweifelte die Literatur an der Zulässigkeit des Online-Bankings, vgl.

jetzt § 27 Abs. 3 S. 1 „dem jeweiligen Stand der Technik entsprechende technische und organisatorische Maßnahmen zur Gewährung der Vertraulichkeit, Integrität und Authentizität der Überweisungen sowie der Umsatzdaten". Daher sind Online-Notaranderkonten grundsätzlich nur durch von der Bundesnotarkammer oder in deren Auftrag betriebene Netze zulässig – derzeit also durch die Notarnet GmbH –, die entsprechend gesichert mit dem jeweiligen Kreditinstitut verbunden sind (§ 27 Abs. 3 S. 2). Andere Zugangswege lässt die Landesjustizverwaltung nur zu, wenn sie denselben Sicherheitsstandards für die Vertraulichkeit entsprechen (§ 27 Abs. 3 S. 3).

D. Belege (Abs. 4)

19 § 27 Abs. 4 fasst die früher in **§ 13 Abs. 4 und Abs. 5 DONot aF** enthaltenen Regelungen mit verändertem Wortlaut zusammen.

I. Belege allgemein

20 Für jede Auszahlung vom Notaranderkonto muss ein Beleg vorliegen (§ 27 Abs. 4 S. 1). **Eigenbelege** des Notars genügen ebenso wenig wie unbestätigte Überweisungsaufträge – auch nicht in Verbindung mit dem jeweiligen Kontoauszug (S. 2 – entspricht inhaltlich § 13 Abs. 5 DONot aF).

Sämtliche Belege sind – mit der Nummer der Verwahrungsmasse versehen – zur **Blattsammlung** der entsprechenden Masse zu nehmen; § 27 Abs. 4 S. 5 wiederholt insoweit nur die Regelung des § 22 Abs. 2 Nr. 5 und Nr. 6.

II. Ausführungsbestätigung für Banküberweisungen

21 Ungewöhnlich und von herkömmlicher Buchführung abweichend (aber auch in der vorhergehenden Fassung nach § 13 Abs. 4 S. 3 DONot aF so geregelt) ist das Erfordernis einer **unterschriebenen Ausführungsbestätigung** des Kreditinstituts (S. 3). Erforderlich ist die unterschriebene Bestätigung des Kreditinstituts, „dass es den Überweisungsauftrag jedenfalls in seinem Geschäftsbereich ausgeführt hat".

Der bloße Kontoauszug genügt jedenfalls deshalb nicht, da er nicht unterschrieben ist, was aber für die gesetzliche Schriftform erforderlich wäre.[22] Ebenso wenig genügt ein unterschriebener Eingangsstempel, da er inhaltlich nur den Eingang, nicht die Ausführung des Überweisungsauftrages bestätigt.[23]

- Möglich ist hingegen die Ausführungsbestätigung durch einen **unterschriebenen Stempel** „Ausführung im Geschäftsbereich der Bank bestätigt" oÄ auf dem Überweisungsträger.
- Um der Bank die Bestätigung zu erleichtern (und sich selbst ein Nachhaken bei der Bank zu ersparen), kann der Notar seinen Überweisungsauftrag auch in Form eines Schreibens an die Bank erteilen und der Bank eine **Zweitschrift** mitsenden, auf der die Ausführungsbestätigung bereits enthalten und nur noch von der Bank zu unterzeichnen ist.
- Ebenso denkbar ist aber auch eine **gesondert erstellte Ausführungsbestätigung**; diese muss dann aber auch den wesentlichen Inhalt des ausgeführten Auftrages enthalten, also sowohl das belastete Anderkonto wie Name und Kontoverbindung des Zahlungsempfängers sowie den Überweisungsbetrag, sinnvollerweise auch das Datum der Überweisung bzw. der Bestätigung.[24]

Arndt/Lerch/Sandkühler/*Sandkühler*, 3. Aufl., BNotO § 23 Rn. 157; *Weingärtner*/*Schöttler*, 7. Aufl., DONot Rn. 209a.
[22] BNotK Stellungnahme v. 26.7.1994 – unveröffentlicht. *Lerch* DONot § 27 Rn. 5.
[23] Weingärtner/Gassen/*Weingärtner* DONot § 27 Rn. 34.
[24] *Kersten* ZNotP 2001, 470 (474); Armbrüster/Preuß/Renner/*Renner* DONot § 27 Rn. 15; Weingärtner/Gassen/*Weingärtner* DONot § 27 Rn. 34.

Die Bestätigung darf keinen Widerrufsvorbehalt oder sonstige Einschränkungen enthalten.

In **Schleswig-Holstein** lässt die Landesjustizverwaltung auch eine **allgemeine Zusage** genügen, in der das Kreditinstitut dem Notar zusichert, Überweisungsaufträge für alle Notaranderkonten als unwiderruflich zu behandeln und eine ordnungsgemäße Ausführung in seinem Geschäftsbereich garantiert, sobald der Kontoauszug eine entsprechende Buchung ausweist. Umgekehrt muss sich das Kreditinstitut verpflichten, einen Widerruf oder eine Fehlbuchung durch einen Vermerk auf dem Kontoauszug kenntlich machen, der von einem seiner Mitarbeiter unterschrieben wird. Dann genügt der Kontoauszug (in Verbindung mit der allgemeinen Zusage des Kreditinstituts), sofern der Auszug den Inhalt des Überweisungsauftrags richtig und vollständig wiedergibt.[25]

III. Bar- oder Scheckauszahlungen

Bar- oder Scheckauszahlungen sind nach § 58 Abs. 3 S. 5 BeurkG nur ausnahmsweise zulässig, wenn dies „**besondere berechtigte Interessen** der Beteiligten ... gebieten" (ähnlich früher § 12 Abs. 3 S. 4 DONot aF). Denn anders als bei Überweisungen ist hier die Person des Auszahlungsempfängers weniger eindeutig festzustellen.[26]

Erfolgt ausnahmsweise eine Bar- oder Scheckauszahlung, so muss der Notar deren **Gründe vermerken** (§ 58 Abs. 3 S. 6 BeurkG) und sich den **Empfang quittieren** lassen (nach Durchführung einer Personalienfeststellung bei Vertretern) (§ 58 Abs. 3 S. 7 BeurkG). Die Empfangsquittung (mit vorheriger Personalienfeststellung) war früher bereits in § 13 Abs. 4 S. 2 DONot aF angeordnet, während die Dokumentationspflicht des § 58 Abs. 3 S. 6 BeurkG erst mit den §§ 57 ff. BeurkG durch die Novellierung des Beurkundungsgesetzes im Jahr 1998 eingeführt wurde. Wohl nachdem sich die entsprechende Regelung früher in der DONot fand, nahm der Verordnungsgeber einen ausdrücklichen Hinweis auf die gesetzliche Regelung in § 27 Abs. 4 S. 4 auf – eine ungewöhnlich redundante Regelungstechnik.

E. Abrechnung (Abs. 5)

I. Abrechnung nach Abschluss der Verwahrung

§ 27 Abs. 5 regelt Zeitpunkt und Empfänger der Abrechnung über das Notaranderkonto, während das Beurkundungsgesetz hierzu keine ausdrückliche Regelung enthält. Die Regelung präzisiert den früheren § 13 Abs. 5 S. 4 DONot aF, ohne inhaltliche Änderungen zu bringen. Das Verlangen eines Beteiligten nach Abrechnung kann nur im Wege der Notarbeschwerde nach § 15 Abs. 2 BNotO geltend gemacht werden, nicht aber im streitigen Zivilprozess.[27]

Nach § 27 Abs. 5 ist (ebenso wie früher nach § 13 Abs. 5 S. 4 DONot aF) eine Abrechnung **nach Abschluss der Verwahrung** (§ 12 Abs. 6) zu erteilen, dh nach der letzten Auszahlung. (Bei der letzten Auszahlung ist zu beachten, dass die Bank ggf. noch Zinsen zuschreibt bzw. Kontogebühren abbucht.)

Die Abrechnung ist den „Auftraggebern" „über die Abwicklung des jeweils erteilten Auftrages" zu erteilen. Gemeint sind – ebenso wie nach früherer Terminologie mit den „Beteiligten" (§ 13 Abs. 5 S. 4 DONot aF) – die Beteiligten, die die **Verwahrungsanweisung erteilt** haben.

---

[25] Kammernachrichten Schleswig-Holstein III/2008; vgl. *Weingärtner*, Vermeidbare Fehler, Rn. 370.
[26] → § 58 Rn. 37 f.
[27] BGHZ 76, 9 = DNotZ 1980, 496.

Satz 2 stellt klar, dass (wie schon nach bisher allgemeiner Ansicht) das **finanzierende Kreditinstitut keine Abrechnung** erhalten muss, auch wenn es zunächst einen eigenen Treuhandauftrag erteilt oder sich der Verwahrungsanweisung angeschlossen hatte. Lediglich auf Verlangen ist der finanzierenden Bank eine Abrechnung zu erteilen.[28]

Ebenso wenig erhalten die **abzulösenden Gläubiger** eine Abrechnung, da deren Treuhandaufträge die Löschungs- oder Freistellungsunterlagen und nicht das verwahrte Geld betreffen.

26 Die **Art** der Abrechnung regelt § 27 Abs. 5 nicht. Sie liegt daher im **pflichtgemäßen Ermessen** des Notars.

Insbesondere genügt mE eine **Ablichtung des abgerechneten Massenbuches**.[29] Nachdem die DONot selbst ausdrücklich eine Buchung unter dem Datum des Eingangs der Kontoauszüge verlangt (§ 10 Abs. 3), wäre es ein Wertungswiderspruch, für die ebenfalls in der DONot geregelte Abrechnung davon abweichend die Angabe des Wertstellungsdatums verlangt. Allerdings dürfte sich empfehlen, in der Abrechnung selbst oder im Begleitschreiben darauf hinzuweisen, dass die Abrechnung jeweils das Eingangsdatum der Kontoauszüge und nicht das Wertstellungsdatum enthält;[30] nach anderer Ansicht ist dies sogar erforderlich.[31] Nach seinem Ermessen kann der Notar auch eine andere Art der Abrechnung wählen.[32]

Außerdem haben die Beteiligten ein **Einsichtsrecht** in sämtliche **Belege**.[33]

27 Einschränkungen in der Abrechnung (etwa in Form von Schwärzungen in der Kopie des Massenbuches oder einer nur auszugsweisen Abschrift) und in die Belegeinsicht können sich aus der **notariellen Verschwiegenheitspflicht** ergeben (§ 18 BNotO). So kann der Verkäufer den Notar anweisen, Höhe und Auszahlungsempfänger der einzelnen Ablösungsbeträge dem Käufer nicht mitzuteilen. Umgekehrt kann der Käufer den Notar anweisen, die Herkunft der einzelnen Finanzierungsbeiträge bei der Einzahlung auf Notaranderkonto dem Verkäufer nicht offenzulegen.[34] Ausnahmsweise muss der Notar auch ohne entsprechende Weisung eine eingeschränkte Abrechnung vorlegen, sofern ihm ausnahmsweise ein besonderes Geheimhaltungsbedürfnis offenkundig ist. Nach anderer Auffassung von *Lerch* verstoße hingegen die Übersendung einer Abschrift des Massebuches grds. gegen datenschutzrechtliche Bestimmungen.[35]

II. Kapitalertragssteuer

28 Da allein der Notar Inhaber des Anderkontos ist, erhält er auch die **Steuerbescheinigungen über abgeführte Kapitalertragssteuer.** Steuerpflichtig sind die Zinseinkünfte aber bei dem Beteiligten, dem sie vom Notaranderkonto ausgezahlt werden. Der Notar muss daher die Steuerbescheinigung an den hinsichtlich der Zinsen wirtschaftlich Berechtigten aushändigen.

---

[28] Auch hier kann der Notar die Abrechnung ggf. aufgrund eines Geheimhaltungsinteresses einer der Kaufvertragsparteien ohne Angaben erstellen, an welche abzulösenden Gläubiger ausgezahlt wurde.
[29] *Bettendorf* RNotZ Sonderheft 2001, 17; *Blaeschke* Rn. 1441; *Kersten* ZNotP 2001, 470 (475); Armbrüster/Preuß/Renner/*Renner* DONot § 27 Rn. 25; *Zimmermann* DNotZ 1985, 5 (19); aA Weingärtner/Gassen/*Weingärtner* DONot § 27 Rn. 39.
[30] Sonst könnten die Beteiligten falsche Schlüsse daraus ziehen und etwa annehmen, dass die Ein- oder Auszahlung verspätet sei.
[31] *Weingärtner*, Vermeidbare Fehler, Rn. 374; Weingärtner/Gassen/*Weingärtner* DONot § 27 Rn. 39.
[32] Vgl. das ausführliche Muster von Weingärtner/Gassen/*Weingärtner* DONot § 27 Rn. 41.
[33] LG Frankfurt a. M. DNotZ 1991, 765; anders für Zessionar: KG DNotZ 2004, 202.
[34] Armbrüster/Preuß/Renner/*Renner* DONot § 27 Rn. 24; Weingärtner/Gassen/*Weingärtner* DONot § 27 Rn. 39; *Zimmermann* DNotZ 1985, 5 (19). In Grenzfällen muss der Notar die Dienstaufsicht oder die Notarkammer bitten, die Abrechnung zu prüfen und dem nicht einsichtsberechtigten Beteiligten zu bestätigen, dass die Abrechnung richtig erfolgte.
[35] *Lerch* ZNotP 2001, 210 (215); *Lerch* DONot § 27 Rn. 13. In Grenzfällen muss der Notar die Dienstaufsicht oder die Notarkammer bitten, die Abrechnung zu prüfen und dem nicht einsichtsberechtigten Beteiligten zu bestätigen, dass die Abrechnung richtig erfolgte.

Steuerlicher Zuflusszeitpunkt ist der Zeitpunkt der **Auszahlungsfälligkeit**.[36] Erst dann ist die Steuerbescheinigung weiterzuleiten. (Vorher weiß der Notar jedenfalls noch nicht sicher, wem die Zinsen zustehen werden.)

Sind die Zinsen unter mehreren Berechtigten aufzuteilen und ist dem Notar das Aufteilungsverhältnis bekannt, so kann der Notar durch notarielle Bescheinigung eine **Aufteilung der einbehaltenen Steuer** vornehmen und jedem Berechtigten die Aufteilung je verbunden mit einer beglaubigter Kopie der Steuerbescheinigung zusenden; beides zusammen genügt als Nachweis gegenüber dem Finanzamt.[37] Andernfalls müssen die Beteiligten eine Erklärung zur einheitliche und gesonderte Feststellung der Zinseinkünfte durch das Finanzamt abgeben (§ 180 Abs. 1 Nr. 2 lit. a AO).

Freistellungsaufträge sind für das Notaranderkonto nicht möglich.[38]

III. Auskunftsrecht während laufender Verwahrung

Auch wenn § 666 BGB auf die öffentlich-rechtliche Verwahrung nicht unmittelbar anwendbar ist, haben die Beteiligten auch während laufender Verwahrung Anspruch, auf Verlangen Auskunft über den Stand der Verwahrung zu erhalten.[39]

6. Abschnitt. Herstellung der notariellen Urkunden

§ 28 Allgemeines

(1) ¹Im Schriftbild einer Urkunde darf nichts ausgeschabt oder sonst unleserlich gemacht werden. ²Wichtige Zahlen sind in Ziffern und Buchstaben zu schreiben.

(2) **Auf der Urschrift jeder Urkunde sowie auf jeder Ausfertigung oder Abschrift hat die Notarin oder der Notar die Nummer der Urkundenrolle und die Jahreszahl anzugeben.**

Übersicht

	Rn.
A. Allgemeines	1
B. Anforderungen an die Schrift (Abs. 1 S. 1)	3
I. Zweck des Abs. 1 S. 1	3
II. Verbotene Techniken	5
III. Zulässige Verfahren zur Vornahme von Änderungen in der Urkunde	7
1. Änderungen vor Abschluss der Niederschrift	8
2. Änderungen nach Abschluss der Niederschrift	9
IV. Änderungen in Büchern und Verzeichnissen	10
C. Wichtige Zahlen (Abs. 1 S. 2)	11
D. Lücken	15
E. Angabe der Urkundenrollennummer (Abs. 2)	18

---

[36] BFH BStBl. II 1986, 404 = BFHE 146, 59; BStBl. II 1994, 615 = BFHE 170, 183 = NJW 1993, 1942; BMF-Rundschreiben v. 6.6.1995, IV B 4 – S. 2252-186/95, DB 1995, 1252; FG Brandenburg DStRE 1999, 179; NdsFG EFG 1997, 1432; Korn/*Schiffers*, Stand: Juli 2003, EStG § 11 Rn. 25; ebenso jetzt Armbrüster/Preuß/Renner/*Renner* BeurkG § 58 Rn. 16 (anders noch 4. Aufl. § 54b Rn. 14); aA – steuerlicher Zufluss bereits mit Gutschrift auf dem Anderntarkonto: Lademann/*Fitsch* EStG § 11 Rn. 28.

[37] BMF Schreiben v. 26.10.1992 – IV B 4 – S. 2000-252/92, abgedruckt MittRhNotK 1992, 284 (287) (allgemein zu Fragen der Anwendung des Zinsabschlag) = auszugsweise Kurzfassung nur der Teile zum Notaranderkonto, DNotZ 1993, 1.

[38] BMF-Schreiben DNotZ 1993, 1 (2); ebenso etwa Armbrüster/Preuß/Renner/*Renner* BeurkG § 58 Rn. 17; *Schmidt* NJW 1993, 1569. Denn Gläubiger und Kontoinhaber sind nicht identisch.

[39] LG Frankfurt a. M. DNotZ 1991, 765.

A. Allgemeines

1 Abs. 1 hat seinen direkten Vorläufer in § 30 Abs. 1 DONot aF Satz 1 und wurde wörtlich übernommen, jedoch ergänzt um die einleitenden Worte „Im Schriftbild der Urkunde"; im Satz 2 wurden lediglich die Worte „in geeigneten Fällen" gestrichen. Abs. 2 der Vorschrift entspricht wörtlich § 10 der alten Fassung der DONot.

2 Ein Verstoß gegen die Vorschrift lässt die Wirksamkeit der Urkunde unberührt, kann aber deren Beweiskraft beeinträchtigen. Gemäß § 419 ZPO entscheidet das Gericht nach freier Überzeugung, „inwiefern Durchstreichungen, Radierungen, Einschaltungen oder sonstige äußere Mängel die Beweiskraft einer Urkunde ganz oder teilweise aufheben oder mindern."

2a § 36 BNotO ermächtigt das BMJV, durch Rechtsverordnung nähere Bestimmungen unter anderem für die von dem Notar zu führenden Akten zu treffen. Zu den Akten zählt auch die Urkundensammlung. Es ist nicht zwingend, jedoch vertretbar, deswegen in § 36 BNotO auch eine Ermächtigung dafür zu sehen, in die noch zu erlassende Rechtsverordnung Regelungen zur Art und Weise der Herstellung von Urkunden aufzunehmen. Der erste Entwurf für eine solche Rechtsverordnung sieht daher vor, die bisher in § 28 enthaltene Regelung wortgleich in die Verordnung aufzunehmen. Es wäre wünschenswert, bei dieser Gelegenheit die Vorschrift an die technische Entwicklung anzupassen. Heute dürfte es kaum noch ein „Ausschaben" einzelner Worte oder Buchstaben geben, sondern eher den Austausch ganzer Seiten durch Neuausdruck über die von dem Notar eingesetzte EDV.[1]

B. Anforderungen an die Schrift (Abs. 1 S. 1)

I. Zweck des Abs. 1 S. 1

3 Ein wichtiger Zweck des Beurkundungsverfahrens ist es, den Willen der Beteiligten in der Urkunde **beweiskräftig** festzuhalten. Die von dem Notar errichtete Urkunde muss zuverlässig Auskunft darüber geben, welche Willenserklärungen von den Beteiligten abgegeben (§ 8 BeurkG) oder welche sonstigen Erklärungen, Tatsachen oder Vorgänge von dem Notar entgegengenommen oder festgestellt wurden (§ 36 BeurkG). Gleiches gilt, wenn anstelle einer Niederschrift eine Urkunde in Vermerkform (§ 39 BeurkG) errichtet wurde. Um gar nicht erst Zweifel aufkommen zu lassen, verbietet deswegen Abs. 1 S. 1 Manipulationen an der Urkunde, ganz gleich, ob die Urkundsbeteiligten diese billigen oder nicht.

4 Die Vorschrift lässt nach ihrem Wortlaut („nichts") **keine Ausnahmen** zu. Gleichwohl wird die Auffassung vertreten, dass unbedeutende Schreibfehler von ihr nicht erfasst würden,[2] eine Einschränkung, die durchaus problematisch sein kann. Es trifft zwar zu, dass ein mit einer Urkunde konfrontiertes Gericht gem. § 419 ZPO nach freier Überzeugung zu entscheiden hat, ob in der Urkunde erkennbare Veränderungen deren Beweiskraft aufheben oder mindern; dank des darin liegenden Beurteilungsspielraums kann es selbstverständlich im konkreten Einzelfall zu dem Ergebnis kommen, dass kleinere Veränderungen ohne Bedeutung für den Beweiswert der Urkunde bleiben. Dies ist aber letztlich die Entscheidung des Gerichts und nicht des Notars. Dieser hat dienstrechtlich dafür zu sorgen, dass gar nicht erst Zweifel an der Authentizität der von ihm errichteten Urkunde entstehen können. Es gibt auch keine praktische Notwendigkeit, in Urkunden etwas auszuschaben oder unleserlich zu machen. Wichtig ist, dass Veränderungen erkennbar bleiben; sind sie wirklich geringfügig, braucht der Notar sie noch nicht einmal mit einem Vermerk zu

---

[1] So zu Recht Armbrüster/Preuß/Renner/*Eickelberg* DONot § 28 Rn. 1.
[2] Weingärtner/Gassen/Sommerfeldt/*Weingärtner* DONot § 28 Rn. 8.

versehen (§ 44a Abs. 1 S. 1 BeurkG). Die in Abs. 1 S. 1 angesprochenen Korrekturtechniken sollten deswegen generell tabu sein. In Zeiten moderner Textverarbeitung haben sie ohnehin an Relevanz verloren.

Durch einen Verstoß gegen § 28 Abs. 1 verletzt der Notar eine **Dienstpflicht;** es handelt sich keinesfalls nur um eine „Lappalie", da der Notar die volle Beweiskraft der Urkunde (§ 415 ZPO) sicherzustellen hat. Unerheblich ist dabei, ob sich der unleserlich gewordene Teil mit anderen Hilfsmitteln aus der Urkunde im Nachhinein erschließen lässt. Ohne Belang ist auch, ob die Urkundsbeteiligten auf Grund der Nichtbeachtung dieser Vorschrift zu Schaden gekommen oder ihre Interessen zumindest konkret gefährdet worden sind. Dienst- und disziplinarrechtlich maßgebend sind allein die abstrakten Gefahren, denen die Vorgaben des § 28 begegnen sollen.[3]

II. Verbotene Techniken

Verboten ist zunächst, im Schriftbild der Urkunde **Ausschabungen** vorzunehmen. Gedacht ist dabei insbesondere an das Wegschaben mit Rasierklingen, eine Technik, die heute kaum noch aktuell sein dürfte. Es darf aber auch nichts **„sonst unleserlich"** gemacht werden. Dem Notar ist daher jede Technik untersagt, mit der ein einmal auf Papier niedergeschriebenes Zeichen „unsichtbar" gemacht wird, sei es, um die Stelle frei zu lassen, sei es, um ein anderes Zeichen an die frei gewordene Stelle zu setzen. Beispiele hierfür sind das Überkleben, das Auftragen von „Tipp-Ex®" oder von Korrekturstreifen, das korrigierende Überschreiben mit der Schreibmaschine oder von Hand.[4] Auch ein vollständiges, flächiges Durchstreichen mit einem breiten Stift oder ein Unkenntlichmachen mit „XXX" kommen nicht in Betracht.

Beim Einsatz von Schreibmaschinen – soweit es sie denn überhaupt noch gibt – dürfen keine **Korrekturbänder** angewandt werden.[5] Die Auffassung, das könne dann nicht gelten, wenn – namentlich bei der Verwendung **druckkorrekturfähiger Schreibmaschinen** – die Korrektur so perfekt durchgeführt werde, dass sie überhaupt nicht mehr erkennbar und infolgedessen eine Beeinträchtigung des Beweiswerts der Urkunde nicht zu erwarten sei,[6] überzeugt nicht. Sie liefe darauf hinaus, dass plumpe Änderungen verboten, perfekt durchgeführte aber, die praktisch unsichtbar sind, erlaubt wären. Wäre dies richtig, müsste man generell danach differenzieren können, ob die Manipulation im konkreten Fall für den Beweiswert der Urkunde von Bedeutung ist oder nicht. Dies aber kann kein akzeptables Kriterium für die Arbeitsweise des Notars sein. Andernfalls hinge das Ergebnis von subjektiven Einschätzungen ab, womit der Beweiswert jeder Urkunde untergraben würde. Deswegen hat der Notar jede Manipulation an einmal niedergeschriebenen Zeichen zu unterlassen, ganz gleich, ob die Veränderung konkret geeignet ist, den Beweiswert der Urkunde zu beeinträchtigen.

III. Zulässige Verfahren zur Vornahme von Änderungen in der Urkunde

Es ist zu unterscheiden zwischen Änderungen, die vor Abschluss der Niederschrift vorgenommen werden, und solchen, die nach Beendigung der Beurkundung erforderlich werden.

1. Änderungen vor Abschluss der Niederschrift. Die Regelungen für Änderungen, die während der Beurkundung vorgenommen werden, sind nunmehr in § 44a Abs. 1 BeurkG enthalten.

---

[3] OLG Celle Beschl. v. 23.1.2002 – Not 18/01, juris.
[4] OLG Celle Beschl. v. 23.1.2002 – Not 18/01, juris.
[5] Im Einzelfall ist die Abgrenzung schwierig, wie zwei Mitteilungen des Niedersächsischen Justizministeriums (DNotZ 1973, 516; 1974, 132) zeigen.
[6] So Armbrüster/Preuß/Renner/*Eickelberg* DONot § 28 Rn. 3; ebenso BeckOK BNotO/*Bracker* DONot § 28 Rn. 3. Letztlich hat sich diese Streitfrage inzwischen aber dadurch erledigt, dass – soweit ersichtlich – nur noch höchst selten Schreibmaschinen verwendet werden.

9 **2. Änderungen nach Abschluss der Niederschrift.** Offensichtliche Unrichtigkeiten können auch nach Abschluss der Beurkundung noch korrigiert werden. Allerdings dürfen dazu nicht in der Urkunde selbst Korrekturen vorgenommen werden. Vielmehr ist am Schluss der Urkunde (nach den Unterschriften) oder auf einem gesonderten Blatt (das dann mit der Urkunde zu verbinden ist) ein **Nachtragsvermerk** niederzulegen. Diese früher in der DONot enthaltene Regelung ist jetzt Gegenstand des § 44a Abs. 2 S. 1 und S. 2 BeurkG.

Sind nachträglich mehr als nur offensichtliche Unrichtigkeiten zu ändern, bleibt nur übrig, eine **Nachtragsbeurkundung** vorzunehmen (§ 44a Abs. 2 S. 3 BeurkG).

IV. Änderungen in Büchern und Verzeichnissen

10 Für die von dem Notar zu führenden Bücher (Urkundenrolle, Massenbuch, Verwahrungsbuch) wird in § 7 Abs. 2 geregelt, in welcher Form Änderungen vorgenommen werden dürfen. Für die Verzeichnisse des Notars (Erbvertragsverzeichnis, Anderkontenliste, Namensverzeichnisse, Dokumentation zur Einhaltung der Mitwirkungsverbote, Kostenregister) fehlt es an einer entsprechenden Regelung.

C. Wichtige Zahlen (Abs. 1 S. 2)

11 Wichtige Zahlen sind in Ziffern *und* in Buchstaben zu schreiben. Zweck dieser Regelung ist, fehlerhafte Angaben zu vermeiden. Die Wiederholung soll zur Kontrolle der Angaben zwingen. Auch sollen Fälschungen erschwert werden. Es ist nicht ausreichend, eine Zahl nur in Buchstaben zu schreiben. Sie muss dann auch nochmals in Ziffern wiederholt werden.

12 Welche Zahlen „**wichtig**" im Sinne dieser Vorschrift sind, hängt von dem Inhalt des Rechtsgeschäfts ab. Wichtig sind in der Regel solche Zahlen, die nach dem Willen der Beteiligten für die Durchführung des Geschäfts Bedeutung haben: Immer dann, wenn eine Unsicherheit bezüglich einer Zahl die Ausgewogenheit des Vertragsgefüges beeinträchtigen kann, handelt es sich im Zweifel um eine wichtige Zahl.

13 **Nicht als wichtig** sind die Nummern von Grundstücksblättern oder Flurstücken anzusehen.[7] Über das verkaufte oder belastete Grundstück besteht in aller Regel – auch bei einer falschen Bezifferung – keine wirkliche Unsicherheit, da die fragliche Immobilie durch die handelnden Personen, durch eine Straßenbezeichnung oder auch durch die vorangegangene Besichtigung konkretisiert ist. Das **Urkundsdatum** muss auch nicht in Buchstaben wiederholt werden, da insoweit ein Missverständnis kaum vorstellbar erscheint, zumal sich das Datum auch über die Urkundenrolle des Notars rekonstruieren lässt. Allenfalls dann, wenn gerade dem Datum eine für das Rechtsgeschäft entscheidende (zB fristwahrende) Bedeutung zukommt und befürchtet werden muss, dass bei der Verwendung der Urkunde für einzelne Beteiligte ein großer Anreiz zu Manipulationen bestehen könnte, sollte der Notar sicherheitshalber das Urkundsdatum in Buchstaben wiederholen. Allerdings gibt es insoweit regional ganz unterschiedliche Auffassungen.

14 Eine Missachtung dieser Vorschrift berührt die Wirksamkeit der Protokollierung nicht. Allerdings kann der Beweiswert der Urkunde beeinträchtigt sein, wenn es an der Wiederholung einer wichtigen Zahl in Buchstaben bzw. Ziffern fehlt und deswegen Zweifel am Inhalt entstehen.[8] Erst recht gilt dies, wenn ein Widerspruch zwischen der Zahlenangabe und der Angabe in Worten besteht. Einen solchen Fehler kann der Notar aber im Wege der Schreibfehlerberichtigung nach § 44a Abs. 2 S. 1 BeurkG beheben.[9]

---

[7] Ebenso Armbrüster/Preuß/Renner/*Eickelberg* DONot § 28 Rn. 9.
[8] AA BeckOK BNotO/*Bracker* DONot § 28 Rn. 4.
[9] Armbrüster/Preuß/Renner/*Eickelberg* DONot § 28 Rn. 8.

D. Lücken

§ 30 Abs. 2 aF schrieb vor, dass Lücken in einer Urkunde „soweit erforderlich" durch **15** Füllstriche gegen nachträgliche Einschaltungen zu sichern seien. Diese Vorschrift ist bei der Neufassung der DONot als „nicht mehr praxisgerecht" entfallen.[10]

In der Tat mag es sein, dass es – im Zeitalter der elektronischen Datenverarbeitung – **16** inzwischen seltener zu Lücken in notariellen Urkunden kommt. Die Erfahrung zeigt aber, dass es sie nach wie vor geben kann. Jede Lücke provoziert die Gefahr, dass sie nachträglich mit einem bei der Beurkundung nicht vereinbarten Text gefüllt wird. Aus Lücken kann also ein **Fälschungsrisiko** erwachsen. Der Notar ist nach § 29 Abs. 1 jedoch gehalten, Urkunden „fälschungssicher" herzustellen. Diese Forderung bezieht sich zwar in erster Linie auf die Technik der Urkundsherstellung, doch folgt aus dem Beurkundungszweck auch die Pflicht des Notars, bei der Gestaltung einer Urkunde unnötige Fälschungsrisiken soweit wie möglich zu vermeiden. Der Notar sollte daher weiterhin Lücken immer dann durch **Füllstriche** gegen nachträgliche Einschaltungen sichern, wenn mit einer solchen Einschaltung eine bedeutsame Änderung der Rechtsfolgen eintreten kann.[11] Die Sicherung der Lücken liegt auch im eigenen Interesse des Notars, da ein durch viele Lücken begünstigter Manipulationsverdacht sich in erster Linie gegen ihn selbst richten würde. Besonders häufig treten Lücken in Formularen auf, die dem Notar für Beurkundungszwecke zur Verfügung gestellt werden (zB von Kreditinstituten bei der Grundpfandrechtsbestellung). Auch hier sollte der Notar zumindest an „gefährlichen" Stellen Füllstriche einfügen.

Die Sicherung von Lücken ist nicht nur in der Urschrift, sondern auch und gerade in **17** **Ausfertigungen** und Abschriften sinnvoll, da diese in den Rechtsverkehr gebracht werden und damit für Manipulationen besonders geeignet sind. Deswegen schreibt § 42 Abs. 2 BeurkG für **die Beglaubigung einer Abschrift** ausdrücklich vor, dass der Notar in Fällen, in denen die ihm vorgelegte Urkunde Lücken enthält, die dafür sprechen, dass der ursprüngliche Inhalt der Urkunde geändert wurde, er dies in dem Beglaubigungsvermerk festzustellen hat, sofern sich dies nicht bereits aus der Abschrift selbst ergibt.

E. Angabe der Urkundenrollennummer (Abs. 2)

Auf jeder Urschrift, Ausfertigung und Abschrift einer Urkunde hat der Notar die **18** Nummer der Urkundenrolle und die Jahreszahl (§ 8 Abs. 3) anzugeben. In Kanzleien mit mehreren Notaren ist es häufig üblich und auch zulässig, der Urkundenrollennummer einen individualisierenden Zusatz (zB einen Buchstaben) anzufügen, um einen Vorgang schnell dem für die Sache zuständigen Notar zuordnen zu können. Die Urkundenrollennummer ist Teil der Urkunde, sie muss also räumlich so angeordnet werden, dass sie mit dieser eine Einheit bildet und von der Unterschrift des Notars gedeckt ist.

Im Fall der **notariellen Niederschrift** gehört sie auf die erste Seite. Üblicherweise **19** beginnt eine Urkunde mit der Bezeichnung des Notars und der Beteiligten (§ 9 Abs. 1 S. 1 Nr. 1 BeurkG) sowie der Angabe von Ort und Tag der Verhandlung (§ 9 Abs. 2 BeurkG). Es reicht deswegen nicht aus, wenn die Urkundenrollennummer lediglich auf eine zusätzliche Hülle oder Einbanddecke gesetzt wird, da diese nicht Teil der eigentlichen Niederschrift sind. Entsprechendes gilt für Urkundendeckblätter, wie sie in verschiedenen Richtlinien regionaler Notarkammern (jeweils im Abschnitt VI) angesprochen werden. Sie

---

[10] Diese Auffassung überrascht, wenn man bedenkt, dass andererseits der Gesetzgeber mit § 42 Abs. 2 BeurkG von dem Notar verlangt, im Fall der Beglaubigung einer Abschrift im Beglaubigungsvermerk festzuhalten, wenn die ihm vorgelegte Urkunde Lücken aufweist.
[11] Im Ergebnis ebenso Weingärtner/Gassen/Sommerfeldt/*Weingärtner* DONot § 28 Rn. 11; etwas großzügiger Armbrüster/Preuß/Renner/*Eickelberg* DONot § 28 Rn. 11.

20 Bei **Unterschriftsbeglaubigungen** gehört die Angabe der Urkundenrollennummer unmittelbar vor den Beglaubigungsvermerk des Notars, nicht aber vor den Text, unter dem die von dem Notar zu beglaubigende Unterschrift steht, selbst wenn der Notar diesen Text selbst entworfen hat.

21 Aus § 8 Abs. 3 ergibt sich, dass die Nummern der Urkundenrolle für jedes Kalenderjahr fortlaufend zu vergeben sind. Erforderlich ist daher immer auch die Angabe der **Jahreszahl** zur Urkundenrollennummer, wobei eine abgekürzte Jahreszahl ausreichend sein dürfte.

§ 29 Herstellung der Urschriften, Ausfertigungen und beglaubigten Abschriften[1]

(1) Urschriften, Ausfertigungen und beglaubigte Abschriften notarieller Urkunden sind so herzustellen, dass sie gut lesbar, dauerhaft und fälschungssicher sind.

(2) [1]Es ist festes holzfreies weißes oder gelbliches Papier in DIN-Format zu verwenden. [2]Es dürfen ferner nur verwendet werden:

– blaue oder schwarze Tinte und Farbbänder, sofern sie handelsüblich als urkunden- oder dokumentenecht bezeichnet sind, z.B. auch unter Einsatz von Typenradschreibmaschinen oder Matrixdruckern (Nadeldruckern),
– blaue oder schwarze Pastentinten (Kugelschreiber), sofern Minen benutzt werden, die eine Herkunftsbezeichnung und eine Aufschrift tragen, die auf die DIN 16554 oder auf die ISO 12757-2 hinweist,
– in klassischen Verfahren und in schwarzer oder dunkelblauer Druckfarbe hergestellte Drucke des Buch- und Offsetdruckverfahrens,
– in anderen Verfahren (z.B. elektrografische/elektrofotografische Herstellungsverfahren) hergestellte Drucke oder Kopien, sofern die zur Herstellung benutzte Anlage (z.B. Kopiergeräte, Laserdrucker, Tintenstrahldrucker) nach einem Prüfzeugnis der Papiertechnischen Stiftung (PTS) in Heidenau (früher der Bundesanstalt für Materialforschung und -prüfung in Berlin) zur Herstellung von Urschriften von Urkunden geeignet ist,
– Formblätter, die in den genannten Druck- oder Kopierverfahren hergestellt worden sind.

(3) Bei Unterschriftsbeglaubigungen, für Abschlussvermerke in Niederschriften, für Vermerke über die Beglaubigung von Abschriften sowie für Ausfertigungsvermerke ist der Gebrauch von Stempeln unter Verwendung von haltbarer schwarzer oder dunkelblauer Stempelfarbe zulässig.

(4) [1]Vordrucke, die der Notarin oder dem Notar von einem Urkundsbeteiligten zur Verfügung gestellt werden, müssen den Anforderungen dieser Dienstordnung an die Herstellung von Urschriften genügen; insbesondere dürfen sie keine auf den Urheber des Vordrucks hinweisenden individuellen Gestaltungsmerkmale (Namensschriftzug, Firmenlogo, Signet, Fußzeile mit Firmendaten u. Ähnl.) aufweisen; der Urheber soll am Rand des Vordruckes angegeben werden. [2]Dies gilt nicht bei Beglaubigungen ohne Entwurf.

Übersicht

	Rn.
A. Allgemeines	1
B. Lesbarkeit, Dauerhaftigkeit und Fälschungssicherheit (Abs. 1)	3
I. Lesbarkeit	5

---

[1] **Bayern:** „Zu § 29 DONot: § 29 Abs. 2 Satz 2 1. und 2. Spiegelstrich der Dienstordnung gelten für die Unterschrift der Beteiligten und des Notars entsprechend."

	Rn.
II. Dauerhaftigkeit	9
III. Fälschungssicherheit	10
C. Herstellungsverfahren (Abs. 2)	12
I. Papier	13
1. Qualität des Papiers	13
2. Farbe	14
3. Format	15
II. Schreibmittel	17
1. Tinte	17
2. Farbbänder	22
3. Kugelschreiber	23
4. Buch- und Offsetdruckverfahren	24
5. Andere Druck- oder Kopierverfahren	26
6. Unzulässige Schreibmittel	29
D. Karten, Zeichnungen oder Abbildungen als Anlagen zur Niederschrift	29a
E. Stempel (Abs. 3)	30
F. Verwendung von fremden Vordrucken (Abs. 4)	32
I. Herstellungstechnik	33
II. Individuelle Gestaltungsmerkmale/Urheberangabe	35

A. Allgemeines

Abs. 1 stellt einen allgemeinen Maßstab dafür auf, welche **schreibtechnischen Anforderungen** Urschriften, Ausfertigungen (§§ 47 bis 49 BeurkG) und beglaubigte Abschriften (§ 42 BeurkG) notarieller Urkunden erfüllen müssen. Er formuliert so einen Obersatz, der dann durch Abs. 2 und Abs. 3 näher ausgestaltet wird. **1**

Ein Verstoß gegen die Vorschrift des § 29 ist für die Wirksamkeit der Urkunde ohne Bedeutung.[2] Er kann jedoch die Beweiskraft der Urkunde beeinträchtigen (vgl. § 419 ZPO). **2**

Obwohl heute die meisten Urkunden mittels elektronischer Datenverarbeitungsanlagen gefertigt und damit in aller Regel auch dort abgespeichert werden, vermag die elektronische Archivierung von Urkunden derzeit mangels gesetzlicher Grundlagen die Archivierung der Urkunden in Papierform nicht zu ersetzen. Dies ändert sich voraussichtlich zum 1.1.2022, da ab diesem Tag Notare nach § 56 BeurkG-2022 verpflichtet sein werden, die nach wie vor in Papierform zu erstellenden Urkunden auch in die Form eines elektronischen Dokuments zu übertragen. Dieses ist aber auch dann nicht auf dem Rechner des Notars, sondern in dem von der Bundesnotarkammer zu errichtenden Elektronischen Urkundenarchiv (§ 78h BNotO) abzulegen, wo es dann 100 Jahre lang zur Verfügung gehalten werden muss. **2a**

Die Verordnungsermächtigung des § 36 BNotO befasst sich nicht ausdrücklich mit den Methoden zur Herstellung beweiskräftiger Urkunden, wohl aber mit den Akten des Notars. Zu diesen zählt auch die Urkundensammlung. Bei großzügiger Auslegung kann man hierin die Ermächtigung sehen, auch das Verfahren zur Herstellung der für die Urkundensammlung bestimmten Urkunden zu regeln. Der erste Entwurf dieser Verordnung sieht dementsprechend vor, § 29 Abs. 1 wortgleich in die Verordnung aufzunehmen, während Abs. 2 bis Abs. 4 als Detailregelungen weiterhin der DONot vorbehalten bleiben sollen. **2b**

B. Lesbarkeit, Dauerhaftigkeit und Fälschungssicherheit (Abs. 1)

Urschriften, Ausfertigungen und **beglaubigte Abschriften** müssen von dem Notar in lesbarer, dauerhafter und fälschungssicherer Art hergestellt werden. Diese Anforderungen **3**

---

[2] BGH NJW 1960, 2336; OLG Hamm FGPrax 2012, 193.

gelten nicht für **einfache Abschriften** und **Vermerkblätter;** sie kann der Notar in einfacher Art und Weise herstellen.

4 Im Fall der **Unterschriftsbeglaubigung** ist die Vorschrift grundsätzlich nur von Bedeutung für den Beglaubigungsvermerk des Notars, nicht jedoch für den Text, unter dem der Beteiligte seine Unterschrift geleistet hat; anders allerdings dann, wenn der Notar auch diesen Text entworfen hat.[3]

I. Lesbarkeit

5 Die verwendete Herstellungstechnik muss zu einem gut lesbaren Schriftbild führen. Da Urkunden heute praktisch ausschließlich unter Verwendung von EDV-Anlagen erstellt werden, sollte die Lesbarkeit kein Problem darstellen, wenn die verwendeten technischen Einrichtungen in Ordnung sind. Die Lesbarkeit kann allerdings auch dadurch beeinträchtigt werden, dass die Zeichen sehr klein und/oder sehr mager auf das Papier gebracht werden. Auch ein engzeiliges Beschreiben der Seite von Rand zu Rand kann in Extremfällen einen Verstoß gegen Abs. 1 darstellen, der freilich die Wirksamkeit der Urkunde unberührt lässt, solange es überhaupt möglich ist, den Text zu entziffern.

6 Wird eine Urkunde doch einmal **von Hand geschrieben** oder nimmt der Notar **von Hand Änderungen in der Urkunde** vor, so muss nicht nur darauf geachtet werden, dass zulässige Schreibmittel iSd Abs. 2 S. 2 verwandt werden. Auch auf die Lesbarkeit iSd Abs. 1 ist zu achten. Es reicht also nicht aus, wenn nur die langjährige Sekretärin des Notars dessen Handschrift zu lesen vermag. Vielmehr muss auch ein Dritter, der mit der Handschrift des Notars nicht vertraut ist, diese so lesen können, dass inhaltliche Unsicherheiten ausgeschlossen sind. Dies ist deswegen erforderlich, weil es auch in Fällen, in denen der Notar oder mit seiner Handschrift vertraute Personen nicht (mehr) zur Verfügung stehen, möglich sein muss, beispielsweise eine Abschrift der Urkunde herzustellen. In Zweifelsfällen empfiehlt es sich, zusätzlich zu dem Original der Urkunde eine beglaubigte (Lese-) Abschrift in die Urkundensammlung aufzunehmen.

7 Nicht selten verwenden Notare – meist aus Zeitnot – bei der Einfügung handschriftlicher Änderungen in einen Urkundstext **Kürzel**. Dann sind allerdings auch nur diese Kürzel Gegenstand der Niederschrift mit der Folge, dass sie auch nur in dieser (nicht etwa in ausgeschriebener) Form in Ausfertigungen und Abschriften übernommen werden dürfen. Kürzel, die nicht allgemein üblich sind, können darüber hinaus die Lesbarkeit iSd Abs. 1 beeinträchtigen. Die Verwendung einer Kurzschrift ist deswegen unzulässig.[4]

8 Bei der Erstellung der Urschrift ist darauf zu achten, dass nur die Blätter, die bei der Protokollierung den Beteiligten vorlagen, die Niederschrift darstellen. **Keinesfalls** dürfen – um der besseren Lesbarkeit willen – nachträglich diese **Blätter** gegen Reinschriften **ausgetauscht** werden.[5]

II. Dauerhaftigkeit

9 Die Dauerhaftigkeit der Urkunde, Ausfertigung oder beglaubigten Abschrift hängt in erster Linie von dem verwendeten Papier und den eingesetzten Schreibmitteln ab. Hierzu enthält Abs. 2 abschließende Regelungen. Es versteht sich aber von selbst, dass eine absolute Dauerhaftigkeit, die den Bestand der Urkunde für alle Ewigkeiten garantiert,

---

[3] Eine derartige Ausnahme wird zwar ausdrücklich nur von § 29 Abs. 4 S. 2 angeordnet, einer speziellen Vorschrift zu der Verwendung von Vordrucken durch den Notar. Diese Vorschrift ist jedoch als allgemeines Prinzip zu begreifen. Der (nicht von dem Notar selbst entworfene) Text über der Unterschrift kann nicht den strengen Regeln des BeurkG und der DONot unterfallen, da es nach § 40 Abs. 5 BeurkG sogar möglich ist, eine Unterschrift ohne zugehörigen Text zu beglaubigen.

[4] Ebenso Armbrüster/Preuß/Renner/*Eickelberg* DONot § 29 Rn. 6.

[5] Der Austausch von Seiten der Niederschrift kann sich als Verwahrungsbruch (§ 133 StGB) oder als Falschbeurkundung im Amt (§ 348 StGB) darstellen (OLG Zweibrücken NStZ 2000, 201) und eine Amtsenthebung rechtfertigen (BGH DNotZ 1999, 350). Vgl. zur Problematik auch OLG Hamm DNotZ 2001, 129. Zumindest aber wird der Beweiswert der Urkunde beeinträchtigt (BGH NJW 2003, 2764).

weder gefordert noch gewährleistet werden kann. Dies gilt umso mehr, als inzwischen § 5 Abs. 4 S. 1 vorsieht, die Urkunden nach 100 Jahren zu vernichten. Es muss also ausreichen, wenn sie so dauerhaft gestaltet sind, dass sie auch am Ende dieser Frist noch gelesen werden können.

Mit der Einführung des von der Bundesnotarkammer zu betreibenden Elektronischen **9a** Urkundenarchivs (§ 78h BNotO), in dem der Notar die von ihm errichteten Urkunden in elektronischer Form ablegen soll, wird voraussichtlich die Aufbewahrungsfrist für die Urkunden in Papierform auf 30 Jahre verkürzt werden.[6] Dies ändert aber nichts daran, dass Urkunden generell so hergestellt werden müssen, dass sie (mindestens) 100 Jahre Bestand haben. So sieht § 34 Abs. 4 BeurkG-2022 vor, dass letztwillige Verfügungen nicht in die elektronische Form übertragen, sondern weiter nur in Papierform aufbewahrt werden, sei es in der amtlichen Verwahrung, sei es in der gesonderten Erbvertragssammlung des Notars. Auch Ausfertigungen und beglaubigte Abschriften sollten weiterhin mindestens diese Zeit physisch Bestand haben. Deswegen muss trotz der vorgesehenen elektronischen Archivierung weiter auf die ausreichende Dauerhaftigkeit der Papier-Urkunde geachtet werden.

III. Fälschungssicherheit

Die geforderte Fälschungssicherheit ist in erster Linie eine Frage des **Herstellungsver-** **10** **fahrens.** Hierzu enthält Abs. 2 detaillierte Regelungen. Auch insoweit gilt aber: Eine absolute Fälschungssicherheit kann weder gefordert noch gewährleistet werden. Zu dem Herstellungsverfahren gehört auch die äußere Gestaltung der Urkunde. Die Verwendung sehr kleiner, magerer Schriftzeichen kann die Fälschungssicherheit ebenso beeinträchtigen, wie das Unterbleiben der Wiederholung von wichtigen Zahlen in Ziffern und Buchstaben (s. hierzu § 28 Abs. 1 S. 2).

Die Fälschungssicherheit der Urkunde, aber insbesondere auch die der (meist durch **11** Fotokopie hergestellten) Ausfertigungen und beglaubigten Abschriften wird beeinträchtigt, wenn der Urkundstext **Lücken** aufweist, die mit nachträglichen Einschaltungen so ergänzt werden können, dass der rechtsgeschäftliche Inhalt der Urkunde damit verändert wird. Zwar verlangt die DONot – im Gegensatz zu früher – nicht mehr ausdrücklich, dass derartige Lücken durch Füllstriche gegen spätere Einschübe gesichert werden, doch wird dies gleichwohl vor dem Hintergrund des Abs. 1 in vielen Fällen geboten sein.[7]

C. Herstellungsverfahren (Abs. 2)

Für die Herstellung von **Urschriften, Ausfertigungen** und **beglaubigten Abschrif-** **12** **ten** notarieller Urkunden werden hinsichtlich des Herstellungsverfahrens bestimmte Mindestanforderungen gestellt. Ausgenommen hiervon sind **einfache Abschriften** und **Vermerkblätter.** Im Fall der Unterschriftsbeglaubigung erfasst die Vorschrift nur den Beglaubigungsvermerk des Notars, nicht jedoch den Text, unter den der Beteiligte seine Unterschrift gesetzt hat, es sei denn, dieser wurde von dem Notar entworfen.[8]

I. Papier

1. Qualität des Papiers. Es ist festes und **holzfreies** Papier zu verwenden. Ob ein **13** Papier holzfrei ist, wird regelmäßig vom Hersteller angegeben. Die **Festigkeit** des Papiers ist vor dem Hintergrund des Abs. 1 zu beurteilen, der unter anderem verlangt, dass die Urschrift, Ausfertigung oder beglaubigte Abschrift der Urkunde „dauerhaft" sein muss. Da die Urkunden des Notars 100 Jahre lang aufzubewahren sind (§ 5 Abs. 4 S. 1 1. Spiegelstrich), muss das Papier so fest sein, dass es eine dauerhafte Existenz der Urkunde während

---

[6] *Damm* DNotZ 2017, 426 (439).
[7] → § 28 Rn. 15 ff.
[8] → Rn. 4.

dieser Aufbewahrungszeit gewährleistet. Ob angesichts der im Gegensatz zu früher nunmehr begrenzten Aufbewahrungszeit die Verwendung qualitativ hochwertigen, aber holzhaltigen Recyclingpapiers noch als problematisch angesehen werden kann, wird mit gutem Grund angezweifelt.[9] Soweit bekannt, verwendet die PTS für ihre Prüfungen 80-Gramm-Papier, so dass davon ausgegangen werden kann, dass dieses die Bedingung „festes Papier" erfüllt.[10]

14 **2. Farbe.** Das Papier muss **weiß** oder **gelblich** sein. Aufgabe der notariellen Urkunde ist es, einen rechtlich bedeutsamen Vorgang zuverlässig zu dokumentieren. Werbe- oder Marketinggesichtspunkte spielen dabei keine Rolle. Im Übrigen lassen sich von farbigem Papier nur schlecht Kopien zur Herstellung von Ausfertigungen und Abschriften fertigen.

15 **3. Format.** Das verwendete Papier muss **DIN-Format** haben. Am gebräuchlichsten ist sicher das Format DIN A 4, doch sind auch andere Formate möglich. Bei der Auswahl des Formats hat der Notar stets zu beachten, dass die Urschriften, Ausfertigungen und beglaubigten Abschriften gut lesbar und fälschungssicher sein müssen (Abs. 1).

16 Vor dem Hintergrund zunehmender internationaler Verflechtungen erscheint die starre Anknüpfung an das deutsche DIN-Format allzu provinziell. Beurkundet der Notar zB einen Vertrag für eine amerikanische Firma, ist nicht recht einzusehen, warum er für diese Beurkundung nicht Papier im US-Format benutzen darf.[11] Auch mit diesem Format lassen sich dauerhafte und fälschungssichere Urkunden erstellen.

Von ihrem Sinn und Zweck her kann diese Vorschrift keine Anwendung auf **Anlagen zu einer notariellen Urkunde** iSd § 9 Abs. 1 S. 2 BeurkG finden. Es liegt in der Natur der Sache, dass insbesondere für Karten und Zeichnungen häufig ganz andere, nicht DIN-gerechte Formate verwendet werden. Gleiches gilt für Abbildungen (zB Fotos), die der Urkunde nach dieser Vorschrift beigefügt werden. Da der Gesetzgeber mit § 9 Abs. 1 S. 2 BeurkG die Bezugnahme auf derartige Anlagen zulassen wollte, können nicht durch die DONot als Verwaltungsvorschrift Anforderungen gestellt werden, mit denen diese Bezugnahme praktisch unmöglich gemacht würde.[12] Es muss deswegen ausreichen, wenn die Formate der genannten Anlagen so beschaffen sind, dass diese den Vorgaben des § 29 Abs. 1 entsprechen, also insbesondere lesbar und dauerhaft sind. Eine weitere praktische Grenze zieht § 31. Anlagen müssen zumindest so groß sein, dass sie mit Schnur und Siegel der Niederschrift beigefügt werden können.

II. Schreibmittel

17 **1. Tinte.** Die Urkunde darf nur mit **blauer oder schwarzer** Tinte geschrieben werden. Es dürfte heute aber ohnehin die Ausnahme sein, dass Urkunden von Hand mit Tinte geschrieben werden. Bei Änderungen, die während der Beurkundung vorgenommen werden, findet Tinte aber nach wie vor Verwendung.

18 Die Festlegung, dass nur blaue oder schwarze Tinte verwendet werden darf, dient in erster Linie dazu, für ein sachliches Erscheinungsbild der Urkunde zu sorgen. Ansonsten könnten bunte Effekthaschereien leicht die Ziele des Beurkundungsverfahrens gefährden. Im Übrigen eignen sich die vorgeschriebenen Farben erfahrungsgemäß gut für die Herstellung von Ablichtungen. Um die Unterscheidung des Originals von der Kopie zu erleichtern, empfiehlt es sich, mit blauer Farbe zu unterschreiben.

19 Die Tinte muss außerdem vom Hersteller als **„urkundenecht"** oder als **„dokumentenecht"** bezeichnet werden. Auf die entsprechenden Angaben des Herstellers darf sich der Notar verlassen.

---

[9] So von *Krebs* MittBayNot 2005, 363. AA *Bettendorf* DNotZ 2011, 331 (336).
[10] *Bettendorf* DNotZ 2011, 331 (337).
[11] Ebenso Armbrüster/Preuß/Renner/*Eickelberg* DONot § 29 Rn. 14; aA *Lerch* DONot § 29 Rn. 4.
[12] Im Ergebnis ebenso Gutachten DNotI-Report 2007, 60 (62).

Bei der Neufassung der Vorschrift wurde leider die alte Streitfrage, ob sich die Vorschrift **20** auch auf die **Unterschriften** bezieht, nicht beantwortet.[13] Da aber eine Urkunde erst mit der Unterschrift „hergestellt" ist,[14] ist kein Grund ersichtlich, warum an ihre Ausgestaltung – insbesondere im Hinblick auf Beständigkeit und Fälschungssicherheit – geringere Anforderungen gestellt werden sollen als an den Text der Urkunde.[15] Freilich dürfen die Anforderungen an den Notar auch nicht überspannt werden. Möchte beispielsweise ein Urkundsbeteiligter die Urkunde mit seinem eigenen Füllfederhalter unterschreiben, ist der Notar nicht verpflichtet, zunächst die Eignung der verwendeten Tinte zu überprüfen, es sei denn, dass sich ihm Zweifel aufdrängen müssen.[16] Wie und in welcher Reihenfolge zu unterschreiben ist, ergibt sich aus § 13 Abs. 1 S. 1, Abs. 3 BeurkG.

So genannte **Tintenstrahldrucker** bedürfen eines Prüfzeugnisses der Papiertechnischen **21** Stiftung in Heidenau.[17]

2. Farbbänder. Farbbänder finden in erster Linie in Schreibmaschinen Anwendung. **22** Aber auch bei sog. Matrixdruckern (Nadeldrucker) kommen Farbbänder zum Einsatz. Sie dürfen von dem Notar zur Urkundenherstellung nur verwendet werden, wenn sie vom Hersteller als „**urkundenecht**" oder als „**dokumentenecht**" bezeichnet werden. Karbonbänder und sog. Lift-off-Systeme sind nicht zulässig, da es sich bei ihnen nicht um Farbbänder im Sinne dieser Vorschrift handelt. Im Übrigen dürfen auch nur **blaue** oder **schwarze** Farbbänder verwendet werden.

3. Kugelschreiber. Für die Urkundenherstellung dürfen nur Kugelschreiber verwendet **23** werden, in deren Minen sich **blaue** oder **schwarze** Pastentinte befindet. Darüber hinaus müssen die Minen eine Herkunftsbezeichnung und eine Aufschrift tragen, die auf die technischen Normen **DIN 16554** oder **ISO 12757-2** hinweist. Nur diese Minen bieten weitestgehend die Gewähr für Fälschungssicherheit und Beständigkeit.[18] Der Vorteil der Kugelschreibertinten liegt in ihrer größeren Widerstandsfähigkeit gegen Wasser.[19]

4. Buch- und Offsetdruckverfahren. Zulässig ist auch die Verwendung von Drucken, **24** die im Buch- oder Offsetdruckverfahren erstellt worden sind, wobei auch hier nur **blaue** oder **schwarze** Druckfarben verwendet werden dürfen. Gemeint sind damit mechanische Verfahren in herkömmlicher Technik.

In der Praxis wird es nur sehr selten vorkommen, dass der Notar Urkunden drucken lässt, **25** zumal eine Auftragsvergabe an eine externe Firma sich auch als ein Verstoß gegen seine Verschwiegenheitspflicht darstellen kann. Größere praktische Bedeutung hat die Vorschrift dagegen bei der Verwendung von Vordrucken, die dem Notar von dritter Seite, insbesondere von Kreditinstituten, zur Verfügung gestellt werden. Auch diese müssen den beschriebenen Anforderungen entsprechen (Abs. 4). Dieses Gebot ist freilich eher theoretischer Natur. Der Notar wird regelmäßig nicht in der Lage sein zu überprüfen, ob der ihm vorgelegte Vordruck mittels eines Druck- oder Offsetdruckverfahrens erstellt wurde. Er ist auch nicht verpflichtet, insoweit fachkundigen Rat einzuholen, es sei denn, im konkreten Einzelfall drängten sich ihm ernsthafte Zweifel auf. Er kann sich dann dadurch behelfen, dass er mit seinen Geräten eine Kopie herstellt und diese für die Beurkundung verwendet.

---

[13] Eine Ausnahme bildet Bayern. Dort wird in Nr. 17.2.4 der Bekanntmachung betreffend die Angelegenheiten der Notare v. 25.1.2001, zuletzt geändert durch Bekanntmachung v. 24.8.2007 (JMBl. S. 115), festgelegt: „§ 29 Abs. 2 Satz 2 1. und 2. Spiegelstrich der Dienstordnung gelten für die Unterschriften der Beteiligten und des Notars entsprechend."
[14] AA *Kanzleiter* DNotZ 1970, 581 (587).
[15] Armbrüster/Preuß/Renner/*Eickelberg* DONot § 29 Rn. 15.
[16] So auch *Kanzleiter* DNotZ 1970, 581 (587).
[17] → Rn. 26 f.
[18] Die bisher für Kugelschreiber gültigen Normen DIN 16554 bzw. 16554-2 sind durch die Normen DIN ISO 12757-1 (Kugelschreiber und Kugelschreiberminen, Teil 1: Allgemeine Anwendung) sowie DIN ISO 12757-2 (Kugelschreiber und Kugelschreiberminen, Teil 2: Anwendung für Dokumente – DOC) ersetzt worden.
[19] Armbrüster/Preuß/Renner/*Eickelberg* DONot § 29 Rn. 14.

26 **5. Andere Druck- oder Kopierverfahren.** Hier geht es in erster Linie um nichtmechanische Druck- und Kopierverfahren. Beispielhaft werden elektrografische und elektrofotografische Herstellungsverfahren genannt. So sind heute in den Kanzleien vielfach **Kopiergeräte, Laserdrucker** und **Tintenstrahldrucker** im Einsatz, um Urschriften, Ausfertigungen und beglaubigte Abschriften herzustellen.

27 Bei all diesen Verfahren kann – anders als bei den klassischen mechanischen Verfahren – nicht von vornherein davon ausgegangen werden, dass sie dauerhafte und fälschungssichere Drucke bzw. Kopien produzieren. Es bestehen insbesondere bei Tintenstrahldruckern Bedenken gegen ihre Eignung. Erforderlich ist daher **ein Prüfzeugnis der Papiertechnischen Stiftung** (PTS) in Heidenau (früher Bundesanstalt für Materialforschung und -prüfung in Berlin). Setzt also der Notar derartige Geräte für die Urkundenherstellung oder auch die Erstellung von beglaubigten Abschriften ein, ist er gehalten, sich entsprechende Prüfzeugnisse bei den Geräteherstellern.[20] zu beschaffen.[21] Diese Zeugnisse sollten in der Generalakte aufbewahrt werden. Beim Austausch eines Gerätes gegen einen anderen Typ muss das entsprechende neue Zeugnis beschafft werden.

28 Die Vorschrift des Abs. 2 S. 2 legt allerdings nicht fest, welche Anforderungen die PTS konkret an die Geräte stellen darf; einziger Anhaltspunkt sind die allgemeinen, technisch nicht präzisen Vorgaben des Abs. 1 (gute Lesbarkeit, Dauerhaftigkeit, Fälschungssicherheit). Ein weiteres Problem liegt darin, dass die Zeugnisse der PTS regelmäßig auf Grund von Versuchen erteilt werden, die unter Verwendung ganz bestimmter – meist sehr hochwertiger – Komponenten (zB spezieller Toner-, Tinten- oder Papiersorten) durchgeführt werden. Nach Auskunft des Prüfdienstes der PTS auf seiner Internetseite gilt besonderes Augenmerk der Tonerhaftung, da eine unsichtbare Manipulation späterer Dokumente ausgeschlossen werden muss. Wird beim späteren Bürobetrieb eines so getesteten Gerätes von diesen beim Test verwendeten Komponenten abgewichen, besteht an sich keine Gewähr mehr dafür, dass das Gerät noch die vorgenannten Vorgaben erfüllt. Diese Unsicherheit haben die Landesjustizverwaltungen bei der Neufassung der DONot jedoch in Kauf genommen. Von dem Notar kann deswegen – mangels anderslautender Vorschriften – nicht verlangt werden, dass er ein Gerät, für das ihm ein Prüfzeugnis vorliegt, nur in einer der Versuchsanordnung der PTS entsprechenden Art und Weise einsetzt. Vielmehr muss es ausreichen, wenn er Komponenten verwendet, die den Vorgaben des Geräteherstellers entsprechen.

29 **6. Unzulässige Schreibmittel.** Die zulässigen Schreibmittel werden in Abs. 2 abschließend aufgezählt. Unzulässig sind daher insbesondere die Verwendung von **Filzschreibern** aller Art und die Herstellung von Urkunden im **Umdruckverfahren**.

D. Karten, Zeichnungen oder Abbildungen als Anlagen zur Niederschrift

29a Nach § 9 Abs. 1 S. 2 BeurkG können Erklärungen auch durch Verweisung auf in einer Anlage enthaltene „Karten, Zeichnungen oder Abbildungen" beurkundet werden. Dazu zählen insbesondere auch Pläne und Fotografien, die heute meistens farbig gehalten sind. Den Anforderungen des § 29 Abs. 2 können sie regelmäßig schon wegen ihrer völlig anderen Herstellungsweise und der Vielzahl der zur Anwendung kommenden Farben nicht entsprechen. Nach seinem Sinn und Zweck kann daher § 29 Abs. 2 derartige Anlagen nicht umfassen; diese Verwaltungsvorschrift wird insoweit verdrängt durch die mit § 9 Abs. 1 S. 2 BeurkG eröffnete Möglichkeit, derartige nicht textgebundene Anlagen zum Gegenstand der Beurkundung zu machen.[22]

---

[20] Manche Hersteller halten diese Prüfzeugnisse auf ihren Internetseiten bereit.
[21] Nach Armbrüster/Preuß/Renner/*Eickelberg* DONot § 29 Rn. 14 aE, genügt der Notar schon dann seinen Amtspflichten, wenn er das Gerät bei einem „zuverlässigen Händler" erwirbt und dieser ihm die geforderten technischen Eigenschaften zusichert. Eine derartige „Zusicherung" eines Händlers kann aber kein Prüfzeugnis ersetzen.
[22] Im Ergebnis ebenso Gutachten DNotI-Report 2007, 60; vgl. auch *Munzig* MittBayNot 2007, 495.

Freilich bleibt die aus § 29 Abs. 1 abzuleitende Aufforderung an den Notar, für (möglichst) dauerhafte und fälschungssichere Anlagen Sorge zu tragen. Bei farbigen Eintragungen auf Karten und Plänen sollte der Notar deswegen darauf achten, dass die Farben möglichst intensiv sind, damit sie dementsprechend lange erkennbar bleiben. Bei Fotografien kann es sich beispielsweise empfehlen, von jedem Farbabzug noch einen Schwarz-Weiß-Abzug beizufügen.

Dem Notar ist gleichwohl zur Zurückhaltung zu raten. Insbesondere dann, wenn gerade der farbigen Gestaltung der Anlagen eine besondere Aussagekraft zukommt (zB Kennzeichnung auf einem Plan, in welchem Bereich ein Geh- und Fahrrecht eingeräumt wird; Farbfotos von Gegenständen, die durch Schenkung übertragen werden sollen), sollte er sich bemühen, die Dinge soweit es irgend geht textlich in der Urkunde zu beschreiben, um so allen Unsicherheiten aus dem Weg zu gehen. Im Übrigen müsste der Notar auch in der Lage sein, farbige Ausfertigungen und Abschriften zu erstellen.[23] Nur wenige Notare verfügen jedoch bisher über Farbkopierer.

E. Stempel (Abs. 3)

Stempel dürfen im Rahmen der **Urkundenherstellung** nur eingesetzt werden für die Unterschriftsbeglaubigung (**Beglaubigungsvermerk** iSd § 40 Abs. 3 BeurkG), für den **Abschlussvermerk** der Niederschrift[24] (§§ 13 Abs. 1 S. 2, 16 Abs. 2 S. 1 und S. 4, 23 S. 1 BeurkG), für **Vermerke über die Beglaubigung von Abschriften** (§ 42 BeurkG) sowie für **Ausfertigungsvermerke** (§ 49 Abs. 2 BeurkG). Dabei ist haltbare schwarze oder dunkelblaue Stempelfarbe zu verwenden, sie darf also nicht verbleichen oder verwischen. 30

Für Stempel sind im Rahmen der Urkundenherstellung auch noch andere Einsatzmöglichkeiten denkbar. So werden bisweilen für Änderungsvermerke (§ 44a BeurkG) Stempel verwendet. Auch der sog. Vorbefassungsvermerk (§ 3 Abs. 1 S. 1 BeurkG) wäre als Stempeltext denkbar. Da aber Abs. 3 seinem Wortlaut nach eine enumerative Aufzählung enthält,[25] sollte sich der Notar für die Verwendung derartiger, in Abs. 3 nicht aufgezählter Stempel eine ausdrückliche Genehmigung seiner Aufsichtsbehörde beschaffen. 31

Nicht von Abs. 3 erfasst wird die Verwendung von Stempeln für Zwecke, die **nicht unmittelbar mit der Herstellung der Urkunde** zu tun haben. So kann der Notar ohne Einschränkungen Stempel verwenden für alle sonstigen Vermerke, die auf der Urkunde anzubringen sind, beispielsweise über die Erteilung von Ausfertigungen (§ 49 Abs. 4 BeurkG), die Erfüllung von Mitteilungspflichten gegenüber den Finanzämtern etc.

F. Verwendung von fremden Vordrucken (Abs. 4)

Dem Notar werden häufig von Urkundsbeteiligten (beispielsweise Kreditinstituten) Vordrucke zur Verfügung gestellt, die er bei der Beurkundung verwenden soll. Hierbei hat er Folgendes zu beachten: 32

I. Herstellungstechnik

Mit S. 1 Hs. 1 wird zunächst klargestellt, dass auch Vordrucke, die dem Notar von dritter Seite zur Verfügung gestellt werden, den Anforderungen der DONot an die Herstellung 33

---

[23] So für das Grundbuchamt OLG Saarbrücken DNotZ 2007, 228 = MittBayNot 2007, 495 mAnm *Munzig*.
[24] Zur Frage, ob davon auch die Angabe der Amtsbezeichnung (§ 13 Abs. 3 S. 3 BeurkG) erfasst wird, → § 1 Rn. 12.
[25] Ebenso Weingärtner/Gassen/Sommerfeldt/*Weingärtner* DONot § 29 Rn. 1; aA BeckOK BNotO/*Bracker* DONot § 29 Rn. 6; Armbrüster/Preuß/Renner/*Eickelberg* DONot § 29 Rn. 16.

von Urschriften entsprechen müssen. Auch auf sie sind also die **§§ 28 und 29 Abs. 1 und Abs. 2 anwendbar.** Die Vordrucke dürfen beispielsweise nur auf weißem oder gelbem Papier gedruckt, die Schrift darf nur blau oder schwarz sein.

34 **Ausgenommen** hiervon werden über Satz 2 die **Unterschriftsbeglaubigungen ohne Entwurf.** Der Text, unter dem eine Unterschrift zu beglaubigen ist, kann also beispielsweise mit einem an sich nach Abs. 2 unzulässigen Verfahren niedergeschrieben worden sein. Für den notariellen Beglaubigungsvermerk selbst müssen dagegen die Vorschriften der §§ 28 und 29 Abs. 1 und Abs. 2 beachtet werden.

II. Individuelle Gestaltungsmerkmale/Urheberangabe

35 Schon vor dem Inkrafttreten der neuen Regelung des Abs. 4 S. 1 Hs. 2 und Hs. 3 war es herrschende Auffassung, dass die Verwendung von Vordrucken, die mit Firmensignets versehen sind, gegen den Grundsatz der Neutralität des Notars verstoßen kann.

36 Da es kaum möglich ist, insoweit überzeugende Grenzen zu ziehen, verlangt Abs. 4 S. 1 Hs. 2 jetzt konsequenterweise, dass die von dem Notar verwendeten Vordrucke **keine** auf den Urheber hinweisende **individuelle Gestaltungsmerkmale** aufweisen dürfen. Die beispielhafte Aufzählung von Namensschriftzügen, Firmenlogos, Signets und Fußzeilen mit Firmendaten macht deutlich, dass generell jeglicher, einzelne Beteiligte oder Dritte hervorhebender Hinweis zu unterbleiben hat. Diese neue, striktere Handhabung entspricht der Pflicht des Notars, schon jeden Anschein der Abhängigkeit und Parteilichkeit zu vermeiden (§ 14 Abs. 3 S. 2 BNotO).[26] Die Anbringung eines Strichcodes am Rande der Urkunde begegnet keinen Bedenken, da es sich nur um ein technisches Hilfsmittel handelt, welches für sich keinen Hinweis auf den Urheber gibt.[27]

37 Andererseits bestehen oft gerade Kreditinstitute darauf, dass „ihr" Formular verwendet wird. Es gibt deswegen nach Abs. 4 S. 1 Hs. 3 die Möglichkeit, **am Rand** des Vordrucks den **Urheber anzugeben,** wobei die Angaben sachlich und neutral – ohne Logo, Signet oder farbige Gestaltung – gehalten sein müssen.[28] Streng genommen normiert die Vorschrift sogar eine Pflicht des Notars zu einer entsprechenden Angabe am Rand („soll"). Diese Pflicht hat allerdings nichts mit der Beurkundungstätigkeit des Notars zu tun. Insbesondere geht es nicht darum, dass der Notar auf diese Weise offenbaren soll, ob der Text als vorformulierte Vertragsbedingung im Sinne des AGB-Gesetzes anzusehen ist.[29] Vielmehr soll diese Möglichkeit – dies ergibt sich aus ihrer Entstehungsgeschichte – allein dazu dienen, den Sachbearbeitern beispielsweise der Kreditinstitute die Prüfung zu erleichtern, ob der ihnen meist am besten vertraute, institutseigene Vordruck Verwendung gefunden hat. Richtigerweise muss man die Vorschrift daher als „Kannvorschrift" auffassen.

38 Der Notar sollte – nicht zuletzt auch im Hinblick auf die Würde seines Amtes – unmissverständlich auf die Beachtung dieser Vorschrift dringen. Findet er damit kein Gehör, wird ihm – um Verzögerungen zum Nachteil einzelner Beteiligter zu vermeiden – nichts anderes übrig bleiben, als beispielsweise Firmenlogos vor der Protokollierung abzudecken oder aber kritische Seiten in neutraler Form abschreiben zu lassen, um diesen Text dann bei der Beurkundung zu verwenden.

39 Abs. 4 S. 2 stellt klar, dass diese strengen Vorschriften nicht gelten für **Beglaubigungen ohne Entwurf.** Hier bezieht sich die Urkundstätigkeit von vornherein nur auf die Bestätigung der Echtheit der Unterschrift. Der Text über der Unterschrift kann also unbe-

---

[26] Vgl. auch *Mihm/Bettendorf* DNotZ 2001, 22 (45).
[27] Offen gelassen von OLG Hamm FGPrax 2012, 193.
[28] Die Frage, ob auch ein Strichcode am linken Rand der Urkunde nach § 29 Abs. 4 zulässig ist, wurde vom OLG Hamm (FGPrax 2012, 193) ausdrücklich offen gelassen, da selbst ein Verstoß gegen § 29 kein grundbuchverfahrensrechtliches Eintragungshindernis darstelle. Meines Erachtens liegt schon nach Sinn und Zweck der Vorschrift kein Verstoß gegen § 29 Abs. 4 vor. Der Strichcode ist ein rein technisches Hilfsmittel, von dem keinerlei Werbewirkung ausgeht.
[29] So die Vermutung von *Lerch* ZNotP 2001, 210 (216).

schränkt individualisierende Gestaltungsmerkmale aufweisen, es sei denn, er wurde von dem Notar selbst entworfen.

Die frühere Regelung, dass die Aufsichtsbehörden die Verwendung nach Form oder Inhalt ungeeigneter Formblätter untersagen dürfen (§ 26 Abs. 5 DONot aF), existiert nicht mehr. Es bestanden Zweifel, ob ein derartiges Einschreiten mit der Unabhängigkeit des Notars zu vereinbaren wäre. Ein Verstoß des Notars gegen Abs. 4 S. 1 kann aber im Rahmen der Prüfung der Amtsführung gerügt und auch disziplinarrechtlich geahndet werden. **40**

Unabhängig davon kann festgestellt werden, dass sich die jetzige Regelung bewährt hat. Insbesondere die Banken haben ihre Vordrucke weitestgehend von werbenden Elementen befreit. Sollte es gleichwohl noch Schwierigkeiten geben, wäre es sinnvoll, wenn sich die Notarkammer[30] oder die Dienstaufsicht unmittelbar mit dem betreffenden Kreditinstitut in Verbindung setzt, um eine dienstordnungskonforme Veränderung des Vordrucks zu erreichen. **40a**

§ 30 Heften von Urkunden[1]

(1) ¹Jede Urschrift, Ausfertigung oder beglaubigte Abschrift, die mehr als einen Bogen oder ein Blatt umfasst, ist zu heften; der Heftfaden ist anzusiegeln (vgl. § 44 BeurkG). ²Es sollen Heftfäden in den Landesfarben verwendet werden.

(2) **In gleicher Weise sind Schriftstücke, die nach § 9 Abs. 1 Satz 2 und 3 BeurkG, §§ 14, 37 Abs. 1 Satz 2 und 3 BeurkG der Niederschrift beigefügt worden sind, mit dieser zu verbinden.**

A. Allgemeines

Die Vorschrift enthält im Wesentlichen eine Wiederholung des § 44 BeurkG, weswegen zunächst auf dessen Kommentierung verwiesen werden kann. Die Vorschriften gelten nur für die Urkunden des Notars, nicht für sogenannte Behördenurkunden iSd § 29 Abs. 2 GBO (zB Löschungsbewilligung einer Sparkasse).[2] **1**

Nach gegenwärtigem Sachstand ist davon auszugehen, dass die in § 30 enthaltenen Regelungen auch in Zukunft Gegenstand der DONot bleiben werden, da sich die Verordnungsermächtigungen der § 36 BNotO, § 59 BeurkG nicht auf die Heftung von Urkunden erstrecken, so dass nicht mit einer Verlagerung der Regelungen in die noch vom Bundesministerium der Justiz und für Verbraucherschutz zu erlassende Rechtsverordnung zu rechnen ist. **1a**

Sinn der Heftung ist es sicherzustellen, dass die Zusammengehörigkeit einer aus mehreren Blättern bestehenden Urkunde sicher erkannt werden kann. Es soll so gewährleistet werden, dass die Urkunde vollständig bleibt, aber auch verhindert werden, dass andere Schriftstücke nachträglich eingefügt werden; ein Verstoß gegen die Sollvorschrift des § 44 BeurkG bzw. § 30 berührt die Wirksamkeit der Urkunde nicht, kann aber deren Beweiswert beeinträchtigen.[3] **2**

---

[30] Armbrüster/Preuß/Renner/*Eickelberg* DONot § 29 Rn. 21.
[1] **Nordrhein-Westfalen:** „Zu § 30: Soweit es vorgeschrieben ist, Urkunden, Ausfertigungen usw. mit Garn oder Schnur zu heften, haben die Notarinnen und Notare diese in den Landesfarben Grün-Weiß-Rot zu verwenden. Die Urkunden, Ausfertigungen usw. sollen im oberen Drittel des Seitenrandes so geheftet werden, dass eine Beschädigung der Heftschnur beim Lochen und Abheften der Urkunde vermieden wird."
[2] KG FGPrax 2018, 99; Gutachten DNotI-Report 2019, 74.
[3] BGH DNotZ 2011, 543. Nach Auffassung des OLG Schleswig DNotZ 1972, 556 mangelt es einer nicht mit Schnur und Siegel verbundenen Ausfertigung an der „vorgeschriebenen Form" iSd § 415 ZPO; einschränkend *Kanzleiter* DNotZ 1972, 519 (523) Fn. 21, der zu Recht darauf hinweist, dass dies dann nicht gelten kann, wenn auf andere Weise nachgewiesen wird, dass jeder einzelne Bogen für sich eine öffentliche Urkunde ist.

2a Die Heftung sollte **möglichst rasch nach Beendigung der Beurkundung** vorgenommen werden[4], um der Gefahr des Verlustes oder der Verwechselung einzelner Blätter vorzubeugen. Die Absicht, noch möglichst einfach Fotokopien der Urkunde herstellen zu können, kann es nicht rechtfertigen, die fertige Urkunde tage- oder gar wochenlang in Form loser, nicht gehefteter Blätter aufzubewahren. Allerdings kommt dem Notar ein Ermessensspielraum zu, der von der Dienstaufsicht nur eingeschränkt überprüft werden kann.[5] Fällt ein Siegel ab, muss es der Notar umgehend wieder anbringen.

2b Heftung und Siegelung muss **nicht der Notar persönlich** vornehmen. Vielmehr können dies nach Weisung des beurkundenden Notars dessen Angestellte erledigen, nachdem der Notar sie informiert hat, welche Blätter bei der Beurkundung verlesen wurden. Fällt ein Notar noch vor Durchführung der Siegelung dauerhaft aus, stirbt er gar oder endet seine Amtstätigkeit noch vor der Siegelung, stellt sich die Frage, ob der **Notarvertreter** (mit dem Siegel des vertretenen Notars), der **Aktenverwahrer** oder der **Notariatsverwalter** (jeweils mit ihrem eigenen Siegel) die Siegelung durchführen (lassen) dürfen. Die Frage ist mE ebenso zu bejahen wie jene, ob das abgefallene Siegel des Amtsvorgängers wieder angebracht werden darf, da weiterhin ein Interesse daran besteht, die Zusammengehörigkeit der vorgefundenen losen Blätter zu dokumentieren und einem Verlust vorzubeugen. Es sollte aber ein Vermerk neben dem Siegel angebracht werden, der den Umstand der nachträglichen Heftung und Siegelung dokumentiert und gleichzeitig offenbart, ob und welche Erkenntnisse zur Zusammengehörigkeit der Blätter vorlagen. Im Streitfall wird dann später durch ein Gericht im Wege der freien Beweiswürdigung zu klären sein, ob und welcher Beweiswert dieser nachträglich von einer anderen Beurkundungsperson zusammengefügten Urkunde zukommt.

3 § 30 setzt voraus, dass die Urkunde aus **mehr als einem Blatt** besteht. Wird im Falle einer Unterschriftsbeglaubigung der Beglaubigungsvermerk auf ein gesondertes Blatt gesetzt, ist dieses mit dem Blatt, auf dem sich die Unterschrift befindet, zu verbinden.[6] Die hM wendet die Vorschriften des § 44 BeurkG und des § 29 darüber hinaus auch auf die Fälle an, in denen eine aus mehreren Blättern bestehende **Privaturkunde** mit einem Beglaubigungsvermerk versehen wird.[7]

§ 30 schreibt die Heftung für **Urschriften, Ausfertigungen** und **beglaubigte Abschriften** vor. Einfache Abschriften werden dagegen nicht erfasst.

B. Technik der Heftung

4 Die einzelnen Blätter sind mittels **Heftfaden** und **Prägesiegel** zu verbinden. Eine Verbindung durch Ösen oder ein sonstiges Zusammenkleben oder Heften der Seiten reicht nicht aus, kann jedoch zusätzlich durchgeführt werden. Der Notar soll dabei Heftfäden in den Farben des jeweiligen Bundeslandes verwenden.

4a Der **Faden** muss grundsätzlich **aus einem Stück** bestehen, da ein zusammengeknoteter Faden auch das Ergebnis einer nachträglich vorgenommenen Veränderung der Zusammensetzung der Urkunde sein könnte. Mit einem gestückelten Faden kann folglich die Zusammengehörigkeit der einzelnen Blätter nicht mehr sicher bewiesen werden. Es sollte außerdem darauf geachtet werden, den Faden nicht so zu führen, dass er beim Lochen des Schriftstücks zerstört wird. Dazu empfiehlt es sich, das Schriftstück im oberen Drittel des Seitenrands mit dem Faden zu heften[8] und einen ausreichend breiten Heftrand einzuhalten.

---

[4] Weingärtner/Gassen/Sommerfeldt/*Weingärtner* DONot § 30 Rn. 9.
[5] Armbrüster/Preuß/Renner/*Eickelberg* DONot § 30 Rn. 8 billigt dem Notar sogar einen weiten Ermessensspielraum zu.
[6] Zu diesem Fall vgl. BayObLG DNotZ 1974, 49.
[7] → BeurkG § 44 Rn. 2 mwN.
[8] So ausdrücklich Vorbemerkung lit. g) zur DONot in Nordrhein-Westfalen (AV v. 23.3.2001, JMBl. NRW 2001, 117), zuletzt geändert durch AV v. 21.2.2017 (JMBl. NRW 2017, 53).

Schwierigkeiten können freilich dann entstehen, wenn **kleinformatige Anlagen,** zB **4b** Fotos, **beizuheften** sind. Es wäre nicht zulässig, sie in einem verschlossenen Umschlag beizuheften, da die Anlagen unmittelbar eingesehen werden können müssen.[9] Deswegen wird erwogen, diese kleinformatigen Anlagen auf einem Blatt Urkundspapier zu befestigen und sie mit dem Papier durch einen gesonderten Heftfaden nebst Siegel zu verbinden.[10] Mangels besserer Alternativen erscheint mir eine solche Verfahrensweise durchaus zulässig zu sein, wobei es sich empfehlen dürfte, auf der Urkunde durch den Notar mit Datumsangabe zu vermerken, wann, wo und warum hier mit mehreren Heftfäden und Siegeln gearbeitet wurde.

Der Faden ist mit dem Prägesiegel (§ 44 S. 1 BeurkG, § 31) **anzusiegeln.** Das Siegel wird **5** regelmäßig auf der letzten Seite der Urkunde bei der Unterschrift des Notars angebracht. Aus § 44 BeurkG ergibt sich, dass dafür nur das Prägesiegel in Betracht kommt. In den Fällen der §§ 39, 45 Abs. 2 S. 2 BeurkG braucht dann kein sonstiges Siegel mehr angebracht werden, wenn Zeugnis, Unterschrift und Siegel in einem räumlichen Zusammenhang stehen. Kann – namentlich im Fall von Unterschriftsbeglaubigungen ohne Entwurf – das Siegel auf dem von den Beteiligten vorgelegten Schriftstück wegen dessen mangelhafter Qualität nicht befestigt werden, so hat der Notar ein zusätzliches Blatt Papier besserer Qualität anzuheften, auf dem der Heftfaden mit dem Siegel zuverlässig befestigt werden kann.

Der Notar ist nicht verpflichtet, eine aus mehreren Teilen bestehende Urkunde so zu **5a** heften, dass die Fotokopierfähigkeit der verbundenen Schriftstücke erhalten bleibt.[11] Er muss nur sicherstellen, dass die Urkunde trotz der Verbindung der Blätter noch lesbar ist. Ergibt sich später die Notwendigkeit zur Erstellung einer Abschrift und lässt sich dies durch Fotokopieren nicht bewerkstelligen, muss er die Abschrift – wie früher – durch Abschreiben erstellen.[12]

C. Heftung der Anlagen

Nach Abs. 2 (und § 44 S. 2 BeurkG) müssen auch die folgenden Anlagen in gleicher **6** Weise mit der Niederschrift selbst verbunden werden:
– § 9 Abs. 1 S. 2 BeurkG: Schriftstück, auf dessen Inhalt in der Niederschrift verwiesen und das dieser beigefügt wird;
– § 9 Abs. 1 S. 3 BeurkG: Karten, Zeichnungen oder Abbildungen, die bei der Abgabe der protokollierten Erklärung verwendet wurden; der Notar wird deswegen darauf zu achten haben, dass diese Anlagen von einer Größe und Beschaffenheit sind, die eine Heftung ermöglichen;[13]
– § 14 BeurkG: Bilanzen, Inventare, Nachlassverzeichnisse, sonstige Bestandsverzeichnisse über Sachen, Rechte oder Rechtsverhältnisse, auf die in der Niederschrift verwiesen wird, wenn diese Unterlagen der Niederschrift beigefügt werden; Gleiches gilt für nicht im Register einzutragende Erklärungen bei der Bestellung von Hypotheken, Grundschulden, Rentenschulden, Schiffshypotheken, Registerpfandrechten an Luftfahrzeugen;
– § 37 Abs. 1 S. 2 und S. 3 BeurkG: Andere Schriftstücke, Karten, Zeichnungen und Abbildungen, auf die der Notar in Niederschriften verweist, die tatsächliche Vorgänge oder andere Erklärungen als Willenserklärungen zum Gegenstand haben (§ 36 BeurkG);
– Nachweise über die Vertretungsberechtigung (§ 18 Abs. 2 S. 2, vgl. auch § 12 S. 1 BeurkG), bei denen es allerdings ausreicht, diese anzukleben (§ 18 Abs. 2 S. 2);
– Nachtragsvermerke iSd § 44a Abs. 2 S. 1 BeurkG.

---

[9] Gutachten DNotI-Report 2007, 60 (61).
[10] Gutachten DNotI-Report 2007, 60 (61).
[11] BGH DNotZ 2011, 543.
[12] *Grziwotz* ZfIR 2011, 102.
[13] Zur besonderen Problematik der Beifügung von Fotografien als Anlagen zur Niederschrift vgl. Gutachten DNotI-Report 2007, 60 und → Rn. 4b.

6a Es ist nicht erforderlich, aber sinnvoll, die verbundenen Anlagen jeweils mit der Aufschrift „Anlage zu UR-Nr. …" zu kennzeichnen.[14]

7 Ob und auf welchem Weg der Inhalt der Anlagen beurkundungsrechtlich zum Gegenstand der Beurkundung gemacht werden kann, ist allerdings nicht von der ordnungsgemäßen Heftung der Anlagen sondern allein davon abhängig, ob die Vorschriften der §§ 9, 13 bis 14 BeurkG beachtet worden sind.

D. Entheftung

7a Der Notar ist in engen Ausnahmefällen berechtigt, eine von ihm fehlerhaft vorgenommene Heftung nachträglich wieder zu lösen und durch die korrekte Heftung zu ersetzen. Beispiele dafür sind eine falsche Reihenfolge der Blätter, doppelt eingeheftete Blätter, fehlende Blätter etc.[15]

7b Der Notar ist nicht verpflichtet, eine aus mehreren Teilen bestehende Urkunde so zu heften, dass die Fotokopierfähigkeit der verbundenen Schriftstücke erhalten bleibt. Sind die Teile noch lesbar, aber auf Grund der Heftung nicht kopierfähig (zB bei besonders dicken Urkunden oder der Beifügung von Plänen), muss er die Urkunde nicht für ein Fotokopieren entheften und anschließend wieder neu heften, da die Kopierfähigkeit nach Sinn und Zweck des § 44 BeurkG nicht zwingend erhalten bleiben muss.[16]

7c Wird bei einer von dem Notar erstellten mehrseitigen (vollstreckbaren) Ausfertigung die Siegelschnur durchtrennt, ist der Notar befugt, diese – nach Kontrolle der Übereinstimmung mit der Urschrift – erneut mit Schnur und Siegel zu verbinden, wobei empfohlen wird, dies in einem besonderen Vermerk ausdrücklich offenzulegen.[17]

7d Im Fall einer Unterschriftsbeglaubigung wird der notarielle Beglaubigungsvermerk häufig auf ein gesondertes Blatt gesetzt, das von dem Notar mittels Schnur und Prägesiegel mit dem Schriftstück verbunden wird. Wird diese Verbindung später durchtrennt, kann der Notar nur dann eine neue Verbindung der Blätter mit Schnur und Siegel vornehmen, wenn er sich davon vergewissern kann, dass das ihm später zur „Reparatur" präsentierte unterschriebene Schriftstück tatsächlich auch zum Zeitpunkt der Unterschriftsbeglaubigung vorgelegen hatte.[18]

E. Sonderfall: Das Ankleben von sonstigen Unterlagen

8 § 18 Abs. 2 S. 1 nennt darüber hinaus eine Reihe von Unterlagen, die zwar nicht unmittelbar Gegenstand der Beurkundung sind, gleichwohl aber mit dieser in einem engen sachlichen Zusammenhang stehen. Sie können der Niederschrift beigefügt und dann auch durch eine feste Verbindung iSd § 30 an diese angeheftet werden. Ausreichend ist aber auch, diese Unterlagen nur an die Urkunde anzukleben, da es insoweit nur darum geht, einem Verlust dieser Schriftstücke vorzubeugen.

§ 31 Siegeln von Urkunden

¹ Die Siegel müssen dauerhaft mit dem Papier oder mit dem Papier und der Schnur verbunden sein und den Abdruck oder die Prägung deutlich erkennen lassen. ² Eine Entfernung des Siegels ohne sichtbare Spuren der Zerstörung darf nicht möglich sein. ³ Bei herkömmlichen Siegeln (Farbdrucksiegel, Prägesiegel in Lack oder unter Verwendung einer Mehloblate) ist davon auszugehen, dass die Anforderungen nach Satz 1

---

[14] Weingärtner/Gassen/Sommerfeldt/*Weingärtner* DONot § 30 Rn. 6.
[15] Vgl. auch Gutachten DNotI-Report 2014, 27.
[16] BGH DNotZ 2011, 543.
[17] Vgl. auch Gutachten DNotI-Report 2014, 27.
[18] Gutachten DNotI-Report 2018, 140.

und 2 erfüllt sind; neue Siegelungstechniken dürfen verwendet werden, sofern sie nach einem Prüfzeugnis der Papiertechnischen Stiftung (PTS) in Heidenau die Anforderungen erfüllen.

A. Zweck der Vorschrift

Die Vorschrift legt bestimmte technische Mindestanforderungen an Siegel fest. Anlass hierfür sind weniger Zweifel an den bisher üblichen Siegelungstechniken (Farbdrucksiegel, Prägesiegel in Lack oder unter Verwendung einer Mehloblate, s. auch § 2); für sie wird in S. 3 Hs. 1 sogar pauschal ausgeführt, dass sie die Anforderungen von S. 1 und S. 2 erfüllten. Vielmehr ist **Ziel der Vorschrift,** einen Standard für neue Siegelungstechniken vorzugeben. 1

Nach gegenwärtigem Sachstand ist davon auszugehen, dass die in § 31 enthaltenen Regelungen auch in Zukunft Gegenstand der DONot bleiben werden, da sich die Verordnungsermächtigungen der § 36 BNotO, § 59 BeurkG nicht ausdrücklich auf die Siegelung von Urkunden erstrecken, so dass nicht mit einer Verlagerung der Regelungen in die noch vom Bundesministerium der Justiz und für Verbraucherschutz zu erlassende Rechtsverordnung zu rechnen ist. 1a

B. Anforderungen an Siegelungstechniken

Die Siegel müssen zum einen **dauerhaft mit dem Papier** (Farbdrucksiegel) bzw. mit dem Papier und dem Heftfaden (Prägesiegel) **verbunden sein.** Den Begriff der Dauerhaftigkeit benutzt die DONot auch im Hinblick auf die Schreibtechniken (§ 29 Abs. 1). Hier wie dort gilt, dass eine absolute Dauerhaftigkeit, die einen Bestand des Siegels für alle Ewigkeiten garantiert, weder gefordert noch gewährleistet werden kann. 2

Abdruck oder Prägung müssen außerdem **deutlich erkennbar** sein. Es muss ohne Schwierigkeiten möglich sein, den gesamten Text des Siegels zu lesen und das Hoheitszeichen zu erkennen. Durch die Anbringung eines Siegels darf kein Text verdeckt werden. 3

Drittes Kriterium ist, dass eine **Entfernung des Siegels ohne sichtbare Spuren der Zerstörung nicht möglich** sein darf. Das Siegel muss also so fest an der Urkunde angebracht sein, dass jegliche Manipulation an diesem erkennbar ist. Nur wenn dies gewährleistet ist, kann der Urkunde die im Rechtsverkehr vorausgesetzte Beweisfunktion zukommen. 4

Man wird aus dieser Vorschrift auch zu folgern haben, dass der Versuch des Ablösens des Siegels **nicht nur an der Urkunde, sondern auch an dem Siegel selbst** – in Betracht kommt nur das Prägesiegel – erkennbar sein muss.[1] Andernfalls besteht die Gefahr, dass ein äußerlich unversehrtes, abgelöstes Siegel missbraucht wird. Auch durch derartige Fälle könnte ansonsten die Beweisfunktion, die einem Siegel im Rechtsverkehr immer noch zukommt, beeinträchtigt werden. 5

Die DONot schreibt dagegen nicht vor, wie diese Vorgaben technisch zu erfüllen sind. So ist offen, ob beispielsweise die immer wieder einmal erprobten Verfahren der maschinellen Siegelung (und Heftung) oder selbstklebende Siegelsterne[2] diesen Anforderungen gerecht werden. Nachweispflichtig ist der Notar, der eine neue Siegelungstechnik anwenden will. Dabei kann er den Beweis für die Eignung eines derartigen Verfahrens nur durch ein Prüfzeugnis der Papiertechnischen Stiftung in Heidenau (PTS) führen (S. 3 Hs. 2), welches er ggf. auf seine eigenen Kosten zu beschaffen hat. Es wird erwartet, dass die PTS in Absprache mit den Justizverwaltungen und der Bundesnotarkammer ggf. Kriterien für die Prüfung neuer Siegelungstechniken aufstellen wird.[3] 6

---

[1] Ebenso Weingärtner/Gassen/Sommerfeldt/*Weingärtner* DONot § 31 Rn. 3; Armbrüster/Preuß/Renner/*Eickelberg* DONot § 31 Rn. 2.

[2] *v. Campe* NotBZ 2000, 370; *Mihm/Bettendorf* DNotZ 2001, 22 (46); Armbrüster/Preuß/Renner/*Eickelberg* DONot § 31 Rn. 4, 5.

[3] Vgl. Tätigkeitsbericht der Bundesnotarkammer für das Jahr 2001, DNotZ 2002, 481 (486).

6a § 29 Abs. 3 GBO regelt für die Ersuchen von Behörden: „Anstelle der Siegelung kann maschinell ein Abdruck des Dienstsiegels eingedruckt oder aufgedruckt werden." Da es sich bei Notaren nicht um Behörden im Sinne dieser Vorschrift handelt, werden sie von der Regelung nicht erfasst.

6b Wird das Beidrücken eines Siegels vergessen oder versehentlich ein **falsches Siegel** beigedrückt, kann dieser Fehler jederzeit im Nachhinein behoben werden; es sollten aber Ort und Zeit der nachträglichen Beidrückung des richtigen Siegels dokumentiert werden.[4]

C. Prüfzeugnis

7 Bei herkömmlichen Siegelungstechniken ist davon auszugehen, dass sie diese Anforderungen erfüllen (S. 3 Hs. 1). Freilich setzt dies voraus, dass diese Techniken auch sorgfältig angewandt werden, was keinesfalls selbstverständlich ist. Neue Siegelungstechniken dürfen nur angewendet werden, wenn in einem Prüfzeugnis der Papiertechnischen Stiftung (PTS) in Heidenau die Erfüllung der Anforderungen bestätigt wird. Das entsprechende Prüfzeugnis sollte der Notar zur Generalakte nehmen.

7. Abschnitt. Prüfung der Amtsführung

§ 32 [Prüfung der Amtsführung][1]

(1) **Die regelmäßige Prüfung der Amtsführung der Notarinnen und Notare (§ 93 Abs. 1 Satz 1 BNotO) erfolgt in der Regel in Abständen von 4 Jahren.**

---

[4] Gutachten DNotI-Report 2019, 15.
[1] **Bayern:** Nr. 11.1.2 NotBek: „Die Amtsführung des Notars wird vom Präsidenten des Landgerichts in der Regel in Abständen von höchstens sechs Jahren geprüft. In der Zwischenzeit können zusätzlich stichprobenweise Prüfungen und Prüfungen aus besonderem Anlass, deren Umfang sachlich beschränkt sein kann, angeordnet werden. Ein besonderer Anlass kann auch eine Bewerbung sein. Bei einem neu bestellten Notar wird die erste Prüfung innerhalb der ersten zwei Jahre seiner Tätigkeit vorgenommen (§ 93 Abs. 1 Satz 3 BNotO). Wird der Amtssitz eines Notars verlegt, erfolgt die Prüfung am neuen Amtssitz innerhalb der ersten drei Jahre."
Nordrhein-Westfalen: „Zu § 32: Bei der Prüfung der Amtsführung der Notarinnen und Notare ist zu beachten:
1. Unbeschadet der örtlichen Prüfungspraxis soll die Geschäftsprüfung eines Notariats durch eine Richterin oder einen Richter und eine Kostenbeamtin/Bezirksrevisorin oder einen Kostenbeamten/Bezirksrevisor durchgeführt werden.
2. Jede Prüferin und jeder Prüfer soll mehrere Notariate über einen längeren Zeitraum betreuen.
3. Erstmalig Prüfende sind von erfahrenen Prüferinnen und Prüfern in die Prüfungsgeschäfte einzuweisen.
4. Die Präsidentinnen und Präsidenten der Landgerichte sollen jährlich einen Erfahrungsaustausch zwischen sämtlichen in Notariatsgeschäftsprüfungen tätigen Prüferinnen und Prüfern – gegebenenfalls unter Beteiligung der örtlichen Vertrauensnotarin oder des örtlichen Vertrauensnotars – herbeiführen.
5. Bei den Geschäftsprüfungen sind sämtliche noch nicht vollständig abgeschlossene Verwahrungsgeschäfte zu überprüfen. Hinsichtlich der im Prüfungszeitraum abgeschlossenen Verwahrungsgeschäfte sind Stichproben durchzuführen.
6. Bei den Geschäftsprüfungen ist ferner die Erfüllung der vorgeschriebenen Mitteilungspflichten und der Gebührenerhebungspflicht zu kontrollieren.
7. Geschäftsprüfungen sind in der Regel anzukündigen. Dabei ist der Notarin oder dem Notar mitzuteilen, dass für sämtliche offenen Verwahrungsgeschäfte jeweils ein Bankauszug vorzulegen ist, der nicht älter als zehn Tage sein darf.
8. Aus besonderem Anlass können auch unvermutete Geschäftsprüfungen durchgeführt werden. In diesem Fall hat das Notariat die vorbezeichneten Bankauszüge innerhalb kurzer Frist nachträglich beizubringen.
9. Bei Beschwerden über Notariate ist neben der anzufordernden Stellungnahme der Notarin oder des Notars der anlassgebende Vorgang anhand der Notariatsakten zu überprüfen.
10. Bei den Geschäftsprüfungen sind ferner die Stichprobenverfahren nach § 83 Abs. 1 S. 3 Grundbuchverfügung bei Teilnahme der Notarin oder des Notars an dem automatisierten Grundbuchabrufverfahren durchzuführen."

(2) ¹Die Prüfung wird von der Präsidentin oder dem Präsidenten des Landgerichts (§ 92 Nr. 1 BNotO) oder Richterinnen und Richtern auf Lebenszeit, welche sie mit der Prüfung beauftragt haben, – ggf. unter Heranziehung von Beamtinnen und Beamten der Justizverwaltung (§ 93 Abs. 3 Satz 3 BNotO) – durchgeführt. ²Die Präsidentin oder der Präsident des Oberlandesgerichts kann eine oder mehrere Richterinnen und Richter auf Lebenszeit bestellen, die im Auftrag *der Präsidentinnen und Präsidenten der Landgerichte*[2] die Notarinnen und Notare im gesamten Oberlandesgerichtsbezirk prüfen.

(3) ¹Prüfungsbeauftragte, Justizbeamtinnen und -beamte sowie hinzugezogene Notarinnen und Notare (§ 93 Abs. 3 Satz 2 BNotO) berichten der Präsidentin oder dem Präsidenten des Landgerichts über das Ergebnis der Prüfung. ²Soweit der Bericht Beanstandungen enthält, trifft die Präsidentin oder der Präsident des Landgerichts die erforderlichen Anordnungen.

Übersicht

	Rn.
A. Allgemeines	1
B. Prüfungsturnus (Abs. 1)	2
C. Notarprüfer (Abs. 2)	8
D. Prüfungsort	16a
E. Prüfungsbericht (Abs. 3 S. 1)	17
I. Form und Frist des Prüfungsberichts	18
II. Inhalt des Berichts	20
III. Stellungnahme des Notars zu dem Bericht	27
IV. Akteneinsichtsrecht des Notars	27c
F. Folgerungen aus dem Bericht (Abs. 3 S. 2)	28
G. Erhebung von Gebühren für die Notarprüfung	32

A. Allgemeines

Die wesentlichen Regelungen zur Notarprüfung sind enthalten in § 93 BNotO. § 32 **1** beschränkt sich darauf, den regelmäßigen Prüfungsturnus festzulegen (Abs. 1) sowie anzuordnen, wer die Prüfung durchzuführen hat (Abs. 2) und wie die bei der Prüfung gewonnenen Erkenntnisse umzusetzen sind (Abs. 3).

Nach gegenwärtigem Sachstand ist davon auszugehen, dass die in § 32 enthaltenen **1a** Regelungen auch in Zukunft Gegenstand der DONot bleiben werden, da sich die Verordnungsermächtigungen der § 36 BNotO, § 59 BeurkG nicht auf die Ausgestaltung der Prüfung der Amtsführung erstrecken, so dass nicht mit einer Verlagerung der Regelungen in die noch vom Bundesministerium der Justiz und für Verbraucherschutz zu erlassende Rechtsverordnung zu rechnen ist.

B. Prüfungsturnus (Abs. 1)

§ 93 Abs. 1 S. 1 BNotO verlangt von der Aufsichtsbehörde die „regelmäßige" Prüfung **2** und Überwachung der Amtsführung der Notare und des Dienstes der Notarassessoren. Auf die Vorgabe einer „starren Höchstfrist" hat der Gesetzgeber bewusst verzichtet.[3] § 93 Abs. 1 S. 1 BNotO eröffnet damit eine größere Flexibilität bei der Bemessung des Prüfungsturnus.

§ 32 Abs. 1 konkretisiert diese Vorschrift dahingehend, dass die Prüfung der Amtsfüh- **3** rung der Notarinnen und Notare **in der Regel im Abstand von vier Jahren** zu erfolgen hat. Damit ist es im Kern bei dem bekannten vierjährigen Prüfungsturnus geblieben, was auch in der Sache sinnvoll ist. Gleichzeitig eröffnet die Vorschrift auch die Möglichkeit, in Einzelfällen von der Vierjahresfrist abzuweichen („in der Regel"). Doch sollte von dieser

---
[2] **Bremen:** „der Präsidentin oder des Präsidenten des Landgerichts".
[3] Begründet wurde dies mit einem „Anliegen der Praxis", BR-Drs. 890/95, 33 linke Spalte.

Möglichkeit nur sehr zurückhaltend Gebrauch gemacht werden. Insbesondere ist die Größe eines Notariats kaum ein tragfähiger Grund, von dem bewährten Vierjahresturnus abzuweichen: bei einem sehr kleinen Notariat besteht zwar wegen der geringen Anzahl der Fälle weniger Gelegenheit, Fehler zu machen, dafür steigt jedoch nicht selten wegen der mangelnden Routine die Fehlerneigung; bei einem sehr großen Notariat werden viele Arbeiten von den Mitarbeiterinnen und Mitarbeitern selbstständig erledigt, wobei sich leicht Fehler einschleichen können. Auch Gründe der Gleichbehandlung sprechen für eine **möglichst strikte Einhaltung** des Vierjahresturnus. Für die Prüfung des Dienstes der Notarassessoren wurde keine eigene Frist bestimmt.

4 In **Bayern** wurde § 32 in der bundeseinheitlichen Fassung in Kraft gesetzt. In der begleitenden Allgemeinverfügung (Notarbekanntmachung)[4] wird jedoch abweichend davon in Nr. 11.1.2 festgelegt, dass die Amtsführung der Notare in der Regel in Abständen von höchstens sechs Jahren geprüft wird. Bei einer Sitzverlegung erfolgt dort die Prüfung am neuen Amtssitz innerhalb von drei Jahren. Nr. 17.2.5 bestimmt, dass diese Vorschrift § 32 vorgeht.

5 Für **neu bestellte Notare** wird bereits im Gesetz angeordnet, dass die erste Prüfung **innerhalb der ersten zwei Jahre** ihrer Tätigkeit vorgenommen wird (§ 93 Abs. 1 S. 3 BNotO). Für die Erstprüfung existiert also eine gesetzliche Höchstfrist.

5a Wird die Prüfung nicht innerhalb der vorgeschriebenen Frist durchgeführt, verletzt die Aufsichtsbehörde damit „nur" eine **allgemeine Amtspflicht,** deren Missachtung nicht zum Schadensersatz gegenüber Dritten verpflichtet.[5]

6 Zusätzliche **Zwischenprüfungen** und **Stichproben** sind ohne besonderen Anlass zulässig (§ 93 Abs. 1 S. 2 BNotO).[6] Ihre Anordnung muss aber gleichwohl einer Ermessenskontrolle standhalten.[7] In Bayern und Nordrhein-Westfalen wird aufgrund der dortigen Verwaltungsvorschriften entgegen dem Gesetzeswortlaut ein besonderer Anlass vorausgesetzt.[8]

6a **Unabhängig davon** sind die Landgerichtspräsidenten auch Aufsichtsbehörden im Sinne des Geldwäschegesetzes (§ 50 Nr. 5 GwG) und können **jederzeit** auch ohne besonderen Anlass bei einem Notar eine **Prüfung nach dem GwG** durchführen; Gegenstand dieser Prüfung ist die Einhaltung der im GwG festgelegten Anforderungen (§ 51 Abs. 3 S. 1 und S. 2 GwG).[9] Gemäß § 51 Abs. 3 S. 4 GwG müssen sich Häufigkeit und Intensität der Prüfungen aber am Risikoprofil des Notars im Hinblick auf Geldwäsche und Terrorismusfinanzierung orientieren. § 51 Abs. 3 S. 3 GwG eröffnet den Aufsichtsbehörden die Möglichkeit, die Durchführung der Prüfung auf sonstige Personen oder Einrichtungen vertraglich zu übertragen; im Bereich der Notaraufsicht dürfte dies aber wegen der auch von der Aufsichtsbehörde zu wahrenden Verschwiegenheit nicht in Betracht kommen.

6b Da sich die Notarprüfung gem. § 93 Abs. 2 S. 2 BNotO auch auf „die ordnungsgemäße automatisierte Verarbeitung personenbezogener Daten" zu erstrecken hat, ist Gegenstand der Notaraufsicht auch die Frage, ob die Amtsführung des Notars den **Anforderungen**

---

[4] Bekanntmachung des Bayer. Staatsministeriums der Justiz betreffend die Angelegenheiten der Notare (Notarbekanntmachung – NotBek) vom 25.1.2001 (JMBl. S. 32), zuletzt geändert durch Bekanntmachung vom 22.2.2017 (JMBl. S. 46).

[5] BGH DNotZ 1961, 436; anders kann die Situation allerdings dann sein, wenn sich die Aufsichtspflicht der Behörde schon so weit auf den Schutz einzelner Beteiligter konkretisiert hat, dass von einer drittbezogenen Amtspflicht gesprochen werden kann (BGH DNotZ 1999, 334). Zur Bedeutung der Kenntnis der Aufsichtsbehörde von Zwangsvollstreckungsmaßnahmen gegen den Notar BGH BeckRS 2015, 1685.

[6] Hiervon wurde beispielsweise in Hessen mit der Einführung einer zusätzlichen Prüfung der Verwahrungsgeschäfte, für die die Notare ausgelost werden, Gebrauch gemacht (Runderlass des Hessischen Ministeriums der Justiz v. 30.10.2014, Hess. JMBl. 2015, 80, Abschnitt B. V.). Vgl. hierzu auch BGH NJW-RR 1995, 625.).

[7] BGH DNotZ 2004, 235.

[8] S. oben Fn. 1.

[9] Herzog/*Achtelik*, 3. Aufl. 2018, GwG § 51 Rn. 5; die Aufsicht durch die Präsidenten der Landgerichte wird im politischen Raum als „defizitär" angesehen (Entschließungsantrag der Fraktion Bündnis 90/DIE GRÜNEN v. 15.5.2019, BT-Drs. 19/10218).

des **Datenschutzrechts** genügt. Parallel dazu sind auch die jeweiligen **Landesdatenschutzbeauftragten** als Aufsichtsbehörden im Sinne der Art. 54 ff. DS-GVO jederzeit befugt, Zugang zu den Räumlichkeiten des Notars und seinen Datenverarbeitungsanlagen sowie zu allen personenbezogenen Daten zu erhalten (Art. 58 DS-GVO).[10]

Bei der Anordnung der Prüfung der Amtsgeschäfte eines Notars handelt es sich um einen **anfechtbaren Verwaltungsakt**. Die Aufsichtsbehörde hat unter Beachtung des **Verhältnismäßigkeitsgrundsatzes** nach pflichtgemäßem Ermessen zu entscheiden, ob und in welchem Umfang sie die Amtsprüfung eines Notars anordnen und ausführen lassen will.[11]

Für das Verfahren im Fall der **Anfechtung** einer derartigen Entscheidung der Aufsichtsbehörde (zuständig sind das OLG und in zweiter Instanz der BGH: § 111 BNotO) verweist § 111b Abs. 1 BNotO auf die Vorschriften der VwGO. Erforderlich ist daher in der Regel zunächst die Durchführung eines **Vorverfahrens** gem. § 68 Abs. 1 VwGO, wenn es sich nicht um eine Entscheidung einer obersten Landesbehörde (hier also des Landesjustizministeriums) handelt oder abweichende landesgesetzliche Vorgaben gemäß dem in § 68 Abs. 1 S. 2 VwGO normierten Vorbehalt zu beachten sind.[12] Da Widerspruch bzw. Klage aufschiebende Wirkung haben (§ 80 Abs. 1 VwGO), kann die Prüfung zunächst nicht durchgeführt werden, es sei denn, es wird gem. § 80 Abs. 2 Nr. 4, Abs. 3 VwGO von der Aufsichtsbehörde der **Sofortvollzug** angeordnet.

C. Notarprüfer (Abs. 2)

Den Aufsichtsbehörden obliegt die regelmäßige Prüfung und Überwachung der Amtsführung der Notare und des Dienstes der Notarassessoren (§ 93 Abs. 1 S. 1 BNotO). Die Zuständigkeit zur Durchführung der Prüfung richtet sich nach den hierzu erlassenen Bestimmungen der Landesjustizverwaltungen (§ 93 Abs. 3 S. 1 BNotO), denen insoweit die Organisationshoheit zukommt.

Die Landesjustizverwaltungen haben festgelegt, dass die Prüfung der Amtsführung der Notare von der untersten Aufsichtsbehörde, dem Präsidenten des Landgerichts, durchgeführt wird (§ 32 Abs. 2 S. 1). Dabei gibt es mehrere Möglichkeiten:
– Der Präsident des Landgerichts kann die Prüfung in eigener Person vornehmen.
– Der Präsident des Oberlandesgerichts kann Richter auf Lebenszeit (des Amtsgerichts, Landgerichts oder Oberlandesgerichts) bestellen, die im Auftrag der jeweiligen Landgerichtspräsidenten die Notare des gesamten Oberlandesgerichtsbezirks prüfen (§ 32 Abs. 2 S. 2).
– Der Präsident des Landgerichts kann Richter auf Lebenszeit (des Amtsgerichts[13] oder Landgerichts) beauftragen, die Notarprüfungen vorzunehmen (§ 32 Abs. 2 S. 1).
– Der Präsident des Landgerichts kann ergänzend Beamte der Justizverwaltung (gehobener Dienst, in der Regel Bezirksrevisoren oder Kostenbeamte) beauftragen, Kostenberech-

---

[10] *Wagner/Richter* NotBZ 2017, 446 (452).
[11] BGH DNotZ 1974, 372.
[12] Ohne Anspruch auf Vollständigkeit: **Bayern:** gem. Art. 15 Abs. 2 Bay. AGVwGO kein Vorverfahren; **Niedersachsen:** gem. § 8a Abs. 1 Nds. AGVwGO kein Vorverfahren; **NRW:** gem. § 110 Abs. 1 JustG NRW kein Vorverfahren für Verwaltungsakte, die bis zum 31.10.2012 ergehen; **Hessen:** gem. Nr. 10.5 der Anl. zu § 16a HessAGVwGO kein Widerspruchsverfahren, wenn Notarkammer oder OLG-Präsident Verwaltungsakt erlassen oder abgelehnt hat; **Sachsen-Anhalt:** gem. § 8a AGVwGO LSA kein Vorverfahren, wenn die Behörde, die den Verwaltungsakt erlassen oder abgelehnt hat, auch den Widerspruchsbescheid zu erlassen hätte; **Sachsen:** gem. § 27a SächsJustizG kein Vorverfahren bei Verwaltungsakten, die von der Notarkammer erlassen wurden.
[13] *Lerch* DONot § 32 Rn. 5 hält die Beauftragung eines Richters am Amtsgericht für „bedenklich", da dieser nicht der Dienstaufsicht des Landgerichtspräsidenten unterstehe. Dies trifft dann nicht zu, wenn es sich um einen Richter eines Direktorialamtsgerichts aus dem Bezirk des Landgerichts handelt. Richtig ist der Einwand daher nur bezüglich der Richter von Präsidialamtsgerichten. Ihnen gegenüber ist aber in jedem Fall der in die Dienstaufsicht über die Notare eingebundene Präsident des übergeordneten Oberlandesgerichts weisungsbefugt, so dass die geäußerten Bedenken im Ergebnis nicht überzeugen.

nungen und Abrechnungen über Gebührenabgaben einschließlich deren Einzugs sowie Verwahrungsgeschäfte und dergleichen zu prüfen, wobei diesem Personenkreis keine Aufsichtsbefugnisse zustehen (§ 93 Abs. 3 S. 3 BNotO). Dies bedeutet allerdings nicht, dass diese Beamten stets nur zusammen mit den richterlichen Prüfungsbeauftragten tätig werden dürften.[14] Die Ausübung von Aufsichtsbefugnissen ist nicht identisch mit der tatsächlichen Vornahme der Prüfungstätigkeit, bei der es grundsätzlich – auch für den richterlichen Notarprüfer – nur darum geht, die erforderlichen tatsächlichen Feststellungen zu treffen.

– Der Präsident des Landgerichts kann schließlich nach Anhörung der Notarkammer Notare unterstützend zur Prüfung heranziehen (§ 93 Abs. 3 S. 2 BNotO). Diese Vorschrift hat bislang – soweit ersichtlich – nur geringe praktische Bedeutung erlangt.

10 Die Präsidenten der Landgerichte bzw. Oberlandesgerichte können – im Rahmen der gesetzlichen Vorgaben – den konkreten **Prüfer frei auswählen.** Der entsprechende Auftrag des Präsidenten an den Richter oder Justizbeamten ist ein innerdienstlicher Vorgang, den der Notar nicht nach § 111 BNotO anfechten kann.[15] Es können auch mehrere Richter (oder Beamte), ggf. gemeinsam mit einem Notar, mit der Geschäftsprüfung beauftragt werden.[16]

11 Nach der Gesetzeslage bestehen keine Bedenken dagegen, **beurlaubte** (zB wegen Elternzeit) oder abgeordnete Richter oder Beamte mit der Notarprüfung zu beauftragen.

12 Bei **pensionierten** Richtern und Beamten besteht das Problem, dass sie nicht mehr der Disziplinargewalt des Landgerichtspräsidenten unterstehen; auch der Katalog der möglichen Disziplinarmaßnahmen ist stark eingeschränkt.[17] Sie sollten daher nicht als Notarprüfer eingesetzt werden.[18]

13 **Dienstrechtlich** begegnet die Beauftragung von Richtern mit der Notarprüfung keinen durchgreifenden Bedenken. Zwar darf ein Richter nach § 4 Abs. 1 DRiG nicht gleichzeitig Aufgaben der rechtsprechenden und der vollziehenden Gewalt wahrnehmen. Hiervon ausgenommen sind jedoch nach § 4 Abs. 2 Nr. 1 DRiG **Aufgaben der Gerichtsverwaltung.** Zu diesen wird man die Aufsicht über die Amtsführung der Notare einschließlich der Durchführung eines Disziplinarverfahrens zu zählen haben. Die Frage, ob der Richter **verpflichtet** ist, die Prüfungstätigkeit als Nebentätigkeit auszuüben, bestimmt sich nach § 42 DRiG.

14 Ein Richter, der im Rahmen der Dienstaufsicht über Notare tätig wird, ist damit nicht automatisch gehindert, später an Entscheidungen beispielsweise des Notarsenats mitzuwirken.[19] Eine *gleichzeitige* Mitarbeit in der Notaraufsicht und zB in einem Notarsenat dürfte dagegen als Verstoß gegen den **Gewaltenteilungsgrundsatz** anzusehen sein.[20] Keine Bedenken bestehen, die Ehefrau eines Mitglieds der Kammer, die über Notarkostensachen zu entscheiden hat, mit Aufgaben der Notaraufsicht zu betrauen.[21] Dagegen darf ein Notarprüfer nicht gleichzeitig richterliche Aufgaben in Notarkostenbeschwerdeverfahren nach § 127 GNotKG wahrnehmen.[22] Im Übrigen sollte sich der Richter tunlichst richterlicher Tätigkeit enthalten, wenn an einem Verfahren ein Notar (zB als Partei oder nach § 15

---

[14] So aber Armbrüster/Preuß/Renner/*Eickelberg* DONot § 32 Rn. 20.
[15] BGH NJW-RR 1995, 886.
[16] BGH DNotZ 2014, 475: Im konkreten Fall waren eingesetzt die Vizepräsidentin des LG, zwei Richter und eine Notarin.
[17] Vgl. beispielhaft § 61 HessRiG iVm § 83 DRiG, § 89 HDG.
[18] Zur Frage, ob ein pensionierter Richter, der im Rahmen der Notaraufsicht tätig gewesen ist, zum Vertreter eines Notars in seinem bisherigen Dienstbezirk bestellt werden kann, vgl. BGH DNotZ 1996, 223.
[19] BGH NJW-RR 2000, 1664.
[20] BGH DNotZ 2018, 550: Kein Verstoß gegen Gewaltenteilungsgrundsatz, wenn der Notarsenat vom Vizepräsidenten des OLG geleitet wird, der seinerseits an dem verwaltungsbehördlichen Disziplinarverfahren gegen den Notar nicht mitgewirkt hat.
[21] BGH NJW-RR 1995, 886.
[22] So noch zu § 156 KostO OLG Frankfurt a. M. OLGR 1993, 239 = Hess. JMBl. 1993, 513 ff.; OLG Stuttgart DNotZ 1972, 185.

Abs. 2 BNotO) beteiligt ist, mit dem der Richter bereits im Rahmen der Notaraufsicht befasst war oder ist. Hier dürfte eine Selbstanzeige (zB nach § 48 ZPO) in Erwägung zu ziehen sein. Erst recht gilt dies, wenn ein Richter des zuständigen Notarsenats zuvor bei der Aufsichtsbehörde an der Entscheidung über die Durchführung des gegen den Notar gerichteten Disziplinarverfahrens mitgewirkt hat.[23]

Die **Kompetenzen der** vom Landgerichtspräsidenten **beauftragten Notarprüfer** sind nicht klar geregelt. Aus der Vorschrift des § 93 Abs. 3 S. 3 BNotO, nach der den zusätzlich beauftragten Beamten der Justizverwaltung keine Aufsichtsbefugnisse zukommen, wird man im Umkehrschluss schließen können, dass jedenfalls den richterlichen Prüfern solche Aufsichtsbefugnisse zustehen.[24] In der Praxis hat die Frage allerdings ohnehin nur geringe Bedeutung. Sowohl der richterliche Prüfer als auch der ergänzend hinzugezogene Beamte der Justizverwaltung haben in erster Linie die Aufgabe, tatsächliche Feststellungen zur Art und Weise der notariellen Amtsausübung zu treffen. In diesem Zusammenhang können sie selbstverständlich den Notar bitten, ihnen bestimmte Unterlagen zur Einsicht vorzulegen. Der Notar ist gem. § 93 Abs. 4 BNotO verpflichtet, gegenüber den „mit der Prüfung Beauftragten" (das Gesetz differenziert an dieser Stelle nicht zwischen beauftragten Richtern und beauftragten Beamten!) diverse Unterlagen vorzulegen, Zugang zu der EDV-Anlage zu gewähren und „die notwendigen Aufschlüsse zu geben". Kommt der Notar dieser Verpflichtung trotz Aufforderung nicht nach, bleibt dem Richter wie dem Beamten nichts anderes übrig, als diese Weigerung festzustellen und dem Landgerichtspräsidenten hierüber zu berichten. Dieser muss dann prüfen, ob und in welcher Weise er gegen den Notar vorgeht. Umgekehrt genießen die eingesetzten Richter insoweit keine richterliche Unabhängigkeit, sondern sind ihrerseits weisungsgebunden gegenüber den Aufsichtsbehörden.[25]

Im Bereich der Notarkassen (Bayerische Notarkasse: § 113 Abs. 1 BNotO; Ländernotarkasse Leipzig: § 113 Abs. 2 BNotO) haben diese bzw. ihre Beauftragten die Erfüllung der Abgabepflicht der Notare gegenüber der Notarkasse einschließlich der zugrundeliegenden Kostenberechnungen zu prüfen (§ 113 Abs. 17 S. 9 BNotO). Die Prüfung umfasst also das gesamte Kostenwesen. Deswegen ordnet § 93 Abs. 3 S. 4 BNotO an, dass eine Prüfung durch den Landgerichtspräsidenten nicht erforderlich ist, soweit bei dem Notar die Kostenberechnung bereits durch einen Beauftragten der Notarkasse geprüft wird. Damit soll eine Prüfungskonkurrenz im Bereich des Kostenwesens vermieden werden. Alle anderen Bereiche notarieller Amtstätigkeit, insbesondere auch die Verwahrungsgeschäfte, unterliegen dagegen stets der alleinigen Prüfungskompetenz des Landgerichtspräsidenten.

Die Notarprüfung gehört **in die Hände erfahrener Notarprüfer**.[26] Dies gebietet nicht zuletzt auch die Achtung vor dem Amt des Notars. Es sollte daher selbstverständlich sein, dass die Prüfungstätigkeit nicht immer nur für eine kurze Zeit oder nur für ganz wenige Notare ausgeübt wird. Nur eine kontinuierliche Prüfungstätigkeit, der eine Einweisung durch erfahrene Notarprüfer vorausgegangen ist und die durch regelmäßigen Erfahrungsaustausch und Schulungen begleitet wird,[27] bietet die Gewähr für eine kompetente Kontrolle der notariellen Amtstätigkeit.

D. Prüfungsort

Jede Prüfung erfolgt grundsätzlich **in der Geschäftsstelle des Notars,** da auch die Geschäftsstelle selbst und die zu gewährleistende Aufbewahrung der Bücher, Verzeichnisse

---
[23] BGH BeckRS 2019, 2884.
[24] AA Armbrüster/Preuß/Renner/*Eickelberg* DONot § 32 Rn. 27; Weingärtner/Gassen/Sommerfeldt/ *Weingärtner* DONot § 32 Rn. 10.
[25] So zu Recht *Lerch* DONot § 32 Rn. 5.
[26] Weingärtner/Gassen/Sommerfeldt/*Weingärtner* DONot § 32 Rn. 7.
[27] So ausdrücklich Vorbemerkung lit. h) zur DONot in der AV v. 23.3.2001 des Justizministeriums von Nordrhein-Westfalen (JMBl. S. 117), zuletzt geändert durch ÄndAV v. 21.2.2017 (JMBl. S. 53).

und Akten Gegenstand der Prüfung ist (§ 93 Abs. 2 BNotO). Es widerspricht daher dem Sinn und Zweck der Amtsprüfung, wenn Notarprüfer – statt die Prüfung in der Geschäftsstelle vorzunehmen – den Notar auffordern, Urkunden, Akten und Verzeichnisse zum Gericht zu bringen.

16b Der Notar ist dabei gem. § 93 Abs. 2 S. 2 und S. 3, Abs. 4 S. 1 BNotO verpflichtet, seine **Akten, Verzeichnisse und Bücher** (nach § 93 Abs. 2 S. 2 BNotO-2022: Akten und Verzeichnisse) und damit insbesondere die bei ihm verwahrten Urkunden zur Einsicht **vorzulegen.** § 93 Abs. 2 S. 2 und S. 3 BNotO enthält **keine abschließende Aufzählung** der vorzulegenden Dokumente; auf Verlangen ist beispielsweise auch Einsicht in den **Terminkalender** zu gewähren.[28]

16c Das Gesetz sieht weiter vor, dass der Notar diese Unterlagen dem Notarprüfer **aushändigen** muss. Der Notarprüfer ist also berechtigt, ggf. derartige Unterlagen in seine eigene Dienststelle mitzunehmen. Entsprechendes gilt für Fotokopien, die auf Wunsch des Notarprüfers angefertigt werden oder Abschriften oder Ablichtungen, die der Notarprüfer vor Ort fertigt.

E. Prüfungsbericht (Abs. 3 S. 1)

17 Gegenstand und Durchführung der Notarprüfung werden im Wesentlichen in § 93 Abs. 2 und Abs. 4 BNotO geregelt.[29] Einige Landesjustizverwaltungen haben darüber hinaus noch mehr oder weniger konkrete Vorgaben im Erlasswege getroffen.[30] In § 32 Abs. 3 S. 1 geht es dagegen um den Prüfungsbericht, in dem der Prüfer die Ergebnisse der Notarprüfung zusammenzufassen hat.

17a Die Aufsichtsbehörde ist gehalten, zum Schutz der rechtsuchenden Bürger jedem Hinweis auf unsorgfältige oder fehlerhafte Arbeit eines Notars nachzugehen, insbesondere auch Zufallsfunde zu prüfen.[31]

I. Form und Frist des Prüfungsberichts

18 Der Prüfungsbericht hat schon deswegen **schriftlich** zu erfolgen, weil dem Notar ein Anspruch auf Aushändigung des Berichts zusteht.[32] Wenn Gefahr in Verzug ist, kann auch ein mündlicher Bericht in Betracht kommen, der dann freilich nachträglich noch unverzüglich zu Papier gebracht werden muss.

Wird gem. § 93 Abs. 3 S. 2 BNotO von der Aufsichtsbehörde ein anderer **Notar** zu einer Prüfung **hinzugezogen,** hat dieser ebenfalls einen Bericht zu erstellen (oder bei der Erstellung eines gemeinsamen Berichts mitzuwirken) und der Aufsichtsbehörde vorzulegen. Dies ist Ausfluss seiner spezifischen Amtspflichten. Auch die hinzugezogenen Justizbeamten haben einen eigenen Bericht zu erstellen.

---

[28] BGH DNotZ 2014, 475.
[29] Ausführliche Darstellung bei *Blaeschke* S. 31 ff.; außerdem *Viefhues,* Die Dienstaufsicht in der notariellen Praxis, 1. Aufl. 2019; *Weingärtner/Löffler,* Vermeidbare Fehler im Notariat, 10. Aufl. 2019. Informativ ist auch die Aufsatzreihe von *Viefhues,* Die Geschäftsprüfung in den Notariaten, ZNotP 2018, 161; 2018, 205; 2018, 245; 2018, 311 und 2018, 352. Nicht mehr in allen Teilen aktuell dagegen *Bücker/Viefhues,* Notarprüfung: Häufige Fehler bei der notariellen Amtsführung, ZNotP 2003, 331; 2003, 449; 2004, 51; 2004, 311; 2004, 345; 2004, 428; 2005, 91; 2005, 327; 2005, 448; 2006, 325; 2007, 126; 2007, 172 und 2008, 106; sehr instruktiv, aber auch schon älter ist der Aufsatz von *Harder/Fürter,* Häufige Beanstandungen bei der Geschäftsprüfung der Notarinnen und Notare, SchlHA 2007, 229.
[30] Aufschlussreich sind das „Merkblatt für die Amtsprüfung der Notare" (Anlage 6) und die „Checkliste für die Durchführung der Amtsprüfung der Notare" der Bayerischen Justizverwaltung (Anlage 7 der Bekanntmachung betreffend die Angelegenheiten der Notare – Notarbekanntmachung – NotBek – v. 25.1.2001 (JMBl. S. 32), zuletzt geändert durch Bekanntmachung vom 22.2.2017 (JMBl. S. 46)).
[31] OLG Frankfurt a. M. Urt. v. 22.12.2011 – 2 Not 2/11, nv.
[32] BGH DNotZ 1981, 195 (199).

Der Prüfungsbericht muss – insbesondere in kritischen Fällen – **unverzüglich gefertigt** 19
und an die Justizverwaltung weitergeleitet werden, damit dort geprüft werden kann, ob
Anlass für eine vorläufige Amtsenthebung des Notars gegeben ist.[33]

II. Inhalt des Berichts

Genauere Vorgaben, wie der Prüfungsbericht inhaltlich zu gestalten ist, existieren allen- 20
falls auf Länderebene.[34] Allgemein lässt sich Folgendes sagen:

Der beauftragte Richter oder Justizbeamte **ist nicht der Vertreter der Aufsichts-** 21
behörde, sondern von dieser lediglich im Wege der Delegation entsandt, um vor Ort
Tatsachen festzustellen und ggf. auch Vorschläge für eine Behebung festgestellter Fehler zu
machen.

Im Vordergrund stehen daher **detaillierte Feststellungen zur konkreten Amtsfüh-** 22
rung des Notars. Der Prüfungsbericht darf sich dabei nicht auf die oberflächliche Zusammenfassung von Äußerlichkeiten beschränken. Daher sollten auch Prüfungsvordrucke,
bei denen jeweils nur Positionen angekreuzt werden, keine Verwendung mehr finden.
Stattdessen sollten in dem Bericht festgestellte Fehler in nachvollziehbarer Weise dargestellt
werden.

Bei Beanstandungen **sollte sich der Notarprüfer wertender Äußerungen enthalten** 23
und insbesondere nicht vorschnell ein Dienstvergehen verneinen, um nicht die Aufnahme
disziplinarischer Vorermittlungen bzw. die Ahndung durch Aufsichts- oder Disziplinarmaßnahmen zu erschweren. Beschränkt sich der Notarprüfer auf die Feststellung von Tatsachen,
kann ihm auch nicht der Vorwurf der Befangenheit gemacht werden.[35]

Auch (vermeintliche) **Bagatellverstöße** sind in den Prüfungsbericht aufzunehmen. 24
Damit wird keineswegs der Kleinlichkeit das Wort geredet. Erfahrungsgemäß gehen aber
die Auffassungen darüber, was als Bagatelle angesehen werden kann, weit auseinander.
Entscheidend ist hier nicht die Meinung des Notarprüfers, sondern die der Aufsichtsbehörden, da sie letztlich die Aufsicht zu verantworten haben. Im Übrigen kann auch eine
Vielzahl von Bagatellverstößen einen Rückschluss darauf zulassen, wie sorgfältig der Notar
sein Amt führt und seine Mitarbeiter beaufsichtigt.

Es sollte sich von selbst verstehen, dass jeder anmaßende, unsachliche Ton zu vermeiden 25
ist. Überall passieren Fehler, auch und gerade im Bereich der Justiz. Das sollte der Notarprüfer bedenken, wenn er den Prüfungsbericht abfasst.

Selbstverständlich sollte im Prüfungsbericht auch ausgeführt werden, welche Angelegen- 26
heiten einwandfrei abgewickelt wurden. Dies ist nicht nur ein Gebot der Höflichkeit,
sondern auch in der Sache sinnvoll, um den Aufsichtsbehörden ein vollständiges und
ausgewogenes Bild von dem Zustand des Notariats zu geben. Vor pauschalem, undifferen-
ziertem Lob sollte man sich allerdings aus haftungsrechtlichen Gründen hüten.

Es wird empfohlen, den Prüfungsbericht mit einer **Zusammenfassung des Gesamt-** 26a
eindrucks abzuschließen.[36]

III. Stellungnahme des Notars zu dem Bericht

Der Notar hat ein Recht darauf, dass ihm ein Doppel des Berichts der Amtsprüfung 27
ausgehändigt wird, damit er zu dem Bericht Stellung nehmen und eventuelle Beanstandungen oder Richtigstellungen seinerseits anbringen kann. Es wird empfohlen, ihn bei der

---

[33] BGH DNotZ 1999, 334; OLG Schleswig DNotZ 1999, 726.
[34] So zB für Bayern in der Bekanntmachung betreffend die Angelegenheiten der Notare v. 25.1.2001 (JMBl. S. 32), zuletzt geändert durch Bekanntmachung v. 22.2.2017 (JMBl. S. 46), insbesondere Anlagen 6 und 7; für Nordrhein-Westfalen lit. h) des Vorspanns zur Dienstordnung für Notarinnen und Notare (AV v. 23.3.2001, JMBl. S. 117), zuletzt geändert durch AV v. 21.2.2017 (JMBl. S. 53).
[35] BGH DNotZ 2019, 390.
[36] Weingärtner/Gassen/Sommerfeldt/*Weingärtner* DONot § 32 Rn. 21 f.

Übersendung an den Notar mit dem Vermerk „persönlich" zu versehen.[37] Der Notar hat keinen Anspruch, dass ein Bericht, mit dem er nicht einverstanden ist, berichtigt oder ergänzt wird.[38] Auf Verlangen der Dienstaufsichtsbehörde muss der Notar gem. § 93 Abs. 4 S. 1 BNotO eine Stellungnahme zu dem Bericht abgeben.[39]

27a In aller Regel wird der Prüfungsbericht dem Notar mit der **Aufforderung** übersandt, **innerhalb einer angemessenen Frist** zu den Beanstandungen **Stellung zu nehmen** und insbesondere mitzuteilen, ob er die Beanstandungen erledigt hat und wie er in Zukunft ähnliche Fehler verhindern will. Der Notar ist nach ständiger Rechtsprechung des BGH „über § 93 BNotO hinaus" verpflichtet, die erforderlichen Auskünfte zu geben sowie angeforderte Berichte fristgerecht zu erstatten; eine Säumigkeit des Notars kann disziplinarrechtlich geahndet werden.[40]

27b Teilt der Notar **wahrheitswidrig** die Erledigung von Prüfungsbeanstandungen mit oder beachtet er Ersuchen der Aufsichtsbehörden über einen längeren Zeitraum nicht, liegt darin regelmäßig ein Dienstvergehen; die Erstattung eines falschen Berichts, der gegen die Wahrheitspflicht des Notars als Organ der Rechtspflege verstößt, ist als **grobe Fahrlässigkeit** zu werten.[41]

IV. Akteneinsichtsrecht des Notars

27c Die Vorgänge, die im Zusammenhang mit der Prüfung der Amtsführung eines Notars anfallen, werden von der Justizverwaltung üblicherweise in Sonderbänden (**„Amtsprüfungsband"**) gesammelt. In diesen hat der Notar **kein Einsichtsrecht,** da dieser Band nicht zur Personalakte zählt. Nach Auffassung des BGH ist dies auch unbedenklich, da dem Notar ohnehin ein Anspruch auf Aushändigung des über die Prüfung gefertigten Berichts zusteht.[42]

27d Die Befugnis zur Führung von **Personalakten** ergibt sich aus dem Aufsichtsrecht der Justizverwaltung, das ohne eine Personalakte nicht sinnvoll ausgeübt werden kann. In diese Personalakten ist dem Notar jederzeit und ungehindert Einsicht zu gewähren. Dies gilt auch dann, wenn Gegenstand dieser Akte Material ist, das die Verwaltungsbehörde im Vorfeld eines Disziplinarverfahrens gesammelt hat, um Verdächtigungen gegen den Notar nachzugehen oder weil sie sonst Anlass hat, Material über den Notar zu sammeln.[43]

27e In **Akten des** gegen ihn gerichteten **Disziplinarverfahrens**[44] darf der Notar dagegen nur nach Maßgabe der einschlägigen Bestimmungen des nach § 121 BNotO anwendbaren Bundesdisziplinargesetzes Einblick nehmen. In der Regel ist daher die Einsicht nur zu gestatten, sobald und soweit dies ohne Gefährdung der Ermittlungen möglich ist (vgl. § 3 BDG iVm § 29 VwVfG).

F. Folgerungen aus dem Bericht (Abs. 3 S. 2)

28 Abs. 3 S. 2 stellt klar, dass es allein Sache des **Landgerichtspräsidenten** ist, auf die von dem Notarprüfer festgestellten Beanstandungen zu reagieren und die im Einzelfall erforderlichen Anordnungen entweder selbst zu treffen oder die entsprechenden Schritte in die Wege zu leiten. Folgende Maßnahmen kommen in Betracht:

---

[37] So Armbrüster/Preuß/Renner/*Eickelberg* DONot § 32 Rn. 25. Allerdings ist der Bericht keinesfalls eine geheime oder auch nur höchstpersönliche Angelegenheit des Notars, was man an § 23 Abs. 1 erkennen kann, der anordnet, dass der Bericht in die Generalakte aufzunehmen ist. Diese ist in aller Regel für die Mitarbeiter des Notars frei zugänglich. Anders mag man die Situation bei Schreiben in Disziplinarverfahren beurteilen.
[38] BGH DNotZ 1981, 195 (200).
[39] Siehe auch BGH DNotZ 1987, 438.
[40] Vgl. BGH DNotZ 1987, 438; 1993, 465; OLG Celle NdsRpfl. 1999, 322; BeckRS 2004, 02464.
[41] BGH DNotZ 1973, 174; 1975, 53.
[42] BGH DNotZ 1981, 195.
[43] BGH DNotZ 2000, 710.
[44] Einschließlich der Zweitstücke dieser Akte, BGH DNotZ 2000, 710.

- Allgemeine Aufsichtsbefugnisse:
  - Beanstandung eines Fehlers
  - Hinweise für die zukünftige Amtsführung
- Missbilligung durch die Aufsichtsbehörde (§ 94 BNotO)
- Förmliche Disziplinarmaßnahmen der Aufsichtsbehörden (§ 97 BNotO):
  - Verweis (§§ 97 Abs. 1, 98 Abs. 1 BNotO)
  - Geldbuße (§§ 97 Abs. 1, Abs. 4, 98 Abs. 2 BNotO)
- Entscheidung des Disziplinargerichts (§§ 99 ff. BNotO):
  - Entfernung vom Amtssitz/befristete Entfernung aus dem Amt (§ 97 Abs. 2, Abs. 3 BNotO)
  - Dauernde Entfernung aus dem Amt (§ 97 Abs. 1, Abs. 5 BNotO)
- Amtsenthebung durch die Aufsichtsbehörde außerhalb eines Disziplinarverfahrens (§ 50 BNotO)

Landesrechtlich ist zumeist festgelegt, ob der zuständige Landgerichtspräsident den Prüfungsbericht auch noch den übergeordneten Aufsichtsbehörden und ggf. auch der Notarkammer zuzuleiten hat. **29**

Daneben kann auch die **Notarkammer** Rechenschaft von dem Notar verlangen (§ 74 BNotO) und bei ordnungswidrigem Verhalten leichterer Art eine Ermahnung aussprechen (§ 75 BNotO). **30**

Auch dann, wenn sich aus dem Prüfungsbericht keine Beanstandungen ergeben, können die dort getroffenen Feststellungen Anlass sein, im Rahmen der Grenzen des § 93 BNotO und namentlich unter Beachtung des Grundsatzes der Verhältnismäßigkeit dienstaufsichtsrechtlich tätig zu werden.[45] **31**

Wird ein amtspflichtwidriges Verhalten des Notars (versehentlich) nicht beanstandet, folgt daraus **kein Vertrauenstatbestand zugunsten des Notars,** der einer späteren disziplinarischen Ahndung entgegenstünde.[46] Etwas anderes wird freilich dann zu gelten haben, wenn eine bestimmte Verhaltensweise des Notars von der Aufsichtsbehörde bewusst und ausdrücklich gebilligt wurde; auch scheidet eine Rückwirkung grundsätzlich aus, wenn die Dienstaufsicht ihre Rechtsauffassung gegenüber der langjährigen Praxis ändert.[47] **31a**

Auch im Haftungsprozess kann sich der Notar nicht auf eine fehlerhafte Einschätzung des Notarprüfers berufen.[48] **31b**

Ergibt die Prüfung, dass der Notar **Pflichten nach dem Geldwäschegesetz missachtet** hat, kommt auch die Einleitung eines Ordnungswidrigkeitenverfahrens in Betracht. In § 56 GwG werden sowohl vorsätzliches als auch leichtfertiges Nichterfüllen, nicht richtiges, nicht vollständiges und auch nicht rechtzeitiges Erfüllen diverser geldwäscherechtlicher Pflichten mit einer Sanktion belegt. Welche Behörde für die Ahndung zuständig ist, wird zum Teil in § 56 Abs. 5 GwG geregelt. Der Bereich der Notare wird davon aber nicht erfasst. Aus § 36 Abs. 1 Nr. 2 OWiG folgt die Zuständigkeit der fachlich zuständigen obersten Landesbehörde (also des jeweiligen Landesjustizministeriums), soweit die jeweilige Landesregierung die Zuständigkeit nicht durch Rechtsverordnung auf eine andere Behörde übertragen hat.[49] Die Geldbuße kann bis zu 100.000 EUR betragen (§ 56 Abs. 3 GwG), bei einem schwerwiegenden, wiederholten oder systematischen Verstoß bis zu 1 Mio. EUR (§ 56 Abs. 2 GwG). **31c**

---

[45] BGH DNotZ 1987, 438 zur Anordnung der Aufsichtsbehörde, zur Erledigung von Veränderungsnachweisen regelmäßig zu berichten.
[46] OLG Celle BeckRS 2004, 05883.
[47] Vgl. BGH BeckRS 1973, 31174374.
[48] OLG Karlsruhe BWNotZ 2017, 16 (19); kritisch *Ganter* DNotZ 2019, 245 (274).
[49] In Hessen ist beispielsweise auf Grund § 1 VO über die Zuständigkeiten für die Verfolgung und Ahndung von Ordnungswidrigkeiten im Geschäftsbereich des Ministeriums der Justiz v. 9.12.2009 (GVBl. I 506) die Generalstaatsanwaltschaft zuständig.

G. Erhebung von Gebühren für die Notarprüfung

32 Der Landesgesetzgeber ist befugt, für die Durchführung von Notarprüfungen einen Gebührentatbestand zu schaffen, da die Prüfung auch dem Interesse des zu prüfenden Notars dient.[50] In Niedersachsen hat man 2005 errechnet, dass eine Notarprüfung im Durchschnitt Kosten von 2.079,33 EUR verursacht[51] und stellt im Hinblick darauf den Notaren für eine Notarprüfung einen Betrag von 300,00 bis 900,00 EUR in Rechnung.[52] Diesem Beispiel hat sich Bremen angeschlossen.[53] In Berlin haben die Notare je Notarprüfung einen Betrag von 250, 500 oder 800 EUR an die Justizverwaltung zu zahlen,[54] in Schleswig-Holstein 500, 800 oder 1.000 EUR.[55] In Hessen wurden Gebühren von 500, 800 und 1.100 EUR eingeführt,[56] in Nordrhein-Westfalen eine einheitliche Gebühr von 600 EUR.[57]

8. Abschnitt. Notariatsverwaltung und Notarvertretung

§ 33 [1][Notariatsverwaltung und Notarvertretung]

(1) **Die Bestimmungen der Dienstordnung gelten auch für Notariatsverwalterinnen und Notariatsverwalter, Notarvertreterinnen und Notarvertreter.**

(2) [1]**Die Notariatsverwalterin und der Notariatsverwalter führen das Amtssiegel (§ 2) mit der Umschrift „... Notariatsverwalterin in ... (Ort)" oder „Notariatsverwalter in ... (Ort)".** [2]**Die Notariatsverwalterinnen und Notariatsverwalter sollen ihrer Unterschrift einen sie kennzeichnenden Zusatz beifügen.** [3]**Das Notariatsverwalterattribut muss bei der Erstellung elektronischer Urkunden neben der Notariatsverwaltereigenschaft auch den Amtssitz, das Land, in dem das Verwalteramt ausgeübt wird, und die zuständige Notarkammer enthalten.** [4]**Der Nachweis kann auch durch eine mit qualifizierter elektronischer Signatur der zuständigen Bestellungsbehörde versehene Abschrift der Verwalterbestellungsurkunde oder eine elektronische beglaubigte Abschrift der Verwalterbestellungsurkunde geführt werden.**

(3) **Die Notarvertreterin führt den sie als Vertreterin kennzeichnenden Zusatz (§ 41 Abs. 1 Satz 2 BNotO) in der weiblichen Form.**

(4) [1]**Der Nachweis der Stellung als Notarvertreterin oder Notarvertreter muss bei der Erstellung elektronischer Urkunden den Namen der vertretenen Notarin oder des vertretenen Notars, den Amtssitz und das Land, in dem das Notaramt ausgeübt wird, enthalten.** [2]**Der Nachweis kann durch eine mit qualifizierter elektronischer Signatur der zuständigen Aufsichtsbehörde versehene Abschrift der Vertreterbestellungsurkun-**

---

[50] OLG Celle BeckRS 2008, 04972, bestätigt durch BVerfG NJW 2008, 2770; OLG Oldenburg BeckRS 2008, 26322.
[51] Niedersächsische Landtagsdrucksache 15/2380, S. 9.
[52] Niedersächsisches Gesetz zur Änderung des Gesetzes über Kosten im Bereich der Justizverwaltung und anderer Gesetze, Nds. GVBl. 2006, 181; die gegen das Gesetz von einem betroffenen Notar erhobene Verfassungsbeschwerde wurde vom BVerfG nicht zur Entscheidung angenommen: DNotZ 2009, 306; ebenso OLG Oldenburg BeckRS 2008, 26322.
[53] Bremisches Justizkostengesetz.
[54] Berliner JVKostG; das AG Charlottenburg bejaht die Rechtmäßigkeit dieser Gebührenerhebung: Beschl. v. 1.6.2006 – 70 Samm VI b 1/06, nv.
[55] LandesjustizG Schleswig-Holstein v. 17.4.2018, GVOBl. S. 231, 441.
[56] Hess. Justizkostengesetz v. 15.5.1958.
[57] JustizG NRW v. 12.7.2019.
[1] **Hamburg:** „§ 33 Absatz 2 der nachstehenden Dienstordnung für Notarinnen und Notare ist mit der Maßgabe anzuwenden, dass im unteren Teil der Umschrift das Amtssiegel mit einer von der Justizbehörde zu versehenden Zahl zu versehen ist."

de oder eine elektronische beglaubigte Abschrift der Vertreterbestellungsurkunde geführt werden und ist mit dem zu signierenden Dokument zu verbinden.

(5) ¹Beginn und Beendigung der Notariatsverwaltung und der Vertretung sind in der Urkundenrolle zu vermerken; der Zeitpunkt des Beginns und der Beendigung sind anzugeben. ²Dies gilt auch dann, wenn während der Notariatsverwaltung oder Vertretung keine Beurkundungen vorgenommen worden sind.

(6) ¹Notarinnen und Notare, für die eine ständige Vertreterin oder ein ständiger Vertreter bestellt ist, haben der Präsidentin oder dem Präsidenten des Landgerichts in vierteljährlichen Zusammenstellungen in zwei Stücken Anlass, Beginn und Beendigung der einzelnen Vertretungen anzuzeigen. ²In sonstigen Vertretungsfällen ist die vorzeitige Beendigung der Vertretung unverzüglich anzuzeigen.

Übersicht

	Rn.
A. Allgemeines, Abs. 1	1
B. Notarvertretung	5
I. Amtsführung im Allgemeinen	5
1. Unterschrift	5
2. Siegel	7
3. Nachweis der Vertreterstellung im elektronischen Rechtsverkehr	7a
4. Schilder	8
5. Verpflichtung der Mitarbeiter	9
II. Führung und Aufbewahrung der Unterlagen	10
1. Allgemeines	10
2. Vertretungsvermerk in der Urkundenrolle	11
3. Feststellungs- und Berichtspflichten	14
III. Berichtspflichten gegenüber der Aufsichtsbehörde, Abs. 5	15
1. Anzeige der vorzeitigen Beendigung der Vertretung	15
2. Anzeige bei ständiger Vertretung	17
C. Notariatsverwaltung	20
I. Amtsführung im Allgemeinen	20
1. Unterschrift	20
2. Siegel	21
3. Nachweis der Verwalterstellung im elektronischen Rechtsverkehr	23a
4. Schilder	24
5. Verpflichtung der Mitarbeiter	25
II. Führung der Unterlagen	26
1. Allgemeines	26
2. Führung der Urkundenrolle, Verwaltungsvermerk	27
3. Verwahrungs- und Massenbuch	29
4. Dokumentationen zur Einhaltung der Mitwirkungsverbote	31
5. Akten	32
6. Feststellungs- und Berichtspflichten	33

A. Allgemeines, Abs. 1

In § 33 werden Regelungen für Notariatsverwalter und Notarvertreter getroffen. Die Bestimmung des Abs. 1, dass die Vorschriften der Dienstordnung auch für Verwalter und Vertreter gelten, ist dabei nur **deklaratorischer Natur:** Für den Verwalter ergibt sich dies bereits aus § 57 Abs. 1 BNotO, für den Vertreter aus § 39 Abs. 4 BNotO. Allerdings unterscheiden sich das Verwalter- bzw. das Vertreteramt in vielen Aspekten von dem Notaramt, weshalb man die Vorschriften der Dienstordnung auf sie nur **entsprechend** anwenden kann.² Für diese entsprechende Anwendung enthält § 33 einige wenige Regelungen;

---

² Auch § 39 Abs. 4 BNotO verweist für den Notarvertreter zutreffenderweise nur auf die entsprechende Anwendung der für Notare geltenden Vorschriften.

darüber hinaus ist für jede einzelne Dienstvorschrift gesondert zu prüfen, ob und wie sie auf einen Notarvertreter oder Notariatsverwalter anzuwenden ist. Die nachfolgenden Erläuterungen sind deshalb weniger als Darstellung einer klaren Rechtslage zu verstehen, sondern vielmehr als Schilderung der in der Praxis üblichen Verfahrensweise bzw. als Hinweis auf die Möglichkeiten, wie Verwalter und Vertreter bei der Ausübung ihres Amtes die Vorschriften der Dienstordnung handhaben können.

2 Zu berücksichtigen ist dabei die Rechtsnatur und die praktische Ausgestaltung des jeweiligen Amtes: Der **Notarvertreter** übt zwar ein eigenes Amt aus, das aber unmittelbar von dem Amt des vertretenen Notars abgeleitet ist.[3] Während der Dauer der Vertretung ist und bleibt der Notar im Amt, aber seine Amtsbefugnisse ruhen (§ 44 Abs. 1 S. 2 BNotO) und werden vorübergehend von dem Vertreter wahrgenommen. Dessen Amtshandlungen werden dem vertretenen Notar gewissermaßen zugerechnet. Deshalb ist das Vertreteramt gegenüber dem Amt des vertretenen Notars in keiner Weise verselbstständigt: Der Vertreter führt weder eigene Siegel, noch eigene Unterlagen, sondern verwendet die des Notars.

3 Demgegenüber ist das Amt des **Notariatsverwalters** kein abgeleitetes, sondern ein **selbstständiges Amt**. Die Fälle[4] des § 56 BNotO, in denen ein Notariatsverwalter bestellt wird, haben gemeinsam, dass ein Notar sein Amt an dem bisherigen Ort nicht mehr ausübt; die Bestellung eines Notariatsverwalters erfolgt, um die Versorgung der Rechtsuchenden mit notariellen Dienstleistungen sicherzustellen, also die begonnenen Amtsgeschäfte abzuwickeln und ggf. auch neue Amtsgeschäfte vorzunehmen. Das Amt des Verwalters ist von dem des bisherigen Notars getrennt,[5] der Verwalter übernimmt lediglich dessen Akten und Bücher und führt die von ihm begonnenen Amtsgeschäfte fort (§ 58 BNotO). Diese Verselbstständigung des Verwalteramts im Verhältnis zum Amt des bisherigen Notars kommt auch darin zum Ausdruck, dass der Verwalter – grundsätzlich – eigene Siegel und eigene Bücher führt.

4 Allerdings ist die **praktische Ausgestaltung der Notariatsverwaltung** in den verschiedenen Fällen des § 56 BNotO sehr unterschiedlich: Während im Anwaltsnotariat die Verwaltung nach endgültigem Ausscheiden eines Notars lediglich den Zweck hat, noch anhängige Verfahren abzuschließen (Abwicklungsverwaltung),[6] dient sie im hauptberuflichen Notariat dazu, den Zeitraum bis zur Übernahme der Notarstelle durch einen neuen Inhaber zu überbrücken (Fortführungsverwaltung). Wenn dagegen der bisherige Notar sein Amt an dem Amtssitz nur vorübergehend nicht mehr ausübt, zB während einer Elternzeit nach § 48c Abs. 1 BNotO, dient die Verwaltung in beiden Notariatsformen der vollumfänglichen Fortführung des Notaramtes. Schließlich kann eine Notariatsverwaltung von ganz unterschiedlicher Dauer sein; sie kann wenige Wochen bestehen oder mehrere Jahre.[7] Diese Unterschiede in der Ausprägung der Verwaltung spielen eine Rolle für die Anwendung der dienstrechtlichen Vorschriften.

Bei der Änderung der Dienstordnung im Jahr 2007 sind Abs. 2 ergänzt und Abs. 4 neu eingefügt worden. Die Änderungen betreffen den Nachweis der Stellung als Notariatsverwalter bzw. Notarvertreter im elektronischen Rechtsverkehr und stehen in Zusammenhang mit § 2a.

---

[3] → BNotO § 41 Rn. 4.

[4] Ein Notariatsverwalter kann nach § 56 BNotO bestellt werden, wenn das Amt des Notars erloschen ist, wenn er seinen Amtssitz verlegt oder sein Amt aus familiären Gründen vorübergehend niedergelegt hat, wenn er vorläufig des Amtes enthoben worden ist oder – im hauptberuflichen Notariat – wenn er ein besoldetes Amt nach § 8 Abs. 1 S. 2 übernommen hat. Der Einfachheit halber wird im Folgenden der „Amtsvorgänger" des Verwalters stets als der ausgeschiedene Notar bezeichnet, weil dies in der Praxis der häufigste Fall ist.

[5] → BNotO § 56 Rn. 2.

[6] Auch im hauptberuflichen Notariat kommt es zu Abwicklungsverwaltungen, nämlich dann, wenn eine Notarstelle eingezogen wird.

[7] Zu einer so langen Dauer kann es kommen, wenn sich die Wiederbesetzung der verwalteten Notarstelle infolge von Konkurrentenklagen verzögert, oder aber in den Fällen des § 8 Abs. 1 S. 2, wenn der Notar für mehrere Jahre ein besoldetes Amt innehat.

B. Notarvertretung

I. Amtsführung im Allgemeinen

1. Unterschrift. Der Notarvertreter hat seiner Unterschrift einen ihn als Vertreter kennzeichnenden **Zusatz** beizufügen; § 41 Abs. 1 S. 2 BNotO entspricht insoweit § 1 S. 3. Dies gilt auch dann, wenn der Vertreter selber Notar ist (zB bei gegenseitiger Vertretung innerhalb von Sozietäten) – dann ist nicht die Amtsbezeichnung „Notar" anzugeben, sondern der Vertreterzusatz.

Ausreichend ist der einfache Zusatz „Notarvertreter", denn der Bezug zur Person des vertretenen Notars wird auf andere Weise hinreichend deutlich (zB durch das Siegel, das Rubrum der Urkunde oder den Briefkopf usw). Zulässig wäre aber etwa auch die ausführlichere Fassung „amtlich bestellter Vertreter des Notars …". Ergänzend bestimmt § 33 Abs. 2, dass Notarvertreterinnen den Zusatz in der weiblichen Form zu führen haben. Die Vorschrift des § 1 gilt ansonsten entsprechend, so dass der Vorname der Unterschrift regelmäßig nicht beigefügt zu werden braucht. Auch ist eine **Unterschriftsprobe** bei dem zuständigen Präsidenten des Landgerichts einzureichen, wenn die Unterschrift dort nicht bereits von früheren Vertretungen her vorliegt.

2. Siegel. § 41 Abs. 1 S. 2 bestimmt weiter, dass der Vertreter die **Siegel des vertretenen Notars** führt. Auch dies gilt gleichermaßen für den Fall, dass der Vertreter selber Notar ist – dann darf er nicht die eigenen Siegel verwenden.

3. Nachweis der Vertreterstellung im elektronischen Rechtsverkehr. Bei der Errichtung eines elektronischen Zeugnisses nach § 39a BeurkG muss die vom Notar anzubringende qualifizierte elektronische Signatur auch eine Bestätigung der Notareigenschaft durch die zuständige Stelle (Notarkammer) enthalten. Mit dieser Bestätigung, auch Notarattribut genannt, wird nachgewiesen, dass die elektronische Urkunde tatsächlich von einem Notar stammt. Man kann also die Signatur mit der eigenhändigen Unterschrift des Notars vergleichen[8] und das Notarattribut mit dem notariellen Siegel.[9]

Im Vertretungsfall kann aber die Signaturkarte des Notars nicht an den Vertreter weitergegeben werden, weil sie nur höchstpersönlich verwendet werden darf. Demzufolge muss der Notarvertreter seine eigene Signaturkarte verwenden, die gewissermaßen seine eigenhändige Unterschrift ersetzt. Der Nachweis der Vertreterstellung muss zusätzlich erbracht werden; dies regelt der im Jahr 2007 neu eingeführte Abs. 4.

Die Einführung des elektronischen Notarvertreterattributs, das ebenso wie das Notarattribut dauerhaft auf der Signaturkarte gespeichert ist, wäre nur in Fällen von längerer oder ständiger Vertretung sinnvoll, ist aber derzeit nicht vorgesehen.[10] Deshalb regelt die Vorschrift andere Nachweismöglichkeiten.

Inhaltlich muss der Nachweis den Namen des vertretenen Notars, den Amtssitz und das Bundesland enthalten, in dem das Notaramt ausgeübt wird. Formell sind für den Nachweis zwei Möglichkeiten vorgesehen: eine mit qualifizierter elektronischer Signatur der zuständigen Aufsichtsbehörde versehene Abschrift der Vertreterbestellungsurkunde oder eine elektronisch beglaubigte Abschrift der Vertreterbestellungsurkunde; beides ist mit dem zu signierenden Dokument zu verbinden.

Bei dem in der Praxis überwiegend gängigen zweiten Weg stellt sich die Frage, wer die elektronisch beglaubigte Abschrift der Vertreterbestellungsurkunde herstellen kann: der Notarvertreter selbst oder (vor Beginn der Vertretung) der zu vertretende Notar oder nur ein „fremder" Notar. Die Bundesnotarkammer vertritt unter Hinweis auf § 3 BeurkG den Standpunkt, dass der Notarvertreter die Beglaubigung nicht vornehmen könne, wohl aber

---

[8] Rundschreiben der BNotK 25/2006 vom 7.12.2006, im Internet unter www.bnotk.de.
[9] Armbrüster/Preuß/Renner/*Kruse* BeurkG § 39a Rn. 6.
[10] Dazu: *Bettendorf/Apfelbaum* DNotZ 2008, 19 (36 ff.).

der vertretene Notar.[11] Diese Argumentation ist jedoch nicht überzeugend, denn wenn man § 3 BeurkG anwenden wollte, dann wäre auch der vertretene Notar ausgeschlossen, weil es sich bei der Notarvertretung um eine Angelegenheit sowohl des Notars als auch des Vertreters handelt.

Richtiger ist, § 3 BeurkG auf diese Beglaubigung gar nicht anzuwenden, weil es sich um eine rein dienstrechtliche Tätigkeit handelt, die ebenso wie notarielle Eigenurkunden nicht dem § 3 BeurkG unterliegen. Für die Möglichkeit, dass der Notarvertreter die Beglaubigung vornimmt spricht die Erwägung, dass im elektronischen Rechtsverkehr keine höheren Anforderungen gestellt werden sollten als im herkömmlichen Verfahren: Wenn der Vertreter Urkunden errichtet und dabei das Siegel des vertretenen Notars verwendet, so muss er gegenüber Grundbuchamt oder Registergerichten auch nicht seine Vertreterstellung durch eine Bestätigung des vertretenen Notars nachweisen. Und beim Nachweis der Eigenschaft als Notariatsverwalter genügt es auch, dass der Notariatsverwalter selber eine elektronisch beglaubigte Abschrift seiner Bestellungsurkunde fertigt. Auch praktische Gründe sprechen für diesen Weg.[12]

7b Die Anforderungen des Abs. 4 an den Nachweis der Vertreterbestellung im elektronischen Rechtsverkehr gelten jedoch nur dann, wenn der Notarvertreter Anmeldungen oder Anträge elektronisch signiert und einreicht. Hat dagegen der Notarvertreter eine Beurkundung vorgenommen, die später durch den vertretenen Notar elektronisch signiert und einreicht wird, so ist kein besonderer Vertretungsnachweis erforderlich.[13] Hier gelten dieselben Grundsätze wie bei der Einreichung von Papierurkunden, dass nämlich die Verwendung des Siegels des vertretenen Notars eine Vermutung für die Vertretereigenschaft darstellt, so dass weitere Nachweise nicht zu führen sind.

8 **4. Schilder.** Da der Vertreter nur vorübergehend tätig wird und sein Amt in der Regel in der Geschäftsstelle des vertretenen Notars ausübt, führt er **keine** eigenen Amts- oder Namensschilder; auch nicht bei ausnahmsweise länger andauernden Vertretungen.

9 **5. Verpflichtung der Mitarbeiter.** Eine förmliche Verpflichtung der Mitarbeiter nach § 26 BNotO hat der Vertreter **nicht** vorzunehmen, soweit es sich um die Mitarbeiter des vertretenen Notars (oder seines Sozius) handelt. Setzt er dagegen (ausnahmsweise) eigenes Personal oder neue Aushilfskräfte ein, so hat er diese Beschäftigten förmlich zur Verschwiegenheit zu verpflichten. Da der Vertreter keine eigene Generalakte führt, sollten die Niederschriften in diesem Falle in der Generalakte des vertretenen Notars aufbewahrt werden (§ 4 Abs. 1).

II. Führung und Aufbewahrung der Unterlagen

10 **1. Allgemeines.** Der Notarvertreter führt **keine eigenen Bücher, Verzeichnisse und Akten,** sondern führt die Unterlagen des vertretenen Notars fort. Das bedeutet, dass in den Registern die Eintragungen so fortgesetzt werden, als hätte sie der vertretene Notar vorgenommen; die vom Vertreter aufgenommenen Urkunden sind zur Urkundensammlung des Notars zu nehmen usw. Die für den Notar geltenden Mitwirkungsverbote sind nach § 41 Abs. 2 BNotO auch vom Vertreter zu beachten; hierbei sind die nach § 15 zu führenden Dokumentationen zur Einhaltung der Mitwirkungsverbote eine wichtige Informationsquelle. Eigene außeramtliche Vorbefassung muss der Vertreter jedoch nicht in die Dokumentationen aufnehmen, weil sich das Verzeichnis ausschließlich auf den Notar selbst bezieht.

---

[11] Rundschreiben der BNotK 25/2006 vom 7.12.2006, im Internet unter www.bnotk.de.
[12] Die Vertreterbestellungsverfügung ergeht nach § 40 BNotO gegenüber dem Vertreter, der vertretene Notar erhält davon oft nur eine einfache Abschrift. Er müßte sich also noch vor Beginn der Vertretung vom Vertreter das Original der Verfügung schicken lassen, um die elektronische Beglaubigung vornehmen zu können – ein recht umständliches Verfahren.
[13] OLG Hamm Beschl. v. 2.9.2010 – 15 Wx 19/10.

2. Vertretungsvermerk in der Urkundenrolle. In der Urkundenrolle ist nach Abs. 4 **11** ein Vermerk über Beginn und Ende einer Notarvertretung anzubringen. Die früher bestehende Pflicht zur Unterzeichnung des Vertretervermerks (§ 34 DONot aF) ist bei der Neufassung aufgehoben worden. Inhaltlich muss der Vermerk nur den Beginn bzw. die Beendigung der Notarvertretung enthalten (zB „1.3. Beginn einer Notarvertretung" oder „1.3. Amtsübernahme durch den Notarvertreter"); der Name des Vertreters braucht nicht angegeben zu werden, weil er sich aus der in der Generalakte befindlichen Vertreterbestellung ergibt.[14] Als **Vertretungsbeginn,** der in der Urkundenrolle anzugeben ist, ist der Zeitpunkt einzutragen, an dem der Vertreter die Amtsgeschäfte von dem Notar übernommen hat (§ 44 Abs. 1 BNotO). Auf das in der Bestellungsverfügung enthaltene Datum kommt es insoweit nicht an. Ebenso ist als **Enddatum** der Zeitpunkt anzugeben, zu dem der Notar die Amtsgeschäfte wieder übernommen hat. Wird innerhalb der Zeit, für die der Vertreter bestellt ist, der Notar vorübergehend tätig, so sind entsprechende Vermerke in der Urkundenrolle anzubringen.

Der Vermerk ist zwischen den Urkunden in die Urkundenrolle einzutragen, zwischen **12** denen der **Amtswechsel** stattgefunden hat. Er ist auch dann anzubringen, wenn der Vertreter keine Beurkundungen vorgenommen hat, weil auch Aktenbearbeitung, Korrespondenz und Vollzugsgeschäfte zu den Amtshandlungen gehören. Nur wenn der Vertreter keinerlei Amtsgeschäfte vorgenommen hat – etwa weil er nur vorsorglich für einen kurzen Zeitraum bestellt worden ist –, kann ein Vermerk in der Urkundenrolle unterbleiben, weil es dann nichts gibt, was zu dokumentieren wäre.[15]

Der **Eintragungszeitpunkt** für den Vermerk ist derselbe wie für die übrigen Eintragun- **13** gen in der Urkundenrolle: Er hat nach § 8 Abs. 3 spätestens 14 Tage nach der Übernahme der Geschäfte durch den Vertreter zu erfolgen – unabhängig davon, ob zu diesem Zeitpunkt noch der Vertreter oder bereits wieder der Notar im Amt ist.

3. Feststellungs- und Berichtspflichten. Die dem Notar nach der Dienstordnung **14** obliegenden Feststellungs- und Berichtspflichten sind von dem Vertreter zu erfüllen, wenn er zum maßgeblichen Zeitpunkt im Amt ist. Bei nur kurzzeitigen Vertretungen wird man es zwar hinnehmen können, dass diese Verrichtungen aufgeschoben werden, bis der Notar wieder seine Geschäfte aufgenommen hat. Bei länger andauernden Vertretungen wäre eine zeitliche Verzögerung jedoch mit dem Zweck der entsprechenden Dienstvorschriften unvereinbar. So sind etwa die **Übersichten über die Urkunds- und die Verwahrungsgeschäfte** nach §§ 24, 25 von ihm zu erstellen, wenn er am 15.2. amtiert und der vertretene Notar dies nicht bereits zuvor erledigt hatte.[16] Auch ist der Vertreter in einem solchen Fall nach dem Jahreswechsel für die Heftung und Siegelung der in Loseblattform geführten Bücher zuständig und für die **Feststellung der Seitenzahl** nach § 7 Abs. 2. Dasselbe gilt für den **Abschluss** im Massen- und Verwahrungsbuch, der jeweils am Schluss des Jahres vorzunehmen ist (§§ 11 Abs. 5, 12 Abs. 4).

III. Berichtspflichten gegenüber der Aufsichtsbehörde, Abs. 5

1. Anzeige der vorzeitigen Beendigung der Vertretung. Nach § 34 Abs. 5 DONot **15** aF musste bei jeder Vertretung die Beendigung dem Präsidenten des Landgerichts angezeigt werden. Diese Anzeigepflicht gilt nach § 33 Abs. 5 S. 2 heute nur noch bei **vorzeitiger** Beendigung der Vertretung, also wenn der Notar sein Amt vor Ablauf des Zeitraums übernimmt, für den der Vertreter bestellt ist. Da der Notar auch während der Vertretung im Amt bleibt, ist er jederzeit berechtigt, es vorzeitig wieder zu übernehmen; mit seiner Amtsübernahme endet nach § 44 BNotO die Amtsbefugnis des Vertreters. Von diesen Fällen ist dem Präsidenten des Landgerichts Anzeige zu erstatten, und zwar unverzüglich. Dies gilt aber nur für die **endgültige** Amtsübernahme des Notars, nicht dagegen, wenn er

---

[14] *Bettendorf* RNotZ Sonderheft 2001, 12; aA Armbrüster/Preuß/Renner/*Eickelberg* DONot § 33 Rn. 12.
[15] Armbrüster/Preuß/Renner/*Eickelberg* DONot § 33 Rn. 14.
[16] → § 24 Rn. 15.

während der Vertretungszeit nur vorübergehend oder für einzelne Geschäfte sein Amt wieder aufnimmt. Denn dann handelt es sich nur um eine Unterbrechung der Vertretung, nicht dagegen um eine vorzeitige Beendigung.

16 Der **Zweck** dieser Anzeigepflicht ist allerdings nicht erkennbar.[17] Für die Frage, ob ein Bedarf für eine weitere Vertreterbestellung besteht, ist die Anzeige wenig hilfreich: Hat die Vertretung vorzeitig geendet, weil der Notar sein Amt wieder übernommen hat, so besteht gerade kein weiterer Vertretungsbedarf. Hat dagegen die Vertretung geendet, weil der Vertreter selber an der Amtsausübung gehindert ist, so ist niemand im Amt, der die Anzeige erstatten könnte. Auch eine Warnfunktion für den Vertreter, damit er nach Beendigung der Vertretung keine weiteren Amtsgeschäfte vornimmt, dürfte der Anzeige schwerlich zukommen, weil sie regelmäßig nicht von dem Vertreter, sondern von dem Notar erstattet wird. Schließlich ermöglicht die Anzeige der Aufsichtsbehörde auch nicht die Prüfung der Frage, ob der Vertreter nach Ablauf der Vertreterbestellung weitere Amtsgeschäfte vorgenommen hat – hierfür ist in jedem Fall Einsicht in die Urkundenrolle oder die Urkundensammlung vorzunehmen. Deshalb sollte die Anzeigepflicht bei der nächsten anstehenden Überarbeitung der Dienstordnung ersatzlos gestrichen werden.

17 **2. Anzeige bei ständiger Vertretung.** Nach § 39 Abs. 1 S. 1 Hs. 2 BNotO kann dem Notar im Voraus ein Vertreter für die während eines Kalenderjahres eintretenden Vertretungsfälle bestellt werden. Dabei handelt es sich lediglich um eine **Verwaltungsvereinfachung** für die Aufsichtsbehörde, die eine einzige Bestellungsverfügung für eine Vielzahl von Vertretungsfällen erlaubt. Bei solchen ständigen Vertretungen besteht – abstrakt gesehen – die Gefahr, dass der Grundsatz der höchstpersönlichen Amtsausübung ausgehöhlt oder durch missbräuchlichen Einsatz des Vertreters die Arbeitskraft des Notars verdoppelt wird. Um diesen Gefahren zu begegnen, normiert Abs. 5 S. 2 eine quartalsweise zu erfüllende Berichtspflicht des Notars.

18 Die Aufstellungen, die er dem Präsidenten des Landgerichts einzureichen hat, müssen zunächst die **Zeiträume** der Vertretung enthalten – ausreichend ist die Angabe der Tage, an denen vertreten wurde; die vom Vertreter vorgenommenen Amtsgeschäfte sollten, aber müssen nicht angegeben werden.

19 Außerdem muss der Anlass der Vertretung angegeben werden, also der Grund, aus dem der Notar an der Amtsausübung verhindert war. Dies ist eine Besonderheit bei der ständigen Vertretung, weil anders als bei dem Antrag auf Bestellung eines zeitweiligen Vertreters[18] die Verhinderungsgründe nicht im Voraus angegeben werden können. Die Ausführungen zum **Verhinderungsgrund** können dabei jedoch allgemein gehalten werden, Angaben wie Urlaub, Krankheit, ehrenamtliche Tätigkeit, anderweitige Termine usw reichen aus. Sollte aus Sicht der Aufsichtsbehörde Anlass für weitergehende Aufklärung bestehen, so kann der Notar im Einzelfall aufgefordert werden, den Grund für seine Verhinderung näher darzulegen.

C. Notariatsverwaltung

I. Amtsführung im Allgemeinen[19]

20 **1. Unterschrift.** Abs. 2 S. 2 bestimmt in Entsprechung zu § 1 S. 3, dass der Notariatsverwalter bei seiner Unterschrift die **Amtsbezeichnung** angeben soll. Auch hier gilt,

---

[17] BeckOK BNotO/*Bracker* DONot § 33 Rn. 6; Armbrüster/Preuß/Renner/*Eickelberg* DONot § 33 Rn. 17.

[18] Dass bei einem Antrag auf Bestellung eines zeitweiligen Vertreters der Verhinderungsgrund anzugeben ist, ergibt sich aus der Rechtsprechung, wird jedoch in der Praxis unterschiedlich gehandhabt: BGH DNotZ 1996, 186; 1997, 827; Beschl. v. 24.11.2014 – NotZ 4/14.

[19] Einige Notarkammern oder die Notarkassen haben für die Übernahme von Notariatsverwaltungen praktische Hinweise herausgegeben, zB das Merkblatt zur Übergabe und Übernahme von Notarstellen der

ebenso wie beim Vertreter, dass ein Notar, der eine Notariatsverwaltung innehat, bei den Angelegenheiten, die die Verwaltung betreffen, nicht mit dem Zusatz „Notar", sondern mit dem Zusatz „Notariatsverwalter" (bzw. „Notariatsverwalterin") zu unterschreiben hat. Im Übrigen gilt § 1 entsprechend, so dass der Vorname nicht angegeben zu werden braucht und eine Unterschriftsprobe bei dem Präsidenten des Landgerichts einzureichen ist.

2. Siegel. Der Notariatsverwalter führt nach Abs. 2 S. 1 **eigene Siegel,** die außer dem Landeswappen die Amtsbezeichnung Notariatsverwalter und den Amtssitz enthalten, nicht dagegen den Namen des Verwalters.[20] Durch den Verzicht auf die Namensangabe können die Siegel bei einem Wechsel in der Person des Verwalters weiter verwendet werden und stehen später auch für andere Notariatsverwaltungen an demselben Ort zur Verfügung. Aus diesem Grund wird in einigen landesrechtlichen Verwaltungsvorschriften auch ausdrücklich bestimmt, dass die Siegel nach Beendigung der Notariatsverwaltung an die Aufsichtsbehörde abzuliefern sind, wo sie für eine spätere Verwendung aufbewahrt werden. Werden an einem Ort gleichzeitig mehrere Notariatsverwaltungen geführt, so ist es üblich, dass – in Abstimmung mit den Aufsichtsbehörden – die Siegel mit einer Zahl oder einem ähnlichen Zusatz versehen werden, um sie voneinander zu unterscheiden. Der Name des Notars, dessen Stelle verwaltet wird, wird üblicherweise nicht auf dem Siegel angegeben.

Trotz der durch Abs. 2 vorgeschriebenen eigenen Siegelführung kann der Verwalter jedoch in **Ausnahmefällen** auch die Siegel des ausgeschiedenen Notars weiterführen, wenn er neben das Siegel jeweils einen Hinweis auf das Verwalteramt setzt.[21] Zu denken ist etwa an Fälle, in denen von vornherein absehbar ist, dass die Verwaltung nur ganz kurze Zeit dauern wird, etwa weil der Amtsnachfolger sein Amt nicht sofort antreten kann oder weil die Abwicklung einen so geringen Umfang hat, dass die Anschaffung eigener Siegel einen unverhältnismäßigen Aufwand bedeuten würde. Dasselbe gilt für den Übergangszeitraum, der bis zur Herstellung der neuen Siegel erforderlich ist: Da die Lieferung insbesondere des Prägesiegels bisweilen einige Wochen in Anspruch nimmt, ist die vorübergehende Verwendung der alten Siegel die einzige Möglichkeit, die den Verwalter in die Lage versetzt, Ausfertigungen und Abschriften zu erteilen oder Beglaubigungen vorzunehmen.

In jedem Fall sind dem Präsidenten des Landgerichts die nach § 2 Abs. 2 vorgeschriebenen **Siegelproben** einzureichen, und zwar auch in den Ausnahmefällen, in denen der Verwalter die alten Siegel weiterverwendet.

3. Nachweis der Verwalterstellung im elektronischen Rechtsverkehr. Abs. 2 S. 3 und S. 4 regeln – ähnlich wie Abs. 4 für Notarvertreter – wie der Nachweis der Verwalterstellung im elektronischen Rechtsverkehr zu führen ist.

Inhaltlich muss der Nachweis auch den Amtssitz und das Bundesland enthalten, in dem das Notaramt ausgeübt wird, sowie die zuständige Notarkammer. Formell erfolgt der Nachweis durch ein Notariatsverwalterattribut, das ebenso wie das Notarattribut nach § 39a S. 4 BeurkG, § 2a Abs. 2 auf der Signaturkarte gespeichert ist. Daneben bestehen zwei weitere Möglichkeiten des Nachweises, die für kürzere oder kurzfristig angeordnete Verwaltungen sinnvoll sind: eine mit qualifizierter elektronischer Signatur der zuständigen Bestellungsbehörde versehene Abschrift der Verwalterbestellungsurkunde oder eine elektronisch beglaubigte Abschrift der Verwalterbestellungsurkunde; beides ist mit dem zu sig-

---

Notarkammer Mecklenburg-Vorpommern (www.notarkammer-mv.de). Zu den kostenrechtlichen Fragen im Verhältnis zwischen Amtsvorgänger und Nachfolger vgl. *Heinze* notar 2018, 27.

[20] Armbrüster/Preuß/Renner/*Eickelberg* DONot § 33 Rn. 5. Dies ergibt sich aus dem Vergleich des Abs. 2 S. 1 mit dem Wortlaut des § 2. Ein Redaktionsversehen dürfte insoweit vorliegen, als bei der Wiedergabe der Umschrift in § 33 Abs. 2 S. 1 vor dem Wort „Notariatsverwalterin" Punkte angegeben sind, so als ob hier der Name des Verwalters einzusetzen wäre. Diese Punkte sind bei der zweiten Angabe der Umschrift vor dem Wort „Notariatsverwalter" nicht eingefügt und waren es auch nicht in § 34 Abs. 2 DONot aF.

[21] Armbrüster/Preuß/Renner/*Eickelberg* DONot § 33 Rn. 3.

nierenden Dokument zu verbinden.²² Die Herstellung der elektronisch beglaubigten Abschrift kann dabei sinnvollerweise nur der Verwalter selbst übernehmen; der ausgeschiedene Notar ist dazu nicht mehr befugt.

24   **4. Schilder.** Ein eigenes Amtsschild sieht die Dienstordnung für den Verwalter nicht vor, er kann also das Amtsschild mit der Aufschrift „Notar" oder „Notarin" verwenden. Ob er ein eigenes **Namensschild** anbringt oder nicht, bleibt seinem Ermessen überlassen. Dies hängt sicherlich von der voraussichtlichen Dauer und den sonstigen Besonderheiten der Verwaltung ab. Inwieweit das Namensschild des ausgeschiedenen Notars beibehalten werden darf, ergibt sich in einigen Kammerbezirken aus den Richtlinien der Notarkammern; im Übrigen wird auf die Ausführungen zu → § 3 Rn. 17 verwiesen.

25   **5. Verpflichtung der Mitarbeiter.** Der Notariatsverwalter hat die bei ihm Beschäftigten nach § 26 BNotO förmlich zur Verschwiegenheit zu verpflichten. Dies gilt nach § 4 Abs. 2 auch dann, wenn es sich um Mitarbeiter handelt, die zuvor bei dem ausgeschiedenen Notar beschäftigt waren.²³ Für externe Dienstleister gilt § 26a BNotO.

II. Führung der Unterlagen

26   **1. Allgemeines.** Der Notariatsverwalter übernimmt nach § 58 Abs. 1 BNotO die Akten, Bücher und Verzeichnisse des ausgeschiedenen Notars; es handelt sich dabei um einen gesetzlich vorgeschriebenen Fall der Aktenübertragung. Für seine eigene Amtstätigkeit führt er dagegen grundsätzlich **eigene Unterlagen**. Das bedeutet, dass er die nach der Dienstordnung vorgeschriebenen Register neu anlegt oder die (gebundenen) Bücher des ausgeschiedenen Notars weiter verwendet. Im Einzelnen gilt für die verschiedenen Unterlagen Folgendes:

27   **2. Führung der Urkundenrolle, Verwaltungsvermerk.** Für die Urkundenrolle hat der Verwalter die Wahl, ob er neu mit der UR-Nummer 1 beginnt oder die **Zählung** des Vorgängers fortsetzt. Beginnt er neu bei Nr. 1, so führt dies für das laufende Jahr dazu, dass die vom ausgeschiedenen Notar bereits vergebenen UR-Nummern vom Verwalter erneut vergeben werden. Um Verwechslungen im Bürobetrieb zu vermeiden, kann es sich deshalb empfehlen, die Nummer auf den Urkunden (§ 28 Abs. 2) und in der Korrespondenz zusätzlich mit einem Buchstaben oder einem ähnlichen Unterscheidungsmerkmal zu versehen.

28   § 33 Abs. 4 schreibt vor, dass in der Urkundenrolle der **Beginn und die Beendigung der Notariatsverwaltung zu vermerken** ist. Eine Unterzeichnung dieses Vermerks ist nicht (mehr) vorgeschrieben. Der Vermerk über den Beginn der Verwaltung sollte in die Urkundenrolle des ausgeschiedenen Notars gesetzt werden, um zu dokumentieren, dass diese hiermit abgeschlossen ist. Wegen der 14-tägigen Eintragungsfrist des § 8 Abs. 3 ist es dabei selbstverständlich möglich (und nötig), dass der Verwalter zunächst die vom ausgeschiedenen Notar vorgenommenen, aber noch nicht eingetragenen Beurkundungen in die alte Urkundenrolle einträgt, bevor er nach der letzten einzutragenden Amtshandlung den Vermerk über den Beginn der Notariatsverwaltung anbringt. Der Vermerk über die Beendigung der Notariatsverwaltung ist dementsprechend dann in dessen Urkundenrolle aufzunehmen. Wechselt die Person des Verwalters, so ist auch dies in der Urkundenrolle zu vermerken.

29   **3. Verwahrungs- und Massenbuch.** Für das Verwahrungs- und das Massenbuch lässt sich der Grundsatz, dass der Verwalter eigene Bücher zu führen hat, nicht so glatt umsetzen wie bei der Urkundenrolle. Um ein neues **Verwahrungsbuch** zu beginnen, muss der Verwalter das alte Verwahrungsbuch abschließen und den Endbestand als Anfangsbestand in

---

²² Die Verbindung mit dem zu signierenden Dokument regelt Abs. 2 im Gegensatz zu Abs. 4 zwar nicht ausdrücklich, sie ergibt sich aber aus dem Zusammenhang mit § 39a S. 4 BeurkG.
²³ → § 4 Rn. 6.

das neue Verwahrungsbuch übernehmen. Dort kann er die Eintragungen dann wieder unter der lfd. Nr. 1 beginnen. Für die von ihm neu angelegten Massen kann der Verwalter ohne weiteres ein neues **Massenbuch** anlegen, in dem er mit der Massennummer 1 beginnt. Zur Unterscheidung von den Massen des ausgeschiedenen Notars bietet sich hier – ebenso wie bei den UR-Nummern – ein Buchstabe oder ein ähnlicher Zusatz an. Dies ist besonders wichtig für den Verweis auf die Massennummer in Spalte 6 des Verwahrungsbuchs. Bei den noch laufenden Massen ist es dagegen am zweckmäßigsten, wenn der Verwalter sie in dem alten Massenbuch bzw. auf den alten Massenkarteiblättern fortführt. Will der Verwalter auch die laufenden Massen in sein eigenes Massenbuch übernehmen, so müsste er sie zunächst abschließen und den Saldo als Anfangsbestand in das neue Massenbuch übernehmen. Dabei müssten für die Massen dann neue Nummern vergeben werden und in dem alten Massenbuch bei jeder Masse auf die Nummer in dem neuen Massenbuch verwiesen werden. Möglich ist es schließlich auch, dass der Verwalter die alten Massen- und Verwahrungsbücher fortführt oder aber dass er neue Verwahrungs- und Massenbücher nur für die von ihm neu angelegten Massen verwendet und die alten Bücher parallel führt. Da die Dienstordnung hierfür keine konkreten Regelungen trifft, bleibt es dem Ermessen des Verwalters überlassen, für welche Verfahrensweise er sich entscheidet.

Abgesehen davon ist es nicht vorgeschrieben, dass der ausscheidende Notar oder aber der das Amt übernehmende Notariatsverwalter einen **Abschluss** im Verwahrungs- oder Massenbuch vorzunehmen hat.[24] Soweit ein solcher Abschluss nicht aus den vorgenannten Gründen erforderlich ist, ist er jedoch gleichwohl zu empfehlen, auch um einen Abgleich mit den auf den Anderkonten verwahrten Beträgen vornehmen zu können.

4. Dokumentationen zur Einhaltung der Mitwirkungsverbote. Die Dokumentationen zur Einhaltung der Mitwirkungsverbote sind von dem Verwalter für seine eigene Person **selbstständig zu führen**. Die für den ausgeschiedenen Notar geltenden Mitwirkungsverbote gelten für den Verwalter nicht, so dass die Dokumentationen des ausgeschiedenen Notars für ihn keine Bedeutung haben und von ihm nur zu verwahren sind.

5. Akten. Der Verwalter führt eine eigene Urkundensammlung, eigene Generalakten und Sammelbände für Wechsel- und Scheckproteste. Die entsprechenden Akten des ausgeschiedenen Notars hat er nach § 58 Abs. 1 BNotO zu verwahren. Die laufenden Nebenakten wird er jedoch weiterführen können; für von ihm begonnene neue Amtsgeschäfte sind ohnehin neue Nebenakten anzulegen.

6. Feststellungs- und Berichtspflichten. Die für den Notar geltenden Feststellungs- und Berichtspflichten sind von dem Verwalter zu erfüllen, wenn der ausgeschiedene Notar ihnen noch nicht nachgekommen ist. So sind etwa die **Übersichten über die Urkundsgeschäfte** nach § 24 von ihm zu erstellen, und zwar sowohl für seine eigene Amtstätigkeit im zurückliegenden Kalenderjahr als auch gesondert für die Amtstätigkeit des ausgeschiedenen Notars.[25] Bei den **Übersichten über die Verwahrungsgeschäfte** trifft § 25 dagegen eine andere Regelung: Der Notar, der unterjährig nach § 47 BNotO aus dem Amt scheidet, hat zu diesem Zeitpunkt eine Verwahrungsübersicht einzureichen. Ist dies unterblieben, so ist der Verwalter nach der Dienstordnung nicht verpflichtet, dies von sich aus nachzuholen, sondern nur auf Aufforderung der Aufsichtsbehörde; die Befugnis zu einer solchen Aufforderung ergibt sich aus § 93 Abs. 4 BNotO. Zum 15.2. hat der Verwalter dann in jedem Fall eine Übersicht über alle von ihm am 31.12. geführten (alten oder neuen) Verwahrungsgeschäfte einzureichen. Auch ist der Verwalter für die Heftung und Siegelung der von ihm geschlossenen oder bis zum Jahresende weitergeführten Loseblattbücher zuständig sowie für die **Feststellung der Seitenzahl** nach § 7 Abs. 2.

---

[24] Vorgeschrieben ist in den Fällen des Ausscheidens nach § 47 BNotO lediglich, dass der ausscheidende Notar nach § 25 eine Übersicht über die Verwahrungsgeschäfte einreicht. Hierfür wird er in den beiden Büchern zumindest einen Saldo ziehen müssen.
[25] → § 24 Rn. 15.

9. Abschnitt. In-Kraft-Treten

§ 34 [In-Kraft-Treten]

¹ Diese Dienstordnung tritt am ersten Tage des sechsten auf ihre *Verkündung* folgenden Kalendermonats in Kraft. ² Laufende Bücher und Verzeichnisse sind erst ab dem Beginn des auf das In-Kraft-Treten folgenden Kalenderjahres nach den Vorschriften dieser Dienstordnung zu führen. ³ Für alle Massen, die vor diesem Zeitpunkt angelegt worden sind, kann das Massenbuch nach den bis dahin geltenden Vorschriften fortgeführt werden. ⁴ Verwahrungsbuch, Massenbuch und die Übersicht über die Verwahrungsgeschäfte dürfen bis zum 31. Dezember 2001 in DM geführt werden; die Umstellung auf Euro erfolgt nach den von den Landesjustizverwaltungen hierzu erlassenen Bestimmungen. ⁵ Anderkonten und Anderdepots sind bis zum Vorliegen entsprechender Beschlüsse der Vertreterversammlung der Bundesnotarkammer nach den Empfehlungen der Spitzenverbände der Deutschen Kreditwirtschaft zu den Bedingungen für Anderkonten und Anderdepots einzurichten und zu führen.

A. Überblick

1   § 34 regelt, wann die neue DONot in Kraft trat, nämlich grundsätzlich **knapp sechs Monate nach ihrer Verkündung.** Je nach Verkündungstermin war dies in den meisten Bundesländern zwischen Mai und Oktober 2001 (→ Rn. 3); lediglich in Berlin und Baden-Württemberg trat die DONot erst zum 1.1. bzw. 1.2.2002 in Kraft.

Besondere Übergangsvorschriften gelten für **Bücher und andere Verzeichnisse** sowie für Verwahrungsgeschäfte: Laufende Bücher und Verzeichnisse waren erst zum Jahreswechsel nach Inkrafttreten umzustellen (S. 2). Bei laufenden Massen kann das Massenbuch bis zum Abschluss der jeweiligen Masse fortgeführt werden (S. 3). Damit wird vermieden, dass innerhalb eines einheitlichen Buches ein Wechsel in der Art der Buchung erfolgt.

2   Im Jahr 2007 erfolgten Änderungen der DONot (die in den einzelnen Ländern zwischen Juli und September verkündet wurden). Die letzten Änderungen traten in den meisten Bundesländern im Jahr 2017 in Kraft.

2a Mit der zu erwartenden, auf Grundlage von § 36 BNotO (für die Akten und Verzeichnisse über Urkundsgeschäfte) sowie des § 59 BeurkG (über Verwahrungsgeschäfte) zu erlassenden Rechtsverordnung des Bundesjustizministeriums über die **„Verordnung über die Führung von Akten und Verzeichnissen durch Notare (NotAktVV)",** die zur Umsetzung des Elektronischen Urkundenarchivs zum 1.1.2022 in Kraft treten muss, werden die §§ 5 bis 27 der DONot überholt sein. Auch wenn sie von der jeweiligen Landesjustizverwaltung noch nicht formell zum Ablauf des 31.12.2021 aufgehoben sein sollten, werden sie dann durch die neue bundesrechtliche (und damit höherrangige) Norm verdrängt.

B. Allgemeine Übergangsvorschrift

3   Die nachstehende Übersicht fasst zusammen, wann die Neufassung der DONot von 2000/2001 in den einzelnen **Bundesländern** in Kraft trat sowie wann die letzte Änderung erfolgte:[1]
– **Baden-Württemberg** am 1.2.2002 (Verwaltungsverfügung des Justizministeriums vom 14.8.2001, Die Justiz, ABl. Justizministerium 2001, Nr. 9, 2), zuletzt geändert durch

---

[1] Die Übersicht über die jeweils aktuelle Fassung in den verschiedenen Bundesländern findet sich auch auf der Homepage der Bundesnotarkammer: www.bnotk.de/Berufsrecht/DONot.php.

Verwaltungsverfügung des Justizministeriums vom 1.2.2017 (Die Justiz 2017, Nr. 2, S. 88);
– **Bayern** am 1.7.2001 (Bekanntmachung d. BayStMinJ vom 25.1.2001, Bay. JMBl. vom 20.3.2001, Nr. 2, S. 32), zuletzt geändert durch Bekanntmachung d. BayStMJV vom 22.2.2017 (Bay. JMBl. vom 12.4.2017, Nr. 3, S. 46);
– **Berlin** am 1.1.2002 (Verwaltungsverfügung der Senatsverwaltung für Justiz vom 5.6.2001, ABl. 2001, Nr. 31, S. 2717), zuletzt geändert durch Verwaltungsverfügung der Senatsverwaltung für Justiz vom 27.1.2017 (ABl. Berlin vom 17.2.2017, Nr. 7, S. 744);
– **Brandenburg** am 1.5.2001 (Allgemeinverfügung des MdJE vom 14.11.2000, JMBl. vom 15.12.2000, Nr. 12, S. 153), zuletzt geändert durch Allgemeinverfügung des MdJE vom 4.9.2013 (JMBl. vom 15.2.2017, Nr. 2, S. 12);
– **Bremen** am 1.7.2001 (Allgemeinverfügung d. Senators für Justiz und Verfassung vom 24.1.2001, ABl. 2001, Nr. 23, 199), geändert durch Allgemeinverfügung d. Senators für Justiz und Verfassung vom 1.8.2007 (ABl. 2007, Nr. 105, 905), zuletzt geändert durch AV vom 4.12.2008 (ABl. 2008, 1080);
– **Hamburg** am 1.7.2001 (Allgemeinverfügung d. Justizbehörde vom 17.1.2001, Justizverwaltungsblatt v. 28.2.2001, Nr. 2, S. 13), zuletzt geändert durch AV vom 29.8.2013 (JVBl. vom 31.1.2017, Nr. 1, S. 23);
– **Hessen** am 1.6.2001 (RdErl. d. MdJ vom 12.12.2000, JMBl. vom 1.1.2001, Nr. 1, S. 7), neu verkündet durch RdErl. d. MdJ vom 7.2.2017 (JMBl. vom 1.3.2017, Nr. 3, S. 89);
– **Mecklenburg-Vorpommern** am 1.7.2001 (AV d. JM vom 2.1.2001, ABl. 2001, Nr. 5, 129), zuletzt geändert durch AV d. JM vom 3.12.2013 (ABl. vom 16.12.2013);
– **Niedersachsen** am 1.5.2001 (AV d. MJ vom 21.11.2000, Nds. Rpfl. 2000, 340), zuletzt geändert durch AV d. MJ vom 12.1.2017 (Nds. Rpfl. vom 15.2.2017, Nr. 2, S. 41);
– **Nordrhein-Westfalen** am 1.9.2001 (AV d. JM vom 23.3.2001, JMBl. vom 15.5.2001, Nr. 10, S. 117), zuletzt geändert durch AV vom 21.2.2017 (JMBl. vom 1.3.2017, Nr. 5, S. 53);
– **Rheinland-Pfalz** am 1.7.2001 (VV d. MdJ vom 18.1.2011, Justizblatt vom 19.2.2001, Nr. 3, S. 36), zuletzt geändert durch VV d. MdJ vom 23.1.2017 (Justizblatt vom 7.2.2017, Nr. 2, S. 74);
– **Saarland** am 1.7.2001 (AV d. MdJ vom 29.1.2001, Gem.Ministerialblatt vom 31.7.2001, Nr. 4, S. 171), zuletzt geändert durch AV vom 17.1.2017;
– **Sachsen** am 1.10.2001 (VwV d. Sächsischen StMinJ vom 12.4.2001, JMBl. vom 30.4.2001, Nr. 4, S. 34), neu verkündet als Anlage 3 zur VwV Notarwesen vom 27.8.2013 (SächsJMBl. 2013, S. 77), zuletzt geändert durch VwV vom 24.4.2017 (JMBl. vom 31.5.2017, Nr. 5, S. 418);
– **Sachsen-Anhalt** am 1.7.2001 (AV d. MJ vom 2.1.2001, JMBl. vom 23.4.2001, Nr. 17, S. 131), zuletzt geändert durch AV des MJ vom 20.1.2017 (JMBl. LSA vom 13.2.2017, Nr. 2, S. 22);
– **Schleswig-Holstein** am 1.8.2001 (AV d. MJF vom 21.2.2001, SchlHA 2001, 86), zuletzt geändert durch AV d. MJGI vom 15.3.2017 (SchlHA 2017, Nr. 4, S. 128);
– **Thüringen** am 1.7.2001 (VV d. JM vom 15.1.2001, JMBl. vom 28.2.2001, Nr. 1, S. 2), zuletzt geändert durch VV d. JM vom 25.1.2017 (3831/E-1/06, JMBl. 2017, Nr. 1, S. 21).

Mit Inkrafttreten der Neufassung der DONot trat die jeweilige alte Fassung der DONot außer Kraft.

C. Besondere Übergangsvorschrift für laufende Bücher und Verzeichnisse (S. 2 und S. 3)

5 Damit Bücher und Verzeichnisse innerhalb eines Jahres einheitlich geführt werden, waren **laufende Bücher und Verzeichnisse** (§ 5 Abs. 1 S. 1) erst zu dem auf das In-Kraft-Treten folgenden Jahreswechsel umzustellen (§ 34 S. 2).

I. Neu anzulegende Bücher

6 Sofort **mit Inkrafttreten der DONot** 2001 waren die neuen Regeln hingegen zu beachten, soweit Bücher und Verzeichnisse **neu anzulegen** waren.
– Mit dem jeweiligen Inkrafttreten der neuen DONot waren daher von allen amtierenden Notaren die erstmals in der neuen DONot geregelten **Dokumentationen zur Einhaltung von Mitwirkungsverboten** (§§ 5 Abs. 1 Nr. 7, 15) anzulegen – sofern man § 15 nicht mangels Rechtsgrundlage für unwirksam hält.[2]
– Auch ein zum oder nach dem jeweiligen Inkrafttreten der DONot **neu ernannter Notar** (bzw. im Nurnotariat ein an einen anderen Amtssitz gewechselter Notar) musste für die dann von ihm neu anzulegenden Bücher und Verzeichnisse sofort die neue DONot beachten.[3] Dasselbe galt, soweit ein Notariatsverwalter mit oder nach Inkrafttreten ernannt und neue Bücher anzulegen hatte oder falls ein Notar im betreffenden Kalenderjahr erst nach Inkrafttreten der DONot erstmals ein Verwahrungsgeschäft durchführte und deshalb Verwahrung-, Massenbuch und Anderkontenliste erst neu anzulegen hatte.

II. Umstellung laufender Bücher

7 Die laufenden Bücher waren in allen Bundesländern mit Ausnahme von Baden-Württemberg und Berlin zum **1.1.2002** umzustellen.

8 In **Baden-Württemberg** waren alle Bücher zum **1.1.2003** umzustellen (da die neue DONot erst im Lauf des Jahres 2002 in Kraft trat).

9 In **Berlin** war zu unterscheiden: Jährlich neu anzulegende Bücher (wie das Verwahrungsbuch) waren bereits zum 1.1.2002 umzustellen, also mit Inkrafttreten der neuen DONot. Die über einen Jahreswechsel fortzuführenden Bücher und Verzeichnisse (wie Urkundenrolle, Erbvertragsverzeichnis, Anderkontenliste, Namensverzeichnisse und ggf. Massenbuch) waren hingegen in Berlin erst zum 1.1.2003 umzustellen. Eine einheitliche Umstellung zum 1.1.2002 war aber zulässig.

III. Weiterführung laufender Massebücher (S. 3)

10 § 34 S. 3 gestattet eine Weiterführung von bereits vor dem Umstellungstermin nach S. 2 angelegten Massenbüchern (dh in Baden-Württemberg und Berlin von vor dem 1.1.2003, in allen anderen Bundesländern von **vor dem 1.1.2002 angelegten Massenbüchern**). Auch hier soll der Notar nicht zu einer Umstellung innerhalb eines einheitlichen Buches gezwungen werden.
Der Notar kann bestehende Massenbücher bis zu deren Abschluss (also theoretisch noch viele Jahre) nach den bisherigen Vorschriften weiterführen. Er darf aber auch auf die Buchführung nach den neuen Vorschriften umstellen, etwa weil er alle Bücher einheitlich führen will. Nachdem die Unterschiede minimal sind, spielt es keine Rolle, ob die

---
[2] → § 15 Rn. 2 ff.
[3] *Weingärtner/Ehrlich*, 9. Aufl. 2009, Rn. 710.

Umstellung zum Jahreswechsel erfolgt; sie kann auch jeweils erfolgen, wenn das alte Massenbuch oder die alte Massenkarteikarte vollgeschrieben ist.[4]

D. Währungsumstellung von DM auf Euro (S. 4)

Die **Währungsumstellung von DM auf Euro** war nicht in der DONot selbst geregelt, sondern durch gesonderte (aber inhaltsgleiche) Verfügungen der Landesjustizverwaltungen.[5] § 34 S. 4 regelte lediglich, dass alle Bücher zum **1.1.2002** zwingend auf Euro umzustellen waren. 11

In der Zeit vom 1.1.2000 bis zum 31.12.2001 konnte der Notar Verwahrungs- und Massebücher wahlweise in DM oder in Euro führen. Eine Währungsumstellung der Bücher konnte jeweils nur einheitlich und nur zum 1.1. eines Jahres erfolgen. Unabhängig davon, in welcher Rechnungseinheit die Bücher geführt werden, konnten die einzelnen Anderkonten als DM- oder Euro-Konten geführt werden. Von der Rechnungseinheit der Bücher abweichende Kontenbewegungen (also zB Euro-Buchungen, wenn die Bücher weiterhin in DM geführt wurden), mussten jedoch in Spalte 3 des Massebuches in beiden Währungseinheiten gebucht werden. Bei Rundungsdifferenzen (etwa weil die Bücher in einer anderen Währung als das entsprechende Konto geführt wurden – die aber nicht größer als maximal ein Pfennig oder ein Cent je Buchung sein konnten), so konnten diese bei Schließung des Kontos als „Sonderposten aus Rundungsdifferenzen durch die Währungsumstellung auf den Euro" ausgebucht werden. 12

E. Neue Anderkontenbedingungen (S. 5)

Nachdem die Vertreterversammlung der Bundesnotarkammer, auf die die Zuständigkeit zum Erlass der Anderkontenbedingungen übergegangen ist (§ 27 Abs. 2 S. 1), erst im April 2004 Bedingungen für Notaranderkonten beschlossen hat, galten einstweilen (dh bis zum Erlass der neuen Anderkontenbedingungen) die vom Zentralen Kreditausschuss (als Koordinationsgremium für die Spitzenverbände der verschiedenen Zweige der Kreditwirtschaft) beschlossenen Bedingungen weiter (§ 34 S. 5).[6] 13

---

[4] So stand etwa nach der neuen DONot über der Spalte 3 von Verwahrungs- und Massenbuch „Auftraggeber", während es früher „Hinterleger" hieß.
[5] ZB Bayer. Staatsministerium der Justiz, Bek. vom 18.11.1998, Gz. 3830a – IV – 314/97; Hamburgische Justizbehörde, Allg.Vfg. v. 27.10.1998, Hamburg. Justiz-VerwBl. 11/1998, S. 84; Notarkammer Mecklenburg-Vorpommern, Rundschreiben Nr. 8/98 v. 17.12.1998, S. B 16 f. und Anlage B 10/98; Justizministerium Niedersachsen, Allg.Vfg. v. 11.1.1998 – 3831-202.51, Nds. Rpfl. 1998, 330 = ZNotP 1998, 486; Ministerium für Inneres und Justiz Nordrhein-Westfalen, Allg.Vfg. vom 11.11.1998 – 3830 I B 54, JMBl. NW S = Kammerreport Hamm 5/1998, S. 36; Justizministerium Rheinland-Pfalz Rundschreiben vom 25.11.1998 – 3811-1-1; Justizministerium Sachsen-Anhalt, Rundschreiben vom 22.2.1999 – 3831-202.29; vgl. auch BNotK-Intern 5/1998, S. 4; *Hartenfels* MittRhNotK 1998, 165 (166 f.); *Kopp/Heidinger,* Notar und Euro, 2. Aufl. 2001, S. 82 f.; *Kopp/Schuck,* Der Euro in der notariellen Praxis, 2. Aufl. 2000, S. 49; *Schuck* ZNotP 1998, 484.
[6] Im Einzelnen → § 27 Rn. 4 ff.

Anhang 1

Musterformulare zur DONot

Muster 1[1]

Urkundenrolle*
der/des
Notarin/Notars .... in ....

Band _____

Dieser Band umfasst ohne das Titelblatt .... Seiten.

...., den ....

(Siegel) ...., Notarin/Notar
(Unterschrift)

___

* Auf dem Titelblatt des Verwahrungsbuchs tritt an die Stelle des Wortes „Urkundenrolle" das Wort „Verwahrungsbuch".

[1] Fassung des Landes Niedersachsen, AV d. MJ vom 21. November 2000 (Nds. GVBl. S. 340).

Anhang 1

Musterformulare zur DONot

Muster 2[1]

* Seite 1

Jahr 2000 Urkundenrolle der/des Notars .... in ....

Lfd. Nr.	Tag der Ausstellung der Urkunde	Ort des Amtsgeschäfts	Name, Wohnort oder Sitz der nach § 8 Abs. 4 DONot aufzuführenden Personen	Gegenstand des Geschäfts	Bemerkungen
1	2	2a	3	4	5
1	3. Januar	Geschäftsstelle	Jürgen K. in B.; Hans H. in B.	Grundstückskaufvertrag	vgl. Nr. 7
2	3. Januar	Geschäftsstelle	Erich E. in D., Peter E. in A., Berta A. geb. Z. in D., letztere vertreten durch Peter E. in A. in Erbengemeinschaft nach Friedrich E. in A.	Erbauseinandersetzungsvertrag	vgl. Nr. 6
3	3. Januar	Stadthalle B., X-Straße 1, B.	AL Aktiengesellschaft in B.	Hauptversammlung	
4	3. Januar	Hauptverwaltung der AL-Aktiengesellschaft, X-Allee, B.	AL Aktiengesellschaft in B.; Axel P. in K., Karl M. in B., Susanne M. in B., Peter M. in K., Richard B. in K.	Anmeldung zum Handelsregister und Unterschr.-Begl. mit Entwurf	
5	4. Januar	anwaltliche Zweigstelle nach § 27 Abs. 2 BRAO, X-Platz 25, A.	Anton A. in B., Renate B. geb. A. in A.	(Grundschuldbestellung und) Unterschriftsbeglaubigung ohne Entwurf	
6	7. Januar	Wohnung der Berta A., X-Chaussee, D.	Berta A. geb. Z. in D.	Genehmigung der Erbauseinandersetzung Nr. 2	verwahrt bei Nr. 2
7	7. Januar	Geschäftsstelle	Jürgen K., in B, Hans H. in B.	Nachtrag zum Kaufvertrag Nr. 1	verwahrt bei Nr. 1

---

[1] Fassung des Landes Niedersachsen, AV d. MJ vom 21. November 2000 (Nds GVBl. S. 340). Spalte 2a eingefügt durch AV d. MJ vom 16. August 2013 (Nds. RPfl. S. 306).
* Wird die Urkundenrolle in Buchform geführt, so kann die Überschrift entfallen. Zu Abweichungen in der Gestaltung der Urkundenrolle vgl. § 6 Abs. 3 DONot.

Musterformulare zur DONot **Anhang 1**

Muster 3[1]

Seite   Verwahrungs-buch   Seite

Einnahme

Lfd. Nr.	Datum Monat	Tag	Bezeichnung des Auftraggebers	Es sind verwahrt			Seite des Massenbuchs oder Nr. der Massenkartei	
				Geld		Wertpapiere und Kostbarkeiten		
				EUR	Cent	Bezeichnung	Nenn- oder Schätzungswert EUR	Seite	Nr.
1	2		3	4		5		6	
	2000								
1	Jan.	3.	Peter H. in B.	5000	–	–	–	1	1
2	Jan.	5.	C. Bank in B. für Peter H. daselbst	–	–	7 v. H. Bundesanleihe mit Erneuerungsscheinen	10 000	1	1
3	Jan.	7.	Jürgen N. in Z.	1500	–	–	–	2	2
4	Jan.	10.	Franz F. in N.	2000	–	–	–	2	3
5	Jan.	17.	Derselbe	–	–	8 v. H. Pfandbriefe der Dsch. Hypo-Bank Bremen mit Erneuerungsscheinen	15 000	2	3
6	Jan.	20.	Lothar F. in K.	2500	–	–	–	3	4
7	Jan.	25.	Petra P. in K.	900	–	Sparbuch Nr. 45 675, Sparkasse in K.	–	3	4

Übertrag:

Zu Abweichungen in der Gestaltung des Verwahrungsbuchs vgl. § 6 Abs. 3 DONot

Ausgabe

Lfd. Nr.	Datum Monat	Tag	Bezeichnung des Empfängers	Geld		Es sind ausgegeben		Seite des Massenbuchs oder Nr. der Massenkartei		Bemerkungen
						Wertpapiere und Kostbarkeiten				
				EUR	Cent	Bezeichnung	Nenn- oder Schätzungswert EUR	Seite	Nr.	
1	2		3	4		5		6		7
	2000									
1	Jan.	7.	H., Rechtsanwalt in K.	1500	–	–	–	2	2	
2	Jan.	11.	Amtsgericht in P.	1800	–	–	–	2	3	
3	Jan.	17.	Finanzamt in B.	200	–	–	–	2	3	
4	Jan.	17.	Peter K. in B.	3000	–	–	–	1	1	
5	Jan.	17.	Peter K. in B.	–	–	7 v. H. Bundesanleihe mit Erneuerungsscheinen	10 000	1	1	
6	Jan.	17.	Peter H. in B.	1500	–	–	–	1	1	
7	Jan.	17	Verrechnung auf Notargebühren	500	–	–	–	1	1	

Übertrag:

[1] Fassung des Landes Niedersachsen, AV d. MJ vom 21. November 2000 (Nds GVBl. S. 340).

Anhang 1

Musterformulare zur DONot

Muster 4[1]

Verwahrungsbuch (Loseblattform)

Seite 1

Lfd. Nr.	Datum		Bezeichnung des Auftraggebers oder Empfängers	Geld				Wertpapiere und Kostbarkeiten			Nr. der Masse	Bemerkungen
	Monat	Tag		Einnahme		Ausgabe		Nenn- oder Schätzungswert EUR	Einnahme	Ausgabe		
				EUR	Cent	EUR	Cent					
1	2		3	4					5		6	7
	2000											
1	Jan.	3.	Peter H. in B.	5000	–	–	–	–	–	–	1	
2	Jan.	5.	C. Bank in B. für Peter H. daselbst	–	–	–	–	10 000	7 v. H. Bundesanleihe mit Erneuerungs- scheinen	–	1	
3	Jan.	7.	Jürgen N. in Z.	1500	–	–	–	–	–	–	2	
4	Jan.	7.	H., Rechtsanwalt in K.	–	–	1500	–	–	–	–	2	
5	Jan.	10.	Franz F. in N.	2000	–	–	–	–	–	–	3	
6	Jan.	11.	Amtsgericht in P.	–	–	1800	–	–	–	–	3	
7	Jan.	17.	Franz F. in N.	–	–	–	–	15 000	8 v. H. Pfandbriefe der Dtsch. Hypotheken- bank Bremen mit Er- neuerungsscheinen	–	3	
8	Jan.	17.	Finanzamt in B.	–	–	200	–	–	–	–	3	
9	Jan.	17.	Peter K. in B.	–	–	3000	–	–	–	–	1	
10	Jan.	17.	Peter K. in B.	–	–	–	–	10 000	–	7 v. H. Bundesanleihe mit Erneuerungs- scheinen	1	
11	Jan.	17.	Peter H. in B.	–	–	1500	–	–	–	–	1	
12	Jan.	17.	Verrechnung auf Notargeb.	–	–	500	–	–	–	–	1	
13	Jan.	20.	Lothar F. in K.	2500	–	–	–	–	Sparbuch Nr. 45675, Sparkasse in K.	–	4	
14	Jan.	25.	Petra P. in K.	900	–	–	–	–	–	–	4	

Übertrag:

Zu Abweichungen in der Gestaltung des Verwahrungsbuchs vgl. § 6 Abs. 3 DONot

[1] Fassung des Landes Niedersachsen, AV d. MJ vom 21. November 2000 (Nds GVBl. S. 340).

Musterformulare zur DONot **Anhang 1**

Muster 5[1]

Massen-buch

Seite		Einnahme						Ausgabe					Seite
	Datum		Bezeichnung des Auftraggebers	Es sind verwahrt		Geld		Datum		Bezeichnung des Empfängers	Geld		Es sind ausgegeben		Bemerkungen
	Monat	Tag		Wertpapiere und Kostbarkeiten		EUR	Cent	Monat	Tag		EUR	Cent	Wertpapiere und Kostbarkeiten		
				Bezeichnung	Nenn- oder Schätzungswert EUR								Bezeichnung	Nenn- oder Schätzungswert EUR	
1	2		3		5	4		2		3	4			5	6
			(Seite 1)	1. Peter H. in B., Beleihungsmasse, URNr. 1293/99, Kreissparkasse in B., Konto-Nr. 174 130						(Seite 1)					
	2000							2000							
1	Jan.	3.	Peter H. in B.	–	–	5000	–	Jan.	17.	Peter K. in B.	3000	–	–	–	
2	Jan.	5.	C. Bank in B. für Peter H. daselbst	7 v. H. Bundesanleihe Serie A Nr. 4760, 4761, 4762, 4763, 4764, 4765, 4766, 4767, 4768, 4769 zu je 1000 DM mit Erneuerungsscheinen zu diesen Nummern	10 000	–	–	Jan.	17.	Peter K. in B.	–	–	7 v. H. Bundesanleihe Serie A Nr. 4760, 4761, 4762, 4763, 4764, 4765, 4766, 4767, 4768, 4769 zu je 1000 DM mit Erneuerungsscheinen zu diesen Nummern	10 000	
			Einnahmen:			5000	–	Jan.	17.	Peter H. in B.	1500	–	–	–	
			Ausgaben:			5000	–			Verr. auf Notargeb. Ausgaben (Seite 2)	500	–	–	–	
			(Seite 2)	2. Jürgen N. in Z., Vergleich vom 3. 12. 1999, URNr. 1210/99, B. Bank in K., Konto-Nr. 932 410											
3	Jan.	7.	Jürgen N. in Z.	–	–	1500	–	Jan.	7.	H. Rechtsanwalt in K.	1500	–	–	–	
				3. Max M. in H., Nachlassmasse, URNr. 45/2000, Volksbank R., Konto-Nr. 34 215				2000							
4	Jan.	10.	Franz F. in N.	8 v. H. Pfandbriefe der Dtsch.Hypo-Bank Bremen Serie V Nr. 201, 207, 211 zu je 5000 DM mit Erneuerungsscheinen zu diesen Nummer	15 000	2000	–	Jan.	11.	AmtsG. in P.	1800	–	–	–	
5	Jan.	17.	Derselbe			–	–	Jan.	17.	FinAmt in B.	200	–	–	–	
			(Seite 3)	4. Lothar F. in K., Kaufgeldermasse, URNr. 86/2000, Stadtsparkasse in H., Konto-Nr. 260 582, Festgeldanderkonto Nr. 4711						(Seite 3)					
	2000														
6	Jan.	20.	Lothar F. in K.	Sparbuch Nr. 45 675, Sparkasse in K.	–	2500	–								
7	Jan.	25.	Petra P. in K.		–	900	–								

Zu Abweichungen in der Gestaltung des Massenbuchs vgl. § 6 Abs. 3 DONot.

[1] Fassung des Landes Niedersachsen, AV d. MJ vom 21. November 2000 (Nds GVBl. S. 340).

Anhang 1

Musterformulare zur DONot

Muster 6[1]

Massenbuch (Karteiform)

URNr. 1293/99

Peter H. in B., Beleihungsmasse

Massen-Nr. 1

Anderkonto: Kreissparkasse in B., Konto-Nr. 174 130

Seite ..1....

Lfd. Nr.	Datum Monat	Tag	Bezeichnung des Auftraggebers oder Empfängers	Geld				Wertpapiere und Kostbarkeiten			Lfd. Nr. des Verw. Buchs
				Einnahme EUR	Cent	Ausgabe EUR	Cent	Nenn- oder Schätzungswert EUR	Einnahme	Ausgabe	
1	2		3	4				5			6
1	2000 Jan.	3.	Peter H. in B.	5000	–	–	–	–	–	–	1
2	Jan.	5.	C. Bank in B. für Peter H. daselbst	–	–	–	–	10 000	7 v. H. Bundesanleihe Serie A Nr. 4760, 4761, 4762, 4763, 4764, 4765, 4766, 4767, 4768, 4769 zu je 1000 DM mit Erneuerungsscheinen zu diesen Nummern	–	2
3	Jan.	17.	Peter K. in B.	–	–	3000	–	–	–	–	9
4	Jan.	17.	Peter K. in B.	–	–	–	–	10 000	–	7 v. H. Bundesanleihe Serie A Nr. 4760, 4761, 4762, 4763, 4764, 4765, 4766, 4767, 4768, 4769 mit Erneuerungsscheinen zu diesen Nummern	10
5	Jan.	17.	Peter H. in B.	–	–	1500	–	–	–	–	11
6	Jan.	17.	Verrechnung auf Notargebühren	–	–	500	–	–	–	–	12
			Übertrag:	5000	–	5000	–	–			

Zu Abweichungen in der Gestaltung des Massenbuchs vgl. § 6 Abs. 3 DONot

[1] Fassung des Landes Niedersachsen, AV d. MJ vom 21. November 2000 (Nds GVBl. S. 340).

Musterformulare zur DONot **Anhang 1**

Muster 7[1]

An die/den
Frau Präsidentin/Herrn Präsidenten des Landgerichts

in _____

Übersicht
über

Geschäfte der Notarin/des Notars ....
Amtsgerichtsbezirk ....
Amtssitz ....

im Kalenderjahr ....
– in der Zeit vom .... bis .... *
Die Richtigkeit bescheinigt

.... , den ....
....
Notarin/Notar

	Zahl
I. Urkundsgeschäfte	
1. Summe aller Beurkundungen und Beschlüsse nach der Urkundenrolle	....
Davon:	
a) Beglaubigungen von Unterschriften oder Handzeichen:	
aa) mit Anfertigung eines Urkundenentwurfs	....
bb) ohne Anfertigung eines Urkundenentwurfs	....
b) Verfügungen von Todes wegen	....
c) Vermittlungen von Auseinandersetzungen**	....
d) Sonstige Beurkundungen und Beschlüsse***	....
2. Wechsel- und Scheckproteste	....
3. Zusammen:	....
II. Verwahrungsgeschäfte	
Zahl der Eintragungen im Verwahrungsbuch:	
a) Einnahmen	
b) Ausgaben	

---

[1] Fassung des Landes Niedersachsen, AV d. MJ vom 21. November 2000 (Nds GVBl. S. 340).
* Nur ausfüllen, falls die Notarin/der Notar nicht während des ganzen Kalenderjahres im Amte war.
** Einschließlich der in die Urkundenrolle eingetragenen Beurkundungen und Beschlüsse nach dem Sachenrechtsbereinigungsgesetz (§ 8 Abs. 1 Nr. 7, § 24 Abs. 2 Nr. 3 DONot).
*** Einschließlich der Vollstreckbarerklärungen nach § 796 c Abs. 1, § 1053 Abs. 4 ZPO.

Anhang 1

Musterformulare zur DONot

Muster 8[1]

An die/den
Frau Präsidentin/Herrn Präsidenten des Landgerichts
in _____

(Seite 1)
Übersicht
über die Verwahrungsgeschäfte der Notarin/des Notars
_____ in _____
nach dem Stand vom 31. Dezember 1999

	Betrag EUR	Cent	Bemerkungen
I. Geld			
1. Der sich aus den Kontoauszügen ergebende Bestand der am Jahresschluss verwahrten Geldbeträge Gesamtbetrag:	42 500	–	
2. Überschuss der Einnahmen über die Ausgaben nach Spalte 4 des Verwahrungsbuchs	42 500	–	
3. Bestand, nach den einzelnen Massen gegliedert *Massenbuch Nr. 11/99*			
a)	900	–	Sparkasse in Seefeld, Sparkonto Nr. 106 402 v. 18. 12. 1999 (Sparbuch in der Kanzlei)
b)	10 500	–	I.-Kreditanstalt in Seefeld Anderkonto Nr. 3042 001 v. 16. 12. 1999 desgl.
Massenbuch Nr. 12/99 (URNr. 440/99)	12 000	–	Anderkonto Nr. 3 042 005 v. 30. 12. 1999 desgl.
Massenbuch Nr. 15/99 (URNr. 446/99)	19 100	–	Anderkonto Nr. 3042 018 v. 29. 12. 1999
Summe:	42 500	–	

(Seite 2)

	Betrag EUR	Cent	Bemerkungen
II. Wertpapiere und Kostbarkeiten Bestand, nach den einzelnen Massen gegliedert *Massenbuch Nr. 11/99 (URNr. 433/99)* 4 v. H. Pfandbriefe der Bayer. Vereinsbank München mit Zins- und Erneuerungsscheinen	5 000	–	bei der N-Kreditanstalt in Seefeld

Ich versichere hiermit, dass die vorstehende Übersicht vollständig und richtig ist und dass die unter I 3 aufgeführten Geldbeträge mit den in den Kontoauszügen der Kreditinstitute und ggf. in den Sparbüchern angegebenen Guthaben übereinstimmen.

_____, den _____   _____
Notarin/Notar

---

[1] Fassung des Landes Niedersachsen, AV d. MJ vom 21. November 2000 (NdsGVBl. S. 340).

Anhang 2

Revision des Europäischen Kodex des Standesrechts

31. August 2009

Präambel

Die Verwirklichung des Europäischen Rechtsraums und die Freizügigkeit von Personen, Kapital und Gütern in den Mitgliedstaaten der Europäischen Union bewirken ein ständiges Anwachsen des grenzüberschreitenden Austausches sowie von Transaktionen und allgemein von juristischen Operationen mit Auslandsbezug.

Diese Diversifizierung der juristischen Operationen und die zunehmende Häufigkeit notarieller Urkunden mit Auslandsbezug haben die Notare Europas bewogen, die Modalitäten ihrer Zusammenarbeit zu untersuchen, um den Bürgern und Unternehmen ihre Betreuung und ihren Rat in grenzüberschreitenden Angelegenheiten zu gewährleisten.

Als Träger eines öffentlichen Amtes und Inhaber hoheitlicher Gewalt ist der Notar den Vorgaben der Gesetze und Regelungen unterworfen, die in dem Staat gelten, in dem er ernannt ist. Als Angehöriger eines liberalisierten Berufs, der Beratungspflichten gegenüber den Beteiligten hat, muss der Notar den berufsrechtlichen Regeln genügen, die für seinen Beruf in dem Staat gelten, wo er ernannt ist.

Durch die flächendeckende Verteilung von Notariatskanzleien in jedem Land steht jedem Bürger ohne Weiteres ein Notar zur Verfügung.

Die Europäischen Notariate haben beschlossen, nachdem sie eine vergleichende Untersuchung der Gesamtheit der standesrechtlichen Normen in den verschiedenen Mitgliedstaaten der Europäischen Union durchgeführt haben, sich mit einem Katalog gemeinsamer standesrechtlicher Grundsätze auszustatten.

Dieser hat nicht zum Ziel, sich an die Stelle der nationalen Berufsregeln zu setzen, sondern die gemeinsamen Wesensmerkmale des Berufs unabhängig vom betreffenden Land zu bekräftigen und Leitlinien für grenzüberschreitende Operationen vorzugeben.

Der Europäische Kodex des notariellen Standesrechts zeugt ganz allgemein vom Willen des Berufstandes, dem Bürger und den Unternehmen dieselbe Rechtssicherheit und dieselbe Effizienz bei grenzüberschreitenden sowie bei nationalen Operationen zu garantieren.

Die europäischen Notariate beabsichtigen, die Nutzung neuer Technologien zur Verbesserung ihrer Dienstleistungserbringung unter Wahrung der standesrechtlichen Grundsätze zu fördern.

1. Begriffsbestimmungen

Die Definition des **„Notars"** folgt aus der einstimmig von den Mitgliedsnotariaten des Rates der Notariate der Europäischen Union (CNUE) angenommenen Resolution vom 22. und 23. März 1990 in Madrid:

> *„Der Notar ist* **Träger eines öffentlichen Amts, dem staatliche Gewalt übertragen ist, um öffentliche Urkunden zu errichten.** *Hierbei stellt er die* **Aufbewahrung, Beweiskraft** *und die* **Vollstreckbarkeit** *dieser Urkunden sicher.*

*Um für seine Tätigkeit die notwendige **Unabhängigkeit** zu gewährleisten, praktiziert der Notar nach Art eines **freien Berufs,** der alle Bereiche der **Freiwilligen Gerichtsbarkeit abdecken kann.**

*Durch die **Beratung,** die der Notar den Beteiligten in **unparteilicher** und **aktiver** Weise erteilt, wie durch die Abfassung der daraus entstehenden öffentlichen Urkunde, verleiht seine Mitwirkung dem Verbraucher die **Rechtssicherheit,** die dieser sucht.*

*Diese ist umso besser gesichert, als der Notar ein **Jurist von hoher** universitärer **Qualifikation** ist, der zu dem Beruf nach zahlreichen Prüfungen, Ausbildungsabschnitten und Bewerbungsverfahren Zugang erhalten hat, der diesen Beruf nach strikten **disziplinarrechtlichen Regeln** unter der ständigen **Kontrolle** öffentlicher Behörden ausübt und dank seiner am **örtlichen Bedürfnis** orientierten Bestellung auf dem gesamten nationalen Territorium erreichbar ist.*

*Die Beteiligung des Notars **beugt** schließlich **möglichen Streitigkeiten vor** und ist ein unabdingbares Element einer leistungsgerechten und funktionsfähigen Justiz."*

Weiterhin haben im vorliegenden Kodex die nachfolgenden Ausdrücke folgende Bedeutung:

„Grenzüberschreitende Operation": Operation mit Auslandsbezug; z. B. der Belegenheitsort des Gutes, das Gegenstand der vorgesehenen Transaktion ist, die Nationalität, der Wohnsitz oder gewöhnliche Aufenthalte der Beteiligten oder der Ort der Beurkundung.

„Notar des Aufnahmelandes oder nationaler Notar": der Notar, der territorial zuständig ist, gemäß dem nationalen Gesetz jedes Mitgliedstaates Beurkundungen vorzunehmen.

„Notar des Herkunftslandes oder ausländischer Notar": Notar eines anderen als desjenigen Mitgliedstaates, in dem die Beurkundung stattfindet.

2. Gemeinsame Grundsätze

2.1. Vorsorgende Rechtspflege

Zur Streitverhütung fördert der Notar den Abschluss eindeutiger und ausgewogener Vereinbarungen, bei denen er sich über den aufgeklärten Willen und die Übereinstimmung der Willenserklärungen der Beteiligten vergewissert hat.

Der Notar trägt zum sozialen Frieden bei. Bei Streitigkeiten zwischen den Beteiligten, versucht der Notar stets, diese beizulegen. Er hat die Beteiligten über die Existenz, die Modalitäten und die Vorteile alternativer Streitbeilegung, insbesondere der Mediation, zu informieren.

2.2. Rechtssicherheit

Er achtet auf die Ausgewogenheit der Vereinbarungen, die in den von ihm errichteten Urkunden enthalten sind und führt deren Legalitätskontrolle durch.

2.3. Loyalität gegenüber dem Staat

Der Notar ist zur Loyalität gegenüber demjenigen Staat verpflichtet, der ihm Staatsgewalt übertragen hat.

Er übt sein Amt nach Maßgabe der Rechtsvorschriften seines Staates aus, wenn er gesetzmäßig darum ersucht wird.

Er trägt zur Bekämpfung der Geldwäsche nach Maßgabe der Rechtsvorschriften seines Staates bei.

Er unterlässt jegliches Verhalten, das der Würde seines öffentlichen Amtes abträglich wäre.

2.4. Öffentliche Amtsausübung

Der Notar übt sein Amt mit Redlichkeit, Verfügbarkeit und Sorgfalt aus.

Der Notar ist verpflichtet, die Beteiligten über den Inhalt und die Folgen der Urkunden zu informieren, an denen sie mitwirken, und diese umfassend zu beraten. Er sucht die geeignetsten Mittel, um das von den Beteiligten gewünschte Ergebnis unter Beachtung der geltenden Rechtsvorschriften zu erzielen.

Der Notar wirkt persönlich bei der Aufnahme der Urkunde mit.

2.5. Unparteilichkeit und Unabhängigkeit

Der Notar ist gehalten, in vollständiger Unparteilichkeit und Unabhängigkeit zu beraten und zu beurkunden. Er hat die Funktion eines neutralen vertrauenswürdigen Dritten.

Er darf keine Urkunden aufnehmen, die Vorschriften enthalten, die ihn unmittelbar oder mittelbar begünstigen würden.

2.6. Vertrauenswürdigkeit und Berufsgeheimnis

Der Notar ist dem Berufsgeheimnis unterworfen und zur Vertraulichkeit verpflichtet, insbesondere im Rahmen seines Schriftverkehrs und der Urkundenaufbewahrung; dies gilt sowohl bei der Verwendung von Papier als auch von elektronischen Trägermedien nach Maßgabe der in seinem Mitgliedstaat vorgesehenen Regelungen.

2.7. Haftung

Der Notar haftet für Schäden, die durch sein Verschulden im Rahmen seiner Amtsausübung verursacht werden und schließt eine entsprechende Berufshaftpflichtversicherung ab.

Die Hinterlegung von Vermögenswerten für seine Klienten bestimmt sich nach dem Recht seines Staates.

2.8. Weiterbildung

Der Notar ist verpflichtet, seine juristischen wie auch technischen Kenntnisse auf den neusten Stand zu bringen, sowie die Fortbildung seiner Mitarbeiter zu überwachen und zu fördern.

Die Berufsorganisationen jedes Notariats der Europäischen Union stellen ihren Mitgliedern die Möglichkeit beruflicher Weiterbildung zur Verfügung, insbesondere was die Anwendung neuer Technologien im Notarberuf anbelangt.

2.9. Kollegialität

Der Notar zeigt sich gegenüber jedem anderen Notar kollegial.

Die Notare unterstützen sich gegenseitig bei ihrer Amtsausübung und vermeiden unfaires Verhalten.

Im Falle der Zusammenarbeit in derselben Angelegenheit haben die Notare zusammen die gemeinsame Lösung zu suchen, welche in Übereinstimmung mit den geltenden gesetzlichen und sonstigen Vorschriften die Interessen aller Beteiligten umfassend gewährleistet.

3. Grenzüberschreitende Tätigkeiten

3.1. Allgemeine Vorschriften

3.1.1. Beachtung der standesrechtlichen Grundsätze. Der Notar hält sich bei grenzüberschreitenden Tätigkeiten an das Recht seines Herkunftslandes, das Recht des Aufnahmelandes und die Vorschriften des vorliegenden Kodex.

3.1.2. Zuständigkeit. Der oder die territorial zuständige(n) Notar(e) hat (haben) die Federführung für die betreffende Angelegenheit und ist (sind) allein zur Beurkundung berechtigt.

3.1.3. Freie Notarwahl […]. Jede natürliche oder juristische Person hat das Recht, ihren Notar in Anspruch zu nehmen, seine Beratung zu verlangen und ihn zu bitten, ihr durch die Zusammenarbeit mit dem territorial zuständigen Notar zu assistieren mit der ganzen Verantwortlichkeit seines Amtes.
[…]

3.1.4. Unterrichtung des Klienten. Der ausländische Notar, der mit dem territorial zuständigen Notar zusammenarbeitet, hat vor Aufnahme jeder Tätigkeit seinen Klienten über den Umfang seiner Leistungen ebenso zu informieren wie über den Betrag der Auslagen und Honorare, die sich aus den geltenden Bestimmungen ergeben. […]
Er wird stets von seinem Klienten vergütet.

3.1.5. Zusammenarbeit zwischen Notaren. Der Notar, der seinen Klienten ins Ausland begleitet, verständigt davon seinen territorial zuständigen Kollegen frühest möglich und stimmt mit diesem die Modalitäten ihrer Zusammenarbeit ab.
Der nationale Notar übermittelt dem ausländischen Notar rechtzeitig sämtliche erforderlichen Angaben, damit dieser seine Beratungsaufgabe erfüllen kann.
Er weist seinen Kollegen gebührend ein.

3.1.6. Werbung. Persönliche Werbung ist erlaubt, wenn sie zugleich im Herkunfts- und im Aufnahmeland gestattet ist. Falls nicht feststeht, dass die Werbung sich auf ein bestimmtes Aufnahmeland bezieht, gelten nur die Rechtsvorschriften des Herkunftslandes.
Informationen, die Notare der Öffentlichkeit übermitteln, dürfen weder Angaben enthalten, die ihrer Unabhängigkeit, ihrer Unparteilichkeit und ihrer Eigenschaft als öffentliche Amtsträger abträglich sind.
Der Notar darf Werbung durch Dritte nicht akzeptieren, es sei denn diese erfolgt über die zuständigen notariellen Berufsorganisationen.
Kollektive Werbung kann von jedem Mitgliedsnotariat des CNUE und vom CNUE selbst übernommen werden, insbesondere um Verbrauchern und Unternehmen eine leicht zugängliche Informationsquelle zu bieten.

3.1.7. Streitigkeiten zwischen Notaren. Im Fall beruflicher Streitigkeiten zwischen Notaren aus verschiedenen Mitgliedsnotariaten des CNUE sieht jeder Notar davon ab, vor Gericht zu gehen, bevor nicht ein Schlichtungsversuch unternommen wurde.

3.2. Hilfsmittel

3.2.1. Zusammenarbeit zwischen Notariaten. Um die Qualität der notariellen Dienstleistung für Bürger und Unternehmen kontinuierlich zu verbessern, arbeiten die Mitgliedsnotariate des CNUE zusammen und tauschen ihre Erfahrungen aus.

3.2.2. Europäisches Netz des Notariats. Im Rahmen grenzüberschreitender Transaktionen oder im Bedarfsfall wendet sich der Notar an die Kontaktstelle des Europäischen Netzes des Notariats (ENN) seines Landes.
Die Funktionsweise des ENN, dessen Aufgabe in der Unterstützung von Notaren bei praktischen Fragen mit grenzüberschreitendem Bezug besteht, bestimmt sich nach den von der Generalversammlung des CNUE beschlossenen Leitlinien.

3.2.3. Informations- und Kommunikationstechnologien. Der Notar nutzt Informations- und Kommunikationstechnologien, um die Qualität der notariellen Dienstleistung unter Beachtung des anwendbaren Rechts und des vorliegenden Kodex des Standesrechts weiter zu verbessern.

Der Notar nutzt die IT-Hilfsmittel, die ihm von seiner Notariatsorganisation und dem CNUE zur Verfügung gestellt werden.

4. Schlussbestimmungen

4.1. Schiedstätigkeit

Alle Schwierigkeiten bei der Interpretation oder Anwendung des vorliegenden Europäischen Kodex des notariellen Standesrechts, ebenso wie alle Fälle, die darin nicht vorgesehen sind, werden dem Präsidenten des Rates der Notariate der Europäischen Union zur Stellungnahme vorgelegt, nachdem sie Gegenstand der Untersuchung durch die nationalen Notariatsorganisation waren, der der Notar angehört, der die Frage aufgeworfen hat.

4.2. Inkrafttreten

Der vorliegende Europäische Kodex des notariellen Standesrechts unterliegt der Ratifizierung der unterzeichnenden Notariate.

Die Ratifizierungsurkunden werden im Büro des Rates der Notariate der Europäischen Union in Brüssel niedergelegt.

Der Europäische Kodex des notariellen Standesrechts tritt am ersten Tag des Monats in Kraft, der auf die Niederlegung der Ratifizierungsurkunde durch zwei Notariate folgt. Für die weiteren Unterzeichner wird er am ersten Tag des auf die Niederlegung seiner Ratifizierungsurkunde folgenden Monats wirksam.

Sachverzeichnis

Die fetten Zahlen bezeichnen die Paragrafen, die mageren Zahlen die Randnummern.

Abänderung
– Disziplinarverfügung **BNotO 98** 16
Abberufung
– Präsidiumsmitglied BNotK **BNotO 81** 16
– Vorstandsmitglied **BNotO 69** 25 ff.
Abbildung
– Herstellungsverfahren **DONot 29** 29a
– Niederschrift **BeurkG 9** 20
– Siegelung **BeurkG 44** 1 ff.
– Verweisung auf **BeurkG 13a** 11
– Vorlage zur Durchsicht **BeurkG 13** 13; **BeurkG 13a** 11
Abbruch
– Bewerberauswahl **BNotO 6b** 14 ff.
Abbruchsozietät
– Berufsverbindung **BNotO 9** 14
Aberkennung Amtsfähigkeit
– strafgerichtliche **BNotO 49** 15 f.
Abgabenerhebung
– Kostenregister **DONot 16** 1
Abgabenfestsetzung
– Rechtsschutz **BNotO 113** 45
Abgabensatzung
– Ländernotarkasse Leipzig **DONot 16** 2, 6
– Notarkasse München **DONot 16** 2, 7
Abgabepflicht BNotO 113 33 ff.
– Ausgestaltung **BNotO 113** 33 f.
– Durchführung **BNotO 113** 35 f.
– Rechtsschutz **BNotO 113** 45
– Staffelung **BNotO 113** 34
Abgabestaffel BNotO 113 35
Abgabevermerk
– Erbvertragsverzeichnis **DONot 9** 5
Abhandenkommen
– des Amtssiegels **BNotO 34** 2
– der Notarnetzbox **BNotO 34** 7
– der Signaturkarte **BNotO 34** 3 ff.
– Urschrift **BeurkG 46** 3
Abhängigkeit
– Anschein der **RLEmBNotK II** 7 f.; **RLEmBNotK VIII** 16
– Ausnutzung von **BNotO 14** 38
– persönliche **RLEmBNotK VIII** 19
– wirtschaftliche Beziehungen Notar/Mitarbeiter **RLEmBNotK VIII** 15 ff.
Abkürzungen
– Urkundenrolle **DONot 8** 35
Ablehnung
– Besorgnis der Befangenheit **BNotO 101** 3 ff.; **BNotO 106** 3
– Beurkundung **BeurkG 4** 1

– Verwahrung **BeurkG 57** 27
– Vorstandsamt **BNotO 69** 29 f.
Ablehnungspflicht BNotO 14 28, 33
Ablehnungsrecht
– bei Mitwirkungsverbot **BeurkG 3** 64
Ablieferung
– Stempel/Siegel bei Erlöschen Notaramt **BNotO 51** 36 f.
– Wertpapiere/Kostbarkeiten nach Verwahrung **BeurkG 62** 16
– Widerruf **BeurkG 62** 17
Ablieferungspflicht
– bei amtlicher Verwahrung **BeurkG 34** 7
– Erbvertrag **BeurkG 34a** 9 f.
– Testament **BeurkG 34a** 10
– Urkunde, erbfolgerelevante **BeurkG 34a** 1 ff., 10
Ablieferungssystem
– Urkunde, erbfolgerelevante **BeurkG 34a** 1 ff.
Ablösungsvereinbarung BNotO 23 39
Abmahnung
– Mitarbeitertätigkeit, unzulässige/verbotene **BNotO 14** 46
Abnahme
– Eid **BNotO 13** 8; **BNotO 22** 2 f.; **BeurkG 38** 3 f.
– eidesstattliche Versicherung **BNotO 22** 4 ff.
Abrechnung
– Rechtsstreit Notariatsverwalter/NotK **BNotO 62** 3
– Verwahrungsgeschäft **DONot 27** 23 ff.
Abrechnungsprüfung
– Rechnungslegung NotK **BNotO 71** 22
Abschirmwirkung
– Stadtteilzuweisung **BNotO 10** 17 ff.
Abschlussentscheidung
– Disziplinarverfahren **BNotO 98** 6 ff.
Abschlusssaldo
– Verwahrungsbuch **DONot 11** 27 f.
Abschlussvermerk
– Massenbuch **DONot 12** 26 f.
– Stempel **DONot 29** 30 f.
Abschrift
– Angabe Urkundenrollennummer **DONot 28** 18
– Anspruchsberechtigung **BeurkG 51** 1 ff., 14
– Aufbewahrung **DONot 18** 23
– anstelle Ausfertigung **BeurkG 51** 14
– Beglaubigung **BeurkG 39** 3; **BeurkG 42** 1 ff.; **DONot 19** 6
– Berichtigung fehlerhafter **BeurkG 49** 8
– Beurkundung Beglaubigung **BeurkG 36** 14

1773

Sachverzeichnis
fette Zahlen = §§

- Lücken **DONot 28** 17
- Rechtsmittel bei Verweigerung der Erteilung **BeurkG 54** 2
- Urkundenrolle **DONot 8** 8
- Urkundensammlung **DONot 18** 5
- bei vorläufiger Amtsenthebung **BNotO 55** 9
- Zurückbehaltung Verfügung von Todes wegen **DONot 20** 5 ff.
- Zurückbehaltungsrecht **BeurkG 51** 18
- Zuständigkeit Amtsgericht **BNotO 51** 28 ff.

Abschrift, beglaubigte BeurkG 42 1 ff.
- allgemeine Amtspflichten **BeurkG 42** 10
- Anspruchsberechtigung **BeurkG 51** 14
- Aufbewahrung **DONot 19** 2 ff.
- Beglaubigung, auszugsweise **BeurkG 42** 5
- Beglaubigungsverfahren **BeurkG 42** 9 ff.
- Beglaubigungsvermerk **BeurkG 42** 14
- Begriff Abschrift **BeurkG 42** 5
- Beweiswert **BeurkG 42** 3
- Dauerhaftigkeit **DONot 29** 9 f.
- Evidenzkontrolle **BeurkG 42** 10
- Fälschungssicherheit **DONot 29** 10 f.
- fremdsprachige Urkunde **BeurkG 42** 11
- von Hauptschrift **BeurkG 42** 2
- Heftung **DONot 30** 1 ff.
- Herstellung **BeurkG 42** 6; **DONot 29** 1 ff.
- Herstellungsverfahren **DONot 29** 12 ff.
- Lesbarkeit **DONot 29** 3 ff.
- lückenhafte Urschrift **BeurkG 42** 12
- Prüfung der Übereinstimmung **BeurkG 42** 9
- Stempel **DONot 29** 30 f.
- Urkundensammlung **DONot 18** 5; **DONot 19** 2 ff., 6
- Vorgaben, technische **BeurkG 42** 6a

Abschrift, einfache
- Herstellung **DONot 29** 3 ff., 12 ff.

Abschrift, elektronisch beglaubigte
- der Papierurkunde **BeurkG 39a** 9

Absicherung
- andere gleichwertige **BeurkG 57** 18 ff.
- andere unterlegene **BeurkG 57** 13 ff.
- über Anderkonto **BeurkG 57** 11 f., 13 ff.
- bei Finanzierungsgrundpfandrecht **BeurkG 57** 17
- bei freihändigem Verkauf **BeurkG 57** 14
- bei Vormerkung **BeurkG 57** 16
- bei Zwangsversteigerung **BeurkG 57** 14

Abteilungen
- Vorstand NotK **BNotO 69b** 1 ff.

Abtretung
- Anderkonto **BNotO 23** 33 ff.; **BeurkG 58** 4
- Auszahlung Anderkonto bei **BNotO 23** 38 ff.
- Kostenforderung **RLEmBNotK VIII** 17
- Mitwirkungsverbot **BeurkG 3** 15
- Sperrkonto **BNotO 23** 19
- Unterwerfungserklärung, formularmäßige **BeurkG 52** 8a
- Vorbescheid **BNotO 23** 41

Abtretungserklärung
- Rückdatierung **BNotO 23** 41

Abwerbeverbot
- Notariatsmitarbeiter **BNotO 53** 2

Abwesenheit
- Anzeigepflicht **BNotO 38** 2
- Genehmigung **BNotO 38** 12 ff., 15
- gewillkürte **BNotO 54** 12
- Inverwahrunggabe von Akten **BNotO 45** 1 ff.
- Vertreterbestellung **BNotO 39** 4 ff.

Abwesenheitsanzeige BNotO 38 1 ff.
- Abwesenheitsgrund **BNotO 38** 8
- Amtsverhinderung aus sonstigen tatsächlichen Gründen **BNotO 38** 4
- Anzeige **BNotO 38** 7 f.
- bei bestelltem ständigen Vertreter **BNotO 38** 5, 16
- Bestellung eines nicht ständigen Vertreters **BNotO 38** 5
- Entbehrlichkeit **BNotO 38** 5
- Entfernung vom Amtssitz **BNotO 38** 3
- Rechtsfolgen **BNotO 38** 9 f.
- Verletzung der Anzeigepflicht **BNotO 38** 11
- voraussichtliche Dauer **BNotO 38** 8
- Zeitpunkt **BNotO 38** 6

Abwicklung
- Anderkonto **BeurkG 58** 16, 21 ff.
- Notariatsverwaltung **BNotO 64** 1 ff.

Abwicklungsverwaltung BNotO 56 15
- Beendigung **BNotO 64** 24

ADWords RLEmBNotK VII 51

Affidavit BNotO 22 3; **BeurkG 38** 3, 10 f.

Agententätigkeit
- geheimdienstliche **BNotO 49** 11
- landesverräterische **BNotO 49** 11
- Sabotage **BNotO 49** 10

Akademischer Grad
- Werbung **RLEmBNotK VII** 19 f.

Akten
- Aufbewahrungsfristen **DONot 5** 13
- Führung **BNotO 35** 1 ff.
- Führung, papiergebundene **DONot 6** 6
- Inverwahrunggabe **BNotO 45** 4
- Inverwahrungnahme durch Amtsgericht **BNotO 45** 12 f.
- Verordnungsermächtigung **BNotO 36** 1 ff.

Akten, elektronische
- Führung **BNotO 35** 1 ff., 19 ff.
- Integritätssicherung **BNotO 35** 5
- Löschpflicht **BNotO 35** 23

Akteneinsicht
- bei Aktenverwahrung **BNotO 45** 9
- Amtsprüfung **DONot 32** 27c ff.
- Disziplinarverfahren **DONot 32** 27e
- NotK bei Notariatsverwaltung **BNotO 63** 1 ff.
- Personalakte **DONot 32** 27d
- Rechtsschutz **BNotO 63** 10
- bei vorläufiger Amtsenthebung **BNotO 55** 9
- Zuständigkeit Amtsgericht **BNotO 51** 28 ff.

Aktenführung BNotO 35 1 ff.; **DONot 5** 1 ff.
- elektronische Akten **BNotO 35** 19 ff.

magere Zahlen = Randnummern

– Form **BNotO 35** 8 ff.
– Gewährleistung der Vertraulichkeit **BNotO 35** 4
– Grundsätze der **BNotO 35** 2 ff.
– heranzuziehende Personen **BNotO 35** 22
– Hilfsmittel **BNotO 35** 10 f., 21
– Integritätssicherung **BNotO 35** 5
– Notariatsverwalter **DONot 33** 32
– Papierakten **BNotO 35** 12 ff.
– Transparenz **BNotO 35** 6
– Verfügbarkeit **BNotO 35** 7
– Vernichtungs- und Löschpflichten **BNotO 35** 23
– Verordnungsermächtigung **BNotO 36** 1 ff.

Aktenführung, elektronische
– BNotK **BNotO 78** 52 ff.

Aktenrückgabe
– bei Aktenverwahrung **BNotO 51** 38 ff.

Aktenübernahme
– durch Notariatsverwalter **BNotO 58** 4 ff.

Aktenübertragung DONot 5 23

Aktenvernichtung DONot 5 25 ff.

Aktenverwahrung BNotO 51 1 ff., 4 ff.
– bei Abwesenheit/Verhinderung **BNotO 45** 1 ff.
– Aktenrückgabe **BNotO 51** 38 ff.
– durch Amtsgericht **BNotO 51** 19 ff.
– bei Amtssitzverlegung innerhalb derselben Gemeinde **BNotO 51** 41 ff.
– Auskunft/Einsicht bei **BNotO 45** 9
– Durchführung **BNotO 45** 9 f.
– Haftung **BNotO 45** 11
– Mitteilungspflicht Amtsgericht **BNotO 51** 35
– durch Notar **BNotO 51** 8 ff.
– durch Notariatsverwalter **BNotO 51** 5 ff.
– Rechte/Pflichten des aktenverwahrenden Amtsgerichts **BNotO 51** 27 ff.
– Rechte/Pflichten des aktenverwahrenden Notars **BNotO 51** 14 ff.
– durch Staatsarchiv **BNotO 51** 43 ff.
– bei Stadtteilzuweisung **BNotO 51** 41 f.
– Umfang bei Verwahrung durch Amtsgericht **BNotO 51** 22 ff.
– Umfang bei Verwahrung durch Notar **BNotO 51** 11 ff.
– bei vorläufiger Amtsenthebung **BNotO 55** 1 ff., 3 ff.

Aktiengesellschaft
– Beurkundung Hauptversammlung **BeurkG 37** 15 f.

Albanien
– Apostille **BeurkG 2** 19b

Alkoholsucht
– Amtsunfähigkeit **BNotO 50** 72
– außerdienstliches Verhalten **BNotO 14** 38

Allgemeinverfügungen der Landesjustizverwaltungen (AVNot) BNotO Einl. 7

Allzuständigkeit
– Grundsatz der örtlichen **BeurkG 2** 5

Alternativverhalten, rechtmäßiges BNotO 19 33
– Beweislast **BNotO 19** 67
– Urkundstätigkeit außerhalb Amtsbereich **BNotO 11** 64

Altersabbau
– Amtsunfähigkeit **BNotO 50** 73

Altersgrenze
– Erlöschen Notaramt **BNotO 47** 1; **BNotO 48a** 1 ff.
– Notar, hauptberuflicher **BNotO 3** 6
– Rechtmäßigkeit **BNotO 48a** 3
– Rechtsfolgen des Erreichens der **BNotO 48a** 5
– Zweck **BNotO 48a** 1

Altershöchstgrenze
– Bestellung **BNotO 6** 17

Altersstruktur BNotO 4 5, 13 ff.

Altersversorgung
– Notarkasse **BNotO 113** 16

Amt, besoldetes BNotO 8 7 ff.
– Beendigung Notariatsverwaltung **BNotO 64** 5
– Bestellung Notariatsverwalter bei Ausübung **BNotO 56** 5
– Dispenserteilung **BNotO 8** 10
– Vertreterbestellung bei Ausübung eines **BNotO 39** 5

Amt Neuhaus
– Anwaltsnotar **BNotO 116** 6

Amt, öffentliches BNotO 1 18 ff.

Amt, politisches
– genehmigungsfreie Nebentätigkeit **BNotO 8** 29

Amtsabwesenheit
– Anzeigepflicht **BNotO 38** 2, 7 f.
– Auflagen **BNotO 38** 19
– Genehmigungsverfahren **BNotO 38** 17
– pflichtwidrige **BNotO 38** 20
– Rechtsschutz Genehmigungsversagung **BNotO 38** 21
– wiederkehrende **BNotO 38** 18
– zwischenzeitliche Amtsausübung **BNotO 38** 15

Amtsaufnahme
– Anzeigen der **RLEmBNotK VII** 54

Amtsausübung BNotO 14 1 ff.
– Ausschließung **BNotO 16** 1
– Entfernung vom bisherigen Amtssitz **BNotO 97** 22 ff.
– Europäischer Kodex des notariellen Standesrechts **Anhang 2** 2.4.
– Inverwahrunggabe der Akten bei Verhinderung **BNotO 45** 3
– Notar während Vertreterzeit **BNotO 44** 6 ff.
– Notarvertreter **BNotO 41** 1 ff.; **BNotO 44** 1 ff.
– persönliche **BNotO 25** 6 ff.
– Unfähigkeit zur ordnungsgemäßen **BNotO 50** 64 ff.

Sachverzeichnis

fette Zahlen = §§

- unparteiische **BeurkG 3** 1
- Untätigbleiben **BNotO 15** 21
- Verhinderung Anwaltsnotar **RLEmBNotK IV** 10
- Verweigerung **BNotO 15** 1 ff., 18 ff.
- Verweigerung sonstiger Amtstätigkeit **BNotO 15** 27 ff.
- Verweigerung Urkundstätigkeit **BNotO 15** 7 ff.
- wiederkehrende Abwesenheit **BNotO 38** 18
- zwischenzeitliche bei Abwesenheit **BNotO 38** 15

Amtsausübung, persönliche BNotO 25 6 ff.
- Berufsrichtlinien **RLEmBNotK IV** 1 ff.
- Richtlinienkompetenz NotK **BNotO 67** 47

Amtsausübungspflicht
- Abgrenzung un-/selbständige Betreuung **BNotO 15** 10 ff.
- im Nachverfahren **BNotO 15** 10 ff.

Amtsausübungsverbot
- Ausnahmen **BNotO 55** 12 f.
- Fortbestand der Amtsbefugnis **BNotO 55** 10
- Umfang **BNotO 55** 11
- Verstoß gegen **BNotO 55** 14 f.
- bei vorläufiger Amtsenthebung **BNotO 55** 10 ff.

Amtsbeendigung
- Notarbeisitzer **BNotO 104** 9; **BNotO 108** 9 f.

Amtsbefugnis
- Notariatsverwalter **BNotO 56** 31
- Notarvertreter **BNotO 39** 27; **BNotO 44** 3 ff.
- bei vorläufiger Amtsenthebung **BNotO 55** 10 ff.

Amtsbereich BNotO 11 1 ff.
- Amtssitzverlegung in anderen **BNotO 10** 27 ff.
- Amtssitzverlegung innerhalb **BNotO 10** 48 ff.
- Kanzleiverlegung in anderen **BNotO 47** 20 ff.
- Kanzleiverlegung innerhalb **BNotO 47** 23 f.
- Notar **BeurkG 2** 2 f.
- Urkundstätigkeit außerhalb **BNotO 11** 20 ff., 79 ff.
- Zuschnitt **BNotO 4** 1

Amtsbereichsüberschreitung BNotO 11 20 ff.
- Alternativverhalten, rechtmäßiges **BNotO 11** 64
- Aufnahme Nachlassverzeichnis **BNotO 11** 62 f.
- Fertigung Urkundsentwurf **BNotO 11** 26 ff., 80
- Gefahr im Verzug **BNotO 11** 23 ff., 79
- Gründe, gesundheitliche **BNotO 11** 55 f.
- Gründe, objektive **BNotO 11** 30 ff.
- Gründe, räumliche **BNotO 11** 59
- Gründe, terminliche **BNotO 11** 57 f.
- Mitteilung (Formulierungsmuster) **BNotO 11** 79 ff.

- Mitteilungspflicht **BNotO 11** 71 ff.
- Rechtsfolgen **BNotO 11** 74 ff.
- Sachbehandlung, unrichtige **BNotO 11** 35 f., 81
- Sachlage, unbestimmte **BNotO 11** 60 ff., 83
- Unvorhersehbarkeit, subjektive **BNotO 11** 33 f.
- Unzumutbarkeit des Aufsuchens der Geschäftsstelle **BNotO 11** 52 ff.
- Vertrauensbeziehung, besondere **BNotO 11** 37 ff., 82
- Zeitpunkt, privilegierter **BNotO 11** 28 f.

Amtsbereitschaft BNotO 15 4
- Genehmigung längerer Abwesenheit **BNotO 38** 13 ff.
- Pflicht zur **BNotO 38** 1

Amtsbereitschaft, ständige
- Amtspflicht **BNotO 10** 58 ff.
- Rechtsfolgen Verletzung **BNotO 10** 65 f.
- Zweitwohnung **BNotO 10** 66

Amtsbezeichnung BNotO 2 7 f.
- Beifügung zur Unterschrift **DONot 1** 11 ff.
- Dispens zur Weiterführung **BNotO 52** 5 ff.
- Erlöschen der Befugnis zur Führung **BNotO 52** 1 ff.
- Erlöschen Dispens kraft Gesetzes **BNotO 52** 21 ff.
- Ermessen/-sausübung bei Dispenserteilung **BNotO 52** 13 ff.
- geschlechtsspezifische **DONot 1** 6, 11 ff.
- Rücknahme Dispens **BNotO 52** 18 ff.
- Unterschriftsprobe **DONot 1** 5
- Verlust **BNotO 52** 4
- Versagung Dispens **BNotO 52** 14 ff.
- Wegfall Dispens **BNotO 52** 17 ff.
- Weiterführung bei Erlöschen Notaramt **BNotO 52** 1 ff., 5 ff.
- Weiterführung durch Anwaltsnotar **BNotO 52** 9 ff.
- Weiterführung durch hauptberuflichen Notar **BNotO 52** 6 ff.
- Widerruf Dispens **BNotO 52** 18 ff.

Amtsbezirk BNotO 11 1 ff.; **BeurkG 2** 2 f.
- Kanzleiverlegung in anderen **BNotO 47** 18 f.
- Überschreitung **BeurkG 2** 1 ff.
- Urkundstätigkeit außerhalb **BNotO 11** 4 ff., 77 f.

Amtsbezirksüberschreitung BNotO 11 4 ff., 77 f.; **BeurkG 2** 1 ff.
- dienstrechtliche Vorgaben **BeurkG 2** 2 f.
- Formulierungsmuster Genehmigungsantrag **BNotO 11** 77
- Formulierungsmuster Mitteilung **BNotO 11** 78
- Rechtsfolgen **BNotO 11** 74 ff.
- Zuständigkeit, internationale **BeurkG 2** 7 ff.
- Zuständigkeit, örtliche **BeurkG 2** 4 ff.

Amtsdauer
- Notarbeisitzer **BNotO 103** 14; **BNotO 108** 3

magere Zahlen = Randnummern

Sachverzeichnis

Amtseid BNotO 13 1 ff.
- Abnahme BNotO 13 8
- Eidesformel BNotO 13 5 ff.
- Notarvertreter BNotO 40 6 ff.
- Verpflichtung zur Eidesleistung BNotO 13 3 f.
- Verweigerung BNotO 50 29 f.

Amtsentfernung, befristete
- Bestellung nach Fristablauf BNotO 97 31
- Dauer BNotO 97 28
- Disziplinarmaßnahme BNotO 97 27 ff.

Amtsenthaltung
- Befangenheit BNotO 16 2 ff.

Amtsenthebung BNotO 50 1 ff.; DONot 32 28
- Ablieferung Amtssiegel DONot 2 17
- Amtsunfähigkeit BNotO 50 67 ff.
- Anfechtung BNotO 50 139 f.
- Anhaltspunkte, ausreichende BNotO 54 9
- Anhörung des Notars BNotO 50 136
- Ausschluss aus der Rechtsanwaltschaft BNotO 97 34
- Beamtenernennung, nichtige BNotO 50 7 ff., 131 ff.
- Beamtenernennung, zurückgenommene BNotO 50 7, 17 ff., 131 ff.
- Befähigung zum Richteramt, fehlende/entfallene BNotO 50 5 f.
- Berufsausübung, gemeinsame unvereinbare BNotO 50 38 ff., 44 ff.
- Berufshaftpflichtversicherung, fehlende BNotO 50 120 ff.
- Berufsverbindung, unvereinbare BNotO 50 38 ff., 44 ff.
- Berufungsunwürdigkeit BNotO 50 21 ff.
- Disziplinarmaßnahme BNotO 97 32 ff.
- Eignung, fehlende BNotO 50 3
- Erlöschen Notaramt BNotO 50 138
- fakultative BNotO 50 131 ff.
- Form BNotO 50 136
- Genehmigung, fehlende BNotO 50 31 ff., 35 ff.
- Interessengefährdung bei Verwahrungsgeschäft BNotO 50 103 ff.
- Interessengefährdung durch wirtschaftliche Verhältnisse BNotO 50 87 ff.
- Notarbeisitzer BNotO 104 10 ff.; BNotO 108 9, 11
- Rechtsfolgen BNotO 50 138
- Rechtsschutz BNotO 50 139 f.
- Suspensiveffekt BNotO 50 139 f.
- Tätigkeit, unvereinbare berufliche BNotO 50 38 ff., 41 ff.
- Tätigkeiten, unvereinbare BNotO 50 31 ff.
- Übersicht Verwahrungsgeschäfte DONot 25 4
- Unfähigkeit zur ordnungsgemäßen Amtsausübung BNotO 50 64 ff.
- Verfahren BNotO 50 135 ff.
- Verfahren bei Arbeitsunfähigkeit BNotO 50 76 ff.
- Verhältnis zu Disziplinarsanktionen BNotO 95 36
- Vermögensverfall BNotO 50 47 ff.
- Verstoß bei Verwahrung BNotO 23 66
- Verstoß gegen Mitwirkungsverbot BNotO 50 107, 108 f., 112 ff.; BeurkG 3 65
- Verstoß gegen § 8 BNotO BNotO 8 34
- Verstoß gegen Verbraucherschutzvorschrift BNotO 50 107, 110 ff.
- Vertreterbestellung im Verwaltungsverfahren wegen Amtsunfähigkeit BNotO 50 82 ff.
- Verwaltungsverfahren bei Amtsunfähigkeit BNotO 50 76 ff.
- Verweigerung Amtseid BNotO 50 29 f.
- vorläufige BNotO 54 1 ff.
- Vorschaltverfahren BNotO 50 137
- Wegfall der Befähigung zum Richteramt BNotO 5 28
- Widerspruch BNotO 50 139 f.
- Zuständigkeit BNotO 50 135
- zwingende BNotO 50 1, 4 ff.

Amtsenthebung, vorläufige BNotO 54 1 ff.
- Ablieferung Amtssiegel DONot 2 17
- Abwesenheit, gewillkürte BNotO 54 12
- Aktenverwahrung BNotO 55 1 ff., 3 ff.
- Amtshandlungen BNotO 55 1 ff., 10 ff.
- Amtssiegel/-schild BNotO 55 5
- Anderkonten BNotO 55 16 ff.; BeurkG 58 21 ff.
- Anwaltsnotar BNotO 54 14 ff.
- aufschiebende Wirkung BNotO 54 3
- durch Aufsichtsbehörde BNotO 54 6 ff.
- Aussetzung BNotO 96 46
- Beendigung Notariatsverwaltung BNotO 64 7 f., 11
- Berufshaftpflichtversicherung, fehlende BNotO 6a 3
- Berufsverbot BNotO 54 20 ff., 24, 29 f.
- Betreuungsverfahren BNotO 54 7 f.
- Dauer BNotO 54 19, 33 f.
- durch Disziplinargericht BNotO 54 14 ff.
- nach Einleitung Disziplinarverfahren BNotO 54 35; BNotO 96 45
- ohne Einleitung Disziplinarverfahren BNotO 54 14 ff.
- Entfernung vom Amtssitz BNotO 54 11 ff.
- Gefahrenabwehr BNotO 54 3
- Haftbefehl BNotO 54 28
- Mitwirkungspflicht BNotO 55 8
- Notariatsverwalterbestellung BNotO 56 7, 11, 17
- Sicherungsmaßnahme BNotO 54 4, 13
- Untersuchungshaft BNotO 54 28
- Verbot der Amtsausübung BNotO 55 10 ff.
- verfassungsrechtliche Einschränkungen BNotO 54 4 f., 13
- Vertretungsverbot BNotO 54 20 ff., 24, 29 f.
- Verwahrungsgeschäfte bei BNotO 55 16 ff.
- Voraussetzungen für eine endgültige Amtsenthebung BNotO 54 9 ff.

Sachverzeichnis

- Wegfall Anwaltszulassung **BNotO 54** 31 f.
- Wirkung, gesetzliche **BNotO 54** 27 ff., 33 f.

Amtsenthebungsgründe, fakultative BNotO 50 131 ff.

Amtsenthebungsgründe, zwingende BNotO 50 1, 4 ff.
- Beamtenernennung, nichtige oder zurückgenommene **BNotO 50** 7 ff.
- Befähigung zum Richteramt, fehlende/entfallene **BNotO 50** 5 f.
- Berufshaftpflichtversicherung, fehlende **BNotO 50** 120 ff.
- Berufsverbindung, unvereinbare **BNotO 50** 38 ff.
- Interessengefährdung durch wirtschaftliche Verhältnisse **BNotO 50** 87 ff.
- Tätigkeiten, unvereinbare **BNotO 50** 31 ff.
- Unfähigkeit zur ordnungsgemäßen Amtsausübung **BNotO 50** 64 ff.
- Vermögensverfall **BNotO 50** 47 ff.
- Verstoß gegen Mitwirkungsverbot **BNotO 50** 108 f., 112 ff.
- Verstoß gegen Verbraucherschutzvorschrift **BNotO 50** 110 ff.
- Verweigerung Amtseid **BNotO 50** 29 f.

Amtserlöschen
- Aktenverwahrung **BNotO 51** 1 ff., 4 ff.
- Stempel/Siegel bei **BNotO 51** 36 f.
- Weiterführung Amtsbezeichnung **BNotO 52** 1 ff., 5 ff.

Amtsermittlungsgrundsatz BNotO 111b 68 ff.

Amtsfähigkeit
- Aberkennung, strafgerichtliche **BNotO 49** 15 f.

Amtsfähigkeit, mangelnde
- Beamtenernennung **BNotO 50** 14 ff.

Amtsführung BNotO 14 4 ff.
- Ablehnungspflicht **BNotO 14** 28, 33
- Anscheinsverbot **BNotO 14** 17
- Beteiligungsverbot **BNotO 14** 47 ff.
- Compliance **BNotO 28** 6
- Dienstaufsicht **BNotO 93** 1 ff.
- Einsatz von Mitarbeitern **BNotO 14** 19
- Fortbildungspflicht **BNotO 14** 51 ff.
- Generalakten **DONot 23** 1 ff.
- Gewährleistungsverbot **BNotO 14** 39 ff., 45
- Gewissenhaftigkeit **BNotO 14** 6
- Integritätsgebot **BNotO 14** 16, 19 ff.
- getreu Notareid **BNotO 14** 4 ff.
- Notarvertreter **BNotO 41** 6 ff.
- persönliche **BNotO 9** 2; **BNotO 14** 19
- Prüfung **DONot 32** 1 ff.
- Prüfungsturnus **DONot 32** 2 ff.
- Redlichkeitsgebot **BNotO 14** 16, 19 ff.
- Richtlinien-Empfehlung BNotK **BNotO 14** 18
- ohne schuldhafte Verzögerung **BNotO 14** 20
- Sorgfaltsanforderungen **BNotO 28** 5
- Stichproben **DONot 32** 6
- unabhängige bei gemeinsamer Berufsausübung **RLEmBNotK V** 5 ff.
- Unabhängigkeit **BNotO 14** 13 ff.; **BNotO 28** 1 ff.
- Unparteilichkeit **BNotO 14** 7 ff.; **BNotO 28** 1 ff.
- Verhalten, außerdienstliches **BNotO 14** 38
- Vermittlungsverbot **BNotO 14** 39 ff., 43 f.
- Versagungspflicht **BNotO 14** 28 ff.
- Vertrauen der Öffentlichkeit **BNotO 14** 38
- Vorkehrungen, geeignete **BNotO 28** 7
- Zwischenprüfung **DONot 32** 6

Amtsgericht
- Abschrift **BNotO 51** 28 ff.
- Akteneinsicht **BNotO 51** 28 ff.
- Aktenverwahrung bei vorläufiger Amtsenthebung **BNotO 55** 1 ff., 3 ff.
- Aktenverwahrung durch **BNotO 51** 19 ff.
- Ausfertigung **BNotO 51** 28 ff.
- Ausfertigung, vollstreckbare **BNotO 51** 28 ff.
- Auskunftsrecht ZVR **BNotO 78b** 3 ff.
- Beurkundungsnachverfahren **BNotO 51** 27 ff.
- Inverwahrungnahme von Akten **BNotO 45** 12 f.
- Kostenberechnung **BNotO 51** 34
- Mitteilungspflicht bei Aktenverwahrung **BNotO 51** 35
- Rechte/Pflichten bei Aktenverwahrung **BNotO 51** 27 ff.
- Übersetzungsbescheinigung **BNotO 51** 33
- Umfang Aktenverwahrung **BNotO 51** 22 ff.
- Zuständigkeit Ausfertigungen **BeurkG 48** 4
- Zuständigkeit Beurkundung **BeurkG 1** 15

Amtsgerichtsbezirk
- Amtssitzzuweisung **BNotO 10** 14, 17 ff.

Amtsgeschäft
- Dienstaufsicht **BNotO 93** 1a ff.
- Erledigungsdauer **BNotO 14** 20
- Fortführung des vom Notariatsverwalter begonnenen **BNotO 64** 16 f.
- Fortführung des vom Notariatsverwalter fortgeführten **BNotO 64** 18
- Fortführung durch Notariatsverwalter **BNotO 58** 2 ff.
- Fortführungspflicht **BNotO 31** 12
- Unterrichtung bei beabsichtigter Nichtvornahme **BNotO 14** 20
- Verweigerung Amtstätigkeit **BNotO 15** 25
- vorrangiges **BNotO 15** 25

Amtsgeschäftsort
- Urkundenrolle **DONot 8** 18a f.

Amtshaftung BNotO 19 2
- Haftungsausschluss **BNotO 23** 62 ff.
- Streitigkeiten über **BNotO 42** 3
- bei Verwahrung **BNotO 23** 60 ff.

Amtshandlung
- Notarvertreter **BNotO 44** 9 f.
- Urkundenrolle **DONot 8** 3 ff.
- während vorläufiger Amtsenthebung **BNotO 55** 1 ff., 10 ff.

magere Zahlen = Randnummern

Sachverzeichnis

Amtshandlung, beendete
– Beschwerde **BNotO 15** 34

Amtshilfe, notarielle
– grenzüberschreitende **BNotO 5** 10; **BeurkG 2** 9

Amtsnachfolge BNotO 1 27
– Anspruch auf und Verpflichtung zur Aktenverwahrung **BNotO 51** 9
– Anwaltsnotariat **BNotO 51** 3
– Begriff **BNotO 51** 1
– Durchführung **BNotO 51** 2
– Notariat, hauptberufliches **BNotO 51** 3, 6
– Offenbarungspflicht bei **BNotO 18** 126 ff.
– Rechtsfolgen bei Verstoß gegen Prinzip der **BNotO 53** 18
– Verpflichtung, förmliche **DONot 4** 6

Amtsnachfolger
– Offenbarungspflicht gegenüber **BNotO 18** 128

Amtsniederlegung
– echte vorübergehende **BNotO 48c** 4 ff.
– Präsidiumsmitglied BNotK **BNotO 81** 12
– unechte vorübergehende **BNotO 48c** 49 ff.
– Vorstandsmitglied **BNotO 69** 23
– Weiterführung Amtsbezeichnung **BNotO 52** 8

Amtsniederlegung, echte vorübergehende BNotO 48c 3, 4 ff.
– Angehörigenverhältnis **BNotO 48c** 14 f.
– Anrechnung von Zeiten **BNotO 48c** 45 f.
– Antrag **BNotO 48c** 6 ff.
– Antrag bei Angehörigenpflege (Formulierungsmuster) **BNotO 48c** 48
– Antrag bei Kinderbetreuung (Formulierungsmuster) **BNotO 48c** 47
– Ausschluss **BNotO 48c** 22 ff.
– Begrenzung, zeitliche **BNotO 48c** 23 f.
– Betreuung **BNotO 48c** 10 ff., 16 f.
– Einjahreserklärung **BNotO 48c** 18 ff.
– Erlöschen Notaramt **BNotO 48c** 30 ff.
– Genehmigung **BNotO 48c** 27 ff.
– Kindschaftsverhältnis **BNotO 48c** 11 ff.
– Notariatsverwaltung **BNotO 48c** 33 ff.
– Pflege **BNotO 48c** 10 ff., 16 f.
– Rechtsfolgen **BNotO 48c** 26 ff.
– Sperrfrist Genehmigung **BNotO 48c** 25
– Stempel/Siegel bei **BNotO 51** 37
– Tatbestand **BNotO 48c** 5 ff.
– tatsächliche Betreuung/Pflege **BNotO 48c** 16 f.
– Überschreitung genehmigter Zeitraum **BNotO 48c** 42 ff.
– Wiederbestellung **BNotO 48c** 38 ff.
– Wiederbestellung, Ausnahme **BNotO 48c** 41
– Wiederbestellungsgarantie **BNotO 48c** 39 ff.
– Wiederbestellungsgrenze, örtliche **BNotO 48c** 39a
– Wiederbestellungsgrenze, zeitliche **BNotO 48c** 40

– Zeitpunkt **BNotO 48c** 8
– Zuständigkeit **BNotO 48c** 9

Amtsniederlegung, unechte vorübergehende BNotO 48c 3, 49 ff.
– Amtsnachfolge **BNotO 48c** 62 f.
– Anrechnung von Zeiten **BNotO 48c** 80 f.
– Antrag **BNotO 48c** 51 f.
– Antrag bei Angehörigenpflege (Formulierungsmuster) **BNotO 48c** 83
– Antrag bei Kinderbetreuung (Formulierungsmuster) **BNotO 48c** 82
– Anwaltsnotariat **BNotO 48c** 49 ff., 63
– Auflage **BNotO 48c** 58
– Ausschluss **BNotO 48c** 54
– Betreuung **BNotO 48c** 53
– Erlöschen Notaramt **BNotO 48c** 59 ff.
– Genehmigung **BNotO 48c** 56 ff.
– Notariat, hauptberufliches **BNotO 48c** 49 ff., 62
– Pflege **BNotO 48c** 53
– Rechtsfolgen **BNotO 48c** 55 ff.
– Stempel/Siegel bei **BNotO 51** 37
– Tatbestand **BNotO 48c** 50 ff.
– Überschreitung genehmigter Zeitraum **BNotO 48c** 77 ff.
– Widerrufsvorbehalt **BNotO 48c** 58
– Wiederbestellung **BNotO 48c** 64 ff.

Amtsniederlegung, vorübergehende
– Beendigung Notariatsverwaltung **BNotO 64** 6, 10
– Bestellung Notariatsverwalter bei **BNotO 56** 10a, 16
– Erlöschen Notaramt **BNotO 47** 1

Amtsnotariat
– OLG-Bezirke Karlsruhe/Stuttgart **BNotO 114** 1 ff.
– Transformation **BNotO 114** 1 ff.

Amtspflicht
– Amtsausübung, persönliche **BNotO 25** 6 ff.
– Anzeigepflicht Berufsverbindung **BNotO 27** 7 ff.
– Auswahl und Überwachung von Dienstleistern **BNotO 26a** 29 ff.
– Beschäftigung Notarkassenangestellte **BNotO 25** 14
– Beschlagnahmeanordnung **BNotO 18** 112 ff.
– Beteiligungsverbot **BNotO 14** 47 ff.
– Erkennung von Kollisionsfällen **BNotO 67** 54
– Fortbildung **BNotO 14** 51 ff.
– Gewährleistungsverbot **BNotO 14** 39 ff., 45
– Hinwirken auf Einhaltung der Verschwiegenheit **BNotO 26** 19 ff.
– Nachwuchsausbildung **BNotO 25** 13
– Notar, ausländischer **BNotO 11a** 11
– Unabhängigkeit **BNotO 25** 10 f.
– Verfolgung unlauterer Zwecke **BNotO 14** 34
– Verhältnis zu DONot **DONot Einl.** 8
– Vermeidung des Anscheins unzulässiger Berufsverbindung **BNotO 25** 12
– Vermittlungsverbot **BNotO 14** 39 ff., 43 f.

1779

Sachverzeichnis

fette Zahlen = §§

- Verpflichtung, förmliche **BNotO 26** 1, 5 ff.
- Verschwiegenheitsvereinbarung, privatrechtliche **BNotO 26a** 29, 33 ff.

Amtspflichtverletzung BNotO 19 1 ff., 8 ff.
- Ansprüche Dritter **BNotO 19** 16
- Ansprüche mittelbar Beteiligter **BNotO 19** 15
- Ansprüche unmittelbar Beteiligter **BNotO 19** 13 f.
- Beweislast **BNotO 19** 62 ff.
- Dienstvergehen **BNotO 95** 11 ff.
- DONot **DONot Einl.** 10
- Fahrlässigkeit **BNotO 19** 23
- Haftung **BNotO 19** 8 ff.
- Haftung für Hilfspersonen **BNotO 19** 55 ff.
- Haftungsstreitigkeit Notariatsverwalter/NotK **BNotO 62** 3
- Mitverschulden **BNotO 19** 45 ff.
- Notariatsverwalter **BNotO 61** 1 ff.
- Notarvertreter **BNotO 46** 1 ff.
- Offenbarung bei Zivil-/Strafverteidigung gegen **BNotO 18** 150 ff.
- Personenkreis, geschützter **BNotO 19** 10 ff.
- Pflichtenkollision **BNotO 19** 19
- Rechtfertigung **BNotO 19** 20
- Schaden **BNotO 19** 29
- Subsidiarität der Haftung **BNotO 19** 35 ff.
- Ursächlichkeit **BNotO 19** 30 ff.
- Verjährung **BNotO 19** 50 ff.
- Versäumung von Rechtsmitteln **BNotO 19** 41 ff.
- Verschulden **BNotO 19** 21 ff.
- Versicherungsumfang **BNotO 19a** 12 ff.
- Verstoß gegen Hinweispflicht auf Registrierungsmöglichkeit beim Zentralen Vorsorgeregister **BeurkG 20a** 7
- Verstoß gegen Hinweis-/Vermerkpflicht steuerliche Unbedenklichkeit **BeurkG 19** 5
- Verwahrung **BNotO 23** 60 ff.
- Verwahrung, unzulässige **BeurkG 57** 24
- Vorsatz **BNotO 19** 22
- Wohnsitznahme **BNotO 10** 65 f.
- Zwecktheorie **BNotO 19** 10

Amtsprüfung DONot 32 1 ff.
- Akteneinsicht **DONot 32** 27c ff.
- Amtsenthebung **DONot 32** 28
- Anfechtung **DONot 32** 7a
- Aufsichtsbefugnisse **DONot 32** 28
- Beanstandung **DONot 32** 28
- Beanstandung, unterlassene **DONot 32** 31a
- datenschutzrechtliche Anforderungen **DONot 32** 6a
- Disziplinargerichtsentscheidung **DONot 32** 28
- Disziplinarverfahren, förmliches **DONot 32** 28
- Durchführung **DONot 32** 9
- Entfernung aus Amt **DONot 32** 28
- Entfernung aus Amtssitz **DONot 32** 28
- Ermahnung **DONot 32** 30
- Folgerungen aus Prüfungsbericht **DONot 32** 28 ff.
- Gebühren **DONot 32** 32
- Geldbuße **DONot 32** 28
- geldwäscherechtliche Anforderungen **DONot 32** 6a
- Hinweis **DONot 32** 28
- Missbilligung **DONot 32** 28
- Mitwirkung Notar **DONot 32** 16b
- Notarprüfer **DONot 32** 8 ff.
- Ordnungswidrigkeitenverfahren **DONot 32** 31c
- Prüfungsanordnung **DONot 32** 7
- Prüfungsbericht **DONot 32** 17 ff.
- Prüfungsort **DONot 32** 16a ff.
- Prüfungsturnus **DONot 32** 2 ff.
- Stellungnahme zum Prüfungsbericht **DONot 32** 27 ff.
- Verhältnismäßigkeit **DONot 32** 7
- Verweis **DONot 32** 28
- Vorverfahren vor Anfechtung **DONot 32** 7a
- Zuständigkeit **DONot 32** 8 ff.

Amtsprüfungsband DONot 32 27c ff.

Amtsrückgabe
- Notarvertreter **BNotO 44** 5

Amtsschild BNotO 29 31; **DONot 3** 1 ff.
- Amtsbezeichnung **DONot 3** 3
- Anbringung **DONot 3** 6
- Angaben, zusätzliche **DONot 3** 3
- Anzahl **DONot 3** 6
- Berufsverbindung **DONot 3** 4, 7 f.
- Bürogemeinschaft **DONot 3** 4
- Entfernung **DONot 3** 15
- Gestaltung **DONot 3** 3 ff.
- Landeswappen **DONot 3** 3, 15
- Notariatsverwalter **DONot 33** 24
- Notarvertreter **DONot 33** 8
- Sozietät **DONot 3** 4
- Verlegung Geschäftsstelle **DONot 3** 14 ff.
- bei vorläufiger Amtsenthebung **BNotO 55** 5

Amtssiegel BNotO 2 6; **DONot 2** 1 ff.
- Ablieferung **DONot 2** 17
- Anzahl **DONot 2** 11 ff.
- Arten **DONot 2** 3 ff.
- Einreichung **DONot 2** 12
- falsches **DONot 2** 13a
- Fälschung **DONot 2** 15 f.
- Farbdrucksiegel **DONot 2** 4 f., 11b
- Gebrauch **DONot 2** 13 ff.
- Gestaltung **DONot 2** 8 ff.
- Klebemarke **DONot 2** 7
- Kraftloserklärung **DONot 2** 15 f.
- Landes-/Staatswappen **DONot 2** 8
- Meldepflicht bei Abhandenkommen, Missbrauch, Fälschung **BNotO 34** 2
- Missbrauch **DONot 2** 14
- Nachweis **DONot 2** 12
- Name des/r Notars/-in **DONot 2** 9a
- Notariatsverwalter **DONot 2** 2, 10
- Notarvertreter **DONot 2** 2, 10

magere Zahlen = Randnummern

Sachverzeichnis

– Petschaft **DONot 2** 11b
– Prägesiegel **DONot 2** 6, 11b
– sonstige Siegelungstechniken **DONot 2** 7
– Stadtteilzuweisung **BNotO 10** 19
– Stempelfarbe **DONot 2** 5
– vergessene Beisiegelung **DONot 2** 13a
– Verlust **DONot 2** 11a, 15 f.
– Verwahrung **DONot 2** 14
– Vorhaltung **DONot 2** 11b
– vorläufige Amtsenthebung **BNotO 55** 5
Amtssitz BNotO 10 1 ff.
– Abwesenheit vom **BNotO 38** 3, 12
– Anzahl der Notarstellen **BNotO 4** 1 ff.
– Auswahl des neuen Amtssitzes **BNotO 97** 25
– Bedeutung für Notarstellenplanung **BNotO 10** 2
– Entfernung vom **BNotO 54** 11 ff.
– Entfernung vom bisherigen **BNotO 97** 22 ff.
– Notar **BeurkG 2** 2 f.
– Verhältnis zu Geschäftsstelle **BNotO 10** 53 f.
– Verlegung **BNotO 10** 23 ff.
– Verlust im Disziplinarverfahren **BNotO 97** 24
– Zuweisung **BNotO 10** 4 ff.
Amtssitzverlegung BNotO 10 23 ff.
– Ablieferung Amtssiegel **DONot 2** 17
– Aktenverwahrung **BNotO 51** 1 ff., 4 ff.
– Aktenverwahrung bei Verlegung innerhalb derselben Gemeinde **BNotO 51** 41 f.
– innerhalb Amtsbereich **BNotO 10** 48 ff.
– in anderen Amtsbereich **BNotO 10** 27 ff.
– Anwaltsnotar **BNotO 47** 17 ff.
– Beendigung Notariatsverwaltung **BNotO 64** 3 f.
– bei befristeter Amtsentfernung **BNotO 97** 31
– Bestellung Notariatsverwalter **BNotO 56** 4
– bundesländerübergreifende **BNotO 10** 24
– aufgrund disziplinargerichtlichem Urteil **BNotO 10** 51
– Genehmigungsvorbehalt Personalübernahme bei **BNotO 53** 1 ff., 3, 10 ff.
– Genehmigungsvorbehalt Übernahme Räumlichkeiten bei **BNotO 53** 1 ff., 8 f.
– Klagebefugnis **BNotO 111b** 19
– Mindestverweildauer **BNotO 10** 33 ff.
– Namensschild **DONot 3** 18
– Privilegierung erster **BNotO 10** 31
– Rechtsnatur **BNotO 10** 25 f.
– Vorermittlungen **BNotO 96** 10
– Zustimmungsbedürftigkeit **BNotO 10** 27, 48
Amtssitzwechsel
– Anderkonto **BeurkG 58** 22
– Aufbewahrung von Unterlagen bei **DONot 5** 21a
– Mitnahme von Unterlagen **DONot 5** 21a
– Übersicht Verwahrungsgeschäfte **DONot 25** 5
Amtssitzzuweisung BNotO 10 4 ff.
– Abschirmwirkung Stadtteilzuweisung **BNotO 10** 17 ff.
– Amtsgerichtsbezirk **BNotO 10** 14, 17 ff.

– Anspruch auf bestimmten Ort/Stadtteil **BNotO 10** 20
– Aufhebung Stadtteilzuweisung **BNotO 10** 20 ff.
– Mengenbedarfsplanung **BNotO 10** 8 f.
– Ort **BNotO 10** 6 ff.
– Raumbedarfsplanung **BNotO 10** 10 ff.
– Rechtsnatur **BNotO 10** 5, 20
– Stadtbezirk **BNotO 10** 15 f.
– Stadtteil **BNotO 10** 13 ff., 17 ff.
Amtstätigkeit BNotO 20 1 ff.
– Beratung **BNotO 24** 23
– Betreuungstätigkeit **BNotO 11** 5, 20
– außerhalb Geschäftsstelle **BNotO 11** 65 ff.
– Sicherstellung der Qualität **RLEmBNotK X** 5 ff.
– Urkundstätigkeit **BNotO 11** 5
– Verweigerung **BNotO 15** 1 ff., 27 ff.
Amtstätigkeit, Verweigerung BNotO 15 1 ff.
– Amtsgeschäft, vorrangiges **BNotO 15** 25
– Amtstätigkeiten, sonstige **BNotO 15** 27 ff.
– Amtsverweigerung **BNotO 15** 18 ff.
– Ankündigung **BNotO 15** 20
– Befangenheit **BNotO 15** 25; **BNotO 16** 2 ff.
– Begründung **BNotO 15** 22
– berechtigte Verweigerung einer Urkundstätigkeit **BNotO 15** 7 ff.
– Berechtigung **BNotO 15** 24 ff.
– Beschwerdeverfahren **BNotO 15** 33 ff.
– Beurkundung, fremdsprachige **BNotO 15** 25
– Entscheidungsspielraum **BNotO 15** 25
– Entwicklung **BNotO 15** 1 ff.
– Fachkompetenz, fehlende **BNotO 15** 26
– Form der Ablehnung **BNotO 15** 19
– Geldwäschegesetz **BNotO 15** 24a
– Haftung **BNotO 15** 54
– Kostenvorschuss, nicht geleisteter **BNotO 15** 25
– Krankheit **BNotO 15** 25
– über Pflichtvollzug hinausgehende Tätigkeit **BNotO 15** 14, 27 ff.
– Rechtsbeschwerde gegen Beschwerdeentscheidung **BNotO 15** 51 ff.
– Rechtsmittel **BNotO 15** 31 ff.
– spezialgesetzliche **BNotO 15** 17
– Untätigbleiben **BNotO 15** 21
– Verwahrung **BNotO 15** 28, 30
– Zweifel, nicht zu beseitigende **BNotO 15** 25
Amtsträgerschaft BNotO 1 27
Amtsübertragung
– ohne Vertreterbestellung **BNotO 39** 46
Amtsunfähigkeit
– Amtsenthebung bei **BNotO 50** 64 ff.
– Begriff **BNotO 50** 67 ff.
– Gründe, gesundheitliche **BNotO 50** 68 ff.
– nicht nur vorübergehende **BNotO 50** 74 f.
Amtsverhinderung BNotO 38 1
– unfreiwillige/sonstige **BNotO 38** 4
Amtsverlust
– Freiheitsstrafe von mind. 1 Jahr **BNotO 49** 5 f.

1781

Sachverzeichnis

fette Zahlen = §§

- Freiheitsstrafe von mind. 6 Monaten **BNotO 49** 7 ff.
- Rechtsfolge **BNotO 49** 17
- Rehabilitierung **BNotO 49** 18 ff.
- Übersicht Verwahrungsgeschäfte **DONot 25** 4
- Verurteilung, strafgerichtliche **BNotO 49** 1 ff., 17

Amtsverweigerung BNotO 15 18 ff.
- Ankündigung **BNotO 15** 20
- Begriff **BNotO 15** 18
- Begründung **BNotO 15** 22
- Berechtigung **BNotO 15** 24 ff.
- Beschwerdeverfahren **BNotO 15** 33 ff.
- Beurkundung **BeurkG 17** 24, 26
- Form der Ablehnung **BNotO 15** 19
- Untätigbleiben **BNotO 15** 21
- *siehe Amtstätigkeit, Verweigerung*

Amtsvorgänger
- Offenbarungspflicht gegenüber **BNotO 18** 129 ff.

Amtswechsel
- Vertretungsvermerk **DONot 33** 12

Anderdepotliste DONot 10 15

Anderkontenbedingungen DONot 27 4 ff.
- inländische Filiale ausländischen Kreditinstituts **DONot 27** 15 ff.
- Kontoeröffnung **DONot 27** 9 f.
- Kontoführung **DONot 27** 11 ff.
- Kreditwirtschaft **BeurkG 58** 3
- Notaranderkontenbedingungen 2004 **DONot 27** 7
- Notaranderkontenbedingungen 2010 **DONot 27** 7a
- Notaranderkontenbedingungen 2019 **DONot 27** 7a, 8 ff.
- Notaranderkontenbedingungen 2019 (Text) **DONot 27** 8
- Übergangsregelung **DONot 34** 13
- Verfügungsbefugnis **DONot 27** 14
- Zuständigkeit zum Erlass **DONot 27** 4 ff.

Anderkontenführung, elektronische DONot 5 1 ff., 8

Anderkontenliste BeurkG 58 42; **DONot 10** 15; **DONot 12** 21 ff.
- Abschlussdatum **DONot 12** 26
- Aufbewahrungsfrist **DONot 10** 18
- Eintragungen **DONot 12** 23
- Eintragungsfristen **DONot 17** 4
- Eintragungszeitpunkt **DONot 12** 24 f.
- Festgeldanderkonto **DONot 10** 27 f.
- Form **DONot 12** 22 f.
- Führung **DONot 5** 2; **DONot 12** 3, 21 ff.
- Gestaltung **DONot 12** 22 f.
- Kreditinstitut **DONot 12** 23
- Nummer Anderkonto **DONot 12** 23
- Nummer der Masse **DONot 12** 23
- Urkundennummer **DONot 12** 23
- Verwahrungsbeginn/-ende **DONot 12** 23

Anderkonto
- Abgrenzungen **BNotO 23** 13 f.

- Abrechnung der Verwahrung **DONot 27** 23 ff.
- Abrechnung über mehrere **BeurkG 58** 48
- Absicherung über **BeurkG 57** 13 ff.
- Abtretung **BNotO 23** 33 ff.
- Abwicklung **BeurkG 58** 16, 21 ff.
- Amtsenthebung, vorläufige **BeurkG 58** 21 ff.
- Amtssitzwechsel **BeurkG 58** 22
- Anderkontenbedingungen **DONot 27** 4 ff.
- Angaben nach GwG bei Eröffnung **BeurkG 58** 5
- Anlage in Wertpapieren **BeurkG 58** 8
- Anlageart **BeurkG 58** 7 f.
- Ausführungsbestätigung **DONot 27** 21
- Außenwirtschaftsgesetz **BeurkG 58** 47
- Auswahl Kreditinstitut **BeurkG 58** 10 ff.
- Auszahlung, bargeldlose **BeurkG 58** 37 f.
- Auszahlung bei Abtretung/Pfändung **BNotO 23** 38 ff.
- Auszahlung, fehlerhafte **BeurkG 58** 32
- Auszahlung, unverzügliche **BeurkG 58** 34 f.
- Auszahlung, verfrühte **BeurkG 58** 35
- Auszahlungsdokumentation **BeurkG 58** 38
- Auszahlungsvoraussetzungen **BeurkG 57** 49 ff.; **BeurkG 58** 25 ff.
- Auszahlungsvoraussetzungen, Prüfung **BeurkG 58** 29 f.
- Bar-/Scheckauszahlung **DONot 27** 22
- Begriff **BNotO 23** 9
- Behandlung von Schecks **BeurkG 58** 49 f.
- Belege **DONot 27** 19 ff.
- beteiligtenorientiertes **BeurkG 58** 3
- Blankoüberweisungsträger **BeurkG 58** 17
- Buchführung **BeurkG 58** 42 f.
- Dienstleistung für einzelnes Amtsgeschäft **BNotO 26a** 19 f.
- Einbehalt Notargebühren **BeurkG 58** 39 ff.
- Einzahlung **BeurkG 58** 6
- Einzahlung/Verwahrung von Geld **BeurkG 57** 2 ff.
- Einzugsermächtigung **BeurkG 58** 18
- elektronische Führung **DONot 5** 1 ff., 8; **DONot 23** 6e
- Eröffnung **DONot 27** 9 f.
- Fehlerquellen **DONot 10** 17
- Festgeld **BeurkG 58** 7
- Freistellungsauftrag **DONot 27** 31
- Fremdwährung **BeurkG 57** 3; **BeurkG 58** 8
- Haftung bei Auszahlung **BeurkG 58** 31 ff.
- Insolvenz des Notars **BNotO 23** 45 f.
- Insolvenz eines Beteiligten **BNotO 23** 43 ff.
- Insolvenzsicherung **BeurkG 58** 12
- Kapitalertragsteuer **DONot 27** 28 ff.
- Kontoführung **DONot 27** 11 ff.
- Kontovollmacht **BeurkG 58** 15
- mehrere Auszahlungsansprüche **BNotO 23** 40
- Mitzeichnungsberechtigung **BNotO 23** 16 ff.
- Notariatsabwickler **BeurkG 58** 16
- Notariatsverwaltung **BNotO 58** 6
- Notarprüfung **BNotO 23** 66

magere Zahlen = Randnummern

- Oder-Konto **BeurkG 58** 14
- Online-Banking **BeurkG 58** 3a; **DONot 27** 18
- Pfändung **BNotO 23** 28 ff.
- Pflichten nach Geldwäschegesetz **BeurkG 57** 121a f.
- Sammelanderkonto **BeurkG 58** 13
- Steuerbescheinigung Kapitalertragsteuer **DONot 27** 28 ff.
- Trennung verschiedener Verwahrungsmassen **BeurkG 58** 13
- Trennung von Eigengeldern **BeurkG 58** 9 f.
- Umbuchungsverbot **BeurkG 58** 36
- Und-Konto **BeurkG 58** 14
- Verfügungsbefugnis **BeurkG 58** 14 ff.; **DONot 27** 14
- Verfügungsbefugnis nach Ausscheiden des Notars aus Amt **BeurkG 58** 21 ff.
- Verschwiegenheitspflicht **BeurkG 58** 44 ff.
- Verwahrung **BeurkG 58** 2 ff.
- Verwahrungsanweisung **BeurkG 58** 25 ff.
- Verzeichnis **DONot 10** 15
- bei vorläufiger Amtsenthebung **BNotO 55** 16 ff.
- Wiederverwendung **BeurkG 58** 13
- wirtschaftlich Berechtigter **BeurkG 58** 5

Änderung
- nach Abschluss der Beurkundung **DONot 28** 9
- vor Abschluss der Beurkundung **DONot 28** 8
- vor Abschluss der Niederschrift **BeurkG 44a** 3 ff.
- von Amts wegen **BeurkG 44a** 18
- Anlagen **BeurkG 44a** 7
- Ausfertigung **BeurkG 49** 7
- Bücher **DONot 7** 7 ff.; **DONot 28** 10
- bei EDV-gestützter Bücherführung **DONot 17** 12 ff.
- fehlerhafte **BeurkG 44a** 8 f.
- geringfügige **BeurkG 44a** 4
- handschriftliche **DONot 29** 6
- Kostenregister **DONot 16** 4
- Randzusatz **BeurkG 44a** 5 ff.
- Schlusszusatz **BeurkG 44a** 5 ff.
- Urkunde **BeurkG 44a** 1 ff.
- Verzeichnis **DONot 28** 10
- wechselseitige Verweisung **DONot 17** 11

Änderungen in der Urkunde BeurkG 44a 1 ff.
- nach Abschluss der Niederschrift **BeurkG 44a** 10 ff.
- vor Abschluss der Niederschrift **BeurkG 44a** 3 ff.
- Begriff der Niederschrift **BeurkG 44a** 12
- elektronisches Urkundenarchiv **BeurkG 44a** 15a
- nachträgliche Berichtigung Hauptversammlungsprotokoll **BeurkG 44a** 17 ff.
- Nachtragsvermerk **BeurkG 44a** 15 f.
- Rechtsmittel **BeurkG 44a** 18

Sachverzeichnis

- sonstige – durch besondere Niederschrift **BeurkG 44a** 16
- Tatsachenbeurkundung **BeurkG 44a** 17
- Unrichtigkeit, offensichtliche **BeurkG 44a** 10 f., 14 ff.
- Verfahren **BeurkG 44a** 18
- zeitlicher Anwendungsbereich **BeurkG 44a** 13

Änderungsvermerk
- Bücher **DONot 7** 7 ff.
- doppelt belegte/übersprungene Nummer der Urkundenrolle **DONot 7** 9
- bei EDV-gestützter Bücherführung **DONot 17** 14
- Stempel **DONot 29** 31
- Stornobuchung Massen-/Verwahrungsbuch **DONot 7** 9
- Verzeichnis **DONot 7** 10

Andorra
- Apostille **BeurkG 2** 19b

Anerkennung
- der Unterschrift **BeurkG 40** 12 f.

Anfangsverdacht
- Vorermittlung **BNotO 96** 9

Anfechtbarkeit
- Verfolgung unlauteres Rechtsgeschäft **BNotO 14** 35

Anfechtung
- Amtsenthebung **BNotO 50** 139 f.
- Amtsprüfung **DONot 32** 7a
- Aussagegenehmigung **BNotO 69a** 20
- Beschluss Kammerversammlung **BNotO 111e** 3
- Dienstordnung für Notarinnen und Notare (DONot) **DONot Einl.** 4
- Entlassungsantrag **BNotO 48** 11
- Entscheidung Disziplinargericht **BNotO 105** 1 ff.
- Kammerwahl **BNotO 111e** 2

Anfechtungsklage BNotO 111b 4
- Befreiung von Verschwiegenheitspflicht **BNotO 18** 58 ff.
- Begründetheit **BNotO 111b** 38 ff.
- Disziplinarverfahren **BNotO 96** 43
- Disziplinarverfügung **BNotO 98** 9 ff.; **BNotO 99** 21 f.
- Frist **BNotO 111b** 34
- Klagebefugnis **BNotO 111b** 13
- Rechtsverletzung **BNotO 111b** 51
- Wirkung, aufschiebende **BNotO 111b** 92
- Zeitpunkt, maßgeblicher zur Beurteilung der Sach-/Rechtslage **BNotO 111b** 53

Angebot
- Vorteilsverschaffung **BeurkG 7** 5

Angebot und Annahme
- Aufspaltung in **BeurkG 17** 37

Angebotsannahme
- Beurkundung **BeurkG 9** 17

Angehörige
- Beurkundung zugunsten **BeurkG 7** 1 ff.
- Mitwirkungsverbot **BeurkG 3** 32

Sachverzeichnis

fette Zahlen = §§

Angehörigenbetreuung
- Bestellung ständiger Vertreter bei **BNotO 39** 39
- Vertreterbestellung **BNotO 39** 4, 22

Angehörigenpflege
- Antrag auf Genehmigung echter vorübergehender Amtsniederlegung **BNotO 48c** 48
- Antrag auf Genehmigung unechter vorübergehender Amtsniederlegung **BNotO 48c** 83

Angelegenheit
- Begriff **BeurkG 3** 7 ff.

Angestellte
- Hinwirken auf Einhaltung der Verschwiegenheitspflicht **BNotO 26** 19 ff.
- Mitwirkungsverbot **BeurkG 3** 33
- Verpflichtung, förmliche **BNotO 26** 6 ff.
- siehe auch Mitarbeiter; siehe auch Notariatsmitarbeiter

Angriffskrieg
- Aufstacheln zum **BNotO 49** 8

Anguilla
- Apostille siehe Großbritannien

Anhörung
- im Amtsenthebungsverfahren **BNotO 50** 136
- Bestellungsverfahren Notariatsverwalter **BNotO 57** 7
- Disziplinarverfahren **BNotO 96** 14 ff., 22

Anhörungsrüge BNotO 111b 84

Ankleben
- Unterlagen, sonstige **DONot 30** 8

Ankündigung
- Amtsverweigerung **BNotO 15** 20

Anlagen
- Änderung **BeurkG 44a** 7
- Ausfertigung **BeurkG 49** 11 f.
- Heftung **DONot 30** 6 ff.
- Herstellungsverfahren **DONot 29** 29a
- Kettenverweisung **BeurkG 9** 9a
- nicht vorlesungspflichtige Bestandteile der Niederschrift **BeurkG 14** 7
- Niederschrift **BeurkG 9** 8 ff.; **BeurkG 37** 7 f.
- Siegelung **BeurkG 44** 1 ff.
- unechte **BeurkG 49** 12
- Verweisung **BeurkG 9** 9, 11

Annahmevermerk
- Treuhandauftrag **BeurkG 57** 70
- Verwahrung **BeurkG 57** 61

Anonyme Anzeige
- Vorermittlung **BNotO 96** 8

Anordnung
- aufschiebende Wirkung **BNotO 111b** 58 f.
- einstweilige **BNotO 111b** 60 f.

Anrechnung
- Erfahrungszeit **BNotO 6** 16

Anschein
- einer Pflichtverletzung **BNotO 95** 22

Anschein, falscher
- Notarbescheinigung/-bestätigung **BNotO 21** 21
- Sicherheit **RLEmBNotK III** 8

Anscheinsverbot BNotO 14 17
Anschubfinanzierung BNotO 113b 4 ff.
Anspruchsberechtigung
- Abschrift **BeurkG 51** 1 ff., 14
- Ausfertigung **BeurkG 51** 1 ff.

Antigua und Barbuda
- Apostille **BeurkG 2** 19b

Antragsrücknahme BNotO 24 55 ff.
- Eigenurkunde **BNotO 24** 58

Anwaltschaft
- Ausschluss aus der **BNotO 97** 34

Anwaltseid BNotO 13 6
Anwaltserfahrung
- Eignung, fachliche **BNotO 6** 11 ff.

Anwaltsgericht
- Rechtswegentscheidung **BNotO 110** 14 ff.

Anwaltsgerichtliches Verfahren BNotO 95 10
- gegen Anwaltsnotar **BNotO 54** 16 ff., 29 f.; **BNotO 110** 5
- Einheit des Dienstvergehens **BNotO 110** 11 ff.

Anwaltsnotar BNotO 3 10 ff.
- Abgrenzung Anwalts-/Notartätigkeit **BNotO 24** 59 ff.; **RLEmBNotK I** 3
- Aktenverwahrung durch Notar **BNotO 51** 10
- Aktenverwahrung durch Notariatsverwalter **BNotO 51** 7
- Altershöchstgrenze **BNotO 6** 17
- Amt, besoldetes **BNotO 8** 7 ff.
- Amt Neuhaus **BNotO 116** 6
- Amtsenthebung **BNotO 50** 1 ff.
- Amtsenthebung, vorläufige **BNotO 54** 1 ff.
- Amtsenthebung, vorläufige disziplinargerichtliche **BNotO 54** 14 ff.
- Amtsniederlegung, echte vorübergehende **BNotO 48c** 3, 4 ff.
- Amtsniederlegung, unechte vorübergehende **BNotO 48c** 3, 49 ff., 63
- Amtssitzverlegung **BNotO 47** 17 ff.
- Anrechnung Erfahrungszeit **BNotO 6** 16
- Anwaltserfahrung **BNotO 6** 11 ff.
- anwaltsgerichtliches Verfahren gegen **BNotO 110** 5
- Anzeigepflicht Berufsverbindung **BNotO 27** 1 ff.
- Ausbildung des beruflichen Nachwuchses **BNotO 30** 6
- Ausbildung Referendar **BNotO 30** 7 ff.
- Ausschließung/Entfernung isolierte **BNotO 110** 8
- Ausübung eines weiteren Berufes **BNotO 8** 11 ff.
- Baden-Württemberg **BNotO 116** 2 f.
- Befassung, außernotarielle **BeurkG 3** 40 ff.
- befristete Entfernung aus dem Amt **BNotO 97** 27 ff.
- Bemessung Disziplinarmaßnahmen **BNotO 97** 11
- Bemessung Geldbuße **BNotO 97** 18

magere Zahlen = Randnummern

Sachverzeichnis

– Bemessung Kammerbeitrag **BNotO 73** 11
– Berufspraxis, notarielle **BNotO 6** 10
– Berufsverbindung **BNotO 9** 1 ff., 8 ff., 29 ff., 33
– Berufsverbindung mit Patentanwalt **BNotO 9** 40
– Berufsverbindung mit Steuerberater **BNotO 9** 34 f.
– Berufsverbindung mit Wirtschaftsprüfer **BNotO 9** 36 ff.
– Berufsverbot **BNotO 54** 20 ff., 24, 29 f.
– Beschäftigung juristischer Mitarbeiter **BNotO 25** 1 ff.
– Bestandsschutz (Baden-Württemberg) **BNotO 114** 7
– Bestellung **BNotO 3** 10 ff.
– Bestellung Notariatsverwalter **BNotO 56** 6, 10, 15
– Bestellung Notarvertreter **BNotO 39** 1 ff.
– Bestellung ständiger Vertreter **BNotO 39** 34
– Beteiligung an Rechtsanwalts-GmbH **BNotO 9** 20
– Betreuungstätigkeit, sonstige **BNotO 24** 63 f.
– BeurkG **BeurkG 1** 3
– Bezeichnung in Niederschrift **BeurkG 9** 3d
– dauernde Entfernung aus dem Amt **BNotO 97** 32 ff.
– Dienstaufsicht **BNotO 92** 8
– Dienstvergehen **BNotO 95** 31; **BNotO 110** 11 ff.
– Ehrenamt **BNotO 8** 7
– Eignung, fachliche **BNotO 6** 1 ff., 10, 11 ff.
– Eignung, persönliche **BNotO 6** 1 ff., 4 ff.
– Erlöschen der RA-Zulassung **BNotO 47** 11 ff.
– Erlöschen des Amtes bei Verlegung der Zulassungskanzlei in anderen Rechtsanwaltskammerbezirk **BNotO 10** 73 ff.
– Erlöschen Dispens zur Weiterführung Amtsbezeichnung **BNotO 52** 21 ff.
– EWIV **BNotO 9** 22
– Fachprüfung, notarielle **BNotO 6** 10; **BNotO 7** 17a
– Gebührenvereinbarung/-teilung bei Berufsverbindung **BNotO 9** 31 f.
– Geltung, räumliche **BNotO 3** 15
– Gemeinschaftsverträge **BNotO 9** 19
– Haftung **BNotO 19** 8 ff.
– Hamburg **BNotO 116** 3
– Informationswerbung **RLEmBNotK VII** 54
– Kammermitgliedschaft **BNotO 65** 12 ff.
– Kanzleiverlegung **BNotO 47** 17 ff.
– Kanzleiverlegung in anderen Amtsbereich **BNotO 47** 20 ff.
– Kanzleiverlegung in anderen Amtsbezirk **BNotO 47** 18 f.
– Kanzleiverlegung innerhalb Amtsbereich **BNotO 47** 23 ff.
– Kapitalgesellschaft **BNotO 9** 20
– Kompetenzkonflikt Berufsrecht/Disziplinarrecht **BNotO 110** 1 ff.

– Kompetenzkonflikt unterschiedlicher Berufsrechte **BNotO 110** 6 ff.
– Kontoeröffnung Anderkonto **DONot 27** 10
– Kooperation **BNotO 9** 23, 29
– Mitwirkungsverbot **BeurkG 3** 1 ff., 40 ff.
– Namensschild **DONot 3** 9
– Nebentätigkeit **BNotO 8** 3 f.
– Notariatsverwalterbestellung bei **BNotO 56** 25 ff.
– Notariatsverwaltung bei echter vorübergehender Amtsniederlegung **BNotO 48c** 33 ff.
– Partnerschaft **BNotO 9** 21
– und Patentanwalt **BNotO 8** 13
– Praxisverkauf **BNotO 47** 29 f.
– und Rechtsanwalt **BNotO 8** 12
– Rechtsanwaltskammer **BNotO 65** 13
– Rechtsbetreuung, notarielle **BNotO 24** 59 ff.
– Rechtswegzuweisung bei Pflichtverletzung **BNotO 110** 4 ff.
– Rheinland-Pfalz **BNotO 116** 4
– Rücknahme Anwaltszulassung **BNotO 54** 31 f.
– Sozietät **BNotO 3** 14; **BNotO 9** 29
– und Steuerberater **BNotO 8** 14
– und Syndikusrechtsanwalt **BNotO 8** 12a
– Tätigkeit im Amtsbereich **BNotO 6** 14
– Übereinstimmung Geschäftsstelle und Kanzlei **BNotO 10** 70 ff.
– überörtliche Sozietät **BNotO 67** 50
– Unabhängigkeit **BNotO 14** 14
– unvereinbare gemeinsame Berufsausübung **BNotO 50** 38 ff., 45
– Verbindung mit anderen Berufsträgern **BNotO 9** 33 f.
– und vereidigter Buchprüfer **BNotO 8** 15 f.
– Verfehlung, außerberufliche **BNotO 95** 17
– Vergewisserungspflicht Unabhängigkeit/Unparteilichkeit **BNotO 28** 9
– Verhältnis Geschäftsstelle zu Kanzlei/Zweigstelle **BNotO 10** 67 ff.
– Verhältnis notarieller/anwaltlicher Pflichten **BNotO 110** 4 f.
– Verhinderung Amtsausübung **RLEmBNotK IV** 10
– Vermittlungsverbot **BNotO 14** 39 ff., 43 f.
– Vermutungsregeln für Zweifelsfälle **BNotO 24** 61 f.
– Vertretung **RLEmBNotK IV** 10
– Vertretungsverbot **BNotO 54** 20 ff., 24, 29 f.
– Verurteilung, strafgerichtliche **BNotO 49** 1 ff.
– Verwahrung **BNotO 23** 14
– Vorbereitung oder Vollzug einer Beurkundung oder Verwahrung **BNotO 24** 61 f.
– vorsorgende Rechtspflege **BNotO 24** 59 ff.
– Warte-/Erfahrungszeit **BNotO 6** 11 ff.
– Warte-/Erfahrungszeit, Absehen **BNotO 6** 15
– Wechsel der Mitgliedschaft **BNotO 47** 14 ff.
– Wegfall der Mitgliedschaft in Rechtsanwaltskammer **BNotO 47** 9 ff.

Sachverzeichnis

fette Zahlen = §§

- Weiterführung Amtsbezeichnung **BNotO 52** 9 ff.
- Werbebeschränkung **BNotO 29** 16 ff.
- Werbung **BNotO 29** 10 ff.
- Widerruf Anwaltszulassung **BNotO 54** 31 f.
- Wiederbestellung bei echter vorübergehender Amtsniederlegung **BNotO 48c** 38 ff.
- Wiederbestellung bei unechter vorübergehender Amtsniederlegung **BNotO 48c** 66 ff.
- und Wirtschaftsprüfer **BNotO 8** 15 f.
- siehe Notar, nebenberuflicher

Anwaltsnotariat BNotO 3 1 ff.
- Altersstruktur **BNotO 4** 13 ff.
- Amtsnachfolge **BNotO 51** 3
- Auswahlverfahren zur Besetzung **BNotO 10** 28 ff.
- Bedürfnisprüfung **BNotO 4** 12
- Beendigung Notariatsverwaltung **BNotO 64** 9 ff.
- Gesetz zur Änderung der Bundesnotarordnung (Neuregelung des Zugangs zum Anwaltsnotariat) **BNotO Einl.** 35
- Punktesystem **BNotO 6** 19
- Statistik **BNotO 3** 16
- Verhältnis Geschäftsstelle zu Kanzlei/Zweigstelle **BNotO 10** 67 ff.

Anwaltsnotarstelle
- Mengenbedarfsplanung **BNotO 10** 8 f.
- Raumbedarfsplanung **BNotO 10** 10 ff.

Anwaltsvergleich
- Eintragungspflicht Vollstreckbarerklärung **DONot 8** 11
- vollstreckbarer **BeurkG 52** 18 ff.
- Vollstreckbarerklärung Urkundensammlung **DONot 18** 3c

Anwaltsvergleich, vollstreckbarer BeurkG 52 18 ff.
- Antrag **BeurkG 52** 20
- Prüfung, formelle **BeurkG 52** 23 ff.
- Prüfung, materiell-rechtliche **BeurkG 52** 26
- Rechtsmittel **BeurkG 52** 28
- Verfahren **BeurkG 52** 20 ff.
- Verwahrung **BeurkG 52** 21
- Voraussetzungen, weitere **BeurkG 52** 27
- Zuständigkeit **BeurkG 52** 22
- Zustimmung der Parteien **BeurkG 52** 21

Anwärterdienst BNotO 7 1 ff.
- Anfechtung Ernennung **BNotO 7** 33
- Anrechnungen **BNotO 7** 10
- Anwartschaftsrecht **BNotO 7** 11
- Ausbildung, landesspezifische **BNotO 7** 12 ff., 18 ff.
- Ausbildungsnotar **BNotO 7** 34
- Ausgestaltung **BNotO 7** 46 ff.
- Ausschreibungsverfahren **BNotO 7** 27 ff.
- Auswahlmaßstäbe **BNotO 7** 25 f.
- Baden-Württemberg **BNotO 114** 18 ff.
- Beendigung **BNotO 7** 51 ff.
- Beginn **BNotO 7** 32
- Bewerbungsverfahren **BNotO 7** 30 f.
- Dauer **BNotO 7** 9 ff., 15 ff.
- Entlassung aus dem **BNotO 7** 51 ff., 59
- Fachprüfung, notarielle **BNotO 7** 17a
- Öffentlicher Dienst **BNotO 7** 23
- Regelfrist **BNotO 7** 9 ff.
- Regelfristausnahme **BNotO 7** 15 ff.
- Stellungnahme NotK **BNotO 7** 32 f.
- Vormerkliste **BNotO 7** 31
- Vorrücksystem **BNotO 7** 11
- Zugangsbeschränkung **BNotO 7** 23 f.
- Zugangsvoraussetzungen **BNotO 7** 22

Anwärterdienststelle
- Bedürfnisprüfung **BNotO 7** 6

Anwartschaftsrecht
- Bewerbungsverfahren **BNotO 7** 11

Anzeige
- Angaben in **BNotO 29** 14

Anzeige, anonyme
- Vorermittlung **BNotO 96** 8

Anzeigenwerbung RLEmBNotK VII 25 ff.
- Amtsaufnahme **RLEmBNotK VII** 54
- Anlass **RLEmBNotK VII** 26 f.
- Form **RLEmBNotK VII** 28 f.
- Format **RLEmBNotK VII** 28 f.
- Häufigkeit **RLEmBNotK VII** 30
- Inhalt **RLEmBNotK VII** 26 f.
- Verbreitungsgebiet **RLEmBNotK VII** 31

Anzeigepflicht
- Abwesenheit vom Amtssitz **BNotO 38** 2
- Berufsverbindung **BNotO 27** 1 ff.

Anzeigepflicht Berufsverbindung BNotO 27 1 ff.
- Anzeigepflicht **BNotO 27** 7 ff.
- Berufsrechte, andere **BNotO 27** 12
- Disziplinarrecht **BNotO 27** 14 f.
- Inhalt **BNotO 27** 7 ff.
- Verstoß gegen **BNotO 27** 7, 14 f.
- Vorlagepflicht **BNotO 27** 11
- Zuständigkeit **BNotO 27** 13

Apostille BeurkG 2 19 ff.
- Begriff **BeurkG 2** 19
- Urkunde für Auslandsverkehr **BeurkG 45** 9 a

Arbeitsbedingungen, angemessene RLEmBNotK VIII 21
- Mitarbeiter **RLEmBNotK VIII** 26 ff.

Arbeitsrecht
- Beschäftigung trotz Beschäftigungsverbot **BNotO 25** 19

Arbeitsunfähigkeit
- Untersuchungspflicht, ärztliche **BNotO 50** 77 ff.
- Verfahren zur Amtsenthebung **BNotO 50** 76 ff.
- Vertreterbestellung im Amtsenthebungsverfahren **BNotO 50** 82 ff.
- Verweigerung ärztlicher Untersuchung **BNotO 50** 80 f.

Archivdepot BNotO 18 155

magere Zahlen = Randnummern

Sachverzeichnis

Archivierung
– CD-ROM **DONot 6** 6
– elektronische **DONot 5** 32 ff.
Argentinien
– Apostille **BeurkG 2** 19b
Arglist BNotO 14 35
Armenien
– Apostille **BeurkG 2** 19b
Ärztliche Untersuchung
– bei Arbeitsunfähigkeit **BNotO 50** 77 ff.
Attributzertifikat BNotO 21 30; **BeurkG 39a** 1d, 2b f., 4
Audiatur et altera pars BNotO 69a 12
Aufbewahrung BNotO 23 1 ff.
– Abschrift, beglaubigte **DONot 19** 2 ff.
– Abschrift der Haupturkunde **DONot 18** 23
– bei Aktenübertragung **DONot 5** 23
– Amtssitzwechsel **DONot 5** 21a
– Änderung Aufbewahrungsverfügung **DONot 5** 23
– Archivierung, elektronische **DONot 5** 32 ff.
– Art **DONot 18** 13 f.
– Ausfertigung der Haupturkunde **DONot 18** 23
– CD-ROM **DONot 6** 6
– Erbverträge **DONot 18** 24 f.
– Generalakten **DONot 23** 1 ff., 9
– Hinweisblatt **DONot 18** 22
– Nebenakten **DONot 5** 15 ff.; **DONot 22** 1 ff., 6, 12 ff.
– Notarvertreter **DONot 33** 10 ff.
– Scheck-/Wechselprotest **DONot 21** 3
– technische Art der Verbindung **DONot 18** 16 ff.
– Unterlagen **DONot 5** 13 ff.
– Unterlagen, zusammenhängende **DONot 18** 15 ff.
– Unterschriftsbeglaubigung **DONot 19** 2 ff.
– Urkunden **DONot 18** 1 ff.
– Urkunden, zusammenhängende **DONot 18** 15 ff.
– Vermerk, elektronischer **DONot 19** 7
– Vermerkblatt **DONot 19** 1 ff., 4, 5
– Vermerkurkunde **DONot 19** 1 ff., 5
– Veröffentlichungsblätter **BNotO 32** 5
– Zeitpunkt **DONot 18** 9 f.
siehe auch Verwahrung
Aufbewahrungsfristen DONot 5 13 ff.
– Abschrift Verfügung von Todes wegen **DONot 5** 14
– Anderkontenliste **DONot 10** 18
– Beginn **DONot 5** 24
– Ende **DONot 5** 24
– Generalakten **DONot 23** 5, 6d, 9
– Kostenregister **DONot 16** 4
– Massenbuch **DONot 10** 18
– Namensverzeichnis zum Massebuch **DONot 10** 18
– Nebenakten **DONot 22** 13
– Übergangsregelung **DONot 5** 31

– Verlängerung **DONot 5** 29 f.
– Verlängerung bei Nebenakten **DONot 5** 15 ff.
– Verwahrungsbuch **DONot 10** 18
Aufbewahrungspflicht
– Geldwäschegesetz **BeurkG 57** 123 ff.
Aufgaben
– Delegationsermächtigung **BNotO 112** 1 ff.
Aufgabenkommission
– Fachprüfung, notarielle **BNotO 7g** 4
Aufgabenwahrnehmung
– Unparteilichkeit **BNotO 14** 8
Aufgebotsverfahren
– Sicherungsinteresse, berechtigtes **BeurkG 57** 12
Aufhebung
– Stadtteilzuweisung **BNotO 10** 20 ff.
Aufhebungsvertrag vom Erbvertrag
– Mitwirkungsverbot begünstigter Person **BeurkG 27** 2
– Verschließung/Verwahrung **BeurkG 34** 3
Aufklärungspflicht
– außerordentliche **BNotO 14** 37
– Entwurfsfertigung **BNotO 24** 17
Auflassung
– Beurkundung **BeurkG 2** 13
– Entgegennahme **BNotO 20** 5, 34
Auflassungsvormerkung
– Bestätigung über Eintragung einer **BNotO 21** 25
Aufnahme
– Eid **BNotO 22** 2
– Eidesstattliche Versicherung **BNotO 22** 4 ff.; **BeurkG 38** 5 f., 12 ff.
Aufrechnung
– bei Anderkonto **BeurkG 58** 4
– gegenüber Notariatsverwalter **BNotO 59** 7
Aufschiebende Wirkung
– Amtsenthebung, vorläufige **BNotO 54** 3
Aufsicht
– BNotK **BNotO 77** 5 ff.
– RNotO **BNotO Einl.** 16
Aufsichtsarbeiten
– Fachprüfung, notarielle **BNotO 7b** 2 ff.
Aufsichtsbehörde BNotO 92 1 ff.
– Abschrift Ermahnungsbescheid an **BNotO 75** 8a
– Abwesenheitsanzeige des Notars **BNotO 38** 10
– Amtsenthebung, vorläufige durch **BNotO 54** 6 ff.
– Anhörung NotK **BNotO 67** 28
– Anordnung Notariatsverwaltung **BNotO 56** 8 ff.
– Anzeige bei vorzeitiger Beendigung der Notarvertretung **DONot 33** 15 f.
– Befreiung von Verschwiegenheitspflicht **BNotO 18** 39 ff., 48 ff.
– Befugnisse **BNotO 93** 1 ff.
– Bestellung ständiger Vertreter **DONot 33** 17 ff.

1787

Sachverzeichnis

fette Zahlen = §§

- Bindung an DONot **DONot Einl.** 3
- Dienstaufsicht **BNotO 92** 6
- Disziplinarrecht bei Ermahnung **BNotO 75** 17 f.
- Disziplinarverfahren **BNotO 92** 1, 6
- Einschreiten gegen Vorstandsmitglied **BNotO 69** 28
- Einsichtsrecht Nebenakten **DONot 22** 14
- Entscheidung über Bestehen/Umfang Verschwiegenheitspflicht **BNotO 18** 159 ff.
- Geschäftsprüfung **BNotO 93** 5
- Haftung **BNotO 19** 7
- Justizverwaltung **BNotO 92** 6
- Meldepflichten **BNotO 34** 1 ff.
- NotK **BNotO 92** 7
- Offenbarung gegenüber **BNotO 18** 82 f.
- Prüfung der Berufsverbindung **BNotO 27** 5 f.
- Prüfungsbefugnisse **BNotO 63** 9
- rechtliches Gehör **BNotO 67** 12, 28
- Residenzpflicht auf Weisung **BNotO 10** 62 ff.
- Sonderprüfung **BNotO 93** 5
- Unterrichtung durch NotK **BNotO 67** 24 ff.
- Vertreterbestellung **BNotO 39** 1 ff.
- Verweis **BNotO 97** 16
- Vorermittlungen **BNotO 96** 10
- Weisungsrecht **BNotO 92** 4
- Zuständigkeit **BNotO 92** 6
- Zuständigkeit Prüfung Berufsverbindung **BNotO 27** 13
- Zwischenprüfung **BNotO 93** 5

Aufspaltung
- in Angebot und Annahme **BeurkG 17** 37; **RLEmBNotK II** 32 ff.

Auftreten, öffentliches
- Berufsrichtlinien **RLEmBNotK VII** 1 ff.

Aufwandsentschädigung
- Mitglied Vertreterversammlung **BNotO 88** 7
- Notarbeisitzer **BNotO 104** 7 f.; **BNotO 108** 8
- Teilnahme an Sitzungen **BNotO 88** 6

Aufzählungen
- eingeschränkte Vorlesung **BeurkG 14** 4

Aufzeichnungspflicht
- Geldwäschegesetz **BeurkG 57** 123 ff.

Auktion BNotO 20 36 ff.
- Beurkundung **BNotO 20** 44 ff.
- Durchführung/Verfahren **BNotO 20** 42 f.
- gewerbliche **BNotO 20** 38

Auktionator
- Dritter als **BNotO 20** 36, 38
- Notar als **BNotO 20** 36

Ausbildung
- Berufsnachwuchs **BNotO 25** 13
- Mitarbeiter **RLEmBNotK VIII** 20 ff.

Ausbildung, landesspezifische
- Bewerberauswahl **BNotO 7** 12 ff., 18 ff.

Ausbildungsnotar
- Ausbildungspflicht **BNotO 30** 3 ff.
- Ausbildungsverhältnis zum Notarassessor **BNotO 7** 47 ff.

- Auswahl **BNotO 7** 34
- Erstattungen an Notarassessor **BNotO 7** 45

Ausbildungspflicht BNotO 30 1 ff.
- beruflicher Nachwuchs **BNotO 30** 3 ff.
- Fachausbildung Auszubildende **BNotO 30** 10 ff.
- Referendare **BNotO 30** 7 ff.

Ausbildungsrichtlinien
- Hilfskräfte **BNotO 78** 20 f.

Ausbildungsverhältnis
- Notarassessor **BNotO 7** 36 ff.

Ausdruck
- Beglaubigung elektronisches Dokument **BeurkG 42** 15
- Wiederholung **DONot 17** 9

Auseinandersetzung
- Nachlass-/Gesamtgutauseinandersetzung **BNotO 20** 4a, 51 ff.

Ausfertigung
- Angabe Urkundenrollennummer **DONot 28** 18
- Anlagen der Niederschrift **BeurkG 49** 11 f.
- Anlagen, unechte **BeurkG 49** 12
- Anspruch **BeurkG 51** 13 ff.
- Anspruch des Rechtsnachfolgers **BeurkG 51** 11
- Anspruchsberechtigung **BeurkG 51** 1 ff.
- Anzahl **BeurkG 51** 13
- Aufbewahrung **DONot 18** 23
- Ausfertigungsvermerk **BeurkG 49** 10
- auszugsweise **BeurkG 49** 13
- Bedeutung **BeurkG 47** 2 ff.
- Begriff **BeurkG 49** 2 ff.
- Berichtigung fehlerhafter **BeurkG 49** 8
- Berichtigung, nachträgliche **BeurkG 49** 7
- Dauerhaftigkeit **DONot 29** 9 f.
- Drucke/Kopien **BeurkG 49** 3a
- Druckfarbe **BeurkG 49** 3a
- elektronische Urkunde **BeurkG 49** 16
- Fälschungssicherheit **DONot 29** 10 f.
- Farbbänder/Tinte **BeurkG 49** 3a
- Form **BeurkG 49** 1 ff., 9 ff.
- Formblätter **BeurkG 49** 3a
- Gegenstand **BeurkG 49** 3
- Heftung **DONot 30** 1 ff.
- Herstellung **BeurkG 49** 5; **DONot 29** 1 ff.
- Herstellungsverfahren **DONot 29** 12 ff.
- Kugelschreiber/Minen **BeurkG 49** 3a
- Lesbarkeit **DONot 29** 3 ff.
- Lücken **DONot 28** 17
- Mitwirkungsverbot **BeurkG 3** 18
- Papier **BeurkG 49** 3a
- Partei kraft Amtes **BeurkG 51** 6
- Prüfung Anspruchsberechtigung **BeurkG 51** 7 f.
- Prüfungspflichten **BeurkG 49** 5 ff.
- Rechtsmittel bei Verweigerung der Erteilung **BeurkG 54** 2
- Rechtswirkung **BeurkG 47** 1 ff.; **BeurkG 49** 15

1788

magere Zahlen = Randnummern

– Überschrift **BeurkG 49** 9
– Urkunde, übersetzte **BeurkG 50** 6
– Urkundensammlung **DONot 18** 4
– Verfahren für die Erstellung **BeurkG 49** 1 ff.
– Vermerk auf Urschrift **BeurkG 49** 14
– Vermerk im Urkundenverzeichnis **BeurkG 49** 14a
– Vollmacht **BeurkG 47** 3 ff.
– vollstreckbare **BeurkG 52** 1 ff.
– bei vorläufiger Amtsenthebung **BNotO 55** 9
– Wiedergabe Unterschrift **BeurkG 49** 4
– Wirkung **BeurkG 49** 15
– Zurückbehaltungsrecht **BeurkG 51** 18
– Zuständigkeit Amtsgericht **BNotO 51** 28 ff.; **BeurkG 48** 4
– Zuständigkeit der verwahrenden Stelle **BeurkG 48** 1 ff.
Ausfertigung, vollstreckbare BeurkG 52 1 ff.
– Antrag **BeurkG 52** 4
– Bestimmtheitsgrundsatz **BeurkG 52** 7 ff.
– eine **BeurkG 52** 16
– Erteilung **BeurkG 52** 14 ff.
– bei Gesamtschuld **BeurkG 52** 16a
– Prüfpflicht **BeurkG 52** 12 f.
– Rechtsmittel bei Verweigerung **BeurkG 54** 2
– Rechtsnachfolger **BeurkG 52** 16
– Teilklausel **BeurkG 52** 15
– Verfahren **BeurkG 52** 2 ff.
– Vermerkpflicht **BeurkG 52** 17 f.
– vollstreckbare Urkunde **BeurkG 52** 5 ff.
– Vollstreckungsklausel **BeurkG 52** 14 ff.
– Vollstreckungsreife **BeurkG 52** 9 ff.
– weitere **BeurkG 52** 16b
– Zuständigkeit **BeurkG 52** 2
– Zuständigkeit Amtsgericht **BNotO 51** 28 ff.
Ausfertigungsberechtigung BeurkG 51 1 ff.
– Anspruch **BeurkG 51** 13 ff.
– Anspruch auf Abschrift **BeurkG 51** 14
– Einsicht in Urschrift/Nebenakten **BeurkG 51** 15 ff.
– gemeinsame Anweisung der Berechtigten **BeurkG 51** 12 f.
– Niederschriften, andere **BeurkG 51** 10
– Prüfungspflicht **BeurkG 51** 7 f.
– Rechtsnachfolger **BeurkG 51** 11
– weitere Berechtigte **BeurkG 51** 9
Ausfertigungsvermerk BeurkG 49 10
– Stempel **DONot 29** 30 f.
Ausführungsbestätigung
– Überweisung Anderkonto **DONot 27** 21
Aushändigung
– Aufbewahrung einer Ausfertigung bei **BeurkG 45** 9
– Auslandsverkehr **BeurkG 45** 6 ff.; **BeurkG 45a** 1
– Urkunde **BeurkG 45** 1 ff., 6 ff.; **BeurkG 45a** 1
– Urschrift **BeurkG 45** 6 ff.; **BeurkG 45a** 1
– Vermerkurkunde **BeurkG 45** 10

Sachverzeichnis

Aushilfskraft
– Verpflichtung, förmliche **BNotO 26** 6 ff.
Auskehrungsanspruch
– Abtretung **BNotO 23** 33 ff.
– Pfändung **BNotO 23** 28 ff.
Auskunft
– bei Aktenverwahrung **BNotO 45** 9
– Beurkundungsvorgänge **BeurkG 51** 16
– aus Zentralem Testamentsregister **BNotO 78f** 1 ff.
– aus Zentralem Vorsorgeregister **BNotO 78b** 1 ff., 3 ff.
Auskunftsanspruch
– Berufshaftpflichtversicherung **BNotO 19a** 24
– Rechtsschutz **BNotO 63** 10
– Verwahrungsgeschäft **DONot 27** 32
Auskunftspflicht
– Fortbildung **RLEmBNotK X** 11 f.
Auskunftsrecht BNotO 74 1 ff., 6 f.
– Abgrenzung **BNotO 74** 2
– Anforderung **BNotO 90** 5 f.
– Anordnung der NotK **BNotO 74** 12 ff.
– BNotK gegenüber NotK **BNotO 90** 1 ff.
– Durchsetzung **BNotO 74** 15 f.
– Gegenstand **BNotO 90** 2 ff.
– Inhalt der Befugnisse **BNotO 74** 2 ff.
– Notarkasse **BNotO 74** 11
– NotK bei Notariatsverwaltung **BNotO 63** 1 ff.
– Verfahren **BNotO 74** 12 ff.
Auskunftsverweigerungsrecht BNotO 18 5 ff.; **BNotO 26a** 10
Auslagenersatz
– Mitglied Vertreterversammlung **BNotO 88** 7
– Präsidiumsmitglied BNotK **BNotO 88** 5, 8
Auslagerung
– geschäftswesentliche Vereinbarungen in Bezugsurkunden **RLEmBNotK II** 38 f.
Ausland
– Beurkundung im **BeurkG 2** 8 ff.
Ausländischer Notar siehe Notar, ausländischer
Auslandsbezug
– Amtshilfe, notarielle **BeurkG 2** 9
– Beurkundung **BeurkG 2** 10
– Hinweispflichten bei **BeurkG 17** 62
– Registerbescheinigung, notarielle **BNotO 21** 9a
– Unterschriftsbeglaubigung **BeurkG 40** 14
– Vollmachtsbescheinigung, notarielle **BNotO 21** 14d
Auslandstätigkeit
– des deutschen Notars **BNotO 11a** 4, 6 ff.
Auslandsverkehr
– Aushändigung Urschrift **BeurkG 45** 6 ff.
Auslassung
– Urkunde **DONot 28** 15 ff.
Auslegung
– DONot **DONot Einl.** 14 ff.
– Verwahrungsanweisung **BeurkG 58** 25a ff.

1789

Sachverzeichnis

fette Zahlen = §§

Auslosung BNotO 20 4a, 14 ff.
– Begriff **BNotO 20** 14
– Beurkundung **BeurkG 36** 14; **BeurkG 37** 22
– Mitwirkungsverbot **BeurkG 3** 22
– Prüfungstätigkeit **BNotO 20** 16
– Zulässigkeit **BNotO 20** 17
– Zuständigkeit **BNotO 20** 15
Aussage
– beeidende **BeurkG 38** 8
Aussagegenehmigung
– Anfechtung **BNotO 69a** 20
– BVerfG-Verfahren **BNotO 69a** 23
– Staatsaufsicht **BNotO 69a** 21
– Vorstand NotK **BNotO 69a** 15 ff.
– Aussageverbot **BNotO 69a** 7 f.
Ausschabung
– Urkunde **DONot 28** 5
Ausscheiden
– Amts-/Namensschild **DONot 3** 14 ff.
– Übersicht Verwahrungsgeschäfte **DONot 25** 10
– Vorstandsmitglied **BNotO 69** 22 ff.
Ausschließung
– von Amtsausübung **BNotO 16** 1
– isolierte **BNotO 110** 8
– Notarvertreter **BNotO 41** 14 ff.
– vom Richteramt **BNotO 101** 3 ff.; **BNotO 106** 2
Ausschließungsgründe BeurkG 6 1 ff.
– Anwendungsbereich **BeurkG 6** 2
– Bedeutung **BeurkG 6** 1
– Beteiligung **BeurkG 6** 3
– Dolmetscher **BeurkG 16** 12
– Nichtigkeit der beurkundeten Willenserklärungen **BeurkG 6** 9
– Unwirksamkeitsgründe **BeurkG 6** 4 ff.
Ausschlussfrist
– Bewerbungsfrist **BNotO 6b** 6
Ausschreibung
– Notarstelle **BNotO 4** 2; **BNotO 6b** 1 ff.
Ausschreibungsverfahren
– Anwärterdienst **BNotO 7** 27 ff.
Ausschuss
– BNotK **BNotO 79** 9
Außenwirtschaftsgesetz
– Meldepflicht **BeurkG 58** 47
Außenwirtschaftsverordnung
– Offenbarung gegenüber der Deutschen Bundesbank **BNotO 18** 90
Außerdienstliches Verhalten BNotO 14 38
– Dienstvergehen **BNotO 95** 17 ff.
Äußerung, missbilligende BNotO 97 15
Aussetzung
– Auszahlung **BeurkG 61** 1 ff.
– Disziplinarverfahren **BNotO 96** 35 ff.
– Vollzug **BeurkG 53** 14
Aussetzungsantrag
– Amtsenthebung, vorläufige **BNotO 96** 46
Aussonderungsrecht
– bei Verwahrung **BNotO 23** 46

Ausspielung
– unter Aufsicht eines Notars **BNotO 20** 17
Ausspielvertrag BNotO 20 17
Ausstellung
– Teilhypotheken-/-grundschuldbrief **BNotO 20** 5, 35
Austausch
– Blätter wegen besserer Lesbarkeit **DONot 29** 8
Australien
– Apostille **BeurkG 2** 19b
Auswahl
– Dienstleister **BNotO 26a** 29 ff.
– Notariatsverwalter **BNotO 56** 18 ff.
Auswahlermessen BNotO 111b 44
Auswahlverfahren
– Besetzung Notarstelle **BNotO 10** 28 ff.
– Notarstelle **BNotO 4** 3
Auswärtiger Sprechtag siehe *Sprechtag, auswärtiger*
Auswärtsbeurkundung
– Berufsausübungsregelung **BNotO 2** 15
– Urkundenrolle **DONot 8** 18b
Ausweis, amtlicher
– Identitätsfeststellung **DONot 26** 3
Ausweispflicht
– Befreiung von **BeurkG 10** 9a ff.
Auszahlung
– Absehen von **BeurkG 61** 1 ff.
Auszahlungsanweisung
– bei Abtretung/Pfändung Anderkonto **BNotO 23** 39
– Änderung Auszahlungskonto **BNotO 23** 44a
Auszahlungsaussetzung BeurkG 61 1 ff.
– nachträglich unwiederbringlicher Schaden **BeurkG 61** 6 ff.
– Prüfungsmaßstab **BeurkG 61** 9 ff.
– Sanktionen **BeurkG 61** 15
– unredlicher/unerlaubter Zweck **BeurkG 61** 3 ff.
– Verfahren **BeurkG 61** 12 ff.
– bei Verwahrung **BeurkG 61** 1 ff.
Auszahlungsfehler
– bei Verwahrung **BNotO 23** 27
Auszahlungskonto
– Änderung **BNotO 23** 44a
Auszahlungsvoraussetzungen
– Anderkonto **BeurkG 57** 38, 49 ff.; **BeurkG 58** 25 ff., 29 f.
– Haftung **BeurkG 58** 31 ff.
– Sicherstellung **BeurkG 57** 100 f.
Auszubildende
– Ausbildungspflicht **RLEmBNotK VIII** 22 f.
– Fachausbildung **BNotO 30** 10 ff.
– Lernorte **BNotO 30** 13
– Vergütung **RLEmBNotK VIII** 26 ff.
– Zeugniserteilung **BNotO 30** 17
Auszug
– Beglaubigung **BeurkG 42** 13
Authentisierungszertifikat BNotO 34 4

magere Zahlen = Randnummern

Sachverzeichnis

Bachelor-Jurist
– Mitarbeiter, juristischer **BNotO 25** 4
Baden-Württemberg
– Abwicklung der staatlichen Notariate **BNotO 114** 15 ff.
– Amtsnotariat **BNotO 114** 1 ff.
– Anwaltsnotar **BNotO 114** 1 ff., 11; **BNotO 116** 2 f.
– Anwärterdienst **BNotO 114** 18 ff.
– Befähigung zum Richteramt **BNotO 5** 25
– Beglaubigungszuständigkeit **BeurkG 1** 19
– berufsrechtlicher Status der Notare **BNotO 114** 14
– Geltung BNotO **BNotO 2** 2 ff.
– Gesetz zur Abwicklung der staatlichen Notariate **BNotO Einl.** 41
– Gesetz zur Änderung der BNotO vom 15.7.2009 **BNotO Einl.** 33
– In-Kraft-Treten Neufassung **DONot 34** 3 f.
– Kontovollmacht Anderkonto **BeurkG 58** 16
– Konzentration Disziplinarverfahren **BNotO 100** 2
– Notar, hauptberuflicher **BNotO 114** 11 ff.
– Notariat, hauptberufliches **BNotO 3** 9
– Notariat, nebenberufliches **BNotO 3** 15
– Notariatsabwickler Anderkonto **BeurkG 58** 16
– Notariatsverfassung **BNotO Einl.** 22
– Notarprüfer **BNotO 114** 21
– NotK **BNotO 65** 18, 20, 22
– Sondervorschriften **BNotO 114** 1 ff.; **BNotO 116** 1 ff.
– Staatshaftung **BNotO 19** 2
– Streitschlichtung, obligatorische **BNotO 20** 58 f.
– Treuhandtätigkeit der Bank **BNotO 23** 15
– Übergangsregelung Notar im Landesdienst **BNotO 5** 25
– Unterschriftsbeglaubigung durch Behörde **BeurkG 40** 29
– Zugang zum Notaramt **BNotO 114** 18 ff.
Bagatellverfehlung BNotO 95 14 ff.
– Vorermittlung **BNotO 96** 6
Bagatellverstöße
– Notarprüfung **DONot 32** 24
Bahamas
– Apostille **BeurkG 2** 19b
Bahrain
– Apostille **BeurkG 2** 19b
Bankschließfach
– Mitbesitz **RLEmBNotK III** 9
– Verwahrung **BeurkG 62** 11; **DONot 27** 2 f.
Banküberweisung
– Ausführungsbestätigung **DONot 27** 21
Barauszahlung
– Anderkonto **DONot 27** 22
Barbados
– Apostille **BeurkG 2** 19b
Bargeld
– Verwahrung **BeurkG 57** 2 ff.

Bargeldlose Zahlung
– Datum, einzutragendes **DONot 10** 35 f.
Barzahlung
– Datum, einzutragendes **DONot 10** 33 f.
Basisversicherung
– Berufshaftpflicht **BNotO 19a** 3 ff.
Baubeschreibung
– Niederschrift **BeurkG 9** 16
– uneingeschränkte Vorlesung **BeurkG 14** 5
Bauherrenmodell
– Beurkundungsbedürftigkeit **BeurkG 9** 15 f.
Bauplan
– Niederschrift **BeurkG 9** 16
Bauträgervertrag
– Beurkundung **BeurkG 2** 14
– Unterwerfungserklärung **BeurkG 52** 8
– Verwahrung, unzulässige **BeurkG 57** 26
– Zurverfügungstellungsfrist **BeurkG 17** 50 ff.
Bayerische Notarkasse BNotO 113 1 ff.
– Abgabepflicht **BNotO 113** 33 ff.
– Altersversorgung **BNotO 113** 16
– Anstalt des öffentlichen Rechts **BNotO 113** 4 ff.
– Aufgaben **BNotO 113** 14 ff., 29
– Beschäftigung fachkundiger Mitarbeiter **BNotO 113** 24
– Beschäftigungspflicht **BNotO 113** 25, 37
– Besoldung Notarassessor **BNotO 113** 21
– Besoldungsanspruch Notarassessor **BNotO 113** 31
– Bestandsschutz **BNotO 113** 3
– Dienstunfähigkeitsversorgung **BNotO 113** 16
– Einkommensergänzung **BNotO 113** 15
– Erstattung notarkostenrechtlicher Gutachten **BNotO 113** 23
– Fortbildung **BNotO 113** 18
– Führung von Notariatsverwaltungen **BNotO 113** 22
– Geschäftsführer **BNotO 113** 11
– Haftpflichtversicherung **BNotO 113** 17
– Haushaltsmittelbereitstellung **BNotO 113** 20
– Hinterbliebenenversorgung **BNotO 113** 16
– Kostenprüfung/-revision **BNotO 113** 28
– Mitarbeiterausbildung **BNotO 113** 19
– Normsetzungsorgan **BNotO 113** 12 f.
– Notarversicherungsfonds **BNotO 113** 26
– Organe **BNotO 113** 8 ff.
– Organisation **BNotO 113** 4 ff.
– Pflichten der Notare gegenüber **BNotO 113** 32 ff.
– Präsident **BNotO 113** 9 ff.
– Prüfungsrecht Rechnungshof **BNotO 113** 42
– Rechtsschutz bei Streitigkeit mit **BNotO 113** 43 ff.
– Sitz **BNotO 113** 7
– Staatsaufsicht **BNotO 113** 38 ff.
– Tätigkeitsbereich **BNotO 113** 7
– Übertragung weiterer Aufgaben **BNotO 113** 29
– Verfahrensrecht **BNotO 113** 30 f.

1791

Sachverzeichnis

fette Zahlen = §§

- Verfassungsrecht **BNotO 113** 1 ff.
- Versorgung Notarassessor **BNotO 113** 21
- Vertrauenschadensversicherung **BNotO 113** 17
- Vertretung der **BNotO 113** 9 ff.
- Verwaltungsrat **BNotO 113** 12 f.
- Verwaltungsunterstützung **BNotO 113** 27
- *siehe auch Notarkasse München*

Bayerischer Oberster Rechnungshof
- Prüfungsrecht **BNotO 113** 42

Bayern
- Bekanntmachungsblatt der Landesjustizverwaltung **BNotO 32** 2
- Konzentration Disziplinarverfahren **BNotO 100** 2
- Notar als Gütestelle **BNotO 20** 58 f.
- Notariat, hauptberufliches **BNotO 3** 8
- NotK **BNotO 65** 18, 20, 22
- Prüfungsturnus Amtsführung **DONot 32** 4
- Streitschlichtung, obligatorische **BNotO 20** 58 f.
- Untersuchungspflicht bei Arbeitsunfähigkeit **BNotO 50** 78 ff.

Beamtenbeisitzer
- Ausschluss **BNotO 101** 5

Beamteneid BNotO 13 5

Beamtenernennung
- Amtsfähigkeit, mangelnde **BNotO 50** 14 ff.
- Anhörung NotK, fehlende **BNotO 50** 25 f.
- Bestechung **BNotO 50** 18 ff.
- Formmangel **BNotO 50** 9 ff.
- Mittel, unlautere **BNotO 50** 18 ff.
- nichtige **BNotO 50** 7 ff., 131 ff.
- Rücknahme **BNotO 50** 7, 17 ff.
- Rücknahmefrist **BNotO 50** 27 f.
- Staatsangehörigkeit **BNotO 50** 16, 24
- Täuschung, arglistige **BNotO 50** 18 ff.
- Unwürdigkeit **BNotO 50** 21 ff.
- Verschweigen Ermittlungsverfahren **BNotO 50** 20
- Verurteilung, strafgerichtliche **BNotO 50** 14 ff., 21 ff.
- zurückgenommene **BNotO 50** 7, 17 ff., 131 ff.
- Zuständigkeitsmangel **BNotO 50** 12 f.
- Zwang **BNotO 50** 18 ff.

Beanstandung
- der Aufsichtsbehörde **BNotO 94** 2
- eines Fehlers **DONot 32** 28
- NotK **BNotO 75** 4 f.
- unterlassene **DONot 32** 31a

Bedarf
- Notarstellen **BNotO 4** 1 ff.

Bedarfsprognose
- Notarassessor **BNotO 7** 24

Bedeutung, grundsätzliche
- Zulassungsberufung **BNotO 105** 13

Bedeutungslosigkeit
- Verschwiegenheitspflicht **BNotO 18** 22 ff.

Bedürfnisprüfung
- Altersstruktur **BNotO 4** 5, 13 ff.
- Anteil auswärtiger Beteiligter **BNotO 4** 10
- Geschäftsanfall **BNotO 4** 6
- Notariat, hauptberufliches **BNotO 4** 8 ff.
- Notariat, nebenberufliches **BNotO 4** 12
- Notarstelle **BNotO 4** 4, 5 ff.
- Schlüsselzahlen **BNotO 4** 6
- Zugang zum Notarberuf **BNotO 7** 3, 6

Bedürfnisschlüssel
- Mengenbedarfsplanung **BNotO 10** 8 f.

Beendigung Notariatsverwaltung BNotO 64 1 ff.
- Anwaltsnotariat **BNotO 64** 9 ff.
- hauptberufliches Notariat **BNotO 64** 3 ff.

Beendigung, vorzeitige
- Notariatsverwaltung **BNotO 64** 12 ff.
- Notarvertretung **DONot 33** 15 f.

Befähigung zum Notaramt BNotO 5 1 ff.
- deutsche Rechtsordnung **BNotO 5** 5 ff.
- Erwerb **BNotO 5** 23
- EU-Sonderregelungen **BNotO 5** 10 ff.
- fehlende/entfallene **BNotO 50** 5 f.
- Notar im Landesdienst **BNotO 5** 25
- staatliche Notare der früheren DDR **BNotO 5** 24
- Übergangsregelung Beitrittsgebiet **BNotO 117b** 2
- Wegfall der Voraussetzungen **BNotO 5** 28

Befangenheit
- Ablehnung eines Richters wegen **BNotO 101** 3 ff.; **BNotO 106** 3
- Amtsenthaltung **BNotO 16** 2 ff.
- Besorgnis der **BNotO 101** 3 ff.; **BNotO 106** 3
- Notarvertreter **BNotO 41** 17
- persönliche Beziehungen/Verhältnisse **BNotO 101** 7
- Selbstablehnung **BNotO 16** 2 ff.
- Verhandlungsführung **BNotO 101** 8
- Verweigerung Amtstätigkeit **BNotO 15** 25

Befassung, außernotarielle
- Mitwirkungsverbot **BeurkG 3** 40 ff.

Befreiungserklärung Verschwiegenheitspflicht BNotO 18 25 ff.
- durch Aufsichtsbehörde **BNotO 18** 48 ff.
- durch Beteiligte **BNotO 18** 26 ff.
- durch Partei kraft Amtes **BNotO 18** 45 ff.
- durch Rechtsnachfolger **BNotO 18** 39 ff.
- durch Vertreter **BNotO 18** 42 ff.

Befristung
- Treuhandauftrag **BeurkG 57** 102

Befugnisse
- Delegationsermächtigung **BNotO 112** 1 ff.

Beglaubigte Abschrift *siehe Abschrift, beglaubigte*

Beglaubigung BNotO 20 1 ff., 6 ff., 13
- Abgrenzung **BeurkG 1** 14
- Abgrenzung zu Beurkundung **BNotO 20** 6
- Abschrift **BeurkG 42** 1 ff.; **DONot 19** 6
- amtliche **BeurkG 1** 14

magere Zahlen = Randnummern

Sachverzeichnis

- Ausdruck eines elektronisches Dokuments **BeurkG 42** 15
- im Ausland **BeurkG 2** 9
- auszugsweise **BeurkG 42** 13
- Begriff **BNotO 20** 6
- behördliche **BeurkG 1** 14
- Beurkundung **BeurkG 1** 13
- Beurkundung, sonstige **BNotO 20** 13; **BeurkG 40** 4
- Endbeglaubigung **BeurkG 2** 18
- ohne Entwurf **DONot 29** 39
- Evidenzkontrolle **BNotO 20** 13
- Lücken **DONot 28** 17
- Mitwirkungsverbot **BeurkG 3** 17
- Namensunterschrift **BeurkG 41** 1 f.
- öffentliche **BeurkG 40** 2
- Unterschrift **BeurkG 39** 3; **BeurkG 40** 1 ff.
- Urkunde, elektronische **BeurkG 39a** 3 ff.
- Urkundenrolle **DONot 8** 7, 34
- Vermerk **BeurkG 39** 1 ff.
- Vollmacht **BeurkG 12** 6
- Zeitpunkt der Vorlegung Privaturkunde **BeurkG 43** 1 ff.
- Zeugnis, elektronisches **BeurkG 39a** 1 ff.
- Zuständigkeit Behörde **BeurkG 40** 28 ff.
- Zuständigkeit Betreuungsbehörde **BeurkG 1** 22
- Zuständigkeit Bürgermeister **BeurkG 1** 19
- Zuständigkeit Ratsschreiber **BeurkG 1** 19
- Zuständigkeit Vorsteher Ortsgericht **BeurkG 1** 19
- Zwischenbeglaubigung **BeurkG 2** 18

Beglaubigungsgebühr
- Abgrenzung bei Notariatsverwaltung **BNotO 58** 12

Beglaubigungsverfahren BeurkG 40 6 ff.
- Ablauf, zeitlicher **BeurkG 40** 23
- Abschrift **BeurkG 42** 1 ff.
- Abschrift, beglaubigte **BeurkG 42** 9 ff.
- Anerkennung der Unterschrift **BeurkG 40** 12 f.
- Auslandssachverhalte **BeurkG 40** 14
- Beglaubigungsvermerk **BeurkG 40** 22 f.
- Belehrungspflicht **BeurkG 40** 15 ff.
- Beweiswirkung **BeurkG 40** 6
- Blanko-Unterschrift **BeurkG 40** 24 ff.
- Evidenzkontrolle **BeurkG 40** 6, 19 ff.; **BeurkG 42** 10
- Gegenwart des Notars **BeurkG 40** 10
- Handzeichen **BeurkG 40** 8
- Identitätsfeststellung **BeurkG 40** 16 ff.
- Kontrollpflichten **BeurkG 40** 15 ff.
- nachträgliche Änderung der Urkunde **BeurkG 40** 23a
- Namensunterschrift **BeurkG 41** 1 f.
- öffentliche Urkunde vor Behörde **BeurkG 40** 28 ff.
- Unterschrift **BeurkG 40** 7 ff.
- Vollzug der Unterschrift **BeurkG 40** 11
- Zweifel **BeurkG 40** 21

Beglaubigungsvermerk
- Abschrift, beglaubigte **BeurkG 42** 14
- Beweiswirkung **BeurkG 40** 6
- elektronischer **BeurkG 42** 15
- in fremder Sprache **BNotO 21** 14
- Herstellungsverfahren **DONot 29** 12 ff.
- Inhalt **BeurkG 40** 22
- Lesbarkeit **DONot 29** 4
- öffentliche Urkunde **BNotO 20** 13; **BeurkG 40** 3, 6
- Stempel **DONot 29** 30 f.

Beglaubigungszuständigkeit anderer Stellen
- Behörde **BeurkG 40** 28 ff.
- Betreuungsbehörde **BeurkG 1** 22
- Bürgermeister **BeurkG 1** 19
- Ratsschreiber **BeurkG 1** 19
- Vorsteher Ortsgericht **BeurkG 1** 19

Beherrschender Einfluss
- Beteiligung **BNotO 14** 50

Behindertenschutz
- Anwesenheit Dritter **BeurkG 22** 11d
- Beteiligung am Beurkundungsverfahren **BeurkG 22** 1 ff.
- Feststellungsvermerk **BeurkG 22** 12 f.
- Rechtsfolgen bei Verstößen **BeurkG 22** 16
- Unterschrift **BeurkG 22** 14 f.
- Verzicht auf Zuziehung Zeuge/zweiter Notar **BeurkG 22** 11c
- Zuziehung Zeuge/zweiter Notar **BeurkG 22** 7 ff.

Behinderung
- Begrifflichkeiten **BeurkG 22** 3 f.
- Feststellung **BeurkG 22** 5 f.

Behörde
- Beglaubigung, öffentliche **BeurkG 40** 28 ff.
- Verhalten gegenüber **BNotO 31** 1 ff.

Beifügung
- Anlagen zur Niederschrift **BeurkG 9** 24

Beifügungspflicht, eingeschränkte BeurkG 13a 1 ff., 9

Beigeordneter BNotO 8 7

Beisitzer, notarieller
- Amtsbeendigung **BNotO 104** 9; **BNotO 108** 9 f.
- Amtsdauer **BNotO 103** 14; **BNotO 108** 3
- Amtsenthebung **BNotO 104** 10 ff.; **BNotO 108** 9, 11
- Aufwandsentschädigung **BNotO 104** 7 f.; **BNotO 108** 8
- Ausschluss **BNotO 103** 9 ff.
- Entlassung aus dem Amt **BNotO 104** 15; **BNotO 108** 9, 13
- Ernennungsverfahren **BNotO 103** 1 ff.; **BNotO 108** 2
- Hinderungsgründe **BNotO 103** 8 ff.
- Mindestalter **BNotO 103** 7
- Rechte/Pflichten **BNotO 104** 1 ff.; **BNotO 108** 4 ff.
- Rechtsstellung **BNotO 104** 1 ff.; **BNotO 108** 4 ff.

1793

Sachverzeichnis

fette Zahlen = §§

- Reisekostenvergütung **BNotO 104** 7 f.; **BNotO 108** 8
- Sonderregelungen **BNotO 111b** 88
- Tätigkeit, unvereinbare **BNotO 69** 18
- Voraussetzungen, persönliche **BNotO 103** 5 ff.; **BNotO 108** 3
- Vorschlagsliste **BNotO 103** 3

Beisitzer, richterlicher
- Bestellung **BNotO 102** 2; **BNotO 107** 1

Beitragsordnung
- Satzung **BNotO 72** 7

Beitragspflicht
- Kammerbeitrag **BNotO 73** 1 ff.

Beitrittsgebiet
- Übergangsbestimmungen **BNotO 117b** 1 f.

Bekanntmachung
- Vertreterbestellung **BNotO 40** 3 f.

Bekanntmachungsblatt der Landesjustizverwaltung
- Bezugspflicht **BNotO 32** 1 ff.

Bekanntschaft, persönliche
- Identitätsfeststellung **DONot 26** 2

Beklagter BNotO 111c 1 ff.
- Behördenprinzip **BNotO 111c** 2
- NotK oder Behörde **BNotO 111c** 2 ff.

Belarus
- Apostille **BeurkG 2** 19b

Belege
- Anderkonto **DONot 27** 19 ff.
- Banküberweisung **DONot 27** 21
- Bar-/Scheckauszahlung **DONot 27** 22
- Einsichtsrecht bei Verwahrungsgeschäft **DONot 27** 26
- Verwahrungsgeschäft **DONot 27** 19 ff.

Belehrung
- der Aufsichtsbehörde **BNotO 94** 2
- Ausgleich Belehrungsdefizite **RLEmBNotK II** 14 ff.
- der NotK **BNotO 75** 3; **BNotO 97** 15
- Vertretungsmacht, fehlende **BeurkG 12** 11

Belehrungsbedürftigkeit
- Beteiligte **RLEmBNotK II** 14 ff.
- fehlende **BeurkG 17** 15
- unerfahrene Beteiligte **BeurkG 17** 17

Belehrungspflicht BNotO 14 21 f.; **BeurkG 17** 1 ff.
- Anwendungsbereich **BeurkG 17** 3
- Auslagerung geschäftswesentlicher Vereinbarungen in Bezugsurkunden **RLEmBNotK II** 38 ff.
- Bedürftigkeit **BeurkG 17** 17
- Beglaubigung **BeurkG 40** 15 ff.
- Beratung, wirtschaftliche **BeurkG 17** 18
- Berufsrichtlinien **RLEmBNotK II** 5 ff., 14 ff.
- Beurkundung mit bevollmächtigtem Vertreter **RLEmBNotK II** 25 ff.
- Beurkundung mit Notariatsmitarbeiter als Vertreter **RLEmBNotK II** 28 ff.
- Beurkundung mit vollmachtlosem Vertreter **RLEmBNotK II** 20 ff.

- Beurkundung von Erklärungen **BeurkG 36** 13
- Eid/Eidesstattliche Versicherung **BeurkG 38** 15
- Einzelfälle BGH-Rspr. **BeurkG 17** 21
- Entbindung von Schweigepflicht **BeurkG 3** 64
- Entwurfsfertigung **BNotO 24** 17
- fehlende Belehrungsbedürftigkeit **BeurkG 17** 15
- fehlende vorherige Unterrichtung über Grundbucheinsicht **BeurkG 21** 5 f.
- Genehmigungserfordernisse **BeurkG 18** 1 ff.
- Grenzen **BeurkG 17** 15 ff.
- Kosten **BeurkG 17** 20
- Mehrkosten bei Vertragsaufspaltung **RLEmBNotK II** 35
- Mitwirkungsverbot **BeurkG 3** 63 f.
- Pflichteninhalt **BeurkG 17** 9 ff.; **BeurkG 18** 3 f.
- Rechtsanwendung, ausländische **BeurkG 17** 62
- steuerliche Folgen **BeurkG 17** 19
- Tragweite, rechtliche **BeurkG 17** 7 ff.
- Übergabe einer Schrift **BeurkG 30** 5 ff.
- Umfang **BeurkG 17** 13
- Unbedenklichkeit, steuerliche **BeurkG 19** 1 ff.
- ungesicherte Vorleistung **BeurkG 17** 12
- Unparteilichkeit **BNotO 14** 10
- Vertragsaufspaltung in Angebot und Annahme **RLEmBNotK II** 32 ff.
- Verwahrungsanweisung **BeurkG 57** 39, 42
- Verzicht **BeurkG 17** 16

Belehrungssicherung
- Beurkundung **BNotO 20** 8 f.; **BeurkG 1** 8

Belehrungsverzicht BeurkG 17 16

Belgien
- Apostille **BeurkG 2** 19b
- bilaterales Abkommen zum Urkundenverkehr **BeurkG 2** 20

Belize
- Apostille **BeurkG 2** 19b

Bemerkungen
- Urkundenrolle **DONot 8** 39

Benachrichtigungssystem
- Urkunde, erbfolgerelevante **BeurkG 34a** 1 ff.

Beobachtungsfunktion
- Dienstaufsicht **BNotO 92** 3; **BNotO 93** 4

Beratung
- Abgrenzung zu wissenschaftlicher Tätigkeit **BNotO 24** 22
- Amtstätigkeit **BNotO 24** 23
- nach Beurkundung **BNotO 24** 20
- (ergebnis-)offener Beurkundungsauftrag **BNotO 24** 19
- Hinweispflicht Gebühren **BNotO 24** 21a
- planende **BNotO 24** 19
- Rechtsgutachten **BNotO 24** 24 ff.
- selbständige **BNotO 24** 18 ff.

magere Zahlen = Randnummern

– steuerliche **BeurkG 17** 19
– Unparteilichkeit **BNotO 14** 12
– wirtschaftliche **BeurkG 17** 18
– wissenschaftliche durch BNotK **BNotO 78** 46 ff.
Berechtigter, wirtschaftlich *siehe Wirtschaftlich Berechtigter*
Berechtigtes Sicherungsinteresse *siehe Sicherungsinteresse, berechtigtes*
Bereicherungsanspruch
– bei Auszahlungsfehler **BNotO 23** 27
Berichterstattung
– Anforderung **BNotO 90** 5
– Gegenstand **BNotO 90** 2 ff.
– NotK gegenüber BNotK **BNotO 90** 1 ff.
– an Vertreterversammlung **BNotO 87** 1 ff.
Berichterstattung an Vertreterversammlung BNotO 87 1 ff.
– Art der Berichterstattung **BNotO 87** 5
– Umfang **BNotO 87** 3 f.
Berichtigung
– Abschrift, fehlerhafte **BeurkG 49** 8
– von Amts wegen **BeurkG 44a** 18
– Änderung, geringfügige **BeurkG 44a** 4
– Gesellschafterprotokoll **BeurkG 37** 18a f.
– Hauptversammlungsprotokoll **BeurkG 37** 11, 18a f.
– nachträgliche **DONot 17** 11
– nachträgliche – der Ausfertigung **BeurkG 49** 7
– nachträgliche – des Hauptversammlungsprotokolls **BeurkG 44a** 17 ff.
– Nachtragsniederschrift **BeurkG 49** 7
Berichtigungsfunktion
– Dienstaufsicht **BNotO 92** 3; **BNotO 93** 4
Berichtspflicht
– Notariatsverwalter **DONot 33** 33
– Notarvertreter **DONot 33** 14, 15 ff.
– NotK **BNotO 66** 15
– Präsidium BNotK **BNotO 82** 10 f.
– Übersicht Urkundengeschäft **DONot 24** 1
Berlin
– In-Kraft-Treten Neufassung **DONot 34** 3 f.
– Notariat, nebenberufliches **BNotO 3** 15
– NotK **BNotO 65** 22
Bermuda
– Apostille *siehe Großbritannien*
Beruf
– Ausübung eines weiteren Berufes **BNotO 8** 11 ff.
Beruf und Familie
– Vereinbarkeit **BNotO 6b** 4
Beruf, unvereinbarer
– Amtsenthebung **BNotO 50** 38 ff., 41 ff.
Berufliche Verbindung
– Mitwirkungsverbot **BeurkG 3** 33
Berufliche Zusammenarbeit
– Mitwirkungsverbot **BeurkG 3** 33, 36, 41
Berufsanerkennungsfeststellungsgesetz BNotO 5 5

Sachverzeichnis

Berufsangabe
– Beteiligter **BeurkG 10** 5
Berufsaufsicht
– Notarassessor **BNotO 7** 43
Berufsausbildung
– beruflicher Nachwuchs **BNotO 30** 1
Berufsausübung BNotO 2 12 ff.
– Genehmigung Berufsverbindung **BNotO 9** 13 ff.
– Nebentätigkeitserlaubnis **BNotO 2** 15
– Regelungen **BNotO 2** 14 ff.
– Richtlinienkompetenz Kammerversammlung **BNotO 71** 22
Berufsausübung, gemeinsame BNotO 9 1 ff.
– Amtsenthebung bei unvereinbarer **BNotO 50** 38 ff., 44 ff.
– Amtsführung, selbständige bei **RLEmBNotK V** 5 ff.
– Anzeigepflicht **BNotO 27** 1 ff., 7 ff.
– Berufsrichtlinien **RLEmBNotK V** 1 ff.
– Bezugspflicht Veröffentlichungsblätter **BNotO 32** 6
– Erkennung/Dokumentation von Kollisionsfällen **BNotO 67** 56 f.
– Landesnotarkammer Bayern **RLEmBNotK V** 13
– Mitwirkungsverbot **BeurkG 3** 41
– Notarwahl, freie **RLEmBNotK V** 7
– Offenbarungspflicht **BNotO 28** 11; **RLEmBNotK VI** 5
– Richtlinienkompetenz NotK **BNotO 67** 48 ff.
– Sicherstellung der Gebührenerhebung **BNotO 67** 61
– Umsetzung RLEmBNotK V **RLEmBNotK V** 10 ff.
– Unabhängigkeit **BNotO 14** 14; **RLEmBNotK V** 5 ff.
– Untersagung **BNotO 27** 14
– Vorlagepflicht **BNotO 27** 11
– Vorteilsgewährung **BNotO 28** 12; **RLEmBNotK VI** 9
– Zuständigkeit Aufsichtsbehörde **BNotO 27** 13
– *siehe auch Berufsverbindung*
Berufsausübungsfreiheit BNotO 9 1
– Werbung **RLEmBNotK VII** 6
Berufsbezeichnung
– Angaben zu **BNotO 29** 14
Berufsfreiheit BNotO 2 12
– Dokumentation Mitwirkungsverbot **DONot 15** 3
Berufsgeheimnis
– Europäischer Kodex des notariellen Standesrechts **Anhang 2** 2.6.
Berufshaftpflichtversicherung BNotO 19a 1 ff.
– Auskunftsanspruch **BNotO 19a** 24
– Ausschlüsse **BNotO 19a** 13 ff.
– Basisversicherung **BNotO 19a** 3 ff.
– Beendigung Versicherungsvertrag **BNotO 50** 125 ff.

Sachverzeichnis

fette Zahlen = §§

- Beratung über außereuropäisches Recht **BNotO 19a** 15
- fehlende **BNotO 6a** 1; **BNotO 50** 120 ff.
- Gruppenanschlussversicherung **BNotO 19a** 4 f.
- Leistungsfreiheit im Innenverhältnis **BNotO 50** 123 f.
- Notariatsverwalter **BNotO 61** 8 f.
- Notarkasse **BNotO 61** 10
- NotK **BNotO 61** 8 f.
- Selbstbehalt **BNotO 19a** 19
- Sicherung der Versicherungspflicht **BNotO 19a** 25
- Unterhalten einer **BNotO 50** 122 ff.
- Verhältnis zu Vertrauensschadensversicherung **BNotO 19a** 20 ff.
- Versicherer **BNotO 19a** 11
- Versicherungspflicht **BNotO 19a** 8 ff.
- Versicherungssumme **BNotO 19a** 17 ff.
- Versicherungsumfang **BNotO 19a** 12 ff.
- Vertrauensschadensversicherung **BNotO 19a** 5
- Vorleistungspflicht **BNotO 19a** 20 ff.
- Zeitpunkt, maßgeblicher **BNotO 50** 128 ff.

Berufsnachwuchs
- Ausbildungspflicht **RLEmBNotK VIII** 22 f.

Berufsordnung
- Erlass durch NotK **BNotO 67** 35 ff.
- Zuständigkeit NotK **BNotO 67** 2, 35 ff.

Berufsorganisation
- Bestellung ständiger Vertreter bei **BNotO 39** 39
- genehmigungsfreie Nebentätigkeit in **BNotO 8** 29

Berufspflicht
- allgemeine **BNotO 14** 1 ff.
- Amtsausübung **BNotO 14** 1 ff.
- Anscheinsverbot **BNotO 14** 17
- Arbeitsbedingungen, angemessene **RLEmBNotK VIII** 21, 26 ff.
- Beteiligungsverbot **BNotO 14** 47 ff.
- Fortbildung **BNotO 14** 51 ff.
- Gewährleistungsverbot **BNotO 14** 39 ff., 45
- Integrität **BNotO 14** 16
- Redlichkeit **BNotO 14** 16
- Richtlinien-Empfehlung BNotK **BNotO 14** 18
- Unabhängigkeit **BNotO 14** 13 ff.
- Unparteilichkeit **BNotO 14** 7 ff.
- Verhalten, außerdienstliches **BNotO 14** 38
- Vermittlungsverbot **BNotO 14** 39 ff., 43 f.
- Versagungspflicht **BNotO 14** 28 ff.

Berufspraxis
- Eignung, fachliche **BNotO 6** 10

Berufsqualifikation
- Gesetz zur Verbesserung der Feststellung und Anerkennung im Ausland erworbener Berufsqualifikationen **BNotO Einl.** 39

Berufsqualifikationsfeststellungsgesetz
- Anwendbarkeit **BNotO 5** 26 f.

Berufsrecht BNotO Einl. 1 ff.; **BNotO 2** 1 ff.
- Ausschließung, isolierte **BNotO 110** 8
- Entfernung, isolierte **BNotO 110** 8
- Geltung BNotO **BNotO 2** 2 ff.
- Gesetz zur Änderung des Berufsrechts der Notare und der Rechtsanwälte vom 29.1.1991 **BNotO Einl.** 27
- Kollisionsregel bei unterschiedlichen **BNotO 110** 7
- Kompetenzkonflikt mit Disziplinarrecht **BNotO 110** 1 ff.
- Notariatsverwalter **BNotO 57** 2 ff.
- Rechtsquellen **BNotO Einl.** 5 ff.
- Verfahrensordnung **BNotO Vorb.111–111g** 1
- Verfehlung **BNotO 110** 11 ff.
- Vermittlung berufsrechtlicher Grundsätze/Besonderheiten an Mitarbeiter **RLEmBNotK VIII** 24 f.
- Vermittlung fachspezifischer Kenntnisse an Mitarbeiter **RLEmBNotK VIII** 22 f.

Berufsrechtliche Richtlinien
- Beschlussfassung Satzung **BNotO 72** 8
- Genehmigung Landesjustizverwaltung **BNotO 72** 9 f.
- Satzung **BNotO 72** 6

Berufsrichtlinien
- Abgrenzung Anwalts-/Notartätigkeit **RLEmBNotK I** 3
- Akademische Grade/Titel **RLEmBNotK VII** 19 f.
- Amtsausübung, persönliche **RLEmBNotK IV** 1 ff.
- Anzeigenwerbung **RLEmBNotK VII** 25 ff.
- Arbeitsbedingungen, angemessene **RLEmBNotK VIII** 21, 26 ff.
- Auftreten, öffentliches **RLEmBNotK VII** 1 ff.
- Ausbildung von Mitarbeitern **RLEmBNotK VIII** 1 ff., 20 ff.
- Auslagerung geschäftswesentlicher Vereinbarungen in Bezugsurkunden **RLEmBNotK II** 38 ff.
- Berufsausübung, gemeinsame **RLEmBNotK V** 1 ff.
- Beschäftigung von Mitarbeitern **RLEmBNotK VIII** 1 ff.
- Beschäftigungsverhältnisse **RLEmBNotK IV** 6
- Beurkundung außerhalb Amtsbereich **RLEmBNotK IX**
- Beurkundung mit bevollmächtigtem Vertreter **RLEmBNotK II** 25 ff.
- Beurkundung mit Notariatsmitarbeiter als Vertreter **RLEmBNotK II** 28 ff.
- Beurkundung mit vollmachtlosem Vertreter **RLEmBNotK II** 20 ff.
- Delegation von Tätigkeiten **RLEmBNotK IV** 3 ff.
- Dokumentationspflichten **RLEmBNotK VI** 3

magere Zahlen = Randnummern

Sachverzeichnis

- Fortbildung **RLEmBNotK X** 1 ff.
- freie Notarwahl bei beruflicher Zusammenarbeit **RLEmBNotK V** 7
- Gebühreneinziehung **RLEmBNotK VI** 7
- Gestaltung, missbräuchliche **RLEmBNotK II** 4
- Gestaltungen, atypische **RLEmBNotK II** 1 ff., 13 ff.
- Gestaltungspflichten **RLEmBNotK II** 5 ff.
- Gestaltungspflichten in der Beurkundungsverhandlung **RLEmBNotK II** 6, 13 ff.
- Gestaltungspflichten vor Beurkundung **RLEmBNotK II** 9
- Gestaltungsvorgaben **RLEmBNotK II** 1 ff.
- Informationsveranstaltung der Medien **RLEmBNotK VII** 32 f.
- Integritätsgebot **RLEmBNotK II** 1 ff.
- Kanzleibroschüre **RLEmBNotK VII** 34 ff.
- Kostenerhebungspflicht **RLEmBNotK VI** 6 ff.
- Maklerklausel, deklaratorische **RLEmBNotK II** 12a
- Mitarbeiterausbildung **RLEmBNotK VIII** 20 ff.
- Nebentätigkeiten **RLEmBNotK I** 2
- Offenbarungspflichten **RLEmBNotK VI** 5
- private Nutzung amtlichen Wissens **RLEmBNotK III** 12 ff.
- Rechtsnatur **RLEmBNotK II** 2
- Sammelbeurkundung **RLEmBNotK II** 36 f.
- Selbständigkeit **RLEmBNotK V** 6
- Sicherheiten **RLEmBNotK III** 7 ff.
- Sicherung der Gebührenerhebung **RLEmBNotK VI** 6 ff.
- Signatur, qualifiziert elektronische **RLEmBNotK IV** 2
- Sozietätswechsel **RLEmBNotK VI** 4
- Tätigkeiten, weitere **RLEmBNotK I** 2
- Terminierung **RLEmBNotK II** 12
- Treuhandaufträge **RLEmBNotK III** 3 ff.
- Übereilungsschutz **RLEmBNotK II** 10, 11
- Überlegungsfrist, angemessene **RLEmBNotK II** 10, 11
- Umgehung Kostenerhebungspflicht **RLEmBNotK VI** 8
- Unabhängigkeit **RLEmBNotK I** 1; **RLEmBNotK V** 6
- Unparteilichkeit **RLEmBNotK I** 1
- Vereinbarung beruflicher Zusammenarbeit **RLEmBNotK V** 9
- Verfahrensweisen **RLEmBNotK II** 1 ff., 6, 13 ff.
- Verfahrensweisen, unzulässige **RLEmBNotK II** 13 ff.
- Verhalten gegenüber Behörden/Gerichten/Kollegen **BNotO** 31 ff.; **RLEmBNotK XI**
- Verhaltensweisen, außerdienstliche **RLEmBNotK I** 1 ff., 44 f.
- Verhältnis Berufs-/Verfahrensrecht/materielles Recht **RLEmBNotK II** 4
- Verhältnis zu BNotO **RLEmBNotK Einl.** 7 ff.
- Verhältnis zu DONot **RLEmBNotK Einl.** 13 ff.
- Verschwiegenheitspflicht **RLEmBNotK III** 13
- Vertragsaufspaltung in Angebot und Annahme **RLEmBNotK II** 32 ff.
- Vertretung des Notars **RLEmBNotK IV** 7 ff.
- Verwahrung **RLEmBNotK III** 3 ff.
- Verzeichnisse **RLEmBNotK VII** 23 f.
- Vorkehrungen, nach § 28 BNotO zu treffende **RLEmBNotK VI** 1 ff.
- Wahrung fremder Vermögensinteressen **RLEmBNotK III** 1 ff.
- Werbung **RLEmBNotK VII** 1 ff.
- Zusammenarbeit, berufliche **RLEmBNotK V** 1 ff., 8, 9
- Zweckverfolgung, unredliche **RLEmBNotK III** 7 ff.

Berufsschule BNotO 30 13, 17

Berufsverband
- genehmigungsfreie Nebentätigkeit in **BNotO 8** 29

Berufsverbindung BNotO Einl. 29; **BNotO 9** 1 ff.
- Abbruchsozietät **BNotO 9** 14
- Amtsenthebung bei unvereinbarer **BNotO 50** 38 ff., 44 ff.
- Amtsschild **DONot 3** 4, 7 f.
- andere Berufsrechte **BNotO 27** 12
- mit anderen Berufsträgern **BNotO 9** 33 f.
- Anwaltsnotar **BNotO 9** 1 ff., 8 ff., 29 ff., 33
- Anwaltsnotar/Patentanwalt **BNotO 9** 40
- Anwaltsnotar/Rechtsanwalt **BNotO 9** 20, 29
- Anwaltsnotar/Steuerberater **BNotO 9** 34 f.
- Anwaltsnotar/Wirtschaftsprüfer **BNotO 9** 36 ff.
- Anwendungsbereich **BNotO 9** 5 ff.
- Anzeigepflicht **BNotO 27** 1 ff., 7 ff.
- Arten **BNotO 9** 19 ff.
- Bezugspflicht Veröffentlichungsblätter **BNotO 32** 6
- Bürogemeinschaft **BNotO 9** 28
- Dienstaufsichtspflicht **BNotO 92** 8; **BNotO 93** 11 f.
- Erlaubnisvorbehalt **BNotO 9** 14 f.
- EWIV **BNotO 9** 22
- Gebührenvereinbarung/-teilung **BNotO 9** 31 f.
- Gemeinschaftsverträge **BNotO 9** 19
- Genehmigung, fehlende/unzulässige **BNotO 9** 18
- Genehmigungspflicht **BNotO 9** 13 ff.
- Genehmigungswiderruf **BNotO 9** 17
- grenzüberschreitende **BNotO 9** 12, 24
- Grundlagen der Möglichkeiten **BNotO 9** 8 ff.
- Höchstzahl der beteiligten Berufsangehörigen **BNotO 9** 16

1797

Sachverzeichnis

fette Zahlen = §§

– interprofessionelle **BNotO 9** 11, 29; **BNotO 93** 11 f.
– Kooperation **BNotO 9** 23, 29
– Mindestvoraussetzungen **BNotO 9** 41
– Mitwirkungsverbot **BNotO 9** 38; **BeurkG 27** 8
– Namensschild **DONot 3** 10
– Notar, hauptberuflicher **BNotO 9** 1 ff., 8 ff., 25 ff.
– Notaramt in Kapitalgesellschaft **BNotO 9** 20
– Offenbarungspflicht **BNotO 28** 11
– Partnerschaft **BNotO 9** 21
– Prüfung/-spflicht Aufsichtsbehörde **BNotO 27** 5 f.
– Sozietät **BNotO 9** 27, 29
– supranationale **BNotO 9** 12
– überörtliche **BNotO 9** 11; **BNotO 93** 11 f.
– Unabhängigkeit **BNotO 14** 14
– Untersagung **BNotO 27** 14
– Verfassungsrecht **BNotO 9** 5
– Vermeidung des Anscheins unzulässiger **BNotO 25** 12
– Vorlagepflicht **BNotO 27** 11
– Vorteilsgewährung **BNotO 28** 12
– Werbebeschränkung **BNotO 29** 16 ff.
– Zuständigkeit Aufsichtsbehörde **BNotO 27** 13

Berufsverbindungsvertrag
– unwirksamer **BNotO 27** 15
– Vorlagepflicht **BNotO 27** 11

Berufsverbot
– Dauer **BNotO 54** 26
– Ermessenentscheidung **BNotO 54** 25
– Verbot nach § 150 BRAO **BNotO 54** 24
– Voraussetzungen **BNotO 54** 22 f.
– bei vorläufiger Amtsenthebung **BNotO 54** 20 ff., 29 f.

Berufsverzeichnis
– Werbebeschränkung **BNotO 29** 23

Berufswahl
– Freiheit der **BNotO 7** 23 f.

Berufswürde
– Eignung, persönliche **BNotO 6** 4

Berufszugang BNotO 2 13; **BNotO 7** 4 ff.

Berufung BNotO 111b 75 ff.; **BNotO 111d** 1 ff.
– Antrag auf Zulassung **BNotO 111b** 78
– Begründung/-sfrist **BNotO 105** 8; **BNotO 111b** 77
– Beschränkung **BNotO 105** 9
– Einlegung/-sfrist **BNotO 111b** 77
– Gleichstellung mit OVG **BNotO 111b** 87
– gegen Urteil Disziplinargericht **BNotO 105** 3 ff.
– Vertretungszwang **BNotO 105** 10
– Verwerfung/-sbeschluss **BNotO 105** 11
– Zulassung **BNotO 111b** 76 f.
– Zulassung bei besonderen tatsächlichen/rechtlichen Schwierigkeiten **BNotO 111d** 6
– Zulassung bei Divergenz **BNotO 111d** 8

– Zulassung bei ernstlichen Zweifeln an Richtigkeit des Urteils **BNotO 111d** 5
– Zulassung bei grundsätzlicher Bedeutung **BNotO 111d** 7
– Zulassung bei Verfahrensmangel **BNotO 111d** 9
– Zulassung durch OLG **BNotO 111d** 2
– Zulassungsantrag **BNotO 111b** 76
– Zulassungsantrag durch BGH **BNotO 111d** 3
– Zulassungsberufung **BNotO 105** 12 ff.
– Zulassungsgründe **BNotO 111d** 4 ff.
– Zuständigkeit **BNotO 105** 7
– Zuständigkeit, sachliche **BNotO 111b** 75 ff.

Berufungsfrist
– Disziplinarverfahren **BNotO 105** 6

Berufungsgericht
– BGH **BNotO 111** 8

Berufungsunwürdigkeit BNotO 50 21 ff.

Berufungsverfahren
– Disziplinarverfahren BGH **BNotO 109** 2 ff.
– Zulassung durch OLG **BNotO 111d** 2
– Zulassungsantrag durch BGH **BNotO 111d** 3

Beschädigung
– der Notarnetzbox **BNotO 34** 7

Beschäftigung
– trotz Beschäftigungsverbot **BNotO 25** 19
– von juristischen Mitarbeitern **BNotO 25** 1 ff.
– Mitarbeiter **RLEmBNotK VIII** 1 ff.
– Notarkassenangestellte **BNotO 25** 14

Beschäftigungspflicht BNotO 113 25, 37, 46

Beschäftigungsverhältnis, früheres
– bei anderem Notar **DONot 4** 6 f.
– bei demselben Notar **DONot 4** 5
– erneute Verpflichtung **DONot 4** 5 ff.

Beschäftigungsverhältnisse
– Gestaltung von -n **RLEmBNotK IV** 6

Bescheinigung BNotO 20 4
– Abgrenzung zu Beurkundung **BNotO 20** 4
– Abgrenzung zu Urkunde **BeurkG 36** 6
– Eintragung in öffentliches Register **BeurkG 39** 3b
– gutachterliche **BeurkG 36** 6b
– notarielle **BNotO 21** 1 ff.
– Registerbescheinigung **BNotO 20** 4; **BNotO 21** 1 ff.
– Satzungsbescheinigung **BNotO 20** 4
– Übersetzung **BNotO 20** 4
– Urkundenrolle **DONot 8** 10a
– Verwahrung **BeurkG 62** 9

Bescheinigung, notarielle BNotO 21 1 ff.
– Begriff **BNotO 21** 2
– im elektronischen Rechtsverkehr **BNotO 21** 30
– Registerbescheinigung **BNotO 21** 4 ff.
– sonstige **BNotO 21** 19 ff.
– Vertretungsmacht, durch Rechtsgeschäft erteilte **BNotO 21** 1, 14a ff.

Beschilderung
– Pflicht zur **DONot 3** 1 ff.

magere Zahlen = Randnummern

Sachverzeichnis

Beschlagnahme
- Amtspflichten bei **BNotO 18** 112 ff.
- Herausgabepflicht an Strafverfolgungsbehörde **BNotO 18** 112
- Offenbarungspflicht bei **BNotO 18** 112 ff., 123 ff.
- Rechtsmittel gegen Anordnung **BNotO 18** 113 ff.
- Urkunde/Urschrift **BNotO 18** 117 ff.

Beschlagnahmeverbot BNotO 18 7 f.; **BNotO 26a** 6

Beschleunigungsgrundsatz
- Disziplinarverfahren **BNotO 96** 17

Beschlussanfechtung BNotO 111e 1 ff.
- Beschluss Kammerversammlung **BNotO 111e** 3
- Frist **BNotO 111e** 11 f.
- Klagebefugnis **BNotO 111e** 7
- Klagegegner **BNotO 111e** 13
- Mangel, formeller **BNotO 111e** 5
- Mangel, inhaltlicher **BNotO 111e** 6
- Voraussetzungen **BNotO 111e** 4 ff.

Beschlussfassung Vertreterversammlung BNotO 83 3
- mündlicher Beschluss **BNotO 85** 11
- schriftlicher Beschluss **BNotO 85** 12 ff.

Beschlussfeststellung
- Gesellschafterversammlung **BeurkG 37** 17 f.

Beschwerde BNotO 111b 80 ff.
- gegen Beschluss Disziplinargericht **BNotO 105** 15 ff.
- gegen Entscheidungen der Registerbehörde **BNotO 78o** 1 ff.
- gegen Entscheidungen der Urkundenarchivbehörde **BNotO 78o** 1 ff.
- im Verwahrungsverfahren **BNotO 23** 49 ff.
- gegen Verweisung **BNotO 110** 17
- gegen Vorbescheid **BNotO 23** 50 f.

Beschwerde, befristete
- gegen Beschluss Disziplinargericht **BNotO 105** 3, 15 ff.
- Zuständigkeit **BNotO 105** 18

Beschwerde, sofortige
- gegen Rechtswegentscheidung **BNotO 110** 16

Beschwerdegericht
- BGH **BNotO 111** 9
- Entscheidung **BNotO 15** 48 ff.
- Prüfungsbefugnis bei Amtsverweigerung **BNotO 15** 44 ff.

Beschwerdeverfahren
- Ablehnung der Erteilung Vollstreckungsklausel **BeurkG 54** 3 ff.
- Amtsverweigerung **BNotO 15** 33 ff.
- Disziplinarverfahren BGH **BNotO 109** 11
- Vorbescheid **BeurkG 53** 15 f.

Beschwerdeverfahren, Amtsverweigerung BNotO 15 33 ff.
- Abhilfe der Beschwerde **BNotO 15** 38

- Beschwerdebefugnis **BNotO 15** 39 ff.
- Beschwerdefähigkeit **BNotO 15** 34
- Beschwerdeform **BNotO 15** 36
- Beschwerdefrist **BNotO 15** 37
- Entscheidung **BNotO 15** 48 ff.
- Haftung **BNotO 15** 54
- Prüfungsbefugnis Beschwerdegericht **BNotO 15** 44 ff.
- Rechtsbeschwerde gegen Beschwerdeentscheidung **BNotO 15** 51 ff.
- Zuständigkeit **BNotO 15** 35

Besetzung Notarstelle
- Amtssitzverlegung innerhalb Amtsbereich **BNotO 10** 48 ff.
- Anwartschaftssystem **BNotO 10** 30
- Auswahlentscheidung, erste Stufe **BNotO 10** 29 ff.
- Auswahlentscheidung, zweite Stufe **BNotO 10** 43 ff.
- Auswahlverfahren **BNotO 10** 28 ff.
- Bestenauslese **BNotO 10** 43 ff.
- Bewerberkonkurrenz Notar/Notarassessor **BNotO 10** 30
- Eignungsvergleich **BNotO 10** 43 ff.
- Eignungsvergleich, modifizierter **BNotO 10** 43, 46 f.
- Geschäftsführung Standesorganisation **BNotO 10** 32
- Hochdienen Notarassessor **BNotO 10** 30
- Landeskinderklausel **BNotO 10** 42
- Mindestanwärterzeit **BNotO 10** 42
- Mindestverweildauer **BNotO 10** 33 ff.
- Nachbarschaftseinwand **BNotO 10** 37 ff.
- organisationsrechtliche Erwägungen **BNotO 10** 29
- personalwirtschaftliche Erwägungen **BNotO 10** 29 f.
- Privilegierung erster Amtssitzverlegung **BNotO 10** 31
- Sperrwirkung einer Aufforderung **BNotO 10** 42a ff.
- Vorrücksystem **BNotO 10** 30 ff.; **BNotO 48c** 72 ff.

Besitzübergabe
- Sicherungsinteresse an Verwahrung **BeurkG 57** 11 f.

Besoldetes Amt
- Amtsenthebung bei Übernahme eines **BNotO 50** 31 ff.
- Vertreterbestellung bei Ausübung eines **BNotO 39** 5

Besondere Vertrauensbeziehung siehe Vertrauensbeziehung, besondere

Besonderes elektronisches Notarpostfach (beN) siehe Notarpostfach, besonderes elektronisches (beN)

Bestallungsurkunde BNotO 12 1 ff.
- Ausfertigung **BeurkG 47** 4 f.
- Aushändigung **BNotO 12** 2, 10, 14 ff.
- Inhalt **BNotO 12** 11 ff.

1799

Sachverzeichnis

fette Zahlen = §§

- Nachweis Berufshaftpflichtversicherung **BNotO 6a** 2
- Nachweis Vertretungsmacht **BeurkG 12** 7, 12
- nichtige **BNotO 12** 18
- Niederschrift über Aushändigung **BNotO 12** 16
- Vorlage **BeurkG 12** 12

Bestandsverzeichnis
- eingeschränkte Vorlesung **BeurkG 14** 4

Bestätigung, notarielle siehe Bescheinigung, notarielle

Bestechlichkeit BNotO 49 12

Bestechung
- Beamtenernennung durch **BNotO 50** 18 ff.

Bestellung
- Altershöchstgrenze **BNotO 6** 17
- Anhörung NotK **BNotO 12** 5 f.
- Ankündigung **BNotO 12** 3a
- Anwaltsnotar **BNotO 3** 10 ff.
- Berücksichtigung Dienstvergehen **BNotO 95** 8 ff.
- Berufshaftpflichtversicherung, fehlende **BNotO 6a** 1
- Bestallungsurkunde **BNotO 12** 1
- Bestenauslese **BNotO 6** 18
- fehlerhafte **BNotO 12** 17
- Form **BNotO 12** 10
- Höchstalter **BNotO 6** 17
- Lebenszeit **BNotO 3** 6
- Mitwirkung/Zustimmung des Bewerbers **BNotO 12** 16
- nichtige **BNotO 12** 18
- Notar **BNotO 1** 1 ff., 30
- Notariatsverwalter **BNotO 12** 4; **BNotO 56** 3 ff.; **BNotO 57** 1 ff.
- Notarvertreter **BNotO 12** 4; **BNotO 40** 1 ff.
- richterliche Beisitzer Notarsenat **BNotO 102** 2; **BNotO 107** 1
- richterliche Mitglieder Disziplinargericht (BGH) **BNotO 107** 1
- richterliche Mitglieder Disziplinargericht (OLG) **BNotO 102** 1 ff.
- Verfahrensfehler **BNotO 12** 20
- Versagung **BNotO 6a** 1 ff.
- Verwaltungsakt **BNotO 12** 8 f., 16
- Voraussetzungen **BNotO 7** 4 ff.
- Vorstand/-smitglied NotK **BNotO 69** 8 ff.
- Zuständigkeit **BNotO 12** 7

Bestellungsurkunde
- Notariatsverwalter **BNotO 57** 8 f.

Bestellungsverfahren
- Notariatsverwalter **BNotO 57** 5 ff.

Bestenauslese
- Besetzung Notarstelle **BNotO 10** 43 ff.
- Notarbewerber **BNotO 6** 18

Besteuerung
- Offenbarungspflicht **BNotO 18** 100 ff.

Bestimmtheitsgrundsatz
- bei Vollstreckung **BeurkG 52** 7 ff.

Betäubungsmittel
- außerdienstliches Verhalten **BNotO 14** 38

Beteiligte
- Befreiung von Verschwiegenheitspflicht **BNotO 18** 26 ff.
- Begriff **BeurkG 6** 3; **BeurkG 10** 3
- Begriff, formeller **DONot 8** 19
- Belehrungsbedürftigkeit **RLEmBNotK II** 14 ff.
- Bezeichnung **DONot 26** 7 ff.
- Bezeichnung in Niederschrift **BeurkG 9** 4; **BeurkG 10** 1 ff.
- Einsicht in Nebenakten **DONot 22** 16
- Erfahrungsgrade, unterschiedliche **RLEmBNotK II** 6
- Erkennungszeuge **BeurkG 10** 10
- fremdsprachliche Beurkundung **BeurkG 5** 4
- Geschäftsfähigkeit **BeurkG 11** 1 ff.
- Güterstand **DONot 26** 9a
- Hinzuziehungsverlangen Zeuge/zweiter Notar **BeurkG 29** 1 ff.
- Identifizierung **BeurkG 10** 7 ff.
- Identitätsfeststellung **DONot 26** 1 ff.
- Kenntnis **BeurkG 10** 8
- Krankheit **BeurkG 11** 6
- Offenbarung gegenüber -m **BNotO 18** 66 ff.
- personenbezogene Daten **BeurkG 10** 2
- Schutz vor Übereilung **RLEmBNotK II** 10, 11
- Staatsangehörigkeit **DONot 26** 9a
- unbekannte **BeurkG 10** 9
- Urkundenrolle **DONot 8** 19 ff., 26 ff.
- Verhältnis zu DONot **DONot Einl.** 7
- Verlesung **BeurkG 13** 9 f.
- Verzicht auf Vorlesung **BeurkG 14** 10 f., 13
- Vollzugsweisung **BeurkG 53** 9 ff.

Beteiligtenberatung BNotO 24 18 ff.
- Gutachten **BNotO 24** 24 ff.
- Haftung **BNotO 24** 30
- Notarbestätigung **BNotO 24** 24 ff.

Beteiligtenbetreuung BNotO 24 1 ff.
- Amtspflichten **BNotO 14** 27
- Amtspflichtverletzung **BNotO 19** 14
- Antrag **BNotO 24** 8
- Anwaltsnotar **BNotO 24** 61 ff.
- Beratung **BNotO 24** 18 ff.
- Durchführung **BNotO 24** 10
- Entwurfsfertigung **BNotO 24** 15 ff.
- Ermessensspielraum **BNotO 24** 13
- Haftung **BNotO 19** 14, 17; **BNotO 24** 14
- Pflicht **BNotO 14** 21, 27
- Rechtgutachten **BNotO 24** 24 ff.
- Schlichtung, notarielle **BNotO 24** 46 ff.
- Subsidiärhaftung **BNotO 19** 36
- Treuhandtätigkeit **BNotO 24** 40 ff.
- Übernahme **BNotO 24** 8 ff.
- Umfang **BNotO 24** 4
- Unparteilichkeit **BNotO 24** 11

magere Zahlen = Randnummern

Sachverzeichnis

– Verweigerung Amtstätigkeit bei **BNotO** 15 28 f.
– Vollzugstätigkeit **BNotO** 24 32 ff.
Beteiligtenvertretung BNotO 24 50 ff.
– Interessen, widerstreitende **BNotO** 24 53
– Rücknahme von Anträgen **BNotO** 24 55 ff.
– Unparteilichkeit **BNotO** 24 53
– Vollzugsvollmacht **BNotO** 24 57
– Zuständigkeit **BNotO** 24 50 ff.
Beteiligtenverzeichnis
– Führung **BNotO** 28 7, 10
Beteiligungen
– wirtschaftliche Beziehungen Notar/Mitarbeiter **RLEmBNotK** VIII 7, 15 ff.
Beteiligungsverbot BNotO 14 47 ff.
– Einfluss, beherrschender **BNotO** 14 50
Beteuerungsformel
– Eidesformel **BNotO** 13 7
Betreuer
– genehmigungsfreie Nebentätigkeit **BNotO** 8 30
Betreuung
– Abgrenzung un-/selbständige **BNotO** 15 10 ff.
– Antrag **BNotO** 24 8
– Bestellung Mitarbeiter **RLEmBNotK** VIII 13
– Durchführung **BNotO** 24 10
– Entwurfsfertigung **BNotO** 24 15 ff.
– Ermessensspielraum **BNotO** 24 13
– Haftung **BNotO** 24 14
– sonstige **BNotO** 1 25
– Umfang Rechtsbetreuung **BNotO** 24 4
– Unparteilichkeit **BNotO** 24 11
– unselbständige im Rahmen der Beurkundung **BNotO** 24 5
– Verweigerung **BNotO** 15 28 f.
– vorsorgende Rechtspflege **BNotO** 24 1 ff.
– *siehe auch Beteiligtenbetreuung*
Betreuung Angehöriger
– Bestellung ständiger Vertreter bei **BNotO** 39 39
– Vertreterbestellung **BNotO** 39 4, 22
Betreuungsbehörde
– Unterschriftsbeglaubigung **BeurkG** 40 30
– Zuständigkeit Beglaubigung **BeurkG** 1 22
Betreuungsgebühr
– Abgrenzung bei Notariatsverwaltung **BNotO** 58 12
Betreuungstätigkeit BNotO 1 15
– Amtsbereich **BNotO** 11 20
– Amtsbezirk **BNotO** 11 5
– Haftung bei selbständiger – **BNotO** 19 14, 17
– Unparteilichkeit **BNotO** 14 12
– *siehe auch Beteiligtenbetreuung*
Betreuungsverfahren
– Amtsenthebung, vorläufige **BNotO** 54 7 f.
Betreuungsverfügung
– Gebühren ZVR **BNotO** 78b 30 ff.

– Widerruf **BNotO** 78a 10
– Zentrales Vorsorgeregister **BNotO** 78 32 ff.; **BNotO** 78a 1 ff., 5
Betriebsmittel
– Vermietung von Mitarbeiter an Notar **RLEmBNotK** VIII 15
Betriebsvermögen
– Praxisverkauf **BNotO** 47 29 f.
Betriebswirt
– Beschäftigung von **BNotO** 25 5
Betrug
– außerdienstliches Verhalten **BNotO** 14 38
Beurkundung BNotO 1 7 ff., 21; **BNotO** 20 1 ff., 6 ff.
– Abgrenzung bei Beglaubigung **BeurkG** 1 14
– Abgrenzung zu Bescheinigung **BNotO** 20 4
– Abgrenzung zu öffentlicher Beglaubigung **BNotO** 20 6
– Ablehnung **BeurkG** 4 1
– Ablehnung bei Geschäftsunfähigkeit **BeurkG** 28 5a
– Amtspflichtverletzung **BNotO** 19 13
– Amtsverweigerung **BNotO** 15 1 ff., 18 ff.
– Änderung nach Abschluss der **BeurkG** 44a 10 ff.; **DONot** 28 9
– Änderung vor Abschluss der **BeurkG** 44a 3 ff.; **DONot** 28 8
– Anwesenheit Dritter **BeurkG** 22 11d
– Arten **BNotO** 20 10 ff.
– Aufspaltung in Angebot und Annahme **BeurkG** 17 37
– Auslagerung geschäftswesentlicher Vereinbarungen in Bezugsurkunden **RLEmBNotK** II 38 ff.
– im Ausland **BeurkG** 2 8 ff.
– von ausländischen Notaren **BeurkG** 2 11 ff.
– Auslandssachverhalt **BeurkG** 2 10
– Ausschließungsgründe **BeurkG** 6 1 ff.
– auswärtige **BNotO** 67 68 f.
– Bedeutung **BeurkG** 1 7 ff.
– Beglaubigung **BNotO** 20 13; **BeurkG** 1 13
– Begriff **BNotO** 20 3; **BeurkG** 1 4 f.
– Behandlung von Zweifelsfällen **BeurkG** 17 23 ff.
– Belehrungssicherung **BNotO** 20 8 f.; **BeurkG** 1 8
– Bestehen der Beteiligten auf sofortige **BeurkG** 21 5
– Bestellungsstaat **BNotO** 11a 2
– Beteiligung behinderter Person **BeurkG** 22 1 ff.
– Betreuung im Rahmen der **BNotO** 24 5
– Beweiskraft **BeurkG** 1 7
– Beweiskraft öffentlicher Urkunde **BNotO** 20 7
– Beweissicherung **BeurkG** 1 9, 9d
– Beweiswirkung **BeurkG** 1 7
– Blattsammlung **DONot** 22 9
– Briefpfandrecht **BeurkG** 21 6 f.
– deutscher Notar im Ausland **BNotO** 11a 2

1801

Sachverzeichnis

fette Zahlen = §§

- in diplomatischer Vertretung **BeurkG 2** 22
- doppelsprachige **BeurkG 16** 1a
- zugunsten Ehepartner/Lebenspartner/Angehörigen des Notars **BeurkG 7** 1 ff.
- Eid **BeurkG 38** 1 ff., 6 ff.
- eidesstattliche Versicherung **BNotO 22** 1 ff.; **BeurkG 38** 1 ff., 6, 12 ff.
- Einreichung beim Grundbuchamt **BeurkG 53** 1 ff.
- Einreichung beim Registergericht **BeurkG 53** 1 ff.
- Erbvertrag **BeurkG 33** 1 ff.
- Ergebnisprotokoll Gesellschafterversammlung **BeurkG 37** 18
- Erklärung, andere **BeurkG 36** 1 ff.
- fehlende Geschäftsfähigkeit **BeurkG 11** 1, 5
- fehlerhafte durch Notarvertreter **BNotO 41** 11 ff.
- Finanzierungsgrundpfandrecht **BeurkG 17** 35
- in Flugzeug **BeurkG 2** 22
- Formstatut **BeurkG 2** 12 ff.
- fremdsprachige **BeurkG 5** 2 ff.
- Gebärdensprachdolmetscher **BeurkG 22** 10 ff.
- Gefahr im Vollzuge **BeurkG 2** 2 f.
- gemischte **BeurkG 36** 2
- Genehmigungserfordernisse **BeurkG 18** 1 ff.
- Generalklausel **BNotO 20** 6
- Gerichtsentlastung **BNotO 20** 9 f.; **BeurkG 1** 9 ff.
- Gesellschafterversammlung **BeurkG 37** 11 ff., 17 f.
- Gesellschaftsstatut **BeurkG 2** 15
- Gestaltungspflichten vor **RLEmBNotK II** 9
- Gleichwertigkeitsprüfung **BeurkG 2** 16 f.
- grenzüberschreitende **BNotO 11a** 2
- Grundsatz der Unparteilichkeit **BNotO 14** 10
- Hauptversammlung AG/KGaA **BeurkG 37** 15 f.
- Identitätsfeststellung **BeurkG 1** 7
- ohne Identitätsfeststellung **BeurkG 10** 14
- Konfliktvermittlung **BNotO 20** 62
- Legalitätskontrolle **BNotO 20** 9 f.
- Legitimationsprüfung nach Geldwäschegesetz **BeurkG 10** 15 ff.
- Machtgleichgewicht zwischen Parteien **BNotO 20** 8 f.
- Mediation **BNotO 20** 60 ff.
- Mindeststandards **BeurkG 1** 8
- Mitarbeiter als Beteiligter in fremdem Interesse **RLEmBNotK VIII** 10 ff.
- Mitarbeiterangelegenheiten **RLEmBNotK VIII** 14
- Mitwirkungsverbot **BeurkG 26** 1 ff.
- Nachtragsbeurkundung **BeurkG 13** 24 f.; **DONot 28** 9
- Nachtragsvermerk **BNotO 41** 11
- Nachverfahren **BNotO 1** 22
- Niederschrift der **BeurkG 8** 1 ff.; **BeurkG 36** 1 ff.
- Niederschrift, einfache **BeurkG 37** 1 ff., 22
- Niederschrift, gemischte **BeurkG 8** 2; **BeurkG 36** 2
- Niederschriften, mehrere **BeurkG 17** 38
- zugunsten Notar **BeurkG 7** 1 ff.
- Notariatsmitarbeiter als Bevollmächtigte **BeurkG 17** 35
- Notarunterschrift, fehlende bei Verfügung von Todes wegen **BeurkG 35** 1 ff.
- durch Notarvertreter **BNotO 41** 9 ff.
- Notarwahl, freie **BeurkG 2** 4, 10
- ökonomische Effizienz **BNotO 20** 9 f.; **BeurkG 1** 9
- Online-Beurkundung **BNotO 20** 13a; **BeurkG Einl.** 9; **BeurkG 1** 9c, 13c f.; **BeurkG 39a** 1e
- Prioritätsverhandlung **BeurkG 37** 19 ff.
- Rechtsanwendung, ausländische **BeurkG 17** 62
- Registerbescheinigung **BNotO 21** 14
- Richtigkeit der Vertragsgestaltung **BNotO 20** 8 f.
- Richtlinienkompetenz NotK **BNotO 67** 68 f.
- Sachverhaltsklärung **BeurkG 17** 6
- Sammelbeurkundung **BeurkG 13** 15 f.; **RLEmBNotK II** 36 f.
- Scheinbeurkundung **BeurkG 14** 34
- auf Seeschiff **BeurkG 2** 22
- sofortige **BeurkG 21** 5
- sonstige Personen **BeurkG 10** 4
- sonstige Tatsachen **BeurkG 37** 22 f.
- Sprachunkundigkeit **BeurkG 16** 1b ff., 3
- Streitschlichtung, freiwillige **BNotO 20** 60 ff.
- systematische **RLEmBNotK II** 17 f.
- systematische Aufspaltung von Verträgen **RLEmBNotK II** 32 ff.
- Tatsachen **BNotO 20** 12; **BeurkG 1** 12; **BeurkG 36** 3, 14
- Territorialitätsgrundsatz **BeurkG 2** 8 ff.
- Übergabe einer Schrift **BeurkG 30** 1 ff.
- Überschreiten Amtsbezirk **BeurkG 2** 1 ff.
- Überwachung, staatliche **BeurkG 1** 9d
- Urkunde, elektronische **BNotO 20** 13a; **BeurkG 1** 13b ff.
- Urkunde, öffentliche **BeurkG 1** 7
- Urkundensprache **BeurkG 5** 1 ff.
- Urkundsdatum **DONot 28** 13
- Urkundstätigkeit außerhalb Amtsbereich **BNotO 11** 20 ff., 79
- Urkundstätigkeit außerhalb Amtsbezirk **BNotO 11** 4 ff.
- Verbrauchervertrag **BeurkG 17** 40 ff.
- mit verbundenen Sozien **BeurkG 17** 35
- Verfahrensrecht **BeurkG 1** 4
- Verknüpfungsabrede **BeurkG 9** 15
- Vermerk **BeurkG 39** 1 ff.
- Versammlungsbeschluss **BNotO 20** 4a; **BeurkG 1** 12
- Versteigerung **BNotO 20** 5, 36 ff., 44 ff.
- Versteigerung, freiwillige **BeurkG 15** 1 ff.

magere Zahlen = Randnummern

Sachverzeichnis

– Vertragsgerechtigkeit **BNotO 20** 8 f.; **BeurkG 1** 8
– Vertrauensperson **BeurkG 17** 34 f., 45 ff.
– mit Vertretern **BeurkG 17** 32 ff.
– Verweigerung **BeurkG 17** 24, 26
– Verweigerung fremdsprachiger **BNotO 15** 25
– Verweigerung Urkundstätigkeit **BNotO 15** 1 ff., 7 ff.
– durch Verweisung **BeurkG 13a** 4
– Vollmacht **BeurkG 12** 6
– mit vollmachtslosem Vertreter **RLEmBNotK II** 20 ff.
– Vollzug **BeurkG 53** 1 ff.
– Vorgang **BeurkG 36** 3
– Vorschlag eines bestimmtem Notars durch Vertragspartner **RLEmBNotK VII** 18
– Vorsorgevollmacht **BeurkG 20a** 1 ff.
– Wille, wahrer **BeurkG 17** 22
– Willenserforschung **BeurkG 17** 4 f.
– Willenserklärung **BNotO 20** 10 f.; **BeurkG 1** 10 f.; **BeurkG 8** 1 ff.
– Zahlen, wichtige **DONot 28** 11 ff.
– Zeugnisurkunde **BNotO 20** 3
– Zuständigkeit Amtsgericht **BeurkG 1** 15
– Zuständigkeit Gerichtsvollzieher **BeurkG 1** 21
– Zuständigkeit, internationale **BeurkG 2** 7 ff.
– Zuständigkeit Jugendamt **BeurkG 1** 16 f.
– Zuständigkeit Konsularbeamter **BeurkG 1** 18 f.
– Zuständigkeit, örtliche **BeurkG 2** 1 ff.
– Zuständigkeit sonstige Beurkundung **BeurkG 36** 4
– Zuständigkeit Standesbeamter **BeurkG 1** 20
– Zweifel an Geschäftsfähigkeit **BeurkG 28** 3 ff.

Beurkundung, fremdsprachige BeurkG 5 2 ff.
– Sonderregelungen **BeurkG 5** 5 f.
– Sprachkenntnis der Beteiligten **BeurkG 5** 4
– Sprachkenntnis des Notars **BeurkG 5** 3
– Verlangen der Beteiligten **BeurkG 5** 2

Beurkundung, sonstige BNotO 20 3
– Beglaubigung **BeurkG 40** 4
– Niederschrift **BeurkG 8** 1 ff.; **BeurkG 36** 1 ff.

Beurkundung, systematische RLEmBNotK II 17 f.
– Aufspaltung von Verträgen **RLEmBNotK II** 32 ff.
– Auslagerung geschäftswesentlicher Vereinbarungen in Bezugsurkunden **RLEmBNotK II** 38 ff.
– Beteiligung mehrerer Notare **RLEmBNotK II** 46 f.
– mit bevollmächtigtem Vertreter **RLEmBNotK II** 25 ff.
– mit Notariatsmitarbeiter als Vertreter **RLEmBNotK II** 28 ff.
– Richtlinienbestimmungen, unterschiedliche **RLEmBNotK II** 48

– Sammelbeurkundung **RLEmBNotK II** 36 f.
– mit vollmachtlosem Vertreter **RLEmBNotK II** 20 ff.

Beurkundungsauftrag
– (ergebnis)offener **BNotO 24** 19

Beurkundungsfehler
– Richtigstellung **BNotO 41** 11

Beurkundungsgebühr
– Abgrenzung bei Notariatsverwaltung **BNotO 58** 12

Beurkundungsgesetz BeurkG Einl. 4 ff.
– Amtsgerichte **BeurkG 1** 15
– Änderungen **BNotO Einl.** 26 ff.; **BeurkG Einl.** 5
– Änderungen, künftige **BeurkG Einl.** 9
– Anwendungsbereich **BeurkG 1** 1 ff.
– Beurkundungen **BeurkG 1** 4 f.
– FGG-Verfahren **BeurkG Einl.** 6
– Geltung für andere Urkundspersonen und sonstige zuständige Stellen **BeurkG 1** 14 ff.
– Geltungsbereich **BeurkG 1** 1 ff.
– Gliederung **BeurkG Einl.** 8
– Jugendamt **BeurkG 1** 16 f.
– Urkundsgewährungsanspruch **BeurkG Einl.** 6
– Verwahrung **BeurkG 1** 6
– Zuständigkeit Konsularbeamter **BeurkG 1** 18 f.

Beurkundungsmonopol BeurkG Einl. 4
Beurkundungsnachverfahren
– Amtsgericht **BNotO 51** 27 ff.

Beurkundungstätigkeit
– ausschließliche **BNotO Einl.** 25

Beurkundungsverfahren BeurkG Einl. 7
– Abschnitte **BNotO 15** 9
– Abschrift, beglaubigte **BeurkG 42** 9 ff.
– atypische **RLEmBNotK II** 1 ff., 13 ff.
– Auslagerung, missbräuchliche **RLEmBNotK II** 38 ff., 41
– Belehrung bei Vollzugsgeschäft **BeurkG 17** 28
– Belehrungspflicht **BeurkG 17** 1 ff.
– Beweissicherung **BeurkG 8** 7 ff.
– Durchführung **BeurkG 36** 7 f.
– Einheit der Verhandlung **BeurkG 8** 12
– Gelegenheit, ausreichender Auseinandersetzung mit Beurkundungsgegenstand **BeurkG 17** 48 f.
– Gestaltung **BeurkG 17** 27 ff.
– Gestaltung des konkreten -s **BeurkG 1** 8a
– Gestaltungsvorgaben **RLEmBNotK II** 1 ff., 5 ff.
– Legalitätskontrolle **BeurkG 40** 1 ff.
– Legalitätssicherheit **BeurkG 36** 8
– Notarvertreter **BNotO 41** 9 ff.
– Pflichten **BeurkG 8** 11
– Prioritätsverhandlung, notarielle **BeurkG 37** 20 f.
– Prüfungspflicht **BeurkG 17** 1 ff.
– Schutzzweck **BeurkG 8** 7 ff.
– Serienverträge **BNotO 67** 42
– Standesrichtlinien **BeurkG 17** 27 ff.

1803

Sachverzeichnis

fette Zahlen = §§

- systematische **RLEmBNotK II** 17 f.
- Überlegungssicherung **BeurkG 8** 7 ff.
- unzulässiges **BNotO 67** 42
- Urkunde, doppelsprachige **BeurkG 50** 3a
- Verantwortung für Verfahrensleitung **BeurkG 17** 30
- Verfahrensleitung **BeurkG 8** 9 ff.; **BeurkG 36** 7
- Verhaltensanweisungen **BeurkG 17** 27 ff.
- Verhandlungsführung **BeurkG 8** 10
- Vermerk **BeurkG 39** 5
- Vollzug der Urkunde **BNotO 1** 22
- Zurverfügungstellungsfrist des beabsichtigten Textes **BeurkG 17** 50 ff.

Beurkundungsverfahren, systematische RLEmBNotK II 17 f.
- Aufspaltung von Verträgen **RLEmBNotK II** 32 ff.
- Auslagerung geschäftswesentlicher Vereinbarungen in Bezugsurkunden **RLEmBNotK II** 38 ff.
- Beteiligung mehrerer Notare **RLEmBNotK II** 46 f.
- mit bevollmächtigtem Vertreter **RLEmBNotK II** 25 ff.
- mit Notariatsmitarbeiter als Vertreter **RLEmBNotK II** 28 ff.
- Richtlinienbestimmungen, unterschiedliche **RLEmBNotK II** 48
- Sammelbeurkundung **RLEmBNotK II** 36 f.
- mit vollmachtlosem Vertreter **RLEmBNotK II** 20 ff.

Beurkundungsverhandlung
- Einheitlichkeit **BeurkG 8** 12
- Gestaltungspflichten **RLEmBNotK II** 6, 13 ff.
- Ortsveränderung **BeurkG 8** 12
- Pflichten **BeurkG 8** 11
- Unterbrechung **BeurkG 8** 12
- Verlesung **BeurkG 13** 4

Beurkundungswesen
- Funktion **BeurkG Einl.** 2 f.
- öffentliches **BeurkG Einl.** 1 ff.
- Rechtsquellen **BeurkG Einl.** 4 ff.

Beurteilungsspielraum BNotO 111b 48 ff.

Bevollmächtigter
- Auskunftsrecht ZVR **BNotO 78b** 9
- Unterwerfungserklärung durch **BeurkG 52** 6b

Bevollmächtigung
- Mitwirkungsverbot **BeurkG 3** 56

Beweisantrag
- Verwaltungsverfahren **BNotO 64a** 8

Beweiserhebung
- Disziplinarverfahren **BNotO 96** 21

Beweiserhebungsverbot
- Zweck **BNotO 18** 8

Beweiskraft
- öffentliche Urkunde **BNotO 20** 7; **BeurkG 1** 7; **DONot 28** 3 f.
- Vollmachtsbescheinigung, notarielle **BNotO 21** 14 f

Beweislast
- Amtspflichtverletzung **BNotO 19** 62 ff.
- materielle, Verfahrensgrundsatz **BNotO 111b** 70

Beweismittel
- Verwaltungsverfahren **BNotO 64a** 5

Beweissicherung
- Beurkundung **BeurkG 1** 9 ff.
- Schutzzweck Beurkundungsverfahren **BeurkG 8** 7 ff.
- Urkunde, notarielle **BeurkG 1** 9 ff.

Beweisstück
- Verwahrung **BNotO 24** 45

Beweisverfahren
- Verwaltungsverfahren **BNotO 64a** 8 ff.

Beweiswert
- Abschrift, beglaubigte **BeurkG 42** 3
- Notarbestätigung **BeurkG 36** 6a
- Registerbescheinigung **BeurkG 36** 6a
- Signatur, qualifizierte elektronische **BNotO 78h** 13 ff.
- technischer **BNotO 78h** 13 ff.
- Unterschriftsbeglaubigung **BeurkG 40** 6

Beweiswerterhalt
- Urkundenarchiv, elektronisches **BNotO 78h** 13 ff.

Beweiswirkung
- Beurkundung **BeurkG 1** 7
- intendierte **BeurkG 37** 6
- Registerbescheinigung **BNotO 21** 5, 10 ff.
- Zeugnis Registergericht **BNotO 21** 11

Bewerber
- Zustimmung zur Bestellung **BNotO 12** 16

Bewerberauswahl
- Abbruch **BNotO 6b** 14 ff.
- Anwärterdienst **BNotO 7** 30
- Anwartschaftsrecht **BNotO 7** 11
- Aufforderung zur Bewerbung **BNotO 7** 19
- Ausbildung, landesspezifische **BNotO 7** 12 ff., 18 ff.
- Ausschreibung **BNotO 6b** 1 ff., 5 ff.
- Auswahlzeitpunkt **BNotO 6b** 12 f.
- zu berücksichtigende Umstände **BNotO 6b** 12 f.
- Besetzung, externe **BNotO 7** 12
- Bewerbungsfrist **BNotO 6b** 5 f.
- Fachprüfung, notarielle **BNotO 7** 17a
- Länderbegrenzung **BNotO 7** 14
- Seiteneinsteiger **BNotO 7** 15 f., 19 f.
- Verfahren **BNotO 6b** 1 ff., 5 ff.
- Verfahrensverstöße **BNotO 6b** 17
- Vorrücksystem **BNotO 7** 11; **BNotO 48c** 72 ff.
- Wiedereinsetzung in den vorherigen Stand **BNotO 6b** 7 ff.
- Zugangsvoraussetzungen Anwärterdienst **BNotO 7** 22
- Zwangsbewerbungsverfahren **BNotO 7** 19

Bewerbung
- Aufforderung zur **BNotO 7** 19

magere Zahlen = Randnummern

Sachverzeichnis

– Notarassessor, unterbliebene **BNotO 7** 55 ff.
– Notarstelle **BNotO 6b** 1 ff.
Bewerbungsfrist BNotO 6b 5 f.
– Wiedereinsetzung in den vorherigen Stand **BNotO 6b** 7 ff.
Bewerbungsverfahren
– Anwärterdienst **BNotO 7** 30 f.
Bezeichnung
– Beteiligte **BeurkG 10** 2 ff.; **DONot 26** 7 ff.
Bezirksnotar
– BeurkG **BeurkG 1** 3
– Mitarbeiter, juristischer **BNotO 25** 3
– *siehe auch Notar im Landesdienst*
Bezugnahme, ergänzende
– Niederschrift **BeurkG 9** 10
Bezugspflicht
– Aufbewahrung **BNotO 32** 5
– Beginn **BNotO 32** 3
– Berufsausübung, gemeinsame **BNotO 32** 6
– Bezug der Pflichtblätter **BNotO 32** 3 ff.
– elektronische Form **BNotO 32** 3 f.
– Form des Bezugs **BNotO 32** 3 f.
– Halten der Pflichtblätter **BNotO 32** 3 ff.
– Online-Einsicht **BNotO 32** 3
– Veröffentlichungsblätter **BNotO 32** 1 ff.
– Zugriffsmöglichkeit **BNotO 32** 3 f.
Bezugsurkunde BeurkG 13a 2, 6 f.; **BeurkG 17** 39; **RLEmBNotK II** 38 ff.
BGB-Gesellschaft *siehe Gesellschaft bürgerlichen Rechts*
Bibliothek
– eingeschränkte Vorlesung **BeurkG 14** 4
Bilanz
– eingeschränkte Vorlesung **BeurkG 14** 4
Bilaterale Abkommen
– zur Legalisation **BeurkG 2** 20 f.
Blanko-Unterschrift BeurkG 40 24 ff.
Blattsammlung
– Aufbewahrungsfrist **DONot 10** 18
– Belege **DONot 27** 20
– Beurkundung **DONot 22** 9
– Fehlerquellen **DONot 10** 17
– Nebenakten **DONot 22** 2, 8
– Verwahrungsgeschäfte **DONot 10** 16 f.; **DONot 22** 10 f.
Blindheit
– Beteiligung behinderter Person **BeurkG 22** 1 ff.
BNotO
– Verhältnis zu Berufsrichtlinien **RLEmBNotK Einl.** 7 ff.
– Verhältnis zu DONot **RLEmBNotK Einl.** 11 f.
Bolivien
– Apostille **BeurkG 2** 19b
Bosnien-Herzegowina
– Apostille **BeurkG 2** 19b
Botschaft
– Beurkundung in **BeurkG 2** 22

Botswana
– Apostille **BeurkG 2** 19b
Brandenburg
– In-Kraft-Treten Neufassung **DONot 34** 3 f.
– Notariat, hauptberufliches **BNotO 3** 8
– NotK **BNotO 65** 21 f.
– Streitschlichtung, obligatorische **BNotO 20** 58 f.
Brasilien
– Apostille **BeurkG 2** 19b
Bremen
– In-Kraft-Treten Neufassung **DONot 34** 3 f.
– Notariat, nebenberufliches **BNotO 3** 15
Bremer NotK BNotO 65 22
– In-Kraft-Treten Neufassung **DONot 34** 3 f.
– private Nutzung amtlichen Wissens **RLEmBNotK III** 12 ff.
– Prüfung Auszahlungsvoraussetzungen **RLEmBNotK III** 5
– Stimmrecht Vertreterversammlung **BNotO 86** 5
– Wahrung fremder Vermögensinteressen **RLEmBNotK III** 1 ff.
Briefbogen
– Bezeichnung auf **BNotO 2** 8
Briefpfandrecht
– Vermerkpflicht der Briefvorlage bei Abtretung/Belastung **BeurkG 21** 6 f.
Britische Jungferninseln
– Apostille *siehe Großbritannien*
Bruchnummer
– gemeinsame Führung Urkundenrolle und Kostenregister **DONot 8** 17
Brunei-Daressalam
– Apostille **BeurkG 2** 19b
Buchdruckverfahren DONot 29 24 f.
Bücher
– Abgrenzung zu Verzeichnis **DONot 5** 3
– Abweichungen vom Muster **DONot 6** 11 f.
– Änderung **DONot 7** 7 ff.; **DONot 28** 10
– Aufbewahrungsfristen **DONot 5** 13
– Führung, papiergebundene **DONot 6** 1 ff.
– gebundene **DONot 6** 8 f.; **DONot 7** 1 ff.
– geringfügiger Schreibfehler **DONot 7** 8
– Loseblattform **DONot 6** 8 f.
– Muster **DONot 6** 10 ff.
– Übernahme durch Notariatsverwalter **BNotO 58** 4 ff.
– Zusätze **DONot 7** 8
Bücherführung DONot 5 1 ff.
– Änderungen bei EDV-gestützter **DONot 17** 12 ff.
– Auftragnehmer mit Werkverträgen **DONot 5** 12
– Datenträger **DONot 6** 4
– EDV-gestützte **DONot 6** 4; **DONot 10** 5 ff.; **DONot 17** 1 ff., 4 ff.
– Eintragungsfristen **DONot 17** 4
– Eintragungszeitpunkt bei EDV-gestützter **DONot 17** 4

1805

Sachverzeichnis
fette Zahlen = §§

- Form **DONot 10** 4
- gebundene **DONot 6** 8 f.; **DONot 10** 4
- in Geschäftsstelle **DONot 5** 4 ff.
- Loseblattform **DONot 6** 8 f.; **DONot 10** 4 ff.; **DONot 14** 1 ff.
- Neuanlegung **DONot 34** 6
- durch beim Notar beschäftigte Personen **DONot 5** 9 ff.
- Notariatsverwalter **DONot 33** 26 ff.
- Notarvertreter **DONot 33** 10 ff.
- papiergebundene **DONot 6** 1 ff., 7
- Personenkreis **DONot 5** 9 ff.
- Übergangsvorschriften **DONot 34** 5 ff.
- Umstellung laufender Bücher **DONot 34** 7
- Verantwortung für **DONot 10** 13 f.
- Währungsumstellung **DONot 34** 11 f.
- Weiterführung Massenbuch **DONot 34** 10
- Wiederholung von Ausdrucken **DONot 17** 9
- Zwischenausdruck **DONot 17** 7 f.

Buchgeld
- Verwahrung **BeurkG 57** 3

Buchprüfer, vereidigter
- Anwaltsnotar **BNotO 8** 4, 15 f.
- Kompetenzkonflikt unterschiedlicher Berufsrechte **BNotO 110** 6 ff.

Bulgarien
- Apostille **BeurkG 2** 19b

Bundesdisziplinargesetz BNotO 96 1 ff.; **BNotO 105** 1

Bundesgerichtshof
- Ablehnung wegen Besorgnis der Befangenheit **BNotO 106** 3
- Ausschließung vom Richteramt **BNotO 106** 2
- Berufungsgericht **BNotO 111** 8
- Beschwerdegericht **BNotO 111** 9
- Besetzung **BNotO 111** 12
- Bestellung Mitglieder Notarsenat **BNotO 107** 1
- Disziplinargericht 2. Instanz **BNotO 106** 1
- Einstweiliger Rechtsschutz **BNotO 111** 11
- Gericht erster Instanz **BNotO 111** 10
- Rechtsmittelgericht **BNotO 111** 8 ff.
- Senat für Notarsachen **BNotO 106** 1

Bundesgesetzblatt Teil 1
- Bezugspflicht **BNotO 32** 1 ff.

Bundesländer, neue BNotO Einl. 19
- Übergangsregelung staatliche Notare der früheren DDR **BNotO 5** 24

Bundesnotarkammer BNotO 65 7; **BNotO 76** 1 ff.
- Aktenführung, elektronische **BNotO 78** 52 ff.
- Anderkontenbedingungen **DONot 27** 4 ff.
- Angelegenheiten gegenüber Behörden/Gerichten **BNotO 78** 8 ff.
- Archivführung **BNotO 78** 26 ff.
- Aufgaben **BNotO 78** 1 ff.
- Aufgaben, gesetzliche **BNotO 78** 2 ff.
- Aufgaben, zusätzliche **BNotO 78** 43 ff., 56 f.
- Aufgaben-Generalklausel **BNotO 78** 43 ff.

- Aufgabenübertragung durch Satzung **BNotO 83** 7
- Aufsicht **BNotO 77** 5 ff.
- Aufwendungsentschädigung **BNotO 88** 6
- Ausbildungsrichtlinien für Hilfskräfte **BNotO 78** 20 f.
- Aus-/Fortbildung Notariatsmitarbeiter **BNotO 78** 46 ff.
- Auskunft der Registerbehörde **BNotO 78b** 1 ff.; **BNotO 78f** 1 ff.
- Auskunfterteilung aus ZTR **BNotO 78f** 1 ff.
- Auskunfterteilung aus ZVR **BNotO 78b** 3 ff.
- Auskunfts-/Berichtsanspruch gegenüber NotK **BNotO 90** 1 ff.
- Auslagenersatz Präsidiumsmitglieder **BNotO 88** 5, 8
- Ausschüsse **BNotO 79** 9
- Beitragserhebung **BNotO 91** 1 ff.
- Beschlussfassung **BNotO 83** 1 ff.
- Beschwerde gegen Entscheidungen als Register- oder Urkundenarchivbehörde **BNotO 78o** 1 ff.
- Besonderes elektronisches Notarpostfach (beN) **BNotO 78** 25; **BNotO 78n** 1 ff.
- Bestellung Geschäftsführer **BNotO 79** 11
- Dachverband **BNotO 76** 1
- Datenverarbeitung, elektronische **BNotO 78** 52 ff.
- Deutsches Notarinstitut (DNotI) **BNotO 76** 11; **BNotO 78** 47
- Dienstleister **BNotO 26a** 15
- Ehrenpräsident **BNotO 70** 19 ff.; **BNotO 82** 12 ff.
- elektronisches Urkundenarchiv **BNotO 78** 26 ff., 40 ff.
- Empfehlungen für Richtlinien der NotK zum Berufsrecht **BNotO 78** 18 f.
- Entstehungsgeschichte **BNotO 76** 3 f.
- Fachinstitut für Notare beim Deutschen Anwaltsinstitut e. V. **BNotO 78** 48
- Fragen betr. der Gesamtheit der NotK **BNotO 78** 5 ff.
- Führung elektronischer Notaraktenspeicher **BNotO 78** 22
- Geschäftsführung **BNotO 79** 10 ff.
- Geschäftsstelle **BNotO 79** 10 ff.
- Gutachtertätigkeit **BNotO 78** 15 ff.
- Güteordnung **BNotO 20** 63
- Haushaltführung **BNotO 79** 11
- Haushaltsplan und Jahresrechnung **BNotO 79** 5; **BNotO 91** 5
- Haushaltsprüfung **BNotO 91** 11, 13
- Herausgabe Deutsche Notarzeitschrift **BNotO 78** 49
- Information der Öffentlichkeit **BNotO 78** 57
- Kommunikation, elektronische **BNotO 78** 52 ff.
- Körperschaft des öffentlichen Rechts **BNotO 77** 2 ff.

magere Zahlen = Randnummern

Sachverzeichnis

– Leitfaden zur freiwilligen Versteigerung **BeurkG 15** 1a
– Mitarbeiter der Geschäftsstelle **BNotO 79** 10 ff.
– Mitgliedschaft **BNotO 76** 1, 5 f.
– Notaraktenspeicher, elektronischer **BNotO 78k** 1 ff.
– Notarfortbildung **BNotO 78** 46 ff.
– Notarverzeichnis **BNotO 78l** 1 ff.
– Notarverzeichnisführung **BNotO 78** 23 f.
– Offenbarung gegenüber **BNotO 18** 86
– Öffentlichkeitsarbeit **BNotO 78** 8 ff.
– Organe **BNotO 77** 10 ff.; **BNotO 79** 1 ff.
– Pflichtaufgaben **BNotO 78** 2 ff.
– Präsident **BNotO 79** 7 f.; **BNotO 80** 2 f., 6 ff.
– Präsidium **BNotO 79** 3 ff.; **BNotO 80** 1 ff.; **BNotO 82** 7 ff.
– Presse-/Öffentlichkeitsarbeit **BNotO 78** 56
– Prüfungsamt für notarielle Fachprüfung **BNotO 7g** 2 f.; **BNotO 78** 58
– Rechtsetzungskompetenz **RLEmBNotK Einl.** 1
– Rechtsstatus **BNotO 77** 2 ff.
– Registerbehörde **BNotO 77** 2, 9; **BNotO 78** 26 ff.; **BNotO 78a** 18; **BNotO 78c** 3
– Registerführung **BNotO 78** 26 ff.
– Repräsentation des Berufsstandes **BNotO 78** 13 f.
– Richtlinien-Empfehlung zur Amtsführung **BNotO 14** 18
– Richtlinienempfehlungen **RLEmBNotK Einl.** 2 ff.
– Rundschreiben 1/1996 und 31/2000 zu berechtigtem Sicherungsinteresse **BeurkG 57** 9
– Satzung **BNotO 77** 10 ff.
– Satzungsänderung **BNotO 77** 11
– Satzungsregelung Organbefugnisse **BNotO 89** 1 ff.
– Sitz **BNotO 76** 10 f.
– Stellvertreter des Präsidenten **BNotO 80** 4 f.
– Struktur, innere **BNotO 77** 10 ff.
– Übergangsregelung Anderkontenbedingungen **DONot 34** 13
– Unterrichtung durch NotK **BNotO 34** 10
– Urkundenarchiv, elektronisches **BNotO 78h** 1 ff.
– Urkundenarchivbehörde **BNotO 77** 2, 9; **BNotO 78** 26 ff., 40 ff.
– Verhältnis zur NotK **BNotO 76** 7 ff.
– Vermögensverwaltung **BNotO 91** 12
– Vertreterversammlung **BNotO 79** 2
– Vertretung der **BNotO 79** 7 f.; **BNotO 82** 2 ff.
– Verwaltung Notardaten **BNotO 78** 23 f., 50 f.
– wissenschaftliche Beratung der NotK zur Aus-/Fortbildung **BNotO 78** 46 ff.
– Zentrales Testamentsregister **BNotO 78** 26 ff., 37 ff.; **BNotO 78c** 3
– Zentrales Vorsorgeregister **BNotO 78** 26 ff., 32 ff.; **BNotO 78a** 18

– Zugangsberechtigung zum Elektronischen Urkundsarchiv **BNotO 78i** 1 ff.
– Zusammenschluss der NotK **BNotO 76** 5 f.
– Zuständigkeit Gebührensatzungen ZTR **BNotO 78g** 18 f.
– Zuständigkeit Gebührensatzungen ZVR **BNotO 78b** 25 f.
Bundesnotarkammerbeitrag BNotO 91 1 ff.
– Beitragsanforderung **BNotO 91** 9 f.
– Beitragspflicht **BNotO 91** 4
– Festsetzung **BNotO 91** 5 f.
– Höhe und Verteilung **BNotO 91** 5 ff.
– Kostendeckung **BNotO 91** 2 f.
– Verteilungsschlüssel **BNotO 91** 7
Bundesnotarordnung BNotO Einl. 20 ff.
– 1. Gesetz zur Änderung der BNotO vom 7.8.1981 **BNotO Einl.** 26
– 3. Gesetz zur Änderung **BNotO Einl.** 28
– Entstehungsgeschichte **BNotO Einl.** 8 ff.
– Geltung **BNotO 2** 2 ff.
– Gesetz zur Änderung der Bundesnotarordnung (Neuregelung des Zugangs zum Anwaltsnotariats) **BNotO Einl.** 35
– Gesetz zur Änderung vom 15.7.2009 **BNotO Einl.** 33
– Novellierungen **BNotO Einl.** 24 ff.
Bundespräsident
– Verunglimpfung **BNotO 49** 10
Bundesrechnungshof BNotO 91 13
Bundeswehr
– Einwirkung, verfassungsfeindliche auf **BNotO 49** 10
Bundeszentralregister
– Eintragung/Löschung **BNotO 110a** 16 f.
Bürgermeister
– Notar, nebenberuflicher **BNotO 8** 7
– Unterschriftsbeglaubigung **BeurkG 40** 29
– Zuständigkeit Beglaubigung **BeurkG 1** 19
Bürgermeistertestament
– Feststellung Geschäftsfähigkeit **BeurkG 28** 2
– Notarunterschrift, fehlende **BeurkG 35** 2
– Übergabe einer Schrift **BeurkG 30** 3
– Verschließung/Verwahrung **BeurkG 34** 2, 8
Bürgschaft
– Übernahmeverbot **BNotO 14** 39, 45
– Vorteilsverschaffung **BeurkG 7** 9
Büroeinrichtung
– bei Bestellung Notariatsverwalter **BNotO 58** 8 f.
Bürogemeinschaft
– Amtsschild **DONot 3** 4
– Dienstaufsichtspflicht **BNotO 92** 8
– Mitwirkungsverbot **BeurkG 3** 33
– Notar, hauptberuflicher **BNotO 9** 28
– Verpflichtung, förmliche **BNotO 26** 16; **DONot 4** 2, 7
– Zusammenarbeit, berufliche **RLEmBNotK V** 8
Büropersonal
– Verpflichtung, förmliche **BNotO 26** 6 ff.

1807

Sachverzeichnis

fette Zahlen = §§

Bürosafe
– Verwahrung **BeurkG 62** 11; **DONot 27** 2 f.
Bußgeldbescheid
– Bindungswirkung im Disziplinarverfahren **BNotO 96** 38 f.
Bußgeldverfahren
– Bindungswirkung Urteil **BNotO 96** 38 f.

Caymaninseln
– Apostille *siehe Großbritannien*
CD
– Verwahrung **BNotO 23** 6; **BNotO 24** 45
CD-ROM
– Archivierung **DONot 6** 6
Chile
– Apostille **BeurkG 2** 19b
China
– Apostille **BeurkG 2** 19b
Chip-Karte BNotO 21 30
Cloud-Computing BNotO 18 155
Company Law Package BNotO 20 13a; **BeurkG Einl.** 9; **BeurkG 1** 9c, 13c f.; **BeurkG 39a** 1e
Compliance
– Gebot **BNotO 28** 6
Cookinseln
– Apostille **BeurkG 2** 19b
Corporate Identity BNotO 29 5
Costa Rica
– Apostille **BeurkG 2** 19b

Dänemark
– Apostille **BeurkG 2** 19b
– bilaterales Abkommen zum Urkundenverkehr **BeurkG 2** 20
Darlehen
– Verwahrungsvereinbarung **BNotO 23** 25
Darlehensvermittlung BNotO 14 44
Daten
– personenbezogene **BeurkG 10** 2
Datenbankgrundbuch
– Gesetz zur Einführung **BeurkG 53** 20
Datenbankstruktur
– Grundbuch **BeurkG 53** 20 f.
Datenschutz
– Generalakten **DONot 23** 6a, 6g
– bei Kollisionsfällen **BNotO 67** 58
– Prüfung **DONot 32** 6b
– Übermittlung personenbezogener Informationen **BNotO 64a** 12
– Verhältnis zu Verschwiegenheitspflicht **BNotO 18** 166 ff.
Datenschutzrecht BNotO 18 166 ff.
Datensicherheit
– Urkundenarchiv, elektronisches **BNotO 78h** 9 ff.
Datenträger
– Verwahrung **BNotO 23** 6; **BNotO 24** 45
Datenträger, elektronischer
– Urkundsinhalt **BeurkG 9** 21
– Verwahrung **BeurkG 62** 22 ff.
– Verweisung auf **BeurkG 9** 19, 21
Datentransfer, elektronischer
– Elektronisches Gerichts- und Verwaltungspostfach der Justiz (EGVP) **BeurkG 53** 18
Datenverarbeitung, elektronische
– BNotK **BNotO 78** 52 ff.
– Dauer der Speicherung **DONot 5** 28
Datumsangabe
– Massen-/Verwahrungsbuch **DONot 10** 33 ff.
– Niederschrift **BeurkG 9** 26 ff.; **BeurkG 37** 10
Dauerberatung
– Mitwirkungsverbot **BeurkG 3** 57
Dauerhaftigkeit
– Urschrift, Ausfertigung/beglaubigte Abschrift **DONot 29** 9 f.
Dauervertretung BNotO 39 4a, 22
DA:VE BNotO 33 7
Deckungszusage
– fehlende vorläufige **BNotO 6a** 1
Delegation
– Ausgestaltung zulässiger **BNotO 67** 47
– Tätigkeiten **RLEmBNotK IV** 3 ff.
– Tätigkeiten an juristische Mitarbeiter **BNotO 25** 6 ff.
Delegationsermächtigung BNotO 112 1 ff.
– Anwendungsbereich **BNotO 112** 2 ff.
– Form der Übertragung **BNotO 112** 7
– Übertragbarkeit von Aufgaben/Befugnissen **BNotO 112** 5 f.
Deutsche Bundesbank
– Offenbarung gegenüber **BNotO 18** 90
Deutsche Demokratische Republik
– Notariat, staatliches **BNotO Einl.** 18 f.
– Übergangsregelung für staatliche Notariate der früheren DDR **BNotO 5** 24
Deutsche Notarauskunft BNotO 78 57
Deutsche Notarzeitschrift BNotO 78 49
– Bezugspflicht **BNotO 32** 2
Deutsches Notarinstitut (DNotI) BNotO 76 11; **BNotO 78** 47
Dezernent, richterlicher
– Disziplinarverfahren **BNotO 96** 19
Dienstantritt, fehlender
– Notarassessor **BNotO 7** 54, 58
Dienstanweisung
– DONot **DONot Einl.** 5 f.
Dienstaufsicht BNotO 92 1 ff.
– Aufsichtsbehörden **BNotO 92** 6 f.
– Aufsichtspflichtiger **BNotO 92** 6, 8
– Beanstandung **BNotO 94** 2
– Befugnisse **BNotO 93** 1 ff.
– Belehrung **BNotO 94** 2
– Berufsverbindungen **BNotO 93** 11 f.
– bei Ermessensentscheidung **BNotO 93** 7
– fehlerhafte **BNotO 93** 15
– Funktionen **BNotO 92** 2 ff.
– Gebühren für Prüfung der Amtsführung **BNotO 93** 9
– Gebühreneinzug **BNotO 93** 10

magere Zahlen = Randnummern

Sachverzeichnis

– Geschäftsprüfung **BNotO 93** 5
– Großsozietäten **BNotO 93** 11 f.
– Grundlagen **BNotO 92** 2 ff.
– Justizverwaltung **BNotO 92** 6
– Kostenberechnung **BNotO 93** 8, 10
– Maßnahmen **BNotO 93** 4, 6 ff.
– Missbilligung **BNotO 94** 1 ff.
– Mitwirkungspflicht Notar **BNotO 93** 14
– Mitwirkungsverbote **BNotO 93** 11 f.
– NotK **BNotO 92** 7
– präventive **BNotO 93** 1a
– Prüfungsort **BNotO 93** 10
– Prüfungsumfang **BNotO 93** 10 ff.
– Prüfungszuständigkeit **BNotO 93** 13
– Rechte des Notars **BNotO 93** 16
– Rechtsaufsicht **BNotO 93** 6
– Stichproben **BNotO 93** 10
– Weisungsrecht **BNotO 92** 4

Dienstaufsichtsbeschwerde
– Amtsverweigerung **BNotO 15** 46

Diensteid BNotO 13 5

Dienstleister, externer
– im Allgemeinen **BNotO 26a** 21 ff.
– Auslegungsmaßstab **BNotO 26a** 4 ff.
– Auswahl und Überwachung **BNotO 26a** 29 ff.
– Begriff **BNotO 26a** 13 ff.
– Dienstleistung für einzelnes Amtsgeschäft **BNotO 26a** 17 ff.
– Einwilligung des Beteiligten **BNotO 26a** 44 ff.
– Erforderlichkeit der Dienstleistung **BNotO 26a** 16 ff.
– Erforderlichkeit der Offenbarung **BNotO 26a** 26 ff.
– Geltung anderer Vorschriften **BNotO 26a** 47 f.
– Güterabwägung **BNotO 26a** 2 ff.
– Informationsschutzniveau, identisches **BNotO 26a** 5 ff.
– Informationsschutzniveau, unterschiedliches **BNotO 26a** 8 ff.
– Offenbarung gegenüber **BNotO 18** 131 a f.; **BNotO 26a** 1 f., 12 ff.
– strafrechtlicher Schutz von Privatgeheimnissen **BNotO 26a** 5 ff.
– Verschwiegenheitsvereinbarung **BNotO 26a** 29; **DONot 4** 3, 8
– *siehe auch Verschwiegenheitsvereinbarung, externe Dienstleister*

Dienstordnung für Notarinnen und Notare (DONot) BNotO Einl. 7; **DONot Einl.** 1 ff.
– Abschrift, beglaubigte **DONot 29** 1 ff.
– Amtspflichten **DONot Einl.** 8
– Amtspflichtverletzung **DONot Einl.** 10
– Amtsschild **DONot 3** 1 ff.
– Amtssiegel **DONot 2** 1 ff.
– Anderkontenbedingungen **DONot 27** 4 ff.
– Anderkontenliste **DONot 12** 21 ff.
– Anfechtung Einzelmaßnahme **DONot Einl.** 4

– Aufbewahrung von Unterlagen **DONot 5** 13 ff.
– Aufbewahrung von Urkunden **DONot 18** 1 ff.; **DONot 19** 1 ff.
– Ausfertigung **DONot 29** 1 ff.
– Auslegung **DONot Einl.** 14 ff.
– Bedeutung **DONot Einl.** 9, 11
– Bindung Aufsichtsbehörde **DONot Einl.** 3
– Bücher **DONot 6** 1 ff.; **DONot 7** 1 ff.; **DONot 14** 1 ff.
– Bücherführung, EDV-gestützte **DONot 17** 1 ff., 4
– Dienstanweisung **DONot Einl.** 5 f.
– Dokumentation Mitwirkungsverbote **DONot 15** 1 ff.
– Entwicklung **DONot Einl.** 13
– Erbvertragsverzeichnis **DONot 9** 1 ff.
– Generalakten **DONot 23** 1 ff.
– Heftung **DONot 30** 1 ff.
– Identitätsfeststellung **DONot 26** 1 ff.
– In-Kraft-Treten **DONot 34** 1 ff.
– keine Unwirksamkeit des Amtsgeschäfts bei Verstoß **DONot Einl.** 5 f.
– Kostenregister **DONot 16** 1 ff.
– Loseblattform **DONot 14** 1 ff.
– Massenbuch **DONot 10** 1 ff.; **DONot 12** 1 ff.
– Namensschild **DONot 3** 1 ff., 8 ff.
– Namensverzeichnis **DONot 13** 1 ff.
– Nebenakten **DONot 22** 1 ff.
– neue Entwicklung **DONot Einl.** 1 f.
– Neufassung **DONot Einl.** 13
– Notariatsverwaltung **DONot 33** 1 ff., 20 ff.
– Notarvertretung **DONot 33** 1 ff., 5 ff.
– Prüfung der Amtsführung **DONot 32** 1 ff.
– Rechtsgrundlage **DONot Einl.** 1b
– Rechtspflichten gegenüber Beteiligten **DONot Einl.** 7
– Siegelung **DONot 31** 1 ff.
– Signatur, qualifizierte elektronische **DONot 2a** 1 ff.
– Sollvorschrift **DONot Einl.** 16
– Übersicht Urkundengeschäft **DONot 24** 1 ff.
– Übersicht Verwahrungsgeschäfte **DONot 25** 1 ff.
– Übertragung der Verpflichtungen auf Mitarbeiter **DONot Einl.** 12
– Unabhängigkeit **DONot Einl.** 2
– Unterlagenführung **DONot 5** 1 ff., 4 ff.; **DONot 6** 1 ff.
– Unterschrift **DONot 1** 1 ff.
– Urkundenherstellung **DONot 28** 1 ff.
– Urkundenrolle **DONot 8** 1 ff.
– Urschriften **DONot 29** 1 ff.
– Verfügung von Todes wegen **DONot 20** 1 ff.
– Verhältnis zu Berufsrichtlinien **RLEmBNotK Einl.** 13 ff.
– Verhältnis zu BNotO **RLEmBNotK Einl.** 11 ff.
– Verpflichtung beschäftigter Personen **DONot 4** 1 ff.

1809

Sachverzeichnis

fette Zahlen = §§

- Verstoß gegen **BNotO 95** 13; **DONot Einl.** 9 ff.
- Verwahrungsbuch **DONot 10** 1 ff.; **DONot 11** 1 ff.
- Verwahrungsgeschäfte **DONot 27** 1 ff.
- Verwaltungsverordnung **DONot Einl.** 4
- Verzeichnisführung, EDV-gestützte **DONot 17** 1 ff., 15
- Verzeichnisse **DONot 6** 1 ff.; **DONot 7** 10
- Wechsel-/Scheckprotest **DONot 21** 1 ff.
- Wirkung, drittschützende **DONot Einl.** 8

Dienstunfähigkeit, dauernde
- Vertreterbestellung **BNotO 39** 7

Dienstunfähigkeitsversorgung
- Notarkasse **BNotO 113** 16

Dienstvergehen BNotO 95 1 ff., 11 ff.
- Amtspflichtverletzung **BNotO 95** 11 ff.
- Anknüpfung Verfehlung **BNotO 110** 11 ff.
- Anschein einer Pflichtverletzung **BNotO 95** 22
- Anwaltsnotar **BNotO 95** 31
- Bagatellverfehlung **BNotO 95** 14 ff.
- Begehensformen **BNotO 95** 22 f.
- Einheit des -s **BNotO 110** 11 ff.
- einheitliches **BNotO 95** 28
- fahrlässiges **BNotO 95** 25
- Fehlverhalten, außerberufliches **BNotO 95** 17 ff.
- Fortsetzungszusammenhang **BNotO 95** 32
- Fristbeginn Verfolgungsverbot **BNotO 95a** 6 f.
- Grundsatz der Einheit **BNotO 95** 27 ff.
- Persönlichkeitsstruktur **BNotO 95** 28
- Rechtfertigung **BNotO 95** 24
- Rechtswidrigkeit **BNotO 95** 24
- Schuldausschließungsgründe **BNotO 95** 26
- schuldhaftes **BNotO 95** 25
- Selbstreinigungsverfahren **BNotO 95a** 13
- Straftaten, außerberufliche **BNotO 95** 18
- Straßenverkehrsdelikt **BNotO 95** 19
- Verfehlung **BNotO 110** 11 ff.
- Verfehlung, außerberufliche **BNotO 110** 13
- Verfolgungsverbot **BNotO 95a** 1 ff.
- Verhältnis zur Amtsenthebung **BNotO 95** 36
- Verjährung **BNotO 95a** 1 ff.
- Versuch **BNotO 95** 23
- vollendetes **BNotO 95** 23
- Vorbereitungshandlung **BNotO 95** 23
- vorsätzliches **BNotO 95** 25
- Wirtschaftsführung, private **BNotO 95** 21

Dienstverhältnis
- Mitwirkungsverbot **BeurkG 3** 57
- Notarassessor **BNotO 7** 36 ff., 39

Digitale Signatur BNotO 20 13a; **BNotO 21** 30

Diplomatische Vertretung
- Beurkundung in **BeurkG 2** 22

Diplom-Jurist
- Mitarbeiter, juristischer **BNotO 25** 4

Diplom-Wirtschaftsjurist
- Mitarbeiter, juristischer **BNotO 25** 4

Direktmarketing RLEmBNotK VII 8

Diskette
- Verwahrung **BNotO 23** 6; **BNotO 24** 45

Dispens
- Auflage **BNotO 10** 100
- Befristung **BNotO 10** 98
- Erledigung **BNotO 10** 101
- Kriterien Auswahlermessen **BNotO 10** 89 ff.
- Kriterien Entschließungsermessen **BNotO 10** 87 f.
- Nebenbestimmungen **BNotO 10** 97 ff.
- Rechtsfolgen **BNotO 10** 94 ff.
- Rechtsnatur **BNotO 10** 94
- Rücknahme **BNotO 10** 101
- vom Verbot der Unterhaltung mehrerer Geschäftsstellen/auswärtiger Sprechtage **BNotO 10** 85 ff.
- Verfahren bei **BNotO 10** 92 f.
- Voraussetzungen **BNotO 10** 86 ff.
- Weiterführung Amtsbezeichnung **BNotO 52** 5 ff.
- Widerruf **BNotO 10** 101
- Widerrufsvorbehalt **BNotO 10** 99
- Zeitablauf **BNotO 10** 101

Dispenserteilung
- widerrufliche **BNotO 8** 10

Dispositionsgrundsatz BNotO 111b 67
Dispositivurkunde BeurkG 1 4
Disziplinarbefugnis BNotO 98 2 ff.
- Ausübung, erneute **BNotO 98** 17

Disziplinareintragung
- nach Ablauf Tilgungsfrist **BNotO 110a** 10 ff.
- Tilgung **BNotO 110a** 1 ff.
- Tilgungsfrist **BNotO 110a** 3 ff.

Disziplinargericht BNotO 99 1 ff.
- Ablehnung Richter wegen Befangenheit **BNotO 101** 3 ff.; **BNotO 106** 3
- Anfechtung von Entscheidungen **BNotO 105** 1 ff.
- Anfechtungsklage **BNotO 99** 21 f.
- Aufgabenübertragung **BNotO 100** 1 ff.
- Ausschließung vom Richteramt **BNotO 101** 3 ff.; **BNotO 106** 2
- Berufung **BNotO 105** 3 ff.
- Beschwerde, befristete **BNotO 105** 3, 15 ff.
- Besetzung **BNotO 101** 1 ff.
- Bestellung der richterlichen Mitglieder (BGH) **BNotO 107** 1
- Bestellung der richterlichen Mitglieder (OLG) **BNotO 102** 1 ff.
- Disziplinarklage **BNotO 99** 7 ff.
- Ernennung Notarbeisitzer **BNotO 103** 1 ff.; **BNotO 108** 2
- Gerichtssprache **BNotO 99** 6
- Geschäftsverteilung **BNotO 102** 6
- Rechtshilfe **BNotO 99** 6
- Rechtsmittel **BNotO 105** 3 ff.
- Rechtswegentscheidung **BNotO 110** 14 ff.

1810

magere Zahlen = Randnummern

– Sitzungspolizei **BNotO 99** 6
– Untätigkeitsklage **BNotO 99** 21 f.
– Verfahren **BNotO 99** 6 ff.
– vorläufige Amtsenthebung Anwaltsnotar **BNotO 54** 14 ff.
– Zuständigkeit, örtliche **BNotO 99** 5
– Zuständigkeit, sachliche **BNotO 99** 5
Disziplinargerichtsentscheidung DONot 32 28
Disziplinargewalt
– Verbrauch **BNotO 96** 29
Disziplinarklage BNotO 96 34; **BNotO 98** 12; **BNotO 99** 7 ff.
– Abweisung **BNotO 99** 20
– Amtsentfernung, befristete **BNotO 97** 27 ff.
– Amtsentfernung, dauernde **BNotO 97** 32 ff.
– Berufung **BNotO 105** 3 ff.
– Beschluss **BNotO 99** 20
– Beurteilung, rechtliche **BNotO 99** 15
– Beweisanträge **BNotO 99** 13
– Beweiswürdigung **BNotO 99** 14
– Entfernung vom bisherigen Amtssitz **BNotO 97** 22 ff.
– Entscheidung **BNotO 99** 16
– Klageerhebung **BNotO 98** 9 ff.; **BNotO 99** 7
– Nachtrag **BNotO 99** 8 f.
– Rücknahme **BNotO 99** 10
– Untersuchungsgrundsatz **BNotO 99** 13
– Urteil **BNotO 99** 17 f.
– Verbrauch **BNotO 99** 10
– Verfahren **BNotO 99** 7 ff., 11
– Verhandlung, mündliche **BNotO 99** 12
– Verweis/Geldbuße **BNotO 99** 20
– Verweisung **BNotO 110** 17
Disziplinarmaßnahmen BNotO 97 1 ff.
– Amtssitzverlegung **BNotO 10** 51
– bei außerberuflichem Fehlverhalten **BNotO 95** 17 ff.
– Auswahl **BNotO 97** 3 ff.
– Auswahlermessen **BNotO 97** 5
– befristete Entfernung aus dem Amt **BNotO 97** 27 ff.
– Bewertung eingestellter Verfahren **BNotO 97** 12
– dauernde Entfernung aus dem Amt **BNotO 97** 32 ff.
– Doppelbestrafung **BNotO 97** 13 f.; **BNotO 98** 5 f.
– Einheit des Dienstvergehens **BNotO 97** 5
– Einstufungsfunktion **BNotO 97** 3
– Entfernung vom bisherigen Amtssitz **BNotO 97** 22 ff.
– Geldbuße **BNotO 97** 17 ff.
– getilgte Eintragungen in Personalakte **BNotO 97** 9
– Katalog der **BNotO 97** 1
– konkrete Bemessung **BNotO 97** 10 ff.
– Nichtbefolgung Wohnsitznahme **BNotO 10** 66

– gegen Notarassessor **BNotO 97** 36
– gegen Notariatsverwalter **BNotO 97** 37
– gegen Notarvertreter **BNotO 97** 37
– Schwere der Tat **BNotO 97** 4
– Stufenverhältnis **BNotO 97** 2
– Tilgung der Eintragung **BNotO 110a** 1 ff.
– Verfolgungshindernis **BNotO 95** 32
– Verhältnis untereinander **BNotO 97** 2
– Verhängung **BNotO 98** 1 ff.
– Verhängung mehrerer **BNotO 97** 2
– Verletzung notarieller Kernpflichten **BNotO 97** 7
– Verweis **BNotO 97** 15 f.
– Verwertungsverbot nach Ablauf Tilgungsfrist **BNotO 110a** 11
– Warnfunktion **BNotO 97** 23
– Wiederholungsfall **BNotO 97** 8
– Zuständigkeit **BNotO 98** 2 ff.
Disziplinarrecht BNotO 95 1 ff.
– Anwendungsbereich, persönlicher **BNotO 95** 7 ff.
– Anwendungsbereich, sachlicher **BNotO 95** 11 ff.
– Aufsichtsbehörde bei Ermahnung **BNotO 75** 17 f.
– Bundesdisziplinargesetz **BNotO 96** 1 ff.
– Dienstvergehen **BNotO 95** 11 ff.
– formelles **BNotO 95** 6
– Gesetz zur Neuregelung des notariellen Disziplinarrechts **BNotO Einl.** 36
– Kompetenzkonflikt mit Berufsrecht **BNotO 110** 1 ff.
– materielles **BNotO 95** 6
– Notar, ausgeschiedener **BNotO 95** 8
– unerlaubte Neben-/Tätigkeit **BNotO 8** 35
– Verjährung **BNotO 95a** 1 ff.
– Verstoß bei Verwahrung **BNotO 23** 66
– Verstoß gegen Anzeigepflicht Berufsverbindung **BNotO 27** 14 f.
– Wirkungen Verfolgungsverbot **BNotO 95a** 11 ff.
Disziplinarurteil
– Geldbuße **BNotO 97** 20
– Verweis **BNotO 97** 16
Disziplinarverfahren
– Abgabe Disziplinarverfahren **BNotO 96** 30
– Abgrenzung Disziplinarrecht/Berufsrecht **BNotO 110** 1 ff.
– Ablauf vor dem OLG **BNotO 99** 7 ff.
– Abschluss, verzögerter **BNotO 98** 13 ff.
– Abschlussbericht **BNotO 96** 22
– Abschlussentscheidung **BNotO 96** 23 ff.; **BNotO 98** 6 ff.
– Akteneinsicht **DONot 32** 27e
– Aktenkundigmachung **BNotO 96** 11
– Amtsenthebung, vorläufige **BNotO 96** 45
– Anfechtungsklage **BNotO 96** 43; **BNotO 98** 9 ff.
– Anhörung **BNotO 96** 22
– Anhörung des Notars **BNotO 96** 14 ff.

Sachverzeichnis

fette Zahlen = §§

- Antrag auf gerichtliche Festsetzung **BNotO 96** 44
- Aufsichtsbehörde **BNotO 92** 1, 6
- Ausdehnung **BNotO 95a** 16 ff.; **BNotO 96** 12
- Aussetzung **BNotO 96** 35 ff.
- Aussetzung der vorläufigen Amtsenthebung **BNotO 96** 46
- behördliches **BNotO 96** 4 ff.
- Berufung **BNotO 105** 3 ff.
- Berufungsfrist **BNotO 105** 6
- Berufungsverfahren vor BGH **BNotO 109** 2 ff.
- Beschleunigungsgrundsatz **BNotO 96** 17
- Beschränkung **BNotO 96** 12
- Beschwerde, befristete **BNotO 105** 3, 15 ff.
- Beschwerdeverfahren vor BGH **BNotO 109** 11
- Beweiserhebung **BNotO 96** 21
- Bewertung eingestellter Verfahren **BNotO 97** 12
- Bindung an Zuständigkeitsentscheidung **BNotO 110** 18
- Bindungswirkung Urteil Straf-/Bußgeldverfahren **BNotO 96** 38 f.
- Dezernent, richterlicher **BNotO 96** 19
- Disziplinarbefugnis **BNotO 98** 2 ff.
- Disziplinarklage **BNotO 96** 34; **BNotO 98** 12; **BNotO 99** 7 ff.
- Disziplinarverfügung **BNotO 96** 30 ff.; **BNotO 98** 8 ff.
- Einheit des Dienstvergehens **BNotO 110** 11 ff.
- Einleitung **BNotO 96** 5 ff.
- Einstellung **BNotO 95a** 11 f.; **BNotO 96** 24 ff.
- Einstellungsverfügung **BNotO 98** 7
- einstufiges **BNotO 96** 4
- Ermittlungsverfahren **BNotO 96** 18 ff.
- förmliches **DONot 32** 28
- Fortsetzung **BNotO 96** 37
- Gang des Verfahrens **BNotO 96** 14 ff.
- Gebühren **BNotO 99** 30
- Gefährdung der Sachverhaltsaufklärung **BNotO 96** 14
- gerichtliches **BNotO 99** 1 ff., 7 ff., 21 f.
- Grundzüge behördliches **BNotO 96** 4 ff.
- Klageerhebung **BNotO 98** 9 ff.; **BNotO 99** 7
- Kosten **BNotO 96** 47; **BNotO 99** 27 f.
- Kosten Berufungsverfahren **BNotO 109** 12 ff.
- Kostenentscheidung **BNotO 99** 29
- Kostentragungspflicht **BNotO 99** 27 f.
- vor OLG **BNotO 99** 7 ff.
- Rechtsbehelfe **BNotO 96** 40 ff.
- Rechtsbehelfe im Ausgangsverfahren **BNotO 98** 13 f.
- Rechtsbehelfe im Widerspruchsverfahren **BNotO 98** 15
- Rechtswegentscheidung **BNotO 110** 14 ff.
- reformatio in peius **BNotO 96** 41
- Sachverhaltsermittlung **BNotO 96** 20
- Selbstreinigung **BNotO 96** 13
- Verdacht, hinreichender **BNotO 96** 7 ff.
- Verfahrensdauer, überlange **BNotO 95a** 22; **BNotO 96** 48
- Verfolgungsverbot **BNotO 95a** 1 ff.
- Verhältnis zu Missbilligung **BNotO 94** 8
- Verhältnis zu Strafverfahren **BNotO 96** 35 ff.
- bei Verstoß gegen Prinzip der Amtsnachfolge **BNotO 53** 18
- Verwirkung **BNotO 95a** 21 f.
- Verzicht **BNotO 95a** 21 f.
- Vorermittlungen **BNotO 96** 7 ff.
- Vorgreiflichkeit **BNotO 96** 36
- vorläufige Amtsenthebung nach Einleitung **BNotO 54** 35
- vorläufige Amtsenthebung ohne Einleitung **BNotO 54** 14 ff.
- Widerspruch **BNotO 96** 40 ff.
- Wiederaufnahmeverfahren **BNotO 105** 19 f.
- Zulassungsberufung **BNotO 105** 12 ff.
- Zuständigkeit **BNotO 96** 19; **BNotO 98** 2 ff.
- Zuständigkeitsprüfung **BNotO 110** 14 ff.

Disziplinarverfügung BNotO 96 30 ff.
- Abänderung **BNotO 98** 16
- Anfechtungsklage **BNotO 98** 9 ff.
- Disziplinarverfahren **BNotO 98** 8 ff.
- Geldbuße **BNotO 97** 20
- Verweis **BNotO 97** 16
- Widerspruch **BNotO 98** 8a

Divergenz
- Zulassungsberufung **BNotO 105** 13

Dokument, elektronisches
- Beglaubigung Ausdruck **BeurkG 42** 15
- *siehe Urkunde, elektronische*

Dokumentation
- Erfassung der Beteiligten **BNotO 28** 10
- Kollisionsfallerkennung **BNotO 67** 55
- Vergewisserungspflicht Unabhängig-/Unparteilichkeit **BNotO 28** 10

Dokumentation Mitwirkungsverbot BeurkG 3 52, 63 f.; **DONot 5** 2; **DONot 6** 7
- Aufbewahrungsfrist **DONot 5** 13
- Eintragungsfristen **DONot 17** 4
- Form **DONot 6** 7
- Neuanlegung **DONot 34** 6

Dokumentationspflichten
- Berufsrichtlinien **RLEmBNotK VI** 3
- Sozietätswechsel **RLEmBNotK VI** 4

Dokumentechte Materialien
- Niederschrift **BeurkG 8** 13

Dolmetscher
- Anwesenheit **BeurkG 16** 14
- Ausschlussgründe **BeurkG 16** 12
- Dienstleistung für einzelnes Amtsgeschäft **BNotO 26a** 19 f.

magere Zahlen = Randnummern

Sachverzeichnis

– Hinzuziehung **BeurkG 16** 11 ff.
– Niederschrift **BeurkG 9** 5
– bei Sprachunkundigkeit **BeurkG 16** 3
– Übersetzung durch **BeurkG 16** 11 ff.
– Unterschrift Niederschrift **BeurkG 16** 14
– Vereidigung **BNotO 22** 1, 3; **BeurkG 16** 13; **BeurkG 38** 4

Domain
– Werbung **RLEmBNotK VII** 45

Domainbezeichnung
– generalisierende **RLEmBNotK VII** 45

Dominica
– Apostille **BeurkG 2** 19b

Doppelbelegung
– Nummer der Urkundenrolle **DONot 7** 9

Doppelbestrafung BNotO 97 13 f.; **BNotO 98** 5 f.

Doppelerfassung
– Änderung, geringfügige **BeurkG 44a** 4

Doppelpfändung
– Grundsatz der **BNotO 23** 28 ff.

Dreizeugentestament
– Notarunterschrift, fehlende **BeurkG 35** 2
– Verschließung/Verwahrung **BeurkG 34** 2

Dritte
– Anwesenheit bei Beurkundung **BeurkG 22** 11d
– Auskunftsanspruch Berufshaftpflichtversicherung **BNotO 19a** 24
– Treuhandauftrag **BeurkG 57** 63 ff.
– Verhalten gegenüber **BNotO 31** 1 ff., 4 ff.

Drittinformation
– Verschwiegenheitspflicht **BNotO 18** 35

Drittinteressen
– bei Widerruf Verwahrungsanweisung **BeurkG 60** 6 ff.

Drittschuldnererklärung
– Pfändung **BNotO 23** 31

Drittstaat
– unsicherer **BeurkG 57** 122a

Drittwerbung RLEmBNotK VII 15 ff.

Drittwiderspruchsklage BNotO 23 45 f.

Drittwirkung
– Mitwirkungsverbot **BeurkG 3** 14

Drittzustimmung
– Mitwirkungsverbot **BeurkG 3** 12

Drogen
– außerdienstliches Verhalten **BNotO 14** 38

Drogensucht
– Amtsunfähigkeit **BNotO 50** 72

Drohung BNotO 14 35

Druckverfahren
– elektrografische/-fotografische **DONot 29** 26 ff.

Duldung
– Drittwerbung **RLEmBNotK VII** 16

Durchführung
– Fachprüfung, notarielle **BNotO 7g** 1 ff.

Durchführungsvollmacht BeurkG 27 10

Durchsicht
– Vorlage Niederschrift bei Hörbehinderung **BeurkG 23** 4 ff.

Durchsuchung
– Offenbarungspflicht **BNotO 18** 120 ff.
– Verhältnismäßigkeit **BNotO 18** 6

Echtheitsbestätigung BeurkG 2 17 ff.

Ecuador
– Apostille **BeurkG 2** 19b

EDV
– Änderungen in den Büchern **DONot 17** 12 ff.
– Anforderungen EDV-Programme **DONot 17** 3
– Führung der Bücher/Verzeichnisse **DONot 17** 1 ff.
– nachträgliche Berichtigung/Eintragungen **DONot 17** 11

Ehe
– Gesamtgutauseinandersetzung **BNotO 20** 4a, 52

Ehepartner
– Beurkundung zugunsten **BeurkG 7** 1 ff.
– Mitwirkungsverbot **BeurkG 3** 31 f.
– unwirksame Beurkundung **BeurkG 6** 5

Ehrenamtliche Tätigkeit
– genehmigungsfreie Nebentätigkeit **BNotO 8** 29
– Grundsatz **BNotO 88** 2 f.
– Inhalt **BNotO 88** 4 ff.
– Präsidiumsmitglied **BNotO 88** 1 ff.
– Werbung **BNotO 29** 13; **RLEmBNotK VII** 19, 22

Ehrenbeamter BNotO 8 7

Ehrenpräsident
– Aufgaben/Pflichten **BNotO 70** 21 ff.
– BNotK **BNotO 82** 12 ff.
– NotK **BNotO 70** 19 ff.
– Verschwiegenheitspflicht **BNotO 70** 23

Eid BNotO 13 1 ff.
– Abnahme **BNotO 13** 8; **BNotO 22** 3; **BeurkG 38** 1 ff.
– Affidavit **BeurkG 38** 3, 10 f.
– Angelegenheit, ausländische **BeurkG 38** 7
– Angelegenheit, inländische **BeurkG 38** 7
– Aufnahme **BNotO 22** 2
– Belehrung **BeurkG 38** 15
– Beurkundung Abnahme **BeurkG 36** 14
– Beurkundungsverfahren **BeurkG 38** 6 ff.
– Nachtragsbeurkundung **BeurkG 44b** 2
– Niederschrift der Beurkundung **BeurkG 8** 3
– Niederschrift über Abnahme **BNotO 13** 8
– Notariatsverwalter **BNotO 57** 12 ff.
– religiöse Beteuerung **BeurkG 38** 8
– Symbolwert **BNotO 13** 2a
– Urkundenrolle **DONot 8** 6
– Verweigerung **BNotO 50** 29 f.

Eidabnahme BNotO 22 3
– Beurkundung **BeurkG 38** 1 ff.
– Zuständigkeit **BeurkG 38** 3 f.

1813

Sachverzeichnis

fette Zahlen = §§

Eidaufnahme BNotO 22 2
Eidesformel BNotO 13 1, 5 ff.; **BeurkG 38** 8
– religiöse Beteuerung **BNotO 13** 6 f.
– Sektenprivileg **BNotO 13** 7
Eidesleistung BNotO 13 3; **BeurkG 38** 8
– bei erneuter Bestellung **BNotO 13** 4
– frühere **BNotO 13** 4
– Verpflichtung zur **BNotO 13** 3 f.
Eidesstattliche Versicherung
– Abnahme **BNotO 22** 4 ff.
– Aufnahme **BNotO 22** 4 ff.; **BeurkG 38** 5 f., 12 ff.
– Begriff **BNotO 22** 5
– Belehrung **BeurkG 38** 15
– Beteiligung behinderter Person **BeurkG 22** 2
– Beurkundung **BeurkG 38** 1 ff.
– Beurkundung Abnahme **BeurkG 36** 14
– Beurkundungsverfahren **BeurkG 38** 6
– eingeschränkte Vorlesung **BeurkG 14** 3b
– freiwillige **BNotO 22** 8
– Mitwirkungsverbot bei Beurkundung **BeurkG 3** 20
– Nachtragsbeurkundung **BeurkG 44b** 2
– Niederschrift der Beurkundung **BeurkG 8** 3
– des Notars **BNotO 50** 90
– Unterschriftsbeglaubigung **BNotO 22** 10
– Urheberschaft **BeurkG 37** 21
– Urkundenrolle **DONot 8** 6
– bei Vermögensverzeichnis **BNotO 20** 26
– Zuständigkeit **BNotO 22** 4 ff.
– Zuständigkeit AG für Beurkundung **BeurkG 1** 15
– Zuständigkeit Aufnahme **BeurkG 38** 5 f.
Eigenbeleg
– Anderkonto **DONot 27** 20
Eigenbeteiligung
– Mitwirkungsverbot **BeurkG 3** 30
– unwirksame Beurkundung **BeurkG 6** 4
Eigeninteresse, berechtigtes
– Offenbarung/Verschwiegenheit bei **BNotO 18** 132 ff., 138 ff.
Eigentums- und Kontrollstruktur BeurkG 57 120a
Eigentumsumschreibung
– Sicherstellung **BeurkG 57** 83 ff., 100 f.
Eigenurkunde BeurkG 1 4
– bei Antragsrücknahme **BNotO 24** 58
– Beurkundungsausschluss **BeurkG 6** 4
– elektronische Urkunde **BeurkG 39a** 10
– Urkundenrolle **DONot 8** 10
– Urkundensammlung **DONot 18** 8
Eignung, fachliche BNotO 6 1 ff., 9 ff.
– Anrechnung Erfahrungszeit **BNotO 6** 16
– Anwaltserfahrung **BNotO 6** 11 ff.
– Anwaltsnotar **BNotO 6** 1 ff., 10, 11 ff.
– Berufspraxis, notarielle **BNotO 6** 10
– Fachprüfung, notarielle **BNotO 6** 10
– Syndikusanwalt **BNotO 6** 13
– Tätigkeit im Amtsbereich **BNotO 6** 14

Eignung, fehlende BNotO 50 3
Eignung, persönliche BNotO 6 1 ff., 4 ff.
– Berufswürde **BNotO 6** 4
– Einzelfälle **BNotO 6** 8
– Feststellung **BNotO 6** 7
– Gewissenhaftigkeit **BNotO 6** 4
– Lauterkeit **BNotO 6** 4
– Redlichkeit **BNotO 6** 4; **BNotO 14** 16
– Überprüfbarkeit **BNotO 6** 6
– Unabhängigkeit **BNotO 1** 1 ff.; **BNotO 6** 4; **BNotO 14** 13 ff.
– Verfassungstreue **BNotO 6** 4; **BNotO 13** 1 ff.
Eignungsvergleich
– Besetzung Notarstelle **BNotO 10** 43 ff.
– modifizierter **BNotO 10** 43, 46 f.
Einbehalt
– Notargebühren **BeurkG 58** 39 ff.
Einberufung
– Kammerversammlung **BNotO 71** 2 ff.
– Vertreterversammlung **BNotO 85** 1 ff.
– Vorstandssitzung **BNotO 70** 11
Einberufung Kammerversammlung BNotO 70 11; **BNotO 71** 2 ff.
– fehlerhafte **BNotO 71** 11
– Form **BNotO 71** 8 ff.
– Frist **BNotO 71** 8 ff.
– Pflicht zur **BNotO 71** 2 ff.
– Tagesordnung **BNotO 71** 10
Einberufung Vertreterversammlung BNotO 85 1 ff.
– außerordentliche Vertreterversammlung **BNotO 85** 8 ff.
– Beschlussgegenstände **BNotO 85** 7 f.
– Form **BNotO 85** 6, 10
– Frist **BNotO 85** 4, 10
– ordentliche Vertreterversammlung **BNotO 85** 2 ff.
Einberufungsfrist
– Kammerversammlung **BNotO 71** 8 ff.
– Vertreterversammlung **BNotO 85** 4, 10
Einfaches Zeugnis siehe Zeugnis, einfaches
Einflussnahme, unlautere
– Beamtenernennung durch **BNotO 50** 18 ff.
Eingabemaske
– Homepage **RLEmBNotK VII** 50
Eingangsformel
– Schwur **BeurkG 38** 8
Eingeschränkte Vorlesungspflicht siehe Vorlesungspflicht, eingeschränkte
Eingestellte Verfahren
– Bewertung im Disziplinarverfahren **BNotO 97** 12
Eingriffsfunktion
– Dienstaufsicht **BNotO 92** 3; **BNotO 93** 4
Einheit des Dienstvergehens
– Grundsatz der **BNotO 110** 11 ff.
Einheitlichkeit
– Beurkundungsverhandlung **BeurkG 8** 12
Einigungsvertrag BNotO Einl. 19

1814

magere Zahlen = Randnummern

Sachverzeichnis

Einjahreserklärung
– Amtsniederlegung, echte vorübergehende **BNotO 48c** 18 ff.
Einkommensergänzung
– Notarkassen **BNotO 113** 15
Einleitung
– Disziplinarverfahren **BNotO 96** 5 ff.
Einmalzahlung BNotO 113b 4 ff.
Einreichung
– Unterschriftsprobe **DONot 1** 1, 4
Einreichungspflichten
– im Registerverkehr **BNotO 20** 1a, 9a; **BeurkG 1** 13a; **BeurkG 40** 1b f.; **BeurkG 53** 4a
Einsicht
– Ausfertigungsberechtigter in Urschrift **BeurkG 51** 1 ff., 15 ff.
– Hinweis auf Einsichtsmöglichkeit **BeurkG 13a** 10
– Nebenakten **BeurkG 51** 16; **DONot 22** 14, 16
– Rechtsmittel bei Verweigerung der Einsicht in Urschrift **BeurkG 54** 2
Einsichtnahme
– durch Hilfskräfte **BNotO 21** 13
Einsichtsrecht
– Belege Verwahrungsgeschäft **DONot 27** 26
– Zentrales Vorsorgeregister **BNotO 78b** 1 ff., 10; **BNotO 78f** 1 ff.
Einspruch
– gegen Ermahnung **BNotO 75** 11
Einstellung
– Disziplinarverfahren **BNotO 96** 24 ff.
Einstellungsverfügung
– Disziplinarverfahren **BNotO 98** 7
Einstufungsfunktion
– Disziplinarmaßnahme **BNotO 97** 3
Eintragung
– Bundeszentralregister **BNotO 110a** 16 f.
– Finanzierungsgrundpfandrecht **BeurkG 57** 96 ff.
– nachträgliche **DONot 17** 11
– taggleiche in Massen-/Verwahrungsbuch **DONot 10** 29 ff.
– Tilgung in Personalakte **BNotO 110a** 14 f.
– Verzeichnis, EDV-gestütztes **DONot 17** 15
Eintragungsfristen
– Bücherführung **DONot 17** 4
– Verzeichnisführung, EDV-gestützte **DONot 17** 4, 15
Eintragungszeitpunkt
– Anderkontenliste **DONot 12** 24 f.
– EDV-gestützte Bücherführung **DONot 17** 4
– EDV-gestützte Verzeichnisführung **DONot 17** 4, 15
– Namensverzeichnis **DONot 13** 7
– Urkundenrolle **DONot 8** 15 ff.
– Vertretungsvermerk **DONot 33** 13
Eintreibung
– Gebühren **BNotO 17** 7

Einwohnerzahl, gesunkene
– Stadtteilzuweisung **BNotO 10** 21
Einzahlung
– auf Anderkonto **BeurkG 58** 6
Einzahlungsanweisung
– des Käufers **BeurkG 60** 15 f.
Einzelmaßnahme
– Anfechtung **DONot Einl.** 4
Einzelverwahrung
– Notaranderkontenbedingungen 2019 (Text) **DONot 27** 8
El Salvador
– Apostille **BeurkG 2** 19b
Elektronische Akten siehe Akten, elektronische
Elektronische Anderkontenführung DONot 5 1 ff.
Elektronische Führung siehe Führung, elektronische
Elektronische Signatur siehe Signatur, elektronische
Elektronische Urkunde siehe Urkunde, elektronische
Elektronische Urkundensammlung siehe Urkundensammlung, elektronische
Elektronischer Datenträger siehe Datenträger, elektronischer
Elektronischer Notaraktenspeicher siehe Notaraktenspeicher, elektronischer
Elektronischer Rechtsverkehr siehe Rechtsverkehr, elektronischer
Elektronisches Gerichts- und Verwaltungspostfach der Justiz (EGVP) BeurkG 53 18
– Ablösung durch besonderes elektronisches Notarpostfach (beN) **BNotO 78** 25
Elektronisches Grundbuch siehe Grundbuch, elektronisches
Elektronisches Handelsregister siehe Handelsregister, elektronisches
Elektronisches Urkundenarchiv siehe Urkundenarchiv, elektronisches
Eltern
– Nachweis Vertretungsmacht **BeurkG 12** 8
E-Mail-Adresse
– generalisierende **RLEmBNotK VII** 46
Empfangsbote
– Mitwirkungsverbot **BeurkG 3** 11b
Empfangsquittung
– Bar-/Scheckauszahlung **DONot 27** 22
– Verwahrung **BeurkG 62** 9
– Verwahrung sonstiger Gegenstände **BeurkG 62** 21
Empfehlung
– eines Kollegen auf Anfrage **BNotO 14** 44
Endbeglaubigung BeurkG 2 18
England
– Registerbescheinigung **BNotO 21** 9a
Entfernung
– aus Amt **DONot 25** 4; **DONot 32** 28
– aus Amtssitz **DONot 32** 28
– isolierte **BNotO 110** 8

1815

Sachverzeichnis

fette Zahlen = §§

Entgeltabrede
– Vertretervergütung **BNotO 43** 6
Entheftung
– Urkunde **BeurkG 44** 4
Entlassung
– Antrag **BNotO 48** 3 ff.
– Notar **BNotO 48** 1 ff., 26 f.
– Notarassessor **BNotO 7** 51 ff.
– Notarbeisitzer **BNotO 104** 15; **BNotO 108** 9, 13
– Rechtsfolgen **BNotO 48** 26 f.
– Verfügung **BNotO 48** 16 ff.
Entlassungsandrohung
– Notarassessor **BNotO 7** 54, 57
Entlassungsantrag BNotO 48 3 ff.
– Anfechtung **BNotO 48** 11
– Auslegung **BNotO 48** 6 f.
– Bedingung **BNotO 48** 10
– fehlender **BNotO 48** 22 f.
– Form **BNotO 48** 9
– Inhalt **BNotO 48** 6 f.
– Rechtsnatur **BNotO 48** 5
– unwirksamer **BNotO 48** 24 f.
– Widerruf **BNotO 48** 12 ff.
– widerrufener **BNotO 48** 24 f.
– Wirksamkeit **BNotO 48** 8 ff.
– Zugang **BNotO 48** 12
Entlassungsverfahren
– Notarassessor **BNotO 7** 59
Entlassungsverfügung BNotO 48 16 ff.
– angefochtene **BNotO 48** 27
– Antrag, fehlender **BNotO 48** 22 f.
– Antrag, unwirksamer **BNotO 48** 24 f.
– Antrag, widerrufener **BNotO 48** 24 f.
– Inhalt **BNotO 48** 18 f.
– nichtige **BNotO 48** 27
– Rechtsnatur **BNotO 48** 17
– Wirksamkeit **BNotO 48** 20 ff.
– Zeitpunkt **BNotO 48** 19
– Zustellung **BNotO 48** 20 ff.
Entlastung
– Vorstand NotK **BNotO 71** 22
Entschädigungsanspruch
– Verfahrensdauer, überlange **BNotO 111h** 2, 7
Entschädigungsklage BNotO 111h 1 ff.
– Anspruchsgegner **BNotO 111h** 6
– Anspruchsvoraussetzungen **BNotO 111h** 5
– Anwendungsbereich **BNotO 111h** 4
– Aussetzung **BNotO 111h** 8
– Entschädigung **BNotO 111h** 7
– Verfahren **BNotO 111h** 8
– Verfahrensdauer, überlange **BNotO 96** 48
– Zuständigkeit **BNotO 111h** 8
Entschließungsermessen BNotO 111b 44
Entsiegelung BNotO 20 4a, 27 ff.
Entwurf
– Verhältnis zur Urkunde **BeurkG 8** 7a
Entwurfsfertigung BNotO 24 15 ff.
– außerhalb Amtsbereich **BNotO 11** 26 ff.

– Aufklärungs-/Belehrungspflicht **BNotO 24** 17
– Unparteilichkeit **BNotO 14** 12
Entwurfsfertigung außerhalb Amtsbereich BNotO 11 26 ff., 80
– Grund, objektiver **BNotO 11** 30 ff.
– Unvorhersehbarkeit, subjektive **BNotO 11** 33 f.
– Zeitpunkt, privilegierter **BNotO 11** 28 f.
Erbauseinandersetzung
– Vermittlungsverfahren **BNotO 1** 16
Erbfall
– Ablieferung Erbvertrag **DONot 20** 21 f.
Erbfolgerelevante Urkunde *siehe Urkunde, erbfolgerelevante*
Erblasser
– Feststellung Geschäftsfähigkeit **BeurkG 28** 1
– Sprachunkundigkeit **BeurkG 16** 2; **BeurkG 32** 1 ff.
– stummer **BeurkG 31** 1 ff.
– Übergabe einer Schrift **BeurkG 31** 1 ff.
Erblasser, sprachunkundiger BeurkG 16 2; **BeurkG 32** 1 ff.
– Definition **BeurkG 32** 5
– Rechtsfolgen von Verstößen **BeurkG 32** 8
Erblindung
– Arbeitsunfähigkeit **BNotO 50** 70
Erbschaftsanfechtung
– Zuständigkeit AG für Beurkundung **BeurkG 1** 15
Erbschaftsausschlagung
– Zuständigkeit AG für Beurkundung **BeurkG 1** 15
Erbschein
– Mitwirkungsverbot **BeurkG 3** 48
Erbscheinsantrag
– Mitwirkungsverbot **BeurkG 3** 20
Erbscheinverfahren
– Vorbescheid **BeurkG 53** 15 f.
Erbvertrag
– Ablieferung im Erbfall **DONot 20** 21 f.
– Ablieferungspflicht **BeurkG 34a** 1 ff., 9 f.
– amtliche Verwahrung **DONot 9** 1
– Beurkundung **BeurkG 33** 1 ff.
– einseitig verfügender **BeurkG 33** 1 ff.
– Ermittlungspflicht **DONot 20** 25 f.
– Feststellung Geschäftsfähigkeit **BeurkG 28** 2
– länger als 30 Jahre verwahrter **DONot 20** 23 ff.
– Mitteilungspflicht **BeurkG 34a** 1 ff.
– Mitwirkungsverbot begünstigter Person **BeurkG 27** 1 f.
– Notarunterschrift, fehlende **BeurkG 35** 3
– Rückgabe aus Verwahrung **BeurkG 34** 12; **BeurkG 34a** 9
– Rücknahme aus Verwahrung **BeurkG 45** 11; **DONot 20** 15 ff.
– Sammlung der Urschriften **BeurkG 55** 2
– Übergabe einer Schrift **BeurkG 30** 1 ff.

magere Zahlen = Randnummern

Sachverzeichnis

– Übertragung in elektronischer Form **BeurkG 34** 12a
– Urkundensammlung **DONot 18** 3d f., 24 f.
– Verschließung/Verwahrung **BeurkG 34** 1 ff.
– Verwahranzeige beim Zentralen Testamentsregister **BeurkG 34** 11; **BeurkG 34a** 1 ff.
– Verwahrung beim Notar **BeurkG 34** 11
– Zentrales Testamentsregister (ZTR) **BNotO 78d** 4 f., 7
– Zuständigkeit Konsularbeamter für Beurkundung **BeurkG 1** 18
– *siehe auch Verfügung von Todes wegen*

Erbvertragskartei BeurkG 34 11

Erbvertragssammlung BeurkG 55 2; **DONot 5** 33; **DONot 18** 1a, 3e; **DONot 20** 28

Erbvertragsverzeichnis DONot 9 1 ff.
– Abgabevermerk **DONot 9** 5
– Aufbewahrung **DONot 9** 4
– Durchsicht, jährliche **DONot 20** 24
– Eintragung **DONot 9** 3
– Eintragungsfristen **DONot 17** 4
– Führung **DONot 5** 3; **DONot 9** 2 ff.
– Führung, papiergebundene **DONot 6** 3
– Inhalt **DONot 9** 2 ff.
– Rückgabe Erbvertrag **DONot 9** 6
– Zweck **DONot 9** 1

Ergänzung
– Verwahrungsanweisung **BeurkG 58** 26

Ergänzungspfleger
– Bestellung **BeurkG 12** 8

Ergebnisprotokoll
– Gesellschafterversammlung **BeurkG 37** 17 f.

Erkennungszeuge BeurkG 10 10
– Identitätsfeststellung **DONot 26** 4

Erklärung
– Zustellung durch Notar **BNotO 20** 4a, 31 ff.

Erklärung, andere
– Beurkundung **BeurkG 36** 1 ff.
– Niederschrift **BeurkG 36** 9 ff.

Erklärungsbote
– Mitwirkungsverbot **BeurkG 3** 11b

Erklärungshelfer BeurkG 24 7
– Feststellungsvermerk **BeurkG 24** 9

Erkrankung, geistige
– Arbeitsunfähigkeit **BNotO 50** 71

Erlass
– Kammerbeitrag **BNotO 73** 22 f.

Erlaubnisvorbehalt
– Berufsverbindung **BNotO 9** 14 f.

Erledigung der Hauptsache BNotO 111b 67

Erledigungsdauer BNotO 14 20

Erlöschen
– Notaramt **BNotO 47** 1 ff.
– Zulassung zur Rechtsanwaltschaft **BNotO 47** 11 ff.

Erlöschen Notaramt BNotO 47 1 ff.
– Aktenverwahrung **BNotO 51** 1 ff., 4 ff.
– Altersgrenze **BNotO 47** 1; **BNotO 48a** 1 ff.
– Amtsenthebung **BNotO 50** 1 ff., 138

– Amtsniederlegung, echte vorübergehende **BNotO 48c** 30 ff.
– Amtsniederlegung, unechte vorübergehende **BNotO 48c** 59 ff.
– Amtsniederlegung, vorübergehende **BNotO 47** 1; **BNotO 48c** 1 ff.
– Beendigung Notariatsverwaltung **BNotO 64** 3 f.
– Bestellung Notariatsverwalter **BNotO 56** 3
– Entfernung aus dem Amt durch disziplinargerichtliches Urteil **BNotO 97** 1 ff.
– Entlassung **BNotO 48** 1 ff., 26 f.
– Genehmigungsvorbehalt Personalübernahme bei **BNotO 53** 1 ff., 10 ff.
– Genehmigungsvorbehalt Übernahme Räumlichkeiten bei **BNotO 53** 1 ff., 8 f.
– Grundtatbestände **BNotO 47** 4 ff.
– Praxisverkauf **BNotO 47** 29 f.
– Rechtsfolgen **BNotO 47** 25 ff.
– Rechtsnachfolge **BNotO 47** 27 f.
– Siegel bei **BNotO 51** 36 f.
– Stempel bei **BNotO 51** 36 f.
– Tod **BNotO 47** 5 ff.
– Übersicht Verwahrungsgeschäfte **DONot 25** 4
– Verschwiegenheitspflicht nach **BNotO 18** 162 ff.
– Verurteilung, strafgerichtliche **BNotO 49** 1 ff., 17
– Wegfall der Mitgliedschaft in Rechtsanwaltskammer **BNotO 47** 9 ff.
– Weiterführung Amtsbezeichnung **BNotO 52** 1 ff., 5 ff.

Ermächtigungsgrundlage
– Besonderes elektronisches Notarpostfach (beN) **BNotO 78n** 17 ff.
– Notaraktenspeicher, elektronischer **BNotO 78k** 10
– Notarverzeichnis **BNotO 78m** 1 ff.
– Testamentsregister-VO (ZTRV) **BNotO 78c** 4
– Urkundenarchiv, elektronisches **BNotO 78h** 18 ff.
– Vorsorgeregister-Verordnung (VRegV) **BNotO 78a** 19

Ermahnung BNotO 75 1 ff.; **DONot 32** 30
– Abgrenzung zu Verweis **BNotO 97** 15
– Amts-/Dienstpflichtverstoß, leichterer Art **BNotO 75** 5
– Antrag auf gerichtliche Entscheidung **BNotO 75** 13 ff.
– Anwendungsbereich **BNotO 75** 3
– Aufhebung **BNotO 75** 18
– Begründung **BNotO 75** 8 f.
– Disziplinarmaßnahmen bei **BNotO 75** 17 f.
– Einspruch des Notars/Notarassessors **BNotO 75** 11
– Form **BNotO 75** 8 f.
– Funktion **BNotO 75** 1
– Information der Aufsichtsbehörde **BNotO 75** 10

1817

Sachverzeichnis

– rechtliches Gehör **BNotO 75** 6
– Rechtscharakter **BNotO 75** 4 f.
– Tilgung **BNotO 110a** 13
– Verjährung **BNotO 75** 7
– Verwaltungsakt **BNotO 75** 4a
– Voraussetzungen **BNotO 75** 5
– Zuständigkeit **BNotO 75** 2 f.
– Zustellung **BNotO 75** 9
Ermäßigung
– Gebühren **BNotO 17** 9
Ermessen
– Fehl-/Nichtgebrauch **BNotO 111b** 46
– Reduzierung auf Null **BNotO 111b** 47
– Über-/Unterschreitung **BNotO 111b** 46
Ermessensentscheidung
– Abgrenzung zu Beurteilungsspielraum **BNotO 111b** 48 ff.
– Dienstaufsicht bei **BNotO 93** 7
– Verwaltungsakt **BNotO 111b** 43 ff.
Ermittlungshandlung
– Beschlagnahmeverbot **BNotO 18** 7
– Verhältnismäßigkeit **BNotO 18** 6
– Verwertungsverbot **BNotO 18** 7
Ermittlungspflicht
– Erbvertrag **DONot 20** 25 f.
Ermittlungsverfahren
– staatsanwaltschaftliches, Abgrenzung zu Disziplinarverfahren **BNotO 96** 35 ff.
– Verschweigen **BNotO 50** 20
Ernennung
– Notarassessor **BNotO 7** 32 f.
Ernennungsurkunde
– Unterlassen der Aushändigung **BNotO 50** 9 ff.
Ernennungsverfahren
– notarieller Beisitzer **BNotO 103** 1 ff.; **BNotO 108** 2
Erörterungspflicht
– bei Zweifel **BeurkG 17** 25
Errichtung
– öffentliche Urkunde **BeurkG 36** 5 ff.
Ersatzurkunde BeurkG 46 6
Erscheinen, persönliches BNotO 74 1, 10, 11
– Anordnung **BNotO 74** 12
– Durchsetzung **BNotO 74** 15 f.
Erschließungsvertrag
– Beurkundungsbedürftigkeit **BeurkG 9** 15
Ersetzung
– elektronische Urkunde **BeurkG 46** 7
– Urkunde/Niederschrift **BeurkG 46** 1 ff.
– Urschrift **BeurkG 46** 1 ff.
– Verfahren **BeurkG 46** 2 ff.
– Vermerk über **BeurkG 46** 5
– Voraussetzungen **BeurkG 46** 3 ff.
– Wirkung **BeurkG 46** 6
– Zuständigkeit **BeurkG 46** 2
Ersetzungsverfahren BeurkG 46 2 ff.
Erzeugung und Validierung
– qualifizierter elektronischer Signaturen **BNotO 33** 10 f.; **BeurkG 39a** 1d, 2b

Escrow-Agreement BeurkG 37 21
Estland
– Apostille **BeurkG 2** 19b
Euro
– Währungsumstellung **DONot 34** 11 f.
Europäische Erbrechtsverordnung BeurkG Vorb.27 2
Europäische Wirtschaftliche Interessenvereinigung (EWIV)
– Berufsverbindung **BNotO 9** 22
– Mitwirkungsverbot **BeurkG 3** 33
Europäischer Kodex des notariellen Standesrechts BNotO 5 10; **Anhang 2**
– Begriffsbestimmungen **Anhang 2** 1.
– gemeinsame Grundsätze **Anhang 2** 2.
– grenzüberschreitende Tätigkeit **Anhang 2** 3.
Europäischer Vollstreckungstitel BeurkG 2 21b; **BeurkG 52** 33
Europäisches Netz des Notariats (ENN) Anhang 2 3.2.2.
Europäisierung BNotO 5 21 f.
EU-Sonderregelungen
– Europarechtswidrigkeit des früheren Staatsangehörigkeitsvorbehalts **BNotO 5** 12 ff.
– grenzüberschreitender Rechtsverkehr **BNotO 5** 10 f.
– künftiges europäisches Recht **BNotO 5** 21 f.
Evidenzkontrolle
– Beglaubigung **BNotO 20** 13; **BeurkG 1** 13; **BeurkG 40** 2, 6
– Beglaubigungsverfahren **BeurkG 40** 19 ff.; **BeurkG 42** 10
– Urkunde, fremdsprachige **BeurkG 42** 11
– Vorlagezeitpunkt **BeurkG 43** 4
Externer Dienstleister siehe Dienstleister, externer

Fachausbildung Auszubildende
– Ausbildender **BNotO 30** 14 f.
– Ausbilder **BNotO 30** 16
– gesetzliche Vorschriften **BNotO 30** 10 f.
– Lernorte **BNotO 30** 13
– praktische Durchführung **BNotO 30** 12 ff.
– Zeugnis **BNotO 30** 17
Fachinstitut für Notare beim Deutschen Anwaltsinstitut e. V. BNotO 78 48
Fachkompetenz
– Amtsverweigerung bei fehlender **BNotO 15** 26
Fachliche Eignung siehe Eignung, fachliche
Fachliteratur
– Fortbildungspflicht **RLEmBNotK X** 8
Fachprüfung, notarielle BNotO 6 10; **BNotO 7a** 1 ff.
– Antrag **BNotO 7a** 7
– Aufgabenkommission **BNotO 7g** 4
– Aufsichtsarbeiten **BNotO 7b** 2 ff.
– Bewerberauswahl **BNotO 7** 17a
– Bewertung mündlicher Teil **BNotO 7c** 8 f.
– Bewertung Prüfungsleistung **BNotO 7a** 13

magere Zahlen = Randnummern

– Bewertung schriftlicher Teil **BNotO 7b** 5 ff.
– Durchführung **BNotO 7g** 1 ff.
– Ergebnis schriftlicher Teil **BNotO 7b** 8
– Erkrankung **BNotO 7e** 6
– Ermittlung der Klausurnote **BNotO 7b** 7
– Erstattung Prüfungsgebühr **BNotO 7h** 2 ff.
– Form **BNotO 7a** 9
– gerichtliche Nachprüfung **BNotO 11b** 49
– Gesamtprüfungsnote **BNotO 7c** 9
– Gleichbehandlung **BNotO 7a** 11
– Gruppenprüfungsgespräch **BNotO 7c** 3
– Hilfe/Hilfsmittel, unzulässige **BNotO 7f** 1 ff.
– Hilfsmittel **BNotO 7b** 4
– Kennziffernsystem **BNotO 7b** 6
– mündlicher Teil **BNotO 7a** 9; **BNotO 7c** 1 ff.
– Nachholung **BNotO 7e** 6
– Notenverbesserung **BNotO 7a** 15 f.
– Ordnungsverstoß **BNotO 7f** 7 f.
– Prüfer **BNotO 7g** 6 f.
– Prüfungsamt **BNotO 7g** 2 f.; **BNotO 78** 58
– Prüfungsausschuss **BNotO 7c** 5 f.
– Prüfungsbescheid **BNotO 7d** 1 ff.
– Prüfungsergebnis **BNotO 7a** 14
– Prüfungsgebühr **BNotO 7h** 1 ff.
– Prüfungsnote **BNotO 7c** 9
– Prüfungsort **BNotO 7a** 10
– Prüfungsstoff **BNotO 7a** 12
– Prüfungsverordnung **BNotO 7i** 1
– Rechtsbehelf **BNotO 7d** 4 ff.
– Rücktritt **BNotO 7e** 2 ff.
– Satzungsermächtigung Gebührenfestsetzung **BNotO 7h** 7
– Säumnis **BNotO 7e** 5 f.
– schriftlicher Teil **BNotO 7a** 9; **BNotO 7b** 1 ff.
– Täuschungsversuch **BNotO 7f** 1 ff.
– Umfang mündlicher Teil **BNotO 7c** 2 f.
– Umfang schriftlicher Teil **BNotO 7b** 2
– Verwaltungsrat **BNotO 7g** 5
– Vortrag, mündlicher **BNotO 7c** 2
– Wartefrist **BNotO 7a** 4 f.
– Widerspruchsgebühr **BNotO 7h** 6
– Wiederholung **BNotO 7a** 15 f.
– Zeugnis **BNotO 7d** 3
– Zuhörer mündlicher Teil **BNotO 7c** 7
– Zulassung zur **BNotO 7a** 3 ff.
– Zweck **BNotO 7a** 8
– Zweck der mündlichen Prüfung **BNotO 7c** 4
– Zweck der schriftlichen Prüfung **BNotO 7b** 3
– Zweitkorrektur **BNotO 7b** 5
Fachveröffentlichung
– Homepage **RLEmBNotK VII** 47
Fachvortrag RLEmBNotK VII 33
Fahrlässigkeit
– Amtspflichtverletzung **BNotO 19** 23
– Dienstvergehen **BNotO 95** 25
– Subsidiärhaftung **BNotO 19** 36
Falklandinseln
– Apostille *siehe Großbritannien*

Sachverzeichnis

Fälligkeit
– Kammerbeitrag **BNotO 73** 20
Fälligkeitsbestätigung BNotO 21 26
Fälligkeitsmitteilung BNotO 24 24 ff., 44
Falsa demonstratio
– Verwahrungsanweisung **BeurkG 58** 27
Falschbeurkundung BeurkG 3 66
Fälschung
– des Amtssiegels **BNotO 34** 2
– landesverräterische **BNotO 49** 11
Fälschungssicherheit
– Urschrift, Ausfertigung/beglaubigte Abschrift **DONot 29** 10 f.
Familie und Beruf
– Vereinbarkeit **BNotO 6b** 4
Farbbänder DONot 29 22
Farbdrucksiegel BNotO 2 6; **DONot 2** 4 f., 11b
Fehlanzeige
– Verwahrungsgeschäfte **DONot 25** 9
Fehlbuchung
– Verwahrungsbuch **DONot 11** 17
Fehlerhafte Gesellschaft
– Grundsätze der **BNotO 27** 15
Fehlerquellen
– Blattsammlung **DONot 10** 17
Fehlverhalten, außerberufliches
– Anwaltsnotar **BNotO 95** 17
– Dienstvergehen **BNotO 95** 17 ff.
Fehlvorstellungen
– bei Dritten **BeurkG 37** 4
Fernsehwerbung RLEmBNotK VII 10
Fernsignatur BNotO 33 13
Fertighausvertrag
– Beurkundungsbedürftigkeit **BeurkG 9** 15
Festgeld
– Anderkonto **BeurkG 58** 7
Festsetzungsantrag
– Disziplinarverfahren **BNotO 96** 44
Feststellung
– Eignung, persönliche **BNotO 6** 7
– Geschäftsfähigkeit **BeurkG 28** 1 ff., 3 ff., 7
– Schreibunfähigkeit **BeurkG 25** 5, 11
Feststellungsinhalt BeurkG 9 1 f.
– in Anlage **BeurkG 9** 2
Feststellungsklage BNotO 111b 6 ff.
– Begründetheit **BNotO 111b** 57
– Feststellungsinteresse **BNotO 111b** 9
– Fortsetzungsfeststellung **BNotO 111b** 6 ff.
– Klagebefugnis **BNotO 111b** 14
– Nichtigkeitsfeststellung **BNotO 111b** 6 ff.
– Rechtsverhältnis **BNotO 111b** 8
– Statthaftigkeit **BNotO 111b** 6 ff.
– Subsidiarität **BNotO 111b** 7
Feststellungspflicht
– Notariatsverwalter **DONot 33** 33
– Notarvertreter **DONot 33** 14
Feststellungsvermerk
– Behindertenschutz **BeurkG 22** 12 f.
– Hörbehinderung **BeurkG 23** 2

1819

Sachverzeichnis

fette Zahlen = §§

- Schreibunvermögen **BeurkG 24** 4, 9
- Sprachkunde **BeurkG 16** 7, 15
- bei Übersetzung **BeurkG 16** 15
- Verständigungsperson **BeurkG 24** 9
- bei Versteigerung **BNotO 20** 45

FGG-Reformgesetz BNotO Vorb.111– 111g 4

Fidschi
- Apostille **BeurkG 2** 19b

Filzschreiber DONot 29 29

Finanzamt
- Mitteilungspflicht gegenüber **DONot 19** 4
- Unbedenklichkeitsbescheinigung **BeurkG 19** 3

Finanzbehörde
- Offenbarung gegenüber **BNotO 18** 100 ff.

Finanzierung
- Terrorismus **BNotO 49** 10
- Verwahrungsvereinbarung **BNotO 23** 25

Finanzierungsgrundpfandrecht
- Absicherung bei **BeurkG 57** 17
- Bestellung mit Notariatsmitarbeiter als Vertreter **RLEmBNotK II** 30
- Beurkundung **BeurkG 17** 35
- ranggerechte Eintragung **BeurkG 57** 96 ff.
- Treuhandauftrag **BeurkG 57** 96 ff.

Finnland
- Apostille **BeurkG 2** 19b

Firma
- Beglaubigung Zeichnung **BeurkG 39** 3

Firmenbestattung
- Zweckverfolgung, unredliche **BNotO 14** 34

Firmensignets
- Vordrucke **DONot 29** 35

Flugzeug
- Beurkundung in **BeurkG 2** 22

Förmliche Verpflichtung siehe Verpflichtung, förmliche

Formmangel
- Beamtenernennung **BNotO 50** 9 ff.

Formstatut
- Beurkundung, ausländische **BeurkG 2** 12 ff.

Formulierungsmuster
- Genehmigungsantrag Amtsbezirksüberschreitung **BNotO 11** 77
- Mitteilung Amtsbereichsüberschreitung **BNotO 11** 79 ff.
- Mitteilung Amtsbezirksüberschreitung **BNotO 11** 78

Formulierungspflicht
- Niederschrift **BeurkG 9** 7

Fortbestand
- Sozialversicherungspflicht **BNotO 18** 162 ff.

Fortbildung
- Auskunftspflicht **RLEmBNotK X** 11 f.
- Berufsrichtlinien **RLEmBNotK X** 1 ff.
- BNotK **BNotO 78** 46 ff.
- Eigenverantwortlichkeit **RLEmBNotK X** 3 f.
- Erhaltung erworbener Qualifikationen **RLEmBNotK X** 5 ff.

- Fortbildungsveranstaltungen **RLEmBNotK X** 8, 9 f.
- Kammerrichtlinien **RLEmBNotK X** 9 f.
- Maßnahmen, geeignete **RLEmBNotK X** 8
- Mindeststandard **RLEmBNotK X** 8
- Mitarbeiter **RLEmBNotK VIII** 22 f., 29
- Mittelbereitstellung durch NotK **BNotO 67** 72 f.
- Notarkasse **BNotO 113** 18
- Richtlinienkompetenz NotK **BNotO 67** 70
- Sicherstellung der Qualität der Amtstätigkeit **RLEmBNotK X** 5 ff.
- Überprüfung **RLEmBNotK X** 11 f.

Fortbildungsmaßnahmen
- Information durch NotK **BNotO 67** 30

Fortbildungsnachweis
- Generalakten **DONot 23** 3

Fortbildungspflicht BNotO 14 51 ff.; **BNotO 67** 70; **RLEmBNotK X** 1 ff.
- Inhalt und Umfang **RLEmBNotK X** 3 ff.
- Sanktionen **RLEmBNotK X** 12
- Überprüfung **RLEmBNotK X** 11 f.

Fortbildungsveranstaltungen RLEmBNotK X 8, 9 f.

Fortentwicklung
- Notarrecht **BNotO 67** 29

Fortführungsverwaltung BNotO 56 16 f.

Fortgesetzte Gütergemeinschaft siehe Gütergemeinschaft, fortgesetzte

Fortgesetzte Handlung
- Dienstvergehen **BNotO 95** 28

Fortsetzung
- Disziplinarverfahren **BNotO 96** 37

Fortsetzungsfeststellungsklage BNotO 111b 6 ff.
- Begründetheit **BNotO 111b** 57
- Feststellungsinteresse **BNotO 111b** 9
- Klagebefugnis **BNotO 111b** 14

Foto
- Werbung **BNotO 29** 12

Fragepflicht
- Mitwirkungsverbot **BeurkG 3** 52 ff., 60 ff.

Frankreich
- Apostille **BeurkG 2** 19b
- bilaterales Abkommen zum Urkundenverkehr **BeurkG 2** 20

Freiberuflichkeit BNotO 2 10 f.

Freier Beruf BNotO 2 10 f.

Freilassung
- Urkunde **DONot 28** 15 ff.

Freistellung
- Mitarbeiter von Haftungsgefahren **RLEmBNotK VIII** 30

Freistellungsauftrag
- Anderkonto **DONot 27** 31

Freiwillige Gerichtsbarkeit BeurkG Einl. 6

Freiwillige Versteigerung siehe Versteigerung, freiwillige

Fremdsprachen
- Angaben zu **BNotO 29** 12

1820

magere Zahlen = Randnummern

Sachverzeichnis

Fremdsprachige Beurkundung BeurkG 5 2 ff.
– Sonderregelungen **BeurkG 5** 5 f.
– Sprachkenntnis der Beteiligten **BeurkG 5** 4
– Sprachkenntnis des Notars **BeurkG 5** 3
– Verlangen der Beteiligten **BeurkG 5** 2
Fremdwährung
– Anderkonto **BeurkG 57** 3
– Verwahrung **BeurkG 57** 3
– Verwahrungsbuch **DONot 11** 16
Fremdwährungskonto
– Anderkonto **BeurkG 58** 8
Friedensverrat BNotO 49 8
Fristverlängerung BNotO 111b 90
Fristversäumung
– Wiedereinsetzung **BNotO 111b** 35
Führung
– Akten **BNotO 35** 1 ff.
– Akten, elektronische **BNotO 35** 1 ff., 19 ff.
– Anderkontenliste **DONot 5** 2; **DONot 12** 3, 21 ff.
– Beteiligtenverzeichnis **BNotO 28** 7, 10
– Erbvertragsverzeichnis **DONot 5** 3; **DONot 9** 2 ff.
– Generalakten **DONot 5** 1 ff.; **DONot 23** 1 ff., 7 ff.
– Geschäftsstelle **DONot 5** 4
– Kostenregister **DONot 5** 2; **DONot 16** 1
– Massenbuch **DONot 5** 2; **DONot 10** 4 ff.; **DONot 12** 1 ff.
– Massenkartei **DONot 12** 1 ff.
– Namensverzeichnis **DONot 5** 2; **DONot 13** 10
– Nebenakten **DONot 5** 1 ff.
– Notaraktenspeicher, elektronischer **BNotO 78** 22
– Notarstelle durch Notariatsverwalter **BNotO 59** 9 ff.
– Notarverzeichnis **BNotO 78** 23 f.
– Papierakten **BNotO 35** 1 ff.
– Sammelbände Wechsel-/Scheckprotest **DONot 5** 1 ff.
– Unterlagen **DONot 5** 1 ff.
– Urkundenarchiv, elektronisches **BNotO 78** 26 ff.
– Urkundenrolle **DONot 5** 2
– Urkundensammlung **DONot 5** 1 ff.
– Verwahrungsbuch **DONot 5** 2; **DONot 10** 4 ff.; **DONot 11** 1 ff.
– Verzeichnisse **BNotO 35** 1 ff.
– Verzeichnisse, elektronische **BNotO 35** 1 ff., 19 ff.
– Zentrales Testamentsregister **BNotO 78** 26 ff.; **BNotO 78c** 3
– Zentrales Vorsorgeregister **BNotO 78** 26 ff.; **BNotO 78a** 18
Führung, elektronische
– Anderkonto **DONot 5** 1 ff., 8
– Generalakten **DONot 6** 6; **DONot 22** 10 f.
– Nebenakten **DONot 6** 6; **DONot 22** 8 ff.

Führung, papiergebundene
– Akten **DONot 6** 6
– Bücher **DONot 6** 1 ff.
– Erbvertragsverzeichnis **DONot 6** 3
– Generalakten **DONot 6** 6
– Namensverzeichnis **DONot 6** 3
– Nebenakten **DONot 6** 6
– Sammelbände Wechsel-/Scheckprotest **DONot 6** 6
– Urkundenrolle **DONot 6** 3
– Urkundensammlung **DONot 6** 6
– Verzeichnis **DONot 6** 1 ff., 7
Füllstrich DONot 28 16
Fürsorge für Berufsangehörige
– Überschussverwendung aus Notariatsverwaltung **BNotO 60** 3
Fürsorgebedürftigkeit
– Vorsorgevollmacht **BeurkG 20a** 2
Fürsorgeeinrichtung
– Unterhaltung der **BNotO 67** 76 f.
Fürsorgepflicht
– gegenüber Mitarbeitern **RLEmBNotK VIII** 26 ff.
– Vermeidung von Haftungsgefahren für Mitarbeiter **RLEmBNotK VIII** 30

Gästebuch
– Homepage **RLEmBNotK VII** 49
GbR *siehe Gesellschaft bürgerlichen Rechts*
Gebärdensprachdolmetscher BeurkG 22 10 ff.
Gebot
– Versteigerung **BNotO 20** 40
Gebühren BNotO 17 1 ff.
– Anspruch **BNotO 17** 4
– Befreiung **BNotO 17** 9, 14
– Eintreibung **BNotO 17** 7
– Erhebungspflicht **BNotO 17** 5 ff.
– Ermäßigung **BNotO 17** 9
– Hinweispflicht bei selbständiger Beratung **BNotO 24** 21a
– Höhe Kostenanspruch **BNotO 17** 9
– Notarprüfung **DONot 32** 32
– Prozessvergleich **BNotO 17** 10
– Ratenzahlung **BNotO 17** 14
– Richtlinien-Empfehlung BNotK **BNotO 17** 2
– Richtlinienkompetenz NotK **BNotO 67** 61
– Verbot der Vorteilsgewährung **BNotO 17** 12 f.
– Verzicht **BNotO 17** 11
– Vorteilsversprechen **BNotO 17** 13
Gebührenanspruch
– Abtretung **RLEmBNotK VIII** 17
Gebühreneinziehung RLEmBNotK VI 7
– Dienstaufsicht **BNotO 93** 10
Gebührenerhebungspflicht BNotO 17 5 ff.; **BNotO 67** 61
– Ausnahmen, fakultative **BNotO 17** 11

1821

Sachverzeichnis
fette Zahlen = §§

- Ausnahmen, zwingende **BNotO 17** 9 f.
- Sicherungsvorkehrungen **RLEmBNotK VI** 6 ff.

Gebührenhilfe BNotO 17 14

Gebührensatzung
- Gebührentatbestände **BNotO 78b** 15

Gebührenteilung
- bei Berufsverbindung **BNotO 9** 31 f.
- unzulässige Vorteilsgewährung **BNotO 17** 13

Gebührenunterschreitung BNotO 67 61

Gebührenvereinbarung
- bei Berufsverbindung **BNotO 9** 31 f.

Gebührenverzeichnis
- Gerichtskosten **BNotO 111f** 2 ff., Anlage

Gebührenvorschuss
- Rechtsstreit Notariatsverwalter/NotK **BNotO 62** 4

Gebundene Form
- Bücherführung **DONot 6** 8 f.

Gefahr im Verzug
- Beurkundung bei **BeurkG 2** 2 f.
- Mitteilung Amtsbereichsüberschreitung **BNotO 11** 79
- Mitteilung Amtsbezirksüberschreitung **BNotO 11** 78
- Schadensprognose **BNotO 11** 15 f.
- Unerreichbarkeitsprognose **BNotO 11** 17 ff.
- Urkundstätigkeit außerhalb Amtsbereich **BNotO 11** 23 ff., 79
- Urkundstätigkeit außerhalb Amtsbezirk **BNotO 11** 13 ff., 78
- Verweigerung Amtstätigkeit bei **BNotO 15** 25

Gefährdung der äußeren Sicherheit BNotO 49 11

Gefahrenabwehr
- vorläufige Amtsenthebung **BNotO 54** 3

Gefälligkeitshinweis BNotO 14 44

Gegenstand
- Dokumentation Mitwirkungsverbot **DONot 15** 5
- Verwahrung **BNotO 23** 1 ff., 6; **BNotO 24** 45

Gegenstand, sonstiger
- Verwahrung **BNotO 24** 45; **BeurkG 62** 18 ff.

Geheimnis, fremdes
- Schutz, strafrechtlicher **BNotO 18** 3 f.; **BNotO 26a** 5 ff.
- Schutz, verfahrensrechtlicher **BNotO 18** 5 ff.

Geheimnisverrat BNotO 49 11

Gehör, rechtliches siehe *Rechtliches Gehör*

Geld
- Verwahrung **BNotO 23** 1 ff., 6; **BeurkG 57** 2 ff.

Geldanspruch
- Bestimmtheit Unterwerfungserklärung **BeurkG 52** 7b

Geldbuße DONot 32 28
- Disziplinarmaßnahme **BNotO 97** 17 ff.
- Höchstbetrag **BNotO 97** 18 f.
- Ratenzahlung **BNotO 97** 18

- Tilgung Disziplinareintragung **BNotO 110a** 2
- Tilgungsfrist **BNotO 110a** 3 ff.
- Vollstreckung **BNotO 97** 21
- Vorhaltskosten **BNotO 97** 19
- Vorteilsbewertung **BNotO 97** 19

Geldforderung
- Vollstreckung notarieller Urkunde in EU-Staaten **BeurkG 2** 21b; **BeurkG 52** 33

Geldmarktfonds
- Anderkonto **BeurkG 58** 8

Geldwäsche BNotO 14 34

Geldwäschegesetz
- Amtsverweigerung **BNotO 15** 24a
- Anhaltspunkte für Verdacht **BeurkG 57** 126a
- Anwendungsbereich **BeurkG 10** 15 f.; **BeurkG 57** 110
- Anwendungsempfehlungen BNotK **BeurkG 57** 109
- Aufbewahrungspflicht **BeurkG 57** 110e, 123 ff.
- Aufzeichnungspflicht **BeurkG 57** 110e, 123 ff.
- Disziplinarrecht **BeurkG 57** 129
- erforderliche Angaben **BeurkG 10** 15c
- Generalakten **DONot 23** 6 ff.
- Identifizierung der formell Beteiligten **BeurkG 57** 111 ff.
- Identifizierung, frühere **BeurkG 57** 115
- Identifizierung wirtschaftlich Berechtigter **BeurkG 57** 117 ff.
- Identitätsbescheinigung **BeurkG 10** 16
- Identitätsüberprüfung **BeurkG 10** 15e
- konkrete Risikobewertung **BeurkG 57** 110b, 122, 123 f.
- Kontoeröffnung Anderkonto **BeurkG 58** 5
- Legitimationsprüfung nach **BeurkG 10** 15 ff.
- Meldepflicht **BeurkG 57** 110f, 125 ff.
- Notaranderkonto **BeurkG 57** 121a f.
- Offenbarung gegenüber Zentralstelle für Finanztransaktionsuntersuchungen **BNotO 18** 87 ff.
- Pflichten nach **BeurkG 57** 109 ff.
- Prüfung **DONot 32** 6a
- risikobasierter Ansatz **BeurkG 57** 110b
- Sanktionen unterlassener Identifizierung **BeurkG 57** 129
- Sorgfaltspflichten, allgemeine **BeurkG 57** 110c, 121 f.
- Sorgfaltspflichten, verstärkte **BeurkG 57** 110d, 122 ff.
- Übernahme von Legitimationsprüfungen für Banken **BeurkG 10** 15h
- verstärkte Sorgfaltspflichten **BeurkG 10** 15g
- Verwahrung von Geld **BeurkG 57** 2, 27
- wirtschaftlich Berechtigter **BeurkG 10** 15f

Gelegenheit, ausreichende
- Auseinandersetzung mit Beurkundungsgegenstand **BeurkG 17** 48 f.

Gemeinde
- Amtssitzzuweisung **BNotO 10** 6 ff.

magere Zahlen = Randnummern

Sachverzeichnis

Gemeinsame Berufsausübung *siehe Berufsausübung, gemeinsame*
Gemeinschaftsverträge
– Berufsverbindung **BNotO 9** 19
Genehmigung
– Aktenführung außerhalb der Geschäftsstelle **BNotO 35** 15 ff.
– Amtsabwesenheit **BNotO 38** 12 ff.
– Amtsniederlegung, echte vorübergehende **BNotO 48c** 27 ff.
– Amtsniederlegung, unechte vorübergehende **BNotO 48c** 56 ff.
– behördliche, Einzelfälle **BeurkG 18** 5
– Berufsverbindung **BNotO 9** 13 ff.
– fehlende **BNotO 50** 31 ff., 35 ff.
– gerichtliche, Einzelfälle **BeurkG 18** 4
– Nebentätigkeit **BNotO 8** 25 ff.
– Niederschrift **BeurkG 13** 1 ff., 16
– Urkundstätigkeit außerhalb Amtsbezirk **BNotO 11** 7 ff.
Genehmigung Amtsabwesenheit BNotO 38 12 ff.
– Abwesenheit vom Amtssitz **BNotO 38** 13 ff.
– Entbehrlichkeit **BNotO 38** 16
– Entscheidung **BNotO 38** 18 f.
– Rechtsfolgen **BNotO 38** 20
– Rechtsschutz **BNotO 38** 21
– Verfahren **BNotO 38** 17
Genehmigungsantrag
– Amtsbezirksüberschreitung (Formulierungsmuster) **BNotO 11** 77
Genehmigungsbedürftigkeit
– Zweifel an **BeurkG 18** 3
Genehmigungserfordernisse BeurkG 18 1 ff.
– behördliche **BeurkG 18** 5
– gerichtliche **BeurkG 18** 4
Genehmigungsfähigkeit
– Zweifel an **BeurkG 18** 3
Genehmigungspflicht
– Nebentätigkeit **BNotO 8** 17 ff.
– Verstoß gegen **BNotO 8** 34
Genehmigungsvorbehalt
– Amtsverlust oder Amtssitzverlegung **BNotO 53** 5 ff.
– Beschäftigung juristischer Mitarbeiter **BNotO 25** 16 ff.
– Ermessen **BNotO 53** 13 ff.
– Identität der Amtssitze **BNotO 53** 4
– Rechtsfolgen Verstoß gegen **BNotO 53** 17 f.
– Übernahme Notariatsmitarbeiter/-personal **BNotO 53** 1 ff., 10 ff.
– Übernahme Noträume **BNotO 53** 1 ff., 8 f.
– Verlegung der Räume **BNotO 53** 8 f.
Genehmigungswiderruf
– Berufsverbindung **BNotO 9** 17
Generalakten DONot 23 1 ff.
– Angelegenheiten, wichtige **DONot 23** 5
– Aufbewahrung **DONot 23** 1 ff., 9
– Aufbewahrungsfrist **DONot 5** 13; **DONot 23** 5, 9

– Aufbewahrungsfrist für Nebenakten **DONot 23** 6d
– datenschutzrechtliche Dokumentation **DONot 23** 6a, 6g
– elektronische Anderkonten **DONot 23** 6e
– Ermessen **DONot 23** 4
– Fortbildungsnachweis **DONot 23** 3
– Führung **DONot 5** 1 ff.; **DONot 23** 1 ff., 7 ff.
– Führung, elektronische **DONot 6** 6; **DONot 23** 10
– Führung, papiergebundene **DONot 6** 6
– geldwäscherechtliche Risikobewertung **DONot 23** 6 ff.
– Gliederung **DONot 23** 7 f.
– Inhalt **DONot 23** 2 ff.
– Inhalt, beispielhafte Aufzählung **DONot 23** 5 ff.
– Schriftverkehr mit Aufsicht **DONot 23** 6
– Verschwiegenheitsvereinbarung mit externen Dienstleistern **DONot 23** 6b
– Verschwiegenheitsverpflichtung **DONot 23** 6b
– Verwahrung Niederschrift der Verpflichtung **DONot 4** 2
Generalvollmacht
– Mitwirkungsverbot **BeurkG 3** 56
– Zentrales Vorsorgeregister **BNotO 78a** 4
Georgien
– Apostille **BeurkG 2** 19b
Gericht
– Auskunftsrecht ZTR **BNotO 78f** 2 f.
– Gebührenentgegennahme für Registerbehörde **BNotO 78b** 18 ff.; **BNotO 78g** 12 ff.
– Meldepflicht (ZTR) **BNotO 78d** 3 ff.
– Verhalten gegenüber **BNotO 31** 1 ff.
Gerichts- und Verwaltungspostfach, elektronisches der Justiz (EGVP) BeurkG 53 18
– Ablösung durch besonderes elektronisches Notarpostfach (beN) **BNotO 78** 25
Gerichtsbescheid BNotO 111b 74
Gerichtsentlastung BNotO 20 9 f.
– Beurkundung **BeurkG 1** 9 ff.
Gerichtskosten BNotO 111b 85; **BNotO 111f** 1 ff.
– Gebührenverzeichnis **BNotO 111f** 2 ff., Anlage
– Verweisung auf Gerichtskostengesetz **BNotO 111f** 8
Gerichtskostengesetz
– Verweisung auf **BNotO 111f** 8
Gerichtssprache
– Disziplinarverfahren **BNotO 99** 6
Gerichtsstand
– allgemeiner **BNotO 111a** 4
– besonderer **BNotO 111a** 3
– Regelungen, abweichende **BNotO 111a** 5 f.
Gerichtsverfahren, überlanges
– Rechtsschutz **BNotO 111h** 1 ff.

1823

Sachverzeichnis

fette Zahlen = §§

Gerichtsvollzieher
– Zuständigkeit Beurkundung **BeurkG 1** 21
Gesamtgutauseinandersetzung BNotO 20 4a, 51 ff.
– Antragsberechtigung **BNotO 20** 52
– nur ein erschienener Beteiligter **BNotO 20** 52
– Maßnahmen, vorbereitende **BNotO 20** 52
– Mitwirkungsverbot **BeurkG 3** 27
– Notarwahl **BeurkG 2** 6
– Übersicht Urkundengeschäft **DONot 24** 10
– Verfahren **BNotO 20** 52
– Verhandlung **BNotO 20** 52
– Zuständigkeit **BNotO 20** 51 ff.
Gesamtrechtsnachfolger
– Ausfertigungsberechtigung **BeurkG 51** 11
Gesamtschuldner
– Ausfertigung, vollstreckbare **BeurkG 52** 16a
Geschäftsanfall
– Bedürfnisprüfung **BNotO 4** 6
– Schlüsselzahlen **BNotO 4** 6
Geschäftschancenausnutzung
– Kenntniserlangung im Rahmen der Notarstätigkeit **BNotO 67** 45
Geschäftsfähigkeit
– Begriff **BeurkG 11** 2 ff.
– fehlende **BeurkG 11** 5
– Feststellung bei Verfügungen von Todes wegen **BeurkG 28** 1 ff.
– Feststellung über **BeurkG 11** 1 ff.
– Prüfungspflicht **BeurkG 11** 3 f.
– Vermerk über **BeurkG 11** 7 f.
– Wahrnehmungsvermerk **BeurkG 28** 1, 3 ff.
– Wahrnehmungsvermerk, fehlender **BeurkG 28** 7
– Zweifel an **BeurkG 28** 3 ff.
Geschäftsführer NotK
– Aufgaben **BNotO 68** 22
– Bestellung **BNotO 68** 17 f., 21
– Notarassessor **BNotO 68** 19
– Rechtsanwalt **BNotO 68** 20
Geschäftsführung
– BNotK **BNotO 79** 10 ff.
Geschäftsgegenstand
– Urkundenrolle **DONot 8** 30 ff.
Geschäftskontoführende Bank
– Dienstleister, externer **BNotO 26a** 25
Geschäftsordnung NotK
– Abteilungsbildung **BNotO 69b** 4 ff.
Geschäftspapiere
– Werbebeschränkung **BNotO 29** 23 f.
Geschäftsprüfung
– Aufsichtsbehörde **BNotO 93** 5
– Gebühren **BNotO 93** 9
Geschäftsrecht
– Beurkundung **BeurkG 2** 12 ff.
Geschäftsschilder DONot 3 1 ff.
– Werbebeschränkung **BNotO 29** 23 ff.
Geschäftssitzverlegung
– Namensschild **DONot 3** 19

Geschäftsstatut
– Form der Beurkundung **BeurkG 2** 12 ff.
Geschäftsstelle BNotO 10 52 ff.
– Amtstätigkeit außerhalb **BNotO 11** 65 ff.
– Begriff **BNotO 10** 79 f.
– BNotK **BNotO 79** 10 ff.
– Führung der Unterlagen **DONot 5** 4
– Genehmigungsvorbehalt Verlegung in Räume des ausgeschiedenen hauptberuflichen Notars **BNotO 53** 1 ff., 8 f.
– Mitarbeiter **BNotO 79** 10 ff.
– Öffnungszeiten **BNotO 10** 74 ff.
– örtliche Übereinstimmung mit Kanzlei **BNotO 10** 70 ff.
– räumliche Übereinstimmung mit Zulassungskanzlei **BNotO 10** 73 ff.
– Verhältnis zu Amtssitz **BNotO 10** 53 f.
– Verhältnis zu Kanzlei/Zweigstelle **BNotO 10** 67 ff.
– Verhältnis zu Wohnung **BNotO 10** 55 ff.
Geschäftsstellen, mehrere BNotO 10 77 ff.
– Begriff **BNotO 10** 79 f.
– Dispens vom Verbot **BNotO 10** 85 ff.
– Kriterien Auswahlermessen **BNotO 10** 89 ff.
– Kriterien Entschließungsermessen **BNotO 10** 87 f.
– Nebenbestimmungen bei Dispens **BNotO 10** 97 ff.
– Rechtsfolgen bei Dispens **BNotO 10** 94 ff.
– Verbot **BNotO 10** 82 ff.
– Verfahren bei Dispens **BNotO 10** 92 f.
– Voraussetzungen der Dispenserteilung **BNotO 10** 86 ff.
– *siehe auch Dispens*
Geschäftsstellenverlegung
– Amts-/Namensschild **DONot 3** 14 ff.
Geschäftsübersicht
– jährliche **DONot 10** 15
– *siehe auch Urkundengeschäft*
Geschäftsübersicht Verwahrungsgeschäfte
– Datenträger **DONot 6** 5
– Muster **DONot 6** 10 ff.
Geschäftsübertragung
– auf Abteilung **BNotO 69b** 10 f., 14
Geschäftsunfähigkeit
– Ablehnung Beurkundung bei **BeurkG 28** 5a
Geschäftsverhältnis
– Mitwirkungsverbot **BeurkG 3** 57
Geschäftsverteilung
– Senat für Notarsachen (BGH) **BNotO 107** 2
– Senat für Notarsachen (OLG) **BNotO 102** 6
Geschäftswesentlichkeit
– Begriff **RLEmBNotK II** 40
Gesellschaft
– Bezeichnung **BeurkG 10** 5
Gesellschaft bürgerlichen Rechts
– Bezeichnung **BeurkG 10** 5
– Nachweiserleichterungen bei Grundstückserwerb **BNotO 21** 7a, 31a
– Vertretungsverhältnis **DONot 8** 24

magere Zahlen = Randnummern

Sachverzeichnis

Gesellschaft mit beschränkter Haftung
- Beurkundung Gesellschafterversammlung **BeurkG 37** 17 f.

Gesellschafterliste
- elektronische Urkunde **BeurkG 39a** 10

Gesellschafterprotokoll
- Berichtigung **BeurkG 37** 18a f.

Gesellschafterversammlung
- Berichtigung Protokoll **BeurkG 37** 18a f.
- Beurkundung **BeurkG 36** 14
- Niederschrift **BeurkG 37** 11 ff., 17 f.

Gesellschafterversammlungsbeschluss
- Niederschrift der Beurkundung **BeurkG 8** 3

Gesellschaftsbeteiligung
- mit Notaramt unvereinbare **BNotO 14** 48
- Verbot der **BNotO 67** 51, 60

Gesellschaftsstatut
- Beurkundung **BeurkG 2** 15

Gesellschaftsvertrag
- Inhaltsbescheinigung **BNotO 21** 28

Gesetzblatt
- Bezugspflicht **BNotO 32** 1 ff.

Gesetzesverstoß
- Dienstvergehen **BNotO 95** 12
- Nichtigkeitsgrund **BNotO 14** 30

Gestaltung
- atypische **RLEmBNotK II** 1 ff., 13 ff.
- missbräuchliche **RLEmBNotK II** 4
- Text bei Beglaubigung ohne Entwurf **DONot 29** 39
- Vordrucke **DONot 29** 35 ff.

Gestaltungsklage
- allgemeine **BNotO 111b** 5
- Begründetheit **BNotO 111b** 55
- Klagebefugnis **BNotO 111b** 14

Gestaltungspflichten
- Belehrungsfunktion **RLEmBNotK II** 5, 14 ff.
- Berufsrichtlinien **RLEmBNotK II** 5 ff.
- Niederschrift **BeurkG 9** 7
- Schutzfunktion **RLEmBNotK II** 5, 14 ff.

Gestaltungsvorgaben
- Berufsrichtlinien **RLEmBNotK II** 1 ff.

Gesundheitliche Gründe
- Amtsunfähigkeit **BNotO 50** 68 ff.

Gewährleistungsverbot BNotO 14 39 ff., 45 f.
- Hilfsperson/Mitarbeiter **BNotO 14** 46

Gewalttat, staatsgefährdende
- Anleitung zur Begehung **BNotO 49** 10
- Aufnahme von Beziehungen zur Begehung **BNotO 49** 10
- Einwirkung, verfassungsfeindliche **BNotO 49** 10

Gewerbe BNotO 2 9

Gewerberaummiete
- Unterwerfungserklärung **BeurkG 52** 5c

Gewerbliche Tätigkeit BNotO 8 21
- Genehmigungspflicht **BNotO 8** 33

Gewinnbeteiligung
- Mitarbeiter **RLEmBNotK VIII** 9

Gewinnerzielung RLEmBNotK VIII 7

Gewinnerzielungsabsicht
- Nebentätigkeit **BNotO 8** 21

Gewinnsucht
- Geldbuße bei **BNotO 97** 19

Gewissenhaftigkeit
- Amtsführung **BNotO 14** 6
- Eignung, persönliche **BNotO 6** 4

Gewohnheitsrecht
- Verstoß gegen **BNotO 95** 12

Gibraltar
- Apostille **BeurkG 2** 19b

Gläubiger
- Ausfertigungsberechtigung **BeurkG 51** 9

Gläubigerablösung BNotO 23 26

Gläubigerausschussmitglied
- genehmigungsfreie Nebentätigkeit **BNotO 8** 30

Gläubigerbeirat
- genehmigungsfreie Nebentätigkeit **BNotO 8** 30

Gläubigerbenachteiligung BNotO 14 35

Gläubigerbezeichnung
- Bestimmtheit Unterwerfungserklärung **BeurkG 52** 7b

Gleichbehandlungsgrundsatz
- Fachprüfung, notarielle **BNotO 7a** 11
- Kammerbeitrag **BNotO 73** 9

Gleichstellung
- elektronische Urkunde mit Papierurkunde **BeurkG 45** 12 f.; **BeurkG 56** 11 ff.

Gleichwertigkeitsprüfung
- Beurkundung durch ausländischen Notar **BeurkG 2** 16 f.

Glücksspiel
- Verbot mit Erlaubnisvorbehalt **BNotO 20** 17

Glücksspielstaatsvertrag BNotO 20 17

GmbH-Geschäftsführer
- Belehrung im Ausland **BeurkG 2** 9

goAML
- Geldwäsche-Meldung **BeurkG 57** 127

Gratifikation
- Mitarbeiter **RLEmBNotK VIII** 9

Grenada
- Apostille **BeurkG 2** 19b

Griechenland
- Apostille **BeurkG 2** 19b
- bilaterales Abkommen zum Urkundenverkehr **BeurkG 2** f.

Großbritannien
- Apostille **BeurkG 2** 19b

Grundbuch
- Datenbankstruktur **BeurkG 53** 20 f.
- eingeschränkte Vorlesung **BeurkG 14** 4
- Registerbescheinigung **BNotO 21** 29

Grundbuch, elektronisches
- Datenbankstruktur **BeurkG 53** 20 f.
- Einreichung elektronischer Dokumente **BeurkG 53** 22
- Vollzug **BeurkG 53** 19 ff.

1825

Sachverzeichnis

fette Zahlen = §§

Grundbuchamt
- Einreichung von Urkunden **BeurkG 53** 1 ff.
- Einreichungspflichten des Notars **BNotO** 20 1a, 9a; **BeurkG 1** 13a; **BeurkG 40** 1b f.; **BeurkG 53** 4a
- Vorliegen eines steuerbaren Vorgangs **BeurkG** 19 4

Grundbuchbewilligung
- Urkundenrolle **DONot 8** 4

Grundbucheinsicht BeurkG 21 1
- fehlende vorherige **BeurkG 21** 5 f.
- Unparteilichkeit **BNotO 14** 10
- Vermerkurkunde **BeurkG 39** 3a

Grundbucheintragung
- Sicherstellung **BeurkG 57** 79 ff.
- Verkehrsschutz **BeurkG 1** 9a

Grundbuchinhalt
- Unterrichtungspflicht **BeurkG 21** 1 ff., 1 f ff.

Grundbuchmitteilung
- Interesse, berechtigtes **BeurkG 39** 3a
- Vermerkurkunde **BeurkG 39** 3a

Grundbuchsperre
- Hinweispflicht **BeurkG 19** 3

Grundbuchverfahren
- Rechtswirkung Notarbescheinigung **BNotO** 21 32

Grundbuchvollmacht
- Prüfung **BeurkG 12** 6

Grundbuchvollzug
- Überwachung des ordnungsgemäßen **BNotO** 24 37

Grunderwerbsteuer BeurkG 19 1 ff.
- Scheinbeurkundung zur Einsparung **BNotO** 14 34
- Sicherungsinteresse, berechtigtes **BeurkG** 57 22a

Grundpfandgläubiger
- Treuhandauflage **BeurkG 57** 104 ff.

Grundpfandrecht
- Rangbestätigung **BNotO 21** 23 f.
- Unterwerfungserklärung **BeurkG 52** 8

Grundpfandrechtsanlagen
- eingeschränkte Vorlesung **BeurkG 14** 6

Grundpfandrechtsbrief
- Verwahrungsbuch **DONot 10** 22

Grundpfandrechtsgläubiger
- Treuhandauftrag **BeurkG 57** 63 ff.

Grundsatz der Einheit
- Dienstvergehen **BNotO 95** 27 ff.

Grundschuld
- Eintritt in Sicherungsvertrag bei Abtretung **BeurkG 52** 8b
- Rangbestätigung **BNotO 21** 23 f.
- Unterwerfungserklärung **BeurkG 52** 8

Grundschuldbrief
- Treuhandtätigkeit **BNotO 24** 40 ff.
- Verwahrungsbuch **DONot 10** 22

Grundstücksbelastung
- Belehrungspflicht **BeurkG 17** 21

Grundstücksgeschäft
- Grundbucheinsicht **BeurkG 21** 1

Grundstückskaufvertrag
- Beurkundung verbundener Vereinbarungen **BeurkG 9** 15

Grundstücksvermittlung BNotO 14 44

Grundstücksversteigerung
- Notarwahl **BeurkG 2** 6
- Zurverfügungstellungsfrist **BeurkG 17** 57

Gründungsakt
- Beurkundung **BeurkG 37** 12

Gruppenanschlussversicherung
- Berufshaftpflicht **BNotO 19a** 4 f.

Gruppenprüfungsgespräch
- Fachprüfung, notarielle **BNotO 7c** 3

Gruppenverantwortlichkeit BNotO 113 33

Guatemala
- Apostille **BeurkG 2** 19b

Guernsey
- Apostille siehe *Großbritannien*

Gutachten
- Erstattung von **BNotO 67** 82 ff.
- Erstellung eines Rechtsgutachtens **BNotO** 24 24 ff.
- Erstellung eines wissenschaftlichen -s **BNotO** 24 22

Gutachtenerstattung
- BNotK **BNotO 78** 15 ff.; **BNotO 83** 5 ff.
- NotK **BNotO 67** 82 ff.

Gutachtentätigkeit BNotO 14 45

Gutachterausschuss
- Offenbarung gegenüber **BNotO 18** 105 ff.

Gutachterliche Stellungnahme BNotO 21 19

Güteordnung
- BNotK **BNotO 20** 63

Güterabwägung
- Residenzpflicht **BNotO 10** 64

Gütergemeinschaft, fortgesetzte
- Gesamtgutauseinandersetzung **BNotO 20** 4a, 52
- Zeugnis über Fortsetzung **BeurkG 1** 15

Güterrechtliche Vereinbarungen
- Verwahrung **BeurkG 34** 4

Güterrechtsregister
- Registerbescheinigung **BNotO 21** 29

Güterstand
- Angabe **DONot 26** 9a

Gütestelle BNotO 20 57, 58 f.
- Amtstätigkeit **BNotO 8** 30
- Angaben zur Anerkennung als **BNotO 29** 12

Güteverfahren, vorprozessuales BNotO 20 58 f.

Guyana
- Apostille **BeurkG 2** 19b

Haager Übereinkommen zur Befreiung ausländischer öffentlicher Urkunden von der Legalisation
- Verzeichnis der Beitrittsstaaten **BeurkG** 2 19 ff.

magere Zahlen = Randnummern

Sachverzeichnis

Haftbefehl
- Erzwingung der Eidesstattlichen Versicherung **BNotO 50** 90
- bei vorläufiger Amtsenthebung **BNotO 54** 28

Haftpflichtversicherung
- Beendigung Versicherungsvertrag **BNotO 50** 125 ff.
- fehlende **BNotO 50** 120 ff.
- Leistungsfreiheit im Innenverhältnis **BNotO 50** 123 f.
- Notariatsverwaltung **BNotO 61** 8 f.
- Notarkasse **BNotO 113** 17
- Unterhalten einer **BNotO 50** 122 ff.
- Verhältnis zu Vertrauensschadensversicherung **BNotO 19a** 20 ff.
- Vorleistungspflicht **BNotO 19a** 20 ff.
- Zeitpunkt, maßgeblicher **BNotO 50** 128 ff.

Haftung
- Aktenverwahrung **BNotO 45** 11
- Amtspflichtverletzung **BNotO 19** 1 ff.
- Amtspflichtverletzung Notarvertreter **BNotO 42** 1
- Amtsverweigerung **BNotO 15** 54
- Aufsichtsbehörde **BNotO 19** 7
- Auszahlung vom Anderkonto **BeurkG 58** 31 ff.
- Beteiligtenberatung **BNotO 24** 30
- Beteiligtenbetreuung **BNotO 24** 14
- Betreuungstätigkeit **BNotO 19** 14, 17
- Beurkundung **BNotO 19** 13
- Dienstaufsicht, fehlerhafte **BNotO 93** 15
- Europäischer Kodex des notariellen Standesrechts **Anhang 2** 2.7.
- gesamtschuldnerische **BNotO 46** 1 ff.
- Haftungsklage **BNotO 19** 61 ff.
- Hilfspersonen **BNotO 19** 55 ff.
- Mitverschulden **BNotO 19** 45 ff.
- Notar **BNotO 19** 8 ff.
- Notar für Notarvertreter **BNotO 46** 2 ff.
- Notar und Notarvertreter **BNotO 46** 1 ff.
- Notarassessor **BNotO 19** 58 ff.
- Notarkasse bei Notariatsverwaltung **BNotO 61** 10
- Notarvertreter **BNotO 46** 1 ff.
- NotK für Notariatsverwalter **BNotO 61** 1 ff., 3 ff.
- Subsidiarität **BNotO 19** 35 ff.
- Verjährung **BNotO 19** 50 ff.
- Versäumung von Rechtsmitteln **BNotO 19** 41 ff.
- Verwahrung **BNotO 23** 60 ff.
- Verwahrungsanweisung/-vereinbarung **BeurkG 57** 41
- Vollzugstätigkeit **BNotO 24** 35
- Vorstandsmitglied NotK **BNotO 68** 13 f.

Haftungsausgleich
- Notar/Notarvertreter **BNotO 46** 6 ff.

Haftungsausschluss
- bei Amtshaftung **BNotO 23** 62 ff.

Haftungsbeschränkung BNotO 19 4
Haftungsfreistellung
- Notarvertreter **BNotO 46** 7

Haftungsgefahr
- Mitarbeiter **RLEmBNotK VIII** 30

Haftungsklage BNotO 19 61 ff.
- Beweislast **BNotO 19** 62 ff.
- Beweislastumkehr **BNotO 19** 64
- Negativbeweis **BNotO 19** 63
- Zuständigkeit **BNotO 19** 61 ff.

Haftungsprivileg
- bei Betreuungstätigkeit **BNotO 24** 14
- bei notarieller Verwahrung **BNotO 23** 64

Haftungsregelung
- in Vertretervereinbarung **BNotO 46** 7

Haftungsverteilung
- bei Notariatsverwaltung **BNotO 61** 6 f.

Hamburg
- Anwaltsnotar **BNotO 116** 3
- Kontovollmacht Anderkonto **BeurkG 58** 15
- Notariat, hauptberufliches **BNotO 3** 8

Hamburgische NotK BNotO 65 22
- Amts-/Namensschild **DONot** 3
- Amtssiegel **DONot** 2
- sicherster Weg **RLEmBNotK III** 6
- Stimmrecht Vertreterversammlung **BNotO 86** 5
- Wahrung fremder Vermögensinteressen **RLEmBNotK III** 1 ff.

Handakten *siehe Nebenakten*
Handelndenhaftung
- Mitarbeiter **RLEmBNotK VIII** 30

Handelsregister
- Anmeldung **BeurkG 40** 28

Handelsregister, elektronisches
- Einsichtnahme **BNotO 21** 13
- Vollzug **BeurkG 53** 17

Handelsregisteranmeldung
- Betreuungstätigkeit **BNotO 24** 33
- Datenübermittlung, elektronische **BeurkG 53** 18

Handschlag
- Verpflichtung, förmliche **BNotO 26** 11

Handschriftliche Urkunde DONot 29 6
Handzeichen
- Anerkennung **BeurkG 40** 12 f.
- Auslandssachverhalte **BeurkG 40** 14
- Beglaubigung **BeurkG 39** 3
- Beglaubigungsverfahren **BeurkG 40** 8
- Gegenwart des Notars **BeurkG 40** 10
- Vollzug **BeurkG 40** 11

Hanseatische NotK
- In-Kraft-Treten Neufassung **DONot 34** 3 f.

Hauptberuflicher Notar *siehe Notar, hauptberuflicher*
Hauptschrift
- Abschrift **BeurkG 42** 2
- Mängel **BeurkG 42** 12; **BeurkG 43** 5

Hauptverfahren
- Unparteilichkeit **BNotO 14** 10

1827

Sachverzeichnis

fette Zahlen = §§

Hauptversammlung
– Beurkundung **BeurkG 36** 14; **BeurkG 37** 15 f.

Hauptversammlungsprotokoll
– Berichtigung **BeurkG 37** 11, 18a f.
– Berichtung, nachträgliche **BeurkG 44a** 17 ff.
– Niederschrift **BeurkG 37** 11 ff., 15 f.

Hausbesuch
– Mitarbeiter bei Klienten **RLEmBNotK VIII** 24 f.

Haushalt
– NotK **BNotO 73** 3

Haushaltsplan
– BNotK **BNotO 91** 11

Heftung
– Anlagen **DONot 30** 6 ff.
– Entheftung **DONot 30** 7a ff.
– Heftfaden **DONot 30** 4 ff.
– neue – nach Durchtrennung **DONot 30** 7d
– Prägesiegel **DONot 30** 4 ff.
– Sinn **DONot 30** 2
– Technik **DONot 30** 4 ff.
– Urkunde **BeurkG 44** 3 f.
– Urkunde/Ausfertigung/beglaubigte Abschrift **DONot 30** 1 ff.
– Zeitpunkt **DONot 30** 2a

Hemmung
– Verfolgungsverbot Dienstvergehen **BNotO 95a** 14, 19 f.

Herausgabepflicht
– bei Beschlagnahme verwahrter Gegenstände **BNotO 18** 112
– Urkunde/Urschrift **BNotO 18** 117 ff.

Herstellung
– Abschrift **BeurkG 42** 6
– Ausfertigung **BeurkG 49** 5
– Urkunde, notarielle **DONot 28** 1 ff.
– Urschrift **DONot 29** 1 ff.

Herstellungsverfahren
– Abbildungen **DONot 29** 29a
– Anlagen **DONot 29** 29a
– Buchdruck **DONot 29** 24 f.
– Druckverfahren, sonstige **DONot 29** 26 ff.
– Farbbänder **DONot 29** 22
– Heftung **DONot 30** 4 ff.
– Karten **DONot 29** 29a
– Kopierverfahren **DONot 29** 26 ff.
– Kugelschreiber **DONot 29** 23
– Offsetdruck **DONot 29** 24 f.
– Papier **DONot 29** 13 ff.
– Papierfarbe **DONot 29** 14
– Papierformat **DONot 29** 15 f.
– Prüfzeugnis der Papiertechnischen Stiftung **DONot 29** 27
– Schreibmittel **DONot 29** 17 ff.
– Schreibmittel, unzulässige **DONot 29** 29
– Siegelung **DONot 31** 1 ff.
– Stempel **DONot 29** 30 f.
– Tinte **DONot 29** 17 ff.
– Unterschrift **DONot 29** 20

– Urschrift, Ausfertigung/beglaubigte Abschrift **DONot 29** 12 ff.
– Vordrucke, fremde **DONot 29** 32 ff.
– Zeichnungen **DONot 29** 29a

Hessen
– Beglaubigungszuständigkeit **BeurkG 1** 19
– In-Kraft-Treten Neufassung **DONot 34** 3 f.
– Notariat, nebenberufliches **BNotO 3** 15
– NotK **BNotO 65** 19, 22
– Streitschlichtung, obligatorische **BNotO 20** 58 f.
– Unterschriftsbeglaubigung durch Behörde **BeurkG 40** 29

Hilfe, unzulässige
– Fachprüfung, notarielle **BNotO 7f** 1 ff.

Hilfskräfte
– Ausbildung **BNotO 67** 74
– Ausbildungsrichtlinien **BNotO 78** 20 f.
– Begriff **RLEmBNotK VIII** 2
– Fortbildungsmaßnahmen **BNotO 78** 46 ff.

Hilfsmittel
– Aktenführung **BNotO 35** 10 f., 21

Hilfsmittel, unzulässige
– Fachprüfung, notarielle **BNotO 7f** 1 ff.

Hilfsperson
– Geschäfte, unzulässige/verbotene **BNotO 14** 46
– Haftung für **BNotO 19** 55 ff.
– Sachverhaltsermittlung durch **BNotO 21** 13

Hinterbliebene
– Sterbegeld **BNotO 67** 77

Hinterbliebenenversorgung
– Notarkasse **BNotO 113** 16
– Überschussverwendung aus Notariatsverwaltung **BNotO 60** 3

Hinterlegung
– Software-Quellcode **BeurkG 37** 21

Hinterlegung, gerichtliche
– Pflicht zur **BNotO 23** 58
– unberechtigte **BNotO 23** 57
– bei Verwahrung **BNotO 23** 55 ff.

Hinterlegung, notarielle BNotO 23 10

Hinterlegungsgebühr
– Abgrenzung bei Notariatsverwaltung **BNotO 58** 12

Hinweis
– durch NotK **BNotO 97** 15
– für zukünftige Amtsführung **DONot 32** 28

Hinweisblatt
– Aufbewahrung **DONot 18** 22

Hinweispflicht BNotO 14 21 f.
– Aufklärungspflicht, außerordentliche **BNotO 14** 37
– bei Beurkundung Verbrauchervertrag **BeurkG 17** 44
– Gebühren bei selbständiger Beratung **BNotO 24** 21a
– Genehmigungserfordernisse **BeurkG 18** 1 ff.
– Grundbuchsperre **BeurkG 19** 3
– Mitwirkungsverbot **BeurkG 3** 60 ff.

magere Zahlen = Randnummern

- Rechtsanwendung, ausländische **BeurkG 17** 62
- Registrierung Vorsorgevollmacht **BeurkG 20a** 1 ff.
- steuerliche Folgen **BeurkG 19** 1 ff.
- Unbedenklichkeit, steuerliche **BeurkG 19** 1 ff.
- Versagungsgrund **BNotO 14** 36
- Vorkaufsrecht, gesetzliches **BeurkG 20** 1 ff.

Hinwirken auf Einhaltung der Verschwiegenheitspflicht BNotO 26 19 ff.

Höchstalter
- Notarbewerber **BNotO 6** 17

Hochverrat BNotO 49 9

HöfeO
- Zuständigkeit AG für Beurkundung **BeurkG 1** 15

Hoferbe
- Zuständigkeit AG für Beurkundung **BeurkG 1** 15

Höflichkeit BNotO 14 19

Home Office BNotO 35 16

Homepage
- Angaben auf **BNotO 29** 12
- Angaben nach § 5 TMG **RLEmBNotK VII** 51
- Bereithaltung von Informationen **RLEmBNotK VII** 52 ff.
- Checklisten **RLEmBNotK VII** 50
- Domain **RLEmBNotK VII** 45
- Eingabemaske Kontaktaufnahme **RLEmBNotK VII** 50
- Fachveröffentlichung **RLEmBNotK VII** 47
- Gästebuch **RLEmBNotK VII** 49
- Informationen, zulässige **RLEmBNotK VII** 35 ff., 44 ff.
- Leistungsangebote, besondere **RLEmBNotK VII** 39 ff., 44 ff.
- Links **RLEmBNotK VII** 48
- Online-Kontaktaufnahme **RLEmBNotK VII** 50
- Online-Vertragsformulare **RLEmBNotK VII** 50
- Selbstdarstellung, wertende **RLEmBNotK VII** 42, 44 ff.
- Spezialisierung **RLEmBNotK VII** 42, 44 ff.
- Spezialkenntnisse **RLEmBNotK VII** 40, 44 ff.
- Sprachkenntnisse **RLEmBNotK VII** 40, 44 ff.
- Tätigkeitsbereich Mediation **RLEmBNotK VII** 39 ff., 44 ff.
- Tätigkeitsschwerpunkte **RLEmBNotK VII** 39 ff., 44 ff.
- Umfang der Informationen auf **RLEmBNotK VII** 47
- Versand von Informationen **RLEmBNotK VII** 53

Sachverzeichnis

- Werbung **RLEmBNotK VII** 34 ff., 44 ff.
- Werdegang, beruflicher **RLEmBNotK VII** 37, 44 ff.

Honduras
- Apostille **BeurkG 2** 19b

Hongkong
- Apostille **BeurkG 2** 19b

Honorarkonsul BNotO 8 7

Honorarprofessor BNotO 8 7

Hörbehinderung
- Begrifflichkeiten **BeurkG 22** 3 f.
- Beteiligung behinderter Person **BeurkG 22** 1 ff.; **BeurkG 23** 1 ff.
- Feststellung **BeurkG 22** 5 f.
- Feststellungsvermerk **BeurkG 23** 2
- Gebärdensprachdolmetscher **BeurkG 22** 10 ff.
- Niederschrift **BeurkG 23** 1 ff.
- Sonderregelungen **BeurkG 22** 17
- Verständigung, schriftliche **BeurkG 23** 6 ff.
- Verständigung, unmögliche schriftliche **BeurkG 24** 1 ff.
- Verstöße gegen Schutzvorschriften **BeurkG 23** 10 f.
- Vorlage der Niederschrift zur Durchsicht **BeurkG 23** 4 ff.
- Zuziehung Zeuge/zweiter Notar **BeurkG 22** 7 ff.

Hypothekenbrief
- Verwahrungsbuch **DONot 10** 22

Identifizierung
- Aufzeichnungs-/Aufbewahrungspflicht **BeurkG 57** 123 ff.
- Durchführung **BeurkG 57** 112 ff.
- formell Beteiligte **BeurkG 57** 111 ff.
- frühere **BeurkG 57** 115
- Sanktionen unterlassener **BeurkG 57** 129
- wirtschaftlich Berechtigter **BeurkG 57** 117 ff.
- Zeitpunkt der **BeurkG 57** 116

Identifizierungspflicht
- bei Befreiung von Ausweispflicht **BeurkG 10** 9a ff.
- Beteiligte **BeurkG 10** 2, 7 ff.
- Beweismittel, sonstige **BeurkG 10** 11
- Erkennungszeuge **BeurkG 10** 10
- Feststellung, fehlende **BeurkG 10** 14
- Feststellung, nachträgliche **BeurkG 10** 12
- Geldwäschegesetz **BeurkG 10** 15 ff.; **BeurkG 57** 111 ff.
- Kenntnis der Person des Beteiligten **BeurkG 10** 8
- Pass-/Ersatzpapiere **BeurkG 10** 9b
- unbekannte Beteiligte **BeurkG 10** 9 ff.

Identifizierungspflicht GWG BeurkG 10 15 ff.; **BeurkG 57** 111 ff.
- Durchführung der Identifizierung **BeurkG 57** 112 ff.
- formell Beteiligte **BeurkG 57** 111 ff.
- frühere Identifizierung **BeurkG 57** 115
- Sanktionen unterlassener **BeurkG 57** 129

1829

Sachverzeichnis

fette Zahlen = §§

– wirtschaftlich Berechtigter **BeurkG 57** 117 ff.
– Zeitpunkt der Identifizierung **BeurkG 57** 116
Identität
– Beteiligter **BeurkG 9** 4; **BeurkG 10** 1
Identitätsbescheinigung BeurkG 10 16
Identitätsfeststellung BNotO 1 17; **DONot 26** 1 ff.
– Ausweis, amtlicher **DONot 26** 3
– Beglaubigungsverfahren **BeurkG 40** 16 ff.
– Beglaubigungsvermerk **BeurkG 40** 16 ff.
– Beteiligte **DONot 26** 2
– Beurkundung **BeurkG 1** 7
– Bezeichnung der Beteiligten **DONot 26** 7 ff.
– Erkennungszeuge **DONot 26** 4
– Güterstand **DONot 26** 9a
– Kenntnis, persönliche **DONot 26** 2
– Mitwirkungsverbot **BeurkG 3** 17
– Sachkunde, besondere **DONot 26** 5
– Staatsangehörigkeit **DONot 26** 9a
– Unmöglichkeit **DONot 26** 6
– Verhältnis BeurkG/DONot **DONot 26** 1
– Vollverschleierung **DONot 26** 3
– Wirkung der **DONot 26** 11
Identitätsfeststellungsvermerk BeurkG 10 13
Imagewerbung BNotO 29 5
Immobilie
– Verlosung **BNotO 20** 17
Information
– Kammermitglieder **BNotO 67** 30
– Offenbarung anonymisierter **BNotO 18** 157
– Übermittlung personenbezogener **BNotO 64a** 11 ff.
Informationsfreiheitsrecht
– Verhältnis zu Verschwiegenheitspflicht **BNotO 18** 166 ff.
Informationsmittel
– Richtlinienkompetenz NotK **BNotO 67** 66
Informationspflicht
– Mitwirkungsverbot **BeurkG 3** 60 ff.
Informationsschrift
– Angaben in **BNotO 29** 14
Informationsveranstaltung
– Übertragung/Veröffentlichung **RLEmBNotK VII** 32 f.
– Werbung **RLEmBNotK VII** 32 f.
Informationswerbung BNotO 29 6, 15; **RLEmBNotK VII** 53
Inhaftierung BNotO 38 13
Inhaltsbescheinigung BNotO 21 28
Inhaltskontrolle
– von Eheverträgen **BNotO 20** 8a
Inkompatibilität
– Grundsatz der **BNotO 3** 4
In-Kraft-Treten
– DONot **DONot 34** 1 ff.
Insolvenz
– Anderkonto **BNotO 23** 43 ff.
– Änderung Auszahlungskonto **BNotO 23** 44a
– Aussonderungsrecht **BNotO 23** 46

– Notar **BNotO 23** 45 f.
– Sperrkonto **BNotO 23** 20
Insolvenzabweisung mangels Masse
– Vermutung Vermögensverfall bei **BNotO 50** 56
Insolvenzeröffnung
– Vermutung Vermögensverfall bei **BNotO 50** 55
– Widerlegung Vermutung des Vermögensverfalls **BNotO 50** 57
Insolvenzsicherung
– Anderkonto **BeurkG 58** 12
Insolvenzverwalter
– Ausfertigungsberechtigung **BeurkG 51** 6
– genehmigungsfreie Nebentätigkeit **BNotO 8** 30
Insolvenzverwaltung
– Verwahrung bei **BNotO 23** 12
Integritätsgebot BNotO 14 16, 19 ff.; **RLEmBNotK II** 1 ff.
Integritätssicherung
– Akten- und Verzeichnisführung **BNotO 35** 5
Interesse, berechtigtes
– Grundbuchmitteilung **BeurkG 39** 3a
Interessen, widerstreitende
– Beteiligtenvertretung **BNotO 24** 53
Interessengefährdung
– Interessen der Rechtsuchenden **BNotO 50** 87 ff., 95 ff.
– bei Verwahrungsgeschäft **BNotO 50** 103 ff.
Interessenkollision
– Notarvertreter **BNotO 41** 14 ff.
Internationale Zuständigkeit siehe Zuständigkeit, internationale
Internet
– Angaben nach § 5 TMG **RLEmBNotK VII** 51
– Bezug Veröffentlichungsblätter **BNotO 32** 3 f.
– Domain **RLEmBNotK VII** 45
– Eingabemaske Kontaktaufnahme **RLEmBNotK VII** 50
– Gästebuch **RLEmBNotK VII** 49
– Informationen, zulässige **RLEmBNotK VII** 35 ff., 44 ff.
– Leistungsangebote, besondere **RLEmBNotK VII** 39 ff., 44 ff.
– Selbstdarstellung, wertende **RLEmBNotK VII** 42, 44 ff.
– Spezialisierung **RLEmBNotK VII** 42, 44 ff.
– Spezialkenntnisse **RLEmBNotK VII** 40, 44 ff.
– Sprachkenntnisse **RLEmBNotK VII** 40, 44 ff.
– Tätigkeitsbereich Mediation **RLEmBNotK VII** 39 ff., 44 ff.
– Tätigkeitsschwerpunkte **RLEmBNotK VII** 39 ff., 44 ff.
– Werbung **RLEmBNotK VII** 34 ff., 44 ff.
– Werdegang, beruflicher **RLEmBNotK VII** 37, 44 ff.

magere Zahlen = Randnummern

Sachverzeichnis

Internetauftritt
- ADWords **RLEmBNotK VII** 51
- Placement **RLEmBNotK VII** 51
- Verwendung von Meta-Daten **RLEmBNotK VII** 51

Inventar
- Aufnahme **BNotO 20** 18 ff., 21 ff.
- eingeschränkte Vorlesung **BeurkG 14** 4
- Mitwirkung bei Aufnahme **BNotO 20** 25

Inverwahrunggabe
- an anderen Notar **BNotO 45** 3
- Anzeigepflicht **BNotO 45** 8
- Begriff **BNotO 45** 4
- Durchführung **BNotO 45** 9 f.
- Gegenstand/Akten **BNotO 45** 5

Inverwahrungnahme
- Akten durch Amtsgericht **BNotO 45** 12 f.

Irland
- Apostille **BeurkG 2** 19b

Island
- Apostille **BeurkG 2** 19b

Isle of Man
- Apostille *siehe Großbritannien*

Israel
- Apostille **BeurkG 2** 19b

Italien
- Apostille **BeurkG 2** 19b
- bilaterales Abkommen zum Urkundenverkehr **BeurkG 2** 20

IT-Dienstleister
- Auswahl und Überwachung **BNotO 26a** 30
- Dienstleister, externer **BNotO 26a** 24
- *siehe Dienstleister, externer*

Jahresabschluss
- Massenbuch **DONot 12** 19 f.
- Verwahrungsbuch **DONot 11** 23 ff.

Jahresübersicht
- Scheck, uneingelöster **DONot 10** 43
- Wertstellungsunterschiede **DONot 10** 41

Jahreszahl
- Angabe Urkundenrollennummer **DONot 28** 21

Japan
- Apostille **BeurkG 2** 19b

Jersey
- Apostille *siehe Großbritannien*

Jugendamt
- Offenbarung gegenüber **BNotO 18** 109
- Zuständigkeit Beurkundung **BeurkG 1** 16 f.

Juristische Person
- Bezeichnung **BeurkG 10** 5
- Nachweis Vertretungsmacht **BeurkG 12** 9

Juristischer Mitarbeiter *siehe Mitarbeiter, juristischer*

Justizhoheit
- staatliche **BNotO 93** 3

Justizkommunikationsgesetz BNotO Einl. 32

Justizverwaltung
- Auswahlverfahren **BNotO 4** 3
- Bestellung Notar **BNotO 12** 7
- Dienstaufsicht **BNotO 92** 6
- Errichtung Notarstelle **BNotO 4** 1 ff.
- Stellungnahme NotK vor Notarbestellung **BNotO 12** 6

Kammer
- gemischte **BNotO 69** 33 ff.

Kammerangestellte
- Verschwiegenheitspflicht **BNotO 69a** 3 f.

Kammerbeitrag BNotO 73 1 ff.
- Anforderung **BNotO 73** 24 f.
- Anwaltsnotar **BNotO 73** 11
- außerordentlicher **BNotO 113b** 8 ff.
- Beginn Beitragspflicht **BNotO 73** 18
- Beiträge zu Institutionen **BNotO 73** 15
- Beitragspflicht **BNotO 73** 2 ff.
- Bemessungsgrundlagen **BNotO 73** 6 ff., 9 ff.
- Bestimmung **BNotO 73** 4 f.
- Erlass **BNotO 73** 22 f.
- Fälligkeit **BNotO 73** 20
- Gebühren und Auslagen für Verwahrung von Akten und Verzeichnissen **BNotO 73** 31
- Gleichbehandlung **BNotO 73** 9
- Höhe der Beiträge **BNotO 73** 6 f.
- Kosten Notariatsverwaltung **BNotO 73** 17
- Kostendeckung **BNotO 73** 8
- Kostenfaktoren **BNotO 73** 12 ff.
- Kostenumlegung **BNotO 73** 16
- Notarkassen **BNotO 73** 19
- Rechtsgrundlage **BNotO 73** 2
- Rücklagenbildung **BNotO 73** 8
- Sonderbeitrag **BNotO 73** 11
- Staffelung **BNotO 113b** 7
- Stundung **BNotO 73** 21
- Zwangseinziehung **BNotO 73** 26 f.

Kammerbezirk BNotO 65 17 ff.

Kammermitglied
- Ablehnung Vorstandsamt **BNotO 69** 29 f.
- Annahmepflicht Vorstandsamt **BNotO 69** 31 f.
- gekorener Vertreter **BNotO 84** 4 ff.
- Heranziehung zu Kammertätigkeit **BNotO 69** 12
- Heranziehung zu Mitarbeit in Abteilung **BNotO 69b** 12
- Stellvertretung bei Kammerversammlung **BNotO 71** 17 ff.
- Wahlrecht, aktives **BNotO 69** 15
- Wahlrecht, passives **BNotO 69** 16 f.

Kammermitgliedschaft BNotO 65 8 ff.
- Art und Umfang **BNotO 65** 8 ff.
- gesetzliche **BNotO 65** 12 ff.

Kammersystem
- Entwicklung **BNotO 65** 2 ff.
- Föderalismus-Reform **BNotO 65** 4
- Grundsatz der Subsidiarität **BNotO 65** 5

Sachverzeichnis
fette Zahlen = §§

- Rechtsgrundlagen **BNotO 65** 5 ff.
- Selbstverwaltungsprinzip **BNotO 65** 5 f.
Kammerversammlung BNotO 71 1 ff.
- Ablauf **BNotO 71** 12 ff.
- Abrechnungsprüfung **BNotO 71** 22
- Anfechtung Beschluss der **BNotO 111e** 3
- Aufgaben **BNotO 71** 20 ff.
- Aufgabenzuweisung durch Satzung **BNotO 71** 24
- außerordentliche **BNotO 71** 4
- Beitragsbestimmung **BNotO 73** 4 ff.
- Beschlussfähigkeit **BNotO 71** 14
- Beschlussfassung **BNotO 71** 13
- Beschlussfassung Satzung **BNotO 72** 8
- Bestellung Rechnungsprüfer **BNotO 71** 23
- Einberufung **BNotO 71** 2 ff.
- Einberufungsfrist **BNotO 71** 8 ff.
- Entlastung Vorstand **BNotO 71** 22
- Misstrauensvotum gegen Vorstand **BNotO 69** 26
- Mitgliedsbeiträge **BNotO 71** 22
- Mittelbewilligung **BNotO 71** 22
- ordentliche **BNotO 71** 3
- Organ **BNotO 68** 2 f.
- Organstellung **BNotO 71** 20
- Richtlinien Berufsausübung **BNotO 71** 22
- Satzungserlass **BNotO 72** 8
- Satzungskompetenz **BNotO 71** 22
- Stellvertretung **BNotO 71** 17 f.
- Stimmrecht **BNotO 71** 13
- Verfahren **BNotO 71** 13
- Vorsitz **BNotO 70** 10 f.; **BNotO 71** 12
- Vorstandswahl **BNotO 69** 14 ff.; **BNotO 71** 22
- Wahlen **BNotO 71** 15 f.
Kammerwahl
- Anfechtung **BNotO 111e** 2
Kanzlei
- örtliche Übereinstimmung mit Geschäftsstelle **BNotO 10** 70 ff.
- Praxisverkauf **BNotO 47** 29 f.
- räumliche Übereinstimmung mit Geschäftsstelle **BNotO 10** 73 ff.
- Verhältnis zu Geschäftsstelle bei Anwaltsnotar **BNotO 10** 67 ff.
Kanzlei, weitere
- Geschäftsstelle **BNotO 10** 69 ff.
- Verlegung **BNotO 47** 17 ff.
- Werbebeschränkung **BNotO 29** 16 ff.
Kanzleiausstattung
- bei Bestellung Notariatsverwalter **BNotO 58** 8 f.
Kanzleibroschüre
- Angaben auf **BNotO 29** 12
- Bereithaltung **RLEmBNotK VII** 52 ff.
- Informationen, zulässige **RLEmBNotK VII** 35 ff.
- Leistungsangebote, besondere **RLEmBNotK VII** 39 ff.
- Mediation **RLEmBNotK VII** 39 ff.

- Mitarbeiterangaben **RLEmBNotK VII** 38
- Selbstdarstellung, wertende **RLEmBNotK VII** 42
- Spezialisierung **RLEmBNotK VII** 42
- Spezialkenntnisse **RLEmBNotK VII** 40
- Sprachkenntnisse **RLEmBNotK VII** 40
- Tätigkeit als Mediator/-in **RLEmBNotK VII** 39 ff.
- Tätigkeitsschwerpunkte **RLEmBNotK VII** 39 ff.
- Versand/Verteilung **RLEmBNotK VII** 53
- Werbung **RLEmBNotK VII** 34 ff.
- Werdegang, beruflicher **RLEmBNotK VII** 37
Kanzleiräume
- Bestellung Notariatsverwalter **BNotO 58** 8 f.
- Ermessen Genehmigungsvorbehalt **BNotO 53** 13 ff.
- Genehmigungsvorbehalt Übernahme **BNotO 53** 1 ff., 8 f.
- Rechtsfolgen Verstoß gegen Genehmigungsvorbehalt **BNotO 53** 17 f.
Kanzleiverlegung
- Anwaltsnotar **BNotO 47** 17 ff.
- Anwaltsnotar in anderen Amtsbereich **BNotO 47** 20 ff.
- Anwaltsnotar in anderen Amtsbezirk **BNotO 47** 18 f.
- Anwaltsnotar innerhalb Amtsbereich **BNotO 47** 23 f.
Kap Verde
- Apostille **BeurkG 2** 19b
Kapitalbeteiligung
- Mitwirkungsverbot **BeurkG 3** 58 f.
Kapitalertragsteuer
- Anderkonto **DONot 27** 28 ff.
- Verwahrungsgeschäft **DONot 27** 28 ff.
Kapitalgesellschaft
- Berufsverbindung **BNotO 9** 20
- Mitwirkungsverbot bei Beteiligung an **BeurkG 3** 58 f.
- Online-Gründung **BNotO 20** 13a; **BeurkG Einl.** 9; **BeurkG 1** 9c, 13c f.; **BeurkG 39a** 1e
- unwirksame Beurkundung **BeurkG 6** 8
Karteiform
- Massenkartei **DONot 14** 6 ff.
Karten
- Herstellungsverfahren **DONot 29** 29a
- Niederschrift **BeurkG 9** 20
- Siegelung **BeurkG 44** 1 ff.
- Verweisung auf **BeurkG 13a** 11
- Vorlage zur Durchsicht **BeurkG 13** 13; **BeurkG 13a** 11
Kartenlesegerät DONot 2a 3
Kasachstan
- Apostille **BeurkG 2** 19b
Kassenprüfer
- Prüfung Jahresrechnung BNotK **BNotO 91** 11

magere Zahlen = Randnummern

Sachverzeichnis

Kaufpreis
– unzutreffender **BNotO 14** 34
Kaufpreisanspruch
– Pfändung **BeurkG 58** 41
Kaufvertrag
– Sicherungsinteresse, fehlendes **BeurkG 57** 22 ff.
– Verwahrungsvereinbarung **BNotO 23** 21 ff.
Kausalität
– Amtspflichtverletzung **BNotO 19** 30 ff.
– überholende **BNotO 19** 33
Kenntnis
– Identitätsfeststellung bei persönlicher **DONot 26** 2
– der Person **BeurkG 10** 8
Kennzeichen
– Verwendung verfassungswidrige **BNotO 49** 10
Kennzeichnung
– Verwahrungsgut **DONot 27** 3
Kennziffernsystem
– Fachprüfung, notarielle **BNotO 7b** 6
Kernpflichten
– Verletzung notarieller **BNotO 97** 7
Kettenkaufvertrag
– Zweckverfolgung, unredliche **BNotO 14** 34
Kettenverweisung
– Anlagen **BeurkG 9** 9a
Kettenvollmacht
– Prüfung **BeurkG 12** 12; **BeurkG 47** 6
KG
– Vertretungsverhältnis **DONot 8** 24
KGaA
– Beurkundung Hauptversammlung **BeurkG 37** 15 f.
Kinderbetreuung
– Antrag auf Genehmigung echter vorübergehender Amtsniederlegung **BNotO 48c** 47
– Antrag auf Genehmigung unechter vorübergehender Amtsniederlegung **BNotO 48c** 82
– Bestellung ständiger Vertreter bei **BNotO 39** 39
– Vertreterbestellung **BNotO 39** 4, 22
Kindesunterhalt
– Zuständigkeit AG für Beurkundung **BeurkG 1** 15
Kinowerbung RLEmBNotK VII 10
Klage
– Anfechtungsklage **BNotO 111b** 4
– Anforderungen, inhaltliche **BNotO 111b** 37
– Begründetheit **BNotO 111b** 38 ff.
– Beklagter **BNotO 111b** 26; **BNotO 111c** 1 ff.
– Feststellungsklage **BNotO 111b** 6 ff.
– Form **BNotO 111b** 33
– Fortsetzungsfeststellungsklage **BNotO 111b** 6 ff.
– Frist **BNotO 111b** 34
– Gestaltungsklage, allgemeine **BNotO 111b** 5

– Klagegegner **BNotO 111b** 26
– Leistungsklage, allgemeine **BNotO 111b** 5
– Nichtigkeitsfeststellungsklage **BNotO 111b** 6 ff.
– Normenkontrollklage **BNotO 111b** 10
– Postulationsfähigkeit **BNotO 111b** 12
– Rechtsweg **BNotO 111b** 3
– statthafte Klageart **BNotO 111b** 4 ff.
– Untätigkeitsklage **BNotO 111b** 4
– Verpflichtungsklage **BNotO 111b** 4
– Versagungsgegenklage **BNotO 111b** 4
– Vorverfahren **BNotO 111b** 27 ff.
– Zeitpunkt, maßgeblicher zur Beurteilung der Sach-/Rechtslage **BNotO 111b** 52 ff.
– Zuständigkeit, örtliche **BNotO 111b** 11
– Zuständigkeit, sachliche **BNotO 111b** 11
Klagebefugnis BNotO 111b 13 ff.
– Abbruch Notarstellen-Besetzungsverfahren **BNotO 111b** 16
– Amtssitzverlegung des anderen Notars **BNotO 111b** 19
– Aufhebung Amtsenthebung **BNotO 111b** 16
– Aufhebung Befreiung von Verschwiegenheitspflicht **BNotO 111b** 16
– Aufhebung Entscheidung der Nichtbestellung des vorgeschlagenen Vertreters **BNotO 111b** 16
– Aufhebung Entscheidung zur Verschwiegenheit **BNotO 111b** 16
– Errichtung Notarstelle/n **BNotO 111b** 19
– Konkurrentenklage **BNotO 111b** 20, 24
– Mitbewerberklage **BNotO 111b** 21
– NotK **BNotO 111b** 25
– Schutznormtheorie **BNotO 111b** 15
– Versagungsgegen-/Verpflichtungsklage **BNotO 111b** 21 f.
– Vornahme Dienstaufsichtsmaßnahme **BNotO 111b** 19
– Wahl-/Beschlussanfechtung **BNotO 111e** 7
Klagegegner BNotO 111b 26
– Wahl-/Beschlussanfechtung **BNotO 111e** 13
Klagen
– gegen Beschlüsse **BNotO 111e** 1 ff.
– Streitwert **BNotO 111g** 1 ff.
– gegen Wahlen **BNotO 111e** 1 ff.
Klauselerteilungsverfahren
– Prüfungspflicht **BeurkG 52** 12 f.
Klebemarke
– Amtssiegel **DONot 2** 7
Kollegialität
– Europäischer Kodex des notariellen Standesrechts **Anhang 2** 2.9.
– Richtlinienkompetenz NotK **BNotO 67** 52, 71
Kollegialitätspflicht BNotO 31 8 ff.
– bei Auslandskontakten **BNotO 31** 15
Kollisionsfallerkennung
– Dokumentation **BNotO 67** 55
Kollisionsregeln
– unterschiedliche Berufsrechte **BNotO 110** 7

1833

Sachverzeichnis

fette Zahlen = §§

Kolumbien
– Apostille **BeurkG 2** 19b

Kommunalmandat
– Bestellung ständiger Vertreter bei **BNotO 39** 39

Kommunikation, elektronische
– BNotK **BNotO 78** 52 ff.

Kompetenzkonflikt
– Berufsrecht/Disziplinarrecht **BNotO 110** 1 ff.
– notarieller/anwaltlicher Pflichtenkreis **BNotO 110** 4 f.
– notarieller/sonstiger berufsrechtlicher Pflichtenkreis **BNotO 110** 6 ff.

Konfliktregelung
– Sachenrechtsbereinigungsverfahren **BNotO 20** 56

Konfliktvermittlungsverfahren
– Beurkundungsverfahren **BNotO 20** 60 ff.
– Gestaltung **BNotO 20** 62
– Güterordnung BNotK **BNotO 20** 63
– Konfliktbeilegung **BNotO 20** 64
– Konfliktdiskussion **BNotO 20** 61

Konkurrentenklage
– Klagebefugnis **BNotO 111b** 20, 24

Konkurrentenstreitigkeit
– Anordnung, einstweilige **BNotO 111b** 60 f.

Konkurrenzschutz RLEmBNotK VII 5

Konsularbeamter
– Befugnis **BNotO 5** 8
– Zuständigkeit Beurkundung **BeurkG 1** 18 f.

Konsulartestament
– Feststellung Geschäftsfähigkeit **BeurkG 28** 2
– Mitteilungs-/Ablieferungspflicht **BeurkG 34a** 11
– Übergabe einer Schrift **BeurkG 30** 3
– Verschließung/Verwahrung **BeurkG 34** 2, 8

Kontoeröffnung
– Anderkonto **DONot 27** 9 f.
– Geldwäschegesetz **BeurkG 58** 5
– Notaranderkontenbedingungen 2019 (Text) **DONot 27** 8

Kontoführung
– Anderkonto **DONot 27** 11 ff.
– Notaranderkontenbedingungen 2019 (Text) **DONot 27** 8
– Online-Banking **DONot 27** 18

Kontovollmacht
– Anderkonto **BeurkG 58** 15

Konzentrationsermächtigung BNotO 111a 5

Kooperation
– Berufsverbindung **BNotO 9** 23, 29
– Mitwirkungsverbot **BeurkG 3** 33

Kooperations-Vereinbarung BNotO 14 44

Kopierverfahren DONot 29 26 ff.

Korea, Republik
– Apostille **BeurkG 2** 19b

Körperschaft, öffentlich-rechtliche
– Nachweis Vertretungsmacht **BeurkG 12** 9

Korrektur
– nach Abschluss der Beurkundung **DONot 28** 9
– Schreibfehler, geringfügiger **DONot 7** 8

Korrekturband
– Urkunde **DONot 28** 6

Korrekturstreifen
– Urkunde **DONot 28** 5 f.

Kostbarkeiten
– Begriff **BeurkG 62** 6
– Massenbuch **DONot 12** 11
– Verwahrung **BNotO 23** 1 ff., 6; **BeurkG 62** 1 ff.; **DONot 27** 2 f.
– Verwahrungsbuch **DONot 11** 20

Kosten
– Belehrungspflicht **BeurkG 17** 20
– Disziplinarverfahren **BNotO 96** 47; **BNotO 99** 27 ff.

Kostenabgrenzung
– Notar/Notariatsverwalter **BNotO 58** 12

Kostenbeitreibung
– Beendigung Notariatsverwaltung **BNotO 64** 20 ff., 24
– Notariatsverwalter **BNotO 58** 16; **BNotO 59** 10
– Offenbarung zur **BNotO 18** 146 ff.

Kostenberechnung
– Amtsgericht **BNotO 51** 34
– Dienstaufsicht **BNotO 93** 8, 10
– Notariatsverwaltung **BNotO 58** 11

Kostenbeschwerde
– Verschwiegenheitspflicht **BNotO 18** 96 ff.

Kostendeckungsprinzip
– Kammerbeitrag **BNotO 73** 8

Kosteneinbehalt
– Anderkonto **BeurkG 58** 39 ff.

Kostenerhebungspflicht RLEmBNotK VI 6 ff.
– Umgehung **RLEmBNotK VI** 8

Kostenforderung
– Abtretung an Mitarbeiter **RLEmBNotK VIII** 17

Kostengläubigerschaft
– Beendigung Notariatsverwaltung **BNotO 64** 19
– Notariatsverwalter **BNotO 58** 10 ff.

Kostenprüfung BNotO 113 28
– Rechtsschutz **BNotO 113** 45

Kostenregister DONot 16 1 ff.
– Abgabenerhebung **DONot 16** 1
– Änderung **DONot 16** 4
– Aufbewahrungsfrist **DONot 5** 13; **DONot 16** 4
– Bruchnummer **DONot 8** 17
– Dokumentationsfunktion **BNotO 28** 10
– EDV **DONot 16** 4
– Eintragungsfristen **DONot 17** 4
– Führung **DONot 5** 2; **DONot 16** 1
– gebundene Form **DONot 16** 4

magere Zahlen = Randnummern   **Sachverzeichnis**

– gemeinsame Führung mit Urkundenrolle
  DONot 16 3
– Inhalt **DONot 16** 3
– Loseblattform **DONot 16** 4
– Prüfung **DONot 16** 5
– Verweise **DONot 16** 4a
– Wiederholung Ausdruck **DONot 17** 10
Kostenrevision
– Notarkasse **BNotO 113** 28
Kostenstarksagung BNotO 14 45
Kostenvorschuss
– Verweigerung Amtstätigkeit bei Nichtleistung
  BNotO 15 25
Kraftloserklärung
– Amtssiegel **DONot 2** 15 f.
Krankenhausaufenthalt
– Genehmigung Amtsabwesenheit **BNotO
  38** 13
Krankheit
– Amtsunfähigkeit **BNotO 50** 68 ff.
– Amtsverhinderung **BNotO 38** 4, 13
– Bestellung ständiger Vertreter bei **BNotO
  39** 39
– Beteiligter **BeurkG 11** 6
– Fachprüfung, notarielle **BNotO 7e** 6
– Verweigerung Amtstätigkeit bei **BNotO 15** 25
Kreditbetrug BNotO 14 34
Kreditinstitut
– ausländisches, Anderkontenbedingungen
  DONot 27 15 ff.
– Auswahl für Anderkonto **BeurkG 58** 10 ff.
– Treuhandauftrag **BeurkG 57** 63 ff.
Kreditwirtschaft
– Anderkontenbedingungen **DONot 27** 6 ff.
– Übergangsregelung Anderkontenbedingungen
  DONot 34 13
Kriegsschiff
– Beurkundung auf **BeurkG 2** 22
Kriminalstrafe
– und Disziplinarmaßnahme **BNotO 97** 13 f.
Kroatien
– Apostille **BeurkG 2** 19b
Kugelschreiber DONot 29 23
Künstlerische Tätigkeit
– genehmigungsfreie Nebentätigkeit **BNotO
  8** 33
Künstlername
– Bezeichnung **BeurkG 9** 4
– Unterschrift mit **BeurkG 13** 21
Kürzel
– Verwendung von **DONot 29** 7

Ländernotarkammer BNotO 65 7; siehe Notarkammer und NotK
Ländernotarkasse siehe Notarkasse
Ländernotarkasse Leipzig BNotO 113 1 ff.
– Abgabensatzung **DONot 16** 2, 6
– Altersversorgung **BNotO 113** 16
– Anstalt des öffentlichen Rechts **BNotO
  113** 4 ff.

– Aufgaben **BNotO 113** 14 ff., 29
– Berufshaftpflichtversicherung **BNotO 19a** 7
– Beschäftigung fachkundiger Mitarbeiter
  BNotO 113 24
– Besoldung/Versorgung Notarassessor **BNotO
  113** 21
– Bestandsschutz **BNotO 113** 3
– Dienstunfähigkeitsversorgung **BNotO 113** 16
– Einkommensergänzung **BNotO 113** 15
– Erstattung notarkostenrechtlicher Gutachten
  BNotO 113 23
– Fortbildung **BNotO 113** 18
– Führung Kostenregister **DONot 5** 2
– Führung von Notariatsverwaltungen **BNotO
  113** 22
– Haftpflichtversicherung **BNotO 113** 17
– Haushaltsmittelbereitstellung **BNotO 113** 20
– Hinterbliebenenversorgung **BNotO 113** 16
– Kostenprüfung/-revision **BNotO 113** 28
– Mitarbeiterausbildung **BNotO 113** 19
– Notarprüfer **DONot 32** 15
– Notarversicherungsfonds **BNotO 113** 26
– Organe **BNotO 113** 8 ff.
– Pflichten der Notare gegenüber **BNotO
  113** 32 ff.
– Präsident **BNotO 113** 9 ff.
– Prüfungsrecht Rechnungshof **BNotO 113** 42
– Rechtsschutz bei Streitigkeit mit **BNotO
  113** 43 ff.
– Sitz **BNotO 113** 7
– Staatsaufsicht **BNotO 113** 38 ff.
– Tätigkeitsbereich **BNotO 113** 7
– Übertragung weiterer Aufgaben **BNotO
  113** 29
– Verfahrensrecht **BNotO 113** 30 f.
– Vertrauenschadensversicherung **BNotO
  113** 17
– Verwaltungsrat **BNotO 113** 12 f.
– Verwaltungsunterstützung **BNotO 113** 27
Landesgesetze
– Zulässigkeit Spielverträge **BNotO 20** 17
Landesjustizbeamter
– Verurteilung, strafgerichtliche **BNotO 49** 1 ff.
– Wiederaufnahmeverfahren **BNotO 49** 18 ff.
Landesjustizverwaltung
– Genehmigung Satzung NotK **BNotO 66** 9,
  12
– Mitteilungspflicht **BNotO 67** 85
– Satzungsgenehmigung **BNotO 72** 9 f.
– Staatsaufsicht NotK **BNotO 66** 10 ff., 15
– Übertragung von Aufgaben/Befugnissen
  BNotO 112 1 ff.
Landeskinderklausel BNotO 10 42
Landesnotarkammer Bayern
– Amtssiegel **DONot 2**
– Bereitschaft zu bestimmten Tätigkeiten
  RLEmBNotK VII 41
– In-Kraft-Treten Neufassung **DONot 34** 3 f.
– Kammerbezirk **BNotO 65** 18, 22
– Prüfung Amtsführung **DONot 32**

1835

Sachverzeichnis

fette Zahlen = §§

- Sitz **BNotO 65** 20
- Stimmrecht Vertreterversammlung **BNotO 86** 4 f.
- Übersicht Urkundengeschäft **DONot 24**
- Umsetzung RLEmBNotK V **RLEmBNotK V** 13

Landesverrat BNotO 49 11

Landeswappen
- Amtsschild **DONot 3** 3, 15
- Amtssiegel **DONot 2** 8
- Ausscheiden aus dem Amt/Amtssitzverlegung **DONot 3** 15
- Namensschild **DONot 3** 12, 15

Landgericht
- Offenbarung gegenüber **BNotO 18** 91 ff.

Landgerichtspräsident
- Vorermittlungen **BNotO 96** 10

Laserdrucker DONot 29 26 ff.

Lastenfreistellung
- Sicherstellung der **BeurkG 57** 77 f.

Lateinischer Notar BNotO Einl. 8

Lauterkeit
- Eignung, persönliche **BNotO 6** 4

Lebensbescheinigung
- Urkundenrolle **DONot 8** 5
- Vermerk **BeurkG 39** 4

Lebensfähigkeit
- Notarstelle **BNotO 4** 8

Lebensgemeinschaft, nichteheliche
- Mitwirkungsverbot **BeurkG 3** 47

Lebenspartner
- Beurkundung zugunsten **BeurkG 7** 1 ff.
- unwirksame Beurkundung **BeurkG 6** 5

Lebenspartnerschaft
- Gesamtgutauseinandersetzung **BNotO 20** 4a, 52
- Notarwahl **BeurkG 2** 6

Legalisation BeurkG 2 17 ff.
- Begriff **BeurkG 2** 18
- Beitrittsstaaten Haager Übereinkommen **BeurkG 2** 19b
- bilaterale Abkommen **BeurkG 2** 20 f.
- Endbeglaubigung **BeurkG 2** 18
- Prüfung Unterschrift **DONot 1** 3
- Urkunde für Auslandsverkehr **BeurkG 45** 9a
- Zwischenbeglaubigung **BeurkG 2** 18

Legalitätskontrolle BNotO 20 9 f.; **BeurkG 1** 9 ff.; **BeurkG 40** 1 ff.

Legalitätsprinzip BNotO 96 35
- Dienstvergehen **BNotO 95** 14

Legalitätssicherheit BeurkG 36 8

Legitimationsprüfung
- nach Geldwäschegesetz **BeurkG 10** 15 ff.

Leihe
- Unterwerfungserklärung **BeurkG 52** 5c

Leistungsangebote, besondere
- Werbung **RLEmBNotK VII** 39 ff.

Leistungsfähigkeit, geistige
- Arbeitsunfähigkeit **BNotO 50** 68 ff.

Leistungsfähigkeit, verminderte
- Amtsunfähigkeit **BNotO 50** 68 ff.

Leistungsklage
- allgemeine **BNotO 111b** 5
- Begründetheit **BNotO 111b** 56
- Klagebefugnis **BNotO 111b** 14

Leitfaden der BNotK
- zur freiwilligen Versteigerung **BeurkG 15** 1a

Lesbarkeit DONot 29 5 ff.
- Austausch wegen **DONot 29** 8
- Urschrift, Ausfertigung/beglaubigte Abschrift **DONot 29** 3 ff.

Lesotho
- Apostille **BeurkG 2** 19b

Lettland
- Apostille **BeurkG 2** 19b

Lichtbildausweis, amtlicher
- Identitätsfeststellung **DONot 26** 3

Liechtenstein
- Apostille **BeurkG 2** 19b

Linkfarmen RLEmBNotK VII 51

Links
- Homepage **RLEmBNotK VII** 48

Listenbescheinigung
- Urkundensammlung **DONot 18** 7

Litauen
- Apostille **BeurkG 2** 19b

Logos
- Werbung **RLEmBNotK VII** 10

Losbriefflotterie BNotO 20 14

Löschung
- Daten, elektronische **DONot 5** 28
- Eintragung BZRG **BNotO 110a** 16 f.

Löschungsbewilligung
- Treuhandtätigkeit **BNotO 24** 40 ff.

Löschungsvollmacht BeurkG 57 16

Loseblattform
- Bücherführung **DONot 6** 8 f.; **DONot 14** 1 ff.
- EDV-gestützte Bücherführung **DONot 17** 6
- Massenkartei **DONot 14** 6 ff.
- Urkundenrolle **DONot 14** 2 ff.
- Verwahrungsbuch **DONot 14** 2 ff.

Lotterie
- unter Aufsicht eines Notars **BNotO 20** 17

Lotterievertrag BNotO 20 17

Loyalität gegenüber Staat
- Europäischer Kodex des notariellen Standesrechts **Anhang 2** 2.3.

Lücken
- Fälschungssicherheit **DONot 29** 11
- Urkunde **DONot 28** 15 ff.

Luxemburg
- Apostille **BeurkG 2** 19b

Macao
- Apostille **BeurkG 2** 19b

Maklerklausel
- deklaratorische **RLEmBNotK II** 12a
- Unparteilichkeit **BNotO 14** 10

magere Zahlen = Randnummern

Sachverzeichnis

Maklerlohn
- Sicherungsinteresse, berechtigtes **BeurkG 57** 22b

Malawi
- Apostille **BeurkG 2** 19b

Malta
- Apostille **BeurkG 2** 19b

Mandant
- Werbung mit **BNotO 29** 12

Manipulation
- der Notarnetzbox **BNotO 34** 7
- der Signaturkarte **BNotO 34** 3 ff.
- Urkunde **DONot 28** 3 f.

Marketing
- Begriff **BNotO 29** 4

Marschallinseln
- Apostille **BeurkG 2** 19b

Massen, abgewickelte
- Massenbuch **DONot 12** 26 f.

Massenbuch BeurkG 58 42; **BeurkG 62** 15; **DONot 10** 1 ff.
- abgewickelte Massen **DONot 12** 26 f.
- Abschluss durch Notarvertreter **DONot 33** 14
- Abschlussvermerk **DONot 12** 26 f.
- Abweichung zwischen Kontostand und Saldo im **DONot 10** 40 ff.
- Aufbewahrungsfrist **DONot 10** 18
- Auftraggeber **DONot 12** 9
- Barein-/auszahlung **DONot 10** 33 f.
- Bemerkungen **DONot 12** 13
- Datum **DONot 12** 8
- Datum, einzutragendes **DONot 10** 33 ff.
- doppelte Buchung Verwahrungs-/Massenbuch **DONot 10** 1 f.
- EDV **DONot 10** 5 ff.
- Einnahme und Ausgabe **DONot 10** 25 f.
- Eintragungen **DONot 12** 1 ff., 6 ff.
- Eintragungsfristen **DONot 17** 4
- Eintragungspflicht Verwahrung **BeurkG 62** 15
- eintragungspflichtige Massen **DONot 10** 19 ff.
- eintragungspflichtige Vorgänge **DONot 10** 25 ff.
- Empfänger **DONot 12** 9
- Ersetzen durch Verwahrungsverzeichnis **BeurkG 59a** 5 ff.
- Form, gebundene **DONot 10** 10 ff.
- Führung **DONot 5** 2; **DONot 10** 4 ff.; **DONot 12** 1 ff., 4 ff.
- Führung Loseblattform ohne EDV **DONot 10** 9
- Führungsverantwortung **DONot 10** 13 f.
- Geldeinnahmen/-ausgaben **DONot 12** 10
- Jahresabschluss **DONot 12** 19 f.
- Kostbarkeiten **DONot 12** 11
- Massen, abgewickelte **DONot 12** 26 f.
- Muster, amtliches **DONot 10** 3; **DONot 12** 2, 4
- Muster (gebundene Form) **Anhang 1** 5
- Muster (Karteiform) **Anhang 1** 6

- Namensverzeichnis **DONot 10** 15; **DONot 13** 4 ff.
- nicht einzutragende Gegenstände **DONot 10** 21 ff.
- Notariatsverwalter **DONot 33** 29 f.
- Nummer Verwahrungsbuch **DONot 12** 7
- Nummerierung **DONot 12** 5
- Scheck, uneingelöster **DONot 10** 42 f.
- Scheckausgang **DONot 10** 39
- Scheckein-/-ausgang **DONot 10** 37 ff.
- Schecks **DONot 12** 11
- Spalten **DONot 12** 6 ff.
- Sparbuch **DONot 12** 11
- Stornobuchung **DONot 7** 9
- taggleiche Eintragung **DONot 10** 29 ff.
- Umbuchung **DONot 10** 27 f.
- Umbuchungsvermerk **DONot 10** 27 f.
- Weiterführung **DONot 34** 10
- Wertpapiere **DONot 12** 11 f.
- Wertstellungsunterschiede **DONot 10** 41
- Zahlungsverkehr, bargeldloser **DONot 10** 35 f.
- Zwischenausdruck **DONot 10** 7; **DONot 17** 7 f.

Massenkartei DONot 12 2, 4 ff.
- Auftraggeber/Empfänger **DONot 12** 16
- Bemerkungen **DONot 12** 18
- Eintragungen **DONot 12** 14 ff.
- Führung **DONot 12** 1 ff., 4 ff.
- Geldeinnahmen/-ausgaben **DONot 12** 16
- Kartei **DONot 12** 14 ff.
- Loseblattform **DONot 14** 6 ff.
- Nummer Verwahrungsbuch **DONot 12** 17
- Nummerierung **DONot 12** 15

Maßnahmen, repressive
- Dienstaufsicht **BNotO 93** 4

Mauritius
- Apostille **BeurkG 2** 19b

Mecklenburg-Vorpommern
- In-Kraft-Treten Neufassung **DONot 34** 3 f.
- Notariat, hauptberufliches **BNotO 3** 8
- NotK **BNotO 65** 21, 22

Mediation BNotO 1 16; **BNotO 20** 54 ff.; **BNotO 24** 46 ff.
- Beurkundungsverfahren **BNotO 20** 60 ff.
- Tätigkeitshinweis **RLEmBNotK VII** 39 ff.
- Zuständigkeit des Notars **BNotO 20** 55 ff.

Mediator/-in
- Amtstätigkeit **BNotO 8** 30
- Angaben zur Tätigkeit als **BNotO 29** 12
- Tätigkeitsbezeichnung **RLEmBNotK VII** 39 ff.

Medien
- Richtlinienkompetenz NotK **BNotO 67** 66

Medientransfer
- Beglaubigungsvermerk **BeurkG 42** 15

Medienveranstaltung
- Beteiligung an **RLEmBNotK VII** 32 f.
- Übertragung Informationsveranstaltung **RLEmBNotK VII** 32 f.

1837

Sachverzeichnis

fette Zahlen = §§

Medienwerbung RLEmBNotK VII 10, 32 f.
Medikamente
– außerdienstliches Verhalten **BNotO 14** 38
Meineid
– außerdienstliches Verhalten **BNotO 14** 38
Meldepflichten BNotO 34 1 ff.
– Amtssiegel **BNotO 34** 2
– Außenwirtschaftsgesetz **BeurkG 58** 47
– Beeinträchtigung von Schutzvorkehrungen der zentralen elektronischen Systeme der BNotK **BNotO 34** 6 ff.
– Geldwäschegesetz **BeurkG 57** 125 ff.
– Signaturerstellungseinheit, qualifizierte elektronische **BNotO 34** 3 ff.
– Unterrichtung der BNotK **BNotO 34** 10
– Zentrales Testamentsregister (ZTR) **BNotO 78d** 3 ff.
Mengenbedarfsplanung BNotO 10 8 f.
– Amtssitzverlegung innerhalb Amtsbereich **BNotO 10** 49
Meta-Daten
– Internetauftritt **RLEmBNotK VII** 51
Mexiko
– Apostille **BeurkG 2** 19b
Miete
– Unterwerfungserklärung **BeurkG 52** 5b f.
Mietkautionskonto BNotO 23 16 ff.
Mindestanwärterzeit
– Besetzung Notarstelle **BNotO 10** 42
Mindesteinkommensgarantie BNotO 113b 4 ff.
Mindestversicherungssumme
– Berufshaftpflichtversicherung **BNotO 19a** 17
Mindestverweildauer
– Auswahlkriterium Besetzung Notarstelle **BNotO 10** 33 ff.
– Berechnung **BNotO 10** 34
– Unterschreitung **BNotO 10** 35
Mischmietverhältnis
– Unterwerfungserklärung **BeurkG 52** 5b
Missbilligende Äußerung BNotO 97 15
Missbilligung BNotO 94 1 ff.; **DONot 32** 28
– Abgrenzung zu Ermahnung **BNotO 94** 2
– Adressat **BNotO 94** 4
– Gegenstand **BNotO 94** 5
– durch NotK **BNotO 97** 15
– Personalakte **BNotO 94** 2
– Rechtscharakter **BNotO 94** 1a f.
– Rechtsmittel **BNotO 94** 7
– Tilgung **BNotO 110a** 13
– Verfahren **BNotO 94** 6
– Verhältnis zu Disziplinarmaßnahmen **BNotO 94** 8
– Verstoß gegen Mitwirkungsverbot **BeurkG 3** 65
– Zuständigkeit **BNotO 94** 3
Missbrauch
– des Amtssiegels **BNotO 34** 2; **DONot 2** 14

– Auslagerung geschäftswesentlicher Vereinbarungen in Bezugsurkunden **RLEmBNotK II** 41
– der Signaturkarte **BNotO 34** 3 ff.; **DONot 2a** 14
Misstrauensvotum
– gegen Vorstand NotK **BNotO 69** 26
Mitarbeiter
– Anschein der Parteilich-/Abhängigkeit **RLEmBNotK VIII** 16
– Arbeitsbedingungen, angemessene **RLEmBNotK VIII** 21, 26 ff.
– Ausbildung **RLEmBNotK VIII** 20 ff.
– Aushilfskräfte **DONot 5** 11
– außerdienstliche/s Tätigkeiten/Verhalten **RLEmBNotK VIII** 18
– Begriff **RLEmBNotK VIII** 2
– Beschäftigung **RLEmBNotK VIII** 1 ff.
– als Beteiligter in eigener Angelegenheit **RLEmBNotK VIII** 14
– als Beteiligter mit eigenem Interesse **RLEmBNotK VIII** 13
– dauerhaft integrierte **DONot 5** 11
– Eigeninteresse, wirtschaftliches **RLEmBNotK VIII** 7
– Einbindung bei Gründung/Veräußerung Vorratsgesellschaft **RLEmBNotK VIII** 12
– Einbindung bei Registererklärung **RLEmBNotK VIII** 11
– Fortbildung **RLEmBNotK VIII** 22 f., 29
– Führung der Unterlagen **DONot 5** 9 ff.
– Gratifikation **RLEmBNotK VIII** 9
– Handelndenhaftung **RLEmBNotK VIII** 30
– Hausbesuch bei Klienten **RLEmBNotK VIII** 24 f.
– Pflichten des Notars **RLEmBNotK VIII** 3
– Provision **RLEmBNotK VIII** 9
– Übertragung der Verpflichtungen der DONot **DONot Einl.** 12
– Umsatz-/Gewinnbeteiligung **RLEmBNotK VIII** 9
– als Urkundsbeteiligte in fremdem Interesse **RLEmBNotK VIII** 10 ff.
– Vergütung **RLEmBNotK VIII** 26 ff.
– Verhältnis zu Notar **RLEmBNotK VIII** 6 ff.
– Vermeidung Haftungsgefahren **RLEmBNotK VIII** 30
– Vermietung Anlagevermögen/Betriebsmittel an Notar **RLEmBNotK VIII** 15
– Vermittlung berufsrechtlicher Grundsätze/Besonderheiten an **RLEmBNotK VIII** 24 f.
– Vermittlung fachspezifischer Kenntnisse an **RLEmBNotK VIII** 22 f.
– Verpflichtung, förmliche **DONot 4** 1 ff.
– Verschwiegenheitsverpflichtung **RLEmBNotK VIII** 24 f.
– vorübergehend integrierte **DONot 5** 11
– Weiterbildung **RLEmBNotK VIII** 22 f., 29
– wirtschaftliche Beziehungen zu Notar **RLEmBNotK VIII** 15 ff.

magere Zahlen = Randnummern

– Zusatzentgelt **RLEmBNotK VIII** 9
– *siehe auch Notariatsmitarbeiter*
Mitarbeiter, freier
– Führung der Unterlagen **DONot 5** 10 f.
– Mitwirkungsverbot **BeurkG 3** 33
Mitarbeiter, juristischer BNotO 25 2 ff.
– Ausbildungspflicht des Notars **BNotO 25** 13
– Beachtung weiterer Amtspflichten **BNotO 25** 9 ff.
– Beschäftigung mit Widerrufsvorbehalt **BNotO 25** 19
– Beschäftigung Notarkassenangestellte **BNotO 25** 14
– Beschäftigung trotz Beschäftigungsverbot **BNotO 25** 19
– Beschäftigung von **BNotO 25** 1 ff.
– Delegation von Tätigkeiten an **BNotO 25** 6 ff.
– Genehmigungsvorbehalt bei Beschäftigung **BNotO 25** 16 ff.
– Hinwirken auf Einhaltung der Verschwiegenheitspflicht **BNotO 26** 19 ff.
– persönliche Amtsausübung des Notars **BNotO 25** 6 ff.
– Unabhängigkeit des Notars **BNotO 25** 10 f.
– Vermeidung des Anscheins unzulässiger Berufsverbindung **BNotO 25** 12
– Verpflichtung, förmliche **BNotO 26** 6 ff.
– Vertreterbestellung **BNotO 25** 15
Mitarbeiterausbildung BNotO 113 19
Mitarbeiterdarlehen RLEmBNotK VIII 15
Mitarbeiterrekrutierung
– Richtlinienkompetenz NotK **BNotO 67** 67
Mitarbeiterverpflichtung
– Notariatsverwalter **DONot 33** 25
– Notarvertreter **DONot 33** 9
Mitberechtigung
– Sperrkonto **BNotO 23** 16 ff.
– Vorteilsverschaffung **BeurkG 7** 7
Mitbewerber, gescheiterter
– Anspruch auf Stelle/Bestellung **BNotO 4** 7
Mitbewerberklage
– Klagebefugnis **BNotO 111b** 21
Mitgliedsbeiträge
– NotK **BNotO 71** 22
Mitgliedschaft in NotK BNotO 65 8 ff.; **BNotO 66** 5
– Art und Umfang **BNotO 65** 8 ff.
– gesetzliche **BNotO 65** 12 ff.
Mitgliedschaft in Rechtsanwaltskammer
– Erlöschen der Zulassung **BNotO 47** 11 ff.
– Wechsel **BNotO 47** 14 ff.
– Wegfall **BNotO 47** 9 ff.
Mitgliedschaftsverlust
– Vorstandsmitglied **BNotO 69** 24
Mitleseexemplar
– Vorlage Niederschrift bei Hörbehinderung **BeurkG 23** 4 ff.
Mitnahme von Unterlagen
– bei Amtssitzwechsel **DONot 5** 21a

Sachverzeichnis

Mitteilung
– Amtsbereichsüberschreitung (Fertigung Urkundsentwurf) **BNotO 11** 80
– Amtsbereichsüberschreitung (Formulierungsmuster) **BNotO 11** 79 ff.
– Amtsbereichsüberschreitung (Sachbehandlung, unrichtige) **BNotO 11** 81
– Amtsbereichsüberschreitung (Sachlage, unbestimmte) **BNotO 11** 83
– Amtsbereichsüberschreitung (Vertrauensbeziehung, besondere) **BNotO 11** 82
– Amtsbezirksüberschreitung (Formulierungsmuster) **BNotO 11** 78
Mitteilungspflicht BeurkG 51 17
– Amtsgericht **BNotO 51** 35
– Urkunde, erbfolgerelevante **BeurkG 34a** 1 ff.
– Urkundstätigkeit außerhalb Amtsbereich **BNotO 11** 71 ff.
– Verletzung **BNotO 14** 38
Mitteilungsvermerk DONot 19 4
Mittelbereitstellung
– Notarkassen **BNotO 113** 20
Mitverschulden
– Haftung **BNotO 19** 45 ff.
Mitwirkung
– bei Aufnahme Vermögensverzeichnis/Inventar **BNotO 20** 25
Mitwirkungspflicht
– Notar bei Prüfung der Dienstaufsicht **BNotO 93** 14
– Verwaltungsverfahren **BNotO 64a** 9
Mitwirkungsverbot BNotO 16 1; **BeurkG 3** 1 ff.
– Abhängigkeit **BeurkG 3** 57
– Ablehnung der Beurkundung **BeurkG 4** 1
– Ablehnungsrecht bei **BeurkG 3** 64
– Angelegenheit **BeurkG 3** 7 ff.
– Anwaltsnotar **BeurkG 3** 1 ff., 40 ff.
– Aufbewahrungsfrist Dokumentation **DONot 5** 13
– Bedeutung und Gesetzeszweck **BeurkG 3** 1 f.
– Befassung, außernotarielle **BeurkG 3** 40 ff.
– Belehrungspflicht **BeurkG 3** 63 f.
– beruflich verbundene Personen **BeurkG 3** 33
– berufsrechtliche Sanktion **BeurkG 3** 65
– Berufsverbindung **BNotO 9** 38; **BeurkG 27** 8
– Beteiligung an Kapitalgesellschaft **BeurkG 3** 58 f.
– Beteiligung des Ehepartners **BeurkG 3** 31 f.
– Beteiligung von Angehörigen **BeurkG 3** 32
– Beurkundung von Erklärungen **BeurkG 36** 12
– Bevollmächtigung **BeurkG 3** 56
– Dienstaufsicht **BNotO 93** 11 f.
– Dokumentation **DONot 5** 2; **DONot 6** 7; **DONot 15** 1 ff.
– Dokumentation bei Notariatsverwaltung **DONot 33** 31
– Dokumentationsform **DONot 6** 7

1839

Sachverzeichnis

fette Zahlen = §§

- Dokumentationspflicht **BeurkG 3** 52, 63 f.
- eheliche Lebensgemeinschaft **BeurkG 3** 47
- Eigenbeteiligung **BeurkG 3** 30
- Einhaltung **BNotO 67** 53
- Einverständnis **BeurkG 3** 51
- Einzelfälle **BeurkG 3** 9 ff.
- Erbangelegenheit **BeurkG 3** 48
- Fragepflicht **BeurkG 3** 52 ff., 60 ff.
- Geltungsbereich, persönlicher **BeurkG 3** 6
- Geltungsbereich, sachlicher **BeurkG 3** 3 ff.
- gemeinsame Berufsausübung **BeurkG 3** 41
- Generalvollmacht **BeurkG 3** 56
- Hinweispflicht **BeurkG 3** 60 ff.
- Informationspflicht **BeurkG 3** 60 ff.
- kostenrechtliche Folgen **BeurkG 3** 69
- Nachlassangelegenheit **BeurkG 3** 48
- Notar **BeurkG 3** 1 ff.
- Notar, zweiter **BeurkG 26** 1 ff., 5 f.
- Notarvertreter **BNotO 41** 14 ff.; **BeurkG 3** 6
- Organ, aufsichtsberechtigtes **BeurkG 3** 39
- Organmitglied **BeurkG 3** 38 f.
- Person, begünstigte **BeurkG 27** 1 ff.
- Rechtsfolgen bei Verstößen **BeurkG 26** 9; **BeurkG 27** 11
- Reichweite **BeurkG 3** 3 ff.
- Sozietätswechsel **BeurkG 3** 50; **RLEmBNotK VI** 4
- Steuer- und Wirtschaftsberatung **BeurkG 3** 49
- strafrechtliche Sanktion **BeurkG 3** 66
- Testamentsvollstecker **BeurkG 27** 5 ff.
- Testamentsvollstreckung **BeurkG 3** 34
- Unterschriftsbeglaubigung **BeurkG 3** 53
- unwirksame Beurkundung **BeurkG 6** 1 ff.
- Verfügung von Todes wegen **BeurkG 27** 1 ff.
- Verstoß gegen **BNotO 50** 107 ff.; **BeurkG 3** 65
- Vertretung, gesetzliche **BeurkG 3** 35 ff.
- Vertretung, gewillkürte **BeurkG 3** 56
- Verwahrung **BeurkG 57** 28
- Vorkehrungen, nach § 28 BNotO zu treffende **RLEmBNotK VI** 1 ff.
- Zeuge **BeurkG 26** 1 ff., 5 f., 7 f.
- zivilrechtliche Sanktion **BeurkG 3** 67 f.

Mitwirkungsverbot, Dokumentation DONot 15 1 ff.
- Beteiligtenverzeichnis **DONot 15** 9
- Entstehungsgeschichte **DONot 15** 1
- Gegenstandskennzeichnung **DONot 15** 5
- Kompetenz **DONot 15** 4
- Notariatsverwalter **DONot 33** 31
- Notarvertreter **DONot 33** 10
- Nutzen **DONot 15** 6 ff.
- Praktikabilität **DONot 15** 6 ff.
- Verfassungsmäßigkeit **DONot 15** 2 ff.
- Zeitraum **DONot 15** 7

Mitwirkungsverbot, Verstoß
- Amtsenthebung **BNotO 50** 107 ff.
- grober **BNotO 50** 114 ff.
- Qualifizierung **BNotO 50** 112 ff.
- Verhältnismäßigkeit der Amtsenthebung bei **BNotO 50** 118 f.
- wiederholter **BNotO 50** 113

Mitzeichnungsberechtigung
- Sperrkonto **BNotO 23** 16 ff.

Monaco
- Apostille **BeurkG 2** 19b

Montenegro
- Apostille **BeurkG 2** 19b

Montserrat
- Apostille *siehe Großbritannien*

Musterverschwiegenheitsvereinbarung BNotO 26a 42 f.

Musterverschwiegenheitsverpflichtung BNotO 26 1, 22

Mutterschaftsanerkennung
- Zuständigkeit Jugendamt für Beurkundung **BeurkG 1** 16

Mutterurkunde BeurkG 14 5

Nachbarschaftseinwand
- Besetzung Notarstelle **BNotO 10** 37 ff.

Nachholung
- Fachprüfung, notarielle **BNotO 7e** 6

Nachlassauseinandersetzung BNotO 20 4a, 51 ff.
- Antragsberechtigung **BNotO 20** 52
- nur ein erschienener Beteiligter **BNotO 20** 52
- Maßnahmen, vorbereitende **BNotO 20** 52
- Mitwirkungsverbot **BeurkG 3** 27, 48
- Notarwahl **BeurkG 2** 6
- Übersicht Urkundengeschäft **DONot 24** 10
- Verfahren **BNotO 20** 52
- Verhandlung **BNotO 20** 52
- Zuständigkeit **BNotO 20** 51 ff., 52

Nachlassinventar
- Aufnahme **BNotO 20** 4a, 18 ff., 21 ff.

Nachlasspfleger
- Ausfertigungsberechtigung **BeurkG 51** 6

Nachlasspflegschaft
- Verwahrung bei **BNotO 23** 12

Nachlassverwaltung
- Verwahrung bei **BNotO 23** 12

Nachlassverzeichnis
- Anwesenheitsrecht des Pflichtteilsberechtigten **BNotO 20** 22a
- Aufnahme **BNotO 20** 4a, 18 ff.
- Aufnahmeverfahren **BNotO 20** 21 ff.
- Auskünfte Beteiligter/Dritter **BNotO 20** 22 ff.
- eingeschränkte Vorlesung **BeurkG 14** 3b, 4
- Ermittlungsmöglichkeiten **BNotO 20** 23 ff.
- Qualitätsanforderung **BNotO 20** 19
- Richtigkeitskontrolle **BNotO 20** 19
- Urkundtätigkeit außerhalb Amtsbereich **BNotO 11** 62 f.
- Wertangaben **BNotO 20** 24

Nachtragsbeurkundung BeurkG 13 24 f.; **BeurkG 44b** 1 ff.; **DONot 28** 9
- Anwendungsbereich **BeurkG 44b** 2 ff.

magere Zahlen = Randnummern

- gemeinsame Verwahrung mit Haupturkunde **BeurkG 44b** 7
- Nachtragsvermerk **BeurkG 44b** 5 ff.
- Urkundenarchiv, elektronisches **BNotO 78h** 16 f.

Nachtragsdisziplinarklage BNotO 99 8 f., 22

Nachtragsniederschrift
- nachträgliche Berichtigung **BeurkG 49** 7

Nachtragsvermerk BNotO 41 11; **BeurkG 44a** 15 f.; **BeurkG 44b** 5 ff.; **DONot 28** 9

Nachverfahren
- Amtsausübungspflicht **BNotO 15** 10 ff.
- Unparteilichkeit **BNotO 14** 12

Nachwahl
- Präsidium BNotK **BNotO 81** 17

Nachweisverzicht
- Vollstreckungsreife **BeurkG 52** 11 f.

Nachwuchs, beruflicher
- Ausbildungspflicht **BNotO 30** 1 ff.

Namensschild BNotO 29 31; **DONot 3** 1 ff., 8 ff.
- Angaben, zusätzliche **DONot 3** 11
- Anwaltsnotar **DONot 3** 9
- Anzahl **DONot 3** 13
- Berufsverbindung **DONot 3** 10
- Entfernung **DONot 3** 15
- Gestaltung **DONot 3** 8 ff.
- Landeswappen **DONot 3** 12, 15
- Notariatsverwalter **DONot 33** 24
- Notarvertreter **DONot 33** 8
- Öffnungszeiten **DONot 3** 11
- Verlegung Geschäftsstelle **DONot 3** 14 ff.
- Verwendung **DONot 3** 13

Namensunterschrift
- Beglaubigung **BeurkG 39** 3
- Beglaubigung der Zeichnung **BeurkG 41** 1 f.
- Beurkundung **BeurkG 36** 14

Namensverzeichnis DONot 13 1 ff.
- als Anlage **DONot 13** 9
- Aufbewahrungsfrist **DONot 10** 18
- Eintragungsfristen **DONot 17** 4
- Eintragungszeitpunkt **DONot 13** 7
- Form **DONot 13** 8 ff.
- Führung **DONot 5** 2
- Führung, fortlaufende **DONot 13** 10
- Führung, jahrgangsweise **DONot 13** 10
- Führung, papiergebundene **DONot 6** 3
- gemeinsames **DONot 13** 9
- gesondertes **DONot 13** 9
- zum Massenbuch **DONot 10** 15; **DONot 13** 4 ff.
- zur Urkundenrolle **DONot 13** 2 f.

Namenszeichnung
- für Handelsregister **BeurkG 40** 28

Namibia
- Apostille **BeurkG 2** 19b

Nebenakten DONot 22 1 ff.
- Aktenvernichtung **DONot 5** 25 ff.
- Aufbau **DONot 22** 7

- Aufbewahrung **DONot 5** 15 ff.; **DONot 22** 1 ff., 6, 12 ff.
- Aufbewahrungsfrist **DONot 5** 13, 15 ff.; **DONot 22** 13
- Begriff **DONot 22** 2
- Blattsammlung **DONot 22** 2, 8
- Blattsammlung zum Verwahrungsgeschäft **DONot 10** 16 f.
- Einsicht **BeurkG 51** 16; **DONot 22** 14
- Einsicht Beteiligter **DONot 22** 16
- Ermessen **DONot 22** 4
- Form **DONot 22** 8
- Führung **DONot 5** 1 ff.
- Führung, elektronische **DONot 6** 6; **DONot 22** 8a
- Führung, papiergebundene **DONot 6** 6
- Funktion **DONot 22** 3
- geldwäscherechtliche Risikobewertung **DONot 22** 5
- Gestaltung **DONot 22** 4 ff.
- Inhalt **DONot 22** 4 ff.
- Mitnahme bei Amtssitzwechsel **DONot 5** 21a
- Nummerierung **DONot 22** 7
- Ordnung **DONot 22** 6
- Sammelakten **DONot 22** 2
- Umfang **DONot 22** 5
- Urkundensammlung **DONot 22** 1 ff.
- Verlängerung Aufbewahrungsfrist **DONot 5** 15 ff.
- Zeugnisverweigerungsrecht **DONot 22** 15
- Zwecke, interne **DONot 22** 3

Nebenberuf
- Notar **BNotO 3** 10 ff.

Nebenbeschäftigung
- Begriff **BNotO 8** 17
- genehmigungsfreie **BNotO 8** 29 ff.
- gewerbliche **BNotO 8** 21
- Vergütung **BNotO 8** 17, 19
- Vergütung, verdeckte **BNotO 8** 20

Nebengeschäft
- Abgrenzung bei Notariatsverwaltung **BNotO 58** 12

Nebentätigkeit BNotO 8 1 ff.
- Abgrenzung **BNotO 8** 18
- Amt, besoldetes **BNotO 8** 7
- Anwendungsbereich **BNotO 8** 5 f.
- Ausübung eines weiteren Berufes **BNotO 8** 11 ff.
- Begriff **BNotO 8** 17
- Berufsrichtlinien **RLEmBNotK I** 2
- Dispens **BNotO 8** 10
- Disziplinarrecht **BNotO 8** 35
- genehmigungsfreie **BNotO 8** 29 ff.
- genehmigungspflichtige **BNotO 8** 17 ff.
- Genehmigungsverfahren **BNotO 8** 27
- Genehmigungsvoraussetzungen **BNotO 8** 25 f.
- Genehmigungswiderruf **BNotO 8** 28
- gewerbliche **BNotO 8** 21
- Haftungsbegrenzung **BNotO 8** 17

Sachverzeichnis
fette Zahlen = §§

- Notar im Nebenberuf **BNotO 8** 3 f.
- Notarassessor **BNotO 7** 38
- Organmitgliedschaft **BNotO 8** 23 f., 29
- schiedsrichterliche **BNotO 23** 46
- ungenehmigte **BNotO 50** 31 ff., 35 ff.
- Vergütung **BNotO 8** 17, 19
- Verstoß gegen § 8 BNotO **BNotO 8** 34
- Vertreterbestellung **BNotO 39** 4
- Verwahrung bei **BNotO 23** 12
- vorsorgende Rechtsbetreuung **BNotO 24** 7
- Werbung **RLEmBNotK VII** 21
- wissenschaftliche Tätigkeit **BNotO 24** 22

Nebentätigkeitserlaubnis
- Berufsausübungsregelung **BNotO 2** 15

Neuanlegung
- Bücherführung **DONot 34** 6

Neugliederung, territoriale
- Überleitungsfragen **BNotO 116** 1

Neuseeland
- Apostille **BeurkG 2** 19b

Neutralitätspflicht *siehe Unparteilichkeit*

Nicaragua
- Apostille **BeurkG 2** 19b

Nichtberechtigter
- Unterwerfungserklärung durch **BeurkG 52** 6c

Nichtigkeit
- Beamtenernennung **BNotO 50** 7 ff., 131 ff.
- beurkundete Willenserklärung **BeurkG 6** 9
- Versagungspflicht **BNotO 14** 29 ff.

Nichtigkeitsfeststellungsklage BNotO 111b 6 ff.

Nichtvornahme
- Unterrichtung **BNotO 14** 20

Niederlande
- Apostille **BeurkG 2** 19b

Niedersachsen
- Beglaubigungszuständigkeit **BeurkG 1** 19
- In-Kraft-Treten Neufassung **DONot 34** 3 f.
- Konzentration Disziplinarverfahren **BNotO 100** 2
- Notariat, nebenberufliches **BNotO 3** 15
- NotK **BNotO 65** 22

Niederschrift BeurkG 8 1 ff.
- Abbildung/Zeichnung **BeurkG 9** 20
- Abgrenzung zu Vermerk **BeurkG 8** 6
- andere, Anspruchsberechtigung für Ausfertigung **BeurkG 51** 10
- Änderung der **BeurkG 8** 17; **BeurkG 44a** 1 ff.
- Änderung durch besondere Niederschrift **BeurkG 44a** 11, 16
- Änderung früherer Vereinbarung **BeurkG 9** 18
- Änderung nach Abschluss der Beurkundung **BeurkG 44a** 10 ff.; **DONot 28** 9
- Änderung von Anlagen **BeurkG 44a** 7
- Änderung vor Abschluss der Beurkundung **BeurkG 44a** 3 ff.; **DONot 28** 8
- Angabe Urkundenrollennummer **DONot 28** 19

- Anlagen **BeurkG 9** 8 ff.; **BeurkG 37** 7 f.
- Anlagen bei Ausfertigung **BeurkG 49** 11 f.
- Anspruchsberechtigung für Ausfertigung **BeurkG 51** 2 ff.
- Auktion **BeurkG 20** 36
- Ausfertigung **BeurkG 47** 1 ff.
- Aushändigung Bestallungsurkunde **BNotO 12** 16
- Baubeschreibung/-plan **BeurkG 9** 16
- Begriff **BeurkG 8** 6; **BeurkG 36** 10; **BeurkG 44a** 12
- Begriff der Willenserklärung **BeurkG 8** 5 ff.
- Beifügen der Vollmachten **BeurkG 12** 13
- Beifügung der Anlagen **BeurkG 9** 24
- Beifügung nicht vorlesungspflichtiger Bestandteile **BeurkG 14** 8 f.
- Beifügungspflicht, eingeschränkte **BeurkG 13a** 1 ff.
- Belehrungen bei Zweifel **BeurkG 17** 26
- Berichtigung von Amts wegen **BeurkG 44a** 18
- besondere **BeurkG 44a** 11, 16
- Bestätigung unwirksamer Verpflichtungen **BeurkG 9** 18a
- der Beurkundung **BeurkG 8** 1 ff.; **BeurkG 36** 1 ff.
- Beurkundung, gemischte **BeurkG 36** 2
- Beurkundung Hauptversammlung AG/KGaA **BeurkG 37** 15 f.
- Beweiswirkung, intendierte **BeurkG 37** 6
- Bezeichnung der Beteiligten **BeurkG 9** 4; **BeurkG 10** 1 ff.
- Bezeichnung des Notars **BeurkG 9** 2 ff.
- Bezeichnung Notarvertreter/-verwalter **BeurkG 9** 3 ff.
- Bezugnahme, ergänzende **BeurkG 9** 10
- Datenträger, elektronischer **BeurkG 9** 19, 21
- Datum **BeurkG 9** 26 ff.
- Datumsangabe **BeurkG 37** 10
- doppelsprachige **BeurkG 16** 1a; **BeurkG 50** 3c
- Durchführung der Verhandlung **BeurkG 8** 7 ff.
- Eidabnahme **BeurkG 38** 1 ff.
- Eidesleistung **BNotO 13** 8
- eidesstattliche Versicherung **BeurkG 38** 1 ff.
- einfache **BeurkG 37** 1 ff., 22
- Erblasser, sprachunkundiger **BeurkG 32** 1 ff.
- Erklärung, andere **BeurkG 36** 9 ff.
- Erklärungen der Beteiligten **BeurkG 9** 6 ff.
- Erklärungen in Urkunde **BeurkG 9** 7
- Erklärungsbeurkundung **BeurkG 36** 1 ff., 9 ff.
- Erklärungsinhalt **BeurkG 8** 14 ff.; **BeurkG 9** 6 ff.
- Ersetzung **BeurkG 46** 1 ff.
- fehlende Notarunterschrift bei Verfügung von Todes wegen **BeurkG 35** 1 ff.
- fehlende vorherige Grundbucheinsicht **BeurkG 21** 5
- fehlerhafte **BeurkG 9** 25

magere Zahlen = Randnummern

Sachverzeichnis

– Fehlvorstellungen bei Dritten **BeurkG 37** 4
– Feststellung der Beteiligten **BeurkG 10** 1 ff.
– Feststellung Erklärungshelfer **BeurkG 24** 9
– Feststellung Geschäftsfähigkeit des Erblassers **BeurkG 28** 1
– Feststellung Schreibunfähigkeit **BeurkG 25** 2
– Feststellung Schreibunvermögen **BeurkG 24** 4, 9
– Feststellung zur Sprachkunde **BeurkG 16** 7
– Feststellungsinhalt **BeurkG 8** 14 ff.; **BeurkG 9** 1 f., 6
– Form **BeurkG 8** 13
– förmliche Verpflichtung **DONot 4** 2 f.
– Formulierungspflicht **BeurkG 9** 7
– Genehmigung **BeurkG 13** 1 ff., 16
– Geschäftsfähigkeitsvermerk **BeurkG 11** 7 f.
– Gesellschafterversammlung **BeurkG 37** 11 ff., 17 f.
– Gestaltungsermessen **BeurkG 37** 3
– Gestaltungspflicht **BeurkG 9** 7
– gleichzeitige Beurkundung mehrerer **BeurkG 17** 38
– Heftung der Anlagen **DONot 30** 6 ff.
– Herstellung **BeurkG 8** 13
– Hörbehinderung **BeurkG 23** 1 ff.
– Identitätsfeststellungsvermerk **BeurkG 10** 13
– Inhalt **BeurkG 8** 14 ff.; **BeurkG 9** 1 ff.; **BeurkG 37** 1 ff.
– Inhalt des Rechtsgeschäfts **BeurkG 9** 8 ff.
– Inhaltsänderung, -berichtigung, -ergänzung, -aufhebung in anderer Urkunde **BeurkG 44b** 1 ff.
– Inkorporationsfiktionswirkung **BeurkG 9** 6
– Karte **BeurkG 9** 20
– Korrektur offensichtlicher Unrichtigkeit **BeurkG 9** 4
– Legitimationsprüfung nach Geldwäschegesetz **BeurkG 10** 15 ff.
– Mindestangaben **BeurkG 9** 1
– Mindeststandards **BeurkG 9** 7
– Mitwirkungsverbot Beurkundungsverfahren **BeurkG 36** 12
– Nachholung der Unterschriftsleistung **BeurkG 13** 24 f.
– nachträgliche Änderung **BeurkG 44a** 11
– Nachtragsbeurkundung **BeurkG 44b** 1 ff.
– Notarbezeichnung **BeurkG 37** 2
– Ortsangabe **BeurkG 9** 26 ff.; **BeurkG 37** 10
– Rechtsmittel bei Verweigerung der Ersetzung **BeurkG 54** 2
– Sammelbeurkundungen **RLEmBNotK II** 36 f.
– Satzung **BeurkG 9** 16c
– Schiedsvereinbarung **BeurkG 9** 16b
– Schlussvermerk **BeurkG 13** 26
– Schreibutensilien, zulässige **BeurkG 8** 13
– Siegel **BeurkG 13** 22
– Sollerfordernisse **BeurkG 37** 10
– sonstige Personen **BeurkG 9** 5

– Tatsachenbeurkundung **BeurkG 36** 3, 9 ff., 14
– Testamentserrichtung **BeurkG 34** 1 ff.
– bei übergebener Schrift **BeurkG 30** 1 ff.
– Übernahme von Rechten **BeurkG 9** 13 ff.
– Übersetzung **BeurkG 16** 1 ff., 8 ff.
– Übersetzung, fakultative **BeurkG 50** 3b
– Umfang der Beurkundungspflicht **BeurkG 9** 8 ff.
– Unrichtigkeit, offensichtliche **BeurkG 44a** 10 f., 14 ff.
– Unternehmenskaufvertrag/-spaltung **BeurkG 9** 15c
– Unterschrift der mitwirkenden Personen **BeurkG 13** 25
– Unterschrift Dolmetscher **BeurkG 16** 14
– Unterschrift Notar **BeurkG 37** 9
– Unterzeichnung **BeurkG 13** 1 ff., 17 ff.
– Unterzeichnung durch Notar **BeurkG 13** 22 ff.
– Unterzeichnung durch Schreibzeugen **BeurkG 29** 6
– unwirksame Beurkundung **BeurkG 9** 25
– Urkunde, elektronische **BeurkG 8** 6 f.
– Urkundensammlung **DONot 18** 4
– Verhandlung **BeurkG 8** 7 ff.
– Verknüpfungsabrede **BeurkG 9** 15
– Verlesung **BeurkG 13** 1 ff., 5 ff.
– Vermerk bei Beurkundung mit Behinderten **BeurkG 22** 12 f.
– Vermerk bei gesetzlichem Vorkaufsrecht **BeurkG 20** 3
– Vermerk schwerer Krankheit **BeurkG 11** 6
– Verpflichtung, förmliche **BNotO 26** 10, 12
– Vertretungsberechtigung **BeurkG 12** 1 ff.
– Verwahrungsvereinbarung **BeurkG 57** 60
– Verweisung **BeurkG 37** 7 f.
– Verweisung, dynamische **BeurkG 9** 9a
– Verweisung, echte **BeurkG 9** 9, 12 ff.; **BeurkG 14** 3a
– Verweisung, erläuternde **BeurkG 9** 11; **BeurkG 14** 3a
– Verweisung nicht vorlesungspflichtiger Bestandteile **BeurkG 14** 8 f.
– Verweisung, unechte **BeurkG 9** 12 ff.
– Verweisungsgegenstand **BeurkG 9** 19
– Verweisungsverfahren **BeurkG 9** 22
– Verzicht auf Vorlesung **BeurkG 14** 13
– VOB **BeurkG 9** 16a
– Vollmachten **BeurkG 9** 14
– Vorlage zur Durchsicht **BeurkG 13** 13 f.; **BeurkG 23** 4 ff.
– Vorlesungspflicht, eingeschränkte **BeurkG 13a** 1 ff.; **BeurkG 14** 1 ff.
– Wahrnehmung des Notars **BeurkG 37** 3 ff., 10
– Zeugnisse **BeurkG 9** 14

Niue
– Apostille **BeurkG 2** 19b

Nord-Mazedonien
– Apostille **BeurkG 2** 19b

1843

Sachverzeichnis

fette Zahlen = §§

Nordrhein-Westfalen
- Bekanntmachungsblatt der Landesjustizverwaltung **BNotO 32** 2
- Konzentration Disziplinarverfahren **BNotO 100** 2
- Notariat, hauptberufliches **BNotO 3** 8
- Notariat, nebenberufliches **BNotO 3** 10, 15
- NotK **BNotO 65** 18, 20, 22
- Streitschlichtung, obligatorische **BNotO 20** 58 f.
- Untersuchungspflicht bei Arbeitsunfähigkeit **BNotO 50** 78 f., 81
- Zuständigkeit Amtsenthebung **BNotO 50** 135

Normenkontrollklage BNotO 111b 10
Normenkontrollverfahren BNotO 111b 89
Norwegen
- Apostille **BeurkG 2** 19b

Notar
- Abgabepflicht **BNotO 113** 33 ff.
- Abnahme von Eiden **BNotO 22** 1 ff.
- Abwesenheitsanzeige **BNotO 38** 9
- Akteinsicht bei Amtsprüfung **DONot 32** 27c ff.
- Aktenführung **BNotO 35** 1 ff.
- Aktenverwahrung durch **BNotO 51** 8 ff.
- Aktenverwahrung für anderen Notar **BNotO 45** 1
- Amtsausübung, persönliche **BNotO 25** 6 ff.
- Amtsausübung während Vertreterzeit **BNotO 44** 6 ff.
- Amtsbefugnis bei bestelltem Vertreter **BNotO 39** 28
- Amtsbereich **BNotO 11** 1 ff.; **BeurkG 2** 2 f.
- Amtsbereitschaft, ständige **BNotO 10** 58 ff.
- Amtsbezeichnung **BNotO 2** 7 f.
- Amtsbezirk **BNotO 11** 1 ff.; **BeurkG 2** 2 f.
- Amtsbezirksüberschreitung **BeurkG 2** 1 ff.
- Amtsenthebung, vorläufige **BNotO 54** 1 ff.
- Amtshaftung **BNotO 19** 2
- Amtsniederlegung, vorübergehende **BNotO 47** 1
- Amtspflichtverletzung **BNotO 19** 8 ff.
- Amtssiegel **BNotO 2** 6
- Amtssitz **BNotO 10** 1 ff.; **BeurkG 2** 2 f.
- Amtstätigkeit **BNotO 20** 1 ff.
- Amtsträgerschaft **BNotO 1** 23
- Anhörung des betroffenen bei Notariatsverwalterbestellung **BNotO 57** 7
- Anhörungsrecht im Amtsenthebungsverfahren **BNotO 50** 136
- Antrag an Aufsichtsbehörde zur Entscheidung über Bestehen/Umfang Verschwiegenheitspflicht **BNotO 18** 159 ff.
- Antrag auf Tilgung belastender Eintragung **BNotO 110a** 14 f.
- Anwendbarkeit Berufsqualifikationsfeststellungsgesetz **BNotO 5** 26 f.
- Anzeigepflicht Berufsverbindung **BNotO 27** 1 ff.
- Aufgaben **BNotO 1** 4 ff.
- Aufnahme eidesstattlicher Versicherungen **BNotO 22** 1 ff.
- Auskunfterteilung **BNotO 74** 1
- Auskunftsrecht NotK **BNotO 74** 1, 6 f.
- Auskunftsrecht ZTR **BNotO 78f** 3 f.
- Auskunftsrecht ZVR **BNotO 78b** 3 ff.
- Ausschließungsgründe **BeurkG 6** 1 ff.
- Ausstellung Teilhypotheken-/-grundschuldbrief **BNotO 20** 5, 35
- Aus-/Verlosung **BNotO 20** 4a, 14 ff.
- Auswahl und Überwachung von Dienstleistern **BNotO 26a** 29 ff.
- Befähigung zum Richteramt **BNotO 5** 1 ff., 23 ff.
- Begriff **BeurkG 1** 3 f.
- Bemessung Geldbuße **BNotO 97** 18
- Beruf **BNotO 2** 1 ff., 9 ff.
- Berufsausübungsregelung **BNotO 2** 14 ff.
- Berufshaftpflichtversicherung **BNotO 19a** 1 ff.
- Berufszugang **BNotO 2** 13
- Beschäftigung juristischer Mitarbeiter **BNotO 25** 1 ff.
- Beschäftigungspflicht **BNotO 113** 37
- Bestallungsurkunde **BNotO 12** 1
- Bestellung Notarvertreter **BNotO 39** 1 ff.
- Bestellung ständiger Notarvertreter **BNotO 39** 30 ff.
- Bestellung zum **BNotO 1** 1 ff., 30
- Bestellungsvoraussetzungen **BNotO 7** 4 ff.
- Beteiligtenbetreuung **BNotO 24** 1 ff.
- Betreuung, sonstige **BNotO 1** 25
- Betreuungstätigkeit **BNotO 1** 15, 25
- BeurkG **BeurkG 1** 3
- Beurkundung **BNotO 1** 7 ff., 21
- Beurkundung zugunsten **BeurkG 7** 1 ff.
- Bezeichnung auf Briefbogen **BNotO 2** 8
- Bezeichnung in Niederschrift **BeurkG 9** 2 ff.
- Delegation von Tätigkeiten **BNotO 25** 6 ff.
- deutsche Rechtsordnung **BNotO 5** 5 ff.
- Disziplinarrecht **BNotO 95** 1 ff., 7 ff.
- Eidesleistung **BNotO 13** 3 ff.
- Eignung, persönliche **BNotO 6** 1 ff.
- Eignungsvergleich bei Besetzung Notarstelle **BNotO 10** 45
- Einsichtsrecht ZVR **BNotO 78b** 10
- Entgegennahme Auflassung **BNotO 20** 5, 34
- Entlassung **BNotO 48** 1 ff., 26 f.
- Entlassungsantrag **BNotO 48** 3 ff.
- Erlöschen Notaramt **BNotO 47** 1 ff.
- Ermahnung **BNotO 75** 1 ff.
- Erreichen der Altersgrenze **BNotO 47** 1; **BNotO 48a** 1 ff.
- Erscheinen, persönliches **BNotO 74** 1, 10 f.
- europäischer **BNotO 5** 21 f.
- EU-Sonderregelungen **BNotO 5** 10 ff.
- EWIV **BNotO 9** 22
- förmliche Verpflichtung Mitarbeiter **BNotO 26** 1 ff.

magere Zahlen = Randnummern

Sachverzeichnis

– Fortbildung **BNotO 113** 18; **RLEmBNotK X** 1 ff.
– Fortbildungsmaßnahmen BNotK **BNotO 78** 46 ff.
– Fortbildungspflicht **BNotO 67** 70
– Fortführung der Notarstelle nach Beendigung Notariatsverwaltung **BNotO 64** 16 ff.
– fremdsprachliche Beurkundung **BeurkG 5** 3
– Fürsorgepflicht gegenüber Mitarbeitern **RLEmBNotK VIII** 26 ff.
– Gebühren ZVR **BNotO 78b** 30 ff.
– Gebührenentgegennahme für Registerbehörde **BNotO 78b** 18 ff.; **BNotO 78g** 12 ff.; **BNotO 78j** 10 f.
– Gemeinschaftsverträge **BNotO 9** 19
– Geschäftsstelle **BNotO 10** 52 ff.
– Geschäftsstellen, mehrere **BNotO 10** 77 ff.
– gutachterliche Stellungnahme **BNotO 21** 19
– als Gütestelle **BNotO 20** 58 f.
– Haftung **BNotO 19** 8 ff.
– Haftung aus § 19 BNotO **BNotO 46** 5
– Haftung bei Amtsverweigerung **BNotO 15** 54
– Haftung für Vertreter **BNotO 46** 2 ff.
– Haftungsausgleich Notar/Notarvertreter **BNotO 46** 6 ff.
– Hinwirken auf Einhaltung der Verschwiegenheit **BNotO 26** 19 ff.
– Identitätsfeststellung **BNotO 1** 17
– Insolvenz des -s **BNotO 23** 45 f.
– Inventaraufnahme **BNotO 20** 18 ff., 21 ff.
– Inverwahrunggabe von Akten **BNotO 45** 1 ff., 6 ff.
– Kammermitgliedschaft **BNotO 65** 8 ff., 12 ff.
– Kapitalgesellschaft **BNotO 9** 20
– Kollegialität **BNotO 67** 71
– Kooperation **BNotO 9** 23, 29
– Kostenabgrenzung zu Notariatsverwalter **BNotO 58** 12
– Mediation **BNotO 1** 16
– Meldepflicht (ZTR) **BNotO 78d** 3 ff.
– Meldepflichten **BNotO 34** 1 ff.
– Mitgliedschaft in eingetragenem Verein **BNotO 9** 22
– Mitwirkung bei eigener Notarprüfung **DONot 32** 16b
– Mitwirkung des amtsenthobenen -s **BNotO 55** 8
– Mitwirkungspflicht gegenüber Dienstaufsicht **BNotO 93** 14
– Mitwirkungsverbot **BeurkG 3** 1 ff.
– Nachlassverzeichnis/-inventar **BNotO 20** 4a, 18 ff.
– nebenberuflicher **BNotO 3** 10 ff.
– als Notariatsverwalter **BNotO 56** 23
– Partnerschaft **BNotO 9** 21
– persönliche Abhängigkeit **RLEmBNotK VIII** 19
– Pflichten gegenüber Notarkasse **BNotO 113** 32 ff.
– Praxisverkauf **BNotO 47** 29 f.

– Prüfungs- und Einreichungspflichten im Registerverkehr **BNotO 20** 1a, 9a; **BeurkG 1** 13a; **BeurkG 40** 1b f.
– Rechte gegenüber Dienstaufsicht **BNotO 93** 16
– Rechte/Pflichten bei Aktenverwahrung **BNotO 51** 14 ff.
– Rechtsbetreuung, notarielle **BNotO 24** 2 ff.
– Rechtspflege, vorsorgende **BNotO 1** 11 ff.
– Rechtsschutz bei Streitigkeit mit Notarkasse **BNotO 113** 43 ff.
– Rechtsverkehr, elektronischer **BNotO 1** 17
– Registerbescheinigung **BNotO 21** 1, 4 ff.
– Residenzpflicht **BNotO 10** 55 ff.
– Satzungsbescheinigung **BNotO 21** 15 ff.
– Selbstablehnung **BNotO 16** 2 ff.
– Siegelung/Entsiegelung **BNotO 20** 27 ff.
– Sonderzuständigkeiten **BNotO 20** 5
– Sperrpflicht **BNotO 34** 9
– Sprechtag, auswärtiger **BNotO 10** 77 ff.
– Staatsangehörigkeit **BNotO 5** 5
– statusrechtliche Beziehung zum Notarvertreter **BNotO 41** 2 ff.
– Stellung **BNotO 1** 18 ff.
– Stellungnahme zum Prüfungsbericht bei Amtsprüfung **DONot 32** 27 ff.
– Streitbeilegung, außergerichtliche **BNotO 20** 54 ff.
– Streitigkeit mit Notarvertreter **BNotO 42** 1 ff.
– Streitschlichtung **BNotO 1** 16; **BNotO 20** 54 ff.
– systematisches Vorgehen **BNotO 67** 42
– Tätigkeit gegenüber öffentlichen Registern **BNotO 1** 14
– Tätigkeit im Ausland **BNotO 11a** 6 ff.
– Titelschutz **BNotO 2** 7
– Tod **BNotO 47** 5 ff.
– Träger öffentlichen Amtes **BNotO 1** 18 ff.
– Übersetzung durch **BeurkG 16** 10
– Übersicht Urkundengeschäft **DONot 24** 15
– Umfang Aktenverwahrung **BNotO 51** 11 ff.
– Unabhängigkeit **BNotO 1** 28 f.
– Untätigbleiben **BNotO 15** 21
– Unterstützung bei neu besetzter Notarstelle **BNotO 113b** 4 ff.
– Unterstützung eines im Ausland bestellten Notars **BNotO 11a** 1 ff.
– Unterzeichnung Niederschrift **BeurkG 13** 22 ff.
– Urkundsgewalt **BeurkG 2** 3
– Vereidigung **BNotO 13** 1 ff.
– Verhalten **BNotO 31** 1 ff.
– Verhalten gegenüber Dritten **BNotO 31** 4 ff.
– Verhalten gegenüber Kollegen **BNotO 31** 8 ff.
– Verhaltensmissstände **BNotO 67** 22 ff.
– Verhältnis zu Mitarbeiter **RLEmBNotK VIII** 6 ff.
– Verlesung **BeurkG 13** 4
– Vermittlungsverfahren Erbauseinandersetzung **BNotO 1** 16

1845

Sachverzeichnis
fette Zahlen = §§

- Vermögensverzeichnis **BNotO 20** 4a, 18 ff.
- Verschwiegenheit gegenüber NotK **BNotO 74** 3
- Verschwiegenheitsvereinbarung, privatrechtliche **BNotO 26a** 29, 33 ff.
- Versicherungspflicht **BNotO 19a** 8 ff.
- Versteigerung, freiwillige **BNotO 20** 5, 36 ff.
- vertragliche Beziehung zum Notarvertreter **BNotO 39** 29; **BNotO 40** 16
- Vertragsgestaltung **BNotO 1** 12
- Verwahrung, notarielle **BNotO 1** 23
- Verzeichnisführung **BNotO 35** 1 ff.
- Vollzug Beurkundungsverfahren **BNotO 1** 22
- Vollzugstätigkeit **BNotO 1** 13
- Vollzugstätigkeiten, betreuende **BNotO 1** 23
- Vorschlagsrecht Notarvertreter **BNotO 39** 14, 34 ff.
- Wegfall der Befähigung zum Richteramt **BNotO 5** 28
- Wegfall der Mitgliedschaft in Rechtsanwaltskammer **BNotO 47** 9 ff.
- Widerruf Vertreterbestellung **BNotO 40** 18
- wirtschaftliche Beziehungen zu Mitarbeitern **RLEmBNotK VIII** 15 ff.
- Zugangsberechtigung zum Elektronischen Urkundsarchiv **BNotO 78i** 1 ff.
- Zurückbehaltungsrecht bei Vollzug **BeurkG 53** 16 f.
- Zuständigkeit/-snormen **BNotO 20** 1 ff., 5
- Zustellung von Erklärungen **BNotO 20** 4a, 31 ff.
- Zustimmung zu Amtssitzverlegung **BNotO 10** 27, 48
- Zwangsvollstreckung gegen **BNotO 23** 45 f.

Notar a. D.
- Entzug bei Dienstvergehen **BNotO 95** 8
- als Notariatsverwalter **BNotO 56** 23

Notar, ausländischer
- Amtspflichten **BNotO 11a** 11
- Anerkennung von Beurkundungen **BeurkG 2** 11 ff.
- Beurkundung im Inland **BeurkG 2** 11
- Formstatut **BeurkG 2** 12 ff.
- Gleichwertigkeitsprüfung **BeurkG 2** 16 f.
- Notaraufsicht **BNotO 11a** 12
- Tätigkeit in Deutschland **BNotO 11a** 5, 10 ff.
- Unterstützung **BNotO 11a** 1 ff.

Notar, hauptberuflicher BNotO 3 1 ff., 4 ff.
- Aktenverwahrung durch Notar **BNotO 51** 9
- Aktenverwahrung durch Notariatsverwalter **BNotO 51** 6
- Altersgrenze **BNotO 3** 6
- Altershöchstgrenze **BNotO 6** 17
- Amt, besoldetes **BNotO 8** 7 ff.
- Amtsenthebung **BNotO 50** 1 ff.
- Amtsenthebung, vorläufige **BNotO 54** 1 ff.
- Amtsniederlegung, echte vorübergehende **BNotO 48c** 3, 4 ff.
- Amtsniederlegung, unechte vorübergehende **BNotO 48c** 3, 49 ff., 62

- Ausbildung des beruflichen Nachwuchses **BNotO 30** 3 ff.
- Ausbildung Notarassessor **BNotO 30** 3 ff.
- Ausbildung Referendar **BNotO 30** 7 ff.
- Ausübung eines weiteren Berufes **BNotO 8** 11
- Auswahlverfahren nach unechter vorübergehender Amtsniederlegung **BNotO 48c** 70 ff.
- Berufsverbindung **BNotO 9** 1 ff., 8 ff., 25 ff.
- Beschäftigung juristischer Mitarbeiter **BNotO 25** 1 ff.
- Bestellung auf Lebenszeit **BNotO 3** 6
- Bürogemeinschaft **BNotO 9** 28
- Dienstaufsicht **BNotO 92** 8
- Eignung, fachliche **BNotO 6** 1 ff., 9
- Eignung, persönliche **BNotO 6** 1 ff., 4 ff.
- Geltung, räumliche **BNotO 3** 8 f.
- Haftung **BNotO 19** 8 ff.
- Nebentätigkeit **BNotO 8** 1 ff.
- Notariatsverwalterbestellung bei **BNotO 56** 20 ff.
- Notariatsverwaltung bei echter vorübergehender Amtsniederlegung **BNotO 48c** 33 ff.
- Sozietät **BNotO 9** 27
- Vergewisserungspflicht Unabhängigkeit/Unparteilichkeit **BNotO 28** 9
- Vermittlungsverbot **BNotO 14** 39 ff., 43 f.
- Verurteilung, strafgerichtliche **BNotO 49** 1 ff.
- Weiterführung Amtsbezeichnung **BNotO 52** 6 ff.
- Wiederbestellung bei echter vorübergehender Amtsniederlegung **BNotO 48c** 38 ff.
- Wiederbestellung bei unechter vorübergehender Amtsniederlegung **BNotO 48c** 70 ff.
- *siehe auch Notar*

Notar im Landesdienst
- Abwicklung **BNotO 114** 15 ff.
- Bestellung zum hauptberuflichen Notar **BNotO 114** 12
- BeurkG **BeurkG 1** 3
- ehemaliger – als Notarprüfer **BNotO 114** 21
- Transformation **BNotO 114** 1 ff.
- Übergangsregelung **BNotO 5** 25

Notar im Nebenberuf *siehe Anwaltsnotar; siehe Notar, nebenberuflicher*

Notar in eigener Praxis
- Abwicklung **BNotO 114** 15 ff.

Notar, nebenberuflicher BNotO 3 10 ff.
- Altershöchstgrenze **BNotO 6** 17
- Anrechnung Erfahrungszeit **BNotO 6** 16
- Anwaltserfahrung **BNotO 6** 11 ff.
- Berufspraxis, notarielle **BNotO 6** 10
- Bestellungsdauer **BNotO 3** 13
- Eignung, fachliche **BNotO 6** 1 ff., 10, 11 ff.
- Eignung, persönliche **BNotO 6** 1 ff., 4 ff.
- Fachprüfung, notarielle **BNotO 6** 10
- Tätigkeit im Amtsbereich **BNotO 6** 14
- Warte-/Erfahrungszeit **BNotO 6** 11 ff.

magere Zahlen = Randnummern

– Warte-/Erfahrungszeit, Absehen **BNotO** 6 15
– *siehe auch Anwaltsnotar*

Notar, zweiter
– Mitwirkungsverbot **BeurkG 26** 1 ff., 5 f.
– Niederschrift **BeurkG 9** 5
– Unterschrift **BeurkG 29** 1 ff.
– Unterschrift bei Schreibunfähigkeit **BeurkG 25** 7 ff.
– Zuziehung **BeurkG 29** 1 ff.
– Zuziehung bei Behindertenschutz **BeurkG 22** 7 ff., 11c, 16

Notar-AG
– Berufsverbindung **BNotO 9** 20

Notaraktenspeicher, elektronischer BNotO 78 22; **BNotO 78k** 1 ff.; **DONot 5** 34
– Aktenführung **BNotO 35** 19 ff.
– Führung durch BNotK **BNotO 78** 22
– Funktion **BNotO 78k** 2
– Gebührenfinanzierung **BNotO 78k** 6 ff.
– Gebührensatzung **BNotO 78k** 9
– Gebührenschuldner **BNotO 78k** 8
– Meldepflicht bei Beeinträchtigung von Schutzvorkehrungen **BNotO 34** 6 ff.
– umfasste Akten, Verzeichnisse, Daten **BNotO 78k** 2 ff.
– Verordnungsermächtigung **BNotO 78k** 10

Notaramt
– Beginn **BNotO 12** 3 f.
– Bestellung Notariatsverwalter bei Erlöschen **BNotO 56** 3
– Erlöschen **BNotO 47** 1 ff.
– Errichtung durch Länder **BNotO 1** 30
– Urkundsprinzip **BNotO 12** 1

Notaranderkonto *siehe Anderkonto*

Notarangestellter
– Begriff **RLEmBNotK VIII** 2

Notarassessor
– Amtspflichten **BNotO 7** 40 ff.
– Amtssitzverlegung, spätere **BNotO 10** 3
– den Anforderungen nicht gewachsener **BNotO 7** 53
– Anwärterdienst **BNotO 7** 1 ff.
– Ausbildung **BNotO 7** 46 ff.
– Ausbildungspflicht **BNotO 30** 3 ff.
– Ausbildungsverhältnis **BNotO 7** 36 ff.
– Ausbildungsverhältnis zum Notar **BNotO 7** 47 ff.
– Auskunftserteilung **BNotO 74** 1
– Bedarfsprognose **BNotO 7** 24
– Bedürfnisprüfung **BNotO 7** 6
– Beendigung Anwärterdienst **BNotO 7** 51 ff.
– Beendigung Ausbildungsverhältnis **BNotO 7** 50, 51 ff.
– Bemessung Geldbuße **BNotO 97** 18
– Berufsaufsicht **BNotO 7** 43
– Besoldung **BNotO 113** 21
– Besoldungsanspruch **BNotO 113** 31
– Besoldungsrichtlinien **BNotO 7** 45
– Bestellung auf Lebenszeit **BNotO 3** 7

Sachverzeichnis

– Bestellung Geschäftsführer NotK **BNotO 68** 19
– Bewerbung, unterbliebene **BNotO 7** 55 ff.
– Dienstantritt, fehlender **BNotO 7** 54, 58
– Dienstaufsichtspflichtiger **BNotO 92** 8
– Dienstbezüge **BNotO 7** 45
– Dienstverhältnis **BNotO 7** 36 ff.
– Dienstverhältnis zum Staat **BNotO 7** 39
– Dienstverhältnis zur NotK **BNotO 7** 43 ff.
– Disziplinarmaßnahme gegen **BNotO 97** 36
– Disziplinarrecht **BNotO 95** 7 ff.
– Eignung, fehlende **BNotO 7** 53
– Eignungsvergleich (Bestenauslese) **BNotO 10** 44
– Entlassung **BNotO 7** 51 ff.
– Entlassungsandrohung **BNotO 7** 54, 57
– Entlassungsverfahren **BNotO 7** 59
– Ermahnung **BNotO 75** 1 ff.
– Ernennung **BNotO 7** 32 f.
– Erscheinen, persönliches **BNotO 74** 1
– Erstattungen des Ausbildungsnotars **BNotO 7** 45
– Fortbildung **BNotO 113** 18
– Fortbildungsmaßnahmen BNotK **BNotO 78** 46 ff.
– Geschäfte, unzulässige/verbotene **BNotO 14** 46
– als Geschäftsführer einer Standesorganisation **BNotO 10** 32
– Haftung **BNotO 19** 58 ff.
– Haftung bei Notariatsverwaltung **BNotO 61** 6 f.
– Haftungsregelung **BNotO 46** 7
– Hochdienen **BNotO 10** 30
– Kammermitgliedschaft **BNotO 65** 11
– Nebentätigkeit **BNotO 7** 38; **BNotO 8** 5
– als Notariatsverwalter **BNotO 56** 20 ff.
– Rechtsschutz bei Streitigkeit mit Notarkasse **BNotO 113** 43 ff.
– Residenzpflicht **BNotO 10** 55a
– Sozialversicherungspflicht **BNotO 7** 45
– Sperrwirkung einer Aufforderung zur Bewerbung **BNotO 10** 42a ff.
– Tätigkeiten ohne Bestellungsakt **BNotO 7** 37
– Tod des Ausbildungsnotars **BNotO 7** 51
– Tod des -s **BNotO 7** 51
– Treuepflichten **BNotO 7** 44
– Überweisung an Ausbildungsnotar **BNotO 7** 34
– Urlaub **BNotO 7** 45
– Verhaltensregeln **BNotO 7** 41
– Verpflichtung **BNotO 7** 35; **BNotO 26** 8
– Versicherungspflicht **BNotO 19a** 8 ff.
– Versorgung **BNotO 113** 21
– Weisungen an **BNotO 7** 43, 48

Notarattribut BNotO 33 8; **BeurkG 39a** 1b; **DONot 2a** 10 ff.
– Notarvertreter/Notariatsverwalter **DONot 2a** 11
– Urkunde, elektronische **BeurkG 39a** 4

1847

Sachverzeichnis

fette Zahlen = §§

Notaraufsicht
– Notar, ausländischer **BNotO 11a** 12
Notarbeisitzer
– Amtsbeendigung **BNotO 104** 9; **BNotO 108** 9 f.
– Amtsdauer **BNotO 103** 14; **BNotO 108** 3
– Amtsenthebung **BNotO 104** 10 ff.; **BNotO 108** 9, 11
– Aufwandsentschädigung **BNotO 104** 7 f.; **BNotO 108** 8
– Ausschluss **BNotO 103** 9 ff.
– Entlassung aus dem Amt **BNotO 104** 15; **BNotO 108** 9, 13
– Ernennungsverfahren **BNotO 103** 1 ff.; **BNotO 108** 2
– Hinderungsgründe **BNotO 103** 8 ff.
– Mindestalter **BNotO 103** 7
– Rechte/Pflichten **BNotO 104** 1 ff.; **BNotO 108** 4 ff.
– Rechtsstellung **BNotO 104** 1 ff.; **BNotO 108** 4 ff.
– Reisekostenvergütung **BNotO 104** 7 f.; **BNotO 108** 8
– Voraussetzungen, persönliche **BNotO 103** 5 ff.; **BNotO 108** 3
– Vorschlagsliste **BNotO 103** 3
Notarberuf BNotO 2 9 ff.
– Amt und Berufsfreiheit **BNotO 2** 12 ff.
– freier Beruf **BNotO 2** 10 f.
– kein Gewerbe **BNotO 2** 9
Notarbescheinigung BNotO 20 4; **BNotO 21** 2, 19 ff.
– Anschein, falscher **BNotO 21** 21
– im elektronischen Rechtsverkehr **BNotO 21** 30
– Rechtswirkung **BNotO 21** 32
– Registerbescheinigung, erweiterte **BNotO 21** 29
– Vertretungsbescheinigung, sonstige **BNotO 21** 31 f.
– Zuständigkeit **BNotO 21** 19
Notarbeschwerde
– Verschwiegenheitspflicht **BNotO 18** 92 ff.
– Verwahrungsverfahren **BNotO 23** 49 ff.
Notarbestätigung BNotO 20 4; **BNotO 21** 2, 19; **BNotO 24** 24 ff.; **BeurkG 1** 5
– Anschein, falscher **BNotO 21** 21
– Begriff **BNotO 21** 2
– Beweiswert **BeurkG 36** 6a
– Fälligkeitsbestätigung **BNotO 21** 26
– Inhaltsbescheinigung **BNotO 21** 28
– Mitwirkungsverbot **BeurkG 3** 29
– Rangbestätigung **BNotO 21** 23 f.
– Übersetzungsbescheinigung **BNotO 21** 27
– Urkundenrolle **DONot 8** 10
– Vormerkungsbestätigung **BNotO 21** 25
– Zuständigkeit **BNotO 21** 19
Notarbewerber
– Ankündigung der Bestellung **BNotO 12** 3a

– Ausbildung, landesspezifische **BNotO 7** 12 ff., 18 ff.
– Auswahlzeitpunkt **BNotO 6b** 12 f.
– Besetzung, externe **BNotO 7** 12
– Bestenauslese **BNotO 6** 18
– Eignungsvergleich **BNotO 10** 43 ff.
– Eignungsvergleich, modifizierter **BNotO 10** 43, 46 f.
– Ermittlung durch Ausschreibung **BNotO 6b** 1 ff., 5 ff.
– Höchstalter **BNotO 6** 17
– Versagung der Bestellung **BNotO 6a** 1 ff.
– Wiedereinsetzung in den vorherigen Stand **BNotO 6b** 7 ff.
– Zwangsbewerbung **BNotO 7** 55 f.
Notarbund
– Berufsverbindung **BNotO 9** 22
Notardaten
– Information der Öffentlichkeit durch BNotK **BNotO 78** 57
– Verwaltung durch BNotK **BNotO 78** 23 f., 50 f.
Notardatenverwaltung BNotO 67 75a
Notareid BNotO 13 1 ff.
– Amtsführung **BNotO 14** 4 ff.
Notareigenschaft
– Bestätigung durch NotK **BNotO 67** 75c
Notarfachangestellte
– Fachausbildung **BNotO 30** 10 ff.
Notarfachprüfungsverordnung BNotO 7i 1
Notargebühren BNotO 17 1 ff.
– Einbehalt **BeurkG 58** 39 ff.
– bei Notariatsverwaltung **BNotO 58** 11
Notar-GmbH
– Berufsverbindung **BNotO 9** 20
Notariat
– Bedarf Notarstellen **BNotO 4** 1 ff.
– europäisches **BNotO 5** 21 f.
– staatliches (DDR) **BNotO Einl.** 18 f.
– Verwendung des Begriffs **BNotO 29** 14a
Notariat, hauptberufliches BNotO 3 4 ff.
– Altersstruktur **BNotO 4** 13 ff.
– Amtsnachfolge **BNotO 51** 3, 6
– Auswahlverfahren zur Besetzung **BNotO 10** 28 ff.; **BNotO 48c** 70 ff.
– Bedürfnisprüfung **BNotO 4** 8 ff.
– Geltung, räumliche **BNotO 3** 8 f.
– Genehmigungsvorbehalt Übernahme Notarräume/-personal **BNotO 53** 1 ff.
– Statistik **BNotO 3** 16
Notariat, nebenberufliches BNotO 3 10 ff.
– Altersstruktur **BNotO 4** 13 ff.
– Bedürfnisprüfung **BNotO 4** 12
– Geltung, räumliche **BNotO 3** 15
– Statistik **BNotO 3** 16
Notariatsabwickler
– Anderkonto **BeurkG 58** 16
Notariatsformen BNotO Einl. 10; **BNotO 3** 1 ff.

1848

magere Zahlen = Randnummern

Notariatsmitarbeiter
- Abmahnung bei unzulässiger Tätigkeit **BNotO 14** 46
- Abwerbeverbot **BNotO 53** 2
- Anschein der Parteilich-/Abhängigkeit **RLEmBNotK VIII** 16
- Arbeitsbedingungen, angemessene **RLEmBNotK VIII** 21, 26 ff.
- Ausbildung **RLEmBNotK VIII** 20 ff.
- Ausbildung Notarkasse **BNotO 113** 19
- Ausnutzung von Abhängigkeiten der **BNotO 14** 38
- außerdienstliche/s Tätigkeiten/Verhalten **RLEmBNotK VIII** 18
- Begriff **RLEmBNotK VIII** 2
- Beschäftigung **RLEmBNotK VIII** 1 ff.
- bei Bestellung Notariatsverwalter **BNotO 58** 8 f.
- Betätigungsmöglichkeit, berufliche **BNotO 53** 15
- als Beteiligter in eigener Angelegenheit **RLEmBNotK VIII** 14
- als Beteiligter mit eigenem Interesse **RLEmBNotK VIII** 13
- Eigeninteresse, wirtschaftliches **RLEmBNotK VIII** 7
- Fachausbildung Auszubildende **BNotO 30** 10 ff.
- Fortbildungsmaßnahmen BNotK **BNotK 78** 46 ff.
- Fort-/Weiterbildung **RLEmBNotK VIII** 22 f., 29
- Genehmigungsvorbehalt Übernahme **BNotO 53** 1 f., 10 ff.
- Geschäfte, unzulässige/verbotene **BNotO 14** 46
- Haftung für **BNotO 19** 55 ff.
- Handelndenhaftung **RLEmBNotK VIII** 30
- Mitarbeiterdarlehen **RLEmBNotK VIII** 15
- Mitwirkungsverbot **BeurkG 3** 33
- Offenbarung gegenüber **BNotO 18** 138 ff.
- Provision **RLEmBNotK VIII** 9
- Richtlinienkompetenz NotK **BNotO 67** 67
- systematische Beurkundung mit N. als Vertreter **RLEmBNotK II** 28 ff.
- Umsatz-/Gewinnbeteiligung **RLEmBNotK VIII** 9
- als Urkundsbeteiligte in fremdem Interesse **RLEmBNotK VIII** 10 ff.
- Vergütung **RLEmBNotK VIII** 26 ff.
- Verhältnis zu Notar **RLEmBNotK VIII** 6 ff.
- Vermeidung Haftungsgefahren **RLEmBNotK VIII** 30
- Vermittlung berufsrechtlicher Grundsätze/Besonderheiten an **RLEmBNotK VIII** 24 f.
- Vermittlung fachspezifischer Kenntnisse an **RLEmBNotK VIII** 22 f.
- Verpflichtungserklärung **BNotO 14** 46
- Verschwiegenheitsverpflichtung **RLEmBNotK VIII** 24 f.
- Vertrauensverhältnis, besonderes **BNotO 53** 10 ff.
- wirtschaftliche Beziehungen zu Notar **RLEmBNotK VIII** 15 ff.
- Zusatzentgelt/Gratifikation **RLEmBNotK VIII** 9

Notariatsräume
- bei Bestellung Notariatsverwalter **BNotO 58** 8 f.
- Genehmigungsvorbehalt Übernahme **BNotO 53** 1 ff., 8 f.

Notariatsverwalter BNotO 56 ff.
- Abführen der Einnahmen **BNotO 59** 7 f.
- Abrechnung mit NotK **BNotO 59** 7 f.
- Akteneinsicht für NotK **BNotO 63** 3 ff.
- Aktenführung **DONot 33** 32
- Aktenverwahrung bei Anwaltsnotariat **BNotO 51** 7
- Aktenverwahrung bei hauptberuflichem Notariat **BNotO 51** 6
- Aktenverwahrung durch **BNotO 51** 5 ff.
- Amtsausübung **DONot 33** 3
- Amtsbefugnis **BNotO 56** 31
- Amts-/Namensschilder **DONot 33** 24
- Amtspflichtverletzung **BNotO 61** 1 ff.
- Amtssiegel **DONot 2** 2, 10
- Anderkonten **BNotO 58** 6
- bei Anwaltsnotar **BNotO 56** 25 ff.
- Aufgaben **BNotO 56** 32 ff.
- Aufrechnung Vergütung **BNotO 59** 7
- Auswahl **BNotO 56** 18 ff.
- Auswahlverfahren **BNotO 56** 29
- Beendigung bei Anwaltsnotariat **BNotO 64** 9 ff.
- Beendigung der Bestellung **BNotO 64** 3 ff.
- Beitreibung rückständiger Kosten **BNotO 59** 10
- Bekanntmachung **BNotO 57** 11
- Berichtspflichten **DONot 33** 33
- Berufsrecht **BNotO 57** 2 ff.
- Bestellung **BNotO 12** 4; **BNotO 48c** 36; **BNotO 57** 1 ff.
- Bestellung, erstmalige **BNotO 57** 8 f.
- Bestellungsfälle **BNotO 56** 3 ff.
- Bestellungsurkunde **BNotO 57** 8 f.
- Bestellungsverfahren **BNotO 57** 6 f.
- BeurkG **BeurkG 1** 3
- Bezeichnung in Niederschrift **BeurkG 9** 3 ff.
- Dauer der Amtsbefugnis **BNotO 64** 1 ff.
- Dienstaufsichtspflichtiger **BNotO 92** 8
- Disziplinarmaßnahme gegen **BNotO 97** 37
- Disziplinarrecht **BNotO 95** 7 ff.
- Dokumentation Mitwirkungsverbot **DONot 33** 31
- Eid **BNotO 13** 2, 4
- Eidesleistung, frühere **BNotO 13** 4
- Feststellungspflichten **DONot 33** 33
- Fortführung der Amtsgeschäfte **BNotO 58** 2 ff.
- Führung der Unterlagen **DONot 33** 26 ff.

1849

Sachverzeichnis
fette Zahlen = §§

- Führung Notarstelle **BNotO 59** 9 ff.
- Haftpflichtversicherung **BNotO 61** 8 f.
- Haftungshöhe **BNotO 61** 5
- bei hauptberuflichem Notar **BNotO 56** 20 ff.
- Inbesitznahme der Bücher/Verwahrgegenstände **BNotO 58** 4 ff.
- Kammermitgliedschaft **BNotO 65** 9
- Kanzleiausstattung **BNotO 58** 8 f.
- Kanzleipersonal **BNotO 58** 8 f.
- Kanzleiräume **BNotO 58** 8 f.
- Kostenabgrenzung zu Notar **BNotO 58** 12
- Kostenbeitreibung **BNotO 58** 16; **BNotO 59** 10
- Kostengläubigerschaft **BNotO 58** 10 ff.
- Massenbuch **DONot 33** 29 f.
- Mithaftung NotK **BNotO 61** 1 ff., 3 ff.
- Nebentätigkeit **BNotO 8** 5
- Notarassessor **BNotO 56** 20 ff.
- Notarattribut **DONot 2a** 11
- Personalpolitik **BNotO 59** 11
- Rechnungsstellung **BNotO 58** 13 ff.
- Rechte/Pflichten **BNotO 57** 2 ff.
- Rechtsschutz **BNotO 56** 35 ff.
- Rechtsschutz bei Kostenforderung **BNotO 64** 26
- Rechtsschutz bei Streitigkeit mit Notarkasse **BNotO 113** 43 ff.
- Rechtsschutz bei Widerruf der Bestellung **BNotO 64** 25
- Rechtsschutz gegen Auswahl **BNotO 56** 38
- Rechtsstatus **BNotO 56** 30
- Rechtsstreit mit NotK **BNotO 62** 1 ff.
- Rechtsstreit über Abrechnung **BNotO 62** 3
- Rechtsstreit über Vergütung **BNotO 62** 3
- Rechtsstreitigkeit mit Notarkasse **BNotO 62** 7
- Rechtsverkehr, elektronischer **DONot 33** 23a
- Sicherstellung der Arbeitsgrundlagen **BNotO 58** 4 ff.
- Siegel **DONot 33** 21 ff.
- Übersicht Urkundengeschäft **DONot 33** 33
- Übersicht Verwahrungsgeschäfte **DONot 33** 33
- Übertragungsvereinbarung Notarstelle **BNotO 58** 9
- Unterschrift **DONot 33** 20
- Urkundenrolle **DONot 33** 27 f.
- Urkundensammlung **DONot 33** 32
- Vereidigung **BNotO 57** 12 ff.
- Verfügungsbefugnis Anderkonto **BeurkG 58** 19 f.
- Vergütung **BNotO 59** 1 ff., 6
- Verhältnis zu NotK **BNotO 59** 5 ff.
- Verlängerung der Bestellung **BNotO 57** 10
- Verpflichtung der Mitarbeiter **DONot 33** 25
- Versicherungspflicht **BNotO 19a** 9
- Verwahrungsbuch **DONot 33** 29 f.
- Verwaltungsvermerk **DONot 33** 27 f.
- Vollmachten **BNotO 58** 7
- Vollmachtsvermutung **BNotO 58** 7
- Vorschriften, anwendbare **BNotO 57** 1 ff.
- Widerruf der Bestellung **BNotO 64** 12 ff.
- Zugangsberechtigung zum Elektronischen Urkundsarchiv **BNotO 78i** 3 f.
- Zurückbehaltungsrecht **BNotO 59** 7
- Zuständigkeit für Bestellung **BNotO 57** 5

Notariatsverwalterbestellung BNotO 56 3 ff.
- bei Amtssitzverlegung **BNotO 56** 4
- Anhörungen **BNotO 57** 7
- Ausübung eines besoldeten Amtes **BNotO 56** 5
- Bekanntmachung **BNotO 57** 11
- Entscheidung der Aufsichtsbehörde **BNotO 56** 8 ff.
- bei Erlöschen Amt Anwaltsnotar **BNotO 56** 6
- bei Erlöschen Notaramt **BNotO 56** 3
- erstmalige **BNotO 57** 8 f.
- Form **BNotO 57** 8 f.
- Rechtsfolgen **BNotO 56** 30 ff.
- Rechtsschutz **BNotO 56** 35 ff.
- Urkunde **BNotO 57** 8 f.
- Vereidigung **BNotO 57** 12 ff.
- Verfahren **BNotO 57** 6 f.
- Verlängerung **BNotO 57** 10
- bei vorläufiger Amtsenthebung **BNotO 56** 7
- Zuständigkeit **BNotO 57** 5

Notariatsverwaltung BNotO 56 1 ff.; **DONot 33** 1 ff., 20 ff.
- Abrechnungsstreitigkeit **BNotO 62** 3
- Abwicklung **BNotO 64** 1 ff.
- Abwicklungsverwaltung **BNotO 56** 15
- Akteneinsicht NotK **BNotO 63** 1 ff.
- bei Amtssitzverlegung **BNotO 56** 4
- Ausgestaltung **BNotO 56** 12 ff.; **DONot 33** 4
- Ausübung eines besoldeten Amtes **BNotO 56** 5
- Auswahl Notariatsverwalter **BNotO 56** 18 ff.
- Beendigung bei Anwaltsnotariat **BNotO 64** 9 ff.
- Beendigung bei hauptberuflichem Notariat **BNotO 64** 1 ff., 3 ff.
- Beendigung ohne Fortführung der Notarstelle **BNotO 64** 24
- Beendigung, vorzeitige **BNotO 64** 12 ff.
- im Bereich der Notarkassen **BNotO 59** 17 f.
- Dauer **BNotO 56** 13, 17
- Durchsetzung Akteneinsicht **BNotO 63** 8
- Durchsetzung Auskunftsanspruch **BNotO 63** 8
- bei echter vorübergehender Amtsniederlegung **BNotO 48c** 33 ff.
- Entscheidung über Anordnung **BNotO 56** 8 ff.
- bei Erlöschen Amt Anwaltsnotar **BNotO 56** 6, 10, 15
- bei Erlöschen Notaramt **BNotO 56** 3
- Fortführung nach Beendigung durch Notar **BNotO 64** 16 ff.
- Fortführungsverwaltung **BNotO 56** 16, 17
- Haftpflichtversicherung **BNotO 61** 8 f.

magere Zahlen = Randnummern

- Haftung Notarassessor **BNotO 61** 6 f.
- Haftungsstreitigkeit **BNotO 62** 3
- Haftungsverteilung **BNotO 61** 6 f.
- Kostenbeitreibung bei Beendigung **BNotO 64** 20 ff., 24
- Notargebühren **BNotO 58** 11
- Prüfungsbefugnisse Aufsichtsbehörde **BNotO 63** 9
- Prüfungsbefugnisse NotK **BNotO 63** 3 ff.
- auf Rechnung der NotK **BNotO 59** 3 ff.; **BNotO 63** 3 ff.
- auf Rechnung des bisherigen Notars **BNotO 59** 16
- auf Rechnung des Verwalters **BNotO 63** 7
- Rechtsschutz bei Akteneinsicht **BNotO 63** 10
- Rechtsschutz gegen Anordnungen der **BNotO 56** 36 f.
- Rechtsstreit Notariatsverwalter/NotK **BNotO 62** 1 ff.
- Regelungen, besondere **BNotO 59** 12 ff.
- Regressverzicht **BNotO 61** 6 f.
- Risiko, wirtschaftliches **BNotO 59** 3 f., 14
- Überschussfeststellung **BNotO 60** 2
- Überschussverwendung **BNotO 60** 1 ff., 3
- Unterschrift **DONot 33** 20
- Vergütungsstreitigkeit **BNotO 62** 3
- Verhältnis zu Notariatsvertretung **BNotO 56** 2, 11
- Verlustdeckung **BNotO 59** 3 f., 14 f.
- bei vorläufiger Amtsenthebung **BNotO 56** 7, 11, 17
- bei vorübergehender Amtsniederlegung **BNotO 56** 10a, 16
- Widerruf **BNotO 64** 12 ff.
- wirtschaftliche Führung von **BNotO 113** 22
- Zuständigkeit bei Rechtsstreit **BNotO 62** 3 ff., 6

Notariatsverweser siehe Notariatsverwalter

Notarielle Bescheinigung siehe Bescheinigung, notarielle

Notarielle Fachprüfung siehe Fachprüfung, notarielle

Notarielle Selbstverwaltung BNotO Einl. 4

Notarin
- Vereinbarkeit von Beruf und Familie **BNotO 6b** 4
- siehe Notar; siehe Anwaltsnotar

Notarkammer
- Abhörung bei Amtsenthebung **BNotO 50** 136
- Abrechnung Notariatsverwalter **BNotO 59** 7 f.
- Abschluss Berufshaftpflichtversicherung **BNotO 67** 75
- Absicherung von Schäden bei Verlust amtlich verwahrter Urkunden **BNotO 67** 81 f.
- Akteneinsicht bei Notariatsverwaltung **BNotO 63** 1 ff.
- Amtsausübung, persönliche **BNotO 67** 47
- Anhörung bei Notariatsverwaltung **BNotO 57** 7
- Anhörung vor Notarbestellung **BNotO 12** 5 f.
- Anhörungsrecht bei Aufsichtsbehörde **BNotO 67** 12, 28
- Anschubfinanzierung **BNotO 113b** 4 ff.
- Anwaltsnotarkammer, reine **BNotO 113b** 2
- Aufgaben **BNotO 67** 1 ff.; **BNotO 113b** 1 ff.
- Aufgaben-Generalklausel **BNotO 67** 86 ff.
- Aufgabenzuweisung **BNotO 67** 8 ff.
- Aufwendungsentschädigung **BNotO 88** 6
- Ausbildung der Hilfskräfte **BNotO 67** 74
- Aus-/Fortbildung Notarassessoren **BNotO 7** 44
- Auskunfts-/Berichtspflicht gegenüber BNotK **BNotO 90** 2 ff.
- Auskunftsrecht **BNotO 74** 1, 6 f.
- Auskunftsrecht ZTR **BNotO 78f** 4
- Auslagenersatz Präsidiumsmitglieder **BNotO 88** 5, 8
- Ausübung Aufsichtsrecht **BNotO 74** 1
- Beanstandung **BNotO 75** 4 f.
- Befugnisse des Vorstands **BNotO 69** 2 ff.
- Beitragspflicht **BNotO 73** 1 ff.; **BNotO 91** 1 ff.
- als Beklagte **BNotO 111c** 2 ff.
- Belehrung **BNotO 75** 3
- Berichtspflicht **BNotO 66** 15
- Berufsaufsicht Notarassessor **BNotO 7** 43
- Berufsordnung **BNotO 67** 2, 35 ff.
- Beschlussanfechtung **BNotO 111e** 3
- Bestätigung der Notareigenschaft **BNotO 67** 75c
- Beurkundung, auswärtige **BNotO 67** 68 f.
- Beziehung zu Dienstaufsichtsbehörden **BNotO 67** 12
- Bildung **BNotO 65** 1 ff.
- BNotK **BNotO 76** 1, 5 f.
- Dienstaufsicht **BNotO 92** 7
- Dokumentation Mitwirkungsverbot **DONot 15** 4
- Durchsetzung Auskunftsanspruch/Akteneinsicht **BNotO 63** 8
- Ehrenpräsident **BNotO 70** 19 ff.
- Einflussnahme auf Führung der Notarstelle **BNotO 59** 9 ff.
- Einhaltung Mitwirkungsverbote **BNotO 67** 53
- Einmalzahlung **BNotO 113b** 4 ff.
- Entwicklung **BNotO 65** 2 ff.
- Erforschung Notarrecht **BNotO 67** 31
- Erlass Berufsordnung **BNotO 67** 35 ff.
- Ermahnung **BNotO 75** 1 ff.
- Erstattung von Gutachten **BNotO 67** 82 ff.
- Fortbildung des Notars **BNotO 67** 70, 72 f.
- Fortbildungsmaßnahmen **BNotO 67** 72 f.
- Fürsorgeeinrichtung **BNotO 67** 76 f.
- Gebühren und Auslagen für Verwahrung von Akten und Verzeichnissen **BNotO 73** 31

1851

Sachverzeichnis
fette Zahlen = §§

- gemeinschaftliches OLG für mehrere Länder **BNotO 117** 1 ff.
- gemischte **BNotO 69** 33 ff.
- Geschäftsführer **BNotO 68** 17 ff.
- Haftpflichtversicherung **BNotO 61** 8 f.
- Haftung **BNotO 68** 13 f.
- Haftung für Notariatsverwalter **BNotO 61** 1 ff., 3 ff.
- Haushaltskontrolle **BNotO 66** 16
- Haushaltsplan **BNotO 66** 16; **BNotO 73** 3
- Information der Mitglieder **BNotO 67** 30
- Interessenswahrung, berufsrechtliche **BNotO 67** 11
- Interessenswahrung, wirtschaftspolitische **BNotO 67** 13
- Kammerbeitrag, außerordentlicher **BNotO 113b** 8 ff.
- Kammerbeitrag, gestaffelter **BNotO 113b** 7
- Kammerbezirk **BNotO 65** 17 ff.
- Kammerbezirk, gemischter **BNotO 113b** 2
- Kammerversammlung **BNotO 68** 2 f.; **BNotO 71** 1 ff.
- Klagebefugnis **BNotO 111b** 25
- Kollegialität **BNotO 67** 71
- Körperschaft des öffentlichen Rechts **BNotO 66** 2 ff.
- lautere Berufsausübung **BNotO 67** 32 f.
- Meldepflichten **BNotO 34** 1 ff.
- Mindesteinkommensgarantie **BNotO 113b** 4 ff.
- Mitgliedervertretung **BNotO 67** 8, 10 ff.
- Mitgliedsbeiträge **BNotO 71** 22
- Mitgliedschaft **BNotO 65** 8 ff., 12 ff.; **BNotO 66** 5
- Mitgliedschaften, öffentlich-rechtliche **BNotO 67** 18
- Mitgliedschaften, privatrechtliche **BNotO 67** 15 ff.
- Mitteilungen an Vertrauensschadensfonds **BNotO 74** 5
- Mitteilungspflicht der Landesjustizverwaltung **BNotO 67** 85
- Mittelbereitstellung durch Notarkasse **BNotO 113** 20
- Notardatenverwaltung **BNotO 67** 75a
- Notariatsmitarbeiter **BNotO 67** 67
- Notariatsverwaltung auf Rechnung der **BNotO 59** 3 ff.
- Notarversorgung **BNotO 67** 78
- Offenbarung gegenüber **BNotO 18** 84 ff.
- Öffentlichkeitsarbeit **BNotO 67** 21
- OLG-Bezirk **BNotO 65** 17 ff.
- Organe **BNotO 68** 1 ff.
- Pflege/Fortentwicklung Notarrecht **BNotO 67** 29 ff.
- Präsident **BNotO 68** 6 f.; **BNotO 69** 8 ff.; **BNotO 70** 1 ff.
- Präsidium **BNotO 69b** 8
- Prüfungsbefugnisse bei Notariatsverwaltung **BNotO 63** 3 ff.

- Rechtsbeziehungen der Organmitglieder zur **BNotO 68** 11 ff.
- Rechtsfähigkeit **BNotO 66** 2 ff.
- Rechtsnormen **BNotO 66** 6 ff.
- Rechtsstreit mit Notariatsverwalter **BNotO 62** 1 ff.
- Rechtsverkehr, elektronischer **BNotO 67** 75b ff.
- Regelungen bei Notariatsverwaltung **BNotO 59** 12 ff.
- Satzung **BNotO 66** 6 ff.
- Satzungsregelungen **BNotO 72** 1 ff.
- Schatzmeister **BNotO 69** 11
- Schlichtung **BNotO 67** 34
- Schriftführer **BNotO 69** 11
- Selbstverwaltung **BNotO 68** 11
- Sitz **BNotO 65** 20 f.
- Staatsaufsicht **BNotO 66** 10 ff.
- Stellvertreter des Präsidenten **BNotO 69** 8 ff.
- Stimmrecht Vertreterversammlung **BNotO 86** 2 ff., 11
- Streitschlichtung zwischen Kammermitgliedern **BNotO 67** 34
- Tätigkeitsbericht **BNotO 66** 15
- Übersicht der Notarkammern **BNotO 65** 22
- Unabhängigkeit des Notars **BNotO 67** 41 ff., 53 ff.
- Unparteilichkeit des Notars **BNotO 67** 41 ff., 53 ff.
- Unterrichtung Aufsichtsbehörde **BNotO 67** 24 ff.
- Unterrichtung bei Vertreterbestellung **BNotO 40** 5
- Unterstützung Aufsichtsbehörde **BNotO 67** 25
- Unterstützungsmaßnahmen **BNotO 113b** 1 ff.
- Vergütung Notariatsverwalter **BNotO 59** 1 ff.
- Verhalten des Notars **BNotO 67** 45
- Verhaltensmissstände einzelner Mitglieder **BNotO 67** 22 ff.
- Verhältnis zu Notariatsverwalter **BNotO 59** 5 ff.
- Verhältnis zur BNotK **BNotO 76** 7 ff.
- Vermögensinteressenwahrung **BNotO 67** 46
- Verschwiegenheitspflicht **BNotO 69a** 1 ff.
- Verschwiegenheitspflicht gegenüber **BNotO 74** 3
- Vertrauensschadenseinrichtung **BNotO 67** 79 f.
- Vertreter, institutionalisierter **BNotO 84** 4 ff.
- Vertretung **BNotO 68** 5 ff.
- Vertretung der **BNotO 70** 5 ff.
- Vertretung der NotK im Verfahren zwischen Vorstands/Präsidiumsmitglied und NotK **BNotO 111c** 4
- Vertretung durch Geschäftsführer **BNotO 68** 23
- Vertretung in Vertreterversammlung **BNotO 84** 1 ff.
- Vorlagerecht **BNotO 74** 1, 8 f.

magere Zahlen = Randnummern

– Vorsorgeeinrichtungen **BNotO 67** 78
– Vorstand **BNotO 68** 3 f.; **BNotO 69** 1 ff.
– Vorstandsabteilungen **BNotO 69b** 1 ff.
– Vorstandswahl **BNotO 69** 14 ff.
– Wahlanfechtung **BNotO 111e** 2
– Werbung/Werbeverbot/Medien **BNotO 67** 62 ff.
– Wettbewerbsrecht **BNotO 67** 14
– Zertifizierungsstelle **BNotO 67** 75b ff.
– Zusammenarbeit, berufliche **BNotO 67** 48 ff.
– Zusammenarbeit der Notarkammern **BNotO 67** 19
– Zuständigkeit **BNotO 65** 17 ff.
– Zuständigkeit für Eintragungen im Notarverzeichnis **BNotO 78l** 3 ff.
– Zustimmung Gebührenverzicht **BNotO 17** 11
– *siehe auch Kammersystem*

Notarkasse
– Auskunfts-/Vorlagerechte **BNotO 74** 11
– Bayerische Notarkasse **BNotO 113** 1 ff.
– Haftpflichtversicherung **BNotO 61** 10
– Haftung für Notariatsverwalter **BNotO 61** 10
– Notariatsverwaltung **BNotO 59** 17 f.
– Rechtsschutz **BNotO 113** 43 ff.
– Rechtsstreitigkeit mit Notariatsverwalter **BNotO 62** 7
– Überschussverwendung aus Notariatsverwaltung **BNotO 60** 4
– *siehe auch Bayerische Notarkasse; siehe auch Ländernotarkasse Leipzig*

Notarkasse München
– Abgabensatzung **DONot 16** 2, 7
– Berufshaftpflichtversicherung **BNotO 19a** 5
– Führung Kostenregister **DONot 5** 2
– Notarprüfer **DONot 32** 15
– *siehe auch Bayerische Notarkasse*

Notarkassenangestellte
– Beschäftigungspflicht **BNotO 25** 14

Notarnetzbox
– Meldepflicht bei Abhandenkommen, Beschädigung, Manipulation **BNotO 34** 7
– Zugangsmittel beN **BNotO 78n** 9

Notarpostfach, besonderes elektronisches (beN) BNotO 78 25; **BNotO 78n** 1 ff.
– Einrichtung durch BNotK **BNotO 78** 25; **BNotO 78n** 7 f.
– Funktion **BNotO 78n** 1
– Löschung **BNotO 78n** 15
– Löschung von Nachrichten **BNotO 78n** 12
– Notarvertreter **BNotO 78n** 16
– Notarverzeichnis- und -postfachverordnung **BNotO 78n** 17 ff.
– sicherer Übermittlungsweg **BNotO 78n** 2 ff.
– Sperrung **BNotO 78n** 13 f.
– Verordnungsermächtigung **BNotO 78n** 17 ff.
– Zugang **BNotO 78n** 9 ff.

Notarpraxis
– Veräußerung **BNotO 47** 29 f.

Notarprüfer DONot 32 8 ff.
– Auswahl **DONot 32** 10
– Baden-Württemberg **BNotO 114** 21
– Kompetenzen **DONot 32** 14a

Notarprüfung DONot 32 1 ff.
– Amtsführung **DONot 32** 1 ff.
– Anderkonto **BNotO 23** 66
– Aufsichtsbefugnisse **DONot 32** 28
– Bagatellverstöße **DONot 32** 24
– datenschutzrechtliche Anforderungen **DONot 32** 6a
– Fehlerquellen Blattsammlung **DONot 10** 17
– Folgerungen aus Prüfungsbericht **DONot 32** 28 ff.
– Gebührenerhebung **DONot 32** 32
– geldwäscherechtliche Anforderungen **DONot 32** 6a
– Mitwirkung Notar **DONot 32** 16b
– Notarprüfer **DONot 32** 8 ff.
– Prüfungsbericht **DONot 32** 17 ff.
– Prüfungsort **DONot 32** 16a
– Prüfungsturnus **DONot 32** 2 ff.
– Stellungnahme des Notars zum Prüfungsbericht **DONot 32** 27 ff.
– Umfang **BNotO 93** 10

Notarrecht BNotO Einl. 1 ff.
– notarielle Selbstverwaltung **BNotO Einl.** 4
– Pflege/Fortentwicklung **BNotO 67** 29 ff.

Notarrechtliche Vereinigung BNotO 67 16, 18, 30

Notarsache, verwaltungsrechtliche BNotO 111 5
– Gebührenverzeichnis **BNotO 111f** Anlage
– Gerichtskosten **BNotO 111f** 1 ff.
– Streitwert **BNotO 111g** 1 ff.

Notarsenat
– Entscheidung über Ermahnung **BNotO 75** 13 ff.
– Zuständigkeit **BNotO 62** 6
– *siehe auch Senat für Notarsachen*

Notarstatistik BNotO 3 16

Notarstelle
– Abbruch Bewerberauswahl **BNotO 6b** 14 ff.
– Anspruch des gescheiterten Bewerbers **BNotO 4** 7
– Ausschreibung **BNotO 4** 2; **BNotO 6b** 1 ff.
– Auswahlverfahren **BNotO 4** 3
– Auswahlverfahren zur Besetzung **BNotO 10** 28 ff.
– Bedürfnisprüfung **BNotO 4** 4, 5 ff., 8 ff., 12; **BNotO 7** 6
– Begriff **BNotO 6b** 3
– Bestimmung/Zahl/Zuschnitt **BNotO 4** 1 ff.
– Bewerbung **BNotO 6b** 1 ff.
– Bewerbungsfrist **BNotO 6b** 5 f.
– Fortführung durch Notar nach Beendigung Notariatsverwaltung **BNotO 64** 16 ff.
– Landeskinderklausel **BNotO 10** 42
– Lebensfähigkeit **BNotO 4** 8
– Mindestanwärterzeit **BNotO 10** 42
– Mindestverweildauer **BNotO 10** 33 ff.
– Nachbarschaftseinwand **BNotO 10** 37 ff.

1853

Sachverzeichnis

fette Zahlen = §§

- Sperrwirkung einer Aufforderung **BNotO 10** 42a ff.
- Unterlassungsantrag **BNotO 4** 4
- Unterstützung von Amtsinhabern neu besetzter **BNotO 113b** 4 ff.
- Vereinbarkeit von Beruf und Familie **BNotO 6b** 4

Notarstelle, hauptberufliche
- Mengenbedarfsplanung **BNotO 10** 8 f.
- Raumbedarfsplanung **BNotO 10** 10 ff.

Notarstellenplanung
- Amtssitz **BNotO 10** 2
- Auswahlermessen Dispens **BNotO 10** 89 ff.
- Dispens vom Verbot der Unterhaltung mehrerer Geschäftsstellen/auswärtiger Sprechtage **BNotO 10** 85 ff.
- Entschließungsermessen Dispens **BNotO 10** 87 f.
- Mengenbedarfsplanung **BNotO 10** 8 f.
- Raumbedarfsplanung **BNotO 10** 10 ff.
- Verfahren bei Dispens **BNotO 10** 92 f.
- Voraussetzungen der Dispenserteilung **BNotO 10** 86 ff.

Notartag BNotO Einl. 11

Notartätigkeit
- ausländischer Notar in Deutschland **BNotO 11a** 5, 10 ff.
- deutscher Notar im Ausland **BNotO 11a** 6 ff.

Notarunterschrift, fehlende
- Anwendungsbereich **BeurkG 35** 2 ff.
- Notarunterschrift auf Testamentsumschlag **BeurkG 35** 5 f.
- Regelungsinhalt **BeurkG 35** 5 f.
- bei Verfügung von Todes wegen **BeurkG 35** 1 ff.

Notarverein
- Berufsverbindung **BNotO 9** 22

Notarversicherungsfonds BNotO 19a 6; **BNotO 23** 65; **BNotO 113** 26

Notarversicherungsverein auf Gegenseitigkeit BNotO 67 80

Notarversorgungskasse BNotO 67 78

Notarversorgungswerk BNotO 67 78

Notarvertreter
- Abhängigkeit vom Notaramt **BNotO 41** 3 f.
- Abschluss Massen-/Verwahrungsbuch **DONot 33** 14
- Amtsausübung **BNotO 41** 1 ff.; **BNotO 44** 1 ff.; **DONot 33** 2
- Amtsbefugnis **BNotO 39** 27; **BNotO 44** 3 ff.
- Amtseid **BNotO 40** 6 ff.
- Amtsführung auf Kosten und für Rechnung des Notars **BNotO 41** 6 ff.
- Amts-/Namensschild **DONot 33** 8
- Amtspflichtverletzung **BNotO 46** 1 ff.
- Amtssiegel **DONot 2** 2, 10
- Antrag auf Bestellung **BNotO 38** 5
- Anzeige bei ständiger Vertretung **DONot 33** 17 ff.
- Anzeige der vorzeitigen Beendigung **DONot 33** 15 f.
- Aufbewahrung **DONot 33** 10 ff.
- Ausschließung **BNotO 41** 14 ff.
- Auswahl **BNotO 39** 14 ff.
- Befangenheit **BNotO 41** 17
- Befugnisse **BNotO 41** 1 ff.
- Berichtspflichten **DONot 33** 14, 15 ff.
- Besonderes elektronisches Notarpostfach (beN) **BNotO 78n** 16
- Bestellung **BNotO 12** 4; **BNotO 38** 5; **BNotO 39** 1 ff.; **BNotO 40** 1 ff.
- Bestellung durch Verfügung **BNotO 40** 2 ff.
- Bestellung von Amts wegen **BNotO 38** 10; **BNotO 39** 12 f.
- Bestellungsantrag **BNotO 39** 8 ff.
- Bestellungsverfahren **BNotO 39** 20
- BeurkG **BeurkG 1** 3
- Beurkundungsfehler **BNotO 41** 11 ff.
- im Beurkundungsverfahren **BNotO 41** 9 ff.
- Bezeichnung in Niederschrift **BeurkG 9** 3 ff.
- Bücherführung **DONot 33** 10 ff.
- Dauervertretung **BNotO 39** 4a, 22
- Dienstaufsichtspflichtiger **BNotO 92** 8
- Disziplinarmaßnahme gegen **BNotO 97** 37
- Disziplinarrecht **BNotO 95** 7 ff.
- Dokumentation Mitwirkungsverbote **DONot 33** 10
- Eid **BNotO 13** 2, 4
- Eignung **BNotO 39** 14 ff.
- Fassung der Urkunden **BNotO 41** 9 ff.
- Feststellungspflichten **DONot 33** 14
- Gültigkeit von Amtshandlungen **BNotO 44** 9 f.
- Haftung **BNotO 46** 1 ff.
- Haftungsausgleich Notar/Notarvertreter **BNotO 46** 6 ff.
- Interessenkollision **BNotO 41** 14 ff.
- Kammermitgliedschaft **BNotO 65** 9
- Mitwirkungsverbot **BNotO 41** 14 ff.; **BeurkG 3** 6
- Nebentätigkeit **BNotO 8** 5
- Notarattribut **DONot 2a** 11
- Rechtsschutz bei Bestellung/Nichtbestellung **BNotO 39** 43 ff.
- Rechtsschutz bei Widerruf der Bestellung **BNotO 40** 17
- Rechtsverkehr, elektronischer **DONot 33** 7a f.
- Rückgabe des Amtes **BNotO 44** 5
- Selbstbindung der Verwaltung bei Auswahl **BNotO 39** 19
- Siegel **DONot 33** 7
- Siegelung **BNotO 41** 10
- Status **BNotO 39** 25 ff.
- statusrechtliche Beziehung zum Notar **BNotO 41** 2 ff.
- Streitigkeit mit Notar **BNotO 42** 1 ff.
- Übersicht Urkundengeschäfte **DONot 33** 14

magere Zahlen = Randnummern

- Unterschrift **BNotO 41** 4, 10; **DONot 33** 5 f.
- Unterschriftszusatz, fehlender **BNotO 41** 12
- Untervertretung **BNotO 44** 3
- Urkunde, elektronische **BeurkG 39a** 3
- Verfügungsbefugnis Anderkonto **BeurkG 58** 19 f.
- Vergütung bei Bestellung von Amts wegen **BNotO 43** 2 ff.
- Vergütung des auf Antrag bestellten **BNotO 43** 5 f.
- Vergütung/-svereinbarung **BNotO 41** 8
- Verpflichtung der Mitarbeiter **DONot 33** 9
- vertragliche Beziehung zum Notar **BNotO 39** 29; **BNotO 40** 16
- Vertretungsvermerk in Urkundenrolle **DONot 33** 11 ff.
- Verwahrungsübersicht **DONot 33** 14
- Verzeichnisse **DONot 33** 10 ff.
- Weisungsfreiheit **BNotO 41** 5
- Widerruf Vertreterbestellung **BNotO 40** 9 ff.
- Zugangsberechtigung zum Elektronischen Urkundsarchiv **BNotO 78i** 5

Notarvertreter, ständiger
- Abwesenheitsanzeige **BNotO 38** 5, 16
- Amtseid **BNotO 40** 6 ff.
- Auswahl **BNotO 39** 34 ff.
- Bestellung **BNotO 39** 30 ff.
- Bestellung durch Verfügung **BNotO 40** 2 ff.
- Bestellung für Kalenderjahr **BNotO 39** 41
- Bestellung von Amts wegen **BNotO 39** 33
- Bestellungsantrag **BNotO 39** 33
- Bestellungsverfahren **BNotO 39** 37
- Bestellungsvoraussetzungen **BNotO 39** 31 ff.
- Eignung **BNotO 39** 34 ff.
- entbehrliche Bestellung **BNotO 38** 16
- Ermessen der Bestellungsbehörde **BNotO 39** 36
- Ermessensentscheidung bei Bestellung **BNotO 39** 38 ff.
- Rechtsfolgen der Bestellung **BNotO 39** 42
- Rechtsschutz bei Bestellung/Nichtbestellung **BNotO 39** 43 ff.
- Verhältnis zu Dauervertreter **BNotO 39** 4a
- Vorschlagsrecht **BNotO 39** 34 ff.
- Widerruf Vertreterbestellung **BNotO 40** 9 ff.
- bei wiederkehrender Verhinderung **BNotO 39** 31 f.
- Zuständigkeit Bestellung **BNotO 39** 37

Notarvertreterbestellung
- elektronische **BNotO 78m** 7 ff.

Notarvertretung DONot 33 1 ff., 5 ff.
- Anwärterdienst **BNotO 7** 7
- Berufsrichtlinien **RLEmBNotK IV** 7 ff.
- Eintragung in das Notarverzeichnis **BNotO 78l** 17 ff.; **BNotO 78m** 7 ff.
- Verhältnis zu Notariatsverwaltung **BNotO 56** 2, 11

Notarverweser
- BeurkG **BeurkG 1** 3

Sachverzeichnis

Notarverzeichnis BNotO 78l 1 ff.
- automatisierte Datenerhebung **BNotO 78l** 21
- Eintragung von Notarvertretungen **BNotO 78l** 17 ff.; **BNotO 78m** 7 ff.
- Erfüllung der Aufgaben der NotK und der BNotK **BNotO 78l** 8 ff.
- europäisches **BNotO 78** 57
- Führung durch BNotK **BNotO 78** 23 f.
- Funktionen **BNotO 78l** 2, 6 ff.
- Inhalt **BNotO 78l** 12 ff.
- Löschpflichten **BNotO 78l** 22
- Notar- und Urkundensuche im Internet **BNotO 78l** 7
- Notarverzeichnis- und -postfachverordnung **BNotO 78m** 3 ff.
- öffentliche Einsichtsmöglichkeit **BNotO 78l** 15 f.
- Verordnungsermächtigung **BNotO 78m** 1 ff.
- Zuständigkeit für Eintragungen **BNotO 78l** 3 ff.
- Zweck **BNotO 78l** 6 ff.

Notarverzeichnis- und -postfachverordnung BNotO 78m 3 ff.; **BNotO 78n** 17 ff., Anh

Notarwahl
- bei beruflicher Zusammenarbeit **RLEmBNotK V** 7
- freie **BeurkG 2** 4, 10; **RLEmBNotK V** 7
- Zuständigkeit, örtliche **BeurkG 2** 5

Notenverbesserung
- Fachprüfung, notarielle **BNotO 7a** 15 f.

NotK Baden-Württemberg BNotO 65 22
- Amts-/Namensschild **DONot** 3
- Berufsorganisation **BNotO 114** 14
- gemischte NotK **BNotO 69** 34 f.
- In-Kraft-Treten Neufassung **DONot 34** 3 f.
- Kammerbezirk **BNotO 65** 18
- Sitz **BNotO 65** 20
- Stimmrecht Vertreterversammlung **BNotO 86** 4, 5
- Tätigkeitsbereich **BNotO 113b** 2
- Umstellung laufender Bücher **DONot 34** 8 ff.

NotK Berlin BNotO 65 22
- In-Kraft-Treten Neufassung **DONot 34** 3 f.
- Stimmrecht Vertreterversammlung **BNotO 86** 5
- Umstellung laufender Bücher **DONot 34** 9

NotK Brandenburg BNotO 65 22
- In-Kraft-Treten Neufassung **DONot 34** 3 f.
- Sitz **BNotO 65** 21; **BNotO 117a** 3
- Stimmrecht Vertreterversammlung **BNotO 86** 5
- Umsetzung **RLEmBNotK V RLEmBNotK V** 12
- Wahrung fremder Vermögensinteressen **RLEmBNotK III** 1 ff.

NotK Braunschweig BNotO 65 22
- Stimmrecht Vertreterversammlung **BNotO 86** 5

1855

Sachverzeichnis

fette Zahlen = §§

NotK Celle BNotO 65 22
– Fortbildungspflicht **RLEmBNotK X** 10
– Stimmrecht Vertreterversammlung **BNotO 86** 5
NotK Frankfurt BNotO 117a 2
– Kammerbezirk **BNotO 65** 19, 22
– Stimmrecht Vertreterversammlung **BNotO 86** 5
NotK Hamm
– Umsetzung RLEmBNotK V **RLEmBNotK V** 11
NotK Kassel BNotO 117a 2
– Kammerbezirk **BNotO 65** 19, 22
– Stimmrecht Vertreterversammlung **BNotO 86** 5
NotK Koblenz BNotO 65 22
– Stimmrecht Vertreterversammlung **BNotO 86** 5
– Umsetzung RLEmBNotK V **RLEmBNotK V** 12
NotK Mecklenburg-Vorpommern BNotO 65 22
– Fortbildungspflicht **RLEmBNotK X** 9 f.
– In-Kraft-Treten Neufassung **DONot 34** 3 f.
– Sitz **BNotO 65** 21; **BNotO 117a** 3
– Stimmrecht Vertreterversammlung **BNotO 86** 5
– Wahrung fremder Vermögensinteressen **RLEmBNotK III** 1 ff.
NotK Oldenburg BNotO 65 22
– Stimmrecht Vertreterversammlung **BNotO 86** 5
– Wahrung fremder Vermögensinteressen **RLEmBNotK III** 1 ff.
NotK Pfalz BNotO 65 22
– Stimmrecht Vertreterversammlung **BNotO 86** 5
NotK Sachsen BNotO 65 22
– Amtssiegel **DONot 2**
– Führung der Unterlagen/Aufbewahrungsdauer **DONot 5**
– In-Kraft-Treten Neufassung **DONot 34** 3 f.
– Sitz **BNotO 117a** 3
– Stimmrecht Vertreterversammlung **BNotO 86** 5
– Übersicht Urkundengeschäft **DONot 24**
– Wahrung fremder Vermögensinteressen **RLEmBNotK III** 1 ff.
NotK Sachsen-Anhalt BNotO 65 22
– Führung der Unterlagen/Aufbewahrungsdauer **DONot 5**
– In-Kraft-Treten Neufassung **DONot 34** 3 f.
– Sitz **BNotO 65** 21; **BNotO 117a** 3
– Stimmrecht Vertreterversammlung **BNotO 86** 5
– Umsetzung RLEmBNotK V **RLEmBNotK V** 12
NotK Thüringen BNotO 65 22
– In-Kraft-Treten Neufassung **DONot 34** 3 f.
– Sitz **BNotO 65** 21; **BNotO 117a** 3

– Stimmrecht Vertreterversammlung **BNotO 86** 5
– Umsetzung RLEmBNotK V **RLEmBNotK V** 12
– Wahrung fremder Vermögensinteressen **RLEmBNotK III** 1 ff.
Notstand
– Offenbarung/Verschwiegenheit bei **BNotO 18** 132 ff.
Nottestament
– Feststellung Geschäftsfähigkeit **BeurkG 28** 2
– fremdsprachliche Beurkundung **BeurkG 5** 5
– Notarunterschrift, fehlende **BeurkG 35** 2
– Verschließung/Verwahrung **BeurkG 34** 2
Notwehr
– bei Amtspflichtverletzung **BNotO 19** 20
– Dienstvergehen **BNotO 95** 24
Nummerierung
– Massenbuch **DONot 12** 5
– übersprungene/doppelt belegte Nummer der Urkundenrolle **DONot 7** 9
– Urkundenrolle **DONot 8** 17
– Verwahrungsbuch **DONot 11** 7 f.
Nurnotar BNotO 3 1 ff., 4 ff.
Nutzung, private
– Wissen, amtliches **RLEmBNotK III** 12 ff.

Oberlandesgericht (OLG)
– Ablehnung wegen Besorgnis der Befangenheit **BNotO 101** 3 ff.; **BNotO 106** 3
– Ausschließung vom Richteramt **BNotO 101** 3 ff.; **BNotO 106** 2
– Beisitzer, notarielle **BNotO 111b** 88
– Besetzung **BNotO 111** 12
– Besetzung in Disziplinarverfahren **BNotO 101** 1 ff.
– Bestellung Mitglieder Notarsenat **BNotO 102** 1 ff.
– Disziplinargericht **BNotO 100** 1; **BNotO 101** 1 ff.
– Disziplinarverfahren vor **BNotO 99** 7 ff.
– Einstweiliger Rechtsschutz **BNotO 111** 11
– Entscheidung über Ermahnung **BNotO 75** 13 ff.
– gemeinschaftliches für mehrere Länder **BNotO 117** 1 ff.
– Gesetz zur Änderung des Rechts der Vertretung durch Rechtsanwälte vor den Oberlandesgerichten **BNotO Einl.** 30
– Konzentration Disziplinarverfahren **BNotO 100** 1
– Zulassung Berufung **BNotO 111d** 2
Oberneck BNotO Einl. 11
Oberverwaltungsgericht
– Gleichstellung **BNotO 111b** 87
Oder-Konto BeurkG 58 14
Offenbarung
– gegenüber Amtsnachfolger **BNotO 18** 128
– gegenüber Amtsvorgänger **BNotO 18** 129 ff.
– gegenüber Aufsichtsbehörde **BNotO 18** 82 f.

magere Zahlen = Randnummern

Sachverzeichnis

– Begriff **BNotO 18** 153 ff.
– bei Beschlagnahme **BNotO 18** 112 ff.
– gegenüber Beteiligten **BNotO 18** 66 ff.
– gegenüber BNotK **BNotO 18** 86
– gegenüber Deutschen Bundesbank **BNotO 18** 90
– gegenüber Dienstleistern **BNotO 18** 131a f.; **BNotO 26a** 1 ff., 12 ff.
– bei Durchsuchung **BNotO 18** 120 ff.
– Eigeninteresse, berechtigtes **BNotO 18** 132 ff., 138 ff.
– gegenüber Finanzbehörde **BNotO 18** 100 ff.
– gegenüber gewillkürten und gesetzlichen Vertretern **BNotO 18** 68a ff.
– Grundstücks-/Immobilienverträge **BNotO 18** 105 ff.
– gegenüber Gutachterausschuss **BNotO 18** 105 ff.
– Information, anonymisierte **BNotO 18** 157
– von Informationen außerhalb der Urkunde **BNotO 18** 71 ff.
– von Informationen in der Urkunde **BNotO 18** 69 f.
– gegenüber Jugendamt **BNotO 18** 109
– Kostenbeitreibung **BNotO 18** 146 ff.
– im Kostenbeschwerdeverfahren **BNotO 18** 96 ff.
– gegenüber Landes-/NotK **BNotO 18** 84 ff.
– gegenüber Landgericht **BNotO 18** 91 ff.
– gegenüber Mitarbeitern **BNotO 18** 138 ff.
– Notarbeschwerde **BNotO 18** 92 ff.
– im Notarbeschwerdeverfahren **BNotO 18** 92 ff.
– Notstand **BNotO 18** 132 ff.
– gegenüber Partei kraft Amtes **BNotO 18** 77 ff.
– im Rahmen Amtsnachfolge **BNotO 18** 126 ff.
– gegenüber Rechtsnachfolgern **BNotO 18** 74 ff.
– gegenüber Standesamt **BNotO 18** 108
– gegenüber Strafverfolgungsbehörde **BNotO 18** 111 ff., 123 ff.
– Strafverteidigung **BNotO 18** 150 ff.
– Terrorismusfinanzierung **BNotO 18** 87 ff.
– durch Unterlassen **BNotO 18** 156
– zur Verhinderung einer Straftat **BNotO 18** 133 ff.
– zur Verhinderung eines Schadens **BNotO 18** 136 f.
– Verletzung Verschwiegenheitspflicht **BNotO 18** 153 ff.
– gegenüber Vorkaufsberechtigten **BNotO 18** 80 f.
– gegenüber Zentralstelle für Finanztransaktionsuntersuchungen **BNotO 18** 87 ff.
– Zivilverteidigung **BNotO 18** 150 ff.

Offenbarungspflicht
– bei Berufsausübung, gemeinsamer **RLEmBNotK VI** 5
– bei Berufsverbindung **BNotO 28** 11

Offenbarungstatbestände
– gesetzliche **BNotO 18** 65 ff.; **BNotO 26a** 1 ff.
– nicht einschlägige **BNotO 18** 153 ff.

Offenkundigkeit
– Verschwiegenheitspflicht **BNotO 18** 19 ff.

Offensichtliche Unrichtigkeit *siehe Unrichtigkeit, offensichtliche*

Öffentliches Amt
– Notar **BNotO 1** 18 ff.

Öffentliches Auftreten
– Berufsrichtlinien **RLEmBNotK VII** 1 ff.

Öffentlichkeit
– Unterrichtung der **RLEmBNotK VII** 3 f.
– Verfahrensgrundsatz **BNotO 111b** 65 f.

Öffentlichkeitsarbeit
– BNotK **BNotO 78** 56
– NotK **BNotO 67** 21

Offizialmaxime
– Verwaltungsverfahren **BNotO 64a** 10

Öffnungszeiten
– Gepflogenheiten, örtliche **BNotO 10** 75
– Geschäftsstelle **BNotO 10** 74 ff.
– Mindest-/Höchstmaß **BNotO 10** 76

Offsetdruckverfahren DONot 29 24 f.

OHG
– Vertretungsverhältnis **DONot 8** 24

Ökonomische Effizienz BNotO 20 9 f.; **BeurkG 1** 9

OLG-Bezirk Frankfurt a. M.
– NotK **BNotO 117a** 1 f.

OLG-Bezirk Hamburg
– Sondervorschriften **BNotO 116** 3

OLG-Bezirk Karlsruhe
– Sondervorschriften **BNotO 114** 1 ff.

OLG-Bezirk Niedersachsen
– Sondervorschriften **BNotO 116** 6

OLG-Bezirk Rheinland-Pfalz
– Sondervorschriften **BNotO 116** 4

OLG-Bezirk Stuttgart
– Sondervorschriften **BNotO 114** 1 ff.; **BNotO 116** 2 f.
– Tätigkeitsbereich NotK **BNotO 113b** 2

OLG-Bezirk Zweibrücken
– Bayerische Notarkasse **BNotO 113** 7

Oman
– Apostille **BeurkG 2** 19b

Online-Banking
– Anderkonto **BeurkG 58** 3a; **DONot 27** 18

Online-Beurkundung
– von Kapitalgesellschaften **BNotO 20** 13a; **BeurkG Einl.** 9; **BeurkG 1** 9c, 13c f.; **BeurkG 39a** 1e

Online-Kontaktaufnahme RLEmBNotK VII 50

Online-Vertragsformulare RLEmBNotK VII 50

Ordnungsverstoß
– Fachprüfung, notarielle **BNotO 7f** 7 f.

1857

Sachverzeichnis

fette Zahlen = §§

Ordnungswidrigkeit **BNotO 95** 20
– außerdienstliches Verhalten **BNotO 14** 38
Ordnungswidrigkeitenverfahren DONot 32 31c
Organbefugnisse BNotK
– Satzungsregelung **BNotO 89** 1 ff.
Organe der BNotK BNotO 77 10 ff.
– BNotK **BNotO 79** 1 ff.
– Präsident **BNotO 79** 7 f.
– Präsidium **BNotO 79** 3 ff.; **BNotO 80** 1 ff.
– Vertreterversammlung **BNotO 79** 2
– Vertretungsorgan **BNotO 79** 7 f.
Organe der NotK BNotO 68 1 ff.
– Exekutivorgan **BNotO 68** 4
– Organ der Willensbildung **BNotO 68** 2 f.
– Satzungsregelungen **BNotO 72** 1 ff.
– Verhältnis untereinander **BNotO 68** 8 ff.
– Vertretungsorgan **BNotO 68** 5 ff.
– Vorstand **BNotO 68** 4
– Zuständigkeitsregelungen **BNotO 72** 1 ff., 4
– Zuständigkeitsstreit **BNotO 68** 10
Organisation, verfassungswidrige
– Verwendung/Verbreitung von Kennzeichen/Propagandamitteln **BNotO 49** 10
Organisationsgewalt
– Justizverwaltung **BNotO 4** 3
Organmitglied
– Mitwirkungsverbot **BeurkG 3** 38 f.
Organmitgliedschaft
– genehmigungsfreie **BNotO 8** 29
– Nebentätigkeit **BNotO 8** 23 f., 29
Ort
– Amtssitzzuweisung **BNotO 10** 6 ff.
Ortsangabe
– Niederschrift **BeurkG 9** 26 ff.; **BeurkG 37** 10
Ortsform
– Beurkundung **BeurkG 2** 12 ff.
Ortsgerichtsvorsteher
– Unterschriftsbeglaubigung **BeurkG 40** 29
– Zuständigkeit Beglaubigung **BeurkG 1** 19
Ortsveränderung
– Beurkundungsverhandlung **BeurkG 8** 12
Österreich
– Apostille **BeurkG 2** 19b
– bilaterales Abkommen zum Urkundenverkehr **BeurkG 2** 20

Panama
– Apostille **BeurkG 2** 19b
Papier
– Dauerhaftigkeit **DONot 6** 3
Papierakten
– Führung **BNotO 35** 1 ff., 12 ff.
– Genehmigungspflicht Führung außerhalb der Geschäftsstelle **BNotO 35** 15 ff.
– Geschäftsstelle **BNotO 35** 14
– Vernichtungspflicht **BNotO 35** 23
Papierfarbe DONot 29 14
Papierformat DONot 29 15 f.

Papiergebundene Führung *siehe Führung, papiergebundene*
Papierqualität DONot 29 13
Papiertechnische Stiftung
– Prüfzeugnis **DONot 29** 27
Papierurkunde
– elektronisch beglaubigte Abschrift der **BeurkG 39a** 9
– Übertragung in elektronische Form **BeurkG 45** 13; **BeurkG 56** 2 ff.
Parlamentsmandat
– Bestellung ständiger Vertreter bei **BNotO 39** 39
Partei kraft Amtes
– Befreiung von Verschwiegenheitspflicht **BNotO 18** 45 ff.
– Offenbarung gegenüber **BNotO 18** 77 ff.
Parteilichkeit
– Anschein der **RLEmBNotK II** 7 f.; **RLEmBNotK VIII** 16
Partikulargesetzgebung BNotO Einl. 9
Partnerschaft
– Berufsverbindung **BNotO 9** 21
Passersatzpapier
– Identifizierungspflicht **BeurkG 10** 9b
Patentanwalt
– Anwaltsnotar **BNotO 8** 4, 13
– Berufsverbindung mit Anwaltsnotar **BNotO 9** 40
– Beschäftigung von **BNotO 25** 5
– Kompetenzkonflikt unterschiedlicher Berufsrechte **BNotO 110** 6 ff.
Patientenverfügung
– Zentrales Vorsorgeregister **BNotO 78** 32 ff.; **BNotO 78a** 6
Person, begünstigte
– Mitwirkungsverbot **BeurkG 27** 1 ff.
Personalakte
– Akteneinsicht **DONot 32** 27d
– Disziplinarmaßnahme, getilgte **BNotO 97** 9
– Missbilligung **BNotO 94** 2
– Tilgung anderer belastender Eintragungen **BNotO 110a** 14 f.
– Tilgung Disziplinareintragung **BNotO 110a** 1 ff.
– Tilgung Ermahnung/Missbilligung **BNotO 110a** 13
Personalübernahme
– Ermessen Genehmigungsvorbehalt **BNotO 53** 13 ff.
– Genehmigungsvorbehalt **BNotO 53** 1 ff., 10 ff.
– Rechtsfolgen Verstoß gegen Genehmigungsvorbehalt **BNotO 53** 17 f.
– Vertrauensverhältnis, besonderes **BNotO 53** 10 ff.
Personenbezogene Information
– Übermittlung **BNotO 64a** 11 ff.
Personengesellschaft
– Mitwirkungsverbot **BeurkG 3** 16
– unwirksame Beurkundung **BeurkG 6** 8

magere Zahlen = Randnummern

Sachverzeichnis

Persönliche Eignung *siehe Eignung, persönliche*
Persönliches Erscheinen *siehe Erscheinen, persönliche*
Persönlichkeitsstörung
– Arbeitsunfähigkeit **BNotO 50** 71
Peru
– Apostille **BeurkG 2** 19b
Petschaft DONot 2 11b
Pfandfreigabe
– Treuhandtätigkeit **BNotO 24** 40 ff.
Pfandrecht
– bei Anderkonto **BeurkG 58** 4
Pfändung
– Anderkonto **BNotO 23** 28 ff.
– Kaufpreisanspruch **BeurkG 58** 41
– Sperrkonto **BNotO 23** 19
Pfändung in Anderkonto BNotO 23 28 ff.
– Auszahlung bei **BNotO 23** 38 ff.
– Drittschuldnererklärung **BNotO 23** 31
– Prüfpflicht des Notars **BNotO 23** 30 f.
– Rangfolge **BNotO 23** 41
– bei Rückabwicklung **BNotO 23** 32
– Voraussetzungen **BNotO 23** 28 f.
– Vorbescheid **BNotO 23** 41
Pfändungsversuch
– gegen Notar **BNotO 50** 90
Pfleger
– genehmigungsfreie Nebentätigkeit **BNotO 8** 30
Pflichtblätter
– Bezugspflicht **BNotO 32** 1 ff.
Pflichtenkollision
– bei Amtspflichtverletzung **BNotO 19** 19
Pflichtteil
– Inventaraufnahme, notarielle **BNotO 20** 22
Pflichtteilsverzichtsvertrag
– Zentrales Testamentsregister (ZTR) **BNotO 78d** 8
Pflichtverletzung
– Anschein einer **BNotO 95** 22
Placement RLEmBNotK VII 51
Plausibilitätsprüfung
– bei Widerruf Verwahrungsanweisung **BeurkG 60** 21
Polen
– Apostille **BeurkG 2** 19b
– bilaterales Abkommen zum Urkundenverkehr **BeurkG 2** 20a
Politisch exponierte Personen BeurkG 57 121, 122a
Portugal
– Apostille **BeurkG 2** 19b
Postulationsfähigkeit BNotO 111b 12
Postwurfsendung RLEmBNotK VII 54
Prägesiegel BNotO 2 6; **BeurkG 44** 1 ff.; **DONot 2** 6, 11b; **DONot 30** 4 ff.
Praktikant
– Verpflichtung, förmliche **BNotO 26** 8

Präsident
– Auskunftsbegehren gegenüber Notar **BNotO 74** 12
– Bayerische Notarkasse **BNotO 113** 9 ff.
– BNotK **BNotO 79** 7 f.; **BNotO 80** 6 ff.; **BNotO 82** 1 ff.
– Einberufung Kammerversammlung **BNotO 71** 2 ff.
– NotK **BNotO 68** 6 f.; **BNotO 70** 1 ff.
– Vorsitz Kammerversammlung **BNotO 71** 12
– Vorstandsmitglied **BNotO 69** 8 ff.
Präsident BNotK BNotO 80 2 f., 6 ff.
– Aufgaben **BNotO 82** 1 ff.
– Aufgaben, weitere **BNotO 82** 5 f.
– Einberufung Vertreterversammlung **BNotO 82** 5
– rechtliche Funktion **BNotO 82** 2 ff.
– Stellung **BNotO 82** 2 ff.
– Stellvertreter **BNotO 80** 4 f.
– Stimmrecht Vertreterversammlung **BNotO 86** 17
– Vertretung BNotK **BNotO 82** 2 ff.
– Vorsitz Vertreterversammlung/Präsidiumssitzung **BNotO 82** 4
Präsident der NotK BNotO 70 1 ff.
– Aufgaben **BNotO 70** 5 ff.
– Aufgabenübertragung auf **BNotO 70** 12 ff.
– Ehrenpräsident **BNotO 70** 19 ff.
– Einberufung Kammerversammlung **BNotO 70** 11
– Organstellung **BNotO 70** 4
– Rechtsstellung **BNotO 70** 2 ff.
– Stellvertreter **BNotO 70** 15 f.
– Vermittlung des Geschäftsverkehrs **BNotO 70** 8 f.
– Vertreter, gewillkürter **BNotO 70** 17 f.
– Vertreterversammlung **BNotO 84** 2 f.
– Vertretung NotK **BNotO 68** 6 f.; **BNotO 70** 5 f.
– Vorsitz Kammerversammlung **BNotO 70** 10 f.
– Vorsitz Vorstandssitzung **BNotO 70** 10 f.
– Wahl **BNotO 70** 3
Präsidium BNotK BNotO 79 3 ff.; **BNotO 80** 1 ff.; **BNotO 82** 7 ff.
– amtierendes **BNotO 81** 10
– Amtszeit **BNotO 81** 9 ff.
– Aufgaben **BNotO 82** 1 ff., 7 ff.
– Aufgaben kraft Gesetzes **BNotO 79** 3
– Aufgaben kraft Satzung **BNotO 79** 4 f.
– Beendigung Präsidiumsamt **BNotO 81** 14
– Berichterstattung an Vertreterversammlung **BNotO 87** 1 ff.
– Berichtspflicht **BNotO 82** 10 f.
– Beschlussfassung **BNotO 82** 8 f.
– Einberufung Sitzung **BNotO 82** 5
– Funktion **BNotO 82** 7
– Gutachtertätigkeit **BNotO 83** 5 ff.
– Mitgliederanzahl **BNotO 80** 4 f.
– Nachwahl **BNotO 81** 17
– Präsident **BNotO 80** 2 f., 6 ff.

1859

Sachverzeichnis

fette Zahlen = §§

- Ruhen des Amtes **BNotO 81** 15
- Stellung gegenüber Vertreterversammlung **BNotO 79** 6
- Stellvertreter des Präsidenten **BNotO 80** 4 f.
- Tätigkeitsbericht **BNotO 82** 11
- Wahl **BNotO 81** 1 ff.
- Wahlperiode **BNotO 81** 9 f.
- Wahlrecht, aktives **BNotO 81** 5
- Wahlrecht, passives **BNotO 81** 6 ff.
- Zusammensetzung **BNotO 80** 4 ff.

Präsidium NotK BNotO 69b 8

Präsidiumsmitglied BNotK
- Abberufung **BNotO 81** 16
- Ablehnung der Wahl **BNotO 81** 11
- Amtsniederlegung **BNotO 81** 12
- Annahme der Wahl **BNotO 81** 11
- Auslagenersatz **BNotO 88** 5, 8
- Status **BNotO 88** 1 ff.
- Tätigkeit, ehrenamtliche **BNotO 88** 2 ff.
- Verlust Notaramt **BNotO 81** 13
- Verschwiegenheit **BNotO 81a** 1 ff.
- Wahl **BNotO 81** 2 ff.

Präsidiumssitzung BNotK BNotO 82 5, 8 f.
- Einberufung **BNotO 82** 5
- Vorsitz **BNotO 82** 4

Praxisanzeigen
- Richtlinienkompetenz NotK **BNotO 67** 65

Praxisverkauf BNotO 47 29 f.

Pressearbeit
- BNotK **BNotO 78** 56

Preußen
- Notariat **BNotO Einl.** 9

Printmedien
- Anzeigenwerbung **RLEmBNotK VII** 25 ff.
- Werbung **RLEmBNotK VII** 10

Prioritätsfeststellung
- Privatkunde **BeurkG 39** 3; **BeurkG 43** 1 ff.
- Zeitpunkt der Vorlegung **BeurkG 43** 3

Prioritätsverhandlung BeurkG 62 26 ff.
- Bedeutung **BeurkG 37** 19
- Beurkundungsverfahren **BeurkG 37** 20 f.
- Daten, elektronische **BeurkG 9** 21
- Urkundenrolle **DONot 8** 5

Privatgeheimnis
- Schutz, strafrechtlicher **BNotO 18** 4; **BNotO 26a** 5 ff.
- Schutz, verfahrensrechtlicher **BNotO 18** 5 ff.

Privatrechtsverkehr
- Zustellung von Erklärungen **BNotO 20** 4a, 31 ff.

Privaturkunde
- Nichtigkeit beurkundeter Willenserklärungen **BeurkG 6** 9
- Unterschriftsbeglaubigung **BNotO 22** 10
- Zeitpunkt der Vorlegung **BeurkG 39** 1 ff.; **BeurkG 43** 1 ff.

Privilegierung
- Amtssitzverlegung, erste **BNotO 10** 31

Propagandamittel
- Verbreitung verfassungswidriger **BNotO 49** 10

Prorogation
- Vermittlungsverfahren **BeurkG 2** 6

Protest
- Aufnahme **BNotO 20** 4a, 30

Protestabschrift
- Scheck-/Wechselprotest **DONot 21** 1 ff.

Provision
- Mitarbeiter **RLEmBNotK VIII** 9

Prozessförderungspflicht BNotO 111b 69

Prozesshandlung
- Urkundenrolle **DONot 8** 4

Prozesskostenhilfe
- Gebührenbefreiung, vorläufige **BNotO 17** 14

Prozessvergleich
- Gebühren **BNotO 17** 10

Prüfer
- Fachprüfung, notarielle **BNotO 7g** 6 f.
- nebenamtlicher **BNotO 8** 7

Prüfung
- Kostenregister **DONot 16** 5
- Sprachkunde **BeurkG 16** 4 f.
- Verfügungsbefugnis **BeurkG 12** 3, 10, 11
- Vertretungsmacht **BeurkG 12** 3 ff., 11
- Zuständigkeit Disziplinarverfahren **BNotO 110** 14 ff.

Prüfungsamt für notarielle Fachprüfung BNotO 7g 2 f.
- als Beklagte **BNotO 111c** 3
- BNotK **BNotO 78** 58

Prüfungsanordnung
- Amtsprüfung **DONot 32** 7

Prüfungsausschuss
- Fachprüfung, notarielle **BNotO 7c** 5 f.

Prüfungsbefugnis
- Beschwerdegericht bei Amtsverweigerung **BNotO 15** 44 ff.

Prüfungsbericht DONot 32 17 ff.
- Bagatellverstöße **DONot 32** 24
- Berichtigung/Ergänzung **DONot 32** 27 ff.
- Folgerungen aus **DONot 32** 28 ff.
- Form **DONot 32** 18
- Frist **DONot 32** 19
- Gesamteindruck **DONot 32** 26a
- Inhalt **DONot 32** 20 ff.
- Notarprüfung **DONot 32** 17 ff.
- Stellungnahme des Notars zum **DONot 32** 27 ff.

Prüfungsbescheid
- Fachprüfung, notarielle **BNotO 7d** 1 ff.
- Rechtsmittel **BNotO 7d** 4 ff.
- Überdenkungsverfahren **BNotO 7d** 5

Prüfungsgebühr
- Erstattung **BNotO 7h** 2 ff.
- Fachprüfung, notarielle **BNotO 7h** 1 ff.

Prüfungspflicht BeurkG 17 1 ff.
- Anspruchsberechtigung für Ausfertigung **BeurkG 51** 7 f.

magere Zahlen = Randnummern

Sachverzeichnis

- Anwendungsbereich **BeurkG 17** 3
- Ausfertigung **BeurkG 49** 5 ff.
- bei Beglaubigung **BeurkG 40** 15 ff.
- Geschäftsfähigkeit **BeurkG 11** 3 f.
- im Registerverkehr **BNotO 20** 1a, 9a; **BeurkG 1** 13a; **BeurkG 40** 1b f.; **BeurkG 53** 4a
- Übergabe einer Schrift **BeurkG 30** 5 ff.
- Vertretungsberechtigung **BeurkG 12** 1
- vollstreckbare Ausfertigung **BeurkG 52** 12 f.

Prüfungsrecht
- Rechnungshof **BNotO 113** 42

Prüfungstätigkeit
- bei Auslosung/Verlosung **BNotO 20** 16

Prüfungsturnus
- Amtsführung **DONot 32** 2 ff.
- neu bestellter Notar **DONot 32** 5
- Stichproben **DONot 32** 6
- Zwischenprüfung **DONot 32** 6

Prüfungszuständigkeit
- Dienstaufsicht **BNotO 93** 13

Prüfzeugnis
- Papiertechnische Stiftung **DONot 29** 27
- Siegelungstechnik **DONot 31** 7

Pseudonym
- Unterschrift mit **BeurkG 13** 21

Psychische Störung
- Arbeitsunfähigkeit **BNotO 50** 71

Puerto Rico
- Apostille **BeurkG 2** 19b

Punktesystem
- Anwaltsnotariat **BNotO 6** 19

Qualifizierte elektronische Signatur *siehe Signatur, qualifizierte elektronische*

Qualifizierter Vertrauensdiensteanbieter *siehe Vertrauensdiensteanbieter, qualifizierter*

Quellcode
- Hinterlegung **BeurkG 37** 21
- Verwahrung **BeurkG 62** 22 ff.

Querulatorische Entwicklung
- Arbeitsunfähigkeit **BNotO 50** 71

Querulatorisches Verhalten
- außerdienstliches **BNotO 14** 38

Quittierung
- Bar-/Scheckauszahlung **DONot 27** 22

Randvermerk BeurkG 44a 3, 5 ff.

Randzusatz
- Fassung **BeurkG 44a** 6
- Unterzeichnung **BeurkG 44a** 5 ff.

Rangbescheinigung/-bestätigung BNotO 21 23 f.; **BNotO 24** 24 ff.; **DONot 8** 10

Rangverschaffung
- Sicherstellung **BeurkG 57** 98

Ratenzahlung
- Gebühren **BNotO 17** 14

Ratsschreiber
- Unterschriftsbeglaubigung **BeurkG 40** 29
- Zuständigkeit Beglaubigung **BeurkG 1** 19

Raumbedarfsplanung
- Amtssitzverlegung innerhalb Amtsbereich **BNotO 10** 49
- Amtssitzzuweisung **BNotO 10** 10 ff.

Räumungspflicht
- Unterwerfungserklärung im Kaufvertrag **BeurkG 52** 5c

Rauschmittel
- außerdienstliches Verhalten **BNotO 14** 38

Rauschmittelsucht
- Amtsunfähigkeit **BNotO 50** 72

Rechnungsabgrenzung
- Verwahrungsbuch **DONot 11** 26

Rechnungshof
- Prüfungsrecht **BNotO 113** 42

Rechnungsprüfer
- Bestellung durch Kammerversammlung **BNotO 71** 23

Rechnungsstellung
- Notariatsverwalter **BNotO 58** 13 ff.

Rechtfertigung
- Dienstvergehen **BNotO 95** 24

Rechtlicher Vorteil
- unwirksame Beurkundung zur Erlangung **BeurkG 7** 2
- bei Verfügungen von Todes wegen **BeurkG 27** 3 ff.

Rechtliches Gehör
- bei Amtsenthebung **BNotO 50** 136
- Ermahnung **BNotO 75** 6
- NotK **BNotO 67** 12, 28

Rechtsanwalt
- anwaltsgerichtliches Verfahren **BNotO 95** 10
- Anwaltsnotar **BNotO 8** 4, 12
- Geschäftsführer NotK **BNotO 68** 20

Rechtsanwaltsanderkonto BNotO 23 13
- Mitverfügungsbefugnis **BNotO 23** 16 ff.

Rechtsanwaltschaft
- Erlöschen der Zulassung **BNotO 47** 11 ff.

Rechtsanwaltseid BNotO 13 6

Rechtsanwalts-GmbH
- Beteiligung Anwaltsnotar **BNotO 9** 20

Rechtsanwaltszulassung
- Wegfall bei vorläufiger Amtsenthebung **BNotO 54** 31 f.

Rechtsanwendung, ausländische
- Hinweis-/Vermerkpflicht **BeurkG 17** 62

Rechtsaufsicht
- NotK **BNotO 66** 11
- Zentrales Testamentsregister **BNotO 78c** 3
- Zentrales Vorsorgeregister **BNotO 78a** 18

Rechtsbehelf
- Disziplinarverfahren **BNotO 96** 40 ff.
- gegen Entscheidungen der Registerbehörde **BNotO 78o** 1 ff.
- gegen Entscheidungen der Urkundenarchivbehörde **BNotO 78o** 1 ff.
- Fachprüfung, notarielle **BNotO 7d** 4 ff.
- Wiederaufnahme Disziplinarverfahren **BNotO 105** 19 f.

1861

Sachverzeichnis

fette Zahlen = §§

Rechtsbehelfsbelehrung BNotO 111b 32
Rechtsberatung, notarielle
– Entwurfsfertigung **BNotO 24** 15 ff.
Rechtsbeschwerde
– Amtsverweigerung **BNotO 15** 51 ff.
Rechtsbetreuung, notarielle BNotO 24 2 ff.
– Abgrenzung **BNotO 24** 5
– Anwaltsnotar **BNotO 24** 59 ff.
– Beteiligtenberatung **BNotO 24** 18 ff.
– Beteiligtenvertretung **BNotO 24** 50 ff.
– Durchführung **BNotO 24** 10
– Entwurfsfertigung **BNotO 24** 15 ff.
– Ermessensspielraum **BNotO 24** 13
– Haftung **BNotO 24** 14
– Rechtgutachten **BNotO 24** 24 ff.
– Schlichtung, notarielle **BNotO 24** 46 ff.
– Treuhandtätigkeit **BNotO 24** 40 ff.
– Übernahme selbständiger **BNotO 24** 8 ff.
– Umfang **BNotO 24** 4
– Unparteilichkeit **BNotO 24** 11
– Vollzugstätigkeit **BNotO 24** 32 ff.
– siehe auch Beteiligtenbetreuung
Rechtsfähigkeit
– NotK **BNotO 66** 2 ff.
Rechtsgeschäfte
– anfechtbare **BNotO 14** 35
– zusammengesetzte, Beurkundungsbedürftigkeit **BeurkG 9** 8a, 15 ff.
Rechtsgutachten
– Erstellung **BNotO 24** 24 ff.
– genehmigungsfreie Nebentätigkeit **BNotO 8** 32
Rechtshilfe
– Disziplinarverfahren **BNotO 99** 6
– grenzüberschreitende **BNotO 11a** 2
Rechtsmissbrauch
– bei Beurkundung mit Vertretern **BeurkG 17** 33
Rechtsmittel
– Ablehnung Vollstreckungsklausel **BeurkG 54** 1 ff.
– Amtsverweigerung **BNotO 15** 31 ff.
– Befreiung von Verschwiegenheitspflicht **BNotO 18** 57 ff.
– Disziplinarverfahren **BNotO 105** 3 ff.
– Einlegung gegen Beschlagnahmeanordnung **BNotO 18** 113 ff.
– Versäumung von **BNotO 19** 41 ff.
Rechtsmittelgericht
– BGH **BNotO 111** 8 ff.
Rechtsmittelverfahren BNotO 111b 75 ff.
– Anhörungsrüge **BNotO 111b** 84
– Berufung **BNotO 111b** 75 ff.
– Beschwerde **BNotO 111b** 80 ff.
Rechtsnachfolge
– Mitwirkungsverbot **BeurkG 3** 18
– Notaranderkontenbedingungen 2019 (Text) **DONot 27** 8
Rechtsnachfolger
– Ausfertigung, vollstreckbare **BeurkG 52** 16

– Ausfertigungsberechtigung **BeurkG 51** 11
– Befreiung von Verschwiegenheitspflicht **BNotO 18** 39 ff.
– Offenbarung gegenüber **BNotO 18** 74 ff.
Rechtspflege
– Erfordernisse einer geordneten **BNotO 4** 5 ff.
– vorsorgende **BNotO 1** 11 ff.; **BNotO 24** 1 ff.; **BeurkG Einl.** 1
Rechtspflege, vorsorgende BNotO 1 11 ff.; **BNotO 24** 1 ff.
– Anwaltsnotar **BNotO 24** 59 ff.
– Begriff **BNotO 24** 2
– Europäischer Kodex des notariellen Standesrechts **Anhang 2** 2.1.
Rechtspflegefunktion, hoheitliche BNotO 5 1 ff.
Rechtsposition
– Verstärkung **BeurkG 7** 6
Rechtssache
– Begriff **BeurkG 3** 7
Rechtsschutz
– Amtsenthebung **BNotO 50** 139 f.
– Auskunftsanspruch/Akteneinsicht bei Notariatsverwaltung **BNotO 63** 10
– Beschäftigungspflicht **BNotO 113** 46
– Notariatsverwaltung **BNotO 56** 35 ff.
– Staatsaufsicht **BNotO 66** 14
– Streitigkeiten zwischen Notarkasse und Notar/-assessor/Notariatsverwalter **BNotO 113** 43 ff.
– Verfahrensdauer, überlange **BNotO 96** 48; **BNotO 111h** 1 ff.
– Vertreterbestellung **BNotO 39** 43 ff.
– bei Verwahrung **BNotO 23** 47 ff.
– vorläufiger **BNotO 111b** 58 ff.
– Widerruf Notariatsverwalterbestellung **BNotO 64** 25
– Widerruf Vertreterbestellung **BNotO 40** 17
Rechtsschutz, vorläufiger BNotO 111b 58 ff.
– Anordnung aufschiebender Wirkung **BNotO 111b** 58 f.
– Anordnung, einstweilige **BNotO 111b** 60 f.
– BGH **BNotO 111** 11
– OLG **BNotO 111** 11
– Rechtsmittel gegen OLG-Beschluss **BNotO 111b** 62
– Wiederherstellung aufschiebender Wirkung **BNotO 111b** 58 f.
Rechtssicherheit
– Europäischer Kodex des notariellen Standesrechts **Anhang 2** 2.2.
Rechtsstaat
– Gefährdung **BNotO 49** 10
Rechtsträgerprinzip BNotO 111c 1
Rechtsverkehr, elektronischer BNotO 1 17; **BNotO 20** 13a
– Aufgaben NotK **BNotO 67** 75b ff.
– Förderung **BNotO 36** 5 ff.
– Gesetzesentwicklung **BNotO Einl.** 32
– Notarbescheinigung **BNotO 21** 30

magere Zahlen = Randnummern

– Notariatsverwalter **DONot 33** 23a
– Notarvertreter **DONot 33** 7a f.
Rechtsverkehr, europäischer
– Urkunde, vollstreckbare **BeurkG 2** 21 ff.; **BeurkG 52** 30 ff.
Rechtsverkehr, grenzüberschreitender
– EU-Sonderregelung **BNotO 5** 10 f.
Rechtsverletzung BNotO 111b 51
Rechtsweg BNotO 111 1 ff.
– öffentlich-rechtliche Streitigkeit **BNotO 111** 4
– Reichweite, persönliche **BNotO 111** 6
– Sonderzuweisung, abdrängende **BNotO 111** 2; **BNotO 111b** 3
– verwaltungsrechtliche Notarsachen **BNotO 111** 5
– Zuweisung **BNotO 111** 3; **BNotO 111b** 3
Rechtswegentscheidung
– Beschwerde, sofortige **BNotO 110** 16
– gerichtliche **BNotO 110** 14 ff.
Rechtswegzuständigkeit BNotO 111 2; **BNotO 111b** 3
Rechtswegzuweisung
– Pflichtverletzung Anwaltsnotar **BNotO 110** 4 ff.
Rechtswidrigkeit
– Dienstvergehen **BNotO 95** 24
– formelle **BNotO 111b** 40 f.
– materielle **BNotO 111b** 42 ff.
Redlichkeit
– Eignung, persönliche **BNotO 6** 4; **BNotO 14** 16
– Gebot der **BNotO 14** 16, 19 ff.
Redlichkeitsgebot
– Verfolgung unredlicher Zwecke **BNotO 14** 34
Referendar
– Ausbildung **BNotO 30** 7 ff.
– Ausbildungspflicht des Notars **BNotO 25** 13; **RLEmBNotK VIII** 22 f.
– Verpflichtung **BNotO 26** 8
Referendardienst
– Wahlstation beim Notar **BNotO 30** 7 ff.
Reformatio in peius
– Rechtsbehelf Disziplinarverfahren **BNotO 96** 41
Regelungsanordnung BNotO 111b 61
Register, öffentliches
– Bescheinigung über Eintragung in **BeurkG 39** 3b
Registerausdruck
– Wiederholung **DONot 17** 9
Registerauskunft
– Zentrales Testamentsregister **BNotO 78f** 1 ff.
– Zentrales Vorsorgeregister **BNotO 78b** 1 ff., 3 ff.
Registerauszug
– Nachweis Vertretungsmacht **BeurkG 12** 14
Registerbehörde
– Aufsicht **BNotO 77** 9

Sachverzeichnis

– Aufwandsdeckung **BNotO 78b** 21 f.
– Auskunft **BNotO 78b** 1 ff.; **BNotO 78f** 1 f.
– Beschwerde gegen Entscheidungen **BNotO 78o** 1 ff.
– BNotK **BNotO 77** 2; **BNotO 78** 26 ff.; **BNotO 78a** 18; **BNotO 78c** 3
– Fälligkeit Gebühren **BNotO 78b** 37; **BNotO 78g** 24
– Gebühren **BNotO 78b** 1 f., 11 ff.; **BNotO 78g** 1 ff.
– Gebührenbemessung **BNotO 78b** 21 ff.; **BNotO 78g** 15 ff.
– Gebührendifferenzierung **BNotO 78b** 23 f.; **BNotO 78g** 17
– Gebührenentgegennahme **BNotO 78b** 18 ff.; **BNotO 78g** 12 ff.
– Gebührenerhebung **BNotO 78b** 37 ff.; **BNotO 78g** 24 ff.
– Gebührenfinanzierung **BNotO 78b** 11; **BNotO 78g** 3
– Gebührenhöhe **BNotO 78b** 30 ff.; **BNotO 78g** 23
– Gebührenschuldner **BNotO 78b** 16 f.; **BNotO 78g** 9 ff.
– Gebührentatbestände **BNotO 78b** 12 ff.; **BNotO 78g** 4 ff.
– Rücklagenbildung **BNotO 78b** 22
– Testamentsregister-Gebührensatzung **BNotO 78g** 8, 18 ff., Anh
– Vorsorgeregister-Gebührensatzung **BNotO 78b** 15, 25 ff., Anh
Registerbescheinigung BNotO 21 1 ff., 4 ff.
– Beglaubigungsvermerk in fremder Sprache **BNotO 21** 14
– Begriff **BNotO 21** 2 f.
– Beschränktheit, zeitliche **BNotO 21** 12
– Beurkundungsform **BNotO 21** 14
– Beweiswirkung **BNotO 21** 5, 10 ff.; **BeurkG 36** 6a
– aus Einsicht in ausländisches Register **BNotO 21** 9a
– Einsichtnahme bei **BNotO 21** 13
– erweiterte **BNotO 21** 29
– Handelsregister, elektronisches **BNotO 21** 13
– Inhalt **BNotO 21** 4, 7 ff.
– Nachweis Vertretungsmacht **BeurkG 12** 14
– Sachverhaltsermittlung **BNotO 21** 13
– Umstände, sonstige **BNotO 21** 8 ff.
– Verfahren **BNotO 21** 13 ff.
– Vertretungsmacht **BNotO 21** 7 ff.
– *siehe auch Bescheinigung, notarielle*
Registerbox *siehe Notarnetzbox*
Registereintragung
– Legalitätskontrolle **BeurkG 40** 1 ff.
– Publizitätsmittel **BeurkG 1** 9a
– Urkundenrolle **DONot 8** 8
Registererklärung
– Einbindung Mitarbeiter **RLEmBNotK VIII** 11

Sachverzeichnis

fette Zahlen = §§

Registerführung
- papiergebundene **DONot 17** 2 f.

Registergericht
- Einreichung von Urkunden **BeurkG 53** 1 ff.
- Einreichungspflichten des Notars **BNotO 20** 1a, 9a; **BeurkG 1** 13a; **BeurkG 40** 1b f.; **BeurkG 53** 4a

Regressverzicht
- Notariatsverwaltung **BNotO 61** 6 f.

Rehabilitierung
- Verurteilung, strafgerichtliche **BNotO 49** 18 ff.

Reichsnotariatsordnung von 1512 (RNO) BNotO Einl. 8

Reichsnotariatsordnung von 1937 (RNotO) BNotO Einl. 12 ff.

Reichsnotarkammer BNotO Einl. 16; **BNotO 65** 3; **BNotO 76** 3

Reichstag zu Köln BNotO Einl. 8

Reinigungsdienst
- Dienstleister, externer **BNotO 26a** 24

Reisekostenvergütung
- Notarbeisitzer **BNotO 104** 7 f.; **BNotO 108** 8

Reisenotariat BNotO 11 2

Rentenschuldbrief
- Verwahrungsbuch **DONot 10** 22

Reserveursache BNotO 19 33
- Beweislast **BNotO 19** 67

Residenzpflicht BNotO 10 55 ff.
- Ahndung Verletzung/Verstoß **BNotO 10** 65 f.
- allgemeine **BNotO 10** 58 ff.
- Amtsbereitschaft, ständige **BNotO 10** 58 ff.
- Amtspflichtverletzung **BNotO 10** 65 f.
- Erreichbarkeit außerhalb Öffnungszeiten **BNotO 10** 61
- Erreichbarkeit innerhalb Öffnungszeiten **BNotO 10** 60
- Güterabwägung **BNotO 10** 64
- auf Weisung **BNotO 10** 62 ff.
- Zweck **BNotO 10** 56 f.
- Zweitwohnung **BNotO 10** 66

Rheinische NotK BNotO 65 22
- Amts-/Namensschild **DONot 3**
- Amtssiegel **DONot 2**
- Erbvertragsverzeichnis **DONot 9**
- Führung der Unterlagen/Aufbewahrungsdauer **DONot 5**
- gemischte NotK **DONot 69** 34 f.
- Heftung von Urkunden **DONot 30**
- In-Kraft-Treten Neufassung **DONot 34** 3 f.
- Kammerbezirk **BNotO 65** 18, 22
- Prüfung Amtsführung **DONot 32**
- Sitz **BNotO 65** 20
- Stimmrecht Vertreterversammlung **BNotO 86** 4, 5
- Tätigkeitsbereich **BNotO 113b** 2
- Wahrung fremder Vermögensinteressen **RLEmBNotK III** 1 ff.
- Zinsbetragklausel bei Verwahrung **DONot 27**

Rheinland-Pfalz
- Anwaltsnotar **BNotO 116** 4
- Beglaubigungszuständigkeit **BeurkG 1** 19
- In-Kraft-Treten Neufassung **DONot 34** 3 f.
- Notariat, hauptberufliches **BNotO 3** 8
- NotK **BNotO 65** 22
- Unterschriftsbeglaubigung durch Behörde **BeurkG 40** 29

Richter
- ehrenamtlicher **BNotO 8** 7

Richter Notarsenat
- Ablehnung wegen Besorgnis der Befangenheit **BNotO 101** 3 ff.; **BNotO 106** 3
- Ausschließung vom Richteramt **BNotO 101** 3 ff.; **BNotO 106** 2
- Bestellung **BNotO 102** 1 ff.; **BNotO 107** 1
- Bestellungsperiode **BNotO 102** 2; **BNotO 107** 1

Richteramt
- Befähigung zum **BNotO 5** 1 ff., 23 ff.; **BNotO 25** 2
- fehlende Befähigung **BNotO 12** 19

Richtereid BNotO 13 5

Richternotar
- BeurkG **BeurkG 1** 3

Richtigstellung
- bei Unrichtigkeit, offensichtlicher **BeurkG 44a** 11
- Urkunde **BeurkG 44a** 11

Richtlinienempfehlung der BNotK RLEmBNotK Einl. 2 ff.
- Beurkundungsverfahren **BeurkG 17** 27 ff.
- Verstoß gegen **BNotO 95** 12

Risikobegrenzungsgesetz
- Vollstreckungsreife **BeurkG 52** 11a

Rückabwicklung
- Pfändung bei **BNotO 23** 32

Rückdatierung
- Abtretungserklärung **BNotO 23** 41

Rückgabe
- Erbvertrag **BeurkG 34** 12; **BeurkG 34a** 7; **BeurkG 45** 11

Rücklagenbildung
- Kammerbeitrag **BNotO 73** 8

Rücknahme
- von Anträgen **BNotO 24** 55 ff.
- Beamtenernennung **BNotO 50** 7, 17 ff., 131 ff.
- Erbvertrag aus Verwahrung **BeurkG 45** 11; **DONot 20** 15 ff.
- Weiterführung Amtsbezeichnung **BNotO 52** 18 ff.

Rücksichtnahme
- kollegiale **BNotO 31** 9

Rücktritt
- Fachprüfung, notarielle **BNotO 7e** 2 ff.

Rücktrittserklärung vom Erbvertrag
- Mitwirkungsverbot begünstigter Person **BeurkG 27** 2

magere Zahlen = Randnummern

Sachverzeichnis

Rücktrittsrecht
– Zurverfügungstellungsfrist bei **BeurkG 17** 58
Rückzahlungsvoraussetzungen
– bei Verwahrung **BeurkG 57** 55 f.
Ruhen
– Präsidiumsamt BNotK **BNotO 81** 15
Rumänien
– Apostille **BeurkG 2** 19b
Rundbrief RLEmBNotK VII 54 f.
Rundfunkwerbung RLEmBNotK VII 10
Rundschreiben
– Angaben in **BNotO 29** 14
Russland
– Apostille **BeurkG 2** 19b

Saarland
– In-Kraft-Treten Neufassung **DONot 34** 3 f.
– Notariat, hauptberufliches **BNotO 3** 8
– Streitschlichtung, obligatorische **BNotO 20** 58 f.
Saarländische NotK BNotO 65 22
– Stimmrecht Vertreterversammlung **BNotO 86** 5
Sabotage
– Agententätigkeit zur **BNotO 49** 10
– verfassungsfeindliche **BNotO 49** 10
Sachbehandlung, unrichtige
– Mitteilung Amtsbereichsüberschreitung **BNotO 11** 81
– Urkundstätigkeit außerhalb Amtsbereich **BNotO 11** 35 f., 81
Sachbeteiligung, materielle
– Begriff **BeurkG 3** 8
Sachenrechtsbereinigung
– notarielles Vermittlungsverfahren **BNotO 24** 47
Sachenrechtsbereinigungsgesetz
– Notarwahl **BeurkG 2** 6
– Urkundenrolle **DONot 8** 12
– Vermittlung nach **BNotO 20** 5, 50
Sachenrechtsbereinigungsverfahren
– Konfliktregelung **BNotO 20** 56
Sachgesamtheit
– eingeschränkte Vorlesung **BeurkG 14** 4
Sachinformationen
– Werbung **BNotO 29** 12
Sachkunde, besondere
– Identitätsfeststellung **DONot 26** 5
Sachlage, unbestimmte
– Mitteilung Amtsbereichsüberschreitung **BNotO 11** 83
– Urkundstätigkeit außerhalb Amtsbereich **BNotO 11** 60 ff., 83
Sachlichkeit BNotO 14 19
Sachsen
– In-Kraft-Treten Neufassung **DONot 34** 3 f.
– Notar als Gütestelle **BNotO 20** 58 f.
– Notariat, hauptberufliches **BNotO 3** 8
– NotK **BNotO 65** 22

Sachsen-Anhalt
– In-Kraft-Treten Neufassung **DONot 34** 3 f.
– Notar als Gütestelle **BNotO 20** 58 f.
– Notariat, hauptberufliches **BNotO 3** 8
– NotK **BNotO 65** 21, 22
– Streitschlichtung, obligatorische **BNotO 20** 58 f.
Sachverhaltsermittlung
– durch Hilfskräfte **BNotO 21** 13
– Verwaltungsverfahren **BNotO 64a** 1 ff.
Sachverhaltsklärung BeurkG 17 6
Sachverständiger
– Vereidigung **BNotO 22** 3
Safe
– Verwahrung **BeurkG 62** 11
Sammelakten
– Nebenakten **DONot 22** 2
Sammelanderkonto BeurkG 58 13
Sammelbände Wechsel-/Scheckprotest
– Aufbewahrungsfrist **DONot 5** 13
– Führung **DONot 5** 1 ff.
– Führung, papiergebundene **DONot 6** 6
– Verwahrung Protestschriften **DONot 21** 3
Sammelbeurkundung
– Anzahl **BeurkG 13** 15a; **BeurkG 17** 38; **RLEmBNotK II** 36 f.
– Verlesung **BeurkG 13** 15 f.
Sammlermünzen
– Verwahrung **BeurkG 57** 4
Sammlung
– Registerbescheinigung **BNotO 21** 29
Samoa
– Apostille **BeurkG 2** 19b
San Marino
– Apostille **BeurkG 2** 19b
Sanktion
– Verstoß gegen Fortbildungspflicht **RLEmBNotK X** 12
Sao Tome und Principe
– Apostille **BeurkG 2** 19b
Satzung
– Bekanntmachung **BNotO 66** 9; **BNotO 72** 12
– BNotK **BNotO 77** 10 ff.; **BNotO 89** 1 ff.
– Genehmigung **BNotO 66** 9, 12
– Niederschrift **BeurkG 9** 16c
– NotK **BNotO 66** 6 ff.; **BNotO 72** 1 ff.
– Vorstandszuständigkeit **BNotO 69** 5 ff.
Satzung BNotK BNotO 89 1 ff.
– Befugnisse der Organe der BNotK **BNotO 89** 4
– Erlass **BNotO 89** 2 f.
– historische Entwicklung **BNotO 89** 5 f.
– Inhalt **BNotO 89** 4
Satzung NotK
– Abteilungsbildung **BNotO 69b** 5
– Ausfertigung **BNotO 72** 11
– Beitragsordnung **BNotO 72** 7
– berufsrechtliche Richtlinien **BNotO 72** 6

1865

Sachverzeichnis

fette Zahlen = §§

- Genehmigung Landesjustizverwaltung **BNotO 72** 9 f.
- Inhalt **BNotO 72** 4
- Organe **BNotO 72** 1 ff.
- Rechtsgrundlage **BNotO 72** 2 f.
- Veröffentlichung **BNotO 72** 12
- Zuständigkeitsregelungen **BNotO 72** 1 ff., 4

Satzungsänderung
- Beurkundung **BeurkG 37** 12

Satzungsbescheinigung BNotO 20 4; **BNotO 21** 15 ff.
- Urkundenrolle **DONot 8** 10a
- Urkundensammlung **DONot 18** 7
- Vermerk **BeurkG 39** 4

Satzungskompetenz
- Kammerversammlung **BNotO 71** 22

Säumnis
- Fachprüfung, notarielle **BNotO 7e** 5 f.

Schaden
- Amtspflichtverletzung **BNotO 19** 29
- Offenbarung zur Verhinderung **BNotO 18** 136 f.

Schadensabwehr BNotO 14 21 f., 37

Schadensersatz
- Verstoß gegen Mitwirkungsverbot **BeurkG 3** 68

Schadensersatzanspruch
- Auskunftsanspruch Berufshaftpflichtversicherung **BNotO 19a** 24
- Verjährung **BNotO 19** 50 ff.

Schadensprognose
- Gefahr im Verzug **BNotO 11** 15 f.

Schädigungsgefahr
- Verweigerung Amtstätigkeit bei **BNotO 15** 25

Schatzmeister BNotO 69 11

Scheck
- Anderkonto **BeurkG 58** 49 f.
- Datum, einzutragendes **DONot 10** 37 ff.
- Massenbuch **DONot 12** 11
- uneingelöster **DONot 10** 42 f.
- Verwahrung **DONot 10** 24
- Verwahrungsbuch **DONot 11** 19

Scheckauszahlung
- Anderkonto **DONot 27** 22

Scheckprotest DONot 21 1 ff.
- Aufbewahrungsfrist Sammelbände **DONot 5** 13
- Beurkundung **BeurkG 36** 14; **BeurkG 37** 22
- Führung Sammelbände **DONot 5** 1 ff.
- Mitwirkungsverbot **BeurkG 3** 24
- Protestabschrift und Vermerk **DONot 21** 2
- Verwahrung **BNotO 23** 12; **DONot 21** 3
- Verwahrungsbuch **DONot 10** 23 f.
- Zuständigkeit **DONot 21** 1

Scheidungsfolgenvereinbarung BNotO 20 55

Scheinbeurkundung BNotO 14 34

Schenkungsversprechen von Todes wegen
- Mitwirkungsverbot begünstigter Person **BeurkG 27** 2

Schiedsgericht
- notarielles **BNotO 20** 54 ff., 65
- Vertretervergütung **BNotO 42** 6

Schiedsrichter BNotO 20 54 ff.
- Angaben zur Tätigkeit als **BNotO 29** 12
- genehmigungsfreie Nebentätigkeit **BNotO 8** 30

Schiedsrichterliche Tätigkeit
- Nebentätigkeit **BNotO 23** 46

Schiedsspruch
- Urkundenrolle **DONot 8** 11
- Vollstreckbarerklärung **BeurkG 52** 29

Schiedsvereinbarung
- Niederschrift **BeurkG 9** 16b

Schleswig-Holstein
- Ausführungsbestätigung Überweisung **DONot 27** 21
- In-Kraft-Treten Neufassung **DONot 34** 3 f.
- Notariat, nebenberufliches **BNotO 3** 15
- Streitschlichtung, obligatorische **BNotO 20** 58 f.

Schleswig-Holsteinische NotK BNotO 65 22
- Amts-/Namensschild **DONot 3**
- Amtssiegel **DONot 2**
- In-Kraft-Treten Neufassung **DONot 34** 3 f.
- Stimmrecht Vertreterversammlung **BNotO 86** 5

Schlichter
- Amtstätigkeit **BNotO 8** 30

Schlichtung
- notarielle **BNotO 24** 46 ff.
- durch NotK **BNotO 67** 34
- Streitigkeit zwischen Kollegen **BNotO 31** 11

Schlichtungsstelle
- Gesetz zur Modernisierung von Verfahren im anwaltlichen notariellen Berufsrecht, zur Errichtung einer Schlichtungsstelle der Rechtsanwaltschaft sowie zur Änderung sonstiger Vorschriften **BNotO Einl.** 37

Schließfach
- Verwahrung **DONot 27** 2 f.

Schlüsselzahlen BNotO 4 6, 12

Schlussfolgerung
- Beurkundung **BeurkG 1** 12

Schlussvermerk BeurkG 13 26; **BeurkG 44a** 3, 5 ff.

Schlusszusatz BeurkG 44a 5 ff.

Schnur BeurkG 44 1 ff.

Schrankfach
- Verwahrung **BeurkG 62** 11

Schreibfähigkeit BeurkG 25 6

Schreibfehler
- geringfügiger **DONot 7** 8
- offensichtlicher **BeurkG 44a** 10 f., 14 ff.
- unbedeutender **DONot 28** 4

Schreibhilfe
- bei Unterschrift **BeurkG 13** 18

Schreibmittel DONot 29 17 ff.
- unzulässige **DONot 29** 29

magere Zahlen = Randnummern

Sachverzeichnis

Schreibunfähigkeit BeurkG 25 1 ff.
– Begriff **BeurkG 25** 4
– Beurkundungsverfahren **BeurkG 25** 7 ff.
– Feststellung **BeurkG 25** 5, 11
– Unterschriftsleistung bei **BeurkG 25** 1 ff.
– Verstöße gegen Schutzvorschriften **BeurkG 25** 11

Schreibunvermögen BeurkG 24 1 ff.
– Feststellungsvermerk **BeurkG 24** 4, 9
– Verständigungsperson **BeurkG 24** 6 ff.
– Verstöße gegen Schutzvorschriften **BeurkG 24** 11 f.

Schreibutensilien
– Niederschrift **BeurkG 8** 13

Schreibweise, falsche
– Änderung, geringfügige **BeurkG 44a** 4

Schreibzeuge
– Unterschrift **BeurkG 29** 6
– Zuziehung **BeurkG 25** 7 ff.

Schrift
– Übergabe einer Schrift **BeurkG 30** 1 ff.
– Übergabe einer Schrift durch Stumme **BeurkG 31**
– Urkunde **DONot 28** 3 ff.

Schriftbild
– Lesbarkeit **DONot 29** 5 ff.

Schriftform
– Vollmacht **BeurkG 12** 6

Schriftführer BNotO 69 11

Schriftstellerische Tätigkeit
– genehmigungsfreie Nebentätigkeit **BNotO 8** 33

Schriftstück
– Verwahrung **BNotO 23** 6; **BNotO 24** 45

Schubladenlöschung BeurkG 57 16

Schuldausschließungsgrund
– Dienstvergehen **BNotO 95** 26

Schuldhaftes Handeln
– Dienstvergehen **BNotO 95** 25

Schuldnerverzeichnis
– Vermutung Vermögensverfall bei **BNotO 50** 56

Schuldunfähigkeit
– Dienstvergehen **BNotO 95** 26

Schutz, strafrechtlicher
– Verschwiegenheit **BNotO 18** 3 f.; **BNotO 26a** 5 ff.

Schutz, verfahrensrechtlicher
– Verschwiegenheit **BNotO 18** 5 ff.

Schutzbereich
– der verletzten Norm **BNotO 19** 34

Schutznormtheorie BNotO 111b 15

Schwäche, körperliche
– Amtsunfähigkeit **BNotO 50** 70

Schwägerschaft
– Mitwirkungsverbot **BeurkG 3** 32

Schweden
– Apostille **BeurkG 2** 19b
– Registerbescheinigung **BeurkG 21** 9a

Schweigepflicht
– Entbindung von **BeurkG 3** 64
– bei Kollisionsfällen **BNotO 67** 58
– organschaftliche **BNotO 69a** 9 f.
– *siehe auch Verschwiegenheitspflicht*

Schweiz
– Apostille **BeurkG 2** 19b
– bilaterales Abkommen zum Urkundenverkehr **BeurkG 2** 20a

Schwur BeurkG 38 8

Seeschiff
– Beurkundung auf **BeurkG 2** 22

Seetestament
– Notarunterschrift, fehlende **BeurkG 35** 2
– Verschließung/Verwahrung **BeurkG 34** 2

Sehbehinderung
– Anwesenheit Dritter **BeurkG 22** 11d
– Begrifflichkeiten **BeurkG 22** 3 f.
– Beteiligung behinderter Person **BeurkG 22** 1 ff.
– Feststellung **BeurkG 22** 5 f.
– Feststellungsvermerk **BeurkG 22** 12 f.
– Unterschrift **BeurkG 22** 14 f.
– Verzicht auf Zuziehung Zeuge/zweiter Notar **BeurkG 22** 11c
– Zuziehung Zeuge/zweiter Notar **BeurkG 22** 7 ff.

Seiteneinsteiger
– Bewerberauswahl **BNotO 7** 15 ff., 19 f.

Sektenprivileg
– Eidesformel **BNotO 13** 7

Selbstablehnung
– Befangenheit **BNotO 16** 2 ff.

Selbständigkeit
– Berufsrichtlinien **RLEmBNotK V** 6

Selbstbehalt
– Berufshaftpflichtversicherung **BNotO 19a** 19

Selbstbestimmung, informationelle
– Schutz **BNotO 18** 2 f.
– Verhältnis zu Eintragung im ZVR **BNotO 78a** 16

Selbstdarstellung
– staatliche **BNotO 29** 7 ff.
– wertende **RLEmBNotK VII** 42

Selbsthilfe
– Dienstvergehen **BNotO 95** 24

Selbstreinigungsverfahren
– Disziplinarverfahren **BNotO 95a** 13; **BNotO 96** 13

Selbstvertretung BNotO 111b 91

Selbstverwaltungsprinzip BNotO 65 5 f.

Senat für Notarsachen (BGH) BNotO 106 1 ff.
– Ablehnung wegen Besorgnis der Befangenheit **BNotO 106** 3
– Amtsbeendigung Notarbeisitzer **BNotO 108** 9 f.
– Amtsenthebung Notarbeisitzer **BNotO 108** 9, 11

1867

Sachverzeichnis

fette Zahlen = §§

- Ausschließung vom Richteramt **BNotO** 106 2
- Beisitzer, notarielle **BNotO** 108 1 ff.
- Beisitzer, richterliche **BNotO** 107 1
- Berufungsverfahren **BNotO** 109 2 ff.
- Beschwerdeverfahren **BNotO** 109 11
- Besetzung **BNotO** 106 1
- Bestellung Berufsrichter **BNotO** 107 1
- Bestellung der Mitglieder **BNotO** 107 1
- Bestellung richterlicher Mitglieder **BNotO** 107 1
- Entlassung Notarbeisitzer **BNotO** 108 9, 13
- Ernennung Notarbeisitzer **BNotO** 108 1 ff.
- Geschäftsverteilung **BNotO** 107 2
- Kosten Berufungsverfahren **BNotO** 109 12 ff.
- Rechtskraft **BNotO** 109 13
- Verfahrensvorschriften, anwendbare **BNotO** 109 1 ff.
- Vorsitzender/Stellvertreter **BNotO** 107 1
- Wiederaufnahmeverfahren **BNotO** 109 13

Senat für Notarsachen (OLG)
- Amtsbeendigung Notarbeisitzer **BNotO** 104 9
- Amtsenthebung Notarbeisitzer **BNotO** 104 10 ff.
- Beisitzer, notarielle **BNotO** 103 1 ff.
- Beisitzer, richterliche **BNotO** 102 2
- Besetzung **BNotO** 101 1 ff.
- Bestellung Berufsrichter **BNotO** 102 1 ff.
- Bestellung der Mitglieder **BNotO** 102 1 ff.
- Bestellungsperiode der Richter **BNotO** 102 2 f.
- Entlassung Notarbeisitzer **BNotO** 104 15
- Ernennung Notarbeisitzer **BNotO** 103 1 ff.
- Funktionstüchtigkeit **BNotO** 102 4
- Geschäftsverteilung **BNotO** 102 6
- Vorsitzender/Stellvertreter **BNotO** 102 2 f.

Serbien
- Apostille **BeurkG** 2 19b

Serienverträge
- systematisches Vorgehen **BNotO** 67 42

Seriosität
- Vortäuschung durch Mitwirkung eines Notars **BNotO** 14 34

Seychellen
- Apostille **BeurkG** 2 19b

Sicherer Übermittlungsweg BNotO 78n 2 ff.

Sicherheit
- vorgetäuschte **BeurkG** 57 27; **RLEmBNotK III** 7 ff.

Sicherheitsdienst
- Dienstleister, externer **BNotO** 26a 24

Sicherheitseinbehalt
- Verwahrung **BeurkG** 57 12

Sicherstellung
- Auszahlungsvoraussetzung **BeurkG** 57 100 f.
- Eigentumsumschreibung **BeurkG** 57 83 ff., 100 f.
- Grundbucheintragung **BeurkG** 57 79 ff.
- Lastenfreistellung **BeurkG** 57 77 f.
- Rangverschaffung **BeurkG** 57 98

Sicherungsanordnung BNotO 111b 60 f.

Sicherungsinteresse
- bei Vollzug **BeurkG** 53 9 ff.

Sicherungsinteresse, berechtigtes
- Absicherung, andere gleichwertige **BeurkG** 57 18 ff.
- Absicherung, andere unterlegene **BeurkG** 57 13 ff.
- bei Aufgebotsverfahren **BeurkG** 57 12
- Besitzübergabe, vorzeitige **BeurkG** 57 11 f.
- Beurteilungsspielraum **BeurkG** 57 8
- BNotK-Rundschreiben 1/1996 und 31/2000 **BeurkG** 57 9
- Fallgruppen **BeurkG** 57 9
- fehlendes **BeurkG** 57 22 ff., 24
- bei Finanzierungsgrundpfandrecht **BeurkG** 57 17
- Grunderwerbsteuer **BeurkG** 57 22a
- Handreichung Schleswig-Holsteinische NotK **BeurkG** 57 10
- bei Kaufvertrag **BeurkG** 57 22 ff.
- Kriterien **BeurkG** 57 6
- bei Löschung Briefgrundpfandrecht wegen Verlust Grundpfandbrief **BeurkG** 57 12
- Maklerlohn **BeurkG** 57 22b
- Rechtsgeschäfte, andere **BeurkG** 57 23
- Verlautbarung NotK Hamm **BeurkG** 57 10
- bei Verwahrung **BeurkG** 57 5 ff.; **BeurkG** 62 7
- Verwahrung, unzulässige **BeurkG** 57 25 ff.
- Verwahrungsanweisung **BeurkG** 57 39
- bei Vormerkung **BeurkG** 57 16
- bei Zwangsversteigerung **BeurkG** 57 14

Sicherungsvertrag
- Eintritt in S. bei Abtretung **BeurkG** 52 8b

Siegel BeurkG 44 1 ff.
- Abnahme **BNotO** 20 4a, 27 ff.
- Anlegung **BNotO** 20 4a, 27 ff.
- bei Aushändigung der Urschrift **BeurkG** 45 8
- Beurkundung Anlegung **BeurkG** 36 14; **BeurkG** 37 22
- Entfernung **DONot** 31 4
- bei Erlöschen Notaramt **BNotO** 51 36 f.
- falsches **DONot** 31 6b
- Niederschrift **BeurkG** 13 22
- Notariatsverwalter **DONot** 33 21 ff.
- Notarvertreter **DONot** 33 7
- vergessenes **DONot** 31 6b
- bei vorläufiger Amtsenthebung **BNotO** 55 5
- bei vorübergehender Amtsniederlegung **BNotO** 51 37

Siegelung BNotO 20 4a, 27 ff.; **DONot** 31 1 ff.
- Anforderungen an Siegelungstechniken **DONot** 31 2 ff.
- Mitwirkungsverbot **BeurkG** 3 25
- durch Notar/-vertreter **BNotO** 41 10
- Verfahren **BNotO** 20 29

Siegelungstechnik
- Anforderungen **DONot** 31 2 ff.
- Prüfzeugnis **DONot** 31 7

magere Zahlen = Randnummern

Sachverzeichnis

Signatur, elektronische BNotO 21 30; **BeurkG 39a** 2 ff.; **DONot 2a** 3a
– Arten **BNotO 33** 3
– Begriff **BeurkG 39a** 2a
– einfache **BNotO 33** 3
– fortgeschrittene **BNotO 33** 3; **BeurkG 39a** 2a; **DONot 2a** 3a
– Prüfung **DONot 2a** 4
Signatur, qualifizierte elektronische BNotO 20 13a; **BNotO 33** 1 ff.; **BeurkG 39a** 1b, 2 ff.; **DONot 2a** 1 ff.
– Beweiswert, technischer **BNotO 78h** 13 ff.
– Einrichtungen, technische **DONot 2a** 3
– Notarattribut **DONot 2a** 10 ff.
– Pflicht zur persönlichen **BNotO 33** 12 ff.
– qualifizierter Vertrauensdiensteanbieter **BNotO 33** 4
– qualifiziertes Zertifikat für **BNotO 33** 3
– Signaturzertifikat **BNotO 33** 3 ff.; **DONot 2a** 10 ff.
– technische Mittel für Erzeugung und Validierung **BNotO 33** 10 f.; **BeurkG 39a** 1d, 2b
– Urkunde, elektronische **BeurkG 39a** 4
– Verwendung **RLEmBNotK IV** 2
Signaturbeglaubigung BeurkG 39a 11 f.
Signaturerstellungseinheit BNotO 33 10 f.
– Meldepflicht bei Abhandenkommen, Missbrauch, Manipulation **BNotO 34** 3 ff.
Signaturgesetz BNotO 21 30
Signaturkarte BNotO 33 10 f.; **DONot 2a** 3, 5 ff.
– akkreditierter Anbieter **DONot 2a** 6 f.
– Identifizierung **DONot 2a** 8
– Meldepflicht bei Abhandenkommen, Missbrauch, Manipulation **BNotO 34** 3 ff.
– Missbrauch **DONot 2a** 14
– Sperrung **BNotO 34** 9
– Standard, technischer **DONot 2a** 9
– Unterschrift, öffentlich beglaubigte **DONot 2a** 8
– Verlust **DONot 2a** 12 ff.
– Vertrauensdiensteanbieter, qualifizierter **DONot 2a** 6 f.
Signaturschlüssel DONot 2a 3b
Signaturschlüsselzertifikat BNotO 21 30; **BeurkG 39a** 2c
Signatursoftware DONot 2a 3
Signaturzertifikat BNotO 33 3 ff.; **BeurkG 39a** 1d, 2b f.; **DONot 2a** 10 ff.
– Antrag durch Unterschriftsbeglaubigung **BNotO 33** 5
– dauerhafte Prüfbarkeit **BNotO 33** 6 f.
– Notarattribut **BNotO 33** 8
– qualifizierter Vertrauensdiensteanbieter **BNotO 33** 4
– qualifiziertes Zertifikat für elektronische Signatur **BNotO 33** 3
– Sperrung **BNotO 33** 9; **DONot 2a** 12
– Urkunde, elektronische **BeurkG 39a** 4
– Widerruf **BNotO 34** 9; **DONot 2a** 12

Signets
– Werbung **RLEmBNotK VII** 10
Signieren, elektronisches
– Vorgang **DONot 2a** 3b
SigNotar BeurkG 39a 2
Sittenwidrigkeit
– Nichtigkeit **BNotO 14** 30
Sitzungsgeld BNotO 88 6
Sitzungspolizei
– Disziplinarverfahren **BNotO 99** 6
Slowakei
– Apostille **BeurkG 2** 19b
Slowenien
– Apostille **BeurkG 2** 19b
Software-Quellcode
– Hinterlegung **BeurkG 37** 21
Sonderabgabe
– Notarkasse **BNotO 113** 33 ff.
– NotK **BNotO 113b** 8 ff.
Sonderbeitrag
– NotK **BNotO 73** 11; **BNotO 113b** 8 ff.
Sonderprüfung
– Aufsichtsbehörde **BNotO 93** 5
Sonderrechtsnachfolger
– Ausfertigungsberechtigung **BeurkG 51** 11
Sondervorschriften
– Baden-Württemberg **BNotO 114** 1 ff.; **BNotO 116** 1 ff.
– Hamburg **BNotO 116** 3
– OLG-Bezirk Niedersachsen **BNotO 116** 6
– OLG-Bezirke Karlsruhe/Stuttgart **BNotO 114** 1 ff.
– Rheinland-Pfalz **BNotO 116** 4
Sonderzuweisung
– abdrängende **BNotO 111** 2
Sorgeerklärung
– Zuständigkeit Jugendamt für Beurkundung **BeurkG 1** 16
Sorgerechtsverfügung
– Verschließung/Verwahrung **BeurkG 34** 4
Sorgfaltspflicht BNotO 14 19; **BNotO 28** 5
Source Code
– Hinterlegung **BeurkG 37** 21
Sozialversicherung
– Notarassessor **BNotO 7** 45
Sozietät
– Amtsschild **DONot 3** 4
– Anwaltsnotar **BNotO 3** 14; **BNotO 9** 29
– Ausschreibung Notarstelle in **BNotO 6b** 3
– interprofessionelle **BNotO 9** 29
– Notar, hauptberuflicher **BNotO 9** 27
– überörtliche **BNotO 9** 29
– Verpflichtung, förmliche **BNotO 26** 15 ff.; **DONot 4** 2, 7
– Verschwiegenheitsvereinbarung, privatrechtliche **BNotO 26a** 41
– Vorteilsgewährung **RLEmBNotK VI** 9
– Zusammenarbeit, berufliche **RLEmBNotK V** 8

1869

Sachverzeichnis
fette Zahlen = §§

Sozietätswechsel
− Berufsrichtlinien **RLEmBNotK VI** 4
− Mitwirkungsverbot **BeurkG 3** 50
Sozius
− Beurkundung mit **BeurkG 17** 35
− Mitwirkungsverbot **BeurkG 3** 33, 36
Spaltung
− Niederschrift **BeurkG 9** 15c
Spanien
− Apostille **BeurkG 2** 19b
Sparbuch
− Massenbuch **DONot 12** 11
− Verwahrungsbuch **DONot 11** 19
Speicherung
− Daten, elektronische **DONot 5** 28
Spekulationsgeschäft
− wirtschaftliche Beziehungen Notar/Mitarbeiter **RLEmBNotK VIII** 15
Spenden
− der BNotK **BNotO 91** 3
Sperrkonto BNotO 23 16 ff.
− Abtretung **BNotO 23** 19
− Insolvenz **BNotO 23** 20
− Pfändung **BNotO 23** 19
− Verfügungsbefugnis, gemeinsame **BNotO 23** 18
Sperrpflicht
− Signaturzertifikat **BNotO 34** 9
Sperrung
− des Signaturzertifikats **BNotO 33** 9; **BNotO 34** 9
Sperrvermerk BNotO 23 19 f.
Sperrwirkung einer Aufforderung
− Besetzung Notarstelle **BNotO 10** 42a ff.
Spezialisierung
− Verlautbarung **RLEmBNotK VII** 42
Spezialkenntnisse
− Verlautbarung **RLEmBNotK VII** 40
Spielsucht
− Amtsunfähigkeit **BNotO 50** 72
− außerdienstliches Verhalten **BNotO 14** 38
Spielvertrag BNotO 20 17
Sponsoring BNotO 29 6
Sprachbehinderung
− Anwesenheit Dritter **BeurkG 22** 11d
− Begrifflichkeiten **BeurkG 22** 3 f.
− Beteiligung behinderter Person **BeurkG 22** 1 ff.
− Feststellung **BeurkG 22** 5 f.
− Feststellungsvermerk **BeurkG 22** 12 f.
− Gebärdensprachdolmetscher **BeurkG 22** 10 ff.
− Sonderregelungen **BeurkG 22** 18
− unmögliche schriftliche Verständigung **BeurkG 24** 1 ff.
− Unterschrift **BeurkG 22** 14 f.
− Verzicht auf Zuziehung Zeuge/zweiter Notar **BeurkG 22** 11c
− Zuziehung Zeuge/zweiter Notar **BeurkG 22** 7 ff.

Sprachkenntnisse BeurkG 16 4 ff.
− Angabe der Beteiligten **BeurkG 16** 5 f.
− Feststellung **BeurkG 16** 7
− fremdsprachliche Beurkundung **BeurkG 5** 3 f.
− Überzeugung des Notars **BeurkG 16** 5 f.
− Verlautbarung **RLEmBNotK VII** 40
Sprachunkundigkeit BeurkG 16 1b ff.
− Erblasser siehe Erblasser, sprachunkundiger
Sprechtag, auswärtiger BNotO 10 77 ff.
− Begriff **BNotO 10** 79, 81
− Dispens vom Verbot **BNotO 10** 85 ff.
− Kriterien Auswahlermessen **BNotO 10** 89 ff.
− Kriterien Entschließungsermessen **BNotO 10** 87 f.
− Nebenbestimmungen bei Dispens **BNotO 10** 97 ff.
− Rechtsfolgen bei Dispens **BNotO 10** 94 ff.
− Verbot **BNotO 10** 82 ff.
− Verfahren bei Dispens **BNotO 10** 92 f.
− Voraussetzungen der Dispenserteilung **BNotO 10** 86 ff.
− siehe auch Dispens
St. Helena
− Apostille siehe Großbritannien
St. Kitts und Nevis
− Apostille **BeurkG 2** 19b
St. Lucia
− Apostille **BeurkG 2** 19b
St. Vincent und die Grenadinen
− Apostille **BeurkG 2** 19b
Staat
− Verunglimpfung **BNotO 49** 10
Staatsangehörigkeit
− Angabe **DONot 26** 9a
− Beamtenernennung **BNotO 50** 16, 24
− Beteiligter **BeurkG 10** 6
− Notar **BNotO 5** 5
Staatsangehörigkeitsvorbehalt
− Aufhebung **BNotO 5** 5
− Europarechtswidrigkeit **BNotO 5** 12 ff.
Staatsarchiv
− Aktenverwahrung durch **BNotO 51** 43 ff.
Staatsaufsicht
− Anfechtung von Maßnahmen der **BNotO 66** 14
− Art der Aufsicht **BNotO 66** 11
− Berichtspflicht der NotK **BNotO 66** 15
− BNotK **BNotO 77** 5 ff.
− Handhabung **BNotO 66** 17
− Haushaltskontrolle **BNotO 66** 16
− Maßnahmen **BNotO 66** 12 f.
− Notarkasse **BNotO 113** 38 ff.
− NotK **BNotO 66** 10 ff.
− Rechtsschutz **BNotO 66** 14
− Umfang und Ausübung **BNotO 66** 10 ff.
Staatsgebiet BeurkG 2 22
Staatsgeheimnis
− Ausspähung/Offenbarung/Preisgabe **BNotO 49** 11
Staatshaftung BNotO 19 2

magere Zahlen = Randnummern

Sachverzeichnis

Staatssymbole
– Verunglimpfung **BNotO 49** 10
Staatswappen
– Amtssiegel **DONot 2** 8
Stadtbezirk
– Amtssitzzuweisung **BNotO 10** 15 f.
Stadtteil
– Amtssitzzuweisung **BNotO 10** 13 ff., 17 ff.
Stadtteilzuweisung BNotO 10 13 ff.
– Abschirmwirkung **BNotO 10** 17 ff.
– Aktenverwahrung bei **BNotO 51** 41 f.
– Amtssiegel **BNotO 10** 19
– Aufhebung **BNotO 10** 20 ff.
– Bestimmung Stadtteil **BNotO 10** 14 ff.
– Einwohnerzahl, gesunkene **BNotO 10** 21
– Einziehung **BNotO 10** 18
Staffelung
– Kammerbeitrag NotK **BNotO 113b** 7
Stammurkunde BeurkG 14 5
Standesamt
– Offenbarung gegenüber **BNotO 18** 108
Standesamtsregister
– Registerbescheinigung **BNotO 21** 29
Standesbeamter
– Zuständigkeit Beurkundung **BeurkG 1** 20
Standespflicht
– Übernahme Vorstandsamt **BNotO 69** 29 ff.
Standesrecht
– Europäischer Kodex des notariellen Standesrechts **BNotO 11a** 1; **Anhang 2**
Standesrichtlinien
– Verhalten des Notars **BNotO 31** 2
Standessitte
– Verstoß gegen **BNotO 95** 12
Ständiger Notarvertreter *siehe Notarvertreter, ständiger*
Statistik
– Notarstellen **BNotO 3** 16
Statusangelegenheit
– Streitwertbestimmung/-festsetzung **BNotO 111g** 3
Stellenanzeigen
– Richtlinienkompetenz NotK **BNotO 67** 65
Stellung
– Notar **BNotO 1** 18 ff.
Stellungnahme
– gutachterliche **BNotO 21** 19
Stellvertreter des Präsidenten
– BNotK **BNotO 80** 4 f.
– NotK **BNotO 69** 8 ff.; **BNotO 70** 15 f.
Stellvertretung
– in Kammerversammlung **BNotO 71** 17 ff.
Stempel BNotO 2 6
– Einsatz **DONot 29** 30 f.
– bei Erlöschen Notaramt **BNotO 51** 36 f.
– bei vorläufiger Amtsenthebung **BNotO 55** 5
– bei vorübergehender Amtsniederlegung **BNotO 51** 37

Stempelfarbe BeurkG 8 13; **DONot 29** 30 f.
Sterbefall
– Informationsaustausch der Behörden **BNotO 78e** 1
Sterbefallmitteilung BNotO 78e 1 ff.
– Benachrichtigungsverfahren **BNotO 78e** 3 ff.
– Datenabgleich **BNotO 78e** 4
– Form **BNotO 78e** 2
– Verwahrangaben **BNotO 78e** 5
Sterbegeld BNotO 67 77
Sternsozietät
– Anzeigepflicht **BNotO 27** 3
Steuerberater
– Anwaltsnotar **BNotO 8** 4, 14
– Berufsverbindung mit Anwaltsnotar **BNotO 9** 34 f.
– Beschäftigung von **BNotO 25** 5
– Kompetenzkonflikt unterschiedlicher Berufsrechte **BNotO 110** 6 ff.
Steuerberatung
– Mitwirkungsverbot **BeurkG 3** 49
Steuerbescheinigung
– Kapitalertragsteuer Anderkonto **DONot 27** 28 ff.
Steuerhinterziehung
– Verletzung Mitteilungspflicht **BNotO 14** 38
Steuerrecht
– Hinweispflicht **BeurkG 17** 19
– Offenbarungspflicht bei **BNotO 18** 100 ff.
Steuerstraftat
– Dienstvergehen **BNotO 95** 18
Stichproben
– Amtsführung **DONot 32** 6
– Dienstaufsicht **BNotO 93** 10
Stimmengleichheit
– Vertreterversammlung **BNotO 86** 17
Stimmrecht
– zugezogene Mitglieder in Vorstandssitzung **BNotO 69** 13
Stimmrechtsvollmacht
– Prüfung **BeurkG 12** 6
Stornobuchung
– Massen-/Verwahrungsbuch **DONot 7** 9
– Verwahrungsbuch **DONot 11** 17
Störung, psychische
– Arbeitsunfähigkeit **BNotO 50** 71
Strafbefehl
– Bindungswirkung im Disziplinarverfahren **BNotO 96** 38 f.
Strafdelikt
– Dienstvergehen **BNotO 95** 18
Strafgerichtliche Verurteilung *siehe Verurteilung, strafgerichtliche*
Strafrecht
– Verstöße bei Verwahrung **BNotO 23** 67
Straftat
– außerdienstliches Verhalten **BNotO 14** 38
– Offenbarung zur Verhinderung **BNotO 18** 133 ff.
– verschwiegene **BNotO 50** 21 ff.

1871

Sachverzeichnis

fette Zahlen = §§

Strafverfahren
- Bindungswirkung Urteil **BNotO 96** 38 f.
- Verfolgungshemmung Dienstvergehen **BNotO 95a** 20
- Verhältnis zu Disziplinarverfahren **BNotO 96** 35 ff.

Strafverfolgungsbehörde
- Offenbarung gegenüber **BNotO 18** 111 ff., 123 ff.

Strafverteidigung
- Offenbarung zur **BNotO 18** 150 ff.

Straßenverkehrsdelikt BNotO 95 19

Streitbeilegung, außergerichtliche BNotO 20 54 ff.; **BNotO 24** 48

Streitigkeit, vermögensrechtliche
- zwischen Notar und Notarvertreter **BNotO 42** 3

Streitschlichtung BNotO 1 16
- freiwillige **BNotO 20** 54 ff.
- zwischen Kammermitgliedern **BNotO 67** 34
- Notarwahl **BeurkG 2** 6
- obligatorische **BNotO 20** 54 ff., 58 f.

Streitschlichtung, freiwillige BNotO 20 54 ff.
- Beurkundung **BNotO 20** 60 ff.
- Zuständigkeit des Notars **BNotO 20** 55 ff.

Streitwert BNotO 111b 85; **BNotO 111g** 1 ff.
- Bestimmung und Festsetzung im Allgemeinen **BNotO 111g** 2
- Bestimmung und Festsetzung in Statusangelegenheiten **BNotO 111g** 3
- Statusangelegenheit **BNotO 111g** 3
- Unanfechtbarkeit der Festsetzung **BNotO 111g** 4

Strichcode DONot 29 36

Strukturvertrieb
- Beurkundung **BeurkG 17** 40

Stummheit
- Beteiligung behinderter Person **BeurkG 22** 1 ff.
- Übergabe einer Schrift **BeurkG 31**
- *siehe auch Sprachbehinderung*

Stundung
- Kammerbeitrag **BNotO 73** 21

Subsidiärhaftung BNotO 19 35 ff.
- Betreuungstätigkeit **BNotO 19** 36
- Ersatzmöglichkeit, anderweitige **BNotO 19** 38
- Fahrlässigkeit **BNotO 19** 36

Subsidiarität
- Grundsatz der **BNotO 65** 5

Substitution
- Beurkundung durch ausländischen Notar **BeurkG 2** 16 f.

Suchmaschinenoptimierung RLEmBNotK VII 51

Sucht
- Amtsunfähigkeit **BNotO 50** 72
- außerdienstliches Verhalten **BNotO 14** 38

Südafrika
- Apostille **BeurkG 2** 19b

Suggestivwerbung RLEmBNotK VII 10

Suriname
- Apostille **BeurkG 2** 19b

Swasiland
- Apostille **BeurkG 2** 19b

Sympathiewerbung BNotO 29 5

Syndikus
- Mitwirkungsverbot **BeurkG 3** 57

Syndikusrechtsanwalt
- Anwaltsnotar **BNotO 8** 12a
- Eignung, fachliche **BNotO 6** 13

Tadel BNotO 97 15

Tagesgeld BNotO 88 5

Tagesordnung Kammerversammlung BNotO 71 10

Täterschaft
- Dienstvergehen **BNotO 95** 23

Tätigkeit
- außerdienstliche, Mitarbeiter **RLEmBNotK VIII** 18
- Delegation **RLEmBNotK IV** 3 ff.
- genehmigungspflichtige, Übernahme ohne Genehmigung **BNotO 50** 31 ff., 35 ff.
- gewerbliche **BNotO 8** 21
- grenzüberschreitende, Europäischer Kodex des notariellen Standesrechts **Anhang 2** 3.
- unvereinbare berufliche **BNotO 50** 31 ff., 38 ff., 41 ff.
- weitere, Berufsrichtlinien **RLEmBNotK I** 2

Tätigkeitsschwerpunkte
- Kanzleibroschüre/Homepage **RLEmBNotK VII** 39 ff.
- Selbstdarstellung, wertende **RLEmBNotK VII** 42
- Werbung **RLEmBNotK VII** 12

Tatmehrheit
- Dienstvergehen **BNotO 95** 28

Tatsachenbescheinigung
- Urheberschaft **BeurkG 37** 21
- Zeugnis, einfaches **BeurkG 37** 23

Tatsachenbeurkundung BNotO 20 3, 4a, 12; **BeurkG 1** 12
- Abgrenzung **BeurkG 36** 14
- Änderung **BeurkG 44a** 2, 17
- Einzelfälle **BeurkG 36** 14
- Nachtragsbeurkundung **BeurkG 44b** 3
- Niederschrift **BeurkG 36** 9 ff.
- sonstige **BeurkG 37** 22 f.
- Urkundenrolle **DONot 8** 5
- Vertrauensbeziehung, besondere **BNotO 11** 48a ff.

Tatsachenvorgang
- Vermerk **BeurkG 39** 4

Taubheit
- Arbeitsunfähigkeit **BNotO 50** 70
- Beteiligung behinderter Person **BeurkG 22** 1 ff.; **BeurkG 23** 1 ff.
- *siehe auch Hörbehinderung*

magere Zahlen = Randnummern

Sachverzeichnis

Täuschung, arglistige
- Beamtenernennung durch **BNotO 50** 18 ff., 19
- Versagungspflicht **BNotO 14** 35

Täuschungsversuch
- Fachprüfung, notarielle **BNotO 7f** 1 ff.

Technische Mittel
- für Erzeugung und Validierung qualifizierter elektronischer Signaturen **BNotO 33** 10 f.; **BeurkG 39a** 1d, 2b

Teilgrundschuldbrief
- Ausstellung **BNotO 20** 5, 35

Teilhypothekenbrief
- Ausstellung **BNotO 20** 5, 35

Teilnehmerschaft
- Dienstvergehen **BNotO 95** 23

Teilungserklärung
- Inhaltsbescheinigung **BNotO 21** 28

Teilungssache
- Zuständigkeit **BNotO 20** 4a, 52

Teilvollzug BeurkG 53 8

Teilzeit-Wohnrechtevertrag
- fremdsprachliche Beurkundung **BeurkG 5** 6

Telemediengesetz
- Angaben bei Internetauftritt **RLEmBNotK VII** 51

Terminierung
- Berufsrichtlinien **RLEmBNotK II** 12

Terminvergabe
- Unparteilichkeit **BNotO 14** 10

Territorialitätsgrundsatz BeurkG 2 8 ff., 22

Terrorismusfinanzierung
- Notar **BNotO 49** 10
- Offenbarung bei **BNotO 18** 87 ff.

Testament, öffentliches
- Ablieferungspflicht **BeurkG 34a** 10
- Feststellung Geschäftsfähigkeit **BeurkG 28** 2
- fremdsprachliche Beurkundung **BeurkG 5** 5
- gemeinschaftliches **BeurkG 34** 2
- Mitwirkungsverbot begünstigter Person **BeurkG 27** 1 f.
- Notarunterschrift auf Testamentsumschlag **BeurkG 35** 5 f.
- Notarunterschrift, fehlende **BeurkG 35** 2
- Übertragung in elektronischer Form **BeurkG 34** 12a
- Verschließung **BeurkG 34** 1 ff.
- Verwahrung **BeurkG 34** 1 ff.
- Zentrales Testamentsregister **BNotO 78d** 4 f., 7
- Zuständigkeit Konsularbeamter für Beurkundung **BeurkG 1** 18
- siehe auch *Verfügung von Todes wegen*

Testament, privatschriftliches
- Zentrales Testamentsregister **BNotO 78d** 6

Testamentserrichtung
- Übergabe einer Schrift **BeurkG 30** 1 ff.

Testamentsregister, zentrales siehe *Zentrales Testamentsregister*

Testamentsregister-Gebührensatzung BNotO 78g 18 ff., Anh

Testamentsregister-Verordnung (ZTRV) BNotO 78c Anh
- Ermächtigungsgrundlage **BNotO 78c** 4

Testamentsumschlag
- Notarunterschrift auf **BeurkG 35** 5 f.

Testamentsvollstrecker
- Ausfertigungsberechtigung **BeurkG 51** 6
- genehmigungsfreie Nebentätigkeit **BNotO 8** 30
- Mitwirkungsverbot **BeurkG 3** 34
- Mitwirkungsverbot bei rechtlichem Vorteil **BeurkG 27** 5 ff.

Testamentsvollstreckerzeugnis
- Zuständigkeit AG für Beurkundung **BeurkG 1** 15

Testamentsvollstreckung
- Bestellung Mitarbeiter **RLEmBNotK VIII** 13
- Verwahrung bei **BNotO 23** 12

Testierfähigkeit BeurkG 28 6

Testierfähigkeit eines Erblassers
- Verschwiegenheitspflicht **BNotO 18** 56 f.

Text, beabsichtigter
- Zurverfügungstellungsfrist **BeurkG 17** 50 ff.

Textänderung
- Frist für Zurverfügungstellung **BeurkG 17** 52

Texterkennungssystem
- Vorlesung mittels **BeurkG 13** 12a

Thüringen
- In-Kraft-Treten Neufassung **DONot 34** 3 f.
- Notariat, hauptberufliches **BNotO 3** 8
- NotK **BNotO 65** 21, 22

Tilgung Disziplinareintragung BNotO 110a 1 ff.
- Eintragung, belastende **BNotO 110a** 14 f.
- Ermahnung **BNotO 110a** 13
- Geldbuße **BNotO 110a** 2
- Missbilligung **BNotO 110a** 13
- Rechtsfolgen des Fristablaufs **BNotO 110a** 10 ff.
- Verweis **BNotO 110a** 2

Tilgungsfrist
- Eintragung, belastende **BNotO 110a** 15
- Ermahnung/Missbilligung **BNotO 110a** 13
- Verweis/Geldbuße **BNotO 110a** 3 ff.

Time-Sharing-Vertrag
- Beurkundung **BeurkG 2** 14

Tinte DONot 29 17 ff.

Tintenstrahldrucker DONot 29 21, 26 ff.

Titel
- Werbung **RLEmBNotK VII** 19 f.

Titelschutz BNotO 2 7

Tod
- des Notars **BNotO 47** 5 ff.

Tonga
- Apostille **BeurkG 2** 19b

Tonträger
- Verwahrung **BNotO 23** 6; **BNotO 24** 45

TR RES ISCAN BeurkG 56 5 f.

1873

Sachverzeichnis
fette Zahlen = §§

Tragweite, rechtliche
– Belehrungspflicht **BeurkG 17** 7 ff.
Transparenz
– Akten- und Verzeichnisführung **BNotO 35** 6
Transparenzregister
– Auszug **BeurkG 57** 120a
– Identitätsüberprüfung **BeurkG 10** 15e
Transparenzsicherung
– Beurkundung **BeurkG 1** 9d
Treubruch
– bei Verwahrung **BNotO 23** 67
Treueeid BNotO 13 5
Treuhandauflage
– Auslegung **BeurkG 57** 75 ff.
– einseitige **BeurkG 57** 103
– Erfüllung kaufvertragliche Einzahlungspflicht **BeurkG 57** 87 ff.
– Erteilungszeitpunkt **BeurkG 57** 67 ff.
– der finanzierenden Bank **BeurkG 57** 64 ff.
– Grundpfandgläubiger, abzulösender **BeurkG 57** 104 ff.
– Prüfung und Annahme durch Notar **BeurkG 57** 70 ff.
– Rechtsnatur **BeurkG 57** 64 ff.
– Sicherstellung der Eintragung **BeurkG 57** 75 ff.
– Zulässigkeit **BeurkG 57** 93 ff.
Treuhandauftrag BeurkG 57 63 ff.
– Annahme **BeurkG 57** 70 f.
– Ausführung **RLEmBNotK III** 3 ff.
– Befristung **BeurkG 57** 102
– Eintragung Finanzierungsgrundpfandrecht **BeurkG 57** 96 ff.
– Einzahlung, vollständige **BeurkG 57** 99
– Erfüllung kaufvertragliche Einzahlungspflicht **BeurkG 57** 87 ff.
– Erteilungszeitpunkt **BeurkG 57** 67 ff.
– Grundpfandgläubiger **BeurkG 57** 104 ff.
– Klarstellung **BeurkG 57** 72
– Kreditinstitut, finanzierendes **BeurkG 57** 64 ff.
– Prüfung **BeurkG 57** 71
– Schriftform **BeurkG 57** 70 f.
– Sicherstellung Auszahlungsvoraussetzung **BeurkG 57** 100 f.
– Sicherstellung der Eigentumsumschreibung **BeurkG 57** 83 ff., 100 f.
– Sicherstellung der Eintragung **BeurkG 57** 75 ff.
– Sicherstellung der Grundbucheintragung **BeurkG 57** 79 ff.
– Sicherstellung der Lastenfreistellung **BeurkG 57** 77 f.
– Sicherstellung Rangverschaffung **BeurkG 57** 98
– Weisungen, unvereinbare **BeurkG 57** 73
– Widerruf des abzulösenden Grundpfandgläubigers **BeurkG 60** 13 f.
– Widerruf T. der finanzierenden Bank **BeurkG 60** 10 ff.

Treuhandgeld
– Verfügung entgegen Anweisung **BNotO 50** 105
Treuhandkonto
– Verfügungsbefugnis **BNotO 23** 16 ff.
– Verwahrung **BNotO 23** 13
Treuhandtätigkeit
– Bank in Baden-Württemberg **BNotO 23** 15
– Bestellung Mitarbeiter **RLEmBNotK VIII** 13
– Form Treuhandauftrag **BNotO 24** 42
– außerhalb der notariellen Verwahrung **BNotO 24** 40 ff.
– Urkunden zum Vertragsvollzug **BNotO 24** 40 ff.
– Verwahrung sonstiger Gegenstände **BNotO 24** 45
Treuhandverhältnisse
– Mitwirkungsverbot **BeurkG 3** 11a
Treuhandvollmacht
– Prüfung **BeurkG 12** 6
Trinidad und Tobago
– Apostille **BeurkG 2** 19b
Trunkenheitsfahrt
– Disziplinarrecht **BNotO 95** 19
Trunksucht
– Amtsunfähigkeit **BNotO 50** 72
– außerdienstliches Verhalten **BNotO 14** 38
Tschechische Republik
– Apostille **BeurkG 2** 19b
Tun, aktives
– Dienstvergehen **BNotO 95** 22
Türkei
– Apostille **BeurkG 2** 19b
Turks- und Caicosinseln
– Apostille *siehe Großbritannien*

Überdenkungsverfahren
– Prüfungsbescheid **BNotO 7d** 5
Übereilung
– Schutz der Beteiligten vor **RLEmBNotK II** 10 f.
Übereinstimmungsvermerk BeurkG 56 7 ff.
Übergabe einer Schrift
– Feststellungsinhalt **BeurkG 30** 4
– fremde Sprache **BeurkG 30** 5
– Kennzeichnung der Schrift **BeurkG 30** 4a
– offene **BeurkG 30** 4 ff.
– Prüfungs- und Belehrungspflichten **BeurkG 30** 5 ff.
– Rechtsfolgen von Verstößen **BeurkG 30** 9
– durch Stumme **BeurkG 31**
– Verfügung von Todes wegen **BeurkG 30** 1 ff.
– verschlossene **BeurkG 30** 4 ff.
– Vorlesungspflicht **BeurkG 30** 8
Übergabevermerk BeurkG 39 4
Übergangsregelung
– Notarbestellung bei Studium im Beitrittsgebiet **BNotO 117b** 1 f.

magere Zahlen = Randnummern

– Notare im Landesdienst (BW) **BNotO 5** 25
– staatliche Notariate der früheren DDR **BNotO 5** 24
Übergangsvorschriften
– für Akten, Bücher und Verzeichnisse **BNotO 118**
– für bereits verwahrte Urkundensammlungen **BNotO 119**
– laufende Bücher/Verzeichnisse **DONot 34** 5 ff.
– für Übernahme durch ein öffentliches Archiv **BNotO 120**
Überkleben
– Urkunde **DONot 28** 5
Über-Kreuz-Vereinbarung BNotO 14 44
Überlange Verfahrensdauer siehe *Verfahrensdauer, überlange*
Überlegungssicherung
– Schutzzweck Beurkundungsverfahren **BeurkG 8** 7 ff.
Überleitungsfragen
– bei territorialer Neugliederung **BNotO 116** 1
Übernahme
– Personal des ausgeschiedenen hauptberuflichen Notars **BNotO 53** 1 ff., 10 ff.
– Räume des ausgeschiedenen hauptberuflichen Notars **BNotO 53** 1 ff., 8 f.
Überschussfeststellung
– bei Notariatsverwaltung **BNotO 60** 2
– Rechtsstreit Notariatsverwalter/NotK **BNotO 62** 3
Überschussverwendung
– aus Notariatsverwaltung **BNotO 60** 1 ff.
Übersetzung
– Anwesenheit des Notars während Verlesung **BeurkG 16** 11a
– Ausfertigung **BeurkG 50** 6
– Bescheinigung **BNotO 20** 4
– durch Dolmetscher **BeurkG 16** 11 ff.
– Erblasser, sprachunkundiger **BeurkG 32** 1 ff.
– fakultative **BeurkG 16** 1a; **BeurkG 50** 3b
– Feststellungsvermerke **BeurkG 16** 15
– Niederschrift **BeurkG 16** 1 ff., 8 ff.
– Niederschrift, doppelsprachige **BeurkG 50** 3c
– durch Notar **BeurkG 16** 10
– schriftliche **BeurkG 32** 1 ff.
– Urkunde, selbst errichtete **BeurkG 50** 1 ff.
– Vermerk **BeurkG 50** 1 ff.
Übersetzungsbescheinigung BNotO 21 27
– Amtsgericht **BNotO 51** 33
– Beurkundung **BeurkG 36** 14
Übersetzungspflicht BeurkG 16 1 ff., 8 ff.
– Angabe der Beteiligten **BeurkG 16** 5 f.
– bei Sprachunkundigkeit **BeurkG 16** 1b ff., 8 ff.
– Überzeugung des Notars **BeurkG 16** 5 f.
– Umfang **BeurkG 16** 8a
Übersetzungsvermerk BeurkG 50 1 ff.
– Bescheinigung durch Vermerk **BeurkG 50** 4

Sachverzeichnis

– Urkunde, doppelsprachige **BeurkG 50** 3a ff.
– Voraussetzungen **BeurkG 50** 3
– Wirkungen **BeurkG 50** 5
Übersicht Urkundengeschäft DONot 24 1 ff.
– alle Amtshandlungen **DONot 24** 6 ff.
– Auseinandersetzungsverfahren **DONot 24** 10
– berichtspflichtige Person **DONot 24** 15
– EDV-gestützte Übersichtserstellung **DONot 24** 12
– Einreichung in zwei Exemplaren **DONot 24** 4
– Einreichungsfrist **DONot 24** 3
– Eintragungen im Verwahrungsbuch **DONot 24** 13
– Inhalt **DONot 24** 5 ff.
– Muster **Anhang 1** 7
– Unterzeichnung Übersicht **DONot 24** 14
– Urkundenentwürfe **DONot 24** 8
– Urkundengeschäft **DONot 24** 1 ff.
– Verfügungen von Todes wegen **DONot 24** 9
– Verwahrungsgeschäfte **DONot 25** 1 ff.
– Vordruck **DONot 24** 2
Übersicht Verwahrungsgeschäfte DONot 25 1 ff.
– amtliches Muster **DONot 25** 6 f.; **Anhang 1** 8
– Ausscheiden aus Amt **DONot 25** 10
– Einreichungszeitpunkt **DONot 25** 3 ff.
– bei Erlöschen des Amtes **DONot 25** 4 f.
– Fehlanzeige **DONot 25** 9
– Inhalt **DONot 25** 6 ff.
– jährliche Übersicht **DONot 25** 3
– Versicherung der Richtigkeit der Übersicht **DONot 25** 8
Übertragung
– Papierurkunde in elektronische Form **BeurkG 56** 2 ff.
Übertragung, teilentgeltliche
– Offenbarungspflicht bei **BNotO 18** 105 ff.
Übertragung, unentgeltliche
– Offenbarungspflicht bei **BNotO 18** 105 ff.
Überwachung
– von Dienstleistern **BNotO 26a** 29 ff.
Überwachung, staatliche
– Beurkundung **BeurkG 1** 9 ff., 9d
Überweisung
– Notarassessor an Ausbildungsnotar **BNotO 7** 34
Ukraine
– Apostille **BeurkG 2** 19b
Umbuchung
– Anderkonto **BeurkG 58** 36
– zwischen Festgeld- und Girokonto **DONot 10** 27 f.
– zwischen zwei Girokonten **DONot 10** 28
Umbuchungsvermerk
– Massenbuch **DONot 10** 27 f.
Umdruckverfahren DONot 29 29
Umsatzbeteiligung
– Mitarbeiter **RLEmBNotK VIII** 9

1875

Sachverzeichnis
fette Zahlen = §§

Umstände, sonstige
– Registerbescheinigung **BNotO 21** 8 ff.
Umstellung
– Bücherführung **DONot 34** 7
Umzugshinweis DONot 3 15, 18 f.
Unabhängigkeit BNotO 1 28 f.; **BNotO 14** 13 ff.; **BNotO 25** 10 f.
– Amtsführung **BNotO 14** 13 ff.
– Berufsausübung, gemeinsame **RLEmBNotK V** 5 ff.
– Berufsrichtlinien **RLEmBNotK I** 1
– gegenüber Dritten **BNotO 14** 14
– Eignung, persönliche **BNotO 1** 1 ff.; **BNotO 6** 4; **BNotO 14** 13 ff.
– Europäischer Kodex des notariellen Standesrechts **Anhang 2** 2.5.
– Richtlinienkompetenz NotK **BNotO 67** 41 ff., 53 ff.
– Sicherstellung **BNotO 28** 1 ff.
– Vergewisserungspflicht **BNotO 28** 8
– Vorkehrungen zur Sicherstellung der **BNotO 28** 7 ff.
– Vorkehrungen zur Wahrung **BNotO 67** 53 ff.
Unbedenklichkeitsbescheinigung BeurkG 19 1 ff.
Und-Konto BeurkG 58 14
Unerreichbarkeitsprognose
– Gefahr im Verzug **BNotO 11** 17 ff.
Unfähigkeit
– zur ordnungsgemäßen Amtsausübung **BNotO 50** 64 ff.
Unfall
– Amtsverhinderung **BNotO 38** 4, 13
Unfallflucht
– Disziplinarrecht **BNotO 95** 19
Ungarn
– Apostille **BeurkG 2** 19b
Ungesicherte Vorleistung
– Belehrungspflicht **BeurkG 17** 12
Unlauterer Zweck
– Verfolgung **BNotO 14** 34
Unmöglichkeit
– Identitätsfeststellung **DONot 26** 6
– Nichtigkeit **BNotO 14** 30
Unparteilichkeit BNotO 14 7 ff.
– Amtsführung **BNotO 14** 7 ff.
– Berufsrichtlinien **RLEmBNotK I** 1
– Betreuungstätigkeit **BNotO 24** 11
– Europäischer Kodex des notariellen Standesrechts **Anhang 2** 2.5.
– Gebot der **BNotO 14** 7 ff.
– Richtlinienkompetenz NotK **BNotO 67** 41 ff., 53 ff.
– Sicherstellung **BNotO 28** 1 ff.
– Umfang **BNotO 14** 9
– Vergewisserungspflicht **BNotO 28** 8
– bei Vertretung Beteiligter **BNotO 24** 53
– Vorkehrungen zur Sicherstellung der **BNotO 28** 7 ff.
– Vorkehrungen zur Wahrung **BNotO 67** 53 ff.

Unrichtige Sachbehandlung *siehe Sachbehandlung, unrichtige*
Unrichtigkeit, offensichtliche BeurkG 44a 10 f., 14 ff.
– Ausfertigung **BeurkG 49** 7
– Korrektur **BeurkG 9** 4
– Korrektur nach Abschluss der Beurkundung **DONot 28** 9
Untätigbleiben
– Amtsausübung **BNotO 15** 21
Untätigkeitsklage
– Disziplinverfahren **BNotO 99** 21 f.
– Frist **BNotO 111b** 34
– Verpflichtungsklage **BNotO 111b** 4
Unterbrechung
– Beurkundungsverhandlung **BeurkG 8** 12
– Verfolgungsverbot Dienstvergehen **BNotO 95a** 14 ff.
Unterhaltsanspruch
– Zuständigkeit AG für Beurkundung **BeurkG 1** 15
Unterlagen
– Abgrenzung Buch/Verzeichnis **DONot 5** 3
– Aktenübertragung **DONot 5** 23
– Archivierung, elektronische **DONot 5** 32 ff.
– Aufbewahrung **DONot 5** 1 ff., 13 ff.
– Aufbewahrung zusammenhängender **DONot 18** 15 ff.
– Aufbewahrungsfristen **DONot 5** 13
– Begriff **DONot 5** 2
– Führung **DONot 5** 1 ff.
– Führung durch beim Notar beschäftigte Personen **DONot 5** 9 ff.
– Führung in der Geschäftsstelle **DONot 5** 4
– Mitnahme bei Amtssitzwechsel **DONot 5** 21a
– sonstige, Ankleben **DONot 30** 8
– Vernichtung **DONot 5** 25 ff.
– zusammenhängende, Urkundensammlung **DONot 18** 15 ff.
Unterlagenführung DONot 5 1 ff.
– in Geschäftsstelle **DONot 5** 4 ff.
– durch beim Notar beschäftigte Personen **DONot 5** 9 ff.
– Personenkreis **DONot 5** 9 ff.
Unterlassen, pflichtwidriges
– Beginn Verfolgungsverbot **BNotO 95a** 7
– Dienstvergehen **BNotO 95** 22
Unterlassungsansprüche
– wettbewerbsrechtliche **BNotO 67** 14
Unterlassungsantrag
– Errichtung Notarstelle **BNotO 4** 4
Unternehmen, hochverräterisches
– Vorbereitung **BNotO 49** 9
Unternehmenskaufvertrag
– Niederschrift **BeurkG 9** 15c
Unternehmensspaltung
– Niederschrift **BeurkG 9** 15c
Unterrichtung, vorherige
– fehlende **BeurkG 21** 5 f.
– Grundbucheinsicht **BeurkG 21** 1

magere Zahlen = Randnummern

Unterrichtungspflicht BeurkG 21 1 ff.
– Grundbuchinhalt **BeurkG 21** 1 ff.
– Pflichteninhalt **BeurkG 21** 2 ff.
– Voraussetzungen **BeurkG 21** 1 ff.

Untersagung
– gemeinsame Berufsausübung/-verbindung **BNotO 27** 14

Unterschrift
– amtliche **DONot 1** 1 ff.
– Anerkennung **BeurkG 40** 12 f.
– Anforderungen **BeurkG 13** 18 ff.; **DONot 1** 8 ff.
– Anforderungen, sonstige **DONot 1** 14
– Auslandsachverhalte **BeurkG 40** 14
– Beglaubigung **BeurkG 36** 14; **BeurkG 39** 3; **BeurkG 40** 1 ff.
– Beglaubigung durch Behörde **BeurkG 40** 29
– Beglaubigungsverfahren **BeurkG 40** 7 ff.
– Beglaubigungsvermerk **BeurkG 40** 22 f.
– Behindertenschutz **BeurkG 22** 14 f.
– Beifügung Amtsbezeichnung **DONot 1** 11 ff.
– Blanko-Unterschrift **BeurkG 40** 24 ff.
– Dolmetscher **BeurkG 16** 14
– eigenhändige Unterzeichnung **BeurkG 13** 18
– Familienname **DONot 1** 14
– Farbe **DONot 1** 15
– fehlende Notarunterschrift bei Verfügung von Todes wegen **BeurkG 35** 1 ff.
– fremde Schriftzeichen **BeurkG 13** 20b
– Gegenwart des Notars **BeurkG 13** 19; **BeurkG 40** 10
– Grenze, zeitliche **BeurkG 13** 23a
– Herstellungsverfahren **DONot 29** 20
– Legalisation **DONot 1** 3
– mitwirkende Personen **BeurkG 13** 25
– Nachholung der Unterschriftsleistung **BeurkG 13** 24 f.
– Name **BeurkG 13** 21
– Name/Vorname **BeurkG 40** 7c
– bei nicht vorlesungspflichtigen Bestandteilen **BeurkG 14** 12
– Niederschrift **BeurkG 13** 1 ff., 17 ff.
– durch Notar **BeurkG 13** 22 ff.
– Notar bei Niederschrift **BeurkG 37** 9
– Notariatsverwalter **DONot 33** 20
– Notarvertreter **BNotO 41** 4, 10; **DONot 33** 5 f.
– Paraphe **DONot 1** 14
– Randzusatz **BeurkG 44a** 5 ff.
– Schreibhilfe **BeurkG 13** 18
– Schreibunfähiger **BeurkG 25** 1 ff.
– Schreibzeuge **BeurkG 25** 9; **BeurkG 29** 6
– Schriftbild **BeurkG 13** 20 ff.; **BeurkG 40** 7b
– Schriftsatz, bestimmender **BeurkG 40** 7a
– Verfügung von Todes wegen **BeurkG 13** 23b
– Verweigerung der Nachholung **BeurkG 13** 24a
– Vollzug **BeurkG 40** 11
– Wiedergabe in Ausfertigung **BeurkG 49** 4
– Zeitpunkt **BeurkG 13** 23 ff.

Sachverzeichnis

– Zweck **BeurkG 13** 17
– zweiter Notar **BeurkG 29** 6

Unterschriftsbeglaubigung BeurkG 40 1 ff.
– Anerkennung der Unterschrift **BeurkG 40** 12 f.
– Angabe Urkundenrollennummer **DONot 28** 20
– Aufbewahrung **DONot 19** 2 ff.
– Auslandsachverhalte **BeurkG 40** 14
– Beglaubigungsverfahren **BeurkG 40** 6 ff.
– Beglaubigungsvermerk **BeurkG 40** 22 f.
– durch Behörde **BeurkG 40** 29
– durch Betreuungsbehörde **BeurkG 40** 30
– Beweiswirkung **BeurkG 40** 6
– Blanko-Unterschrift **BeurkG 40** 24 ff.
– bei eidesstattlicher Versicherung **BNotO 22** 10
– elektronische **BeurkG 39a** 11 f.
– Evidenzkontrolle **BeurkG 40** 19 ff.
– Gegenwart des Notars **BeurkG 40** 10
– Handzeichen **BeurkG 40** 8
– Identitätsfeststellung **BeurkG 40** 16 ff.
– Kontrollpflichten **BeurkG 40** 15 ff.
– Mitwirkungsverbot **BeurkG 3** 53
– nachträgliche Änderung der Urkunde **BeurkG 40** 23a
– Namensunterschrift **BeurkG 41** 1 f.
– neue Heftung nach Durchtrennung **DONot 30** 7d
– Prüfungs- und Einreichungspflichten im Registerverkehr **BeurkG 40** 1b f.
– Unterschrift **BeurkG 40** 7 ff.
– Urkundensammlung **DONot 19** 2 ff.
– Vollzug der Unterschrift **BeurkG 40** 11
– Zweifel **BeurkG 40** 21

Unterschriftsprobe DONot 1 1 ff.
– Aktualisierung **DONot 1** 4
– Amtsbezeichnung **DONot 1** 5
– Anforderungen **DONot 1** 5 ff.
– Einreichung bei Landgerichtspräsident **DONot 1** 1, 4
– geschlechtsspezifische Amtsbezeichnung **DONot 1** 6, 11 ff.
– Zweck **DONot 1** 2 f.

Unterschriftszusatz
– fehlender **BNotO 41** 12
– Notarvertreter **BNotO 41** 4, 10

Unterstützungsmaßnahmen
– NotK **BNotO 113b** 1 ff.

Untersuchung, ärztliche
– bei Arbeitsunfähigkeit **BNotO 50** 77 ff.
– Verweigerung **BNotO 50** 80 f.

Untersuchungsgrundsatz
– Verfahrensgrundsätze **BNotO 111b** 68 ff.
– Verwaltungsverfahren **BNotO 64a** 4 ff.

Untersuchungshaft
– bei vorläufiger Amtsenthebung **BNotO 54** 28

Untervertretung BNotO 44 3

Untervollmacht
– Prüfung **BeurkG 12** 12; **BeurkG 47** 6

1877

Sachverzeichnis

fette Zahlen = §§

Unterwerfungserklärung
– bei Bauträgervertrag **BeurkG 52** 8
– durch Bevollmächtigten **BeurkG 52** 6b
– formularmäßige **BeurkG 52** 8a
– bei Grundschuld **BeurkG 52** 8
– Konkretisierungsgebot **BeurkG 52** 7 ff.
– durch Nichtberechtigten **BeurkG 52** 6c
– pauschale **BeurkG 52** 7 f.
– Zwangsvollstreckung, sofortige **BeurkG 52** 5 ff.

Unterzeichnung *siehe Unterschrift*

Untragbarkeit
– zur Amtsausübung **BNotO 97** 32 ff.

Untreue
– bei Verwahrung **BNotO 23** 67

Unwürdigkeit
– zur erneuten Amtsausübung **BNotO 97** 31

Urheberangabe
– Vordrucke **DONot 29** 36 f.

Urheberrecht
– Prioritätsverhandlung, notarielle **BeurkG 37** 19 ff.

Urheberschaft
– Beurkundung **BeurkG 37** 21

Urkunde
– Abgrenzung zu Bescheinigung **BeurkG 36** 6
– Änderung **BeurkG 44a** 1 ff.
– Änderung, handschriftliche **DONot 29** 6
– Änderung nach Abschluss der Beurkundung **BeurkG 44a** 10 ff.; **DONot 28** 9
– Änderung vor Abschluss der Beurkundung **BeurkG 44a** 3 ff.; **DONot 28** 8
– Angabe Urkundenrollennummer **DONot 28** 18
– Apostille **BeurkG 45** 9a
– Aufbewahrung **DONot 18** 1 ff.
– Ausfertigung übersetzter **BeurkG 50** 6
– Aushändigung der Urschrift **BeurkG 45** 6 ff.; **BeurkG 45a** 1
– Aushändigung für Auslandsverkehr **BeurkG 45** 6 ff.
– Ausschabung **DONot 28** 5
– Bearbeitung, laufende **DONot 18** 9 f.
– Beurkundung Vorlagezeitpunkt **BeurkG 36** 14
– Beweiskraft **DONot 28** 3 f.
– doppelsprachige **BeurkG 16** 1a; **BeurkG 50** 3a, 3d
– Einreichung bei Grundbuchamt/Registergericht **BeurkG 53** 1 ff.
– elektronische **BeurkG 39a** 1 ff.
– Entheftung **BeurkG 44** 4
– Ersatzurkunde **BeurkG 46** 6
– Ersetzung **BeurkG 46** 1 ff.
– fehlerhafte, Notarvertreter **BNotO 41** 11 ff.
– fremdsprachige, Abschrift **BeurkG 42** 11
– Füllstrich **DONot 28** 16
– von Hand **DONot 29** 6
– Heftfaden **DONot 30** 4 ff.
– Heftung **BeurkG 44** 3 f.; **DONot 30** 1 ff.
– Herstellung **DONot 28** 1 ff.
– Inhaltsbescheinigung **BNotO 21** 28
– konsularische **BNotO 5** 8
– Kürzel **DONot 29** 7
– Legalisation **BeurkG 45** 9a
– Lücken **DONot 28** 15 ff.
– Manipulation **DONot 28** 3 f.
– Nachtragsbeurkundung **BeurkG 44b** 1 ff.
– Prägesiegel **BeurkG 44** 1 ff.; **DONot 30** 4 ff.
– Richtigstellung **BeurkG 44a** 11
– Schnur **BeurkG 44** 1 ff.
– Schreibfehler, unbedeutender **DONot 28** 4
– Schrift/-bild **DONot 28** 3 ff.
– Siegeln **DONot 31** 1 ff.
– Stempel **DONot 29** 30 f.
– Strichcode **DONot 29** 36
– Techniken, verbotene **DONot 28** 5 f.
– Techniken, zulässige **DONot 28** 7 ff.
– Teilvollzug **BeurkG 53** 8
– Übersetzung selbst errichteter **BeurkG 50** 1 ff.
– unleserlich/unsichtbar machen **DONot 28** 5
– Verhältnis Entwurf zur **BeurkG 8** 7a
– Verwahrung **BeurkG 55** 1 ff.
– Verwahrung der Urschrift **BeurkG 45** 2 ff.
– vollstreckbare **BeurkG 52** 5 ff.
– Vollstreckbarkeit, grenzüberschreitende **BeurkG 2** 21 f.; **BeurkG 52** 30 ff.
– Vollzugsreife **BeurkG 53** 5 ff.
– Zahlen, wichtige **DONot 28** 11 ff.
– Zurückbehaltungsrecht **BeurkG 51** 18
– zusammenhängende, Aufbewahrung **DONot 18** 15 ff.

Urkunde, elektronische BeurkG 39a 1 ff.
– Ausfertigung **BeurkG 49** 16
– Ausgestaltung **BeurkG 39a** 6
– Aussehen **BeurkG 39a** 3
– Beglaubigungsvermerk **BeurkG 39a** 3
– Begriff **DONot 2a** 2
– Bestätigung der Übereinstimmung **BeurkG 56** 7 ff.
– Beurkundung **BNotO 20** 13a; **BeurkG 1** 13b ff.
– Einzelfälle **BeurkG 39a** 9 ff.
– elektronisch beglaubigte Abschrift der Papierurkunde **BeurkG 39a** 9
– elektronische Unterschriftsbeglaubigung **BeurkG 39a** 11 f.
– Errichtung **BeurkG 39a** 3 ff.; **DONot 2a** 1 ff.
– Ersetzung **BeurkG 46** 7
– Erstellung **BNotO 21** 30; **BeurkG 39a** 6a
– Gleichstellung Papierurkunde **BeurkG 45** 12 f.; **BeurkG 56** 11 ff.
– inhaltliche und bildliche Übereinstimmung **BeurkG 56** 3 ff.
– nachträgliche Hinzufügungen **BeurkG 56** 10
– Notarattribut **BeurkG 39a** 4
– originäre **BeurkG 39a** 10
– Signatur, qualifizierte elektronische **BeurkG 39a** 4; **DONot 2a** 1 ff.
– Signaturbeglaubigung **BeurkG 39a** 11 f.

magere Zahlen = Randnummern

Sachverzeichnis

– Übereinstimmungsvermerk **BeurkG 56** 7 ff.
– Übertragung Papierurkunde **BeurkG 45** 13; **BeurkG 56** 2 ff.
– Vorlage **BeurkG 39a** 7 f.
– Zuständigkeit für Übertragung **BeurkG 56** 9

Urkunde, erbfolgerelevante DONot 20 1 ff.
– Ablieferungspflicht **BeurkG 34a** 1 ff., 10
– Begriff **BeurkG 34a** 3
– Sterbefallmitteilung **BNotO 78e** 1 ff., 3 ff.
– Übermittlung Verwahrangaben an ZTR **DONot 20** 11 ff.
– Verwahranzeige Zentrales Testamentsregister **BeurkG 34a** 1 ff.
– Zentrales Testamentsregister **BNotO 78d** 4 f., 7 ff.

Urkunde, notarielle
– Beweis des beurkundeten Vorgangs **BeurkG 1** 11
– Form **BeurkG 8** 13

Urkunde, öffentliche BeurkG 40 28 ff.
– Beweiskraft **BNotO 20** 7; **BeurkG 1** 7
– Errichtung einer **BeurkG 36** 5 ff.

Urkunde, private
– Zeitpunkt der Vorlegung **BeurkG 39** 1 ff.; **BeurkG 43** 1 ff.

Urkundenarchiv, elektronisches BNotO 78 40 ff.; **BNotO 78h** 1 ff.; **BeurkG 1** 13b; **DONot 5** 32 ff.
– Aktenführung **BNotO 35** 19 ff.
– Änderungen in der Urkunde **BeurkG 44a** 15a
– Aufbewahrungsfristen **DONot 5** 35
– Begriff **BNotO 78h** 4
– Beschwerde gegen Entscheidungen **BNotO 78o** 1 ff.
– Betrieb **BNotO 78h** 4 ff.
– Beweiswerterhalt **BNotO 78h** 13 ff.
– Datensicherheit **BNotO 78h** 9 ff.
– elektronischer Notaraktenspeicher **DONot 5** 34
– Führung durch BNotK **BNotO 78** 26 ff.
– Gebühren **BNotO 78j** 1 ff.
– Gebühren für elektronische Urkundensammlung **BNotO 78j** 7 ff.
– Gebühren für Verwahrungsverzeichnis **BNotO 78j** 13
– Gebührenbemessung **BNotO 78j** 14 ff.
– Gebührengegennahme **BNotO 78j** 10 f.
– Gebührensatzung **BNotO 78j** 17 ff.
– Gebührenschuldner **BNotO 78j** 7 ff., 13
– Gebührentatbestände, Einschränkung **BNotO 78j** 5 f.
– gemeinsame Verwahrung von Haupt- und Nachtragsurkunde **BeurkG 44b** 7
– Gesetz zur Neuordnung des Aufbewahrung von Notariatsunterlagen und zur Errichtung des elektronischen Urkundenarchivs bei der Bundesnotarkammer **BNotO Einl.** 42
– Meldepflicht bei Beeinträchtigung von Schutzvorkehrungen **BNotO 34** 6 ff.
– Nachdigitalisierung **BNotO 78j** 12
– Nachtragsbeurkundung **BNotO 78h** 16 f.
– technisch-organisatorische Vorgaben **BNotO 78h** 9 ff.
– Übergangsvorschrift zur Einführung **BeurkG 76** 1
– Urkundensammlung **BeurkG 55** 1; **DONot 5** 33
– Urkundenverzeichnis **BeurkG 55** 1 ff.; **DONot 5** 33
– Verordnungsermächtigung **BNotO 78h** 18 ff.
– Verwahrungsverzeichnis **BeurkG 59a** 1 ff.; **DONot 5** 33
– Vollstreckung der Gebührenforderung **BNotO 78j** 20
– Zugangsberechtigung **BNotO 78i** 1 ff.
– Zusammenverwahrung von Dokumenten **BNotO 78h** 16 f.

Urkundenarchivbehörde
– Aufsicht **BNotO 77** 9
– Beschwerde gegen Entscheidungen **BNotO 78o** 1 ff.
– BNotK **BNotO 77** 2; **BNotO 78** 26 ff., 40 ff.
– Gebühren **BNotO 78j** 1 ff.
– Gebühren für elektronische Urkundensammlung **BNotO 78j** 7 f.
– Gebühren für Urkundenverzeichnis **BNotO 78j** 5
– Gebühren für Verwahrungsverzeichnis **BNotO 78j** 13
– Gebührenbemessung **BNotO 78j** 14 ff.
– Gebührenfinanzierung **BNotO 78j** 3 ff.
– Gebührensatzung **BNotO 78j** 17 ff.
– Gebührentatbestände, Einschränkung **BNotO 78j** 5 f.
– Urkundenarchiv, elektronisches **BNotO 78h** 1 ff.
– Vollstreckung der Gebührenforderung **BNotO 78j** 20
– Zugangsberechtigung zum Elektronischen Urkundsarchiv **BNotO 78i** 1 ff.

Urkundenaufkommen
– Übersicht **DONot 24** 1

Urkundenbeweis, öffentlicher
– Vorlagezeitpunkt **BeurkG 43** 1 ff.

Urkundenentwurf
– Übersicht Urkundengeschäft **DONot 24** 8

Urkundenfälschung
– außerdienstliches Verhalten **BNotO 14** 38

Urkundenfassung
– durch Notarvertreter **BNotO 41** 9 ff.

Urkundengeschäft
– Berichtspflicht **DONot 24** 1
– Einreichung Übersicht **DONot 24** 4
– Einreichungsfrist Übersicht **DONot 24** 3
– Erstellung Übersicht **DONot 24** 5 ff.
– Muster Übersicht **Anhang 1** 7
– Übersicht **DONot 24** 1 ff.
– Übersicht Notariatsverwalter **DONot 33** 33
– Übersicht Notarvertreter **DONot 33** 14

1879

Sachverzeichnis
fette Zahlen = §§

- Übersichtsinhalt **DONot 24** 5 ff.
- Vordruck Übersicht **DONot 24** 2

Urkundenpapier
- Niederschrift **BeurkG 8** 13

Urkundenrolle DONot 8 1 ff.
- Abkürzungen **DONot 8** 35
- Ablösung durch Urkundenverzeichnis **BeurkG 55** 1
- Amtshandlungen, einzutragende **DONot 8** 3 ff.
- Angelegenheit, gesellschaftsrechtliche **DONot 8** 25
- Aufsichtsfunktion **DONot 8** 2
- Beglaubigungen **DONot 8** 7, 34
- Bemerkungen **DONot 8** 39
- Bescheinigung, gesellschaftsrechtliche **DONot 8** 10a
- Beurkundung, sonstige **DONot 8** 5
- Beurkundung Willenserklärung **DONot 8** 4
- Bruchnummer **DONot 8** 17
- doppelt belegte Nummer **DONot 7** 9
- Eid/Eidesstattliche Versicherung **DONot 8** 6
- Eintragung der Beteiligten **DONot 8** 19 ff.
- Eintragung der Beteiligten, Inhalt **DONot 8** 26 ff.
- Eintragungsfristen **DONot 17** 4
- Eintragungszeitpunkt **DONot 8** 15 ff.
- Ersetzen durch Urkundenverzeichnis **DONot 8** 2a
- Führung **DONot 5** 2
- Führung, papiergebundene **DONot 6** 3
- gemeinsame Führung mit Kostenregister **DONot 16** 3
- Geschäftsgegenstand **DONot 8** 30 ff.
- Loseblattform **DONot 14** 2 ff.
- Muster **DONot 8** 13 f.; **Anhang 1** 2
- Muster Titelblatt **Anhang 1** 1
- Namensverzeichnis zur **DONot 13** 2 f.
- Notariatsverwalter **DONot 33** 27 f.
- Nummerierung **DONot 8** 17
- Ort des Amtsgeschäfts **DONot 8** 18a f.
- Partei kraft Amtes **DONot 8** 23
- Prozesshandlung **DONot 8** 4
- Reihenfolge der Eintragung **DONot 8** 18
- Satzungsbescheinigung **DONot 8** 10a
- Schiedsspruch **DONot 8** 11
- Tatsachenbeurkundung **DONot 8** 5
- übersprungene Nummer **DONot 7** 9
- Verfahrenshandlung **DONot 8** 4
- Vermerk, elektronischer **DONot 8** 10b
- Versammlungsbeschluss **DONot 8** 4
- Vertretungsfälle **DONot 8** 20 ff.
- Vertretungsverhältnis **DONot 8** 24
- Vertretungsverhältnisse, gestufte **DONot 8** 22
- Vertretungsvermerk Notarvertretung **DONot 33** 11 ff.
- Verweisung auf andere Urkunden **DONot 8** 36 ff.
- Vollstreckbarerklärung Anwaltsvergleich **DONot 8** 11
- Vollzugsentwurf **DONot 8** 34a
- Willenserklärung **DONot 8** 4
- Zeugnis, einfaches **DONot 8** 8
- Zusatz „ohne Entwurf" **DONot 8** 34
- Zwischenausdruck **DONot 17** 7 f.

Urkundenrollennummer DONot 28 18 ff.
- Angabe der **DONot 28** 18 ff.
- Angabe Jahreszahl **DONot 28** 21

Urkundensammlung BeurkG 55 1; **DONot 18** 1 ff.
- Abschrift, beglaubigte **DONot 18** 5; **DONot 19** 2 ff., 6
- Abschrift Verfügung von Todes wegen **DONot 20** 7 ff.
- Abschriften **DONot 18** 5, 23
- Art der Aufbewahrung **DONot 18** 13 f.
- Aufbau **DONot 18** 11 f.
- Aufbewahrungsfrist **DONot 5** 13
- Ausfertigungen **DONot 18** 4, 23
- Begriff **DONot 18** 1 f.
- Eigenurkunden **DONot 18** 8
- Eintragungsbestätigung ZTR **DONot 20** 11 ff.
- Entnahme für spätere Bearbeitung **DONot 18** 10
- Erbvertrag **DONot 18** 3d f., 24 f.
- Führung **DONot 5** 1 ff.
- Führung, papiergebundene **DONot 6** 6
- Gestaltung **DONot 18** 2 ff.
- Hinweisblatt **DONot 18** 22
- Listenbescheinigung **DONot 18** 7
- Nebenakten **DONot 22** 1 ff.
- Niederschrifturkunde **DONot 18** 4
- Notariatsverwalter **DONot 33** 32
- Nummernfolge **DONot 18** 11 f.
- Ordnungssystem **DONot 18** 11 f.
- Satzungsbescheinigung **DONot 18** 7
- Unterlagen, andere **DONot 18** 15 ff.
- Unterschriftsbeglaubigung **DONot 19** 2 ff.
- Urkunden, zusammenhängende **DONot 18** 15 ff.
- Urkundskasten **DONot 18** 13
- Urschriften **DONot 18** 3 ff.
- Vermerkblatt Verfügung von Todes wegen **DONot 20** 4
- Vermerkblätter **DONot 18** 6
- Vermerkurkunde **DONot 18** 3b; **DONot 19** 1 ff., 5
- Vollstreckbarerklärung Anwaltsvergleich **DONot 18** 3c
- Zeitpunkt der Aufnahme von Urkunden **DONot 18** 9 f.
- Zusammensetzung **DONot 18** 2 ff.

Urkundensammlung, elektronische BNotO 78 40 ff.; **BNotO 78h** 4 ff.; **BeurkG 55** 1; **DONot 5** 33; **DONot 18** 1a
- Aufbewahrungsfrist **DONot 5** 35
- Bestätigung der Übereinstimmung **BeurkG 56** 7 ff.
- Gebühren **BNotO 78j** 7 ff.

magere Zahlen = Randnummern

Sachverzeichnis

– Gebühren für Urkundenverzeichnis **BNotO 78j** 5
– Gebührenbemessung **BNotO 78j** 14 ff.
– Gebührenentgegennahme **BNotO 78j** 10 f.
– Gebührenschuldner **BNotO 78j** 7 ff.
– Gesamtschuldnerschaft **BNotO 78j** 8 f.
– Gleichstellung elektronischer Urkunde mit Papierurkunde **BeurkG 56** 11 ff.
– Herstellung **BeurkG 56** 2 ff.
– Nachdigitalisierung **BNotO 78j** 12
– nachträgliche Hinzufügungen **BeurkG 56** 10
– Zugangsberechtigung **BNotO 78i** 1 ff.
Urkundensprache BeurkG 5 1 ff.
Urkundenverkehr
– bilateraler **BeurkG 2** 20 f.
Urkundenverzeichnis BNotO 78 40 ff.; **BNotO 78h** 4 ff.; **BeurkG 55** 1 ff.; **DONot 5** 33
– Aufbewahrungsfrist **DONot 5** 35
– Gebühren **BNotO 78j** 5
– Vermerk bei vollstreckbarer Ausfertigung **BeurkG 52** 17 f.
– Vermerk der Erteilung einer Ausfertigung **BeurkG 49** 14a
– Zugangsberechtigung **BNotO 78i** 1 ff.
Urkundenvollzug
– Amtsausübungspflicht **BNotO 15** 10 ff.
– Unparteilichkeit **BNotO 14** 12
– Weisungen des Mandanten **BNotO 14** 14
Urkundsdatum DONot 28 13
Urkundsdelikt
– Dienstvergehen **BNotO 95** 18
Urkundsentwurf
– Fertigung außerhalb Amtsbereich **BNotO 11** 26 ff., 80
– Mitteilung Amtsbereichsüberschreitung **BNotO 11** 80
Urkundsgewährungsanspruch BeurkG Einl. 6
Urkundsgewährungspflicht BNotO 15 6
– Einschränkung der **BNotO 16** 2
Urkundsgewalt BeurkG 2 3
Urkundskasten DONot 18 13
Urkundsprinzip BNotO 12 1
Urkundssprache BeurkG 16 1, 4 f.
Urkundtätigkeit
– außerhalb Amtsbereich **BNotO 11** 20 ff., 79 ff.
– außerhalb Amtsbezirk **BNotO 11** 4 ff.
– Begriff **BNotO 11** 5
– außerhalb Bestellungsstaat **BNotO 11a** 2
– Gebührenhilfe **BNotO 17** 14
– RNotO **BNotO Einl.** 15
– keine Urkundstätigkeit **BNotO 15** 14 ff.
– Verweigerung **BNotO 15** 1 ff.
– Verweigerung, berechtigte **BNotO 15** 7 ff., 24 ff.
Urkundtätigkeit außerhalb Amtsbereich BNotO 11 20 ff., 79 ff.
– Alternativverhalten, rechtmäßiges **BNotO 11** 64

– Fertigung Urkundsentwurf **BNotO 11** 26 ff., 80
– Formulierungsmuster Mitteilung **BNotO 11** 79 ff.
– Gefahr im Verzug **BNotO 11** 23 ff., 79
– bei Gelegenheit **BNotO 11** 61
– Mitteilungspflicht **BNotO 11** 71 ff.
– Nachlassverzeichnis **BNotO 11** 62 f.
– Sachbehandlung, unrichtige **BNotO 11** 35 f.
– Sachlage, unbestimmte **BNotO 11** 60 ff., 83
– Vertrauensbeziehung, besondere **BNotO 11** 37 ff., 82
Urkundtätigkeit außerhalb Amtsbezirk BNotO 11 4 ff., 77
– Ausnahmefall **BNotO 11** 8
– Gefahr im Verzug **BNotO 11** 13 ff., 78
– Genehmigungsantrag (Formulierungsmuster) **BNotO 11** 77
– Genehmigungsverfahren **BNotO 11** 10 ff.
– Genehmigungsvoraussetzungen **BNotO 11** 8 f.
– Genehmigungsvorbehalt **BNotO 11** 7 ff.
Ursächlichkeit
– Alternativverhalten, rechtmäßiges **BNotO 19** 33
– Amtspflichtverletzung **BNotO 19** 30 ff.
– Reservursache **BNotO 19** 33
– Schutzbereich der verletzten Norm **BNotO 19** 34
Urschrift
– Angabe Urkundenrollennummer **DONot 28** 18
– Aufbewahrung **DONot 18** 3 ff.
– Aushändigung für Auslandsverkehr **BeurkG 45** 6 ff.; **BeurkG 45a** 1
– Aushändigung Vermerkurkunde **BeurkG 45** 10
– Austausch wegen besserer Lesbarkeit **DONot 29** 8
– Dauerhaftigkeit **DONot 29** 9 f.
– Einsichtsrecht Ausfertigungsberechtigter **BeurkG 51** 1 ff., 15 ff.
– Ersetzung **BeurkG 46** 1 ff.
– Fälschungssicherheit **DONot 29** 10 f.
– Heftung **DONot 30** 1 ff.
– Herausgabe/Beschlagnahme **BNotO 18** 117 ff.
– Herstellung **DONot 29** 1 ff.
– Herstellungsverfahren **DONot 29** 12 ff.
– Lesbarkeit **DONot 29** 3 ff.
– Rechtsmittel bei Herausgabeverweigerung **BeurkG 54** 2
– Urkundensammlung **DONot 18** 3 ff.
– Vermerk bei vollsteckbarer Ausfertigung **BeurkG 52** 17 f.
– Vermerk der Erteilung einer Ausfertigung **BeurkG 49** 14
– Verwahrung **BeurkG 45** 2 ff.
– Zweitschrift **BeurkG 49** 2

1881

Sachverzeichnis

fette Zahlen = §§

Validierung
– qualifizierter elektronischer Signaturen **BNotO 33** 10 f.; **BeurkG 39a** 1d, 2b

Vanuatu
– Apostille **BeurkG 2** 19b

Vaterschaftsanerkennung
– Offenbarungspflicht bei **BNotO 18** 108
– Zuständigkeit AG für Beurkundung **BeurkG 1** 15
– Zuständigkeit Jugendamt für Beurkundung **BeurkG 1** 16

Venezuela
– Apostille **BeurkG 2** 19b

Veräußerung
– Notarpraxis **BNotO 47** 29 f.

Verbindung mit Schnur und Siegel BeurkG 44 1 ff.

Verbotsirrtum
– unvermeidlicher **BNotO 95** 26

Verbraucherschutz
– Gesetz zur Änderung von Vorschriften über die außergerichtliche Streitbeilegung in Verbrauchersachen **BNotO Einl.** 43
– Gesetz zur Stärkung des Verbraucherschutzes im notariellen Beurkundungsverfahren **BNotO Einl.** 40

Verbraucherschutzvorschrift
– Amtsenthebung bei Verstoß gegen **BNotO 50** 107, 110 ff.

Verbraucherschutzvorschrift, Verstoß
– Amtsenthebung **BNotO 50** 107, 110 ff.
– grober Verstoß **BNotO 50** 114 ff.
– Qualifizierung **BNotO 50** 112 ff.
– Verhältnismäßigkeit der Amtsenthebung bei **BNotO 50** 118 f.
– wiederholter Verstoß **BNotO 50** 113

Verbrauchervertrag
– Amtsenthebung bei Verstoß gegen Verbraucherschutzvorschrift **BNotO 50** 107, 110 ff.
– Begriff **BeurkG 17** 43
– Belegenheitsprinzip **BeurkG 2** 13
– Beurkundung **BeurkG 17** 40 ff.
– Gelegenheit, ausreichender Auseinandersetzung mit Beurkundungsgegenstand **BeurkG 17** 48 f.
– Hinwirkungspflichten bei Beurkundung **BeurkG 17** 44
– persönliche Erklärungsabgabe **BeurkG 17** 45 ff.
– Verhältnis Entwurf zur Urkunde **BeurkG 8** 7a
– Vertrauensperson **BeurkG 17** 45 ff.
– Zurverfügungstellungsfrist des beabsichtigten Beurkundungstextes **BeurkG 17** 50 ff.

Verbreitungsgebiet
– Anzeigenwerbung **RLEmBNotK VII** 31

Verdacht, hinreichender
– Vorermittlung **BNotO 96** 7

Verdachtsmeldung
– an Zentralstelle für Finanztransaktionsuntersuchungen **BNotO 18** 88 f.

Vereidigung BNotO 13 1 ff.
– Dolmetscher **BeurkG 16** 13
– frühere **BNotO 40** 7
– Notariatsverwalter **BNotO 57** 12 ff.
– Notarvertreter **BNotO 40** 6 ff.

Verein, eingetragener
– Mitgliedschaft Notar **BNotO 9** 22

Vereinigte Staaten von Amerika
– Apostille **BeurkG 2** 19b

Vereinigungsverbot
– Verstoß gegen **BNotO 49** 10

Verfahren erster Rechtszug
– Entscheidung des Gerichts **BNotO 111b** 71 ff.
– Gerichtsbescheid **BNotO 111b** 74
– Rechtsbehelfsbelehrung **BNotO 111b** 72
– Urteilsabsetzung **BNotO 111b** 73
– Verfahrensgrundsätze **BNotO 111b** 63 ff.

Verfahren, notarielles
– Ausgestaltung **BNotO 2** 3

Verfahrensdauer, überlange
– Disziplinarverfahren **BNotO 95a** 22; **BNotO 96** 48
– Entschädigung **BNotO 96** 48
– Entschädigungsanspruch **BNotO 111h** 2, 7
– Rechtsschutz **BNotO 96** 48; **BNotO 111h** 1 ff.
– Verzögerungsrüge **BNotO 111h** 5

Verfahrenseinstellung
– Bewertung im Disziplinarverfahren **BNotO 97** 12

Verfahrensfehler
– bei Bestellung **BNotO 12** 20

Verfahrensgrundsätze BNotO 64a 3 ff.; **BNotO 111b** 63 ff.
– Amtsermittlungsgrundsatz **BNotO 111b** 68 ff.
– Beweislast, materielle **BNotO 111b** 70
– Dispositionsgrundsatz **BNotO 111b** 67
– Mündlichkeit **BNotO 111b** 63 f.
– Öffentlichkeit **BNotO 111b** 65 f.
– Prozessförderungspflicht **BNotO 111b** 69
– Untersuchungsgrundsatz **BNotO 111b** 68 ff.

Verfahrenshandlung
– Urkundenrolle **DONot 8** 4

Verfahrensordnung
– Änderung **BNotO Vorb.111–111g** 1, 4
– ergänzende Anwendung von ZPO und VwGO **BNotO Vorb.111–111g** 3
– frühere Rechtslage **BNotO Vorb.111–111g** 2 f.
– gerichtliche **BNotO Vorb.111–111g** 1
– Verweisungskette **BNotO Vorb.111–111g** 2

Verfahrensvorschriften BNotO 111b 1 ff.
– eigener Art **BNotO 2** 4

Verfahrensweisen
– atypische **RLEmBNotK II** 1 ff., 13 ff.
– Berufsrichtlinien **RLEmBNotK II** 1 ff., 6, 13 ff.
– Richtlinienkompetenz NotK **BNotO 67** 42
– systematische **RLEmBNotK II** 17 f.
– unzulässige **RLEmBNotK II** 13 ff.

magere Zahlen = Randnummern

Sachverzeichnis

Verfassungseid BNotO 13 5
Verfassungsrecht
– Verstoß gegen **BNotO 95** 12
Verfassungstreue
– Eignung, persönliche **BNotO 6** 4; **BNotO 13** 1 ff.
Verfehlung
– Anknüpfung **BNotO 110** 11 ff.
– außerberufliche **BNotO 110** 13
– Begriff **BNotO 110** 11
Verfolgungshindernis
– Disziplinarmaßnahme **BNotO 95** 32
Verfolgungsverbot
– Dienstvergehen **BNotO 95a** 1 ff.
– Eintritt **BNotO 95a** 9 f.
– bei Entfernung aus dem Amt **BNotO 95a** 10
– Fristbeginn bei Dienstvergehen **BNotO 95a** 6 f.
– Hemmung **BNotO 95a** 14, 19 f.
– Mehrheit von Dienstvergehen **BNotO 95a** 8
– Unterbrechung **BNotO 95a** 14 ff.
– Voraussetzungen **BNotO 95a** 6 ff.
– Wirkungen **BNotO 95a** 11 ff.
Verfügbarkeit
– Akten- und Verzeichnisführung **BNotO 35** 7
Verfügung, einstweilige
– Zustimmung zur Verwahrung **BNotO 23** 54
Verfügung von Todes wegen BeurkG Vorb.27 1 ff.; **DONot 20** 1 ff.
– Ablehnung bei Geschäftsunfähigkeit **BeurkG 28** 5a
– Ablieferung in amtliche Verwahrung **DONot 20** 2 ff.
– Abschrift in Urkundensammlung **DONot 20** 7 ff.
– Aufbewahrungsfrist von Abschriften **DONot 5** 14
– Durchführungsvollmacht **BeurkG 27** 10
– Erblasser, sprachunkundiger **BeurkG 32** 1 ff.
– Feststellung über Geschäftsfähigkeit **BeurkG 28** 1 ff.
– Geschäftsfähigkeit **BeurkG 28** 1
– Hinzuziehungsverlangen Zeuge/zweiter Notar **BeurkG 29** 1 ff.
– Mitwirkungsverbot begünstigter Person **BeurkG 27** 1 ff.
– Notarunterschrift auf Testamentsumschlag **BeurkG 35** 5 f.
– Notarunterschrift, fehlende **BeurkG 35** 1 ff.
– Übergabe einer Schrift **BeurkG 30** 1 ff.
– Übermittlung Verwahrangaben an ZTR **DONot 20** 11 ff.
– Übersicht Urkundengeschäft **DONot 24** 9
– Übertragung in elektronischer Form **BeurkG 34** 12a
– Vermerkblatt **DONot 20** 3 ff.
– Verschließung **BeurkG 34** 1 ff., 5 f.
– Verwahrung **BeurkG 34** 1 ff., 5 ff.; **BeurkG 45** 4
– Vollmacht über den Tod hinaus **BeurkG 27** 10

– Zurückbehaltung einer beglaubigten Abschrift **DONot 20** 5 ff.
– Zweifel an Geschäftsfähigkeit **BeurkG 28** 3 ff.
Verfügungsbefugnis
– Anderkonto **BeurkG 58** 14 ff.; **DONot 27** 14
– nach Ausscheiden des Notars aus Amt **BeurkG 58** 21 ff.
– Notaranderkontenbedingungen 2019 (Text) **DONot 27** 8
– Prüfung **BeurkG 12** 3, 10
Vergewisserungspflicht
– Dokumentation **BNotO 28** 10
– Wahrung von Unabhängig-/Unparteilichkeit **BNotO 28** 8
Vergütung
– von Amts wegen bestellter Vertreter **BNotO 43** 2 ff.
– auf Antrag bestellter Vertreter **BNotO 43** 5 f.
– Mitarbeiter **RLEmBNotK VIII** 26 ff.
– Nebentätigkeit **BNotO 8** 17, 19
– Notariatsverwalter **BNotO 59** 1 ff., 6
– Notarvertreter **BNotO 41** 8
– Rechtsstreit Notariatsverwalter/NotK **BNotO 62** 3
– verdeckte, Nebentätigkeit **BNotO 8** 20
Vergütungsvereinbarung
– Notarvertreter **BNotO 41** 8
– Vertretervergütung **BNotO 43** 5 f.
Verhalten
– Ausnutzung Abhängigkeiten von Mitarbeitern **BNotO 14** 38
– außerdienstliches **BNotO 14** 38; **RLEmBNotK II** 44 f.
– außerdienstliches, Mitarbeiter **RLEmBNotK VIII** 18
– des Notars **BNotO 31** 1 ff.
– querulatorisches außerdienstliches **BNotO 14** 38
– Richtlinienkompetenz NotK **BNotO 67** 45
– Verhaltenserwartung, sittliche **BNotO 14** 38
– werbewirksames **BNotO 29** 5 f.
Verhalten des Notars BNotO 31 1 ff.
– gegenüber Dritten **BNotO 31** 4 ff.
– gegenüber Kollegen **BNotO 31** 8 ff.
– kollegiales **BNotO 31** 8 ff.
– Schlichtungsbemühungen **BNotO 31** 11
Verhaltenserwartung, sittliche BNotO 14 38
Verhaltensweisen
– Berufsrichtlinien **RLEmBNotK II** 1 ff., 44 f.
Verhältnismäßigkeit
– Durchsuchung **BNotO 18** 6
– Ermittlungshandlung **BNotO 18** 6
Verhandlung
– Begriff **BeurkG 8** 7 ff.
– Einheit der **BeurkG 8** 12
– mündliche, Verfahrensgrundsatz **BNotO 111b** 63 f.
Verhinderung
– Amtsausübung **RLEmBNotK IV** 10
– Inverwahrunggabe von Akten **BNotO 45** 1 ff.

1883

Sachverzeichnis

fette Zahlen = §§

- des Notars **BNotO 38** 1 ff.
- Offenbarung zur – einer Straftat **BNotO 18** 133 ff.
- Offenbarung zur – eines Schadens **BNotO 18** 136 f.
- Vertreterbestellung **BNotO 39** 4 ff.
- Verweigerung Amtstätigkeit bei **BNotO 15** 25

Verhinderung, krankheitsbedingte
- Vertreterbestellung **BNotO 38** 10, 13

Verhinderung, wiederkehrende
- Bestellung ständiger Vertreter bei **BNotO 39** 39
- Vertreterbestellung **BNotO 39** 31 f.

Verjährung
- Amtspflichtverletzung **BNotO 19** 50 ff.
- Disziplinarrecht **BNotO 95a** 1 ff.
- Verhalten, ordnungswidriges **BNotO 75** 7

Verkauf, freihändiger
- Absicherung bei **BeurkG 57** 14

Verkehrsunfallflucht
- Disziplinarrecht **BNotO 95** 19

Verknüpfungsabrede
- Beurkundungsbedürftigkeit **BeurkG 9** 15

Verkündungsblatt der BNotK
- Bezugspflicht **BNotO 32** 1 ff.

Verlosung BNotO 20 4a, 14 ff.
- Begriff **BNotO 20** 14
- Beurkundung **BeurkG 36** 14; **BeurkG 37** 22
- Immobilie **BNotO 20** 17
- Mitwirkungsverbot **BeurkG 3** 22
- Prüfungstätigkeit **BNotO 20** 16
- Urkundenrolle **DONot 8** 5
- Zulässigkeit **BNotO 20** 17
- Zuständigkeit **BNotO 20** 15

Verlust
- Amtssiegel **DONot 2** 11a, 15 f.
- bei Notariatsverwaltung **BNotO 59** 3 f., 14
- Signaturkarte **DONot 2a** 12 f.

Verlustdeckung
- Notariatsverwaltung **BNotO 59** 3 f., 14, 15
- Rechtsstreit Notariatsverwalter/NotK **BNotO 62** 3

Vermerk BeurkG 39 1 ff.
- Abgrenzung zu Niederschrift **BeurkG 8** 6
- Anwendungsbereich **BeurkG 39** 2 ff.
- Ausfertigungserteilung auf Urschrift **BeurkG 49** 14
- Ausfertigungserteilung im Urkundenverzeichnis **BeurkG 49** 14a
- Bestätigung der Übereinstimmung von Papierurkunde und elektronischer Urkunde **BeurkG 56** 7 ff.
- Beurkundung **BeurkG 39** 1 ff.
- Beurkundungsverfahren **BeurkG 39** 5
- Mitteilungspflicht **DONot 19** 4
- Scheck-/Wechselprotest **DONot 21** 1 ff.
- Tatsachenvorgang **BeurkG 39** 4
- Übersetzung **BeurkG 50** 4

- Urkunde, doppelsprachige **BeurkG 50** 3d
- vollstreckbare Ausfertigung auf Urschrift **BeurkG 52** 17 f.

Vermerk, elektronischer
- Aufbewahrung **DONot 19** 7
- Urkundenrolle **DONot 8** 10b

Vermerkblatt
- Aufbewahrung **DONot 19** 1 ff., 4, 5
- Herstellung **DONot 29** 3 ff., 12 ff.
- Urkundensammlung **DONot 18** 6
- Verfügung von Todes wegen **DONot 20** 3 ff.

Vermerkpflicht
- Briefvorlage bei Beurkundung Abtretung/Belastung Briefpfandrecht **BeurkG 21** 6 f.
- fehlende vorherige Unterrichtung über Grundbucheinsicht **BeurkG 21** 5
- Genehmigungserfordernisse **BeurkG 18** 3a
- Hinweis auf Vorkaufsrecht **BeurkG 20** 3
- Hinweis bez. steuerlicher Unbedenklichkeit **BeurkG 19** 1 ff.
- Rechtsanwendung, ausländische **BeurkG 17** 62

Vermerkurkunde
- Aufbewahrung **DONot 19** 1 ff., 5
- Aushändigung der Urschrift **BeurkG 45** 10
- elektronische **BNotO 20** 13a; **BeurkG 39a** 6 ff.
- Grundbuchmitteilung **BeurkG 39** 3a
- Nachtragsbeurkundung **BeurkG 44b** 4
- Urkundensammlung **DONot 18** 3b; **DONot 19** 1 ff., 5

Vermittlung
- nach Sachenrechtsbereinigungsgesetz **BNotO 20** 5, 50

Vermittlungsverbot BNotO 14 39 ff., 43 f., 46

Vermittlungsverfahren
- außergerichtliches **BNotO 20** 54 ff.
- Erbauseinandersetzung **BNotO 1** 16
- Mediation/Schlichtung **BNotO 24** 48
- Nachlass-/Gesamtgutauseinandersetzung **BNotO 20** 51 ff.
- Notarwahl **BeurkG 2** 6
- Reichweite Amtsermittlungspflicht **BNotO 20** 53
- Sachenrechtsbereinigung **BNotO 24** 47
- SachenrechtsbereinigungsG **BNotO 20** 50
- Zuständigkeit des Notars **BNotO 20** 55 ff.

Vermögensdelikt
- Dienstvergehen **BNotO 95** 18

Vermögensgefährdung BNotO 14 21, 37

Vermögensinteressen
- Berufsrichtlinien **RLEmBNotK III** 1 ff.
- Bremer NotK **RLEmBNotK III** 5
- Hamburger NotK **RLEmBNotK III** 6
- Wahrung fremder **RLEmBNotK III** 1 ff.

Vermögensinteressenwahrung
- Richtlinienkompetenz NotK **BNotO 67** 46

Vermögensrechtliche Streitigkeiten
- zwischen Notar und Vertreter **BNotO 42** 3

magere Zahlen = Randnummern **Sachverzeichnis**

Vermögensverfall
– Abgrenzung zu wirtschaftlichen Verhältnissen **BNotO 50** 101
– Amtsenthebung bei **BNotO 50** 47 ff.
– Bedienung laufender Verpflichtungen **BNotO 50** 50, 53
– Begriff **BNotO 50** 50
– finanzielle Verhältnisse, ungeordnete schlechte **BNotO 50** 50 ff.
– Gläubigerzustimmung zu Insolvenzplan **BNotO 50** 59
– Vermutung **BNotO 50** 55
– Widerlegung der Vermutung **BNotO 50** 57
– Zeitpunkt, maßgeblicher **BNotO 50** 60 ff.
Vermögensverschlechterung
– Auszahlung bei **BeurkG 61** 6 ff.
Vermögensverwaltung
– Bestellung Mitarbeiter **RLEmBNotK VIII** 13
– entgeltliche **BNotO 8** 22
– genehmigungsfreie Nebentätigkeit **BNotO 8** 31
Vermögensverzeichnis
– Aufnahme **BNotO 20** 4a, 18 ff.
– Aufnahmeverfahren **BNotO 20** 21 ff.
– Auskünfte Beteiligter/Dritter **BNotO 20** 22, 23 ff.
– Beurkundung **BeurkG 36** 14; **BeurkG 37** 22
– eidesstattliche Versicherung **BNotO 20** 26
– Ermittlungsmöglichkeiten **BNotO 20** 23 ff.
– Mitwirkung bei Aufnahme **BNotO 20** 25
– Mitwirkungsverbot **BeurkG 3** 21
– Qualitätsanforderung **BNotO 20** 19
– Richtigkeitskontrolle **BNotO 20** 19
– Wertangaben **BNotO 20** 24
Vernichtung
– Unterlagen **DONot 5** 25 ff.
Veröffentlichung
– Informationsveranstaltung **RLEmBNotK VII** 32 f.
– Satzung NotK **BNotO 72** 12
Veröffentlichungsblätter
– Aufbewahrung **BNotO 32** 5
– Bezug bei gemeinsamer Berufsausübung **BNotO 32** 6
– Bezugsform **BNotO 32** 3 f.
– Bezugspflicht **BNotO 32** 1 ff.
– Online-Einsicht **BNotO 32** 3
– Zugriffsmöglichkeit **BNotO 32** 3 f.
Verordnung über die Führung von Akten und Verzeichnissen durch Notare BeurkG 59a 13
Verordnung über die notarielle Fachprüfung BNotO 7i
Verordnungsermächtigung
– zu Akten und Verzeichnissen **BNotO 36** 1 ff.
Verpflichtung
– Notarassessor **BNotO 7** 35

Verpflichtung, förmliche BNotO 26 1 ff.; **DONot 4** 1 ff.
– Amtsnachfolge **DONot 4** 6
– Amtspflicht **BNotO 26** 5 ff.
– Bürogemeinschaft **BNotO 26** 16
– Ermächtigungsgrundlage **BNotO 26** 2 ff.
– erneute **BNotO 26** 14
– Generalakten **DONot 23** 6b
– Handschlag **BNotO 26** 11
– Inhalt und Form **BNotO 26** 10 ff.
– Mitarbeiter **RLEmBNotK VIII** 24 f.
– Niederschrift **BNotO 26** 10, 12; **DONot 4** 2 f.
– Personenkreis **BNotO 26** 6 ff.
– Sozietät **BNotO 26** 15 ff.
– Verpflichtungsmuster **BNotO 26** 22
– vertragliche **DONot 4** 3
– Verwahrung der Niederschriften **BNotO 26** 18
– Wiederholung **DONot 4** 4 ff.
– Zeitpunkt **BNotO 26** 13 f.
Verpflichtungserklärung
– der Angestellten **BNotO 14** 46
Verpflichtungsgesetz BNotO 26 2 ff.
Verpflichtungsklage BNotO 111b 4
– Befreiung von Verschwiegenheitspflicht **BNotO 18** 61 ff.
– Begründetheit **BNotO 111b** 38 ff.
– Klagebefugnis **BNotO 111b** 13
– Rechtsverletzung **BNotO 111b** 51
– Untätigkeitsklage **BNotO 111b** 4
– Versagungsgegenklage **BNotO 111b** 4
– Zeitpunkt, maßgeblicher zur Beurteilung der Sach-/Rechtslage **BNotO 111b** 54
Versagung
– der Beurkundung **BNotO 14** 28
Versagungsgegenklage
– Frist **BNotO 111b** 34
– Klagebefugnis **BNotO 111b** 21 f.
– Verpflichtungsklage **BNotO 111b** 4
Versagungsgrund
– Hinweispflicht **BNotO 14** 36
Versagungspflicht BNotO 14 28 ff.
Versammlungsbeschluss
– Beurkundung **BNotO 20** 4a; **BeurkG 1** 12; **BeurkG 37** 11 ff., 15 f.
– Mitwirkungsverbot bei Beurkundung **BeurkG 3** 19, 59
– Urkundenrolle **DONot 8** 4 f.
Versammlungsniederschrift
– Beurkundung **BeurkG 36** 14
Verschließung
– Anwendungsbereich **BeurkG 34** 2 ff.
– Kennzeichnung der Schrift **BeurkG 34** 6
– nachträgliche **BeurkG 34** 6
– Niederschrift Verfügung von Todes wegen **BeurkG 34** 1 ff., 5 f.
– Rechtsfolgen von Verstößen **BeurkG 34** 13 f.
– Regelungsinhalt **BeurkG 34** 5 ff.
– Umschlagsbeschriftung **BeurkG 34** 9 f.

1885

Sachverzeichnis

fette Zahlen = §§

Verschulden
- bei Bewerbungsfrist **BNotO 6b** 8

Verschweigen
- Ermittlungsverfahren **BNotO 50** 20

Verschwiegenheit
- Absicherung, privatrechtliche **BNotO 26** 19 ff.
- Dienstleister, externe **BNotO 26a** 5 ff.
- Mitarbeiter **BNotO 26** 6 ff.
- Schutz, strafrechtlicher **BNotO 18** 3 f.; **BNotO 26a** 5 f.
- Schutz, verfahrensrechtlicher **BNotO 18** 5 ff.

Verschwiegenheitspflicht BNotO 18 1 ff.; **BNotO 69a** 1 ff.
- Abrechnung Verwahrungsgeschäft **DONot 27** 27
- gegenüber Amtsnachfolger **BNotO 18** 128
- gegenüber Amtsvorgänger **BNotO 18** 129 ff.
- Anderkonto **BeurkG 58** 44 ff.
- Anfechtungsklage Befreiung **BNotO 18** 58 ff.
- Aussagegenehmigung **BNotO 69a** 15 f.
- Aussageverbot **BNotO 69a** 7 f.
- Bedeutungslosigkeit **BNotO 18** 22 ff.
- Befreiung **BNotO 18** 25 ff.; **BNotO 69a** 12 ff.
- Befreiung durch Aufsichtsbehörde **BNotO 18** 39 ff., 48 ff.
- Befreiung durch Beteiligten **BNotO 18** 26 ff.
- Befreiung durch Partei kraft Amtes **BNotO 18** 45 ff.
- Befreiung durch Rechtsnachfolger **BNotO 18** 39 ff.
- Befreiung durch Vertreter **BNotO 18** 42 ff.
- Befreiungsantrag **BNotO 18** 50
- Befreiungserklärung **BNotO 18** 27 ff.
- Begründetheit der Befreiung **BNotO 18** 54 ff.
- Berufsrichtlinien **RLEmBNotK III** 13
- bei Beschlagnahmeanordnung **BNotO 18** 112 ff., 123 ff.
- Beteiligtenbegriff, formeller/materieller **BNotO 18** 33
- Beteiligtenbegriff, verschwiegenheitsrechtlicher **BNotO 18** 34 ff.
- Dauer **BNotO 69a** 11
- Drittinformation **BNotO 18** 35
- bei Durchsuchungsanordnung **BNotO 18** 120 ff.
- Ehrenpräsident **BNotO 70** 23
- Eigeninteresse, berechtigtes **BNotO 18** 132 ff., 138 ff.
- gegenüber Finanzbehörde **BNotO 18** 100 ff.
- Fortbestehen nach Erlöschen des Amtes **BNotO 18** 162 ff.
- Gegenstand **BNotO 69a** 5
- gegenüber Gutachterausschuss **BNotO 18** 105 ff.
- Inhalt **BNotO 18** 9 ff.
- Inhalt, persönlicher **BNotO 18** 10 ff.
- Inhalt, sachlicher **BNotO 18** 14 ff.
- gegenüber Jedermann **BNotO 18** 11
- gegenüber Jugendamt **BNotO 18** 109
- Kenntniserlangung **BNotO 69a** 6
- Kenntniserlangung, amtliche **BNotO 18** 16 ff.
- Kostenbeitreibung **BNotO 18** 146 ff.
- Kostenbeschwerde **BNotO 18** 96 ff.
- NotK **BNotO 69a** 1 ff.; **BNotO 74** 3
- Notstand **BNotO 18** 132 ff.
- Offenbarungstatbestände, gesetzliche **BNotO 18** 65 ff.
- Offenkundigkeit **BNotO 18** 19 ff.
- organschaftliche **BNotO 69a** 9 f.
- Personenkreis **BNotO 69a** 3 f.
- Personenkreis, geschützter **BNotO 18** 12
- Personenkreis, verpflichteter **BNotO 18** 13
- Präsidiumsmitglied BNotK **BNotO 81a** 1 ff.
- im Rahmen Amtsnachfolge **BNotO 18** 126 ff.
- Rechtsmittel bei Befreiung **BNotO 18** 57 ff.
- Schutzbereich **BNotO 69a** 2
- gegenüber Standesamt **BNotO 18** 108
- Statthaftigkeit der Befreiung von **BNotO 18** 51 ff.
- gegenüber Strafverfolgungsbehörde **BNotO 18** 111 ff., 123 ff.
- Testierfähigkeit eines Erblassers **BNotO 18** 56 f.
- nach Tod eines Beteiligten **BNotO 18** 39 ff., 48 ff.
- Umfang **BNotO 18** 15; **BNotO 69a** 5 ff.
- Verhältnis zu Datenschutz **BNotO 18** 166 ff.
- Verhältnis zum Informationsfreiheitsrecht **BNotO 18** 166 ff.
- Verhinderung einer Straftat **BNotO 18** 133 ff.
- Verhinderung eines Schadens **BNotO 18** 136 f.
- Verletzung durch Offenbarung **BNotO 18** 153 ff.
- Verpflichtungsklage Befreiung **BNotO 18** 61 ff.
- Verstoß gegen **BNotO 69a** 24 ff.
- bei Verwahranzeige **BeurkG 34a** 4 f.
- Vorstand **BNotO 69a** 3 f.
- Vorstandsmitglied **BNotO 67** 27
- Widerruf der Befreiung **BNotO 18** 57
- Zeugnisverweigerungsrecht **BNotO 69a** 8
- bei Zivil-/Strafverteidigung gegen Amtspflichtverletzung **BNotO 18** 150 ff.
- Zulässigkeit der Befreiung **BNotO 18** 51 ff.
- Zweifel über Bestehen/Umfang **BNotO 18** 57 ff.

Verschwiegenheitspflichtverstoß
- Disziplinarrecht **BNotO 69a** 26
- strafrechtliche Folgen **BNotO 69a** 24
- zivilrechtliche Folgen **BNotO 69a** 25

Verschwiegenheitsvereinbarung, externe Dienstleister BNotO 26a 29, 33 ff.; **DONot 4** 3, 8
- Ausnahmen **BNotO 26a** 39 f.
- Belehrung **BNotO 26a** 36
- Einbeziehung Dritter **BNotO 26a** 38
- Generalakten **DONot 23** 6b

magere Zahlen = Randnummern

– Inhalte **BNotO 26a** 36 ff.
– Muster **BNotO 26a** 42 f.
– Schriftform **BNotO 26a** 34 f.
– Sozietät **BNotO 26a** 41
Verschwiegenheitsverpflichtung *siehe Verpflichtung, förmliche*
Versicherung, eidesstattliche *siehe Eidesstattliche Versicherung*
Versicherungspflicht BNotO 19a 8 ff.
– Sicherung der **BNotO 19a** 25
– Verpflichteter **BNotO 19a** 8 ff.
– Versicherungsumfang **BNotO 19a** 12 ff.
– Versicherungsunternehmen **BNotO 19a** 11
Versicherungsunternehmen
– Berufshaftpflichtversicherung **BNotO 19a** 11
Versiegelung
– urheberrechtlich schützenswertes Werk **BeurkG 37** 21
Versorgungsanspruch
– Verfahrensrecht **BNotO 113** 30 f.
Versorgungswerk, berufsständisches
– Überschussverwendung aus Notariatsverwaltung **BNotO 60** 3
Versprechen
– Vorteilsgewährung **BNotO 17** 3
Verständigung, schriftliche
– bei Hörbehinderung **BeurkG 23** 6 ff.; **BeurkG 24** 1
– nicht mögliche **BeurkG 24** 1 ff.
Verständigungsperson
– Erklärungshelfer **BeurkG 24** 7
– Feststellungsvermerk **BeurkG 24** 9
– Zuziehung **BeurkG 24** 6 ff.
Versteigerung
– Durchführung freiwilliger **BNotO 20** 5
– freiwillige **BNotO 20** 36 ff.; **BeurkG 15** 1 ff.
– gewerbliche **BNotO 20** 38
– Mitwirkungsverbot **BeurkG 3** 23
– Urkundenrolle **DONot 8** 5
Versteigerung, freiwillige BNotO 20 36 ff.; **BeurkG 15** 1 ff.
– Belehrungspflichten der Beurkundung **BNotO 20** 46a
– Beurkundung **BNotO 20** 44 ff.; **BeurkG 15** 1 ff.; **BeurkG 36** 14; **BeurkG 37** 22
– Durchführung **BNotO 20** 42 f.
– Einbeziehung Versteigerungsbedingungen **BNotO 20** 46
– Feststellungsvermerk **BNotO 20** 45
– Formzwang **BeurkG 15** 4
– Gebot **BNotO 20** 40
– Grundstückskaufvertrag **BNotO 20** 41
– Prüfungspflichten bei Beurkundung **BNotO 20** 46a
– sonstige **BNotO 20** 49
– Verfahren **BNotO 20** 42 f.
– Vertragsschluss **BNotO 20** 40 f.; **BeurkG 15** 3
– Wohnungseigentum **BNotO 20** 37

Sachverzeichnis

– Zuschlag **BNotO 20** 40
– Zuständigkeit **BeurkG 15** 2
Versteigerungsverfahren
– Leitung **BNotO 20** 42 f.
Versteigerungsverordnung BNotO 20 38
Versuch
– Verhalten, amtspflichtwidriges **BNotO 95** 23
Vertragsänderung
– im Gründungsstadium **BeurkG 37** 12
Vertragsaufspaltung
– Belehrung über Mehrkosten **RLEmBNotK II** 35
– systematische Beurkundungsverfahren **RLEmBNotK II** 32 ff.
Vertragsbestätigung
– Sachenrechtsbereinigungsgesetz **DONot 8** 12
Vertragsgerechtigkeit
– Beurkundung **BNotO 20** 8 f.; **BeurkG 1** 8
Vertragsgestaltung
– Pflicht zur richtigen **BeurkG 1** 8; **BeurkG 9** 7
– Vertragsgerechtigkeit **BNotO 20** 8 f.
Vertragsschluss
– Versteigerung **BNotO 20** 40 f.
Vertrauen der Öffentlichkeit BNotO 14 38
Vertrauensbeziehung, besondere
– Amtstätigkeit, vorangegangene **BNotO 11** 40 f.
– bei Gesellschaften **BNotO 11** 47 f.
– Kausalität **BNotO 11** 49 ff.
– Mitteilung Amtsbereichsüberschreitung **BNotO 11** 82
– bei Tatsachenbeurkundungen **BNotO 11** 48a ff.
– Umstände, tatsächliche **BNotO 11** 42 f.
– Unzumutbarkeit des Aufsuchens der Geschäftsstelle **BNotO 11** 52 f.
– Urkundstätigkeit außerhalb Amtsbereich **BNotO 11** 37 ff., 82
– Vertrauen, vermitteltes **BNotO 11** 44 ff.
– Vertrauensbeziehung **BNotO 11** 39 ff.
Vertrauensdiensteanbieter, qualifizierter BNotO 33 3 f., 6 f.; **BeurkG 39a** 2b f.; **DONot 2a** 3, 6 f.
Vertrauensperson
– Beurkundung mit **BeurkG 17** 34 f., 45 ff.
Vertrauensschadensfonds BNotO 67 79 f.; **BNotO 74** 5; *siehe auch Notarversicherungsfonds*
Vertrauensschadensversicherung
– Berufshaftpflicht **BNotO 19a** 5
– Notarkasse **BNotO 113** 17
– Verhältnis zu Haftpflichtversicherung **BNotO 19a** 20 ff.
– bei Verwahrung **BNotO 23** 65
Vertrauenswerbung BNotO 29 5, 9
Vertrauenswürdigkeit
– Europäischer Kodex des notariellen Standesrechts **Anhang 2** 2.6.
Vertraulichkeit BNotO 18 1 ff.
– Akten- und Verzeichnisführung **BNotO 35** 4

1887

Sachverzeichnis

fette Zahlen = §§

- Schutz, strafrechtlicher **BNotO 18** 3 f.; **BNotO 26a** 5 ff.
- Schutz, verfahrensrechtlicher **BNotO 18** 5 ff.

Vertreter
- Befreiung von Verschwiegenheitspflicht **BNotO 18** 42 ff.
- Beurkundung mit **BeurkG 17** 32 ff.
- Beurkundung, rechtsmissbräuchliche **BeurkG 17** 33
- gekorener **BNotO 84** 4 ff.
- Offenbarung gegenüber **BNotO 18** 68a ff.
- des öffentlichen Interesses **BNotO 111b** 89
- ständiger *siehe Notarvertreter, ständiger*
- systematische Beurkundung mit bevollmächtigtem **RLEmBNotK II** 25 ff.
- systematische Beurkundung mit Notariatsmitarbeiter als **RLEmBNotK II** 28 ff.
- systematische Beurkundung mit vollmachtslosem **RLEmBNotK II** 20 ff.
- unwirksame Beurkundung **BeurkG 6** 7
- vollmachtsloser **RLEmBNotK II** 20 ff.
- *siehe auch Notarvertreter*

Vertreter, gesetzlicher
- Nachweis Vertretungsmacht **BeurkG 12** 7
- unwirksame Beurkundung **BeurkG 6** 7

Vertreterbestellung BNotO 39 1 ff.
- Abwesenheit **BNotO 39** 4 ff.
- von Amts wegen **BNotO 39** 12 f.
- Amtsbefugnis des Notars bei **BNotO 39** 28
- Amtsbefugnis des Vertreters **BNotO 39** 27
- Amtsenthebungsverfahren wegen Arbeitsunfähigkeit **BNotO 50** 82 ff.
- Amtsübertragung ohne **BNotO 39** 46
- Antrag **BNotO 39** 8 ff.
- Auswahl des Vertreters **BNotO 39** 14 ff.
- Bekanntmachung **BNotO 40** 3 f.
- Beschränkung **BNotO 39** 23
- Dauervertretung **BNotO 39** 4a
- Eignung des Vertreters **BNotO 39** 14 ff.
- Ermessensentscheidung **BNotO 39** 21 ff., 36, 38 ff.
- Form **BNotO 40** 2 ff.
- juristischer Mitarbeiter **BNotO 25** 15
- Notarvertreter, ständiger **BNotO 39** 30 ff.
- Rechtsfolgen **BNotO 39** 25 ff., 42
- Rechtsschutz **BNotO 39** 43 ff.
- Rechtsschutz bei Widerruf **BNotO 40** 17
- Rechtswirkung Widerruf **BNotO 40** 15 f.
- Selbstbindung der Verwaltung **BNotO 39** 19, 36
- Unterrichtung NotK bei **BNotO 40** 5
- Vereidigung **BNotO 40** 6 ff.
- Vereidigung, frühere **BNotO 40** 7
- Verfahren **BNotO 39** 20
- Verfahrensfragen **BNotO 40** 1 ff.
- Verhinderung **BNotO 39** 4 ff.
- vertragliche Beziehung zwischen Notar und Notarvertreter **BNotO 39** 29
- Voraussetzungen **BNotO 39** 4 ff.
- Vorschlagsrecht **BNotO 39** 14, 34 ff.
- Widerruf **BNotO 40** 9 ff.
- Widerrufsform und -verfahren **BNotO 40** 13 f.
- Zuständigkeit **BNotO 39** 20, 37

Vertretervereinbarung
- Haftungsregelung **BNotO 46** 7
- Vergütung **BNotO 43** 5 f.

Vertretervergütung BNotO 43 1 ff.
- von Amts wegen bestellter Vertreter **BNotO 43** 2 ff.
- auf Antrag bestellter Vertreter **BNotO 43** 5 f.
- Schiedsgericht **BNotO 42** 6
- Streitigkeit über **BNotO 42** 3

Vertreterversammlung BNotO 83 2 ff.
- Abstimmungsverfahren **BNotO 86** 1 ff.
- außerordentliche **BNotO 85** 8 ff.
- Beitragsfestsetzung BNotK **BNotO 91** 5 ff.
- Bericht des Präsidiums **BNotO 87** 1 ff.
- Beschlussfassung **BNotO 83** 3; **BNotO 86** 17 ff.
- Beschlussfassung, mündliche **BNotO 85** 11
- Beschlussfassung, schriftliche **BNotO 85** 12 ff.
- BNotK **BNotO 79** 2
- Einberufung **BNotO 82** 5; **BNotO 85** 1 ff.
- Ende der Mitgliedschaft **BNotO 81** 14
- gekorener Vertreter **BNotO 84** 4 ff.
- institutionalisierter Vertreter **BNotO 84** 4 ff.
- Mehrheit, einfache **BNotO 86** 17
- Mehrheit, qualifizierte **BNotO 86** 18 f.
- Mitgliederstatus **BNotO 88** 1 ff.
- ordentliche **BNotO 85** 2 ff.
- Präsident als Vertreter **BNotO 84** 2 f.
- Stellung gegenüber Präsidium **BNotO 79** 6
- Stimmabgabe **BNotO 86** 11, 12
- Stimmrechte **BNotO 86** 2 ff.
- Tätigkeit, ehrenamtliche **BNotO 88** 1 ff.
- Teilnehmer **BNotO 86** 10 ff.
- Teilnehmer, weitere **BNotO 86** 12
- Verfassungsmäßigkeit Stimmrecht **BNotO 86** 6 ff.
- Vertreter der NotK **BNotO 86** 10 f.
- Vertretung in der **BNotO 84** 1 ff.
- Vetoeinlegung **BNotO 86** 23 f.
- Vetorecht **BNotO 86** 20 ff.
- Vorsitz **BNotO 82** 4
- Wahl Präsidium BNotK **BNotO 81** 1 ff.

Vertretung
- Anzeige vorzeitiger Beendigung der Notarvertretung **DONot 33** 15 f.
- Berufsrichtlinien **RLEmBNotK IV** 7 ff.
- Beteiligtenvertretung **BNotO 24** 50 ff.
- gesetzliche, Mitwirkungsverbot **BeurkG 3** 35 ff.
- gewillkürte, Mitwirkungsverbot **BeurkG 3** 56
- durch Notariatsmitarbeiter **BeurkG 17** 35
- durch Sozius des Notars **BeurkG 17** 35
- ständige, Anzeige **DONot 33** 17 f.
- Verhinderung Anwaltsnotar **RLEmBNotK IV** 10
- vorsorgende Rechtspflege **BNotO 24** 50 ff.

magere Zahlen = Randnummern

Sachverzeichnis

Vertretungsbefugnis
- NotK **BNotO 68** 5 ff.

Vertretungsberechtigung BeurkG 12 1 ff.

Vertretungsbescheinigung BNotO 21 7 ff.
- Mitwirkungsverbot **BeurkG 3** 28
- sonstige **BNotO 21** 31 f.

Vertretungsfälle
- Urkundenrolle **DONot 8** 20 ff.

Vertretungsmacht
- Belehrung bei fehlender **BeurkG 12** 11
- Bescheinigung über durch Rechtsgeschäft erteilte **BNotO 21** 1, 14a ff.
- Prüfung **BeurkG 12** 3 ff.
- Registerbescheinigung **BNotO 21** 7 ff.

Vertretungsverbot
- Dauer **BNotO 54** 26
- Ermessenentscheidung **BNotO 54** 25
- Verbot nach § 150 BRAO **BNotO 54** 24
- Voraussetzungen **BNotO 54** 22 f.
- bei vorläufiger Amtsenthebung **BNotO 54** 20 ff., 29 f.

Vertretungsverhältnis
- Urkundenrolle **DONot 8** 24

Vertretungsverhältnisse, gestufte
- Urkundenrolle **DONot 8** 22

Vertretungsvermerk
- Amtswechsel **DONot 33** 12
- Eintragungszeitpunkt **DONot 33** 13
- Notarvertreter **DONot 33** 11 ff.

Verunglimpfung
- Bundespräsident/Staat/Staatssymbole **BNotO 49** 10

Verurteilung, strafgerichtliche BNotO 49 1 ff.
- Aberkennung Amtsfähigkeit **BNotO 49** 15 f.
- Amtsverlust infolge **BNotO 49** 1 ff., 17
- Beamtenernennung **BNotO 50** 14 ff., 21 ff.
- Freiheitsstrafe von mind. 1 Jahr **BNotO 49** 5 f.
- Freiheitsstrafe von mind. 6 Monaten **BNotO 49** 7 f.
- Rechtsfolge **BNotO 49** 17
- Rehabilitierung **BNotO 49** 18 ff.
- Tatbestand **BNotO 49** 4 ff.
- unbekannte **BNotO 50** 21 ff.
- Versagung Weiterführung Amtsbezeichnung **BNotO 52** 16a
- Wiederaufnahmeverfahren **BNotO 49** 18 ff.

Verwahrangaben
- Sterbefallmitteilung **BNotO 78e** 5
- Übermittlung an ZTR **DONot 20** 11 ff.
- Zentrales Testamentsregister **BNotO 78d** 11

Verwahranzeige
- Änderungsurkunde **BeurkG 34a** 8
- Angaben, mitteilungspflichtige **BeurkG 34a** 3
- elektronische **BeurkG 34a** 6
- Frist **BeurkG 34a** 7
- Rechtsfolgen Verletzung **BeurkG 34a** 12
- unverzüglich **BeurkG 34a** 7

- Verhältnis zu Verschwiegenheitspflicht **BeurkG 34a** 4 f.
- Zentrales Testamentsregister **BeurkG 34a** 1 ff.

Verwahrung BNotO 1 23; **BNotO 23** 1 ff.; **BeurkG 57** 1 ff.; **BeurkG 62** 1 ff.
- Abgrenzungen **BNotO 23** 12 ff.
- Ablehnung **BeurkG 57** 27
- Absehen von Auszahlung **BeurkG 61** 1 ff.
- Abtretung Auskehrungsanspruch **BNotO 23** 33 ff.
- Amtshaftung **BNotO 23** 60 ff.
- Anderkonto **BNotO 23** 13; **BeurkG 58** 2 ff.
- Annahme Verwahrungsantrag und -anweisung **BeurkG 57** 59 ff.
- Anschein einer Sicherheit **RLEmBNotK III** 8
- Ansprüche, zivilrechtliche **BNotO 23** 52 ff.
- Anwaltsnotar **BNotO 23** 14
- Anwaltsvergleich, vollstreckbarer **BeurkG 52** 21
- Anwendungsbereich **BeurkG 34** 2 ff.
- Art der Verwahrung **BeurkG 62** 10 ff.
- Ausführung **RLEmBNotK III** 3 ff.
- Ausschluss Amtshaftung **BNotO 23** 62 ff.
- Aussonderungsrecht **BNotO 23** 46
- Auszahlung bei Abtretung/Pfändung **BNotO 23** 38 ff.
- Auszahlungsaussetzung **BeurkG 61** 1 ff.
- Auszahlungsfehler **BNotO 23** 27
- Bargeld **BeurkG 57** 2 ff.
- Begriff **BNotO 23** 9; **BeurkG 1** 6
- Behandlung von Schecks **BeurkG 58** 49 f.
- Bescheinigung über **BeurkG 62** 9
- Beschwerde **BNotO 23** 49 ff.
- besondere amtliche **DONot 9** 1
- disziplinarische Sanktionen **BNotO 23** 66
- Dokumentation **BNotO 23** 4
- Drittwiderspruchsklage **BNotO 23** 45 f.
- Durchführung **BeurkG 58** 1 ff.; **BeurkG 62** 10 ff.
- Durchführung bei sonstigen Gegenständen **BeurkG 62** 21
- Empfangsquittung bei sonstigen Gegenständen **BeurkG 62** 21
- Erbvertrag **DONot 9** 1
- fakultative **BeurkG 57** 21 f.
- Finanzierungsdarlehen **BNotO 23** 25
- Gegenstand, sonstiger **BNotO 23** 1 ff., 6; **BNotO 24** 45; **BeurkG 62** 18 ff.
- Geld **BNotO 23** 1 ff., 6
- Geldwäsche **BeurkG 57** 27
- Gläubigerablösung **BNotO 23** 26
- Haftungsprivileg **BNotO 23** 64
- Hebegebühren **BeurkG 57** 58
- Herausgabe/Beschlagnahme Urkunde/Urschrift **BNotO 18** 117 ff.
- Herausgabepflicht bei Beschlagnahmeordnung **BNotO 18** 112
- Hinterlegung beim Amtsgericht **BNotO 23** 55 ff.

1889

Sachverzeichnis

fette Zahlen = §§

- Insolvenz des Notars **BNotO 23** 45 f.
- Insolvenz eines Beteiligten **BNotO 23** 43 ff.
- Interessengefährdung **BNotO 50** 103 ff.
- Kaufpreiszahlung **BNotO 23** 21 ff.
- Kennzeichnung Verwahrungsgut **DONot 27** 3
- Kostbarkeiten **BNotO 23** 1 ff., 6; **BeurkG 62** 1 ff.; **DONot 27** 2 f.
- Kosten **BeurkG 57** 57
- mehrere in Safe/Schließfach **DONot 27** 3
- Meldepflicht nach Außenwirtschaftsgesetz **BeurkG 58** 47
- Mitwirkungsverbot **BeurkG 57** 28
- bei Nachlassverwaltung **BNotO 23** 12
- bei Nebentätigkeit **BNotO 23** 12
- Niederschrift Verfügung von Todes wegen **BeurkG 34** 1 ff., 5 ff.
- beim Notar **BeurkG 34** 11
- offene durch Bank **DONot 27** 2 f.
- Pfändung Anderkonto **BNotO 23** 28 ff.
- Pflichten nach Geldwäschegesetz **BeurkG 57** 109 ff.
- privatrechtliche **BNotO 23** 13
- Quellcode **BeurkG 62** 22 ff.
- Rechtsfolgen von Verstößen **BeurkG 34** 13 f.
- Rechtsgrundlagen **BNotO 23** 1 ff.
- Rechtsmittel gegen Beschlagnahmeanordnung **BNotO 18** 113 ff.
- Rechtsschutz **BNotO 23** 47 ff.
- Regelungsinhalt **BeurkG 34** 5 ff.
- Rückgabe Erbvertrag **BeurkG 34** 12
- Rücknahme Erbvertrag aus **BeurkG 45** 11; **DONot 20** 15 ff.
- Safe **BeurkG 62** 11
- Sammlermünzen **BeurkG 57** 4
- Scheck-/Wechselprotest **DONot 21** 3
- Sicherheit, vorgetäuschte **BeurkG 57** 27
- Sicherheitseinbehalt **BeurkG 57** 12
- Sicherungsinteresse, berechtigtes **BeurkG 57** 5 ff.; **BeurkG 62** 7
- Sicherungsinteresse, fehlendes **BeurkG 57** 22 ff., 24
- Sperrkonto **BNotO 23** 16 ff.
- strafrechtliche Sanktionen **BNotO 23** 67
- bei Testamentsvollstreckung **BNotO 23** 12
- Treubruch **BNotO 23** 67
- Treuhand der Bank **BNotO 23** 15
- Treuhandauftrag Dritter **BeurkG 57** 63 ff.
- Treuhandkonto **BNotO 23** 13
- Treuhandtätigkeit außerhalb der **BNotO 24** 40 ff.
- unerlaubter/unredlicher Zweck **BeurkG 61** 3 ff.
- Unzulässigkeit **BeurkG 57** 25 ff.
- Unzulässigkeit anderer Verwahrungsarten **BNotO 23** 8
- urheberrechtlich schützenswertes Werk **BeurkG 37** 21
- Urkunden **BeurkG 55** 1 ff.; **DONot 18** 1 ff.
- Urschrift **BeurkG 45** 2 ff.

- Verfahren bei Auszahlungsaussetzung **BeurkG 61** 12 ff.
- Verfügung, einstweilige **BNotO 23** 54
- Verfügung von Todes wegen **BeurkG 45** 4
- Verhältnis zu Prioritätsverhandlung **BeurkG 62** 26 ff.
- Vermerk Scheck-/Wechselprotest **DONot 21** 3
- bei Vermögensverschlechterung **BeurkG 61** 6 ff.
- Verpflichtung zur Übernahme **BNotO 23** 7
- Verschwiegenheitspflicht **BeurkG 58** 44 ff.
- Verstöße bei Auszahlungsaussetzung **BeurkG 61** 15
- Vertrauensschadensversicherung **BNotO 23** 65
- Verwahrungsanweisung **BeurkG 57** 29 ff.
- Verweigerung **BNotO 15** 28, 30
- Verzögerungsschaden **BNotO 23** 51
- Vorbescheid **BNotO 23** 50 f.
- bei vorläufiger Amtsenthebung **BNotO 55** 16 ff.
- Wertpapiere **BNotO 23** 1 ff., 6; **BeurkG 62** 1 ff.; **DONot 27** 2 f.
- Wertpapierverwaltung **BeurkG 62** 14
- Widerruf Anweisung **BeurkG 60** 1 ff.
- Zinsen **BeurkG 57** 57
- Zulässigkeit **BeurkG 57** 2 ff.
- Zuständigkeit **BNotO 23** 5; **BeurkG 34** 8; **BeurkG 45** 5
- Zwangsvollstreckung gegen Notar **BNotO 23** 45 f.
- Zweck, unredlicher **RLEmBNotK III** 7 ff.
- Zweckverfolgung unerlaubte/unredliche **BeurkG 57** 27
- *siehe auch Aufbewahrung*

Verwahrungsantrag BeurkG 57 29a ff.
- Ablehnung **BeurkG 57** 62 f.
- Annahme **BeurkG 57** 59 ff.
- Annahmevermerk **BeurkG 57** 61

Verwahrungsanweisung BNotO 23 11; **BeurkG 57** 29 ff.; **BeurkG 62** 8 f.
- Ablieferung **BeurkG 62** 16
- Absehen von Auszahlung **BeurkG 61** 1 ff.
- Anderkonten, mehrere **BeurkG 58** 48
- Anderkonto **BeurkG 58** 25 ff.
- Änderung Auszahlungskonto **BNotO 23** 44a
- Änderung, nachträgliche **BeurkG 57** 54
- Anlageart **BeurkG 57** 56; **BeurkG 58** 7 f.
- Annahme **BeurkG 57** 59 ff.
- Anweisender **BeurkG 57** 43 ff.
- Art der Verwahrung **BeurkG 62** 10 ff.
- Auslegung/Ergänzung **BeurkG 58** 25a ff.
- Auszahlungsvoraussetzungen **BeurkG 57** 38, 49 ff.
- Bedingungen der Verwahrung **BeurkG 57** 37, 56 ff.
- Belehrungspflicht **BeurkG 57** 39, 42
- einseitiger Widerruf mehrseitiger **BeurkG 60** 19 ff.

magere Zahlen = Randnummern

Sachverzeichnis

– Einzahlung **BeurkG 57** 46 ff.
– Einzahlungsanweisung des Käufers **BeurkG 60** 15 f.
– Empfangsberechtigter **BeurkG 57** 43 ff.
– Fälligkeit der Einzahlung **BeurkG 57** 46 ff.
– falsa demonstratio **BeurkG 58** 27
– Form **BeurkG 57** 31 ff.; **BeurkG 62** 8 f.
– Gegenstände, sonstige **BeurkG 62** 18 ff.
– Geldwäschegesetz **BeurkG 57** 109 ff.
– Gestaltung **BeurkG 62** 8 f.
– Haftung **BeurkG 57** 41
– Inhalt **BeurkG 57** 36 ff.
– Insolvenz eines Beteiligten **BNotO 23** 43 ff.
– Kostbarkeiten **BeurkG 62** 1 ff.
– mehrseitige **BNotO 23** 38 ff.
– Mindestinhalt **BeurkG 57** 36 ff.
– nachträglich unwiederbringlicher Schaden durch Auszahlung **BeurkG 61** 6 ff.
– Plausibilitätsprüfung bei Widerruf **BeurkG 60** 21
– Prüfung der Ernsthaftigkeit des Widerrufs-/grundes **BeurkG 60** 22, 23 ff.
– Rechtsschutz **BeurkG 60** 30
– Regelung der Widerrufsmöglichkeit **BeurkG 60** 28 f.
– Rückzahlung **BeurkG 57** 55 f.
– Sicherungsinteresse **BeurkG 57** 39
– Treuhandaufträge Dritter **BeurkG 57** 33
– unerlaubter/unredlicher Zweck **BeurkG 61** 3 ff.
– unzulässige **BeurkG 57** 25 ff.
– bei Vertragsänderung **BeurkG 57** 32
– Verwahrungsart **BeurkG 62** 13
– Vollziehungsmöglichkeit **BeurkG 57** 40
– Wegfall der Geschäftsgrundlage **BeurkG 58** 26
– Wertpapiere **BeurkG 62** 1 ff.
– Widerruf **BeurkG 62** 17
– Widerruf bei Amtspflichten gegenüber Dritten **BeurkG 60** 6 ff.
– Widerruf einseitiger **BeurkG 60** 1 ff., 3 ff.
– Widerruf einseitiger, Fallgruppen **BeurkG 60** 10 ff.
– Widerruf mehrseitiger **BeurkG 60** 1 ff., 17 ff.
Verwahrungsbuch BeurkG 58 42; **BeurkG 62** 15; **DONot 10** 1 ff.
– Abschluss durch Notarvertreter **DONot 33** 14
– Abweichung zwischen Kontostand und Saldo im **DONot 10** 40 ff.
– Aufbewahrungsfrist **DONot 10** 18
– Auftraggeber **DONot 11** 11 ff.
– Barein-/auszahlung **DONot 10** 33 f.
– Bemerkungen **DONot 11** 22
– Datum **DONot 11** 9 f.
– Datum, einzutragendes **DONot 10** 33 ff.
– doppelte Buchung Verwahrungs-/Massenbuch **DONot 10** 1 f.
– EDV **DONot 10** 5 ff.
– Einnahme und Ausgabe **DONot 10** 25 f.
– Eintragungen **DONot 11** 1 ff., 7 ff.

– Eintragungsfristen **DONot 17** 4
– Eintragungspflicht Verwahrung **BeurkG 62** 15
– eintragungspflichtige Massen **DONot 10** 19 ff.
– eintragungspflichtige Vorgänge **DONot 10** 25 ff.
– Empfänger **DONot 11** 11 ff.
– Ersetzen durch Verwahrungsverzeichnis **BeurkG 59a** 5 ff.
– Fehlbuchung **DONot 11** 17
– Form, gebundene **DONot 10** 10 ff.; **DONot 11** 6
– Fremdwährung **DONot 11** 16
– Führung **DONot 5** 2; **DONot 10** 4 ff.; **DONot 11** 1 ff.
– Führung Loseblattform ohne EDV **DONot 10** 9
– Führungsverantwortung **DONot 10** 13 f.
– Geldeinnahmen/-ausgaben **DONot 11** 15 ff.
– Grundpfandrechtsbrief **DONot 10** 22
– Jahresabschluss **DONot 11** 23 ff.
– Kostbarkeit **DONot 11** 20
– Loseblattform **DONot 14** 2 ff.
– Muster, amtliches **DONot 10** 3; **DONot 11** 4 f.
– Muster (gebundene Form) **Anhang 1** 3
– Muster (Loseblattform) **Anhang 1** 4
– Muster Titelblatt **Anhang 1** 1
– nicht einzutragende Gegenstände **DONot 10** 21 ff.
– Notariatsverwalter **DONot 33** 29 f.
– Nummerierung **DONot 11** 7 f.
– Rechnungsabgrenzung **DONot 11** 26
– Scheckein-/-ausgang **DONot 10** 37 ff.
– Spalten **DONot 11** 7 ff.
– Stornobuchung **DONot 7** 9; **DONot 11** 17
– tagggleiche Eintragung **DONot 10** 29 ff.
– Übertrag Abschlusssaldo **DONot 11** 27 f.
– Umbuchung **DONot 10** 27 ff.
– Unterschiede Gebundene/Loseblattform **DONot 11** 6
– Verweis auf Massebuch **DONot 11** 21
– Wechsel-/Scheckprotest **DONot 10** 23 f.
– Wertpapiere **DONot 11** 18 ff.
– Zahlungsverkehr, bargeldloser **DONot 10** 35 f.
– Zwischenausdruck **DONot 10** 7; **DONot 17** 7 f.
Verwahrungsbucheintragung
– Übersicht Urkundengeschäft **DONot 24** 13
Verwahrungsgegenstand BeurkG 57 2 ff.
– nicht einzutragende **DONot 10** 21 ff.
– Übernahme durch Notariatsverwalter **BNotO 58** 4 ff.
Verwahrungsgeschäft DONot 27 1 ff.
– Abrechnung **DONot 27** 23 ff.
– Auskunftsrecht **DONot 27** 32
– Belege **DONot 27** 19 ff.
– Blattsammlung **DONot 10** 16 f.; **DONot 22** 10 f.
– Einreichungsfrist Übersicht **DONot 24** 3

1891

Sachverzeichnis

fette Zahlen = §§

- Einsichtsrecht **DONot 27** 26
- Erstellung der Übersicht **DONot 25** 6
- Geschäftsübersicht **DONot 5** 2; **DONot 6** 5
- Kapitalertragsteuer **DONot 27** 28 ff.
- Muster Übersicht **Anhang 1** 8
- Übersicht **DONot 10** 15; **DONot 25** 1 ff.
- Übersicht des Notariatsverwalters **DONot 33** 33
- Versicherung der Richtigkeit der Übersicht **DONot 25** 8
- Vordruck Übersicht **DONot 25** 6
- Weisungsrecht Aufsichtsbehörde **BNotO 92** 4

Verwahrungsgut
- Kennzeichnung **DONot 27** 3

Verwahrungsübersicht
- Muster **DONot 6** 10 ff.
- Notarvertreter **DONot 33** 14

Verwahrungsvereinbarung BNotO 23 11; **BeurkG 57** 29 ff.
- Ablösung von Gläubigern **BNotO 23** 26
- Auszahlungsfehler **BNotO 23** 27
- Darlehen **BNotO 23** 25
- Finanzierungsdarlehen **BNotO 23** 25
- Haftung **BeurkG 57** 41
- Kaufvertrag **BNotO 23** 21 ff.
- Missachtung/Verstoß **BNotO 23** 66
- Niederschrift **BeurkG 57** 60
- Rechtsschutz **BeurkG 60** 30

Verwahrungsverzeichnis BNotO 78 40 ff.; **BNotO 78h** 4 ff.; **BeurkG 59a** 1 ff.; **DONot 5** 33
- Aufbewahrungsfrist **DONot 5** 35
- Gebühren **BNotO 78j** 13
- Gebührenschuldner **BNotO 78j** 13
- Ort der Speicherung **BeurkG 59a** 11
- Verordnung über die Führung von Akten und Verzeichnissen durch Notare **BeurkG 59a** 13
- voraussichtlicher Inhalt der Rechtsverordnung **BeurkG 59a** 12 ff.
- Zugangsberechtigung **BNotO 78i** 1 ff.

Verwalter kraft Amtes
- Mitwirkungsverbot **BeurkG 3** 13
- Nachweis Vertretungsmacht **BeurkG 12** 7

Verwaltung
- Eintragungspflicht **BeurkG 62** 15

Verwaltungsakt
- Beklagter/Klagegegner **BNotO 111c** 1 ff.
- Ermessensentscheidung **BNotO 111b** 43 ff.
- Notarbestellung **BNotO 12** 8 f., 16
- Rechtsbehelfsbelehrung **BNotO 111b** 32
- Rechtsverletzung **BNotO 111b** 51
- Rechtswidrigkeit, formelle **BNotO 111b** 40 f.
- Rechtswidrigkeit, materielle **BNotO 111b** 42 ff.

Verwaltungsermessen BNotO 111b 44

Verwaltungsgerichtsordnung
- Abweichungen **BNotO 111b** 86 ff.
- Anwendung **BNotO 111b** 1 ff.
- Verweisung auf **BNotO 111b** 1 f.

Verwaltungspostfach, elektronisches der Justiz (EGVP) BeurkG 53 18
- Ablösung durch besonderes elektronisches Notarpostfach (beN) **BNotO 78** 25

Verwaltungsrat
- Bayerische Notarkasse **BNotO 113** 12 f.
- Fachprüfung, notarielle **BNotO 7g** 5

Verwaltungsrechtsweg BNotO 111 2
Verwaltungsunterstützung BNotO 113 27

Verwaltungsverfahren
- Amtsenthebung bei Amtsunfähigkeit **BNotO 50** 76 ff.
- Beweisantrag **BNotO 64a** 8
- Beweismittel **BNotO 64a** 5
- Beweisverfahren **BNotO 64a** 8
- Eidesstattliche Versicherung **BNotO 22** 8 f.
- Mitwirkungspflicht **BNotO 64a** 9
- Offizialmaxime **BNotO 64a** 10
- Sachverhaltsermittlung **BNotO 64a** 1 ff.
- Übermittlung personenbezogener Informationen **BNotO 64a** 11 ff.
- Untersuchungsgrundsatz **BNotO 64a** 4 ff.
- Verfahrensgrundsätze **BNotO 64a** 3 ff.
- Verfahrensgrundsätze, weitere **BNotO 64a** 10

Verwaltungsvermerk
- Notariatsverwalter **DONot 33** 27 f.

Verwandtschaft
- Mitwirkungsverbot **BeurkG 3** 32
- unwirksame Beurkundung **BeurkG 6** 6

Verweigerung
- Beurkundung **BeurkG 4** 1; **BeurkG 17** 24, 26
- Eidesleistung **BNotO 50** 29 f.
- *siehe auch Amtsverweigerung*

Verweigerung der Amtstätigkeit *siehe Amtstätigkeit, Verweigerung*

Verweis
- Disziplinarmaßnahme **BNotO 97** 15 f.
- nach Prüfung der Amtsführung **DONot 32** 28
- Tilgung Disziplinareintragung **BNotO 110a** 2
- Tilgungsfrist **BNotO 110a** 3 ff.
- Vollstreckung **BNotO 97** 16

Verweisung
- Abbildungen **BeurkG 9** 20
- Begriff **BeurkG 13a** 5 f.
- dynamische **BeurkG 9** 9a
- echte **BeurkG 9** 9, 12 ff.; **BeurkG 14** 3a
- auf elektronische Datenträger **BeurkG 9** 19, 21
- erläuternde **BeurkG 9** 11; **BeurkG 14** 3a
- Gegenstand der **BeurkG 9** 19 ff.; **BeurkG 13a** 6 f.
- Karten **BeurkG 9** 20
- bei Niederschrift **BeurkG 37** 7 f.
- unechte **BeurkG 9** 12 ff.
- Urkundenrolle **DONot 8** 36 ff.
- Verfahren **BeurkG 9** 22
- Vermerk **BeurkG 9** 22
- wechselseitige **DONot 17** 11
- Zeichnungen **BeurkG 9** 20

magere Zahlen = Randnummern

Sachverzeichnis

Verweisungsbeschluss
- Beschwerde **BNotO 110** 17

Verweisungserklärung BeurkG 9 23

Verweisungsvermerk BeurkG 9 22

Verwerfung
- Berufung gegen Disziplinarklage **BNotO 105** 11

Verwertungsverbot BNotO 18 7 f.
- Disziplinarmaßnahme nach Tilgungsfristablauf **BNotO 110a** 11

Verwirkung
- Disziplinarverfahren **BNotO 95a** 21 f.

Verzeichnis
- Abgrenzung zu Büchern **DONot 5** 3
- Änderung **DONot 28** 10
- Änderungsvermerk **DONot 7** 10
- Aufbewahrungsfristen **DONot 5** 13
- EDV-gestützte Führung **DONot 17** 1 ff., 15 ff.
- Eintragung bei EDV-gestütztem **DONot 17** 15
- Eintragungsfristen bei EDV-gestützter Führung **DONot 17** 4, 15
- Eintragungszeitpunkt bei EDV-gestützter Führung **DONot 17** 4, 15
- Führung, papiergebundene **DONot 6** 1 ff., 7
- Gebundene/Loseblattform **DONot 6** 8 f.; **DONot 7** 6
- Notaranderkonten **DONot 10** 15
- Notariatsverwalter **DONot 33** 26 ff.
- Notarvertreter **DONot 33** 10 ff.
- Übergangsvorschriften **DONot 34** 5 ff.
- Werbebeschränkung **BNotO 29** 23
- Werbung **RLEmBNotK VII** 23 f.
- Wiederholung des Ausdruckes **DONot 17** 10
- Zwischenausdruck **DONot 17** 7 f.

Verzeichnisführung BNotO 35 1 ff.; **DONot 5** 1 ff.
- elektronische Verzeichnisse **BNotO 35** 19 ff.
- Form **BNotO 35** 8 ff.
- Gewährleistung der Vertraulichkeit **BNotO 35** 4
- Grundsätze der **BNotO 35** 2 ff.
- heranzuziehende Personen **BNotO 35** 22
- Integritätssicherung **BNotO 35** 5
- Papierverzeichnisse **BNotO 35** 12 ff.
- Transparenz **BNotO 35** 6
- Verfügbarkeit **BNotO 35** 7
- Vernichtungs- und Löschpflichten **BNotO 35** 23
- Verordnungsermächtigung **BNotO 36** 1 ff.

Verzeichnisse
- Führung **BNotO 35** 1 ff.
- Verordnungsermächtigung **BNotO 36** 1 ff.

Verzeichnisse, elektronische
- Führung **BNotO 35** 1 ff., 19 ff.

Verzicht
- Disziplinarverfahren **BNotO 95a** 21 f.
- auf Gebühren **BNotO 17** 11
- Vorlesung **BeurkG 14** 10 f., 13

Verzögerung
- Unterrichtung der betroffenen Partei **BNotO 14** 20

Verzögerungsrüge
- Verfahrensdauer, überlange **BNotO 111h** 5

Verzögerungsschaden
- Vorbescheid bei Verwahrung **BNotO 23** 51

Verzugszinsen
- Bestimmtheit Unterwerfungserklärung **BeurkG 52** 7b

Vetorecht
- in Vertreterversammlung **BNotO 86** 20 ff.

Vizepräsident BNotO 70 15 f.

VOB
- Einbezug der **BeurkG 9** 16a

VO(EG) Nr. 44/2001 über die gerichtliche Zuständigkeit und die Anerkennung und Vollstreckung von Entscheidungen in Zivil- und Handelssachen BeurkG 2 21 ff.

VO(EU) Nr. 1215/2015 BeurkG 2 21a ff.

Volkswirt
- Beschäftigung von **BNotO 25** 5

Vollmacht
- Ausfertigung **BeurkG 47** 3 ff.
- Beifügung zur Niederschrift **BeurkG 12** 13
- Durchführungsvollmacht **BeurkG 27** 10
- Formvorschriften **BeurkG 12** 6, 12
- Kettenvollmacht **BeurkG 47** 6
- Niederschrift **BeurkG 9** 14
- Notariatsverwalter **BNotO 58** 7
- notariell beurkundete **BeurkG 12** 6
- öffentlich beglaubigte **BeurkG 12** 6
- Prüfung, inhaltliche **BeurkG 12** 6
- Prüfung Vertretungsmacht **BeurkG 12** 6
- über Tod hinaus **BeurkG 27** 10
- Untervollmacht **BeurkG 47** 6
- Vorlage **BeurkG 12** 12
- Vorteilsverschaffung **BeurkG 7** 8

Vollmachtgeber
- Auskunftsrecht ZVR **BNotO 78b** 3

Vollmachtsbescheinigung, notarielle BNotO 21 1, 14a ff.
- Beweiswert **BNotO 21** 14f
- Form und Vorlagezeitpunkt Vollmachtsurkunde **BNotO 21** 14e
- Nachweise **BNotO 21** 14c
- Vollmacht eines ausländischen Notars **BNotO 21** 14d
- Vollmachtsketten **BNotO 21** 14c, 14e
- Zuständigkeit **BNotO 21** 14a f.

Vollmachtsvermutung
- Notariatsverwalter **BNotO 58** 7

Vollstreckbare Ausfertigung siehe Ausfertigung, vollstreckbare

Vollstreckbare Urkunde BeurkG 52 5 ff.
- Bestimmtheitsgrundsatz **BeurkG 52** 7 ff.
- Prüfungspflicht **BeurkG 52** 12 f.
- Rechtsverkehr, europäischer **BeurkG 52** 30 ff.
- Vollstreckungsreife **BeurkG 52** 9 ff.

1893

Sachverzeichnis

fette Zahlen = §§

Vollstreckbarerklärung
- Anwaltsvergleich **BeurkG 52** 18 ff.
- Anwaltsvergleich, Urkundenrolle **DONot 8** 11
- Rechtsverkehr, europäischer **BeurkG 52** 30 ff.
- Schiedsspruch **BeurkG 52** 29
- Urkundensammlung **DONot 18** 3c

Vollstreckbarkeit
- grenzüberschreitende **BeurkG 52** 30 ff.

Vollstreckung
- Anwaltsvergleich **BeurkG 52** 18 ff.
- Beschwerdeverfahren **BeurkG 54** 3 ff.
- Bestimmtheitsgrundsatz **BeurkG 52** 7 ff.
- Geldbuße **BNotO 97** 21
- notarielle Urkunde über Geldforderung **BeurkG 2** 21b
- Rechtsmittel **BeurkG 54** 1 ff.
- Rechtsmittelverfahren **BeurkG 54** 3 ff.
- Verweis **BNotO 97** 16

Vollstreckungsklausel BeurkG 52 1 ff., 14 ff.
- Prüfungspflicht **BeurkG 52** 12 f.
- Rechtsmittel bei Verweigerung **BeurkG 54** 2
- Verwahrungsvereinbarung **BNotO 23** 22
- Zuständigkeit **BeurkG 48** 1

Vollstreckungsreife BeurkG 52 9 ff.
- Nachweisverzicht **BeurkG 52** 11 f.
- Risikobegrenzungsgesetz **BeurkG 52** 11a

Vollstreckungstitel
- europäischer **BeurkG 2** 21b; **BeurkG 52** 33

Vollstreckungsunterwerfung
- Urkundenrolle **DONot 8** 4

Vollverschleierung
- Identitätsfeststellung **DONot 26** 3

Vollzug
- Anweisung, streitige **BeurkG 53** 11 ff.
- Aussetzung von Amts wegen **BeurkG 53** 14
- elektronischer **BeurkG 53** 17
- Grundbuch, elektronisches **BeurkG 53** 19 ff.
- Handelsregister, elektronisches **BeurkG 53** 17
- Pflicht zur Einreichung der Beurkundung **BeurkG 53** 3 ff.
- Sicherungsinteressen bei **BeurkG 53** 9 ff.
- Teilvollzug **BeurkG 53** 8
- Unparteilichkeit **BNotO 14** 10
- der Unterschrift **BeurkG 40** 11
- der Urkunde **BNotO 1** 22
- Vorbescheid **BeurkG 53** 15 f.
- Weisung der Beteiligten **BeurkG 53** 9 ff.
- Widerruf, einseitiger **BeurkG 53** 11 ff.
- Zurückbehaltungsrecht **BeurkG 53** 16 f.

Vollzugsentwurf
- Urkundenrolle **DONot 8** 34a

Vollzugsgebühr
- Abgrenzung bei Notariatsverwaltung **BNotO 58** 12

Vollzugsgeschäft
- Begriff **BeurkG 17** 28
- Belehrung bei Beurkundung **BeurkG 17** 28
- Beurkundung mit Notariatsmitarbeiter als Vertreter **RLEmBNotK II** 29

Vollzugspflicht BeurkG 53 1 ff.
- Aussetzung von Amts wegen **BeurkG 53** 14
- Teilvollzug **BeurkG 53** 8
- Vollzugsreife **BeurkG 53** 5 ff.
- Voraussetzungen **BeurkG 53** 3 ff.
- Vorbescheid **BeurkG 53** 15 f.
- Weisung der Beteiligten **BeurkG 53** 9 ff.
- Zurückbehaltungsrecht **BeurkG 53** 16 f.

Vollzugsreife BeurkG 53 5 ff.
- Herbeiführung **BNotO 24** 33

Vollzugstätigkeit BNotO 1 13
- Amtsausübungspflicht **BNotO 15** 10 ff.
- betreuende **BNotO 1** 23
- Haftung **BNotO 24** 35
- selbständige **BNotO 24** 33 ff.
- Übernahme **BNotO 24** 32 ff.
- Überwachung **BNotO 24** 36 ff.
- Überwachungsfehler **BNotO 24** 38
- unselbständige **BNotO 24** 32, 37

Vollzugsverpflichtung
- Übernahme gegenüber Drittem **BNotO 24** 33

Vollzugsvollmacht BNotO 24 57; **BeurkG 3** 4

Vorbefassungsvermerk
- Stempel **DONot 29** 31

Vorbereitungsdienst, notarieller
- Ausgestaltung **BNotO 7** 46 ff.

Vorbereitungshandlung
- Dienstvergehen **BNotO 95** 23

Vorbescheid
- Amtsverweigerung **BNotO 15** 20
- Beschwerde **BNotO 23** 50 f.
- Beschwerdeverfahren **BeurkG 53** 15 f.
- Verzögerungsschaden bei **BNotO 23** 51
- Vollzug **BeurkG 53** 15 f.

Vordruck
- Firmensignets **DONot 29** 35
- Gestaltung **DONot 29** 35 ff.
- Rüge bei Verwendung ungeeigneter Vordrucke **DONot 29** 40
- Strichcode **DONot 29** 36
- Urheberangabe **DONot 29** 36 f.
- Verwendung fremder **DONot 29** 32 ff.
- Verwendung ungeeigneter **DONot 29** 40

Vorermittlungen
- bei Amtssitzverlegung **BNotO 96** 10
- Bagatellverfehlung **BNotO 96** 6
- Disziplinarverfahren **BNotO 96** 7 ff.
- Landgerichtspräsident **BNotO 96** 10
- Verdacht, hinreichender **BNotO 96** 7 ff.
- Zeitablauf **BNotO 96** 6
- Zuständigkeit **BNotO 96** 10

Vorgang
- Beurkundung **BNotO 20** 3; **BeurkG 36** 3

Vorgreiflichkeit
- Disziplinarverfahren **BNotO 96** 36

Vorhaltekosten
- Vorteilsbewertung **BNotO 97** 19

Vorhaltung BNotO 97 15

magere Zahlen = Randnummern

Vorkaufsberechtigter
– Offenbarung gegenüber **BNotO 18** 80 f.
Vorkaufsrecht, gesetzliches
– bundes-/landesrechtliches **BeurkG 20** 4 f.
– Einzelfälle **BeurkG 20** 4 f.
– Hinweispflicht **BeurkG 20** 1 ff.
– Vermerk in Niederschrift **BeurkG 20** 3
Vorkehrungen
– i. S. § 28 BNotO **RLEmBNotK VI** 3 ff.
– Sicherung Gebührenerhebung **RLEmBNotK VI** 6 ff.
– bei Sozietätswechsel **RLEmBNotK VI** 4
– Vorteilsgewährung bei gemeinsamer Berufsausübung **RLEmBNotK VI** 9
Vorkehrungen, geeignete
– Begriff **BNotO 28** 7
– Geeignetheit **BNotO 28** 8
– zur Sicherstellung von Unabhängigkeit und Unparteilichkeit **BNotO 28** 7 ff.
Vorlage
– zur Durchsicht **BeurkG 13** 13 f.; **BeurkG 13a** 11
– Urkunde, elektronische **BeurkG 39a** 7 f.
– auf Verlangen **BeurkG 13** 14
– Vermerk über **BeurkG 39** 4
Vorlagepflicht
– Vereinbarung bei gemeinsamer Berufsausübung/-verbindung **BNotO 27** 11
– Verstoß gegen **BNotO 27** 14 f.
Vorlagerecht BNotO 74 1 ff.
– Abgrenzung **BNotO 74** 2
– Anordnung der NotK **BNotO 74** 12 ff.
– Durchsetzung **BNotO 74** 15 f.
– Inhalt der Befugnisse **BNotO 74** 2 ff.
– Notarkasse **BNotO 74** 11
– NotK **BNotO 74** 8 f.
– Verfahren **BNotO 74** 12 ff.
Vorlagesperre BNotO 24 33
Vorlagezeitpunkt
– Beurkundung **BeurkG 36** 14
– Evidenzkontrolle **BeurkG 43** 4
– Feststellung des Zeitpunkts **BeurkG 43** 3
– private Urkunde **BeurkG 39** 1 ff.; **BeurkG 43** 1 ff.
– private Urkunde, Urkundenrolle **DONot 8** 8
Vorläufiger Rechtsschutz *siehe Rechtsschutz, vorläufiger*
Vorlesung
– abschnittsweise **BeurkG 13** 9
– Anwesenheit der Beteiligten **BeurkG 13** 9 f.
– Anwesenheit des Notars **BeurkG 13** 4
– Art des Verlesens **BeurkG 13** 12 f.
– vom Bildschirm **BeurkG 13** 7
– eingeschränkte **BeurkG 13a** 2, 7 f.; **BeurkG 14** 1 ff., 7 ff.
– eingeschränkte, Verfahren **BeurkG 14** 7 ff.
– Mangel **BeurkG 13** 11a
– neu ausgedruckte Seiten **BeurkG 13** 8

Sachverzeichnis

– Nichtverlesen von Teilen der Urkunde **BeurkG 13** 11a
– Niederschrift **BeurkG 13** 1 ff., 5 ff.
– Sammelbeurkundung **BeurkG 13** 15 f.
– Schlussvermerk **BeurkG 13** 11b
– Texterkennungssystem **BeurkG 13** 12a
– Umfang **BeurkG 13** 11 ff.
– Urkunde, doppelsprachige **BeurkG 16** 1a, 8b f.
– Verzicht **BeurkG 14** 10 f., 13
– Vorlage zur Durchsicht **BeurkG 13** 13 f.
Vorlesungspflicht BeurkG 13 3 ff.
– bei Übergabe einer Schrift **BeurkG 30** 8
– Verstoß gegen **BeurkG 13** 11a
Vorlesungspflicht, eingeschränkte BeurkG 13a 1 ff., 7 f.; **BeurkG 14** 1 ff.
– Anwendungsbereich **BeurkG 14** 3b ff.
– Beurkundung von Willenserklärungen **BeurkG 14** 3b
– eingeschränkte **BeurkG 13a** 7 f.
Vormerkliste
– Anwärterdienst **BNotO 7** 31
Vormerkung
– Absicherung **BeurkG 57** 16
Vormerkungsbestätigung BNotO 21 25
Vormund
– genehmigungsfreie Nebentätigkeit **BNotO 8** 30
Vormundschaft
– Verwahrung bei **BNotO 23** 12
Vorratsgesellschaft
– Gründung/Veräußerung **RLEmBNotK VIII** 12
– Handelndenhaftung bei Gründung **RLEmBNotK VIII** 30
Vorrücksystem
– Besetzung Notarstelle **BNotO 10** 30 ff.; **BNotO 48c** 72 ff.
– Bewerberauswahl **BNotO 7** 11; **BNotO 48c** 72 ff.
Vorsatz
– Amtspflichtverletzung **BNotO 19** 22
– Dienstvergehen **BNotO 95** 25
Vorschaltverfahren
– Amtsenthebung **BNotO 50** 137
Vorschlagsliste
– Beisitzer, notarieller **BNotO 103** 3
Vorschlagsrecht
– Beurkundung bei bestimmtem Notar **RLEmBNotK VII** 18
Vorsorgeeinrichtung
– Unterhaltung der **BNotO 67** 78
Vorsorgende Rechtspflege *siehe Rechtspflege, vorsorgende*
Vorsorgeregister, zentrales *siehe Zentrales Vorsorgeregister*
Vorsorgeregister-Gebührensatzung BNotO 78b 25 ff., Anh
Vorsorgeregister-Verordnung (VRegV) BNotO 78a Anh
– Ermächtigungsgrundlage **BNotO 78a** 19

1895

Sachverzeichnis
fette Zahlen = §§

Vorsorgevollmacht
- Abgrenzung zu Patientenverfügung **BeurkG 20a** 4
- Beurkundung **BeurkG 20a** 1 ff.
- Fürsorgebedürftigkeit **BeurkG 20a** 2
- Gebühren ZVR **BNotO 78b** 30 ff.
- Hinweispflicht auf Registrierungsmöglichkeit beim Zentralen Vorsorgeregister **BeurkG 20a** 2, 5
- Unterschriftsbeglaubigung **BeurkG 40** 30
- Widerruf **BNotO 78a** 10
- Zentrales Vorsorgeregister **BNotO 78** 32 ff.; **BNotO 78a** 1 ff., 4

Vorstand NotK BNotO 69 1 ff.
- Abteilungen **BNotO 69b** 1 ff.
- Ansichziehung Entscheidungskompetenz der Abteilungen **BNotO 69b** 16 f.
- Anzahl der Mitglieder **BNotO 69** 8 ff.
- Aufgabenzuweisung an Abteilung **BNotO 69b** 7 ff.
- Auskunftsbegehren gegenüber Notar **BNotO 74** 12
- Aussagegenehmigung **BNotO 69a** 15 ff.
- Befugnisse **BNotO 69** 2 ff.
- Bestellung **BNotO 69** 8 ff.
- Entlastung **BNotO 71** 22
- Entscheidungen des Gesamtvorstands **BNotO 69b** 16 f.
- geschäftsführender **BNotO 69** 20
- Geschäftsübertragung auf Abteilung **BNotO 69b** 10 f., 14
- Misstrauensvotum Kammerversammlung **BNotO 69** 26
- Organ **BNotO 68** 3 f.
- Verschwiegenheitspflicht **BNotO 69a** 3 f.
- Vorschlagsliste notarieller Beisitzer Notarsenat **BNotO 103** 3
- Wahlperiode **BNotO 69** 19 f.
- Zusammensetzung **BNotO 69** 8 ff.
- Zuständigkeit kraft Gesetzes **BNotO 69** 2 ff.
- Zuständigkeit kraft Satzung **BNotO 69** 5 ff.
- Zuziehung Kammermitglieder **BNotO 69** 12

Vorstandsabteilungen BNotO 69b 1 ff.
- Aufgaben **BNotO 69b** 7 ff.
- Auskunftsbegehren gegenüber Notar **BNotO 74** 12
- Bildung durch Vorstand **BNotO 69b** 4
- Einschaltung Gesamtvorstand **BNotO 69b** 18 f.
- Geschäftsübertragung auf **BNotO 69b** 10 f., 14
- Organisation der **BNotO 69b** 12 ff.
- Präsidium **BNotO 69b** 8
- Sitzung **BNotO 69b** 15
- Stellvertreter **BNotO 69b** 13
- Vorsitzender **BNotO 69b** 13
- Zuziehung Kammermitglied **BNotO 69b** 12

Vorstandsmitglied
- Abberufung **BNotO 69** 25 ff.
- Ablehnung Vorstandswahl/-amt **BNotO 69** 29 f.
- Amtsniederlegung **BNotO 69** 23
- Annahme Vorstandsamt **BNotO 69** 31 f.
- Aufhebung Verschwiegenheitspflicht **BNotO 67** 27
- Aufwendungen und Auslagen **BNotO 68** 12
- Ausscheiden **BNotO 69** 22 ff.
- Bestellung **BNotO 69** 8 ff.
- Einschreiten Aufsichtsbehörde gegen **BNotO 69** 28
- Ersatzwahl während Wahlperiode **BNotO 69** 21
- Gesetzesverstoß **BNotO 69** 28
- Haftung NotK **BNotO 68** 13 f.
- Präsident **BNotO 70** 2
- Rechtsbeziehung zur NotK **BNotO 68** 12
- Tätigkeit, unvereinbare **BNotO 69** 18
- Übernahme Vorstandsamt **BNotO 69** 29 ff.
- Verlust Kammermitgliedschaft **BNotO 69** 24
- Verschwiegenheitspflicht **BNotO 69a** 3 f.
- Zerwürfnis **BNotO 69** 27

Vorstandssitzung
- Einberufung **BNotO 70** 11
- Stimmrecht zugezogene Mitglieder **BNotO 69** 13
- Vorsitz **BNotO 70** 10 f.

Vorstandswahl BNotO 69 14 ff.
- Ablehnung **BNotO 69** 29 f.
- Annahmepflicht **BNotO 69** 31 f.
- Kammerversammlung **BNotO 71** 22
- Wahlrecht, aktives **BNotO 69** 15
- Wahlrecht, passives **BNotO 69** 16 f.

Vortäuschung
- Sicherheiten **RLEmBNotK III** 7 ff.

Vorteil
- Begriff **BNotO 17** 13

Vorteil, rechtlicher
- bei Verfügungen von Todes wegen **BeurkG 27** 3 ff.

Vorteilsbewertung
- Vorhaltekosten **BNotO 97** 19

Vorteilsgewährung
- Begriff **BNotO 17** 13
- bei Berufsverbindung **BNotO 28** 12
- Gebührenteilung **BNotO 17** 13
- Verbot **BNotO 17** 12 f.

Vorteilsverschaffung
- unwirksame Beurkundung **BeurkG 7** 2, 10 f.

Vorteilsversprechen
- Verbot **BNotO 17** 13

Vortrag, mündlicher
- Fachprüfung, notarielle **BNotO 7c** 2

Vortragstätigkeit
- genehmigungsfreie Nebentätigkeit **BNotO 8** 33

Vorverfahren BNotO 111b 27 ff.
- Anfechtung Amtsprüfung **DONot 32** 7a
- Ausnahmen **BNotO 111b** 29 f.
- Funktion **BNotO 111b** 28

magere Zahlen = Randnummern

Sachverzeichnis

– Rechtsbehelfsbelehrung **BNotO 111b** 32
– Unparteilichkeit **BNotO 14** 10
– Widerspruchsbehörde **BNotO 111b** 31

Wahl des Präsidiums BNotO 81 2 ff.
– Ablehnung der Wahl **BNotO 81** 11
– aktives Wahlrecht **BNotO 81** 5
– Annahme der Wahl **BNotO 81** 11
– Gegenstand der Wahl **BNotO 81** 4
– Nachwahl **BNotO 81** 17
– passives Wahlrecht **BNotO 81** 6 ff.
– Vorgang der Wahl **BNotO 81** 2 f.
– Wahlperiode **BNotO 81** 9 f.
Wahlablehnung
– Präsidiumsmitglied BNotK **BNotO 81** 11
Wahlanfechtung BNotO 111e 1 ff.
– Frist **BNotO 111e** 11 f.
– Klagebefugnis **BNotO 111e** 7
– Klagegegner **BNotO 111e** 13
– Mangel, formeller **BNotO 111e** 5
– Mangel, inhaltlicher **BNotO 111e** 6
– Voraussetzungen **BNotO 111e** 4 ff.
Wahlannahme
– Präsidiumsmitglied BNotK **BNotO 81** 11
Wahlbeamter BNotO 8 7
Wahlorgan
– Übernahme **BNotO 8** 8
Wahlperiode
– Vorstand NotK **BNotO 69** 19 f.
Wahlrecht, aktives
– Präsidium BNotK **BNotO 81** 5
– Vorstand NotK **BNotO 69** 15
Wahlrecht, passives
– Präsidium BNotK **BNotO 81** 6 ff.
– Vorstand NotK **BNotO 69** 16 f.
Wahrheitspflicht BNotO 14 19
Wahrnehmung
– des Notars **BeurkG 37** 3 ff., 10
– Zeitpunkt **BeurkG 37** 10
Wahrnehmungsvermerk
– fehlender **BeurkG 28** 7
– Geschäftsfähigkeit **BeurkG 28** 1, 3 ff.
Währungsumstellung
– Euro **DONot 34** 11 f.
Wappen
– Werbung **RLEmBNotK VII** 10
Warenbestand
– eingeschränkte Vorlesung **BeurkG 14** 4
Warnfunktion
– der Disziplinarmaßnahme **BNotO 97** 23
– Schutzzweck Beurkundungsverfahren **BeurkG 8** 7 ff.
Warnpflicht BNotO 14 21 f.
Wechsel
– Mitgliedschaft RAK **BNotO 47** 14 ff.
– Verwahrung **DONot 10** 24
Wechselprotest DONot 21 1 ff.
– Aufbewahrungsfrist Sammelbände **DONot 5** 13
– Beurkundung **BeurkG 36** 14; **BeurkG 37** 22

– Führung Sammelbände **DONot 5** 1 ff.
– Mitwirkungsverbot **BeurkG 3** 24
– Protestabschrift und Vermerk **DONot 21** 2
– Verwahrung **BNotO 23** 12; **DONot 21** 3
– Verwahrungsbuch **DONot 10** 23 f.
– Zuständigkeit **DONot 21** 1
WEG
– Vertretungsverhältnis **DONot 8** 24
Wegfall
– Befähigung zum Richteramt **BNotO 5** 28; **BNotO 50** 5 f.
Wegfall der Geschäftsgrundlage
– Verwahrungsanweisung **BeurkG 58** 26
WEG-Verwalter
– Vollmachtsbescheinigung **BNotO 21** 14b
Weißrussland
– Apostille **BeurkG 2** 19b
Weisung
– Disziplinarmaßnahme bei Nichtbefolgung **BNotO 10** 66
– Residenzpflicht **BNotO 10** 62 ff.
Weisungsfreiheit
– Notarvertreter **BNotO 41** 5
Weisungsrecht
– Aufsichtsbehörde **BNotO 92** 4
Weiterbildung
– Europäischer Kodex des notariellen Standesrechts **Anhang 2** 2.8.
– Mitarbeiter **RLEmBNotK VIII** 22 f., 29
Weiterführung
– Amtsbezeichnung bei Erlöschen Notaramt **BNotO 52** 1 ff., 5 ff.
Werbebeschränkung
– Berufsverbindung **BNotO 29** 16 ff.
– Kanzlei, weitere **BNotO 29** 16 ff.
– Zweigstellen **BNotO 29** 16 ff.
Werbeverbot BNotO 29 1 ff.; **BNotO 67** 62 ff.
– Anwaltsnotar **BNotO 29** 10 ff.
– Entstehungsgeschichte **BNotO 29** 1 ff.
– Erlaubnisvorbehalt **BNotO 29** 1
– generelles **BNotO 29** 1
– staatliche Selbstdarstellung **BNotO 29** 7 ff.
– Unzulässigkeit amtswidriger Werbung **BNotO 29** 2 f.
– Verwendung des Begriffs Notariat **BNotO 29** 14a
– werbewirksames Verhalten **BNotO 29** 5 f.
– Werbung als Marketing-Instrument **BNotO 29** 4
– Wettbewerbsrecht **BNotO 29** 32 ff.
Werbewirksames Verhalten
– Begriff **BNotO 29** 5 f.
Werbung
– Akademischer Grad/Titel **RLEmBNotK VII** 19 f.
– Amtsaufnahme **RLEmBNotK VII** 54
– amtswidrige **BNotO 29** 2 f.; **RLEmBNotK VII** 7 ff.

1897

Sachverzeichnis

fette Zahlen = §§

- Angaben auf Anzeigen **BNotO 29** 14
- Angaben, zulässige **BNotO 29** 12
- Anwaltsnotar **BNotO 29** 10 ff.
- Anzeigenwerbung **RLEmBNotK VII** 25 ff.
- aufdringliche **RLEmBNotK VII** 9
- Begriff **BNotO 29** 4 ff.
- Begriffe, wertende **RLEmBNotK VII** 11
- Bereithalten **RLEmBNotK VII** 52 ff.
- Berufsausübung, gemeinsame **RLEmBNotK VII** 54
- Berufsrichtlinien **RLEmBNotK VII** 1 ff.
- ohne besonderen Anlass **RLEmBNotK VII** 13, 25 ff.
- Bild-/Tonmedien **RLEmBNotK VII** 10
- Direktmarketing **RLEmBNotK VII** 8
- Domain **RLEmBNotK VII** 45
- Drittwerbung **RLEmBNotK VII** 15 ff.
- Duldung Drittwerbung **RLEmBNotK VII** 16
- Ehrenamt **BNotO 29** 13; **RLEmBNotK VII** 19, 22
- Europäischer Kodex des notariellen Standesrechts **Anhang 2** 3.1.6.
- Form der Werbepräsentation **BNotO 29** 15
- Herantreten an Dritte ohne besonderen Anlass **RLEmBNotK VII** 13, 25 ff.
- Informationsveranstaltung der Medien **RLEmBNotK VII** 32 f.
- Informationswerbung **RLEmBNotK VII** 53
- Internetauftritt **RLEmBNotK VII** 51
- Internet/Homepage **RLEmBNotK VII** 34 ff., 44 ff.
- irreführende **RLEmBNotK VII** 14
- Kanzleibroschüre **RLEmBNotK VII** 34 ff.
- Leistungsangebote, besondere **RLEmBNotK VII** 39 ff.
- Logos/Wappen/Signets **RLEmBNotK VII** 10
- mit Mandant **BNotO 29** 12
- Marketing **BNotO 29** 4
- Nebentätigkeit **RLEmBNotK VII** 21
- Notariat **BNotO 29** 14a
- Postwurfsendung **RLEmBNotK VII** 54
- reißerische **RLEmBNotK VII** 9
- reklamehafte **RLEmBNotK VII** 9
- Richtlinienempfehlung der BNotK **BNotO 29** 3
- Richtlinienkompetenz NotK **BNotO 67** 62 ff.
- Rundbrief **RLEmBNotK VII** 54 f.
- Sachinformationen **BNotO 29** 12
- Spezialisierung **RLEmBNotK VII** 42
- Spezialkenntnisse **RLEmBNotK VII** 40
- Sponsoring **BNotO 29** 6
- Sprachkenntnisse **RLEmBNotK VII** 40
- staatliche Selbstdarstellung **BNotO 29** 7 ff.
- suggestive **RLEmBNotK VII** 10
- Tätigkeiten, unerlaubte **BNotO 29** 13
- Tätigkeitsschwerpunkte **RLEmBNotK VII** 12, 39 ff.
- unwahre **RLEmBNotK VII** 14
- Versand von Informationen **RLEmBNotK VII** 53
- Verzeichnisse **RLEmBNotK VII** 23 f.
- Werben um Praxis **RLEmBNotK VII** 34
- werbewirksames Verhalten **BNotO 29** 5 f.
- wettbewerbswidrige **BNotO 29** 32 ff.
- bei Zweitberuf **BNotO 29** 11 ff.

Werdegang
- Angaben zum **BNotO 29** 12

Werdegang, beruflicher
- Verlautbarung **RLEmBNotK VII** 37

Wertpapiere
- Anderkonto **BeurkG 58** 8
- Begriff und Verwahrungszweck **BeurkG 62** 2 ff.
- Massenbuch **DONot 12** 11 f.
- Verwahrung **BNotO 23** 1 ff., 6; **BeurkG 62** 1 ff.; **DONot 27** 2 f.
- Verwahrungsbuch **DONot 11** 18 ff.

Wertsicherungsklausel
- Bestimmtheit Unterwerfungserklärung **BeurkG 52** 7b

Wertstellungsunterschiede
- Bank/Massenbuch **DONot 10** 40 f.
- Bank/Verwahrungsbuch **DONot 10** 40 f.

Wertung
- Beurkundung **BeurkG 1** 12

Westfälische NotK BNotO 65 22
- Stimmrecht Vertreterversammlung **BNotO 86** 5
- Wahrung fremder Vermögensinteressen **RLEmBNotK III** 1 ff.

Wettbewerb RLEmBNotK VII 5

Wettbewerbsrecht BNotO 29 32 ff.

Widerlegung
- Vermutung Vermögensverfall **BNotO 50** 57

Widerruf
- Ablieferung Wertpapiere/Kostbarkeiten **BeurkG 62** 17
- Befreiung von Verschwiegenheitspflicht **BNotO 18** 57
- Betreuungsverfügung **BNotO 78a** 10
- einseitiger – bei mehrseitiger Verwahrungsanweisung **BeurkG 60** 19 ff.
- Entlassungsantrag **BNotO 48** 12 ff.
- Genehmigung Berufsverbindung **BNotO 9** 17
- Notariatsverwalterbestellung **BNotO 64** 12 ff.
- Plausibilitätsprüfung **BeurkG 60** 21
- Prüfung der Ernsthaftigkeit des Widerrufs-/grundes **BeurkG 60** 22, 23 ff.
- Regelung der Widerrufsmöglichkeit **BeurkG 60** 28 f.
- Schriftform **BeurkG 60** 2
- des Signaturzertifikats **BNotO 34** 9
- Treuhandauftrag der finanzierenden Bank **BeurkG 60** 10 f.
- Treuhandauftrag des abzulösenden Gläubigers **BeurkG 60** 13 f.
- Vertreterbestellung **BNotO 40** 9 ff.

magere Zahlen = Randnummern

– Verwahrungsanweisung bei Amtspflichten gegenüber Dritten **BeurkG 60** 6 ff.
– Verwahrungsanweisung, einseitige **BeurkG 60** 1 ff., 3 ff.
– Verwahrungsanweisung, einseitige – Fallgruppen **BeurkG 60** 10 ff.
– Verwahrungsanweisung, mehrseitige **BeurkG 60** 1 ff., 17 ff.
– Vorsorgevollmacht **BNotO 78a** 10
– Weiterführung Amtsbezeichnung **BNotO 52** 18 ff.
Widerruf Vertreterbestellung BNotO 40 9 ff.
– Form und Verfahren **BNotO 40** 13 f.
– Rechtsschutz **BNotO 40** 17
– Rechtswirkungen **BNotO 40** 15 f.
– Voraussetzungen **BNotO 40** 9 ff.
Widerruf wechselbezüglicher Verfügungen
– Verschließung/Verwahrung **BeurkG 34** 3
Widerrufstestament
– Mitwirkungsverbot begünstigter Person **BeurkG 27** 2
– Verschließung/Verwahrung **BeurkG 34** 3
Widerrufsverfahren
– Vertreterbestellung **BNotO 40** 13
Widerrufsvorbehalt
– Beschäftigung juristischer Mitarbeiter **BNotO 25** 19
Widerspruch
– Amtsenthebung **BNotO 50** 139 f.
– Disziplinarverfahren **BNotO 96** 40 ff.
– Disziplinarverfügung **BNotO 98** 8a
– Wirkung, aufschiebende **BNotO 111b** 92
Widerspruchsbehörde
– Vorverfahren **BNotO 111b** 31
Widerspruchsgebühr
– Fachprüfung, notarielle **BNotO 7h** 6
Wiederaufnahme
– Disziplinarverfahren **BNotO 105** 19 f.
Wiederaufnahmeverfahren
– Disziplinarverfahren vor BGH **BNotO 109** 13
– strafgerichtliche Verurteilung **BNotO 49** 18 ff.
Wiederbestellung
– Anspruchsverlust **BNotO 48c** 44
– bei echter vorübergehender Amtsniederlegung **BNotO 48c** 38 ff.
– bei unechter vorübergehender Amtsniederlegung **BNotO 48c** 64 ff.
Wiederbestellungsgarantie
– Beschränkung **BNotO 48c** 39a ff.
– bei echter vorübergehender Amtsniederlegung **BNotO 48c** 39 ff.
Wiederbestellungsgrenze
– örtliche **BNotO 48c** 39a
– zeitliche **BNotO 48c** 40
Wiedereinsetzung in den vorherigen Stand BNotO 111b 35
– bei Bewerbung **BNotO 6b** 7 ff.
– Säumnis Berufungsfrist **BNotO 105** 6
Wiederherstellung
– Wirkung, aufschiebende **BNotO 111b** 58 f.

Sachverzeichnis

Wiederholung
– Ausdruck aus Kostenregister **DONot 17** 10
– Ausdruck aus Verzeichnis **DONot 17** 10
– Fachprüfung, notarielle **BNotO 7a** 15 f.
– Registerausdruck **DONot 17** 9
– Zwischenausdruck **DONot 17** 9
Wiedervereinigung BNotO Einl. 19
Wiederverwendung
– Anderkonto **BeurkG 58** 13
Wille
– wahrer **BeurkG 17** 22
Willenserforschung BeurkG 17 4 f.
Willenserklärung
– Begriff **BeurkG 8** 5
– Belehrungspflicht bei Beurkundung **BeurkG 17** 3
– Beurkundung **BNotO 20** 3, 10 f.; **BeurkG 1** 10 f.
– Beurkundung zur Vorteilsverschaffung **BeurkG 7** 1 ff.
– Beurkundungsausschluss **BeurkG 6** 2
– Mitwirkungsverbot **BeurkG 3** 10 f.
– Nachtragsbeurkundung **BeurkG 44b** 2
– Nichtigkeit der beurkundeten **BeurkG 6** 9
– Niederschrift **BeurkG 8** 1 ff.
– Urkundenrolle **DONot 8** 4
Willensmängel
– Nichtigkeit **BNotO 14** 30
Wirkung, aufschiebende
– Anfechtungsklage **BNotO 111b** 92
– Anordnung **BNotO 111b** 58 f.
– Widerspruch **BNotO 111b** 92
– Wiederherstellung **BNotO 111b** 58 f.
Wirtschaftlich Berechtigter
– Aufzeichnungs-/Aufbewahrungspflicht **BeurkG 57** 123 ff.
– Begriff **BeurkG 57** 118
– Eigentums- und Kontrollstruktur **BeurkG 57** 120a
– Geldwäschegesetz **BeurkG 10** 15f
– Identifizierung **BeurkG 57** 117 ff.
– bei juristischen Personen **BeurkG 57** 120 f.
– Transparenzregisterauszug **BeurkG 57** 120a
– Vertreter **BeurkG 57** 119
Wirtschaftliche Verhältnisse
– Abgrenzung zu Vermögensverfall **BNotO 50** 101
– Begriff **BNotO 50** 89
– Gefährdung der Interessen der Rechtsuchenden **BNotO 50** 87 ff.
– Verhältnis zu Wirtschaftsführung **BNotO 50** 100 ff.
– Zeitpunkt, maßgeblicher **BNotO 50** 98 f.
– Zerrüttung **BNotO 50** 90
Wirtschaftsberatung
– Mitwirkungsverbot **BeurkG 3** 49
Wirtschaftsführung
– Begriff **BNotO 50** 92
– Gefährdung der Interessen der Rechtsuchenden **BNotO 50** 87 ff., 92 ff.

Sachverzeichnis

fette Zahlen = §§

- private **BNotO 95** 21
- Verhältnis zu wirtschaftlichen Verhältnissen **BNotO 50** 100 ff.
- Zeitpunkt, maßgeblicher **BNotO 50** 98 f.

Wirtschaftsprüfer
- Anwaltsnotar **BNotO 8** 4, 15 f.
- Berufsverbindung **BNotO Einl.** 29
- Berufsverbindung mit Anwaltsnotar **BNotO 9** 36 ff.
- Beschäftigung von **BNotO 25** 5
- Kompetenzkonflikt unterschiedlicher Berufsrechte **BNotO 110** 6 ff.

Wissen
- private Nutzung amtlichen Wissens **RLEmBNotK III** 12 ff.

Wissenschaftliche Beratung
- durch BNotK **BNotO 78** 46 ff.

Wissenschaftliche Tätigkeit
- genehmigungsfreie Nebentätigkeit **BNotO 8** 33
- Nebentätigkeit **BNotO 24** 22

Wissensmeldung
- an Zentralstelle für Finanztransaktionsuntersuchungen **BNotO 18** 87 ff.

Wohnraum
- Unterwerfungserklärung **BeurkG 52** 5b f.

Wohnsitz
- Amtspflichtverletzung **BNotO 10** 65 f.

Wohnsitznahme
- Disziplinarmaßnahme bei Nichtbefolgung **BNotO 10** 66

Wohnung
- Verhältnis zu Geschäftsstelle **BNotO 10** 55 ff.
- Zweitwohnung **BNotO 10** 66

Wohnungseigentum
- Versteigerung **BNotO 20** 37
- Versteigerung, freiwillige **BeurkG 15** 1

Wohnungseigentumsverkauf
- Niederschrift **BeurkG 9** 16

Wucher
- Nichtigkeit **BNotO 14** 30

Württemberg und Hohenzollern
- Anwaltsnotar **BNotO 116** 2

Zahlen
- Änderung, geringfügige **BeurkG 44a** 4
- Beurkundung **DONot 28** 11 ff.
- wichtige **DONot 28** 11 ff.

Zahlenwerk
- eingeschränkte Vorlesung **BeurkG 14** 4

Zahlungsschwierigkeiten
- des Notars **BNotO 50** 90

Zeichnung
- Herstellungsverfahren **DONot 29** 29a
- Niederschrift **BeurkG 9** 20
- Siegelung **BeurkG 44** 1 ff.
- Verwahrung **BNotO 23** 6
- Verweisung auf **BeurkG 13a** 11
- Vorlage zur Durchsicht **BeurkG 13** 13; **BeurkG 13a** 11

Zeitpunktfeststellung
- Privaturkunde **BeurkG 39** 3; **BeurkG 43** 1 ff.

Zentrales Testamentsregister BNotO 78 37 ff.; **BNotO 78c** 1 ff.
- Auskunft **BNotO 78f** 1 ff.
- Benachrichtigung durch **BNotO 78e** 5
- Benachrichtigungsverfahren **BNotO 78e** 3 ff.
- Beschwerde gegen Entscheidungen **BNotO 78o** 1 ff.
- Einsichtsrecht **BNotO 78f** 1 ff.
- Eintragungsbestätigung **DONot 20** 11 ff.
- Erbvertrag **BNotO 78d** 4 f., 7
- Ermächtigungsgrundlage **BNotO 78c** 4
- Fälligkeit Gebühren **BNotO 78g** 24
- Führung durch BNotK **BNotO 78** 26 ff.; **BNotO 78c** 3
- Funktion **BNotO 78** 37 ff.; **BNotO 78c** 1; **BNotO 78d** 1
- Gebühren **BNotO 78g** 1 ff.
- Gebührenbemessung **BNotO 78g** 15 ff.
- Gebührendifferenzierung **BNotO 78g** 17
- Gebührenentgegennahme **BNotO 78g** 12 ff.
- Gebührenerhebung **BNotO 78g** 24 ff.
- Gebührenhöhe **BNotO 78g** 23
- Gebührensatzung **BNotO 78g** 8
- Gebührenschuldner **BNotO 78g** 9 ff.
- Gebührentatbestände **BNotO 78g** 4 ff.
- Gesetz zur Modernisierung des Benachrichtigungswesens in Nachlasssachen durch Schaffung des Zentralen Testamentsregisters **BNotO Einl.** 38
- Löschfrist **BNotO 78d** 12
- Meldepflicht **BNotO 78d** 3 ff.
- Meldepflicht bei Beeinträchtigung von Schutzvorkehrungen **BNotO 34** 6 ff.
- Nachgenehmigung **BNotO 78d** 10
- Pflichtteilsverzichtsvertrag **BNotO 78d** 8
- Rechtsaufsicht **BNotO 78c** 3
- Registerbehörde **BNotO 78c** 3
- Sterbefallmitteilung **BNotO 78e** 1 ff.
- Testament, öffentliches **BNotO 78d** 4 f., 7
- Testament, privatschriftliches **BNotO 78d** 6
- Testamentsregister-Gebührensatzung **BNotO 78g** 18 ff., Anh
- Testamentsregister-VO (ZTRV) **BNotO 78c** 4, Anh
- Übermittlung Verwahrangaben an **DONot 20** 11 ff.
- Umfang und Inhalt der Registrierung **BNotO 78d** 7 ff.
- unverzügliche Meldung und Registrierung **BNotO 78d** 10
- Urkunden, erbfolgerelevante **BNotO 78d** 4 f., 7 ff.
- Urkunden, registerfähige **BNotO 78d** 4 f.
- Vergleich, gerichtlicher erbfolgerelevanter **BNotO 78d** 9
- Verwahrangaben **BNotO 78d** 11; **BNotO 78e** 5

magere Zahlen = Randnummern

Sachverzeichnis

- Verwahrangaben, mitteilungspflichtige **BeurkG 34a** 3
- Verwahranzeige **BeurkG 34a** 1 ff.
- Verwahranzeige Erbvertrag **BeurkG 34** 11

Zentrales Vorsorgeregister BNotO Einl. 30; **BNotO 78** 32 ff.; **BNotO 78a** 1 ff.
- Abrufverfahren Auskunft **BNotO 78b** 6 f.
- Änderung **BNotO 78a** 9 ff.
- Antrag auf Änderung, Ergänzung oder Löschung **BNotO 78a** 9 ff.
- Antrag auf Registrierung **BNotO 78a** 3
- Aufwandsdeckung **BNotO 78b** 21 f.
- Auskunft **BNotO 78b** 1 ff.
- Beschwerde gegen Entscheidungen **BNotO 78o** 1 ff.
- Betreuungsverfügung **BNotO 78** 32 ff.; **BNotO 78a** 1 ff., 5
- Daten, registrierte **BNotO 78a** 7 f.
- Einsichtsrecht **BNotO 78b** 1 ff., 10
- Eintragungsgebühr **BNotO 78a** 14, 15
- Eintragungs-/Registerverfahren **BNotO 78a** 15 ff.
- Ergänzung **BNotO 78a** 9 ff.
- Ermächtigungsgrundlage **BNotO 78a** 19
- Fälligkeit Gebühren **BNotO 78b** 37
- Führung durch BNotK **BNotO 78** 26 ff.; **BNotO 78a** 18
- Funktion **BNotO 78** 32; **BNotO 78a** 1 f.
- Gebühren **BNotO 78b** 1 f., 11 ff.
- Gebührenbemessung **BNotO 78b** 21 ff.
- Gebührendifferenzierung **BNotO 78b** 23 f.
- Gebührenentgegennahme **BNotO 78b** 18 ff.
- Gebührenerhebung **BNotO 78b** 37 ff.
- Gebührenhöhe **BNotO 78b** 30 ff.
- Gebührensatzung **BNotO 78b** 15
- Gebührenschuldner **BNotO 78b** 16 f.
- Gebührentatbestände **BNotO 78b** 12 ff.
- Generalvollmacht **BNotO 78a** 4
- Hinweis auf Registrierung **BNotO 78a** 3
- Löschfrist **BNotO 78a** 13
- Löschung **BNotO 78a** 9 ff.
- Löschung auf Antrag des Bevollmächtigten **BNotO 78a** 12
- Meldepflicht bei Beeinträchtigung von Schutzvorkehrungen **BNotO 34** 6 ff.
- Nutzer, institutionelle **BNotO 78a** 15
- Online-Meldung **BNotO 78a** 16
- Patientenverfügung **BNotO 78** 32 ff.; **BNotO 78a** 6
- Protokollierung Auskunft **BNotO 78b** 8
- Rechtsaufsicht **BNotO 78a** 18
- Registerbehörde **BNotO 78a** 18
- Registrierung Vorsorgevollmacht **BeurkG 20a** 1 ff.
- Registrierungsantrag **BNotO 78a** 3
- Rücklagenbildung **BNotO 78b** 22
- Tod des Vollmachtgebers **BNotO 78a** 11
- Umfang und Inhalt der Registrierung **BNotO 78a** 4 ff.
- Verhältnis zu Grundrecht auf informationelle Selbstbestimmung **BNotO 78a** 16
- Vorsorgeregister-Gebührensatzung **BNotO 78b** 25 ff., Anh
- Vorsorgeregister-Verordnung (VRegV) **BNotO 78a** 19, Anh
- Vorsorgevollmacht **BNotO 78** 32 ff.; **BNotO 78a** 1 ff., 4
- Wirkung der Registrierung **BNotO 78a** 2
- ZVR-Card **BNotO 78a** 17

Zentralstelle für Finanztransaktionsuntersuchungen
- Geldwäsche-Meldung **BeurkG 57** 127
- Offenbarung gegenüber **BNotO 18** 87 ff.

Zerstörung
- Urschrift **BeurkG 46** 3

Zertifikat
- qualifizierte elektronische Signatur **BNotO 20** 13a

Zertifizierung
- elektronischer Rechtsverkehr **BNotO 21** 30

Zertifizierungsstelle der BNotK BNotO 33 4, 5; **BNotO 67** 75b ff.

Zession, stille
- Kostenforderung **RLEmBNotK VIII** 17

Zeuge
- Mitwirkungsverbot **BeurkG 26** 1 ff., 5 f., 7 f.
- Niederschrift **BeurkG 9** 5
- Vereidigung **BNotO 22** 3
- Zuziehung **BeurkG 29** 1 ff.
- Zuziehung bei Behindertenschutz **BeurkG 22** 7 ff., 11c, 16

Zeugnis
- elektronisches **BeurkG 39a** 1 ff.
- Erteilung nach §§ 36, 37 GBO **BNotO 20** 4a, 51 ff.
- Fachprüfung, notarielle **BNotO 7d** 3
- Niederschrift **BeurkG 9** 14
- Registergericht, Beweiswirkung **BNotO 21** 11
- Vermerk **BeurkG 39** 4

Zeugnis, einfaches
- Abgrenzung **BeurkG 39** 2
- Beglaubigung **BeurkG 39** 1 ff.
- Beispiele **BeurkG 39** 3 f.
- elektronisches **BeurkG 39a** 1 ff.
- Registerbescheinigung **BNotO 21** 14
- Tatsachenbescheinigung **BeurkG 37** 23
- Urkundenrolle **DONot 8** 8
- Verfahren **BeurkG 39** 5

Zeugnisgewinnung, notarielle BeurkG 1 4

Zeugnisurkunde
- Abgrenzung zu Bescheinigung **BNotO 20** 4
- Errichtung **BNotO 20** 3, 6

Zeugnisverweigerungsrecht BNotO 18 5 ff.
- externer Dienstleister **BNotO 26a** 6, 10
- Mitarbeiter **BNotO 26a** 10
- Mitglieder NotK **BNotO 69a** 8
- Nebenakten **DONot 22** 15
- Rechtsanwalt **BNotO 74** 4
- Zweck **BNotO 18** 8

1901

Sachverzeichnis

fette Zahlen = §§

Ziehungslotterie BNotO 20 14
Ziehungsvorgang
– Schilderung **BNotO 20** 16
Zivilprozess
– Eidesstattliche Versicherung **BNotO 22** 8
Zivilrechtsklage
– bei Verwahrung **BNotO 23** 52 ff.
Zivilverteidigung
– Offenbarung zur **BNotO 18** 150 ff.
Zugang
– Entlassungsantrag **BNotO 48** 12
– Notarberuf **BNotO 7** 4 ff.
Zugangsberechtigung BNotO 78i 1 ff.
– Grundsatz **BNotO 78i** 2 ff.
– persönliches Amt in digitaler Welt **BNotO 78i** 2 ff.
– technische und organisatorische Maßnahmen **BNotO 78i** 9
– für Verwahrung zuständige Stelle **BNotO 78i** 2 ff.
Zuhörer
– Fachprüfung, notarielle **BNotO 7c** 7
Zulassung
– Erlöschen **BNotO 47** 11 ff.
– Fachprüfung, notarielle **BNotO 7a** 3 ff.
Zulassungsantrag
– Berufung **BNotO 111d** 3
Zulassungsberufung
– Disziplinarverfahren **BNotO 105** 12 ff.
Zulassungsgründe
– Berufung **BNotO 111d** 4 ff.
Zulassungskanzlei
– Geschäftsstelle **BNotO 10** 52, 67 ff.
– Verlegung **BNotO 47** 14 ff., 17 ff.
Zulassungskanzleiverlegung BNotO 47 14 ff., 17 ff.
– Anwaltsnotar in anderen Amtsbereich **BNotO 47** 20 ff.
– Anwaltsnotar in anderen Amtsbezirk **BNotO 47** 18 f.
– Anwaltsnotar innerhalb Amtsbereich **BNotO 47** 23 f.
Zurückbehaltungsrecht
– bei Anderkonto **BeurkG 58** 4
– Ausfertigung/Abschrift/Urkunden **BeurkG 51** 18
– gegenüber Notariatsverwalter **BNotO 59** 7
– bei Vollzug **BeurkG 53** 16 f.
Zurverfügungstellung
– Beurkundungstext, beabsichtigter **BeurkG 17** 50 ff.
Zurverfügungstellungsfrist
– Änderung des Verbrauchers **BeurkG 17** 55
– Änderungsbegehren des Verbrauchers **BeurkG 17** 54
– Bauträgervertrag **BeurkG 17** 50 ff., 53
– Grundstücksversteigerung **BeurkG 17** 57
– Maklerklausel **BeurkG 17** 56
– bei Rücktrittsrecht **BeurkG 17** 58
– bei Textänderung **BeurkG 17** 52

– Verkürzung **BeurkG 17** 59 f.
– Verlängerung **BeurkG 17** 59
– Zwei-Wochen-Frist **BeurkG 17** 50 ff.
Zusammenarbeit
– grenzüberschreitende **BNotO 11a** 1 ff.
Zusammenarbeit, berufliche
– Berufsrichtlinien **RLEmBNotK V** 1 ff., 8, 9
– Mitwirkungsverbot **BeurkG 3** 33, 36, 41
– Notarwahl, freie **RLEmBNotK V** 7
– Richtlinienkompetenz NotK **BNotO 67** 48 ff.
– Vereinbarungen über **RLEmBNotK V** 9
Zusatz
– Änderung, geringfügige **BeurkG 44a** 4
– Bücher **DONot 7** 8
Zusatzentgelt
– Mitarbeiter **RLEmBNotK VIII** 9
Zusatzqualifikation
– Angaben zu **BNotO 29** 12
Zuschlag
– Versteigerung **BNotO 20** 40
Zuschnitt
– Notarstelle **BNotO 4** 1
Zuständigkeit
– Aufgabenkreis des Notars **BNotO 20** 1 ff., 5
– Ausfertigung **BeurkG 48** 1 ff.
– Disziplinarverfahren **BNotO 96** 19
– internationale **BeurkG 2** 7 ff.
– Konzentrationsermächtigung **BNotO 111a** 5
– örtliche **BNotO 111a** 1 ff.; **BNotO 111b** 11; **BeurkG 2** 4 ff.
– sachliche **BNotO 111** 7; **BNotO 111b** 11
– sachliche, Berufung **BNotO 111b** 75 ff.
– Vorermittlungen **BNotO 96** 10
Zuständigkeit, internationale BeurkG 2 7 ff.
– Begriff **BeurkG 2** 7
– Beurkundung des Auslandssachverhalts **BeurkG 2** 10
– Beurkundung im Ausland **BeurkG 2** 8 ff.
– Beurkundung von ausländischen Notaren **BeurkG 2** 11 ff.
– Territorialitätsgrundsatz **BeurkG 2** 8 ff.
Zuständigkeitsentscheidung
– Bindung **BNotO 110** 18
Zuständigkeitsmangel
– Beamtenernennung **BNotO 50** 12 f.
Zustellung
– von Erklärungen **BNotO 20** 4a, 31 ff.
– Mitwirkungsverbot **BeurkG 3** 26
Zustellungsbescheinigung
– Vermerk **BeurkG 39** 4
Zustimmung
– Amtssitzverlegung **BNotO 10** 27, 48
Zuwendung
– Vorteilsgewährung, unzulässige **BNotO 17** 13
Zuziehung
– Gebärdensprachdolmetscher **BeurkG 22** 10 ff.
– Mitarbeit in Abteilung **BNotO 69b** 12
– Notar, zweiter **BeurkG 29** 1 ff.
– Schreibzeuge **BeurkG 25** 7 ff.

magere Zahlen = Randnummern

Sachverzeichnis

– zur Tätigkeit in NotK **BNotO 69** 12
– Verständigungsperson **BeurkG 24** 6 ff.
– Verzicht auf Zuziehung Zeuge/zweiter Notar **BeurkG 22** 11c
– Zeugen **BeurkG 29** 1 ff.
– Zeuge/zweiter Notar zum Behindertenschutz bei Beurkundung **BeurkG 22** 7 ff., 16

ZVR-Card BNotO 78a 17

Zwangsbewerbung
– Nichtantritt **BNotO 7** 58
– Notarassessor **BNotO 7** 19, 55 f.

Zwangseinziehung
– Kammerbeitrag **BNotO 73** 26 ff.

Zwangsgeld BNotO 74 15 f.

Zwangsversteigerung
– Absicherung über Anderkonto **BeurkG 57** 14

Zwangsverwalter
– genehmigungsfreie Nebentätigkeit **BNotO 8** 30

Zwangsvollstreckung
– gegen Notar **BNotO 23** 45 f.
– Rechtsschutz **BNotO 113** 45
– Unterwerfung unter sofortige **BeurkG 52** 5 ff.

Zwangsvollstreckungsmaßnahmen
– gegen Notar **BNotO 50** 90

Zweckgerichtetes Handeln
– Vorteilsverschaffung **BeurkG 7** 3 f.

Zwecktheorie
– Amtspflichtverletzung **BNotO 19** 10

Zweckverfolgung
– unerlaubte **BNotO 14** 34
– unredliche **BNotO 14** 34; **RLEmBNotK III** 7 ff.

Zweifel
– Behandlung von Zweifelsfällen **BeurkG 17** 23 ff.
– Bestehen/Umfang Verschwiegenheitspflicht **BNotO 18** 159 ff.
– Erörterungspflicht **BeurkG 17** 25
– Festhalten in Niederschrift **BeurkG 17** 26
– an Geschäftsfähigkeit des Erblassers **BeurkG 28** 3 ff.
– Unterschriftsbeglaubigung **BeurkG 40** 21
– Verweigerung Amtstätigkeit bei **BNotO 15** 25

Zweigstelle
– Verhältnis zu Geschäftsstelle bei Anwaltsnotar **BNotO 10** 67 ff.
– Werbebeschränkung **BNotO 29** 16 ff.

Zweiter Notar *siehe Notar, zweiter*

Zweitkorrektur
– Fachprüfung, notarielle **BNotO 7b** 5

Zweitschrift
– der Urschrift **BeurkG 49** 2

Zweitwohnung BNotO 10 66

Zwei-Wochen-Frist
– Zurverfügungstellung des beabsichtigten Beurkundungstextes **BeurkG 17** 50 ff.

Zwergnotariat BNotO 4 12

Zwischenausdruck DONot 17 7 ff.
– Massen-/Verwahrungsbuch **DONot 10** 7
– Vernichtung **DONot 17** 8
– Wiederholung **DONot 17** 9

Zwischenbeglaubigung BeurkG 2 18

Zwischenprüfung
– Amtsführung **DONot 32** 6
– Aufsichtsbehörde **BNotO 93** 5

Zypern
– Apostille **BeurkG 2** 19b

1903

9783406746512.3